Pourquoi activer mon Co… :

Selon mon édition, l'activation de mon Code
me permet d'accéder aux enrichissements suivants,
sur ordinateur, tablette et smartphone :

	CODE ÉDITION LIMITÉE*	CODE ÉDITION CLASSIQUE
Lettre d'actualité du Code	✓*	✓*
Accès aux codes officiels secs	✓	✓
Mise à jour en continu		✓
Liens vers la jurisprudence		✓
Accès aux commentaires et textes complémentaires		✓
Accès aux articles des revues Dalloz		✓

www.activation-dalloz.fr

La clé d'activation se trouve sous l'étiquette de couverture
pour les codes édition classique
et en première page pour les codes limités.

* Disponible pour les titres suivants :
Code civil, Code de procédure civile, Code pénal, Code de procédure pénale,
Code de commerce, Code du travail.

5e édition

CODE
DE LA COMMANDE PUBLIQUE

Annoté & commenté

Papier & numérique

DALLOZ

5e édition

Commentaires, annotations jurisprudentielles et références bibliographiques établis par

Alain MÉNÉMÉNIS
Conseiller d'État honoraire

Coordination éditoriale par

Clémence BREIL
Rédactrice aux Éditions DALLOZ

DALLOZ

Le pictogramme qui figure ci-contre mérite une explication. Son objet est d'alerter le lecteur sur la menace que représente pour l'avenir de l'écrit, particulièrement dans le domaine de l'édition technique et universitaire, le développement massif du photocopillage.

Le Code de la propriété intellectuelle du 1er juillet 1992 interdit en effet expressément la photocopie à usage collectif sans autorisation des ayants droit. Or, cette pratique s'est généralisée dans les établissements d'enseignement supérieur, provoquant une baisse brutale des achats de livres et de revues, au point que la possibilité même pour les auteurs de créer des œuvres nouvelles et de les faire éditer correctement est aujourd'hui menacée.

Nous rappelons donc que toute reproduction, partielle ou totale, de la présente publication est interdite sans autorisation de l'auteur, de son éditeur ou du Centre français d'exploitation du droit de copie (CFC, 20, rue des Grands-Augustins, 75006 Paris).

ÉDITIONS DALLOZ
10, Place des Vosges - Tour Lefebvre Dalloz
92400 Courbevoie

ISBN 978-2-247-21936-0

Avant-propos

La présente édition constitue la quatrième édition commentée et annotée du code de la commande publique.

On y retrouvera le texte du code et de ses annexes, complété par un Appendice qui regroupe, outre les textes qui ont précédé le code de la commande publique (en version électronique seulement), d'autres textes relatifs aux marchés publics – y compris les nouveaux CCAG – et aux concessions, des textes relatifs aux délais de paiement et aux cessions de créances, enfin un chapitre sur les contrôles et sur les contentieux auxquels peuvent donner lieu les contrats de la commande publique.

Les principes mis en œuvre pour la rédaction des commentaires et le choix des annotations jurisprudentielles sont inchangés. Ce sont ceux qui avaient déjà été retenus pour les onze éditions du code des marchés publics et autres contrats.

Les commentaires ont pour seule ambition de faciliter la compréhension des textes, sans analyse critique ni appréciation de la validité ou de l'opportunité de telle ou telle disposition. Des références bibliographiques assez nombreuses permettent d'élargir le champ de la réflexion.

La jurisprudence citée est sélectionnée avec rigueur, afin de ne pas accabler inutilement le lecteur sous le nombre. Outre celle de la CJCE/CJUE, il s'agit, à quelques très rares exceptions près, de la jurisprudence administrative, qui concerne donc les contrats administratifs. Chaque citation est complétée par un ensemble de références qui permettent de se reporter au texte intégral de la décision et aux commentaires qu'elle a, le cas échéant, suscités.

Le code de la commande publique comporte une partie législative et une partie réglementaire. Il en résulte qu'une même matière donne très souvent lieu à la fois à des dispositions en L et à des dispositions en R (voire en D). Pour éviter tout à la fois dispersion et redites, on s'est efforcé de regrouper l'essentiel des commentaires et de la jurisprudence sous les dispositions – législatives ou réglementaires, selon le cas – qui ont paru les plus substantielles. Des renvois permettent d'établir les liens nécessaires.

Les décisions jurisprudentielles relatives aux marchés publics et aux concessions ont été rendues, sauf très rares exceptions, sous l'empire des textes antérieurs au code de la commande publique (non seulement les ordonnances et décrets de 2015 et 2016, qui sont codifiés à droit constant, mais aussi les textes précédents, notamment le code des marchés publics et la loi Sapin). Il n'était cependant ni justifié ni raisonnable de renoncer à toute annotation jurisprudentielle et, sauf dans les cas – très peu nombreux – où elle est manifestement obsolète, la jurisprudence sur les textes précédents a été citée. Au demeurant, si les textes ont changé, la substance du droit, même antérieur aux textes de 2015 et 2016, n'a pas été profondément remise en cause. On n'a pas cru devoir signaler systématiquement que les décisions citées se réfèrent à des textes antérieurs au code ; dans la grande majorité des cas, d'ailleurs, le contenu même des extraits cités et la date des décisions permettent de savoir de quel texte il est fait application.

LISTE DES ABRÉVIATIONS

Hyperlien vers la décision intégrale accessible sur le Code en ligne

Hyperlien vers un texte complémentaire accessible sur le Code en ligne

Hyperlien vers l'article de revue accessible sur le Code en ligne

a. autres
AAPC Avis d'appel public à la concurrence
ACCP Contrats publics – Actualité de la commande et des contrats publics
ACL Annuaire des collectivités locales
ACOSS Agence centrale des organismes de sécurité sociale
Aff. Affaire
AJCT Actualité juridique Collectivités territoriales (Dalloz)
AJDA Actualité juridique Droit administratif (Dalloz)
AJDI Actualité juridique Droit immobilier (Dalloz, à partir de 1998)
Al. Alinéa
ALD Actualité législative Dalloz (années 1983-1995)
AMF Autorité des marchés financiers (depuis 2003, anciennement COB)
AMP Accord sur les marchés publics
AOT Autorisation d'occupation temporaire du domaine public
AP-HP Assistance publique-Hôpitaux de Paris
App. Appendice
Arr. Arrêté
Art. Article
Ass. Assemblée
Ass. nat. Assemblée nationale
Ass. plén. Assemblée plénière de la Cour de cassation
Assoc. Association

BEA Bail emphytéotique administratif
BEH Bail emphytéotique hospitalier
BIBL. Bibliographie
BIBL. GÉN. Bibliographie générale
BICC Bulletin d'information de la Cour de cassation
BJCL Bulletin juridique des collectivités locales
BJCP Bulletin juridique des contrats publics
BLD Bulletin législatif Dalloz
BOAMP Bulletin officiel des annonces des marchés publics
BOCP Bulletin officiel de la comptabilité publique

Bull. civ.	Bulletin des arrêts des chambres civiles de la Cour de cassation
Bull. crim.	Bulletin des arrêts de la chambre criminelle de la Cour de cassation

C.	Code
c/	Contre
CAA	Cour administrative d'appel
Cah. Cons. const.	Les cahiers du Conseil constitutionnel
Cah. dr. eur.	Cahier de droit européen
CAO	Commission d'appel d'offres
CASF	Code de l'action sociale et des familles Dalloz
C. baux	Code des baux Dalloz
CCAG	Cahier des clauses administratives générales
CCAP	Cahier des clauses administratives particulières
CCC	Contrats Concurrence Consommation
CCH	Code de la construction et de l'habitation Dalloz
CCI	Chambre de commerce et d'industrie
C. civ.	Code civil Dalloz
CCP	Code de la commande publique Dalloz
CCM	Commission centrale des marchés
CCMOSS	Commission consultative des marchés des organismes de sécurité sociale
CCMP	Commission consultative des marchés publics (depuis 2009, anciennement CMPE)
C. com.	Code de commerce Dalloz
C. comptes	Cour des comptes
CCRA	Comités consultatifs de règlement amiable des différends
CCTG	Cahier de clauses techniques générales
CCTP	Cahier de clauses techniques particulières
CDBF	Cour de discipline budgétaire et financière
CDC	Caisse des dépôts et consignations
C. défense	Code de la défense
C. dom. Ét.	Code du domaine de l'État
C. dom. publ. fluv.	Code du domaine public fluvial et de la navigation intérieure
CE	Conseil d'État
CEDH	Cour européenne des droits de l'homme
C. éduc.	Code de l'éducation Dalloz
C. élect.	Code électoral Dalloz
C. énergie	Code de l'énergie Dalloz
C. envir.	Code de l'environnement Dalloz
CESEDA	Code de l'entrée et du séjour des étrangers et du droit d'asile Dalloz
C. fonct. publ.	Code de la fonction publique Dalloz
C. for.	Code forestier
CGCT	Code général des collectivités territoriales Dalloz
CGI	Code général des impôts Dalloz
CGPPP	Code général de la propriété des personnes publiques Dalloz
CH	Centre hospitalier

CHD	Centre hospitalier départemental
CHG	Confédération des hôpitaux généraux
CHI	Centre hospitalier intercommunal
CHR	Centre hospitalier régional
Chron.	Chronique
Cie	Compagnie
Circ.	Circulaire
CJA	Code de justice administrative Dalloz
CJCE	Cour de justice des Communautés européennes
CJEG	Cahiers juridiques de l'électricité et du gaz (devenus *RJEP*)
CJF	Code des juridictions financières
CJUE	Cour de justice de l'Union européenne
C. marchés	Code des marchés publics 2006
C. marchés	Code des marchés publics et autres contrats Dalloz
C. mon. fin.	Code monétaire et financier Dalloz
CMPE	Commission des marchés publics de l'État (jusqu'en 2009, devenue CCMP)
Cne	Commune
COB	Commission des opérations de bourse (jusqu'en 2003, devenue AMF)
Coll. terr.	Collectivités territoriales – Intercommunalité
Com.	Chambre commerciale de la Cour de cassation
Comm.	Commentaire
Comm. EDH	Commission européenne des droits de l'homme
Comp.	Comparer
concl.	Conclusions
conf.	Solution conforme
Cons. conc.	Conseil de la concurrence
Cons. const.	Conseil constitutionnel
Const.	Constitution
Contra	Solution contraire
Conv. EDH	Convention européenne de sauvegarde des droits de l'homme et des libertés fondamentales
C. patr.	Code du patrimoine Dalloz
CPCE	Code des postes et communications électroniques
C. pén.	Code pénal Dalloz
CPI	Code de la propriété intellectuelle Dalloz
C. pr. civ.	Code de procédure civile Dalloz
C. pr. pén.	Code de procédure pénale Dalloz
CRAC	Contrat de revitalisation artisanale et commerciale
CRC	Chambre régionale des comptes
Crim.	Chambre criminelle de la Cour de cassation
crit.	Critique
C. route	Code de la route Dalloz
CRPA	Code des relations entre le public et l'administration Dalloz
C. rur.	Code rural et de la pêche maritime Dalloz
CSI	Code de la sécurité intérieure Dalloz
CSP	Code de la santé publique Dalloz
CSS	Code de la sécurité sociale Dalloz
CTC	Chambre territoriale des comptes

Cté	Communauté
CTP	Comité technique paritaire
C. transp.	Code des transports Dalloz
C. trav.	Code du travail Dalloz
Cts	Consorts
C. urb.	Code de l'urbanisme Dalloz
C. voirie rout.	Code de la voirie routière
D.	Recueil Dalloz
DAE	Direction des achats de l'État (anciennement SAE)
DC	Formulaires non obligatoires de déclaration du candidat
DDCCRF	Direction départementale de la concurrence, de la consommation et de la répression des fraudes
DDE	Direction départementale de l'équipement
DDH	Déclaration des droits de l'homme et du citoyen de 1789
Décis.	Décision
Décr.	Décret
Décr.-L.	Décret-loi
DGD	Décompte général et définitif
Doc. fr.	Documentation française
Doctr.	Doctrine
Dpt	Département
Dptal	Départemental
Dpt et cnes	Département et communes
DR	Décision et rapports de la Commission européenne des droits de l'homme
Dr. adm.	Droit administratif
Dr. et patr.	Droit et patrimoine
Dr. fisc.	Droit fiscal
Dr. prat. com. int.	Droit et pratique du commerce international
DSP	Délégation de service public
DUME	Document unique de marché européen
DUP	Déclaration d'utilité publique
ecqc	En ce qui concerne
EDCE	Études et documents du Conseil d'État
Ent.	Entreprise
eod. loc.	Au même endroit
eod. v°, eisd. v^is	Même(s) mot(s) que celui (ceux) qui vient (viennent) d'être cité(s)
EPA	Établissement public administratif
EPCI	Établissement public de coopération intercommunale
EPIC	Établissement public industriel et commercial
Épx	Époux
Err.	*Erratum*
esp.	Espèce
Ét.	Établissement
Ét. fonc.	Études foncières
EXE	Formulaires non obligatoires d'exécution des marchés

FCTVA Fonds de compensation de la taxe à la valeur ajoutée
Féd. Fédération

GACA Les grands arrêts du contentieux administratif (Dalloz)
GACE Les grands avis du Conseil d'État (Dalloz)
GAJA Les grands arrêts de la jurisprudence administrative (Dalloz)
GAJF Les grands arrêts de la jurisprudence fiscale
Gaz. cnes La Gazette des Communes
Gaz. Pal. Gazette du Palais
GDCC Les grandes décisions du Conseil constitutionnel (Dalloz)
GIE Groupement d'intérêt économique
GIP Groupement d'intérêt public
Gpt Groupement

---

ibid. Au même endroit
Inf. fonc. dom. Information foncière et domaniale
infra Ci-dessous
Instr. Instruction
IR Informations rapides du Recueil Dalloz

J. Jurisprudence
JAL Journal d'annonces légales
J.-Cl. Adm. Juris-Classeur Administratif
J.-Cl. CMP Juris-Classeur Contrats et Marchés publics
J.-Cl. Coll. terr. Juris-Classeur des collectivités territoriales
J.-Cl. Europe Juris-Classeur Europe
JCP Juris-Classeur périodique, édition générale
JCP Adm. Juris-Classeur périodique, édition Administration et collectivités territoriales
JCP E Juris-Classeur périodique, édition Entreprise
JCP N Juris-Classeur périodique, édition Notariale
JDI Journal de droit international
JO Journal officiel
JOAN Journal officiel, débats de l'Assemblée nationale
JOAN Q Journal officiel, Assemblée nationale, Questions écrites
JOCE Journal officiel des Communautés européennes
JONC Journal officiel, numéro complémentaire
JO Sénat Journal officiel, débats du Sénat
JOUE Journal officiel de l'Union européenne
Journ. maires Journal des maires

L. Loi
Lebon Recueil des décisions du Conseil d'État (Dalloz)
LF Loi de finances
LFI Loi de finances initiale
LFR Loi de finances rectificative
Liv. Livre
L.O. Loi organique
LOA Location avec option d'achat

LOLF Loi organique relative aux lois de finances
LOPJ Loi n° 2002-1138 du 9 sept. 2002 d'orientation et de programmation pour la justice
LOPSI Loi n° 2002-1094 du 29 août 2002 d'orientation et de programmation pour la sécurité intérieure
LPA Les Petites Affiches
LPF Livre des procédures fiscales Dalloz
LR Loi de règlement

MAINH Mission d'appui à l'investissement hospitalier
MAPA Marché à procédure adaptée
MAPPP Mission d'appui aux partenariats public-privé (devenue mission d'appui au financement des infrastructures)
METP Marché d'entreprise de travaux publics
MIEM Mission interministérielle d'enquête sur les marchés publics et les délégations de service public
Min. Ministre
Min. publ. Ministère public
MIQCP Mission interministérielle pour la qualité des constructions publiques
Mod. Modifié
Mon. TP Le Moniteur des travaux publics et du bâtiment
Mon. TP, TO Le Moniteur des travaux publics et du bâtiment, supplément « textes officiels »
MOP Loi n° 85-704 du 12 juill. 1985 relative à la maîtrise d'ouvrage publique
MURCEF Loi n° 2001-1168 du 11 déc. 2001 portant mesures urgentes de réformes à caractère économique et financier

---

n° Numéro
not. Notamment
NOTI Formulaires non obligatoires de notification des marchés
Nouv. Nouveau

OAB Offre anormalement basse
obs. Observations
occ. En l'occurrence
OEAP Observatoire économique de l'achat public
OFPRA Office français de protection des réfugiés et apatrides
OMC Organisation mondiale du commerce
OPAC Office public d'aménagement et de construction
OPDHLM Office public départemental des HLM
OPH Office public de l'habitat
OPHLM Office public d'habitation à loyer modéré
Ord. Ordonnance
OUV Formulaires non obligatoire d'ouverture des plis

P Arrêt publié au bulletin civil ou au bulletin criminel de la Cour de cassation
p. Page

Pan.	Panorama
Pan. dr. adm.	Panorama de droit administratif
PME	Petite et moyenne entreprise
POS	Plan d'occupation des sols
Pouvoirs	Revue Pouvoirs
PPP	Partenariat public-privé
préc.	Précité
PRM	Personne responsable du marché
Proc. gén.	Procureur général
PV	Procès-verbal

QPC	Question prioritaire de constitutionnalité
Quinzaine jur.	La Quinzaine juridique
Quot. jur.	Quotidien juridique

RAE	Revue des affaires européennes
Rapport public	Rapport public annuel du Conseil d'État
Rappr.	Rapprocher
RDI	Revue de droit immobilier (Dalloz)
RD publ.	Revue du droit public et de la science politique en France et à l'étranger
RD rur.	Revue de droit rural
RDSS	Revue de droit sanitaire et social (Dalloz)
RDUE	Revue de droit de l'Union européenne
Rec. CJCE	Recueil de la Cour de justice et du tribunal de première instance des Communautés européennes
Rec. Cons. const.	Recueil des décisions du Conseil constitutionnel
Rect.	Rectificatif
Rec. TA	Recueil de jurisprudence des tribunaux administratifs et des cours administratives d'appel
RÉP. CONT. ADM.	Répertoire de contentieux administratif Dalloz
RÉP. EUR.	Répertoire de droit européen Dalloz
Rép. min.	Réponse ministérielle
RÉP. RESP. PUISS. PUBL.	Répertoire de la responsabilité de la puissance publique Dalloz
Req.	Chambre des requêtes de la Cour de cassation
req.	Requête
Rev. CMP	Revue Contrats et marchés publics
Rev. conc. consom.	Revue de la concurrence et de la consommation
Rev. fin. communales	Revue des finances communales
Rev. jur. envir.	Revue juridique de l'environnement
Rev. UE	Revue de l'Union européenne (Dalloz)
Rev. sociétés	Revue des sociétés (Dalloz)
RFDA	Revue française de droit administratif (Dalloz)
RF décentr.	Revue française de la décentralisation
RFF	Réseau ferré de France
RGCP	Règlement général sur la comptabilité publique (Décr. n° 62-1587 du 29 déc. 1962)
RGDIP	Revue générale de droit international public
RJC	Recueil de jurisprudence constitutionnelle
RJ com.	Revue de jurisprudence commerciale

RJEP	Revue juridique de l'économie publique (anciennement CJEG)
RJF	Revue de jurisprudence fiscale
RLCT	Revue Lamy des collectivités territoriales
RMUE	Revue du Marché unique européen
RPDA	Revue pratique de droit administratif
RSC	Revue de science criminelle et de droit pénal comparé (Dalloz)
RTD com.	Revue trimestrielle de droit commercial (Dalloz)
RTD eur.	Revue trimestrielle de droit européen (Dalloz)
RTDH	Revue trimestrielle des droits de l'homme
RUDH	Revue universelle des droits de l'homme

---

s.	Et suivants
SA	Société anonyme
SAD	Système d'acquisition dynamique
SAFER	Société d'aménagement foncier et d'établissement rural
SARL	Société à responsabilité limitée
SCI	Société civile immobilière
SCP	Société civile professionnelle
SDIS	Service départemental d'incendie et de secours
SEM	Société d'économie mixte
SEML	Société d'économie mixte locale
SEMOP	Société d'économie mixte à opération unique
SIPPEREC	Syndicat intercommunal de la périphérie de Paris pour l'électricité et les réseaux de communications
SIVOM	Syndicat intercommunal à vocation multiple
SIVU	Syndicat intercommunal à vocation unique
SMICOTOM	Syndicat mixte de collecte et de traitement des ordures ménagères
SNC	Société en nom collectif
sol. impl.	Solution implicite
Somm.	Sommaires
SPA	Service public administratif
SPIC	Service public industriel et commercial
SPL	Société publique locale
SPLA	Société publique locale d'aménagement
ss.	Sous
Sté	Société
supra	Ci-dessus

---

t.	Tome
TA	Tribunal administratif
T. civ.	Tribunal, chambre civile
T. com.	Tribunal de commerce
T. confl.	Tribunal des conflits
T. corr.	Tribunal, chambre correctionnelle
TI	Tribunal d'instance
Tit.	Titre
TP	Travaux publics
TPG	Trésorier-payeur général

TPICE	Tribunal de première instance des Communautés européennes
Trib. UE	Tribunal de l'Union européenne
TVA	Taxe sur la valeur ajoutée
UGAP	Union des groupements d'achats publics
V.	Voir
v° ou *v*^is	Mot ou mots
VEFA	Vente en l'état futur d'achèvement

TABLE DES MATIÈRES

CODE DE LA COMMANDE PUBLIQUE

LIVRE II
DISPOSITIONS PROPRES AUX MARCHÉS DE PARTENARIAT

LIVRE V

AUTRES MARCHÉS PUBLICS

L. 2500-1 – L. 2522-1
R. 2521-1 – R. 2522-1

LIVRE VI

DISPOSITIONS RELATIVES À L'OUTRE-MER

LIVRE VII

DISPOSITIONS RELATIVES AUX CIRCONSTANCES EXCEPTIONNELLES

TROISIÈME PARTIE
CONCESSIONS

L. 3000-1 – L. 3428-1
R. 3111-1 – D. 3381-5

LIVRE PRÉLIMINAIRE
CONTRATS DE CONCESSION MIXTES

L. 3000-1 – L. 3000-4

LIVRE I
DISPOSITIONS GÉNÉRALES

L. 3100-1 – L. 3137-5
R. 3111-1 – R. 3135-10

ANNEXES

APPENDICE

PARTIE I

PARTIE II

PARTIE III

PARTIE IV

PARTIE V

PARTIE VI

CODE DE LA COMMANDE PUBLIQUE

Rapport au Président de la République,

Relatif à l'ordonnance n° 2018-1074 du 26 novembre 2018 portant partie législative du code de la commande publique.

Monsieur le Président de la République,

La présente ordonnance, prise sur le fondement de l'article 38 de la Constitution, a pour objet de permettre l'adoption de la partie législative du code de la commande publique.

Le code de la commande publique constitue l'ultime étape de la démarche de rationalisation et de modernisation de ce droit, engagée avec la transposition des directives européennes du 26 février 2014, conçue dès l'origine comme un exercice de pré-codification.

Conformément à l'habilitation donnée par l'article 38 de la loi n° 2016-1691 du 9 décembre 2016 relative à la transparence, à la lutte contre la corruption et à la modernisation de la vie économique, le code de la commande publique regroupe et organise les règles relatives aux différents contrats de la commande publique qui s'analysent, au sens du droit de l'Union européenne, comme des marchés publics et des contrats de concession.

L'intégration des dispositions applicables aux contrats de la commande publique au sein d'un code unique, présentées de manière ordonnée et cohérente, constitue un moyen essentiel de renforcer l'accessibilité du droit. La codification représente également un enjeu de simplification administrative pour l'ensemble des parties prenantes de la commande publique (pouvoirs adjudicateurs, entités adjudicatrices et opérateurs économiques), qui pourront plus facilement appréhender les règles qui leur sont applicables dans un code qu'au travers de textes épars. Favorisant la lisibilité du droit français de la commande publique, cette codification favorise également sa compétitivité au service des entreprises et des investisseurs.

Cette refonte intervient à droit constant, sous la réserve de modifications rendues nécessaires pour assurer le respect de la hiérarchie des normes et la cohérence rédactionnelle des textes ainsi rassemblés, harmoniser l'état du droit, remédier aux éventuelles erreurs ou insuffisances de codification et abroger les dispositions, codifiées ou non, devenues sans objet.

Outre les dispositions des ordonnances n° 2015-899 du 23 juillet 2015 et n° 2016-65 du 29 janvier 2016 et de leurs décrets d'application résultant de la transposition des directives européennes, le code de la commande publique rassemble l'ensemble des règles régissant le droit de la commande publique qui figuraient jusqu'ici dans des textes épars, telles que les règles relatives à la maîtrise d'ouvrage publique et à ses relations avec la maîtrise d'œuvre privée, à la sous-traitance, aux délais de paiement ou à la facturation électronique.

Pour donner sa pleine mesure à l'objectif de simplification et d'accessibilité du droit, la codification ne se limite pas à une pure juxtaposition des types de contrats existants et des règles qui leur sont applicables mais s'attache, de manière plus ambitieuse, à faire ressortir les principes directeurs de la commande publique et à établir, de manière cohérente, les régimes de passation et d'exécution des contrats.

C'est à cet objectif que répond la structuration du code, organisée autour de la division cardinale entre marchés publics (deuxième partie) et contrats de concession (troisième partie), une première partie étant consacrée à des définitions et un titre préliminaire à des principes communs.

Ce plan permet de renforcer l'accessibilité du droit de la commande publique pour les acheteurs, autorités concédantes et opérateurs économiques selon une organisation thématique puis, pour chaque catégorie de contrats, chronologique.

Le titre préliminaire rappelle les principes fondamentaux de la commande publique et définit, en outre, les éléments essentiels du régime juridique commun à la plupart des contrats de la commande publique.

Après le rappel du choix dont disposent tous les acheteurs et autorités concédantes de faire appel à leurs propres moyens plutôt qu'à un contrat de la commande publique pour répondre à leurs besoins et de la définition de ces contrats, l'article L. 3 énonce les principes fondamentaux de la commande publique (décision n° 2003-473 DC du 26 juin 2003 du Conseil constitutionnel) – égalité de traitement, liberté d'accès et transparence des procédures. Par la définition de règles précises de passation pour les contrats de droit commun, le code met en œuvre ces principes, qui trouvent également à s'appliquer comme cadre de référence pour l'élaboration ou le contrôle de procédures de passation définies par les acheteurs ou les autorités concédantes eux-mêmes. A l'occasion de l'examen du code de la commande publique par le Conseil d'État, celui-ci a tenu à souligner la nécessité d'appeler l'attention des acteurs de la commande publique sur le fait que, conformément à la jurisprudence, ces principes peuvent trouver à s'appliquer, selon des modalités qu'il leur appartient de définir, à la passation de certains contrats alors même que le code ne fixe, en ce qui les concerne, aucune règle précise.

La première partie du code définit chaque catégorie de contrats de la commande publique (livre I) ainsi que les différents acteurs (livre II) de la commande publique. Le livre III est consacré aux contrats mixtes, c'est-à-dire portant à la fois sur des prestations soumises au code et d'autres n'y étant pas soumises.

La deuxième partie du code, consacrée aux marchés, est divisée en six livres, structurés de manière à épouser les étapes chronologiques de la vie du contrat : sa préparation, sa passation et son exécution.

Le livre I traite des dispositions régissant les marchés et codifie les dispositions de l'ordonnance n° 2015-899 du 23 juillet 2015. Des textes épars concernant l'exécution de ces marchés ont également été codifiés au sein de ce livre. Tel est le cas de la loi n° 75-1334 du 31 décembre 1975 relative à la sous-traitance. Les dispositions régissant la facturation électronique (ordonnance n° 2014-697 du 26 juin 2014) seront intégrées au code après la transposition de la directive 2014/55/UE, prévue au plus tard en avril 2019. L'exercice de codification a également été l'occasion de codifier certaines règles issues de la jurisprudence relatives à la résiliation et à la modification des contrats administratifs.

Le livre II est consacré aux marchés de partenariat et le livre III aux marchés de défense ou de sécurité. Le livre IV rassemble l'ensemble des dispositions applicables à la maitrise d'ouvrage publique et à ses rapports avec la maitrise d'œuvre privée, issues de la loi 85-704 du 12 juillet 1985 relative à la maîtrise d'ouvrage publique.

Le livre V regroupe les dispositions applicables aux marchés soumis à un régime juridique particuliers, qui échappaient, en raison de leur objet ou de la nature des contractants, au champ d'application de l'ordonnance n° 2015-899.

Le livre VI regroupe les adaptations des dispositions de cette partie aux collectivités et territoire d'outre-mer. Dans le respect de l'habilitation conférée par l'article 38 de la loi n° 2016-1691 du 9 décembre 2016, les dispositifs relatifs au recensement des marchés publics et aux comités consultatifs de règlement des différends ou litiges ont été étendus aux marchés publics conclus par l'État ou ses établissements publics en Nouvelle-Calédonie, Polynésie française, à Wallis-et-Futuna et aux Terres australes et antarctiques françaises, permettant ainsi une harmonisation de l'application de ces règles sur l'ensemble du territoire de la République.

La troisième partie du code relative aux contrats de concession comprend trois livres.

Le livre I rassemble l'ensemble des dispositions régissant la préparation, la passation et l'exécution de ces contrats. Il porte, pour l'essentiel, codification des dispositions de l'ordonnance n° 2016-65 relatifs aux contrats de concession. Le livre II regroupe les dispositions applicables aux contrats de concession soumis à un régime juridique particuliers, qui échappaient, en raison de leur objet ou de la nature des contractants, au champ d'application de l'ordonnance n° 2016-65.

Le livre III porte adaptation des dispositions de cette partie aux collectivités et territoire d'outre-mer.

L'article 1er de la présente ordonnance prévoit que les dispositions qui lui sont annexées constituent désormais la partie législative du code de la commande publique.

L'article 2 prescrit la mise à jour des dispositions des autres codes ou d'autres lois auxquelles renvoie le projet de code, dans le cas où ces dispositions seraient modifiées.

L'article 3 remplace des références aux dispositions abrogées par l'article 18 par les références correspondantes du projet de code.

Les articles 4 à 16 adaptent les dispositions figurant dans d'autres codes ou d'autres lois afin d'opérer les ajustements terminologiques induits par l'exercice de codification.

L'article 18 abroge les dispositions codifiées au sein du code de la commande publique.

L'article 20 fixe la date d'entrée en vigueur de l'ordonnance au 1er avril 2019. Bien que l'exercice de codification ait été opéré à droit constant, cette entrée en vigueur différée permettra aux acheteurs, autorités concédantes et opérateurs économiques de s'approprier dans les meilleures conditions le nouvel outil que constitue le code de la commande publique.

Tel est l'objet de la présente ordonnance que nous avons l'honneur de soumettre à votre approbation.

Veuillez agréer, Monsieur le Président l'assurance de notre profond respect.

Ordonnance nº 2018-1074 du 26 novembre 2018,

Portant partie législative du code de la commande publique.

Art. 1er Les dispositions annexées à la présente ordonnance constituent la partie législative du code de la commande publique.

Art. 2 Les dispositions de la partie législative du code de la commande publique qui mentionnent, sans les reproduire, des dispositions soit d'autres codes, soit de textes législatifs sont de plein droit modifiées par l'effet des modifications ultérieures de ces dispositions.

Art. 3 Les références à des dispositions abrogées par la présente ordonnance sont remplacées par les références aux dispositions correspondantes du code de la commande publique dans sa rédaction annexée à la présente ordonnance.

Art. 4 *Mod. CCH.*

Art. 5 *Mod. C. énergie.*

Art. 6 *Mod. CGCT.*

Art. 7 *Mod. CJA.*

Art. 8 *Mod. C. mon. fin.*

Art. 9 *Mod. C. transp.*

Art. 10 *Mod. C. urb.*

Art. 11 *Mod. C. voirie rout.*

Art. 12 La loi *[nº 75-1334]* du 31 décembre 1975 susvisée est ainsi modifiée :

1° L'article 4 est remplacé par les dispositions suivantes :

Art. 4 Le présent titre s'applique aux marchés passés par les entreprises publiques qui ne sont pas des acheteurs soumis au code de la commande publique. ;

2° Le troisième alinéa de l'article 6 est supprimé ;

3° L'article 11 est complété par trois alinéas ainsi rédigés :

"Le présent titre ne s'applique pas aux marchés publics soumis à la deuxième partie du code de la commande publique à l'exception :

"1° Des marchés publics relevant de ses livres I à III dont le montant est inférieur au seuil fixé en application du 2° de l'article L. 2193-10 ;

"2° Des marchés publics relevant de son livre V." ;

4° Les articles 15-1 et 15-2 sont abrogés ;

5° L'article 15-3 est remplacé par les dispositions suivantes :

Art. 15-3 La présente loi, à l'exception du dernier alinéa de l'article 12, est applicable en Nouvelle-Calédonie et en Polynésie française sous réserve des dispositions suivantes :

"Au premier alinéa de l'article 14, les mots : "dans les termes de l'article 1338 du code civil" sont supprimés." ;

6° L'article 15-4 est remplacé par les dispositions suivantes :

Art. 15-4 La présente loi est applicable dans les îles Wallis-et-Futuna et dans les Terres australes et antarctiques françaises, aux contrats passés par l'État et ses établissements publics.

Art. 13 L'article 19 de la loi *[nº 2014-626]* du 18 juin 2014 susvisée *[V. App., Partie II]* est ainsi modifié :

1° Après le premier alinéa, il est inséré un alinéa ainsi rédigé :

"Ces contrats sont des marchés publics globaux sectoriels ou des contrats de concessions soumis aux dispositions du code de la commande publique, sous réserve des dispositions de la présente loi." ;

2° Au deuxième alinéa, devenu le troisième, les mots : "Ces contrats" sont remplacés par le mot : "Ils".

Art. 14 Au II de l'article 13 de la loi *[nº 2014-856]* du 31 juillet 2014 susvisée, les mots : "au 2° de l'article 2 du code des marchés publics ou aux articles 3 et 4 de l'ordonnance n° 2005-649 du 6 juin 2005 précitée" sont remplacés par les mots : "aux articles L. 1211-1 et L. 1212-1 du code de la commande publique, en tant que ces articles concernent les collectivités territoriales ou des organismes dont le statut est fixé par la loi".

Art. 15 L'article 17-1 de la loi *[nº 2018-202]* du 26 mars 2018 susvisée est ainsi modifié :

1° Les mots : "second alinéa du I de l'article 33 de l'ordonnance n° 2015-899 du 23 juillet 2015 relative aux marchés publics" sont remplacés par les mots : "deuxième alinéa de l'article L. 2171-2 du code de la commande publique" ;

2° Les mots : "à la loi n° 85-704 du 12 juillet 1985 relative à la maîtrise d'ouvrage publique et à ses rapports avec la maîtrise d'œuvre privée" sont remplacés par les mots : "aux dispositions du livre IV de la deuxième partie du code de la commande publique".

Art. 16 La loi n° 2018-1021 du 23 novembre 2018 susvisée est ainsi modifiée :

1° Le I de l'article 69 est ainsi rédigé :

"I. — Les conditions mentionnées au deuxième alinéa de l'article L. 2171-2 du code de la commande publique ne sont pas applicables, jusqu'au 31 décembre 2021, aux marchés publics de conception-réalisation relatifs à la réalisation de logements locatifs aidés par l'État financés avec le concours des aides publiques mentionnées au 1° de l'article L. 301-2 du code de la construction et de l'habitation, lorsqu'ils sont conclus par les centres régionaux des œuvres universitaires et scolaires définis à l'article L. 822-3 du code de l'éducation." ;

2° Au premier alinéa de l'article 230, les mots : "second alinéa du I de l'article 33 de l'ordonnance n° 2015-899 du 23 juillet 2015 relative aux marchés publics" sont remplacés par les mots : "deuxième alinéa de l'article L. 2171-2 du code de la commande publique".

Art. 17 Dans toutes les dispositions législatives en vigueur, pour les contrats passés en application du code de la commande publique, les références à l'ordonnance n° 2015-899 du 23 juillet 2015 relative aux marchés publics *[V. App., Partie VIII]* et à l'ordonnance n° 2016-65 du 29 janvier 2016 relative aux contrats de concession *[V. App., Partie VIII]* s'entendent comme faisant référence au code de la commande publique pour autant que lesdits contrats relèvent du champ d'application de ces ordonnances avant l'entrée en vigueur de ce code.

Art. 18 Sont abrogés :

1° L'article 69 de la loi du 17 avril 1906 susvisée ;

2° Le dernier alinéa de l'article 5-1 de la loi *[nº 77-2]* du 3 janvier 1977 susvisée *[V. App., Partie I]* ;

3° La loi *[nº 85-704]* du 12 juillet 1985 susvisée, à l'exception du dernier alinéa de l'article 1er ;

4° L'article 67 de la loi *[nº 94-679]* du 8 août 1994 susvisée ;

5° Le titre IV de la loi *[nº 2013-100]* du 28 janvier 2013 susvisée, à l'exception du troisième alinéa de l'article 39 et du quatrième alinéa de l'article 40 ;

6° Le I de l'article 13 de la loi *[nº 2014-856]* du 31 juillet 2014 susvisée ;

7° L'ordonnance n° 2015-899 du 23 juillet 2015 relative aux marchés publics *[V. App., Partie VIII]* ;

8° L'ordonnance n° 2016-65 du 29 janvier 2016 relative aux contrats de concession *[V. App., Partie VIII]*.

Art. 19 Les dispositions des articles 1er à 3, 12, 17, 18 et 20 de la présente ordonnance ainsi que, dans les conditions qu'elle détermine, celles de son annexe, sont applicables dans les îles Wallis-et-Futuna, en Polynésie française, en Nouvelle-Calédonie et dans les Terres australes et antarctiques françaises.

Les dispositions mentionnées à l'article 18, intervenues dans une matière relevant de la compétence des autorités d'une collectivité d'outre-mer mentionnée à l'article 74 de la Constitution, de la Nouvelle-Calédonie ou de ses provinces et applicables localement, y demeurent en vigueur tant qu'elles n'ont pas été modifiées ou abrogées par l'autorité locale compétente.

Art. 20 I. — Les dispositions de la présente ordonnance s'appliquent aux marchés publics ainsi qu'aux contrats relevant de l'ordonnance n° 2015-899 du 23 juillet 2015 relative aux marchés publics pour lesquels une consultation est engagée ou un avis d'appel à la concurrence est envoyé à la publication à compter du 1er avril 2019.

II. — Les dispositions de la présente ordonnance s'appliquent aux contrats de concession pour lesquels une consultation est engagée ou un avis de concession est envoyé à la publication à compter du 1er avril 2019.

Toutefois, les dispositions des articles L. 3135-1 et L. 3136-6 du code de la commande publique s'appliquent à la modification des contrats qui sont des concessions au sens de ce code et qui ont été conclus ou pour lesquels une procédure de passation a été engagée ou un avis de concession a été envoyé à la publication avant le 1er avril 2016, date d'entrée en vigueur de l'ordonnance n° 2016-65 du 29 janvier 2016.

En outre, les dispositions du premier alinéa de l'article L. 3131-2 et des articles L. 3131-3 et L. 3131-4 du même code s'appliquent aux contrats de concession concédant un service public pour lesquels une consultation a été engagée ou un avis de concession a été envoyé à la publication à compter du 9 octobre 2016, date d'entrée en vigueur de la loi n° 2016-1321 du 7 octobre 2016 pour une République numérique.

III. — Les dispositions de la section 2 du chapitre II du titre IX du livre I de la première partie du code de la commande publique et celles de la section 2 du chapitre III du titre III du livre I de la troisième partie de ce code procédant à la codification du titre IV de la loi du 28 janvier 2013 susvisée s'appliquent aux contrats conclus à compter du 16 mars 2013, date d'entrée en vigueur de cette loi.

Décret n° 2018-1075 du 3 décembre 2018,

Portant partie réglementaire du code de la commande publique.

Art. 1er Les dispositions annexées au présent décret constituent la partie réglementaire du code de la commande publique.

Les articles dont le numéro est précédé de la lettre "R" correspondent à des dispositions relevant d'un décret en Conseil d'État.

Les articles dont le numéro est précédé de la lettre "D" correspondent à des dispositions relevant d'un décret.

Art. 2 Les dispositions de la partie réglementaire du code de la commande publique qui mentionnent, sans les reproduire, des dispositions soit d'autres codes, soit de textes législatifs ou réglementaires, sont de plein droit modifiées par l'effet des modifications ultérieures de ces dispositions.

Art. 3 Les références à des dispositions abrogées par le présent décret contenues dans des dispositions de nature réglementaire sont remplacées par des références aux dispositions correspondantes du code de la commande publique dans sa rédaction annexée au présent décret.

Art. 4 *Mod. CCH.*

Art. 5 *Mod. C. énergie.*

Art. 6 *Mod. CGCT.*

Art. 7 *Mod. C. transp.*

Art. 8 *Mod. C. urb.*

Art. 9 *Mod. C. voirie rout.*

Art. 10 *Mod. C. mon. fin.*

Art. 11 Le décret *[n° 2015-815]* du 3 juillet 2015 susvisé est ainsi modifié :

1° Au 1° du I de l'article 2, les mots : "l'ordonnance n° 2016-65 du 29 janvier 2016 relative aux contrats de concession et le décret n° 2016-86 du 1er février 2016 relatifs aux contrats de concession" sont remplacés par les mots : "la troisième partie du code de la commande publique" ;

2° A l'article 3, les mots : "l'article 4 de l'ordonnance n° 2015-899 du 23 juillet 2015 relative aux marchés publics" sont remplacés par les mots : "l'article L. 1111-1 du code de la commande publique" ;

3° A l'article 4 :

a) Au 1° du I, les mots : "l'ordonnance du 23 juillet 2015 mentionnée ci-dessus" sont remplacés par les mots : "la deuxième partie du code de la commande publique" ;

b) Au 1° du II, les mots : "des articles 20 à 23 du décret n° 2016-360 du 25 mars 2016" sont remplacés par les mots : "des articles R. 2121-1 à R. 2121-9 et du 2° de l'article R. 2123-1 du code de la commande publique" ;

c) Au 2° du II, les mots : "Les articles 59 à 62 et 64 de l'ordonnance du 23 juillet 2015 mentionnée ci-dessus" sont remplacés par les mots : "Les articles L. 2191-2 à L. 2191-7, L. 2193-1 à L. 2193-14 et L. 2196-3 à L. 2196-5 du code de la commande publique" ;

d) Au *a* du 3° du II, les mots : "l'article 75 du décret n° 2016-360 du 25 mars 2016 relatif aux marchés publics" sont remplacés par les mots : "l'article R. 2161-24 du code de la commande publique" ;

e) Au *d* du 3° du II, les mots : "l'article 33 et au II de l'article 34 du décret n° 2016-360 du 25 mars 2016 mentionné ci-dessus" sont remplacés par les mots : "l'article R. 2131-18 du code de la commande publique".

Art. 12 Les seuils mentionnés dans la partie réglementaire du code de la commande publique annexé au présent décret peuvent être modifiés par décret.

Art. 13 Dans toutes les dispositions réglementaires en vigueur, pour les contrats passés en application du code de la commande publique, les références à l'ordonnance n° 2015-899 du 23 juillet 2015 *[V. App., Partie VIII]* relative aux marchés publics et à l'ordonnance n° 2016-65 du 29 janvier 2016 *[V. App., Partie VIII]* relative aux contrats de concession s'entendent comme faisant référence au code de la commande publique pour autant que lesdits contrats relèvent du champ d'application de ces ordonnances avant l'entrée en vigueur de ce code.

Art. 14 Sont abrogés :

1° Le décret n° 86-520 du 14 mars 1986 pris pour l'application de l'article 1er de la loi n° 85-704 du 12 juillet 1985 relative à la maîtrise d'ouvrage publique et à ses rapports avec la maîtrise d'œuvre privée ;

2° Le décret n° 86-666 du 14 mars 1986 fixant les règles d'organisation de la négociation des accords prévus par la loi n° 85-704 du 12 juillet 1985 relative à la maîtrise d'ouvrage publique et à ses rapports avec la maîtrise d'œuvre privée ;

3° Le décret n° 86-664 du 14 mars 1986 déterminant les conditions dans lesquelles les personnes morales visées à l'article 6 *b* de la loi n° 85-704 du 12 juillet 1985 relative à la maîtrise d'ouvrage publique et à ses rapports avec la maîtrise d'œuvre privée peuvent assurer la conduite d'opération ;

4° Le décret n° 86-665 du 14 mars 1986 déterminant les conditions dans lesquelles les personnes morales visées à l'article 6 *c* de la loi n° 85-704 du 12 juillet 1985 relative à la maîtrise d'ouvrage publique et à ses rapports avec la maîtrise d'œuvre privée peuvent continuer d'assurer la conduite d'opération ;

5° Le décret n° 93-1268 du 29 novembre 1993 relatif aux missions de maîtrise d'œuvre confiées par des maîtres d'ouvrage publics à des prestataires de droit privé ;

6° Le décret n° 2002-381 du 19 mars 2002 portant application de l'article 19 de la loi n° 85-704 du 12 juillet 1985 relative à la maîtrise d'ouvrage publique et à ses rapports avec la maîtrise d'œuvre privée ;

7° Les articles 6, 7, 8, 12 et 13 du décret *[n° 2002-677]* du 29 avril 2002 susvisé ;

8° Le décret n° 2006-1071 du 28 août 2006 relatif au recensement des marchés publics et de certains contrats soumis à des obligations de mise en concurrence ;

9° Le décret n° 2010-1525 du 8 décembre 2010 relatif aux comités consultatifs de règlement amiable des différends ou litiges relatifs aux marchés publics ;

10° Les articles 1er à 11 du décret *[n° 2013-269]* du 29 mars 2013 susvisé ;

11° Le décret n° 2015-90 du 28 janvier 2015 fixant le montant prévu à l'article 13 de la loi n° 2014-856 du 31 juillet 2014 relative à l'économie sociale et solidaire ;

12° Le décret n° 2016-86 du 1er février 2016 concession relatif aux contrats de concession *[V. App., Partie VIII]* ;

13° Le décret n° 2016-360 du 25 mars 2016 relatif aux marchés publics *[V. App., Partie VIII]* ;

14° Le décret n° 2016-361 du 25 mars 2016 relatif aux marchés publics de défense ou de sécurité *[V. App., Partie VIII]* ;

15° Le décret n° 2017-842 du 5 mai 2017 *[V. App., Partie VIII,* 🏛*]* portant adaptation des missions de maîtrise d'œuvre aux marchés publics globaux.

Art. 15 Les dispositions des articles 1er à 3 et 11 à 14 et 16 du présent décret, ainsi que, dans les conditions qu'elle détermine, celles de son annexe, sont applicables dans les îles

Wallis-et-Futuna, en Polynésie française, en Nouvelle-Calédonie et dans les Terres australes et antarctiques françaises.

Les dispositions des textes mentionnés à l'article 14 intervenues dans une matière relevant de la compétence des autorités d'une collectivité d'outre-mer mentionnée à l'article 74 de la Constitution, de la Nouvelle-Calédonie ou de ses provinces et applicables localement y demeurent en vigueur tant qu'elles n'ont pas été modifiées ou abrogées par l'autorité locale compétente.

Art. 16 Les dispositions du présent décret s'appliquent :

1° Aux marchés publics pour lesquels une consultation a été engagée ou un avis d'appel à la concurrence a été envoyé à la publication depuis le 1er avril 2019. Elles ne s'appliquent pas aux marchés publics passés sur le fondement d'un accord-cadre ou dans le cadre d'un système d'acquisition dynamique lorsque la procédure en vue de la passation de cet accord ou de la mise en place de ce système d'acquisition dynamique a été engagée avant cette date ;

2° Aux contrats de concession pour lesquels une consultation a été engagée ou un avis de concession a été envoyé à la publication depuis le 1er avril 2019.

Les dispositions des articles R. 2191-35, R. 3114-4 et des sections II intitulées "Délais de paiement", respectivement du chapitre II du titre IX du livre I de la deuxième partie et du chapitre III du titre III du livre I de la troisième partie du code de la commande publique s'appliquent aux contrats conclus à compter du 16 mars 2013 pour les créances dont le délai de paiement a commencé à courir à compter de la date d'entrée en vigueur de ce décret.

PREMIÈRE PARTIE : LÉGISLATIVE

(Ord. n° 2018-1074 du 26 nov. 2018, en vigueur le 1er avr. 2019)

Nota : *Les dispositions de l'Ord. n° 2018-1074 du 26 nov. 2018 portant partie législative du code de la commande publique s'appliquent aux marchés publics ainsi qu'aux contrats relevant de l'Ord. n° 2015-899 du 23 juill. 2015 relative aux marchés publics pour lesquels une consultation est engagée ou un avis d'appel à la concurrence est envoyé à la publication à compter du 1er avr. 2019.*

Ces mêmes dispositions s'appliquent aux contrats de concession pour lesquels une consultation est engagée ou un avis de concession est envoyé à la publication à compter du 1er avr. 2019.

Toutefois, les dispositions des art. L. 3135-1 et L. 3136-6 du présent code s'appliquent à la modification des contrats qui sont des concessions au sens de ce code et qui ont été conclus ou pour lesquels une procédure de passation a été engagée ou un avis de concession a été envoyé à la publication avant le 1er avr. 2016, date d'entrée en vigueur de l'Ord. n° 2016-65 du 29 janv. 2016 relative aux contrats de concession.

En outre, les dispositions du 1er al. de l'art. L. 3131-2 et des art. L. 3131-3 et L. 3131-4 du même code s'appliquent aux contrats de concession concédant un service public pour lesquels une consultation a été engagée ou un avis de concession a été envoyé à la publication à compter du 9 oct. 2016, date d'entrée en vigueur de la L. n° 2016-1321 du 7 oct. 2016 pour une République numérique. Les dispositions de la section 2 du chapitre II du titre IX du livre I de la deuxième partie du code de la commande publique et celles de la section 2 du chapitre III du titre III du livre I de la troisième partie de ce code procédant à la codification du titre IV de la loi du 28 janv. 2013 susvisées s'appliquent aux contrats conclus à compter du 16 mars 2013, date d'entrée en vigueur de cette loi (Ord. n° 2018-1074 du 26 nov. 2018, art. 20).

BIBL. GÉN.

I Sur le code de la commande publique et les contrats de la commande publique

Amilhat, Le code, les principes fondamentaux de la commande publique et la notion de commande publique, *AJDA 2019. 793*. – Bourdon, Le code de la commande publique : une codification à droit quasi constant, *AJDA 2020. 149*. – Bousquet, L'effet relatif des contrats administratifs, *RFDA mai-juin 2020*. – Castellarin et Muller, La participation des auteurs extra-européens à la commande publique : l'apport du règlement sur les marchés publics internationaux, *RFDA 2022. 491*. – Chamard-Heim, Un an de fiscalité des contrats publics, *Rev. CMP, n° 6, Chron. 5*. – Dossier ACCP : Code de la commande publique : analyse des parties 1 et 2, *févr. 2019* ; Code de la commande publique : analyse de la 3e partie, *mars 2019* ; Réalisation et gestion des équipements sportifs : aspects contractuels, *févr. 2020* ; Suspension et reprise de l'exécution des contrats, *juill.-août 2020* ; La commande publique face aux contraintes environnementales, *oct. 2020* ; Sous-traitance et commande publique, *nov. 2020* ; Loi ASAP : quel impact sur la commande publique ?, *févr. 2021* ; Quelle(s) fin(s) pour les contrats publics ? *sept. 2021* ; La commande publique à l'aune du développement durable, *déc. 2021* ; Achèvement de la procédure : points de vigilance, *mai 2022* ; La commande publique face à la hausse des prix, *juill. 2022*. – Dossier AJDA : Enfin, le code de la commande publique, *AJDA 2019. 376* ; Responsabilité et contrat administratif, *AJDA 2019. 2528*. – Dossier AJDA : Commande publique et droits fondamentaux, *29 nov. 2021*. – Dossier RFDA, *mars-avr. 2019*. – Dossier BJCP, Le code de la commande publique : actes du colloque de Montpellier, *BJCP juill.-août 2019*. – Dossier spécial, *Rev. CMP janv. 2019*. – Frackowiak, Enfin, le code de la commande publique, *BJCP 2018. 359* ; Le code de la commande publique. Tout vient à point à qui sait attendre, *BJCP 2019. 3* ; La transformation numérique de la commande publique, *BJCP mai-juin 2020* ; Commande publique, préférence et réciprocité : de l'intérêt de liaisons dangereuses ?, *BJCP 2021. 83*. – Frackowiak et Delmas, Un nouveau seuil aux portes de la commande publique, *BJCP 2019. 367*. – Giannoni, Faut-il « amazonifier » la commande publique ?, *AJDA 2022. 26*. – Lichère, La loi du 22 août 2021 et la commande publique, *AJDA 2022. 142*. – Maurel, Un an de droit de la concurrence appliqué aux contrats publics, *Rev. CMP, n° 7, Chron. 4*. – Michalak, Les limites de la commande publique dans le soutien à l'économie locale, *Dr. adm. 2021, n° 5*. – Muller, Les ambitions raisonnées du code de la commande publique, *Dr. adm. juin 2019*. – Neveu et Terneyre, Impartialité dans l'attribution des contrats publics : de la nécessité d'anticiper les conflits d'intérêts, *BJCP 2022. 191*. – Richer, Retour sur la cession des contrats de la commande publique, *AJDA 2021. 1183*. – de Sigoyer, Code de la commande publique : champ d'application, passation et exécution des marchés publics et des concessions, *Dr. adm. mai 2019*. – Sorbara, Contrats de coopération entre personnes publiques et commande publique, *Rev. CMP 2020, n° 3, Étude 1*. – Terneyre, Sur la faculté d'exclure de la commande publique les offres en provenance d'États tiers à l'Union européenne, *Rev. CMP, n° 4, Étude 4*. – Zalcberg, La doctrine « Cloud » de l'État à l'épreuve du droit de la commande publique, *Rev. CMP, n°s 8-9, Étude 7*.

II Bibliographie générale sur les contrats

Bahougne, Le recours au titre exécutoire dans les contrats publics, *BJCP nov.-déc. 2020*. – Bousquet, L'effet relatif des contrats administratifs, *RFDA mai-juin 2020. 443*. – Chamard-Heim, Un an de fiscalité des contrats publics, *Rev. CMP 2021, n° 5*. – Dossier ACCP, Contrats et montages immobiliers publics, *févr. 2022*. – Dossier AJDA, Les quasi-contrats administratifs, *AJDA 2021. 313* . – Hoepffner, L'indemnisation des surcoûts liés à l'épidémie de covid-19 dans les contrats de la commande publique, *Rev. CMP 2020, n°s 8-9*. – Lahouazi, Chambon, Un « régime administratif d'ordre public », *AJDA 2021. 1716* . – Laugler, Le contrat administratif rétroactif, *AJDA 2021. 1366* ; L'inapplicabilité du droit des pratiques restrictives au contrat administratif, *AJDA 2022. 197* . – Leveneur, L'originalité des contrats privés des personnes publiques, *AJDA 2020. 957* . – Malverti et Beaufils, Contrats administratifs : les petits caractères, *AJDA 2021. 734* . – Michalis, La rationalisation du régime de résiliation unilatérale des contrats administratifs par l'administration, *RFDA 2021. 290* . – Pouyaud, La résiliation pour irrégularité du contrat administratif, *RFDA 2021. 275* . – Sirinelli, La résiliation du contrat administratif par l'administrateur ou le liquidateur judiciaire, *AJDA 2021. 248* . – Sorbara, Contrats de coopération entre personnes publiques et commande publique, *Rev. CMP 2020, n° 3*. – Terneyre, Laloum, Droit des contrats administratifs : renversons quelques tables pour la reprise économique, *Rev. CMP 2021, n° 7*.

COMMENTAIRE

Le code de la commande publique est le résultat d'un long processus de vingt-cinq ans.

Le paysage des contrats qu'on n'appelait pas encore contrats de la commande publique était encore simple il y a vingt-cinq ans : d'un côté, un code des marchés publics, simple décret, qui allait, en 1998, être complété par des dispositions de transposition des directives de 1992-1993 alors en vigueur ; de l'autre, les quelques articles de la loi n° 93-122 du 29 janvier 1993, dite loi Sapin, qui, sans les définir, fixaient les éléments essentiels du régime juridique des contrats de délégation de service public.

Les choses se sont beaucoup compliquées dans les années qui ont suivi, notamment du fait de la multiplication des textes relatifs à des contrats qui, sans entrer dans le champ du code des marchés publics, étaient des marchés publics au sens des directives. Pour s'en tenir à l'essentiel, on peut rappeler qu'en même temps que le code des marchés publics était profondément rénové et mis pleinement en conformité avec le droit communautaire en 2001, 2004 et 2006, le champ d'application organique et matériel du droit des marchés publics était sensiblement élargi : d'une part, des pouvoirs adjudicateurs et entités adjudicatrices non soumis au code des marchés publics, mais entrant dans le champ organique des directives marchés, faisaient l'objet de textes spécifiques, notamment de l'ordonnance n° 2005-649 du 6 juin 2005 et des décrets n° 2005-1308 et 2005-1742 des 20 octobre et 30 décembre 2005 ; d'autre part, l'ordonnance n° 2004-559 du 17 juin 2004 sur les contrats de partenariat et de nombreux textes sectoriels créaient des contrats de marché public qui se caractérisaient notamment par le fait que les pouvoirs adjudicateurs n'étaient pas maîtres d'ouvrage, que des missions globales étaient confiées à leurs titulaires et que le paiement des investissements pouvait être différé tout au long d'une période d'exploitation. Ainsi, pour les marchés publics, comme c'était déjà le cas pour les délégations de service public depuis 1993, une distinction apparaissait peu à peu entre ce qui devait relever de la loi et ce qui relevait du règlement, le caractère purement réglementaire du droit des marchés publics, admis par le Conseil d'État au prix de raisonnements sophistiqués pour le code des marchés publics, n'étant plus envisageable, au regard des articles 34 et 72 de la Constitution.

Quand il a fallu transposer, après celles de 1992-1993 et celles de 2004, les deux directives marchés et la directive concessions de 2014, le paysage du droit des marchés publics et des concessions était donc devenu complexe : plusieurs lois, deux ordonnances (l'ordonnance déjà mentionnée sur les contrats de partenariat et l'Ord. n° 2009-864 du 15 juillet 2009 relative aux contrats de concession de travaux publics) et de nombreux textes réglementaires. Le parti a été pris de créer deux « blocs » : l'ordonnance n° 2015-899 du 23 juillet 2015 et ses deux décrets d'application pour l'ensemble des marchés publics entrant dans le champ des directives marchés, l'ordonnance n° 2016-65 du

29 janvier 2016 et son décret d'application pour les concessions entrant dans le champ de la directive concessions (au nombre desquelles figurait désormais la nouvelle catégorie des concessions de services).

Le présent code, qui a fait l'objet d'une habilitation du Gouvernement à procéder par ordonnance (et à droit constant) par l'article 38 de la loi n° 2016-1691 du 9 décembre 2016, dite loi Sapin 2, constitue la dernière étape de ce processus. Conformément aux termes de cette habilitation, il « regroupe et organise les règles relatives aux différents contrats de la commande publique qui s'analysent, au sens du droit de l'Union européenne, comme des marchés publics ou des contrats de concessions ». ❑

TITRE PRÉLIMINAIRE

COMMENTAIRE

La structure du code résulte logiquement des termes de l'article 38 de la loi Sapin 2, cités ci-dessus : une partie législative, composée, après un très bref titre préliminaire et une courte première partie consacrée à la définition de son champ d'application, d'une partie relative aux marchés publics et d'une partie relative aux concessions ; une partie réglementaire, composée d'une partie relative aux marchés publics et d'une partie relative aux concessions.

Dans un code qui, pour l'essentiel, juxtapose donc les dispositions applicables aux contrats d'achat correspondant au champ d'application des directives marchés et aux concessions qui entrent dans le champ de la directive concessions, le titre préliminaire a un double objet : définir ce qu'il convient d'entendre par « contrats de la commande publique » – et, par suite, le champ d'application du code – et rappeler les principes fondamentaux qui leur sont applicables. ❑

Art. L. 1 Les acheteurs et les autorités concédantes choisissent librement, pour répondre à leurs besoins, d'utiliser leurs propres moyens ou d'avoir recours à un contrat de la commande publique.

COMMENTAIRE

On trouve là le rappel du principe fondamental – qui vaut aussi bien pour le droit de l'Union qu'en droit interne – selon lequel les acheteurs et les autorités concédantes – notamment les personnes publiques – ne sont jamais tenus d'externaliser. ❑

1. Les personnes publiques ont toujours la possibilité d'accomplir les missions de service public qui leur incombent par leurs propres moyens ; il leur appartient en conséquence de déterminer si la satisfaction des besoins résultant des missions qui leur sont confiées appelle le recours aux prestations et fournitures de tiers plutôt que la réalisation, par elles-mêmes, de celles-ci ; ni la liberté du commerce et de l'industrie, ni le droit de la concurrence ne font obstacle à ce qu'elles décident d'exercer elles-mêmes, dès lors qu'elles le font exclusivement à cette fin, les activités qui découlent de la satisfaction de ces besoins, alors même que cette décision est susceptible d'affecter les activités privées de même nature. • CE, ass., 26 oct. 2011, *Assoc. pour la promotion de l'image et a.*, n°s 317827 A, 317952, 318013 et 318051.

2. Les collectivités publiques peuvent recourir à leurs propres moyens, pour assurer, dans le cadre de leurs compétences, les prestations répondant à leurs besoins. Elles ne sont pas tenues de faire appel à des tiers, en particulier à des entreprises, en passant avec eux des marchés publics. Ainsi, si plusieurs collectivités publiques décident d'accomplir en commun certaines tâches et de créer à cette fin, dans le respect des dispositions législatives et réglementaires qui leur sont applicables, un organisme dont l'objet est de leur fournir les prestations dont elles ont besoin, elles peuvent librement faire appel à celui-ci, sans avoir à le mettre en concurrence avec des opérateurs dans le cadre de la passation d'un marché public, dès lors qu'il leur consacre l'essentiel de son activité et qu'elles exercent conjointement sur lui un contrôle comparable à celui qu'elles exercent sur leurs propres services, un tel organisme ne pouvant en effet être regardé, alors, comme un opérateur sur un marché concurrentiel. • CE 4 mars 2009, *Synd. nat. des industries d'information de santé*, n° 300481 A : *BJCP 2009. 237, concl. Courrèges ; Rev. CMP 2009, n° 120, note Soler-Couteaux ; Dr. adm. 2009, comm. n° 71, note Hoepffner ; RDI 2009. 423, note Noguellou*.

3. Aux termes de l'art. L. 6133-1 CSP : « Le groupement de coopération sanitaire de moyens a pour objet de faciliter, de développer ou d'améliorer l'activité de ses membres. Un groupement de coopération sanitaire de moyens peut être constitué pour : (…) 3° Permettre les interventions communes de professionnels médicaux et non médicaux exerçant dans les établissements ou centres de santé membres du groupement ainsi que des professionnels libéraux membres du groupement (…) » ; aux termes de l'art. L. 6133-6 du même code : « Dans le cas prévu au 3° de l'art. L. 6133-1, les professionnels médicaux des établissements de santé membres du groupement, les professionnels médicaux des centres de santé membres du groupement et les professionnels médicaux libéraux membres du groupement peuvent assurer des prestations médicales au bénéfice des patients pris en charge par l'un ou l'autre des établissements de santé membres du groupement et participer à la permanence des soins. / La permanence des soins, les consultations et les actes médicaux assurés par les professionnels libéraux médicaux, dans le cadre du groupement, peuvent être rémunérés forfaitairement ou à l'acte dans des conditions définies par voie réglementaire. / Les dépenses relatives aux soins dispensés aux patients pris en charge par des établissements publics de santé et par les établissements de santé mentionnés aux *b* et *c* de l'art. L. 162-22-6 et à l'art. L. 162-22-16 CSS sont supportées par l'établissement de santé concerné (…) » ;

L'art. 1er du contrat conclu entre le centre hospitalier et une SELARL de médecins stipule que : « Le présent contrat (…) a pour objet d'organiser les conditions dans lesquelles la SELARL est autorisée à exercer son art au sein du centre hospitalier en application de l'art. L. 6133-6 CSP, au bénéfice des patients de ce dernier, usagers du service public hospitalier. »

Il résulte de la définition de l'objet du contrat, par son art. 1er préc., et des termes de l'art. L. 6133-6 CSP, en application duquel il a été conclu, qu'il a pour but de définir les modalités de l'exercice par les médecins libéraux de la SELARL de leur activité d'imagerie médicale dans l'établissement public hospitalier membre d'un groupement de coopération sanitaire, en l'articulant avec l'activité de même nature qu'ils exercent déjà au sein de l'établissement de santé privé membre du même groupement ; ce contrat constitue ainsi une modalité de l'organisation interne du groupement de coopération sanitaire, lequel a d'ailleurs été institué sous la forme d'une personne morale de droit privé à but non lucratif, par sa convention constitutive du 15 oct. 2009, notamment pour gérer un plateau technique commun d'imagerie médicale ; dans ces conditions, il ne peut pas être regardé comme un contrat conclu entre un pouvoir adjudicateur et un opérateur économique au sens du 2e al. du I de l'art. 1er C. marchés et n'est donc pas soumis à ce code et aux règles de publicité et de mise en concurrence qu'il détermine. • CAA Nantes, 12 avr. 2013, *SELARL Radiodiagnostic du Giennois*, n° 11NT03011 : *Rev. CMP 2013, n° 162, note Zimmer.*

4. Services relevant d'un même pouvoir adjudicateur. Deux services relevant du même pouvoir adjudicateur peuvent se passer des commandes librement (sans avoir à conclure un marché public). • CE 29 avr. 1970, *Sté Unipain*, n° 77935 A.

5. Conditions particulières prévues par une réglementation à la conclusion « d'opérations internes ». La liberté dont disposent les États membres quant au choix du mode de gestion qu'ils jugent le plus approprié pour l'exécution de travaux ou la prestation de services ne saurait toutefois être illimitée. Elle doit, au contraire, s'exercer dans le respect des règles fondamentales du Traité sur le fonctionnement de l'Union européenne, notamment la libre circulation des marchandises, la liberté d'établissement et la libre prestation de services, ainsi que des principes qui en découlent comme l'égalité de traitement, la non-discrimination, la reconnaissance mutuelle, la proportionnalité et la transparence. • CJCE 9 juill. 1987, *CEI et Bellini*, n° C-27/86 à C-29/86, pt 15 • CJCE 7 déc. 2000, *Telaustria et Telefonadress*, n° C-324/98, pt 60 • CJUE 10 sept. 2009, *Sea*, n° C-573/07, pt 38.

Dans ces limites, il est loisible à un État membre d'imposer à un pouvoir adjudicateur des conditions, non prévues à l'art. 12, § 1, de la Dir. 2014/24, pour qu'il conclue une opération interne, notamment afin de garantir la continuité, la bonne qualité et l'accessibilité du service.

Au vu des considérations qui précèdent, il convient de répondre à la troisième question ss. *a)* que l'art. 12, § 1, de la Dir. 2014/24 doit être interprété en ce sens qu'il ne s'oppose pas à une règle nationale par laquelle un État membre subordonne la conclusion d'une opération interne, notamment à la condition que la passation d'un marché public ne permette pas de garantir la qualité des services réalisés, leur accessibilité ou leur continuité, tant que le choix exprimé en faveur d'un mode de prestation de services en particulier, et effectué à un stade antérieur à celui de la passation de marché public, respecte les principes d'égalité de traitement, de non-discrimination, de reconnaissance mutuelle, de proportionnalité et de transparence. • CJUE 3 oct. 2019, *Kauno miesto savivaldybe*, n° C-295/18 : *Rev. CMP 2019. 366, note Ubaud-Bergeron.*

Art. L. 2 Sont des contrats de la commande publique les contrats conclus à titre onéreux par un acheteur ou une autorité concédante, pour répondre à ses besoins en matière de travaux, de fournitures ou de services, avec un ou plusieurs opérateurs économiques.

Les contrats de la commande publique sont les marchés publics et les concessions définis au livre I de la première partie, quelle que soit leur dénomination. Ils sont régis par le présent code et, le cas échéant, par des dispositions particulières.

COMMENTAIRE

Depuis qu'elle a été consacrée par la décision du Conseil constitutionnel n° 2003-473 DC du 26 juin 2003, la notion de commande publique n'a jamais été définie et ses frontières sont restées floues.

L'article L. 2 reste, à cet égard, assez sommaire et ne donne de cette notion – et, par suite, du champ d'application du code – qu'une première définition, qui sera détaillée dans la première partie de la partie législative.

Son premier paragraphe se présente autant comme l'expression d'un « plus petit commun dénominateur » entre marchés publics et concessions au sens des directives – qui sont d'ailleurs indirectement mentionnées, puisque sont d'emblée distingués « acheteurs » et « autorités concédantes » – que comme la définition d'une véritable catégorie juridique autonome. Et c'est sans surprise que son second paragraphe se borne à une définition énumérative – ce qui revient à définir la catégorie de la commande publique et le champ d'application du code en renvoyant aux définitions des deux grandes catégories de contrats, les marchés publics et les concessions au sens du droit de l'Union européenne, qui, juxtaposées, constituent donc la commande publique.

Dans la ligne du droit de l'Union européenne, un critère essentiel est retenu : sont des contrats de la commande publique les contrats qui ont pour objet de répondre à un besoin de la personne publique (ou assimilée) qui les passe, au moins en matière de travaux, de fournitures et services – ce qui exclut notamment, conformément à la conception qui a toujours été implicitement retenue de la notion de commande publique, les contrats de recrutement d'agents publics. Il s'agit donc d'abord de contrats d'achat. Parmi les contrats concessifs les plus usuels (concessions de service public, concessions de travaux publics, concessions de services, concessions domaniales), sont exclues du champ de la commande publique les concessions domaniales, qui, même si elles sont conclues dans l'intérêt du domaine, ont d'abord pour objet, comme d'autres contrats ou actes relatifs à son occupation, non de répondre à un besoin de la personne publique propriétaire, mais de permettre à leurs titulaires d'exercer leur activité propre. Pour la même raison se trouvent d'ailleurs aussi exclus du champ de la commande publique ainsi conçu des contrats qui ne sont ni des contrats d'achat ni des contrats concessifs comme les contrats de subventionnement ou d'aide ou encore les multiples contrats d'objectifs, de programmation ou de coopération auxquels peuvent donner lieu les interventions des personnes publiques et leur organisation.

On aura l'occasion de revenir plus en détail sur la portée exacte de la notion de « réponse à un besoin » en commentant les dispositions relatives aux deux grandes catégories de contrats de la commande publique, marchés et concessions. La jurisprudence pertinente sera également mentionnée à cette occasion.

Il convient d'être attentif au fait que le présent article précise que le code s'applique à tous les contrats qui *doivent être regardés* comme des marchés ou des concessions de la commande publique, « quelle que soit leur dénomination ».

Ceci vaut pour les dénominations que retiennent les parties à un contrat elles-mêmes et qui, quelles qu'elles soient, ne sauraient faire obstacle à l'application du code de la commande publique si le contrat en cause doit être qualifié de marché public ou de concession entrant dans son champ d'application. Ainsi continuera-t-on à requalifier, si nécessaire, des concessions domaniales en concessions de services, voire en concessions de service public. De même, des montages contractuels qui combinent différents types de contrats pourront, le cas échéant, être regardés comme des marchés publics ou comme des concessions. On pourrait multiplier les exemples.

Ceci vaut aussi pour des contrats, assez nombreux, dont le régime juridique est fixé, de façon plus ou moins précise, par d'autres dispositions, notamment par d'autres codes, mais qui répondent aux critères organique et matériel du code de la commande publique. Le parti a été pris – conformément, au demeurant, à l'habilitation donnée par le législateur – de ne pas abroger les textes spécifiques consacrés à de tels contrats de la commande publique et, notamment, de ne pas « décodifier » ce qui était – et reste donc – codifié dans d'autres codes, des renvois permettant, chaque fois que nécessaire, d'assurer un « pont » entre les textes. Les contrats en cause sont donc régis par le code de la commande publique et par des dispositions particulières qui lui sont extérieures. On peut citer, à titre d'exemples, les marchés publics des organismes de logement social, prévus par le code de la construction et de l'habitation, les concessions d'aménagement, que règlemente le code de l'urbanisme et qui sont, selon le cas, des marchés publics ou des concessions, ou encore, bien sûr, les délégations de service public des collectivités territoriales, que règlemente le code général des collectivités territoriales, mais que mentionne expressément l'article L. 1121-3 du code de la commande publique comme un sous-ensemble des concessions de services. Là encore, on pourrait citer d'autres exemples (les concessions hydrauliques, concessions autoroutières, concessions de plage…).

Le présent code est donc un code des contrats de la commande publique (ce qui exclut les autres actes par lesquels peuvent être achetés des biens et services et peut être déléguée l'exploitation d'un ouvrage ou d'un service), qui définit les règles de passation et d'exécution applicables à tous les contrats qui relèvent de la définition de son article L. 2. ❑

Loi nº 2021-1109 du 24 août 2021,

Confortant le respect des principes de la République.

Art. 1er *[…]* II. — Lorsqu'un contrat de la commande publique, au sens de l'article L. 2 du code de la commande publique, a pour objet, en tout ou partie, l'exécution d'un service public, son titulaire est tenu d'assurer l'égalité des usagers devant le service public et de veiller au respect des principes de laïcité et de neutralité du service public. Il prend les mesures nécessaires à cet effet et, en particulier, il veille à ce que ses salariés ou les personnes sur lesquelles il exerce une autorité hiérarchique ou un pouvoir de direction, lorsqu'ils participent à l'exécution du service public, s'abstiennent notamment de manifester leurs opinions politiques ou religieuses, traitent de façon égale toutes les personnes et respectent leur liberté de conscience et leur dignité.

Le titulaire du contrat veille également à ce que toute autre personne à laquelle il confie pour partie l'exécution du service public s'assure du respect de ces obligations. Il est tenu de communiquer à l'acheteur chacun des contrats de sous-traitance ou de sous-concession ayant pour effet de faire participer le sous-traitant ou le sous-concessionnaire à l'exécution de la mission de service public.

Les clauses du contrat rappellent ces obligations et précisent les modalités de contrôle et de sanction du cocontractant lorsque celui-ci n'a pas pris les mesures adaptées pour les mettre en œuvre et faire cesser les manquements constatés.

III. — Le dernier alinéa du II s'applique aux contrats de la commande publique pour lesquels une consultation est engagée ou un avis de publicité est envoyé à la publication à compter de la publication de la présente loi.

Les contrats pour lesquels une consultation ou un avis de publicité est en cours à la date de publication de la présente loi et les contrats en cours à cette même date sont modifiés, en tant que de besoin, pour se conformer aux obligations mentionnées au dernier alinéa du II dans un délai d'un an à compter de cette date ; toutefois, cette obligation de mise en conformité ne s'applique pas à ceux de ces contrats dont le terme intervient au cours des dix-huit mois suivant la publication de la présente loi.

Art. L. 3 Les acheteurs et les autorités concédantes respectent le principe d'égalité de traitement des candidats à l'attribution d'un contrat de la commande publique. Ils mettent en œuvre les principes de liberté d'accès et de transparence des procédures, dans les conditions définies dans le présent code.

Ces principes permettent d'assurer l'efficacité de la commande publique et la bonne utilisation des deniers publics.

COMMENTAIRE

Les principes fondamentaux qui sont rappelés ici – égalité de traitement, liberté d'accès, transparence des procédures – sont des principes de valeur constitutionnelle. Ils ont en effet été sanctionnés comme tels par le Conseil constitutionnel à plusieurs reprises, comme découlant des articles 6 et 14 de la Déclaration des droits de l'homme et du citoyen (V., par ex., Cons. const. 26 juin 2003, n° 2003-473 DC relative à la loi habilitant le Gouvernement à simplifier le droit, pt 10).

Les règles de publicité et de mise en concurrence que définit le code, de façon parfois très détaillée, pour la passation des contrats de la commande publique mettent en œuvre ces principes. On remarquera que certaines de ces procédures laissent l'autorité contractante libre de définir, dans le respect des principes fondamentaux, les mesures de publicité et de mise en concurrence à mettre en œuvre : tel est le cas de la procédure adaptée. D'autres prévoient expressément la possibilité de se dispenser de toute publicité et de toute mise en concurrence parce que la nature des choses le justifie (quand le respect de telles obligations procédurales est impossible, inutile ou manifestement pénalisant pour l'autorité contractante). Enfin, on verra que certains contrats sont exclus du champ des règles de passation du code : on sera attentif au fait qu'il n'en résulte pas, pour ce seul motif, que ces contrats soit hors du champ des principes fondamentaux de la commande publique, comme la jurisprudence a pu avoir l'occasion de le juger, y compris d'ailleurs pour des contrats qui sont hors du champ du code lui-même, comme des marchés conclus et exécutés à l'étranger (V. jurisprudence *infra*).

Sur la portée exacte de ces principes et sur les obligations qui en découlent, on aura l'occasion d'y revenir à maintes reprises dans les commentaires du présent code. On se bornera donc ici à de très brèves remarques sur chacun d'eux.

Le principe d'égalité de traitement, applicable en tout état de cause (sauf quand un seul opérateur est susceptible d'être concerné), interdit toute pratique discriminatoire de nature à favoriser certains opérateurs, dans la définition des prestations attendues, dans la façon dont l'acheteur ou l'autorité concédante fait connaître son besoin par une publicité appropriée, dans l'ensemble des modalités selon lesquelles les candidats sont mis en concurrence, et dans la façon dont leurs offres sont appréciées.

La liberté d'accès implique que tous les opérateurs intéressés puissent proposer leurs services pour répondre au besoin de l'acheteur ou de l'autorité concédante. Ce principe n'interdit cependant pas que le code prévoie un certain nombre de cas d'interdiction de soumissionner (V. art. L. 4 ci-dessous).

La transparence des procédures est la garantie d'une véritable mise en concurrence. Elle implique notamment que l'acheteur ou l'autorité concédante fasse connaître non seulement la nature de son besoin, mais aussi les conditions dans lesquelles il sera procédé à la sélection de l'attributaire du contrat. Elle ne l'autorise pas, en revanche, on le verra, à méconnaître les obligations de confidentialité.

Ces principes fondamentaux sont très proches des règles et principes fondamentaux que la CJCE/CJUE identifie dans le traité. Compte tenu de leur importance dans la vie économique de l'Union et de l'enjeu essentiel qu'ils représentent pour le fonctionnement du marché intérieur, la Cour juge en effet que les contrats de la commande publique doivent respecter les principes fondamentaux de non-discrimination, de liberté d'établissement et de libre prestation de services, desquels se déduisent des obligations d'égalité de traitement et de transparence, que déclinent les directives marchés et concessions, transposées par le présent code, en définissant des règles de publicité et de mise en concurrence applicables aux contrats qui entrent dans leurs champs d'application ou qui présentent un intérêt transfrontalier certain (V. jurisprudence *infra*). ❑

I. PRINCIPES FONDAMENTAUX DE LA COMMANDE PUBLIQUE

1. Rappel des principes fondamentaux par l'ancien code des marchés publics. Les principes fondamentaux rappelés par l'art. 1er du code s'appliquent à tous les marchés soumis au code, quel que soit leur montant. • CE, avis cont., 29 juill. 2002, *Sté MAJ Blanchisseries de Pantin*, n° 246921 A : *BJCP 2002. 427, concl. Piveteau.*

2. Marché conclu à l'étranger. Le contrat litigieux a pour objet de confier à un prestataire de services les tâches matérielles liées à la collecte des dossiers de demandes de visa en contrepartie d'un prix ; un tel contrat de prestations de services est au nombre de ceux dont le juge du référé précontractuel peut connaître, en vertu de l'art. L. 551-1 CJA ; ce contrat, s'il n'est pas soumis au code des marchés publics dès lors qu'il a été conclu à l'étranger pour être exécuté hors du territoire français, est cependant soumis aux principes de liberté d'accès à la commande publique et d'égalité de traitement des candidats et à la règle de transparence des procédures qui en découle ; dès lors que ce contrat entre dans les catégories énumérées à l'art. L. 551-1 CJA, auquel se réfère l'art. L. 551-14 du même code, le juge du référé contractuel peut être valablement saisi des manquements aux obligations de publicité et de mise en concurrence auxquelles est soumise sa passation ; par suite, en jugeant que le consulat général de France à Tunis avait pu légalement se dispenser du respect de ces principes, le juge des référés du tribunal administratif de Paris a commis une erreur de droit.

Pour assurer le respect des principes de liberté d'accès à la commande publique, d'égalité de traitement des candidats et de la règle de transparence des procédures qui en découle, l'information appropriée des candidats sur les critères d'attribution d'un marché public est nécessaire, dès l'engagement de la procédure d'attribution du marché, dans l'avis d'appel public à concurrence ou le cahier des charges tenu à la disposition des candidats ; dans le cas où le pouvoir adjudicateur souhaite retenir d'autres critères que celui du prix, l'information appropriée des candidats doit alors porter également sur les conditions de mise en œuvre de ces critères ; il appartient au pouvoir adjudicateur d'indiquer les critères d'attribution du marché et les conditions de leur mise en œuvre selon les modalités appropriées à l'objet, aux caractéristiques et au montant du marché concerné ; en l'espèce, il résulte de l'instruction que la grille d'analyse des offres, communiquée aux candidats avec le cahier des charges relatif aux obligations du prestataire de services extérieur, permettait à ces derniers de connaître les critères d'attribution du contrat et les conditions de leur mise en œuvre ; par suite, la société X n'est pas fondée à soutenir que le consulat général de France à Tunis a méconnu ses obligations de publicité et de mise en concurrence en n'informant pas les candidats des critères de sélection des offres et des conditions de leur mise en œuvre.

Les principes de liberté d'accès à la commande publique et d'égalité de traitement des candidats, ainsi que la règle de transparence des procédures qui en découle, n'imposent aux pouvoirs adjudicateurs ni d'indiquer aux candidats évincés les motifs du rejet de leurs offres ni de respecter un délai raisonnable entre la notification de ce rejet et la conclusion du contrat ; par suite, la société X n'est pas fondée à soutenir que le consulat général de France en Tunisie a méconnu ses obligations de publicité et de mise en concurrence en ne lui communiquant pas les motifs de rejet de son offre et en ne respectant pas un délai raisonnable entre la notification de ce rejet et la signature du contrat. • CE 29 juin 2012, *Sté Pro 2C*, n° 357976 A : *BJCP 2012. 336, concl. Boulouis ; Rev. CMP 2012, n° 270, note Pietri.*

3. Marché exclu du champ des règles de passation (prévues, en l'espèce, par les dispositions de l'ancienne ordonnance du 23 juill. 2015). Le marché du Centre national d'études spatiales (CNES) qui a pour objet de confier des prestations relatives au transport, à la logistique et à la manutention en contrepartie d'un prix, est au nombre des contrats de prestations de services dont le juge du référé précontractuel peut connaître en vertu de l'art. L. 551-1 CJA ; la circonstance qu'il ne relève pas de l'ordonnance relative aux marchés publics est sans incidence, ce contrat étant régi par la loi française et donc soumis aux principes de liberté d'accès à la commande publique et d'égalité de traitement des candidats et à la règle de transparence des procédures qui en découle. • CE 5 févr. 2018, *CNES et a.*, n°s 414846 B, 414847, 414868, 414869, 414937 et 414938 : *BJCP 2018. 143, concl. Henrard ; Rev. CMP 2018. 78, note Ubaud-Bergeron.*

4. Nouvelle-Calédonie. Aux termes de l'art. 22 de la L. org. du 19 mars 1999 relative à la Nouvelle-Calédonie : « La Nouvelle-Calédonie est compétente dans les matières suivantes : / (...) 17° Règles relatives à la commande publique dans le respect des principes de liberté d'accès, d'égalité de traitement des candidats, de transparence des procédures, d'efficacité de la commande publique et de bon emploi des deniers publics ; (...) ». L'art. 51 de la même L. org. dispose que : « Les communes ou leurs groupements autorisent les concessions de distribution électrique. Ils peuvent, avec l'accord de l'assemblée de province, déléguer cette compétence à la province ».

En l'absence de toute disposition mettant en œuvre les principes fondamentaux de la commande publique, rappelés par l'art. 22 de la L. org. précitée, des motifs d'intérêt général peuvent justifier qu'un pouvoir adjudicateur en aménage les conditions de mise en œuvre, sous le contrôle du juge, afin de tenir compte notamment, s'agissant des délégations de service public, des particularités du service délégué. C'est à l'autorité adjudicatrice qu'il appartient d'établir, ainsi que l'a jugé la Cour de justice de l'Union européenne notamment par la décision n° C-385/02 *Commission contre République italienne* du 14 sept. 2004, l'existence de circonstances particulières justifiant, pour un motif d'intérêt général, une dérogation aux principes fondamentaux de la commande publique et la mise en œuvre d'un tel aménagement.

Il résulte des pièces du dossier que la structure

particulière du réseau de distribution d'électricité sur le territoire des communes du SIVM rendrait techniquement complexe, et financièrement coûteuse, l'attribution de la gestion de ce réseau à tout autre délégataire que la société Enercal, en raison de la dispersion de la population, des particularités topographiques du territoire à desservir, et du fait que la gestion distincte des réseaux de transport et de distribution d'électricité nécessiterait la création de « points-frontières » et l'installation, à la jonction des deux réseaux, d'un grand nombre de dispositifs de comptage et de détection de pannes supplémentaires. Ce motif d'intérêt général justifie, au cas d'espèce, un aménagement des conditions de mise en œuvre des règles de la commande publique. Par suite, la société EEC n'est pas fondée à soutenir que le contrat conclu le 4 nov. 2016 entre le SIVM et la société Enercal serait entaché d'un vice de nature à entraîner son annulation ou sa résiliation. • CAA Paris, 21 déc. 2018, *Sté EEC*, n° 18PA01480 : *Rev. CMP 2019, n° 88, note Eckert.*

II. RÈGLES FONDAMENTALES DU TRAITÉ

5. Les règles fondamentales du Traité, notamment le principe de non-discrimination en raison de la nationalité, qui impliquent une obligation de transparence et la mise en œuvre de mesures de publicité et de mise en concurrence adéquates s'appliquent aux marchés publics même si, du fait de leur montant, ils ne relèvent pas des directives. • CJCE, ord., 3 déc. 2001, *Bent Mousten Vestergaard*, C-59/00 : *BJCP 2002. 345* • CJCE 14 juin 2007, *Medipac-Kazantzidis*, C-6/05 • CJCE 18 déc. 2007, *Asociación Profesional de Empresas de Reparto y Manipulado de Correspondencia*, C-220/06. ♦ Dans la mesure toutefois où ces contrats présentent un « intérêt transfrontalier certain ». • CJCE 21 févr. 2008, *Commission c/ Italie*, C-412/04 : *Rev. CMP 2008, n° 52, obs. Zimmer; RDI 2008. 209, obs. Noguellou*. ♦ Elles s'appliquent aussi à des contrats qui, dans l'état actuel du droit communautaire, ne sont pas réglementés, comme les concessions de services. • CJCE 7 déc. 2000, *Telaustria et Telefonadress*, C-324/98 : *AJDA 2001. 106, note Richer*.

6. Une concession de distribution de gaz doit être conclue dans le respect de l'obligation de transparence. Ceci n'implique pas nécessairement qu'une procédure d'appel d'offres soit suivie, mais l'autorité concédante doit procéder à une publicité permettant à une entreprise située sur le territoire d'un autre État membre d'avoir accès aux informations adéquates relatives à ladite concession avant que celle-ci soit attribuée de sorte que, si cette entreprise l'avait souhaité, elle aurait été en mesure de manifester son intérêt pour obtenir cette concession. • CJCE 21 juill. 2005, *Coname*, C-231/03 : *BJCP 2005. 446, concl. Stix-Hackl ; Rev. CMP 2005, n° 280, note Zimmer ; RAE 2005/3, note Noguellou.*

7. L'application de la Dir. 2004/18/CE à un marché public est soumise à la condition que la valeur estimée de celui-ci atteigne le seuil fixé à l'art. 7, sous b), de celle-ci, en prenant en considération la valeur normale sur le marché des travaux, des fournitures ou des services sur lesquels porte ce marché public. Dans le cas contraire, les règles fondamentales et les principes généraux du TFUE, en particulier les principes d'égalité de traitement et de non-discrimination en raison de la nationalité ainsi que l'obligation de transparence qui en découle, sont d'application, pour autant que le marché concerné présente un intérêt transfrontalier certain eu égard, notamment, à son importance et au lieu de son exécution (V. en ce sens, notamment, • CJCE 15 mai 2008, *SECAP SpA c/ Comune di Torino*, n^{os} C-147/06 et C-148/06 : *Rec. CJCE I-3565, pts 20, 21 et 31* ainsi que jurisprudence citée). • CJUE 19 déc. 2012, *Azienda Sanitaria Locale di Lecce*, C-159/11.

8. Les art. 49 et 56 TFUE doivent être interprétés en ce sens qu'un opérateur économique d'un État membre peut invoquer devant les juridictions de cet État membre la violation de l'obligation de transparence découlant de ces articles qui aurait été commise à l'occasion de la conclusion d'une convention par laquelle une ou plusieurs entités publiques dudit État membre ont soit attribué à un opérateur économique du même État membre une concession de services présentant un intérêt transfrontalier certain, soit accordé à un opérateur économique le droit exclusif d'exercer une activité économique présentant un tel intérêt.

Les art. 49 et 56 TFUE doivent être interprétés en ce sens que :

– la volonté de ne pas méconnaître certains droits que, par une convention préexistante, des entités publiques ont octroyés à un opérateur économique quant à l'utilisation de réseaux câblés leur appartenant ne saurait justifier que soit donnée à cette convention une extension contraire au droit de l'Union sous la forme d'une attribution directe d'une concession de services ou d'un droit exclusif d'exercer une activité présentant un intérêt transfrontalier certain, fût-ce en vue de mettre fin à un litige survenu entre les parties concernées, pour des raisons totalement indépendantes de leur volonté, quant à la portée de cette convention ;

– des motifs de nature économique, telle la volonté d'éviter la dépréciation d'une activité économique, ne sont pas des raisons impérieuses d'intérêt général de nature à justifier l'attribution directe d'une concession de services portant sur cette activité ou d'un droit exclusif d'exercer ladite activité et présentant un intérêt transfrontalier certain, par dérogation aux principes d'égalité de traitement et de non-discrimination consacrés par lesdits articles. • CJUE 14 nov. 2013, *Belgacom NV*, C-221/12.

9. Les articles 49 et 56 TFUE, les principes d'égalité de traitement, de non-discrimination et l'obligation de transparence doivent être interprétés en ce sens qu'ils sont applicables à la conclusion d'une convention d'affiliation passée entre un employeur, organisme de droit public, et une caisse professionnelle de prévoyance, en vue de la gestion et du placement de cotisations destinées à financer des indemnités de départ versées aux salariés de cet employeur, alors même que la conclusion d'une telle convention ne procède pas de la seule volonté dudit employeur, mais requiert le consentement soit du personnel, soit du comité d'entreprise. • CJUE 4 avr. 2019, *Allianz Vorsorgekasse AG, C-699/17.*

Art. L. 3-1 *(L. n° 2021-1104 du 22 août 2021, art. 35)* **La commande publique participe à l'atteinte des objectifs de développement durable, dans leurs dimensions économique, sociale et environnementale, dans les conditions définies par le présent code.**

Art. L. 4 **Les contrats de la commande publique ne peuvent être attribués à des opérateurs économiques ayant fait l'objet des mesures d'exclusion définies par le présent code.**

COMMENTAIRE

La liberté d'accès aux contrats de la commande publique n'est pas absolue (V. comm. ss. art. L. 3). Comme on le verra, le code prévoit, pour les marchés publics et pour les concessions, un certain nombre de motifs d'exclusion.

Art. L. 5 **Ces contrats sont conclus pour une durée limitée.**

COMMENTAIRE

L'objet même des règles de passation des contrats de la commande publique est de contraindre les acheteurs et les autorités concédantes qui y sont soumis à faire connaître leurs besoins afin de susciter des offres concurrentes. Il en découle nécessairement que ces contrats doivent être périodiquement remis en concurrence, faute de quoi les obligations assignées aux acheteurs et aux autorités concédantes seraient sans portée réelle. On reviendra, dans les commentaires sur les deuxième et troisième parties du code, sur les règles relatives à la durée des contrats de marché public et des contrats de concession ; la jurisprudence pertinente sera citée à cette occasion.

Art. L. 6 **S'ils sont conclus par des personnes morales de droit public, les contrats relevant du présent code sont des contrats administratifs, sous réserve de ceux mentionnés au livre V de la deuxième partie et au livre II de la troisième partie. Les contrats mentionnés dans ces livres, conclus par des personnes morales de droit public, peuvent être des contrats administratifs en raison de leur objet ou de leurs clauses.**

A ce titre :

1° L'autorité contractante exerce un pouvoir de contrôle sur l'exécution du contrat, selon les modalités fixées par le présent code, des dispositions particulières ou le contrat ;

2° Les contrats qui ont pour objet l'exécution d'un service public respectent le principe de continuité du service public ;

3° Lorsque survient un évènement extérieur aux parties, imprévisible et bouleversant temporairement l'équilibre du contrat, le cocontractant, qui en poursuit l'exécution, a droit à une indemnité ;

4° L'autorité contractante peut modifier unilatéralement le contrat dans les conditions prévues par le présent code, sans en bouleverser l'équilibre. Le cocontractant a droit à une indemnisation, sous réserve des stipulations du contrat ;

5° L'autorité contractante peut résilier unilatéralement le contrat dans les conditions prévues par le présent code. Lorsque la résiliation intervient pour un motif d'intérêt général, le cocontractant a droit à une indemnisation, sous réserve des stipulations du contrat.

COMMENTAIRE

I. En vertu de l'article L. 6, les contrats de la commande publique sont, dans leur grande majorité, des contrats administratifs par détermination de la loi. Tel est le cas, en effet, de tous les contrats conclus par des personnes morales de droit public, à l'exception des « autres marchés publics » du livre V de la deuxième partie et des « autres contrats de concession » du livre II de la troisième partie, c'est-à-dire, comme on le verra, des contrats qui, pour l'essentiel, ne sont pas soumis aux règles définies par le code. S'ils ne sont pas administratifs par détermination de la loi, les contrats de la commande publique peuvent être administratifs s'ils remplissent les critères jurisprudentiels du contrat administratif. A cet égard, on sait que la jurisprudence a depuis longtemps dégagé les critères du contrat administratif. Pour qu'un contrat passé par une personne publique soit administratif, il est nécessaire qu'il remplisse une des deux conditions suivantes : soit comporter des clauses exorbitantes du droit commun (CE 31 juill. 1912, *Sté des granits porphyroïdes des Vosges : GAJA, 23e éd., n° 23*), c'est-à-dire des clauses qui, notamment par les prérogatives reconnues à la personne publique contractante dans l'exécution du contrat, impliquent, dans l'intérêt général, qu'il relève du régime exorbitant des contrats administratifs (T. confl. 13 oct. 2014, *SA AXA France IARD*, n° 3963 : *AJDA 2014. 2180, chron. Lessi-Dutheillet de Lamothe* ; *BJCP 2015. 11, concl. Desportes* ; *Dr. adm. 2015, n° 3, note Brenet* ; *a contrario*, lorsque les prérogatives sont reconnues non à la personne publique contractante, mais à la personne privée : T. confl. 2 nov. 2020, *Sté Eveha c/ Institut national de recherches archéologiques préventives-INRAP*, n° C4196 : *BJCP 2021. 3, concl. Berriat* ; *Rev. CMP 2021, n° 6, note Ubaud-Bergeron* ; *RFDA 2021. 459, note Maury*), soit avoir pour objet l'exécution du service public (CE 20 avr. 1956, *Bertin* : *GAJA, 23e éd., n° 65* ; T. confl. 2 nov. 2020, *préc.*). On ajoutera que la jurisprudence considère comme administratif un contrat qui est l'accessoire d'un contrat lui-même administratif – par exemple un contrat de cautionnement du titulaire d'un marché de travaux publics (CE 22 mars 1974, *Banque Alexandre de Saint-Phalle et Cie*, n° 81721 A). De même, bien que conclu entre deux personnes privées, un contrat dont l'une des parties est mandataire d'une personne publique est administratif dans les mêmes hypothèses que s'il avait été conclu par la personne publique elle-même. Enfin, du fait de leur objet, certains contrats étaient regardés comme administratifs bien que passés par deux personnes privées : ainsi de marchés conclus par une société d'économie mixte concessionnaire pour la construction d'une autoroute (T. confl. 8 juill. 1963, *Sté entr. Peyrot*) ; le Tribunal des conflits a cependant abandonné cette dernière jurisprudence (V. T. confl. 9 mars 2015, *Mme Rispal c/ Sté Autoroutes du Sud de la France*, n° 3984 A).

La place des contrats administratifs dans les contrats de la commande publique n'a pas toujours été aussi dominante.

Certes, certains contrats, comme les délégations de service public, remplissaient les critères jurisprudentiels du contrat administratif.

Par ailleurs, la loi du 28 pluviôse an VIII sur la division du territoire et l'administration avait voulu que tous les contrats relatifs à l'exécution d'un travail public fussent des contrats administratifs (la jurisprudence ayant quant à elle précisé qu'un travail public est soit un travail exécuté pour le compte d'une personne publique dans un but d'intérêt général – CE 10 juin 1921, *Cne de Monségur* : *GAJA 240*, – soit un travail réalisé par une personne publique en vue d'un service public – T. confl. 28 mars 1955, *Effimieff* : *GAJA 485*). En outre, en vertu d'un décret-loi du 17 juin 1938, puis aux termes de l'article L. 2231-1 du code général de la propriété des personnes publiques, un contrat emportant occupation du domaine public est administratif. Du fait de ces dispositions, certains contrats de la commande publique étaient donc administratifs par détermination de la loi.

Cependant, de nombreux marchés, même passés par des personnes publiques, étaient des contrats de droit commun, ainsi que le jugeaient tant la jurisprudence de la Cour de cassation que celle du Tribunal des conflits (par ex. : T. confl. 5 juill. 1999, *Cne de Sauve*, n° 03142 : *Lebon 464* ; 5 juill. 1999, *UGAP c/ Sté SNC Activ CSA*, n° 03167 : *Lebon 465* ; 14 févr. 2000, *Cne de Baie-Mahaut et Sté Rhoddlams*, n° 03138 : *Lebon 747* ; 22 oct. 2001, *Cne de Villepinte c/ Sté NRG France*, n° 3257 : *Lebon 748*).

Ce n'est que par l'article 2 de la loi n° 2001-1168 du 11 décembre 2001 portant mesures urgentes à caractère économique et financier, dite loi MURCEF, que le législateur a décidé que tous les marchés passés en application du code des marchés publics seraient des contrats administratifs. Par « marchés passés en application du code », il fallait entendre ceux qui entraient dans son champ d'application. L'article 2 de la loi MURCEF ne concernait donc pas les marchés « conclus à la seule initiative des cocontractants selon l'une des procédures prévues par le code des marchés publics, lorsque ces marchés n'entrent pas dans le champ du code des marchés publics » (V. CE, avis, 29 juill. 2002, *Sté MAJ Blanchisserie de Pantin*, n° 246921 A), ni, même si l'avis précité ne tranchait pas ce point, les marchés passés par des organismes (organismes de sécurité sociale ou SA HLM, par exemple) qui, en vertu de textes qui leur sont propres, étaient tenus de respecter, au moins en partie, les dispositions du code. Bien entendu, il ne concernait pas davantage les marchés publics passés en application d'autres textes, notamment de l'ordonnance n° 2005-649 du 6 juin 2005 relative aux marchés passés par certaines personnes publiques ou privées non soumises au code des marchés publics.

Le législateur a ensuite poursuivi dans cette voie, en décidant que les contrats de partenariat définis par l'ordonnance n° 2004-559 du 17 juin 2004 étaient des contrats administratifs.

Ce n'est cependant que depuis les ordonnances n° 2015-899 du 23 juillet 2015 relative aux marchés publics et n° 2016-65 du 29 janvier 2016 relative aux contrats de concession que le champ des contrats de la commande publique qui sont administratifs par détermination de la loi est celui que mentionne le présent article L. 6.

II. Compte tenu de la place qu'occupent les contrats administratifs dans l'ensemble des contrats de la commande publique, il était logique que le titre préliminaire rappelle les principes fondamentaux du régime juridique des contrats administratifs.

La qualification de contrat administratif emporte en effet, outre la compétence du juge administratif, l'application du régime général du contrat administratif, qui trouve essentiellement son origine dans la jurisprudence, souvent fort ancienne.

Le présent article en rappelle cinq aspects essentiels : le pouvoir de contrôle de l'autorité contractante, dont la portée peut, comme le rappelle le 1°, varier ; le respect du principe de continuité du service public, pour les contrats qui ont pour objet l'exécution de celui-ci, qui est au fondement de « théories jurisprudentielles », comme celle des biens de retour ou celle de l'imprévision ; le principe de la poursuite de l'exécution du contrat par son titulaire, contre indemnisation, en cas d'évènement imprévisible bouleversant temporairement l'équilibre du contrat, qui constitue précisément la « théorie » de l'imprévision et qu'il convient de distinguer de la force majeure administrative, qui suppose un bouleversement définitif de l'économie du contrat ; le pouvoir de modification unilatérale de l'autorité contractante ; enfin, le pouvoir de résiliation unilatérale, non seulement pour faute, mais aussi, contre indemnisation, pour un motif d'intérêt général.

On se bornera ici à deux remarques.

En premier lieu, on peut noter que d'autres éléments du régime général des contrats administratifs auraient pu être retenus. C'est le cas notamment du principe, exorbitant s'il en est, selon lequel, sauf dans des cas tout à fait exceptionnels (V. jurisprudence *infra*), le titulaire d'un contrat administratif ne peut opposer à la personne publique l'exception d'inexécution : il doit en principe poursuivre l'exécution du contrat quelles que soient les fautes et carences de l'administration.

En second lieu, le régime général du contrat administratif ne saurait dispenser de prendre en compte les exigences propres à certains contrats, qui découlent des textes spécifiques qui leur sont applicables, ou encore des règles déontologiques qui s'imposent aux professions concernées. A titre d'exemple, on peut citer les marchés publics d'assurance : même quand ils sont soumis aux règles générales des contrats administratifs, les dispositions du code des assurances leur sont applicables : en cas de difficulté, il convient de concilier les unes et les autres. ❑

I. CONTRATS ADMINISTRATIFS DE LA COMMANDE PUBLIQUE

A. LOI MURCEF

1. Aux termes des dispositions de l'art. 2 de la L. n° 2001-1168 du 11 déc. 2001 : « Les marchés passés en application du code des marchés publics ont le caractère de contrats administratifs. Toutefois, le juge judiciaire demeure compétent pour connaître des litiges qui relevaient de sa compétence et qui ont été portés devant lui avant la date d'entrée en vigueur de la présente loi ». 1°) Il résulte de ces dispositions, qui ont pour objet, en vue d'une bonne administration de la justice, d'éviter que le contentieux des marchés publics puisse être porté, selon le cas, devant l'un ou l'autre ordre de juridiction, que le législateur n'a pas entendu opérer une distinction entre les marchés conclus en application du C. marchés dans la rédaction que lui a donnée le Décr. n° 2001-210 du 7 mars 2001 et ceux qui ont été conclus en application de ce code dans sa rédaction antérieure et que seuls les litiges qui relevaient de la compétence du juge judiciaire avant la date d'entrée en vigueur de ces dispositions et ont été portés devant lui avant cette date demeurent de sa compétence. 2°) Aux termes du 1er al. du I de l'art. 1er C. marchés dans sa rédaction issue du Décr. du 7 mars 2001 : « Les marchés publics sont les contrats conclus à titre onéreux avec des personnes publiques ou privées par les personnes morales de droit public mentionnées à l'art. 2, pour répondre à leurs besoins en matière de travaux, de fournitures ou de services (...) ». Les marchés qui [étaient] conclus sans formalités préalables après l'entrée en vigueur du Décr. du 7 mars 2001, alors qu'ils entrent dans le champ d'application du C. marchés tel qu'il est défini par ses art. 1er et 2 précités issus de ce décret, réserve étant faite des exceptions prévues aux art. 3 et 4, ne peuvent l'être que par l'application des dispositions du code qui l'autorisent. Ils sont donc passés en application du C. marchés, au même titre que les marchés pour la passation desquels le code impose le respect de règles de procédure. Ces marchés demeurent du reste soumis aux principes généraux posés aux deuxième et troisième alinéas du I de l'art. 1er du code, selon lesquels « les marchés publics respectent les principes de liberté d'accès à la commande publique, d'égalité de traitement des candidats et de transparence des procédures » et « l'efficacité de la commande publique et la bonne utilisation des deniers publics sont assurées par la définition préalable des besoins, le respect des obligations de publicité et de mise en concurrence ainsi que par le choix de l'offre économiquement la plus avantageuse ». En revanche, l'art. 2 préc. de la L. du 11 déc. 2001 ne vise pas les marchés conclus à la seule initiative des cocontractants selon l'une des procédures prévues par le C. marchés, lorsque ces marchés n'entrent pas dans le champ d'application de ce code. Pour les marchés conclus avant l'entrée en vigueur du Décr. du 7 mars 2001, le champ d'application de la règle fixée à l'art. 2 préc. de la L. du 11 déc. 2001 comprend les marchés qui étaient de nature à se voir appliquer les dispositions du code des marchés publics en vertu de dispositions particulières ou des règles jurisprudentielles applicables, y compris ceux qui échappaient aux règles de passation prévues par ce code du seul fait de leur montant. • CE, sect. avis, 29 juill. 2002, *Sté MAJ Blanchisseries de Pantin*, n° 246921 A : *BJCP 2002. 427, concl. Piveteau ; Rev. CMP 2002, n° 207, note Llorens ; AJDA 2002. 755, note Dreyfus*.

2. Aux termes de l'art. 2 de la L. du 11 déc. 2001 portant mesures urgentes de réformes à caractère économique et financier : « les marchés passés en application du code des marchés publics ont le caractère de contrats administratifs » ; les contrats ainsi visés sont ceux qui entrent dans le champ d'application du C. marchés, tel qu'il est notamment défini par ses art. 1er à 3, alors même qu'ils seraient passés en méconnaissance des règles prévues par le code.

Le contrat en cause, passé par un service de l'État avec un opérateur économique, constitue, en application des art. 1er et 2 C. marchés, un marché public de fournitures soumis aux dispositions de ce code ; il ne relève d'aucune des exceptions prévues par l'art. 3 du code ; ainsi, alors même qu'il aurait été conclu sans qu'aucune des procédures prévues par le C. marchés ne soit mise en œuvre, il est un marché passé en application de ce code et a, en vertu des dispositions précitées de la L. du 11 déc. 2001, le caractère d'un contrat administratif. • T. confl. 18 févr. 2013, *Sté Locam c/ Collège interarmées de défense et agent judiciaire du Trésor*, C-3894.

3. Application dans le temps de la loi MURCEF. L'art. 2 de la L. du 11 déc. 2001 portant mesures urgentes de réformes à caractère économique et financier détermine la compétence de la juridiction administrative à compter de la date de son entrée en vigueur, y compris pour les contrats en cours, à l'exception de ceux portés devant le juge judiciaire avant cette date. • T. confl. 17 déc. 2007, *Sté Lixxbail c/ État*, n° 3651 : *Lebon 751*.

4. Les litiges opposant une personne morale de droit public à une entreprise ayant répondu à un appel d'offres préalable à la passation d'un marché public, nés à l'occasion du déroulement de la procédure de passation de ce marché public, relèvent, comme ceux relatifs à l'exécution d'un tel marché, de la compétence des juridictions administratives. Dès lors, un litige, ayant pour objet la responsabilité d'une société en raison de son refus de conclure, après négociations, un marché public négocié, pour lequel elle avait initialement souscrit un acte d'engagement sur l'appel public à la concurrence lancé par le pouvoir adjudicateur relève de la compétence de la juridiction de l'ordre administratif. • T. confl. 23 mai 2005, *Dpt de la Savoie-SPTV c/ Sté Apalatys*, n° 3450 : *Lebon 658*.

5. Marchés d'assurance. Un contrat d'assurance passé par un office public d'HLM relève de l'art. 29 C. marchés. C'est un contrat administratif. • T. confl. 22 mai 2006, *OPHLM de Montrouge c/ Sté mutuelle d'assurances des collectivités locales*, n° 3503 : *Lebon 629* (V. de même : • Civ. 1re, 23 janv. 2007, n° 04-18.630 : *Dr. adm. mars 2007, comm. n° 37 ; RJEP 12/2007, comm. n° 16, note Nicolas et Noguellou*). – V. encore : • CAA Lyon, 9 avr. 2009, *Synd. du Bois de l'Aumône*, n° 06LY01217.

6. Les services d'assurances ont été soumis aux dispositions du C. marchés par l'art. 1er du Décr. du 27 févr. 1998 modifiant le C. marchés, dont les dispositions figurent désormais sur ce point à l'art. 29 de ce code. L'al. 1er de l'art. 2 de la L. du

11 déc. 2001 dispose que « les marchés passés en application du code des marchés publics ont le caractère de contrats administratifs », le 2e al. de ce même art. maintenant toutefois la compétence du juge judiciaire pour connaître des litiges portés devant lui avant la date d'entrée en vigueur de cette loi. Par suite, un contrat d'assurance passé par une des personnes morales de droit public soumises aux dispositions du C. marchés en application de son art. 2, notamment par une collectivité territoriale, présente le caractère d'un contrat administratif.

Si l'action directe ouverte par l'art. L. 124-3 C. assur. à la victime d'un dommage, ou à l'assureur de celle-ci subrogé dans ses droits, contre l'assureur de l'auteur responsable du sinistre, tend à la réparation du préjudice subi par la victime, elle poursuit l'exécution de l'obligation de réparer qui pèse sur l'assureur en vertu du contrat d'assurance. Elle relève par suite, comme l'action en garantie exercée, le cas échéant, par l'auteur du dommage contre son assureur, de la compétence de la juridiction administrative, dès lors que le contrat d'assurance présente le caractère d'un contrat administratif et que le litige n'a pas été porté devant une juridiction judiciaire avant la date d'entrée en vigueur de la L. du 11 déc. 2001. • CE, avis, 31 mars 2010, *Mme Renard,* n° 333627 A : *BJCP 2010. 245, concl. Boulouis ; Rev. CMP 2010. Chron. 207, note Devillers.*

7. Il résulte des dispositions de la loi MURCEF que les marchés entrant dans le champ d'application du C. marchés, y compris dans ses rédactions antérieures à l'entrée en vigueur de la L. du 11 déc. 2011, sont des contrats administratifs, le juge judiciaire ne demeurant compétent que pour connaître des litiges portés devant lui avant cette date ; toutefois, le contrat d'assurance a été conclu par la commune du Lamentin avec la Compagnie Albingia le 1er août 1995, avant que le Décr. du 27 févr. 1998 modifiant le C. marchés en ce qui concerne les règles de mise en concurrence et de publicité ne mentionne ces contrats d'assurance comme étant au nombre de ceux auxquels s'applique le C. marchés ; par suite, il ne revêt pas un caractère administratif en application de la L. du 11 déc. 2001. • T. confl. 18 nov. 2013, *Cne du Lamentin c/ Cie d'assurance Albingia,* n° 3921 : *Rev. CMP 2014, n° 41, note Zimmer.*

8. Contrat d'assurance dommages dans le cadre d'un marché public de construction incluant une assurance garantissant la responsabilité décennale du constructeur. Il ressort, d'une part, du I de l'art. 1er C. marchés, dans sa version issue du Décr. n° 2001-210 du 7 mars 2001, du I de l'art. 2 de ce code ainsi que de l'art. 29 du même code, dans sa version résultant du Décr. n° 2004-15 du 7 janv. 2004, d'autre part, de l'art. 2 de la L. n° 2001-1168 du 11 déc. 2001, que le contrat par lequel, dans le cadre d'un marché public de construction, une collectivité territoriale souscrit une assurance dommages-ouvrage a le caractère de contrat administratif.

La circonstance que, par le même contrat, elle souscrit également une assurance garantissant la responsabilité décennale du constructeur auquel elle a attribué le marché public de construction, qui s'analyse comme une stipulation pour autrui, ne modifie pas la nature de ce contrat. Le litige relatif à l'exécution d'un tel contrat, y compris en tant qu'il porte sur les obligations de l'assureur stipulées au bénéfice du constructeur, relève donc de la compétence de la juridiction administrative.

En conséquence, la juridiction administrative est compétente pour connaître de l'appel en garantie dirigé par le constructeur contre la compagnie d'assurance fondé sur la police unique de chantier souscrite par la collectivité territoriale. • T. confl. 5 juill. 2021, *Sté Cari-Fayat c/ Cie Allianz Iard,* n° C 4223 A : *Lebon ; BJCP 2021. 427, concl. Polge ; Rev. CMP 2021, n° 293, note Eckert.*

9. Marché de fournitures conclu avec France Télécom. Le contrat afférent à la fourniture de services de télécommunications, allégué par la société France Télécom au soutien de son action en paiement dirigée contre l'État à la suite du refus des chefs d'un tribunal de grande instance de s'acquitter du montant des factures relatives à la location et à l'utilisation des lignes analogiques mises à la disposition de la juridiction, constitue un marché entrant dans le champ d'application du C. marchés ; partant, il a le caractère d'un contrat administratif par détermination de la loi en vertu de l'art. 2 de la L. du 11 déc. 2001 ; si les relations de France Télécom avec ses usagers sont régies par le droit commun et les litiges auxquels elles donnent lieu sont portés devant les juridictions judiciaires, ce principe ne trouve pas application pour les litiges qui, par leur nature, relèvent de la juridiction administrative. • T. confl. 19 mars 2007, *Sté France Télécom,* n° 3594.

10. Marché de fournitures passé par une personne publique (OPAC) mandataire d'une personne privée (SA HLM). Un tel marché, même avec application de règles de passation posées par le C. marchés, est un contrat de droit privé. • CE 3 juin 2009, *OPAC du Rhône,* n° 324405 B : *Rev. CMP 2009, n° 224, note Pietri.*

11. Marché de fournitures conclu en 1997. Un contrat de location de matériels de téléassistance conclu en 1997 par un centre communal d'action sociale pour mener à bien des actions d'aide aux personnes dépendantes constitue un marché public de fournitures entrant dans le champ d'application du C. marchés, y compris dans sa rédaction alors en vigueur. Le litige né de sa résiliation en 2007 ressortit donc, par application de l'al. 1er de l'art. 2 de la L. n° 2001-1168 du 11 déc. 2001 (dite MURCEF), à la juridiction administrative. • T. confl. 9 févr. 2015, *CCAS* *de Rueil-Malmaison c/ Sté Loc-Infor et a.* : n° 3985 B.

12. Organismes de gestion des prestations de sécurité sociale. L'action que la caisse interprofessionnelle de prévoyance et d'assurance vieillesse et autres ont engagée contre des entreprises et maîtres d'œuvre auxquels elles avaient confié la réalisation de travaux est fondée sur les contrats que les premières avaient conclus avec les seconds ; ces caisses sont, en vertu de l'art. L. 611-3 CSS, des organismes de droit privé ; en passant ces contrats, elles ont agi pour leur propre compte et non pour le compte d'une personne morale de droit public ; si l'art. L. 124-4 du même code dispose que leurs travaux font l'objet de marchés « dont le mode de passation et les conditions d'exécution respectent les garanties prévues en matière de marchés de l'État » et si, selon l'art. 2 de la L. du 11 déc. 2001, les marchés passés en application du C. marchés ont le caractère de contrats administratifs, les dispositions de l'art. L. 124-4 CSS n'ont pas pour effet de rendre applicable à ces contrats le C. marchés ni, par suite, d'en faire des contrats administratifs ; en conséquence, le litige relatif à l'exécution de ces contrats de droit privé relève de la compétence de la juridiction judiciaire. • T. confl. 15 mars 2010, *Caisse interprofessionnelle de prévoyance et d'assurance vieillesse et a. c/ Sté Otis, Sté Schoeller Atelier et a.* : n° 3725.

13. Emprunt d'une collectivité territoriale. En se bornant à relever que le contrat de prêt n'avait donné lieu à la mise en œuvre d'aucune procédure de passation relevant du C. marchés, pour en déduire qu'il devait être regardé comme un contrat de droit privé et que le juge administratif était incompétent pour connaître d'une contestation relative à son exécution, sans rechercher si ce contrat entrait dans le champ d'application du C. marchés et avait par suite le caractère d'un contrat administratif, par détermination de la loi, la cour a commis une erreur de droit. • CE 9 mai 2011, *Cne de Chagny*, n° 331541.

14. Marchés conclus par l'UGAP. Les marchés conclus par l'UGAP qui sont, en vertu des dispositions de l'art. 17 du Décr. du 30 juill. 1985 relatif au statut et au fonctionnement de cet établissement public industriel et commercial, soumis aux dispositions du C. marchés, entrent dans le champ d'application du C. marchés et ont, par suite, en application de l'art. 2 de la L. du 11 déc. 2011, qu'ils soient passés par l'établissement en sa qualité de centrale publique d'achats ou pour ses besoins propres et quelles que soient les modalités selon lesquelles ils ont été effectivement conclus, le caractère de contrats administratifs. • T. confl. 14 nov. 2011, *UGAP c/ EURL C2 conseils et Formation*, n° C-3813 B : *Rev. CMP 2012, n° 5, note Pietri.*

15. Contrat verbal de prestation de services. Le contrat verbal dont se prévaut la société requérante avait pour objet la fourniture d'une prestation de services à un établissement public local et était, en conséquence, de nature à se voir appliquer les dispositions du C. marchés ; ce contrat constitue dès lors un contrat administratif ; par suite, la juridiction administrative est compétente pour connaître du litige né de ce contrat, qui n'a pas été porté devant la juridiction judiciaire avant l'entrée en vigueur de la L. du 11 déc. 2001. • CAA Bordeaux, 21 oct. 2004, *SARL Virtual Media Graphic* : n° 00BX01016.

16. Contrat de mandat de vente d'un bien immobilier d'une personne publique. Un conseil municipal a confié à une société un mandat exclusif de vente d'un bien immobilier appartenant au domaine privé de la commune ; il résulte de l'art. 2 de la L. du 11 déc. 2001 que les marchés entrant dans le champ d'application du C. marchés ont le caractère de contrats administratifs ; s'il résulte du 3° de l'art. 3 de ce code qu'il n'est pas applicable aux contrats qui ont pour objet l'acquisition d'un bien immeuble, le contrat de mandat en cause n'a pas lui-même un tel objet, mais a été conclu en vue de la fourniture à la commune d'une prestation de service à titre onéreux, au sens de l'art. 1er de ce code relatif à son champ d'application ; en conséquence, le litige relatif à l'exécution d'un tel contrat relève de la compétence de la juridiction administrative. • T. confl. 14 mai 2012, *SARL La Musthyère c/ Cne d'Égry* : n° 3860 B.

17. Marché passé à Mayotte. D'une part, s'il résulte de l'art. 2 de la L. n° 2001-1168 du 11 déc. 2001 que les marchés entrant dans le champ d'application du C. marchés sont des contrats administratifs et si ce texte est applicable à Mayotte, depuis le 1er janv. 2008, en vertu des dispositions du dernier al. de l'art. L.O. 6113-1 inséré dans le CGCT par la L. org. n° 2007-223 du 21 févr. 2007, le contrat litigieux n'a pas été passé en application du C. marchés, celui-ci n'étant pas applicable à Mayotte au jour de sa conclusion. Par suite, il ne revêt pas un caractère administratif par détermination de la loi. D'autre part, un tel contrat n'a pas pour objet de faire participer la société Senseo à l'exécution du service public et, conclu seulement pour les besoins du service public, il ne comporte aucune clause qui implique, dans l'intérêt général, qu'il relève du régime exorbitant des contrats administratifs. Ce contrat est donc une convention de droit privé, dont le contentieux relève de la compétence de la juridiction judiciaire. • T. confl. 9 févr. 2015, *Sté Senseo c/ l'État français (ARS) et l'agent judiciaire de l'État*, n° 3982 A : *AJDA 2015. 965.*

B. QUALIFICATION DE CERTAINS CONTRATS

18. Marchés conclus par un concessionnaire. Le litige né de l'exécution d'un marché de travaux publics et opposant des participants à l'exécution de ces travaux relève de la compétence de la juridiction administrative, sauf si les parties sont unies par un contrat de droit privé ; dans ce dernier cas, la compétence demeure administrative si l'une des parties au contrat agit pour le compte d'une personne publique.

Une convention conclue par un SIVOM a confié à une société la construction d'une station d'épuration et son exploitation pendant une durée de trente ans ; le SIVOM ne prend possession de l'ouvrage qu'au terme de cette période et c'est à cette date que la personne publique est subrogée dans les droits de son contractant ; la rémunération de ce dernier, nonobstant l'apport de subventions pour la réalisation des investissements, est essentiellement assurée par les résultats de l'exploitation ; il s'ensuit que cette convention ayant le caractère d'une concession, la société a agi pour son propre compte et non pour celui de la personne publique ; ainsi les contrats relatifs à la construction de l'ouvrage conclus par le concessionnaire, personne morale de droit privé agissant pour son compte, sont des contrats de droit privé de sorte que le litige né de leur exécution ressortit à la compétence des juridictions de l'ordre judiciaire. • T. confl. 9 juill. 2012, *Cie générale des eaux c/ Min. de l'Écologie et du Développement durable*, n° 3834 : *BJCP 2012. 456, concl. Escaut ; Rev. CMP 2012, n° 268, note Pietri.*

19. Mandat. Absence. A la suite d'un appel d'offres en vue de l'édition de brochures d'information destinées au grand public et aux professionnels du tourisme, lancé par le comité régional du tourisme de Bourgogne constitué sous la forme d'une association régie par la L. du 1er juill. 1901, une convention tripartite a été conclue, entre ce comité, la société Imprimerie Chirat, chargée de la fabrication de la brochure professionnelle « manuel de ventes Bourgogne 2006 », et la société FTM-Presse, chargée de commercialiser et de réaliser des inserts publicitaires dont les recettes devaient servir à payer, à l'Imprimerie Chirat, la fabrication de la brochure ; en raison de la défaillance de la société FTM-Presse, placée en redressement judiciaire, la société Imprimerie Chirat a assigné le comité régional du tourisme en paiement du coût de fabrication de ladite brochure. Les contrats conclus entre personnes privées sont en principe des contrats de droit privé, hormis le cas où l'une des parties au contrat agit pour le compte d'une personne publique ; le rapport contractuel entre le comité régional du tourisme de Bourgogne et la société Imprimerie Chirat lie deux personnes de droit privé ; en l'espèce, aucun élément n'établit qu'en lançant l'appel d'offres et en faisant réaliser la brochure destinée à promouvoir les produits de la région, le comité régional du tourisme a agi pour le compte de celle-ci ; dès lors, le juge judiciaire est seul compétent pour connaître du litige qui oppose la société Imprimerie Chirat au comité régional du tourisme de Bourgogne. • T. confl. 15 oct. 2012, *Imprimerie Chirat c/ Comité régional du tourisme de Bourgogne*, n° 3868.

20. Lorsqu'une personne privée, chargée par une personne publique d'exploiter un ouvrage public, conclut avec d'autres entreprises un contrat en vue de la réalisation de travaux sur cet ouvrage, elle ne peut être regardée, en l'absence de conditions particulières, comme agissant pour le compte de la personne publique propriétaire de l'ouvrage. • T. confl. 16 juin 2014, *Sté d'exploitation de la Tour Eiffel c/ Sté Séchaud Bossuyt et a.*, n° 3944 : *Lebon 462 ; BJCP 2014. 426, concl. Escaut ; Rev. CMP 2014, n° 220, note Devillers.*

21. Marché passé par un concessionnaire d'autoroute pour la construction, l'exploitation ou l'entretien de l'ouvrage. Une société concessionnaire d'autoroute qui conclut avec une autre personne privée un contrat ayant pour objet la construction, l'exploitation ou l'entretien de l'autoroute ne peut, en l'absence de conditions particulières, être regardée comme ayant agi pour le compte de l'État ; les litiges nés de l'exécution de ce contrat ressortissent à la compétence des juridictions de l'ordre judiciaire. Toutefois, la nature juridique d'un contrat s'appréciant à la date à laquelle il a été conclu, ceux qui l'ont été antérieurement par une société concessionnaire d'autoroute sous le régime des contrats administratifs demeurent régis par le droit public et les litiges nés de leur exécution relèvent des juridictions de l'ordre administratif. • T. confl. 9 mars 2015, *Mme Rispal c/ Sté Autoroutes du Sud de la France*, n° 3984 : *Lebon ; AJDA 2015. 481, note Pastor ; ibid. 601, tribune Clamour ; ibid. 1205, chron. Lessi et Dutheillet de Lamothe ; RFDA 2015. 265, concl. Escaut ; ibid. 273, note Canedo-Paris ; BJCP 2015. 309, concl. Escaut ; Dr. adm. 2015, n° 34, note Brenet ; Rev. CMP 2015, n° 110, note Devillers.* – **NB** : V., pour les marchés conclus avant cette décision, • CE 17 juin 2015, *Sté des autoroutes Paris-Rhin-Rhône (APRR)*, n° 383203 : *BJCP 2015. 355, concl. Pellissier.*

22. Marchés passés par le titulaire d'une convention d'aménagement. Le titulaire d'une convention conclue avec une collectivité publique pour la réalisation d'une opération d'aménagement ne saurait être regardé comme un mandataire de cette collectivité ; il ne peut en aller autrement que s'il résulte des stipulations qui définissent la mission du cocontractant de la collectivité publique ou d'un ensemble de conditions particulières prévues pour l'exécution de celle-ci, telles que le maintien de la compétence de la collectivité publique pour décider des actes à prendre pour la réalisation de l'opération ou la substitution de la collectivité publique à son cocontractant pour engager des actions contre les personnes avec lesquelles celui-ci a conclu des contrats, que la convention doit en réalité être regardée, en partie ou en totalité, comme un contrat de mandat, par lequel la collectivité publique demande seulement à son cocontractant d'agir en son nom et pour son compte, notamment pour conclure les contrats nécessaires. Par la convention conclue le 15 févr. 2015, la commune a chargé la société de réaliser l'opération d'aménagement décrite ci-dessus ; ni la définition des missions confiées à la société, ni les conditions prévues pour leur exécution ne permettent de regarder cette convention comme ayant en réalité pour objet de confier à la société le soin d'agir au nom et pour le compte de la commune ; ainsi, les contrats passés par cette société, pour les opérations de construction au sein de la zone d'aménagement, qu'elles aient ou non le caractère d'opérations de travaux publics, sont des contrats de droit privé ; les litiges nés de leur exécution relèvent de la compétence de la juridiction judiciaire. • T. confl. 11 déc. 2017, *Cne de Capbreton, n° 4103 : AJDA 2018. 267, chron. Roussel et Nicolas*. ♦ V. aussi • CE 4 mars 2021, *Sté Socri Gestion c/ SA3M, n° 431232 : BJCP 2021. 242, concl. Pichon de Vendeuil ; Rev. CMP. 2021.156, note Soler-Couteaux.*

23. Convention de terminal. Cession d'outillage portuaire. La convention de terminal conclue sur le fondement des dispositions de l'art. R. 5312-84 C. transp. entre le Grand Port maritime de Bordeaux (GPMB), établissement public de l'État, et la société, a confié à cette dernière l'exploitation du terminal ; cette société a bénéficié, à cette fin, de la mise à disposition des terrains et installations nécessaires moyennant le versement au GPMB d'une redevance ; cette convention fait participer directement la société à l'exécution des missions de service public confiées au GPMB par l'art. L. 5312-2 C. transp. et tenant notamment à la gestion et à la valorisation du domaine dont le port est propriétaire ou qui lui est affecté ainsi qu'à la construction et à l'entretien de l'infrastructure portuaire ; cette convention revêt ainsi un caractère administratif ; la cession de l'outillage portuaire à la société est indissociable de cette exploitation du terminal et relève d'un même équilibre économique ; la convention de terminal et l'acte de cession, dont les stipulations se réfèrent d'ailleurs les unes aux autres, constituent ainsi un même ensemble contractuel dont la juridiction administrative est compétente pour connaître. • T. confl. 13 nov. 2017, *Sté Bordeaux Atlantique Terminal c/ Grand port maritime de Bordeaux,* n° 4099 A.

24. Transaction entre une société publique locale et une société avec laquelle celle-ci conclut un marché. Une transaction est, en principe, un contrat de nature civile et son homologation comme les litiges nés de son exécution relèvent de la compétence de la juridiction judiciaire, hormis le cas où elle a pour objet le règlement ou la prévention de différends pour le jugement desquels la juridiction administrative est principalement compétente. La transaction conclue le 25 sept. 2017 entre la SPLANG et la Sté Guyacom a entrendu mettre fin à l'ensemble des différends, oposant ces deux sociétés, nés de l'exécution des contrats passés entre elles en 2014 et 2015. En vertu de l'art. L. 1531-1 CGCT, les collectivités territoriales et leurs groupements peuvent créer des sociétés publiques locales dont elles détiennent le capital et qui revêtent la forme de société anonyme régie par le livre II du C. com.

La SPLANG a été créée sur le fondement de ces dispositions par la Région Guyane et une communauté d'agglomération en 2012. Ainsi créée dans le cadre institué par le législateur pour permettre à une collectivité territoriale de transférer certaines missions à une personne morale de droit contrôlée par elle, la SPLANG ne peut être regardée comme une entité transparente. En concluant avec la Sté Guyacom les contrats dits « marchés Continuité » et « marché Modernisation », respectivement les 10 janv. 2014 et 15 févr. 2015, la SPLANG a agi en son nom et pour son propre compte. Par ailleurs, ces deux contrats ont été passés non en application du C. marchés mais sur le fondement de l'Ord. du 6 juin 2005 relative aux marchés passés par certaines personnes publiques ou privées non soumises au C. marchés. Ils ne sauraient présenter le caractère de contrat administratif par détermination de la L. du 11 déc. 2001 portant mesures urgentes de réformes à caractère économique et financier. Il résulte de ce qui précède que deux contrats, conclus entre personnes morales de droit privé, présentent le caractère de contrat de droit privé et que les différends nés de leur exécution relèveraient de la juridiction judiciaire. Si les différends nés de l'exécution des permissions d'accès dites « conventions PARRI » relèveraient, en revanche, de la compétence de la juridiction administative en vertu des dispositions de l'art. L. 2331-1 CGPPP qui attribuent à la juridiction administrative le jugement des litiges relatifs aux contrats comportant occupation du domaine public conclus par les concessionnaires de service public, il ressort des pièces du dossier que des différends présentent un caractère accessoire par rapport à ceux nés des contrats dits « marché Continuité » et « marché Modernisation ». Il résulte de tout ce qui précède que la transaction conclue le 25 sept. 2017 entre la SPLANG et la Sté Guyacom a eu pour objet le règlement de différends pour lesquels la juridiction administrative n'est pas principalement compétente. Il s'ensuit que le litige relatif à l'exécution de cette transaction ressortit à la compétence de la juridiction judiciaire. • T. confl. 7 févr. 2022, *SARL Guyacom c/ SPLANG, n° 4233 A : BJCP 2022. 160, concl. Chaumont ; Rev. CMP 2022, n° 4, comm. 125, Dietenhoeffer.*

25. Action directe de la victime d'un dommage contre l'assureur du responsable. Les services d'assurances ont été soumis aux dispositions du C. marchés par l'art. 1er du Décr. du 27 févr. 1998 modifiant le C. marchés, dont les dispositions figurent désormais sur ce point à l'art. 29 de ce code. Le premier al. de l'art. 2 de la L. du 11 déc. 2001 dispose que « les marchés passés en application du code des marchés publics ont le caractère de contrats administratifs », le deuxième alinéa de ce même art. maintenant toutefois la compétence du juge judiciaire pour connaître des litiges portés devant lui avant la date d'entrée en vigueur de cette loi. Par suite, un contrat d'assurance passé par une des personnes morales de droit public soumises aux dispositions du C. marchés en application de son art. 2, notamment par une collectivité territoriale, présente le caractère d'un contrat administratif.

Si l'action directe ouverte par l'art. L. 124-3 C. assur. à la victime d'un dommage, ou à l'assureur de celle-ci subrogé dans ses droits, contre l'assureur de l'auteur responsable du sinistre, tend à la réparation du préjudice subi par la victime, elle poursuit l'exécution de l'obligation de réparer qui pèse sur l'assureur en vertu du contrat d'assurance. Elle relève par suite, comme l'action en garantie exercée, le cas échéant, par l'auteur du dommage contre son assureur, de la compétence de la juridiction administrative, dès lors que le contrat d'assurance présente le caractère d'un contrat administratif et que le litige n'a pas été porté devant une juridiction judiciaire avant la date d'entrée en vigueur de la L. du 11 déc. 2001. • CE, avis, 31 mars 2010, *Mme Renard*, n° 333627 A : *Rev. CMP 2010. Chron. 207, note Devillers.*

26. Association regroupant des personnes publiques. Si l'association « Marchés publics d'Aquitaine » a été créée à l'initiative de la région Aquitaine, de la communauté urbaine de Bordeaux et de la commune de Floirac et si elle rassemble plus de trois cents personnes publiques qui lui procurent ensemble l'essentiel de ses ressources par leurs cotisations, destinées à couvrir ses dépenses de fonctionnement, et leurs participations aux frais relatifs au site dématérialisé de gestion des procédures de passation des marchés et par leurs subventions éventuelles, aucun des membres de cette association, qui regroupe également des personnes privées, n'en contrôle, seul ou conjointement avec d'autres personnes publiques, l'organisation et le fonctionnement ni ne lui procure l'essentiel de ses ressources ; cette association, qui est un organisme adjudicateur régi par les dispositions de l'Ord. n° 2005-649 du 6 juin 2005 relative aux marchés passés par certaines personnes publiques ou privées non soumises au C. marchés, est dotée d'une personnalité morale distincte de celle de chacun de ses membres et ne saurait être regardée à leur égard, au sens de l'art. 8 C. marchés, ni comme un groupement de commandes susceptible de conclure un marché, ni comme le coordonnateur d'un tel groupement. • T. confl. 2 avr. 2012, *Sté Atexo c/ Assoc. Marchés publics d'Aquitaine (AMPA)*, n° 3831 : *Rev. CMP 2012, n° 176, note Devillers.*

27. Marché passé par une association créée par des personnes publiques. Si l'association Philharmonie de Paris, créée à l'initiative de l'État et de la ville de Paris pour assurer la maîtrise d'ouvrage de la construction d'un équipement culturel et son exploitation, a exercé une mission de service public, elle était une association régie par la L. du 1er juill. 1901 dont aucune de ces personnes publiques ne contrôlait, seule ou conjointement avec l'autre, l'organisation et le fonctionnement ni ne lui procurait l'essentiel de ses ressources ; par ailleurs, elle n'a pas agi au nom et pour le compte de ces dernières mais en son nom et pour son propre compte. Le marché signé entre l'association Philharmonie de Paris et le groupement d'entreprises est dès lors un contrat de droit privé et la demande en paiement formée par le sous-traitant à l'encontre du maître d'ouvrage qui l'a accepté relève de la compétence de la juridiction judiciaire. • T. confl. 6 juill. 2020, *Société Huet location*, n° 4191 : *BJCP 2020. 394, concl. Polge.*

28. Accord-cadre, conclu par la SNCF en son nom et pour son compte ainsi que pour celui de quatre filiales du groupe, portant sur des prestations de portage salarial et majoritairement destiné à répondre aux besoins de SNCF Réseau. Accord-cadre à bons de commande multi-attributaire, conclu par la SNCF en son nom et pour son compte ainsi que pour celui de quatre filiales du groupe (SNCF Voyageurs, SNCF Réseau, SNCF Gares et Connexions et Fret SNCF), portant sur des prestations de portage salarial. Accord-cadre majoritairement destiné à répondre aux besoins de SNCF Réseau dont les contrats conclus pour l'exercice de ses missions prévues à l'art. L. 2111-9 C. transp., sont, en vertu de l'art. L. 2111-9-4 du même code, des contrats administratifs par détermination de la loi. Ce contrat de la commande publique, passé par une entité adjudicatrice au nom et pour le compte de plusieurs sociétés, et destiné majoritairement à répondre aux besoins de l'une de ces sociétés dont les contrats passés en application du CCP sont des contrats administratifs par détermination de la loi, revêt lui-même un caractère administratif. • T. confl. 13 sept. 2021, *Sté Cadres en mission c/ Sté SNCF*, n° 4224 B : *BJCP 2022. 103, concl. Berriat ; Rev. CMP 2021, n° 12, comm. 357, Ubaud-Bergeron.*

29. Marchés passés dans le cadre d'un groupement de commandes constitué entre des acheteurs publics et des acheteurs privés. Dans le cadre d'un groupement de commandes constitué entre des acheteurs publics et des acheteurs privés en vue de passer chacun un ou plusieurs marchés publics confiant à l'un d'entre eux le soin de conduire la procédure de passation, et où l'un des acheteurs membres du groupement étant une personne publique, le marché qu'il est susceptible de conclure sera un contrat administratif par application de l'art. 3 de l'Ord. n° 2015-899 du 23 juill. 2015, le juge du référé précontractuel compétent pour connaître de la procédure est le juge administratif, sans préjudice de ceux de ces contrats qui revêtent un caractère de droit privé. • T. confl. 10 janv. 2022, *RATP c/ Sté Alstom Transport SA*, n° 4230 B : *BJCP 2022. 103, concl. Berriat ; Rev. CMP 2022, n° 3, comm. 92, Chamard-Heim ; AJDA 2022. 985, note Amilhat.*

II. RÉGIME GÉNÉRAL DES CONTRATS ADMINISTRATIFS

A. POUVOIR DE CONTRÔLE

30. Il résulte des principes mêmes de la délégation de service public que le cocontractant du concédant doit lui communiquer toute information utile sur les biens de la délégation ; s'agissant des concessions de distribution d'électricité ou de gaz consenties par les collectivités territoriales, l'art. L. 2224-31 CGCT dispose : « [...] les collectivités territoriales ou leurs établissements publics de coopération, en tant qu'autorités concédantes de la distribution publique d'électricité et de gaz en application de l'art. 6 de la loi du 15 juin 1906 sur les distributions d'énergie et de l'art. 36 de la loi n° 46-628 du 8 avr. 1946 précitée, négocient et concluent les contrats de concession, et exercent le contrôle du bon accomplissement des missions de service public fixées, pour ce qui concerne les autorités concédantes, par les cahiers des charges de ces concessions. / Les autorités concédantes précitées assurent le contrôle des réseaux publics de distribution d'électricité et de gaz. A cette fin, elles désignent un agent du contrôle distinct du gestionnaire du réseau public de distribution. / Chaque organisme de distribution d'électricité et de gaz tient à la disposition de chacune des autorités concédantes précitées dont il dépend les informations d'ordre économique, commercial, industriel, financier ou technique utiles à l'exercice des compétences de celle-ci, dans les conditions prévues par les dispositions de l'art. 20 de la loi du 10 févr. 2000 relative à la modernisation et au développement du service public de l'électricité et de l'art. 9 de la loi du 3 janv. 2003 relative aux marchés du gaz et de l'électricité et au service public de l'énergie. Il communique chaque année, notamment, la valeur brute, la valeur nette comptable et la valeur de remplacement des ouvrages concédés » ; il résulte de ces dispositions que le concessionnaire est tenu, pour permettre à l'autorité concédante d'exercer son contrôle sur le service public concédé, de lui communiquer, à sa demande, toutes informations utiles, notamment un inventaire précis des ouvrages de la concession, avec la détermination de leur valeur brute, de leur valeur nette comptable et de leur valeur de remplacement. • CE, ass., 21 déc. 2012, *Cne de Douai* : n° 342788 A.

B. POUVOIR DE MODIFICATION UNILATÉRALE

31. Pouvoir de modification et de résiliation. L'État dispose d'un pouvoir souverain pour modifier, voire résilier, moyennant compensation, un contrat conclu avec des particuliers : ainsi le veulent la prééminence des intérêts supérieurs de l'État sur les obligations contractuelles et la nécessité de sauvegarder l'équilibre du contrat. • CEDH 9 déc. 1994, *Raffineries grecques Stran c/ Grèce*, n° 13427/8.

32. Pouvoir de modification unilatérale. La personne publique délégante peut demander à son cocontractant d'adapter sa prestation à de nouvelles exigences (en l'espèce au passage de l'éclairage au gaz à l'éclairage électrique). Le principe de mutabilité du service public implique que soit reconnu à l'administration un tel pouvoir de modification unilatérale. • CE 10 janv. 1902, *Gaz de Deville-les-Rouen*, n° 94624 A.

33. L'administration contractante dispose, en dehors de toute clause contractuelle, d'un pouvoir de modification unilatérale du contrat. Ce pouvoir doit toutefois respecter le droit du cocontractant à l'équilibre financier du contrat, ce qui implique que l'intégralité du préjudice subi par celui-ci du fait de la modification soit indemnisée. • CE 11 mars 1910, *Cie générale française des tramways*, n° 16178 A.

34. Le pouvoir de modification unilatérale est une des « règles générales applicables aux contrats administratifs ». • CE 2 févr. 1983, *Union des transports publics*, n° 34027 A : *RFDA 1984. 45, note Llorens.*

35. Si l'administration n'indemnise pas son cocontractant du surcoût engendré par l'usage de son pouvoir de modification unilatérale, elle commet une faute susceptible de justifier la résiliation du contrat à ses torts. • CE 12 mars 1999, *SA Méribel 92*, n° 176694 A : *BJCP 1999. 444, concl. Bergeal.*

36. En vertu des règles générales applicables aux contrats administratifs, la personne publique peut apporter unilatéralement dans l'intérêt général des modifications à ses contrats ; l'autorité organisatrice des transports peut ainsi, en cours de contrat, apporter unilatéralement des modifications à la consistance des services et à leurs modalités d'exploitation, le cocontractant, tenu de respecter ses obligations contractuelles ainsi modifiées, ayant droit au maintien de l'équilibre financier de son contrat ; par suite, en retenant que le refus de la société délégataire d'encaisser le prix des transports à la suite du changement de mode de tarification et de prendre en compte la nouvelle organisation du service fixée par le syndicat intercommunal ne pouvait être qualifié de faute de nature à justifier la résiliation du contrat, dès lors que la société avait respecté ses obligations contractuelles originelles et qu'un avenant au contrat n'avait pas été conclu, la cour a commis une erreur de droit ; par conséquent, le syndicat est fondé à demander l'annulation de l'arrêt attaqué en tant qu'il fait droit aux conclusions la société tendant à ce qu'il l'indemnise des conséquences financières de la résiliation de la convention. • CE 27 oct. 2010, *Synd. intercommunal des transports publics de Cannes, Le Cannet, Mandelieu-La Napoule*, n° 318617 B.

37. Continuité du service public et modification unilatérale. Dans le cadre d'une concession, les principes de continuité du service public et d'égalité des usagers devant le service public ne s'imposent au concessionnaire que dans les limites de l'objet du contrat et selon les modalités définies par ses stipulations. Dans l'hypothèse où le bénéfice de la prestation est subordonné à l'existence d'une relation contractuelle avec le concessionnaire et au versement d'une rémunération, le concessionnaire n'est pas tenu, sauf stipulations contractuelles contraires, d'assurer sa mission au profit des usagers qui cessent de remplir les conditions pour en bénéficier. Par suite, la continuité du service public et l'égalité des usagers, si elles peuvent constituer un motif d'intérêt général justifiant une modification unilatérale du contrat par l'autorité concédante, dans le respect de son équilibre financier, ne peuvent, en revanche, justifier qu'il soit fait usage des stipulations du traité de concession relatives aux sanctions coercitives applicables au concessionnaire en cas de méconnaissance de ses obligations contractuelles et que, sur ce fondement, celui-ci soit mis en demeure de poursuivre une prestation non prévue par le contrat. • CE 3 mars 2017, *Cne de Clichy-sous-Bois*, n° 398901 B : *BJCP 2017. 238, concl. Pellissier ; AJDA 2017. 1286, note Hoepffner ; Rev. CMP 2017, n° 140, note Eckert.*

C. POUVOIR DE SANCTION

38. Pouvoir de sanction. Toute obligation contractuelle comporte une sanction. A défaut de règles particulière édictées par le contrat, c'est le droit commun, c'est-à-dire la rupture du contrat ou la condamnation à des dommages-intérêts, qui s'applique. • CE 31 mai 1907, *Deplanque : Lebon 153.*

D. RÉSILIATION POUR MOTIF D'INTÉRÊT GÉNÉRAL

39. Nota : Pour l'essentiel, la jurisprudence est mentionnée ss. le chap. V du titre IX du livre I de la partie II (pour les marchés publics), et ss. le chap. VI du titre III du livre I de la partie III (pour les concessions).

40. Pouvoir de résiliation unilatérale. L'administration ne peut pas, par une stipulation contractuelle, renoncer à son pouvoir de résiliation unilatérale. • CE 6 mai 1985, *Assoc. Eurolat Crédit Foncier de France : Lebon 141 ; RFDA 1986. 21, concl. Genevois.*

41. Résiliation pour motif d'intérêt général. Il appartient à l'autorité concédante, en vertu des règles générales applicables aux contrats administratifs, et sous réserve des droits à indemnisation du concessionnaire, de mettre fin avant son terme à un contrat de concession, dès lors qu'il existe des motifs d'intérêt général justifiant, à la date à laquelle elle prend sa décision, que l'exploitation du service concédé soit abandonnée ou établie sur des bases nouvelles. Elle peut user de cette faculté alors même qu'aucune disposition législative ou réglementaire, non plus qu'aucune stipulation contractuelle, n'en a organisé l'exercice. En l'espèce, la cession de 74 % des actions de la société concessionnaire autorisait la commune concédante, à cause des risques de conflits d'intérêts qu'elle entraînait, à regarder son cocontractant comme ne présentant plus les garanties au vu desquelles la concession lui avait été attribuée et, pour ce motif d'intérêt général, à prononcer la résiliation de cette concession. • CE 31 juill. 1996, *Sté des téléphériques du massif du Mont-Blanc*, n° 126594 A.

42. Résiliation unilatérale d'un contrat entaché d'une irrégularité d'une particulière gravité. En vertu des règles générales applicables aux contrats administratifs, la personne publique cocontractante peut toujours, pour un motif d'intérêt général, résilier unilatéralement un tel contrat, sous réserve des droits à indemnité de son cocontractant. Dans le cas particulier d'un contrat entaché d'une irrégularité d'une gravité telle que, s'il était saisi, le juge du contrat pourrait en prononcer l'annulation ou la résiliation, la personne publique peut, sous réserve de l'exigence de loyauté des relations contractuelles, résilier unilatéralement le contrat sans qu'il soit besoin qu'elle saisisse au préalable le juge. Après une telle résiliation unilatéralement décidée pour ce motif par la personne publique, le cocontractant peut prétendre, sur un terrain quasi contractuel, pour la période postérieure à la date d'effet de la résiliation, au remboursement de celles de ses dépenses qui ont été utiles à la collectivité envers laquelle il s'était engagé. Si l'irrégularité du contrat résulte d'une faute de l'administration, le cocontractant peut, en outre, sous réserve du partage de responsabilités découlant le cas échéant de ses propres fautes, prétendre à la réparation du dommage imputable à la faute de l'administration. Saisi d'une demande d'indemnité sur ce second fondement, il appartient au juge d'apprécier si le préjudice allégué présente un caractère certain et s'il existe un lien de causalité direct entre la faute de l'administration et le préjudice. • CE 10 juill. 2020, *Sté Comptoir Négoce Equipements*, n° 430864 A :

BJCP 2020. 320, concl. Pellissier ; Dr. adm. 2020. 40, note Brenet ; Rev. CMP 2020. 257, note Rees.

E. IMPRÉVISION/FORCE MAJEURE

43. Un événement imprévisible, extérieur aux parties, bouleversant l'économie du contrat peut conduire le juge à accorder au cocontractant une indemnité d'imprévision. Cette indemnité d'imprévision ne couvre pas toutes les pertes du cocontractant, mais seulement une partie – importante – de celles-ci. La situation d'imprévision est nécessairement une situation provisoire : le contrat doit pouvoir être exécuté aux conditions initiales une fois passé le moment critique. S'il est impossible de revenir à ces conditions, l'imprévision se transforme en force majeure. • CE 30 mars 1916, *Cie gén. d'éclairage de Bordeaux*, n° 59928 A.

44. Une indemnité d'imprévision suppose un déficit d'exploitation qui soit la conséquence directe d'un évènement imprévisible, indépendant de l'action du cocontractant de l'administration, et ayant entraîné un bouleversement de l'économie du contrat.

Le concessionnaire est alors en droit de réclamer au concédant une indemnité représentant la part de la charge extracontractuelle que l'interprétation raisonnable du contrat permet de lui faire supporter. Cette indemnité est calculée en tenant compte, le cas échéant, des autres facteurs qui ont contribué au bouleversement de l'économie du contrat, l'indemnité d'imprévision ne pouvant venir qu'en compensation de la part de déficit liée aux circonstances imprévisibles.

La société chargée de la gestion d'un service de desserte maritime réclamait une indemnité d'imprévision. La cour administrative d'appel relève que la diminution du fret de 16 % par rapport aux prévisions de trafic réalisées lors de l'élaboration du contrat n'est pas principalement à l'origine des déficits d'exploitation dont la société requérante faisait état, lesquels devaient être regardés comme étant largement la conséquence de l'état de fragilité financière initiale de la société, qui n'était ni imprévisible ni extérieur à l'action du cocontractant, et des conditions dans lesquelles avaient été définis les termes de la délégation, qui n'étaient pas davantage imprévisibles.

Dès lors que la part du déficit d'exploitation qui était directement imputable à des circonstances imprévisibles et extérieures ne suffisait pas à caractériser un bouleversement de l'économie du contrat, la cour n'a pas commis d'erreur de droit en en déduisant que la société n'était pas fondée à solliciter le versement d'une indemnité d'imprévision. • CE 21 oct. 2019, *Sté Alliance*, n° 419155 B : *BJCP 2020.53, concl. Pellissier ; Rev. CMP 2020, n° 13, note Eckert ; AJDA 2020. 796, note Dubreuil ; Dr. adm. 2020. 11, note de Fournoux.*

45. Si des circonstances imprévisibles ont eu pour effet de bouleverser le contrat et que les conditions économiques nouvelles ont créé une situation définitive qui ne permet plus au concessionnaire d'équilibrer ses dépenses avec les ressources dont il dispose, la situation nouvelle ainsi créée constitue un cas de force majeure et autorise à ce titre le concessionnaire, comme d'ailleurs le concédant, à défaut d'accord amiable sur une orientation nouvelle à donner à l'exploitation, à demander au juge la résiliation de la concession, avec indemnité s'il y a lieu. En l'espèce, la force majeure résultait d'une pollution du site de captage des eaux, ayant contraint le concessionnaire du service de distribution d'eau à s'approvisionner ailleurs, pour un coût nettement supérieur. La commune ayant refusé de réviser la tarification de l'eau distribuée sur son territoire, le concessionnaire pouvait demander la résiliation du contrat. • CE 14 juin 2000, *Staffelfelden*, n° 184722 A : *CJEG 2000. 435, concl. Bergeal.*

46. Si la hausse survenue sur le marché international du fuel-oil domestique était de nature, en l'absence d'une augmentation du tarif officiel servant de base à la détermination du prix contractuel, à rendre plus onéreuse l'exécution du marché (de fourniture de fuel-oil), cette circonstance ne constituait pas un cas de force majeure mettant la société dans l'impossibilité d'effectuer les fournitures prévues au contrat ; étant par ailleurs indépendante du fait de l'administration partie au contrat, elle aurait seulement autorisé la société, si elle avait continué à remplir ses obligations contractuelles, à présenter, le cas échéant, une demande d'indemnité fondée sur l'existence d'un fait imprévisible ayant provoqué un déficit d'exploitation de nature à entraîner un bouleversement de l'économie du contrat ; la personne publique n'avait, en revanche, aucune obligation de conclure avec la société un nouveau marché comportant des prix plus élevés que ceux du marché initial et, en présence de la défection de son fournisseur, était en droit de passer, comme elle l'a fait, un marché de substitution avec un autre fournisseur. • CE, sect., 5 nov. 1982, *Sté Propétrol*, n° 19413 A.

47. Le juge peut accorder une indemnité d'imprévision après l'expiration du contrat. • CE, sect., 12 mars 1976, *Dpt des Hautes-Pyrénées c/ Sté Sofilia*, n° 91471 A : *AJDA 1976. 552, concl. Labetoulle.* ♦ La résiliation du contrat ne fait pas obstacle, par elle-même, au versement d'une indemnité d'imprévision. • CE 10 févr. 2010, *Sté Prest'Action*, n° 301116.

48. Par convention conclue le 16 nov. 2004, la commune de Lamalou-les-Bains a confié à la société Casino de Lamalou-les-Bains la délégation du service public d'exploitation du casino municipal pour une durée de quinze ans ; par lettre du 1er déc. 2010, la société requérante a présenté à la commune une demande indemnitaire pour la somme de 565 948 €, correspondant à son déficit d'exploitation depuis 2007, celle-ci estimant être victime d'un bouleversement imprévisible du contrat dont l'exécution lui avait été confiée.

La société Casino de Lamalou-les-Bains s'est trouvée dans une situation financière difficile depuis l'année 2007, qui s'est traduite par des déficits de 2 175 € en 2007 pour un chiffre d'affaires de 1 639 230 €, de 351 699 € en 2008 pour un chiffre d'affaires de 1 360 195 €, de 209 888 € en 2009 pour un chiffre d'affaires de 1 254 477 €, de 229 872 euros en 2010 pour un chiffre d'affaires de 1 130 374 €, de 274 941 € en 2011 pour un chiffre d'affaires de 1 108 412 € ; la société soutient que cette baisse de chiffre d' affaires résulte de la crise économique survenue à partir de cette année et de la généralisation de l'interdiction de fumer dans les lieux accueillant du public entrée en vigueur à compter du 1er janv. 2008 ; selon la commune, ces baisses du chiffre d'affaires résultent notamment du développement des jeux en ligne et de l'accroissement du contrôle du blanchiment ainsi que d'erreurs commises par la société requérante dans la gestion de son établissement.

La crise économique survenue en 2008 était imprévisible lors de la conclusion du contrat et elle est extérieure aux parties ; toutefois, tel n'est pas le cas du développement des jeux en ligne, de l'accroissement du contrôle du blanchiment et de l'interdiction de fumer dans les lieux publics, qui n'étaient pas imprévisibles pour un acteur économique raisonnablement attentif à son environnement professionnel ; ainsi il ne résulte pas de l'instruction que le bouleversement de l'économie du contrat résulterait directement et de manière certaine de causes qui seraient extérieures aux parties, et auraient été imprévisibles lors de la conclusion du contrat ; dès lors, la société Casino de Lamalou-les-Bains n'est pas fondée à se plaindre de ce que, par le jugement attaqué, le tribunal administratif de Montpellier a rejeté sa demande. • CAA Marseille, 24 févr. 2014, ♁ *Sté Casino de Lamalou-les-Bains c/ Cne de Lamalou-les-Bains*, n° 12MA00109.

F. EXCEPTION D'INEXÉCUTION

49. Possibilité d'une clause prévoyant la résiliation du contrat par son titulaire. Le cocontractant lié à une personne publique par un contrat administratif est tenu d'en assurer l'exécution, sauf en cas de force majeure, et ne peut notamment pas se prévaloir des manquements ou défaillances de l'administration pour se soustraire à ses propres obligations contractuelles ou prendre l'initiative de résilier unilatéralement le contrat ; il est toutefois loisible aux parties de prévoir, dans un contrat qui n'a pas pour objet l'exécution même du service public, les conditions auxquelles le cocontractant de la personne publique peut résilier le contrat en cas de méconnaissance par cette dernière de ses obligations contractuelles ; cependant, le cocontractant ne peut procéder à la résiliation sans avoir mis à même, au préalable, la personne publique de s'opposer à la rupture des relations contractuelles pour un motif d'intérêt général, tiré notamment des exigences du service public ; lorsqu'un motif d'intérêt général lui est opposé, le cocontractant doit poursuivre l'exécution du contrat ; un manquement de sa part à cette obligation est de nature à entraîner la résiliation du contrat à ses torts exclusifs ; il est toutefois loisible au cocontractant de contester devant le juge le motif d'intérêt général qui lui est opposé afin d'obtenir la résiliation du contrat. • CE 8 oct. 2014, ♁ *Sté Grenke Location*, n° 370644.

PREMIÈRE PARTIE DÉFINITIONS ET CHAMP D'APPLICATION

LIVRE I CONTRATS DE LA COMMANDE PUBLIQUE

Art. L. 1100-1 Ne sont pas soumis au présent code, outre les contrats de travail, les contrats ou conventions ayant pour objet :

1° Des transferts de compétences ou de responsabilités entre acheteurs ou entre autorités concédantes en vue de l'exercice de missions d'intérêt général sans rémunération de prestations contractuelles ;

2° Les subventions définies à l'article 9-1 de la loi n° 2000-321 du 12 avril 2000 relative aux droits des citoyens dans leurs relations avec les administrations ;

3° L'occupation domaniale. – *[Ord. n° 2015-899 du 23 juill. 2015, art. 7 ; Ord. n° 2016-65 du 29 janv. 2016, art. 7.]*

COMMENTAIRE

Comme on l'a vu dans le titre préliminaire, l'article L. 2 définit les contrats de la commande publique – et, donc, le champ d'application du code – en se référant au critère essentiel de la réponse, à titre onéreux, à un besoin de l'autorité contractante.

Le présent article mentionne des contrats qui n'ont pas un tel objet et qui, par suite, ne relèvent pas du code.

Comme toujours quand sont en cause des frontières, l'hésitation est parfois permise : ainsi, par exemple, il n'est pas toujours facile de déterminer si un contrat est un simple contrat de subventionnement ou s'il doit être regardé comme répondant au besoin de l'autorité contractante et doit être, à ce titre, requalifié en marché public. De même la frontière n'est pas toujours facile à dessiner entre concessions domaniales et concessions de service public, *a fortiori* entre concessions domaniales et concessions de services (V. jurisprudence *infra*). ❑

I. CONTRATS DE TRAVAIL

1. Contrats d'emploi. La conclusion de contrats d'emploi constitue un moyen pour les pouvoirs publics des États membres de fournir eux-mêmes des services et, de ce fait, est exclue des obligations relatives à la passation de marchés publics visées par ladite directive.

La notion de « contrats d'emploi », au sens de l'art. 10, sous g), de la Dir. 2014/24/UE, vise tous les contrats en vertu desquels un pouvoir public embauche des personnes physiques afin de fournir lui-même des services et qui donnent lieu à une relation de travail par laquelle ces personnes accomplissent pendant un certain temps, en faveur de ce pouvoir public et sous la direction de celui-ci, des prestations en contrepartie desquelles elles touchent une rémunération. • CJUE 25 oct. 2018, *Anodiki services EPE*, n° C-260/17 : *Rev. CMP 2019, n° 5, note Zimmer.*

II. TRANSFERTS DE COMPÉTENCES

2. L'art. 1er, § 2, ss. a), de la Dir. 2004/18/CE du Parlement européen et du Conseil, du 31 mars 2004, relative à la coordination des procédures de passation des marchés publics de travaux, de fournitures et de services, doit être interprété en ce sens que ne constitue pas un marché public un accord passé entre deux collectivités territoriales, tel celui en cause au principal, sur la base duquel celles-ci adoptent un règlement statutaire portant création d'un syndicat de collectivités, personne morale de droit public, et transférant à cette nouvelle entité publique certaines compétences dont ces collectivités étaient investies jusqu'alors et qui sont désormais propres à ce syndicat de collectivités. Toutefois, un tel transfert de compétences concernant l'accomplissement de missions publiques n'existe que s'il porte, à la fois, sur les responsabilités liées à la compétence transférée et sur les pouvoirs qui sont le corollaire de celle-ci, de sorte que l'autorité publique nouvellement compétente dispose d'une autonomie décisionnelle et financière, ce qu'il appartient à la juridiction de renvoi de vérifier. • CJUE 21 déc. 2016, *Remondis GmbH c/ Region Hannover*, n° C-51/15 : *Rev. CMP 2017, n° 36, note Eckert.*

3. L'art. 1er, § 2, ss. a), de la Dir. 2004/18/CE du Parlement européen et du Conseil, du 31 mars 2004, relative à la coordination des procédures de passation des marchés publics de travaux, de fournitures et de services, doit être interprété en ce sens qu'un accord, aux termes duquel les communes parties à cet accord confient à l'une d'elles la responsabilité de l'organisation de services au profit de ces communes, est exclu du champ d'application de cette directive au motif qu'il constitue un transfert de compétences, au sens de l'art. 4, § 2, TUE, tel qu'interprété dans l'arrêt du 21 déc. 2016, *Remondis*. • CJUE 18 juin 2020, *Porin kapunki*, n° C-328/19 : *Rev. CMP 2020. 252, note Hoepffner.* ♦ V. art. L. 5111-1 et L. 5111-1-1 CGCT, *infra*.

4. L'art. 12, § 4, de la Dir. 2014/24/UE du Parlement et du Conseil du 24 févr. 2014, sur la passation des marchés publics, doit être interprété en ce sens qu'une coopération entre pouvoirs adjudicateurs peut être exclue du champ d'application des règles de passation des marchés publics prévues par cette Dir. lorsque ladite coopération porte sur des activités accessoires aux services publics qui doivent être fournis, même à titre individuel, par chaque membre de cette coopération, pour autant que ces activités accessoires contribuent à la réalisation effective desdits services publics. L'art. 12, § 4, de la Dir. 2014/24/UE préc., lu en combinaison avec le considérant 33, al. 2, et l'art. 18, § 1, de cette Dir., doit être interprété en ce sens qu'une coopération entre des pouvoirs adjudicateurs ne doit pas avoir pour effet, conformément au principe d'égalité de traitement, de placer une entreprise privée dans une situation privilégiée par rapport à ses concurrents. • CJUE 28 mai 2020, *ISE*, C-796/18 : *Rev. CMP 2020. 219, note Ubaud-Bergeron.*

III. SUBVENTIONS

5. Lorsqu'une région décide, dans le cadre de ses compétences et après avoir défini ses propres besoins, de faire réaliser des prestations de formation afin de contribuer à la mise en œuvre du plan régional de formation professionnelle des jeunes qu'elle a arrêté, les conventions qu'elle signe avec une société de formation, qui ont pour objet de confier à cette dernière une partie des prestations de formation, constituent des marchés publics, et les « aides financières » prévues par les conventions, qui prennent en compte l'intégralité des frais exposés par la société pour organiser les formations ainsi que la rémunération des stagiaires, ne constituent pas des subventions, mais la contrepartie des prestations de service exécutées par la société. • CE 26 mars 2008, *Région La Réunion*, n° 284412 A : *Rev. CMP 2008, n° 90, obs. Eckert ; AJDA 2008. 1152, note Dreyfus*.

6. La région, dans le cadre de ses compétences, a adopté le plan régional de développement des formations, avant de décider, par une nouvelle délibération, la mise en place du service public de la formation professionnelle en Limousin, puis par la délibération en litige, la mise en place à compter du 1er janv. 2009 d'un dispositif permanent de formation et l'attribution de « subventions aux opérateurs mettant en œuvre le dispositif » ; les conventions signées entre la région et différents organismes de formation engagent ces derniers à proposer une offre de formation ; l'art. 3 indique que l'organisme gestionnaire établit tous les mois un état de fréquentation des stagiaires, l'art. 4 indiquant que la région apporte au cocontractant une aide prévisionnelle dont le montant maximal est fixé dans chaque convention ; l'art. 5 prévoit les modalités de paiement par la région, assuré sur présentation des justificatifs, des dépenses de personnel engagées (enseignants et autres) ; cet article prévoit que l'« aide prévisionnelle financière » est versée si les dépenses prévisionnelles sont réalisées, ou proratisée si elles ne sont qu'en partie réalisées alors que le montant de l'aide prévisionnelle ne peut jamais être dépassé ; nonobstant la circonstance, au demeurant non établie par les pièces du dossier, que les « aides financières » prévues par les conventions ne prendraient pas en compte l'intégralité des frais exposés par les organismes de formation, dont la couverture pourrait être assurée par d'autres ressources pour organiser ces formations, les contributions financières devant être versées par la région en application des conventions doivent être regardées comme se trouvant être la contrepartie du service rendu par ces organismes pour l'exécution de ces contrats ; dès lors, les sommes en cause, quelle que soit la dénomination qui leur a été donnée, doivent être regardées non comme des subventions mais comme la rémunération d'une prestation effectuée pour le compte de la région relevant des règles fixées par le C. marchés. • CAA Bordeaux, 21 juin 2011, ⛫ *Région Limousin,* n° 10BX01717.

7. En vertu des dispositions du I de l'art. 1er C. marchés, les contrats conclus à titre onéreux entre les pouvoirs adjudicateurs et des opérateurs économiques publics ou privés pour répondre à leurs besoins en matière de travaux, de fournitures ou de services sont des marchés publics soumis aux dispositions de ce code ; il ressort des pièces du dossier que la convention litigieuse, signée sans procédure de publicité et mise en concurrence, a été conclue à l'initiative de la commune, en vue de confier à un professionnel du spectacle des prestations d'exploitation de la billetterie et de promotion d'un festival ; elle prévoit ainsi la fourniture d'un service à la commune pour répondre à ses besoins, moyennant un prix tenant en l'abandon des recettes du festival et au versement d'une somme annuelle de 495 000 € ; dès lors, la convention litigieuse doit être regardée comme constitutive d'un marché public de services.

La commune requérante ne peut utilement se prévaloir, d'une part, de ce que les sommes versées à la société étaient appelées « subventions » et, d'autre part, de ce que les personnes publiques peuvent accorder des subventions aux entreprises de spectacles vivants en application des dispositions de l'art. 1-2 de l'Ord. du 13 oct. 1945 relative aux spectacles, lesquelles ne permettent pas de déroger, en tout état de cause, aux règles de publicité et de mise en concurrence prévues par le C. marchés ; il résulte de ce qui précède que la commune ne pouvait conclure la convention litigieuse sans procéder aux mesures de publicité et de mise en concurrence applicables aux marchés publics de services. • CE 23 mai 2011, ⛫ *Cne de Six-Fours-Les-Plages,* n° 342520 A : *BJCP 2011. 258, concl. Boulouis ; AJDA 2011. 1515, note Dreyfus* ✎ *; Rev. CMP 2011, n° 195, note Eckert.*

8. Une convention conclue à l'initiative de l'État par laquelle un GAEC s'engage à faire pâturer des troupeaux dans une zone déterminée pour lutter contre les risques d'incendies de forêt, en contrepartie d'aides financières, est un marché de prestations de services et non un contrat de subvention. • CAA Marseille, 1er mars 2004, ⛫ *GAEC « L'Aurier »,* n° 99MA02079 : *BJCP 2005. 16, concl. Louis,*

9. Un département peut accorder une subvention à une régie départementale de travaux pour l'acquisition de matériels et pour l'exécution de travaux, sous maîtrise d'ouvrage de la régie, sans avoir à passer un marché public. • CAA Bordeaux, 22 mai 2007, ⛫ *Synd. industriel des carriers de La Réunion,* n° 05BX01003 : *Rev. CMP 2007, n° 208, note Pietri.*

10. Les avances sur subventions, dont le versement aux associations Pint'jes, Cô Nitots et Zôtches a été décidé par les délibérations en litige, ont pour objet, comme les sept autres avances allouées le même jour à d'autres associations, de couvrir une partie des dépenses de fonctionnement que ces associations sont susceptibles d'engager au début de l'année 2011 et avant le vote du budget primitif de la commune arrêtant le montant annuel de ces subventions ; la commune de Grande-Synthe, qui a renoncé à assumer directement les dépenses non obligatoires de gardiennage et de sécurité incendie exposées à l'occasion des événements organisés par les associations précitées, a décidé de leur verser des avances afin de couvrir les dépenses en cause ; il est constant que l'objet social de ces associations consiste en l'organisation de manifestations festives et qu'ainsi, la commune de Grande-Synthe ne bénéficie, en contrepartie du versement de ces avances, d'aucun service de gardiennage ou de sécurité incendie pour ses besoins propres ; le versement de ces avances ne peut, dès lors, être regardé comme la rémunération d'une prestation et ne saurait, par conséquent, être qualifié de marché public. • CAA Douai, 10 mai 2016, ⛫

Cne de Grande-Synthe, n° 14DA00792 : *Rev. CMP 2016, n° 170, note Ubaud-Bergeron.*

11. La convention dite de participation conclue entre la commune et la SEM 92 précise les modalités de versement de la participation due par toute collectivité territoriale ayant concédé l'aménagement et le renouvellement urbain d'une zone située sur son territoire à la construction des équipements publics excédant les besoins des futurs habitants et usagers de ladite zone en application des dispositions du code de l'urbanisme ; cette convention ne porte ni sur l'exécution des travaux, ni sur la livraison de fournitures, ni sur la prestation de services ; ainsi, la convention dite de participation ne peut être regardée comme constituant un marché public au regard de la Dir. 2004/18/CE ou du code des marchés publics ; par suite, le moyen tiré de ce qu'elle est intervenue en méconnaissance des règles de publicité et de mise en concurrence applicables aux marchés publics ne peut être utilement soulevé. • CAA Versailles, 1er déc. 2016, *Cts Ait Dahmane et SARL Le Viking*, n° 15VE02822 : *Rev. CMP 2017, n° 37, note Eckert.*

12. Contrat de subvention. Recours pour excès de pouvoir. Une décision qui a pour objet l'attribution d'une subvention constitue un acte unilatéral qui crée des droits au profit de son bénéficiaire ; de tels droits ne sont ainsi créés que dans la mesure où le bénéficiaire de la subvention respecte les conditions mises à son octroi, que ces conditions découlent des normes qui la régissent, qu'elles aient été fixées par la personne publique dans sa décision d'octroi, qu'elles aient fait l'objet d'une convention signée avec le bénéficiaire, ou encore qu'elles découlent implicitement mais nécessairement de l'objet même de la subvention.

Indépendamment des actions indemnitaires qui peuvent être engagées contre la personne publique, les recours relatifs à une subvention, qu'ils aient en particulier pour objet la décision même de l'octroyer, quelle qu'en soit la forme, les conditions mises à son octroi par cette décision ou par la convention conclue en application des dispositions précitées de la loi du 12 avril 2000, ou encore les décisions de la personne publique auxquelles elle est susceptible de donner lieu, notamment les décisions par lesquelles la personne publique modifie le montant ou les conditions d'octroi de la subvention, cesse de la verser ou demande le remboursement des sommes déjà versées, ne peuvent être portés que devant le juge de l'excès de pouvoir, par le bénéficiaire de la subvention ou par des tiers qui disposent d'un intérêt leur donnant qualité à agir. Un tel recours pour excès de pouvoir peut être assorti d'une demande de suspension de la décision litigieuse, présentée sur le fondement de l'art. L. 521-1 CJA. • CE, avis, 29 mai 2019, *Sté Royal Cinéma. M. Romanello* : n° 428040 A : *BJCP 2019. 350, concl. Cortot-Boucher ; Rev. CMP 2019, n° 284, note Hoepffner.*

IV. OCCUPATION DOMANIALE

13. Concession de services/Autorisation domaniale. Les concessions portent non pas sur une prestation de services déterminée par l'entité adjudicatrice, mais sur l'autorisation d'exercer une activité économique dans une zone domaniale. Il en découle que les concessions en cause au principal ne relèvent pas de la catégorie des concessions de services (V., par analogie, CJUE 14 nov. 2013, *Belgacom*, n° C-221/12, EU, pts 26 à 28). • CJUE 14 juill. 2016, *Promoimpresa Srl, Mario Melis et a. c/ Consorzio dei comuni della sponda bresciana del lago di Garda et del lago di Idro*, n° C-458/14.

14. DSP et occupation domaniale. Un décret fixant les droits et obligations d'un occupant domanial – une société de transport pétrolier par pipeline – imposant notamment que le domaine soit maintenu dans un état permettant l'approvisionnement en temps de crise des forces armées, ne procède pas à la délégation de la gestion d'un service public de transport de produits pétroliers. • CE 13 juin 1997, *Sté des transports pétroliers par pipelines* : n° 167907 A.

15. N'est pas une convention de délégation de service public mais une simple concession domaniale, un contrat autorisant une société à occuper le domaine public pour y exploiter un restaurant. • CE 12 mars 1999, *Ville de Paris, Sté l'Orée du Bois*, n° 186085 B : *Dr. adm. 1999, n° 127 ; AJDA 1999. 439, note Raunet et Rousset ; BJCP 1999. 433, concl. Bergeal.*

16. Une convention autorisant l'occupation du domaine public par une société qui est en outre chargée, sous le contrôle de la collectivité publique, de gérer la dépendance du domaine public dans le cadre d'une mission d'intérêt général d'animation culturelle et d'accueil d'activités artistiques et artisanales en ayant la faculté d'user des prérogatives nécessaires à la gestion du domaine public constitue une concession de service public. • CE 11 déc. 2000, *Mme Agofroy*, n° 202971 A : *RFDA 2001. 1277, concl. Austry.*

17. Une concession d'outillage public portuaire est une convention d'occupation du domaine mais également, en raison de son objet, une convention de délégation de service public. En l'espèce, le concessionnaire était chargé de l'exploitation d'une fosse d'élévateurs de bateaux. • CE 20 déc. 2000, *CCI Var*, n° 217639 : *Dr. adm. 2001, n° 161.*

18. Un contrat ayant pour objet l'aménagement d'une terrasse sur un hangar portuaire et l'installation de commerces et de parkings souterrains à proximité, sur le domaine public portuaire, est une simple concession domaniale, sans délégation de service public, même s'il participe à la valorisation touristique du terminal portuaire. • CE 10 mars 2006, *Sté Unibail*, n° 284802 : *Rev. CMP 2006, n° 151, note Eckert.*

19. En premier lieu, aux termes de l'art. 2.9.3 de la convention du 11 août 2004 : « L'occupant réserve, à titre exclusif ou pour un usage partagé ou pour un usage temporaire selon les biens concernés à l'équipe professionnelle de rugby du Stade français-CASG Paris, pour les besoins de ses entraînements et de ses matchs nationaux et internationaux, l'utilisation du terrain de rugby, des tribunes et de certaines dépendances, installations et équipements dont la liste et les localisations sont précisées en annexe au présent contrat. Les modalités d'utilisation de ces biens sont précisées dans une convention conclue entre l'occupant et la société anonyme sportive professionnelle Stade français-CASG Paris. Cette convention définit les droits et les obligations respectifs des parties de manière à assurer une coexistence harmonieuse, notamment dans l'usage des biens réservés, entre l'occupant et l'utilisateur de ces biens. Cette convention est jointe en annexe au présent contrat (annexe 7). Toute modification de cette convention pourra être apportée librement par les parties à cette convention, par voie d'avenant et devra être portée à la connaissance de la mairie de Paris » ; la seule présence d'un club de rugby professionnel sans autres contraintes que celles découlant de la mise à disposition des équipements sportifs ne caractérise pas à elle seule une mission de service public ; la cour ne pouvait déduire la volonté de la ville d'organiser un service public des stipulations de la convention conclue le 2 juill. 2004, qui a pris en compte la présence de l'équipe professionnelle de rugby du Stade français-CASG Paris par la mise à la disposition exclusive à cette équipe, de façon permanente ou temporaire, de certains locaux et équipements nécessaires au sport de haut niveau.

En deuxième lieu, la cour a elle-même relevé que la convention signée le 11 août 2004 ne reprenait pas une clause insérée dans la convention signée en 1990 et selon laquelle le CASG s'engageait à mettre à la disposition de la direction de la jeunesse et des sports de la ville et sous sa responsabilité les installations sportives du stade Jean-Bouin pendant la période scolaire à l'exception des jours de congés scolaires ; la cour a aussi estimé que l'annexe 3 à la convention du 2 juill. 2004 relative au tableau de répartition horaire de l'utilisation des équipements traduisait la réalité du maintien de l'obligation de mise à disposition d'installations au profit du public scolaire, qui existait dans la convention signée en 1990 ; cependant, dès lors qu'il ressort de ses termes mêmes que cette annexe s'est bornée à constater la répartition hebdomadaire des créneaux d'utilisation du stade Jean-Bouin et de la piste d'athlétisme par l'équipe professionnelle de rugby du Stade français et le public scolaire, la cour ne pouvait, pour qualifier le contrat, en déduire que cette obligation avait été maintenue par le biais de la convention du 2 juill. 2004 conclue entre l'association et le Stade français-CASG Paris.

En troisième lieu, la cour a relevé que le titre III de la convention du 11 août 2004 prévoyait un programme de modernisation (création de courts enterrés, rénovation du gymnase, amélioration de la sécurité de l'enceinte sportive...) pour un montant d'investissement prévisionnel fixé, à l'annexe 6, à 10 millions d'euros environ sur 20 ans ; cependant et d'une part, qu'aux termes du titre III de la convention : « L'occupant envisage de réaliser pour ses besoins propres et à ses frais un programme de réalisation d'investissements (...) sur les biens qu'il occupe et dont il a l'usage au titre du présent contrat, selon le programme indicatif figurant à l'annexe 6 du présent contrat. (...) » ; à ce titre, les art. 3.1, 3.2 et 3.3 prévoient respectivement que le coût des investissements est à la charge de l'occupant si celui-ci décide de les réaliser, qu'avant toute réalisation d'investissements, l'occupant devra en transmettre le dossier à la mairie de Paris pour avis préalable et que les investissements seront exécutés sous la surveillance des services compétents de l'administration municipale (direction chargée des sports) et sous la seule responsabilité de l'occupant, qui doit tenir la mairie de Paris informée de l'état d'avancement de la réalisation des investissements ; les stipulations du préambule du titre III et de l'annexe 6 de la convention du 11 août 2004, relatives au programme indicatif d'investissements envisagé par l'association Jean-Bouin sur les sites concédés pour ses besoins propres et à ses frais, lui laissaient toute latitude en ce qui concerne la nature et la programmation des investissements au regard de l'état des dépendances domaniales concédées et répondaient au besoin de conservation de ces dépendances, notamment du site du stade Jean-Bouin ; d'autre part, qu'aux termes de l'art. 4.1 de la convention : « En contrepartie de la mise à disposition des biens concédés décrits dans le présent contrat, l'occupant s'acquittera d'une redevance » ; que, si cette redevance comprenait une part fixe annuelle de 50 000 euros actualisée chaque année, elle était constituée également à compter du 1er janv. 2008 d'une part variable assise sur une partie du chiffre d'affaires réalisé par l'occupant ; que cette redevance a été déterminée conformément aux modalités de calcul des redevances d'occupation domaniale ; la cour ne pouvait ainsi déduire des éléments qu'elle a relevés qu'eu égard au montant des investissements la ville faisait peser sur son cocontractant une obligation de service public et qu'en raison de son faible montant la redevance d'occupation domaniale versée par l'association était la contrepartie d'une telle obligation.

En quatrième lieu, la cour a mentionné les stipulations de l'art. 4.2 de la convention du 11 août

2004 selon lesquelles : « En outre, en cas de déséquilibre financier des comptes d'exploitation de l'occupant, les parties conviennent de se rencontrer afin d'étudier les mesures propres à assurer la pérennité de l'association Jean-Bouin-CASG, la continuité des activités sportives et la préservation des biens concédés » ; elle en a déduit que cette clause confortait son analyse selon laquelle la ville n'avait pas eu pour seul objectif de rentabiliser ou valoriser son patrimoine ou d'en assurer la sauvegarde moyennant une redevance versée par l'occupant en contrepartie de son exploitation libre et privée mais avait voulu confier à celui-ci la gestion sous son « pilotage » d'un grand complexe sportif ; cependant, ces stipulations visent à garantir la meilleure utilisation du domaine tout en restant compatible avec son objet relatif à l'accueil d'activités sportives ; elles ne caractérisent pas ainsi un droit de regard de la personne publique sur l'activité exercée par l'association et ne révèlent pas davantage l'organisation par cette personne publique d'une mission de service public.

En cinquième lieu, si le juge peut prendre en compte des éléments extérieurs au contrat et de nature à éclairer la commune intention des parties, ces éléments ne doivent pas être dépourvus de toute pertinence pour apprécier cette commune intention ; dès lors et d'une part, la cour ne pouvait, sans erreur de droit, se fonder sur la lettre adressée par le maire de Paris au président de l'association Paris-Jean-Bouin par laquelle, à la suite d'un différend entre l'occupant et le Stade français, il s'est borné à charger les services de la ville d'élaborer une convention de bon usage afin de préciser les obligations respectives des parties pour la suite de la saison sportive qui a pris fin avant la conclusion de la convention ; d'autre part, la cour ne pouvait prendre en compte les conventions annuelles d'objectifs conclues, en application de la L. du 16 juill. 1984 relative à l'organisation et à la promotion des activités physiques et sportives et des décrets pris pour son application, entre 2001 et 2006 entre la ville de Paris et l'association Paris-Jean-Bouin, qui ont pour seul objet l'octroi de subventions annuelles ; il résulte de ce qui précède que la cour ne pouvait se fonder sur l'ensemble des éléments qu'elle a relevés et qui, s'ils concernent des activités d'intérêt général, ne se traduisent pas par un contrôle permettant de caractériser la volonté de la ville d'ériger ces activités en mission de service public, pour en déduire l'existence d'une telle mission dont la gestion aurait été confiée à l'association ; enfin, il ressort des pièces du dossier soumis aux juges du fond que, selon l'art. 1er de la convention du 11 août 2004, ce contrat a pour objet de concéder à l'association Jean-Bouin le droit d'occuper et d'utiliser de façon privative les dépendances du domaine public de la ville de Paris ; le second alinéa de cet article stipule : « Le présent contrat d'occupation du domaine public ne confère à l'occupant ou à toute autre personne utilisant une partie des biens concédés du chef de l'occupant ni la propriété commerciale, ni la qualité de concessionnaire de service public ou de concessionnaire d'ouvrage ou de travaux publics » ; les stipulations de l'art. 2.9.2, en vertu desquelles l'association Paris-Jean-Bouin a conclu, avec des lycées, avec le département de Paris au titre de l'enseignement d'éducation physique et sportive dans des collèges ou avec d'autres tiers, des conventions de sous-concession prévoyant les conditions et les modalités de mise à disposition des équipements sportifs et des autres locaux, notamment les créneaux horaires d'utilisation et le montant de la redevance d'occupation, ont eu pour objet de mettre la ville de Paris en mesure de s'assurer en permanence que le domaine public concédé était occupé conformément à sa destination, et ne sauraient être regardées comme donnant à la ville un droit de regard sur l'activité exercée par l'association ; l'ensemble des stipulations de la convention du 11 août 2004 et de ses annexes, qui imposent des prescriptions à l'association Paris-Jean-Bouin, s'inscrit dans le cadre des obligations que l'autorité chargée de la gestion du domaine public peut imposer, tant dans l'intérêt du domaine et de son affectation que dans l'intérêt général, aux concessionnaires du domaine.

Il résulte de tout ce qui précède que l'ensemble des stipulations de la convention du 11 août 2004 et de ses annexes ne traduit pas l'organisation, par la ville de Paris, d'un service public ni la dévolution de sa gestion à l'association Paris-Jean-Bouin ; par suite, la cour a inexactement qualifié la convention du 11 août 2004 en jugeant qu'elle avait le caractère d'une délégation de service public. Aucune disposition législative ou réglementaire ni aucun principe n'imposent à une personne publique d'organiser une procédure de publicité préalable à la délivrance d'une autorisation ou à la passation d'un contrat d'occupation d'une dépendance du domaine public, ayant dans l'un ou l'autre cas pour seul objet l'occupation d'une telle dépendance ; il en va ainsi même lorsque l'occupant de la dépendance domaniale est un opérateur sur un marché concurrentiel. • CE, sect., 3 déc. 2010, *Ville de Paris, Assoc. Paris-Jean-Bouin*, n° 338272 A : *BJCP 2011. 36, concl. Escaut ; AJCT 2010. 37, note Dreyfus ; AJDA 2011. 18, note Glaser ; Rev. CMP 2011, n° 25, note Devillers ; Dr. adm. 2011, n° 17, note Brenet et Melleray.*

20. Il résulte de l'instruction que la convention envisagée par la chambre de commerce et d'industrie permet à son titulaire d'aménager et d'exploiter la boutique hors taxe de l'aéroport, cette autorisation d'occupation du domaine public étant assortie de prescriptions tenant à la qualité du service, à l'aménagement des horaires d'ouverture et à l'insertion du commerce dans la réalité locale, notamment par la réalisation d'une

« vitrine de promotion des produits locaux » et la création « d'un espace guadeloupéen » et « d'une case à rhum » ; à supposer même que ces obligations puissent être regardées comme relevant d'une mission de service public, elles n'auraient pas pour objet de confier à ce cocontractant la gestion d'un service public mais seulement la création et l'exploitation d'un équipement commercial affecté à ce service ; la convention envisagée ne saurait ainsi être regardée comme une délégation de service public. • CE 19 janv. 2011, *CCI de Pointe-à-Pitre*, n° 341669 B : *BJCP 2011. 101, concl. Boulouis ; AJDA 2011. 1330, note Caille*.

21. Il est loisible à une commune d'adopter un nouveau mode de gestion de l'activité d'hôtellerie et de restauration jusqu'alors exercée dans le cadre de la convention d'occupation du domaine public conclue avec une société ; l'intention de la commune de soumettre le futur exploitant de l'activité d'hôtellerie et de restauration à des obligations de service public tenant notamment aux horaires et jours d'ouverture de l'établissement constitue un motif d'intérêt général suffisant pour décider la résiliation de la convention d'occupation du domaine public conclue avec la société. • CE 19 janv. 2011, *Cne de Limoges*, n° 323924 B : *BJCP 2011. 105, concl. Dacosta ; AJDA 2011. 616, note Dreyfus*.

22. Il ressort des pièces du dossier soumis aux juges du fond que le contrat entre le port autonome et la société a eu pour objet de mettre à la disposition de cette société, sur le domaine public portuaire pour une durée de 20 ans, les formes de radoub n°s 8, 9, 10, le poste à quai 190 ainsi que leurs terre-pleins avoisinants afin de permettre à cette société d'y exercer une activité de réparation navale ; l'art. 3 de ce contrat réservait au port autonome l'utilisation et l'exploitation avec son personnel, dans les conditions prévues par le règlement d'exploitation des engins de radoub, des outillages du port nécessaires pour les manœuvres de mise à sec des bateaux venant séjourner dans les formes en vue de leur réparation et pour les manœuvres de mise en eau ; pour l'occupation du domaine public et pour ces prestations, la société versait au port autonome des redevances dont les modalités étaient fixées à l'art. 8 du contrat ; ainsi, par ce contrat, le port autonome a seulement autorisé la société à occuper des dépendances de son domaine public pour lui permettre d'y exercer une activité de réparation navale ; il n'a pas délégué à cette société l'exploitation des outillages publics du port ; par suite, la cour a inexactement qualifié cette convention en jugeant qu'elle devait être regardée comme une concession d'outillage public et entrait ainsi dans le champ d'application de la L. du 29 janv. 1993. • CE 8 juin 2011, *Port autonome de Marseille*, n° 318010 B : *AJDA 2012. 770, note Rabier ; Rev. CMP 2011, n° 267, note Soler-Couteaux.*

23. La ville de Paris a confié à la société S. la gestion d'un stade et de ses abords pour une durée de huit ans, moyennant le paiement d'une redevance ; ce contrat stipulait la propriété de la ville sur toutes les constructions neuves et améliorations dès leur réalisation ; il ne confiait aucune mission particulière au cocontractant, seul compétent pour gérer l'équipement, sous réserve du respect de modèles de contrat d'utilisation annexés ; à supposer même que la ville ait entendu imposer une utilisation principale par deux clubs de football ainsi que par les Fédérations françaises de football et de rugby, principaux utilisateurs du stade comme l'indique l'annexe à un avenant, d'une part, la seule présence de clubs de football professionnel sans autres contraintes que celles découlant de la mise à disposition de l'équipement sportif ne caractérise pas à elle seule une mission de service public et, d'autre part, les conditions d'utilisation de cet équipement par des fédérations sportives, délégataires d'un service public national, sont étrangères aux missions de service public relevant de la compétence de la ville ; cette convention conclue entre la ville et la société S. ne peut ainsi être qualifiée de délégation de service public ; il s'agit d'une convention autorisant l'exploitation d'un équipement situé, ainsi qu'il ressort des pièces du dossier soumis aux juges du fond, sur une dépendance du domaine public de la ville. Les litiges nés de l'exécution de ce contrat ayant pour objet l'occupation d'une dépendance du domaine public de la ville relèvent de la compétence du juge administratif. • CE, sect., 11 juill. 2011, *Mme Gilles*, n° 339409 B : *BJCP 2011. 341, concl. Boulouis ; AJDA 2011. 1949, chron. Domino*.

24. Par convention du 27 août 1990 et avenant du 28 avr. 1994, la ville de Paris a confié la gestion du stade du Parc des Princes et de ses abords à la SESE ; cette dernière a conclu avec la société X une convention l'autorisant à installer dans le stade et à ses abords des points de vente de produits dérivés des manifestations sportives et lui conférant l'exclusivité de la vente de ces produits ; la SESE a mis fin à cette convention avant le terme prévu ; la S.E.S.E. n'était pas délégataire d'un service public ; dans ces conditions, le litige né de la résiliation du contrat de droit privé passé entre elle, qui n'agissait pas pour le compte de la ville de Paris, et la société X, toutes deux personnes de droit privé, même si cette convention comportait occupation du domaine public, relève de la compétence des juridictions judiciaires. • T. confl. 14 mai 2012, *Mme Gilles c/ Sté d'exploitation sports et événements (SESE) et ville de Paris*, n° 3836 : *BJCP 2012. 382, concl. Olléon.*

25. Si la délibération attaquée autorisant la signature de la convention litigieuse est motivée par l'intérêt général s'attachant pour la Ville, gestionnaire du domaine, à la promotion des activités culturelles sur son territoire, elle ne concerne pas, ainsi qu'il a été dit ci-dessus, les activités des services publics municipaux ni celles qui seraient exercées pour leur compte ; il ressort également des pièces du dossier que la Ville n'a pas entendu créer un service public de l'information culturelle mais seulement utiliser son domaine conformément aux prescriptions légales régissant les colonnes et mâts porte-affiches pour permettre une promotion de la vie culturelle à Paris ; les obligations mises à la charge de l'occupant du domaine public à cette fin sont soit conformes aux exigences posées par les dispositions aujourd'hui codifiées aux art. R. 581-45 et R. 581-46 C. envir., soit prises, s'agissant notamment de l'emplacement des mobiliers, dans l'intérêt de la gestion du domaine ; par suite, la Ville de Paris est fondée à soutenir que c'est à tort que, par le jugement attaqué, le tribunal administratif a annulé la délibération du 26 sept. 2005 au motif que la convention dont elle autorisait la signature présentait le caractère d'une délégation de service public soumise à une procédure préalable de publicité et de mise en concurrence. • CE 15 mai 2013, *Ville de Paris,* n° 364593 A : *AJDA 2013. 1271, chron. Domino-Bretonneau ; BJCP 2013. 359, concl. Dacosta ; Rev. CMP 2013, n° 199, note Eckert.*

26. Un contrat confiant l'exploitation d'un petit train touristique n'est pas seulement une convention domaniale, mais est également une convention de délégation de service public, la commune ayant manifesté son intention d'ériger l'activité considérée en un service public local d'animation touristique et culturelle. La circonstance que l'exploitant ne bénéficie pas d'un soutien financier de la collectivité territoriale, et qu'il ne soit pas investi de prérogatives de puissance publique est sans effet sur cette qualification. • CAA Nancy, 6 avr. 2006, *EURL Saut du Doubs et SA Promotrain,* n° 01NC00887 : *Rev. CMP 2006, n° 185, note Delacour.*

27. Un contrat par lequel une chambre de commerce et d'industrie autorise une société d'assistance en escale à occuper une partie du domaine public aéroportuaire n'a pas le caractère d'une délégation de service, alors même qu'il comporte quelques obligations relatives aux heures d'ouverture et au personnel employé. • CAA Marseille, 19 févr. 2007, *SARL Sata Handling :* n° 04MA00915.

28. Concession domaniale/Concession de services. La convention de terminal conclue dans le cadre des dispositions de l'art. R. 5312-84 C. transp. entre le port et la société confie à cette dernière le soin de réaliser les investissements nécessaires, d'assurer la pérennité de l'exploitation et de permettre le développement de l'activité sur le site du Verdon ; à cette fin, la société s'engage à investir sur le terminal, à construire et entretenir les équipements, bâtiments, outillages et terre-pleins nécessaires au maintien et au développement de l'activité portuaire, à assurer l'exploitation technique et commerciale du terminal en ayant la responsabilité des opérations de débarquement, d'embarquement, de manutention et de stockage des conteneurs et autres marchandises ; cette exploitation donne lieu au versement au port d'une redevance composée d'une part fixe et d'une part variable indexée sur le trafic réalisé ; en contrepartie, la société attributaire se voit mettre à disposition les terrains et ouvrages nécessaires et reconnaître le droit d'exploiter le terminal, le port s'engageant à assurer l'entretien des infrastructures ; alors même que l'art. R. 5312-84 C. transp. dispose que les conventions de terminal valent autorisation d'occuper le domaine public, la convention litigieuse doit, compte tenu des engagements réciproques des parties, être regardée non comme une simple convention d'occupation du domaine public mais comme un contrat administratif conclu pour répondre aux besoins du port qui, en application de l'art. L. 5312-2 C. transp., a en charge non seulement la gestion et la valorisation du domaine dont il est propriétaire ou qui lui est affecté, mais aussi la construction et l'entretien de l'infrastructure portuaire, ainsi que l'aménagement et la gestion des zones industrielles ou logistiques liées à l'activité portuaire, sans pouvoir en principe, en vertu de la L. du 4 juill. 2008 portant réforme portuaire, assurer lui-même l'exploitation des outillages portuaires de manutention ; cette convention de terminal conclue le 19 déc. 2014 avec la société a ainsi pour objet principal l'exécution, pour les besoins du port, d'une prestation de services rémunérée par une contrepartie économique constituée d'un droit d'exploitation, et qui transfère au cocontractant le risque d'exploitation ; elle revêt pour ces motifs le caractère d'une concession de services au sens et pour l'application de l'art. 5 de l'Ord. du 29 janv. 2016 relative aux contrats de concession. • CE 14 févr. 2017, *Sté de manutention portuaire d'Aquitaine c/ Grand port maritime de Bordeaux,* n°s 405157 et 405183 : *BJCP 2017. 153, concl. Pellissier ; ibid.147, chron. Frackowiak ; Dr. adm. 2017, n° 16, note Richer ; Rev. CMP 2017, n° 99, note Eckert ; AJDA 2017. 1453, note Maublanc .*

29. La convention de terminal conclue sur le fondement des dispositions de l'art. R. 5312-84 C. transp. entre le GPMB, établissement public de l'État, et la société BAT, a confié à cette dernière l'exploitation du terminal ; cette société a bénéficié, à cette fin, de la mise à disposition des terrains et installations nécessaires moyennant le versement au GPMB d'une redevance ; cette convention fait participer directement la société à l'exécution des missions de service public confiées au GPMB par l'art. L. 5312-2 C. transp. et tenant notamment à la gestion et à la valorisation du domaine dont le port est propriétaire ou qui lui est affecté ainsi qu'à la construction et à l'entretien de l'infrastructure portuaire ; cette convention revêt ainsi un caractère administratif. • T. confl. 13 nov. 2017, *Sté Bordeaux Atlantique Terminal c/ Grand port maritime de Bordeaux*, n° 4099 A : *AJ Contrat 2018. 84, obs. Dreyfus ; Rev. CMP 2018. 29, note Eckert.*

30. Un contrat relatif à l'exploitation sur le domaine public d'une commune de mobiliers urbains d'information à caractère général ou local supportant de la publicité est une concession de services au sens de l'Ord. n° 2016-65 du 29 janv. 2016 relative aux contrats de concession. • CE 5 févr. 2018, *Ville de Paris, Sté des Mobiliers Urbains pour la Publicité et l'Information*, n°s 416579 A, 416585, 416640, 416711, 416581, 416641 : *AJDA 2018. 1338, note Vincent-Legoux ; BJCP 2018. 190, concl. Pellissier ; Dr. adm. 2018. 20, note Seurot ; Rev. CMP 2018. 87, note Eckert.*

Code général des collectivités territoriales

Art. L. 5111-1 Les collectivités territoriales peuvent s'associer pour l'exercice de leurs compétences en créant des organismes publics de coopération dans les formes et conditions prévues par la législation en vigueur. — *[L. n° 83-8 du 7 janv. 1983, art. 6, al. 2 et 3.]*

(L. n° 2010-1563 du 16 déc. 2010, art. 30, applicable en Polynésie française) « Forment la catégorie des groupements de collectivités territoriales les établissements publics de coopération intercommunale et les syndicats mixtes, mentionnés aux articles L. 5711-1 et L. 5721-8, les pôles métropolitains, *(L. n° 2014-58 du 27 janv. 2014, art. 79)* « les pôles d'équilibre territoriaux et ruraux, » les agences départementales, les institutions ou organismes interdépartementaux et les ententes interrégionales. »

(L. n° 2010-1563 du 16 déc. 2010, art. 68) « Des conventions qui ont pour objet la réalisation de prestations de services peuvent être conclues entre les départements, *(L. n° 2019-1461 du 27 déc. 2019, art. 65)* « la métropole de Lyon, » les régions, leurs établissements publics, leurs groupements et les syndicats mixtes. Des conventions ayant le même objet peuvent également être conclues entre des établissements publics de coopération intercommunale *(L. n° 2019-1461 du 27 déc. 2019, art. 65)* « , des établissements publics de coopération intercommunale et la métropole de Lyon » *(L. n° 2015-991 du 7 août 2015, art. 72 et 134, applicable en Polynésie française)* « ou entre des communes » *(Abrogé par L. n° 2019-1461 du 27 déc. 2019, art. 65) « membres d'un même établissement public de coopération intercommunale à fiscalité propre lorsque le rapport relatif aux mutualisations de services, défini à l'article L. 5211-39-1, le prévoit ».* *(L. n° 2019-753 du 22 juill. 2019, art. 10)* « Des conventions ayant le même objet peuvent également être conclues, afin de développer les synergies avec les territoires ruraux, entre une métropole ou une communauté urbaine, d'une part, et des établissements publics de coopération intercommunale ou des communes situés en dehors du territoire métropolitain ou de la communauté urbaine, d'autre part, dans le cadre de la mise en œuvre des contrats de cohésion territoriale mentionnés au II de l'article L. 1231-2. » Lorsque les prestations qu'elles réalisent *(L. n° 2019-753 du 22 juill. 2019, art. 10)* « en application du présent alinéa » portent sur des services non économiques d'intérêt général au sens du droit de l'Union européenne ou lorsque, portant sur d'autres missions d'intérêt public, les prestations sont appelées à s'effectuer dans les conditions prévues aux I et III de l'article L. 5111-1-1, ces conventions ne sont pas soumises aux règles prévues par le *(Ord. n° 2018-1074 du 26 nov. 2018, art. 6 et 20, en vigueur le 1er avr. 2019)* « code de la commande publique ». La participation au financement d'une prestation ne saurait, à elle seule, être assimilée à une coopération au sens du présent alinéa. »

Les dispositions issues de l'Ord. n° 2018-1074 du 26 nov. 2018 s'appliquent aux marchés publics ainsi qu'aux contrats relevant de l'Ord. n° 2015-899 du 23 juill. 2015 relative aux marchés publics pour lesquels une consultation est engagée ou un avis d'appel à la concurrence est envoyé à la publication à compter du 1er avr. 2019. Ces dispositions s'appliquent également aux contrats de concession pour lesquels une consultation est engagée ou un avis de concession est envoyé à la publication à compter du 1er avr. 2019 (Ord. préc., art. 20).

Art. L. 5111-1-1 *(L. n° 2010-1563 du 16 déc. 2010, art. 68-II)* I. — Lorsqu'elles ont pour objet d'assurer l'exercice en commun d'une compétence reconnue par la loi ou transférée à leurs signataires, les conventions conclues entre les départements, *(L. n° 2014-58 du 27 janv. 2014, art. 26-IV-1°, en vigueur le 1er janv. 2015)* « la métropole de Lyon, » les régions, leurs établissements publics, leurs groupements *(L. n° 2014-58 du 27 janv. 2014, art. 12-V, en vigueur le 1er janv. 2015)* « , les communes appartenant à la métropole du Grand Paris » et les syndicats mixtes prévoient :

— soit la mise à disposition du service et des équipements d'un des cocontractants à la convention au profit d'un autre de ces cocontractants ;

— soit le regroupement des services et équipements existants de chaque cocontractant à la convention au sein d'un service unifié relevant d'un seul de ces cocontractants.

Dans le cas mentionné au deuxième alinéa du présent I, la convention fixe les conditions de remboursement, par le bénéficiaire de la mise à disposition du service, des frais de fonctionnement lui incombant.

Dans le cas mentionné au troisième alinéa du présent I, la convention précise les modalités de remboursement des dépenses engagées par le service unifié pour le compte des cocontractants de la convention. Elle prévoit également, après avis des comités techniques *[nouvelle rédaction issue de la L. n° 2019-828 du 6 août 2019, art. 4 et 94, en vigueur en vue du prochain renouvellement général des instances dans la fonction publique : « [comités] sociaux territoriaux »]* compétents, les effets sur le personnel concerné.

Le personnel du service mis à disposition ou du service unifié est placé sous l'autorité fonctionnelle de l'autorité administrative pour laquelle il exerce sa mission.

II. — Les conventions conclues entre des établissements publics de coopération intercommunale *(L. n° 2015-991 du 7 août 2015, art. 72 et 134, applicable en Polynésie française)* « ou entre communes membres d'un même établissement public de coopération intercommunale à fiscalité propre en vertu du dernier » alinéa de l'article L. 5111-1 obéissent aux conditions prévues au I du présent article. *(L. n° 2015-991 du 7 août 2015, art. 72 et 134, applicable en Polynésie française)* « Par dérogation au premier alinéa du même I, lorsque ces conventions ont pour objet la mise en commun de l'instruction des décisions prises au nom de la commune ou de l'État par les maires des communes membres des établissements publics contractants, les communes concernées sont également parties à la convention. »

III. — Les départements *(L. n° 2014-58 du 27 janv. 2014, art. 26-IV-2°, en vigueur le 1er janv. 2015)* « , la métropole de Lyon, » et les régions, leurs établissements publics et les syndicats mixtes visés à l'article L. 5721-2 auxquels ils appartiennent peuvent, notamment par la création d'un syndicat mixte, se doter d'un service unifié ayant pour objet d'assurer en commun des services fonctionnels. Les services fonctionnels se définissent comme des services administratifs ou techniques *[nouvelle rédaction issue de la L. n° 2019-828 du 6 août 2019, art. 4 et 94, en vigueur en vue du prochain renouvellement général des instances dans la fonction publique : « [ou] sociaux territoriaux »]* concourant à l'exercice des compétences des collectivités intéressées sans être directement rattachés à ces compétences.

IV. — Les conditions d'application du présent article sont fixées par un décret en Conseil d'État.

TITRE I MARCHÉS PUBLICS

Art. L. 1110-1 **Les marchés, marchés de partenariat et marchés de défense ou de sécurité définis au présent titre sont des marchés publics soumis aux dispositions de la deuxième partie.**

COMMENTAIRE

Ces catégories de marchés publics de l'article L. 1110-1, pour lesquelles des règles partiellement différentes sont prévues, ont toutes les trois leur place dans le code dès lors qu'il s'agit toujours de marchés entrant dans le champ des directives marchés (Dir. 2014/24/UE et 2014/25/UE du Parlement européen et du Conseil du 26 févr. 2014, pour les marchés des pouvoirs adjudicateurs et des entités adjudicatrices et Dir. 2009/81/CE du Parlement européen et du Conseil du 13 juill. 2009 pour les marchés dans les domaines de la défense et de la sécurité). ❑

CHAPITRE I MARCHÉS

SECTION 1 Définition

Art. L. 1111-1 **Un marché est un contrat conclu par un ou plusieurs acheteurs soumis au présent code avec un ou plusieurs opérateurs économiques, pour répondre à leurs besoins en matière de travaux, de fournitures ou de services, en contrepartie d'un prix ou de tout équivalent.** — *[Ord. n° 2015-899 du 23 juill. 2015, art. 4, al. 2.]*

COMMENTAIRE

1) Un marché est un contrat. Cet élément fondamental appelle deux remarques. En premier lieu, il signifie qu'il n'y a de marché que s'il existe entre deux parties au moins un accord définissant des obligations réciproques. Un acte unilatéral par lequel une personne impose une obligation à une autre ou obtient d'elle une prestation ne saurait être qualifié de marché. Il convient cependant de ne pas s'arrêter aux apparences, c'est-à-dire aux qualifications retenues par les personnes en cause, mais d'apprécier la nature exacte du lien qui les unit. La jurisprudence de la Cour de justice de l'Union européenne s'est efforcée, à cet égard, de définir quelques critères qui permettent de distinguer contrat et acte unilatéral et, par suite, de déterminer si une commande passée par une personne à une autre doit être ou non regardée comme un marché (V. jurisprudence *infra*).

En second lieu, comme on l'a vu à l'article L. 6 du titre préliminaire, les marchés sont, pour leur très grande majorité, des contrats administratifs.

2) Les parties aux contrats de marché (acheteurs et opérateurs économiques) sont définies au livre II ci-dessous.

3) Un marché est un achat, qui suppose que le pouvoir adjudicateur ait d'abord défini un besoin. Le contrat de marché définit les conditions dans lesquelles le cocontractant du pouvoir adjudicateur ou de l'entité adjudicatrice répond à ce besoin – en quoi il se distingue par exemple, comme on l'a vu avec l'article L. 1100-1, d'une convention de subvention, par laquelle une collectivité publique apporte un financement à un organisme en vue de permettre à celui-ci de poursuivre ses propres fins.

4) La charge financière d'un marché pèse sur l'acheteur. Le pouvoir adjudicateur ou l'entité adjudicatrice doit donc payer le prix de son achat : ce paiement consiste normalement en un versement monétaire, mais peut prendre exceptionnellement la forme d'un abandon de recettes. Il y a là une ligne de partage fondamentale avec les contrats de concession (V. art. L. 1121-1 ci-dessous).

5) Un contrat de marché se définit donc par son objet (répondre à un besoin de l'acheteur en matière de travaux, de fournitures ou de services) et par une contrepartie (paiement d'un prix ou équivalent).

Certains contrats, qui entrent dans le champ matériel et organique de la présente définition, ne sont pourtant pratiquement pas soumis aux dispositions du code (V. livre V de la Partie II).

6) On relèvera que, désormais, en application des articles L. 1311-2 et L. 1311-5 du code général des collectivités territoriales (V. App., *Partie I*), les montages contractuels comprenant un bail emphytéotique administratif ou une autorisation d'occupation du domaine public ne peuvent plus avoir pour objet la conclusion d'un contrat de commande publique. ❑

I. CONTRAT

1. *Dévolution contractuelle/Dévolution unilatérale.* Si l'administration communale n'a pas la faculté de choisir son contractant [pour la réalisation d'ouvrages], parce que, conformément à la loi, cette personne est nécessairement celle qui a la propriété des terrains à lotir, cette circonstance ne suffit pas à exclure le caractère contractuel du rapport noué entre l'administration communale et le lotisseur, dès lors que c'est la convention de lotissement conclue entre eux qui détermine les ouvrages d'équipement que le lotisseur doit à chaque fois réaliser ainsi que les conditions y afférentes, y compris l'approbation par la commune des projets de ces ouvrages. De surcroît, c'est en vertu des engagements souscrits par le lotisseur dans ladite convention que la commune disposera d'un titre juridique qui lui assurera la disponibilité des ouvrages ainsi déterminés, en vue de leur affectation publique. • CJCE 12 juill. 2001, ♧ *Ordine degli Architetti delle Province di Milano e Lodi*, n° C-399/98 : *Rec. CJCE I-5409 ; BJCP 2001. 76 concl. Léger ; Rev. CMP 2001, n° 154, note Llorens ; ACCP 2001. 61, note Richer.*

2. Un « accord de collaboration » par lequel un ministère espagnol confie au prestataire du service postal universel différentes prestations en matière de services postaux et de télégraphie constitue un contrat, alors même que le prestataire ne peut refuser la commande et ne dispose d'aucune marge de liberté en ce qui concerne les tarifs de ses prestations. Ce n'est que dans le cas où l'accord serait en réalité un acte administratif unilatéral édictant des obligations à la seule charge du prestataire, sensiblement éloignées des conditions normales de son offre commerciale, qu'on pourrait conclure qu'un contrat fait défaut et que, par suite, la réglementation des marchés publics ne peut trouver à s'appliquer. • CJCE 18 déc. 2007, *Asociacion Profesional de Empresas de Reparto y Manipulado de Correspondencia,* C-220/06 : *Dr. adm. 2008, comm. n° 34, obs. Lichère ; Rev. CMP 2008, n° 32, note Zimmer.*

3. Il résulte de l'Ord. du 7 janv. 1959 relative à l'organisation des transports de voyageurs en Île-de-France et du Décr. du 10 juin 2005 portant statut du Syndicat des transports d'Île-de-France (STIF) que l'attribution de la gestion d'une ligne d'autobus relève d'une décision unilatérale du STIF, prise sous la forme d'une inscription au plan régional de transports. La circonstance que la commune sur le territoire de laquelle se trouve cette ligne a organisé une procédure de publicité et de mise en concurrence, selon des modalités définies par le STIF, afin de sélectionner l'opérateur à proposer au Syndicat en vue de son inscription au plan de transports et a signé une convention avec cet opérateur pour définir les modalités d'exploitation du service de transport est sans incidence sur le caractère unilatéral de l'attribution de la gestion du service. La convention conclue par la commune, qui n'est pas détachable de la décision unilatérale du STIF, n'est donc ni un marché public, ni une délégation de service public, ni un contrat entrant dans le champ des compétences du juge du référé précontractuel. • CE 13 juill. 2007, *Cne de Rosny-sous-Bois,* n° 299207 B : *ACCP 2007/70, p. 66, note Cabanes et Neveu ; Dr. adm. 2007, comm. n° 11, Ménéménis ; Rev. CMP 2007, n° 282, note Piétri.*

4. Marché public sans cause. Le pouvoir adjudicateur ayant acquis auprès d'un lotisseur un terrain pour un prix incluant non seulement le prix du terrain, mais aussi le coût de sa viabilisation, le marché négocié conclu avec la même société pour la viabilisation du terrain est sans cause et, par suite, nul. • CE 26 sept. 2007, *OPDHLM du Gard,* n°s 259809 B et 263586.

5. Marchés signés et exécutés à l'étranger. Un marché signé par l'ambassadeur de France à Djibouti et exécuté à Djibouti n'est pas soumis au code des marchés publics et n'est pas un marché public au sens du droit communautaire. • CE 4 juill. 2008, *Sté Colas Djibouti,* n° 316028 B : *AJDA 2009. 430, note Hul ; Rev. CMP 2008, n° 211, obs. Pietri ; RDI 2008. 497, obs. Braconnier ; RFDA 2008. 1123, note Melleray ; RJEP 2008, comm. 52, note Terneyre.*

6. Marché signé et exécuté à l'étranger. Principes fondamentaux de la commande publique. Compétence du juge du référé précontractuel et du juge du référé contractuel. Il ressort des pièces du dossier soumis au juge des référés que la « décision portant agrément d'un prestataire de services extérieur entre les demandeurs de visa et le service des visas », signée par la responsable du consulat général de France à Tunis et la société X, confie à cette dernière, pour une durée de deux ans et comme le permettent les dispositions de l'art. 43 du Règl. du Parlement et du Conseil du 13 juill. 2009, les tâches matérielles liées à la collecte des dossiers des demandeurs de visa pour la France résidant dans la circonscription du consulat ; ces tâches ainsi que les obligations du prestataire et les modalités de sa rémunération auprès des demandeurs de visa, et donc le prix payé par les usagers, sont fixées dans le cahier des charges annexé à la « décision d'agrément » et également signé par le consulat et la société ; par suite, cet acte doit être regardé comme un contrat de prestations de services ; ce contrat, conclu après avis des ministres des Affaires étrangères et de l'Intérieur dans les conditions prévues par le Règl. du Parlement et du Conseil du 13 juill. 2009, renvoie aux règles de droit interne relatives à la délivrance des visas, en particulier au Décr. du 13 août 1981, modifié par le Décr. du 24 févr. 1997, fixant le tarif des droits à percevoir dans les chancelleries diplomatiques et consulaires et, en territoire français, par le ministère des Relations extérieures, ainsi qu'aux règles de droit interne relatives à la protection des données à caractère personnel ; ce contrat est, par suite, régi par la loi française ; dès lors qu'il comporte des clauses exorbitantes du droit commun, notamment en ce qui concerne le droit permanent de visite et de contrôle de l'administration et la possibilité de résiliation unilatérale au bénéfice de l'administration, il constitue un contrat administratif ; le juge administratif, compétent pour connaître des litiges nés de la passation et de l'exécution de contrats administratifs qui sont régis par la loi française, est, par suite, compétent pour en connaître.

Le contrat litigieux a pour objet, ainsi qu'il a été dit, de confier à un prestataire de services les tâches matérielles liées à la collecte des dossiers de demandes de visa en contrepartie d'un prix ; un tel contrat de prestations de services est au nombre de ceux dont le juge du référé précontractuel peut connaître, en vertu de l'art. L. 551-1 CJA ; ce contrat, s'il n'est pas soumis au C. marchés dès lors qu'il a été conclu à l'étranger pour être exécuté hors du territoire français, est cependant soumis aux principes de liberté d'accès à la commande publique et d'égalité de traitement des candidats et à la règle de transparence des procédures qui en découle ; dès lors que ce contrat entre dans les catégories énumérées à l'art. L. 551-1 CJA, auquel se réfère l'art. L. 551-14 du même code, le juge du référé contractuel peut être valablement saisi des manquements aux obligations de publicité et de mise en concurrence auxquelles est soumise sa passation ; par suite, en jugeant que le consulat général de France à Tunis avait pu légalement se dispenser du respect de ces principes, le juge des référés du tribunal administratif de Paris a commis une erreur de droit. • CE 29 juin 2012, *Sté Pro 2C,* n° 357976 A : *BJCP 2012. 336, concl. Boulouis ; Rev. CMP 2012, n° 270, note Pietri.*

II. RÉPONSE À UN BESOIN

7. Réponse aux besoins d'un pouvoir adjudicateur : exemple. Une commune souhaite procéder à la réhabilitation de terrains en vue d'y développer des espaces paysagers ou forestiers, d'y créer un centre de recherche sur les technologies de l'eau et de l'assainissement et d'y installer un centre d'entraînement d'un club professionnel ; pour financer l'acquisition de ces terrains, ainsi que leur dépollution, la commune décide d'en confier la charge à un opérateur moyennant le droit d'exploiter, sur une partie des terrains en cause, pendant une durée de quinze ans, un gisement de granulats compris dans le sous-sol, la ville percevant une rétribution au titre du droit de fortage en tenant compte des charges incombant à l'opérateur et du bénéfice qu'il est en droit d'attendre ; un tel contrat, qui a pour objet de répondre à un besoin de la commune, est, sans qu'y fasse obstacle la circonstance que la commune n'assurera pas la maîtrise d'ouvrage des travaux envisagés, un marché public de travaux, qui entre dans le champ du référé précontractuel. • CE 3 juin 2009, *Cne de Saint-Germain-en-Laye,* n° 311798.

8. Un contrat conclu entre une commune et une société ayant pour objet la cession des droits d'exploitation d'une représentation d'un chanteur, conclu à titre onéreux entre un opérateur privé et un pouvoir adjudicateur, répond aux besoins en matière de services de celui-ci et entre dans le champ d'application du C. marchés, tel que défini en son art. 1er ; il en résulte, en application du 1er al. de l'art. 2 de la L. du 11 déc. 2001, que ce contrat présente un caractère administratif dont le contentieux relève de la compétence du juge administratif. • CE 3 mars 2010, *Cne de Garges-les-Gonesse,* n° 323076 : *Rev. CMP 2010. Chron. 130, note Eckert.*

9. L'acquisition de places pour assister à des rencontres sportives professionnelles afin, ainsi que cela ressort des délibérations litigieuses et des rapports qui leur sont annexés, de promouvoir l'activité sportive auprès du jeune public du département, notamment des collégiens et des jeunes en difficulté, et d'encourager l'encadrement bénévole de cette activité répond à une mission d'intérêt général dont le département du Rhône a la charge ; la requérante n'est dès lors pas fondée à soutenir que les marchés litigieux ne répondaient pas aux besoins du département. • CE 28 janv. 2013, *Dpt du Rhône,* n° 356670 B : *Rev. CMP 2013, n° 65, note Devillers ; AJDA 2013. 1174, note Martin ; Dr. adm. 2013, n° 28, note Brenet.*

10. Absence de réponse à un besoin. Dès lors que la Commission n'apporte pas une preuve contraire suffisante, il n'y a pas lieu de considérer qu'un organisme qui fournit des services de transport d'urgence en qualité d'autorité sanitaire ait fait autre chose qu'exercer ses propres compétences, directement tirées de la loi, en utilisant ses fonds propres. Bien qu'il perçoive une contribution d'une collectivité publique compétente en matière de santé, il n'est pas démontré qu'un marché public aurait dû être conclu. • CJCE 18 déc. 2007, *Commission c/ Irlande,* C-532/03 : *Rev. CMP 2008, n° 30, note Zimmer ; Dr. adm. 2008, n° 18.*

11. L'art. 1er, § 2, ss. a), de la Dir. 2004/18/CE du Parlement européen et du Conseil, du 31 mars 2004, relative à la coordination des procédures de passation des marchés publics de travaux, de fournitures et de services, doit être interprété en ce sens que ne constitue pas un marché public, au sens de cette directive, un système de conseil agricole, tel que celui en cause au principal, par lequel une entité publique retient tous les opérateurs économiques qui remplissent les exigences d'aptitude posées par l'appel d'offres et qui ont réussi l'examen mentionné dans ledit appel d'offres, même si aucun nouvel opérateur ne peut être admis durant la durée de validité limitée de ce système. • CJUE 1er mars 2018, *Maria Tirkkonen,* n° C-9/17.

12. En créant avec la société Institut Pasteur de Lille – Santé Environnement Durables Est un groupement d'intérêt public destiné à reprendre les activités auparavant exercées par son laboratoire départemental d'analyses, le département, qui a ainsi renoncé à mettre en œuvre de telles activités dans le cadre de ses missions de service public exercées à titre facultatif, ne peut être regardé comme ayant confié la gestion d'un service public dont il a la responsabilité à un délégataire public ou privé ; par suite, le moyen tiré de ce que la conclusion de la convention constitutive de ce groupement devait être précédée de la procédure de publicité et de mise en concurrence prévue par les dispositions des art. L. 1411-1 s. CGCT doit être écarté ; par ailleurs, il ressort des pièces du dossier que le groupement d'intérêt public n'a pas pour objet de répondre aux besoins du département en matière de prestations d'analyses dans les domaines de la santé publique vétérinaire et de l'hydrologie mais d'effectuer ces prestations, ainsi que des prestations complémentaires d'audit, de conseil, de recherche et de formation, au bénéfice de tiers sur l'ensemble du territoire national ; ainsi, la convention constitutive du groupement d'intérêt public et l'arrêté interministériel l'ayant approuvée n'ont nullement pour effet de permettre à ce groupement d'être attributaire d'un marché avec le département ; par suite, la société requérante n'est pas fondée à soutenir que la création du groupement d'intérêt public a été approuvée en méconnaissance des règles nationales et communautaires applicables aux marchés publics, lesquelles seront en revanche applicables aux marchés passés le cas échéant par le département avec ce groupement en vue de satisfaire à des besoins propres. • CE 10 nov. 2010, *Sté Carso-Laboratoire santé hygiène environnement*, n° 319109 B : *AJDA 2010. 2380, concl. Lénica*.

13. Il ressort des pièces du dossier soumis à la cour que la convention signée entre la Ville de Paris et la société JC Decaux stipule à son art. 4 : « (...) La Ville de Paris détermine en concertation avec le cocontractant les emplacements des colonnes et des mâts porte-affiches afin d'assurer une répartition homogène des différentes installations de l'ensemble des mobiliers urbains. (...) Les emplacements ne peuvent être modifiés et retenus qu'après accord exprès de la Ville de Paris pour chacun d'eux (...) » ; selon l'art. 10 de la même convention : « Le cocontractant affecte à l'affichage des théâtres et des cirques les supports suivants, aux conditions telles que précisées ci-après : / – 150 colonnes historiques à la colle, à plus ou moins 10 %, devront être destinées exclusivement à l'affichage des théâtres à des conditions tarifaires préférentielles. / – 100 colonnes lumineuses, historiques ou modernes, à plus ou moins 10 %, devront être destinées exclusivement à de l'affichage pour les théâtres et les cirques. Le cocontractant appliquera des tarifs préférentiels pour ces annonceurs. / Le total des colonnes destinées aux catégories particulières d'annonceurs ne peut excéder 250 unités. / Le cocontractant accorde un tarif privilégié sur 65 mâts porte-affiches et sur 160 colonnes lumineuses pour les films "d'art et essai" » ; en outre, selon l'art. 22 de la Conv. : « La Ville de Paris aura le droit de faire effectuer par ses agents toutes les vérifications, au besoin sur site, qu'elle jugera utiles pour s'assurer que les clauses du contrat seront régulièrement observées et que ses intérêts seront sauvegardés. (...) Le compte-rendu annuel (...) comportera un volet financier et un volet d'activité. (...) Le volet d'activité présente une analyse de la qualité de l'exploitation des édicules. Il comprend toutes les justifications relatives à l'affichage réservé, prévu à l'art. 10 (notamment les conditions tarifaires mises en œuvre) et tous éléments relatifs au fonctionnement de la convention (...) » ; enfin, l'art. 23 de cette Conv. stipule : « [d]es sanctions (...) pourront être prononcées par la Ville de Paris en cas de : (...) irrespect des dispositions relatives à l'affichage réservé (...) » ;

La Conv. litigieuse prévoit ainsi l'affectation d'une partie de ces mobiliers à l'affichage de programmes de théâtres, cirques et films d'art et d'essai à des tarifs préférentiels, dans le respect des prescriptions des art. 22 et 23 du Décr. du 21 nov. 1980 fixant la procédure d'institution des zones de réglementation spéciale prévues aux art. 6 et 9 de la L. du 29 déc. 1979 relative à la publicité, aux enseignes et préenseignes, aujourd'hui codifiées aux art. R. 581-45 et R. 581-46 C. envir., et disposant respectivement que les colonnes porte-affiches sont exclusivement destinées à recevoir l'annonce de spectacles ou de manifestations culturelles et que les mâts porte-affiches sont exclusivement utilisables pour l'annonce de manifestations économiques, sociales, culturelles ou sportives ; si cette affectation culturelle des mobiliers, résultant des obligations légales précitées, répond à un intérêt général s'attachant pour la Ville, gestionnaire du domaine, à la promotion des activités culturelles sur son territoire, il est constant qu'elle ne concerne pas des activités menées par les services municipaux ni exercées pour leur compte ; ainsi, la cour a commis une erreur de qualification juridique en déduisant des clauses mentionnées au point 4 que la convention devait être regardée comme un marché public conclu pour répondre aux besoins de la Ville, au sens de l'art. 1er C. marchés. • CE 15 mai 2013, *Ville de Paris*, n° 364593 A : *AJDA 2013. 1271, chron. Domino-Bretonneau ; BJCP 2013. 359, concl. Dacosta ; Dr. adm. août-sept. 2013, n° 63, note Brenet.*

14. Il ressort des pièces du dossier soumis au juge des référés que le contrat litigieux a pour objet d'autoriser à titre exclusif le cocontractant de l'établissement public à mener, en contrepartie d'une redevance versée à ce dernier, une activité de régie publicitaire sur le domaine public, dont le cocontractant définit lui-même la teneur et l'étendue, en choisissant les annonceurs et en mettant en place de nouveaux supports publicitaires, et dont il perçoit seul les revenus correspondants ; s'il ressort également des pièces du dossier soumis au juge des référés que l'établissement public est chargé, en vertu de l'art. 2.7.2. de la convention passée entre cet établissement et le Syndicat mixte des transports en commun de l'agglomération toulousaine, « de la gestion de la commercialisation des espaces publicitaires », cette mission confiée par le syndicat à l'établissement public ne saurait, par elle-même, faire regarder le contrat en litige comme ayant pour objet de répondre aux besoins de ce dernier, au sens des dispositions de l'art. 1er C. marchés ; il en va de même de la circonstance que, en vertu des stipulations de l'art. 2.5 du cahier des clauses techniques particulières, le cocontractant de l'établissement public doit s'engager à conserver à la disposition de ce dernier, plusieurs semaines par an, une partie des emplacements publicitaires concernés par le contrat, dès lors que de telles stipulations ont pour objet de déterminer dans quelle mesure les supports publicitaires en cause sont mis à disposition du cocontractant pour son exploitation et non de définir un besoin propre de l'établissement public en matière de services, auquel répondrait ce cocontractant. Il résulte de ce qui précède que le contrat litigieux revêt le caractère d'une convention d'occupation du domaine public ; un tel contrat, qui n'a pour objet ni la délégation d'un service public ni l'exécution de travaux, la livraison de fournitures ou la prestation de services, avec une contrepartie économique constituée par un prix ou un droit d'exploitation, n'est pas au nombre des contrats mentionnés à l'art. L. 551-1 CJA, à l'égard desquels le juge du référé précontractuel peut prendre les mesures définies à l'art. L. 551-2 de ce code ; par suite, et alors même que l'établissement public a choisi de se soumettre, sans y être tenu, à la procédure applicable aux marchés publics passés par des entités adjudicatrices, lesquels relèveraient au demeurant de l'art. L. 551-5, le juge du référé précontractuel n'était pas compétent pour statuer sur la demande présentée par la société X. • CE 3 déc. 2014, *Ét. public Tisseo, Sté Metrobus,* n°s 384170 et 384183 : *BJCP 2015. 128, concl. Pellissier ; Rev. CMP 2015, n° 48, note Eckert ; AJDA 2015. 1107, note Hoepffner*.

15. Appel à projets/Réponse à un besoin. Si cet appel à projet a été lancé à l'initiative de l'État et du département de Mayotte en vue de développer l'économie du tourisme dans l'île et de contribuer à la création d'emplois dans le respect du cadre naturel, il ne vise pas à satisfaire à un besoin propre des collectivités publiques. Le versement éventuel de subventions et les incitations fiscales mentionnées dans le cahier des charges ne sont pas la rémunération de prestations réalisées au profit de l'État ou du département qui en auraient passé commande, mais des avantages susceptibles de bénéficier à tout investisseur désireux de contribuer au développement économique de l'île. Enfin, les promoteurs assurent la conception, la réalisation et la gestion de ce projet hôtelier exclusivement privé. Cet appel à projet ne présente donc pas en l'espèce le caractère d'un contrat relevant du régime de la commande publique. Il se borne à manifester l'intention de l'État de passer avec les promoteurs dont le projet aura été sélectionné, un bail emphytéotique sur les parcelles appartenant au domaine public de l'État. Il présente le caractère d'une mesure préparatoire à la conclusion de ces baux. • CAA Paris, 24 oct. 2019, *SARL Espace Lagon*, n° 17PA21304 : *Rev. CMP 2020, n° 21, note Hoepffner.*

16. Légalité des besoins. Une brochure, qui expose le programme que le président du conseil régional et sa majorité entendent mettre en œuvre au cours de la mandature à venir et qui est présentée au nom d'un certain nombre d'élus regroupés autour du président du conseil régional, a pour objet de promouvoir le programme de ce groupe d'élus ; par suite, la décision du président du conseil régional de signer le marché est illégale, la diffusion étant dépourvue d'intérêt régional. • CAA Lyon, 4 déc. 2003, *Région Bourgogne*, n° 99LY02358.

III. PRIX OU ÉQUIVALENT

17. Le caractère onéreux du contrat se réfère à la contre-prestation à laquelle procède l'autorité publique concernée en raison de la réalisation des ouvrages qui font l'objet du contrat visé à l'art. 1er, ss. a), de la Dir. 93/37/CEE et dont l'autorité publique aura la disponibilité. • CJCE 12 juill. 2001, *Ordine degli Architetti delle Province di Milano e Lodi*, C-399/98 • CJCE 21 févr. 2008, *Commission c/ Italie*, C-412/04 : *Rev. CMP 2008, n° 52, obs. Zimmer ; RDI 2008. 209, obs. Noguellou*.

18. Le caractère onéreux d'un contrat [ici un marché public de travaux] se réfère à la contre-prestation offerte à l'entrepreneur en raison de la réalisation des travaux visés par le pouvoir adjudicateur. Selon les dispositions de la convention, le titulaire reçoit un montant de la part de la commune en contrepartie de la cession du parc de stationnement. La commune s'engage également à participer aux dépenses de tous les ouvrages à réaliser. Enfin, en vertu de la convention, le titulaire est en droit de tirer des recettes de tiers en contrepartie de la cession des ouvrages réalisés. • CJCE 18 janv. 2007, *Jean Auroux et a.*, C-220/05.

19. Dès lors qu'il ne ressort pas des éléments soumis à la Cour que les paiements versés au cocontractant se limiteraient à un strict remboursement des frais supportés, le contrat doit être regardé comme conclu à titre onéreux. • CJCE 29 nov. 2007, *Commission c/ Italie*, C-119/06 : *Rev. CMP 2008, n° 29, note Eckert.*

20. Un contrat ne saurait échapper à la notion de marché public du seul fait que sa rémunération reste limitée au remboursement des frais encourus pour fournir le service convenu. • CJUE 19 déc. 2012, *Azienda Sanitaria Locale di Lecce*, C-159/11.

21. Il apparaît que, dans l'affaire au principal, la région de Vénétie et le Sacro Cuore ont conclu un contrat par lequel ce dernier s'engage à produire et à distribuer gratuitement le médicament 18-FDG aux hôpitaux publics régionaux, moyennant toutefois le paiement par ces derniers de frais de livraison forfaitaires de 180 euros par expédition. A cet effet, cette région verse au Sacro Cuore une subvention de 700 000 euros intégralement affectée à la production de ce médicament. Le caractère onéreux d'un tel contrat ne fait aucun doute. En effet, conformément à l'art. 1er, § 2, sous a), de la Dir. 2004/18, pour relever de la notion de marchés publics, un contrat passé entre un ou plusieurs opérateurs économiques et un ou plusieurs pouvoirs adjudicateurs doit avoir été conclu « à titre onéreux ». Or, il ressort du sens juridique habituel des termes « à titre onéreux » que ceux-ci désignent un contrat par lequel chacune des parties s'engage à réaliser une prestation en contrepartie d'une autre. Ainsi, un contrat prévoyant un échange de prestations relève de la notion de marché public même lorsque la rémunération prévue est limitée au remboursement partiel des frais encourus pour fournir le service convenu (V., en ce sens, arrêts du 19 déc. 2012, *Ordine degli Ingegneri della Provincia di Lecce e.a.*, C-159/11, EU :C :2012 :817, pt 29, ainsi que du 13 juin 2013, *Piepenbrock*, C-386/11, pt 31). Dans l'affaire au principal, l'appréciation du caractère onéreux du contrat de production et de fourniture d'un médicament doit donc tenir compte de l'existence de la contrepartie versée au fournisseur de ce médicament au moyen d'une subvention de la région de Vénétie d'un montant de 700 000 euros. Il s'ensuit qu'un contrat, tel que celui en cause au principal, par lequel un opérateur économique s'engage à fabriquer et à fournir un produit à différentes administrations en contrepartie d'un financement intégralement affecté à la réalisation de cet objectif, relève de la notion de contrat « à titre onéreux », au sens de l'art. 1er, § 2, ss. a), de la Dir. 2004/18, quand bien même les coûts de fabrication et de distribution dudit produit ne seraient pas entièrement compensés par cette même subvention ou par les frais de livraison susceptibles d'être facturés auxdites administrations. • CJUE 18 oct. 2018, *IBA Molecular Italy Srl :* C-606/17.

22. Abandon de recettes. Le titulaire d'un marché public peut être rémunéré par un abandon de recettes de même valeur, sauf complément en argent, que l'ouvrage qu'il réalise. • CJCE 12 juill. 2001, *Ordine degli Architetti delle Province di Milano e Lodi*, C-399/98 • CJCE 21 févr. 2008, *Commission c/ Italie*, C-412/04 : *Rev. CMP 2008, n° 52, note Zimmer ; RDI 2008. 209, obs. Noguellou*.

23. Contrepartie résultant d'une coopération. La Dir. 2014/24/UE du Parlement européen et du Conseil du 26 févr. 2014, sur la passation des marchés publics et abrogeant la Dir. 2004/18/CE, doit être interprétée en ce sens qu'un accord qui, d'une part, prévoit qu'un pouvoir adjudicateur met gratuitement à la disposition d'un autre pouvoir adjudicateur un logiciel et, d'autre part, est lié à un accord de coopération en vertu duquel chaque partie à cet accord est tenue de mettre gratuitement à la disposition de l'autre partie les futurs développements de ce logiciel qu'elle pourrait concevoir, constitue un « marché public », au sens de l'art. 2, § 1, pt 5, de cette Dir., lorsqu'il résulte tant des termes de ces accords que de la réglementation nationale applicable que ledit logiciel fera en principe l'objet d'adaptations. • CJUE 28 mai 2020, *ISE*, C-796/18 : *Rev. CMP 2020. 219, note Ubaud-Bergeron.*

24. Rémunérations diverses. Le titulaire d'un marché public peut être aussi rémunéré en nature. • CE 28 févr. 1980, *SA Les Sablières Modernes d'Aresy*, n° 11939 A • CE 18 mars 1988, *Sté civile des néo-polders*, n° 69723 A. ♦ ... Voire par le droit qui lui est laissé de tirer des recettes commerciales de la location d'espaces publicitaires sur l'ouvrage mis en place. • CE, ass, 4 nov. 2005, *Sté JC Decaux*, n° 247298 A : *AJDA 2006. 120, note Ménéménis ; RFDA 2005. 1083, concl. Casas ; Rev. CMP 2005, n° 97, obs. Pietri* • CAA Paris, 11 oct. 1994, *SARL Editor Tennog c/ Cne de Houilles*, n° 93PA01072 • CAA Bordeaux, 20 nov. 2007, *Sté Scoop Communications*, n° 05BX00231 : *Rev. CMP 2008, n° 2, obs. Eckert* • CAA Paris, 17 oct. 2012, *Ville de Paris*, n° 09PA03922 : *AJDA 2012. 2323, concl. Dewailly ; Rev. CMP 2012, n° 327, note Eckert.*

25. Redevances domaniales. La Conv. litigieuse n'a pas été conclue pour répondre aux besoins de la Ville et ne peut être, pour ce seul motif, qualifiée de marché public ; au surplus, l'art. 11 de cette convention prévoit que la société JC Decaux versera à la Ville de Paris une redevance d'occupation du domaine public proportionnelle au chiffre d'affaires réalisé par la société au titre de l'exploitation publicitaire des colonnes et mâts porte-affiches implantés sur le domaine public de la Ville ; cette redevance varie de 41 % à 55 % du chiffre d'affaires réalisé par la société JC Decaux et comprend une part fixe garantissant un montant de 9 050 000 € par an ; ainsi, la convention ne prévoit ni la renonciation de la personne publique à percevoir des redevances ni la perception de redevances inférieures à celles normalement attendues du concessionnaire autorisé à occuper le domaine public aux fins d'y installer des supports publicitaires ; la seule circonstance que l'occupant exerce une activité économique sur le domaine ne peut caractériser l'existence d'un abandon de recettes de la part de la personne publique ; par suite, cette convention ne peut être regardée comme comportant un prix payé par la personne publique à son cocontractant ; pour ce motif également, la convention ne peut être qualifiée de marché public. • CE 15 mai 2013, *Ville de Paris*, n° 364593.

26. Le syndicat mixte a décidé de conclure une convention d'occupation du domaine public pour l'aménagement et l'exploitation de deux parcours d'aventure forestiers. La cour a estimé que la convention litigieuse était un marché public ; en statuant ainsi, alors qu'il ressortait des pièces du dossier qui lui était soumis que le contrat ne prévoyait pas le paiement d'un prix par le syndicat et imposait, au contraire, au cocontractant le paiement d'une redevance dont le montant était un des critères de sélection des offres des candidats, la cour a inexactement qualifié le contrat en cause. • CE 14 nov. 2014, *Synd. mixte d'étude, d'aménagement et de gestion de la base de plein air et de loisirs de Cergy-Neuville (SMEAG)*, n° 373156 : *Rev. CMP 2015, n° 5, note Eckert ; Dr. adm. 2015, n° 13, note Sée.*

27. Constitue un marché public la convention par laquelle une commune charge une société d'effectuer des études destinées à lui permettre de se prononcer sur la possibilité de réaliser une voie rapide et d'en concéder la construction et l'exploitation, alors même que cette convention prévoit des modalités particulières de rémunération de l'entreprise (la commune s'engage à examiner en priorité la proposition de concession de la société si le projet s'avère réalisable – la société conservant dans cette hypothèse les frais d'étude à sa charge – et à verser une participation forfaitaire aux frais engagés par la société, si le projet envisagé ne peut être réalisé). • CE 30 sept. 1996, *Cnes de Grenoble et Avrillier,* n° 115564 A.

28. La « convention de recherche d'économies sur les charges sociales et fiscales supportées par l'établissement » conclue entre un établissement public et une société a un caractère onéreux et vise à répondre à un besoin de l'établissement, alors même que la société a été à l'origine de la signature de ce dernier, dans le cadre d'une action de démarchage ; il constitue de ce fait un marché public ; son prix, déterminé par l'ordre de mission signé en même temps, qui en constituait ainsi une partie, était fixé en proportion des économies qui devaient être réalisées et était par suite déterminable. • CAA Lyon, 22 mars 2012, *Sté CTR,* n° 11LY01404 : *AJDA 2012. 806, note Vinet*.

29. Par un contrat signé le 13 déc. 1986, l'office municipal de tourisme de Rambouillet, établissement public local, a confié à une société l'édition d'un guide touristique de la ville de Rambouillet et de ses environs, rédigé par l'office, pour une durée de trois ans, renouvelable par tacite reconduction ; en contrepartie de cette prestation de services, le contrat concède à la société SEVP l'exploitation, à titre exclusif, de la publicité dans ce guide et prévoit que la société tirera sa rémunération de l'exercice de cette activité économique, en vendant des espaces aux annonceurs publicitaires.

Eu égard à son objet et à son équilibre financier, un tel contrat ne constitue pas un marché public ; par suite, il n'est pas un contrat administratif par détermination de la L. du 11 déc. 2011 portant mesures urgentes de réformes à caractère économique et financier. • T. confl. 7 avr. 2014, *Sté Services d'édition et de ventes publicitaires (SEVP) c/ Office du tourisme de Rambouillet et Sté Axiom-Graphic,* n° 3949 : *Lebon 459 ; BJCP 2014. 286, concl. Girard ; Rev. CMP 2014, n° 163, note Eckert ; Dr. adm. août-sept. 2014, n° 49, note Sée ; RJEP 2014, n° 51, note Maugüe.*

30. Marché d'une collectivité publique et comptabilité publique. En vertu de l'art. L. 2343-1 CGCT : « Le comptable de la commune est chargé, seul et sous sa responsabilité, d'exécuter les recettes et les dépenses, de poursuivre la rentrée de tous les revenus de la commune et de toutes les sommes qui lui sont dues, ainsi que d'acquitter les dépenses ordonnancées par le maire jusqu'à concurrence des crédits régulièrement accordés » (NB : il existe des dispositions comparables pour le département) ; aux termes de l'art. 11 du Décr. du 29 déc. 1962 portant règlement général de la comptabilité publique : « Les comptables publics sont seuls chargés : – De la prise en charge et du recouvrement des ordres de recettes qui leur sont remis par les ordonnateurs, des créances constatées par un contrat, un titre de propriété ou autre titre dont ils assurent la conservation ainsi que de l'encaissement des droits au comptant et des recettes de toute nature que les organismes publics sont habilités à recevoir ; – Du paiement des dépenses soit sur ordres émanant des ordonnateurs accrédités, soit au vu des titres présentés par les créanciers, soit de leur propre initiative, ainsi que de la suite à donner aux oppositions et autres significations ; – De la garde et de la conservation des fonds et valeurs appartenant ou confiés aux organismes publics ; – Du maniement des fonds et des mouvements de comptes de disponibilités ; – De la conservation des pièces justificatives des opérations et des documents de comptabilité ; – De la tenue de la comptabilité du poste comptable qu'ils dirigent » ; si le 3e al. de l'art. 14 du même décret prévoit que « les comptables publics peuvent déléguer leurs pouvoirs à un ou plusieurs mandataires ayant la qualité pour agir en leur nom et sous leur responsabilité », cette disposition ne trouve à s'appliquer qu'aux fondés de pouvoir, aux autres agents relevant des services de la comptabilité publique et aux huissiers de justice en matière de recouvrement désignés par les comptables publics ; de même, si l'art. 18 de ce décret dispose que « des régisseurs peuvent être chargés pour le compte des comptables publics d'opérations d'encaissement ou de paiement », le mandataire d'une collectivité territoriale ou d'un établissement public local, qui n'est pas le préposé du comptable, ne peut être qualifié de régisseur s'il n'est pas nommé dans les conditions fixées par les art. R. 1617-1 s. CGCT ; ainsi, et sauf dans les cas où la loi autorise l'intervention d'un mandataire, il résulte des dispositions qui précèdent que, sous réserve des dispositions du troisième al. de l'art. 14 et de l'art. 18 du Décr. préc., les collectivités territoriales et leurs établissements publics ne peuvent décider par convention de faire exécuter une partie de leurs recettes ou de leurs dépenses par un tiers autre que leur comptable public, lequel dispose d'une compétence exclusive pour procéder au recouvrement des recettes et au paiement des dépenses publiques ; en outre, en vertu du principe d'universalité qui régit les finances publiques, des recettes publiques ne peuvent servir à compenser une somme due par l'administration et doivent être intégralement reversées au comptable public. Mais, un marché public passé par une commune qui charge une société de la prospection des annonceurs, la société procédant à la facturation des espaces publicitaires, préparant la mise en page des publicités à insérer dans les publications et se rémunérant en conservant une partie des recettes issues de la vente des encarts publicitaires auprès des annonceurs, l'autre partie devant être versée à la ville, ne confie pas à la société le recouvrement de sommes dues par des tiers en contrepartie de biens ou services fournis par la commune ; les recettes ainsi perçues auprès des annonceurs lors de la vente des encarts publicitaires, constitutives des recettes commerciales de la société dans le cadre d'un marché public de services, ne peuvent être qualifiées de recettes publiques au sens des dispositions précitées du Décr. du 29 déc. 1962, seules revêtant une telle nature les sommes ensuite versées à la commune en vertu du contrat, fixées en l'espèce en fonction d'un pourcentage des recettes commerciales de la société avec un montant minimal garanti ; un tel contrat ne confie donc pas la perception de recettes publiques en méconnaissance des dispositions de ce décret et des règles de la comptabilité publique. • CE, sect., 6 nov. 2009, *Sté Prest'Action*, n° 297877 A : *ACCP, n° 94, déc. 2009, p. 82, concl. Boulouis ; BJCP 2010. 28 ; AJDA 2009. 2401, note Lascombe et Vandendriessche ; Rev. CMP 2009, n° 384, note Eckert ; Dr. adm. 2010, p. 27, note Brenet.*

31. Pour déterminer si les recettes perçues par un cocontractant de l'administration sont susceptibles de caractériser une gestion de fait, il appartient au juge des comptes de rechercher si, au regard de l'objet du contrat et de l'action du cocontractant, les recettes que ce dernier perçoit peuvent recevoir la qualification de recettes publiques. Tel est le cas lorsque l'administration a entendu confier à un organisme public ou privé l'encaissement de produits ou de revenus correspondant à la fourniture d'un bien ou d'un service par l'administration elle-même, un tel encaissement ne pouvant alors être organisé que dans les conditions prévues par la loi. En revanche, ne peuvent être qualifiées de recettes publiques les sommes correspondant au produit que le cocontractant tire de son activité propre d'exploitation d'un bien ou d'une prestation de services. • CE 26 juin 2019, *M. Lebel et a.*, n° 417386 et 417387 A : *BJCP 2019. 375, concl. Hoynck.*

SECTION 2 Objet

Art. L. 1111-2 Un marché de travaux a pour objet :

1° Soit l'exécution, soit la conception et l'exécution de travaux dont la liste figure dans un avis annexé au présent code ;

2° Soit la réalisation, soit la conception et la réalisation, par quelque moyen que ce soit, d'un ouvrage répondant aux exigences fixées par l'acheteur qui exerce une influence déterminante sur sa nature ou sa conception.

Un ouvrage est le résultat d'un ensemble de travaux de bâtiment ou de génie civil destiné à remplir par lui-même une fonction économique ou technique. – *[Ord. n° 2015-899 du 23 juill. 2015, art. 5, I.] – V. Annexe n° 1.*

COMMENTAIRE

La liste des travaux de bâtiment et de génie civil qui peuvent faire l'objet d'un marché pour répondre au besoin d'un acheteur est fixée, conformément aux annexes des directives, par un avis qu'on trouvera annexé au code (V. annexe n° 1). On rappellera à cet égard que, pour la description de l'objet des marchés, la Commission a établi un système de classification unique, le « vocabulaire commun pour les marchés publics » (CPV) (qui couvre d'ailleurs l'ensemble des besoins de fournitures, travaux et services). Cela n'appelle pas de commentaires particuliers. Il suffira de rappeler que les marchés de travaux doivent donner lieu à des travaux de création, de réparation ou d'entretien sur des immeubles par nature ou par destination : il n'y a pas là de difficulté, même si la limite entre travaux et fournitures ou prestations de services peut, dans certains cas particuliers, prêter à hésitation. Ainsi, par exemple, quand un marché prévoit des travaux de pose et d'installation de fournitures mais, à titre principal, l'acquisition de ces fournitures, il est un marché de fournitures (V. art. L. 1111-3 ci-dessous).

L'acheteur est parfois tenu d'exercer la maîtrise d'ouvrage des travaux (V., sur ce point, le livre IV de la Partie II), mais l'exercice de cette mission n'est pas un élément de la définition du marché de travaux comme il l'était dans l'ancien code des marchés publics, dont le champ d'application était, comme on l'a vu, plus restreint.

Un marché ne peut par ailleurs confier au même opérateur une mission de conception et d'exécution que dans la limite de ce qu'autorise, pour les acheteurs qui en relèvent, le livre IV de la Partie II.

On notera que le 2° correspond à une hypothèse d'abord dégagée par la jurisprudence de la Cour de justice (V. *infra*). Elle correspond à une conception large de la notion de marché de travaux, dans laquelle l'acheteur trouve un intérêt économique à la réalisation d'un ouvrage.

On se reportera à l'avis relatif à la liste des activités qui sont des travaux en droit de la commande publique, en annexe n° 1 du code.

1. Notion de travail immobilier. L'installation, dans des aménagements spécialement réalisés dans le sol, d'une tribune même démontable constitue un travail immobilier et le contrat passé à cette fin avec une entreprise constitue un marché de travaux publics. • CE 11 déc. 1970, *Ville de Saint-Nazaire*, n° 73600 A.

2. La livraison d'un système d'appel des malades à un centre communal d'action sociale constitue un marché de travaux et non de fournitures dès lors qu'il comporte l'installation, sur une durée de plusieurs jours, d'une unité centrale, de points d'appel et d'une antenne incorporés à l'immeuble. • CAA Bordeaux, 30 déc. 1991, *Sté Alarm Vidéo System*, n° 91BX00338 B.

3. La fourniture à un centre de santé communal d'un fauteuil de chirurgie dentaire n'a pas de caractère immobilier et ne donne donc pas lieu à un marché public de travaux mais de fournitures. • CAA Lyon, 30 mars 1993, *Cne de Miramas*, n° 91LY01049 B.

4. Notion d'ouvrage. Des travaux réalisés sur plusieurs réseaux électriques interconnectés relevant de plusieurs syndicats intercommunaux d'électrification, qui ont la même fonction économique et technique, auraient dû être regardés comme portant sur un ouvrage unique par l'organisme regroupant ces syndicats qui a passé simultanément les différents marchés nécessaires. Il n'y a en revanche aucun fractionnement irrégulier dans la distinction qui a été opérée entre travaux d'électrification et travaux relatifs à l'éclairage public d'une part, et entre les différents travaux relatifs aux réseaux d'éclairage public des différents syndicats intercommunaux, d'autre part. • CJCE 5 oct. 2000, *Commission c/ France*, C-16/98. V. aussi. • CJCE 12 juill. 2001, *Ordine degli Architetti delle Province di Milano e Lodi*, C-399/98.

5. Notion d'entrepreneur. La qualification de marché public de travaux n'est pas subordonnée à la condition que le cocontractant soit en mesure de réaliser directement la prestation convenue avec ses propres ressources. • CJCE 12 juill. 2001, *Ordine degli Architetti delle Province di Milano e Lodi*, C-399/98. ♦ De même : • CJCE 18 janv. 2007, *Jean Auroux et a.*, C-220/05.

6. Marché de travaux. Critères. La juridiction de renvoi demande, en substance, si la réalisation de logements sociaux devant par la suite être vendus, à des prix plafonnés, à un organisme public de logement social ou moyennant la substitution de cet organisme au prestataire de services ayant réalisé ces logements relève de la notion de « marché public de travaux » définie à l'art. 1er, § 2, ss. b), de la Dir. 2004/18.En vue de répondre à cette question, il y a lieu de rappeler que, conformément à l'art. 1er, § 2, ss. b), de la Dir. 2004/18/CE, lu conjointement avec le même paragraphe, sous a), un marché public de travaux résulte de la réunion de quatre critères, à savoir un contrat conclu par écrit, à titre onéreux, entre un opérateur économique et un pouvoir adjudicateur, ce contrat devant avoir pour objet soit l'exécution, soit conjointement la conception et l'exécution, de travaux relatifs à l'une des activités mentionnées à l'annexe I de cette directive ou d'un ouvrage, soit la réalisation, par quelque moyen que ce soit, d'un ouvrage répondant aux besoins précisés par le pouvoir adjudicateur.

S'agissant, en particulier, de l'existence d'un contrat conclu par écrit, il ressort de la décision de renvoi que la Cour constitutionnelle semble avoir des doutes quant au fait que ce critère est rempli en l'espèce, dans la mesure où la charge sociale imposée, consistant en la réalisation de logements sociaux, ne ferait pas réellement l'objet d'un accord entre l'administration et l'opérateur économique intéressé. En effet, la charge sociale serait imposée aux maîtres d'ouvrage et aux lotisseurs directement par le décret flamand et s'appliquerait à ceux-ci du seul fait qu'ils sont propriétaires des terrains pour lesquels ils demandent un permis de construire ou de lotir.

A cet égard, il y a lieu de rappeler que, afin de conclure à l'existence d'une certaine relation contractuelle entre un sujet qui pourrait être qualifié de pouvoir adjudicateur et un maître d'ouvrage ou un lotisseur, la jurisprudence de la Cour exige, ainsi que l'a relevé M. l'avocat général au point 86 de ses conclusions, la conclusion d'une convention de lotissement entre l'administration et l'opérateur économique concerné visant à déterminer les ouvrages que ce dernier doit réaliser ainsi que les conditions y afférentes. Lorsqu'une telle convention a été signée, la circonstance que la réalisation de logements sociaux est imposée directement par la réglementation interne et que le cocontractant de l'administration est nécessairement la personne qui a la propriété des terrains à bâtir ne suffit pas à exclure le caractère contractuel du rapport noué entre l'administration et le lotisseur concerné (V., en ce sens, arrêt du 12 juill. 2001, *Ordine degli Architetti et a.*, C-399/98 : *Rec. p. I 5409, points 69 et 71*).

Or, s'il est vrai que le décret flamand requiert expressément, à son art. 4.1.22, al. 1er, la conclusion d'une convention d'administration entre le maître d'ouvrage ou le lotisseur et la société de logement social, il n'en demeure pas moins que cette convention, ainsi qu'il ressort de la décision de renvoi, ne régit pas, en principe, les relations entre le pouvoir adjudicateur et l'opérateur économique concerné. En outre, une telle convention semble porter non pas sur la réalisation des logements sociaux, mais seulement sur la phase suivante, à savoir celle de leur mise sur le marché.

Il appartient toutefois à la juridiction de renvoi d'apprécier, en tenant compte de l'ensemble de la législation applicable ainsi que de toutes les circonstances pertinentes de l'affaire au principal, si la réalisation de logements sociaux en cause au principal s'inscrit dans le cadre d'une relation contractuelle entre un pouvoir adjudicateur et un opérateur économique et s'il est satisfait aux autres critères énoncés au point 109 du présent arrêt. • CJUE 8 mai 2013, *M. Libert et a. c/ Gouvernement flamand,* C-197/11 • CJUE 8 mai 2013, *All Projects et Developments NV e.a. c/ Vlaamse Regering,* C-203/11.

7. Réponse à un besoin du pouvoir adjudicateur. Un contrat comportant un engagement de donner en location des biens immeubles non encore construits répondant aux besoins définis par le pouvoir adjudicateur constitue un marché public de travaux, en dépit de la présence d'éléments caractéristiques d'un contrat de location, et ne relève pas, dès lors, de l'exclusion visée à l'art. 1er, ss. a), iii), de la Dir. 92/50. • CJUE 10 juill. 2014, *Impresa Pizzarotti & C. SpA c/ Cne de Bari et a.,* C-213/13 : *BJCP 2015. 28, concl. Wahl ; Rev. CMP 2014, n° 255, note Zimmer.*

8. Spécifications détaillées par le pouvoir adjudicateur. Alors même qu'un contrat est formellement qualifié de « contrat de location » et qu'il contient effectivement des éléments relevant d'un contrat de location, la construction des ouvrages en question n'avait même pas été entamée à la date de la conclusion du contrat. Par conséquent, ce contrat ne pouvait pas avoir comme objectif immédiat la location d'immeubles dont la construction n'avait pas encore commencé. Ainsi, l'objectif prioritaire de ce contrat ne pouvait logiquement être que la construction desdits ouvrages, qui devraient par la suite être mis à la disposition du pouvoir adjudicateur par le biais d'une relation contractuelle qualifiée de « contrat de location ». Or, conformément à la jurisprudence de la Cour, lorsqu'un contrat contient à la fois des éléments ayant trait à un marché public de travaux ainsi que des éléments ayant trait à un autre type de marché, c'est l'objet principal du contrat qui détermine les règles communautaires applicables.

Il convient de constater en outre que les ouvrages concernés ont été réalisés conformément aux spécifications très détaillées explicitées par le pouvoir adjudicateur dans le contrat. Il ressort de ce contrat et de ses annexes que lesdites spécifications, qui se rapportent à un descriptif précis des bâtiments à construire, de leur qualité et de leurs équipements, vont bien au-delà des exigences habituelles d'un locataire à l'égard d'un nouvel immeuble d'une certaine envergure.

Dès lors, force est de conclure que le contrat avait comme objectif primaire l'édification des halls d'exposition en question conformément aux besoins précisés par le pouvoir adjudicateur. En outre, lesdits halls constituent un « ouvrage » au sens de l'art. 1er, ss. c), de la Dir. 93/37/CEE, dans la mesure où ils sont destinés à remplir par eux-mêmes une fonction économique, et leur valeur est de loin supérieure au seuil prévu à l'art. 6 de la même directive. Au surplus, ce contrat a été conclu à titre onéreux, le titulaire du contrat ayant agi en l'occurrence en tant qu'entrepreneur, indépendamment de la circonstance qu'il a fait réaliser cet ouvrage en sous-traitance. Ledit contrat doit donc être qualifié de marché public de travaux au sens de l'art. 1er, ss. a), de la Dir. 93/37/CEE.

Cette conclusion n'est pas remise en cause par l'argument que la République fédérale d'Allemagne tire du fait que le montant total devant être versé au titulaire du contrat à titre de loyers, qui s'élèvera finalement à environ 600 millions d'euros, est bien supérieur au coût de la construction des ouvrages, qui s'est élevé à environ 235 millions d'euros, ce qui prouverait que l'élément « services » de l'opération en cause est prépondérant.

En effet, l'élément déterminant aux fins de la qualification d'un marché tel que celui en cause est l'objet principal de celui-ci, et non le montant de la rémunération de l'entrepreneur ou les modalités de règlement de celle-ci. En outre, une comparaison directe entre les deux montants susvisés, considérés en chiffres absolus, n'est pas possible, dans la mesure où le montant approximatif de 600 millions d'euros sera payé par des versements mensuels échelonnés sur près de 30 ans, tandis que le montant de 235 millions d'euros correspond à la valeur du coût des travaux lors de leur achèvement à la fin de l'année 2005. En réalité, le montant de 600 millions d'euros, considéré en valeur actualisée au moment de l'achèvement des travaux, s'approche considérablement du montant de 235 millions d'euros. En tout état de cause, même si une partie dudit montant de 600 millions d'euros devait représenter la rémunération d'un élément propre à la location, cette partie serait nécessairement peu importante et ne saurait influer sur la qualification du marché en cause. De même, n'est pas pertinent aux fins de la qualification du marché en cause le fait que le contrat principal ne prévoit, éventuellement, pas une option ou une obligation de rachat. • CJCE 29 oct. 2009, *Commission c/ Allemagne,* C-536/07 : *Rev. CMP 2010. Chron. 129, note Zimmer.*

9. Intérêt économique pour le pouvoir adjudicateur. La vente à une entreprise, par une autorité publique, d'un terrain nu ou comprenant des bâtiments déjà construits ne constitue pas un marché public de travaux au sens de l'art. 1er, § 2, ss. b), de la Dir. 2004/18/CE. En effet, d'une part, dans le cadre d'un tel marché, l'autorité publique doit assumer la position d'acquéreur et non de vendeur, d'autre part, l'objet d'un tel marché doit consister dans l'exécution de travaux. Le caractère onéreux du contrat implique que le pouvoir adjudicateur ayant conclu un marché public de travaux reçoive en vertu de celui-ci une prestation moyennant une contrepartie. Cette prestation consiste dans la réalisation des travaux que le pouvoir adjudicateur vise à obtenir. Une telle prestation, en raison de sa nature ainsi que du système et des objectifs de la Dir. 2004/18/CE, doit comporter un intérêt économique direct pour le pouvoir adjudicateur. Cet intérêt économique est clairement établi lorsqu'il est prévu que le pouvoir adjudicateur deviendra propriétaire des travaux ou de l'ouvrage faisant l'objet du marché. Un tel intérêt économique peut être également constaté s'il est prévu que le pouvoir adjudicateur disposera d'un titre juridique qui lui assurera la disponibilité des ouvrages faisant l'objet du marché, en vue de leur affectation publique. • CJCE 12 juill. 2001, *Ordine degli Architetti delle Province di Milano e Lodi,* C-399/98.

10. L'intérêt économique peut encore résider dans les avantages économiques que le pouvoir adjudicateur pourra tirer de l'utilisation ou de la cession future de l'ouvrage, dans le fait qu'il a participé financièrement à la réalisation de l'ouvrage ou dans les risques qu'il assume en cas d'échec économique de l'ouvrage. • CJCE 18 janv. 2007, *Jean Auroux et a.,* C-220/05 : *Rec. CJCE I-385, points 13, 17, 18 et 45 ; BJCP 2007. 205, note Terneyre ; Dr. adm. 2007, comm. n° 71, obs. Garcia ; Rev. CMP 2007, n° 38, note Zimmer ; RD publ. 2007. 1329, note Braconnier.*

11. La notion de « marchés publics de travaux », au sens de l'art. 1er, § 2, ss. b), de la Dir. 2004/18/CE, impose que les travaux faisant l'objet du marché soient exécutés dans l'intérêt économique direct du pouvoir adjudicateur, sans que, toutefois, il soit nécessaire que la prestation prenne la forme de l'acquisition d'un objet matériel ou physique. Le simple exercice de compétences de régulation en matière d'urbanisme, visant à la réalisation de l'intérêt général, n'a pas pour objet la réception d'une prestation contractuelle ni la satisfaction de l'intérêt économique direct du pouvoir adjudicateur, ainsi que l'exige l'art. 1er, § 2, ss. a), de la Dir. 2004/18/CE. Par conséquent, si la notion de « marchés publics de travaux », au sens de l'art. 1er, § 2, ss. b), de la Dir. 2004/18/CE, n'exige pas que les travaux faisant l'objet du marché soient exécutés matériellement ou physiquement pour le pouvoir adjudicateur, dès lors que ces travaux sont exécutés dans l'intérêt économique direct de ce pouvoir, l'exercice par ce dernier de compétences de régulation en matière d'urbanisme ne suffit pas pour remplir cette dernière condition. Pour qu'il puisse être admis qu'un pouvoir adjudicateur a précisé ses besoins, il faut que ce dernier ait pris des mesures afin de définir les caractéristiques de l'ouvrage ou, à tout le moins, d'exercer une influence déterminante sur la conception de celui-ci. Le simple fait qu'une autorité publique, dans l'exercice de ses compétences en matière de régulation urbanistique, examine certains plans de construction qui lui sont soumis ou prenne une décision en application de compétences dans cette matière ne répond pas à l'exigence relative aux « besoins précisés par le pouvoir adjudicateur ». • CJUE 25 mars 2010, *Helmut Müller,* C-451/08 : *Rev. CMP 2010. Chron. 164, note Zimmer.*

12. Location/marché public de travaux. En ce qui concerne l'objet de l'opération concernée, il convient de relever que le contrat en cause est dénommé « contrat de location » et qu'il contient effectivement des éléments relevant d'un contrat de location. Toutefois, force est de constater que, à la date de la conclusion de ce contrat, la réalisation de l'ouvrage concerné par ledit contrat n'avait pas encore été entamée. Par conséquent, ce contrat ne pouvait avoir comme objectif immédiat la location d'immeubles. L'objectif de ce contrat était la construction dudit ouvrage, qui devait, par la suite, être mis à la disposition de Wiener Wohnen au moyen d'un « contrat de location » (V, en ce sens, CJCE 29 oct. 2009, *Commission c/ Allemagne,* C 536/07, pt 56).

A cet égard, il y a lieu de faire observer que, ainsi que le considérant 24 de la Dir. 2004/18 l'énonce, l'art. 16, ss. a), de cette Dir. prévoit une exclusion du champ d'application matériel de celle-ci et que l'interprétation selon laquelle cette exclusion, ainsi que l'a relevé M. l'avocat général au pt 30 de ses conclusions, peut s'étendre aux locations de bâtiments non existants, c'est-à-dire non encore construits, a été retenue par la jurisprudence de la Cour.

Toutefois, ainsi qu'il ressort de la jurisprudence de la Cour, le pouvoir adjudicateur ne saurait se prévaloir de l'exclusion prévue à cette disposition lorsque la réalisation de l'ouvrage projeté constitue un « marché public de travaux », au sens de l'art. 1er, § 2, ss b), de la Dir. 2004/18, dès lors que cette réalisation répond aux besoins précisés par ce pouvoir adjudicateur (V, par analogie, CJCE 29 oct. 2009, *Commission c/ Allemagne,* C-536/07, pt. 55, ainsi que CJUE 10 juill. 2014, *Impresa Pizzarotti,* C-213/13, pt. 43).

Il en va ainsi lorsque ce dernier a pris des mesures afin de définir les caractéristiques de l'ouvrage ou à tout le moins d'exercer une influence déterminante sur la conception de celui-ci (CJUE 10 juill. 2014, *Impresa Pizzarotti,* C-213/13, pt. 44).

Tel est, notamment, le cas lorsque les spécifications demandées par le pouvoir adjudicateur vont au-delà des exigences habituelles d'un locataire à l'égard d'un immeuble tel que l'ouvrage concerné (CJCE 29 oct. 2009, *Commission c/ Allemagne,* C-536/07, pt. 58).

Enfin, bien que le montant de la rémunération de l'entrepreneur ou les modalités de règlement de celle-ci ne soient pas les éléments déterminants aux fins de la qualification du contrat concerné, elles ne sont pas dénuées de pertinence (CJCE 29 oct. 2009, *Commission c/ Allemagne*, C-536/07, pt. 60 et 61 ; 10 juill. 2014, *Impresa Pizzarotti*, C-213/13, pt. 49 à 51).

En ce qui concerne le bâtiment envisagé, une influence déterminante sur sa conception peut être identifiée s'il peut être démontré que cette influence est exercée sur la structure architecturale de ce bâtiment, telle que sa dimension, ses murs extérieurs et ses murs porteurs. Les demandes concernant les aménagements intérieurs ne peuvent être considérées comme démontrant une influence déterminante que si elles se distinguent du fait de leur spécificité ou de leur ampleur. • CJUE 22 avr. 2021, *Commission européenne c/ République d'Autriche*, C-537/19 : *BJCP 2021. 270, concl. Campos Sanchez-Bordona ; Rev. CMP 2021. 202, note Zimmer.*

13. Marché de travaux. Absence de maîtrise d'ouvrage publique. Une commune souhaite procéder à la réhabilitation de terrains en vue d'y développer des espaces paysagers ou forestiers, d'y créer un centre de recherche sur les technologies de l'eau et de l'assainissement et d'y installer un centre d'entraînement d'un club professionnel. Pour financer l'acquisition de ces terrains, ainsi que leur dépollution, la commune décide d'en confier la charge à un opérateur moyennant le droit d'exploiter, sur une partie des terrains en cause, pendant une durée de quinze ans, un gisement de granulats compris dans le sous-sol, la ville percevant une rétribution au titre du droit de fortage en tenant compte des charges incombant à l'opérateur et du bénéfice qu'il est en droit d'attendre. Un tel contrat, qui a pour objet de répondre à un besoin de la commune, est, sans qu'y fasse obstacle la circonstance que la commune n'assurera pas la maîtrise d'ouvrage des travaux envisagés, un marché public de travaux au sens de l'art. 1er de la Dir. 2004/18/CE du 31 mars 2004, qui entre dans le champ du référé précontractuel. • CE 3 juin 2009, *Cne de Saint-Germain-en-Laye*, n° 311798 : *Rev. CMP 2009, n° 379, note Zimmer ; RDI 2009. 470, note Noguellou ; AJDA 2010. 162, note Camous.*

14. Contrat de crédit-bail immobilier. L'hôpital a, en qualité de maître d'ouvrage de la construction d'un équipement de cogénération, conclu un marché de maîtrise d'œuvre avec la société X, puis des marchés de construction avec différentes entreprises ; pour financer cet investissement, il a conclu une convention de crédit-bail avec le Crédit d'équipement des petites et moyennes entreprises (FIP-CEPME) prévoyant notamment le paiement d'acomptes par le crédit-bailleur, à la demande du preneur, directement à la société X. Il résulte de l'instruction que, compte tenu des fonctions de l'équipement de cogénération, objet du contrat, destiné à remplacer deux groupes électrogènes jugés insuffisants et vétustes par un équipement de production de l'électricité et de la chaleur en cas de défaillance du réseau, pour contribuer ainsi aux soins dispensés aux personnes hospitalisées, le contrat dont s'agit a eu pour objet de faire participer le cocontractant à l'exécution du service public hospitalier ; par suite, ce contrat doit être regardé comme un contrat de droit public ressortissant à la compétence du juge administratif. Eu égard à son objet purement financier, la convention passée entre l'hôpital et le crédit-bailleur ne constituait ni un marché de travaux publics ni même l'accessoire d'un marché de travaux publics. • CAA Paris, 22 nov. 2011, *CH Saint-Brieuc*, n° 08PA04001 : *Rev. CMP 2012, n° 39, note Eckert.*

15. Offre de concours. Marché public de travaux. Non. La société civile immobilière a obtenu le 20 mai 2005 la délivrance d'un permis de construire permettant l'édification, sur le territoire de la commune, d'un bâtiment à usage commercial ; la société a, en 2006, proposé à la commune d'apporter son concours pour la réalisation d'aménagements de la voirie publique consistant en la création d'un carrefour giratoire desservant l'immeuble commercial en cours de réalisation ainsi qu'en la mise à deux fois deux voies de la rue Jean-Cocteau ; un projet de convention unissant la commune, la communauté d'agglomération, gestionnaire des voies publiques de la commune, et la SCI a ensuite été mis au point afin de définir les modalités de cette offre de concours ; il était ainsi prévu, dans cet acte, la réalisation d'un ensemble de travaux évalué à un montant de 593 216 € TTC dont 193 216 € devaient être pris en charge par la SCI au titre de son offre de concours, le reliquat de 400 000 € demeurant à la charge de la communauté d'agglomération ; il était également prévu, dans ce projet, que la SCI Epicure assurerait la maîtrise d'ouvrage de l'ensemble des travaux, ceux-ci devant être réalisés avant la fin du dernier trimestre de l'année 2006 ; enfin, la convention en question prévoyait une cession ou un échange réciproque entre la société et la commune des parcelles nécessaires à l'opération. La SCI, dont l'objet social est la gestion de centres commerciaux, ne peut pas être assimilée, au sens du III de l'art. 1er C. marchés, à un entrepreneur chargé de l'exécution ou de la conception d'un ouvrage ou de travaux de bâtiment ; par ailleurs, la Conv. en cause n'a pas pour objet l'exécution de travaux d'édification d'un ouvrage public ; dès lors, et contrairement à ce qu'ont estimé les premiers juges, la convention approuvée par la délibération du 6 nov. 2006 ne pouvait pas être qualifiée de marché public. • CAA Versailles, 4 oct. 2012, *Cne de Corbeil-Essonnes*, n° 10VE02568 : *Rev. CMP 2012, n° 328, note Zimmer.*

16. VEFA et marchés de travaux. Un contrat de vente en l'état futur d'achèvement (VEFA), au sens de l'art. 1601-3 C. civ., n'est pas un marché public soumis au C. marchés. Aucune disposition législative n'interdit à une collectivité publique de conclure un tel contrat, mais elle ne peut y recourir, sans méconnaître la loi MOP et le C. marchés, pour la réalisation d'un ouvrage conçu en fonction de ses besoins propres et entièrement destiné à devenir sa propriété. • CE, sect., 8 févr. 1991, *Région Midi-Pyrénées c/ Synd. de l'architecture de la Haute-Garonne et a.*, n° 57679 A : *RFDA 1992. 48, concl. Pochard ; JCP 1991, 21738, note Fatôme ; RD publ. 1991. 1137, note Auby ; CJEG 1991. 251, art. Llorens* • 14 mai 2008, *Cté de cnes de Millau-Grands Causses*, n° 280370 B : *Dr. adm. 2008, comm. n° 95 ; Rev. CMP 2008, n° 182, obs. Eckert* • CAA Bordeaux, 1er mars 2005, *M. Carrière et M. Molinier*, n° 01BX00788.

17. Une collectivité publique peut conclure un contrat de VEFA, non soumis au C. marchés, pour la réalisation d'un parc de stationnement installé dans un ensemble immobilier. • CAA Bordeaux, 19 mars 2002, *Cté urb. de Bordeaux*, n° 97BX01384 : *Dr. adm. 2002, n° 159, obs. Ménéménis ; Rev. CMP 2002, n° 165, obs. Llorens.*

18. Marché de travaux/concession de travaux. Une commune a lancé un appel d'offres pour l'attribution d'une concession de travaux en vue de la construction d'une ligne de tramway. Cet appel d'offres s'étant révélé infructueux, la commune a attribué cette concession à un opérateur. Le contrat indique que la personne qui sera chargée de la gestion du service de tramway par la voie d'un contrat de services à conclure avec la commune devra payer une redevance périodique à l'opérateur. L'art. 5 de ce contrat stipule, en ce qui concerne la rémunération de l'opérateur retenu pour construire le tramway : « afin de garantir le respect des prévisions du plan économico-financier joint au projet préliminaire et, partant, la viabilité économique et financière de l'opération, le concessionnaire se verra attribuer à titre de rémunération, outre la contribution publique, le droit d'exploiter la ligne de tramway sur le plan tant opérationnel qu'économique, pendant toute la durée de la concession, ce droit pouvant être assorti de la perception d'une redevance spécifiée dans ledit plan économico-financier et due par le gestionnaire du service qui aura conclu un contrat de services avec le concédant, en contrepartie de ladite exploitation et pour l'utilisation de la ligne de tramway et des ouvrages connexes réalisés par le concessionnaire. A cette fin, le concédant, eu égard à la nécessité de garantir l'équilibre économico-financier du concessionnaire et au fait qu'il est essentiel, à cet effet, que le gestionnaire du service assure ponctuellement le paiement de la redevance susmentionnée au concessionnaire, s'engage, par la présente convention et pour toute la durée de celle-ci, à prévoir expressément, dans le ou les appels d'offres et les documents annexes pour l'attribution du service de transport public lié à la ligne de tramway et en particulier dans le contrat de services régissant la prestation de ce service, l'obligation pour le gestionnaire du service de payer au concessionnaire ladite redevance, telle qu'indiquée dans le plan économico-financier annexé au projet préliminaire ». En l'espèce, si l'art. 5 du contrat conclu le 2 déc. 2002 entre la commune et l'opérateur prévoit que ce dernier se verra attribuer à titre de rémunération, outre la contribution publique, le droit d'exploiter la ligne de tramway en question, il ressort de ce même article de ce contrat ainsi que des autres éléments du dossier que l'exploitation du tramway doit être assurée par un gestionnaire qui devra conclure un contrat de services, non pas avec le concessionnaire, mais avec le concédant qui fixera le montant à payer au concessionnaire. Le montant de la redevance qui devrait être payée à l'opérateur par le futur gestionnaire du service de tramway s'élève à 1 446 079,32 euros par an pendant 30 ans. Il résulte des éléments figurant au dossier que ce montant fixe a été calculé pour assurer le paiement à l'opérateur de la fraction du coût de l'ouvrage, égale à 40 % de ce dernier, dont les pouvoirs publics italiens n'assurent pas directement le versement. Dans une telle situation, l'opérateur n'assume pas les risques liés à l'exploitation de l'ouvrage en question. Il s'ensuit qu'il convient de qualifier l'opération en cause de marché public de travaux et non pas de concession de travaux publics. • CJCE 13 nov. 2008, *Commission c/ Italie*, C-437/07.

19. Aux termes de l'art. 1er, § 3, de la Dir. 2004/18/CE, la concession de travaux publics « est un contrat présentant les mêmes caractéristiques qu'un marché public de travaux, à l'exception du fait que la contrepartie des travaux consiste soit uniquement dans le droit d'exploiter l'ouvrage, soit dans ce droit assorti d'un prix ». Pour qu'un pouvoir adjudicateur puisse transférer à son cocontractant le droit d'exploiter un ouvrage au sens de cette disposition, il faut que ce pouvoir adjudicateur puisse disposer de l'exploitation de cet ouvrage. Ce n'est pas normalement le cas lorsque le droit d'exploitation prend sa seule source dans le droit de propriété de l'opérateur concerné. • CJUE 25 mars 2010, *Helmut Müller*, C-451/08.

20. Un montage contractuel par lequel une commune signe un bail emphytéotique sur son domaine et une convention de financement avec une société chargée de réaliser des travaux d'aménagement sur un bâtiment communal, qui prévoit que celle-ci sera rémunérée en exploitant l'ouvrage pendant la durée du bail, constitue une concession de travaux (L. du 3 janv. 1991). • CE, ass., 10 juin 1994, *Cne de Cabourg*, n° 141633 A : *AJDA 1994. 560* . **NB** : en application des art. L. 1311-2 et L. 1311-5 du CGCT (V. App., *Partie I*), les montages contractuels comprenant un bail emphytéotique administratif ou une autorisation d'occupation du domaine public ne peuvent plus avoir pour objet la conclusion d'un contrat de commande publique.

21. Est une concession de travaux un contrat confiant la réalisation et l'exploitation d'un ouvrage d'art routier, avec droit de percevoir des péages sur les usagers. En l'espèce, la passation du contrat n'avait pas été précédée de mesures de publicité alors que le délai de transposition des textes communautaires applicables était dépassé, ce qui a entraîné l'annulation de la délibération autorisant le président de la structure intercommunale à signer le contrat, ainsi que la décision de ce dernier de signer ledit contrat. • CE 6 févr. 1998, *Tête*, n° 138777 A : *AJDA 1998. 458, chron. Raynaud et Fombeur ; RFDA 1998. 407, concl. Savoie .*

22. BEA et marché de travaux (non soumis au C. marchés alors en vigueur). Un montage contractuel par lequel une commune signe un bail emphytéotique sur son domaine pour soixante-cinq ans avec une société qu'elle charge de réaliser un immeuble de bureaux qu'elle prendra pour moitié en location pendant la durée du bail et dont elle deviendra, à l'issue de celui-ci, propriétaire, n'est pas un marché public de travaux soumis au C. marchés. • CE, sect., 25 févr. 1994, *SA Sofap-Marignan Immobilier et a.*, n°s 144641 A et 145406 : *RFDA 1994. 510, concl. Arrighi de Casanova .*

23. BEA. Marché public de travaux. Absence. Il ressort des pièces du dossier soumis au juge du fond que, quelles qu'aient été les conditions de réalisation de l'établissement d'accueil des personnes âgées dépendantes de la commune de Rieumes, construit dans les circonstances rappelées aux pts 2 et 3, et achevé dans le courant de l'année 2008, le bail emphytéotique conclu entre la commune de Rieumes et l'OPH de Haute-Garonne et la convention de mise à disposition conclue entre ce dernier et l'EHPAD La Prade de Rieumes, établis en 2013 en exécution d'un protocole d'accord transactionnel, ont uniquement pour objet de régir pour l'avenir les modalités de fonctionnement de cet établissement. Ainsi, la cour administrative d'appel de Bordeaux a dénaturé l'objet de ces trois documents contractuels en estimant qu'il portait sur l'exécution de travaux ou la réalisation d'un ouvrage alors qu'il visait seulement à donner un fondement juridique aux relations entre les parties pour l'avenir pour l'exploitation d'un équipement construit près de cinq ans auparavant. Par suite, la cour administrative d'appel de Bordeaux a commis une erreur de qualification juridique des faits en estimant que l'ensemble contractuel formé par ces trois conventions présentait le caractère d'un marché public de travaux au sens des dispositions de la Dir. 2004/18/CE du 31 mars 2004 citées au pt 6 et en annulant, pour ce motif, l'ensemble des délibérations litigieuses des 9 et 16 avr. 2013. • CE 15 mars 2019 *Cne de Rieumes c/ OPH de la Haute-Garonne*, n°s 409499 et 409540 : *BJCP 2019. 184, concl. Henrard ; Rev. CMP 2019, n° 186, note Zimmer.* ♦ **NB** : en application des art. L. 1311-2 et L. 1311-5 du CGCT (V. App., *Partie I*), les montages contractuels comprenant un bail emphytéotique administratif ou une autorisation d'occupation du domaine public ne peuvent plus avoir pour objet la conclusion d'un contrat de commande publique.

24. Conventions d'aménagement et marchés de travaux. Une convention d'aménagement par laquelle la personne publique confie à son cocontractant la réalisation d'un parc de loisirs constitue un marché public de travaux, même si la majorité des équipements réalisés sont destinés à être vendus à des tiers, dès lors d'une part que le pôle à aménager répond à l'objectif de la commune de redynamiser le quartier de la gare (et doit donc être regardé comme répondant aux besoins de la commune), d'autre part que la commune verse un prix pour les équipements qui lui reviennent, s'engage à participer aux dépenses de tous les ouvrages et autorise le titulaire à tirer des recettes de tiers en contrepartie de la cession des ouvrages réalisés. • CJCE 18 janv. 2007, *Jean Auroux et a.*, C-220/05.

25. Une convention publique d'aménagement conclue entre une commune et une SEML, qui prévoit l'édification, sur le territoire d'une ZAC, de 700 à 900 logements, ainsi que la réalisation de diverses infrastructures, notamment de travaux de voirie et de réseaux, la commune devenant propriétaire des équipements au fur et à mesure de leur réalisation et la rémunération de la SEML consistant notamment dans le versement, par la commune, de sommes représentant un pourcentage déterminé des dépenses supportées par l'aménageur, présente le caractère d'un marché public de travaux. Les dispositions de l'art. 11 de la L. du 20 juill. 2005, qui font obstacle à ce que puisse être invoquée l'illégalité d'une convention publique d'aménagement en tant qu'elle désigne un aménageur sans que cette désignation ait été précédée de mesures de publicité et de mise en concurrence, mais qui sont incompatibles avec les objectifs de la directive marchés, ne peuvent avoir d'incidence sur l'illégalité de la convention, pas plus que sur celle de la délibération approuvant le contrat. • CAA Nantes, 19 déc. 2007, *M. et Mme Josse et Cne de Chavagne*, n° 06NT01078 B : *Rev. CMP 2008, n° 51, obs. Pietri ; JCP Adm. 2008. 2145, note Devès ; RDI 2008. 205, obs. Braconnier .*

26. Le C. marchés, dans sa version applicable le 12 août 1991, définit un marché public comme un contrat conclu par les collectivités publiques en vue de la réalisation de travaux, fournitures et services en contrepartie d'un prix. L'art. L. 300-4 C. urb., dans sa rédaction alors applicable, relatif aux concessions d'aménagement, n'a pas pour effet de soustraire au respect des règles régissant les marchés publics les contrats confiant à un tiers l'étude et la réalisation d'opérations d'aménagement prévues par le C. urb. dans sa version alors applicable, s'ils entrent dans le champ de l'art. 1er C. marchés.

Le concessionnaire n'a pris aucun risque financier dans une opération d'aménagement, le concédant, c'est-à-dire la collectivité publique, supportant seul tous ces risques. Par suite, ce contrat, bien que formellement conclu en qualité de concession d'aménagement soumis à l'art. L. 300-4 C. urb., dès lors que la rémunération du cocontractant n'est pas substantiellement liée aux résultats de l'opération d'aménagement, constitue un marché public. • CE 18 mai 2021, *Communauté d'agglomération de Lens-Liévin*, nos 443153 et 443158 B : *Rev. CMP 2021. 234, note Eckert*.

27. Bail à construction et marché de travaux. Une commune a décidé de reconvertir un ancien stade, appartenant à son domaine privé, en un site destiné à accueillir un équipement commercial et d'organiser à cet effet une procédure de consultation afin de sélectionner le candidat proposant le parti d'aménagement et d'urbanisme satisfaisant le mieux à ses exigences, qu'elle a formalisées dans un « programme » remis aux candidats ; quatre entreprises se sont portées candidates pour la réalisation de cette opération ; par la délibération litigieuse, le conseil municipal a décidé de retenir une des quatre propositions, approuvé les termes de la promesse de bail à construction à intervenir avec la société et autorisé le maire à signer ce document ainsi que l'acte authentique constatant le caractère définitif dudit bail ; la seule circonstance que les entreprises candidates aient dû se soumettre au « programme » précité, qui définit les objectifs de l'opération, les exigences à respecter par les candidats et le contenu de l'offre à déposer par ceux-ci concernant les aspects juridiques, techniques, économiques et financiers du projet ne saurait, s'agissant de réaliser et d'exploiter un ensemble commercial exclusif de toute obligation de service public mise à leur charge, faire regarder l'opération litigieuse comme constitutive d'une délégation de service public ou *a fortiori* d'un marché public. • CAA Nancy, 29 nov. 2007, *Sté Atac*, n° 06NC01189.

Art. L. 1111-3 Un marché de fournitures a pour objet l'achat, la prise en crédit-bail, la location ou la location-vente de produits.

Il peut comprendre, à titre accessoire, des travaux de pose et d'installation. – *[Ord. n° 2015-899 du 23 juill. 2015, art. 5, II.]*

COMMENTAIRE

L'objet du marché de fournitures doit être entendu dans un sens large : d'une part, l'achat n'en est pas la seule forme, d'autre part, il porte sur des biens mobiliers, qu'il s'agisse de fournitures courantes ou de fournitures que l'opérateur économique élabore pour les besoins de l'acheteur et lui livre.

Sur le second alinéa, voir le commentaire sous l'article L. 1111-2.

1. Le contrat par lequel l'État italien confie à une société l'informatisation du jeu de loto et aux termes duquel la société est rémunérée par un pourcentage des recettes est un marché public et non une concession dès lors qu'il n'entraîne aucun « transfert de responsabilité ». • CJCE 26 avr. 1994, *Commission c/ Italie* : C-272/91.

2. L'art. 1er, § 2, ss. a), de la Dir. 2004/18/CE du Parlement européen et du Conseil, du 31 mars 2004, relative à la coordination des procédures de passation des marchés publics de travaux, de fournitures et de services, doit être interprété en ce sens que ne constitue pas un marché public au sens de cette directive un système d'accords, tel celui en cause au principal, par lequel une entité publique entend acquérir des biens sur le marché en contractant, pendant toute la durée de validité de ce système, avec tout opérateur économique qui s'engage à fournir les biens concernés à des conditions prédéterminées, sans opérer de choix entre les opérateurs intéressés et en permettant à ceux-ci d'adhérer audit système pendant toute la durée de validité de celui-ci.

Pour autant que l'objet d'une procédure d'admission à un système d'accords telle que celle en cause au principal présente un intérêt transfrontalier certain, celle-ci doit être conçue et organisée en conformité avec les règles fondamentales du TFUE, en particulier avec les principes de non-discrimination et d'égalité de traitement entre opérateurs économiques, ainsi qu'avec l'obligation de transparence qui en découle. • CJUE 2 juin 2016, *Dr. Falk Pharma Gmbh*, n° C-410/14.

3. Un contrat de crédit-bail conclu par une collectivité publique pour se procurer du matériel informatique est un marché public de fournitures. • CAA Paris, 24 mars 2003, *Crédit d'équipement des petites et moyennes entreprises*, n° 98PA01226 : *Dr. adm. 2003, n° 166, obs. Ménéménis ; BJCP 2003. 367, concl. Heu*,

Art. L. 1111-4 Un marché de services a pour objet la réalisation de prestations de services. – *[Ord. n° 2015-899 du 23 juill. 2015, art. 5, III.]*

COMMENTAIRE

La réalisation d'une prestation de service dont la consistance a été définie par l'acheteur en contrepartie d'une rémunération par le paiement d'un prix est, dans son principe, très différente de la gestion d'un service, aux risques et périls de l'opérateur qui supporte un risque d'exploitation : ni l'objet ni la contrepartie ne sont identiques. Comme le montre cependant la jurisprudence citée ci-dessous, il peut arriver que la frontière entre marché de services et concession de services (ou délégation de service public) ne soit pas aisée à tracer. On se reportera donc aussi à la jurisprudence citée pour les concessions de services. ❑

1. Marché/concession. Un contrat par lequel un prestataire de services se voit confier la gestion d'un parking public payant, sa rémunération étant assurée par des montants payés par les tiers pour l'usage de ce parking, constitue une concession de service. Un tel mode de rémunération implique en effet que le prestataire « prend en charge le risque d'exploitation des services ». En ce qui concerne la dévolution d'un tel contrat, le respect du principe de transparence s'impose alors même qu'il s'agit d'un contrat dont la passation n'est pas réglementée par les directives sur les marchés publics. • CJCE 13 oct. 2005, *Parking Brixen GmbH*, C-458/03 : *BJCP 2005. 454, concl. Kokott ; Dr. adm. 2005, n° 167, note Ménéménis ; Rev. CMP 2005, n° 306, note Eckert.*

2. Des conventions d'une durée maximale de vingt ans portant sur l'utilisation de la fraction résiduelle des déchets urbains, après collecte sélective, produite dans les communes de la région de Sicile ont été signées avec un opérateur. Non seulement ledit opérateur est, pour l'essentiel, rémunéré par la région au moyen d'une redevance fixe par tonne de déchets qui lui est transférée, mais il est constant que, en vertu des conventions litigieuses, la région s'engage, d'une part, à ce que toutes les communes concernées transfèrent l'intégralité de leur fraction résiduelle de déchets à l'opérateur et, d'autre part, à ce qu'une quantité annuelle minimale de déchets soit transférée à ce dernier. Lesdites conventions prévoient en outre l'adaptation du montant de la redevance dans l'hypothèse où la quantité annuelle effective de déchets transférée est inférieure à 95 % ou supérieure à 115 % de cette quantité minimale garantie, cela afin de garantir l'équilibre financier et économique de l'opérateur. Elles prévoient de même que le montant de la redevance fait l'objet d'une revalorisation annuelle qui est fonction de l'évolution des coûts relatifs au personnel, aux matières consommables et aux travaux de maintenance, ainsi que d'un indicateur financier. Ces mêmes conventions prévoient en outre une renégociation de la redevance lorsque, en raison d'une modification du cadre législatif, l'opérateur doit faire face, en vue d'une mise en conformité, à des investissements excédant un certain niveau. Eu égard à ce qui précède, les conventions litigieuses doivent être considérées comme des marchés publics de services et non comme des concessions de services. • CJCE 18 juill. 2007, *Commission c/ Italie*, C-382/05 : *AJDA 2008. 2346, note Eglie-Richters ; Rev. CMP 2007, n° 238, note Zimmer.*

3. Dans un contrat portant sur des services, le fait que le cocontractant n'est pas rémunéré par le pouvoir adjudicateur mais qu'il est en droit de percevoir une rémunération auprès de tiers suffit pour que ce contrat soit qualifié de concession de service et non de marché public, dès lors que le cocontractant prend en charge l'intégralité ou, au moins, une part significative du risque d'exploitation, même si ce risque est, dès l'origine, très limité en raison des modalités de droit public de l'organisation du service. • CJCE 10 sept. 2009, *Wasser und Abwasserzweckverband Gotha und Landkreigsgemeinden*, C-206/08.

4. Lorsque la rémunération de l'opérateur économique retenu est intégralement assurée par des personnes distinctes du pouvoir adjudicateur ayant attribué le contrat portant sur des services de secours et que cet opérateur économique encourt un risque d'exploitation, fût-il très limité, en raison, notamment, du fait que le montant des droits d'utilisation des services en cause dépend du résultat de négociations annuelles avec des tiers et qu'il n'est pas assuré d'une couverture intégrale des coûts exposés dans le cadre d'une gestion de ses activités conforme aux principes énoncés par le droit national, ledit contrat doit être qualifié de contrat de « concession de services ». • CJUE 10 mars 2011, *Privater Rettungsdienst und Krankentransport Stadler*, C-274/09 : *Rev. CMP 2011, n° 147, note Zimmer ; Dr. adm. 2011, n° 45, note Noguellou.*

5. La question de savoir si une opération doit être qualifiée de concession de services ou de marché public de services doit s'apprécier exclusivement à l'aune du droit de l'Union. • CJUE 10 mars 2011, *Privater Rettungsdienst und Krankentransport Stadler*, C-274/09. ♦ Il résulte des notions de marché public de services et de concession de services, définies, respectivement, au § 2, ss. a) et d), et au § 3 de l'art. 1er de la Dir. 2004/17, que la différence entre un marché de services et une concession de services réside dans la contrepartie de la prestation de services. Le marché de services comporte une contrepartie qui est payée directement par le pouvoir adjudicateur au prestataire de services alors que, dans le cas d'une concession de services, la contrepartie de la prestation de services consiste dans le droit d'exploiter le service, soit seul, soit assorti d'un prix. • CJCE 10 sept. 2009, *Eurawasser,* C-206/08. ♦ S'agissant d'un contrat portant sur des services, la circonstance que le cocontractant n'est pas directement rémunéré par le pouvoir adjudicateur, mais qu'il est en droit de percevoir une rémunération auprès de tiers, répond à l'exigence d'une contrepartie, prévue à l'art. 1er, § 3, ss. b), de la Dir. 2004/17/CE. • CJCE 10 sept. 2009, *Eurawasser,* C-206/08. ♦ Tel est le cas lorsque, comme dans l'affaire au principal, le prestataire des services de transport en commun par autobus se voit conférer le droit d'exploiter des services en contrepartie desquels il est rémunéré par les usagers desdits services conformément au tarif fixé. Si le mode de rémunération est l'un des éléments déterminants pour la qualification d'une concession de services, il ressort, en outre, de la jurisprudence que la concession de services implique que le concessionnaire prenne en charge le risque lié à l'exploitation des services en question. L'absence de transfert au prestataire du risque lié à la prestation des services indique que l'opération visée constitue un marché public de services et non pas une concession de services. • CJUE 10 mars 2011, *Privater Rettungsdienst und Krankentransport Stadler,* C-274/09. ♦ Il convient dès lors de vérifier si le prestataire prend en charge le risque lié à l'exploitation du service. Si ce risque peut, certes, être, dès l'origine, très limité, la qualification de concession de services exige cependant que le pouvoir adjudicateur transfère au concessionnaire l'intégralité ou, au moins, une part significative du risque qu'il encourt. • CJUE 10 mars 2011, *Privater Rettungsdienst und Krankentransport Stadler,* C-274/09. ♦ En effet, il est courant que certains secteurs d'activités, notamment les secteurs touchant à des activités d'utilité publique tels que celui en cause au principal, fassent l'objet d'une réglementation pouvant avoir pour effet de limiter les risques économiques encourus. D'une part, les modalités de droit public auxquelles est soumise l'exploitation économique et financière du service facilitent le contrôle de l'exploitation de ce dernier et réduisent les facteurs susceptibles de porter atteinte à la transparence et de fausser la concurrence. D'autre part, il doit demeurer loisible aux pouvoirs adjudicateurs, agissant en toute bonne foi, d'assurer la fourniture de services au moyen d'une concession, s'ils estiment qu'il s'agit de la meilleure manière d'assurer le service public concerné, et cela même si le risque lié à l'exploitation est très limité. • CJCE 10 sept. 2009, *Eurawasser,* C-206/08. ♦ Dans de telles situations, le pouvoir adjudicateur n'ayant aucune influence sur les modalités de droit public applicables à l'organisation du service, il est impossible à celui-ci d'introduire et, partant, de transférer des facteurs de risque qui sont exclus par ces modalités. Il ne serait pas, par ailleurs, raisonnable de demander à une autorité publique concédante de créer des conditions de concurrence et de risque économique plus élevées que celles qui, en raison de la réglementation applicable au secteur concerné, existent dans ce dernier. • CJCE 10 sept. 2009, *Eurawasser,* C-206/08. ♦ Le risque lié à l'exploitation doit être compris comme le risque d'exposition aux aléas du marché. • CJCE 10 sept. 2009, *Eurawasser,* C-206/08. ♦ Lequel peut notamment se traduire par le risque de concurrence de la part d'autres opérateurs, le risque d'une inadéquation entre l'offre et la demande de services, le risque d'insolvabilité des débiteurs du prix des services fournis, le risque d'absence de couverture des dépenses d'exploitation par les recettes ou encore le risque de responsabilité d'un préjudice lié à un manquement dans le service. • CJUE 10 mars 2011, *Privater Rettungsdienst und Krankentransport Stadler,* C-274/09. ♦ En revanche, des risques tels que ceux liés à une mauvaise gestion ou à des erreurs d'appréciation de l'opérateur économique ne sont pas déterminants aux fins de qualifier un contrat de marché public ou de concession de services, de tels risques étant, en effet, inhérents à tout contrat, que celui-ci corresponde à un marché public de services ou à une concession de services. • CJUE 10 mars 2011, *Privater Rettungsdienst und Krankentransport Stadler,* C-274/09. ♦ Si, ainsi qu'il a été relevé au point 45 du présent arrêt, le risque économique lié à l'exploitation peut être, dès l'origine, très limité en raison des modalités de droit public de l'organisation du service, la qualification de concession de services exige cependant que le pouvoir adjudicateur transfère au concessionnaire l'intégralité ou, à tout le moins, une part significative du risque lié à l'exploitation qu'il encourt. Or, selon les indications fournies par la juridiction de renvoi, la réglementation applicable au principal prévoit que l'entité adjudicatrice indemnise le prestataire de services des pertes d'exploitation, et de surcroît, en raison des règles de droit public et des clauses contractuelles qui régissent la fourniture de ces services, le prestataire n'assume pas une part significative du risque lié à l'exploitation. A cet égard, la juridiction de renvoi relève notamment que, en application des clauses contractuelles, le donneur d'ordres compense, dans la mesure des fonds affectés au budget de l'État, les pertes liées à la fourniture des services de transport, engendrées par cette fourniture, ainsi que les frais connexes, une fois déduites les recettes d'exploitation des services de transport. Par ailleurs, le prestataire est indemnisé des pertes liées à l'exécution du marché en ce qui concerne la partie des coûts inévitables liés à l'exécution du marché public de transport qui excède les recettes, les coûts générés par l'application des tarifs fixés par le donneur d'ordres, la perte de recettes due au fait que le donneur d'ordres a imposé des réductions tarifaires à l'égard de différentes catégories de passagers, et les dépenses engendrées par le respect des normes qualitatives imposées alors que la fourniture du service a déjà commencé, dès lors que ces normes entraînent des dépenses supplémentaires par rapport aux conditions de qualité préalablement exigées. A cela il convient d'ajouter que l'art. 40 du Décr. n° 2009-1226 prévoit le versement à l'adjudicataire d'un montant à titre de bénéfices, qui est fixé en multipliant les recettes par un pourcentage de bénéfice calculé en ajoutant 2,5 % au taux moyen du marché interbancaire européen (Euribor) pendant les douze mois de l'année de référence. Au regard desdites clauses et dispositions du droit national, il ne saurait être conclu qu'une part significative du risque d'exposition aux aléas du marché soit supportée par l'adjudicataire. Dès lors, une telle opération devrait être qualifiée de « marché de services » au sens de l'art. 1er, § 2, ss. d), de la Dir. 2004/17/CE et non pas de « concession de services » au sens de l'art. 1er, § 3, ss. b), de cette directive. Certes, au cours de l'audience devant la Cour, les parties se sont opposées au sujet de l'étendue du risque concrètement assumé par l'adjudicataire. Ainsi, le gouvernement letton et la défenderesse au principal soutiennent, contrairement aux requérantes au principal et à la Commission européenne, que différents facteurs, comme la diminution des ressources publiques destinées à couvrir les pertes éventuelles, l'absence de couverture de certains types de coûts et de pertes, liés notamment à la modification d'itinéraires et de trajets, ou encore l'incertitude quant à la demande des usagers, augmentent le risque de manière telle qu'une part substantielle de celui-ci serait en réalité supportée par l'adjudicataire, d'autant plus que la durée du contrat est de huit ans. Partant, il s'agirait bien d'une concession de services. • CJUE 10 nov. 2011, *Norma-A SIA, Dekom SIA c/ Latgales planosanas regions,* C-348/10 : *Rev CMP 2012, n° 8, note Zimmer.*

6. Un contrat confiant à un opérateur la collecte et l'évacuation des ordures ménagères ainsi que la gestion d'une décharge communale est un marché public, dès lors que la rémunération de l'opérateur, assurée par un prix payé par la commune, n'est pas substantiellement liée aux résultats de l'exploitation. • CE 15 avr. 1996, *Préfet des Bouches-du-Rhône c/ Cne de Lambesc,* n° 168325 A : *RFDA 1996. 715, concl. Chantepy, note Terneyre ; AJDA 1996. 806, chron. Chauvaux et Girardot.*

7. De même pour un contrat de gérance du service de distribution d'eau, dans lequel la rémunération du titulaire comporte une partie fixe représentée par la location des compteurs et une partie proportionnelle au volume d'eau distribué. • CE 7 avr. 1999, *Cne de Guilherand-Granges,* n° 156008 B : *AJDA 1999. 517, concl. Bergeal.*

8. A l'inverse, un contrat de régie intéressée confiant la gestion du service de traitement des déchets, dans lequel la rémunération prévue pour le cocontractant est composée d'une part d'un prix payé par la personne publique, d'autre part d'une partie variable, représentant environ 30 % des recettes du cocontractant, provenant de recettes d'exploitation liées au traitement des déchets collectés auprès d'autres usagers que la personne publique, de la vente d'énergie produite et des recettes supplémentaires liées aux performances réalisées dans la gestion du service, n'est pas un marché public, mais une délégation de service public. • CE 30 juin 1999, *SMITOM Centre-Ouest Seine-et-Marnais,* n° 198147 A : *AJDA 1999. 714, concl. Bergeal.*

9. Un contrat relatif à la production d'eau potable pour la personne publique contractante (en l'espèce un syndicat intercommunal) peut, même s'il ne confie pas au cocontractant la distribution de l'eau aux usagers finaux, constituer une délégation de service public. La qualification de délégation de service public peut être retenue alors même que la rémunération ne fait apparaître aucun transfert de risque à la charge du cocontractant. • CE 28 juin 2006, *Synd. intercommunal d'alimentation en eau de la moyenne vallée du Gier,* n° 288459 : *Dr. adm. 2006, n° 185, obs. Ménéménis ; AJDA 2006. 1781, note Richer.*

10. Un contrat confiant au cocontractant la gestion d'un service de restauration scolaire est qualifié de délégation de service public, la rémunération du cocontractant étant composée d'une part fixe versée par la commune et, pour trois quarts des recettes, de redevances versées par les familles et d'une participation du département et de la caisse d'allocations familiales variant selon le nombre d'usagers. Le fait que la rémunération provienne de personnes publiques est sans importance dès lors que l'on peut considérer qu'elle varie en fonction du comportement des usagers. • CE 20 oct. 2006, *Cne d'Andeville,* n° 289234 A : *AJDA 2006. 2340, concl. Casas ; D. 2006. 193 ; Dr. adm. 2007, n° 21, note Ménéménis ; Rev. CMP 2006, n° 23, note Pietri.*

11. Un contrat par lequel un département confie à un prestataire la gestion d'un service public de transport de voyageurs, notamment scolaire, constitue une délégation de service dès lors que le prestataire choisi doit tirer sa rémunération de l'exploitation du service, que ses recettes soient versées par le département au titre de sa prise en charge de 80 % du coût des abonnements de transport scolaire, par les familles pour la part restante du coût de ces abonnements, ou qu'elles proviennent des sommes versées par les usagers non scolaires ou d'autres produits commerciaux. Ne fait pas obstacle à une telle qualification l'existence d'une convention d'intéressement financier prévoyant le versement d'une subvention par le département d'un montant initial de 25 733,39 euros, pour des recettes d'exploitation évaluées alors à environ 1,5 million d'euros, dès lors qu'une telle convention laisse une part de l'éventuel déficit d'exploitation au cocontractant, laquelle peut s'élever à 30 % de ce déficit, déduction faite du montant de la subvention initiale et qu'ainsi une part significative du risque d'exploitation demeurant à la charge de ce cocontractant, sa rémunération doit être regardée comme substantiellement liée aux résultats de l'exploitation. • CE 7 nov. 2008, *Dpt de la Vendée,* n° 291794 B : *AJDA 2008. 2454, note Richer ; Rev. CMP 2008, n° 296, note Eckert.*

12. Une commune confie par contrat à une société le service de restauration scolaire et municipale, avec une rémunération assurée principalement par des redevances perçues directement auprès des usagers des restaurants scolaires et municipaux, des centres de loisirs maternels et des personnes âgées ; mais les parties s'engagent également sur un prix unitaire des repas comprenant les charges afférentes aux prestations fournies, dont le coût des investissements, ainsi que la rémunération du prestataire ; par ailleurs, les parties prévoient d'une part que, dans les cas où le nombre de repas commandés au cours d'un exercice s'avérerait inférieur ou supérieur de plus de 5 % par rapport à la base de référence retenue, le prix unitaire des repas fournis sur l'exercice écoulé serait réajusté par la rectification de divers postes composant ce prix, en fonction du nombre de repas effectivement commandés, d'autre part que la commune, à laquelle le prestataire facturera directement le prix des repas des usagers du centre aéré, prendra en charge, sous forme de subventions, la différence entre les redevances perçues auprès des usagers et le prix des repas ; en outre, le nombre d'usagers, constitués pour l'essentiel d'enfants des centres aérés et des écoles ainsi que de personnes âgées vivant en maisons de retraite, n'est pas susceptible de diminuer de manière substantielle d'une année sur l'autre ; le contrat conclu par la commune est, nonobstant le versement de redevances par les usagers des services, un marché public et non une délégation de service public, dès lors qu'en l'absence de réel risque d'exploitation, la rémunération du prestataire ne peut être regardée comme substantiellement liée aux résultats de l'exploitation. • CE 5 juin 2009, *Sté Avenance-Enseignement et santé,* n° 298641.

13. En vertu des dispositions du I de l'art. 1er C. marchés, les contrats conclus à titre onéreux entre les pouvoirs adjudicateurs et des opérateurs économiques publics ou privés pour répondre à leurs besoins en matière de travaux, de fournitures ou de services sont des marchés publics soumis aux dispositions de ce code ; il ressort des pièces du dossier que la convention litigieuse, signée sans procédure de publicité et mise en concurrence, a été conclue à l'initiative de la commune, en vue de confier à un professionnel du spectacle des prestations d'exploitation de la billetterie et de promotion d'un festival ; elle prévoit ainsi la fourniture d'un service à la commune pour répondre à ses besoins, moyennant un prix tenant en l'abandon des recettes du festival et au versement d'une somme annuelle de 495 000 euros ; dès lors, la convention litigieuse doit être regardée comme constitutive d'un marché public de services. La commune requérante ne peut utilement se prévaloir, d'une part, de ce que les sommes versées à la société étaient appelées « subventions » et, d'autre part, de ce que les personnes publiques peuvent accorder des subventions aux entreprises de spectacles vivants en application des dispositions de l'art. 1-2 de l'Ord. du 13 oct. 1945 relative aux spectacles, lesquelles ne permettent pas de déroger, en tout état de cause, aux règles de publicité et de mise en concurrence prévues par le code des marchés publics ; il résulte de ce qui précède que la commune ne pouvait conclure la convention litigieuse sans procéder aux mesures de publicité et de mise en concurrence applicables aux marchés publics de services. • CE 23 mai 2011, *Cne de Six-Fours-Les-Plages,* n° 342520 B : *AJDA 2011. 1515, note Dreyfus ; BJCP 2011. 258, concl. Boulouis ; Rev. CMP 2011, n° 195, note Eckert.*

14. Il résulte de l'instruction que la convention litigieuse, dénommée « concession provisoire de service public pour la gestion du service de restauration municipale », a pour objet de déléguer par affermage provisoire le service public de restauration scolaire ; aux termes de son art. 2, « la gestion du service est assurée par le concessionnaire à ses risques et périls » et celui-ci « perçoit auprès des usagers un prix » ; les stipulations de l'art. 37 relatives à la rémunération du concessionnaire prévoient que le concessionnaire reçoit, en plus des recettes perçues sur les usagers, une subvention forfaitaire d'exploitation annuelle versée par la commune de Saint-Benoît, d'un montant de 3 389 228 € HT, ainsi qu'un complément de prix unitaire au repas servi, facturé selon le nombre de repas comptés lors de chaque service, également versé par la commune ; compte tenu de ces versements, qui couvrent 86 % de la rémunération du cocontractant, le risque économique du cocontractant ne porte, ainsi que le stipule la convention, que sur la différence entre les repas commandés et ceux effectivement servis, sur les variations de la fréquentation des cantines et sur les impayés ; eu égard à l'existence d'un dispositif de commande des repas, prévu par les stipulations de l'art. 12.2 de la convention, la différence entre les repas commandés et les repas servis ne saurait varier de manière substantielle ; en outre, compte tenu de l'objet du service, consistant en la fourniture de repas pour les cantines scolaires, pour les crèches et pour les centres aérés, et de la durée du contrat, limitée à quatorze mois, le nombre d'usagers n'est pas non plus susceptible de variations substantielles durant l'exécution de la convention ; enfin, la commune de Saint-Benoît ne fournit aucun élément permettant d'évaluer le risque découlant des impayés ; dans ces conditions, la part de risque transférée au délégataire n'implique pas une réelle exposition aux aléas du marché et le cocontractant ne peut, par suite, être regardé comme supportant un risque lié à l'exploitation du service ; il en résulte que la convention litigieuse ne revêt pas le caractère d'un contrat de concession, et donc d'une délégation de service public, mais celui d'un marché public. • CE 24 mai 2017, *Sté Régal des Îles*, n° 407213 B.

15. Droit d'exploiter. Marché public (non). Par un contrat signé le 13 déc. 1986, l'office municipal de tourisme de Rambouillet, établissement public local, a confié à une société l'édition d'un guide touristique de la ville de Rambouillet et de ses environs, rédigé par l'office, pour une durée de trois ans, renouvelable par tacite reconduction ; en contrepartie de cette prestation de services, le contrat concède à la société SEVP l'exploitation, à titre exclusif, de la publicité dans ce guide et prévoit que la société tirera sa rémunération de l'exercice de cette activité économique, en vendant des espaces aux annonceurs publicitaires. Eu égard à son objet et à son équilibre financier, un tel contrat ne constitue pas un marché public ; par suite, il n'est pas un contrat administratif par détermination de la L. du 11 déc. 2011 portant mesures urgentes de réformes à caractère économique et financier. • T. confl. 7 avr. 2014, *Sté Services d'édition et de ventes publicitaires (SEVP) c/ Office du tourisme de Rambouillet et Sté Axiom-Graphic*, n° 3949 : *BJCP 2014. 286, concl. Girard ; Rev. CMP 2014, n° 163, note Eckert.*

16. En l'absence de toute disposition autorisant la perception par une collectivité publique de redevances sur l'utilisation des voies publiques départementales, un contrat confiant à une entreprise le déneigement et le salage de ces voies ne peut donner lieu à une délégation de service public, mais seulement à un marché public. • CAA Lyon, 22 mai 1997, *Dpt de Saône-et-Loire*, n° 96LY02600 A.

17. Un contrat par lequel une commune confie à une entreprise la rénovation et l'exploitation pendant trente ans des halles et du parc de stationnement du marché, dans lequel la société prend en charge une part du montant des travaux et se rémunère principalement par la perception de droits de place, de droits de stationnement et de recettes publicitaires, constitue une délégation de service public. • CAA Bordeaux, 15 nov. 1999, *Savary et Tesseire*, n° 97BX02131 B.

18. Nonobstant la qualification retenue par les parties, n'est pas une délégation de service public mais un marché public le contrat confiant le transport scolaire à une entreprise dans lequel la rémunération du cocontractant est composée d'un prix versé par la commune et calculé proportionnellement au nombre de jours de fonctionnement du service et au kilométrage journalier effectivement réalisé. • CAA Nantes, 12 avr. 2000, *Cne d'Olivet*, n° 97NT02217.

19. Est qualifié de délégation de service public un contrat d'exploitation de services de transport dans lequel la rémunération du cocontractant est composée de redevances perçues sur les usagers et d'une aide égale à 90 % de la différence entre le montant des charges et le montant des recettes perçu par l'exploitant. • CAA Marseille, 5 mars 2001, *Dpt du Var*, n° 99MA01751 B : *Dr. adm. 2001, n° 230.* ♦ De même un contrat d'exploitation de services de transport dans lequel la rémunération du cocontractant est composée, en plus de redevances perçues sur les usagers, d'un montant forfaitaire annuel de produits d'exploitation calculé en multipliant le prix forfaitaire du kilomètre par le nombre de kilomètres parcourus, une stipulation de la convention prévoyant que cette seconde partie de la rémunération ne peut dépasser un certain montant. • CAA Marseille, 5 mars 2001, *Dpt du Var*, n° 99MA01752 B.

20. Il ressort des pièces du dossier et notamment des documents contractuels que, s'agissant du contrat de gérance du service de distribution d'eau potable, la rémunération du gérant est composée de deux redevances annuelles versées par le syndicat intercommunal relatives à une somme proportionnelle, pour l'une, au nombre d'abonnés et de branchements municipaux du syndicat et, pour l'autre, au nombre de m^3 effectivement payés par les abonnés de toute nature au cours de l'année ; la circonstance que la rémunération du gérant varie en fonction du nombre de m^3 livrés par lui et effectivement payés ne permet pas de regarder cette variation entrant dans la rémunération du gérant comme présentant le caractère d'une incitation aux résultats de gestion ; l'évolution prévisible de la consommation et donc de la fourniture d'eau n'apparaît pas en l'espèce substantiellement liée à celle du prix payé par l'usager tel qu'il est fixé par le syndicat intercommunal sans d'ailleurs que ce tarif soit conditionné par les résultats de l'exploitation du gérant du service ; les frais de branchements installés avant et après la prise en charge du réseau sont respectivement assumés ou remboursés par le syndicat intercommunal ; si le gérant a la charge des travaux d'entretien courant et de réparation, les travaux de renouvellement et de réparation du gros œuvre relèvent du syndicat intercommunal et ne présentent donc pas le caractère de recettes d'exploitation destinées à assurer la rémunération de celui-ci ; si la rémunération du gérant est susceptible d'être minorée ou majorée selon que le rendement du réseau est inférieur à 75 % ou supérieur à 85 %, il ne ressort pas des pièces du dossier que ces seuls éléments puissent être regardés comme faisant peser effectivement sur le gérant une part significative des risques liés à l'exploitation ; ainsi, la majeure partie des ressources du service provient des redevances versées par le syndicat intercommunal sur lesquelles la gestion de l'exploitant n'exerce aucune influence déterminante ; dès lors, la rémunération du gérant ne peut être regardée comme étant substantiellement assurée par les résultats de l'exploitation du service public de distribution d'eau potable ; par suite, la conclusion de l'avenant litigieux était soumise, non pas, comme l'ont estimé à tort les premiers juges, au respect des règles fixées par le CGCT pour les délégations de service public mais de celles du C. marchés pour les marchés des collectivités locales. • CAA Douai, 5 juin 2001, *Sté Ateliers de mécanique du pays d'Ouche*, n° 97DA10602.

21. Est une délégation de service public le contrat dans lequel une part substantielle de la rémunération du cocontractant résulte de la vente des titres de transport aux voyageurs, l'exploitant assumant ainsi au moins en partie le risque financier de l'exploitation. • CAA Bordeaux, 9 juill. 2001, *Sté Onet car*, n° 97BX01801.

22. Un contrat de collecte sélective des vieux papiers, qui prévoit une rémunération de l'entreprise par l'exploitation du recyclage, mais qui prévoit également que la collectivité assurera toujours une compensation financière garantissant une rémunération au moins égale au coût de la collecte ne transfère aucun risque d'exploitation et est donc un marché public. • CAA Nantes, 31 juill. 2003, *Préfet du Cher*, n° 00NT01254.

23. Un contrat confiant la gestion d'une cité de la musique, dans lequel les recettes d'exploitation représentent 20 % de la rémunération totale du cocontractant, est qualifié de délégation de service public. • CAA Marseille, 13 avr. 2004, *Ville de Marseille*, n° 00MA00393.

24. Par le contrat litigieux, la commune a confié à une SARL la mission de réaliser elle-même, pour une durée de trois ans, la production, la programmation et l'organisation de spectacles dramatiques professionnels de référence nationale ; ainsi, alors même que ce contrat prévoyait que les projets de la SARL seraient subordonnés à l'accord de la commune et que cette collectivité conservait la charge de la gestion technique de l'équipement et sa mise en sécurité, le cocontractant de l'administration doit être regardé comme s'étant vu confier l'exécution du service public du théâtre de la commune ; la circonstance que l'art. 1er du cahier des clauses administratives particulières mentionne que la SARL apporte son « concours à la ville pour la mise en œuvre des activités théâtrales organisées par la ville » est sans incidence sur la qualification juridique du contrat dès lors qu'il résulte de son économie qu'en réalité la ville n'organisait elle-même aucune activité théâtrale ; d'autre part, il résulte des stipulations des art. 7-1 et 7-2 du cahier des clauses administratives particulières applicables au contrat que la rémunération de la SARL était fonction du nombre de représentations et de la fréquentation, la minoration pouvant atteindre 20 % du montant annuel du marché et la majoration consistant en une rétribution complémentaire variant de 50 % à 70 % au prorata du nombre de spectateurs supplémentaires ; ainsi, alors même que la SARL ne supportait que dans certaines limites le risque financier de l'exploitation, sa rémunération était substantiellement assurée par les résultats de cette exploitation ; il suit de là que la commune n'est pas fondée à soutenir que, requalifiant ce contrat en délégation de service public, les premiers juges auraient commis une erreur de droit ou auraient inexactement qualifié les faits de l'espèce. • CAA Paris, 16 déc. 2008, *Cne de Boulogne-Billancourt*, n° 07PA00954.

25. Aux termes de la convention litigieuse : « Titre III. Exploitation et entretien de l'immeuble. Art. 8 : La SAGI assurera la gérance de l'immeuble (...) et, à cet effet, accomplira tous actes d'administration et de gestion, en se conformant aux stipulations de la présente convention et sous le contrôle du centre hospitalier Sainte-Anne. (...) 2°/ Montant des loyers. Les loyers des locaux d'habitation seront fixés aux montants maxima prévus par la réglementation sur les PLA et évolueront dans les conditions établies par ladite réglementation. Le centre hospitalier Sainte-Anne couvrant les éventuels déficits d'exploitation de l'opération devra, s'il désire les voir fixer à un niveau inférieur, le notifier expressément à la SAGI. » ; aux termes de l'art. 14 de ladite convention : « La gestion de l'immeuble (...) donnera lieu à l'établissement d'un compte d'exploitation qui sera soumis annuellement à l'agrément du centre hospitalier Sainte-Anne (...). La SAGI inscrira au débit ou au crédit de ce compte les dépenses et recettes ci-après. A/ Au débit (...) : 1. Les charges d'exploitations (...). 2. Les dépenses d'entretien courant. 3. Les sommes nécessaires pour assurer le service (...) des emprunts. 4. Le prélèvement pour constitution d'une provision pour grosse réparation. 5. Le montant des travaux complémentaires de premier établissement. 6. Les impôts et taxes de toute nature. 7. Une provision pour créance douteuse (...). 8. La rémunération allouée à la SAGI, calculée à raison de 2,6 % du montant de l'ensemble des recouvrements effectués sur les locataires. 9. Les frais généraux (...) de la SAGI. (...) B/ Au crédit (...) 1. Toutes les recettes provenant du programme : encaissements de loyers (...). 2. Le montant de la reprise sur provision pour grosses réparations à concurrence du montant des travaux effectués et dans la limite du montant de la provision » ; aux termes de l'art. 15 de ladite convention : « Si à la clôture d'un exercice, le compte d'exploitation de l'immeuble présente un solde bénéficiaire, le centre hospitalier Sainte-Anne décidera chaque année de l'emploi de ce solde qui pourra être porté au crédit d'un compte courant que la SAGI ouvrira dans ses livres au nom du centre hospitalier Sainte-Anne. Les fonds portés à ce compte ne pourront avoir d'autre destination que de constituer une provision destinée à couvrir d'éventuels déficits d'exploitation des exercices ultérieurs. Si, à la clôture d'un exercice, le compte d'exploitation de l'immeuble présente un solde déficitaire, ce déficit sera porté par la SAGI au débit du compte courant visé ci-dessus et sera prélevé sur la provision éventuellement créée à l'aide des soldes des exercices bénéficiaires. Si, à un moment donné, cette provision est inexistante ou si elle est épuisée, le déficit éventuel fera l'objet d'un versement par le centre hospitalier Sainte-Anne à la SAGI et lui sera remboursé par la SAGI » ; enfin, il est prévu qu'au terme du bail emphytéotique conclu le 28 févr. 1990 et expirant le 30 juin 2023, l'immeuble est transféré au centre hospitalier Sainte-Anne, qui entre aussi en possession du montant du solde de la provision pour grosses réparations et du solde de la provision constituée avec les bénéfices d'exploitation ; il résulte de l'ensemble de ces stipulations que c'est le centre hospitalier Sainte-Anne qui a seul vocation à percevoir les bénéfices générés par l'exploitation de l'immeuble ; les déficits d'exploitation éventuels, qui sont inscrits au débit du compte courant ouvert au nom du centre hospitalier Sainte-Anne dans les comptes de la SAGI, sont soit imputés sur la provision inscrite audit compte courant, soit font l'objet d'un versement par le centre hospitalier Sainte-Anne à la SAGI, à charge pour elle de virer cette somme au crédit dudit compte courant ; il suit de là que, la rémunération de la SAGI étant forfaitairement arrêtée à 2,6 % du montant de l'ensemble des recouvrements effectués sur les locataires, et celle-ci ne supportant aucun risque d'exploitation, le contrat en litige est constitutif d'un marché public de service et non pas, comme l'ont jugé à tort les premiers juges, une délégation de service public. • CAA Paris, 2 juill. 2010, ♙ *SAGI c/ CH Sainte-Anne*, n° 07PA02268.

26. Si la commune soutient que l'autorisation donnée à l'association « Bouger avec nous » visait seulement à permettre la réalisation d'un projet d'intérêt général accompagné d'une demande de subvention et non d'une mission de service public, il ressort toutefois de ladite convention que la commune a imposé diverses obligations à l'association dont celle d'assurer une durée minimale d'ouverture de la piscine, d'accueillir les groupes scolaires et de fournir un compte rendu bimensuel de l'activité et de la situation financière de cette activité ; ainsi cette activité avait le caractère d'une mission de service public comme l'a estimé le tribunal.

Lorsque des collectivités publiques sont responsables d'un service public, elles peuvent, dès lors que la nature de ce service n'y fait pas par elle-même obstacle, décider de confier sa gestion à un tiers ; à cette fin, sauf si un texte en dispose autrement, elles doivent en principe conclure avec un opérateur, quel que soit son statut juridique et alors même qu'elles l'auraient créé ou auraient contribué à sa création ou encore qu'elles en seraient membres, associées ou actionnaires, un contrat de délégation de service public ou, si la rémunération de leur cocontractant n'est pas substantiellement liée aux résultats de l'exploitation du service, un marché public de service ; elles peuvent toutefois ne pas passer un tel contrat lorsque, eu égard à la nature de l'activité en cause et aux conditions particulières dans lesquelles il l'exerce, le tiers auquel elles s'adressent ne saurait être regardé comme un opérateur sur un marché concurrentiel.

Il ressort des pièces du dossier, et notamment du budget prévisionnel de la gestion de la piscine pour l'exercice 2009/2010, que l'association « Bouger avec nous » comptait tirer de cette activité un produit hors subvention de 130 000 € ; ainsi, et quand bien même la convention de subventionnement et d'objectifs prévoyait que les recettes n'avaient pas pour objet de rémunérer l'association mais de permettre un équilibre comptable de sa situation, elle devait, contrairement à ce que soutient la commune, percevoir une rémunération pour son activité ; si les produits escomptés incluaient également une subvention annuelle de 110 000 €, qui a finalement été étalée sur deux années, la rémunération de l'association n'en était pas moins substantiellement liée aux résultats de son exploitation comme l'a estimé le tribunal ; il suit de là que la délibération en litige qui a autorisé le maire à signer la convention de subventionnement et d'objectifs précitée a décidé de confier une délégation de service public à l'association « Bouger avec nous » ; faute de mise en œuvre d'une procédure préalable de publicité et de mise en concurrence, cette délibération a méconnu les dispositions précitées de l'art. L. 1411-1 CGCT. • CAA Lyon, 18 avr. 2013, ♙ *M. B.*, n° 12LY01547.

27. Il ressort des pièces du dossier que la convention du 28 avr. 2008 a été conclue à l'initiative de Méribel Tourisme, établissement public local, en vue de confier à la société 2C Associés l'organisation du festival de publicité afin de générer une activité touristique et économique à une période de basse fréquentation ; en contrepartie des prestations confiées à la société requérante, Méribel Tourisme assurait, dans la limite de 142 000 €, le financement direct d'une partie des hébergements, mettait à disposition différents locaux et assurait des prestations de transport ; la convention prévoyait enfin le versement à la société d'honoraires d'un montant de 177 000 € ; dans ces conditions, la convention litigieuse doit être regardée comme constitutive d'un marché public de services. • CAA Lyon, 5 déc. 2013, ♙ *SARL 2C Associés*, n° 13LY00322.

28. Pour soutenir que la convention litigieuse constitue une délégation de service public au sens des dispositions de l'art. L. 1411-1 CGCT, ce dont elle indique s'être d'ailleurs assurée lors de la définition de ses clauses en recourant à un assistant à maîtrise d'ouvrage, la commune de Saint-Benoît se prévaut, comme elle d'a déjà fait devant les premiers juges, de ce que les services de restauration collective organisés par les collectivités publiques constituent une activité de service public pouvant donner lieu à délégation de service public et de ce que le délégataire assure, en l'espèce, la gestion de ce service à ses risques et périls en percevant auprès des usagers un prix fixé par la collectivité. Toutefois, il résulte des termes mêmes des stipulations précitées des art. 44.1, 44.2 et 45.3 du contrat litigieux que le prix des prestations réalisées par le délégataire intègre, d'une part, une subvention forfaitaire d'exploitation annuelle (SFE) couvrant les charges fixes et devant représenter au moins 60 % du montant total de sa rémunération annuelle ainsi que, d'autre part, une provision destinée à couvrir les éventuels impayés susceptibles de se produire en cours d'exécution du contrat, le délégataire percevant en outre un complément de prix unitaire au repas servi couvrant les charges variables, notamment liées à l'approvisionnement en denrées alimentaires. Ainsi, le risque économique du délégataire ne porte que sur la différence entre les repas comptabilisés et/ou commandés et les repas servis ainsi que sur les impayés. A cet égard, et ainsi que l'a relevé le tribunal, il résulte du compte d'exploitation prévisionnel joint à son offre par la SOGECCIR, gestionnaire sortant de la cuisine municipale de Saint-Benoît, que pour chacune des dix années d'exécution du contrat, celle-ci évalue ses recettes, d'un montant total de 4 940 986 €, égal au montant prévisionnel des dépenses, comme provenant de 3 161 728 € de la subvention forfaitaire d'exploitation annuelle (SFE), de 1 055 258 € de la subvention unitaire au repas servi et pour seulement 724 000 € des recettes des écoles, de sorte que les recettes retirées par la SOGECCIR en provenance des usagers ne représentent que 15 % du montant total des recettes, 64 % provenant de la SFE, et 21 % de la subvention complémentaire versée au titre des charges variables. En outre, le risque d'une différence entre le nombre de repas servis et le nombre de repas commandés se trouve notablement réduit par le dispositif de commande prévu par les stipulations précitées de l'art. 16.2 de la convention litigieuse, en vertu desquelles le prévisionnel de repas établi par la commune de Saint-Benoît doit être confirmé au délégataire la veille du jour de consommation pour les scolaires ou avant 9 h 00 le jour même de consommation pour les accueils de loisirs, tant en période scolaire qu'en période de vacances. Par ailleurs, compte tenu de l'objet du service, consistant en la fourniture de repas pour les cantines scolaires, pour les crèches et pour les centres aérés, pour un total prévu, par l'art. 14 du contrat, de 140 jours par an environ pour la restauration scolaire, 90 jours par an environ pour les accueils de loisir et 226 jours par an environ pour les 3 EAJ existants, le nombre d'usagers n'est pas non plus susceptible de variations substantielles durant l'exécution de la convention. Dans ces conditions, et alors même qu'ainsi que le soutient la commune de Saint-Benoît en appel, le nouveau dispositif de pointage et de facturation instauré à compter de 2014 exigeait un important changement de pratique pour le délégataire et pour les familles et avait engendré une dégradation des impayés au 31 décembre 2014 de 198 081 euros, la part de risque transférée au délégataire n'implique pas une réelle exposition aux aléas du marché, de sorte que le cocontractant ne peut être regardé comme supportant un risque lié à l'exploitation du service, ainsi que l'a d'ailleurs jugé le Conseil d'État dans un arrêt n° 407213 du 24 mai 2017 rendu dans le cadre du recours, formé par la société « Régal des Iles », contre la convention provisoire pour la gestion du service public de restauration municipale signée le 28 novembre 2016 par la collectivité territoriale avec la société Dupont Restauration Réunion. Par suite, la convention litigieuse ne revêt pas le caractère d'une délégation de service public, mais celui d'un marché public de services. • CAA Bordeaux, 8 oct. 2018, ⚖ *Cne de Saint-Benoît,* n° 16BX02772 : *Rev. CMP 2018. 261, note Eckert.*

29. Une convention conclue pour la mise à disposition d'une commune d'un chef de projet et de sa structure, qui a pour objet la réalisation d'une prestation de services et non le recrutement d'un agent au profit de la collectivité, est un marché au sens du C. marchés, qui n'est pas au nombre de ceux exclus des marchés publics de service définis par la Dir. n° 92/50/CEE ; la convention confiant à une société la mission de maîtrise d'œuvre urbaine et sociale d'une opération de développement de quartier et de résorption de l'habitat insalubre, qui n'a pas eu pour effet de donner à cette société un mandat de représentation de la commune, alors même qu'elle renvoie à l'art. 1992 C. civ. pour la définition de la responsabilité de la société à l'égard de la collectivité, constitue un marché de maîtrise d'œuvre, dont l'attribution était régie par le C. marchés ; la mission d'étude préopérationnelle que la société a acceptée, et qui portait sur un diagnostic urbain et social et l'élaboration d'un projet d'aménagement et de développement du quartier, doit être regardée comme un marché d'études, également soumis aux prescriptions du code. • CAA Bordeaux, 9 nov. 2004, ⚖ *Sté Sodégis,* n° 01BX00381.

Art. L. 1111-5 **Lorsqu'un marché porte sur des travaux et sur des fournitures ou des services, il est un marché de travaux si son objet principal est de réaliser des travaux.**

Lorsqu'un marché a pour objet des services et des fournitures, il est un marché de services si la valeur de ceux-ci dépasse celle des fournitures achetées. – *[Ord. n° 2015-899 du 23 juill. 2015, art. 5, IV.]*

COMMENTAIRE

On notera que, dès lors que le marché porte en partie sur des travaux, c'est l'objet principal qui détermine la qualification ; quand un marché ne comporte pas de travaux, c'est la valeur la plus élevée qui compte.

1. Un contrat mixte de travaux et de cession de biens n'est pas un marché de travaux si l'exécution des travaux présente seulement un caractère accessoire. • CJCE 19 avr. 1994, *Gestión Hotelera Internacional SA, C-331/92.*

2. Lorsqu'un contrat contient à la fois des éléments ayant trait à un marché public de travaux et des éléments ayant trait à un autre type de marché, c'est l'objet principal du contrat, lequel doit être déterminé dans le cadre d'un examen objectif de l'ensemble du marché sur lequel porte le contrat – le montant des différentes prestations n'étant, à cet égard, qu'un critère parmi d'autres – qui détermine les règles applicables. • CJCE 21 févr. 2008, *Commission c/ Italie,* C-412/04 : *Rev. CMP 2008, n° 52, obs. Zimmer ; RDI 2008. 209, obs. Noguellou* • CJUE 26 mai 2011, *Commission c/ Espagne,* C-306/08 : *Rev. CMP 2011, n° 244, note Zimmer.*

3. Il ressort de la jurisprudence de la Cour que, dans le cas d'un contrat mixte dont, aux termes de l'avis de marché, les différents volets sont liés d'une manière inséparable et forment ainsi un tout indivisible, l'opération en cause doit être examinée dans son ensemble de manière unitaire aux fins de sa qualification juridique et doit être appréciée sur la base des règles qui régissent le volet qui constitue l'objet principal ou l'élément prépondérant du contrat. • CJCE 5 déc. 1989, *Commission c/ Italie,* C-3/88 : *Rec. CJCE I-4035, point 19* • 19 avr. 1994, *Gestión Hotelera Internacional SA,* C-331/92 : *Rec. CJCE I-1329, points 23 à 26* • 18 janv. 2007, *Auroux e.a.,* C-220/05 • 21 févr. 2008, *Commission c/ Italie,* C-412/04 : *Rec. CJCE I-619, point 47* • 29 oct. 2009, *Commission c/ Allemagne,* C-536/07 : *Rec. CJCE, à paraître, points 28, 29, 57 et 61.* ♦ Cette conclusion est valable indépendamment de la question de savoir si le volet constituant l'objet principal d'un contrat mixte relève ou non du champ d'application des directives en matière de marchés publics. En l'espèce, il ressort du dossier que le contrat mixte en cause au principal se présente comme un contrat unique portant conjointement sur la cession d'actions d'une entreprise publique d'exploitation d'un casino, l'acquisition du droit de désigner la majorité des membres du conseil d'administration de cette société, l'obligation d'assumer la gestion de l'entreprise de casino et d'offrir des services de haut niveau, financièrement rentables, ainsi que l'obligation d'effectuer des travaux d'aménagement et d'amélioration des lieux concernés ainsi que des terrains avoisinants. Ces constatations traduisent la nécessité de conclure ledit contrat mixte avec un partenaire unique disposant à la fois de la capacité financière nécessaire à l'achat des actions en cause et d'une expérience professionnelle en matière d'exploitation d'un casino. Il s'ensuit que les différents volets de ce contrat doivent être compris comme formant un tout indivisible. Il ressort des constatations opérées par la juridiction de renvoi que l'objet principal du contrat mixte était la vente, au mieux-disant, de 49 % des actions de l'entreprise publique et que le volet « travaux » de cette transaction ainsi que le volet « services », indépendamment de la question de savoir si ce dernier constitue un marché public de services ou une concession de services, avaient un caractère accessoire par rapport à l'objet principal du contrat. La juridiction de renvoi a également signalé que le volet « travaux » avait un caractère tout à fait accessoire par rapport au volet « services ». Cette appréciation est confirmée par les éléments du dossier soumis à la Cour. En effet, il ne peut y avoir de doute que, en cas d'achat de 49 % des actions d'une entreprise publique telle que celle qui est en cause, cette opération constitue l'objet principal du contrat. Il doit être relevé que le revenu que la société titulaire du contrat tirerait en tant qu'actionnaire paraît nettement plus important que la rémunération qu'elle obtiendrait en tant que prestataire de services. En outre, cette société tirerait ces revenus sans limitation dans le temps, alors que l'activité de gestion viendrait à échéance au bout de dix ans. Or, la cession d'actions à un soumissionnaire dans le cadre d'une opération de privatisation d'une entreprise publique ne relève pas des directives en matière de marchés publics. Eu égard aux considérations qui précèdent, il convient de conclure qu'un contrat mixte dont l'objet principal est l'acquisition par une entreprise de 49 % du capital d'une entreprise publique et dont l'objet accessoire, indissociablement lié à cet objet principal, porte sur la fourniture de services et l'exécution de travaux ne relève pas, dans son ensemble, du champ d'application des directives en matière de marchés publics. Cette conclusion n'exclut pas qu'un tel contrat doive observer les règles fondamentales et les principes généraux du traité, notamment en matière de liberté d'établissement et de libre circulation des capitaux. • CJUE 6 mai 2010, *Club Hôtel Loutraki AE,* n^os C-145/08 et C-149/08.

4. Fournitures/services. Le marché envisagé concernant aussi bien la fourniture de rames de tramway que la maintenance de ces rames et la valeur des services de maintenance dépassant celle de la fourniture des rames, ce marché constitue un marché de services. • CE 19 oct. 2001, *Sté Alstom Transports SA*, n° 233173 B : *BJCP 2002. 39, concl. Piveteau.*

5. Lorsqu'un marché public mixte a pour objet à la fois des produits et des services, le critère à appliquer afin de déterminer si le marché en cause doit être considéré comme un marché de fournitures ou comme un marché de services est la valeur respective des produits et des services incorporés dans ce marché. En cas de mise à disposition de marchandises qui sont fabriquées et adaptées individuellement en fonction des besoins de chaque client, et sur l'utilisation desquelles chaque client doit être individuellement conseillé, la confection desdites marchandises doit être rangée dans la partie « fournitures » dudit marché, aux fins du calcul de la valeur de chacune des composantes de celui-ci. • CJCE 11 juin 2009, *Oymanns OrthopädieSchuhtechnik*, C-300/07.

6. Travaux/fournitures. Il résulte du dossier de consultation des entreprises et des stipulations du CCTP que, compte tenu, d'une part, de la nature des prestations attendues, de la conception et de l'adaptation spécifique de l'installation de captage des poussières bois de l'atelier de modelage et du système de ventilation du laboratoire résine aux installations existantes, se traduisant par l'exigence de notes de calcul et d'études d'exécution, d'autre part, de la nécessité de procéder à des travaux à caractère immobilier pour déposer les ouvrages existants, démolir puis reconstruire la dalle support en béton, et réaliser les travaux de tuyauteries et câblages pour installer les nouveaux équipements, ainsi que des conditions de réalisation de ces travaux devant s'échelonner sur plusieurs semaines et réalisés sous la direction d'un maître d'œuvre et en présence d'un contrôleur technique, enfin, de l'importance des moyens humains à mettre en œuvre pour la réalisation de ce marché, ainsi qu'il ressort notamment du mémoire technique de la société RLS Delta Neu, les travaux commandés par la région Centre ne pouvaient être regardés comme des prestations accessoires à la fourniture des équipements d'aspiration et de ventilation, quand bien même le coût de ces derniers excédait celui des travaux ; ainsi, en vertu des dispositions précitées du dernier alinéa du III de l'art. 1er C. marchés, il s'agissait d'un marché public de travaux. • CAA Nantes, 12 janv. 2016, *Sté RLS Delta Neu*, n° 14NT00670.

CHAPITRE II MARCHÉS DE PARTENARIAT

Art. L. 1112-1 **Un marché de partenariat est un marché public qui a pour objet de confier à un opérateur économique ou à un groupement d'opérateurs économiques une mission globale ayant pour objet la construction, la transformation, la rénovation, le démantèlement ou la destruction d'ouvrages, d'équipements ou de biens immatériels nécessaires au service public ou à l'exercice d'une mission d'intérêt général et tout ou partie de leur financement. Le titulaire du marché de partenariat assure la maîtrise d'ouvrage de l'opération à réaliser.**

Cette mission globale peut en outre comprendre :

1° Tout ou partie de la conception des ouvrages, équipements ou biens immatériels ;

2° L'aménagement, l'entretien, la maintenance, la gestion ou l'exploitation d'ouvrages, d'équipements ou de biens immatériels*[,]* ou une combinaison de ces éléments ;

3° La gestion d'une mission de service public ou des prestations de services concourant à l'exercice, par la personne publique, de la mission de service public dont elle est chargée. – *[Ord. n° 2015-899 du 23 juill. 2015, art. 4, al. 4, et 67-I et II.]*

COMMENTAIRE

1. Il n'est pas inutile de revenir rapidement sur la genèse des marchés de partenariat.

C'est une ordonnance n° 2004-559 du 17 juin 2004 qui a créé les « contrats de partenariat ». Comme les marchés publics soumis au code des marchés publics, les contrats de partenariat étaient des contrats administratifs par détermination de la loi.

L'ordonnance prévoyait qu'ils pouvaient être conclus par l'État, un établissement public (de quelque nature qu'il fût) ou encore par une collectivité territoriale ou un GIP. La loi n° 2008-735 du 28 juillet 2008 avait très sensiblement élargi le champ des personnes qui pouvaient recourir aux contrats de partenariat : tous les pouvoirs adjudicateurs et toutes les entités adjudicatrices, soumis ou non au code des marchés publics, étaient concernés (ne restaient exclus que les organismes mentionnés au 2° et au 3° du I de l'art. 3 de l'Ord. n° 2005-649 du 6 juin 2005 qui ne sont pas des établissements publics de l'État). Le cocontractant de la personne publique était un opérateur économique qui, même si l'ordonnance ne le précisait pas, pouvait être indifféremment une personne publique ou une personne privée.

L'objet des contrats de partenariat était global. Jusqu'à sa modification par la loi n° 2009-179 du 17 février 2009 pour l'accélération des programmes de construction et d'investissement publics et privés, le cocontractant de la personne publique devait au moins être chargé de trois missions : le préfinancement des investissements, la construction ou la transformation d'ouvrages ou équipements ou de biens immatériels nécessaires au service public, leur entretien-maintenance, leur gestion ou leur exploitation. Après la loi de 2009, la mission de financement pouvait n'être que partielle, ce qui traduisait la réticence des établissements financiers à s'engager en période de crise, mais modifiait sensiblement la nature des contrats de partenariat (on notera que, pour les collectivités territoriales, l'art. L. 1414-1 CGCT restait un peu plus « exigeant » sur ce point).

Le cocontractant pouvait aussi se voir commander d'autres prestations de services et être chargé de tout ou partie de la conception des ouvrages. En outre, c'est lui qui assurait la maîtrise d'ouvrage des travaux à réaliser. C'était là une des originalités de ces contrats : ils permettaient la mise en place d'une véritable relation de partenariat, dans laquelle le cocontractant n'était pas un simple prestataire ponctuel, dans une logique d'achats « fractionnés », mais participait à tous les stades du projet, afin que soient en permanence mis à la disposition de la personne publique les ouvrages ou équipements ou biens immatériels dont elle avait besoin et que soient évités autant que possible – c'était en tout cas le but recherché – les « coûts de transaction » entre des intervenants multiples.

Par leur objet, ces contrats entraient dans le champ de la directive « marchés publics ». Ils présentaient en revanche, par rapport aux marchés publics soumis au code des marchés publics alors en vigueur, des différences notables, qui avaient justifié leur création.

En premier lieu, si la rémunération du cocontractant était assurée par la personne publique, rien ne s'opposait à ce qu'elle donne lieu à un paiement différé : celui-ci était au contraire dans la logique de contrats dans lesquels c'est le partenaire de la personne publique qui assure le préfinancement des investissements. En outre, les contrats de partenariat devaient prévoir un partage des risques adéquat et assigner des objectifs de performance au cocontractant de la personne publique, qui voyait le niveau de sa rémunération dépendre de sa capacité à les respecter. On ajoutera que la rémunération versée par la personne publique pouvait être réduite à due concurrence du montant des recettes que le titulaire du contrat de partenariat pouvait être autorisé à se procurer en exploitant les ouvrages et équipements à d'autres fins que celles du service public pour lequel ils avaient été réalisés, comme l'indiquait l'ordonnance de 2004, ou plus largement, comme le précisait la loi du 28 juillet 2008, en exploitant « le domaine, les ouvrages, équipements ou biens immatériels, à l'occasion d'activités étrangères aux missions de service public de la personne publique » (pour autant, bien entendu, que ces activités ne portaient pas préjudice au service public, dont la bonne exécution devait en tout état de cause être garantie).

En deuxième lieu, à la différence du code des marchés publics, l'ordonnance dérogeait doublement à la loi MOP du 12 juillet 1985 alors en vigueur, en tant qu'elle autorisait la personne publique à renoncer à son rôle de maître d'ouvrage et en tant qu'elle permettait que soient confiées au même opérateur les missions de conception et de réalisation. Maîtrise d'ouvrage et préfinancement privés constituaient, par rapport aux marchés « classiques », des originalités essentielles.

En troisième lieu, les contrats de partenariat avaient vocation à être des contrats de longue durée – ce qui était d'ailleurs dans la logique d'une relation partenariale.

La loi du 28 juillet 2008 avait apporté trois précisions supplémentaires, destinées à faciliter, dans certains cas, la mise en œuvre des contrats de partenariat : la première concernait la cession au titulaire du contrat de contrats déjà passés par la personne publique (sous réserve de l'accord du cocontractant concerné), la deuxième portait sur le mandat que le titulaire pouvait se voir confier pour encaisser au nom et pour le compte de la personne publique des recettes, la troisième était relative aux conditions dans lesquelles plusieurs personnes publiques pouvaient se grouper pour passer un contrat de partenariat (on notera, sur ce dernier point, que, dans sa décision n° 2008-567 DC du 24 juill. 2008, qui avait déclaré inconstitutionnelles certaines dispositions qui lui étaient soumises, le Cons. const. avait jugé contraires à l'art. 72 de la Constitution les dispositions identiques introduites dans l'art. L. 1414-1 CGCT). A quoi la loi n° 2009-179 du 17 février

2009 pour l'accélération des programmes de construction et d'investissement publics et privés avait ajouté la possibilité d'acquérir des biens, y compris par la voie de l'expropriation.

Différents des marchés publics « classiques », les contrats de partenariat différaient par ailleurs sensiblement des délégations de service public, à la fois par leur objet, qui n'était pas de prendre en charge la gestion d'un service public, et par les modalités de rémunération du cocontractant de la personne publique. En vérité, contrats de partenariat et délégations de service public pouvaient être regardés comme deux formules de partenariat public-privé : l'une et l'autre donnaient lieu à une relation entre un partenaire public qui fixait des objectifs et en contrôlait le respect et un partenaire privé qui assumait toutes les tâches nécessaires. Cependant, la délégation de service public est un partenariat en vue de l'exploitation d'un service public, dont les résultats contribuent substantiellement à la rémunération du cocontractant de la personne publique, quand le contrat de partenariat était conclu afin de permettre à la personne publique de disposer des moyens nécessaires au fonctionnement d'un service public dont elle garde la responsabilité entière et directe.

2. Les contrats de partenariat ne constituaient ni la première ni la seule formule de contrats de la commande publique conçue pour s'affranchir de certaines contraintes du code des marchés publics, notamment de l'interdiction du paiement différé et de la maîtrise d'ouvrage publique.

Sans revenir sur les différentes formules de délégations de service public, dont on a dit qu'elles relevaient d'une logique différente, on peut citer à cet égard les marchés d'entreprise de travaux publics (METP), définis dès 1963 par la jurisprudence comme « des contrats de longue durée qui confiaient la construction et l'exploitation ou seulement l'exploitation d'un ouvrage public à une entreprise, moyennant une rémunération par la collectivité publique », autrement dit comme des contrats empruntant à la fois aux concessions et aux marchés. Adaptés à la logique économique d'activités comme l'enlèvement et le traitement des déchets, ces contrats avaient été utilisés à des fins et selon des modalités qui avaient conduit à des dérives – jusqu'à ce que le Conseil d'État juge qu'ils devaient être regardés comme des marchés soumis au code et, donc, à l'interdiction du paiement différé – ce qui revenait à leur ôter tout intérêt.

Par ailleurs, à plusieurs reprises, le législateur avait autorisé les collectivités publiques à conclure des contrats qui présentaient tout ou partie des caractéristiques du partenariat public-privé analysées au 1, en limitant cependant parfois son autorisation à certains secteurs. On citera : en premier lieu, différents marchés publics dérogatoires à la loi MOP (en ce qu'ils permettaient de confier au même opérateur, outre des missions de construction, d'aménagement, d'entretien et de maintenance, des missions de conception) prévus par l'article 3 de la loi n° 2002-1094 du 29 août 2002 d'orientation et de programmation pour la sécurité intérieure, dite LOPSI, complétée par les lois n° 2003-73 du 27 janvier 2003 et n° 2003-239 du 18 mars 2003, ou par l'article L. 6148-7 du code de la santé publique, ou encore par l'article 2 de la loi n° 87-432 du 22 juin 1987 relative au service pénitentiaire, dans sa rédaction issue de l'article 3 de la loi n° 2002-1138 du 9 septembre 2002, dite LOPJ, ou par l'article 35 *septies* de l'ordonnance du 2 novembre 1945 relative à l'entrée et au séjour des étrangers en France (pour les centres de rétention et zones d'attente) ; en deuxième lieu, l'utilisation des baux emphytéotiques administratifs prévue par les articles L. 1311-2 et suivants du code général des collectivités territoriales et par les articles L. 6148-2 et suivants du code de la santé publique, en vigueur avant l'ordonnance n° 2015-899 du 23 juillet 2015 ; en troisième lieu, les contrats de location avec option d'achat conclus avec le titulaire d'une autorisation d'occupation temporaire du domaine public, dits contrats AOT-LOA, prévus par l'article L. 2122-15 du code général de la propriété des personnes publiques, en vigueur avant l'ordonnance n° 2015-899 du 23 juillet 2015.

3. Depuis l'ordonnance n° 2015-899 du 23 juillet 2015, les marchés de partenariat se sont substitués à ces différents « contrats complexes ». On retrouve deux caractéristiques essentielles de ces contrats, notamment des contrats de partenariat : les marchés de partenariat confient à l'opérateur économique une mission globale qui comporte nécessairement, fût-ce à titre partiel, le financement. C'est par ailleurs le titulaire du marché qui assure la maîtrise d'ouvrage.

Pour le reste, on reconnaîtra plusieurs éléments qui figuraient notamment dans l'ordonnance n° 2004-559 du 17 juin 2004 sur les contrats de partenariat, mais on notera aussi des différences significatives. Le 1° du I ajoute la rénovation, le démantèlement et la destruction des équipements et biens immatériels à la définition des missions susceptibles d'être confiées au titulaire du contrat et prévoit que ces missions doivent être nécessaires au service public ou, ce qui est nouveau, à l'exercice d'une mission d'intérêt général. En revanche, l'aménagement, l'entretien, la maintenance et la gestion ou l'exploitation ne sont plus que des missions facultatives. On relèvera aussi que, parmi ces missions facultatives, on trouve « la gestion d'une mission de service public ». Ceci n'était pas prévu pour les contrats de partenariat, mais l'était pour les baux emphytéotiques administratifs. Dans un tel cas, c'est le mode de rémunération qui distinguera le marché de partenariat d'une concession.

Pour plus de détails sur les marchés de partenariat, on se reportera aux articles L. 2200-1 et suivants du présent code.

4. On rappellera par ailleurs que, désormais, en application des articles L. 1311-2 et L. 1311-5 du code général des collectivités territoriales (V. App., *Partie I*), les montages contractuels comprenant un bail emphytéotique administratif ou une autorisation d'occupation du domaine public ne peuvent plus avoir pour objet la conclusion d'un contrat de commande publique. ❑

I. SUR LA DÉFINITION DES CONTRATS DE PARTENARIAT

Jurisprudence antérieure à la création des marchés de partenariat.

1. Sous réserve que les personnes publiques qui les passent soient des pouvoirs adjudicateurs et qu'ils entrent, par leur montant et leur objet, dans le champ du chapitre II de son titre II, les contrats de partenariat constituent des marchés publics au sens de la Dir. 2004/18/CE. • CE 29 oct. 2004, *Sueur et a.*, n° 269814 A : *RFDA 2004. 1103, concl. Casas ; AJDA 2004. 2384, chron. Landais et Lenica ; Dr. adm. 2005, n°s 3, 4 et 5, obs. Ménéménis.*

2. Contrat, comportant une tranche ferme et une tranche conditionnelle, ayant pour objet de confier au titulaire une mission portant sur la conception, la construction, le financement partiel, la mise en service et une partie de l'entretien et de la maintenance d'une plateforme de traitement des déchets ménagers. Le règlement de consultation prévoit, d'une part, que la tranche ferme du contrat comporte seulement des prestations d'études alors que la tranche conditionnelle comporte une prestation globale relative aux études, à la construction, à la mise en service ainsi qu'à l'entretien et à la maintenance des installations et, d'autre part, que l'affermissement de la tranche conditionnelle est subordonné à une décision du pouvoir adjudicateur, celui-ci étant par suite engagé par les seules prestations prévues par la tranche ferme du contrat. Ce contrat, dont la tranche ferme est ainsi limitée aux seules études de conception, ne confie pas une mission globale (au sens des dispositions applicables aux contrats de partenariat). • CE 29 avr. 2015, *Synd. de valorisation des déchets de la Guadeloupe*, n° 386748 B : *BJCP 2015. 360, concl. Pellissier ; Dr. adm. 2015, n° 41, note Amilhat ; Rev. CMP 2015, n° 137, note Ubaud-Bergeron ; AJCT 2015. 470, obs. Dreyfus ; AJDA 2015. 1749, note Muller .*

II. SUR LA DÉFINITION DES METP

3. Un contrat qui chargeait une entreprise d'assurer l'enlèvement des ordures ménagères en contrepartie d'une rémunération forfaitaire versée par la personne publique était un METP. • CE 11 déc. 1963, *Ville de Colombes*, n° 55972 A.

4. Un contrat qui chargeait une entreprise de construire une usine de traitement des ordures ménagères et de l'exploiter pendant trente ans et qui prévoyait le versement par la personne publique d'une redevance mensuelle était un METP. Conclu pour la réalisation et l'exploitation d'un ouvrage nécessitant des investissements importants dont l'amortissement devait être effectué pendant toute la durée de l'exploitation, il exigeait pour le cocontractant de la personne publique des garanties analogues à celles accordées aux concessionnaires et le juge du contrat pouvait prononcer l'annulation de mesures prises par la personne publique pendant son exécution. • CE 26 nov. 1971, *Sté industrielle municipale et agricole des fertilisants humiques et de récupération (SIMA)*, n° 75710 A.

5. Un METP conclu par une commune est un marché public soumis au C. marchés. • CE 8 févr. 1999, *Préfet des Bouches-du-Rhône c/ Cne de La Ciotat*, n° 150931 A : *AJDA 1999. 364, concl. Bergeal, note Chabanol .*

III. SUR L'UTILISATION DE BAUX EMPHYTÉOTIQUES ADMINISTRATIFS DANS DES MONTAGES CONTRACTUELS (DÉSORMAIS EXCLUE POUR LA CONCLUSION DE CONTRATS DE LA COMMANDE PUBLIQUE)

6. Dans le cadre de baux emphytéotiques administratifs, la collectivité publique n'assume pas la direction technique des travaux qui sont réalisés et ne devient propriétaire des biens qu'au terme du bail. Dès lors cette collectivité ne joue ni pendant la réalisation des travaux ni avant le terme fixé le rôle de maître d'ouvrage. • CE 16 févr. 2005, *Maurel,* n° 211039 B : *Rev. CMP 2005, n° 126, obs. Pietri.*

7. Le bail emphytéotique administratif peut être utilisé pour l'édification d'un bâtiment destiné à être loué en partie à la collectivité publique propriétaire du domaine. Il s'agissait, en l'espèce, d'un bâtiment destiné à être mis à la disposition de la ville de Lille pour abriter des services municipaux. • CE, sect., 25 févr. 1994, *SA Sofap-Marignan Immobilier et a.,* n°s 144641 A et 145406 : *AJDA 1994. 550, note Périnet-Marquet ; CJEG 1994. 569, note Fatôme et Terneyre ; D. 1994. 536, note Lombard ; Dr. adm. 1994, comm. 198 ; JCP 1994. IV. 1014 ; JCP N 1994. II. 168 ; RDI 1994. 229, note J.-B. Auby ; RFDA 1994. 510, concl. Arrighi de Casanova .*

8. Un bail emphytéotique administratif confiant au cocontractant de l'administration le soin de construire et d'exploiter un casino est une concession de travaux au sens du droit communautaire. • CE 10 juin 1994, *Cne de Cabourg,* n° 141633 A : *RFDA 1994. 728, concl. Lasvignes .*

9. Il résulte des dispositions de l'art. L. 1311-2 CGCT, issues, avant leur codification par la L. du 21 févr. 1996, de l'art. 13 de la L. du 5 janv. 1988, notamment de la référence qu'elles comportent au bail emphytéotique prévu à l'art. L. 451-1 C. rur., que le législateur n'a ainsi entendu viser que les contrats dans lesquels le preneur a la charge de réaliser, sur le bien immobilier qu'il est ainsi autorisé à occuper, des investissements qui reviendront à la collectivité en fin de bail, et non de permettre la conclusion, dans le cadre de ce régime, de contrats par lesquels une collectivité territoriale confie à un tiers une mission de gestion courante d'un bien lui appartenant ; s'il résulte des dispositions insérées à l'art. L. 1311-2 par l'art. 96 de la L. du 14 mars 2011 qu'un bail emphytéotique peut également être conclu en vue de la restauration, de la réparation, de l'entretien-maintenance ou de la mise en valeur d'un bien immobilier appartenant à une collectivité territoriale, il ne résulte ni de ce dernier art. ni d'aucune autre disposition de cette loi qu'elle comporterait un effet rétroactif. • CE 19 nov. 2013, *Sté nationale immobilière,* n° 352488 A : *BJCP 2014. 106, concl. Cortot-Boucher ; AJDA 2014. 285, note Clamour ; Rev. CMP 2014, n° 18, note Eckert.*

10. Un bail emphytéotique qui met à la disposition d'une société, pendant une durée de soixante-dix ans, une partie d'un ensemble immobilier, à charge pour le preneur, et moyennant paiement par lui d'une redevance annuelle, de procéder sur ces biens à la restauration du bâti et à la création d'espaces commerciaux et d'une résidence de tourisme de standing, n'a été conclu ni en vue de l'accomplissement, pour le compte de la collectivité territoriale, d'une mission de service public ni pour la réalisation d'une opération d'intérêt général relevant de cette dernière, malgré la circonstance de la sous-location à la ville d'un local de faible surface à l'intérieur de l'ensemble immobilier. Il ne constitue pas une délégation de service public, ni ne présente le caractère d'une opération ou d'une concession de travaux publics. • CAA Nancy, 11 oct. 2008, *Assoc. Aubette demain,* n° 06NC00733 : *Rev. CMP 2008, n° 19, obs. Eckert.*

11. Si l'art. L. 1311-2 CGCT subordonne la légalité du recours au bail emphytéotique administratif notamment à l'accomplissement, pour le compte de la collectivité territoriale, d'une mission de service public, cette circonstance ne saurait en elle-même nécessairement conférer à un contrat comportant location d'un bien d'une collectivité territoriale le caractère d'un bail emphytéotique administratif ; un tel bail doit être regardé comme comportant délégation de service public dès lors que les aléas de l'exploitation sont supportés par le locataire, et que le bailleur conserve le contrôle de sa gestion ; il ressort de ses termes mêmes que la convention passée entre la commune et la SARL, qui modifie une précédente convention relative à la gestion du camping voisin, a été consentie en vue de l'accomplissement pour le compte de la collectivité territoriale d'une mission de service public constituée par l'exploitation du camping La Redoute ; la société, qui est rémunérée par les redevances versées par les usagers, supporte ainsi l'aléa financier de l'exploitation de ces campings ; en fixant les règles d'organisation générale de la gestion du camping, et en subordonnant l'application du règlement intérieur à son approbation par la commune, la convention a maintenu au profit de cette dernière un droit de regard sur la gestion du camping ; si l'art. L. 1311-5 CGPPP permet à la collectivité de délivrer sur son domaine public des autorisations d'occupation temporaire constitutives de droits réels, en vue de l'accomplissement, pour son compte, d'une mission de service public, la convention passée par la commune confère au preneur une stabilité juridique incompatible avec le caractère précaire que doit revêtir une occupation du domaine public, contient des clauses qui excèdent la détermination de la durée de la convention, des droits réels reconnus à l'occupant et de la redevance domaniale, et fait participer le cocontractant à l'exécution d'un service public ; elle ne saurait par suite être regardée comme une convention d'occupation domaniale ; eu égard à sa portée, la convention passée entre la commune et la SARL a donc pour objet la délégation à la société de la gestion du service public municipal du camping, et se trouvait à ce titre soumise aux obligations de publicité et de mise en concurrence prévues par l'art. L. 1411-1 CGCT. • CAA Bordeaux, 7 mai 2005, *Cne de Rivedoux-Plage,* n° 13BX02005 : *Rev. CMP 2015, n° 181, note Eckert.*

12. Il ressort des pièces du dossier que la commune retire un intérêt économique direct du bail emphytéotique administratif envisagé, puisqu'elle sera propriétaire des constructions réalisées par le preneur à l'issue de ce bail ; la promesse de contrat prévoit par ailleurs, pour le preneur, une obligation de réaliser une construction déterminée ; le projet doit, dans ces conditions, être regardé comme répondant à des besoins exprimés par la commune, au sens de la directive n° 2004/18 ; par suite, les sociétés requérantes sont fondées à soutenir que le contrat en cause relève du champ de la commande publique et peuvent utilement se prévaloir du principe de transparence des procédures. • CAA Lyon, 21 mai 2015, *Sté Broche et Fils et Sté SDAV*, n° 14LY01566 : *Rev. CMP 2015, n° 183, note Eckert.*

CHAPITRE III **MARCHÉS DE DÉFENSE OU DE SÉCURITÉ**

Art. L. 1113-1 **Un marché de défense ou de sécurité est un marché conclu par l'État ou l'un de ses établissements publics et ayant pour objet :**

1° La fourniture d'équipements, y compris leurs pièces détachées, composants ou sous-assemblages, qui sont destinés à être utilisés comme armes, munitions ou matériel*[s]* de guerre, qu'ils aient été spécifiquement conçus à des fins militaires ou qu'ils aient été initialement conçus pour une utilisation civile puis adaptés à des fins militaires ;

2° La fourniture d'équipements destinés à la sécurité, y compris leurs pièces détachées, composants ou sous-assemblages, et qui font intervenir, nécessitent ou comportent des supports ou informations protégés ou classifiés dans l'intérêt de la sécurité nationale ;

3° Des travaux, fournitures et services directement liés à un équipement mentionné au 1° ou au 2°, y compris la fourniture d'outillages, de moyens d'essais ou de soutien spécifique, pour tout ou partie du cycle de vie de l'équipement. Pour l'application du présent alinéa, le cycle de vie de l'équipement est l'ensemble des états successifs qu'il peut connaître, notamment la recherche et développement, le développement industriel, la production, la réparation, la modernisation, la modification, l'entretien, la logistique, la formation, les essais, le retrait, le démantèlement et l'élimination ;

4° Des travaux et services ayant des fins spécifiquement militaires ou des travaux et services destinés à la sécurité et qui font intervenir, nécessitent ou comportent des supports ou informations protégés ou classifiés dans l'intérêt de la sécurité nationale.

Les principes énoncés à l'article L. 3, lorsqu'ils s'appliquent à des marchés de défense ou de sécurité, ont également pour objectif d'assurer le renforcement de la base industrielle et technologique de défense européenne. — *[Ord. n° 2015-899 du 23 juill. 2015, art. 1er-II et 6.]*

1. Il ressort des pièces du dossier soumis au juge des référés que le marché en litige portait sur des prestations de bourrellerie aéronautique sur des aéronefs militaires, en particulier sur des avions de chasse ; il porte ainsi sur des travaux, fournitures et services directement liés à un matériel de guerre et constitue, par suite, un marché de défense ; il résulte des dispositions du II de l'art. L. 551-2 CJA que le juge des référés du tribunal administratif de Clermont-Ferrand ne pouvait pas prononcer l'annulation d'un tel marché sur le fondement des dispositions du I de cet article mais seulement prononcer, le cas échéant, les mesures d'injonction et d'astreinte prévues à l'art. L. 551-6 du même code ; il suit de là que le juge des référés, en se fondant sur des dispositions du CJA non applicables au marché en litige, a commis une erreur de droit en annulant le marché en litige et que son ordonnance doit être annulée, sans qu'il soit besoin de se prononcer sur les moyens soulevés par le ministre. • CE 24 mai 2017, *Min. de la Défense c/ Sté Techno Logistique*, n° 405787 A : *Rev. CMP 2017, n° 200, note Pietri.*

2. Seuls les achats, par l'État ou par ses établissements publics, pour les besoins de la défense ou de la sécurité nationale, d'équipements conçus ou adaptés à des fins spécifiquement militaires, sont soumis à des exigences particulières justifiant le régime dérogatoire applicable aux marchés de défense et de sécurité. La circonstance que des équipements figurent sur la liste établie par la Décis. n° 255/58 du conseil du 15 avr. 1958 ne suffit pas, à elle seule, pour qualifier les marchés de fourniture de ces équipements de marchés de défense et de sécurité.

Il ressort des pièces du dossier soumis au juge du référé précontractuel que le marché contesté a été conclu pour doter le service compétent des moyens matériels destinés à l'exercice de mission de police en mer. Un tel marché ne peut être regardé comme un marché de défense et de sécurité au sens de l'Ord. du 23 juill. 2015. Par suite, le moyen tiré de ce que le juge du référé précontractuel aurait commis une erreur de droit en annulant la procédure, en méconnaissance des dispositions précitées dans art. L. 551-2 et L. 551-6 du CJA, doit être écarté. • CE 18 déc. 2019,

Min. de la Transition écologique et solidaire c/ Sté Sunrock, n° 431696 B : *BJCP 2020. 100, concl. Le Corre ; Rev. CMP 2020. 75, note Soler-Couteaux.*

3. Eu égard à ses caractéristiques, un marché portant sur des prestations de gardiennage, d'accueil et de filtrage de trois sites militaires à La Réunion ne constitue pas un marché de défense ou de sécurité au sens du 4° de l'art. L. 1113-1 CCP. • CE 4 févr. 2021, *Min. des Armées c/ Sté Osiris Sécurité Run*, n° 445396 B : *BJCP 2021. 199, concl. Le Corre ; Rev. CMP 2021. 103, note Rees.*

TITRE II CONTRATS DE CONCESSION

Art. L. 1120-1 Les contrats de concession de travaux ou de services et les contrats de concession de défense ou de sécurité définis au présent titre sont soumis aux dispositions de la troisième partie.

COMMENTAIRE

Tous les contrats de concession mentionnés par le présent article sont des concessions au sens de la directive 2014/23/UE du 26 février 2014 sur l'attribution de contrats de concession. Ils ont donc leur place dans le présent code. ❑

CHAPITRE I CONTRAT DE CONCESSION

SECTION 1 Définition

Art. L. 1121-1 Un contrat de concession est un contrat par lequel une ou plusieurs autorités concédantes soumises au présent code confient l'exécution de travaux ou la gestion d'un service à un ou plusieurs opérateurs économiques, à qui est transféré un risque lié à l'exploitation de l'ouvrage ou du service, en contrepartie soit du droit d'exploiter l'ouvrage ou le service qui fait l'objet du contrat, soit de ce droit assorti d'un prix.

La part de risque transférée au concessionnaire implique une réelle exposition aux aléas du marché, de sorte que toute perte potentielle supportée par le concessionnaire ne doit pas être purement théorique ou négligeable. Le concessionnaire assume le risque d'exploitation lorsque, dans des conditions d'exploitation normales, il n'est pas assuré d'amortir les investissements ou les coûts, liés à l'exploitation de l'ouvrage ou du service, qu'il a supportés. – *[Ord. n° 2016-65 du 29 janv. 2016, art. 5.]*

COMMENTAIRE

1. Jusqu'à l'intervention de l'ordonnance n° 2016-65 du 29 janvier 2016 et de son décret d'application n° 2016-86 du 1er février 2016, on trouvait en droit interne une définition des « délégations de service public » et une définition des « concessions de travaux publics ». La notion de « concession de services » était absente.

1-1. Apparue dans la loi du 6 février 1992 relative à l'administration territoriale, la catégorie des délégations de service public avait été consacrée par la loi n° 93-122 du 29 janvier 1993, dite « loi Sapin ». Après s'être borné à organiser la passation de ces contrats, l'article 38 de la loi, tel que modifié par la loi n° 2001-1168 du 11 décembre 2001, dite loi MURCEF, en avait donné une définition, directement reprise de la jurisprudence du Conseil d'État.

La loi Sapin définissait les délégations de service public comme des contrats (les délégations unilatérales étaient hors de son champ) par lesquels une personne publique confiait à un tiers, public ou privé, la gestion d'un service public. C'était donc, toujours, un contrat administratif.

L'objet de ces contrats – déléguer la gestion d'un service public – impliquait, d'une part, l'existence d'un service public et, d'autre part, la possibilité de déléguer ce service.

L'existence d'un service public était bien entendu nécessaire.

On se bornera sur ce point à deux brèves remarques.

On notera d'abord que la définition du contrat de délégation de service public excluait en principe que l'objet du contrat se limite à des travaux (l'exception classique étant celle de certaines concessions hydrauliques, V. CE 22 juin 1928, *de Sigalas*). Il n'était toutefois pas impossible de conclure deux contrats, avec deux « coconcessionnaires », l'un étant seulement chargé de réaliser les travaux, l'autre d'exploiter l'ouvrage, le second versant une redevance au premier (V. CE, avis, 19 déc. 1995 : *EDCE 1995, n° 47, p. 430*).

Le juge avait également été conduit à s'interroger sur les liens entre service public et domaine public. Le seul fait d'occuper le domaine public ne caractérise pas, en soi, l'exercice d'une mission de service public, même dans les hypothèses où cette occupation permet par exemple une participation au développement touristique de la collectivité publique. L'occupation domaniale peut cependant conduire l'occupant à réaliser un certain nombre de prestations pour la collectivité publique, dont certaines peuvent s'analyser comme des missions de service public. Les concessions de plage, par exemple, pouvaient revêtir le caractère de délégations de service public.

Par ailleurs, tous les services publics ne peuvent pas être confiés à des tiers : plus précisément, si tous les services publics industriels et commerciaux peuvent être délégués, il existe des services publics administratifs qui relèvent trop directement de la sphère de compétence naturelle, essentielle, des collectivités publiques pour pouvoir faire l'objet d'une délégation. Il en va ainsi, par exemple, de services relevant des missions de police, ou encore, a indiqué le Conseil d'État dans ses formations consultatives, des missions relevant « du service de l'enseignement public », ce qui vise, notamment, la surveillance des élèves.

Le contrat devait conduire à confier au cocontractant la gestion du service, et non le faire seulement participer à une mission de service public, même si la frontière entre délégation de la gestion du service et simple association à ce service n'est pas toujours aisée à tracer.

La rémunération du cocontractant était « substantiellement assurée par les résultats de l'exploitation » : une jurisprudence abondante, qui avait notamment pour objet de distinguer délégations de service public et marchés publics de services, avait précisé ce qu'il fallait entendre par là et peu à peu dégagé la notion de « transfert de risque » au délégataire.

On notera que cette jurisprudence prend en compte, pour évaluer la part de la rémunération qui est liée aux résultats de l'exploitation, des ressources de natures diverses. Le cas le plus fréquent, celui qui caractérise le plus naturellement une délégation de service public, est celui dans lequel le délégataire perçoit un tarif auprès des usagers du service, d'où il tire une « rémunération substantiellement liée aux résultats de l'exploitation ». Cependant, le juge comptabilise aussi les sommes versées par la collectivité publique à son cocontractant, dès lors qu'elles varient en fonction, notamment, du nombre d'usagers du service et aussi les ressources que le cocontractant tire, non de l'exploitation du service lui-même, mais d'activités annexes (V. jurisprudence, ci-dessous).

La catégorie des délégations de service public regroupait plusieurs types de contrats connus depuis longtemps du droit interne.

Ainsi, les concessions de service public et les contrats d'affermage étaient des DSP. La différence entre ces deux types de contrats tenait à ce que, dans un contrat d'affermage, les investissements étaient à la charge de la collectivité publique délégante. Le concessionnaire était maître d'ouvrage, supportait les frais de premier établissement et était chargé à la fois des travaux de gros entretien et de l'entretien courant ; il n'acquittait que des redevances d'occupation domaniale. Le fermier n'était pas maître d'ouvrage, ne supportait pas les frais de premier établissement et n'était pas chargé des travaux de gros entretien ; en contrepartie des ouvrages qui lui étaient remis, il versait des redevances à la personne publique.

Pour la régie intéressée, contrat par lequel le régisseur était seulement chargé d'exploiter le service public, en bénéficiant d'une rémunération forfaitaire et d'un intéressement aux résultats, la qualification dépendait de l'équation financière du contrat. Si la rémunération du cocontractant pouvait être considérée comme « substantiellement assurée par les résultats » de son exploitation, le contrat était un contrat de délégation de service public soumis à la loi Sapin ; à défaut, il devait être considéré comme un marché public (V., pour un exemple de régie intéressée, CE 21 oct. 1985, *Sté des transports automobiles Michel Delattre*, n° 51907 A, ou encore CE 30 juin 1999, *SMITOM centre ouest seine-et-marnais*).

Quant aux contrats de gérance, ils constituaient en principe des marchés publics puisqu'ils se caractérisaient par le fait que le gérant, chargé seulement d'exploiter le service public, bénéficiait d'une rémunération forfaitaire, versée par la collectivité publique, qui conservait les bénéfices et comblait les déficits.

On ajoutera que certains montages contractuels, dont l'objet principal était d'autoriser un tiers à occuper le domaine d'une personne publique (concessions domaniales, baux emphytéotiques administratifs), pouvaient, si le cocontractant se voyait chargé de gérer un service public, être qualifiés de délégations de service public.

1-2. Depuis 1991 et, plus récemment, par l'ordonnance n° 2009-864 du 15 juillet 2009, la loi transposait, en droit interne, les règles communautaires relatives aux concessions de travaux.

Ces contrats administratifs se différenciaient des marchés publics de travaux par le mode de rémunération du cocontractant : le concessionnaire de travaux publics était rémunéré, en tout ou en partie, par l'exploitation de l'ouvrage.

2. La directive 2014/23/UE du 26 février 2014 sur l'attribution de contrats de concession a défini, pour la première fois, un cadre d'ensemble commun à l'ensemble des contrats de concession, de travaux ou de services. Elle distingue les concessions des marchés publics par la contrepartie dont bénéficie leur titulaire : le droit d'exploiter l'ouvrage ou le service, et non un prix ou équivalent.

Dans le cadre de l'habilitation que lui avait donnée l'article 209 de la loi n° 2015-990 du 6 août 2015 pour la croissance, l'activité et l'égalité des chances économiques, le gouvernement avait transposé cette directive – ou, du moins, celles de ses dispositions qui relèvent de la loi – par l'ordonnance n° 2016-65 du 29 janvier 2016.

Les dispositions de cette ordonnance définissaient donc les contrats de concession au sens du droit de l'Union européenne, tout en maintenant une catégorie de « délégation de service public » pour les collectivités territoriales et leurs établissements publics, sous-ensemble des concessions de services que ne distingue pas, en tant que tel, le droit de l'Union. Elles marquaient l'entrée, en droit interne, de la catégorie des « concessions de services », nouvelle catégorie aux frontières encore à préciser.

Les éléments de cette définition étaient directement transposés de la directive : l'objet du contrat de concession est d'exécuter des travaux ou de gérer un service, l'autorité concédante, au besoin de laquelle il s'agit de répondre, définissant les travaux ou le service qu'elle confie au concessionnaire ; la contrepartie dont bénéficie le concessionnaire est le droit d'exploiter l'ouvrage ou le service ; l'équation financière du contrat implique le « transfert d'un risque lié à l'exploitation de l'ouvrage ou du service » au concessionnaire, au sens que la jurisprudence de la Cour de justice de l'Union européenne et, d'ailleurs, celle du Conseil d'État ont donné à cette notion.

3. Le présent article L. 1121-1 reprend cette définition.

Bien entendu, comme on le verra, les « autorités concédantes » sont les pouvoirs adjudicateurs et entités adjudicatrices (V. livre II ci-dessous).

4. Comme on l'a déjà indiqué, désormais, en application des articles L. 1311-2 et L. 1311-5 du code général des collectivités territoriales (V. App., *Partie I*), les montages contractuels comprenant un bail emphytéotique administratif ou une autorisation d'occupation du domaine public ne peuvent plus avoir pour objet la conclusion d'un contrat de commande publique. ❑

On se reportera à la jurisprudence mentionnée ss. les art. L. 1121-2 à L. 1121-4 ci-dessous.

SECTION 2 Objet

Art. L. 1121-2 Un contrat de concession de travaux a pour objet :

1° Soit l'exécution, soit la conception et l'exécution de travaux dont la liste figure dans un avis annexé au présent code ;

2° Soit la réalisation, soit la conception et la réalisation, par quelque moyen que ce soit, d'un ouvrage répondant aux exigences fixées par l'autorité concédante.

Un ouvrage est le résultat d'un ensemble de travaux de bâtiment ou de génie civil destiné à remplir par lui-même une fonction économique ou technique. – *[Ord. n° 2016-65 du 29 janv. 2016, art. 6-I.] – V. Annexe n° 1.*

COMMENTAIRE

Comme cela a été dit, l'objet des concessions de travaux est identique à celui des marchés de travaux (le transfert de risque et la nature de la contrepartie font la différence). On notera seulement, au 2°, que si l'ouvrage qui est réalisé (et, le cas échéant, conçu) répond aux exigences de l'autorité concédante, celle-ci n'exerce pas nécessairement une « influence déterminante » sur sa nature ou sa conception.

On se reportera à l'avis relatif à la liste des activités qui sont des travaux en droit de la commande publique, en annexe n° 1 du code.

I. JURISPRUDENCE DE LA CJCE/CJUE

1. La construction et l'exploitation de raccordements autoroutiers constituent une concession de travaux au sens du droit communautaire. Il n'est pas possible de confier au concessionnaire « en place » la réalisation et l'exploitation de raccordements supplémentaires sans organiser une nouvelle mise en concurrence. • CJCE 27 oct. 2005, *Commission c/ Italie,* C-187/04 : *JCP Adm. 2006. 668, note Linditch.*

2. Marché de travaux/concession de travaux. Une commune a lancé un appel d'offres pour l'attribution d'une concession de travaux en vue de la construction d'une ligne de tramway. Cet appel d'offres s'étant révélé infructueux, la commune a attribué cette concession à un opérateur. Le contrat indique que la personne qui sera chargée de la gestion du service de tramway par la voie d'un contrat de services à conclure avec la commune devra payer une redevance périodique à l'opérateur. L'art. 5 de ce contrat stipule, en ce qui concerne la rémunération de l'opérateur retenu pour construire le tramway : « afin de garantir le respect des prévisions du plan économico-financier joint au projet préliminaire et, partant, la viabilité économique et financière de l'opération, le concessionnaire se verra attribuer à titre de rémunération, outre la contribution publique, le droit d'exploiter la ligne de tramway sur le plan tant opérationnel qu'économique, pendant toute la durée de la concession, ce droit pouvant être assorti de la perception d'une redevance spécifiée dans ledit plan économico-financier et due par le gestionnaire du service qui aura conclu un contrat de services avec le concédant, en contrepartie de ladite exploitation et pour l'utilisation de la ligne de tramway et des ouvrages connexes réalisés par le concessionnaire. A cette fin, le concédant, eu égard à la nécessité de garantir l'équilibre économico-financier du concessionnaire et au fait qu'il est essentiel, à cet effet, que le gestionnaire du service assure ponctuellement le paiement de la redevance susmentionnée au concessionnaire, s'engage, par la présente convention et pour toute la durée de celle-ci, à prévoir expressément, dans le ou les appels d'offres et les documents annexes pour l'attribution du service de transport public lié à la ligne de tramway et en particulier dans le contrat de services régissant la prestation de ce service, l'obligation pour le gestionnaire du service de payer au concessionnaire ladite redevance, telle qu'indiquée dans le plan économico-financier annexé au projet préliminaire ». En l'espèce, si l'art. 5 du contrat conclu le 2 déc. 2002 entre la commune et l'opérateur prévoit que ce dernier se verra attribuer à titre de rémunération, outre la contribution publique, le droit d'exploiter la ligne de tramway en question, il ressort de ce même article de ce contrat ainsi que des autres éléments du dossier que l'exploitation du tramway doit être assurée par un gestionnaire qui devra conclure un contrat de services, non pas avec le concessionnaire, mais avec le concédant qui fixera le montant à payer au concessionnaire. Le montant de la redevance qui devrait être payée à l'opérateur par le futur gestionnaire du service de tramway s'élève à 1 446 079, 32 € par an pendant 30 ans. Il résulte des éléments figurant au dossier que ce montant fixe a été calculé pour assurer le paiement à l'opérateur de la fraction du coût de l'ouvrage, égale à 40 % de ce dernier, dont les pouvoirs publics italiens n'assurent pas directement le versement. Dans une telle situation, l'opérateur n'assume pas les risques liés à l'exploitation de l'ouvrage en question. Il s'ensuit qu'il convient de qualifier l'opération en cause de marché public de travaux et non pas de concession de travaux publics. • CJCE 13 nov. 2008, *Commission c/ Italie,* C-437/07.

3. Aux termes de l'art. 1er, § 3, de la Dir. 2004/18/CE, la concession de travaux publics « est un contrat présentant les mêmes caractéristiques qu'un marché public de travaux, à l'exception du fait que la contrepartie des travaux consiste soit uniquement dans le droit d'exploiter l'ouvrage, soit dans ce droit assorti d'un prix ». Pour qu'un pouvoir adjudicateur puisse transférer à son cocontractant le droit d'exploiter un ouvrage au sens de cette disposition, il faut que ce pouvoir adjudicateur puisse disposer de l'exploitation de cet ouvrage. Ce n'est pas normalement le cas lorsque le droit d'exploitation prend sa seule source dans le droit de propriété de l'opérateur concerné. • CJUE 25 mars 2010, *Helmut Müller,* C-451/08.

II. JURISPRUDENCE ADMINISTRATIVE

4. Un montage contractuel par lequel une commune signe un bail emphytéotique sur son domaine et une convention de financement avec une société chargée de réaliser des travaux d'aménagement sur un bâtiment communal, qui prévoit que celle-ci sera rémunérée en exploitant l'ouvrage pendant la durée du bail, constitue une concession de travaux (L. du 3 janv. 1991). • CE, ass., 10 juin 1994, *Cne de Cabourg,* n° 141633 A : *AJDA 1994. 560*. **NB** : V. pt 4 du comm. ss. art. L. 1121-1.

5. Est une concession de travaux un contrat confiant la réalisation et l'exploitation d'un ouvrage d'art routier, avec droit de percevoir des péages sur les usagers. En l'espèce, la passation du contrat n'avait pas été précédée de mesures de publicité alors que le délai de transposition des textes communautaires applicables était dépassé, ce qui a entraîné l'annulation de la délibération autorisant le président de la structure intercommunale à signer le contrat, ainsi que la décision de ce dernier de signer ledit contrat. • CE 6 févr. 1998, *Tête,* n° 138777 A : *AJDA 1998. 458, chron. Raynaud et Fombeur* ; *RFDA 1998. 407, concl. Savoie*.

6. Un contrat de concession autoroutière, qui est une concession de travaux, n'a pas été conclu irrégulièrement le 27 juin 1990, même si aucune procédure de publicité ni de mise en concurrence n'a été respectée, dès lors qu'à la date de sa conclusion le délai de transposition de la directive n'était pas expiré. • CE 26 janv. 2007, *Sté des Mines de Sacilor Lormines,* n° 297578 B : *Dr. adm. 2007, n° 58.*

7. Décret approuvant une concession autoroutière. Un décret portant approbation d'une convention signée entre l'État et une société concessionnaire d'autoroute n'a pas le caractère d'un acte réglementaire. Il crée des droits au profit de la société. • CE 26 mars 2001, *Assoc. pour la gratuité de l'autoroute A8,* n° 202209 B.

8. Les contrats conclus par les sociétés d'autoroutes, elles-mêmes titulaires d'un contrat de concession conclu avec l'État, sont soumis à des obligations de publicité, mais non de mise en concurrence, dont le juge des référés du tribunal administratif, saisi sur le fondement de l'art. L. 551-1 CJA, peut sanctionner la méconnaissance. • CE 30 sept. 2009, *Sté des autoroutes Rhône-Alpes,* n° 326424 B : *Rev. CMP 2009, n° 367, note Zimmer.*

9. Un bail emphytéotique qui met à la disposition d'une société, pendant une durée de soixante-dix ans, une partie d'un ensemble immobilier, à charge pour le preneur, et moyennant paiement par lui d'une redevance annuelle, de procéder sur ces biens à la restauration du bâti et à la création d'espaces commerciaux et d'une résidence de tourisme de standing, n'a été conclu ni en vue de l'accomplissement, pour le compte de la collectivité territoriale, d'une mission de service public ni pour la réalisation d'une opération d'intérêt général relevant de cette dernière, malgré la circonstance de la sous-location à la ville d'un local de faible surface à l'intérieur de l'ensemble immobilier. Il ne constitue pas une délégation de service public, ni ne présente le caractère d'une opération ou d'une concession de travaux publics. • CAA Nancy, 11 oct. 2008, *Assoc. Aubette demain,* n° 06NC00733 : *Rev. CMP 2008, n° 19, obs. Eckert.* **NB** : V. pt 4 du comm. ss. art. L. 1121-1.

10. Il ressort des pièces du dossier que la commune retire un intérêt économique direct du bail emphytéotique administratif envisagé, puisqu'elle sera propriétaire des constructions réalisées par le preneur à l'issue de ce bail ; la promesse de contrat prévoit par ailleurs, pour le preneur, une obligation de réaliser une construction déterminée ; le projet doit, dans ces conditions, être regardé comme répondant à des besoins exprimés par la commune, au sens de la Dir. 2004/18/CE ; par suite, les sociétés requérantes sont fondées à soutenir que le contrat en cause relève du champ de la commande publique et peuvent utilement se prévaloir du principe de transparence des procédures. • CAA Lyon, 21 mai 2015, *Sté Broche et Fils et Sté SDAV,* n° 14LY01566 : *Rev. CMP 2015, n° 183, note Eckert.* **NB** : V. pt 4 du comm. ss. art. L. 1121-1.

Art. L. 1121-3 Un contrat de concession de services a pour objet la gestion d'un service. Il peut consister à concéder la gestion d'un service public.

Le concessionnaire peut être chargé de construire un ouvrage ou d'acquérir des biens nécessaires au service.

La délégation de service public mentionnée à l'article L. 1411-1 du code général des collectivités territoriales est une concession de services ayant pour objet un service public et conclue par une collectivité territoriale, un établissement public local, un de leurs groupements, ou plusieurs de ces personnes morales. — *[Ord. n° 2016-65 du 29 janv. 2016, art. 6-II.]*

COMMENTAIRE

On se reportera à ce qui a été dit sous l'article L. 1121-1. On notera à nouveau que, contrairement à la directive, le présent code accorde une place particulière à l'hypothèse où le service dont la gestion est concédée est un service public. Et il maintient, pour les collectivités territoriales et leurs établissements publics, la « marque » délégation de service public. ❑

PLAN DES ANNOTATIONS

I. JURISPRUDENCE DE LA CJCE/CJUE SUR LES CONCESSIONS DE SERVICES

1. Le contrat par lequel l'État italien confie à une société l'informatisation du jeu de loto et aux termes duquel la société est rémunérée par un pourcentage des recettes est un marché public et non une concession dès lors qu'il n'entraîne aucun « transfert de responsabilité ». • CJCE 26 avr. 1994, *Commission c/ Italie*, C-272/91.

2. Les règles fondamentales du Traité, notamment le principe de non-discrimination en raison de la nationalité, qui impliquent une obligation de transparence et la mise en œuvre de mesures de publicité et de mise en concurrence adéquates, s'appliquent aux contrats qui, dans l'état actuel du droit communautaire, ne sont pas réglementés, comme les concessions de services. • CJCE 7 déc. 2000, *Telaustria et Telefonadress*, C-324/98 : *AJDA 2001. 106, note Richer*.

3. Une concession de distribution de gaz doit être conclue dans le respect de l'obligation de transparence. Ceci n'implique pas nécessairement qu'une procédure d'appel d'offres soit suivie, mais l'autorité concédante doit procéder à une publicité permettant à une entreprise située sur le territoire d'un autre État membre d'avoir accès aux informations adéquates relatives à ladite concession avant que celle-ci soit attribuée de sorte que, si cette entreprise l'avait souhaité, elle aurait été en mesure de manifester son intérêt pour obtenir cette concession. • CJCE 21 juill. 2005, *Coname*, C-231/03 : *BJCP 2005. 446, concl. Stix-Hackl, obs. R.S. ; Rev. CMP 2005, nº 280, note Zimmer ; RAE 2005/3, note Noguellou*.

4. Concession de services/marché de services. Un contrat par lequel un prestataire de services se voit confier la gestion d'un parking public payant, sa rémunération étant assurée par des montants payés par les tiers pour l'usage de ce parking, constitue une concession de services. Un tel mode de rémunération implique en effet que le prestataire « prend en charge le risque d'exploitation des services ». En ce qui concerne la dévolution d'un tel contrat, le respect du principe de transparence s'impose alors même qu'il s'agit d'un contrat dont la passation n'est pas réglementée par les directives sur les marchés publics. • CJCE 13 oct. 2005, *Parking Brixen GmbH*, C-458/03 : *BJCP 2005. 454, concl. Kokott, obs. R.S. ; Dr. adm. 2005, nº 167, note Ménéménis ; Rev. CMP 2005, nº 306, note Eckert*.

5. Des conventions d'une durée maximale de vingt ans portant sur l'utilisation de la fraction résiduelle des déchets urbains, après collecte sélective, produite dans les communes de la région de Sicile ont été signées avec un opérateur. Non seulement ledit opérateur est, pour l'essentiel, rémunéré par la région au moyen d'une redevance fixe par tonne de déchets qui lui est transférée, mais il est constant que, en vertu des conventions litigieuses, la région s'engage, d'une part, à ce que toutes les communes concernées transfèrent l'intégralité de leur fraction résiduelle de déchets à l'opérateur et, d'autre part, à ce qu'une quantité annuelle minimale de déchets soit transférée à ce dernier. Lesdites conventions prévoient en outre l'adaptation du montant de la redevance dans l'hypothèse où la quantité annuelle effective de déchets transférée est inférieure à 95 % ou supérieure à 115 % de cette quantité minimale garantie, cela afin de garantir l'équilibre financier et économique de l'opérateur. Elles prévoient de même que le montant de la redevance fait l'objet d'une revalorisation annuelle qui est fonction de l'évolution des coûts relatifs au personnel, aux matières consommables et aux travaux de maintenance, ainsi que d'un indicateur financier. Ces mêmes conventions prévoient en outre une renégociation de la redevance lorsque, en raison d'une modification du cadre législatif, l'opérateur doit faire face, en vue d'une mise en conformité, à des investissements excédant un certain niveau. Eu égard à ce qui précède, les conventions litigieuses doivent être considérées comme des marchés publics de services et non comme des concessions de services. • CJCE 18 juill. 2007, *Commission c/ Italie*, C-382/05 : *AJDA 2008. 2346, note Eglie-Richters ; Rev. CMP 2007, nº 238, note Zimmer*.

6. Dans un contrat portant sur des services, le fait que le cocontractant n'est pas rémunéré par le pouvoir adjudicateur mais qu'il est en droit de percevoir une rémunération auprès de tiers suffit pour que ce contrat soit qualifié de concession de service et non de marché public, dès lors que le cocontractant prend en charge l'intégralité ou, au moins, une part significative du risque d'exploitation, même si ce risque est, dès l'origine, très limité en raison des modalités de droit public de l'organisation du service. • CJCE 10 sept. 2009, *Wasser und Abwasserzweckverband Gotha und Landkreisgsgemeinden*, C-206/08 : *Rev. CMP 2009, n° 329, note Zimmer.*

7. Lorsque la rémunération de l'opérateur économique retenu est intégralement assurée par des personnes distinctes du pouvoir adjudicateur ayant attribué le contrat portant sur des services de secours et que cet opérateur économique encourt un risque d'exploitation, fût-il très limité, en raison, notamment, du fait que le montant des droits d'utilisation des services en cause dépend du résultat de négociations annuelles avec des tiers et qu'il n'est pas assuré d'une couverture intégrale des coûts exposés dans le cadre d'une gestion de ses activités conforme aux principes énoncés par le droit national, ledit contrat doit être qualifié de contrat de « concession de services ». • CJUE 10 mars 2011, *Privater Rettungsdienst und Krankentransport Stadler*, C-274/09 : *Rev. CMP 2011, n° 147, note Zimmer ; Dr. adm. 2011, n° 45, note Noguellou.*

8. En l'état actuel du droit de l'Union, les contrats de concession de services ne sont régis par aucune des directives par lesquelles le législateur de l'Union a réglementé le domaine des marchés publics. Cependant, les autorités publiques qui concluent de tels contrats sont tenues de respecter les règles fondamentales du traité CE en général, notamment l'art. 49 CE, et, en particulier, les principes d'égalité de traitement et de non-discrimination en raison de la nationalité ainsi que l'obligation de transparence qui en découle (V., en ce sens, arrêts du 7 déc. 2000, *Telaustria et Telefonadress*, C-324/98 : *Rec. CJCE I-10745, pts 60 à 62* ; du 10 sept. 2009, *Eurawasser*, C-206/08, *non encore publié au Recueil, pt 44*, ainsi que du 13 avr. 2010, *Wall*, C-91/08, *non encore publié au Recueil, pt 33*). Cette obligation de transparence s'applique au cas où la concession de services concernée est susceptible d'intéresser une entreprise située dans un État membre autre que celui dans lequel cette concession est attribuée (V., en ce sens, arrêts du 21 juill. 2005, *Coname*, C-231/03 : *Rec. CJCE I-7287, point 17*, et du 13 avr., *Wall, préc., point 34*). Sans nécessairement impliquer une obligation de procéder à un appel d'offres, ladite obligation de transparence impose à l'autorité concédante de garantir, en faveur de tout concessionnaire potentiel, un degré de publicité adéquat permettant une ouverture des concessions de services à la concurrence ainsi que le contrôle de l'impartialité des procédures d'attribution (V., en ce sens, arrêts du 13 nov. 2008, *Coditel Brabant*, C-324/07 : *Rec. CJCE I-8457, pt 25*, et du 13 avr., *Wall, préc.*). Il découle tant de la décision de renvoi que du libellé de la deuxième question posée par la juridiction nationale que l'intervention des autorités publiques néerlandaises en vue d'habiliter certains opérateurs économiques à fournir aux Pays-Bas des prestations dans le domaine des jeux de hasard est considérée par cette juridiction comme la délivrance d'un agrément unique. L'agrément unique constitue une intervention des autorités publiques dont l'objet est de réglementer l'exercice d'une activité économique, en l'occurrence l'organisation de jeux de hasard. Dans la décision octroyant l'agrément figurent des conditions imposées par lesdites autorités, relatives notamment au nombre maximal de paris sportifs autorisés par an, aux montants de ceux-ci, à la distribution des recettes nettes à des institutions d'intérêt général et aux revenus propres de l'opérateur en cause, en ce sens que ce dernier ne peut conserver que le montant des frais exposés sans réaliser aucun bénéfice. Cet opérateur est par ailleurs autorisé à constituer, chaque année, une réserve correspondant, au maximum, à 2,5 % des recettes obtenues dans l'année civile antérieure, en vue d'assurer la continuité de son activité. Le fait que la délivrance d'un agrément unique n'équivaut pas à un contrat de concession de services ne saurait, à lui seul, justifier que les exigences qui découlent de l'art. 49 CE, notamment le principe d'égalité de traitement et l'obligation de transparence, soient méconnues lors de l'octroi d'une autorisation administrative telle que celle en cause au principal. En effet, ainsi que M. l'avocat général l'a relevé aux pts 154 et 155 de ses conclusions, l'obligation de transparence apparaît comme une condition préalable obligatoire du droit d'un État membre d'attribuer à un opérateur le droit exclusif d'exercer une activité économique, quel que soit le mode de sélection de cet opérateur. Une telle obligation a vocation à s'appliquer dans le cadre d'un régime d'agrément octroyé à un opérateur unique par les autorités d'un État membre dans l'exercice de leurs pouvoirs de police, puisque les effets d'un tel agrément à l'égard des entreprises établies dans d'autres États membres et qui seraient potentiellement intéressées par l'exercice de cette activité sont les mêmes que ceux d'un contrat de concession de services. Certes, ainsi qu'il découle de la réponse à la première question, les États membres disposent d'un pouvoir d'appréciation suffisant en vue de définir le niveau de protection recherché en matière de jeux de hasard et, par conséquent, il leur est loisible de choisir, comme dans l'affaire au principal, un régime d'agrément au profit d'un opérateur unique. Néanmoins, un tel régime ne saurait légitimer un comportement discrétionnaire de la part des autorités nationales de nature à priver de leur effet utile les dispositions du droit de l'Union, notamment celles relatives à une liberté fondamentale telle que la libre prestation des services. En effet, selon une jurisprudence constante, pour qu'un régime d'autorisation administrative préalable soit justifié alors même qu'il déroge à une liberté fondamentale, il doit être fondé sur des critères objectifs, non discriminatoires et connus à l'avance, de manière à encadrer l'exercice du pouvoir d'appréciation des autorités afin que celui-ci ne soit pas utilisé de manière arbitraire (arrêts du 17 juill. 2008, *Commission c/ France*, C-389/05 : *Rec. CJCE I-5397, pt 94*, et du 10 mars 2009, *Hartlauer*, C-169/07 : *Rec. CJCE I-1721, pt 64*). En outre, toute personne frappée par une mesure restrictive fondée sur une telle dérogation doit pouvoir disposer d'une voie de recours de nature juridictionnelle (V., en ce sens, arrêt du 20 févr. 2001, *Analir e.a.*, C-205/99 : *Rec. CJCE I-1271, pt 38*). Le respect du principe d'égalité de traitement et de l'obligation de transparence qui en découle doit nécessairement impliquer que les critères objectifs permettant d'encadrer le pouvoir d'appréciation des autorités compétentes des États membres soient soumis à une publicité adéquate. Le gouvernement néerlandais souligne que la juridiction de renvoi a constaté que les restrictions découlant du système d'agrément octroyé à un opérateur unique sont justifiées par des raisons impérieuses d'intérêt général et qu'elles sont appropriées et proportionnées. Il convient toutefois de préciser que les appréciations émises par la juridiction de renvoi auxquelles se réfère le gouvernement néerlandais portent, en général, sur un système d'autorisation exclusive tel que celui prévu par la « Wok » (*Wet op de kansspelen* : loi sur les jeux de hasard) et non, en particulier, sur la procédure de renouvellement de l'agrément octroyé à l'opérateur qui bénéficie du droit exclusif d'organiser et de promouvoir des jeux de hasard. Ainsi que M. l'avocat général l'a relevé au pt 161 de ses conclusions, il importe de distinguer les effets de l'ouverture d'une concurrence dans le marché des jeux de hasard, dont la nature préjudiciable est susceptible de justifier une restriction à l'activité des opérateurs économiques, de ceux de l'ouverture d'une concurrence pour l'attribution du marché concerné. Le caractère préjudiciable de l'instauration d'une concurrence dans le marché, c'est-à-dire entre plusieurs opérateurs qui seraient autorisés à exploiter un même jeu de hasard, provient du fait que ces derniers seraient conduits à rivaliser d'inventivité pour rendre leur offre plus attrayante et, de cette manière, à augmenter les dépenses des consommateurs liées au jeu ainsi que les risques de dépendance de ces derniers. En revanche, de telles conséquences ne sont pas à craindre au stade de la délivrance de l'agrément. En tout état de cause, les restrictions à la liberté fondamentale consacrée à l'art. 49 CE découlant spécifiquement des procédures d'octroi et de renouvellement d'un agrément au profit d'un opérateur unique, telles que celles en cause au principal, seraient susceptibles d'être considérées comme justifiées si l'État membre concerné décidait d'octroyer ou de renouveler l'agrément à un opérateur public dont la gestion est soumise à la surveillance directe de l'État ou à un opérateurprivé sur les activités duquel les pouvoirs publics sont en mesure d'exercer un contrôle étroit (V., en ce sens, arrêts du 21 sept. 1999, *Läärä e.a.*, C-124/97 : *Rec. CJCE I-6067, pts 40 et 42*, ainsi que *Liga Portuguesa de Futebol Profissional et Bwin International*, C-42/07, *pts 66 et 67*). Eu égard aux considérations qui précèdent, il y a lieu de répondre aux 2e et 3e questions que l'art. 49 CE doit être interprété en ce sens que le principe d'égalité de traitement et l'obligation de transparence qui en découle sont applicables aux procédures d'octroi et de renouvellement d'agrément au profit d'un opérateur unique dans le domaine des jeux de hasard, pour autant qu'il ne s'agit pas d'un opérateur public dont la gestion est soumise à la surveillance directe de l'État ou d'un opérateur privé sur les activités duquel les pouvoirs publics sont en mesure d'exercer un contrôle étroit. • CJUE 3 juin 2010, *Sporting Exchange Ltd*, C-203/08.

9. L'obligation de transparence découlant des art. 43 CE et 49 CE ainsi que des principes d'égalité de traitement et de non-discrimination en raison de la nationalité s'oppose à l'octroi, en dehors de toute mise en concurrence, de la totalité des concessions d'exploitation d'établissements de jeux sur le territoire d'un État membre. Le fait que la délivrance d'autorisations d'exploiter des établissements de jeux n'équivaudrait pas à des contrats de concession de services ne saurait, à lui seul, justifier que les exigences qui découlent de l'art. 49 CE, notamment le principe d'égalité de traitement et l'obligation de transparence, soient méconnues (V., en ce sens, arrêt du 3 juin 2010, *Sporting Exchange* ; *Rec. CJCE pt 46, non encore publié au Recueil*). En effet, l'obligation de transparence apparaît comme une condition préalable obligatoire du droit d'un État membre d'attribuer des autorisations d'exploitation des établissements de jeux, quel que soit le mode de sélection des opérateurs puisque les effets de l'attribution de telles autorisations à l'égard des entreprises établies dans d'autres États membres et qui seraient potentiellement intéressées par l'exercice de cette activité sont les mêmes que ceux d'un contrat de concession de services. Il convient de rappeler, par ailleurs, que, lorsque est institué, dans un État membre, un régime d'autorisation poursuivant des objectifs légitimes reconnus par la jurisprudence, un tel régime d'autorisation ne saurait légitimer un comportement discrétionnaire de la part des autorités nationales, de nature à priver de leur effet utile les dispositions du droit de l'Union, notamment celles relatives à des libertés fondamentales telles que celles en cause au principal (V., notamment, l'arrêt préc. *Sporting Exchange*, pt 49, et l'arrêt du 8 sept. 2010, *Carmen Media Group*, C-46/08, *non encore publié au Recueil*). En effet, aux termes d'une jurisprudence constante, pour qu'un régime d'autorisation administrative préalable soit justifié alors même qu'il déroge à de telles libertés fondamentales, il doit être fondé sur des critères objectifs, non discriminatoires et connus à l'avance, de manière à encadrer l'exercice du pouvoir d'appréciation des autorités nationales afin que celui-ci ne soit pas utilisé de manière arbitraire. En outre, toute personne frappée par une mesure restrictive fondée sur une telle dérogation doit pouvoir disposer d'une voie de recours effective de nature juridictionnelle (V. arrêts préc. *Sporting Exchange, pt 50*, et *Carmen Media Group, pt 87*). • CJUE 9 sept. 2010, *Ernst Engelman*, C-64/08 : *Rev. CMP 2010, n° 388, note Zimmer.*

10. La question de savoir si une opération doit être qualifiée de concession de services ou de marché public de services doit s'apprécier exclusivement à l'aune du droit de l'Union. • CJUE 10 mars 2011, *Privater Rettungsdienst und Krankentransport Stadler*, C-274/09. ♦ Il résulte des notions de marché public de services et de concession de services, définies, respectivement, au § 2, ss. a) et d), et au § 3, de l'art. 1er de la Dir. 2004/17/CE, que la différence entre un marché de services et une concession de services réside dans la contrepartie de la prestation de services. Le marché de services comporte une contrepartie qui est payée directement par le pouvoir adjudicateur au prestataire de services alors que, dans le cas d'une concession de services, la contrepartie de la prestation de services consiste dans le droit d'exploiter le service, soit seul, soit assorti d'un prix. • CJCE 10 sept. 2009, *Eurawasser*, C-206/08. ♦ S'agissant d'un contrat portant sur des services, la circonstance que le cocontractant n'est pas directement rémunéré par le pouvoir adjudicateur, mais qu'il est en droit de percevoir une rémunération auprès de tiers, répond à l'exigence d'une contrepartie, prévue à l'art. 1er, § 3, ss. b), de la Dir. 2004/17/CE. • CJCE 10 sept. 2009, *Eurawasser*, C-206/08 : *préc.* ♦ Tel est le cas lorsque, comme dans l'affaire au principal, le prestataire des services de transport en commun par autobus se voit conférer le droit d'exploiter des services en contrepartie desquels il est rémunéré par les usagers desdits services conformément au tarif fixé. Si le mode de rémunération est l'un des éléments déterminants pour la qualification d'une concession de services, il ressort, en outre, de la jurisprudence que la concession de services implique que le concessionnaire prenne en charge le risque lié à l'exploitation des services en question. L'absence de transfert au prestataire du risque lié à la prestation des services indique que l'opération visée constitue un marché public de services et non pas une concession de services. • CJUE 10 mars 2011, *Privater Rettungsdienst und Krankentransport Stadler*, C-274/09 : *préc.* ♦ Il convient dès lors de vérifier si le prestataire prend en charge le risque lié à l'exploitation du service. Si ce risque peut, certes, être, dès l'origine, très limité, la qualification de concession de services exige cependant que le pouvoir adjudicateur transfère au concessionnaire l'intégralité ou, au moins, une part significative du risque qu'il encourt. • CJUE 10 mars 2011, *Privater Rettungsdienst und Krankentransport Stadler*, C-274/09 : *préc.* ♦ En effet, il est courant que certains secteurs d'activités, notamment les secteurs touchant à des activités d'utilité publique tels que celui en cause au principal, fassent l'objet d'une réglementation pouvant avoir pour effet de limiter les risques économiques encourus. D'une part, les modalités de droit public auxquelles est soumise l'exploitation économique et financière du service facilitent le contrôle de l'exploitation de ce dernier et réduisent les facteurs susceptibles de porter atteinte à la transparence et de fausser la concurrence. D'autre part, il doit demeurer loisible aux pouvoirs adjudicateurs, agissant en toute bonne foi, d'assurer la fourniture de services au moyen d'une concession, s'ils estiment qu'il s'agit de la meilleure manière d'assurer le service public concerné, et cela même si le risque lié à l'exploitation est très limité. • CJCE 10 sept. 2009, *Eurawasser*, C-206/08 : *préc.* ♦ Dans de telles situations, le pouvoir adjudicateur n'ayant aucune influence sur les modalités de droit public applicables à l'organisation du service, il est impossible à celui-ci d'introduire et, partant, de transférer des facteurs de risque qui sont exclus par ces modalités. Il ne serait pas, par ailleurs, raisonnable de demander à une autorité publique concédante de créer des conditions de concurrence et de risque économique plus élevées que celles qui, en raison de la réglementation applicable au secteur concerné, existent dans ce dernier. • CJCE 10 sept. 2009, *Eurawasser*, C-206/08 : *préc.* ♦ Le risque lié à l'exploitation doit être compris comme le risque d'exposition aux aléas du marché. • CJCE 10 sept. 2009, *Eurawasser*, C-206/08 : *préc.* ♦ Lequel peut notamment se traduire par le risque de concurrence de la part d'autres opérateurs, le risque d'une inadéquation entre l'offre et la demande de services, le risque d'insolvabilité des débiteurs du prix des services fournis, le risque d'absence de couverture des dépenses d'exploitation par les recettes ou encore le risque de responsabilité d'un préjudice lié à un manquement dans le service. • CJUE 10 mars 2011, *Privater Rettungsdienst und Krankentransport Stadler*, C-274/09 : *préc.* ♦ En revanche, des risques tels que ceux liés à une mauvaise gestion ou à des erreurs d'appréciation de l'opérateur économique ne sont pas déterminants aux fins de qualifier un contrat de marché public ou de concession de services, de tels risques étant, en effet, inhérents à tout contrat, que celui-ci corresponde à un marché public de services ou à une concession de services. • CJUE 10 mars 2011, *Privater Rettungsdienst und Krankentransport Stadler*, C-274/09 : *préc.* ♦ Si, ainsi qu'il a été relevé au pt 45 du présent arrêt, le risque économique lié à l'exploitation peut être, dès l'origine, très limité en raison des modalités de droit public de l'organisation du service, la qualification de concession de services exige cependant que le pouvoir adjudicateur transfère au concessionnaire l'intégralité ou, à tout le moins, une part significative du risque lié à l'exploitation qu'il encourt. Or, selon les indications fournies par la juridiction de renvoi, la réglementation applicable au principal prévoit que l'entité adjudicatrice indemnise le prestataire de services des pertes d'exploitation, et de surcroît, en raison des règles de droit public et des clauses contractuelles qui régissent la fourniture de ces services, le prestataire n'assume pas une part significative du risque lié à l'exploitation. A cet égard, la juridiction de renvoi relève notamment que, en application des clauses contractuelles, le donneur d'ordres compense, dans la mesure des fonds affectés au budget de l'État, les pertes liées à la fourniture des services de transport, engendrées par cette fourniture, ainsi que les frais connexes, une fois déduites les recettes d'exploitation des services de transport. Par ailleurs, le prestataire est indemnisé des pertes liées à l'exécution du marché en ce qui concerne la partie des coûts inévitables liés à l'exécution du marché public de transport qui excède les recettes, les coûts générés par l'application des tarifs fixés par le donneur d'ordres, la perte de recettes due au fait que le donneur d'ordres a imposé des réductions tarifaires à l'égard de différentes catégories de passagers, et les dépenses engendrées par le respect des normes qualitatives imposées alors que la fourniture du service a déjà commencé, dès lors que ces normes entraînent des dépenses supplémentaires par rapport aux conditions de qualité préalablement exigées. A cela il convient d'ajouter que l'art. 40 du Décr. n° 2009-1226 prévoit le versement à l'adjudicataire d'un montant à titre de bénéfice, qui est fixé en multipliant les recettes par un pourcentage de bénéfice calculé en ajoutant 2,5 % au taux moyen du marché interbancaire européen (Euribor) pendant les douze mois de l'année de référence. Au regard desdites clauses et dispositions du droit national, il ne saurait être conclu qu'une part significative du risque d'exposition aux aléas du marché soit supportée par l'adjudicataire. Dès lors, une telle opération devrait être qualifiée de « marché de services » au sens de l'art. 1er, § 2, ss. d), de la Dir. 2004/17/CE et non pas de « concession de services » au sens de l'art. 1er, § 3, ss. b), de cette directive. Certes, au cours de l'audience devant la Cour, les parties se sont opposées au sujet de l'étendue du risque concrètement assumé par l'adjudicataire. Ainsi, le gouvernement letton et la défenderesse au principal soutiennent, contrairement aux requérantes au principal et à la Commission européenne, que différents facteurs, comme la diminution des ressources publiques destinées à couvrir les pertes éventuelles, l'absence de couverture de certains types de coûts et de pertes, liés notamment à la modification d'itinéraires et de trajets, ou encore l'incertitude quant à la demande des usagers, augmentent le risque de manière telle qu'une part substantielle de celui-ci serait en réalité supportée par l'adjudicataire, d'autant plus que la durée du contrat est de huit ans. Partant, il s'agirait bien d'une concession de services. • CJUE 10 nov. 2011, ⚖ *Norma-A SIA, Dekom SIA c/ Latgales planosanas regions*, C-348/10 : *Rev. CMP 2012, n° 8, note Zimmer.*

11. Les art. 49 et 56 TFUE doivent être interprétés en ce sens qu'un opérateur économique d'un État membre peut invoquer devant les juridictions de cet État membre la violation de l'obligation de transparence découlant de ces articles qui aurait été commise à l'occasion de la conclusion d'une convention par laquelle une ou plusieurs entités publiques dudit État membre ont soit attribué à un opérateur économique du même État membre une concession de services présentant un intérêt transfrontalier certain, soit accordé à un opérateur économique le droit exclusif d'exercer une activité économique présentant un tel intérêt.

Les art. 49 et 56 TFUE doivent être interprétés en ce sens que :

– la volonté de ne pas méconnaître certains droits que, par une convention préexistante, des entités publiques ont octroyés à un opérateur économique quant à l'utilisation de réseaux câblés leur appartenant ne saurait justifier que soit donnée à cette convention une extension contraire au droit de l'Union sous la forme d'une attribution directe d'une concession de services ou d'un droit exclusif d'exercer une activité présentant un intérêt transfrontalier certain, fût-ce en vue de mettre fin à un litige survenu entre les parties concernées, pour des raisons totalement indépendantes de leur volonté, quant à la portée de cette convention ;

– des motifs de nature économique, telle la volonté d'éviter la dépréciation d'une activité économique, ne sont pas des raisons impérieuses d'intérêt général de nature à justifier l'attribution directe d'une concession de services portant sur cette activité ou d'un droit exclusif d'exercer ladite activité et présentant un intérêt transfrontalier certain, par dérogation aux principes d'égalité de traitement et de non-discrimination consacrés par lesdits articles. • CJUE 14 nov. 2013, ⚖ *Belgacom NV*, C-221/12.

12. Notion de risque. Le risque lié à l'exploitation d'un service doit être compris comme étant le risque d'exposition aux aléas du marché, lequel peut notamment se traduire par le risque de concurrence de la part d'autres opérateurs, le risque d'une inadéquation entre l'offre et la demande de services, le risque d'insolvabilité des débiteurs du prix des services fournis, le risque d'absence de couverture des dépenses d'exploitation par les recettes ou encore le risque de responsabilité d'un préjudice lié à un manquement dans le service (arrêt *Norma-A et Dekom*, C-348/10, pt 48). • CJUE 21 mai 2015, ⚖ *Kansaneläkelaitos*, C-269/14 : *Rev. CMP 2015, n° 180, note Ubaud-Bergeron.*

13. Concession de services/autorisation domaniale. Les concessions portent non pas sur une prestation de services déterminée par l'entité adjudicatrice, mais sur l'autorisation d'exercer une activité économique dans une zone domaniale. Il en découle que les concessions en cause au principal ne relèvent pas de la catégorie des concessions de services (V., par analogie, arrêt du 14 nov. 2013, *Belgacom*, n° C-221/12 : *EU :C :2013 :736, pts 26 à 28*). • CJUE 14 juill. 2016, *Promoimpresa Srl, Mario Melis et a. c/ Consorzio dei comuni della sponda bresciana del lago di Garda et del lago di Idro*, n° C-458/14.

14. L'art. 49 TFUE doit être interprété en ce sens qu'il ne s'oppose pas à une disposition nationale, telle que celle en cause au principal, qui impose aux opérateurs désireux de répondre à un appel d'offres visant à l'octroi de concessions en matière de jeux et de paris l'obligation d'apporter la preuve de leur capacité économique et financière au moyen de déclarations délivrées par au moins deux établissements bancaires, sans permettre que cette capacité puisse également être autrement établie, dès lors qu'une telle disposition est susceptible de satisfaire aux conditions de proportionnalité établies par la jurisprudence de la Cour, ce qu'il appartient à la juridiction de renvoi de vérifier. • CJUE 8 sept. 2016, *Domenico Politano*, n° C-225/15 : *Rev. CMP 2016, n° 262, note Eckert.*

II. JURISPRUDENCE ADMINISTRATIVE SUR LES CONCESSIONS DE SERVICES

15. La convention de terminal conclue dans le cadre des dispositions de l'art. R. 5312-84 C. transp. entre le port et la société confie à cette dernière le soin de réaliser les investissements nécessaires, d'assurer la pérennité de l'exploitation et de permettre le développement de l'activité sur le site du Verdon ; à cette fin, la société s'engage à investir sur le terminal, à construire et entretenir les équipements, bâtiments, outillages et terre-pleins nécessaires au maintien et au développement de l'activité portuaire, à assurer l'exploitation technique et commerciale du terminal en ayant la responsabilité des opérations de débarquement, d'embarquement, de manutention et de stockage des conteneurs et autres marchandises ; cette exploitation donne lieu au versement au port d'une redevance composée d'une part fixe et d'une part variable indexée sur le trafic réalisé ; en contrepartie, la société attributaire se voit mettre à disposition les terrains et ouvrages nécessaires et reconnaître le droit d'exploiter le terminal, le port s'engageant à assurer l'entretien des infrastructures ; alors même que l'art. R. 5312-84 C. transp. dispose que les conventions de terminal valent autorisation d'occuper le domaine public, la convention litigieuse doit, compte tenu des engagements réciproques des parties, être regardée non comme une simple convention d'occupation du domaine public mais comme un contrat administratif conclu pour répondre aux besoins du port qui, en application de l'art. L. 5312-2 C. transp., a en charge non seulement la gestion et la valorisation du domaine dont il est propriétaire ou qui lui est affecté, mais aussi la construction et l'entretien de l'infrastructure portuaire, ainsi que l'aménagement et la gestion des zones industrielles ou logistiques liées à l'activité portuaire, sans pouvoir en principe, en vertu de la L. du 4 juill. 2008 portant réforme portuaire, assurer lui-même l'exploitation des outillages portuaires de manutention ; cette convention de terminal conclue le 19 déc. 2014 avec la société a ainsi pour objet principal l'exécution, pour les besoins du port, d'une prestation de services rémunérée par une contrepartie économique constituée d'un droit d'exploitation, et qui transfère au cocontractant le risque d'exploitation ; elle revêt pour ces motifs le caractère d'une concession de services au sens et pour l'application de l'art. 5 de l'Ord. du 29 janv. 2016 relative aux contrats de concession. • CE 14 févr. 2017, *Sté de manutention portuaire d'Aquitaine c/ Grand port maritime de Bordeaux*, n°s 405157 et 405183 : *BJCP 2017. 153, concl. Pellissier ; ibid.147, chron. Frackowiak ; Dr. adm. 2017, n° 16, note Richer ; Rev. CMP 2017, n° 99, note Eckert ; AJDA 2017. 1453, note Maublanc.*

16. La convention de terminal conclue sur le fondement des dispositions de l'art. R. 5312-84 C. transp. entre le GPMB, établissement public de l'État, et la société BAT, a confié à cette dernière l'exploitation du terminal ; cette société a bénéficié, à cette fin, de la mise à disposition des terrains et installations nécessaires moyennant le versement au GPMB d'une redevance ; cette convention fait participer directement la société à l'exécution des missions de service public confiées au GPMB par l'art. L. 5312-2 C. transp. et tenant notamment à la gestion et à la valorisation du domaine dont le port est propriétaire ou qui lui est affecté ainsi qu'à la construction et à l'entretien de l'infrastructure portuaire ; cette convention revêt ainsi un caractère administratif. • T. confl. 13 nov. 2017, *Sté Bordeaux Atlantique Terminal*, n° 4099 A : *AJ Contrat 2018. 84, obs. Dreyfus ; Rev. CMP 2018. 29, note Eckert.*

17. Un contrat relatif à l'exploitation sur le domaine public d'une commune de mobiliers urbains d'information à caractère général ou local supportant de la publicité est une concession de services au sens de l'Ord. n° 2016-65 du 29 janv. 2016 relative aux contrats de concession. • CE 5 févr. 2018, *Ville de Paris, Sté des Mobiliers Urbains pour la Publicité et l'Information*, n°s 416579 A, 416585, 416640, 416711, 416581, 416641 : *AJDA 2018. 1338, note Vincent-Legoux ; BJCP 2018. 190, concl. Pellissier ; Dr. adm. 2018. 20, note Seurot ; Rev. CMP 2018. 87, note Eckert.*

18. Concession de services avec occupation d'une dépendance domaniale située à l'étranger. Il résulte du CGPPP, et notamment du chap. I du titre II du livre II de la 1re Partie, de la section 1 du chapitre II du titre I du livre III de la IIe Partie, de la sous-section 5 de la section 1 du chap. I du titre II du livre II de la IIIe Partie et du chap. II du titre I du livre I de la IVe Partie, qu'entrent dans son champ d'application tant les biens situés sur le territoire de la République que ceux situés à l'étranger.

Ainsi, les biens immobiliers appartenant à l'une des personnes publiques mentionnées à l'art. L. 1 CGPPP et qui répondent aux critères d'appartenance au domaine public, désormais fixés par l'art. L. 2111-1 CGPPP, constituent des dépendances de son domaine public, alors même qu'ils sont situés à l'étranger. La compétence conférée par l'art. L. 2331-1 CGPPP au juge administratif, sans qu'il soit possible d'y déroger par voie contractuelle, s'étend aux litiges relatifs à des contrats comportant occupation de dépendances du domaine public français situées sur territoire d'un État autre que la France, alors même que les parties au contrat auraient convenu que celui-ci est régi par le droit de cet État. Dans cette hypothèse, le juge administratif applique le droit étranger pour lequel les parties ont opté, sous réserve des règles d'ordre public prévues par le CGPPP en vue de garantir la protection et l'intégrité du domaine public. • CE 25 juin 2021, *Sté Mezzi et Fonderia,* n° 438023 A.

19. Notion de risque. Le juge du référé précontractuel du tribunal administratif de Melun a relevé, d'une part, que le contrat litigieux avait pour objet l'installation, l'exploitation, la maintenance et l'entretien de mobiliers urbains destinés notamment à l'information municipale, d'autre part, que le titulaire du contrat devait assurer ces prestations à titre gratuit et était rémunéré par les recettes tirées de la vente d'espaces à des annonceurs publicitaires ; pour juger que ce contrat était un marché public et non une concession de services, il s'est borné à constater qu'il confiait à titre exclusif l'exploitation des mobiliers à des fins publicitaires à son attributaire, pour en déduire qu'aucun risque n'était transféré à ce dernier ; en statuant ainsi, sans rechercher si la société attributaire du contrat assumait un risque réel d'exploitation, il a commis une erreur de droit ; dès lors, et sans qu'il soit besoin d'examiner les autres moyens de son pourvoi, la commune de Saint-Thibault-des-Vignes est fondée à demander l'annulation de l'ordonnance attaquée.

Il résulte de l'instruction que le contrat litigieux dont l'objet et l'équilibre économique ont été rappelés ci-dessus ne comporte aucune stipulation prévoyant le versement d'un prix à son titulaire ; celui-ci est exposé aux aléas de toute nature qui peuvent affecter le volume et la valeur de la demande d'espaces de mobilier urbain par les annonceurs publicitaires sur le territoire de la commune, sans qu'aucune stipulation du contrat ne prévoie la prise en charge, totale ou partielle, par la commune des pertes qui pourraient en résulter ; il suit de là que ce contrat, dont l'attributaire se voit transférer un risque lié à l'exploitation des ouvrages à installer, constitue un contrat de concession et non un marché public. • CE 25 mai 2018, *Sté Philippe Vediaud Publicité, Cne de Saint-Thibaut-des-Vignes,* nos 416825 A, 416947 : *BJCP 2018. 320, concl. Pellissier ; Rev. CMP 2018. 165, note Eckert ; AJDA 2018. 1725, note Haulbert.*

20. Les contrats passés par une commune et ayant pour objet de confier à leurs titulaires l'enlèvement des véhicules abandonnés dans les parcs de fourrière placés sous leur responsabilité, conformément à l'art. L. 325-8 C. route.

La fréquence et le volume des enlèvements auxquels le titulaire s'engage à procéder sont fixés par les stipulations du contrat. Le service ainsi rendu par les entreprises de démolition automobile cocontractantes ne fait l'objet d'aucune rémunération sous la forme d'un prix, les stipulations des conventions projetées, qui reprennent les clauses types définies à l'art. R. 325-45 C. route, indiquant que ces entreprises ont le droit, en contrepartie de leurs obligations, de disposer des accessoires, pièces détachées et matières ayant une valeur marchande issus des véhicules. Aucune stipulation de ces conventions ne prévoit par ailleurs de compensation, par la commune, des éventuelles pertes financières que pourrait subir son cocontractant du fait des risques inhérents à l'exploitation commerciale des produits issus de ces enlèvements. :

Dans ces conditions, ces conventions, qui prévoient que la rémunération du service rendu prend la forme du droit d'exploiter les véhicules abandonnés et qui transfèrent à leurs titulaires le risque inhérent à cette exploitation, présentent le caractère de concessions de service. • CE 9 juin 2021, *Ville de Paris,* nos 448948 et 448949 : *Rev. CMP 2021. 247, note Eckert.*

III. JURISPRUDENCE ADMINISTRATIVE SUR LES DSP

A. DIFFÉRENTES CATÉGORIES DE DSP

21. Concession d'affermage. Bien que les parties aient dénommé le contrat concession, il s'agit d'un contrat d'affermage dès lors que les ouvrages du service étaient déjà établis à la date de sa passation. • CE 29 avr. 1987, *Cne d'Élancourt,* n° 51022 A : *RFDA 1987. 525, concl. Robineau.*

22. Régie intéressée. Une commune a confié la gestion de son palais des sports et des spectacles à une société ; en application de cette convention, la société devait percevoir les recettes et engager les dépenses afférentes à l'organisation des spectacles et manifestations ; la convention prévoyait également la création d'une régie d'avances et de recettes pour faciliter l'exploitation du palais des sports ; le maire a créé une telle régie d'avances et de recettes ; le régisseur ayant conservé des sommes perçues dans le cadre de l'exploitation du palais des sports et des spectacles et que la ville estimait devoir lui être reversées, cette dernière a procédé à leur recouvrement.

Le contrat ainsi conclu avec la société lui confiait une mission de service public tenant à l'exploitation du palais des spectacles communal sous le contrôle de la commune, s'agissant notamment de la programmation culturelle et des contraintes relatives à son occupation par les équipes sportives de la ville ; ce contrat accordait à la société une rémunération composée d'une part fixe et d'une part variable calculée en fonction des écarts entre le budget prévisionnel et le budget réalisé, la rémunération globale étant susceptible d'être inférieure aux dépenses d'exploitation ; le cocontractant supportait ainsi un risque d'exploitation ; par conséquent, la cour n'a pas inexactement qualifié le contrat de délégation de service public en relevant que la convention litigieuse confiait au cocontractant l'exécution d'une mission de service public, moyennant une rémunération substantiellement liée à l'exploitation. • CE 19 nov. 2010, *M. Marc Dingreville, Mlle Estelle Dingreville*, n° 320169 : *BJCP 2011. 95, concl. Dacosta.*

B. RÈGLES GÉNÉRALES

23. Libre choix du mode de gestion. La personne publique dispose d'une totale liberté de choix quant au mode de gestion du service. Il n'appartient pas au juge de se prononcer sur « l'opportunité du choix opéré par l'administration en écartant l'exploitation en régie directe au profit de l'affermage ». • CE 18 mars 1988, *Loupias c/ Cne de Montreuil-Bellay*, n° 57893 B : *Mon. TP 3 mai 1988, p. 125.*

24. Délégation partielle. Une collectivité publique peut n'affermer que partiellement un service public dès lors que la différence de traitement qui en résulte pour les usagers est justifiée soit par des différences de situation, soit par une nécessité d'intérêt général. En l'espèce, la commune n'avait affermé le service de distribution d'eau potable et d'assainissement que pour une partie seulement de son territoire, correspondant à une zone touristique pour laquelle une organisation particulière du service public était nécessaire. • CE 8 avr. 1998, *Assoc. pour la promotion et le rayonnement des Orres*, n° 127205 B : *Dr. adm. 1998, n° 192.*

25. Modulation des subventions en fonction du mode de gestion. Un département peut moduler le taux des subventions allouées aux communes pour les travaux d'adduction d'eau potable et d'assainissement en fonction du mode de gestion du service pour inciter les communes à gérer le service en régie. Il n'institue pas ainsi une tutelle sur les communes, dès lors que l'attribution de la subvention n'est pas subordonnée à une procédure d'autorisation ou de contrôle. La modulation doit toutefois demeurer limitée (elle était, en l'espèce, égale à 10 % du montant des travaux, le taux le plus élevé des aides étant fixé à 40 % de ce coût), afin de ne pas entraver la liberté de choix du mode de gestion du service public par les communes. • CE, ass., 12 déc. 2003, *Dpt des Landes*, n° 236442 A : *RFDA 2004. 518, concl. Séners et note Douence ; AJDA 2004. 195, note Donnat et Casas ; BJCL 2004. 97, concl. Séners ; Rev. CMP 2004, n° 52.* [**Nota :** La solution consacrée par cet arrêt avait été remise en cause par le législateur pour les délégations de service public passées dans les domaines de l'eau et de l'assainissement. La L. sur l'eau du 30 déc. 2006 avait introduit dans le CGCT un art. L. 2224-11-5 aux termes duquel : « les aides publiques aux communes et groupements de collectivités territoriales compétents en matière d'eau potable ou d'assainissement ne peuvent être modulées en fonction du mode de gestion du service ». Cependant, par une Décis. n° 2011-146 QPC, le Cons. const. a jugé contraires à la Constitution ces dispositions.]

26. Délégations contractuelles. Les dispositions de la loi Sapin ne s'appliquent qu'aux délégations contractuelles de service public. • CE 3 mai 2004, *Fondation Assistance aux animaux*, n° 249832 B : *Dr. adm. 2004, n° 141, note E. G. ; BJCP 2004. 464, concl. Glaser, obs. C. M.* ♦ Une solution identique avait été adoptée par les formations consultatives du Conseil d'État. • CE, avis, 9 mars 1995 : *EDCE n° 47, p. 399 ; GACE, n° 32, note Dal Farra.* – V. aussi • CE 22 juill. 2015, *Assoc. Coop de France*, n° 362203.

27. Délégation unilatérale. Il résulte de l'Ord. du 7 janv. 1959 relative à l'organisation des transports de voyageurs en Île-de-France et du Décr. du 10 juin 2005 portant statut du Syndicat des transports d'Île-de-France (STIF) que l'attribution de la gestion d'une ligne d'autobus relève d'une décision unilatérale du STIF, prise sous la forme d'une inscription au plan régional de transports. La circonstance que la commune sur le territoire de laquelle se trouve cette ligne a organisé une procédure de publicité et de mise en concurrence, selon des modalités définies par le STIF, afin de sélectionner l'opérateur à proposer au Syndicat en vue de son inscription au plan de transports et a signé une convention avec cet opérateur pour définir les modalités d'exploitation du service de transport, est sans incidence sur le caractère unilatéral de l'attribution de la gestion du service. La convention conclue par la commune, qui n'est pas détachable de la décision unilatérale du STIF, n'est donc ni un marché public, ni une délégation de service public, ni un contrat entrant dans le champ des compétences du juge du référé précontractuel. • CE 13 juill. 2007, *Cne de Rosny-sous-Bois*, n° 299207 B : *ACCP 2007/70, p. 66, note Cabanes et Neveu ; Dr. adm.*

2007, n° 11, obs. Ménéménis; Rev. CMP 2007, n° 282, obs. Pietri.

28. Dérogations à l'obligation de conclure une DSP pour confier la gestion d'un service public à un tiers. Lorsqu'une collectivité publique décide de confier la gestion d'un service public à un tiers, elle doit en principe conclure une convention de délégation de service public ou un marché public de service. Il existe trois dérogations à ce principe général : si un texte particulier en dispose autrement ; lorsque la personne publique s'adresse à un tiers qui, eu égard à la nature de l'activité en cause et aux conditions particulières dans lesquelles il l'exerce, ne saurait être regardé comme un opérateur sur un marché concurrentiel ; enfin, lorsque la collectivité publique décide de recourir à un organisme dont l'objet statutaire est, sous réserve d'une diversification accessoire, de gérer ce service et sur lequel elle exerce un contrôle comparable à celui qu'elle exerce sur ses propres services. • CE, sect., 6 avr. 2007, *Cne d'Aix-en-Provence*, n° 284736 A : *AJDA 2007. 1020, chron. Lénica et Boucher ; D. 2007. chron. 2617, note Clamour ; JCP Adm. 2007, n° 2111, note Kerpenschif; ibid., n° 2125, note Linditch ; ibid., n° 2128, note Pontier; Rev. CMP 2007, n° 191, obs. Eckert ; BJCP 2007. 283, concl. Séners, obs. R. S. ; Dr. adm. 2007, n° 95, note Bazex et Blazy; RFDA 2007. 812, concl. Séners et note Douence ; RD publ. 2007. 1367, note Bui-Xuan.*

29. Absence de délégation. Une société d'économie mixte locale, qui n'est pas dotée de prérogatives de puissance publique, et qui a, en vertu de ses statuts, une mission d'intérêt général en vue d'assurer localement l'exploitation cinématographique, n'a pas, eu égard notamment à l'absence de toute obligation imposée par la commune et de contrôle d'objectifs qui lui auraient été fixés, une activité de service public que la commune aurait dû lui déléguer en concluant une délégation de service public. • CE 5 oct. 2007, *Sté UGC Ciné-Cité*, n° 298773 A : *Rev. CMP 2007, n° 308, obs. Eckert.*

30. Entente entre collectivités territoriales. Une commune peut accomplir les missions de service public qui lui incombent par ses propres moyens ou en coopération avec d'autres personnes publiques, selon les modalités prévues par le législateur ; elle peut ainsi conclure, hors règles de la commande publique, sur le fondement de l'art. L. 5221-1 CGCT, une convention constitutive d'une entente pour exercer en coopération avec des communes, établissements publics de coopération intercommunale ou syndicats mixtes, les mêmes missions, notamment par la mutualisation de moyens dédiés à l'exploitation d'un service public, à la condition que cette entente ne permette pas une intervention à des fins lucratives de l'une de ces personnes publiques, agissant tel un opérateur sur un marché concurrentiel. En premier lieu, il ressort des pièces du dossier soumis au juge des référés que la convention litigieuse a pour objet de faire prendre en charge par la communauté d'agglomération le service public de distribution d'eau de la commune de V., jusqu'alors exploité dans le cadre d'une délégation de service public ; la communauté d'agglomération exerçant cette compétence de la distribution d'eau sur son propre territoire, l'entente tend à l'exploitation d'un même service public, en continuité géographique, sur l'ensemble du territoire couvert par ces deux personnes publiques, sous la responsabilité opérationnelle de la communauté d'agglomération ; la convention doit ainsi permettre à la commune, qui met à disposition de l'entente l'intégralité de ses propres infrastructures, de bénéficier des installations plus performantes de la communauté d'agglomération. En deuxième lieu, le tarif de l'eau fixé par la convention pour les usagers de la commune correspond, en sa partie fixe, à la répartition entre usagers de la quote-part de la commune dans les investissements à réaliser sur les installations mutualisées, et en sa partie proportionnelle, au prix coûtant de la production et de l'acheminement par mètre cube d'eau potable, supporté par la régie directe de la communauté d'agglomération ; la convention stipule que ce prix proportionnel est révisé chaque année selon le même indice que celui du tarif appliqué aux usagers de la communauté d'agglomération par la régie gestionnaire du service, dont les recettes doivent strictement équilibrer les dépenses ; ainsi, la convention litigieuse n'a pas provoqué de transferts financiers indirects entre collectivités autres que ceux résultant strictement de la compensation de charges d'investissement et d'exploitation du service mutualisé, et la communauté d'agglomération ne peut être regardée comme agissant tel un opérateur sur un marché concurrentiel. Il résulte de ce qui précède que la convention litigieuse, conclue à des fins de coopération entre personnes publiques dans le cadre de relations qui ne sont pas celles du marché, n'était pas soumise aux règles de la commande publique ; par suite, cette convention était hors du champ d'application de l'art. L. 551-13 CJA ; le juge des référés a ainsi commis une erreur de droit en l'annulant au motif que les collectivités contractantes avaient méconnu leurs obligations de publicité et de mise en concurrence. • CE 3 févr. 2012, *Cne de Veyrier-du-Lac, Cté d'agglomération d'Annecy*, n° 353737 : *BJCP 2012.153, concl. Dacosta ; AJDA 2012. 556, note Richer ; Rev. CMP 2012, n° 78, note Zimmer.*

31. Contrat passé par un concessionnaire d'autoroute pour le dépannage des véhicules. Si les modalités d'exercice de la mission de service public de dépannage autoroutier doivent être conformes à un cahier des charges type et si les entreprises choisies par le concessionnaire pour l'assurer sont soumises à un agrément du préfet qui vérifie qu'elles sont notamment en mesure de remplir la mission dans le respect des objectifs de sécurité routière, le contrôle exercé par l'État sur l'activité de dépannage n'excède pas le pouvoir que conserve le propriétaire d'un ouvrage public afin d'assurer le respect de sa destination par son cocontractant. Il suit de là que la société ASF, personne privée à qui l'État a concédé l'exploitation d'une autoroute, ne peut être regardée comme agissant pour le compte de celui-ci quand elle conclut avec d'autres personnes privées des contrats portant sur le dépannage des véhicules et n'emportant pas occupation du domaine public. Le litige opposant la société X aux sociétés ASF, ADR et Narbonne poids lourds ressortit dès lors à la compétence des juridictions de l'ordre judiciaire. • T. confl. 9 mars 2015, *Sté des Autoroutes du Sud de la France c/ Sté Garage des Pins et a.*, n° 3992 B : *BJCP 2021. 385, concl. Le Corre.*

32. Sous-concessions conclues par une société concessionnaire. Application de la loi Sapin (non). Obligation de respecter le principe de transparence lorsque le concessionnaire est un pouvoir adjudicateur (oui). Des sous-concessions de service public, conclues entre deux personnes privées, ne sont pas soumises à la loi Sapin. Cependant, en vertu du principe de transparence posé par l'arrêt *Telaustria* du 7 déc. 2000, un organisme, si du moins il peut être regardé comme un pouvoir adjudicateur, doit, avant de conclure une concession de service public, mettre en œuvre un degré de publicité adéquat, propre à assurer le respect des principes posés par le traité. • CAA Paris, 12 mars 2012, *Sté Sonotel SA c/ Sté des autoroutes de Paris-Normandie*, n° 09PA00320 : *Rev. CMP 2012, n° 323, note Eckert.*

C. DÉFINITION DE LA DSP

33. Mission de service public ne pouvant être déléguée. Les missions de police du stationnement confiées au maire ne peuvent pas donner lieu à une délégation de service public. En l'espèce, le contrat confiait à une société la gestion du stationnement payant, et il fixait le nombre des emplacements de stationnement payant sur la voie publique, ce nombre ne pouvant être unilatéralement modifié par la commune que dans la limite de 5 % du nombre total des emplacements. Par ailleurs, les agents municipaux chargés de la constatation des infractions au stationnement payant sur la voie publique devaient être mis à la disposition de la société cocontractante. Il y avait donc là une délégation illégale de prérogatives de police. • CE 1er avr. 1994, *Cne de Menton et a.*, n° 144152 A : *RD publ. 1994. 1825, note J.-B. Auby ; Dr. adm. nov. 1994, p. 1, concl. Lasvignes.* ♦ Même impossibilité de déléguer une mission de « surveillance de la ville » avec rondes de nuit sur les voies publiques (qui ne se limite donc pas à une mission de surveillance d'immeubles ou de mobiliers municipaux). • CE 29 déc. 1997, *Cne d'Ostricourt*, n° 170606 B • CE 19 déc. 2007, *Sté Sogeparc-CGST-Cie gén. de stationnement*, n° 260327 B : *BJCP 2008. 118, concl. Boulouis ; Dr. adm. 2008, n° 17.*

34. Peuvent en revanche être déléguées des tâches de télésurveillance, télégestion et téléassistance. • CE 20 mars 1998, *SEM de sécurité active et de télématique*, n° 157586 B.

35. Il résulte de l'instruction qu'en mettant seulement à la charge du délégataire la gestion du parking souterrain du marché du Centre et de la Lorraine, la commune de Clichy-la-Garenne ne lui a pas transféré de missions de police administrative ; la commune de Clichy-la-Garenne a, par ailleurs, confié au délégataire la mission de veiller à la protection de la sécurité des marchés et notamment du stationnement des véhicules ; il ne résulte pas de l'instruction qu'elle ait, à cette fin, entendu mettre les agents municipaux à la disposition directe du délégataire ou se départir de son pouvoir de contrôle quant à l'accomplissement de cette mission ; la convention attaquée prévoit, en effet, l'attribution au délégataire d'une simple fonction de veille quant au respect des législations et réglementations applicables aux activités déléguées et d'alerte de la commune en cas de besoin ; en limitant son rôle à la transmission d'informations à la collectivité délégante, la convention concernée ne mettait à la charge du délégataire ni la protection effective des lieux ni la constatation et la répression des infractions commises aux règlements de police ; il résulte de ce qui précède que la convention concernée n'a pas pour effet de déléguer illégalement à la société Nouveaux marchés de France des prérogatives de police confiées par la loi au maire de la commune ; par suite, le moyen tiré de l'illicéité de l'objet de ladite convention ne peut qu'être écarté. • CAA Versailles, 12 juin 2014, *Sté EGS*, n° 13VE00527 : *Rev. CMP 2014. 229, note Eckert.*

36. Casinos. L'activité des casinos concourant au développement touristique des communes dans lesquelles ils sont implantés, les concessions d'exploitation des casinos sont des concessions de service public et figurent donc au nombre des délégations de service public au sens de la L. du 29 janv. 1993. La procédure de passation du contrat est soumise à l'ensemble des dispositions de la loi Sapin, l'exploitation du casino étant, par ailleurs, soumise à l'autorisation de police imposée par la législation des jeux. • CE, avis, 4 avr. 1995 : *EDCE n° 47, p. 414.*

37. Il résulte des dispositions de la L. du 15 juin 1907 relative aux casinos, ainsi que des travaux parlementaires qui ont précédé son adoption et de ses modifications successives, que le législateur, tout en soumettant à une surveillance particulière les jeux de casino, a entendu que ces activités concourent aux objectifs de développement touristique, économique et culturel des communes autorisées à les accueillir ; ainsi, en vertu de l'art. 2 de la L. du 15 juin 1907 modifiée, les jeux de casino sont autorisés par arrêté du ministre de l'Intérieur, sur avis conforme du conseil municipal de la commune concernée ; ces dispositions imposent à la commune, d'une part, de conclure à cette fin avec le titulaire de l'autorisation une convention et, d'autre part, d'assortir celle-ci d'un cahier des charges fixant des obligations au cocontractant, relatives notamment à la prise en charge du financement d'infrastructures et de missions d'intérêt général en matière de développement économique, culturel et touristique ; si ces jeux de casinos ne constituent pas, par eux-mêmes, une activité de service public, les conventions obligatoirement conclues pour leur installation et leur exploitation, dès lors que le cahier des charges impose au cocontractant une participation à ces missions et que sa rémunération est substantiellement assurée par les résultats de l'exploitation, ont le caractère de délégation de service public. • CE 19 mars 2012, *SA Groupe Partouche*, n° 341562 A : *Rev. CMP 2012, n° 157, note Eckert.*

38. Selon des dispositions distinctes, insérées à l'art. L. 2333-54 CGCT, les communes dotées d'un casino peuvent instituer sur le produit brut des jeux un prélèvement dont le taux ne peut dépasser 15 % de ce produit ; ces dispositions ne font pas obstacle à ce que la convention de délégation de service public prévoie, compte tenu des exigences résultant de la L. du 15 juin 1907, la participation du délégataire au financement de manifestations artistiques communales, lesquelles concourent au développement culturel local et sont susceptibles de favoriser les différentes activités du délégataire ; il en va ainsi, alors même que cette participation, qui ne constitue pas un prélèvement sur le produit brut des jeux, prendrait en compte ce produit dans son mode de calcul et serait ainsi susceptible de porter à plus de 15 % de cette assiette le montant total des sommes dont le délégataire serait redevable à l'égard de la commune. • CE 17 juin 2015, *Cne de Hyères*, n° 379380.

39. Missions de service public. Existence. Deux conventions par lesquelles une commune confie à une société d'économie mixte d'une part, la rédaction, l'édition et la diffusion d'un bulletin communal et de divers documents sur la commune et, d'autre part, l'accueil et l'information des touristes, la promotion de la commune et la coordination des organismes intéressés à son développement, ont pour objet la réalisation de missions de service public. • CE 10 juill. 1996, *Coisne*, n° 140606 B.

40. Dépannage des véhicules sur autoroute. Est une convention de délégation de service public le contrat par lequel l'État confie à un tiers l'exécution du service de dépannage, de remorquage et d'évacuation sur les voies autoroutières, moyennant une redevance payée par les usagers du service. Une telle mission constitue en effet une mission de service public. • CE 22 mars 2000, *Épx Lasaulce*, n° 207804 A : *JCP 2000. IV. 2168.*

41. Aux termes du § 2 de l'art. 106 TFUE : « Les entreprises chargées de la gestion de services d'intérêt économique général ou présentant le caractère d'un monopole fiscal sont soumises aux règles des traités, notamment aux règles de concurrence, dans les limites où l'application de ces règles ne fait pas échec à l'accomplissement en droit ou en fait de la mission particulière qui leur a été impartie (…) » ; la mission de service public de dépannage des véhicules, déléguée par la concession, implique que la société concessionnaire ou, le cas échéant, les entreprises sous-traitantes choisies par elle aient la capacité d'effectuer leurs interventions conformément aux objectifs de la sécurité routière qui s'imposent sur l'ensemble du périmètre de la concession, y compris pour l'accès aux aires de repos et de stationnement et pour leur dégagement ; le choix, par la société concessionnaire, des entreprises de dépannage habilitées à intervenir sur le domaine concédé doit être effectué selon des critères objectifs, en rapport avec la mission de service public déléguée de dépannage des véhicules et propres à garantir que ces entreprises auront la capacité de réaliser leurs interventions conformément à ces objectifs ; l'agrément du représentant de l'État aux entreprises de dépannage sélectionnées par la société concessionnaire a principalement pour objet de s'assurer que ces entreprises seront en mesure de remplir leurs missions dans l'ensemble du périmètre de la concession et répond aux objectifs de la sécurité routière ; ainsi, le décret attaqué a pu, sans méconnaître les stipulations de l'art. 106 TFUE, autoriser la société concessionnaire soit à assurer elle-même à titre exclusif le dépannage des véhicules en panne ou accidentés, soit à sélectionner des entreprises de dépannage, qui seront seules habilitées à exercer leur activité sur le périmètre de la concession et prévoir, dans ce cas, que tout candidat retenu serait soumis à l'agrément du représentant de l'État. • CE 6 nov. 2013, *SARL Rapidépannage 62*, n° 363963 : *AJDA 2013. 2509, note Benelbaz.*

42. Mission de service public/liberté du commerce et de l'industrie. Un service de téléassistance aux personnes âgées et handicapées créé par un département, dans le cadre de son action en matière d'aide sociale, a pour objet de permettre à toutes les personnes âgées ou dépendantes du département, indépendamment de leurs ressources, de pouvoir bénéficier d'une téléassistance pour faciliter leur maintien à domicile ; ce service consiste, d'une part, à mettre à disposition de l'usager un matériel de transmission relié à une centrale de réception des appels, fonctionnant vingt-quatre heures sur vingt-quatre et sept jours sur sept, chargée d'identifier le problème rencontré par l'usager et d'apporter une réponse par la mise en œuvre immédiate d'une intervention adaptée à son besoin, grâce à un réseau de solidarité composé de personnes choisies par l'usager, à un service médical, social ou spécialisé et aux dispositifs locaux existants, tels que les instances de coordination gérontologique, les plates-formes de service, le service de soins infirmiers à domicile pour personnes âgées, d'autre part, à intervenir au besoin au domicile de l'usager dans les vingt-quatre heures suivant l'appel de l'usager ou moins, selon l'urgence ; le délégataire, tenu d'organiser localement le service, doit envisager, en fonction de la montée en charge du dispositif, l'installation d'une agence locale dans le département ; pour le financement de ce service, le département intervient en réduction du coût réel de la prestation pour les usagers ; ainsi, même si des sociétés privées offrent des prestations de téléassistance, la création de ce service, ouvert à toutes les personnes âgées ou dépendantes du département, indépendamment de leurs ressources, satisfait aux besoins de la population et répond à un intérêt public local ; par suite, cette création n'a pas porté une atteinte illégale au principe de liberté du commerce et de l'industrie et le moyen tiré de l'illégalité de la délibération qui a créé ce service, et sur le fondement de laquelle la procédure de délégation litigieuse a été engagée, doit être écarté. • CE 3 mars 2010, ⚖ *Dpt de la Corrèze*, n° 306911 B : *Rev. CMP 2010. Chron. 16, note Eckert.*

43. Délégation de service public en matière de transport maritime/droit de l'Union européenne. Aux termes de l'art. 1er, § 1, du Règl. (CEE) n° 3577/92 du Conseil du 7 déc. 1992 concernant l'application du principe de la libre circulation des services aux transports maritimes à l'intérieur des États membres (cabotage maritime) : « A partir du 1er janv. 1993, la libre prestation des services de transport maritime à l'intérieur d'un État membre (cabotage maritime) s'applique aux armateurs communautaires exploitant des navires immatriculés dans un État membre et battant pavillon de cet État membre, sous réserve que ces navires remplissent toutes les conditions requises pour être admis au cabotage dans cet État membre, y compris les navires immatriculés dans le registre Euros dès que ce registre aura été approuvé par le Conseil » ; aux termes de l'art. 4, § 1, du même règlement : « Un État membre peut conclure des contrats de service public avec des compagnies de navigation qui participent à des services réguliers à destination et en provenance d'îles ainsi qu'entre des îles ou leur imposer des obligations de service public en tant que condition à la prestation de services de cabotage. / Lorsqu'un État membre conclut des contrats de service public ou impose des obligations de service public, il le fait sur une base non discriminatoire à l'égard de tous les armateurs communautaires » ; aux termes du 3) de l'art. 2 du règlement : « Un contrat de service public est un contrat conclu entre les autorités compétentes d'un État membre et un armateur communautaire dans le but de fournir au public des services de transport suffisants. / Un contrat de service public peut en particulier porter sur : — des services de transport répondant à des normes fixées de continuité, de régularité, de capacité et de qualité, — des services de transport complémentaires (...) ».

Il résulte de ces dispositions, éclairées par le neuvième considérant du règlement selon lequel « l'introduction de la notion de service public, assortie de certains droits et obligations pour les armateurs concernés, peut se justifier afin d'assurer la suffisance des services de transport régulier à destination et en provenance d'îles ainsi qu'entre des îles », et interprétées par la CJCE dans l'arrêt du 20 févr. 2001, *Asociación Profesional de Empresas Navieras de Líneas Regulares* (*Analir*, aff. C-205/99), que la conclusion d'un contrat de service public ayant pour objet l'attribution à un opérateur économique de prestations de transport maritime est subordonnée à l'existence d'un besoin réel de service public résultant de l'insuffisance des services de transports réguliers, besoin qui doit être apprécié et constaté pour chaque ligne ou trajet.

Les dispositions du règlement du 7 déc. 1992, dont le c) du 1) de l'art. 2 précise que constituent des services de transport maritime à l'intérieur d'un État membre les services comprenant notamment le cabotage avec les îles défini comme le transport par mer de passagers ou de marchandises entre des ports situés sur la partie continentale et sur une ou plusieurs des îles d'un seul et même État membre, ne font pas obstacle à ce que le besoin réel de service public soit apprécié globalement pour chaque ligne ou trajet sur l'ensemble de la période d'exécution du contrat ou sur les périodes qu'il distingue, sans qu'il y ait lieu de rechercher si ce besoin est justifié en permanence au cours de cette période ou de ces périodes ; par suite, en jugeant incompatibles avec ce règlement les stipulations du cahier des charges au motif que le service supplémentaire exigé du groupement délégataire sur les lignes Marseille-Ajaccio, Marseille-Bastia et Marseille-Propriano, destiné à renforcer pendant les périodes de pointe le service permanent assuré sur ces mêmes lignes pendant toute l'année, devait répondre à un besoin réel de service public distinct du besoin auquel ce service permanent satisfaisait, la cour administrative d'appel a commis une erreur de droit. • CE 13 juill. 2012, ⚖ *Cie méridionale de navigation. Sté nationale Corse Méditerranée*, nos 355616 A, 355622 et 358396 : *BJCP 2012. 355, concl. Dacosta ; Rev. CMP 2012, n° 287, note Eckert.*

44. Délégation de la gestion d'un service public. Existence. Eu égard à la nature de l'activité concernée, à son organisation, aux obligations imposées au cocontractant et aux mesures prises pour vérifier que les objectifs qui lui sont assignés sont atteints, le CHU doit être regardé comme ayant entendu confier à son cocontractant la gestion, sous son contrôle, du service public portant sur l'ensemble de la communication extérieure des patients (mise à disposition des patients d'abonnements de télévision, de téléphone et d'accès à internet), dont la rémunération est assurée par les résultats de l'exploitation ; il suit de là que le contrat litigieux relève de la procédure de passation d'une délégation de service public et non du C. marchés. • CE 7 mars 2014, *CHU – Hôpitaux de Rouen, Sté Telecom services*, n°s 372897 et 372909 : *BJCP 2014. 300, concl. Pellissier ; Dr. adm. 2014. 40, note Sée ; Rev. CMP 2014, n° 151, note Eckert ; AJDA 2014. 1497, note Hardy*. ♦ V. pour un contrat de mise à disposition de téléviseurs qualifié de marché public : • CAA Bordeaux, 6 févr. 2014, *CH d'Angoulême*, n° 13BX01407 : *Rev. CMP 2014, n° 103, note Eckert*.

45. L'exploitation d'un réseau câblé a le caractère d'un service public lorsque l'opérateur auquel la commune ou le groupement de communes l'a confiée bénéficie de l'exclusivité sur le territoire couvert par le réseau et lorsque la population qui y réside se voit reconnaître un droit d'égal accès au service. Par suite, le contrat confiant l'exploitation d'un tel service peut avoir le caractère d'une délégation de service public. • CAA Nancy, 14 nov. 2002, *Cne de Toul*, n° 97NC00976 B.

46. Si la commune soutient que l'autorisation donnée à l'association « Bouger avec nous » visait seulement à permettre la réalisation d'un projet d'intérêt général accompagné d'une demande de subvention et non d'une mission de service public, il ressort toutefois de ladite convention que la commune a imposé diverses obligations à l'association dont celle d'assurer une durée minimale d'ouverture de la piscine, d'accueillir les groupes scolaires et de fournir un compte rendu bimensuel de l'activité et de la situation financière de cette activité ; ainsi cette activité avait le caractère d'une mission de service public comme l'a estimé le tribunal.

Lorsque des collectivités publiques sont responsables d'un service public, elles peuvent, dès lors que la nature de ce service n'y fait pas par elle-même obstacle, décider de confier sa gestion à un tiers ; à cette fin, sauf si un texte en dispose autrement, elles doivent en principe conclure avec un opérateur, quel que soit son statut juridique et alors même qu'elles l'auraient créé ou auraient contribué à sa création ou encore qu'elles en seraient membres, associées ou actionnaires, un contrat de délégation de service public ou, si la rémunération de leur cocontractant n'est pas substantiellement liée aux résultats de l'exploitation du service, un marché public de service ; elles peuvent toutefois ne pas passer un tel contrat lorsque, eu égard à la nature de l'activité en cause et aux conditions particulières dans lesquelles il l'exerce, le tiers auquel elles s'adressent ne saurait être regardé comme un opérateur sur un marché concurrentiel.

Il ressort des pièces du dossier, et notamment du budget prévisionnel de la gestion de la piscine pour l'exercice 2009/2010, que l'association « Bouger avec nous » comptait tirer de cette activité un produit hors subvention de 130 000 euros ; ainsi, et quand bien même la convention de subventionnement et d'objectifs prévoyait que les recettes n'avaient pas pour objet de rémunérer l'association mais de permettre un équilibre comptable de sa situation, elle devait, contrairement à ce que soutient la commune, percevoir une rémunération pour son activité ; si les produits escomptés incluaient également une subvention annuelle de 110 000 euros, qui a finalement été étalée sur deux années, la rémunération de l'association n'en était pas moins substantiellement liée aux résultats de son exploitation comme l'a estimé le Tribunal ; il suit de là que la délibération en litige qui a autorisé le maire à signer la convention de subventionnement et d'objectifs précitée, a décidé de confier une délégation de service public à l'association « Bouger avec nous » ; faute de mise en œuvre d'une procédure préalable de publicité et de mise en concurrence, cette délibération a méconnu les dispositions précitées de l'art. L. 1411-1 CGCT. • CAA Lyon, 18 avr. 2013, *M. B.*, n° 12LY01547 : *AJDA 2013. 1979, note Devès*.

47. Un contrat relatif à la production d'eau potable pour la personne publique contractante (en l'espèce un syndicat intercommunal) peut, même s'il ne confie pas au cocontractant la distribution de l'eau aux usagers finaux, constituer une délégation de service public. La qualification de délégation de service public peut être retenue alors même que la rémunération ne fait apparaître aucun transfert de risque à la charge du cocontractant. • CE 28 juin 2006, *Synd. intercommunal d'alimentation en eau de la moyenne vallée du Gier*, n° 288459 : *Dr. adm. 2006, n° 185, obs. Ménéménis ; AJDA 2006. 1781, note Richer*.

48. Délégation d'un service public. Absence. Une commune a signé avec l'agence foncière et technique de la région parisienne (AFTRP), établissement public à caractère industriel et commercial, un protocole d'accord par lequel la première confiait à la seconde une mission destinée à déterminer les modalités selon lesquelles l'aménagement d'un secteur pourrait être réalisé ; cette mission comportait une première phase à l'issue de laquelle l'agence devait établir un rapport de synthèse permettant à la commune d'apprécier les enjeux notamment financiers de l'opération avant de décider le lancement de la deuxième phase susceptible d'aboutir à la signature d'une concession d'aménagement entre la commune et l'agence ou un autre aménageur ; la mission confiée à l'agence comportait, dans sa première phase, la préparation d'un protocole foncier, le lancement des procédures administratives préalables à la création d'une zone d'aménagement concerté et l'organisation d'une consultation architecturale et urbaine ; cette consultation, à laquelle étaient invitées à participer des « équipes d'ensembliers concepteurs-investisseurs », composées au moins d'un investisseur, d'un architecte, d'un programmeur et d'un paysagiste, avait pour objet de désigner une « équipe » dont l'investisseur qui en faisait partie aurait vocation à acquérir les terrains ou les droits à construire ; le projet architectural et urbain de « l'équipe » retenue devait permettre d'apprécier la validité économique et financière de l'opération. La procédure dont la commune a ainsi confié l'organisation à l'agence foncière et technique de la région parisienne avait pour objet non pas de conclure un marché entre la commune et les concepteurs membres de « l'équipe » sélectionnée mais seulement de déterminer « l'équipe » dont l'investisseur qui en faisait partie aurait vocation à conclure avec l'aménageur, ultérieurement retenu par la commune et substitué à celle-ci, un contrat portant sur la cession des terrains ou des droits à construire sur ces terrains. La consultation ainsi engagée par la commune n'avait pas pour objet la passation d'une convention de délégation de service public. • CE 29 mai 2000, *SCP d'architectes Legleye*, n° 204239 : *Rev. CMP 2000, n° 116, note Soler-Couteaux.*

49. Des contrats de mobilier urbain ne sont pas des délégations de service public, faute pour le cocontractant de se voir confier la gestion d'un service public. • CE, ass., 4 nov. 2005, *Sté JC Decaux*, n° 247298 A : *JCP Adm. 2005. 1381, note Linditch ; Rev. CMP 2005, p. 3, note Llorens et Soler-Couteaux, p. 22, note Pietri ; RFDA 2005. 1083, concl. Casas ; AJDA 2006. 120, note Ménéménis ; Dr. adm. 2006. Chron. 6, Brenet.*

50. Eu égard à l'absence d'implication dans l'organisation de l'exploitation touristique des sites en cause de la commune, qui, ainsi qu'il ressort des pièces du dossier soumis à la cour, s'est bornée à fixer les jours d'ouverture et à imposer à l'intéressée de respecter le caractère historique et culturel des sites dont elle devait assurer l'exploitation mais n'a exercé de contrôle ni sur le montant des droits d'entrée, ni sur les prix de vente des produits vendus sur les sites, ni sur les horaires d'ouverture des sites et n'a prescrit à la preneuse aucune obligation relative, notamment, à l'organisation de visites guidées ou d'activités culturelles ou à l'accueil de publics particuliers ; eu égard, au surplus, à la faculté donnée à la preneuse de révoquer la convention à tout moment et à la brièveté du préavis applicable, la cour administrative d'appel a entaché son arrêt d'une erreur de qualification juridique en jugeant que ce contrat avait pour objet de faire participer directement Mme X à l'exécution du service public culturel en raison de la dimension historique et littéraire des lieux et constituait une délégation de service public ; il suit de là que la commune de Fontvieille est fondée, sans qu'il soit besoin d'examiner les autres moyens de son pourvoi, à demander l'annulation de l'arrêt qu'elle attaque. • CE 9 déc. 2016, *Cne de Fontvieille*, n° 396352 : *AJCT 2017. 219, obs. Durand ; BJCP 2017. 117, concl. Pellissier ; Rev. CMP 2017, n° 52, note Eckert ; Dr. adm. 2017, n° 17, note Hansen.*

51. Un contrat de prospection publicitaire, pour les publications de la commune, ne peut pas être une délégation de service public, le cocontractant ne participant que « très partiellement à l'exécution du service public de l'information municipale ». • CE, sect., 6 nov. 2009, *Sté Prest'Action*, n° 297877 A : *ACCP, n° 94, déc. 2009, p. 82 ; AJDA 2009. 2401, note Lascombe et Vandendriessche ; Rev. CMP 2009, n° 384, note Eckert.*

52. Un contrat relatif à la régie publicitaire d'un journal d'information municipale, confiant au cocontractant le soin de prospecter et de recueillir des publicités, qui a pour unique objet d'assurer ou de faciliter le financement du journal municipal, la collectivité publique assumant seule la mission d'information, ne constitue pas une délégation de service public, mais un marché public. • CAA Bordeaux, 20 nov. 2007, *Sté Scoop Communications*, n° 05BX00231 : *Rev. CMP 2008, n° 2, obs. Eckert.*

53. En créant avec la société Institut Pasteur de Lille – Santé Environnement Durables Est un groupement d'intérêt public destiné à reprendre les activités auparavant exercées par son laboratoire départemental d'analyses, le département, qui a ainsi renoncé à mettre en œuvre de telles activités dans le cadre de ses missions de service public exercées à titre facultatif, ne peut être regardé comme ayant confié la gestion d'un service public dont il a la responsabilité à un délégataire public ou privé ; par suite, le moyen tiré de ce que la conclusion de la convention constitutive de ce groupement devait être précédée de la procédure de publicité et de mise en concurrence prévue par les dispositions des art. L. 1411-1 s. CGCT doit être écarté ; par ailleurs, il ressort des pièces du dossier que le groupement d'intérêt public n'a pas pour objet de répondre aux besoins du département en matière de prestations d'analyses dans les domaines de la santé publique vétérinaire et de l'hydrologie mais d'effectuer ces prestations, ainsi que des prestations complémentaires d'audit, de conseil, de recherche et de formation, au bénéfice de tiers sur l'ensemble du territoire national ; ainsi, la convention constitutive du groupement d'intérêt public et l'arrêté interministériel l'ayant approuvée n'ont nullement pour effet de permettre à ce groupement d'être attributaire d'un marché avec le département ; par suite, la société requérante n'est pas fondée à soutenir que la création du groupement d'intérêt public a été approuvée en méconnaissance des règles nationales et communautaires applicables aux marchés publics, lesquelles seront en revanche applicables aux marchés passés le cas échéant par le département avec ce groupement en vue de satisfaire à des besoins propres. • CE 10 nov. 2010, *Sté Carso-Laboratoire santé hygiène environnement*, n° 319109 : *AJDA 2010. 2380, concl. Lénica* ; *Rev. CMP 2011, n° 4, note Zimmer.*

54. D'une part, aux termes de l'art. L. 1411-1 CGCT : « Une délégation de service public est un contrat par lequel une personne morale de droit public confie la gestion d'un service public dont elle a la responsabilité à un délégataire public ou privé, dont la rémunération est substantiellement liée aux résultats de l'exploitation du service. Le délégataire peut être chargé de construire des ouvrages ou d'acquérir des biens nécessaires au service. (…) » ; d'autre part, lorsqu'une personne privée exerce, sous sa responsabilité et sans qu'une personne publique en détermine le contenu, une activité dont elle a pris l'initiative, elle ne peut, en tout état de cause, être regardée comme bénéficiant de la part d'une personne publique de la dévolution d'une mission de service public ; son activité peut cependant se voir reconnaître un caractère de service public, alors même qu'elle n'a fait l'objet d'aucun contrat de délégation de service public procédant à sa dévolution, si une personne publique, en raison de l'intérêt général qui s'y attache et de l'importance qu'elle revêt à ses yeux, exerce un droit de regard sur son organisation et, le cas échéant, lui accorde, dès lors qu'aucune règle ni aucun principe n'y font obstacle, des financements.

Il résulte de l'instruction que le site de la carrière des Bringasses et des Grands Fonts a été utilisé à partir de 1970 pour une manifestation culturelle organisée par l'association « Gens d'image » et non par la commune des Baux-de-Provence ; si la commune a ensuite envisagé d'y organiser des spectacles audiovisuels, comme le montrent une étude menée en 1970 et la signature, en 1971, d'une convention avec la société du festival d'art et d'essai des Baux-de-Provence après délibération du conseil municipal, ce projet n'a pas été réalisé ; l'activité d'animation culturelle et touristique du site n'a débuté qu'à compter de la conclusion de la convention du 15 juin 1976 entre la commune des Baux-de-Provence et la société Cathédrale d'images ; si cette convention et les baux du 5 sept. 1989 et du 31 mars 2000 qui lui ont succédé prévoyaient que la commune percevrait une partie des droits d'entrée des spectacles et, à compter de 1989, la mise à disposition de la commune des carrières quelques jours dans l'année, ils ne prévoyaient aucun rôle de la commune dans la programmation et la tarification des activités d'animation ni aucun contrôle ou droit de regard de sa part sur l'organisation et les modalités de fonctionnement de la société ; ainsi, alors même que l'activité de la société, qui contribuait à l'animation culturelle et touristique de la commune des Baux-de-Provence, revêtait un caractère d'intérêt général, la commune ne pouvait être regardée ni comme ayant organisé un service public et confié sa gestion à la société, ni comme ayant entendu reconnaître un caractère de service public à l'activité de la société.

Toutefois, en premier lieu, par une délibération du 10 mars 2009 abrogeant et remplaçant une précédente délibération du 25 sept. 2008, le conseil municipal des Baux-de-Provence a adopté le principe d'une délégation de service public, pour l'organisation et la gestion, au sein des carrières susnommées, d'une « animation qui soit ouverte à tout public et qui s'inscrive dans le cadre de la politique culturelle et touristique communale » ; la même délibération précise notamment que « les principales caractéristiques de la convention de délégation envisagée sont les suivantes : positionnement essentiellement artistique du projet d'exploitation, thématique renouvelée chaque année, animation accessible à toute clientèle, y compris la clientèle étrangère, offre adaptée pour les groupes et pour les scolaires » et que « le délégataire (…) sera contraint d'accueillir sur le site certains évènements organisés par la Collectivité ».

En second lieu, l'art. 2 de la convention approuvée par la délibération attaquée prévoit notamment que « la Collectivité souhaite que ce site exceptionnel soit valorisé par une animation à caractère culturel et touristique ouverte à tous et qui s'inscrive dans la politique culturelle et touristique de la Commune » et elle confie, à cette fin, à son cocontractant « qui l'accepte, une mission de mise en valeur, d'animation et de gestion du site des carrières des Bringasses et des Grands Fonts, situées dans le Val d'Enfer, par un projet culturel et touristique » ; le même art. prévoit également le versement à la commune par ce cocontractant d'une redevance « liée à la valeur d'usage du site » ; l'art. 5 de la même convention fixe sa durée à dix ans et permet sa prorogation dans les conditions prévues par l'art. L. 1411-2 CGCT ; son art. 6 octroie à la commune un pouvoir d'approbation de toute modification substantielle du projet culturel et touristique initialement convenu entre les parties et son art. 26, celui d'approuver le règlement intérieur du site, tandis que ses art. 8, 9, 10, 12 et 13 consacrent à son profit un droit d'opposition aux initiatives, communications promotionnelles, spectacles culturels accueillis, mises à disposition d'espaces pour l'accueil d'évènements privés et activités annexes du cocontractant et que son art. 28 lui accorde un droit de regard sur l'ensemble des contrats conclus par ce dernier pour les besoins de son activité ; en vertu de son art. 8, l'opposition de la commune à une initiative de son cocontractant impose, en outre, à ce dernier la mise en place d'une solution de remplacement ; l'art. 15 de cette convention met à la charge dudit cocontractant des obligations minimales d'investissement, notamment en ce qui concerne l'accès au site ; son art. 22 lui impose des jours et horaires minimaux d'ouverture, son art. 23 une obligation de continuité de son activité et son art. 31, des maxima tarifaires ; son art. 34 prévoit le versement à la commune par son cocontractant d'une redevance annuelle d'un montant fixe de 120 000 euros majoré d'un intéressement aux produits des entrées, d'une redevance pour l'occupation du site mis à sa disposition par la commune et d'une « redevance de contrôle » d'un montant maximal de 10 000 euros ; les art. 39 à 41 de ladite convention consacrent un droit d'information et de contrôle permanent de la commune, tandis que son art. 46 lui permet d'infliger des sanctions pécuniaires à son cocontractant et son art. 47 de procéder, dans les cas les plus graves, à une mise en régie provisoire de son activité ; enfin, l'art. 57 de cette convention permet à la commune de prononcer la résiliation de la convention dans l'intérêt général.

D'une part, alors même qu'elle ne serait pas à l'initiative de l'activité, dont l'intérêt public n'est pas sérieusement contesté par la société Cathédrale d'images, de mise en valeur culturelle et touristique des carrières de Bringasses et des Grands Fonts, la commune des Baux-de-Provence doit être regardée comme ayant entendu, dans le cadre de la convention susmentionnée, attacher diverses obligations de service public à cette activité et exercer un pouvoir de contrôle et, le cas échéant, de sanction sur son attributaire, notamment en ce qui concerne la programmation, l'accessibilité et la tarification des animations proposées ; elle a ainsi érigé cette activité en un service public local, quand bien même elle n'a pas doté son cocontractant de prérogatives de puissance publique ; la circonstance, à la supposer établie, qu'elle retirerait des profits substantiels de cette activité est, à cet égard, sans incidence ; d'autre part, dès lors qu'en vertu des stipulations de l'art. 30 de la même convention, la rémunération du cocontractant de la commune est exclusivement assurée par les résultats de l'exploitation de cette activité, la délibération attaquée a, contrairement à ce que soutient la société Cathédrale d'images, pour objet d'approuver une délégation de service public, au sens et pour l'application notamment des dispositions préc. de l'art. L. 1411-1 CGCT. • CAA Marseille, 9 mai 2016, *Sté Cathédrale d'images*, n° 15MA01074 : *Rev. CMP 2016, n° 182, note Eckert.*

55. Périmètre d'une DSP. Aucune disposition législative ni aucun principe général n'impose à la collectivité publique qui entend confier à un opérateur économique la gestion de services dont elle a la responsabilité de conclure autant de conventions qu'il y a de services distincts ; elle ne saurait toutefois, sans méconnaître les impératifs de bonne administration ou les obligations générales de mise en concurrence qui s'imposent à elle, donner à une délégation un périmètre manifestement excessif ni réunir au sein de la même convention des services qui n'auraient manifestement aucun lien entre eux ; aux termes du I de l'art. L. 5215-20 CGCT : « La communauté urbaine exerce de plein droit, au lieu et place des communes membres, les compétences suivantes : / (...) 2° (...) b) Organisation des transports urbains (...) ; création ou aménagement et entretien de voirie ; signalisation ; parcs de stationnement (...) » ; dans ce cadre, la communauté urbaine du Grand Dijon a pu, sans commettre d'erreur manifeste d'appréciation, considérer que les services de transport urbain, de stationnement et de mise en fourrière, qui concourent à l'organisation de la mobilité des habitants sur le territoire de la communauté urbaine, présentaient entre eux un lien suffisant et décider de les confier à un délégataire unique afin d'assurer une coordination efficace entre les différents modes de transport et de stationnement, dont une partie significative des usagers est identique ; les sociétés requérantes ne sont, par suite, pas fondées à soutenir qu'elle aurait manqué à ses obligations de mise en concurrence dans la détermination de l'objet de la convention qu'elle entendait conclure.

Aux termes de l'art. L. 1411-2 CGCT : « Les conventions de délégation de service public ne peuvent contenir de clauses par lesquelles le délégataire prend à sa charge l'exécution de services ou de paiements étrangers à l'objet de la délégation » ; ces dispositions ne font pas obstacle à ce qu'une convention de délégation de service public mette à la charge du cocontractant des prestations accessoires dès lors qu'elles présentent un caractère complémentaire à l'objet de la délégation ; il résulte de l'instruction que, eu égard à leur nature et à leur portée, les missions de vérification de la performance du sous-système électrique du tramway et du système d'hybridation des bus hybrides, de maîtrise d'œuvre pour le déploiement des matériels de péage et d'assistance à maîtrise d'ouvrage du projet « Prioribus », qui confient au délégataire le soin de s'assurer du bon fonctionnement et de l'exploitabilité d'équipements en usage dans le réseau de transport de l'agglomération dijonnaise, présentent un caractère complémentaire et accessoire à l'exploitation des services de transport urbain et de stationnement ; que, par suite, la délégation litigieuse n'a méconnu ni les dispositions de l'art. L. 1411-2 CGCT ni les règles applicables à la commande publique. • CE 21 sept.

2016, *Cté urb. du Grand Dijon, Sté Kéolis*, n°s 399656 A et 399699 : *Rev. CMP 2016, n° 261, note Eckert ; BJCP 2016. 445, concl. Pellissier ; AJDA 2017. 359, note Douence*.

56. Activités complémentaires. Le titulaire d'une délégation de service public peut être autorisé par le contrat de délégation qu'il a conclu avec une commune à exercer des activités qui ne sont pas d'intérêt communal sans que soient méconnus aucune règle ni aucun principe, notamment pas le principe de liberté du commerce et de l'industrie, à condition que ces activités soient le complément normal de sa mission principale et qu'elles soient à la fois d'intérêt général et utiles à la commune. En revanche, est nulle une concession qui confie à son titulaire la construction d'une cuisine centrale excédant largement les besoins de la commune et qui l'autorise à vendre autant de repas à d'autres collectivités, à des associations et à des personnes physiques qu'aux usagers de la commune délégante. • CAA Paris, 10 juill. 2003, *Sté Sogères c/ Cne de Yerres*, n° 01PA2303 : *Dr. adm. 2003, n° 44, note Ménéménis.*

57. Prestations annexes à une DSP. Si les deux services publics relatifs à la distribution d'eau potable et à l'assainissement des eaux usées sur le territoire d'une même commune sont distincts, la prestation relative au relevé des compteurs d'eau potable consommée, à la facturation des deux services publics auprès de l'usager et au suivi non juridictionnel du recouvrement peut être commune aux deux services publics et réalisée par un seul organisme, au moyen d'une même facture, sur la base du cubage de l'eau consommée par l'usager ; dans ce cas, et dans l'hypothèse où la collectivité décide que l'organisme assurant cette prestation commune sera l'un des deux exploitants des services de l'eau potable et de l'assainissement, non une entreprise tierce, le choix de cet organisme peut être effectué à l'issue d'une mise en concurrence prévue par les dispositions de la L. n° 93-122 du 29 janv. 1993, dite « loi Sapin », compte tenu du caractère accessoire de ladite prestation aux deux délégations de service public, sans que soient méconnues les dispositions du C. marchés relatives aux prestations de service, et ce quel que soit le mode de rémunération prévu pour la prestation accessoire, c'est-à-dire soit le paiement direct par l'usager, soit un versement forfaitaire par la commune. • CAA Marseille, 23 janv. 2006, *Cne d'Alès en Cévennes*, n°s 04MA02580 et 04MA02581.

58. DSP portant sur deux activités distinctes. Aux termes de l'art. L. 211-24 du C. rur. : « Chaque commune doit disposer soit d'une fourrière communale apte à l'accueil et à la garde des chiens et chats trouvés errants ou en état de divagation jusqu'au terme des délais fixés aux art. L. 211-25 et L. 211-26, soit du service d'une fourrière établie sur le territoire d'une autre commune, avec l'accord de cette commune (...) » ; d'autre part, le II de l'art. L. 214-6 du même code dispose que : « On entend par refuge un établissement à but non lucratif géré par une fondation ou une association de protection des animaux désignée à cet effet par le préfet, accueillant et prenant en charge des animaux soit en provenance d'une fourrière à l'issue des délais de garde fixés aux art. L. 211-24 et L. 211-25, soit donnés par leur propriétaire ».

La commune d'Aix-en-Provence a entendu regrouper en un même lieu un site de fourrière et un second site de fourrière-refuge en activité sur son territoire et confier, par une unique délégation de service public, la gestion de ces activités à un même délégataire. Le juge des référés du tribunal administratif a annulé cette procédure au motif que les principes de liberté d'accès à la commande publique et d'égalité de traitement des candidats avaient été méconnus, dès lors que les sociétés commerciales, qui ne sont pas habilitées par la loi à gérer des refuges pour animaux, ne pouvaient, en l'absence de séparation des activités de fourrière et de refuge par allotissement de la délégation, se dispenser de former un groupement ou de s'associer par voie de sous-traitance avec une association ou une fondation pour présenter utilement leur candidature.

La circonstance que des candidats doivent s'associer par la constitution d'un groupement ou prévoir de recourir à un sous-traitant pour présenter leur candidature à une délégation de service public ne peut constituer en soi une atteinte aux principes de libre accès à la commande publique et d'égalité de traitement des candidats ; par suite, en jugeant que la commune d'Aix-en-Provence avait méconnu ses obligations de mise en concurrence en imposant aux sociétés commerciales de s'associer, par la voie d'un groupement ou d'un contrat de sous-traitance, avec une fondation ou une association habilitée à gérer la partie refuge de l'activité déléguée, le juge des référés du tribunal administratif a commis une erreur de droit.

Les dispositions du II des art. L. 211-6 et L. 211-25 C. rur., en confiant l'exercice de l'activité de refuge, c'est-à-dire d'accueil et de prise en charge des animaux soit en provenance d'une fourrière, laquelle relève d'un service public communal obligatoire en vertu des dispositions des art. L. 211-24 s. de ce code, soit donnés par leurs propriétaires, aux seules fondations et associations de protection des animaux agissant dans un but non lucratif, lui ont conféré un caractère de mission d'intérêt général ; en déléguant cette activité, à son initiative et sous son contrôle, conjointement avec l'activité de fourrière dont le refuge constitue le prolongement, la commune d'Aix-en-Provence a érigé l'ensemble formé par la fourrière-refuge en mission de service public ; par suite, la société Service pour l'assistance et le contrôle du peuplement animal n'est pas fondée à soutenir que la procédure de délégation litigieuse serait irrégulière en ce qu'elle porterait sur une activité ne relevant pas d'un service public. • CE 13 juill. 2012, *Cne d'Aix-en-Provence*, n° 358512 B : *BJCP 2012. 437, concl. Dacosta ; Rev. CMP 2012, n° 285, note Zimmer.*

59. Rémunération substantiellement liée aux résultats de l'exploitation. DSP/marché public de service. Un contrat confiant à un opérateur la collecte et l'évacuation des ordures ménagères ainsi que la gestion d'une décharge communale est un marché public, dès lors que la rémunération de l'opérateur, assurée par un prix payé par la commune, n'est pas substantiellement liée aux résultats de l'exploitation. • CE 15 avr. 1996, *Préfet des Bouches-du-Rhône c/ Cne de Lambesc*, n° 168325 A : *RFDA 1996. 715, concl. Chantepy, note Terneyre ; AJDA 1996. 806, chron. Chauvaux et Girardot ; Dr. adm. 1996, n° 355, note J.-B. Auby ; CJEG 1996. 270, note Savignat ; LPA 1996, n° 84, note Préat ; ACL 1997, n° 37.*

60. De même pour un contrat de gérance du service de distribution d'eau, dans lequel la rémunération du titulaire comporte une partie fixe représentée par la location des compteurs et une partie proportionnelle au volume d'eau distribué. • CE 7 avr. 1999, *Cne de Guilherand-Granges*, n° 156008 B : *AJDA 1999. 517, concl. Bergeal.*

61. A l'inverse, un contrat de régie intéressée confiant la gestion du service de traitement des déchets, dans lequel la rémunération prévue pour le cocontractant est composée d'une part d'un prix payé par la personne publique, d'autre part d'une partie variable, représentant environ 30 % des recettes du cocontractant, provenant de recettes d'exploitation liées au traitement des déchets collectés auprès d'autres usagers que la personne publique, de la vente d'énergie produite et des recettes supplémentaires liées aux performances réalisées dans la gestion du service, n'est pas un marché public, mais une délégation de service public. • CE 30 juin 1999, *SMITOM Centre-Ouest Seine-et-Marnais*, n° 198147 A : *AJDA 1999. 714, concl. Bergeal.*

62. Un contrat confiant au cocontractant la gestion d'un service de restauration scolaire est qualifié de délégation de service public, la rémunération du cocontractant étant composée d'une part fixe versée par la commune et, pour trois quarts des recettes, de redevances versées par les familles et d'une participation du département et de la caisse d'allocations familiales variant selon le nombre d'usagers. Le fait que la rémunération provienne de personnes publiques est sans importance dès lors que l'on peut considérer qu'elle varie en fonction du comportement des usagers. • CE 20 oct. 2006, *Cne d'Andeville*, n° 289234 A : *AJDA 2006. 2340, concl. Casas ; D. 2006. 193 ; Dr. adm. 2007, n° 21, note Ménéménis ; Rev. CMP 2006, n° 23, note Pietri.*

63. Un contrat par lequel un département confie à un prestataire la gestion d'un service public de transport de voyageurs, notamment scolaire, constitue une délégation de service dès lors que le prestataire choisi doit tirer sa rémunération de l'exploitation du service, que ses recettes soient versées par le département au titre de sa prise en charge de 80 % du coût des abonnements de transport scolaire, par les familles pour la part restante du coût de ces abonnements, ou qu'elles proviennent des sommes versées par les usagers non scolaires ou d'autres produits commerciaux. Ne fait pas obstacle à une telle qualification l'existence d'une convention d'intéressement financier prévoyant le versement d'une subvention par le département d'un montant initial de 25 733, 39 €, pour des recettes d'exploitation évaluées alors à environ 1,5 million d'€, dès lors qu'une telle convention laisse une part de l'éventuel déficit d'exploitation au cocontractant, laquelle peut s'élever à 30 % de ce déficit, déduction faite du montant de la subvention initiale et qu'ainsi une part significative du risque d'exploitation demeurant à la charge de ce cocontractant, sa rémunération doit être regardée comme substantiellement liée aux résultats de l'exploitation. • CE 7 nov. 2008, *Dpt de la Vendée*, n° 291794 B : *AJDA 2008. 2454, note Richer ; Rev. CMP 2008, n° 296, note Eckert.*

64. Une commune confie par contrat à une société le service de restauration scolaire et municipale, avec une rémunération assurée principalement par des redevances perçues directement auprès des usagers des restaurants scolaires et municipaux, des centres de loisirs maternels et des personnes âgées ; mais les parties s'engagent également sur un prix unitaire des repas comprenant les charges afférentes aux prestations fournies, dont le coût des investissements, ainsi que la rémunération du prestataire ; par ailleurs, les parties prévoient d'une part que, dans les cas où le nombre de repas commandés au cours d'un exercice s'avérerait inférieur ou supérieur de plus de 5 % par rapport à la base de référence retenue, le prix unitaire des repas fournis sur l'exercice écoulé serait réajusté par la rectification de divers postes composant ce prix, en fonction du nombre de repas effectivement commandés, d'autre part que la commune, à laquelle le prestataire facturera directement le prix des repas des usagers du centre aéré, prendra en charge, sous forme de subventions, la différence entre les redevances perçues auprès des usagers et le prix des repas ; en outre, le nombre d'usagers, constitués pour l'essentiel d'enfants des centres aérés et des écoles ainsi que de personnes âgées vivant en maisons de retraite, n'est pas susceptible de diminuer de manière substantielle d'une année sur l'autre ; le contrat conclu par la commune est, nonobstant le versement de redevances par les usagers des services, un marché public et non une délégation de service public, dès lors qu'en l'absence de réel risque d'exploitation, la rémunération du prestataire ne peut être regardée comme substantiellement liée aux résultats de l'exploitation. • CE 5 juin 2009, *Sté Avenance-Enseignement et santé*, n° 298641.

65. Il résulte de l'instruction que la convention litigieuse, dénommée « concession provisoire de service public pour la gestion du service de restauration municipale », a pour objet de déléguer par affermage provisoire le service public de restauration scolaire ; aux termes de son art. 2, « la gestion du service est assurée par le concessionnaire à ses risques et périls » et celui-ci « perçoit auprès des usagers un prix » ; les stipulations de l'art. 37 relatives à la rémunération du concessionnaire prévoient que le concessionnaire reçoit, en plus des recettes perçues sur les usagers, une subvention forfaitaire d'exploitation annuelle versée par la commune de Saint-Benoît, d'un montant de 3 389 228 € HT, ainsi qu'un complément de prix unitaire au repas servi, facturé selon le nombre de repas comptés lors de chaque service, également versé par la commune ; compte tenu de ces versements, qui couvrent 86 % de la rémunération du cocontractant, le risque économique du cocontractant ne porte, ainsi que le stipule la convention, que sur la différence entre les repas commandés et ceux effectivement servis, sur les variations de la fréquentation des cantines et sur les impayés ; eu égard à l'existence d'un dispositif de commande des repas, prévu par les stipulations de l'art. 12.2 de la convention, la différence entre les repas commandés et les repas servis ne saurait varier de manière substantielle ; en outre, compte tenu de l'objet du service, consistant en la fourniture de repas pour les cantines scolaires, pour les crèches et pour les centres aérés, et de la durée du contrat, limitée à quatorze mois, le nombre d'usagers n'est pas non plus susceptible de variations substantielles durant l'exécution de la convention ; enfin, la commune de Saint-Benoît ne fournit aucun élément permettant d'évaluer le risque découlant des impayés ; dans ces conditions, la part de risque transférée au délégataire n'implique pas une réelle exposition aux aléas du marché et le cocontractant ne peut, par suite, être regardé comme supportant un risque lié à l'exploitation du service ; il en résulte que la convention litigieuse ne revêt pas le caractère d'un contrat de concession, et donc d'une délégation de service public, mais celui d'un marché public. • CE 24 mai 2017, *Sté Régal des Îles*, n° 407213 B.

66. Notion de risque. Le juge de cassation exerce un contrôle de qualification juridique des faits constitutifs, dans un contrat confiant la gestion d'un service public à un opérateur économique, d'un transfert du risque lié à l'exploitation de ce service caractérisant une délégation de service public.

Il ressort des pièces du dossier soumis aux juges du fond, et notamment des stipulations de l'ensemble des conventions que, si la commune de Toulouse a apporté des soutiens financiers significatifs et quantitativement importants à son cocontractant, celui-ci a toujours conservé un risque lié à l'exploitation de la galerie, son équilibre financier n'étant pas garanti par les sommes apportées par la commune. L'association a ainsi supporté les aléas de la gestion du musée et a subi des pertes d'exploitation ayant conduit à son placement en procédure de redressement judiciaire. Il s'ensuit qu'en jugeant que les conventions conclues entre celle-ci et la commune ne lui transféraient pas un risque d'exploitation et en déduisant qu'elles ne constituaient pas des délégations de service public, le tribunal administratif a inexactement qualifié les faits qui lui étaient soumis. • CE 24 mars 2022, *Cne de Toulouse*, n° 449826 B (concl. Le Corre) : *AJDA 2022.1408, note Vincent-Legoux ; Rev. CMP, n° 7, comm. 174, Eckert.*

67. Droit d'exploiter. Marché public (non). Par un contrat signé le 13 déc. 1986, l'office municipal de tourisme de Rambouillet, établissement public local, a confié à une société l'édition d'un guide touristique de la ville de Rambouillet et de ses environs, rédigé par l'office, pour une durée de trois ans, renouvelable par tacite reconduction ; en contrepartie de cette prestation de services, le contrat concède à la société SEVP l'exploitation, à titre exclusif, de la publicité dans ce guide et prévoit que la société tirera sa rémunération de l'exercice de cette activité économique, en vendant des espaces aux annonceurs publicitaires. Eu égard à son objet et à son équilibre financier, un tel contrat ne constitue pas un marché public ; par suite, il n'est pas un contrat administratif par détermination de la L. du 11 déc. 2011 portant mesures urgentes de réformes à caractère économique et financier. • T. confl. 7 avr. 2014, *Sté Services d'édition et de ventes publicitaires (SEVP) c/ Office du tourisme de Rambouillet et Sté Axiom-Graphic*, n° 3949 : *BJCP 2014. 286, concl. Girard ; Rev. CMP 2014, n° 163, note Eckert.*

68. En l'absence de toute disposition autorisant la perception par une collectivité publique de redevances sur l'utilisation des voies publiques départementales, un contrat confiant à une entreprise le déneigement et le salage de ces voies ne peut donner lieu à une délégation de service public, mais seulement à un marché public. • CAA Lyon, 22 mai 1997, *Dpt de Saône-et-Loire*, n° 96LY02600 A.

69. Un contrat par lequel une commune confie à une entreprise la rénovation et l'exploitation pendant trente ans des halles et du parc de stationnement du marché, dans lequel la société prend en charge une part du montant des travaux et se rémunère principalement par la perception de droits de place, de droits de stationnement et de recettes publicitaires, constitue une délégation de service public. • CAA Bordeaux, 15 nov. 1999, *Savary et Tesseire,* n° 97BX02131 B.

70. Nonobstant la qualification retenue par les parties, n'est pas une délégation de service public mais un marché public le contrat confiant le transport scolaire à une entreprise dans lequel la rémunération du cocontractant est composée d'un prix versé par la commune et calculé proportionnellement au nombre de jours de fonctionnement du service et au kilométrage journalier effectivement réalisé. • CAA Nantes, 12 avr. 2000, *Cne d'Olivet,* n° 97NT02217.

71. Constitue une délégation de service public un contrat aux termes duquel l'opérateur réalise et exploite une hélistation pour assurer des missions de secours en montagne et des vols touristiques, la rémunération étant composée de forfaits pour chaque type d'intervention et du prix des vols touristiques acquitté par les usagers, aucune garantie n'étant donnée au cocontractant sur le nombre des missions qu'il aura à réaliser chaque saison. • CAA Lyon, 24 oct. 2000, *Sté Service aérien français et cne de Val d'Isère,* n° 96LY01868 B.

72. Est qualifié de délégation de service public un contrat d'exploitation de services de transport dans lequel la rémunération du cocontractant est composée de redevances perçues sur les usagers et d'une aide égale à 90 % de la différence entre le montant des charges et le montant des recettes perçu par l'exploitant. • CAA Marseille, 5 mars 2001, *Dpt du Var,* n° 99MA01751 B : *Dr. adm. 2001, n° 230.* ♦ De même un contrat d'exploitation de services de transport dans lequel la rémunération du cocontractant est composée, en plus de redevances perçues sur les usagers, d'un montant forfaitaire annuel de produits d'exploitation calculé en multipliant le prix forfaitaire du kilomètre par le nombre de kilomètres parcourus, une stipulation de la convention prévoyant que cette seconde partie de la rémunération ne peut dépasser un certain montant. • CAA Marseille, 5 mars 2001, *Dpt du Var,* n° 99MA01752 B.

73. Il ressort des pièces du dossier et notamment des documents contractuels que, s'agissant du contrat de gérance du service de distribution d'eau potable, la rémunération du gérant est composée de deux redevances annuelles versées par le syndicat intercommunal relatives à une somme proportionnelle, pour l'une, au nombre d'abonnés et de branchements municipaux du syndicat et, pour l'autre, au nombre de m^3 effectivement payés par les abonnés de toute nature au cours de l'année ; la circonstance que la rémunération du gérant varie en fonction du nombre de m^3 livrés par lui et effectivement payés ne permet pas de regarder cette variation entrant dans la rémunération du gérant comme présentant le caractère d'une incitation aux résultats de gestion ; l'évolution prévisible de la consommation et donc de la fourniture d'eau n'apparaît pas en l'espèce substantiellement liée à celle du prix payé par l'usager tel qu'il est fixé par le syndicat intercommunal sans d'ailleurs que ce tarif soit conditionné par les résultats de l'exploitation du gérant du service ; les frais de branchements installés avant et après la prise en charge du réseau sont respectivement assumés ou remboursés par le syndicat intercommunal ; si le gérant a la charge des travaux d'entretien courant et de réparation, les travaux de renouvellement et de réparation du gros œuvre relèvent du syndicat intercommunal et ne présentent donc pas le caractère de recettes d'exploitation destinées à assurer la rémunération de celui-ci ; si la rémunération du gérant est susceptible d'être minorée ou majorée selon que le rendement du réseau est inférieur à 75 % ou supérieur à 85 %, il ne ressort pas des pièces du dossier que ces seuls éléments puissent être regardés comme faisant peser effectivement sur le gérant une part significative des risques liés à l'exploitation ; ainsi, la majeure partie des ressources du service provient des redevances versées par le syndicat intercommunal sur lesquelles la gestion de l'exploitant n'exerce aucune influence déterminante ; dès lors, la rémunération du gérant ne peut être regardée comme étant substantiellement assurée par les résultats de l'exploitation du service public de distribution d'eau potable ; par suite, la conclusion de l'avenant litigieux était soumise, non pas, comme l'ont estimé à tort les premiers juges, au respect des règles fixées par le CGCT pour les délégations de service public mais de celles du C. marchés pour les marchés des collectivités locales. • CAA Douai, 5 juin 2001, *Sté Ateliers de mécanique du pays d'Ouche,* n° 97DA10602.

74. Est une délégation de service public le contrat dans lequel une part substantielle de la rémunération du cocontractant résulte de la vente des titres de transport aux voyageurs, l'exploitant assumant ainsi au moins en partie le risque financier de l'exploitation. • CAA Bordeaux, 9 juill. 2001, *Sté Onet car,* n° 97BX01801.

75. Un contrat de collecte sélective des vieux papiers, qui prévoit une rémunération de l'entreprise par l'exploitation du recyclage, mais qui prévoit également que la collectivité assurera toujours une compensation financière garantissant une rémunération au moins égale au coût de la collecte ne transfère aucun risque d'exploitation et est donc un marché public. • CAA Nantes, 31 juill. 2003, *Préfet du Cher,* n° 00NT01254.

76. Un contrat confiant la gestion d'une cité de la musique, dans lequel les recettes d'exploitation représentent 20 % de la rémunération totale du cocontractant, est qualifié de délégation de service public. • CAA Marseille, 13 avr. 2004, *Ville de Marseille,* n° 00MA00393.

77. Par le contrat litigieux, la commune a

confié à une SARL la mission de réaliser elle-même, pour une durée de trois ans, la production, la programmation et l'organisation de spectacles dramatiques professionnels de référence nationale ; ainsi, alors même que ce contrat prévoyait que les projets de la SARL seraient subordonnés à l'accord de la commune et que cette collectivité conservait la charge de la gestion technique de l'équipement et sa mise en sécurité, le cocontractant de l'administration doit être regardé comme s'étant vu confier l'exécution du service public du théâtre de la commune ; la circonstance que l'art. 1er du cahier des clauses administratives particulières mentionne que la SARL apporte son « concours à la ville pour la mise en œuvre des activités théâtrales organisées par la ville » est sans incidence sur la qualification juridique du contrat dès lors qu'il résulte de son économie qu'en réalité la ville n'organisait elle-même aucune activité théâtrale ; d'autre part, il résulte des stipulations des art. 7-1 et 7-2 du cahier des clauses administratives particulières applicables au contrat que la rémunération de la SARL était fonction du nombre de représentations et de la fréquentation, la minoration pouvant atteindre 20 % du montant annuel du marché et la majoration consistant en une rétribution complémentaire variant de 50 % à 70 % au prorata du nombre de spectateurs supplémentaires ; ainsi, alors même que la SARL ne supportait que dans certaines limites le risque financier de l'exploitation, sa rémunération était substantiellement assurée par les résultats de cette exploitation ; il suit de là que la commune n'est pas fondée à soutenir que, requalifiant ce contrat en délégation de service public, les premiers juges auraient commis une erreur de droit ou auraient inexactement qualifié les faits de l'espèce. • CAA Paris, 16 déc. 2008, ♖ *Cne de Boulogne-Billancourt*, n° 07PA00954.

78. Aux termes de la convention litigieuse : « Titre III. Exploitation et entretien de l'immeuble. Art. 8 : La SAGI assurera la gérance de l'immeuble (...) et, à cet effet, accomplira tous actes d'administration et de gestion, en se conformant aux stipulations de la présente convention et sous le contrôle du centre hospitalier Sainte-Anne. (...) 2°/ Montant des loyers. Les loyers des locaux d'habitation seront fixés aux montants maxima prévus par la réglementation sur les PLA et évolueront dans les conditions établies par ladite réglementation. Le centre hospitalier Sainte-Anne couvrant les éventuels déficits d'exploitation de l'opération devra, s'il désire les voir fixer à un niveau inférieur, le notifier expressément à la SAGI » ; aux termes de l'art. 14 de ladite convention : « La gestion de l'immeuble (...) donnera lieu à l'établissement d'un compte d'exploitation qui sera soumis annuellement à l'agrément du centre hospitalier Sainte-Anne (...). La SAGI inscrira au débit ou au crédit de ce compte les dépenses et recettes ci-après. A/ Au débit (...) : 1. Les charges d'exploitations (...). 2. Les dépenses d'entretien courant. 3. Les sommes nécessaires pour assurer le service (...) des emprunts. 4. Le prélèvement pour constitution d'une provision pour grosse réparation. 5. Le montant des travaux complémentaires de premier établissement. 6. Les impôts et taxes de toute nature. 7. Une provision pour créance douteuse (...). 8. La rémunération allouée à la SAGI, calculée à raison de 2,6 % du montant de l'ensemble des recouvrements effectués sur les locataires. 9. Les frais généraux (...) de la SAGI. (...) B/ Au crédit (...) 1. Toutes les recettes provenant du programme : encaissements de loyers (...). 2. Le montant de la reprise sur provision pour grosses réparations à concurrence du montant des travaux effectués et dans la limite du montant de la provision » ; aux termes de l'art. 15 de ladite convention : « Si à la clôture d'un exercice, le compte d'exploitation de l'immeuble présente un solde bénéficiaire, le centre hospitalier Sainte-Anne décidera chaque année de l'emploi de ce solde qui pourra être porté au crédit d'un compte courant que la SAGI ouvrira dans ses livres au nom du centre hospitalier Sainte-Anne. Les fonds portés à ce compte ne pourront avoir d'autre destination que de constituer une provision destinée à couvrir d'éventuels déficits d'exploitation des exercices ultérieurs. Si, à la clôture d'un exercice, le compte d'exploitation de l'immeuble présente un solde déficitaire, ce déficit sera porté par la SAGI au débit du compte courant visé ci-dessus et sera prélevé sur la provision éventuellement créée à l'aide des soldes des exercices bénéficiaires. Si, à un moment donné, cette provision est inexistante ou si elle est épuisée, le déficit éventuel fera l'objet d'un versement par le centre hospitalier Sainte-Anne à la SAGI et lui sera remboursé par la SAGI » ; enfin, il est prévu qu'au terme du bail emphytéotique conclu le 28 févr. 1990 et expirant le 30 juin 2023, l'immeuble est transféré au centre hospitalier Sainte-Anne, qui entre aussi en possession du montant du solde de la provision pour grosses réparations et du solde de la provision constituée avec les bénéfices d'exploitation ; il résulte de l'ensemble de ces stipulations que c'est le centre hospitalier Sainte-Anne qui a seul vocation à percevoir les bénéfices générés par l'exploitation de l'immeuble ; les déficits d'exploitation éventuels, qui sont inscrits au débit du compte courant ouvert au nom du centre hospitalier Sainte-Anne dans les comptes de la SAGI, sont soit imputés sur la provision inscrite audit compte courant, soit font l'objet d'un versement par le centre hospitalier Sainte-Anne à la SAGI, à charge pour elle de virer cette somme au crédit dudit compte courant ; il suit de là que, la rémunération de la SAGI étant forfaitairement arrêtée à 2,6 % du montant de l'ensemble des recouvrements effectués sur les locataires, et celle-ci ne supportant aucun risque d'exploitation, le contrat en litige est constitutif d'un marché public de service et non pas, comme l'ont jugé à tort les premiers juges, une délégation de service public. • CAA Paris, 2 juill. 2010, *SAGI c/ CH Sainte-Anne*, n° 07PA02268.

79. Si la commune soutient que l'autorisation donnée à l'association « Bouger avec nous » visait seulement à permettre la réalisation d'un projet d'intérêt général accompagné d'une demande de subvention et non d'une mission de service public, il ressort toutefois de ladite convention que la commune a imposé diverses obligations à l'association dont celle d'assurer une durée minimale d'ouverture de la piscine, d'accueillir les groupes scolaires et de fournir un compte rendu bimensuel de l'activité et de la situation financière de cette activité ; ainsi cette activité avait le caractère d'une mission de service public comme l'a estimé le tribunal.

Lorsque des collectivités publiques sont responsables d'un service public, elles peuvent, dès lors que la nature de ce service n'y fait pas par elle-même obstacle, décider de confier sa gestion à un tiers ; à cette fin, sauf si un texte en dispose autrement, elles doivent en principe conclure avec un opérateur, quel que soit son statut juridique et alors même qu'elles l'auraient créé ou auraient contribué à sa création ou encore qu'elles en seraient membres, associées ou actionnaires, un contrat de délégation de service public ou, si la rémunération de leur cocontractant n'est pas substantiellement liée aux résultats de l'exploitation du service, un marché public de service ; elles peuvent toutefois ne pas passer un tel contrat lorsque, eu égard à la nature de l'activité en cause et aux conditions particulières dans lesquelles il l'exerce, le tiers auquel elles s'adressent ne saurait être regardé comme un opérateur sur un marché concurrentiel.

Il ressort des pièces du dossier et notamment du budget prévisionnel de la gestion de la piscine pour l'exercice 2009/2010, que l'association « Bouger avec nous » comptait tirer de cette activité un produit hors subvention de 130 000 euros ; ainsi, et quand bien même la convention de subventionnement et d'objectifs prévoyait que les recettes n'avaient pas pour objet de rémunérer l'association mais de permettre un équilibre comptable de sa situation, elle devait, contrairement à ce que soutient la commune, percevoir une rémunération pour son activité ; si les produits escomptés incluaient également une subvention annuelle de 110 000 €, qui a finalement été étalée sur deux années, la rémunération de l'association n'en était pas moins substantiellement liée aux résultats de son exploitation comme l'a estimé le tribunal ; il suit de là que la délibération en litige qui a autorisé le maire à signer la convention de subventionnement et d'objectifs précitée a décidé de confier une délégation de service public à l'association « Bouger avec nous » ; faute de mise en œuvre d'une procédure préalable de publicité et de mise en concurrence, cette délibération a méconnu les dispositions précitées de l'art. L. 1411-1 CGCT. • CAA Lyon, 18 avr. 2013, *M. B.*, n° 12LY01547.

80. Il ressort des pièces du dossier que la convention du 28 avr. 2008 a été conclue à l'initiative de Méribel Tourisme, établissement public local, en vue de confier à la société 2C Associés l'organisation du festival de publicité afin de générer une activité touristique et économique à une période de basse fréquentation ; en contrepartie des prestations confiées à la société requérante, Méribel Tourisme assurait, dans la limite de 142 000 euros, le financement direct d'une partie des hébergements, mettait à disposition différents locaux et assurait des prestations de transport ; la convention prévoyait enfin le versement à la société d'honoraires d'un montant de 177 000 euros ; dans ces conditions, la convention litigieuse doit être regardée comme constitutive d'un marché public de services. • CAA Lyon, 5 déc. 2013, *SARL 2C Associés*, n° 13LY00322.

81. Pour soutenir que la convention litigieuse constitue une délégation de service public au sens des dispositions de l'art. L. 1411-1 CGCT, ce dont elle indique s'être d'ailleurs assurée lors de la définition de ses clauses en recourant à un assistant à maîtrise d'ouvrage, la commune de Saint-Benoît se prévaut, comme elle d'a déjà fait devant les premiers juges, de ce que les services de restauration collective organisés par les collectivités publiques constituent une activité de service public pouvant donner lieu à délégation de service public et de ce que le délégataire assure, en l'espèce, la gestion de ce service à ses risques et périls en percevant auprès des usagers un prix fixé par la collectivité. Toutefois, il résulte des termes mêmes des stipulations précitées des art. 44.1, 44.2 et 45.3 du contrat litigieux que le prix des prestations réalisées par le délégataire intègre, d'une part, une subvention forfaitaire d'exploitation annuelle (SFE) couvrant les charges fixes et devant représenter au moins 60 % du montant total de sa rémunération annuelle ainsi que, d'autre part, une provision destinée à couvrir les éventuels impayés susceptibles de se produire en cours d'exécution du contrat, le délégataire percevant en outre un complément de prix unitaire au repas servi couvrant les charges variables, notamment liées à l'approvisionnement en denrées alimentaires. Ainsi, le risque économique du délégataire ne porte que sur la différence entre les repas comptabilisés et/ou commandés et les repas servis ainsi que sur les impayés. A cet égard, et ainsi que l'a relevé le tribunal, il résulte du compte d'exploitation prévisionnel joint à son offre par la SOGECCIR, gestionnaire sortant de la cuisine municipale de Saint-Benoît, que pour chacune des dix années d'exécution du contrat, celle-ci évalue ses recettes, d'un montant total de 4 940 986 euros, égal au montant prévisionnel des dépenses, comme provenant de 3 161 728 euros de la subvention forfaitaire d'exploitation annuelle (SFE), de 1 055 258 euros de la subvention unitaire au repas servi et pour seulement 724 000 euros des recettes des écoles, de sorte que les recettes retirées par la SOGECCIR en provenance des usagers ne représentent que 15 % du montant total des recettes, 64 % provenant de la SFE, et 21 % de la subvention complémentaire versée au titre des charges variables. En outre, le risque d'une différence entre le nombre de repas servis et le nombre de repas commandés se trouve notablement réduit par le dispositif de commande prévu par les stipulations précitées de l'art. 16.2 de la convention litigieuse, en vertu desquelles le prévisionnel de repas établi par la commune de Saint-Benoît doit être confirmé au délégataire la veille du jour de consommation pour les scolaires ou avant 9 h 00 le jour même de consommation pour les accueils de loisirs, tant en période scolaire qu'en période de vacances. Par ailleurs, compte tenu de l'objet du service, consistant en la fourniture de repas pour les cantines scolaires, pour les crèches et pour les centres aérés, pour un total prévu, par l'art. 14 du contrat, de 140 jours par an environ pour la restauration scolaire, 90 jours par an environ pour les accueils de loisir et 226 jours par an environ pour les 3 EAJ existants, le nombre d'usagers n'est pas non plus susceptible de variations substantielles durant l'exécution de la convention. Dans ces conditions, et alors même qu'ainsi que le soutient la commune de Saint-Benoît en appel, le nouveau dispositif de pointage et de facturation instauré à compter de 2014 exigeait un important changement de pratique pour le délégataire et pour les familles et avait engendré une dégradation des impayés au 31 déc. 2014 de 198 081 euros, la part de risque transférée au délégataire n'implique pas une réelle exposition aux aléas du marché, de sorte que le cocontractant ne peut être regardé comme supportant un risque lié à l'exploitation du service, ainsi que l'a d'ailleurs jugé le Conseil d'État dans un arrêt n° 407213 du 24 mai 2017 rendu dans le cadre du recours, formé par la société « Régal des Iles », contre la convention provisoire pour la gestion du service public de restauration municipale signée le 28 nov. 2016 par la collectivité territoriale avec la société Dupont Restauration Réunion. Par suite, la convention litigieuse ne revêt pas le caractère d'une délégation de service public, mais celui d'un marché public de services. • CAA Bordeaux, 8 oct. 2018, *Cne de Saint-Benoît*, n° 16BX02772 : *Rev. CMP 2018. 261, note Eckert.*

82. DSP et occupation domaniale. Un décret fixant les droits et obligations d'un occupant domanial – une société de transport pétrolier par pipeline – imposant notamment que le domaine soit maintenu dans un état permettant l'approvisionnement en temps de crise des forces armées, ne procède pas à la délégation de la gestion d'un service public de transport de produits pétroliers. • CE 13 juin 1997, *Sté des transports pétroliers par pipelines*, n° 167907 A.

83. N'est pas une convention de délégation de service public mais une simple concession domaniale, un contrat autorisant une société à occuper le domaine public pour y exploiter un restaurant. • CE 12 mars 1999, *Ville de Paris, Sté l'Orée du Bois*, n° 186085 B : *Dr. adm. 1999, n° 127 ; AJDA 1999. 439, note Raunet et Rousset ; BJCP 1999. 433, concl. Bergeal.*

84. Une convention autorisant l'occupation du domaine public par une société qui est en outre chargée, sous le contrôle de la collectivité publique, de gérer la dépendance du domaine public dans le cadre d'une mission d'intérêt général d'animation culturelle et d'accueil d'activités artistiques et artisanales en ayant la faculté d'user des prérogatives nécessaires à la gestion du domaine public constitue une concession de service public. • CE 11 déc. 2000, *Mme Agofroy*, n° 202971 A : *RFDA 2001. 1277, concl. Austry.*

85. Une concession d'outillage public portuaire est une convention d'occupation du domaine mais également, en raison de son objet, une convention de délégation de service public. En l'espèce, le concessionnaire était chargé de l'exploitation d'une fosse d'élévateurs de bateaux. • CE 20 déc. 2000, *CCI Var*, n° 217639 : *Dr. adm. 2001, n° 161.*

86. Un contrat ayant pour objet l'aménagement d'une terrasse sur un hangar portuaire et l'installation de commerces et de parkings souterrains à proximité, sur le domaine public portuaire, est une simple concession domaniale, sans délégation de service public, même s'il participe à la valorisation touristique du terminal portuaire. • CE 10 mars 2006, *Sté Unibail*, n° 284802 : *Rev. CMP 2006, n° 151, obs. Eckert.*

87. En premier lieu, aux termes de l'art. 2.9.3 de la convention du 11 août 2004 : « L'occupant réserve, à titre exclusif ou pour un usage partagé ou pour un usage temporaire selon les biens concernés à l'équipe professionnelle de rugby du Stade français-CASG Paris, pour les besoins de ses entraînements et de ses matchs nationaux et internationaux, l'utilisation du terrain de rugby, des tribunes et de certaines dépendances, installations et équipements dont la liste et les localisations sont précisées en annexe au présent contrat. Les modalités d'utilisation de ces biens sont précisées dans une convention conclue entre l'occupant et la société anonyme sportive professionnelle Stade français-CASG Paris. Cette convention définit les droits et les obligations respectifs des parties de manière à assurer une coexistence harmonieuse, notamment dans l'usage des biens réservés, entre l'occupant et l'utilisateur de ces biens. Cette convention est jointe en annexe au présent contrat (annexe 7). Toute modification de cette convention pourra être apportée librement par les parties à cette convention, par voie d'avenant et devra être portée à la connaissance de la mairie de Paris » ; la seule présence d'un club de rugby professionnel sans autres contraintes que celles découlant de la mise à disposition des équipements sportifs ne caractérise pas à elle seule une mission de service public ; la cour ne pouvait déduire la volonté de la ville d'organiser un service public des stipulations de la convention conclue le 2 juill. 2004, qui a pris en compte la présence de l'équipe professionnelle de rugby du Stade français-CASG Paris par la mise à la disposition exclusive à cette équipe, de façon permanente ou temporaire, de certains locaux et équipements nécessaires au sport de haut niveau.

En deuxième lieu, la cour a elle-même relevé que la convention signée le 11 août 2004 ne reprenait pas une clause insérée dans la convention signée en 1990 et selon laquelle le CASG s'engageait à mettre à la disposition de la direction de la jeunesse et des sports de la ville et sous sa responsabilité les installations sportives du stade Jean-Bouin pendant la période scolaire à l'exception des jours de congés scolaires ; la cour a aussi estimé que l'annexe 3 à la convention du 2 juill. 2004 relative au tableau de répartition horaire de l'utilisation des équipements traduisait la réalité du maintien de l'obligation de mise à disposition d'installations au profit du public scolaire, qui existait dans la convention signée en 1990 ; cependant, dès lors qu'il ressort de ses termes mêmes que cette annexe s'est bornée à constater la répartition hebdomadaire des créneaux d'utilisation du stade Jean-Bouin et de la piste d'athlétisme par l'équipe professionnelle de rugby du Stade français et le public scolaire, la cour ne pouvait, pour qualifier le contrat, en déduire que cette obligation avait été maintenue par le biais de la convention du 2 juill. 2004 conclue entre l'association et le Stade français-CASG Paris.

En troisième lieu, la cour a relevé que le titre III de la convention du 11 août 2004 prévoyait un programme de modernisation (création de courts enterrés, rénovation du gymnase, amélioration de la sécurité de l'enceinte sportive…) pour un montant d'investissement prévisionnel fixé, à l'annexe 6, à 10 millions d'euros environ sur 20 ans ; cependant et d'une part, qu'aux termes du titre III de la convention : « L'occupant envisage de réaliser pour ses besoins propres et à ses frais un programme de réalisation d'investissements (…) sur les biens qu'il occupe et dont il a l'usage au titre du présent contrat, selon le programme indicatif figurant à l'annexe 6 du présent contrat. (…) » ; à ce titre, les art. 3.1, 3.2 et 3.3 prévoient respectivement que le coût des investissements est à la charge de l'occupant si celui-ci décide de les réaliser, qu'avant toute réalisation d'investissements, l'occupant devra en transmettre le dossier à la mairie de Paris pour avis préalable et que les investissements seront exécutés sous la surveillance des services compétents de l'administration municipale (direction chargée des sports) et sous la seule responsabilité de l'occupant, qui doit tenir la mairie de Paris informée de l'état d'avancement de la réalisation des investissements ; les stipulations du préambule du titre III et de l'annexe 6 de la convention du 11 août 2004, relatives au programme indicatif d'investissements envisagé par l'association Jean-Bouin sur les sites concédés pour ses besoins propres et à ses frais, lui laissaient toute latitude en ce qui concerne la nature et la programmation des investissements au regard de l'état des dépendances domaniales concédées et répondaient au besoin de conservation de ces dépendances, notamment du site du stade Jean-Bouin ; d'autre part, qu'aux termes de l'art. 4.1 de la convention : « En contrepartie de la mise à disposition des biens concédés décrits dans le présent contrat, l'occupant s'acquittera d'une redevance » ; que, si cette redevance comprenait une part fixe annuelle de 50 000 € actualisée chaque année, elle était constituée également à compter du 1er janv. 2008 d'une part variable assise sur une partie du chiffre d'affaires réalisé par l'occupant ; que cette redevance a été déterminée conformément aux modalités de calcul des redevances d'occupation domaniale ; la cour ne pouvait ainsi déduire des éléments qu'elle a relevés qu'eu égard au montant des investissements la ville faisait peser sur son cocontractant une obligation de service public et qu'en raison de son faible montant la redevance d'occupation domaniale versée par l'association était la contrepartie d'une telle obligation.

En quatrième lieu, la cour a mentionné les stipulations de l'art. 4.2 de la convention du 11 août 2004 selon lesquelles : « En outre, en cas de déséquilibre financier des comptes d'exploitation de l'occupant, les parties conviennent de se rencontrer afin d'étudier les mesures propres à assurer la pérennité de l'association Jean-Bouin-CASG, la continuité des activités sportives et la préservation des biens concédés » ; elle en a déduit que cette clause confortait son analyse selon laquelle la ville n'avait pas eu pour seul objectif de rentabiliser ou valoriser son patrimoine ou d'en assurer la sauvegarde moyennant une redevance versée par l'occupant en contrepartie de son exploitation libre et privée mais avait voulu confier à celui-ci la gestion sous son « pilotage » d'un grand complexe sportif ; cependant, ces stipulations visent à garantir la meilleure utilisation du domaine tout en restant compatible avec son objet relatif à l'accueil d'activités sportives ; elles ne caractérisent pas ainsi un droit de regard de la personne publique sur l'activité exercée par l'association et ne révèlent pas davantage l'organisation par cette personne publique d'une mission de service public.

En cinquième lieu, si le juge peut prendre en

compte des éléments extérieurs au contrat et de nature à éclairer la commune intention des parties, ces éléments ne doivent pas être dépourvus de toute pertinence pour apprécier cette commune intention ; dès lors et d'une part, la cour ne pouvait, sans erreur de droit, se fonder sur la lettre adressée par le maire de Paris au président de l'association Paris-Jean-Bouin par laquelle, à la suite d'un différend entre l'occupant et le Stade français, il s'est borné à charger les services de la ville d'élaborer une convention de bon usage afin de préciser les obligations respectives des parties pour la suite de la saison sportive qui a pris fin avant la conclusion de la convention ; d'autre part, la cour ne pouvait prendre en compte les conventions annuelles d'objectifs conclues, en application de la L. du 16 juill. 1984 relative à l'organisation et à la promotion des activités physiques et sportives et des décrets pris pour son application, entre 2001 et 2006 entre la ville de Paris et l'association Paris-Jean-Bouin, qui ont pour seul objet l'octroi de subventions annuelles ; il résulte de ce qui précède que la cour ne pouvait se fonder sur l'ensemble des éléments qu'elle a relevés et qui, s'ils concernent des activités d'intérêt général, ne se traduisent pas par un contrôle permettant de caractériser la volonté de la ville d'érigerces activités en mission de service public, pour en déduire l'existence d'une telle mission dont la gestion aurait été confiée à l'association ; enfin, il ressort des pièces du dossier soumis aux juges du fond que, selon l'art. 1er de la convention du 11 août 2004, ce contrat a pour objet de concéder à l'association Jean-Bouin le droit d'occuper et d'utiliser de façon privative les dépendances du domaine public de la ville de Paris ; le second alinéa de cet article stipule : « Le présent contrat d'occupation du domaine public ne confère à l'occupant ou à toute autre personne utilisant une partie des biens concédés du chef de l'occupant ni la propriété commerciale, ni la qualité de concessionnaire de service public ou de concessionnaire d'ouvrage ou de travaux publics » ; les stipulations de l'art. 2.9.2, en vertu desquelles l'association Paris-Jean-Bouin a conclu, avec des lycées, avec le département de Paris au titre de l'enseignement d'éducation physique et sportive dans des collèges ou avec d'autres tiers, des conventions de sous-concession prévoyant les conditions et les modalités de mise à disposition des équipements sportifs et des autres locaux, notamment les créneaux horaires d'utilisation et le montant de la redevance d'occupation, ont eu pour objet de mettre la ville de Paris en mesure de s'assurer en permanence que le domaine public concédé était occupé conformément à sa destination, et ne sauraient être regardées comme donnant à la ville un droit de regard sur l'activité exercée par l'association ; l'ensemble des stipulations de la convention du 11 août 2004 et de ses annexes, qui imposent des prescriptions à l'association Paris-Jean-Bouin, s'inscrit dans le cadre des obligations que l'autorité chargée de la gestion du domaine public peut imposer, tant dans l'intérêt du domaine et de son affectation que dans l'intérêt général, aux concessionnaires du domaine.

Il résulte de tout ce qui précède que l'ensemble des stipulations de la convention du 11 août 2004 et de ses annexes ne traduit pas l'organisation, par la ville de Paris, d'un service public ni la dévolution de sa gestion à l'association Paris-Jean-Bouin ; par suite, la cour a inexactement qualifié la convention du 11 août 2004 en jugeant qu'elle avait le caractère d'une délégation de service public. Aucune disposition législative ou réglementaire ni aucun principe n'imposent à une personne publique d'organiser une procédure de publicité préalable à la délivrance d'une autorisation ou à la passation d'un contrat d'occupation d'une dépendance du domaine public, ayant dans l'un ou l'autre cas pour seul objet l'occupation d'une telle dépendance ; il en va ainsi même lorsque l'occupant de la dépendance domaniale est un opérateur sur un marché concurrentiel. • CE, sect., 3 déc. 2010, *Ville de Paris, Assoc. Paris-Jean-Bouin*, n° 338272 A : *BJCP 2011. 36, concl. Escaut ; AJCT 2010. 37, note Dreyfus ; AJDA 2011. 18, note Glaser ; Rev. CMP 2011, n° 25, note Devillers ; Dr. adm. 2011, n° 17, note Brenet et Melleray.*

88. Il résulte de l'instruction que la convention envisagée par la chambre de commerce et d'industrie permet à son titulaire d'aménager et d'exploiter la boutique hors taxe de l'aéroport, cette autorisation d'occupation du domaine public étant assortie de prescriptions tenant à la qualité du service, à l'aménagement des horaires d'ouverture et à l'insertion du commerce dans la réalité locale, notamment par la réalisation d'une « vitrine de promotion des produits locaux » et la création « d'un espace guadeloupéen » et « d'une case à rhum » ; à supposer même que ces obligations puissent être regardées comme relevant d'une mission de service public, elles n'auraient pas pour objet de confier à ce cocontractant la gestion d'un service public mais seulement la création et l'exploitation d'un équipement commercial affecté à ce service ; la convention envisagée ne saurait ainsi être regardée comme une délégation de service public. • CE 19 janv. 2011, *CCI de Pointe-à-Pitre*, n° 341669 B : *BJCP 2011. 101, concl. Boulouis ; AJDA 2011. 1330, note Caille.*

89. Il est loisible à une commune d'adopter un nouveau mode de gestion de l'activité d'hôtellerie et de restauration jusqu'alors exercée dans le cadre de la convention d'occupation du domaine public conclue avec une société ; l'intention de la commune de soumettre le futur exploitant de l'activité d'hôtellerie et de restauration à des obligations de service public tenant notamment aux horaires et jours d'ouverture de l'établissement constitue un motif d'intérêt général suffisant pour décider la résiliation de la convention d'occupation du domaine public conclue avec la société. • CE 19 janv. 2011, *Cne de Limoges*, n° 323924 B : *BJCP 2011. 105, concl. Dacosta ; AJDA 2011. 616, note Dreyfus*.

90. Il ressort des pièces du dossier soumis aux juges du fond que le contrat entre le port autonome et la société a eu pour objet de mettre à la disposition de cette société, sur le domaine public portuaire pour une durée de 20 ans, les formes de radoub nos 8, 9, 10, le poste à quai 190 ainsi que leurs terre-pleins avoisinants afin de permettre à cette société d'y exercer une activité de réparation navale ; l'art. 3 de ce contrat réservait au port autonome l'utilisation et l'exploitation avec son personnel, dans les conditions prévues par le règlement d'exploitation des engins de radoub, des outillages du port nécessaires pour les manœuvres de mise à sec des bateaux venant séjourner dans les formes en vue de leur réparation et pour les manœuvres de mise en eau ; pour l'occupation du domaine public et pour ces prestations, la société versait au port autonome des redevances dont les modalités étaient fixées à l'art. 8 du contrat ; ainsi, par ce contrat, le port autonome a seulement autorisé la société à occuper des dépendances de son domaine public pour lui permettre d'y exercer une activité de réparation navale ; il n'a pas délégué à cette société l'exploitation des outillages publics du port ; par suite, la cour a inexactement qualifié cette convention en jugeant qu'elle devait être regardée comme une concession d'outillage public et entrait ainsi dans le champ d'application de la L. du 29 janv. 1993. • CE 8 juin 2011, *Port autonome de Marseille*, n° 318010 B : *AJDA 2012. 770, note Rabier ; Rev. CMP 2011, n° 267, note Soler-Couteaux.*

91. La ville de Paris a confié à la société S. la gestion d'un stade et de ses abords pour une durée de huit ans, moyennant le paiement d'une redevance ; ce contrat stipulait la propriété de la ville sur toutes les constructions neuves et améliorations dès leur réalisation ; il ne confiait aucune mission particulière au cocontractant, seul compétent pour gérer l'équipement, sous réserve du respect de modèles de contrat d'utilisation annexés ; à supposer même que la ville ait entendu imposer une utilisation principale par deux clubs de football ainsi que par les Fédérations françaises de football et de rugby, principaux utilisateurs du stade comme l'indique l'annexe à un avenant, d'une part, la seule présence de clubs de football professionnel sans autres contraintes que celles découlant de la mise à disposition de l'équipement sportif ne caractérise pas à elle seule une mission de service public et, d'autre part, les conditions d'utilisation de cet équipement par des fédérations sportives, délégataires d'un service public national, sont étrangères aux missions de service public relevant de la compétence de la ville ; cette convention conclue entre la ville et la société S. ne peut ainsi être qualifiée de délégation de service public ; il s'agit d'une convention autorisant l'exploitation d'un équipement situé, ainsi qu'il ressort des pièces du dossier soumis aux juges du fond, sur une dépendance du domaine public de la ville. Les litiges nés de l'exécution de ce contrat ayant pour objet l'occupation d'une dépendance du domaine public de la ville relèvent de la compétence du juge administratif. • CE, sect., 11 juill. 2011, *Mme Gilles*, n° 339409 B : *BJCP 2011. 341, concl. Boulouis ; AJDA 2011. 1949, chron. Domino*.

92. Par convention du 27 août 1990 et avenant du 28 avr. 1994, la ville de Paris a confié la gestion du stade du Parc des Princes et de ses abords à la SESE ; cette dernière a conclu avec la société X une convention l'autorisant à installer dans le stade et à ses abords des points de vente de produits dérivés des manifestations sportives et lui conférant l'exclusivité de la vente de ces produits ; la SESE a mis fin à cette convention avant le terme prévu ; la S.E.S.E. n'était pas délégataire d'un service public ; dans ces conditions, le litige né de la résiliation du contrat de droit privé passé entre elle, qui n'agissait pas pour le compte de la ville de Paris, et la société X, toutes deux personnes de droit privé, même si cette convention comportait occupation du domaine public, relève de la compétence des juridictions judiciaires. • T. confl. 14 mai 2012, *Mme Gilles c/ Sté d'exploitation sports et événements (SESE) et ville de Paris*, n° 3836 : *BJCP 2012. 382, concl. Olléon.*

93. Si la délibération attaquée autorisant la signature de la convention litigieuse est motivée par l'intérêt général s'attachant pour la Ville, gestionnaire du domaine, à la promotion des activités culturelles sur son territoire, elle ne concerne pas, ainsi qu'il a été dit ci-dessus, les activités des services publics municipaux ni celles qui seraient exercées pour leur compte ; il ressort également des pièces du dossier que la Ville n'a pas entendu créer un service public de l'information culturelle mais seulement utiliser son domaine conformément aux prescriptions légales régissant les colonnes et mâts porte-affiches pour permettre une promotion de la vie culturelle à Paris ; les obligations mises à la charge de l'occupant du domaine public à cette fin sont soit conformes aux exigences posées par les dispositions aujourd'hui codifiées aux art. R. 581-45 et R. 581-46 C. envir., soit prises, s'agissant notamment de l'emplacement des mobiliers, dans l'intérêt de la gestion du domaine ; par suite, la Ville de Paris est fondée à soutenir que c'est à tort que, par le jugement attaqué, le tribunal administratif a annulé la délibération du 26 sept. 2005 au motif que la convention dont elle autorisait la signature présentait le caractère d'une délégation de service public soumise à une procédure préalable de publicité et de mise en concurrence.

• CE 15 mai 2013, *Ville de Paris*, n° 364593 A : *AJDA 2013. 1271, chron. Domino-Bretonneau ; BJCP 2013. 359, concl. Dacosta ; Rev. CMP 2013, n° 199, note Eckert.*

94. Un contrat confiant l'exploitation d'un petit train touristique n'est pas seulement une convention domaniale, mais est également une convention de délégation de service public, la commune ayant manifesté son intention d'ériger l'activité considérée en un service public local d'animation touristique et culturelle. La circonstance que l'exploitant ne bénéficie pas d'un soutien financier de la collectivité territoriale, et qu'il ne soit pas investi de prérogatives de puissance publique est sans effet sur cette qualification. • CAA Nancy, 6 avr. 2006, *EURL Saut du Doubs et SA Promotrain*, n° 01NC00887 : *Rev. CMP 2006, n° 185, obs. Delacour.*

95. Un contrat par lequel une chambre de commerce et d'industrie autorise une société d'assistance en escale à occuper une partie du domaine public aéroportuaire n'a pas le caractère d'une délégation de service, alors même qu'il comporte quelques obligations relatives aux heures d'ouverture et au personnel employé. • CAA Marseille, 19 févr. 2007, *SARL Sata Handling*, n° 04MA00915.

96. DSP et contrat de mandat de maîtrise d'ouvrage. Un contrat par lequel une personne publique ne confie pas à son cocontractant la réalisation, pour son compte, d'ouvrages qui doivent lui être remis dès l'achèvement des travaux, mais lui confie, par un contrat global, la réalisation d'ouvrages et leur exploitation, lesdits ouvrages n'étant remis à l'État qu'au terme des 15 ans de la convention, n'est pas un contrat de mandat de maîtrise d'ouvrage soumis à ce titre à la L. du 12 juill. 1985 relative à la maîtrise d'ouvrage publique et à ses rapports avec la maîtrise d'œuvre privée, la personne publique, qui n'assure pas la direction technique des actions de construction et ne bénéficie d'une remise des ouvrages qu'au terme du contrat, ne pouvant être regardée comme jouant, ni pendant la direction des travaux ni avant le terme de la remise des ouvrages, le rôle de maître d'ouvrage. • CE 17 juin 2009, *SA d'économie mixte nationale (SAEMN) Bibracte*, n° 297509 : *Rev. CMP 2009, n° 284, note Eckert.*

97. DSP/contrat de maîtrise d'ouvrage déléguée/mandat. Il résulte des stipulations du contrat conclu entre la commune et la société X que la première n'a pas confié à la seconde la réalisation, pour son compte, d'ouvrages qui devaient lui être remis dès l'achèvement des travaux, mais lui a confié, par un contrat global, la réalisation des ouvrages constitutifs d'un parc souterrain de stationnement et d'un marché couvert ainsi que leur exploitation pendant une durée de trente ans, ces ouvrages n'étant remis à la commune qu'au terme de la convention ; la commune n'assurant pas la direction technique des actions de construction et ne bénéficiant d'une remise des ouvrages qu'au terme du contrat, elle ne pouvait être regardée comme jouant, ni pendant les travaux, ni avant la remise des ouvrages, le rôle de maître de l'ouvrage ; il en résulte qu'elle est fondée à soutenir que le tribunal administratif a inexactement qualifié de contrat de maîtrise d'ouvrage déléguée la convention ; cette convention, qui ne peut être regardée comme un contrat de mandat, a confié à la société X une mission de service public consistant en la construction d'un parc de stationnement souterrain et d'un marché d'approvisionnement de détail couvert ainsi que leur exploitation pendant une durée de trente ans ; la rémunération de la société était substantiellement, et même exclusivement, assurée par la perception de droits sur les usagers du stationnement payant de surface et du stationnement souterrain et sur les producteurs installés dans les marchés, et ainsi par les résultats de l'exploitation ; par conséquent, la convention avait le caractère d'une délégation de service public. • CE 9 déc. 2011, *Cne d'Alès*, n° 342283 B.

98. Concession de plage et sous-traité d'exploitation. Un sous-traité d'exploitation conclu par une commune concessionnaire de plage constitue non seulement une concession domaniale, mais aussi une convention de délégation de service public au sens de la L. du 29 janv. 1993, dès lors qu'il tend à organiser l'exploitation balnéaire dans l'intérêt du développement de la station balnéaire et que le sous-traitant doit veiller à la salubrité de la baignade et à la sécurité des usagers, sous le contrôle de la commune. • CE 21 juin 2000, *SARL Plage Chez Joseph et Féd. nat. des plages-restaurants*, n° 212100 A : *RFDA 2000. 797, concl. Bergeal ; BJCP 2000. 355, concl. Bergeal.*

99. DSP et bail emphytéotique. Un bail emphytéotique qui met à la disposition d'une société, pendant une durée de soixante-dix ans, une partie d'un ensemble immobilier, à charge pour le preneur, et moyennant paiement par lui d'une redevance annuelle, de procéder sur ces biens à la restauration du bâti et à la création d'espaces commerciaux et d'une résidence de tourisme de standing, n'a été conclu ni en vue de l'accomplissement, pour le compte de la collectivité territoriale, d'une mission de service public ni pour la réalisation d'une opération d'intérêt général relevant de cette dernière, malgré la circonstance de la sous-location à la ville d'un local de faible surface à l'intérieur de l'ensemble immobilier. Il ne constitue pas une délégation de service public, ni ne présente le caractère d'une opération ou d'une concession de travaux publics. • CAA Nancy, 11 oct. 2008, *Assoc. Aubette demain*, n° 06NC00733 : *Rev. CMP 2008, n° 19, obs. Eckert.* **NB :** V. pt 4 du comm. ss. art. L. 1121-1.

Art. L. 1121-4 Un contrat de concession portant sur des travaux et des services est une concession de travaux si son objet principal est de réaliser des travaux. – *[Ord. n° 2016-65 du 29 janv. 2016, art. 6-III.]*

COMMENTAIRE

Les dispositions de l'article L. 1121-4 sont comparables à celles qui existent pour les marchés pour la qualification des « contrats mixtes ».

On se souvient que certaines concessions de travaux, notamment les concessions autoroutières, étaient couramment regardées comme constituant à la fois des concessions de travaux et des concessions de service public. Cette double qualification présentait des risques et des inconvénients pour la passation de ces contrats mixtes.

Les choses sont claires, pour les règles de passation applicables, dès lors qu'une distinction est nettement posée entre les deux catégories de contrats et qu'un contrat, même mixte, relève exclusivement de l'une ou de l'autre. ❑

CHAPITRE II CONTRAT DE CONCESSION DE DÉFENSE OU DE SÉCURITÉ

Art. L. 1122-1 Un contrat de concession de défense ou de sécurité est un contrat de concession conclu par l'État ou ses établissements publics ayant pour objet des travaux ou des services mentionnés à l'article L. 1113-1.

Les principes énoncés à l'article L. 3, lorsqu'ils s'appliquent à des concessions de défense ou de sécurité*[,]* **ont également pour objectif d'assurer le renforcement de la base industrielle et technologique de défense européenne.** – *[Ord. n° 2016-65 du 29 janv. 2016, art. 1er-II et 6-IV.]*

LIVRE II ACTEURS DE LA COMMANDE PUBLIQUE

TITRE I ACHETEURS ET AUTORITÉS CONCÉDANTES

Art. L. 1210-1 Les acheteurs et les autorités concédantes soumis au présent code sont les pouvoirs adjudicateurs et les entités adjudicatrices. – *[Ord. n° 2015-899 du 23 juill. 2015, art. 9 ; Ord. n° 2016-65 du 29 janv. 2016, art. 8.]*

COMMENTAIRE

Comme on l'a déjà indiqué, les notions d'« acheteur » et d'« autorité concédante », employées respectivement pour les marchés et pour les concessions, renvoient aux mêmes personnes, les pouvoirs adjudicateurs et les entités adjudicatrices. ❑

CHAPITRE I POUVOIRS ADJUDICATEURS

Art. L. 1211-1 Les pouvoirs adjudicateurs sont :

1° Les personnes morales de droit public ;

2° Les personnes morales de droit privé qui ont été créées pour satisfaire spécifiquement des besoins d'intérêt général ayant un caractère autre qu'industriel ou commercial, dont :

***a)* Soit l'activité est financée majoritairement par un pouvoir adjudicateur ;**

***b)* Soit la gestion est soumise à un contrôle par un pouvoir adjudicateur ;**

***c)* Soit l'organe d'administration, de direction ou de surveillance est composé de membres dont plus de la moitié sont désignés par un pouvoir adjudicateur ;**

3° Les organismes de droit privé dotés de la personnalité juridique constitués par des pouvoirs adjudicateurs en vue de réaliser certaines activités en commun. – *[Ord. n° 2015-899 du 23 juill. 2015, art. 10 ; Ord. n° 2016-65 du 29 janv. 2016, art. 9.]*

COMMENTAIRE

La notion de pouvoir adjudicateur est d'origine communautaire.

Les directives ont un champ d'application organique large. Elles s'appliquent en effet aux contrats passés par ce qu'elles appellent les pouvoirs adjudicateurs et les entités adjudicatrices, notions qui englobent mais dépassent les personnes publiques comme l'État, les collectivités territoriales ou les établissements publics de l'État autres que ceux ayant un caractère industriel et commercial, qui, pendant longtemps, étaient les seules personnes publiques auxquelles s'appliquait notamment, en droit interne, le code des marchés publics.

La directive 2014/24/UE (marchés) et la directive 2014/23/UE (concessions) s'appliquent ainsi, non seulement à ce qu'on peut regarder comme des administrations *stricto sensu*, mais aussi aux « organismes de droit public », l'ensemble constituant les « pouvoirs adjudicateurs ».

Les organismes de droit public sont des personnes, publiques ou privées, que le droit de l'Union entend soumettre, lorsqu'elles passent des marchés, aux mêmes disciplines que les « administrations », parce qu'il considère que, du fait de la nature de leurs missions et des liens de dépendance qui les unissent à l'État, à des collectivités territoriales ou à d'autres organismes comparables à elles, elles ont nécessairement tendance à se comporter comme des administrations : seules les procédures de passation des contrats sont de nature à les contraindre à se comporter comme des acheteurs avisés, soucieux de trouver l'offre la plus avantageuse et non de favoriser, en se fondant sur d'autres critères que celui de leur intérêt économique, des champions nationaux ou locaux.

Outre qu'ils sont dotés de la personnalité juridique, les organismes de droit public au sens des directives sont des organismes qui remplissent les conditions mentionnées au 2° du présent article.

La condition relative à la nature des missions de l'organisme est assez délicate à cerner. Une jurisprudence abondante de la CJCE/CJUE en a donné une interprétation extensive.

Pour identifier des « besoins d'intérêt général ayant un caractère autre qu'industriel et commercial », la Cour met en œuvre un faisceau d'indices : des missions relevant « par nature » des pouvoirs publics et mettant en jeu des considérations d'ordre public, de santé publique, de solidarité nationale… (édition de papiers officiels, gestion d'une université, logement social…) constituent des missions d'intérêt général, mais d'autres indices peuvent aller dans le même sens (contribution à l'information des consommateurs, appui au développement économique d'un secteur…) ; l'absence d'une concurrence développée, la volonté d'une personne publique de conserver un contrôle étroit sur une activité, une logique de fonctionnement différente d'une pure logique de marché, l'absence de risque financier pour l'organisme en cause… constituent quant à elles autant d'indices d'un caractère « autre qu'industriel et commercial », mais ne suffisent à dénier un tel caractère ni l'exercice d'activités similaires par des entreprises privées, ni l'existence d'une certaine concurrence, ni le statut de société commerciale de l'organisme.

Quant à la nécessité, pour les organismes de droit public, d'« avoir été créés pour satisfaire spécifiquement » un besoin d'intérêt général à caractère autre qu'industriel et commercial, la Cour l'interprète très largement : un organisme peut, du fait de l'évolution de ses missions, devenir un organisme de droit public ; par ailleurs, dès lors qu'un organisme peut être qualifié d'organisme de droit public pour une part minime de ses activités, il est regardé comme tel pour toutes ses activités et doit respecter les directives pour l'ensemble de ses contrats de commande publique, y compris ceux qui sont réalisés pour les seuls besoins d'activités purement commerciales.

On relèvera que le présent article dispose que toutes les personnes morales de droit public sont des pouvoirs adjudicateurs. Les critères de « l'organisme de droit public » ne valent donc que pour des personnes morales de droit privé. Relèvent par exemple à ce titre de la catégorie des organismes de droit public et, donc, des pouvoirs adjudicateurs, les SEML et un certain nombre de SA (comme les SA HLM).

Par ailleurs, sont aussi des pouvoirs adjudicateurs les personnes privées mentionnées au 3°. ❑

I. JURISPRUDENCE DE LA CJCE/CJUE SUR LES POUVOIRS ADJUDICATEURS

1. *Objet de l'organisme.* Les conditions posées par la définition de la notion d'organisme de droit public sont cumulatives. Un organisme créé pour assurer à titre exclusif la production de documents administratifs officiels dont certains sont soumis au secret ou au respect de normes de sécurité et dont les prix sont fixés par un organe dont la majorité des membres est nommée par l'État a été créé pour satisfaire un besoin d'intérêt général à caractère autre qu'industriel et commercial, même s'il exerce à titre principal des activités industrielles et commerciales.

Une entreprise qui exerce des activités commerciales et dont un pouvoir adjudicateur détient la majorité des parts ne doit pas être considérée comme un organisme de droit public au seul motif qu'elle aurait été créée par un pouvoir adjudicateur ou que ce dernier lui transférerait des moyens financiers découlant des activités qu'il exerce en vue de satisfaire des besoins d'intérêt général à caractère autre qu'industriel et commercial. • CJCE 15 janv. 1998, *Mannesmann Anlagenbau Austria AG e.a.*, C-44/96 : *CJEG 1998. 239, note Bréchon-Moulènes et Richer.*

2. Même si des entreprises privées satisfont ou pourraient satisfaire les mêmes besoins que lui et qu'une certaine concurrence existe, un organisme peut être un organisme de droit public au sens des directives et, donc, un pouvoir adjudicateur, dès lors que sa mission (enlèvement et traitement des ordures) est d'intérêt général et que, pour des raisons de santé publique et de protection de l'environnement, l'État décide de conserver une influence déterminante sur son exercice. • CJCE 10 nov. 1998, *Gemeente Arnhem c/ BFI Holding*, C-360/96 : *BJCP 1999.155, concl. La Pergola.*

3. L'organisation de foires et marchés, qui contribue à l'information des consommateurs et au développement des échanges, est une mission d'intérêt général, mais celle-ci présente un caractère industriel et commercial, dès lors que l'organisme qui l'exerce, même s'il n'a aucun but lucratif, est soumis à des critères de rendement, d'efficacité et de rentabilité et qu'il opère dans un environnement concurrentiel. Cet organisme n'est donc pas un organisme de droit public au sens des directives. • CJCE 10 mai 2001, *Agora Srl*, C-223/99 : *BJCP 2001, concl. Alber, obs. Ph. T. ; Rev. CMP 2001, n° 132, note Soler-Couteaux.*

4. La circonstance que des missions d'intérêt général à caractère autre qu'industriel et commercial ne lui aient pas été confiées dès sa création ne fait pas obstacle à ce qu'un organisme soit qualifié d'organisme de droit public. • CJCE 12 déc. 2002, *Universale-Bau e.a.*, C-470/99 : *Dr. adm. 2003, n° 34, note Ménéménis ; Rev. CMP 2003, n° 49, note Eckert ; ACCP 2003, n° 20, p. 63, note Fatôme et Richer.*

5. L'absence de concurrence n'est pas indispensable pour qualifier un organisme d'organisme de droit public, mais l'existence d'une certaine concurrence est un indice pertinent qui peut contribuer, dans certains cas, à écarter une telle qualification. • CJCE 27 févr. 2003, *Adolf Truley*, C-373/00 : *BJCP 2003. 196, concl. Alber ; AJDA 2003. 1228, note Dreyfus ; Dr. adm. 2003, n° 124, note Ménéménis ; ACCP 2003, n° 23, p. 50, note Richer ; Rev. CMP 2003, n° 94, note Eckert* • CJCE 22 mai 2003, *Arkkitehtuuritoimisto Riita Kornhonen Oy*, C-18/01 : *Dr. adm. 2003, n° 167, note Noguellou ; Rev. CMP 2003, n° 168, note Eckert.*

6. Constitue un organisme de droit public un organisme créé dans le but spécifique d'assurer, sur le territoire de la ville de Vienne, le chauffage d'habitations, de bâtiments publics, de locaux d'entreprises et de bureaux par l'utilisation de l'énergie issue de la combustion des déchets, c'est-à-dire par un procédé respectueux de l'environnement, dès lors qu'il a été créé pour satisfaire spécifiquement un besoin d'intérêt général – et ce, alors même qu'un tel besoin est ou pourrait être également satisfait par des entreprises privées – et qu'il est constant que ce n'est pas la recherche de bénéfices qui a présidé à sa création – même si son activité peut engendrer de tels bénéfices –, qu'il jouit d'un quasi-monopole de fait, qu'il intervient dans un secteur qui présente une autonomie considérable, dans la mesure où le système de chauffage urbain pourrait très difficilement être remplacé par d'autres énergies, et que la ville de Vienne attache une grande importance à ce système de chauffage, dont elle ne permettrait pas la suppression. L'organisme en cause pourrait donc se laisser guider, dans la passation de ses marchés, par des considérations autres qu'économiques. • CJCE 10 avr. 2008, *Ing. Aigner, Wasser-Wärme-Umwelt, GmbH*, C-393/06 : *Rev. CMP 2008, n° 124, obs. Zimmer ; RDI 2008. 274, note Noguellou.*

7. Critère du financement. Seuls les financements versés sans contrepartie spécifique sont à prendre en compte pour l'appréciation du caractère majoritaire d'un financement par un pouvoir adjudicateur. N'entrent pas dans cette catégorie les financements versés dans le cadre d'un contrat de prestations de services. • CJCE 3 oct. 2000, *The Queen HM Treasury, The University of Cambridge*, C-390/98.

8. La condition relative au « financement par l'État » n'exige pas l'ingérence directe de celui-ci ou d'autres pouvoirs publics lors de la passation d'un marché. Il y a bien financement majoritaire par l'État, dès lors que les organismes de radiodiffusion publics en cause sont financés pour plus de 50 % par une redevance qui est prévue et imposée par un acte de l'État, à laquelle sont automatiquement soumis tous les détenteurs d'un appareil récepteur, indépendamment de tout service fourni en contrepartie par les organismes en cause, et dont le montant est déterminé par un acte des autorités publiques. Le fait que la redevance ne transite pas par le budget de l'État est indifférent. • CJCE 13 déc. 2007, *Bayerischer Rundfunk*, C-337/06 : *Rev. CMP 2008, n° 4, obs. Zimmer.*

9. Il y a financement majoritaire par l'État lorsque les activités de caisses publiques d'assurance maladie sont financées à titre principal par des cotisations mises à la charge des affiliés, qui sont imposées, calculées et recouvrées suivant des règles de droit public. De telles caisses d'assurance maladie doivent être considérées comme des organismes de droit public et, donc, comme des pouvoirs adjudicateurs aux fins de l'application des règles de cette directive. • CJCE 11 juin 2009, *Oymanns OrthopädieSchuhtechnik*, C-300/07.

10. Critère du contrôle. Un organisme de logement social est, quel que soit son statut, un organisme de droit public et, donc, un pouvoir adjudicateur au sens des directives, car les pouvoirs publics exercent sur lui un contrôle tel qu'il leur permet d'influencer leurs décisions en matière de marchés publics. • CJCE 1er févr. 2001, *Commission c/ France*, C-237/99.

11. Le critère de contrôle n'est pas satisfait dans l'hypothèse d'un simple contrôle *a posteriori*. • CJCE 27 févr. 2003, *Adolf Truley*, C-373/00.

12. Ordre professionnel de droit public. S'agissant, tout d'abord, du critère relatif au financement majoritaire par les pouvoirs publics, la notion de financement vise un transfert de moyens financiers opéré sans contrepartie spécifique, dans le but de soutenir les activités de l'entité concernée. Cette notion devant recevoir une interprétation fonctionnelle, la Cour a jugé que le critère relatif au financement majoritaire par les pouvoirs publics englobe un mode de financement indirect. Un tel financement peut être opéré au moyen d'une redevance prévue et imposée par la loi quant à son principe et quant à son montant, et qui ne constitue pas la contrepartie de la jouissance effective des services fournis par l'organisme concerné par les personnes qui en sont redevables, et dont les modalités de perception procèdent de prérogatives de puissance publique. La circonstance que, formellement, un organisme fixe lui-même le montant des contributions qui assurent son financement majoritaire n'exclut pas qu'il puisse y avoir un financement indirect satisfaisant audit critère. Ainsi en est-il lorsque des organismes tels que des caisses publiques d'assurance sociale sont financés au moyen des cotisations payées par ou pour leurs affiliés, sans contrepartie spécifique, lorsque l'affiliation à une telle caisse ainsi que le paiement de ces cotisations sont rendus obligatoires par la loi, que le taux de ces dernières, bien que formellement fixé par ces caisses elles-mêmes, est, d'une part, juridiquement imposé, la loi déterminant les prestations servies par lesdites caisses de même que les dépenses corrélatives et leur faisant interdiction d'exercer leurs fonctions dans un but lucratif, et doit, d'autre part, être autorisé par l'autorité de tutelle, et que le recouvrement est effectué de manière contraignante sur la base de dispositions de droit public. Toutefois, ne peut pas être assimilée à celle décrite au point précédent du présent arrêt la situation d'un organisme dont les missions sont énumérées par la loi, mais dont la situation est caractérisée par l'importante autonomie que lui laisse cette loi pour déterminer la nature, l'étendue et les modalités d'exécution des actions qu'il entreprend en vue de l'accomplissement de ses missions, partant, pour fixer le budget nécessaire à cette fin et, par voie de conséquence, le montant des cotisations qu'il réclamera à ses membres. La circonstance que le règlement qui fixe ce montant doive être approuvé par une autorité publique de tutelle n'est pas déterminante dès lors que cette autorité se limite à vérifier que le budget de l'organisme concerné est à l'équilibre, c'est-à-dire que ce dernier s'assure, au moyen des cotisations de ses membres et de ses autres ressources, des recettes suffisantes pour couvrir l'ensemble des coûts liés à son fonctionnement selon les modalités qu'il a lui-même arrêtées.

S'agissant, ensuite, du critère relatif au contrôle de la gestion par les pouvoirs publics, il y a lieu de rappeler que, en principe, un contrôle *a posteriori* ne remplit pas ce critère, dès lors qu'un tel contrôle ne permet pas aux pouvoirs publics d'influencer les décisions de l'organisme concerné en matière de marchés publics. Tel est donc le cas, en principe, d'un contrôle général de légalité opéré *a posteriori* par une autorité de tutelle et, *a fortiori*, d'une intervention de cette autorité sous la forme d'une approbation de la décision de cet organisme fixant le montant des cotisations qui assurent l'essentiel de son financement, qui se limite à vérifier que le budget dudit organisme est à l'équilibre. Il apparaît dès lors que, bien que la loi détermine ses missions ainsi que la manière dont son financement majoritaire doit être organisé, d'une part, et prévoie que la décision par laquelle il fixe le montant des cotisations dues par ses membres doit être approuvée par une autorité de tutelle, d'autre part, un organisme qui dispose concrètement d'une autonomie organisationnelle et budgétaire ne peut être considéré comme se trouvant dans un état de dépendance étroite vis-à-vis des pouvoirs publics. Partant, les modalités de financement d'un tel organisme ne constituent pas un financement majoritaire par les pouvoirs publics et ne permettent pas un contrôle de la gestion de cet organisme par ceux-ci.

Eu égard à l'ensemble des considérations qui précèdent, il y a lieu de répondre à la question posée que l'art. 1er, § 9, 2e al., ss. c), de la Dir. 2004/18/CE doit être interprété en ce sens qu'un organisme, tel un ordre professionnel de droit public, ne remplit ni le critère relatif au financement majoritaire par les pouvoirs publics lorsque cet organisme est financé majoritairement par les cotisations payées par ses membres, dont la loi l'habilite à fixer et à percevoir le montant, dans le cas où cette loi ne détermine pas l'étendue et les modalités des actions que ledit organisme entreprend dans le cadre de l'accomplissement de ses missions légales, que ces cotisations sont destinées à financer, ni le critère relatif au contrôle de la gestion par les pouvoirs publics du seul fait que la décision par laquelle le même organisme fixe le montant desdites cotisations doit être approuvée par une autorité de tutelle. • CJUE 12 sept. 2013, ⚖ *IVD GmbH et Co. KG*, C-526/11 : *Rev. CMP 2013, n° 279, note Zimmer ; BJCP 2014. 15, concl. Mengozzi.*

13. Il ressort du libellé de l'art. 1er, § 9, al. 2, ss. a), de la Dir. 2004/18/CE que l'exigence qui y est posée doit être satisfaite par l'entité dont la qualification est examinée et non par une autre entité, même si cette dernière est la société mère de la première entité qui lui fournit des marchandises ou des services. Il ne suffit donc pas qu'une entreprise ait été créée par un pouvoir adjudicateur ou que ses activités soient financées par des moyens financiers découlant des activités exercées par un pouvoir adjudicateur pour qu'elle soit elle-même considérée comme un pouvoir adjudicateur (arrêt du 15 janv. 1998, *Mannesmann Anlagenbau Austria e.a.*, C-44/96, pt 39).

En outre, il convient de prendre en considération que l'emploi du terme « spécifiquement » témoigne de la volonté du législateur de l'Union de ne soumettre aux règles contraignantes des marchés publics que des entités créées dans le but spécifique de satisfaire à des besoins d'intérêt général ayant un caractère autre qu'industriel ou commercial et dont l'activité répond à de tels besoins.

Il convient dès lors de déterminer, d'abord, si VLRD a été créée dans le but spécifique de satisfaire à des besoins d'intérêt général et si ces activités répondent effectivement à ces besoins, avant, le cas échéant, d'examiner si de tels besoins revêtent ou non un caractère industriel ou commercial (V., en ce sens, arrêt du 22 mai 2003, *Korhonen e.a.*, C-18/01, pt 40). En l'occurrence, il ressort des termes de la première question que VLRD fournit des marchandises et des services afin de « permettre [à sa société mère] d'exercer son activité de transport de passagers et de marchandises ».

En effet, il ressort de la décision de renvoi que VLRD a été créée après la restructuration de la société des chemins de fer lituaniens et que « tant la fondation de [VLRD] que son activité sont toujours consacrées à satisfaire les besoins de sa fondatrice, à savoir des besoins d'intérêt général ». A cet égard, il y a lieu de relever que, dans l'affaire au principal, l'activité de VLRD, notamment la production et l'entretien de locomotives et de voitures ainsi que la fourniture de ces produits et de ces services à la société des chemins de fer lituaniens, apparaît nécessaire pour que cette dernière puisse exercer son activité destinée à satisfaire les besoins d'intérêt général.

Il apparaît donc que VLRD a été créée dans le but spécifique de satisfaire à des besoins de sa société mère dès lors que les besoins que VLRD a été chargée de satisfaire constituent une condition nécessaire à l'exercice des activités d'intérêt général de cette société mère, ce qu'il appartient toutefois à la juridiction de renvoi de vérifier.

Il importe de relever qu'il est indifférent que, outre les activités visant à satisfaire des besoins d'intérêt général, l'entité en cause accomplisse également d'autres activités dans un but lucratif sur le marché concurrentiel (V., en ce sens, arrêt du 15 janv. 1998, *Mannesmann Anlagenbau Austria e.a.*, C-44/96, pt 25, ainsi que du 10 avr. 2008, *Ing. Aigner*, C-393/06, pt 47 et jurisprudence citée).

Ainsi, le fait que VLRD exerce non seulement des activités qui visent à satisfaire des besoins d'intérêt général au moyen d'opérations internes avec la société nationale des chemins de fer lituaniens, afin que celle-ci puisse exercer son activité de transport, mais également d'autres activités dans un but lucratif est sans pertinence à cet égard.

Aux fins d'apprécier si un organisme relève de la notion d'« organisme de droit public », au sens de l'art. 1er, § 9, al. 2, ss. a), de la Dir. 2004/18/CE, il est également nécessaire que celui-ci satisfasse des besoins d'intérêt général ayant un caractère autre qu'industriel ou commercial.

A cet égard, il convient de relever que l'appréciation de ce caractère doit être faite en prenant en compte l'ensemble des éléments juridiques et factuels pertinents, tels que les circonstances ayant présidé à la création de l'organisme concerné et les conditions dans lesquelles il exerce les activités visant à satisfaire des besoins d'intérêt général, y compris, notamment, l'absence de concurrence sur le marché, l'absence de poursuite d'un but lucratif, l'absence de prise en charge des risques liés à ces activités ainsi que le financement public éventuel des activités en cause.

Ainsi que l'a jugé la Cour, si, s'agissant des activités visant à satisfaire des besoins d'intérêt général, l'organisme en cause opère dans des conditions normales du marché, poursuit un but lucratif et supporte les pertes liées à l'exercice desdites activités, il est peu probable que les besoins qu'il vise à satisfaire aient un caractère autre qu'industriel ou commercial (arrêt du 16 oct. 2003, *Commission c/ Espagne*, C-283/00, pts 81 et 82 et jurisprudence citée).

Cela étant, l'existence d'une concurrence développée ne permettrait pas, à elle seule, de conclure à l'absence d'un besoin d'intérêt général ayant un caractère autre qu'industriel ou commercial.

Dans ces conditions, il appartient à la juridiction de renvoi de vérifier, sur la base de tous les éléments juridiques et factuels de l'espèce, si, au moment de l'attribution du marché en cause au principal, les activités exercées par VLRD, visant à la satisfaction des besoins d'intérêt général, étaient effectuées en situation de concurrence, et notamment si VLRD pouvait, eu égard aux circonstances de l'espèce, se laisser guider par des considérations autres qu'économiques.

Est toutefois dépourvue de pertinence, à cet égard, la circonstance soulevée par la juridiction de renvoi dans la décision de renvoi, selon laquelle l'importance des opérations internes réalisées avec la société des chemins de fer lituaniens au regard du chiffre d'affaires global de VLRD pourrait diminuer dans le futur, étant donné qu'il appartient à cette juridiction d'examiner la situation de cette société au moment de l'attribution du marché en cause.

Par conséquent, il convient de répondre aux questions posées que l'art. 1er, § 9, al. 2, de la Dir. 2004/18/CE doit être interprété en ce sens qu'une société qui, d'une part, est détenue entièrement par un pouvoir adjudicateur dont l'activité est de satisfaire des besoins d'intérêt général et qui, d'autre part, réalise tant des opérations pour ce pouvoir adjudicateur que des opérations sur le marché concurrentiel doit être qualifiée d'« organisme de droit public » au sens de cette disposition, pour autant que les activités de cette société sont nécessaires pour que ledit pouvoir adjudicateur puisse exercer son activité et que, afin de satisfaire des besoins d'intérêt général, ladite société se laisse guider par des considérations autres qu'économiques, ce qu'il incombe à la juridiction de renvoi de vérifier. Est dépourvu d'incidence, à cet égard, le fait que la valeur des opérations internes puisse dans l'avenir représenter moins de 90 %, ou une partie non essentielle, du chiffre d'affaires global de la société. • CJUE 5 oct. 2017, *LitSpecMet UAB*, n° C-567/15 : *BJCP 2018. 11, concl. Campos Sanchez-Bordona ; Rev. CMP 2017. 271, note Devillers.*

14. SEM. Il résulte de la jurisprudence de la CJUE que, lorsqu'un organisme exerce plusieurs activités d'intérêt général, dont certaines ont un caractère industriel ou commercial, les marchés qu'il conclut sont soumis aux dispositions de l'Ord. n° 2005-649 du 6 juin 2005, sans qu'il y ait lieu de distinguer ceux qu'il passe dans le cadre d'activités industrielles ou commerciales, la qualité d'organisme de droit public ne dépendant pas de l'importance relative de la satisfaction de besoins d'intérêt général ayant un caractère autre qu'industriel ou commercial dans l'activité de l'organisme concerné. • CJCE 15 janv. 1998, *Mannesmann Anlagenbau Austria AG e.a.*, n° C-44/96 : *pts 25, 26 et 31* • 10 nov. 1998, *BFI Holding* n° C-360/96 : *pts 55 et 56* • 21 mars 2002, *Adolf Truley*, n° C-373/00 : *pt 56.*

15. Fédération sportive. L'art. 2, § 1, pt. 4, ss. a), de la Dir. 2014/24/UE du Parlement européen et du Conseil du 26 févr. 2014, sur la passation des marchés publics et abrogeant la Dir. 2004/18/CE, doit être interprété en ce sens qu'une entité investie de missions à caractère public définies exhaustivement par le droit national peut être considérée comme ayant été créée pour satisfaire spécifiquement des besoins d'intérêt général ayant un caractère autre qu'industriel ou commercial au sens de cette disposition, alors même qu'elle a été créée sous la forme non pas d'une administration publique, mais d'une association relevant du droit privé et que certaines de ses activités, pour lesquelles elle jouit d'une capacité d'autofinancement, n'ont pas de caractère public.

La deuxième branche de l'alternative visée à l'art. 2, § 1, pt. 4, ss. c), de la Dir. 2014/24 doit être interprétée en ce sens que, dans le cas où une fédération sportive nationale jouit, en vertu du droit national, d'une autonomie de gestion, la gestion de cette fédération ne peut être considérée comme étant soumise au contrôle d'une autorité publique que s'il ressort d'une analyse d'ensemble des pouvoirs dont cette autorité dispose à l'encontre de ladite fédération qu'il existe un contrôle de gestion actif qui, dans les faits, remet en cause cette autonomie au point de permettre à ladite autorité d'influencer les décisions de la même fédération en matière de marchés publics. La circonstance que les différentes fédérations sportives nationales exercent une influence sur l'activité de l'autorité publique concernée en raison de leur participation majoritaire au sein des principaux organes collégiaux délibérants de celle-ci n'est pertinente que s'il peut être établi que chacune de ces fédérations, prise isolément, est en mesure d'exercer une influence significative sur le contrôle public exercé par cette autorité à son égard avec pour conséquence que ce contrôle serait neutralisé et qu'une telle fédération sportive nationale retrouverait ainsi la maîtrise de sa gestion, et ce nonobstant l'influence des autres fédérations sportives nationales se trouvant dans une situation analogue. • CJUE 3 févr. 2021, *Federazione Italiana Giuoco Calcio*, C-155/19 et C-156/19 : *BJCP 2021. 175, concl. Campos Sanchez-Bordona ; Rev. CMP 2021. 101, note Ubaud-Bergeron.*

II. JURISPRUDENCE ADMINISTRATIVE SUR LA NOTION DE POUVOIR ADJUDICATEUR

16. Le GIP « Carte du professionnel de santé » constitué entre l'État, les ordres professionnels des professions médicales, les régimes d'assurance maladie obligatoires et facultatifs, le service de santé des armées, le centre national des professions de santé et un syndicat de médecins est un pouvoir adjudicateur.

Aux termes de l'art. 4 du cahier des clauses administratives particulières, le marché en litige est soumis au cahier des clauses administratives générales relatif à la propriété intellectuelle ; ce renvoi doit être regardé comme introduisant dans le contrat des clauses exorbitantes du droit commun ; il en résulte que le contrat présente un caractère administratif ; il relève dès lors de la compétence du juge des référés précontractuels ; ce juge est, dans une telle hypothèse, compétent pour sanctionner les éventuels manquements de la personne publique à ses obligations de publicité et de mise en concurrence découlant de l'Ord. du 6 juin 2005 ou des directives communautaires portant coordination des procédures de marchés publics ainsi que des autres règles qui s'imposent à la collectivité au terme des dispositions législatives et réglementaires. • CE 3 juin 2009, *GIE Carte du professionnel de santé,* n° 319103.

17. Il résulte de l'art. 1er du Décr. du 13 oct. 1995, créant l'établissement public d'aménagement Euroméditerranée sous la forme d'un établissement public industriel et commercial de l'État, que cet établissement n'est pas, lorsqu'il agit pour son compte en qualité de maître d'ouvrage, soumis aux dispositions du C. marchés ; il n'est alors soumis qu'aux dispositions de l'Ord. du 6 juin 2005 relative aux marchés passés par certaines personnes publiques ou privées non soumises au C. marchés, dès lors qu'indépendamment de son mode de fonctionnement, la nature de sa mission de service public en matière d'aménagement de la ville de Marseille, qu'aucun autre organisme ne partage, conduit à le regarder comme un organisme de droit public créé pour satisfaire spécifiquement des besoins d'intérêt général ayant un caractère autre qu'industriel ou commercial. • CE 23 déc. 2011, *Ét. public d'aménagement Euroméditerranée,* n° 351505 B : *Rev. CMP 2012, n° 41, note Zimmer.*

III. JURISPRUDENCE SUR CERTAINS ORGANISMES

18. Chambres d'agriculture. Les dispositions du C. marchés leur sont applicables. • CE 9 déc. 1987, *Chambre d'agriculture des Deux-Sèvres,* n° 70836 A.

19. Chambres de commerce et d'industrie. Les marchés des chambres de commerce et d'industrie, qui sont des établissements publics administratifs de l'État, sont soumis au C. marchés. • CE 13 janv. 1995, *CCI de Vienne,* nos 68117 A, 68118, 114841 et 115307 • 3 nov. 1995, *CCI de Tarbes et des Hautes-Pyrénées,* n° 157304 A.

20. Mandataires. Un marché passé par une personne privée qui agit en qualité de mandataire d'une des personnes publiques mentionnées à l'art. 2 du code est soumis au code. • CE 28 juill. 1995, *Préfet de la région d'Île-de-France, préfet de Paris c/ Sté de gérance Jeanne d'Arc,* n° 143438 A : *RD. publ. 1996. 569, concl. Fratacci* • 22 janv. 1997, *SA Biwater,* n° 168790 A.

21. Associations foncières autorisées. Les marchés des associations foncières autorisées, établissements publics non rattachés à une collectivité territoriale, sont soumis aux dispositions du code applicables aux marchés des collectivités territoriales. • CE 13 sept. 1995, *Mme Favier,* n° 125018.

22. Assemblées parlementaires. Des marchés passés par les assemblées parlementaires (pour l'installation et l'exploitation d'équipements audiovisuels, en l'espèce) sont, en l'absence de réglementation particulière édictée par les autorités compétentes de l'Assemblée nationale, soumis au C. marchés. • CE, ass., 5 mars 1999, *Président de l'Assemblée nationale,* n° 163328 A : *GAJA, p. 788 ; RFDA 1999. 333, concl. Bergeal ; AJDA 1999. 409, chron. Fombeur et Raynaud.*

23. Associations transparentes. Une association de gestion d'une piscine administrée par un conseil comprenant en majorité des membres du conseil municipal, majoritairement financée par des subventions municipales et contrôlée par la commune doit être regardée comme un service de la commune et ses marchés sont des marchés publics soumis au code. • CE 21 mars 2007, *Cne de Boulogne-Billancourt,* n° 281796 A : *ACCP 2007/68, p. 58, note Brenet ; Rev. CMP 2007, étude Lichère ; BJCP 2007. 230, concl. Boulouis, obs. Ch. M.*

24. Conseil économique, social et environnemental. Le Conseil économique et social, devenu le Conseil économique, social et environnemental depuis la L. const. du 23 juill. 2008 de modernisation des institutions de la Ve République, assemblée consultative auprès des pouvoirs publics, qui ne dispose pas de la personnalité juridique et dont les crédits sont inscrits au budget du Premier ministre, doit être regardé comme un organe de l'État pour l'application de l'art. 2 cité ci-dessus ; son inscription, postérieurement à la date des faits litigieux, à l'annexe IV de la Dir. du 31 mars 2004 du Parlement européen et du Conseil relative à la coordination des procédures de passation des marchés publics de travaux, de fournitures et de services, en tant qu'« Autorité gouvernementale centrale », présente un caractère purement recognitif, la directive elle-même précisant le caractère indicatif de cette annexe. • CE 30 déc. 2013, *M. Corbin,* n° 358826 B : *Rev. CMP 2014, n° 48, note Pietri.*

25. Sociétés d'autoroutes. Si les missions de construction, d'entretien et d'exploitation des autoroutes dont sont chargées à titre principal les sociétés d'autoroutes visent à satisfaire des besoins d'intérêt général au sens des dispositions qui précèdent, la société APRR, qui est une société concessionnaire d'autoroutes à capitaux majoritairement privés, ne répond à aucune des conditions mentionnées aux *a, b* et *i* de l'art. 9 de l'Ord. de 2016 (alors en vigueur). Elle ne peut, par suite, être regardée comme un pouvoir adjudicateur ni, en tout état de cause, comme une entité adjudicatrice, ce dont il découle que le juge du référé précontractuel n'est pas compétent pour connaître du contrat litigieux par application des art. L. 551-1 et L. 551-2 CJA. • CE 30 avr. 2019, *Sté Total Marketing France*, n° 426698 B.

26. Contrat de mobilier urbain conclu par une commune membre d'une communauté urbaine. Compétence. Le marché de mobilier urbain passé par la commune a pour objet de permettre la réalisation et la fourniture de prestations de service en matière d'information municipale par voie d'affichage. Ce contrat répond aux besoins de la commune. En contrepartie des prestations assurées, le cocontractant se rémunère par l'exploitation, à titre exclusif, d'une partie des mobiliers urbains à des fins publicitaires. Un tel contrat ne constitue ainsi ni une simple convention domaniale, ni une convention se rapportant à la gestion de la voirie.

Par suite, si l'installation sur le domaine public routier des dispositifs de mobilier urbain nécessite la délivrance d'une autorisation de la part de la communauté urbaine, seule gestionnaire du domaine public en vertu de l'art. L. 5215-20-1 CGCT alors en vigueur, celle-ci n'est compétente ni pour prendre la décision de recourir à ce mode d'affichage, ni pour l'exploiter. Dès lors, commet une erreur de droit une cour administrative d'appel qui déduit de la circonstance que l'implantation des mobiliers urbains sur le domaine public routier nécessite la délivrance d'une permission de voirie par la communauté urbaine l'incompétence de la commune pour passer un tel contrat. • CE 30 nov. 2018, *Sté CDA Publimedia*, n° 414377 B : *BJCP 2019. 87, concl. Pellissier.*

27. Eu égard à la mission du comité d'entreprise définie par cette disposition, le comité d'entreprise ne relève pas des personnes morales de droit privé créées pour satisfaire spécifiquement des besoins d'intérêt général au sens de l'art. 10 de l'Ord. n° 2015-899 du 23 juill. 2015 relative aux marchés publics, quand bien même il exerce sa mission au sein d'une personne morale visée audit article. • Soc. 4 avr. 2018, n° 18-70.002.

28. COJO. Le comité d'organisation des jeux olympiques est un pouvoir adjudicateur. • CE, avis, 2 juill. 2019 : *BJCP 2020. 243.*

CHAPITRE II ENTITÉS ADJUDICATRICES

Art. L. 1212-1 **Les entités adjudicatrices sont :**

1° Les pouvoirs adjudicateurs qui exercent une des activités d'opérateur de réseaux définies aux articles L. 1212-3 et L. 1212-4 ;

2° Lorsqu'elles ne sont pas des pouvoirs adjudicateurs, les entreprises publiques qui exercent une des activités d'opérateur de réseaux définies aux articles L. 1212-3 et L. 1212-4 ;

3° Lorsqu'ils ne sont pas des pouvoirs adjudicateurs ou des entreprises publiques, les organismes de droit privé qui bénéficient, en vertu d'une disposition légalement prise, de droits spéciaux ou exclusifs ayant pour effet de leur réserver l'exercice de ces activités et d'affecter substantiellement la capacité des autres opérateurs économiques à exercer celle-ci.

Ne sont pas considérés comme des droits spéciaux ou exclusifs les droits d'exclusivité accordés à l'issue d'une procédure permettant de garantir la prise en compte de critères objectifs, proportionnels et non discriminatoires. — *[Ord. n° 2015-899 du 23 juill. 2015, art. 11, sauf al. 4 et 5 ; Ord. n° 2016-65 du 29 janv. 2016, art. 10, sauf al. 4 et 5.]*

COMMENTAIRE

La directive 2014/25/UE (marchés) et la directive 2014/23/UE (concessions) s'appliquent aux entités adjudicatrices, notion d'origine communautaire elle aussi.

Les entités adjudicatrices se définissent par un double critère : un critère tenant aux personnes et un critère tenant à leur activité.

Pour les personnes, il s'agit des pouvoirs adjudicateurs, mais aussi des entreprises publiques et des organismes de droit privé bénéficiant de droits spéciaux ou exclusifs.

La définition des entreprises publiques (V. art. L. 1212-2 ci-dessous) repose sur l'idée que ce sont des entreprises qui produisent des biens ou des services marchands et qui se trouvent sous l'influence dominante d'un ou de plusieurs pouvoirs adjudicateurs.

S'agissant des organismes bénéficiant de droits spéciaux ou exclusifs, on relèvera que doivent seuls être comptés parmi les entités adjudicatrices les organismes de droit privé bénéficiant de droits spéciaux ou exclusifs « ayant pour effet de leur réserver l'exercice d'une ou de plusieurs activités d'opérateur de réseaux et d'affecter substantiellement la capacité des autres opérateurs économiques d'exercer cette activité ». Le titulaire de droits exclusifs ou spéciaux exerçant une des activités d'opérateur de réseaux n'est une entité adjudicatrice que s'il ne tient pas ses droits d'une procédure « appropriée ».

S'agissant des activités, voir les articles L. 1212-3 et L. 1212-4 ci-dessous. ❑

Art. L. 1212-2 Sous réserve des dispositions de l'article L. 2192-15, est une entreprise publique au sens du présent code tout organisme doté de la personnalité juridique qui exerce des activités de production ou de commercialisation de biens ou de services marchands et sur lequel un ou plusieurs pouvoirs adjudicateurs exercent, directement ou indirectement, une influence dominante en raison de la propriété de l'entreprise, de la participation financière ou des règles qui la régissent.

L'influence des pouvoirs adjudicateurs est réputée dominante lorsque ceux-ci, directement ou indirectement, détiennent la majorité du capital, disposent de la majorité des droits de vote ou peuvent désigner plus de la moitié des membres de l'organe d'administration, de direction ou de surveillance. – *[Ord. n° 2015-899 du 23 juill. 2015, art. 11, sauf al. 4 et 5 ; Ord. n° 2016-65 du 29 janv. 2016, art. 10, sauf al. 4 et 5.]*

Art. L. 1212-3 Sont des activités d'opérateur de réseaux :

1° La mise à disposition, l'exploitation ou l'alimentation de réseaux fixes destinés à fournir un service au public dans le domaine de la production, du transport ou de la distribution :

a) De gaz ou de chaleur ;

b) D'électricité ;

c) D'eau potable.

L'alimentation de réseaux comprend la production, la vente en gros et la vente de détail.

Sont également considérées comme des activités d'opérateurs *[opérateur]* de réseaux*[,]* lorsqu'elles sont liées aux activités mentionnées au présent 1°, l'évacuation ou le traitement des eaux usées ainsi que les projets de génie hydraulique, d'irrigation ou de drainage, pour autant que le volume d'eau utilisé pour l'alimentation en eau potable représente plus de 20 % du volume total d'eau utilisé pour ces projets ;

2° Les activités relatives à l'exploitation d'une aire géographique ayant pour objet :

a) D'extraire du pétrole ou du gaz ;

b) De prospecter ou d'extraire du charbon ou d'autres combustibles solides ;

3° Les achats ou les activités d'exploitation destinés à l'organisation ou à la mise à la disposition des transporteurs des aéroports, des ports maritimes, des ports fluviaux ou d'autres terminaux ;

4° Les activités d'exploitation de réseaux destinés à fournir un service au public dans le domaine du transport par chemin de fer, tramway, trolleybus, autobus, autocar, câble ou tout système automatique, ou les achats destinés à l'organisation ou à la mise à la disposition d'un exploitant de ces réseaux.

Le service de transport est regardé comme fourni par un réseau de transport lorsqu'une autorité nationale ou territoriale définit les conditions générales d'organisation du service, notamment en ce qui concerne les itinéraires à suivre, la capacité de transport disponible ou la fréquence du service ;

5° Les activités visant à fournir des services postaux mentionnés à l'article L. 1 du code des postes et des communications électroniques ou, lorsqu'ils sont fournis par une entité adjudicatrice exerçant par ailleurs de tels services postaux, les services suivants :

a) Les services de gestion de services courrier ;

b) Les services d'envois non postaux tels que le publipostage sans adresse. – *[Ord. n° 2015-899 du 23 juill. 2015, art. 12-I et III ; Ord. n° 2016-65 du 29 janv. 2016, art. 11-I et III.]*

Art. L. 1212-4 Ne sont pas des activités d'opérateur de réseaux :

1° L'alimentation en gaz ou en chaleur des réseaux destinés à fournir un service au public par une entreprise publique ou un organisme de droit privé bénéficiant de droits spéciaux ou exclusifs, lorsque sont réunies les deux conditions suivantes :

a) La production de gaz ou de chaleur par l'entité concernée est le résultat inévitable de l'exercice d'une activité autre que celles mentionnées à l'article L. 1212-3 ;

b) L'alimentation du réseau public ne vise qu'à exploiter à des fins commerciales cette production et ne dépasse pas 20 % du chiffre d'affaires de l'entité en prenant en considération la moyenne de l'année en cours et des deux années précédentes ;

2° L'alimentation en électricité des réseaux destinés à fournir un service au public par une entreprise publique ou un organisme de droit privé bénéficiant de droits spéciaux ou exclusifs, lorsque sont réunies les deux conditions suivantes :

a) La production d'électricité par l'entité concernée est rendue nécessaire par une activité autre que celles mentionnées à l'article L. 1212-3 ;

b) **La quantité d'électricité utilisée pour l'alimentation du réseau public ne dépasse pas 30 % de la production totale d'énergie de l'entité en prenant en considération la moyenne de l'année en cours et des deux années précédentes ;**

3° L'alimentation en eau potable des réseaux destinés à fournir un service au public par une entreprise publique ou un organisme de droit privé bénéficiant de droits spéciaux ou exclusifs, lorsque sont réunies les deux conditions suivantes :

a) **La production d'eau potable par l'entité concernée est rendue nécessaire par une activité autre que celles mentionnées à l'article L. 1212-3 ;**

b) **La quantité d'eau utilisée pour l'alimentation du réseau public ne dépasse pas 30 % de la production totale d'eau potable de l'entité en prenant en considération la moyenne de l'année en cours et des deux années précédentes.** – *[Ord. n° 2015-899 du 23 juill. 2015, art. 12-II ; Ord. n° 2016-65 du 29 janv. 2016, art. 11-II.]*

COMMENTAIRE

Les dispositions des articles L. 1212-3 et L. 1212-4 sont complexes : elles définissent, positivement et négativement, les activités qui conduisent à qualifier les organismes mentionnés à l'article L. 1212-1 qui les exercent d'entités adjudicatrices, soumises, pour la passation des contrats qui sont en rapport avec ces activités, aux dispositions spécifiques que prévoient, pour ces entités, la directive n° 2014/25/UE, dite souvent directive « secteurs exclus » ou « directive réseaux », et la « directive concessions ».

Les activités en cause sont des activités promises à une concurrence de plus en plus large, mais qui peuvent être le fait de personnes publiques qui ont longtemps été en position de monopole.

On y trouve à plusieurs reprises les notions d'exploitation et de mise à disposition.

La notion d'exploitation se comprend aisément. Le Conseil d'État en a retenu une acception souple : il a jugé qu'une entité responsable d'un réseau de tramway à construire et qui a vocation à l'exploiter éventuellement exerce une activité d'opérateur de réseau lorsqu'elle commande des équipements nécessaires à la réalisation du futur réseau de transport. Cet arrêt, rendu sous l'empire de la directive 93/38 du 14 juin 1993 qui ne s'appliquait qu'à l'exploitation des réseaux de transport terrestre, implique que la préparation d'un réseau futur dont on ne connaît pas l'exploitant est elle aussi une activité d'exploitation. Cette solution permet d'éviter d'avoir à faire des distinctions subtiles entre collectivité responsable et exploitant, alors même que les marchés passés pour la mise en place d'un réseau peuvent avoir le même objet (achat de rames, par exemple) que ceux qui seront passés par l'exploitant désigné.

La notion de mise à disposition est plus délicate à cerner. La mise à disposition est une activité consistant notamment à bâtir et entretenir un réseau et à organiser l'accès des exploitants qui utilisent le réseau pour rendre le service correspondant. En revanche, l'acte par lequel une collectivité publique confie l'exploitation d'un service de transport ou de distribution d'eau à un tiers (contrat de délégation de service public, marché public de service…) ne saurait être regardé comme une activité de mise à disposition. ❑

I. CJCE/CJUE

1. Les marchés passés par une autorité aéroportuaire pour faire installer un central téléphonique dans l'aéroport ont un lien suffisamment étroit avec l'activité principale pour entrer dans le champ de la directive secteurs spéciaux. • CJCE 11 juill. 1991, *Commission c/ Portugal*, C-247/89 : *Rec. CJCE I. 3659 ; RDI 1991. 471, obs. Llorens et Terneyre ; D. 1992. Somm. 187, obs. Terneyre.*

2. La fourniture d'autobus à un exploitant de réseau de transport relève de la directive secteurs. • CJCE 22 avr. 1994, *Commission c/ Belgique*, C-87/94 • CJCE 17 sept. 2002, *Concordia Bus Finland*, C-513/99 : *AJDA 2002. 780 ; BJCP 2003. 14, concl. Mischo, obs. R.S. ; Dr. adm. 2002, n° 174, obs. Ménéménis ; RDI 2003. 272, obs. Degoffe et Dreyfus.*

3. Une entité adjudicatrice, au sens de la Dir. 2004/17/CE du Parlement européen et du Conseil du 31 mai 2004, est tenue d'appliquer la procédure prévue par cette directive uniquement pour la passation des marchés qui sont en rapport avec des activités que cette entité exerce dans un ou plusieurs des secteurs visés aux art. 3 à 7 de ladite directive. • CJCE 10 avr. 2008, *Ing. Aigner, Wasser-Wärme-Umwelt, GmbH*, C-393/06 : *Rev. CMP 2008, n° 124, obs. Zimmer ; RDI 2008. 274, note Noguellou.*

4. L'art. 7 de la Dir. 2004/17/CE du Parlement européen et du Conseil, du 31 mars 2004, portant coordination des procédures de passation des marchés dans les secteurs de l'eau, de l'énergie, des transports et des services postaux, doit être interprété en ce sens qu'il ne s'oppose pas à une réglementation nationale, telle que celle en cause au principal, qui ne prévoit pas de procédure préalable d'appel d'offres publique pour les attributions, y compris temporaires, d'espaces destinés à l'assistance aéroportuaire en escale, qui ne sont pas assorties du versement d'une rémunération par le gestionnaire de l'aéroport. • CJUE 13 juill. 2017, *Malpensa Logistica Europa SpA*, n° C-701/15.

5. Services postaux. L'art. 13, 1, de la Dir. 2014/25/UE du Parlement européen et du Conseil du 26 févr. 2014, relative à la passation de marchés par des entités opérant dans les secteurs de l'eau, de l'énergie, des transports et des services postaux et abrogeant la Dir. 2004/17/CE, doit être interprété en ce sens qu'il s'applique à des activités consistant dans la fourniture de services de conciergerie, d'accueil et de surveillance des portiques des bureaux des fournisseurs de services postaux, dès lors que de telles activités présentent un lien avec l'activité relevant du secteur postal, en ce sens qu'elles servent effectivement à l'exercice de cette activité en permettant la réalisation de celle-ci de manière adéquate, eu égard à ses conditions normales d'exercice. • CJUE 28 oct. 2020, *Pegaso Srl Servizi Fiduciari*, C-521/18 : *Rev. CMP 2021. 37, note Zimmer.*

II. CONSEIL D'ÉTAT

6. Un marché ayant pour objet le transport d'eau non potable ne relève pas des dispositions sur les secteurs spéciaux. • CE, avis, 14 oct. 1997 : *EDCE 1998.*

7. Le marché envisagé par un syndicat intercommunal des transports en commun avait pour objet la constitution du réseau de transport, préalable nécessaire à son exploitation ; à la date à laquelle la procédure de passation de ce marché a été engagée, le syndicat intercommunal des transports en commun était responsable de l'exploitation du réseau ; le marché envisagé par ce syndicat était dès lors un marché de services relevant du secteur des transports au sens de la Dir. n° 93/38 du 14 juin 1993. • CE 19 oct. 2001, *Sté Alstom Transports SA*, n° 233173 B : *Rev. CMP 2002, n° 1, obs. Llorens ; Dr. adm. déc. 2001, p. 256, note Piveteau ; BJCP 2002. 39, concl. Piveteau, obs. Glaser.*

8. La SNCF constitue une entité adjudicatrice. • CE 30 juin 2004, *SNCF*, n° 263402 B.

9. Les dispositions relatives aux entités adjudicatrices ne s'appliquent pas aux actes par lesquels une personne publique confie à un tiers l'exploitation d'un des réseaux qu'il mentionne. • CE 9 juill. 2007, *Synd. EGF-BTP et a.*, n° 297711 : *Lebon 298 ; ACCP 2007/69, note Richer ; BJCP 2007. 366, concl. Boulouis ; Rev. CMP 2007, n° 240, obs. Zimmer ; JCP Adm. 2007. 2213, note Linditch.*

10. La société Aéroports de Paris constitue une entité adjudicatrice. Il ressort des dispositions du C. aviat. que la mission d'inspection et de filtrage des passagers, des personnels et des bagages exécutée par les cocontractants des exploitants d'aéroports est réalisée pour le compte de l'État et sous son autorité dans le cadre de son activité de police administrative des aérodromes et des installations portuaires ; il en résulte que les contrats par lesquels les exploitants d'aérodromes confient à des sociétés, dans le cadre fixé par le législateur, l'exécution des missions de police relevant de l'art. L. 213-2 C. aviat. sont des contrats de droit public et que le contentieux relatif aux manquements aux obligations de publicité et de mise en concurrence constatés lors de leur passation relève, en vertu des dispositions de l'Ord. du 6 juin 2005, du juge des référés du tribunal administratif saisi sur le fondement des dispositions de l'art. L. 551-2 CJA. • CE 3 juin 2009, *Sté Aéroports de Paris*, n° 323594.

11. L'acte par lequel une collectivité territoriale se propose de confier à un tiers l'exécution du service de transport scolaire n'est pas constitutif d'une activité d'exploitation de réseau ni davantage d'une activité de mise à disposition de réseau, nonobstant la circonstance que le contrat envisagé comporte des stipulations manifestant le contrôle de la collectivité sur les conditions d'organisation et de fonctionnement du service public en cause ; ainsi la collectivité publique ne peut être regardée comme une entité adjudicatrice au sens des dispositions précitées. • CE 14 déc. 2009, *Dpt du Cher*, n° 330052 B : *BJCP 2010. 93, concl. Dacosta ; AJDA 2010. 686, note Glatt ; Rev. CMP 2010, n° 58, note Zimmer.*

12. L'acquisition, par un pouvoir adjudicateur, d'un équipement destiné à la constitution d'un réseau de transport public ou s'intégrant à un réseau de transport public déjà constitué, que son exploitation ait été ou non déléguée, doit être regardée, en fonction de son mode de gestion, soit comme une activité d'exploitation d'un réseau soit comme une activité de mise à disposition du réseau, au sens de l'art. 135 C. marchés, et par suite comme une activité exercée par une entité adjudicatrice pour l'application de l'art. 134 de ce code ; dès lors, le juge des référés a commis une erreur de droit en jugeant que l'acquisition, par la communauté d'agglomération, de bornes d'informations sur le trafic et la desserte de son réseau de transport par autobus n'était pas une activité de mise à disposition du réseau, au motif qu'elle en avait délégué l'exploitation, et en statuant par conséquent sur le fondement des art. L. 551-1 et L. 551-2 CJA, applicables aux marchés conclus par les pouvoirs adjudicateurs et non à ceux conclus par les entités adjudicatrices. • CE 24 juin 2011, *Cté d'agglomération Rennes Métropole*, n° 346529 B : *BJCP 2011. 414, concl. Boulouis ; Rev.*

CMP 2011, n° 245, note Zimmer ; ACCP 2011/114, note Sestier.

13. Les dispositions relatives aux entités adjudicatrices ne s'appliquent pas aux actes par lesquels une personne publique confie à un tiers l'exploitation de l'un des réseaux fixes qu'il mentionne et agit ainsi en qualité de pouvoir adjudicateur ; par suite, en jugeant que l'acte par lequel la communauté d'agglomération de X se proposait de confier à un tiers l'exécution du service de transport des personnes à mobilité réduite était constitutif d'une activité d'exploitation de réseau, dès lors que la communauté s'était vu conférer la compétence en la matière et assurait directement l'organisation de l'exploitation du réseau des transports urbains en assumant le risque économique et en contrôlant son exécution, et qu'ainsi la communauté d'agglomération devait être regardée comme une entité adjudicatrice au sens des dispositions précitées, le juge des référés du tribunal administratif a commis une erreur de droit. Il résulte de l'instruction qu'en passant le marché litigieux, la communauté d'agglomération ne s'est pas bornée à faire l'acquisition d'équipements ou de matériels adaptés au transport des personnes à mobilité réduite et s'intégrant au réseau de transport public de l'ensemble de la population déjà constitué et exploité en régie, mais a confié à un tiers l'exécution d'un service public spécifique directement exploité par le groupement G attributaire du marché ; en confiant ainsi à ce groupement l'exploitation du service de transport des personnes à mobilité réduite, la communauté d'agglomération a agi en qualité de pouvoir adjudicateur et non en qualité d'entité adjudicatrice ; par suite, le marché litigieux devait être passé non pas sur le fondement des dispositions propres aux entités adjudicatrices mais sur celui des dispositions applicables aux pouvoirs adjudicateurs. • CE 23 nov. 2011, ♔ *Sté GIHP Lorraine Transports*, n° 349746 B : *BJCP 2012. 27, concl. Dacosta ; Rev. CMP 2012, n° 9, note Zimmer.*

TITRE II OPÉRATEURS ÉCONOMIQUES, CANDIDATS ET SOUMISSIONNAIRES

Art. L. 1220-1 **Est un opérateur économique toute personne physique ou morale, publique ou privée, ou tout groupement de personnes doté ou non de la personnalité morale, qui offre sur le marché la réalisation de travaux ou d'ouvrages, la fourniture de produits ou la prestation de services.** – *[Ord. n° 2015-899 du 23 juill. 2015, art. 13, al. 1er ; Ord. n° 2016-65 du 29 janv. 2016, art. 12, al. 1er.]*

COMMENTAIRE

Comme les directives, le code désigne par l'expression unique d'opérateurs économiques les entrepreneurs, fournisseurs et prestataires de services avec lesquels les contrats de la commande publique sont conclus. Cette notion rappelle que la réglementation de la commande publique est une réglementation économique : si la passation des contrats est soumise à des obligations procédurales c'est, notamment, pour que les personnes publiques (plus généralement, les pouvoirs adjudicateurs et les entités adjudicatrices) ne perturbent pas le jeu de la concurrence sur les marchés de biens et services en passant des commandes à certains opérateurs dans des conditions discriminatoires.

La même exigence ne s'impose pas dans le cas où l'acheteur ou l'autorité concédante fait appel à un opérateur qui, compte tenu de la nature de la prestation qu'il réalise et des conditions particulières dans lesquelles il exerce son activité, ne peut être en concurrence avec d'autres opérateurs (« ne saurait être regardé comme un opérateur sur un marché concurrentiel », dit la jurisprudence citée ci-dessous, ou encore n'a pas de « vocation de marché »). Une telle hypothèse ne peut bien sûr qu'être rare : en principe, une personne publique qui procède à des commandes s'adresse à des opérateurs sur des marchés effectivement ou potentiellement concurrentiels. Seule une analyse au cas par cas, tenant compte à la fois de l'objet de l'activité et, surtout, des conditions particulières dans lesquelles elle est mise en œuvre, peut permettre, le cas échéant, de conclure que, dans telle ou telle hypothèse, un pouvoir adjudicateur peut passer commande sans mettre en œuvre la réglementation prévue par le code au motif qu'il ne conclut pas un contrat avec un opérateur économique. ❑

I. CJCE/CJUE

1. La seule circonstance que des associations ne poursuivent pas de but lucratif ne suffit pas à démontrer qu'elles n'exercent pas une activité économique en concurrence avec d'autres opérateurs et que les contrats passés avec elles par des pouvoirs adjudicateurs échappent, pour ce motif, à la réglementation des marchés publics. • CJCE 29 nov. 2007, ♔ *Commission c/ Italie*, C-119/06.

2. Il est indifférent que l'entité concernée ne poursuive pas à titre principal une finalité lucrative, qu'elle n'ait pas une structure d'entreprise ou encore qu'elle n'assure pas une présence continue sur le marché (V., en ce sens, arrêt *CoNISMa, préc., pts 30 et 45*). • CJUE 19 déc. 2012, *Azienda Sanitaria Locale di Lecce*, C-159/11 : *AJDA 2013. 630, note Dreyfus*.

3. Dans l'hypothèse où la valeur de l'accord-cadre régional relatif à l'attribution directe et prioritaire de prestations de services de transport sanitaire d'urgence à des associations bénévoles excéderait le seuil pertinent fixé à l'art. 7 de la Dir. 2004/18/CE et la valeur des services de transport dépasserait celle des services médicaux, il y a lieu de considérer que la Dir. 2004/18/CE s'oppose à une réglementation telle que celle en cause au principal, qui prévoit que les autorités locales confient la fourniture des services de transport sanitaire d'urgence et d'extrême urgence par priorité et par voie d'attribution directe, en l'absence de toute forme de publicité, aux organismes de bénévolat conventionnés.

En revanche, dans l'hypothèse où la juridiction de renvoi constaterait que soit ledit seuil n'est pas atteint, soit la valeur des services médicaux dépasse la valeur des services de transport, seraient seuls susceptibles de s'appliquer, outre, dans ce dernier cas, les art. 23 et 35, § 4, de la Dir. 2004/18/CE, les principes généraux de transparence et d'égalité de traitement découlant des art. 49 et 56 TFUE (V. en ce sens, arrêts Commission c/ Irlande, pt 26 et jurisprudence citée, ainsi que *Strong Segurança, EU :C :2011 :161, pt 35*).

Toutefois, pour que ces principes puissent s'appliquer en matière de marchés publics à des activités dont l'ensemble des éléments pertinents se cantonnent à l'intérieur d'un seul État membre, il est requis que le marché en cause au principal présente un intérêt transfrontalier certain (V. en ce sens, arrêts *Commission c/ Irlande, pt 29* ; *Commission c/ Italie*, C-412/04, pts 66 et 81 ; *SECAP et Santorso*, C-147/06 et C-148/06, pt 21 ; *Serrantoni et Consorzio stabile edili*, C-376/08, pt 24, ainsi que *Commission c/ Irlande, pt 31*).

Par ailleurs, le mode d'organisation du service de transport sanitaire en cause au principal est motivé par les principes d'universalité, de solidarité, d'efficacité économique et d'adéquation, le recours prioritaire aux organismes de bénévolat conventionnés visant spécialement à garantir que ce service d'intérêt général soit assuré dans des conditions d'équilibre économique sur le plan budgétaire. En tant qu'il prévoit la participation des organismes de bénévolat à un service d'intérêt général et se réfère au principe de solidarité, ledit art. 75 *ter* s'apparente aux dispositions constitutionnelles et légales relatives à l'action bénévole des citoyens mentionnées aux pts 9 à 11 du présent arrêt. Or de tels objectifs sont pris en considération par le droit de l'Union.

A cet égard, il importe de rappeler, en premier lieu, que le droit de l'Union ne porte pas atteinte à la compétence dont disposent les États membres pour aménager leurs systèmes de santé publique et de sécurité sociale (V. en ce sens, arrêts *Sodemare e.a.*, C-70/95, *pt 27*, ainsi que *Blanco Pérez et Chao Gómez*, C-570/07 et C-571/07, *pt 43*). Certes, dans l'exercice de cette compétence, les États membres ne peuvent pas introduire ou maintenir des restrictions injustifiées à l'exercice des libertés fondamentales dans le domaine des soins de santé. Toutefois, dans l'appréciation du respect de cette interdiction, il doit être tenu compte du fait que la santé et la vie des personnes occupent le premier rang parmi les biens et les intérêts protégés par le traité, et qu'il appartient aux États membres, qui disposent d'une marge d'appréciation, de décider du niveau auquel ils entendent assurer la protection de la santé publique ainsi que de la manière dont ce niveau doit être atteint (V. not. arrêts *Commission c/ Allemagne*, C-141/07, *pts 46 et 51*, ainsi que *Blanco Pérez et Chao Gómez, préc., pts 43, 44, 68 et 90*). Par ailleurs, non seulement un risque d'atteinte grave à l'équilibre financier du système de sécurité sociale peut constituer, en lui-même, une raison impérieuse d'intérêt général susceptible de justifier une entrave à la libre prestation des services, mais, en outre, l'objectif de maintenir, pour des raisons de santé publique, un service médical et hospitalier équilibré et accessible à tous peut également relever de l'une des dérogations pour des raisons de santé publique, dans la mesure où un tel objectif contribue à la réalisation d'un niveau élevé de protection de la santé (V. en ce sens, arrêt *Stamatelaki*, C-444/05, *pts 30 et 31*). Sont ainsi visées les mesures qui, d'une part, répondent à l'objectif général de garantir sur le territoire de l'État membre concerné une accessibilité suffisante et permanente à une gamme équilibrée de soins médicaux de qualité et qui, d'autre part, participent d'une volonté d'assurer une maîtrise des coûts et d'éviter, dans la mesure du possible, tout gaspillage de ressources financières, techniques et humaines (V. arrêt *Commission c/ Allemagne, préc., pt 61*).

En second lieu, il convient de rappeler que, au pt 32 de l'arrêt *Sodemare e.a.* (préc.), la Cour a jugé qu'un État membre peut, dans le cadre de sa compétence retenue pour aménager son système de sécurité sociale, considérer qu'un système d'assistance sociale aux personnes âgées dont l'état rend indispensables des prestations sanitaires implique nécessairement, en vue d'atteindre ses objectifs, en l'occurrence le respect de la finalité exclusivement sociale de ce système, que l'admission à celui-ci d'opérateurs privés en tant que prestataires de services d'assistance sociale soit subordonnée à la condition qu'ils ne poursuivent aucun but lucratif. Par conséquent, un État membre peut estimer, dans le cadre de la marge d'appréciation dont il dispose pour décider du niveau de protection de la santé publique et aménager son système de sécurité sociale, que le recours aux associations de bénévolat correspond à la finalité sociale du service de transport sanitaire d'urgence et est de nature à contribuer à la maîtrise des coûts liés à ce service.

Il convient toutefois de relever qu'un système d'organisation du service de transport sanitaire d'urgence tel que celui en cause au principal, consistant, pour les autorités compétentes, à recourir prioritairement à des associations de bénévolat, doit effectivement contribuer à la finalité sociale ainsi qu'à la poursuite des objectifs de solidarité et d'efficacité budgétaire sur lesquels ce système est fondé. A cet égard, il est requis que, lorsqu'elles interviennent dans ce cadre, les associations de bénévolat ne poursuivent pas d'autres objectifs que ceux précités, qu'elles ne réalisent aucun profit du fait de leurs prestations, indépendamment du remboursement des coûts variables, fixes et permanents nécessaires pour fournir celles-ci, ni ne procurent aucun profit à leurs membres. Par ailleurs, si le recours à des travailleurs est admissible, car, à défaut, ces associations seraient quasi privées de la possibilité effective d'agir dans de nombreux domaines où le principe de solidarité peut naturellement être mis en œuvre, l'activité desdites associations doit strictement respecter les exigences posées par la législation nationale à leur égard. Eu égard au principe général du droit de l'Union de l'interdiction de l'abus de droit (V., par analogie, arrêt *3M Italia*, C-417/10, *pt 33*), l'application de cette législation ne saurait être étendue jusqu'à couvrir des pratiques abusives des associations de bénévolat ou encore de leurs membres. Ainsi, l'activité des associations de bénévolat ne saurait être exercée par des travailleurs que dans les limites nécessaires à leur fonctionnement régulier. S'agissant du remboursement des coûts, il doit être veillé à ce qu'aucun but lucratif, même indirect, ne puisse être poursuivi sous le couvert d'une activité bénévole et à ce que le bénévole puisse uniquement sefaire rembourser les frais effectivement exposés pour l'activité fournie, dans les limites établies au préalable par les associations elles-mêmes. Il appartient à la juridiction de renvoi de porter l'ensemble des appréciations requises afin de vérifier si le système d'organisation du service de transport sanitaire d'urgence en cause au principal, tel qu'il est régi par la législation applicable et mis en œuvre par l'accord-cadre régional et les conventions particulières qui en découlent, contribue effectivement à la finalité sociale ainsi qu'à la poursuite des objectifs de solidarité et d'efficacité budgétaire sur lesquels ce système est fondé.

Eu égard à l'ensemble des considérations qui précèdent, il y a lieu de répondre aux questions posées que les art. 49 TFUE et 56 TFUE doivent être interprétés en ce sens qu'ils ne s'opposent pas à une réglementation nationale qui, telle celle en cause au principal, prévoit que la fourniture des services de transport sanitaire d'urgence et d'extrême urgence doit être confiée par priorité et par voie d'attribution directe, en l'absence de toute publicité, aux organismes de bénévolat conventionnés, pour autant que le cadre légal et conventionnel dans lequel se déploie l'activité de ces organismes contribue effectivement à la finalité sociale ainsi qu'à la poursuite des objectifs de solidarité et d'efficacité budgétaire sur lesquels cette réglementation est fondée. • CJUE 11 déc. 2014, *Azienda sanitaria locale n. 5 « Spezzino » et a.*, C-113/13 : *AJDA 2015. 329, chron. Broussy, Cassagnabère et Gänser ; Rev. CMP 2015, n° 38, note Zimmer ; BJCP 2015. 169, concl. Wahl.*

4. Les art. 49 et 56 TFUE doivent être interprétés en ce sens qu'ils ne s'opposent pas à une réglementation nationale qui, telle celle en cause au principal, permet aux autorités locales de confier la fourniture de services de transport sanitaire par voie d'attribution directe, en l'absence de toute forme de publicité, à des associations de bénévolat, pour autant que le cadre légal et conventionnel dans lequel se déploie l'activité de ces organismes contribue effectivement à une finalité sociale ainsi qu'à la poursuite des objectifs de solidarité et d'efficacité budgétaire.

Lorsqu'un État membre permet aux autorités publiques de recourir directement à des associations de bénévolat pour l'accomplissement de certaines missions, une autorité publique qui entend conclure des conventions avec de telles associations n'est pas tenue, en vertu du droit de l'Union, de comparer préalablement les propositions de diverses associations.

Lorsqu'un État membre, qui permet aux autorités publiques de recourir directement à des associations de bénévolat pour l'accomplissement de certaines missions, autorise ces associations à exercer certaines activités commerciales, il revient à cet État membre de fixer les limites dans lesquelles ces activités peuvent être accomplies. Ces limites doivent néanmoins assurer que lesdites activités commerciales soient marginales au regard de l'ensemble des activités de telles associations et soutiennent la poursuite de l'activité bénévole de celles-ci. • CJUE 28 janv. 2016, *Consorzio Artigiano Servizio Taxi e Autonoleggio (CASTA)*, C-50/14 : *Rev. CMP 2016, n° 64, note Ubaud-Bergeron.*

5. Entités sans but lucratif habilitées. Impossibilité de leur interdire de participer à une procédure de passation. L'art. 19, § 1, et l'art. 80, § 2, de la Dir. 2014/24/UE du Parlement européen et du Conseil, du 26 févr. 2014, sur la passation des marchés publics et abrogeant la Dir. 2004/18/CE, lus à la lumière du considérant 14 de cette directive, doivent être interprétés en ce sens qu'ils s'opposent à une réglementation nationale qui exclut la possibilité pour des entités sans but lucratif de participer à une procédure de passation d'un marché public de services d'ingénierie et d'architecture, alors même que ces entités sont habilitées par le droit national à offrir les services visés par le marché concerné. • CJUE 11 juin 2020, *Parsec Fondazione Parco delle Scienze e della Cultura*, n° C-219/19.

II. JURISPRUDENCE ADMINISTRATIVE

6. Dès lors que les prestations confiées à un opérateur peuvent être regardées, compte tenu de leur objet et des conditions dans lesquelles elles sont mises en œuvre, comme n'ayant pas le caractère d'une activité exercée sur un marché concurrentiel, une personne publique peut faire librement appel à cet opérateur, sans avoir à conclure un marché public. • CE, avis, 23 oct. 2003, *Fondation Jean Moulin*, n° 369315 : *EDCE n° 55, p. 209 ; ACCP 2004, n° 34, note Fatôme et Richer.*

7. Lorsque, eu égard à la nature de l'activité en cause et aux conditions particulières dans lesquelles il l'exerce, le tiers auquel une personne publique s'adresse ne saurait être regardé comme un opérateur sur un marché concurrentiel, cette personne publique peut faire directement appel à lui, sans avoir à conclure un marché public (ni, s'il s'agit de déléguer la gestion d'un service public, un contrat de délégation de service public). • CE, sect., 6 avr. 2007, *Cne d'Aix-en-Provence*, n° 284736 A : *AJDA 2007. 1020, chron. Lenica et Boucher ; D. 2007, chron. 2617, note Clamour ; JCP Adm. 2007, n° 2111, note Kerpenschif ; ibid. n° 2125, note Linditch ; ibid. n° 2128, note Pontier ; Rev. CMP 2007, n° 191, obs. Eckert ; BJCP 2007. 283, concl. Séners ; Dr. adm. 2007, n° 95, note Bazex et Blazy ; RFDA 2007. 812, concl. Séners et note Douence ; RD publ. 2007. 1367, note Bui-Xuan.*

8. Il résulte de la définition de l'objet du contrat, par son art. 1er, et des termes de l'art. L. 6133-6 CSP, en application duquel il a été conclu, qu'il a pour but de définir les modalités de l'exercice par les médecins libéraux de la SELARL Centre giennois d'imagerie médicale de leur activité d'imagerie médicale dans l'établissement public hospitalier membre du groupement de coopération sanitaire « Pôle sanitaire du Giennois », en l'articulant avec l'activité de même nature qu'ils exercent déjà au sein de l'établissement de santé privé membre du même groupement ; ce contrat constitue ainsi une modalité de l'organisation interne du groupement de coopération sanitaire, lequel a d'ailleurs été institué sous la forme d'une personne morale de droit privé à but non lucratif, par sa convention constitutive du 15 oct. 2009, notamment pour gérer un plateau technique commun d'imagerie médicale ; dans ces conditions, il ne peut pas être regardé comme un contrat conclu entre un pouvoir adjudicateur et un opérateur économique au sens du 2e al. du I de l'art. 1er C. marchés et n'est donc pas soumis à ce code et aux règles de publicité et de mise en concurrence qu'il détermine. • CAA Nantes, 12 avr. 2013, *SELARL Radiodiagnostic du Giennois*, n° 11NT03011.

Art. L. 1220-2 Un candidat est un opérateur économique qui demande à participer ou est invité à participer à une procédure de passation d'un contrat de la commande publique. – *[Ord. n° 2015-899 du 23 juill. 2015, art. 13, al. 2 ; Ord. n° 2016-65 du 29 janv. 2016, art. 12, al. 2.]*

COMMENTAIRE

Une personne publique peut, aussi bien qu'une personne privée, être candidate à un contrat de la commande publique et, par suite, en être l'attributaire, dans des conditions précisées par l'avis contentieux *Sté Jean-Louis Bernard Consultants* du 8 novembre 2000 (V. jurisprudence) – sous réserve, bien entendu, qu'elle ne méconnaisse pas sa compétence.

Corrélativement, si deux services relevant de la même personne publique peuvent toujours se passer librement des commandes, une personne publique ne saurait s'adresser à une autre personne publique sans la mettre en concurrence dans le cadre d'une procédure de passation d'un contrat de la commande publique – sauf si, comme il a été dit, cette seconde personne publique peut être regardée comme n'étant pas un opérateur sur un marché concurrentiel et dans le cas, sur lequel on reviendra, de relations *in house*.

I. CJCE/CJUE

1. Un organisme subventionné par un pouvoir adjudicateur, en particulier une personne publique, peut être candidat à un marché public. • CJCE 7 déc. 2000, *ARGE Gewässerschutz*, C-94/99.

2. Il ressort tant des règles communautaires que de la jurisprudence de la Cour qu'est admise à soumissionner ou à se porter candidate toute personne ou entité qui, au vu des conditions énoncées dans un avis de marché, se considère apte à assurer l'exécution de ce marché, directement ou en recourant à la sous-traitance, indépendamment de son statut, de droit privé ou de droit public, ainsi que de la question de savoir si elle est systématiquement active sur le marché ou si elle n'intervient qu'à titre occasionnel, ou si elle est subventionnée par des fonds publics ou ne l'est pas. • CJUE 23 déc. 2009, *Interuniversitario per le Scienze del mare c/ Regione Marche,* C-305/08 : *Rev. CMP 2010, nº 61, note Eckert.*

3. S'agissant d'entités telles que des établissements universitaires publics, la Cour a jugé que de telles entités ont, en principe, la faculté de participer à une procédure d'attribution d'un marché public de services. Toutefois, les États membres peuvent réglementer les activités de ces entités, et notamment autoriser ou ne pas autoriser ces dernières à opérer sur le marché compte tenu de leurs objectifs institutionnels et statutaires. Pour autant, si et dans la mesure où lesdites entités sont habilitées à offrir certains services sur le marché, il ne peut pas leur être interdit de participer à un appel d'offres portant sur les services concernés (V., en ce sens, arrêt *CoNISMa*, préc., *pts 45, 48, 49 et 51*). • CJUE 19 déc. 2012, *Azienda Sanitaria Locale di Lecce*, C-159/11.

4. Il ressort tant des règles de l'Union que de la jurisprudence qu'est admise à soumissionner ou à se porter candidate toute personne ou entité qui, au vu des conditions énoncées dans un avis de marché, se considère apte à assurer l'exécution de ce marché, indépendamment de son statut, de droit privé ou de droit public, ainsi que de la question de savoir si elle est systématiquement active sur le marché ou si elle n'intervient qu'à titre occasionnel (V., en ce sens, arrêt *CoNISMa, C-305/08, pt 42*). En outre, ainsi qu'il ressort du libellé de l'art. 26, § 2, de la Dir. 92/50, les États membres ont, certes, la faculté d'habiliter ou non certaines catégories d'opérateurs économiques à fournir certaines prestations. Ils peuvent réglementer les activités des entités, telles que les universités et les instituts de recherche, qui ne poursuivent pas un but lucratif et dont l'objet est orienté principalement vers l'enseignement et la recherche. Notamment, ils peuvent autoriser ou ne pas autoriser de telles entités à opérer sur le marché en fonction de la circonstance que l'activité en question est compatible ou non avec leurs objectifs institutionnels et statutaires. Toutefois, si et dans la mesure où de telles entités sont habilitées à offrir certains services contre rémunération sur le marché, même à titre occasionnel, les États membres ne peuvent interdire à celles-ci de participer à des procédures de passation de marchés publics qui portent sur la prestation des mêmes services. Une telle interdiction ne serait, en effet, pas compatible avec l'art. 1er, ss. a) et c), de la Dir. 92/50 (V., pour ce qui est des dispositions correspondantes de la Dir. 2004/18, arrêts *CoNISMa, C-305/08, pts 47 à 49*, ainsi que *Ordine degli Ingegneri della Provincia di Lecce e.a., C-159/11, pt 27*). Les dispositions de la Dir. 92/50 et la jurisprudence de la Cour ne permettent pas d'exclure, *a priori* et sans autre examen, de la participation à une procédure de passation d'un marché public un soumissionnaire pour la seule raison que, grâce à des subventions publiques dont il bénéficie, il est en mesure de faire des offres à des prix sensiblement inférieurs à ceux des soumissionnaires non subventionnés (V., en ce sens, arrêts *ARGE, C-94/99, pts 25 à 27*, ainsi que *CoNISMa, C-305/08, pts 34 et 40*).

Cependant, dans certaines circonstances particulières, le pouvoir adjudicateur a l'obligation, ou à tout le moins la possibilité, de prendre en considération l'existence de subventions, et notamment d'aides non conformes au traité, afin, le cas échéant, d'exclure les soumissionnaires qui en bénéficient (V., en ce sens, arrêts *ARGE, C-94/99, pt 29*, ainsi que *CoNISMa, C-305/08, pt 33*). A cet égard, ainsi que l'a relevé la Commission lors de l'audience devant la Cour, la circonstance selon laquelle l'établissement public concerné dispose d'une comptabilité séparée entre ses activités exercées sur le marché et ses autres activités peut permettre de vérifier si une offre est anormalement basse par l'effet d'un élément d'aide d'État. Toutefois, le pouvoir adjudicateur ne saurait conclure de l'absence d'une telle séparation comptable qu'une telle offre a été rendue possible par l'obtention d'une subvention ou d'une aide d'État non conforme au traité.

Il y a lieu de répondre à la seconde question que les dispositions de la Dir. 92/50, et en particulier les principes généraux de libre concurrence, de non-discrimination et de proportionnalité qui sous-tendent cette directive, doivent être interprétés en ce sens qu'ils ne s'opposent pas à une législation nationale permettant à un établissement hospitalier public, tel que celui en cause au principal, participant à un appel d'offres de soumettre une offre à laquelle aucune concurrence ne peut faire face, grâce aux financements publics dont il bénéficie. Toutefois, dans le cadre de l'examen du caractère anormalement bas d'une offre sur le fondement de l'art. 37 de cette directive, le pouvoir adjudicateur peut prendre en considération l'existence d'un financement public dont bénéficie un tel établissement au regard de la faculté de rejeter cette offre. • CJUE 18 déc. 2014, *Azienda Ospedaliero-Universitaria di Careggi-Firenze c/ Data Medical Service Srl,* C-568/13 : *AJDA 2015. 329, chron. Broussy, Cassagnabère et Gänser ; Rev. CMP 2015, nº 37, note Eckert.*

5. L'art. 1er, § 8, de la Dir. 2004/18/CE du Parlement européen et du Conseil, du 31 mars 2004, relative à la coordination des procédures de passation des marchés publics de travaux, de fournitures et de services, doit être interprété en ce sens que la notion d'« opérateur économique » figurant au 2e al. de cette disposition inclut les administrations publiques, lesquelles peuvent donc participer à des appels d'offres publics si et dans la mesure où elles sont habilitées à offrir des services contre rémunération sur un marché. • CJUE 6 oct. 2015, *Consorci Sanitari del Maresme*, n° C-203/14 : *AJDA 2015. 2257, chron. Broussy, Cassagnabère et Gänser* ; *RDI 2015. 531, obs. Noguellou*.

II. JURISPRUDENCE ADMINISTRATIVE

6. Un marché public peut être conclu avec une personne publique, à condition que celle-ci prenne en compte, pour présenter son offre, l'ensemble des coûts directs et indirects de sa prestation. • CE, avis cont., 8 nov. 2000, *Sté Jean-Louis Bernard Consultants*, n° 222208 A : *Rev. CMP 2001, n° 8, obs. Soler-Couteaux* • TA Dijon, 20 févr. 2003, *Sté Jean-Louis Bernard Consultants*, n° 99245 : *BJCP 2003. 276, concl. Heckel.* ♦ V. aussi : Le principe de liberté du commerce et de l'industrie ne fait pas obstacle à ce qu'un établissement public se porte candidat à l'obtention d'une délégation de service public. • CE 16 oct. 2000, *Cie méditerranéenne d'exploitation des services d'eau*, n° 212054 A : *Gaz. cnes 15 janv. 2001, p. 56, note Brecq-Coutant ; BJCP 2001. 105, concl. Bergeal ; RFDA 2001. 106, concl. Bergeal* ; *ACL 2001, n° 56.*

7. *Attribution d'un marché à une collectivité territoriale ou un EPCI.* Si aucun principe ni aucun texte ne fait obstacle à ce que ces collectivités ou leurs établissements publics de coopération se portent candidats à l'attribution d'un contrat de commande publique pour répondre aux besoins d'une autre personne publique, ils ne peuvent légalement présenter une telle candidature que si elle répond à un tel intérêt public, c'est-à-dire si elle constitue le prolongement d'une mission de service public dont la collectivité ou l'établissement public de coopération a la charge, dans le but notamment d'amortir des équipements, de valoriser les moyens dont dispose le service ou d'assurer son équilibre financier, et sous réserve qu'elle ne compromette pas l'exercice de cette mission ; une fois admise dans son principe, cette candidature ne doit pas fausser les conditions de la concurrence ; en particulier, le prix proposé par la collectivité territoriale ou l'établissement public de coopération doit être déterminé en prenant en compte l'ensemble des coûts directs et indirects concourant à sa formation, sans que la collectivité publique bénéficie, pour le déterminer, d'un avantage découlant des ressources ou des moyens qui lui sont attribués au titre de ses missions de service public et à condition qu'elle puisse, si nécessaire, en justifier par ses documents comptables ou tout autre moyen d'information approprié ; ces règles s'appliquent enfin sans préjudice des coopérations que les personnes publiques peuvent organiser entre elles, dans le cadre de relations distinctes de celles d'opérateurs intervenant sur un marché concurrentiel. • CE, ass., 30 déc. 2014, *Sté Armor SNC*, n° 355563 : *BJCP 2015. 92, concl. Dacosta ; AJDA 2015. 449, chron. Lessi et Dutheillet de Lamothe* ; *Dr. adm. 2015, n° 27, note Brenet ; Rev. CMP 2015, n° 36, note de Fournoux.* ♦ Pour le règlement après cassation, • CAA Nantes, 12 avr. 2017, *Sté Armor SNC*, n° 15NT00322.

8. *Établissement public.* La société requérante ne saurait utilement soutenir que l'intervention de l'office (établissement public) ne serait justifiée par aucun intérêt public local. • CE 18 sept. 2019, *Cté de cnes de l'Île-Rousse-Balagne, Office d'équipement hydraulique de la Corse*, nos 430368 et 430074 B.

9. *Personne publique candidate. Égalité des conditions concurrentielles.* La candidature d'une collectivité territoriale à l'attribution d'un contrat de commande publique peut être regardée comme répondant à un intérêt public local lorsqu'elle constitue le prolongement d'une mission de service public dont la collectivité a la charge, notamment parce que l'attribution du contrat permettrait d'amortir des équipements dont elle dispose. Cet amortissement ne doit toutefois pas s'entendre dans un sens précisément comptable, mais plus largement comme traduisant l'intérêt qui s'attache à l'augmentation du taux d'utilisation des équipements de la collectivité, dès lors que ces derniers ne sont pas surdimensionnés par rapport à ses propres besoins.

Les collectivités territoriales peuvent se porter candidates à un marché public lorsque cette activité répond à un intérêt public local. Il ressort des pièces du dossier que la drague « Fort Boyard », acquise en mai 2002 par le département de la Charente-Maritime, a été dimensionnée pour faire face aux besoins et spécificités des ports de ce département mais n'est utilisée qu'une partie de l'année pour répondre à ces besoins. Dès lors, son utilisation hors du territoire départemental peut être regardée comme s'inscrivant dans le prolongement du service public de création, d'aménagement et d'exploitation des ports maritimes de pêche dont le département a la charge en application des dispositions de l'art. L. 601-1 C. ports mar., sans compromettre l'exercice de cette mission, une telle utilisation de la drague « Fort Boyard » permettant d'amortir l'équipement et de valoriser les moyens dont dispose, dans ce cadre, le service public de dragage de la Charente-Maritime. Par suite, le moyen tiré de ce que la candidature du département de la Charente-Maritime n'aurait pas répondu à un intérêt public local doit être écarté.

Lorsque le prix de l'offre d'une collectivité territoriale est nettement inférieur à ceux des offres des autres candidats, il appartient au pouvoir adjudicateur de s'assurer, en demandant la production des documents nécessaires, que l'ensemble des coûts directs et indirects a été pris en compte pour fixer ce prix, afin que ne soient pas faussées les conditions de la concurrence. Si l'offre de la collectivité est retenue et si le prix de l'offre est contesté dans le cadre d'un recours formé par un tiers, il appartient au juge administratif de vérifier que le pouvoir adjudicateur ne s'est pas fondé, pour retenir l'offre de la collectivité, sur un prix manifestement sous-estimé au regard de l'ensemble des coûts exposés et au vu des documents communiqués par la collectivité candidate. • CE 14 juin 2019, *Sté Vinci Construction Maritime et Fluvial*, n° 411444 A : *BJCP 2019. 317, concl. Le Corre ; Rev. CMP 2019, n° 257, note Eckert ; AJDA 2019. 1946, note Hul*.

10. Lorsqu'une personne publique est candidate à l'attribution d'un contrat de concession, il appartient à l'autorité concédante, dès lors que l'équilibre économique de l'offre de cette personne publique diffère substantiellement de celui des offres des autres candidats, de s'assurer, en demandant la production des documents nécessaires, que l'ensemble des coûts directs et indirects a été pris en compte pour la détermination de cette offre, afin que ne soient pas faussées les conditions de la concurrence. Il incombe au juge du référé précontractuel, saisi d'un moyen en ce sens, de vérifier que le contrat n'a pas été attribué à une personne publique qui a présenté une offre qui, faute de prendre en compte l'ensemble des coûts exposés, a faussé les conditions de la concurrence.

Il résulte de ce qui précède que la Sté des Eaux de Corse ne saurait utilement soutenir devant le juge du référé précontractuel que la CCIRB aurait dû s'assurer, en demandant la production des documents nécessaires, que l'offre de l'OEHC n'avait pas faussé la concurrence en omettant de prendre en compte l'ensemble des coûts et en profitant des ressources et moyens qui lui sont attribués au titre de sa mission de service public. Elle ne saurait davantage soutenir utilement que l'OEHC n'opère aucune séparation comptable entre les moyens et les ressources qui lui sont attribués au titre de sa mission de service public et ceux qu'il utilise pour l'exécution du contrat de concession du service public de distribution d'eau. Par ailleurs, il résulte de l'instruction que l'équilibre économique de l'offre présentée par l'OEHC ne diffère pas substantiellement de celui de l'offre concurrente présentée par la Société des Eaux de Corse. Il en résulte qu'en retenant son offre, la CCIRB ne saurait être regardée comme ayant retenu une offre qui aurait, pour les raisons mentionnées ci-dessus, faussé les conditions de la concurrence et comme ayant, pour ce motif, méconnu ses obligations de publicité et de mise en concurrence. • CE 18 sept. 2019, *Cté de cnes de l'Île-Rousse-Balagne, Office d'équipement hydraulique de la Corse*, n°s 430368 et 430074 B : *BJCP 2019. 403, concl. Pellissier ; AJDA 2019. 2447, note Hul ; Rev. CMP 2019, n° 378, note Eckert.*

11. Dès lors qu'il ne s'agit pas de la prise en charge par le département A d'une activité économique mais uniquement de la candidature d'un de ses services, dans le respect des règles de la concurrence, à un marché public passé par le département B, le département A n'était pas tenu de justifier d'un intérêt public départemental pour pouvoir présenter une telle offre en dehors de ses limites territoriales. Lorsqu'une collectivité publique est candidate à l'attribution d'un marché public, le prix qu'elle propose doit être déterminé en prenant en compte l'ensemble des coûts directs et indirects concourant à la formation du prix de la prestation objet du contrat ; en outre, cette collectivité ne doit pas avoir bénéficié, pour déterminer le prix proposé, d'un avantage découlant des ressources ou des moyens qui lui sont attribués au titre de sa mission de service public et doit, si nécessaire, en justifier par ses documents comptables ou tout autre moyen d'information approprié. Il ressort des pièces du dossier que l'activité de dragage exercée par le département A est assurée par un service doté d'un budget annexe et soumis à des obligations fiscales et comptables comparables à celles des entreprises privées ; la commission d'appel d'offres du département B, après avoir constaté que l'offre du département A se situait légèrement en dessous de sa propre estimation mais était largement en dessous de celle des deux entreprises privées ayant soumissionné, a demandé à ce dernier département la production d'un sous-détail des prix de « dragages avec clapage » et « dragages avec dépôt sur l'estran », lequel lui a, notamment, permis de procéder à la comparaison des prix unitaires, à l'identification de prix journaliers d'intervention et à la vérification, en particulier, de la prise en compte, dans l'offre du département A, de l'ensemble des charges directes et indirectes se rattachant à cette activité ; la commission d'appel d'offres a déduit de cette analyse que l'offre présentée par le département A n'était pas anormalement basse et que la différence de prix s'expliquait en l'espèce par la mise en œuvre de techniques différentes caractérisées essentiellement par l'emploi d'une drague aspiratrice par le seul département A ; eu égard à la nature des précisions demandées par la commission d'appel d'offres, il ne ressort pas des pièces du dossier que ledit département aurait présenté une offre qui ne tenait pas compte de tous ses coûts et notamment des frais d'amortissement de la drague aspiratrice ou de l'intégralité de ses charges de personnels ; dans ces conditions, le moyen tiré de ce que le département A aurait procédé à une sous-estimation du coût de la prestation proposée ou aurait bénéficié d'avantages en méconnaissance des principes de libre concurrence et d'égalité de traitement doit être écarté. • CAA Nantes, 4 nov. 2011, *Sté Armor SNC*, n° 10NT01095.

12. L'offre d'un SDIS, établissement public

administratif, comportait des prix plus avantageux que les offres concurrentes, qui ont conduit le pouvoir adjudicateur à lui attribuer les marchés litigieux ; les requérants soutiennent que le SDIS a produit, préalablement à la réunion de la commission d'appel d'offres, les éléments détaillant les modalités de fixation des prix et leur permettant de vérifier que ce montant n'avait pas été déterminé en tenant compte des avantages découlant des ressources ou des moyens qui lui étaient dévolus au titre de sa mission de service public ; il ressort toutefois des documents adressés par le SDIS à la commission d'appel d'offres que cet établissement public n'a pas produit des pièces comptables, issues notamment d'une comptabilité analytique, mais des tableaux élaborés par ses services, synthétisant de manière schématique ses recettes et ses charges ; il ressort de la note explicative jointe à ces documents que 96 % de ses dépenses sont couvertes par les contributions versées par le département, les communes et les établissements publics de coopération intercommunale ; l'examen des documents explicatifs produits par le SDIS et des prix fixés pour les prestations de transport figurant sur les actes d'engagement du marché fait apparaître que le prix proposé à l'issue de la négociation est inférieur au coût réel des prestations évalué par le SDIS ; par suite, ces documents n'ont pu permettre à la commission d'appel d'offres ni au pouvoir adjudicateur de constater que le niveau des prix proposés par le SDIS, très nettement inférieur à celui des prix proposés par les entreprises privées candidates et à l'évaluation de ses coûts par le SDIS, ne résultait pas des avantages reçus par cet établissement dans le cadre de sa mission de service public ; par suite, c'est à juste titre que le tribunal administratif a estimé que le principe de libre concurrence avait été méconnu lors de l'attribution des marchés litigieux au SDIS. • CAA Bordeaux, 1er mars 2012, *CH de Bigorre, Hôpitaux de Lannemezan et CH de Lourdes*, n° 10BX01569 : *Rev. CMP 2012, n° 146, note Zimmer.* ♦ V. aussi • CAA Nancy, 10 déc. 2015, *CH intercommunal de la Haute-Saône*, n° 14NC01821 : *AJDA 2016. 827, note Goujon-Fischer* • CAA Bordeaux, 25 juill. 2019, *CH Esquirol*, n° 17BX03405 : *Rev. CMP 2019. n° 11, note Ubaud-Bergeron.*

13. Marché conclu entre deux organismes de coopération entre collectivités territoriales. Un contrat conclu entre deux établissements publics de coopération intercommunale dont l'un est adhérent de l'autre, ayant pour objet la gestion du service de l'eau et donnant lieu à une rémunération « à livre ouvert », constitue un marché public au sens des directives. • CE, sect., 20 mai 1998, *Cté de cnes du Piémont-de-Barr, Service des eaux et de l'assainissement du Bas-Rhin*, n° 188329 A.

Art. L. 1220-3 **Un soumissionnaire est un opérateur économique qui présente une offre dans le cadre d'une procédure de passation d'un contrat de la commande publique.** — *[Ord. n° 2015-899 du 23 juill. 2015, art. 13, al. 3 ; Ord. n° 2016-65 du 29 janv. 2016, art. 12, al. 3.]*

LIVRE III CONTRATS MIXTES

Art. L. 1300-1 **Le choix de conclure un contrat destiné à satisfaire des besoins ne relevant qu'en partie du présent code ou relevant de plusieurs de ses parties ne peut avoir pour but de le soustraire aux règles définies par celui-ci.**

Ce contrat mixte est soumis aux dispositions du présent livre. — *[Ord. n° 2015-899 du 23 juill. 2015, art. 22-I ; Ord. n° 2016-65 du 29 janv. 2016, art. 21, al. 4.]*

COMMENTAIRE

Les dispositions de ce livre précisent les textes applicables dans différentes hypothèses de contrats mixtes : pour l'essentiel, les contrats correspondant à des besoins relevant pour partie seulement de la commande publique et, donc, du code et les contrats correspondant pour partie à des besoins d'acheteur et pour partie à des besoins d'autorité concédante.

Les critères à prendre en compte sont le caractère dissociable ou non des prestations et, dans les cas précisés ci-dessous, l'objet principal du contrat ou la valeur estimée hors taxes des prestations en cause.

TITRE I CONTRATS RÉPONDANT À DES BESOINS RELEVANT DE LA COMMANDE PUBLIQUE ET À D'AUTRES BESOINS

CHAPITRE I CONTRATS COMPORTANT DES PRESTATIONS DISSOCIABLES

Art. L. 1311-1 **Lorsqu'un acheteur décide de conclure un contrat unique destiné à satisfaire des besoins, objectivement dissociables, qui, d'une part, relèvent du droit**

commun des marchés prévu au livre I de la deuxième partie ou de son *[au]* livre II relatif aux marchés de partenariat et, d'autre part, ne relèvent pas du présent code, ce contrat est soumis à ces livres. – *[Ord. n° 2015-899 du 23 juill. 2015, art. 22-I et 23-I, sauf dern. phrase.]*

Art. L. 1311-2 Lorsqu'une autorité concédante décide de conclure un contrat unique destiné à satisfaire des besoins, objectivement dissociables, qui, d'une part, relèvent du droit commun des contrats de concession prévu au livre I de la troisième partie et, d'autre part, ne relèvent pas du présent code, ce contrat est soumis à ce livre.

Lorsque ce contrat a pour objet plusieurs activités dont l'une seulement constitue une activité d'opérateur de réseau*[x]*, il est soumis aux dispositions applicables à son objet principal. Lorsque l'objet principal du contrat ne peut être objectivement déterminé, le contrat est soumis aux dispositions du livre I de la troisième partie. – *[Ord. n° 2016-65 du 29 janv. 2016, art. 21, al. 1er, 21, al. 2, 22-I-2°, 23-I-II-2°.]*

CHAPITRE II CONTRATS COMPORTANT DES PRESTATIONS INDISSOCIABLES

Art. L. 1312-1 Lorsqu'un acheteur conclut un contrat unique destiné à satisfaire des besoins, objectivement indissociables, qui, d'une part, relèvent du droit commun des marchés prévu au livre I de la deuxième partie ou de son*[au]* livre II relatif aux marchés de partenariat et, d'autre part, ne relèvent pas du présent code, ce contrat est soumis aux dispositions applicables à son objet principal.

Lorsque l'objet principal du contrat ne peut être objectivement déterminé, le contrat est soumis aux dispositions des livres I ou II de la deuxième partie. – *[Ord. n° 2015-899 du 23 juill. 2015, art. 22-I ; Ord. n° 2016-65 du 29 janv. 2016, art. 23-I.]*

Art. L. 1312-2 Lorsqu'une autorité concédante conclut un contrat unique destiné à satisfaire des besoins, objectivement indissociables, qui, d'une part, relèvent du droit commun des contrats de concession prévu au livre I de la troisième partie et, d'autre part, qui ne relèvent pas du présent code, ce contrat est soumis aux dispositions applicables à son objet principal.

Lorsque l'objet principal du contrat ne peut être objectivement déterminé, le contrat est soumis aux dispositions du livre I de la troisième partie. – *[Ord. n° 2016-65 du 29 janv. 2016, art. 21, al. 1er et 2, 22-II, al. 1er et 3, 23-I-II-2°.]*

TITRE II CONTRATS RÉPONDANT À DES BESOINS D'ACHETEURS ET D'AUTORITÉS CONCÉDANTES

CHAPITRE I CONTRATS COMPORTANT DES PRESTATIONS DISSOCIABLES

Art. L. 1321-1 Lorsqu'un acheteur décide de conclure un contrat unique alors que ce contrat porte sur des prestations, objectivement dissociables, qui relèvent, d'une part, du droit commun des marchés prévu au livre I de la deuxième partie ou de son *[au]* livre II relatif aux marchés de partenariat et, d'autre part, du droit commun des contrats de concession prévu au livre I de la troisième partie, ce contrat est soumis :

1° Au droit commun des marchés prévu au livre I de la deuxième partie ou de son *[au]* livre II relatif aux marchés de partenariat si la valeur estimée hors taxe des prestations qui relèvent de ces livres est supérieure aux seuils européens applicables aux marchés publics mentionnés dans l'avis annexé au présent code ;

2° Aux dispositions applicables à son objet principal dans le cas contraire. – *[Ord. n° 2015-899 du 23 juill. 2015, art. 22-I, al. 1er et 23-I-II-2°.] – V. Annexe n° 2.*

COMMENTAIRE

On se reportera, pour les seuils, à l'annexe n° 2 du code. ❑

Art. L. 1321-2 Lorsqu'une autorité concédante décide de conclure un contrat unique alors que ce contrat porte sur des prestations, objectivement dissociables, qui relèvent à la fois du droit commun des contrats de concession prévu au livre I de la troisième

partie et du droit commun des marchés prévu au livre I de la deuxième partie ou de son *[au]* livre II relatif aux marchés de partenariat, ce contrat est soumis aux dispositions de l'article L. 1321-1.

Lorsque ce contrat a pour objet plusieurs activités dont l'une seulement constitue une activité d'opérateur de réseau*[x]*, il est soumis aux dispositions applicables à son objet principal. Lorsque l'objet principal du contrat ne peut être objectivement déterminé, le contrat est soumis aux dispositions des livres I ou II de la deuxième partie. – *[Ord. nº 2016-65 du 29 janv. 2016, art. 21, al. 1er et 2, 22-I-1º et 23-I-II-1º.]*

CHAPITRE II CONTRATS COMPORTANT DES PRESTATIONS INDISSOCIABLES

Art. L. 1322-1 **Lorsqu'un acheteur conclut un contrat unique portant sur des prestations, objectivement indissociables, qui relèvent, d'une part, du droit commun des marchés prévu au livre I de la deuxième partie ou de son *[au]* livre II relatif aux marchés de partenariat et, d'autre part, du droit commun des contrats de concession prévu au livre I de la troisième partie, ce contrat est soumis aux dispositions applicables à son objet principal.**

Lorsque l'objet principal du contrat ne peut être objectivement déterminé, le contrat est soumis au droit commun des marchés prévu au livre I de la deuxième partie ou de son *[au]* livre II relatif aux marchés de partenariat. – *[Ord. nº 2015-899 du 23 juill. 2015, art. 22-I et 23-I-II-1º.]*

Art. L. 1322-2 **Lorsqu'une autorité concédante conclut un contrat unique portant sur des prestations, objectivement indissociables, qui relèvent à la fois du droit commun des marchés prévu au livre I de la deuxième partie ou de son *[au]* livre II relatif aux marchés de partenariat et du droit commun des contrats de concession prévu au livre I de la troisième partie, ce contrat est soumis aux dispositions applicables à son objet principal.**

Pour l'application du présent article, lorsque le contrat porte sur des prestations qui relèvent à la fois du contrat de concession de service et des marchés publics de fournitures, son objet principal est déterminé en fonction de la valeur estimée la plus élevée de ces services ou fournitures respectifs. – *[Ord. nº 2016-65 du 29 janv. 2016, art. 21, al. 1er et 2, 22-II et 23-I-II-1º.]*

CHAPITRE III CONTRATS COMPORTANT DES PRESTATIONS RELEVANT DES MARCHÉS DE DÉFENSE OU DE SÉCURITÉ

Art. L. 1323-1 **L'acheteur ou l'autorité concédante applique, au choix, le livre III de la deuxième partie relatif aux marchés de défense ou de sécurité ou le droit commun des contrats de concession prévu au livre I de la troisième partie au contrat portant à la fois sur des prestations qui relèvent des unes et des prestations qui relèvent des autres, à condition que la passation d'un contrat unique soit justifiée par des raisons objectives.** – *[Ord. nº 2015-899 du 23 juill. 2015, art. 25-II ; Ord. nº 2016-65 du 29 janv. 2016, art. 24, al. 2.]*

TITRE III CONTRATS COMPORTANT DES PRESTATIONS RÉPONDANT AUX INTÉRÊTS ESSENTIELS DE SÉCURITÉ

Art. L. 1330-1 **Par dérogation aux titres I et II, lorsqu'un contrat porte à la fois sur des prestations qui relèvent de l'article 346 du Traité sur le fonctionnement de l'Union européenne et des prestations qui relèvent du droit commun des marchés prévu au livre I de la deuxième partie, de son *[au]* livre II relatif aux marchés de partenariat ou de son livre III relatif aux marchés de défense ou de sécurité ou du droit commun des contrats de concession prévu au livre I de la troisième partie, le contrat est soumis respectivement au régime juridique particulier applicable aux autres marchés publics prévu au livre V de la deuxième partie ou des *[aux]* autres contrats de concession prévu au livre II de la troisième partie, à condition que la passation d'un contrat unique soit justifiée par des raisons objectives.** – *[Ord. nº 2015-899 du 23 juill. 2015, art. 22-*

III et 25-I, ecqc l'art. 346 ; Ord. n° 2016-65 du 29 janv. 2016, art. 21, al. 3, ecqc l'art. 346 et 24, al. 1er.]

COMMENTAIRE

On sait que l'article 346 du TFUE (ex art. 296 Traité CE) prévoit notamment que : « tout État membre peut prendre les mesures qu'il estime nécessaires à la protection des intérêts essentiels de sa sécurité et qui se rapportent à la production ou au commerce d'armes, de munitions et de matériel de guerre ; ces mesures ne doivent pas altérer les conditions de la concurrence dans le marché intérieur en ce qui concerne les produits non destinés à des fins spécifiquement militaires ».

On trouvera ci-dessous différentes décisions de la CJCE/CJUE sur la portée de ces dispositions (art. 296 Traité CE). ❑

1. Comme toute dérogation, les dérogations apportées au traité en matière de défense doivent s'interpréter strictement. • CJCE 16 sept. 1999, *Commission c/ Espagne, C-414/97 : pt 21.*

2. Seuls les matériels militaires au sens strict sont concernés par la dérogation prévue par l'art. 296 I b) du traité. • TPICE 30 sept. 2003, *Fiocchi Munizioni c/ Commission,* T-26/01.

3. Les États disposent d'une marge de manœuvre dans l'appréciation des mesures nécessaires à la protection des intérêts essentiels : « le régime institué par l'art. 296, § 1, ss. b), entend préserver la liberté d'action des États membres dans certaines matières touchant à la défense et à la sécurité nationales... L'art. 296, § 1, ss. b), confère aux États membres une discrétion particulièrement large dans l'appréciation des besoins participant d'une telle protection ». • TPICE 30 sept. 2003, *Fiocchi Munizioni c/ Commission,* T-26/01 pt 58.

4. La Cour juge qu'il n'y a pas de dérogation automatique en matière de défense. • CJCE 26 oct. 1999, *Angela Maria Sirdar : C-273/97,* pt 16 • 11 mars 2003, *Alexander Dory : C-186/01 : pts 30 et 31.* ♦ Il appartient donc à l'État membre, au cas par cas, d'apporter la preuve de la nécessité de protéger des intérêts essentiels de sa sécurité extérieure. • TPICE 30 sept. 2003, *Fiocchi Munizioni c/ Commission, T-26/01 : préc. note 2, pt 58.* ♦ Cette preuve n'est pas apportée quand les achats en cause concernent des matériels qui ont une vocation civile certaine et une finalité militaire éventuelle, ni quand est invoqué le caractère confidentiel de certaines données, sans que soit démontré que ce caractère serait moins bien garanti si le marché était confié à d'autres sociétés que celle avec laquelle l'État entend négocier. • CJCE 8 avr. 2008, *Commission c/ Italie, C-337/05 : AJDA 2008. 1834, obs. Peyret.* ♦ V. aussi : • CJCE 2 oct. 2008, *Commission c/ Italie,* C-157/06.

5. Par sa question, la juridiction de renvoi demande, en substance, si l'art. 10 de la Dir. 2004/18/CE, lu en combinaison avec l'art. 296, § 1, ss. b), CE, doit être interprété en ce sens qu'il autorise un État membre à soustraire des procédures prévues par ladite directive un marché public passé par un pouvoir adjudicateur dans le domaine de la défense pour l'acquisition d'un matériel qui, bien que destiné à des fins spécifiquement militaires, présente également des possibilités d'application civiles essentiellement similaires.

Il ressort de l'art. 10 de la Dir. 2004/18/CE, lu en combinaison avec l'art. 296, § 1, ss. b), CE, que les États membres peuvent, pour les marchés passés dans le domaine de la défense, prendre des mesures dérogatoires à ladite directive lorsque, d'une part, est concerné le « commerce d'armes, de munitions et de matériel de guerre » et que, d'autre part, ces mesures apparaissent nécessaires à la « protection des intérêts essentiels » de la sécurité de l'État membre concerné.

A cet égard, il y a lieu de rappeler que ces dispositions, comme il est de jurisprudence constante pour les dérogations aux libertés fondamentales, doivent faire l'objet d'une interprétation stricte (V. notamment, pour ce qui concerne les dérogations prévues à l'art. 296. • CJUE 15 déc. 2009, *Commission c/ Finlande, C-284/05 : Rec. CJCE I-11705, pt 46).* ♦ Bien que le § 1, ss. b), de cet article fasse état des mesures qu'un État membre peut estimer nécessaires à la protection des intérêts essentiels de sa sécurité, celui-ci ne saurait toutefois être interprété de manière à conférer aux États membres le pouvoir de déroger aux dispositions du traité CE par la seule invocation desdits intérêts. • CJUE 15 déc. 2009, *Commission c/ Finlande,* C-284/05. ♦ Les types de produits figurant sur la liste du Conseil du 15 avr. 1958, à laquelle l'art. 296, § 2, CE renvoie expressément, relèvent, en principe, de la possibilité de dérogation prévue au § 1, ss. b), de ce même article.

Il incombe à la juridiction de renvoi de vérifier si un produit tel que le système de plateforme tournante en cause au principal peut être classé dans l'une ou l'autre des catégories figurant sur ladite liste.

Toutefois, l'art. 296, § 1, ss. b), CE précise que les mesures que peuvent prendre ainsi les États membres ne doivent pas altérer les conditions de la concurrence dans le marché commun en ce qui concerne les produits non destinés à des fins spécifiquement militaires.

En conséquence, il y a lieu, d'une part, de rappeler qu'un pouvoir adjudicateur ne peut invoquer l'art. 296, § 1, ss. b), CE pour justifier une mesure dérogatoire lors de l'achat d'un matériel qui a une vocation civile certaine et une finalité militaire éventuelle (V. en ce sens, • CJCE 8 avr. 2008, *Commission c/ Italie*, C-337/05 : *Rec. CJCE I-2173, pts 48 et 49)*.

D'autre part, quand bien même un produit relèverait de l'une ou l'autre des catégories de matériels figurant sur la liste du Conseil du 15 avr. 1958, il ne saurait, s'il en existe des applications techniques à vocation civile largement similaires, être considéré comme destiné à des fins spécifiquement militaires au sens de l'art. 296 traité CE que si un tel usage est non seulement celui qu'entend lui conférer le pouvoir adjudicateur, mais également, ainsi que l'a relevé l'avocat général au pt 48 de ses conclusions, celui qui découle de caractéristiques propres à un équipement spécialement conçu, développé ou modifié substantiellement à de telles fins.

A cet égard, il y a lieu de relever, en effet, que les termes « pour l'usage militaire » utilisés au point 11 de ladite liste ainsi que les termes « pour autant qu'elles ont un caractère militaire » et « exclusivement conçus » employés aux points 14 et 15 de la même liste indiquent que les produits visés à ces points doivent présenter objectivement un caractère spécifiquement militaire.

Il y a lieu, enfin, de rappeler que, récemment, au dixième considérant de la Dir. 2009/81/CE, le législateur de l'Union a précisé que les termes « équipement militaire » au sens de cette directive devraient couvrir les produits qui, bien qu'initialement conçus pour une utilisation civile, ont ensuite été adaptés à des fins militaires pour pouvoir être utilisés comme armes, munitions ou matériel de guerre.

Un matériel tel que le système de plateforme tournante en cause au principal est censé, selon les informations fournies à la Cour, permettre l'exécution de mesures électromagnétiques et la simulation de situations de combat. Il pourrait, dès lors, être qualifié de composante d'un équipement militaire destiné à l'essai et au contrôle des armes au sens du point 15 de la liste du Conseil du 15 avr. 1958, lu en combinaison avec les points 11 et 14 de celle-ci, ce qu'il appartient à la juridiction de renvoi de vérifier.

Toutefois, un tel système de plateforme tournante, que le pouvoir adjudicateur n'entend utiliser qu'à des fins militaires, ne saurait être considéré comme destiné spécifiquement à de telles fins au sens de l'art. 296, § 1, ss. b), traité CE que s'il était établi que, à la différence des matériels similaires à vocation civile invoqués par la requérante au principal, ledit système, par ses caractéristiques propres, peut être regardé comme spécialement conçu et développé, y compris en conséquence de modifications substantielles, à de telles fins, ce qu'il appartient également à la juridiction de renvoi de vérifier.

Il convient d'ajouter que, dans l'hypothèse où, en fonction des considérations qui précèdent, la juridiction de renvoi devrait constater que le produit en cause au principal relève du champ d'application matériel de l'art. 296, § 1, ss. b), traité CE, auquel se réfère l'art. 10 de la Dir. 2004/18/CE, il lui incomberait de vérifier si l'État membre qui invoque le bénéfice de cette disposition du traité peut démontrer la nécessité de recourir à la dérogation prévue à ladite disposition dans le but de protéger les intérêts essentiels de sa sécurité (V. en ce sens, notamment. • CJCE 15 déc. 2009, *Commission c/ Finlande*, C-284/05 : *préc., pt 49)*, et si le besoin de protéger ces intérêts essentiels n'aurait pas pu être atteint dans le cadre d'une mise en concurrence, telle que prévue par la Dir. 2004/18 (V., en ce sens, • CJCE 8 avr. 2008, *Commission c/ Italie*, C-337/05 : *préc., pt 53)*.

Eu égard aux considérations qui précèdent, il convient de répondre à la question posée que l'art. 10 de la Dir. 2004/18/CE, lu en combinaison avec l'art. 296, § 1, ss. b), traité CE, doit être interprété en ce sens qu'il n'autorise un État membre à soustraire des procédures prévues par ladite directive un marché public passé par un pouvoir adjudicateur dans le domaine de la défense pour l'acquisition d'un matériel qui, bien que destiné à des fins spécifiquement militaires, présente également des possibilités d'applications civiles essentiellement similaires que si ce matériel, par ses caractéristiques propres, peut être regardé comme spécialement conçu et développé, y compris en conséquence de modifications substantielles, à de telles fins, ce qu'il appartient à la juridiction de renvoi de vérifier. • CJUE 7 juin 2012, *Insinööritoimisto Ins Tiimi Oy, C-615/10 : Rev. CMP 2012, n° 273, note Zimmer.*

LIVRE IV **DISPOSITIONS RELATIVES À L'OUTRE-MER**

Art. L. 1400-1 En application de l'article 73 de la Constitution, les dispositions du présent code s'appliquent de plein droit en Guadeloupe, en Guyane, à la Martinique, à La Réunion et à Mayotte, sous réserve des dispositions prévues par le titre consacré à ces collectivités dans le livre relatif à l'outre-mer de chaque partie.

Art. L. 1400-2 Les dispositions du présent code s'appliquent de plein droit à Saint-Barthélemy, à Saint-Martin et à Saint-Pierre-et-Miquelon, sous réserve des dispositions prévues par les titres consacrés à chacune de ces collectivités dans le livre relatif à l'outre-mer de chaque partie.

Art. L. 1400-3 Les dispositions du présent code ne sont applicables dans les îles Wallis-et-Futuna, en Polynésie française, en Nouvelle-Calédonie et dans les Terres australes et antarctiques françaises que dans la mesure et les conditions prévues par les titres consacrés à chacune de ces collectivités dans le livre relatif à l'outre-mer de chaque partie.

TITRE I DISPOSITIONS PARTICULIÈRES À LA GUADELOUPE, LA GUYANE, LA MARTINIQUE, LA RÉUNION ET MAYOTTE

Le présent titre ne comprend pas de dispositions législatives.

TITRE II DISPOSITIONS PARTICULIÈRES À SAINT-BARTHÉLEMY

CHAPITRE UNIQUE

Art. L. 1421-1 Pour l'application à Saint-Barthélemy de l'article L. 1330-1, les mots : "l'article 346 du Traité sur le fonctionnement de l'Union européenne" sont remplacés par les mots : "la protection des intérêts essentiels de sa sécurité et qui se rapportent à la production ou au commerce d'armes, de munitions et de matériels de guerre".

TITRE III DISPOSITIONS PARTICULIÈRES À SAINT-MARTIN

Le présent titre ne comprend pas de dispositions législatives.

TITRE IV DISPOSITIONS PARTICULIÈRES À SAINT-PIERRE-ET-MIQUELON

CHAPITRE UNIQUE

Art. L. 1441-1 Pour l'application à Saint-Pierre-et-Miquelon de l'article L. 1330-1, les mots : "l'article 346 du Traité sur le fonctionnement de l'Union européenne" sont remplacés par les mots : "la protection des intérêts essentiels de sa sécurité et qui se rapportent à la production ou au commerce d'armes, de munitions et de matériels de guerre".

TITRE V DISPOSITIONS APPLICABLES DANS LES ÎLES WALLIS-ET-FUTUNA

CHAPITRE UNIQUE

Art. L. 1451-1 Sous la réserve des adaptations prévues par le présent titre, les dispositions suivantes sont applicables dans les îles Wallis-et-Futuna aux marchés publics conclus par l'État ou ses établissements publics et aux contrats de concession conclus par l'État ou ses établissements publics ainsi que par les autres organismes et personnes de droit public et de droit privé chargés par l'État d'une mission de service public administratif, dans leur rédaction résultant de l'ordonnance n° 2018-1074 du 26 novembre 2018, sauf mention contraire dans le tableau ci-après.

DISPOSITIONS APPLICABLES	DANS LEUR RÉDACTION
L. 1 à L. 6	
Au livre Ier	
L. 1100-1	
Au titre Ier	
L. 1110-1 à L. 1113-1	
Au titre II	
L. 1120-1 à L. 1122-1	

DISPOSITIONS APPLICABLES	DANS LEUR RÉDACTION
Au livre II	
Au titre Ier	
L. 1210-1 à L. 1212-4	
Au titre II	
L. 1220-1 à L. 1220-3	
Au livre III	
L. 1300-1	
Au titre Ier	
L. 1311-1 à L. 1312-2	
Au titre II	
L. 1321-1 à L. 1323-1	
Au titre III	
L. 1330-1	

Art. L. 1451-2 Pour l'application de la présente partie dans les îles Wallis-et-Futuna :

1° A l'article L. 1121-3, le troisième alinéa est supprimé ;

2° A l'article L. 1330-1, les mots : "l'article 346 du Traité sur le fonctionnement de l'Union européenne" sont remplacés par les mots : "la protection des intérêts essentiels de sa sécurité et qui se rapportent à la production ou au commerce d'armes, de munitions et de matériels de guerre".

COMMENTAIRE

On rappellera que la collectivité est compétente pour ses propres marchés et concessions (V. le 38° de l'art. 40 du Décr. n° 57-811 du 22 juill. 1957).

TITRE VI DISPOSITIONS APPLICABLES EN POLYNÉSIE FRANÇAISE

CHAPITRE UNIQUE

Art. L. 1461-1 Sous la réserve des adaptations prévues par le présent titre, les dispositions suivantes sont applicables en Polynésie française aux marchés publics et aux contrats de concession conclus par l'État ou ses établissements publics, sous réserve des compétences dévolues à cette collectivité, dans leur rédaction résultant de l'ordonnance n° 2018-1074 du 26 novembre 2018, sauf mention contraire dans le tableau ci-après.

DISPOSITIONS APPLICABLES	DANS LEUR RÉDACTION
L. 1 à L. 6	
Au livre Ier	
L. 1100-1	
Au titre Ier	
L. 1110-1 à L. 1113-1	
Au titre II	
L. 1120-1 à L. 1122-1	

DISPOSITIONS APPLICABLES	DANS LEUR RÉDACTION
Au livre II	
Au titre Ier	
L. 1210-1 à L. 1212-4	
Au titre II	
L. 1220-1 à L. 1220-3	
Au livre III	
L. 1300-1	
Au titre Ier	
L. 1311-1 à L. 1312-2	
Au titre II	
L. 1321-1 à L. 1323-1	
Au titre III	
L. 1330-1	

Art. L. 1461-2 Pour l'application de la présente partie en Polynésie française :

1° A l'article L. 1121-3, le troisième alinéa est supprimé ;

2° A l'article L. 1330-1, les mots : "l'article 346 du Traité sur le fonctionnement de l'Union européenne" sont remplacés par les mots : "la protection des intérêts essentiels de sa sécurité et qui se rapportent à la production ou au commerce d'armes, de munitions et de matériels de guerre".

COMMENTAIRE

On se reportera au 11° de l'article 14 de la loi organique n° 2004-192 du 27 février 2004 : l'État n'est compétent que pour ses contrats publics et ceux de ses établissements publics. ❑

TITRE VII DISPOSITIONS APPLICABLES EN NOUVELLE-CALÉDONIE

CHAPITRE UNIQUE

Art. L. 1471-1 Sous la réserve des adaptations prévues par le présent titre, les dispositions suivantes sont applicables en Nouvelle-Calédonie aux marchés publics et aux contrats de concession conclus par l'État ou ses établissements publics, sous réserve des compétences dévolues à cette collectivité, dans leur rédaction résultant de l'ordonnance n° 2018-1074 du 26 novembre 2018, sauf mention contraire dans le tableau ci-après.

DISPOSITIONS APPLICABLES	DANS LEUR RÉDACTION
L. 1 à L. 6	
Au livre Ier	
L. 1100-1	
Au titre Ier	
L. 1110-1 à L. 1113-1	

DISPOSITIONS APPLICABLES	DANS LEUR RÉDACTION
Au titre II	
L. 1120-1 à L. 1122-1	
Au livre II	
Au titre Ier	
L. 1210-1 à L. 1212-4	
Au titre II	
L. 1220-1 à L. 1220-3	
Au livre III	
L. 1300-1	
Au titre Ier	
L. 1311-1 à L. 1312-2	
Au titre II	
L. 1321-1 à L. 1323-1	
Au titre III	
L. 1330-1	

Art. L. 1471-2 Pour l'application de la présente partie en Nouvelle-Calédonie :

1° A l'article L. 1121-3, le troisième alinéa est supprimé ;

2° A l'article L. 1330-1, les mots : "l'article 346 du Traité sur le fonctionnement de l'Union européenne" sont remplacés par les mots : "la protection des intérêts essentiels de sa sécurité et qui se rapportent à la production ou au commerce d'armes, de munitions et de matériels de guerre".

COMMENTAIRE

On se reportera au 9° de l'article 21 de la loi organique n° 99-209 du 19 mars 1999 modifiée : l'État n'est compétent que pour ses contrats publics et ceux de ses établissements publics. ❑

TITRE VIII DISPOSITIONS APPLICABLES DANS LES TERRES AUSTRALES ET ANTARCTIQUES FRANÇAISES

CHAPITRE UNIQUE

Art. L. 1481-1 Sous la réserve des adaptations prévues par le présent titre, les dispositions suivantes sont applicables dans les Terres australes et antarctiques françaises aux marchés publics conclus par l'État ou ses établissements publics et aux contrats de concession conclus par l'État ou ses établissements publics ainsi que par les autres organismes et personnes de droit public et de droit privé chargés par l'État d'une mission de service public administratif, dans leur rédaction résultant de l'ordonnance n° 2018-1074 du 26 novembre 2018, sauf mention contraire dans le tableau ci-après.

DISPOSITIONS APPLICABLES	DANS LEUR RÉDACTION
L. 1 à L. 6	
Au livre Ier	
L. 1100-1	

DISPOSITIONS APPLICABLES	DANS LEUR RÉDACTION
Au titre Ier	
L. 1110-1 à L. 1113-1	
Au titre II	
L. 1120-1 à L. 1122-1	
Au livre II Au titre Ier	
L. 1210-1 à L. 1212-4	
Au titre II	
L. 1220-1 à L. 1220-3	
Au livre III	
L. 1300-1	
Au titre Ier	
L. 1311-1 à L. 1312-2	
Au titre II	
L. 1321-1 à L. 1323-1	
Au titre III	
L. 1330-1	

Art. L. 1481-2 **Pour l'application de la présente partie dans les Terres australes et antarctiques françaises :**

1° A l'article L. 1121-3, le troisième alinéa est supprimé ;

2° A l'article L. 1330-1, les mots : "l'article 346 du Traité sur le fonctionnement de l'Union européenne" sont remplacés par les mots : "la protection des intérêts essentiels de sa sécurité et qui se rapportent à la production ou au commerce d'armes, de munitions et de matériels de guerre". – *[Ord. n° 2015-899 du 23 juill. 2015, art. 99, 5, 6.]*

COMMENTAIRE

La collectivité n'a pas de compétence propre en matière de commande publique (V. art. 1er de la L. n° 57-811 du 22 juill. 1957, dans sa version issue de la L. n° 2011-334 du 29 mars 2011 et le Décr. n° 2008-919 du 11 sept. 2008). L'extension des dispositions métropolitaines est prévue dans les mêmes conditions que pour Wallis-et-Futuna. ❑

DEUXIÈME PARTIE MARCHÉS PUBLICS

BIBL. GÉN.

I Articles sur les marchés publics (hors contrats de partenariat) parus avant 2015

1° Généralités. Champ d'application du code. Définition de la notion de marché : ACCP, numéro spécial : Réforme des marchés publics, *ACCP 2009, n° 85*. – Antoine, L'*intuitus personae* dans les contrats de la commande publique, *RFDA 2011. 879*. – Bangui, L'effectivité du contrôle analogue des sociétés publiques locales, *Rev. CMP 2012, n° 5, p. 6*. – Bonamy, Marchés d'avocats et commande publique, *AJDA 2015. 201*. – Boulay, Vers une généralisation de la mutualisation des services entre collectivités locales ?, *AJDA 2012. 468*. – Bourrel, Regard critique sur la prise en compte du développement durable dans les marchés publics, *BJCP 2009. 178*. – Braconnier, Les limites de l'opération de qualification des contrats administratifs, *AJDA 2006. 2099* ; Réforme du droit des marchés publics : clarifications et libéralisation, *RDI 2009. 110* ; Droit des marchés publics : l'âge de la maturité, *Rev. CMP 2009, n° 2, p. 7*. – Brenet, Les contrats de mobilier urbain sont des marchés publics, *Dr. adm., mars 2006, p. 9* ; Contrat administratif international et droit administratif privé, *AJDA 2015. 1144*. – Cantillon, Création du « service des achats de l'État » : vers un achat public performant et durable ?, *Rev. CMP 2009. Étude 5 ; Contrats et Marchés publics, Suppl. au n° 11* ; Achat public équitable, concurrence pour le marché et concurrence dans le marché, *Rev. CMP 2011, n° 2, p. 6*. - Dix ans de droit des contrats publics et marchés publics, *Recueil de repères, nov. 2010*. - Cassia, Conflit d'intérêts et passation des contrats de la commande publique, *AJDA 2012. 1040*. - Chardigny et Rodrigues, La transposition de la directive européenne sur les marchés publics de défense, *BJCP 2011. 407*. - Ciaudo, Les conventions de recherche d'économies à l'épreuve du droit de la commande publique, *Rev. CMP 2011, n° 7, p. 6*. - Clamour, Premier panorama des directives marchés et concessions, *Rev. CMP 2014, n° 3, p. 19*. - Dal Farra, Gestion de fait et contrats publics, *BJCP 2013. 79*. - Dossier AJDA, Les contrats entre personnes publiques, *AJDA 2013. 833*. - Dossiers ACCP, Les nouvelles directives européennes, *mai 2004* ; Les critères de choix des offres, *déc. 2004* ; Spécificités des marchés de services, *mai 2005* ; L'accord-cadre : un outil innovent ?, *mai 2007* ; Code des marchés publics. Examen de la réforme, *sept. 2007* ; 10 ans de contrats publics, *juin 2010* ; Quelle stratégie de gestion et d'achat pour les hôpitaux ?, *juill.-août 2010* ; Les spécificités de la formation professionnelle, *sept. 2010* ; Les services sociaux d'intérêt général, *oct. 2010* ; Les contrats des entités adjudicatrices, *mai 2011* ; Les garanties techniques et financières exigées des cocontractants, *juin 2011* ; La réforme du code des marchés publics, *oct. 2011* ; Dématérialisation : un bilan en demi-teinte, *avr. 2012* ; Les contrats publics face aux enjeux du changement climatique, *mai 2012* ; Clauses sociales : un levier pour l'insertion, *juin 2012* ; Marchés de REM/CREM : vers une globalisation des marchés publics ?, *nov. 2012* ; Entreprises défaillantes et marchés publics, *déc. 2012* ; Propriété intellectuelle et contrats publics : principaux aspects, *janv. 2013* ; Critères et sous-critères dans les marchés publics, *févr. 2013* ; Les sociétés publiques locales : bilan et perspectives, *avr. 2013* ; Quelle méthode pour l'évaluation des besoins ?, *févr. 2014* ; Les offres anormalement basses, *avr. 2014* ; Durée des contrats publics : aspects pratiques, *janv. 2015* ; Les contrats liés aux activités de bureau, *févr. 2015* ; Pièces et renseignements demandés aux candidats, *mars 2015* ; Les contrats publics face aux défis énergétiques, *déc. 2015*. - Dreyfus, Dans quelles mesures peut-on prendre en compte les critères sociaux dans les marchés publics ?, *AJCT 2010. 113*. - Eckert, Le champ d'application du nouveau code des marchés publics, *Rev. CMP 2006, n° 8-9, p. 8*. - Fatôme et Ménéménis, Concurrence et liberté d'organisation des personnes publiques : éléments d'analyse, *AJDA 2006. 67*. - Fatôme et Richer, Le Conseil constitutionnel et le « droit commun » de la commande publique et de la domanialité publique, *AJDA 2003. 2348* ; Contrats à objet immobilier et de travaux : le critère de l'objet principal, critère second, *AJDA 2015. 1577*. - Fatôme et Terneyre, A propos des règles de passation des contrats publics à objet à la fois immobilier et de travaux, *AJDA 2009. 1868*. - Folliot-Lalliot, La globalisation du droit des marchés publics, *BJCP 2005. 94*. - Gaudemet, Le contrat administratif, un contrat hors la loi, *Cah. Cons. const. 2004. 91*. - Guinard, De l'effectivité du droit de la concurrence dans le droit de la commande publique, *Rev. CMP 2011, n° 2, p. 13*. - K'jan et Pouvreau, L'actualité des conflits d'intérêts dans le contentieux de la commande publique, *BJCP 2016. 20*. - Karpenschif, Définition du pouvoir adjudicateur par la Cour de justice des Communautés européennes, *AJDA 2004. 526*. - Kerleo, L'encadrement de l'exécution des marchés publics par le droit de l'Union européenne, Réflexions sur la proposition de directive relative à la passation des marchés publics, *Rev. CMP 2013. Étude n° 1* - Kovar, La nouvelle définition des droits exclusifs au spéciaux eu sens de la directive « secteurs », *Rev. CMP 2008, Étude n° 3*. - Lapp, Le droit applicable aux collectivités territoriales exerçant une activité d'opérateur de réseau, *BJCP 2006. 411*. - Letellier, Acheteur public : quelle attitude adopter face au risque d'offres anormalement basses ?, *ACCP, mai 2011, p. 56*. - Linditch, Marchés publics, premier état des lieux après les décrets de décembre 2008, *JCP Adm. 2009. Actu. 67* ; Relance et marchés publics, relever le défi ?, *JCP Adm. 2009, n° 2255* ; Un an de droit pénal des marchés publics, *Rev. CMP 2010, n° 10*. - Lignères, Les sous-contrats conclus par une société dans un secteur exclu, *Dr. adm. févr. 2006, p. 41*. - Llorens, Principe de transparence et contrats publics, *Rev. CMP 2004, n° 1, p. 4* ; Typologie des contrats de la commande publique, *Rev. CMP 2005, n° 5, p. 13* ; Mandat et code des marchés publics. A propos de l'application des dispositions du code aux marchés des mandataires, *in Mél. Moderne, Dalloz 2004*. - Llorens et Soler-Couteaux, Regards sur le nouveau code des marchés publics, *Rev. CMP 2006, n° 8-9, p. 5*. - Maugüé, Laportée de l'obligation de transparence dans les contrats publics, *in Mél. Moderne, Dalloz 2004*. - Mél. en l'honneur du Professeur Fatôme, *Dalloz*. - Mél. en l'honneur du Professeur Richer, *LGDJ*. - Ménéménis, Code des marchés publics 2006 : quelques points forts, *AJDA 2006. 1754* ; Cinq questions sur le code des marchés publics 2006, *BJCP 2006. 406* ; Contrats de mobilier urbain : quelques éléments de réflexion sur les arrêts Decaux, *AJDA 2006. 120* ; Code des marchés 2006 : la transposition des directives n'explique pas tout, *Dr. adm. 2006, n° 11, p. 7*. - Mollion, Remarques sur une nouvelle catégorie de contrats : l'accord-cadre, *Dr. adm. 2007, étude n° 11*. - Morales, Le prix négatif dans les marchés publics, *AJDA 2015. 1519*. - Moreau, Les risques de requalification des subventions aux associations en marchés ou en délégations de service public, *AJDA 2002. 902*. – Olivier, Nouvelles directives européennes, *in house* et aides d'État, *Rev. CMP 2014, nos 8-9, p. 7*. – Ortega et Louis, Les nouveaux marchés publics globaux, *BJCP 2012. 3*. – Oum Oum, Jeu et enjeux de la tranche conditionnelle dans le droit des marchés publics, *Rev. CMP 2015, no 1, p. 7*. – Peyrical, Contrats de mutualisation de services et marchés publics : résistance et adaptation, *ACCP 2008, no 750, p. 62*. – Platon et Martin, L'exception de coopération entre autorités publiques en droit européen de la commande publique, *AJDA 2012. 1138*. – Pourcel, Décret « défense et sécurité » : quel impact ?, *Rev. CMP 2012, nos 1 et 2* ; Le partenariat d'innovation, de vraies fausses novations contractuelle et procédurale ?, *Rev. CMP 2015, no 4, p. 13*. – Preud'homme, L'achat public de formation : un régime de passation des marchés publics simplifié ou la prospection de nouveaux montages contractuels, *Rev. CMP 2013, no 10, p. 7*. – Rapp, Quasi-régie, quasi-régime, *AJDA 2010. 588*. – Richer, Les personnes publiques soumises au code des marchés publics, entités adjudicatrices, *AJDA 2006. 1773* ; Entités adjudicatrices : une innovation à deux temps, *ACCP 2006, no 56, p. 17* ; L'avis du Conseil d'État du 8 juin 2000 sur la cession de contrat, quinze ans après, *AJDA 2014. 1925* ; La concurrence concurrencée : à propos de la directive 2014/24 du 26 février 2014, *Rev. CMP 2015, no 2, p. 7*. – Rusu, L'accès des entreprises étrangères aux marchés publics français, *Rev. CMP 2014, no 3, p. 7*. – Sestier, Mandats et marchés publics, *BJCP 2003. 342* ; Nouvelles considérations sur l'arrêt Stadt Halle et les marchés publics *in house*, *BJCP 2005. 258*. – Sevino et Klein, Marchés des concessionnaires d'autoroutes : la fausse simplification de la jurisprudence Peyrot, *AJDA 2012. 1268*. – Tassone, Retour sur la qualification des contrats de mobilier urbain, *Rev. CMP 2006, no 4, p. 3*. – Terneyre, Réforme du code des marchés publics : de la mise à jour à quelques refontes radicales, *BJCP 2009. 2* ; Collectivités publiques, associations administratives et droit des contrats publics, *BJCP 2010. 2* ; Contrats dans le domaine des communications électroniques. Les cas d'exclusion de l'application du droit des marchés publics, *AJDA 2011. 1469*. – Terrien, Le développement des sociétés publiques locales, *Dr. adm. oct. 2010, p. 7*. – Tessier, La refonte des directives communautaires sur la coordination des procédures de passation des marchés publics, *BJCP 2003. 90* ; Les nouvelles directives communautaires sur les procédures de passation des marchés publics : quelles innovations ?, *Dr. adm. 2004, no 7, p. 7* ; Code des marchés 2006 : la transposition est-elle achevée ?, *Dr. adm. 2006, no 11, p. 10*. – Zimmer, Un an de droit de l'Union européenne de la commande publique, *Rev. CMP 2011, no 6, p. 6 ; ibid. 2012, no 6, p. 7 ; ibid. 2014, no 7, p. 11 ; ibid. 2015, no 6, p. 101*.

▸ **2o Passation des marchés :** Dossier spécial, Les petits marchés, *ACCP 2008/75, p. 29 s.* ; L'accès des PME aux marchés publics, *ACCP 2008/77, p. 25 s.* ; Les marchés publics à quels prix, *ACCP 2010/97, p. 24 s.* ; L'accès des PME à la commande publique, *nov. 2014*. – Agnus, Un an de référés précontractuels au ministère de la Défense, *AJDA 2014. 1198* ; En appel d'offres, trompe qui peut ?, *AJDA 2015. 1729*. – Babando, Groupements d'entreprises, *J.-Cl. CMP, fasc. 60-50*. – Bercis-Gaugain, L'acheteur public face aux règles déontologiques de la profession d'avocat, *AJDA 2008. 2214*. – Blaise, Les marchés de définition : un outil d'aide à la décision en matière d'urbanisme ?, *AJDA 2004. 1459*. – Bodin, La dématérialisation des procédures dans le code des marchés publics 2006, *AJDA 2006. 1777*. – Bonamy, Accords-cadres : savoir conclure aumeilleur prix, *JCP Adm. 2010, no 2378*. – Brabant, Le critère du « contrôle analogue » dans la dérogation *in house* : l'espoir de clarification d'une notion singulièrement altérée, *RJEP 2014. 4*. – Braconnier, La disparition de la notion de personne responsable des marchés et les organes de l'achat public, *Rev. CMP 2006, no 8-9, p. 33* ; Financement et passation des marchés publics et contrats de partenariat dans un contexte de crise économique, *RDI 2009. 273*. – Cambot, La sélection du cocontractant dans les marchés publics de services juridiques, *BJCP 2008. 400*. – Cantillon, Précisions sur la nature des normes techniques et leur utilisation dans les marchés publics, *Rev. CMP 2009. Étude no 11*. – Chabanol, Le choix du cocontractant : pouvoir discrétionnaire ou lié ?, *Contrats publics, Mél. Guibal, 2006, p. 83*. – Charrel, Dialogue compétitif et conception-réalisation, *ACCP 2004, no 31, p. 83*. – Chavarochette-Boufferet, Application du droit communautaire des marchés publics et réorganisation administrative des personnes publiques : vers un second souffle de l'hypothèse particulière du *in house* ?, *AJDA 2008. 2147*. – Cochi et Terrien, Secret industriel et commercial, contrats publics et mise en concurrence, *ACCP nov. 2009, no 93*. – Collet, Passation des marchés publics de services juridiques et déontologie de l'avocat, *AJDA 2009. 744*. – Comité juridique de la fédération nationale des travaux publics. Concurrence des entreprises de travaux publics et des établissements publics de coopération intercommunale ou mixtes, *BJCP 2006. 162*. – Cottet, La dématérialisation des procédures des marchés publics : une révolution organisationnelle et un décloisonnement des administrations, *BJCP 2005. 170*. – Dal Farra, Les exclusions générales et automatiques des marchés publics sont-elles conformes au Traité sur l'Union européenne et à la Constitution ?, *BJCP 2011. 2*. – Delacour, Les procédures formalisées de passation des marchés publics. Quelles innovations ?, *Rev. CMP 2006, n° 8-9, p. 17.* – Delelis, Calcul des seuils, *J.-Cl. Rev. CMP, fasc. 606-20* ; Le dialogue compétitif, *Rev. CMP 2004, n° 2, p. 48* ; Les règles générales de passation des marchés publics, *Rev. CMP 2006, n° 8-9, p. 13.* – Devès, Le *in house* toujours en chantier, *Rev. CMP 2013, n° 4, p. 4.* – Dreyfus, Code des marchés et PME : le choix de la discrimination positive, *AJDA 2006. 1769* ; Les nouvelles mesures de simplification du droit des marchés publics, *AJDA 2009. 306* ; Dossier : Services sociaux d'intérêt général et marchés publics, *AJCT 2010. 62*. – Fatôme et Terneyre, A propos des règles de passation des contrats publics à objet à la fois immobilier et de travaux, *AJDA 2009. 1868*. – Fernandez-Begault, Du formalisme pour la procédure adaptée ! L'avis *ex ante* et l'avis d'attribution, *Rev. CMP 2010. Prat. 8.* – François, Appel d'offres : rigueur du besoin, intangibilité des offres, *Rev. CMP 2014, n° 7, p. 7.* – Glaser, Obligation de transparence et absence de transparence, *BJCP 2005. 414.* – Guillou, La négociation dans les marchés publics, *ACCP, mars 2004, n° 31.* – Haïm, De l'usage du référé dans le cas d'irrégularités lors de la passation d'un marché public, *AJDA 2010. 871*. – Idoux, Retour sur le dispositif discriminatoire en faveur des sociétés innovantes, *RLCT 2009. 1177.* – Koebel, Les collectivités territoriales face à la publicité et à la mise en concurrence des marchés passés selon la procédure adaptée, *Rev. CMP 2004, n° 10, p. 5.* – Labayle-Pabet, Le point sur les critères de sélection des candidatures et des offres dans les marchés publics et délégations de service public, *Rev. CMP 2010. Prat. 3.* – Lapp, Le droit applicable aux marchés des collectivités territoriales exerçant une activité d'opérateur de réseaux, *BJCP 2006. 411.* – Lichère, Le contrôle du Conseil d'État sur la procédure adaptée est-il adapté ? A propos de l'arrêt du Conseil d'État Région Nord-Pas-de-Calais du 7 octobre 2005, *Rev. CMP 2005, n° 11, p. 5.* – Lignères, Le niveau adéquat pour la détermination des besoins, *Dr. adm. 2004, n° 6, p. 37* ; Les éclaircissements demandés après la remise des offres, *Dr. adm. 2006, n° 10, p. 38.* – Liguori, Les évolutions du régime juridique applicable à l'offre qualifiée d'anormalement basse, *Rev. CMP nov. 2014, p. 7.* – Linditch, Vers la fin des commissions d'appel d'offres ?, *Contrats publics, Mél. Guibal, 2006, p. 159* ; Les nouveaux modes de sélection des fournisseurs de l'administration : marchés à bons de commande, accords-cadres, systèmes d'acquisition dynamique, *Rev. CMP 2006, n° 8-9, p. 24* ; Le nouveau régime des délégations à l'exécutif en matière de marchés publics, *JCP Adm. 2009, n° 2101.* – Martinez, Les péripéties du critère social dans l'attribution des marchés publics, *Contrats publics, Mél. Guibal, 2006, p. 251.* – Ménéménis, Centrales d'achat : une nouvelle chance ?, *ACCP 2004, n° 31, p. 25.* – Ménéménis et Richer, Dialogue et négociation dans la procédure de dialogue compétitif, *ACCP 2005, n° 45, p. 33.* – Olivier, les nouvelles mesures en faveur des PME, *Rev. CMP 2006, n° 8-9, p. 36.* – Petiot et Terneyre, Le nouveau marché public pour la réalisation de prestations globales et complexes de performances énergétiques, *AJDA 2012. 412*. – Pignon, Le dialogue compétitif : une opportunitépour les acteurs de la commande publique, *AJDA 2004. 1521*. – Plunian, Le formalisme de la décision de contracter dans le cadre des marchés passés selon une procédure adaptée, *Rev. CMP, oct. 2005, p. 5.* – Pongérard-Payet, Le critère social exprès d'attribution : un cadeau en trompe l'œil fait aux élus, *AJDA 2006. 635*. – Proot, Les seuils d'application des directives sur les marchés publics, *ACCP 2005, n° 41, p. 28.* – Racca et Ponzio, La mutualisation des achats dans le secteur de la santé publique : les centrales d'achat et les accords-cadres dans une perspective comparative, *Dr. adm. 2011, n° 7, p. 7.* – Ribot, la commande publique éco-responsable, *Contrats publics, Mél. Guibal, 2006, p. 283.* – Sestier, Urgence et mise en concurrence dans les contrats publics, Contrats publics, *Mél. Guibal, 2006, p. 379.* – Seurot, L'offre anormalement basse dans le droit des marchés publics, *AJDA 2014. 204*. – Supplisson, Critères d'attribution : quelques changements dans la continuité, *AJDA 2006. 1765*. – Taillefait, Coordination, groupement de commandes et centrales d'achats, *J.-CL. Rev. CMP, fasc. 50* ; Passation des contrats d'emprunt public et marchés publics, *Dr. adm. 2006, n° 8-9, p. 24.* – Zimmer, L'incidence des considérations environnementales sur le droit des marchés publics (A propos de l'arrêt CJCE 10 avril 2003 Commission c/ République fédérale d'Allemagne), *Rev. CMP 2003, n° 7, p. 4.*

▶ **3° Exécution des marchés :** Abbatucci et Sablier, Crise de l'acier : le retour de l'imprévision dans les marchés de travaux, *AJDA 2004. 2292*. – Allaire, La résiliation unilatérale des marchés publics : le cas des marchés publics d'assurance, *RFDA 2005. 1099*. – Braconnier, L'indemnisation des préjudices nés de la rupture anticipée d'un contrat public d'affaires pour motif d'intérêt général, *AJDA 2009. 2035* ; Retard de chantier et (dés)équilibre des relations contractuelles, *AJDA 2014. 2343*. – Cantié, Vive le nouveau CCAG FCS !, *JCP Adm. 2009, n° 2090.* – Caro, B. Sablier et V. Sablier, Travaux supplémentaires et sous-traitance des marchés publics : *bis repetita placent* !, *BJCP 2010, n° 72.* – Ciaudo, Retour sur la modération des pénalités infligées au titulaire d'un marché public, *BJCP 2012. 397.* – Delelis, Le régime d'exécution des contrats d'achat public, *Rev. CMP 2005, n° 5, p. 33.* – Delort, La réforme des CCAG est achevée !, *BJCP 2009. 438.* – Devillers, Un an de responsabilité des constructeurs, *Rev. CMP*

2010, n° 11, p. 9 ; ibid. 2013, n° 11. Chron. 5 ; ibid. 2016, n° 12. Chron. 8. – Dossier ACCP, L'exécution financière des marchés publics, *juill.-août 2009, n° 90.* – Dossier ACCP, Le nouveau CCAG-FCS, un outil de référence, *oct. 2009, n° 92.* – Dossier ACCP, CCAG-Travaux 2009, Quelles avancées ?, *déc. 2009, n° 94.* – Dossier spécial ACCP, Les avenants : mutabilité *versus* stabilité, *déc. 2010.* – Dossier ACCP, Assurance dommages-ouvrage : mode d'emploi, *févr. 2012.* – Dossier ACCP, Les 20 ans des décrets relatifs à la maîtrise d'œuvre, *oct.-nov. 2013.* – Les clauses incitatives et performantielles, *nov. 2014.* – Comment gérer les créances ?, *juill.-août 2015.* – Modification des contrats publics : mode d'emploi, *sept. 2015.* – Responsabilité contractuelle : dernier état de la jurisprudence, *janv. 2016.* – Dreifuss, Réflexions sur la responsabilité extra-contractuelle consécutive à la nullité d'un contrat administratif, *JCP Adm. 2009, n° 2113.* – Eckert, Les pouvoirs de l'administration dans l'exécution du contrat et la théorie générale des contrats administratifs, *Rev. CMP oct. 2010, p. 7.* – Fatôme, Les avenants, *AJDA 1998. 760*. – Haïm, Les effets de la réception dans les marchés publics : le prétendue continuation des rapports contractuels, *AJDA 1998. 398*. – Hoepffner, La modification des contrats de la commande publique à l'épreuve du droit communautaire, *RFDA 2011. 98*. – Hul, Marchés publics et obligation de révision : jusqu'où les acheteurs publics peuvent-ils faire l'impasse ?, *AJDA 2009. 1481*. – Janvier, La garantie de parfait achèvement en droit public, *BJCP 2015. 340.* – Karpenschif et Salamand, CCAG-Travaux : une réforme entre progrès et régression, *Rev. CMP 2010, p. 7.* – Libert, Les modifications du marché en cours d'exécution : avenants, décisions de poursuivre, régularisations, *AJDA 1994, n° spécial, p. 64.* – Maugüé, L'exécution des marchés de travaux et son contentieux, *RDI 1998. 539*. – Moderne, La différenciation de la responsabilité contractuelle et de la responsabilité décennale des constructeurs, *LPA 26 janv. 1990, p. 16* ; Le décompte général et définitif des marchés publics, *CJEG 1975. 49.* – Noguellou, La crise et l'exécution financière des marchés publics et des partenariats public-privé, *RDI 2009. 278*. – Roblot-Troizier, Le pouvoir de contrôle de l'administration à l'égard de son cocontractant, *RFDA 2007. 990*. – Richer, La résiliation unilatérale : motifs et procédures de rupture, *ACCP 2002, n° 16, p. 26.* – Sagalovitsc, Le comptable public et l'exécution financière des marchés publics, *BJCP 2001. 2.* – Terneyre, le nouveau régime financier des marchés publics, *BJCP 2001. 232* ; Plaidoyer pour l'exception d'inexécution dans les contrats administratifs, *Mél. Labetoulle, Dalloz, 2007, p. 803.*

II Articles sur les marchés publics (hors contrats de partenariat) postérieurs à l'entrée en vigueur des ordonnances et décrets de 2015-2016

D'Alboy, La régularisation des offres irrégulières dans la réforme des marchés publics, *Rev. CMP 2018, n° 1, p. 5.* – Amilhat, La « nouvelle » procédure adaptée : le maintien d'une singularité en trompe-l'œil, *Rev. CMP 2017, n° 5, p. 6.* – Auby, Contrats publics et *smart cities*, *Rev. CMP 2017, n° 10, p. 24.* – Bailly et Roman-Séquense, Des marchés publics désormais passés au scalpel du big data, *Rev. CMP 2018, n° 5, p. 16.* – Bourdon, L'ordonnance du 23 juillet 2015 relative aux marchés publics : premier acte de la rationalisation du droit de la commande publique, *RDI 2016. 8*. – Carin, Mermech et Radafshar, L'ordonnance portant réforme du droit des contrats : quels enseignements pour le droit des contrats administratifs ?, *BJCP 2016. 326.* – Devillers, Un an de responsabilité des constructeurs, *Rev. CMP 2017, n° 12, p. 17* ; Un an de responsabilité des constructeurs, *ibid. 2018, n° 11, p. 6.* – Dossier AJDA, Directives marchés, du nouveau sans renouveau, *AJDA 2014. 831.* – Dossier spécial, Nouvelles directives marchés publics et concessions de services, *BJCP juin, juill.-août et sept.-oct. 2014.* – Dossiers ACCP, Les nouvelles directives marchés, *mai et juin 2014* ; L'ordonnance relative aux marchés publics du 23 juillet 2015, *oct. et nov. 2015* ; Le décret n° 2016-360 du 25 mars 2016 relatif aux marchés publics, *mai et juin 2016* ; État des lieux de la dématérialisation, *juill.-août 2016* ; Code civil et commande publique : quelles relations ?, *oct. 2016* ; Bien préparer les marchés publics, *nov. 2016* ; Modalités de publicité : entre liberté et contraintes, *déc. 2016* ; État des lieux de la maîtrise d'œuvre, *janv. 2017* ; Les marchés à procédure adaptée, *mars 2017* ; Les procédures formalisées : état des lieux, *avr. 2017* ; Démarche qualité dans la commande de maîtrise d'œuvre, *mai 2017* ; Réglementation des contrats publics : actualité des textes officiels, *juill.-août 2017* ; Bien gérer la sous-traitance dans les contrats publics, *sept. 2017* ; Réforme de la commande publique : premières applications, *oct. 2017* ; Actualité des responsabilités en matière contractuelle, *nov. 2017* ; Identifier et sanctionner les pratiques anticoncurrentielles, *déc. 2017* ; Modification des contrats en cours d'exécution, *janv. 2018* ; Le partenariat d'innovation : un outil prometteur ?, *févr. 2018* ; Le sourcing : pratiques et recommandations, *mars 2018* ; Actualité du droit pénal de la commande publique, *mai 2018* ; Dématérialisation : lancement du compte à rebours, *juin 2018* ; La commande publique éco-responsable, *juill.-août 2018* ; Les cahiers des charges : modalités d'application et de rédaction, *oct. 2018* ; Responsabilités en matière contractuelle : état des lieux, *nov. 2018* ; La négociation dans les contrats publics, *déc. 2018.* – Dossiers Rev. CMP, Les directives marchés publics et concessions, *Rev. CMP 2014, n° 6, p. 7* ; L'ordonnance marchés publics du 23 juillet 2015, *ibid. 2015, n° 10* ; Le décret du 25 mars 2016 relatif aux marchés publics, *ibid. 2016, n° 5* ; Un an de fiscalité des contrats publics, *ibid. 2018, n° 6, p. 13* ; Six mois de droit de la concurrence appliqué aux contrats publics, *ibid. 2018, n° 7, p. 6*. – Dossier Droit administratif, L'ordonnance du 23 juillet 2015 relative aux marchés publics, *Dr. adm. 2015, n° 12*. – Dossier RFDA, Les nouvelles dispositions sur les contrats de la commande publique, *mars-avr. 2016*. – Dourlens et de Moustier, Le recours aux contrats de promotion immobilière par les opérateurs publics, *Rev. CMP 2018, n° 4, p. 5*. – Ducamin et Lbaz, Condamnation pénale et interdiction de soumissionner : enjeux et limites de la réforme du droit de la commande publique, *BJCP 2017. 267*. – Fatôme et Richer, VEFA et marché public de travaux : le nouvel état du droit, *Rev. CMP 2016, nos 8-9, p. 6*. – Fatôme, Raunet et Richer, Le marché pour la réalisation et l'acquisition ou la location d'un ouvrage dans une partie minoritaire et indissociable d'un immeuble à construire, *Rev. CMP juill.-août 2017*. – Frackowiak, De la transposition à la codification : « Cent fois sur le métier... », *BJCP 2016. 177* ; Sélection des candidatures et choix de l'offre : les codes ont changé, *BJCP 2016. 393* ; Le développement de la facturation électronique : chronique d'un reboot annoncé, *BJCP 2017. 84* ; La transformation numérique de la commande publique, *BJCP 2018. 279*. – Galland, Actualité de la garantie décennale devant le juge administratif, *AJDA 2016. 2198*. – Gilles, La réforme du code civil et les contrats publics : vers la consécration d'un droit commun des contrats ?, *Rev. CMP 2017, n° 2*. – Hoepffner, La cession de contrat : histoire d'une rencontre manquée entre les droits public et privé des contrats, *BJCP 2016. 401* ; La commande publique de compensation environnementale : un impensé de la loi Biodiversité, *Rev. CMP 2017, n° 12, p. 7*. – Laazouzi, Marchés de partenariat et arbitrage, *AJDA 2016. 1163*. – Lafaix, La régularisation en matière contractuelle, *Rev. CMP 2017, nos 8-9, p. 10*. – Lavaine, La réforme de l'accord-cadre, *AJDA 2016. 1905*. – Muller, Propriété intellectuelle et commande publique, *AJDA 2017. 2056*. – Nigri et Pilon, Liberté des prix dans les marchés publics : quelle effectivité ?, *Rev. CMP 2018, n° 12, p. 5*. – Noguellou, Le nouveau champ d'application du droit des marchés publics, *AJDA 2015. 1789*. – Olivier et Liet-Veaux, La négociation dans la commande publique : quelle place ? quel enjeu ?, *Rev. CMP 2016, n° 7, p. 7*. – Perois et Sery, Avis de publicité et limitation du nombre de caractères disponibles : avis de tempête ?, *Rev. CMP 2017, nos 8-9, p. 7* ; Le sourcing : démarche vertueuse ou piégeuse pour les acheteurs publics ?, *ibid. 2018, n° 3, p. 5*. – Peyrical, Extension du champ des marchés de travaux, *AJDA 2016. 1489*. – Pourcel, Exclusion des marchés publics : il n'est pas interdit d'interdire, *Rev. CMP 2017, n° 1, p. 5* ; Avenants, décisions de poursuivre, sujétions techniques imprévues, marchés complémentaires... : « *vivit* et *non vivit* » ?, *Rev. CMP 2017, n° 10, p. 7*. – Sestier, La rationalisation des marchés publics globaux après l'ordonnance du 23 juillet 2015, *BJCP 2016. 20* ; SEML et *in house* : le désordre ?, *AJDA 2017. 262* ; Simonnet, La notation du critère prix dans les marchés publics, *AJDA 2018. 1765*. – Symchowicz, La réception des « montages contractuels complexes » par le nouveau droit des marchés publics, *BJCP 2016. 101*. – Tenailleau, Les contrats globaux après l'ordonnance du 23 juillet 2015 relative aux marchés publics, *RDI 2016. 15*. – Terneyre, Ordonnance du 23 juillet 2015 relative aux marchés publics : deux ou trois choses que je sais d'elle, *BJCP 2015. 331*. – Trouilly et Jolivet, Le décret « marchés publics » du 25 mars 2016, *BJCP 2016. 185*. – Ubaud-Bergeron et Gahdoun, Regards publicistes sur la réforme du droit des contrats, *BJCP 2016. 317*. – Zimmer, Un an de droit de l'Union européenne de la commande publique, *Rev. CMP 2016, n° 7, p. 15*.

III Articles sur les contrats de partenariat

Apelbaum, Les PPP et le développement du droit français à l'étranger, *AJDA 2004. 1579*. – Bandet et Vandomme, L'atténuation du risque financier de nullité du contrat de partenariat par l'engagement indemnitaire de la partie publique, *AJDA 2006. 354*. – Bercovicz et Lapuelle, Contrat de partenariat et cession en pleine propriété, *Rev. CMP 2011, n° 4, p. 12*. – Berthon, Le régime de passation des concessions domaniales à la croisée des chemins, *RFDA 2009. 483*. – Blémont, Nouveaux contrats pour construire et moderniser à l'hôpital, *BJCP 2004. 2* ; Le partenariat public-privé « à la source », *BJCP 2005. 14*. – Bouillon, Aspects juridiques en financement de projet de la « bancabilité » des contrats de partenariat et de délégation de service public, *BJCP 2012. 79*. – Braconnier, Les contrats de Private Finance Initiative, *BJCP 2002. 174* ; Les contrats de partenariat et les collectivités territoriales locales : entre mythe et réalités, *BJCP 2004. 340* ; L'indemnisation des préjudices nés de la rupture anticipée d'un contrat public d'affaires pour motif d'intérêt général, *AJDA 2009. 2035* ; Financement et passation des marchés publics et contrats de partenariat dans un contexte de crise économique, *RDI 2009. 273*. – Brenet et Melleray, La loi du 28 juillet 2008 relative aux contrats de partenariat : une étape décisive du « plan de stimulation du partenariat public-privé » ?, *RJEP 2008, Étude 9*. – Bréville, Avantages comparatifs du contrat de partenariat par rapport aux autres contrats complexes, *AJDA 2004. 1754* ; Comparaison entre les contrats de partenariat au Royaume-Uni et aux USA, *ACCP 2004, n° 36, p. 59*. – Brisson, L'adaptation des contrats administratifs aux besoins d'investissement immobilier sur le domaine public. Les aspects domaniaux des contrats de partenariat, *AJDA 2005. 591*. – Bon, Les modifications du CGCT apportées par la loi relative au contrat de partenariat du 28 juillet 2008, *Complément territorial, Hors-série, nov. 2008, p. 8*. – Camous, « Le juge administratif m'a tuer ». Bilan de 10 ans de jurisprudences relatives à l'évaluation préalable des contrats de partenariat, *Rev. CMP 2015. Étude 8*. – Camoz, Leufflen et Sarazin, Régime juridique du BEA, *JCP N 2001. 821*. – Cercol, La commande publique et le partenariat public-privé, *RDI 2003. 481 s.* – Chahid-Nouraï, Champy et Affejee, Fiscalité des PPP : liberté, égalité, neutralité, *Les nouvelles fiscales, n° 1013, 1er déc. 2008*. – Chahid-Nouraï et Lazerges, La résolution des litiges dans les contrats de partenariat, *AJDA 2009. 1924*. – Colloque de Toulouse (2 et 3 juin 2005), Le contrat de partenariat, *Droit et ville, n° 60/2005*. – Cuche, Domanialité publique, service public et partenariat public-privé, *Dr. adm. 2003, chron. n° 16* ; Contrat de partenariat et projets routiers, *BJCP 2006. 333*. – Cuche et Debaecker, Retour sur le contrat de partenariat du stade de Lille, *BJCP 2009. 104*. – Dal Farra, Risque juridique et contrat de partenariat, *ACCP, sept. 2004, p. 32*. – Debouzy et Apelbaum, Contrats de partenariat public-privé : le réchauffement de la planète juridique ?, *D. 2008. 2356*. – de Fenoyl, Timide avancée pour le contrat de partenariat, occasion manquée pour le partenariat public-privé, *AJDA 2008. 1709*. – De Fenoyl et Maurer, La valorisation domaniale dans le contrat de partenariat, *BJCP 2011. 163*. – De Fenoyl et Rasoamanana, La poursuite de l'exécution du projet en cas de recours contre le contrat de partenariat : la clause « Nice Stadium », *Rev. CMP 2011, n° 4, p. 6*. – Delacour, Contrats relatifs à la construction d'immeubles affectés à la justice, à la police ou à la gendarmerie nationale, *Rev. CMP 2002, 203*. – Delelis, Partenariats public-privé, *J.-Cl. Adm., fasc. 670* ; Contrat de partenariat et exploitation du service public : huit questions et un appel à la raison, *AJDA 2010. 2244* ; Partenariat public-privé : guide des mauvaises pratiques, *Rev. CMP 2010. Prat. 10*. – Delvolvé, Sécurité intérieure, justice et contrats publics : confirmations et infléchissements, *BJCP 2002. 418* ; Les contrats globaux, *RFDA 2004. 1079* ; Sécurité intérieure, justice, défense : les « conventions de bail » sur le domaine public, *BJCP 2004. 166* ; Sécurité intérieure, justice, défense : encore ! ? *BJCP 2004. 434*. – Desbruères-Abrassart et Peyrical, Les contrats administratifs de construction d'ensembles hospitaliers, *Dr. adm. nov. 2004, p. 13*. – Djemaoun et Laviole, L'accord autonome : une réponse aux réserves des banques à financer les contrats de partenariat, *BJCP 2012. 319*. – Dossier ACCP, Le PPP, vecteur de relance ?, *juin 2009, n° 89*. – Dossier ACCP, 10 ans de contrats publics, *juin 2010*. – Dossier ACCP, Les baux emphytéotiques administratifs, *mars 2011*. – Dossier ACCP, Les baux emphytéotiques administratifs, *mars 2011*. – Dossier ACCP, Les garanties techniques et financières exigées des cocontractants, *juin 2011*. – Dossier ACCP, Volet réglementaire du CGPPP : quelques aspects contractuels, *mars 2012*. – Dossier ACCP, Les PPP à l'épreuve de leur exécution, *oct. 2012*. – Quel(s) contrat(s) pour l'éclairage public ?, *mars 2013*. – Dreyfus, Le financement privé des bâtiments de la justice et de la sécurité, *AJDA 2004. 328* ; Immobilier universitaire et stimulation du partenariat public-privé, *AJDA 2008. 974*. – Dupas, Voisin et Marty, Refinancement des contrats de PPP : quelles répercussions financières pour le contractant ?, *ACCP, déc. 2009, n° 94*. – Eckert, Bail emphytéotique administratif, *J.-Cl. Contrat Marchés publ., fasc. 610*. – Emery, Les trois principes de la passation des contrats de partenariat public-privé, *AJDA 2005. 2269*. – Esper et Jaafar, Système hospitalier, les contrats de partenariat : investir à l'hôpital public par des nouveaux moyens juridiques, *RDSS 2004. 619*. – Fatôme et Raunet, Naissance d'un nouveau bail emphytéotique administratif : le BEA de valorisation, *AJDA 2010. 2475*. – Fatôme et Richer, Contrat de partenariat immobilier. Paiement et statut des équipements et ouvrages, *ACCP sept. 2004, p. 24*. – Fatôme et Terneyre, Bail emphytéotique, domanialité publique et financement privé d'un ouvrage public, *CJEG 1994. 569* ; A propos des règles de passation des contrats publicsà objet à la fois immobilier et de travaux, *AJDA 2009. 1868*. – Gacon, La pertinence et les modalités du recours au contrat de partenariat dans le domaine de l'immobilier universitaire, *AJDA 2008. 1421*. – Gaudemet, Les contrats de partenariat public-privé : étude historique et critique, *BJCP 2004. 331* ; Le partenariat public-privé en France dans la perspective de la métamorphose de l'intérêt général, *D. 2007. 3084*. – Hasard et Ducoing, Grands projets ferroviaires : nouveau cadre, nouveaux contrats, nouveaux acteurs, *BJCP 2007. 89*. – Hoepffner, L'avenir compromis des partenariats public-privé institutionnels, *Rev. CMP 2010. Étude 11* ; La modification des contrats de la commande publique à l'épreuve du droit communautaire, *RFDA 2011. 98*. – La modification des contrats de la commande publique à l'épreuve du droit communautaire, *RFDA 2011. 98*. – Hourcabie et Garcia, Le BEH, un régime juridique adapté à certains besoins d'investissement, *ACCP 2006, p. 56*. – Jacob, Un guide pour mener à bien les contrats de partenariat dans le secteur hospitalier, *ACCP, mai 2005, p. 59*. – Lafoucrière et Weber, Les vélos en libre service : quel modèle contractuel ?, *BJCP 2008. 83*. – Lagumina et Deruy, L'ordonnance relative aux contrats de partenariat : dépasser la polémique, *BJCP 2004. 348*. – Lavialle, Les conventions de financement des équipements publics de sécurité intérieure et la loi n° 2002-1094 du 29 août 2002, *Rev. CMP 2002, chron. n° 11*. – Lequien et Cuche, La notion de

« bancabilité » dans les opérations de financement privé d'équipements publics, *Dr. adm. déc. 2004, p. 14.* – Léraut, Retour sur les conditions d'urgence et de complexité justifiant le recours au contrat de partenariat, *BJCP 2005. 343.* – Leroy, La complexité n'est pas soluble dans l'urgence (ou de l'opportunité d'amender l'ordonnance du 17 juin 2004 sur les contrats de partenariat), *BJCP 2006. 171.* – Levoyer, Le plan de relance et les nouvelles conditions de financement des PPP, *JCP E 2009, n° 1688* ; Fiscalité directe locale et contrat de partenariat, *Rev. CMP 2009. Étude 6.* – Lichère, Les contrats de partenariat. Fausse nouveauté ou vraie libéralisation de la commande publique, *RD publ. 2004. 1547* ; La réforme des partenariats public-privé, *Rev. CMP 2008. Étude 9.* – Lignères, La genèse de la législation sur les contrats de partenariat public-privé, *Dr. adm. nov. 2003, p. 39* ; La frontière entre la DSP et le contrat de partenariat, *Dr. adm. juill. 2005, p. 40.* – Lignères et April, Comment contrôler les prix de transfert dans les contrats de partenariat ?, *Dr. adm. juill. 2004, p. 37.* – Lignières et Lazar, Les contrats complexes dans la sécurité : le cas des prisons, *ACCP 2004, p. 64.* – Lignères et Ménéménis, Débat sur les contrats de partenariat, *Dr. adm. nov. 2004, p. 6.* – Linditch, Les partenariats public-privé devant le Conseil constitutionnel, *Rev. CMP 2003, chron. n° 18* ; Premier regard sur la loi du 28 juillet 2008 relative aux contrats de partenariat, *JCP Adm. 2008, n° 2193.* – Llorens, Les contrats de partenariat, *CJEG 2004. 511.* – Majza, La standardisation des contrats de partenariat : étude et limite de l'exercice de rationalisation, *Rev. CMP 2012. Étude 6.* – Martor, Réforme des contrats de partenariat : convergence en demi-teinte des modes de PPP, *Dr. adm. 2008. Étude n° 20.* – Matharan et Pintat, Les risques et leurs garanties dans les contrats de partenariat, *ACCP, sept. 2004, p. 40.* – Ménéménis, L'ordonnance sur les contrats de partenariat : heureuse innovation ou occasion manquée ?, *AJDA 2004. 1737* ✎. – Miens, Le lot 1 des établissements pénitentiaires, *BJCP 2006. 247.* – Muller, Le partenariat public-privé, avenir des sociétés d'économie mixte ?, *Rev. CMP févr. 2010, p. 6* ; Le partenariat public-privé, avenir des sociétés d'économie mixte ?, *Rev. CMP 2010. Étude 2.* – Noguellou, La crise et l'exécution financière des marchés publics et des partenariats public-privé, *RDI 2009. 278* ✎. – Olivier, Le contrat de partenariat, vecteur de relance, *Rev. CMP mars 2009, p. 7* ; Le contrat de partenariat, vecteur de relance, *Rev. CMP 2009. Étude 3.* – Pero, Augereau-Hue et Delorme, Bail emphytéotique administratif/Autorisation d'occupation temporaire du domaine public : lequel choisir ?, *BJCP 2013. 327.* – Peyrical et Desbrueses-Abrassart, Les contrats administratifs de construction d'ensembles hospitaliers, *Dr. adm. 2004. Étude 19.* – Peyrical, Un partenariat dans le partenariat, *AJDA 2012. 1948* ✎. – Préat, Les partenariats public-privé ferroviaires en perspective, *BJCP 2006. 249.* – Rapp, Actualité législative des contrats de partenariat, *RDI 2009. 49* ✎. – Reynaud, Une année de contrats de partenariat, de l'attentisme à l'optimisme raisonné, *BJCP 2006. 245* ; Les contrats de partenariat : un nouveau souffle parlementaire, *BJCP 2007. 86* ; La loi du 28 juillet 2008 : une seconde chance pour les contrats de partenariat, *BJCP 60/2008.* – Les amours contrariés du contrat de partenariat et du service public, *BJCP 2010. 70.* – Reynaud et Léraut, Pour un dialogue compétitif équitable dans la passation d'un contrat de partenariat : retours d'expérience et amorce de méthodologie, *BJCP 2006. 236.* – Richer, Consolidation progressive du partenariat, *AJDA 2004. 2073* ✎ ; L'avis du Conseil d'État du 8 juin 2000 sur la cession de contrat, quinze ans après, *AJDA 2014. 1925* ✎. – Sagalovitsch, L'accès aux contrats de partenariat, *AJDA 2012. 2367* ✎. – de Saint-Pulgent, La mission d'appui à la réalisation des contrats de partenariat : une institution au service de l'innovation, *BJCP 2006. 234* ; Les avancées de la loi du 28 juillet 2008 sur les contrats de partenariat, *BJCP 60/2008.* – Sestier et Piola, L'évolution législative et réglementaire du bail emphytéotique hospitalier, *BJCP 2005. 5.* – Symchowicz, Paradoxes sur les contrats de partenariat, *Rev. CMP déc. 2004, n° 12.* – Tardivel, La place des contrats de partenariat dans l'ordre des contrats publics, *Contrats publics, Mél. Guibal, 2006, p. 847.* – Tenailleau, Les contrats de partenariat, la crise financière et la loi, *JCP Adm. 2009, n° 2078.* – Tenailleau et Tixier, Le bail pour la construction de bâtiments dans le domaine de la justice, de la sécurité intérieure et de la défense. – Commentaire du décret n° 2004-18 du 6 janvier 2004 pris pour l'application de l'article L. 34-3-1 du Code du domaine de l'État, *Rev. CMP 2004. Étude 4.* – Terneyre, Contrats de partenariat : le Conseil constitutionnel persiste et signe, *BJCP 60/2008.* – Terneyre et Reynaud,Réforme du droit de la commande publique et plan de relance de l'économie : le volet législatif, *BJCP 2009. 98.* – Tessier, Le droit de la commande publique et les articles 5 et 6 de la loi du 2 juillet 2003 autorisant le gouvernement à simplifier le droit, *BJCP 2003. 354* ; Le livre vert de la Commission européenne sur les partenariats public-privé et le droit communautaire des marchés publics et des concessions, *BJCP 2004. 419* ; Les décrets d'application de l'ordonnance du 17 juin 2004 sur les contrats de partenariat, *BJCP 2005. 2.* – Van de Vyver et Boyer, Le débat politique et le choix du recours au contrat de partenariat : retour d'expérience à travers l'examen des délibérations des organes délibérants locaux, *BJCP 2009. 262.* – Vautrot-Schwarz, La publicité et la mise en concurrence dans la délivrance des titres d'occupation domaniale, *AJDA 2009. 568* ✎. – Vichard, Le programme PPP pénitentiaire français, *BJCP 2006. 337.* – Vila, Recherches sur le rôle de l'amortissement pour rationaliser la rémunération du cocontractant, *Rev. CMP 2010. Étude 5.* – Yolka, Établissements publics de santé et bail emphytéotique administratif, *JCP Adm. 2004, n° 1364* ; Le BEA nouveau est arrivé, *JCP Adm. 2009. 254.* – Dossier spécial, Loi du 28 juillet 2008 : quelle modernisation des PPP ?, *ACCP 2008, n° 81.*

IV Articles postérieurs à l'entrée en vigueur du code de la commande publique

Bettoni, Attribution des contrats par appel d'offres privé : quelles spécificités par rapport à la commande publique ?, *Rev. CMP 2019, n° 11.* – de Belenet, Lo-Casto-Porte, Exécution aux frais et risques : fondement, champ d'application et contenu de l'obligation de mettre le titulaire défaillant en mesure de suivre les prestations de substitution, *BJCP 2022. 10.* – Dossiers ACCP, Décompte des marchés : élaboration et régime juridique ?, *mai 2019, n° 198* ; Quels prix dans les marchés publics, *juin 2019* ; Candidatures à un marché public : outils d'analyse et conseils pratiques, *sept. 2019* ; Modalités de paiement des marchés publics, *oct. 2019* ; Les contrats passés sans publicité ni mise en concurrence, *nov. 2019* ; Comment fixer les critères d'attribution ?, *déc. 2019* ; L'appel à projets : un outil à double face ?, *févr. 2020* ; Application des CCAG : état des lieux, *mars 2020* ; Nouveaux CCAG : points clés de la réforme, *avr. 2021* ; Les marchés globaux : état des lieux, *juill.-août 2021* ; La réforme des CCAG, *mai 2021* ; Focus sur les accords-cadres, *oct. 2021* ; CCAG- Maîtrise d'œuvre : mode d'emploi, *nov. 2021* ; Gérer la phase de réception des marchés, *mars 2022* ; Délais d'exécution, règles applicables, *avr. 2022.* – Dossier Rev. CMP, journée d'étude « la maîtrise d'ouvrage publique », *mai 2020* ; Les garanties post-contractuelles dans les marchés publics, *janv. 2021.* – Dourlens et de Moustier, Les appels à projet en matière immobilière : aperçu des enjeux et des limites au regard du droit de la commande publique, *BJCP janv.-févr. 2020* ; VEFA et personnes publiques : état du droit et réflexions, *BJCP 2021. 421.* – Farineau et Gras, Les marchés publics de services de recherche et développement, *Rev. CMP 2020, n° 4.* – Fontalba, Information accessible de droit au soumissionnaire évincé de la passation d'un marché public : portée et enjeux, *BJCP 2022. 3.* – Giordano, Des conséquences de la dématérialisation des marchés publics sur la remise des offres dans le délai imparti, *Rev. CMP 2022, n° 4, Étude 3.* – Haize et Fresko, VEFA publiques : du bon choix entre le mécanisme du code civil et le marché de travaux, *Rev. CMP 2022. Étude 1.* – Harriagne, Libres variations sur la notion de variante, *Rev. CMP 2022, n° 5, Étude 5.* – Hasquenoph, Nouvelles réflexions sur la commande publique et la *blockchain*, *Rev. CMP 2020, n° 4, Étude 3.* – Maurel, Un an de droit de la concurrence appliqué aux contrats publics, *Rev. CMP 2019, n° 7, chron. 3.* – Peyrical et Delaloy, Le nouveau seuil de 40 000 euros dans les marchés publics, *AJDA 2020. 114*. – Rees, Un an de responsabilité des constructeurs, *Rev. CMP 2020, n° 1, Chron. 1* ; Le décompte général des marchés de travaux, État des lieux novembre 2021, *ibid. 2021, n° 11, Étude 6.* – Terneyre, La maîtrise d'ouvrage publique, *RFDA sept.-oct. 2020. 943.* – Villette et Le Gars, Franchir les niveaux minimaux de capacités, un exercice de haute voltige !

LIVRE PRÉLIMINAIRE MARCHÉS PUBLICS MIXTES

Art. L. 2000-1 Lorsqu'un acheteur conclut un contrat destiné à satisfaire des besoins, objectivement dissociables, qui relèvent, d'une part, du droit commun des marchés prévu au livre I de la présente partie et de son *[au]* **livre II relatif aux marchés de partenariat et, d'autre part, du régime juridique particulier applicable aux autres marchés publics prévu au livre V ou aux autres contrats de concession prévu au livre II de la troisième partie, ce contrat est soumis au droit commun des marchés prévu au livre I et au livre II relatif aux marchés de partenariat de la présente partie.** – *[Ord. n° 2015-899 du 23 juill. 2015, art. 22-I, 23-I.]*

COMMENTAIRE

L'article L. 2000-1 et ceux qui suivent prévoient les dispositions applicables pour les marchés publics mixtes : marchés correspondant à des besoins qui relèvent pour une part des marchés de droit commun ou des marchés de partenariat et pour une part des contrats « exclus », marchés comportant aussi certaines prestations particulières en matière de défense et de sécurité, marchés qui comportent à la fois des prestations de défense et de sécurité et des prestations relevant des marchés de droit commun ou des marchés de partenariat, marchés publics comportant à la fois des prestations correspondant à des activités de pouvoir adjudicateur et à des activités d'entité adjudicatrice.

Il s'agit donc, bien entendu, d'hypothèses de mixité différentes de celles qui font l'objet du livre III de la première partie. Les critères à mettre en œuvre sont comparables. ❑

Art. L. 2000-2 Lorsqu'un acheteur conclut un contrat destiné à satisfaire des besoins, objectivement indissociables, qui relèvent, d'une part, du droit commun des marchés prévu au livre I de la présente partie et de son *[au]* livre II relatif aux marchés de partenariat et, d'autre part, du régime juridique particulier applicable aux autres marchés publics du livre V ou du livre II de la troisième partie, ce contrat est soumis aux dispositions applicables à son objet principal.

Lorsque l'objet principal du contrat ne peut être objectivement identifié, le contrat est soumis au droit commun des marchés prévu au livre I et au livre II relatif aux marchés de partenariat de la présente partie. – *[Ord. nº 2015-899 du 23 juill. 2015, art. 22-I, 23-I.]*

Art. L. 2000-3 Lorsqu'un acheteur décide de conclure un contrat qui porte à la fois sur des prestations qui relèvent des marchés publics régis par les livres I, II ou III de la présente partie et des prestations qui n'en relèvent pas en vertu de l'article L. 2515-1, ce contrat est soumis au régime juridique particulier applicable aux autres marchés publics prévu au livre V de la présente partie, à condition que la passation d'un contrat unique soit justifiée par des raisons objectives. – *[Ord. nº 2015-899 du 23 juill. 2015, art. 22-III, 25-I.]*

Art. L. 2000-4 Lorsqu'un acheteur décide de conclure un marché public qui porte à la fois sur des prestations qui relèvent des marchés de défense ou de sécurité régis par le livre III et des prestations qui relèvent des marchés autres que de défense ou de sécurité régis par les livres I ou II, les règles prévues au livre III de la présente partie s'appliquent, quel que soit l'objet principal du contrat, à condition que la passation d'un marché public unique soit justifiée par des raisons objectives. – *[Ord. nº 2015-899 du 23 juill. 2015, art. 22-III, 25-III.]*

Art. L. 2000-5 Lorsqu'un acheteur décide de conclure un marché public unique relevant du livre I destiné à répondre à un besoin concernant à la fois ses activités de pouvoir adjudicateur et ses activités d'entité adjudicatrice, les règles du livre I applicables sont :

1º Les règles applicables aux entités adjudicatrices, lorsque le besoin à satisfaire est principalement lié à l'activité d'entité adjudicatrice ;

2º Les règles applicables aux pouvoirs adjudicateurs, lorsque le besoin à satisfaire est principalement lié à l'activité de pouvoir adjudicateur ou s'il est impossible de déterminer à quelle activité ce marché public est principalement destiné. – *[Ord. nº 2015-899 du 23 juill. 2015, art. 22-II, 24.]*

LIVRE I DISPOSITIONS GÉNÉRALES

Art. L. 2100-1 Sous réserve des dispositions de l'article L. 2500-1, les marchés définis à l'article L. 1111-1 sont régis par les dispositions du présent livre.

COMMENTAIRE

Sur les marchés « exclus », voir l'article L. 2500-1 et le livre V de la Partie II. ❑

Art. L. 2100-2 Les contrats conclus par des personnes de droit privé qui ne sont pas des acheteurs mentionnés à l'article L. 1210-1 et qui sont subventionnés directement à plus de 50 % par un pouvoir adjudicateur sont soumis aux dispositions de la présente partie, à l'exception des chapitres I à III et du chapitre VI du titre IX du présent livre, lorsque les conditions suivantes sont réunies :

1º La valeur estimée hors taxe du besoin est égale ou supérieure aux seuils européens figurant dans un avis annexé au présent code ;

2º L'objet du contrat correspond à l'une des activités suivantes :

a) Des activités de génie civil figurant sur la liste mentionnée au 1º de l'article L. 1111-2 ;

b) Des travaux de construction relatifs aux hôpitaux, aux équipements sportifs, récréatifs et de loisirs, aux bâtiments scolaires et universitaires ainsi qu'aux bâtiments à usage administratif ;

c) Des prestations de services liés aux travaux mentionnés au présent article.

Ces contrats peuvent toujours être conclus en lots séparés.

Le pouvoir adjudicateur qui octroie des subventions veille au respect des dispositions des livres I, II, III et V de la présente partie. – *[Ord. n° 2015-899 du 23 juill. 2015, art. 21.] – V. Annexe n° 2.*

COMMENTAIRE

Les contrats ici en cause ne sont pas, *stricto sensu*, des marchés publics. L'article transpose l'article 13 de la directive 2014/24/UE.

Il précise que ne sont concernés que les contrats correspondant à des besoins « de seuil européen », pour les activités qu'il mentionne et sous les réserves qu'il définit (les règles relatives à l'exécution financière et à la sous-traitance ne sont pas applicables).

Il implique que le pouvoir adjudicateur qui accorde une subvention veille au respect, par le contrat en cause, des dispositions applicables.

Sur les seuils européens, voir l'annexe n° 2 du code. ❑

TITRE I PRÉPARATION DU MARCHÉ

CHAPITRE I DÉFINITION DU BESOIN

Art. L. 2111-1 La nature et l'étendue des besoins à satisfaire sont déterminées avec précision avant le lancement de la consultation en prenant en compte des objectifs de développement durable dans leurs dimensions économique, sociale et environnementale. – *[Ord. n° 2015-899 du 23 juill. 2015, art. 30.]*

COMMENTAIRE

Satisfaire des besoins préalablement définis par l'acheteur en répondant à une commande passée par celui-ci : tel est l'objet même des marchés publics. Par besoins de l'acheteur, il faut entendre non seulement ce qui est nécessaire à son fonctionnement, mais aussi ce qui permet la mise en œuvre effective des missions dont il est chargé (V. art. L. 1111-1).

Les besoins doivent être définis de façon « précise », faute de quoi la compétition organisée pour attribuer la commande est faussée. Certaines procédures de passation prennent cependant en compte, comme on le verra, la possibilité de définir les besoins sous forme d'un programme fonctionnel.

La prise en compte d'« objectifs de développement durable dans leurs dimensions économique, sociale et environnementale », certes peu contraignante, marque l'importance accordée à ce sujet. On en verra plusieurs autres exemples.

Pour les conditions dans lesquelles la valeur d'un besoin de l'acheteur doit être estimée, on se reportera à nos commentaires sous les articles R. 2121-1 à R. 2121-9.

A chaque besoin défini par l'acheteur, correspond un marché, passé selon la procédure applicable compte tenu de sa nature et de sa valeur estimée, ou un groupe de marchés si, comme il en a la faculté, l'acheteur décide de passer plusieurs marchés, en mettant en œuvre, pour chacun d'eux, cette même procédure.

On se reportera par ailleurs à l'article R. 2111-1, relatif au « sourcing ». ❑

1. V. note ss. art. L. 1111-1.

2. Pour qu'il puisse être admis qu'un pouvoir adjudicateur a précisé ses besoins, il faut que ce dernier ait pris des mesures afin de définir les caractéristiques de l'ouvrage ou, à tout le moins, d'exercer une influence déterminante sur la conception de celui-ci. Le simple fait qu'une autorité publique, dans l'exercice de ses compétences en matière de régulation urbanistique, examine certains plans de construction qui lui sont soumis ou prenne une décision en application de compétences dans cette matière ne répond pas à l'exigence relative aux « besoins précisés par le pouvoir adjudicateur ». • CJUE 25 mars 2010, *Helmut Müller*, n° C-451/08 : *Rev. CMP 2010. Chron. 164, note Zimmer.*

3. Réalité des besoins. L'importance d'un marché doit correspondre aux besoins réels du pouvoir adjudicateur. Un candidat évincé, qui aurait eu des chances sérieuses de remporter le marché si l'importance de celui-ci n'avait pas excédé les besoins réels du pouvoir adjudicateur, a subi un préjudice de nature à lui ouvrir droit à indemnisation. • CE 18 nov. 1988, *Min. de l'In-*

térieur c/ SARL Les voyages Brounais, n° 76131 B : *RD publ. 1989. 1800, obs. Llorens.*

4. Précision dans la définition des besoins. Un pouvoir adjudicateur qui n'a pas défini avec un soin suffisant ses besoins ni, par suite, les travaux à réaliser, ne peut, lorsque des travaux supplémentaires importants se révèlent nécessaires en cours d'exécution du marché, invoquer la théorie des sujétions imprévues. Est dès lors illégal un avenant qui, augmentant de 43 % le montant initial du marché, en bouleverse l'économie. • CE 8 mars 1996, *Cne de Petit-Bourg*, n° 165075.

5. Un marché dont l'objet est défini de façon trop imprécise dans l'avis d'appel à candidatures est conclu irrégulièrement. • CE 29 déc. 1997, *Dpt de Paris*, n° 159693 A : *Mon. TP 2 mai 1998, TO, p. 395, concl. Bergeal, p. 47, obs. Fabre ; RDI 1998. 242, obs. Llorens et Terneyre ; D. 1998. Somm. 360, obs. Terneyre ; Marchés publics n° 2/98, p. 17 ; Dr. adm. 1998, n° 84.*

6. Un pouvoir adjudicateur peut, sans méconnaître son obligation de déterminer l'étendue de ses besoins, après avoir fixé dans le cahier des clauses techniques particulières un nombre minimum de mobiliers à fournir, permettre aux candidats d'offrir un nombre de mobiliers supérieur, sans être tenu d'en fixer un nombre maximum. • CE 5 nov. 2008, *Cne de Saint-Nazaire, Cté d'agglomération de la région nazairienne et de l'estuaire – Sté Abri services SARL*, n°s 310484 B et 310544 B : *Rev. CMP 2008, n° 299, obs. Zimmer.*

7. Le pouvoir adjudicateur doit définir ses besoins avec suffisamment de précision pour permettre aux candidats de présenter une offre adaptée aux prestations attendues, compte tenu des moyens nécessaires pour les réaliser ; pour permettre l'élaboration de cette offre et pour en déterminer le prix, les candidats doivent disposer, notamment dans le cadre d'une procédure de passation formalisée ne permettant pas de négociation avec le pouvoir adjudicateur, d'informations relatives à la date d'achèvement du marché ; si le pouvoir adjudicateur entend laisser aux candidats la faculté de proposer eux-mêmes une date précise d'achèvement, il lui revient alors d'encadrer cette faculté, en fixant par exemple une date butoir ou une fourchette de dates possibles pour l'échéance du marché, sans que, compte tenu des critères de sélection des offres, il en résulte une incertitude telle qu'elle ne permette pas aux candidats de présenter utilement une offre ; ainsi le juge des référés n'a pas commis d'erreur de droit en jugeant que la commune avait manqué à ses obligations de publicité et de mise en concurrence en laissant la durée d'engagement à la totale appréciation des candidats. • CE 1er juin 2011, *Cne de Saint-Benoît*, n° 345649 B : *Rev. CMP 2011, n° 196, note Zimmer.*

8. Aux termes de l'art. L. 3221-11-1 CGCT, dans sa rédaction alors applicable : « La délibération du conseil général (...) chargeant le président du conseil général de souscrire un marché déterminé peut être prise avant l'engagement de la procédure de passation de ce marché. Elle comporte alors obligatoirement la définition de l'étendue du besoin à satisfaire et le montant prévisionnel du marché (...) » ; il résulte de la lettre même de l'art. L. 3221-11-1 préc. que, lorsque le conseil général autorise par anticipation son président à souscrire un marché dont il approuve l'engagement de la procédure de passation, sa délibération doit comporter, outre le montant prévisionnel de la commande, la définition de l'étendue du besoin à satisfaire ; cette obligation se rapporte nécessairement à la détermination de la quantité de prestations qu'est susceptible de couvrir le montant prévisionnel du marché au regard des besoins exprimés par la collectivité.

Souhaitant promouvoir les valeurs du sport à l'occasion d'actions de communication auprès du milieu associatif par la distribution de billets, de « pass » et d'abonnements donnant accès aux rencontres disputées par l'Olympique Lyonnais au stade de Gerland, le conseil général du Rhône a, par la délibération litigieuse, approuvé l'organisation d'une mise en concurrence pour l'attribution d'un marché à bons de commande pour l'acquisition des titres au cours de la saison 2007-2008 et autorisé son président à conclure le marché avec le lauréat de la consultation ; si ladite délibération comporte le montant prévisionnel minimum et maximum des bons de commande, elle ne définit pas l'étendue des besoins à satisfaire, évaluée en quantités de titres à acquérir dans chacune des trois catégories au regard des sommes qu'il est envisagé de consacrer à cette action, alors que, dans sa délibération du 20 juill. 2007, la commission permanente avait décidé de redistribuer les titres aux bénévoles de plusieurs centaines d'associations ; en autorisant le président du conseil général du Rhône à organiser la consultation et à signer un marché sans évaluer la quantité de billets, de pass et d'abonnements qui pourrait être délivrée en contrepartie du montant prévisionnel des bons de commande et, partant, sans déterminer à quelle hauteur pourrait être satisfaite la demande de redistribution auprès des bénéficiaires dont la liste était d'ores et déjà arrêtée, la délibération litigieuse a méconnu l'art. L. 3221-11-1 préc. • CAA Lyon, 7 avr. 2011, *Dpt du Rhône*, n° 09LY02983 : *Rev. CMP 2011, n° 164, note Llorens.*

9. Aux termes de l'art. L. 5215-20-1 CGCT dans sa rédaction alors en vigueur : « I. — Les communautés urbaines existant à la date de promulgation de la L. n° 99-586 du 12 juill. 1999 relative au renforcement et à la simplification de la coopération intercommunale continuent d'exercer à titre obligatoire, au lieu et place des communes membres, les compétences suivantes : [...] 2° [...] actions de développement économique » ; aux termes de l'art. 5 C. marchés : « I. — La nature et l'étendue des besoins à satisfaire sont déterminées avec précision avant tout appel à la concurrence ou toute négociation non précédée d'un appel à la concurrence [...]. Le ou les marchés [...] conclus par le pouvoir adjudicateur ont pour objet exclusif de répondre à ces besoins. II. — Le pouvoir adjudicateur détermine le niveau auquel les besoins sont évalués [...]. » La location d'une loge dans le stade de Gerland est motivée, dans la délibération attaquée (dont l'objet est d'autoriser la signature du marché public), par le fait que, dans le cadre de sa politique de rayonnement de son territoire, la communauté urbaine souhaite tirer parti de la notoriété des clubs sportifs et des valeurs positives qu'ils représentent pour renforcer son rayonnement et son image auprès de ses habitants, du public français et européen ; la communauté urbaine ne peut être regardée comme ayant ainsi défini, préalablement à son achat, la nature de ses besoins, en lien avec l'exercice des compétences qu'elle tient des dispositions précitées du CGCT ; elle ne peut utilement se prévaloir, en tout état de cause, ni de ce qu'elle aurait accueilli des entrepreneurs dans cette loge ni de ce que les élus qui s'y rendent seraient amenés à y rencontrer des acteurs de la vie économique et sociale, dès lors que la définition de la nature des besoins doit être préalable à l'achat de la prestation ; par suite, la délibération a été prise en méconnaissance des dispositions des art. précités. • CAA Lyon, 15 déc. 2011, *Assoc. des contribuables actifs lyonnais*, n° 11LY00242 : *Rev. CMP 2012, n° 42, note Zimmer.*

10. Il résulte de l'instruction que la commune a retenu trois critères d'attribution du marché portant sur la valeur technique, pondérée à 40 %, le prix des prestations, pondéré également à 40 %, et le délai d'exécution, pondéré à 20 % ; au titre des caractéristiques techniques de la prestation, le cahier des clauses techniques particulières inséré dans le dossier de consultation des entreprises prévoyait que : « L'installation devra être en tous points conforme à l'arrêté du 3 août 2007 portant définition des normes techniques des systèmes de vidéosurveillance. Le matériel devra être de type professionnel et de technologie IP, le constructeur devra assurer une pérennité et [une] comptabilité du matériel. Suite à sa visite sur site, le prestataire procédera au dénombrement des caméras et proposera une implantation des différentes caméras en précisant les caractéristiques techniques de chacune afin de répondre aux exigences du musée. Le système choisi devra comporter une console de surveillance avec écran dédié ainsi que la possibilité d'enregistrer la totalité des caméras pendant 72 heures » ; si ces mentions faisaient largement reposer l'étendue des prestations susceptibles d'être proposées par les candidats sur une visite des locaux et leur propre évaluation *in situ* des besoins eu égard aux contraintes propres à l'établissement, elles ne comportaient pas un encadrement suffisamment précis et complet permettant de connaître les attentes réelles de la collectivité publique, notamment quant au périmètre précis du musée qui devait être soumis au dispositif de surveillance, aux critères justifiant l'installation de dispositifs de surveillance dans les salles ou à l'extérieur des bâtiments, au nombre, au moins minimal, de caméras à installer compte tenu de la valeur des œuvres, des biens ou de la vulnérabilité des personnes et des lieux, ou encore aux critères de contraintes techniques liées aux équipements de vidéosurveillance souhaités ; le règlement de la consultation n'était, dès lors, pas de nature à permettre aux candidats de présenter une offre adaptée aux prestations attendues, compte tenu des moyens nécessaires pour les réaliser.

L'imprécision quant à la définition et à l'étendue des besoins à couvrir ainsi qu'à la technique de vidéosurveillance souhaitée a été de nature à affecter le choix même du cocontractant et à constituer un vice suffisamment grave pour justifier l'annulation du marché. • CAA Douai, 17 janv. 2013, *Cne d'Hazebrouck*, n° 12DA00780 : *Rev. CMP 2013, n° 67, note Eckert.*

11. Objectifs de développement durable. Le pouvoir adjudicateur doit concilier, pour la détermination de la nature et de l'étendue des besoins à satisfaire, des objectifs de protection et de mise en valeur de l'environnement, de développement économique et de progrès social. • CE 23 nov. 2011, *Cté urb. de Nice-Côte-d'Azur*, n° 351570 B.

12. Modification de la définition des besoins. Un changement dans la définition du besoin (en l'espèce, la renonciation, par la personne publique, à une partie des constructions prévues) exige que la procédure de passation soit reprise. • CE 22 avr. 1983, *Auffret et a.*, n° 21509 A.

13. La définition des besoins ne peut être modifiée après le lancement de la procédure de passation, mais peut seulement être précisée pour apporter des éléments d'information supplémentaires aux candidats (même quand la procédure de passation est, comme en l'espèce, celle de l'appel d'offres sur performances). • CE 4 avr. 2005, *Cne de Castellar*, n° 265784 A : *BJCP 2005. 208, concl. Boulouis, obs. Ch. M. ; Rev. CMP 2005, n° 149, obs. Olivier.*

14. Légalité du besoin. Une brochure, qui expose le programme que le président du conseil régional et sa majorité entendent mettre en œuvre au cours de la mandature à venir et qui est présentée au nom d'un certain nombre d'élus regroupés autour du président du conseil régional, a pour objet de promouvoir le programme de ce groupe d'élus ; par suite, la décision du président du conseil régional de signer le marché est illégale, la diffusion étant dépourvue d'intérêt régional. • CAA Lyon, 4 déc. 2003, *Région Bourgogne*, n° 99LY02358.

15. Contrôle du juge du référé précontractuel. Il ne résulte pas de l'instruction qu'en choisissant de conserver l'espace numérique de travail mis en place en 2009 avec le logiciel « NetCollège » et de lancer une procédure de passation d'un marché public afin de répondre au besoin d'assurer son exploitation et sa maintenance, plutôt que d'acquérir un nouveau dispositif, le département ait entaché d'une erreur manifeste la définition de son besoin. • CE 2 oct. 2013, *Dpt de l'Oise*, n° 368846 B : *BJCP 2014. 43, concl. Dacosta.*

16. Définition des besoins et dialogue compétitif. Si les prescriptions du programme fonctionnel peuvent être modifiées au cours du dialogue, ces modifications ne peuvent porter sur la nature et l'étendue des besoins de la personne publique, lesquelles peuvent seulement faire l'objet des précisions nécessaires pour répondre aux éléments d'information complémentaires apparus au cours de la procédure et à la condition que ces précisions soient portées en temps utile à la connaissance de tous les candidats ayant fait une offre pour leur permettre de l'adapter.

La société Citelum soutient que la ville de Paris, en laissant la possibilité aux candidats de répartir librement les prestations visant à atteindre l'objectif de réduction de consommation d'énergie entre la tranche ferme et la tranche conditionnelle du marché et en introduisant en cours de dialogue un plafond de performance énergétique à atteindre sous peine de pénalités, a procédé à une définition de ses besoins insuffisante.

La ville de Paris, en indiquant, à l'art. 7.1.1 du programme fonctionnel que « la consommation d'énergie en 2010 à périmètre constant (année 2004) est estimée à 150,02 GWh. Le titulaire devra proposer une diminution à périmètre constant (année 2004) de 41,76 GWh d'ici à la fin du contrat [...] », doit être regardée comme ayant défini, avec une précision suffisante, ses besoins en matière de réduction de la consommation d'énergie ; en offrant aux candidats la possibilité de répartir librement les prestations visant à atteindre l'objectif précité entre la tranche ferme et la tranche conditionnelle du marché, la ville de Paris a seulement laissé aux candidats le soin de proposer différentes modalités permettant d'atteindre cet objectif conformément à la procédure de dialogue compétitif ; la circonstance qu'au cours du dialogue, la ville de Paris a introduit un mécanisme de pénalité n'est pas davantage de nature à établir qu'elle aurait défini ses besoins de manière insuffisante ; par suite, le moyen tiré de la méconnaissance de l'art. 5 C. marchés doit être écarté.

En second lieu, la société Citelum soutient que la ville de Paris, en imposant aux candidats un système de télégestion et en faisant de cette exigence une clause tangible lors de la remise de l'offre finale, en précisant que les droits de propriété intellectuelle seraient transférés au pouvoir adjudicateur et en indiquant, lors de la troisième audition, que les opérations du plan climat ne devaient pas concerner les parcs et jardins, a modifié la nature et l'étendue de ses besoins en cours de dialogue compétitif.

Tout d'abord, il ressort du programme fonctionnel, et en particulier du livre 15 de ce programme, que le système de télégestion était une simple faculté et non une obligation pour les candidats ; celui-ci ne constituait pas un besoin de la personne publique mais une solution susceptible d'y répondre.

Ensuite, en décidant, en cours de procédure, que les droits de propriété intellectuelle seraient transférés au pouvoir adjudicateur, la ville de Paris n'a pas modifié substantiellement ses besoins mais a simplement privilégié une solution lui permettant de s'assurer qu'elle pourrait intervenir sur les systèmes informatiques de maintenance du marché.Enfin, il résulte de l'instruction, et en particulier de l'analyse de l'art. 1.2.3 du programme fonctionnel, que les espaces verts n'ont pas été insérés dans la tranche ferme du marché mais seulement dans la tranche conditionnelle ; dès lors, la ville de Paris, en indiquant aux candidats, lors de la troisième audition, que, s'agissant de la réalisation de la tranche ferme, les opérations « plan climat » ne devaient pas concerner les parcs et jardins, s'est bornée à leur rappeler une information qui leur avait été communiquée dès le début de la procédure sans modifier l'étendue de ses besoins sur ce point. • CAA Paris, 30 juin 2017, *Sté Citelum*, n°s 15PA00443 et 15PA00445.

SECTION 1 Formalisation du besoin par des spécifications techniques

Art. L. 2111-2 **Les travaux, fournitures ou services à réaliser dans le cadre du marché public sont définis par référence à des spécifications techniques.** *(L. n° 2021-1104 du 22 août 2021, art. 35, en vigueur à une date fixée par décret et, au plus tard, le 22 août 2026)* **« Ces spécifications techniques prennent en compte des objectifs de développement durable dans leurs dimensions économique, sociale et environnementale. »** — *[Ord. n° 2015-899 du 23 juill. 2015, art. 31-I.]*

Les dispositions introduites par l'art. 35 de la L. n° 2021-1104 du 22 août 2021 s'appliquent aux marchés pour lesquels une consultation est engagée ou un avis d'appel à la concurrence est envoyé à la publication à compter de leur entrée en vigueur (L. préc., art. 35-IV, JO 23 août).

COMMENTAIRE

Les prestations que l'acheteur envisage de commander en vue de la satisfaction du besoin qu'il a préalablement déterminé doivent être définies par des spécifications techniques : il s'agit de préciser les caractéristiques requises d'un produit, d'un matériau ou d'un service (V. Avis relatif à la nature et au contenu des spécifications techniques dans les marchés publics, annexe n° 5). Le pouvoir adjudicateur doit veiller à ce que les définitions qu'il retient ne conduisent à aucune entrave injustifiée à la liberté d'accès à la commande publique ni à aucune discrimination entre les candidats potentiels.

On se reportera à nos commentaires et à la jurisprudence sous l'article R. 2111-17 du code.

On notera par ailleurs l'accent mis sur le développement durable par la loi n° 2021-1104 du 22 août 2021 portant lutte contre le dérèglement climatique et renforcement de la résilience face à ses effets.

SECTION 2 Schéma de promotion des achats responsables

Art. L. 2111-3 Les collectivités territoriales et les acheteurs soumis au présent code dont le statut est fixé par la loi adoptent un schéma de promotion des achats publics socialement et écologiquement responsables lorsque le montant total annuel de leurs achats est supérieur à un montant fixé par voie réglementaire.

Ce schéma *(Abrogé par L. n° 2021-1104 du 22 août 2021, art. 35, à compter du 1er janv. 2023)* **« , rendu public, » détermine les objectifs de politique d'achat comportant des éléments à caractère social visant à concourir à l'intégration sociale et professionnelle de travailleurs handicapés ou défavorisés et des éléments à caractère écologique ainsi que les modalités de mise en œuvre et de suivi annuel de ces objectifs. Ce schéma contribue également à la promotion d'une économie circulaire.** *(L. n° 2021-1104 du 22 août 2021, art. 35, en vigueur le 1er janv. 2023)* **« Il est rendu public notamment par une mise en ligne sur le site internet, lorsqu'il existe, des pouvoirs adjudicateurs et entités adjudicatrices mentionnées** *[mentionnés]* **au premier alinéa.**

« Ce schéma comporte des indicateurs précis, exprimés en nombre de contrats ou en valeur et publiés tous les deux ans, sur les taux réels d'achats publics relevant des catégories de l'achat socialement et écologiquement responsable parmi les achats publics réalisés par la collectivité ou l'acheteur concerné. Il précise les objectifs cibles à atteindre pour chacune de ces catégories, notamment ceux relatifs aux achats réalisés auprès des entreprises solidaires d'utilité sociale agréées au sens de l'article L. 3332-17-1 du code du travail, d'une part, ou auprès des entreprises employant des personnes défavorisées ou appartenant à des groupes vulnérables, d'autre part. »

COMMENTAIRE

Les dispositions de l'article L. 2111-3 sont issues de la loi n° 2014-856 du 31 juillet 2014 relative à l'économie sociale et solidaire et ont été modifiées et complétées par l'article 35 de la loi n° 2021-1104 du 22 août 2021 portant lutte contre le dérèglement climatique et renforcement de la résilience face à ses effets.

Voir l'article D. 2111-3 du code.

Loi n° 2020-105 du 10 février 2020,

Relative à la lutte contre le gaspillage et à l'économie circulaire.

Art. 55 A compter du 1er janvier 2021, les services de l'État ainsi que les collectivités territoriales et leurs groupements, lors de leurs achats publics et dès que cela est possible, doivent réduire la consommation de plastiques à usage unique, la production de déchets et privilégient les biens issus du réemploi ou qui intègrent des matières recyclées en prévoyant des clauses et des critères utiles dans les cahiers des charges.

Lorsque le bien acquis est un logiciel, les administrations mentionnées au premier alinéa de l'article L. 300-2 du code des relations entre le public et l'administration promeuvent le recours à des logiciels dont la conception permet de limiter la consommation énergétique associée à leur utilisation.

(L. n° 2021-1485 du 15 nov. 2021, art. 15) « A compter du 1er janvier 2023, lors de l'achat public de produits numériques disposant d'un indice de réparabilité, les services de l'État ainsi que les collectivités territoriales et leurs groupements prennent en compte l'indice de réparabilité défini à l'article L. 541-9-2 du code de l'environnement.

« A compter du 1er janvier 2026, lors de l'achat public de produits numériques disposant d'un indice de durabilité, les services de l'État ainsi que les collectivités territoriales et leurs groupements prennent en compte l'indice de durabilité défini au même article L. 541-9-2. »

V. CCP, art. L. 2172-5 et L. 2175-6.

....

Art. 58 I. — A compter du 1er janvier 2021, les biens acquis annuellement par les services de l'État ainsi que par les collectivités territoriales et leurs groupements sont issus du réemploi ou de la réutilisation ou intègrent des matières recyclées dans des proportions de 20 % à 100 % selon le type de produit.

II. — En cas de contrainte opérationnelle liée à la défense nationale ou de contrainte technique significative liée à la nature de la commande publique, le pouvoir adjudicateur n'est pas soumis à l'obligation prévue au I.

III. — Un décret en Conseil d'État fixe la liste des produits concernés et, pour chaque produit, les taux pouvant être issus du réemploi, de la réutilisation ou du recyclage correspondant à ces produits.

V. CCP, art. L. 2172-5 et L. 2172-6.

Loi n° 2021-1104 du 22 août 2021,

Portant lutte contre le dérèglement climatique et renforcement de la résilience face à ses effets.

Art. 35 *[...]* VI. — Dans un délai de trois ans à compter de la promulgation de la présente loi, le Gouvernement remet au Parlement un rapport évaluant la prise en compte des considérations environnementales et sociales dans les marchés publics par les acheteurs ayant adopté le schéma mentionné au premier alinéa de l'article L. 2111-3 du code de la commande publique. Ce rapport propose également un modèle de rédaction de ce schéma.

CHAPITRE II CONTENU DU MARCHÉ

SECTION 1 Règles générales

Art. L. 2112-1 Le marché répondant à un besoin dont la valeur estimée est égale ou supérieure à un seuil fixé par voie réglementaire est conclu par écrit. – *[Décr. n° 2016-360 du 25 mars 2016, art. 15, al. 1er.]*

COMMENTAIRE

Voir l'article R. 2112-1 du code.

Art. L. 2112-2 Les clauses du marché précisent les conditions d'exécution des prestations, qui doivent être liées à son objet.

Les conditions d'exécution peuvent prendre en compte des considérations relatives à l'économie, à l'innovation, à l'environnement, au domaine social, à l'emploi ou à la lutte contre les discriminations *[nouvelle rédaction issue de la L. n° 2021-1104 du 22 août 2021, art. 35, en vigueur à une date fixée par décret et, au plus tard le 22 août 2026 : « Les conditions d'exécution prennent en compte des considérations relatives à l'environnement. Elles peuvent également prendre en compte des considérations relatives à l'économie, à l'innovation, au domaine* *social, à l'emploi ou à la lutte contre les discriminations »]. — [Ord. n° 2015-899 du 23 juill. 2015, art. 38-I, al. 1er.]*

V. note ss. art. L. 2111-2, supra.

COMMENTAIRE

1. L'article L. 2112-2 est relatif aux conditions d'exécution du marché : celles-ci, qui sont détaillées dans les clauses du contrat, devront bien entendu être respectées par le titulaire. Tous les candidats doivent s'engager à les mettre en œuvre. On ne saurait donc les confondre avec des critères de sélection, au regard desquels les différentes offres sont classées.

2. Il transpose la faculté ouverte par les articles 70 de la directive 2014/24/UE et 87 de la directive 2014/25/UE. Le code, comme les directives, prend ainsi en compte les aspects environnementaux et, à un moindre degré, sociaux de l'achat public (V. jurisprudence ci-dessous, rendue sous l'empire de la Dir. 2004/18/CE et du C. marchés).

On notera que, en application de l'article 35 de la loi n° 2021-1104 du 22 août 2021 portant lutte contre le réchauffement climatique et renforcement de la résilience face à ses effets, la prise en compte de « considérations relatives à l'environnement » est désormais systématique.

1. Une réglementation d'un État membre qui prescrit au pouvoir adjudicateur de ne désigner comme adjudicataires de marchés publics de travaux que les entreprises qui, lors de la soumission, s'engagent par écrit à verser à leurs salariés, en contrepartie des prestations concernées, au minimum la rémunération prévue par la convention collective applicable au lieu d'exécution de celles-ci, méconnaît la liberté de prestation de services. • CJCE 3 avr. 2008, *Dirk Rüffert, C-346/06 : Rev. CMP 2008, n° 92, obs. Eckert.*

2. L'art. 26 de la Dir. 2004/18/CE du Parlement européen et du Conseil, du 31 mars 2004, relative à la coordination des procédures de passation des marchés publics de travaux, de fournitures et de services, telle que modifiée par le Règl. (UE) n° 1251/2011 de la Commission, du 30 nov. 2011, doit être interprété en ce sens qu'il ne s'oppose pas à une législation d'une entité régionale d'un État membre, telle que celle en cause au principal, qui oblige les soumissionnaires et leurs sous-traitants à s'engager, par une déclaration écrite devant être jointe à leur offre, à verser au personnel qui sera appelé à exécuter les prestations faisant l'objet du marché public considéré un salaire minimal fixé par cette législation. • CJUE 17 nov. 2015, *RegioPost GmbH,* n° C-115/14 : *AJDA 2016. 307, chron. Broussy, Cassagnabère et Gänser ; Rev. CMP 2016, n° 13, note Eckert.*

3. Condition d'exécution du marché. Exemple. L'art. 18, § 2, ainsi que les art. 58 et 70 de la Dir. 2014/24/UE du Parlement européen et du Conseil du 26 févr. 2014, sur la passation des marchés publics et abrogeant la Dir. 2004/18/CE, doivent être interprétés en ce sens que, dans le cadre d'une procédure de passation d'un marché public de service de gestion de déchets, l'obligation, pour un opérateur économique désirant transférer des déchets d'un État membre vers un autre État, de disposer, conformément notamment à l'art. 2, pt. 35, et à l'art. 3 du Règl. (CE) n° 1013/2006 du Parlement européen et du Conseil du 14 juin 2006, concernant les transferts de déchets, du consentement des autorités compétentes des États concernés par ce transfert constitue une condition d'exécution de ce marché.

L'art. 70 de la Dir. 2014/24, lu en combinaison avec l'art. 18, § 1, de cette Dir., doit être interprété en ce sens qu'il s'oppose à ce que l'offre d'un soumissionnaire soit rejetée au seul motif que celui-ci n'apporte pas la preuve, au moment du dépôt de son offre, qu'il satisfait à une condition d'exécution du marché concerné. • CJUE 8 juill. 2021, *Sanresa UAB, C-295/20 : Rev. 2021, comm. 271, note Zimmer.*

4. Pour annuler une procédure de passation d'un marché ayant pour objet la gestion de déchetteries, le juge des référés du tribunal administratif a relevé que les conditions prévues dans le cahier des clauses techniques particulières du marché tenant à ce que les entreprises soumissionnaires aient à mettre à disposition de la personne publique cinquante-cinq bennes neuves, de couleur blanche ou gris clair et dont l'utilisation serait à 100 % dédiée à ce marché avaient pour objet de limiter la concurrence en restreignant le nombre des candidats possibles, sans répondre explicitement à l'argumentation qui lui était soumise en défense, selon laquelle, eu égard à l'objet du marché, et en particulier au nombre de sites à desservir, ces exigences étaient objectivement rendues nécessaires par la nature des prestations à réaliser. Il a ainsi commis une erreur de droit. • CE 31 mars 2010, *Synd. mixte de la région d'Auray-Belz-Quiberon,* n° 333970 : *Rev. CMP 2010. Chron. 209, note Llorens.*

5. Marchés d'assurance. Exemple de clause qui doit être réputée non écrite. La commune a souscrit auprès de la société X un contrat d'assurance ayant pour objet le remboursement des prestations mises à sa charge en cas de décès, d'incapacité de travail, d'invalidité, de maternité, d'accident ou de maladie imputable au service, de ses agents, conformément aux dispositions législatives et réglementaires en vigueur. Aux termes de l'art. 7 de la L. du 31 déc. 1989 renforçant les garanties offertes aux personnes assurées contre certains risques : « Lorsque des assurés ou des adhérents sont garantis collectivement contre les risques portant atteinte à l'intégrité physique de la personne ou liés à la maternité, le risque décès ou les risques d'incapacité ou d'invalidité, la résiliation ou le non-renouvellement du contrat ou de la convention est sans effet sur le versement des prestations immédiates ou différées, acquises ou nées durant son exécution. Le versement des prestations de toute nature se poursuit à un niveau au moins égal à celui de la dernière prestation due ou payée avant la résiliation ou le non-renouvellement, sans préjudice des révisions prévues dans le contrat ou la convention. De telles révisions ne peuvent être prévues à raison de la seule résiliation ou du seul non-renouvellement. [...] L'engagement doit être couvert à tout moment, pour tous les contrats ou conventions souscrits, par des provisions représentées par des actifs équivalents » ; ces dispositions ayant pour objet de garantir collectivement et directement des assurés ou des adhérents contre certains risques personnels ne sont pas applicables aux contrats qui, comme en l'espèce, sont souscrits par les collectivités territoriales pour que leur soit garanti le versement ou le remboursement des prestations qu'elles doivent à leurs agents en vertu de dispositions législatives ou réglementaires figurant dans le statut de ces derniers. Les principes applicables aux contrats administratifs passés en matière d'assurance impliquent que les prestations liées à la réalisation d'un sinistre survenu pendant la période de validité d'un contrat d'assurance de la nature de celui en litige ne peuvent être remises en cause par la résiliation ultérieure de celui-ci ; doivent, par suite, être réputées non écrites les clauses prévoyant l'interruption des prestations en cours à la date de résiliation du contrat ; ces principes n'impliquent pas, en revanche, que soit réputée non écrite une clause comme celle convenue par les parties à l'art. 3.6 des conditions générales du contrat litigieux et selon laquelle les rechutes d'arrêt de travail intervenues postérieurement à la date de la résiliation du contrat ne sont pas prises en charge par l'assureur. • CE 28 janv. 2013, ⚖ *Cne de Tullins,* n° 357272 B : *BJCP 2013. 175, concl. Pellissier.*

6. Le juge des référés a estimé que la décision de la personne publique de prévoir un début d'exécution du marché quatre semaines après la date de remise des offres était constitutive d'un manquement à ses obligations de mise en concurrence, en l'absence de période de préparation permettant à tout candidat de mettre en œuvre les moyens requis par les documents contractuels pour soumissionner utilement, alors que certains opérateurs pouvaient déjà offrir les prestations requises ; en imposant ainsi au pouvoir adjudicateur de prévoir un délai plus important entre la date de dépôt des offres et celle du début des prestations pour permettre à un plus grand nombre d'entreprises d'être candidates, alors qu'il lui appartenait de rechercher si le délai retenu était manifestement sans rapport avec les besoins identifiés, le juge des référés a commis une erreur de droit. • CE 10 avr. 2015, ⚖ *Gouvernement de la Nouvelle-Calédonie,* n° 385617 : *BJCP 2015. 272, concl. Dacosta ; Dr. adm. 2015, n° 46, note Deligiannis.*

7. Clause d'interprétariat. Il résulte du I de l'art. 38 de l'Ord. n° 2015-899 du 23 juill. 2015 relative aux marchés publics qu'un pouvoir adjudicateur peut imposer, parmi les conditions d'exécution d'un marché public, des exigences particulières pour prendre en compte les considérations relatives à l'économie, à l'innovation, à l'environnement, au domaine social ou à l'emploi, sous réserve que celles-ci présentent un lien suffisant avec l'objet du marché.

Une mesure nationale qui restreint l'exercice des libertés fondamentales garanties par le TFUE ne peut être admise qu'à la condition qu'elle poursuive un objectif d'intérêt général, qu'elle soit propre à garantir la réalisation de celui-ci et qu'elle n'aille pas au-delà de ce qui est nécessaire pour atteindre cet objectif. Il suit de là que lorsqu'elles sont susceptibles de restreindre l'exercice effectif des libertés fondamentales garanties par ce traité, les exigences particulières imposées par le pouvoir adjudicateur doivent remplir les conditions qui viennent d'être rappelées. A défaut, le juge des référés, saisi sur le fondement de l'art. L. 551-1 CJA, constate le manquement du pouvoir adjudicateur à ses obligations de publicité et de mise en concurrence.

Une « clause d'interprétariat » en matière de protection sociale prévoyant que, pour permettre au maître d'ouvrage d'exercer son obligation de prévention et de vigilance en matière d'application de la législation du travail, l'intervention d'un interprète qualifié peut être demandée, aux frais du titulaire du marché, afin que la personne publique responsable puisse s'assurer que les personnels présents sur le chantier et ne maîtrisant pas suffisamment la langue française, quelle que soit leur nationalité, comprennent effectivement le socle minimal de normes sociales qui s'applique à leur situation, dont la mise en œuvre par le maître d'ouvrage ne doit pas occasionner de coûts excessifs au titulaire du marché, vise à garantir la réalisation d'un objectif d'intérêt général lié à la protection sociale des travailleurs du secteur de la construction en rendant effectif l'accès de personnels peu qualifiés à leurs droits sociaux essentiels. L'appréciation du niveau suffisant de maîtrise de la langue française se fait au cas par cas parmi les personnels employés sur le chantier et un échange oral, avant l'exécution des travaux, avec un interprète qualifié, c'est-à-dire toute personne en mesure d'expliquer aux travailleurs concernés leurs droits sociaux essentiels, permet à l'entreprise de répondre à ses obligations. A supposer même que cette clause puisse être susceptible de restreindre l'exercice effectif d'une liberté fondamentale garantie par le droit de l'Union, elle poursuit un objectif d'intérêt général dont elle garantit la réalisation sans aller au-delà de ce qui est nécessaire pour l'atteindre.

Une « clause d'interprétariat » prévue par un CCAP en matière de prévention dans le domaine de la sécurité et de la santé, stipulant que, pour garantir la sécurité des travailleurs et visiteurs sur le chantier lors de la réalisation de tâches signalées comme présentant un risque pour la sécurité des personnes et des biens, une formation est dispensée à l'ensemble des personnels affectés à l'exécution de ces tâches, quelle que soit leur nationalité et prévoyant que cette formation donne lieu, lorsque les personnels concernés par ces tâches ne maîtrisent pas suffisamment la langue française, à l'intervention d'un interprète qualifié, nécessairement appliquée de manière raisonnable par le maître d'ouvrage pour ne pas occasionner de coûts excessifs au titulaire du marché, vise à permettre au maître d'ouvrage de s'assurer que chaque travailleur directement concerné par l'exécution de ces tâches risquées sur le chantier est en mesure de réaliser celles-ci dans des conditions de sécurité suffisantes. Compte tenu du degré de risque particulièrement élevé à cet égard dans les chantiers de travaux et dans la mesure où le recours à une personne susceptible d'assurer l'information appropriée aux travailleurs dans leur langue ne concerne que ceux directement concernés par l'exécution de ces tâches, une telle clause, à supposer même qu'elle puisse être susceptible de restreindre l'exercice effectif d'une liberté fondamentale garantie par le droit de l'Union, poursuit un objectif d'intérêt général dont elle garantit la réalisation sans aller au-delà de ce qui est nécessaire pour l'atteindre. • CE 4 déc. 2017, *Min. d'État, min. de l'Intérieur c/ Région Pays de la Loire*, n° 413366 : *AJDA 2017. 2383, note Maupin ; ibid. 2018. 162, note Reneau ; Rev. CMP 2018. 32, note Ubaud-Bergeron ; RDT 2018. 59, obs. Palli*.

8. Règlement de consultation d'un marché prévoyant que « la langue de travail pour les opérations préalables à l'attribution du marché et pour son exécution est le français exclusivement ». Ces dispositions régissent seulement les relations entre les parties au contrat et n'imposent pas le principe de l'usage de la langue française par les personnels de l'entreprise attributaire. Il ressort par ailleurs des pièces du dossier soumis au juge des référés que le cahier des clauses administratives particulières du marché prévoit la possibilité pour le titulaire du marché de « recourir aux services d'un sous-traitant étranger » et que l'exploitant doit remettre une attestation sur l'honneur indiquant son intention « de faire appel pour l'exécution des prestations, objet du contrat, à des salariés de nationalité étrangère ». Ces stipulations contractuelles permettent le recours à des sous-traitants et des salariés de nationalité étrangère pour l'exécution des prestations objet du contrat et n'imposent pas davantage, ni directement ni indirectement, l'usage ou la maîtrise de la langue française par les travailleurs étrangers susceptibles d'intervenir.

En estimant que le moyen tiré de la contrariété du règlement de la consultation avec les libertés fondamentales garanties par le TFUE était de nature à créer un doute sérieux sur la validité du contrat, une cour administrative d'appel dénature les pièces du dossier. • CE 8 févr. 2019, *Société Veolia Eau – Compagnie générale des eaux – Syndicat interdptal pour l'assainissement de l'agglom. parisienne*, n°s 420296 B et 420603 : *BJCP 2019. 159, concl. Henrard ; Rev. CMP 2019. 110, note Ubaud-Bergeron.*

9. Le titulaire d'un marché public portant sur la concession de droits d'usage de progiciels peut invoquer une clause du marché qui prévoit que la personne publique doit, dans le mois suivant l'interruption par l'une ou l'autre partie d'une concession de droit d'usage, détruire l'original du progiciel ainsi que ses reproductions totales ou partielles, pour demander réparation du préjudice subi en raison de l'absence de destruction des progiciels. Le préjudice est évalué par référence aux redevances contractuellement prévues pour l'usage des progiciels. • CE 21 nov. 2007, *Sté IBM-France*, n° 262908 B : *BJCP 2008. 17, concl. Boulouis ; Rev. CMP 2008, n° 7, obs. Pietri ; JCP Adm. 2008. 2020, obs. Linditch.*

10. Le marché en litige est relatif au déménagement, stockage et transfert de mobilier et machines-outils dans des lycées de la région ; il ne ressort d'aucune pièce du dossier que les prestations attendues présenteraient, par nature, un lien avec les performances en matière d'insertion de publics en difficulté ; cette exigence a été prise en compte pour une part représentant 15 % de la notation globale et identifiée spécifiquement comme un sous-critère du critère de la valeur technique pour la sélection des offres ; si la région pouvait retenir, au nombre des conditions d'exécution du contrat, des éléments à caractère social prenant en compte l'objectif de progrès social, elle ne pouvait pas le faire au titre des critères d'attribution. • CAA Douai, 29 nov. 2011, *Région Nord-Pas-de-Calais*, n° 10DA01501.

Loi n° 2014-856 du 13 juillet 2014,

Relative à l'économie solidaire.

Art. 13 *[...]* II. — Dans chaque région est conclue une convention entre le représentant de l'État et un ou plusieurs organismes, tels que les maisons de l'emploi et les personnes morales gestionnaires des plans locaux pluriannuels pour l'insertion et l'emploi, qui œuvrent en faveur de l'accès à l'emploi durable des personnes exclues du marché du travail, notamment en facilitant le recours aux clauses sociales dans les marchés publics. Cette convention vise à favoriser le développement de ces clauses concourant à l'intégration sociale et professionnelle de travailleurs handicapés ou défavorisés. Les pouvoirs adjudicateurs et les entités adjudicatrices mentionnés au 2° de l'article 2 du code des marchés publics ou aux articles 3 et 4 de l'ordonnance n° 2005-649 du 6 juin 2005 précitée et implantés dans la région peuvent être parties à cette convention.

Art. L. 2112-2-1 *(L. n° 2021-1104 du 22 août 2021, art. 35, en vigueur à une date fixée par décret et au plus tard le 22 août 2026)* **I. — L'acheteur prévoit des conditions d'exécution prenant en compte des considérations relatives au domaine social ou à l'emploi, notamment en faveur des personnes défavorisées, dans ses marchés dont la valeur estimée est égale ou supérieure aux seuils européens figurant dans un avis annexé au présent code.**

II. — L'acheteur peut décider de ne pas prévoir de conditions d'exécution prenant en compte des considérations relatives au domaine social ou à l'emploi dans l'un des cas suivants :

1° Le besoin peut être satisfait par une solution immédiatement disponible ;

2° Une telle prise en compte n'est pas susceptible de présenter un lien suffisant avec l'objet du marché ;

3° Une telle prise en compte est de nature à restreindre la concurrence ou à rendre techniquement ou économiquement difficile l'exécution de la prestation ;

4° Lorsqu'il s'agit d'un marché de travaux d'une durée inférieure à six mois.

III. — Lorsque, pour les marchés mentionnés au I, l'acheteur ne prévoit pas de conditions d'exécution prenant en compte des considérations relatives au domaine social ou à l'emploi, il en indique les motifs dans les documents conservés en application de l'article L. 2184-1 lorsqu'il agit en tant que pouvoir adjudicateur ou par tout moyen approprié lorsqu'il agit en tant qu'entité adjudicatrice.

V. note ss. art. L. 2111-2, supra.

COMMENTAIRE

Issues de l'article 35 de la loi n° 2021-1104 du 22 août 2021 portant lutte contre le dérèglement climatique et renforcement de la résilience face à ses effets, les dispositions de l'article L. 2112-2-1 renforcent la prise en compte « de considérations relatives au domaine social et à l'emploi ». Même si cette formulation reste assez vague, cette prise en compte est désormais de principe.

Art. L. 2112-3 **Les conditions d'exécution qui se rapportent aux travaux, fournitures ou services objet du marché, à quelque égard que ce soit et à n'importe quel stade de leur cycle de vie***[,]* **sont réputées liées à l'objet du marché. Elles peuvent notamment se rapporter à un processus spécifique de production, de fourniture ou de commercialisation ou à un processus spécifique lié à un autre stade du cycle de vie, même lorsque ces éléments ne ressortent pas des qualités intrinsèques des travaux, fournitures ou services.**

Le cycle de vie est l'ensemble des étapes successives ou interdépendantes, y compris la recherche et le développement à réaliser, la production, la commercialisation et ses conditions, le transport, l'utilisation et la maintenance, tout au long de la vie du produit, de l'ouvrage ou du service, depuis l'acquisition des matières premières ou la production des ressources jusqu'à l'élimination, la remise en état et la fin de l'utilisation du produit, de l'ouvrage*[,]* **ou la fin du service.** — *[Ord. n° 2015-899 du 23 juill. 2015, art. 38-I, al. 2 et 3.]*

COMMENTAIRE

Les notions de lien avec l'objet du marché et de cycle de vie sont largement empruntées aux articles 67 et 82 des directives 2014/24/UE et 2014/25/UE, dont la portée exacte restera à préciser. ❑

Art. L. 2112-4 L'acheteur peut imposer que les moyens utilisés pour exécuter tout ou partie d'un marché, pour maintenir ou pour moderniser les produits acquis soient localisés sur le territoire des États membres de l'Union européenne afin, notamment, de prendre en compte des considérations environnementales ou sociales ou d'assurer la sécurité des informations et des approvisionnements. – *[Ord. n° 2015-899 du 23 juill. 2015, art. 38-II.]*

SECTION 2 Durée

Art. L. 2112-5 La durée du marché est définie en tenant compte de la nature des prestations et de la nécessité d'une remise en concurrence périodique, dans des conditions prévues par décret en Conseil d'État, sous réserve des dispositions du présent livre relatives à la durée maximale de certains marchés. – *[Ord. n° 2015-899 du 23 juill. 2015, art. 39, ecqc la durée ; Décr. n° 2016-360 du 25 mars 2016, art. 16-I.]*

COMMENTAIRE

Il n'y a pas, en principe, de durée maximale pour les marchés publics, mais une durée excessive au regard de la nature des prestations qui peut être regardée comme ayant pour effet (voire pour objet) de méconnaître la nécessaire remise en concurrence, selon une périodicité raisonnable, des prestataires.

Sur les reconductions, voir l'article R. 2112-4 du code. ❑

1. Durée indéterminée. La pratique consistant à conclure un marché public pour une durée indéterminée est en soi étrangère au système et à la finalité des règles communautaires en matière de marchés publics. Néanmoins, dans son état actuel, le droit communautaire n'interdit pas la conclusion de marchés pour une durée indéterminée. • CJCE 19 juin 2008, *Pressetext Nachrichtenagentur GmbH c/ Republik Österreich, C-454/06 : Rev. CMP 2008, n° 186, obs. Zimmer, Repère n° 9, Llorens et Soler-Couteaux ; Dr. adm. 2008, comm. n° 132, obs. Noguellou.*

2. Durée non prévue par le marché. La durée d'un contrat conclu entre deux personnes publiques et qui a pour objet, comme en l'espèce, l'organisation du service public de la distribution d'eau potable, ne saurait, sans qu'il soit porté une atteinte excessive, d'une part, aux principes qui régissent le fonctionnement du service public, et, notamment, au principe d'adaptabilité et, d'autre part, aux règles générales destinées à assurer le respect des principes de liberté d'accès à la commande publique, d'égalité de traitement des candidats et de transparence des procédures, auxquelles doit obéir la passation de tels contrats, être fixée sans aucune limitation. Dès lors, l'absence de toute stipulation limitant la durée de la convention attaquée par laquelle une commune s'est engagée à desservir en eau potable une autre commune a pour effet d'entacher de nullité l'ensemble de ses clauses. • CAA Nantes, 27 juin 2003, *Cne de Contres,* n° 00NT00635 B.

SECTION 3 Prix

Art. L. 2112-6 Le prix ou ses modalités de fixation et, le cas échéant, ses modalités d'évolution sont définis par le marché dans les conditions prévues par voie réglementaire. – *[Ord. n° 2015-899 du 23 juill. 2015, art. 39, ecqc le prix.]*

COMMENTAIRE

On se reportera à nos commentaires et à la jurisprudence sous les articles R. 2112-5 à R. 2112-18 du code. ❑

CHAPITRE III ORGANISATION DE L'ACHAT

Art. L. 2113-1 Pour organiser son achat, l'acheteur :

1° Peut procéder à une mutualisation de ses besoins avec d'autres acheteurs dans les conditions prévues à la section 1 ;

2° Procède à l'allotissement des prestations objet du marché dans les conditions et sous réserve des exceptions prévues à la section 2 ;

3° Peut réserver des marchés à certains opérateurs économiques dans les conditions prévues à la section 3.

SECTION 1 Mutualisation de l'achat

SOUS-SECTION 1 Centrales d'achat

Art. L. 2113-2 **Une centrale d'achat est un acheteur qui a pour objet d'exercer de façon permanente, au bénéfice des acheteurs, l'une au moins des activités d'achat centralisées suivantes :**

1° L'acquisition de fournitures ou de services ;

2° La passation des marchés de travaux, de fournitures ou de services. – *[Ord. n° 2015-899 du 23 juill. 2015, art. 26-I.]*

Art. L. 2113-3 **L'acheteur qui recourt à une centrale d'achat pour une activité d'achat centralisée peut également lui confier, sans appliquer les procédures de passation prévues par le présent livre, des activités d'achat auxiliaires.**

Les activités d'achat auxiliaires consistent à fournir une assistance à la passation des marchés, notamment sous les formes suivantes :

1° Mise à disposition d'infrastructures techniques pour la conclusion des marchés de travaux, de fournitures ou de services ;

2° Conseil sur le choix, l'organisation et le déroulement des procédures de passation de marchés ;

3° Préparation et gestion des procédures de passation de marchés au nom de l'acheteur concerné et pour son compte. – *[Ord. n° 2015-899 du 23 juill. 2015, art. 26-III.]*

Art. L. 2113-4 **L'acheteur qui recourt à une centrale d'achat pour la réalisation de travaux ou l'acquisition de fournitures ou de services est considéré comme ayant respecté ses obligations de publicité et de mise en concurrence pour les seules opérations de passation et d'exécution qu'il lui a confiées.** – *[Ord. n° 2015-899 du 23 juill. 2015, art. 26-II.]*

Art. L. 2113-5 **L'acheteur peut recourir à une centrale d'achat située dans un autre État membre de l'Union européenne, à condition que ce choix n'ait pas été fait dans le but de se soustraire à l'application de dispositions nationales qui intéressent l'ordre public. La loi alors applicable au marché est la loi de l'État membre dans lequel est située la centrale d'achat.** – *[Ord. n° 2015-899 du 23 juill. 2015, art. 26-IV.]*

COMMENTAIRE

Les centrales d'achat permettent aux acheteurs qui s'adressent à elles de bénéficier des avantages d'un « achat de masse » et de la prise en charge de procédures parfois lourdes. Les quatre articles qui précèdent définissent leurs missions. À titre principal : achat et revente ou bien simple passation des marchés, les acheteurs se chargeant alors de l'exécution des marchés. On relèvera qu'il est précisé que les centrales d'achat ont pour « objet » d'exercer de façon permanente des activités d'achat centralisées – ce qui conduit, semble-t-il, à exclure du régime qui leur est applicable les « centrales de fait » purement occasionnelles.

Il existe aujourd'hui deux organismes que leur statut qualifie de centrales d'achat : l'Union des groupements d'achats publics (UGAP) et l'Économat des armées. ❑

1. Aux termes de l'art. 8 du cahier des clauses particulières des marchés en litige, relatif aux prix et règlement : « (…) Le marché est traité à prix unitaires. Les prix unitaires présentés dans le(s) tableau(x) offre de prix sont appliqués aux quantités réellement exécutées. (…) Les prix sont révisables, seulement à la baisse, et dans les cas suivants : à tout moment en cas d'évolution des tarifs CPS (…) à tout moment par le biais d'offres de prix promotionnelles (…) » ; aux termes de l'art. 11 du même cahier des clauses particulières, relatif à la contribution fournisseurs basée sur les flux (C2F) : « 11.1. Seuil de déclenchement / Le RESAH incite les bénéficiaires au respect des quantités de commandes prévisionnelles données à titre indicatif dans l'annexe 1 du présent marché. / En conséquence, la C2F n'est due que dès lors que les quantités de commandes prévisionnelles, données à titre indicatif dans l'annexe 1 et divisées par 2, sont atteintes sur chaque période de référence de 6 mois d'exécution du marché. (…) / 11.2. Assiette / Le montant de référence sur lequel s'applique la C2F est le chiffre d'affaires TTC facturé à l'issue de chaque période de référence de 6 mois d'exécution du marché. / 11.3. Taux / Le taux est fixé à 1 % du chiffre d'affaires facturé par le titulaire. Le titulaire pourra proposer en cours d'exécution du marché une ou des augmentations de ce taux pour une période donnée et/ou sur un périmètre défini. Ces augmentations de taux, si elles sont validées par le GIP RESAH-IDF, donneront lieu à la passation d'avenants. / 11.4. Fourniture d'un fichier de reporting des quantités et des chiffres d'affaires facturés. / Tous les 6 mois à compter de la date de début d'exécution du marché, le GIP RESAH-IDF envoie un fichier de reporting au titulaire (....). / Ce document doit être complété et renvoyé sous 15 jours à partir de sa réception par le titulaire. Il sert de base, notamment, au calcul de la C2F (...). / 11.5. Modalités de paiement / Le GIP RESAH-IDF calcule la C2F à l'issue de la transmission par le titulaire du fichier de reporting des quantités et des chiffres d'affaires TTC facturés (...). La C2F, bien que calculée sur le chiffre d'affaires TTC facturé, n'est pas soumise à la TVA. Le GIP RESAH-IDF procède à l'émission d'un avis des sommes à payer à destination du destinataire. (...) / 11.6. Dispense de versement / La C2F n'est due que si elle atteint un montant minimum, calculé sur l'ensemble des marchés dont le fournisseur est titulaire au titre de l'appel d'offre, de 150 euros par période de référence de 6 mois d'exécution du marché ».

Le RESAH IDF soutient que le mécanisme de la C2F conduit à une baisse des coûts d'exécution des marchés par les membres du GIP en faisant valoir que la stratégie de regroupement de l'achat mise en œuvre par la centrale d'achat RESAH IDF intègre une démarche d'amélioration de la performance du processus achats consistant à inciter de nouveaux établissements à recourir à la centrale pour satisfaire leurs besoins en médicaments et qu'une telle démarche conduit « inévitablement » à la mise en œuvre d'un système incitatif qui se traduit, en cas d'efficience, par une augmentation des flux de médicaments, qu'il est logique d'accompagner par un effort financier de la part des fournisseurs qui voient leurs perspectives de commercialisation s'accroître ; il indique également que l'affectation du produit de la C2F s'effectuera aux marchés dont les membres du RESAH IDF sont les bénéficiaires et que le bénéfice généré par la C2F est « inévitable pour les membres du RESAH IDF » et qu'il se traduit par « une baisse des coûts d'exécution des marchés et une réduction de leurs cotisations relatives à la filière médicaments » ; le RESAH IDF indique que la clause financière litigieuse est usuelle dans les marchés conclus par les centrales d'achat et se prévaut d'une clause insérée dans un marché passé par l'UGAP.

En premier lieu, la C2F n'a ni pour objet ni pour effet d'instituer une modulation des prix des médicaments fournis par les titulaires des marchés en fonction du volume effectivement commandé par les établissements adhérents au RESAH IDF ; elle n'est dès lors pas rattachable à l'art. 8 du cahier des clauses particulières qui concerne seulement la détermination des prix des médicaments fournis.

En deuxième lieu, il ne ressort d'aucune des stipulations des contrats en litige que le versement de la C2F au RESAH IDF constituerait la contrepartie de services, précisément identifiés, qui seraient spécifiquement rendus par le GIP aux titulaires des marchés et qui iraient au-delà des obligations contractées normalement entre les fournisseurs et les distributeurs.

En dernier lieu, il n'appartient pas aux titulaires des marchés fournissant des médicaments à une centrale d'achat d'établissements publics de contribuer directement au financement du fonctionnement de cette centrale d'achat ou à la réduction des cotisations dues par ses adhérents ; le RESAH IDF, qui n'apporte au demeurant aucun élément sérieux sur l'affectation du produit de la C2F, n'établit pas que la perception de cette contribution serait en lien avec l'objet du marché et correspondrait à ses besoins. • CAA Paris, 18 nov. 2016, *GIP RESAH-IDF*, n° 16PA02766 : *AJDA 2017. 538, concl. Rousset*.

2. Ordres des professions de santé. Recours à des centrales d'achat existantes. S'il fixe les conditions dans lesquelles les conseils nationaux des ordres des professions de santé peuvent créer des centrales d'achat, le 2e al. de l'art. L. 4122-2-1 CSP est sans incidence sur la possibilité pour eux de recourir à une centrale d'achat existante pour la réalisation de travaux ou l'acquisition de fournitures ou de services, dans les conditions prévues par les art. L. 2113-2 s. CCP, lequel n'exclut par ailleurs, par aucune de ses dispositions, notamment pas par celles de son art. L. 2113-2, une telle possibilité. • CE 9 juin 2020, *Conseil national de l'Ordre des médecins*, n° 438406 B : *BJCP 2020. 408, concl. Le Corre.*

3. L'art. 1er, § 10, et l'art. 11 de la Dir. 2004/18/CE du Parlement européen et du Conseil, du 31 mars 2004, relative à la coordination des procédures de passation des marchés publics de travaux, de fournitures et de services, telle que modifiée par le Règl. (UE) n° 1336/2013 de la Commission, du 13 déc. 2013, doivent être interprétés en ce sens qu'ils ne s'opposent pas à une disposition de droit national qui limite l'autonomie d'organisation des petites collectivités locales pour faire appel à une centrale d'achat à seulement deux modèles d'organisation exclusivement publique, sans la participation de personnes ou d'entreprises privées.

L'art. 1er, § 10, et l'art. 11 de la Dir. 2004/18, telle que modifiée par le Règl. n° 1336/2013, doivent être interprétés en ce sens qu'ils ne s'opposent pas à une disposition de droit national qui limite le champ d'action des centrales d'achat créées par des collectivités locales au territoire de ces collectivités locales. • CJUE 4 juin 2020, *Asmel Soc. cons. ar.l.*, n° C-3/19 : *Rev. 2020. 220, note Ubaud-Bergeron.*

4. L'association nationale des pôles territoriaux et des pays (ANPP) agit en qualité de centrale d'achat pour ses adhérents, collectivités territoriales et leurs groupements, personnes morales de droit public. Les conventions qu'elle conclut avec ses adhérents précisent qu'elle passera des marchés publics pour le compte des acheteurs et pour répondre à leurs besoins en termes de fournitures et de services ayant pour objet la promotion de leur territoire, dans le cadre du service public du tourisme. L'accord-cadre passé par l'ANPP avec une société anonyme en vue de l'édition de guides touristiques doit être regardé comme conclu pour le compte de ces personnes publiques, qui l'exécuteront ensuite en émettant des bons de commandes, peu importe à cet égard qu'elle ait ou non la qualité de mandataire. Par suite, et alors même que les deux parties contractantes sont des personnes morales de droit privé, le litige ressortit à la compétence des juridictions de l'ordre administratif. • CAA Paris, 12 mai 2022, *Les nouvelles éd. de l'université*, n° 21PA03760 : *Rev. CMP 2022, n°s 8-9, comm. 251, Dietenhoeffer.*

Code de la défense

Économat des armées

Art. L. 3421-1 L'économat des armées constitue un établissement public de l'État, de caractère commercial, doté de l'autonomie financière et placé sous la tutelle du ministre de la défense.

Il a pour objet le soutien logistique et la fourniture de services, de denrées et de marchandises diverses aux formations militaires en France et à l'étranger ainsi qu'aux parties prenantes collectives et individuelles autorisées par le ministre de la défense.

Le ministre de la défense oriente l'action de l'économat des armées et exerce une surveillance générale sur son activité.

Art. L. 3421-2 L'économat des armées peut recevoir de l'État une aide en personnel, locaux et matériels lorsque, dans le cadre de sa mission, il intervient au profit des forces armées *(Ord. n° 2016-982 du 20 juill. 2016, art. 8-13°)* « et formations rattachées » implantées, stationnées ou de passage en pays étranger. Cette aide fait l'objet d'un compte rendu annuel au conseil d'administration.

Art. L. 3421-3 L'économat des armées est administré par un conseil d'administration, dont le président est nommé par décret sur proposition du ministre de la défense et comprenant des représentants de l'administration et du personnel de l'institution ainsi que des membres nommés à raison de leur compétence.

Art. L. 3421-4 L'économat des armées est dirigé par un directeur général, choisi parmi les commissaires généraux et nommé par décret sur proposition du ministre de la défense.

Art. L. 3421-5 La gestion financière et comptable de l'économat des armées est soumise aux règles applicables aux établissements publics à caractère industriel et commercial.

Les agents publics appartenant aux services d'approvisionnement du ministère de la défense peuvent être mis à la disposition de l'économat des armées.

Art. L. 3421-6 Les ressources de l'économat des armées sont constituées par :

1° La rémunération des prestations de services et des produits proposés à ses usagers ;

2° Les dons et legs ;

3° Les subventions et les prestations en nature que l'établissement peut recevoir de l'État ainsi que de toute autre collectivité publique ;

4° Les immeubles qui lui sont apportés par l'État en dotation provisoire.

Art. L. 3421-7 Un décret en Conseil d'État définit les modalités d'organisation et de gestion de l'économat des armées. – *V. art. R. 3421-1 s., infra.*

....

Art. R. 3421-1 L'établissement public "Économat des armées" comprend la direction générale de l'économat des armées ainsi que des *(Décr. n° 2013-779 du 27 août 2013, art. 1er)* « missions de soutien regroupant chacune » l'ensemble des succursales installées sur un même territoire.

Art. R. 3421-2 L'économat des armées est une centrale d'achat au sens *(Décr. n° 2013-779 du 27 août 2013, art. 2)* « de l'article 9 » du code des marchés publics.

(Abrogé par Décr. n° 2013-779 du 27 août 2013, art. 2) « Les contrats relatifs aux fournitures, denrées et services qu'il conclut en cas d'urgence impérieuse au profit des formations militaires envoyées à l'étranger sont passés conformément au décret n° 2005-1742 du 30 décembre 2005 fixant les règles applicables aux marchés passés par les pouvoirs adjudicateurs mentionnés à l'article 3 de l'ordonnance n° 2005-649 du 6 juin 2005 relative aux marchés passés par certaines personnes publiques ou privées non soumises au code des marchés publics. »

Art. R. 3421-3 *(Décr. n° 2013-779 du 27 août 2013, art. 3, en vigueur le 1er sept. 2013)* Le conseil d'administration est composé de dix membres. Il comprend outre son président :

1° Deux représentants de l'état-major des armées ;

2° Deux représentants du secrétariat général pour l'administration ;

3° Un représentant du service du commissariat des armées ;

4° Un représentant du ministère de l'économie et des finances ;

5° Une personnalité qualifiée désignée par arrêté du ministre de la défense ;

6° Deux représentants du personnel de l'économat des armées désignés par ce personnel selon des modalités déterminées par arrêté du ministre de la défense.

Assistent aux délibérations du conseil d'administration avec voix consultative le directeur général de l'établissement, le contrôleur d'État et l'agent comptable principal.

Le contrôle général des armées est informé des réunions du conseil d'administration. Un de ses membres peut assister aux réunions.

Le président du conseil d'administration peut inviter à participer aux séances, avec voix consultative, toute personne dont la présence serait jugée utile sur un point particulier de l'ordre du jour.

Art. R. 3421-4 Le président du conseil d'administration est nommé pour une durée de trois ans par décret du Président de la République sur proposition du ministre de la défense. *(Décr. n° 2010-117 du 3 févr. 2010)* « La limite d'âge qui lui est applicable est fixée à soixante-dix ans. »

Il est assisté par un vice-président, nommé par arrêté du ministre de la défense pour la même durée, parmi les membres du conseil d'administration.

La durée du mandat des membres du conseil d'administration mentionnés aux *(Décr. n° 2013-779 du 27 août 2013, art. 4 et 13, en vigueur le 1er sept. 2013)* « 4°, 5° et 6° de l'article R. 3421-3 » est fixée à trois ans. Le mandat est renouvelable.

En cas de vacance d'un siège pour quelque cause que ce soit, un remplaçant est désigné dans les mêmes conditions que le précédent titulaire pour la durée du mandat qui reste à courir.

Les fonctions de membre du conseil d'administration ne comportent aucune indemnité, sous réserve du remboursement des frais justifiés.

Art. R. 3421-5 Le conseil d'administration se réunit sur convocation de son président au moins deux fois par an, sur un ordre du jour déterminé par celui-ci. Il peut également se réunir à la demande de l'autorité de tutelle ou à celle d'un tiers au moins de ses membres, sur un ordre du jour déterminé.

Le conseil d'administration détermine, dans le cadre des orientations fixées par le ministre de la défense, la politique générale de l'établissement, notamment en ce qui concerne le soutien opérationnel des armées.

Le conseil d'administration délibère obligatoirement sur les objets suivants :

1° États prévisionnels de recettes et de dépenses et leurs modifications éventuelles ;

2° Comptes financiers ;

3° Affectations des résultats ;

4° Prises ou extensions de participations financières ;

5° Créations ou cessions de sociétés filiales ;

6° Emprunts ou garanties quel qu'en soit le montant ;

7° Acquisitions et aliénations d'immeubles ;

8° Échanges et constructions d'immeubles ou toute immobilisation dont le montant dépasse un seuil fixé par le ministre de l'économie, des finances et de l'industrie ;

9° Transactions ;

10° Créations et suppressions des *(Décr. n° 2013-779 du 27 août 2013, art. 5)* « missions de soutien » ;

11° Conditions générales de recrutement, d'emploi et de rémunération du personnel.

Le président peut soumettre toute autre question au conseil d'administration pour délibération ou avis.

L'avis du conseil d'administration est demandé pour l'organisation générale de la direction générale de l'économat et des *(Décr. n° 2013-779 du 27 août 2013, art. 5)* « missions de soutien ».

Le conseil d'administration établit son règlement intérieur et fixe le siège social de l'établissement public. Tout membre du conseil peut se faire communiquer les documents internes et les informations nécessaires au bon exercice de son mandat, en respectant leur caractère confidentiel.

(Décr. n° 2013-779 du 27 août 2013, art. 5) « Le conseil d'administration, sur la proposition de son président, peut décider la création de comités consultatifs dont il fixe la composition et les modalités de fonctionnement. »

Art. R. 3421-6 Le conseil d'administration ne peut valablement délibérer ou émettre des avis que si le nombre des présents est supérieur à la moitié du nombre de ses membres. Lorsque ce quorum n'est pas atteint, le président convoque, de nouveau, dans un délai de quinze jours, le conseil d'administration. Les délibérations sont alors valables quel que soit le nombre des présents.

Les délibérations ou avis sont adoptés à la majorité relative des voix.

Le président a voix prépondérante en cas de partage égal des voix. *(Décr. n° 2013-779 du 27 août 2013, art. 6)* « En cas d'absence ou d'empêchement du président, la séance est présidée par le vice-président. »

Art. R. 3421-7 Les projets *(Décr. n° 2012-1247 du 7 nov. 2012, art. 28 et 289, en vigueur le 1er janv. 2013)* « de budget », de compte financier, ainsi que les projets de délibérations ayant une incidence financière non prévue au budget sont communiqués par le président du conseil d'administration à l'autorité de tutelle et au ministre chargé du budget, quinze jours au moins avant leur présentation au conseil d'administration.

(Décr. n° 2012-1247 du 7 nov. 2012, art. 28 et 289, en vigueur le 1er janv. 2013) « Les délibérations portant sur le budget et le compte financier sont exécutoires dans les conditions prévues par le titre III du décret n° 2012-1246 du 7 novembre 2012 relatif à la gestion budgétaire et comptable publique. »

Les autres délibérations obligatoires prévues à l'article R. 3421-5 sont soumises à l'approbation expresse de l'autorité de tutelle.

Les autres délibérations du conseil d'administration sont transmises par le président du conseil d'administration à l'autorité de tutelle dans un délai de quinze jours.

Si, dans un délai de trente jours suivant la réception par l'autorité de tutelle, celle-ci n'a pas notifié son opposition aux délibérations du conseil d'administration, elles deviennent exécutoires.

En cas d'urgence liée au soutien des forces armées en opération extérieure, le président du conseil d'administration peut demander que les délais prévus *(Décr. n° 2012-1247 du 7 nov. 2012, art. 28 et 289, en vigueur le 1er janv. 2013)* « au quatrième alinéa » soient ramenés à sept jours.

Art. R. 3421-8 *(Décr. n° 2013-779 du 27 août 2013, art. 7)* « Chaque mission de soutien est placée sous l'autorité d'un chef de mission de soutien désigné par le directeur général de l'établissement. »

Il peut donner une délégation de compétence aux *(Décr. n° 2013-779 du 27 août 2013, art. 7)* « chefs de missions de soutien » pour représenter l'établissement en justice, recruter et gérer le personnel et assurer les relations sociales avec les représentants élus du personnel *(Décr. n° 2013-779 du 27 août 2013, art. 7)* « de la mission de soutien ».

Le *(Décr. n° 2013-779 du 27 août 2013, art. 7)* « chef de mission de soutien » peut déléguer sa signature.

Art. R. 3421-9 *(Décr. n° 2012-1247 du 7 nov. 2012, art. 28 et 29, en vigueur le 1er janv. 2013)* « L'établissement est soumis aux dispositions des titres I et III du décret n° 2012-1246 du 7 novembre 2012 relatif à la gestion budgétaire et comptable publique à l'exception des 1° et 2° de l'article 175, des articles 178 à 185, 204 à 208 et 220 à 228. »

Un arrêté du ministre chargé du budget et du ministre de la défense précise les modalités de ce fonctionnement.

Des régies d'avances et de recettes peuvent être instituées conformément au décret n° 2019-798 du 26 juillet 2019 relatif aux régies de recettes et aux régies d'avance des organismes publics.

(Décr. n° 2012-1247 du 7 nov. 2012, art. 28 et 289, en vigueur le 1er janv. 2013) « Le contrôle de l'établissement est exercé conformément au décret n° 55-733 du 26 mai 1955 relatif au

contrôle économique et financier de l'État. » Un arrêté du ministre chargé du budget précise les modalités de ce contrôle.

Art. R. 3421-10 *(Abrogé par Décr. n° 2012-1247 du 7 nov. 2012, art. 28 et 289, à compter du 1er janv. 2013)* « *L'agent comptable principal est nommé par arrêté conjoint du ministre de la défense et du ministre chargé du budget.* »

Des agents comptables secondaires, placés auprès des *(Décr. n° 2013-779 du 27 août 2013, art. 8)* « chefs de missions de soutien », peuvent être nommés par le directeur général, après accord du ministre chargé du budget et après avis de l'agent comptable principal.

Art. R. 3421-11 Les opérations financières de l'économat des armées sont effectuées dans le cadre d'états de prévisions établis pour l'année civile.

Chaque état comprend deux sections distinctes, l'une relative au fonctionnement et l'autre aux opérations en capital. Il est présenté selon la nomenclature prévue par le plan comptable général.

Les prévisions relatives aux dépenses en capital ont un caractère limitatif. Ce caractère peut être étendu à certaines dépenses de fonctionnement par décision conjointe du ministre de la défense et du ministre chargé du budget.

Art. R. 3421-12 Le contrôle général des armées exerce sur l'établissement le contrôle prévu par le chapitre III du titre II du livre I de la présente partie du code.

Art. R. 3421-13 Les biens affectés aux services d'approvisionnement des armées et transférés à l'économat des armées en application de la loi de finances rectificative n° 2002-1576 du 30 décembre 2002, notamment le I de son article 63, lui sont remis selon les modalités suivantes :

1° En toute propriété en ce qui concerne les biens meubles du domaine privé ;

2° En gestion en ce qui concerne les immeubles du domaine public.

Art. R. 3421-14 Le directeur général dirige l'établissement dans le cadre des orientations définies par le conseil d'administration et lui rend compte chaque année de sa gestion. A ce titre, il exerce notamment les compétences suivantes :

1° Il arrête l'organisation et les règles de fonctionnement de l'établissement ;

2° Il prépare les délibérations du conseil d'administration et en exécute les décisions ;

3° Il représente l'établissement en justice et dans les actes de la vie civile ;

4° Il prépare et exécute le budget ;

5° Il est ordonnateur des recettes et des dépenses de l'établissement ;

6° Il conclut les marchés, contrats, conventions et protocoles et en rend compte au conseil d'administration ;

7° Il exerce le pouvoir hiérarchique sur les personnes affectées à l'établissement, à l'exception des agents comptables ;

8° Il pourvoit aux emplois et gère le personnel de l'établissement ;

(Décr. n° 2013-779 du 27 août 2013, art. 9) « 9° Il prépare le rapport annuel d'activité de l'établissement. »

Par délégation du conseil d'administration, le directeur général peut conclure des transactions.

Le directeur général n'est pas autorisé à subdéléguer les attributions qui lui sont éventuellement déléguées par le conseil d'administration.

Le directeur général peut déléguer sa signature. Toutefois, pour l'exercice de ses attributions mentionnées au 5° du présent article, l'objet précis et le montant maximum de la délégation doivent avoir été préalablement approuvés par le conseil d'administration.

Le directeur général est assisté par un directeur général adjoint, nommé par arrêté du ministre de la défense, et qui *(Décr. n° 2013-779 du 27 août 2013, art. 9)* « le supplée en cas de besoin ».

Décret n° 85-801 du 30 juillet 1985,

Relatif au statut et au fonctionnement de l'Union des groupements d'achats publics (UGAP).

Art. 1er *(Décr. n° 2008-1464 du 22 déc. 2008)* I. — L'Union des groupements d'achats publics est un établissement public industriel et commercial placé sous la tutelle du ministre chargé du budget et du ministre chargé de l'éducation nationale.

Cet établissement constitue une centrale d'achat au sens *(Décr. n° 2020-1355 du 5 nov. 2020, art. 2)* « du code de la commande publique.

« II. — L'établissement a pour mission de passer des marchés publics de travaux, fournitures ou services, d'acquérir des fournitures ou services destinés à tout pouvoir adjudicateur ou à toute entité adjudicatrice soumis au code de la commande publique et d'exercer à leur profit des activités d'achat auxiliaires.

« Au titre de cette mission et sous réserve, le cas échéant, de l'obtention des autorisations et agréments nécessaires, l'établissement peut exercer les activités suivantes afin de fournir une prestation directement liée à une prestation principale :

« 1° L'intermédiation en opérations de banque et en services de paiement, au sens du I de l'article L. 519-1 du code monétaire et financier, notamment le courtage en opérations de banque et en service de paiement ;

« 2° L'intermédiation en assurance au sens du I de l'article L. 511-1 du code des assurances, et notamment le courtage en assurance. »

III. — L'établissement peut également intervenir au bénéfice de toute institution étrangère tenue de passer ses marchés conformément aux dispositions de l'Accord sur les marchés publics en date du 15 avril 1994 conclu dans le cadre de l'Organisation mondiale du commerce et de toute organisation internationale, intergouvernementale ou non, ayant souscrit aux obligations de transparence, de publicité et de concurrence stipulées dans cet accord.

IV. — Il peut en outre acquérir des biens et services pour tout opérateur économique :

1° Lié à une personne publique par un *(Décr. n° 2020-1355 du 5 nov. 2020, art. 2)* « marché de partenariat en application de l'article L. 1112-1 du code de la commande publique » ;

2° Assurant une mission d'intérêt général prévue à l'article L. 1311-2 du code général des collectivités territoriales *(Abrogé par Décr. n° 2020-1355 du 5 nov. 2020, art. 2) « ou à l'article L. 6148-2 du code de la santé publique »* ;

(Décr. n° 2020-1355 du 5 nov. 2020, art. 2) « 3° Titulaire d'une concession mentionnée à la section 4 du chapitre II du titre II du code de la voirie routière ;

« 4° Titulaire d'un marché public global sectoriel en application de l'article L. 2171-4 du code de la commande publique ; »

5° Ou titulaire *(Décr. n° 2020-1355 du 5 nov. 2020, art. 2)* « d'un contrat de concession en application de l'article L. 1121-1 du code de la commande publique » ou de l'article L. 1411-1 du code général des collectivités territoriales.

Les interventions de l'établissement au service des opérateurs mentionnés aux 1 à 5 ci-dessus ne peuvent porter que sur l'exécution des contrats ou missions qui y sont cités.

(Décr. n° 2020-1355 du 5 nov. 2020, art. 2) « V. — L'établissement peut également fournir des prestations de stockage aux collectivités et organismes publics mentionnés dans le présent article. »

Art. 2 L'État fait apport à l'établissement public des biens et immeubles utilisés par le service dénommé "Union des groupements d'achats publics" ainsi que des valeurs d'exploitation détenues par celui-ci.

L'établissement public est substitué à l'État dans les droits et obligations de celui-ci se rapportant au service dénommé "Union des groupements d'achats publics".

Art. 3 *(Décr. n° 2008-1464 du 22 déc. 2008)* Les actes de l'établissement public pris pour son organisation sont publiés *(Abrogé par Décr. n° 2020-1355 du 5 nov. 2020, art. 3) « au recueil des actes administratifs des services de l'État en Seine-et-Marne, et »* sur le site internet de l'établissement.

TITRE I. DISPOSITIONS RELATIVES AU CONSEIL D'ADMINISTRATION

Art. 4 *(Décr. n° 2008-1464 du 22 déc. 2008)* I. — L'établissement public est administré par un conseil d'administration soumis aux dispositions du chapitre I du titre II de la loi du 26 juillet 1983 susvisée et comprenant dix-huit membres :

1° Six représentants de l'État ainsi répartis :

— *(Décr. n° 2020-1355 du 5 nov. 2020, art. 4)* « deux représentants » du ministre chargé du budget ;

— un représentant du ministre chargé de l'éducation nationale ;

— un représentant du ministre chargé de l'économie ;

— un représentant du ministre de l'intérieur ;

— un représentant du ministre de la défense ;

(Abrogé par Décr. n° 2020-1355 du 5 nov. 2020, art. 4) « — un représentant du ministre chargé de la santé ; »

2° Trois personnalités qualifiées au titre des collectivités locales, proposées respectivement par l'Association des maires de France, l'association Assemblée des départements de France et l'Association des régions de France ;

3° Trois personnalités choisies en raison de leur compétence dans le domaine d'activité de l'établissement ;

4° Six représentants des salariés élus dans les conditions prévues au chapitre II du titre II de la loi du 26 juillet 1983 susvisée.

II. — Les membres du conseil d'administration autres que les représentants des salariés sont nommés par décret. Les représentants de l'État mentionnés au 1° du I le sont sur proposition du ministre compétent.

Pour les membres du conseil d'administration représentant l'État et les personnalités qualifiées au titre des collectivités territoriales, un suppléant est nommé dans les mêmes conditions que le titulaire.

Les membres du conseil d'administration représentant l'État ne peuvent être nommés après l'âge de soixante-cinq ans.

III. — L'autorité chargée du contrôle budgétaire et l'agent comptable assistent aux séances du conseil d'administration avec voix consultative.

Art. 5 Les représentants du personnel bénéficient chacun d'un crédit de quinze heures par mois pour l'exercice de leur mandat.

Art. 6 *(Décr. n° 2008-1464 du 22 déc. 2008)* Les membres du conseil d'administration bénéficient du remboursement des frais de déplacement ou de séjour supportés par eux dans l'exercice de leurs fonctions, dans les conditions prévues par les dispositions réglementaires applicables aux personnels civils de l'État.

Art. 7 Le conseil d'administration règle par ses délibérations les affaires de l'établissement. Les délibérations du conseil d'administration portent notamment sur les objets suivants :

1. La politique générale de l'établissement ;
2. *(Décr. n° 2020-1355 du 5 nov. 2020, art. 5)* « Le budget initial » et ses modifications éventuelles ;
3. Le compte financier et l'affectation des résultats de l'exercice ;
4. Les emprunts ;
5. Les prises ou extensions de participations financières de l'établissement ;
6. La création ou la cession de sociétés filiales ;
7. La désignation des représentants de l'établissement au sein des Conseils d'administration des sociétés filiales ;
8. La structure générale de l'établissement ;
9. Les modalités générales de passation des conventions *(Décr. n° 2020-1355 du 5 nov. 2020, art. 5)* « mentionnées à l'article 25 » ;
10. Les acquisitions, locations, aliénations, échanges et constructions d'immeubles ou toute immobilisation dont le montant dépasse un seuil fixé par arrêté du ministre chargé de l'économie, des finances et du budget ;
11. L'autorisation de constitution de nantissement ou d'hypothèque ;
12. Les conditions générales de recrutement, d'emploi et de rémunération du personnel.

Le conseil d'administration peut déléguer à son président les attributions prévues aux points 7, 9 et 10 ci-dessus, dans les limites qu'il détermine.

(Décr. n° 2008-1464 du 22 déc. 2008) « Les délibérations mentionnées aux *(Abrogé par Décr. n° 2012-1247 du 7 nov. 2012, art. 111-1° et 289, à compter du 1er janv. 2013)* « 2, 3, » 4, 5, 6 et 12 ci-dessus ne sont exécutoires qu'après leur approbation par le ministre chargé du budget. Le silence gardé par celui-ci pendant un délai de quinze jours, à compter de la *(Décr. n° 2020-1355 du 5 nov. 2020, art. 5)* « réception de la délibération », vaut approbation.

« Les autres délibérations sont exécutoires de plein droit *(Abrogé par Décr. n° 2020-1355 du 5 nov. 2020, art. 5)* « *sauf celles dont le contrôleur budgétaire demande en séance un nouvel examen, auquel il est procédé à la séance suivante du conseil d'administration. Cette demande ne peut être formulée qu'une fois sur une même délibération* ». »

(Décr. n° 2012-1247 du 7 nov. 2012, art. 111-1° et 289, en vigueur le 1er janv. 2013) « Les délibérations portant sur le budget et le compte financier sont exécutoires dans les conditions prévues par le titre III du décret n° 2012-1246 du 7 novembre 2012 relatif à la gestion budgétaire et comptable publique. »

Art. 8 Le conseil d'administration se réunit au moins trois fois par an sur convocation de son président.

L'ordre du jour est communiqué aux administrateurs et *(Décr. n° 2008-1464 du 22 déc. 2008)* « à l'autorité chargée du contrôle budgétaire » dix jours au moins avant la date de la réunion du conseil. En cas d'urgence, l'ordre du jour peut être complété par le président, avec l'accord du *(Décr. n° 2012-1247 du 7 nov. 2012, art. 49)* « contrôleur budgétaire ».

(Décr. n° 2008-1464 du 22 déc. 2008) « En cas d'urgence, les délibérations mentionnées aux *(Décr. n° 2020-1355 du 5 nov. 2020, art. 6)* « 4, 7, » 8, 10, et 11 de l'article 7 peuvent *(Décr. n° 2020-1355 du 5 nov. 2020, art. 6)* « , à l'initiative du président du conseil d'administration, » être prises après consultation écrite des membres du conseil d'administration, selon des modalités définies par le règlement intérieur de ce conseil. Ces modalités comportent au moins un délai minimal de consultation et une règle de quorum. » *(Décr. n° 2020-1355 du 5 nov. 2020, art. 6)* « Les échanges écrits peuvent être transmis par voie électronique dans les conditions prévues à l'article 9. »

Art. 9 *(Décr. n° 2008-1464 du 22 déc. 2008)* « Le conseil d'administration ne délibère valablement que si la moitié au moins de ses membres sont présents » *(Décr. n° 2020-1355 du 5 nov. 2020, art. 7)* « ou représentés.

« Lorsque les circonstances le justifient, les délibérations du conseil d'administration peuvent être adoptées par visioconférence ou par l'échange des écrits dans les conditions prévues par l'ordonnance n° 2014-1329 du 6 novembre 2014 relative aux délibérations à distance des instances administratives à caractère collégial et le décret n° 2014-1627 du 26 décembre 2014 relatif aux modalités d'organisation des délibérations à distance des instances administratives à caractère collégial. »

(Décr. n° 2008-1464 du 22 déc. 2008) « Si les conditions de quorum ne sont pas remplies, le conseil est à nouveau convoqué dans les mêmes formes et sur le même ordre du jour. Il délibère alors sans condition de quorum.

« En cas d'empêchement du président, la séance est présidée par le plus âgé des administrateurs représentant l'État. »

Les délibérations du conseil sont prises à la majorité des suffrages exprimés. En cas de partage égal des voix, celle du président est prépondérante.

(Décr. n° 2008-1464 du 22 déc. 2008) « Les membres du conseil d'administration autres que ceux représentant l'État et que les personnalités qualifiées au titre des collectivités territoriales peuvent par tout moyen écrit donner mandat à un autre administrateur de les représenter à une séance. Chaque administrateur ne peut disposer, pour une séance déterminée, que d'un seul mandat. »

Le conseil d'administration désigne un secrétaire pris en dehors de ses membres. Il est établi un procès-verbal de chaque séance, signé par le président et par au moins un autre administrateur présent. Le procès-verbal est adressé aux administrateurs et *(Décr. n° 2008-1464 du 22 déc. 2008)* « à l'autorité chargée du contrôle budgétaire ». Il est soumis à l'approbation du conseil lors de la séance suivante.

Art. 10 *(Décr. n° 2020-1355 du 5 nov. 2020, art. 8)* Tout administrateur a l'obligation de faire part au conseil d'administration de toute situation de conflit d'intérêts lié au fonctionnement ou à l'activité de l'établissement dont il aurait connaissance. Il s'abstient d'assister au débat et de participer au vote de la délibération correspondante lorsqu'il est personnellement concerné.

Les modalités de mise en œuvre de ces obligations sont précisées par le règlement intérieur.

TITRE II. DISPOSITIONS RELATIVES AU PRÉSIDENT DU CONSEIL D'ADMINISTRATION

Art. 11 Le président du conseil d'administration met en œuvre la politique définie par le conseil d'administration et assure l'exécution de ses délibérations. Il présente chaque année au conseil le rapport d'activité de l'établissement. Il assure la direction générale de l'établissement. Il agit en toutes circonstances en son nom et le représente en justice et dans tous les actes de la vie civile. *(Décr. n° 2020-1355 du 5 nov. 2020, art. 9)* « Il peut transiger selon les modalités et dans les limites définies par le conseil d'administration. »

(Décr. n° 2008-1464 du 22 déc. 2008) « Il procède, au nom de l'établissement, à la détermination des besoins au sens *(Décr. n° 2020-1355 du 5 nov. 2020, art. 9)* « de l'article L. 2111-1 du code de la commande publique ». Il passe tous actes, marchés ou contrats engageant l'établissement et en suit l'exécution.

« Il engage, liquide et ordonnance les dépenses et les recettes. »

Il procède *(Décr. nº 2008-1464 du 22 déc. 2008)* « au recrutement » et au licenciement des personnels de l'établissement.

Il peut déléguer sa signature et une partie de ses attributions.

(Décr. nº 2020-1355 du 5 nov. 2020, art. 9) « Il est assisté d'un directeur général délégué qu'il désigne et qui le supplée, en cas d'absence ou d'empêchement, dans l'exercice de ses missions autres que celles relevant de la présidence du conseil d'administration.

« En cas de vacance du poste de président du conseil d'administration, l'autorité de tutelle désigne la personne chargée d'assurer l'intérim jusqu'à la désignation d'un nouveau titulaire. »

Art. 12 *(Décr. nº 2008-1464 du 22 déc. 2008)* Le conseil d'administration peut créer les commissions qu'il estime nécessaires au bon accomplissement de ses missions. Il définit leur composition et, le cas échéant, les pouvoirs de décision qui leur sont délégués ainsi que les conditions dans lesquelles il lui est rendu compte des décisions prises.

Ces commissions sont présidées par le président du conseil d'administration ou par un administrateur élu par le conseil d'administration.

Le président d'une commission peut inviter à une séance toute personne dont la présence lui paraît utile.

TITRE III. DISPOSITIONS RELATIVES AU RÉGIME FINANCIER ET COMPTABLE ET AU CONTRÔLE BUDGÉTAIRE DE L'ÉTAT

Art. 13 *(Décr. nº 2008-1464 du 22 déc. 2008)* Des avances peuvent être versées à l'établissement par les personnes publiques et privées mentionnées à l'article 1er, sans limitation de montant. *(Abrogé par Décr. nº 2020-1355 du 5 nov. 2020, art. 10) « Les conditions et modalités de ces avances sont fixées en tant que de besoin par la convention prévue à l'article 25 ci-dessous. »*

Art. 14 *(Décr. nº 2012-1247 du 7 nov. 2012, art. 111 et 289, en vigueur le 1er janv. 2013)* « L'établissement est soumis aux dispositions des titres I et III du décret nº 2012-1246 du 7 novembre 2012 relatif à la gestion budgétaire et comptable publique à l'exception des 1º et 2º de l'article 175, des articles 178 à 185, 204 à 208 et 220 à 228. » Un arrêté du ministre du budget, pris en tant que besoin, précise les modalités de ce fonctionnement.

L'agent comptable est nommé par arrêté du ministre chargé du budget après avis du président de l'établissement. *(Abrogé par Décr. nº 2020-1355 du 5 nov. 2020, art. 11) « Des agents comptables secondaires peuvent être nommés par le président du conseil d'administration avec l'agrément du ministre chargé du budget et après avis de l'agent comptable principal. »*

Art. 15 Le contrôle de la gestion financière de l'établissement est exercé conformément au décret nº 2012-1246 du 7 novembre 2012 susvisé, sous l'autorité du ministre chargé de l'économie, des finances et du budget, par *(Décr. nº 2008-1464 du 22 déc. 2008)* « l'autorité chargée du contrôle budgétaire ». Un arrêté du ministre chargé de l'économie, des finances et du budget précise les modalités d'application du présent article.

Art. 16 *(Décr. nº 2012-1247 du 7 nov. 2012, art. 111 et 289, en vigueur le 1er janv. 2013)* Des régies d'avances et des recettes peuvent être créées *(Décr. nº 2020-1355 du 5 nov. 2020, art. 12)* « dans les conditions prévues par le décret nº 2019-798 du 26 juillet 2019 relatif aux régies de recettes et d'avances des organismes publics ».

TITRE IV. DISPOSITIONS RELATIVES AUX MARCHÉS

Art. 17 *(Décr. nº 2008-1464 du 22 déc. 2008)* L'établissement est soumis, pour la totalité de ses achats, aux dispositions *(Décr. nº 2020-1355 du 5 nov. 2020, art. 13)* « du code de la commande publique » applicables à l'État.

Art. 18 *(Décr. nº 2008-1464 du 22 déc. 2008)* La composition et les règles de fonctionnement *(Abrogé par Décr. nº 2009-1086 du 2 sept. 2009, art. 3-III) « de la ou des commissions d'appel d'offres et, le cas échéant, »* du jury de concours de l'établissement sont fixées par le président du conseil d'administration.

Art. 19 *Abrogé par Décr. nº 2001-887 du 28 sept. 2001, art. 5.*

Art. 20 *(Décr. nº 2008-1464 du 22 déc. 2008)* Une avance peut être versée par l'établissement aux titulaires de ses marchés publics ou de ses accords-cadres, sans limitation de montant. Les modalités de versement sont fixées par le marché ou l'accord-cadre.

Art. 21 *Abrogé par Décr. nº 2008-1464 du 22 déc. 2008.*

Art. 22 et 23 *Abrogés par Décr. nº 2001-887 du 28 sept. 2001, art. 5.*

Art. 24 *Abrogé par Décr. nº 2008-1464 du 22 déc. 2008.*

Art. 25 *(Décr. nº 2006-975 du 1er août 2006, art. 4)* Les rapports entre l'établissement public et une collectivité ou un organisme mentionné à l'article 1er peuvent être définis par une convention prévoyant notamment la nature des prestations à réaliser, les conditions dans lesquelles la collectivité ou l'organisme contrôle leur exécution et les modalités de versement d'avances sur commande à l'établissement.

TITRE V. DISPOSITIONS RELATIVES AU PERSONNEL

Art. 26 à 28 *Abrogés par Décr. nº 2008-1464 du 22 déc. 2008.*

TITRE VI. DISPOSITIONS DIVERSES

Art. 29 Les dispositions du présent décret prennent effet à compter du 1er janvier 1986.

Art. 30 Le décret nº 68-54 du 17 janvier 1968 modifié relatif à l'Union des groupements d'achats publics est abrogé.

SOUS-SECTION 2 **Groupement de commandes**

Art. L. 2113-6 Des groupements de commandes peuvent être constitués entre des acheteurs afin de passer conjointement un ou plusieurs marchés.

Un groupement de commandes peut également être constitué, aux mêmes fins, entre un ou plusieurs acheteurs et une ou plusieurs personnes morales de droit privé qui ne sont pas des acheteurs, à condition que chacun des membres du groupement applique, pour les achats réalisés dans le cadre du groupement, les règles prévues par la présente partie. – *[Ord. nº 2015-899 du 23 juill. 2015, art. 28-I.]*

Art. L. 2113-7 La convention constitutive du groupement, signée par ses membres, définit les règles de fonctionnement du groupement. Elle peut confier à l'un ou plusieurs de ses membres la charge de mener tout ou partie de la procédure de passation ou de l'exécution du marché au nom et pour le compte des autres membres.

Les acheteurs membres du groupement de commandes sont solidairement responsables des seules opérations de passation ou d'exécution du marché qui sont menées conjointement en leur nom et pour leur compte selon les stipulations de la convention constitutive. – *[Ord. nº 2015-899 du 23 juill. 2015, art. 28-II et III.]*

Art. L. 2113-8 Un groupement de commandes peut être constitué avec des acheteurs d'autres États membres de l'Union européenne, à condition que ce choix n'ait pas été fait dans le but de se soustraire à l'application de dispositions nationales qui intéressent l'ordre public.

Nonobstant les dispositions du second alinéa de l'article L. 2113-7, et sous réserve des stipulations d'accords internationaux et d'arrangements administratifs, entre les États membres dont ils relèvent, les membres du groupement s'accordent sur la répartition des responsabilités ainsi que sur le droit applicable au marché, choisi parmi les droits de ces États. – *[Ord. nº 2015-899 du 23 juill. 2015, art. 28-IV.]*

COMMENTAIRE

Les articles L. 2113-6 à L. 2113-8 qui précèdent ont pour objet de préciser dans quelles conditions des achats publics peuvent être groupés (hors recours à une centrale d'achat).

Il va de soi que les services relevant d'un même pouvoir adjudicateur ont à cet égard une entière liberté.

Des groupements peuvent être constitués entre plusieurs acheteurs, mais aussi avec des personnes privées qui ne sont pas des acheteurs, à condition qu'elles décident d'appliquer les règles prévues par la présente partie du code pour les achats réalisés dans le cadre du groupement.

Les conventions de groupement peuvent prévoir des formules plus ou moins « intégrées » (V. jurisprudence *infra*, rendue sous l'empire du C. marchés). ❑

1. Groupement de commandes « simple ». Dans un groupement de commandes « simple », les membres peuvent mandater selon les règles de droit commun toute personne, y compris le coordonnateur du groupement, pour signer les marchés en leur nom, tout en conservant la responsabilité de l'exécution de ces marchés. • CE 9 juill. 2003, *SIPPEREC*, n° 249852 A : *BJCP 2003. 457, concl. Piveteau ; Dr. adm. 2004, n° 26, obs. Ménéménis.*

2. Référé précontractuel. La constitution d'un groupement de commandes a pour objet d'organiser une procédure de passation d'un marché global avec un cocontractant unique permettant la conclusion par chaque membre du groupement de son propre marché. Dès lors que les membres du groupement de commandes s'engagent à conclure un contrat avec le candidat retenu à la fin de la procédure de sélection et que ce candidat a présenté son offre compte tenu de la commande globalisée, la procédure de passation des marchés dans le cadre d'un tel groupement doit être regardée comme indivisible et achevée dès la signature du premier marché conclu par l'un des membres du groupement. Le juge du référé précontractuel ne peut donc plus exercer les pouvoirs que lui confère l'art. L. 551-1 CJA à compter de la date de cette première signature. • CE 13 juill. 2007, *SIPPEREC*, n° 299417 B : *Rev. CMP 2007, n° 281, obs. Pietri.*

3. Groupement de commandes et allotissement. Les dispositions qui prévoient le principe d'une dévolution des marchés publics par lots et définissent les hypothèses dans lesquelles un marché global peut être conclu, sont applicables lorsqu'un groupement de commandes a été constitué. • CE 18 sept. 2015, *Synd. intercommunal des eaux du bas Roubion*, n° 389740 B : *BJCP 2016. 30, concl. Pellissier ; Rev. CMP 2015, n° 259, note Ubaud-Bergeron ; AJCT 2016. 109, obs. Parla ; AJDA 2016. 547, note Vila.*

4. Association regroupant des personnes publiques. Groupement de commandes (non). Si l'Association Marchés publics d'Aquitaine a été créée à l'initiative de la région Aquitaine, de la communauté urbaine de Bordeaux et de la commune de Floirac et si elle rassemble plus de trois cents personnes publiques qui lui procurent ensemble l'essentiel de ses ressources par leurs cotisations destinées à couvrir ses dépenses de fonctionnement et leurs participations aux frais relatifs au site dématérialisé de gestion des procédures de passation des marchés et par leurs subventions éventuelles, aucun des membres de cette association, qui regroupe également des personnes privées, n'en contrôle, seul ou conjointement avec d'autres personnes publiques, l'organisation et le fonctionnement ni ne lui procure l'essentiel de ses ressources ; cette association, qui est un organisme adjudicateur, est dotée d'une personnalité morale distincte de celle de chacun de ses membres et ne saurait être regardée à leur égard, ni comme un groupement de commandes susceptible de conclure un marché, ni comme le coordonnateur d'un tel groupement. • T. confl. 2 avr. 2012, *Sté Atexo c/ Assoc. Marchés publics d'Aquitaine (AMPA)*, n° 3831 : *Lebon T. 840.*

5. Fonctionnement d'un groupement de commandes. Par une convention, trois communautés de communes ont constitué un groupement de commandes pour la passation d'un marché relatif à la gestion des déchets, la première de ces communautés étant désignée en qualité de coordonnateur de ce groupement ; le conseil d'une des communautés de communes (A) a refusé d'autoriser son président à signer le marché avec l'attributaire, au motif qu'il désapprouvait le choix de la commission d'appel d'offres qui a modifié la notation des offres établie par le maître d'œuvre ; le président de cette communauté de communes a informé l'attributaire que celle-ci ne donnait pas suite à la procédure engagée.

Si chaque membre du groupement de commandes est en principe tenu de passer le marché avec l'attributaire désigné par la commission d'appel d'offres, il peut ne pas donner suite à la procédure pour un motif d'intérêt général.

Eu égard au caractère sérieux des incertitudes ayant affecté la sélection des entreprises, la communauté de communes A pouvait, pour ce motif d'intérêt général, légalement mettre fin à la procédure de passation du marché en cause. • CAA Nantes, 2 mars 2012, *SAS Les Champs Jouault*, n° 10NT01979 : *Rev. CMP 2012, n° 148, note Zimmer.*

6. Coordonnateur d'un groupement. Responsabilité en cas d'irrégularité de la procédure. Il n'est pas contesté que la convention, par laquelle le syndicat mixte du schéma de cohérence territoriale de l'agglomération de Bayonne et du Sud des Landes, le syndicat des transports en commun de l'agglomération de Bayonne et la communauté de communes Sud-Pays Basque ont constitué un groupement de commandes, a désigné ledit syndicat mixte comme coordonnateur du groupement, chargé seul de l'ensemble des opérations de sélection du futur cocontractant ; par suite, seul ce syndicat mixte, à l'exclusion des autres membres du groupement de commandes, est susceptible de voir sa responsabilité engagée du fait des irrégularités de la procédure de passation du marché en cause. • CAA Bordeaux, 12 juill. 2012, *Sté Optima*, n° 11BX01620.

7. Groupement de commandes et concours. Dès lors que la procédure du concours est mise en œuvre par le coordonnateur d'un groupement de commandes formé par des collectivités territoriales et que, comme en l'espèce, ce coordonnateur est une collectivité territoriale, l'assemblée délibérante qui attribue le marché est celle du coordonnateur. Le moyen tiré d'une incompatibilité entre le recours à un groupement de commandes et les dispositions relatives au concours et aux marchés de maîtrise d'œuvre ne peut, dès lors, qu'être écarté. • CAA Bordeaux, 18 mars 2014, *Groupe d'architecture Ellipse*, n° 11BX03387.

Code général des collectivités territoriales

Art. L. 5211-4-4 *(L. n° 2019-1461 du 27 déc. 2019, art. 65)* I. — Lorsqu'un groupement de commandes est constitué entre des communes membres d'un même établissement public de coopération intercommunale à fiscalité propre ou entre ces communes et cet établissement public, les communes peuvent confier à titre gratuit à cet établissement public, par convention, si les statuts de l'établissement public le prévoient expressément, indépendamment des fonctions de coordonnateur du groupement de commandes et quelles que soient les compétences qui lui ont été transférées, la charge de mener tout ou partie de la procédure de passation ou de l'exécution d'un ou de plusieurs marchés publics au nom et pour le compte des membres du groupement.

II. — Lorsqu'un groupement de commandes est constitué entre des communes situées sur le territoire de la métropole de Lyon ou entre ces communes et cette métropole, les communes peuvent confier à cette dernière, à titre gratuit, par convention, indépendamment des fonctions de coordonnateur du groupement de commandes et quelles que soient les compétences dont la métropole dispose, la charge de mener tout ou partie de la procédure de passation ou de l'exécution d'un ou de plusieurs marchés publics au nom et pour le compte des communes membres du groupement.

SOUS-SECTION 3 Entités communes transnationales

Art. L. 2113-9 Lorsque des acheteurs ont adhéré à une entité commune transnationale, constituée notamment sous la forme d'un groupement européen de coopération territoriale, les statuts ou une décision de l'organe compétent de cette entité déterminent les règles applicables aux marchés de cette entité, lesquelles sont :

1° Soit la loi de l'État dans lequel se trouve son siège ;

2° Soit la loi de l'État dans lequel elle exerce ses activités.

Le choix de la loi applicable ne peut avoir pour but de se soustraire à l'application de dispositions nationales qui intéressent l'ordre public. — *[Ord. n° 2015-899 du 23 juill. 2015, art. 29.]*

SECTION 2 Allotissement

Art. L. 2113-10 Les marchés sont passés en lots séparés, sauf si leur objet ne permet pas l'identification de prestations distinctes.

L'acheteur détermine le nombre, la taille et l'objet des lots.

Il peut limiter le nombre de lots pour lesquels un même opérateur économique peut présenter une offre ou le nombre de lots qui peuvent être attribués à un même opérateur économique. — *[Ord. n° 2015-899 du 23 juill. 2015, art. 32-I, al. 1er et 2.]*

Art. L. 2113-11 L'acheteur peut décider de ne pas allotir un marché dans l'un des cas suivants :

1° Il n'est pas en mesure d'assurer par lui-même les missions d'organisation, de pilotage et de coordination ;

2° La dévolution en lots séparés est de nature à restreindre la concurrence ou risque de rendre techniquement difficile ou financièrement plus coûteuse l'exécution des prestations.

Lorsqu'un acheteur décide de ne pas allotir le marché, il motive son choix en énonçant les considérations de droit et de fait qui constituent le fondement de sa décision. — *[Ord. n° 2015-899 du 23 juill. 2015, art. 32-I, al. 2 et II.]*

COMMENTAIRE

Jusqu'en 2006, les modalités de dévolution des marchés publics étaient, pour l'essentiel, laissées à la libre appréciation des acheteurs : ceux-ci choisissaient de passer un marché global ou un marché alloti en fonction des avantages économiques, financiers ou techniques respectifs de l'un et de l'autre. Leur choix devait seulement obéir à quelques principes simples.

Comme c'était déjà le cas depuis 2006, le présent code prévoit que, sauf impossibilité technique tenant à l'objet du marché (notamment, donc, pour les marchés globaux, V. chap. I du titre VII du présent Livre), le marché alloti est le mode de dévolution normal. Toutefois, comme le précise l'article L. 2113-11, de larges exceptions sont prévues, qui ménagent en réalité de grandes marges d'appréciation pour les acheteurs. Le non-allotissement devra cependant être motivé.

L'obligation de principe de l'allotissement ne vaut, comme on le verra, ni pour les marchés de partenariat, ni pour les marchés de défense ou de sécurité.

Pour le reste, l'allotissement doit respecter un certain nombre de principes.

Tout d'abord, le choix du mode de dévolution et les conditions dans lesquelles il est mis en œuvre ne doivent avoir ni pour objet ni pour effet d'entraver la concurrence en favorisant certains opérateurs, par exemple du fait d'une définition artificielle des lots. Chaque lot doit en principe constituer une unité autonome pouvant être attribuée séparément et ne comporter que des prestations homogènes susceptibles d'être réalisées par une même entreprise, même s'il n'est pas impossible, dans certains cas, qu'un même lot comporte des prestations différentes (V. jurisprudence). Il convient de respecter, le cas échéant, les contraintes qu'impose la législation applicable pour la définition de certains lots – par exemple pour la définition des missions de maîtrise d'œuvre. Enfin, en cas de marché alloti, la procédure applicable à la passation de chaque lot doit être celle qui correspond au montant global de l'ensemble des lots. Les offres étant examinées lot par lot, les entreprises ne peuvent présenter des offres variables selon le nombre de lots susceptibles d'être obtenus.

On se reportera par ailleurs aux articles R. 2113-1 à R. 2113-3 du code. ❑

1. Légalité du recours à un marché global. Saisi d'un moyen tiré de l'irrégularité de la décision de ne pas allotir un marché, il appartient au juge du référé précontractuel de déterminer si l'analyse à laquelle le pouvoir adjudicateur a procédé et les justifications qu'il fournit sont, eu égard à la marge d'appréciation dont il dispose pour décider de ne pas allotir lorsque la dévolution en lots séparés présente l'un des inconvénients que les dispositions précitées mentionnent, entachées d'appréciations erronées ; par ailleurs, lorsqu'un marché public a été alloti, le juge ne peut relever un manquement aux obligations de publicité et de mise en concurrence du fait de la définition du nombre et de la consistance des lots que si celle-ci est entachée d'une erreur manifeste d'appréciation, compte tenu de la liberté de choix dont le pouvoir adjudicateur dispose en ce domaine.

Après avoir relevé que le marché litigieux avait été divisé en 9 lots correspondant à 9 zones géographiques distinctes, le juge des référés du tribunal administratif de Cergy-Pontoise s'est fondé, pour estimer que Hauts-de-Seine Habitat avait méconnu l'art. 32 de l'Ord. n° 2015-899 du 23 juill. 2015 et manqué ainsi à ses obligations de publicité et de mise en concurrence, sur l'absence de motifs techniques ou économiques de nature à justifier l'absence d'allotissement par corps d'état ; il résulte de ce qui a été dit ci-dessus qu'en ne se bornant pas à contrôler si la définition du nombre et de la consistance des lots était entachée d'une erreur manifeste d'appréciation, il a commis une erreur de droit.

Lorsque le pouvoir adjudicateur a choisi de diviser un marché public en lots géographiques, il appartient notamment au juge du référé précontractuel, saisi d'un moyen en ce sens, de s'assurer, en prenant en compte l'objet du marché et la nature des prestations à réaliser, que ce choix n'est pas entaché d'une erreur manifeste d'appréciation.

Il résulte de l'instruction que la décision de Hauts-de-Seine Habitat de se borner à une division du marché d'entretien courant et de remise en état des logements de son patrimoine en 9 lots correspondant aux différents lieux d'exécution des travaux répond au souci de réduire les délais d'exécution, de permettre une meilleure coordination des intervenants et d'éviter la reproduction des difficultés auxquelles le bailleur social avait été confronté lors de l'exécution d'un précédent marché ayant le même objet, qui avait été divisé, dans le cadre d'un allotissement à la fois géographique et fonctionnel, en 97 lots ; eu égard notamment aux nombreux sites d'exécution des travaux, qui correspondent aux différentes « directions de proximité » de l'office, et aux difficultés techniques et de coordination qui étaient susceptibles de résulter de la multiplication du nombre de lots dans l'hypothèse où une division par lots techniques serait ajoutée à une division par lots géographiques, le choix de Hauts-de-Seine Habitat n'est pas entaché, dans les circonstances de l'espèce, d'erreur manifeste d'appréciation ; il suit de là que le groupement de sociétés MPPEA n'est pas fondé à soutenir que Hauts-de-Seine Habitat aurait méconnu les dispositions de l'art. 32 de l'Ord. n° 2015-899 du 23 juill. 2015 et porté ainsi atteinte au principe de liberté d'accès à la commande publique. • CE 25 mai 2018, *OPH Hauts-de-Seine Habitat, Sté Eiffage construction amélioration de l'habitat*, n°s 417428 et 417439 A : *BJCP 2018. 293, concl. Pellissier ; AJDA 2018. 1440, chron. Roussel-Nicolas ; Rev. CMP 2018, n° 156, note Ubaud-Bergeron.* – V. • CE 27 mai 2018, *Dpt des Yvelines, Stés Eiffage construction habitat et Eiffage route Île-de-France/Centre*, n°s 417869 et 417880 : *BJCP 2018. 293, concl. Pellissier.*

2. S'il appartient au juge des référés précontractuels de relever un manquement aux obligations de mise en concurrence, s'agissant de la définition du nombre et de la consistance des lots, un tel manquement ne peut résulter que d'une erreur manifeste du pouvoir adjudicateur, compte tenu de la liberté de choix qui lui est reconnue à ce titre ; le juge des référés du tribunal administratif, en relevant l'existence d'une méconnaissance des règles relatives à l'allotissement au motif que les deux lots retenus par le pouvoir adjudicateur pour un marché de services juridiques, comprenant des prestations dans les domaines du droit public, du droit privé ou du droit pénal, par l'ampleur et l'hétérogénéité des matières qu'ils regroupent présentent en réalité les caractéristiques d'un marché global, sans limiter son contrôle à l'existence d'une erreur manifeste d'appréciation dans la détermination du nombre et de la consistance des lots eu égard à la nature des prestations et à l'objet du marché, a commis une erreur de droit. Il ne résulte pas de l'instruction que la division du marché de services juridiques de la commune en un lot « conseils juridiques » et un lot « représentation en justice », compte tenu de la nature des prestations et de l'objet du marché, soit entachée d'une erreur manifeste d'appréciation. • CE 21 mai 2010, *Cne d'Ajaccio*, n° 333737 B : *Dr. adm. 2010, n° 110, note Brenet.*

3. Pour un marché de sécurisation des espaces publics, malgré l'existence de prestations distinctes (rénovation d'une partie de l'éclairage public, mise aux normes de la signalisation lumineuse tricolore, installation d'un dispositif de vidéosurveillance), une commune a pu choisir de passer un marché global, compte tenu en particulier des difficultés techniques qui auraient pu résulter, lors de l'exécution du marché, de sa dévolution en lots séparés, ainsi que des conséquences probables de cet allotissement sur le coût financier du marché. • CE 20 mai 2009, *Cne de Fort-de-France*, n° 311379.

4. La réduction significative du coût des prestations pour le pouvoir adjudicateur, qui a pour corollaire une économie budgétaire pour celui-ci, constitue, lorsqu'elle est démontrée au moment du choix entre des lots séparés ou un marché global, un motif légal de dévolution en marché global. • CE 9 déc. 2009, *Dpt de l'Eure*, n° 328803 B : *BJCP 2010. 78, concl. Boulouis ; Rev. CMP 2010, n° 60, note Olivier.*

5. Le département qui a passé un marché dont l'objet était la « signalisation verticale » soutient avoir, au vu des prix peu compétitifs obtenus en 2006 pour le même marché divisé en quatre lots géographiques, choisi de recourir à un marché global en vue de limiter les risques d'entente locale entre candidats et de favoriser les économies d'échelles ; il résulte de l'instruction que le département a, ce faisant, obtenu une baisse de prix de 66 % par rapport aux offres sélectionnées en 2006, sans qu'une telle baisse de prix puisse être entièrement imputée au renforcement structurel de la concurrence dans le secteur de la signalisation verticale à la suite de la dissolution de l'entente grevant ce secteur ; le département, qui justifie ainsi que l'allotissement du marché aurait pu être de nature à rendre plus coûteuse la réalisation des prestations prévues au contrat, ne peut être regardé comme ayant manqué à ses obligations de mise en concurrence en recourant à un marché global. • CE 27 oct. 2011, *Dpt des Bouches-du-Rhône*, n° 350935 B : *BJCP 2012. 9, concl. Boulouis ; Rev. CMP 2011, n° 343, note Eckert.*

6. Le syndicat intercommunal à vocation unique de la maison d'accueil rurale pour personnes âgées du Val de Loue a conclu un marché public global avec la société Groupe 1000 en vue de la construction d'une maison d'accueil rurale pour personnes âgées à Arc-et-Senans ; si ce marché comporte des prestations distinctes qui auraient dû faire l'objet de lots distincts, le SIVU soutient cependant que le recours à un marché global était justifié notamment par son incapacité à assurer par lui-même les missions d'organisation, de pilotage ou de coordination d'une opération de construction d'un montant de 3,5 millions d'euros ; il résulte de l'instruction que le SIVU, qui ne dispose d'aucun personnel propre, est composé de dix-sept communes rurales dont cinq comptent moins de 100 habitants, sept ont une population comprise entre 100 et 200 habitants et cinq totalisent entre 200 et 500 habitants, auxquelles il convient d'ajouter la commune d'Arc-et-Senans qui compte environ 1 500 habitants ; ainsi, le SIVU, qui justifie en l'espèce ne pas être, eu égard à ses capacités techniques, en mesure d'assurer, par lui-même, les missions d'organisation, de pilotage ou de coordination d'une opération de construction d'une maison d'accueil rurale pour personnes âgées a pu déroger à la règle de l'allotissement et recourir à un marché global. • CAA Nancy, 10 déc. 2015, *Préfet du Doubs c/ SIVU MARPA du Val de Loue et a.*, n° 14NC02216 : *AJDA 2016. 1508, note Goujon-Fischer.*

7. Il résulte de l'instruction que les prestations relatives à l'éclairage public et à la signalisation lumineuse exécutées sur le territoire de Paris intra-muros, des voies sur berges et du boulevard périphérique, qui faisaient auparavant l'objet de trente-cinq contrats conclus avec différents prestataires, n'avaient permis jusqu'alors de procéder qu'à des économies de consommation d'énergie très limitées au regard des objectifs élevés du « plan climat » parisien, et en particulier celui visant à réduire, pour l'année 2020, de 30 % la consommation d'énergie par rapport au niveau atteint en 2004 ; compte tenu de ces constats et de ces objectifs, et alors même que des prestations distinctes étaient identifiables, la ville de Paris a pu estimer que le recours à un marché global de performance énergétique développant des synergies entre, notamment, les fonctions d'études, de travaux, d'exploitation, de maintenance, et dans lequel le niveau d'amélioration de l'efficacité énergétique était contractualisé, était, compte tenu de la complexité administrative et technique de l'opération, plus à même de rendre techniquement moins difficile et financièrement moins coûteuse l'exécution des prestations que si elle avait eu recours à l'allotissement ; • CAA Paris, 30 juin 2017 : *Sté Citelum, n°s 15PA00443, 15PA00445.*

8. Saisi d'un moyen tiré de l'irrégularité du recours à un marché global, il appartient au juge de déterminer si l'analyse à laquelle le pouvoir adjudicateur a procédé et les justifications qu'il fournit sont, eu égard à la marge d'appréciation qui lui est reconnue, entachées d'appréciations erronées. Le juge des référés a relevé que, pour un marché public ayant pour objet, d'une part, la fourniture, l'entretien et l'exploitation publicitaire des kiosques, et d'autre part, la gestion de l'activité des kiosquiers, la ville de Paris faisait valoir que le fait de confier la gestion des kiosques et celle de l'activité des kiosquiers à un même opérateur la dispensait d'avoir à arbitrer elle-même les conflits récurrents opposant le gestionnaire des kiosques et les kiosquiers, dont les intérêts sont souvent divergents ; il a cependant estimé que ces risques étaient inhérents à la nature de l'activité en cause et que, depuis plusieurs décennies, ils ne l'avaient pas mise en péril et en a déduit qu'ils n'étaient pas d'une gravité telle qu'ils rendent techniquement difficile l'exécution de deux contrats distincts ; en jugeant ainsi, alors notamment que, dans le cadre du renouvellement que la ville attendait du titulaire du contrat dans la conception et la gestion des kiosques et des objectifs de valorisation de son domaine qu'elle s'assignait, la mise en œuvre par deux opérateurs distincts des logiques propres à la gestion des ouvrages, à l'exploitation des espaces publicitaires et à la vente de journaux était de nature, ainsi qu'il ressortait de l'analyse qu'elle avait produite, à entraîner une multiplication des conflits et à rendre ainsi l'exécution de deux contrats techniquement difficile et coûteuse, le juge des référés a commis une erreur de qualification juridique. • CE 26 juin 2015, ♔ *Ville de Paris*, n° 389682 B : *BJCP 2015. 429, concl. Dacosta ; Rev. CMP 2015, n° 232, note Pietri.*

9. Allotissement irrégulier. Non. Le juge du référé précontractuel commet une erreur de droit en jugeant qu'un pouvoir adjudicateur ne justifie pas de la pertinence du regroupement de prestations distinctes en un seul lot en invoquant la réduction significative du coût des prestations, laquelle constitue un motif légal de dévolution en marché global. En l'espèce, constituent des prestations distinctes, au sens de l'art. 10 C. marchés, et bien qu'elles fassent appel à la même technologie GSM, d'une part, la fourniture d'un service de téléphonie mobile « voix et données », fonctionnant sur les fréquences de 900 et 1800 MHz et, d'autre part, la mise en œuvre de transferts d'informations entre machines, notamment horodateurs et feux de signalisation, fonctionnant dans la seule fréquence de 900 MHz ; si le pouvoir adjudicateur fait valoir que le regroupement en un seul lot lui permettrait de réaliser des économies significatives grâce au transfert des temps de communication non utilisés entre les deux ensembles de prestations, l'impact financier de ce regroupement ne saurait justifier le refus d'une dévolution en lots séparés, dès lors qu'il ne représente que moins de 2 % du budget alloué à ce lot ; par suite le regroupement de ces prestations dans un lot unique constitue un manquement. • CE 11 août 2009, ♔ *Cté urb. de Nantes métropole*, n° 319949 B : *AJDA 2009. 2181, note Dreyfus ; Rev. CMP 2009, n° 348, note Olivier.*

10. Il ressort des pièces du dossier soumis au juge du référé précontractuel et des énonciations non contestées sur ce point de l'ordonnance attaquée que les prestations de conseil et de représentation juridiques, objet du marché, portaient sur l'ensemble des matières du droit public ainsi que sur les matières relevant du droit civil, du droit pénal et de la procédure pénale ; compte tenu de la diversité de ces prestations et du volume de la commande passée par la commune, le juge des référés n'a commis ni erreur de droit ni erreur de qualification juridique des faits en jugeant que des prestations distinctes pouvaient être identifiées et que le marché pouvait faire l'objet d'un allotissement ; il a également jugé sans erreur de droit et sans erreur de qualification juridique que la commune, eu égard à son importance et à sa capacité à assurer une coordination des prestations, ne justifiait pas qu'un allotissement du marché rendrait techniquement difficile son exécution. • CE 11 avr. 2014, ♔ *Cne de Montreuil*, n° 375051 B : *BJCP 2014. 369, concl. Dacosta.*

11. Pour regarder comme de nature à créer un doute sérieux sur la légalité de la signature du marché le moyen tiré du manquement à l'obligation d'allotir, le juge des référés a relevé, d'une part, que le pouvoir adjudicateur ne justifiait pas de se trouver en présence de l'une des exceptions prévues par l'art. 10 C. marchés, d'autre part que le marché faisait bien apparaître des prestations distinctes à raison de la répartition géographique des sites objet du marché de surveillance ; ce faisant, le juge des référés n'a pas commis d'erreur de droit dans l'application de l'art. 10 C. marchés. • CE 23 juill. 2010, *Conseil régional de La Réunion*, n° 338367 B : *Rev. CMP 2010, n° 320, note Zimmer.*

12. L'objet du marché, qui comporte le suivi de l'exécution d'un contrat d'affermage et de ses avenants, la gestion et le suivi de la passation et de la mise en œuvre de nouveaux avenants à ce contrat, la rédaction d'un bilan environnemental annuel, l'aide à la préparation des décisions du pouvoir adjudicateur et l'assistance au maître d'ouvrage pour le suivi de l'exécution de marchés de maîtrise d'œuvre pour des travaux d'extension et de mise aux normes, permet l'identification de prestations différentes ; le pouvoir adjudicateur n'établit ni que l'allotissement du marché rendrait son exécution techniquement difficile, ni qu'il ne serait pas en mesure d'assurer par lui-même les missions d'organisation, de pilotage et de coordination ; la passation d'un marché global a donc méconnu les dispositions relatives à l'allotissement • CE 29 oct. 2010, *Synd. mixte d'assainissement de la région ouest de Versailles (SMAROV)*, n° 340212 B : *Rev. CMP 2010, n° 403, note Devillers ; AJDA 2011. 514, note Le Port et Hul.*

13. Il ressort des documents de la consultation qu'il était notamment possible de distinguer, au sein du marché de fournitures et mise en œuvre de dispositifs de contrôle d'accès et de gestion informatisée des déchetteries, les prestations relatives à la fourniture et à la mise en service des installations informatiques de celles relatives aux travaux dits de « génie civil », consistant à creuser des tranchées pour l'enfouissement des câbles du dispositif, le coût de ces seuls travaux représentant environ un quart du montant du marché ; contrairement à ce que soutient le Sybert, il ne résulte pas de l'instruction qu'une dévolution en lots séparés aurait nécessité une coordination entre prestataires telle qu'elle aurait rendu techniquement difficile l'exécution du marché ; si le Sybert soutient également que l'allotissement du marché aurait rendu son exécution financièrement coûteuse, il n'apporte aucune justification à l'appui de ses allégations ; par suite, le Sybert doit être regardé comme ayant manqué à ses obligations d'allotissement ; ce manquement aux règles de mise en concurrence a été de nature à léser le groupement requérant, dont l'une des sociétés est spécialiste des travaux de génie civil ; il y a dès lors lieu d'annuler la procédure de passation dans son intégralité. • CE 3 déc. 2012, *Synd. mixte de Besançon et de sa région pour le traitement des ordures ménagères (Sybert)*, n° 360333.

14. Le marché comportait deux types de prestations, l'une liée à la gestion de la fourrière et l'autre relative à la gestion du refuge et permettait ainsi l'identification de prestations distinctes sans qu'il soit besoin de déterminer le caractère indissociable ou complémentaire de celles-ci ; si le syndicat intercommunal de création et de gestion de la fourrière pour animaux errants de Lille et ses environs soutient que le choix de recourir à un marché global est justifié au regard des installations en place et de l'exécution des prestations conçues pour entrer dans une gestion intégrée, la seule circonstance que les activités de fourrière et de refuge soient conduites sur un même site avec une même gestion dans des locaux séparés ne justifie toutefois pas son choix de recourir à un marché global ; en outre, il ne ressort pas de l'avis d'appel à concurrence effectué par le syndicat intercommunal de création et de gestion de la fourrière pour animaux errants de Lille et ses environs que l'offre des candidats aurait dû faire l'objet d'une adaptation pour tenir compte de la spécificité du mode de gestion souhaité ; enfin, le syndicat ne démontre pas que le recours à l'allotissement aurait eu pour effet d'alourdir considérablement le coût de l'opération, ni qu'il aurait rendu techniquement difficile l'exécution du marché ; il n'établit pas davantage qu'il n'était pas en mesure d'assurer par lui-même les missions d'organisation, de pilotage et de coordination, du fait de l'insuffisance de l'effectif de ses personnels aptes à les réaliser ; il suit de là que c'est à bon droit que les premiers juges ont estimé que les dispositions relatives à l'allotissement avaient été méconnues. • CAA Douai, 10 mai 2016, *Synd. intercommunal de création et de gestion de la fourrière pour animaux errants de Lille*, n° 13DA00047 : *Rev. CMP 2016, n° 172, note Ubaud-Bergeron.*

15. Il résulte de l'instruction que les marchés ayant un objet identique, précédemment conclus par la région, avaient été allotis conformément à une division géographique du territoire régional ; le marché en litige, alors qu'il résulte de ce qui vient d'être dit qu'un allotissement était possible, avait pour assiette géographique la totalité du territoire de la région Nord-Pas-de-Calais ; cette collectivité ne produit aucun élément de nature à établir qu'elle pouvait estimer, au moment où elle a défini l'objet du marché en litige et retenu un contrat global, que la dévolution en lots séparés était de nature à rendre financièrement plus coûteuse l'exécution des prestations prévues au contrat ; si elle fait valoir que la dévolution d'un marché global lui a permis de réaliser des économies d'échelle de l'ordre de 20 % en moyenne par comparaison avec la précédente consultation lancée en 2007, et produit pour étayer cette allégation un tableau simulant le coût de prestations selon les tarifs pratiqués au titre du marché de 2007 et les comparant au coût résultant de l'application des tarifs obtenus au titre du marché signé le 23 juin

2011, ce document qui n'a pu être réalisé que postérieurement à la dévolution du marché en litige ne permet pas d'établir qu'au jour où elle a décidé de la passation d'un marché global la région espérait ainsi obtenir à l'issue de la consultation, des conditions financières, pour elle, avantageuses ; au demeurant le tableau précité, qui ne permet pas de déterminer la méthodologie retenue par la région pour aboutir au résultat positif dont elle se prévaut, n'est pas probant. • CAA Douai, 6 oct. 2016, *Sté NC Déménagement*, n° 14DA00714 : *Rev. CMP 2016, n° 277, note Ubaud-Bergeron.*

16. Marché ne pouvant être alloti. Le marché visant à assurer la présence, la nuit, sur le territoire de la commune, d'une équipe d'animateurs ayant pour tâches la prévention ou le règlement des difficultés par le dialogue et la médiation ne permet pas l'identification de prestations distinctes, selon les lieux ou les difficultés à prévenir ou à régler ; la commune ne peut ainsi être regardée comme ayant manqué à ses obligations de mise en concurrence en recourant à un marché global. • CE 27 mars 2015, *Assoc. Optima*, n° 386862.

17. Marché public global de performance. Un tel marché n'est pas soumis à l'obligation d'allotissement. • CE 8 avr. 2019, *Sté Orange Région Réunion*, n°s 426096 B, 426914 B.

18. Décomposition en lots techniques et marché unique. Si la candidature de groupements d'entreprises à forme conjointe suppose que le pouvoir adjudicateur ait décomposé le marché en plusieurs ensembles de prestations techniques susceptibles, chacun, d'être attribué à un membre du groupement, cette décomposition en lots techniques, qui est une opération différente de l'allotissement, lequel consiste à conclure plusieurs marchés séparés, ne fait pas obstacle à la conclusion d'un marché unique. • CE 30 juin 2004, *OPHLM de la ville de Nantes (OPHLM Nantes-Habitat)*, n° 261472 A : *Rev. CMP 2004, n° 193, obs. Pietri.*

19. Composition d'un lot. Un lot peut comporter des prestations dissociables les unes des autres (en l'espèce l'entretien d'installations thermiques, leur « garantie totale » et la fourniture des combustibles qui leur sont nécessaires). • CE 2 juin 1995, *Sté Cofreth et Sté Techni*, n° 132280 B.

20. Modalités d'allotissement. Justifications. Contrôle du juge du référé précontractuel. Des modalités d'allotissement, notamment en ce qui concerne le nombre des lots, dès lors qu'elles sont justifiées par des avantages financiers et techniques, ne révèlent pas un manquement aux obligations de publicité et de mise en concurrence, ce dont il appartient au juge du référé précontractuel de s'assurer. • CE 10 mai 2006, *Sté Schiocchet*, n° 288435 A : *Rev. CMP 2006, n° 205, obs. Pietri.*

21. Groupement de commandes et allotissement. Les dispositions qui prévoient le principe d'une dévolution des marchés publics par lots et définissent les hypothèses dans lesquelles un marché global peut être conclu, sont applicables lorsqu'un groupement de commandes a été constitué. • CE 18 sept. 2015, *Synd. intercommunal des eaux du bas Roubion*, n° 389740 B : *BJCP 2016. 30, concl. Pellissier ; Rev. CMP 2015, n° 259, note Ubaud-Bergeron ; AJCT 2016. 109, obs. Parla ; AJDA 2016. 547, note Vila .*

22. Allotissement et acte d'engagement unique. Dès lors que le règlement particulier d'appel d'offres d'un marché de travaux qui prévoit la répartition de ceux-ci en deux lots ne spécifie pas que chacun des lots doit faire l'objet d'un marché, le fait pour une entreprise d'avoir soumis un acte d'engagement commun aux deux lots n'est pas de nature à rendre son offre irrecevable. La commission d'appel d'offres ayant pu procéder à une appréciation des offres lot par lot, la procédure d'attribution n'a pas porté atteinte au principe d'égalité entre les entreprises. • CAA Paris, 25 juill. 1997, *Préfet de La Réunion c/ Cne du Port*, n° 96PA01815 : *Lebon T. 929.*

23. Examen des offres lot par lot. Lorsque le marché est alloti, les offres présentées par les candidats doivent être examinées lot par lot. Le principe d'égalité entre les candidats s'apprécie lot par lot. • CE 10 mai 2006, *Sté Schiocchet*, n° 288435 A : *Rev. CMP 2006, n° 205, obs. Pietri.*

24. Soumission pour plusieurs lots. Capacité des candidats. Les candidats qui ont soumissionné pour plusieurs lots peuvent être invités, en cours de procédure, à confirmer qu'ils seraient en mesure, le cas échéant, d'exécuter simultanément les prestations prévues par ces lots, sans que soient méconnus ni le principe d'égalité de traitement, ni les dispositions relatives à l'allotissement. • CAA Versailles, 22 févr. 2007, *Préfet de l'Essonne*, n° 05VE01994 : *Rev. CMP 2007, n° 140, obs. Pietri.*

25. Attribution de plusieurs lots à une seule entreprise. Rien n'interdit d'attribuer plusieurs lots, voire tous les lots, à une même entreprise. • CE 9 déc. 1994, *Préfet des Vosges c/ Cne de Châtel-sur-Moselle*, n° 144269 A.

26. Le pouvoir adjudicateur ne peut écarter une offre pour un lot au seul motif que la société s'est vu attribuer l'autre lot, dès lors que ni l'avis d'appel public à concurrence ni le règlement de la consultation n'ont prévu la règle selon laquelle un seul lot serait attribué par candidat. • CAA Versailles, 22 févr. 2007, *Préfet de l'Essonne*, n° 05VE01994 : *Rev. CMP 2007, n° 140, obs. Pietri.*

27. Marché passé en lots séparés. Impossibilité de contraindre les candidats à présenter une offre pour chacun des lots. Le pouvoir adjudicateur ne peut, dans les documents de la consultation, contraindre les candidats à présenter une offre pour chacun des lots du marché. • CE 1er juin 2011, Sté Koné, no 346405 A : *Rev. CMP 2011, no 219, note Pietri.*

28. Limitation du nombre de lots susceptibles d'être attribués à un candidat. Sans méconnaître aucune règle ni aucun principe issus du C. marchés, le pouvoir adjudicateur qui recourt à l'allotissement peut décider, afin de mieux assurer la satisfaction de ses besoins en s'adressant à une pluralité de cocontractants ou de favoriser l'émergence d'une plus grande concurrence, de limiter le nombre de lots qui pourront être attribués à chaque candidat, dès lors que ce nombre est indiqué dans les documents de la consultation ; dans l'hypothèse où le pouvoir adjudicateur autorise la présentation d'une candidature pour un nombre de lots supérieur à celui pouvant être attribué à un même candidat, les documents de la consultation doivent en outre indiquer les modalités d'attribution des lots, en les fondant sur des critères ou règles objectifs et non discriminatoires, lorsque l'application des critères de jugement des offres figurant dans ces mêmes documents conduirait à classer premier un candidat pour un nombre de lots supérieur au nombre de lots pouvant lui être attribués ; lorsqu'il décide ainsi de limiter le nombre de lots qui pourront être attribués à chaque candidat, le pouvoir adjudicateur n'adopte pas un critère de jugement des offres mais définit, les modalités d'attribution des lots du marché.

En l'espèce, la limitation a été portée à la connaissance des candidats dans le règlement particulier de la consultation ; il résulte de l'instruction qu'une telle limitation vise à susciter l'émergence d'une plus grande concurrence dans le secteur des prestations d'identification par empreintes génétiques réalisées dans le cadre d'une procédure judiciaire ou extrajudiciaire et à assurer la sécurité des approvisionnements du ministère de la Justice dans ce domaine, en permettant à plusieurs entreprises de disposer d'une compétence dans ce secteur afin que l'État puisse durablement être confronté à plusieurs opérateurs ; elle est ainsi justifiée par la nature et l'étendue des besoins auxquels le marché a pour objet de répondre ; en prévoyant en outre dans le règlement de la consultation que, dans l'hypothèse où un candidat serait classé premier pour plusieurs lots différents tout en ne pouvant s'en voir attribuer qu'un seul, il lui serait attribué le lot le plus important, et en classant les trois lots du marché par ordre d'importance (lot no 1 puis lot no 3 et lot no 2), le ministre de la Justice a retenu une règle d'attribution des lots objective et non discriminatoire ; par suite, le requérant n'est pas fondé à soutenir que, en limitant le nombre de lots susceptibles d'être attribués à chaque candidat et en retenant de telles modalités d'attribution des lots du marché, le ministre de la Justice a manqué à ses obligations de publicité et de mise en concurrence ; il n'est pas non plus fondé à soutenir que la décision du ministre de limiter à un seul le nombre de lots susceptibles d'être attribués à un même candidat est entachée d'erreur manifeste d'appréciation. • CE 20 févr. 2013, *Sté Laboratoire Biomnis,* no 363656 B : *Rev. CMP 2013, no 102, note Devillers.*

SECTION 3 **Réservation**

SOUS-SECTION 1 **Réservation de marchés aux opérateurs économiques qui emploient des travailleurs handicapés et défavorisés**

Art. L. 2113-12 **Des marchés ou des lots d'un marché peuvent être réservés à des entreprises adaptées mentionnées à l'article L. 5213-13 du code du travail, à des établissements et services d'aide par le travail mentionnés à l'article L. 344-2 du code de l'action sociale et des familles ainsi qu'à des structures équivalentes, lorsqu'ils emploient une proportion minimale, fixée par voie réglementaire, de travailleurs handicapés qui, en raison de la nature ou de la gravité de leurs déficiences, ne peuvent exercer une activité professionnelle dans des conditions normales.** — *[Ord. no 2015-899 du 23 juill. 2015, art. 36-I.]*

Art. L. 2113-13 **Des marchés ou des lots d'un marché peuvent être réservés à des structures d'insertion par l'activité économique mentionnées à l'article L. 5132-4 du code du travail et à des structures équivalentes, lorsqu'elles emploient une proportion minimale, fixée par voie réglementaire, de travailleurs défavorisés.** — *[Ord. no 2015-899 du 23 juill. 2015, art. 36-II.]*

COMMENTAIRE

On se reportera à l'article R. 2113-7 du code.

La proportion minimale dont il est fait mention est fixée à 50 %.

L'art. 20, § 1, de la Dir. 2014/24/UE du Parlement européen et du Conseil du 26 févr. 2014 sur la passation des marchés publics et abrogeant la Dir. 2004/18/CE, doit être interprété en ce sens qu'il ne s'oppose pas à ce qu'un État membre impose des conditions supplémentaires par rapport à celles énoncées à cette disposition, excluant de ce fait des procédures de passation de marchés publics réservés à certains opérateurs économiques qui remplissent les conditions prévues à ladite disposition, sous réserve du respect, par cet État membre, des principes d'égalité de traitement et de proportionnalité. • CJUE 6 oct. 2021, *Confederación Nacional de Centros Especiales de Empleo (Conacee)*, n° C-598/19 : *Rev. CMP 2022. Chron. 3, Dietenhoeffer.*

Art. L. 2113-13-1 *(Ord. n° 2022-1336 du 19 oct. 2022, art. 19)* **Des marchés ou des lots d'un marché peuvent être réservés à des opérateurs économiques qui les exécutent dans le cadre des activités de production de biens et de services qu'ils réalisent en établissement pénitentiaire et qui font travailler à ce titre, dans les conditions prévues aux articles L. 412-10 à L. 412-18 du code pénitentiaire, des personnes détenues dans une proportion minimale fixée par voie réglementaire.**

Les dispositions introduites par l'art. 19 de l'Ord. n° 2022-1336 du 19 oct. 2022 s'appliquent aux marchés et aux contrats de concession pour lesquels une consultation est engagée ou un avis d'appel à la concurrence ou un avis de concession est envoyé à la publication à compter de la publication de ladite Ord. (Ord. préc., art. 27 ; JO du 20 oct.).

Art. L. 2113-14 *(L. n° 2020-1525 du 7 déc. 2020, art. 141)* **Un acheteur peut réserver un même marché ou un même lot d'un marché à la fois aux opérateurs économiques qui répondent aux conditions de l'article L. 2113-12 et à ceux qui répondent aux conditions de l'article L. 2113-13.**

(Ord. n° 2022-1336 du 19 oct. 2022, art. 19) **« Un acheteur ne peut réserver un même marché ou un même lot d'un marché à la fois aux opérateurs économiques qui répondent aux conditions de l'article L. 2113-13-1 et aux opérateurs économiques mentionnés au premier alinéa du présent article et qui ne satisfont pas à ces mêmes conditions. »**

Sur l'application des dispositions issues de l'art. 19 de l'Ord. n° 2022-1336 du 19 oct. 2022, V. note ss. art. L. 2113-13-1.

Ancien art. L. 2113-14 *Un acheteur ne peut réserver un marché ou un lot d'un marché aux opérateurs économiques qui répondent à la fois aux conditions de l'article L. 2113-12 et à ceux qui répondent aux conditions de l'article L. 2113-13.* – [Ord. n° 2015-899 du 23 juill. 2015, art. 36-III.]

SOUS-SECTION 2 Réservation de marchés aux entreprises de l'économie sociale et solidaire

Art. L. 2113-15 **Des marchés ou des lots d'un marché, qui portent exclusivement sur des services sociaux et autres services spécifiques dont la liste figure dans un avis annexé au présent code, peuvent être réservés par un pouvoir adjudicateur, y compris lorsqu'il agit en tant qu'entité adjudicatrice, aux entreprises de l'économie sociale et solidaire définies à l'article 1er de la loi n° 2014-856 du 31 juillet 2014 relative à l'économie sociale et solidaire ou à des structures équivalentes, lorsqu'elles ont pour objectif d'assumer une mission de service public liée à la prestation de services mentionnés sur cette liste.** – *[Ord. n° 2015-899 du 23 juill. 2015, art. 37-I.] – V. Annexe n° 3.*

COMMENTAIRE

On se reportera à l'annexe n° 3 du code.

Les art. 76 et 77 de la Dir. 2014/24/UE du Parlement européen et du Conseil du 26 févr. 2014, sur la passation des marchés publics et abrogeant la Dir. 2004/18/CE, doivent être interprétés en ce sens qu'ils ne s'opposent pas à une règlementation nationale qui réserve aux entités privées sans but lucratif la faculté de conclure, moyennant une mise en concurrence de leurs offres, des accords en vertu desquels ces entités fournissent des services sociaux d'aide à la personne, en contrepartie du remboursement des coûts qu'elles supportent, quelle que soit la valeur estimée de ces services, même si ces entités ne satisfont pas aux exigences prévues à cet art. 77, pour autant, d'une part, que le cadre légal et conventionnel dans lesquels se déploie l'activité desdites entités contribue effectivement à la finalité sociale ainsi qu'à la poursuite des objectifs de solidarité et d'effectivité budgétaire sur lesquels cette règlementation est fondée et, d'autre part, que le principe de transparence, tel qu'il est notamment précisé à l'art. 75 de cette Dir., est respecté. • CJUE 14 juill. 2022, n° C-436/20.

Art. L. 2113-16 **Une entreprise ainsi attributaire d'un marché ne peut bénéficier d'une attribution au même titre au cours des trois années suivantes.**

La durée d'un marché réservé aux entreprises de l'économie sociale et solidaire ne peut être supérieure à trois ans. – *[Ord. n° 2015-899 du 23 juill. 2015, art. 37-II.]*

COMMENTAIRE

Voir aussi l'article R. 2113-8 du code.

TITRE II CHOIX DE LA PROCÉDURE DE PASSATION

Art. L. 2120-1 **Les marchés sont passés, selon leur montant, leur objet ou les circonstances de leur conclusion :**

1° Soit sans publicité ni mise en concurrence préalables, dans les conditions prévues au chapitre II ;

2° Soit selon une procédure adaptée, dans les conditions prévues au chapitre III ;

3° Soit selon une procédure formalisée, dans les conditions prévues au chapitre IV.

COMMENTAIRE

L'article L. 2120-1 constitue en quelque sorte une « annonce de plan ».

Il distingue les trois catégories de procédures possibles, par ordre croissant d'exigence.

Le choix de la « bonne procédure » est souvent déterminé par la valeur du besoin auquel il s'agit de répondre, mais, comme on le verra, il peut aussi tenir à l'objet du marché, voire aux « circonstances » dans lesquelles il est conclu.

CHAPITRE I CALCUL DE LA VALEUR ESTIMÉE DU BESOIN

Le présent chapitre ne comprend pas de dispositions législatives.

COMMENTAIRE

Il résulte de ce qui a été dit dans le commentaire de l'article L. 2120-1 ci-dessus que l'estimation de la valeur du besoin à satisfaire revêt une grande importance.

On se reportera aux articles R. 2121-1 à R. 2121-9 du code, les modalités à mettre en œuvre ne relevant pas de la loi.

CHAPITRE II MARCHÉS PASSÉS SANS PUBLICITÉ NI MISE EN CONCURRENCE PRÉALABLES

Art. L. 2122-1 **L'acheteur peut passer un marché sans publicité ni mise en concurrence préalables dans les cas fixés par décret en Conseil d'État lorsque***[,]* **en raison notamment de l'existence d'une première procédure infructueuse, d'une urgence particulière, de son objet ou de sa valeur estimée, le respect d'une telle procédure est inutile, impossible ou manifestement contraire aux intérêts de l'acheteur** *(L. n° 2020-1525 du 7 déc. 2020, art. 131)* **« ou à un motif d'intérêt général ».**

Les dispositions introduites par l'art. 131 de la L. n° 2020-1525 du 7 déc. 2020 s'appliquent aux marchés publics et aux concessions pour lesquels une consultation est engagée ou un avis d'appel à la concurrence est envoyé à la publication à compter de la publication de ladite loi (L. préc., art. 131-III, JO 8 déc.)

COMMENTAIRE

La loi pose le principe de marchés passés sans publicité ni mise en concurrence préalables. Les critères au regard desquels il y a lieu d'apprécier si un marché peut être passé ainsi, qu'ils tiennent à la valeur estimée du besoin, à l'objet du marché ou à des circonstances particulières de passation sont précisés par les articles R. 2122-1 à R. 2122-11 du code, auxquels on se reportera. Dans tous les cas, la dérogation à l'obligation de publicité et de mise en concurrence préalables est de bon sens : le droit des marchés publics n'a pas pour objet d'imposer des procédures de passation inutiles, impossibles à mettre en œuvre ou manifestement contraires aux intérêts de l'acheteur ou encore, depuis la loi n° 2020-1525 du 7 décembre 2020 d'accélération et de simplification de l'action publique, à un motif d'intérêt général (ces deux derniers points étant assurément les plus délicats à cerner). C'est parce qu'elle tient en quelque sorte à la « nature des choses » qu'une telle dérogation est possible sans méconnaissance des principes fondamentaux de la commande publique.

On se reportera à la jurisprudence sous les articles R. 2122-1 à R. 2122-11 du code. ❑

1. Les dérogations aux règles visant à garantir l'effectivité des droits reconnus par le TCE (notamment les dispenses de publicité préalable) doivent faire l'objet d'une interprétation stricte et c'est à celui qui entend s'en prévaloir qu'incombe la charge de la preuve que des circonstances exceptionnelles justifiant la dérogation existent effectivement. • CJCE 18 mai 1995, *Commission c/ Italie*, C-57/94 • CJCE 28 mars 1996, *Commission c/ Allemagne*, C-318/94 • CJUE 27 oct. 2011, *Commission c/ Grèce*, C-601/10 : *Rev. CMP 2012, n° 12, note Eckert.*

2. Dès lors que des marchés ne relèvent d'aucune des hypothèses mentionnées [par les articles qui autorisent la dispense de publicité et de mise en concurrence préalables], une personne publique ne peut les régulariser en passant des marchés après l'exécution des travaux. • CE 27 mai 1998, *Cne d'Agde*, n° 165109 B.

CHAPITRE III MARCHÉS PASSÉS SELON UNE PROCÉDURE ADAPTÉE

Art. L. 2123-1 Une procédure adaptée est une procédure par laquelle l'acheteur définit librement les modalités de passation du marché, dans le respect des principes de la commande publique et des dispositions du présent livre, à l'exception de celles relatives à des obligations inhérentes à un achat selon une procédure formalisée.

L'acheteur peut passer un marché selon une procédure adaptée :

1° Lorsque la valeur estimée hors taxe du besoin est inférieure aux seuils européens mentionnés dans un avis qui figure en annexe du présent code ;

2° En raison de l'objet de ce marché, dans les conditions fixées par décret en Conseil d'État ;

3° Lorsque, alors même que la valeur estimée du besoin est égale ou supérieure aux seuils de procédure formalisée, la valeur de certains lots est inférieure à un seuil fixé par voie réglementaire. – *[Ord. n° 2015-899 du 23 juill. 2015, art. 42-2°.] – V. Annexe n° 2.*

COMMENTAIRE

L'article L. 2123-1 donne un fondement législatif à la procédure adaptée en en définissant les deux caractéristiques essentielles – procédure dont les modalités sont laissées à l'appréciation de l'acheteur, mais liberté limitée par les principes fondamentaux de la commande publique et un certain nombre de règles – et en précisant qu'elle ne peut être choisie que dans certaines hypothèses (il est vrai très larges).

On se reportera aux articles R. 2123-1 à R. 2123-8 du code et, sur les seuils, à l'annexe n° 2 du code. ❑

CHAPITRE IV MARCHÉS PASSÉS SELON UNE PROCÉDURE FORMALISÉE

Art. L. 2124-1 Lorsque la valeur estimée hors taxe du besoin est égale ou supérieure aux seuils européens mentionnés dans un avis qui figure en annexe au présent code, l'acheteur passe son marché selon l'une des procédures formalisées définies par le présent chapitre, dans les conditions et selon les modalités fixées par décret en Conseil d'État. – *[Ord. n° 2015-899 du 23 juill. 2015, art. 42, al. 1er et 2.] – V. Annexe n° 2.*

COMMENTAIRE

Les procédures formalisées, qui se caractérisent par des règles précises, s'imposent pour les marchés les plus importants (au moins en termes de montant), sous réserve des 2° à 4° de l'article R. 2123-1 du code (notamment pour les marchés de services sociaux et de services juridiques), auquel on se reportera.

Il y a plusieurs types de procédures formalisées, entre lesquelles l'acheteur doit encore choisir.

On se reportera, sur les seuils, à l'annexe n° 2 du code. ❑

SECTION 1 Appel d'offres

Art. L. 2124-2 L'appel d'offres, ouvert ou restreint, est la procédure par laquelle l'acheteur choisit l'offre économiquement la plus avantageuse, sans négociation, sur la base de critères objectifs préalablement portés à la connaissance des candidats. – *[Ord. nº 2015-899 du 23 juill. 2015, art. 42, al. 3.]*

COMMENTAIRE

L'appel d'offres est à certains égards la procédure la plus caractéristique du droit des marchés publics parce qu'elle est la plus « objective » : la publicité permet la présentation d'offres concurrentes, entre lesquelles le choix de l'acheteur s'opère au regard de critères objectifs préalablement rendus publics, sans aucune négociation. Une telle procédure garantit en principe une mise en œuvre optimale des principes fondamentaux de la commande publique et le choix de l'offre économiquement la plus avantageuse, sans discrimination ni prise en compte d'éléments d'appréciation non pertinents.

Cette procédure n'est obligatoire que lorsque la valeur du besoin à satisfaire est égale ou supérieure aux seuils européens et qu'on ne se trouve pas dans l'une des hypothèses où une autre procédure formalisée est possible. L'acheteur est toujours libre d'y recourir.

Sur la distinction entre appel d'offres ouvert et appel d'offres restreint et sur le détail des règles de passation applicables, on se reportera à la partie réglementaire du code, en particulier à l'article R. 2124-2 et aux articles R. 2161-2 à R. 2161-11. ❑

SECTION 2 Procédure avec négociation

Art. L. 2124-3 La procédure avec négociation est la procédure par laquelle l'acheteur négocie les conditions du marché avec un ou plusieurs opérateurs économiques. – *[Ord. nº 2015-899 du 23 juill. 2015, art. 42, al. 4 et 5.]*

COMMENTAIRE

Le droit des marchés publics a longtemps été méfiant à l'égard de la négociation, jugée peu compatible avec un strict respect des principes fondamentaux de la commande publique.

Elle est aujourd'hui d'usage beaucoup plus large. Indépendamment du fait que, dans le cadre des procédures non formalisées, il est toujours possible de négocier, la négociation est toujours autorisée pour les entités adjudicatrices et les cas dans lesquels, au-dessus des seuils européens, il est possible, pour un pouvoir adjudicateur, d'y recourir, sont assez nombreux.

On se reportera à la partie réglementaire du code, notamment aux articles R. 2124-3 et R. 2124-4, d'une part, R. 2161-12 à R. 2161-23, d'autre part. ❑

SECTION 3 Dialogue compétitif

Art. L. 2124-4 Le dialogue compétitif est la procédure par laquelle l'acheteur dialogue avec les candidats admis à y participer en vue de définir ou développer les solutions de nature à répondre à ses besoins et sur la base desquelles ces candidats sont invités à remettre une offre. – *[Ord. nº 2015-899 du 23 juill. 2015, art. 42, al. 6.]*

COMMENTAIRE

Innovation de la directive de 2004 (Dir. 2004/18/CE), la procédure de dialogue compétitif a certains traits communs avec la procédure négociée, mais présente aussi d'importantes originalités.

On se reportera à la partie réglementaire du code, notamment aux articles R. 2124-5 et R. 2124-6, d'une part, et aux articles R. 2161-24 à R. 2161-31, d'autre part. ❑

CHAPITRE V TECHNIQUES D'ACHAT

Art. L. 2125-1 **L'acheteur peut, dans le respect des règles applicables aux procédures définies au présent titre, recourir à des techniques d'achat pour procéder à la présélection d'opérateurs économiques susceptibles de répondre à son besoin ou permettre la présentation des offres ou leur sélection, selon des modalités particulières.**

Les techniques d'achat sont les suivantes :

1° L'accord-cadre, qui permet de présélectionner un ou plusieurs opérateurs économiques en vue de conclure un contrat établissant tout ou partie des règles relatives aux commandes à passer au cours d'une période donnée. La durée des accords-cadres ne peut dépasser quatre ans pour les pouvoirs adjudicateurs et huit ans pour les entités adjudicatrices, sauf dans des cas exceptionnels dûment justifiés, notamment par leur l'objet ou par le fait que leur exécution nécessite des investissements amortissables sur une durée supérieure ;

2° Le concours, grâce auquel l'acheteur choisit, après mise en concurrence et avis d'un jury, un plan ou un projet ;

3° Le système de qualification, réservé aux entités adjudicatrices, destiné à présélectionner tout au long de sa durée de validité des candidats aptes à réaliser des prestations déterminées ;

4° Le système d'acquisition dynamique, qui permet de présélectionner un ou plusieurs opérateurs économiques, pour des achats d'usage courant, selon un processus ouvert et entièrement électronique ;

5° Le catalogue électronique, qui permet la présentation d'offres ou d'un de leurs éléments de manière électronique et sous forme structurée ;

6° Les enchères électroniques, qui ont pour but de sélectionner par voie électronique, pour un marché de fournitures d'un montant égal ou supérieur aux seuils de la procédure formalisée, des offres en permettant aux candidats de réviser leurs prix à la baisse ou de modifier la valeur de certains autres éléments quantifiables de leurs offres. – *[Ord. n° 2015-899 du 23 juill. 2015, art. 4, al. 3 et 8 ; Décr. n° 2016-360 du 25 mars 2016, art. 46-I, al. 1er, 78-III, 81-I, al. 1er et 2 f1, 84-I.]*

COMMENTAIRE

La loi pose le principe de plusieurs « techniques d'achat », de natures assez diverses.

On se reportera aux articles R. 2162-1 à R. 2162-66 du code. ❑

TITRE III ENGAGEMENT DE LA PROCÉDURE DE PASSATION

CHAPITRE I PUBLICITÉ PRÉALABLE

Art. L. 2131-1 **Afin de susciter la plus large concurrence, les acheteurs procèdent à une publicité préalable à l'attribution du marché dans les conditions et sous réserve d'exceptions définies par décret en Conseil d'État, en fonction de l'objet du marché, de la valeur estimée hors taxe du besoin ou de l'acheteur concerné.** – *[Ord. n° 2015-899 du 23 juill. 2015, art. 41.]*

COMMENTAIRE

Comme il est logique, la loi se borne à prévoir le principe de l'obligation fondamentale de publicité préalable et les cas dans lesquels des exceptions peuvent être admises.

On se reportera aux articles R. 2131-1 à R. 2131-20 du code. ❑

CHAPITRE II COMMUNICATION ET ÉCHANGES D'INFORMATIONS

SECTION 1 Confidentialité

Art. L. 2132-1 **L'acheteur ne peut communiquer les informations confidentielles dont il a eu connaissance lors de la procédure de passation, telles que celles dont la divulgation violerait le secret des affaires, ou celles dont la communication pourrait nuire à une concurrence loyale entre les opérateurs économiques, telle que la communication en cours de consultation du montant total ou du prix détaillé des offres.**

Toutefois, l'acheteur peut demander aux opérateurs économiques de consentir à ce que certaines informations confidentielles qu'ils ont fournies, précisément désignées, puissent être divulguées.

L'acheteur peut imposer aux opérateurs économiques des exigences visant à protéger la confidentialité des informations qu'il communique dans le cadre de la procédure de passation d'un marché. – *[Ord. n° 2015-899 du 23 juill. 2015, art. 44-I et II.]*

1. Il résulte de l'instruction que lors de la mise en ligne sur le site de la cour d'appel de Paris des informations nécessaires aux entreprises souhaitant faire acte de candidature au marché ayant pour objet « la gestion, l'exploitation et la maintenance des installations de télécommunications du conseil des prud'hommes de Paris », ont été insérés, dans les documents contractuels, un devis élaboré par l'entreprise ITAC dans le cadre de l'exécution d'un autre marché public alors en cours avec l'UGAP, ainsi qu'un mémoire technique ou figuraient des informations relatives à la stratégie commerciale, aux procédés internes, aux délais d'exécution, ainsi que la description des matériels et logiciels utilisés par l'entreprise et susceptibles d'être utilisés dans le cadre de l'appel d'offre litigieux lancé par la cour d'appel de Paris. Ces informations comprenaient des éléments couverts par le secret industriel et commercial, nonobstant la circonstance que les liens entre la société ITAC et d'autres sociétés soient de notoriété publique. Ainsi, c'est à juste raison que les premiers juges ont estimé que l'administration avait ainsi commis une faute susceptible d'engager la responsabilité de l'État.

Toutefois la société requérante ne peut prétendre à l'indemnisation des préjudices patrimoniaux et extrapatrimoniaux qu'elle réclame qu'à la double condition d'une part d'établir qu'il existe un lien de causalité direct et certain entre la faute commise et les préjudices allégués, et d'autre part, de justifier ces derniers. • CAA Paris, 5 févr. 2019, ☎ *Sté ITAC*, n° 17PA03752.

2. Référés « secret des affaires ». Aux termes du premier al. de l'art. L. 77-13-1 CJA, « Lorsque les actions tenant à prévenir, faire cesser ou réparer une atteinte portée au secret des affaires relèvent de la juridiction administative, le juge peut mettre en œuvre les mesures prévues au chap. II du titre V du livre I du C. com., sous réserve des adaptations réglementaires nécessaires ». Aux termes de l'art. R. 77-13-2 du même code : « Lorsqu'il est saisi aux fins de prévenir une atteinte imminente ou faire cesser une atteinte illicite à un secret des affaires, le juge des référés se prononce ainsi qu'il est dit à l'art. R. 557-3 ». Aux termes de l'art. R. 557-3 CJA : « Lorsqu'il est saisi aux fins de prévenir une atteinte imminente ou faire cesser une atteinte illicite à un secret des affaires, le juge des référés peut prescrire toute mesure provisoire et conservatoire proportionnée, y compris sous astreinte. Il peut notamment ordonner l'ensemble des meusures mentionnées à l'art. R. 152-1 C. com. ».

Aux termes de l'art. L. 151-1 C. com. : « Est protégé au titre du secret des affaires toute information répondant aux critères suivants : 1° Elle n'est pas, en elle-même ou dans la configuration et l'assemblage exacts de ses éléments, généralement connue ou aisément accessible pour les personnes familières de ce type d'information en raison de leur secteur d'activité ; 2° Elle a une valeur commerciale, effective ou potentielle, du fait de son caractère secret ; 3° Elle fait l'objet de la part de son détenteur légitime de mesures de protection raisonnables, compte tenu des circonstances, pour en conserver le caractère secret ». Aux termes du I de l'art. R. 152-1 C. com. : « Lorsqu'elle est saisie aux fins de prévenir une atteinte imminente ou faire cesser une atteinte illicite à un secret des affaires, la juridiction peut prescrire, sur requête ou en référé, toute mesure provisoire et conservatoire proportionnée, y compris sous astreinte. Elle peut notamment : 1° Interdire la réalisation ou la poursuite des actes d'utilisation ou de divulgation d'un secret des affaires ; (...) ».

Aux termes du 1er al. de l'art. L. 2123-1 CCP : « L'acheteur ne peut communiquer les informations confidentielles dont il a eu connaissance lors de la procédure de passation, telles que celles dont la divulgation violerait le secret des affaires, ou celles dont la communication pourrait nuire à une concurrence loyale entre les opérateurs économiques, telle que la communication en cours de consultation du montant total ou du prix détaillé des offres ».

Il ressort des pièces du dossier soumis au juge des référés du TA de Guadeloupe que le CHU de Pointe-à-Pitre c/ Abymes a conclu avec la Sté ACAOP un marché d'assistance à maîtrise d'ouvrage pour la passation de ses marchés d'assurance. A ce titre, il n'a pas été contesté devant le juge du fond que la Sté ACAOP intervient pour le compte de la personne publique et que son dirigeant et ses personnels sont tenus, dans le cadre de l'exécution de ce marché, à une obligation professionnelle de confidentialité. Par suite, en jugeant qu'il n'y avait pas lieu de prendre en compte cette obligation de confidentialité dans l'appréciation du risque d'une atteinte imminente au secret des affaires susceptible d'être imputable au centre hospitalier, contre lequel la SHAM a engagé son action, à raison de l'intervention de la Sté ACAOP dans la procédure de passation du marché d'assurance auquel la requérante a candidaté, le juge des référés a commis une erreur de droit. Par suite et sans qu'il soit besoin de se prononcer sur l'autre moyen du pourvoi, son ordonnance doit être annulée.

Il y a lieu, dans les circonstances de l'espèce, de

régler l'affaire au titre de la procédure de référé engagée, en application de l'art. L. 821-2 CJA.

Il résulte de l'instruction, que la SHAM était tenue de communiquer, dans le cadre de la consultation en cause, des informations relatives au prix de son offre, lesquelles doivent être regardées, à ce stade de la procédure de passation, comme couvertes par le secret des affaires au sens des dispositions citées aux pts 2 à 4. Si la SHAM fait valoir qu'elle s'est expressément opposée à ce que son offre soit communiquée à M. T, dirigeant de la Sté ACAOP, et à l'ensemble des préposés de cette société, dont elle a sollicité l'exclusion de l'analyse des offres, en raison de relations étroites alléguées de M. T avec la société concurrente, cette seule circonstance ne suffit pas, par elle-même, à caractériser un risque d'atteinte imminente au secret des affaires dès lors que la Sté ACAOP ainsi que son dirigeant et ses personnels sont tenus à une obligation contractuelle de confidentialité dans le cadre de leur mission d'assistance au maître de l'ouvrage. A cet égard, il appartiendra à la requérante, si elle s'y croit fondée, de faire valoir notamment devant le juge du référé précontractuel tout manquement qu'elle aura relevé aux règles de publicité et de concurrence, tenant, le cas échéant, en une violation par le pouvoir adjudicateur du secret commercial ou de l'impartialité à laquelle celui-ci est tenu. • CE 10 févr. 2022, *Centre hospitalier universitaire de Pointe-à-Pitre c/ Abymes,* n° 456503 A : *BJCP 2022. 167, concl. Pichon de Vendeuil ; Rev. CMP 2022, n° 4, comm. 126, Rees.*

SECTION 2 Dématérialisation des communications et échanges d'informations

Art. L. 2132-2 **Les communications et les échanges d'informations effectués dans le cadre de la procédure de passation d'un marché sont réalisés par voie électronique, selon des modalités et sous réserve des exceptions prévues par voie réglementaire.** — *[Ord. n° 2015-899 du 23 juill. 2015, art. 43, al. 1er.]*

TITRE IV PHASE DE CANDIDATURE

CHAPITRE I MOTIFS D'EXCLUSIONS DE LA PROCÉDURE DE PASSATION

SECTION 1 Exclusions de plein droit

Art. L. 2141-1 **Sont exclues de la procédure de passation des marchés les personnes qui ont fait l'objet d'une condamnation définitive pour l'une des infractions prévues aux articles 222-34 à 222-40, 225-4-1, 225-4-7, 313-1, 313-3, 314-1, 324-1, 324-5, 324-6, 421-1 à 421-2-4, 421-5, 432-10, 432-11, 432-12 à 432-16, 433-1, 433-2, 434-9, 434-9-1, 435-3, 435-4, 435-9, 435-10, 441-1 à 441-7, 441-9, 445-1 à 445-2-1 ou 450-1 du code pénal, aux articles 1741 à 1743, 1746 ou 1747 du code général des impôts, ou pour recel de telles infractions, ainsi que pour les infractions équivalentes prévues par la législation d'un autre État membre de l'Union européenne.**

La condamnation définitive pour l'une de ces infractions ou pour recel d'une de ces infractions d'un membre de l'organe de gestion, d'administration, de direction ou de surveillance ou d'une personne physique qui détient un pouvoir de représentation, de décision ou de contrôle d'une personne morale entraîne l'exclusion de la procédure de passation des marchés de cette personne morale, tant que cette personne physique exerce ces fonctions.

Sauf lorsque la peine d'exclusion des marchés a été prononcée pour une durée différente par une décision de justice définitive, l'exclusion de la procédure de passation des marchés au titre du présent article s'applique pour une durée de cinq ans à compter du prononcé de la condamnation. — *[Ord. n° 2015-899 du 23 juill. 2015, art. 45, al. 1er.]*

Ces dispositions n'ont pas pour objet de punir les opérateurs économique mais d'assurer l'efficacité de la commande publique et le bon usage des deniers publics, n'instituent pas une sanction ayant le caractère d'une punition. • Cons. const. 28 janv. 2022, n° 2021-966 QPC : *AJDA 2022. 882, note Sorbara ; Rev. CMP 2022. n° 4, comm. 104, Ubaud-Bergeron ; Dr. adm. 2022, n° 28, note Gaudemet.*

Art. L. 2141-2 **Sont exclues de la procédure de passation des marchés les personnes qui n'ont pas souscrit les déclarations leur incombant en matière fiscale ou sociale ou n'ont pas acquitté les impôts, taxes, contributions ou cotisations sociales exigibles. La**

liste de ces impôts, taxes, contributions ou cotisations sociales est fixée par un arrêté du ministre chargé de l'économie annexé au présent code.

Cette exclusion n'est pas applicable aux personnes qui, avant la date à laquelle l'acheteur se prononce sur la recevabilité de leur candidature, ont, en l'absence de toute mesure d'exécution du comptable ou de l'organisme chargé du recouvrement, acquitté lesdits impôts, taxes, contributions et cotisations ou constitué des garanties jugées suffisantes par le comptable ou l'organisme chargé du recouvrement, ou, à défaut, ont conclu et respectent un accord contraignant avec les organismes chargés du recouvrement en vue de payer les impôts, taxes, contributions ou cotisations, ainsi que les éventuels intérêts échus, pénalités ou amendes. – *[Ord. n° 2015-899 du 23 juill. 2015, art. 45, al. 1er-2°.] – V. Annexe n° 4.*

COMMENTAIRE

On se reportera à l'annexe n° 4 du code.

Art. L. 2141-3 Sont exclues de la procédure de passation des marchés les personnes :

1° Soumises à la procédure de liquidation judiciaire prévue à l'article L. 640-1 du code de commerce ou faisant l'objet d'une procédure équivalente régie par un droit étranger ;

2° Qui font l'objet, à la date à laquelle l'acheteur se prononce sur la recevabilité de leur candidature, d'une mesure de faillite personnelle ou d'une interdiction de gérer en application des articles L. 653-1 à L. 653-8 du code de commerce, ou d'une mesure équivalente prévue par un droit étranger ;

3° Admises à la procédure de redressement judiciaire instituée par l'article L. 631-1 du code de commerce ou à une procédure équivalente régie par un droit étranger, *(L. n° 2020-1525 du 7 déc. 2020, art. 131)* « qui ne bénéficient pas d'un plan de redressement ou » qui ne justifient pas avoir été habilitées à poursuivre leurs activités pendant la durée prévisible d'exécution du marché. – *[Ord. n° 2015-899 du 23 juill. 2015, art. 45, al. 1er-3°.]*

Les dispositions introduites par l'art. 131 de la L. n° 2020-1525 du 7 déc. 2020 s'appliquent aux marchés publics et aux concessions pour lesquels une consultation est engagée ou un avis d'appel à la concurrence est envoyé à la publication à compter de la publication de ladite loi (L. préc., art. 131-III, JO 8 déc.)

Art. L. 2141-4 Sont exclues de la procédure de passation des marchés les personnes qui :

1° Ont été sanctionnées pour méconnaissance des obligations prévues aux articles L. 8221-1, L. 8221-3, L. 8221-5, L. 8231-1, L. 8241-1, L. 8251-1 et L. 8251-2 du code du travail ou qui ont été condamnées au titre de l'article L. 1146-1 du même code ou de l'article 225-1 du code pénal ;

2° Au 31 décembre de l'année précédant celle au cours de laquelle a lieu le lancement de la procédure de passation du marché, n'ont pas mis en œuvre l'obligation de négociation prévue au 2° de l'article L. 2242-1 du code du travail ;

3° Ont été condamnées au titre du 5° de l'article 131-39 du code pénal ou sont des personnes physiques condamnées à une peine d'exclusion des marchés.

Sauf lorsque la peine d'exclusion des marchés a été prononcée pour une durée différente fixée par une décision de justice définitive, l'exclusion prévue au présent article s'applique pour une durée de trois ans à compter la date de la décision ou du jugement ayant constaté la commission de l'infraction.

Cette exclusion n'est pas applicable à la personne qui établit qu'elle n'a pas fait l'objet d'une peine d'exclusion des marchés inscrite au bulletin n° 2 du casier judiciaire en application de l'article 775-1 du code de procédure pénale, qu'elle a régularisé sa situation, qu'elle a réglé l'ensemble des amendes et indemnités dues, qu'elle a collaboré activement avec les autorités chargées de l'enquête, qu'elle a, le cas échéant, réalisé ou engagé la régularisation de sa situation au regard de l'obligation de négociation du 2° de l'article L. 2242-1 du code du travail et enfin, qu'elle a pris des mesures concrètes de nature à prévenir la commission d'une nouvelle infraction pénale ou d'une nouvelle faute.

Cette exclusion n'est pas non plus applicable en cas d'obtention d'un sursis en application des articles 132-31 ou 132-32 du code pénal, d'un ajournement du prononcé de

la peine en application des articles 132-58 à 132-62 du code pénal ou d'un relèvement de peine en application de l'article 132-21 du code pénal ou des articles 702-1 ou 703 du code de procédure pénale. – *[Ord. n° 2015-899 du 23 juill. 2015, art. 45, al. 1er-4°.]*

Art. L. 2141-5 Sont exclues de la procédure de passation des marchés les personnes qui font l'objet d'une mesure d'exclusion des contrats administratifs en vertu d'une décision administrative prise en application de l'article L. 8272-4 du code du travail.

Cette exclusion n'est pas applicable à la personne qui établit qu'elle n'a pas fait l'objet d'une peine d'exclusion des marchés inscrite au bulletin n° 2 du casier judiciaire en application de l'article 775-1 du code de procédure pénale, qu'elle a régularisé sa situation, qu'elle a réglé l'ensemble des amendes et indemnités dues, qu'elle a collaboré activement avec les autorités chargées de l'enquête et qu'elle a pris des mesures concrètes de nature à prévenir la commission d'une nouvelle infraction pénale ou d'une nouvelle faute. – *[Ord. n° 2015-899 du 23 juill. 2015, art. 45, al. 1er-5°.]*

Art. L. 2141-6 L'acheteur peut, à titre exceptionnel, autoriser un opérateur économique qui serait dans un cas d'exclusion prévu à la présente section à participer à la procédure de passation d'un marché, à condition que cela soit justifié par des raisons impérieuses d'intérêt général, que le marché en cause ne puisse être confié qu'à ce seul opérateur économique et qu'un jugement définitif d'une juridiction d'un État membre de l'Union européenne n'exclut pas expressément l'opérateur concerné des marchés. – *[Ord. n° 2015-899 du 23 juill. 2015, art. 47.]*

COMMENTAIRE

Le principe fondamental de liberté d'accès à la commande publique ne fait pas obstacle à ce que certains opérateurs soient exclus : on trouve, aux articles L. 2141-1 à L. 2141-5 ci-dessus, la liste des exclusions obligatoires. On se reportera aux différents textes du code pénal, du code de procédure pénale, du code général des impôts, du code du travail et du code de commerce qu'ils mentionnent.

Les dérogations prévues par l'article L. 2141-6 sont très strictes.

Voir la jurisprudence sous l'article L. 2141-11, ci-dessous. ❑

SECTION 2 **Exclusions à l'appréciation de l'acheteur**

Art. L. 2141-7 L'acheteur peut exclure de la procédure de passation d'un marché les personnes qui, au cours des trois années précédentes, ont dû verser des dommages et intérêts, ont été sanctionnées par une résiliation ou ont fait l'objet d'une sanction comparable du fait d'un manquement grave ou persistant à leurs obligations contractuelles lors de l'exécution d'un contrat de la commande publique antérieur. – *[Ord. n° 2015-899 du 23 juill. 2015, art. 48-I-1°.]*

Art. L. 2141-7-1 *(L. n° 2021-1104 du 22 août 2021, 35-II-5°, en vigueur le 4 mai 2022)* **L'acheteur peut exclure de la procédure de passation d'un marché les personnes soumises à l'article L. 225-102-4 du code de commerce qui ne satisfont pas à l'obligation d'établir un plan de vigilance comportant les mesures prévues au même article L. 225-102-4, pour l'année qui précède l'année de publication de l'avis d'appel à la concurrence ou d'engagement de la consultation. Une telle prise en compte ne peut être de nature à restreindre la concurrence ou à rendre techniquement ou économiquement difficile l'exécution de la prestation.**

V. note ss. art. L. 2111-2, supra.

Le Décr. n° 2022-767 du 2 mai 2022 a fixé l'entrée en vigueur des dispositions issues du 5° du II de l'art. 35 de la L. n° 2021-1104 du 22 août 2021 au lendemain de sa publication, soit le 4 mai 2022 (Décr. préc., art. 13, JO 3 mai).

Art. L. 2141-8 L'acheteur peut exclure de la procédure de passation d'un marché les personnes qui :

1° Soit ont entrepris d'influer indûment sur le processus décisionnel de l'acheteur ou d'obtenir des informations confidentielles susceptibles de leur donner un avantage indu lors de la procédure de passation du marché, ou ont fourni des informations trom-

peuses susceptibles d'avoir une influence déterminante sur les décisions d'exclusion, de sélection ou d'attribution ;

2° Soit par leur participation préalable directe ou indirecte à la préparation de la procédure de passation du marché, ont eu accès à des informations susceptibles de créer une distorsion de concurrence par rapport aux autres candidats, lorsqu'il ne peut être remédié à cette situation par d'autres moyens. – *[Ord. n° 2015-899 du 23 juill. 2015, art. 48-I-2° et 3°.]*

Art. L. 2141-9 **L'acheteur peut exclure de la procédure de passation d'un marché les personnes à l'égard desquelles il dispose d'éléments suffisamment probants ou constituant un faisceau d'indices graves, sérieux et concordants pour en déduire qu'elles ont conclu une entente avec d'autres opérateurs économiques en vue de fausser la concurrence.** – *[Ord. n° 2015-899 du 23 juill. 2015, art. 48-I-4°.]*

Art. L. 2141-10 **L'acheteur peut exclure de la procédure de passation du marché les personnes qui, par leur candidature, créent une situation de conflit d'intérêts, lorsqu'il ne peut y être remédié par d'autres moyens.**

Constitue une telle situation toute situation dans laquelle une personne qui participe au déroulement de la procédure de passation du marché ou est susceptible d'en influencer l'issue a, directement ou indirectement, un intérêt financier, économique ou tout autre intérêt personnel qui pourrait compromettre son impartialité ou son indépendance dans le cadre de la procédure de passation du marché. – *[Ord. n° 2015-899 du 23 juill. 2015, art. 48-I-5.]*

Au nombre des principes généraux du droit qui s'imposent au pouvoir adjudicateur comme à toute autorité administrative, figure le principe d'impartialité. Ce principe implique l'absence de situation de conflit d'intérêts au cours de la procédure de sélection du titulaire du contrat.

L'existence d'une situation de conflit d'intérêts au cours de la procédure d'attribution du marché, telle que définie à l'article L. 2141-10 CCP, est constitutive d'un manquement aux obligations de publicité et de mise en concurrences susceptible d'entacher la validité du contrat. • CE 25 nov. 2021, *Coll. de Corse*, n° 454466 A (concl. Le Corre) : *BJCP 2022. 75 ; Rev. CMP 2022, n° 2, Comm. 39, Hoepffner ; Dr. adm. 2022. Chron. 13, Amilhat, Kerléo ; RFDA 2022.501, note Aynès.*

Art. L. 2141-11 **L'acheteur qui envisage d'exclure un opérateur économique en application de la présente section doit le mettre à même de présenter ses observations afin d'établir dans un délai raisonnable et par tout moyen qu'il a pris les mesures nécessaires pour corriger les manquements précédemment énoncés et, le cas échéant, que sa participation à la procédure de passation du marché n'est pas susceptible de porter atteinte à l'égalité de traitement.** – *[Ord. n° 2015-899 du 23 juill. 2015, art. 48-II.]*

COMMENTAIRE

Les articles L. 2141-7 à L. 2141-11 qui précèdent prévoient des interdictions de soumissionner facultatives. Elles ne sont pas du même ordre que les interdictions obligatoires et permettent d'exclure des candidats qui ont faussé ou sont susceptibles de fausser les procédures de mise en concurrence. Elles impliquent le respect de l'obligation procédurale prévue par l'article L. 2141-11.

La jurisprudence qui suit concerne l'ensemble des interdictions de soumissionner, obligatoires ou facultatives.

I. CJCE/CJUE

1. Les cas dans lesquels un entrepreneur peut être exclu de la participation à un marché public sont énumérés de façon exhaustive par les directives marchés. Cependant un État membre peut prévoir d'autres mesures d'exclusion visant à garantir le respect des principes d'égalité de traitement des soumissionnaires et de transparence, pourvu que de telles mesures respectent le principe fondamental de proportionnalité. Tel n'est pas le cas d'une mesure qui instaure une présomption irréfragable d'incompatibilité entre la qualité de propriétaire, d'associé, d'actionnaire majeur ou de cadre dirigeant d'une entreprise dans le secteur des médias et celle de propriétaire, d'associé, d'actionnaire majeur ou de cadre dirigeant d'une entreprise qui se voit confier l'exécution d'un marché public. • CJCE 18 déc. 2008, *Michaniki AE c/ Ethniko Symvoulio Radiotileorasis, Ypourgos Epikrateias*, C-213/07 : *Rev. CMP 2009, n° 35, note Zimmer ; RDI 2009. 244, note Noguellou.*

2. De même, le droit communautaire s'oppose à une disposition nationale qui, tout en poursuivant les objectifs légitimes d'égalité de traitement des soumissionnaires et de transparence dans le cadre des procédures de passation des marchés publics, instaure une interdiction absolue, pour des entreprises entre lesquelles il existe un rapport de contrôle ou qui sont liées entre elles, de participer de manière simultanée et concurrente à un même appel d'offres, sans leur laisser la possibilité de démontrer que ledit rapport n'a pas influé sur leur comportement respectif dans le cadre de cet appel d'offres. • CJCE 19 mai 2009, *Assitur Srl*, C-538/07 : *AJDA 2009. 1535, chron. E. Broussy, F. Donnat et C. Lambert ; Rev. CMP 2009, n° 227, note Zimmer ; RDI 2009. 423, note Noguellou .*

3. La détermination de la date à laquelle les opérateurs doivent avoir satisfait à leurs obligations sociales et fiscales relève des dispositions nationales mais doit respecter les principes d'égalité de traitement et de transparence, ce qui implique que cette date soit déterminée de façon certaine et connue à l'avance de tous les candidats. • CJCE 9 févr. 2006, *La Cascina Soc. Coop. Arl*, n^os^ C-226/04 et C-228/04 : *AJDA 2006. 702, note Dreyfus ; Rev. CMP 2006, n° 100, obs. Zimmer.*

4. Le droit de l'Union doit être interprété en ce sens qu'il ne s'oppose pas à une réglementation nationale qui impose à l'entrepreneur établi dans un autre État membre, aux fins de l'attribution d'un marché dans l'État membre du pouvoir adjudicateur, l'obligation d'être titulaire, dans ce dernier État membre, d'un enregistrement relatif à l'absence des causes d'exclusion énumérées à l'art. 24, al., de la Dir. n° 93/37/CEE du Conseil, du 14 juin 1993, portant coordination des procédures de passation des marchés publics de travaux, à condition qu'une telle obligation n'entrave ni ne retarde la participation de l'entrepreneur au marché public en cause, ni n'engendre de charges administratives excessives, et qu'elle ait uniquement pour objet la vérification des qualités professionnelles de l'intéressé, au sens de cette disposition. Le droit de l'Union doit être interprété en ce sens qu'il s'oppose à une réglementation nationale en vertu de laquelle la vérification des certificats délivrés à un entrepreneur d'un autre État membre par les autorités fiscales et sociales de ce dernier État membre est confiée à une instance autre que le pouvoir adjudicateur lorsque, d'une part, cette instance est composée majoritairement de personnes nommées par les organisations des employeurs et des travailleurs du secteur de la construction de la province dans laquelle se déroule le marché public en cause, et que, d'autre part, ce pouvoir s'étend à un contrôle au fond de la validité desdits certificats. • CJUE 15 juill. 2010, *Bâtiments et Ponts Construction SA, WISAG Produktionsservice GmbH c/ Berlaymont 2000 SA*, C-74/09 : *Rev. CMP 2010, n° 366, note Zimmer.*

5. Il convient de répondre à la première question que l'art. 45, § 2, 1er al., ss. d), de la Dir. 2004/18/CE doit être interprété en ce sens qu'il s'oppose à une réglementation nationale qui prévoit qu'une faute grave en matière professionnelle, conduisant à l'exclusion automatique de l'opérateur économique en cause d'une procédure d'attribution d'un marché public en cours, est constituée lorsque, en raison de circonstances imputables à cet opérateur économique, le pouvoir adjudicateur a résilié ou dénoncé un précédent contrat de marché public passé avec ledit opérateur, ou s'est rétracté, si cette résiliation, dénonciation ou rétractation du contrat est intervenue dans un délai de trois ans avant l'ouverture de la procédure en cours et que le montant de la partie du marché public précédent qui n'a pas été exécutée s'élève à au moins 5 % du montant total de ce marché.Il convient de répondre à la seconde question que les principes et les règles du droit de l'Union en matière de marchés publics ne justifient pas que, au titre de la sauvegarde de l'intérêt public et des intérêts légitimes des pouvoirs adjudicateurs, ainsi que du maintien d'une concurrence loyale entre opérateurs économiques, une réglementation nationale, telle que celle en cause au principal, impose à un pouvoir adjudicateur d'exclure automatiquement d'une procédure d'attribution d'un marché public un opérateur économique dans une hypothèse telle que celle visée par la réponse à la première question préjudicielle. • CJUE 13 déc. 2012, *Forposta SA*, n° C-465/11.

6. Le droit de l'Union, en particulier l'art. 45, § 2, de la Dir. 2004/18/CE du Parlement européen et du Conseil, du 31 mars 2004, relative à la coordination des procédures de passation des marchés publics de travaux, de fournitures et de services, ne s'oppose pas à ce qu'une réglementation nationale, telle que celle en cause au principal, oblige un pouvoir adjudicateur à examiner, en application du principe de proportionnalité, s'il y a effectivement lieu de procéder à l'exclusion d'un candidat à un marché public qui a commis une faute professionnelle grave.

Les dispositions de la Dir. 2004/18/CE, notamment celles de l'art. 2 et de l'annexe VII A, pt 17, de cette directive, lues à la lumière du principe d'égalité de traitement ainsi que de l'obligation de transparence qui en découle, doivent être interprétées en ce sens qu'elles s'opposent à ce qu'un pouvoir adjudicateur décide d'attribuer un marché public à un soumissionnaire ayant commis une faute professionnelle grave au motif que l'exclusion de ce soumissionnaire de la procédure d'adjudication aurait été contraire au principe de proportionnalité, alors que, selon les conditions de l'appel d'offres de ce marché, un soumissionnaire ayant commis une faute professionnelle grave devait être nécessairement exclu sans prendre en compte le caractère proportionné ou non de cette sanction. • CJUE 14 déc. 2016, *Connexxion Taxi Services BV*, n° C-171/15 : *Rev. CMP 2017, n° 39, note Ubaud-Bergeron.*

7. L'art. 45 de la Dir. 2004/18/CE du Parlement européen et du Conseil, du 31 mars 2004, relative à la coordination des procédures de passation des marchés publics de travaux, de fournitures et de services, telle que modifiée par le Règl. (CE) n° 1177/2009 de la Commission, du

30 nov. 2009, lu en combinaison avec l'art. 2 de celle-ci, ainsi que le principe d'égalité de traitement et l'obligation de transparence doivent être interprétés en ce sens qu'ils ne s'opposent pas à l'exclusion d'un opérateur économique d'une procédure d'adjudication, au motif que cet opérateur n'a pas respecté l'obligation, prévue dans les documents du marché, de joindre à son offre, sous peine d'exclusion, une déclaration aux termes de laquelle la personne désignée dans cette offre comme directeur technique dudit opérateur ne fait pas l'objet d'une procédure ou d'une condamnation pénales, même lorsque, à une date postérieure à l'échéance du délai imparti pour le dépôt des offres, une telle déclaration a été communiquée au pouvoir adjudicateur ou il est démontré que la qualité de directeur technique a été attribuée par erreur à cette personne. • CJUE 6 nov. 2014, *Cartiera dell'Adda SpA*, n° C-42/13 : *Rev. CMP 2014, n° 40, note Zimmer.*

8. En ce qui concerne l'exclusion d'opérateurs économiques d'un marché public dans le contexte de la liberté d'établissement et de la libre prestation de services prévues aux art. 49 et 56 TFUE, il convient de relever que l'art. 45, § 2, ss. d), de la Dir. 2004/18/UE permet d'exclure tout opérateur « qui, en matière professionnelle, a commis une faute grave constatée par tout moyen dont les pouvoirs adjudicateurs pourront justifier ».

A cet égard, la Cour a déjà jugé que la notion de « faute en matière professionnelle », au sens de cette dernière disposition, couvre tout comportement fautif qui a une incidence sur la crédibilité professionnelle de l'opérateur en cause et non pas seulement les violations des normes de déontologie au sens strict de la profession à laquelle appartient cet opérateur (V., en ce sens, arrêt *Forposta et ABC Direct Contact, EU :C :2012 :801, pt 27*). Dans ces conditions, il y a lieu de considérer que la commission d'une infraction aux règles de la concurrence, notamment lorsque cette infraction a été sanctionnée par une amende, constitue une cause d'exclusion relevant de l'art. 45, § 2, ss. d), de la Dir. 2004/18/CE.

Or, si une telle cause d'exclusion est possible en application de la Dir. n° 2004/18/CE, elle doit *a fortiori* être considérée comme justifiée en ce qui concerne les marchés publics n'atteignant pas le seuil pertinent défini à l'art. 7 de ladite directive et n'étant, par conséquent, pas soumis aux procédures particulières et rigoureuses prévues par cette même directive.

Les art. 49 et 56 TFUE ne s'opposent pas à l'application d'une réglementation nationale excluant la participation à une procédure d'appel d'offres d'un opérateur économique qui a commis une infraction au droit de la concurrence, constatée par une décision de justice ayant acquis force de chose jugée, pour laquelle il s'est vu infliger une amende. • CJUE 18 déc. 2014, *Generali-Providencia Biztosito Zrt c/ Közbeszer zesi Hatosag Közbeszerzesi DöntObizottsag*, n° C-470/13 : *Rev. CMP 2015, n° 35, note Zimmer.*

9. Les règles fondamentales et les principes généraux du TFUE, en particulier les principes d'égalité de traitement et de non-discrimination ainsi que l'obligation de transparence qui en découle, doivent être interprétés en ce sens qu'ils ne s'opposent pas à une disposition de droit national en vertu de laquelle un pouvoir adjudicateur peut prévoir qu'un candidat ou un soumissionnaire soit exclu automatiquement d'une procédure d'appel d'offres relative à un marché public pour ne pas avoir déposé, avec son offre, une acceptation écrite des engagements et des déclarations contenus dans une convention de légalité, telle que celle en cause au principal, dont l'objectif est de lutter contre les infiltrations de la criminalité organisée dans le secteur des marchés publics. Toutefois, dans la mesure où cette convention contient des déclarations selon lesquelles le candidat ou le soumissionnaire ne se trouve pas dans un rapport de contrôle ou d'association avec d'autres candidats ou soumissionnaires, n'a pas conclu et ne conclura pas d'accord avec d'autres participants à la procédure d'appel d'offres et ne sous-traitera aucun type de tâches à d'autres entreprises participant à cette procédure, l'absence de telles déclarations ne peut pas avoir pour conséquence l'exclusion automatique du candidat ou du soumissionnaire de ladite procédure. • CJUE 22 oct. 2015, *Impresa Edilux Srl*, n° C-425/14.

10. L'art. 45 de la Dir. 2004/18/CE du Parlement européen et du Conseil du 31 mars 2004, relative à la coordination des procédures de passation des marchés publics de travaux, de fournitures et de services, doit être interprété en ce sens qu'il ne s'oppose pas à une réglementation nationale, telle que celle en cause au principal, qui oblige le pouvoir adjudicateur à considérer comme étant un motif d'exclusion l'infraction en matière de versement de cotisations de sécurité sociale, constatée dans un certificat demandé d'office par le pouvoir adjudicateur et délivré par les organismes de sécurité sociale, lorsque cette infraction existait à la date de la participation à un appel d'offres, même si elle n'existait plus à la date de l'adjudication ou du contrôle d'office par le pouvoir adjudicateur. • CJUE 10 nov. 2016, *Ciclat Soc. Coop.*, n° C-199/15.

11. La Dir. 2004/18/CE du Parlement européen et du Conseil, du 31 mars 2004, relative à la coordination des procédures de passation des marchés publics de travaux, de fournitures et de services, en particulier l'art. 45, § 2, 1er al., ss. c), d) et g), de cette directive, ainsi que les principes de l'égalité de traitement et de proportionnalité doivent être interprétés en ce sens qu'ils ne s'opposent pas à une réglementation nationale permettant au pouvoir adjudicateur, d'une part, de prendre en considération, selon les conditions qu'il a établies, une condamnation pénale de l'administrateur d'une entreprise soumissionnaire, même si cette condamnation n'est pas encore définitive, pour un délit affectant la moralité professionnelle de cette entreprise lorsque celui-ci a cessé d'exercer ses fonctions dans l'année qui précède la publication de l'avis de marché public et, d'autre part, d'exclure ladite entreprise de la participation à la procédure de passation de marché en cause, au motif que, en omettant de déclarer cette condamnation non encore définitive, elle ne s'est pas dissociée complètement et effectivement des agissements dudit administrateur. • CJUE 20 déc. 2017, *Impresa di Costruzioni Ing. E. Mantovani et RTI Mantovani e Guerrato,* n° C-178/16.

12. L'art. 80 de la Dir. 2014/25/UE, lu en combinaison avec l'art. 57, § 6, de la Dir. 2014/24/UE, doit être interprété en ce sens qu'il ne s'oppose pas à une disposition du droit national, qui exige d'un opérateur économique souhaitant démontrer sa fiabilité malgré l'existence d'un motif d'exclusion pertinent qu'il clarifie totalement les faits et circonstances en lien avec l'infraction pénale ou la faute commise, en collaborant activement non seulement avec l'autorité chargée de l'enquête, mais aussi avec le pouvoir adjudicateur, dans le cadre du rôle propre de ce dernier, afin de lui apporter la preuve du rétablissement de sa fiabilité, pour autant que cette coopération est limitée aux mesures strictement nécessaires à cet examen.

L'art. 57, § 7, de la Dir. 2014/24/UE doit être interprété en ce sens que, lorsqu'un opérateur économique s'est livré à un comportement relevant de la cause d'exclusion visée à l'art. 57, § 4, sous d), de cette directive, qui a été sanctionné par une autorité compétente, la durée maximale d'exclusion est calculée à compter de la date de la décision de cette autorité. • CJUE 24 oct. 2018, *Vossloh Laeis GmbH,* C-124/17.

13. L'art. 45, § 2, 1er al., sous b), de la Dir. 2004/18/CE doit être interprété en ce sens qu'il ne s'oppose pas à une réglementation nationale, telle que celle en cause au principal, qui permet d'exclure d'une procédure de passation de marché public un opérateur économique qui, à la date de la décision d'exclusion, a présenté une requête aux fins d'obtenir le bénéfice d'un concordat préventif, en se réservant la possibilité de présenter un plan prévoyant la poursuite de l'activité. • CJUE 28 mars 2019, *Idi Srl,* C-101/18.

14. Les principes de sécurité juridique, d'égalité de traitement et de transparence, tels que visés dans la Dir. 2014/24/UE du Parlement européen et du Conseil, du 26 févr. 2014, sur la passation des marchés publics et abrogeant la Dir. 2004/18/CE doivent être interprétés en ce sens qu'ils ne s'opposent pas à une réglementation nationale, telle que celle en cause au principal, selon laquelle le défaut d'indication séparée des coûts de main-d'œuvre, dans une offre économique présentée dans une procédure d'adjudication de marché public, entraîne l'exclusion de cette offre sans possibilité d'assistance à l'établissement du dossier, y compris dans le cas où l'obligation d'indiquer ces coûts séparément n'était pas spécifiée dans la documentation de l'appel d'offres, dans la mesure où cette condition et cette possibilité d'exclusion sont clairement prévues par la réglementation nationale relative aux procédures de marchés publics à laquelle un renvoi explicite était effectué. Toutefois, si les dispositions de l'appel d'offres ne permettent pas aux soumissionnaires d'indiquer ces coûts dans leurs offres économiques, les principes de transparence et de proportionnalité doivent être interprétés en ce sens qu'ils ne s'opposent pas au fait de permettre aux soumissionnaires de régulariser leur situation et de satisfaire aux obligations prévues par la réglementation nationale en la matière dans un délai fixé par le pouvoir adjudicateur. • CJUE 2 mai 2019, *Lavorgna Srl,* C-309/18 : *Rev. CMP 2019. 22, note Zimmer.*

15. Interdiction facultative de l'art. L. 2141-7. L'art. 57, § 4, ss. c) et g), de la Dir. 2014/24 doit être interprété en ce sens qu'il s'oppose à une réglementation nationale en vertu de laquelle l'introduction d'un recours juridictionnel contre la décision de résilier un contrat de marché public prise par un pouvoir adjudicateur en raison de défaillances importantes survenues lors de son exécution empêche le pouvoir adjudicateur qui lance un nouvel appel d'offres de porter une quelconque appréciation, au stade de la sélection des soumissionnaires, sur la fiabilité de l'opérateur concerné par cette résiliation. • CJUE 19 juin 2019, *Meca Srl c/ Commune di Napoli,* C-41/18 : *Rev. CMP 2019, n° 11, note Zimmer.* ♦ V. aussi : • CJUE 3 oct. 2019, *Delta Antrepriză de Construcţii si Montaj 93 SA,* n° C-267/18 : *Rev. CMP 2019, n° 367, note Hoepffner.*

16. L'art. 57, § 4, ss. a), de la Dir. 2014/24/UE du Parlement et du Conseil du 26 févr. 2014, sur la passation des marchés publics et abrogeant la Dir. 2004/18/CE, ne s'oppose pas à une réglementation nationale en vertu de laquelle le pouvoir adjudicateur a la faculté, voir l'obligation, d'exclure l'opérateur économique ayant soumis l'offre de la participation à la procédure de passation de marché lorsque le motif d'exclusion visé à cette disposition est constaté à l'égard de l'un des sous-traitants mentionnés dans l'offre de cet opérateur. En revanche, cette disposition, lue en combinaison avec l'art. 57, § 6, de cette Dir., ainsi que le principe de proportionnalité s'opposent à une règlementation nationale prévoyant le caractère automatique d'une telle exclusion. • CJUE 30 janv. 2020, *Tim SpA – Direzione e coordinamento Vivendi SA,* n° C-395/18.

17. L'art. 57, § 4, sous g), de la Dir. 2014/24/UE du Parlement européen et du Conseil du 26 févr. 2014, sur la passation des marchés publics et abrogeant la Dir. 2004/18/CE, doit être interprété en ce sens que la sous-traitance, par un opérateur économique, d'une partie des travaux dans le cadre d'un marché public antérieur, décidée sans le consentement du pouvoir adjudicateur et qui a donné lieu à la résiliation de ce marché, constitue une défaillance importante ou persistante constatée lors de l'exécution d'une obligation essentielle afférente audit marché, au sens de ladite disposition, et est donc de nature à justifier l'exclusion de cet opérateur économique de la participation à une procédure de passation de marché ultérieure si, après avoir procédé à sa propre évaluation de l'intégrité et de la fiabilité de l'opérateur économique visé par la résiliation du marché public antérieur, le pouvoir adjudicateur qui organise cette procédure de passation de marché ultérieure estime qu'une telle sous-traitance entraîne la rupture du lien de confiance avec l'opérateur économique en cause. Avant de prononcer une telle exclusion, le pouvoir adjudicateur doit toutefois, conformément à l'art. 57, § 6, de cette Dir., lu en combinaison avec le considérant 102 de ladite Dir., laisser la possibilité à cet opérateur économique de présenter les mesures correctives qu'il a adoptées à la suite de la résiliation du marché public antérieur. • CJUE 3 oct. 2019, *Delta Antrepriză de Construcţii si Montaj 93 SA* : n° C-267/18.

18. Démonstration par l'opérateur de sa fiabilité. L'art. 57, § 6, de la Dir. 2014/24/UE du Parlement européen et du Conseil du 26 févr. 2014, sur la passation des marchés publics et abrogeant la Dir. 2004/18/CE, telle que modifiée par le règlement délégué (UE) 2015/2170 de la Commission du 24 nov. 2015, doit être interprété en ce sens qu'il s'oppose à une pratique en vertu de laquelle un opérateur économique est tenu d'apporter spontanément, lors de la présentation de sa demande de participation ou de son offre, la preuve des mesures correctrices prises pour démontrer sa fiabilité malgré l'existence, à son égard, d'un motif d'exclusion facultatif visé à l'art. 57, § 4, de cette Dir., telle que modifiée par le règlement délégué (UE) 2015/2170, dès lors qu'une telle obligation ne résulte ni de la réglementation nationale applicable ni des documents de marché. En revanche, l'art. 57, § 6, de ladite Dir., telle que modifiée par le règlement délégué (UE) 2015/2170, ne s'oppose pas à une telle obligation lorsqu'elle est prévue de manière claire, précise et univoque dans la réglementation nationale applicable et qu'elle est portée à la connaissance de l'opérateur économique concerné au moyen des documents de marché. • CJUE 14 janv. 2021, *RTS infra BVBA*, n° C-387/19 : *Rev. CMP 2021. 102, note Hoepffner.*

19. Procédure visant à constituer une société à capital mixte et à lui attribuer un marché public. L'art. 58 de la Dir. 2014/24/UE du Parlement et du Conseil, du 26 févr. 2014, sur la passation des marchés publics et abrogeant la Dir. 2004/18/CE, telle que modifiée par le Règl. délégué (UE) 2017/2365 de la Commission, du 18 déc. 2017, doit être interprété en ce sens qu'un pouvoir adjudicateur peut exclure un opérateur économique de la procédure visant, d'une part, à constituer une société à capital mixte et, d'autre part, à attribuer à cette société un marché public de services lorsque cette exclusion est justifiée par le fait que, en raison de la participation indirecte de ce pouvoir adjudicateur dans le capital de cet opérateur économique, la participation maximale dudit pouvoir adjudicateur dans le capital de cette société, telle qu'elle a été fixée par les documents de l'appel d'offres, serait, dans les faits, dépassée si ce même pouvoir adjudicateur choisissait ledit opérateur économique comme son associé, pour autant qu'un tel dépassement aboutit à augmenter l'aléa économique supporté par le même pouvoir adjudicateur. • CJUE 1er août 2022, *Roma Multiservizi SpA*, n° C-322/20.

II. JURISPRUDENCE ADMINISTRATIVE

20. Compétence du juge du référé précontractuel. Il appartient au juge du référé précontractuel de se prononcer sur le respect des interdictions de soumissionner. • CE 6 nov. 1998, *Assistance publique-Hôpitaux de Marseille*, n° 194960 B.

21. Redressement judiciaire. Dissimulation. Conséquences. La CAO ne peut, après avoir fait son choix, procéder à un nouvel examen des offres et retenir finalement l'offre d'une autre entreprise que celle qu'elle avait initialement retenue. Il en va cependant différemment lorsque le choix de la commission a été fondé sur des éléments entachés d'erreur matérielle ou de fraude, notamment lorsque la société dont l'offre a été retenue a sciemment dissimulé qu'elle se trouvait en état de redressement judiciaire. • CE 8 déc. 1997, *Sté A2IL*, n° 154715 B : *RDI 1998. 242, obs. Llorens et Terneyre* ; *D. 1998. Somm. 359, obs. Terneyre*.

22. Une société en redressement judiciaire n'est pas recevable à soumissionner à un marché dont l'exécution s'étend au-delà de la période d'observation admise par le jugement l'autorisant à poursuivre son activité. • CE 10 nov. 2010, *Min. de la Défense*, n° 341132 B.

23. Les entreprises placées en redressement judiciaire sont tenues de justifier, lors du dépôt de leur offre, qu'elles sont habilitées, par le jugement prononçant leur placement dans cette situation, à poursuivre leurs activités pendant la durée d'exécution du marché, telle qu'elle ressort des documents de la consultation ; dans l'hypothèse où l'entreprise candidate à l'attribution d'un marché public a été placée en redressement judiciaire après la date limite fixée pour le dépôt des offres, elle doit en informer sans délai le pouvoir adjudicateur, lequel doit alors vérifier si l'entreprise est autorisée à poursuivre son activité au-delà de la durée d'exécution du marché et apprécier si sa candidature reste recevable ; dans la négative, le pouvoir adjudicateur ne peut poursuivre la procédure avec cette société ; lorsqu'il est soutenu devant lui que le placement en redressement judiciaire de l'entreprise, y compris lorsqu'il est intervenu après le dépôt de son offre, affecte la recevabilité de sa candidature, il appartient au juge du référé précontractuel d'apprécier si cette candidature est recevable et d'annuler, le cas échéant, la procédure au terme de laquelle l'offre de l'entreprise aurait été retenue par le pouvoir adjudicateur. • CE 26 mars 2014, *Cne de Chaumont,* n° 374387 B : *Rev. CMP 2014, n° 135, note Zimmer.*

24. Il résulte de l'instruction que la société a fait l'objet d'une procédure de redressement judiciaire ouverte le 25 juin 2009 et qu'à l'issue d'une période d'observation, un plan de redressement prévoyant un apurement du passif sur une durée de neuf ans a été arrêté par un jugement du 4 nov. 2010 du T. com., durée ultérieurement portée à dix ans par d'autres jugements. S'il résulte des dispositions combinées de l'art. 45 de l'Ord. du 23 juill. 2015 et des art. 51 et 55 du Décr. du 25 mars 2016 qu'il lui incombait, pour que le marché puisse lui être attribué, de produire une copie des jugements mentionnés au pt 5, la collectivité ne pouvait exiger la production de ces justifications en même temps que le dépôt de sa candidature. Dès lors qu'il résulte par ailleurs de l'instruction qu'elle n'avait pas décidé de limiter le nombre des candidats admis à négocier, elle n'a entaché la procédure d'aucune irrégularité en n'écartant pas la candidature de la société au motif que son dossier de candidature aurait été incomplet et en se bornant à exiger que la société produise les jugements en cause après que son offre eut été retenue. • CE 25 janv. 2019, *Sté Dauphin Telecom,* n° 421844 B : *AJDA 2019. 885, note Agresta, Hul.*

25. Les dispositions de l'art. L. 2141-8 permettent aux acheteurs d'exclure de la procédure de passation d'un marché public une personne qui peut être regardée, au vu d'éléments précis et circonstanciés, comme ayant, dans le cadre de la procédure de passation en cause ou dans le cadre d'autres procédures récentes de la commande publique, entrepris d'influencer la prise de décision de l'acheteur et qui n'a pas établi, en réponse à la demande que l'acheteur lui a adressée à cette fin, que son professionnalisme et sa fiabilité ne peuvent plus être mis en cause et que sa participation à la procédure n'est pas de nature à porter atteinte à l'égalité de traitement entre les candidats. • CE 24 juin 2019, *Dpt des Bouches-du-Rhône,* n° 428866 A : *BJCP 2019. 325, concl. Pellissier ; Rev. CMP 2019. 299, note Hoepffner ; AJDA 2019. 2502, note Cafarelli ; Dr. adm. nov. 2019, note Peyrical.*

SECTION 3 Changement de situation des opérateurs économiques au regard des motifs d'exclusion

Art. L. 2141-12 Lorsqu'un opérateur économique est, au cours de la procédure de passation d'un marché, placé dans l'un des cas d'exclusion mentionnés aux sections I et II, il informe sans délai l'acheteur de ce changement de situation.

Dans cette hypothèse, l'acheteur exclut le candidat de la procédure de passation du marché pour ce motif. – *[Ord. n° 2015-899 du 23 juill. 2015, art. 49-I.]*

SECTION 4 Groupements d'opérateurs économiques et sous-traitants

Art. L. 2141-13 Lorsque le motif d'exclusion de la procédure de passation concerne un membre d'un groupement d'opérateurs économiques, l'acheteur exige son remplacement par un autre opérateur économique qui ne fait pas l'objet d'un motif d'exclusion, dans un délai de dix jours à compter de la réception de cette demande par le mandataire du groupement, sous peine d'exclusion du groupement de la procédure. – *[Ord. n° 2015-899 du 23 juill. 2015, art. 50-I.]*

L'art. 63, § 1, 2e al., de la Dir. 2014/24, lu en combinaison avec l'art. 57, § 4 et 6, de cette Dir., doit être interprété en ce sens qu'il s'oppose à une réglementation nationale en vertu de laquelle, lorsqu'un opérateur économique, membre d'un groupement d'opérateurs économiques, s'est rendu coupable de fausse déclaration en fournissant les renseignements exigés pour la vérification de l'absence de motifs d'exclusion du groupement ou de la satisfaction par ce dernier des critères de sélection, sans que ses partenaires aient eu connaissance de cette fausse déclaration, une mesure d'exclusion de toute procédure de passation de marché public peut être prononcée contre l'ensemble des membres de ce groupement. • CJUE 7 sept. 2021, *« Klaipedios regiono atlieky tvarkymo centras » UAB,* C-927-19 : *AJDA 2021. 2461, note Donnat ; Rev. CMP 2021. Chron. 336, Zimmer.*

Art. L. 2141-14 Lorsque le sous-traitant à l'encontre duquel il existe un motif d'exclusion est présenté au stade de la procédure de passation d'un marché, l'acheteur

exige son remplacement par un autre opérateur économique qui ne fait pas l'objet d'un motif d'exclusion, dans un délai de dix jours à compter de la réception de cette demande par le candidat ou le soumissionnaire, sous peine d'exclusion de la procédure. – *[Ord. n° 2015-899 du 23 juill. 2015, art. 50-II.]*

CHAPITRE II CONDITIONS DE PARTICIPATION

Art. L. 2142-1 L'acheteur ne peut imposer aux candidats des conditions de participation à la procédure de passation autres que celles propres à garantir qu'ils disposent de l'aptitude à exercer l'activité professionnelle, de la capacité économique et financière ou des capacités techniques et professionnelles nécessaires à l'exécution du marché.

Ces conditions sont liées et proportionnées à l'objet du marché ou à ses conditions d'exécution. – *[Ord. n° 2015-899 du 23 juill. 2015, art. 51-I.]*

COMMENTAIRE

Les candidats qui ne sont sous le coup d'aucune interdiction de soumissionner doivent encore, pour être « recevables » à participer à une procédure de passation d'un marché, satisfaire aux conditions d'aptitude professionnelle, de capacité économique et financière et de capacité technique et professionnelle qu'a définies l'acheteur. L'article L. 2142-1 pose le principe de telles conditions, en précisant, d'une part, que ce sont là les seuls types de conditions que l'acheteur peut prévoir et, d'autre part, qu'elles doivent être liées et proportionnées à l'objet du marché ou à ses conditions d'exécution. L'acheteur ne saurait en effet, en imposant le respect de conditions arbitraires ou excessives, méconnaître les principes fondamentaux de liberté d'accès et d'égalité de traitement.

On se reportera aux commentaires et à la jurisprudence sous les articles R. 2142-1 à R. 2142-27 du code. ❑

CHAPITRE III CONTENU DES CANDIDATURES

Le présent chapitre ne comprend pas de dispositions législatives.

CHAPITRE IV EXAMEN DES CANDIDATURES

Le présent chapitre ne comprend pas de dispositions législatives.

TITRE V PHASE D'OFFRE

CHAPITRE I PRÉSENTATION ET CONTENU DES OFFRES

Art. L. 2151-1 En cas d'allotissement, les opérateurs économiques ne peuvent présenter des offres variables selon le nombre de lots susceptibles d'être obtenus. – *[Ord. n° 2015-899 du 23 juill. 2015, art. 32, al. 4 phrase 2.]*

COMMENTAIRE

Les candidats « recevables » présentent une offre dans des conditions dont la définition relève, sauf sur le point que précise le présent article, du pouvoir réglementaire. On se reportera donc aux articles R. 2151-1 à R. 2151-16 du code. ❑

CHAPITRE II EXAMEN DES OFFRES

SECTION 1 Offres irrégulières, inacceptables ou inappropriées

Art. L. 2152-1 L'acheteur écarte les offres irrégulières, inacceptables ou inappropriées. – *[Décr. n° 2016-360 du 25 mars 2016, art. 59-I, al. 1er.]*

COMMENTAIRE

L'examen des mérites respectifs des différentes offres constitue le cœur de la procédure de passation d'un marché. Les trois catégories d'offres mentionnées par le présent article ne relèvent pas d'un tel examen : elles doivent en principe être écartées, sous les réserves prévues par les articles R. 2152-1 et R. 2152-2 du code, auxquels on se reportera. ❑

Art. L. 2152-2 **Une offre irrégulière est une offre qui ne respecte pas les exigences formulées dans les documents de la consultation, en particulier parce qu'elle est incomplète, ou qui méconnaît la législation applicable notamment en matière sociale et environnementale.** – *[Décr. n° 2016-360 du 25 mars 2016, art. 59-I, al. 2.]*

Art. L. 2152-3 **Une offre inacceptable est une offre dont le prix excède les crédits budgétaires alloués au marché, déterminés et établis avant le lancement de la procédure.** – *[Décr. n° 2016-360 du 25 mars 2016, art. 59-I, al. 3.]*

Art. L. 2152-4 **Une offre inappropriée est une offre sans rapport avec le marché parce qu'elle n'est manifestement pas en mesure, sans modification substantielle, de répondre au besoin et aux exigences de l'acheteur qui sont formulés dans les documents de la consultation.** – *[Décr. n° 2016-360 du 25 mars 2016, art. 59-I, al. 4.]*

COMMENTAIRE

Les frontières entre « offres irrégulières », « offres inacceptables » et « offres inappropriées » ont un peu évolué avec le temps et la jurisprudence citée ci-dessous garde la trace de ces incertitudes. Ces trois catégories d'offres ne sauraient répondre au besoin de l'acheteur ou ne sauraient être mises en œuvre sans méconnaissance de la loi ou des contraintes budgétaires.

1. La non-conformité des offres présentées à des spécifications techniques qui découlent de prescriptions réglementaires nationales et communautaires en matière de protection de l'environnement, qui sont indispensables pour que les installations, dont la fourniture et la mise en fonctionnement font l'objet du marché, permettent à l'acheteur public d'atteindre les objectifs qui lui sont imposés par la voie législative ou réglementaire, conduit à qualifier les offres en cause d'offres inappropriées (décision rendue à propos d'une entité adjudicatrice). • CJCE 4 juin 2009, *Commission c/ Grèce*, C-250/07 : *Rev. CMP 2009, n° 228, note Zimmer.*

2. Un candidat, lors de la présentation de son offre, n'a pas présenté séparément de la solution de base une option chiffrée qui était imposée par les dispositions du règlement de la consultation, lesquelles précisaient que, en l'absence d'une telle option chiffrée, l'offre des candidats serait considérée comme incomplète et serait rejetée ; pour ce seul motif, l'offre du candidat était incomplète et irrégulière et ne pouvait dès lors qu'être rejetée par la commission d'appel d'offres. • CE 23 juin 2010, *Cne de Châtel* : n° 336910.

3. Aux termes de l'art. 53-III C. marchés relatif aux règles générales de passation : « Les offres inappropriées, irrégulières ou inacceptables sont éliminées. Les autres offres sont classées par ordre décroissant. L'offre la mieux classée est retenue » ; est notamment irrégulière une offre qui, à défaut de contenir toutes les pièces ou renseignements requis par les documents de la consultation, est incomplète ; en l'espèce, le règlement de la consultation imposait aux candidats de renseigner l'annexe 1 au cahier des clauses techniques particulières (CCTP) relative notamment aux caractéristiques du véhicule de salage et de déneigement qu'ils se proposaient de mettre à disposition pour exécuter les prestations du marché et prévoyait que la valeur technique des offres s'apprécierait au regard de ces renseignements ; le juge des référés du tribunal administratif a pu en déduire par une appréciation souveraine exempte de dénaturation que si les candidats n'étaient pas tenus de justifier qu'ils disposaient déjà de ce matériel à la date de remise de leur offre, il leur appartenait toutefois, à cette même date, de justifier qu'ils en disposeraient pour l'exécution du marché ; le juge des référés n'a pas dénaturé les pièces du dossier en relevant que, à la date de remise de son offre, l'entreprise, qui n'avait fourni qu'un simple devis signé obtenu auprès d'un garage et revêtu de la mention « lu et approuvé », ne justifiait pas qu'elle avait entrepris des démarches suffisantes en vue de disposer effectivement d'un véhicule de salage et de déneigement pour le commencement de l'exécution du marché et en concluant de ces constatations que l'entreprise n'avait pas justifié, lors du dépôt de son offre, qu'elle disposerait d'un tel véhicule pour l'exécution du marché ; enfin, en retenant que le département était tenu, à défaut pour cette entreprise d'avoir fourni une telle justification, d'éliminer son offre comme incomplète et donc irrégulière, le juge des référés du tribunal administratif n'a pas commis d'erreur de droit. • CE 12 janv. 2011, *Dpt du Doubs*, n° 343324 B.

4. Aux termes du III de l'art. 53 C. marchés : « Les offres inappropriées, irrégulières et inacceptables sont éliminées [...] » ; aux termes du 1° du I de l'art. 35 : « [...] Une offre est inacceptable si les conditions qui sont prévues pour son exécution méconnaissent la législation en vigueur [...] » ; il ressort des termes de l'ordonnance attaquée que le juge des référés du tribunal administratif a estimé que le marché de travaux de protection contre les chutes de blocs de pierre sur les secteurs 9 et 10 de la route départementale 14, pour la passation duquel le département a lancé un appel d'offres ouvert, incluait la fourniture des écrans de protection répondant aux prescriptions du cahier des clauses techniques particulières ; dès lors, en estimant que la méconnaissance, par l'offre retenue, de la réglementation applicable à ces produits de construction pouvait utilement être invoquée pour contester les modalités de passation de ce marché, il n'a pas commis d'erreur de droit. • CE 30 sept. 2011, ♖ *Dpt de la Haute-Savoie, Sté GTS,* n°s 350153 B et 350992 B : *BJCP 2011. 448, concl. Dacosta.*

5. La production des documents relatifs aux pouvoirs des personnes habilitées à engager un candidat est exigible au stade de l'examen des candidatures. Une offre ne saurait donc être regardée, par elle-même, comme irrégulière, au seul motif que le pouvoir adjudicateur ne dispose pas des documents attestant que le signataire de l'acte d'engagement est habilité à représenter l'entreprise candidate. Lorsque l'acte d'engagement est signé par une personne qui se présente comme un responsable de cette entreprise, il est loisible au pouvoir adjudicateur, à supposer qu'il doute de la capacité du signataire à engager le candidat, de solliciter la production des documents justifiant de cette capacité. • CE 24 févr. 2016, ♖ *Syndicat mixte pour l'étude et le traitement des ordures ménagères de l'Eure,* n° 394945 B.

6. Offre non signée. Une offre dont l'acte d'engagement n'est pas, avant la date limite de remise des offres, signé par une personne dûment mandatée ou habilitée à engager l'entreprise candidate est irrégulière et doit être éliminée comme telle avant même d'être examinée ; le juge des référés du tribunal administratif de Paris ne pouvait ainsi, sans commettre d'erreur de droit, juger qu'à défaut de signature électronique de l'acte d'engagement, la signature électronique des autres documents composant l'offre de la société suffisait à établir l'engagement juridique de cette société.

Il est constant que l'accusé de réception transmis à la société ne mentionnait aucun « jeton » de signature associé à l'acte d'engagement ; en jugeant, dans ces conditions, que cette absence de mention ne suffisait pas à établir que l'acte d'engagement de la société requérante n'était pas accompagné de sa signature électronique, au motif que n'étaient démontrées ni l'absence de dysfonctionnement de la plateforme X ni l'existence d'un dispositif signalant aux candidats le défaut de signature électronique de leurs documents, le juge des référés du tribunal administratif a également commis une erreur de droit.

Il résulte de l'instruction et n'est d'ailleurs pas contesté que la société a reçu le 17 mars à 14 h 19 un message électronique, adressé par la plateforme X, attestant du dépôt de son offre sur cette plateforme aux mêmes date et heure ; il ressort de ce document qui précise la nature des fichiers enregistrés et constitue la preuve de leur dépôt par les candidats, que si l'acte d'engagement a bien été enregistré sur la plateforme, aucune mention du nom et du poids du « jeton » de signature associé ne figurait dans la liste des documents dont il était accusé réception ; la société qui a donc eu connaissance, après le dépôt de son offre, de ce que l'engagement juridique enregistré sur la plateforme n'était pas accompagné de sa signature électronique et pouvait ainsi, le cas échéant, décider de compléter son offre avant la date limite de remise des offres, soit le 17 mars 2014 à 17 h 00, ne peut, dès lors, utilement soutenir que cette absence résulterait d'un dysfonctionnement de la plateforme ; elle ne peut pas non plus utilement soutenir qu'elle n'aurait pas été informée de l'absence de signature électronique de l'acte d'engagement par un dispositif d'alerte spécifique, dès lors qu'en tout état de cause, ni les dispositions de l'art. 56 C. marchés ni les documents de la consultation ne prévoyaient la mise en place d'un tel dispositif. • CE 7 nov. 2014, ♖ *Min. des Finances et des Comptes publics c/ Sté Bearing Point France,* n° 383587 : *Rev. CMP 2015, n° 7, note Devillers.*

7. Les contrôles effectués par l'administration, après communication par la société du mode d'emploi de la procédure de télétransmission qu'elle a choisi de retenir, n'ont pas permis d'établir la validité de sa signature électronique, notamment l'absence de modification de l'acte d'engagement ; si la société produit deux courriers de la société Chambersign, autorité de certification de sa signature électronique, attestant le caractère « non échu et non révoqué » du certificat électronique utilisé, ces attestations, qui portent sur la seule validité du certificat, ne sont pas de nature à établir l'intégrité de l'acte d'engagement signé, ni son absence de modification postérieurement à la date limite de remise des offres ; elle ne peut donc soutenir que c'est à tort que l'administration a rejeté pour ce motif comme irrégulière son offre en application des dispositions de l'art. 53 C. marchés. • CE 26 juin 2015, ♖ *Min. de la Défense c/ Sté Olympe services,* n° 389599 B.

8. Une offre ne saurait être regardée, par elle-même, comme irrégulière, au seul motif que le pouvoir adjudicateur ne dispose pas des documents attestant que le signataire de l'acte d'engagement est habilité à représenter l'entreprise candidate ; lorsque l'acte d'engagement est signé par une personne qui se présente comme un responsable de cette entreprise, il est loisible au pouvoir adjudicateur, à supposer qu'il doute de la capacité du signataire à engager le candidat, de solliciter la production des documents justifiant de cette capacité ; par suite, le juge des référés du tribunal administratif n'a pas commis d'erreur de droit en jugeant que le syndicat mixte pour l'étude et le traitement des ordures ménagères de l'Eure, à défaut pour lui de s'être assuré que l'acte d'engagement remis par la société n'avait pas été signé par une personne ayant qualité pour engager la société, ne pouvait se prévaloir de l'irrégularité de son offre pour soutenir qu'elle ne pouvait être lésée par les manquements aux obligations de publicité et de mise en concurrence qu'elle invoquait. • CE 24 févr. 2016, *Synd. mixte pour l'étude et le traitement des ordures ménagères de l'Eure*, n° 394945 B : *Rev. CMP 2016, n° 97, note Devillers.*

9. Offre incomplète. Le règlement de la consultation d'un marché est obligatoire dans toutes ses mentions. L'administration ne peut en conséquence attribuer le marché à un candidat qui ne respecterait pas une des prescriptions imposées par le règlement. • CE 23 nov. 2005, *Sté Axialogic*, n° 267494 B.

10. Non-respect d'une prescription. Défaut de production d'un élément utile. Le pouvoir adjudicateur ne peut attribuer le marché à un candidat qui ne respecterait pas une des prescriptions imposées par le règlement de la consultation. Il est tenu d'éliminer, sans en apprécier la valeur, les offres incomplètes, c'est-à-dire celles qui ne comportent pas toutes les pièces ou renseignements requis par les documents de la consultation et sont, pour ce motif, irrégulières. Cette obligation ne fait pas obstacle à ce que ces documents prévoient en outre la communication, par les soumissionnaires, d'éléments d'information qui, sans être nécessaires pour la définition ou l'appréciation des offres et sans que leur communication doive donc être prescrite à peine d'irrégularité de l'offre, sont utiles au pouvoir adjudicateur pour lui permettre d'apprécier la valeur des offres au regard d'un critère ou d'un sous-critère et précisent qu'en l'absence de ces informations, l'offre sera notée zéro au regard du critère ou du sous-critère en cause.

Pour juger que l'offre du groupement Raffalli-Pompéani était incomplète et, donc, irrégulière, la CAA de Marseille a relevé qu'elle ne comportait pas certaines informations, relatives notamment aux matériaux utilisés pour la réalisation des travaux et à leurs fiches techniques. En jugeant ainsi que la communication de ces éléments relatifs au contenu des offres était prescrite par le règlement de la consultation, elle n'a pas dénaturé celui-ci. Elle n'a par ailleurs commis aucune erreur de droit. En effet, alors même que, ainsi qu'il ressort du dossier soumis à la cour, ce règlement prévoyait, parmi les critères d'attribution, un critère de la valeur technique divisé en un sous-critère relatif à la méthodologie employée, un sous-critère relatif aux matériels employés et aux personnels affectés et un sous-critère relatif à la qualité des matériaux et des prestations, et qu'il ajoutait, en des termes au demeurant ambigus, que « toute absence de renseignement d'un sous-critère sera sanctionnée d'une note égale à zéro », la production d'informations sur la qualité des matériaux employés, notamment de leurs fiches techniques, ne pouvait être regardée que comme une production d'éléments nécessaires prescrite par le règlement, dont l'absence dans une offre entraînait nécessairement son irrégularité. • CE 20 sept. 2019, *Coll. terr. de Corse*, n° 421075 B.

11. L'art. 2 du règlement de la consultation [pour un marché public de fourniture et pose de signalisation verticale permanente sur les routes départementales] prévoyait que les offres des candidats devaient être entièrement rédigées en langue française, de même que les documents de présentation qui leur étaient associés ; le cahier des clauses techniques particulières exigeait notamment la fourniture de panneaux de catégories « SD 2 » et « SD 3 » ; l'art. 2.1 du même cahier faisait obligation au candidat de fournir, pour chaque produit ou gamme de produits du bordereau des prix, le certificat d'homologation ou le certificat de normalisation ; il résulte du rapport d'analyse des offres que les certificats « SD 2 » et « SD 3 » produits par la société X étaient rédigés en langue tchèque ; ainsi, l'offre de cette dernière, qui ne comportait pas les certificats de normalisation en langue française exigés par les documents de la consultation, était incomplète et donc irrégulière ; par suite, en acceptant son offre, le département de l'Eure a manqué à ses obligations de publicité et de mise en concurrence ; ce manquement, qui a permis à la société X de se voir attribuer le marché alors que son offre était irrégulière, a affecté les chances de la société requérante d'obtenir le contrat, l'offre de cette dernière ayant été classée deuxième sur les cinq retenues. • CE 29 juin 2012, *Sté Signature*, n° 357617 : *BJCP 2019. 393, concl. Pellissier ; Rev. CMP 2019. 368, note Ubaud-Bergeron.*

12. Offres regardées à tort comme inacceptables. Aux termes de l'art. L. 541-1 C. envir. : « Les dispositions du présent chapitre (...) ont pour objet : (...) 4° d'organiser le transport des déchets et de le limiter en distance et en volume » ; les conditions prévues pour l'exécution de l'offre de la société X pour un marché public d'évacuation et de traitement des déchets dangereux des ménages ne sont pas contraires à ces dispositions, qui ne comportent aucune règle que pourrait méconnaître par elle-même cette offre, indépendamment de toute comparaison avec les autres offres ; dès lors, la seule circonstance que le choix de l'offre de la société X concourrait moins que celui d'autres offres à la mise en œuvre des objectifs découlant de ces dispositions ou, en tout état de cause, du plan départemental d'élimination des déchets ménagers et assimilés, ne permettait pas de l'éliminer, avant tout classement des offres, comme une offre inacceptable. • CE 23 nov. 2011, *Cté urb. de Nice-Côte d'Azur*, n° 351570 B : *BJCP 2012. 21, concl. Dacosta.*

13. Absence de données essentielles. Pour annuler la procédure de passation d'un marché en procédure adaptée au motif que le ministre avait estimé à tort que le dossier d'offre de la société X ne mentionnait pas les délais d'exécution du marché et que son offre était en conséquence irrégulière, le juge des référés s'est fondé sur ce que, si l'annexe n° 1 à l'acte d'engagement fourni par elle n'indiquait pas les délais d'exécution des travaux de la tranche ferme et de chacune des deux tranches conditionnelles du marché, le planning d'exécution des travaux joint à son offre permettait quant à lui, au ministre, de connaître les délais proposés par la société ; en admettant ainsi, par principe, que la remise par le candidat d'un acte d'engagement incomplet en certaines de ses mentions puisse être compensée par la fourniture d'un autre document joint à l'offre, sans rechercher si les dispositions du règlement de la consultation ne conféraient pas aux mentions en cause dans l'acte d'engagement le caractère d'une information essentielle sur laquelle devaient s'engager les candidats, le juge des référés a commis une erreur de droit.

L'art. III.3.9 du règlement de la consultation exige des candidats qu'ils mentionnent, dans l'acte d'engagement, « le délai d'exécution des travaux » ; l'art. V.3 de ce règlement, intitulé « Contenu du dossier de réponse », prévoit plus précisément que les candidats doivent fournir un « dossier d'offre » comportant, notamment, l'acte d'engagement complété et signé et, dans le cadre de leur proposition technique, « un planning d'exécution des travaux » ; l'art. B.6 de l'acte d'engagement, intitulé « Délai d'exécution du marché », indique que l'annexe 1 à cet acte doit préciser « les délais d'exécution sur lesquels le candidat s'engage », ce délai étant « un délai global incluant la période de préparation, les délais d'approvisionnement et les délais de réalisation » ; cette annexe 1 comporte trois tableaux respectivement relatifs à la tranche ferme et aux deux tranches conditionnelles, chacun des tableaux comportant une colonne « Durée » en mois qui doit être complétée par le candidat ; par suite, les candidats sont tenus d'indiquer dans cette annexe les délais d'exécution des travaux propres à la tranche ferme et à chacune des deux tranches conditionnelles du marché qu'ils s'engagent à respecter ; cette information sur les délais d'exécution du marché, exigée dans l'acte d'engagement est, en l'absence de précision contraire du pouvoir adjudicateur, une donnée essentielle sur laquelle s'engagent les candidats ; au surplus, l'art. IV.3 du même règlement retient, comme critères d'attribution du marché, le prix, pondéré à 80 %, et le délai, pondéré à 20 %, rendant ainsi indispensable au jugement et au classement de l'offre la mention des délais d'exécution ; il résulte de l'instruction que la société X n'a pas complété cette partie de l'annexe 1 à l'acte d'engagement ; eu égard, ainsi qu'il a été dit, à la nature de cette information, son offre était pour ce seul motif irrégulière ; la société X ne peut en conséquence utilement soutenir que le planning d'exécution des travaux qu'elle a fourni à l'appui de son offre permettait au pouvoir adjudicateur de connaître les délais d'exécution des travaux propres à la tranche ferme et à chacune des deux tranches conditionnelles du marché ; au surplus, la lecture de ce planning ne permettait nullement au ministre de connaître avec clarté les délais que la société s'engageait à respecter ; dès lors, le ministre n'a pas méconnu ses obligations de mise en concurrence en rejetant comme irrégulière l'offre de la société X. • CE 30 nov. 2011, ⚖ *Min. de la Défense et des Anciens Combattants c/ EURL Qualitech*, n° 353121 B : *BJCP 2012. 86, concl. Boulouis ; Rev. CMP 2012, n° 11, note Eckert.*

14. Offre regardée à tort comme méconnaissant la législation. Pour juger que l'offre de la Société antillaise de sécurité était inacceptable et en déduire que, puisque les obligations de publicité et de mise en concurrence dont elle alléguait la méconnaissance n'affectaient pas ses chances d'obtenir le contrat, il y avait lieu de rejeter sa demande, le juge des référés, après avoir relevé que « la convention collective nationale "prévention sécurité" fixe le coût de référence pour un agent SSIAP 1 coefficient 140 applicable au 1er janv. 2013 à 17,827 euros hors charges de structures », en a déduit que « le tarif de 17,33 euros proposé par la société requérante est inférieur à la législation en vigueur ». En déduisant des stipulations de la convention collective nationale des entreprises de prévention et de sécurité l'indication selon laquelle le coût de revient des prestations en cause ne pouvait être inférieur à 17,827 euros, alors qu'en réalité ce montant ne figure pas dans la convention collective, qui n'a d'ailleurs pas pour objet de fixer des coûts de revient global de main-d'œuvre mais un salaire minimal de branche, mais dans un document d'information économique émanant d'un syndicat professionnel, le juge des référés du tribunal administratif de Fort-de-France a dénaturé les pièces du dossier qui lui était soumis ; par ailleurs, en se fondant uniquement sur le coût global de revient de main-d'œuvre figurant dans l'offre de la Société antillaise de sécurité, pour en déduire que cette offre méconnaissait la législation en vigueur, sans rechercher si cet écart de coût traduisait nécessairement la méconnaissance du minimum salarial fixé par la convention collective, alors que les salaires ne constituent qu'un élément du coût de revient global de main-d'œuvre, le juge des référés a commis une erreur de droit. • CE 11 déc. 2013, ⚖ *Sté antillaise de sécurité*, n° 372214 B : *BJCP 2014. 136, concl. Dacosta ; Rev. CMP 2014, n° 50, note Pietri.*

15. Offre inacceptable. Il résulte des art. 1, 3 et 5 de la L. n° 81-766 du 10 août 1981 relative au prix du livre que le prix de vente aux collectivités territoriales, pour leurs besoins propres, excluant la revente, d'un livre, n'ayant pas le caractère d'un livre scolaire, édité ou importé depuis moins de deux ans et dont le dernier approvisionnement par le vendeur remonte à moins de six mois, ne peut être inférieur à 91% du prix de vente au public fixé par l'éditeur.

En l'espèce, la circonstance que les dictionnaires objets du marché en litige comportaient une première et une dernière page de couverture modifiée par rapport à la version du dictionnaire déjà vendue au public et huit pages supplémentaires personnalisées ne suffisait pas à les faire regarder comme des ouvrages distincts du dictionnaire destiné au public. Dès lors, une offre proposant un prix inférieur à 91% du prix de vente au public de ce dictionnaire, dont il n'est pas contesté qu'il n'avait pas la qualité de livre scolaire, devait être rejetée comme inacceptable. • CE 28 sept. 2016, ⚖ *Dpt de la Loire*, n° 400393 B : *Rev. CMP 2016, n° 278, note Ubaud-Bergeron.*

16. Une offre méconnaissant les règles d'urbanisme applicables sur le territoire d'implantation du projet de construction constituant l'objet du contrat, même si ces règles ne se rapportent pas à la passation des marchés publics, devait être regardée comme inacceptable et ne pouvait dès lors qu'être rejetée. • CAA Bordeaux, 11 oct. 2016, *CH de Capesterre-Belle-Eau*, n°s 16BX00695, 16BX00696.

17. Aux termes de l'art. L. 6211-16 CSP, dans sa version applicable au litige : « Le prélèvement d'un échantillon biologique est réalisé dans l'une des zones déterminées en application du *b* du 2° de l'article L. 1434-9 d'implantation du laboratoire de biologie médicale, sauf dérogation pour des motifs de santé publique et dans des conditions déterminées par décret en Conseil d'État ». ; Aux termes de l'art. R. 6211-12 du même code : « La dérogation prévue, pour des motifs de santé publique, à l'article L. 6211-16, selon lequel le prélèvement d'un échantillon biologique est effectué dans l'un des territoires de santé d'implantation du laboratoire de biologie médicale, s'applique aux cas suivants : (...) 4° Au prélèvement d'échantillon biologique effectué sur les patients hospitalisés en établissement de santé, lorsque la phase analytique de l'examen de biologie médicale est effectuée dans un laboratoire de biologie médicale qui, bien que situé dans un territoire de santé limitrophe, est plus proche de l'établissement de santé que tout autre laboratoire situé sur le même territoire de santé que l'établissement de santé (...) ».

Il résulte de ces dispositions que l'analyse d'un échantillon biologique prélevé dans un établissement de santé peut être effectuée dans un laboratoire situé dans un territoire de santé limitrophe du territoire dans lequel est situé l'établissement de santé, à condition que ce laboratoire soit plus proche de l'établissement de santé que les laboratoires situés sur le même territoire que cet établissement ; dans le cadre d'un marché public passé par un établissement de santé, la comparaison qui doit être faite pour apprécier si l'offre présentée par un candidat qui entend réaliser les analyses dans un laboratoire situé dans un territoire de santé limitrophe du territoire dans lequel est situé l'établissement de santé est régulière s'effectue avec les seuls laboratoires situés dans le même territoire que l'établissement de santé dans lesquels les candidats qui ont présenté une offre régulière, acceptable et appropriée au sens de l'art. 59 du Décr. du 25 mars 2016 entendent réaliser les analyses. • CE 7 mars 2018, ⚖ *CH de Péronne, Sté Oxabio*, n°s 415675 B et 415716 : *Rev. CMP 2018. 102, note Ubaud-Bergeron.*

18. Non-respect de l'obligation de visite du site. Par un courrier en date du 31 août 2012, la société Burgeap informait le maître d'ouvrage des motifs pour lesquels elle n'avait pas effectué la visite des lieux exigée dans le règlement de consultation, en faisant état de sa connaissance approfondie du site, qu'elle avait visité dès le 2 octobre 2010 dans le cadre d'un marché d'assistance à maîtrise d'ouvrage pour la définition des modalités de mise en place de l'installation de stockage de déchets non dangereux, et pour lequel elle avait réalisé le dossier de demande de renouvellement de l'autorisation d'exploiter le gisement de la carrière de Petit Galion pour la société exploitante, ce qui lui avait permis de connaître l'état actuel du site, pour lequel elle faisait état d'une dernière visite en octobre 2011, les méthodes d'exploitation, les aspects hydrologiques, géologiques, géotechniques et environnementaux et les contraintes à prévoir. Il ne résulte pas de l'instruction que l'obligation de visite du site imposée par le règlement de consultation ait eu un autre objet que celui de permettre au pouvoir adjudicateur de s'assurer que l'ensemble des candidats connaissaient le lieu d'exécution du marché de maîtrise d'œuvre et les contraintes qui en découlaient. Dans ces conditions, les sociétés requérantes ne sont pas fondées à soutenir que l'absence de visite du site et l'absence de récépissé ne pourraient être compensées par la circonstance que la société Burgeap avait connaissance des lieux en qualité d'attributaire d'un précédent marché, ni que le défaut de production d'un récépissé de visite aurait fait obstacle à un examen régulier de son offre. • CAA Bordeaux, 7 juill. 2016, ⚖ *Sté Artelai*, n° 14BX02425 : *Rev. CMP 2016, n° 256, note Ubaud-Bergeron.*

SECTION 2 Offres anormalement basses

Art. L. 2152-5 **Une offre anormalement basse est une offre dont le prix est manifestement sous-évalué et de nature à compromettre la bonne exécution du marché.**

Art. L. 2152-6 L'acheteur met en œuvre tous moyens lui permettant de détecter les offres anormalement basses.

Lorsque une offre semble anormalement basse, l'acheteur exige que l'opérateur économique fournisse des précisions et justifications sur le montant de son offre.

Si, après vérification des justifications fournies par l'opérateur économique, l'acheteur établit que l'offre est anormalement basse, il la rejette dans des conditions prévues par décret en Conseil d'État. – *[Ord. n° 2015-899 du 23 juill. 2015, art. 53.]*

COMMENTAIRE

Outre qu'elles peuvent révéler des pratiques anticoncurrentielles, les offres dont le prix est manifestement sous-évalué sont « dangereuses » en ce qu'elles sont de nature à compromettre la bonne exécution du marché. L'acheteur est donc tenu de les écarter, car retenir de telles offres, au détriment d'offres dont le prix ne fait pas courir un tel risque, revient à porter atteinte à l'égalité de traitement.

Cependant, des offres dont le prix paraît *a priori* manifestement sous-évalué ne sont pas nécessairement anormales : elles peuvent être porteuses d'innovation et favoriser une concurrence plus effective et, par suite, un achat plus efficace. L'acheteur ne peut donc les écarter sans demander d'abord aux candidats qui les ont présentées de s'expliquer.

On se reportera à nos commentaires et à la jurisprudence sous les articles R. 2152-3 à R. 2152-5 du code. ❑

SECTION 3 Choix de l'offre économiquement la plus avantageuse

Art. L. 2152-7 Le marché est attribué au soumissionnaire ou, le cas échéant, aux soumissionnaires qui ont présenté l'offre économiquement la plus avantageuse sur la base d'un ou plusieurs critères objectifs, précis et liés à l'objet du marché ou à ses conditions d'exécution. *(L. n° 2021-1104 du 22 août 2021, art. 35, en vigueur à une date fixée par décret et, au plus tard, le 22 août 2026)* **« Au moins un de ces critères prend en compte les caractéristiques environnementales de l'offre. » Les modalités d'application du présent alinéa sont prévues par voie réglementaire.**

Les offres sont appréciées lot par lot.

Le lien avec l'objet du marché ou ses conditions d'exécution s'apprécie conformément aux articles L. 2112-2 à L. 2112-4. – *[Ord. n° 2015-899 du 23 juill. 2015, art. 52-I et 32-I, al. 4 phrase 1.]*

V. note ss. art. L. 2111-2, supra.

Art. L. 2152-8 Les critères d'attribution n'ont pas pour effet de conférer une liberté de choix illimitée à l'acheteur et garantissent la possibilité d'une véritable concurrence. Ils sont rendus publics dans les conditions prévues par décret en Conseil d'État. – *[Ord. n° 2015-899 du 23 juill. 2015, art. 52-II.]*

COMMENTAIRE

Attribuer un marché, c'est choisir l'offre économiquement la plus avantageuse au regard de critères non discriminatoires que l'acheteur a fait connaître aux candidats dans le cadre d'une procédure transparente.

La formule, consacrée depuis longtemps par le droit des marchés publics, de « l'offre économiquement la plus avantageuse » consacre le caractère économique de l'achat : en se fondant sur des critères objectifs d'ordre économique, l'acheteur avisé réalise un achat efficace et s'interdit toute discrimination qui résulterait de la prise en compte de critères plus subjectifs, par exemple de préférence nationale ou locale.

On verra pourtant que ces principes essentiels ne font pas obstacle à la définition de critères de choix qui ne se limitent pas au prix, qui peuvent être qualitatifs et qui peuvent prendre en compte des aspects sociaux et environnementaux. Encore faut-il, cependant, que ces critères soient liés à l'objet du marché ou à ses conditions d'exécution et qu'ils soient suffisamment précis pour ne pas laisser à l'acheteur une marge de choix indéterminée, faute de quoi ils conduiraient inévitablement à méconnaître l'égalité de traitement.

On notera la deuxième phrase du premier alinéa de l'article L. 2152-7, introduite par l'article 35 de la loi n° 2021-1104 du 22 août 2021 portant lutte contre le dérèglement climatique et renforcement de la résilience face à ses effets.

On se reportera à nos commentaires et à la jurisprudence sous les articles R. 2152-6 à R. 2152-13 du code.

Art. L. 2152-9 *(L. n° 2020-1525 du 7 déc. 2020, art. 131)* **L'acheteur tient compte parmi les critères d'attribution des marchés globaux mentionnés à l'article L. 2171-1 de la part d'exécution du marché que le soumissionnaire s'engage à confier à des petites et moyennes entreprises ou à des artisans.**

Les dispositions de l'art. L. 2152-9 s'appliquent aux marchés publics et aux concessions pour lesquels une consultation est engagée ou un avis d'appel à la concurrence est envoyé à la publication à compter de la publication de la L. n° 2020-1525 du 7 déc. 2020 (L. préc., art. 131-III, JO 8 déc.)

COMMENTAIRE

Il appartiendra à la jurisprudence de préciser comment ce critère obligatoire, qui existait déjà pour les marchés de partenariat (V. art. L. 2222-4) et qui est assurément délicat à manier, devra être mis en œuvre.

CHAPITRE III OFFRES PRÉSENTÉES PAR DES OPÉRATEURS ÉCONOMIQUES OU COMPORTANT DES PRODUITS D'ÉTATS TIERS

SECTION 1 Principes généraux

Art. L. 2153-1 L'acheteur garantit aux opérateurs économiques ainsi qu'aux travaux, fournitures et services issus des États parties à l'Accord sur les marchés publics conclu dans le cadre de l'Organisation mondiale du commerce ou à un autre accord international équivalent auquel l'Union européenne est partie, dans la limite de ces accords, un traitement équivalent à celui garanti aux opérateurs économiques, aux travaux, aux fournitures et aux services issus de l'Union européenne.

Dans les autres cas, les acheteurs peuvent introduire dans les documents de la consultation des critères ou des restrictions fondés sur l'origine de tout ou partie des travaux, fournitures ou services composant les offres proposées ou la nationalité des opérateurs autorisés à soumettre une offre. Les modalités d'application du présent alinéa sont précisées par voie réglementaire.

Pour l'application du présent livre, les États parties à l'Espace économique européen qui ne sont pas membres de l'Union européenne sont assimilés à des États membres de l'Union européenne. – *[Ord. n° 2015-899 du 23 juill. 2015, art. 2-I et III.]*

SECTION 2 Marchés de fournitures des entités adjudicatrices

Art. L. 2153-2 Lorsque une offre présentée dans le cadre de la passation d'un marché de fournitures par une entité adjudicatrice contient des produits originaires de pays tiers avec lesquels l'Union européenne n'a pas conclu, dans un cadre multilatéral ou bilatéral, un accord assurant un accès comparable et effectif des entreprises de l'Union européenne aux marchés de ces pays, ou auxquels le bénéfice d'un tel accord n'a pas été étendu par une décision du Conseil de l'Union européenne, cette offre peut être rejetée lorsque les produits originaires des pays tiers représentent la part majoritaire de la valeur totale des produits composant cette offre, dans des conditions prévues par voie réglementaire.

Lorsque deux ou plusieurs offres sont équivalentes au regard des critères d'attribution, une préférence peut être accordée à l'une d'entre elles dans des conditions prévues par voie réglementaire. – *[Ord. n° 2015-899 du 23 juill. 2015, art. 54 ; Décr. n° 2016-360 du 25 mars 2016, art. 61-II, al. 1er sauf phrase 2.]*

COMMENTAIRE

Les nouvelles directives prévoient cependant, sinon un mécanisme général de restriction de l'accès des États tiers aux marchés publics européens lorsque les accords internationaux existants ne prévoient pas l'accès des produits, services et opérations économiques de ces États tiers aux marchés publics de l'Union européenne, deux dispositifs.

Le premier figure à l'article 25 de la directive 2014/24/UE. L'article L. 2153-1 en explicite le contenu : on y trouve une exception (de portée sans doute relativement limitée en pratique) à l'interdiction de principe des discriminations en raison de la nationalité.

Le second, issu de l'article 85 de la directive n° 2014/25/UE du 26 février 2014, n'est que la reprise, à l'article L. 2153-2, de ce qui existait déjà pour les marchés de fournitures des entités adjudicatrices. ❑

TITRE VI RÈGLES APPLICABLES AUX PROCÉDURES DE PASSATION ET AUX TECHNIQUES D'ACHAT

Le présent titre ne comprend pas de dispositions législatives.

TITRE VII RÈGLES APPLICABLES À CERTAINS MARCHÉS

CHAPITRE I RÈGLES APPLICABLES À CERTAINS MARCHÉS GLOBAUX

Art. L. 2171-1 **Sont des marchés globaux passés par dérogation au principe d'allotissement :**

1° Les marchés de conception-réalisation ;

2° Les marchés globaux de performance ;

3° Les marchés globaux sectoriels.

COMMENTAIRE

L'article L. 2171-1, d'annonce de plan, consacre l'existence de trois catégories de marchés globaux, qui ne sont pas soumis à l'obligation d'allotissement (on ne saurait les confondre avec des marchés « ordinaires » soumis à l'obligation d'allotissement, mais que l'acheteur décide de pas allotir sur le fondement de l'art. L. 2113-11). ❑

SECTION 1 Marché de conception-réalisation

Art. L. 2171-2 **Le marché de conception-réalisation est un marché de travaux permettant à l'acheteur de confier à un opérateur économique une mission portant à la fois sur l'établissement des études et l'exécution des travaux.**

Les acheteurs soumis aux dispositions du livre IV ne peuvent conclure un marché de conception-réalisation, quel qu'en soit le montant, que si des motifs d'ordre technique ou un engagement contractuel portant sur l'amélioration de l'efficacité énergétique ou la construction d'un bâtiment neuf dépassant la réglementation thermique en vigueur rendent nécessaire l'association de l'entrepreneur aux études de l'ouvrage. Un tel marché est confié à un groupement d'opérateurs économiques. Il peut toutefois être confié à un seul opérateur économique pour les ouvrages d'infrastructures.

Toutefois, les conditions mentionnées au précédent alinéa ne sont pas applicables aux marchés de conception-réalisation relatifs à la réalisation de logements locatifs aidés par l'État financés avec le concours des aides publiques mentionnées au 1° de l'article L. 301-2 du code de la construction et de l'habitation, *(Rect. JO 30 mars 2019)* **« lorsqu'ils sont conclus par les organismes d'habitations à loyer modéré mentionnés à l'article L. 411-2 du même code et les sociétés d'économie mixte de construction et de gestion de logements sociaux ».** — *[Ord. n° 2015-899 du 23 juill. 2015, art. 33.]*

Par dérogation aux dispositions du présent art., les acheteurs peuvent confier à un opérateur économique une mission globale portant à la fois sur la conception et la construction ou l'aménagement en urgence de locaux, installations ou infrastructures requis par le rétablissement des contrôles des marchandises et des passagers à destination ou en provenance du Royaume-Uni en raison du retrait de cet État de l'Union européenne.

Ces dispositions s'appliquent :

— aux marchés pour lesquels une consultation est engagée ou un avis d'appel à la concurrence est envoyé à la publication à compter du 1er avr. 2019 ;

— jusqu'à la fin du sixième mois suivant la date du retrait du Royaume-Uni de l'Union européenne (Ord. n° 2019-36 du 23 janv. 2019, art. 3 et 7).

COMMENTAIRE

Un marché de travaux qui confie au même opérateur l'établissement des études et l'exécution des travaux est en principe impossible pour les maîtres d'ouvrage qui entrent dans le champ de la loi n° 85-704 du 12 juillet 1985, dite loi MOP, désormais codifiée au livre IV du présent code (V. art. L. 2431-1). Les maîtres d'ouvrage en cause sont ceux qui sont mentionnés à l'article L. 2411-1. Les dérogations à l'interdiction de principe qui vaut pour eux sont directement reprises de la loi MOP.

On relèvera que la loi n° 2018-1021 du 23 novembre 2018 portant évolution du logement, de l'aménagement et du numérique, dite loi ELAN, a introduit dans la loi MOP une troisième hypothèse de recours au marché de conception-réalisation : la construction d'un logement neuf dépassant la réglementation thermique en vigueur. Par ailleurs, depuis la même loi, les organismes d'habitations à loyer modéré peuvent toujours recourir à la conception-réalisation, même quand ils réalisent des opérations qui les font entrer dans le champ de l'ancienne loi MOP (V. sur ce point l'art. L. 2411-1 *infra*). Pour le cas des logements locatifs aidés des CROUS, des dispositions comparables sont prévues, jusqu'au 31 décembre 2021, par l'article 69 de la loi ELAN. Il en va de même, en vertu de l'article 17-1 de la loi n° 2018-202 du 26 mars 2018, pour des opérations de construction et de réhabilitation portant sur les ouvrages nécessaires aux Jeux olympiques de 2024 et, en vertu de l'article 230 de la loi ELAN, jusqu'au 31 décembre 2022, pour l'établissement d'infrastructures et de réseaux de communications électroniques dans les conditions prévues par l'article L. 1425-1 du code général des collectivités territoriales.

On se reportera par ailleurs au chapitre I du titre VII du livre I de la partie II de la partie réglementaire du code.

On précisera enfin que la jurisprudence citée ci-dessous se réfère à la loi MOP (désormais codifiée). ❑

1. En limitant par l'art. 18-I de la L. du 12 juill. 1985 la possibilité du recours au contrat de conception-réalisation aux hypothèses où « des motifs d'ordre technique rendent nécessaire l'association de l'entrepreneur aux études », le législateur n'a pas entendu permettre le recours à ce type de contrat en cas d'urgence. Dans le cas où un impératif de délai ou des contraintes liées au site imposent le recours à des procédés techniques particuliers, le recours au marché de conception-réalisation peut être justifié par les caractéristiques intrinsèques de l'opération envisagée. • CE 17 mars 1997, *Synd. nat. du béton armé, des techniques industrialisées et de l'entreprise générale*, n° 155573.

2. La passation d'un marché de conception-réalisation, qui modifie les conditions d'exercice de la fonction de maître d'œuvre, ne peut avoir lieu que dans des circonstances particulières. Dès lors, si ces circonstances ne sont pas établies, une telle passation est de nature à affecter les droits conférés aux architectes lorsque leur intervention est requise en application des dispositions de la L. du 3 janv. 1977. Un Conseil régional de l'ordre des architectes a, dès lors, intérêt à agir contre la passation d'un tel marché. • CE 28 déc. 2001, *Conseil régional de l'ordre des architectes d'Auvergne*, n° 221649 B : *Rev. CMP 2002, n° 61, obs. Piétri ; Dr. adm. 2002, n° 3, concl. Piveteau.*

3. Le recours à la procédure de conception-réalisation n'est pas justifié dans le cas de la construction d'un atelier-relais pour dirigeables, dès lors que la personne publique n'invoque que les contraintes particulières d'un tel ouvrage en matière d'architecture, de procédés et de matériaux de construction, sans démontrer que des motifs techniques rendent obligatoire l'association de l'entrepreneur aux études de l'ouvrage. • CE 8 juill. 2005, *Cté d'agglomération de Moulins*, n° 268610 B : *BJCP 2005. 436, concl. Casas.*

4. Performance énergétique. Il résulte des dispositions de l'art. 18 de la loi MOP que la passation d'un marché de conception-réalisation, qui modifie les conditions d'exercice de la mission de maître d'œuvre, en principe distincte de celle d'entrepreneur, ne peut avoir lieu que dans des circonstances particulières d'interprétation stricte. Il résulte de l'instruction que, pour décider de la passation d'un marché de conception-réalisation, le département de la Loire-Atlantique s'est fondé, d'une part, sur un objectif de performance énergétique supérieur de 10 % à la norme thermique RT 2012, d'autre part, sur des motifs d'ordre technique tenant au caractère innovant et complexe du projet, en ce qu'il portait sur la réalisation d'un collège dit « modulaire », c'est-à-dire extensible et/ou, en tout ou partie, démontable et transférable, afin de permettre d'augmenter ou de réduire ses capacités d'accueil en fonction de l'évolution des besoins et des effectifs.

Toutefois, d'une part et en tout état de cause, il ne résulte pas de l'instruction que, au regard de la nature de la construction envisagée comme du procédé constructif retenu et des matériaux dont l'emploi était prévu, l'objectif d'un niveau de performance énergétique supérieur de 10 % à la norme thermique RT 2012, issue de la L. préc. du 3 août 2009, représentait en lui-même une contrainte ou une complexité telle qu'elle exigeait d'associer nécessairement les opérateurs de maîtrise d'œuvre et les entreprises de construction dès le stade de l'établissement des études.

D'autre part, de même, s'agissant des motifs

d'ordre technique susceptibles de justifier le marché de conception-réalisation du collège, le département maître d'ouvrage a fait le choix d'un procédé de construction reposant sur la préfabrication des éléments à agencer pour permettre le caractère « modulaire » du projet, destiné notamment à favoriser le transfert éventuel de tout ou partie des bâtiments vers d'autres sites, ou l'ajout de modules provenant d'autres collèges réalisés sur le même principe. Mais il ne résulte pas de l'instruction que ce choix exigeait, au regard tant des dimensions des modules ou des matériaux utilisés que des exigences acoustiques et thermiques posées par le maître d'ouvrage et des contraintes susceptibles d'en résulter, un mode de construction spécifique présentant des difficultés techniques particulières telles qu'elles auraient nécessité d'associer l'entrepreneur aux études de l'ouvrage. Par suite, le département de la Loire-Atlantique, qui ne justifie pas de l'existence de motifs entrant dans le champ des dispositions précitées de la L. du 12 juill. 1985 et de l'art. 37 du C. marchés, ne pouvait, sur ce fondement, légalement recourir à un marché de conception-réalisation. • CAA Nantes, 9 nov. 2018, *Conseil régional de l'ordre des architectes c/ Dpt de la Loire Atlantique*, n° 17NT01596 : *AJDA 2019.582, concl. Bréchot.*

SECTION 2 Marché global de performance

Art. L. 2171-3 Le marché global de performance associe l'exploitation ou la maintenance à la réalisation ou à la conception-réalisation de prestations afin de remplir des objectifs chiffrés de performance. Ces objectifs sont définis notamment en termes de niveau d'activité, de qualité de service, d'efficacité énergétique ou d'incidence écologique.

Le marché global de performance comporte des engagements de performance mesurables. – *[Ord. n° 2015-899 du 23 juill. 2015, art. 34.]*

COMMENTAIRE

Un tel marché global peut être passé par tous les acheteurs. Comme son nom l'indique, il se caractérise à la fois par son caractère global et par des objectifs de performance. On se reportera au chapitre I du titre VII du livre I de la première partie de la partie réglementaire du code.

Marché public global de performance. Un tel marché n'est pas soumis à l'obligation d'allotissement. • CE 8 avr. 2019, *Sté Orange Région Réunion*, n°s 426096 B et 426914 B : *BJCP 2010. 260, concl. Pellissier ; Rev. CMP 2019, n° 188, note Hoepffner ; AJDA 2019. 1814, note Tenailleau.*

SECTION 3 Marchés globaux sectoriels

Art. L. 2171-4 L'État peut confier à un opérateur économique une mission globale portant sur :

1° La conception, la construction, l'aménagement, l'entretien et la maintenance des immeubles affectés à la police nationale, à la gendarmerie nationale, aux armées ou aux services du ministère de la défense, à la brigade des sapeurs-pompiers de Paris ou affectés par l'État à la formation des personnels qui concourent aux missions de défense et de sécurité civiles ;

2° La conception, la construction et l'aménagement des infrastructures nécessaires à la mise en place de systèmes de communication et d'information répondant aux besoins des services du ministère de l'intérieur ;

3° La conception, la construction et l'aménagement des établissements pénitentiaires. Cette mission peut en outre porter sur l'exploitation ou la maintenance des établissements pénitentiaires, à l'exception des fonctions de direction, de greffe et de surveillance ;

4° La conception, la construction, l'aménagement, l'entretien, l'hôtellerie et la maintenance de centres de rétention ou de zones d'attente. Cette mission ne peut conduire à confier l'enregistrement et la surveillance des personnes retenues ou maintenues à d'autres personnes que des agents de l'État ;

(L. n° 2020-1525 du 7 déc. 2020, art. 143) « 5° La conception, la construction, l'aménagement, l'exploitation, la maintenance ou l'entretien des infrastructures linéaires de transport de l'État, hors bâtiments. » – *[Ord. n° 2015-899 du 23 juill. 2015, art. 35, al. 1er à 7.]*

Art. L. 2171-5 Les établissements publics de santé, les organismes mentionnés à l'article L. 124-4 du code de la sécurité sociale gérant des établissements de santé et les structures de coopération sanitaire dotées de la personnalité morale de droit public peuvent confier à un opérateur économique une mission globale portant sur la conception, la construction, l'aménagement, l'entretien ou la maintenance de bâtiments ou d'équipements affectés à l'exercice de leurs missions. – *[Ord. n° 2015-899 du 23 juill. 2015, art. 35, al. 35-7°.]*

Art. L. 2171-6 *(L. n° 2019-1428 du 26 déc. 2019, art. 154)* I. — La Société du Grand Paris peut confier à un opérateur économique une mission globale portant sur tout ou partie de la conception, de la construction et de l'aménagement des infrastructures du réseau de transport public du Grand Paris au sens du II de l'article 7 de la loi n° 2010-597 du 3 juin 2010 relative au Grand Paris ou des infrastructures de transport public dont la maîtrise d'ouvrage lui est confiée *(L. n° 2020-1525 du 7 déc. 2020, art. 144-1)* « , sur les opérations de construction et de valorisation immobilière non directement liées aux infrastructures précitées qui relèvent de sa compétence » ainsi que sur la maintenance des éléments qui sont remis en gestion à Île-de-France Mobilités en application des articles 20 et 20-2 de la loi n° 2010-597 du 3 juin 2010 précitée.

II. — Sur décision de la Société du Grand Paris, et selon les modalités particulières prévues par les documents de la consultation, l'opérateur économique attributaire du contrat relatif à la mission globale mentionnée au I du présent article peut se voir transférer, avec l'accord du cocontractant concerné, les droits et obligations issus de tout ou partie des marchés passés par la Société du Grand Paris et pouvant concourir à l'exécution de sa mission. Le contrat portant sur la mission globale intègre alors les droits et obligations précités et la composition de l'opérateur économique attributaire est modifiée afin d'inclure le titulaire du marché dont les droits et obligations sont ainsi transférés.

(L. n° 2020-1525 du 7 déc. 2020, art. 144-1) « Le marché mentionné au même I peut confier au titulaire l'acquisition de biens nécessaires à la réalisation de l'opération. Dans ce cadre, le titulaire remet les biens acquis à la Société du Grand Paris dans les conditions définies par ce marché. »

Les dispositions introduites par l'art. 144-I de la L. n° 2020-1525 du 7 déc. 2020 s'appliquent aux marchés publics pour lesquels une consultation est engagée ou un avis d'appel à la concurrence est envoyé à la publication à compter de la publication de ladite loi (L. préc., art. 144-III, JO 8 déc.)

COMMENTAIRE

Il s'agit, avec les trois articles qui précèdent, de différentes catégories de marchés globaux, créées au fil du temps et au gré des besoins. Voir aussi le chapitre I du titre VII du livre I de la deuxième partie de la partie réglementaire du code. ❑

Art. L. 2171-6-1 *(L. n° 2019-1428 du 26 déc. 2019, art. 154)* Île-de-France Mobilités peut confier à un opérateur économique une mission globale portant sur la conception, la construction et l'aménagement des sites de maintenance et de remisage des modes de transport (bus, tramway, tram-train, métropolitain) dont elle assure l'organisation dans le cadre de ses missions.

SECTION 4 Identification et mission de la maîtrise d'œuvre dans les marchés globaux

Art. L. 2171-7 Les conditions d'exécution d'un marché global comportant des prestations de conception d'ouvrage comprennent l'obligation d'identifier une équipe de maîtrise d'œuvre chargée de la conception de cet ouvrage et du suivi de sa réalisation.

Pour les ouvrages de bâtiment, la mission confiée à l'équipe de maîtrise d'œuvre comprend les éléments de la mission définie à l'article L. 2431-1 adaptés à la spécificité des marchés globaux, dans les conditions prévues par voie réglementaire. – *[Ord. n° 2015-899 du 23 juill. 2015, art. 35, 35 bis.]*

COMMENTAIRE

Les dispositions de l'article L. 2171-7 marquent la spécificité de la mission de conception dans le cadre d'un marché global.

Pour les ouvrages de bâtiment, on se reportera aux articles D. 2171-4 à D. 2171-14 du présent code. ❑

SECTION 5 **Part d'exécution des marchés globaux réservée aux petites et moyennes entreprises**

(L. n° 2020-1525 du 7 déc. 2020, art. 131)

Art. L. 2171-8 **Le marché global prévoit la part minimale de l'exécution du contrat que le titulaire s'engage à confier à des petites et moyennes entreprises ou à des artisans. Cette part minimale est établie dans des conditions prévues par voie réglementaire.**

Les dispositions de l'art. L. 2171-8 s'appliquent aux marchés publics et aux concessions pour lesquels une consultation est engagée ou un avis d'appel à la concurrence est envoyé à la publication à compter de la publication de la L. n° 2020-1525 du 7 déc. 2020 (L. préc., art. 131-III, JO 8 déc.)

CHAPITRE II **RÈGLES APPLICABLES À CERTAINS MARCHÉS EN FONCTION DE LEUR OBJET**

Art. L. 2172-1 **Préalablement à la passation d'un marché de maîtrise d'œuvre ayant pour objet la réalisation d'un ouvrage de bâtiment, l'acheteur soumis aux dispositions du livre IV organise un concours, dans des conditions et sous réserve des exceptions, fonction du montant du marché ou de la nature des projets confiés, prévues par voie réglementaire.** – *[L. n° 77-2 du 3 janv. 1977, art. 5-1.]*

COMMENTAIRE

Voir le livre IV de la partie II (partie législative et partie réglementaire) et les articles R. 2172-1 à R. 2172-6 du présent code. ❑

Art. L. 2172-2 **Les collectivités publiques soumises à l'obligation de décoration des constructions publiques passent les marchés ayant pour objet de satisfaire à cette obligation et choisissent le titulaire du marché après avis d'un comité artistique, dans des conditions prévues par voie réglementaire.**

COMMENTAIRE

L'obligation de décoration des constructions publiques résulte, pour l'État, ses établissements publics à caractère autre qu'industriel et commercial et les établissements publics de santé, des dispositions des articles 1er à 5 du décret n° 2002-677 du 29 avril 2002 et, pour les collectivités territoriales ou leurs groupements, de l'article L. 1616-1 du code général des collectivités territoriales (V. ces textes ci-dessous). L'achat peut porter sur des réalisations nouvelles ou sur des œuvres existantes.

Le code de la commande publique se borne à définir la procédure de passation des marchés nécessaires : le présent article législatif en prévoit l'originalité essentielle – l'avis d'un comité artistique ; le reste est de niveau réglementaire et on se reportera aux articles R. 2172-7 à R. 2172-19 du code. ❑

Décret n° 2002-677 du 29 avril 2002,

Relatif à l'obligation de décoration des constructions publiques et précisant les conditions de passation des marchés ayant pour objet de satisfaire à cette obligation.

CHAPITRE I. *DE L'OBLIGATION DE DÉCORATION DES CONSTRUCTIONS PUBLIQUES*

Art. 1er Les opérations immobilières ayant pour objet la construction et l'extension de bâtiments publics ou la réalisation de travaux de réhabilitation dans le cas d'un changement d'affectation, d'usage ou de destination de ces bâtiments donnent lieu à l'achat ou à la commande d'une ou de plusieurs réalisations artistiques destinées à être intégrées dans l'ouvrage ou ses abords.

L'obligation prévue au premier alinéa s'applique aux opérations dont la maîtrise d'ouvrage est assurée par l'État ou par ses établissements publics autres que ceux ayant un caractère industriel et commercial *(Décr. n° 2012-1331 du 29 nov. 2012, art. 5)* « et les établissements publics de santé », ainsi que par leur mandataire et par toute personne agissant pour leur compte, notamment dans le cas prévu par l'article L. 211-7 du code de l'éducation.

Cette obligation ne s'applique pas aux opérations immobilières de l'État et de ses établissements publics autres que ceux ayant un caractère industriel et commercial *(Décr. n° 2012-*

1331 du 29 nov. 2012, art. 5) « et les établissements publics de santé » qui, en raison de leur nature, ne justifient pas la présence d'une réalisation artistique. Un arrêté conjoint du ministre chargé de la culture et du ministre intéressé définit les opérations ou catégories d'opérations exemptes de cette obligation.

(Décr. n° 2005-90 du 4 févr. 2005, art. 2) « La restauration des œuvres issues des obligations de décoration des constructions publiques incombe au maître de l'ouvrage ou, le cas échéant, à la personne publique responsable de l'entretien de l'ouvrage, qui peut solliciter l'apport financier de partenaires publics et privés. » — *[V. désormais CCP, art. R. 2172-7, R. 2372-10.]*

Art. 2 Le montant, toutes taxes comprises, des sommes affectées au respect de l'obligation mentionnée à l'article 1er est égal à 1 % du montant hors taxes du coût prévisionnel des travaux, tel qu'il est établi par le maître d'œuvre à la remise de l'avant-projet définitif. Il ne peut excéder deux millions d'euros. Le coût prévisionnel qui sert de base à ce calcul ne comprend pas les dépenses de voirie et réseaux divers ni celles d'équipement mobilier.

Art. 3 Les dispositions *(Décr. n° 2005-90 du 4 févr. 2005, art. 3)* « du premier et du dernier alinéas *[alinéa]* » de l'article 1er et de l'article 2 s'appliquent également, dans les limites fixées par l'article L. 1616-1 du code général des collectivités territoriales, aux constructions dont la maîtrise d'ouvrage est assurée par les collectivités territoriales ou leurs groupements.

Art. 4 Les réalisations artistiques mentionnées à l'article 1er sont des œuvres plastiques et graphiques entrant dans les catégories définies aux 7° à 10° de l'article L. 112-2 du code de la propriété intellectuelle.

Il peut s'agir en outre d'œuvres utilisant de nouvelles technologies ou faisant appel à d'autres interventions artistiques, notamment pour l'aménagement d'espaces paysagers, la conception d'un mobilier original ou la mise au point d'une signalétique particulière.

Le montant défini à l'article 2 inclut le coût des prestations nécessaires à la conception, la réalisation, l'acheminement et l'installation des œuvres et les taxes afférentes ainsi que les indemnités prévues à l'article 13, mais non le coût des études de maîtrise d'œuvre nécessaires à l'intégration de l'œuvre artistique dans l'ouvrage.

Art. 5 Lorsque des opérations immobilières relevant de plusieurs des personnes publiques mentionnées à l'article 1er et à l'article 3 sont conduites simultanément sur un même site, le montant affecté à l'achat ou à la commande artistique peut être calculé de façon globale. Si les opérations immobilières relèvent de plusieurs maîtres d'ouvrage, ceux-ci mandatent l'un d'eux pour passer une commande unique.

Code général des collectivités territoriales

Art. L. 1616-1 Les communes, les départements et les régions doivent consacrer 1 p. 100 du montant de l'investissement à l'insertion d'œuvres d'art dans toutes les constructions qui faisaient l'objet, au 23 juillet 1983, date de publication de la loi n° 83-663 du 22 juillet 1983 complétant la loi n° 83-8 du 7 janvier 1983 relative à la répartition de compétences entre les communes, les départements, les régions et l'État, de la même obligation à la charge de l'État. — *[L. n° 83-663 du 22 juill. 1983, art. 59.]*

(L. n° 2016-925 du 7 juill. 2016, art. 79) « Dès que le maître d'œuvre d'une construction mentionnée au premier alinéa du présent article est choisi, la commune, le département ou la région sélectionne sans délai l'auteur de l'œuvre d'art faisant l'objet d'une insertion dans ladite construction.

« Les communes, les départements et les régions veillent à la diversité des œuvres et des artistes sélectionnés en application du présent article. »

Art. L. 2172-3 Le partenariat d'innovation est un marché qui a pour objet la recherche et le développement de produits, services ou travaux innovants ainsi que l'acquisition ultérieure des produits, services ou travaux en résultant et qui répondent à un besoin ne pouvant être satisfait par l'acquisition de produits, services ou travaux déjà disponibles sur le marché.

Sont considérés comme innovants les travaux, fournitures ou services nouveaux ou sensiblement améliorés. Le caractère innovant peut consister dans la mise en œuvre de nouveaux procédés de production ou de construction, d'une nouvelle méthode de commercialisation ou d'une nouvelle méthode organisationnelle dans les pratiques,

l'organisation du lieu de travail ou les relations extérieures de l'entreprise. – *[Décr. nº 2016-360 du 25 mars 2016, art. 93, al. 1er.]*

COMMENTAIRE

Les partenariats d'innovation sont une nouveauté des directives de 2014. Ils ont été créés afin de remédier aux défauts des marchés de recherche et de développement, qui imposent une remise en concurrence à l'issue de la phase R&D pour acquérir les produits, services ou travaux qui sont le résultat de cette recherche. Ces partenariats constituent donc des marchés publics qui ont pour objet à la fois la recherche et développement et l'achat de fournitures, services ou travaux innovants, c'est-à-dire de fournitures, services ou travaux nouveaux ou sensiblement améliorés qui répondent à un besoin qui ne peut être satisfait par ce qui est déjà disponible sur le marché.

Pour le contenu et les modalités de passation de ces partenariats, on se reportera aux articles R. 2172-20 à R. 2172-32 du code. ❑

Art. L. 2172-4 *(Abrogé par Ord. nº 2021-1490 du 17 nov. 2021, art. 3)* ***Lorsqu'ils achètent un véhicule à moteur au sens du 1º de l'article L. 110-1 du code de la route, les acheteurs tiennent compte des incidences énergétiques et environnementales de ce véhicule sur toute sa durée de vie, dans les conditions et sous réserve des exceptions prévues par voie réglementaire.*** – *[Ord. nº 2015-899 du 23 juill. 2015, art. 31-II.]*

COMMENTAIRE

Les véhicules visés sont les véhicule terrestres pourvus d'un moteur de propulsion, y compris les trolleybus, et circulant sur route par leurs moyens propres, à l'exception des véhicules qui se déplacent sur rails.

On se reportera aux articles R. 2172-35 à R. 2172-38 du code. ❑

Art. L. 2172-5 *(L. nº 2020-105 du 10 févr. 2020, art. 56)* **Lorsqu'ils achètent des constructions temporaires, les acheteurs ne peuvent exclure les constructions temporaires ayant fait l'objet d'un reconditionnement pour réemploi, sous réserve que leurs niveaux de qualité et de sécurité soient égaux à ceux des constructions neuves de même type. Ils tiennent compte des incidences énergétiques et environnementales de la construction sur toute sa durée de vie.**

Sur les obligations à respecter en matière de lutte contre le gaspillage et relatives à l'économie circulaire, V. L. nº 2020-105 du 10 févr. 2020, art. 55 et 58, ss. CCP, art. L. 2111-3.

Art. L. 2172-6 *(L. nº 2020-105 du 10 févr. 2020, art. 60)* **Dans un souci de préservation des ressources naturelles, les achats de pneumatiques effectués par l'État, les collectivités territoriales et leurs opérateurs portent sur des pneumatiques rechapés, sauf si une première consultation s'est révélée infructueuse. Les achats de pneumatiques portant sur les véhicules d'urgence ainsi que les véhicules militaires peuvent être dispensés des obligations prévues au présent article.**

V. note ss. art. L. 2172-5, supra.

COMMENTAIRE

L'article L. 2172-6 a été introduit dans le code par la loi nº 2020-105 du 10 février 2020 relative à la lutte contre le gaspillage et à l'économie circulaire (art. 60). ❑

TITRE VIII ACHÈVEMENT DE LA PROCÉDURE

CHAPITRE I INFORMATION DES CANDIDATS ET DES SOUMISSIONNAIRES ÉVINCÉS

Art. L. 2181-1 Dès qu'il a fait son choix, l'acheteur le communique aux candidats et aux soumissionnaires dont la candidature ou l'offre n'a pas été retenue, dans les conditions prévues par décret en Conseil d'État. – *[Ord. nº 2015-899 du 23 juill. 2015, art. 55.]*

COMMENTAIRE

Il y a là une obligation importante, que le code ne limite pas aux procédures formalisées, notamment pour permettre aux concurrents évincés de contester le choix de l'acheteur devant le juge du référé précontractuel. Cependant, on verra, en se reportant aux articles R. 2181-1 à R. 2181-6 et R. 2182-1 du code, que les règles sont sensiblement différentes pour la procédure adaptée et pour les procédures formalisées. ❑

CHAPITRE II SIGNATURE ET NOTIFICATION DU MARCHÉ

Le présent chapitre ne comprend pas de dispositions législatives.

CHAPITRE III AVIS D'ATTRIBUTION

Art. L. 2183-1 L'acheteur rend public le choix de l'offre retenue, dans les conditions et sous réserve des exceptions prévues par décret en Conseil d'État. – *[Ord. nº 2015-899 du 23 juill. 2015, art. 56.]*

COMMENTAIRE

Voir les articles R. 2183-1 à R. 2183-7 du code. ❑

CHAPITRE IV CONSERVATION DES INFORMATIONS

Art. L. 2184-1 Les acheteurs conservent les documents relatifs à la passation des marchés, dans des conditions prévues par voie réglementaire. – *[Ord. nº 2015-899 du 23 juill. 2015, art. 57, ecqc la passation.]*

COMMENTAIRE

Voir les articles R. 2184-1 à R. 2184-13 du code. ❑

CHAPITRE V ABANDON DE LA PROCÉDURE

Le présent chapitre ne comprend pas de dispositions législatives.

TITRE IX EXÉCUTION DU MARCHÉ

CHAPITRE I EXÉCUTION FINANCIÈRE

Art. L. 2191-1 Sous réserve des exceptions prévues par voie réglementaire, les dispositions du présent chapitre s'appliquent aux marchés passés par l'État, ses établissements publics autres que ceux ayant un caractère industriel et commercial, les collectivités territoriales, leurs établissements publics et leurs groupements.

Toutefois, les dispositions de la section 3 du présent chapitre s'appliquent également aux établissements publics de l'État ayant un caractère industriel et commercial.

Les dispositions du présent chapitre ne sont pas applicables à la Caisse des dépôts et consignations. – *[Ord. nº 2015-899 du 23 juill. 2015, art. 59-I ; Décr. nº 2016-360 du 25 mars 2016, art. 2 ecqc la partie L.]*

COMMENTAIRE

Comme jadis le code des marchés publics, le code de la commande publique comporte quelques dispositions relatives à l'exécution des marchés, même s'il est d'abord un code de la passation des contrats. Le présent chapitre concerne l'exécution financière. Ses dispositions ne sont applicables qu'aux acheteurs qui étaient soumis au code des marchés publics ; celles qui portent sur le régime des paiements sont cependant également applicables aux EPIC de l'État. La Caisse des dépôts et consignations n'est pas soumise à ses dispositions. Par ailleurs, pour les acheteurs mentionnés à l'article R. 2100-1 du code, on se reportera à son article R. 2191-1.

Les conditions dans lesquelles sont exécutés les marchés publics sont d'abord définies par les clauses de chaque contrat et, lorsque celles-ci s'y réfèrent, par les cahiers des clauses administratives générales, et la jurisprudence tient, en ce domaine, une place essentielle.

Il a donc paru nécessaire, afin de mettre en perspective les quelques dispositions du présent chapitre, de présenter rapidement quelques-uns des éléments qui sont susceptibles d'affecter l'exécution des marchés publics et de mentionner quelques décisions jurisprudentielles significatives.

Les commentaires qui suivent sont présentés sous réserve des stipulations propres à chaque marché. Ils concernent les contrats administratifs et, pour l'essentiel, les marchés publics de travaux, dont l'exécution est particulièrement susceptible d'être affectée par des décisions et des aléas multiples, qui doivent trouver leur traduction dans le règlement financier du contrat. Ils se réfèrent notamment au CCAG-Travaux (V. App., *Partie I, V*).

I. LE POUVOIR DE DIRECTION DU POUVOIR ADJUDICATEUR. LES ORDRES DE SERVICE

Le pouvoir adjudicateur dispose du pouvoir de direction dans l'exécution du marché, qui est exercé soit directement par le représentant légal de la personne publique et les agents placés sous son autorité, soit par le mandataire désigné en application des dispositions de la loi du 12 juillet 1985 relative à la maîtrise d'ouvrage publique, désormais codifiée par le présent code, soit encore par le maître d'œuvre qui, comme le mentionne l'article 2 du CCAG-Travaux, est la personne physique ou morale qui, pour sa compétence technique, est chargée par le pouvoir adjudicateur de diriger et de contrôler l'exécution des travaux. Si le mandataire ou le maître d'œuvre est une personne morale, il désigne une personne physique qui a seule qualité pour le représenter.

Ce pouvoir de direction se traduit par l'émission d'ordres de service notifiés aux titulaires des marchés. Le cahier des clauses administratives générales applicable aux marchés de travaux publics prévoit que les ordres de service sont écrits. Mais un ordre de service verbal est opposable au pouvoir adjudicateur, par exemple en cas de modifications dans l'étendue des prestations, à condition que le titulaire du marché soit en état d'apporter la preuve de son existence. Toutefois, pour les décisions les plus importantes, qui font partir des délais d'exécution ou de contestation opposables au titulaire du marché, l'ordre de service doit être écrit et notifié dans les formes fixées par le CCAG. Il en est ainsi, notamment, de l'ordre de commencer les travaux, dont la notification constitue le point de départ du délai d'exécution contractuellement fixé, et de l'ordre de service notifiant le décompte général (V. *infra*), qui fait partir le délai de contestation de ce décompte, l'expiration de ce délai faisant naître de la part du titulaire du marché une acceptation tacite du décompte général, qui devient définitif.

Le titulaire d'un marché est tenu d'exécuter ces ordres. S'il ne le fait pas, il commet une faute, même si sa contestation d'un ordre est ultérieurement regardée comme fondée par le juge du contrat. Pour préserver ses droits, le titulaire du marché doit, s'il l'estime opportun, émettre des réserves sur l'ordre de service avant de l'exécuter. Il pourra ainsi réclamer ultérieurement, notamment au moment de l'établissement du décompte, l'indemnisation des conséquences pécuniaires de cet ordre de service (par exemple en cas de travaux supplémentaires), ou dégager sa responsabilité éventuelle, notamment au titre de la garantie décennale, en cas de malfaçons dues à une modification dans la consistance de l'ouvrage ou les procédés techniques imposés par l'ordre de service.

Toutefois, le titulaire du marché n'est pas tenu d'exécuter l'ordre de service de commencer les travaux si cet ordre ne lui a pas été notifié dans le délai prévu au marché ou, à défaut, dans le délai de six mois à compter de la notification du marché. Il peut aussi refuser d'exécuter un ordre de service qui porte sur des travaux supplémentaires correspondant « à des changements dans les besoins ou les conditions d'utilisation auxquels les ouvrages faisant l'objet du marché doivent satisfaire » et dont l'exécution, ajoutée à celle des précédents ordres, le conduirait à effectuer des travaux supplémentaires excédant, en valeur, le dixième de la masse initiale des travaux (art. 15.22 CCAG-Travaux).

L'ordre de service donné par le représentant du pouvoir adjudicateur engage ainsi sa responsabilité contractuelle à l'égard du titulaire du marché, qui pourra demander que les conséquences pécuniaires de cet ordre soient prises en compte dans le règlement financier du marché. Le pouvoir adjudicateur peut quant à lui se retourner contre son mandataire ou son maître d'œuvre qui aura donné un ordre de service en méconnaissance des stipulations de la convention de mandat ou du marché de maîtrise d'œuvre.

II. LES ALÉAS ÉCONOMIQUES

On se reportera au commentaire sur l'imprévision et la force majeure sous l'article L. 6 du présent code et à la jurisprudence ci-dessous.

III. INCIDENTS EN COURS D'EXÉCUTION

A. LES TRAVAUX SUPPLÉMENTAIRES

En cours de chantier, le titulaire du marché est souvent amené à réaliser des travaux qui n'ont pas été prévus dans le contrat. Si ces travaux ont fait l'objet d'un ordre de service, leur paiement est dû par le pouvoir adjudicateur. Il en est de même s'ils ont fait l'objet d'un avenant.

Pour les autres travaux supplémentaires, il faut distinguer selon qu'ils ont été seulement utiles ou indispensables à la réalisation de l'ouvrage. Dans le premier cas, ils ne sont pas payés au titulaire du marché. Dans le second cas, le titulaire du marché est en droit d'en obtenir le paiement, même si l'origine de ces travaux indispensables réside dans la mauvaise exécution par un autre constructeur des prestations qui lui incombaient, le pouvoir adjudicateur pouvant seulement se retourner contre ce constructeur pour lui faire supporter le surcoût des travaux en l'inscrivant au passif de son décompte.

La jurisprudence a dégagé ces principes. Il conviendra de tenir compte désormais des dispositions de l'article L. 2194-3, auquel on se reportera.

B. LES SUJÉTIONS IMPRÉVUES

Elles sont constituées par des difficultés exceptionnelles rencontrées en cours de chantier, extérieures aux parties au contrat et que le titulaire du marché ne pouvait pas prévoir compte tenu de son expérience, des pièces du dossier de consultation qui lui a été fourni et de sa connaissance du terrain, lorsqu'il a présenté son offre. Ces difficultés, qu'il serait plus exact d'appeler imprévisibles, plutôt qu'imprévues, donneront lieu à indemnisation, soit qu'elles aient entraîné une utilisation de techniques, de matériaux ou de moyens non prévus par le marché, soit qu'elles se soient traduites par une prolongation du délai d'exécution ayant entraîné pour le titulaire une immobilisation en moyens et en personnel plus importante que ce qu'exigeait l'exécution du marché telle qu'elle était initialement prévue.

Dans le cas de marchés avec prix forfaitaires, les sujétions imprévues ne donnent lieu à indemnisation que si leur survenance a entraîné un bouleversement de l'économie du contrat.

C. LE DÉPASSEMENT DES DÉLAIS D'EXÉCUTION

Pour les marchés de travaux, les délais de réalisation sont fixés soit « tous corps d'état », c'est-à-dire pour l'ensemble de l'ouvrage, même si sa réalisation a fait l'objet d'un allotissement, soit par lots, avec éventuellement un planning intermédiaire dont la portée n'est impérative que si le marché le prévoit.

Le point de départ du délai d'exécution des prestations et sa durée sont fixés par le contrat. Ce délai peut être prorogé par avenant, notamment en raison de travaux supplémentaires. En dehors de cette prorogation contractuelle, le délai doit être prolongé en cas de sujétions imprévues, de difficultés dans l'exécution du contrat dues à une cause étrangère au titulaire du marché ou à ses sous-traitants, par exemple une malfaçon imputable à un autre constructeur, ou encore en raison d'un nombre de jours d'intempéries supérieur à celui qui a été contractuellement prévu.

La sanction du dépassement du délai d'exécution du marché par le titulaire varie selon les clauses du marché.

Si celui-ci comporte une clause « pénale » instituant des pénalités de retard calculées par application au nombre de jours calendaires de retard d'un taux fixé le plus souvent en fonction du montant du marché, le pouvoir adjudicateur est en droit d'appliquer cette clause quelles que soient la réalité et l'étendue de son préjudice. Mais il ne peut, à l'inverse, imputer au passif du décompte du titulaire du marché une somme supérieure au plafond de ces pénalités, même s'il a subi un préjudice plus important. Si le marché ne prévoit pas de clause « pénale », le pouvoir adjudicateur est en droit d'appliquer au titulaire une sanction calculée en fonction du préjudice qu'il a subi du fait du retard.

D. LES FAUTES GRAVES DANS L'EXÉCUTION DU MARCHÉ ET LES MESURES COERCITIVES

Le pouvoir adjudicateur a le choix entre deux mesures coercitives, selon qu'il estime que la poursuite du marché est possible ou non.

La mise en régie du marché consiste à poursuivre l'exécution du marché soit avec les moyens de l'entreprise sous la direction d'une personne désignée par le pouvoir adjudicateur, soit avec les moyens du pouvoir adjudicateur, soit en recourant aux moyens d'une autre entreprise, ce second marché étant en quelque sorte un contrat de sous-traitance passé par le pouvoir adjudicateur pour le compte de l'entreprise défaillante.

La procédure de mise en régie est fixée par le contrat, le plus souvent par renvoi au CCAG. En l'absence de stipulations contractuelles, une mise en demeure de satisfaire aux stipulations du marché ou aux ordres de service doit être adressée à l'entrepreneur, mais le contrat peut comporter une clause écartant cette formalité. A l'expiration du délai fixé par la mise en demeure, le pouvoir adjudicateur, s'il décide la mise en régie des travaux, doit procéder à un constat contradictoire de l'état du chantier pour procéder à la constatation des travaux exécutés et des approvisionnements existants, ainsi qu'à l'inventaire descriptif du matériel de l'entrepreneur et à la remise à celui-ci de la partie de ce matériel qui n'est pas utile à l'achèvement des travaux poursuivis en régie.

L'entrepreneur dont les travaux sont mis en régie est autorisé à en suivre l'exécution sans pouvoir entraver les ordres du maître d'œuvre et de ses représentants.

Si la mise en régie est prononcée aux frais et risques de l'entrepreneur initial, ce dernier doit supporter les excédents de dépenses résultant de la régie, ceux-ci étant éventuellement imputés sur les sommes qui lui sont dues pour les travaux déjà exécutés. Toutefois, si la procédure a été irrégulière, l'entrepreneur n'a pas à supporter ces excédents.

L'autre mesure possible est la résiliation pour faute du marché.

On se reportera sur ce point à l'article L. 2195-3 du code.

E. LA FIN PRÉMATURÉE DU MARCHÉ (HORS RÉSILIATION POUR FAUTE)

On se reportera sur ce point aux articles L. 2195-2 et L. 2195-3 du code.

IV. DÉCOMPTE ET SOLDE DU MARCHÉ

A. LE SOLDE

Le solde du marché résulte du rapprochement de deux documents. D'une part, le décompte général définitif du marché qui arrête le montant total des sommes dues par le pouvoir adjudicateur au titulaire après comparaison des éléments à l'actif du décompte et des éléments au passif qui viennent en déduction. D'autre part, un état des paiements déjà effectués au titre des avances (art. L. 2191-2 et L. 2191-3), qui, normalement, ont dû à ce stade être remboursées par le titulaire, et, surtout, au titre des acomptes (art. L. 2191-4) – ces paiements comprenant les sommes versées au titulaire du marché, à ses sous-traitants admis au paiement direct (V. chap. III, *infra*), éventuellement aussi les sommes versées aux établissements cessionnaires de créances (art. L. 2191-8).

C'est la comparaison de ces deux documents qui fait apparaître le solde du marché.

Le décompte doit comporter à l'actif toutes les sommes auxquelles a droit le titulaire. Il s'agit de la rémunération des prestations telles que prévues au marché, éventuellement modifiées par avenants, le montant dû étant calculé par application des prix éventuellement révisés et actualisés (V. art. L. 2112-6). Dans un marché de travaux, ce montant peut être majoré de celui des travaux supplémentaires réalisés conformément aux ordres de service adressés en cours d'exécution au titulaire ou, en l'absence d'ordres de service, des travaux indispensables. Il peut aussi, sous certaines conditions, prendre en compte des surcoûts dus à des sujétions imprévues ou à des retards dans l'exécution du marché non imputables au titulaire. Ce montant comprend bien sûr les sommes correspondant aux prestations effectuées par les sous-traitants. Enfin, les intérêts moratoires pour paiement tardif des acomptes doivent également figurer dans ce décompte.

Au passif du décompte, figurent les sommes dues par le titulaire au pouvoir adjudicateur. Il s'agit notamment des pénalités de retard appliquées en exécution des clauses les prévoyant ou, en l'absence de telles clauses, d'une réfaction sur le montant du marché pour indemniser le pouvoir adjudicateur des dommages qu'il a subis du fait des retards dans l'exécution des prestations. Dans un marché de travaux, le pouvoir adjudicateur peut aussi imputer sur le décompte les indemnités qu'il a versées à des tiers victimes de dommages imputables aux travaux effectués par le titulaire si le marché comporte une clause de responsabilité du titulaire ou si celui-ci a commis une faute dans l'exécution de ce marché en méconnaissant notamment les prescriptions des cahiers des clauses techniques. Il peut également déduire des sommes destinées à couvrir les conséquences des malfaçons ou des incidents constatés en cours de chantier lorsqu'ils ont eu pour effet d'augmenter les montants des marchés des entreprises titulaires d'autres lots. Enfin, il peut décider au moment de la réception d'opérer une réfaction sur le prix du marché si les prestations ne sont pas tout à fait conformes aux prescriptions du marché.

Si le marché s'est bien déroulé, le solde doit être faible mais positif pour le titulaire. Faible, compte tenu de son droit au versement des acomptes au fur et à mesure de l'avancement de son exécution. Mais positif car, normalement, le titulaire ne doit pas être payé pour des prestations qu'il n'a pas encore fournies et souvent l'établissement du décompte coïncide avec le paiement du dernier acompte.

Compte tenu de toutes les difficultés que peut connaître l'exécution de certains marchés, il arrive cependant qu'un solde soit négatif.

B. INDIVISIBILITÉ ET INTANGIBILITÉ DU DÉCOMPTE

1) Comme on l'a dit, l'ensemble des opérations auxquelles donne lieu l'exécution d'un marché public est compris dans un compte dont aucun élément ne peut être isolé et dont seul le solde arrêté lors de l'établissement du décompte général détermine les droits et obligations définitifs des parties : tel est le principe fondamental d'indivisibilité du décompte. Il implique qu'avant l'établissement du décompte, aucune compensation n'est possible entre des éléments qui doivent y figurer.

Même si le titulaire du marché a déposé son bilan, le principe d'indivisibilité joue : les créanciers ne peuvent faire valoir leurs droits que sur le solde (sauf en cas de cession de la créance avec acceptation de la personne publique). On notera toutefois que le caractère unique et exhaustif du décompte n'est pas d'ordre public. Dès lors, si une partie au contrat n'oppose pas devant le juge l'unicité et l'indivisibilité du décompte, le juge doit se prononcer sur le bien-fondé des prétentions de l'autre partie relatives à un élément qui, selon elle, aurait dû être repris dans le décompte, par exemple à des intérêts moratoires sur paiement des acomptes.

2) Une fois le décompte accepté, il ne peut plus être remis en cause (hors cas de fraude ou pour correction d'une erreur matérielle), sauf accord des deux parties pour le remettre en question : c'est le principe d'intangibilité du décompte général. Le juge administratif ne peut que rejeter une contestation de l'une des parties portant sur un des éléments du décompte général et définitif (DGD) si l'autre partie invoque ce caractère intangible.

C. ÉTABLISSEMENT ET CONTESTATION DU DÉCOMPTE

Il n'entre pas dans l'objet de ce commentaire de faire l'exposé d'une des questions les plus complexes que l'on rencontre dans les litiges relatifs à l'exécution des marchés. La procédure d'établissement puis de contestation du décompte est organisée avec une extrême minutie par les différents cahiers des clauses administratives générales (CCAG), notamment par le CCAG-Travaux.

Il suffit de rappeler, en se référant au CCAG-Travaux dans sa version issue de l'arrêté du 8 septembre 2009, modifiée par un arrêté du 3 mars 2014, que, sous réserve des stipulations qui peuvent déroger au CCAG, il appartient au titulaire d'adresser à la personne désignée au marché comme représentant le pouvoir adjudicateur (qui peut être le maître d'œuvre) un projet de décompte final dans lequel il doit impérativement reprendre toutes les sommes qu'il estime lui être dues, sous peine d'être réputé y avoir renoncé. Le titulaire dispose d'un délai de trente jours à compter de la date de notification de la décision de réception des travaux. Ce projet, rectifié par le représentant du pouvoir adjudicateur, devient le décompte général et est notifié au titulaire qui peut soit l'accepter, soit adresser au pouvoir adjudicateur un mémoire en réclamation.

En l'absence de transmission d'un projet de décompte, le maître d'œuvre doit mettre en demeure le titulaire de transmettre son projet de décompte et peut l'établir d'office si le titulaire ne défère pas à la mise en demeure. En l'absence de réponse dans le délai de trente jours à compter de la réception du projet de décompte par le représentant du pouvoir adjudicateur et le maître d'œuvre, le CCAG-Travaux crée un mécanisme aboutissant à l'établissement d'un décompte général tacite au profit du titulaire du marché, sur la base de la demande qu'il a présentée en cas d'inaction du maître d'ouvrage (une procédure d'alerte auprès du maître d'ouvrage, déclenchée par le titulaire lorsque les délais contractuels sont dépassés, laisse toutefois au maître d'ouvrage un délai de dix jours pour transmettre un décompte avant le déclenchement de la procédure tacite).

En cas de notification d'un décompte, le titulaire dispose d'un délai de trente jours pour présenter un mémoire en réclamation, transmis au représentant du pouvoir adjudicateur, avec copie au maître d'œuvre. A l'issue de ce délai, si le titulaire n'a pas adressé de mémoire en réclamation, il est réputé avoir accepté tacitement le décompte général. En cas d'acceptation expresse ou tacite, le décompte général devient définitif et intangible.

Le pouvoir adjudicateur dispose de trois mois pour rejeter totalement ou partiellement les prétentions présentées par le titulaire dans un mémoire en réclamation. L'absence de réponse dans ce délai vaut rejet. En cas de rejet de sa réclamation, le titulaire doit saisir le tribunal administratif dans un délai de six mois à compter de la décision de rejet, qu'elle soit expresse ou implicite. Il ne peut que reprendre les chefs de contestation de son mémoire en réclamation.

D. DÉCOMPTE, RÉCEPTION ET FIN DU MARCHÉ

1) Le décompte ne peut être établi qu'une fois les prestations achevées.

Lorsque le marché est un marché public de travaux, les prestations contractuelles du titulaire sont achevées au moment de la réception des travaux, sauf en ce qui concerne les désordres relevant de la garantie contractuelle de parfait achèvement. Celle-ci ne pèse que sur l'entrepreneur et non sur le maître d'œuvre et fait obligation à l'entrepreneur de reprendre les malfaçons et désordres ayant fait l'objet de réserves au moment de la réception ou pendant le délai de garantie (ce délai est d'une durée d'un an qui peut être modifiée par voie contractuelle). C'est donc la réception des travaux prononcée avec ou sans réserves par la personne désignée par le marché comme représentant du maître d'ouvrage qui fait partir le délai d'établissement du décompte.

Compte tenu de l'importance de ses effets, la réception est normalement un acte écrit du maître d'ouvrage qui est pris selon une procédure organisée par les clauses du contrat. Toutefois, le juge administratif a déjà admis que la réception puisse être tacite lorsqu'il résulte des pièces du dossier que la prise de possession des ouvrages achevés, le paiement du solde du marché et la levée de la retenue de garantie ou de la caution révèlent la commune intention des parties de procéder à cette réception (CE 11 juill. 1990, *OPHLM de la ville de Dijon*, n° 88631).

2) Dans un marché public de travaux, la réception sans réserve des travaux met fin aux obligations contractuelles en ce sens que les prestations fournies sont réputées conformes à ce qui avait été commandé, sauf à décider expressément une réfaction sur le prix pour tenir compte des imperfections constatées. Cependant, les obligations financières des parties au contrat ne seront soldées qu'avec l'établissement du décompte. En effet, la réception, qui est l'acte par lequel le maître d'ouvrage déclare accepter l'ouvrage, met fin aux rapports contractuels entre le maître d'ouvrage et les constructeurs en ce qui concerne la réalisation de l'ouvrage : elle interdit donc au maître d'ouvrage d'invoquer (sous réserve de la garantie de parfait achèvement) des désordres apparents causés à l'ouvrage, dont il est réputé avoir renoncé à demander la réparation. En revanche, la réception est par elle-même sans effet sur les droits et obligations financiers nés de l'exécution du marché, à raison notamment de retards ou de travaux supplémentaires, dont la détermination intervient seulement lors de l'établissement du décompte.

3) La réception constitue par ailleurs le point de départ des délais de garanties légales (garantie biennale de bon fonctionnement et garantie décennale), sauf pour les parties de l'ouvrage ayant fait l'objet de réserves. Pour celles-ci, c'est la levée de ces réserves, après que les travaux nécessaires ont été effectués, qui constitue le point de départ de ces garanties. Il s'agit là d'une question d'ordre public, le maître d'ouvrage n'ayant ensuite pas le choix entre ces différentes garanties.

On notera que le cas des maîtres d'œuvre est spécifique. Ils ont une mission particulière dans la conduite des opérations de réception : ils doivent notamment attirer l'attention du maître d'ouvrage sur des désordres affectant l'ouvrage achevé, qui appellent des réserves. En cas de fautes dans l'exercice de cette mission, ils voient leur responsabilité contractuelle engagée à l'égard du maître d'ouvrage malgré la réception. Cependant, alors même que la mission complète du maître d'œuvre se termine, sauf stipulations contraires, avec la période de garantie de parfait achèvement, la réception constitue le point de départ des délais de garanties biennale et décennale pesant sur ce maître d'œuvre.

V. RESPONSABILITÉ CONTRACTUELLE ET AUTRES GARANTIES

On rappellera brièvement les différences essentielles entre la responsabilité contractuelle et les garanties légales post-contractuelles qui concernent les marchés de travaux, plus précisément la garantie décennale.

La responsabilité contractuelle est librement aménagée par les parties (même si la liberté n'est pas totale pour les collectivités territoriales). Elle prime tout autre terrain de responsabilité entre les parties au marché.

La mise en jeu de la responsabilité contractuelle a pour fondement soit l'application d'une clause du contrat (par exemple une clause stipulant la responsabilité du constructeur en cas de dommages causés aux tiers par les travaux qu'il a réalisés personnellement ou par l'intermédiaire d'un sous-traitant), soit, le plus souvent, une faute résultant de la méconnaissance des stipulations du contrat, notamment des prescriptions contenues dans les cahiers des clauses techniques. En cas de responsabilité pour faute contractuelle, la partie qui recherche la responsabilité de son cocontractant doit apporter la preuve de la réalité de son préjudice, de l'existence de la faute commise (par exemple le mauvais usage de ses pouvoirs par le pouvoir adjudicateur ou, s'il s'agit d'une faute du titulaire du marché, l'exécution défectueuse d'une prestation) et de l'imputabilité du préjudice à la faute. On notera toutefois qu'en cas de retard dans l'exécution des prestations, la faute est constituée lorsque le retard est constaté et les pénalités sont applicables sans qu'il y ait lieu de démontrer un préjudice. Le titulaire du marché peut s'exonérer partiellement de sa responsabilité, soit en cas de force majeure, soit s'il établit que le préjudice est imputable à une faute du pouvoir adjudicateur ou à une faute d'un autre opérateur (notamment un autre constructeur, entrepreneur ou maître d'œuvre, dans le cas d'un marché de travaux) ; la faute d'un fournisseur ou d'un sous-traitant du titulaire n'est jamais exonératoire. La fin des obligations contractuelles interdit de rechercher ultérieurement cette responsabilité contractuelle.

Bien entendu, il n'y a de responsabilité contractuelle que s'il y a contrat : si un différend contractuel oppose les parties et que le juge déclare le marché « nul », la poursuite de la responsabilité contractuelle n'est plus possible ; les parties peuvent alors, même pour la première fois en appel, se placer sur le terrain quasi contractuel de l'enrichissement sans cause ou sur le terrain quasi-délictuel. On sait cependant que, depuis la jurisprudence dite *Béziers I*, le juge du contrat saisi d'un litige entre les parties n'écarte le contrat que dans des cas beaucoup plus rares qu'auparavant (V. App., *Partie VI*).

La garantie décennale relève d'une autre logique.

Le bénéficiaire en est le maître d'ouvrage et tous les constructeurs, y compris les maîtres d'œuvre, en sont débiteurs. Tous les dommages ne sont pas garantis : seuls sont concernés les désordres les plus importants, qui sont de nature soit à rendre l'immeuble impropre à sa destination soit à entraîner sa ruine à terme, qui étaient cachés lors de la réception ou dont les conséquences véritables ne se sont révélées qu'après. La durée de la garantie est limitée. Le délai décennal est à la fois un délai d'épreuve (le dommage doit se déclarer à l'intérieur du délai de dix ans) et un délai d'action (à l'intérieur duquel l'action en réparation doit être introduite). La garantie décennale n'est pas une responsabilité pour faute : elle repose sur la présomption de responsabilité des constructeurs. De ce fait, l'absence de faute du constructeur au moment de la réalisation des travaux ne l'exonère pas de sa responsabilité et le fait que le désordre soit également imputable à un autre constructeur est sans incidence. La seule cause exonératoire de responsabilité est constituée par la faute du maître d'ouvrage, notamment pour avoir mal entretenu l'ouvrage. Les conditions de mise en jeu de la garantie décennale (durée, contenu, transferts de responsabilité…) peuvent être aménagées par les parties. Il est possible, pour les constructeurs condamnés au titre de la garantie décennale, de présenter un appel contre un autre constructeur pour faire partager par le juge la charge finale de l'indemnité versée au maître d'ouvrage. Un tel appel en garantie est possible même dans le cadre d'un référé-provision (CE 16 janv. 2012, *Cne du Château-d'Oléron*, n° 352122).

La garantie de bon fonctionnement, quant à elle, dite garantie biennale, de deux ans, pèse sur tous les constructeurs. Elle couvre les seuls éléments d'équipement dissociables, c'est-à-dire ceux qui peuvent être démontés sans porter atteinte aux murs, sols et toitures. ❑

PLAN DES ANNOTATIONS

Nota : Pour la lecture des décisions mentionnées *infra*, il convient d'être attentif à la version des CCAG en cause.

I. ORDRES DE SERVICE

1. Modification proposée par l'entreprise. Son acceptation ne vaut pas ordre de service. La modification, consistant à remplacer les murs en béton banché par des murs en brique avec interposition d'un film polyane, n'a pas été ordonnée par le maître d'œuvre qui s'est borné à donner son accord à cette modification proposée par l'entrepreneur. Dans ces conditions, l'entrepreneur, qui n'avait assorti cette proposition d'aucune réserve, n'est pas fondé à demander une rémunération pour ces travaux supplémentaires qui n'ont résulté que de sa propre initiative. • CE 19 juin 1981, *Bongiovanni*, n° 03822 B.

II. ALÉAS ÉCONOMIQUES

2. V. aussi notes ss. art. L. 6, *supra*.

3. Imprévision. Un événement imprévisible, extérieur aux parties, bouleversant l'économie du contrat peut conduire le juge à accorder au cocontractant une indemnité d'imprévision. Cette indemnité d'imprévision ne couvre pas toutes les pertes du cocontractant, mais seulement une partie – importante – de celles-ci. La situation d'imprévision est nécessairement une situation provisoire : le contrat doit pouvoir être exécuté aux conditions initiales une fois passé le moment critique. S'il est impossible de revenir à ces conditions, l'imprévision se transforme en force majeure. • CE 30 mars 1916, *Cie gén. d'éclairage de Bordeaux*, n° 59928 A (*concl. Chardenet*).

4. Le juge peut accorder une indemnité d'imprévision après l'expiration du contrat. • CE, sect., 12 mars 1976, *Dpt des Hautes-Pyrénées c/ Sté Sofilia*, n° 91471 A : *AJDA 1976. 552, concl. Labetoulle.* ♦ La résiliation du contrat ne fait pas obstacle, par elle-même, au versement d'une indemnité d'imprévision. • CE 10 févr. 2010, *Sté Prest'Action*, n° 301116 B.

5. Force majeure. Absence. Aléa. Indemnisation. Si la hausse survenue sur le marché international du fuel-oil domestique était de nature, en l'absence d'une augmentation du tarif officiel servant de base à la détermination du prix contractuel, à rendre plus onéreuse l'exécution du marché (de fourniture de fuel-oil), cette circonstance ne constituait pas un cas de force majeure mettant la société dans l'impossibilité d'effectuer les fournitures prévues au contrat ; étant par ailleurs indépendante du fait de l'administration partie au contrat, elle aurait seulement autorisé la société, si elle avait continué à remplir ses obligations contractuelles, à présenter, le cas échéant, une demande d'indemnité fondée sur l'existence d'un fait imprévisible ayant provoqué un déficit d'exploitation de nature à entraîner un bouleversement de l'économie du contrat ; la personne publique n'avait, en revanche, aucune obligation de conclure avec la société un nouveau marché comportant des prix plus élevés que ceux du marché initial et, en présence de la défection de son fournisseur, était en droit de passer, comme elle l'a fait, un marché de substitution avec un autre fournisseur. • CE, sect., 5 nov. 1982, *Sté Propétrol,* n° 19413 A. ♦ Faisant valoir que la hausse des cours de l'acier et ses répercussions sur le prix des matériaux ont entraîné, pendant la période des travaux, un coût très supérieur à la majoration pour révision des prix prévue au contrat, la société requérante a demandé au maître de l'ouvrage au titre de l'imprévision une indemnité en compensation de la perte qu'elle aurait subie. Dans l'hypothèse où un événement extérieur aux parties, imprévisible au moment de la conclusion du contrat, a pour effet de bouleverser l'économie du contrat, le titulaire du marché est en droit de réclamer au maître d'ouvrage une indemnité représentant la part de la charge extracontractuelle qu'il a supportée en exécutant les prestations dont il avait la charge. Le CCAP du marché comportait une clause de révision de prix prévoyant la répercussion, sur les prix du marché, des variations des éléments constitutifs du coût des travaux et réglant ces variations par une formule de révision ayant pour référence l'indice TP 02 « ouvrage d'art en site terrestre, fluvial ou maritime ». Si la société soutient que, du fait du caractère inadapté de l'indice auquel fait référence la formule de révision de prix, l'augmentation brutale du prix des aciers durant la période d'exécution des travaux n'a pas été prise en compte, elle ne pouvait ignorer, en tant que professionnelle avisée, que la formule de variation de cet indice, eu égard à sa composition, ne permettait de prendre en compte que de manière très partielle les hausses des prix de l'acier utilisé qui devaient ainsi entrer dans ses prévisions. Par suite, le moyen tiré d'une augmentation brutale et imprévisible du prix de l'acier postérieurement à la signature du marché ne peut qu'être écarté. • CAA Bordeaux, 3 mai 2011, *Sté Gagne,* n° 10BX01996 : *Rev. CMP 2012, n° 44, note Vila.* ♦ Un aléa économique n'est indemnisable que s'il était imprévisible à la date de passation du marché et si cette charge supplémentaire a entraîné un bouleversement de l'équilibre financier du marché. Ce n'est pas le cas des charges résultant, d'une part, de l'intervention de la L. du 16 juill. 1976 ramenant de 48 heures à 44 heures la durée hebdomadaire du travail dans le secteur du bâtiment et, d'autre part, de la sécheresse de l'été 1976. • CE 30 nov. 1990, *Sté Coignet Entreprise,* n° 53636 B. ♦ Un préjudice, né de la variation du taux de change « dollar contre franc » entre le moment où le titulaire du marché a payé ses fournisseurs et celui où il a perçu ses premiers règlements, qui présente un caractère aléatoire, ne pouvait donner lieu à indemnisation qu'en cas de bouleversement de l'économie du contrat. En cas de modifications imprévisibles des conditions économiques, une indemnité au titre de l'imprévision ne peut être obtenue que si l'économie du contrat est bouleversée, du fait par exemple de l'impossibilité d'appliquer dans des conditions normales une clause de variation de prix. • CE 19 févr. 1992, *SA Dragages et Travaux publics et a.,* n° 47265 A • CE 22 févr. 2008, *Sté NTA,* n° 274669.

III. INCIDENTS EN COURS D'EXÉCUTION

A. TRAVAUX SUPPLÉMENTAIRES

6. *Travaux indispensables du fait de circonstances extérieures à l'entreprise.* Si aucun ordre écrit, ni même verbal, n'a été donné par le maître de l'ouvrage ou par le maître d'œuvre à l'entreprise pour effectuer des travaux de terrassement à la suite de l'éboulement d'un talus, ceux-ci étaient indispensables à la bonne exécution des ouvrages compris dans les prévisions du marché. Dès lors, la société est en droit d'obtenir une indemnité à raison de ces travaux supplémentaires. • CE 19 avr. 1991, *Sté Construction, Restauration, Bâtiments industriels,* n° 80779 A.

7. *Travaux indispensables et marché à prix forfaitaires.* Des travaux supplémentaires, réalisés sur ordre du pouvoir adjudicateur ou de son représentant dûment habilité, ouvrent droit à rémunération, même quand le marché a été conclu à prix forfaitaire. • CE 25 juin 1975, *Ville de Joigny,* n°s 84979 A et 93218 A.

8. Des travaux supplémentaires, réalisés sans ordre du pouvoir adjudicateur, peuvent donner lieu à paiement, même si le marché a été conclu à prix forfaitaire, s'ils sont indispensables à la bonne exécution des ouvrages entrant dans les prévisions du marché ; en revanche, il n'est pas possible d'obtenir paiement, sur le terrain de l'enrichissement sans cause, pour de tels travaux, en arguant de leur utilité. • CE, sect., 17 oct. 1975, *Cne de Canari,* n° 93704 A • CAA Versailles, 12 juin 2007, *Sté Via TP,* n° 05VE01962.

9. Ce n'est pas le cas si le maître d'ouvrage s'est expressément opposé aux travaux. • CE 2 juill. 1982, *Sté routière Colas,* n° 23653 A.

10. Les dispositions de l'art. 15-3 du CCAG applicables aux marchés publics de travaux, qui prévoient l'indemnisation des travaux supplémentaires réalisés au-delà de la masse initiale des travaux et sur ordre de service du maître d'ouvrage, pour des montants, dans le cas des marchés à prix forfaitaire, excédant le vingtième de la masse initiale, ne font pas obstacle à l'indemnisation de travaux supplémentaires réalisés sans ordre de service du maître d'ouvrage, mais indispensables à la réalisation de l'ouvrage dans les règles de l'art, quel qu'en soit le montant. • CE 14 juin 2002, *Ville d'Angers,* n° 219874 B.

11. Des travaux supplémentaires, exécutés conformément aux demandes du bureau d'études et du bureau de contrôle, étaient indispensables pour l'exécution, selon les règles de l'art, des ouvrages prévus par le marché. Même en l'absence d'un ordre du maître de l'ouvrage, les entreprises sont fondées à en demander le règlement, nonobstant le caractère forfaitaire des travaux prévus en l'espèce, et sans qu'il soit besoin de rechercher si ces travaux supplémentaires ont ou non, par leur importance, bouleversé l'économie du marché. • CE 4 nov. 1988, *Administration générale de l'Assistance publique à Paris c/ Entreprise Bertrand,* n° 42610.

12. Le titulaire d'un marché à prix forfaitaire a droit au paiement des travaux supplémentaires qui, bien qu'ils aient été réalisés sans ordre de service du maître d'ouvrage, ont été indispensables à la réalisation de l'ouvrage selon les règles de l'art ; par ailleurs, il a également droit au paiement des travaux résultant de sujétions imprévues présentant un caractère exceptionnel et imprévisible, dont la cause est extérieure aux parties et qui ont eu pour effet de bouleverser l'économie du contrat. • CE 13 mai 2015, *Stés Gallego et Temsol,* n° 380863. – V. aussi • CE 14 oct. 2015, *Sté SNT Petroni,* n° 384749.

13. Des travaux supplémentaires effectués par l'entrepreneur en l'absence de tout accord écrit et préalable du maître d'œuvre ne peuvent être indemnisés que s'ils revêtent un caractère indispensable à l'exécution de l'ouvrage selon les règles de l'art. • CE 11 mars 2009, *Sté Dominique Housieaux,* n° 296067 B : *Rev. CMP 2009, n° 156, note Olivier.* ♦ Si les travaux litigieux n'avaient fait l'objet ni d'un avenant, ni d'un ordre de service, contrairement à ce qu'exigeaient les art. 3.3.1 et 3.3.2.2 du cahier des clauses administratives particulières avant tous travaux ayant le caractère de travaux modificatifs par rapport à ceux prévus par le contrat, de telles stipulations ne sauraient faire obstacle au règlement de travaux indispensables à la bonne exécution de l'ouvrage dans les règles de l'art. • CAA Bordeaux, 10 nov. 2011, *CHI du Val d'Ariège,* n° 09BX02017. ♦ Aux termes de l'art. 3-6 du cahier des clauses administratives particulières : « Les travaux supplémentaires ne seront pris en considération que s'ils ont été acceptés par écrit par le maître d'œuvre. Pour ces derniers, un ordre de service devra être délivré ». Toutefois, l'entrepreneur a droit à être indemnisé des travaux non prévus au marché qui n'ont fait l'objet d'aucun avenant ou d'aucun ordre de service écrit et qui sont indispensables à la bonne exécution des ouvrages compris dans les prévisions du marché ou qui ont été ordonnés dans des conditions irrégulières et sont utiles à une telle exécution. • CAA Nancy, 2 août 2012, *Cté urb. du Grand Nancy,* n° 11NC00584. ♦ L'entrepreneur, y compris dans le cas des marchés à prix global et forfaitaire, peut demander à être indemnisé à hauteur des travaux supplémentaires qu'il a réalisés sans ordre de service du maître d'ouvrage, dès lors que ces travaux sont indispensables à la réalisation de l'ouvrage dans les règles de l'art. Il en va ainsi, notamment, lorsque l'exécution défectueuse de travaux par une entreprise tierce a pour effet d'obliger l'entrepreneur intéressé à effectuer des travaux non prévus au marché pour rendre les ouvrages en cause aptes à recevoir les installations dont il a la charge. • CAA Nantes, 7 mars 2014, *Sté LGI Industrie,* n° 12NT00798.

14. Il appartient au maître d'ouvrage de régler le solde du marché qu'il a passé ; il doit notamment payer ceux des travaux supplémentaires, qui soit étaient indispensables pour l'exécution, selon les règles de l'art, des ouvrages prévus par le marché, soit ont fait l'objet d'ordres de service, ce nonobstant le caractère forfaitaire du marché, et alors même que ces travaux supplémentaires n'auraient pas bouleversé l'économie du contrat. • CAA Lyon, 3 févr. 2011, *SA Thérond construction, SARL Farigoule,* n° 05LY01803.

15. Travaux supplémentaires et marchés à prix unitaires. Opposition préalable de la personne publique. Le prestataire a le droit d'être indemnisé du coût des prestations supplémentaires indispensables à l'exécution du marché dans les règles de l'art, sauf dans le cas où la personne publique s'est préalablement opposée, de manière précise, à leur réalisation. • CE 27 mars 2020, *Sté Geomat,* n° 426955 B : *BJCP 2020. 268, concl. Le Corre ; Rev. CMP 2020. 198, note Rees.*

16. Tout dépassement de la quantité de travaux telle que la définit, dans les marchés à prix unitaires, le devis quantitatif doit donner lieu à rémunération proposée à l'entreprise après l'ordre de service commandant les prestations dépassant la masse contractuelle des travaux. • CAA Lyon, 18 févr. 2010, *SA Planche,* n° 07LY01299 : *Rev. CMP 2010. Alerte 178, note Llorens.*

17. Travaux supplémentaires et marchés à bons de commande. Le cocontractant de l'administration peut demander à être indemnisé, sur la base du contrat, des travaux supplémentaires réalisés sans ordre de service, dès lors que ces travaux ont été indispensables à l'exécution du contrat dans les règles de l'art. Contrairement à ce que soutient la société, ni l'art. 14 du CCAG applicable au marché, qui ne concerne que les travaux supplémentaires réalisés sur ordre de service notifié à l'entreprise, ni l'art. 3.3.6.5 du CCAP, qui ne prévoit qu'en tant que de besoin que les factures transmises par le cocontractant fassent référence aux prix unitaires du bordereau de prix, n'imposaient que le département fixât un prix unitaire pour les travaux supplémentaires nécessaires à la finition du chantier et à la propreté des lieux préalablement à l'établissement des factures correspondantes. Par suite, la cour administrative d'appel n'a pas commis d'erreur de droit en jugeant qu'il appartenait à la société, si elle entendait obtenir le paiement de ces travaux supplémentaires, qu'elle avait effectués sans ordre de service, de transmettre les factures correspondantes au département en application de l'art. 3-3.6.1 du cahier des clauses administratives particulières, sans attendre l'émission d'un nouveau bordereau de prix unitaires. Les travaux supplémentaires réalisés sans ordre de service ne sont indemnisables que sur la base du contrat. Par suite, la cour, qui a suffisamment motivé son arrêt, n'a pas commis d'erreur de droit ni méconnu les règles d'indemnisation des travaux supplémentaires en jugeant que la société ne pouvait fonder sa demande sur un autre fondement que le contrat, ni en alléguant l'enrichissement sans cause du département, ni en invoquant sa responsabilité fautive à avoir tardé à établir un bordereau de prix complémentaire. • CE 3 oct. 2012, *Sté Eiffage Travaux publics Méditerranée*, n° 348476 B : *Rev. CMP 2012, n° 307, note Zimmer.*

18. Travaux non prévus nécessaires pour réaliser un ouvrage conforme à sa destination. Le coût des travaux non prévus au contrat qui sont nécessaires pour réaliser un ouvrage conforme à sa destination est à la charge du maître de l'ouvrage à la condition que ces travaux apportent une plus-value à l'ouvrage par rapport à sa valeur prévue au marché ; par suite, en jugeant que la mise en œuvre de colonnes ballastées de soutènement destinées à assurer la stabilité de l'ouvrage était de nature à le rendre conforme à sa destination et qu'ainsi ces travaux ne pouvaient être regardés comme apportant une plus-value à l'ouvrage, faisant obstacle à ce que leur coût soit déduit du préjudice indemnisable de l'OPAC, alors qu'il lui appartenait de rechercher si, en l'espèce, ces travaux apportaient une plus-value à l'ouvrage, la cour a commis une erreur de droit. • CE 22 juill. 2016, *Sté Artelia Ville et Transport*, n° 389494.

19. Charge définitive du coût des travaux supplémentaires. L'entrepreneur a le droit d'être indemnisé du coût des travaux supplémentaires indispensables à la réalisation d'un ouvrage dans les règles de l'art ; la charge définitive de l'indemnisation incombe, en principe, au maître de l'ouvrage ; toutefois, le maître d'ouvrage est fondé, en cas de faute du maître d'œuvre, à l'appeler en garantie ; il en va ainsi lorsque la nécessité de procéder à ces travaux n'est apparue que postérieurement à la passation du marché, en raison d'une mauvaise évaluation initiale par le maître d'œuvre, et qu'il établit qu'il aurait renoncé à son projet de construction ou modifié celui-ci s'il en avait été avisé en temps utile ; il en va de même lorsque, en raison d'une faute du maître d'œuvre dans la conception de l'ouvrage ou dans le suivi de travaux, le montant de l'ensemble des travaux qui ont été indispensables à la réalisation de l'ouvrage dans les règles de l'art est supérieur au coût qui aurait dû être celui de l'ouvrage si le maître d'œuvre n'avait commis aucune faute, à hauteur de la différence entre ces deux montants.

D'une part, en relevant que le maître d'ouvrage n'établissait pas qu'il aurait renoncé à la construction du campus universitaire ou aurait modifié le projet s'il avait su que des travaux supplémentaires étaient indispensables à sa réalisation dans les règles de l'art, la cour administrative d'appel n'a pas entaché son arrêt d'erreur de droit ; d'autre part, il n'était pas soutenu devant elle que le montant des travaux indispensables à la réalisation de l'ouvrage dans les règles de l'art, y compris les travaux supplémentaires, aurait été supérieur au coût de la construction du campus universitaire si la société Lipsky-Rollet Architectes n'avait pas commis de fautes lors de la conception de cet ouvrage ; par suite, la cour n'a pas commis d'erreur de droit en jugeant que la communauté d'agglomération du Grand Troyes, maître d'ouvrage, devait supporter la charge définitive du coût de ces travaux supplémentaires, alors même que celle-ci faisait valoir que ce coût n'était pas inscrit dans son budget initial. • CE 20 déc. 2017, *Cté d'agglom. du Grand Troyes*, n° 401747 B : *Rev. CMP 2018. 33, note Ubaud-Bergeron.*

20. Travaux non prévus. Prix nouveaux (art. 14 CCAG-travaux). Les prix nouveaux mentionnés par ces stipulations ne sont applicables que pour les travaux ou ouvrages qui n'étaient pas prévus par le contrat et qui sont réalisés par l'entrepreneur en application d'un ordre de service ; par suite, en jugeant que des prix nouveaux pouvaient être appliqués à des travaux prévus par le marché, à seule fin de tenir compte des conditions réelles de leur réalisation, la cour administrative d'appel de Bordeaux a commis une erreur de droit. • CE 9 juin 2017, *Sté Colas*, n° 396851.

21. Rémunération forfaitaire du maître d'œuvre et prolongation de sa mission. Il résulte des dispositions de l'art. 9 de la L. du 12 juill. 1985 relative à la maîtrise d'ouvrage publique et à ses rapports avec la maîtrise d'œuvre et de l'art. 30 du Décr. du 29 déc. 1993 relatif aux missions de maîtrise d'œuvre confiées par des maîtres d'ouvrage publics à des prestataires de droit privé, que le titulaire d'un contrat de maîtrise d'œuvre est rémunéré par un prix forfaitaire couvrant l'ensemble de ses charges et missions, ainsi que le bénéfice qu'il en escompte, et que seules une modification de programme ou une modification de prestations décidées par le maître de l'ouvrage peuvent donner lieu à une adaptation et, le cas échéant, à une augmentation de sa rémunération. La prolongation de sa mission n'est de nature à justifier une rémunération supplémentaire du maître d'œuvre que si elle a donné lieu à des modifications de programme ou de prestations décidées par le maître d'ouvrage. En outre, le maître d'œuvre ayant effectué des missions ou prestations non prévues au marché de maîtrise d'œuvre et qui n'ont pas été décidées par le maître d'ouvrage a droit à être rémunéré de ces missions ou prestations, nonobstant le caractère forfaitaire du prix fixé par le marché si, d'une part, elles ont été indispensables à la réalisation de l'ouvrage selon les règles de l'art, ou si, d'autre part, le maître d'œuvre a été confronté dans l'exécution du marché à des sujétions imprévues présentant un caractère exceptionnel et imprévisible, dont la cause est extérieure aux parties et qui ont pour effet de bouleverser l'économie du contrat. • CE 29 sept. 2010, ⛪ *Sté Babel*, n° 319481 B : *BJCP 2010. 405, concl. Boulouis.* ♦ Dans l'hypothèse où une modification de programme ou de prestations a été décidée par le maître de l'ouvrage, le droit du maître d'œuvre à l'augmentation de sa rémunération est uniquement subordonné à l'existence de prestations supplémentaires de maîtrise d'œuvre utiles à l'exécution des modifications décidées par le maître de l'ouvrage. En revanche, ce droit n'est subordonné ni à l'intervention de l'avenant qui doit normalement être signé en application des dispositions préc. de l'art. 30 du Décr. du 29 déc. 1993, ni même, à défaut d'avenant, à celle d'une décision par laquelle le maître d'ouvrage donnerait son accord sur un nouveau montant de rémunération du maître d'œuvre. • CE 10 févr. 2014, ⛪ *Sté Arc Ame*, n° 365828 B : *Rev. CMP 2014, n° 139, note Zimmer.* ♦ Il résulte des dispositions de l'art. 9 de la L. du 12 juill. 1985 relative à la maîtrise d'ouvrage publique et à ses rapports avec la maîtrise d'œuvre, du III de l'art. 19 C. marchés, et de l'art. 4 du Décr. du 29 nov. 1993 relatif aux missions de maîtrise d'œuvre confiées par des maîtres d'ouvrage publics à des prestataires de droit privé que la rémunération forfaitaire du maître d'œuvre est notamment déterminée par le coût prévisionnel des travaux. Dans l'hypothèse où ce coût ne peut être établi à la date de la conclusion du contrat de maîtrise d'œuvre, la rémunération forfaitaire du maître d'œuvre est fixée, à titre provisoire, compte tenu de l'estimation prévisionnelle provisoire des travaux ou de la partie affectée aux travaux de l'enveloppe financière prévisionnelle fixée par le maître de l'ouvrage. Les parties au contrat doivent, par la suite, fixer le montant du forfait définitif de rémunération du maître d'œuvre en fonction du coût prévisionnel des travaux arrêté, avant le lancement de la consultation des entreprises pour la passation des marchés de travaux, à partir des études d'avant-projet définitif, lorsque la mission confiée au maître d'œuvre comporte l'assistance au maître de l'ouvrage pour la passation du ou des contrats de travaux. • CE 10 févr. 2014, ⛪ *Cté d'agglom. Tour(s) Plus*, n° 367821 B : *Rev. CMP 2014, n° 138, note Zimmer.* – V. aussi • CAA Marseille, 17 oct. 2016, ⛪ *Cne de Gémenos*, n° 15MA01987.

22. Un maître d'œuvre dont la rémunération est forfaitaire ne peut prétendre au paiement de dépenses supplémentaires, sauf s'il a dû engager des frais imputables à des fautes du maître de l'ouvrage dans la conception de l'ouvrage et/ou la définition de la mission de maîtrise d'œuvre. • CE 24 nov. 2010, ⛪ *Cne de Lyon*, n° 325195 B : *BJCP 2011. 12, concl. Boulouis.*

B. DIFFICULTÉS D'EXÉCUTION. SUJÉTIONS IMPRÉVUES

23. Prix forfaitaire et sujétions imprévues. Si un marché a été conclu à prix forfaitaire, des sujétions imprévues ne peuvent donner lieu à indemnisation que si elles causent un bouleversement du marché. • CE 19 févr. 1975, ⛪ *Min. d'État chargé de la défense nationale c/ Sté entreprises Campenon Bernard et a.*, n° 80470 A. ♦ A supposer que les puissances électriques à installer, largement supérieures à celles que mentionnait à titre indicatif le cahier des clauses techniques particulières, constituent une sujétion imprévue, le caractère forfaitaire du marché fait obstacle à toute indemnisation dès lors que, compte tenu du montant des travaux à réaliser, cette sujétion ne saurait être regardée comme ayant eu pour effet de bouleverser l'économie du contrat. • CE 11 avr. 2005, *Sté AMEC SPIE*, n° 263429 B.

24. Les difficultés rencontrées dans l'exécution d'un marché à forfait ne peuvent ouvrir droit à indemnité au profit de l'entreprise titulaire du marché que dans la mesure où celle-ci justifie soit que ces difficultés ont eu pour effet de bouleverser l'économie du contrat, soit qu'elles sont imputables à une faute de la personne publique, mais pas du seul fait de fautes commises par d'autres intervenants. • CE 5 juin 2013, ⛪ *Région Haute-Normandie*, n° 352917 B : *RDI 2013. 588, obs. Galland* ✎ ; *AJCT 2013. 524, note Bonnefont* ✎ ; *Rev. CMP 2013, n° 216, note Eckert ; AJDA 2013. 2095, obs. Martin-Lavigne* ✎ ; *RJEP 2014. 4, note Moreau.* ♦ Les difficultés rencontrées dans l'exécution d'un marché à forfait ne peuvent ouvrir droit à indemnité au profit de l'entreprise titulaire du marché que dans la mesure où celle-ci justifie soit que ces difficultés trouvent leur origine dans des sujétions imprévues ayant eu pour effet de bouleverser l'économie du contrat, soit qu'elles sont imputables à une faute de la personne publique commise notamment dans l'exercice de ses pouvoirs de contrôle et de direction du marché, dans l'estimation de ses besoins, dans la conception même du marché ou dans sa mise en œuvre, en particulier dans le cas où plusieurs cocontractants participent à la réalisation de travaux publics. • CE 12 nov. 2015, ⚖ *Sté Tonin,* n° 384716 B.

25. Les difficultés rencontrées dans l'exécution d'un marché à forfait ne peuvent ouvrir droit à indemnité au profit de l'entreprise titulaire du marché que dans la mesure où celle-ci justifie soit que ces difficultés trouvent leur origine dans des sujétions imprévues ayant eu pour effet de bouleverser l'économie du contrat, soit qu'elles sont imputables à une faute de la personne publique commise notamment dans l'exercice de ses pouvoirs de contrôle et de direction du marché, dans l'estimation de ses besoins, dans la conception même du marché ou dans sa mise en œuvre, en particulier dans le cas où plusieurs cocontractants participent à la réalisation de travaux publics : en dehors de ces hypothèses, l'entreprise ne peut obtenir réparation du préjudice résultant, en tant que tel, des fautes d'autres participants à l'opération de travail public qu'en présentant des conclusions à l'encontre de ces derniers, au titre de leur responsabilité quasi délictuelle ; la circonstance que le maître d'ouvrage était lié à ces autres participants par des contrats distincts de celui sur lequel se fonde le litige principal ne fait pas obstacle à ce que l'entreprise soit recevable à présenter directement de telles conclusions au cours de l'instance l'opposant au maître de l'ouvrage et relative au décompte de son propre marché.

D'une part, le plan général de coordination de sécurité et protection de la santé, qui a valeur de document contractuel d'après l'art. 2 du CCAP, se borne à prévoir que « l'organisation des approvisionnements permettra d'organiser les conditions de stockage, avec aménagement de zones et délimitation, qui seront indiquées sur un plan spécifique des activités des lots concernés avec identification des matériaux dangereux » ; il n'en ressort pas que chaque titulaire a un droit contractuel à un espace de stockage réservé, institué durablement et de taille suffisante ; d'ailleurs, si le plan général précédemment mentionné prévoyait une dépollution du terrain de GEG, il ne résulte pas de l'instruction que la société X aurait subi un surcoût du fait de l'insuffisance ou de l'absence de ces mesures de dépollution ; ainsi, l'existence d'une faute imputable au maître d'ouvrage ou à son mandataire n'est pas établie ; par ailleurs, aucun bouleversement de l'économie générale du contrat n'est allégué ni ne résulte de l'instruction ; par suite, la société X n'est pas fondée à soutenir que c'est à tort que ses conclusions dirigées contre le département de l'Isère et la société Territoires 38 ont été rejetées.

C'est à tort que les premiers ont rejeté, comme non fondées, les conclusions présentées par l'entreprise tendant à la condamnation du maître d'œuvre, au motif que la contestation du décompte général aurait pour objet de statuer sur les droits respectifs du maître d'ouvrage et de l'entrepreneur, sous réserve des conclusions d'appel en garantie ; le maître d'œuvre n'est pas fondé à soutenir que, pour le même motif, les conclusions dirigées à son encontre seraient irrecevables.

Il résulte de l'instruction qu'en s'abstenant d'apporter, au cours du chantier, des réponses adéquates et suffisamment rapides à la société X afin de l'aider à gérer ses difficultés de stockage, le maître d'œuvre a commis une faute engageant sa responsabilité à l'égard de la requérante ; cependant, les fautes commises par cette dernière, tenant à sa propre désorganisation, ayant contribué à son propre préjudice, dont la réalité est établie, il sera fait une juste appréciation du préjudice imputable à la société A en la condamnant à verser à la société X une somme de 10 000 € hors taxe, au titre de la responsabilité quasi délictuelle, soit 11 960 € toutes taxes comprises ; la société A n'établissant pas l'existence d'une faute de la société B qui serait à l'origine de sa propre faute, ses conclusions d'appel en garantie présentées devant le tribunal ne peuvent qu'être rejetées. • CAA Lyon, 11 févr. 2016, ⚖ *Sté Castel et Fromaget,* n° 14LY02988 : *AJDA 2016. 830, note Samson-Dye* ✎.

26. Marchés à prix unitaires. Seules peuvent être regardées comme des sujétions techniques imprévues des difficultés matérielles rencontrées lors de l'exécution d'un marché, présentant un caractère exceptionnel, imprévisibles lors de la conclusion du contrat et dont la cause est extérieure aux parties. S'agissant d'un marché à prix unitaires, leur indemnisation par le maître d'ouvrage n'est pas subordonnée à un bouleversement de l'économie du contrat. • CE 25 mars 2020, ⚖ *Min. de la Transition écologique et solidaire c/ Sté Guintioli,* n° 427085.

27. Sujétions techniques imprévues et passation d'un avenant. Ne peuvent être regardées comme des sujétions techniques imprévues au sens de l'art. 20 C. marchés que des difficultés matérielles rencontrées lors de l'exécution d'un marché présentant un caractère exceptionnel, imprévisibles lors de la signature du contrat et dont la cause est extérieure aux parties. • CE 30 juill. 2003, ⚖ *Cne de Lens,* n° 223445 A : *BJCP 2003. 462, concl. Piveteau, obs. Ch. M ; AJDA 2003. 1727, note Dreyfus* ✎.

28. Indemnisation. Des obstacles ou difficultés imprévisibles au moment de la conclusion du marché ouvrent droit à une indemnisation au titre des sujétions imprévues. Le caractère imprévisible relève de l'appréciation souveraine des juges du fond. • CE 26 nov. 2007, ⚖ *Sté Campenon Bernard et a.,* n° 256817. ♦ L'indemnisation du préjudice subi à raison de sujétions imprévues survenues au cours d'un chantier ne couvre ni les aléas normaux du chantier (évalués en l'espèce à 5 % du surcoût global du chantier), ni une marge bénéficiaire supplémentaire, par rapport à celle incluse dans le prix initial du marché. • CE 7 nov. 2008, *Sté Guintoli et a.*, n° 290699.

29. La seule existence, dans le contrat, d'une clause renvoyant à une étude complémentaire ne peut suffire à exclure l'existence de sujétions imprévues. • CE 3 mars 2010, *Sté Presspali SPA*, n° 304604 B : *AJDA 2010. 1532, note Aubert*.

30. Les pluies tombées sur la région parisienne pendant les mois de septembre et d'octobre 1974 ont revêtu par leur importance un caractère exceptionnel et imprévisible. Ces intempéries ont constitué, pour les entreprises titulaires d'un marché de travaux publics en vue de la construction d'une section de l'autoroute A8, des sujétions imprévues dans l'exécution des travaux de terrassement et des travaux routiers, du fait de la réduction d'activité du chantier qu'elles ont entraînée. • CE 13 mai 1987, *Sté Citra-France*, n°s 35374 B, 50006 B et 50065 B.

31. Sous-traitant. Même si un marché public a été conclu à prix forfaitaire, son titulaire a droit à être indemnisé pour les dépenses exposées en raison de sujétions imprévues, c'est-à-dire de sujétions présentant un caractère exceptionnel et imprévisible et dont la cause est extérieure aux parties, si ces sujétions ont eu pour effet de bouleverser l'économie générale du marché. Un sous-traitant bénéficiant du paiement direct des prestations sous-traitées a également droit à ce paiement direct pour les dépenses résultant pour lui de sujétions imprévues qui ont bouleversé l'économie générale du marché. • CE 1er juill. 2015, *Régie des eaux du canal de Belletrud (RECB)*, n° 383613 B : *Rev. CMP 2015, n° 235, note Pietri.*

32. Cocontractant du maître d'ouvrage tiers par rapport au contrat dont l'exécution a donné lieu à des sujétions imprévues. S'il est admis qu'elle puisse être invoquée par le sous-traitant bénéficiant d'un droit au paiement direct, la théorie des sujétions imprévues étant un fondement de responsabilité contractuelle, le principe de l'effet relatif des conventions s'oppose à ce qu'un cocontractant du maître d'ouvrage ayant participé à la même opération de travaux publics, mais tiers par rapport au contrat dont l'exécution a donné lieu à la rencontre de telles sujétions, puisse s'en prévaloir pour obtenir la réparation d'un préjudice. A supposer que la société Dybiec Obs puisse être regardée comme soutenant que le caractère plus meuble que prévu du sol et la proximité d'une canalisation seraient à l'origine des retards de travaux des lots « Gros œuvre » et « Charpente métallique » et du décalage des travaux en résultant pour les autres lots, y compris le sien, elle ne peut au titre de la responsabilité contractuelle du maître d'ouvrage à son égard, se prévaloir des sujétions imprévues rencontrées par les titulaires d'autres lots. • CAA Nancy, 17 oct. 2019, *SAS Diebec Obs*, n° 17NC02898 : *AJDA 2020. 99, note Favret* ; *Rev. CMP 2020, n° 2, note Hoepffner.*

C. DÉPASSEMENT DES DÉLAIS

33. Réparation forfaitaire. Les pénalités de retard ayant le caractère d'une réparation forfaitaire, le maître d'ouvrage qui entend les appliquer n'a pas à procéder à une mise en demeure préalable ni à justifier du montant du préjudice correspondant. • CE 4 juin 1976, *Sté Toulousaine immobilière*, n° 65342 A • CAA Paris, 1er juin 2007, *Sté Bleu Azur*, n° 04PA01052. ♦ Aux termes de l'art. 20.1 du CCAG applicable au marché de travaux en cause : « En cas de retard dans l'exécution des travaux, (...), il est appliqué, sauf stipulation différente du CCAP, une pénalité journalière de 1/3000 du montant de l'ensemble du marché ou de la tranche considérée. (...) Les pénalités sont encourues du simple fait de la constatation du retard par le maître d'œuvre ». Il résulte de ces dispositions que, sauf stipulation contraire du CCAP du marché, les pénalités de retard sont dues de plein droit et sans mise en demeure préalable du cocontractant, dès constatation par le maître d'œuvre du dépassement des délais d'exécution. En l'espèce, le CCAP, qui dérogeait seulement au CCAG quant au montant des pénalités, ne prévoyait pas de mise en demeure du cocontractant avant application des pénalités de retard. Par suite, la société n'est pas fondée à soutenir que les pénalités de retard infligées par le maître d'ouvrage seraient irrégulières, faute de mise en demeure préalable. • CE 15 nov. 2012, *Hôpital de l'Isle-sur-la-Sorgue*, n° 350867 B : *Rev. CMP 2013, n° 2, obs. Pietri.*

34. Lorsque ni le dossier de consultation ni l'acte d'engagement ne précisent les références du CCAP applicable, la rubrique du formulaire de l'acte portant ces références n'ayant pas été renseignée, le maître d'ouvrage ne peut opposer les clauses de ce CCAP pour justifier du montant des pénalités qu'il entend appliquer. • CAA Lyon, 29 janv. 2008, *SARL Humbert*, n° 04LY01653.

35. Aux termes de l'art. 20.1 du CCAG applicable aux marchés de travaux approuvé par le Décr. n° 76-78 du 21 janv. 1976 : « Les pénalités sont encourues du simple fait de la constatation du retard par le maître d'œuvre ». L'article 3 des actes d'engagement des contrats relatifs aux lots n° 8 et n° 11 prévoit que : « Le délai d'exécution de l'ensemble des lots est de 22 mois suivant CCAP, hors période de préparation, et hors congés et intempéries ». Il ressort de ces stipulations que le nombre de jours de retard devant être pris en compte pour déterminer les pénalités qui seront infligées à titre définitif, à l'occasion de l'édiction du décompte général et définitif, se calcule en comparant la date d'achèvement des travaux à la date d'expiration du délai contractuel global, qui est fixé à 22 mois, hors période de préparation, congés payés et intempéries. Or, il ne ressort pas de l'instruction que la SARL aurait, à supposer même qu'elle aurait accepté des modifications du calendrier d'exécution, ainsi entendu renoncer à l'application du délai global contractuel de 22 mois et à la déduction, pour ce calcul, des périodes de congés payés et d'intempérie. De même, en signant l'ordre de service n° 1, en date du 7 sept. 2009, qui l'invitait à démarrer l'exécution des prestations du marché, à compter de l'achèvement de la phase de préparation des travaux, le 8 oct. 2009, et qui prévoyait l'achèvement des travaux le 8 août 2011, soit 22 mois plus tard, cette société ne peut être regardée comme ayant entendu consentir à l'abandon de la neutralisation des périodes de congés payés et d'intempérie prévue par les contrats. • CAA Lyon, 8 janv. 2015, *SARL Chevillard et Fils,* n° 14LY00293.

36. Pénalités de retard et travaux supplémentaires. Le maître d'ouvrage a, par l'ordre de service n° 13, ordonné la réalisation des travaux supplémentaires, sans accorder aux constructeurs de délai d'exécution supplémentaire. La cour a jugé que ne pouvait justifier l'application de pénalités de retard la circonstance que ces travaux n'étaient pas terminés à la date d'achèvement contractuellement fixée, au motif qu'ils n'étaient pas inclus dans le marché initial. En ne faisant pas application du délai d'exécution prévu au marché initial pour la réalisation des travaux supplémentaires prévus par l'ordre de service n° 13, sans rechercher si les constructeurs avaient émis des réserves sur ce délai d'exécution et si un accord était intervenu entre les parties pour ne pas soumettre leur réalisation au délai d'exécution prévu au marché initial ou pour les exclure du champ d'application des pénalités de retard contractuelles, la cour a commis une erreur de droit. • CE 16 mai 2012, *Cté de l'agglom. Rouen-Monplaisir-Elbeuf-Austreberthe,* n° 345137 B : *Rev. CMP 2012, n° 245, note Devillers.*

37. Pénalités de retard et travaux nécessaires pour lever les réserves. Il résulte de la combinaison de l'art. 19.1 du CCAG, de l'art. 3 de l'acte d'engagement, des art. 4.1 et 4.3 du cahier des clauses administratives particulières (CCAP) que les pénalités journalières ne sanctionnent que le dépassement du délai d'exécution, général ou de chaque lot, décompté depuis l'ordre de service de commencer les travaux jusqu'à leur livraison, constatée par la réception. La reprise des malfaçons réservées à la réception obéit à un régime de sanction spécifique, organisé par les stipulations de l'art. 41.6 du CCAG, qu'il incombe à la personne responsable du marché de mettre en œuvre et qui, de ce fait, ne saurait se cumuler avec les pénalités de retard. • CAA Lyon, 18 févr. 2010, *SA Planche,* n° 07LY01299.

38. Il résulte des stipulations de l'art. 41 du CCAG que les pénalités de retard ne peuvent être infligées à l'entrepreneur qu'en vue de l'exécution des travaux et ce jusqu'à leur achèvement, lequel se confond avec la date de réception des ouvrages lorsque ceux ci peuvent être regardés comme achevés au sens des clauses du CCAG. En décidant, au terme des opérations préalables, de prononcer la réception des travaux, avec ou sans réserve, le maître d'ouvrage, qui déclare de ce fait accepter l'ouvrage, estime nécessairement que les constructeurs ont exécuté, pour l'essentiel, les prestations contractuelles leur incombant. Si, lorsque la réception de l'ouvrage a été prononcée sous réserve de l'exécution de certains travaux ou prestations ou de la reprise d'imperfections et de malfaçons, le maître d'ouvrage conserve la possibilité de mettre en œuvre le régime de sanction organisé par les stipulations de l'art. 41.6 du CCAG Travaux et d'inclure dans le décompte général du marché, le cas échéant, l'ensemble des préjudices subis postérieurement à la réception des travaux en raison de la défaillance ou du retard des constructeurs à lever les réserves émises, il ne peut plus, en revanche, décider d'appliquer aux constructeurs, pour la période postérieure à la réception de l'ouvrage, sauf clause contraire prévue dans les pièces particulières du marché, les pénalités dues à un retard dans l'exécution des travaux, quelle que soit l'importance des éléments réservés.

Par ailleurs, s'il est possible au maître de l'ouvrage de déroger à cette règle et d'instituer une pénalité pour retard dans la levée des réserves formulées à la réception, cette dérogation doit résulter clairement des termes du contrat. En l'espèce, les stipulations de l'art. 4.7 du cahier des clauses administratives particulières, dont l'intitulé se réfère explicitement aux retenues pour non-levée des réserves, doit être compris comme instituant une telle dérogation. • CAA Bordeaux 7 avr. 2021, *Cne de Vouneuil-sous-Biard,* n° 19BX00428 : *Rev. CMP 2021. 172, note Rees.*

39. Impossibilité d'émettre un titre de recettes portant sur ces pénalités avant le décompte. Dès lors que les pénalités de retard doivent être comprises, en vertu du CCAG-travaux, dans les décomptes mensuels pris en compte ensuite dans le décompte général, le pouvoir adjudicateur ne peut, lorsque le règlement définitif du décompte n'est pas intervenu, émettre un titre de perception pour mettre en recouvrement ces pénalités. • CAA Bordeaux, 4 oct. 2007, *Sté des grands travaux du Bassin Aquitaine,* n° 04BX01178 • CAA Paris, 4 oct. 2013, *SVIED,* n° 10PA01260.

40. Acomptes et pénalités de retard. Le titulaire d'un marché peut demander au juge du contrat la condamnation du maître d'ouvrage à lui verser des acomptes avant même l'établissement du décompte général du marché. Il appartient alors au juge de l'exécution du contrat, saisi par la voie du plein contentieux, d'apprécier si les circonstances de fait en vigueur à la date à laquelle il statue ouvrent droit au paiement des sommes demandées. Le titulaire du marché a, en principe, droit au versement des acomptes présentés dans le respect des stipulations contractuelles. Toutefois, si la personne responsable du marché décide d'infliger au titulaire du marché des pénalités ou bien constate des malfaçons susceptibles de fonder une demande d'indemnisation auprès de l'entreprise qui devra être intégrée au décompte général, la demande de paiement d'acompte, même présentée antérieurement, ne peut être regardée, à concurrence du montant de ces pénalités ou du coût de ces malfaçons, comme susceptible de faire naître une obligation de payer à la charge du maître d'ouvrage. Il n'en va différemment que lorsque le refus de payer l'acompte présente manifestement un caractère abusif. La circonstance qu'une instance a été introduite concernant le bien-fondé des pénalités infligées est, à cet égard, sans incidence et n'oblige pas le juge du contrat, saisi d'une demande de paiement d'acompte, à surseoir à statuer en attendant l'issue de cet autre litige. En l'espèce, pour rejeter les deux demandes d'acomptes qui lui ont été présentées, le maître d'ouvrage a opposé au BET Huguet le fait qu'il était fondé à lui infliger des pénalités pour retard dans l'exécution de ses obligations contractuelles, d'un montant de 232 380 euros, supérieur au total de ces acomptes, pénalités qui lui ont finalement été notifiées le 23 nov. 2016. Aucune stipulation contractuelle ne faisait obstacle à une telle notification postérieure au jugement attaqué et antérieure à l'établissement du décompte général du marché. La décision d'infliger des pénalités n'apparaissant pas, dans la présente instance, comme manifestement abusive, la société BET Huguet n'est pas fondée à obtenir paiement des acomptes litigieux d'un montant inférieur aux pénalités ainsi notifiées. • CAA Lyon, 2 oct. 2018, ♔ *CHI-Hôpitaux du Léman*, n° 16LY03943 : *Rev. CMP 2018. 265, note Devillers.*

41. Montant des pénalités. Les pénalités de retard prévues par les clauses d'un marché public ont pour objet de réparer forfaitairement le préjudice qu'est susceptible de causer au pouvoir adjudicateur le non-respect, par le titulaire du marché, des délais d'exécution contractuellement prévus ; elles sont applicables au seul motif qu'un retard dans l'exécution du marché est constaté et alors même que le pouvoir adjudicateur n'aurait subi aucun préjudice ou que le montant des pénalités mises à la charge du titulaire du marché qui résulte de leur application serait supérieur au préjudice subi.

Si, lorsqu'il est saisi d'un litige entre les parties à un marché public, le juge du contrat doit, en principe, appliquer les clauses relatives aux pénalités dont sont convenues les parties en signant le contrat, il peut, à titre exceptionnel, saisi de conclusions en ce sens par une partie, modérer ou augmenter les pénalités de retard résultant du contrat si elles atteignent un montant manifestement excessif ou dérisoire, eu égard au montant du marché et compte tenu de l'ampleur du retard constaté dans l'exécution des prestations.

Il résulte de ce qui a été dit que lorsque le titulaire du marché saisit le juge de conclusions tendant à ce qu'il modère les pénalités mises à sa charge, il ne saurait utilement soutenir que le pouvoir adjudicateur n'a subi aucun préjudice ou que le préjudice qu'il a subi est inférieur au montant des pénalités mises à sa charge ; il lui appartient de fournir aux juges tous éléments, relatifs notamment aux pratiques observées pour des marchés comparables ou aux caractéristiques particulières du marché en litige, de nature à établir dans quelle mesure ces pénalités présentent selon lui un caractère manifestement excessif ; au vu de l'argumentation des parties, il incombe au juge soit de rejeter les conclusions dont il est saisi en faisant application des clauses du contrat relatives aux pénalités, soit de rectifier le montant des pénalités mises à la charge du titulaire du marché dans la seule mesure qu'impose la correction de leur caractère manifestement excessif. • CE 19 juill. 2017, ♔ *CHI de psychiatrie de l'enfant et de l'adolescent*, n° 392707 A : *AJDA 2017. 1527, note de Montecler* ✎ ; *ibid. 2018. 116, note Souche* ✎ ; *BJCP 2017. 388, concl. Pellissier ; Rev. CMP 2017. 229, note Ubaud-Bergeron.*

42. Délai pour prononcer des pénalités. Le cocontractant ne peut se prévaloir de la méconnaissance par l'autre partie du principe de loyauté des relations contractuelles au motif qu'elle aurait mis tardivement à sa charge des pénalités de retard qui résultent de la mise en œuvre de stipulations convenues entre les parties. • CE 20 juin 2016, ♔ *Stés Eurovia Haute-Normandie et Colas Île-de-France Normandie*, n° 376235 B : *BJCP 2016. 365, concl. Henrard ; Rev. CMP 2016, n°s 8-9, comm. 199, note Pietri.*

43. Il est toujours loisible aux parties de s'accorder, même sans formaliser cet accord par un avenant, pour déroger aux stipulations du contrat initial, y compris en ce qui concerne les pénalités de retard. La cour administrative d'appel n'a donc pas commis d'erreur de droit en jugeant, par une appréciation souveraine exempte de dénaturation, qu'en ayant accordé à la société des reports successifs de délais jusqu'au 28 févr. 2007, la commune devait être réputée avoir renoncé à lui infliger des pénalités de retard. • CE 17 mars 2010, ♔ *Cne d'Issy-les-Moulineaux*, n° 308676 A : *Rev. CMP 2010. Alerte 166, note Eckert.*

44. Pénalités de retard et groupement conjoint aux termes des stipulations de l'art. 20.7 du cahier des clauses administra-

tives générales (CCAG) Travaux, applicable au marché en litige. « Dans le cas d'entrepreneurs groupés pour lesquels le paiement est effectué à des comptes séparés, les pénalités (...) sont réparties entre les cotraitants conformément aux indications données par le mandataire, sauf stipulations différentes du cahier des clauses administratives particulières. Dans l'attente de ces indications (...) les pénalités sont retenues en totalité au mandataire (...) ». Il résulte de ces stipulations que, s'il incombe au maître de l'ouvrage de liquider le montant global des pénalités de retard dues par l'ensemble des entreprises, il appartient au seul mandataire commun de répartir entre les entreprises les pénalités dont il fait l'avance jusqu'à ce qu'il ait fourni les indications nécessaires à leur répartition. En cas d'inaction du mandataire commun, le maître de l'ouvrage est tenu de lui imputer la totalité des pénalités. Dans cette hypothèse, sauf s'il est dans l'impossibilité de recouvrer effectivement le montant de ces pénalités sur le mandataire, le maître de l'ouvrage ne peut les imputer à une autre entreprise.

Lorsque le mandataire commun s'est acquitté de l'obligation énoncée au point précédent, en fournissant au maître d'ouvrage les indications nécessaires à la répartition des pénalités de retard entre les cotraitants, le maître de l'ouvrage ne peut se substituer au mandataire pour les modifier, mais est tenu de s'y conformer pour procéder à la répartition des pénalités entre les membres du groupement.

Les sociétés membres d'un groupement conjoint peuvent contester l'existence de retards imputables au groupement ainsi que le principe ou le montant des pénalités de retard qui lui sont infligées par le maître d'ouvrage, dans le cadre du règlement financier de leur part de marché. Si elles entendent également contester la répartition ressortant du décompte général du groupement, que le maître d'ouvrage a opérée entre elles conformément aux indications fournies par le mandataire commun en application de l'art. 20.7 CCAG, il leur appartient, à défaut de trouver entre elles une résolution amiable, de présenter des conclusions dirigées contre les autres sociétés membres du groupement tendant au règlement, par le juge administratif, de la répartition finale de ces pénalités entre elles. Si le juge fait droit à leur demande, en totalité ou en partie, il en tient compte dans l'établissement du solde propre à chaque société membre. Ces sociétés peuvent, en outre, rechercher la responsabilité du mandataire commun si elles estiment qu'il a commis une faute pour avoir, en application de l'art. 20.7 CCAG, communiqué au maître d'ouvrage des indications erronées, imprécises ou insuffisantes, sous réserve qu'il en soit résulté pour elles un préjudice financier ou économique. • CE 2 déc. 2019, *Sté Giraud-Serin*, n°s 422615 et 425080 B : *BJCP 2020. 106, concl. Pellissier ; Rev. CMP 2020, n° 42, note Rees.*

D. ALLONGEMENT DU DÉLAI ET PRÉJUDICE DE L'ENTREPRISE

45. Indemnisation intégrale du préjudice. Les stipulations relatives aux prix fixés par le marché n'ont ni pour objet ni pour effet de faire obstacle à l'indemnisation intégrale du préjudice subi par le titulaire du marché du fait des retards dans l'exécution du marché imputables au maître de l'ouvrage ou à ses autres cocontractants et distincts de l'allongement de la durée du chantier imputable à la réalisation des travaux supplémentaires. • CE 16 déc. 2009, *Sté SPIE SCGPM*, n° 301775. ♦ La société titulaire d'un marché public a droit à l'indemnisation intégrale des préjudices subis du fait de retards dans l'exécution du marché imputables au maître de l'ouvrage ou à ses autres cocontractants et distincts de l'allongement de la durée du chantier lié à la réalisation de travaux supplémentaires, dès lors que ce préjudice apparaît certain et présente avec ces retards un lien de causalité directe. • CE 13 juin 2012, *Sté Fouchard et Cie*, n° 343788.

46. Portée d'un avenant. Si un avenant stipule que l'entreprise renonce à toutes réclamations relatives au marché initial et à l'avenant lui-même concernant tous faits connus à la date de sa signature, ces stipulations ne peuvent être regardées comme valant renonciation de l'entreprise à toute réclamation fondée sur le dépassement du délai contractuel de réalisation des travaux, l'art. 3 de l'avenant précisant que ce délai n'est pas modifié. • CAA Nancy, 12 nov. 2009, *SELARL Gangloff et Nardi*, n° 08NC00845. ♦ Des avenants reportant la date d'achèvement des travaux qui n'ont pas, en l'espèce, pour objet de régler les conséquences financières de l'allongement du délai d'exécution du marché ne s'opposent donc pas à ce que la société demande réparation des préjudices financiers qu'elle estime avoir subis du fait de cet allongement. • CE 27 oct. 2010, *Cne de La Seyne-sur-Mer*, n° 323485 B : *Rev. CMP 2010, n° 405, note Zimmer.*

E. RÉDUCTION DES COÛTS OU DÉPENSES SUPPLÉMENTAIRES ET PRIX FORFAITAIRES

47. Prix forfaitaire et réduction des coûts. Aux termes de l'art. 11.22 du CCAG applicable aux marchés publics de travaux alors en vigueur : « Dans le cas d'application d'un prix forfaitaire, le prix est dû dès lors que l'ouvrage, la partie d'ouvrage ou l'ensemble des prestations auxquelles il se rapporte a été exécuté. Les différences éventuellement constatées pour chaque nature d'ouvrage ou chaque élément d'ouvrage, entre les quantités réellement exécutées et les quantités indiquées dans la décomposition de ce prix, (....) même si celle-ci a une valeur contractuelle, ne peuvent conduire à une modification dudit prix ; il en est de même pour les erreurs que pourrait comporter cette décomposition. » Il résulte de l'instruction que, contrairement à ce que soutient le centre hospitalier requérant, les prestations objet du marché ont été exécutées dans leur intégralité. La circonstance que cette exécution se soit, du fait de la modification du système d'assainissement, induisant une diminution des quantités de matériaux mises en œuvre, révélée moins onéreuse que prévu, n'est pas de nature à justifier la remise en cause du mode de détermination forfaitaire du prix du marché. Par suite, c'est à juste titre que le tribunal administratif a estimé que le caractère forfaitaire du prix du marché conclu entre le centre hospitalier et le groupement faisait obstacle à ce que le maître d'ouvrage pratique, au détriment du groupement, une réfaction portant sur la somme de 239 064,91 €. • CAA Nancy, 7 juin 2012, *CH Geneviève-de Gaulle-Anthonioz*, n° 11NC00510.

48. Prix forfaitaire et dépenses supplémentaires. La société fait valoir que l'augmentation du poids des ouvrages de charpente métallique consécutive à un redimensionnement de l'ouvrage, lui-même induit par les erreurs ayant affecté le dossier de consultation des entreprises, a rendu plus onéreuse l'exécution du marché en entraînant des études d'exécution supplémentaires, des temps de soudure plus longs et des moyens de levage de plus grande capacité ; toutefois, le cahier des clauses techniques particulières du marché prévoyait un art. 5.2.7 énonçant au sujet des éléments fonctionnels et caractéristiques de l'ouvrage OA15 que les données géométriques sont fournies à titre indicatif, l'entrepreneur devra lors de ses études d'exécution optimiser toutes les valeurs ; les mêmes dispositions étaient prévues pour les viaducs OA16 et OA18 par les art. 5.2.8 et 5.2.9 du même document contractuel ; il appartenait, dès lors, à l'entreprise d'optimiser les quantités d'ouvrage en matière de dimensions géométriques seulement fournies à titre indicatif dans les pièces du dossier ; par ailleurs, la société requérante n'établit pas que ces prestations ne relevaient pas de l'exécution normale du marché ou que les sujétions invoquées présentaient un caractère anormal ; le coût de ces prestations doit ainsi entrer dans le prix forfaitaire convenu au marché qui inclut une part d'aléa ; par suite, c'est à bon droit que le tribunal administratif a refusé d'accorder à la société requérante une indemnité pour ces dépenses supplémentaires. • CAA Bordeaux, 3 mai 2011, *Sté Gagne*, n° 10BX01996 : *Rev. CMP 2012, n° 44, note Vila.*

IV. LES MESURES COERCITIVES

49. Mise en régie. Conditions de mise en régie d'une entreprise mise en liquidation judiciaire. Selon l'art. 49-1 du CCAG le délai séparant la mise en demeure d'exécuter le marché et la mise en régie « n'est pas inférieur à quinze jours ». L'entreprise a valablement été mise en demeure d'exécuter le marché le 5 oct. 1994. L'OPAC, se fondant sur une lettre que le chef d'entreprise lui a adressée le lendemain et par laquelle il lui indiquait que la mise en liquidation de son entreprise le mettait dans l'impossibilité de poursuivre l'exécution du marché, a procédé à la mise en régie dès le 13 oct. 1994, soit avant l'expiration du délai minimal susmentionné. Cette lettre ne peut être regardée comme un acquiescement à la réduction du délai prévu au cahier des clauses administratives générales, dès lors qu'à la date où elle a été adressée à l'OPAC, seul le mandataire liquidateur pouvait valablement représenter l'entreprise. Ainsi la mise en régie est intervenue dans des conditions irrégulières et, par suite, l'OPAC ne pouvait faire supporter à l'entreprise les excédents de dépenses résultant de cette mise en régie. • CE 30 janv. 2008, *OPAC de la ville de Clermont-Ferrand*, n° 278770.

50. Marchés de substitution. Travaux. Il résulte des règles générales applicables aux contrats administratifs que le maître d'ouvrage de travaux publics qui a vainement mis en demeure son cocontractant d'exécuter les prestations qu'il s'est engagé à réaliser conformément aux stipulations du contrat, dispose de la faculté de faire exécuter celles-ci, aux frais et risques de son cocontractant, par une entreprise tierce ou par lui-même. La mise en régie, destinée à surmonter l'inertie, les manquements ou la mauvaise foi du cocontractant lorsqu'ils entravent l'exécution d'un marché de travaux publics, peut être prononcée même en l'absence de toute stipulation du contrat le prévoyant expressément, en raison de l'intérêt général qui s'attache à l'achèvement d'un ouvrage public. La mise en œuvre de cette mesure coercitive, qui revêt un caractère provisoire, qui peut porter sur une partie seulement des prestations objet du contrat et qui n'a pas pour effet de rompre le lien contractuel existant entre le maître d'ouvrage et son cocontractant, ne saurait être subordonnée à une résiliation préalable du contrat par le maître d'ouvrage. La règle selon laquelle, même dans le silence du contrat, le maître d'ouvrage peut toujours faire procéder aux travaux publics objet du contrat aux frais et risques de son cocontractant revêt le caractère d'une règle d'ordre public. Par suite, les personnes publiques ne peuvent légalement y renoncer. • CE 9 nov. 2016, *Sté Fosmax LNG*, n° 388806 A.

51. Marchés de substitution. Fournitures. Il résulte des règles générales applicables aux contrats administratifs que l'acheteur public de fournitures qui a vainement mis en demeure son cocontractant d'exécuter les prestations qu'il s'est engagé à réaliser conformément aux stipulations du contrat dispose de la faculté de faire exécuter celles-ci, aux frais et risques de son cocontractant, par une entreprise tierce. La conclusion de marchés de substitution, destinée à surmonter l'inertie, les manquements ou la mauvaise foi du cocontractant lorsqu'ils entravent l'exécution d'un marché de fournitures, est possible même en l'absence de toute stipulation du contrat le prévoyant expressément, en raison de l'intérêt général qui s'attache à l'exécution des prestations. La mise en œuvre de cette mesure coercitive, qui peut porter sur une partie seulement des prestations objet du contrat et qui n'a pas pour effet de rompre le lien contractuel entre le pouvoir adjudicateur et son cocontractant, ne saurait être subordonnée à une résiliation préalable du contrat par l'acheteur public. La règle selon laquelle, même dans le silence du contrat, l'acheteur public peut recourir à des marchés de substitution aux frais et risques de son cocontractant revêt le caractère d'une règle d'ordre public. S'il est loisible au titulaire du marché de contester la conclusion, par le pouvoir adjudicateur, de marchés de substitution et s'il doit être mis à même de suivre les opérations exécutées par le titulaire de ces marchés, afin de pouvoir veiller à la sauvegarde de ses intérêts, la circonstance que ces marchés n'auraient pas permis de réaliser avec succès les prestations attendues ne saurait, en elle-même, le dispenser d'en supporter la charge. • CE 18 déc. 2020, *Sté Treuils et Grues Labor*, n° 433386 B : *BJCP 2021. 134, concl. Le Corre ; Rev. CMP 2021. 74, note Hoepffner ; AJDA 2021. 1146, note Quentin Alliez*.

52. Marchés de substitution. Il résulte de l'art. 49 du CCAG Travaux et des règles générales applicables aux contrats administratifs que le maître d'ouvrage d'un marché de travaux publics peut, après avoir vainement mis en demeure son cocontractant de poursuivre l'exécution des prestations qu'il s'est engagé à réaliser conformément aux stipulations du contrat, décider de confier l'achèvement des travaux à un autre entrepreneur aux frais et risques de son cocontractant.

La mise en œuvre de cette mesure coercitive n'a pas pour effet de rompre le lien contractuel entre le pouvoir adjudicateur et son cocontractant et ne saurait être subordonnée à une résiliation préalable du contrat. Le cocontractant défaillant doit être mis à même de suivre l'exécution du marché de substitution ainsi conclu afin de lui permettre de veiller à la sauvegarde de ses intérêts, les montants découlant des surcoûts supportés par le maître d'ouvrage en raison de l'achèvement des travaux par un nouvel entrepreneur étant à sa charge.

Si les contrats passés par le maître d'ouvrage avec d'autres entrepreneurs pour la seule reprise de malfaçons auxquelles le titulaire du marché n'a pas remédié ne constituent pas, en principe, des marchés de substitution soumis aux règles énoncées au paragraphe précédent et, en particulier, au droit de suivi de leur exécution, il est loisible au maître d'ouvrage qui, après avoir mis en régie le marché, confie la poursuite de l'exécution du contrat à un autre entrepreneur, d'inclure dans ce marché de substitution des prestations tendant à la reprise de malfaçons sur des parties du marché déjà exécutées.

Dans ce cas, le droit de suivi du titulaire initial du marché s'exerce sur l'ensemble des prestations du marché de substitution, sans qu'il y ait lieu de distinguer celles de ces prestations qui auraient pu faire l'objet de contrats conclus sans mise en régie préalable. • CE 27 avr. 2021, *Société Constructions Bâtiments Immobiliers*, n° 437148 T : *BJCP 2021. 292, concl. Le Corre ; Rev. CMP 2021. 205, note Rees ; AJDA 2021. 2038, note Mrad*.

53. La modification d'ouvrage imposée à la société par le maître d'ouvrage, en levant l'imprécision du devis descriptif initial, entraînait une augmentation de plus de 100 % du coût initialement prévu par la société. Après avoir demandé au maître d'ouvrage de s'engager à supporter le coût des travaux supplémentaires résultant de cette imprécision, la société, constatant le refus du maître d'ouvrage, a cessé les travaux. En l'absence de faute de la société, le maître d'ouvrage ne peut faire supporter par la société le montant du marché de substitution. • CE 29 sept. 2000, *Sté Dezellus Métal Industrie*, n° 186916 A.

54. Résiliation pour faute. V. notes ss. art. L. 2195-3.

V. LA FIN PRÉMATURÉE DU CONTRAT (HORS RÉSILIATION POUR FAUTE)

55. V. notes ss. art. L. 2195-2 et L. 2195-3.

VI. DÉCOMPTE ET SOLDE DU MARCHÉ

A. SOLDE

56. Fixation du solde du décompte. Le solde du décompte doit être fixé en faisant état de tous les éléments actifs et passifs résultant d'obligations ayant une existence certaine à la date de la fin du marché, devant figurer sur ledit décompte, et comprenant tant au profit de l'entreprise, la rémunération de ses travaux, qu'à sa charge, le coût de la réparation des malfaçons, imputé au décompte au fur et à mesure de la liquidité de la créance détenue à ce titre par le maître de l'ouvrage. Dans ce décompte doivent être compris les intérêts pour paiement tardif des acomptes dont les montants sont déterminés en fonction des dates de liquidité des diverses créances de l'une et l'autre parties. • CE 5 janv. 1988, *Ville de Paris c/ Sté Linville*, n° 35687 A.

57. Solde et avenant. Si un avenant stipule que l'entreprise renonce à toutes réclamations relatives au marché initial et à l'avenant lui-même concernant tous faits connus à la date de sa signature, ces stipulations ne peuvent être regardées comme valant renonciation de l'entreprise à toute réclamation fondée sur le dépassement du délai contractuel de réalisation des travaux, l'art. 3 de l'avenant précisant que ce délai n'est pas modifié. • CAA Nancy, 12 nov. 2009, *SELARL Gangloff et Nardi*, n° 08NC00845. ♦ Si l'avenant prévoit en son art. 4 la renonciation de l'entreprise à toute réclamation concernant les faits antérieurs à sa signature, cette clause, compte tenu du caractère laconique de cet avenant, n'a pu avoir de portée que s'agissant de l'objet sur lequel il porte, à savoir la modification de l'art. II.17 du cahier des clauses techniques particulières (CCTP) applicable au marché litigieux, relatif à l'aire de stockage et de fabrication du sable ciment. Par suite, le moyen tiré de ce que la société requérante aurait renoncé à toute réclamation concernant sa rémunération doit être écarté. • CAA Lyon, 26 nov. 2009, *Sté Guintoli*, n° 07LY01987. ♦ Un avenant a réévalué le coût prévisionnel des travaux et, par application du taux de rémunération contractuel à ce nouveau montant, a rehaussé le forfait d'honoraires dus aux cotraitants du groupement. A la date de signature de cet avenant, les travaux ayant été exécutés, les parties connaissaient les motifs qui les conduisaient, l'une à demander un supplément d'honoraires à raison d'études supplémentaires, l'autre à pratiquer des réfactions à raison de l'absence de livraison de certaines des prestations contractuelles. En consentant à ce nouveau forfait, le maître d'œuvre a nécessairement renoncé à tout supplément d'honoraires trouvant sa cause dans l'exécution de son marché tandis que le maître d'ouvrage a renoncé à retenir quelque somme que ce soit au titre de l'inachèvement des études d'exécution. • CAA Lyon, 7 janv. 2010, *M. Marguerit, L'atelier des paysages*, n° 08LY00390.

58. Solde du décompte et émission d'un titre de recettes. Seul le solde débiteur du décompte permet au pouvoir adjudicateur de liquider la créance et d'en exiger le paiement par l'entreprise. En l'absence d'un tel décompte, une collectivité ne peut émettre un titre de recettes ayant force exécutoire. • CAA Lyon, 27 déc. 2007, *Sté Copibat*, n° 03LY01501 : *Lebon 581*. ♦ Dès lors que les pénalités de retard doivent être comprises, en vertu du CCAG-Travaux, dans les décomptes mensuels pris en compte ensuite dans le décompte général, le pouvoir adjudicateur ne peut, lorsque le règlement définitif du décompte n'est pas intervenu, émettre un titre de perception pour mettre en recouvrement ces pénalités. • CAA Bordeaux, 4 oct. 2007, *Sté des grands travaux du Bassin Aquitaine*, n° 04BX01178. ♦ Les excédents de dépenses qui résultent de la mise en régie sont à la charge de l'entrepreneur et sont prélevés sur les sommes qui peuvent lui être dues sans préjudice des droits à exercer contre lui en cas d'insuffisance. Il suit de là que le maître d'ouvrage ne pouvait régulièrement émettre à l'encontre de la société un titre exécutoire correspondant aux travaux réalisés à ses frais et risques, sans avoir, au préalable, établi le décompte général, et notifié ce décompte à la société en tenant compte des sommes éventuellement dues à la société en exécution du marché et des excédents de dépenses résultant de la mise en régie prélevés sur ces sommes. • CAA Bordeaux, 13 oct. 2009, *SMICOTOM*, n° 08BX01805.

59. Cession de créance. Le cédant d'une créance ne peut transmettre plus de droits qu'il n'en détient et le cessionnaire d'une créance d'une entreprise peut se voir opposer le fait que le solde du marché étant nul ou négatif, le maître d'ouvrage ne lui doit rien. • CE 21 juin 1999, *Banque populaire Bretagne-Atlantique*, n° 151917 A.

B. INDIVISIBILITÉ ET INTANGIBILITÉ DU DÉCOMPTE

1° INDIVISIBILITÉ

60. Compte unique. L'ensemble des opérations auxquelles donne lieu l'exécution d'un marché de travaux publics est compris dans un compte dont aucun élément ne peut être isolé, et dont seul le solde arrêté lors du décompte définitif détermine les droits et obligations définitifs des parties. Les règles qui régissent la compensation sont inapplicables aux opérations comprises dans ce compte et la mise en redressement judiciaire est sans influence sur l'application des règles qui tiennent à la nature même du compte. • CE 8 déc. 1961, *Sté Nouvelle Cie Générale de Travaux*, n° 44994 A. ♦ Si l'ensemble des opérations auxquelles donne lieu l'exécution d'un marché de travaux publics est compris dans un compte dont aucun élément ne peut être isolé et dont seul le solde arrêté lors de l'établissement du décompte définitif détermine les droits et obligations définitifs des parties, ne sauraient entrer dans ce compte ni les droits et obligations attachés à la responsabilité décennale des constructeurs, ni les dépens de la procédure juridictionnelle relative au litige né de la contestation du solde de ce compte, notamment les frais d'expertise. La société n'est par suite pas fondée à demander que, pour le calcul des sommes dues par l'établissement au titre du solde du marché, d'ailleurs définitivement arrêté par les décisions de la cour administrative d'appel de Paris et du Conseil d'État, dont elle demande l'exécution, soient pris en compte les frais d'expertise mis à la charge de l'établissement et les sommes mises à sa charge et à celle des autres constructeurs au titre de la garantie décennale. • CE 23 mai 2012, *Sté SPIE SCGPM*, n° 346352. ♦ Les collectivités publiques sont recevables à demander au juge du contrat, avant l'établissement du décompte définitif, la condamnation de leur cocontractant, sur le fondement de la responsabilité contractuelle, à les indemniser des dommages nés de l'exécution du contrat. Par suite, la circonstance qu'à la date à laquelle le département du Bas-Rhin a saisi le tribunal administratif de Strasbourg de sa demande indemnitaire, date à laquelle le marché n'avait pas encore été résilié, aucun décompte général du marché de maîtrise d'œuvre n'avait été établi, n'était pas de nature à rendre cette demande irrecevable. • CAA Nancy, 24 mars 2015, *Dpt du Bas-Rhin*, n° 13NC00961 : *Rev. CMP 2015, n° 117, note Eckert.*

61. Caractère d'ordre public. Absence. Si les parties à un marché public de travaux peuvent convenir que l'ensemble des opérations auxquelles donne lieu l'exécution de ce marché est compris dans un compte dont aucun élément ne peut être isolé et dont seul le solde, arrêté lors de l'établissement du décompte définitif, détermine leurs droits et obligations définitifs, elles n'y sont pas tenues. Dès lors, ni le caractère unique et exhaustif d'un tel compte ni son caractère définitif, qui ne sont pas d'ordre public, ne peuvent être opposés d'office par le juge aux prétentions d'une partie. Par suite, en se fondant d'office sur l'unicité et l'exhaustivité du décompte général pour rejeter les conclusions de la société Bancillon BTP qui tendaient au versement d'intérêts moratoires sur des acomptes, qui n'y avaient pas été repris, la cour administrative d'appel a commis une erreur de droit. • CE 3 nov. 2014, *Sté Bancillon BTP*, n° 372040 B : *AJCT 2015. 161, obs. Grimaud ; Rev. CMP 2015, n° 8, note Eckert.* ♦ Les parties à un marché public de techniques de l'information et de la communication peuvent convenir que l'ensemble des opérations auxquelles donne lieu l'exécution de ce marché est compris dans un compte dont aucun élément ne peut être isolé et dont seul le solde, arrêté lors de l'établissement du décompte définitif, détermine leurs droits et obligations définitifs. Une telle règle contractuelle d'unicité du décompte que les parties peuvent décider de ne pas appliquer n'est pas d'ordre public et ne peut donc être opposée d'office par le juge aux prétentions d'une partie. Ces mêmes règles s'appliquent, en cas de résiliation d'un marché, au décompte de résiliation. Par suite, en se fondant d'office sur l'unicité du décompte de résiliation prévue par le contrat pour rejeter les conclusions à fin d'indemnisation du préjudice né de la résiliation du contrat, la cour administrative d'appel a commis une erreur de droit. • CE 12 nov. 2015, *Sté Linagora*, n° 384052 B : *Rev. CMP 2016, comm. 4, note Pietri ; AJDA 2016. 674, note Clamour .*

62. Créances et dettes contractuelles seulement. Les décomptes généraux notifiés aux constructeurs ont inclus une somme de 18 884 170,99 euros, correspondant au préjudice que le centre hospitalier estime avoir subi au titre des désordres affectant les douches des chambres du pavillon reconstruit ; cette somme est exigée au titre de la garantie décennale et ne saurait figurer dans le décompte général, lequel ne retrace que les créances et dettes contractuelles ; ces décomptes généraux sont irréguliers. • CAA Marseille, 12 juin 2017, *CH de Montfavet*, n° 15MA01894.

63. Si les parties à un marché public de travaux peuvent convenir que l'ensemble des opérations auxquelles donne lieu l'exécution de ce marché est compris dans un compte dont aucun élément ne peut être isolé et dont seul le solde, arrêté lors de l'établissement du décompte définitif, détermine leurs droits et obligations définitifs, elles n'y sont pas tenues. Par ailleurs, si l'art. 13 C. marchés, dans sa rédaction en vigueur à la date de conclusion du marché, prévoit que « si le pouvoir adjudicateur décide de faire référence aux documents généraux, les documents particuliers comportent, le cas échéant, l'indication des articles des documents généraux auxquels ils dérogent », cette obligation n'est toutefois pas prescrite à peine de nullité de la dérogation.

Dès lors que l'article 4.3 du CCAP du marché en litige prévoit que « le maître d'ouvrage se réserve le droit d'appliquer ces pénalités dès qu'elles sont constatées par l'OPC sur calcul de la maîtrise d'œuvre sans mise en demeure préalable par émission d'un titre de recette », les parties doivent être regardées comme ayant voulu déroger, en ce qui concerne les pénalités, au principe contractuel selon lequel seul le solde du décompte détermine l'ensemble de leurs droits et obligations. La circonstance que l'article ne soit pas au nombre des dérogations citées par le CCAP est sans influence sur l'appréciation du moyen. Par suite, le moyen tiré de la méconnaissance du principe d'unicité du décompte général doit être écarté. • CAA Nancy, 9 juin 2016, *SA Marwo*, n° 15NC01477.

64. Marchés à tranches conditionnelles et indivisibilité du décompte. Dans le cas d'un marché comportant une tranche ferme et une ou plusieurs tranches conditionnelles, et lorsqu'une ou plusieurs tranches conditionnelles ont été affermies, le principe d'indivisibilité fait obstacle, sauf stipulations contraires, à ce que les droits et obligations des parties relatives à l'exécution d'une tranche soient isolés dans le cadre d'un décompte partiel et à ce que le juge du contrat soit saisi d'une demande de contestation de ce seul décompte. • CAA Lyon, 9 juill. 2008, *SA Scarpari*, n° 05LY000203.

65. Entreprise en règlement judiciaire postérieurement à l'établissement du décompte. Compensation. Absence. La situation d'une entreprise en redressement judiciaire fait obstacle à ce que soit opérée une compensation entre les sommes que lui doit le maître d'ouvrage au titre du règlement du marché et la créance qu'il peut détenir sur les constructeurs à un autre titre, en l'espèce du chef de la garantie décennale. • CE 9 mars 1988, *Cne de*

Mandelieu-la-Napoule c/ SARL Dauriac, n° 77654 B. ♦ Les dispositions des art. L. 620-1, L. 622-24 et L. 622-26 C. com. n'ont pas pour effet d'empêcher une personne publique qui n'aurait pas déclaré la créance qu'elle estimerait détenir sur une société faisant l'objet d'une procédure de sauvegarde, d'émettre un titre de perception exécutoire, lequel a pour objet de liquider et rendre exigible la dette dont est redevable un particulier à son égard et intervient sans préjudice des suites que la procédure judiciaire, engagée à l'égard du débiteur en application des dispositions applicables du C. com., est susceptible d'avoir sur le recouvrement de la créance en cause. • CAA Lyon, 24 juin 2010, *SARL BVPI*, n° 08LY02068.

2° INTANGIBILITÉ

66. *Délégation de signature.* La signature du décompte général, établi après vérification du service fait en vue de fixer la rémunération du cocontractant, vaut liquidation de la dépense, et sa transmission au comptable public entraîne le paiement des sommes dues au titulaire du marché. Le décompte général, en principe signé par la personne responsable du marché, peut ainsi l'être par le titulaire de sa délégation de signature pour les actes d'ordonnancement et de liquidation de la dépense. • CE 28 sept. 2001, *CHI de Poissy-Saint-Germain-en-Laye*, n° 338894 B.

67. *Absence de signature.* L'absence de signature régulière du décompte par la personne représentant le pouvoir adjudicateur fait obstacle à ce qu'une des parties oppose le caractère intangible dudit décompte. • CE 28 sept. 2001, *Sté Quillery*, n° 182761 A : *BJCP 2002. 32, concl. Bergeal.*

68. Seule la signature de l'entrepreneur donnée postérieurement à celle du maître de l'ouvrage après notification par ce dernier est susceptible de conférer au décompte un caractère définitif (art. 13.42 du CCAG – travaux). • CE 2 oct. 2002, *M. Gross*, n° 219659 B : *BJCP 2003. 27, concl. Piveteau, obs. R.S.*

69. Il résulte des dispositions de l'art. 9-72 du CCAG applicable au marché litigieux [CCAG – travaux 1976] que, d'une part, en raison du renoncement de la société mise en redressement judiciaire et de la poursuite des travaux par son cotraitant solidaire, ce dernier devenait le mandataire du groupement, seul habilité à présenter les projets de décomptes et à accepter et signer le décompte général ; que, d'autre part, l'acceptation et la signature par la société, devenue mandataire du groupement, du décompte général avait donné à celui-ci un caractère définitif pour les deux membres du groupement. Par suite, en jugeant que l'acceptation et la signature par cette société du décompte général du marché notifié par le maître ouvrage ne faisaient pas obstacle à ce que le mandataire de l'entreprise en redressement judiciaire demandât l'établissement du solde d'un décompte général de résiliation du marché, en ce qui concernait cette société, sur le fondement des dispositions des art. 11.3, 11.4 et 41.1 du CCAG, la Cour a commis une erreur de droit. • CE 19 mars 2012, *Cté urb. de Lyon et Me Sapin*, n°s 346263 B et 346275 B : *Rev. CMP 2012, n° 5, comm. 149, Pietri.*

70. *Absence de caractère d'ordre public.* Le caractère définitif du décompte général n'est pas d'ordre public. Le maître d'ouvrage est donc recevable à rechercher devant le juge la responsabilité contractuelle du constructeur qui n'invoque pas l'intangibilité du décompte général et définitif. • CAA Douai, 28 févr. 2008, *OPHLM de Calais*, n° 07DA00334.

71. *Révision du décompte.* Aux termes de l'art. 1269 C. pr. civ. : « Aucune demande en révision de compte n'est recevable, sauf si elle est présentée en vue d'un redressement en cas d'erreur, d'omission ou de présentation inexacte ». En énonçant que la région ne pouvait utilement se prévaloir de cette disposition pour réclamer une indemnisation au titre des préjudices subis du fait de l'effondrement de la dalle au cours des travaux dès lors que le décompte qu'elle a signé n'était entaché d'aucune erreur matérielle, la cour administrative d'appel n'a pas commis d'erreur de droit. • CE 6 nov. 2013, *Région Auvergne*, n° 361837 B : *RDI 2014. 164, obs. Galland.*

72. Aux termes de l'art. 1269 C. pr. civ. : « Aucune demande en révision de compte n'est recevable, sauf si elle est présentée en vue d'un redressement en cas d'erreur, d'omission ou de présentation inexacte (...) ». Si la requérante soutient que le solde calculé par la ville dans le décompte général comporte, au titre de travaux non réalisés, la réfaction de la somme de 9 687,59 €, laquelle serait non fondée, cette circonstance qui ne constitue ni une erreur matérielle, ni une omission, ni un faux ou double emploi n'est pas susceptible de permettre la révision du décompte définitif du marché, en application de l'art. 1269 C. pr. civ. Ainsi, la requérante n'était pas recevable à demander une rémunération complémentaire. • CAA Lyon, 27 sept. 2012, *SAS Bati*, n° 11LY01810. ♦ En n'incluant pas dans le montant fixé par le décompte général devenu définitif celui des pénalités de retard, l'OPH de Vincennes ne peut être regardé comme ayant commis une simple erreur ou une omission au sens de l'art. 1269 C. pr. civ., ce qui lui eût permis de procéder à la révision du décompte général devenu définitif, mais comme ayant, en définitive, renoncé à faire application desdites pénalités. Le caractère intangible du décompte s'oppose à ce que l'OPH de Vincennes puisse émettre à l'encontre de l'entrepreneur un titre exécutoire en vue du recouvrement d'une somme de 17 640 € correspondant aux pénalités de retard dans l'exécution du marché qui ne figurait pas au décompte général établi par le maître d'ouvrage. • CAA Paris, 4 mai 2015, *Entreprise Roussière*, n° 14PA01918.

73. Le décompte notifié à l'entreprise engage le maître d'ouvrage. L'ensemble des opérations auxquelles donne lieu l'exécution d'un marché de travaux publics est compris dans un compte dont aucun élément ne peut être isolé et dont seul le solde arrêté lors de l'établissement du décompte général et définitif détermine les droits et obligations définitifs des parties. L'ensemble des conséquences financières de l'exécution du marché sont retracées dans ce décompte même lorsqu'elles ne correspondent pas aux prévisions initiales. Il revient notamment aux parties d'y mentionner les conséquences financières de retards dans l'exécution du marché ou le coût de réparations imputables à des malfaçons dont est responsable le titulaire. Après la transmission au titulaire du marché du décompte général qu'il a établi et signé, le maître d'ouvrage ne peut réclamer à celui-ci, au titre de leurs relations contractuelles, des sommes dont il n'a pas fait état dans le décompte, nonobstant l'engagement antérieur d'une procédure juridictionnelle ou l'existence d'une contestation par le titulaire d'une partie des sommes inscrites au décompte général. Il ne peut en aller autrement, dans ce dernier cas, que s'il existe un lien entre les sommes réclamées par le maître d'ouvrage et celles à l'égard desquelles le titulaire a émis des réserves. • CE 6 nov. 2013, *Région Auvergne*, n° 361837 B : *RDI 2014. 164, obs. Galland ; Rev. CMP 2014, n° 1, comm. 6, note Rees.*

74. Décompte général et réserves. L'ensemble des opérations auxquelles donne lieu l'exécution d'un marché public est compris dans un compte dont aucun élément ne peut être isolé et dont seul le solde arrêté lors de l'établissement du décompte général et définitif détermine les droits et obligations définitifs des parties. Toutes les conséquences financières de l'exécution du marché sont retracées dans ce décompte même lorsqu'elles ne correspondent pas aux prévisions initiales. Lorsque des réserves ont été émises lors de la réception et n'ont pas été levées, il appartient au maître d'ouvrage d'en faire état au sein de ce décompte. A défaut, le caractère définitif de ce dernier a pour effet de lui interdire toute réclamation des sommes correspondant à ces réserves. Les réserves ainsi mentionnées dans le décompte peuvent être chiffrées ou non. Lorsque les réserves sont mentionnées dans le décompte sans être chiffrées, celui-ci ne devient définitif que sur les éléments n'ayant pas fait l'objet de réserves. Lorsque le maître d'ouvrage chiffre le montant de ces réserves dans le décompte et que ce montant n'a fait l'objet d'aucune réclamation de la part du titulaire, le décompte devient définitif dans sa totalité, les sommes correspondant à ces réserves pouvant être déduites du solde du marché au titre des sommes dues au titulaire au cas où celui-ci n'aurait pas exécuté les travaux permettant la levée des réserves. • CE 28 mars 2022, *Cne de Sainte-Flaive-des-Loups*, n° 450477 B : *Rev. CMP 2022, n° 6, comm. 166, Rees.*

75. Effet du caractère définitif du décompte. Responsabilité contractuelle des constructeurs. Il appartient au maître de l'ouvrage, lorsqu'il lui apparaît que la responsabilité de l'un des participants à l'opération de construction est susceptible d'être engagée à raison de fautes commises dans l'exécution du contrat conclu avec celui-ci, soit de surseoir à l'établissement du décompte jusqu'à ce que sa créance puisse y être intégrée, soit d'assortir le décompte de réserves. A défaut, si le maître d'ouvrage notifie le décompte général du marché, le caractère définitif de ce décompte fait obstacle à ce qu'il puisse obtenir l'indemnisation de son préjudice éventuel sur le fondement de la responsabilité contractuelle du constructeur, y compris lorsque ce préjudice résulte de désordres apparus postérieurement à l'établissement du décompte.

Il lui est alors loisible, si les conditions en sont réunies, de rechercher la responsabilité du constructeur au titre de la garantie décennale et de la garantie de parfait achèvement lorsque celle-ci est prévue au contrat. • CE 19 nov. 2018, *Institut national de recherche en sciences et technologies pour l'environnement et l'agriculture*, n° 408203 B : *BJCP 2019.112, concl. Henrard.*

76. Décompte définitif. Appel en garantie du maître d'ouvrage contre le titulaire du marché. L'ensemble des opérations auxquelles donne lieu l'exécution d'un marché public est compris dans un compte dont aucun élément ne peut être isolé et dont seul le solde arrêté lors de l'établissement du décompte général et définitif détermine les droits et obligations définitifs des parties. L'ensemble des conséquences financières de l'exécution du marché sont retracées dans ce décompte même lorsqu'elles ne correspondent pas aux prévisions initiales. Toutefois, la circonstance que le décompte général d'un marché public soit devenu définitif ne fait pas, par elle-même, obstacle à la recevabilité de conclusions d'appel en garantie du maître d'ouvrage contre le titulaire du marché, sauf s'il est établi que le maître d'ouvrage avait eu connaissance de l'existence du litige avant qu'il n'établisse le décompte général du marché et qu'il n'a pas assorti le décompte d'une réserve, même non chiffrée, concernant ce litige. • CE 6 mai 2019, *Sté Icade Promotion*, n° 420765 B : *BJCP 2019. 271, concl. Le Corre ; Rev. CMP 2019, n° 7, comm. 226, note Devillers.*

77. Action en garantie du maître d'ouvrage contre le sous-traitant. Après avoir relevé que les sommes versées par le maître d'ouvrage délégué au titulaire du marché, y compris les sommes relatives à des prestations sous-traitées, avaient été payées au vu d'un décompte général visé par le maître d'œuvre et approuvé par le maître de l'ouvrage, la cour a pu, sans se méprendre sur leur portée ni commettre d'erreur de droit, juger que les conclusions d'appel en garantie présentées devant elle par le maître d'ouvrage contre la société sous-traitante tendaient nécessairement à remettre en cause le caractère définitif du décompte général des travaux approuvé par le maître d'ouvrage délégué et ne pouvaient, dès lors, qu'être rejetées ; par suite, la région Île-de-France n'est pas fondée à demander l'annulation de l'arrêt attaqué en tant qu'il rejette son appel en garantie dirigé contre la société Bec. • CE 30 juill. 2014, *Région Île-de-France*, n° 364967.

78. Absence de mention dans le projet de décompte final de l'entreprise. Conséquences. Contentieux. Le moyen tiré de ce que, faute d'en avoir inclus le montant dans son projet de décompte final, conformément aux stipulations de l'art. 13.3 du CCAG applicable aux marchés publics de travaux, l'entreprise n'était recevable à réclamer au maître d'ouvrage ni l'indemnisation du préjudice lié au retard dans le démarrage du chantier ni la révision du prix du marché se rattache à la même cause juridique que le moyen tiré du caractère forfaitaire du prix du marché, dès lors que ces deux moyens sont relatifs à l'exécution d'un même contrat. • CE 16 déc. 2015, *Sté Ruiz*, n° 373509 B : *Rev. CMP 2016, n° 2, comm. 53, Pietri ; BJCP 2016. 157, concl. Henrard.*

C. ÉTABLISSEMENT ET CONTESTATION DU DÉCOMPTE

1° PROCÉDURE D'ÉTABLISSEMENT

a. Décisions rendues sous l'empire des CCAG dans leur version antérieure à la version actuelle

79. Notification du décompte. Aux termes de l'art. 13.42 du CCAG applicable aux marchés publics de travaux, approuvé par le Décr. du 21 janv. 1976 et alors en vigueur : « Le décompte général signé par la personne responsable du marché doit être notifié à l'entrepreneur par ordre de service avant la plus tardive des deux dates ci-après : quarante-cinq jours après la date de remise du projet de décompte final ; trente jours après la publication de l'index de référence permettant la révision du solde (...) » ; ces dispositions n'imposent pas que le décompte général soit notifié par le maître d'œuvre.

La société a reçu notification du décompte général de son marché, signé par le maître d'œuvre, par lettre recommandée avec accusé de réception adressée par le maître d'ouvrage ; en se fondant sur la seule circonstance que le décompte général n'avait pas été notifié par le maître d'œuvre pour en déduire que cette notification était irrégulière et que, de ce fait, le décompte reçu par la société ne pouvait être regardé comme définitif, la cour administrative d'appel a commis une erreur de droit. • CE 19 janv. 2015, *Cne de Châteauneuf*, n° 374659 B : *Rev. CMP 2015, n° 25, note Eckert ; BJCP 2015. 282, concl. Pellissier.*

80. Expertise judiciaire et notification du décompte. Les stipulations de l'art. 13.42 du CCAG des marchés de travaux instaurent des délais pour la notification du décompte général à l'entrepreneur, mais elles ne prévoient aucune suspension ou prolongation de ces délais du fait de l'introduction d'une action contentieuse par une des parties au contrat. La circonstance qu'une expertise ordonnée par le juge des référés d'un tribunal administratif est en cours de réalisation n'empêche pas le maître d'œuvre de notifier valablement le décompte général du marché à une entreprise. • CE 26 mars 2003, *Sté Deniau*, n° 231344 B : *Dr. adm. 2003, n° 126, obs. GLC ; Rev. CMP juin 2003, p. 4.*

81. Absence du projet de décompte final. Notification du décompte irrégulière. Décompte non définitif. Lorsque le maître d'ouvrage notifie le décompte général au mandataire liquidateur d'une entreprise qui n'a elle-même adressé aucun projet de décompte final, sans lui adresser préalablement une mise en demeure, en violation de l'art. 13.32 du CCAG, la notification du décompte est irrégulière et le décompte n'a pu devenir définitif. • CE 30 janv. 2008, *OPAC de la ville de Clermont-Ferrand*, n° 278770.

82. Absence de projet de décompte final. Conséquences contentieuses. En cas de différend intervenant entre un entrepreneur et un maître d'ouvrage à propos du règlement d'un marché de travaux alors que, d'une part, l'entrepreneur n'a pas établi le projet de décompte final de ce marché, qui n'a donc pas été remis au maître d'œuvre et que, d'autre part, le maître d'ouvrage n'a pas davantage mis en demeure l'entreprise ou le maître d'œuvre d'établir ce décompte final, comme il lui appartient pourtant de le faire, le litige opposant l'entrepreneur au maître d'ouvrage doit être regardé comme un différend survenu directement, au sens des stipulations de l'art. 50-22 CCAG-Travaux, entre le pouvoir adjudicateur et l'entrepreneur. • CE 25 juin 2004, *M. Hervouet*, n° 228528 B • CE 15 févr. 2012, *Cne de Souclin*, n° 346255.

83. Si le maître d'ouvrage a établi le décompte général du marché sans avoir mis en demeure le groupement d'établir un projet de décompte final, conformément à l'art. 13-3 CCAG applicable aux marchés publics de travaux, les entrepreneurs, qui n'ont pas invoqué la méconnaissance de ces stipulations avant leur recours juridictionnel et qui avaient contesté le décompte général sur le fond, dans le délai de 45 jours prévu par les clauses du CCAG, par une réclamation écrite notifiée au maître de l'ouvrage, doivent être regardés comme ayant renoncé, d'un commun accord avec le maître d'ouvrage, à l'application des stipulations de l'art. 13-3 CCAG. Ainsi le décompte général établi par le maître de l'ouvrage leur était bien opposable alors même que ce dernier n'avait pas mis en demeure le mandataire du groupement d'établir un projet de décompte final. • CE 29 déc. 2008, *M. Jean-Jacques Bondroit,* n° 296948 B : *Rev. CMP 2009, n° 41, note Zimmer.*

84. Établissement d'un décompte, mais absence de signature et/ou de communication sous forme d'un ordre de service. En l'absence de notification, le décompte même signé par la personne représentant le maître d'ouvrage ne devient pas définitif. • CE 22 févr. 2002, *Sté générale travaux publics bâtiment,* n° 212808 B : *BJCP 2002. 196, concl. Piveteau, Dr. adm. 2002, n° 64.*

85. Le décompte général a été notifié par la personne responsable du marché à la société par lettre recommandée avec accusé de réception. Cette transmission, effectuée en dehors des formes prévues par le 42 de l'art. 13 CCAG, n'a pas fait courir le délai de quarante-cinq jours au terme duquel, faute de mémoire en réclamation, le décompte est réputé tacitement accepté. Il suit de là que le mémoire en réclamation présenté par la société n'était pas tardif et qu'en jugeant que le décompte général était devenu définitif, le tribunal administratif a commis une erreur de droit. • CAA Versailles, 21 janv. 2010, *Sté Reithler,* n° 08VE01018 : *Rev. CMP 2010. Alerte 184, note Llorens.*

86. Si, dans le cas où le maître de l'ouvrage n'établit pas le décompte général, il appartient à l'entrepreneur, préalablement à toute saisine du juge, de mettre le maître de l'ouvrage en demeure d'y procéder, il n'en est pas de même lorsque ce dernier établit ce décompte, mais omet d'y apposer sa signature ou le communique à l'entrepreneur sous une forme autre qu'un ordre de service ; dès lors qu'il ressort des pièces du dossier soumis aux juges du fond que le maître de l'ouvrage a établi le décompte général du marché, mais que ce décompte a été communiqué au mandataire du groupement sans comporter la signature de son auteur et ne lui a pas été notifié par ordre de service, une cour administrative d'appel commet une erreur de droit en jugeant que les conclusions relatives au règlement du marché présentées par le titulaire du marché au tribunal administratif étaient irrecevables, faute pour cette société d'avoir mis préalablement en demeure le maître d'ouvrage d'établir le décompte général du marché. • CE 14 mai 2008, *Sté CSM Bessac,* n° 288622 B : *Rev. CMP 2008, n° 158, obs. Pietri.*

87. Si les stipulations de l'art. 12 du CCAG-PI prévoient qu'une fois le projet de décompte transmis par le titulaire, le montant du décompte est arrêté par la personne responsable du marché, elles n'impliquent pas que la validation du projet soit formalisée par une décision explicite lorsque le maître d'ouvrage auquel le titulaire a transmis son projet de décompte ne le modifie pas et procède au versement des sommes correspondantes ; ainsi, en jugeant que la commune devait être regardée, dans les circonstances de l'espèce, comme ayant arrêté le montant du décompte présenté par la société dès lors qu'aucun élément du dossier qui lui était soumis ne permettait de démontrer qu'elle n'entendait pas, en réalité, procéder au règlement du solde du marché mais seulement à un règlement à titre d'acompte, la cour administrative d'appel n'a pas entaché son arrêt d'erreur de droit. • CE 17 mai 2017, *Cne de Reilhac, OPH du Cantal,* n° 396241 B : *BJCP 2017. 295, note Henrard ; Rev. CMP 2017, n° 185, note Devillers.*

88. Absence de notification d'un décompte par le maître d'ouvrage. En cas d'absence de notification du décompte général par le maître d'ouvrage, l'entrepreneur est tenu de le mettre en demeure d'en établir un. Cette mise en demeure doit être regardée comme un mémoire en réclamation au sens de l'art. 50-22 du CCAG – travaux. • CE 8 août 2008, *Sté Bleu Azur,* n° 290051 B : *Rev. CMP 2008, n° 230, obs. Zimmer.*

89. Réception avec réserves. Lorsque le pouvoir adjudicateur entend prononcer la réception en faisant application de l'art. 41.6 CCAG Travaux relatif à la réception avec réserves des travaux, la date de notification de la décision de réception des travaux, et non la date de levée des réserves comme pour la réception sous réserves prévue par l'art. 41.5 de ce CCAG, constitue le point de départ des délais d'établissement du décompte final, quelle que soit l'importance des réserves émises par le pouvoir adjudicateur. • CE 8 déc. 2020, *Sté Sogetra,* n° 437983 B : *BJCP 2021. 116, concl. Pichon de Vendeuil ; Rev. CMP 2021. 40, note Rees.*

90. Marché résilié avant tout commencement d'exécution. La mise en œuvre des stipulations du cahier des clauses administratives générales est liée à l'exécution du marché lui-même et non à celle des travaux qui en constituent l'objet ; les dispositions des art. 13-44 et 50-22 du CCAG – travaux sont donc applicables dès la notification du marché et alors même que les travaux n'ont pas été exécutés. • CE 2 avr. 2008, *Sté BPVR,* n° 277302.

91. Marché résilié aux frais et risques de l'entrepreneur. S'il résulte des stipulations du troisième alinéa du 4 de l'art. 49 CCAG applicables aux marchés publics de travaux, annexé au Décr. du 21 janv. 1976, qu'en cas de résiliation d'un marché aux frais et risques de l'entrepreneur, le règlement de ce marché ne peut intervenir avant que le marché de substitution conclu avec une autre entreprise ait été exécuté et réceptionné et que le décompte général de ce marché ne soit devenu définitif, la personne publique ne peut toutefois s'en prévaloir, lorsqu'elle renonce à la passation d'un marché de substitution, pour refuser le règlement de ses dettes contractuelles à l'égard du titulaire du marché résilié. En l'absence de décision expresse de sa part, il revient, le cas échéant, au juge du contrat, saisi par le cocontractant, d'apprécier, dans les circonstances de l'espèce, si la personne publique doit être regardée comme ayant renoncé à passer un marché de substitution. • CE 24 nov. 2010, ⚖ *Synd. intercommunal d'alimentation en eau potable des communes de Sioule et Morge (SIAEP),* n° 330648 B. ♦ Il résulte des dispositions de l'art. 49 CCAG que le cocontractant de l'administration dont le marché a été résilié à ses frais et risques ne peut obtenir le décompte général de ce marché, en vue du règlement des sommes dues au titre des travaux exécutés, qu'après règlement définitif du nouveau marché passé pour l'achèvement des travaux. Les conclusions présentées au juge du contrat en vue d'obtenir le règlement des sommes contractuellement dues avant le règlement définitif du nouveau marché sont ainsi irrecevables. Ces dispositions, applicables lorsque le marché a été régulièrement résilié, ne font cependant pas obstacle à ce que, sous réserve que le contentieux soit lié, le cocontractant dont le marché a été résilié à ses frais et risques saisisse le juge du contrat afin de faire constater l'irrégularité ou le caractère infondé de cette résiliation et demander, de ce fait, le règlement des sommes qui lui sont dues, sans attendre le règlement définitif du nouveau marché après, le cas échéant, que le juge du contrat a obtenu des parties les éléments permettant d'établir le décompte général du marché résilié. • CE 15 nov. 2012, ⚖ *Sté Axima Concept,* n° 356832 B : *Rev. CMP 2013, n° 5, obs. Zimmer.* ♦ Les dispositions de l'art. 59 CCAG, applicables lorsque le marché a été régulièrement résilié, ne font pas obstacle à ce que, sous réserve que le contentieux soit lié, le cocontractant dont le marché a été résilié à ses frais et risques saisisse le juge du contrat afin de faire constater l'irrégularité ou le caractère infondé de cette résiliation et demander, de ce fait, le règlement des sommes qui lui sont dues, sans attendre le règlement définitif du nouveau marché après, le cas échéant, que le juge du contrat a obtenu des parties les éléments permettant d'établir le décompte général du marché résilié. La circonstance qu'un décompte général tenant compte du règlement définitif du nouveau marché passé pour l'achèvement des travaux soit notifié par l'administration avant que le juge statue sur le litige qui lui a été soumis par l'entreprise dont le marché a été résilié ne prive pas ce litige de son objet. Ce décompte général ne peut acquérir un caractère définitif et faire obstacle à ce qu'il soit statué sur les conclusions du cocontractant dont le marché a été résilié dès lors que le juge du contrat est précisément saisi d'une demande contestant la régularité ou le bien-fondé de la résiliation et tendant au règlement des sommes dues. • CE 4 juill. 2014, ⚖ *Cté d'agglom. Saint-Étienne Métropole,* n°s 374032 B et 375461 B : *Rev. CMP 2014, n° 259, comm. Rees.*

92. Rôle du maître d'œuvre. L'art. 13-32 du CCAG applicable au marché stipule : « Le projet de décompte final est remis au maître d'œuvre dans le délai de quarante-cinq jours à compter de la date de notification de la décision de réception des travaux telle qu'elle est prévue au 3 de l'art. 41, ce délai étant réduit à quinze jours pour les marchés dont le délai d'exécution n'excède pas trois mois ». En l'absence de réception des travaux, le maître d'œuvre ne pouvait en conséquence procéder à la vérification du projet de décompte présenté par le constructeur, ce qui le déliait de son obligation d'établir le décompte général. • CE 17 mars 2010, ⚖ *Cne d'Issy-les-Moulineaux,* n° 308676 A. ♦ Si le maître d'ouvrage peut rechercher la responsabilité contractuelle des maîtres d'œuvre pour les fautes commises dans l'établissement du décompte général et définitif des marchés de travaux, une telle action n'est possible que si le marché de maîtrise d'œuvre n'a pas lui-même donné lieu à l'établissement par le maître d'ouvrage d'un décompte général notifié aux titulaires en l'absence de toute prise en compte desdites fautes. • CE 6 nov. 2013, ⚖ *Région Auvergne,* n° 361837 B.

b. Décisions rendues sous l'empire du CCAG – Travaux 2014

93. Décompte tacite. Il résulte de la combinaison des art. 13.3.1, 13.3.2, 13.4.2, 13.4.3 et 13.4.4 du CCAG – Travaux, dans sa rédaction issue de l'Arr. du 3 mars 2014, que, même si elle intervient après l'expiration du délai de trente jours prévu à l'art. 13.3.2 du CCAG-Travaux, courant à compter de la réception des travaux, la réception, par le maître d'ouvrage et le maître d'œuvre, du projet de décompte final, établi par le titulaire du marché, est le point de départ du délai de trente jours prévu à l'art. 13.4.2, dont le dépassement peut donner lieu à l'établissement d'un décompte général et définitif tacite dans les conditions prévues par l'art. 13.4.4. Toutefois, dès lors qu'en application de l'art. 13.4.2, l'expiration du délai de trente jours prévu par celui-ci est appréciée au regard de la plus tardive des dates de réception du projet de décompte final respectivement par le maître d'ouvrage et le maître d'œuvre, ce délai ne peut pas courir tant que ceux-ci n'ont pas tous deux reçus le document en cause. • CE 25 juin 2018, ⚖ *Sté Merceron Travaux publics et a.,* n° 417738 B : *BJCP 2018. 370, concl. Pellissier ; Rev. CMP 2018. 181, note Devillers.*

94. Il ressort des pièces du dossier soumis aux juges des référés que la société Self Saint-Pierre-et-Miquelon a notifié sa demande de paiement finale à la collectivité territoriale de Saint-Pierre-et-Miquelon et au maître d'œuvre respectivement les 12 et 19 juin 2017. La collectivité territoriale n'ayant pas notifié le décompte général à la société Self Saint-Pierre-et-Miquelon à l'expiration des délais prévus à l'art. 13.4.2 du CCAG, la société lui a notifié le 3 août 2017 un projet de décompte général. En l'absence de réponse de la collectivité territoriale dans le délai de dix jours prévu à l'article 13.4.4 du CCAG, la société Self Saint-Pierre et Miquelon s'est prévalue devant le juge des référés de la cour administrative d'appel de Bordeaux de l'existence d'un décompte général et définitif né tacitement le 14 août 2017, en application des stipulations précitées du CCAG, pour justifier sa demande de provision. En rejetant celle-ci au motif que les parties avaient conclu, le 18 juill. précédent, un avenant au marché ayant pour objet de prolonger jusqu'au 31 janv. 2017 le délai d'exécution des travaux sans contrepartie financière pour le titulaire du marché et que le marché avait été conclu à prix forfaitaire, sans tenir compte du fait qu'un décompte général et définitif existait, et alors qu'elle ne relevait pas qu'en signant un avenant, les parties auraient entendu déroger aux stipulations contractuelles précitées du CCAG, le juge des référés de la cour administrative d'appel de Bordeaux a entaché son ordonnance d'une erreur de droit. • CE 25 janv. 2019, *Sté Self Saint-Pierre-et-Miquelon,* n° 423331 : *Rev. CMP 2019. 115, note Devillers.*

95. Décompte tacite et réception avec réserves. Il résulte des stipulations précitées des art. 13.3.2 et 41.6 du CCAG Travaux qu'en cas de réception avec réserves, le délai de trente jours imparti au titulaire pour notifier son projet de décompte final court à compter de la date de notification de la décision de réception des travaux. Ainsi, l'existence de réserves lors de la réception des travaux ne fait pas obstacle au déclenchement des délais donnant naissance à un décompte tacite. • CAA Versailles, 27 févr. 2020, *Sté Ateliers Bois,* n° 19VE01401 : *Rev. CMP 2020. 147, note Rees.*

2° CONTESTATION

96. Personne à laquelle la réclamation doit être adressée. L'entrepreneur dispose d'un délai fixé selon le cas à trente ou à quarante-cinq jours à compter de la notification du décompte général par le maître de l'ouvrage pour faire valoir, dans un mémoire de réclamation remis au maître d'œuvre, ses éventuelles réserves, le règlement du différend intervenant alors selon les modalités précisées à l'art. 50. La cour administrative d'appel a pu sans erreur de droit, juger que la contestation présentée par la société du décompte général devait nécessairement être adressée au maître d'œuvre de l'opération. Un certificat de dépôt de la lettre recommandée auprès des services postaux dépourvu de toute date et de tout cachet de ces services n'établit pas que l'entrepreneur a adressé son mémoire au maître d'œuvre. La circonstance attestée par les pièces du dossier que cet entrepreneur ait adressé le même jour une copie de ce mémoire au maître d'ouvrage ne suffit pas à établir la réalité de l'envoi au maître d'œuvre. • CE 8 avr. 2009, *Sté DV Construction,* n° 297756 B : *Rev. CMP 2009, n° 6, comm. 190, note Pietri.*

97. Organe compétent pour statuer (collectivités territoriales). L'organe compétent pour statuer sur la réclamation du titulaire d'un marché d'une collectivité territoriale est l'exécutif de la collectivité, au titre de son pouvoir général d'exécution des délibérations, notamment de la délibération décidant de passer un marché de travaux. • CE 2 févr. 2004, *Sté SOCAE Atlantique,* n° 241997 B.

98. Personne pouvant signer la réclamation. Bien que les stipulations des art. 2-21 et 2-23 CCAG – travaux, relatives à la représentation de l'entrepreneur et à l'information de l'administration cocontractante, s'étendent à tout ce qui concerne l'exécution du marché, ces stipulations ne concernent toutefois, compte tenu de leur objet, qui est de donner à la personne publique la garantie de disposer à tout moment d'un interlocuteur unique pendant la durée du chantier, que la seule réalisation technique des travaux. La méconnaissance de ces prescriptions est sans incidence sur la recevabilité du mémoire de réclamation prévu par les stipulations de l'art. 13-44 du même CCAG qui prescrit à l'entrepreneur de renvoyer au maître d'œuvre le décompte général, dès lors qu'il résulte de l'instruction qu'un tel mémoire émane bien de l'entreprise. • CAA Douai, 17 juin 2008, *SAS Eiffage TP et a.,* n° 06DA00881 B.

99. Rôle du mandataire d'un groupement conjoint. Même après l'expiration du délai des travaux, le mandataire d'un groupement conjoint demeure seul habilité à signer le décompte général et à présenter, le cas échéant, le mémoire de réclamation prévu à l'art. 13-443 CCAG. • CE 6 juill. 2005, *Sté Bourbonnaise de travaux publics et de construction et Sté de Grands Travaux de l'océan Indien,* n° 259801 B.

100. Lorsque le marché est confié à un groupement conjoint d'entrepreneurs, le mandataire de ce groupement ne représente les entrepreneurs conjoints vis-à-vis du maître de l'ouvrage, de la personne responsable du marché et du maître d'œuvre que jusqu'à l'expiration du délai de garantie des travaux, il demeure, même après l'expiration de ce délai, seul habilité à signer le décompte général et à présenter, le cas échéant, le mémoire de réclamation prévu par le 3e al. du 44 de l'art. 13 du CCAG, et il est habilité à poursuivre, pour le compte des entrepreneurs conjoints, la procédure de règlement du différend né de la présentation de ce mémoire, dans les conditions fixées aux § 22 s. de l'art. 50 jusqu'à l'expiration du délai de garantie. • CAA Paris, 5 févr. 2019, *SARL EMJ*, n° 17PA00943 : *Rev. CMP 2019, n° 4, comm. 114, note Zimmer.*

101. Contestation du décompte par l'avocat du titulaire du marché. Il résulte des art. 4 et 6 de la L. n° 71-1130 du 31 déc. 1971 et de l'art. 8 du Décr. n° 2005-790 du 12 juill. 2005 que, sous réserve des dispositions législatives et réglementaires excluant l'application d'un tel principe dans les cas particuliers qu'elles déterminent, les avocats ont qualité pour représenter leurs clients devant les administrations publiques sans avoir à justifier du mandat qu'ils sont réputés avoir reçu de ces derniers dès lors qu'ils déclarent agir pour leur compte. Le respect de ce principe s'impose notamment à la Banque de France qui doit être considérée comme une administration publique au sens et pour l'application de l'art. 6 de la L. n° 71-1130 du 31 déc. 1971. Si ces dispositions ne dispensent par le titulaire du marché de désigner, en application du CCAG et du CCAP applicables, une personne physique pour le représenter au cours de l'exécution du marché, l'avocat du titulaire du marché doit toujours être regardé, lorsqu'il s'adresse au maître d'ouvrage au nom de celui-ci, comme le représentant valablement, sans qu'il ait à justifier du mandat qu'il a reçu pour ce faire. • CE 18 déc. 2020, *Sté Rudo Chantier*, n° 427850 B : *BJCP 2021. 122, concl. Pichon de Vendeuil ; Rev. CMP 2021, n° 3, comm. 72, Rees.*

102. Notification du décompte avec indication du délai de contestation. Si le délai de contestation du décompte général prévu à l'art. 8 CCAG applicable aux marchés publics de fournitures courantes et services, rendu applicable à l'espèce par le marché lui-même, est d'un mois après la notification de ce décompte, il ressort des pièces du dossier soumis aux juges du fond que la lettre en date du 1er août 1996 par laquelle l'UGAP a notifié le décompte général à la société précisait que celle-ci disposait d'un délai de deux mois pour présenter une réclamation contre ce décompte. L'UGAP doit être regardée, par l'apposition de cette mention, comme ayant renoncé à la clause contractuelle enserrant dans un délai d'un mois la contestation du décompte général par le titulaire du marché et lui ayant substitué un délai de deux mois. La société, ayant fait usage de ce report de délai, est réputée avoir accepté cette modification du contrat. Dès lors, la cour a commis une erreur de droit en jugeant que la réclamation de la société était tardive au regard des stipulations de l'art. 8 du CCAG applicables aux marchés publics de fournitures courantes et services. • CE 23 déc. 2009, *Sté Factobail SA*, n° 306435 B : *Rev. CMP 2010, n° 2, comm. 64, Pietri.*

103. Mémoire de réclamation. Un mémoire du titulaire du marché public ne peut être regardé comme une réclammation au sens du 1.1 de l'art. 50 CCAG applicable aux marchés publics de travaux que s'il comporte l'énoncé d'un différend et expose, de façon précise et détaillée, les chefs de la contestation en indiquant, d'une part, les montants des sommes dont le paiement est demandé et, d'autre part, les motifs de ces commandes, notamment les bases de calcul des sommes réclamées.

Si ces éléments ainsi que les justifications nécessaires peuvent figurer dans un document joint au mémoire, celui-ci ne peut pas être regardé comme une réclammation lorsque le titulaire se borne à se référer à un document antérieurement transmis au représentant du pouvoir adjudicateur ou au maître d'œuvre sans le joindre à son mémoire. • CE 27 sept. 2021, *Sté Amica*, n° 442455 B : *BJCP 2022. 61, concl. Pichon de Vendeuil ; Rev. CMP 2021, n° 12, comm. 339, Rees.*

104. Mémoire de réclamation. Contrôle du juge de cassation. La question de savoir si un mémoire présente le caractère d'un mémoire de réclamation est laissée à l'appréciation souveraine des juges du fond et n'est pas contrôlée, sauf dénaturation des faits, par le juge de cassation. • CE 28 déc. 2001, *Sté Rufa*, n° 216642 B : *BJCP 2002. 148, concl. Piveteau ; Dr. adm. 2002, n° 27.*

105. Contenu du mémoire de réclamation. Le mémoire de réclamation de l'entreprise doit être chiffré et exposer avec précision les motifs de la demande, faute de quoi il n'empêche pas l'acceptation tacite du décompte général à l'expiration du délai contractuellement prévu pour refuser ce décompte. • CE 29 janv. 1993, *SEM d'aménagement de la ville de Martigues (SEMAVIM)*, n° 121129 A : *AJDA 1993. 301, obs. Guglielmi.*

106. Le courrier par lequel l'entreprise a fait part à la commune de son refus de signer le décompte général au motif qu'il ne correspondait pas au projet de décompte qu'elle lui avait adressé, sans préciser le montant des sommes dont elle revendiquait le paiement ni même détailler les motifs de ses réserves et l'a avisée de son intention d'entamer une procédure judiciaire, ne saurait être regardé comme un mémoire de réclamation au sens des stipulations précitées de l'art. 13.44 CCAG. En l'absence d'envoi d'un mémoire de réclamation dans le délai prévu par l'art. 13.44 dudit cahier, il résulte des stipulations précitées de l'art. 13.45 de ce cahier que l'entreprise est réputée avoir accepté le décompte général du marché. • CAA Bordeaux, 15 juill. 2010, *SA Foraco*, n° 09BX00323.

107. La société a adressé un mémoire de réclamation au maître d'œuvre et en a informé le maître d'ouvrage par un courrier en date du même jour. Ce courrier ne peut être regardé comme un mémoire de réclamation préalable au sens des dispositions précitées de l'art. 50-22 du CCAG –

travaux. Il s'ensuit que les dispositions de l'art. 50-31 faisaient obstacle à ce que la société saisisse du litige le tribunal administratif. • CAA Nancy, 30 mai 2010, *Sté LEG*, n° 09NC01063. ♦ L'entreprise a, lors d'une réunion, qui s'est tenue dans les locaux du maître d'ouvrage, en présence des représentants des différentes parties, remis un mémoire en réclamation qui tire les conséquences financières pour l'entreprise et ses sous-traitants du retard pris par les travaux, lié, pour l'essentiel, à la mise à disposition des emprises foncières, aux sujétions techniques imprévues qui en sont résultées et au retard, de la personne responsable du marché, de décider des suites à donner aux diverses modifications intervenues. Ce mémoire ne se rattache pas aux conditions d'exécution et de direction du chantier, ni ne fait état d'un différend avec le maître d'œuvre dans la conduite des travaux et présente le caractère d'un mémoire de réclamation qui doit être regardé comme un différend survenu directement entre la personne responsable du marché et l'entrepreneur au sens de l'art. 50-22 préc. • CAA Marseille, 17 mai 2010, *Sté GTM génie civil et services et Sté Campenon Bernard Sud-Est*, n° 08MA00548.

108. Le projet de décompte final dont le constructeur saisit le maître d'œuvre après la réception des travaux a vocation à retracer l'ensemble des sommes auxquelles peut prétendre l'entrepreneur du fait de l'exécution du marché afin de permettre au maître d'œuvre, s'il le souhaite, de rectifier ce projet dans le cadre de la procédure d'établissement du décompte général. La cour administrative d'appel a estimé qu'une partie des sommes figurant dans le projet de décompte final présenté par la société qui est relative à des travaux supplémentaires ou à l'incidence financière de divers événements ayant retardé ou compliqué l'exécution du chantier, devait être regardée comme l'expression d'une réclamation relevant de la procédure de règlement des litiges entre l'entreprise et le maître d'œuvre prévue à l'art. 50-11 du CCAG, dont l'absence de mise en œuvre rendait irrecevable la demande au juge. Elle a ainsi commis une erreur de droit dès lors que ces éléments ne pouvaient être dissociés du projet de décompte final, lequel constituait un tout adressé au maître d'œuvre. • CE 8 avr. 2009, *Sté Cie française Eiffel construction métallique*, n° 295342 B : *Rev. CMP 2009, n° 6, comm. 189, Zimmer.*

109. Une lettre par laquelle une société se borne à exposer qu'elle refuse de signer le décompte général qui ne tient pas compte des postes de réclamations visés par son projet de décompte final qu'elle joint à cette lettre, ne constitue pas une réclamation dès lors que ce projet de décompte final ne peut constituer par lui-même une réclamation et que s'il fait référence à un mémoire en réclamation antérieur qui n'avait pas fait l'objet d'un règlement définitif, ce mémoire n'est pas joint à cette lettre. • CAA Marseille, 4 juill. 2011, *Sté Barbot CM*, n° 09MA00479 : *Rev. CMP, n° 11, comm. 325, Llorens.*

110. En jugeant qu'il résulte des stipulations du cahier des clauses administratives générales qu'il incombe à l'entreprise de reprendre, dans un mémoire en réclamation produit à la suite de la notification du décompte général, les réclamations formulées antérieurement et qui n'ont pas encore fait l'objet d'un règlement définitif et qu'à défaut de respect de ces stipulations, le décompte général doit être réputé accepté par elle et devient définitif, nonobstant l'existence d'un litige pendant devant le juge administratif, la cour administrative d'appel n'a pas entaché son arrêt d'erreur de droit. • CE 1er août 2012, *Sté Barbot CM*, n° 352525.

111. Absence de notification du décompte, mise en demeure et mémoire de réclamation. L'art. 50.22 du CCAG applicable aux marchés de travaux fait obligation à l'entrepreneur, en cas de litige avec la personne responsable du marché, de lui adresser un mémoire de réclamation. Confrontée à l'absence de notification d'un décompte général par le maître de l'ouvrage, la société s'est acquittée de cette obligation en mettant le maître de l'ouvrage en demeure d'en établir un. Cette mise en demeure doit être regardée comme un mémoire de réclamation au sens de l'art. 50.22. • CE 8 août 2008, *Sté Bleu Azur*, n° 290051 B.

112. Marché de services. Absence de décompte de liquidation. Mémoire de réclamation obligatoire. En vertu du 7 de l'art. 8 du CCAG applicable aux marchés publics de fournitures courantes et de services annexé au Décr. du 27 mai 1977, applicable au marché, même en l'absence de décompte de liquidation arrêté par le pouvoir adjudicateur, il appartient à la société, avant de saisir le juge du contrat aux fins d'établissement de ce décompte, de présenter un mémoire de réclamation. • CE 31 mai 2010, *OPH de la Cté urb. de Strasbourg*, n° 313184 B. ♦ Il résulte des stipulations des art. 8 et 34 du CCAG applicables aux marchés publics de fournitures courantes et de services que le titulaire du marché doit, au terme de l'exécution de son marché, adresser à la personne responsable du marché un décompte, une facture ou un mémoire comprenant, le cas échéant, le montant des sommes qu'il réclame au titre des prestations exécutées et qui, s'agissant d'un marché à bons de commande, n'auraient pas donné lieu à un paiement partiel définitif conformément à l'art. 8.3. Dans le cas où le montant minimum du marché n'a pas été atteint, le titulaire du marché doit adresser un décompte, une facture ou un mémoire comprenant, le cas échéant, le montant de l'indemnité auquel il prétend du fait du non-respect par la personne publique de ses obligations contractuelles. Si un différend apparaît sur la base de ce décompte, facture ou mémoire, le titulaire du marché doit alors présenter, préalablement à la saisine du juge, et dans le délai de trente jours à compter du jour où le différend est apparu, le mémoire de réclamation prévu à l'art. 34.1 du CCAG. • CAA Paris, 31 juill. 2013, *AP-HP,* n° 11PA01629.

113. Marché de maîtrise d'œuvre. Mémoire de réclamation obligatoire même en l'absence de décompte. En l'absence de décompte général, il résulte des dispositions de l'art. 40-1 CCAG-PI que le différend entre le titulaire et la personne responsable du marché devait faire l'objet, préalablement à toute instance contentieuse, d'un mémoire en réclamation de la part du titulaire du marché. Ainsi la cour ne pouvait, sans erreur de droit, juger que la demande du maître d'œuvre était recevable, sans rechercher si l'absence du mémoire en réclamation ne faisait pas obstacle à cette recevabilité. • CE 17 mars 2010, *Cne d'Agolsheim,* n° 310079 B. ♦ Ainsi, d'une part, le document adressé le 11 juill. 2000 par M. J. au maître d'ouvrage, en tant qu'il demande une « rémunération complémentaire », ne peut être regardé comme tenant lieu d'un mémoire de réclamation au sens de ces dispositions, en l'absence de tout différend avec le maître d'ouvrage à cette date. D'autre part, si M. J., le 25 août 2003, saisit le comité de règlement amiable des marchés d'une demande d'avis qui a été transmise par ce dernier à la commune, dans le cadre de son instruction, la saisine du comité de règlement amiable des marchés ne saurait être qualifiée de réclamation au sens des dispositions de l'art. 40.1 préc. Par suite, en l'absence de réclamation préalable, M. J. ne pouvait valablement saisir directement le tribunal administratif en vue de l'établissement du solde du décompte général et définitif du marché. • CAA Versailles, 3 mai 2012, *M. Jean,* n° 09VE01661.

114. Aux termes de l'art. 34.1 du CCAG applicable aux marchés de fournitures courantes et services (CCAG-FCS) dans sa rédaction en vigueur à la conclusion du contrat : « Tout différend entre le titulaire et la personne responsable du marché doit faire l'objet de la part du titulaire d'un mémoire de réclamation qui doit être communiqué à la personne responsable du marché dans le délai de trente jours compté à partir du jour où le différend est apparu. » Un mémoire du titulaire du marché ne peut être regardé comme une réclamation au sens de cet art. 34.1 que s'il comporte l'énoncé d'un différend et expose, de façon précise et détaillée, les chefs de la contestation en indiquant, d'une part, les montants des sommes dont le paiement est demandé et, d'autre part, les motifs de ces demandes, notamment les bases de calcul des sommes réclamées. Ainsi, la cour administrative d'appel n'a pas commis d'erreur de droit en jugeant que les mémoires en réclamations adressés par le titulaire du marché doivent présenter une contestation motivée du décompte incluant notamment la base de calcul de créances dont se prévaut le titulaire. Par suite, la cour n'a pas entaché son arrêt de contradiction de motifs en estimant, par une appréciation exempte de dénaturation, que le courrier du 24 juill. 2006 n'était pas constitutif d'un mémoire en réclamation, faute de présenter les bases de calcul de la réclamation, tout en relevant que ce courrier comportait l'objet de cette réclamation ainsi que son montant global. • CE 3 oct. 2012, *Sté Valterra et Sté Champagne Épandage,* n° 349281 B : *Rev. CMP 2012, n° 11, comm. 308, Zimmer.*

115. Le mémoire de réclamation doit être motivé et chiffré pour chaque chef de réclamation. • CE 5 oct. 2005, *SNC Quillery Centre,* n° 266368 B : *AJDA 2005. 2356, note Caron et Labetoule.* ♦ Une lettre demandant le paiement d'une somme globale que la société estimait lui rester due, qui ne comportait aucune autre précision sur ses motifs, notamment sur les bases de calcul de la somme demandée, ne peut être regardée comme un mémoire de réclamation au sens des stipulations de l'art. 34 du CCAG applicable aux marchés publics de fournitures courantes et de services annexé au Décr. du 27 mai 1977. • CE 31 mai 2010, *OPH de la Cté urb. de Strasbourg,* n° 313184 B. ♦ Tout mémoire qui est remis par l'entreprise au maître d'œuvre à la suite d'un différend entre ceux-ci et qui indique les montants des sommes dont l'entreprise demande le paiement et expose les motifs de cette demande, présente le caractère d'un mémoire de réclamation alors même qu'il se présente comme une facture de travaux. • CAA Marseille, 11 juill. 2011, *Sté Aluminium du Sud-Est,* n° 09MA02789 : *Rev. CMP 2011, n° 11, comm. 324, note Llorens.*

116. Une réclamation par laquelle une entreprise conteste l'intégralité du montant des pénalités de retard mises à sa charge par le maître d'ouvrage met ce dernier en mesure de connaître la nature et l'étendue de la contestation dont il est saisi. Par suite, cette réclamation est de nature à interrompre le délai prévu par l'art. 13.45 CCAG – travaux au terme duquel le décompte acquiert un caractère définitif. • CE 29 déc. 2008, *OPHLM de Puteaux,* n° 296930 A : *AJDA 2009. 268, note J.-D. Dreyfus.*

117. Copie au maître d'œuvre (art. 50-11 CCAG-travaux). Il ressort des énonciations de l'arrêt attaqué que, pour écarter la fin de non recevoir opposée par le Grand Port maritime de Marseille tirée de ce que la société Can n'aurait pas adressé copie de sa réclamation au maître d'œuvre, conformément aux stipulations de l'art. 50.1.1 du CCAG Travaux de 2009, la CAA de Marseille a estimé que la méconnaissance de cette formalité ne saurait, dans les circonstances très particulières de l'espèce, être regardée comme substantielle et de nature, en conséquence, à affecter la recevabilité de sa réclamation, dès lors que si la résiliation litigieuse du contrat avait été prononcée par le Grand Port maritime de Marseille aux torts de la société requérante, cette décision faisait suite à une demande de résiliation de sa part, qui aurait dû être traitée dans le cadre de la procédure de l'art. 46.2.1 du CCAG, laquelle n'impose pas l'envoi d'une copie de la demande d'indemnisation au maître d'œuvre. En statuant ainsi, alors que les stipulations de l'art. 46.2.1 ne sauraient avoir pour effet de dispenser le titulaire de respecter la formalité prévue par les stipulations de l'art. 50.1.1 du CCAG lorsqu'il transmet au maître d'ouvrage une réclamation en application de ces dernières stipulations, quand bien même il aurait préalablement demandé la résiliation du marché pour ordre de service tardif, la cour administrative d'appel, qui a apprécié la recevabilité de la demande de la société Can au regard des stipulations de l'art. 50.1.1, a commis une erreur de droit. • CE 3 févr. 2021, *Grand Port maritime de Marseille*, n° 442844 : *Rev. CMP 2021, n° 4, comm. 106, note Zimmer.*

118. Différend. Entrepreneur ayant adressé un mémoire en réclamation au maître d'ouvrage en application des stipulations de l'art. 13-44 du CCAG-travaux. Obligation d'adresser un nouveau mémoire de réclamation à la personne responsable du marché en application de l'art. 50-22 du CCAG. Absence. Dans le cas d'un différend survenu lors de la procédure d'établissement du décompte général, le mémoire en réclamation mentionné à l'art. 50-22 CCAG – travaux est nécessairement celui mentionné à l'art. 13-44. En conséquence, les stipulations de l'art. 50-22 n'ont pas pour objet, dans le cadre de l'établissement de ce décompte général, d'imposer à l'entrepreneur, qui a déjà adressé un mémoire en réclamation au maître d'œuvre en application des stipulations de l'art. 13-44, à charge pour celui-ci de le transmettre au maître d'ouvrage, d'adresser un nouveau mémoire de réclamation à la personne responsable du marché. • CE 28 avr. 2000, *Sté Parisienne d'entreprise*, n° 191198 B.

119. Copie d'une réclamation au maître de l'ouvrage adressée au maître d'œuvre. Différend au sens de l'art. 50-11 du CCAG – travaux. Absence. La société a formé en cours de chantier une réclamation qu'elle a adressée sous la forme d'une lettre recommandée avec accusé de réception à la personne responsable du marché, la société s'étant contentée d'en adresser une copie, par courrier simple, à l'un des membres, non mandataire, du groupement de maîtrise d'œuvre. La cour administrative d'appel a relevé que la circonstance que cette réclamation ait été adressée au responsable du marché et simplement en copie à l'une des sociétés membres du groupement de maîtrise d'œuvre n'avait pas ôté au litige son caractère de différend survenu en cours de travaux entre l'entreprise et le maître d'œuvre, et a attribué ainsi à l'envoi d'une simple copie les conséquences procédurales qui s'attacheraient à la transmission régulière d'un mémoire en réclamation dans les formes prévues à l'art. 50-21 CCAG. La simple transmission au maître d'œuvre d'une copie de la réclamation adressée au maître d'ouvrage ne pouvait pas faire regarder celle-ci comme élevant un différend entre l'entreprise et la maîtrise d'œuvre. Ainsi, en confirmant l'irrecevabilité opposée par les premiers juges à la requête de la société au motif que cette dernière ne pouvait leur demander de faire droit à une réclamation ayant déjà fait l'objet d'un règlement définitif faute pour l'entreprise d'avoir protesté dans les délais prescrits, à peine de forclusion, par l'art. 50-21 préc., contre le rejet implicite de sa demande par la personne responsable du marché, la cour a commis une erreur de droit. • CE 8 avr. 2009, *Sté AMEC SPIE Île-de-France Nord-Ouest*, n° 295345 B : *Rev. CMP 2009, n° 6, comm. 189, note Zimmer.*

120. Contestation de mesures prises en cours de chantier et contestation du décompte. Si le différend susceptible d'être élevé lors de l'établissement du décompte général sur l'intégration au solde de rémunérations de prestations supplémentaires ou de plus-values oppose directement l'entreprise à la personne responsable du marché au sens de l'art. 50.22 du CCAG, les éléments de créance susceptibles d'être intégrés à ce solde doivent, néanmoins, ne pas avoir été frappés de forclusion antérieurement au règlement des comptes du marché. Le maître d'œuvre étant investi de la mission de diriger le chantier dans le respect de toutes les stipulations – techniques et financières – contenues dans les marchés de travaux et le maître d'œuvre étant, à cette fin, seul habilité à délivrer des directives aux titulaires de ces marchés, tout différend auquel donne lieu l'exécution du chantier, qu'il soit technique ou financier, résulte des décisions ou initiatives du maître d'œuvre et l'oppose directement à l'entrepreneur, au sens de l'art. 50.11 du CCAG. Il doit, dès lors, être lié dans les conditions de l'art. 50.21 et faire l'objet, sous peine de forclusion, d'une confirmation de la réclamation implicitement rejetée. • CAA Lyon, 7 avr. 2011, *Sté Maia Sonnier et Sté De Fillipis*, n° 09LY02753.

121. Différend entre le titulaire d'un marché de services et l'acheteur devant faire l'objet d'un mémoire en réclamation à peine d'irrecevabilité de la saisine du juge du contrat (art. 34.1 du CCAG – marchés de fournitures courantes et de services, Décr. du 27 mai 1977). Notion. L'art. 34.1 CCAG applicable aux marchés publics de fournitures courantes et de services, approuvé par le Décr. n° 77-699 du 27 mai 1977, prévoit que : « Tout différend entre le titulaire et la personne responsable du marché doit faire l'objet de la part du titulaire d'un mémoire de réclamation qui doit être communiqué à la personne responsable du marché dans le délai de trente jours compté à partir du jour où le différend est apparu ». L'apparition d'un différend, au sens de ces stipulations, entre le titulaire du marché et l'acheteur, résulte, en principe, d'une prise de position écrite, explicite et non équivoque émanant de l'acheteur et faisant apparaître le désaccord. Elle peut également résulter du silence gardé par l'acheteur à la suite d'une mise en demeure adressée par le titulaire du marché l'invitant à prendre position sur le désaccord dans un certain délai. En revanche, en l'absence d'une telle mise en demeure, la seule circonstance qu'une personne publique ne s'acquitte pas, en temps utile, des factures qui lui sont adressées, sans refuser explicitement de les honorer, ne suffit pas à caractériser l'existence d'un différend au sens des stipulations précédemment citées. • CE 22 nov. 2019, *Établissement public Paris La Défense*, n° 417752 B : *Rev. CMP 2020, n° 2, comm. 44, Dietenhoeffer.*

122. ***Différend entre le titulaire et la personne responsable du marché (art. 34. 1 du CCAG fournitures courantes et services).*** Aux termes de l'art. 34.1 du CCAG relatif aux marchés publics de fournitures courantes et de services, dans sa rédaction applicable au litige : « Tout différend entre le titulaire et la personne responsable du marché doit faire l'objet de la part du titulaire d'un mémoire de réclamation qui doit être communiqué à la personne responsable du marché dans le délai de trente jours compté à partir du jour où le différend est apparu. » L'art. 2.4 de ce même cahier, fixant les modalités de décompte des délais, dispose d'autre part que : « 2.41. Tout délai imparti dans le marché à la personne publique ou à la personne responsable du marché ou au titulaire, commence à courir le lendemain du jour où s'est produit le fait qui sert de point de départ à ce délai. [...] 2.42. Lorsque le délai est fixé en jours, il s'entend en jours de calendrier et il expire à la fin du dernier jour de la durée prévue. » Par suite, après avoir estimé que la société avait, en mettant le département en demeure de prendre position sur sa rémunération au titre de la première année du marché avant le 17 déc. 2003, fait naître le différend à cette date, la cour administrative d'appel de Marseille ne pouvait, sans commettre d'erreur de droit, juger que le mémoire en réclamation de la société reçu le lundi 19 janv. 2004 par le département, soit après l'expiration, le vendredi 16 janv. à minuit, du délai de trente jours prévu au cahier des clauses administratives générales, n'était pas tardif. • CE 23 janv. 2012, *Dpt des Bouches-du-Rhône*, n° 348725 B.

123. Le projet de décompte final dont l'entrepreneur saisit le maître d'œuvre après la réception des travaux a vocation à retracer l'ensemble des sommes auxquelles il peut prétendre du fait de l'exécution du marché afin de permettre au maître d'œuvre, s'il le souhaite, de rectifier ce projet dans le cadre de la procédure d'établissement du décompte général. En l'espèce, la demande de rémunération supplémentaire adressée au maître d'œuvre en même temps que le projet de décompte final ne pouvait être dissociée de ce dernier, auquel elle était intégrée, et qui constituait un tout adressé au maître d'œuvre. Par suite, cette demande n'était pas un différend entre l'entrepreneur et le maître d'œuvre au sens de l'art. 50-11 CCAG. Il s'ensuit que la forclusion prévue à l'art. 50-21 ne peut être opposée à la société. • CAA Lyon, 26 nov. 2009, *Sté Guintoli*, n° 07LY01987.

124. ***Différend. Entrepreneur dont le mémoire de réclamation (prévu par les art. 13-44 et 50-22 du CCAG) a été rejeté.*** Les stipulations de l'art. 13-44 et de l'art. 50-22 CCAG applicables aux marchés publics de travaux, relatives à un différend opposant directement le titulaire du marché à la personne publique, ne prévoient pas, à la différence de celles de l'art. 50-21, que, en cas de rejet implicite ou exprès du mémoire de réclamation prévu par ces stipulations, l'entreprise saisisse la personne responsable du marché d'un mémoire complémentaire. Quand bien même l'entrepreneur qui n'accepte pas la décision prise par le maître de l'ouvrage sur sa réclamation relative au décompte général ou le rejet implicite de sa demande adresserait à la personne responsable du marché un mémoire complémentaire développant les raisons de son refus, ce mémoire complémentaire ne pourrait donc ni suspendre ni interrompre le délai de six mois prévu par l'art. 50-32 CCAG, dont le point de départ demeurerait fixé à la date de la notification à l'entrepreneur de la décision prise sur sa réclamation. En conséquence, il appartient à l'entrepreneur qui a contesté le décompte général dans le délai de trente ou de quarante-cinq jours prévu à l'art. 13-44 à compter de la notification qui lui en a été faite et qui n'accepte pas la décision qui a été prise sur sa réclamation par le maître de l'ouvrage dans le délai de trois mois prévu à l'art. 50-31 ou le refus implicite né du silence gardé par le maître de l'ouvrage au terme de ce délai, de saisir du litige le tribunal administratif compétent dans le délai de six mois prévu à l'art. 50-32 à partir de la notification de cette décision. • CE, avis cont., 22 févr. 2002, *Sté Reithler*, n° 240128 : *Dr. adm. 2002, n° 65, obs. D.P. ; AJDA 2003. 329, obs. Guézou*. • CE 29 déc. 2008, *M. Jean-Jacques Bondroit*, n° 296948 B : *Rev. CMP 2009, n° 2, comm. 41, Zimmer.*

125. ***Règlement définitif au sens du cahier des clauses administratives générales (CCAG – travaux). Conséquence.*** En vertu de l'art. 13-44 CCAG – travaux, l'entrepreneur qui conteste le décompte général doit préciser, dans un mémoire de réclamation, le montant des sommes dont il revendique le paiement en reprenant sous peine de forclusion les réclamations déjà formulées antérieurement et qui n'ont pas fait l'objet d'un règlement définitif. Lorsqu'une décision de justice a eu pour effet de régler définitivement une réclamation présentée en cours d'exécution du chantier au titre des sujétions imprévues, cette réclamation ne peut plus être reprise dans le cadre de l'établissement du décompte général et la société ne saurait, à l'occasion de la contestation de ce décompte devant le juge administratif, solliciter de nouveau une indemnisation au titre des sujétions imprévues rencontrées lors de l'exécution du chantier. • CE 31 juill. 2009, *Sté Campenon Bernard et a.*, n° 300729 B : *Rev. CMP 2009, n° 349, note Zimmer.* ♦ L'indemnisation d'une modification de la consistance d'un marché public de travaux constitue un élément du décompte général. Dans le cas où cette modification a fait l'objet d'une réclamation antérieurement au décompte et même si son rejet fait l'objet d'une instance contentieuse, il appartient à l'entreprise de reprendre cette réclamation lorsque lui est notifié le décompte général, dans les conditions prévues par l'art. 13-44 CCAG. Si elle s'abstient de le faire, le caractère définitif du décompte fait obstacle à ce qu'il soit fait droit à sa réclamation antérieure. Une contestation du décompte général qui ne précise pas le montant des sommes réclamées et qui n'indique pas de manière précise et détaillée les chefs sur lesquels porte la réclamation antérieure à laquelle l'entreprise entendait se référer, et qui n'est accompagnée d'aucune pièce justificative à l'appui de sa demande d'indemnisation, n'a pas la nature d'un mémoire de réclamation au sens des art. 13-44 et 13-45 CCAG. Elle ne fait donc pas obstacle à l'acquisition d'un caractère définitif du décompte général. • CAA Marseille, 7 avr. 2008, *Entreprise Jean Spada*, n° 05MA03055 B.

126. Décompte final établi d'office par le maître d'œuvre faute de production de son projet par le titulaire du marché (art. 13 et 50.1.1 du CCAG – Travaux du 8 sept. 2009). Irrecevabilité du titulaire à réclamer sur des postes de rémunération ou d'indemnisation absents de ce décompte. Absence. Il résulte des art. 13 et 50.1.1 du cahier des clauses administratives générales (CCAG) applicable aux marchés publics de travaux, dans sa rédaction approuvée par l'Arr. du 8 sept. 2009, que le titulaire du marché doit dresser un projet de décompte final après l'achèvement des travaux, lequel projet doit être remis au maître d'œuvre dans un délai de quarante-cinq jours à compter de la date de notification de réception des travaux. S'il ne se conforme pas à cette obligation, et après mise en demeure restée sans effet, le décompte final peut être établi d'office par le maître d'œuvre. Il appartient ensuite au maître d'ouvrage d'établir, à partir de ce décompte final et des autres documents financiers du marché, un décompte général et de le notifier au titulaire du marché. Si celui-ci n'a pas renvoyé ce décompte général dans les quarante-cinq jours, en exposant le cas échéant les motifs de son refus, ce décompte général est réputé accepté par lui et devient le décompte général et définitif du marché.

Lorsque le titulaire du marché n'a pas produit de projet de décompte final et qu'après mise en demeure demeurée sans suite, ce décompte final a été établi d'office par le maître d'œuvre, les stipulations précédemment citées n'ont pas pour objet et ne sauraient avoir pour effet de le priver du droit de former, dans le délai de quarante-cinq jours suivant la transmission du décompte général du marché, une réclamation sur ce décompte général, quand bien même elle porterait sur un poste de rémunération ou d'indemnisation qui n'avait pas été mentionné dans le décompte final établi d'office par le maître d'œuvre. • CE 19 mai 2022, *Sté Eiffage Route Nord Est et a.*, n° 455134 B : *Rev. CMP 2022. 230, note Rees.*

127. Saisine du juge (CCAG – travaux 2009). Il résulte de l'art. 13.4.2 du CCAG applicable aux marchés de travaux, dans sa rédaction issue de l'Arr. du 8 sept. 2009, que lorsque le pouvoir adjudicateur, mis en demeure de notifier le décompte général, s'abstient d'y procéder dans le délai de trente jours qui lui est imparti, le titulaire du marché peut saisir le tribunal administratif d'une demande visant à obtenir le paiement des sommes qu'il estime lui être dues au titre du solde du marché. Dans l'hypothèse où la personne publique notifie le décompte général postérieurement à la saisine du tribunal, le litige conserve son objet et il y a lieu pour le juge de le trancher au vu de l'ensemble des éléments à sa disposition, sans que le titulaire du marché soit tenu de présenter de mémoire de réclamation contre ce décompte. • CE 10 juin 2020, *Sté Bonaud*, n°s 425993 et 428251 B : *BJCP 2020. 314, concl. Le Corre ; Rev. CMP 2020. 255, note Rees.*

128. Saisine du juge (CCAG – travaux antérieur à 2009). L'art. 50-31 CCAG – travaux dispose : « si, dans un délai de trois mois à partir de la date de réception, par la personne responsable du marché, de la lettre ou du mémoire de l'entrepreneur mentionné aux 21 et 22 du présent article, aucune décision n'a été notifiée à l'entrepreneur ou si celui-ci n'accepte pas la décision qui lui a été notifiée, l'entrepreneur peut saisir le tribunal administratif territorialement compétent » ; il résulte de ces dispositions que la personne responsable du marché dispose d'un délai de trois mois pour répondre à la réclamation de l'entrepreneur ; cependant, la présentation d'une demande au tribunal administratif avant l'expiration du délai de trois mois n'a pas pour effet de rendre la demande irrecevable, lorsqu'une décision de rejet, née le cas échéant de la prolongation du silence de la personne responsable du marché, fait obstacle au jour du jugement à ce qu'une fin de non-recevoir tirée du caractère prématuré de cette demande soit opposée au requérant ; en revanche, dans l'hypothèse où un décompte général est notifié à l'entreprise avant l'expiration du délai de trois mois prévu par l'art. 50-31 CCAG, l'intervention de ce décompte général rend sans objet la saisine du tribunal administratif ; dans l'hypothèse où la personne responsable du marché entend notifier un décompte général après l'expiration du délai susmentionné, ce document ne peut être regardé comme un décompte général au sens des dispositions du cahier des clauses administratives générales en sorte que le litige conserve son objet et qu'il y a lieu pour le juge de le trancher. • CE 8 août 2008, *Sté Bleu Azur,* n° 290051 B. ♦ La procédure de réclamation préalable, notamment le délai de six mois pour saisir le juge du contrat à la suite de la notification à l'entrepreneur de la décision prise sur les réclamations auxquelles a donné lieu le décompte général, résulte des clauses contractuelles auxquelles ont souscrit les parties en signant le marché, qui organisent ainsi des règles particulières de saisine du juge du contrat. Dès lors, si en vertu des dispositions de l'art. R. 421-5 CJA, les délais de recours contre les décisions administratives ne sont opposables qu'à la condition d'avoir été mentionnés, ainsi que les voies de recours, dans la notification de la décision, ces dispositions ne sont pas applicables au rejet par le maître de l'ouvrage de la réclamation préalable formée par les entrepreneurs à l'encontre du décompte général. • CE 29 déc. 2008, *M. Jean-Jacques Bondroit,* n° 296948 B. ♦ Lorsque la personne responsable du marché s'abstient de faire notifier, dans les conditions prévues par l'art. 13.42 du CCAG – travaux, le décompte général à l'entrepreneur, celui-ci ne peut être regardé comme étant devenu définitif. Toutefois, lorsque l'entrepreneur adresse au maître d'ouvrage une réclamation pour contester ledit décompte, il ne peut plus ensuite se prévaloir utilement de ces irrégularités affectant la notification du décompte et doit, lorsque sa réclamation fait l'objet d'une décision expresse de rejet, saisir le tribunal administratif compétent dans le délai de six mois suivant la notification de cette décision, sauf à avoir saisi le comité consultatif de règlement amiable. • CAA Lyon, 18 sept. 2014, *Sté Nailler,* n° 13LY01725 : *Rev. CMP 2014, n° 11, comm. 293, Eckert.*

129. Marché de fournitures courantes ou de services. Saisine du juge. Aux termes du 7 de l'art. 8 du CCAG applicable aux marchés publics de fournitures courantes et de services, annexé au Décr. du 27 mai 1977, applicable au marché : « En cas de résiliation du marché, quelle qu'en soit la cause, une liquidation des comptes est effectuée (...) ». Aux termes du 1 de l'art. 30 du même cahier : « (...) Le décompte de liquidation du marché (...) est arrêté par décision de la personne publique et notifié au titulaire » ; aux termes de l'art. 34 de ce cahier : « 34.1 Tout différend entre le titulaire et la personne responsable du marché doit faire l'objet de la part du titulaire d'un mémoire de réclamation qui doit être communiqué à la personne responsable du marché dans le délai de trente jours compté à partir du jour où le différend est apparu. / 34.2 La personne publique dispose d'un délai de deux mois compté à partir de la réception du mémoire de réclamation pour notifier sa décision. L'absence de décision dans ce délai vaut rejet de la réclamation ». Il résulte de ces dispositions que, à la suite de la réception d'un mémoire en réclamation présenté par son cocontractant en vue de l'établissement du décompte de liquidation, la personne publique doit produire dans le délai de deux mois ce décompte. Si le cocontractant, en cas d'absence de production de ce décompte, ne peut normalement saisir le juge qu'à l'expiration de ce délai, la présentation d'une demande anticipée au tribunal n'a pas par elle-même pour effet de rendre la demande irrecevable. Toutefois, l'intervention du décompte liquidatif au cours de cette période rend sans objet la saisine du juge. Dans l'hypothèse où la personne publique notifie ensuite un décompte liquidatif après l'expiration du délai, ce document ne saurait être regardé comme un décompte liquidatif, au sens des dispositions du cahier des clauses administratives générales, en sorte que le litige conserve son objet et qu'il y a lieu pour le juge de le trancher. • CE 4 mai 2011, *Sté Coved,* n° 322337 B : *Rev. CMP 2011, n° 197, note Zimmer.*

130. Saisine du juge et titre de recettes. Si l'existence d'un titre de recettes décharge l'entreprise de l'obligation de lier le contentieux pour ce qui concerne la contestation – en la forme et au fond – de ce titre, le contractant demeure tenu, s'il entend contester d'autres éléments du décompte, non repris dans le titre de recettes, de lier le contentieux selon les modalités prescrites par le CCAG applicable au marché. • CAA Lyon, 27 déc. 2007, *Sté Copibat,* n° 03LY01501 : *Lebon 580.*

131. Délai de saisine du juge administratif. Tardiveté. Moyen d'ordre public. Absence. Le moyen tiré de ce que la saisine du juge administratif est tardive au regard des exigences de l'art. 13-32 du CCAG-Travaux n'est pas d'ordre public. • CE 30 janv. 2008, *OPAC de la ville de Clermont-Ferrand,* n° 278770 : *préc. note 49* • CE 2 avr. 2008, *Sté BPVR,* n° 277302.

132. Expiration du délai pour saisir le juge administratif. Absence de méconnaissance du droit au recours effectif. Les stipulations des art. 13 et 50 du CCAG – travaux relatives à la procédure de réclamation préalable, auxquelles les parties, en s'y référant, ont conféré une portée contractuelle, ne méconnaissent ni le droit d'accès à un tribunal ni le droit à un recours effectif tels qu'ils découlent des stipulations du § 1 de l'art. 6 Conv. EDH. • CE 29 déc. 2008, *M. Jean-Jacques Bondroit*, n° 296948 B.

133. Référé-expertise et délai de six mois. Ni la saisine du juge des référés du tribunal administratif aux fins de voir ordonner une expertise, ni le dépôt du rapport d'expertise n'ont pour effet de suspendre le délai de six mois prévu à l'art. 50.32 du CCAG – travaux. • CE 18 sept. 2015, *Sté Avena BTP*, n° 384523.

134. Référé-provision. La saisine du juge des référés sur le fondement des art. R. 541-1 s. CJA doit être regardée comme la saisine du tribunal administratif compétent au sens de l'art. 7.2.3. du CCAG – travaux. • CE 27 janv. 2017, *Sté Tahitienne de construction*, n° 396404 B : *BJCP 2017. 177, concl. Pellissier ; Rev. CMP 2017, n° 3, comm. 80, Devillers.*

135. Il résulte de l'art. R. 541-1 CJA que le titulaire du marché peut obtenir du juge des référés qu'il ordonne au pouvoir adjudicateur le versement d'une indemnité provisionnelle et qu'il n'est pas tenu de saisir, par ailleurs, le juge du contrat d'une demande au fond. Dès lors, la saisine du juge des référés, sur le fondement des art. R. 541-1 s. CJA, de conclusions tendant au versement d'une provision sur le solde du marché doit être regardée comme la saisine du tribunal administratif compétent au sens de l'art. 13.4.2 du CCAG applicable aux marchés de travaux. • CE 10 juin 2020, *Sté Bonaud*, n° 425993 et 428251 B : *BJCP 2020. 314, concl. Le Corre ; Rev. CMP 2020, n° 10, comm. 255, Rees.*

136. Méconnaissance de la procédure de l'article 50 et fin de non-recevoir. En jugeant qu'une fin de non-recevoir opposée par le maître d'œuvre et tirée de ce que l'entreprise n'avait pas respecté la procédure préalable de contestation du décompte général prévue par le CCAG qui, compte tenu du caractère contractuel de cette procédure, n'était pas d'ordre public, était opposable à la Société Bleu Azur dans ses relations avec le maître d'ouvrage, alors que ce dernier ne l'avait pas invoquée, la cour administrative d'appel de Versailles a commis une erreur de droit. • CE 8 févr. 2010, *Sté Bleu Azur, M. Lubrano*, n° 304457.

D. PAIEMENT DU SOLDE

137. Rôle du comptable. Pour apprécier la validité des créances, les comptables doivent notamment exercer leur contrôle sur la production des justifications. A ce titre, il leur revient d'apprécier si les pièces fournies présentent un caractère suffisant pour justifier la dépense engagée. Pour établir ce caractère suffisant, il leur appartient de vérifier, en premier lieu, si l'ensemble des pièces requises au titre de la nomenclature comptable applicable leur ont été fournies et, en second lieu, si ces pièces sont, d'une part, complètes et précises et, d'autre part, cohérentes au regard de la catégorie de la dépense définie dans la nomenclature applicable et de la nature et de l'objet de la dépense telle qu'elle a été ordonnancée. Si ce contrôle peut conduire les comptables à porter une appréciation juridique sur les actes administratifs à l'origine de la créance et s'il leur appartient alors d'en donner une interprétation conforme à la réglementation en vigueur, ils n'ont pas le pouvoir de se faire juges de leur légalité. Enfin, lorsque les pièces justificatives fournies sont insuffisantes pour établir la validité de la créance, il appartient aux comptables de suspendre le paiement jusqu'à ce que l'ordonnateur leur ait produit les justifications nécessaires. • CE 8 févr. 2012, *Min. du Budget, des Comptes publics et de la Réforme de l'État*, n° 340698 A : *Rev. CMP 2012, n° 110, note Eckert ; ibid., Étude 5, obs. Ellie.*

138. Lorsqu'elle distingue, parmi les marchés publics sans formalités préalables, entre ceux faisant l'objet d'un contrat écrit et ceux ne faisant pas l'objet d'un tel contrat, la nomenclature des pièces justificatives dont les comptables des collectivités territoriales et de leurs établissement publics doivent exiger la production doit être regardée comme se référant, pour déterminer les cas dans lesquels les marchés doivent faire l'objet d'un contrat écrit, aux dispositions de l'art. 11 C. marchés en vertu desquelles, dans leur rédaction alors applicable, les marchés d'un montant égal ou supérieur à 4 000 € doivent être passés sous forme écrite. Il suit de là que lorsque la dépense est présentée par l'ordonnateur, sous sa seule responsabilité, sous la forme d'un marché public sans formalités préalables et que la facture produite fait état d'un montant égal ou supérieur à 4 000 € hors taxes, sans qu'un contrat écrit ne soit produit pour justifier la dépense engagée, il appartient au comptable, devant cette insuffisance apparente des pièces produites pour justifier la dépense correspondant à un marché public sans formalités préalables faisant nécessairement l'objet d'un contrat écrit en vertu de la réglementation applicable, de suspendre le paiement et de demander à l'ordonnateur la production des justifications nécessaires. En revanche, dès lors que l'ordonnateur a produit, en réponse à cette demande, un certificat administratif par lequel il déclare avoir passé un contrat oral et prend la responsabilité de l'absence de contrat écrit, il appartient au comptable, qui n'a pas à se faire juge de la légalité de la passation du marché en cause, de payer la dépense. • CE 8 févr. 2012, *Min. du Budget, des Comptes publics et de la Réforme de l'État*, n° 340698 A. ♦ S'il appartenait au comptable, en cas de doute quant au caractère suffisant des justifications produites, de suspendre le paiement et de demander à l'ordonnateur de lui communiquer tout élément de nature à lui permettre d'exercer pleinement le contrôle de la régularité des pièces qui lui incombe, il n'avait pas, en revanche, à se faire juge de la légalité des « bons de commande » en cause. En l'espèce, en reprochant au comptable de ne pas avoir suspendu le paiement des sommes litigieuses au seul motif que les bons de commande étaient d'une date postérieure à celle des factures qui se rattachaient à eux, le juge des comptes a en réalité exigé du comptable qu'il exerce un contrôle de légalité sur les pièces justificatives fournies par l'ordonnateur alors que celles-ci ne présentaient, à elles seules et quelle que soit en tout état de cause leur validité juridique, ni incohérence au regard de la catégorie de la dépense définie dans la nomenclature applicable ni incohérence au regard de la nature et de l'objet de la dépense engagée. • CE, sect., 8 févr. 2012, *Min. du Budget, des Comptes publics et de la Réforme de l'État*, n° 342825 A.

E. DÉCOMPTE, RÉCEPTION ET FIN DU MARCHÉ

139. Réception. Obligations du maître de l'ouvrage. La réception de l'ouvrage, en mettant fin aux rapports contractuels entre les constructeurs et le maître de l'ouvrage, oblige en principe ce dernier à assumer l'ensemble des obligations du propriétaire et de l'utilisateur, notamment celles d'acquitter les frais inhérents au fonctionnement même partiel de l'ouvrage, tels que ceux liés à son gardiennage, à son alimentation en électricité, en eau et à son chauffage. • CE 14 mai 2008, *Sté Cofathec et a.*, n°s 276664 et 276665 : *Rev. CMP 2008, n° 159, obs. Pietri.*

140. Réception et responsabilité du maître d'ouvrage délégué. Un maître d'ouvrage délégué doit, dans l'exercice de sa mission définie par la convention de mandat qui le lie au maître d'ouvrage, accomplir les diligences que son mandant est en droit d'attendre d'un professionnel ayant accepté cette mission. En application de ce principe, il appartient à un maître d'ouvrage délégué, auquel est confiée une mission d'approbation du décompte, de s'assurer que ce document n'est pas entaché d'erreurs ou d'omissions qui ne devraient pas échapper à un professionnel. • CE 23 mars 2015, *Synd. mixte pour le traitement des résidus urbains*, n° 356790 : *Rev. CMP 2020, n° 45, note Rees.*

141. Réception du marché et responsabilité du maître d'œuvre. La réception ne met pas fin à la responsabilité contractuelle du maître d'œuvre pour faute dans sa mission de conseil du maître d'ouvrage au moment de cette réception. • CE 7 mars 1980, *Monge*, n° 11568.

142. Réception et rapports entre le maître d'ouvrage et le maître d'œuvre. Indépendamment de la décision du maître d'ouvrage de réceptionner les prestations de maîtrise d'œuvre prévue par les stipulations de l'art. 32 CCAG applicables aux marchés de prestations intellectuelles, la réception de l'ouvrage met fin aux rapports contractuels entre le maître d'ouvrage et le maître d'œuvre en ce qui concerne les prestations indissociables de la réalisation de l'ouvrage, au nombre desquelles figurent, notamment, les missions de conception de cet ouvrage. • CE 2 déc. 2019, *Sté Guervilly et a.*, n° 423544 B : *BJCP 2020. 119, concl. Pellissier.*

143. Les maîtres d'œuvre ne sont pas soumis à la garantie de parfait achèvement ; par suite, la circonstance que le délai de la garantie de parfait achèvement, d'une durée d'un an à compter de la date d'effet de la réception des travaux, était expiré lors de l'apparition des désordres est sans incidence sur la mise en jeu de la responsabilité contractuelle du maître d'œuvre pour manquement à son devoir de conseil lors des opérations de réception.

Après la réception des travaux, qui met fin aux rapports contractuels entre le maître de l'ouvrage et le maître d'œuvre en ce qui concerne la réalisation de l'ouvrage, le maître d'ouvrage ne peut rechercher la responsabilité contractuelle du maître d'œuvre que pour des manquements à son obligation de conseil au moment des opérations de réception des travaux ou des fautes commises dans le contrôle des situations de travaux servant au calcul des comptes des entreprises. • CAA Nantes, 8 févr. 2017, *Min. de l'Agriculture, de l'Agroalimentaire et de la Forêt*, n° 15NT01019.

144. Obligation de conseil du maître d'œuvre. Étendue. L'obligation de conseil du maître de l'ouvrage qui pèse sur l'architecte au moment de la réception des travaux ne se limite pas à appeler l'attention du maître d'ouvrage sur les seules défectuosités susceptibles de rendre l'ouvrage impropre à sa destination et d'entrer à ce titre dans le champ de la garantie décennale, mais porte sur l'ensemble des malfaçons apparentes faisant obstacle à une réception sans réserve. • CE 8 juin 2005, *Ville de Caen c/ Dubois*, n° 261478 B. ♦ La responsabilité du maître d'œuvre se trouve engagée en raison d'un manquement à son obligation de conseil à l'occasion de la levée des réserves mettant fin à la garantie de parfait achèvement. La cour n'a pas commis d'erreur de droit en estimant que les services du maître de l'ouvrage étaient suffisamment qualifiés pour l'alerter sur l'imprudence qu'il y avait à lever les réserves, et que cette imprudence était de nature à exonérer pour moitié l'architecte de sa responsabilité. • CE 20 mai 2009, *Ét. pub. de la Bibliothèque nationale de France*, n° 296628 : *RDI 2009. 429, note Delaunay*. ♦ La réception des travaux ne met pas fin à la responsabilité contractuelle du maître d'œuvre vis-à-vis du maître de l'ouvrage. Ce dernier peut, en effet, rechercher la responsabilité de son maître d'œuvre pour manquement de celui-ci à son devoir de conseil. A ce titre, le maître d'œuvre a l'obligation contractuelle d'appeler l'attention du maître de l'ouvrage sur les défauts décelables et de nature à faire obstacle à ce que la réception définitive soit prononcée sans réserves. Il importe peu, à cet égard, que les vices en cause aient ou non présenté un caractère apparent lors de la réception des travaux, dès lors que le maître d'œuvre en avait eu connaissance en cours de chantier. Il s'ensuit que le maître d'œuvre, qui n'a pas vérifié la compatibilité du remblai avec la canalisation mise en place, et a proposé au maître de l'ouvrage de réceptionner les travaux sans réserve, a commis une faute dans l'exercice de son devoir de conseil qui engage sa responsabilité à l'égard du maître de l'ouvrage, dont il ne résulte pas de l'instruction qu'il aurait lui-même commis une faute de nature à exonérer totalement ou partiellement le maître d'œuvre de sa responsabilité. • CAA Bordeaux, 26 juill. 2012, *Assoc. synd. autorisée (ASA) de L'Aulouze,* n°s 11BX00256 et 11BX00335. ♦ L'obligation de conseil du maître d'œuvre au moment de la réception des travaux porte sur la conformité des travaux au projet tel qu'il est défini par les stipulations contractuelles ; la commune, qui ne soutient pas que les travaux accomplis n'étaient pas conformes aux stipulations du marché, n'est pas fondée à rechercher la responsabilité contractuelle de M. X à raison de la conception, de la définition et de la surveillance des travaux dont il avait la charge, au titre du manquement au devoir de conseil à la réception. • CAA Marseille, 15 févr. 2016, *Cne de Canet-en-Roussillon,* n° 15MA02235.

145. Obligations du maître d'œuvre. Levée des réserves. Aux termes du 7 de l'art. 41 du CCAG applicables aux marchés litigieux, dont les dispositions sont reprises dans le nouveau CCAG applicables aux marchés publics de travaux, approuvé par Arr. du 8 sept. 2009 : « Si certains ouvrages ou certaines parties d'ouvrages ne sont pas entièrement conformes aux spécifications du marché, sans que les imperfections constatées soient de nature à porter atteinte à la sécurité, au comportement ou à l'utilisation des ouvrages, la personne responsable du marché peut, eu égard à la faible importance des imperfections et aux difficultés que présenterait la mise en conformité, renoncer à ordonner la réfection des ouvrages estimés défectueux et proposer à l'entrepreneur une réfaction sur les prix. / Si l'entrepreneur accepte la réfaction, les imperfections qui l'ont motivée se trouvent couvertes de ce fait et la réception est prononcée sans réserve. / Dans le cas contraire, l'entrepreneur demeure tenu de réparer ces imperfections, la réception étant prononcée sous réserve de leur réparation ». Il résulte de ces dispositions que, si la personne responsable du marché peut proposer à l'entreprise dont les travaux ne sont pas entièrement conformes aux spécifications du marché une réfaction sur le prix de ces travaux et la dispenser en conséquence de l'obligation d'effectuer les travaux destinés à réparer ces imperfections, elle n'y est pas tenue et peut choisir d'assortir la réception des travaux de réserves. L'intervention d'une réception avec réserves fait obstacle à l'application d'une réfaction sur les prix, dès lors que l'entreprise concernée est alors tenue d'effectuer les travaux qui sont la condition de la levée des réserves. Par suite, la cour administrative d'appel ne pouvait, sans commettre d'erreur de droit, juger qu'en l'absence de proposition de réfaction du prix du marché, émanant de la personne responsable du marché, les maîtres d'œuvre n'étaient pas tenus de donner à l'entreprise l'ordre de service de procéder à la reprise des malfaçons relevées dans la réception avec réserves des travaux. • CE 15 nov. 2012, *Cne de Dijon,* n° 349107 B : *Rev. CMP 2013, n° 6, obs. Devillers.*

146. Responsabilité du maître d'œuvre. La responsabilité des maîtres d'œuvre pour manquement à leur devoir de conseil peut être engagée, dès lors qu'ils se sont abstenus d'appeler l'attention du maître d'ouvrage sur des désordres affectant l'ouvrage et dont ils pouvaient avoir connaissance, en sorte que la personne publique soit mise à même de ne pas réceptionner l'ouvrage ou d'assortir la réception de réserves. Il importe peu, à cet égard, que les vices en cause aient ou non présenté un caractère apparent lors de la réception des travaux, dès lors que le maître d'œuvre en avait eu connaissance en cours de chantier. • CE 28 janv. 2011, *Sté Cabinet d'études Marc Merlin et a.,* n°s 330693 B, 330835 B et 332826 B : *Rev. CMP 2011, n° 3, comm. 67, Devillers ; BJCP 2011. 90 concl. Boulouis.* ♦ En se fondant sur la circonstance que les vices en cause n'avaient pas présenté un caractère apparent lors de la réception des travaux pour écarter la responsabilité de l'État en sa qualité de maître d'œuvre, alors qu'elle aurait dû vérifier si le maître d'œuvre aurait pu avoir connaissance de ces vices s'il avait sa mission selon les règles de l'art, la cour administrative d'appel a entaché son arrêt d'erreur de droit. • CE 21 oct. 2015, *Cne de Tracy-sur-Loire,* n° 385779 B : *RDI 2015. 593, obs. de Gaudemar ; BJCP 2016. 41, concl. Pellissier ; Rev. CMP 2015, n° 12, comm. 280, Devillers.*

147. La responsabilité des maîtres d'œuvre pour manquement à leur devoir de conseil peut être engagée, dès lors qu'ils se sont abstenus d'appeler l'attention du maître d'ouvrage sur des désordres affectant l'ouvrage et dont ils pouvaient avoir connaissance, en sorte que la personne publique soit mise à même de ne pas réceptionner l'ouvrage ou d'assortir la réception de réserves. Ce devoir de conseil implique que le maître d'œuvre signale au maître d'ouvrage l'entrée en vigueur, au cours de l'exécution des travaux, de toute nouvelle réglementation applicable à l'ouvrage, afin que celui-ci puisse éventuellement ne pas prononcer la réception et décider des travaux nécessaires à la mise en conformité de l'ouvrage. Maître d'œuvre s'étant abstenu de signaler au maître de l'ouvrage le contenu de nouvelles normes acoustiques et leur nécessaire impact sur le projet, et de l'alerter de la non-conformité d'une salle polyvalente à ces normes lors des opérations de réception alors qu'il en avait eu connaissance en cours de chantier. Engagement de sa responsabilité pour défaut de conseil. • CE 10 déc. 2020, *M. Goidin*, n° 432783 B : *BJCP 2021. 128, concl. Pichon de Vendeuil, Rev. CMP 2021, n° 2, comm. 43, note Ubaud-Bergeron.*

148. Responsabilité du maître d'œuvre lors de l'établissement du décompte. Le maître d'ouvrage peut rechercher la responsabilité du maître d'œuvre au titre des fautes que ce dernier a commises lors de l'établissement du décompte général et définitif de l'entrepreneur. La cour n'a pas commis d'erreur de droit en écartant la fin de non-recevoir tirée de ce que le maître d'ouvrage est irrecevable à appeler le maître d'œuvre en garantie dans le cadre d'un litige contractuel opposant le maître d'ouvrage à l'entrepreneur et relatif à l'établissement, après la réception sans réserve de l'ouvrage, du décompte général et définitif. • CE 7 juin 2010, *Sté Iosis Sud-Ouest*, n° 323372. ♦ Si le maître d'ouvrage peut rechercher la responsabilité contractuelle des maîtres d'œuvre pour les fautes commises dans l'établissement du décompte général et définitif des marchés de travaux, une telle action n'est possible que si le marché de maîtrise d'œuvre n'a pas lui-même donné lieu à l'établissement par le maître d'ouvrage d'un décompte général notifié aux titulaires en l'absence de toute prise en compte desdites fautes. • CE 6 nov. 2013, *Région Auvergne*, n° 361837.

149. Seule l'intervention du décompte général et définitif du marché a pour conséquence d'interdire au maître de l'ouvrage toute réclamation à cet égard ; elle n'est donc pas, par elle-même, de nature à faire obstacle à l'appel en garantie formé par le maître de l'ouvrage, condamné à indemniser l'entrepreneur à la suite de la résiliation d'un marché de travaux publics, pour un motif d'intérêt général lié à l'irrégularité de sa procédure de passation, à l'encontre du maître d'œuvre, qui n'est pas un tiers audit marché. • CAA Marseille, 17 oct. 2016, *Sté Architectes associés*, n° 13MA01315 : *Rev. CMP 2016, n° 12, comm. 280, Pietri.*

150. Responsabilité du conducteur d'opération pour sa mission d'assistance lors des opérations de réception. Le maître de l'ouvrage peut confier au conducteur d'opération, dans le cadre de sa mission d'assistance générale, une mission d'assistance lors des opérations de réception de l'ouvrage. Lorsque le contrat de conduite d'opération prévoit une telle mission d'assistance et en cas de méconnaissance, par le conducteur d'opération, des obligations contractuelles qui s'y rattachent, sa responsabilité contractuelle peut être engagée sans que puisse y faire obstacle la circonstance que le maître d'œuvre soit également tenu, à l'égard du maître de l'ouvrage, d'un devoir de conseil lors des opérations de réception ou que le contrat de conduite d'opération stipule que la responsabilité du conducteur d'opération ne se substitue pas à celle de la maîtrise d'œuvre. • CE 28 juin 2019, *Sté Icade Promotion*, n°s 416735 B et 416742 B.

151. Appel en garantie du maître d'œuvre contre les entreprises. Le préjudice subi par le maître d'ouvrage qui a été privé de la possibilité de refuser la réception des ouvrages ou d'assortir cette réception de réserves, du fait d'un manquement du maître d'œuvre à son obligation de conseil, et dont ce dernier doit réparer les conséquences financières, n'est pas directement imputable aux manquements aux règles de l'art commis par les entreprises en cours de chantier. Il suit de là que la cour administrative d'appel a pu, sans erreur de droit, rejeter pour ce motif les appels en garantie formulés par les maîtres d'œuvre à l'encontre des entreprises chargées de la réalisation des travaux. • CE 28 janv. 2011, *Sté Cabinet d'études Marc Merlin et a.*, n°s 330693 B, 330835 B et 332826 B.

152. Réception des travaux. Dommages causés aux tiers. La réception sans réserve ayant mis fin aux rapports contractuels nés du marché, le recours formé par le maître d'ouvrage sur la base de la faute qu'aurait commise l'entreprise dans l'accomplissement de ses obligations contractuelles et tendant à ce que celle-ci le garantisse de l'indemnité qu'il a été condamné à payer à un tiers étranger au contrat, ne peut qu'être rejeté. • CE, sect., 4 juill. 1980, *SA Forrer et Cie*, n° 3433.

153. Dans le cas où la victime d'un dommage dû aux désordres affectant un ouvrage public a attrait le maître de l'ouvrage et l'entrepreneur, et que le juge partage entre eux la responsabilité, l'entrepreneur non seulement n'a pas à garantir le maître de l'ouvrage après l'expiration du délai de garantie décennale, mais peut demander que le maître de l'ouvrage, le délai de garantie décennale étant expiré, prenne à sa charge la part de responsabilité supportée par l'entrepreneur. • CE 4 juill. 1986, *Cne de Montceau-les-Mines*, n° 46773 B, 46809 B, 46724 B.

154. Dommages causés aux tiers. Action en garantie du maître de l'ouvrage. La fin des rapports contractuels entre le maître d'ouvrage et l'entrepreneur, consécutive à la réception sans réserve d'un marché de travaux publics, fait obstacle à ce que, sauf clause contractuelle contraire, l'entrepreneur soit ultérieurement appelé en garantie par le maître d'ouvrage pour des dommages dont un tiers demande réparation à ce dernier, alors même que ces dommages n'étaient ni apparents ni connus à la date de la réception ; il n'en irait autrement – réserve étant faite par ailleurs de l'hypothèse où le dommage subi par le tiers trouverait directement son origine dans des désordres affectant l'ouvrage objet du marché et qui seraient de nature à entraîner la mise en jeu de la responsabilité décennale des constructeurs envers le maître d'ouvrage sur le fondement des principes dont s'inspirent les art. 1792 et 2270 C. civ. – que dans le cas où la réception n'aurait été acquise à l'entrepreneur qu'à la suite de manœuvres frauduleuses ou dolosives de sa part. • CE, sect., 15 juin 2004, *Synd. intercommunal d'alimentation en eau des cnes de La Seyne et de la région Est de Toulon*, n° 235053 A : *AJDA 2004. 1698, chron. Landais et Lénica*. ♦ Le contrat conclu entre l'établissement public EDF et la société stipulait que : « Cette commande est soumise 1 – aux conditions particulières ci-dessous / 2 – aux modalités d'exécution (annexe) / 3 – aux conditions du CCAG 35 20 408 », c'est-à-dire aux clauses du CCAG applicables aux marchés de travaux courants d'EDF. Son chapitre IV, relatif à la réalisation des ouvrages, comprend un art. 34 intitulé « Dommages causés par la conduite des travaux ou par les modalités de leur exécution », dont le § 1 stipule que : « L'entrepreneur a, à l'égard d'EDF-GDF, même après paiement des travaux, la responsabilité pécuniaire des dommages aux personnes et aux biens causés par la conduite des travaux ou les modalités de leur exécution, sauf s'il établit que cette conduite ou ces modalités résultent nécessairement de stipulations du marché ou de prescriptions d'ordres de service, ou sauf si EDF, poursuivi par des tiers victimes de tels dommages a été condamnée sans avoir appelé l'entrepreneur en garantie devant la juridiction saisie ». La cour administrative d'appel ne pouvait, sans dénaturer leur portée, juger que ces stipulations ne dérogent pas à l'effet extinctif des relations contractuelles s'attachant à la réception sans réserve des travaux. • CE 19 juin 2015, *Sté ERDF*, n° 372283. ♦ En condamnant l'entreprise ayant construit un ouvrage qui a fait l'objet d'une réception définitive et qui est à l'origine des désordres subis par des tiers à garantir le maître d'ouvrage, sans rechercher si les conditions de la responsabilité décennale étaient réunies, la cour a commis une erreur de droit. Les carences affectant l'ouvrage le rendant impropre à sa destination et ces désordres ayant concouru aux dommages subis par les tiers, le maître d'ouvrage est fondé à demander que l'entreprise soit condamnée à le garantir. • CE 13 nov. 2009, *Sté SCREG Est*, n° 306061 B. ♦ La réception sans réserve d'un marché de travaux publics fait obstacle à ce que, sauf clause contractuelle contraire et sauf le cas où la réception n'aurait été acquise à l'entrepreneur qu'à la suite de manœuvres frauduleuses ou dolosives de sa part, l'entrepreneur soit ultérieurement appelé en garantie par le maître d'ouvrage, sur le fondement de sa responsabilité contractuelle, pour des dommages causés à un tiers à l'occasion de l'exécution du chantier. En revanche, si le dommage subi par le tiers trouve directement son origine dans des désordres affectant l'ouvrage objet du marché, la responsabilité de l'entrepreneur envers le maître d'ouvrage peut être recherchée sur le fondement de la garantie décennale des constructeurs. La société n'est, dès lors, pas fondée à soutenir que la réception des travaux fait obstacle à ce que la communauté d'agglomération de Saint-Quentin recherche la responsabilité décennale des constructeurs au titre des dommages subis par l'exploitant du fait des désordres affectant l'ouvrage. • CAA Douai, 23 déc. 2011, *Sté Véolia Eau*, n° 11DA00002.

155. Lorsque sa responsabilité est mise en cause par la victime d'un dommage dû aux désordres affectant un ouvrage public, le constructeur de celui-ci est fondé, sauf clause contractuelle contraire, à demander à être garanti en totalité par le maître d'ouvrage dès lors que la réception des travaux à l'origine des dommages a été prononcée sans réserve et que ce constructeur ne peut pas être poursuivi au titre de la garantie de parfait achèvement ni de la garantie décennale. Il n'en irait autrement que dans le cas où la réception n'aurait été acquise au constructeur qu'à la suite de manœuvres frauduleuses ou dolosives de sa part. • CE 6 févr. 2019, *Sté Fives Solios*, n° 414064 B : *BJCP 2019. 179, concl. Henrard ; Rev. CMP 2019, n° 4, comm. 117, Devillers.*

156. Lorsque sa responsabilité est mise en cause par la victime d'un dommage dû à l'exécution de travaux publics, le constructeur est fondé, sauf clause contractuelle contraire et sans qu'y fasse obstacle la circonstance qu'aucune réserve de sa part, même non chiffrée, concernant ce litige ne figure au décompte général du marché devenu définitif, à demander à être garanti en totalité par le maître d'ouvrage, dès lors que la réception des travaux à l'origine des dommages a été prononcée sans réserve et que ce constructeur ne peut pas être poursuivi au titre de la garantie de parfait achèvement ou de la garantie décennale.

Il n'en irait autrement que dans le cas où la réception n'aurait été acquise au constructeur qu'à la suite de manœuvres frauduleuses ou dolosives de sa part.

Il ressort des énonciations de l'arrêt attaqué qu'après avoir relevé, d'une part, que la réception définitive des travaux exécutés par la Sté SADE, dans le cadre du marché de travaux portant sur l'extension du réseau de chaleur urbain, avait été prononcée le 23 sept. 2016 et les réserves levées le 21 nov. 2016, et, d'autre part, qu'il résultait de l'instruction que la Sté SADE avait accepté, le 9 mars 2017, le décompte général qui lui avait été notifié et qui était ainsi devenu le décompte général et définitif du marché de travaux en litige, la CAA Nancy a jugé que le caractère intangible de ce décompte ne faisait pas obstacle à la recevabilité des conclusions d'appel en garantie de la Sté SADE contre l'Eurométropole de Strasbourg, dès lors que ces conclusions avaient été présentées en conséquence de la réclamation formée par un tiers victime de l'exécution de ces travaux publics. La CAA Nancy n'a pas commis d'erreur de droit.

Aux termes de l'art. L. 2131-10 CGCT : « Sont illégales les décisions et délibérations par lesquelles les communes renoncent soit directement, soit par une clause contractuelle, à exercer toute action en responsabilité à l'égard de toute personne physique ou morale qu'elles rémunèrent sous quelque forme que ce soit. » Ces dispositions n'ont ni pour objet ni pour effet de limiter les effets qui s'attachent à l'acte de réception par lequel le maître de l'ouvrage déclare accepter l'ouvrage avec ou sans réserve. Par suite, contrairement à ce que soutiennent l'Eurométropole de Strasbourg et la Sté SMACL Assurances, la CAA Nancy, qui a suffisamment motivé son arrêt sur ce point, n'a pas commis d'erreur de droit ni d'erreur de qualification juridique en jugeant que ces dispositions ne faisaient pas obstacle à ce que la Sté SADE soit intégralement garantie par l'Eurométropole de Strasbourg pour les dommages causés à la Sté Strasbourg Électricité Réseaux compte tenu de la réception définitive des travaux prononcée le 23 sept. 2016. • CE 27 avr. 2021, *Eurométropole de Strasbourg c/ Sté SMACL Assurances,* n° 436820 T : *BJCP 2021. 299, concl. Le Corre ; Rev. CMP 2021, n° 7, comm. 206, Rees.*

157. Réception, décompte, effets sur les relations contractuelles et sur les droits et obligations financières. La réception met fin aux rapports contractuels entre le maître de l'ouvrage et les constructeurs en ce qui concerne la réalisation de l'ouvrage. Elle interdit par conséquent au maître de l'ouvrage d'invoquer, après qu'elle a été prononcée, et sous réserve de la garantie de parfait achèvement, des désordres apparents causés à l'ouvrage ou des désordres causés aux tiers, dont il est alors réputé avoir renoncé à demander la réparation. Cependant, elle ne met fin aux relations contractuelles que dans cette mesure. Elle demeure sans effet sur les droits et obligations financiers nés de l'exécution du marché, à raison notamment de retards ou de travaux supplémentaires, dont la détermination intervient définitivement lors de l'établissement du solde du décompte général et définitif du marché. • CE 6 avr. 2007, *CH gén. de Boulogne-sur-Mer,* n°s 264490 A et 264491 A : *Rev. CMP 2007, n° 6, comm. 173, Pietri ; ACCP, 2009 n° 90, p. 39* • CE 14 mai 2008, *OPAC de la Seine-Maritime,* n° 295253.

158. Si le maître d'ouvrage notifie le décompte général d'un marché public de travaux alors même que des réserves relatives à l'état de l'ouvrage achevé n'ont pas été levées et qu'il n'est pas fait état des sommes correspondant à la réalisation des travaux nécessaires à la levée des réserves au sein de ce décompte, le caractère définitif de ce dernier a pour effet de lui interdire toute réclamation correspondant à ces sommes, même si un litige est en cours devant le juge administratif. Par suite, la cour, qui a relevé que le décompte général du marché dont était titulaire la SNID avait été signé par le maître de l'ouvrage et était devenu définitif après sa notification le 18 mai 2005, n'a pas commis d'erreur de droit en jugeant que le caractère définitif du décompte faisait obstacle à ce que le centre hospitalier de Versailles demande la condamnation de la SNID à lui payer des sommes au titre de la réparation des dommages relatifs à l'état de l'ouvrage, alors même que les réserves émises lors de la réception de l'ouvrage n'avaient pas été levées et que le centre hospitalier avait saisi le tribunal administratif de Versailles d'une action en responsabilité des constructeurs. • CE 20 mars 2013, *CH de Versailles,* n° 357636 B : *RDI 2013. 429, obs. Galland ; AJCT 2013. 418, note Bonnefont ; Rev. CMP 2013, n° 5, Repère 5, Llorens et Soler-Couteaux ; ibid., comm. 135, note Devillers.* – V. aussi • CAA Lyon, 20 oct. 2016, *Sté française du tunnel routier du Fréjus,* n° 14LY01618 : *Rev. CMP 2017, n° 1, comm. 7, Devillers.*

159. Travaux nécessaires à la levée des réserves (art. 41.6 du CCAG – Travaux) – Obligation de les faire exécuter après l'établissement du décompte général – Absence. S'il résulte des termes du dernier alinéa de l'art. 41.6 du CCAG applicable aux marchés de travaux approuvé par le Décr. n° 76-87 du 21 janv. 1976, que le maître d'ouvrage peut faire exécuter aux frais et risques du titulaire les travaux ayant fait l'objet de réserves lors de la réception qui n'ont pas été levées dans le délai imparti au titulaire pour ce faire, il n'en résulte pas qu'il devrait le faire avant l'établissement du décompte général. • CE 28 mars 2022, *Cne de Sainte-Flaive-des-Loups,* n° 450477 B : *BJCP 2022. 195, concl. Le Corre ; Rev. CMP 2022, n° 6, comm. 166, Rees.*

160. Le maître de l'ouvrage qui n'a pas émis de réserves concernant des désordres apparents lors de la réception ne peut pas, sauf si des stipulations contractuelles le prévoient, inscrire dans le décompte général du marché des sommes visant à procéder à leur réparation. Dès lors, en jugeant que la réception sans réserve des travaux était, par elle-même, sans incidence sur la possibilité, pour SNCF Réseau, de porter au décompte général du marché des sommes destinées à réaliser des travaux de reprise du positionnement des rails pour un montant de 2,7 millions d'euros, ainsi que des réfactions pour remises en conformité pour un montant de 332 668 euros, sans avoir recherché ni si les vices étaient apparents lors de la réception, ni si une clause contractuelle permettait de déroger à ce principe, la cour administrative d'appel a entaché son arrêt d'erreur de droit. • CE 12 juin 2019, *Sté Angelo Meccoli et Compagnie*, n° 420031.

161. Effet du caractère définitif du décompte. Responsabilité contractuelle des constructeurs. V. note 75.

162. Décompte définitif. Appel en garantie du maître d'ouvrage contre le titulaire du marché. V. note 76.

163. Maître d'ouvrage attrait devant le juge par un concurrent évincé. Appel en garantie du maître d'œuvre. V. note 76.

VII. RESPONSABILITÉ CONTRACTUELLE, GARANTIES POST-CONTRACTUELLES, ACTIONS ENTRE CONSTRUCTEURS

A. RESPONSABILITÉ CONTRACTUELLE

164. Les collectivités publiques peuvent, en matière contractuelle, soit constater elles-mêmes les créances qu'elle détiennent sur leurs cocontractants et émettre des titres exécutoires, soit saisir le juge administratif d'une demande tendant au recouvrement de ces créances ; toutefois, elles ne peuvent pas saisir d'une telle demande le juge lorsqu'elles ont décidé, préalablement à cette saisine, d'émettre des titres exécutoires en vue de recouvrer les sommes en litige ; dans un tel cas, dans la mesure où la décision demandée au juge aurait les mêmes effets que le titre émis antérieurement, la demande présentée est dépourvue d'objet et par suite irrecevable. • CE 15 déc. 2017, *Sté Ryanair Designated Activity Company, Sté Airport Marketing Services Limited*, n° 408550 B.

165. Responsabilité contractuelle. Régime. Saisi d'une demande d'indemnité sur ce fondement, il appartient au juge d'apprécier si le préjudice allégué présente un caractère certain et s'il existe un lien de causalité direct entre la faute de l'administration et le préjudice. • CE 6 oct. 2017, *Sté CEGELEC Perpignan*, n° 395268 A : *AJDA 2017. 2189, chron. Roussel et Nicolas ; Rev. CMP 2017. 285, note Ubaud-Bergeron.*

166. Si l'art. L. 2131-10 CGCT, applicable aux établissements publics de coopération intercommunale en vertu de l'art. L. 5211-3 de ce code, leur interdit de renoncer à exercer une action en responsabilité à l'encontre des personnes qu'ils rémunèrent, la cour n'a pas commis d'erreur de droit en jugeant que ces dispositions n'étaient pas applicables à une clause contractuelle se bornant à prévoir une limitation de la responsabilité du cocontractant (clause limitant la responsabilité du bureau de contrôle technique à deux fois le montant des honoraires perçus). • CE 28 sept. 2011, *Cté de cnes du canton de Segré*, n° 337692 : *Rev. CMP 2011, n° 318, note Devillers.*

167. Responsabilité et vente de l'ouvrage. Si les maîtres successifs de l'ouvrage peuvent agir contre les constructeurs sur le fondement de la garantie décennale qui accompagne l'immeuble, ils ne succèdent pas, en revanche, du seul fait de la transmission de l'ouvrage, à l'ensemble des droits résultant des obligations contractuelles souscrites par les constructeurs à l'égard de leurs cocontractants. Par suite, en l'absence de contrat entre les maîtres d'œuvre et la commune, celle-ci n'est pas fondée à rechercher leur responsabilité au titre d'un manquement à des obligations contractuelles. • CE 9 déc. 2011, *Cne d'Alès*, n° 342283 B.

168. Responsabilité contractuelle des constructeurs. Fraude ou dol. L'expiration du délai de l'action en garantie décennale ne décharge pas les constructeurs de la responsabilité qu'ils peuvent encourir en cas ou bien de fraude ou de dol dans l'exécution de leur contrat, ou bien d'une faute assimilable à une fraude ou à un dol, caractérisée par la violation grave, par sa nature ou ses conséquences, de leurs obligations contractuelles, commises volontairement et sans qu'ils puissent en ignorer les conséquences.

En estimant que la seule utilisation d'une fourniture différente de celle prévue au marché, du fait de l'emploi d'une colle non conforme aux prescriptions techniques, ne suffisait pas à établir l'intention frauduleuse du constructeur, la cour s'est livrée à une appréciation souveraine des faits de l'espèce exempte de dénaturation. Si la requérante soutient que la destination de la centrale culinaire était, contrairement à ce qu'a estimé la cour, durablement compromise compte tenu de la gravité des désordres résultant de l'utilisation de cette colle inadaptée, cette seule circonstance, à la supposer établie, ne suffit pas à caractériser une faute assimilable à une fraude ou à un dol du constructeur en l'absence de violation intentionnelle, par ce dernier, de ses obligations contractuelles. Il résulte de ce qui précède que la cour n'a pas procédé à une qualification juridique inexacte des faits qui lui étaient soumis en estimant que le manquement du constructeur à ses obligations contractuelles ne constituait pas une faute assimilable à une fraude ou à un dol. • CE 28 juin 2019, *Sté Icade Promotion*, n°s 416735 B et 416742 B : *BJCP 2019. 332, concl. Pellissier ; Rev. CMP 2020, n° 1, étude 1, note Rees.*

169. Faute assimilable à une fraude ou à un dol. Expiration du délai d'action en garantie décennale sans incidence. L'expiration du délai de l'action en garantie décennale ne décharge pas les constructeurs de la responsabilité qu'ils peuvent encourir, en cas de fraude ou de dol dans l'exécution de leur contrat et qui n'est soumise qu'à la prescription qui résulte des principes dont s'inspire l'art. 2262 C. civ. ; même sans intention de nuire, la responsabilité trentenaire des constructeurs peut également être engagée en cas de faute assimilable à une fraude ou à un dol, caractérisée par la violation grave par sa nature ou ses conséquences, de leurs obligations contractuelles, commise volontairement et sans qu'ils puissent en ignorer les conséquences. • CE 26 nov. 2007, *Sté Les travaux du Midi c/ Cne de Bouc-Bel-Air*, n° 266423 A.

170. L'expiration du délai de l'action en garantie décennale ne décharge pas les constructeurs de la responsabilité qu'ils peuvent encourir, en cas de fraude ou de dol dans l'exécution de leur contrat ; les requérants ne sont pas fondés à soutenir que les dispositions de l'art. 2224 C. civ., issues de la L. du 17 juin 2008 portant réforme de la prescription en matière civile, feraient obstacle à la mise en œuvre par les services de l'État et du département de la Loire-Atlantique de l'action en responsabilité des constructeurs en raison de fautes commises par eux et assimilables à une fraude ou à un dol, dès lors que le délai de la prescription par cinq ans prévue par cet article court, selon ses termes mêmes, « à compter du jour où le titulaire d'un droit a connu ou aurait dû connaître les faits lui permettant de l'exercer ». En effet, en l'espèce, les faits fondant la demande d'expertise consistent en des désordres qui ont commencé à se manifester par le détachement d'un élément du parement des façades d'un tableau de fenêtre, fin nov. 2010, et peuvent être regardés comme s'étant manifestés dans toute leur ampleur par l'établissement le 28 juill. 2011 du rapport d'avis technique, qui portait sur les défauts structurels du bâtiment tels que fissures en sous-sol et pièces agrafées en façade, demandé par le ministère de l'Économie, des Finances et de l'Industrie, ce dont il résulte qu'à la date d'enregistrement de la demande présentée au tribunal administratif de Nantes, le 6 nov. 2015, l'action envisagée n'était pas prescrite. • CAA Nantes, 10 mai 2017, *Boutet et a. c/ Direction dptale des finances publiques et Dpt de la Loire-Atlantique*, n° 15NT03922 : *AJDA 2017. 1848, note Bréchot*.

171. L'expiration du délai de l'action en garantie décennale ne décharge pas les constructeurs de la responsabilité qu'ils peuvent encourir en cas ou bien de fraude ou de dol dans l'exécution de leur contrat, ou bien d'une faute assimilable à une fraude ou à un dol, caractérisée par la violation grave, par sa nature ou ses conséquences, de leurs obligations contractuelles, commis volontairement et sans qu'ils puissent en ignorer les conséquences. Il résulte de l'instruction notamment des expertises conduites par M. Cauquil et M. Caussé-Giovancarli que la société SAEP avait elle-même fait le choix de préfabriquer les dalles des balcons en les présentant sur étaiement au moment du collage des dalles de plancher dans l'immeuble. Or, le ferraillage des balcons prévu par le constructeur était nettement trop faible, trois fois moins important que ce qu'exige la réglementation. En outre, s'agissant d'un balcon préfabriqué, la reprise de bétonnage exigeait une surface rugueuse alors que la société SAEP a réalisé un parement des dalles de béton parfaitement lisse au moment de l'exécution des planchers, ce qui signifie que les ouvrages ne correspondaient plus au matériau « béton armé ». Les experts ont également souligné que l'engravure de 2 cm dans les façades n'a pas été respectée ce qui a exposé la reprise de bétonnage aux diverses intempéries et que les treillis soudés qui constituaient les armatures inférieures des dalles de plancher ne pénétraient pas dans les dalles de plancher alors que cela était prévu sur les plans pour améliorer la reprise de bétonnage. Il a également été souligné que la mise en œuvre du béton a laissé de nombreux nids d'abeille, voire des vides, dans le parement des dalles coulées au niveau de leurs interfaces avec les dalles de balcon. L'ensemble de ces éléments a conduit à l'ouverture d'un « joint sec » au niveau de la reprise de bétonnage et par suite à une forte corrosion des armatures supérieures qui ont fini par céder et entraîner l'effondrement d'un balcon. Il résulte de l'instruction et notamment des études réalisées en 2007 qu'eu égard aux caractéristiques de leur conception et de leur construction, les balcons pouvaient s'effondrer sous le seul effet de leur propre poids. Contrairement à ce que fait valoir la société Eiffage construction, il résulte des opérations d'expertise conduites par M. Caussé-Giovancarli que la corrosion d'armatures a été observée ailleurs que sur le balcon qui s'est détaché de la façade et plus particulièrement sur des balcons du programme immobilier appartenant à l'OPH Seine Ouest Habitat. Pour sa part, la société Eiffage construction ne conteste à aucun moment ni la réalité de ces manquements, ni leur gravité, ni qu'ils sont à l'origine de l'effondrement du balcon. En outre, la société n'allègue pas qu'elle pouvait légitimement penser que les techniques de construction qu'elle avait choisies présentaient des garanties de fiabilité et de solidité suffisantes et ne présente aucun élément de nature à justifier les manquements qui lui sont reprochés. Eu égard à la nature et à la gravité extrême de ces manquements et leurs conséquences, les manquements du constructeur à ses obligations contractuelles ne pouvaient avoir qu'un caractère volontaire et la SAEP ne pouvait en ignorer les conséquences. Dans ces conditions, l'OPH Seine Ouest Habitat est fondée à solliciter l'engagement de la responsabilité de la société Eiffage construction pour faute assimilable à une fraude ou à un dol à raison des malfaçons affectant les balcons. • CAA Versailles, 10 mai 2021, *Sté Eiffage construction*, n° 18VE04196 : *Rev. CMP 2021, nos 8-9, comm. 240, Ubaud-Bergeron*.

172. Responsabilité du contrôleur technique. Il résulte des dispositions des art. L. 111-23, R. 111-39 et R. 111-40 CCH, dans leur rédaction applicable au litige, que le contrôleur technique doit s'assurer de la solidité de l'ouvrage et de la sécurité des personnes eu égard à l'utilisation que le maître d'ouvrage entend faire de l'équipement, dès lors que celle-ci est portée à sa connaissance. Par suite, la société de contrôle à laquelle avait été remis l'avant-projet détaillé faisant état précisément de la destination de l'ouvrage a commis une faute engageant sa responsabilité contractuelle en ne signalant pas au maître d'ouvrage que la réalisation prévue par le maître d'œuvre d'un ouvrage ne permettrait pas d'organiser des spectacles et des soirées dansantes, conformément à la destination de l'équipement. • CE 28 sept. 2011, *Cté de cnes du canton de Segré*, n° 337692 : *Rev. CMP 2011, n° 11, comm. 318, Devillers.*

173. Responsabilité des maîtres d'œuvre. Il ressort des énonciations de l'arrêt attaqué, non contestées sur ce point, que les défauts affectant la pelouse du stade étaient dus, d'une part, à l'insuffisante perméabilité des matériaux composant le substrat végétal du terrain et, d'autre part, aux nombreux dysfonctionnements du système de drainage, et que les maîtres d'œuvre n'avaient pas alerté le maître d'ouvrage sur ces vices lors de la réception des travaux ; la cour administrative d'appel n'a pas remis en cause l'appréciation du tribunal administratif, selon laquelle il était nécessaire, afin de mettre fin à ces désordres, de procéder à la réfection complète de la pelouse et du système de drainage ; dès lors qu'il résultait de ces constatations que les désordres en cause étaient de nature structurelle, la cour administrative d'appel a entaché son arrêt d'erreur de droit en jugeant qu'était de nature à exonérer ces constructeurs d'une partie de leur responsabilité la circonstance que les conditions d'utilisation du terrain par le maître d'ouvrage aient pu contribuer à la manifestation des défauts constatés sur la pelouse. • CE 19 avr. 2017, *Cté d'agglom. de Montpellier*, n° 397126 : *AJCT 2017. 461, obs. Didriche*

174. On se reportera aussi aux notes 141 à 151 ci-dessus.

175. Règles de l'art. Il résulte de l'instruction et notamment du rapport d'expertise que le gonflement du revêtement de sol a été causé par des remontées d'humidité favorisées par de petites fissures présentes dans la dalle posée par la société Sogeco ; en admettant même que celle-ci n'ait pas, pour la réalisation des travaux, méconnu les prescriptions techniques du marché, elle a manqué aux règles de l'art en minimisant les conséquences potentielles de ces fissures, lesquelles lui ont été signalées par la SARL Creil Sols, et en ne procédant pas aux reprises nécessaires ; la SARL Sogeco a également, même si elle n'a pas méconnu les prescriptions techniques du marché, manqué aux règles de l'art en acceptant de poser un revêtement de sol sur cette dalle et en se bornant à appliquer préalablement un « primaire d'accrochage » insuffisamment protecteur. • CAA Douai, 9 nov. 2017, *Sté SMA*, n° 16DA01009.

176. Marchés de prestation d'études. Si l'exécution de l'obligation du débiteur d'une prestation d'étude prend normalement fin avec la remise de son rapport et le règlement par l'administration du prix convenu, sa responsabilité reste cependant engagée, en l'absence de toute disposition ou stipulation particulière applicable à ce contrat, à raison des erreurs ou des carences résultant d'un manquement aux diligences normales attendues d'un professionnel pour la mission qui lui était confiée, sous réserve des cas où, ces insuffisances étant manifestes, l'administration aurait, en payant la prestation, nécessairement renoncé à se prévaloir des fautes commises. • CE 9 avr. 2010, *Cne de Levallois-Perret*, n° 309662 B : *Rev. CMP 2010, n° 6. Alerte 206, Devillers ; Dr. adm. 2010, n° 92.*

177. Conformément aux art. 3 et 5 de la L. du 12 juill. 1985 relative à la maîtrise d'œuvre publique, qui prévoient que la convention de délégation de maîtrise d'ouvrage doit définir les conditions dans lesquelles l'approbation de la réception de l'ouvrage est subordonnée à l'accord du maître d'ouvrage, une convention entre un maître d'ouvrage et le maître d'ouvrage délégué a prévu que celui-ci ne peut procéder à la réception de l'ouvrage qu'après accord exprès de la collectivité ; par ailleurs, aux termes de l'art. 41. 3 du CCAG : « Au vu du procès-verbal des opérations préalables à la réception et des propositions du maître d'œuvre, la personne responsable du marché décide si la réception est ou non prononcée, ou si elle est prononcée avec réserves. Si elle prononce la réception, elle fixe la date qu'elle retient pour l'achèvement des travaux. La décision ainsi prise est notifiée à l'entrepreneur dans les quarante-cinq jours suivant la date du procès-verbal. A défaut de décision de la personne responsable du marché notifiée dans le délai précisé ci-dessus, les propositions du maître d'œuvre sont considérées comme acceptées. » ; le maître d'ouvrage ayant manifesté clairement et publiquement son refus de procéder à la réception de l'ouvrage, l'absence d'information postérieure de la part du maître d'ouvrage délégué n'a pu, en raison du désaccord ainsi exprimé, valoir réception tacite de l'ouvrage et la responsabilité contractuelle des constructeurs peut encore être engagée. • CE 6 févr. 2009, *Sté Jacques Rougerie*, n° 294214 B : *Rev. CMP 2009, n° 3, comm. 83, Pietri ; RFDA 2009. 474, note Moderne* . ♦ En application des stipulations des art. 41.1 et 41.2 du CCAG applicables au marché, le maître d'œuvre doit procéder aux opérations préalables à la réception des ouvrages, qui comportent la constatation éventuelle d'imperfections, et en dresse procès-verbal. Si le dernier alinéa de l'art. 41.3 prévoit une réception tacite des ouvrages à compter de la date d'établissement du procès-verbal, celle-ci n'est présumée avoir été prononcée qu'au terme d'une procédure contradictoire précisément organisée, ne laissant aucun doute sur la commune intention des parties de procéder à la réception, éventuellement partielle, des travaux. • CAA Bordeaux, 20 oct. 2011, *Sté Eiffage Construction Centre*, n° 09BX02971. ♦ En retenant que l'ensemble des travaux pouvait être considéré comme achevé le 9 févr. 2001, au motif que, nonobstant une réception ultérieure d'autres lots, cette date correspondait à la prise de possession de l'ouvrage, sans rechercher s'il résultait de la commune intention des parties de fixer l'achèvement de l'ensemble des travaux à cette date, la cour a commis une erreur de droit. • CE 16 mai 2012, *Cté de l'agglom. Rouen-Monplaisir-Elbeuf-Austreberthe*, n° 345137 B : *Rev. CMP 2012, n° 8, comm. 245, Devillers.*

178. Prix forfaitaire. Indemnisation du préjudice né d'un manquement du maître d'ouvrage à ses obligations contractuelles. Le caractère forfaitaire du prix ne fait pas obstacle à l'indemnisation de l'intégralité du préjudice subi par le titulaire du marché du fait d'une désorganisation du chantier qui trouve sa cause dans un retard fautif du maître d'ouvrage. • CE 22 févr. 2008, *OPAC Habitat Drouais*, n° 255677.

179. Responsabilité contractuelle. Force majeure exonératoire. Absence (contrat de mise à disposition d'une dépendance domaniale). Appel en garantie contractuelle d'une personne publique (contre un occupant du domaine public). Appel en garantie de la personne publique condamnée à indemniser son cocontractant. 1) Un stade municipal mis à la disposition, dans la durée, d'un club sportif en vue de l'organisation de rencontres de football et, exceptionnellement, d'un autre contractant en vue de l'organisation d'un concert. Un accident mortel ayant été causé, au cours des opérations de montagne de la scène de ce spectacle, par l'effondrement d'une structure métallique, le stade est rendu par suite indisponible pour accueillir, un mois plus tard, une rencontre sportive programmée. L'indisponibilité du stade, bien que résultant de fautes commises par le cocontractant de la commune et les sous-traitants dans le montage de la structure scénique, n'aurait pu survenir sans la décision initiale de la commune de mettre le stade à disposition de ce cocontractant pour l'organisation d'un concert. Par suite, l'effondrement de la structure scénique et l'accident mortel qui s'est ensuivi ne résultent pas de faits extérieurs à cette commune et, dès lors, ne constituent pas un cas de force majeur de nature à l'exonérer de toute responsabilité contractuelle vis-à-vis du club sportif. 2) Un appel en garantie formé par une personne publique moins de 5 ans après la requête par laquelle la victime a sollicité la mise à la charge de l'indemnisation contre laquelle cette personne publique demande à être garantie n'est pas atteint par la prescription prévue par l'art. L. 2224 C. civ., l'art. 6 de la convention de mise à disposition du stade à l'organisateur de spectacle prévoyant la responsabilité de celui-ci pour les dommages de toute nature pouvant survenir du fait ou à l'occasion de l'exécution de cette convention. Par suite, nonobstant les manquements qui auraient pu être commis par les sous-traitants auxquels ce cocontractant a recouru pour le montage du dispositif scénique prévu pour la tenue du concert, il y a lieu d'accueillir les conclusions de la commune tenant à ce que ce cocontractant soit appelé en garantie. En l'absence, au vu de l'instruction, de négligences de la commune de nature à atténuer les responsabilités incombant à son cocontractant en application de ces stipulations, ce cocontractant doit garantir la commune du montant total des sommes mises à sa charge. • CE 4 oct. 2021, *Sté sportive professionnelle Olympique de Marseille*, n° 440428 A : *BJCP 2022. 14, concl. Ciavaldini ; Rev. CMP 2021, comm. 353, Soler-Couteaux ; AJDA 2022. 54, note Lombard*.

180. Litige entre un entrepreneur de travaux et le maître d'ouvrage. Conclusions à fin de garantie de ce dernier, fondées sur un contrat distinct de celui en cause au principal. La circonstance que la commune, maître de l'ouvrage, était liée au maître d'ouvrage délégué et au maître d'œuvre par des contrats distincts de celui sur lequel se fondait le litige principal l'opposant à l'entrepreneur principal ne faisait pas obstacle à ce que la commune fût recevable à présenter à leur encontre, au cours de l'instance engagée devant la cour administrative d'appel par cet entrepreneur, des conclusions à fin de garantie. • CE 17 mars 2010, *Cne de Saint-Rémy-sur-Durolle*, n° 319563 : *BJCP 2010. 223, concl. Dacosta ; Rev. CMP 2010, n° 5, comm. 169, Eckert ; Dr. adm. 2010. Comm. 91.* ♦ V. aussi • CE 5 juill. 2010, *Cne de Dijon*, n° 314088.

181. Condamnation solidaire. Lorsque l'une des parties à un marché de travaux a subi un préjudice imputable à la fois à l'autre partie, en raison d'un manquement à ses obligations contractuelles, et à d'autres intervenants à l'acte de construire, au titre de fautes quasi délictuelles, elle peut demander au juge de prononcer la condamnation solidaire de l'autre partie avec les coauteurs des dommages. En revanche, ces derniers ne peuvent être rendus solidairement débiteurs de sommes correspondant à des préjudices qui ne leur sont aucunement imputables non plus que de sommes figurant dans le décompte général ne présentant pas de caractère indemnitaire. • CE 27 juin 2018, *Sté Valode et Pistre et a.*, n° 409608 B : *BJCP 2018. 375, concl. Pellissier ; Rev. CMP 2018, n° 10, Comm. 220, Devillers.*

182. Action dirigée par le maître d'ouvrage contre le constructeur ou son sous-traitant. Applicabilité de la prescription décennale (C. civ., art. 1792-4-3). L'art. 1792-4-3 C. civ., créé par la L. n° 2008-561 du 17 juin 2008 portant réforme de la prescription en matière civile, figurant dans une section du code civil relative aux devis et marchés et inséré dans un chapitre consacré aux contrats de louage d'ouvrage et d'industrie, a vocation à s'appliquer aux actions en responsabilité dirigées par le maître de l'ouvrage contre les constructeurs ou leurs sous-traitants. • CE 12 avr. 2022, *Sté Arest*, n° 448946 B : *BJCP 2022. 199, concl. Pichon de Vendeuil ; Rev. CMP 2022, n° 6, comm. 167, note Ubaud-Bergeron.*

183. Prescription. Expertise demandée au juge. Aux termes de l'art. 2244 C. civ. dans sa version antérieure à la L. n° 2008-561 du 17 juin 2008 : « Une citation en justice, même en référé, un commandement ou une saisie, signifiés à celui qu'on veut empêcher de prescrire, interrompent la prescription ainsi que les délais pour agir ». Il résulte de ces dispositions que la demande adressée à un juge de diligenter une expertise n'interrompt le délai de prescription que pendant la durée de l'instance à laquelle il est mis fin par l'ordonnance désignant l'expert. • CE 25 nov. 2021, *Cne de Mouvaux*, n° 449575.

184. Prescriptions garanties particulières. Expertise demandée au juge. L. du 17 juin 2008. D'une part, aux termes de l'art. 8-6 CCAP applicable au marché en cause : « Les garanties particulières sont prévues en application de l'art. 44.3 du CCAG / Protection des structures métalliques (peintures) (...) Anticorrosion : 7 ans ». le président de la 3e chambre de la CAA de Bordeaux, appréciant souverainement la portée des stipulations, a estimé à bon droit qu'une telle garantie particulière « Anticorrosion » d'une durée de sept ans instaurait un délai de prescription. Les Sté Vinci Construction Grands Projets, GTM Génie Civil et Services et Baudin Châteauneuf ne sont ainsi pas fondées à demander, en défense, à ce que soit substitué en cassation le motif, qui requiert l'appréciation de faits, tiré de ce que ces stipulations fixeraient un délai de forclusion.

D'autre part, aux termes de l'art. 2224 C. civ., dans sa rédaction résultant de la L. du 17 juin 2008 : « Les actions personnelles ou mobilières se prescrivent par cinq ans à compter du jour où le titulaire d'un droit a connu ou aurait dû connaître les faits lui permettant de l'exercer ». Aux termes de l'art. 2241 C. civ. : « La demande en justice, même en référé, interrompt le délai de prescription (...) », l'art. 2242 du même code, dans sa rédaction issue de la L. du 17 juin 2008, prévoyant que « l'interruption résultant de la demande en justice produit ses effets jusqu'à l'extinction de l'instance ». En outre, aux termes de l'art. 2239 C. civ., dans sa rédaction issue de la L. préc. : « La prescription est également suspendue lorsque le juge fait droit à une demande de mesure d'instruction présentée avant tout procès. / Le délai de prescription recommence à courir, pour une durée qui ne peut être inférieure à six mois, à compter du jour où la mesure a été exécutée ». Il résulte de ce qui précède que la demande adressée à un juge de dilligenter une expertise interrompt le délai de prescription jusqu'à la remise par l'expert de son rapport au juge. Il suit de là que le délai de prescription de la garantie « Anticorrosion » de sept ans prévu par les stipulations de l'art. 8-6 du CCAP du marché en cause a été interrompu par la saisine du juge des référés du TA de Bordeaux et a commencé à courir de nouveau à compter du 13 sept. 2010, date à laquelle le juge a ordonné l'expertise. La ministre de la Transition écologique est dès lors fondée à soutenir qu'en jugeant que le TA n'avait pas à tenir compte de la durée de l'expertise pour fixer la date d'expiration du délai de prescription, alors que ce délai avait été suspendu jusqu'à la remise par l'expert, le 27 déc. 2017, de son rapport au juge, le président de la 3e chambre de la CAA de Bordeaux a commis une erreur de droit. • CE 25 nov. 2021, *Min. de la Transition écologique c/ Sté Vinci Construction Grands Projets*, n° 449854 : *Rev. CMP 2022, n° 2, comm. 43, Zimmer.*

185. Garantie de parfait achèvement. Nature juridique. La réception d'un ouvrage met fin aux relations contractuelles entre le maître de l'ouvrage et les constructeurs en ce qui concerne la réalisation de l'ouvrage. La responsabilité des constructeurs ne peut alors plus être recherchée sur le fondement de la responsabilité contractuelle pour des désordres qui affecteraient l'ouvrage. Toutefois, les obligations des constructeurs sont prolongées, à compter de la réception de l'ouvrage, pendant le délai de la garantie de parfait achèvement prévue au contrat lui-même, en ce qui concerne les réserves faites à l'occasion de cette réception. Les désordres qui apparaissent pendant cette période sont également couverts par la garantie de parfait achèvement. La garantie de parfait achèvement prévue par les stipulations contractuelles repose ainsi sur le même fondement juridique que la responsabilité contractuelle. Par suite, la CAA de Nancy a commis une erreur de droit en jugeant que les conclusions présentées sur le fondement de la garantie de parfait achèvement, non invoquée devant les premiers juges, constituaient une demande nouvelle irrecevable en appel. • CE 9 juill. 2010, *Cne de Lorry-lès-Metz*, n° 310032 B : *RLCT 2010, n° 1784, note Glaser.*

186. Garantie de parfait achèvement. La réception des travaux, même lorsqu'elle est prononcée avec réserves, fait courir un délai de garantie, qui est en principe d'un an ou de six mois, selon que le marché concerne ou non des travaux autres que d'entretien ou des terrassements, pendant lequel l'entrepreneur est tenu à l'obligation dite « de parfait achèvement », ce délai n'étant susceptible d'être prolongé que par une décision explicite du maître de l'ouvrage. Alors même que l'entrepreneur doit remédier aux imperfections et malfaçons correspondantes, à défaut d'autre délai fixé par le responsable du marché, trois mois avant l'expiration du délai de garantie, l'absence de décision de prolongation du délai prise par le responsable du marché ne peut être assimilée à une levée implicite des réserves dont la réception a été assortie. Ainsi les relations contractuelles entre le responsable du marché et l'entrepreneur se poursuivent non seulement pendant le délai de garantie, mais encore jusqu'à ce qu'aient été expressément levées les réserves exprimées lors de la réception. ♦ V. également • CE 30 déc. 2013, *Sté Eiffage Construction, venant aux droits de la Sté Auxiliaire d'Entreprise (SAE), Sté de participations industrielles, venant aux droits de la Sté Waste Management France, Synd. mixte pour le traitement des résidus urbains (SYMTRU)*, n°s 356611, 356709 et 356790. ♦ Le délai de garantie défini au 1 de l'art. 44 du CCAG est en principe d'un an à compter de la date d'effet de la réception des travaux. Il résulte de ces stipulations que, une fois expiré le délai qu'elles prévoient, la commune n'était pas tenue de mettre en demeure le titulaire du marché de remédier aux désordres avant de faire intervenir, aux frais de ce dernier, une entreprise tierce. La date d'effet de la réception des travaux ayant été fixée au 31 juill. 2006, ce délai était expiré en mars 2008. Ainsi, en faisant appel à la société Nadalon, après avoir demandé à plusieurs reprises en vain à la société Climairtec de remédier à l'ensemble des désordres, la commune n'a pas méconnu les stipulations contractuelles. Comme l'ont estimé à bon droit les premiers juges, elle pouvait en conséquence imputer le montant, non contesté en appel, des travaux nécessaires à la levée des réserves sur le solde du marché dû à la société requérante. • CAA Paris, 22 sept. 2014, *Sté Climairtec*, n° 13PA02238 : *Rev. CMP 2014, n° 11, comm. 295, Pietri* • CE 26 janv. 2007, *Sté Mas, entreprise générale*, n° 264306 B. ♦ La garantie de parfait achèvement s'étend à la reprise d'une part des désordres ayant fait l'objet de réserves dans le procès-verbal de réception, d'autre part de ceux qui apparaissent et sont signalés dans l'année suivant la date de réception. Après avoir relevé que les réserves sur 558 panneaux avaient été levées avec effet rétroactif au 23 mars 1995, la cour a pu en déduire, sans commettre d'erreur de droit, quand bien même les travaux de réfection des 558 panneaux se sont révélés inappropriés pour réparer les désordres, que le maître de l'ouvrage ne pouvait rechercher la responsabilité de la société chargée de la réalisation des travaux sur le terrain de la garantie de parfait achèvement. • CE 20 mai 2009, *Ét. publ. de la Bibliothèque nationale de France*, n° 296628. – V. aussi • CAA Versailles, 24 mai 2017, *Sté Bravo Martin*, n° 14VE00724 : *AJDA 2017. 1547, note Mégret*. ♦ Les circonstances que l'utilisation d'un matériau a été acceptée par le maître de l'ouvrage, sur proposition de l'entrepreneur, et que celui-ci n'avait pas connaissance des défauts de ce matériau à la date des travaux ne sont pas de nature à exonérer entièrement l'entrepreneur de son obligation de remédier aux désordres imputables à l'insuffisante qualité du matériau, sur le fondement de la garantie de parfait achèvement. • CE 17 juin 2015, *Sté des autoroutes Paris-Rhin-Rhône (APRR)*, n° 383203 A. ♦ La responsabilité du titulaire du marché, contractuellement tenu à l'égard du maître de l'ouvrage de la bonne exécution de l'ensemble des travaux, est susceptible d'être engagée au titre de la garantie de parfait achèvement tant que les réserves émises dans le procès-verbal de réception n'ont pas été levées et qu'en conséquence de cette obligation qui s'étend à l'ensemble des imperfections et malfaçons relevées dans le procès-verbal de réception, quelles que soient leur nature et leur importance, à l'exception de celles qui sont dues à l'usure normale ou à l'usage du maître de l'ouvrage, il incombe au titulaire de prendre en charge le coût des travaux permettant d'y remédier, que le maître de l'ouvrage peut faire exécuter, après mise en demeure demeurée infructueuse, et ce, même en l'absence de faute de sa part et sans pouvoir opposer les faits de tiers. • CAA Bordeaux, 16 déc. 2016, *Sté Pénicaud*, n° 14BX03280.

187. Garantie de parfait achèvement. Préjudices couverts. Les frais de réparation, les dommages causés au mobilier du musée et les pertes d'exploitation dues à la fermeture du musée pendant six jours et demi constituent des préjudices entrant dans le champ d'application de la garantie de parfait achèvement. • CAA Bordeaux, 30 juill. 2010, *Sté HP 84*, n° 07BX02671. ♦ Commet une erreur de droit la cour administrative d'appel qui, après avoir jugé la responsabilité d'une société engagée envers une commune sur le fondement de la garantie de parfait achèvement, limite le préjudice de la commune aux seuls travaux de reprise permettant de faire disparaître les manifestations des désordres apparus sans prendre en compte le coût de l'ensemble des travaux nécessaires pour rendre l'ouvrage conforme aux prévisions du marché. • CE 29 sept. 2014, *Cne de Nantes*, n° 370151 B : *AJDA 2015. 67, note Hoepffner ; RDI 2015. 81, obs. de Gaudemar ; BJCP 2015. 45, concl. Pellissier ; Rev. CMP 2014, n° 11, comm. 294, Devillers*. – V. aussi • CAA Marseille, 12 déc. 2016, *Sté James Ébénisterie*, n° 15MA02783.

188. Référé. Interruption du délai. D'une part, aux termes de l'art. 44.1 CCAG alors en vigueur, rendu applicable par l'art. 2. B CCAP applicable au marché conclu entre la région et la société Bourdarios, relatif au délai de garantie : « Le délai de garantie est, sauf stipulation différente du marché et sauf prolongation décidée comme il est dit au 2 du présent art., d'un an à compter de la date d'effet de la réception (...). Pendant le délai de garantie (...) l'entrepreneur est tenu à une obligation dite "obligation de parfait achèvement" au titre de laquelle il doit : (...) b) Remédier à tous les désordres signalés, par le maître de l'ouvrage ou le maître d'œuvre, de telle sorte que l'ouvrage soit conforme à l'état où il était lors de la réception ou après correction des imperfections constatées lors de celle-ci (...) Les dépenses correspondant aux travaux complémentaires prescrits par le maître de l'ouvrage ou le maître d'œuvre ayant pour objet de remédier aux déficiences énoncées aux b et c ci-dessus ne sont à la charge de l'entrepreneur que si la cause de ces déficiences lui est imputable (...) ». Selon l'art. 44-2 du même cahier : « Prolongation du délai de garantie : (...) le délai de garantie peut être prolongé par décision de la personne responsable du marché jusqu'à l'exécution complète des travaux et prestations (...) ».

D'autre part, l'art. 2241 C. civ., dispose que : « La demande en justice, même en référé, interrompt le délai de prescription ainsi que le délai de forclusion (...) ». Selon l'art. 2242 du même code : « L'interruption résultant de la demande en justice produit ses effets jusqu'à l'extinction de l'instance ».

La réception d'un ouvrage met fin aux relations contractuelles entre le maître de l'ouvrage et les constructeurs en ce qui concerne la réalisation de l'ouvrage. Toutefois, les obligations des constructeurs sont prolongées, à compter de la réception de l'ouvrage, pendant le délai de la garantie de parfait achèvement prévue au contrat lui-même. La garantie de parfait achèvement s'étend à la reprise d'une part des désordres ayant fait l'objet de réserves dans le procès-verbal de réception, d'autre part de ceux qui apparaissent et sont signalés dans l'année suivant la date de réception.

Il résulte des termes mêmes des dispositions et stipulations applicables à la garantie de parfait achèvement des constructeurs à l'égard des maîtres d'ouvrages publics qu'une demande en référé présentée par une collectivité publique, tendant à la désignation d'un expert aux fins de constater des désordres imputés à des constructeurs, ou d'en rechercher les causes, a pour effet d'interrompre le délai d'un an à l'expiration duquel la responsabilité de ces constructeurs ne peut plus être recherchée devant le juge administratif à raison de ces désordres sur le fondement de la garantie de parfait achèvement. Ce délai commence à courir à nouveau à compter de l'ordonnance statuant sur la demande d'expertise, dès lors que celle-ci doit être regardée comme ayant mis fin à l'instance au sens de l'art. 2242 C. civ. préc. Par ailleurs, l'art. 44-2 CCAG permet au maître d'ouvrage de prolonger le délai de la garantie de parfait achèvement jusqu'à l'exécution complète des travaux et prestations. • CAA Bordeaux 12 oct. 2020, *Région Occitanie*, n° 18BX02136 : *Rev. CMP 2021, n° 1, comm. 9, note Dietenhoeffer.*

B. CONTRAT ÉCARTÉ. RESPONSABILITÉ

189. Contrat écarté. Effets. Si le marché est nul, les parties ne peuvent rechercher leur responsabilité contractuelle. • CE 1er oct. 1993, *Sté Le Yacht club international de Bormes-les-Mimosas*, n° 54660 B : *AJDA 1993. 810, concl. Pochard*. ♦ L'entreprise peut prétendre, sur le terrain de l'enrichissement sans cause, à l'indemnisation des dépenses utiles à la personne publique qu'elle a exposées, pas de son manque à gagner. • CE 21 nov. 2007, *Dpt des Yvelines*, nos 294470 et 294471. ♦ Le contrat résultant de l'application d'une clause de tacite reconduction a le caractère d'un nouveau contrat. Une telle clause ne peut être que nulle, de sorte qu'un contrat passé en application de cette clause, qui a été conclu selon une procédure irrégulière, est également nul. Dès lors, le moyen tiré de l'application de la théorie de l'imprévision, qui a nécessairement un fondement contractuel, ne peut être utilement invoqué à l'appui des conclusions que présente la société requérante en vue d'être indemnisée du surcoût de ses prestations. • CAA Marseille, 8 févr. 2010, *Sté Securitas France Sarl*, n° 07MA02181 : *Rev. CMP 2010, n° 5, comm. 179, Llorens.*

190. Contrat écarté. Responsabilités quasi contractuelle et quasi délictuelle. Lorsque le juge, saisi d'un litige engagé sur le terrain de la responsabilité contractuelle, est conduit à constater, le cas échéant d'office, la nullité du contrat, les cocontractants peuvent poursuivre le litige qui les oppose en invoquant, y compris pour la première fois en appel, des moyens tirés de l'enrichissement sans cause que l'application du contrat frappé de nullité a apporté à l'un deux ou de la faute consistant, pour l'un d'eux, à avoir passé un contrat nul, bien que ces moyens, qui ne sont pas d'ordre public, reposent sur des causes juridiques nouvelles. Raisonnement tenu ici à propos d'une concession, transposable à un litige relatif à un marché. • CE, sect., 20 oct. 2000, *Sté Citécâble Est*, n° 196553 A. ♦ Les cocontractants peuvent également invoquer, dans les mêmes conditions, des moyens relatifs à la responsabilité quasi délictuelle, de sorte qu'un maître d'ouvrage est recevable, après constatation par le juge de la nullité du marché le liant à un concepteur ou un constructeur, à demander, sur ce nouveau fondement, la réparation des préjudices qui ont pu lui être causés dans l'exécution des prestations et travaux concernés et invoquer, à cet effet, les fautes qu'aurait commises ce concepteur ou ce constructeur, en livrant, en dehors de toute obligation contractuelle régulière, un ouvrage non conforme à sa destination pour avoir été construit en méconnaissance des règles de l'art. • CE 22 févr. 2008, *M. Schmeltz, M. Orselli*, n° 286174 A : *AJDA 2008, obs. Marcovici ; Dr. adm. 2008, n° 66 ; BJCP 2008. 183, concl. Casas.*

191. Le cocontractant de l'administration dont le contrat est entaché de nullité peut prétendre, sur un terrain quasi contractuel, au remboursement de celles de ses dépenses qui ont été utiles à la collectivité envers laquelle il s'était engagé ; dans le cas où la nullité du contrat résulte d'une faute de l'administration, il peut en outre, sous réserve du partage de responsabilités découlant le cas échéant de ses propres fautes, prétendre à la réparation du dommage imputable à la faute de l'administration ; à ce titre il peut demander le paiement des sommes correspondant aux autres dépenses exposées par lui pour l'exécution du contrat et aux gains dont il a été effectivement privé par sa nullité, notamment le bénéfice auquel il pouvait prétendre, si toutefois l'indemnité à laquelle il a droit sur un terrain quasi contractuel ne lui assure pas déjà une rémunération supérieure à celle que l'exécution du contrat lui aurait procurée ; pour l'évaluation de la limite ainsi fixée à l'indemnité susceptible d'être accordée à l'entrepreneur, il convient de prendre en compte l'ensemble de la rémunération à laquelle ce dernier aurait eu droit en exécution du contrat, en incluant notamment le montant des éventuels avenants et, le cas échéant, les dépenses exposées au titre de travaux supplémentaires prescrits par le maître d'ouvrage. • CE 26 mars 2008, *Sté SPIE Batignolles*, n° 270772 : *Rev. CMP 2008, n° 5, comm. 93, Eckert.*

192. L'entrepreneur dont le contrat est entaché de nullité peut prétendre, sur un terrain quasi contractuel, au remboursement de celles de ses dépenses qui ont été utiles à la collectivité envers laquelle il s'était engagé ; les fautes éventuellement commises par l'intéressé antérieurement à la signature du contrat sont sans incidence sur son droit à indemnisation au titre de l'enrichissement sans cause de la collectivité, sauf si le contrat a été obtenu dans des conditions de nature à vicier le consentement de l'administration, ce qui fait obstacle à l'exercice d'une telle action • CE 10 avr. 2008, *Sté Decaux – Dpt des Alpes-Maritimes*, n°s 244950 A, 284439 A et 284607 A : *JCP Adm. 2008, n° 2116, p. 24, concl. Dacosta ; AJDA 2008. 1092, chron. Boucher et Bourgeois-Machureau ; ACCP 2008, n° 78, p. 85, obs. Dourlens et Roland de Moustier ; Rev. CMP 2008, n° 6, comm. 128, Pietri ; Dr. adm. 2008. Comm. n° 78, obs. Melleray.* ♦ Si le pouvoir adjudicateur a irrégulièrement conclu le marché, mais que le titulaire du marché a lui-même commis une grave faute en se prêtant à la conclusion d'un marché dont, compte tenu de son expérience, il ne pouvait ignorer l'illégalité, et que cette faute constitue la seule cause directe du préjudice subi par lui à raison de la perte du bénéfice attendu du contrat, ce titulaire n'est pas fondé à demander l'indemnisation d'un tel préjudice, nonobstant la faute de la collectivité. • CE 10 avr. 2008, *Sté Decaux – Dpt des Alpes-Maritimes*, n°s 244950 A.

193. L'entreprise ne disposait pas, en matière de marchés publics, d'une expérience suffisante lui permettant de déceler tant l'irrégularité de la procédure de passation de ce marché relevant de la procédure adaptée prévue à l'art. 28 C. marchés que l'incompétence du maire, dès lors qu'il s'agissait d'une entreprise de taille moyenne qui n'avait passé qu'un nombre limité de contrats avec des personnes publiques. Ainsi, en estimant que la société SDS avait commis une faute de nature à atténuer d'un tiers la responsabilité de la commune, le tribunal administratif a inexactement apprécié les faits de l'espèce. • CAA Versailles, 17 juin 2010, *Cne de Vernouillet*, n° 09VE00364. ♦ Si la commune a irrégulièrement renouvelé le contrat en application de la clause de tacite reconduction, ce qui conduit à ce que le litige ne soit pas réglé sur le terrain contractuel pour la période postérieure au 29 nov. 2001, la société S., société spécialisée dans les marchés de mobilier urbain, a elle-même commis une faute en se prêtant volontairement à des renouvellements dont, compte tenu de son expérience, elle ne pouvait ignorer l'illégalité. Cette faute de la société constitue la cause directe de son préjudice subi à raison de l'irrégularité des contrats renouvelés. La société n'est ainsi pas fondée à demander une indemnisation sur un terrain quasi délictuel, nonobstant la faute de la commune. Elle ne peut, par suite, prétendre qu'au remboursement de ses dépenses utilement exposées pour la commune à compter du 29 nov. 2001. • CE 10 oct. 2012, *Cne de Baie-Mahault*, n° 340647 : *RDI 2012. 622, obs. Noguellou.* ♦ Si une personne publique peut prétendre, dans l'hypothèse de la nullité du contrat, sur un terrain quasi contractuel, au remboursement de celles de ses dépenses qui l'ont indûment appauvrie et qui ont été source d'un enrichissement sans cause pour les sociétés avec lesquelles elle avait contracté, sans que les fautes éventuellement commises par cette personne publique antérieurement à la signature du contrat aient une incidence sur son droit à indemnisation, sauf si le contrat a été obtenu dans des conditions de nature à vicier le consentement des sociétés contractantes, c'est à la condition de démontrer que les versements dont elle demande le remboursement ont indûment enrichi les sociétés contractantes. • CE 29 déc. 2008, *Cne de Montpellier*, n° 286130. ♦ L'abandon du projet faisant directement l'objet des études fournies est de nature à priver les dépenses engagées par le cocontractant de toute utilité pour l'administration, à l'exception du cas où cet abandon est justifié par des difficultés révélées par ces études. La circonstance que cet abandon serait motivé par des considérations étrangères à l'intérêt général, si elle est susceptible le cas échéant d'engager la responsabilité de la collectivité sur le terrain de la faute, est sans incidence sur l'absence de droit à indemnité du cocontractant au titre de l'enrichissement sans cause. • CAA Nancy, 22 mars 2010, *Jean-Michel Jacquier*, n° 08NC00621 : *Rev. CMP 2010, n° 6, comm. 219, Llorens.*

194. La société a fourni des prestations supplémentaires non prévues au contrat afin de faire face à l'augmentation de la population, et la collectivité, qui a été informée de l'exécution de ces prestations, impliquées nécessairement par la bonne exécution du service, ne s'y est pas opposée. Elle doit ainsi être regardée comme ayant donné son consentement à leur exécution. D'une part, la société est fondée à demander, sur le terrain quasi contractuel, l'indemnisation de ses dépenses utiles engagées pour la réalisation de ces prestations. D'autre part, la société, qui n'a pas commis de faute en les réalisant avec le consentement de la personne publique, est fondée à demander sur le terrain quasi délictuel l'indemnisation de ses dépenses non utiles et de son manque à gagner pour cette prestation. • CE 18 nov. 2011, *Cté de cnes de Verdun*, n° 342642 B : *AJDA 2012. 598, note Aubert* ; *Rev. CMP 2012, n° 1, comm. 27, Pietri.*

195. Enrichissement sans cause. Faute de l'entrepreneur. La faute de l'entrepreneur appauvri est sans incidence sur son droit à indemnisation au titre de l'enrichissement sans cause de la collectivité. Il doit cependant être fait une exception à ce principe dans les cas où la faute du quasi-cocontractant est, par sa gravité, assimilable à une fraude ou à un dol de nature à vicier le consentement de l'administration, faisant ainsi obstacle à l'exercice d'une action fondée sur l'enrichissement sans cause. • CE 22 févr. 2008, *Tête*, n° 266755 B.

196. Enrichissement sans cause. Mode de calcul de l'indemnité. Intérêt de retard et intérêts compensatoires. La société n'a pas droit aux intérêts au taux contractuel en l'absence de tout contrat. Cependant elle a droit, dans la limite de ce qu'elle a demandé, aux intérêts au taux légal, dès lors que les factures adressées par l'entreprise à l'administration valaient sommation de payer. En outre, le refus persistant et non justifié de l'administration d'acquitter les factures de travaux commandés par elle et réalisés par l'entreprise, est constitutif d'un mauvais vouloir manifeste. La société requérante est par suite fondée à demander des dommages-intérêts distincts des intérêts moratoires de sa créance. • CE 17 nov. 2008, *Entreprise Aubelec, M. Ahmed*, n°s 294215 B et 294216 B : *Rev. CMP 2009, n° 1, comm. 6, Pietri.*

197. Le cocontractant de l'administration dont le contrat est entaché de nullité peut formuler une demande d'indemnité fondée sur l'enrichissement sans cause qui serait résulté pour l'administration des études, travaux et autres prestations qu'il a exécutés ; en ce cas, il est fondé à réclamer le remboursement de celles de ses dépenses qui ont été utiles à l'administration ; si la consistance des prestations fournies s'évalue au moment où elles ont été exécutées, leur utilité pour l'administration doit être appréciée par le juge administratif à la date à laquelle il statue en tenant compte éventuellement de l'évolution des travaux ou du projet depuis leur exécution ; par suite, l'abandon du projet faisant directement l'objet des études fournies est de nature à priver les dépenses engagées par le cocontractant de toute utilité pour l'administration, à l'exception du cas où cet abandon est justifié par des difficultés révélées par ces études ; la circonstance que cet abandon serait motivé par des considérations étrangères à l'intérêt général, si elle est susceptible le cas échéant d'engager la responsabilité de la collectivité sur le terrain de la faute, est sans incidence sur l'absence de droit à indemnité du cocontractant au titre de l'enrichissement sans cause ; de même, est sans incidence le fait que ces dépenses aient été engagées en vue d'assurer une complète exécution du contrat déclaré nul. Il résulte de ce qui précède qu'en jugeant que l'abandon du projet de métro par la communauté urbaine de Bordeaux privait de toute utilité les études et démarches liées directement à ce projet et que seules les études générales relatives notamment aux transports en commun et à la circulation dans l'agglomération bordelaise étaient à l'origine d'un enrichissement de cette communauté, la cour n'a pas commis d'erreur de droit (décision rendue en matière de DSP). • CE 24 nov. 2006, *Me Malmezat Prat*, n° 268129 A.

198. Dépenses utiles. Si le cocontractant de la personne publique dont le contrat est entaché de nullité est fondé à réclamer le remboursement de celles de ses dépenses qui ont été utiles à cette personne, et si la consistance des prestations fournies s'évalue au moment où elles ont été exécutées, leur utilité pour la personne publique doit être appréciée par le juge à la date à laquelle il statue en tenant compte éventuellement de l'évolution des travaux ou du projet depuis leur exécution. Le démontage des installations par la personne publique est de nature à priver les dépenses exposées par le cocontractant de toute utilité pour cette personne. • CAA Lyon, 9 avr. 2009, *Cne d'Aix-les-Bains*, n° 06LY02277.

199. Poursuite de l'exécution du marché au-delà de son terme. Enrichissement sans cause. Évaluation. Le titulaire du marché qui a assuré des prestations au-delà du terme du marché ne peut prétendre à une indemnisation correspondant à la valeur des prestations fixée par le marché, mais seulement à un remboursement des dépenses utiles pour la personne publique, au nombre desquelles ne peut notamment figurer aucune marge bénéficiaire. • CE 20 juin 2007, *Conseil général du Val-d'Oise*, n° 282030.

200. Responsabilité quasi délictuelle du constructeur. Étendue de la responsabilité. Les parties à un contrat frappé de nullité peuvent invoquer des moyens relatifs à leur responsabilité quasi délictuelle, de sorte qu'un maître d'ouvrage est recevable, après constatation par le juge de la nullité du marché le liant à un concepteur ou un constructeur, à demander, sur ce nouveau fondement, la réparation des préjudices qui ont pu lui être causés dans l'exécution des prestations et travaux concernés et invoquer, à cet effet, les fautes qu'aurait commises ce concepteur ou ce constructeur, en livrant, en dehors de toute obligation contractuelle régulière, un ouvrage non conforme à sa destination pour avoir été construit en méconnaissance des règles de l'art. En l'espèce, le maître d'ouvrage est fondé à demander l'indemnisation des désordres acoustiques imputables à divers manquements aux règles de l'art. • CE 29 déc. 2008, *Cne de Montpellier,* n° 286130. ♦ Après avoir retenu, par une appréciation souveraine exempte de dénaturation, que M. Cardin et autres n'avaient pas assuré un contrôle et un suivi suffisants des travaux relatifs aux installations électriques, à la mise en œuvre des ascenseurs et aux systèmes de désenfumage et d'isolement au feu de la résidence, la cour administrative d'appel de Marseille n'a pas inexactement qualifié les faits en estimant que ces manquements des maîtres d'œuvre à leurs obligations professionnelles, qui les avaient conduits à livrer un ouvrage non conforme à sa destination pour avoir été construit en méconnaissance des règles de l'art, constituaient une faute de nature à engager leur responsabilité quasi délictuelle. • CE 15 oct. 2014, *M. Cardin et a.,* n° 371046.

C. GARANTIE DÉCENNALE

201. Fondement de la garantie. Il résulte des principes qui régissent la garantie décennale des constructeurs que des désordres apparus dans le délai d'épreuve de dix ans, de nature à compromettre la solidité de l'ouvrage ou à le rendre impropre à sa destination dans un délai prévisible, engagent leur responsabilité, même s'ils ne se sont pas révélés dans toute leur étendue avant l'expiration du délai de dix ans. • CE 15 avr. 2015, *Cne de Saint-Michel-sur-Orge,* n° 376229 A : *AJDA 2015. 780, note Grand* (NB : avant cet arrêt, le juge administratif appliquait les principes dont s'inspiraient les art. 1792 et 2270 C. civ. La fin de la référence au C. civ. ne modifie pas le champ et les conditions de mise en jeu de la garantie décennale tels que précisés par la jurisprudence mentionnée ci-dessous).

202. Bénéficiaire de la garantie. Acquéreur. S'il résulte des principes dont s'inspirent les art. 1792 et 2270 C. civ. que l'action en garantie décennale n'est ouverte au maître de l'ouvrage, à raison des dommages qui en compromettent la solidité ou le rendent impropre à sa destination, qu'à l'égard des constructeurs avec lesquels le maître de l'ouvrage a valablement été lié par un contrat de louage d'ouvrage, cette action, qui accompagne l'immeuble, est également ouverte à l'acquéreur de celui-ci, alors même qu'il n'a pas lui-même été lié aux constructeurs par un tel contrat. • CE 9 déc. 2011, *Cne d'Alès,* n° 342283 B. Alors même qu'elle a donné en location l'usine-relais affectée par les désordres litigieux à une société, la SCI qui l'avait acquise auprès d'une commune avait seule qualité, en tant que propriétaire de cet immeuble, à rechercher la responsabilité des constructeurs à raison de ces désordres, sur le fondement des principes dont s'inspirent les art. 1792 et 2270 C. civ. • CE 30 déc. 2009, *SCI « PPWJ »,* n° 303520 B.

203. Les désordres de nature à compromettre la solidité d'un ouvrage ou à le rendre impropre à sa destination, survenus dans le délai de dix ans à compter de la réception des travaux, engagent la responsabilité des constructeurs sur le fondement de la garantie décennale ; en vertu de l'art. 1792-1 C. civ., toute personne qui vend, après achèvement, un ouvrage qu'elle a construit ou fait construire est réputée constructeur de l'ouvrage ; il résulte également des dispositions de cet art. que les acquéreurs successifs d'un ouvrage sont fondés à rechercher la responsabilité du vendeur de cet ouvrage au titre de la garantie décennale. Toutefois, la société Cité Marine n'est devenue propriétaire de la lagune artificielle du lieu-dit « Le Porzo » que par la levée, le 30 avr. 2014, de l'option prévue par le contrat de crédit-bail conclu avec les sociétés Auxicomi et Batiroc, aux droits desquelles vient aujourd'hui la société Bpifrance Financement ; elle n'avait dès lors pas qualité pour exercer l'action en garantie décennale, tant à l'encontre de la commune de Kervignac, vendeur de la lagune artificielle, qu'à l'encontre de la société Gaudriot, maître d'œuvre de l'opération ; aucune clause du contrat de crédit-bail du 27 juin 1995 ou du contrat de vente du 3 déc. 1998 ne prévoyait le transfert de l'action en garantie décennale au crédit-preneur ; l'acquisition de la propriété de la lagune de pré-épuration, postérieurement au jugement attaqué et à l'introduction de sa requête d'appel, n'a pu régulariser le défaut de qualité à exercer l'action en responsabilité décennale dont était entachée sa demande devant les premiers juges ; il suit de là que le tribunal administratif, par le jugement attaqué du 31 déc. 2013, a pu régulièrement opposer à la société Cité Marine qu'elle n'était pas recevable à rechercher la responsabilité décennale de la commune ou de la société Gaudriot et de son mandataire liquidateur. • CAA Nantes, 17 mai 2016, *Cne de Kervignac,* n° 14NT00557.

204. Débiteur de la garantie. Marché de conception-réalisation. Les travaux ont été réalisés en application d'un contrat de conception-réalisation en vertu duquel, conformément aux dispositions du Décr. du 29 nov. 1993, la société a été associée aux études nécessaires à la réalisation de l'ouvrage et n'a formulé aucune réserve sur le choix du système d'étanchéité. Elle est tenue de réparer les désordres affectant cette étanchéité au titre de la garantie décennale. • CAA Bordeaux, 2 mars 2010, *Sery et Defos du Rau*, n° 08BX02316 : *Rev. CMP 2010, n° 6, comm. 221, Llorens.*

205. Personne chargée d'exercer la maîtrise d'ouvrage pour le compte du maître d'ouvrage. En application des principes dont s'inspirent les art. 1792 à 1792-5 C. civ., est susceptible de voir sa responsabilité engagée de plein droit, avant l'expiration d'un délai de dix ans à compter de la réception des travaux, à raison des dommages qui compromettent la solidité d'un ouvrage ou le rendent impropre à sa destination, toute personne appelée à participer à la construction de l'ouvrage, liée au maître de l'ouvrage par un contrat de louage d'ouvrage ou qui, bien qu'agissant en qualité de mandataire du propriétaire de l'ouvrage, accomplit une mission assimilable à celle d'un locateur d'ouvrage, ainsi que toute personne qui vend, après achèvement, un ouvrage qu'elle a construit ou fait construire. La personne qui, en application d'une convention passée avec le maître d'ouvrage, assure la maîtrise d'ouvrage des travaux pour le compte de ce dernier, et, au terme de sa mission, lui remet l'ouvrage, ne saurait être regardée comme une personne qui vend, après achèvement, un ouvrage qu'elle a construit ou fait construire. C'est par suite sans erreur de droit qu'après avoir relevé que l'État avait confié la maîtrise d'ouvrage des travaux de réalisation de la digue à Voies navigables de France, la cour administrative d'appel a jugé que cet établissement ne pouvait être considéré comme constructeur au sens de l'art. 1792-1 C. civ. et, par suite, que sa responsabilité ne pouvait être engagée au titre de la garantie décennale des constructeurs. • CE 23 oct. 2020, *Sté Razel Bec et a.*, n° 437717.

206. Bénéficiaire d'un apport partiel d'actif opéré par le titulaire du marché. Une opération d'apport partiel d'actif placée sous le régime des scissions opérée, durant la période contractuelle, par le titulaire d'un marché public ne peut avoir pour effet de transférer au bénéficiaire les obligations nées du contrat, au nombre desquelles figure la garantie décennale des constructeurs, que si le maître d'ouvrage a consenti à ce transfert. Ce consentement n'est cependant pas soumis à un formalisme particulier et peut être déduit de l'attitude adoptée par le maître d'ouvrage à l'égard de l'apporteur ou du bénéficiaire. • CAA Douai, 22 nov. 2018, *Cté d'agglom. de Béthune-Bruay-Artois-Lys-Romane*, n° 15DA01475.

207. Titulaire d'un marché d'assistance et de contrôle d'opération. En application des principes dont s'inspirent les art. 1792 à 1792-5 C. civ., est susceptible de voir sa responsabilité engagée de plein droit, avant l'expiration d'un délai de dix ans à compter de la réception des travaux, à raison des dommages qui compromettent la solidité d'un ouvrage ou le rendent impropre à sa destination, toute personne appelée à participer à la construction de l'ouvrage, liée au maître de l'ouvrage par un contrat de louage d'ouvrage ou qui, bien qu'agissant en qualité de mandataire du propriétaire de l'ouvrage, accomplit une mission assimilable à celle d'un locateur d'ouvrage, ainsi que toute personne qui vend, après achèvement, un ouvrage qu'elle a construit ou fait construire. Alors même que l'art. 14 de la convention d'assistance administrative, financière et de conduite d'opération conclue entre le maître d'ouvrage et le groupement écarte expressément la qualification de contrat de louage d'ouvrage pour ce marché public de prestations intellectuelles régi par les dispositions du C. marchés et, sous réserve de certaines dérogations expresses, les stipulations du CCAG applicables aux marchés publics de prestations intellectuelles, il ressort de l'ensemble des clauses de cette convention, par laquelle le groupement s'engage à faire quelque chose pour le maître d'ouvrage, moyennant un prix convenu entre les parties, sans subordonner l'une à l'autre, qu'elle constitue un contrat de louage d'ouvrage au sens des principes dont s'inspirent les art. 1792 à 1792-5 C. civ. La cour n'a pas dénaturé les stipulations du contrat en regardant la mission de ce groupement comme portant, dans le cadre d'une conduite d'opération, sur un contrôle des travaux. Compte tenu de ces stipulations ainsi interprétées, elle n'a pas commis d'erreur de droit ni inexactement qualifié les faits, pour la mise en œuvre de la garantie décennale, en retenant la qualité de constructeur de ce groupement lié par un contrat de louage d'ouvrage au maître d'ouvrage. • CE 21 févr. 2011, *Sté Icade G3A et Sté services, conseil, expertises, territoires*, n°s 330515 B, 331074 B et 331446 B : *Rev. CMP 2011, n° 4, comm. 109, Devillers ; BJCP 2011. 187, concl. Dacosta.*

208. Assistant à maîtrise d'ouvrage. Il résulte de l'instruction que le contrat conclu par la commune avec M. X prévoit, à l'art. 1er de l'acte d'engagement et cahier des clauses administratives que « la mission ainsi confiée exclut formellement tout mandat de représentation du maître d'ouvrage dans l'exercice de ses prérogatives » ; son art. 2 précise que l'assistant au maître d'ouvrage « est l'interlocuteur direct des différents participants (...). Il propose les mesures à prendre pour que la coordination des travaux et des techniciens aboutisse à la réalisation des ouvrages dans les délais et les enveloppes financières prévus et conformément au programme approuvé par le maître d'ouvrage. Il vérifie l'application et signale les anomalies qui pourraient survenir et propose toutes mesures destinées à y remédier (...). Pendant toute la durée des travaux, l'assistant au maître d'ouvrage assiste le maître d'ouvrage de sa compétence technique, administrative et financière pour s'assurer de la bonne réalisation de l'opération. A ce titre : il a qualité pour assister aux réunions de chantier, il fait toutes propositions au maître d'ouvrage en vue du règlement à l'amiable des différends éventuels » ; son art. 3, relatif au contenu, à la définition et au phasage de la mission, confie notamment au cocontractant une mission de direction de l'exécution des travaux et d'assistance aux opérations de réception ; il résulte de l'ensemble de ces stipulations que le contrat conclu entre la commune et M. X revêt le caractère d'un contrat de louage d'ouvrage et la qualité de constructeur doit être reconnue, dans la présente espèce, à M. X. • CE 9 mars 2018, *Cne de Rennes-les-Bains,* n° 406205 B.

209. Prestataire. Un prestataire ne peut être regardé comme un constructeur au sens des principes dont s'inspire l'art. 1792 du même code et, en conséquence, n'être tenu à la garantie décennale s'appliquant à compter de la réception de l'ouvrage que si le contrat de louage portait sur la conception ou la réalisation de l'ouvrage affecté de désordres. Les conditions d'intervention de la société excluaient tout pré-dimensionnement de l'ouvrage et limitaient les obligations du prestataire à des préconisations sur les principes généraux d'implantation. Cette mission ayant pris fin avant l'intervention du maître d'œuvre et n'ayant pas conduit la société à participer à la conception ou à l'exécution des travaux, le contrat de louage dont elle était titulaire n'avait pas pour objet la construction de l'ouvrage affecté des désordres litigieux. Il suit de là qu'elle n'a pas la qualité de constructeur et n'est pas débitrice de la garantie décennale à l'égard du maître d'ouvrage. • CAA Lyon, 7 oct. 2010, *Sté Fondasol,* n° 07LY01210 : *Rev. CMP 2010. 409, note Devillers.*

210. Maître d'œuvre. Il résulte de l'instruction et, notamment, du rapport d'expertise que près de 800 tuiles recouvrant la toiture de l'église se sont brisées puis décrochées du toit, mettant en péril le clos et le couvert de l'ouvrage ainsi que la sécurité des personnes et rendant ainsi ce dernier impropre à sa destination ; il résulte également de l'instruction que ces désordres résultent d'un vice de fabrication de certaines tuiles produites par la société A, des tests de résistance ayant permis de mettre en évidence une charge de rupture inférieure à 60 daN, occasionnant des fissurations ; le vice de fabrication des tuiles, même s'il n'était pas décelable lors de la construction, ne constitue pas, en lui-même, une cause étrangère exonératoire pour les constructeurs ; les désordres en litige sont, par suite, bien imputables à M. X, chargé d'une mission complète de maîtrise d'œuvre, sans que celui-ci puisse utilement se prévaloir de la circonstance qu'il n'a commis aucune faute tant dans la conception que dans le contrôle des travaux. • CAA Versailles, 30 nov. 2017, *M. Claude Gazal,* n° 15VE03750 : *AJDA 2018. 47, note Mégret.*

211. Sous-traitant. En l'absence de lien contractuel portant sur la prestation avec le sous-traitant, le maître d'ouvrage n'est pas fondé à en rechercher sa responsabilité au motif qu'il serait intervenu sur l'ouvrage. Seule la responsabilité de l'entreprise principale peut être recherchée sur le fondement des principes dont s'inspirent les art. 1792 et 1792-4-3 C. civ. • CAA Lyon, 27 mai 2010, *Sté Rte EDF transport,* n° 08LY00138. ♦ Les sociétés ont agi, en ce qui concerne les désordres litigieux, pour les deux premières, en qualité de sous-traitantes de l'entreprise principale et, pour la dernière, en qualité de fournisseur de matériaux. Ainsi, dès lors que ces sociétés n'ont jamais été liées par contrat au maître d'ouvrage, elles n'ont pas la qualité de constructeur qui serait seule de nature à rendre recevables, devant le juge administratif, des conclusions dirigées contre elles fondées sur la garantie qu'impliquent les principes dont s'inspirent les art. 1792 et 2270 C. civ. Par suite, les conclusions de l'assureur subrogé dans les droits du maître d'ouvrage dirigées contre elles ne peuvent qu'être rejetées. • CE 8 juin 2011, *M. Helary,* n° 330836. ♦ Il appartient, en principe, au maître d'ouvrage qui entend obtenir la réparation des conséquences dommageables d'un vice imputable à la conception ou à l'exécution d'un ouvrage de diriger son action contre le ou les constructeurs avec lesquels il a conclu un contrat de louage d'ouvrage. Il lui est toutefois loisible, dans le cas où la responsabilité du ou des cocontractants ne pourrait pas être utilement recherchée, de mettre en cause, sur le terrain quasi délictuel, la responsabilité des participants à une opération de construction avec lesquels il n'a pas conclu de contrat de louage d'ouvrage, mais qui sont intervenus sur le fondement d'un contrat conclu avec l'un des constructeurs. S'il peut, à ce titre, invoquer, notamment, la violation des règles de l'art ou la méconnaissance de dispositions législatives et réglementaires, il ne saurait, toutefois, se prévaloir de fautes résultant de la seule inexécution, par les personnes intéressées, de leurs propres obligations contractuelles. En outre, alors même qu'il entend se placer sur le terrain quasi délictuel, le maître d'ouvrage ne saurait rechercher la responsabilité de participants à l'opération de construction pour des désordres apparus après la réception de l'ouvrage et qui ne sont pas de nature à compromettre la solidité de l'ouvrage ou à le rendre impropre à sa destination. Il résulte de ce qui précède qu'en jugeant que la commune de Bihorel n'était pas fondée à rechercher la condamnation, sur le fondement de la responsabilité quasi délictuelle, de la société A, la sous-traitante de la société B sans lien contractuel avec le maître de l'ouvrage, dès lors que la commune se bornait à invoquer la méconnaissance du contrat conclu entre ce sous-traitant et l'entrepreneur, la cour administrative d'appel n'a pas commis d'erreur de droit. • CE 7 déc. 2015, *Cne de Bihorel,* n° 380419 B.

212. Contrôleur technique. L'obligation de garantie décennale s'impose non seulement aux architectes et aux entrepreneurs, mais également au contrôleur technique lié par contrat au maître de l'ouvrage ; la circonstance que le contrôleur technique a une activité distincte de celle du concepteur de l'ouvrage ne peut avoir pour effet de décharger le contrôleur, vis-à-vis du maître de l'ouvrage, de l'obligation de résultat qui lui incombe au regard de sa propre mission et dont il ne peut s'exonérer qu'en cas de force majeure ou de faute du maître de l'ouvrage.

Il résulte de l'instruction, notamment de l'acte d'engagement et de l'art. 3 du CCAP, que le marché signé en vue de la construction du centre de tir et de loisirs confiait à la société X une mission de contrôle technique comportant notamment, conformément aux art. 6 et 7 du CCAG applicables aux marchés publics de contrôle technique, la mission de base obligatoire « L », solidité des ouvrages et des éléments d'équipement indissociables ; par suite, la société doit être regardée comme un constructeur débiteur de la garantie décennale vis-à-vis du maître de l'ouvrage dès lors que les désordres en cause affectent la solidité de l'ouvrage, élément de sa mission ; étant notamment chargée du contrôle de la réalisation de l'ouvrage sur le chantier puis des vérifications finales de solidité, elle n'est pas fondée à soutenir que les désordres affectant les charpentes, dont le diagnostic indique qu'ils sont dus notamment à une insuffisance des sections de pannes, ne relèvent pas de sa mission et ne lui seraient donc pas imputables ; il résulte de ce qui précède que les moyens tirés, d'une part, de ce que le contrôleur technique qui se borne à formuler des avis puisqu'il ne participe directement ni à l'acte de construire, ni à la surveillance des travaux, ni à la direction du chantier, n'est pas un constructeur au sens de l'art. 1792-1 C. civ., ni un mandataire du maître d'ouvrage et, d'autre part, de ce qu'aucune faute n'a été commise dans l'exercice de la mission de contrôleur technique doivent être écartés. • CAA Douai, 29 sept. 2016, *Sté Dekra Industrial*, n° 15DA00060 : *Rev. CMP 2016, n° 12, comm. 282, note Devillers.*

213. Pouvoirs et obligations du juge. Il incombe au juge administratif, lorsque est recherchée devant lui la garantie décennale des constructeurs, d'apprécier, au vu de l'argumentation que lui soumettent les parties sur ce point, si les conditions d'engagement de cette responsabilité sont ou non réunies et d'en tirer les conséquences, le cas échéant d'office, pour l'ensemble des constructeurs. Il en résulte que, en cette matière, une partie peut utilement se prévaloir du défaut d'examen d'un moyen soulevé par une autre partie. • CE 7 déc. 2015, *Cne de Bihorel*, n° 380419 B • 4 avr. 2016, *Sté Unibéton*, n° 394196 B.

214. Responsabilité solidaire du fabricant. Conformément aux principes régissant la responsabilité décennale des constructeurs, la personne publique maître de l'ouvrage peut rechercher devant le juge administratif la responsabilité des constructeurs pendant le délai d'épreuve de dix ans, ainsi que, sur le fondement de l'art. 1792-4 C. civ., la responsabilité solidaire du fabricant d'un ouvrage, d'une partie d'ouvrage ou d'un élément d'équipement conçu et produit pour satisfaire, en état de service, à des exigences précises et déterminées à l'avance. Il appartient au juge administratif de statuer sur les conclusions du maître d'ouvrage tendant à l'engagement de la responsabilité solidaire du fabricant sur le fondement de l'art. 1792-4 C. civ. et de rejeter ces conclusions lorsque la personne mise en cause par le maître d'ouvrage n'a pas, en réalité, cette qualité. • CE 4 avr. 2016, *Sté Unibéton*, n° 394196 : *Dr. adm. 2016, n° 37, note Deligiannis ; Rev. CMP 2016, n° 6, comm. 150, Devillers.*

215. Aux termes du 1er al. de l'art. 1792-4 C. civ. : « Le fabricant d'un ouvrage, d'une partie d'ouvrage ou d'un élément d'équipement conçu et produit pour satisfaire, en état de service, à des exigences précises et déterminées à l'avance, est solidairement responsable des obligations mises par les articles 1792, 1792-2 et 1792-3 à la charge du locateur d'ouvrage qui a mis en œuvre, sans modification et conformément aux règles édictées par le fabricant, l'ouvrage, la partie d'ouvrage ou élément d'équipement considéré (...) ». Conformément aux principes régissant la responsabilité décennale des constructeurs, la personne publique maître de l'ouvrage peut rechercher devant le juge administratif la responsabilité des constructeurs pendant le délai d'épreuve de dix ans, ainsi que, sur le fondement de l'art. 1792-4 C. civ. préc., la responsabilité solidaire du fabricant d'un ouvrage, d'une partie d'ouvrage ou d'un élément d'équipement conçu et produit pour satisfaire, en état de service, à des exigences précises et déterminées à l'avance.

En se fondant sur le seul fait que l'épaisseur et le dosage du ciment livré par la société Unibéton à la société ESBTP avaient été définis à l'avance par les clauses techniques particulières du marché, avec l'accord de l'architecte des bâtiments de France, sans relever l'existence de circonstances particulières permettant de qualifier ce simple matériau d'ouvrage, de partie d'ouvrage, ou d'élément d'équipement conçu et produit pour satisfaire, en état de service, à des exigences précises et déterminées à l'avance au sens des dispositions de l'art. 1792-4 C. civ., le juge des référés de la cour administrative d'appel a entaché son ordonnance d'erreur de droit. • CE 4 avr. 2016, *Sté Unibéton*, n° 394198 B : *BJCP 2016. 245, concl. Pellissier.*

216. Aux termes du 1er al. de l'art. 1792-4 C. civ. : « Le fabricant d'un ouvrage, d'une partie d'ouvrage ou d'un élément d'équipement conçu et produit pour satisfaire, en état de service, à des exigences précises et déterminées à l'avance, est solidairement responsable des obligations mises par les articles 1792, 1792-2 et 1792-3 à la charge du locateur d'ouvrage qui a mis en œuvre, sans modification et conformément aux règles édictées par le fabricant, l'ouvrage, la partie d'ouvrage ou élément d'équipement considéré (...) ». Conformément aux principes régissant la responsabilité décennale des constructeurs, la personne publique maître de l'ouvrage peut rechercher devant le juge administratif la responsabilité des constructeurs pendant le délai d'épreuve de dix ans, ainsi que, sur le fondement de l'art. 1792-4 C. civ. préc., la responsabilité solidaire du fabricant d'un ouvrage, d'une partie d'ouvrage ou d'un élément d'équipement conçu et produit pour satisfaire, en état de service, à des exigences précises et déterminées à l'avance. • CE 21 oct. 2015, *Cne de Tracy-sur-Loire*, n° 385779 B. ♦ Aux termes de l'art. 1792-4 C. civ. : « Le fabricant d'un ouvrage, d'une partie d'ouvrage ou d'un élément d'équipement conçu et produit pour satisfaire, en état de service, à des exigences précises et déterminées à l'avance, est solidairement responsable des obligations mises par les articles 1792, 1792-2 et 1792-3 à la charge du locateur d'ouvrage qui a mis en œuvre, sans modification et conformément aux règles édictées par le fabricant, l'ouvrage, la partie d'ouvrage ou élément d'équipement considéré ». Il résulte de l'instruction que la société Imatec, titulaire du marché correspondant au lot n° 12 « Traitement des eaux », (...) a commandé à la société Euro-Technologie les trois filtres dont elle devait équiper respectivement le bassin sportif, le bassin de loisir intérieur et le bassin de loisir extérieur de la piscine et que cette dernière société a fait réaliser ces filtres par la société Sifco-Chaudronnerie industrielle. Il ressort des bons de commande établis par la société Imatec et par la société Euro-Technologie que les filtres ont été fabriqués sur plans, pour répondre à des exigences précises et déterminées à l'avance. Contrairement à ce qu'elle soutient, la société Sifco-Chaudronnerie industrielle a ainsi eu la qualité de fabricant et non celle de fournisseur. Il résulte de l'instruction que les désordres que présentent les filtres, de nature à en compromettre à terme le fonctionnement, indispensable au filtrage de l'eau des bassins, sont à la fois imputables à un défaut d'exécution des travaux par les sociétés Imatec, Euro-Technologie et Sifco-Chaudronnerie industrielle et à un défaut de contrôle et de surveillance des travaux par les sociétés Esec-Ingénierie, Imatec et Euro-Technologie. Ils sont ainsi de nature à engager la responsabilité solidaire de ces quatre constructeurs à l'égard du maître de l'ouvrage sur le fondement des principes dont s'inspirent les art. 1792, 1792-4 et 2270 C. civ. • CAA Nantes, 9 mai 2014, *Sté Euro-Technologie, Sté Sifco-Chaudronnerie industrielle*, n°s 13NT02179 et 13NT02223 : *Rev. CMP 2014, n° 7, comm. 193, Devillers.*

217. Régime de la responsabilité décennale. Nature et imputabilité des désordres. La réception de l'ouvrage était assortie de réserves portant respectivement sur la remise en l'état des terrains et des lieux et sur l'exécution du scellement des chevêtres en tête de quai. Cette réception a donc mis fin aux rapports contractuels entre la commune et les constructeurs, sauf en ce qui concerne les obligations de remise en l'état et les chevêtres en tête de quai. Les désordres apparus ultérieurement, affectant le rideau de palplanches du bassin, sont dénués de tout lien avec les travaux pour lesquels les relations contractuelles n'avaient pas pris fin. Il n'est pas contesté que ces désordres, affectant la consistance même du bassin et son fonctionnement, étaient de nature à rendre l'ouvrage impropre à sa destination. La responsabilité des constructeurs est donc, dans ces conditions, nécessairement susceptible d'être engagée sur le fondement de la garantie décennale. • CE 16 janv. 2012, *Cne du Château-d'Oléron*, n° 352122 B.

218. La garantie décennale qui couvre les désordres de nature à rendre l'ouvrage impropre à sa destination ou à affecter sa solidité repose, non sur la faute des constructeurs, mais sur la seule imputabilité de la partie de l'ouvrage atteinte de ces désordres au constructeur qui l'a réalisée. • CE, ass., 2 févr. 1973, *Trannoy*, n° 82706 A.

219. Des désordres apparents au moment de la réception avec réserves et auxquels il n'a pas été remédié au moment de la levée des réserves et qui sont donc apparents à la date de la levée de ces réserves ne sont pas susceptibles d'engager la responsabilité des constructeurs sur le fondement des principes dont s'inspirent les art. 1792 et 2270 C. civ. • CAA Nancy, 1er août 2013, *Cne de Sarrebourg*, n° 12NC01598.

220. Il résulte des principes dont s'inspirent les art. 1792 et 2270 C. civ. que des dommages apparus dans le délai d'épreuve de dix ans, de nature à compromettre la solidité de l'ouvrage ou à le rendre impropre à sa destination dans un délai prévisible, engagent la responsabilité des constructeurs sur le fondement de la garantie décennale, même s'ils ne se sont pas révélés dans toute leur étendue avant l'expiration du délai de dix ans. La responsabilité décennale d'un constructeur peut être recherchée à raison des dommages qui résultent de travaux de réfection réalisés sur les éléments constitutifs d'un ouvrage, dès lors que ces dommages sont de nature à compromettre la solidité de l'ouvrage ou à le rendre impropre à sa destination. • CE 11 déc. 2013, *Cne de Courcival*, n° 364311 B : *Rev. CMP 2014, n° 2, comm. 52, Devillers ; ACCP 2014, n° 144, p. 71, note Galland ; BJCP 2014. 98, concl. Pellissier.* ♦ Pour rejeter les conclusions de la commune tendant à la mise en cause de la responsabilité décennale de la société M., la cour s'est fondée sur la circonstance qu'il ne résultait pas de l'instruction que les vices constatés compromettaient la solidité de l'ouvrage « dans sa généralité ». En subordonnant ainsi l'engagement de la responsabilité décennale des constructeurs au caractère général des désordres constatés, la cour a commis une erreur de droit. • CE 21 oct. 2015, *Cne de Tracy-sur-Loire*, n° 385779 B. ♦ Pour juger que les désordres résultant de l'absence de réalisation des travaux de reprise en sous-œuvre des fondations de bâtiments étaient apparents lors de la réception des travaux et rejeter, par suite, les conclusions indemnitaires de la commune présentées sur le terrain de la garantie décennale, la cour administrative d'appel a relevé que la commune ne s'était pas assurée de la bonne exécution de ces travaux de reprise, alors que ses services étaient en mesure de suivre le chantier et qu'elle avait été pleinement informée du caractère indispensable des travaux litigieux. En relevant ainsi l'existence d'une faute du maître de l'ouvrage dans le suivi et le contrôle de l'exécution du marché sans laquelle il aurait pu avoir connaissance de l'absence de réalisation des travaux litigieux, alors qu'il lui appartenait, à ce stade, non de se prononcer sur une faute du maître de l'ouvrage mais de déterminer dans quelle mesure les désordres tenant à l'absence de réalisation de ces travaux étaient apparents lors de la réception de l'ouvrage, la cour administrative d'appel a commis une erreur de droit. • CE 15 avr. 2015, *Cne de Saint-Michel-sur-Orge*, n° 376229 B : *RDI 2015. 423, obs. de Gaudemar ; AJCT 2015. 467, obs. Lanzarone ; Rev. CMP 2015, n° 6, comm. 142, Devillers ; BJCP 2015. 282, concl. Dacosta ; Dr. adm. 2016, n° 39, note Gallaud.* ♦ Il incombe au juge administratif, lorsque est recherchée devant lui la responsabilité décennale des constructeurs, d'apprécier, au vu de l'argumentation que lui soumettent les parties sur ce point, si les conditions d'engagement de cette responsabilité sont ou non réunies et d'en tirer les conséquences, le cas échéant d'office, pour l'ensemble des constructeurs. Le tribunal administratif a condamné solidairement M. B. et la société L. sur le terrain de la garantie décennale. Dès lors qu'elle faisait droit au moyen invoqué par la société L tiré de ce que les désordres ne revêtaient pas le degré de gravité suffisant pour être couverts par la garantie décennale, la cour n'a pas commis d'erreur de droit en accueillant les conclusions d'appel provoqué de M. B., alors même que celui-ci ne contestait pas l'applicabilité en l'espèce de ce régime de responsabilité mais se bornait à soutenir que sa propre responsabilité ne pouvait être engagée de ce chef. • CE 7 déc. 2015, *Cne de Bihorel*, n° 380419 B : *Rev. CMP 2016, n° 2, comm. 34, Devillers.*

221. La garantie ne couvre que l'ouvrage objet du marché. Des désordres affectant un immeuble mitoyen de celui dont la construction était l'objet du marché, bien que provenant de travaux compris dans le marché, n'affectent pas l'immeuble objet du marché et ne le rendent pas impropre à sa destination. Ils ne sont donc pas de ceux dont la réparation peut être demandée en vertu des principes dont s'inspirent les art. 1792 et 2270 C. civ. • CAA Paris, 13 nov. 2007, *Cie Albingia*, n° 05PA02385 : *Lebon T. 949 ; Rev. CMP 2008, n° 1, comm. 9, Pietri.* ♦ Après avoir souverainement relevé que l'utilisation de la salle des fêtes de la commune s'accompagnait de nuisances sonores importantes pour les occupants des habitations voisines, la cour administrative d'appel a estimé que de telles nuisances n'affectaient pas l'ouvrage lui-même et, en particulier, ne le rendaient pas impropre à sa destination. En excluant ainsi que la commune maître de l'ouvrage puisse rechercher la responsabilité décennale des constructeurs à raison des nuisances causées aux tiers par l'exploitation de l'ouvrage du fait d'un défaut de conception et d'exécution des travaux, sans rechercher si elles n'avaient pas pour conséquence d'empêcher le fonctionnement normal de l'ouvrage et, ainsi, de le rendre impropre à sa destination, la cour a commis une erreur de droit. • CE 9 mai 2012, *Cne de Prouvy*, n° 346757 A : *Rev. CMP 2012, n° 7, comm. 213, Devillers.*

222. Désordres rendant l'ouvrage impropre à sa destination. Constituent de tels désordres des dysfonctionnements de l'installation de chauffage empêchant d'obtenir une température suffisante dans les classes d'un groupe scolaire. Ces désordres tenant à des défauts non apparents lors de la réception de l'ouvrage, ils sont de nature à engager la responsabilité décennale des constructeurs. • CE 4 juill. 2007, *Sté CET Ingénierie*, n° 270494 A. ♦ Un ouvrage est rendu impropre à sa destination lorsque le dysfonctionnement de ses équipements techniques ne lui permet plus d'atteindre les minima réglementaires exigés à raison de sa destination pour son ouverture ou pour le maintien de son fonctionnement. Ce dysfonctionnement, mesuré sous forme d'un déficit de performances, ne devait pas pouvoir être décelé à la réception et doit résulter d'une dégradation de l'ouvrage apparue postérieurement à cette échéance. • CAA Lyon, 10 déc. 2009, *Ville de Lyon*, n° 07LY00869. ♦ Il résulte des principes dont s'inspirent les art. 1792 et 2270 C. civ., que des dommages apparus dans le délai d'épreuve de dix ans, de nature à compromettre la solidité de l'ouvrage ou à le rendre impropre à sa destination dans un délai prévisible, engagent la responsabilité des constructeurs sur le fondement de la garantie décennale, même s'ils ne se sont pas révélés dans toute leur étendue avant l'expiration du délai de dix ans. En rejetant les conclusions de la commune au motif que les désordres constatés n'évoluaient pas de manière à compromettre la solidité de l'ouvrage ou à le rendre impropre à sa destination avant l'expiration du délai décennal de garantie, la cour administrative d'appel a commis une erreur de droit. • CE 31 mai 2010, *Cne de Parnes*, n° 317006 B : *Rev. CMP sept. 2010, n°s 8-9, comm. 275, Zimmer.* ♦ La responsabilité décennale d'un constructeur peut être recherchée à raison des dommages qui résultent de travaux de réfection réalisés sur les éléments constitutifs d'un ouvrage, dès lors que ces dommages sont de nature à compromettre la solidité de l'ouvrage ou à le rendre impropre à sa destination. • CE 11 déc. 2013, *Cne de Courcival*, n° 364311 B. ♦ Les économiseurs sont des modules d'échange calorique destinés à récupérer la chaleur des fumées générées par les chaudières pour préchauffer l'eau qui sera ensuite transformée en vapeur par les mêmes chaudières. Le dispositif d'incinération des ordures, de transformation d'eau en vapeur par récupération de calories, de dérivation et de condensation de la vapeur forme un ensemble indissociable disposant d'un ancrage permanent et d'une emprise au sol. Dès lors, cet ensemble immobilier constitue un ouvrage qui a sa destination propre, au sens des principes dont s'inspire l'art. 1792 C. civ. Il suit de là que les désordres affectant la production ou le traitement de vapeur sont susceptibles d'entrer dans le champ de la garantie décennale due par les constructeurs de l'ouvrage. Par suite, les sociétés Hitachi Zosen Inova AG et Inova SAS ne sont pas fondées à soutenir que les économiseurs seraient des équipements dissociables de l'ouvrage. • CAA Douai, 20 janv. 2015, *Stés Hitachi Zosen Inova Ag et Inova SAS*, n° 13DA01246 : *Rev. CMP 2015, n° 3, comm. 5, Devillers.* ♦ Un défaut de conformité d'un établissement recevant du public aux normes de sécurité applicables à la date de sa construction est susceptible de constituer un désordre de nature à le rendre impropre à sa destination. Si ce défaut n'est pas apparent à la date de la réception des travaux, il est susceptible d'engager la responsabilité décennale des constructeurs. • CE 23 juill. 2010, *Institut médico-éducatif de Saint-Junien*, n° 31503 B : *Rev. CMP oct. 2010, n° 10, comm. 323, Pietri.* ♦ A la date de la publication de l'arrêté ministériel fixant de nouvelles prescriptions, les travaux faisant l'objet de cette nouvelle réglementation étaient achevés sans toutefois que cette passerelle ait fait l'objet d'une réception définitive par la collectivité. Les constructeurs, qui ont conçu le projet et réalisé ces travaux antérieurement à l'entrée en vigueur de ces prescriptions, n'étaient pas tenus de prévoir des paliers de repos tous les dix mètres. Dans ces conditions, leur responsabilité décennale ne saurait être engagée au motif que l'ouvrage qu'ils ont réalisé aurait été non conforme à la réglementation et, par suite, impropre à sa destination. • CE 19 janv. 2011, *Cne de Gueugnon*, n° 322638 B : *Rev. CMP 2011, n° 3, comm. 67, Devillers.*

223. Dans des salles de classe de l'école primaire les températures estivales sont supérieures à celles normalement admises et peuvent ainsi dépasser 34 degrés. De telles températures, difficilement supportables par de jeunes enfants, ne leur permettent pas d'étudier normalement. Ce désordre, qui affecte l'immeuble pendant des périodes où les enfants sont scolarisés, est de nature à le rendre impropre à sa destination. • CE 9 déc. 2011, *Cne de Mouans-Sartoux*, n° 346189 B : *Rev. CMP 2012, n° 3, comm. 84, Devillers.* ♦ Les désordres survenus postérieurement à la réception des travaux se matérialisent par une élévation anormale des températures dans certaines salles, dans la cafétéria ainsi que, dans une moindre mesure, au secrétariat du bâtiment de gestion administrative et commerciale de l'institut universitaire de technologie. Ils sont de nature à rendre l'ouvrage impropre à sa destination et ils engagent la responsabilité des constructeurs sur le fondement des principes dont s'inspirent les art. 1792 et 2270 C. civ. • CAA Nancy, 30 janv. 2012, *Gilles B*, n° 10NC00786.

224. Pour exclure que le ministre de la Justice en sa qualité de maître de l'ouvrage puisse rechercher la responsabilité décennale des constructeurs à raison des nuisances causées notamment aux détenus par les fuites d'eau résultant du fonctionnement défectueux des réseaux de distribution d'eau potable, du fait d'un défaut de contrôle et d'exécution des travaux, et des risques qu'ils présentaient pour la sécurité dans ce type d'établissement, les premiers juges ont estimé que ces désordres, parce qu'ils avaient cessé en 2008, après avoir été réparés, et alors qu'aucun autre désordre n'était survenu depuis, ne présentaient pas un caractère décennal. Toutefois, la circonstance que le centre pénitentiaire ait continué à accueillir des détenus malgré l'apparition de désordres, et celle que les désordres aient cessé en mai 2008 après avoir fait l'objet de réparations en urgence, ne font pas obstacle, par elles-mêmes, dès lors que la garantie décennale a été actionnée par le maître d'ouvrage, dans le délai de dix ans à compter de la réception des travaux, avec réserves – lesquelles ne concernaient pas les désordres en litige –, le 11 mai 1997, à ce que soit engagée la responsabilité décennale des constructeurs, responsabilité qui n'est, en outre, pas subordonnée au caractère continu des désordres constatés. • CAA Bordeaux, 3 janv. 2017, *Min. de la Justice*, n° 14BX02740.

225. Il résulte des principes qui régissent la garantie décennale des constructeurs que des désordres apparus dans le délai d'épreuve de dix ans, de nature à compromettre la solidité de l'ouvrage ou à le rendre impropre à sa destination dans un délai prévisible, engagent leur responsabilité, même s'ils ne se sont pas révélés dans toute leur étendue avant l'expiration du délai de dix ans ; la responsabilité décennale du constructeur peut être recherchée pour des dommages survenus sur des éléments d'équipement dissociables de l'ouvrage s'ils rendent celui-ci impropre à sa destination ; la circonstance que les désordres affectant un élément d'équipement fassent obstacle au fonctionnement normal de cet élément n'est pas de nature à engager la responsabilité décennale du constructeur si ces désordres ne rendent pas l'ouvrage lui-même impropre à sa destination. • CE 9 nov. 2018, *Cne de Saint-Germain-le-Chatelet*, n° 412916 B : *BJCP 2019. 27, concl. Pellissier ; Rev. CMP 2019, n° 1, comm. 8, Devillers.*

226. Escaliers mécaniques. Désordres affectant les escaliers mécaniques équipant les stations d'une ligne de métro. Caractère dissociable des escaliers mécaniques dès lors qu'ils peuvent être enlevés ou démontés de l'ouvrage que constitue la ligne de métro sans détérioration de celle-ci. Existence. Désordres affectant les escaliers mécaniques rendant la ligne de métro elle-même impropre à sa destination. Absence en l'espèce. • CAA Bordeaux, 31 janv. 2022, *Synd. mixte des transports en commun de l'agglomération toulousaine*, n° 19BX02138 : *Rev. CMP 2022, n° 4, comm. 106, Rees.*

227. Absence de faute du constructeur sans incidence. La circonstance, alléguée par une entreprise, qu'elle n'a commis aucune faute lors des travaux dont elle a été chargée n'est pas de nature à l'exonérer de l'obligation de garantie décennale qu'elle doit au maître de l'ouvrage du seul fait de sa participation à la réalisation des ouvrages affectés de désordres. • CE 7 févr. 1990, *Petitperrin et Sté Entreprise Jouanny*, n° 70756. ♦ En vertu des principes dont s'inspire l'art. 1792 C. civ., un constructeur ne peut s'exonérer de l'obligation qui pèse sur lui au titre de la garantie décennale qu'en apportant la preuve que les désordres dont il lui est demandé réparation proviennent d'une cause étrangère à son intervention. L'absence de faute ne saurait tenir lieu d'une telle preuve. L'achat, par un constructeur, d'un produit défectueux à un fabricant ne peut être regardé comme étranger à l'intervention de ce constructeur. • CAA Lyon, 15 nov. 2012, *Sté Paralu*, n° 11LY02971.

228. Fait du tiers non exonératoire. La société dont la responsabilité est recherchée sur le fondement dont s'inspirent les art. 1792 et 2270 C. civ. n'est pas fondée à se prévaloir vis-à-vis du maître d'ouvrage de l'imputabilité à un autre constructeur de tout ou partie des désordres litigieux ; elle ne peut donc demander que sa responsabilité soit écartée ou limitée que dans la mesure où ces désordres ou cette partie des désordres ne lui sont pas également imputables. • CE, sect., 30 janv. 1981, *SARL Gallego Frères et Cie*, n° 15351 A.

229. Désordre en aucune manière imputable au constructeur. Il résulte des principes qui régissent la responsabilité décennale des constructeurs que des désordres apparus dans le délai d'épreuve de dix ans, de nature à compromettre la solidité de l'ouvrage ou à le rendre impropre à sa destination dans un délai prévisible, engagent leur responsabilité, même s'ils ne se sont pas révélés dans toute leur étendue avant l'expiration du délai de dix ans ; le constructeur dont la responsabilité est recherchée sur ce fondement ne peut en être exonéré, outre les cas de force majeure et de faute du maître d'ouvrage, que lorsque, eu égard aux missions qui lui étaient confiées, il n'apparaît pas que les désordres lui soient en quelque manière imputables.

Pour juger que la contamination des thermes n'était pas imputable à la rénovation du système de « sanitation » réalisée par la société A sous la maîtrise d'œuvre de la société B, la cour administrative d'appel a relevé que la prolifération des bactéries pouvait avoir été causée par leur présence dans le forage lui-même ainsi que par différents dysfonctionnements dans la zone amont de l'installation, située en dehors du périmètre des travaux ; en se fondant, pour exonérer le maître d'œuvre et le constructeur de leur responsabilité décennale, sur la seule circonstance que le dommage aurait pu trouver son origine dans d'autres causes, alors qu'une telle exonération ne pouvait procéder que du constat que la prolifération des bactéries n'était en aucune manière imputable aux travaux réalisés par les sociétés mises en cause, la cour a méconnu les principes rappelés ci-dessus et, ce faisant, commis une erreur de droit. • CE 26 févr. 2016, *Cne de Rennes-les-Bains*, n° 387428 : *Rev. CMP 2016, n° 5, comm. 136, Devillers.*

230. Désordre dus à des conditions d'utilisation anormales. Nature décennale. Non. Si l'incendie qui s'est propagé en façade sud de la tour Mermoz a révélé qu'il pouvait exister, dans des conditions très exceptionnelles, un risque d'inflammation de l'Alucobond PE mis en place sur les tours des Aviateurs lorsque ce matériau est soumis à une charge calorifique très importante, l'origine de cet évènement réside dans les conditions d'utilisation anormales par un locataire de l'ouvrage public dont le bailleur social est propriétaire. Il est par ailleurs constant que ce bardage n'a causé aucun dommage dans les tours Guynemer et Blériot malgré l'enregistrement de plusieurs feux. Ainsi, la seule présence de ce panneau en Alucobond PE sur la façade des trois tours des Aviateurs ne constitue pas, en tant que tel, un danger pour la sécurité de leurs habitants. Dans ces conditions, les désordres dont la réparation est demandée, qui résultent exclusivement du stockage de matériaux sur le balcon par le locataire du premier étage de la tour Mermoz, sont dépourvus de lien avec les missions confiées aux constructeurs dans le cadre des travaux de réhabilitation des tours des Aviateurs et ne peuvent, par la suite, être regardés comme de nature décennale. Lille métropole Habitat n'est, dès lors, pas fondé à rechercher la responsabilité décennale des constructeurs. • CAA Douai 30 nov. 2021, *SAS Preventec*, nos 19DA00347 et 19DA00405 : *Rev. CMP 2022, no 2, comm. 44, Rees.*

231. Cas de force majeure. Les constructeurs ne peuvent être exonérés, en tout ou en partie, de leur responsabilité qu'en cas de force majeure ou de faute du maître d'ouvrage. Si des vents ont revêtu une violence qui n'a jamais été relevée auparavant, il résulte de l'instruction que les murs-pignons ont pu s'effondrer en raison des malfaçons qui les affectaient. Les dommages qui les affectent ne peuvent donc être regardés comme procédant d'une cause extérieure à ces ouvrages et les constructeurs ne sont pas fondés à invoquer un événement de force majeure de nature à les exonérer d'une partie de leur responsabilité. • CAA Nancy, 28 mai 2009, *Sté Socotec et a.*, nos 07NC00771, 07NC00777 et 07NC00791. ♦ La force majeure ne peut être regardée comme une cause étrangère à l'intervention des constructeurs, au sens des principes dont s'inspire l'art. 1792 C. civ., et les exonérer de la garantie décennale que si les désordres résultent d'un événement extérieur à leur volonté et présentent un caractère imprévisible et irrésistible. L'imprévisibilité d'un événement ne peut être appréciée qu'en fonction de la détermination des aléas dont les constructeurs pouvaient raisonnablement redouter la survenance lors de la conception et de la réalisation de l'ouvrage, de telle sorte qu'ils aient été en mesure de prendre les dispositions techniques appropriées antérieurement à la livraison de cet ouvrage, afin de l'en prémunir. • CAA Lyon, 5 nov. 2009, *Kalisz et a.*, no 07LY00276. ♦ Les constructeurs ont fait valoir que la tempête du 26 déc. 1999 doit être regardée comme un événement de force majeure de nature à écarter la présomption de responsabilité instituée par l'art. 1792 C. civ. Toutefois, il résulte de l'instruction que plusieurs règles de construction avaient été méconnues par les constructeurs de l'ouvrage, diminuant la solidité de celui-ci, ces négligences expliquant en grande partie l'importance des dommages subis par l'immeuble sous l'action des vents violents qui ne pouvaient du reste être tenus pour imprévisibles eu égard à la configuration du site dans une vallée qui y était exposée. Malgré l'importance exceptionnelle de ces vents, les constructeurs ne sont pas fondés à soutenir que les dommages causés à ce bâtiment seraient imputables à un cas de force majeure, l'Arr. du 29 déc. 1999 portant constatation de l'état de catastrophe naturelle n'ayant pas, en l'absence d'autres prévisions, pour effet de qualifier de force majeure les faits de l'espèce. • CAA Paris, 16 déc. 2011, *Sté Trace Architecture et Sté Cabrol*, no 09PA03261.

232. Montant du préjudice. TVA. Le montant du préjudice dont le maître d'ouvrage est fondé à demander la réparation aux constructeurs en raison des désordres affectant l'immeuble qu'ils ont réalisé correspond aux frais qu'il doit engager pour les travaux de réfection ; ces frais comprennent, en règle générale, la taxe sur la valeur ajoutée, à moins que le maître de l'ouvrage ne relève d'un régime fiscal qui lui permet normalement de déduire tout ou partie de cette taxe de celle dont il est redevable à raison de ses propres opérations ; dès lors qu'il résulte des termes de l'art. 256 B CGI que les personnes morales de droit public ne sont en général pas assujetties à la taxe sur la valeur ajoutée pour l'activité de leurs services administratifs, sociaux, éducatifs, culturels et sportifs et qu'il n'y a eu aucun débat entre les parties sur le régime fiscal du maître d'ouvrage en cause (la Cité des sciences et de l'industrie) au regard de la taxe sur la valeur ajoutée, cet établissement public n'a pas à apporter la preuve de son absence d'assujettissement et il y a lieu de calculer les indemnités qui lui sont dues toutes taxes comprises. • CE 4 mars 2009, *Cité des sciences et de l'industrie*, no 296069.

233. Abattement pour vétusté. Si la vétusté d'un bâtiment peut donner lieu, lorsque la responsabilité contractuelle ou décennale des entrepreneurs et architectes est recherchée à l'occasion de désordres survenus sur un bâtiment, à un abattement affectant l'indemnité allouée au titre de la réparation des désordres, il appartient au juge administratif, saisi d'une demande en ce sens, de rechercher si, eu égard aux circonstances de l'espèce, les travaux de reprise sont de nature à apporter une plus-value à l'ouvrage, compte tenu de la nature et des caractéristiques de l'ouvrage ainsi que de l'usage qui en est fait. Ainsi, peut être pris en considération le caractère historique du bâtiment pour apprécier s'il y a lieu d'appliquer un coefficient de vétusté au montant de l'indemnité due au titre de travaux de réfection de ce bâtiment. • CE 25 nov. 2021, *Sté Vitoux Groupama Nord Est*, no 442977 B : *Rev. CMP 2022, no 2, comm. 42, Rees.*

234. Action récursoire du maître d'ouvrage condamné à indemniser l'acquéreur de l'immeuble. La personne publique condamnée, sur le fondement des dispositions de l'art. 1792-1 C. civ., à indemniser l'acquéreur d'un ouvrage qu'elle a construit ou fait construire des désordres l'affectant peut à son tour rechercher la responsabilité décennale des constructeurs. • CE 23 mai 2011, *Cté d'agglom. de Lens-Liévin*, no 341414 A : *BJCP 2011. 273, concl. Boulouis ; Rev. CMP 2011, no 7, comm. 198, Devillers ; AJDA 2011. 2241, note Grand.*

235. L'action exercée en sa qualité de maître de l'ouvrage par la personne publique qui a été condamnée à indemniser l'acquéreur de l'immeuble, qui ne peut être regardée comme étant coauteur du dommage, présente le caractère d'une action récursoire destinée à faire valoir un intérêt direct et certain, distinct de celui qui fonde l'action de l'acquéreur de l'ouvrage, et non celui d'une action subrogatoire. Cette action doit être exercée dans le délai de garantie décennale. La cour n'a donc pas commis d'erreur de droit en jugeant que la communauté d'agglomération ne disposait pas à l'encontre des constructeurs, du fait de sa condamnation à indemniser la société des désordres affectant l'ouvrage, d'une action subrogatoire qui lui aurait été transmise par cette société. Il en résulte que l'interruption de la prescription de l'action en garantie décennale dont disposait cette société à l'encontre de la communauté d'agglomération en application de l'art. 1792-1 C. civ. était sans effet sur l'action dont disposait cette dernière à l'encontre des constructeurs, sur le fondement des principes dont s'inspirent les art. 1792 et 2270 du même code, et qui devait être exercée dans le délai décennal propre auquel elle était soumise. Par suite, la cour n'a pas non plus commis d'erreur de droit en jugeant que l'action en référé expertise introduite par la société qui a acheté l'immeuble à l'encontre des constructeurs n'avait pas interrompu le délai dont disposait la communauté d'agglomération pour rechercher la responsabilité décennale de ces derniers. • CE 23 mai 2011, *Cté d'agglomération de Lens-Liévin*, n° 341414 A.

236. Prescription. Citation en justice. Assureur du maître d'ouvrage. Subrogation. Il résulte des dispositions des art. 2244 et 2270 C. civ., applicables à la responsabilité décennale des architectes et des entrepreneurs à l'égard des maîtres d'ouvrage publics, qu'une citation en justice n'interrompt la prescription qu'à la double condition d'émaner de celui qui a qualité pour exercer le droit menacé par la prescription et de viser celui-là même qui en bénéficierait. Toutefois, l'assureur du maître de l'ouvrage bénéficie de l'effet interruptif d'une citation en justice à laquelle il a procédé dans le délai de garantie décennale, alors même qu'à la date de cette citation, n'ayant pas payé l'indemnité d'assurance, il ne serait pas encore subrogé dans les droits de son assuré. Son action contre les constructeurs est recevable dès lors qu'elle est engagée dans le nouveau délai de dix ans ainsi ouvert et que l'indemnité due à l'assuré a été versée avant que le juge ne statue sur le bien-fondé de cette action. • CE 12 mars 2014, *Sté Ace Insurance*, n° 364429 B : *Rev. CMP 2014, n° 5, comm.140, Devillers ; AJDA 2014. 1103, note Galland*. ♦ Si l'assureur du maître de l'ouvrage bénéficie de l'effet interruptif d'une citation en justice à laquelle il a procédé dans le délai de garantie décennale, alors même qu'à la date de cette citation, n'ayant pas payé l'indemnité d'assurance, il ne serait pas encore subrogé dans les droits de son assuré, il ne peut toutefois obtenir des constructeurs, cités en justice, le remboursement à due concurrence de l'indemnité d'assurance qu'il a versée au maître d'ouvrage public, que s'il établit par tout moyen qu'à la date de la clôture de l'instruction de l'instance introduite devant le juge administratif, il a effectivement versé cette indemnité ou une partie d'entre elle et qu'il peut ainsi être regardé comme ayant été subrogé dans les droits de son assuré. • CAA Douai, 22 sept. 2015, *Sté Sagena*, n° 14DA01047. ♦ La subrogation de l'assureur qui a payé une indemnité d'assurance correspondant à un dommage dans les droits et actions de l'assuré contre les tiers ayant causé ce dommage, prévue par l'art. L. 121-12 C. assur., ne trouve à s'appliquer que si l'indemnité a été versée en exécution d'un contrat d'assurance, mais n'est pas subordonnée au fait que le paiement de l'indemnité ait été fait entre les mains de l'assuré lui-même. • CE 22 oct. 2014, *Sté des transports de l'agglom. de Montpellier et a.*, n°s 362635 B et 362636 B : *Rev. CMP 2014, n° 12, comm. 330, Devillers.* ♦ Aux termes de l'art. L. 121-12 C. assur. : « L'assureur qui a payé l'indemnité d'assurance est subrogé, à concurrence de cette indemnité, dans les droits et actions de l'assuré contre les tiers qui, par leur fait, ont causé le dommage ayant donné lieu à la responsabilité de l'assureur. L'assureur peut être déchargé, en tout ou partie, de sa responsabilité, quand la subrogation ne peut plus, par le fait de l'assuré, s'opérer en faveur de l'assureur ». Le recours de l'assureur contre le tiers responsable du dommage ne peut toutefois s'exercer que dans la limite de la garantie dont il est lui-même tenu envers son client, qui n'est pas nécessairement égale à l'étendue du dommage. D'autre part, aux termes de l'art. L. 114-1 du même code : « Toutes actions dérivant d'un contrat d'assurance sont prescrites par deux ans à compter de l'événement qui y donne naissance ». La sté Samep fait valoir que la société Groupama d'Oc, qui aurait pu opposer à son assurée, la commune de Lacaune, la prescription découlant de l'art. L. 114-1 précité, ne peut être regardée comme subrogée dans les droits et actions de la commune à raison des désordres litigieux. Toutefois, il est constant que la sté Groupama d'Oc a versé le 24 juill. 2007 à la commune de Lacaune, en exécution du contrat d'assurance, la somme de 510 278 euros au titre du dommage tenant à la corrosion généralisée de la sous-face des bacs acier des abattoirs municipaux. Il n'est pas contesté que ce paiement est intervenu dans la limite de la garantie à laquelle l'assureur était tenu en vertu de ce contrat d'assurance. La prescription prévue à l'art. L. 114-1 C. assur. n'a d'incidence que sur l'exigibilité de la dette de l'assureur à l'égard de son assuré, mais est sans effet sur l'existence même de cette dette. Dans ces conditions, et alors même qu'elle aurait pu opposer à son assurée cette prescription, la société Groupama d'Oc était, du fait dudit paiement, subrogée à concurrence de la somme de 510 278 euros dans les droits de la commune de Lacaune. Par suite, la fin de non-recevoir opposée par la société Samep ne peut qu'être écartée. • Bordeaux, 3 nov. 2014, *Sté Groupama d'Oc*, n° 12BX03060 : *AJDA 2015. 235, concl. de La Taille*.

237. Il appartient à l'assureur qui demande à bénéficier de la subrogation prévue par l'art. L. 121-12 C. assur. de justifier par tout moyen du paiement d'une indemnité à son assuré. En outre, l'assureur n'est fondé à se prévaloir de la subrogation légale dans les droits de son assuré que si l'indemnité a été versée en exécution d'un contrat d'assurance. Est fondé à se prévaloir de cette subrogation l'assureur qui, bien que n'ayant pas produit la police d'assurance en exécution de laquelle il a indemnisé l'assuré, a mentionné dans le rapport d'expertise établi à sa demande les éléments concernant cette police et notamment les évènements garantis ainsi que les modalités d'indemnisation en cas de sinistre. • CE 25 nov. 2021, *Sté Vitoux Groupama Nord Est*, n° 442977 B : *BJCP 2022. 85, concl. Le Corre ; Rev. CMP 2022, n° 2, comm. 42, Rees.*

238. La subrogation légale de l'assureur dans les droits et actions de l'assuré, prévue par l'art. L. 121-12 C. assur., est subordonnée au seul paiement à l'assuré de cette indemnité en exécution du contrat d'assurance, et ce dans la limite de la somme versée. Si l'assuré est tenu, en application des dispositions de l'art. L. 121-17 C. assur., d'utiliser l'indemnité versée par l'assureur en réparation d'un dommage causé à un immeuble bâti pour procéder à la remise en état effective de cet immeuble ou pour la remise en état de son terrain d'assiette, la méconnaissance de cette obligation, qui ne concerne que la relation entre l'assureur et son assuré, est dépourvue d'incidence sur la recevabilité comme sur le bien-fondé de l'action subrogatoire de l'assureur à l'encontre du tiers responsable du dommage. • CE 10 févr. 2017, *Mutuelle des architectes de France*, n° 397630 B : *Rev. CMP 2017, n° 4, comm. 90, Devillers ; AJDA 2017. 2475, note Galland*.

239. Il résulte des dispositions des art. 2244 et 2270 C. civ. applicables à la responsabilité décennale des architectes et des entrepreneurs à l'égard des maîtres d'ouvrage publics qu'une citation en justice n'interrompt la prescription qu'à la double condition d'émaner de celui qui a qualité pour exercer le droit menacé par la prescription et de viser celui-là même qui en bénéficierait. • CE 7 oct. 2009, *Sté des ateliers des maîtres d'œuvre ATMO, Cie Les Souscripteurs du Lloyd's de Londres*, n° 308163 B. ♦ L'assignation présentée devant le juge des référés civil tendant à la désignation d'un expert interrompt le délai permettant la mise en œuvre de la garantie décennale, par application des dispositions de l'art. 2244 C. civ., le constat ultérieur par la cour d'appel que l'ordonnance désignant l'expert était non avenue à l'issue d'un délai de 6 mois, sur le fondement de l'art. 478 C. pr. civ., faute d'avoir été signifiée régulièrement dans ce délai, est sans effet sur le caractère interruptif de cette assignation. Est également sans effet le défaut de consignation prévue par l'art. 271 C. pr. civ. L'interruption a eu pour effet de proroger le délai de la garantie décennale. • CAA Marseille, 13 mai 2008, *Sté SOVAME et Sté OTV France*, n° 05MA03243 B. ♦ Il résulte des dispositions applicables à la responsabilité décennale des architectes et des entrepreneurs à l'égard des maîtres d'ouvrage publics qu'une citation n'interrompt la prescription qu'à la double condition d'émaner de celui qui a qualité pour exercer le droit menacé par la prescription et de viser celui-là même qui en bénéficierait. L'action en référé introduite par le maître d'ouvrage devant le juge civil ne visait que l'assureur des dommages. Si, ultérieurement, l'expertise ordonnée par le juge des référés a été, à la demande de cet assureur, étendue par une nouvelle ordonnance du juge aux constructeurs, ceux-ci n'étaient pas directement visés par la citation qui, de ce fait et contrairement à ce qu'a retenu la cour, n'a pu interrompre la prescription à leur égard. Il suit de là que l'arrêt attaqué est entaché d'une erreur de droit en ce qu'il a jugé recevable la demande de l'assureur subrogé dans les droits du maître d'ouvrage en première instance. • CE 8 juin 2011, *M. Helary*, n° 330836 B. ♦ Après avoir relevé que le maître d'ouvrage avait expressément demandé à être associé à la demande d'expertise présentée par l'entreprise principale devant le juge civil en vue de déterminer l'origine des désordres, la cour administrative d'appel a jugé que cette demande ne suffisait pas à interrompre la prescription, dès lors qu'elle n'avait ni le même objet, ni la même cause juridique que l'action en garantie décennale présentée devant le juge administratif par la région. Il ressort des pièces du dossier soumis aux juges du fond que les deux actions portaient sur les mêmes désordres. Ainsi, en jugeant que l'association du maître d'ouvrage à l'action de l'entreprise en vue de déterminer l'origine des désordres et l'action du maître d'ouvrage devant le juge administratif n'avaient pas le même objet, la cour administrative d'appel a commis une erreur de droit. Elle a commis une autre erreur de droit en exigeant que, pour interrompre la prescription, la demande de référé précise, outre les personnes contre lesquelles la prescription est recherchée et la nature des préjudices susceptibles de justifier une indemnisation, le fondement sur lequel l'action est engagée. • CE 2 août 2011, *Région Centre*, n° 330982 B : *Rev. CMP 2011, n° 11, comm. 317, Devillers.*

240. Il résulte des dispositions alors en vigueur de l'art. 2244 C. civ., applicables à la responsabilité décennale des architectes et des entrepreneurs à l'égard des maîtres d'ouvrage publics, que, pour les désordres qui y sont expressément visés, une action en justice n'interrompt la prescription qu'à la condition d'émaner de celui qui a qualité pour exercer le droit menacé par la prescription et de viser celui-là même qui en bénéficierait.

Par suite, erreur de droit d'une cour administrative d'appel à exclure l'effet interruptif d'une assignation devant le TGI au motif qu'elle ne précisait pas qu'elle reposait sur le fondement de la garantie décennale et qu'elle ne pouvait être regardée comme nécessairement fondée sur la garantie décennale. Il appartenait uniquement à la cour de rechercher si l'assignation identifiait de manière suffisamment précise les désordres dont elle demandait réparation, émanait de la personne qui avait qualité pour exercer le droit menacé par la prescription et visait ceux-là mêmes qui en bénéficieraient. • CE 19 avr. 2017, *Cté urb. de Dunkerque*, n° 395328 B : *BJCP 2017. 232, concl. Pellissier ; Rev. CMP 2017, n° 6, comm. 161, Devillers.*

241. Alors même que l'art. 2244 C. civ., dans sa rédaction antérieure à la L. n° 2008-561 du 17 juin 2008, réservait un effet interruptif aux actes « signifiés à celui qu'on veut empêcher de prescrire », termes qui n'ont pas été repris par le législateur aux nouveaux art. 2239 et 2241 C. civ., il ne résulte ni de la L. du 17 juin 2008 ni de ses travaux préparatoires que la réforme des règles de prescription résultant de cette loi aurait eu pour effet d'étendre le bénéfice de la suspension ou de l'interruption du délai de prescription à d'autres personnes que le demandeur à l'action.

Il en résulte qu'une citation en justice, au fond ou en référé, n'interrompt la prescription qu'à la double condition d'émaner de celui qui a la qualité pour exercer le droit menacé par la prescription et de viser celui-là même qui en bénéficierait.

S'agissant en particulier de la responsabilité décennale des constructeurs, il en résulte que, lorsqu'une demande est dirigée contre un constructeur, la prescription n'est pas interrompue à l'égard de son assureur s'il n'a pas été également cité en justice.

Lorsqu'une demande est dirigée contre un assureur au titre de la garantie décennale souscrite par un constructeur, la prescription n'est interrompue qu'à la condition que cette demande précise en quelle qualité il est mis en cause, en mentionnant l'identité du constructeur qu'il assure.

A cet égard, n'a pas d'effet interruptif de la prescription au profit d'une partie la circonstance que les opérations d'expertise ont déjà été étendues à cet assureur par le juge, d'office ou à la demande d'une autre partie. De son côté, l'assureur du maître de l'ouvrage, susceptible d'être subrogé dans ses droits, bénéficie de l'effet interruptif d'une citation en justice à laquelle le maître d'ouvrage a procédé dans le délai de garantie décennale. • CE 4 févr. 2021, *Sté mutuelle d'assurance du bâtiment et des travaux publics (SMABTP)*, n° 441593 B : *BJCP 2021. 222, concl. Le Corre ; Rev. CMP 2021. 107, note Dietenhoeffer.* ♦ V. aussi • CE 20 nov. 2020, *Sté Veolia Eau - Compagnie générale des eaux*, n° 432678 B : *BJCP 2021. 152, concl. Le Corre.*

242. Interruption du délai. Si le 18 févr. 2009, date à laquelle a été formée devant le tribunal la requête de la commune de Lacoste aux fins de référé-expertise, un délai de plus de dix ans s'était écoulé depuis la réception sans réserve de l'ouvrage, le 9 juill. 1998, qui correspond à la date de prise de possession de l'ouvrage et constitue le point de départ de la responsabilité décennale, il ressort de l'instruction, notamment des termes des courriers de la société Malataverne Services Environnement du 31 mars 2005, du 27 sept. 2005 et du 20 déc. 2005 adressés à la commune en réponse au signalement par celle-ci de la persistance des pertes de matières, que l'entreprise a reconnu les fuites affectant les panneaux du radier en plusieurs points ainsi que la fuite existant au niveau de la goulotte. La société Malataverne Services Environnement a précisé dans ce dernier courrier qu'elle prévoyait de reprendre l'intégralité de l'étanchéité de l'ouvrage, ce qu'elle a tenté de faire comme le confirment les termes de sa lettre du 10 mars 2006 évoquant son intervention sur site à partir du 20 mars 2006. Cette intervention a fait suite à celles effectuées à deux reprises en 2005 par l'entreprise pour tenter de remédier aux premières fuites apparues au niveau du clarificateur. A cette occasion, la société n'a formulé pour seule réserve sur sa responsabilité que celle liée au refus de son assureur de prendre en charge ces travaux au titre de la garantie décennale. Si les premières interventions, de faible ampleur, n'ont pu avoir pour effet de constituer une reconnaissance expresse de sa responsabilité par la société Malataverne Services Environnement, l'intervention de plus grande ampleur effectuée par cette entreprise en mars 2006 doit être regardée comme comportant de sa part une reconnaissance de responsabilité de nature à interrompre le délai de la garantie décennale. Par suite, la société Malataverne Services Environnement n'est pas fondée à soutenir que c'est à tort que les premiers juges ont écarté la prescription de l'action en garantie décennale qu'elle opposait à la demande de la commune de Lacoste. • CAA Lyon, 12 juin 2014, *Sté Malataverne Services Environnement*, n° 12LY23628.

D. ACTION ENTRE PARTICIPANTS À UNE OPÉRATION DE TRAVAUX PUBLICS

243. Nota : V. aussi notes ss. art. L. 2193-7.

244. Le litige né de l'exécution d'une opération de travaux publics et opposant des participants à l'exécution de ces travaux relève de la compétence de la juridiction administrative, sauf si les parties en cause sont liées entre elles par un contrat de droit privé, sans qu'il y ait lieu de rechercher si elles sont liées au maître de l'ouvrage par un contrat administratif. • T. confl. 24 nov. 1997, *Sté De Castro c/ Bourcy et Sole*, n° 03060 : *Lebon 540* • T. confl. 25 mai 1998, *SARL Benetière c/ Synd. intercommunal à vocation multiple des Auberges et Berger*, n° 03017 : *Lebon 539* • CE 30 janv. 2008, *Sté Sogeparc CGST*, n° 272642.

245. Contractants condamnés in solidum à indemniser la personne publique. Action du codébiteur ayant payé l'intégralité de la somme dirigée contre un autre des codébiteurs (art. 1317 C. civ.). Aux termes de l'art. 1317 C. civ., dans sa rédation issue de l'Ord. n° 2016-131 du 10 févr. 2016 : « Entre eux, les codébiteurs solidaires ne contribuent à la dette que chacun pour sa part. / Celui qui a payé au-delà de sa part dispose d'un recours contre les autres à proportion de leur propre part. / Si l'un d'eux est insolvable, sa part se répartit, par contribution, entre les codébiteurs solvables, y compris celui qui a fait le paiement et celui qui a bénéficié d'une remise de solidarité. »

Le litige né de l'exécution d'un marché de travaux publics et opposant des participants à l'exécution de ces travaux relève de la compétence de la juridiction administrative, quel que soit le fondement juridique de l'action engagée, sauf si les parties en cause sont unies par un contrat de droit privé et que le litige concerne l'exécution de ce contrat.

Le litige qui oppose les Sté Axima concept et Sunwell technologies étant né de l'exécution du marché de travaux publics dont la commune de Besançon était le maître d'ouvrage, et ces sociétés n'étant pas unies par un contrat de droit privé, la juridiction administrative est compétente pour connaître de l'action de la première contre la seconde fondée sur le dernier al. de l'art. 1317 C. civ.

Dès lors qu'une action subrogatoire ne saurait être portée par le subrogé devant un ordre de juridiction autre que celui appelé à connaître de l'action qui aurait été engagée par le subrogeant, la juridiction administrative est également compétente pour connaître de l'action de la société XL Insurance Company, subrogée dans les droits de la société Axima concept, contre la société Sunwell technologies fondée sur le même texte. • T. confl. 10 janv. 2022, *Sté XL Insurance Company SE c/ Sté Sunwell Technologies Inc*, n° 4231 B : *BJCP 2022. 109, concl. Polge ; Rev. CMP 2022. n° 3, comm. 94, Ubaud-Bergeron.*

246. Litige entre cotraitants fondé sur la responsabilité quasi délictuelle. Les sociétés A et B, membres d'un même groupement titulaire d'un marché de travaux publics, ont l'une et l'autre poursuivi la responsabilité quasi délictuelle de leur cotraitant et présenté des conclusions tendant à la condamnation de celui-ci à réparer le préjudice qu'elles estiment avoir subi à raison de fautes dans l'exécution du contrat conclu avec le maître de l'ouvrage. Alors même que les deux cotraitants sont par ailleurs liés par un contrat de droit privé, un tel litige, qui ne concerne pas l'exécution de ce contrat de droit privé et qui implique que soient appréciées les conditions dans lesquelles un contrat portant sur la réalisation de travaux publics a été exécuté, relève de la juridiction administrative. • T. confl. 8 févr. 2021, *Sté Fayat Batiment c/ Sté Pro-Fond*, n° 4203 B.

247. Le juge administratif est compétent pour statuer sur la responsabilité quasi délictuelle des co-maîtres d'œuvre d'une même opération de travaux publics. Compétence, par suite, pour connaître des actions en garantie mutuellement formées par les deux co-maîtres d'œuvre. Une cour administrative d'appel peut sans erreur de droit, pour statuer sur l'action en garantie que deux co-maîtres d'œuvre ont mutuellement formée l'un contre l'autre, rechercher si au regard des stipulations du contrat de maîtrise d'œuvre conclu avec le maître d'ouvrage, une faute imputable à l'un ou à l'autre des deux maîtres d'œuvre a été commise. • CE 30 juill. 2003, *Sté Setec Bâtiment*, n° 233172 B.

248. Action du titulaire du marché contre d'autres participants. Dans le cadre d'un contentieux tendant au règlement d'un marché relatif à des travaux publics, le titulaire du marché peut rechercher, outre la responsabilité contractuelle du maître d'ouvrage, la responsabilité quasi délictuelle des autres participants à la même opération de construction avec lesquels il n'est lié par aucun contrat de droit privé. • CE 5 juill. 2017, *Stés Eurovia Champagne-Ardenne et Colas Est*, n° 396430 B : *BJCP 2017. 371, concl. Pellissier ; Rev. CMP 2017, n° 10, comm. 230, Devillers.*

249. Dans le cadre d'un litige né de l'exécution de travaux publics, le titulaire du marché peut rechercher la responsabilité quasi délictuelle des autres participants à la même opération de construction avec lesquels il n'est lié par aucun contrat, notamment s'ils ont commis des fautes qui ont contribué à l'inexécution de ses obligations contractuelles à l'égard du maître d'ouvrage, sans devoir se limiter à cet égard à la violation des règles de l'art ou à la méconnaissance de dispositions législatives et règlementaires. Il peut en particulier rechercher leur responsabilité du fait d'un manquement aux stipulations des contrats qu'ils ont conclus avec le maître d'ouvrage. • CE 11 oct. 2021, *Sté coopérative métropolitaine d'entreprise générale*, n° 438872 A : *BJCP 2022. 23, concl. Le Corre ; Rev. CMP 2021, comm. 338, Rees ; AJDA 2022.642, note Bousquet.*

250. Entache son arrêt d'erreur de droit la cour administrative d'appel qui, pour rejeter comme irrecevables les conclusions présentées, par une société intervenant au marché, sur le fondement de leur responsabilité quasi délictuelle, à l'encontre du groupement de maîtrise d'œuvre et du mandataire du maître d'ouvrage, juge que ceux-ci sont fondés à se prévaloir d'un avenant transactionnel au marché conclu entre l'État et cette société comportant une clause par laquelle cette société avait renoncé à toute réclamation, sans que puisse être utilement invoqué « le principe de l'effet relatif des contrats ». • CE 21 oct. 2019, *Sté coopérative métropolitaine d'entreprise générale*, n° 420086 B : *BJCP 2020. 75, concl. Pellissier ; Rev. CMP 2020, n° 1, comm. 25, Dietenhoeffer.*

251. Condamnation solidaire. Lorsque l'une des parties à un marché de travaux a subi un préjudice imputable à la fois à l'autre partie, en raison d'un manquement à ses obligations contractuelles, et à d'autres intervenants à l'acte de construire, au titre de fautes quasi délictuelles, elle peut demander au juge de prononcer la condamnation solidaire de l'autre partie avec les coauteurs des dommages. En revanche, ces derniers ne peuvent être rendus solidairement débiteurs de sommes correspondant à des préjudices qui ne leur sont aucunement imputables non plus que de sommes figurant dans le décompte général ne présentant pas de caractère indemnitaire. • CE 27 juin 2018, *Sté Valode et Pistre et autres,* n° 409608 B : *BJCP 2018. 375, concl. Pellissier ; Rev. CMP 2018, n° 10, comm. 220, Devillers.*

252. Simple litige entre maître d'œuvre sur le partage des honoraires. Compétence judiciaire. Le litige engagé par l'agence Pena & Pena (maître d'œuvre) n'est pas dirigé contre la commune (maître d'ouvrage) et n'a pas pour objet l'indemnisation d'un dommage lié à l'opération de travaux publics elle-même ; il tend seulement à ce que M. M. Althabegoïty et Mme Bayle (autres maîtres d'œuvre) lui reversent une partie des honoraires qui leur ont été payés en application des clauses du marché, conformément à ce qu'a été, selon elle, le partage effectif des tâches et à l'engagement pris l'une envers l'autre par les deux agences sur la répartition des honoraires ; un tel litige ne met en cause que des relations de droit privé, il appartient, dès lors, à la juridiction d'en connaitre. • T. confl. 4 juill. 2016, *Agence Pena & Pena c/ M. Althabegoïty et Mme Bayle,* n° 4060 B.

253. Conclusions d'appel en garantie. Dans le cadre des conclusions d'appel en garantie formées par un participant à une opération de travaux public à l'encontre d'un autre participant, il n'est pas nécessaire d'établir que celui-ci pouvait, en outre, être qualifié de constructeur au sens de l'art. 1792-1 C. civ. ou de fabricant au sens de l'art. 1792-4 du même code, ces qualités n'étant requises que si le maître d'ouvrage entend engager la responsabilité d'un participant à une telle opération sur le terrain de la responsabilité décennale. Les conclusions d'appel en garantie des participants à l'exécution d'un marché public de travaux à l'encontre les uns des autres peuvent ainsi être présentées devant le juge administratif, du seul fait de cette qualité, à condition qu'aucun contrat de droit privé ne régisse leurs relations et, dans ce cas, l'action présentée est de nature quasi délictuelle. A cet égard, un fournisseur a la qualité de participant à l'exécution d'un marché public de travaux. Si la sté Bouygues Travaux publics Région France se prévaut avant tout de la qualité de fabricant de la sté Bonna Sabla au sens des dispositions de l'art. 1792-4 C. civ. afin d'obtenir sa condamnation à la relever et garantir de 90 % de toute condamnation, elle invoque également sa faute consistant à avoir fourni des éléments atteints de malfaçons, et doit donc être regardée comme invoquant la responsabilité quasi délictuelle de ce participant à l'opération de travaux publics. Il résulte de l'instruction, notamment du rapport d'expertise, que les désordres affectant le mur de protection litigieux sont liés à la fois à des malfaçons affectant les éléments préfabriqués livrés par la sté Bonna Sabla, à la sélection par le maître d'œuvre et la sté DTP Terrassement de ces éléments alors qu'ils n'étaient pas conformes aux prévisions du cahier des clauses techniques particulières applicable s'agissant de la surcharge routière devant être supportée, et à l'utilisation par la sté DTP Terrassement d'un matériau de remblai présentant un angle de frottement insuffisant compte tenu des caractéristiques des éléments préfabriqués qui lui avaient été communiquées. L'expert a également relevé dans son rapport que la sté DTP Terrassement a procédé à un remblayage non adapté du mur préfabriqué, ayant chargé le voile de l'ouvrage et contribué à sa cassure à l'interface avec la semelle. Eu égard aux causes ainsi identifiées des désordres, il résulte de l'instruction que la part de responsabilité de la sté Bouygues Travaux publics Région France doit être fixée à 40 % du préjudice subi par la commune du Freney, tandis que celles de la sté Bonna Sabla et de la sté Artelia Ville et Transport doivent être fixées à, respectivement, 40 % et 20 %. Il y a ainsi lieu de condamner solidairement les stés Bonna Sabla et Artelia Ville et Transport à la relever et garantir à hauteur de 60 % de la condamnation prononcée en première instance. • CAA Lyon, 30 août 2018, *Sté Bouygues Travaux publics Région France,* n° 16LY02997 : *Rev. CMP 2018, n° 12, comm. 268, Devillers.*

254. Action en garantie entre membres d'un groupement. Lorsque le juge administratif est saisi d'un litige né de l'exécution d'un marché de travaux publics opposant le maître d'ouvrage à des constructeurs qui ont constitué un groupement pour exécuter le marché, il est compétent pour connaître des actions en garantie engagées par les constructeurs les uns envers les autres si le marché indique la répartition des prestations entre les membres du groupement ; si tel n'est pas le cas, le juge administratif est également compétent pour connaître des actions en garantie entre les constructeurs, quand bien même la répartition des prestations résulterait d'un contrat de droit privé conclu entre eux, hormis le cas où la validité ou l'interprétation de ce contrat soulèverait une difficulté sérieuse. • T. confl. 9 févr. 2015, *Sté Ace European Group Limited c/ M. Targe et a.*, n° 3983 : *AJDA 2015. 310, note Poupeau* ; *Rev. CMP 2015, n° 4, comm. 83, Devillers.*

255. Action en garantie du titulaire contre le sous-traitant. La compétence de la juridiction administrative, pour connaître des litiges nés de l'exécution d'un marché de travaux publics et opposant des participants à l'exécution de ces travaux, ne s'étend pas à l'action en garantie du titulaire du marché contre son sous-traitant avec lequel il est lié par un contrat de droit privé. • T. confl. 16 nov. 2015, *Sté Strabag*, n° 4029 B : *Rev. CMP 2016, n° 1, comm. 21, Devillers.*

256. L'appel en garantie du titulaire d'un marché contre son sous-traitant relève du juge judiciaire, dès lors que le contrat qui les lie est de droit privé. • T. confl. 17 déc. 2001, *Sté Rue Impériale de Lyon*, n° 3262 : *Lebon 761.*

257. L'appel en garantie du sous-traitant du titulaire d'un marché par un autre participant à l'opérateur de travaux publics, qui n'a aucun lien contractuel avec ce sous-traitant, relève du juge administratif. • T. confl. 10 juill. 1990, *SEMA-RELP*, n° 02622 A • CE 15 déc. 2000, *Sté des Grands Travaux de Marseille*, n° 192977.

258. Action en garantie entre constructeurs. Délai de prescription. Le délai de prescription de dix ans à compter de la manifestation du dommage prévu par l'art. 2270-1 C. civ. pour les actions en responsabilité civile extracontractuelle s'applique aux actions en garantie exercées par un constructeur contre un autre. Le délai de prescription ne pouvant courir avant que la responsabilité de l'intéressé ait été recherchée par le maître d'ouvrage, la manifestation du dommage au sens de ces dispositions correspond à la date à laquelle le constructeur a reçu communication de la demande présentée par le maître d'ouvrage devant le tribunal administratif. Une demande en référé-expertise introduite par le maître d'ouvrage sur le fondement de l'art. R. 532-1 CJA ne peut être regardée comme constituant, à elle seule, une recherche de responsabilité des constructeurs par le maître d'ouvrage. • CE 10 févr. 2017, *Sté Campenon Bernard Côte d'Azur c/ Sté Fayat Bâtiment*, n° 391722 B : *BJCP 2017. 181, concl. Henrard ; Rev. CMP 2017, n° 4, comm. 89, Devillers.*

259. Les dispositions de l'art. 2270-1 C. civ. s'appliquent aux actions en garantie exercées par un constructeur contre un autre, en l'occurrence l'architecte contre l'expert thermicien. Le délai de prescription ne pouvant courir avant que la responsabilité de l'architecte n'ait été recherchée par le maître d'ouvrage, la manifestation du dommage au sens des dispositions de l'art. 2270-1 C. civ. correspond à la date à laquelle l'intéressé a reçu communication de la demande présentée par le maître d'ouvrage devant le tribunal administratif. En l'espèce, erreur de droit de la cour administrative d'appel ayant jugé que la demande d'action en garantie exercée par l'architecte contre l'expert thermicien était prescrite. • CE 11 juill. 2008, *Vallon*, n° 285168 B.

260. Appel en garantie en l'absence de condamnation solidaire. Commet une erreur de droit le juge qui écarte la possibilité pour une société de présenter un appel en garantie au motif que celui-ci était exclu en l'absence de condamnation solidaire de cette société avec d'autres constructeurs, alors que l'appel en garantie est possible, même en l'absence de condamnation solidaire, lorsqu'un constructeur fait valoir qu'un autre constructeur doit le garantir de sa condamnation à réparer un préjudice au titre de sa responsabilité propre dans la survenance des désordres, qui sont à l'origine de cette condamnation. • CE 6 févr. 2009, *Sté Jacques Rougerie*, n° 294214 B.

261. Un constructeur dont la responsabilité est recherchée par un maître d'ouvrage n'est fondé à demander à être garanti par un autre constructeur que si et dans la mesure où les condamnations qu'il supporte correspondent à un dommage imputable à ce constructeur ; à l'appui des conclusions d'appel en garantie qu'elles avaient formées devant les juges du fond à l'encontre de la société B, la société A et Mme X se bornaient à faire valoir que cette société avait méconnu les stipulations du cahier des clauses administratives particulières applicables au marché en s'abstenant de vérifier si la société S avait souscrit une assurance couvrant sa responsabilité décennale et qu'en raison de ce manquement, ils avaient perdu une chance que l'assureur de la société S supporte la charge définitive d'une partie de leur condamnation à indemniser la communauté d'agglomération pour les dommages qu'elle avait subis ; en rejetant ces conclusions, au motif que le manquement invoqué était sans lien direct avec la survenance des désordres pour lesquels la responsabilité de la société A et de Mme X était recherchée, la cour administrative d'appel n'a pas entaché son arrêt d'erreur de droit. • CE 19 nov. 2018, *Sté Acore, Mme Bassaler-Salva*, n° 413536.

262. Action en garantie de l'entrepreneur contre le maître d'œuvre, à raison du défaut de surveillance de l'exécution du marché. Régime de faute simple. Commet une erreur de droit la cour qui subordonne l'engagement de la responsabilité d'un maître d'œuvre, dans le cadre de sa mission de surveillance de l'exécution du marché, à l'existence d'une faute caractérisée d'une gravité suffisante, alors qu'il lui appartient seulement de rechercher si le comportement du maître d'œuvre présente un caractère fautif, eu égard à la portée de son intervention compte tenu des propres obligations des autres constructeurs. • CE 19 nov. 2018, *Sté travaux du Midi Var*, n° 413017 B : *BJCP 2019. 117, concl. Henrard ; Rev. CMP 2019, n° 1, comm. 7, Devillers.*

263. Action du maître de l'ouvrage sur le terrain quasi délictuel contre des participants à une opération de construction. S'il appartient, en principe, au maître d'ouvrage qui entend obtenir la réparation des conséquences dommageables d'un vice imputable à la conception ou à l'exécution d'un ouvrage de diriger son action contre le ou les constructeurs avec lesquels il a conclu un contrat de louage d'ouvrage, il lui est toutefois loisible, dans le cas où la responsabilité du ou des cocontractants ne pourrait pas être utilement recherchée, de mettre en cause, sur le terrain quasi délictuel, la responsabilité des participants à une opération de construction avec lesquels il n'a pas conclu de contrat de louage d'ouvrage, mais qui sont intervenus sur le fondement d'un contrat conclu avec l'un des constructeurs.Il peut, à ce titre, invoquer, notamment, la violation des règles de l'art ou la méconnaissance de dispositions législatives et réglementaires mais ne saurait se prévaloir de fautes résultant de la seule inexécution, par les personnes intéressées, de leurs propres obligations contractuelles. En outre, alors même qu'il entend se placer sur le terrain quasi délictuel, le maître d'ouvrage ne saurait rechercher la responsabilité de participants à l'opération de construction pour des désordres apparus après la réception de l'ouvrage et qui ne sont pas de nature à compromettre la solidité de l'ouvrage ou à le rendre impropre à sa destination. • CE 7 déc. 2015, *Cne de Bihorel*, n° 380419 B : *Rev. CMP 2016, n° 2, comm. 34, note Devillers.*

E. AUTRES GARANTIES

264. Garantie pour vices cachés. Selon l'art. 2 de la L. du 11 déc. 2001, les marchés passés en application du code des marchés publics ont le caractère de contrats administratifs de sorte que les litiges nés de leur exécution relèvent de la compétence du juge administratif ; constitue un tel litige, l'action en garantie engagée par le service public hospitalier à l'encontre d'un producteur auquel il est lié par un contrat administratif portant sur la fourniture de produits dont la défectuosité de l'un d'eux a été constatée et le contraint à indemniser le patient de ses conséquences dommageables ; cette action peut être fondée sur les stipulations du contrat, sur les vices cachés du produit, en application des art. 1641 à 1649 C. civ., ou encore sur les règles issues de la Dir. 85/374/CEE du Conseil du 25 juill. 1985 relative au rapprochement des dispositions législatives, réglementaires et administratives des États membres en matière de responsabilité du fait des produits défectueux, telle qu'elle a été interprétée par l'arrêt de la CJUE du 21 déc. 2011, *CHU de Besançon c/ Dutrueux*, n° C-495/10. • T. confl. 11 avr. 2016, *CH de Chambéry c/ M. Daniel Falempin et a.*, n° 4044 • CE 15 nov. 2017, *CH de Lannion*, n° 403317 B : *Rev. CMP 2018, n° 1, comm. 3, Devillers.*

265. Une collectivité publique qui a passé un marché public de fournitures peut former, devant les juridictions administratives à l'encontre du titulaire du marché, une action en garantie sur le fondement des règles résultant des art. 1641 s. C. civ., aux fins de restitution du prix de vente ou de réparation du préjudice subi du fait des désordres imputables aux vices cachés. • CAA Nancy, 14 juin 2007, *SARL Quaternaire*, n° 06NC00853. ♦ La communauté d'agglomération, qui a souhaité s'adjoindre les compétences d'un expert à fin, précisément, d'expertiser l'état d'entretien des véhicules en vue de leur acquisition, et qui s'est ainsi estimée suffisamment informée sur l'état du parc de véhicules pour en déterminer la valeur d'acquisition sans attendre le rapport définitif de l'association AGIR, doit être regardée comme s'étant comportée en professionnel auquel les vices ne pouvaient pas ne pas apparaître. Par suite, elle ne saurait rechercher la responsabilité du vendeur sur le fondement de l'art. 1641 C. civ. • CAA Marseille, 10 juin 2015, *Sophia Antipolis*, n° 13MA03349 : *Rev. CMP 2015, nos 8-9, comm. 203, Devillers.* ♦ Il résulte de l'instruction que le véhicule de type balayeuse à l'origine de l'accident survenu le 1er sept. 2009 avait été acheté par l'État en 2001. La commande réalisée en févr. 2002 auprès de la société E. tendant à la fourniture et la pose de coupleurs sur le véhicule a été réalisée et réglée par les services de l'État. Si ce véhicule était, à la date de l'accident, mis à disposition des services du département de l'Aisne en application d'une convention conclue le 21 déc. 2006 entre le préfet de l'Aisne et le président du conseil général de ce département, l'État en était resté propriétaire. Ainsi, le département de l'Aisne n'avait pas la qualité d'acheteur au sens des dispositions préc. de l'art. 1641 C. civ. Dès lors, la SMACL Assurance, subrogée dans les droits de son assuré, le département de l'Aisne, ne peut utilement rechercher la responsabilité de la société E. sur ce fondement. • CAA Douai, 22 janv. 2015, *Sté Mutuelle d'assurance des collectivités locales (SMACL) Assurance*, n° 13DA01179 : *Rev. CMP 2015, n° 3, comm. 64, Devillers.* ♦ Aux termes de l'art. 1641 C. civ. : « Le vendeur est tenu de la garantie à raison des défauts cachés de la chose vendue qui la rendent impropre à l'usage auquel on la destine, ou qui diminuent tellement cet usage que l'acheteur ne l'aurait pas acquise, ou n'en aurait donné qu'un moindre prix, s'il les avait connus ». Aux termes de l'art. 1648 du même code, dans sa rédaction applicable en l'espèce : « L'action résultant des vices rédhibitoires doit être intentée par l'acquéreur, dans un bref délai, suivant la nature des vices rédhibitoires, et l'usage du lieu où la vente a été faite (...) ». La cour n'a pas commis d'erreur de droit en faisant application des dispositions des art. 1641 et 1648 C. civ. sans les adapter au droit des marchés publics et en jugeant qu'en l'espèce le pouvoir adjudicateur n'avait pas invoqué la garantie des vices cachés dans un « bref délai » au sens de l'art. 1648, dès lors qu'il ne l'a invoquée qu'en appel, soit plus de six ans après la découverte des vices en cause. • CE 24 nov. 2008, *CHR d'Annecy*, n° 291539 B : *Rev. CMP 2009, n° 1, comm. 8, Pietri ; RDI 2009. 363, note Delaunay*. ♦ Aux termes du premier alinéa de l'art. 1648 C. civ., dans sa version antérieure à sa modification par l'Ord. du 17 févr. 2005 relative à la garantie de la conformité du bien au contrat due par le vendeur à l'acquéreur : « L'action résultant des vices rédhibitoires doit être intentée par l'acquéreur, dans un bref délai, suivant la nature des vices rédhibitoires, et l'usage du lieu où la vente a été faite ». Aux termes de l'art. 3 de l'Ord. du 17 févr. 2005 : « Au premier alinéa de l'art. 1648 C. civ., les mots : "dans un bref délai, suivant la nature des vices rédhibitoires, et l'usage du lieu où la vente a été faite" sont remplacés par les mots : "dans un délai de deux ans à compter de la découverte du vice" ». Aux termes de l'art. 5 de cette ordonnance : « Les dispositions de la présente ordonnance s'appliquent aux contrats conclus postérieurement à son entrée en vigueur ». En faisant application de la version de l'art. 1648 C. civ. issue de l'Ord. du 17 févr. 2005, alors qu'il ressortait des pièces du dossier qui lui était soumis que le contrat à l'origine du litige avait été conclu avant l'entrée en vigueur de cette ordonnance, les juge des référés ont commis une erreur de droit justifiant la censure de leurs ordonnances.

– Délai d'action. Aux termes de l'art. 1641 C. civ. : « Le vendeur est tenu de la garantie à raison des défauts cachés de la chose vendue qui la rendent impropre à l'usage auquel on la destine, ou qui diminuent tellement cet usage que l'acheteur ne l'aurait pas acquise, ou n'en aurait donné qu'un moindre prix, s'il les avait connus ». Aux termes de l'art. 1645 du même code : « Si le vendeur connaissait les vices de la chose, il est tenu, outre la restitution du prix qu'il en a reçu, de tous les dommages et intérêts envers l'acheteur ». Selon l'art. 1648 du même code, dans sa rédaction applicable aux faits de l'espèce : « L'action résultant des vices rédhibitoires doit être intentée par l'acquéreur, dans un bref délai, suivant la nature des vices rédhibitoires, et l'usage du lieu où la vente a été faite (...) ». Il résulte de ces dispositions que le délai prévu par l'art. 1648 C. civ. court à compter du jour de la découverte du vice par l'acheteur.

Si le véhicule de transport objet du litige a été acquis par le centre hospitalier en avr. 2004, celui-ci n'a eu connaissance des vices affectant la caisse du véhicule qu'au mois de juill. 2007, lors de l'immobilisation du véhicule, et des causes et de l'ampleur de ces vices qu'au mois d'août 2007, lors de la remise du rapport d'une expertise diligentée à la demande de son assureur. En introduisant une demande sur le fondement de l'art. R. 532-1 CJA auprès du tribunal administratif le 15 janv. 2008, le centre hospitalier a bien agi dans un « bref délai », au sens des dispositions de l'art. 1648 C. civ.

Il résulte de ces mêmes dispositions que l'acquéreur, agissant en garantie des vices cachés, qui assigne en référé son vendeur dans le bref délai pour voir ordonner une expertise, satisfait aux exigences de ce texte. Dès lors, c'est la prescription de droit commun qui court à compter de la conclusion de la vente. La demande tendant à ce que soit ordonnée une expertise, introduite le 15 janv. 2008, a interrompu le bref délai de prescription de l'action en garantie des vices cachés, et a fait courir le délai de prescription de droit commun. A la suite de la remise du rapport de l'expert désigné dans le cadre de l'instance de référé expertise, dressé le 16 juill. 2008 et communiqué le 5 août suivant, le centre hospitalier a introduit le 15 juin 2009 auprès du tribunal administratif une demande sur le fondement de l'art. R. 541-1 CJA. Il résulte de ce qui précède que la société n'est pas fondée à soutenir que cette demande, introduite dans le délai de prescription de droit commun à compter de la conclusion de la vente, serait tardive.

– Conditions d'engagement de la garantie. Le véhicule litigieux est affecté d'un vice tenant aux soudures de la caisse, qui préexistait au transfert de propriété dès lors qu'il résulte du choix de la société d'équiper la structure du véhicule d'une caisse réalisée et posée par une autre entreprise. Ce vice, inhérent au véhicule, rend celui-ci impropre à sa destination normale, dès lors qu'il a dû être immobilisé à la suite de la rupture de soudures. Ce vice était inconnu de l'acheteur, non professionnel, lors de la conclusion de la vente, et ne pouvait pas être décelé par lui. Il résulte de ce qui précède que la demande du centre hospitalier remplit les conditions d'engagement de la garantie par l'acheteur des vices cachés de la chose vendue. Les préjudices subis par le centre hospitalier du fait du risque de désolidarisation du châssis de la caisse du véhicule et de l'immobilisation de celui-ci, tenant au remplacement à neuf de la caisse et à la location d'un véhicule de remplacement, sont la conséquence des désordres provoqués par le vice du véhicule. Il résulte des dispositions de l'art. 1645 C. civ. une présomption irréfragable de connaissance par le vendeur professionnel du vice de la chose vendue, qui l'oblige à réparer l'intégralité de tous les dommages en résultant. Ainsi la société ne peut utilement soutenir que le vice affectant le véhicule engagerait la responsabilité du fabricant de la caisse défectueuse. • CE 7 avr. 2011, *Sté Ajaccio Diesel*, n° 344226 B : *ACCP 2011, n° 112, p. 72, note Lanzarone et Fausser ; AJDA 2011. 1628, note Martin*.

266. Les règles résultant des art. 1641 à 1649 C. civ. relatifs à la garantie des vices cachés sont applicables à un marché public de fournitures ; aux termes de l'art. 1648 C. civ., dans sa rédaction issue de l'Ord. du 17 févr. 2005 relative à la garantie de la conformité du bien au contrat due par le vendeur au consommateur : « L'action résultant des vices rédhibitoires doit être intentée par l'acquéreur dans un délai de deux ans à compter de la découverte du vice » ; aux termes des dispositions du I de l'art. L. 110-4 C. com., dans leur rédaction issue de la L. du 17 juin 2008 portant réforme de la prescription en matière civile : « Les obligations nées à l'occasion de leur commerce entre commerçants ou entre commerçants ou non-commerçants se prescrivent par cinq ans si elles ne sont pas soumises à des prescriptions spéciales plus courtes ».

La prescription prévue par l'art. L. 110-4 C. com. n'est pas applicable aux obligations nées à l'occasion de marchés publics. • CE 7 juin 2018, *Sté FPT Powertrain Technologies France et autres*, n° 416535 : *BJCP 2018. 314, concl. Henrard ; AJDA 2018. 1795, note Hoepffner ; Rev. CMP 2018, n°s 8-9, comm. 182, Devillers.*

267. A la fin de l'année 2005, la commune de Chalette-sur-Loing a engagé une procédure adaptée, en application de l'art. 28 C. marchés, afin d'acquérir une nacelle élévatrice sur véhicule léger ; le marché était divisé en deux lots, le premier relatif à la fourniture d'un châssis cabine et le second relatif à la fourniture d'une nacelle élévatrice et à son installation sur le châssis cabine objet du lot n° 1 ; par deux contrats signés le 10 novembre 2005, le lot n° 1 a été attribué à la société Basty, garage concessionnaire Renault, et le lot n° 2 à la société Nacelles Services.

Il résulte de l'instruction, notamment du rapport d'expertise, que lorsque la nacelle s'élève sur les vérins porteurs, la partie avant du châssis du camion se trouve en porte-à-faux et est partiellement coupée, ce qui rend le véhicule inutilisable ; ce vice, inhérent au véhicule, rend celui-ci impropre à sa destination normale, dès lors qu'il a dû être immobilisé ; ce vice était inconnu de l'acheteur, non professionnel, lors de la conclusion de la vente, et ne pouvait pas être décelé par lui. Il résulte de ce qui précède que la demande de la commune de Chalette-sur-Loing remplit les conditions d'engagement de la garantie par l'acheteur des vices cachés de la chose vendue.

Par ailleurs, d'une part, il résulte de l'instruction que la société Basty, qui a vendu le châssis-cabine, avait connaissance de la destination de celui-ci et des caractéristiques de la nacelle élévatrice qui devait y être installée en vertu du lot n° 2 du même marché. Si elle soutient que la société Nacelles Services, qui a installé la nacelle élévatrice, aurait dû renforcer le châssis du camion, il ne résulte pas du contrat signé par cette dernière qu'il lui appartenait de vérifier si le véhicule sur lequel elle devait procéder au montage de la nacelle était adapté : les vices cachés affectent le châssis et non la nacelle, de sorte que la garantie de l'art. 1641 C. civ., qui ne repose que sur le vendeur, ne peut pas être retenue à l'encontre de la société Nacelles Services.

D'autre part, ni la garantie décennale des constructeurs, qui ne s'applique qu'aux marchés de travaux, ni l'obligation d'exécuter le contrat posée par l'art. 1147 C. civ. ne sont susceptibles d'engager la responsabilité de la société Nacelles Services, qui a fourni le matériel et les prestations prévus par le contrat qu'elle a conclu avec la commune de Chalette-sur-Loing le 10 nov. 2005. Enfin, il ne résulte pas de l'instruction que la société Nacelles Services serait à l'origine d'un dol ; il suit de là que la commune de Chalette-sur-Loing et la société Basty ne sont pas fondées à soutenir que c'est à tort que, par le jugement du 16 oct. 2014, le tribunal administratif d'Orléans n'a pas retenu la responsabilité de la société Nacelles Services.

Enfin, il résulte des dispositions de l'art. 1645 C. civ. une présomption irréfragable de connaissance par le vendeur professionnel du vice de la chose vendue, qui l'oblige à réparer l'intégralité de tous les dommages en résultant. Ainsi la société Basty ne peut utilement soutenir que le vice affectant le véhicule engagerait la responsabilité de la société Renault, fabricant du châssis défectueux. • CAA Nantes, 23 déc. 2015, *Cne de Chalette-sur-Loing*, n°s 13NT01322, 14NT00455, 13NT03207 et 14NT03215 : *Rev. CMP 2016, n° 3, comm. 69, Devillers.*

F. ASSURANCE DOMMAGES

268. Assurance dommages. Il résulte des art. L. 121-17 et L. 242-1 C. assur. que l'assuré est tenu d'utiliser l'indemnité versée par l'assureur en réparation d'un dommage causé à un immeuble bâti pour procéder à la remise en état effective de cet immeuble ou pour la remise en état de son terrain d'assiette. Par suite, l'assuré n'est pas fondé à demander à son assureur dommages-ouvrage le versement d'une indemnité excédant le montant total des dépenses de réparation qu'il a effectivement exposées et dont il doit justifier auprès de son assureur. • CE 5 juill. 2017, *OPH de la Haute-Garonne*, n° 396161 B : *BJCP 2017. 367, concl. Pellissier ; Rev. CMP 2017. 231, note Devillers.* ♦ V. aussi • CAA Nantes, 27 sept. 2019, *CRAMA Bretagne Pays de Loire*, n° 17NT02978 : *Rev. CMP 2019, n° 12, comm. 372, Ubaud-Bergeron.*

269. Les dispositions de l'art. L. 242-1 C. assur. instituent une procédure spécifique de préfinancement des travaux de réparation des désordres couverts par la garantie décennale avant toute recherche de responsabilité ; par suite, l'assureur ne peut exiger de l'assuré la réalisation de ces travaux avant le versement de l'indemnité prévue par ces dispositions. • CE 26 mars 2018, *Cne de Montereau-Fault-Yonne*, n° 405109 B.

270. Délai de réponse à une déclaration de sinistre. Il résulte de l'art. L. 242-1 C. assur. que l'assureur dommages-ouvrage est tenu de répondre à toute déclaration de sinistre, en adressant à son assuré le courrier contenant sa décision quant au principe de la mise en jeu des garanties prévues au contrat dans le délai maximal de soixante jours suivant la réception de la déclaration de sinistre. A défaut, l'assureur ne peut plus opposer la prescription biennale prévue par l'art. L. 114-1 du même code lorsqu'elle est déjà acquise à la date d'expiration de ce délai.

Si l'assureur dommages-ouvrage ne peut plus, à défaut d'avoir répondu à la déclaration de sinistre dans le délai de soixante jours prescrit par l'art. L. 242-1 C. assur., opposer la prescription biennale prévue par l'art. L. 114-1 du même code lorsqu'elle est déjà acquise à la date d'expiration de ce délai, la seule circonstance que l'assureur n'ait pas respecté ce délai ne fait pas obstacle à ce qu'il puisse ensuite opposer la prescription biennale dans le cas où l'action du maître de l'ouvrage n'a pas été engagée dans le délai de deux ans à compter de l'expiration du délai de soixante jours suivant la réception de la déclaration de sinistre. • CE 5 nov. 2021, *Sté MMA IARD Ass. Mutuelles Sté MMA IARD*, n° 443368 B : *BJCP 2022. 33, concl. Pichon de Vendeuil ; Rev. CMP 2022, n° 1, comm. 6, Rees.*

SECTION 1 **Avances**

Art. L. 2191-2 **Les marchés passés par les acheteurs mentionnés à l'article L. 2191-1 donnent lieu à des versements à titre d'avances, dans les conditions prévues par voie réglementaire.** – *[Ord. n° 2015-899 du 23 juill. 2015, art. 59-I ecqc les avances.]*

Art. L. 2191-3 **Les clauses du marché relatives au taux et aux conditions de versement de l'avance ne peuvent être modifiées en cours d'exécution.** – *[Décr. n° 2016-360 du 25 mars 2016, art. 110-III, al. 4.]*

COMMENTAIRE

Sur le caractère obligatoire ou facultatif des avances, leurs modalités de calcul et leurs modalités de remboursement, on se reportera aux articles R. 2191-3 à R. 2191-19 du code.

SECTION 2 **Acomptes**

Art. L. 2191-4 **Les marchés passés par les acheteurs mentionnés à l'article L. 2191-1 donnent lieu à des versements à titre d'acomptes dans les conditions prévues par voie réglementaire, dès lors que les prestations ont commencé à être exécutées.**

Le montant d'un acompte ne peut excéder la valeur des prestations auxquelles il se rapporte. – *[Ord. n° 2015-899 du 23 juill. 2015, art. 59-III.]*

COMMENTAIRE

Le versement d'acomptes (sous réserve d'un début d'exécution des prestations) est de règle. Voir les articles R. 2191-20 à R. 2191-22 du code.

SECTION 3 **Régime des paiements**

Art. L. 2191-5 **Tout paiement différé est interdit dans les marchés passés par l'État, ses établissements publics, les collectivités territoriales, leurs établissements publics et leurs groupements.** – *[Ord. n° 2015-899 du 23 juill. 2015, art. 60-I, al. 1er.]*

COMMENTAIRE

L'interdiction du paiement différé constituait déjà une disposition cardinale du code des marchés publics, applicable aux marchés « classiques » passés par les acheteurs qui lui étaient soumis.

Sur les autres aspects du régime des paiements, on se reportera aux articles R. 2191-23 à R. 2191-31 du code.

Art. L. 2191-6 **En cas de marché global ayant pour objet la réalisation et l'exploitation ou la maintenance d'un ouvrage, la rémunération des prestations d'exploitation ou de maintenance ne peut contribuer au paiement de la construction.** – *[Ord. nº 2015-899 du 23 juill. 2015, art. 60-I, al. 2 et 3.]*

COMMENTAIRE

C'est le corollaire de l'interdiction du paiement différé.

SECTION 4 Garanties

Art. L. 2191-7 **Les marchés peuvent prévoir, à la charge du titulaire, une retenue de garantie, une garantie à première demande ou une caution personnelle et solidaire, dans les conditions et sous réserve des exceptions prévues par décret en Conseil d'État.** – *[Ord. nº 2015-899 du 23 juill. 2015, art. 61.]*

COMMENTAIRE

On se reportera aux articles R. 2191-32 à R. 2191-44 du code.

SECTION 5 Cession ou nantissement des créances

Art. L. 2191-8 **Le titulaire d'un marché peut céder la créance qu'il détient sur l'acheteur à un établissement de crédit ou à un autre cessionnaire.**

Le titulaire d'un marché peut nantir la créance qu'il détient sur l'acheteur auprès d'un établissement de crédit ou d'un autre créancier.

COMMENTAIRE

La loi se borne à poser le principe de la cession ou du nantissement de la créance détenue par le titulaire d'un marché, qui peut constituer un mode de financement efficace. Les modalités sont définies dans la partie réglementaire du code.

Cession et nantissement peuvent aussi s'effectuer dans les conditions prévues par les articles L. 313-23 à L. 313-34 du code monétaire et financier relatifs à la cession dite « Dailly » (V. App., *Partie V. Cessions de créances et nantissement*).

On se reportera aux articles R. 2191-45 à R. 2191-63 du code.

CHAPITRE II MODALITÉS DE FACTURATION ET DE PAIEMENT

SECTION 1 Facturation électronique

Nota : *Les dispositions introduites par l'art. 193 de la L. nº 2019-486 du 22 mai 2019 s'appliquent aux contrats en cours d'exécution ou conclus postérieurement à l'entrée en vigueur de la loi préc. Elles entrent en vigueur à une date fixée par Décr., et au plus tard 2 mois après la promulgation de ladite loi, soit le 22 juill. 2019 (L. préc., art. 193-III et IV, JO 23 mai).*

SOUS-SECTION 1 Transmission et réception des factures sous forme électronique

(L. nº 2019-486 du 22 mai 2019, art. 193, en vigueur au plus tard le 22 juill. 2019)

Art. L. 2192-1 **Les titulaires de marchés conclus avec** *(L. nº 2022-1157 du 16 août 2022, art. 26)* **« les personnes morales de droit public », ainsi que leurs sous-traitants admis au paiement direct, transmettent leurs factures sous forme électronique.**

Par dérogation, les dispositions du présent art. s'appliquent aux marchés publics ou aux contrats de concessions en cours d'exécution ou conclus postérieurement au 1er janv. 2020 pour les microentreprises telles que définies pour l'application de l'art. 51 de la L. nº 2008-776 du 4 août 2008 de modernisation de l'économie (L. nº 2019-486 du 22 mai 2019, art. 193-V-2º).

Sur l'application des dispositions introduites par l'art. 26 de la L. nº 2022-1157 du 16 août 2022, V. art. 26-III-A, infra.

Loi n° 2022-1157 du 16 août 2022,

De finances rectificative pour 2022.

Art. 26 *[...]* III. — A. — Le 2° du I et le II s'appliquent aux factures émises à compter du 1er juillet 2024.

Toutefois, pour les assujettis autres que les assujettis uniques mentionnés à l'article 256 C du code général des impôts, cette obligation ne s'applique qu'à compter :

1° Du 1er janvier 2025 pour les factures émises par les assujettis relevant de la catégorie des entreprises de taille intermédiaire ;

2° Du 1er janvier 2026 pour les factures émises par les assujettis relevant de la catégorie des petites et moyennes entreprises et des microentreprises.

Les catégories d'entreprises mentionnées aux 1° et 2° du présent A sont celles prévues pour l'application de l'article 51 de la loi n° 2008-776 du 4 août 2008 de modernisation de l'économie. L'appartenance à une catégorie s'apprécie au niveau de chaque personne juridique au 30 juin 2023, sur la base du dernier exercice clos avant cette date ou, en l'absence d'un tel exercice, sur celle du premier exercice clos à compter de cette date.

[...]

Art. L. 2192-2 *(L. n° 2022-1157 du 16 août 2022, art. 26)* **« Les personnes morales de droit public » acceptent les factures transmises sous forme électronique par les titulaires de marchés mentionnés à l'article L. 2192-1 et leurs sous-traitants admis au paiement direct.**

Sur l'application des dispositions issues de l'art. 26 de la L. n° 2022-1157 du 16 août 2022, V. art. 26-III-A de ladite loi, ss. art. L. 2192-1.

Art. L. 2192-3 **Sans préjudice de l'article L. 2192-2, les acheteurs acceptent les factures conformes à la norme de facturation électronique définie par voie réglementaire et transmises sous forme électronique par les titulaires de marchés et leurs sous-traitants admis au paiement direct.**

Par dérogation, les dispositions du présent art. s'appliquent aux factures relatives aux marchés publics ou aux contrats de concessions en cours d'exécution ou conclus avant le 1er avr. 2020 pour les factures reçues par les acheteurs et les autorités concédantes autres que les autorités publiques centrales dont la liste figure en annexe 2 du présent code (L. n° 2019-486 du 22 mai 2019, art. 193-V-1°).

Art. L. 2192-4 **Les modalités d'application de la présente sous-section, notamment les mentions obligatoires que doivent contenir les factures électroniques, sont définies par voie réglementaire.**

SOUS-SECTION 2 **Portail public de facturation**

(L. n° 2019-486 du 22 mai 2019, art. 193, en vigueur au plus tard le 22 juill. 2019)

Art. L. 2192-5 **Une solution mutualisée, mise à disposition par l'État et dénommée "portail public de facturation", permet le dépôt, la réception et la transmission des factures sous forme électronique** *(L. n° 2022-1157 du 16 août 2022, art. 26)* **« ainsi que des données relatives aux mentions figurant sur les factures électroniques conformément au deuxième alinéa du II de l'article 289 *bis* du code général des impôts ».**

Pour la mise en œuvre des obligations fixées à la sous-section 1 de la présente section, utilisent le portail public de facturation :

1° L'État, les collectivités territoriales et les établissements publics ;

2° Les titulaires de marchés conclus avec un acheteur mentionné au 1° ainsi que leurs sous-traitants admis au paiement direct.

Sur l'application des dispositions issues de l'art. 26 de la L. n° 2022-1157 du 16 août 2022, V. art. 26-III-A de ladite loi, ss. art. L. 2192-1.

Art. L. 2192-6 **Ne sont pas soumises à la présente sous-section les factures émises en exécution des marchés passés par :**

1° L'État et ses établissements publics en cas d'impératif de défense ou de sécurité nationale ;

2° La Caisse des dépôts et consignations ;

3° L'établissement public mentionné à l'article L. 2142-1 du code des transports ;

4° La SNCF, SNCF Réseau et SNCF Voyageurs.

Art. L. 2192-7 **Les modalités d'application de la présente sous-section sont précisées par voie réglementaire.**

SECTION 2 Délais de paiement

Les dispositions de la présente section procédant à la codification du titre IV de la L. n° 2013-100 du 28 janv. 2013 susvisées s'appliquent aux contrats conclus à compter du 16 mars 2013, date d'entrée en vigueur de ladite loi (Ord. n° 2018-1074 du 26 nov. 2018, art. 20).

SOUS-SECTION 1 Fixation du délai de paiement

Art. L. 2192-10 **Les pouvoirs adjudicateurs, y compris lorsqu'ils agissent en tant qu'entités adjudicatrices, paient les sommes dues en principal en exécution d'un marché dans un délai prévu par le marché ou, à défaut, dans un délai fixé par voie réglementaire et qui peut être différent selon les catégories de pouvoirs adjudicateurs.**

Lorsqu'un délai de paiement est prévu par le marché, celui-ci ne peut excéder le délai prévu par voie réglementaire.

COMMENTAIRE

L'article L. 2192-10 codifie les dispositions de l'article 37 de la loi n° 2013-100 du 28 janvier 2013 portant diverses dispositions d'adaptation de la législation au droit de l'Union européenne en matière économique et financière, plus précisément aux exigences de la directive 2011/17/UE du Parlement européen et du Conseil du 16 février 2011 concernant la lutte contre le retard de paiement dans les transactions commerciales.

Cet article qui, on le notera, prévoit que les parties à un marché ne peuvent pas prévoir un délai plus long que le délai – de trente jours, sauf cas particuliers (V. les art. R. 2192-10 et R 2192-11 du code) – fixé par voie réglementaire, ne s'applique qu'aux pouvoirs adjudicateurs (y compris quand ils agissent en qualité d'entités adjudicatrices).

Les autres entités adjudicatrices sont soumises aux dispositions de « droit commun » sur les retards de paiement dans les transactions commerciales de l'article L. 441-6 du code de commerce. Ce dernier article prévoit que le délai de règlement des sommes dues est fixé au trentième jour suivant la date de réception des marchandises ou d'exécution de la prestation demandée, sauf dispositions contraires figurant aux conditions de vente ou convenues entre les parties. ❑

Loi n° 2019-486 du 22 mai 2019,

Relative à la croissance et à la transformation des entreprises.

Art. 106 I. — Les acheteurs mentionnés à l'article L. 1210-1 du code de la commande publique peuvent, avec l'accord du fournisseur, demander à un établissement de crédit, une société de financement ou un FIA mentionné à l'article L. 313-23 du code monétaire et financier d'assurer le paiement anticipé de certaines de ses factures.

L'acquisition des créances par l'établissement de crédit, la société de financement ou le FIA s'opère par cession de créance ou subrogation conventionnelle.

II. — La mise en œuvre de la faculté prévue au I du présent article ne fait pas obstacle aux contrôles que les comptables publics exercent conformément aux dispositions législatives et réglementaires relatives à la gestion budgétaire et comptable publique.

Art. L. 2192-11 **Les entités adjudicatrices mentionnées aux 2° et 3° de l'article L. 1212-1 paient les sommes dues en principal en exécution d'un marché dans les conditions prévues à l'article** *(Ord. n° 2019-698 du 3 juill. 2019, art. 1er)* **« L. 441-10, au 5° du II de l'article L. 441-11 et à l'article L. 441-13 » du code de commerce.**

SOUS-SECTION 2 Intérêts moratoires, indemnités forfaitaire et complémentaire pour frais de recouvrement

Art. L. 2192-12 Le retard de paiement est constitué lorsque les sommes dues au créancier, qui a rempli ses obligations légales et contractuelles, ne sont pas versées par le pouvoir adjudicateur à l'échéance prévue au marché ou à l'expiration du délai de paiement.

Art. L. 2192-13 Dès le lendemain de l'expiration du délai de paiement ou de l'échéance prévue par le marché, le retard de paiement fait courir, de plein droit et sans autre formalité, des intérêts moratoires dont le taux est fixé par voie réglementaire.

Il ouvre droit, dans les conditions prévues à la présente sous-section, à des intérêts moratoires, à une indemnité forfaitaire et, le cas échéant, à une indemnisation complémentaire versés au créancier par le pouvoir adjudicateur.

Le retard de paiement donne lieu, de plein droit et sans autre formalité, au versement d'une indemnité forfaitaire pour frais de recouvrement, dont le montant est fixé par voie réglementaire.

Lorsque les frais de recouvrement exposés sont supérieurs au montant de l'indemnité forfaitaire prévue à l'alinéa précédent, le créancier peut demander une indemnisation complémentaire, sur justification.

Art. L. 2192-14 Toute renonciation au paiement des intérêts moratoires est réputée non écrite.

COMMENTAIRE

Sur le déclenchement du délai de paiement, son interruption, les intérêts moratoires et les indemnités forfaitaire et complémentaire, on se reportera aux articles R. 2192-12 à R. 2192-36 du code. ❑

SOUS-SECTION 3 Amende administrative en cas de retard de paiement

Art. L. 2192-15 Les entreprises publiques définies au II de l'article 1er de l'ordonnance n° 2004-503 du 7 juin 2004 portant transposition de la directive 80/723/CEE relative à la transparence des relations financières entre les États membres et les entités adjudicatrices mentionnées aux 2° et 3° de l'article L. 1212-1 sont passibles d'une amende administrative dont le montant ne peut dépasser deux millions d'euros en cas de dépassement du délai maximal de paiement fixé par voie réglementaire mentionné à l'article L. 2192-10, recherché et constaté dans les conditions fixées aux articles L. 450-1 à L. 450-4, L. 450-7 et L. 450-8 du code de commerce.

L'amende est prononcée dans les conditions prévues à l'article L. 470-2 du même code.

Le montant de l'amende encourue est doublé en cas de réitération du manquement dans un délai de deux ans à compter de la date à laquelle la première décision de sanction est devenue définitive.

COMMENTAIRE

L'article L. 2192-15 résulte de la codification de l'article 40-1 de la loi n° 2013-100 du 28 janvier 2013.

Il convient de rappeler qu'on entend par entreprise publique au sens du II de l'article 1er de l'ordonnance 2004-503 du 7 juin 2004 tout organisme qui exerce des activités de production ou de commercialisation de biens ou de services marchands et sur lequel une ou des personnes publiques exercent, directement ou indirectement, une influence dominante en raison de la propriété, de la participation financière ou des règles qui la régissent. L'influence des personnes publiques est réputée dominante lorsque celles-ci, directement ou indirectement, détiennent la majorité du capital, disposent de la majorité des droits de vote ou peuvent désigner plus de la moitié des membres de l'organe d'administration, de direction ou de surveillance. ❑

CHAPITRE III SOUS-TRAITANCE

Art. L. 2193-1 Le présent chapitre s'applique aux marchés de travaux, aux marchés de services et aux marchés de fournitures comportant des services ou des travaux de pose ou d'installation. – *[Ord. n° 2015-899 du 23 juill. 2015, art. 62-I, al. 2, ecqc les marchés publics de services et de fourniture.]*

COMMENTAIRE

Les articles de ce chapitre codifient certaines dispositions de la loi n° 75-1334 du 31 décembre 1975 relative à la sous-traitance.

Conformément à la définition de la sous-traitance que donne la loi de 1975, seuls les marchés constituant un contrat d'entreprise, c'est-à-dire un contrat par lequel une personne confie à une autre personne la réalisation d'un travail spécifique en vertu d'indications particulières, peuvent faire l'objet d'un contrat de sous-traitance. Un marché de fournitures ne peut donc faire l'objet d'une sous-traitance, sauf dans le cas que mentionne le présent article.

1. Sous-traitance et cession du marché. La sous-traitance doit être distinguée de la cession du marché public. La première est l'opération par laquelle l'entrepreneur confie par un sous-traité et sous sa responsabilité à une autre entreprise une partie de l'exécution du marché public conclu avec le maître d'ouvrage, alors que la seconde s'entend de la reprise pure et simple par le cessionnaire, qui constitue son nouveau titulaire, de l'ensemble des droits et obligations résultant du précédent contrat. • CE, avis, 8 juin 2000, n° 141654 A : *AJDA 2000. 758, obs. Richer ; Rev. CMP 2000, p. 4, note Llorens.*

2. Sous-traitance. Contrat de fournitures. Une société, dont le contrat conclu avec une autre société en vue de l'approvisionnement du chantier en béton prêt à l'emploi n'a pas les caractéristiques d'un contrat d'entreprise, n'a pas droit au paiement direct de ses prestations de fournitures par le maître d'ouvrage délégué nonobstant la circonstance qu'elle ait été agréée par ce dernier en qualité de sous-traitante et que celui-ci avait accepté ses conditions de paiement. • CE 26 sept. 2007, *Dpt du Gard – Sté d'aménagement et d'équipement du dpt du Gard*, n° 255993 B : *Rev. CMP 2007, n° 295, obs. Olivier ; RFDA 2008. 277, concl. Boulouis, note Moderne*. ♦ La pose d'échafaudage n'est pas un simple contrat de fournitures, mais constitue en l'espèce un travail spécifique pour les besoins du maître d'ouvrage. Il entre donc dans le champ de l'art. 1er de la loi sur la sous-traitance. • CAA Lyon, 11 mai 2006, *Sté Qualia*, n° 01LY00279 : *BJCP 2006. 349, concl. Besle* ♦ Par acte d'engagement du 4 oct. 2010, le lot n° 2 du marché de construction de 18 logements collectifs au lotissement « Les Ouches » à Morvillars a été confié à la société Scanzi et fils, pour un montant de 455 937,92 € TTC. La société Scanzi a passé commande de pré-murs à la société Spurgin Leonhart et de pré-dalles à la société Spurgin Prédalles, pour un montant non acquitté de 41 432,46 €. La société Spurgin Leonhart, qui a absorbé la société Spurgin Prédalles, soutient que l'office public de l'habitat du Territoire de Belfort a engagé envers elle sa responsabilité à hauteur de cette somme dès lors que les deux sociétés Spurgin devaient être considérées comme sous-traitantes de la société Scanzi, mise en redressement judiciaire depuis le 4 oct. 2011, et que l'office a commis une faute en n'exigeant pas la régularisation de leur situation et en réglant à la société Scanzi des prestations qu'elles ont fournies. Si la société requérante soutient que les sociétés Spurgin Prédalles et Spurgin Leonhart avaient la qualité de sous-traitantes et non de simples fournisseurs de la société Scanzi dès lors que les pré-dalles et les pré-murs ne sont pas des éléments standards adaptés sur chantier, mais ont été fabriqués sur mesure, pour répondre aux spécificités du marché et que lesdits matériaux ne peuvent être utilisés sur d'autres chantiers, il n'est pas contesté que ces sociétés n'avaient signé aucun sous-traité avec la société Scanzi, comme celle-ci l'a d'ailleurs indiqué dès le 21 juill. 2011 au maître d'ouvrage en réponse à sa demande de régularisation. Si les plans des pré-murs et des pré-dalles, établis par les sociétés Spurgin Leonhart et Spurgin Prédalles et validés par la société Scanzi, ont été vérifiés par le contrôleur technique avant la livraison des panneaux en mai et juin 2011, il ne résulte pas de l'instruction que les sociétés Spurgin Leonhart et Spurgin Prédalles auraient procédé à leur mise en œuvre sur le chantier ou participé comme elles le soutiennent à des réunions de chantier au même titre que d'autres sociétés sous-traitantes. Dans ces conditions, l'office public n'a commis aucune faute en ne faisant pas procéder à la régularisation de leur situation lorsqu'elles l'ont demandé, d'ailleurs tardivement après la fin du chantier, par courriers reçus le 12 juill. 2011, et en réglant le 25 juill. 2011 à la société Scanzi, et non aux requérantes considérées à juste titre comme de simples fournisseurs, les prestations exécutées. • CAA Nancy,

12 juin 2014, ♔ *Sté Spurgin Leonhart*, n° 13NC01087 : *Rev. CMP 2014, n° 222, note Pietri.* ♦ La circonstance que les ossatures ont été fabriquées aux mesures de longueur, d'épaisseur et de largeur demandées ne suffit pas à démontrer que l'ouvrage nécessitait le recours à un produit spécifique fabriqué par la Sté Stabilam ou que les pièces de bois qu'elle a fournies présentaient des spécifications techniques particulières. Dès lors, la Sté Stabilam n'avait pas la qualité de sous-traitant. • CAA Douai, 26 janv. 2021, ♔ *Cne d'Awoingt*, n° 19DA00948.

3. Création d'une filiale imposée par la convention de délégation de service public. La création d'une filiale par le délégataire pour exploiter le réseau de transports d'une commune, imposée au délégataire par les prescriptions du cahier des charges de la consultation, ne peut être regardée comme une sous-traitance de l'exploitation principale du réseau. • CE 7 juin 2010, ♔ *Sté des transports Galiero*, n° 308883 B : *Rev. CMP 2010, n° 272, note W. Zimmer* (arrêt rendu à propos d'une DSP, mais applicable à un marché public).

Loi n° 2017-256 du 28 février 2017,

De programmation relative à l'égalité réelle outre-mer et portant autres dispositions en matière sociale et économique.

Art. 73 A titre expérimental, et pour favoriser à moyen terme l'émergence de nouveaux opérateurs locaux susceptibles d'exercer pleinement leur libre accès à la commande publique, dans les collectivités régies par les articles 73 et 74 de la Constitution autres que la Polynésie française et les îles Wallis-et-Futuna, pour une période de cinq ans à compter de la promulgation de la présente loi, les pouvoirs adjudicateurs, les entités adjudicatrices et les acheteurs publics peuvent réserver jusqu'à un tiers de leurs marchés aux petites et moyennes entreprises locales, au sens de l'article 51 de la loi n° 2008-776 du 4 août 2008 de modernisation de l'économie. Il en va de même en Nouvelle-Calédonie, en Polynésie française et dans les îles Wallis-et-Futuna pour ce qui concerne les marchés passés par les services et les établissements publics de l'État.

Le montant total des marchés conclus en application du premier alinéa du présent article au cours d'une année ne peut excéder 15 % du montant annuel moyen des marchés du secteur économique concerné conclus par le pouvoir adjudicateur ou l'entité adjudicatrice concernés au cours des trois années précédentes.

Dans des conditions définies par voie réglementaire, pour les marchés dont le montant estimé est supérieur à 500 000 euros hors taxes, les soumissionnaires doivent présenter un plan de sous-traitance prévoyant le montant et les modalités de participation des petites et moyennes entreprises locales.

Décret n° 2018-57 du 31 janvier 2018,

Pris pour l'application du troisième alinéa de l'article 73 de la loi n° 2017-256 du 28 février 2017 de programmation relative à l'égalité réelle outre-mer et portant autres dispositions en matière sociale et économique.

Art. 1er A titre expérimental jusqu'au 31 mars 2023, pour l'application des dispositions du troisième alinéa de l'article 73 de la loi du 28 février 2017 susvisée, le soumissionnaire produit, dans son offre, un plan de sous-traitance aux petites et moyennes entreprises locales.

Ce plan indique les modalités de participation des petites et moyennes entreprises locales à l'exécution du contrat. Il comporte, pour chacune des entreprises concernées, les informations prévues par la déclaration de sous-traitance.

L'avis d'appel à la concurrence ou, en l'absence d'un tel avis, les documents de la consultation mentionnent les dispositions du troisième alinéa de l'article 73 de la loi du 28 février 2017 précitée.

Art. 2 Lorsque le soumissionnaire ne prévoit pas de sous-traiter à des petites et moyennes entreprises locales, le plan de sous-traitance se limite à en mentionner les motifs.

Ces motifs peuvent notamment tenir à l'absence de petites et moyennes entreprises locales agissant dans le secteur concerné par les prestations du marché public ou au fait que le soumissionnaire est lui-même une petite et moyenne entreprise locale.

Art. 3 Le terme de "petites et moyennes entreprises" renvoie à la définition inscrite à l'article 57 du décret du 25 mars 2016 susvisé et aux articles 169, 171, 172, 173 et 174 de ce décret portant adaptation de cette disposition dans les collectivités d'outre-mer.

Le caractère local de la petite ou moyenne entreprise est déterminé par la localisation de son siège ou de son principal établissement sur le territoire de la collectivité ultra-marine dans laquelle le marché public a vocation à être exécuté.

Art. 4 Les ministres chargés de l'économie et de l'outre-mer assurent le suivi et l'évaluation de l'expérimentation.

Ils remettent au Premier ministre un rapport conjoint d'évaluation au plus tard le 31 décembre 2022.

Le projet de rapport est préalablement transmis pour observations aux exécutifs des collectivités mentionnées à l'article 5. Ces observations sont annexées au rapport définitif.

Art. 5 Le présent décret est applicable dans les collectivités régies par les articles 73 et 74 de la Constitution ainsi qu'en Nouvelle-Calédonie.

En Nouvelle-Calédonie, en Polynésie française et dans les îles Wallis-et-Futuna, il n'est applicable qu'aux marchés publics passés par l'État et ses établissements publics.

Art. 6 Le présent décret entre en vigueur le 1er avril 2018. Il s'applique aux marchés publics pour lesquels une consultation est engagée ou un avis d'appel à la concurrence est envoyé à la publication à compter de sa date d'entrée en vigueur.

Art. L. 2193-2 Au sens du présent chapitre, la sous-traitance est l'opération par laquelle un opérateur économique confie par un sous-traité, et sous sa responsabilité, à une autre personne appelée sous-traitant, l'exécution d'une partie des prestations du marché conclu avec l'acheteur.

Le sous-traitant est considéré comme entrepreneur principal à l'égard de ses propres sous-traitants.

Art. L. 2193-3 Le titulaire d'un marché peut, sous sa responsabilité, sous-traiter l'exécution d'une partie des prestations de son marché, dans les conditions fixées par le présent chapitre.

Toutefois, l'acheteur peut exiger que certaines tâches essentielles du marché soient effectuées directement par le titulaire.

Sons nuls et de nul effet, quelle qu'en soit la forme, les clauses, stipulations et arrangements qui auraient pour effet de faire échec aux dispositions du présent chapitre. – *[Ord. nº 2015-899 du 23 juill. 2015, art. 62-I, al. 1er et 2 (ecqc exigence acheteur).]*

COMMENTAIRE

1. – L'entreprise titulaire doit répondre à l'égard du pouvoir adjudicateur des retards, malfaçons et désordres imputables aux prestations qu'elle a confiées à son sous-traitant, quitte à se retourner contre ce dernier pour obtenir le remboursement des sommes qu'elle a dû verser au pouvoir adjudicateur ou des sommes portées au passif du décompte du marché. Le litige opposant l'acheteur et l'entreprise titulaire doit être porté devant le juge administratif quand le marché a le caractère d'un contrat administratif tandis que le litige entre l'entreprise et le sous-traitant ne peut être tranché que par l'autorité judiciaire dès lors que le contrat de sous-traitance, en principe passé entre deux personnes privées, est un contrat de droit privé.

2. – Les marchés publics ne peuvent faire l'objet d'une sous-traitance totale. La seconde phrase de l'article L. 2193-3 transpose la faculté ouverte par les articles 63 de la directive 2014/24/UE et 79 de la directive 2014/25/UE.

3. – Le second alinéa de l'article L. 2193-2 autorise la sous-traitance en chaîne. Les sous-traitants d'un autre rang que le premier sous-traitant n'ont pas droit au paiement direct par l'acheteur. ❑

1. Pouvoir adjudicateur et sous-traitant. Absence de relations contractuelles. Les dispositions de la L. du 31 déc. 1975 relatives au paiement direct des sous-traitants de certains marchés passés par l'État, les collectivités locales et les établissements et entreprises publics n'ont eu ni pour objet ni pour effet de créer à la charge des sous-traitants des obligations contractuelles vis-à-vis du maître de l'ouvrage. Le titulaire du marché reste seul tenu, à l'égard de celui-ci, de l'exécution du contrat tant pour les travaux qu'il réalise lui-même que pour ceux qui ont été confiés à un sous-traitant. • CE 6 mars 1987, *OPHLM de Châtillon-sous-Bagneux,* n° 37731 B.

2. Sous-traitance totale. Interdiction. La sous-traitance totale d'un marché public justifie la résiliation du marché aux torts du titulaire du marché. • CAA Bordeaux, 15 déc. 1997, *SA Thermotique c/ Ville de Nice,* n° 94BX01637 B.

3. La sous-traitance totale d'un marché public justifie la résiliation du marché aux torts du titulaire du marché. • CAA Bordeaux, 15 déc. 1997, *SA Thermotique c/ Ville de Nice,* n° 94BX01637 B.

4. La Dir. 2014/24/UE du Parlement européen et du Conseil du 26 févr. 2014, sur la passation des marchés publics et abrogeant la Dir. 2004/18/CE, telle que modifiée par le Règl. délégué (UE) 2015/2170 de la Commission du 24 nov. 2015, doit être interprétée en ce sens qu'elle s'oppose à une réglementation nationale, telle que celle en cause au principal, qui limite à 30 % la part du marché que le soumissionnaire est autorisé à sous-traiter à des tiers. • CJUE 26 sept. 2019, *Vitali SpA,* n° C-63/18.

5. La Dir. 2004/18/CE du Parlement européen et du Conseil du 31 mars 2004, relative à la coordination des procédures de passation des marchés publics de travaux, de fournitures et de services, doit être interprétée en ce sens que :

– elle s'oppose à une réglementation nationale, telle que celle en cause au principal, qui limite à 30 % la part du marché que le soumissionnaire est autorisé à sous-traiter à des tiers ;

– elle s'oppose à une réglementation nationale, telle que celle en cause au principal, qui limite la possibilité de réduire les prix applicables aux prestations sous-traitées de plus de 20 % par rapport aux prix résultant de l'adjudication. • CJUE 27 nov. 2019, *Tedeschi Srl,* C-402/18.

6. Passation d'un contrat de sous-traitance par le titulaire d'un contrat lui-même pouvoir adjudicateur. Même s'il répond à un appel d'offres, un pouvoir adjudicateur reste un pouvoir adjudicateur et ne peut donc choisir un sous-traitant qu'en passant régulièrement un marché public. • CJCE 18 nov. 2004, *Commission c/ Allemagne,* C-126/03 : *BJCP 2005. 106, concl. Geelhoed ; Dr. adm. 2005, n° 37, note Ménéménis ; Rev. CMP 2005, n° 1, p. 17, note Zimmer.*

SECTION 1 Acceptation du sous-traitant et agrément des conditions de paiement

SOUS-SECTION 1 Modalités d'acceptation et d'agrément

Art. L. 2193-4 L'opérateur économique peut recourir à la sous-traitance lors de la passation du marché et tout au long de son exécution à condition de l'avoir déclarée à l'acheteur et d'avoir obtenu l'acceptation du sous-traitant et l'agrément de ses conditions de paiement.

Art. L. 2193-5 Lorsque la déclaration de sous-traitance intervient au moment du dépôt de l'offre, le soumissionnaire identifie dans son offre les sous-traitants auxquels il envisage de faire appel ainsi que la nature et le montant des prestations sous-traitées.

Lorsque la déclaration de sous-traitance intervient en cours d'exécution du marché, le titulaire remet à l'acheteur un acte spécial de sous-traitance.

Art. L. 2193-6 Les conditions d'acceptation du sous-traitant et d'agrément de ses conditions de paiement par l'acheteur sont fixées par décret en Conseil d'État.

Art. L. 2193-7 Le soumissionnaire ou le titulaire du marché est tenu de communiquer le contrat de sous-traitance à l'acheteur lorsque celui-ci en fait la demande.

COMMENTAIRE

L'entrepreneur principal doit informer l'acheteur de la nature et du montant de chacune des prestations qu'il entend confier à un sous-traitant, soit au moment où il présente son offre s'il a déjà décidé de recourir à un sous-traitant, soit en cours d'exécution par remise d'un « acte spécial ». L'acheteur peut ainsi contrôler la réalité des prestations fournies par le sous-traitant, quand ce dernier en demande le paiement ou réclame une indemnité pour travaux supplémentaires ou sujétions imprévues. Il peut aussi vérifier l'étendue des travaux de l'entrepreneur principal ayant fait l'objet d'une cession de créance ou d'un nantissement en cas de demande de paiement présentée par le cessionnaire d'une créance.

Par ailleurs, l'entrepreneur principal doit faire accepter son sous-traitant et faire agréer ses conditions de paiement. En présence d'une demande d'acceptation et d'agrément des conditions de paiement présentée par le titulaire principal, l'acheteur est tenu d'y faire droit si les conditions sont remplies. En l'absence de décision acceptant le sous-traitant et agréant ses conditions de paiement, l'acheteur n'a d'obligations qu'à l'égard de l'entrepreneur principal en raison du marché passé avec lui et ne peut payer directement le sous-traitant. Toutefois, le sous-traitant qui n'a pu se faire payer ses prestations par le titulaire du marché peut engager devant le juge compétent une action indemnitaire contre le maître d'ouvrage.

On se reportera aussi aux articles R. 2193-1 à R. 2193-8 du code. ❑

I. DÉCLARATION – ACCEPTATION – AGRÉMENT DES CONDITIONS DE PAIEMENT

1. Nécessité d'une demande du titulaire du marché. En l'absence d'une demande d'acceptation du sous-traitant présentée par le titulaire du marché, le maître d'ouvrage ne peut prononcer lui-même cette acceptation du sous-traitant. • CE 3 avr. 1991, *Synd. intercommunal d'assainissement du plateau d'Autrans-Meaudre*, n° 90552 B.

2. Acceptation. Absence. L'acceptation du sous-traitant et l'agrément de ses conditions de paiement ne peuvent résulter de la simple connaissance par le maître d'ouvrage de la présence du sous-traitant sur le chantier, même si le maître d'ouvrage a invité l'entrepreneur à régulariser la situation du sous-traitant. • CE 2 juin 1989, *Ville de Boissy-Saint-Léger c/ Sté Nouvelle de Constructions Industrialisées*, n° 65631 B.

3. Acte spécial. Seul l'acte spécial prévu par le C. marchés, qui est signé à la fois par le maître d'ouvrage et le sous-traitant, peut définir et agréer les conditions du paiement direct d'un sous-traitant par le maître d'ouvrage et non le contrat de sous-traitance auquel le maître d'ouvrage n'est pas partie. • CE 17 déc. 1999, *Sté d'aménagement de Lot-et-Garonne et ville d'Agen*, n° 177806.

4. Notification de l'acte spécial. Des « actes spéciaux » agréant un sous-traitant et renvoyant, en ce qui concerne ses modalités de paiement, aux cahiers des clauses administratives particulières applicables aux marchés principaux, sont opposables au sous-traitant, auquel lesdits « actes spéciaux » ont été notifiés. • CE 28 déc. 1988, *SA Prométal*, n° 69850 A.

5. Recours contre un acte spécial. Si un acte spécial de sous-traitance a la nature d'un contrat conclu entre le maître d'ouvrage et l'entrepreneur principal titulaire du marché, le sous-traitant, tiers à ce contrat, possède cependant un intérêt lésé lui donnant qualité pour en demander l'annulation. La juridiction administrative est compétente pour connaître d'un tel acte administratif. Eu égard à son objet, un tel recours relève du contentieux de pleine juridiction. • CAA Marseille, 15 oct. 2012, *Cne de La Seyne-sur-Mer*, n° 09MA01770 : *Rev. CMP 2012, n° 331, obs. Eckert.*

6. La circonstance que le maître d'ouvrage ait émis des mandats au bénéfice du sous-traitant n'atteste pas que le titulaire du marché principal ait proposé l'acceptation de son sous-traitant ni que le maître d'ouvrage l'ait accepté et ait agréé ses conditions de paiement. • CAA Paris, 13 juin 2006, *SARL Ascenseurs Sud*, n° 03PA04079 : *Rev. CMP 2006, n° 229, obs. Llorens.*

7. Travaux complémentaires. Acceptation. Absence. Lorsque ni la nature ni le montant des travaux complémentaires confiés au sous-traitant ne sont mentionnés dans l'acte par lequel la personne publique a approuvé la désignation de la société B en qualité de sous-traitant et que le titulaire du marché s'est opposé à la désignation de la société B en qualité de sous-traitant pour l'exécution de ces travaux complémentaires, cette société ne peut être regardée comme ayant été acceptée en qualité de sous-traitant pour l'exécution desdits travaux complémentaires. • CE 28 mai 2001, *Sté Bernard Travaux Polynésie*, n° 205449.

8. Juge du référé. Suspension d'un refus d'agrément. Impossibilité. Le juge administratif, saisi de contestations relatives à l'exécution de marchés publics, n'a pas, en principe, le pouvoir de prononcer, à la demande du titulaire du marché, l'annulation des décisions prises par l'administration. Dès lors, les conclusions présentées devant le juge des référés par le titulaire du marché et tendant à la suspension de la décision par laquelle le maître d'ouvrage a refusé d'agréer une société en qualité de sous-traitant de ce marché ne peuvent qu'être rejetées. • CE 4 déc. 2002, *Sté Eurovia Méditerranée*, n° 244134.

9. Absence de production de l'exemplaire unique en cas de cession de sa créance par l'entrepreneur principal. Agrément des conditions de paiement illégal. L'agrément des conditions de paiement de chaque contrat de sous-traitance n'a pu légalement intervenir en l'absence de production préalable par la société de l'exemplaire unique du marché ou de l'attestation de l'établissement de crédit bénéficiaire de la cession. La circonstance que la société ait sciemment omis de communiquer à la ville l'exemplaire unique du marché ou l'attestation de l'établissement de crédit bénéficiaire de la cession n'est pas de nature à libérer la ville de ses obligations à l'égard de la banque nées de la L. du 2 janv. 1981. Il s'ensuit que la ville ne peut être valablement regardée comme libérée de ses dettes à l'égard de la banque par le paiement qu'elle a préalablement effectué entre les mains des sous-traitants. • CE 6 déc. 1999, *Ville de Marseille*, n° 189407 A : *BJCP 2000. 110, concl. Savoie ; CJEG 2000. 117 ; RFDA 2000. 199 ; RDI 2000. 42*

10. Entrepreneur principal ayant sous-traité une part du marché à un sous-traitant qui a été accepté par le maître d'ouvrage. Nantissement de l'ensemble du marché auprès de la Caisse nationale des marchés de l'État (CNME) n'ayant fait l'objet d'aucune réduction en conséquence. L'acceptation en qualité de sous-traitant ne pouvant légalement intervenir, le sous-traitant ne saurait réclamer l'application à son profit de la procédure de paiement direct. • CE 2 juin 1989, *SA Phinelec,* n° 67152 B.

11. Acceptation du cessionnaire de la créance de l'entrepreneur principal de réduire ses droits. L'acceptation du cessionnaire d'une créance de réduire ses droits à paiement ou ses garanties à hauteur du montant des sommes devant revenir directement au sous-traitant constitue non une condition suspensive au paiement direct du sous-traitant agréé, mais une condition préalable à l'agrément du sous-traitant. • CAA Lyon, 11 mai 2006, *Sté Qualia,* n° 01LY00279 : *BJCP 2006. 349, concl. Besle.*

II. EFFETS DE L'ACCEPTATION ET DE L'AGRÉMENT – PAIEMENT DIRECT

12. Nota : V. ss. l'art. L. 2193-13 *infra.*

III. CONSÉQUENCES D'UN DÉFAUT D'ACCEPTATION OU D'AGRÉMENT

13. Pas de paiement direct. En l'absence de décision acceptant le sous-traitant et agréant ses conditions de paiement, le maître d'ouvrage qui paie directement le sous-traitant ne peut imputer ce paiement sur sa dette à l'égard du titulaire du marché. • CE 2 juin 1989, *Ville de Boissy-Saint-Léger c/ Sté Nouvelle de Constructions Industrialisées,* n° 65631 B.

14. Le caractère d'ordre public des dispositions relatives au paiement direct s'oppose à ce qu'un sous-traitant non agréé bénéficie du paiement direct, malgré l'accord du syndic chargé de la liquidation de l'entreprise principale. • CE 23 mars 1990, *Ville de Garches c/ Sté Rouméas,* n° 49364 : *RD publ. 1991. 294, obs. Llorens.*

15. Responsabilité du maître d'ouvrage. L'action du sous-traitant doit se placer sur le terrain de la responsabilité quasi délictuelle du maître d'ouvrage qui a commis une faute en ayant accepté le sous-traitant au vu d'un document ne mentionnant pas les conditions de paiement, en s'abstenant de demander communication du contrat de sous-traitance à l'entrepreneur principal et en versant à celui-ci des sommes correspondant à des travaux effectués par le sous-traitant. • CE 13 juin 1986, *Office public dptal d'HLM du Pas-de-Calais c/ Sté Franki Fondations France,* n° 56350 B.

16. Faute du maître d'ouvrage. Le maître d'ouvrage méconnaît les obligations de la L. du 31 déc. 1975 et commet une faute, s'il connaît en temps utile l'intervention du sous-traitant, en ne provoquant pas la régularisation de sa situation par la présentation, par l'entrepreneur principal, d'une demande d'acceptation. • CE 28 mai 2001, *Sté Bernard Travaux Polynésie,* n° 205449.

17. Faute du maître d'ouvrage. Absence. La présence du sous-traitant à quelques réunions de chantier ne suffit pas à établir que le maître d'ouvrage avait connaissance des conditions d'intervention du sous-traitant et qu'il a donc commis une faute en n'invitant pas l'entrepreneur principal à régulariser la situation de son sous-traitant. • CE 6 nov. 1985, *Cne de Chécy,* n° 46587 B.

18. Si le maître d'ouvrage a, au cours d'une réunion, donné son accord « pour le paiement direct » de la société sous-traitante, il n'avait pas ce faisant pris l'engagement formel de verser les sommes restant dues par l'entrepreneur principal, son accord restant subordonné à la condition que l'agrément du sous-traitant puisse être effectué conformément à la L. du 31 déc. 1975. Il n'a donc pas engagé sa responsabilité en refusant au sous-traitant le paiement direct, dès lors que les travaux ayant été entièrement exécutés par la société avant la présentation de la demande d'agrément, il ne pouvait procéder à cet agrément. • CE 13 oct. 2008, *Sté Fouchard et Cie,* n° 290050.

19. Poursuite de la responsabilité pour faute du maître d'ouvrage et intangibilité du décompte. La société AC2D soutient que la commune, maître d'ouvrage, a commis une faute en tolérant l'intervention d'un sous-traitant irrégulier sur le chantier et en s'abstenant de faire régulariser la situation par l'entreprise générale, alors que la commune oppose l'irrecevabilité d'une telle demande dès lors que le décompte est devenu définitif.

L'art. 14-1 de la L. du 31 déc. 1975 relative à la sous-traitance prévoit que « le maître de l'ouvrage doit, s'il a connaissance de la présence sur le chantier d'un sous-traitant n'ayant pas fait l'objet des obligations définies à l'art. 3 ou à l'art. 6, ainsi que celles définies à l'art. 5, mettre l'entrepreneur principal ou le sous-traitant en demeure de s'acquitter de ces obligations ».

Toutefois, l'existence d'une créance au profit d'un sous-traitant née de l'exécution d'un contrat n'a pas pour effet de lui rendre inapplicable le principe selon lequel l'ensemble des opérations auxquelles donne lieu l'exécution d'un marché de travaux est compris dans un compte dont aucun élément ne peut être isolé et dont seul le solde arrêté lors de l'établissement du décompte général et définitif détermine les droits et obligations définitifs des parties.

Il résulte de l'instruction que le 12 déc. 2007, la société Haar a transmis son projet de décompte final au cabinet d'architecture Baussan Palanche, maître d'œuvre. Le 23 janv. 2008, la commune a transmis à l'entreprise Haar le décompte général définitif. Si le 6 mars 2008, la société Haar a remis à la commune un mémoire en réclamation, ce mémoire n'a pas été adressé à la maîtrise d'œuvre en méconnaissance de l'art. 13-44 du CCAG applicable aux marchés publics de travaux qui prévoit que l'entrepreneur dispose d'un délai pour faire valoir auprès du maître d'œuvre ses éventuelles réserves sur le décompte général qui lui a été transmis par le maître de l'ouvrage, le règlement du différend intervenant ensuite selon les modalités précisées à l'art. 50. Par suite, le décompte général est devenu définitif et le moyen tiré d'une faute de la commune ne peut, eu égard au caractère intangible et définitif du décompte du marché, qu'être écarté. • CAA Nancy, 30 juin 2016, *SARL AC2D*, n° 15NC01096 : *Rev. CMP 2016, n° 233, note Ubaud-Bergeron.*

20. Faute du sous-traitant. Le maître d'ouvrage peut, pour s'exonérer en tout ou partie de sa responsabilité à raison du défaut d'acceptation du sous-traitant, invoquer la faute du sous-traitant, qui aurait dû demander la régularisation de sa situation, et celle de l'entrepreneur principal, qui aurait dû soumettre l'intervention du sous-traitant à l'acceptation du maître d'ouvrage. • CE 7 nov. 1980, *SA Schmid-Valenciennes,* n° 12060 A • CE 6 mai 1988, *Ville d'Hérin c/ Sté Vanesse,* n° 51338 B : *CJEG 1988. 375.*

21. La jurisprudence judiciaire écarte en revanche toute faute du sous-traitant pour n'avoir pas sollicité l'agrément de ses conditions de paiement. • Civ. 3e, 5 juin 1996, n° 94-17.371 P.

IV. ACTIONS EN JUSTICE DES ACTEURS DE LA SOUS-TRAITANCE

22. Nota : V. aussi ss. art. L. 2191-1, VII, D.

23. Action en paiement direct. Si le contrat principal est un contrat administratif, l'action en paiement direct du sous-traitant contre le maître d'ouvrage relève de la compétence du juge administratif. • CE 17 mars 1982, *Sté Périgourdine d'étanchéité et de construction,* n° 23440 A : *AJDA 1982. 727, concl. Boyon ; CJEG 1982. 284 ; Dr. adm. 1982, n° 181 ; JCP 1983. II. 20100, note Flécheux ; Rev. CMP 1982, n° 186, p. 58, note Clément* • T. confl. 14 mai 1984, *SA Smac Acieroïd,* n° 02313 : *Lebon 448.* ♦ Le litige relatif au paiement direct par une collectivité publique maître d'ouvrage à un sous-traitant agréé Y du titulaire X d'un marché public passé par cette collectivité, du prix de travaux réalisés par un sous-traitant agréé Z de Y, dans les droits duquel Y se prétend subrogé, ressortit à la compétence de la juridiction administrative. En revanche, l'action engagée par Y à l'encontre de X tendant au paiement de sommes qu'il dit avoir dû régler à Z, qui ne peut avoir d'autre fondement qu'un contrat de sous-traitance de droit privé, ne relève pas du juge administratif. • T. confl. 2 juin 2008, *Sté Aravis-Enrobage c/ Cne de Cusy et Entr. Grosjean,* n° 3642 B.

24. L'obligation de payer les prestations réalisées par un sous-traitant accepté et dont les conditions de paiement ont été agréées incombe au maître d'ouvrage. En cas de désaccord sur les sommes dues, le sous-traitant peut engager, devant le juge administratif si le contrat principal est administratif, une action en paiement direct, dont l'objet n'est pas de poursuivre sa responsabilité quasi-délictuelle, mais d'obtenir le paiement des sommes qu'il estime lui être dues. • CE 18 sept. 2019, *Sté communale de Saint-Martin,* nos 425716 et 426120 B : *BJCP 2019. 398, concl. Pellissier ; Rev. CMP 2019. 370, note Rees ; AJDA 2020. 355, note Simonnet.*

25. Action en responsabilité. Il en va de même des actions en responsabilité du sous-traitant qui n'a pas été régulièrement accepté contre le maître d'ouvrage. • CE 2 juill. 1982, *Sté Basset et Pujol,* n° 26393 B : *Rev. CMP, n° 192, p. 34, note Bréchon-Moulènes* • T. confl. 10 mai 1993, *Sté Wanner Isofi Isolation c/ Sté Nersa,* n° 02840 : *Lebon 399 ; CJEG 1994. 86.*

26. Prescription quadriennale. Le recours intenté devant les juridictions commerciales par un sous-traitant contre le seul entrepreneur principal n'a pas interrompu le délai de prescription à l'égard de la collectivité publique. • CE 10 mars 2017, *Sté Solotrat,* n° 404841 B : *Rev. CMP 2017, n° 125, note Devillers.*

27. Mise en jeu de la responsabilité du sous-traitant. S'il appartient, en principe, au maître d'ouvrage qui entend obtenir la réparation des conséquences dommageables d'un vice imputable à la conception ou à l'exécution d'un ouvrage de diriger son action contre le ou les constructeurs avec lesquels il a conclu un contrat de louage d'ouvrage, il lui est toutefois loisible, dans le cas où la responsabilité du ou des cocontractants ne pourrait pas être utilement recherchée, de mettre en cause, sur le terrain quasi délictuel, la responsabilité des participants à une opération de construction avec lesquels il n'a pas conclu de contrat de louage d'ouvrage, mais qui sont intervenus sur le fondement d'un contrat conclu avec l'un des constructeurs.

Il peut, à ce titre, invoquer, notamment, la violation des règles de l'art ou la méconnaissance de dispositions législatives et réglementaires mais ne saurait se prévaloir de fautes résultant de la seule inexécution, par les personnes intéressées, de leurs propres obligations contractuelles.

En outre, alors même qu'il entend se placer sur le terrain quasi délictuel, le maître d'ouvrage ne saurait rechercher la responsabilité de participants à l'opération de construction pour des désordres apparus après la réception de l'ouvrage et qui ne sont pas de nature à compromettre la solidité de l'ouvrage ou à le rendre impropre à sa destination. • CE 7 déc. 2015, *Cne de Bihorel*, n° 380419 B : *Rev. CMP 2016, n° 34, note Devillers.*

28. Les litiges opposant le titulaire d'un marché public à son sous-traitant échappent à la compétence de la juridiction administrative, alors même qu'il s'agit de l'exécution d'un travail public. • CE 21 juill. 1970, *Lachaud et Aubineau*, n° 66475 B • T. confl. 15 janv. 1973, *Sté Quillery-Goumy c/ Sté chimique routière et d'entreprise générale et Sté bretonne de travaux publics : Lebon 844* • CE, sect., 24 mai 1974, *Sté Paul Millet et Cie*, n° 85939 A. ♦ Il en est de même pour l'action en paiement de l'entreprise contre l'assureur de son sous-traitant, alors même que l'appréciation de la responsabilité de l'assuré dans la réalisation du fait dommageable relèverait du juge administratif. • T. confl. 21 juin 2010, *SA BEC frères et a. c/ Sté Ingénierie et technique de la construction (ITC) et Sté mutuelle d'assurance du bâtiment et des travaux publics (SMABTP)*, n° 3757.

29. Action en garantie du titulaire contre le sous-traitant. La compétence de la juridiction administrative, pour connaître des litiges nés de l'exécution d'un marché de travaux publics et opposant des participants à l'exécution de ces travaux, ne s'étend pas à l'action en garantie du titulaire du marché contre son sous-traitant avec lequel il est lié par un contrat de droit privé. • T. confl. 16 nov. 2015, *Sté Strabag*, n° 4029 B : *Rev. CMP 2016, n° 28, note Devillers.*

30. L'appel en garantie du titulaire d'un marché contre son sous-traitant relève du juge judiciaire, dès lors que le contrat qui les lie est de droit privé. • T. confl. 17 déc. 2001, *Sté Rue Impériale de Lyon*, n° 3262 : *Lebon 761.*

31. L'appel en garantie du sous-traitant du titulaire d'un marché par un autre participant à l'opération de travaux publics, qui n'a aucun lien contractuel avec ce sous-traitant, relève du juge administratif. • T. confl. 10 juill. 1990, *SEMA-RELP*, n° 02622 : *Lebon 398* • CE 15 déc. 2000, *Sté des Grands Travaux de Marseille*, n° 192977.

32. Action d'un tiers victime d'un dommage. Si un tiers cherche à engager la responsabilité d'un sous-traitant participant à l'exécution d'un travail public, il doit saisir les juridictions administratives car il s'agit d'un dommage de travaux publics. • T. confl. 15 janv. 1973, *Sté Quillery-Goumy c/ Sté chimique routière et d'entreprise générale et Sté bretonne de travaux publics.*

SOUS-SECTION 2 **Offres anormalement basses des sous-traitants**

Art. L. 2193-8 Lorsque le montant des prestations sous-traitées semble anormalement bas, l'acheteur exige que le soumissionnaire ou le titulaire du marché lui fournisse des précisions et justifications sur le montant de ces prestations. – *[Ord. n° 2015-899 du 23 juill. 2015, art. 62-II, al. 1er.]*

Art. L. 2193-9 Si, après vérification des justifications fournies par le soumissionnaire ou le titulaire du marché, l'acheteur établit que le montant des prestations sous-traitées est anormalement bas, il rejette l'offre lorsque la demande de sous-traitance intervient au moment du dépôt de l'offre ou n'accepte pas le sous-traitant proposé lorsque la déclaration de sous-traitance est présentée après la notification du marché, dans des conditions fixées par voie réglementaire. – *[Ord. n° 2015-899 du 23 juill. 2015, art. 62-II, al. 2.]*

COMMENTAIRE

On reconnaît un dispositif comparable à celui qui est prévu pour les OAB présentées par les candidats au marché. Voir aussi l'article R. 2193-9 du code. ☐

SECTION 2 **Paiement du sous-traitant**

Art. L. 2193-10 Le sous-traitant direct du titulaire du marché qui a été accepté et dont les conditions de paiement ont été agréées par l'acheteur est payé pour la part du marché dont il assure l'exécution :

1° Dans les conditions prévues à la présente section lorsque le montant du contrat de sous-traitance est égal ou supérieur à un seuil fixé par voie réglementaire qui peut évoluer en fonction des variations des circonstances économiques ;

2° Dans les conditions prévues au titre III de la loi n° 75-1334 du 31 décembre 1975 relative à la sous-traitance *[V. infra]* lorsque le montant du contrat de sous-traitance est inférieur au seuil fixé par voie réglementaire mentionné au 1° du présent article.

En ce qui concerne les marchés de travaux, de services et de fournitures comportant des services ou des travaux de pose ou d'installation passés par le ministère de la défense, un seuil différent peut être fixé par voie réglementaire.

COMMENTAIRE

Le 1° et le 2° de l'article L. 2193-10 distinguent, conformément à la loi de 1975, entre les contrats de sous-traitance d'un montant égal ou supérieur à 600 euros (V., pour ce montant, l'art. R. 2193-10), qui ouvrent droit au paiement direct, et ceux d'un montant inférieur à cette somme, qui ne permettent que l'action directe, dans les conditions prévues par le titre III de la loi.

Loi n° 75-1334 du 31 décembre 1975,

Relative à la sous-traitance (D. et BLD 1976. 64).

TITRE III. DE L'ACTION DIRECTE

Art. 11 Le présent titre s'applique à tous les contrats de sous-traitance qui n'entrent pas dans le champ d'application du titre II.

Le présent titre ne s'applique pas aux marchés publics soumis à la deuxième partie du code de la commande publique à l'exception :

1° Des marchés publics relevant de ses livres I à III dont le montant est inférieur au seuil fixé en application du 2° de l'article L. 2193-10 ;

2° Des marchés publics relevant de son livre V.

Art. 12 Le sous-traitant a une action directe contre le maître de l'ouvrage si l'entrepreneur principal ne paie pas, un mois après en avoir été mis en demeure, les sommes qui sont dues en vertu du contrat de sous-traitance ; copie de cette mise en demeure est adressée au maître de l'ouvrage.

Toute renonciation à l'action directe est réputée non écrite.

Cette action directe subsiste même si l'entrepreneur principal est en état de liquidation des biens, de règlement judiciaire ou de suspension provisoire des poursuites.

Les dispositions du deuxième alinéa de l'article 1799-1 du code civil sont applicables au sous-traitant qui remplit les conditions édictées au présent article.

Art. 13 L'action directe ne peut viser que le paiement correspondant aux prestations prévues par le contrat de sous-traitance et dont le maître de l'ouvrage est effectivement bénéficiaire.

Les obligations du maître de l'ouvrage sont limitées à ce qu'il doit encore à l'entrepreneur principal à la date de la réception de la copie de la mise en demeure prévue à l'article précédent.

Art. 13-1 L'entrepreneur principal ne peut céder ou nantir les créances résultant du marché ou du contrat passé avec le maître de l'ouvrage qu'à concurrence des sommes qui lui sont dues au titre des travaux qu'il effectue personnellement.

Il peut, toutefois, céder ou nantir l'intégralité de ces créances sous réserve d'obtenir, préalablement et par écrit, le cautionnement personnel et solidaire visé à l'article 14 de la présente loi, vis-à-vis des sous-traitants.

Art. 14 A peine de nullité du sous-traité les paiements de toutes les sommes dues par l'entrepreneur au sous-traitant, en application de ce sous-traité, sont garantis par une caution personnelle et solidaire obtenue par l'entrepreneur d'un établissement qualifié, agréé dans des conditions fixées par décret. Cependant, la caution n'aura pas lieu d'être fournie si l'entrepreneur délègue le maître de l'ouvrage au sous-traitant dans les termes de l'article 1338 du code civil, à concurrence du montant des prestations exécutées par le sous-traitant.

A titre transitoire, la caution pourra être obtenue d'un établissement figurant sur la liste fixée par le décret pris en application de la loi n° 71-584 du 16 juillet 1971 concernant les retenues de garantie.

Art. 14-1 *(L. n° 86-13 du 6 janv. 1986)* Pour les contrats de travaux de bâtiment et de travaux publics :

— le maître de l'ouvrage doit, s'il a connaissance de la présence sur le chantier d'un sous-traitant n'ayant pas fait l'objet des obligations définies à l'article 3 *(L. n° 2001-1168 du 11 déc. 2001, art. 6)* « , ou à l'article 6, ainsi que celles définies à l'article 5, mettre l'entrepreneur principal ou le sous-traitant en demeure de s'acquitter de ces obligations. Ces dispositions s'appliquent aux marchés publics et privés ; »

— si le sous-traitant accepté, et dont les conditions de paiement ont été agréées par le maître de l'ouvrage dans les conditions définies par décret en Conseil d'État, ne bénéficie pas de la délégation de paiement, le maître de l'ouvrage doit exiger de l'entrepreneur principal qu'il justifie avoir fourni la caution.

Les dispositions ci-dessus concernant le maître de l'ouvrage ne s'appliquent pas à la personne physique construisant un logement pour l'occuper elle-même ou le faire occuper par son conjoint, ses ascendants, ses descendants ou ceux de son conjoint.

(L. nº 2005-845 du 26 juill. 2005, art. 186 et 190, applicable le 1er janv. 2006) « Les dispositions du deuxième alinéa s'appliquent également au contrat de sous-traitance industrielle lorsque le maître de l'ouvrage connaît son existence, nonobstant l'absence du sous-traitant sur le chantier. Les dispositions du troisième alinéa s'appliquent également au contrat de sous-traitance industrielle. » – *[V. désormais CCP, art. L. 2193-13, L. 2393-14.]*

SOUS-SECTION 1 Paiement direct du sous-traitant

Art. L. 2193-11 Le sous-traitant direct du titulaire du marché qui a été accepté et dont les conditions de paiement ont été agréées par l'acheteur est payé directement par lui pour la part du marché dont il assure l'exécution.

Toute renonciation au paiement direct est réputée non écrite.

L'article aux termes duquel « toute renonciation au paiement direct est réputée non écrite » ne fait pas obstacle à ce que le paiement effectué par le titulaire du marché au sous-traitant agréé éteigne à due concurrence la créance du sous-traitant sur le maître de l'ouvrage. • CE 3 nov. 1989, *SA Jean-Michel,* nº 54778 B : *D. 1990. Somm. 224, obs. Terneyre ; RD publ. 1991. 293, obs F. Llorens.*

Art. L. 2193-12 Le paiement direct est obligatoire même si le titulaire du marché est en état de liquidation judiciaire, de redressement judiciaire ou de procédure de sauvegarde.

SOUS-SECTION 2 Modalités de paiement

Art. L. 2193-13 Les modalités de paiement du sous-traitant bénéficiant du paiement direct, notamment les pièces justificatives à transmettre au titulaire du marché, les délais et conditions d'acceptation de ce paiement sont définis par voie réglementaire.

COMMENTAIRE

Sur les conditions dans lesquelles le paiement direct est effectué et sur les modalités de paiement du sous-traitant, on se reportera aux articles R. 2193-10 à R. 2193-22 du code.

1. Travaux supplémentaires indispensables. Le sous-traitant bénéficiant du paiement direct des prestations sous-traitées a également droit à ce paiement direct pour les travaux supplémentaires qu'il a exécutés et qui ont été indispensables à la réalisation de l'ouvrage ainsi que pour les dépenses résultant pour lui de sujétions imprévues qui ont bouleversé l'économie générale du marché, dans les mêmes conditions que pour les travaux dont la sous-traitance a été expressément mentionnée dans le marché ou dans l'acte spécial signé par l'entrepreneur principal et par le maître de l'ouvrage. • CE 24 juin 2002, *Dpt de la Seine-Maritime,* nº 240271 B • 3 mars 2010, *Sté Presspali SPA,* nº 304604.

2. Sujétions imprévues. Même si un marché public a été conclu à prix forfaitaire, son titulaire a droit à être indemnisé pour les dépenses exposées en raison de sujétions imprévues, c'est-à-dire de sujétions présentant un caractère exceptionnel et imprévisible et dont la cause est extérieure aux parties, si ces sujétions ont eu pour effet de bouleverser l'économie générale du marché. Un sous-traitant bénéficiant du paiement direct des prestations sous-traitées a également droit à ce paiement direct pour les dépenses résultant pour lui de sujétions imprévues qui ont bouleversé l'économie générale du marché. • CE 1er juill. 2015, *Régie des eaux du canal de Belletrud (RECB),* nº 383613 B : *Rev. CMP 2015, nº 235, note Pietri.*

3. Droit du sous-traitant. Totalité des travaux payés au titulaire. Lorsque le pouvoir adjudicateur a payé la totalité des prestations au titulaire du marché alors que celui-ci n'a réglé que partiellement les travaux de son sous-traitant, ce dernier est en droit de réclamer au maître d'ouvrage le paiement direct des sommes lui restant dues, déduction faite des sommes qu'il a perçues du titulaire du marché. • CE 3 nov. 1989, *SA Jean-Michel,* nº 54778 B : *D. 1990. Somm. 244, obs. Terneyre ; RD publ. 1991. 293, obs. Llorens.*

4. Un maître d'ouvrage qui paye l'ensemble des sommes dues entre les mains de l'entrepreneur principal n'est pas libéré de son obligation de payer directement le sous-traitant. • CE 17 oct. 2003, *Cne de Chalabre*, n° 232241.

5. Un maître d'ouvrage a versé au titulaire du marché l'intégralité de la somme due en exécution d'un marché de travaux, au vu d'un décompte général établi par cette société. La cour administrative d'appel de Paris a toutefois condamné le maître d'ouvrage à payer directement à une société sous-traitante du titulaire du marché, pour l'exécution d'une partie de ces travaux, les sommes auxquelles cette société avait droit en application de la L. du 31 déc. 1975 relative à la sous-traitance. Le maître d'ouvrage demande l'annulation de cet arrêt en tant qu'il rejette son appel en garantie contre le titulaire du marché. Après avoir relevé que les sommes versées par le maître d'ouvrage au titulaire du marché, y compris les sommes relatives à des prestations sous-traitées, avaient été payées au vu d'un décompte général visé par le maître d'œuvre et approuvé par le maître de l'ouvrage, la cour a pu, sans se méprendre sur leur portée ni commettre d'erreur de droit, juger que les conclusions d'appel en garantie présentées devant elle par le maître d'ouvrage contre le titulaire tendaient nécessairement à remettre en cause le caractère définitif du décompte général des travaux approuvé par le maître d'ouvrage et ne pouvaient, dès lors, qu'être rejetées. Par suite, le maître d'ouvrage n'est pas fondé à demander l'annulation de l'arrêt attaqué en tant qu'il rejette son appel en garantie dirigé contre le titulaire du marché. • CE 30 juill. 2014, *Région Île-de-France*, n° 364967.

6. *Droit du sous-traitant en cas de malfaçons.* Le pouvoir adjudicateur ne saurait imputer sur les sommes dues au sous-traitant le coût des réparations des malfaçons constatées dans l'exécution des travaux, dès lors que seul le titulaire du marché est contractuellement tenu à l'égard du maître de l'ouvrage de la bonne exécution de l'ensemble des travaux, et notamment de ceux exécutés par son sous-traitant. Il en résulte que le maître d'ouvrage n'était pas en droit de réduire le solde demandé par la société JBI d'un montant de 12 734 euros, représentant le coût des reprises des dégradations et salissures qui auraient été constatées dans l'exécution des travaux sous-traités à cette société, alors même que cette retenue lui était demandée par le titulaire du marché dans une lettre postérieure au délai de quinze jours dont il disposait pour adresser un refus motivé à la demande de paiement de son sous-traitant. • CAA Bordeaux, 31 oct. 2013, *SAS JBI*, n° 12BX00098.

7. *Droit du sous-traitant. Absence en cas de paiements déjà effectués par l'entreprise principale.* Aux termes de l'art. 6 de la L. du 31 déc. 1975 relative à la sous-traitance applicable au présent marché : « Le sous-traitant direct du titulaire du marché qui a été accepté et dont les conditions de paiement ont été agréées par le maître de l'ouvrage, est payé directement par lui pour la part du marché dont il assure l'exécution » ; aux termes de l'art. 7 de la même loi : « Toute renonciation au paiement direct est réputée non écrite ». S'il résulte de ces dispositions que le sous-traitant agréé dispose d'un droit au paiement direct par le maître d'ouvrage, celles-ci ne font pas obstacle à ce que le paiement de ce sous-traitant soit directement effectué par le titulaire du marché, éteignant ainsi à due concurrence la créance du sous-traitant sur le maître d'ouvrage. Ainsi, en jugeant qu'il n'appartenait qu'au maître d'ouvrage de payer les travaux supplémentaires exécutés par la société sous-traitante et en en déduisant l'absence de lien direct entre le préjudice subi par le titulaire du marché et la faute imputée au maître d'œuvre, la cour administrative d'appel a commis une erreur de droit. • CE 23 mai 2011, *Sté Lamy, Sté Pitance*, n° 338780.

8. *Travaux exécutés par le sous-traitant excédant ceux que prévoit l'acte spécial.* Il incombe au maître d'ouvrage, lorsqu'il a connaissance de l'exécution, par le sous-traitant, de prestations excédant celles prévues par l'acte spécial et conduisant au dépassement du montant maximum des sommes à lui versérs par paiement direct, de mettre en demeure le titulaire du marché ou le sous-traitant de prendre toute mesure utile pour mettre fin à cette situation ou pour la régulariser, à charge pour le titulaire du marché, le cas échéant, de solliciter la modification de l'exemplaire unique ou du certificat de cessibilité et celle de l'acte spécial afin de tenir compte d'une nouvelle répartition des prestations avec le sous-traitant. • CE 2 déc. 2019, *Dpt du Nord*, n° 422307 B : *Rev. CMP 2020, n° 41, note Hoepffner ; BJCP 2020. 113, concl. Pellissier.*

9. *Présentation en temps utile.* La demande de paiement direct doit parvenir au pouvoir adjudicateur en temps utile. • CE 28 déc. 1988, *SA Prométal*, n° 69850 A • CE 5 oct. 2007, *Sté de viabilité, assainissement et transports*, n° 268494. ♦ Ne parvient pas en temps utile une demande adressée après l'établissement du décompte général et définitif du marché. • CE 10 déc. 2003, *Éts Cabrol frères*, n° 248773. ♦ Lorsque l'entrepreneur principal ne présente au maître de l'ouvrage un sous-traitant en vue de son agrément qu'en cours d'exécution du marché, le sous-traitant ne peut prétendre au paiement direct que pour les prestations exécutées postérieurement à cet agrément. • CAA Versailles, 2 mai 2007, *Cne de Mantes-la-Jolie*, n° 05VE00456.

10. Pour obtenir le paiement direct par le maître d'ouvrage de tout ou partie des prestations qu'il a exécutées dans le cadre de son contrat de sous-traitance, le sous-traitant régulièrement agréé doit adresser en temps utile sa demande de paiement direct à l'entrepreneur principal, titulaire du marché, et au maître d'ouvrage ; une demande adressée avant l'établissement du décompte général et définitif du marché doit être regardée comme effectuée en temps utile.

Pour rejeter la demande de la société Colas IDFN au motif que l'obligation dont elle se prévaut à l'encontre de la commune ne saurait être regardée comme présentant un caractère non sérieusement contestable, le juge des référés de la cour administrative d'appel a d'une part relevé que le maître d'ouvrage n'a été saisi des demandes de paiement de la société SCREG IDFN puis de la société Colas IDFN qu'après que les prestations en cause avaient été réglées par la commune, et d'autre part jugé que la faculté qu'aurait eue la commune de retenir sur les acomptes suivants la somme litigieuse versée à tort à la société Lesueur TP ne présentait pas un caractère de certitude suffisant ; il ressort des pièces du dossier soumis au juge des référés que les demandes de paiement direct du sous-traitant étaient pourtant parvenues au maître d'ouvrage en temps utile dès lors que le décompte général et définitif n'était pas établi ; la circonstance que le maître d'ouvrage avait déjà procédé au règlement des prestations effectuées par le sous-traitant en les attribuant en partie au titulaire ne le libérait pas de son obligation de payer directement la société Colas IDFN. • CE 23 oct. 2017, *Sté Colas Île-de-France Normandie,* n° 410235 : *Rev. CMP 2017. 273, note Devillers ; ibid, 2020, n° 41, note Hoepffner.*

11. Pour obtenir le paiement direct par le maître d'ouvrage de tout ou partie des prestations qu'il a exécutées dans le cadre de son contrat de sous-traitance, le sous-traitant régulièrement agréé doit adresser en temps utile sa demande. Une demande adressée après la notification du décompte général du marché au titulaire de celui-ci ne peut être regardée comme ayant été adressée en temps utile. • CE 2 déc. 2019, *Sté Fides,* n° 425204 B.

12. Procédure à suivre pour le paiement direct. Il résulte de la combinaison de l'art. 8 de la L. n° 75-1334 du 31 déc. 1975 relative à la sous-traitance et de l'art. 116 C. marchés, aujourd'hui repris, à l'exception de son avant-dernier al., au I de l'art. 136 du Décr. n° 2016-360 du 25 mars 2016 relatif aux marchés publics, que, pour obtenir le paiement direct par le maître d'ouvrage de tout ou partie des prestations qu'il a exécutées dans le cadre de son contrat de sous-traitance, le sous-traitant régulièrement agréé doit adresser sa demande de paiement direct à l'entrepreneur principal, titulaire du marché. Il appartient ensuite au titulaire du marché de donner son accord à la demande de paiement direct ou de signifier son refus dans un délai de quinze jours à compter de la réception de cette demande. Le titulaire du marché est réputé avoir accepté cette demande s'il garde le silence pendant plus de quinze jours à compter de sa réception. A l'issue de cette procédure, le maître d'ouvrage procède au paiement direct du sous-traitant régulièrement agréé si le titulaire du marché a donné son accord ou s'il est réputé avoir accepté la demande de paiement direct. Cette procédure a pour objet de permettre au titulaire du marché d'exercer un contrôle sur les pièces transmises par le sous-traitant et de s'opposer, le cas échéant, au paiement direct. Sa méconnaissance par le sous-traitant fait ainsi obstacle à ce qu'il puisse se prévaloir, auprès du maître d'ouvrage, d'un droit à ce paiement. • CE 19 avr. 2017, *Dpt de l'Hérault,* n° 396174 B : *AJCT 2017. 392, obs. Hul.*

13. Pour obtenir le paiement direct par le maître d'ouvrage de tout ou partie des prestations qu'il a exécutées dans le cadre de son contrat de sous-traitance, le sous-traitant régulièrement agréé doit adresser en temps utile sa demande de paiement direct à l'entrepreneur principal, titulaire du marché, et au maître d'ouvrage. Une demande adressée avant l'établissement du décompte général et définitif du marché doit être regardée comme effectuée en temps utile. A l'inverse, une demande effectuée après l'établissement de ce décompte n'est pas effectuée en temps utile et le maître d'ouvrage doit alors être regardé comme libéré de son obligation de paiement direct. En l'espèce, il résulte de l'instruction que la société Bianco a transmis au département, le 23 oct. 1998, un projet de décompte général de l'ensemble des travaux de son lot, y compris ceux réalisés par ses sous-traitants, notamment la société DG Entreprise, intégrant entre autres les surcoûts allégués par cette dernière au titre de l'allongement de la durée des travaux et des demandes de rémunération au titre de travaux supplémentaires. Le décompte général de la société Bianco et Cie a été établi le 7 janv. 1999. Il excluait l'indemnisation demandée et infligeait à l'entrepreneur des pénalités de retard. La société Bianco a contesté ce décompte dans le cadre de plusieurs actions, notamment une action au fond devant le tribunal administratif de Grenoble, à l'issue de laquelle elle a obtenu la condamnation du département à lui payer une somme de 176 696,69 euros, correspondant aux seuls travaux supplémentaires qu'elle avait elle-même effectués, à l'exclusion de ceux réalisés par les sous-traitants et des sommes demandées par eux au titre de l'allongement de la durée des travaux. La société Bianco a interjeté appel de ce jugement sur ce point, mais la cour administrative d'appel de Lyon a rejeté ses conclusions par un arrêt du 26 avr. 2012, au motif qu'elle n'établissait pas qu'elle serait amenée à indemniser ses sous-traitants. La SELARL EMJ, liquidateur judiciaire de la société DG Entreprise, s'est pourvue en cassation. Le Conseil d'État, par une décision du 27 mars 2013 (n° 360505) a rejeté sa demande pour défaut de qualité pour agir, au motif que lorsqu'un entrepreneur principal saisit le juge du contrat d'une action indemnitaire à l'encontre du maître de l'ouvrage au titre d'un différend dans l'exécution d'un marché public, le sous-traitant ne peut être regardé comme pouvant, dans le cadre de ce litige, se prévaloir d'un droit auquel la décision à rendre est susceptible de préjudicier, y compris lorsque l'entrepreneur principal entendrait demander le paiement de sommes pour des prestations effectuées par ce sous-traitant. Il résulte de ce qui vient d'être rappelé que le décompte général de la société Bianco incluait les sommes dont la SELARL EMJ réclame le paiement, lesquelles n'avaient pas fait l'objet d'une demande de paiement direct au maître d'ouvrage avant son établissement le 7 janv. 1999. Si la SELARL EMJ, es qualité de liquidateur judiciaire de la société DG Entreprise, a saisi le tribunal administratif de Grenoble d'une demande de paiement direct des prestations litigieuses le 9 déc. 2013, le département de la Haute-Savoie est fondé à soutenir que cette demande, intervenue près de quinze années après l'établissement du décompte général de l'entreprise titulaire, est tardive et que la société DG Entreprise, représentée par la SELARL EMJ, n'est plus fondée à invoquer son droit à un paiement direct. • CAA Lyon, 30 août 2018, *SELARL EMJ*, n° 16LY03025 : *Rev. CMP 2018. 244, note Pietri.*

14. Demande sans ambiguïté. Une demande de paiement direct par un sous-traitant doit être claire et sans ambiguïté. Une demande par laquelle un sous-traitant demande l'exercice du privilège de pluviôse (art. L. 143-6 C. trav.) ne peut être considérée comme une demande de paiement direct. • CE 3 juin 2005, *Sté Jacqmin*, n° 275061 B.

15. Droit au paiement limité au montant accepté. Conséquences. Quand l'acceptation par le maître d'ouvrage du sous-traitant et l'agrément de ses conditions de paiement ont été limités à une somme mentionnée dans l'acte d'engagement, le sous-traitant ne peut bénéficier de la procédure de paiement direct pour un montant supérieur à cette somme, dès lors que les sommes réclamées ne correspondent pas à des travaux supplémentaires indispensables à la réalisation de l'ouvrage ou à des sujétions imprévues ayant bouleversé l'économie générale du marché. Le maître d'ouvrage doit donc payer à l'entreprise principale les sommes excédant le montant fixé dans l'acte d'engagement, au titre des acomptes correspondant aux travaux effectués par le sous-traitant. • CAA Lyon, 8 avr. 2008, *Synd. des transports pour le Rhône et l'agglomération lyonnaise (SYTRAL)*, n° 02LY02062. ♦ Le sous-traitant n'est en droit de prétendre au paiement direct par le maître de l'ouvrage que des travaux exécutés postérieurement à la date à compter de laquelle le contrat de sous-traitance desdits travaux a été agréé par le maître de l'ouvrage. • CAA Lyon, 6 juin 2013, *EHPAD d'Effiat*, n° 12LY01935. ♦ Dans l'hypothèse où le contrat de sous-traitance est résilié, le droit établi par la loi au profit du sous-traitant s'applique à tous les travaux qui ont été réalisés avant la résiliation. Le sous-traitant a également droit à ce paiement direct pour les travaux supplémentaires qu'il a exécutés et qui ont été indispensables à la réalisation de l'ouvrage, ainsi que pour les dépenses résultant pour lui de sujétions imprévues qui ont bouleversé l'économie générale du marché, dans les mêmes conditions que pour les travaux dont la sous-traitance a été expressément mentionnée dans le marché ou dans l'acte spécial signé par l'entrepreneur principal et par le maître de l'ouvrage. • CAA Bordeaux, 2 avr. 2013, *Assoc. synd. autorisée des planteurs du Grand-Nord (ASAPGN)*, n° 11BX02720 : *AJDA 2013. 1913, concl. de La Taille.*

16. Contrôle du pouvoir adjudicateur. Les procédures instituées par la L. du 31 déc. 1975 ne font pas obstacle au contrôle par le maître de l'ouvrage du montant de la créance du sous-traitant, compte tenu des travaux qu'il a exécutés et des prix stipulés par le marché, et ceci même si sa demande de paiement a été acceptée par le titulaire. • CE 28 avr. 2000, *Sté Peinture Normandie*, n° 181604 A.

17. Dans l'hypothèse d'une rémunération directe du sous-traitant par le maître d'ouvrage, ce dernier peut contrôler l'exécution effective des travaux sous-traités et le montant de la créance du sous-traitant ; en jugeant que le maître d'ouvrage pouvait, au titre de ce contrôle, s'assurer que la consistance des travaux réalisés par le sous-traitant correspondait à ce qui était prévu par le marché, la cour administrative d'appel de Paris n'a pas commis d'erreur de droit ; elle n'a pas davantage commis d'erreur de droit en jugeant qu'alors même que les travaux réalisés par la société auraient été conformes aux règles de l'art, la commune était fondée à refuser de procéder au paiement direct de la somme sollicitée par cette société, dès lors qu'il ressortait des éléments qu'elle avait souverainement relevés, sans dénaturation, que la consistance des travaux de fondation réalisés par la société ne correspondait pas à ce que prévoyait le marché. • CE 9 juin 2017, *Sté Keller Fondations Spéciales*, n° 396358 B : *BJCP 2017. 306, concl. Henrard ; Rev. CMP 2017. 207, note Ubaud-Bergeron.*

18. L'existence d'un acte de sous-traitance n'interdit pas au maître d'ouvrage de procéder à un contrôle des travaux, afin de n'acquitter que les travaux réellement réalisés. En estimant, au vu d'un constat d'huissier dressé dans le cadre de la résiliation du marché avec l'entrepreneur principal, que la totalité des travaux prévus au marché n'avait pas été réalisée et en rejetant pour absence de justification la demande de paiement que lui a directement adressée le sous-traitant, le maître d'ouvrage et le maître d'ouvrage délégué n'ont fait qu'exercer ce contrôle et ne se sont pas contentés d'entériner les indications de l'entreprise titulaire du marché principal. • CAA Marseille, 1er mars 2010, Sté *Alpilles Terrassement*, n° 07MA02105 : *Rev. CMP 2010. Chron. 218, note Llorens.* ♦ Les dispositions de la L. du 31 déc. 1975 n'ont eu ni pour objet ni pour effet de créer à la charge du sous-traitant des obligations contractuelles vis-à-vis du maître de l'ouvrage auquel il n'est pas lié par contrat. Dès lors, si le maître d'ouvrage qui paye directement les travaux exécutés par un sous-traitant peut contrôler le montant de la créance de ce dernier compte tenu des travaux effectivement réalisés et des prix stipulés par le marché, il ne peut pas faire application à son encontre des stipulations contractuelles conclues avec le titulaire du marché relatives aux réserves lors de la réception, aux pénalités ou aux délais d'exécution des travaux. • CAA Lyon, 15 mai 2014, *Sté Sefers*, n° 12LY22756 : *Rev. CMP 2014, n° 192, note Pietri.*

19. Acte spécial. Modification pour tenir compte des conditions d'exécution des prestations sous-traitées. Impossibilité. Il résulte des dispositions combinées de l'art. 6 de la L. du 31 déc. 1975 et de l'art. 114 C. marchés qu'en l'absence de modification des stipulations du contrat de sous-traitance relatives au volume des prestations du marché dont le sous-traitant assure l'exécution ou à leur montant, le maître de l'ouvrage et l'entrepreneur principal ne peuvent, par un acte spécial modificatif, réduire le droit au paiement direct du sous-traitant dans le but de tenir compte des conditions dans lesquelles les prestations sous-traitées ont été exécutées. • CE 27 janv. 2017, *Sté Baudin Châteauneuf Dervaux*, n° 397311 B : *BJCP 2017. 164, concl. Pellissier ; Rev. CMP 2017, n° 88, note Ubaud-Bergeron ; AJDA 2017. 1500, note Bourdon.*

SECTION 3 Régime financier

Art. L. 2193-14 **Le sous-traitant qui confie à un autre sous-traitant l'exécution d'une partie du marché dont il est chargé est tenu de lui délivrer une caution personnelle et solidaire ou une délégation de paiement dans les conditions définies à l'article 14 de la loi n° 75-1334 du 31 décembre 1975 relative à la sous-traitance.**

CHAPITRE IV MODIFICATION DU MARCHÉ

Art. L. 2194-1 **Un marché peut être modifié sans nouvelle procédure de mise en concurrence dans les conditions prévues par voie réglementaire, lorsque :**

1° Les modifications ont été prévues dans les documents contractuels initiaux ;

2° Des travaux, fournitures ou services supplémentaires sont devenus nécessaires ;

3° Les modifications sont rendues nécessaires par des circonstances imprévues ;

4° Un nouveau titulaire se substitue au titulaire initial du marché ;

5° Les modifications ne sont pas substantielles ;

6° Les modifications sont de faible montant.

Qu'elles soient apportées par voie conventionnelle ou, lorsqu'il s'agit d'un contrat administratif, par l'acheteur unilatéralement, de telles modifications ne peuvent changer la nature globale du marché. – *[Ord. n° 2015-899 du 23 juill. 2015, art. 65, al. 1er.]*

Sur la modification des contrats de la commande publique sans nouvelle procédure de mise en concurrence, V. les dispositions issues de l'art. 133 de la L. n° 2020-1525 du 7 déc. 2020, infra.

COMMENTAIRE

Un avenant peut modifier les conditions d'exécution du marché, sa durée, la rémunération de son titulaire, dans des limites cependant relativement étroites (sauf le cas très particulier des sujétions techniques imprévues ne résultant pas du fait des parties). Il ne saurait en effet constituer un nouveau marché, qui ne pourrait être conclu que dans le respect des règles de passation prévues par le code.

Par ailleurs, la modification unilatérale des contrats administratifs n'est possible que dans le respect de « l'équation financière » dont bénéficient leurs titulaires (V. l'art. L. 6 et l'art. L. 2194-2).

Sur le détail des six hypothèses mentionnées par l'article L. 2194-1, on se reportera aux articles R. 2194-1 à R. 2194-10.

I. CJCE/CJUE

1. Nécessité d'un nouveau marché : notion de « modifications substantielles ». Impliquent la passation d'un nouveau marché des modifications apportées aux stipulations d'un marché public pendant la durée de sa validité qui présentent un caractère substantiel. Sont substantielles des modifications qui introduisent des conditions qui, si elles avaient figuré dans la procédure de passation initiale, auraient permis l'admission de soumissionnaires autres que ceux qui ont été initialement admis ou qui auraient permis de retenir une offre autre que celle qui a été initialement retenue ; ou encore des modifications qui étendent le marché, dans une mesure importante, à des prestations non initialement prévues ; ou aussi des modifications qui changent l'équilibre économique du contrat en faveur de l'attributaire du marché d'une manière qui n'était pas prévue dans les termes du marché initial.

La substitution d'un nouveau cocontractant à celui auquel le pouvoir adjudicateur avait initialement attribué le marché constitue en général une modification substantielle, à moins qu'elle n'ait été prévue dans les termes du marché initial ; en revanche il n'y a pas modification substantielle si le cocontractant a procédé à une simple réorganisation interne (filialisation de l'activité dans une société qu'il contrôle entièrement en l'espèce). La conversion en euros du prix des prestations n'est pas une modification substantielle, même si elle s'accompagne d'un ajustement de ce prix. De même la mise à jour d'une clause d'indexation conformément aux clauses du contrat. Ne constitue pas non plus une modification substantielle l'introduction d'une clause de non-résiliation pour une période de trois ans, dès lors qu'il ne ressort pas du dossier que, pendant cette période de trois ans, le pouvoir adjudicateur aurait eu, en l'absence de cette clause, une perspective concrète de mettre fin au contrat en cours et qu'à supposer même qu'il ait entendu le faire, la durée pendant laquelle il en aurait été empêché n'est pas excessive. De même pour une modification ayant pour objet d'augmenter un rabais consenti au pouvoir adjudicateur sur une partie des prestations, qui ne modifie pas l'équilibre économique du marché en faveur de son attributaire et qui n'est pas susceptible d'entraîner une distorsion de concurrence au détriment de soumissionnaires potentiels. • CJCE 19 juin 2008, *Pressetext Nachrichtenagentur GmbH c/ Republik Österreich,* C-454/06 : *Rev. CMP 2008, n°s 8-9, comm. 186, Zimmer ; ibid. Repère 9, Llorens et Soler-Couteaux ; Dr. adm. 2008. Comm. n° 132, obs. Noguellou.*

2. Transaction et modifications substantielles. L'art. 2 de la Dir. 2004/18/CE du Parlement européen et du Conseil du 31 mars 2004, relative à la coordination des procédures de passation des marchés publics de travaux, de fournitures et de services, doit être interprété en ce sens que, après l'attribution d'un marché public, une modification substantielle ne peut pas être apportée à celui-ci sans l'ouverture d'une nouvelle procédure de passation de marché même lorsque cette modification constitue, objectivement, un mode de règlement transactionnel, emportant des renonciations réciproques de la part des deux parties, en vue de mettre un terme à un litige, dont l'issue est incertaine, né des difficultés auxquelles se heurte l'exécution de ce marché. Il n'en serait autrement que si les documents dudit marché prévoyaient la faculté d'adapter certaines conditions, même importantes, de celui-ci après son attribution et fixaient les modalités d'application de cette faculté. • CJUE 7 sept. 2016, *Finn Frogne A/S,* n° C-549/14 : *Rev. CMP 2016, comm. 257, Llorens.*

3. Il y a lieu de rappeler que, en général, la substitution d'un nouveau contractant à celui auquel le pouvoir adjudicateur avait initialement attribué le marché doit être considérée comme constituant un changement de l'un des termes essentiels du marché public concerné et, par suite, comme une modification substantielle du marché, qui doit donner lieu à une nouvelle procédure de passation portant sur le marché ainsi modifié, conformément aux principes de transparence et d'égalité de traitement qui sous-tendent l'obligation de concurrence entre les candidats potentiellement intéressés des différents États membres (V. en ce sens CJCE 19 juin 2008, *Pressetext Nachrichtenagentur*, n° C-454/06, pt. 40 et 47), de la Dir. n° 2014/24.

Il résulte de la jurisprudence de la Cour que le principe d'égalité de traitement et l'obligation de transparence qui en découle font obstacle à ce que, après l'attribution d'un marché public, le pouvoir adjudicateur et l'adjudicataire apportent aux dispositions de ce marché des modifications telles que ces dispositions présenteraient des caractéristiques substantiellement différentes de celles du marché initial (V. en ce sens CJUE 7 sept. 2016, *Finn Frogne*, n° C-549/14, pt. 28).

A titre d'exception, l'art. 72, §1, ss. d), ii), de ladite Dir. prévoit qu'un nouveau contractant peut, sans nouvelle procédure de passation de marché conformément à la même Dir., remplacer celui auquel le pouvoir adjudicateur a initialement attribué le marché à la suite d'une succession universelle ou partielle du contrat initial, à la suite d'opérations de restructuration de société, notamment de rachat, de fusion, d'acquisition ou d'insolvabilité, assurée par un autre opérateur économique qui remplit les critères de sélection qualitative établis initialement, à condition que cela n'entraîne pas d'autres modifications substantielles du marché et ne vise pas à soustraire à l'application de cette Dir.

Il ressort ainsi du libellé de cet art. qu'il subordonne notamment l'application de l'exception en cause à la condition selon laquelle le remplacement de l'ancien contractant est dû à une succession universelle ou partielle qui intervient à la suite d'opérations de restructuration de société, notamment d'insolvabilité.

En l'occurrence, la juridiction de renvoi s'interroge sur le point de savoir si la condition de succession universelle ou partielle du contractant initial à la suite d'une insolvabilité est remplie lorsque le nouveau contractant ne reprend que les droits et les obligations découlant de l'accord-cadre conclu avec le pouvoir adjudicateur et ne reprend pas tout ou partie de l'activité du contractant initial entrant dans le champ de cet accord-cadre.

L'art. 72, § 1, ss. d), ii), de la Dir. 2014/24/UE du Parlement européen et du Conseil du 26 févr. 2014, sur la passation des marchés publics et abrogeant la Dir. 2004/18/CE, doit être interprété en ce sens qu'un opérateur économique qui, à la suite de la mise en faillite du contractant initial ayant abouti à la liquidation de celui-ci, n'a repris que les droits et les obligations de ce dernier découlant d'un accord-cadre conclu avec un pouvoir adjudicateur doit être regardé comme ayant succédé à titre partiel à ce cocontractant initial, à la suite d'opérations de restructuration de société, au sens de cette disposition. • CJUE 3 févr. 2022, *Advania Sverige AB, Kammarkollegiet,* n° C-461/20.

II. JURIDICTION ADMINISTRATIVE

4. Cession, avenant, nouveau marché. Selon une jurisprudence constante du Conseil d'État, la cession d'un marché n'est possible qu'avec l'autorisation de la personne publique contractante. Elle n'est soumise à aucune procédure publique de mise en concurrence. L'autorisation de cession ne peut être refusée que pour un motif tel qu'une appréciation négative des garanties professionnelles et financières du cessionnaire ou encore parce que, à la suite d'opérations de restructuration, aboutissant à la création de sociétés nouvelles, la cession paraît à la personne publique de nature soit à remettre en cause les éléments essentiels relatifs au choix du titulaire initial du contrat soit à modifier substantiellement l'économie du contrat.

La cession s'entend de la reprise pure et simple par le cessionnaire, qui constitue son nouveau titulaire, de l'ensemble des droits et obligations résultant du contrat et ne saurait être assortie d'une remise en cause des éléments essentiels du contrat, laquelle impliquerait la conclusion d'un nouveau marché.

Le tiers cessionnaire est une personne morale distincte du titulaire initial. Il n'y a pas de tiers en cas de simple transformation d'une société en une société d'une autre forme, ou en cas de prorogation, ou de toute autre modification statutaire, ou encore lorsqu'il est procédé à un changement de propriétaire des actions composant le capital social, même dans une proportion très largement majoritaire. En revanche, il y a cession à un tiers lors de la réalisation d'opérations de scission et de fusion, lorsque ces opérations aboutissent à la création de sociétés nouvelles ou lorsque, à la suite d'autres formes de transmission de patrimoines ou de cession d'actifs, une société se voit attribuer, en qualité de cessionnaire, un marché public. • CE, avis, 8 juin 2000, n° 141654 A : *Rapport public 2001, EDCE, p. 230 ; AJDA 2000. 758, note Richer.*

5. Prestations identiques et montant limité. Un avenant qui porte sur des prestations identiques à celles qui étaient prévues par le marché et dont le montant est limité est légal. • CE 22 juin 1998, *Préfet du Puy-de-Dôme,* n° 173025 : *BJCP 1998. 36, concl. Bergeal.*

6. Travaux dissociables. Un avenant ne peut porter sur des travaux dissociables des travaux qui faisaient l'objet du marché. • CE 28 juill. 1995, *Préfet de la région d'Île-de-France, préfet de Paris c/ Sté de gérance Jeanne d'Arc,* n° 143438 A.

7. Travaux non prévus rendus nécessaires du fait de tiers. Un avenant relatif à la réalisation de travaux de voirie non prévus par le marché initial et rendus nécessaires par des dommages causés par des concessionnaires du domaine public, tiers au marché, constitue en réalité un nouveau marché. • CE 13 mars 1998, *Dpt du Pas-de-Calais,* n° 167764 A : *BJCP 1998. 97.*

8. Substitution d'opérateurs économiques à des membres d'un groupement. La substitution, au cours de l'exécution d'un marché passé par un groupement d'opérateurs économiques, lequel n'est pas doté de la personnalité juridique, d'un ou plusieurs des membres de ce groupement par un ou plusieurs autres opérateurs économiques constitue une modification du titulaire du marché qui ne peut valablement avoir lieu sans mise en concurrence que dans les cas prévus par l'art. L. 2194-1 du CCP et précisés par les art. R. 2194-5, R. 2194-6 et R. 2194-7 du même code. • CE 16 mai 2022, *Sté hospitalière d'assurances mutuelles,* n° 459408 B : *Rev. CMP 2022, comm. 228, Hoepffner.*

9. Extension limitée du champ des prestations. L'extension du service parisien de vélos en libre-service mis en place à Paris par un marché public, conçue comme un complément du réseau parisien, portant sur l'implantation de stations supplémentaires sur une partie limitée du territoire d'une trentaine de communes limitrophes ou très voisines de Paris, ne modifie pas l'objet du marché et ne constitue donc pas un nouveau marché, en raison de l'identité de nature entre les prestations prévues par le marché initial et la prestation supplémentaire proposée aux usagers du système parisien « Velib », de la portée limitée de ce complément et dès lors qu'il ne s'agit que d'une extension réduite du service parisien de vélos en libre service afin d'améliorer un service rendu essentiellement aux usagers qui habitent Paris ou s'y rendent et non de mettre en place un service distinct destiné aux déplacements dans les communes limitrophes. Le juge de cassation contrôle la qualification juridique retenue sur ce point par le juge du référé précontractuel.

Par ailleurs, l'avenant en cause n'a pas pour effet de bouleverser l'économie du marché initial dès lors qu'il n'autorise que la mise à disposition de 4 500 vélos, en complément des 20 600 prévus dans une première tranche, conformément aux stipulations du marché, pour un surcoût par rapport au prix initial de 8 % au maximum. • CE, sect., 11 juill. 2008, *Ville de Paris*, n° 312354 A : *AJDA 2008. 1816, chron. Geffray et Liéber ; BJCP 2008. 361, concl. Boulouis ; Rev. CMP 2008, comm. 187, obs. Pietri ; Dr. adm. 2008, n° 105 ; JCP Adm. 2008. 2189, obs. Linditch.*

10. Sujétions techniques imprévues. Définition. Ne peuvent être regardées comme des sujétions techniques imprévues que des difficultés matérielles rencontrées lors de l'exécution d'un marché présentant un caractère exceptionnel, imprévisibles lors de la signature du contrat et dont la cause est extérieure aux parties. • CE 30 juill. 2003, *Cne de Lens*, n° 223445 B : *BJCP 2003. 462, concl. Piveteau ; AJDA 2003. 1727, note Dreyfus* .

11. Définition des besoins imprécise, sujétions imprévues, avenant. Un pouvoir adjudicateur qui n'a pas défini avec un soin suffisant ses besoins ni, par suite, les travaux à réaliser, ne peut, lorsque des travaux supplémentaires importants se révèlent nécessaires en cours d'exécution du marché, invoquer la théorie des sujétions imprévues. Est dès lors illégal un avenant qui, augmentant de 43 % le montant initial du marché, en bouleverse l'économie. • CE 8 mars 1996, *Cne de Petit-Bourg*, n° 165075.

12. Nouvelles prestations illégalement prévues par avenant. Il ressort des pièces du dossier que la commune, à l'issue d'une procédure adaptée de mise en concurrence, a attribué, par un acte d'engagement accepté le 27 mai 2009, le lot n° 8 « couverture » d'une opération globale d'entretien des bâtiments communaux à la société X ; ces travaux, d'un montant initial de 7 115 euros (HT), ont été exécutés durant les mois de juill. et d'août 2009 ; la commune a commandé hors marché, par une lettre en date du 2 sept. 2009 adressée à la société, la fourniture et la pose d'une descente d'eau pluviale pour l'un des bâtiments ayant fait l'objet d'une intervention, et ce, pour un montant de 915,80 euros (HT) représentant une augmentation du prix du marché de 12,90 %, en précisant que la commande ferait l'objet d'une régularisation par avenant ; la commune a conclu avec la société un avenant du même montant, non daté et qui ne modifie pas le délai d'exécution du marché initial, au motif que « pendant l'exécution du chantier, il est apparu nécessaire d'installer une descente d'eau pluviale supplémentaire » ; il résulte de ce qui précède que l'objet de l'avenant en cause, adressé à la société le 13 nov. 2009, est de prendre en compte des prestations non prévues au marché dont l'opportunité est apparue en cours de chantier, et non de modifier le prix au regard d'une augmentation des coûts d'exécution de travaux ou des quantités figurant au descriptif ayant fait l'objet de la consultation ; par suite, une telle modification du marché en cours d'exécution, introduisant des conditions qui, si elles avaient figuré dans la procédure de passation initiale, auraient permis l'admission de soumissionnaires autres que ceux initialement admis, aurait dû être soumise à la procédure de mise en concurrence ; dès lors, le préfet est fondé à soutenir que c'est à tort que le tribunal administratif a jugé que l'avenant n° 1 du lot n° 8 avait pour objet de modifier le prix du marché en vue de son règlement définitif. • CAA Douai, 19 juin 2012, *Préfet du Nord*, n° 11DA01071.

13. Appréciation de l'effet d'un avenant. Pour apprécier les effets d'un avenant sur les marchés auxquels il se rapporte, il convient d'évaluer la hausse du prix global qui en résulte et non, s'il s'agit d'un marché unique, des conséquences qui en résulteraient lot par lot ; par suite, la cour administrative d'appel n'a pas commis d'erreur de droit, d'une part, en n'évaluant pas les effets des avenants au regard du seul lot n° 1, dès lors, ainsi qu'il ressort des pièces du dossier soumis aux juges du fond, qu'il consistait en un lot technique au sein d'un marché unique, et, d'autre part, en jugeant, sans dénaturation, que la hausse du prix de ce marché unique, qui résultait des avenants successifs, étant d'environ 13 %, inférieure au seuil d'interdiction de passer un avenant fixé à 15 % par une délibération du centre hospitalier adjudicateur, n'avait pas méconnu ces dispositions. • CE 19 janv. 2011, *Sté Entreprise Mateos*, n° 316783 B.

14. Portée de l'avenant. Interprétation par le juge. Si l'avenant prévoit en son art. 4 la renonciation de l'entreprise à toute réclamation concernant les faits antérieurs à sa signature, cette clause, compte tenu du caractère laconique de cet avenant, n'a pu avoir de portée que s'agissant de l'objet sur lequel il porte, à savoir la modification de l'art. II.17 du cahier des clauses techniques particulières (CCTP) applicable au marché litigieux, relatif à l'aire de stockage et de fabrication du sable ciment. Par suite, le moyen tiré de ce que la société requérante aurait renoncé à toute réclamation concernant sa rémunération doit être écarté. • CAA Lyon, 26 nov. 2009, *Sté Guintoli*, n° 07LY01987.

15. Avenant de transfert. Refus du nouveau titulaire. Le projet d'avenant au marché avait pour objet la reprise pure et simple par la société B de l'intégralité des droits et obligations liés au marché conclu le 6 juin 2011 pour l'acquisition d'un logiciel de gestion des marchés publics, dont était titulaire la société A, sans remise en cause des éléments de ce contrat, tels que la durée, le prix, la nature des prestations ; dès lors que le changement de titulaire du marché ne s'accompagnait en l'espèce d'aucune modification dans les caractéristiques essentielles du marché initial, la métropole n'avait pas à procéder à la conclusion d'un nouveau marché soumis aux procédures de publicité et de mise en concurrence préalables prévues par le C. marchés.

La cession d'un marché ne peut toutefois avoir lieu qu'avec l'assentiment préalable et exprès des parties ; la reprise de l'activité de la société A par la société B n'a pas eu par elle-même pour effet de lui transférer le marché dont était titulaire la société A ; si la société B a signé le 12 avr. 2012 un projet d'avenant portant transfert du marché à son profit, il est constant qu'elle avait rétracté sa signature lorsque le représentant légal de la métropole a lui-même signé, le 1er juin 2012, ce projet d'avenant, lequel doit ainsi être regardé comme n'ayant jamais été formé ; compte tenu de ce qui précède, la métropole ne pouvait légalement, par la décision du 14 mai 2012, refuser de prendre acte de la renonciation de la société B. • CAA Marseille, 3 oct. 2016, *Sté Ordiges France*, n° 15MA02425.

16. Fixation d'une date de fin des travaux antérieure à la signature de l'avenant. Aucun principe ne s'oppose à ce qu'un avenant à un marché fixe une date de fin des travaux antérieure à sa signature. La circonstance que cette date soit antérieure à la date à laquelle cet avenant a été transmis au préfet est sans incidence sur la validité de l'avenant dès lors qu'aucune stipulation ne prévoyait une entrée en vigueur antérieure à cette transmission. • CE 2 oct. 2002, *M. Gross*, n° 219659 A.

17. Conséquences de l'annulation du marché sur les avenants. L'annulation d'un marché prive de base légale les avenants à ce marché. • CE 28 juill. 1995, *Préfet de la région d'Île-de-France, préfet de Paris c/ Sté de gérance Jeanne d'Arc*, n° 143438 A.

18. Portée d'un avenant. Si un avenant stipule que l'entreprise renonce à toutes réclamations relatives au marché initial et à l'avenant lui-même concernant tous faits connus à la date de sa signature, ces stipulations ne peuvent être regardées comme valant renonciation de l'entreprise à toute réclamation fondée sur le dépassement du délai contractuel de réalisation des travaux, l'art. 3 de l'avenant précisant que ce délai n'est pas modifié. • CAA Nancy, 12 nov. 2009, *SELARL Gangloff et Nardi*, n° 08NC00845.

19. Renonciation à une action contentieuse. Aucune stipulation, disposition législative ou réglementaire ne fait obstacle à ce que le cocontractant d'une collectivité publique renonce, par la signature d'un avenant, à engager une action contentieuse à l'encontre de la collectivité pour des faits antérieurs à cette signature. • CAA Lyon, 28 mai 2009, *Groupement d'entreprises Py-Gardiol-Richard*, n° 06LY01268.

Loi n° 2020-1525 du 7 décembre 2020,

D'accélération et de simplification de l'action publique.

Art. 133 I. — Les contrats répondant à la définition des contrats de la commande publique énoncée à l'article L. 2 du code de la commande publique pour lesquels une consultation a été engagée ou un avis d'appel à la concurrence a été envoyé à la publication avant le 1er avril 2016 peuvent être modifiés sans nouvelle procédure de mise en concurrence dans les conditions définies par le code de la commande publique.

II. — Les dispositions du présent article sont applicables aux contrats mentionnés au I passés par l'État et ses établissements publics dans les îles Wallis-et-Futuna, en Polynésie française, en Nouvelle-Calédonie et dans les Terres australes et antarctiques françaises.

Art. L. 2194-2 Lorsque l'acheteur apporte unilatéralement une modification à un contrat administratif soumis au présent livre, le cocontractant a droit au maintien de l'équilibre financier du contrat, conformément aux dispositions du 4° de l'article L. 6.

COMMENTAIRE

Voir les commentaires sous l'article L. 6.

1. Pouvoir de modification et de résiliation. L'État dispose d'un pouvoir souverain pour modifier, voire résilier, moyennant compensation, un contrat conclu avec des particuliers : ainsi le veulent la prééminence des intérêts supérieurs de l'État sur les obligations contractuelles et la nécessité de sauvegarder l'équilibre du contrat. • CEDH 9 déc. 1994, *Raffineries grecques Stran c/ Grèce*, n° 13427/8.

2. Pouvoir de modification unilatérale. La personne publique délégante peut demander à son cocontractant d'adapter sa prestation à de nouvelles exigences (en l'espèce au passage de l'éclairage au gaz à l'éclairage électrique). Le principe de mutabilité du service public implique que soit reconnu à l'administration un tel pouvoir de modification unilatérale. • CE 10 janv. 1902 : *Gaz de Deville-les-Rouen.*

3. L'administration contractante dispose, en dehors de toute clause contractuelle, d'un pouvoir de modification unilatérale du contrat. Ce pouvoir doit toutefois respecter le droit du cocontractant à l'équilibre financier du contrat, ce qui implique que l'intégralité du préjudice subi par celui-ci du fait de la modification soit indemnisée. • CE 11 mars 1910, *Cie générale française des tramways,* n° 16178 A (*concl. Blum*).

4. Le pouvoir de modification unilatérale est une des « règles générales applicables aux contrats administratifs ». • CE 2 févr. 1983, *Union des transports publics : RFDA 1984. 45, note Llorens.*

5. Si l'administration n'indemnise pas son cocontractant du surcoût engendré par l'usage de son pouvoir de modification unilatérale, elle commet une faute susceptible de justifier la résiliation du contrat à ses torts. • CE 12 mars 1999, *SA Méribel 92,* n° 176694 A : *BJCP 1999. 444, concl. Bergeal.*

Art. L. 2194-3 (*L. n° 2019-486 du 22 mai 2019, art. 195*) **Les prestations supplémentaires ou modificatives demandées par l'acheteur au titulaire d'un marché public de travaux qui sont nécessaires au bon achèvement de l'ouvrage et ont une incidence financière sur le marché public font l'objet d'une contrepartie permettant une juste rémunération du titulaire du contrat.**

COMMENTAIRE

Introduites par l'article 195 de la loi n° 2019-486 du 22 mai 2019, dite « loi PACTE », les dispositions de l'article L. 2194-3, qui visent l'hypothèse dans laquelle certains travaux supplémentaires et certaines modifications sont décidés par l'acheteur, ont pour objectif de conforter, au bénéfice des titulaires des marchés de travaux, la sécurité et la prévisibilité de l'exécution des contrats.

CHAPITRE V RÉSILIATION DU MARCHÉ

Art. L. 2195-1 Sans préjudice des dispositions de l'article L. 6 et des dispositions législatives spéciales, l'acheteur peut résilier le marché dans les cas prévus au présent chapitre.

COMMENTAIRE

On se reportera aux commentaires et à la jurisprudence sous l'article L. 6 et sous les articles qui suivent.

1. Résiliation tacite. En dehors du cas où elle est prononcée par le juge, la résiliation d'un contrat administratif résulte, en principe, d'une décision expresse de la personne publique cocontractante. Cependant, en l'absence de décision formelle de résiliation du contrat prise par la personne publique cocontractante, un contrat doit être regardé comme tacitement résilié lorsque, par son comportement, la personne publique doit être regardée comme ayant mis fin, de façon non équivoque, aux relations contractuelles. Les juges du fond apprécient souverainement, sous le seul contrôle d'une erreur de droit et d'une dénaturation des pièces du dossier par le juge de cassation, l'existence d'une résiliation tacite du contrat au vu de l'ensemble des circonstances de l'espèce, en particulier des démarches engagées par la personne publique pour satisfaire les besoins concernés par d'autres moyens, de la période durant laquelle la personne publique a cessé d'exécuter le contrat, compte tenu de sa durée et de son terme, ou encore de l'adoption d'une décision de la personne publique qui a pour effet de rendre impossible la poursuite de l'exécution du contrat ou de faire obstacle à l'exécution, par le cocontractant, de ses obligations contractuelles. • CE 27 févr. 2019, *Dpt de la Seine-Saint-Denis,* n° 414114 B : *AJDA 2019. 1056, note Richer ; Rev. CMP 2019. 173, note Dietenhoeffer.*– V. aussi : • CE 11 déc. 2020, *Sté Copra Méditerranée,* n° 427616 B : *BJCP 2021. 93, concl. Roussel ; Rev. CMP 2020. 56, note Soler-Couteaux.*

2. En dehors du cas où elle est prononcée par le juge, la résiliation d'un contrat administratif résulte, en principe, d'une décision expresse de la personne publique cocontractante. Cependant, en l'absence de décision formelle de résiliation du contrat prise par la personne publique cocontractante, un contrat doit être regardé comme tacitement résilié lorsque, par son comportement, la personne publique doit être regardée comme ayant mis fin, de façon non équivoque, aux relations contractuelles. L'existence d'une résiliation tacite du contrat doit être appréciée au vu de l'ensemble des circonstances de l'espèce, en particulier des démarches engagées par la personne publique pour satisfaire les besoins concernés par d'autres moyens, de la période durant laquelle la personne publique a cessé d'exécuter le contrat, compte tenu de sa durée et de son terme, ou encore de l'adoption d'une décision de la personne publique qui a pour effet de rendre impossible la poursuite de l'exécution du contrat ou de faire obstacle à l'exécution, par le cocontractant, de ses obligations contractuelles.

En l'espèce, il résulte de l'instruction que MM. Lyon-Caen et Girard ont été mis en demeure de remplir leurs obligations contractuelles, une première fois le 23 nov. 2013 et une seconde fois le 25 sept. 2014. Ces mises en demeure sont restées infructueuses, les intéressés n'y ayant pas même répondu. Ainsi, à la date d'enregistrement de la demande de première instance, le 11 juin 2015, les relations entre les parties avaient cessé depuis plusieurs mois. En outre, les requérants font état, sans être contestés, de ce que la commune de Vert-le-Grand avait désigné un nouveau prestataire pour poursuivre leur mission. L'ensemble de ces circonstances établit qu'à la date à laquelle le tribunal administratif a été saisi, le contrat avait fait l'objet d'une résiliation tacite. Dans ces conditions, à supposer même que la commune de Vert-le-Grand puisse être regardée comme ayant demandé au tribunal de prononcer la résiliation de ce contrat, de telles conclusions étaient dépourvues d'objet et, par suite, irrecevables. Par suite, et sans qu'il soit besoin d'examiner les moyens des requérants, il y a lieu d'annuler le jugement attaqué en tant qu'il prononce la résiliation du contrat. • CAA Versailles, 8 juill. 2021, *M. Jean-Jacques Lyon-Caen, M. Dominique Girard*, n° 18VE01576 : *Rev. CMP 2021, comm. 306, note Rees.*

3. Marché fournitures. Résiliation. Effet. Absence de décompte de résiliation. Absence de délai pour présenter le mémoire de réclamation préalable. Il résulte des stipulations des art. 8.7 et 30 CCAG des marchés publics de fournitures courantes et de services, qu'en cas de résiliation du marché, il incombe à la personne responsable du marché d'arrêter le décompte de liquidation du marché et de le notifier à l'entreprise. Si en vertu de l'art. 34 du même cahier : « Tout différend entre le titulaire et la personne responsable du marché doit faire l'objet de la part du titulaire d'un mémoire de réclamation qui doit être communiqué à la personne responsable du marché dans le délai de trente jours compté à partir du jour où le différend est apparu », c'est sans commettre d'erreur de droit, qu'après avoir constaté que le CHR d'Annecy n'avait pas arrêté de décompte à la suite de la résiliation du marché, la cour a jugé que le délai de trente jours prévu par ces stipulations n'était pas opposable à la réclamation préalable de la société tendant au paiement des sommes dues en règlement de la partie du marché exécutée, la seule résiliation du marché ne pouvant être regardée comme ayant fait naître le différend relatif au solde du marché objet de la réclamation de la société. • CE 24 nov. 2008, *CHR d'Annecy*, n° 291539 B : *Rev. CMP 2009, comm. 8, Pietri ; RDI 2009. 363, note Delaunay.*

4. Marché résilié unilatéralement. Absence de décompte. Réclamation. Délai. Aux termes de l'art. 34 CCAG applicables aux marchés de fournitures courantes et de services, dans sa rédaction issue de l'arrêté interministériel du 19 janv. 2009, applicable au marché en litige : « 34.1. La résiliation fait l'objet d'un décompte de résiliation qui est arrêté par le pouvoir adjudicateur et notifié au titulaire / (...) 34.5. La notification du décompte par le pouvoir adjudicateur au titulaire doit être faite au plus tard deux mois après la date d'effet de la résiliation du marché (...) ». Aux termes de l'art. 37 de ce cahier : « 37.1. Le pouvoir adjudicateur et le titulaire s'efforceront de régler à l'amiable tout différend éventuel relatif à l'interprétation des stipulations du marché ou à l'exécution des prestations objet du marché. / 37.2. Tout différend entre le titulaire et le pouvoir adjudicateur doit faire l'objet, de la part du titulaire, d'un mémoire de réclamation exposant les motifs et indiquant, le cas échéant, le montant des sommes réclamées. Ce mémoire doit être communiqué au pouvoir adjudicateur dans le délai de deux mois, courant à compter du jour où le différend est apparu, sous peine de forclusion. / 37.3. Le pouvoir adjudicateur dispose d'un délai de deux mois, courant à compter de la réception du mémoire de réclamation, pour notifier sa décision. L'absence de décision dans ce délai vaut rejet de la réclamation ».

Il résulte des stipulations de l'art. 37 précédemment citées que, lorsqu'intervient, au cours de l'exécution d'un marché, un différend entre le titulaire et l'acheteur, résultant d'une prise de position écrite, explicite et non équivoque émanant de ce dernier et faisant apparaître le désaccord, le titulaire doit présenter, dans un délai de deux mois, un mémoire de réclamation, à peine d'irrecevabilité de la saisine du juge du contrat. En revanche, dans l'hypothèse où l'acheteur a résilié unilatéralement le marché, puis s'est abstenu d'arrêter le décompte de liquidation dans le délai qui lui était imparti, si le titulaire ne peut saisir le juge qu'à la condition d'avoir présenté au préalable un mémoire de réclamation et s'être heurté à une décision de rejet, les stipulations de l'art. 37 relatives à la naissance du différend et au délai pour former une réclamation ne sauraient lui être opposées.

Il résulte des pièces du dossier soumis aux juges du fond que, postérieurement à la résiliation du marché, prononcée le 6 août 2013 et en l'absence de communication par le syndicat d'agglomération nouvelle Ouest-Provence de décompte de résiliation, les stés SMA Environnement, SMA Propreté et SMA Vautubière ont adressé au syndicat, le 7 févr. 2014, une demande tendant à l'indemnisation du préjudice subi du fait de la résiliation du marché contesté, qui doit être regardée comme le mémoire en réclamation prévu par les stipulations de l'art. 37. 2 CCAG, laquelle a été rejetée par le syndicat par une décision du 12 mars 2014. En jugeant que la demande du 7 févr. 2014 n'avait eu pour seul objet que de faire naître le différend et que par suite les stipulations de l'art. 37.2 CCAG n'avaient pas été respectées, la cour administrative d'appel de Marseille a, compte tenu de ce qui a été dit au pt 3, commis une erreur de droit. • CE 27 nov. 2019, *Sté SMA environnement et a.*, n° 422600 B.

5. Obligation de présenter un mémoire en réclamation malgré l'absence de décompte de liquidation. En l'absence d'un décompte de liquidation après la résiliation de son marché, la société est tenue, avant de saisir le juge du contrat, de se conformer à l'obligation qui résulte des stipulations de l'art. 34 du CCAG-fournitures courantes et de services et de présenter un mémoire de réclamation. • CE 31 mai 2010, *OPH de la Cté urb. de Strasbourg*, n° 313184 B.

6. Marché de maîtrise d'œuvre résilié. Mémoire de réclamation obligatoire. Absence. Conséquences. Le courrier, qui ne mentionne pas le montant des sommes dont le groupement de maîtrise d'œuvre revendiquait le paiement et en renvoie la présentation détaillée à un courrier ultérieur, ne peut être regardé comme tenant lieu de la réclamation prévue par les stipulations de l'art. 12 du CCAG-PI. Faute qu'une telle réclamation ait été présentée à la personne publique dans le délai de quarante-cinq jours à compter de la notification du décompte de résiliation, le groupement de maîtrise d'œuvre est réputé avoir accepté le décompte notifié qui est ainsi devenu définitif et ne pouvait plus être contesté devant le juge du contrat. La circonstance que, postérieurement à l'expiration du délai prévu par les stipulations de l'art. 12, le groupement de maîtrise d'œuvre a, par courrier daté du 20 mai 2003, adressé au maître d'ouvrage un mémoire de réclamation détaillé et chiffré n'est pas de nature à remettre en cause le caractère définitif du décompte notifié. • CAA Bordeaux, 29 juill. 2010, *Agence de maîtrise d'ouvrage des travaux du ministère de la Justice*, n° 08BX01315.

7. Intangibilité du décompte et indemnisation. L'ensemble des opérations auxquelles donne lieu l'exécution d'un marché de travaux publics est compris dans un compte dont aucun élément ne peut être isolé, et dont le solde arrêté lors du décompte définitif détermine les droits et obligations définitifs des parties. Par suite, lorsque l'entrepreneur signe sans réserve le décompte général, sans demander sa modification pour qu'y soit intégrée l'indemnité à laquelle il a droit lorsque le marché qui lui avait été attribué a été résilié pour motif d'intérêt général, la règle d'intangibilité du décompte fait, en principe, obstacle à ce qu'il sollicite une indemnité à ce titre. Il n'en va autrement que si les parties ont renoncé à opposer l'intangibilité du décompte. • CAA Lyon, 4 juill. 2013, *Sté BRB Construction*, n° 12LY02398.

Art. L. 2195-2 **L'acheteur peut résilier le marché en cas de force majeure.**

COMMENTAIRE

La force majeure visée ici suppose un bouleversement définitif de l'équilibre économique du contrat. Voir, pour les contrats administratifs, les commentaires et la jurisprudence sous l'article L. 6.

1. Un événement imprévisible, extérieur aux parties, bouleversant l'économie du contrat peut conduire le juge à accorder au cocontractant une indemnité d'imprévision. Cette indemnité d'imprévision ne couvre pas toutes les pertes du cocontractant, mais seulement une partie – importante – de celles-ci. La situation d'imprévision est nécessairement une situation provisoire : le contrat doit pouvoir être exécuté aux conditions initiales une fois passé le moment critique. S'il est impossible de revenir à ces conditions, l'imprévision se transforme en force majeure. • CE 30 mars 1916, *Cie gén. d'éclairage de Bordeaux*, n° 59928 A : *concl. Chardenet.*

2. Force majeure. Absence. Si la hausse survenue sur le marché international du fuel-oil domestique était de nature, en l'absence d'une augmentation du tarif officiel servant de base à la détermination du prix contractuel, à rendre plus onéreuse l'exécution du marché (de fourniture de fuel-oil), cette circonstance ne constituait pas un cas de force majeure mettant la société dans l'impossibilité d'effectuer les fournitures prévues au contrat ; étant par ailleurs indépendante du fait de l'administration partie au contrat, elle aurait seulement autorisé la société, si elle avait continué à remplir ses obligations contractuelles, à présenter, le cas échéant, une demande d'indemnité fondée sur l'existence d'un fait imprévisible ayant provoqué un déficit d'exploitation de nature à entraîner un bouleversement de l'économie du contrat ; la personne publique n'avait, en revanche, aucune obligation de conclure avec la société un nouveau marché comportant des prix plus élevés que ceux du marché initial et, en présence de la défection de son fournisseur, était en droit de passer, comme elle l'a fait, un marché de substitution avec un autre fournisseur. • CE, sect., 5 nov. 1982, *Sté Propétrol*, n° 19413 A.

Art. L. 2195-3 **Lorsque le marché est un contrat administratif, l'acheteur peut le résilier :**

1° En cas de faute d'une gravité suffisante du cocontractant ;

2° Pour un motif d'intérêt général, conformément aux dispositions du 5° de l'article L. 6.

COMMENTAIRE

I. RÉSILIATION POUR FAUTE

La résiliation peut être prononcée à titre de sanction en cas de manquements graves du titulaire du marché à ses obligations contractuelles. Elle doit être précédée d'une mise en demeure de respecter ces obligations et ne peut être prononcée qu'à l'expiration du délai fixé par cette mise en demeure.

Pour les marchés de travaux, la résiliation ne prend effet qu'après établissement d'un procès-verbal de constatation des travaux effectués et elle vaut réception des ouvrages. Elle met donc fin aux obligations contractuelles de l'entrepreneur pour la réalisation des travaux et le règlement du marché doit être opéré par le décompte de résiliation. La résiliation est soit pure, soit aux frais et risques du titulaire du marché. L'acheteur ne peut faire supporter au titulaire les conséquences onéreuses de la résiliation, et notamment le surcoût des travaux, qu'en cas de résiliation à ses frais et risques. Ce titulaire doit pouvoir suivre l'exécution des travaux nécessaires pour terminer l'ouvrage. Si la procédure de résiliation est irrégulière, le titulaire n'a pas à supporter les frais et risques de la résiliation.

II. RÉSILIATION POUR MOTIF D'INTÉRÊT GÉNÉRAL

Le marché peut être résilié pour un motif d'intérêt général et ce, même en l'absence de clause le prévoyant. Si la résiliation est motivée par un motif d'intérêt général comme l'inutilité des travaux, elle ouvre pour le titulaire du marché droit à l'indemnisation intégrale de son préjudice, y compris le manque à gagner. Voir nos commentaires et la jurisprudence sous l'article L. 6.

On rappellera par ailleurs la possibilité de résilier en cas de décès ou d'incapacité civile de l'entrepreneur individuel ou en cas de défaillance de l'entreprise, dans les conditions prévues par le code de commerce (V. aussi l'art. L. 2195-4).

En principe, le titulaire du marché, qui doit exécuter les prestations qui lui sont confiées, ne saurait résilier le contrat, sauf dans les cas et conditions très particuliers mentionnés ci-dessous dans la jurisprudence. ❑

I. RÉSILIATION POUR FAUTE

1. Résiliation aux frais et risques du titulaire. En cas de faute du titulaire, et si les clauses du marché le prévoient, la résiliation peut être prononcée à ses frais et risques et il doit en supporter les conséquences onéreuses, notamment le coût du nouveau marché passé pour terminer les travaux. • CE 10 juin 1992, *SA Gentilini et Berthon*, n° 37115 B.

2. Résiliation aux frais et risques du titulaire. Nouveau marché. Le CCAG-Travaux prévoit que l'entreprise dont le marché est résilié à ses frais et risques doit pouvoir suivre l'exécution du nouveau marché. Ceci implique qu'il lui soit notifié. En l'absence de notification à cette entreprise du nouveau marché conclu par l'administration, elle n'a pas à en supporter les conséquences onéreuses. • CE 7 mars 2005, *Sté d'études et entreprise d'équipements*, n° 241666.

3. Droit de suivi du marché de subvention. Il résulte des stipulations de l'art. 49.5 du CCAG-Travaux que l'entrepreneur dont le marché est résilié à ses frais et risques doit être mis à même d'user du droit de suivre les opérations exécutées par un nouvel entrepreneur dans le cadre d'un marché de substitution ; ce droit de suivi est destiné à lui permettre de veiller à la sauvegarde de ses intérêts, les montants découlant des surcoûts supportés par le maître d'ouvrage en raison de l'achèvement des travaux par un nouvel entrepreneur étant à sa charge ; en revanche il ne résulte d'aucune stipulation du CCAG-Travaux que, lorsque l'entrepreneur dont le marché est résilié n'a pas exécuté les mesures de conservation et de sécurité prescrites par le pouvoir adjudicateur dans les conditions fixées par les stipulations de l'art. 46 du CCAG-Travaux, mesures qui peuvent comprendre la démolition des ouvrages réalisés et qui sont elles aussi à la charge de l'entrepreneur, ce dernier disposerait du droit de suivre l'exécution d'office de ces mesures. • CE 9 juin 2017, *Sté Entreprise Morillon Corvol Courbot*, n° 399382 B : *BJCP 2017. 301, concl. Henrard ; AJDA 2017. 1963, note Clamour ; Rev. CMP 2017, comm. 209, Devillers.*

4. Marchés de substitution. Décompte du marché résilié. Saisine du juge. S'il résulte des stipulations du troisième alinéa du 4 de l'art. 49 CCAG applicables aux marchés publics de travaux, annexé au Décr. du 21 janv. 1976, qu'en cas de résiliation d'un marché aux frais et risques de l'entrepreneur, le règlement de ce marché ne peut intervenir avant que le marché de substitution conclu avec une autre entreprise ait été exécuté et réceptionné et que le décompte général de ce marché ne soit devenu définitif, la personne publique ne peut toutefois s'en prévaloir, lorsqu'elle renonce à la passation d'un marché de substitution, pour refuser le règlement de ses dettes contractuelles à l'égard du titulaire du marché résilié. En l'absence de décision expresse de sa part, il revient, le cas échéant, au juge du contrat, saisi par le cocontractant, d'apprécier, dans les circonstances de l'espèce, si la personne publique doit être regardée comme ayant renoncé à passer un marché de substitution. • CE 24 nov. 2010, *Synd. intercommunal d'alimentation en eau potable des communes de Sioule et Morge (SIAEP)*, n° 330648 B. ♦ Il résulte des dispositions de l'art. 49 CCAG que le cocontractant de l'administration dont le marché a été résilié à ses frais et risques ne peut obtenir le décompte général de ce marché, en vue du règlement des sommes dues au titre des travaux exécutés, qu'après règlement définitif du nouveau marché passé pour l'achèvement des travaux. Les conclusions présentées au juge du contrat en vue d'obtenir le règlement des sommes contractuellement dues avant le règlement définitif du nouveau marché sont ainsi irrecevables. Ces dispositions, applicables lorsque le marché a été régulièrement résilié, ne font cependant pas obstacle à ce que, sous réserve que le contentieux soit lié, le cocontractant dont le marché a été résilié à ses frais et risques saisisse le juge du contrat afin de faire constater l'irrégularité ou le caractère infondé de cette résiliation et demander, de ce fait, le règlement des sommes qui lui sont dues, sans attendre le règlement définitif du nouveau marché après, le cas échéant, que le juge du contrat a obtenu des parties les éléments permettant d'établir le décompte général du marché résilié. • CE 15 nov. 2012, *Sté Axima Concept*, n° 356832 B : *Rev. CMP 2013, comm. 5, Zimmer.* ♦ Les dispositions de l'art. 59 CCAG, applicables lorsque le marché a été régulièrement résilié, ne font pas obstacle à ce que, sous réserve que le contentieux soit lié, le cocontractant dont le marché a été résilié à ses frais et risques saisisse le juge du contrat afin de faire constater l'irrégularité ou le caractère infondé de cette résiliation et demander, de ce fait, le règlement des sommes qui lui sont dues, sans attendre le règlement définitif du nouveau marché après, le cas échéant, que le juge du contrat a obtenu des parties les éléments permettant d'établir le décompte général du marché résilié. La circonstance qu'un décompte général tenant compte du règlement définitif du nouveau marché passé pour l'achèvement des travaux soit notifié par l'administration avant que le juge statue sur le litige qui lui a été soumis par l'entreprise dont le marché a été résilié ne prive pas ce litige de son objet. Ce décompte général ne peut acquérir un caractère définitif et faire obstacle à ce qu'il soit statué sur les conclusions du cocontractant dont le marché a été résilié dès lors que le juge du contrat est précisément saisi d'une demande contestant la régularité ou le bien-fondé de la résiliation et tendant au règlement des sommes dues. • CE 4 juill. 2014, *Cté d'agglom. Saint-Étienne Métropole*, n°s 374032 B et 375461 B : *Rev. CMP 2014, comm. 259, Rees.*

5. D'une part, il résulte des règles générales applicables aux contrats administratifs que l'acheteur public qui a vraiment mis en demeure son cocontractant d'exécuter les prestations qu'il s'est engagé à réaliser conformément aux stipulations du contrat dispose de la faculté de faire exécuter celles-ci, aux frais et risques de son cocontractant, par une entreprise tierce. La conclusion des marchés de substitution, destinée à surmonter l'inertie, les manquements ou la mauvaise foi du cocontractant lorsqu'ils entravent l'exécution d'un marché, est possible même en l'absence de toute stipulation du contrat le prévoyant expressément, en raison de l'intérêt général qui s'attache à l'exécution de prestations. La règle selon laquelle, même dans le silence du contrat, l'acheteur public peut recourir à des marchés de substitution aux frais et risques de son cocontractant revêt le caractère d'une règle d'ordre public à laquelle le CCAG-PI ne peut déroger. Le cocontractant défaillant doit être mis à même de veiller à la sauvegarde de ses intérêts, les montants découlant des surcoûts supportés par le maître d'ouvrage en raison de l'achèvement des travaux par un nouvel entrepreneur étant à sa charge.

D'autre part, l'art. 34.5 du CCAG-PI prévoit que : « La notification du décompte par le pouvoir adjudicateur au titulaire doit être faite au plus tard deux mois après la date d'effet de la résiliation du marché. » L'art. 34.6 CCAG-PI stipule que « L'augmentation des dépenses, par rapport aux prix du marché, résultant de l'exécution des prestations aux frais et risques du titulaire est à la charge du titulaire. La diminution des dépenses ne lui profite pas ». Selon l'art. 34.3 : « Le décompte de résiliation à la suite d'une décision de résiliation prise en application de l'art. 32 comprend : (…) le cas échéant, le supplément des dépenses résultant de la passation d'un marché aux frais et risques du titulaire dans les conditions fixées à l'art. 36 ».

Il doit être déduit de ces stipulations que le cocontractant de l'administration dont le marché a été résilié à ses frais et risques ne peut obtenir le décompte général de ce marché, en vue du règlement des sommes dues au titre des prestations exécutées, qu'après règlement définitif du nouveau marché passé pour l'achèvement des prestations. Les conclusions présentées au juge du contrat en vue d'obtenir le règlement des sommes contractuellement dues avant le règlement définitif du nouveau marché sont ainsi irrecevables. Ces principes, applicables lorsque le marché a été régulièrement résilié, ne font cependant pas obstacle à ce que, sous réserve que le contentieux soit lié, le cocontractant dont le marché a été résilié à ses frais et risques saisisse le juge du contrat afin de faire constater l'irrégularité ou le caractère infondé de cette résiliation ou la méconnaissance de son droit de suivi et de demander, de ce fait, le règlement des sommes qui lui sont dues, sans attendre le règlement définitif du nouveau marché après, le cas échéant, que le juge du contrat a obtenu des parties des éléments permettant d'établir le décompte général du marché résilié.

En l'espèce, les hôpitaux civils de Colmar pouvaient, alors même que les stipulations particulières du marché ne le prévoyaient pas, prononcer la réalisation en litige aux frais et risques du titulaire. Il résulte toutefois de l'instruction que la Sté Art & Build n'a pas été mise à même de suivre les prestations exécutées dans le cadre de l'avenant du 27 juill. 2015 par lequel les hôpitaux civils de Colmar lui ont substitué la Sté B + B en qualité de mandataire du marché de maîtrise d'œuvre et les Sté B+B et OTE pour la poursuite des missions « exécution et synthèse », « direction de l'exécution des travaux », « assistance aux opérations de réception », « coordination du système de sécurité incendie » et « ordonnancement, pilotage, coordination ». La méconnaissance du droit de suivi de la Sté Art & Build fait obstacle à ce que les hôpitaux civils de Colmar mettent à sa charge dans le décompte de résiliation, le supplément des dépenses qui résulterait, le cas échéant, de la passation de cet avenant. Par conséquent, la Sté Art & Build, qui a lié le contentieux, est recevable à demander le règlement des sommes qu'elle estime lui être contractuellement dues, sans attendre le règlement définitif du marché se poursuivant entre les hôpitaux civils de Colmar et ses anciens cotraitants. • CAA Nancy, 28 déc. 2021, *Sté Art & Build Architectes*, n° 18NC02425 : *Rev. CMP 2022, comm. 73, Hoepffner.*

6. Résiliation aux frais et risques du titulaire. Utilisation des matériaux approvisionnés. En cas de résiliation du marché, l'art. 46.4 du CCAG applicable au litige prévoit que : « Le maître d'ouvrage dispose du droit de racheter, en totalité ou partie : / les ouvrages provisoires utiles à l'exécution du marché ; / les matériaux approvisionnés, dans la limite où il en a besoin pour le chantier (...) ». Aux termes de l'art. 49.4 du même cahier : « (...) En cas de résiliation aux frais et risques de l'entrepreneur, il est passé un marché avec un autre entrepreneur pour l'achèvement des travaux. (...) Par exception aux dispositions du 42 de l'art. 13, le décompte général du marché résilié ne sera notifié à l'entrepreneur qu'après règlement définitif du nouveau marché passé pour l'achèvement des travaux ». Il résulte de ces dispositions, qui confèrent au maître d'ouvrage le droit d'acquérir les matériaux approvisionnés dont il a besoin pour le chantier, qu'il pouvait disposer de plein droit des matériaux d'isolation laissés sur le chantier par le groupement à l'issue de la résiliation du marché à ses frais et risques, traduisant ainsi sa décision de faire usage de son droit de rachat, alors même que le titulaire du marché résilié ne pouvait obtenir le paiement de ces matériaux que dans le cadre du règlement du marché résilié, intervenant après le règlement définitif du marché de substitution passé pour l'achèvement des travaux. • CE 3 déc. 2012, *Synd. mixte pour l'étude et le traitement des ordures ménagères (SETOM) de l'Eure*, n° 361287 B : *Rev. CMP 2013, n° 2, comm. 30, obs. Zimmer.*

7. Contenu du contrat sans incidence sur la possibilité de résilier pour faute. Même si le marché ne contient aucune clause à cet effet et, s'il contient de telles clauses, quelles que soient les hypothèses dans lesquelles elles prévoient qu'une résiliation aux torts exclusifs du titulaire est possible, il est toujours possible, pour le pouvoir adjudicateur, de prononcer une telle résiliation lorsque le titulaire du marché a commis une faute d'une gravité suffisante. La circonstance que, pendant la période où le marché est exécuté, des retards ont fait l'objet de pénalités ne fait pas obstacle à ce que le pouvoir adjudicateur prononce en définitive la résiliation du marché aux torts exclusifs de son titulaire, les pénalités ne pouvant alors porter sur la période postérieure à la date de la résiliation. • CE 18 déc. 2020, *Sté Treuils et Grues Labor*, n° 433386 B : *BJCP 2021. 134, concl. Le Corre ; Rev. CMP 2021, comm. 74, Hoepffner ; AJDA 2021. 1146, note Alliez* .

8. Résiliation. Retard dans l'exécution des travaux. Contrôle du juge de cassation. Le juge de cassation exerce un contrôle de qualification juridique sur l'appréciation portée par les juges du fond sur le point de savoir si le titulaire d'un marché public a commis une faute suffisamment grave pour justifier, en l'absence de clause contractuelle prévue à cet effet, la résiliation du marché à ses torts exclusifs. En l'espèce, en jugeant que le retard constaté dans l'exécution de ces prestations par la société ne constituait pas une faute suffisamment grave pour justifier, dans le silence du contrat, la résiliation du marché à ses torts exclusifs alors qu'il ressortait des pièces du dossier soumis au juge du fond que plus de quatre mois après la notification du marché, la société n'était pas en mesure, contrairement à ses engagements et sans que l'émission d'un bon de commande soit nécessaire à ce constat, de réaliser les prestations dont elle était chargée, la cour a entaché son arrêt d'une erreur de qualification juridique. • CE 26 févr. 2014, *Sté Environnement Services, Cté d'agglomération du pays ajaccien*, n°s 365546 et 365551 B : *BJCP 2014. 185, concl. Pellissier.*

9. Résiliation présentant un caractère disproportionné. Après avoir estimé souverainement, sans dénaturer les faits, que la société n'avait pas formellement été mise en demeure d'exécuter le marché par le courrier adressé le 20 juill. 2009 et s'était conformée à la mise en demeure adressée par la commune le 13 août 2009, s'agissant du démontage des panneaux dont le lieu d'implantation n'avait pas, conformément aux stipulations du contrat, été validé par le maire, ainsi que de la remise en état des lieux, la cour n'a pas donné à ces faits une qualification juridique erronée en jugeant que la décision de résiliation du marché prononcée le 18 sept. suivant aux torts exclusifs de la société revêtait un caractère disproportionné et n'était pas justifiée, alors même qu'elle avait relevé l'existence d'une faute de la société résultant de ce qu'elle ne s'était pas soumise à la procédure formelle de validation des emplacements destinés à l'implantation des dispositifs prévue par le contrat ; toutefois, elle n'a pu sans erreur de droit tout à la fois relever l'existence de cette faute et condamner la commune de Bandol à réparer l'intégralité du préjudice subi par la société sans laisser à la charge de cette dernière la part de responsabilité lui incombant. • CE 10 févr. 2016, *Cne de Bandol*, n° 387769 : *Rev. CMP 2016, comm. 98, Ubaud-Bergeron.*

10. Résiliation irrégulière. Une résiliation qui a été irrégulièrement prononcée interdit au pouvoir adjudicateur de faire supporter par l'entreprise les dépenses supplémentaires résultant du nouveau marché conclu pour l'achèvement des travaux après cette résiliation. • CE 9 nov. 1988, *Cne de Freistroff*, n° 69450. ♦ La cour administrative d'appel a estimé que la décision de résilier le marché, si elle était intervenue au terme d'une procédure irrégulière, comme le soutenait la société, était justifiée au fond. Ce faisant, elle a rejeté les conclusions d'appel incident par lesquelles la société demandait l'annulation du jugement du tribunal administratif en tant qu'il l'avait condamnée à indemniser le département du préjudice résultant pour lui de la résiliation du marché aux torts de la société. En statuant ainsi, alors que le caractère irrégulier de la décision de résilier un marché public est susceptible de faire obstacle à ce que le surcoût résultant de cette résiliation soit mis à la charge de son titulaire, alors même que la résiliation serait justifiée au fond, la cour administrative d'appel a commis une erreur de droit. • CE 15 nov. 2012, *Sté Travaux Guil-Durance, Dpt des Bouches-du-Rhône*, nos 349840 B et 349911 B : *Rev. CMP 2013, comm. 4, Zimmer.* ♦ Il résulte des dispositions de l'art. 49 CCAG – travaux, dans sa rédaction applicable au marché en cause, que le cocontractant de l'administration dont le marché a été résilié à ses frais et risques ne peut obtenir le décompte général de ce marché, en vue du règlement des sommes dues au titre des travaux exécutés, qu'après règlement définitif du nouveau marché passé pour l'achèvement des travaux. Ainsi, en principe, les conclusions présentées au juge du contrat en vue d'obtenir le règlement des sommes contractuellement dues avant le règlement définitif du nouveau marché sont irrecevables. Toutefois, ces dispositions, applicables lorsque le marché a été régulièrement résilié, ne font pas obstacle à ce que, sous réserve que le contentieux soit lié, le cocontractant dont le marché a été résilié à ses frais et risques saisisse le juge du contrat afin de faire constater l'irrégularité ou le caractère infondé de cette résiliation et demander, de ce fait, le règlement des sommes qui lui sont dues, sans attendre le règlement définitif du nouveau marché après, le cas échéant, que le juge du contrat a obtenu des parties les éléments permettant d'établir le décompte général du marché résilié. • CAA Lyon, 17 oct. 2013, *Sté Entreprise Antonangeli SA*, n° 12LY01393.

11. Il ressort des énonciations de l'arrêt attaqué que pour confirmer l'annulation du titre de recette en litige prononcée par le tribunal administratif, la cour administrative d'appel de Marseille a jugé que la résiliation du marché par la commune, le 9 mai 2006, était intervenue dans des conditions irrégulières ; en statuant ainsi, alors qu'il ressortait des pièces du dossier soumis au juge du fond, ainsi que le faisait valoir la commune, que le décompte de résiliation était devenu définitif et que le juge du contrat n'avait pas été saisi aux fins de faire constater l'irrégularité de cette résiliation, la cour administrative d'appel de Marseille a commis une erreur de droit et insuffisamment motivé son arrêt ; par suite, sans qu'il soit besoin d'examiner l'autre moyen du pourvoi, la commune de Gémenos est fondée à demander l'annulation de l'arrêt qu'elle attaque. • CE 25 mai 2016, *Cne de Gémenos*, n° 389516 : *Rev. CMP 2016, comm. 173, note Pietri.*

12. Résiliation irrégulière. Marché à bons de commande. Si le titulaire d'un marché résilié irrégulièrement peut prétendre à être indemnisé de la perte du bénéfice net dont il a été privé, il lui appartient d'établir la réalité de ce préjudice ; dans le cas d'un marché à bons de commande dont les documents contractuels prévoient un minimum en valeur ou en quantité, le manque à gagner ne revêt un caractère certain qu'en ce qu'il porte sur ce minimum garanti. • CE 10 oct. 2018, *Sté du docteur Jacques Franc*, n° 410501 B : *BJCP 2019. 22, concl. Henrard.*

13. Résiliation. Délai d'exécution. Pénalités de retard. Si la résiliation a été prononcée avant l'expiration du délai d'exécution des travaux, le pouvoir adjudicateur ne peut appliquer des pénalités de retard. • CE 5 nov. 1969, *OPHLM de Seine-et-Oise c/ Entreprise Paul Werner*, n° 66632 A. ♦ Mais, si le délai d'exécution était expiré avant la résiliation, le maître d'ouvrage peut appliquer les stipulations contractuelles relatives aux pénalités de retard, pour la période séparant la date d'achèvement prévue de celle de la résiliation. • CE 21 mars 1986, *Meyrignac*, n° 46973 B.

14. Résiliation. Fautes du titulaire ne justifiant pas une résiliation à ses torts. Limitation de l'indemnisation du préjudice. Les fautes commises par le cocontractant de la personne publique dans l'exécution du contrat sont susceptibles, alors même qu'elles ne seraient pas d'une gravité suffisante pour justifier la résiliation du contrat aux torts du titulaire, de limiter en partie son droit à l'indemnisation du préjudice qu'il subit du fait de cette résiliation irrégulière.

Par suite, commet une erreur de droit la cour qui condamne la personne publique à réparer l'intégralité du préjudice subi par son cocontractant du fait de la résiliation irrégulière du contrat, sans tenir compte des fautes commises par ce dernier dans l'exécution du contrat dont elle avait constaté l'existence tout en considérant qu'elles n'étaient pas d'une gravité suffisante pour justifier la résiliation du contrat aux torts du titulaire. • CE 18 mai 2021, *Régie des transports métropolitains*, n° 442530 T : *BJCP 2021. 381, concl. Pichon de Vendeuil ; Rev. CMP 2021, comm. 257, note Rees.*

15. La société requérante soutient que la résiliation du marché de transport scolaire dont elle était titulaire ne pouvait être prononcée dès lors que les manquements ont déjà donné lieu au paiement de pénalités. Toutefois, ainsi que l'ont relevé les premiers juges, la circonstance que chaque manquement puisse être sanctionné par des pénalités financières ne saurait faire obstacle au prononcé de la résiliation lorsque le cumul des manquements révèle, ainsi que le prévoit l'art. 19 du CCAP, des insuffisances graves et répétées dans l'exécution par le prestataire de ses obligations contractuelles et, notamment, pour celles qui ont trait à la sécurité des usagers, qui constitue une exigence particulière dans les missions de transport scolaire. • CAA Bordeaux, 4 mai 2017, *Sté Transports Carpaye*, n° 15BX00573.

II. RÉSILIATION POUR MOTIF D'INTÉRÊT GÉNÉRAL

16. En vertu des règles générales applicables aux contrats administratifs, la personne publique cocontractante peut toujours, pour un motif d'intérêt général, résilier unilatéralement un tel contrat, sous réserve des droits à indemnité de son cocontractant.

Dans le cas particulier d'un contrat entaché d'une irrégularité d'une gravité telle que, s'il était saisi, le juge du contrat pourrait en prononcer l'annulation ou la résiliation, la personne publique peut, sous réserve de l'exigence de loyauté des relations contractuelles, résilier unilatéralement le contrat sans qu'il soit besoin qu'elle saisisse au préalable le juge.

Après une telle résiliation unilatéralement décidée pour ce motif par la personne publique, le cocontractant peut prétendre, sur un terrain quasi-contractuel, pour la période postérieure à la date d'effet de la résiliation, au remboursement de celles de ses dépenses qui ont été utiles à la collectivité envers laquelle il s'était engagé.

Si l'irrégularité du contrat résulte d'une faute de l'administration, le cocontractant peut, en outre, sous réserve du partage de responsabilités découlant le cas échéant de ses propres fautes, prétendre à la réparation du dommage imputable à la faute de l'administration. Saisi d'une demande d'indemnité sur ce second fondement, il appartient au juge d'apprécier si le préjudice allégué présente un caractère certain et s'il existe un lien de causalité direct entre la faute de l'administration et le préjudice. • CE 10 juill. 2020, *Sté Comptoir Négoce Équipements*, n° 430864 A : *BJCP 2020. 320, concl. Pellissier ; Dr. adm. 2020. 40, note Brenet ; Rev. CMP 2020, comm. 257, Rees.*

17. Indemnisation. Si la cour a pu, sans erreur de droit, exclure du préjudice indemnisable la valeur des matériels et des prestations non conformes au marché, elle ne pouvait, en revanche, après avoir constaté que la résiliation du marché était intervenue pour un motif d'intérêt général et non en raison des fautes reprochées par le centre hospitalier à la société, exclure aussi le manque à gagner subi du fait de la non exécution du contrat pendant la première année et la perte de chance sérieuse de voir le marché renouvelé pour les deux années suivantes. • CE 9 nov. 2007, *Sté Gaz Technique de France*, n° 264422. ♦ Si les principes généraux applicables aux contrats administratifs permettent aux personnes publiques, sans qu'aucune disposition législative ou réglementaire non plus qu'aucune stipulation contractuelle ne le prévoient, de résilier un contrat pour un motif d'intérêt général, sous réserve de l'indemnisation du préjudice éventuellement subi par le cocontractant, ces mêmes principes ne s'opposent pas à ce que des stipulations contractuelles écartent, comme en l'espèce, tout droit à indemnisation en cas de résiliation du contrat par la personne publique. S'agissant, en outre, d'un marché à bons de commande sans minimum, la cour administrative d'appel n'a, en tout état de cause, pas commis d'erreur de droit ni dénaturé les stipulations du contrat en faisant application de l'art. 11 du CCAP et en jugeant que ses stipulations faisaient obstacle à ce que la société soit indemnisée du préjudice né de la résiliation du contrat, quand bien même il serait établi que cette dernière n'était pas justifiée par un motif d'intérêt général. • CE 19 déc. 2012, *Sté AB Trans*, n° 350341 : *Rev. CMP 2013, comm. 29, obs. Eckert.*

18. Il ressort des énonciations de l'arrêt attaqué que pour écarter les prétentions des sociétés tendant à la condamnation de la Métropole Nice

Côte d'Azur à réparer le préjudice subi du fait de la résiliation de leur contrat pour un motif d'intérêt général, la cour administrative d'appel s'est notamment fondée sur le motif, qui n'était pas surabondant, tiré de ce que ces sociétés « n'établissaient pas l'existence d'un préjudice supérieur à l'indemnité à laquelle elles ont droit aux termes du présent arrêt » au titre des sujétions imprévues, causées en l'espèce par l'éboulement de rochers et ayant eu pour effet de bouleverser l'économie du contrat ; en statuant ainsi alors que le préjudice consécutif à des sujétions imprévues survenues lors de l'exécution de travaux est distinct du manque à gagner subi par l'entrepreneur du fait de la résiliation de son contrat pour un motif d'intérêt général, la cour administrative d'appel a commis une erreur de droit. • CE 14 déc. 2016, *Sté Guintoli et a.*, n° 396033.

19. Lorsque le juge est saisi d'une demande d'indemnisation du manque à gagner résultant de la résiliation unilatérale d'un marché public pour motif d'intérêt général, il lui appartient, pour apprécier l'existence d'un préjudice et en évaluer le montant, de tenir compte du bénéfice que le requérant a, le cas échéant, tiré de la réalisation, en qualité de titulaire ou de sous-traitant d'un nouveau marché passé par le pouvoir adjudicateur, de tout ou partie des prestations qui lui avaient été confiées par le marché résilié ; dans l'hypothèse où, à la date à laquelle le juge statue sur le litige relatif à la résiliation, il résulte de l'ensemble des circonstances particulières de l'espèce que, alors même qu'il n'a pas exécuté de telles prestations dans les conditions mentionnées ci-dessus ou que leur exécution n'est pas en cours, le titulaire du marché résilié est susceptible d'être chargé, dans un délai raisonnable, de tout ou partie de ces prestations à l'occasion d'un nouveau marché, il appartient au juge de surseoir à statuer sur l'existence et l'évaluation du préjudice né de la résiliation. • CE 26 mars 2018, *Sté Balineau,* n° 401060 B.

20. En vertu de l'interdiction faite aux personnes publiques de consentir des libéralités, un contrat administratif ne peut légalement prévoir une indemnité de résiliation ou de non-renouvellement qui serait, au détriment de la personne publique, manifestement disproportionnée au montant du préjudice subi par le cocontractant du fait de cette résiliation ou de ce non-renouvellement. • CE 22 juin 2012, *CCI Montpellier et a.*, n° 348676 B : *BJCP 2012. 330, concl. Dacosta ; Rev. CMP 2012, comm. 246, note Eckert.*

21. Intangibilité du décompte et indemnisation. L'ensemble des opérations auxquelles donne lieu l'exécution d'un marché de travaux publics est compris dans un compte dont aucun élément ne peut être isolé, et dont le solde arrêté lors du décompte définitif détermine les droits et obligations définitifs des parties. Par suite, lorsque l'entrepreneur signe sans réserve le décompte général, sans demander sa modification pour qu'y soit intégrée l'indemnité à laquelle il a droit lorsque le marché qui lui avait été attribué a été résilié pour motif d'intérêt général, la règle d'intangibilité du décompte fait, en principe, obstacle à ce qu'il sollicite une indemnité à ce titre. Il n'en va autrement que si les parties ont renoncé à opposer l'intangibilité du décompte. • CAA Lyon, 4 juill. 2013, *Sté BRB Construction,* n° 12LY02398.

22. Clause relative aux modalités d'indemnisation illégale. En vertu des règles générales applicables aux contrats administratifs, la personne publique cocontractante peut toujours, pour un motif d'intérêt général, résilier unilatéralement un tel contrat, sous réserve des droits à indemnité de son cocontractant ; si l'étendue et les modalités de cette indemnisation peuvent être déterminées par les stipulations contractuelles, l'interdiction faite aux personnes publiques de consentir des libéralités fait toutefois obstacle à ce que ces stipulations prévoient une indemnité de résiliation qui serait, au détriment de la personne publique, manifestement disproportionnée au montant du préjudice subi par le cocontractant du fait de cette résiliation ; si, dans le cadre d'un litige indemnitaire, l'une des parties ou le juge soulève, avant la clôture de l'instruction, un moyen tiré de l'illicéité de la clause du contrat relative aux modalités d'indemnisation du cocontractant en cas de résiliation anticipée, il appartient à ce dernier de demander au juge la condamnation de la personne publique à l'indemniser du préjudice qu'il estime avoir subi du fait de la résiliation du contrat sur le fondement des règles générales applicables, dans le silence du contrat, à l'indemnisation du cocontractant en cas de résiliation du contrat pour un motif d'intérêt général ; dans l'hypothèse où le juge inviterait les parties à présenter leurs observations, en application de l'art. R. 611-7 CJA, sur le moyen soulevé d'office et tiré de l'illicéité de la clause d'indemnisation du contrat, le cocontractant de la personne publique peut, dans ses observations en réponse soumises au contradictoire, fonder sa demande de réparation sur ces règles générales applicables aux contrats administratifs.

Il ressort des énonciations de l'arrêt attaqué que les conditions particulières du contrat litigieux prévoyaient qu'en cas de résiliation anticipée, quelle qu'en soit la cause, le bailleur aurait droit à une indemnité égale à tous les loyers dus et à échoir jusqu'au terme de la durée initiale de location majorée de 10 % ; la cour administrative d'appel, en jugeant qu'une telle indemnité, d'un montant supérieur au loyer que le tribunal de grande instance de Marseille (pouvoir adjudicateur) aurait continué à verser en exécution du contrat (de location de photocopieurs) si celui-ci n'avait pas été résilié, était manifestement disproportionnée au regard du préjudice résultant, pour la société Leasecom, des dépenses qu'elle avait exposées et du gain dont elle avait été privée, dès lors que la société ne justifiait pas de charges particulières ou de l'impossibilité de vendre ou de louer ce matériel, n'a, contrairement à ce qui est soutenu, ni commis d'erreur de droit, ni inexactement qualifié les faits. • CE 3 mars 2017, *Sté Leasecom,* n° 392446 B : *AJDA 2017. 1678, note Lombard ; BJCP 2017. 211, concl. Pellissier ; Rev. CMP 2017, comm. 127, note Ubaud-Bergeron.*

23. En vertu de l'interdiction faite aux personnes publiques de consentir des libéralités, un contrat administratif ne peut légalement prévoir une indemnité de résiliation qui serait, au détriment de la personne publique, manifestement disproportionnée au montant du préjudice subi par le cocontractant du fait de cette résiliation. Aux termes de l'art. 13 du marché litigieux, « en cas de résiliation anticipée du contrat (...) par le client, celui-ci s'engage à payer une indemnité de résiliation égale à 95 % des redevances minimales qui lui auraient été facturées jusqu'au terme du contrat (période initiale ou renouvelée) conformément aux engagements contractuels (...) ». Il est constant que le contrat, signé pour une durée de soixante mois, a pris effet à compter du 4 déc. 2003. La facturation minimum mensuelle s'élevant à 913,20 € HT et, à la date de la résiliation anticipée du contrat le 31 mars 2005, seize mois s'étant écoulés depuis sa signature, l'indemnité résultant de la clause précitée au titre de la résiliation anticipée s'élèverait à 95 % de la somme de 40 180,80 €, soit 38 171,76 € HT. Le versement, en sus de la rémunération déjà acquise des seize premiers mois de prestations, d'une telle indemnité, qui représente 69,6 % du montant global du contrat et 95 % du montant restant à exécuter et assurerait ainsi à l'entreprise une rémunération supérieure à celle qu'elle aurait retirée de l'exécution normale du marché, eu égard notamment à l'absence de dépenses effectives de maintenance telles que les déplacements pour intervention et la fourniture des consommables compris dans le contrat, atteint un montant manifestement disproportionné par rapport au préjudice réellement subi par l'entreprise. La clause d'indemnisation prévue à l'art. 13 du contrat doit, dans ces conditions, être regardée comme entachée de nullité.

Il ne résulte pas de l'instruction qu'eu égard aux modalités prévues par le contrat pour la détermination de la rémunération du cocontractant de l'administration, cette clause constituerait un des éléments nécessaires à l'équilibre financier du contrat. Par suite, une telle clause, qui n'affecte pas l'économie du contrat, doit être regardée comme divisible des autres stipulations de ce contrat. Dès lors, sa nullité n'entache pas de nullité l'ensemble du contrat. • CAA Nantes, 11 avr. 2014, *Agrocampus Ouest,* n° 12NT00053 : *AJDA 2014. 2368, note Langelier .*

24. Déduction des avances versées en cours d'exécution du marché. Afin d'éviter un double paiement de la société, le pouvoir adjudicateur peut déduire du montant représentatif des dépenses engagées par cette société à la date de résiliation du marché les avances versées par le maître d'ouvrage, la circonstance que ces avances auraient été remboursées à ce pouvoir par l'établissement financier ayant accordé une garantie à première demande sur le fondement d'un contrat distinct est sans incidence sur la détermination des droits à indemnité de la société à l'égard du pouvoir adjudicateur dans le cadre de l'établissement du décompte général et définitif du marché litigieux. • CE 3 oct. 2008, *Sté Éts Paul Mathis et a.,* n°s 291919, 291978 B.

25. Marché résilié. Indemnité d'imprévision. La résiliation du marché ne fait pas obstacle, par elle-même, au versement d'une indemnité d'imprévision. • CE 10 févr. 2010, *Sté Prest'Action,* n° 301116 B : *BJCP 2010. 197, concl. Boulouis.*

III. HYPOTHÈSES DIVERSES

26. Résiliation d'un marché d'assurances par l'assureur. La personne publique ne peut utilement faire valoir que le pouvoir de résiliation ouvert à l'assureur par les dispositions de l'art. L. 113-3 C. assur. serait contraire au droit des contrats publics. En l'absence de paiement de la prime appelée après mise en demeure, la société d'assurances est en droit de notifier à la personne publique la résiliation de son contrat. • CAA Lyon, 9 avr. 2009, *Synd. du Bois de l'Aumône,* n° 06LY01217.

27. Résiliation par le cocontractant. Le cocontractant lié à une personne publique par un contrat administratif est tenu d'en assurer l'exécution, sauf en cas de force majeure, et ne peut notamment pas se prévaloir des manquements ou défaillances de l'administration pour se soustraire à ses propres obligations contractuelles ou prendre l'initiative de résilier unilatéralement le contrat. Il est toutefois loisible aux parties de prévoir dans un contrat qui n'a pas pour objet l'exécution même du service public les conditions auxquelles le cocontractant de la personne publique peut résilier le contrat en cas de méconnaissance par cette dernière de ses obligations contractuelles. Cependant, le cocontractant ne peut procéder à la résiliation sans avoir mis à même, au préalable, la personne publique de s'opposer à la rupture des relations contractuelles pour un motif d'intérêt général, tiré notamment des exigences du service public. Lorsqu'un motif d'intérêt général lui est opposé, le cocontractant doit poursuivre l'exécution du contrat. Un manquement de sa part à cette obligation est de nature à entraîner la résiliation du contrat à ses torts exclusifs. Il est toutefois loisible au cocontractant de contester devant le juge le motif d'intérêt général qui lui est opposé afin d'obtenir la résiliation du contrat. • CE 8 oct. 2014, *Sté Grenke Location*, n° 370644 A : *Contrats publics déc. 2014, n° 149, p. 62, obs. Mestres et Minaire ; Rev. CMP 2014, comm. 329, Eckert ; AJDA 2015. 396, note Melleray ; BJCP 2015. 3, concl. Pellissier.*

28. Résiliation d'un marché de prestation intellectuelle à l'issue de l'exécution d'une première partie conformément au CCAG. Décompte de résiliation. Aux termes de l'art. 20 CCAG-PI approuvé par l'Arr. du 16 sept. 2009 auquel renvoie l'art. 2. 4 du CCAP marché : « Lorsque les prestations sont scindées en plusieurs parties techniques à exécuter distinctement, le pouvoir adjudicateur peut décider, au terme de chacune de ces parties, soit de sa propre initiative, soit à la demande du titulaire, de ne pas poursuivre l'exécution des prestations, dès lors que les deux conditions suivantes sont remplies : / – les documents particuliers du marché prévoient expressément cette possibilité ; / – chacune de ces parties techniques est clairement identifiée et assortie d'un montant. / La décision d'arrêter l'exécution des prestations ne donne lieu à aucune indemnité. / L'arrêt de l'exécution des prestations entraîne la résiliation du marché ». Aux termes de l'art. 31.3 du même cahier : « Arrêt de l'exécution des prestations : Lorsque l'arrêt de l'exécution des prestations est prononcé en application de l'article 20, le pouvoir adjudicateur résilie le marché. La résiliation n'ouvre droit pour le titulaire à aucune indemnité ». Aux termes de l'art. 34.1 de ce cahier : « La résiliation fait l'objet d'un décompte de résiliation, qui est arrêté par le pouvoir adjudicateur et notifié au titulaire ». Aux termes de l'art. 34.2 : « Le décompte de résiliation qui fait suite à une décision de résiliation prise en application des art. 31 et 33 comprend : / 34.2.1. Au débit du titulaire : / – le montant des sommes versées à titre d'avance, d'acompte, de règlement partiel définitif et de solde ; / – la valeur, fixée par le marché et ses avenants éventuels, des moyens confiés au titulaire que celui-ci ne peut restituer, ainsi que la valeur de reprise des moyens que le pouvoir adjudicateur cède à l'amiable au titulaire ; / – le montant des pénalités. / 34.2.2. Au crédit du titulaire : / 34.2.2.1. La valeur des prestations fournies au pouvoir adjudicateur, à savoir : / – la valeur contractuelle des prestations reçues, y compris, s'il y a lieu, les intérêts moratoires ; / – la valeur des prestations fournies éventuellement à la demande du pouvoir adjudicateur telles que le stockage des fournitures. / 34.2.2.2. Les dépenses engagées par le titulaire en vue de l'exécution des prestations qui n'ont pas été fournies au pouvoir adjudicateur, dans la mesure où ces dépenses n'ont pas été amorties antérieurement ou ne peuvent pas l'être ultérieurement, à savoir : / – le coût des matières et objets approvisionnés en vue de l'exécution du marché ; / – le coût des installations, matériels et outillages réalisés en vue de l'exécution du marché ; / – les autres frais du titulaire se rapportant directement à l'exécution du marché. / 34.2.2.3. Les dépenses de personnel dont le titulaire apporte la preuve qu'elles résultent directement et nécessairement de la résiliation du marché. / 34.2.2.4. Si la résiliation est prise en application de l'article 33, une somme forfaitaire calculée en appliquant un pourcentage à la différence entre le montant hors TVA non révisé du marché et le montant hors TVA non révisé des prestations réceptionnées. Dans le silence du marché, ce pourcentage est de 5 %. Le montant ainsi calculé sera révisé à la date d'effet de la résiliation conformément aux dispositions du marché. / 34.2.2.5. Plus généralement tous préjudices subis du fait de la résiliation par le titulaire et éventuellement ses sous-traitants et fournisseurs ». Il résulte de ces dispositions que, si la décision du pouvoir adjudicateur d'arrêter l'exécution des prestations et de résilier le marché n'ouvre aucun droit, sauf stipulation contraire du marché, au titulaire à être indemnisé des dépenses engagées pour des prestations qui n'auraient pas été fournies à l'acheteur ou des dépenses et préjudices liés à la résiliation du marché, cette décision est, en application des art. 34.1 et 34.2, au nombre des décisions de résiliation qui doivent faire l'objet d'un décompte de résiliation. Il s'ensuit de là qu'en jugeant qu'aucune des dispositions de l'art. 34.2 CCAG n'était applicable dès lors que la communauté d'agglomération Amiens Métropole avait décidé de mettre fin à l'exécution des travaux à l'issue de la première phase, la CAA de Douai a commis une erreur de droit. • CE 25 oct. 2021, *Sté Egis Rail*, n° 446498.

29. Contrat résilié de plein droit en application du C. com. Aux termes du III de l'art. L. 641-11-1 C. com. : « Le contrat en cours est résilié de plein droit : / 1° Après une mise en demeure de prendre parti sur la poursuite du contrat adressée par le cocontractant au liquidateur et restée plus d'un mois sans réponse. Avant l'expiration de ce délai, le juge-commissaire peut impartir au liquidateur un délai plus court ou lui accorder une prolongation, qui ne peut excéder deux mois, pour se prononcer [...] ».

En premier lieu, il résulte de ces dispositions que, lorsque le liquidateur a été mis en demeure de se prononcer sur la poursuite d'un contrat en cours, son refus exprès de poursuivre ce contrat, ou l'expiration du délai dont il disposait pour se prononcer, entraîne la résiliation de plein droit du contrat, sans qu'il y ait lieu de faire nécessairement constater cette résiliation par le juge-commissaire. Il en résulte que les moyens tirés de ce que la CAA aurait commis une erreur de droit et méconnu sa compétence faute d'avoir relevé d'office l'incompétence de la Semmaris pour constater la résiliation de plein droit du contrat en cause dans le litige ne peuvent qu'être écartés.

En deuxième lieu, afin de statuer sur la demande de Me R. tenant à l'annulation de la lettre du 20 juin 2009 l'informant du constat, par la Semmaris, de ce que le contrat avait été résilié de plein droit en application du 1° du III de l'art. L. 641-11-1 C. com., c'est-à-dire à ce que soit ordonnée la repise des relations contractuelles ou à ce qu'une indemnité lui soir versée en réparation du préjudice subi, il incombait seulement au juge administratif de se prononcer sur le point de savoir si la Semmaris avait estimé à bon droit que les conditions posées par le 1° du III de l'art. L. 641-11-1 C. com. étaient remplies. Il en résulte que la CAA n'a pas commis d'erreur de droit en jugeant que les vices propres dont il serait, le cas échéant, entachée la lettre du 30 juin 2009 étaient sans incidence sur la solution du litige. • CE 8 déc. 2017, Me *Rogeau*, n° 390906 B : *BJCP 2018. 117, concl. Victor ; Rev. CMP 2018, comm. 48, Pietri.*

Art. L. 2195-4 **Lorsque le titulaire est, au cours de l'exécution du marché, placé dans l'un des cas d'exclusion mentionné aux articles L. 2141-1 à L. 2141-11, il informe sans délai l'acheteur de ce changement de situation.**

L'acheteur peut alors résilier le marché pour ce motif.

Toutefois, l'acheteur ne peut prononcer la résiliation du marché *(L. n° 2020-1525 du 7 déc. 2020, art. 131)* **« au seul motif que l'opérateur économique fait l'objet d'une procédure de redressement judiciaire en application de l'article L. 631-1 du code de commerce, sous réserve des hypothèses de résiliation de plein droit prévues au III de l'article L. 622-13 du même code ».** – *[Ord. n° 2015-899 du 23 juill. 2015, art. 49.]*

Les dispositions introduites par l'art. 131 de la L. n° 2020-1525 du 7 déc. 2020 s'appliquent aux marchés publics et aux concessions pour lesquels une consultation est engagée ou un avis d'appel à la concurrence est envoyé à la publication à compter de la publication de ladite loi (L. préc., art. 131-III, JO 8 déc.)

1. Redressement ou liquidation judiciaire. Conséquences onéreuses de la résiliation. Une résiliation prononcée en raison de la mise en redressement ou de la liquidation judiciaire du titulaire ne permet pas de faire supporter par l'entreprise les conséquences onéreuses de la résiliation consistant dans les frais supplémentaires supportés par le pouvoir adjudicateur pour terminer les travaux, mais le maître d'ouvrage peut obtenir de l'entrepreneur ou de sa caution réparation des préjudices que la résiliation a pu lui causer. • CE 4 mars 1981, *CHR de Limoges*, n° 10602 A.

2. Cession judiciaire d'une entreprise. Obligations réciproques. En vertu des dispositions, alors applicables, de l'art. L. 621-63 C. com., les personnes qui exécutent le plan de continuation ou de cession d'une entreprise en redressement judiciaire « ne peuvent pas se voir imposer des charges autres que les engagements qu'elles ont souscrits au cours de sa préparation ». Il résulte de ces dispositions qu'en cas de cession judiciaire d'une telle entreprise, le cessionnaire, dont l'offre reprise dans le plan de cession approuvé par le tribunal ne porte que sur les actifs de la société cédée à l'exclusion du passif, n'est pas tenu par les obligations du cédant antérieures à la reprise, ce dernier n'étant pas déchargé des obligations contractuelles afférentes à sa propre gestion. • CE 29 sept. 2010, *Cne de Molsheim*, n° 332567 B : *BJCP 2010. 396, concl. Boulouis ; Rev. CMP 2010. 408, note Zimmer.*

Art. L. 2195-5 **Lorsqu'un marché n'aurait pas dû être attribué à un opérateur économique en raison d'un manquement grave aux obligations prévues par le droit de l'Union européenne en matière de marchés qui a été reconnu par la Cour de justice de l'Union européenne dans le cadre de la procédure prévue à l'article 258 du Traité sur le fonctionnement de l'Union européenne, l'acheteur peut le résilier.** – *[Ord. n° 2015-899 du 23 juill. 2015, art. 58.]*

Art. L. 2195-6 **L'acheteur peut résilier le marché lorsque l'exécution du contrat ne peut être poursuivie sans une modification contraire aux dispositions prévues au chapitre IV du présent titre.** – *[Ord. n° 2015-899 du 23 juill. 2015, art. 65, al. 2.]*

COMMENTAIRE

C'est le corollaire logique des conditions restrictives dans lesquelles un marché peut être modifié.

CHAPITRE VI INFORMATIONS RELATIVES À L'ACHAT

SECTION 1 Obligation de conservation des documents

Art. L. 2196-1 **Les acheteurs conservent les documents relatifs à l'exécution des marchés, dans des conditions fixées par voie réglementaire.** – *[Ord. n° 2015-899 du 23 juill. 2015, art. 57, ecqc l'exécution.]*

SECTION 2 Mise à disposition des données essentielles

Art. L. 2196-2 Dans des conditions et sous réserve des exceptions prévues par voie réglementaire, l'acheteur rend accessibles sous un format ouvert et librement réutilisable les données essentielles du marché, hormis celles dont la divulgation méconnaîtrait les dispositions de l'article L. 2132-1 ou serait contraire à l'ordre public. – *[Ord. n° 2015-899 du 23 juill. 2015, art. 56 ; Décr. n° 2016-360 du 25 mars 2016, art. 107, al. 1er.]*

COMMENTAIRE

La loi pose le principe d'un *open-data* en matière de marchés publics.

Voir l'article R. 2196-1 du code. ❑

SECTION 3 Recensement économique

Art. L. 2196-3 Les pouvoirs adjudicateurs et les entités adjudicatrices communiquent, chaque année, les données contribuant au recensement économique de l'achat public, dans des conditions prévues par voie réglementaire.

Ces données ont trait à la passation des marchés, à leur notification ou à leur exécution. – *[Décr. n° 2016-360 du 25 mars 2016, art. 141, al. 3, 1re phrase.]*

COMMENTAIRE

Voir les articles R. 2196-2 à R. 2196-7 du code. ❑

SECTION 4 Contrôle du coût de revient des marchés de l'État et de ses établissements publics

Art. L. 2196-4 Les obligations prévues par la présente section sont applicables aux marchés conclus par l'État ou ses établissements publics pour lesquels la spécialité des techniques, le petit nombre de candidats possédant la compétence requise, des motifs de secret ou des raisons d'urgence impérieuse ou de crise ne permettent pas de faire appel à la concurrence ou de la faire jouer efficacement.

Elles sont également applicables aux marchés dont les prestations sont complexes et d'une durée supérieure à cinq ans. – *[Ord. n° 2015-899 du 23 juill. 2015, art. 64-I (ecqc l'État ou ses EP) et III.]*

Art. L. 2196-5 Les soumissionnaires à un marché, mentionné à l'article L. 2196-4 et négocié sans publicité ni mise en concurrence préalables par l'État ou ses établissements publics, fournissent à l'acheteur, si celui-ci en fait la demande, tous renseignements sur les éléments techniques et comptables de l'estimation du coût de revient des prestations qui font l'objet du marché.

Les titulaires des marchés mentionnés à l'article L. 2196-4 fournissent à l'acheteur, si celui-ci en fait la demande, tous renseignements sur les éléments techniques et comptables du coût de revient des prestations qui font l'objet du marché. – *[Ord. n° 2015-899 du 23 juill. 2015, art. 64-I ecqc le coût de revient.]*

Art. L. 2196-6 Les titulaires ainsi que, dans des conditions fixées par voie réglementaire, les entreprises qui leur sont liées et leurs sous-traitants, ont l'obligation de permettre et de faciliter la vérification éventuelle sur pièces ou sur place de l'exactitude des renseignements mentionnés à l'article L. 2196-5 par les agents de l'administration.

Ils peuvent être tenus de présenter leurs bilans, comptes de résultat ainsi que leur comptabilité analytique et tous documents de nature à permettre l'établissement des coûts de revient. – *[Ord. n° 2015-899 du 23 juill. 2015, art. 64-II.]*

COMMENTAIRE

Voir les articles R. 2196-8 à R. 2196-12 du code. ❑

CHAPITRE VII RÈGLEMENT ALTERNATIF DES DIFFÉRENDS

SECTION 1 Conciliation et médiation

SOUS-SECTION 1 Dispositions générales

Art. L. 2197-1 **Les parties à un contrat administratif peuvent recourir à un tiers conciliateur ou médiateur, dans les conditions fixées par les chapitres I et II du titre II du livre IV du code des relations entre le public et l'administration.**

Art. L. 2197-2 **Les parties à un contrat de droit privé peuvent recourir à un tiers conciliateur ou médiateur, dans les conditions fixées par les dispositions du chapitre I du titre VI du livre I et du chapitre II du titre I du livre V du code de procédure civile.**

SOUS-SECTION 2 Comités consultatifs de règlement amiable des différends

Art. L. 2197-3 **La saisine d'un comité consultatif de règlement amiable des différends suspend le cours des différentes prescriptions, quelle que soit la nature du contrat.** – *[Décr. n° 2016-360 du 25 mars 2016, art. 142, al. 4 ecqc les CCRA.]*

COMMENTAIRE

Ces comités font l'objet des articles R. 2197-1 à R. 2197-12 et D. 2197-13 à D. 2197 du code, auxquels on se reportera.

La suspension du délai de recours signifie qu'il ne repart pas à zéro pour durer six mois, mais qu'il repart pour la durée restant à courir au moment de la saisine du comité. ❑

1. Nota : La jurisprudence citée a été rendue sous l'empire des dispositions du Décr. n° 2001-797 du 3 sept. 2001 et des stipulations du CCAG-Travaux 1976.

2. Saisine du comité. Si l'entrepreneur ne peut saisir le comité consultatif de règlement amiable qu'à partir du moment où il peut saisir le maître de l'ouvrage, ni cette disposition ni aucune autre ne lui interdit de saisir le comité après la décision du maître de l'ouvrage, cette saisine suspendant alors les délais de recours contre cette décision en application de l'art. 50-32 du CCAG. • CE 6 nov. 1998, *Sté Quillery et a.*, n° 169884 A.

3. Décision du maître d'ouvrage après l'avis du comité. En cas de saisine du comité consultatif de règlement amiable des litiges après l'intervention de la décision prise par le maître de l'ouvrage sur le mémoire de réclamation adressé par l'entrepreneur, en application du 1er al. de l'art. 50.23 du CCAG applicables aux marchés publics de travaux, la position prise par le maître de l'ouvrage au vu de l'avis émis par le comité consultatif de règlement amiable des litiges ne se substitue pas à la décision prise en application du 1er al. de l'art. 50.23 et c'est donc la décision prise avant saisine du comité qui s'applique à titre provisoire entre les parties, en application du 2d al. du même art. • CE 11 nov. 2005, *Sté AMEC SPIE*, n° 263429 B. ♦ L'avis du CCRA, qui précisait d'ailleurs qu'il statuait en équité et non en droit, ne s'impose pas à la personne publique qui peut décider de ne pas le suivre. • CAA Bordeaux, 5 mai 2009, *Sté Euro constructions industries outre-mer (ECIOM)*, n° 07BX00083.

4. Décision du maître d'ouvrage. Acceptation de l'entrepreneur. La mise en œuvre de la décision prise par le maître de l'ouvrage au vu de l'avis émis par le comité consultatif de règlement amiable des litiges n'est pas, sauf si elle le prévoit expressément, subordonnée à la passation d'un avenant ; lorsque le comité a été saisi d'un différend relatif au décompte général du marché, l'acceptation de cette décision par l'entrepreneur suffit à conférer un caractère définitif au décompte. • CE 11 nov. 2005, *Sté AMEC SPIE*, n° 263429 B.

5. Expertise. La saisine du comité n'interdit pas au juge des référés d'ordonner une expertise sur les questions soumises à ce comité. • CAA Nantes, 2 juill. 1992, *Sté Bilfinger-Berger*, n° 91NT00805 : *Lebon T. 560.*

6. Suspension du délai pour saisir le tribunal. La saisine du comité consultatif de règlement amiable suspend le délai de recours contentieux courant à compter de la notification à l'entrepreneur de la décision du maître d'ouvrage sur la réclamation de l'entrepreneur, mais les dispositions du CCAG-Travaux (1976) ne prévoient pas que la décision du maître d'ouvrage, prise après l'avis du comité, ouvre un nouveau délai de recours contentieux de six mois au profit de l'entrepreneur. • CAA Bordeaux, 29 sept. 2009, *Sté Paralu*, n° 07BX02655.

SOUS-SECTION 3 Le médiateur des entreprises

Art. L. 2197-4 La saisine du médiateur des entreprises suspend le cours des différentes prescriptions dans les conditions prévues par l'article L. 213-6 du code de justice administrative ou, pour les marchés de droit privé, dans les conditions prévues par le code civil. – *[Décr. n° 2016-360 du 25 mars 2016, art. 142, al. 4 ecqc le médiateur.]*

V. CJA, art. L. 213-6, App., Partie VI. Contrôles et contentieux, II. A.

COMMENTAIRE

Les dispositions de l'article L. 2197-4 (comme celles du précédent) figuraient auparavant dans le décret n° 2016-360 du 25 mars 2016 (art. 142).

Les dispositions de l'art. 142 instituent un régime de prescription pour l'action en paiement d'une créance pour les entreprises qui saisissent le médiateur des entreprises ou un comité consultatif de règlement amiable ; il résulte toutefois de l'art. 34 de la Constitution qu'il n'appartient qu'au législateur de déterminer les principes fondamentaux des obligations civiles, au nombre desquels figure la fixation d'un délai de prescription pour l'action en paiement d'une créance ; par suite, l'art. 142 du Décr. du 25 mars 2016 est entaché d'illégalité en tant qu'il dispose que la saisine du médiateur des entreprises ou d'un comité consultatif de règlement amiable interrompt le cours des différentes prescriptions ; toutefois, eu égard à la portée des conclusions de la requête, il n'y a lieu d'annuler ces dispositions qu'en tant qu'elles sont relatives à la saisine du médiateur des entreprises.

Aux termes de l'art. L. 462-2 C. com. : « L'Autorité est obligatoirement consultée par le Gouvernement sur tout projet de texte réglementaire instituant un régime nouveau ayant directement pour effet : (...) 2° D'établir des droits exclusifs dans certaines zones » ; l'Ordre des avocats de Paris soutient que la règle selon laquelle la saisine du médiateur des entreprises interrompt le cours des délais contentieux est constitutive d'un droit exclusif au sens de ces dispositions ; toutefois, il est loisible aux parties à un marché public de prévoir l'intervention, préalablement à la saisine du juge, en cas de différend, d'un organisme chargé d'une mission de conciliation et de médiation et qu'elles peuvent ainsi, si elles le souhaitent, donner un effet interruptif des délais de recours à la saisine du médiateur de leur choix ; au surplus, un tel effet était déjà attaché de plein droit, avant l'intervention du décret contesté, à la saisine d'un comité consultatif de règlement amiable des différends, organisme également placé auprès du ministre chargé de l'économie, les dispositions en cause se bornant à étendre cette règle au médiateur des entreprises ; elles ne peuvent être regardées comme ayant pour objet ou pour effet d'instituer un « régime nouveau » établissant un droit exclusif au sens des dispositions préc. du C. com. ; elles n'avaient pas, par suite, à être soumises à l'avis de l'Autorité de la concurrence. Les dispositions de l'art. 142 du Décr. préc. n'instituent aucunement un monopole au profit du médiateur des entreprises, les cocontractants d'un marché public demeurant libres de recourir au médiateur de leur choix ; ainsi le moyen tiré de ce que seul le législateur aurait été compétent pour prévoir l'intervention du médiateur des entreprises ne peut qu'être écarté.

Le médiateur des entreprises, service du ministère de l'économie et des finances, a pour objet de proposer gratuitement à tous les acheteurs et à toutes les entreprises, quelles que soient leurs ressources, et donc notamment à ceux disposant de moyens limités, un processus organisé afin de parvenir, avec son aide, à la résolution amiable de leurs différends ; en donnant aux acheteurs et aux entreprises la possibilité de recourir au service du médiateur des entreprises, l'art. 142 du décret s'est borné à mettre en œuvre la mission d'intérêt général, qui relève de l'État, de développer les modes alternatifs de règlement des litiges, corollaire d'une bonne administration de la justice ; en outre, comme il a été dit, les dispositions en cause n'instituent aucunement un monopole au profit du médiateur des entreprises ; ainsi, aucune des attributions confiées au médiateur des entreprises n'emporte intervention sur un marché ; par suite, les dispositions de l'art. 142 du décret n'ont eu ni pour objet, ni pour effet de méconnaître le principe de la liberté du commerce et de l'industrie et le droit de la concurrence. • CE 17 mars 2017, *M. Perez, Ordre des avocats de Paris,* n°s 403768 et 403817 B.

SECTION 2 Transaction

Art. L. 2197-5 Les parties peuvent recourir à une transaction ainsi que le prévoit l'article 2044 du code civil.

SECTION 3 Arbitrage

SOUS-SECTION 1 Recours à l'arbitrage par les acheteurs de droit public

Art. L. 2197-6 **Par dérogation aux dispositions du premier alinéa de l'article 2060 du code civil, le recours à l'arbitrage pour le règlement des litiges opposant les personnes publiques à leurs cocontractants dans l'exécution des marchés publics est possible pour les litiges relatifs à l'exécution financière des marchés publics de travaux et de fournitures de l'État, des collectivités territoriales et des établissements publics locaux ainsi que dans les autres cas où la loi le permet.**

COMMENTAIRE

L'article L. 2197-6 prévoit une exception à l'interdiction posée par l'article 2060 du code civil selon lequel « on ne peut compromettre […] sur les contestations intéressant les collectivités publiques et les établissements publics ». Cette interdiction, qui est un principe général du droit, s'applique aussi à l'État. Il faut une loi pour déroger à ce principe et permettre à une personne publique de recourir à l'arbitrage, ce recours n'étant jamais une obligation.

Il faut souligner que cet article ne mentionne pas les établissements publics de l'État. Ceux-ci ne peuvent donc pas recourir à l'arbitrage, même pour la liquidation de leurs dépenses de travaux et de fournitures, sauf si un texte le prévoit. Sur l'arbitrage, voir nos commentaires dans la Partie VI de l'appendice, *Contrôles et contentieux*. ❑

SOUS-SECTION 2 Recours à l'arbitrage par les acheteurs de droit privé

Art. L. 2197-7 **Le recours à l'arbitrage pour le règlement des litiges opposant des personnes privées dans l'exécution des marchés est possible dans les conditions définies par le livre IV du code de procédure civile.**

LIVRE II DISPOSITIONS PROPRES AUX MARCHÉS DE PARTENARIAT

Art. L. 2200-1 **Sous réserve des dispositions du livre V de la présente partie relative aux autres marchés publics, les marchés de partenariat définis à l'article L. 1112-1 sont régis par les dispositions du livre I, à l'exception des dispositions de la sous-section 4 de la section unique du chapitre I du titre VII relatives aux caractéristiques des marchés globaux, des dispositions de la section 2 du chapitre III du titre I relatives à l'allotissement, des dispositions des sections I à III du chapitre I du titre IX relatives aux avances, aux acomptes et au régime des paiements ainsi qu'aux dispositions du chapitre III du titre IX relatives à la sous-traitance.** – *[Ord. nº 2015-899 du 23 juill. 2015, art. 66.]*

COMMENTAIRE

Les marchés de partenariat sont, comme on l'a dit, des contrats globaux spécifiques, différents des marchés globaux dont il a été question au chapitre I du titre VII. Par ailleurs, un certain nombre de dispositions du droit commun des marchés publics ne leur sont pas applicables (allotissement, avances, acomptes, régime des paiements, sous-traitance). ❑

TITRE I PRÉPARATION DU MARCHÉ DE PARTENARIAT

CHAPITRE I CONDITIONS DE RECOURS AU MARCHÉ DE PARTENARIAT

SECTION 1 Acheteurs autorisés

Art. L. 2211-1 **Tout acheteur est autorisé à conclure un marché de partenariat, à l'exception des acheteurs mentionnés au second alinéa.**

Au sens du présent livre, les acheteurs non autorisés sont les organismes, autres que l'État, relevant de la catégorie des administrations publiques centrales dont la liste est établie par l'arrêté mentionné au I de l'article 12 de la loi du 28 décembre 2010 de programmation des finances publiques pour les années 2011 à 2014, ainsi que les établissements publics de santé et les structures de coopération sanitaire dotées de la personnalité morale publique. – *[Ord. n° 2015-899 du 23 juill. 2015, art. 71.]*

COMMENTAIRE

Tous les acheteurs peuvent conclure des marchés de partenariat (ce qui met fin à la diversité des situations qui prévalait à cet égard pour les différents « contrats complexes »), sauf ceux que mentionne l'arrêté du 14 août 2017 fixant la liste des organismes divers d'administration centrale ayant interdiction de contracter auprès d'un établissement de crédit un emprunt dont le terme est supérieur à douze mois ou d'émettre un titre de créance dont le terme excède cette durée (V. l'art. 34 de la L. n° 2014-1653 du 29 déc. 2014 de programmation des finances publiques pour les années 2014-2019, qui renvoie à la L. n° 2010-1645 du 28 déc. 2010 de programmation pour les années 2011-2014) ainsi que les établissements publics de santé et les structures de coopération sanitaire dotées de la personnalité morale publique. L'État peut conclure un marché de partenariat pour le compte d'un de ces acheteurs « interdits » (V. art. L. 2211-3 *infra*). ❑

Loi n° 2014-1653 du 29 décembre 2014,

De programmation des finances publiques pour les années 2014 à 2019.

Art. 34 *(L. n° 2018-32 du 22 janv. 2018, art. 23-I)* L'État et les organismes relevant de la catégorie des administrations publiques centrales dont la liste est établie par l'arrêté mentionné au I de l'article 12 de la loi n° 2010-1645 du 28 décembre 2010 de programmation des finances publiques pour les années 2011 à 2014 ne peuvent conclure, en qualité de crédit-preneur, des contrats de crédit-bail, au sens des articles L. 313-7 à *(Ord. n° 2021-1192 du 15 sept. 2021, art. 35 et 37, en vigueur à une date fixée par décret et qui ne peut être postérieure au 1er janv. 2023)* « L. 313-10 *[ancienne rédaction : L. 313-11]* » du code monétaire et financier, qui ont pour objet la réalisation, la modification ou la rénovation d'ouvrages, d'équipements ou de biens immatériels répondant à un besoin précisé par la collectivité publique et destinés à être mis à sa disposition ou à devenir sa propriété.

Le présent art., dans sa rédaction résultant de la L. n° 2018-32 du 22 janv. 2018, s'applique aux contrats dont l'avis d'appel public à la concurrence est publié à compter du 1er janv. 2018 (L. préc., art. 23-II).

Art. L. 2211-2 Un marché de partenariat peut être conclu pour la réalisation d'une opération répondant aux besoins d'une autre personne morale de droit public ou privé en vue de l'exercice de ses missions. Dans ce cas, une convention est signée entre l'acheteur qui conclut le marché de partenariat et l'organisme pour les besoins duquel le marché de partenariat est conclu. – *[Ord. n° 2015-899 du 23 juill. 2015, art. 72-I.]*

COMMENTAIRE

Comme le faisait l'article 72 de l'ordonnance du 23 juillet 2015, l'article L. 2211-2 consacre une faculté importante. ❑

Art. L. 2211-3 L'État peut conclure un marché de partenariat pour le compte d'un acheteur non autorisé, sous réserve que :

1° Le ministère de tutelle ait procédé à l'instruction du projet ;

2° L'opération soit soutenable au regard de ses conséquences sur les finances publiques et sur la situation financière de la personne publique. – *[Ord. n° 2015-899 du 23 juill. 2015, art. 72-II.]*

COMMENTAIRE

Voir l'article L. 2211-1 *infra*. ❑

Art. L. 2211-4 Lorsque la réalisation d'un projet relève simultanément de la compétence de plusieurs acheteurs, ces derniers peuvent désigner par convention celui d'entre

eux qui réalisera l'évaluation préalable, conduira la procédure de passation et, éventuellement, signera le contrat et en suivra l'exécution.

Le cas échéant, cette convention précise les conditions de ce transfert de compétences et en fixe le terme. – *[Ord. n° 2015-899 du 23 juill. 2015, art. 73.]*

SECTION 2 Seuils

Art. L. 2211-5 **Les acheteurs ne peuvent recourir au marché de partenariat que si la valeur de ce marché est supérieure aux seuils fixés par voie réglementaire en fonction de la nature et de l'objet du contrat, des capacités techniques et financières de l'acheteur et de l'intensité du risque encouru.** – *[Ord. n° 2015-899 du 23 juill. 2015, art. 75-II.]*

SECTION 3 Bilan plus favorable

Art. L. 2211-6 **La procédure de passation d'un marché de partenariat ne peut être engagée que si l'acheteur démontre que, compte tenu des caractéristiques du projet envisagé, des exigences de service public ou de la mission d'intérêt général dont l'acheteur est chargé, ou des insuffisances et difficultés observées dans la réalisation de projets comparables, le recours à un tel contrat présente un bilan plus favorable, notamment sur le plan financier, que celui des autres modes de réalisation du projet. Le critère du paiement différé ne saurait à lui seul constituer un avantage.**

Les modalités d'établissement de ce bilan sont fixées par décret en Conseil d'État. – *[Ord. n° 2015-899 du 23 juill. 2015, art. 75-I.]*

COMMENTAIRE

1. – Le recours aux anciens contrats de partenariat n'était possible que dans trois hypothèses.

Statuant sur la loi qui habilitait le gouvernement à instituer par ordonnance « de nouvelles formes de contrats portant sur la conception, la réalisation, la transformation, l'exploitation et le financement d'équipements publics, ou la gestion et le financement de services, ou une combinaison de ces différentes missions », le Conseil constitutionnel avait décidé que, si aucun principe ni aucune règle de valeur constitutionnelle n'interdisaient leur mise en place, il n'était cependant pas possible de « généraliser » de tels contrats, dérogatoires au « droit commun de la commande publique » : ils devaient donc être réservés « à des situations répondant à des motifs d'intérêt général tels que l'urgence qui s'attache, en raison de circonstances particulières ou locales, à rattraper un retard préjudiciable, ou bien la nécessité de tenir compte des caractéristiques techniques, fonctionnelles ou économiques d'un équipement ou d'un service déterminé » (Cons. const. 26 juin 2003, n° 2003-473 DC).

Soucieux de tenir compte de cette décision et d'ailleurs conscients du fait que la formule du contrat de partenariat ne saurait être toujours la plus efficace, du fait, notamment, des surcoûts liés au financement privé, les auteurs de l'ordonnance du 17 juin 2004 créant les contrats de partenariat avaient retenu deux hypothèses légales de recours à cette formule – la complexité du projet ou l'urgence – et prévu qu'une évaluation préalable devait montrer que la personne publique se trouvait dans l'une d'elles.

La loi n° 2008-735 du 28 juillet 2008, dans sa version définitive, après la décision du Conseil constitutionnel n° 2008-567 DC du 24 juillet 2008, avait confirmé le caractère dérogatoire des contrats de partenariat tout en élargissant sensiblement les hypothèses dans lesquelles ils pouvaient être légalement mis en œuvre.

La complexité, qui était à coup sûr la justification la plus normale du recours au contrat de partenariat, était définie en des termes qui s'inspiraient très directement des dispositions de la directive marchés relatives à la procédure de dialogue compétitif. Ainsi, la même notion de complexité était retenue comme condition légale, d'une part, de recours au contrat de partenariat et, d'autre part, de mise en œuvre de la procédure de dialogue compétitif. Une personne publique qui avait montré, dans son étude d'évaluation préalable, que son projet était complexe avait en quelque sorte fait d'une pierre deux coups : elle pouvait tout à la fois décider de conclure un contrat de partenariat et engager une procédure de dialogue compétitif.

La notion d'urgence, quant à elle, n'était pas définie par l'ordonnance de 2004. La loi du 28 juillet 2008 précisait les choses, en s'inspirant de la décision du Conseil constitutionnel du 26 juin 2003. L'urgence pouvait, en particulier, résulter du constat d'un retard grave et préjudiciable en matière d'équipements publics, auquel la personne publique était incapable de remédier par les voies classiques de la commande publique. Par ailleurs, si une personne publique ne pouvait certainement pas invoquer utilement, au titre de l'urgence, une situation qui n'était que le fruit de carences manifestes de sa part ou le seul souci « d'aller vite », une « situation imprévisible », c'est-à-dire un cas de force majeure, pouvait être constitutive d'une « urgence ».

Les dispositions de la loi de 2008 paraissaient cependant ouvrir sensiblement le champ du contrat de partenariat, dès lors qu'elles autorisaient le recours à un tel contrat si celui-ci présentait un « bilan favorable », ce qui supposait une appréciation qui, qu'elle qu'en fût la rigueur formelle, ne pouvait prétendre à l'objectivité « scientifique ». Cependant, dans sa décision précitée du 24 juillet 2008, le Conseil constitutionnel avait précisé que la démonstration de ce que le recours au contrat de partenariat apparaissait plus favorable que la mise en œuvre d'un contrat de commande publique « classique » devait être faite « à l'issue d'une analyse approfondie des avantages et des inconvénients ».

Une mission d'appui à la réalisation des contrats de partenariat (MAPPP) avait été créée au ministère de l'économie.

2. – Depuis l'ordonnance du 23 juillet 2015, deux conditions sont prévues pour le recours à un marché de partenariat : un seuil minimal (qui est fixé par voie réglementaire et n'est pas unique : V. art. R. 2211-1 et R. 2211-2) et un « bilan plus favorable, notamment sur le plan financier », qui devra être démontré selon des modalités elles aussi fixées par voie réglementaire (V. art. R. 2211-3 et R. 2211-4). ☐

RECOURS AUX ANCIENS CONTRATS DE PARTENARIAT

1. La légalité de la décision de lancer la procédure de passation d'un contrat de partenariat est soumise non seulement à la réalisation, dans les formes prescrites, de l'évaluation préalable, mais aussi, sous le contrôle du juge, qui pourra notamment être saisi au stade précontractuel sur le fondement de l'art. L. 551-1 CJA, à ce que le projet envisagé corresponde effectivement à l'une des situations visées au *a)* de l'art. 2 de l'Ord. • CE 29 oct. 2004, *Sueur et a.*, n° 269814 A : *RFDA 2004. 1103, concl. Casas* ; *AJDA 2004. 2384, chron. Landais et Lenica* ; *Dr. adm. 2005, nos 3, 4 et 5, obs. Ménéménis.*

2. Sous réserve qu'elle résulte objectivement, dans un secteur ou une zone géographiques déterminés, de la nécessité de rattraper un retard particulièrement grave affectant la réalisation d'équipements collectifs, l'urgence qui s'attache à la réalisation du projet envisagé peut justifier la passation d'un contrat de partenariat. • CE 29 oct. 2004, *Sueur et a.*, n° 269814.

3. Le décret portant création de la mission d'appui à la réalisation des contrats de partenariat (MAPPP), dont les interventions n'emportent aucune intervention sur un marché, ne méconnaît ni le principe de liberté du commerce et de l'industrie, ni le droit de la concurrence. • CE, ass., 31 mai 2006, *Ordre des avocats au Barreau de Paris*, n° 275531 A : *BJCP 2006. 295, concl. Casas.* ; *AJDA 2006. 1592, chron. Landais et Lenica* .

4. La décision du ministre de la jeunesse et des sports de signer le contrat de partenariat de rénovation de l'INSEP est annulée pour défaut de consultation du comité technique paritaire (CTP) ministériel et du CTP de cet établissement. Le juge de l'exécution refuse d'enjoindre à l'État de saisir le juge du contrat afin de constater la nullité de ce contrat et enjoint seulement au ministre de rechercher la signature d'un avenant au contrat et de soumettre la signature de cet avenant à l'avis des CTP compétents, dès lors qu'il ressort tant du calendrier d'exécution des travaux que de l'importance d'une part des études préparatoires déjà réalisées et d'autre part des sommes à investir dans la réalisation du programme et des conséquences financières auxquelles s'exposerait l'État en cas de résolution du contrat qu'une telle résolution porterait gravement atteinte à l'intérêt général. • TA Paris, 12 mars 2008, *UNSA Éducation et a.*, n° 0702363/3-2 : *ACCP 2008, n° 79, p. 80.*

5. Condition d'urgence. Sous réserve qu'elle résulte objectivement, dans un secteur ou une zone géographiques déterminés, de la nécessité de rattraper un retard particulièrement grave, préjudiciable à l'intérêt général, affectant la réalisation d'équipements collectifs ou l'exercice d'une mission de service public, quelles qu'en soient les causes, l'urgence qui s'attache à la réalisation du projet envisagé est au nombre des motifs d'intérêt général pouvant justifier la passation d'un contrat de partenariat. La cour administrative d'appel ne s'est pas fondée, pour apprécier l'urgence du projet, sur de simples difficultés ou inconvénients mais sur la nécessité de rattraper un retard particulièrement grave, préjudiciable à l'intérêt général et affectant le bon fonctionnement du service public de l'éducation ; elle pouvait tenir compte, pour apprécier l'urgence du projet à la date à laquelle le département a décidé de recourir à un contrat de partenariat, de circonstances de fait qui, bien que postérieures à cette décision, éclairaient les conséquences du retard invoqué ; il n'incombait pas à la cour administrative d'appel de vérifier la circonstance, qui serait sans incidence sur la légalité du recours au contrat de partenariat, que le retard constaté aurait été imputable au département, ni, dès lors, de répondre au moyen tiré de cette circonstance. S'il n'appartenait pas à la cour administrative d'appel, pour apprécier la justification du recours à un contrat de partenariat, de rechercher si celui-ci permettait la construction et la mise en service de l'équipement dans un délai plus bref qu'à l'issue d'autres procédures, c'est par un motif surabondant, sans incidence sur la solution, qu'elle a estimé, inutilement, que le département du Loiret établissait que le recours au contrat de partenariat permettait en l'espèce au projet d'aboutir dans un délai inférieur d'au moins une année. La circonstance que son appréciation serait sur ce point entachée d'une dénaturation des pièces du dossier serait par suite elle-même sans incidence sur le bien-fondé de son arrêt. Il ressort des pièces du dossier soumis à la cour administrative d'appel que celle-ci a pu retenir, comme d'ailleurs le tribunal administratif et sans dénaturer ces pièces, compte tenu du caractère indirect des sources produites comme des variations affectant les effectifs invoqués, que le collège d'Amilly était conçu pour 600 élèves et avait été contraint, dans l'attente de l'ouverture du collège de Villemandeur, de recevoir un nombre total de 900 élèves, fût-ce grâce à des travaux d'extension engagés à titre transitoire ; qu'elle a pu également retenir, sans dénaturer les pièces du dossier, que cette situation de sureffectif avait entraîné pendant deux ans, jusqu'à l'ouverture du collège de Villemandeur, et compte tenu de la distance séparant les deux localités, de nombreuses difficultés relatives à la gestion des locaux, à la discipline et à la sécurité des élèves, ainsi qu'aux possibilités d'accès à la cantine. En se fondant sur les circonstances ainsi relevées, la cour administrative d'appel n'a pas inexactement qualifié les faits en estimant que le recours au contrat de partenariat se trouvait justifié par l'urgence qui s'attachait à la nécessité de rattraper un retard particulièrement grave, préjudiciable à l'intérêt général et affectant le bon fonctionnement du service public de l'enseignement dans le département. • CE 23 juill. 2010, *M. Jean-Pierre Lenoir, Synd. nat. des entreprises de second œuvre du bâtiment*, n° 326544 A : *BJCP 2010. 359, concl. Boulouis ; AJDA 2010. 1769, note Dreyfus ; Rev. CMP 2010, n° 318, note Eckert.*

6. Condition de complexité. 1) a) Le moyen tiré de ce que les conditions de recours au contrat de partenariat ne sont pas réunies peut être utilement soulevé à l'appui d'un recours dirigé contre l'acte par lequel la signature d'un tel contrat est autorisée.

b) Le respect des conditions posées par la loi s'apprécie au vu de l'évaluation préalable qui a donné lieu à la délibération prévue par le dernier al. de l'art. L. 1414-2 CGCT, dans sa rédaction antérieure à la L. n° 2008-735 du 28 juill. 2008.

2) a) La seule invocation de la complexité des procédés techniques à mettre en œuvre ne peut suffire à justifier légalement le recours au contrat de partenariat, en l'absence de circonstances particulières de nature à établir qu'il était impossible à la collectivité territoriale de définir, seule et à l'avance, les moyens techniques propres à satisfaire ses besoins.

b) Pour apprécier la capacité objective de la personne publique à définir seule et à l'avance les moyens techniques permettant de répondre à ses besoins et, par suite, pour déterminer si la complexité technique du projet justifiait légalement le recours au contrat de partenariat, il n'y a pas lieu de tenir compte des études postérieures au lancement de la procédure de passation du contrat que cette personne publique serait en mesure de confier à un tiers, soit dans le cadre du contrat de partenariat qu'elle envisage de conclure, soit au titre d'un contrat distinct. En revanche, il y a lieu de tenir compte de l'ensemble des études, même réalisées par des tiers, dont la personne publique dispose déjà à la date à laquelle elle décide de recourir au contrat de partenariat. • CE 30 juill. 2014, *Cne de Biarritz*, n° 363007 B : *BJCP 2014. 404, concl. Pellissier ; Rev. CMP 2014, n° 274, note Eckert ; Dr. adm. déc. 2014, n° 74, note Brenet.*

7. La commune de Commentry, qui compte 7 100 habitants, a décidé la création simultanée d'une piscine municipale et la mise en place d'un nouveau réseau de distribution de chaleur, devant notamment alimenter l'ouvrage à créer ; elle a entendu par ailleurs faire respecter pour la piscine des critères d'éco-conditionnalité nécessaires à l'obtention de subventions ; il ressort des pièces du dossier que ces contraintes, même en tenant compte en outre de la nécessité de respecter les normes en vigueur pour ce type d'ouvrage, sont insuffisantes pour caractériser, dans les circonstances de l'espèce, une complexité telle que la commune n'ait pas été objectivement en mesure de définir seule et à l'avance les moyens techniques répondant à ses besoins, compte tenu notamment de la faculté dont elle disposait d'établir pour la piscine municipale et, en l'absence de particularité suffisante du projet, des spécifications techniques en termes de fonctionnalité ou de performance ; il ne ressort pas davantage des pièces du dossier que la collectivité n'ait pas été en mesure d'établir le montage financier ou juridique du projet ; dans ces conditions, le critère de complexité permettant de recourir au contrat de partenariat n'était pas satisfait en l'espèce. • CAA Lyon, 2 janv. 2014, *Conseil régional de l'ordre des architectes d'Auvergne et Bouesnard*, n° 12LY02827 : *AJDA 2014. 985, note Chamming's*.

8. Le projet envisagé par la commune de Bordeaux consistait à réaliser un bâtiment d'une surface hors œuvre nette de 18 500 m² destiné à accueillir plus de 800 agents municipaux ainsi que du public, tout en faisant en sorte que ce bâtiment présente un bilan énergétique positif, c'est-à-dire produise, sur le long terme, plus d'énergie qu'il n'en consomme. Les pièces du dossier font ressortir que si, en juillet 2010, le concept de « bâtiment à énergie positive » (BEPOS) existait déjà depuis plusieurs années et si, à cette date, des bâtiments ayant un tel objectif énergétique avaient été réalisés, les performances effectives de ces bâtiments étaient, soit nettement inférieures aux objectifs assignés, comme pour la tour Elithis construite à Dijon, soit indisponibles. A cet égard, il peut notamment être observé, d'une part, que l'étude effectuée par l'ADEME sur les « BEPOS » déjà réalisés, à laquelle fait allusion un article de presse produit par le SNSO, outre qu'elle date de 2011, n'a jamais été publiée, d'autre part, qu'aucune donnée n'était disponible en juillet 2010 sur les performances énergétiques du lycée Vaclav-Havel construit à Bègles et entré en service en septembre 2012. Les articles de la presse spécialisée datant notamment de 2012, produits au dossier, font apparaître que les performances énergétiques effectivement réalisées par les bâtiments déjà construits, affichés comme « BEPOS », ne sont guère meilleures que celles des bâtiments dits de basse consommation. Le dossier fait également ressortir la nécessité, pour obtenir un « BEPOS », d'une approche globale prenant en compte la conception, la construction, l'exploitation, la maintenance du bâtiment, son caractère fonctionnel et sa destination, le comportement des occupants et usagers, la fourniture d'énergie. Il ressort en définitive des pièces versées au dossier que la recherche de bâtiments présentant un bilan énergétique positif relevait encore en juillet 2010 de l'expérimentation. L'objectif énergétique recherché par la ville de Bordeaux et les moyens techniques propres à y faire face devaient, de plus, être compatibles avec les contraintes notamment architecturales liées à l'implantation du projet, le terrain d'assiette étant situé en centre-ville, à la jonction d'un quartier ancien et d'un quartier moderne, à l'intérieur de la zone classée au titre du patrimoine mondial de l'humanité par l'UNESCO. Il ressort en outre des pièces du dossier que si la commune de Bordeaux disposait d'une « direction du développement durable », les huit agents composant cette direction étaient à profil exclusivement administratif ; quant à la « direction des constructions publiques », en plus d'être confrontée en 2010 à un plan de charge lourd comportant notamment le projet du « nouveau stade » et du « centre culturel et touristique du vin », elle ne disposait pas, compte tenu de la complexité technique du projet de cité municipale pour les motifs indiqués ci-dessus et au regard des qualifications des agents la composant, des moyens lui permettant de faire face aux contraintes de la maîtrise d'ouvrage d'un tel projet. En définitive, la ville de Bordeaux était, lorsqu'elle a décidé de recourir au contrat de partenariat, dans l'impossibilité, eu égard à ses moyens propres, de définir avec précision le contenu des prestations permettant d'atteindre et de maintenir dans le long terme un bilan énergétique positif pour un bâtiment ayant les dimensions et la vocation de la cité municipale projetée. Ainsi, le recours au contrat de partenariat était légalement justifié sur le fondement des dispositions précitées du 1° du II de l'art. L. 1442-2 CGCT. • CAA Bordeaux, 15 sept. 2015, *Cne de Bordeaux*, n°s 15BX01208 et 15BX01209 : *BJCP 2015. 454, concl. de La Taille ; AJDA 2015. 2223, note Fériel ; Rev. CMP 2015, n° 258, note Eckert.*

9. Le contrat de partenariat en litige a été conclu sur le fondement des dispositions des art. L. 1414-1 s. CGCT en vue de réorganiser l'éclairage public de la commune de Soissons, en portant sur l'éclairage des espaces et voies publics ainsi que sur la signalisation tricolore et l'organisation de la mise en valeur du patrimoine communal par la lumière. Il ressort de l'exposé des motifs de la délibération du 17 mars 2006 qu'après avoir reçu une offre spontanée de la société Citelum proposant un contrat de partenariat en vue de gérer l'éclairage public de la ville de Soissons, le conseil municipal a adopté le principe du recours à un tel contrat au motif principal que « le contrat de partenariat serait l'outil le mieux adapté » selon l'étude préalable réalisée sur les différents modes de gestion produite, la question du respect des conditions légales pour le conclure n'étant pas expressément abordée.

Le rapport d'évaluation du 8 mars 2006 sur lequel s'est fondé le conseil municipal pour adopter la délibération en cause se borne toutefois à affirmer la « complexité de prévoir à l'avance la fiabilité juridique et le cadre budgétaire du projet » ou encore la difficulté à programmer de façon optimale les coûts d'exploitation et d'investissement mais ne justifie pas la nécessité de traiter de façon conjointe les problématiques relatives à la signalisation des feux tricolores avec le renouvellement et l'entretien de son réseau d'éclairage et la mise en valeur de certains éléments de son patrimoine et n'indique pas précisément en quoi la commune ne pouvait elle-même définir ses besoins en la matière, alors qu'elle avait déjà mis en œuvre un plan « Lumière » dans le cadre des dispositifs existants avant la création des contrats de partenariat par le législateur. La synthèse du rapport d'observations définitives de la chambre régionale des comptes de Nord-Pas-de-Calais-Picardie sur la gestion financière de la commune de Soissons pour les années 2006 et 2007 indique d'ailleurs que « le choix du recours à la formule du partenariat public-privé n'apparaît pas justifié au regard de la prétendue complexité du projet et de l'analyse comparative avec d'autres modes de commande publique, c'est-à-dire les solutions de régie pour l'exploitation et de marchés pour l'investissement, voire de marchés globaux portant à la fois sur l'exploitation et les investissements ». Ce rapport d'évaluation, concluant à la légalité du recours au partenariat public-privé en raison de la complexité du projet et approuvé par le conseil municipal le 17 mars suivant, ne fait qu'exposer en des termes très généraux relevant de la pétition de principe, ainsi que l'a relevé le tribunal, les mérites du recours au contrat de partenariat public-privé sans apporter de démonstration étayée de la complexité du projet au regard des besoins à satisfaire. La comparaison des différentes options contractuelles possibles, notamment celle de l'exploitation en régie assortie de la passation de marchés, ne repose sur aucune analyse précise, en ce qui concerne les risques et les performances, et met en œuvre des données établies sur des bases non comparables en ce qui concerne les coûts. Le rapport d'évaluation au vu duquel la commune de Soissons a adopté le principe du recours au contrat de partenariat public-privé ne peut ainsi être regardé comme satisfaisant aux exigences des dispositions de l'art. L. 1414-2 CGCT. Le conseil municipal de la commune de Soissons n'était, dès lors, pas suffisamment informé, dans les conditions définies par la loi, sur la légalité du recours au contrat de partenariat public-privé et sur l'intérêt pour la collectivité de recourir à ce dispositif dérogatoire aux règles de la commande publique pour répondre à ses besoins, compte tenu des coûts, du partage des risques et des performances présentés par les différentes options, lorsqu'il a, le 17 mars 2007, approuvé le rapport d'évaluation qui lui était soumis et décidé d'avoir recours au contrat de partenariat public-privé. Il ne résulte pas de l'instruction que les membres du conseil municipal auraient été ultérieurement rendus destinataires de cette information.

Par ailleurs, la seule référence à la complexité qui résulterait de la multiplicité des travaux et prestations envisagés et de la difficulté de les programmer dans le temps en bénéficiant de solutions techniques actualisées ne saurait suffire en l'espèce à justifier le recours au contrat de partenariat, en l'absence de circonstances particulières de nature à établir qu'il était impossible pour la commune de Soissons de définir, seule et à l'avance, les moyens propres à satisfaire ses besoins. Les conditions du recours au contrat de partenariat tenant, à l'origine, à « la complexité du projet » prévue au 1° du II de l'art. L. 1414-2 CGCT précité n'étaient ainsi pas remplies, l'appelante et l'intimée ne produisant d'ailleurs aucune argumentation de nature à justifier de la légalité du recours à ce procédé contractuel. La direction départementale de la concurrence, de la consommation et de la répression des fraudes a au demeurant pointé cette illégalité dans sa réponse transmise à l'autorité préfectorale qui l'avait saisie sur ce point en mai 2006.

Dans ces conditions et en dépit de l'exécution du contrat durant plus de cinq années et alors que les irrégularités mentionnées ci-dessus n'ont fait l'objet d'un rapport définitif de la chambre régionale des comptes qu'en 2013, soit postérieurement à la décision de résilier le contrat en cause intervenue le 17 déc. 2012, la société Citelum n'est pas fondée à soutenir qu'en l'absence de vice d'une particulière gravité affectant les conditions dans lesquelles la commune a donné son consentement, il y avait lieu de rejeter les conclusions reconventionnelles de celle-ci tendant à ce que le litige soit réglé sur un terrain non contractuel. • CAA Douai, 20 juin 2019, *Cne de Soissons*, n° 16DA01621 : *Rev. CMP 2019, n° 10, note Rees.*

10. Urgence/complexité. Il ressort des pièces du dossier, en particulier de l'évaluation préalable réalisée par l'Établissement public du Palais de Justice de Paris (EPPJP) en application des dispositions du I de l'art. 2 de l'Ord. du 17 juin 2004, que la dispersion géographique des services du Tribunal de grande instance de Paris sur neuf sites différents, ainsi que la configuration et la vétusté du Palais de Justice de l'Île de la Cité, ne permettent pas un fonctionnement normal de cette juridiction, s'agissant tant des conditions matérielles dans lesquelles les magistrats, les agents du greffe et les avocats sont amenés à y exercer leurs fonctions que des exigences d'accessibilité, de sûreté et de sécurité des personnes et des biens requises dans les locaux qui lui sont affectés ; dès lors, le recours au contrat de partenariat pour la conception et la construction du nouveau palais de justice se trouve justifié par l'urgence qui s'attache à la nécessité de mettre fin à une situation particulièrement grave et préjudiciable à l'intérêt général affectant le bon fonctionnement du service public de la justice à Paris, sans que soient de nature à infirmer cette appréciation, d'une part, l'existence de travaux effectués ces dernières années en vue d'atténuer les difficultés ainsi constatées, ni, d'autre part, la circonstance que d'autres solutions que celle retenue auraient été envisageables pour tenter d'y remédier.

En outre, il ressort des pièces du dossier que les dimensions exceptionnelles de l'ouvrage à réaliser, qui aura une surface de plus de 60 000 m² et abritera 90 salles d'audience, le nombre et la nature des juridictions qui y seront hébergées, impliquant notamment la présence du pôle anti-terroriste et la tenue de procès à forte résonance médiatique, et l'importante fréquentation du bâtiment, évaluée à près de 9 000 personnes par jour, incluant à la fois des magistrats, personnels de greffe, auxiliaires de justice et fonctionnaires de police, mais aussi de nombreux détenus, des journalistes et un large public, confèrent au projet envisagé une particulière complexité ; celle-ci est encore accrue par les contraintes techniques et fonctionnelles induites par le choix, retenu par les pouvoirs publics, de la construction à Paris, dans une zone en cours d'aménagement sur d'anciennes emprises ferroviaires non viabilisées, d'un immeuble de très grande hauteur, dont il a notamment été décidé, de surcroît, qu'il devrait être exemplaire en matière de performance énergétique et de développement durable ; du fait de ces différentes caractéristiques, la réalisation de ce projet pose, en matière de sécurité et de sûreté, de performance acoustique et thermique, d'insertion de l'édifice dans son environnement, de maintenance et d'entretien des équipements, ainsi que de maîtrise des risques liés à un chantier d'une aussi grande ampleur, des difficultés telles que l'EPPJP a pu, sans commettre d'erreur de droit ni d'erreur d'appréciation, estimer qu'il était nécessaire de recourir à un contrat global pour assurer la parfaite cohérence des solutions architecturales et techniques proposées par la maîtrise d'œuvre, les entreprises de construction et les entreprises d'exploitation et de maintenance ; l'EPPJP soutient, sans être contredit, que certaines des réponses à ces difficultés, en ce qui concerne la sécurité incendie, l'évacuation des eaux, ainsi que le choix des matériaux de façade et des matériaux permettant l'isolation acoustique de la salle des pas perdus et de certaines salles d'audience, n'ont pu être apportées qu'après discussions, au cours de la procédure, entre les services de l'État, l'architecte et les entreprises chargées de la construction et de la maintenance de l'immeuble ; il est ainsi établi que l'EPPJP était dans l'impossibilité de définir seul et à l'avance, y compris en recourant aux moyens mis à sa disposition par l'Agence publique pour l'immobilier de la justice (APIJ), qui n'a jamais conduit une opération d'une telle ampleur, les moyens techniques permettant la réalisation du projet envisagé. • CAA Paris, 3 avr. 2014 *Assoc. La justice dans la cité, M. Bourayne,* n°s 13PA02766, 13PA02769, 13PA02770 : *AJDA 2014. 1322, concl. Rousset* ; *Rev. CMP 2014, n° 177, note Devillers.*

CHAPITRE II INSTRUCTION DU PROJET

SECTION 1 Évaluation du mode de réalisation du projet

Art. L. 2212-1 **Avant de décider de recourir à un marché de partenariat, l'acheteur procède à une évaluation ayant pour objet de comparer les différents modes envisageables de réalisation du projet. Cette évaluation comporte une analyse en coût complet ainsi que tout élément permettant d'éclairer l'acheteur dans le choix du mode de réalisation du projet.** — *[Ord. n° 2015-899 du 23 juill. 2015, art. 74, al. 1er.]*

Art. L. 2212-2 **L'évaluation du mode de réalisation du projet est soumise pour avis à un organisme expert créé par voie réglementaire.** — *[Ord. n° 2015-899 du 23 juill. 2015, art. 76, al. 1er.]*

Décret n° 2016-522 du 27 avril 2016,

Relatif à la mission d'appui au financement des infrastructures.

CHAPITRE I. *CONSTITUTION DE L'ORGANISME EXPERT*

Art. 1er I. — Il est créé *(Abrogé par Décr. n° 2019-1543 du 30 déc. 2019, art. 4)* « *, au sein des ministères économiques et financiers* », un organisme expert de la structuration juridique et financière des projets d'investissement dans les infrastructures d'intérêt général, et notamment de ceux nécessitant la mise en place de financements privés.

Au sens du présent décret, on entend par projets d'investissement dans les infrastructures, l'ensemble des opérations mentionnées à l'article 67 de l'ordonnance du 23 juillet 2015 susvisée, et plus globalement les projets concernant les équipements et ouvrages de bâtiments publics, les ouvrages d'infrastructure de réseaux dans les secteurs des transports, de l'énergie, des communications ainsi que les équipements qui leur sont liés.

II. — Cet organisme expert, dénommé "mission d'appui au financement des infrastructures", est constitué sous la forme d'un service à compétence nationale rattaché au directeur général du Trésor.

Art. 2 Par ses activités de conseil, d'expertise et d'évaluation portant sur la structuration des projets d'investissement dans les infrastructures, exercées dans les conditions et selon les modalités fixées aux chapitres II et III du présent décret, la mission d'appui est chargée :

1° De favoriser le financement des projets d'investissement voulus par les personnes publiques ; elle développe, à ce titre, une expertise spécifique en matière de techniques de financement, d'ingénierie de la modélisation financière des projets et de connaissance du marché, national et européen, du financement des infrastructures ;

2° De contribuer à optimiser la valeur et le coût global des opérations d'investissement pour les personnes publiques, en s'appuyant sur une expertise des problématiques d'identification et de répartition des risques des projets ;

3° De contribuer à identifier et à maîtriser les risques juridiques, financiers et budgétaires pour les personnes publiques associées aux projets d'investissement, en développant notamment une expertise en droit des contrats publics (contrats de concession, marchés de partenariat, marchés publics globaux), en droit du financement et en droit public des affaires.

Elle appuie, dans ses domaines de compétence, les activités internationales de développement économique et de coopération des services de l'État.

Elle exerce ses activités en lien avec les services concernés des ministères économiques et financiers et des autres départements ministériels.

Elle remet chaque année un rapport d'activité aux ministres chargés de l'économie et de la réglementation de la commande publique et au directeur général du Trésor.

Art. 3 *(Décr. nº 2019-1543 du 30 déc. 2019, art. 4)* « I. — Le directeur de la mission d'appui peut donner délégation à ses collaborateurs pour signer, dans la limite de leurs attributions, tous actes, décisions ou conventions. »

II. — La mission d'appui est organisée en pôles d'expertise par grands domaines d'intervention.

CHAPITRE II. *MISSION D'ÉVALUATION DES PROJETS*

Art. 4 I. — Pour les projets de marchés de partenariat de l'État et de ses établissements publics, des collectivités territoriales et de leurs établissements publics ainsi que de tout autre acheteur autorisé au sens de l'article 71 de l'ordonnance du 23 juillet 2015 précitée, la mission d'appui est obligatoirement saisie, pour avis, de l'évaluation du mode de réalisation du projet, en application de l'article 76 de la même ordonnance.

II. — La mission d'appui peut être saisie par le *(Décr. nº 2017-1705 du 18 déc. 2017, art. 2-I)* « secrétaire général pour l'investissement », pour avis, lorsque l'état d'avancement du projet le permet, de tout projet d'investissement civil dans les infrastructures financé par l'État, ses établissements publics, les établissements publics de santé ou les structures de coopération sanitaire, dans le cadre de la procédure d'évaluation socio-économique prévue par la loi *[nº 2012-1558]* du 31 décembre 2012 et le décret *[nº 2013-1211]* du 23 décembre 2013 susvisés.

Art. 5 I. — Dans le cadre de l'avis qu'elle rend, la mission d'appui évalue la structuration juridique et financière du projet ainsi que la répartition et les modalités de maîtrise de ses principaux risques, au regard notamment de l'optimisation du coût global de l'opération.

L'avis est rendu dans un délai maximum de six semaines à compter de la saisine de la mission d'appui, effectuée par voie électronique ou par courrier. A défaut, il est réputé favorable.

II. — Pour les projets de l'État et de ses établissements publics, l'avis est rendu après examen de son projet par le comité consultatif institué à l'article 8 du présent décret.

CHAPITRE III. *MISSION DE CONSEIL ET D'EXPERTISE*

Art. 6 La mission d'appui exerce une fonction de conseil auprès des porteurs de projets, y compris auprès des collectivités territoriales et de leurs établissements publics. Elle peut être consultée à différents stades :

1° Lors de la réflexion préalable sur le mode de réalisation et la structuration économique, juridique et financière des projets ;

2° Le cas échéant, dans le cadre de la procédure de passation des contrats ; à ce titre, elle peut notamment rendre, sur sollicitation d'une collectivité territoriale ou d'un établissement public local, l'avis prévu au IV de l'article 156 du décret *[nº 2016-360, V. App., Partie VIII]* du 25 mars 2016 susvisé ;

3° Dans le cadre de l'exécution des contrats, en ce compris leur évolution envisagée ou en cours, les situations précontentieuses et contentieuses, ainsi que la fixation ou la renégociation des conditions de financement.

Lorsque la mission d'appui intervient sur des projets concernant la direction générale des finances publiques au titre de sa compétence en matière d'expertise économique et finan-

cière des projets d'investissements publics, elle exerce son activité de conseil en concertation avec cette dernière.

Art. 7 I. — En lien avec les services de l'État concernés ainsi qu'avec les collectivités territoriales et les opérateurs publics intervenant dans le domaine des infrastructures, la mission d'appui contribue à la réflexion de l'État sur :

1° Le développement du marché français et européen des infrastructures et des outils de financement correspondants ;

2° Le développement d'un environnement juridique et réglementaire favorable à l'investissement dans les infrastructures ;

3° La détermination d'une doctrine d'emploi des outils de la commande publique en matière d'infrastructures, et notamment des contrats publics globaux ;

4° L'émergence de bonnes pratiques contractuelles.

Dans son champ de compétence, elle peut soumettre aux ministres chargés de l'économie, des finances, du budget et de la réglementation de la commande publique, en tant que de besoin, toute proposition sur les évolutions de textes qui lui paraissent nécessaires.

II. — Les marchés de partenariat et leurs annexes sont communiqués à la mission d'appui à des fins de recensement et d'analyse économique, conformément à l'article 79 de l'ordonnance du 23 juillet 2015 précitée.

CHAPITRE IV. *GOUVERNANCE*

Art. 8 La mission d'appui est assistée dans l'exercice de ses missions par un comité consultatif et par un comité d'orientation.

Le président de chacun de ces deux comités est nommé par les ministres chargés de l'économie et de la réglementation de la commande publique, sur proposition du directeur général du Trésor.

Leur composition est arrêtée par les ministres, sur proposition conjointe du président du comité et du directeur de la mission d'appui. Leur secrétariat est assuré par le directeur de la mission d'appui ou son représentant.

L'ordre du jour, les dossiers et procès-verbaux des séances sont élaborés conjointement par leur président et le directeur de la mission d'appui.

Art. 9 I. — Les projets des avis que la mission d'appui rend en application du II de l'article 5 du présent décret sont examinés par le comité consultatif, qui peut formuler des propositions.

Il est composé de représentants des services de l'État principalement concernés par les projets d'investissement et disposant d'une compétence reconnue dans le domaine des infrastructures. Il peut aussi comprendre des représentants des établissements publics de l'État ainsi que des corps d'inspection et de contrôle intervenant dans le domaine des infrastructures.

Il se réunit, en tant que de besoin, selon les nécessités de calendrier des projets.

II. — Le comité d'orientation donne son avis sur le rapport annuel de la mission d'appui et sur les besoins d'études et d'expertise dans le domaine de la structuration des projets d'investissement dans les infrastructures.

Ses membres, issus des administrations et milieux économiques concernés, ont des compétences dans le domaine des infrastructures.

Le directeur général du Trésor, le directeur du budget, le directeur des affaires juridiques des ministères économiques et financiers, le chef du service de l'inspection générale des finances ou leur représentant, ainsi que le directeur de la mission d'appui, en sont membres de droit.

Il se réunit au moins une fois par an.

CHAPITRE V. *DISPOSITIONS DIVERSES ET FINALES*

Art. 10 Lorsqu'ils sont saisis d'un projet de marché public ou de contrat de concession de défense ou de sécurité, au sens de l'article 6 de l'ordonnance du 23 juillet 2015 précitée, et présentant un caractère de secret de la défense nationale au sens des articles R. 2311-1 et suivants du code de la défense, la mission d'appui et le comité consultatif veillent à la protection des secrets et des informations concernant la défense nationale dans les conditions prévues par la réglementation applicable en la matière.

Art. 11 La mission d'appui dispose, sur les crédits gérés par les ministères économiques et financiers, des moyens nécessaires à l'accomplissement de ses missions, dans un cadre défini par la direction générale du Trésor.

Art. 12 I. — Le décret n° 2004-1119 du 19 octobre 2004 portant création de la mission d'appui aux partenariats public-privé est abrogé.

II. — Dans toutes les dispositions réglementaires en vigueur, la référence à la mission d'appui aux partenariats public-privé est remplacée par la référence à la mission d'appui au financement des infrastructures.

SECTION 2 Étude de soutenabilité budgétaire

Art. L. 2212-3 Avant de décider de recourir à un marché de partenariat, l'acheteur réalise une étude de soutenabilité budgétaire qui apprécie notamment les conséquences du contrat sur les finances publiques et la disponibilité des crédits. – *[Ord. n° 2015-899 du 23 juill. 2015, art. 74, al. 2.]*

Art. L. 2212-4 L'étude de soutenabilité budgétaire est soumise pour avis au service de l'État compétent. – *[Ord. n° 2015-899 du 23 juill. 2015, art. 76, al. 2.]*

COMMENTAIRE

L'exigence générale d'une évaluation préalable du mode de réalisation du projet est à l'évidence logique pour des contrats complexes, souvent de longue durée, dans lesquels le cocontractant peut être chargé de nombreuses missions et, notamment, du préfinancement des investissements. Celle d'une « étude de soutenabilité budgétaire » ne l'est pas moins : de son sérieux dépendra, pour une part, la pertinence du recours à ces contrats. Les risques qu'ils présentent, notamment à terme, pour les finances publiques ont, en effet, fait l'objet de fréquentes critiques (notamment de la part de la Cour des comptes ou du Sénat).

On se reportera aux articles R. 2212-1 à R. 2212-13 du code.

CHAPITRE III CONTENU DU MARCHÉ DE PARTENARIAT

Art. L. 2213-1 Le marché de partenariat comprend les missions principales obligatoires mentionnées au premier alinéa de L. 1112-1 et, le cas échéant, tout ou partie des missions complémentaires mentionnées du 1° au 3° du même article.

Il fixe également les conditions dans lesquelles est établi le partage des risques entre l'acheteur et le titulaire. – *[Ord. n° 2015-899 du 23 juill. 2015, art. 70.]*

COMMENTAIRE

1. – L'ordonnance n° 2004-559 du 17 juin 2004 sur les contrats de partenariat prévoyait de nombreuses clauses obligatoires et précisait, ce faisant, la définition de ces contrats.

On citera quelques exemples.

En ce qui concerne l'équilibre financier du contrat et la rémunération de son titulaire, les parties devaient identifier et répartir les multiples risques qui étaient susceptibles d'affecter le contrat (risque de construction, risque de disponibilité, risque de demande, risque juridique…) en ayant le souci de faire peser chaque risque sur celui qui était le mieux à même de le supporter, afin que les coûts de prise en charge de ces risques soient optimaux.

La rémunération du titulaire du contrat devait donner lieu à la prise en compte, dans les clauses du contrat, de plusieurs principes : elle devait être liée à des objectifs de performance (et ces objectifs pouvaient concerner le « niveau de fréquentation des ouvrages », ce qui revenait à intéresser le partenaire privé aux résultats de l'exploitation) ; elle devait être composée d'éléments différents qui devaient être clairement identifiés (parmi lesquels, les « recettes annexes » tirées de l'utilisation des ouvrages à d'autres fins que celles du service public) ; elle devait faire l'objet d'une clause de variation ; elle donnait lieu à des paiements qui pouvaient être différés et qui résultaient de la compensation, chaque année, entre les créances et dettes réciproques.

Étaient aussi rendues obligatoires des clauses destinées à garantir la continuité du service public (y compris en cas de défaillance du cocontractant), la capacité de la personne

publique – qui en demeurait responsable – à l'assurer, le respect, par le titulaire du contrat, de ses engagements.

Le contrat de partenariat devait encore prévoir, dans toute la mesure du possible, sa propre évolution : il s'agissait notamment de veiller à ce que la personne publique ne soit pas contrainte d'accepter des prestations qui ne correspondraient plus à ses besoins, qui seraient obsolètes au regard notamment des progrès technologiques ou encore qui seraient devenues manifestement « surpayées ».

Enfin, si le contrat de partenariat devait évidemment pouvoir être cédé (totalement ou partiellement), la personne publique devait pouvoir s'assurer, quelle que fût la cause du transfert (cession proprement dite, réalisation d'hypothèque...) de la fiabilité des cessionnaires.

2. – L'article L. 2213-1 est plus laconique, mais il faut aussi se reporter aux articles L. 2213-8 à L. 2213-14 et R. 2213-1 à R. 2213-5 du code.

SUR LE CONTENU DES CONTRATS DE PARTENARIAT

1. Compte tenu de la complexité des contrats de partenariat, liée notamment au caractère global de la mission confiée au cocontractant de l'administration, à la durée des engagements souscrits et aux mécanismes de financement à mettre en œuvre, rendant nécessaire la mise en place de modalités adaptées de règlement des litiges, l'Ord. n° 2004-559 du 17 juin 2004 a pu, sans méconnaître la portée de l'habilitation législative et sans qu'y fasse obstacle aucune règle ou aucun principe de valeur constitutionnelle, déroger, par les dispositions du *l)* de l'art. 11, au principe général du droit en vertu duquel les personnes morales de droit public ne peuvent pas se soustraire aux règles qui déterminent la compétence des juridictions nationales en remettant à la décision d'un arbitre la solution des litiges auxquels elles sont parties et qui se rattachent à des rapports relevant de l'ordre juridique interne. • CE 29 oct. 2004, *Sueur et a.*, n° 269814 A.

2. Clause prévoyant la résiliation par le cocontractant. Possibilité. Conditions. Le cocontractant lié à une personne publique par un contrat administratif est tenu d'en assurer l'exécution, sauf en cas de force majeure, et ne peut notamment pas se prévaloir des manquements ou défaillances de l'administration pour se soustraire à ses propres obligations contractuelles ou prendre l'initiative de résilier unilatéralement le contrat ; il est toutefois loisible aux parties de prévoir dans un contrat qui n'a pas pour objet l'exécution même du service public les conditions auxquelles le cocontractant de la personne publique peut résilier le contrat en cas de méconnaissance par cette dernière de ses obligations contractuelles ; cependant, le cocontractant ne peut procéder à la résiliation sans avoir mis à même, au préalable, la personne publique de s'opposer à la rupture des relations contractuelles pour un motif d'intérêt général, tiré notamment des exigences du service public ; lorsqu'un motif d'intérêt général lui est opposé, le cocontractant doit poursuivre l'exécution du contrat ; un manquement de sa part à cette obligation est de nature à entraîner la résiliation du contrat à ses torts exclusifs ; il est toutefois loisible au cocontractant de contester devant le juge le motif d'intérêt général qui lui est opposé afin d'obtenir la résiliation du contrat. • CE 8 oct. 2014, *Sté Grenke Location*, n° 370644 : *BJCP 2015. 3, concl. Pellissier ; Rev. CMP 2014, n° 149, p. 62, note Mestres et Minaire ; ibid., n° 329, note Eckert, Repère 11, Llorens et Soler-Couteaux ; AJDA 2015. 396, note Melleray ; Dr. adm. 2015, n° 12, note Brenet ; D. 2015. 145, note Pugeault*.

3. Maître d'ouvrage. Un contrat de partenariat conclu sur le fondement des dispositions de l'Ord. du 17 juin 2004, d'une part, a pour effet de confier la maîtrise d'ouvrage des travaux à réaliser au titulaire de ce contrat et, d'autre part, détermine le passage des risques liés à cette opération entre ce titulaire et la personne publique. En jugeant que SNCF Réseau devait être regardée comme seule maître de l'ouvrage constitué par la ligne à grande vitesse Bretagne-Pays de la Loire dès la date d'achèvement des travaux de construction des ouvrages et équipements que le titulaire du contrat était chargé de réaliser pour en déduire, pour ce seul motif et sans tenir compte du partage de risque prévu entre les cocontractants par le contrat, qu'il incombait exclusivement à celle-ci d'assumer la responsabilité des dommages résultant pour les tiers de la présence de l'ouvrage, la CAA de Nantes a commis une erreur de droit. Il s'ensuit que, sans qu'il soit besoin de se prononcer sur l'autre moyen du pourvoi, SNCF Réseau est fondée à demander l'annulation de l'arrêt qu'elle attaque. • CE 8 févr. 2022, *SNCF Réseau*, n° 452985.

SECTION 1 Durée du marché de partenariat

Art. L. 2213-2 La durée du marché de partenariat est déterminée en fonction de la durée d'amortissement des investissements ou des modalités de financement retenues. – *[Décr. n° 2016-360 du 25 mars 2016, art. 144.]*

COMMENTAIRE

C'est la reprise d'une disposition qui était prévue dès 2004 pour les contrats de partenariat. ❑

SECTION 2 Conditions d'exécution du marché de partenariat

Art. L. 2213-3 **Lorsque l'acheteur confie tout ou partie de la conception des ouvrages au titulaire, les conditions d'exécution du marché doivent comprendre l'obligation d'identifier une équipe de maîtrise d'œuvre chargée de la conception des ouvrages et du suivi de leur réalisation.**

Lorsque l'acheteur ne confie au titulaire qu'une partie de la conception de l'ouvrage, il peut lui-même, par dérogation à l'obligation prévue à l'article L. 2431-3, faire appel à une équipe de maîtrise d'œuvre pour la partie de la conception qu'il assume. – *[Ord. n° 2015-899 du 23 juill. 2015, art. 69.]*

COMMENTAIRE

Le titulaire d'un marché de partenariat peut être chargé de tout ou partie de la conception des ouvrages. Il peut ainsi être dérogé à l'interdiction de principe définie par l'ancienne loi MOP, désormais codifiée par le présent code, ainsi qu'à la définition de la « mission de base » du maître d'œuvre, laquelle pourra se trouver scindée si le titulaire du contrat de partenariat est chargé d'une partie de la conception et que la personne publique fait appel, pour le reste, à un maître d'œuvre. ❑

SECTION 3 Financement du projet et rémunération du titulaire

SOUS-SECTION 1 Financement des investissements

§ 1 Dispositions générales

Art. L. 2213-4 **Une personne publique peut concourir au financement des investissements.** – *[Ord. n° 2015-899 du 23 juill. 2015, art. 80-I.]*

Art. L. 2213-5 **Les marchés de partenariat peuvent donner lieu à des subventions et autres participations financières. Les modalités et l'échéancier de versement de ces subventions et autres participations financières peuvent être adaptés à la durée du contrat.** – *[Ord. n° 2015-899 du 23 juill. 2015, art. 80-II.]*

§ 2 Dispositions applicables à la constitution d'une société dédiée à la réalisation du projet

Art. L. 2213-6 **Le concours de l'État, des collectivités territoriales ou d'autres organismes publics au financement des investissements peut prendre la forme d'une participation minoritaire au capital du titulaire lorsque celui-ci est constitué en société dédiée à la réalisation du projet. Dans ce cas, les statuts de cette société de projet précisent la répartition des risques entre les actionnaires ainsi que les mesures prises afin de prévenir les conflits d'intérêt***[s]***.** – *[Ord. n° 2015-899 du 23 juill. 2015, art. 80-III.]*

COMMENTAIRE

Les marchés de partenariat peuvent ne confier qu'une part minoritaire du financement au titulaire du contrat, ce qui était déjà possible pour les contrats de partenariat (passés par l'État et ses établissements publics uniquement).

L'article L. 2213-5 s'inspire des dispositions de l'article 25-1 de l'ordonnance du 17 juin 2004 sur les contrats de partenariat introduites par la loi n° 2008-735 du 28 juillet 2008, puis modifiées par la loi n° 2009-179 du 17 février 2009 pour l'accélération des programmes de construction et d'investissement publics et privés.

L'article L. 2213-6 prévoit la possibilité d'une participation publique (minoritaire) au capital des sociétés de projet. Sans doute l'objectif est-il notamment de remédier à l'insuffisance de fonds propres de ces sociétés, qui ne représentent qu'une part très minoritaire du montant des investissements, selon les modalités du financement de projet. La maîtrise du risque pour la personne publique et la prévention des conflits d'intérêts exigent un soin particulier. ❑

Art. L. 2213-7 Le marché de partenariat fixe les conditions dans lesquelles l'actionnariat du titulaire, lorsque celui-ci est constitué en société dédiée à la réalisation du projet, peut être modifié. Il prévoit notamment les modalités d'information de l'acheteur et, le cas échéant, les modalités de partage de la plus-value de cession des titres. – *[Ord. n° 2015-899 du 23 juill. 2015, art. 81.]*

COMMENTAIRE

L'article L. 2213-7 a un double objet : permettre à l'acheteur de suivre les conditions dans lesquelles la société de projet qui a été constituée pour réaliser le projet évolue et veiller à prévenir les éventuels surprofits par un mécanisme de partage approprié. ❑

SOUS-SECTION 2 Rémunération du titulaire

Art. L. 2213-8 La rémunération du titulaire fait l'objet d'un paiement par l'acheteur à compter de l'achèvement des missions principales obligatoires mentionnées au premier alinéa de l'article L. 1112-1 et pendant toute la durée du contrat.

Cette rémunération est liée à des objectifs de performance assignés au titulaire pour chaque phase du contrat. – *[Ord. n° 2015-899 du 23 juill. 2015, art. 83-I, al. 1er.]*

Art. L. 2213-9 Le contrat détermine les conditions dans lesquelles les revenus issus de l'exercice d'activités annexes ou de la valorisation du domaine par le titulaire viennent diminuer le montant de la rémunération versée par l'acheteur. – *[Ord. n° 2015-899 du 23 juill. 2015, art. 83-II.]*

COMMENTAIRE

On retrouve avec les deux articles qui précèdent des dispositions proches de ce qui existait pour les contrats de partenariat : paiement différé au début de la phase d'exploitation, objectifs de performance, rémunérations annexes. Voir aussi l'article L. 2232-1, *infra*.

Là encore, l'inspiration est la même que pour les contrats de partenariat.

Lorsque le titulaire du contrat doit occuper le domaine public pour réaliser sa mission – ce qui est fréquent – le contrat vaut occupation du domaine, sans qu'il soit besoin d'engager, parallèlement à la procédure de passation, une procédure pour l'obtention d'une telle autorisation.

Conformément à une logique consacrée par le code général de la propriété des personnes publiques, le titulaire du contrat dispose en principe de droits réels qui lui confèrent, pour la durée du contrat, les droits et obligations du propriétaire sur les ouvrages et équipements qu'il réalise, dans les limites que le contrat peut, le cas échéant, prévoir, notamment pour garantir le respect de l'intégrité et de l'affectation du domaine. Les droits réels détenus par le titulaire du contrat permettront d'asseoir un financement par crédit-bail et des hypothèques : sur ces points, voir les articles L. 2232-3 et L. 2232-4 ci-dessous.

L'article L. 2213-12 prévoit une option comparable à ce qui existait dans le cadre des montages contractuels dits « AOT-LOA » (autorisation d'occupation temporaire du domaine public de l'État avec, pour son titulaire, une location avec option d'achat des ouvrages).

Le marché de partenariat doit comporter des clauses qui règlent le sort des ouvrages en fin de contrat. ❑

SECTION 4 Dispositions relatives à l'occupation domaniale par le titulaire du marché de partenariat

SOUS-SECTION 1 Autorisation d'occupation du domaine public

Art. L. 2213-10 Lorsque le marché de partenariat emporte occupation du domaine public, il vaut autorisation d'occupation de ce domaine pour sa durée. Le titulaire a, sauf stipulation contraire de ce contrat, des droits réels sur les ouvrages et équipe-

ments qu'il réalise. Ces droits lui confèrent les prérogatives et obligations du propriétaire, dans les conditions et les limites définies par les clauses du contrat ayant pour objet de garantir l'intégrité et l'affectation du domaine public. – *[Ord. nº 2015-899 du 23 juill. 2015, art. 85-I.]*

SOUS-SECTION 2 Mise à disposition de l'acheteur des ouvrages, équipements ou biens immatériels

Art. L. 2213-11 **Le marché de partenariat fixe les conditions dans lesquelles les ouvrages, équipements ou biens immatériels sont mis à la disposition de l'acheteur. Il garantit notamment le respect de l'affectation des ouvrages, équipements ou biens immatériels au service public dont l'acheteur est chargé et le respect des exigences du service public.** – *[Ord. nº 2015-899 du 23 juill. 2015, art. 85-II.]*

SOUS-SECTION 3 Acquisition des installations édifiées dans le cadre du contrat

Art. L. 2213-12 **Le marché de partenariat peut prévoir la possibilité pour l'acheteur d'exercer une option lui permettant d'acquérir, avant le terme fixé par l'autorisation d'occupation, les installations édifiées dans le cadre du contrat.** – *[Ord. nº 2015-899 du 23 juill. 2015, art. 85-III.]*

SOUS-SECTION 4 Propriété des ouvrages, équipements ou biens immatériels en fin de contrat

Art. L. 2213-13 **Le marché de partenariat prévoit les conséquences de la fin, anticipée ou non, du contrat en ce qui concerne la propriété des ouvrages, équipements ou biens immatériels.** – *[Ord. nº 2015-899 du 23 juill. 2015, art. 85-IV.]*

SECTION 5 Part d'exécution du contrat réservée aux PME

Art. L. 2213-14 **Le marché de partenariat prévoit la part minimale de l'exécution du contrat que le titulaire s'engage à confier à des petites et moyennes entreprises ou à des artisans. Cette part minimale est établie dans des conditions fixées par voie réglementaire.** – *[Ord. nº 2015-899 du 23 juill. 2015, art. 87-I.]*

COMMENTAIRE

Le souci de ne pas écarter les PME des marchés de partenariat – qui était déjà présent dans l'ordonnance sur les contrats de partenariat et qui correspond d'ailleurs à une ambition des nouvelles directives 2014/24/UE et 2014/25/UE – se traduit par la fixation d'un seuil minimal de sous-traitance à leur profit.

Voir l'article R. 2213-5 du code. ❑

TITRE II PASSATION DU MARCHÉ DE PARTENARIAT

CHAPITRE I AUTORISATIONS PRÉALABLES À L'ENGAGEMENT DE LA PROCÉDURE

SECTION 1 Dispositions applicables à l'état, ses établissements publics et aux acheteurs non autorisés

Art. L. 2221-1 **Pour les marchés de partenariat conclus par l'État et ceux de ses établissements publics, le lancement de la procédure de passation du marché de partenariat par l'acheteur est soumis à l'autorisation des autorités administratives compétentes dans des conditions fixées par voie réglementaire.**

Ces dispositions sont applicables aux marchés de partenariat conclus par l'État pour le compte des acheteurs non autorisés à conclure leurs propres marchés de partenariat. – *[Ord. nº 2015-899 du 23 juill. 2015, art. 77-I.]*

SECTION 2 Dispositions applicables aux collectivités territoriales et aux établissements publics locaux

Art. L. 2221-2 **Pour les collectivités territoriales et leurs établissements publics, l'évaluation du mode de réalisation du projet, l'étude de soutenabilité budgétaire et les avis sur celles-ci sont présentés à l'assemblée délibérante ou à l'organe délibérant, qui se prononce sur le principe du recours à un marché de partenariat.** – *[Ord. nº 2015-899 du 23 juill. 2015, art. 77-II.]*

SECTION 3 Dispositions applicables aux autres acheteurs

Art. L. 2221-3 **Pour les autres acheteurs, l'évaluation du mode de réalisation du projet, l'étude de soutenabilité budgétaire et les avis sur celles-ci sont présentés à l'organe décisionnel, qui se prononce sur le principe du recours à un marché de partenariat.** – *[Ord. nº 2015-899 du 23 juill. 2015, art. 77-III.]*

COMMENTAIRE

Les exigences procédurales prévues par les trois articles qui précèdent sont justifiées par les risques particuliers attachés aux marchés de partenariat.

Voir les articles R. 2221-1 à R. 2221-3 du code. ❑

CHAPITRE II PRÉSENTATION DES DOCUMENTS DE LA CONSULTATION, DES OFFRES ET CRITÈRES D'ATTRIBUTION

COMMENTAIRE

La passation des marchés de partenariat est soumise non seulement aux règles de droit commun de la passation des marchés (sous les rares réserves qui ont été dites, notamment en ce qui concerne l'allotissement), mais aussi à quelques règles spécifiques.

On mentionne ci-dessous quelques décisions sur la passation des anciens contrats de partenariat. ❑

1. La personne publique n'est pas tenue de faire figurer dans l'avis d'appel public à la concurrence ou dans les autres documents de consultation les considérations qui justifient son recours à la procédure de dialogue compétitif ; il est seulement exigé que la mention de ce choix figure dans l'avis de publicité. • CE 10 juin 2009, ☏ *Sté Baudin-Châteauneuf*, nº 320037 B.

2. Il résulte de l'instruction que le « Groupement X », dont la société déclarée attributaire du contrat de partenariat litigieux (qui avait pour objet la conception, le financement, la réalisation et l'exploitation d'un dispositif de télépéage pour la perception et le contrôle de l'éco-taxe poids lourds nationale) a proposé la création dans le cadre de son offre et dont elle devait détenir le contrôle, était destiné, non pas à lui succéder en cours de procédure en tant que candidat à l'attribution du contrat, mais à constituer la future « société de projet » cocontractante de l'État, prévue à l'art. 3.2.4 du règlement de la consultation complémentaire nº 4 intitulé « Signature du contrat par l'État avec la société de projet dédiée et notification du contrat » ; la société attributaire s'est ainsi conformée aux dispositions de l'art. 1.1 de l'annexe 4 au règlement de la consultation en précisant « la forme juridique de la société de projet, la composition de l'actionnariat (...) et les éventuels liens capitalistiques entre les actionnaires » ; par suite, le moyen tiré de ce que le ministre aurait méconnu l'exigence d'intangibilité des candidatures énoncée à l'art. 2.9 du règlement de la consultation en attribuant le contrat à un groupement X, dont la candidature aurait succédé à celle de la société déclarée attributaire, manque en fait.

Par ailleurs, parmi les critères d'attribution énoncés à l'art. 2.19 du règlement de la consultation figuraient un critère intitulé « délai de mise en service du dispositif, crédibilité des moyens proposés pour le respecter et garanties associées proposées par le candidat (pondération 15 %) » ainsi qu'un critère intitulé « objectifs de performance (y compris en matière de développement durable) et crédibilité des moyens proposés pour les atteindre (pondération 10 %) » ; s'agissant du critère de délai, l'annexe 2 au règlement de la consultation intitulée « Cadre du mémoire technique à remettre par le candidat au stade de la proposition initiale » indiquait précisément, dans sa cinquième partie, les différentes étapes que devait respecter et présenter le candidat, de la conception à la réalisation puis à la mise à disposition du dispositif ; il appartenait ainsi au candidat, dans ce cadre précisément détaillé, d'indiquer les délais qu'il se proposait de respecter et les moyens auxquels il envisageait de recourir pour ce faire ; s'agissant du critère relatif aux objectifs de performance, la quatrième partie de l'annexe 2 au règlement de la consultation n° 4 intitulée « Contrôle du prestataire » indiquait en son paragraphe 1 que le candidat pourrait « proposer une amélioration des niveaux objectifs de performance figurant à l'annexe 19 du contrat de partenariat lorsque cette faculté est offerte », tandis que cette annexe prévoyait dans ses parties B et C que les objectifs de performance pour lesquels le candidat pourrait proposer des résultats plus ambitieux que ceux attendus et indiqués par l'État étaient le taux de performance de la collecte, l'accessibilité des services de distribution de catégorie 1, le taux de performance du contrôle des redevables et le délai de mise à jour de la base de données des anomalies ; ainsi, les documents de la consultation énonçaient précisément quelles étaient les attentes de l'État et les obligations des candidats en matière de délai de mise en œuvre du dispositif et d'objectifs de performance ; par suite, les sociétés requérantes ne sont pas fondées à soutenir que les critères de crédibilité des délais et des objectifs de performance ont été définis avec une marge excessive d'imprécision.

Enfin, il résulte de l'instruction que, dans le cadre de la procédure litigieuse, le ministre s'est adjoint le conseil et le concours techniques de deux sociétés A et B ; les sociétés requérantes soutiennent que, dès lors qu'il s'agit de filiales à 100 % du groupe suisse qui a développé des liens commerciaux avec la société attributaire du contrat de partenariat, le principe d'impartialité a été méconnu. Toutefois, d'une part, le fait de recourir à l'assistance technique de sociétés filiales d'un groupe qui a collaboré ponctuellement avec la société déclarée attributaire dans le cadre de projets de télépéage poids lourds lancés en Autriche et en Pologne, ne saurait, à lui seul, caractériser un manquement à l'impartialité de la part de ces conseils extérieurs dans le cadre de la présente procédure ; il résulte à cet égard de l'instruction, et il n'est d'ailleurs pas contesté par les sociétés requérantes, que cette collaboration ponctuelle ne représentait que 0,4 % du chiffre d'affaires du groupe suisse ; au demeurant, la spécificité des prestations d'assistance technique en cause peut rendre inéluctable l'existence de relations d'affaires antérieures, dans d'autres pays, entre ces sociétés de conseil et des sociétés candidates, spécialisées dans les projets de télépéages. D'autre part, au cours de la procédure litigieuse, l'État s'est également adjoint le concours d'une commission consultative créée par le Décr. du 30 mars 2009 relatif aux modalités d'application du III de l'art. 153 de la L. du 27 déc. 2008 de finances pour 2009, présidée par un membre du Conseil d'État et chargée de l'assister et d'émettre un avis sur la sélection et le choix des candidats et notamment sur les aspects techniques de leurs offres tels qu'analysés par les conseils techniques ; s'agissant des conditions d'intervention de ces derniers, l'art. 9 du cahier des clauses administratives particulières du marché conclu par l'État et les sociétés A et B, à l'issue d'une procédure d'appel d'offres ouvert européen, a interdit à ces sociétés, ainsi qu'à celles qui leur seraient liées et à leurs cocontractants, de participer aux côtés d'un candidat, de manière directe ou indirecte, à l'attribution du contrat de partenariat ; enfin, après qu'eurent été déposées les candidatures à l'attribution de ce contrat et qu'eut donc été connue l'identité des candidats, les sociétés A et B ont, à la demande de l'État, signé des engagements de confidentialité leur interdisant de communiquer toute information à un tiers non signataire de ces engagements et d'entrer en relation commerciale avec un tiers qui, dans un domaine ayant un lien direct avec le projet de contrat de partenariat, envisagerait de se fonder sur des informations obtenues dans le cadre de ce projet ; dans ces conditions, et alors qu'il ne résulte pas de l'instruction qu'en l'espèce l'égalité entre les candidats aurait été rompue par un défaut d'impartialité imputable aux sociétés de conseil technique auxquelles l'État a eu recours, le moyen des sociétés requérantes doit être écarté. • CE 24 juin 2011, *Min. de l'Écologie et Sté Autostrade*, n° 347720 B : *Rev. CMP, n° 261, note Eckert.*

3. Un pouvoir adjudicateur ne peut corriger lui-même une offre finale comportant des contradictions sur l'un des engagements qui étaient demandés aux candidats par le règlement de la consultation. Il ne manque pas à ses obligations de publicité et de mise en concurrence en éliminant une offre qui, faute de comporter tous les éléments nécessaires à l'exécution du contrat, est irrégulière. • CE 3 juill. 2013, *Sté Citelum c/ Cne de Sète*, n°s 366847 B et 366902 B : *BJCP 2013. 433, concl. Pellissier ; Rev. CMP 2013, n° 244, note Eckert.*

4. Partenariat public-privé institutionnel. Les art. 43, 49 et 86 Traité CE ne s'opposent pas à l'attribution directe d'un service public impliquant la réalisation préalable de certains travaux, tels que celui en cause au principal, à une société à capital mixte, public et privé, spécialement créée aux fins de la fourniture de ce service et ayant un objet social unique, dans laquelle l'associé privé est sélectionné sur appel d'offres public, après vérification des conditions financières, techniques, opérationnelles et de gestion se rapportant au service à assurer et des caractéristiques de l'offre au regard des prestations à fournir, pourvu que la procédure d'appel d'offres en question soit conforme aux principes de libre concurrence, de transparence et d'égalité de traitement imposés par le traité CE pour les concessions. • CJCE 15 oct. 2009, *Acoset SpA*, C-196/08 : *AJDA 2010. 105, note Dreyfus et Peltier ; Rev. CMP 2010, n° 35, note Zimmer* (arrêt rendu à propos d'une concession, mais transposable, *mutatis mutandis*, à l'hypothèse d'un contrat de partenariat).

SECTION 1 Caractère ajustable des modalités de financement

Art. L. 2222-1 L'acheteur peut prévoir que les modalités de financement indiquées dans l'offre finale présentent un caractère ajustable.

Ces ajustements ne peuvent avoir pour effet de remettre en cause les conditions de mise en concurrence en exonérant l'acheteur de l'obligation de respecter le principe du choix de l'offre économiquement la plus avantageuse ni de permettre au titulaire pressenti de bouleverser l'économie de son offre.

L'ajustement de l'offre ne porte que sur la composante financière du coût global du contrat et est seulement fondé sur la variation des modalités de financement à l'exclusion de tout autre élément. – *[Ord. nº 2015-899 du 23 juill. 2015, art. 82.]*

COMMENTAIRE

C'est la généralisation et la pérennisation, prévues par l'ordonnance du 23 juillet 2015, de ce qui avait été prévu à titre temporaire par l'article 13 de la loi nº 2009-179 du 17 février 2009 pour l'accélération des programmes de construction et d'investissement publics et privés. Les dispositions de cet article 13 avaient fait l'objet d'une réserve d'interprétation de la part du Conseil constitutionnel (Décis. nº 2009-575 DC du 12 févr. 2009). Après avoir relevé qu'elles avaient pour objet de « prendre temporairement en compte l'instabilité des marchés financiers dans la détermination des modalités de financement du projet de partenariat », le Conseil avait notamment jugé que « l'ajustement du prix ne saurait porter que sur la composante financière du coût global du contrat et ne pourrait avoir comme seul fondement que la variation des modalités de financement à l'exclusion de tout autre élément ». ❑

Art. L. 2222-2 Le soumissionnaire auquel il est envisagé d'attribuer le marché de partenariat présente le financement définitif dans un délai fixé par l'acheteur. A défaut, le marché de partenariat ne peut lui être attribué et le soumissionnaire dont l'offre a été classée immédiatement après la sienne peut être sollicité pour présenter le financement définitif de son offre dans le même délai. – *[Décr. nº 2016-360 du 25 mars 2016, art. 159, al. 2.]*

SECTION 2 Contenu de l'offre du soumissionnaire en cas de conception d'ouvrages, d'équipements ou de biens immatériels

Art. L. 2222-3 Lorsque le marché de partenariat confie au titulaire tout ou partie de la conception des ouvrages, équipements ou biens immatériels, les offres comportent, pour les bâtiments, un projet architectural. – *[Décr. nº 2016-360 du 25 mars 2016, art. 158, 1re phrase.]*

COMMENTAIRE

C'est une précaution pour accompagner la dérogation dont il a été question sous l'article L. 2213-3 ci-dessus. ❑

SECTION 3 Critères d'attribution

Art. L. 2222-4 L'acheteur tient compte, parmi les critères d'attribution du contrat, de la part d'exécution du contrat que le soumissionnaire s'engage à confier à des petites et moyennes entreprises ou à des artisans. – *[Ord. nº 2015-899 du 23 juill. 2015, art. 87-III.]*

COMMENTAIRE

On retrouve le souci, déjà signalé, de ne pas laisser à l'écart les PME. Cette disposition déroge aux principes normalement applicables aux critères de sélection des offres. ❑

Art. L. 2222-5 Lorsque le marché de partenariat confie au titulaire tout ou partie de la conception des ouvrages, équipements ou biens immatériels, l'acheteur tient compte, parmi les critères d'attribution du marché, de la qualité globale des ouvrages, équipements ou biens immatériels. – *[Décr. nº 2016-360 du 25 mars 2016, art. 158, 2e phrase.]*

COMMENTAIRE

Voir notre commentaire sous l'article L. 2222-3 *supra*. ❑

CHAPITRE III ACHÈVEMENT DE LA PROCÉDURE

SECTION 1 Accord préalable à la signature

SOUS-SECTION 1 Dispositions applicables à l'État, ses établissements publics et aux acheteurs non autorisés

Art. L. 2223-1 Les autorités administratives compétentes autorisent la signature des marchés de partenariat de l'État et de ses établissements publics, dans des conditions fixées par voie réglementaire.

Ces dispositions sont applicables aux marchés de partenariat conclus par l'État pour le compte des acheteurs non autorisés. – *[Ord. nº 2015-899 du 23 juill. 2015, art. 78-I.]*

SOUS-SECTION 2 Dispositions applicables aux collectivités territoriales et aux établissements publics locaux

Art. L. 2223-2 L'assemblée délibérante de la collectivité territoriale ou l'organe délibérant de l'établissement public local autorise la signature du marché de partenariat par l'organe exécutif. – *[Ord. nº 2015-899 du 23 juill. 2015, art. 78-II.]*

SOUS-SECTION 3 Dispositions applicables aux autres acheteurs

Art. L. 2223-3 L'organe décisionnel des autres acheteurs autorise la signature du marché de partenariat. – *[Ord. nº 2015-899 du 23 juill. 2015, art. 78-III.]*

COMMENTAIRE

Pour l'ensemble de cette section, voir les articles R. 2223-1 à R. 2223-5 du code. ❑

SECTION 2 Transmission à l'organisme expert

Art. L. 2223-4 Une fois signés, les marchés de partenariat et leurs annexes sont communiqués à l'organisme expert mentionné à l'article L. 2212-2.

Les informations et documents communiqués ne sont utilisés qu'à des fins de recensement et d'analyse économique. – *[Ord. nº 2015-899 du 23 juill. 2015, art. 79.]*

TITRE III EXÉCUTION DU MARCHÉ DE PARTENARIAT

CHAPITRE I ACQUISITION DES BIENS ET CESSION DE CONTRATS

Art. L. 2231-1 Sur décision de l'acheteur, le titulaire du marché de partenariat peut être chargé d'acquérir les biens nécessaires à la réalisation de l'opération, y compris, le cas échéant, par voie d'expropriation.

Il peut se voir céder, avec l'accord du cocontractant concerné, tout ou partie des contrats passés par l'acheteur pouvant concourir à l'exécution de sa mission. – *[Ord. nº 2015-899 du 23 juill. 2015, art. 68.]*

COMMENTAIRE

Les dispositions de l'article L. 2231-1 existaient déjà pour les contrats de partenariat, la première depuis 2009, la seconde depuis la loi de 2008. ❑

CHAPITRE II EXÉCUTION FINANCIÈRE

SECTION 1 Règles applicables au titulaire du marché de partenariat

SOUS-SECTION 1 Avances et acomptes

Art. L. 2232-1 Par dérogation aux dispositions de l'article L. 2213-8, les marchés de partenariat peuvent donner lieu à des versements à titre d'avances et d'acomptes. – *[Ord. nº 2015-899 du 23 juill. 2015, art. 83-I, al. 2.]*

COMMENTAIRE

En principe – c'était déjà la logique des contrats de partenariat –, les versements de l'acheteur ne commencent, comme on l'a vu, qu'après la phase d'investissements préfinancés, en tout ou partie, par le titulaire. ❑

SOUS-SECTION 2 Cessions de créance, crédits-bails et hypothèques

Art. L. 2232-2 La rémunération due par l'acheteur peut être cédée conformément aux dispositions des articles L. 313-29-1 et suivants du code monétaire et financier. – *[Ord. n° 2015-899 du 23 juill. 2015, art. 84-I.]*

V. C. mon. fin., art. L. 313-29-1 s., App., Partie V. Cessions de créances et nantissement.

COMMENTAIRE

Il y a là une modalité de financement importante et originale.

Voir nos commentaires et la jurisprudence sous les dispositions de l'article L. 313-29-1 du code monétaire et financier (V. App., *Partie V. Cessions de créances et nantissement*). ❑

Art. L. 2232-3 Le financement des investissements peut donner lieu à la conclusion de contrats de crédit-bail. Dans ce cas, le contrat comporte des clauses permettant de préserver les exigences du service public. – *[Ord. n° 2015-899 du 23 juill. 2015, art. 84-II.]*

Art. L. 2232-4 Les ouvrages sur lesquels le titulaire dispose de droits réels ou dont il est propriétaire ne peuvent être hypothéqués qu'en vue de garantir des emprunts contractés pour financer la réalisation des obligations qu'il tient du marché de partenariat.

Le contrat constituant l'hypothèque doit, à peine de nullité, être approuvé par l'acheteur et, le cas échéant, par la personne propriétaire du domaine.

Seuls les créanciers hypothécaires peuvent exercer des mesures conservatoires ou des mesures d'exécution sur les droits immobiliers résultant du contrat. – *[Ord. n° 2015-899 du 23 juill. 2015, art. 84-III.]*

COMMENTAIRE

Voir aussi l'article L. 2213-10 *supra*. ❑

SOUS-SECTION 3 Encaissement des paiements des usagers

Art. L. 2232-5 L'acheteur peut donner mandat au titulaire pour encaisser, en son nom et pour son compte, le paiement par l'usager de prestations exécutées en vertu du contrat. – *[Ord. n° 2015-899 du 23 juill. 2015, art. 67-III.]*

SECTION 2 Règles applicables aux relations entre le titulaire et ses fournisseurs

Art. L. 2232-6 Le titulaire constitue, à la demande de tout prestataire auquel il est fait appel pour l'exécution du contrat, un cautionnement auprès d'un organisme financier afin de garantir au prestataire qui en fait la demande le paiement des sommes dues. – *[Ord. n° 2015-899 du 23 juill. 2015, art. 87-II, al. 1er.]*

Art. L. 2232-7 Par dérogation aux dispositions *(Ord. n° 2019-698 du 3 juill. 2019, art. 1er)* **« des articles L. 441-10 à L. 441-13 » du code de commerce, les prestations mentionnées à l'article L. 2213-14 sont payées par le titulaire du marché de partenariat, dans des délais fixés par voie réglementaire.** – *[Ord. n° 2015-899 du 23 juill. 2015, art. 87-II, al. 2.]*

COMMENTAIRE

Les articles L. 2232-5 et L. 2232-6 protègent les prestataires auxquels il est fait appel pour l'exécution du marché de partenariat, notamment les PME, pour lesquelles sont applicables les délais de paiement fixés par les articles R. 2192-10 et R. 2192-11. ❑

CHAPITRE III VALORISATION DOMANIALE PAR LE TITULAIRE DU MARCHÉ DE PARTENARIAT

Art. L. 2233-1 Afin de valoriser une partie du domaine, l'acheteur peut, après avoir procédé, s'il y a lieu, à une délimitation des biens appartenant au domaine public, autoriser le titulaire :

1° A consentir des autorisations d'occupation du domaine public ;

2° A consentir des baux de droit privé pour des biens appartenant au domaine privé et à y constituer tous types de droits réels à durée limitée ;

3° A procéder à des cessions pour des biens qui lui ont été préalablement cédés.

L'accord de l'acheteur doit être expressément formulé pour chacune des autorisations ou des baux mentionnés aux 1° et 2° du présent article. – *[Ord. nº 2015-899 du 23 juill. 2015, art. 86-I.]*

COMMENTAIRE

Les dispositions de l'article L. 2233-1 ont à la fois pour objet de procurer des recettes annexes au titulaire et de valoriser le domaine de l'acheteur. Dans sa décision déjà évoquée du 24 juillet 2008, le Conseil constitutionnel a précisé, à propos de dispositions comparables introduites par la loi de 2008 dans l'ordonnance sur les contrats de partenariat, d'une part, que de telles dispositions ne permettent pas de déroger à l'obligation de consultation de l'autorité compétente de l'État pour l'évaluation des propriétés des personnes publiques préalablement à toute opération immobilière telle que la passation de baux, accords amiables et conventions quelconques ayant pour effet la prise en location, d'autre part, qu'elles n'autorisent pas le titulaire du contrat de partenariat à demeurer titulaire des baux qu'il aura été autorisé à consentir et à jouir des droits qu'il aura pu constituer au-delà de la durée du contrat de partenariat. ❑

Art. L. 2233-2 Lorsque le marché de partenariat est conclu par l'acheteur pour la réalisation d'une opération répondant aux besoins d'une autre personne morale de droit public ou privé pour l'exercice de ses missions ou lorsque l'opération est réalisée sur le domaine d'une autre personne morale de droit public ou privé, le titulaire peut être autorisé à valoriser une partie du domaine, après accord du propriétaire du domaine. – *[Ord. nº 2015-899 du 23 juill. 2015, art. 86-II, al. 1er.]*

Art. L. 2233-3 Lorsque les baux sont consentis par le titulaire pour une durée excédant celle du marché de partenariat, les conditions de reprise du bail par l'acheteur doivent faire l'objet d'une convention entre l'acheteur, le titulaire, le preneur et, le cas échéant, le propriétaire du domaine. – *[Ord. nº 2015-899 du 23 juill. 2015, art. 86-II, al. 2.]*

COMMENTAIRE

Une telle « reprise de bail » est nécessaire, compte tenu de la décision du Conseil constitutionnel mentionnée dans nos commentaires sous l'article L. 2233-1 *supra*. ❑

CHAPITRE IV SUIVI ET CONTRÔLE DE L'EXÉCUTION DU MARCHÉ DE PARTENARIAT

Art. L. 2234-1 Le titulaire du marché de partenariat établit un rapport annuel permettant d'en suivre l'exécution. Ce rapport est adressé, chaque année, à l'acheteur dans les quarante-cinq jours suivant la date anniversaire de la signature du contrat. – *[Ord. nº 2015-899 du 23 juill. 2015, art. 88-I.]*

COMMENTAIRE

Pour plus de détails sur ce rapport annuel, élément important du nécessaire contrôle de l'acheteur sur l'exécution du marché de partenariat, voir les articles R. 2234-1 à R. 2234-4 du code. ❑

Art. L. 2234-2 L'acheteur exerce un contrôle sur l'exécution du marché de partenariat. Ce contrôle intervient, au minimum, en cours et à la fin de chacune des phases

d'exécution des missions prévues par le contrat et donne lieu à un compte rendu. – *[Ord. n° 2015-899 du 23 juill. 2015, art. 88-II.]*

COMMENTAIRE

Au cours de la phase de construction, de la phase d'exploitation et en fin de contrat, le contrôle de l'acheteur s'exerce dans les conditions précisées par les articles R. 2234-5 à R. 2234-8 du code. ☐

Art. L. 2234-3 Pour les collectivités territoriales et leurs établissements publics, le rapport annuel établi par le titulaire mentionné à l'article L. 2234-1 et les comptes rendus des contrôles menés par l'acheteur mentionnés à l'article L. 2234-2 sont transmis à l'assemblée délibérante ou à l'organe délibérant et font l'objet d'un débat. – *[Ord. n° 2015-899 du 23 juill. 2015, art. 88-III.]*

CHAPITRE V INDEMNISATION EN CAS D'ANNULATION OU DE RÉSILIATION DU MARCHÉ DE PARTENARIAT

Art. L. 2235-1 En cas d'annulation ou de résiliation du contrat par le juge, faisant suite au recours d'un tiers, le titulaire du marché de partenariat peut prétendre à l'indemnisation des dépenses qu'il a engagées conformément au contrat dès lors qu'elles ont été utiles à l'acheteur. – *[Ord. n° 2015-899 du 23 juill. 2015, art. 89-I, 1re phrase.]*

Art. L. 2235-2 Parmi les dépenses mentionnées à l'article L. 2235-1 figurent, s'il y a lieu, les frais liés au financement mis en place dans le cadre de l'exécution du contrat, y compris, le cas échéant, les coûts pour le titulaire afférents aux instruments de financement et résultant de la fin anticipée du contrat.

La prise en compte des frais liés au financement est subordonnée à la mention, dans les annexes au marché de partenariat, des principales caractéristiques des financements à mettre en place pour les besoins de l'exécution du marché. – *[Ord. n° 2015-899 du 23 juill. 2015, art. 89-I, 2e phrase et II.]*

Art. L. 2235-3 Lorsque une clause du marché de partenariat fixe les modalités d'indemnisation du titulaire en cas d'annulation ou de résiliation du contrat par le juge, elle est réputée divisible des autres stipulations du contrat. – *[Ord. n° 2015-899 du 23 juill. 2015, art. 89-III.]*

COMMENTAIRE

Les trois articles L. 2235-1 à L. 2235-3 ne se comprennent que si l'on tient compte d'un débat qui a beaucoup agité les praticiens et la doctrine depuis l'ordonnance du 17 juin 2004 sur les contrats de partenariat : à quoi le titulaire du contrat a-t-il droit lorsque celui-ci fait l'objet d'un contentieux qui aboutit à une résiliation ou à une annulation par le juge ? Même s'il ne peut s'agir que d'hypothèses rares, compte tenu des équilibres définis par les jurisprudences *Béziers I* et *Département de Tarn-et-Garonne*, elles présentent une sensibilité particulière pour des contrats dont l'un des objets est le financement, qui recourent le plus souvent à la technique du financement de projet (avec des actionnaires de la société de projet engagés à hauteur de fonds propres qui ne représentent qu'une part très minoritaire du coût du projet) et qui comportent une première phase d'investissement qui peut durer plusieurs années avant que ne débute la phase d'exploitation, génératrice de revenus.

En vérité, les « règles du jeu » essentielles sont fixées depuis longtemps. La jurisprudence a, en effet, maintes fois affirmé, à l'occasion de litiges engagés sur le terrain de la responsabilité contractuelle, que, lorsque le juge écarte le contrat, son titulaire a droit, sur le terrain de l'enrichissement sans cause, au remboursement des dépenses utiles pour la personne publique contractante et, le cas échéant, en cas de faute commise par celle-ci pour la conclusion du contrat, à l'indemnisation du préjudice résultant directement de cette faute, sur le terrain quasi délictuel (V., par exemple, pour les conditions de mise en œuvre de ces responsabilités quasi contractuelle et quasi délictuelle, CE 19 avr. 1974, *Sté Entreprise Louis Segrette*, n°s 82518 et 82553 ; pour un marché public, CE, sect., 10 avr. 2008, *Sté JC Decaux*, n° 244950 ; pour une délégation de service public, CE

16 nov. 2005, *Auguste c/ Cne de Nogent-sur-Marne*, n° 262360, et CE 7 déc. 2012, *Cne de Castres*, n° 351752).

Cependant, les opérateurs économiques – et, d'abord, les prêteurs – ont été sensibles à certaines incertitudes, notamment sur la consistance exacte des « dépenses utiles » et sur la possibilité de prendre en compte, à ce titre, les frais financiers (ce que la jurisprudence précitée admet pour les DSP, mais exclut pour les marchés publics « classiques », sans préfinancement). Certains contrats de partenariat ont ainsi tenté de prévoir des clauses précisant les modalités d'indemnisation du titulaire ; dans d'autres cas, des « accords » dits « autonomes » ont été conclus dans le même but.

L'objet des articles est de rappeler que toutes les dépenses, si elles peuvent être regardées comme utiles pour la personne publique contractante (ce qui suppose une appréciation *in concreto*) – y compris quand elles sont relatives à des frais financiers –, ouvrent droit à indemnisation.

Ils précisent en outre que des clauses prévoyant l'indemnisation du titulaire sont réputées divisibles (et, donc, susceptibles de « survivre » à un contrat annulé). Ceci ne saurait cependant se comprendre comme une « immunité » absolue : il va de soi qu'un vice affectant un contrat (par exemple l'incompétence de la personne publique contractante) peut affecter toutes les clauses et que, par ailleurs, une « clause indemnitaire » est toujours susceptible de sanction pour vices propres (par exemple si elle prévoit des libéralités). ❑

1. La convention tripartite appelée « accord autonome », conclue par la personne publique, le titulaire du contrat de partenariat et les établissements bancaires, a pour objet de garantir la continuité du financement du projet, objet du contrat de partenariat, en cas de recours des tiers contre ce contrat ou l'un de ses actes détachables et d'annulation ou de déclaration ou de constatation de nullité du contrat de partenariat par le juge ; même si elle constitue l'accessoire du contrat de partenariat, cette convention met à la charge des parties signataires des obligations indépendantes de celles nées du contrat de partenariat et ne constitue pas, par suite, en elle-même un contrat de la commande publique soumis au respect des principes de liberté d'accès à la commande publique, d'égalité de traitement des candidats et de transparence des procédures. Cette convention ne constitue pas un contrat de partenariat visé par l'art. L. 1414-12 CGCT, qui énumère les clauses que doivent nécessairement comporter les contrats de partenariat. En jugeant que la convention tripartite en cause, en déterminant à son art. 6 la garantie due par la commune de Bordeaux, en cas de recours des tiers contre le contrat de partenariat ou de l'un de ses actes détachables, sur la base de l'ensemble des dépenses utilement exposées par la société pour la bonne exécution du contrat de partenariat, y compris les frais financiers engagés par cette dernière, n'avait pas, en l'espèce, pour effet de contraindre la personne publique à verser une libéralité prohibée, la cour administrative d'appel de Bordeaux n'a pas commis d'erreur de droit ; la cour, eu égard à l'absence de caractère manifestement disproportionné des droits à indemnité que les signataires de la convention tenaient de l'art. 6 de celle-ci, n'a pas non plus commis d'erreur de qualification juridique. • CE 11 mai 2016, ♙ *M. Rouveyre*, n°s 383768 A et 383769 A : *BJCP 2016. 254, concl. Henrard ; Dr. adm. 2016, n° 44, note Brenet ; Rev. CMP 2016, n° 171, note Ubaud-Bergeron ; AJDA 2016. 924, note de Montecler* ✎.

2. Le 8 mars 2012, la Cne de Nogent-sur-Seine a conclu avec la Sté Nogent Musée un contrat de partenariat ayant pour objet le transfert, la restructuration et l'agrandissement du musée Dubois-Boucher ; pour financer cette opération, la Sté Nogent Musée a, le 15 juin 2012, conclu avec la Sté Batimap un contrat de crédit-bail ; le même jour, une convention tripartie a été conclue entre les Stés Nogent Musée, Batimap, et la Cne de Nogent-sur-Seine.

Selon le contrat de partenariat, d'une part, la Sté Nogent Musées peut céder les créances relatives aux coûts d'investissement et de financement qu'elle détient sur la commune en vertu du contrat de partenariat à un ou plusieurs établissements de crédit, d'autre part, dans l'hypothèse d'une fin anticipée du contrat, quelle qu'en soit la cause, les droits des cessionnaires de la créance cédée ne sont pas affectés, la commune pouvant, soit se libérer de ses engagements en payant l'indemnité irrévocable aux cessionnaires, soit poursuivre les paiements aux cessionnaires selon l'échéancier prévu pour le loyer irrévocable ; par ailleurs, en vertu de l'art. 4 de la convention tripartite, en cas de résolution, d'annulation ou de fin anticipée du contrat de partenariat, la commune devra soit substituer au titulaire initial un nouveau titulaire, soit se substituer elle-même au titulaire initial et payer dans les termes et conditions convenus entre le titulaire et le crédit bailleur les redevances dues, soit acquérir immédiatement les ouvrages financés par le crédit-bailleur en lui versant l'indemnité irrévocable prévue par le contrat de partenariat.

Par deux actes de cession de créances professionnelles des 31 oct. 2014 et 13 avr. 2015, la Sté Nogent Musée a cédé à la Sté Batimap, dans les conditions prévues par l'art. L. 313-29-1 C. mon.

fin., les créances correspondant au loyer irrévocable et à l'indemnité irrévocable prévus par le contrat de partenariat ; par lettre du 30 nov. 2016, la commune a résilié le contrat de partenariat ; la Sté Batimap a demandé au juge des référés du tribunal administratif de condamner la Cne de Nogent sur Seine à lui verser, à titre de provision, le montant de l'indemnité irrévocable prévue par le contrat de partenariat, tant sur le fondement de la cession de créance que sur celui de la convention tripartite.

Le contrat de partenariat est un contrat administratif ; la nature de la créance que le titulaire détient sur la personne publique en exécution de ce contrat n'est pas modifiée par la cession dont elle peut être l'objet ; l'action du crédit-bailleur, cessionnaire de la créance du titulaire, dirigée contre la personne publique, et tendant au paiement de cette créance, relève donc de la compétence de la juridiction administrative.

Par ailleurs, la convention tripartite prévoit notamment, afin de préciser les conséquences à tirer d'une résiliation du contrat de partenariat, l'acquisition par la commune des ouvrages financés par le crédit-bailleur contre versement de l'indemnité irrévocable prévue par ce contrat ; que l'action par laquelle le crédit-bailleur demande, sur le fondement de cette stipulation, le paiement de cette indemnité, relève de la compétence de la juridiction administrative.

Le litige né de l'action introduite par la Sté Batimap contre la Cne de Nogent-sur-Seine relève de la compétence de la juridiction administrative. • T. confl. 14 mai 2018, 🏛 *Sté Batimap c/ Cne de Nogent-sur-Marne*, n° 4119 : *Lebon ; BJCP 2018. 286, concl. Cortot-Boucher.*

3. Exemple du contrat de partenariat relatif à l'écotaxe. Il résulte de l'instruction qu'en application de l'art. 153 de la L. du 27 déc. 2008 de finances pour 2009, l'État a conclu, le 20 oct. 2011, un contrat de partenariat avec la Sté Ecomouv' ayant pour objet de confier à cette dernière le financement, la conception, la réalisation, l'exploitation, l'entretien et la maintenance du dispositif technique nécessaire à la mise en œuvre de l'écotaxe poids lourds nationale et de la taxe expérimentale alsacienne résultant de l'art. 27 de la L. du 5 janv. 2006 relative à la sécurité et au développement des transports. La Sté Ecomouv' a lancé une consultation en vue de conclure avec les sociétés habilitées un contrat définissant les conditions dans lesquelles ces dernières devaient proposer un service de télépéage pour l'acquittement des taxes. Six entreprises, dont la Sté Axxès, ont conclu avec la Sté Ecomouv' un contrat conforme au contrat type annexé au contrat de partenariat. La Sté Axxès ayant choisi de fournir un service de télépéage au moyen d'un dispositif élaboré entièrement par elle, le contrat a été conclu le 20 avr. 2012 selon l'option n° 3 prévue par le contrat type annexé au contrat de partenariat. L'art. 37 de ce contrat stipulait que la fin anticipée du contrat de partenariat entraînait sa résiliation à moins que l'État ne décide de le reprendre.

L'entrée en vigueur de l'écotaxe, initialement prévue, selon l'art. 22 du contrat de partenariat, le 20 juill. 2013 pour la taxe nationale, a été reportée à deux reprises au cours de l'année 2013 puis, à la suite d'un mouvement de contestation qui s'est développé à partir de l'été 2013, le Premier ministre a décidé de suspendre la mise en œuvre de cette réforme le 29 oct. 2013. Un protocole d'accord entre la Sté Axxès et la Sté Ecomouv' relatif à la suspension de la taxe poids lourds a été conclu le 4 avr. 2014. La Sté Ecomouv', l'État et les parties financières ont eux-mêmes conclu un protocole d'accord pour définir les conditions de cette suspension le 20 juin 2014. Ultérieurement, le champ d'application de la taxe a été fortement réduit par l'art. 16 de la L. du 8 août 2014 de finances rectificative pour 2014, qui a fixé, au 31 déc. 2015 au plus tard, la date d'entrée en vigueur des dispositions du code des douanes relatives à cette taxe. Le 9 oct. 2014, la ministre de l'Écologie, du Développement durable et de l'Énergie et le secrétaire d'État chargé des Transports, de la Mer et de la Pêche ont décidé de suspendre *sine die* le dispositif de l'écotaxe. Puis, par un courrier du 30 oct. 2014, l'État a informé la société Ecomouv' de la résiliation du contrat de partenariat et, par un courrier du 15 déc. 2014, il a informé la société Axxès qu'il ne souhaitait pas bénéficier de la possibilité de reprise du contrat liant cette dernière à la Sté Ecomouv'.

En l'espèce, si le contrat conclu en avr. 2012 par la Sté Axxès envisageait la possibilité d'une fin anticipée du contrat de partenariat, il ne résulte cependant d'aucun élément de l'instruction qu'à la date à laquelle ce contrat a été conclu un renoncement de l'État au projet « écotaxe », qui avait été prévu par une loi votée en déc. 2008 et pour lequel l'État avait, au cours des années suivantes, mené la procédure requise aux fins de passation d'un contrat de partenariat, passé ce contrat de partenariat et prévu les conditions d'intervention des sociétés habilitées télépéage, pouvait être envisagé par ces dernières comme un aléa pouvant normalement survenir au cours de l'exécution de leur contrat. Il résulte au contraire de l'instruction, en particulier des rapports parlementaires sur l'écotaxe enregistrés en mai 2014, qu'un abandon pur et simple du projet d'écotaxe par le gouvernement n'était pas envisagé comme une perspective raisonnable, ce risque étant jugé quasi-inexistant par la Sté Ecomouv' et par les banques. Dans ces conditions, le préjudice qui résulte pour la Sté Axxès de la décision de résiliation du contrat de partenariat par l'État pour un motif d'intérêt général, excède, par son importance et ses conséquences, les aléas inhérents à son activité et présente, eu égard au rôle que jouait cette société dans la réalisation de ce projet, un caractère spécial. Il revêt ainsi un caractère grave et spécial interdisant de le regarder comme une charge devant incomber normalement à la Sté Axxès. Par suite, la Sté Axxès est fondée à demander réparation à l'État du préjudice en lien direct avec la décision de résiliation du contrat de partenariat, sans que l'État puisse utilement, pour contester le lien de causalité, se prévaloir de la circonstance que le contrat qu'elle a conclu avec la Sté Ecomouv' stipulait que la résiliation de ce contrat en cas de fin anticipée du contrat de partenariat ne donnerait pas lieu à indemnisation.

Il résulte de ce qui précède et sans qu'il y ait lieu de se prononcer sur les autres fondements de responsabilité invoqués à titre subsidiaire par la Sté Axxès, que cette dernière est fondée à demander la condamnation de l'État à réparer le préjudice ayant résulté pour elle de la résiliation du contrat de partenariat sur le fondement de sa responsabilité sans faute. • CAA Versailles, 16 déc. 2021, *Min. de la transition écologique et solidaire c/ Sté Axxès*, n° 18VE03215 : *Rev. CMP 2022. Chron. 81, Ubaud-Bergeron.*

CHAPITRE VI RECOURS À L'ARBITRAGE

Art. L. 2236-1 Les parties peuvent recourir à l'arbitrage pour le règlement des litiges relatifs à l'exécution des marchés de partenariat, avec application de la loi française. – *[Ord. n° 2015-899 du 23 juill. 2015, art. 90.]*

COMMENTAIRE

L'ordonnance de 2004 obligeait les parties à un contrat de partenariat à se mettre d'accord sur les modalités de prévention et de traitement des litiges et ouvrait la possibilité du recours à l'arbitrage, ajoutant ainsi aux quelques dérogations qui existaient déjà à l'interdiction qui résulte des principes généraux du droit public français, confirmés par les dispositions du premier alinéa de l'article 2060 du code civil.

On retrouve la même faculté ici (sur l'arbitrage, V. App., *Partie VI. Contrôles et contentieux*). ❑

LIVRE III DISPOSITIONS APPLICABLES AUX MARCHÉS DE DÉFENSE OU DE SÉCURITÉ

Art. L. 2300-1 Sous réserve des dispositions de l'article L. 2500-1, les marchés de défense ou de sécurité définis à l'article L. 1113-1 sont régis par les dispositions du présent livre.

TITRE I PRÉPARATION DU MARCHÉ

CHAPITRE I DÉFINITION DU BESOIN

Art. L. 2311-1 Les dispositions du chapitre I du titre I du livre I s'appliquent. – *[Ord. n° 2015-899 du 23 juill. 2015, art. 30 et 31-I.]*

Nouvel art. L. 2311-1 *(L. n° 2021-1104 du 22 août 2021, art. 35, en vigueur à une date fixée par décret et, au plus tard, le 22 août 2026)* ***Les articles L. 2111-1 et L. 2111-3 sont applicables aux marchés régis par le présent livre.***

Les dispositions introduites par l'art. 35 de la L. n° 2021-1104 du 22 août 2021 s'appliquent aux marchés pour lesquels une consultation est engagée ou un avis d'appel à la concurrence est envoyé à la publication à compter de leur entrée en vigueur (L. préc., art. 35-IV, JO 23 août).

Art. L. 2311-2 *(L. n° 2021-1104 du 22 août 2021, art. 35, en vigueur à une date fixée par décret et, au plus tard, le 22 août 2026)* **Les travaux, fournitures ou services à réaliser dans le cadre du marché public sont définis par référence à des spécifications techniques.**

V. note ss. nouvel art. L. 2311-1, supra.

CHAPITRE II CONTENU DU MARCHÉ

Art. L. 2312-1 Les dispositions du chapitre II du titre I du livre I s'appliquent. – *[Ord. n° 2015-899 du 23 juill. 2015, art. 38-I, al. 1er et 2 ; Décr. n° 2016-361 du 25 mars 2016, art. 11, al. 1er.]*

Nouvel art. L. 2312-1 *(L. n° 2021-1104 du 22 août 2021, art. 35, en vigueur à une date fixée par décret et, au plus tard, le 22 août 2026)* ***Les articles L. 2112-1 et L. 2112-3 à L. 2112-6 sont applicables aux marchés régis par le présent livre.***

V. note ss. nouvel art. L. 2311-1, supra.

Art. L. 2312-1-1 *(L. nº 2021-1104 du 22 août 2021, art. 35, en vigueur à une date fixée par décret et, au plus tard, le 22 août 2026)* Les clauses du marché précisent les conditions d'exécution des prestations, qui sont liées à son objet.

Les conditions d'exécution peuvent prendre en compte des considérations relatives à l'économie, à l'innovation, à l'environnement, au domaine social, à l'emploi ou à la lutte contre les discriminations.

V. note ss. nouvel art. L. 2311-1, supra.

Art. L. 2312-2 Pour l'application du premier alinéa de l'article L. 2112-3, le cycle de vie de l'équipement s'entend comme l'ensemble des états successifs qu'il peut connaître, y compris la recherche et développement, le développement industriel, la production, la réparation, la modernisation, la modification, l'entretien, la logistique, la formation, les essais, le retrait, le démantèlement et l'élimination. – *[Ord. nº 2015-899 du 23 juill. 2015, art. 38-I, al. 3 et 6, 3º, 2e phrase.]*

CHAPITRE III ORGANISATION DE L'ACHAT

Art. L. 2313-1 Pour organiser son achat, l'acheteur peut :

1° Procéder à une mutualisation de ses besoins avec d'autres acheteurs, dans les conditions prévues à la section 1 ;

2° Procéder à l'allotissement des prestations objet du marché, dans les conditions prévues à la section 2. Il peut également décider de passer un marché global dans les conditions prévues au chapitre I du titre VII ;

3° Réserver des marchés à certains opérateurs économiques, dans les conditions prévues à la section 3.

SECTION 1 Mutualisation de l'achat

Art. L. 2313-2 Une centrale d'achat est un acheteur ou un organisme public de l'Union européenne qui a pour objet d'exercer l'une des activités d'achat centralisées suivantes :

1° L'acquisition de fournitures ou de services de défense ou de sécurité destinés à des acheteurs ;

2° La passation de marchés de défense ou de sécurité destinés à des acheteurs. – *[Ord. nº 2015-899 du 23 juill. 2015, art. 26-I et 27-I.]*

Art. L. 2313-3 L'acheteur qui recourt à une centrale d'achat est considéré comme ayant respecté ses obligations de publicité et de mise en concurrence, pour autant que cette centrale d'achat respecte les dispositions du présent livre ou les objectifs de la directive 2009/81/CE du Parlement européen et du Conseil du 13 juillet 2009 relative à la coordination des procédures de passation de certains marchés de travaux, de fournitures et de services par les pouvoirs adjudicateurs ou entités adjudicatrices dans les domaines de la défense et de la sécurité, et modifiant les directives 2004/17/CE et 2004/18/CE, et que les marchés attribués puissent faire l'objet de recours efficaces. – *[Ord. nº 2015-899 du 23 juill. 2015, art. 27-II.]*

V. Dir. 2009/81/CE du 13 juill. 2009, App., Partie I. Textes relatifs aux marchés publics, I.

Art. L. 2313-4 Les dispositions des articles L. 2113-6 à L. 2113-8 relatives aux groupements de commande*[s]*, ainsi que les dispositions de l'article L. 2113-9 relatives aux entités communes transnationales s'appliquent. – *[Ord. nº 2015-899 du 23 juill. 2015, art. 28.]*

SECTION 2 Allotissement

Art. L. 2313-5 Les marchés de défense ou de sécurité peuvent être passés en lots séparés. L'acheteur détermine le nombre, la taille et l'objet des lots.

Il peut limiter le nombre de lots pour lesquels un même opérateur économique peut présenter une offre ou le nombre de lots qui peuvent être attribués à un même opérateur économique. – *[Ord. nº 2015-899 du 23 juill. 2015, art. 32-I, al. 1er à 3.]*

SECTION 3 Réservation

Art. L. 2313-6 Les dispositions de l'article L. 2113-12 s'appliquent. – *[Ord. n° 2015-899 du 23 juill. 2015, art. 36-I.]*

TITRE II CHOIX DE LA PROCÉDURE DE PASSATION

Art. L. 2320-1 Les marchés de défense ou de sécurité sont passés, selon leur montant, leur objet ou les circonstances de leur conclusion :

1° Soit sans publicité ni mise en concurrence préalables, dans les conditions prévues au chapitre II ;

2° Soit selon une procédure adaptée, dans les conditions prévues au chapitre III ;

3° Soit selon une procédure formalisée, dans les conditions prévues au chapitre IV. – *[Ord. n° 2015-899 du 23 juill. 2015, art. 42-2° et 3°.]*

CHAPITRE I CALCUL DE LA VALEUR ESTIMÉE DU BESOIN

Le présent chapitre ne comprend pas de dispositions législatives.

CHAPITRE II MARCHÉS PASSÉS SANS PUBLICITÉ NI MISE EN CONCURRENCE PRÉALABLES

Art. L. 2322-1 L'acheteur peut passer un marché de défense ou de sécurité sans publicité ni mise en concurrence préalable*[s]* dans les cas fixés par voie réglementaire lorsque en raison notamment de l'existence d'une première procédure infructueuse, d'une urgence particulière, de son objet ou de sa valeur estimée, le respect d'une telle procédure est inutile, impossible ou manifestement contraire aux intérêts de l'acheteur *(L. n° 2020-1525 du 7 déc. 2020, art. 131)* « ou à un motif d'intérêt général ».

Les dispositions introduites par l'art. 131 de la L. n° 2020-1525 du 7 déc. 2020 s'appliquent aux marchés publics et aux concessions pour lesquels une consultation est engagée ou un avis d'appel à la concurrence est envoyé à la publication à compter de la publication de ladite loi (L. préc., art. 131-III, JO 8 déc.)

CHAPITRE III MARCHÉS PASSÉS SELON UNE PROCÉDURE ADAPTÉE

Art. L. 2323-1 Les dispositions de l'article L. 2123-1 s'appliquent. – *[Ord. n° 2015-899 du 23 juill. 2015, art. 42-2°.]*

CHAPITRE IV MARCHÉS PASSÉS SELON UNE PROCÉDURE FORMALISÉE

Art. L. 2324-1 Lorsque la valeur estimée hors taxe du besoin est égale ou supérieure aux seuils européens mentionnés dans un avis qui figure en annexe au présent code, l'acheteur passe le marché de défense ou de sécurité selon l'une des procédures formalisées définies par le présent chapitre, dans les conditions et selon les modalités fixées par décret en Conseil d'État. – *[Ord. n° 2015-899 du 23 juill. 2015, art. 42-1°.]*

SECTION 1 Appel d'offres restreint

Art. L. 2324-2 Lorsque l'acheteur choisit de recourir à l'appel d'offres défini à l'article L. 2124-2, cet appel d'offres est restreint. – *[Ord. n° 2015-899 du 23 juill. 2015, art. 42-1° a).]*

SECTION 2 Procédure avec négociation

Art. L. 2324-3 Les dispositions de l'article L. 2124-3 s'appliquent. – *[Ord. n° 2015-899 du 23 juill. 2015, art. 42-1° b) et c).]*

SECTION 3 Dialogue compétitif

Art. L. 2324-4 Les dispositions de l'article L. 2124-4 s'appliquent. – *[Ord. n° 2015-899 du 23 juill. 2015, art. 42-1° d).]*

CHAPITRE V TECHNIQUES D'ACHAT

Art. L. 2325-1 Pour passer un marché de défense ou de sécurité, l'acheteur peut, dans le respect des règles applicables aux procédures définies au présent titre, recourir à des techniques d'achat pour procéder à la présélection d'opérateurs économiques susceptibles de satisfaire son besoin ou permettre la présentation des offres ou leur sélection, selon des modalités particulières.

Les techniques d'achat sont les suivantes :

1° L'accord-cadre, qui permet de présélectionner un ou plusieurs opérateurs économiques en vue de conclure un contrat établissant tout ou partie des règles relatives aux commandes à passer au cours d'une période donnée. La durée des accords-cadres ne peut dépasser sept ans, sauf dans des cas exceptionnels dûment justifiés, déterminés en tenant compte de la durée de vie prévue des objets, installations ou systèmes livrés, ainsi que des difficultés techniques que peut occasionner un changement de fournisseur. Le dépassement de cette durée peut notamment être justifié par leur objet ou par le fait que leur exécution nécessite des investissements amortissables sur une durée supérieure ;

2° Le catalogue électronique, qui permet la présentation d'offres ou d'un de leurs éléments de manière électronique et sous forme structurée ;

3° Les enchères électroniques, qui ont pour but de sélectionner par voie électronique, pour un marché de fournitures d'un montant égal ou supérieur aux seuils de procédure formalisée, des offres en permettant aux candidats de réviser leurs prix à la baisse ou de modifier la valeur de certains autres éléments quantifiables de leurs offres. – *[Ord. n° 2015-899 du 23 juill. 2015, art. 4, al. 3 ; Décr. n° 2016-361 du 25 mars 2016, art. 70-III et 73-I.]*

TITRE III ENGAGEMENT DE LA PROCÉDURE DE PASSATION

CHAPITRE I PUBLICITÉ PRÉALABLE

Art. L. 2331-1 Les dispositions de l'article L. 2131-1 s'appliquent. – *[Ord. n° 2015-899 du 23 juill. 2015, art. 41.]*

CHAPITRE II COMMUNICATION ET ÉCHANGES D'INFORMATIONS

SECTION 1 Confidentialité

Art. L. 2332-1 L'acheteur ne peut communiquer, sous réserve des droits acquis par contrat, les informations confidentielles dont il a eu connaissance lors de la procédure de passation, telles que celles dont la divulgation violerait le secret des affaires ou celles dont la communication pourrait nuire à une concurrence loyale entre les opérateurs économiques, notamment du montant total ou du prix détaillé des offres en cours de consultation.

Toutefois, l'acheteur peut demander aux opérateurs économiques de consentir à ce que certaines informations confidentielles qu'ils ont fournies, précisément désignées, puissent être divulguées.

L'acheteur peut imposer aux opérateurs économiques des exigences visant à protéger la confidentialité des informations qu'ils communiquent dans le cadre de la procédure de passation d'un marché. – *[Ord. n° 2015-899 du 23 juill. 2015, art. 44.]*

SECTION 2 Dématérialisation des communications et échanges d'informations

Art. L. 2332-2 Les communications et les échanges d'informations peuvent être réalisés par voie électronique. – *[Ord. n° 2015-899 du 23 juill. 2015, art. 43, al. 2.]*

TITRE IV PHASE DE CANDIDATURE

CHAPITRE I MOTIFS D'EXCLUSIONS DE LA PROCÉDURE DE PASSATION

SECTION 1 Exclusions de plein droit

Art. L. 2341-1 Sont exclues de la procédure de passation des marchés de défense ou de sécurité les personnes qui ont fait l'objet d'une condamnation définitive pour l'une des infractions prévues aux articles 222-34 à 222-40, 313-1, 313-3, 314-1, 324-1, 324-5, 324-6, 421-1 à 421-2-4, 421-5, 432-10, 432-11, 432-12 à 432-16, 433-1, 433-2, 434-9, 434-9-1, 435-3, 435-4, 435-9, 435-10, 441-1 à 441-7, 441-9, 445-1 à 445-2-1 ou 450-1 du code pénal, aux articles 1741 à 1743, 1746 ou 1747 du code général des impôts, ou pour recel de telles infractions, ainsi que pour les infractions équivalentes prévues par la législation d'un autre État membre de l'Union européenne.

La condamnation définitive pour l'une de ces infractions ou pour recel d'une de ces infractions d'un membre de l'organe de gestion, d'administration, de direction ou de surveillance ou d'une personne physique qui détient un pouvoir de représentation, de décision ou de contrôle d'une personne morale entraîne l'exclusion de la procédure de passation des marchés de cette personne morale, tant que cette personne physique exerce ces fonctions.

Sauf lorsque la peine d'exclusion des marchés a été prononcée pour une durée différente par une décision de justice définitive, l'exclusion de la procédure de passation des marchés au titre du présent article s'applique pour une durée de cinq ans à compter du prononcé de la condamnation. – *[Ord. n° 2015-899 du 23 juill. 2015, art. 45-1°.]*

V. C. pén., art. 432-14, App., Partie VI. Contrôles et contentieux, IV.

Art. L. 2341-2 Les dispositions des articles L. 2141-2 à L. 2141-5 s'appliquent. – *[Ord. n° 2015-899 du 23 juill. 2015, art. 42-2° à 5°.]*

Art. L. 2341-3 Sont exclues des marchés de défense ou de sécurité :

1° Les personnes qui ont fait l'objet d'une condamnation définitive pour l'une des infractions prévues aux articles 226-13, 222-52 à 222-59 et 413-10 à 413-12 du code pénal, aux articles L. 2339-2 à L. 2339-4, L. 2339-11-1 à L. 2339-11-3 du code de la défense et à l'article L. 317-8 du code de la sécurité intérieure. L'exclusion de la procédure de passation des marchés s'applique pour une durée de cinq ans à compter du prononcé de la décision du juge sauf lorsque la peine d'exclusion des marchés a été prononcée pour une durée différente ;

2° Les personnes qui, par une décision de justice définitive, ont vu leur responsabilité civile engagée depuis moins de cinq ans pour méconnaissance de leurs engagements en matière de sécurité d'approvisionnement ou en matière de sécurité de l'information, à moins qu'elles aient entièrement exécuté les décisions de justice éventuellement prononcées à leur encontre et qu'elles établissent, par tout moyen, que leur intégrité professionnelle ne peut plus être remise en cause ;

3° Les personnes au sujet desquelles il est établi, par tout moyen et, le cas échéant, par des sources de données protégées, qu'elles ne possèdent pas la fiabilité nécessaire pour éviter des atteintes à la sécurité de l'État. – *[Ord. n° 2015-899 du 23 juill. 2015, art. 46.]*

Art. L. 2341-4 Les acheteurs peuvent autoriser un opérateur économique qui est dans un cas d'exclusion prévu à la présente section à participer à un marché pour des raisons impérieuses d'intérêt général. – *[Ord. n° 2015-899 du 23 juill. 2015, art. 47.]*

SECTION 2 Exclusions à l'appréciation de l'acheteur

Art. L. 2341-5 Les dispositions des articles L. 2141-7 à L. 2141-11 s'appliquent. – *[Ord. n° 2015-899 du 23 juill. 2015, art. 48.]*

SECTION 3 Changement de situation des opérateurs économiques au regard des motifs d'exclusion

Art. L. 2341-6 Lorsqu'un opérateur économique est, au cours de la procédure de passation d'un marché, placé dans l'un des cas d'exclusion mentionnés aux sections I et II, il informe sans délai l'acheteur de ce changement de situation.

Dans cette hypothèse, l'acheteur exclut le candidat ou le soumissionnaire de la procédure de passation du marché pour ce motif. – *[Ord. n° 2015-899 du 23 juill. 2015, art. 49-I.]*

SECTION 4 Groupements d'opérateurs économiques et sous-traitants

Art. L. 2341-7 Les dispositions des articles L. 2141-13 et L. 2141-14 s'appliquent. – *[Ord. nº 2015-899 du 23 juill. 2015, art. 50.]*

CHAPITRE II CONDITIONS DE PARTICIPATION

Art. L. 2342-1 Les dispositions de l'article L. 2142-1 s'appliquent. – *[Ord. nº 2015-899 du 23 juill. 2015, art. 51-I.]*

Art. L. 2342-2 L'acheteur peut ne pas accepter un opérateur économique qui, au regard notamment de l'implantation géographique hors du territoire de l'Union européenne de l'outillage, du matériel, de l'équipement technique, du personnel, du savoir-faire et des sources d'approvisionnement dont il dispose, ne présente pas les capacités techniques pour exécuter le marché, pour faire face à d'éventuelles augmentations des besoins par suite d'une crise ou pour assurer la maintenance, la modernisation ou les adaptations des fournitures faisant l'objet du marché. – *[Ord. nº 2015-899 du 23 juill. 2015, art. 51-II.]*

CHAPITRE III CONTENU DES CANDIDATURES

Le présent chapitre ne comprend pas de dispositions législatives.

CHAPITRE IV EXAMEN DES CANDIDATURES

Le présent chapitre ne comprend pas de dispositions législatives.

TITRE V PHASE D'OFFRE

CHAPITRE I PRÉSENTATION ET CONTENU DES OFFRES

Art. L. 2351-1 Les dispositions de l'article L. 2151-1 s'appliquent. – *[Ord. nº 2015-899 du 23 juill. 2015, art. 32-I, al. 4 phrase 2.]*

CHAPITRE II EXAMEN DES OFFRES

Art. L. 2352-1 Les dispositions des articles L. 2152-1 à L. 2152-4, concernant les offres irrégulières, inacceptables ou inappropriées, des articles L. 2152-5 et L. 2152-6, concernant les offres anormalement basses, ainsi que des articles L. 2152-7 et L. 2152-8 *[nouvelle rédaction issue de la L. nº 2021-1104 du 22 août 2021, art. 35, en vigueur à une date fixée par décret et, au plus tard, le 22 août 2026 : « de l'article L. 2152-8 »]*, concernant le choix de l'offre économiquement la plus avantageuse, s'appliquent. – *[Ord. nº 2015-899 du 23 juill. 2015, art. 32-I, al. 4 phrase 1, 52-I et 53 ; Décr. nº 2016-361 du 25 mars 2016, art. 56-I, al. 2 à 4.]*

V. note ss. nouvel art. L. 2311-1, supra.

Art. L. 2352-2 *(L. nº 2021-1104 du 22 août 2021, art. 35, en vigueur à une date fixée par décret et, au plus tard, le 22 août 2026)* Le marché est attribué au soumissionnaire ou, le cas échéant, aux soumissionnaires qui ont présenté l'offre économiquement la plus avantageuse, sur la base d'un ou de plusieurs critères objectifs, précis et liés à l'objet du marché ou à ses conditions d'exécution. Les modalités d'application du présent alinéa sont prévues par voie réglementaire.

Les offres sont appréciées lot par lot.

Le lien avec l'objet du marché ou avec ses conditions d'exécution s'apprécie selon les modalités prévues aux articles L. 2112-3, L. 2112-4 et L. 2312-1-1.

V. note ss. nouvel art. L. 2311-1, supra.

CHAPITRE III OFFRES PRÉSENTÉES PAR DES OPÉRATEURS ÉCONOMIQUES OU COMPORTANT DES PRODUITS D'ÉTATS TIERS

Art. L. 2353-1 Les marchés de défense ou de sécurité, exclus ou exemptés de l'accord sur les marchés ou d'un autre accord international équivalent auquel l'Union européenne est partie, sont passés avec des opérateurs économiques d'États membres de l'Union européenne.

L'acheteur peut toutefois autoriser, au cas par cas, les opérateurs économiques d'un pays tiers à l'Union européenne à participer à une procédure de passation.

La décision de l'acheteur prend notamment en compte les impératifs de sécurité de l'information et d'approvisionnement, la préservation des intérêts de la défense et de la sécurité de l'État, l'intérêt de développer la base industrielle et technologique de défense européenne, les objectifs de développement durable, l'obtention d'avantages mutuels et les exigences de réciprocité. – *[Ord. nº 2015-899 du 23 juill. 2015, art. 2-II.]*

Art. L. 2353-2 Pour l'application du présent livre, les États parties à l'Espace économique européen qui ne sont pas membres de l'Union européenne sont assimilés à des États membres de l'Union européenne. – *[Ord. nº 2015-899 du 23 juill. 2015, art. 2-III.]*

TITRE VI RÈGLES APPLICABLES AUX PROCÉDURES DE PASSATION ET AUX TECHNIQUES D'ACHAT

Le présent titre ne comprend pas de dispositions législatives.

TITRE VII RÈGLES APPLICABLES À CERTAINS MARCHÉS DE DÉFENSE OU DE SÉCURITÉ

CHAPITRE I RÈGLES APPLICABLES À CERTAINS MARCHÉS GLOBAUX

Art. L. 2371-1 L'acheteur peut décider de recourir aux marchés globaux mentionnés à l'article L. 2171-1.

Les dispositions des articles L. 2171-2 à L. 2171-7 s'appliquent alors à ces marchés.

CHAPITRE II RÈGLES APPLICABLES À CERTAINS MARCHÉS DE DÉFENSE OU DE SÉCURITÉ EN FONCTION DE LEUR OBJET

Art. L. 2372-1 Les dispositions des articles *(Ord. nº 2021-1490 du 17 nov. 2021, art. 3)* « L. 2172-2 et L. 2172-3 » s'appliquent.

CHAPITRE III MARCHÉS DE PARTENARIAT DE DÉFENSE OU DE SÉCURITÉ

Art. L. 2373-1 Les marchés de partenariat de défense ou de sécurité sont soumis aux dispositions du présent livre, à l'exception :

1º De l'article L. 2312-1, en tant qu'il renvoie aux dispositions des sections II et III du chapitre II du titre I du livre I ;

2º Des dispositions du chapitre I du titre IX ;

3º Des dispositions de la section 2 du chapitre III du titre IX.

Les marchés de partenariat de défense ou de sécurité sont soumis aux dispositions du livre II, à l'exception des articles L. 2200-1, L. 2221-2, L. 2221-3, L. 2223-2, L. 2223-3, et L. 2234-3. – *[Ord. nº 2015-899 du 23 juill. 2015, art. 66.]*

TITRE VIII ACHÈVEMENT DE LA PROCÉDURE

CHAPITRE I INFORMATION DES CANDIDATS ET DES SOUMISSIONNAIRES ÉVINCÉS

Art. L. 2381-1 Les dispositions de l'article L. 2181-1 s'appliquent. – *[Ord. nº 2015-899 du 23 juill. 2015, art. 55.]*

CHAPITRE II SIGNATURE ET NOTIFICATION DU MARCHÉ

Le présent chapitre ne comprend pas de dispositions législatives.

CHAPITRE III AVIS D'ATTRIBUTION

Art. L. 2383-1 Les dispositions de l'article L. 2183-1 s'appliquent. – *[Ord. n° 2015-899 du 23 juill. 2015, art. 56.]*

CHAPITRE IV CONSERVATION DES INFORMATIONS

Art. L. 2384-1 Les dispositions de l'article L. 2184-1 s'appliquent. – *[Ord. n° 2015-899 du 23 juill. 2015, art. 57, ecqc la passation.]*

CHAPITRE V ABANDON DE LA PROCÉDURE

Le présent chapitre ne comprend pas de dispositions législatives.

TITRE IX EXÉCUTION DU MARCHÉ

CHAPITRE I EXÉCUTION FINANCIÈRE

Art. L. 2391-1 Sous réserve des exceptions prévues par voie réglementaire, les dispositions du présent chapitre s'appliquent aux marchés de défense ou de sécurité passés par l'État et ses établissements publics. – *[Ord. n° 2015-899 du 23 juill. 2015, art. 59-I.]*

SECTION 1 Avances

Art. L. 2391-2 Les marchés de défense ou de sécurité donnent lieu à des versements à titre d'avances, dans les conditions prévues par voie réglementaire. – *[Ord. n° 2015-899 du 23 juill. 2015, art. 59-I.]*

Art. L. 2391-3 Les dispositions de l'article L. 2191-3 s'appliquent. – *[Décr. n° 2016-361 du 25 mars 2016, art. 97-III, al. 4.]*

SECTION 2 Acomptes

Art. L. 2391-4 Les marchés de défense ou de sécurité donnent lieu à des versements à titre d'acomptes, dans les conditions prévues par voie réglementaire, dès lors que les prestations ont commencé à être exécutées.

Le montant d'un acompte ne peut excéder la valeur des prestations auxquelles il se rapporte. – *[Ord. n° 2015-899 du 23 juill. 2015, art. 59-III.]*

SECTION 3 Régime des paiements

Art. L. 2391-5 Tout paiement différé est interdit dans les marchés de défense ou de sécurité.

Toutefois, une décision conjointe du ministre de la défense et du ministre du budget peut autoriser l'insertion d'une clause prévoyant un paiement différé pour tenir compte de circonstances particulières, telles que l'urgence ou les caractéristiques techniques, fonctionnelles ou économiques d'un équipement ou d'un service. – *[Ord. n° 2015-899 du 23 juill. 2015, art. 60-I, al. 1er et II.]*

Art. L. 2391-6 Les dispositions de l'article L. 2191-6 s'appliquent. – *[Ord. n° 2015-899 du 23 juill. 2015, art. 60-I, al. 2.]*

SECTION 4 Garanties

Art. L. 2391-7 Les dispositions de l'article L. 2191-7 s'appliquent. – *[Ord. n° 2015-899 du 23 juill. 2015, art. 61.]*

SECTION 5 Cession ou nantissement des créances

Art. L. 2391-8 Les dispositions de l'article L. 2191-8 s'appliquent.

CHAPITRE II MODALITÉS DE FACTURATION ET DE PAIEMENT

SECTION 1 Facturation électronique

Nota : *Les dispositions introduites par l'art. 193 de la L. nº 2019-486 du 22 mai 2019 s'appliquent aux contrats en cours d'exécution ou conclus postérieurement à l'entrée en vigueur de la loi préc. Elles entrent en vigueur à une date fixée par Décr., et au plus tard 2 mois après la promulgation de ladite L., soit le 22 juill. 2019 (L. préc., art. 193-III et IV, JO 23 mai).*

SOUS-SECTION 1 Transmission et réception des factures sous forme électronique

(L. nº 2019-486 du 22 mai 2019, art. 193, en vigueur au plus tard le 22 juill. 2019)

Art. L. 2392-1 Les titulaires de marchés de défense ou de sécurité conclus avec l'État ou ses établissements publics, ainsi que leurs sous-traitants admis au paiement direct, peuvent transmettre leurs factures sous forme électronique.

Par dérogation, les dispositions du présent art. s'appliquent aux marchés publics ou aux contrats de concession en cours d'exécution ou conclus postérieurement au 1er janv. 2020 pour les microentreprises telles que définies pour l'application de l'art. 51 de la L. nº 2008-776 du 4 août 2008 de modernisation de l'économie (L. nº 2019-486 du 22 mai 2019, art. 193-V-2º).

Art. L. 2392-2 L'État et ses établissements publics acceptent les factures transmises sous forme électronique par les titulaires de marchés de défense ou de sécurité mentionnés à l'article L. 2392-1 et leurs sous-traitants admis au paiement direct, sauf lorsque la passation et l'exécution de ces marchés sont déclarées secrètes ou doivent s'accompagner de mesures particulières de sécurité.

Art. L. 2392-3 Sans préjudice de l'article L. 2392-2, l'État et ses établissements publics acceptent les factures conformes à la norme de facturation électronique définie par voie réglementaire et transmises sous forme électronique par les titulaires de marchés de défense ou de sécurité et leurs sous-traitants admis au paiement direct.

Art. L. 2392-4 Les modalités d'application de la présente sous-section, notamment les éléments essentiels que doivent contenir les factures électroniques, sont définies par voie réglementaire.

SOUS-SECTION 2 Portail public de facturation

(L. nº 2019-486 du 22 mai 2019, art. 193, en vigueur au plus tard le 22 juill. 2019)

Art. L. 2392-5 Une solution mutualisée, mise à disposition par l'État et dénommée "portail public de facturation" permet le dépôt, la réception et la transmission des factures sous forme électronique *(Ord. nº 2022-1157 du 16 août 2022, art. 26-II)* « ainsi que des données relatives aux mentions figurant sur les factures électroniques conformément au deuxième alinéa du II de l'article 289 *bis* du code général des impôts ».

Pour la mise en œuvre des obligations fixées à la sous-section 1 de la présente section, utilisent le portail public de facturation :

1º L'État et ses établissements publics ;

2º Les titulaires de marchés de défense ou de sécurité conclus avec un acheteur mentionné au 1º, ainsi que leurs sous-traitants admis au paiement direct, lorsqu'ils transmettent leurs factures par voie électronique.

Sur l'application des dispositions issues de l'art. 26 de la L. nº 2022-1157 du 16 août 2022, V. art. 26-III-A de ladite loi, ss. art. L. 2192-1.

Art. L. 2392-6 Ne sont pas soumises à la présente sous-section les factures émises en exécution des marchés de défense ou de sécurité passés par :

1º L'État et ses établissements publics en cas d'impératif de défense ou de sécurité nationale ;

2º La Caisse des dépôts et consignations ;

3º L'établissement public mentionné à l'article L. 2142-1 du code des transports ;

4º La SNCF, SNCF Réseau et SNCF Voyageurs.

Art. L. 2392-7 Les modalités d'application de la présente sous-section sont précisées par voie réglementaire.

SECTION 2 **Délais de paiement**

Art. L. 2392-10 Les dispositions des articles L. 2192-10 et L. 2192-12 à L. 2192-14 s'appliquent.

CHAPITRE III **DISPOSITIONS RELATIVES AUX SOUS-CONTRATS**

Art. L. 2393-1 Dans les conditions fixées par le présent chapitre, le titulaire d'un marché de défense ou de sécurité peut, sous sa responsabilité, confier à un autre opérateur économique, dénommé sous-contractant, l'exécution d'une partie de son marché, y compris un marché de fournitures, sans que cela consiste en une cession du marché.

Un sous-contractant est un sous-traitant au sens de l'article L. 2193-2 ou un opérateur économique avec lequel le titulaire conclut en vue de la réalisation d'une partie de son marché un contrat dépourvu des caractéristiques du contrat d'entreprise.

Un contrat est dépourvu des caractéristiques du contrat d'entreprise, au sens de l'alinéa précédent, lorsqu'il a pour objet la fourniture de produits ou la prestation de services qui ne sont pas réalisés spécialement pour répondre aux besoins de l'acheteur. – *[Ord. n° 2015-899 du 23 juill. 2015, art. 63-I, al. 1er et II.]*

Art. L. 2393-2 Les dispositions de la section 1 s'appliquent à l'ensemble des sous-contrats.

Les dispositions de la section 2 s'appliquent aux sous-contrats qui présentent le caractère de sous-traités.

Les dispositions de la section 3 s'appliquent aux sous-contrats qui ne présentent pas le caractère de sous-traités.

SECTION 1 **Dispositions communes aux sous-contrats**

Art. L. 2393-3 L'acheteur peut imposer au titulaire du marché :

1° De mettre en concurrence les opérateurs économiques afin de les choisir comme sous-contractants ;

2° De sous-contracter une partie des marchés.

Pour l'application du présent article, les opérateurs économiques liés au titulaire ne sont pas considérés comme des sous-contractants. – *[Ord. n° 2015-899 du 23 juill. 2015, art. 63-I, al. 3 et IV.]*

Art. L. 2393-4 Il ne peut être exigé du titulaire qu'il se comporte de façon discriminatoire à l'égard de ses sous-contractants potentiels, notamment en raison de leur nationalité. – *[Ord. n° 2015-899 du 23 juill. 2015, art. 63-I, al. 3.]*

Art. L. 2393-5 En cas de sous-contrat, le titulaire du marché principal demeure personnellement responsable de l'exécution de toutes les obligations résultant du marché. – *[Ord. n° 2015-899 du 23 juill. 2015, art. 63-I, al. 2.]*

Art. L. 2393-6 L'acheteur peut demander au candidat, au soumissionnaire ou au titulaire du marché d'indiquer l'identité des sous-contractants qu'il entend solliciter ainsi que la nature et l'étendue des prestations qui leur seront confiées. Il peut exiger du soumissionnaire ou du titulaire la remise des sous-contrats. – *[Ord. n° 2015-899 du 23 juill. 2015, art. 63-IV.]*

Art. L. 2393-7 Par dérogation aux dispositions de l'article L. 2393-1, l'acheteur peut exiger que certaines tâches essentielles du marché soient effectuées directement par le titulaire, notamment pour des motifs liés à la sécurité des approvisionnements ou des informations. – *[Ord. n° 2015-899 du 23 juill. 2015, art. 63-III.]*

Art. L. 2393-8 L'acheteur peut ne pas accepter un opérateur économique proposé par le candidat, le soumissionnaire ou le titulaire comme sous-contractant s'il est placé dans un cas d'exclusion mentionné au chapitre I du titre IV ou au motif qu'il ne présente pas les garanties suffisantes telles que celles exigées pour les candidats du marché public principal, notamment en termes de capacités techniques, professionnelles et financières ou de sécurité de l'information ou de sécurité des approvisionnements. Les conditions de rejet par l'acheteur d'un sous-contractant présenté au moment du dépôt de l'offre ou en cours d'exécution du marché sont précisées par voie réglementaire. – *[Ord. n° 2015-899 du 23 juill. 2015, art. 63-V.]*

Art. L. 2393-9 Lorsque le titulaire décide d'attribuer les sous-contrats sur la base d'un accord-cadre défini au 1° de l'article L. 2325-1, la durée de cet accord-cadre ne peut pas dépasser sept ans, sauf dans des circonstances exceptionnelles déterminées en tenant compte de la durée de vie prévue des objets, installations ou systèmes livrés, ainsi que des difficultés techniques que peut occasionner un changement d'opérateur économique tiers. – *[Décr. n° 2016-361 du 25 mars 2016, art. 135-V, al. 3.]*

SECTION 2 Dispositions applicables aux sous-contrats qui présentent le caractère de sous-traités

Art. L. 2393-10 Les dispositions de la présente section s'appliquent aux sous-traités conclus pour l'exécution des marchés mentionnés à l'article L. 2193-1. – *[Décr. n° 2016-361 du 25 mars 2016, art. 120.]*

Art. L. 2393-11 Sont nuls et de nul effet, quelle qu'en soit la forme, les clauses, stipulations et arrangements qui auraient pour effet de faire échec aux dispositions de la présente section.

Art. L. 2393-12 Le titulaire du marché peut recourir à la sous-traitance lors de la passation du marché et tout au long de son exécution.

Art. L. 2393-13 Le sous-traitant direct du titulaire du marché qui a été accepté et dont les conditions de paiement ont été agréées par l'acheteur est payé pour la part du marché dont il assure l'exécution :

1° Dans les conditions prévues à la présente section lorsque le montant du contrat de sous-traitance est égal ou supérieur à un seuil fixé par voie réglementaire qui peut évoluer en fonction des variations des circonstances économiques ;

2° Dans les conditions prévues au titre III de la loi n° 75-1334 du 31 décembre 1975 relative à la sous-traitance lorsque le montant du contrat de sous-traitance est inférieur au seuil fixé par voie réglementaire mentionné au 1° du présent article.

En ce qui concerne les marchés de travaux, de services et de fournitures comportant des services ou des travaux de pose ou d'installation passés par le ministère de la défense, un seuil différent peut être fixé par voie réglementaire.

V. L. n° 75-1334 du 31 déc. 1975, titre III, ss. art. L. 2193-10, supra.

Art. L. 2393-14 Les dispositions du premier alinéa de l'article L. 2193-11 et celles des articles L. 2193-12 à L. 2193-14 s'appliquent.

SECTION 3 Dispositions applicables aux sous-contrats qui ne présentent pas le caractère de sous-traités

Art. L. 2393-15 Les conditions d'acceptation par l'acheteur des sous-contractants qui ne présentent pas le caractère de sous-traitants sont définies par voie réglementaire. – *[Décr. n° 2016-361 du 25 mars 2016, art. 128.]*

CHAPITRE IV MODIFICATION DU MARCHÉ

Art. L. 2394-1 Un marché de défense ou de sécurité peut être modifié par voie conventionnelle ou par l'acheteur unilatéralement, sans nouvelle procédure de mise en concurrence, dans les cas prévus à l'article L. 2194-1.

Ces modifications ne peuvent changer la nature globale du marché. – *[Ord. n° 2015-899 du 23 juill. 2015, art. 65, al. 1er.]*

Art. L. 2394-2 Les dispositions *(L. n° 2019-486 du 22 mai 2019, art. 195)* « des articles L. 2194-2 et L. 2194-3 » s'appliquent.

CHAPITRE V RÉSILIATION DU MARCHÉ

Art. L. 2395-1 L'acheteur peut résilier le marché de défense ou de sécurité dans les cas prévus aux articles L. 2195-2, L. 2195-3 et L. 2195-5.

Il peut aussi le résilier lorsque l'exécution du contrat ne peut être poursuivie sans une modification contraire aux dispositions du chapitre IV.

Art. L. 2395-2 Lorsque le titulaire est, au cours de l'exécution du marché, placé dans l'un des cas d'exclusion mentionnés aux articles L. 2341-1 à L. 2341-3 et L. 2341-5, il informe sans délai l'acheteur de ce changement de situation.

L'acheteur peut alors résilier le marché.

Toutefois, l'acheteur ne peut prononcer la résiliation du marché *(L. n° 2020-1525 du 7 déc. 2020, art. 131)* « au seul motif que l'opérateur économique fait l'objet d'une procédure de redressement judiciaire en application de l'article L. 631-1 du code de commerce, sous réserve des hypothèses de résiliation de plein droit prévues au III de l'article L. 622-13 du même code ». – *[Ord. n° 2015-899 du 23 juill. 2015, art. 49-I.]*

Les dispositions introduites par l'art. 131 de la L. n° 2020-1525 du 7 déc. 2020 s'appliquent aux marchés publics et aux concessions pour lesquels une consultation est engagée ou un avis d'appel à la concurrence est envoyé à la publication à compter de la publication de ladite loi (L. préc., art. 131-III, JO 8 déc.).

CHAPITRE VI INFORMATIONS RELATIVES À L'ACHAT

SECTION 1 Obligation de conservation des documents

Art. L. 2396-1 Les dispositions de l'article L. 2196-1 s'appliquent. – *[Ord. n° 2015-899 du 23 juill. 2015, art. 57, ecqc l'exécution.]*

SECTION 2 Recensement économique

Art. L. 2396-2 Les dispositions de l'article L. 2196-3 s'appliquent. – *[Décr. n° 2016-360 du 25 mars 2016, art. 141, al. 1er, phrase 1 ; Décr. n° 2016-361 du 25 mars 2016, art. 138.]*

SECTION 3 Contrôle du coût de revient des marchés de l'État et de ses établissements publics

Art. L. 2396-3 Les dispositions des articles L. 2196-4 et L. 2196-5 s'appliquent. – *[Ord. n° 2015-899 du 23 juill. 2015, art. 64-I et III.]*

Art. L. 2396-4 Les titulaires ainsi que, dans des conditions fixées par voie réglementaire, les entreprises qui leur sont liées et leurs sous-contractants, ont l'obligation de permettre et de faciliter la vérification éventuelle sur pièces ou sur place de l'exactitude des renseignements mentionnés à l'article L. 2196-5 par les agents de l'administration.

Ils peuvent être tenus de présenter leurs bilans, comptes de résultat ainsi que leur comptabilité analytique et tous documents de nature à permettre l'établissement des coûts de revient. – *[Ord. n° 2015-899 du 23 juill. 2015, art. 64-II.]*

CHAPITRE VII RÈGLEMENT ALTERNATIF DES DIFFÉRENDS

SECTION 1 Conciliation et médiation

Art. L. 2397-1 Les dispositions des articles L. 2197-1, L. 2197-3 et L. 2197-4 s'appliquent. – *[Décr. n° 2016-360 du 25 mars 2016, art. 142, al. 4 ; Décr. n° 2016-361 du 25 mars 2016, art. 139.]*

SECTION 2 Transaction

Art. L. 2397-2 Les dispositions de l'article L. 2197-5 s'appliquent.

SECTION 3 Arbitrage

Art. L. 2397-3 L'État peut recourir à l'arbitrage dans les conditions fixées à l'article L. 2197-6.

LIVRE IV DISPOSITIONS PROPRES AUX MARCHÉS PUBLICS LIÉS À LA MAÎTRISE D'OUVRAGE PUBLIQUE ET À LA MAÎTRISE D'ŒUVRE PRIVÉE

TITRE I CHAMP D'APPLICATION

Art. L. 2410-1 Les acheteurs définis au chapitre I qui, projetant la construction d'un ouvrage répondant aux caractéristiques mentionnées au chapitre II, envisagent la passation de marchés publics dans ce but, sont soumis en leur qualité de maîtres d'ouvrage aux dispositions du présent livre.

COMMENTAIRE

Le code de la commande publique intègre les dispositions de la loi n° 85-704 du 12 juillet 1985 relative à la maîtrise d'ouvrage publique et à ses rapports avec la maîtrise d'œuvre privée, dite loi MOP, ainsi que ses décrets d'application. Une seule exception à cette codification : le dernier alinéa de l'article 1er de la loi MOP, qui a pour objet de dispenser de l'application de la loi des constructions d'organismes HLM qui s'intègrent dans des ensembles immobiliers qui n'y sont pas soumis.

La notion de maîtrise d'ouvrage n'est plus un élément de la définition de la notion de marché public de travaux, comme c'était le cas, jadis, avec le C. marchés (ce qui avait conduit à prévoir d'autres textes pour des contrats qui, sans être des marchés de travaux au sens du code des marchés publics, l'étaient au sens des directives). Comme on l'a vu, en effet, la notion de marché public de travaux que retient le code est celle des directives. Cependant, dans de très nombreux cas, les personnes publiques qui passent des marchés de travaux sont, en application des dispositions qui suivent, tenues d'exercer la maîtrise d'ouvrage. ❑

CHAPITRE I MAÎTRES D'OUVRAGE

Art. L. 2411-1 Les maîtres d'ouvrage sont les responsables principaux de l'ouvrage. Ils ne peuvent déléguer cette fonction d'intérêt général, définie au titre II, sous réserve *(L. n° 2022-217 du 21 févr. 2022, art. 41 et 42)* **« des dispositions du présent livre relatives au mandat et au transfert de maîtrise d'ouvrage, des dispositions du livre II relatives aux marchés de partenariat, de l'article L. 121-5 du code de la voirie routière et des articles L. 115-2 et L. 115-3 du même code ».**

Sont maîtres d'ouvrage les acheteurs suivants :

1° L'État et ses établissements publics ;

2° Les collectivités territoriales, leurs établissements publics, les offices publics de l'habitat mentionnés à l'article L. 411-2 du code de la construction et de l'habitation pour les logements à usage locatif aidés par l'État et réalisés par ces organismes et leurs groupements ;

3° Les organismes privés mentionnés à l'article L. 124-4 du code de la sécurité sociale, ainsi que leurs unions ou fédérations ;

4° Les organismes privés d'habitations à loyer modéré, mentionnés à l'article L. 411-2 du code de la construction et de l'habitation, ainsi que les sociétés d'économie mixte, pour les logements à usage locatif aidés par l'État et réalisés par ces organismes et sociétés.

COMMENTAIRE

1. – Le champ d'application de la loi MOP et, donc, celui du présent livre se définissent par deux critères : les personnes maîtres d'ouvrage et la nature des travaux qu'elles réalisent. Il ne faut cependant pas oublier un autre critère, qui résultait de l'intitulé de la loi MOP. Celle-ci régissait les rapports des maîtres d'ouvrage avec la maîtrise d'œuvre privée. Si un de ces maîtres d'ouvrage décidait de ne pas recourir à un maître d'œuvre privé, mais de confier la maîtrise d'œuvre à une personne publique, il n'entrait pas dans le champ d'application de la loi. De même, pour le présent livre, on se reportera à l'article L. 2430-1.

2. – L'article L. 2411-1 définit le champ d'application organique du livre en dressant la liste des personnes qui y sont soumises.

On relèvera à cet égard que, depuis la loi n° 2018-1021 du 23 novembre 2019 portant évolution du logement, de l'aménagement et du numérique, dite loi ELAN, qui a notamment modifié la loi MOP, les offices publics de l'habitat ne sont plus soumis aux dispositions issues de cette loi que pour les logements à usage locatif aidés par l'État et qu'ils réalisent, comme c'était déjà le cas pour les entreprises sociales de l'habitat.

Les personnes privées n'y sont pas soumises. On relèvera cependant deux exceptions.

Le livre IV s'applique aux organismes privés mentionnés à l'article L. 124-4 du code de la sécurité sociale, ainsi qu'à leurs unions ou fédérations. Il s'agit des caisses locales et régionales de sécurité sociale qui sont ainsi soumises au même régime que les établissements publics intervenant dans ce secteur (caisses nationales d'assurance maladie, d'allocations familiales, d'assurance vieillesse et caisse nationale militaire de sécurité sociale). Il faut souligner que les contrats de maîtrise d'œuvre passés par ces organismes de droit privé restent des contrats de droit privé parce que passés entre des personnes de droit privé.

Le livre IV s'applique aussi aux organismes privés d'habitations à loyer modéré, mentionnés à l'article L. 411-2 du code de la construction et de l'habitation ainsi qu'aux sociétés d'économie mixte, pour les logements à usage locatif aidés par l'État et réalisés par ces organismes et sociétés. Ainsi les SA d'HLM, les sociétés anonymes coopératives de production d'HLM et les fondations d'HLM sont soumises au présent livre uniquement lorsqu'elles construisent des logements locatifs aidés, ce qui exclut les opérations portant sur les logements en accession à la propriété. Les marchés de maîtrise d'œuvre passés par ces organismes sont des contrats de droit privé.

3. – La définition de la notion de « maître de l'ouvrage » ne reprend pas la notion de « personne pour le compte de laquelle l'ouvrage est construit », mais se borne à indiquer que le maître de l'ouvrage est son « responsable principal ». Ses responsabilités sont importantes (V. titre II ci-dessous) et il ne peut en principe s'en démettre.

On rappellera seulement que la jurisprudence relative à des contrats de commande publique a eu l'occasion de préciser ce qu'elle entend par personne publique maître d'ouvrage ou, plus exactement, de définir certaines hypothèses dans lesquelles une personne publique qui passe un marché de travaux n'est pas maître d'ouvrage. Ainsi, n'a pas été regardée comme maître d'ouvrage une personne publique qui, ayant conclu un bail emphytéotique avec un promoteur, à charge pour celui-ci de réaliser un ouvrage destiné à être loué pour moitié à la personne publique pour qu'elle y installe ses bureaux et de remettre l'immeuble à la collectivité à l'issue du bail, soit au bout de soixante-cinq ans, « n'assurera pas la direction technique des actions de construction, ne deviendra propriétaire des ouvrages qu'au terme du bail et ne jouera ainsi, ni pendant la réalisation desdits ouvrages, ni avant le terme fixé, le rôle de maître d'ouvrage » (CE, sect., 25 févr. 1994, *SA Sofap Marignan Immobilier*, n°s 144641 A, 145406 A). ❑

1. Dans le cadre des baux emphytéotiques passés sous le régime de la L. du 5 janv. 1988, la collectivité publique n'assume pas la direction technique des travaux auxquels donnent lieu les opérations projetées et ne devient propriétaire qu'au terme du bail. Elle ne joue ni pendant la réalisation des travaux ni avant le terme fixé le rôle de maître d'ouvrage. • CE 16 févr. 2005, *Épx Maurel*, n° 211039 B : *Rev. CMP 2005, n° 126, note Pietri.* **NB** : on rappellera que, désormais, en application des articles L. 1311-2 et L. 1311-5 du CGCT (V. App., *Partie I*), les montages contractuels comprenant un bail emphytéotique administratif ou une autorisation d'occupation du domaine public ne peuvent plus avoir pour objet la conclusion d'un contrat de commande publique.

2. Dans le cadre d'une opération d'aménagement dont la première tranche avait été réalisée par une commune, la convention par laquelle une société s'engage à vendre à la commune pour le prix symbolique d'un franc un ensemble de parcelles et d'ouvrages tout en se réservant un droit d'usage d'une partie de ces ouvrages, est passée en méconnaissance des dispositions de la loi MOP, dès lors que ces ouvrages, correspondant à la seconde tranche de l'opération, étaient destinés dès l'origine à devenir la propriété de la commune et avaient été conçus en fonction de ses besoins propres. • CE 11 août 2009, *Cne des Vans*, n° 317516 B.

CHAPITRE II **OUVRAGES**

Art. L. 2412-1 Les dispositions du présent livre sont applicables aux opérations de construction neuve ou de réhabilitation portant sur un ouvrage défini à l'article

L. 1111-2 et faisant l'objet d'un marché public ainsi que sur les équipements industriels destinés à l'exploitation de ces ouvrages.

Art. L. 2412-2 **Les dispositions du présent livre ne sont pas applicables :**

1° Aux ouvrages de bâtiment ou d'infrastructure destinés à une activité industrielle dont la conception est déterminée par le processus d'exploitation ;

2° Aux ouvrages d'infrastructure réalisés dans le cadre d'une zone d'aménagement concerté définie aux articles L. 311-1 et suivants du code de l'urbanisme ou d'un lotissement défini aux articles L. 442-1 et suivants du même code ;

3° Aux ouvrages d'infrastructure situés dans le périmètre d'une opération d'intérêt national au sens de l'article L. 102-12 du code de l'urbanisme, ou d'une grande opération d'urbanisme au sens de l'article L. 312-3 du même code ;

4° Aux ouvrages de bâtiment acquis par les organismes énumérés à l'article L. 411-2 du code de la construction et de l'habitation et les sociétés d'économie mixte par un contrat de vente d'immeuble à construire prévu par les articles 1601-1, 1601-2 et 1601-3 du code civil ;

5° Aux opérations de restauration effectuées sur des immeubles classés sur le fondement des articles L. 621-1 et suivants du code du patrimoine.

Les catégories d'ouvrages mentionnées au présent alinéa sont fixées par voie réglementaire.

COMMENTAIRE

Le livre IV s'applique à la réalisation de tous ouvrages de bâtiment ou de génie civil ainsi qu'aux équipements industriels destinés à leur exploitation.

Il faut retenir la définition fonctionnelle de l'ouvrage donnée par l'article L. 111-2 du présent code.

Sont visées les opérations de construction neuve et les opérations de réhabilitation. Échappent ainsi au présent livre les travaux d'entretien, de réparation ou de changement d'équipement.

Les équipements industriels relevant du présent livre sont ceux qui sont indispensables à l'exploitation des ouvrages de bâtiment entrant dans son champ d'application. On peut sans doute mentionner les groupes électrogènes, les chaufferies d'immeubles et les stations de pompage.

L'article L. 2412-2 précise les ouvrages et opérations qui ne relèvent pas du présent livre. On relèvera cet à cet égard que, depuis la loi ELAN mentionnée ci-dessus, figurent parmi les exclusions les ouvrages d'infrastructures situés dans le périmètre d'une opération d'intérêt national ou d'une grande opération d'urbanisme (ces deux opérations constituant deux outils d'aménagement nouveaux créés par la même loi).

Pour le 1°, on se reportera à l'article R. 2412-1. ❑

Même si un ouvrage ne relève pas de la loi MOP, les parties au contrat de mandat passé pour sa réalisation peuvent toujours décider de se soumettre à ses dispositions. • CE 8 avr. 1998, *Préfet de l'Aube*, n° 167372 B.

TITRE II MAÎTRISE D'OUVRAGE

CHAPITRE I ATTRIBUTIONS DU MAÎTRE D'OUVRAGE

SECTION 1 Dispositions générales

Art. L. 2421-1 **Les attributions du maître d'ouvrage qui, pour chaque opération envisagée, s'assure préalablement de sa faisabilité et de son opportunité, sont les suivantes :**

1° La détermination de sa localisation ;

2° L'élaboration du programme défini à l'article L. 2421-2 ;

3° La fixation de l'enveloppe financière prévisionnelle ;

4° Le financement de l'opération ;

5° Le choix du processus selon lequel l'ouvrage sera réalisé ;

6° La conclusion des marchés publics ayant pour objet les études et l'exécution des travaux de l'opération.

SECTION 2 Programme et enveloppe financière prévisionnelle de l'opération

Art. L. 2421-2 Le programme élaboré par le maître d'ouvrage comporte les éléments suivants relatifs à la réalisation et à l'utilisation de l'ouvrage :

1° Les objectifs que l'opération doit permettre d'atteindre ;

2° Les besoins que l'opération doit satisfaire ;

3° Les contraintes et exigences de qualité sociale, urbanistique, architecturale, fonctionnelle, technique et économique, d'insertion dans le paysage et de protection de l'environnement.

Art. L. 2421-3 Le maître d'ouvrage élabore le programme et fixe l'enveloppe financière prévisionnelle de l'opération avant tout commencement des études d'avant-projet par le maître d'œuvre.

Il peut préciser le programme et l'enveloppe financière avant tout commencement des études de projet par le maître d'œuvre.

Art. L. 2421-4 L'élaboration du programme et la fixation de l'enveloppe financière prévisionnelle peuvent se poursuivre pendant les études d'avant-projet pour :

1° Les opérations de réhabilitation ;

2° Les opérations de construction neuve portant sur des ouvrages complexes, sous réserve que le maître d'ouvrage l'ait précisé dans les documents de la consultation du marché public de maîtrise d'œuvre.

Art. L. 2421-5 Les conséquences de l'évolution du programme et de l'enveloppe financière prévisionnelle sont prises en compte par une modification conventionnelle du marché public de maîtrise d'œuvre, conformément aux dispositions du chapitre IV du titre IX du livre I.

COMMENTAIRE

Le programme que doit élaborer le maître d'ouvrage comprend trois chapitres : les objectifs, les besoins à satisfaire et les contraintes et exigences.

La satisfaction des besoins doit prendre en compte les contraintes découlant de la nécessité de respecter les diverses réglementations d'ordre technique, urbanistique ou autres qui s'imposent au maître de l'ouvrage, ce qui aboutit à la fixation d'objectifs que devra respecter le maître d'œuvre. Ces objectifs se déclinent en exigences quant à la construction et à l'utilisation de l'ouvrage, qui s'imposent à ce maître d'œuvre.

Le programme doit se traduire dans une enveloppe financière prévisionnelle qui comprend le montant des marchés de travaux mais aussi celui des marchés de maîtrise d'œuvre. Ces montants serviront de référence au moment de la passation des marchés pour choisir la procédure.

Le programme doit être défini avant le commencement des études d'avant-projet, mais il peut être précisé jusqu'au début des études de projet. Les études d'esquisse, première étape de la réponse de la maîtrise d'œuvre aux objectifs, données et contraintes du programme, ont pour objectif de proposer plusieurs solutions d'ensemble, d'examiner leur compatibilité avec la partie de l'enveloppe financière prévisionnelle affectée aux travaux et de vérifier la faisabilité de l'opération au regard des contraintes du programme et du site. Ces études d'esquisse doivent permettre au maître d'œuvre de proposer des mises au point du programme et mettre le maître d'ouvrage, après approbation de ces études, à même de préciser son programme. Ce travail peut se poursuivre pendant les études d'avant-projet sommaire, puis d'avant-projet définitif, le programme devant être définitivement arrêté au vu des résultats des études d'avant-projet définitif.

Pour les opérations de réhabilitation d'un ouvrage existant et de réalisation d'ouvrages complexes, il est possible de poursuivre l'élaboration du programme et de préciser l'enveloppe financière prévisionnelle pendant les études d'avant-projet. Ces dispositions ouvrent la possibilité, en cas d'augmentation de l'enveloppe financière prévisionnelle, de modifier par avenant le montant du marché de maîtrise d'œuvre. ❑

CHAPITRE II ORGANISATION DE LA MAÎTRISE D'OUVRAGE

Art. L. 2422-1 Le maître d'ouvrage peut, dans les conditions fixées par le présent chapitre, recourir à des tiers selon les modalités suivantes :

1° L'assistance à maîtrise d'ouvrage ;

2° La conduite d'opération ;

3° Le mandat de maîtrise d'ouvrage ;

4° Le transfert de maîtrise d'ouvrage.

SECTION 1 Assistance à maîtrise d'ouvrage

Art. L. 2422-2 Le maître d'ouvrage peut passer des marchés publics d'assistance à maîtrise d'ouvrage portant sur un ou plusieurs objets spécialisés, notamment en ce qui concerne tout ou partie de l'élaboration du programme, la fixation de l'enveloppe financière prévisionnelle de l'opération ou le conseil spécialisé dans un domaine technique, financier, juridique ou administratif.

SECTION 2 Conduite d'opération

Art. L. 2422-3 Le maître d'ouvrage peut passer avec un conducteur d'opération un marché public ayant pour objet une assistance générale à caractère administratif, financier et technique. Ce marché public est conclu par écrit quel qu'en soit le montant.

Art. L. 2422-4 La mission de conduite d'opération est incompatible avec toute mission de maîtrise d'œuvre, de contrôle technique définie à l'article *(Ord. n° 2020-71 du 29 janv. 2020, art. 4 et 8, en vigueur au plus tard le 1er juill. 2021)* « L. 125-1 » du code de la construction et de l'habitation ou d'exécution de travaux, portant sur la même opération et exercée soit par le conducteur d'opération directement, soit par une entreprise liée définie à l'article L. 2511-8.

COMMENTAIRE

L'intervention du conducteur d'opération doit être prévue par un contrat de louage d'ouvrage. Les prestations de services qui lui sont confiées peuvent porter sur l'organisation de la maîtrise d'œuvre, l'estimation de l'enveloppe financière prévisionnelle, l'aide à la définition du programme ou l'établissement des calendriers des différents intervenants à l'opération de construction. ❑

Alors même que la mission de conduite d'opération s'effectue sous l'autorité du maître d'ouvrage, la responsabilité du conducteur d'opération est engagée à l'égard du maître d'ouvrage à raison de l'inexécution ou de la mauvaise exécution de ses obligations contractuelles, notamment s'il n'intervient pas utilement pour conseiller le maître d'ouvrage lors des réserves émises par le constructeur à propos de la réalisation des travaux. • CE 14 mars 1997, *Hôpital dptal des Petits-Prés et a.*, n° 132560 A.

SECTION 3 Mandat de maîtrise d'ouvrage

Art. L. 2422-5 Dans la limite du programme et de l'enveloppe financière prévisionnelle de l'opération qu'il a arrêtés, le maître d'ouvrage peut confier par contrat de mandat de maîtrise d'ouvrage à un mandataire l'exercice, en son nom et pour son compte, de tout ou partie des attributions mentionnées à l'article L. 2422-6, dans les conditions de la présente section.

Toutefois, la sous-section 4 de la présente section n'est pas applicable lorsque le maître d'ouvrage ne peut confier le mandat qu'à une personne désignée par la loi.

SOUS-SECTION 1 Attributions du mandataire

Art. L. 2422-6 Le contrat de mandat de maîtrise d'ouvrage a pour objet de confier au mandataire l'exercice, parmi les attributions mentionnées à l'article L. 2421-1, de tout ou partie des attributions suivantes :

1° La définition des conditions administratives et techniques selon lesquelles l'ouvrage sera étudié et exécuté ;

2° La préparation, la passation, la signature, après approbation du choix de l'attributaire, du marché public de maîtrise d'œuvre ainsi que le suivi de son exécution ;

3° L'approbation des études d'avant-projet et des études de projet du maître d'œuvre ;

4° La préparation, la passation, la signature, après approbation du choix des attributaires, des marchés publics de travaux, ainsi que le suivi de leur exécution ;

5° Le versement de la rémunération du maître d'œuvre et le paiement des marchés publics de travaux ;

6° La réception de l'ouvrage.

SOUS-SECTION 2 Contenu du contrat de mandat de maîtrise d'ouvrage

Art. L. 2422-7 Le contrat de mandat de maîtrise d'ouvrage est conclu par écrit, quel qu'en soit le montant, et prévoit, à peine de nullité :

1° L'ouvrage qui fait l'objet du contrat, les attributions confiées au mandataire, les conditions dans lesquelles le maître d'ouvrage constate l'achèvement de la mission du mandataire, le cas échéant les modalités de la rémunération de ce dernier, les pénalités qui lui sont applicables en cas de méconnaissance de ses obligations et les conditions dans lesquelles le contrat peut être résilié ;

2° Le mode de financement de l'ouvrage ainsi que les conditions dans lesquelles le maître d'ouvrage fera l'avance de fonds nécessaires à l'exécution du contrat ou remboursera les dépenses exposées pour son compte et préalablement définies ;

3° Les modalités du contrôle technique, financier et comptable exercé par le maître d'ouvrage aux différentes phases de l'opération ;

4° Les conditions dans lesquelles l'approbation des études d'avant-projet et la réception de l'ouvrage sont subordonnées à l'accord préalable du maître d'ouvrage ;

5° Les conditions dans lesquelles le mandataire peut agir en justice pour le compte du maître d'ouvrage.

SOUS-SECTION 3 Obligations et responsabilités du mandataire

Art. L. 2422-8 Le mandataire est soumis à l'obligation d'exécution personnelle du contrat de mandat de maîtrise d'ouvrage.

Il est soumis aux dispositions du présent livre dans l'exercice des attributions qui lui sont confiées par le maître d'ouvrage.

Art. L. 2422-9 Les règles de passation et d'exécution des contrats conclus par le mandataire sont celles applicables au maître d'ouvrage, sous réserve d'adaptations éventuelles prévues par voie réglementaire pour tenir compte de l'intervention du mandataire.

Art. L. 2422-10 Le mandataire représente le maître d'ouvrage à l'égard des tiers dans l'exercice des attributions qui lui ont été confiées.

Cette représentation s'exerce jusqu'à ce que le maître d'ouvrage ait constaté l'achèvement de la mission du mandataire dans les conditions définies par le contrat.

SOUS-SECTION 4 Incompatibilités

Art. L. 2422-11 Le mandat de maîtrise d'ouvrage est incompatible avec toute mission de maîtrise d'œuvre, de contrôle technique définie à l'article *(Ord. n° 2020-71 du 29 janv. 2020, art. 4 et 8, en vigueur au plus tard le 1er juill. 2021)* **« L. 125-1** *[ancienne rédaction : L. 111-23]* **» du code de la construction et de l'habitation ou d'exécution de travaux, portant sur la même opération et exercée soit par le mandataire directement soit par une entreprise liée définie à l'article L. 2511-8.**

COMMENTAIRE

1. – Le « contrat de mandat » est un contrat conclu à titre onéreux, donc un marché. La loi autorise le recours à toute personne publique ou privée, tout en encadrant cette liberté par une interdiction de cumuler cette mission avec toute autre mission portant sur l'ouvrage à construire.

Le mandataire doit remplir personnellement sa mission, il lui est interdit de recourir à un sous-traitant (art. L. 2422-8).

Ce mandat donne au mandataire le pouvoir d'exercer au nom et pour le compte du maître d'ouvrage certaines de ses attributions et le pouvoir de le représenter à l'égard des tiers dans l'exercice de ces mêmes attributions. Les décisions du mandataire engagent la responsabilité du maître d'ouvrage à l'égard des constructeurs qui, juridiquement, n'ont passé de marchés qu'avec ce dernier. Et la faute du mandataire dans ses relations avec ces constructeurs est opposable au maître d'ouvrage et vient réduire leur responsabilité à l'égard de celui-ci.

L'article L. 2422-9 rappelle le principe de transparence du mandat. Quelle que soit la nature juridique du mandataire, personne publique ou personne privée, les règles de passation des contrats signés par lui sont celles qui sont applicables au maître de l'ouvrage.

2. – La loi impose sous peine de nullité du contrat l'insertion des clauses qu'énumère l'article L. 2422-7. Cette nullité est d'ordre public.

Lorsque le maître d'ouvrage décide de ne pas confier au mandataire certaines des missions énumérées à l'article L. 2422-6, les clauses correspondantes n'ont pas lieu d'être insérées dans le contrat. Ainsi peut-il en être de la réception de l'ouvrage ou de l'approbation des avant-projets.

Le contrat doit définir de façon précise à quel moment s'achève la mission du mandataire. En général, ce moment coïncide avec la réception de l'ouvrage, mais le contrat peut retenir une autre date selon la nature des missions confiées au mandataire. Il doit aussi préciser les modalités de rémunération des constructeurs, notamment prévoir comment calculer les intérêts de retard à verser au mandataire si ce dernier paie les prestations effectuées par les constructeurs et se fait ensuite rembourser par le maître d'ouvrage les dépenses qu'il a ainsi exposées.

3. – Les missions susceptibles d'être confiées au mandataire sont définies par l'article L. 2422-6.

L'énumération qu'on trouve à cet article doit être regardée comme limitative en ce sens que, si un maître d'ouvrage n'est jamais obligé de confier toutes ces missions au mandataire, il ne peut lui confier une mission qui n'est pas mentionnée à cet article. Pourtant, on ne peut que constater que, pour réaliser une opération de construction, le maître d'ouvrage est amené à passer d'autres contrats que les marchés de maîtrise d'œuvre et de travaux, par exemple des contrats avec un contrôleur technique ou un assureur. Sauf à interdire à un maître d'ouvrage de confier la passation de ces contrats à son mandataire, la seule lecture possible de cet article est de regarder de telles missions comme étant nécessairement incluses dans certaines des attributions qu'il énumère.

Le 1° de l'article L. 2422-6, qui permet de confier au mandataire la définition des conditions administratives et techniques selon lesquelles l'ouvrage sera étudié et exécuté, concerne une mission qui se situe au début de l'opération, mais après la détermination du programme et de l'enveloppe financière qui fixent le cadre de l'action du mandataire. On peut penser qu'il doit être regardé comme visant l'exercice de tout ou partie de la préparation du choix du contrôleur technique, la signature du contrat de contrôle technique, après approbation du choix du contrôleur par le maître de l'ouvrage, et la gestion de ce contrat.

Les 2° et 4° du même article traitent de la passation et de l'exécution des marchés de maîtrise d'œuvre et de travaux. On notera que la décision de signer ces marchés incombe au maître d'ouvrage et que la signature de ces marchés par le mandataire est soumise à l'approbation préalable du maître d'ouvrage.

Le mandataire peut se voir confier la gestion des marchés de maîtrise d'œuvre et de travaux. A ce titre, il peut notamment notifier les marchés, adresser des ordres de services ou signer des avenants, sans avoir besoin d'un accord préalable du maître d'ouvrage. Il peut aussi accepter les sous-traitants et agréer leurs conditions de paiement.

Le 3° du même article permet au maître d'ouvrage de confier à son mandataire l'approbation des avant-projets et l'accord sur le projet, à condition de rester dans la limite du programme et de l'enveloppe financière. Comme il a déjà été dit, ce programme et cette enveloppe peuvent être précisés dans certains cas pendant les études d'avant-projet, ce qui peut se traduire par des conséquences financières non négligeables.

Le 4° de l'article L. 2422-7 mentionne, parmi les clauses obligatoires du contrat de mandat, celle qui porte sur les conditions dans lesquelles l'approbation des avant-projets est soumise à l'accord préalable du maître d'ouvrage. Lorsque le maître d'ouvrage décide de confier à son mandataire l'approbation des avant-projets, il est ainsi tenu de prévoir que cette approbation est soumise à son accord préalable et déterminer les conditions dans lesquelles il donnera cette approbation.

Le 5° de l'article L. 2422-6 permet au maître d'ouvrage de confier à son mandataire le soin de verser pour son compte les avances, acomptes et solde prévus par les marchés de maîtrise d'œuvre et de travaux. Il peut aussi lui donner comme mission d'établir les décomptes généraux et définitifs. En ce cas, la jurisprudence admet que le constructeur, pour obtenir le versement du solde du marché, puisse agir contre le seul mandataire, ou contre le seul maître d'ouvrage ou encore contre les deux à la fois.

En vertu du 6° du même article, le mandataire peut prononcer, pour le compte du maître d'ouvrage, la réception de l'ouvrage.

Le mandataire, qui agit pour le compte du maître d'ouvrage et qui n'est pas un constructeur, n'est pas redevable des garanties légales qui pèsent sur les constructeurs après la réception sans réserve de l'ouvrage et le maître d'ouvrage ne peut donc utilement invoquer à son encontre la garantie biennale ou décennale. La réparation des désordres qui affectent l'ouvrage au moment de la réception et qui auraient dû faire obstacle à la réception, ne peut être mise à la charge du mandataire que sur le terrain d'une faute contractuelle consistant en une mauvaise exécution de sa mission au moment de la réception. Ce qui suppose que le maître d'ouvrage ne lui ait pas entre-temps donné quitus au motif que sa mission était achevée.

En vertu du 5° de l'article L. 2422-7, le mandataire peut agir en justice. ❑

I. PORTÉE DU CONTRAT DE MANDAT

1. Un contrat par lequel une personne publique ne confie pas à son cocontractant la réalisation, pour son compte, d'ouvrages qui doivent lui être remis dès l'achèvement des travaux, mais lui confie, par un contrat global, la réalisation d'ouvrages et leur exploitation, lesdits ouvrages n'étant remis à l'État qu'au terme des 15 ans de la convention, n'est pas un contrat de mandat de maîtrise d'ouvrage soumis à ce titre à la L. du 12 juill. 1985 relative à la maîtrise d'ouvrage publique et à ses rapports avec la maîtrise d'œuvre privée, la personne publique, qui n'assure pas la direction technique des actions de construction et ne bénéficie d'une remise des ouvrages qu'au terme du contrat, ne pouvant être regardée comme jouant, ni pendant la direction des travaux ni avant le terme de la remise des ouvrages, le rôle de maître d'ouvrage. • CE 17 juin 2009, *SA d'économie mixte nationale (SAEMN) Bibracte*, n° 297509 B. ♦ V. aussi, • CE 9 déc. 2011, *Cne d'Alès*, n° 342283 B.

2. Le mandataire agit comme un représentant du maître de l'ouvrage, sans acquérir la qualité de coauteur d'ouvrage. • Civ. 1re, 19 févr. 1968 : *Bull. civ. I, n° 69.*

3. En application de la L. du 12 juill. 1985 relative à la maîtrise d'ouvrage et à ses rapports avec la maîtrise d'œuvre privée, le choix du maître d'œuvre et des entrepreneurs est réservé au maître d'ouvrage. Le mandataire, en notifiant à une entreprise la résiliation de son marché, se borne à notifier une décision dont l'auteur n'était et ne pouvait légalement être que le maître d'ouvrage. Cette décision ne peut engager à l'égard de ce constructeur que la responsabilité du maître d'ouvrage. • CE 17 févr. 1993, *Sté d'équipement de l'Auvergne*, n° 80515.

4. Lorsque les actes du maître d'ouvrage qui ont pour effet d'engager des dépenses sont soumis, à ce titre, à certains contrôles financiers prévus par les lois et règlements, lesdits contrôles doivent s'appliquer, dans les mêmes conditions, aux actes de même nature ou de même portée qui ont été pris par le mandataire au nom et pour le compte de ce maître d'ouvrage, notamment aux contrats et marchés. Lorsqu'un mandat a été confié par une personne morale à laquelle s'appliquent les dispositions de la L. du 10 août 1922 ou du Décr. n° 96-629 du 16 juill. 1996 relatifs au contrôle financier de l'État, du Décr. du 25 oct. 1935 relatif au contrôle financier des établissements publics de l'État ou du Décr. n° 55-733 du 26 mai 1955 relatif au contrôle économique et financier de l'État, ces dispositions s'appliquent de plein droit aux actes du mandataire comme si ces actes avaient été pris par le mandant lui-même. Cette solution de principe s'applique aussi bien lorsque le mandataire est une personne de droit privé qui n'est soumise, en tant que telle, à aucun de ces contrôles que lorsque ce mandataire est lui-même une personne à laquelle s'appliquent, pour les actes qu'elle accomplit en son nom propre, des contrôles de même nature que ceux qui s'appliquent au mandant, par exemple lorsqu'une collectivité territoriale est mandataire d'une autre, de même niveau ou non. • CE, avis, 22 janv. 1998, n° 361425 : *BJCP 1998. 236.*

5. Communication de documents. Il résulte de l'art. L. 2422-10 CCP que le mandataire de maîtrise d'ouvrage d'une des personnes mentionnées à l'art. L. 300-2 CRPA, qui agit en son nom et pour son compte, est tenu, en application de l'art. L. 311-1 du même code, 1) et tant que sa mission n'est pas achevée, 2) de communiquer aux tiers les documents administratifs qu'il a produits ou reçus dans le cadre de l'exercice de son mandat, dans les conditions prévues par le livre III dudit code. • CE 25 mai 2022, *Sté Spie Batignolles Ile-de-France*, n° 450003 B : *Rev. CMP 2022, comm. 229, note Ubaud-Bergeron.*

II. MISSIONS DU MANDATAIRE

6. Gestion des marchés. Il résulte de l'ensemble des dispositions des art. 3 s. de la L. du 12 juill. 1985 et des stipulations du cahier des clauses administratives générales applicable aux marchés publics de travaux que, lorsqu'au nombre des attributions du mandataire désigné par le maître de l'ouvrage figure la gestion du contrat de travaux, le représentant légal du mandataire ou la personne physique désignée par celui-ci pour le représenter dans l'exécution du marché doit, pour l'application des stipulations du marché, et sauf clause contraire du contrat, être regardé comme l'autorité compétente de la personne publique en matière de marché. • CE 26 janv. 2007, *Sté Baudin-Châteauneuf*, n° 256819 B : *AJDA 2007. 224*. ♦ Si le 4° de l'art. 3 de la L. du 12 juill. 1985 relative à la maîtrise d'ouvrage publique et à ses rapports avec la maîtrise d'œuvre privée permet au maître de l'ouvrage de confier à un maître d'ouvrage délégué la « signature du contrat de travaux, après approbation du choix de l'entrepreneur par le maître de l'ouvrage » et la « gestion du contrat de travaux », le pouvoir de résiliation, qui excède la gestion du contrat, n'entre pas dans les attributions que le maître de l'ouvrage peut ainsi déléguer. • CE 15 nov. 2012, *Sté Travaux Guil-Durance, Dpt des Bouches-du-Rhône*, n°s 349840 B et 349911 B : *Rev. CMP 2013, comm. 4, Zimmer.*

7. Mandataire et action en paiement direct d'un sous-traitant. L'obligation de payer les prestations réalisées par un sous-traitant accepté et dont les conditions de paiement ont été agréées incombe au maître d'ouvrage. En cas de désaccord sur les sommes dues, le sous-traitant peut engager, devant le juge administratif si le contrat principal est administratif, une action en paiement direct, dont l'objet n'est pas de poursuivre sa responsabilité quasidélictuelle, mais d'obtenir le paiement des sommes qu'il estime lui être dues. Dans le cas où, en application de l'art. 3 de la loi du 12 juill. 1985 relative à la maîtrise d'ouvrage et à ses rapports avec la maîtrise privée, aujourd'hui codifié à l'art. L. 2422-5 CCP, le maître d'ouvrage a confié à un mandataire l'exercice de certaines attributions en son nom et pour son compte, le juge, saisi d'une action en paiement direct par un sous-traitant, peut mettre à la charge du mandataire le versement des sommes éventuellement dues si et dans la mesure où il résulte de l'instruction devant lui que ce versement est au nombre des missions qui incombent au mandataire en vertu du contrat qu'il a conclu avec le maître d'ouvrage. Il en va de même lorsque le sous-traitant demande, en application des dispositions préc. de l'art. R. 541-1 CJA, une provision. • CE 18 sept. 2019, *Sté communale de Saint-Martin*, n°s 425716 et 426120 B : *BJCP 2019. 398, concl. Pellissier ; Rev. CMP 2019, comm. 370, note Rees.*

8. Mise en jeu de la garantie décennale des constructeurs. La mission du maître d'ouvrage délégué, à défaut de clause contraire dans la convention de mandat qui le liait au maître d'ouvrage, s'est achevée à la date de la réception des travaux litigieux. Dès lors, seul ce dernier a qualité pour mettre en jeu tant la responsabilité décennale des constructeurs que la responsabilité contractuelle des maîtres d'œuvre, à compter de la date de réception de l'ouvrage. • CAA Paris, 2 juill. 2010, *Sté Mutuelle d'assurances du bâtiment et des travaux publics (SMABTP)*, n° 08PA02167.

9. Versement des avances, acomptes et solde. La convention conclue entre le maître d'ouvrage et le mandataire ayant confié à ce dernier le soin de liquider les décomptes des marchés et d'en assurer le paiement, une cour administrative d'appel a pu légalement en déduire que le sous-traitant du maître d'œuvre était fondé à diriger sa demande de provision d'honoraires contre le mandataire. • CE 10 févr. 1997, *SEM d'équipement et d'aménagement de l'Aude*, n° 115608 B.

10. Responsabilité du mandataire. Le mandataire n'est pas un constructeur et sa responsabilité ne peut être recherchée sur le fondement de la garantie décennale. • CE 25 juill. 1985, *Cne de Gray*, n° 36883 A.

11. La responsabilité des constructeurs est atténuée par les fautes du mandataire dans l'exercice de ses fonctions de maître d'ouvrage, les fautes du mandataire étant opposables à son mandant. • CE 10 juill. 1996, *Cne de Boissy-Saint-Léger*, n° 132921 A.

12. Le mandataire qui a reçu comme mission la préparation du choix des entrepreneurs, en donnant notamment son avis sur les rapports d'analyse émis par le maître d'œuvre, commet une faute en ne donnant pas son avis oralement lors de la réunion de la commission d'appel d'offres sur le rapport d'analyse des offres transmis la veille par le maître d'œuvre, en ne faisant pas figurer son avis en annexe du procès-verbal de la réunion, en n'alertant pas ultérieurement le maître d'ouvrage sur les risques que présentaient les propositions du maître d'œuvre. Il ne saurait utilement se prévaloir de ce que cette faute serait commune au maître d'œuvre pour demander à être déchargé, en tout ou partie, de sa responsabilité. • CAA Bordeaux, 19 févr. 2008, *Sté Icade G 3A,* n° 05BX00722.

13. Un maître d'ouvrage délégué doit, dans l'exercice de sa mission définie par la convention de mandat qui le lie au maître d'ouvrage, accomplir les diligences que son mandant est en droit d'attendre d'un professionnel ayant accepté cette mission. Si la convention de mandat lui confie une mission d'approbation et de notification du décompte général, il lui appartient de s'assurer que ce document n'est pas entaché d'erreurs ou d'omissions qui ne devraient pas échapper à un professionnel. • CE 7 juin 2010, *Cne de Mantes-la-Jolie,* n° 313638 B. ♦ Il résulte des stipulations de la convention de mandat conclue entre la commune et le groupement relatif aux missions confiées au groupement mandataire, contrairement à ce que soutient le groupement, que la commune a entendu confier à son mandataire une mission d'expertise sur les conditions administratives mais aussi techniques de la réalisation des ouvrages, mission qu'eu égard à sa modeste taille la commune ne pouvait remplir, et consistant notamment dans le contrôle des pré-études techniques, la proposition d'études complémentaires ou encore la délivrance d'avis sur les intervenants nécessaires et la définition de leurs missions. Ainsi, la circonstance que la commune n'a pas relevé l'erreur grossière affectant le cahier des charges rédigé par son mandataire ne peut être regardée comme constituant une faute susceptible d'atténuer la responsabilité du groupement. • CAA Bordeaux, 13 mars 2012, *Cne de Montmorillon,* n° 11BX00781 : *Rev. CMP 2012, comm. 150, Devillers.*

14. Appel en garantie du maître d'ouvrage. La circonstance que la commune, maître de l'ouvrage, était liée au maître d'ouvrage délégué et au maître d'œuvre par des contrats distincts de celui sur lequel se fondait le litige principal l'opposant à l'entrepreneur principal, ne faisait pas obstacle à ce que la commune fût recevable à présenter à leur encontre, au cours de l'instance engagée devant la cour administrative d'appel par cet entrepreneur, des conclusions à fin de garantie. • CE 17 mars 2010, *Cne de St-Rémy-sur-Durolle,* n° 319563 A : *BJCP 2010. 223 concl. Dacosta ; Rev. CMP 2010, n° 5, comm. 169, note Eckert.*

15. Quitus. La délivrance du quitus au maître d'ouvrage délégué fait obstacle à ce que la responsabilité de celui-ci envers le maître de l'ouvrage puisse être recherchée, sauf dans l'hypothèse où il aurait eu un comportement fautif qui, par sa nature ou sa gravité, serait assimilable à une fraude ou un dol. En l'absence toutefois de stipulation contraire de la convention de mandat, si la réception de l'ouvrage vaut quitus pour le maître d'ouvrage délégué en ce qui concerne ses attributions se rattachant à la réalisation de l'ouvrage, elle demeure en revanche sans effet en ce qui concerne ses attributions relatives aux droits et obligations financiers nés de l'exécution du marché. • CE 8 févr. 2010, *Région Île-de-France,* n° 304812 B.

16. Un maître d'ouvrage ne peut utilement invoquer les fautes que le mandataire aurait commises dans l'exécution du mandat à lui confié, s'il n'établit pas avoir formulé des réserves lors de l'établissement du procès-verbal de remise des constructions car il doit être regardé comme ayant donné quitus à ce mandataire et avoir ainsi renoncé à toute réclamation contre ce dernier à raison de la manière dont il s'est acquitté de ses obligations. • CE 28 avr. 1989, *Cne de Largentière,* n° 65073 B.

17. Si aux termes de l'art. 16 de la L. du 23 déc. 1972 portant loi de finances rectificative pour 1972 : « Sont nulles et de nul effet les décisions et délibérations par lesquelles les collectivités locales renoncent soit directement, soit par une clause contractuelle, à exercer toute action en responsabilité à l'égard de toute personne physique ou morale qu'elles rémunèrent sous quelque forme que ce soit », l'art. 5 de la convention de mandat conclue entre l'État et la commune selon lequel la réception de la piscine valait quitus pour l'État de son mandat ne méconnaissait pas les dispositions de cet article, dès lors que le quitus n'est délivré qu'après constatation par le maître de l'ouvrage de l'accomplissement par le mandataire de ses obligations contractuelles. • CE 5 mars 1997, *Cne d'Arques,* n° 151800.

18. La délivrance du quitus au maître d'ouvrage délégué fait obstacle à ce que la responsabilité de celui-ci envers le maître de l'ouvrage puisse être recherchée, sauf dans l'hypothèse où il aurait eu un comportement fautif qui, par sa nature ou sa gravité, serait assimilable à une fraude ou un dol. En l'absence toutefois de stipulation contraire de la convention de mandat, si la réception de l'ouvrage vaut quitus pour le maître d'ouvrage délégué en ce qui concerne ses attributions se rattachant à la réalisation de l'ouvrage, elle demeure en revanche sans effet en ce qui concerne ses attributions relatives aux droits et obligations financiers nés de l'exécution du marché. • CE 8 févr. 2010, *Région Île-de-France,* n° 304812 B : *BJCP 2010. 176, concl. Dacosta ; Rev. CMP 2010, comm. 170, note Llorens.*

19. Action en justice. Le mandataire ayant conclu un marché de travaux pour le compte d'une collectivité publique, sur le fondement de la L. du 12 juill. 1985 relative à la maîtrise d'ouvrage publique et à ses rapports avec la maîtrise d'œuvre privée, n'a pas la qualité de partie au marché. Il est ainsi irrecevable à relever appel du jugement qui, à la demande du représentant de l'État, a annulé ledit marché, alors même qu'il a été invité à produire des observations dans l'instance devant le tribunal administratif. • CAA Lyon, 22 nov. 2001, *SA d'économie mixte d'aménagement des territoires de l'Isère,* n° 97LY02018 : *BJCP 2002. 134, concl. Bourrachot ; Rev. CMP 2002, n°s 7-8, comm. 174, Delelis.*

III. PASSATION DU CONTRAT DE MANDAT. CLAUSES DU CONTRAT

20. Les contrats de mandat de maîtrise d'ouvrage constituent des marchés publics de services (qui peuvent être tantôt des services prioritaires, tantôt des services non prioritaires) et la L. n° 85-704 (dans sa rédaction antérieure à l'Ord. du 17 juin 2004), qui ne prévoit aucune procédure de mise en concurrence pour le choix du mandataire, viole la directive marchés. • CJCE 20 oct. 2005, *Commission c/ France, C-264/03 : Rev. CMP 2005, comm. 296, obs. Zimmer ; BJCP 2006. 21 ; Dr. adm. 2006, n° 3, obs. Noguellou.*

21. Le maire d'une commune ayant signé la convention confiant à une société d'économie mixte la maîtrise d'ouvrage déléguée en vue de l'édification d'un ouvrage sans y être préalablement autorisé par le conseil municipal, la convention de délégation de maîtrise d'ouvrage doit être regardée comme nulle. Il en résulte que le contrat conclu entre une entreprise et cette société pour le compte de la commune sur la base de cette convention de délégation de maîtrise d'ouvrage entachée de nullité est lui-même entaché de nullité. • CE 24 nov. 2008, *Sté Sogea Sud*, n° 291607 B.

22. Une délibération autorisant la signature d'une convention de mandat (dont les stipulations sont indivisibles) ne comportant pas plusieurs des stipulations exigées par les dispositions de l'art. 5 de la L. du 12 juill. 1985, et notamment ne fixant pas les conditions dans lesquelles le maître d'ouvrage constatera l'achèvement de la mission confiée au mandataire, les modalités de rémunération de celui-ci, les modalités du contrôle exercé par le maître d'ouvrage sur le mandataire et les conditions dans lesquelles le mandataire pourra agir en justice pour le compte du maître d'ouvrage, est entachée d'excès de pouvoir. • CE 20 mai 1994, *Cne de Saint-Egrève*, n° 129030.

23. Contrat nul. Le maître d'ouvrage public est la collectivité qui finance l'ouvrage – seule ou avec le concours d'une autre personne publique – et l'incorpore dans son patrimoine à l'achèvement des travaux. En cette qualité, il doit garder la maîtrise des caractéristiques de cet ouvrage et de son financement. Il ne peut déléguer à un mandataire tout ou partie de ses prérogatives qu'à la condition d'insérer dans la convention de délégation, sous peine de nullité, des clauses lui permettant de contrôler l'exécution technique et financière de l'opération. A cet égard, si les parties à un contrat public sont tenues de l'exécuter de bonne foi et ne peuvent, en principe, se prévaloir de sa nullité pour s'exonérer des obligations qui en découlent, c'est sous réserve des clauses de nullité prévues par la loi.

En ce qu'elles délèguent à la communauté d'agglomération, avec un partage de financement, la mission de recruter le maître d'œuvre et les entrepreneurs chargés de réaliser le contournement routier de Chalon-sur-Saône, de les rémunérer, de réceptionner l'ouvrage et de le remettre, une fois achevé, au département de Saône-et-Loire, la convention du 15 nov. 1999 modifiée par l'avenant du 13 juill. 2004 et la convention du 30 mars 2005, s'analyse comme un mandat de maître d'ouvrage au sens des art. 3 et 5 de la L. du 12 juill. 1985.

Or, les art. 3 et 4 de la seconde convention obligent le dpt à financer la moitié des études, acquisitions foncières et des travaux aux coûts prévisionnels HT de 5,3 millions de francs, de 2,078 millions d'euros et de 11 millions d'euros, ces montants sont présentés comme estimatifs et aucune clause ne permet au mandant de contrôler l'exécution technique et financière de l'opération et, partant, de garder la maîtrise de ses engagements. Il suit de là que ces conventions sont nulles de plein droit et n'ont pu faire naître d'obligation à la charge du dpt de Saône-et-Loire. • CAA Lyon, 1er juill. 2021, *Dpt de Saône-et-Loire*, n° 20LY02786.

IV. ACTIONS EN RESPONSABILITÉ

24. Il appartient aux constructeurs, s'ils entendent obtenir la réparation de préjudices consécutifs à des fautes du mandataire du maître d'ouvrage dans l'exercice des attributions qui lui ont été confiées, de rechercher la responsabilité du maître d'ouvrage, seul engagé à leur égard, et non celle de son mandataire, y compris dans le cas où ce dernier a signé les marchés conclus avec les constructeurs, dès lors qu'il intervient au nom et pour le compte du maître d'ouvrage, et n'est pas lui-même partie à ces marchés ; le cas échéant, le maître d'ouvrage dont la responsabilité est susceptible d'être engagée à ce titre peut appeler en garantie son mandataire sur le fondement du contrat de mandat qu'il a conclu avec lui ; la responsabilité du mandataire du maître d'ouvrage à l'égard des constructeurs, qui ne peut jamais être mise en cause sur le terrain contractuel, ne peut l'être, sur le terrain quasi délictuel, que dans l'hypothèse où les fautes alléguées auraient été commises en dehors du champ du contrat de mandat liant le maître d'ouvrage et son mandataire ; en revanche, les constructeurs ne sauraient rechercher la responsabilité du mandataire du maître d'ouvrage en raison de fautes résultant de la mauvaise exécution ou de l'inexécution de ce contrat. • CE 26 sept. 2016, *Sté Dumez Île-de-France*, n° 390515 B : *Rev. CMP 2016, comm. 258, note Devillers.*

SECTION 4 **Transfert de maîtrise d'ouvrage**

Art. L. 2422-12 *(Ord. n° 2019-552 du 3 juin 2019, art. 15 et 26, en vigueur le 1er janv. 2020)* **Lorsque la réalisation ou la réhabilitation d'un ouvrage ou d'un ensemble**

d'ouvrages relèvent simultanément de la compétence de plusieurs maîtres d'ouvrage mentionnés à l'article L. 2411-1 ou de l'un ou plusieurs de ces maîtres d'ouvrage et de la société SNCF Réseau mentionnée à l'article L. 2111-9 du code des transports ou de sa filiale mentionnée au 5° de cet article, ceux-ci peuvent désigner, par convention, celui d'entre eux qui assurera la maîtrise d'ouvrage de l'opération. Cette convention précise les conditions d'organisation de la maîtrise d'ouvrage exercée et en fixe le terme.

Lorsque la société SNCF Réseau mentionnée à l'article L. 2111-9 du code des transports ou sa filiale mentionnée au 5° de cet article sont ainsi désignées, elles appliquent les dispositions du présent livre pour la réalisation des opérations mentionnées au premier alinéa.

Ancien art. L. 2422-12 ***Lorsque la réalisation ou la réhabilitation d'un ouvrage ou d'un ensemble d'ouvrages relèvent simultanément de la compétence de plusieurs maîtres d'ouvrage, ces derniers peuvent désigner, par convention, celui d'entre eux qui assurera la maîtrise d'ouvrage de l'opération. Cette convention précise les conditions d'organisation de la maîtrise d'ouvrage exercée et en fixe le terme.***

COMMENTAIRE

Les dispositions de l'article L. 2422-12 permettent une véritable délégation, par voie de convention, de la maîtrise d'ouvrage. Le maître d'ouvrage délégué remplit seul les missions de maîtrise d'ouvrage et notamment assure seul la passation des marchés pour la réalisation de l'opération. Il n'intervient pas comme un mandataire agissant au nom et pour le compte des autres maîtres d'ouvrage et, en signant les marchés, il n'engage que sa propre responsabilité. ☐

Art. L. 2422-13 Lorsque l'État confie à l'un de ses établissements publics la réalisation d'opérations ou de programmes d'investissement, il peut décider que cet établissement exercera la totalité des attributions de la maîtrise d'ouvrage.

COMMENTAIRE

En application des dispositions de la loi MOP desquelles cet article est issu, plusieurs établissements publics ont été créés, qui assurent, pour le compte de l'État, les missions de maîtrise d'ouvrage : l'Agence de la maîtrise d'ouvrage des travaux du ministère de la Justice (Décr. n° 2001-798 du 31 août 2001 modifié par le Décr. n° 2006-208 du 22 févr. 2006) ; l'Établissement public d'aménagement universitaire (Décr. n° 2006-1219 du 5 oct. 2006) ; l'Établissement public de maîtrise d'ouvrage des travaux culturels (Décr. n° 98-387 du 19 mai 1998). ☐

TITRE III MAÎTRISE D'ŒUVRE PRIVÉE

Art. L. 2430-1 Les dispositions du présent titre s'appliquent aux marchés publics de maîtrise d'œuvre conclus avec un opérateur économique de droit privé.

Art. L. 2430-2 Par dérogation à l'article L. 2410-1, ne sont pas soumis au présent titre les offices publics de l'habitat et les organismes privés d'habitations à loyer modéré, mentionnés à l'article L. 411-2 du code de la construction et de l'habitation, ainsi que les sociétés d'économie mixte, pour les logements à usage locatif aidés par l'État et réalisés par ces organismes et sociétés.

COMMENTAIRE

Les dispositions de l'article L. 2430-2, issues de la loi ELAN, excluent, pour tous les organismes d'habitation à loyer modéré (dont on a vu par ailleurs qu'ils ne sont plus soumis aux dispositions issues de la loi MOP que pour les logements à usage locatif aidés par l'État et qu'ils réalisent), le régime de la maîtrise d'œuvre privée. ☐

CHAPITRE I MISSION DE MAÎTRISE D'ŒUVRE PRIVÉE

Art. L. 2431-1 La mission de maîtrise d'œuvre est une mission globale qui doit permettre d'apporter une réponse architecturale, technique et économique au programme défini par le maître d'ouvrage pour la réalisation d'une opération.

La mission de maîtrise d'œuvre est distincte de celle confiée aux opérateurs économiques chargés des travaux, sous réserve des dispositions relatives aux marchés globaux du chapitre I du titre VII du livre I.

COMMENTAIRE

Pour la définition des missions de maîtrise d'œuvre, voir les articles *infra*.

Pour le second alinéa de l'article L. 2431-1, on se reportera aux articles L. 2171-1 à L. 2171-7 du présent code.

1. Le maître d'œuvre n'est pas mandataire. L'architecte titulaire d'un marché de maîtrise d'œuvre qui conclut avec un ingénieur-conseil un contrat d'assistance technique n'agit pas au nom et pour le compte de la personne publique qui a conclu le marché avec lui. Le contrat est de droit privé. • CE, sect., 4 mai 1984, *Maternité régionale A. Pinard,* n° 26283 A.

2. En limitant par l'art. 18-I de la L. du 12 juill. 1985 la possibilité du recours au contrat de conception-réalisation aux hypothèses où « des motifs d'ordre technique rendent nécessaire l'association de l'entrepreneur aux études », le législateur n'a pas entendu permettre le recours à ce type de contrat en cas d'urgence. Dans le cas où un impératif de délai ou des contraintes liées au site imposent le recours à des procédés techniques particuliers, le recours au marché de conception-réalisation peut être justifié par les caractéristiques intrinsèques de l'opération envisagée. • CE 17 mars 1997, *Synd. nat. du béton armé, des techniques industrialisées et de l'entreprise générale,* n° 155573.

3. La passation d'un marché de conception-réalisation, qui modifie les conditions d'exercice de la fonction de maître d'œuvre, ne peut avoir lieu que dans des circonstances particulières. Dès lors, si ces circonstances ne sont pas établies, une telle passation est de nature à affecter les droits conférés aux architectes lorsque leur intervention est requise en application des dispositions de la L. du 3 janv. 1977. Un conseil régional de l'ordre des architectes a, dès lors, intérêt à agir contre la passation d'un tel marché. • CE 28 déc. 2001, *Conseil régional de l'ordre des architectes d'Auvergne,* n° 221649 B : *Rev. CMP 2002, n° 61, obs. Piétri ; Dr. adm. 2002, n° 3, concl. Piveteau.*

4. Le recours à la procédure de conception-réalisation n'est pas justifié dans le cas de la construction d'un atelier-relais pour dirigeables, dès lors que la personne publique n'invoque que les contraintes particulières d'un tel ouvrage en matière d'architecture, de procédés et de matériaux de construction, sans démontrer que des motifs techniques rendent obligatoire l'association de l'entrepreneur aux études de l'ouvrage. • CE 8 juill. 2005, *Cté d'agglomération de Moulins,* n° 268610 B : *BJCP 2005. 436, concl. Casas.*

5. Performance énergétique. Il résulte des dispositions [de l'art. 18 de la loi MOP] que la passation d'un marché de conception-réalisation, qui modifie les conditions d'exercice de la mission de maître d'œuvre, en principe distincte de celle d'entrepreneur, ne peut avoir lieu que dans des circonstances particulières d'interprétation stricte. Il résulte de l'instruction que, pour décider de la passation d'un marché de conception-réalisation, le département de la Loire-Atlantique s'est fondé, d'une part, sur un objectif de performance énergétique supérieur de 10 % à la norme thermique RT 2012, d'autre part, sur des motifs d'ordre technique tenant au caractère innovant et complexe du projet, en ce qu'il portait sur la réalisation d'un collège dit « modulaire », c'est-à-dire extensible et/ou, en tout ou partie, démontable et transférable, afin de permettre d'augmenter ou de réduire ses capacités d'accueil en fonction de l'évolution des besoins et des effectifs.

Toutefois, d'une part et en tout état de cause, il ne résulte pas de l'instruction que, au regard de la nature de la construction envisagée comme du procédé constructif retenu et des matériaux dont l'emploi était prévu, l'objectif d'un niveau de performance énergétique supérieur de 10 % à la norme thermique RT 2012, issue de la L. préc. du 3 août 2009, représentait en lui-même une contrainte ou une complexité telle qu'elle exigeait d'associer nécessairement les opérateurs de maîtrise d'œuvre et les entreprises de construction dès le stade de l'établissement des études.

D'autre part, de même, s'agissant des motifs d'ordre technique susceptibles de justifier le marché de conception-réalisation du collège, le département maître d'ouvrage a fait le choix d'un procédé de construction reposant sur la préfabrication des éléments à agencer pour permettre le caractère « modulaire » du projet, destiné notamment à favoriser le transfert éventuel de tout ou partie des bâtiments vers d'autres sites, ou l'ajout de modules provenant d'autres collèges réalisés sur le même principe. Mais il ne résulte pas de l'instruction que ce choix exigeait, au regard tant des dimensions des modules ou des matériaux utilisés que des exigences acoustiques et thermiques posées par le maître d'ouvrage et des contraintes susceptibles d'en résulter, un mode de construction spécifique présentant des difficultés techniques particulières telles qu'elles auraient nécessité d'associer l'entrepreneur aux études de l'ouvrage. Par suite, le département de la Loire-Atlantique, qui ne justifie pas de l'existence de motifs entrant dans le champ des dispositions précitées de la L. du 12 juill. 1985 et de l'art. 37 du C. marchés, ne pouvait, sur ce fondement, légalement recourir à un marché de conception-réalisation. • CAA Nantes, 9 nov. 2018, *Conseil régional de l'ordre des architectes c/ Dpt de la Loire Atlantique*, n° 17NT01596 : *AJDA 2019. 582, concl. Bréchot*.

6. Contrôle technique. Portée de l'incompatibilité avec les missions de conception, exécution ou expertise. Aux termes de l'art. L. 111-25 CCH : « L'activité de contrôle technique est soumise à agrément. Elle est incompatible avec l'exercice de toute activité de conception, d'exécution ou d'expertise d'un ouvrage. (...) » ; aux termes de l'art. R. 111-31 du même code : « Les personnes et organismes agréés, les administrateurs ou gérants et le personnel de direction de ces organismes, ainsi que le personnel auquel il est fait appel pour les contrôles, doivent agir avec impartialité et n'avoir aucun lien de nature à porter atteinte à leur indépendance avec les personnes, organismes, sociétés ou entreprises qui exercent une activité de conception, d'exécution ou d'expertise dans le domaine de la construction (...) » ; ces dispositions, qui visent à garantir, dans l'intérêt des maîtres d'ouvrage, l'indépendance des contrôleurs techniques à l'égard des personnes et organismes exerçant une activité de conception, d'exécution ou d'expertise dans le domaine de la construction, et prohibent la participation des contrôleurs techniques à toute activité de conception, de construction ou d'expertise d'un ouvrage, ne s'appliquent qu'aux sociétés de contrôle technique et non aux sociétés exerçant d'autres activités dans le domaine de la construction ; par suite, et contrairement à ce que soutient la Fédération appelante, elles ne peuvent être opposées à la société X, dont il résulte de l'instruction qu'elle n'est pas agréée en vue d'exercer une activité exclusive de contrôle technique ; la circonstance que, lors de l'attribution du marché litigieux, la société appartenait au groupe G comprenant, notamment, une filiale exerçant une activité de contrôleur technique, est sans incidence sur la régularité de l'attribution du marché de maîtrise d'œuvre à cette société sur laquelle ne pèse pas, ainsi qu'il a été dit, le principe d'incompatibilité applicable aux contrôleurs techniques. • CAA Bordeaux, 26 juin 2014, *Féd. CI-NOV*, n° 13BX00422.

Art. L. 2431-2 **La mission de maîtrise d'œuvre comprend tout ou partie des éléments de conception, d'assistance, de direction et de contrôle définis par voie réglementaire.**

Ces éléments de mission peuvent varier en fonction :

1° Du maître d'ouvrage ;

2° De la nature de l'opération ;

3° De l'ouvrage concerné ;

4° De l'intervention, dès l'établissement des études d'avant-projet, d'un opérateur économique chargé des travaux ou d'un fournisseur de produits industriels, lorsque les méthodes ou techniques de réalisation ou les produits industriels à mettre en œuvre impliquent l'intervention de ces opérateurs.

Art. L. 2431-3 **Pour les ouvrages de bâtiment, une mission de base est confiée au titulaire du marché public de maîtrise d'œuvre, qui comprend l'ensemble des éléments de mission définis par voie réglementaire et permet :**

1° Au maître d'œuvre, de réaliser la synthèse architecturale des objectifs et des contraintes du programme et de s'assurer du respect, lors de l'exécution de l'ouvrage, des études qu'il a effectuées ;

2° Au maître d'ouvrage, de s'assurer de la qualité de l'ouvrage et du respect du programme ainsi que de procéder à la consultation des opérateurs économiques chargés des travaux et à l'attribution des marchés publics de travaux.

Le contenu de cette mission de base peut varier lorsque le maître d'ouvrage fait intervenir dès l'établissement des études d'avant-projet, un opérateur économique chargé des travaux ou un fournisseur de produits industriels ou lorsque les études d'exécution sont confiées en tout ou partie à des opérateurs économiques chargés des travaux.

COMMENTAIRE

On se reportera aux articles R. 2431-1 à R. 2431-37 du présent code.

Le maître d'ouvrage peut, sauf pour les ouvrages de bâtiment, confier à un maître d'œuvre la totalité ou seulement certaines des missions de maîtrise d'œuvre.

Il en va autrement pour les ouvrages de bâtiment. Parce qu'il s'agit de répondre aux objectifs d'ordre architectural et urbanistique arrêtés par le maître d'ouvrage, la loi détermine une mission de base qui doit être confiée au maître d'œuvre. Cette mission est, sauf dérogation (V. pour les marchés de partenariat, art. L. 2213-3 du présent code) un tout qui ne peut être attribué qu'à un seul maître d'œuvre (qui peut bien sûr être constitué par un groupement de maîtres d'œuvre) et ne peut faire l'objet d'une segmentation.

CHAPITRE II MARCHÉ PUBLIC DE MAÎTRISE D'ŒUVRE PRIVÉE

Art. L. 2432-1 Le marché public de maîtrise d'œuvre privée prévoit une rémunération forfaitaire du titulaire qui tient compte de l'étendue de la mission, de son degré de complexité et du coût prévisionnel des travaux.

Les modalités de fixation de la rémunération du maître d'œuvre ainsi que les conséquences de la méconnaissance par celui-ci des engagements souscrits sur un coût prévisionnel des travaux, en distinguant selon le maître d'ouvrage, la nature de l'opération et l'ouvrage concerné, sont précisées par voie réglementaire.

Art. L. 2432-2 En cas de modification du programme ou de prestations décidées par le maître d'ouvrage, le marché public de maîtrise d'œuvre fait l'objet d'une modification conventionnelle conformément aux dispositions du chapitre IV du titre IX du livre I. Cette modification arrête le programme modifié et le coût prévisionnel des travaux, et adapte en conséquence la rémunération du maître d'œuvre et les modalités de son engagement sur ce coût prévisionnel.

COMMENTAIRE

Pour ces deux articles, on se reportera aux articles R. 2432-2 à R. 2432-7 du présent code.

On trouvera par ailleurs, ci-dessous, des décisions jurisprudentielles relatives aux droits d'un architecte titulaire d'un marché de maîtrise d'œuvre.

1. Atteinte au droit de l'architecte sur son œuvre. Le pouvoir adjudicateur ne peut porter atteinte au droit de l'architecte sur son œuvre en apportant des modifications à l'ouvrage que dans la mesure où celles-ci sont rendues strictement indispensables par des impératifs esthétiques, techniques ou de sécurité publique, légitimés par les nécessités du service public et notamment la destination de l'ouvrage ou son adaptation à des besoins nouveaux. En l'espèce, la commune a porté une atteinte illégale à l'œuvre de l'architecte qui a conçu un stade dès lors qu'il existait d'autres solutions pour accroître la capacité du stade sans dénaturer le dessin de l'anneau intérieur des gradins. • CE 11 sept. 2006, *M. Agopyan*, n° 265174 B. ♦ V. cep., ci-dessous, la jurisprudence du Tribunal des conflits, d'où découle désormais la compétence du juge judiciaire.

2. Il résulte du 1er al. de l'art. L. 331-1 CPI, selon lequel « les actions civiles et les demandes relatives à la propriété littéraire et artistique, y compris lorsqu'elles portent également sur une question connexe de concurrence déloyale, sont exclusivement portées devant des tribunaux de grande instance, déterminés par voie réglementaire », que par dérogation à la règle énoncée par l'art. 2 de la L. du 11 déc. 2001 selon laquelle les marchés passés en application du C. marchés ont le caractère de contrats administratifs de sorte que les litiges nés de leur exécution ou de leur rupture relèvent de la compétence du juge administratif, la recherche de la responsabilité contractuelle des personnes morales de droit public en matière de propriété littéraire et artistique, relève, depuis l'entrée en vigueur de la L. du 17 mai 2011, de la compétence des juridictions de l'ordre judiciaire. Par suite, et bien que M. X soit lié au département de Meurthe-et-Moselle par un contrat de cession de droits relevant du C. marchés, les litiges nés des actions dirigées contre cette personne publique au titre de son droit d'auteur relèvent de la compétence de la juridiction de l'ordre judiciaire. • T. confl. 7 juill. 2014, *M. Minisini c/ Dpt de Meurthe-et-Moselle*, n° 3955 : *AJDA 2014. 2364, note Pontier ; RDI 2015. 180, obs. Foulquier ; RTD com. 2014. 611, obs. Pollaud-Dulian.*

3. L'art. L. 331-1 CPI dispose que : « Les actions civiles et les demandes relatives à la propriété littéraire et artistique, y compris lorsqu'elles portent également sur une question connexe de concurrence déloyale, sont exclusivement portées devant les tribunaux de grande instance, déterminés par voie réglementaire » ; si ces dispositions réservent aux tribunaux de grande instance la connaissance des litiges qu'elles mentionnent, en dérogeant, le cas échéant, aux principes gouvernant la responsabilité des personnes publiques, elles ne sauraient être interprétées comme donnant compétence aux juridictions de l'ordre judiciaire pour ordonner des mesures de nature à porter atteinte, sous quelque forme que ce soit, à l'intégrité d'un ouvrage public.

Dès lors, si le tribunal de grande instance est saisi d'une demande tendant à ce qu'une atteinte au droit moral d'un architecte soit réparée par l'exécution de travaux sur un ouvrage public, il lui incombe de statuer sur l'existence de l'atteinte et du préjudice allégués, mais il doit se déclarer incompétent pour ordonner la réalisation de travaux sur l'ouvrage ; dans l'hypothèse où le juge administratif serait directement saisi d'une demande de travaux sur un ouvrage public fondée sur l'existence d'une atteinte au droit moral, il lui incomberait de ne statuer qu'après la décision du tribunal de grande instance compétent, saisi à titre préjudiciel, sur l'existence de l'atteinte et du préjudice allégués. • T. confl. 5 sept. 2016, *M. Jean Nouvel c/ Assoc. Philharmonie de Paris*, n° 4069 : *Rev. CMP 2016, n° 266, note Llorens ; BJCP 2017. 48, note Dal Farra.*

4. Un marché de maîtrise d'œuvre conclu pour la réalisation d'un complexe sportif s'étant référé au cahier des clauses administratives générales relatif aux marchés de prestations intellectuelles, le choix, pour la répartition entre les parties des droits de propriété intellectuelle, de l'option B, pour laquelle l'art. B20 stipule que la personne publique ne peut utiliser les résultats, même partiels, des prestations que pour les besoins précisés par le marché, exclut la cession du droit patrimonial de reproduction et fait obstacle à ce que la personne publique utilise les plans du complexe sportif pour l'édification d'un nouvel ouvrage, sans l'accord de l'architecte. En revanche, la personne publique peut modifier l'ouvrage réalisé à partir de ces plans, en faisant appel à un autre architecte, sans préjudice du droit moral du premier architecte au respect de son œuvre. Dès lors, le premier architecte ne disposant d'aucun droit d'exclusivité, la personne publique n'a pu légalement conclure un marché négocié sans publicité ni mise en concurrence avec lui, sur le fondement du 4° du III de l'art. 35 du code, devenu, dans le code de 2006, le 8° du II. • CE 13 juill. 2007, *Synd. d'agglomération nouvelle Ouest Provence*, n° 296096 B : *Rev. CMP 2007, n° 266, obs. Zimmer.*

5. Marché de maîtrise d'œuvre à rémunération forfaitaire. Naissance des droits au paiement. Les droits au paiement d'un marché de maîtrise d'œuvre à rémunération forfaitaire sont acquis lors de l'établissement du projet de décompte par l'architecte et non lors de celui du décompte général du marché par le maître d'ouvrage. La prescription quadriennale commence donc à courir à compter du 1er janv. De l'année suivant celle au cours de laquelle le projet de décompte a été établi. • CE 11 févr. 2005, *Desnoes*, n° 249211 B.

LIVRE V AUTRES MARCHÉS PUBLICS

Art. L. 2500-1 **Sans préjudice de dispositions législatives spéciales, les catégories de marchés publics mentionnés au titre I sont soumises aux règles particulières définies au titre II.**

COMMENTAIRE

Les marchés publics en cause dans le présent livre sont « exclus », c'est-à-dire qu'ils ne sont soumis qu'à un très petit nombre des règles prévues par le code.

Cette exclusion tient à des motifs variés, qui tiennent notamment à la « nature des choses » (quasi-régie, droits exclusifs...).

Art. L. 2500-2 **Les marchés publics mentionnés au présent livre conclus par un acheteur mentionné au chapitre I du livre IV relatif à la maîtrise d'ouvrage publique et ayant pour objet la réalisation d'un ouvrage défini au chapitre II de ce même livre, sont soumis aux dispositions de celui-ci.**

TITRE I CHAMP D'APPLICATION

CHAPITRE I RELATIONS INTERNES AU SECTEUR PUBLIC

SECTION 1 Quasi-régie

Art. L. 2511-1 **Sont soumis aux règles définies au titre II les marchés publics conclus par un pouvoir adjudicateur, y compris lorsqu'il agit en qualité d'entité adjudicatrice, avec une personne morale de droit public ou de droit privé lorsque les conditions suivantes sont réunies :**

1° Le pouvoir adjudicateur exerce sur la personne morale concernée un contrôle analogue à celui qu'il exerce sur ses propres services ;

2° La personne morale contrôlée réalise plus de 80 % de son activité dans le cadre des tâches qui lui sont confiées soit par le pouvoir adjudicateur qui la contrôle, soit par d'autres personnes morales que celui-ci contrôle, soit par ce pouvoir adjudicateur et d'autres personnes morales que celui-ci contrôle ;

3° La personne morale contrôlée ne comporte pas de participation directe de capitaux privés au capital, à l'exception des formes de participation de capitaux privés sans capacité de contrôle ou de blocage requises par la loi qui ne permettent pas d'exercer une influence décisive sur la personne morale contrôlée.

Un pouvoir adjudicateur est réputé exercer sur une personne morale un contrôle analogue à celui qu'il exerce sur ses propres services, s'il exerce une influence décisive à la fois sur les objectifs stratégiques et sur les décisions importantes de la personne morale contrôlée. Ce contrôle peut également être exercé par une autre personne morale, qui est elle-même contrôlée de la même manière par le pouvoir adjudicateur. — *[Ord. n° 2015-899 du 23 juill. 2015, art. 17-I.]*

Art. L. 2511-2 Sont également soumis aux règles définies au titre II les marchés publics conclus par une personne morale contrôlée qui est un pouvoir adjudicateur, y compris lorsqu'il agit en qualité d'entité adjudicatrice, avec :

1° Soit le pouvoir adjudicateur qui la contrôle, y compris lorsque ce contrôle est exercé conjointement avec d'autres pouvoirs adjudicateurs dans les conditions fixées à l'article L. 2511-3 ;

2° Soit une autre personne morale contrôlée par le même pouvoir adjudicateur, à condition que la personne morale à laquelle est attribué le marché public ne comporte pas de participation directe de capitaux privés au capital, à l'exception des formes de participation de capitaux privés sans capacité de contrôle ou de blocage requises par la loi qui ne permettent pas d'exercer une influence décisive sur la personne morale contrôlée. — *[Ord. n° 2015-899 du 23 juill. 2015, art. 17-II.]*

Art. L. 2511-3 Sont également soumis aux règles définies au titre II les marchés publics conclus par un pouvoir adjudicateur, y compris lorsqu'il agit en qualité d'entité adjudicatrice, qui n'exerce pas sur une personne morale un contrôle dans les conditions prévues à l'article L. 2511-1, lorsque les conditions suivantes sont réunies :

1° Le pouvoir adjudicateur exerce sur la personne morale concernée, conjointement avec d'autres pouvoirs adjudicateurs, y compris lorsqu'ils agissent en qualité d'entité adjudicatrice, un contrôle analogue à celui qu'ils exercent sur leurs propres services ;

2° La personne morale réalise plus de 80 % de son activité dans le cadre des tâches qui lui sont confiées par les pouvoirs adjudicateurs qui la contrôlent ou par d'autres personnes morales contrôlées par les mêmes pouvoirs adjudicateurs ;

3° La personne morale contrôlée ne comporte pas de participation directe de capitaux privés au capital, à l'exception des formes de participation de capitaux privés sans capacité de contrôle ou de blocage requises par la loi qui ne permettent pas d'exercer une influence décisive sur la personne morale contrôlée. — *[Ord. n° 2015-899 du 23 juill. 2015, art. 17-III, 1° à 3°.]*

Art. L. 2511-4 Les pouvoirs adjudicateurs sont réputés exercer un contrôle conjoint sur une personne morale lorsque les conditions suivantes sont réunies :

1° Les organes décisionnels de la personne morale contrôlée sont composés de représentants de tous les pouvoirs adjudicateurs participants, une même personne pouvant représenter plusieurs pouvoirs adjudicateurs participants ou l'ensemble d'entre eux ;

2° Ces pouvoirs adjudicateurs sont en mesure d'exercer conjointement une influence décisive sur les objectifs stratégiques et les décisions importantes de la personne morale contrôlée ;

3° La personne morale contrôlée ne poursuit pas d'intérêts contraires à ceux des pouvoirs adjudicateurs qui la contrôlent. — *[Ord. n° 2015-899 du 23 juill. 2015, art. 17-III, a), b), c).]*

Art. L. 2511-5 Le pourcentage d'activités mentionné à la présente section est déterminé en prenant en compte le chiffre d'affaires total moyen ou tout autre paramètre approprié fondé sur les activités, tel que les coûts supportés, au cours des trois exercices comptables précédant l'attribution du marché public.

Lorsque ces éléments ne sont pas disponibles ou ne sont plus pertinents, le pourcentage d'activités est déterminé sur la base d'une estimation réaliste. — *[Ord. n° 2015-899 du 23 juill. 2015, art. 17-IV.]*

COMMENTAIRE

1. – Les dispositions des cinq articles qui précèdent s'inspirent directement, conformément aux directives, de l'exception *in house* d'abord dégagée par la jurisprudence.

Cette exception a été définie dans les conditions suivantes.

Il n'y a de marché que conclu entre deux personnes juridiquement distinctes. Réciproquement, un pouvoir adjudicateur ne peut en principe conclure un contrat d'achat avec une autre personne, fût-elle elle-même un pouvoir adjudicateur, qu'en la mettant en concurrence dans le cadre de la conclusion d'un marché. Il est cependant des cas où un pouvoir adjudicateur A et une personne B, bien que juridiquement distincts, entretiennent des relations si étroites qu'on peut les assimiler à deux services relevant d'une même personne : A peut dès lors passer librement commande à B. Cette exception a été admise par la Cour de justice des Communautés européennes, puis de l'Union européenne, mais de façon restrictive. Pour que les relations entre A et B restent *in house*, il faut que B soit en quelque sorte le simple prolongement de A : soumis à un contrôle de A comparable à celui que celui-ci exerce sur ses propres services, il est pour lui un opérateur dédié en ce que, sauf exception marginale, il ne reçoit commande que de lui. L'exception *in house* ne peut donc trouver à s'appliquer que dans des cas particuliers, par exemple pour des relations entre une collectivité publique et un de ses établissements publics dépourvu, en droit et en fait, de toute autonomie, entre une collectivité publique et une association dite « transparente », entre des collectivités et une société dont elles détiennent entièrement le capital pour autant que les organismes auxquels une ou plusieurs collectivités passent ainsi commande leur soient dédiés. La création de « sociétés publiques locales » par la loi n° 2010-559 du 28 mai 2010 a visé, à cet égard, à doter les collectivités territoriales d'un outil d'intervention qui ne pose pas les mêmes problèmes, au regard du droit de la commande publique, que les sociétés d'économie mixte.

2. – L'exception de quasi-régie définie par les cinq articles qui précèdent vaut pour les pouvoirs adjudicateurs, même quand ils agissent comme entité adjudicatrice.

Trois hypothèses sont distinguées.

L'article L. 2511-1 concerne l'achat à une entité contrôlée. La notion de « contrôle analogue » est explicitée conformément à l'esprit de la jurisprudence sur l'exception *in house*. L'exigence d'une activité de l'entité contrôlée « essentiellement » destinée au pouvoir adjudicateur est rendue plus objective par la fixation d'un seuil de 80 %, dont l'article L. 2511-5 précise comment il est déterminé (on notera, sur ce point, la possibilité ouverte d'une « estimation vraisemblable »). Enfin, la prohibition de toute participation privée au capital de l'entité contrôlée, qui vient de la jurisprudence, est tempérée par le 3°, dans des conditions qu'il appartiendra à la jurisprudence de mieux cerner au cas par cas.

L'article L. 2511-2 prévoit l'application de l'exception de quasi-régie pour l'attribution d'un marché par une entité contrôlée agissant comme pouvoir adjudicateur au pouvoir adjudicateur qui la contrôle ou, sous certaines conditions, à une autre personne morale contrôlée par ce pouvoir adjudicateur.

L'article L. 2511-3 concerne le « contrôle conjoint » de plusieurs pouvoirs adjudicateurs. Là encore, c'est la jurisprudence sur l'exception *in house* qui inspire ces dispositions. Les critères du « contrôle conjoint » sont explicités par l'article L. 2511-4. On notera à cet égard que le 3° pose une condition que n'avait pas retenue la jurisprudence (la personne morale contrôlée ne poursuit pas d'intérêts contraires à ceux des pouvoirs adjudicateurs qui la contrôlent), dont il y aura lieu de mesurer « l'autonomie » par rapport aux conditions posées par les 1° et 2°. ❑

EXCEPTION IN HOUSE

A. JURISPRUDENCE DE LA COUR DE JUSTICE

1. Conditions. Un contrat par lequel une commune membre d'un groupement créé par plusieurs communes pour la gestion en commun de plusieurs services commande à ce groupement des prestations de gestion du service de chauffage de certains bâtiments communaux n'entre pas dans le champ de l'exception *in house*, dès lors que le groupement ne fait pas l'objet d'un contrôle analogue à celui que les communes membres exercent sur leurs services et qu'il peut réaliser des prestations pour des collectivités qui ne sont pas membres du groupement. ● CJCE 18 nov. 1999, *Teckal Srl*, C-107/98. ♦ Ainsi qu'il a été jugé dans l'affaire *Teckal*, la réglementation des marchés publics ne s'applique pas dans l'hypothèse où le pouvoir adjudicateur exerce sur l'opérateur un contrôle analogue à celui qu'il exerce sur ses propres services et où l'opérateur réalise l'essentiel de son activité pour la personne publique, ce qu'il appartient à la juridiction de renvoi de vérifier. • CJCE 10 avr. 2008, *Termoraggi SpA c/ Comune di Monza*, C-323/07.

2. Conditions non remplies. Relations entre un pouvoir adjudicateur et une société. L'exception *in house* ne trouve pas à s'appliquer pour les relations entre des collectivités publiques actionnaires d'une société et cette société, dès lors que celle-ci a aussi un ou plusieurs actionnaires privés. • CJCE 11 janv. 2005, *Stadt Halle*, C-26/03 : *AJDA 2005. 898, note Rolin ; Dr. adm. 2005, n° 36, obs. Alonso Garcia et Maillard ; Rev. CMP 2005, n° 68, obs. Eckert* • CJCE 8 avr. 2008, *Commission c/ Italie*, C-337/05 : *AJDA 2008. 1834, obs. Peyret* .

3. L'exception ne s'applique pas non plus si le capital de la société, bien qu'intégralement détenu par des collectivités publiques, doit, en vertu des statuts de la société, être ouvert à des investisseurs privés. • CJCE 13 oct. 2005, *Parking Brixen GmbH*, C-458/03 : *Dr. adm. 2005, n° 167, obs. Ménéménis* (pour un contrat de concession).

4. Ou encore si le capital de la société, intégralement détenu par la collectivité contractante à la date de la signature du contrat, est, peu après, ouvert à des investisseurs privés. • CJCE 10 nov. 2005, *Commission c/ Autriche*, C-29/04 : *Rev. CMP 2005, n° 2, obs. Eckert.*

5. La juridiction de renvoi demande, en substance, si l'art. 1er, § 2, ss. a), de la directive 2004/18/CE doit être interprété en ce sens qu'un contrat ayant pour objet la fourniture de produits conclu entre, d'une part, une université qui est un pouvoir adjudicateur et qui est contrôlée dans le domaine de ses acquisitions de produits et de services par un État fédéré allemand et, d'autre part, une entreprise de droit privé détenue par l'État fédéral et des États fédérés allemands, y compris ledit État fédéré, constitue un marché public au sens de cette disposition.

Dans l'affaire au principal, il est constant qu'il n'existe aucun rapport de contrôle entre l'université, pouvoir adjudicateur, et HIS, entité attributaire. En effet, l'université ne détient aucune participation dans le capital de cette entité et n'a aucun représentant légal dans les organes de direction de celle-ci.

Par conséquent, la raison qui justifie la reconnaissance de l'exception en ce qui concerne les attributions dites *« in house »*, à savoir l'existence d'un lien interne particulier entre le pouvoir adjudicateur et l'entité attributaire, est absente dans une situation telle que celle de l'affaire au principal.

Dès lors, une telle situation ne saurait être couverte par ladite exception, sauf à étendre les limites de l'application de celle ci, clairement circonscrites par la jurisprudence de la Cour, d'une manière susceptible de réduire significativement la portée du principe énoncé au pt 24 du présent arrêt.

Au demeurant, il convient de relever que, en tout état de cause, sur la base des éléments du dossier mis à la disposition de la Cour et à la lumière de la jurisprudence ci-dessus exposée, la ville de Hambourg n'est pas en mesure d'exercer sur l'université un « contrôle analogue ».

En effet, il y a lieu de constater que le contrôle exercé par la ville de Hambourg sur l'université ne s'étend qu'à une partie de l'activité de cette dernière, à savoir uniquement en matière d'acquisitions, mais non aux domaines de l'enseignement et de la recherche, dans lesquels l'université dispose d'une large autonomie. Reconnaître l'existence d'un « contrôle analogue » dans une telle situation de contrôle partiel irait à l'encontre de la jurisprudence citée au pt 26 du présent arrêt.

Dans ces circonstances, il n'y a pas lieu d'examiner si l'exception concernant les attributions « *in house* » peut trouver à s'appliquer aux opérations dites « internes horizontales », à savoir une situation dans laquelle le même ou les mêmes pouvoir(s) adjudicateur(s) exerce(nt) un « contrôle analogue » sur deux opérateurs économiques distincts dont l'un attribue un marché à l'autre.

En ce qui concerne l'applicabilité, dans l'affaire au principal, de la jurisprudence relative à la coopération entre collectivités territoriales découlant des arrêts *Commission/Allemagne* (*EU :C :2009 :357*), ainsi que *Ordine degli Ingegneri della Provincia di Lecce e.a.* (*EU :C :2012 :817*), il convient de constater, à l'instar de la juridiction de renvoi, pour les raisons énoncées au pt 16 du présent arrêt, que les conditions pour l'application de l'exception prévue par cette jurisprudence ne sont pas remplies.

En effet, la coopération instituée entre l'université et HIS n'est pas destinée à l'accomplissement d'une mission de service public commune au sens de la jurisprudence (V. arrêt *Ordine degli Ingegneri della Provincia di Lecce e.a., EU :C :2012 :817, pts 34 et 37*).

Eu égard aux considérations qui précèdent, il convient de répondre aux questions préjudicielles que l'art. 1er, § 2, sous a), de la Dir. 2004/18/CE doit être interprété en ce sens qu'un contrat ayant pour objet la fourniture de produits conclu entre, d'une part, une université qui est un pouvoir adjudicateur et qui est contrôlée dans le domaine de ses acquisitions de produits et de services par un État fédéré allemand et, d'autre part, une entreprise de droit privé détenue par l'État fédéral et des États fédérés allemands, parmi lesquels figure ledit État fédéré, constitue un marché public au sens de cette disposition et doit, dès lors, être soumis aux règles de passation de marchés publics prévues par cette directive. • CJUE 8 mai 2014, *Technische Universität Hamburg-Harburg, HIS c/ Datenlotsen Informationssysteme GmbH,* C-15/13 : *Rev. CMP 2014, n° 169, note Zimmer ; AJDA 2014. 2001, note Simonnet.*

6. L'art. 1er, § 2, ss. a), de la Dir. 2004/18/CE du Parlement européen et du Conseil, du 31 mars 2004, relative à la coordination des procédures de passation des marchés publics de travaux, de fournitures et de services, doit être interprété en ce sens qu'un accord, aux termes duquel les communes parties à cet accord confient à l'une d'elles la responsabilité de l'organisation de services au profit de ces communes, est exclu du champ d'application de cette directive au motif qu'il constitue un transfert de compétences, au sens de l'art. 4, § 2, TUE, tel qu'interprété dans l'arrêt du 21 déc. 2016, *Remondis* (C-51/15, EU :C :2016 :985).

L'art. 1er, § 2, ss. a), de la Dir. 2004/18 doit être interprété en ce sens qu'un accord de coopération, aux termes duquel les communes parties à cet accord transfèrent à l'une d'elles la responsabilité de l'organisation de services au profit de ces communes, permet de considérer cette commune, lors des attributions postérieures audit transfert, comme un pouvoir adjudicateur et l'habilite à confier, sans mise en concurrence préalable, à une entité *in house*, des services couvrant non seulement ses propres besoins mais également ceux des autres communes parties audit accord, alors que, sans ce transfert de compétences, lesdites communes auraient dû pourvoir elles-mêmes à leurs propres besoins. • CJUE 18 juin 2020, *Porin kapunki,* C-328/19 : *Rev. CMP 2020. 252, note Hoepffner.*

7. Conditions non remplies. Marché attribué à une association comptant des personnes privées parmi ses sociétaires. Lorsque l'entité attributaire d'un marché public est une association d'utilité publique sans but lucratif qui, lors de l'attribution de ce marché, compte parmi ses sociétaires non seulement des entités relevant du secteur public, mais également des institutions privées de solidarité sociale exerçant des activités sans but lucratif, la condition relative au « contrôle analogue », établie par la jurisprudence de la Cour afin que l'attribution d'un marché public puisse être considérée comme une opération « *in house* », n'est pas remplie, de sorte que la Dir. 2004/18/CE du Parlement européen et du Conseil, du 31 mars 2004, relative à la coordination des procédures de passation des marchés publics de travaux, de fournitures et de services, est applicable. • CJUE 19 juin 2014, *Centro Hospitalar de Setubal EPE, Serviço de Utilizaçao Comum dos Hospitais (SUCH) c/ Eurest (Portugal) – Sociedade Europeia de Restaurantes Lda,* C-575/12 : *Rev. CMP 2014, n° 256, note Zimmer.*

8. Conditions non remplies. Opérateur actif sur le marché. Le prestataire du service postal universel espagnol ne peut être regardé comme étant dans une relation *in house* avec l'État, dès lors qu'il ne réalise pas l'essentiel de son activité pour lui et que, bien que contrôlé par l'État, il est, sauf pour les « services réservés », actif sur le marché et susceptible d'entrer en concurrence avec d'autres entreprises. • CJCE 18 déc. 2007, *Asociación Profesional de Empresas de Reparto y Manipulado de Correspondencia,* C-220/06 : *Dr. adm. 2008. Comm. n° 34, obs. Lichère ; Rev. CMP 2008, n° 32, obs. Zimmer.*

9. Conditions remplies. Relations entre un ou plusieurs pouvoirs adjudicateurs et une société dédiée. L'exception trouve à s'appliquer pour une société intégralement détenue par une personne publique si les deux critères mentionnés dans l'arrêt *Teckal* sont satisfaits. • CJCE 6 avr. 2006, *Associazione nazionale autotrasporto viaggiatori (ANAV),* C-410/04 : *Rev. CMP 2006, n° 131, obs. Zimmer.*

10. L'exception *in house* est applicable à une entreprise publique, simple « moyen instrumental » et service technique de plusieurs personnes publiques à l'égard desquelles elle ne dispose d'aucune liberté (notamment pour refuser leurs commandes ou fixer ses tarifs) et qui réalise presque 90 % de son activité pour elles. • CJCE 19 avr. 2007, *Asociación Nacional de Empresas Forestales (Asemfo),* C-295/05 : *BJCP 2007. 297 ; Dr. adm. 2007, n° 101, obs. Ménéménis ; JCP Adm. 2007. 2151, note de Fenoyl.*

11. L'exception s'applique aussi lorsque le pouvoir adjudicateur, qui a la faculté de nommer les membres des organes de direction et d'orienter l'activité de la société et qui s'est réservé la possibilité de procéder à des vérifications, peut influencer de manière déterminante tant les objectifs stratégiques que les décisions importantes de la société, la possibilité pour des personnes privées de participer au capital étant à cet égard indifférente en l'absence d'une participation effective de leur part au moment de la conclusion du contrat en cause. • CJCE 17 juill. 2008, *Commission c/ Italie,* C-371/05 : *Rev. CMP 2008, n° 183, obs. Zimmer ; RDI 2008. 500, obs. Noguellou ; RJEP 2008, comm n° 51, note Donnat.*

12. Entité détenue en commun par plusieurs autorités publiques. Lorsque plusieurs collectivités publiques détiennent la totalité du capital d'une société, il convient, pour apprécier si un contrat passé par l'une d'elles avec la société est susceptible de relever de l'exception *in house*, de vérifier, outre le respect du critère de contrôle, si la société consacre la quasi-totalité de son activité aux commandes passées par l'ensemble des collectivités actionnaires. • CJCE 11 mai 2006, *Carbotermo SpA,* C-340/04 : *BJCP 2006. 273, concl. Stix-Hackl ; Dr. adm. 2006, n° 148, obs. Ménéménis ; Rev. CMP 2006, n° 203, obs. Eckert ; ACCP févr. 2007, obs. Millet.* ♦ V. aussi, pour une concession, • CJCE 13 nov. 2008, *Coditel Bra-*

bant SA c/ Cne d'Uccle, Région de Bruxelles-Capitale, C-324/07 : *Rev. CMP 2009, n° 34, note Zimmer ; Dr. adm. 2009, comm. n° 22, note Caranta ; RDI 2009. 115, obs. Noguellou* ✐.

13. Les art. 43 CE et 49 CE, les principes d'égalité de traitement et de non-discrimination en raison de la nationalité ainsi que l'obligation de transparence qui en découle ne s'opposent pas à l'attribution directe d'un marché public de services à une société par actions à capital entièrement public dès lors que la collectivité publique qui est le pouvoir adjudicateur exerce sur cette société un contrôle analogue à celui qu'elle exerce sur ses propres services et que cette société réalise l'essentiel de son activité avec la ou les collectivités qui la détiennent. Le contrôle exercé par les collectivités actionnaires sur ladite société peut être considéré comme analogue à celui qu'elles exercent sur leurs propres services dans des circonstances telles que celles de l'affaire au principal, où l'activité de ladite société est limitée au territoire desdites collectivités et est essentiellement exercée au bénéfice de celles-ci, et où au travers des organes statutaires composés de représentants desdites collectivités, celles-ci exercent une influence déterminante tant sur les objectifs stratégiques que sur les décisions importantes de ladite société. Toutefois, le fait que, pendant la durée du marché, des actionnaires privés soient admis à participer au capital de la société constituerait un changement d'une condition fondamentale du marché qui nécessiterait une mise en concurrence. • CJCE 10 sept. 2009, ⚖ *Sea Sarl c/ Cne di Ponte Nossa*, C-573/07 : *Rev. CMP 2009, n° 305, note Zimmer ; RDI 2009. 590, note Noguellou* ✐.

14. Conformément à la jurisprudence, en cas de recours à une entité détenue en commun par plusieurs autorités publiques, le « contrôle analogue » peut être exercé conjointement par ces autorités, sans qu'il soit indispensable que ce contrôle soit exercé individuellement par chacune d'elles (V., en ce sens, arrêts *Coditel Brabant, pts 47 et 50*, ainsi que *Sea, pt 59*).

Il en découle que, si une autorité publique devient associée minoritaire d'une société par actions à capital entièrement public en vue de lui attribuer la gestion d'un service public, le contrôle que les autorités publiques associées au sein de cette société exercent sur celle-ci peut être qualifié d'analogue au contrôle qu'elles exercent sur leurs propres services lorsqu'il est exercé conjointement par ces autorités (arrêt *Sea, préc., pt 63*). Dans ces conditions, si, en cas de recours de plusieurs autorités publiques à une entité commune aux fins de l'accomplissement d'une mission commune de service public, il n'est, certes, pas indispensable que chacune de ces autorités détienne, à elle seule, un pouvoir de contrôle individuel sur cette entité, il n'en demeure pas moins que le contrôle exercé sur celle-ci ne saurait reposer sur le seul pouvoir de contrôle de l'autorité publique détenant une participation majoritaire dans le capital de l'entité concernée et ce sous peine de vider de son sens la notion même de contrôle conjoint.

La position d'un pouvoir adjudicateur au sein d'une entité attributaire détenue en commun ne lui assurant pas la moindre possibilité de participation au contrôle de cette entité ouvrirait, en effet, la voie au contournement de l'application des règles du droit de l'Union en matière de marchés publics ou de concessions de services, dès lors qu'une affiliation purement formelle à une telle entité ou à un organe commun assurant la direction de celle-ci dispenserait ce pouvoir adjudicateur de l'obligation d'engager une procédure d'appel d'offres selon les règles de l'Union, alors même que ce dernier ne prendrait aucunement part à l'exercice du « contrôle analogue » sur cette entité (V., en ce sens, • CJCE 21 juill. 2005, ⚖ *Coname*, C-231/03 : *Rec. CJCE I-7287, pt 24)* • CJUE 29 nov. 2012, ⚖ *Econord SpA*, n[os] C-182/11 et C-183/11 : *AJDA 2013. 178, note Dreyfus* ✐ *; Rev. CMP 2013, n° 1*.

15. Société attributaire détenue par plusieurs collectivités territoriales et exerçant aussi une activité imposée par une autorité publique non associée. 1°) L'exigence que la personne en cause réalise l'essentiel de son activité avec la ou les collectivités qui la détiennent a pour objet de garantir que la directive 2004/18/CE demeure applicable dans le cas où une entreprise contrôlée par une ou plusieurs collectivités est active sur le marché, et donc susceptible d'entrer en concurrence avec d'autres entreprises. En effet, une entreprise n'est pas nécessairement privée de liberté d'action du seul fait que les décisions la concernant sont contrôlées par la ou les collectivités qui la détiennent, si elle peut encore exercer une partie importante de son activité économique auprès d'autres opérateurs. En revanche, lorsque les prestations de cette entreprise sont substantiellement destinées à cette seule ou à ces seules collectivités, il apparaît justifié que cette entreprise échappe aux contraintes de la directive 2004/18/CE, celles-ci étant dictées par le souci de préserver une concurrence qui n'a, en ce cas, plus lieu d'être (V., par analogie, arrêt du 11 mai 2006, *Carbotermo et Consorzio Alisei*, n° C-340/04, *EU :C :2006 :308, pts 60 à 62*).

Il découle de cette jurisprudence que toute activité de l'entité attributaire qui est consacrée à des personnes autres que celles qui la détiennent, à savoir à des personnes qui n'ont aucun rapport de contrôle avec cette entité, fussent-elles des autorités publiques, doit être considérée comme étant exercée en faveur de tiers.

Par conséquent, à la lumière de cette jurisprudence, dans l'affaire au principal, les collectivités territoriales qui ne sont pas associées de Cogesa doivent être considérées comme des tiers. En effet, selon les indications figurant dans la décision de renvoi, il n'existe aucun rapport de contrôle entre ces collectivités et cette société, de sorte que le lien interne particulier, qui justifie selon la jurisprudence de la Cour l'exception en ce qui concerne les attributions dites « *in house* », entre le pouvoir adjudicateur et l'entité adjudicataire fait défaut.

Dès lors, aux fins de vérifier si Cogesa réalise l'essentiel de son activité avec les collectivités qui la détiennent, l'activité que cette société consacre aux collectivités territoriales non associées doit être considérée comme étant exercée au profit de tiers. Il appartient à la juridiction de renvoi d'examiner si cette dernière activité peut être regardée comme ne revêtant qu'un caractère marginal par rapport à l'activité de Cogesa avec les collectivités qui la détiennent, au sens de la jurisprudence de la Cour relative à l'attribution dite « *in house* ».

Cette conclusion ne saurait être infirmée par la circonstance, mentionnée par la juridiction de renvoi, selon laquelle l'activité de Cogesa exercée au profit des collectivités territoriales non associées est imposée par une autorité publique, également non associée de cette société. En effet, bien qu'elle ait imposé ladite activité à Cogesa, il ressort des indications figurant dans la décision de renvoi que cette autorité publique n'est pas associée de cette société et n'exerce aucun contrôle sur celle-ci au sens de la jurisprudence de la Cour relative à l'attribution dite « *in house* ». En l'absence de tout contrôle par ladite autorité publique, l'activité imposée par cette dernière à Cogesa doit être considérée comme une activité exercée pour des tiers.

Compte tenu des considérations qui précèdent, il y a lieu de répondre à la première question posée que, dans le cadre de l'application de la jurisprudence de la Cour concernant les attributions directes des marchés publics dites « *in house* », afin de déterminer si l'entité adjudicataire exerce l'essentiel de son activité pour le pouvoir adjudicateur, notamment les collectivités territoriales qui sont ses associées et qui la contrôlent, il convient de ne pas inclure dans cette activité celle qu'impose à cette entité une autorité publique, non associée de cette entité, en faveur de collectivités territoriales qui ne sont pas non plus associées de ladite entité et n'exercent aucun contrôle sur elle, cette dernière activité devant être considérée comme exercée pour des tiers.

2°) Aux fins de déterminer si l'entité adjudicataire réalise l'essentiel de son activité pour les collectivités territoriales qui sont ses associées et qui exercent sur elle, de manière conjointe, un contrôle analogue à celui qu'elles exercent sur leurs propres services, il convient de prendre en considération toutes les circonstances de l'espèce, parmi lesquelles peut figurer l'activité que cette entité adjudicataire a réalisée pour ces mêmes collectivités territoriales avant qu'un tel contrôle conjoint ne soit devenu effectif. • CJUE 8 déc. 2016, *Undis Servizi Srl*, n° C-553/15 : *Rev. CMP 2017, comm. 38, Ubaud-Bergeron ; AJDA 2017. 1127, note Brameret*.

16. La Dir. 2014/24/UE du Parlement européen et du Conseil du 26 févr. 2014, sur la passation des marchés publics et abrogeant la Dir. 2004/18/CE doit être interprétée en ce sens qu'elle s'oppose à une réglementation ou à une pratique nationale en vertu de laquelle l'exécution d'un marché public, attribué initialement, sans appel à la concurrence, à une entité *in house*, sur laquelle le pouvoir adjudicateur exerçait, de manière conjointe, un contrôle analogue à celui qu'il exerce sur ses propres services, soit poursuivie automatiquement par l'opérateur économique ayant acquis cette entité, au terme d'une procédure d'appel d'offres, lorsque ce pouvoir adjudicateur ne dispose pas d'un tel contrôle sur cet opérateur et ne détient aucune participation dans son capital. • CJUE 12 mai 2022, *Comune di Lerici*, n° C-719/20 : *Rev. CMP 2022, comm. 227, Hoepffner.*

17. Partenariat public-privé institutionnel. Les art. 43 CE, 49 CE et 86 CE ne s'opposent pas à l'attribution directe d'un service public impliquant la réalisation préalable de certains travaux, tels que celui en cause au principal, à une société à capital mixte, public et privé, spécialement créée aux fins de la fourniture de ce service et ayant un objet social unique, dans laquelle l'associé privé est sélectionné sur appel d'offres public, après vérification des conditions financières, techniques, opérationnelles et de gestion se rapportant au service à assurer et des caractéristiques de l'offre au regard des prestations à fournir, pourvu que la procédure d'appel d'offres en question soit conforme aux principes de libre concurrence, de transparence et d'égalité de traitement imposés par le traité CE pour les concessions. • CJCE 15 oct. 2009, *Acoset SpA*, C-196/08 : *AJDA 2010. 105, note J.-D. Dreyfus et M. Peltier ; ibid. concl. Colomer ; BJCP 2010. 39* (arrêt rendu à propos d'une concession, mais transposable, *mutatis mutandis*, à l'hypothèse d'un marché public).

B. JURISPRUDENCE ADMINISTRATIVE

18. Opérateur in house et, par suite, ne pouvant être regardé comme un opérateur sur un marché concurrentiel. Un organisme dont l'objet statutaire exclusif est, sous réserve d'une diversification purement accessoire, de gérer un service public créé par une ou plusieurs personnes publiques et sur lequel celles-ci exercent un contrôle comparable à celui qu'elles exercent sur leurs propres services, leur donnant notamment les moyens de s'assurer du strict respect de son objet statutaire, doit être regardé comme n'étant pas un opérateur auquel les personnes publiques ne pourraient faire appel qu'en passant un marché public (ou une délégation de service public). • CE, sect., 6 avr. 2007, *Cne d'Aix-en-Provence*, n° 284736 : *Lebon 155 ; AJDA 2007. 1020, Chron. Lenica et Boucher ; D. 2007. chron. 2617, note Clamour ; JCP Adm. 2007, n° 2111, note Kerpenschif, n° 2125, note Linditch, n° 2128, note Pontier ; Rev. CMP 2007, n° 191, obs. Eckert ; BJCP 2007. 283, concl. Seners, obs. R. S. ; Dr. adm. 2007, n° 95, note Bazex et Blazy ; RFDA 2007. 812, concl. Séners et note Douence ; RD publ. 2007. 1367, note Bui-Xuan.*

19. Les collectivités publiques peuvent recourir à leurs propres moyens, pour assurer, dans le cadre de leurs compétences, les prestations répondant à leurs besoins. Elles ne sont pas tenues de faire appel à des tiers, en particulier à des entreprises, en passant avec eux des marchés publics. Ainsi, si plusieurs collectivités publiques décident d'accomplir en commun certaines tâches et de créer à cette fin, dans le respect des dispositions législatives et réglementaires qui leur sont applicables, un organisme dont l'objet est de leur fournir les prestations dont elles ont besoin, elles peuvent librement faire appel à celui-ci, sans avoir à le mettre en concurrence avec des opérateurs dans le cadre de la passation d'un marché public, dès lors qu'il leur consacre l'essentiel de son activité et qu'elles exercent conjointement sur lui un contrôle comparable à celui qu'elles exercent sur leurs propres services, un tel organisme ne pouvant en effet être regardé, alors, comme un opérateur sur un marché concurrentiel. • CE 4 mars 2009, *Synd. nat. des industries d'information de santé*, n° 300481 B : *BJCP 2009. 237, concl. Courrèges ; Rev. CMP 2009, n° 120, note Soler-Couteaux ; Dr. adm. 2009, comm. n° 71, note Hoepffner ; RDI 2009. 423, note Noguellou .*

20. Relations entre une collectivité territoriale et une SEML. Un contrat par lequel une collectivité territoriale commande des prestations de service à une société d'économie mixte dont elle est actionnaire est un marché public soumis au code. • CE 30 déc. 2002, *Dpt des Côtes-d'Armor*, n° 218110 B : *AJDA 2003. 394, note Dreyfus ; Rev. CMP 2003, n° 48, obs. Delacour ; BJCP 2003. 273, obs. Benjamin.*

21. L'attribution d'un marché public sans mise en concurrence par une commune à une société d'économie mixte locale dont elle est actionnaire, qui ne peut en aucun cas être justifiée par l'exception *in house*, justifie la condamnation du maire et de son adjoint pour délit de favoritisme. • Crim. 25 juin 2008, n° 07-88.373 : *Dr. adm. 2008, n° 133.*

22. Aux termes de l'art. L. 300-4 C. urb. : « L'État et les collectivités territoriales, ainsi que leurs établissements publics, peuvent concéder la réalisation des opérations d'aménagement prévues par le présent code à toute personne y ayant vocation. L'attribution des concessions d'aménagement est soumise par le concédant à une procédure de publicité permettant la présentation de plusieurs offres concurrentes, dans des conditions prévues par décret en Conseil d'État » ; l'art. L. 300-5-2 du même code dispose toutefois que : « Les dispositions du deuxième alinéa de l'art. L. 300-4 ne sont pas applicables aux concessions d'aménagement conclues entre le concédant et un aménageur sur lequel il exerce un contrôle analogue à celui qu'il exerce sur ses propres services et qui réalise l'essentiel de ses activités avec lui ou, le cas échéant, les autres personnes publiques qui le contrôlent » ; enfin, aux termes de l'art. L. 327-1 de ce code : « Les collectivités territoriales et leurs groupements peuvent créer, dans le cadre des compétences qui leur sont attribuées par la loi, des sociétés publiques locales d'aménagement dont ils détiennent la totalité du capital. (...) Ces sociétés exercent leurs activités exclusivement pour le compte de leurs actionnaires et sur le territoire des collectivités territoriales et des groupements de collectivités territoriales qui en sont membres (...) Ces sociétés revêtent la forme de société anonyme régie par le livre II du C. com. et sont composées, par dérogation à l'art. L. 225-1 du même code, d'au moins deux actionnaires (...) ».

Il résulte de ces dispositions qu'une collectivité territoriale peut concéder la réalisation d'opérations d'aménagement à une société publique locale d'aménagement, créée sur le fondement de l'art. L. 327-1 C. urb. et qui ne peut dès lors exercer son activité que pour le compte de ses actionnaires et sur leur territoire, sans publicité ni mise en concurrence préalables, à la condition que cette collectivité exerce sur cette société un contrôle analogue à celui qu'elle exerce sur ses propres services ; pour être regardée comme exerçant un tel contrôle sur cette société, conjointement avec la ou les autres personnes publiques également actionnaires, cette collectivité doit participer non seulement à son capital mais également aux organes de direction de cette société.

Il ressort des énonciations de l'arrêt attaqué que la commune de Marsannay-la-Côte, détentrice de 1,076% du capital de la SPLAAD, d'une part, ne dispose pas d'un représentant propre au sein de son conseil d'administration, alors que cette instance, principal organe de direction de cette société, approuve les concessions d'aménagement, et n'y a voix délibérative que de façon indirecte, par l'intermédiaire d'un représentant commun des petits actionnaires, d'autre part, qu'elle ne peut seule, requérir l'inscription d'un projet à l'ordre du jour, selon l'art. 27 des statuts, dès lors qu'elle détient moins de 5 % du capital de la société, et, enfin, qu'aucun des organes au sein desquels elle est directement représentée, que sont l'assemblée spéciale des petits actionnaires, le comité technique et financier et le comité de contrôle, ne disposent, en matière d'exécution des concessions d'aménagement confiées à cette société, d'un pouvoir décisionnaire ; la cour administrative d'appel, qui a suffisamment motivé son arrêt sur ce point, a pu en déduire, sans commettre d'erreur de droit, ni d'erreur de qualification juridique, que la commune de Marsannay-la-Côte ne pouvait pas être regardée comme participant, de façon effective, aux organes de direction de la société ni, par suite, comme exerçant sur la SPLAAD, même conjointement avec les autres actionnaires, un contrôle analogue à celui qu'elle exerce sur ses propres services, et juger, en conséquence, que la dérogation au 2e al. de l'art. L. 300-4 C. urb. prévue par l'art. L. 300-5-2 du même code n'était pas applicable en l'espèce. • CE 6 nov. 2013, ⛫ *Cne de Marsannay-la-Côte, SPLA de l'agglomération dijonnaise*, nos 365079, 365082 et 366544 A : *BJCP 2014. 3, concl. Dacosta ; Rev. CMP 2014, no 19, note Amilhat.*

23. Le service départemental d'incendie et de secours (SDIS) est un établissement public autonome commun au département, aux communes et aux établissements publics de coopération communale compétents en matière de lutte contre l'incendie ; en raison de son mode d'administration et de son budget, le département exerce sur ce service un contrôle analogue à celui qu'il exerce sur ses propres services ; les interventions du SDIS dans le département représentent une part essentielle des activités de ce service dès lors que, en vertu de l'art. L. 1424-2 CGCT, les services d'incendie et de secours sont notamment chargés de la prévention, de la protection et de la lutte contre les incendies, concourent à la protection et la lutte contre les autres accidents, sinistres et catastrophes, à l'évaluation et à la prévention des risques technologiques ou naturels ainsi qu'aux secours d'urgence.

La convention en cause, approuvée par la délibération attaquée, a pour objet la fourniture de prestations de surveillance des plages au bénéfice du département pour la saison 2003 ; elle fixe les conditions de remboursement par le département des frais de fonctionnement qui lui incombent, sur la base du coût journalier d'un sauveteur, déterminé par l'adjonction des frais de gestion et de formation à son indemnisation à hauteur de 22,5 % de celle-ci ; ainsi, la convention en cause doit être qualifiée de contrat de « quasi-régie » exclu du champ d'application des règles de publicité et de concurrence. • CAA Marseille, 1er oct. 2012, ⛫ *Cne de Villeneuve-de-la-Raho*, no 09MA01954 : *Rev. CMP 2012, no 326, note Eckert.*

24. SPL. Hormis le cas, prévu par l'art. L. 1521-1 du CGCT, où l'objet social de la société s'inscrit dans le cadre d'une compétence que la commune n'exerce plus du fait de son transfert, après la création de la société, à un établissement public de coopération intercommunale, la participation d'une collectivité territoriale ou d'un groupement de collectivités territoriales à une société publique locale, qui lui confère un siège au conseil d'administration ou au conseil de surveillance et a nécessairement pour effet de lui ouvrir droit à participer au vote des décisions prises par ces organes, est exclue lorsque cette collectivité territoriale ou ce groupement de collectivités territoriales n'exerce pas l'ensemble des compétences sur lesquelles porte l'objet social de la société. • CE 14 nov. 2018, ⛫ *Syndicat mixte pour l'aménagement et le développement des Combrailles*, no 405628 B : *Rev. CMP 2019. 9, note Zimmer.*

SECTION 2 Coopération entre pouvoirs adjudicateurs

Art. L. 2511-6 **Sont soumis aux règles définies au titre II les marchés publics par lesquels les pouvoirs adjudicateurs, y compris lorsqu'ils agissent en qualité d'entité adjudicatrice, établissent ou mettent en œuvre une coopération dans le but de garantir que les services publics dont ils ont la responsabilité sont réalisés en vue d'atteindre les objectifs qu'ils ont en commun, lorsque les conditions suivantes sont réunies :**

1° La mise en œuvre de cette coopération n'obéit qu'à des considérations d'intérêt général ;

2° Les pouvoirs adjudicateurs concernés réalisent sur le marché concurrentiel moins de 20 % des activités concernées par cette coopération. Ce pourcentage d'activités est déterminé dans les conditions fixées à l'article L. 2511-5. – *[Ord. no 2015-899 du 23 juill. 2015, art. 18.]*

COMMENTAIRE

Là encore, ces dispositions trouvent leur source d'inspiration dans la jurisprudence (V. CJCE 9 juin 2009, *Commission c/ Allemagne*, C-480/06). On notera toutefois que le plafond de 20 % d'activités réalisées sur le marché concurrentiel par les pouvoirs adjudicateurs qui coopèrent (déterminé selon les mêmes modalités que le seuil de 80 % mentionné à l'art. L. 2511-1 ci-dessus) va plus loin que la jurisprudence, qui exigeait seulement que la concurrence ne soit pas faussée par la mise en place de la coopération. ❑

1. Coopération entre entités publiques en vue d'assurer une mission de service public qui leur est commune. Un contrat conclu par des collectivités locales avec les services de voirie d'une commune, par lequel ceux-ci réservent aux collectivités une capacité de traitement dans une installation de valorisation thermique des déchets que la commune entend construire, contre un prix payé par ces collectivités, par l'intermédiaire des services de voirie, à la société qui sera chargée par la commune d'exploiter cette installation, a pour objet d'organiser une coopération entre collectivités locales pour la mise en œuvre de la mission de service public d'élimination des déchets qui leur est commune ; il permet à la commune de construire et de faire exploiter une installation de traitement des déchets dans les conditions économiques les plus favorables. Ce contrat de coopération entre collectivités locales n'a pas à être passé comme un marché public. • CJCE 9 juin 2009, *Commission c/ Allemagne,* C-480/06 : *Rev. CMP 2009, n° 226, note Hoepffner ; RDI 2009. 469, note Noguellou* .

2. Pour les contrats qui instaurent une coopération entre des entités publiques ayant pour objet d'assurer la mise en œuvre d'une mission de service public qui est commune à celles-ci (V., en ce sens, arrêt du 9 juin 2009, *Commission c/ Allemagne*, aff. C-480/06 : *Rec. CJCE I-4747, pt 37*), les règles du droit de l'Union en matière de marchés publics ne sont pas applicables pour autant que, en outre, de tels contrats soient conclus exclusivement par des entités publiques, sans la participation d'une partie privée, qu'aucun prestataire privé ne soit placé dans une situation privilégiée par rapport à ses concurrents et que la coopération qu'ils instaurent soit uniquement régie par des considérations et des exigences propres à la poursuite d'objectifs d'intérêt public (V., en ce sens, arrêt *Commission c/ Allemagne, préc., pts 44 et 47*). • CJUE 19 déc. 2012, *Azienda Sanitaria Locale di Lecce,* C-159/11 : *AJDA 2013. 630, note Dreyfus ; Rev. CMP 2013, n° 64, note Zimmer.*

3. Un contrat tel que celui en cause au principal, par lequel, sans instaurer une coopération entre les entités publiques contractantes en vue de la mise en œuvre d'une mission de service public commune, une entité publique confie à une autre entité publique la mission de nettoyer certains bâtiments à usage de bureaux, de locaux administratifs et d'établissements scolaires, tout en se réservant le pouvoir de contrôler la bonne exécution de cette mission, moyennant une compensation financière censée correspondre aux coûts engendrés par la réalisation de ladite mission, la seconde entité étant en outre autorisée à recourir à des tiers ayant éventuellement la capacité d'agir sur le marché pour l'accomplissement de cette mission, constitue un marché public de services au sens de l'art. 1er, § 2, ss. d), de la Dir. 2004/18/CE du Parlement européen et du Conseil, du 31 mars 2004, relative à la coordination des procédures de passation des marchés publics de travaux, de fournitures et de services. • CJUE 13 juin 2013, *Piepenbrock Dienstleistungen GmbH et Co KG,* C-386/11 : *AJDA 2013. 1751, note Dreyfus ; Rev. CMP 2013, n° 213, note Zimmer.* – V. aussi : • CJUE, ord., 20 juin 2013, *Consiglio Nazionale degli Ingegneri c/ Cne di Castelvecchio Subequo et Cne di Barisciano,* C-352/12 • CJUE, ord., 16 mai 2013, *Consulta Regionale Ordine Ingegneri della Lombardia et a. c/ Cne di Pavia,* C-564/11.

4. L'art. 12, § 4, ss. a), de la Dir. 2014/24/UE du Parlement européen et du Conseil, du 26 févr. 2014, sur la passation des marchés publics et abrogeant la Dir. 2004/18/CE, doit être interprété en ce sens qu'une coopération entre pouvoirs adjudicateurs ne saurait être caractérisée lorsqu'un pouvoir adjudicateur, responsable sur son territoire d'une mission d'intérêt public, n'accomplit pas entièrement lui-même cette mission qui lui incombe seul en vertu du droit national et qui requiert l'accomplissement de plusieurs opérations, mais charge un autre pouvoir adjudicateur, qui ne dépend pas de lui et qui est également responsable de cette mission d'intérêt public sur son propre territoire, d'effectuer l'une des opérations requises contre rémunération. • CJUE 4 juin 2020, *Remonds GmbH,* C-429/19.

5. Il ressort de l'art. 12, § 4, de la Dir. 2014/24 que, pour être exclu des règles de passation des marchés publics, un marché public conclu exclusivement entre deux pouvoirs adjudicateurs ou plus doit établir ou mettre en œuvre une coopération entre les pouvoirs adjudicateurs participants dans le but de garantir que les services publics dont ils doivent assurer la prestation sont réalisés en vue d'atteindre les objectifs qu'ils ont en commun. En outre, la mise en œuvre de cette coopération ne doit obéir qu'à des considérations d'intérêt public. Par ailleurs, les pouvoirs adjudicateurs participants doivent réaliser sur le marché concurrentiel moins de 20 % des activités concernées par la coopération.

En l'occurrence, la décision de renvoi ne semble toutefois pas pouvoir permettre de caractériser l'existence d'une véritable coopération entre la Région de Campanie et l'ACI, la convention en cause au principal ayant, selon la juridiction de renvoi, uniquement pour objet l'acquisition d'une prestation moyennant le versement d'une rémunération. La convention en cause au principal ne semble pas non plus constituer l'aboutissement d'une démarche de coopération entre ces deux pouvoirs adjudicateurs.

En deuxième lieu, ainsi que cela a été relevé au pt. 16 de la présente ordonnance, la juridiction de renvoi considère que la convention en cause au principal n'a pas été conclue en vue d'atteindre des objectifs communs à la Région de Campanie et à l'ACI.

Néanmoins, dans la mesure où l'ACI allègue, dans ses observations écrites, qu'il a pour mission de gérer le registre public des automobiles, lequel sert à déterminer les redevables de cette taxe, et que, partant, il serait titulaire de missions publiques relatives à ladite taxe, il appartient à la juridiction de renvoi d'apprécier si la mission ainsi confiée à l'ACI n'est pas susceptible d'être appréhendée comme une activité accessoire à la perception de la taxe sur les véhicules automobiles.

En effet, il découle de l'art. 12, § 4, de la Dir. 2014/24, lu en combinaison avec le considérant 33, premier alinéa, de cette directive, qu'une coopération entre personnes publiques peut porter sur tous les types d'activités liées à l'exécution de services et à l'exercice de responsabilités confiées aux pouvoirs adjudicateurs participants ou assumées par eux. Or, l'expression « tous les types d'activités », figurant audit considérant 33, premier alinéa, est susceptible de couvrir une activité accessoire à un service public, pour autant que cette activité accessoire contribue à la réalisation effective de la mission de service public qui fait l'objet de la coopération entre les pouvoirs adjudicateurs participants (CJUE 28 mai 2020, *Informatikgesellschaft für Software-Entwicklung*, C 796/18, pt. 60).

En troisième lieu (...) il apparaît que la contrepartie financière prévue par le contrat en cause en principal n'obéit pas uniquement à des considérations d'intérêt public, contrairement à ce que requièrent tant l'art. 12, § 4, ss. b), de la Dir. 2014/24 que le considérant 33, troisième alinéa, de cette directive.

Il s'ensuit que, dans la mesure où les conditions d'application de l'art. 12, § 4, de la Dir. 2014/24 sont cumulatives, la convention en cause au principal ne saurait, en tout état de cause, remplir les conditions prévues à cette disposition.

Eu égard aux considérations qui précèdent, il convient de répondre à la question posée que l'art. 12, § 4, de la Dir. 2014/24 doit être interprété en ce sens qu'il s'oppose à une disposition nationale qui permet l'attribution directe, sans appel d'offres, du marché des services relatifs à la gestion de la taxe sur les véhicules automobiles à un établissement public non économique ayant pour mission de gérer le registre public des automobiles. • CJUE 30 juin 2020, *Ge.Fi.L- Gestione Fiscalita Locale SpA*, C-618/19.

SECTION 3 Marchés publics attribués par une entité adjudicatrice à une entreprise liée

Art. L. 2511-7 Sont soumis aux règles définies au titre II les marchés publics qui, d'une part, sont conclus par une entité adjudicatrice avec une entreprise liée ou par un organisme exclusivement constitué par plusieurs entités adjudicatrices en vue de réaliser une ou plusieurs activités d'opérateur de réseaux avec une entreprise liée à l'une de ces entités adjudicatrices et, d'autre part, présentent les caractéristiques suivantes :

1° Les marchés publics de services lorsque l'entreprise liée a réalisé au cours des trois années précédant l'année de passation du marché au moins 80 % de son chiffre d'affaires moyen en matière de services avec l'entité adjudicatrice ou avec d'autres entreprises auxquelles celle-ci est liée ;

2° Les marchés publics de fournitures lorsque l'entreprise liée a réalisé au cours des trois années précédant l'année de passation du marché au moins 80 % de son chiffre d'affaires moyen en matière de fournitures avec l'entité adjudicatrice ou avec d'autres entreprises auxquelles celle-ci est liée ;

3° Les marchés publics de travaux lorsque l'entreprise liée a réalisé au cours des trois années précédant l'année de passation du marché au moins 80 % de son chiffre d'affaires moyen en matière de travaux avec l'entité adjudicatrice ou avec d'autres entreprises auxquelles celle-ci est liée.

Lorsque l'entreprise liée a été créée ou a commencé à exercer son activité moins de trois ans avant l'année de passation du marché public, elle peut se borner à démontrer, notamment par des projections d'activités, que la réalisation de son chiffre d'affaires dans les conditions prévues aux 1°, 2° et 3° ci-dessus est vraisemblable.

Lorsque des services, des fournitures ou des travaux, identiques ou comparables, sont fournis par plus d'une entreprise liée à l'entité adjudicatrice, le pourcentage de 80 % mentionné ci-dessus est apprécié en tenant compte de la totalité des services, des fournitures ou des travaux fournis par ces entreprises. – *[Ord. n° 2015-899 du 23 juill. 2015, art. 19-I.]*

Art. L. 2511-8 Sont des entreprises liées à une entité adjudicatrice :

1° Les entreprises dont les comptes annuels sont consolidés avec ceux de l'entité adjudicatrice ;

2° Les entreprises qui sont susceptibles d'être, directement ou indirectement, soumises à l'influence dominante de l'entité adjudicatrice au sens du deuxième alinéa de l'article L. 1212-2 ;

3° Les entreprises qui sont susceptibles d'exercer une influence dominante sur l'entité adjudicatrice au même sens ;

4° Les entreprises qui sont soumises à l'influence dominante d'une entreprise exerçant elle-même une telle influence dominante sur l'entité adjudicatrice au même sens. – *[Ord. nº 2015-899 du 23 juill. 2015, art. 19-II.]*

COMMENTAIRE

Comme l'a jugé la Cour de justice, les dispositions sur les entreprises liées s'appliquent à des entreprises dont le fonctionnement est différent de celui des organismes « sous contrôle » visés dans la jurisprudence *Teckal*.

La définition de l'entreprise liée est donc spécifique aux secteurs spéciaux.

L'hypothèse la plus fréquente dans laquelle on peut être conduit à dire qu'une entité adjudicatrice et une entreprise sont « liées » est celle dans laquelle on a affaire à deux entreprises d'un même groupe dont les comptes sont consolidés. Cependant, la directive prévoit aussi, notamment, que peut être regardée comme liée à une entité adjudicatrice une entreprise sur laquelle l'entité adjudicatrice exerce une influence dominante : cette hypothèse renvoie à la définition de l'entreprise publique ❑

1. Entreprise liée et relation in house. Les critères qui permettent de considérer qu'une entreprise est liée à une entité adjudicatrice sont différents de ceux qui permettent de qualifier une relation de relation *in house*. • CJCE 11 mai 2006, *Carbotermo SpA, C-340/04 : BJCP 2006. 273, concl. Stix-Hackl. ; Dr. adm. 2006, nº 148, obs. Ménéménis ; Rev. CMP 2006, nº 203, obs. Eckert.*

2. La dérogation qui concerne les marchés passés entre une entité adjudicatrice et une entreprise liée ne peut s'appliquer aux actes par lesquels une personne publique confie à un tiers l'exploitation d'un réseau, ceux-ci ne constituant pas une des activités mentionnées définissant une entité adjudicatrice. • CE 9 juill. 2007, *Synd. EGF-BTP et a., nº 297711 A : ACCP 2007. 69, note Richer ; BJCP 2007. 366, concl. Boulouis ; Rev. CMP 2007, nº 240, obs. Zimmer ; JCP Adm. 2007. 2213, note Linditch.*

SECTION 4 Marchés publics attribués par une entité adjudicatrice à une coentreprise

Art. L. 2511-9 **Sont soumis aux règles définies au titre II les marchés publics conclus par un organisme constitué exclusivement par des entités adjudicatrices pour exercer une ou plusieurs des activités d'opérateur de réseaux avec l'une de ces entités adjudicatrices ainsi que les marchés publics conclus par une entité adjudicatrice avec un tel organisme lorsque les conditions suivantes sont réunies :**

1° L'organisme a été constitué pour exercer son activité pendant une période d'au moins trois ans ;

2° Aux termes des statuts de cet organisme, les entités adjudicatrices qui l'ont constitué en sont membres au moins pendant la période mentionnée au 1°. – *[Ord. nº 2015-899 du 23 juill. 2015, art. 20.]*

CHAPITRE II MARCHÉS PUBLICS CONCLUS PAR UN ACHETEUR

SECTION 1 Marchés publics conclus en application de règles internationales

Art. L. 2512-1 **Sont soumis aux règles définies au titre II les marchés publics qui doivent être conclus selon des procédures prévues par :**

1° Un accord international ou un arrangement administratif, relatif au stationnement de troupes ;

2° Un accord international ou un arrangement administratif, conclu entre un État membre de l'Union européenne et un ou plusieurs États tiers ou une subdivision de ceux-ci, portant sur des travaux, des fournitures ou des services destinés à la réalisation ou à l'exploitation en commun d'un projet par ses parties signataires. Cet accord est communiqué à la Commission européenne ;

3° Une organisation internationale. – *[Ord. nº 2015-899 du 23 juill. 2015, art. 14, 5º et 12º.]*

Art. L. 2512-2 **Sont soumis aux mêmes règles les marchés publics qui sont conclus :**

1° Selon la procédure propre à une organisation internationale lorsque le marché public est entièrement financé par cette organisation internationale ;

2° Selon la procédure convenue entre une organisation internationale et l'acheteur lorsque le marché public est cofinancé majoritairement par cette organisation internationale. – *[Ord. n° 2015-899 du 23 juill. 2015, art. 14, 13°.]*

SECTION 2 Marchés publics liés à la sécurité ou à la protection d'intérêts essentiels de l'État

Art. L. 2512-3 **Sont soumis aux règles définies au titre II les marchés publics qui exigent le secret ou dont l'exécution doit s'accompagner de mesures particulières de sécurité conformément aux dispositions législatives ou réglementaires en vigueur ou pour lesquels la protection des intérêts essentiels de l'État l'exige, à condition que cette sécurité ou cette protection ne puisse pas être garantie par d'autres moyens.** – *[Ord. n° 2015-899 du 23 juill. 2015, art. 14, 11°.]*

1. Un marché relatif à l'observation des côtes belges par télédétection aérienne est un marché public dont l'exécution doit s'accompagner de mesures particulières de sécurité. • CJCE 16 oct. 2003, *Commission c/ Belgique, C-252/01 : Rev. CMP 2004, n° 4, obs. Olivier.*

2. En ayant attribué directement à Österreichische Staatsdruckerei GmbH, sans avoir procédé à un appel d'offres à l'échelle de l'Union européenne, des marchés de services pour la production des passeports à puce, des passeports de secours, des titres de séjour, des cartes d'identité, des permis de conduire au format carte de crédit ainsi que des certificats d'immatriculation au format carte de crédit, et en ayant maintenu en vigueur des dispositions nationales faisant obligation aux pouvoirs adjudicateurs d'attribuer directement ces marchés de services à cette société, sans avoir procédé à un appel d'offres à l'échelle de l'Union, la république d'Autriche a manqué aux obligations qui lui incombent en vertu de l'art. 4, § 2, et de l'art. 8 de la Dir. 92/50/CEE du Conseil du 18 juin 1992, portant coordination des procédures de passation des marchés publics de services, lus en combinaison avec les art. 11 à 37 de cette directive, ainsi que de l'art. 14 et de l'art. 20 de la Dir. 2004/18/CE du Parlement européen et du Conseil du 31 mars 2004, relative à la coordination des procédures de passation des marchés publics de travaux, de fournitures et de services, lus en combinaison avec les art. 23 à 55 de cette directive. • CJUE 20 mars 2018, *Commission européenne c/ République d'Autriche*, n° C-187/16.

SECTION 3 Autres marchés

Art. L. 2512-4 **Sont soumis aux règles définies au titre II les marchés publics de services conclus avec un acheteur soumis à la présente partie lorsque celui-ci bénéficie, en vertu d'une disposition légalement prise, d'un droit exclusif, à condition que cette disposition soit compatible avec le Traité sur le fonctionnement de l'Union européenne.** – *[Ord. n° 2015-899 du 23 juill. 2015, art. 14, 1°.]*

COMMENTAIRE

L'exception prévue par cet article ne concerne que les marchés publics de services. Elle se comprend d'elle-même. Elle ne peut trouver à s'appliquer que dans des cas assez rares, dès lors que le droit exclusif, qui ne peut bien entendu résulter du contrat de marché lui-même, n'a pu être légalement attribué qu'aux très strictes conditions de nécessité et de proportionnalité posées par le droit de l'Union européenne. On sait en effet que la Cour de justice subordonne la légalité de droits exclusifs à la condition que l'intérêt général poursuivi par la personne publique ne puisse être atteint, pour des motifs techniques, économiques ou juridiques, que par l'octroi de tels droits (CJCE 19 mai 1993, *Corbeau*, C-320/91 ; CJCE 23 oct. 1997, *Commission c/ France*, C-159/94) ; en outre, la personne publique ne doit pas mettre l'attributaire de tels droits en situation d'user automatiquement d'une position dominante et les modalités d'attribution des droits doivent respecter les règles générales du Traité. ❑

1. A supposer même que, du fait de l'obligation qui lui est faite de fournir aux administrations publiques des services postaux, réservés ou non, le prestataire du service postal universel espagnol puisse être regardé comme titulaire d'un droit exclusif, l'art. 86, § 2, du traité ne saurait en tout état de cause être invoqué pour justifier un tel droit exclusif en ce qui concerne les services qui, au sens de la Dir. 97/67/CE du 15 déc. 1997 concernant les règles communes pour le développement du marché intérieur des services postaux de la Communauté, sont des services « non réservés ». • CJCE 18 déc. 2007, *Asociación Profesional de Empresas de Reparto y Manipulado de Correspondencia, C-220/06 : Dr adm. 2008 com. n° 34, obs. Lichère ; Rev. CMP 2008 obs. Zimmer.*

2. Un marché public de services attribué à une entité qui est elle-même un pouvoir adjudicateur est exclu du champ d'application de la réglementation des marchés publics si l'entité en cause bénéficie d'un droit exclusif portant sur l'objet du marché qui lui a été conféré par des dispositions législatives, réglementaires ou administratives publiées et compatibles avec le traité. • CJCE 10 avr. 2008, *Termoraggi SpA c/ Cne di Monza,* C-323/07.

3. Les dispositions de l'art. 9 de la L. du 13 juill. 1983 ouvrent à l'État, aux collectivités locales et à leurs établissements publics la possibilité de confier à titre exclusif la gestion de tout ou partie des prestations d'action sociale à des organismes à but non lucratif ; eu égard à leur objet, ces dispositions ont nécessairement pour effet de permettre aux collectivités publiques de choisir un ou plusieurs organismes pour gérer les prestations d'action sociale de leurs agents sans avoir à procéder à la publicité et à la mise en concurrence préalable prévues par le C. marchés ; s'il est soutenu en outre que, en permettant de telles dérogations à ce code, ces dispositions seraient incompatibles avec les objectifs de la Dir. n° 92/50 du 18 juin 1992 portant coordination des procédures de passation des marchés publics de services, la gestion des prestations sociales ne fait pas partie des services dits prioritaires mentionnés à l'annexe I.A de cette directive, seule catégorie de services pour l'attribution desquels, à la date du décret attaqué, des règles de mise en concurrence devaient être instituées en application des dispositions des titres II à VI de cette directive ; il suit de là que les moyens tirés de ce que le décret qui pouvait, sans méconnaître les dispositions législatives précitées, retenir un seul organisme pour la gestion de plusieurs prestations d'action sociale, aurait été pris en méconnaissance des dispositions de l'art. 39 C. marchés alors en vigueur, relatif à la mise en concurrence, et des objectifs de la Dir. du 18 juin 1992 doivent être écartés. • CE 13 janv. 2003, *Mutuelle générale des services publics et a.,* n° 235176 : *BJCP 2003. 135, concl. Fombeur.*

4. Le « référentiel à grande échelle » est une base de données qui rassemble un ensemble d'informations géographiques numérisées de précision métrique, couvrant l'ensemble du territoire national et comprenant quatre composantes compatibles entre elles, superposables et interopérables, contenant des données topographiques, orthophotographiques et parcellaires ainsi que des adresses ; ce référentiel répond à des besoins propres de l'État, notamment en matière de défense nationale et de prévention des risques, en sorte que sa réalisation est nécessaire à la conduite des missions d'intérêt général assurées pour l'État et ses établissements publics ; la cohérence d'ensemble du dispositif, l'ampleur et l'urgence du projet ainsi que l'investissement qu'il représente et la rentabilité économique incertaine de certains de ses constituants justifient la concentration des moyens financiers et humains nécessaires à cette réalisation sur un seul opérateur ; enfin les services de l'État et ceux de ses établissements publics ne sont tenus d'y recourir que lorsque les données qu'il contient « correspondent à leurs besoins » ; par suite, le droit exclusif ainsi conféré à l'Institut géographique national n'excède pas les nécessités des services d'intérêt général auxquels l'outil est destiné ; enfin, si les droits exclusifs accordés à l'Institut géographique national par le décret attaqué lui confèrent une position dominante sur les marchés concernés, cette circonstance ne le place pas pour autant en situation d'en abuser automatiquement.

L'obligation faite à l'État et à ses établissements publics de fournir à l'Institut géographique national les données en leur possession et de recourir au « référentiel à grande échelle » constitue, ainsi qu'il a été dit ci-dessus, un droit exclusif établi en faveur de l'Institut géographique national, qui n'est pas contraire au traité ; par voie de conséquence, les conventions conclues entre l'État ou un de ses établissements publics et l'Institut géographique national échappent à l'application des règles de mise en concurrence prévues par les directives communautaires et les dispositions de droit interne invoquées relatives à la passation des marchés publics. • CE 26 janv. 2007, *Synd. professionnel de la géomatique,* n° 276928 A : *Rev. CMP 2007, n° 67, note Zimmer.*

Art. L. 2512-5 **Sont soumis aux mêmes règles les marchés publics suivants :**

1° Les services d'acquisition ou de location, quelles qu'en soient les modalités financières, de terrains, de bâtiments existants ou d'autres biens immeubles, ou qui concernent d'autres droits sur ces biens ;

2° Les services relatifs à la recherche et développement pour lesquels l'acheteur n'acquiert pas la propriété exclusive des résultats ou ne finance pas entièrement la prestation.

La recherche et développement regroupe l'ensemble des activités relevant de la recherche fondamentale, de la recherche appliquée et du développement expérimental, y compris la réalisation de démonstrateurs technologiques et à l'exception de la réalisation et de la qualification de prototypes de préproduction, de l'outillage et de l'ingénierie industrielle, de la conception industrielle et de la fabrication. Les démonstrateurs

technologiques sont les dispositifs visant à démontrer les performances d'un nouveau concept ou d'une nouvelle technologie dans un environnement pertinent ou représentatif ;

3° Les services relatifs à l'arbitrage et aux autres modes alternatifs de règlement des litiges ;

4° Les services relatifs au transport de voyageurs par chemin de fer ou par métro ;

5° Les services financiers liés à l'émission, à l'achat, à la vente ou au transfert de titres ou d'autres instruments financiers définis à l'article L. 211-1 du code monétaire et financier, à des services fournis par des banques centrales ou à des opérations menées avec le Fonds européen de stabilité financière ou le Mécanisme européen de stabilité ;

6° Les contrats d'emprunt, qu'ils soient ou non liés à l'émission, à la vente, à l'achat ou au transfert de valeurs mobilières ou d'autres instruments financiers mentionnés au 5° ;

7° Lorsqu'ils sont conclus avec une organisation ou une association à but non lucratif :

***a)* Les marchés publics de services d'incendie et de secours ;**

***b)* Les marchés publics de services de protection civile ;**

***c)* Les marchés publics de services de sécurité nucléaire ;**

***d)* Les marchés publics de services ambulanciers, à l'exception de ceux ayant pour objet exclusif le transport de patients ;**

8° Les services juridiques suivants :

***a)* Les services de certification et d'authentification de documents qui doivent être assurés par des notaires ;**

***b)* Les services fournis par des administrateurs, tuteurs ou prestataires de services désignés par une juridiction ou par la loi pour réaliser des tâches spécifiques sous le contrôle d'une juridiction ;**

***c)* Les services liés, même occasionnellement, à l'exercice de la puissance publique ;**

(L. n° 2020-1525 du 7 déc. 2020, art. 140) **« *d)* Les services juridiques de représentation légale d'un client par un avocat dans le cadre d'une procédure juridictionnelle, devant les autorités publiques ou les institutions internationales ou dans le cadre d'un mode alternatif de règlement des conflits ;**

« *e)* Les services de consultation juridique fournis par un avocat en vue de la préparation de toute procédure mentionnée au *d* du présent 8° ou lorsqu'il existe des signes tangibles et de fortes probabilités que la question sur laquelle porte la consultation fera l'objet d'une telle procédure. » – *[Ord. n° 2015-899 du 23 juill. 2015, art. 14, 2° à 4° et 6° à 10°.]*

Les dispositions introduites par la L. n° 2020-1525 du 7 déc. 2020 s'appliquent aux marchés publics et aux contrats de concession pour lesquels une consultation est engagée ou un avis d'appel à la concurrence est envoyé à publication à compter de la publication de ladite loi (L. préc., art. 141-II, JO 8 déc.).

COMMENTAIRE

On relèvera que l'exception prévue au 1° se déduit de la notion même de marché public : un immeuble existant ne saurait être réalisé conformément aux besoins préalablement précisés par un pouvoir adjudicateur.

On relèvera par ailleurs que le 6° met fin à une longue controverse.

On précisera enfin que les *d)* et *e)* ont été ajoutés au 8° par la loi n° 2020-1525 du 7 décembre 2020 d'accélération et de simplification de l'action publique (ASAP). En 2015, le choix avait été fait de ne pas transposer la faculté ouverte par la directive d'exclure ces deux catégories de services juridiques du champ des procédures de passation des marchés publics. Pour ces services juridiques, les marchés relevaient de la procédure adaptée. A la suite de l'arrêt de la Cour justice de l'Union européenne (CJUE 6 juin 2019, C-264/18), la loi ASAP revient sur ce choix. ☐

1. Contrat de mandat de vente d'un bien immobilier d'une personne publique. Marché exclu. Non. Un conseil municipal a confié à une société un mandat exclusif de vente d'un bien immobilier appartenant au domaine privé de la commune ; il résulte de l'art. 2 de la L. du

11 déc. 2001 que les marchés entrant dans le champ d'application du C. marchés ont le caractère de contrats administratifs ; s'il résulte du 3° de l'art. 3 de ce code qu'il n'est pas applicable aux contrats qui ont pour objet l'acquisition d'un bien immeuble, le contrat de mandat en cause n'a pas lui-même un tel objet, mais a été conclu en vue de la fourniture à la commune d'une prestation de service à titre onéreux, au sens de l'art. 1er de ce code relatif à son champ d'application ; en conséquence, le litige relatif à l'exécution d'un tel contrat relève de la compétence de la juridiction administrative. • T. confl. 14 mai 2012, *SARL La Musthyère c/ Cne d'Égry*, n° 3860 : *AJDA 2012. 1746, note Dreyfus*.

2. Contrats avec engagement de donner en location un immeuble non encore construit. Un contrat comportant un engagement de donner en location des biens immeubles non encore construits répondant aux besoins définis par le pouvoir adjudicateur constitue un marché public de travaux, en dépit de la présence d'éléments caractéristiques d'un contrat de location, et ne relève pas, dès lors, de l'exclusion visée à l'art. 1er, ss. a), iii), de la Dir. 92/50/CEE (3° de l'art. 3 C. marchés). • CJUE 10 juill. 2014, *Impresa Pizzarotti & C. SpA c/ Cne de Bari et a.*, C-213/13 : *Rev. CMP 2014, n° 255, note Zimmer.*

3. Services ambulanciers. L'art. 10, sous h), de la Dir. 2014/24/UE du Parlement européen et du Conseil, du 26 févr. 2014, sur la passation des marchés publics et abrogeant la Dir. 2004/18/CE, doit être interprété en ce sens que l'exception à l'application des règles de passation des marchés publics qu'il prévoit couvre la prise en charge de patients en situation d'urgence dans un véhicule de secours par un secouriste/ambulancier, couverte par le code CPV [*Common Procurement Vocabulary* (vocabulaire commun pour les marchés publics)] 75252000-7 (services de secours) ainsi que le transport en ambulance qualifié, qui comprend outre la prestation de transport, la prise en charge de patients dans une ambulance par un ambulancier assisté d'un auxiliaire ambulancier, couvert par le code CPV 85143000-3 (services ambulanciers), pour autant, s'agissant dudit transport en ambulance qualifié, qu'il est effectivement assuré par un personnel dûment formé aux premiers secours et qu'il vise un patient pour lequel existe un risque de dégradation de son état de santé durant ce transport.

L'article 10, sous h), de la Dir. 2014/24/UE doit être interprété en ce sens, d'une part, qu'il s'oppose à ce que des associations d'utilité publique reconnues par le droit national comme des organisations de protection et de défense civiles soient considérées comme « des organisations ou des associations à but non lucratif », au sens de cette disposition, dans la mesure où la reconnaissance du statut d'association d'utilité publique n'est pas subordonnée en droit national à la poursuite d'un but non lucratif et, d'autre part, que les organisations ou les associations ayant pour objectif d'assumer des missions sociales, qui sont dépourvues de finalité commerciale et qui réinvestissent d'éventuels bénéfices en vue d'atteindre l'objectif de l'organisation ou de l'association, constituent « des organisations ou des associations à but non lucratif », au sens de ladite disposition. • CJUE 21 mars 2019, *Falck Rettungsdienste GmbH, Falck A/S, C-465/17 : Rev. CMP 2019. 187, note Zimmer.*

4. Services d'arbitrage et de conciliation. Les services d'arbitrage et de conciliation, visés à l'art. 10, ss. c) de la Dir. 2014/24, le considérant 24 de celle-ci énonce que les organismes ou personnes fournissant des services d'arbitrage et de conciliation ainsi que d'autres modes alternatifs similaires de règlement des conflits sont sélectionnés d'une manière qui ne peut être soumise à des règles de passation de marchés publics.

En effet, les arbitres et conciliateurs doivent toujours être acceptés par toutes les parties au litige et sont désignés d'un commun accord par celles-ci. Un organisme public qui lancerait une procédure de passation de marchés publics pour un service d'arbitrage ou de conciliation ne saurait, dès lors, imposer à l'autre partie l'adjudicataire de ce marché en tant qu'arbitre ou conciliateur commun.

Compte tenu de leurs caractéristiques objectives, les services d'arbitrage et de conciliation, visés à cet art. 10, ss c), ne sont, partant, pas comparables aux autres services inclus dans le champ d'application de la Dir. 2014/24. Il s'ensuit que c'est sans porter atteinte au principe de l'égalité de traitement que le législateur de l'Union a pu, dans le cadre de son pouvoir d'appréciation, écarter les services visés à l'art. 10, ss. c), de la Dir. 2014/24 du champ d'application de cette dernière. • CJUE 6 juin 2019, *P.M., N.G.d.M, P. V.d.S*, aff. C-264/18.

5. Services juridiques liés à l'exercice de la puissance publique. En ce qui concerne les services juridiques relevant des activités participant, même occasionnellement, à l'exercice de l'autorité publique, visés à l'art. 10, ss. d) et v), de la Dir. 2014/24, ces activités, et, partant, ces services, sont exclues, aux termes de l'art. 51 TFUE, du champ d'application des dispositions de ce traité relatives à la liberté d'établissement et de celles relatives à la libre prestation de services aux termes de l'art. 62 TFUE. De tels services se distinguent de ceux qui relèvent du champ d'application de cette directive en ce qu'ils participent directement ou indirectement à l'exercice de la puissance publique et aux fonctions qui ont pour objet la sauvegarde des intérêts généraux de l'État ou des autres collectivités publiques. Il en ressort que, par leur nature même, des services juridiques liés, même occasionnellement, à l'exercice de l'autorité publique ne sont pas comparables, du fait de leurs caractéristiques objectives, aux autres services inclus dans le champ d'application de la Dir. 2014/24. Compte tenu de cette différence objective, c'est, encore une fois, sans porter atteinte au principe d'égalité de traitement que le législateur de l'Union a pu, dans le cadre de son pouvoir d'appréciation, les exclure du champ d'application de la Dir. 2014/24. • CJUE 6 juin 2019, *P.M., N.G.d.M, P.V.d.S,* n° C-264/18 : *BJCP 2020. 24, note Dal Farra.*

6. Portée du 7°. Organisation ou association à but non lucratif. La Cour a jugé que relèvent de cette notion les organisations ou les associations ayant pour objectif d'assumer des missions sociales, qui sont dépourvues de finalité commerciale, et qui réinvestissent d'éventuels bénéfices en vue d'atteindre l'objectif de l'organisation ou de l'association concernée (arrêt du 21 mars 2019, *Falck Rettungsdienste et Falck*, n° C-465/17, pt. 59). Or, en exigeant que les éventuels bénéfices soient réinvestis en vue d'atteindre l'objectif de l'organisation ou de l'association concernée, la Cour a, d'une part, considéré que ces bénéfices devaient être affectés à la réalisation des missions sociales poursuivies par cette organisation ou par cette association et, d'autre part, clairement exclu que lesdits bénéfices puissent être distribués aux actionnaires ou aux membres de ladite organisation ou de ladite association. Il s'ensuit que les organisations ou les associations ayant la possibilité de distribuer des bénéfices à leurs membres ne relèvent pas du champ d'application de l'art. 10, ss. h), de la Dir. 2014/24.

Dès lors, l'art. 10, ss. h), de la Dir. 2014/24 doit être interprété en ce sens qu'il ne s'oppose pas à une réglementation nationale qui prévoit que des services de transport sanitaire d'urgence et d'extrême urgence ne peuvent être attribués par voie de convention, en priorité, qu'à des organisations de bénévolat, et non à des coopératives sociales pouvant distribuer à leurs membres des ristournes liées à leurs activités. • CJUE 7 juill. 2022, *Italy Emergenza Cooperativa Sociale,* n^{os} C-213/21 et C-214/21.

CHAPITRE III MARCHÉS PUBLICS CONCLUS PAR UN POUVOIR ADJUDICATEUR

Art. L. 2513-1 Sont soumis aux règles définies au titre II les marchés publics de services conclus par un pouvoir adjudicateur qui :

1° Soit sont relatifs aux temps de diffusion ou à la fourniture de programmes lorsqu'ils sont attribués à des éditeurs de services de communication audiovisuelle ou à des organismes de radiodiffusion ;

2° Soit ont pour objet l'achat, le développement, la production ou la coproduction de programmes destinés à la diffusion et qui sont attribués par des éditeurs de services de communication audiovisuelle ou radiophonique.

La notion de programme inclut le matériel pour programme à l'exclusion du matériel technique. – *[Ord. n° 2015-899 du 23 juill. 2015, art. 14, 14°.]*

La réglementation des marchés ne s'applique pas aux marchés ayant pour objet les services qui touchent à la création et à la réalisation de programmes audiovisuels, mais elle s'applique à tous les marchés qui n'ont pas de rapport direct avec de telles activités, comme les marchés de fournitures de matériel technique • CJCE 13 déc. 2007, *Bayerischer Rundfunk,* C-337/06 : *Rev. CMP 2008, n° 4, obs. Zimmer.*

Art. L. 2513-2 Sont soumis aux mêmes règles les marchés publics conclus par un pouvoir adjudicateur qui ont principalement pour objet de permettre la mise à disposition ou l'exploitation de réseaux publics de communications électroniques ou la fourniture au public d'un ou de plusieurs services de communications électroniques. – *[Ord. n° 2015-899 du 23 juill. 2015, art. 14, 15°.]*

Art. L. 2513-3 Sont soumis aux mêmes règles les marchés publics de services attribués par un pouvoir adjudicateur qui fournit des services postaux au sens du 5° de l'article L. 1212-3 et relatifs :

1° Aux services de courrier électronique assurés entièrement par voie électronique, notamment la transmission sécurisée de documents codés par voie électronique, les services de gestion des adresses et la transmission de courrier électronique recommandé ;

2° Aux services bancaires et d'investissement et les services d'assurance ;

3° Aux services de philatélie ;

4° Aux services logistiques associant la remise physique des colis ou leur dépôt à des fonctions autres que postales, tels que les services d'envois express. – *[Ord. n° 2015-899 du 23 juill. 2015, art. 14, 16°.]*

Art. L. 2513-4 Sont soumis aux mêmes règles les marchés publics conclus ou organisés par un pouvoir adjudicateur exerçant une ou plusieurs des activités mentionnées au 2° de l'article L. 1212-3 et qui sont relatifs aux activités d'exploration d'une aire géographique dans un but de prospection de pétrole ou de gaz. – *[Ord. n° 2015-899 du 23 juill. 2015, art. 14, 17°.]*

Art. L. 2513-5 Sont soumis aux mêmes règles les marchés publics conclus par un pouvoir adjudicateur pour l'exercice d'une activité d'opérateur de réseaux qui sont soumis aux articles L. 2514-1 à L. 2514-4 ou le deviennent en application de l'article L. 2514-5. – *[Ord. n° 2015-899 du 23 juill. 2015, art. 14, 18°.]*

CHAPITRE IV MARCHÉS PUBLICS CONCLUS PAR UNE ENTITÉ ADJUDICATRICE

Art. L. 2514-1 Sont soumis aux règles définies au titre II les marchés publics conclus par une entité adjudicatrice pour l'achat d'eau, lorsque cette entité exerce l'une des activités relatives à l'eau potable mentionnées au 1° de l'article L. 1212-3. – *[Ord. n° 2015-899 du 23 juill. 2015, art. 15, 2°.]*

Art. L. 2514-2 Sont soumis aux mêmes règles, les marchés publics conclus par une entité adjudicatrice pour l'achat d'énergie ou de combustibles destinés à la production d'énergie, lorsque cette entité exerce l'une des activités dans le secteur de l'énergie mentionnées aux *a* et *(L. n° 2020-1525 du 7 déc. 2020, art. 140)* « *b* » du 1° et au 2° de l'article L. 1212-3. – *[Ord. n° 2015-899 du 23 juill. 2015, art. 15, 3°.]*

Art. L. 2514-3 Sont soumis aux mêmes règles les marchés publics conclus par une entité adjudicatrice pour la revente ou la location à des tiers, lorsque cette entité ne bénéficie d'aucun droit spécial ou exclusif pour vendre ou louer l'objet de ces marchés publics et que d'autres entités peuvent librement le vendre ou le louer dans les mêmes conditions que l'entité adjudicatrice. Toutefois, le présent article ne s'applique pas lorsque ces marchés publics sont passés par les centrales d'achat.

Les entités adjudicatrices communiquent à la Commission européenne, à sa demande, les catégories de produits et d'activités qu'elles considèrent comme relevant du présent livre en vertu du présent article. – *[Ord. n° 2015-899 du 23 juill. 2015, art. 155, 4°.]*

Art. L. 2514-4 Sont soumis aux mêmes règles les marchés publics de services conclus par une entité adjudicatrice qui sont relatifs aux temps de diffusion ou à la fourniture de programmes lorsqu'ils sont attribués à des éditeurs de services de communication audiovisuelle ou à des organismes de radiodiffusion. La notion de programme inclut le matériel pour programme à l'exclusion du matériel technique. – *[Ord. n° 2015-899 du 23 juill. 2015, art. 15, 5°.]*

Art. L. 2514-5 Sont soumis aux mêmes règles les marchés publics conclus par une entité adjudicatrice dans un État membre de l'Union européenne ou dans une aire géographique déterminée d'un État membre lorsque la Commission européenne a reconnu que, dans cet État ou dans l'aire géographique concernée, cette activité est exercée sur des marchés concurrentiels dont l'accès n'est pas limité. – *[Ord. n° 2015-899 du 23 juill. 2015, art. 15, 6°.]*

CHAPITRE V MARCHÉ DE DÉFENSE OU DE SÉCURITÉ

Art. L. 2515-1 Sont soumis aux règles définies au titre II les marchés de défense ou de sécurité :

1° Présentant les caractéristiques mentionnées au 1° de l'article L. 2512-1, à l'article L. 2512-4 et au 1° à 3° de l'article L. 2512-5 ;

2° Portant sur des services financiers, à l'exception des services d'assurance ;

3° Portant sur des armes, munitions ou matériel*[s]* de guerre lorsque, au sens de l'article 346 du Traité sur le fonctionnement de l'Union européenne, la protection des intérêts essentiels de sécurité de l'État l'exige ;

4° Pour lesquels l'application de la présente partie obligerait à une divulgation d'informations contraire aux intérêts essentiels de sécurité de l'État ;

5° Conclus en vertu de la procédure propre à une organisation internationale et dans le cadre des missions de celle-ci ou qui doivent être attribués conformément à cette procédure ;

6° Conclus selon des règles de passation particulières prévues par un accord international ou un arrangement administratif conclu entre au moins un État membre de l'Union européenne et au moins un État tiers ;

7° Destinés aux activités de renseignement ;

8° Conclus dans le cadre d'un programme de coopération fondé sur des activités de recherche et développement mené conjointement par l'État et un autre État membre de l'Union européenne en vue du développement d'un nouveau produit et, le cas échéant, de tout ou partie des phases ultérieures du cycle de vie de ce produit tel que défini au 3° de l'article L. 1113-1. Lorsque seules participent au programme des personnes relevant d'États membres, l'État notifie à la Commission européenne, au moment de la conclusion de l'accord ou de l'arrangement de coopération, la part des dépenses de recherche et développement par rapport au coût global du programme, l'accord relatif au partage des coûts ainsi que, le cas échéant, la part envisagée d'achat pour chaque État membre telle que définie dans l'accord ou l'arrangement ;

9° Y compris pour des achats civils passés dans un pays tiers lorsque des forces sont déployées hors du territoire de l'Union européenne et que les besoins opérationnels exigent qu'ils soient conclus avec des opérateurs économiques locaux implantés dans la zone des opérations ;

10° Passés par l'État et attribués à un autre État ou à une subdivision de ce dernier. – *[Ord. n° 2015-899 du 23 juill. 2015, art. 16.]*

TITRE II RÈGLES APPLICABLES

CHAPITRE I RÈGLES GÉNÉRALES APPLICABLES AUX MARCHÉS PUBLICS MENTIONNÉS AU TITRE I À L'EXCEPTION DE CEUX PORTANT SUR LE SERVICE PUBLIC DE TRANSPORT DE VOYAGEURS PAR CHEMIN DE FER *(Ord. n° 2018-1135 du 12 déc. 2018, art. 2-I, en vigueur le 1er avr. 2019).*

Sur l'application des dispositions introduites par le I et le 1° du II de l'art. 2 de l'Ord. n° 2018-1135 du 12 déc. 2018, V. note ss. art. L. 2522-1, infra.

Art. L. 2521-1 Les marchés publics mentionnés au présent livre sont soumis aux règles relatives aux délais de paiement prévues à la section 2 du chapitre II du titre IX du livre I.

Art. L. 2521-2 Les marchés publics mentionnés au présent livre sont soumis aux titres I et III de *[la]* loi n° 75-1334 du 31 décembre 1975 relative à la sous-traitance.

V. L. n° 75-1334 du 31 déc. 1975, titre III, ss. art. L. 2193-10.

COMMENTAIRE

Il s'agit notamment des règles relatives à l'action directe du sous-traitant contre le maître d'ouvrage en cas de défaillance de l'entrepreneur principal. Cette action directe est exclusive du régime de paiement direct évoqué par ailleurs, qui fait l'objet du titre II de la loi de 1975. ❑

Art. L. 2521-3 L'acheteur peut résilier un marché public mentionné au présent livre, dans les conditions fixées au livre I.

Il peut résilier un contrat de droit privé mentionné au présent livre, dans les conditions prévues par le code civil.

Art. L. 2521-4 Pour le règlement amiable des différends des parties à un marché public mentionné au présent livre, les dispositions du chapitre VII du titre IX du livre I sont applicables, à l'exception des dispositions relatives aux comités consultatifs de règlement amiable des différends.

Art. L. 2521-5 *(L. n° 2019-486 du 22 mai 2019, art. 193, en vigueur au plus tard le 22 juill. 2019)* Les marchés publics mentionnés aux chapitres I à IV du titre I du pré-

sent livre sont soumis aux règles relatives à la facturation électronique prévues à la section 1 du chapitre II du titre IX du livre I de la présente partie.

Les dispositions introduites par l'art. L. 2521-5 s'appliquent aux contrats en cours d'exécution ou conclus postérieurement à l'entrée en vigueur de la L. nº 2019-486 du 22 mai 2019. Ces dispositions entrent en vigueur à une date fixée par Décr., et au plus tard 2 mois après la promulgation de ladite loi, soit le 22 juill. 2019 (L. préc., art. 193-III et IV, JO 23 mai).

Par dérogation, les dispositions du présent art., qui renvoient aux art. L. 2192-3 et L. 3133-3, s'appliquent aux factures relatives aux marchés publics ou aux contrats de concession en cours d'exécution ou conclus postérieurement au 1er avr. 2020 pour les factures reçues par les acheteurs et les autorités concédantes autres que les autorités publiques centrales dont la liste figure en annexe 2 du présent code (L. préc., art. 193-V-1º).

CHAPITRE II RÈGLES PROPRES AUX MARCHÉS PUBLICS PORTANT SUR LE SERVICE PUBLIC DE TRANSPORT DE VOYAGEURS PAR CHEMIN DE FER

(Ord. nº 2018-1135 du 12 déc. 2018, art. 2-I, en vigueur le 1er avr. 2019)

Sur l'application du présent chap., V. note ss. art. L. 2522-1, infra.

Art. L. 2522-1 **Par dérogation à l'article L. 2500-1, les marchés publics mentionnés au 4º de l'article L. 2512-5, en tant qu'ils portent sur le service public de transport de voyageurs par chemin de fer sont régis, pour leur passation et leur exécution, par les dispositions de l'article L. 2121-17-1 du code des transports.**

Les dispositions introduites par le I et le 1º du II de l'art. 2 de l'Ord. nº 2018-1135 du 12 déc. 2018 entrent en vigueur le 1er avr. 2019. Elles s'appliquent aux contrats de service public ferroviaire de transport de voyageurs pour lesquels le lancement de l'attribution direct ou de la mise en concurrence au sens du Règl. (CE) nº 1370/2007 du Parlement européen et du Conseil du 23 oct. 2007 relatif aux services publics de transport de voyageurs par chemin de fer et par route, et abrogeant les Règl. (CEE) nº 1191/69 et (CEE) nº 1107/70 du Conseil intervient après cette date.

Par dérogation à ce qui précède, les dispositions précitées ne s'appliquent pas :

– aux conventions conclues avant le 25 déc. 2023 en application des art. L. 2141-1, L. 2121-4 ou L. 2121-6 C. transp., dans leur rédaction en vigueur au jour de la publication de l'Ord. préc. (JO 13 déc.).

– aux conventions conclues en application de l'art. L. 2141-1 C. transp. dans sa rédaction en vigueur au jour de la publication l'Ord. préc. et mentionnées aux I et II de l'art. L. 1241-7-1 du même code (Ord. nº 2018-1135 du 12 déc. 2018, art. 2).

Code des transports

RÈGLES APPLICABLES AUX CONTRATS DE SERVICE PUBLIC DE TRANSPORT FERROVIAIRE DE VOYAGEURS
(L. nº 2018-515 du 27 juin 2018, art. 14)

Art. L. 2121-14 Le présent chapitre est applicable aux contrats de service public relatifs à des services de transport ferroviaire de voyageurs attribués par les autorités organisatrices mentionnées au chapitre I du présent titre.

Passation et exécution des contrats de service public de transport ferroviaire de voyageurs

Art. L. 2121-15 Les contrats de service public de transport ferroviaire de voyageurs sont attribués après publicité et mise en concurrence, sous réserve des possibilités d'attribution directe prévues à l'article L. 2121-17.

Sous réserve des dispositions relatives aux modalités d'exécution des services ferroviaires mentionnés à l'art. L. 1241-1 attribués à SNCF Mobilités, les art. L. 2121-15 et L. 2121-17, dans leur rédaction résultant de la L. nº 2018-515 du 27 juin 2018, entrent en vigueur le 25 déc. 2023 (L. préc., art. 14-II).

Art. L. 2121-16 L'autorité organisatrice de transport communique aux opérateurs économiques participant à la procédure de passation d'un contrat de service public les informations utiles pour préparer une offre dans le cadre d'une procédure de mise en concurrence.

Un décret en Conseil d'État, pris après avis de l'Autorité de régulation des transports, détermine les catégories d'informations concernées et les conditions dans lesquelles des informations couvertes par le secret des affaires peuvent, si cela est strictement nécessaire pour éviter des distorsions de concurrence, être communiquées, de façon à en protéger la confidentialité.

Art. L. 2121-17 I. — Par dérogation à l'article L. 2121-15, l'autorité organisatrice peut attribuer directement un contrat de service public de transport ferroviaire de voyageurs dans les conditions prévues aux 2, 4, 4 *ter* et 5 de l'article 5 du règlement (CE) n° 1370/2007 du Parlement européen et du Conseil du 23 octobre 2007 relatif aux services publics de transport de voyageurs par chemin de fer et par route, et abrogeant les règlements (CEE) n° 1191/69 et (CEE) n° 1107/70 du Conseil.

Toute personne à qui la décision est susceptible de faire grief peut demander à l'Autorité de régulation des transports d'évaluer, préalablement à l'attribution du contrat, la décision motivée prise par l'autorité organisatrice d'attribuer un contrat de service public en application du 4 *ter* de l'article 5 du règlement (CE) n° 1370/2007 du Parlement européen et du Conseil du 23 octobre 2007 précité. Cette évaluation donne lieu à un avis de l'Autorité de régulation des transports.

II. — Par dérogation à l'article L. 2121-15, l'autorité organisatrice peut, après avis conforme de l'Autorité de régulation des transports rendu dans les conditions fixées au III du présent article, attribuer directement un contrat de service public de transport ferroviaire de voyageurs dans les conditions prévues aux 3 *bis* et 4 *bis* de l'article 5 du règlement (CE) n° 1370/2007 du Parlement européen et du Conseil du 23 octobre 2007 précité.

III. — L'autorité organisatrice de transport saisit l'Autorité de régulation des transports de son projet de décision motivée d'attribuer directement un contrat de service public dans les conditions prévues au 3 *bis* ou au 4 *bis* précités. L'Autorité de régulation des transports émet un avis sur ce projet dans un délai de deux mois à compter de la réception de la saisine.

IV. — Les conditions d'application du présent article sont précisées par décret en Conseil d'État, pris après avis de l'Autorité de régulation des transports.

Art. L. 2121-17-1 *(Ord. n° 2018-1135 du 12 déc. 2018, art. 2-II-1°, en vigueur le 1er avr. 2019)* Sans préjudice des dispositions du règlement n° 1370/2007 du Parlement européen et du Conseil du 23 octobre 2007 relatif aux services publics de transport de voyageurs par chemin de fer et par route et abrogeant les règlements (CEE) n° 1191/69 et (CEE) n° 1107/10 du Conseil, les contrats de service public relatifs à des services de transport ferroviaire de voyageurs, à l'exception des contrats attribués en application du paragraphe 2 de l'article 5 dudit règlement, sont passés et exécutés dans les conditions suivantes :

1° Les dispositions du premier alinéa de l'article L. 3114-1, des articles L. 3114-4 et L. 3114-6 du code de la commande publique ainsi que celles du titre III du livre I de sa troisième partie sont applicables à l'exception des articles L. 3134-1 à L. 3134-3 ;

2° Par dérogation aux dispositions des articles L. 3132-4 à L. 3132-6 et L. 3136-10 du code de la commande publique et sauf stipulation contractuelle contraire, les biens apportés par l'attributaire pour l'exécution d'un contrat de service public et concourant, dès l'origine, concomitamment et substantiellement à l'exploitation de services de transport ferroviaire de voyageurs ne faisant pas l'objet d'un contrat de service public n'entrent pas dans la propriété de l'autorité organisatrice pendant la durée du contrat ou à son terme.

L'alinéa précédent ne s'applique pas aux biens immobiliers construits sur des terrains appartenant à ladite autorité organisatrice ;

3° Sans préjudice des dispositions prévues au 1°, lorsque ces contrats sont attribués après publicité et mise en concurrence et sauf dans le cas où ils sont attribués après des négociations avec un seul opérateur en application de la procédure prévue à l'article 5, paragraphe 3 *ter* du même règlement, les dispositions des titres I et II du livre I de la troisième partie du code de la commande publique, à l'exception des articles L. 3113-1 à L. 3113-3, du second alinéa de l'article L. 3114-1, des articles L. 3114-2, L. 3114-3, L. 3114-7 à L. 3114-10 sont applicables. Par ailleurs, le dossier de la consultation des entreprises peut prévoir que la procédure de passation, avant une éventuelle négociation, soit structurée en une ou plusieurs étapes successives de nature à permettre à l'autorité organisatrice de dialoguer avec les candidats admis à participer, en vue de définir ou développer les solutions de nature à répondre à ses besoins et sur la base desquelles ces candidats seront invités à remettre une offre ;

4° Pour l'application des dispositions du code de la commande publique, les termes "contrat de service public relatif à des services de transport ferroviaire de voyageurs" s'entendent comme "contrat de concession", les termes "autorité organisatrice" s'entendent comme "autorité concédante" et les termes "titulaire d'un contrat de service public" s'entendent comme "le concessionnaire" ;

5° Lorsque s'applique l'article. L. 2121-20, l'autorité organisatrice s'assure que le délai entre l'attribution du contrat de service public et la date de changement effectif d'attributaire est compatible avec les délais associés à la procédure de transfert des contrats de travail prévue par la section 3 du présent chapitre.

Les conditions d'application du présent article sont définies par décret en Conseil d'État.

Sur l'application des dispositions introduites par le I et le 1° du II de l'art. 2 de l'Ord. n° 2018-1135 du 12 déc. 2018, V. note ss. CCP, art. L. 2522-1.

Art. L. 2121-17-2 *(Ord. n° 2018-1135 du 12 déc. 2018, art. 2-II-1°, en vigueur le 1er avr. 2019)* I. — Sans préjudice des dispositions de l'article L. 2121-17-1, les contrats de service public des collectivités territoriales ainsi que de leurs groupements et de leurs établissements publics au sein desquels les collectivités sont majoritaires relatifs à des services de transport ferroviaire de voyageurs, à l'exception des contrats attribués en application du paragraphe 2 de l'article 5 du règlement n° 1307/2007 du 23 octobre 2007, sont passés et exécutés dans les conditions suivantes :

1° Les dispositions des articles L. 1411-3, L. 1411-4, L. 1411-6, L. 1411-9, L. 1411-16 à L. 1411-19 et L. 1413-1 du code général des collectivités territoriales sont applicables, à l'exclusion de tout autre article des chapitres préliminaire, I, III et IV du titre I du livre IV de la première partie du même code ;

2° Sans préjudice des dispositions prévues à l'alinéa précédent, lorsque les contrats relèvent du 3° de l'article L. 2121-17-1, les dispositions des articles L. 1411-5 et L. 1411-7 du même code sont applicables.

II. — Pour la mise en œuvre du présent article, les termes "délégation de service public", "contrat de délégation" et "convention de délégation de service public" s'entendent comme "contrat de service public" et le terme "délégataire" s'entend comme "attributaire".

Sur l'application des dispositions introduites par le I et le 1° du II de l'art. 2 de l'Ord. n° 2018-1135 du 12 déc. 2018, V. note ss. CCP, art. L. 2522-1.

Art. L. 2121-17-3 *(Ord. n° 2018-1135 du 12 déc. 2018, art. 2-II-2°)* Les obligations de service public spécifiées dans les contrats prennent en compte :

1° Pour les services d'intérêt national, le schéma national des services de transport mentionné à l'article L. 1212-3-1 ;

2° Pour les services d'intérêt régional, le schéma régional d'aménagement, de développement durable et d'égalité des territoires mentionné à l'article L. 4251-1 du code général des collectivités territoriales, lorsque les régions sont tenues d'élaborer un tel schéma ;

3° Pour les services de transport ferroviaire de voyageurs mentionnés à l'article L. 1241-1, le schéma directeur de la région d'Ile-de-France mentionné à l'article L. 141-1 du code de l'urbanisme ;

4° Pour les services organisés par la collectivité territoriale de Corse, le plan d'aménagement et de développement durable de Corse mentionné à l'article L. 4424-9 du code général des collectivités territoriales.

LIVRE VI DISPOSITIONS RELATIVES À L'OUTRE-MER

TITRE I DISPOSITIONS PARTICULIÈRES À LA GUADELOUPE, LA GUYANE, LA MARTINIQUE, LA RÉUNION ET MAYOTTE

CHAPITRE I DISPOSITIONS PARTICULIÈRES AU LIVRE I

Le présent chapitre ne comprend pas de dispositions législatives.

CHAPITRE II DISPOSITIONS PARTICULIÈRES AU LIVRE II

Le présent chapitre ne comprend pas de dispositions législatives.

CHAPITRE III DISPOSITIONS PARTICULIÈRES AU LIVRE III

Le présent chapitre ne comprend pas de dispositions législatives.

CHAPITRE IV DISPOSITIONS PARTICULIÈRES AU LIVRE IV

Art. L. 2614-1 Par dérogation aux dispositions des articles L. 2422-5 à L. 2422-11, l'État peut confier, dans des conditions fixées par décret en Conseil d'État, des missions de maîtrise d'ouvrage à la Guyane pour les opérations d'aménagement du réseau routier national qui y sont réalisées et à Mayotte en ce qui concerne les travaux de rétablissement de voies de communication rendus nécessaires par la réalisation d'un ouvrage d'infrastructure de transport.

CHAPITRE V DISPOSITIONS PARTICULIÈRES AU LIVRE V

Le présent chapitre ne comprend pas de dispositions législatives.

TITRE II DISPOSITIONS PARTICULIÈRES À SAINT-BARTHÉLEMY

CHAPITRE I DISPOSITIONS PARTICULIÈRES AU LIVRE I

Art. L. 2621-1 Pour l'application des dispositions législatives du livre I à Saint-Barthélemy :

1° A l'article L. 2112-4, les mots : "des États membres de l'Union européenne" sont remplacés par les mots : "de la République" ;

2° A l'article L. 2113-5, le mot : "autre" est supprimé ;

3° A l'article L. 2113-8, le mot : "autres" est supprimé ;

4° A l'article L. 2141-1, les références aux articles 1741 à 1743, 1746 et 1747 du code général des impôts sont remplacées par les références ayant le même objet applicables localement et les mots : ", ainsi que pour les infractions équivalentes prévues par la législation d'un autre État membre de l'Union européenne" sont supprimés ;

5° L'article L. 2153-1 est supprimé ;

6° A l'article L. 2153-2, les mots : "avec lesquels l'Union européenne n'a pas conclu, dans un cadre multilatéral ou bilatéral, un accord assurant un accès comparable et effectif des entreprises de l'Union européenne aux marchés de ces pays, ou auxquels le bénéfice d'un tel accord n'a pas été étendu par une décision du Conseil de l'Union européenne" sont supprimés ;

7° A l'article L. 2171-2, les mots : "mentionnés au 1° de l'article L. 301-2 du code de la construction et de l'habitation" sont remplacés par les références aux dispositions applicables localement ayant le même objet ;

(Abrogé par Ord. n° 2021-1490 du 17 nov. 2021, art. 3) ***« 8° A l'article L. 2172-4, la référence au 1° de l'article L. 110-1 du code de la route est remplacée par une référence applicable localement ayant le même objet ; »***

(L. n° 2019-486 du 22 mai 2019, art. 193, en vigueur au plus tard le 22 juill. 2019) « 8° *bis* A l'article L. 2192-1, le mot : "transmettent" est remplacée par les mots : "peuvent transmettre" ; »

9° L'article L. 2195-5 est supprimé.

Art. L. 2621-2 *(Ord. n° 2021-1490 du 17 nov. 2021, art. 3)* Lorsqu'ils achètent un véhicule à moteur, les acheteurs tiennent compte des incidences énergétiques et environnementales de ce véhicule sur toute sa durée de vie, dans les conditions et sous réserve des exceptions prévues par voie réglementaire.

CHAPITRE II DISPOSITIONS PARTICULIÈRES AU LIVRE II

Le présent chapitre ne comprend pas de dispositions législatives.

CHAPITRE III DISPOSITIONS PARTICULIÈRES AU LIVRE III

Art. L. 2623-1 Pour l'application des dispositions législatives du livre III à Saint-Barthélemy :

1° A l'article L. 2313-2, les mots : "ou un organisme public de l'Union européenne" sont supprimés ;

2° A l'article L. 2313-3, les mots : "ou les objectifs de la directive 2009/81/CE du Parlement européen et du Conseil du 13 juillet 2009 relative à la coordination des procédures de passation de certains marchés de travaux, de fournitures et de services par les pouvoirs adjudicateurs ou entités adjudicatrices dans les domaines de la défense et de la sécurité, et modifiant les directives 2004/17/CE et 2004/18/CE," sont supprimés ;

3° A l'article L. 2341-1, les références aux articles 1741 à 1743, 1746 et 1747 du code général des impôts sont remplacées par les références ayant le même objet applicables localement et les mots : ", ainsi que pour les infractions équivalentes prévues par la législation d'un autre État membre de l'Union européenne" sont supprimés ;

4° A l'article L. 2342-2, les mots : "hors du territoire de l'Union européenne" sont remplacés par les mots : "dans un État tiers" ;

5° Le premier alinéa de l'article L. 2353-1 est ainsi rédigé :

"Les marchés de défense ou de sécurité sont passés avec des opérateurs économiques d'États membres de l'Union européenne." ;

(Ord. n° 2021-1490 du 17 nov. 2021, art. 3) « 5° *bis* A l'article L. 2372-1, les mots : "aux articles L. 2172-2 et L. 2172-3" sont remplacés par les mots : "aux articles L. 2172-2, L. 2172-3 et L. 2621-2" ; »

6° Le premier alinéa de l'article L. 2395-1 est ainsi rédigé :

"L'acheteur peut résilier le marché de défense ou de sécurité dans les cas prévus aux articles L. 2195-2 et L. 2195-3.".

CHAPITRE IV DISPOSITIONS PARTICULIÈRES AU LIVRE IV

Art. L. 2624-1 Pour l'application des dispositions législatives du livre IV à Saint-Barthélemy :

1° Au 4° de l'article L. 2411-1, les mots : "mentionnés à l'article L. 411-2 du code de la construction et de l'habitation" sont remplacés par les références aux dispositions applicables localement ayant le même objet ;

2° A l'article L. 2412-2 :

a) Au 2°, les mots : "définie aux articles L. 311-1 et suivants du code de l'urbanisme ou d'un lotissement défini aux articles L. 442-1 et suivants du même code" sont remplacés par les références aux dispositions applicables localement ayant le même objet ;

b) Le 3° est supprimé ;

c) Au 4°, les mots : "énumérés à l'article L. 411-2 du code de la construction et de l'habitation" sont remplacés par les références aux dispositions applicables localement ayant le même objet ;

3° Aux articles L. 2422-4 et L. 2422-11, les mots : "définie à l'article *(Ord. n° 2020-71 du 29 janv. 2020, art. 4 et 8, en vigueur au plus tard le 1er juill. 2021)* « L. 125-1 *[ancienne rédaction : L. 111-23]* » du code de la construction et de l'habitation" sont remplacés par les références aux dispositions applicables localement ayant le même objet ;

4° A l'article L. 2430-2, les mots : "mentionnés à l'article L. 411-2 du code de la construction et de l'habitation" sont remplacés par les références aux dispositions applicables localement ayant le même objet.

CHAPITRE V DISPOSITIONS PARTICULIÈRES AU LIVRE V

Art. L. 2625-1 Pour l'application des dispositions législatives du livre V à Saint-Barthélemy :

1° A l'article L. 2512-1, le 2° est ainsi rédigé :

"2° Un instrument juridique tel qu'un accord international portant sur des travaux, des fournitures ou des services destinés à la réalisation ou à l'exploitation en commun d'un projet par ses signataires ;" ;

2° A l'article L. 2512-4, les mots : ", à condition que cette disposition soit compatible avec le Traité sur le fonctionnement de l'Union européenne" sont supprimés ;

3° Au 5° de l'article L. 2512-5, les mots : "ou à des opérations menées avec le Fonds européen de stabilité financière ou le Mécanisme européen de stabilité" sont supprimés ;

4° A l'article L. 2513-5, les mots : "ou le deviennent en application de l'article L. 2514-5" sont supprimés ;

5° A l'article L. 2514-3, le dernier alinéa est supprimé ;

6° L'article L. 2514-5 est supprimé ;

7° A l'article L. 2515-1 :

a) Au 3°, les mots : ", au sens de l'article 346 du Traité sur le fonctionnement de l'Union européenne," sont supprimés ;

b) Au 6°, les mots : ", ou un arrangement administratif conclu entre au moins un État membre de l'Union européenne et au moins un État tiers." sont supprimés ;

c) Le 8° est supprimé ;

d) Au 9°, les mots : "hors du territoire de l'Union européenne" sont remplacés par les mots : "hors du territoire de Saint-Barthélemy".

TITRE III DISPOSITIONS APPLICABLES À SAINT-MARTIN

CHAPITRE I DISPOSITIONS PARTICULIÈRES AU LIVRE I

Art. L. 2631-1 Pour l'application des dispositions législatives du livre I à Saint-Martin :

1° A l'article L. 2141-1, les références aux articles 1741 à 1743, 1746 et 1747 du code général des impôts sont remplacées par les références ayant le même objet applicables localement ;

2° A l'article L. 2171-2, les mots : "mentionnés au 1° de l'article L. 301-2 du code de la construction et de l'habitation" sont remplacés par les références aux dispositions applicables localement ayant le même objet ;

(Abrogé par Ord. n° 2021-1490 du 17 nov. 2021, art. 3) « 3° A l'article L. 2172-4, la référence au 1° de l'article L. 110-1 du code de la route est remplacée par une référence applicable localement ayant le même objet. »

CHAPITRE II DISPOSITIONS PARTICULIÈRES AU LIVRE II

Le présent chapitre ne comprend pas de dispositions législatives.

CHAPITRE III DISPOSITIONS PARTICULIÈRES AU LIVRE III

Art. L. 2633-1 Pour l'application de l'article L. 2341-1 à Saint-Martin, les références aux articles 1741 à 1743, 1746 et 1747 du code général des impôts sont remplacées par les références ayant le même objet applicables localement.

CHAPITRE IV DISPOSITIONS PARTICULIÈRES AU LIVRE IV

Art. L. 2634-1 Pour l'application des dispositions législatives du livre IV à Saint-Martin :

1° Au 4° de l'article L. 2411-1, les mots : "mentionnés à l'article L. 411-2 du code de la construction et de l'habitation" sont remplacés par les références aux dispositions applicables localement ayant le même objet ;

2° A l'article L. 2412-2 :

a) Au 2°, les mots : "définie aux articles L. 311-1 et suivants du code de l'urbanisme ou d'un lotissement défini aux articles L. 442-1 et suivants du même code" sont remplacés par les références aux dispositions applicables localement ayant le même objet ;

b) Le 3° est supprimé ;

c) Au 4°, les mots : "énumérés à l'article L. 411-2 du code de la construction et de l'habitation" sont remplacés par les références aux dispositions applicables localement ayant le même objet ;

3° Aux articles L. 2422-4 et L. 2422-11, les mots : "définie à l'article *(Ord. n° 2020-71 du 29 janv. 2020, art. 4 et 8, en vigueur au plus tard le 1er juill. 2021)* « L. 125-1 *[ancienne rédaction : L. 111-23]* » du code de la construction et de l'habitation" sont remplacés par les références aux dispositions applicables localement ayant le même objet ;

4° A l'article L. 2430-2, les mots : "mentionnés à l'article L. 411-2 du code de la construction et de l'habitation" sont remplacés par les références aux dispositions applicables localement ayant le même objet.

CHAPITRE V DISPOSITIONS PARTICULIÈRES AU LIVRE V

Le présent chapitre ne comprend pas de dispositions législatives.

TITRE IV DISPOSITIONS PARTICULIÈRES À SAINT-PIERRE-ET-MIQUELON

CHAPITRE I DISPOSITIONS PARTICULIÈRES AU LIVRE I

Art. L. 2641-1 Pour l'application des dispositions législatives du livre I à Saint-Pierre-et-Miquelon :

1° A l'article L. 2112-4, les mots : "des États membres de l'Union européenne" sont remplacés par les mots : "de la République" ;

2° A l'article L. 2113-5, le mot : "autre" est supprimé ;

3° A l'article L. 2113-8, le mot : "autres" est supprimé ;

4° A l'article L. 2141-1, les références aux articles 1741 à 1743, 1746 et 1747 du code général des impôts sont remplacées par les références ayant le même objet applicables localement et les mots : ", ainsi que pour les infractions équivalentes prévues par la législation d'un autre État membre de l'Union européenne" sont supprimés ;

5° L'article L. 2153-1 est supprimé ;

6° A l'article L. 2153-2, les mots : "avec lesquels l'Union européenne n'a pas conclu, dans un cadre multilatéral ou bilatéral, un accord assurant un accès comparable et effectif des entreprises de l'Union européenne aux marchés de ces pays, ou auxquels le bénéfice d'un tel accord n'a pas été étendu par une décision du Conseil de l'Union européenne" sont supprimés ;

7° A l'article L. 2171-2, les mots : "mentionnés au 1° de l'article L. 301-2 du code de la construction et de l'habitation" sont remplacés par les références aux dispositions applicables localement ayant le même objet ;

(Abrogé par Ord. n° 2021-1490 du 17 nov. 2021, art. 3) ***« 8° A l'article L. 2172-4, la référence au 1° de l'article L. 110-1 du code de la route est remplacée par une référence applicable localement ayant le même objet ; »***

(L. n° 2019-486 du 22 mai 2019, art. 193, en vigueur au plus tard le 22 juill. 2019) « 8° *bis* A l'article L. 2192-1, le mot : "transmettent" est remplacée par les mots : "peuvent transmettre" ; »

9° L'article L. 2195-5 est supprimé.

CHAPITRE II DISPOSITIONS PARTICULIÈRES AU LIVRE II

Le présent chapitre ne comprend pas de dispositions législatives.

CHAPITRE III DISPOSITIONS PARTICULIÈRES AU LIVRE III

Art. L. 2643-1 Pour l'application des dispositions législatives du livre III à Saint-Pierre-et-Miquelon :

1° A l'article L. 2313-2, les mots : "ou un organisme public de l'Union européenne" sont supprimés ;

2° A l'article L. 2313-3, les mots : "ou les objectifs de la directive 2009/81/CE du Parlement européen et du Conseil du 13 juillet 2009 relative à la coordination des procédures de passation de certains marchés de travaux, de fournitures et de services par les pouvoirs adjudicateurs ou entités adjudicatrices dans les domaines de la défense et de la sécurité, et modifiant les directives 2004/17/CE et 2004/18/CE," sont supprimés ;

3° A l'article L. 2341-1, les références aux articles 1741 à 1743, 1746 et 1747 du code général des impôts sont remplacées par les références ayant le même objet applicables localement et les mots : ", ainsi que pour les infractions équivalentes prévues par la législation d'un autre État membre de l'Union européenne" sont supprimés ;

4° A l'article L. 2342-2, les mots : "hors du territoire de l'Union européenne" sont remplacés par les mots : "dans un État tiers" ;

5° Le premier alinéa de l'article L. 2353-1 est ainsi rédigé :

"Les marchés de défense ou de sécurité sont passés avec des opérateurs économiques d'États membres de l'Union européenne." ;

6° Le premier alinéa de l'article L. 2395-1 est ainsi rédigé :
"L'acheteur peut résilier le marché de défense ou de sécurité dans les cas prévus aux articles L. 2195-2 et L. 2195-3.".

CHAPITRE IV DISPOSITIONS PARTICULIÈRES AU LIVRE IV

Art. L. 2644-1 Pour l'application des dispositions législatives du livre IV à Saint-Pierre-et-Miquelon :

1° Au 4° de l'article L. 2411-1, les mots : "mentionnés à l'article L. 411-2 du code de la construction et de l'habitation" sont remplacés par les références aux dispositions applicables localement ayant le même objet ;

2° A l'article L. 2412-2 :

a) Au 2°, les mots : "définie aux articles L. 311-1 et suivants du code de l'urbanisme ou d'un lotissement défini aux articles L. 442-1 et suivants du même code" sont remplacés par les références aux dispositions applicables localement ayant le même objet ;

b) Le 3° est supprimé ;

c) Au 4°, les mots : "énumérés à l'article L. 411-2 du code de la construction et de l'habitation" sont remplacés par les références aux dispositions applicables localement ayant le même objet ;

3° Aux articles L. 2422-4 et L. 2422-11, les mots : "définie à l'article *(Ord. n° 2020-71 du 29 janv. 2020, art. 4 et 8, en vigueur au plus tard le 1er juill. 2021)* « L. 125-1 *[ancienne rédaction : L. 111-23]* » du code de la construction et de l'habitation" sont remplacés par les références aux dispositions applicables localement ayant le même objet ;

4° A l'article L. 2430-2, les mots : "mentionnés à l'article L. 411-2 du code de la construction et de l'habitation" sont remplacés par les références aux dispositions applicables localement ayant le même objet.

CHAPITRE V DISPOSITIONS PARTICULIÈRES AU LIVRE V

Art. L. 2645-1 Pour l'application des dispositions législatives du livre V à Saint-Pierre-et-Miquelon :

1° A l'article L. 2512-1, le 2° est ainsi rédigé :

"2° Un instrument juridique tel qu'un accord international portant sur des travaux, des fournitures ou des services destinés à la réalisation ou à l'exploitation en commun d'un projet par ses signataires ;" ;

2° A l'article L. 2512-4, les mots : ", à condition que cette disposition soit compatible avec le Traité sur le fonctionnement de l'Union européenne" sont supprimés ;

3° Au 5° de l'article L. 2512-5, les mots : "ou à des opérations menées avec le Fonds européen de stabilité financière ou le Mécanisme européen de stabilité" sont supprimés ;

4° A l'article L. 2513-5, les mots : "ou le deviennent en application de l'article L. 2514-5" sont supprimés ;

5° A l'article L. 2514-3, le dernier alinéa est supprimé ;

6° L'article L. 2514-5 est supprimé ;

7° A l'article L. 2515-1 :

a) Au 3°, les mots : ", au sens de l'article 346 du Traité sur le fonctionnement de l'Union européenne," sont supprimés ;

b) Au 6°, les mots : ", ou un arrangement administratif conclu entre au moins un État membre de l'Union européenne et au moins un État tiers." sont supprimés ;

c) Le 8° est supprimé ;

d) Au 9°, les mots : "hors du territoire de l'Union européenne" sont remplacés par les mots : "hors du territoire de Saint-Pierre-et-Miquelon".

TITRE V DISPOSITIONS APPLICABLES DANS LES ÎLES WALLIS-ET-FUTUNA

CHAPITRE UNIQUE

SECTION 1 Dispositions générales

Art. L. 2651-1 Sous la réserve des adaptations prévues par le présent titre, les dispositions suivantes sont applicables dans les îles Wallis-et-Futuna aux marchés publics

conclus par l'État ou ses établissements publics, sous réserve des compétences dévolues à cette collectivité, dans leur rédaction résultant de l'ordonnance n° 2018-1074 du 26 novembre 2018, sauf mention contraire dans le tableau ci-après. – *Tableau mod. par L. n° 2019-486 du 22 mai 2019, art. 193 et 195 ; L. n° 2020-1525 du 7 déc. 2020, art. 131 et 140 ; Ord. n° 2022-1336 du 19 oct. 2022, art. 26.*

Les dispositions introduites par l'art. 26 de l'Ord. n° 2022-1336 du 19 oct. 2022 s'appliquent aux marchés et aux contrats de concession pour lesquels une consultation est engagée ou un avis d'appel à la concurrence ou un avis de concession est envoyé à la publication à compter de la date de publication de ladite Ord. (Ord. préc., art. 27 ; JO 20 oct.).

DISPOSITIONS APPLICABLES	DANS LEUR RÉDACTION
L. 2000-1 à L. 2000-5	
Au livre Ier	
L. 2100-1 et L. 2000-2 *[L. 2100-2]*	
Au titre Ier	
L. 2111-1 et L. 2111-2	
L. 2112-1 à L. 2113-13	
L. 2113-13-1 et L. 2113-14	Résultant de l'ordonnance n° 2022-1336 du 19 octobre 2022
L. 2113-15 et L. 2113-16	
Au titre II	
L. 2120-1	
L. 2122-1	Résultant de la loi n° 2020-1525 du 7 décembre 2020 d'accélération et de simplification de l'action publique
L. 2123-1 à L. 2125-1	
Au titre III	
L. 2131-1 à L. 2132-2	
Au titre IV	
L. 2141-1 à L. 2141-2	
L. 2141-3	Résultant de la loi n° 2020-1525 du 7 décembre 2020 d'accélération et de simplification de l'action publique
L. 2141-4 à L. 2142-1	
Au titre V	
L. 2151-1 à L. 2152-8	
L. 2152-9	Résultant de la loi n° 2020-1525 du 7 décembre 2020 d'accélération et de simplification de l'action publique

DISPOSITIONS APPLICABLES	DANS LEUR RÉDACTION
L. 2153-2	
Au titre VII	
L. 2171-1 à L. 2171-5	
L. 2171-7	
L. 2171-8	Résultant de la loi n° 2020-1525 du 7 décembre 2020 d'accélération et de simplification de l'action publique
L. 2172-3 et L. 2172-4	
Au titre VIII	
L. 2181-1 à L. 2184-1	
Au titre IX	
L. 2191-1 à L. 2191-8	
L. 2192-1 et L. 2192-2	*[Au plus tard à compter du 22 juill. 2019]* Résultant de la loi n° 2019-486 du 22 mai 2019 relative à la croissance et la transformation des entreprises
L. 2192-4 à L. 2192-7	*[Au plus tard à compter du 22 juill. 2019]* Résultant de la loi n° 2019-486 du 22 mai 2019 relative à la croissance et la transformation des entreprises
L. 2192-10	
L. 2192-12 à L. 2192-14	
L. 2193-1 à L. 2194-2	
L. 2194-3	Résultant de la loi n° 2019-486 du 22 mai 2019 relative à la croissance et la transformation des entreprises
L. 2195-1 à L. 2195-3	
L. 2195-4	Résultant de la loi n° 2020-1525 du 7 décembre 2020 d'accélération et de simplification de l'action publique
L. 2195-6 à L. 2197-1	
L. 2197-3 à L. 2197-6	
Au livre II	
L. 2200-1	
Au titre Ier	
L. 2211-1 à L. 2213-14	

DISPOSITIONS APPLICABLES	DANS LEUR RÉDACTION
Au titre II	
L. 2221-1	
L. 2222-1 à L. 2223-1	
L. 2223-4	
Au titre III	
L. 2231-1 à L. 2234-2	
L. 2235-1 à L. 2236-1	
Au livre III	
L. 2300-1	
Au titre Ier	
L. 2311-1 à L. 2313-6	
Au titre II	
L. 2320-1	
L. 2322-1	Résultant de la loi n° 2020-1525 du 7 décembre 2020 d'accélération et de simplification de l'action publique
L. 2323-1 à L. 2325-1	
Au titre III	
L. 2331-1 à L. 2332-2	
Au titre IV	
L. 2341-1 à L. 2342-2	
Au titre V	
L. 2351-1 à L. 2353-2	
Au titre VII	
L. 2371-1 à L. 2373-1	
Au titre VIII	
L. 2381-1 à L. 2384-1	
Au titre IX	
L. 2391-1 à L. 2391-8	
L. 2392-1 et L. 2392-2	*[Au plus tard à compter du 22 juill. 2019]* Résultant de la loi n° 2019-486 du 22 mai 2019 relative à la croissance et la transformation des entreprises

DISPOSITIONS APPLICABLES	DANS LEUR RÉDACTION
L. 2392-4 à L. 2392-7	*[Au plus tard à compter du 22 juill. 2019]* Résultant de la loi n° 2019-486 du 22 mai 2019 relative à la croissance et la transformation des entreprises
L. 2392-10 à L. 2394-1	
L. 2394-2	Résultant de la loi n° 2019-486 du 22 mai 2019 relative à la croissance et la transformation des entreprises
L. 2395-1	
L. 2395-2	Résultant de la loi n° 2020-1525 du 7 décembre 2020 d'accélération et de simplification de l'action publique
L. 2396-1 à L. 2397-3	
Au livre IV	
Au titre Ier	
L. 2410-1 à L. 2412-2	
Au titre II	
L. 2421-1 à L. 2422-13	
Au titre III	
L. 2430-1	
L. 2431-1 à L. 2432-2	
Au livre V	
L. 2500-1 et L. 2500-2	
Au titre Ier	
L. 2511-1 à L. 2512-4	
L. 2512-5	Résultant de la loi n° 2020-1525 du 7 décembre 2020 d'accélération et de simplification de l'action publique
L. 2513-1 à L. 2514-4	
L. 2515-1	
Au titre II	
L. 2521-1 à L. 2521-4	
L. 2521-5	*[Au plus tard à compter du 22 juill. 2019]* Résultant de la loi n° 2019-486 du 22 mai 2019 relative à la croissance et la transformation des entreprises

SECTION 2 **Dispositions d'adaptation**

Art. L. 2651-2 Pour l'application des dispositions législatives du livre I aux îles Wallis-et-Futuna :

1° A l'article L. 2112-4, les mots : "des États membres de l'Union européenne" sont remplacés par les mots : "de la République" ;

2° A l'article L. 2113-5, le mot : "autre" est supprimé ;

3° A l'article L. 2113-8, le mot : "autres" est supprimé ;

4° A l'article L. 2113-12, les références aux articles L. 5213-13 du code du travail et L. 344-2 du code de l'action sociale et des familles sont remplacées par les références aux dispositions applicables localement ayant le même objet ;

5° A l'article L. 2113-13, la référence à l'article L. 5132-4 du code du travail est remplacée par la référence aux dispositions applicables localement ayant le même objet ;

6° A l'article L. 2141-1, les références aux articles 1741 à 1743, 1746 et 1747 du code général des impôts sont remplacées par les références ayant le même objet applicables localement et les mots : "ainsi que pour les infractions équivalentes prévues par la législation d'un autre État membre de l'Union européenne" sont supprimés ;

7° A l'article L. 2141-4 :

a) Au 1°, les mots : "pour méconnaissances des obligations prévues aux articles L. 8221-1, L. 8221-3, L. 8221-5, L. 8231-1, L. 8241-1, L. 8251-1 et L. 8251-2 du code du travail" sont remplacés par les mots : "pour une infraction en matière de travail dissimulé, d'emploi illégal d'étranger et de marchandage définies par la législation localement applicable" et les mots : "de l'article L. 1146-1 du même code ou" sont supprimés ;

b) Aux 2° et 3°, la référence au 2° de l'article L. 2242-1 du code du travail est remplacée par une référence ayant le même objet applicable localement ;

8° A l'article L. 2141-5, la référence à l'article L. 8272-4 du code du travail est remplacée par une référence ayant le même objet applicable localement ;

9° A l'article L. 2153-2, les mots : "avec lesquels l'Union européenne n'a pas conclu, dans un cadre multilatéral ou bilatéral, un accord assurant un accès comparable et effectif des entreprises de l'Union européenne aux marchés de ces pays, ou auxquels le bénéfice d'un tel accord n'a pas été étendu par une décision du Conseil de l'Union européenne" sont supprimés ;

10° Le dernier alinéa de l'article L. 2171-2 est supprimé ;

11° A l'article L. 2171-5, les mots : "mentionnés à l'article L. 124-4 du code de la sécurité sociale gérant" sont remplacés par les mots : "de droit privé autorisés par la réglementation applicable localement à gérer" ;

12° A l'article L. 2172-4, la référence au 1° de l'article L. 110-1 du code de la route est remplacée par une référence applicable localement ayant le même objet ;

13° A l'article L. 2191-1, les mots : ", les collectivités territoriales, leurs établissements publics et leurs groupements" sont supprimés ;

14° A l'article L. 2191-5, les mots : ", les collectivités territoriales, leurs établissements publics et leurs groupements" sont supprimés ;

(L. n° 2019-486 du 22 mai 2019, art. 193, en vigueur au plus tard le 22 juill. 2019) « 14° *bis* A l'article L. 2192-1, les mots : "l'État, les collectivités territoriales ou les établissements publics" sont remplacés par les mots : "l'État et ses établissements publics" et le mot : "transmettent" est remplacé par les mots : "peuvent transmettre" ;

« 14° *ter* A l'article L. 2192-2 et au 1° de l'article L. 2192-5, les mots : "l'État, les collectivités territoriales et les établissements publics" sont remplacés par les mots : "l'État et ses établissements publics" ; »

15° A l'article L. 2197-4, les mots : "ou pour les marchés de droit privé, dans les conditions prévues par le code civil" sont supprimés.

Art. L. 2651-3 Pour l'application de l'article L. 2213-6 aux îles Wallis-et-Futuna, les mots : ", des collectivités territoriales" sont supprimés.

Art. L. 2651-4 Pour l'application des dispositions législatives du livre III aux îles Wallis-et-Futuna :

1° L'article L. 2311-1 est ainsi rédigé :

Art. L. 2311-1 Les dispositions du chapitre I du titre I du livre I, à l'exception de l'article L. 2111-3 s'appliquent.

2° A l'article L. 2313-2, les mots : "ou un organisme public de l'Union européenne" sont supprimés ;

3° A l'article L. 2313-3, les mots : "ou les objectifs de la directive 2009/81/CE du Parlement européen et du Conseil du 13 juillet 2009 relative à la coordination des procédures de passation de certains marchés de travaux, de fournitures et de services par les pouvoirs adjudicateurs ou entités adjudicatrices dans les domaines de la défense et de la sécurité, et modifiant les directives 2004/17/CE et 2004/18/CE," sont supprimés ;

4° A l'article L. 2341-1, les références aux articles 1741 à 1743, 1746 et 1747 du code général des impôts sont remplacées par les références ayant le même objet applicables localement et les mots : ", ainsi que pour les infractions équivalentes prévues par la législation d'un autre État membre de l'Union européenne" sont supprimés ;

5° A l'article L. 2342-2, les mots : "hors du territoire de l'Union européenne" sont remplacés par les mots : "dans un État tiers" ;

6° Le premier alinéa de l'article L. 2353-1 est ainsi rédigé :

"Les marchés de défense ou de sécurité sont passés avec des opérateurs économiques d'États membres de l'Union européenne." ;

7° Le second alinéa de l'article L. 2371-1 est ainsi rédigé :

"Les dispositions des articles L. 2171-2 à L. 2171-5 et L. 2171-7 s'appliquent alors à ces marchés." ;

8° Le premier alinéa de l'article L. 2395-1 est ainsi rédigé :

"L'acheteur peut résilier le marché de défense ou de sécurité dans les cas prévus aux articles L. 2195-2 et L. 2195-3.".

Art. L. 2651-5 Pour l'application des dispositions législatives du livre IV aux îles Wallis-et-Futuna :

1° A l'article L. 2411-1, les 2°, 3° et 4° sont supprimés ;

2° A l'article L. 2412-2 :

a) Au 2°, les mots : "définie aux articles L. 311-1 et suivants du code de l'urbanisme ou d'un lotissement défini aux articles L. 442-1 et suivants du même code" sont remplacés par les références aux dispositions applicables localement ayant le même objet ;

b) Les 3°, 4° et 5° sont supprimés ;

3° Aux articles L. 2422-4 et L. 2422-11, les mots : "définie à l'article L. 111-23 du code de la construction et de l'habitation" sont remplacés par les références aux dispositions applicables localement ayant le même objet.

Art. L. 2651-6 Pour l'application des dispositions législatives du livre V aux îles Wallis-et-Futuna :

1° A l'article L. 2512-1, le 2° est ainsi rédigé :

"2° Un instrument juridique tel qu'un accord international portant sur des travaux, des fournitures ou des services destinés à la réalisation ou à l'exploitation en commun d'un projet par ses signataires ;" ;

2° A l'article L. 2512-4, les mots : ", à condition que cette disposition soit compatible avec le Traité sur le fonctionnement de l'Union européenne" sont supprimés ;

3° Au 5° de l'article L. 2512-5, les mots : "ou à des opérations menées avec le Fonds européen de stabilité financière ou le Mécanisme européen de stabilité" sont supprimés ;

4° A l'article L. 2513-5, les mots : "ou le deviennent en application de l'article L. 2514-5" sont supprimés ;

5° A l'article L. 2514-3, le dernier alinéa est supprimé ;

6° A l'article L. 2515-1 :

a) Au 3°, les mots : ", au sens de l'article 346 du Traité sur le fonctionnement de l'Union européenne," sont supprimés ;

b) Au 6°, les mots : ", ou un arrangement administratif conclu entre au moins un État membre de l'Union européenne et au moins un État tiers." sont supprimés ;

c) Le 8° est supprimé ;

d) Au 9°, les mots : "hors du territoire de l'Union européenne" sont remplacés par les mots : "hors du territoire des îles Wallis-et-Futuna" ;

7° A l'article L. 2521-3, le dernier alinéa est supprimé.

TITRE VI DISPOSITIONS APPLICABLES EN POLYNÉSIE FRANÇAISE

CHAPITRE UNIQUE

SECTION 1 Dispositions générales

Art. L. 2661-1 Sous la réserve des adaptations prévues par le présent titre, les dispositions suivantes sont applicables en Polynésie française aux marchés publics conclus par l'État ou ses établissements publics, sous réserve des compétences dévolues à cette collectivité, dans leur rédaction résultant de l'ordonnance n° 2018-1074 du 26 novembre 2018, sauf mention contraire dans le tableau ci-après. – *Tableau mod. par L. n° 2019-486 du 22 mai 2019, art. 193 et 195 ; L. n° 2020-1525 du 7 déc. 2020, art. 131 et 140 ; Ord. n° 2022-1336 du 19 oct. 2022, art. 26.*

Sur l'application des dispositions issues de l'art. 26 de l'Ord. n° 2022-1336 du 19 oct. 2022, V. note ss. art. L. 2651-1.

DISPOSITIONS APPLICABLES	DANS LEUR RÉDACTION
L. 2000-1 à L. 2000-5	
Au livre Ier	
L. 2100-1 et L. 2000-2 *[L. 2100-2]*	
Au titre Ier	
L. 2111-1 et L. 2111-2	
L. 2112-1 à L. 2113-13	
L. 2113-13-1 et L. 2113-14	Résultant de l'ordonnance n° 2022-1336 du 19 octobre 2022
L. 2113-15 et L. 2113-16	
Au titre II	
L. 2120-1	
L. 2122-1	Résultant de la loi n° 2020-1525 du 7 décembre 2020 d'accélération et de simplification de l'action publique
L. 2123-1 à L. 2125-1	
Au titre III	
L. 2131-1 à L. 2132-2	
Au titre IV	
L. 2141-1 à L. 2141-2	
L. 2141-3	Résultant de la loi n° 2020-1525 du 7 décembre 2020 d'accélération et de simplification de l'action publique

DISPOSITIONS APPLICABLES	DANS LEUR RÉDACTION
L. 2141-4 à L. 2142-1	
Au titre V	
L. 2151-1 à L. 2152-8	
L. 2152-9	Résultant de la loi n° 2020-1525 du 7 décembre 2020 d'accélération et de simplification de l'action publique
L. 2153-2	
Au titre VII	
L. 2171-1 à L. 2171-5	
L. 2171-7	
L. 2171-8	Résultant de la loi n° 2020-1525 du 7 décembre 2020 d'accélération et de simplification de l'action publique
L. 2172-3 et L. 2172-4	
Au titre VIII	
L. 2181-1 à L. 2184-1	
Au titre IX	
L. 2191-1 à L. 2191-8	
L. 2192-1 et L. 2192-2	*[Au plus tard à compter du 22 juill. 2019]* Résultant de la loi n° 2019-486 du 22 mai 2019 relative à la croissance et la transformation des entreprises
L. 2192-4 à L. 2192-7	*[Au plus tard à compter du 22 juill. 2019]* Résultant de la loi n° 2019-486 du 22 mai 2019 relative à la croissance et la transformation des entreprises
L. 2192-10	
L. 2192-12 à L. 2192-14	
L. 2193-1 à L. 2194-2	
L. 2194-3	Résultant de la loi n° 2019-486 du 22 mai 2019 relative à la croissance et la transformation des entreprises
L. 2195-1 à L. 2195-3	
L. 2195-4	Résultant de la loi n° 2020-1525 du 7 décembre 2020 d'accélération et de simplification de l'action publique
L. 2195-6 à L. 2197-1	

DISPOSITIONS APPLICABLES	DANS LEUR RÉDACTION
L. 2197-3 à L. 2197-6	
Au livre II	
L. 2200-1	
Au titre Ier	
L. 2211-1 à L. 2213-14	
Au titre II	
L. 2221-1	
L. 2222-1 à L. 2223-1	
L. 2223-4	
Au titre III	
L. 2231-1 à L. 2234-2	
L. 2235-1 à L. 2236-1	
Au livre III	
L. 2300-1	
Au titre Ier	
L. 2311-1 à L. 2313-6	
Au titre II	
L. 2320-1	
L. 2322-1	Résultant de la loi nº 2020-1525 du 7 décembre 2020 d'accélération et de simplification de l'action publique
L. 2323-1 à L. 2325-1	
Au titre III	
L. 2331-1 à L. 2332-2	
Au titre IV	
L. 2341-1 à L. 2342-2	
Au titre V	
L. 2351-1 à L. 2353-2	
Au titre VII	
L. 2371-1 à L. 2373-1	
Au titre VIII	
L. 2381-1 à L. 2384-1	

DISPOSITIONS APPLICABLES	DANS LEUR RÉDACTION
Au titre IX	
L. 2391-1 à L. 2391-8	
L. 2392-1 et L. 2392-2	*[Au plus tard à compter du 22 juill. 2019]* Résultant de la loi n° 2019-486 du 22 mai 2019 relative à la croissance et la transformation des entreprises
L. 2392-4 à L. 2392-7	*[Au plus tard à compter du 22 juill. 2019]* Résultant de la loi n° 2019-486 du 22 mai 2019 relative à la croissance et la transformation des entreprises
L. 2392-10 à L. 2394-1	
L. 2394-2	Résultant de la loi n° 2019-486 du 22 mai 2019 relative à la croissance et la transformation des entreprises
L. 2395-1	
L. 2395-2	Résultant de la loi n° 2020-1525 du 7 décembre 2020 d'accélération et de simplification de l'action publique
L. 2396-1 à L. 2397-3	
Au livre IV	
Au titre Ier	
L. 2410-1 à L. 2412-2	
Au titre II	
L. 2421-1 à L. 2422-13	
Au titre III	
L. 2430-1	
L. 2431-1 à L. 2432-2	
Au livre V	
L. 2500-1 et L. 2500-2	
Au titre Ier	
L. 2511-1 à L. 2512-4	
L. 2512-5	Résultant de la loi n° 2020-1525 du 7 décembre 2020 d'accélération et de simplification de l'action publique
L. 2513-1 à L. 2514-4	
L. 2515-1	

DISPOSITIONS APPLICABLES	DANS LEUR RÉDACTION
Au titre II	
L. 2521-1 à L. 2521-4	
L. 2521-5	*[Au plus tard à compter du 22 juill. 2019]* Résultant de la loi n° 2019-486 du 22 mai 2019 relative à la croissance et la transformation des entreprises

SECTION 2 Dispositions d'adaptation

Art. L. 2661-2 Pour l'application des dispositions législatives du livre I en Polynésie française :

1° A l'article L. 2112-4, les mots : "des États membres de l'Union européenne" sont remplacés par les mots : " de la République" ;

2° A l'article L. 2113-5, le mot : "autre" est supprimé ;

3° A l'article L. 2113-8, le mot : "autres" est supprimé ;

4° A l'article L. 2113-12, les références aux articles L. 5213-13 du code du travail et L. 344-2 du code de l'action sociale et des familles sont remplacées par les références aux dispositions applicables localement ayant le même objet ;

5° A l'article L. 2113-13, la référence à l'article L. 5132-4 du code du travail est remplacée par la référence aux dispositions applicables localement ayant le même objet ;

6° A l'article L. 2141-1, les références aux articles 1741 à 1743, 1746 et 1747 du code général des impôts sont remplacées par les références ayant le même objet applicables localement, et les mots : "ainsi que pour les infractions équivalentes prévues par la législation d'un autre État membre de l'Union européenne" sont supprimés ;

7° A l'article L. 2141-3, les références au code de commerce sont remplacées par les références ayant le même objet applicables localement ;

8° A l'article L. 2141-4 :

a) Au 1°, les mots : "pour méconnaissances des obligations prévues aux articles L. 8221-1, L. 8221-3, L. 8221-5, L. 8231-1, L. 8241-1, L. 8251-1 et L. 8251-2 du code du travail" sont remplacés par les mots : "pour une infraction en matière de travail dissimulé, d'emploi illégal d'étranger et de marchandage définies par la législation localement applicable" et les mots : "de l'article L. 1146-1 du même code ou" sont supprimés ;

b) Aux 2° et 3°, la référence au 2° de l'article L. 2242-1 du code du travail est remplacée par une référence ayant le même objet applicable localement ;

9° A l'article L. 2141-5, la référence à l'article L. 8272-4 du code du travail est remplacée par une référence ayant le même objet applicable localement ;

10° A l'article L. 2153-2, les mots : "avec lesquels l'Union européenne n'a pas conclu, dans un cadre multilatéral ou bilatéral, un accord assurant un accès comparable et effectif des entreprises de l'Union européenne aux marchés de ces pays, ou auxquels le bénéfice d'un tel accord n'a pas été étendu par une décision du Conseil de l'Union européenne" sont supprimés ;

11° Le dernier alinéa de l'article L. 2171-2 est supprimé ;

12° A l'article L. 2171-5, les mots : "mentionnés à l'article L. 124-4 du code de la sécurité sociale gérant" sont remplacés par les mots : "de droit privé autorisés par la réglementation applicable localement à gérer" ;

13° A l'article L. 2172-4, la référence au 1° de l'article L. 110-1 du code de la route est remplacée par une référence applicable localement ayant le même objet ;

14° A l'article L. 2191-1, les mots : ", les collectivités territoriales, leurs établissements publics et leurs groupements" sont supprimés ;

15° A l'article L. 2191-5, les mots : ", les collectivités territoriales, leurs établissements publics et leurs groupements" sont supprimés ;

16° L'article L. 2191-8 est ainsi rédigé :

Art. L. 2191-8 Le titulaire d'un marché peut céder la créance qu'il détient sur l'acheteur à un établissement de crédit ou nantir cette créance auprès d'un établissement de crédit.

Il peut la céder à un autre cessionnaire ou nantir ladite créance auprès d'un autre créancier conformément aux dispositions applicables localement.

(L. nº 2019-486 du 22 mai 2019, art. 193, en vigueur au plus tard le 22 juill. 2019) « 16º *bis* A l'article L. 2192-1, les mots : "l'État, les collectivités territoriales et les établissements publics" sont remplacés par les mots : "l'État et ses établissements publics" et le mot : "transmettent" est remplacé par les mots : "peuvent transmettre" ;

« 16º *ter* A l'article L. 2192-2 et au 1º de l'article L. 2192-5, les mots : "l'État, les collectivités territoriales et les établissements publics" sont remplacés par les mots : "l'État et ses établissements publics" ; »

17º A l'article L. 2192-11, la référence au code de commerce est remplacée par la référence ayant le même objet applicable localement ;

18º A l'article L. 2195-4, *(L. nº 2020-1525 du 7 déc. 2020, art. 131)* « les références au code de commerce sont remplacées par des références » ayant le même objet applicable localement ;

19º A l'article L. 2197-4, les mots : "ou pour les marchés de droit privé, dans les conditions prévues par le code civil" sont supprimés ;

20º A l'article L. 2197-5, les mots : "ainsi que le prévoit l'article 2044 du code civil" sont supprimés ;

21º A l'article L. 2197-6, les mots : "Par dérogation aux dispositions du premier alinéa de l'article 2060 du code civil," sont supprimés.

Art. L. 2661-3 Pour l'application des dispositions législatives du livre II en Polynésie française :

1º A l'article L. 2213-6, les mots : ", des collectivités territoriales" sont supprimés ;

2º A l'article L. 2232-7, les mots : "Par dérogation aux dispositions *(Ord. nº 2019-698 du 3 juill. 2019, art. 1er)* « des articles L. 441-10 à L. 441-13 » du code de commerce," sont supprimés.

Art. L. 2661-4 Pour l'application des dispositions législatives du livre III en Polynésie française :

1º L'article L. 2311-1 est ainsi rédigé :

Art. L. 2311-1 Les dispositions du chapitre I du titre I du livre I, à l'exception de l'article L. 2111-3 s'appliquent.

2º A l'article L. 2313-2, les mots : "ou un organisme public de l'Union européenne" sont supprimés ;

3º A l'article L. 2313-3, les mots : "ou les objectifs de la directive 2009/81/CE du Parlement européen et du Conseil du 13 juillet 2009 relative à la coordination des procédures de passation de certains marchés de travaux, de fournitures et de services par les pouvoirs adjudicateurs ou entités adjudicatrices dans les domaines de la défense et de la sécurité, et modifiant les directives 2004/17/CE et 2004/18/CE," sont supprimés ;

4º A l'article L. 2341-1, les références aux articles 1741 à 1743, 1746 et 1747 du code général des impôts sont remplacées par les références ayant le même objet applicables localement et les mots : ", ainsi que pour les infractions équivalentes prévues par la législation d'un autre État membre de l'Union européenne" sont supprimés ;

5º A l'article L. 2342-2, les mots : "hors du territoire de l'Union européenne" sont remplacés par les mots : "dans un État tiers" ;

6º Le premier alinéa de l'article L. 2353-1 est ainsi rédigé :

"Les marchés de défense ou de sécurité sont passés avec des opérateurs économiques d'États membres de l'Union européenne." ;

7º Le second alinéa de l'article L. 2371-1 est ainsi rédigé :

"Les dispositions des articles L. 2171-2 à L. 2171-5 et L. 2171-7 s'appliquent alors à ces marchés." ;

8º Le premier alinéa de l'article L. 2395-1 est ainsi rédigé :

"L'acheteur peut résilier le marché de défense ou de sécurité dans les cas prévus aux articles L. 2195-2 et L. 2195-3." ;

9° A l'article L. 2395-2, *(L. n° 2020-1525 du 7 déc. 2020, art. 131)* « les références au code de commerce sont remplacées par des références » ayant le même objet applicable localement.

Art. L. 2661-5 Pour l'application des dispositions législatives du livre IV en Polynésie française :

1° A l'article L. 2411-1, les 2°, 3° et 4° sont supprimés ;

2° A l'article L. 2412-2 :

a) Au 2°, les mots : "définie aux articles L. 311-1 et suivants du code de l'urbanisme ou d'un lotissement défini aux articles L. 442-1 et suivants du même code" sont remplacés par les références aux dispositions applicables localement ayant le même objet ;

b) Les 3°, 4° et 5° sont supprimés ;

3° Aux articles L. 2422-4 et L. 2422-11, les mots : "définie à l'article L. 111-23 du code de la construction et de l'habitation" sont remplacés par les références aux dispositions applicables localement ayant le même objet.

Art. L. 2661-6 Pour l'application des dispositions législatives du livre V en Polynésie française :

1° A l'article L. 2512-1, le 2° est ainsi rédigé :

"2° Un instrument juridique tel qu'un accord international portant sur des travaux, des fournitures ou des services destinés à la réalisation ou à l'exploitation en commun d'un projet par ses signataires ;" ;

2° A l'article L. 2512-4, les mots : ", à condition que cette disposition soit compatible avec le Traité sur le fonctionnement de l'Union européenne" sont supprimés ;

3° Au 5° de l'article L. 2512-5, les mots : "ou à des opérations menées avec le Fonds européen de stabilité financière ou le Mécanisme européen de stabilité" sont supprimés ;

4° A l'article L. 2513-5, les mots : "ou le deviennent en application de l'article L. 2514-5" sont supprimés ;

5° A l'article L. 2514-3, le dernier alinéa est supprimé ;

6° A l'article L. 2515-1 :

a) Au 3°, les mots : ", au sens de l'article 346 du Traité sur le fonctionnement de l'Union européenne," sont supprimés ;

b) Au 6°, les mots : ", ou un arrangement administratif conclu entre au moins un État membre de l'Union européenne et au moins un État tiers" sont supprimés ;

c) Le 8° est supprimé ;

d) Au 9°, les mots : "hors du territoire de l'Union européenne" sont remplacés par les mots : "hors du territoire de la Polynésie française" ;

7° A l'article L. 2521-3, le dernier alinéa est supprimé.

TITRE VII DISPOSITIONS APPLICABLES EN NOUVELLE-CALÉDONIE

CHAPITRE UNIQUE

SECTION 1 Dispositions générales

Art. L. 2671-1 Sous la réserve des adaptations prévues par le présent titre, les dispositions suivantes sont applicables en Nouvelle-Calédonie aux marchés publics conclus par l'État ou ses établissements publics, sous réserve des compétences dévolues à cette collectivité, dans leur rédaction résultant de l'ordonnance n° 2018-1074 du 26 novembre 2018, sauf mention contraire dans le tableau ci-après. — *Tableau mod. par L. n° 2019-486 du 22 mai 2019, art. 193 et 195 ; L. n° 2020-1525 du 7 déc. 2020, art. 131 et 140 ; Ord. n° 2022-1336 du 19 oct. 2022, art. 26.*

Sur l'application des dispositions issues de l'art. 26 de l'Ord. n° 2022-1336 du 19 oct. 2022, V. note ss. art. L. 2651-1.

DISPOSITIONS APPLICABLES	DANS LEUR RÉDACTION
L. 2000-1 à L. 2000-5	
Au livre Ier	
L. 2100-1 et L. 2000-2 *[L. 2100-2]*	
Au titre Ier	
L. 2111-1 et L. 2111-2	
L. 2112-1 à L. 2113-13	
L. 2113-13-1 et L. 2113-14	Résultant de l'ordonnance n° 2022-1336 du 19 octobre 2022
L. 2113-15 et L. 2113-16	
Au titre II	
L. 2120-1	
L. 2122-1	Résultant de la loi n° 2020-1525 du 7 décembre 2020 d'accélération et de simplification de l'action publique
L. 2123-1 à L. 2125-1	
Au titre III	
L. 2131-1 à L. 2132-2	
Au titre IV	
L. 2141-1 à L. 2141-2	
L. 2141-3	Résultant de la loi n° 2020-1525 du 7 décembre 2020 d'accélération et de simplification de l'action publique
L. 2141-4 à L. 2142-1	
Au titre V	
L. 2151-1 à L. 2152-8	
L. 2152-9	Résultant de la loi n° 2020-1525 du 7 décembre 2020 d'accélération et de simplification de l'action publique
L. 2153-2	
Au titre VII	
L. 2171-1 à L. 2171-5	
L. 2171-7	
L. 2171-8	Résultant de la loi n° 2020-1525 du 7 décembre 2020 d'accélération et de simplification de l'action publique

DISPOSITIONS APPLICABLES	DANS LEUR RÉDACTION
L. 2172-3 et L. 2172-4	
Au titre VIII	
L. 2181-1 à L. 2184-1	
Au titre IX	
L. 2191-1 à L. 2191-8	
L. 2192-1 et L. 2192-2	*[Au plus tard à compter du 22 juill. 2019]* Résultant de la loi n° 2019-486 du 22 mai 2019 relative à la croissance et la transformation des entreprises
L. 2192-4 à L. 2192-7	*[Au plus tard à compter du 22 juill. 2019]* Résultant de la loi n° 2019-486 du 22 mai 2019 relative à la croissance et la transformation des entreprises
L. 2192-10	
L. 2192-12 à L. 2192-14	
L. 2193-1 à L. 2194-2	
L. 2194-3	Résultant de la loi n° 2019-486 du 22 mai 2019 relative à la croissance et la transformation des entreprises
L. 2195-1 à L. 2195-3	
L. 2195-4	Résultant de la loi n° 2020-1525 du 7 décembre 2020 d'accélération et de simplification de l'action publique
L. 2195-6 à L. 2197-1	
L. 2197-3 à L. 2197-6	
Au livre II	
L. 2200-1	
Au titre Ier	
L. 2211-1 à L. 2213-14	
Au titre II	
L. 2221-1	
L. 2222-1 à L. 2223-1	
L. 2223-4	
Au titre III	
L. 2231-1 à L. 2234-2	

DISPOSITIONS APPLICABLES	DANS LEUR RÉDACTION
L. 2235-1 à L. 2236-1	
Au livre III	
L. 2300-1	
Au titre Ier	
L. 2311-1 à L. 2313-6	
Au titre II	
L. 2320-1	
L. 2322-1	Résultant de la loi nº 2020-1525 du 7 décembre 2020 d'accélération et de simplification de l'action publique
L. 2323-1 à L. 2325-1	
Au titre III	
L. 2331-1 à L. 2332-2	
Au titre IV	
L. 2341-1 à L. 2342-2	
Au titre V	
L. 2351-1 à L. 2353-2	
Au titre VII	
L. 2371-1 à L. 2373-1	
Au titre VIII	
L. 2381-1 à L. 2384-1	
Au titre IX	
L. 2391-1 à L. 2391-8	
L. 2392-1 et L. 2392-2	*[Au plus tard à compter du 22 juill. 2019]* Résultant de la loi nº 2019-486 du 22 mai 2019 relative à la croissance et la transformation des entreprises
L. 2392-4 à L. 2392-7	*[Au plus tard à compter du 22 juill. 2019]* Résultant de la loi nº 2019-486 du 22 mai 2019 relative à la croissance et la transformation des entreprises
L. 2392-10 à L. 2394-1	
L. 2394-2	Résultant de la loi nº 2019-486 du 22 mai 2019 relative à la croissance et la transformation des entreprises

DISPOSITIONS APPLICABLES	DANS LEUR RÉDACTION
L. 2395-1	
L. 2395-2	Résultant de la loi n° 2020-1525 du 7 décembre 2020 d'accélération et de simplification de l'action publique
L. 2396-1 à L. 2397-3	
Au livre IV	
Au titre Ier	
L. 2410-1 à L. 2412-2	
Au titre II	
L. 2421-1 à L. 2422-13	
Au titre III	
L. 2430-1	
L. 2431-1 à L. 2432-2	
Au livre V	
L. 2500-1 et L. 2500-2	
Au titre Ier	
L. 2511-1 à L. 2512-4	
L. 2512-5	Résultant de la loi n° 2020-1525 du 7 décembre 2020 d'accélération et de simplification de l'action publique
L. 2513-1 à L. 2514-4	
L. 2515-1	
Au titre II	
L. 2521-1à L. 2521-4	
L. 2521-5	*[Au plus tard à compter du 22 juill. 2019]* Résultant de la loi n° 2019-486 du 22 mai 2019 relative à la croissance et la transformation des entreprises

SECTION 2 Dispositions d'adaptation

Art. L. 2671-2 Pour l'application des dispositions législatives du livre I en Nouvelle-Calédonie :

1° A l'article L. 2112-4, les mots : "des États membres de l'Union européenne" sont remplacés par les mots : "de la République" ;

2° A l'article L. 2113-5, le mot : "autre" est supprimé ;

3° A l'article L. 2113-8, le mot : "autres" est supprimé ;

4° A l'article L. 2113-12, les références aux articles L. 5213-13 du code du travail et L. 344-2 du code de l'action sociale et des familles sont remplacées par les références aux dispositions applicables localement ayant le même objet ;

5° A l'article L. 2113-13, la référence à l'article L. 5132-4 du code du travail est remplacée par la référence aux dispositions applicables localement ayant le même objet ;

6° A l'article L. 2141-1, les références aux articles 1741 à 1743, 1746 et 1747 du code général des impôts sont remplacées par les références ayant le même objet applicables localement, et les mots : "ainsi que pour les infractions équivalentes prévues par la législation d'un autre État membre de l'Union européenne" sont supprimés ;

7° A l'article L. 2141-3, les références au code de commerce sont remplacées par les références ayant le même objet applicables localement ;

8° A l'article L. 2141-4 :

a) Au 1°, les mots : "pour méconnaissances des obligations prévues aux articles L. 8221-1, L. 8221-3, L. 8221-5, L. 8231-1, L. 8241-1, L. 8251-1 et L. 8251-2 du code du travail" sont remplacés par les mots : "pour une infraction en matière de travail dissimulé, d'emploi illégal d'étranger et de marchandage définies par la législation localement applicable" et les mots : "de l'article L. 1146-1 du même code ou" sont supprimés ;

b) Aux 2° et 3°, la référence au 2° de l'article L. 2242-1 du code du travail est remplacée par une référence ayant le même objet applicable localement ;

9° A l'article L. 2141-5, la référence à l'article L. 8272-4 du code du travail est remplacée par une référence ayant le même objet applicable localement ;

10° A l'article L. 2153-2, les mots : "avec lesquels l'Union européenne n'a pas conclu, dans un cadre multilatéral ou bilatéral, un accord assurant un accès comparable et effectif des entreprises de l'Union européenne aux marchés de ces pays, ou auxquels le bénéfice d'un tel accord n'a pas été étendu par une décision du Conseil de l'Union européenne" sont supprimés ;

11° Le dernier alinéa de l'article L. 2171-2 est supprimé ;

12° A l'article L. 2171-5, les mots : "mentionnés à l'article L. 124-4 du code de la sécurité sociale gérant" sont remplacés par les mots : "de droit privé autorisés par la réglementation applicable localement à gérer" ;

13° A l'article L. 2172-4, la référence au 1° de l'article L. 110-1 du code de la route est remplacée par une référence applicable localement ayant le même objet ;

14° A l'article L. 2191-1, les mots : ", les collectivités territoriales, leurs établissements publics et leurs groupements" sont supprimés ;

15° A l'article L. 2191-5, les mots : ", les collectivités territoriales, leurs établissements publics et leurs groupements" sont supprimés ;

16° L'article L. 2191-8 est ainsi rédigé :

Art. L. 2191-8 Le titulaire d'un marché peut céder la créance qu'il détient sur l'acheteur à un établissement de crédit ou nantir cette créance auprès d'un établissement de crédit.

Il peut la céder à un autre cessionnaire ou nantir ladite créance auprès d'un autre créancier conformément aux dispositions applicables localement.

(L. n° 2019-486 du 22 mai 2019, art. 193, en vigueur au plus tard le 22 juill. 2019) « 16° *bis* A l'article L. 2192-1, les mots : "l'État, les collectivités territoriales et les établissements publics" sont remplacés par les mots : "l'État et ses établissements publics" et le mot : "transmettent" est remplacé par les mots : "peuvent transmettre" ;

« 16° *ter* A l'article L. 2192-2 et au 1° de l'article L. 2192-5, les mots : "l'État, les collectivités territoriales et les établissements publics" sont remplacés par les mots : "l'État et ses établissements publics" ; »

17° A l'article L. 2192-11, la référence au code de commerce est remplacée par la référence ayant le même objet applicable localement ;

18° A l'article L. 2195-4, *(L. n° 2020-1525 du 7 déc. 2020, art. 131)* « les références au code de commerce sont remplacées par des références » ayant le même objet applicable localement ;

19° A l'article L. 2197-4, les mots : "ou pour les marchés de droit privé, dans les conditions prévues par le code civil" sont supprimés ;

20° A l'article L. 2197-5, les mots : "ainsi que le prévoit l'article 2044 du code civil" sont supprimés ;

21° A l'article L. 2197-6, les mots : "Par dérogation aux dispositions du premier alinéa de l'article 2060 du code civil," sont supprimés.

Art. L. 2671-3 Pour l'application des dispositions législatives du livre II en Nouvelle-Calédonie :

1° A l'article L. 2213-6, les mots : ", des collectivités territoriales" sont supprimés ;

2° A l'article L. 2232-7, les mots : "Par dérogation aux dispositions *(Ord. n° 2019-698 du 3 juill. 2019, art. 1er)* « des articles L. 441-10 à L. 441-13 » du code de commerce," sont supprimés.

Art. L. 2671-4 Pour l'application des dispositions législatives du livre III en Nouvelle-Calédonie :

1° L'article L. 2311-1 est ainsi rédigé :

Art. L. 2311-1 Les dispositions du chapitre I du titre I du livre I, à l'exception de l'article L. 2111-3 s'appliquent.

2° A l'article L. 2313-2, les mots : "ou un organisme public de l'Union européenne" sont supprimés ;

3° A l'article L. 2313-3, les mots : "ou les objectifs de la directive 2009/81/CE du Parlement européen et du Conseil du 13 juillet 2009 relative à la coordination des procédures de passation de certains marchés de travaux, de fournitures et de services par les pouvoirs adjudicateurs ou entités adjudicatrices dans les domaines de la défense et de la sécurité, et modifiant les directives 2004/17/CE et 2004/ 18/CE," sont supprimés ;

4° A l'article L. 2341-1, les références aux articles 1741 à 1743, 1746 et 1747 du code général des impôts sont remplacées par les références ayant le même objet applicables localement et les mots : ", ainsi que pour les infractions équivalentes prévues par la législation d'un autre État membre de l'Union européenne" sont supprimés ;

5° A l'article L. 2342-2, les mots : "hors du territoire de l'Union européenne" sont remplacés par les mots : "dans un État tiers" ;

6° Le premier alinéa de l'article L. 2353-1 est ainsi rédigé :

"Les marchés de défense ou de sécurité sont passés avec des opérateurs économiques d'États membres de l'Union européenne." ;

7° Le second alinéa de l'article L. 2371-1 est ainsi rédigé :

"Les dispositions des articles L. 2171-2 à L. 2171-5 et L. 2171-7 s'appliquent alors à ces marchés." ;

8° Le premier alinéa de l'article L. 2395-1 est ainsi rédigé :

"L'acheteur peut résilier le marché de défense ou de sécurité dans les cas prévus aux articles L. 2195-2 et L. 2195-3." ;

9° A l'article L. 2395-2, *(L. n° 2020-1525 du 7 déc. 2020, art. 131)* « les références au code de commerce sont remplacées par des références » ayant le même objet applicable localement.

Art. L. 2671-5 Pour l'application des dispositions législatives du livre IV en Nouvelle-Calédonie :

1° A l'article L. 2411-1, les 2°, 3° et 4° sont supprimés ;

2° A l'article L. 2412-2 :

a) Au 2°, les mots : "définie aux articles L. 311-1 et suivants du code de l'urbanisme ou d'un lotissement défini aux articles L. 442-1 et suivants du même code" sont remplacés par les références aux dispositions applicables localement ayant le même objet ;

b) Les 3°, 4° et 5° sont supprimés ;

3° Aux articles L. 2422-4 et L. 2422-11, les mots : "définie à l'article *(Ord. n° 2020-71 du 29 janv. 2020, art. 4 et 8, en vigueur au plus tard le 1er juill. 2021)* « L. 125-1 *[ancienne rédaction : L. 111-23]* » du code de la construction et de l'habitation" sont remplacés par les références aux dispositions applicables localement ayant le même objet.

Art. L. 2671-6 Pour l'application des dispositions législatives du livre V en Nouvelle-Calédonie :

1° A l'article L. 2512-1, le 2° est ainsi rédigé :

"2° Un instrument juridique tel qu'un accord international portant sur des travaux, des fournitures ou des services destinés à la réalisation ou à l'exploitation en commun d'un projet par ses signataires ;" ;

2° A l'article L. 2512-4, les mots : ", à condition que cette disposition soit compatible avec le Traité sur le fonctionnement de l'Union européenne" sont supprimés ;

3° Au 5° de l'article L. 2512-5, les mots : "ou à des opérations menées avec le Fonds européen de stabilité financière ou le Mécanisme européen de stabilité" sont supprimés ;

4° A l'article L. 2513-5, les mots : "ou le deviennent en application de l'article L. 2514-5" sont supprimés ;

5° A l'article L. 2514-3, le dernier alinéa est supprimé ;

6° A l'article L. 2515-1 :

a) Au 3°, les mots : ", au sens de l'article 346 du Traité sur le fonctionnement de l'Union européenne," sont supprimés ;

b) Au 6°, les mots : ", ou un arrangement administratif conclu entre au moins un État membre de l'Union européenne et au moins un État tiers." sont supprimés ;

c) Le 8° est supprimé ;

d) Au 9°, les mots : "hors du territoire de l'Union européenne" sont remplacés par les mots : "hors du territoire de la Nouvelle-Calédonie" ;

7° A l'article L. 2521-3, le dernier alinéa est supprimé.

TITRE VIII DISPOSITIONS APPLICABLES DANS LES TERRES AUSTRALES ET ANTARCTIQUES FRANÇAISES

CHAPITRE UNIQUE

SECTION 1 Dispositions générales

Art. L. 2681-1 Sous la réserve des adaptations prévues par le présent titre, les dispositions suivantes sont applicables dans les Terres australes et antarctiques françaises aux marchés publics conclus par l'État ou ses établissements publics, sous réserve des compétences dévolues à cette collectivité, dans leur rédaction résultant de l'ordonnance n° 2018-1074 du 26 novembre 2018, sauf mention contraire dans le tableau ci-après. — *Tableau mod. par L. n° 2019-486 du 22 mai 2019, art. 193 et 195 ; L. n° 2020-1525 du 7 déc. 2020, art. 131 et 140 ; Ord. n° 2022-1336 du 19 oct. 2022, art. 26.*

Sur l'application des dispositions issues de l'art. 26 de l'Ord. n° 2022-1336 du 19 oct. 2022, V. note ss. art. L. 2651-1.

DISPOSITIONS APPLICABLES	DANS LEUR RÉDACTION
L. 2000-1 à L. 2000-5	
Au livre Ier	
L. 2100-1 et L. 2000-2 *[L. 2100-2]*	
Au titre Ier	
L. 2111-1 et L. 2111-2	
L. 2112-1 à L. 2113-13	
L. 2113-13-1 et L. 2113-14	Résultant de l'ordonnance n° 2022-1336 du 19 octobre 2022
L. 2113-15 et L. 2113-16	

DISPOSITIONS APPLICABLES	DANS LEUR RÉDACTION
Au titre II	
L. 2120-1	
L. 2122-1	Résultant de la loi n° 2020-1525 du 7 décembre 2020 d'accélération et de simplification de l'action publique
L. 2123-1 à L. 2125-1	
Au titre III	
L. 2131-1 à L. 2132-2	
Au titre IV	
L. 2141-1 à L. 2141-2	
L. 2141-3	Résultant de la loi n° 2020-1525 du 7 décembre 2020 d'accélération et de simplification de l'action publique
L. 2141-4 à L. 2142-1	
Au titre V	
L. 2151-1 à L. 2152-8	
L. 2152-9	Résultant de la loi n° 2020-1525 du 7 décembre 2020 d'accélération et de simplification de l'action publique
L. 2153-2	
Au titre VII	
L. 2171-1 à L. 2171-5	
L. 2171-7	
L. 2171-8	Résultant de la loi n° 2020-1525 du 7 décembre 2020 d'accélération et de simplification de l'action publique
L. 2172-3 et L. 2172-4	
Au titre VIII	
L. 2181-1 à L. 2184-1	
Au titre IX	
L. 2191-1 à L. 2191-8	
L. 2192-1 et L. 2192-2	*[Au plus tard à compter du 22 juill. 2019]* Résultant de la loi n° 2019-486 du 22 mai 2019 relative à la croissance et la transformation des entreprises

DISPOSITIONS APPLICABLES	DANS LEUR RÉDACTION
L. 2192-4 à L. 2192-7	*[Au plus tard à compter du 22 juill. 2019]* Résultant de la loi n° 2019-486 du 22 mai 2019 relative à la croissance et la transformation des entreprises
L. 2192-10	
L. 2192-12 à L. 2192-14	
L. 2193-1 à L. 2194-2	
L. 2194-3	Résultant de la loi n° 2019-486 du 22 mai 2019 relative à la croissance et la transformation des entreprises
L. 2195-1 à L. 2195-3	
L. 2195-4	Résultant de la loi n° 2020-1525 du 7 décembre 2020 d'accélération et de simplification de l'action publique
L. 2195-6 à L. 2197-1	
L. 2197-3 à L. 2197-6	
Au livre II	
L. 2200-1	
Au titre Ier	
L. 2211-1 à L. 2213-14	
Au titre II	
L. 2221-1	
L. 2222-1 à L. 2223-1	
L. 2223-4	
Au titre III	
L. 2231-1 à L. 2234-2	
L. 2235-1 à L. 2236-1	
Au livre III	
L. 2300-1	
Au titre Ier	
L. 2311-1 à L. 2313-6	
Au titre II	
L. 2320-1	

DISPOSITIONS APPLICABLES	DANS LEUR RÉDACTION
L. 2322-1	Résultant de la loi n° 2020-1525 du 7 décembre 2020 d'accélération et de simplification de l'action publique
L. 2323-1 à L. 2325-1	
Au titre III	
L. 2331-1 à L. 2332-2	
Au titre IV	
L. 2341-1 à L. 2342-2	
Au titre V	
L. 2351-1 à L. 2353-2	
Au titre VII	
L. 2371-1 à L. 2373-1	
Au titre VIII	
L. 2381-1 à L. 2384-1	
Au titre IX	
L. 2391-1 à L. 2391-8	
L. 2392-1 et L. 2392-2	*[Au plus tard à compter du 22 juill. 2019]* Résultant de la loi n° 2019-486 du 22 mai 2019 relative à la croissance et la transformation des entreprises
L. 2392-4 à L. 2392-7	*[Au plus tard à compter du 22 juill. 2019]* Résultant de la loi n° 2019-486 du 22 mai 2019 relative à la croissance et la transformation des entreprises
L. 2392-10 à L. 2394-1	
L. 2394-2	Résultant de la loi n° 2019-486 du 22 mai 2019 relative à la croissance et la transformation des entreprises
L. 2395-1	
L. 2395-2	Résultant de la loi n° 2020-1525 du 7 décembre 2020 d'accélération et de simplification de l'action publique
L. 2396-1 à L. 2397-3	
Au livre IV	
Au titre Ier	
L. 2410-1 à L. 2412-2	

DISPOSITIONS APPLICABLES	DANS LEUR RÉDACTION
Au titre II	
L. 2421-1 à L. 2422-13	
Au titre III	
L. 2430-1	
L. 2431-1 à L. 2432-2	
Au livre V	
L. 2500-1 et L. 2500-2	
Au titre Ier	
L. 2511-1 à L. 2512-4	
L. 2512-5	Résultant de la loi n° 2020-1525 du 7 décembre 2020 d'accélération et de simplification de l'action publique
L. 2513-1 à L. 2514-4	
L. 2515-1	
Au titre II	
L. 2521-1 à L. 2521-4	
L. 2521-5	*[Au plus tard à compter du 22 juill. 2019]* Résultant de la loi n° 2019-486 du 22 mai 2019 relative à la croissance et la transformation des entreprises

SECTION 2 Dispositions d'adaptation

Art. L. 2681-2 Pour l'application dans les Terres australes et antarctiques françaises des dispositions législatives du livre I :

1° A l'article L. 2112-4, les mots : "des États membres de l'Union européenne" sont remplacés par les mots : "de la République" ;

2° A l'article L. 2113-5, le mot : "autre" est supprimé ;

3° A l'article L. 2113-8, le mot : "autres" est supprimé ;

4° A l'article L. 2113-12, les références aux articles L. 5213-13 du code du travail et L. 344-2 du code de l'action sociale et des familles sont remplacées par les références aux dispositions applicables localement ayant le même objet ;

5° A l'article L. 2113-13, la référence à l'article L. 5132-4 du code du travail est remplacée par la référence aux dispositions applicables localement ayant le même objet ;

6° A l'article L. 2141-1, les références aux articles 1741 à 1743, 1746 et 1747 du code général des impôts sont remplacées par les références ayant le même objet applicables localement et les mots : "ainsi que pour les infractions équivalentes prévues par la législation d'un autre État membre de l'Union européenne" sont supprimés ;

7° A l'article L. 2141-4 :

a) Au 1°, les mots : "pour méconnaissances des obligations prévues aux articles L. 8221-1, L. 8221-3, L. 8221-5, L. 8231-1, L. 8241-1, L. 8251-1 et L. 8251-2 du code du travail" sont remplacés par les mots : "pour une infraction en matière de travail dissimulé, d'emploi illégal d'étranger et de marchandage définies par la législation localement applicable" et les mots : "de l'article L. 1146-1 du même code ou" sont supprimés ;

b) Aux 2° et 3°, la référence au 2° de l'article L. 2242-1 du code du travail est remplacée par une référence ayant le même objet applicable localement ;

8° A l'article L. 2141-5, la référence à l'article L. 8272-4 du code du travail est remplacée par une référence ayant le même objet applicable localement ;

9° A l'article L. 2153-2, les mots : "avec lesquels l'Union européenne n'a pas conclu, dans un cadre multilatéral ou bilatéral, un accord assurant un accès comparable et effectif des entreprises de l'Union européenne aux marchés de ces pays, ou auxquels le bénéfice d'un tel accord n'a pas été étendu par une décision du Conseil de l'Union européenne" sont supprimés ;

10° Le dernier alinéa de l'article L. 2171-2 est supprimé ;

11° A l'article L. 2171-5, les mots : "mentionnés à l'article L. 124-4 du code de la sécurité sociale gérant" sont remplacés par les mots : "de droit privé autorisés par la réglementation applicable localement à gérer" ;

12° A l'article L. 2172-4, la référence au 1° de l'article L. 110-1 du code de la route est remplacée par une référence applicable localement ayant le même objet ;

13° A l'article L. 2191-1, les mots : ", les collectivités territoriales, leurs établissements publics et leurs groupements" sont supprimés ;

14° A l'article L. 2191-5, les mots : ", les collectivités territoriales, leurs établissements publics et leurs groupements" sont supprimés ;

(L. n° 2019-486 du 22 mai 2019, art. 193, en vigueur au plus tard le 22 juill. 2019) « 14° *bis* A l'article L. 2192-1, les mots : "l'État, les collectivités territoriales et les établissements publics" sont remplacés par les mots : "l'État et ses établissements publics" et le mot : "transmettent" est remplacé par les mots : "peuvent transmettre" ;

« 14° *ter* A l'article L. 2192-2 et au 1° de l'article L. 2192-5, les mots : "l'État, les collectivités territoriales et les établissements publics" sont remplacés par les mots : "l'État et ses établissements publics" ; »

15° A l'article L. 2197-4, les mots : "ou pour les marchés de droit privé, dans les conditions prévues par le code civil" sont supprimés.

Art. L. 2681-3 Pour l'application de l'article L. 2213-6 dans les Terres australes et antarctiques françaises, les mots : ", des collectivités territoriales" sont supprimés.

Art. L. 2681-4 Pour l'application des dispositions législatives du livre III dans les Terres australes et antarctiques françaises :

1° L'article L. 2311-1 est ainsi rédigé :

Art. L. 2311-1 Les dispositions du chapitre I du titre I du livre I, à l'exception de l'article L. 2111-3 s'appliquent.

2° A l'article L. 2313-2, les mots : "ou un organisme public de l'Union européenne" sont supprimés ;

3° A l'article L. 2313-3, les mots : "ou les objectifs de la directive 2009/81/CE du Parlement européen et du Conseil du 13 juillet 2009 relative à la coordination des procédures de passation de certains marchés de travaux, de fournitures et de services par les pouvoirs adjudicateurs ou entités adjudicatrices dans les domaines de la défense et de la sécurité, et modifiant les directives 2004/17/CE et 2004/ 18/CE," sont supprimés ;

4° A l'article L. 2341-1, les références aux articles 1741 à 1743, 1746 et 1747 du code général des impôts sont remplacées par les références ayant le même objet applicables localement et les mots : ", ainsi que pour les infractions équivalentes prévues par la législation d'un autre État membre de l'Union européenne" sont supprimés ;

5° A l'article L. 2342-2, les mots : "hors du territoire de l'Union européenne" sont remplacés par les mots : "dans un État tiers" ;

6° Le premier alinéa de l'article L. 2353-1 est ainsi rédigé :

"Les marchés de défense ou de sécurité sont passés avec des opérateurs économiques d'États membres de l'Union européenne." ;

7° Le second alinéa de l'article L. 2371-1 est ainsi rédigé :

"Les dispositions des articles L. 2171-2 à L. 2171-5 et L. 2171-7 s'appliquent alors à ces marchés." ;

8° Le premier alinéa de l'article L. 2395-1 est ainsi rédigé :

"L'acheteur peut résilier le marché de défense ou de sécurité dans les cas prévus aux articles L. 2195-2 et L. 2195-3.".

Art. L. 2681-5 Pour l'application dans les Terres australes et antarctiques françaises des dispositions législatives du livre IV :

1° A l'article L. 2411-1, les 2°, 3° et 4° sont supprimés ;

2° A l'article L. 2412-2 :

a) Au 2°, les mots : "définie aux articles L. 311-1 et suivants du code de l'urbanisme ou d'un lotissement défini aux articles L. 442-1 et suivants du même code" sont remplacés par les références aux dispositions applicables localement ayant le même objet ;

b) Les 3°, 4° et 5° sont supprimés ;

3° Aux articles L. 2422-4 et L. 2422-11, les mots : "définie à l'article *(Ord. n° 2020-71 du 29 janv. 2020, art. 4 et 8, en vigueur au plus tard le 1er juill. 2021)* « L. 125-1 *[ancienne rédaction : L. 111-23]* » du code de la construction et de l'habitation" sont remplacés par les références aux dispositions applicables localement ayant le même objet.

Art. L. 2681-6 Pour l'application dans les Terres australes et antarctiques françaises des dispositions législatives du livre V :

1° A l'article L. 2512-1, le 2° est ainsi rédigé :

"2° Un instrument juridique tel qu'un accord international portant sur des travaux, des fournitures ou des services destinés à la réalisation ou à l'exploitation en commun d'un projet par ses signataires ;"

2° A l'article L. 2512-4, les mots : ", à condition que cette disposition soit compatible avec le Traité sur le fonctionnement de l'Union européenne" sont supprimés ;

3° Au 5° de l'article L. 2512-5, les mots : "ou à des opérations menées avec le Fonds européen de stabilité financière ou le Mécanisme européen de stabilité" sont supprimés ;

4° A l'article L. 2513-5, les mots : "ou le deviennent en application de l'article L. 2514-5" sont supprimés ;

5° A l'article L. 2514-3, le dernier alinéa est supprimé ;

6° A l'article L. 2515-1 :

a) Au 3°, les mots : ", au sens de l'article 346 du Traité sur le fonctionnement de l'Union européenne," sont supprimés ;

b) Au 6°, les mots : ", ou un arrangement administratif conclu entre au moins un État membre de l'Union européenne et au moins un État tiers." sont supprimés ;

c) Le 8° est supprimé ;

d) Au 9°, les mots : "hors du territoire de l'Union européenne" sont remplacés par les mots : "hors du territoire des Terres australes et antarctiques françaises" ;

7° A l'article L. 2521-3, le dernier alinéa est supprimé.

TITRE IX **DISPOSITIONS COMMUNES À PLUSIEURS COLLECTIVITÉS**

CHAPITRE UNIQUE

Art. L. 2691-1 Pour les marchés publics exécutés en Guadeloupe, en Guyane, à la Martinique, à La Réunion, à Mayotte, à Saint-Barthélemy, à Saint-Martin et à Saint-Pierre-et-Miquelon, lorsque le taux de chômage des jeunes de moins de 25 ans pour la dernière année connue dans le territoire considéré est égal ou supérieur à une proportion définie par voie réglementaire au taux de chômage observé pour le niveau national pour la même catégorie, les acheteurs peuvent imposer qu'une part minimale définie par voie réglementaire du nombre d'heures nécessaires à l'exécution du marché public soit effectuée par des jeunes de moins de 25 ans domiciliés dans ce territoire. – *[Ord. n° 2015-899 du 23 juill. 2015, art. 91-I.]*

Art. L. 2691-2 Les dispositions de l'article L. 2691-1 sont applicables dans les îles Wallis-et-Futuna, en Polynésie française et en Nouvelle-Calédonie aux marchés publics passés par l'État et ses établissements publics. – *[Ord. n° 2015-899 du 23 juill. 2015, art. 91-II.]*

LIVRE VII DISPOSITIONS RELATIVES AUX CIRCONSTANCES EXCEPTIONNELLES

(L. nº 2020-1525 du 7 déc. 2020, art. 132)

TITRE I RÈGLES APPLICABLES EN CAS DE CIRCONSTANCES EXCEPTIONNELLES

CHAPITRE UNIQUE

Art. L. 2711-1 Lorsqu'il est fait usage de prérogatives prévues par la loi tendant à reconnaître l'existence de circonstances exceptionnelles ou à mettre en œuvre des mesures temporaires tendant à faire face à de telles circonstances et que ces circonstances affectent les modalités de passation ou les conditions d'exécution d'un marché public, un décret peut prévoir l'application de l'ensemble ou de certaines des mesures du présent livre aux marchés publics en cours d'exécution, en cours de passation ou dont la procédure de passation n'est pas encore engagée.

Le décret entre en vigueur sur tout ou partie du territoire de la République où les présentes dispositions sont applicables, pour une période ne pouvant pas excéder vingt-quatre mois et dont la prorogation est, le cas échéant, autorisée par la loi.

Art. L. 2711-2 Les acheteurs mettent en œuvre les dispositions du présent livre lorsqu'elles sont nécessaires dans la passation ou l'exécution d'un marché public, pour faire face aux difficultés liées à la survenance de circonstances exceptionnelles.

Art. L. 2711-3 Lorsque les modalités de la mise en concurrence prévues dans les documents de la consultation des entreprises ne peuvent être respectées par l'acheteur, celui-ci peut apporter en cours de procédure les adaptations nécessaires à la poursuite de la procédure, dans le respect du principe d'égalité de traitement des candidats.

Art. L. 2711-4 Sauf lorsque les prestations qui font l'objet du marché public ne peuvent souffrir aucun retard, l'acheteur peut prolonger les délais de réception des candidatures et des offres pour les procédures en cours d'une durée suffisante pour permettre aux opérateurs économiques de présenter leur candidature ou de soumissionner.

Art. L. 2711-5 Les marchés publics dont le terme intervient pendant la période de circonstances exceptionnelles peuvent être prolongés par avenant au-delà de la durée prévue par le contrat lorsque l'organisation d'une procédure de mise en concurrence ne peut être mise en œuvre.

Dans le cas d'un accord-cadre, cette prolongation peut s'étendre au-delà de la durée mentionnée à l'article L. 2125-1.

La durée de cette prolongation ne peut excéder la durée de la période de circonstances exceptionnelles, augmentée de la durée nécessaire à la remise en concurrence à l'issue de l'expiration de cette période.

Art. L. 2711-6 Les dispositions des articles L. 2711-7 et L. 2711-8 s'appliquent en cas de difficultés d'exécution du contrat nonobstant toute stipulation contraire, à l'exception de celles qui se trouveraient être plus favorables au titulaire du contrat.

Art. L. 2711-7 Lorsque le titulaire ne peut pas respecter le délai d'exécution d'une ou de plusieurs obligations du contrat ou que cette exécution en temps et en heure nécessiterait des moyens dont la mobilisation ferait peser sur le titulaire une charge manifestement excessive, ce délai est prolongé d'une durée équivalente à la période de non-respect du délai d'exécution résultant directement des circonstances exceptionnelles, à la demande du titulaire présentée avant l'expiration du délai contractuel et avant l'expiration de la période de circonstances exceptionnelles.

Art. L. 2711-8 Lorsque le titulaire est dans l'impossibilité d'exécuter tout ou partie d'un bon de commande ou d'un contrat, notamment lorsqu'il démontre qu'il ne dispose pas des moyens suffisants ou que leur mobilisation ferait peser sur lui une charge manifestement excessive :

1° Le titulaire ne peut pas être sanctionné, ni se voir appliquer les pénalités contractuelles, ni voir sa responsabilité contractuelle engagée pour ce motif ;

2° L'acheteur peut conclure un marché de substitution avec un tiers pour satisfaire ceux de ses besoins qui ne peuvent souffrir aucun retard, nonobstant toute clause d'exclusivité et sans que le titulaire du marché initial puisse engager, pour ce motif, la responsabilité contractuelle de l'acheteur. L'exécution du marché de substitution ne peut être effectuée aux frais et risques du titulaire initial.

COMMENTAIRE

Les dispositions du livre VII, inséré dans la deuxième partie du présent code par l'article 132 de la loi n° 2020-1525 du 7 décembre 2020 d'accélération et de simplification de l'action publique (ASAP), s'inspirent des dispositions prévues par l'ordonnance n° 2020-319 du 25 mars 2020 portant diverses mesures d'adaptation des règles de passation, de procédure ou d'exécution des contrats soumis au code de la commande publique et des contrats qui n'en relèvent pas pendant la crise sanitaire née de l'épidémie de covid-19.

Ce dispositif dérogatoire pourra être mis en œuvre par un décret, pour une durée qui ne pourra excéder vingt-quatre mois (au-delà, la prorogation devra être autorisée par la loi), lorsque des circonstances auront été qualifiées d'exceptionnelles par la loi. Il ouvre notamment la possibilité d'aménager les modalités de consultation, de prolonger par un avenant des contrats qui arrivent à échéance pendant les circonstances exceptionnelles, de proroger les délais d'exécution des contrats.

En cas de difficultés d'exécution liées aux circonstances exceptionnelles, les entreprises ne pourront faire l'objet de pénalités ni voir leur responsabilité contractuelle engagée. ❑

TITRE II DISPOSITIONS RELATIVES À L'OUTRE-MER

CHAPITRE I DISPOSITIONS PARTICULIÈRES À LA GUADELOUPE, LA GUYANE, LA MARTINIQUE, LA RÉUNION ET MAYOTTE

CHAPITRE II DISPOSITIONS PARTICULIÈRES À SAINT-BARTHÉLEMY

CHAPITRE III DISPOSITIONS PARTICULIÈRES À SAINT-MARTIN

CHAPITRE IV DISPOSITIONS PARTICULIÈRES À SAINT-PIERRE-ET-MIQUELON

CHAPITRE V DISPOSITIONS APPLICABLES DANS LES ÎLES WALLIS-ET-FUTUNA

Art. L. 2725-1 Les dispositions suivantes sont applicables dans les îles Wallis-et-Futuna aux marchés publics conclus par l'État ou ses établissements publics, sous réserve des compétences dévolues à cette collectivité, dans leur rédaction résultant de la loi n° 2020-1525 du 7 décembre 2020 d'accélération et de simplification de l'action publique, sauf mention contraire dans le tableau ci-après :

Dispositions applicables	Dans leur rédaction
L. 2711-1 à L. 2711-8	

CHAPITRE VI DISPOSITIONS APPLICABLES EN POLYNÉSIE FRANÇAISE

Art. L. 2726-1 Les dispositions suivantes sont applicables en Polynésie française aux marchés publics conclus par l'État ou ses établissements publics, sous réserve des compétences dévolues à cette collectivité, dans leur rédaction résultant de la loi n° 2020-1525 du 7 décembre 2020 d'accélération et de simplification de l'action publique, sauf mention contraire dans le tableau ci-après.

Dispositions applicables	Dans leur rédaction
L. 2711-1 à L. 2711-8	

CHAPITRE VII DISPOSITIONS APPLICABLES EN NOUVELLE-CALÉDONIE

Art. L. 2727-1 **Les dispositions suivantes sont applicables en Nouvelle-Calédonie aux marchés publics conclus par l'État ou ses établissements publics, sous réserve des compétences dévolues à cette collectivité, dans leur rédaction résultant de la loi n° 2020-1525 du 7 décembre 2020 d'accélération et de simplification de l'action publique, sauf mention contraire dans le tableau ci-après.**

Dispositions applicables	Dans leur rédaction
L. 2711-1 à L. 2711-8	

CHAPITRE VIII DISPOSITIONS APPLICABLES DANS LES TERRES AUSTRALES ET ANTARCTIQUES FRANÇAISES

Art. L. 2728-1 **Les dispositions suivantes sont applicables dans les Terres australes et antarctiques françaises aux marchés publics conclus par l'État ou ses établissements publics, sous réserve des compétences dévolues à cette collectivité, dans leur rédaction résultant de la loi n° 2020-1525 du 7 décembre 2020 d'accélération et de simplification de l'action publique, sauf mention contraire dans le tableau ci-après.**

Dispositions applicables	Dans leur rédaction
L. 2711-1 à L. 2711-8	

TROISIÈME PARTIE CONCESSIONS

BIBL. GÉN.

I Articles sur les concessions parus avant l'ordonnance du 29 janvier 2016

A DSP

Alliez, Le rachat des concessions autoroutières : une impasse financière ?, *Rev. CMP avr. 2017.* – Dossier spécial, Actualité de la gestion déléguée, *ACCP 2010/95, p. 32 s.* – Dossier spécial ACCP, Les avenants : mutabilité versus stabilité, *déc. 2010.* – Dossier spécial ACCP, Les contrats publics face aux enjeux du changement climatique, *mai 2012.* – Dossier spécial ACCP, Problématiques fiscales en matière contractuelle, *juin 2013.* – Antoine, L'*intuitus personae* dans les contrats de la commande publique, *RFDA 2011. 879* . – Arnould, Le projet de communication de la Commission sur les concessions en droit communautaire, *RFDA 2000. 24* . – Auby, Bilan et limites de l'analyse juridique de la gestion déléguée du service public, *RFDA 1997. 3* . – Boiteau, La SEML locale, délégataire de service public, *AJDA 2002. 1318* . – Bonnotte, Les conventions de service public et le temps, *RFDA 2005. 89* . – Bontron, Les dispositions fiscales des contrats de délégation de service public, *BJCP 2003. 258.* – Bouillon, Aspects juridiques en financement de projet de la « bancabilité » des contrats de partenariat et de délégation de service public, *BJCP 2012. 79.* – Bousquet, Maniement des fonds publics, délégataires de service d'eau et gestion de fait, *JCP Adm. 2010, n° 2139.* – Braconnier, L'utilisation du contrat par les collectivités territoriales en matière de service public local, *Rev. CMP 2007. Étude 10* ; L'indemnisation des préjudices nés de la rupture anticipée d'un contrat public d'affaires pour motif d'intérêt général, *AJDA 2009. 2035* . – Chamard-Heim, Un an de fiscalité des contrats publics, *Rev. CMP 2014, n° 3, p. 12 ; ibid. 2015, n° 5, p. 13.* – Cossalter, Les concessions à durée endogène, *Dr. adm. 2006, étude 9.* – de Béchillon et Savoie, La régie intéressée : une formule contractuelle d'avenir ?, *AJDA 2012. 1437* . – Debono, Les incertitudes du droit quant aux outils juridiques de gestion contractuelle du service public, *Rev. CMP 2015, n° 4, p. 7*. – Delacour, Les évolutions du droit des délégations de service public depuis dix ans, *Rev. CMP 2003. Chron. 6*. – Dieu, La soumission à la concurrence des conventions de délégation de service public de distribution du gaz, *BJCP 2006. 165*. – Dossiers ACCP, La DSP : anticiper son renouvellement, *mai 2009, n° 88* ; Actualité de la gestion déléguée, *janv. 2010, n° 95* ; dix ans de contrats publics, *juin 2010* ; Les garanties techniques et financières exigées des cocontractants, *juin 2011* ; Eau et assainissement, *sept. 2011* ; Sort des biens et liquidation de la DSP, *nov. 2011* ; Les nouvelles directives marchés et concessions, *mai et juin 2014* ; Durée des contrats publics, *janv. 2015* ; Les contrats liés aux activités de bureau, *févr. 2015*. – Dossier AJDA, Les vingt ans de la loi Sapin, *2013, n° 25*. – Dossier spécial BJCP, Nouvelles directives marchés publics et concessions de services, *juin et juill.-août 2014*. – Douence, Application à certains contrats de la distinction entre marchés et délégation de service public fondée sur le mode de rémunération, *RFDA 1999. 1134* ; Le critère financier de la délégation de service public à l'épreuve de la pratique contractuelle, *Mélanges Moderne 2004, p. 501*. – Dreyfus, La définition légale des délégations de service public, *AJDA 2002. 894* ; Externalisation et liberté d'organisation du service, *AJDA 2009. 1529*. – Dufau, La nature juridique de la concession de service public, *Mélanges Chapus, éd. Montchrestien, 1992*. – Duroy, La remise en cause anticipée des délégations de service public, *AJDA 2003. 872*. – Eckert, De la candidature des personnes publiques à l'attribution d'un marché ou d'une délégation de service public, *Rev. CMP 2001, n° 2, p. 4* ; Un an de droit des délégations de service public, *ibid. 2011, n° 1, p. 9 ; ibid. 2013, n° 1, p. 13 ; ibid. 2014, n° 2, p. 7 ; ibid. 2015, n° 1, p. 17 ; ibid. 2016, n° 2, p. 11 ; ibid. 2017, n° 2, p. 11*. – Les délégations de service public sous l'influence du droit de l'Union européenne, *RJEP janv. 2013, p. 3*. – La directive sur l'attribution de contrats de concession ou l'affermissement du droit de la commande publique, *ibid. août-sept. 2014. 3*. – Fatôme, Les enjeux du contentieux des autorisations d'occupation du domaine public, *AJCT 2012. 186*. – Fatôme et Terneyre, Faut-il abandonner la théorie des biens de retour dans les délégations de service public ?, *Contrats et propriété publics, Colloques et débats 36, LexisNexis*. – Frackowiak, Le juge administratif, l'autorité concédante et l'urgence : précision sur CE 4 avr. 2016, Cté d'agglomération du centre de la Martinique, *Rev. CMP mars 2017, n° 3*. – Glénard, La notion de délégation dans le droit de la délégation de service public, *Dr. adm. 2002, chron. 3 et 4*. – Guarrigue-Vieuville, Les effets du changement de mode de gestion des services publics sur la situation de leur personnel, *Dr. adm., févr. 2010, p. 13*. – Hoepffner, Le régime des modifications conventionnelles des conventions de délégation de service public, *Rev. CMP 2006, étude 19* ; L'avenir compromis des partenariats public-privé institutionnels, *Rev. CMP 2010, n° 12* ; La modification des contrats de la commande publique à l'épreuve du droit communautaire, *RFDA 2011. 98*. – Hubrecht et Melleray, L'évolution des catégories notionnelles de la commande publique, Retour sur les contrats de service public, *Mélanges Guibal 2006, Vol. I, p. 809*. – Jorion, Les délégations de casinos, *Dr. adm. 2005. Étude 1*. – Labayle-Pabet, Le point sur les critères de sélection des candidatures et des offres dans les marchés publics et délégations de service public, *Rev. CMP 2010. Prat. 3*. – Laurans, La caducité des contrats administratifs, *RFDA 2011. 495*. – Lavialle, Délégation de service public et domanialité publique, *Dr. adm. 1998, n° 2, p. 4*. – Le Chatelier, Où en est-on de la mise en œuvre de la jurisprudence « Commune d'Olivet » ?, *AJDA 2013. 1092*. – Le Roy, L'imperfection croissante des critères d'identification de la délégation de service public, *AJDA 2008. 2268*. – Levoyer, Un an de fiscalité des contrats publics, *Rev. CMP 2010, n° 13*. – Llorens, Remarques sur la rémunération du cocontractant comme critère de la délégation de service public, *Mélanges Waline 2002, p. 301* ; Unité et pluralité des délégations de service public, *Rev. CMP 2003, chron. n° 7* ; La théorie des biens de retour après l'arrêt « Commune de Douai », *RJEP juin 2013, p. 9 ; Rev. CMP juill. 2013, p. 7*. – Marchand, Contrats de délégation de service public. Durée du contrat public et durée d'amortissement, *Dr. adm. 2013, p. 18*. – Mauguë et Terneyre, Les délégations de service public en questions, *CJEG 1997, p. 131*. – Ménéménis, Exécution des délégations de service public : rapports entre le délégant et le délégataire, *Rev. CMP 2003, chron. 11*. – Milhat, L'appréhension juridique du risque financier dans les contrats de gestion déléguée de service public, *Rev. CMP 2006. Étude 17*. – Mollion, Vers l'érosion de la théorie des biens de retour ?, *AJDA 2011. 363*. – Mouriesse, La société publique locale comme outil de gestion déléguée des services publics, *Rev. CMP 2010, n° 11, p. 50* ; Les critères de jugement des offres dans les délégations de service public, *ibid. Prat. 2*. – Neveu, Délégations de service public, quel sort pour les provisions de renouvellement ?, *ACCP mai 2008, n° 88*. – Nicinski, L'offre anormale dans les délégations de service public, *AJDA 2011. 879*. – Nigri et Jalinière, La résiliation d'un contrat administratif à l'initiative du cocontractant privé de l'administration à l'épreuve du droit public des contrats, *Rev. CMP 2014, n° 4, p. 16*. – Nivard, Les effets du changement de mode de gestion des services publics sur la situation de leur personnel : mode d'emploi, *Dr. adm. 2010, n° 2*. – Numéro spécial, Bilan des procédures depuis la loi Sapin, CGCT. Complément territorial, *Le Moniteur, déc. 2008*. – Péréon, La délégation des services publics administratifs, *AJDA 2004. 1449*. – Pez, Le risque d'exploitation et la rémunération substantiellement assurée par les résultats de l'exploitation, *BJCP 2009. 7*. – Pintat, Production d'eau potable : délégation ou marché de service public ?, *ACCP 71/2007, p. 55*. – Poujade, Les contrôles du juge financier sur les délégations de service public, *Rev. CMP 2003, chron. n° 12*. – Proot, Associations et services publics, Les dernières avancées jurisprudentielles, *ACCP 68/2007, p. 45*. – Rapp, Délégations de service public : vers la fin des modèles alternatifs ?, *BJCP 2007. 342*. – Richer, La fin de la convention de délégation de service public, *AJDA 1996. 648* ; Les services de l'eau potable et de l'assainissement dans la loi sur l'eau, *ibid. 2007. 1168* ; L'avis du Conseil d'État du 8 juin 2000 sur la cession de contrat, quinze ans après, *ibid. 2014. 1925* ; La concession dans la commande publique, *BJCP 2015. 403*. – Sartorio et Givord, Les risques attachés au maniement de fonds publics par les opérateurs privés, *AJDA 2012. 1898*. – Sestier, Délégation de service public et droit communautaire, *Rev. CMP 2003, chron. n° 9* ; Retour sur la question des biens de retour, *BJCP 2006. 327*. – Soldini, La délégation de service public, sa fonction, ses critères, *RFDA 2010. 1114*. – Symchowicz, La notion de délégation de service public. Critiques des fondements de la jurisprudence « Préfet des Bouches-du-Rhône », *AJDA 1998. 195*. – Tabouis et Hourcabie, Notion et régime juridique de la délégation unilatérale de service public, *Rev. CMP juin 2005, n° 6, étude, p. 5*. – Terneyre, La notion de convention de délégation, *AJDA 1996. 588* ; Réflexions nouvelles sur les clauses à caractère réglementaire des contrats administratifs à objet de service public, *RFDA sept.-oct. 2011* ; Comment une personne publique et un opérateur économique privé peuvent-ils constituer une entité commune pour gérer un SPIC ?, *BJCP 2012. 147*. – Vila, Régime juridique des délégations de casinos : le mini-jackpot des casinotiers, *JCP Adm. 2009, n° 2286* ; Recherches sur le rôle de l'amortissement pour rationaliser la rémunération du cocontractant, *Rev. CMP 2010. Étude 5* ; L'équilibre économique de la DSP à la lumière de la directive concessions, *Dr. adm. nov. 2014, p. 18*. – Yolka, Fin des DSP de remontées mécaniques : du rififi sous les pylônes, *AJDA 2012. 475*. – Ziani, Les limites conceptuelles et prudentielles à la rentabilité d'un service public délégué, *Dr. adm. 2011, n° 5*. – Zimmer, Un an de droit de l'Union européenne de la commande publique, *Rev. CMP 2013, p. 19*.

B Concessions de travaux publics

▸ Clamour, Ombres et lumières de l'ordonnance relative aux concessions de travaux publics, *Rev. CMP 2009. Étude 9*. – Cossalter, La renaissance de la concession de travaux : un contrat ni souhaité ni souhaitable, *AJDA 2009. 1882*. – Hoepffner, Concessions de travaux : un pas en avant, trois pas en arrière, *Rev. CMP 2012, n° 10*. – Proot, L'ordonnance du 15 juillet 2009 relative aux contrats de concession de travaux publics, *Dr. adm. 2009, n° 128*.

II Articles sur les concessions parus après l'ordonnance du 29 janvier 2016

▸ Bahougne, Le compte prévisionnel d'exploitation, *BJCP janv. 2020*. – Bassi, Les données collectées par le concessionnaire de service public, *AJDA 2019. 496* ; La valorisation des biens immatériels de l'autorité concédante, *ibid. 2020. 2200*. – Chamard-Heim, Un an de fiscalité des contrats publics, *Rev. CMP 2019. 12*. – Clamour, Le nouveau droit des concessions, *Dr. adm., mars 2016, p. 13*. – Dossier ACCP, L'ordonnance et le décret relatifs aux contrats de concession, *avr. 2016* ; Modification des contrats en cours d'exécution, *févr. 2020* ; Contrats de concession : de la phase préparatoire aux recours contentieux, *déc. 2020*. – Dossier AJDA, Le nouveau droit des concessions, *2016, n° 18*. – Dossier spécial, Nouvelles directives marchés publics et concessions de services, *BJCP juin, juill.-août 2014 et sept.-oct. 2014*. – Dossier RFDA, Les nouvelles dispositions sur les contrats de la commande publique, *mars-avr. 2016*. – Dossiers Rev. CMP, Les directives marchés publics et concessions 2014, *juin 2014* ; L'ordonnance concession du 29 janvier 2016, *mars 2016*. – Dourlens et de Moustier, Notion de biens de retour dans les concessions de service public, *Rev. CMP 2019. 8*. – Eckert, Un an de droit des concessions et délégations de service public, *Rev. CMP 2018, n° 2, p. 17 ; ibid. 2019, n° 2, p. 11 ; ibid. 2021, n° 2*. – Frackowiak, Le droit des concessions : ni tout à fait le même, ni tout à fait un autre... L'ordonnance et le décret relatifs aux contrats de concession, *BJCP 2016. 5*. – Gonzague, Concessions, la possibilité d'un prix, *AJDA 2019. 737*. – Harriague, Délimitation du périmètre des concessions de services : l'insuffisance de la notion de « gestion confiée », *Rev. CMP 2017, n° 6, p. 6*. – Hoepffner, La cession de contrat : histoire d'une rencontre manquée entre les droits public et privé des contrats, *BJCP 2016. 401* ; Concessions d'autoroutes : l'adossement, retour vers le futur ?, *Rev. CMP 2018, n° 2, p. 5*. – Lafaix, Les biens de retour, *RFDA sept.-oct. 2020. 937*. – de Moustier et Benzakki, Le régime d'exécution des concessions de services sans service public, *Rev. CMP 2020, n° 7*. – Olivier et Liet-Veaux, La négociation dans la commande publique : quelle place ? quel enjeu ?, *Rev. CMP 2016, n° 7, p. 7*. – Richer, Sur la nature juridique de la concession de service public, *Dr. adm., juill. 2018, p. 13* ; A la recherche de la concession de services, *BJCP sept.-oct. 2019* ; A la recherche de la concession de services, *BJCP 2019. 312*. –

Roulet, Les biens de tiers dans les contrats de concession de service public, *AJDA 2019. 1488* ; Contrats de concession de service public : à qui profite le risque ?, *ibid. 2020. 1830.* – Terneyre, Concessions autoroutières : pourquoi tant de haine ?, *ibid. 2021. 436.* – Troianiello, Vers une remise en cause des pratiques d'optimisation financière dans les DSP ?, *AJDA 2018. 2432* . – Vila, La fin du contrat de concession, *Rev. CMP 2019, n° 3, p. 13* ; Dix ans après la décision commune de Douai : un anniversaire en palier ou l'aboutissement des principes ?, *Rev. CMP 2022, Étude n° 6.* – Zimmer, Un an de droit de l'Union européenne de la commande publique, *Rev. CMP 2016, n° 7, p. 15.*

LIVRE PRÉLIMINAIRE CONTRATS DE CONCESSION MIXTES

Art. L. 3000-1 **Lorsqu'une autorité concédante décide de conclure un contrat destiné à satisfaire des besoins, objectivement dissociables, qui relèvent, d'une part, du droit commun des contrats de concession prévu au livre I de la présente partie et qui relèvent, d'autre part, du régime juridique particulier applicable aux autres contrats de concession prévu au livre II de la présente partie ou du régime juridique particulier applicable aux autres marchés publics prévu au livre V de la deuxième partie, ce contrat est soumis au droit commun des contrats de concession prévu au livre I de la présente partie.**

Lorsque le contrat mentionné au premier alinéa couvre plusieurs activités dont l'une seulement constitue une activité d'opérateur de réseau*[x]***, il est soumis aux dispositions applicables à son objet principal. Lorsque l'objet principal du contrat ne peut être objectivement identifié, le contrat est soumis aux dispositions du livre I de la présente partie.** – *[Ord. n° 2016-65 du 29 janv. 2016, art. 21, al. 1er et 2, 22-I-2° et 23-I et II-2°.]*

Art. L. 3000-2 **Lorsqu'une autorité concédante conclut un contrat destiné à satisfaire des besoins, objectivement indissociables, qui relèvent, d'une part, du droit commun des contrats de concession prévu au livre I de la présente partie et, qui relèvent, d'autre part, du régime juridique particulier applicable aux autres contrats de concessions prévu au livre II de la présente partie ou du régime juridique particulier applicable aux autres marchés publics prévu au livre V de la deuxième partie, ce contrat est soumis aux dispositions applicables à son objet principal.**

Lorsque l'objet principal du contrat ne peut être objectivement identifié, le contrat est soumis au droit commun des contrats de concession prévu au livre I de la présente partie. – *[Ord. n° 2016-65 du 29 janv. 2016, art. 21, al. 1er et 2, 22-II, al. 1er et 3, et 23-I et II-2°.]*

Art. L. 3000-3 **Lorsqu'un contrat de concession porte sur plusieurs activités, dont l'une au moins constitue une activité d'opérateur de réseaux, et dont l'objet principal peut être déterminé, les règles suivantes s'appliquent :**

1° Lorsque le contrat porte à la fois sur une activité d'opérateurs *[opérateur]* **de réseaux autre que celle mentionnée au *c* du 1° ou au 4° de l'article L. 1212-3 et une autre activité qui n'est pas une activité d'opérateurs** *[opérateur]* **de réseaux, il est soumis aux dispositions applicables à son objet principal ;**

2° Lorsque le contrat porte à la fois sur une activité d'opérateurs *[opérateur]* **de réseaux mentionnée au *c* du 1° ou au 4° de l'article L. 1212-3 et une autre activité qui n'est pas une activité d'opérateurs** *[opérateur]* **de réseaux, il est soumis aux dispositions applicables aux pouvoirs adjudicateurs.** – *[Ord. n° 2016-65 du 29 janv. 2016, art. 20-I.]*

Art. L. 3000-4 **Lorsqu'un contrat de concession porte à la fois sur une activité d'opérateurs** *[opérateur]* **de réseaux et une autre activité qui n'est pas une activité d'opérateurs** *[opérateur]* **de réseaux et pour lequel il est objectivement impossible d'établir à quelle activité il est principalement destiné, il est soumis aux dispositions du livre I de la présente partie applicables aux pouvoirs adjudicateurs.** – *[Ord. n° 2016-65 du 29 janv. 2016, art. 20-II.]*

LIVRE I DISPOSITIONS GÉNÉRALES

Art. L. 3100-1 Sous réserve des dispositions de l'article L. 3200-1, les contrats de concession définis à l'article L. 1121-1 sont régis par les dispositions de la présente partie.

TITRE I PRÉPARATION DU CONTRAT DE CONCESSION

CHAPITRE I DÉFINITION DU BESOIN

Art. L. 3111-1 La nature et l'étendue des besoins à satisfaire sont déterminées avant le lancement de la consultation en prenant en compte des objectifs de développement durable dans leurs dimensions économique, sociale et environnementale. – *[Ord. n° 2016-65 du 29 janv. 2016, art. 27.]*

COMMENTAIRE

La seule différence par rapport aux marchés publics est l'absence de « avec précision ».

1. Il ressort des énonciations de l'ordonnance attaquée que le juge des référés du tribunal administratif a relevé, au terme d'une appréciation souveraine exempte de dénaturation, que le périmètre de la concession déterminé par la commune du Havre dans le règlement de la consultation pouvait comprendre l'exploitation du réseau de chaleur dans le seul quartier de Caucriauville, avec un développement de proximité non précisément défini (offre de base et variante n° 1), mais aussi dans un ou plusieurs autres quartiers de la ville du Havre, voire dans les communes d'Harfleur et de Montivilliers (variante n° 2), ainsi, éventuellement, que sur un périmètre encore plus large (variante libre) et que, de surcroît, le dossier de la consultation ne comportait pas l'annexe 1 qui devait contenir le plan de la concession ; il a en outre relevé, par une appréciation souveraine exempte de dénaturation, que seule une durée maximale de vingt-quatre ans était prévue dans le règlement de la consultation, les candidats devant proposer une « durée effective » adaptée aux solutions techniques et aux investissements envisagés dans leurs offres.

Le juge des référés a déduit de ces constatations que, compte tenu des imprécisions sur le périmètre de la concession, la commune ne pouvait être regardée, en l'espèce, comme ayant suffisamment déterminé l'étendue de ses besoins ; il a également relevé que, si le fait de fixer seulement une durée maximale ne constitue pas, à lui seul, un manquement aux obligations de publicité et de mise en concurrence, il traduisait en l'espèce, en raison de l'incertitude sur le montant des investissements à réaliser et à amortir qui résultait par ailleurs des imprécisions sur le périmètre de la concession, une insuffisante détermination des besoins de la commune. Il a en conséquence jugé que la commune avait manqué aux obligations de publicité et de mise en concurrence qu'imposent les dispositions des art. 27 et 34 de l'Ord. n° 2016-65 du 29 janv. 2016 et de l'art. 6 du Décr. n° 2016-86 du 1er févr. 2016 pris pour son application ; en statuant ainsi, le juge des référés n'a commis aucune erreur de droit. • CE 15 nov. 2017, *Cne du Havre*, n° 412644 : *BJCP 2018. 112, concl. Henrard.*

2. Obligation de déterminer la nature et l'étendue des besoins à satisfaire – Portée. Il est loisible à l'autorité concédante, lorsqu'elle estime qu'elle pourra être placée dans la nécessité de commander des prestations supplémentaires au cours de l'exécution du contrat, sans être en mesure d'en déterminer le volume exact, de prévoir, au stade de la mise en concurrence initiale, un critère d'appréciation des offres fondé sur la comparaison des prix unitaires proposés par les candidats pour ces prestations.

Le règlement de la consultation comportait un critère portant sur le coût d'achat de diverses prestations supplémentaires ainsi qu'un tableau de prix de mise à disposition, s'appliquant au déploiement de mobiliers supplémentaires correspondant à des mobiliers existants précisément décrits dans le cahier des charges, que les candidats devaient remplir en indiquant un prix unitaire.

L'absence de limite quantitative à ces prestations ne méconnaît pas le principe de la définition préalable par l'autorité concédante de l'étendue de ses besoins et ne laisse pas à la commune une marge de choix discrétionnaire, dès lors que ce tableau permet de comparer les prix unitaires des différentes offres, et, au surplus, que les candidats admis à concourir sont à même de demander des précisions sur ce point à l'autorité concédante s'ils l'estiment souhaitable. • CE 26 févr. 2020, *Cne de Saint-Julien-en-Genevois*, n° 436428 B : *BJCP 2020. 186, concl. Pellissier ; Rev. CMP 2020. 158, note Eckert.*

3. Informations à donner aux candidats sur la nature et l'étendue des besoins. Les concessions sont soumises aux principes de liberté d'accès à la commande publique, d'égalité de traitement des candidats et de transparence des procédures, qui sont des principes généraux du droit de la commande publique. Pour assurer le respect de ces principes, la personne publique doit apporter aux candidats à l'attribution d'une concession, avant le dépôt de leurs offres, une information suffisante sur la nature et l'étendue des besoins à satisfaire. Il lui appartient à ce titre d'indiquer aux candidats les caractéristiques essentielles de la concession et le type d'investissements attendus ainsi que les critères de sélection des offres. S'il est loisible à l'autorité concédante d'indiquer précisément aux candidats l'étendue et le détail des investissements qu'elle souhaite les voir réaliser, elle n'est pas tenue de le faire à peine d'irrégularité de la procédure. Il lui est en effet possible, après avoir défini les caractéristiques essentielles de la concession, de laisser les candidats définir eux-mêmes leur programme d'investissement, sous réserve qu'elle leur ait donné des éléments d'information suffisants sur la nécessité de prévoir des investissements, sur leur nature et leur consistance et sur le rôle qu'ils auront parmi les critères de sélection des offres. • CE 6 nov. 2020, *Cne de Saint-Amand-les-Eaux*, n° 437946 B : *BJCP 2021. 58, concl. Pichon de Vendeuil ; AJDA 2021. 341, note Videlin ; Rev. CMP 2021. 20, note Eckert.*

Art. L. 3111-2 **Les travaux ou services faisant l'objet du contrat de concession sont définis par référence à des spécifications techniques et fonctionnelles.** *(L. n° 2021-1104 du 22 août 2021, art. 35, en vigueur à une date fixée par décret en fonction des catégories de concessions, au plus tard le 22 août 2026)* **« Pour les contrats de concession qui ne sont pas des contrats de concession de défense ou de sécurité, ces spécifications techniques et fonctionnelles prennent en compte des objectifs de développement durable dans leurs dimensions économique, sociale et environnementale. »** — *[Ord. n° 2016-65 du 29 janv. 2016, art. 28.]*

Les dispositions introduites par l'art. 35 de la L. n° 2021-1104 du 22 août 2021 s'appliquent aux concessions pour lesquelles une consultation est engagée ou un avis d'appel à la concurrence est envoyé à la publication à compter de leur entrée en vigueur (L. préc., art. 35-V, JO 23 août).

COMMENTAIRE

On se reportera aux articles R. 3111-1 à R. 3111-3 du présent code.

CHAPITRE II MUTUALISATION

Art. L. 3112-1 **Des groupements peuvent être constitués entre des autorités concédantes ou entre une ou plusieurs autorités concédantes et une ou plusieurs personnes morales de droit privé qui ne sont pas des autorités concédantes afin de passer conjointement un ou plusieurs contrats de concession.** — *[Ord. n° 2016-65 du 29 janv. 2016, art. 26, al. 1er.]*

Art. L. 3112-2 **La convention constitutive du groupement, signée par ses membres, définit les règles de fonctionnement du groupement. Elle peut confier à l'un ou plusieurs de ses membres la charge de mener tout ou partie de la procédure de passation ou de l'exécution du contrat de concession au nom et pour le compte des autres membres.**

Les autorités concédantes membres du groupement sont solidairement responsables des seules opérations de passation ou d'exécution du contrat de concession qui sont menées conjointement en leur nom et pour leur compte, selon les stipulations de la convention de groupement.

Art. L. 3112-3 **Un groupement d'autorités concédantes peut être constitué avec des autorités concédantes d'autres États membres de l'Union européenne, à condition que ce choix n'ait pas été fait dans le but de se soustraire à l'application de dispositions nationales qui intéressent l'ordre public.**

Nonobstant les dispositions de l'article L. 3112-2, et sous réserve des stipulations d'accords internationaux ou d'arrangements administratifs, entre les États membres dont ils relèvent, les membres du groupement s'accordent sur la répartition des responsabilités ainsi que sur le droit applicable au contrat de concession, choisi parmi les droits des États membres dont ils relèvent.

Art. L. 3112-4 **Les contrats de concession conclus par un groupement au sein duquel les collectivités territoriales ou les établissements publics locaux sont majoritaires obéissent aux règles prévues par la présente partie et par le chapitre préliminaire du titre I du livre IV de la première partie du code général des collectivités territoriales ainsi que, le cas échéant, par le chapitre I du titre I du livre IV de la première partie dudit code.** — *[Ord. n° 2016-65 du 29 janv. 2016, art. 26, al. 2.]*

COMMENTAIRE

On se reportera aux articles L. 1410-1, L. 1410-3 et L. 1411-1 à L. 1411-19 du code général des collectivités territoriales (V. App., *Partie II. Textes relatifs aux concessions*).

CHAPITRE III **RÉSERVATION**

Art. L. 3113-1 Des contrats de concession peuvent être réservés à des entreprises adaptées mentionnées à l'article L. 5213-13 du code du travail, à des établissements et services d'aide par le travail mentionnés à l'article L. 344-2 du code de l'action sociale et des familles ainsi qu'à des structures équivalentes, lorsqu'ils emploient une proportion minimale, fixée par voie réglementaire, de travailleurs handicapés qui, en raison de la nature ou de la gravité de leurs déficiences, ne peuvent exercer une activité professionnelle dans des conditions normales. – *[Ord. nº 2016-65 du 29 janv. 2016, art. 29-I.]*

Art. L. 3113-2 Des contrats de concession peuvent être réservés à des structures d'insertion par l'activité économique mentionnées à l'article L. 5132-4 du code du travail et à des structures équivalentes, lorsqu'elles emploient une proportion minimale, fixée par voie réglementaire, de travailleurs défavorisés. – *[Ord. nº 2016-65 du 29 janv. 2016, art. 29-II.]*

COMMENTAIRE

La proportion minimale mentionnée par ces deux articles est de 50 % (V. art. R. 3113-1).

Art. L. 3113-2-1 *(Ord. nº 2022-1336 du 19 oct. 2022, art. 19)* **Des contrats de concession peuvent être réservés à des opérateurs économiques qui les exploitent dans le cadre des activités de production de biens et de services qu'ils réalisent en établissement pénitentiaire et qui font travailler à ce titre, dans les conditions prévues aux articles L. 412-10 à L. 412-18 du code pénitentiaire, des personnes détenues dans une proportion minimale fixée par voie réglementaire.**

Sur l'application des dispositions issues de l'art. 19 de l'Ord. nº 2022-1336 du 19 oct. 2022, V. note ss. art. L. 2113-13-1.

Art. L. 3113-3 Une autorité concédante ne peut réserver un contrat de concession aux opérateurs économiques qui répondent à la fois aux conditions de l'article L. 3113-1 et de l'article L. 3113-2.

(Ord. nº 2022-1336 du 19 oct. 2022, art. 19) **« Une autorité concédante ne peut réserver un contrat de concession à la fois aux opérateurs économiques qui répondent aux conditions de l'article L. 3113-2-1 et aux opérateurs économiques mentionnés au premier alinéa du présent article et qui ne satisfont pas à ces mêmes conditions. »** – *[Ord. nº 2016-65 du 29 janv. 2016, art. 29-III.]*

Sur l'application des dispositions issues de l'art. 19 de l'Ord. nº 2022-1336 du 19 oct. 2022, V. note ss. art. L. 2113-13-1.

CHAPITRE IV **CONTENU DU CONTRAT DE CONCESSION**

SECTION 1 **Règles générales relatives aux conditions d'exécution**

Art. L. 3114-1 Le contrat de concession est conclu par écrit.

Il ne peut contenir de clauses par lesquelles le concessionnaire prend à sa charge l'exécution de services, de travaux ou de paiements étrangers à l'objet de la concession. – *[Ord. nº 2016-65 du 29 janv. 2016, art. 5, 1re phrase, et 30.]*

COMMENTAIRE

1. Le deuxième paragraphe de l'article L. 3114-1 reprend une disposition qui existait dans le droit des délégations de service public depuis l'article 40 de la loi Sapin, afin que les usagers ne paient qu'à proportion du service rendu.

On se reportera à la jurisprudence sous les articles L. 3114-4 à L. 3114-6, ci-dessous.

2. Par ailleurs, on rappellera de façon plus générale, à l'occasion de ce premier article du chapitre consacré au contenu du contrat de concession, que, dans les délégations de service public, on trouve des clauses relatives exclusivement aux relations contractuelles (par exemple les clauses d'exclusivité ou encore celles qui prévoient le versement d'une redevance par le délégataire) et d'autres qui régissent aussi l'organisation du service public

délégué (notamment celles qui fixent le tarif à payer par les usagers). Ces dernières sont considérées par la jurisprudence comme présentant un caractère réglementaire, ce qui emporte notamment pour conséquence que des tiers, notamment les usagers, peuvent les contester par la voie du recours pour excès de pouvoir ou invoquer leur méconnaissance à l'appui d'un recours pour excès de pouvoir dirigé contre un acte détachable de l'exécution du contrat.

On mentionnera ci-dessous un certain nombre de décisions de jurisprudence relatives aux clauses des contrats de concession, élaborées pour l'essentiel pour les délégations de service public soumises à la loi Sapin.

1. Absence de principe général de protection du délégataire indépendamment des clauses contractuelles. Lorsqu'un concessionnaire demande une indemnisation à la collectivité concédante du fait des activités concurrentes que cette dernière a organisées, le juge doit rechercher si la collectivité a méconnu les stipulations du contrat ou empêché le concessionnaire de poursuivre ses activités, et donc de remplir ses propres obligations contractuelles. Il ne peut être utilement invoqué un principe général de protection du concessionnaire contre la concurrence par le concédant, indépendamment de toute clause contractuelle posant une telle obligation à ce dernier. • CE 10 oct. 2007, *Sté SPS Tarbes*, n° 255213 B : *BJCP 2007. 487, concl. Casas ; JCP Adm. 2007. 2316, note Guettier ; RJEP 2008. 1, note Clamour.*

2. Cahiers des charges types. Contrôle du juge de cassation. Les dispositions de l'art. L. 321-1 C. communes, dans leur rédaction antérieure à l'entrée en vigueur de la L. du 2 mars 1982, confiaient au ministre de l'intérieur la mission, notamment, d'établir des cahiers des charges types obligatoirement applicables aux services publics communaux et intercommunaux exploités sous le régime de la concession ou de l'affermage ; les dispositions de l'art. L. 322-1 du même code, abrogées par la même loi, prévoyaient alors l'approbation de ces cahiers des charges types par décret en Conseil d'État ; aux termes de l'art. L. 321-1 C. communes, dans sa rédaction issue de la L. du 2 mars 1982, en vigueur à la date de conclusion du contrat litigieux, ensuite abrogé par la L. du 21 févr. 1996 relative à la partie législative du CGCT : « Le ministre de l'intérieur a notamment pour mission : (...) 2° D'établir des modèles de cahiers des charges auxquels les communes peuvent se référer pour leurs services exploités sous le régime de la concession ou de l'affermage ainsi que des modèles de règlements auxquels elles peuvent se référer pour leurs services exploités en régie » ; les stipulations des modèles de cahiers des charges établis dans ces conditions, reprises par les contrats conclus postérieurement à l'entrée en vigueur de la L. du 2 mars 1982, ou auxquelles ces contrats se référaient expressément, étaient appelées, jusqu'à l'entrée en vigueur de la L. du 21 févr. 1996, à s'appliquer à un grand nombre de contrats sur l'ensemble du territoire national ; en raison des conditions de leur élaboration, de leur portée et de leur approbation par l'autorité administrative, il appartient au juge de cassation, qui a pour mission d'assurer l'application uniforme de la règle de droit, de contrôler l'interprétation que les juges du fond en ont donnée. • CE 9 avr. 2010, *Sté Vivendi*, n° 313557 B : *BJCP 2010. 254, concl. Boulouis ; Rev. CMP 2010. Chron. 232, note Pietri.*

3. Méconnaissance d'une clause réglementaire. Invocation par les tiers. L'usager du service public a qualité pour agir contre les actes relatifs à l'organisation du service. Il peut invoquer la méconnaissance d'une clause réglementaire d'un contrat de délégation de service public à l'appui de son recours pour excès de pouvoir. • CE 21 déc. 1906, *Synd. des propriétaires et contribuables du quartier Croix de Seguey-Tivoli : Lebon 96, concl. Romieu ; GAJA n° 17.*

4. Il en est de même pour les tiers intéressés (en l'espèce, des usagers d'une voie ferrée invoquaient la méconnaissance des clauses d'une concession hydroélectrique). • CE 11 déc. 1963, *Synd. de défense en vue du rétablissement de la voie ferrée Bort-Eygurande*, n° 57036 A.

5. Clauses réglementaires. Existence. La communauté urbaine Marseille Provence Métropole, autorité organisatrice des transports publics urbains de voyageurs sur le territoire des communes qui la composent, en application des art. L. 1231 1 s. C. transp. et de l'art. L. 5215-20-I CGCT, a conclu le 24 mai 2006 une convention avec la société Frioul If Express délégant à cette dernière le service public de transport maritime de voyageurs en direction de l'archipel du Frioul incluant la desserte du port du Frioul et du débarcadère de l'île d'If ; la délibération du 28 juin 2013 par laquelle le conseil de la communauté urbaine a approuvé l'avenant n° 8 à cette convention fixant la grille tarifaire applicable aux usagers à compter du 1er juill. 2013 présente, eu égard à son objet, un caractère réglementaire ; présente également un tel caractère le refus de l'autorité délégante, suite à la demande dont elle a été saisie le 20 juin 2013, d'abroger ou de modifier certaines des clauses en vigueur de la délégation de service public relatives aux rotations des navires et aux tarifs des redevances à acquitter par les usagers ; il en va, enfin, de même des clauses prévues par les art. 12, 12-1 et 17 de la convention de délégation de service public concernant respectivement l'amplitude journalière et le trajet de la desserte, et la continuité du service public par situation météorologique dégradée, dont les requérants ont demandé à l'autorité délégante de faire assurer le respect. • CAA Marseille, 9 juin 2016, *Assoc. de défense des usagers du port du Frioul et a.*, n° 15MA00808 : *Rev. CMP 2016, n° 211, note Eckert.*

6. Clauses réglementaires. Absence. Le cahier des charges annexé à une convention de concession prévoit que « lorsque les travaux sont déclarés d'utilité publique, la société concessionnaire est investie, pour l'acquisition des terrains et l'exécution des travaux dépendant de la concession, de tous les droits que les lois et règlements confèrent à l'État en matière de travaux publics. Elle demeure, en même temps, soumise à toutes les obligations qui en découlent, pour l'administration de ces lois et règlements. Elle est tenue de se conformer aux engagements pris et aux conditions prévues à l'occasion de la déclaration d'utilité publique, notamment au cours de l'instruction mixte, et de satisfaire aux conditions de réalisation dont est assortie cette déclaration et qui lui sont notifiées à l'issue de ladite procédure. La société concessionnaire est tenue de se conformer à tous les règlements existants ou à intervenir en ce qui concerne les travaux à exécuter éventuellement sur le domaine public » ; en estimant que ces stipulations, qui ne portent que sur les modalités de réalisation de l'ouvrage, et non pas sur le fonctionnement du service public concédé, et qui se bornent à rappeler au concessionnaire l'obligation générale tenant au respect des lois et règlements en vigueur, n'avaient aucune portée réglementaire, la cour n'en a pas dénaturé les termes ni commis d'erreur de qualification juridique. • CE 18 déc. 2009, *M. de Navacelle*, n° 311196 : *AJDA 2018. 1168, note Alliez ; BJCP 2018. 182, concl. Henrard ; Rev. CMP 2018. 88, note Eckert.*

7. Revêtent un caractère réglementaire les clauses d'un contrat qui ont, par elles-mêmes, pour objet l'organisation ou le fonctionnement d'un service public ; s'agissant d'une convention de concession autoroutière, relèvent notamment de cette catégorie les clauses qui définissent l'objet de la concession et les règles de desserte, ainsi que celles qui définissent les conditions d'utilisation des ouvrages et fixent les tarifs des péages applicables sur le réseau concédé ; en revanche, les stipulations relatives notamment au régime financier de la concession ou à la réalisation des ouvrages, qu'il s'agisse de leurs caractéristiques, de leur tracé, ou des modalités de cette réalisation, sont dépourvues de caractère réglementaire et revêtent un caractère purement contractuel.

Les stipulations contestées des annexes de l'art. 47-2, g), du cahier des charges de la convention de concession autoroutière en cause, qui portent sur la reconfiguration de l'échangeur autoroutier de Bailly-Romainvilliers et déterminent les conditions de réalisation d'un aménagement complémentaire à cet échangeur, et sont ainsi relatives à la réalisation d'ouvrages, ne présentent pas un caractère réglementaire ; dès lors, les conclusions tendant à l'annulation pour excès de pouvoir du refus d'abroger ces dispositions sont irrecevables. • CE 9 févr. 2018, *Cté d'agglomération Val d'Europe Agglomération*, n° 404982 A.

8. Clauses réglementaires. Recours pour excès de pouvoir. Les clauses réglementaires des contrats portant délégation de service public peuvent donner lieu à un recours pour excès de pouvoir formé par des tiers au contrat. • CE 10 juill. 1996, *Cayzeele*, n° 138536 A : *AJDA 1996. 732, chron. Chauvaux et Girardot ; RFDA 1997. 89, note Delvolvé ; CJEG 1996. 382, note Terneyre.*

9. Clauses réglementaires. Divisibilité. Les clauses réglementaires d'un contrat sont par nature divisibles du reste du contrat. • CE, sect., 8 avr. 2009, *Assoc. Alcaly et a.*, n° 290604 A • CE 31 juill. 2009, *Sté Les sables d'or et a.*, n° 303876.

10. Clauses réglementaires. Illégalité partielle. Le droit de téléphoner des personnes détenues est consacré par l'art. 39 de la L. n° 2009-1436 du 24 nov. 2009. Il s'exerce dans les limites inhérentes à la détention et dans les conditions particulières en résultant, notamment l'absence de libre choix de l'opérateur de téléphonie. Eu égard à la différence de situation objective existant entre les personnes détenues qui souhaitent téléphoner et les autres usagers d'un service de téléphonie, la circonstance que le tarif des communications téléphoniques, tel qu'il est fixé par les clauses réglementaires du contrat litigieux, est établi à un niveau plus élevé que celui dont bénéficient, en moyenne, les autres usagers du téléphone ne caractérise pas une rupture du principe d'égalité dès lors qu'il ne ressort pas des pièces du dossier que cette différence de tarif soit manifestement disproportionnée. Il ne ressort pas davantage des pièces du dossier que les modalités spécifiques retenues pour le calcul de ce tarif caractérisent par elles-mêmes une rupture du principe d'égalité, les structures de coût du réseau exploité dans le cadre de la concession litigieuse n'étant pas comparables à celles des autres opérateurs de téléphonie.

Contrat prévoyant le financement de certaines prestations à travers les ventes des communications téléphoniques effectuées par les détenus, parmi lesquelles les « spécifications fonctionnelles » permettant d'assurer l'écoute, l'enregistrement et l'archivage des communications électroniques. De telles prestations qui permettent d'assurer le contrôle des communications téléphoniques conformément aux dispositions de l'art. 727-1 C. pr. pén. se rattachent aux missions générales de police qui, par nature, incombent à l'État. Les dépenses auxquelles elles donnent lieu, qui ne sont pas exposées dans l'intérêt direct des détenus, ne sauraient dès lors être financées par le tarif des communications téléphoniques perçu auprès des usagers en contrepartie du service qui leur est rendu. • CE 14 nov. 2018, *M. de Jesus,* n° 418788 A : *BJCP 2019.123, concl. Iljic ; Rev. CMP 2019. 18, note Eckert.*

11. Violation de clauses contractuelles. Invocation par des tiers. Impossibilité. Des usagers ne sont pas recevables à invoquer la violation de clauses purement contractuelles (imposant en l'espèce au délégataire la présentation d'un certain nombre de documents à la collectivité publique) à l'appui d'un recours pour excès de pouvoir contre une délibération autorisant la signature d'un avenant. • CE 29 déc. 1999, *Cne de Port-Saint-Louis-du-Rhône,* n° 158472 B.

12. Invocation des clauses d'un contrat par un tiers à l'appui d'une action en responsabilité quasi délictuelle. Non. Les tiers à un contrat administratif, hormis les clauses réglementaires, ne peuvent en principe se prévaloir des stipulations de ce contrat ; dès lors, la cour n'a pas commis d'erreur de droit en retenant que la qualité de tiers de Mme G. faisait obstacle à ce que cette dernière se prévale d'une inexécution du contrat dans le cadre d'une action en responsabilité quasi délictuelle. • CE, sect., 11 juill. 2011, *Mme Gilles,* n° 339409 B : *BJCP 2011. 341, concl. Boulouis ; AJDA 2011. 1949, chron. Domino.*

13. Entache son arrêt d'erreur de droit la cour administrative d'appel qui, pour rejeter comme irrecevables les conclusions présentées, par une société intervenant au marché, sur le fondement de leur responsabilité quasi délictuelle, à l'encontre du groupement de maîtrise d'œuvre et du mandataire du maître d'ouvrage, juge que ceux-ci sont fondés à se prévaloir d'un avenant transactionnel au marché conclu entre l'État et cette société comportant une clause par laquelle cette société avait renoncé à toute réclamation, sans que puisse être utilement invoqué « le principe de l'effet relatif des contrats ». • CE 21 oct. 2019, *Sté coopérative métropolitaine d'entreprise générale,* n° 420086 B : *Rev. CMP 2020, n° 25, note Dietenhoeffer.*

14. Clauses abusives. Aux termes des trois premiers al. de l'art. 35 de la L. du 10 janv. 1978 modifiée sur la protection et l'information des consommateurs de produits et de services, dans sa rédaction en vigueur à la date d'édiction du règlement du service des eaux litigieux : « Dans les contrats conclus entre professionnels et non-professionnels, ou consommateurs, peuvent être interdites, limitées ou réglementées, par des décrets en Conseil d'État pris après avis de la commission instituée par l'art. 36, en distinguant éventuellement selon la nature des biens et des services concernés, les clauses relatives au caractère déterminé ou déterminable du prix ainsi qu'à son versement, à la consistance de la chose ou à sa livraison, à la charge des risques, à l'étendue des responsabilités et garanties, aux conditions d'exécution, de résiliation, résolution ou reconduction des conventions, lorsque de telles clauses apparaissent imposées aux non professionnels ou consommateurs par un abus de la puissance économique de l'autre partie et confèrent à cette dernière un avantage excessif.

De telles clauses abusives, stipulées en contradiction avec les dispositions qui précèdent, sont réputées non écrites. / Ces dispositions sont applicables aux contrats quels que soient leur forme ou leur support » ; ces dispositions ont été ultérieurement codifiées à l'art. L. 132-1 C. consom., lequel dispose, dans sa rédaction issue de la loi du 1er févr. 1995, que : « Dans les contrats conclus entre professionnels et non-professionnels ou consommateurs, sont abusives les clauses qui ont pour objet ou pour effet de créer, au détriment du non-professionnel ou du consommateur, un déséquilibre significatif entre les droits et obligations des parties au contrat (...). / Ces dispositions sont applicables quels que soient la forme ou le support du contrat (...). / Les clauses abusives sont réputées non écrites. / L'appréciation du caractère abusif des clauses au sens du premier alinéa ne porte ni sur la définition de l'objet principal du contrat ni sur l'adéquation du prix ou de la rémunération au bien vendu ou au service offert. / Le contrat restera applicable dans toutes ses dispositions autres que celles jugées abusives s'il peut subsister sans lesdites clauses. / Les dispositions du présent article sont d'ordre public » ; aux termes de l'art. 12 du règlement d'un service de distribution d'eau, annexé à un contrat de concession : « Les travaux d'entretien et de renouvellement des branchements sont exécutés exclusivement par le service des eaux, ou sous sa direction par une entreprise agréée par lui depuis la prise sur conduite jusqu'au robinet avant compteur, à l'exclusion du regard ou de la niche abritant le compteur (...). L'entretien sera assuré dans les conditions suivantes : a) Pour la partie du branchement située entre la conduite de distribution publique et le point d'entrée dans la propriété du client abonné, le service des eaux prendra à sa charge les frais de réparation et les dommages pouvant résulter de l'existence et du fonctionnement de cette partie du branchement ; b) Pour toutes les autres parties du branchement, le service des eaux prendra à sa charge les seuls frais de réparation directe du branchement ; le client abonné aura à sa charge toutes les conséquences dommageables pouvant résulter de l'existence et du fonctionnement de ces parties du branchement, sauf s'il apparaissait une faute du service des eaux (...). Le client abonné devra prévenir immédiatement le service des eaux de toute fuite et anomalie de fonctionnement qu'il aurait constatée sur le branchement (...) » ; les dispositions précitées du b) de l'art. 12 peuvent conduire à faire supporter par un usager les conséquences de dommages qui ne lui seraient pas imputables sans pour autant qu'il lui soit possible d'établir une faute de l'exploitant ; elles s'insèrent, pour un service assuré en monopole, dans un contrat d'adhésion ; elles ne sont pas justifiées par les caractéristiques particulières de ce service public ; elles présentent ainsi le caractère d'une clause abusive au sens des dispositions précitées de l'art. 35 de la loi du 10 janv. 1978 – ce caractère s'appréciant non seulement au regard de cette clause elle-même mais aussi compte tenu de l'ensemble des stipulations du contrat et, lorsque celui-ci a pour objet l'exécution d'un service public, des caractéristiques particulières de ce service ; elles étaient, dès lors, illégales dès leur adoption ; elles ne sont pas davantage conformes aux dispositions précitées de l'art. L. 132-1 C. consom. dans sa rédaction issue de la loi du 1er févr. 1995, qui sont d'ordre public. • CE 11 juill. 2001, *Sté des eaux du Nord,* n° 221458 A : *CJEG 2001, p. 496, concl. Bergeal.*

15. Aux termes de l'art. L. 132-1 C. consom. : « Dans les contrats conclus entre professionnels et non-professionnels ou consommateurs, sont abusives les clauses qui ont pour objet ou pour effet de créer, au détriment du non-professionnel ou du consommateur, un déséquilibre significatif entre les droits et obligations des parties au contrat. (...) Les clauses abusives sont réputées non écrites » ; le caractère abusif d'une clause au sens de ces dispositions s'apprécie non seulement au regard de cette clause elle-même mais aussi compte tenu de l'ensemble des stipulations du contrat et, lorsque celui-ci a pour objet l'exécution d'un service public, des caractéristiques particulières de ce service. Il ressort des pièces du dossier qu'aux termes du second § de l'art. 23-3 du règlement des abonnements du service de l'eau : « L'abonné n'est jamais fondé à solliciter une réduction de consommation en raison de fuites dans ses installations intérieures car il a toujours la possibilité de contrôler lui-même la consommation indiquée par son compteur » ; si ces dispositions présentent un caractère abusif en ce qu'elles ont pour effet d'exonérer de toute responsabilité le service des eaux dans le cas où une fuite dans les installations intérieures de l'abonné résulterait d'une faute commise par ce service, elles n'ont en revanche ni pour objet ni pour effet d'exclure la possibilité, pour un abonné, de rechercher la responsabilité d'un tiers pour obtenir réparation des dommages qu'il a subis du fait d'une facturation excessive dont il estimerait qu'elle lui est imputable ; ainsi, c'est à tort que le tribunal administratif s'est fondé, pour juger que ces dispositions constituent une clause abusive au sens de l'art. L. 132-1 C. consom., sur le motif tiré de ce qu'elles peuvent conduire à faire supporter par un usager les conséquences d'un dommage qui ne lui serait pas imputable, sans réserver le cas des dommages résultant des agissements des tiers. • CE 30 déc. 2015, *Sté des eaux de Marseille,* n° 387666 : *BJCP 2016. 199, concl. Cortot-Boucher ; Rev. CMP 2016, n° 80, note Eckert.*

16. Clause illicite. L'administration ne peut pas, par une stipulation contractuelle, renoncer à son pouvoir de résiliation unilatérale. • CE 6 mai 1985, *Assoc. Eurolat Crédit Foncier de France : Lebon 141 ; RFDA 1986. 21, concl. Genevois.*

17. Clause prévoyant la résiliation par le cocontractant. Possibilité pour une DSP. Non. Le cocontractant lié à une personne publique par un contrat administratif est tenu d'en assurer l'exécution, sauf en cas de force majeure, et ne peut notamment pas se prévaloir des manquements ou défaillances de l'administration pour se soustraire à ses propres obligations contractuelles ou prendre l'initiative de résilier unilatéralement le contrat. Il est toutefois loisible aux parties de prévoir dans un contrat qui n'a pas pour objet l'exécution même du service public les conditions auxquelles le cocontractant de la personne publique peut résilier le contrat en cas de méconnaissance par cette dernière de ses obligations contractuelles ; cependant, le cocontractant ne peut procéder à la résiliation sans avoir mis à même, au préalable, la personne publique de s'opposer à la rupture des relations contractuelles pour un motif d'intérêt général, tiré notamment des exigences du service public ; lorsqu'un motif d'intérêt général lui est opposé, le cocontractant doit poursuivre l'exécution du contrat ; un manquement de sa part à cette obligation est de nature à entraîner la résiliation du contrat à ses torts exclusifs ; il est toutefois loisible au cocontractant de contester devant le juge le motif d'intérêt général qui lui est opposé afin d'obtenir la résiliation du contrat. • CE 8 oct. 2014, *Sté Grenke Location,* n° 370644 : *BJCP 2015. 3, concl. Pellissier ; ACCP déc. 2014, n° 149, p. 62, note Mestres et Minaire ; Rev. CMP 2014, n° 329, note Eckert, Repère 11, Llorens et Soler-Couteaux ; AJDA 2015. 396, note Melleray ; D. 2015. 145, note Pugeault ; RDI 2015. 183, obs. Foulquier ; AJCT 2015. 38, obs. Didriche.*

18. Clauses illicites divisibles. Lorsqu'il constate la nullité de certaines stipulations du contrat, il appartient à ce juge de s'interroger, le cas échéant d'office, sur le point de savoir si ces stipulations sont ou non divisibles du contrat afin de déterminer si leur nullité entraîne ou non celle de l'ensemble du contrat. • CE 19 déc. 2007, *Sté Sogeparc-CGST-Cie gén. de stationnement,* n° 260327 B.

19. Des stipulations d'un contrat qui prévoient le transfert, à une personne privée délégataire, sans désaffectation ni déclassement préalables, de la propriété de dépendances du domaine public, sont, eu égard au principe d'inaliénabilité de ce domaine, illicites.

Il résulte de l'instruction que, par une convention conclue pour une durée de dix-huit ans à compter de sa signature, la personne publique a confié à une société l'exploitation de son domaine skiable, comprenant la charge d'assurer le service public des remontées mécaniques et de les entretenir en bon état de fonctionnement, d'aménager, entretenir et surveiller le réseau de pistes de ski alpin et d'organiser et mettre en œuvre des secours aux usagers ; la convention permettait à l'exploitant de fixer librement les tarifs et lui imposait de verser à l'autorité délégante la taxe sur les remontées mécaniques, une redevance d'exploitation assise sur le chiffre d'affaires, un loyer pour l'usage des locaux mis à sa disposition, ainsi qu'un loyer pour les autres biens mis à sa disposition conformément à l'annexe 3 à la convention, intitulée « contrat de crédit-bail (ou location-vente) » ; cette annexe 3 et ses propres annexes énuméraient quarante-sept engins de remontée mécanique et un canon à neige mis à la disposition du délégataire et fixaient quinze échéances annuelles de loyers à verser pour un montant total égal à l'amortissement intégral, sur la période de versement, de la valeur vénale de ces installations, telle qu'évaluée au contrat, augmenté du remboursement des intérêts restant dus sur le capital emprunté pour les financer ; elles comportaient également une promesse de vente permettant à l'exploitant d'acheter, à l'issue de la quinzième année d'exploitation, les installations mises à sa disposition, moyennant un versement complémentaire minime, ainsi que la faculté de lever cette option d'achat de manière anticipée, à partir de la fin de la cinquième année, pour un montant correspondant à la valeur initiale restant à amortir ; l'art. 26 de la convention stipulait : « Si l'autorité organisatrice décide de ne pas renouveler la convention, les biens, équipements et installations relatifs à l'exploitation du domaine skiable situés sur son territoire deviendront sa propriété. / En aucun cas, l'exploitant ne pourra prétendre à une indemnité quelconque, sauf si l'autorité organisatrice souhaitait écourter l'échéance de 18 ans. / En cas de non-renouvellement : – les biens mis à la disposition de l'exploitant par l'autorité organisatrice font retour à cette dernière, conformément aux clauses prévues dans le contrat de location-vente, dans la mesure où la durée de la location-vente excéderait 18 ans ; – les biens fournis par l'exploitant (annexe 4) et ceux devenus sa propriété au terme du contrat de location-vente annexé (annexe 3) sont remis à l'autorité organisatrice, à charge pour elle de verser à l'exploitant une somme égale à la valeur d'utilisation desdits biens. Cette valeur d'utilisation, fixée à dire d'expert, n'intégrera que la valeur vénale des biens ; – les autres biens fournis par l'exploitant ainsi que les approvisionnements et stocks existants, s'ils sont nécessaires à la bonne exploitation des services, doivent être repris en tout ou partie par l'autorité organisatrice si l'exploitant le lui demande, à prix fixé à dires d'experts à défaut d'accord amiable (...) » ; l'art. 23 de la convention, applicable en cas de résiliation unilatérale par l'autorité délégante, renvoyait à l'art. 26 pour les modalités de dévolution des biens et prévoyait en outre le versement d'une indemnité de résiliation anticipée fixée par accord amiable ou à dire d'expert ; l'annexe 1 à l'annexe 3 retenait, pour l'évaluation des biens mis à dispositions de l'exploitant, une valeur vénale nulle pour toute installation de plus de quinze ans ; le 5° de l'art. K de l'annexe 3 prévoyait la perte de plein droit du bénéfice de la promesse de vente en cas de résolution anticipée de la convention de concession du service public des remontées mécaniques.

Il résulte de ce qui précède que les stipulations permettant le transfert à la société délégataire de la propriété des biens relevant du domaine public de la personne publique délégante dont, ainsi qu'il a été dit, le contenu est illicite, n'auraient eu pour effet, si leur mise en œuvre avait été demandée, moyennant le règlement anticipé des amortissements restant à réaliser, de rendre le délégataire propriétaire des remontées mécaniques que jusqu'à l'expiration de la convention ; que, si une indemnité était prévue à ce titre à l'art. 26, son montant, limité à la valeur vénale des installations, aurait été nul, dès lors que celle-ci était elle-même fixée à une valeur nulle pour toute installation de plus de quinze ans, alors que la durée d'exploitation du service était fixée à dix-huit ans ; par suite, les autres stipulations de la convention et de son annexe ne forment pas avec les stipulations relatives à ce transfert de propriété un ensemble indivisible ; l'illégalité de ces stipulations n'entache ainsi pas la légalité des autres stipulations du contrat ; le litige peut donc être réglé dans le cadre contractuel, en écartant l'application des seules stipulations relatives au transfert de propriété des installations mises à la disposition de la société délégataire par l'autorité délégante, sans qu'il soit besoin d'examiner les demandes de la société sur le fondement, qu'elle invoque à titre subsidiaire, de l'enrichissement sans cause et de la faute de la collectivité délégante. • CE 4 mai 2011, *Cté de cnes du Queyras,* n° 340089.

20. Clause licite. Une convention de délégation de service public peut prévoir que le niveau du tarif et la composition de la formule de révision seront soumis à un réexamen dans un certain nombre de cas et que, si la collectivité publique et le délégataire n'arrivent pas à s'entendre, il sera procédé à la révision des prix par une commission dont la composition est définie par le contrat. • CAA Nancy, 20 déc. 2007, *Sté Vivendi Universal,* n° 05NC00897 : *Rev. CMP 2008, n° 77, note Févrot ; Dr. adm. 2008, n° 35.*

21. Périmètre d'une DSP. Aucune disposition législative ni aucun principe général n'impose à la collectivité publique qui entend confier à un opérateur économique la gestion de services dont elle a la responsabilité de conclure autant de conventions qu'il y a de services distincts ; elle ne saurait toutefois, sans méconnaître les impératifs de bonne administration ou les obligations générales de mise en concurrence qui s'imposent à elle, donner à une délégation un périmètre manifestement excessif ni réunir au sein de la même convention des services qui n'auraient manifestement aucun lien entre eux ; aux termes du I de l'art. L. 5215-20 CGCT : « La communauté urbaine exerce de plein droit, au lieu et place des communes membres, les compétences suivantes : / (...) 2° (...) b) Organisation des transports urbains (...) ; création ou aménagement et entretien de voirie ; signalisation ; parcs de stationnement (...) » ; dans ce cadre, la communauté urbaine du Grand Dijon a pu, sans commettre d'erreur manifeste d'appréciation, considérer que les services de transport urbain, de stationnement et de mise en fourrière, qui concourent à l'organisation de la mobilité des habitants sur le territoire de la communauté urbaine, présentaient entre eux un lien suffisant et décider de les confier à un délégataire unique afin d'assurer une coordination efficace entre les différents modes de transport et de stationnement, dont une partie significative des usagers est identique ; les sociétés requérantes ne sont, par suite, pas fondées à soutenir qu'elle aurait manqué à ses obligations de mise en concurrence dans la détermination de l'objet de la convention qu'elle entendait conclure.

Aux termes de l'art. L. 1411-2 CGCT : « Les conventions de délégation de service public ne peuvent contenir de clauses par lesquelles le délégataire prend à sa charge l'exécution de services ou de paiements étrangers à l'objet de la délégation » ; ces dispositions ne font pas obstacle à ce qu'une convention de délégation de service public mette à la charge du cocontractant des prestations accessoires dès lors qu'elles présentent un caractère complémentaire à l'objet de la délégation ; il résulte de l'instruction que, eu égard à leur nature et à leur portée, les missions de vérification de la performance du sous-système électrique du tramway et du système d'hybridation des bus hybrides, de maîtrise d'œuvre pour le déploiement des matériels de péage et d'assistance à maîtrise d'ouvrage du projet « Prioribus », qui confient au délégataire le soin de s'assurer du bon fonctionnement et de l'exploitabilité d'équipements en usage dans le réseau de transport de l'agglomération dijonnaise, présentent un caractère complémentaire et accessoire à l'exploitation des services de transport urbain et de stationnement ; que, par suite, la délégation litigieuse n'a méconnu ni les dispositions de l'art. L. 1411-2 CGCT ni les règles applicables à la commande publique. • CE 21 sept. 2016, ⚖ *Cté urb. du Grand Dijon, Sté Kéolis*, n°s 399656 B et 399699 : *Rev. CMP 2016, n° 261, note Eckert ; Dr. adm. 2016, n° 64, note Videlin.*

22. Activités complémentaires. Le titulaire d'une délégation de service public peut être autorisé par le contrat de délégation qu'il a conclu avec une commune à exercer des activités qui ne sont pas d'intérêt communal sans que soient méconnus aucune règle ni aucun principe, notamment le principe de liberté du commerce et de l'industrie, à condition que ces activités soient le complément normal de sa mission principale et qu'elles soient à la fois d'intérêt général et utiles à la commune. En revanche, est nulle une concession qui confie à son titulaire la construction d'une cuisine centrale excédant largement les besoins de la commune et qui l'autorise à vendre autant de repas à d'autres collectivités, à des associations et à des personnes physiques qu'aux usagers de la commune délégante. • CAA Paris, 10 juill. 2003, *Sté Sogères c/ Cne de Yerres*, n° 01PA2303 : *Dr. adm. 2003, n° 44, note Ménéménis.*

23. Prestations accessoires. Le délégataire du service public de l'eau ou du service public de l'assainissement peut être chargé, à titre accessoire, de réaliser la prestation de relevé des compteurs d'eau, de facturation des deux services publics et de suivi non juridictionnel du recouvrement, même si cette prestation annexe est rémunérée par un versement forfaitaire de la collectivité publique. • CAA Marseille, 23 janv. 2006, ⚖ *Cne d'Alès en Cévennes*, n° 04MA02580.

Art. L. 3114-2 Les conditions d'exécution d'un contrat de concession peuvent prendre en compte des considérations relatives à l'économie, à l'innovation, à l'environnement, au domaine social ou à l'emploi, à condition qu'elles soient liées à l'objet du contrat de concession. – *[Ord. n° 2016-65 du 29 janv. 2016, art. 33, al. 1er.]*

Nouvel art. L. 3114-2 *(L. n° 2021-1104 du 22 août 2021, art. 35, en vigueur à une date fixée par décret en fonction des catégories de concession, au plus tard le 22 août 2026)* ***Les conditions d'exécution d'un contrat de concession sont liées à son objet.***

Pour les contrats de concession qui ne sont pas des contrats de concession de défense ou de sécurité, les conditions d'exécution du contrat prennent en compte des considérations relatives à l'environnement. Elles peuvent également prendre en compte des considérations relatives à l'économie, à l'innovation, au domaine social ou à l'emploi.

Pour les contrats de concession de défense ou de sécurité, les conditions d'exécution peuvent prendre en compte des considérations relatives à l'économie, à l'innovation, à l'environnement, au domaine social ou à l'emploi.

V. note ss. art. L. 3111-2, supra.

Art. L. 3114-2-1 *(L. nº 2021-1104 du 22 août 2021, art. 35, en vigueur à une date fixée par décret en fonction des catégories de concession, au plus tard le 22 août 2026)* **I. — L'autorité concédante prévoit des conditions d'exécution prenant en compte des considérations relatives au domaine social ou à l'emploi, notamment en faveur des personnes défavorisées, dans ses contrats de concession dont la valeur estimée est égale ou supérieure au seuil européen figurant dans un avis annexé au présent code.**

II. — L'autorité concédante peut décider de ne pas prévoir de conditions d'exécution prenant en compte des considérations relatives au domaine social ou à l'emploi dans l'un des cas suivants :

1° Une telle prise en compte n'est pas susceptible de présenter un lien suffisant avec l'objet du contrat de concession ;

2° Une telle prise en compte est de nature à restreindre la concurrence ou à rendre techniquement ou économiquement difficile l'exécution du contrat de concession.

III. — Lorsque, pour les contrats de concession mentionnés au I, l'autorité concédante ne prévoit pas des considérations relatives au domaine social ou à l'emploi, elle en consigne les motifs par tout moyen approprié.

V. note ss. art. L. 3111-2, supra.

Art. L. 3114-3 **L'autorité concédante peut imposer, notamment dans les contrats de concession de défense ou de sécurité, au titre des conditions d'exécution, que les moyens utilisés pour exécuter tout ou partie de la concession, maintenir ou moderniser les travaux ou services réalisés soient localisés sur le territoire des États membres de l'Union européenne afin, notamment, de prendre en compte des considérations environnementales ou sociales ou d'assurer la sécurité des informations et des approvisionnements.** — *[Ord. nº 2016-65 du 29 janv. 2016, art. 33, al. 2.]*

COMMENTAIRE

Les articles L. 3114-2 et L. 3114-3 qui précèdent assurent la transposition de l'article 30 de la directive 2014/23/UE.

Le premier met l'accent, depuis l'article 35 de la loi nº 2021-1104 du 22 août 2021 portant lutte contre le dérèglement climatique et renforcement de la résilience face à ses effets, comme c'est le cas par ailleurs pour les marchés publics, sur le développement durable.

Dans le même esprit que pour les marchés publics également, le même article 35 de la « loi climat » a introduit dans le code l'article L. 3114-2-1. ❑

1. Constitue un manquement aux obligations de publicité et de mise en concurrence le fait d'imposer aux candidats de proposer aux agents de droit public jusque-là employés dans le service des contrats leur conférant des garanties équivalentes à celles de leur ancien statut et, en cas de refus, de les licencier, sans prise en charge par la collectivité délégante des coûts qui en résultent, ce qui est défavorable aux candidats de droit privé. • CE 26 nov. 2008, *Région Lorraine*, nº 308053 B.

2. Création d'une filiale imposée par la convention de délégation de service public. La création d'une filiale par le délégataire pour exploiter le réseau de transports d'une commune, imposée au délégataire par les prescriptions du cahier des charges de la consultation ne peut être regardée comme une sous-traitance de l'exploitation principale du réseau prohibée. • CE 7 juin 2010, *Sté des transports Galiero*, nº 308883 B.

SECTION 2 Droits d'entrée, redevances et tarifs

Art. L. 3114-4 **Les montants et les modes de calcul des droits d'entrée et des redevances versées par le concessionnaire à l'autorité concédante doivent être justifiés dans le contrat de concession.** — *[Ord. nº 2016-65 du 29 janv. 2016, art. 31, al. 1er.]*

Art. L. 3114-5 **Le versement par le concessionnaire de droits d'entrée à l'autorité concédante est interdit quand le contrat de concession concerne l'eau potable, l'assainissement ou les ordures ménagères et autres déchets.** — *[Ord. nº 2016-65 du 29 janv. 2016, art. 31, al. 2.]*

Art. L. 3114-6 Le contrat détermine les tarifs à la charge des usagers et précise l'incidence sur ces tarifs des paramètres ou indices qui déterminent leur évolution. – *[Ord. n° 2016-65 du 29 janv. 2016, art. 32.]*

COMMENTAIRE

Depuis la loi Sapin, le législateur a entendu encadrer, pour les délégations de service public d'abord, la pratique des droits d'entrée, c'est-à-dire la possibilité de demander au titulaire du contrat un versement financier en contrepartie du droit d'exploiter le service. Ces droits d'entrée ont en effet pour conséquence, pour l'usager, d'accroître le coût du service, alors même qu'ils ne correspondent à aucune prestation à son bénéfice. Les articles qui précèdent confirment cette approche pour l'ensemble des contrats de concession.

Le principe posé est celui de la justification des droits d'entrée – laquelle doit nécessairement figurer dans le contrat –, mais cette exigence de justification se transforme en une interdiction s'agissant des concessions conclues dans les domaines de l'eau potable, de l'assainissement, des ordures ménagères ou autres déchets. Il est vrai que c'est dans le domaine de l'eau que le Conseil d'État avait eu l'occasion de censurer cette pratique au motif que l'usager – débiteur final des droits d'entrée – n'en tirait aucun bénéfice.

En ce qui concerne les tarifs, la loi est souple : elle impose seulement que le contrat précise les tarifs à la charge des usagers ainsi que les paramètres ou indices régissant leur évolution. Ces clauses tarifaires présentent, comme on l'a vu, pour les délégations de service public, un caractère réglementaire et doivent respecter les textes éventuellement applicables et les principes fondamentaux d'équivalence et d'égalité dégagés par la jurisprudence pour la tarification des services publics.

L'équilibre financier des contrats est librement défini et des clauses prévoient souvent les modalités d'indexation et de révision qui garantissent son maintien.

On notera que, quand c'est un service public à caractère industriel et commercial qui est délégué, le budget de ce service doit être équilibré en recettes et en dépenses : le tarif doit être fixé à un niveau permettant d'atteindre un tel équilibre. Les subventions de la collectivité délégante ne sont possibles que pour compenser des contraintes particulières de fonctionnement ou pour éviter que la réalisation d'investissements coûteux n'oblige à augmenter les tarifs trop brutalement. Par ailleurs, de telles subventions, si elles compensent des charges liées aux obligations de service public, doivent respecter les exigences du droit de l'Union. Si elles constituent des aides d'État, elles sont soumises à la réglementation en la matière.

On trouvera ci-dessous des décisions relatives aux tarifs et droits d'entrée des DSP. ❑

1. Tarifs. Les tarifs des services publics, qui servent de base à la détermination des redevances demandées aux usagers, doivent trouver leur contrepartie directe dans le service rendu aux usagers. Il n'est donc pas possible de demander au délégataire le paiement de sommes qui ne sont pas justifiées par des prestations fournies par le délégant, de telles dépenses étant nécessairement répercutées sur les usagers. • CE 30 sept. 1996, *Sté Stéphanoise des eaux,* n° 156176 A. ♦ En revanche, est légale une « surtaxe » perçue par le délégataire et reversée à la collectivité délégante, qui correspond à des charges que cette collectivité continue à supporter. • CAA Marseille, 13 déc. 2001, *Union fédérale des consommateurs,* n° 99MA02298 : *Rev. CMP 2002, n° 41, obs. Eckert ; BJCP 2002. 201.*

2. Convention de distribution du gaz et de l'électricité. Tarifs. Prise en charge de coûts relatifs à l'éclairage public. Les tarifs des services publics à caractère industriel et commercial, qui servent de base à la détermination des redevances demandées aux usagers en vue de couvrir les charges du service, doivent trouver leur contrepartie directe dans le service rendu aux usagers ; la charge du fonctionnement du service d'éclairage public et de son entretien courant constitue une dépense distincte de celle de la distribution aux usagers du gaz et de l'électricité et qui ne saurait donc faire l'objet d'une imputation sur les tarifs payés par ces usagers ; en l'absence de toute disposition en ce sens dans la convention d'exploitation, cette contribution ne saurait non plus être assimilée à une redevance d'occupation du domaine public ; si les tarifs du gaz et de l'électricité perçus auprès des usagers résultent des dispositions générales édictées en ce domaine par les pouvoirs publics, la prise en charge gratuite de l'énergie consommée par le réseau d'éclairage public et de l'entretien courant du réseau d'éclairage public ainsi que des investissements correspondant au gros entretien, au renouvellement et à l'extension du réseau d'éclairage a nécessairement une incidence sur les tarifs des abonnés dès lors qu'elle les prive de tarifs moins élevés ; dès lors le principe d'équivalence entre le tarif et les charges du service public à caractère industriel et commercial rendu à l'usager est méconnu. • CE 31 juill. 2009, *Ville de Grenoble, Sté Gaz Électricité de Grenoble (CEG)*, n° 296964 B : *Rev. CMP 2009, n° 331, note Eckert.*

3. Versement illégalement mis à la charge du concessionnaire. Est illégal un décret qui approuve une clause du cahier des charges d'une concession autoroutière qui prévoit que le concessionnaire versera à l'État une somme destinée à supporter les charges de fonctionnement de la gendarmerie en service sur son réseau. Le concessionnaire peut en revanche verser à l'État une somme couvrant les frais du contrôle que celui-ci exerce sur lui, mais l'État doit être en mesure de préciser comment le montant de cette somme a été calculé. • CE, ass., 9 oct. 1996, *Mme Wajs et M. Monnier*, n° 136071 A : *RFDA 1997. 726, concl. Combrexelle.*

4. Contrat prévoyant le financement de certaines prestations à travers les ventes des communications téléphoniques effectuées par les détenus, parmi lesquelles les « spécifications fonctionnelles » permettant d'assurer l'écoute, l'enregistrement et l'archivage des communications électroniques. De telles prestations qui permettent d'assurer le contrôle des communications téléphoniques conformément aux dispositions de l'art. 727-1 CPP se rattachent aux missions générales de police qui, par nature, incombent à l'État. Les dépenses auxquelles elles donnent lieu, qui ne sont pas exposées dans l'intérêt direct des détenus, ne sauraient dès lors être financées par le tarif des communications téléphoniques perçu auprès des usagers en contrepartie du service qui leur est rendu. • CE 14 nov. 2018, *M. de Jesus*, n° 418788 A : *BJCP 2019.123, concl. Iljic ; Rev. CMP 2019.18, note Eckert.*

5. Fixation du tarif. Il n'appartient qu'au conseil municipal d'établir le tarif d'un service public communal ; lorsqu'un service public communal a fait l'objet d'une délégation de service public, la détermination du prix du service ou du montant de la redevance ne peut être laissée à la discrétion du concessionnaire.

Aux termes des stipulations de l'art. 27 du cahier des charges annexé au traité de concession signé et approuvé par délibérations du conseil municipal, relatives au tarif de la distribution d'eau potable : « les prix auxquels le concessionnaire est autorisé à vendre l'eau aux particuliers ne peuvent dépasser les maximums de base suivants, auxquels s'ajoutera la majoration à verser à la collectivité au titre de la surtaxe communale, comme il est dit à l'article précédent... Si le concessionnaire abaisse, pour certains abonnés, les prix de vente de l'eau, avec ou sans conditions, au-dessous des limites fixées par le tarif maximum prévu ci-dessus, il sera tenu de faire bénéficier des mêmes réductions tous les abonnés placés dans des conditions de débit, d'horaire d'utilisation, de consommation et de durée d'abonnement au moins aussi favorables pour le concessionnaire. A cet effet, il devra établir et tenir constamment à jour un relevé de tous les abaissements consentis avec mention des conditions auxquelles ils sont subordonnés. Un exemplaire de ce relevé sera déposé dans chaque bureau où peuvent être contractés des abonnements et tenu constamment à la disposition du public et du maire ou de ses préposés ».

En se bornant, par les stipulations susrappelées de l'art. 27 du cahier des charges annexé au traité de concession, à fixer des prix de base de livraison d'eau potable constituant un plafond en deçà duquel le concessionnaire peut librement fixer des tarifs applicables à certains usagers sous réserve du respect du principe d'égalité, le conseil municipal a méconnu l'étendue de sa compétence et a entaché ces stipulations de nature réglementaire d'illégalité ; en se fondant sur ces stipulations, comme elle le fait dans ses écritures d'appel, pour justifier la décision implicite rejetant la demande de l'usager tendant à l'établissement par le conseil municipal d'un nouveau tarif de distribution de l'eau potable, la commune a entaché sa décision d'incompétence et d'illégalité ; dès lors, l'usager requérant est fondé, sans qu'il soit besoin d'examiner les moyens de la requête, à soutenir que c'est à tort que la commune a refusé d'établir un nouveau tarif de distribution de l'eau potable applicable à la catégorie d'usagers dont il relève. • CAA Lyon, 20 mai 1999, *SA Comalait Industries*, n° 95LY00795.

6. Droits d'entrée. Les droits d'entrée exigés du délégataire doivent être justifiés, dans leur montant et leur mode de calcul, dans la convention de délégation de service public. Ces justifications ne peuvent être apportées seulement devant le juge. • CE 14 janv. 1998, *Porelli*, n° 161091 A : *BJCP 1998. 51, concl. Savoie.*

7. Les droits d'entrée doivent être conformes à l'objet de la délégation et ils ne peuvent inclure des frais de résiliation qui seraient la conséquence d'une faute de la collectivité à l'égard de son précédent délégataire. En revanche, ils peuvent comprendre une somme correspondant à l'indemnité versée au délégataire sortant au titre des investissements non amortis qu'il a réalisés. Les droits d'entrée peuvent également inclure le coût de rachat des biens de reprise. • CE, avis, 19 avr. 2005, n° 371234 : *EDCE n° 57, p. 197.*

8. Clause de sauvegarde et aides d'État. La cour a annulé la délibération (attribuant la délégation de service public) et la décision (de signature) du 7 juin 2007 au motif, d'une part, que les stipulations du cahier des charges relatives au service complémentaire avaient méconnu les dispositions du règlement du Conseil du 7 déc. 1992 et, d'autre part, que la compensation financière prévue par l'art. 7 de la convention présentait le caractère d'une aide d'État soumise à l'obligation de notification à la Commission européenne.

En ce qui concerne l'arrêt attaqué en tant qu'il a jugé les stipulations du cahier des charges incompatibles avec les dispositions du règlement du Conseil du 7 déc. 1992 :

Aux termes de l'art. 1er, § 1, du Règl. (CEE) n° 3577/92 du Conseil du 7 déc. 1992 concernant l'application du principe de la libre circulation des services aux transports maritimes à l'intérieur des États membres (cabotage maritime) : « A partir du 1er janv. 1993, la libre prestation des services de transport maritime à l'intérieur d'un État membre (cabotage maritime) s'applique aux armateurs communautaires exploitant des navires immatriculés dans un État membre et battant pavillon de cet État membre, sous réserve que ces navires remplissent toutes les conditions requises pour être admis au cabotage dans cet État membre, y compris les navires immatriculés dans le registre Euros dès que ce registre aura été approuvé par le Conseil » ; aux termes de l'art. 4, § 1, du même règlement : « Un État membre peut conclure des contrats de service public avec des compagnies de navigation qui participent à des services réguliers à destination et en provenance d'îles ainsi qu'entre des îles ou leur imposer des obligations de service public en tant que condition à la prestation de services de cabotage. / Lorsqu'un État membre conclut des contrats de service public ou impose des obligations de service public, il le fait sur une base non discriminatoire à l'égard de tous les armateurs communautaires » ; aux termes du 3) de l'art. 2 du règlement : « Un contrat de service public est un contrat conclu entre les autorités compétentes d'un État membre et un armateur communautaire dans le but de fournir au public des services de transport suffisants. / Un contrat de service public peut en particulier porter sur : — des services de transport répondant à des normes fixées de continuité, de régularité, de capacité et de qualité, — des services de transport complémentaires (...) ».

Il résulte de ces dispositions, éclairées par le neuvième considérant du règlement selon lequel « l'introduction de la notion de service public, assortie de certains droits et obligations pour les armateurs concernés, peut se justifier afin d'assurer la suffisance des services de transport régulier à destination et en provenance d'îles ainsi qu'entre îles », et interprétées par la Cour de justice des Communautés européennes dans l'arrêt du 20 févr. 2001, *Asociación Profesional de Empresas Navieras de Líneas Regulares* (*Analir*, n° C-205/99), que la conclusion d'un contrat de service public ayant pour objet l'attribution à un opérateur économique de prestations de transport maritime est subordonnée à l'existence d'un besoin réel de service public résultant de l'insuffisance des services de transports réguliers, besoin qui doit être apprécié et constaté pour chaque ligne ou trajet.

Les dispositions du Règl. du 7 déc. 1992, dont le c) du 1) de l'art. 2 précise que constituent des services de transport maritime à l'intérieur d'un État membre les services comprenant notamment le cabotage avec les îles défini comme le transport par mer de passagers ou de marchandises entre des ports situés sur la partie continentale et sur une ou plusieurs des îles d'un seul et même État membre, ne font pas obstacle à ce que le besoin réel de service public soit apprécié globalement pour chaque ligne ou trajet sur l'ensemble de la période d'exécution du contrat ou sur les périodes qu'il distingue, sans qu'il y ait lieu de rechercher si ce besoin est justifié en permanence au cours de cette période ou de ces périodes ; par suite, en jugeant incompatibles avec ce règlement les stipulations du cahier des charges au motif que le service supplémentaire exigé du groupement délégataire sur les lignes Marseille-Ajaccio, Marseille-Bastia et Marseille-Propriano, destiné à renforcer pendant les périodes de pointes le service permanent assuré sur ces mêmes lignes pendant toute l'année, devait répondre à un besoin réel de service public distinct du besoin auquel ce service permanent satisfaisait, la cour administrative d'appel de Marseille a commis une erreur de droit.

En ce qui concerne l'arrêt attaqué en tant qu'il a qualifié d'aide d'État la compensation financière prévue à l'art. 7 de la convention :

En application de la jurisprudence issue de l'arrêt de la Cour de Justice des Communautés européennes en date du 24 juill. 2003, *Altmark Trans GmbH* (n° C-280/00), une compensation destinée à la prestation de services d'intérêt économique général constitue une aide d'État, à moins qu'elle ne se limite strictement au montant nécessaire pour compenser les coûts d'un opérateur efficient liés à l'exécution d'obligations de service public, lesquelles peuvent être imposées lorsque les autorités publiques considèrent que le libre jeu du marché ne permet pas de garantir la prestation de tels services ou de les fournir à des conditions satisfaisantes ; la légalité d'une telle compensation est soumise à la condition que l'entreprise bénéficiaire soit effectivement chargée de l'exécution d'obligations de service public clairement définies, que les paramètres sur la base desquels elle est calculée soient préalablement établis, de façon objective et transparente, afin d'éviter qu'elle comporte un avantage économique susceptible de favoriser l'entreprise bénéficiaire par rapport à des entreprises concurrentes, et que la compensation ne dépasse pas ce qui est nécessaire pour couvrir tout ou partie des coûts occasionnés par l'exécution des obligations de service public, en tenant compte des recettes qui y sont relatives ainsi que d'un bénéfice raisonnable ; lorsque le choix de l'entreprise chargée de l'exécution d'obligations de service public n'est pas effectué dans le cadre d'une procédure de publicité et de mise en concurrence permettant de sélectionner le candidat capable de fournir ces services au moindre coût pour la collectivité, le niveau de la compensation nécessaire doit être déterminé sur la base d'une analyse des coûts qu'une entreprise moyenne, bien gérée et adéquatement équipée des moyens nécessaires, aurait encourus pour exécuter ces obligations en tenant compte des recettes y relatives ainsi que d'un bénéfice raisonnable pour l'exécution de ces obligations.

Aux termes de l'art. 7.1 de la convention de délégation de service public conclue le 7 juin 2007 : « En cas de modification importante des conditions techniques, réglementaires ou économiques d'exploitation des services délégués ou pour tenir compte d'événements extérieurs ayant un impact significatif sur les engagements financiers du (des) délégataire(s), les parties se rencontreront (...) pour prendre, autant que de besoin, les mesures de rétablissement de l'équilibre financier initial de la Convention, en priorité sur les tarifs maxima et sur l'adaptation des services (...) ».

Cette clause, telle que relevée par la cour, subordonne l'éventualité d'un concours financier à l'intervention d'une décision de l'autorité compétente de la collectivité délégante qui devrait en déterminer la nature, les modalités et le montant ; si cette décision, que serait éventuellement appelée à prendre la collectivité, était susceptible de constituer une aide d'État dès lors que les conditions indiquées ci-dessus ne seraient pas satisfaites, elle devrait alors, préalablement à son intervention, faire l'objet d'une notification préalableà la Commission en application de l'art. 108 du traité ; la circonstance que l'art. 7 de la convention puisse ainsi donner lieu à la prise d'une décision par la personne publique dont l'intervention serait subordonnée à une notification préalable à la Commission européenne ne permet pas, à elle seule, de qualifier cette clause d'aide au sens de l'art. 107 du traité ; en jugeant le contraire, le cour a, par suite, commis une erreur de qualification juridique des faits. • CE 13 juill. 2012, *Cie méridionale de navigation. Sté nationale Corse Méditerranée*, n°s 355616 A, 355622 et 358396 : *BJCP 2012. 355, concl. Dacosta ; Rev. CMP 2012, n° 287, note Eckert.*

9. Aide d'État. Absence. Le cahier des charges de la concession stipule : « Le concessionnaire perçoit les subventions allouées en vue de la construction de l'aérodrome de Notre-Dame-des-Landes ou pour l'exercice des missions prévues par le présent cahier des charges (...) » ; l'annexe 13 de la concession prévoit le versement d'une subvention de l'État dans l'attente de l'application d'une convention de financement conclue entre le concessionnaire et les collectivités territoriales contributrices ; la convention de financement signée le 3 déc. 2010 entre l'État et les collectivités territoriales, à laquelle renvoie l'annexe 13, prévoit le versement d'une subvention d'aide à la construction de Notre-Dame-des-Landes de 165 millions d'euros, dont 90 millions d'euros à la charge de l'État et 75 millions à la charge des collectivités territoriales.

En premier lieu, la subvention est accordée au moyen de ressources publiques pour la réalisation d'un ouvrage reconnu d'utilité publique par le décret du 9 févr. 2008, à raison de ses externalités positives sur l'économie et son environnement ; les recours dirigés contre cette reconnaissance d'utilité publique ont été rejetés par les décisions du Conseil d'État statuant au contentieux du 31 juill. 2009 (n°s 314955, 314956, 315022 et 315170) et du 27 janv. 2010 (n°s 319241 et 319244) ; aucun investisseur avisé en économie de marché ne pourrait assumer la construction de cet ouvrage en se finançant uniquement par son exploitation sur une longue durée, sans obtenir un complément de fonds publics seul à même de lui permettre de bénéficier d'une rentabilité normale pour le secteur d'activité, sous condition d'atteindre les prévisions d'exploitation ; ainsi, la subvention ayant pour objet de compenser le coût de la construction imposée par les pouvoirs publics à raison d'externalités positives que l'exploitant ne pourra valoriser, la première des conditions posées par la jurisprudence de la Cour de justice tenant en la compensation d'obligations de service public clairement définies doit être regardée comme satisfaite.

En deuxième lieu, le montant de la subvention accordée à la société Aéroports du Grand Ouest a été déterminé dans le cadre d'une procédure transparente de publicité et de mise en concurrence en vue de la passation d'une délégation de service public, dont les documents de consultation indiquaient qu'il constituerait un des critères de sélection ; les candidats à la délégation ont pu disposer de toutes les informations requises, notamment des projections sur le nombre de passagers, pour déterminer, sur la base de données objectives, le niveau de subvention sur lequel ils pouvaient prendre le risque de s'engager afin d'atteindre un niveau de rentabilité satisfaisant sur la durée de la concession, dans l'hypothèse où les prévisions d'exploitation seraient atteintes.

En troisième lieu, il ressort des pièces du dossier que le taux de rentabilité interne que la subvention accordée à la société Aéroports du Grand Ouest permet d'atteindre, au cas où les perspectives de trafic et de résultats d'exploitation se réalisent, est de 13, 42 % ; ce taux correspond à la moyenne basse des taux de rentabilité observés pour des concessions de ce type ; le cahier des charges prévoit en outre une clause de reversement à l'État au cas où l'excédent brut d'exploitation dépasserait les prévisions ; la subvention ne dépasse donc pas ce qui est nécessaire pour permettre à l'entreprise d'atteindre un niveau de rentabilité considéré comme raisonnable pour les entreprises du secteur concerné.

Enfin, et en tout état de cause, la procédure de passation d'une délégation de service public définie par les art. 38 s. de la L. du 29 janv. 1993 relative à la prévention de la corruption et à la transparence de la vie économique et des procédures publiques permet la mise en concurrence, dans des conditions transparentes, des offres de plusieurs entreprises en fonction de critères de sélection préalablement définis ; en l'espèce, le montant de la subvention demandée était l'un des critères de sélection et il n'est pas contesté que trois offres recevables ont été présentées et que la société retenue est celle qui avait demandé la subvention la moins importante ; la procédure mise en œuvre a donc permis de sélectionner le candidat capable de réaliser l'infrastructure au moindre coût pour la collectivité. Il résulte de ce qui précède que la subvention accordée n'est pas une aide d'État au sens de l'art. 107 du traité sur le fonctionnement de l'Union européenne. • CE 13 juill. 2012, ♔ *Cté de cnes d'Erdre et Gesvres, Les Verts des Pays de Loire et a., Assoc. ACIPA et a.*, n°s 347073 A, 347170 et 350925.

10. Aide d'État. En application de la jurisprudence issue de l'arrêt de la CJCE en date du 24 juill. 2003, *Altmark Trans GmbH* (n° C-280/00), une compensation destinée à la prestation de services d'intérêt économique général constitue une aide d'État, à moins qu'elle ne se limite strictement au montant nécessaire pour compenser les coûts d'un opérateur efficient liés à l'exécution d'obligations de service public, lesquelles peuvent être imposées lorsque les autorités publiques considèrent que le libre jeu du marché ne permet pas de garantir la prestation de tels services ou de les fournir à des conditions satisfaisantes ; la légalité d'une telle compensation est soumise à la condition que l'entreprise bénéficiaire soit effectivement chargée de l'exécution d'obligations de service public clairement définies, que les paramètres sur la base desquels elle est calculée soient préalablement établis, de façon objective et transparente, afin d'éviter qu'elle comporte un avantage économique susceptible de favoriser l'entreprise bénéficiaire par rapport à des entreprises concurrentes, et que la compensation ne dépasse pas ce qui est nécessaire pour couvrir tout ou partie des coûts occasionnés par l'exécution des obligations de service public, en tenant compte des recettes qui y sont relatives ainsi que d'un bénéfice raisonnable ; lorsque le choix de l'entreprise chargée de l'exécution d'obligations de service public n'est pas effectué dans le cadre d'une procédure de publicité et de mise en concurrence permettant de sélectionner le candidat capable de fournir ces services au moindre coût pour la collectivité, le niveau de la compensation nécessaire doit être déterminé sur la base d'une analyse des coûts qu'une entreprise moyenne, bien gérée et adéquatement équipée des moyens nécessaires, aurait encourus pour exécuter ces obligations en tenant compte des recettes y relatives ainsi que d'un bénéfice raisonnable pour l'exécution de ces obligations.

En l'espèce, la SNCM et la CMN sont deux opérateurs engagés dans la prestation de services de transport maritime et, à ce titre, exercent des activités économiques ; la décision de conclure la délégation de service public en litige a été votée par l'Assemblée de Corse, et les ressources de l'OTC, autorité publique, sont des ressources publiques, provenant notamment de la dotation de continuité territoriale versée par l'État ; les compensations versées au titre de cette délégation de service public sont constitutives d'un transfert de ressources d'État susceptibles de bénéficier à des opérateurs économiques intervenant dans un secteur concurrentiel et risquant ainsi de fausser la concurrence et d'affecter le commerce entre les États membres ; il convient d'appliquer les principes issus de l'arrêt du 24 juill. 2003 précité pour déterminer si les compensations en cause peuvent être qualifiées d'aide d'État au sens des art. 107 et 108 TFUE.

La société Corsica Ferries soutient que la procédure de publicité et de mise en concurrence préalablement à l'attribution de la délégation de service public n'a pas respecté les principes de transparence et de non-discrimination en méconnaissance du quatrième critère de l'arrêt *Altmark* précité relatif au choix de l'entreprise chargée de l'exécution d'obligations de service public ; selon ce critère, la compensation doit, comme il a été dit ci-dessus, soit résulter d'une procédure de marché public permettant de sélectionner le candidat capable de fournir les services en cause au moindre coût pour la collectivité, soit être établie en prenant comme référence une entreprise moyenne, bien gérée et adéquatement équipée des moyens nécessaires.

En ce qui concerne le premier sous-critère ci-dessus mentionné, il ressort des pièces du dossier que l'attribution de la délégation pour la desserte maritime entre le continent français et la Corse s'est faite à l'issue d'une procédure négociée précédée d'une publication d'un avis d'appel d'offres au JOUE, conformément aux dispositions de l'art. L. 1411-1 CGCT ; toutefois, en l'espèce, l'unique offre concurrente à celle des co-délégataires n'a pas été évaluée au regard de ses mérites propres mais sur le fondement d'un critère de sélection relatif à la capacité du candidat à opérer dès le 1er juill. 2007 ; la procédure n'a donc pas permis à l'OTC de comparer plusieurs offres pour retenir la plus avantageuse économiquement ; au cas particulier, l'offre de la société Corsica Ferries fixait une date de début des services au 12 nov. 2007, alors que le cahier des charges imposait la prestation des services dès le 1er juill. 2007 ; en outre, le groupement SNCM/CMN bénéficiait d'un avantage concurrentiel important en tant qu'opérateur historique disposant d'ores et déjà d'un outil naval adapté aux spécifications du cahier des charges de la convention de délégation de service public ; par ailleurs, le très faible délai imparti entre la date prévue pour l'attribution de la délégation, qui finalement a eu lieu le 7 juin 2007, et la date de début des services fixée au 1er juill. 2007, était de nature à constituer une barrière importante pour de nouveaux entrants ; conjuguée aux exigences techniques liées aux spécificités des ports en cause, à la condition relative à l'âge de la flotte et aux capacités unitaires demandées par le cahier des charges de la convention, cette durée très courte a été susceptible de limiter la participation à l'appel d'offres ; en effet, un délai de l'ordre de trois semaines est insuffisant pour permettre le redéploiement d'une flotte de navires dans les circonstances de l'espèce, ou l'acquisition ou l'affrètement d'un ensemble de navires correspondant aux conditions du cahier des charges ; de plus, l'existence de nombreuses clauses de rencontre a également pu contribuer à décourager la participation à l'appel d'offres en entretenant le doute sur certains paramètres techniques et économiques ; ainsi, les conditions de l'appel d'offre n'ont pas permis, dans les circonstances de l'espèce, d'assurer une concurrence effective pour l'attribution de la délégation de service public et, partant, la sélection de l'offre permettant d'assurer le service au moindre coût pour la collectivité.

En ce qui concerne le second sous-critère, aucun élément permettant de démontrer que les compensations en litige ont été établies en prenant comme référence une entreprise moyenne, bien gérée et adéquatement équipée des moyens nécessaires, n'a été produit ; il ne ressort pas non plus des pièces du dossier que les compensations aient été définies par référence à une base de coûts établie a priori ou par comparaison avec la structure de charges d'autres entreprises maritimes comparables.

Le quatrième critère posé par l'arrêt *Altmark* n'étant ainsi pas satisfait, il s'ensuit que l'ensemble des compensations financières prévues dans le cadre de la convention de la délégation de service public en litige présentent le caractère d'une aide d'État soumise à l'obligation de notification à la Commission européenne ; par suite, le moyen tiré de ce que la convention en cause a été irrégulièrement adoptée, faute, ainsi qu'il ressort des pièces du dossier, d'avoir été préalablement notifiée à la Commission, est fondé et entache, par suite, d'illégalité les décisions litigieuses. • CAA Marseille, 6 avr. 2016, *Sté Corsica Ferries*, n° 12MA02987 : *Rev. CMP 2016, n° 160, note Eckert.*

11. SPIC délégués. En premier lieu, aux termes de l'art. L. 2224-2 CGCT : « Il est interdit aux communes de prendre en charge dans leur budget propre des dépenses au titre des services publics visés à l'art. L. 2224-1. / Toutefois, le conseil municipal peut décider une telle prise en charge lorsque celle-ci est justifiée par l'une des raisons suivantes : / 1° Lorsque les exigences du service public conduisent la collectivité à imposer des contraintes particulières de fonctionnement ; / (...) / La décision du conseil municipal fait l'objet, à peine de nullité, d'une délibération motivée (...) » ; les stipulations de l'art. 27-1-3 de la convention de délégation de service public [relative à une station d'épuration] prévoient un intéressement du délégataire en cas de réalisation d'objectifs de développement durable fixés par la collectivité délégante ; à supposer que le mécanisme d'intéressement soit financé par le budget propre de la communauté d'agglomération, il entre dans le champ de l'exception prévue au 1° de l'art. L. 2224-2 CGCT, sous réserve de faire l'objet d'une délibération motivée du conseil communautaire avant tout versement.

En second lieu, il résulte des dispositions de l'art. L. 2224-1 CGCT que les budgets des services publics à caractère industriel ou commercial exploités en régie, affermés ou concédés doivent être équilibrés en recettes et en dépenses ; ces dispositions n'interdisaient pas aux parties contractantes, comme elles l'ont fait dans l'art. 27-2 du contrat de délégation, de prévoir un retour à la collectivité de la prime d'épuration versée par l'agence de l'eau dans l'hypothèse où le niveau de ce financement dépasserait de plus de 5 % les recettes escomptées. • CE 4 juill. 2012, *Cté d'agglomération de Chartres Métropole (CACM), Sté Veolia Eau, Cie générale des eaux,* nos 352417 B, 352418 B, 352449 B et 352450 B.

SECTION 3 Durée

Art. L. 3114-7 La durée du contrat de concession est limitée. Elle est déterminée par l'autorité concédante en fonction de la nature et du montant des prestations ou des investissements demandés au concessionnaire, dans les conditions prévues par voie réglementaire. — *[Ord. n° 2016-65 du 29 janv. 2016, art. 34-I.]*

Art. L. 3114-8 Dans le domaine de l'eau potable, de l'assainissement, des ordures ménagères et autres déchets, les contrats de concession ne peuvent avoir une durée supérieure à vingt ans sauf examen préalable par l'autorité compétente de l'État, à l'initiative de l'autorité concédante, des justifications de dépassement de cette durée.

Les conclusions de cet examen sont communiquées, le cas échéant, aux membres de l'organe délibérant compétent, avant toute délibération de celui-ci. – *[Ord. nº 2016-65 du 29 janv. 2016, art. 34-II.]*

COMMENTAIRE

Là encore, c'est la loi Sapin (art. 40) qui avait prévu, pour les délégations de service public, les règles.

On sait que la théorie des contrats administratifs ne fait pas de place à la distinction entre contrats à durée indéterminée et contrats à durée déterminée. Cela tient sans doute au fait que les contrats administratifs à durée indéterminée sont quasiment inexistants, le droit de la fonction publique en offrant les seuls exemples. Les concessions de service public offraient néanmoins des hypothèses de contrats de très longue durée, voire, dans des cas exceptionnels, de contrats à durée indéterminée. La loi Sapin de 1993 définissait donc des règles générales relatives à la durée de ces contrats, tout en permettant, dans certains cas, la prolongation du contrat. Ces dispositions étaient essentielles pour garantir une « remise en concurrence » périodique des contrats, ce qui a conduit le Conseil d'État, par l'arrêt d'assemblée *Commune d'Olivet* du 8 avril 2009, à juger qu'elles étaient applicables aux contrats en cours, dans des conditions qu'il a précisées (V. ci-dessous, jurisprudence).

On retrouve ici des règles comparables, pour le détail desquelles on se reportera aussi aux articles R. 3114-1 et R. 3114-2 ainsi qu'à l'article D. 3114-3 du présent code. L'article R. 3114-1, notamment, précise ce qu'il convient d'entendre par « investissement dans une concession ».

De manière générale, la durée de la concession doit être calculée en fonction des prestations demandées au délégataire, ce qui implique, lorsque celui-ci doit assumer la charge d'investissements, de prendre en compte la nature et le montant de ceux-ci. Au demeurant, en acceptant une durée trop longue, qui empêcherait une remise en concurrence du contrat selon une périodicité raisonnable, la collectivité concédante pourrait se voir reprocher de mettre illégalement son cocontractant en situation d'abuser automatiquement d'une position dominante (V. jurisprudence).

Dans certains domaines – eau, assainissement, ordures ménagères et autres déchets –, la règle est plus contraignante puisqu'une durée maximale de vingt ans est en principe imposée.

Par ailleurs, des textes spécifiques peuvent conduire à limiter la durée de délégations de service public. Il en va ainsi pour les concessions de plage, ou encore pour les casinos qui sont soumis aux dispositions spécifiques relatives aux autorisations de jeux, dont la durée ne peut pas dépasser dix-huit ans ; cette durée s'impose donc pour le contrat de délégation de service public.

Tout en posant un principe général relatif à la durée des conventions de délégation de service public, la loi Sapin prévoyait des possibilités de prolongation : une possibilité de prolongation pour une durée d'un an maximum si l'autorité délégante était en mesure d'invoquer un motif d'intérêt général ; une possibilité pour une durée le cas échéant plus longue, si trois conditions étaient cumulativement réunies : que des équipements nouveaux aient été demandés par le délégant, qu'ils ne puissent être amortis pendant le temps restant à courir de la convention sans augmentation du prix manifestement excessive et qu'ils concourent à la bonne exécution du service public ou à l'extension de son champ géographique. Sont désormais applicables les règles générales relatives à la modification des concessions (V. ci-dessous les art. L. 3135-1 et L. 3135-2).

On mentionnera ci-dessous, après la jurisprudence de la CJUE, un certain nombre de décisions jurisprudentielles sur la durée des DSP. ❑

1. En ayant prorogé du 31 oct. 2028 au 31 déc. 2046 la concession du tronçon de l'autoroute A 12 Livourne-Civitavecchia reliant Livourne à Cecina (Italie) sans publier d'avis de marché, la République italienne a manqué aux obligations qui lui incombent en vertu des art. 2 et 58 de la Dir. 2004/18/CE du Parlement européen et du Conseil du 31 mars 2004 relative à la coordination des procédures de passation des marchés publics de travaux, de fournitures et de services, telle que modifiée par le Règl. (CE) nº 1422/2007 de la Commission du 4 déc. 2007. • CJUE 18 sept.

2019, *Commission européenne c/ République italienne*, C-526/17 : *BJCP 2020. 41, concl. Sharpston ; Rev. CMP 2019. 380, note Hoepffner.*

I. RÈGLES GÉNÉRALES SUR LA DURÉE DES DSP

2. Application de la loi Sapin dans le temps. Dans le cas où elle n'a pas expressément prévu, sous réserve, le cas échéant, de mesures transitoires, l'application des normes nouvelles qu'elle édicte à une situation contractuelle en cours à la date de son entrée en vigueur, la loi ne peut être interprétée comme autorisant implicitement une telle application de ses dispositions que si un motif d'intérêt général suffisant lié à un impératif d'ordre public le justifie et que s'il n'est dès lors pas porté une atteinte excessive à la liberté contractuelle ; pour les contrats administratifs, l'existence d'un tel motif d'intérêt général s'apprécie en tenant compte des règles applicables à ces contrats, notamment du principe de mutabilité. Les dispositions de l'art. 40 de la L. du 29 janv. 1993 ne comportent aucune mention expresse prévoyant leur application aux conventions de délégation de service public en cours ; les dispositions de l'art. 47 de la loi ont eu pour seul objet d'exonérer du respect des nouvelles règles de passation des conventions de délégation de service public les conventions proches de leur conclusion à la date de publication de la loi et celles pour lesquelles le délégataire avait déjà été pressenti et avait engagé en contrepartie des études ou travaux préliminaires ; on ne saurait donc déduire de l'absence de mention de l'art. 40 dans ces dispositions que le législateur a expressément rendu applicables les règles fixées par cet article pour limiter la durée des délégations de service public à d'autres conventions que celles conclues à compter de l'entrée en vigueur de la loi. Toutefois, la L. du 29 janv. 1993 répond à un impératif d'ordre public qui est de garantir, par une remise en concurrence périodique, la liberté d'accès des opérateurs économiques aux contrats de délégation de service public et la transparence des procédures de passation ; un tel motif d'intérêt général ne saurait, pas plus que la nécessité d'assurer l'égalité de tous les opérateurs économiques délégataires de service public au regard des exigences de la loi, entraîner la nullité des contrats de délégation de service public conclus antérieurement à l'entrée en vigueur de la loi pour des durées incompatibles avec les dispositions de son art. 40, ni contraindre les parties à de tels contrats à modifier leur durée ; il implique en revanche, non seulement qu'aucune stipulation relative à la durée du contrat, convenue entre les parties après la date d'entrée en vigueur de la loi, ne peut méconnaître les exigences prévues par son art. 40, mais en outre que les clauses d'une convention de délégation de service public qui auraient pour effet de permettre son exécution pour une durée restant à courir, à compter de la date d'entrée en vigueur de la loi, excédant la durée maximale autorisée par la loi, ne peuvent plus être régulièrement mises en œuvre au-delà de la date à laquelle cette durée maximale est atteinte. Pour les raisons exposées ci-dessus, il appartient au juge saisi d'un litige relatif à une convention de délégation de service public conclue antérieurement à l'entrée en vigueur de l'art. 40 de la L. du 29 janv. 1993 de s'assurer que ce contrat n'a pas cessé de pouvoir être régulièrement exécuté en raison d'une durée d'exécution excédant, à compter de l'entrée en vigueur de la loi, la durée désormais légalement limitée en fonction de la nature des prestations ou, dans le cas où les installations sont à la charge du délégataire, en fonction de l'investissement à réaliser, et, en tout état de cause, pour un contrat de concession du service de distribution d'eau potable, excédant une durée de vingt ans, à compter de la date d'entrée en vigueur de la L. du 2 févr. 1995, sauf justifications particulières préalablement soumises à l'examen du trésorier-payeur général. • CE, ass., 8 avr. 2009, *Cie gén. des eaux, Cne d'Olivet*, n° 271737 A : *AJDA 2009. 1090, chron. Liéber et Botteghi ; ibid. 1747, note Nicinski ; BJCL 2009. 586, Chron. Pellerin et Olléon ; Rev. CMP 2009, n° 164, note Eckert ; Dr. adm. 2009, comm. n° 85, note Melleray ; JCP Adm. 2009, n° 2147, note Linditch ; ibid. n° 2157, note Bonnet ; RFDA 2009. 449, concl. Geffray*. **NB** : On se reportera par ailleurs à l'Instr. n° 10-029-MO du 7 déc. 2010 de la Direction générale des finances publiques sur les conséquences à tirer de cet arrêt.

3. Il appartient au juge saisi d'un litige relatif à la résiliation d'une convention de délégation de service public conclue antérieurement à l'entrée en vigueur de l'art. 40 de la L. du 29 janv. 1993 susvisée, aux termes duquel « les conventions de délégation de service public doivent être limitées dans leur durée. Celle-ci est déterminée par la collectivité en fonction des prestations demandées au délégataire. Lorsque les installations sont à la charge du délégataire, la convention de délégation tient compte, pour la détermination de sa durée, de la nature et du montant de l'investissement à réaliser et ne peut dans ce cas dépasser la durée normale d'amortissement des installations mises en œuvre », complété par l'art. 75 de la L. du 2 févr. 1995, qui prévoit que « dans le domaine de l'eau potable, de l'assainissement, des ordures ménagères et autres déchets, les délégations de service public ne peuvent avoir une durée supérieure à vingt ans », de s'assurer que ce contrat n'aurait pas cessé de pouvoir être régulièrement exécuté en raison d'une durée d'exécution excédant, à compter de l'entrée en vigueur de la loi, la durée désormais légalement limitée en fonction de la nature des prestations ou, dans le cas où les installations sont à la charge du délégataire, en fonction de l'investissement à réaliser, et, en tout état de cause, pour un affermage du service de distribution d'eau potable, excédant une durée de vingt ans, à compter de la date d'entrée en vigueur de la L. du 2 févr. 1995, sauf justifications particulières qui auraient alors été préalablement soumises à l'examen du trésorier-payeur général.

Alors qu'il résulte de l'instruction que le contrat d'affermage ainsi que ses avenants ne mettaient aucun investissement à la charge de la société, la communauté d'agglomération était fondée, pour un motif, d'ailleurs non contesté, tiré de l'impératif d'ordre public qui s'attache à la L. du 29 janv. 1993, qui est de garantir, par une remise en concurrence périodique, la liberté d'accès des opérateurs économiques aux contrats de délégation de service public et la transparence des procédures de passation, à résilier, ainsi qu'elle l'a fait, la convention à compter du 31 juill. 2002 ; le motif même de la résiliation de la convention fait obstacle à ce que la société Vivendi soit indemnisée, ainsi qu'elle le demande, du préjudice résultant du manque à gagner pour la période postérieure à la résiliation. • CAA Nancy, 17 janv. 2013, *Sté Vivendi*, n° 11NC00809 A : *Rev. CMP 2013, n° 83, note Eckert.*

4. Durée excessive du contrat et résiliation pour motif d'intérêt général. Eu égard à l'impératif d'ordre public imposant de garantir, par une remise en concurrence périodique, la liberté d'accès des opérateurs économiques aux contrats de délégation de service public et la transparence des procédures de passation, la nécessité de mettre fin à une convention dépassant la durée prévue par la loi d'une délégation de service public constitue un motif d'intérêt général justifiant sa résiliation unilatérale par la personne publique, sans qu'il soit besoin qu'elle saisisse au préalable le juge ; par suite, le juge des référés n'a pas commis d'erreur de droit en ne retenant pas comme propre à créer un doute sérieux le moyen tiré de ce que le maire ne pouvait constater la « caducité » des contrats litigieux et en prononcer la résiliation unilatérale ; il n'a pas non plus inversé la charge de la preuve. • CE 7 mai 2013, *Sté auxiliaire de parcs de la région parisienne*, n° 365043 A : *BJCP 2013. 353, concl. Dacosta ; AJDA 2013. 1271, chron. Domino-Bretonneau ; AJCT 2013. 462, obs. Burel.*

5. Absence de caducité. Le 22 juin 1993, la commune a conclu avec la SEAT un contrat d'affermage pour l'exploitation du service public de distribution d'eau potable d'une durée de vingt-cinq ans ; le 19 août 2011, le directeur départemental des finances publiques a émis un avis favorable au maintien de la durée initiale de la convention en relevant notamment que le fermier s'était acquitté par anticipation, entre 1993 et 2007, de la contribution spéciale au titre du droit d'exploitation ainsi que des redevances d'utilisation du domaine public ; la réduction de la durée de la convention à vingt ans aurait pour effet de neutraliser les recettes initialement prévues entre 2015 et 2018 et conduirait la SEAT à amortir ces investissements avant le 2 février 2015, ce qui induirait des charges annuelles supplémentaires de l'ordre de 3 337 000 € à compenser par des recettes équivalentes, alors que les volumes d'eau annuels vendus par la société ont diminué depuis la conclusion de la convention en 1993 ; le directeur départemental des finances publiques a également pris en considération l'indemnité due au délégataire en cas de résiliation anticipée du contrat d'affermage, qu'il a estimée à 9 704 000 €, ainsi que l'obligation de remplacer tous les branchements en plomb avant le 25 déc. 2013 afin de mettre le service en conformité avec la réglementation relative au taux de plomb contenu dans l'eau potable distribuée ; dans ces conditions, la commune pouvait légalement maintenir la durée initiale du contrat d'affermage conclu par la commune le 22 juin 1993 pour une durée de vingt-cinq ans. • CAA Nancy, 1er oct. 2015, *Cne de Troyes*, nos 14NC00400, 14NC00417 et 14NC00418 : *Rev. CMP 2015, n° 290, note Zimmer.*

6. Durée normale d'amortissement. La durée normale d'amortissement des installations susceptible d'être retenue par une collectivité délégante peut être la durée normalement attendue pour que le délégataire puisse couvrir ses charges d'exploitation et d'investissement, compte tenu des contraintes d'exploitation liées à la nature du service et des exigences du délégant, ainsi que de la prévision des tarifs payés par les usagers, que cette durée coïncide ou non avec la durée de l'amortissement comptable des investissements. • CE 11 août 2009, *Sté Maison Comba*, n° 303517 B : *Rev. CMP 2009, n° 364, note Eckert ; Dr. adm. 2009. Comm. n° 147, note Idoux et Cafarelli.*

7. La durée normale d'amortissement des installations susceptible d'être retenue par une collectivité délégante peut être la durée normalement attendue pour que le délégataire puisse couvrir ses charges d'exploitation et d'investissement, compte tenu des contraintes d'exploitation liées à la nature du service et des exigences du délégant, ainsi que de la prévision des tarifs payés par les usagers, que cette durée coïncide ou non avec la durée de l'amortissement comptable des investissements ; de plus, le point de départ de l'amortissement étant la date d'achèvement des investissements et de mise en service de l'ouvrage, il convient, afin d'évaluer la durée maximale de la délégation, d'ajouter le temps nécessaire à la réalisation de ces investissements à leur durée normale d'amortissement.

En l'espèce, pour annuler la délibération autorisant la signature de la convention litigieuse, au motif que la durée de trente-deux ans qu'elle retenait excédait la durée maximale permise, la cour administrative d'appel a relevé que la durée normale d'amortissement des installations dont la réalisation était mise à la charge du délégataire était de trente ans, excluant la période nécessaire à la réalisation de ces investissements ; en statuant ainsi, alors que cette période s'ajoute à la durée normale de leur amortissement, la cour administrative d'appel a commis une erreur de droit. • CE 8 févr. 2010, *Cne de Chartres,* n° 323158 B : *BJCP 2010. 208, concl. Dacosta.*

8. Si les dispositions (de l'art. 40) limitent la durée de la convention et imposent qu'elle tienne compte, pour la déterminer, de la nature et du montant de l'investissement à réaliser, elles n'interdisent pas, par principe, que cette durée puisse être inférieure à celle de l'amortissement des investissements réalisés et ne font pas obstacle au droit du délégataire d'être indemnisé à hauteur des investissements non amortis à l'issue du contrat ; il en résulte que la convention pouvait légalement prévoir le montant de l'indemnisation due au titre des investissements non encore amortis au terme du contrat. • CE 4 juill. 2012, *Cté d'agglomération de Chartres Métropole (CACM), Sté Veolia Eau, Cie générale des eaux,* n°s 352417 B, 352418 B, 352449 B et 352450 B : *BJCP 2012. 426, concl. Boulouis ; Rev. CMP 2012, n° 257, note Eckert ; RJEP janv. 2013. 19, note Brenet.*

9. Domaines de l'eau, de l'assainissement et des ordures ménagères. Les délégations de service public conclues dans les domaines de l'eau, de l'assainissement et des ordures ménagères ne peuvent avoir une durée supérieure à vingt ans, sauf à respecter une procédure préalable de consultation du trésorier-payeur général. Elles sont, en outre, soumises pour la détermination de leur durée aux règles générales posées par l'art. 40, et notamment au principe selon lequel leur durée ne peut dépasser la durée normale d'amortissement des installations mises en œuvre. • CE, avis, 20 févr. 1996 : *EDCE n° 48, p. 334.*

10. La durée prévue de l'exécution d'un contrat portant délégation de service public doit être appréciée, lorsque les installations sont à la charge du délégataire, en tenant compte de la durée normale d'amortissement des investissements, dont le point de départ est la date d'achèvement des installations et la mise en service de l'ouvrage ; dans ces conditions, la durée maximale de vingt ans, prévue pour les délégations de service public consenties dans le domaine de l'eau potable, de l'assainissement, des ordures ménagères et autres déchets, doit être entendue comme concernant la seule période d'exploitation de l'ouvrage, au cours de laquelle le délégataire se voit effectivement confier la gestion d'un service public, à l'exclusion de la période préalable de travaux ; il résulte de ce qui précède que la durée d'exploitation effective par le délégataire de l'usine d'incinération étant en l'espèce de vingt années, la personne publique délégante n'avait pas à solliciter l'examen préalable du trésorier-payeur général. • CAA Lyon, 3 nov. 2011, *Sté Veolia Propreté,* n° 10LY00536 : *AJDA 2012. 83, note Vinet.*

11. Casinos. En application des textes spécifiques sur les autorisations de jeux, la durée du cahier des charges de l'exploitant d'un casino ne peut excéder dix-huit ans. La durée maximale d'une délégation de service public pour l'exploitation d'un casino est ainsi déterminée par les règles régissant l'autorisation délivrée au titre de la police des jeux. • CE 3 oct. 2003, *Cne de Ramatuelle,* n° 248523 B : *Coll. terr. 2003, n° 234, note Erstein ; BJCP 2004. 50, concl. Mitjaville, obs. R. S. ; ACL 2004, n° 56.*

12. Durée et abus de position dominante. Une concession du service extérieur des pompes funèbres d'une durée de six ans ne place pas le concessionnaire en position d'abuser de sa position dominante : en signant un tel contrat, l'administration n'a donc méconnu ni les dispositions de l'art. 8 de l'Ord. du 1er déc. 1986 (désormais codifiées à l'art. L. 420-2 C. com.) ni les stipulations de l'art. 86 du Traité. • CE, sect., 3 nov. 1997, *Sté Million et Marais,* n° 169907 A : *RFDA 1997. 1228, concl. Stahl ; AJDA 1997. 945, chron. Girardot-Raynaud ; RD publ. 1998. 256, note Gaudemet.* ♦ De même : • CE 3 nov. 1997, *Sté Intermarbres,* n° 165260 A : *Dr. adm. 1997, n° 372.*

13. Durée. Contrôle du juge. Eu égard à la nature du service, une durée de six ans, pour une convention en matière de pompes funèbres n'est pas entachée d'une erreur manifeste d'appréciation. • CE 22 nov. 1997, *Sté BC,* n° 116416. ♦ Une durée de quinze ans pour un contrat de délégation de service public relative à la distribution de l'eau potable n'est pas entachée d'erreur manifeste d'appréciation. • CAA Bordeaux, 3 mars 2009, *M. Jean-Marc Capdeboscq,* n° 07BX02078.

14. Durée excessive. Un contrat confiant au délégataire la rénovation et l'exploitation de deux parcs de stationnement souterrain ainsi que l'exploitation du stationnement sur la voirie ne peut être conclu pour une durée de trente ans, les investissements demandés au cocontractant étant peu importants et rapidement amortis. • CAA Bordeaux, 29 mai 2000, *Sté Auxiliaire de parcs,* n° 96BX01642 : *Dr. adm. 2000, n° 207.*

15. Une durée de vingt-cinq ans n'est pas excessive eu égard à l'objet de la convention qui comporte l'édification et l'exploitation d'un crématorium, d'un parc avec un jardin cinéraire et la fourniture des équipements associés. • CE 4 févr. 2009, *Cté urb. d'Arras,* n° 312411 B : *BJCP 2009. 220, concl. Boulouis ; Rev. CMP 2009, n° 142, note Eckert ; JCP Adm. 2009, n° 2101, note Dieu.*

16. Information des candidats sur la durée. Méconnaît les règles de publicité et de mise en concurrence la collectivité délégante qui indique dans le cahier des charges remis aux candidats que la durée de la délégation est liée aux investissements à réaliser par le délégataire, alors que celui-ci n'a pas nécessairement de tels investissements à réaliser, et qui ne fournit aucune indication sur la durée dans l'avis d'appel public à la concurrence. • CE 23 mai 2008, *Musée Rodin*, n° 306153 B : *AJDA 2008. 1768, note Sablière ; Rev. CMP 2008, n° 164, obs. Eckert ; JCP Adm. 2008. 2184, note Linditch.*

17. Alors que l'avis d'appel public à la concurrence ne mentionne pas la durée de la convention envisagée, mais que cette information figure dans le dossier de consultation remis à l'ensemble des candidats ayant répondu à l'avis, l'absence de précision sur ce point de l'avis, levée dès la première phase de consultation, n'est pas regardée, dans les circonstances de l'espèce, et compte tenu de la durée envisagée de douze ans, habituelle pour le type de délégation en cause, comme entachant d'irrégularité la procédure de passation du contrat. • CE 25 juill. 2001, *Synd. des eaux de l'Iffernet*, n° 231319 B.

18. En relevant qu'une collectivité délégante avait, dans l'avis d'appel à candidatures, indiqué que la durée de base du contrat était fixée à quinze ans, tout en spécifiant que la collectivité proposait également deux options à dix et vingt années, sans faire apparaître les critères de choix des offres au regard des durées proposées, pour caractériser un manquement de la collectivité à son obligation de fournir aux candidats potentiels une information satisfaisante sur les critères d'appréciation des offres concurrentes, le juge du référé précontractuel, qui a nécessairement jugé, sans erreur de droit, que l'imprécision qui découlait des documents soumis aux entreprises était susceptible de léser les sociétés requérantes, et qui a souverainement apprécié que l'absence de précision quant à la durée exacte de la délégation ne donnait pas aux entreprises candidates une information suffisante sur les critères d'appréciation des offres, n'a pas commis d'erreur de droit en jugeant que la collectivité délégante avait pour ce motif méconnu ses obligations de publicité et de mise en concurrence. • CE 15 déc. 2008, *Cté intercommunale des villes solidaires*, n° 312350 B : *Rev. CMP 2009, n° 58, note Eckert.*

19. Il est loisible à la collectivité délégante d'indiquer les durées potentielles de la délégation au regard desquelles s'exerce la concurrence, à condition il est vrai que ces potentialités n'induisent pas une incertitude telle qu'elle puisse empêcher des entreprises de présenter utilement leurs offres. • CE 4 févr. 2009, *Cté urb. d'Arras*, n° 312411 B : *BJCP 2009. 220, concl. Boulouis ; Rev. CMP 2009, n° 142, note Eckert ; JCP Adm. 2009, n° 2101, note Dieu.*

II. POSSIBILITÉS DE PROLONGATION

20. Adossement. Une concession ne peut pas être prolongée pour des raisons étrangères à la durée normale d'amortissement des installations. Il n'est donc pas possible de prolonger la durée d'une concession dont les installations seraient amorties, à seule fin de financer la construction et l'exploitation d'un tronçon autoroutier distinct (pratique dite de « l'adossement »). La seule hypothèse dans laquelle une telle pratique pourrait être admise est celle dans laquelle les investissements supplémentaires constituent un accessoire de l'ouvrage initial (extension limitée de l'ouvrage existant ou constructions prenant place entre les extrémités dudit ouvrage et permettant d'en assurer une exploitation rationnelle et continue). • CE, avis, 16 sept. 1999 : *EDCE 2000, p. 230 ; BJCP 2000. 199* (avis rendu à propos d'une concession autoroutière, V., sur une telle concession, nos développements relatifs aux concessions de travaux publics, ci-dessous, dont la position de principe a une portée plus large).

21. Bon fonctionnement du service. La prolongation d'une délégation de service public pour une durée de douze ans est illégale si elle n'est pas justifiée par le bon fonctionnement du service. Il s'agissait, en l'espèce, d'une convention relative à la gestion du service public du chauffage collectif urbain. L'autorité délégante avait demandé à son cocontractant de réaliser des travaux d'amélioration et de mise en conformité des installations existantes et de créer une unité de cogénération. La réalisation de cette unité ne pouvait permettre une prolongation du contrat car elle n'était pas indispensable au bon fonctionnement du service public (même si, en l'espèce, elle permettait une baisse des tarifs). • CE 29 déc. 2004, *Sté SOCCRAM*, n° 239681 : *Dr. adm. 2005, n° 35 ; AJDA 2005. 607, note Dreyfus ; BJCP 2005. 216, concl. Casas, obs. C.M. ; ACCP juin 2005, comm. Vidal.*

22. Des travaux supplémentaires peuvent être demandés au délégataire et justifier la prolongation du contrat dès lors qu'ils sont indispensables pour la bonne exécution du service public. Il s'agissait en l'espèce de travaux sur une station d'épuration, réalisés afin de limiter les nuisances olfactives provoquées par le raccordement de nouveaux usagers au réseau d'assainissement. • CAA Lyon, 8 févr. 2005, *Cne d'Auxerre – Sté Suez Lyonnaise des eaux*, n° 99LY00655 : *Dr. adm. 2005, n° 101, obs. Ménéménis.*

23. Motif d'intérêt général. Les dispositions de l'art. L. 1411-2 CGCT autorisent les collectivités à prolonger pour une durée maximale d'un an une convention de délégation de service public dès lors qu'un motif d'intérêt général le justifie. Ces dispositions sont applicables aux concessions de plage. Une commune concessionnaire de plage ayant conduit une procédure de mise en concurrence pour l'attribution d'une convention d'exploitation, mais le choix de l'attributaire ayant été suspendu par une décision juridictionnelle, les juges du fond commettent une erreur de droit en subordonnant la légalité de la délibération du Conseil municipal décidant de prolonger de six mois le contrat de l'exploitant « en place » à la condition que la prise en charge directe du service par la commune soit impossible. • CE 8 juin 2005, *Tomaselli et Cne de Ramatuelle*, n° 255987 B : *Dr. adm. 2005, n° 134, obs. Ménéménis ; BJCP 2005. 380, concl. Boulouis.*

24. De même, une convention provisoire, passée pour sept mois avec le titulaire de conventions annulées sur déféré préfectoral, et identique à celles-ci, doit être regardée comme une prolongation, légalement justifiée par la nécessité d'assurer la continuité du service public jusqu'à ce que la procédure de passation d'une nouvelle convention ait abouti. • CAA Marseille, 9 avr. 2009, *Cne d'Orange*, n° 07MA02807 : *AJDA 2009. 1418, note Marcovici.*

25. La prolongation d'un an, pour un motif d'intérêt général, de la délégation de service public ne peut être prononcée par l'administration sans l'accord de son cocontractant. • CAA Douai, 16 nov. 2006, *Synd. mixte d'exploitation des transports en commun de la Cté urb. de Lille*, n° 05DA00233 : *BJCP 2007. 106, concl. Lepers.*

26. Tacite reconduction. Prolongation. Il est impossible de prévoir des clauses de tacite reconduction. Une prolongation du contrat est possible, notamment si les investissements nouveaux demandés par le délégant ne peuvent être amortis pendant la durée restant à courir de la convention sans augmentation du prix. Il en est ainsi si les investissements sont de nature à modifier l'économie générale du contrat, ce qui est le cas dès lors que la prise en charge de ces investissements par le délégataire entraîne, au terme de la délégation, une remise en cause significative du bénéfice global qu'il pouvait normalement en attendre. • CE, avis, 19 avr. 2005, n° 371234 : *EDCE n° 57, p. 197.*

27. Clauses de tacite reconduction. Les clauses de tacite reconduction contenues dans des contrats de délégation de service public conclus antérieurement à l'entrée en vigueur de la loi Sapin ne pouvant plus être régulièrement mises en œuvre postérieurement, le contrat résultant de l'application d'une clause de tacite reconduction présente le caractère d'un nouveau contrat dont la passation doit être précédée de la procédure de publicité et de mise en concurrence imposée par ces dispositions. • CE 23 mai 2011, *Dpt de Guyane*, n° 314715 B.

28. Le contrat résultant de l'application d'une clause de tacite reconduction a le caractère d'un nouveau contrat ; dès lors que le contrat par lequel une commune confie à un prestataire l'exploitation d'un port de plaisance est au nombre des conventions de délégation de service public dont la conclusion est soumise à la procédure de publicité et de mise en concurrence par les dispositions de l'art. L. 1411-1 CGCT, issu de la L. n° 93-122 du 29 janv. 1993, les clauses de tacite reconduction contenues dans un tel contrat de délégation de service public conclues antérieurement à l'entrée en vigueur de ces dispositions ne peuvent plus recevoir application. • CAA Marseille, 23 juin 2003, *Cne de Six-Fours-Les-Plages c/ M. Arlandis*, n° 99MA02109.

29. Clause de tacite reconduction illégale. Indemnisation. Non. L'illégalité de la clause de tacite reconduction contenue dans un contrat de la commande publique a pour conséquence l'illégalité de la clause prévoyant l'indemnisation du cocontractant de la personne publique à raison de la non-reconduction tacite du contrat. L'illégalité d'une telle clause indemnitaire dépourvue de fondement légal doit être relevée d'office par le juge. • CE 17 oct. 2016, *Cne de Villeneuve-le-Roi*, n° 398131 B : *Rev. CMP 2016, n° 288, note Devillers.*

30. Avenant de prolongation. Il n'est pas possible de conclure un avenant de prolongation qui aurait pour effet de produire un bouleversement de l'économie générale du contrat (modifications importantes, en l'espèce, avec prolongation du contrat de seize ans). Dans un tel cas, il est nécessaire de conclure un nouveau contrat. • CAA Versailles, 3 mars 2005, *Cté d'agglomération de Cergy-Pontoise*, n° 04VE00493 : *Dr. adm. 2005, n° 101, obs. Ménéménis.*

SECTION 4 Part du contrat exécutée par des tiers

Art. L. 3114-9 L'autorité concédante peut imposer aux soumissionnaires :

1° De confier à des petites et moyennes entreprises, au sens de la recommandation 2003/361/CE de la Commission du 6 mai 2003 concernant la définition des micro, petites et moyennes entreprises, une part minimale fixée par voie réglementaire de travaux ou services faisant l'objet du contrat de concession.

Les dispositions de l'alinéa précédent ne s'appliquent pas aux opérateurs économiques qui sont des pouvoirs adjudicateurs ou des entités adjudicatrices ;

2° De confier à des tiers une part minimale fixée par voie réglementaire de travaux ou services faisant l'objet du contrat de concession ;

3° D'indiquer dans leur offre s'ils entendent confier à des tiers une part des travaux ou services faisant l'objet du contrat de concession et, dans l'affirmative, le pourcentage qu'elle représente dans la valeur estimée de la concession.

Cette exigence doit être indiquée dans les documents de la consultation. – *[Ord. nº 2016-65 du 29 janv. 2016, art. 54-II.]*

COMMENTAIRE

Pour le montant de la part minimale mentionnée par cet article, on se reportera à l'article R. 3114-5. ❑

Art. L. 3114-10 Ne sont pas considérés comme tiers les opérateurs économiques qui se sont groupés pour obtenir des contrats de concession, non plus que les entreprises qui leur sont liées au sens de l'article L. 3211-8. – *[Ord. nº 2016-65 du 29 janv. 2016, art. 54-III.]*

TITRE II PROCÉDURE DE PASSATION

Art. L. 3120-1 Les contrats de concession sont passés conformément aux règles de procédure prévues aux chapitres I à V du présent titre, sous réserve des règles particulières propres à certains d'entre eux prévues par le chapitre VI du présent titre.

CHAPITRE I DÉTERMINATION DES RÈGLES PROCÉDURALES APPLICABLES

Art. L. 3121-1 L'autorité concédante organise librement une procédure de publicité et mise en concurrence qui conduit au choix du concessionnaire dans le respect des dispositions des chapitres I à V du présent titre et des règles de procédure fixées par décret en Conseil d'État.

Elle peut recourir à la négociation.

Ces dispositions s'appliquent sous réserve des règles particulières du chapitre VI du présent titre. – *[Ord. nº 2016-65 du 29 janv. 2016, art. 36, al. 1er et phrase 1 de l'al. 2 et 46, al. 1er ecqc le principe.]*

COMMENTAIRE

Les concessions n'étant pas des marchés publics, un principe de liberté de choix des modalités de mise en concurrence prévaut. Cette liberté n'est évidemment pas absolue, eu égard notamment au fait que s'appliquent en tout état de cause les principes fondamentaux de la commande publique et au fait que le code prévoit des règles de passation.

Par ailleurs, comme c'était le cas pour les DSP, la négociation est toujours possible.

Les règles de passation de droit commun sont définies par les chapitres I à V du présent titre et par les articles R. 3121-5 à R. 3125-7 du code. Toutefois, pour de nombreuses concessions, notamment celles dont la valeur estimée est inférieure au seuil européen, il y a lieu de prendre en compte des règles particulières (V. Chap. VI). ❑

Art. L. 3121-2 Par dérogation aux dispositions de l'article L. 3121-1, l'autorité concédante peut passer un contrat de concession sans publicité ni mise en concurrence préalables dans les cas fixés par décret en Conseil d'État, lorsque en raison notamment de l'existence d'une première procédure infructueuse ou d'une urgence particulière, le respect d'une telle procédure est inutile ou impossible ou manifestement contraire aux intérêts de l'autorité concédante. – *[Ord. nº 2016-65 du 29 janv. 2016, art. 36, phrase 2 de l'al. 2.]*

COMMENTAIRE

La loi ouvre la possibilité de passer des contrats de concession sans publicité ni mise en concurrence. Il s'agit d'une dérogation et l'inutilité, l'impossibilité ou le caractère manifestement contraire aux intérêts de l'autorité concédante doivent donc être d'interprétation stricte.

On se reportera à l'article R. 3121-6 du code. ❑

1. Concession de service. Urgence. En cas d'urgence résultant de l'impossibilité dans laquelle se trouve la personne publique, indépendamment de sa volonté, de continuer à faire assurer le service par son cocontractant ou de l'assurer elle-même, elle peut, lorsque l'exige un motif d'intérêt général tenant à la continuité du service, conclure, à titre provisoire, un nouveau contrat de concession de services sans respecter au préalable les règles de publicité prescrites ; la durée de ce contrat ne saurait excéder celle requise pour mettre en œuvre une procédure de publicité et de mise en concurrence, si la personne publique entend poursuivre l'exécution de la concession de services ou, au cas contraire, lorsqu'elle a la faculté de le faire, pour organiser les conditions de sa reprise en régie ou pour en redéfinir la consistance. • CE 14 févr. 2017, *Sté de manutention portuaire d'Aquitaine c/ Grand port maritime de Bordeaux*, n°s 405157 et 405183 : *Rev. CMP 2017, n° 100, note Eckert.*

2. DSP. En cas d'urgence résultant de l'impossibilité soudaine dans laquelle se trouve la personne publique, indépendamment de sa volonté, de continuer à faire assurer le service par son cocontractant ou de l'assurer elle-même, elle peut, lorsque l'exige un motif d'intérêt général tenant à la continuité du service public, conclure, à titre provisoire, un nouveau contrat de délégation de service public sans respecter au préalable les règles de publicité prescrites ; la durée de ce contrat ne saurait excéder celle requise pour mettre en œuvre une procédure de publicité et de mise en concurrence, si la collectivité entend poursuivre la délégation du service, ou, au cas contraire, pour organiser les conditions de sa reprise en régie ou pour en redéfinir la consistance. • CE 4 avr. 2016, *Cté d'agglomération du centre de la Martinique*, n° 396191 A : *BJCP 2016. 264, concl. Pellissier ; Rev. CMP 2016, n° 161, note Eckert ; ibid. 2018. 139, note Eckert.*

3. Annulation de la convention de délégation. Conséquence. Droit de passer une convention temporaire en cas d'urgence. Si une collectivité publique peut, sans illégalité, confier la gestion du service à titre provisoire à un prestataire en vue d'assurer la continuité du service sans respecter la procédure prévue aux art. L. 1411 s. CGCT, ce n'est qu'à la condition que l'urgence rende impossible la mise en œuvre de ladite procédure. La collectivité peut valablement, vu l'urgence provoquée par l'annulation, prononcée par le tribunal administratif, de la délégation de service public initiale, confier à l'entreprise ayant déjà commencé l'exploitation, à titre provisoire et en attendant qu'une nouvelle procédure de délégation ait pu aboutir, le soin d'assurer ce service pendant une année. En revanche, faute de justifier qu'elle a été empêchée de mener à terme une procédure de passation de délégation de service public dans un délai raisonnable, la collectivité a conclu deux conventions ultérieures, chacune pour une année, en méconnaissance des dispositions des art. L. 1411 s. CGCT. • CAA Marseille, 25 juin 2007, *Cne de Sanary-sur-Mer*, n° 05MA00197.

CHAPITRE II ENGAGEMENT DE LA PROCÉDURE DE PASSATION

SECTION 1 Publicité préalable

Art. L. 3122-1 Afin de susciter la plus large concurrence, les autorités concédantes procèdent à une publicité dans les conditions et sous réserve des exceptions définies par décret en Conseil d'État, selon l'objet du contrat de concession ou sa valeur estimée hors taxe. – *[Ord. n° 2016-65 du 29 janv. 2016, art. 35.]*

COMMENTAIRE

La publicité préalable est, comme pour les marchés publics, une première étape essentielle de la passation du contrat.

On se reportera aux articles R. 3122-1 à R. 3122-6 du code.

SECTION 2 Communications et échanges d'informations

SOUS-SECTION 1 Consignation des étapes de la procédure

Art. L. 3122-2 L'autorité concédante consigne, par tout moyen approprié, les étapes de la procédure de passation des contrats de concession. – *[Décr. n° 2016-86 du 1er févr. 2016, art. 13.]*

SOUS-SECTION 2 Confidentialité

Art. L. 3122-3 L'autorité concédante ne peut communiquer les informations confidentielles qu'elle détient dans le cadre d'un contrat de concession, telles que celles dont la divulgation violerait le secret des affaires, ou celles dont la communication pourrait nuire à une concurrence loyale entre les opérateurs économiques, telle que la communication en cours de consultation de la valeur globale ou détaillée des offres.

Toutefois, l'autorité concédante peut demander aux opérateurs économiques de consentir à ce que certaines informations confidentielles qu'ils ont fournies, précisément désignées, puissent être divulguées.

L'autorité concédante peut imposer aux opérateurs économiques des exigences visant à protéger la confidentialité des informations qu'elle communique dans le cadre de la procédure de passation du contrat de concession. – *[Ord. n° 2016-65 du 29 janv. 2016, art. 38.]*

SOUS-SECTION 3 **Mise à disposition des documents de la consultation**

Art. L. 3122-4 **L'autorité concédante offre, par voie électronique, un accès gratuit, libre, direct et complet aux documents de la consultation, dans les conditions et sous réserve des exceptions prévues par voie réglementaire.** – *[Décr. n° 2016-86 du 1er févr. 2016, art. 5, al. 1er ecqc l'obligation.]*

SOUS-SECTION 4 **Moyens de communication et échanges d'informations**

Art. L. 3122-5 **Les communications et les échanges d'informations effectués pour la procédure de passation d'un contrat de concession peuvent être réalisés par voie électronique, selon des modalités et sous réserve des exceptions prévues par voie réglementaire.** – *[Ord. n° 2016-65 du 29 janv. 2016, art. 37.]*

COMMENTAIRE

Pour les sous-sections 3 et 4, on se reportera aux articles R. 3122-7 à R. 3122-18 du code.

CHAPITRE III **PHASE DE CANDIDATURE**

SECTION 1 **Motifs d'exclusion de la procédure de passation des contrats de concession**

SOUS-SECTION 1 **Exclusions de plein droit**

Art. L. 3123-1 **Sont exclues de la procédure de passation des contrats de concession les personnes qui ont fait l'objet d'une condamnation définitive pour l'une des infractions prévues aux articles 222-34 à 222-40, 313-1, 313-3, 314-1, 324-1, 324-5, 324-6, 421-1 à 421-2-4, 421-5, 432-10, 432-11, 432-12 à 432-16, 433-1, 433-2, 434-9, 434-9-1, 435-3, 435-4, 435-9, 435-10, 441-1 à 441-7, 441-9, 445-1 à 445-2-1 ou 450-1 du code pénal, aux articles 1741 à 1743, 1746 ou 1747 du code général des impôts, et pour les contrats de concession qui ne sont pas des contrats de concession de défense ou de sécurité aux articles 225-4-1 et 225-4-7 du code pénal, ou pour recel de telles infractions, ainsi que pour les infractions équivalentes prévues par la législation d'un autre État membre de l'Union européenne.**

La condamnation définitive pour l'une de ces infractions ou pour recel d'une de ces infractions d'un membre de l'organe de gestion, d'administration, de direction ou de surveillance ou d'une personne physique qui détient un pouvoir de représentation, de décision ou de contrôle d'une personne morale entraîne l'exclusion de la procédure de passation des contrats de concession de cette personne morale, tant que cette personne physique exerce ces fonctions.

L'exclusion de la procédure de passation des contrats de concession au titre du présent article s'applique pour une durée de cinq ans à compter du prononcé de la condamnation. – *[Ord. n° 2016-65 du 29 janv. 2016, art. 39, al. 1er-1°.]*

1. L'art. 38, § 9, de la Dir. 2014/23/UE du Parlement européen et du Conseil du 26 févr. 2014, sur l'attribution de contrats de concession, doit être interprété en ce sens qu'il s'oppose à une réglementation nationale qui n'accorde pas à un opérateur économique condamné de manière définitive pour l'une des infractions visées à l'art. 38, § 4, de cette Dir. et faisant l'objet, pour cette raison, d'une interdiction de plein droit de participer aux procédures de passation de contrats de concession la possibilité d'apporter la preuve qu'il a pris des mesures correctrices susceptibles de démontrer le rétablissement de sa fiabilité.

L'art. 38, § 9 et 10, de la Dir. 2014/23/UE doit

être interprété en ce sens qu'il ne s'oppose pas à ce que l'examen du caractère approprié des mesures correctrices prises par un opérateur économique soit confié aux autorités judiciaires, à condition que le régime national mis en place à cet effet respecte l'ensemble des exigences posées à l'art. 38, § 9, de cette Dir. et que la procédure applicable soit compatible avec les délais imposés par la procédure de passation des contrats de concession. Par ailleurs, l'art. 38, § 9, de la Dir. 2014/23/UE doit être interprété en ce sens qu'il ne s'oppose pas à une réglementation nationale qui permet aux autorités judiciaires de relever une personne d'une interdiction de plein droit de participer aux procédures de passation de contrats de concession à la suite d'une condamnation pénale, d'effacer une telle interdiction ou d'exclure toute mention de la condamnation dans le casier judiciaire, à condition que de telles procédures judiciaires répondent effectivement aux conditions posées et à l'objectif poursuivi par ce régime et, en particulier, permettent, dès lors qu'un opérateur économique souhaite participer à une procédure de passation de contrats de concession, de lever, en temps utile, l'interdiction le frappant, au regard du seul caractère approprié des mesures correctrices invoquées par cet opérateur et évaluées par l'autorité judiciaire compétente conformément aux exigences prévues à cette disposition, ce qu'il appartient à la juridiction de renvoi de vérifier. • CJUE 11 juin 2020, *Vert Marine SAS*, C-472/19 : *Rev. CMP 2020, comm. 261, Eckert.*

2. Il résulte de l'interprétation donnée par la CJUE (11 juin 2020, C-472/19) que, pour ne pas méconnaître les objectifs de la Dir. 2014/23/UE du 26 févr. 2014, le droit français doit prévoir la possibilité pour un opérateur économique, lorsqu'il est condamné par un jugement définitif prononcé par une juridiction judiciaire pour une des infractions pénales énumérées à l'art. 39 de l'Ord. n° 2016-65 du 29 janv. 2016, repris à l'art. L. 3123-1 CCP, et que, pour cette raison, il se trouve en principe exclu des procédures d'attribution des contrats de concession pour une durée de cinq ans, d'apporter la preuve qu'il a pris des mesures correctrices susceptibles de démontrer le rétablissement de sa fiabilité. Toutefois, la faculté de faire preuve de sa fiabilité ne saurait être ouverte lorsque l'opérateur a été expressément exclu par un jugement définitif de la participation à des procédures de passation de marché ou d'attribution de concession, pendant la période fixée par ce jugement.

L'art. 39 de l'Ord. du 29 janv. 2016, aujourd'hui repris à l'art. L. 3123-1 CCP, est incompatible avec l'art. 38 de la Dir. du 26 févr. 2014 en tant qu'il ne prévoit pas de dispositif de mise en conformité permettant à un opérateur économique candidat à l'attribution d'un contrat de concession d'échapper aux interdictions de soumissionner prévues en cas de condamnation pour certaines infractions. Il en résulte que la requérante est fondée à demander l'annulation de la décision implicite du Premier ministre rejetant sa demande d'abrogation des art. 19 et 23 du Décr. n° 2016-86 du 1er févr. 2016, aujourd'hui repris aux art. R. 3123-16 à R. 3123-21 CCP, qui, fixant la liste des documents permettant de justifier qu'un candidat ne fait l'objet d'aucune exclusion de soumissionner, doivent être regardés comme ayant été pris pour l'application de ces dispositions législatives.

L'annulation a nécessairement pour conséquence que, dans l'attente de l'édiction des dispositions législatives et réglementaires nécessaires au plein respect des exigences découlant du droit de l'UE, l'exclusion de la procédure de passation des contrats de concession prévue à l'art. L. 3123-1 CCP n'est pas applicable à la personne qui, après avoir été mise à même de présenter ses observations, établit dans un délai raisonnable et par tout moyen auprès de l'autorité concédante qu'elle a pris les mesures nécessaires pour corriger les manquements correspondant aux infractions mentionnées au même art. pour lesquelles elle a été définitivement condamnée et, le cas échéant, que sa participation à la procédure de passation du contrat de concession n'est pas susceptible de porter atteinte à l'égalité de traitement. • CE 12 oct. 2020, *Sté Vert Marine*, n° 419146 B : *BJCP 2021. 40, concl. Le Corre ; Rev. CMP 2020, comm. 332, Eckert.*

3. Ces dispositions n'ont pas pour objet de punir les opérateurs économiques mais d'assurer l'efficacité de la commande publique et le bon usage des deniers publics, n'instituent pas une sanction ayant le caractère d'une punition. • Cons. const. 28 janv. 2022, n° 2021-966 QPC : *AJDA 2022. 882, note Sorbara ; Dr adm. 2022, n° 28, note Gaudemet.*

Art. L. 3123-2 **Sont exclues de la procédure de passation des contrats de concession les personnes qui n'ont pas souscrit les déclarations leur incombant en matière fiscale ou sociale ou n'ont pas acquitté les impôts, taxes, contributions ou cotisations sociales exigibles. La liste de ces impôts, taxes, contributions ou cotisations sociales est fixée par un arrêté du ministre chargé de l'économie qui figure en annexe au présent code.**

Cette exclusion n'est pas applicable aux personnes qui, avant la date à laquelle l'autorité concédante se prononce sur la recevabilité de leur candidature, ont, en l'absence de toute mesure d'exécution du comptable ou de l'organisme chargé du recouvrement, acquitté lesdits impôts, taxes, contributions et cotisations, ou constitué des garanties jugées suffisantes par le comptable ou l'organisme chargé du recouvre-

ment, ou, à défaut, conclu et respectent un accord contraignant avec les organismes chargés du recouvrement en vue de payer les impôts, taxes, contributions ou cotisations, ainsi que les éventuels intérêts échus, pénalités ou amendes. – *[Ord. n° 2016-65 du 29 janv. 2016, art. 39, al. 1er-2°.]* – *V. Annexe n° 4.*

COMMENTAIRE

On se reportera à l'annexe n° 4 du code.

Art. L. 3123-3 **Sont exclues de la procédure de passation des contrats de concession les personnes :**

1° Soumises à la procédure de liquidation judiciaire prévue à l'article L. 640-1 du code de commerce ou faisant l'objet d'une procédure équivalente régie par un droit étranger ;

2° Qui font l'objet, à la date à laquelle l'autorité concédante se prononce sur la recevabilité de leur candidature, d'une mesure de faillite personnelle ou d'une interdiction de gérer en application des articles L. 653-1 à L. 653-8 du code de commerce, ou d'une mesure équivalente prévue par un droit étranger ;

3° Admises à la procédure de redressement judiciaire instituée par l'article L. 631-1 du code de commerce ou à une procédure équivalente régie par un droit étranger, *(L. n° 2020-1525 du 7 déc. 2020, art. 131)* **« qui ne bénéficient pas d'un plan de redressement ou » qui ne justifient pas avoir été habilitées à poursuivre leurs activités pendant la période prévisible d'exécution du contrat de concession.** – *[Ord. n° 2016-65 du 29 janv. 2016, art. 39, al. 1er-3°.]*

Les dispositions introduites par l'art. 131 de la L. n° 2020-1525 du 7 déc. 2020 s'appliquent aux marchés publics et aux concessions pour lesquels une consultation est engagée ou un avis d'appel à la concurrence est envoyé à la publication à compter de la publication de ladite loi (L. préc., art. 131-III, JO 8 déc.).

Art. L. 3123-4 **Sont exclues de la procédure de passation des contrats de concession les personnes qui :**

1° Ont été sanctionnées pour méconnaissance des obligations prévues aux articles L. 8221-1, L. 8221-3, L. 8221-5, L. 8231-1, L. 8241-1, L. 8251-1 et L. 8251-2 du code du travail ou qui ont été condamnées au titre de l'article L. 1146-1 du même code ou de l'article 225-1 du code pénal ;

2° Au 31 décembre de l'année précédant celle au cours de laquelle a lieu le lancement de la procédure de passation du contrat de concession, n'ont pas mis en œuvre l'obligation de négociation prévue au 2° de l'article L. 2242-1 du code du travail ;

3° Ont été condamnées au titre du 5° de l'article 131-39 du code pénal ou qui sont des personnes physiques condamnées à une peine d'exclusion des marchés publics.

Sauf lorsque la peine d'exclusion des marchés publics a été prononcée pour une durée différente fixée par une décision de justice définitive, l'exclusion prévue au présent article s'applique pour une durée de trois ans à compter de la date de la décision ou du jugement ayant constaté la commission de l'infraction.

Cette exclusion n'est pas applicable à la personne qui établit qu'elle n'a pas fait l'objet d'une peine d'exclusion des marchés publics inscrite au bulletin n° 2 du casier judiciaire en application de l'article 775-1 du code de procédure pénale, qu'elle a régularisé sa situation, qu'elle a réglé l'ensemble des amendes et indemnités dues, qu'elle a collaboré activement avec les autorités chargées de l'enquête, qu'elle a, le cas échéant, réalisé ou engagé la régularisation de sa situation au regard de l'obligation de négociation du 2° de l'article L. 2242-1 du code du travail et, enfin, qu'elle a pris des mesures concrètes de nature à prévenir la commission d'une nouvelle infraction pénale ou d'une nouvelle faute.

Cette exclusion n'est pas non plus applicable en cas d'obtention d'un sursis en application des articles 132-31 ou 132-32 du code pénal, d'un ajournement du prononcé de la peine en application des articles 132-58 à 132-62 du code pénal ou d'un relèvement de peine en application de l'article 132-21 du code pénal ou des articles 702-1 ou 703 du code de procédure pénale. – *[Ord. n° 2016-65 du 29 janv. 2016, art. 39, al. 1er-4°.]*

Art. L. 3123-5 Sont exclues de la procédure de passation des contrats de concession les personnes qui font l'objet d'une mesure d'exclusion des contrats administratifs en vertu d'une décision administrative prise en application de l'article L. 8272-4 du code du travail.

Cette exclusion n'est pas applicable à la personne qui établit qu'elle n'a pas fait l'objet d'une peine d'exclusion des marchés publics inscrite au bulletin n° 2 du casier judiciaire en application de l'article 775-1 du code de procédure pénale, qu'elle a régularisé sa situation, qu'elle a réglé l'ensemble des amendes et indemnités dues, qu'elle a collaboré activement avec les autorités chargées de l'enquête et qu'elle a pris des mesures concrètes de nature à prévenir la commission d'une nouvelle infraction pénale ou d'une nouvelle faute. – *[Ord. n° 2016-65 du 29 janv. 2016, art. 39, al. 1er-5°.]*

Art. L. 3123-6 L'autorité concédante peut, à titre exceptionnel, autoriser un opérateur économique qui serait dans un cas d'exclusion prévu aux sous-sections 1 et 3 de la présente section, à participer à la procédure de passation d'un contrat de concession, à condition que cela soit justifié par des raisons impérieuses d'intérêt général, que le contrat de concession en cause ne puisse être confié qu'à ce seul opérateur économique et qu'un jugement définitif d'une juridiction d'un État membre de l'Union européenne n'exclut pas expressément l'opérateur concerné des contrats de concession. – *[Ord. n° 2016-65 du 29 janv. 2016, art. 41.]*

SOUS-SECTION 2 Exclusions à l'appréciation de l'autorité concédante

Art. L. 3123-7 L'autorité concédante peut exclure de la procédure de passation d'un contrat de concession les personnes qui, au cours des trois années précédentes, ont dû verser des dommages et intérêts, ont été sanctionnées par une résiliation ou ont fait l'objet d'une sanction comparable du fait d'un manquement grave ou persistant à leurs obligations contractuelles lors de l'exécution d'un contrat de la commande publique antérieur. – *[Ord. n° 2016-65 du 29 janv. 2016, art. 42-I-1°.]*

Art. L. 3123-7-1 *(L. n° 2021-1104 du 22 août 2021, 35-III-6°, en vigueur le 4 mai 2022)* L'autorité concédante peut exclure de la procédure de passation d'un contrat de concession les personnes qui, soumises à l'article L. 225-102-4 du code de commerce en vertu du nombre de salariés qu'elles emploient, ne sont pas en mesure de présenter un plan de vigilance dûment réalisé pour l'année qui précède l'année de publication de l'avis de concession ou d'engagement de la consultation. Une telle prise en compte ne peut être de nature à restreindre la concurrence ou à rendre techniquement ou économiquement difficile l'exécution de la prestation.

V. note ss. art. L. 3111-2, supra.

Le Décr. n° 2022-767 du 2 mai 2022 a fixé l'entrée en vigueur des dispositions issues du 6° du III de l'art. 35 de la L. n° 2021-1104 du 22 août 2021 au lendemain de sa publication, soit le 4 mai 2022 (Décr. préc., art. 13, JO 3 mai).

Art. L. 3123-8 L'autorité concédante peut exclure de la procédure de passation d'un contrat de concession les personnes qui ont entrepris d'influer indûment le processus décisionnel de l'autorité concédante ou d'obtenir des informations confidentielles susceptibles de leur donner un avantage indu lors de la procédure de passation du contrat de concession, ou ont fourni des informations trompeuses susceptibles d'avoir une influence déterminante sur les décisions d'exclusion, de sélection ou d'attribution. – *[Ord. n° 2016-65 du 29 janv. 2016, art. 42-I-2°.]*

Art. L. 3123-9 L'autorité concédante peut exclure de la procédure de passation d'un contrat de concession les personnes à l'égard desquelles elle dispose d'éléments suffisamment probants ou constituant un faisceau d'indices graves, sérieux et concordants pour en déduire qu'elles ont conclu une entente avec d'autres opérateurs économiques en vue de fausser la concurrence. – *[Ord. n° 2016-65 du 29 janv. 2016, art. 42-I-3°.]*

Art. L. 3123-10 L'autorité concédante peut exclure de la procédure de passation d'un contrat de concession les personnes qui, par leur candidature, créent une situation de conflit d'intérêts, lorsqu'il ne peut y être remédié par d'autres moyens.

Constitue une telle situation toute situation dans laquelle une personne qui participe au déroulement de la procédure de passation du contrat de concession ou est susceptible d'en influencer l'issue a, directement ou indirectement, un intérêt financier, éco-

nomique ou tout autre intérêt personnel qui pourrait compromettre son impartialité ou son indépendance dans le cadre de la procédure de passation du contrat de concession. – *[Ord. n° 2016-65 du 29 janv. 2016, art. 42-I-4°.]*

Art. L. 3123-11 L'autorité concédante qui envisage d'exclure un opérateur économique en application de la présente sous-section doit le mettre à même de présenter ses observations, d'établir dans un délai raisonnable et par tout moyen qu'il a pris les mesures nécessaires pour corriger les manquements précédemment énoncés et, le cas échéant, que sa participation à la procédure de passation du contrat de concession n'est pas susceptible de porter atteinte à l'égalité de traitement. – *[Ord. n° 2016-65 du 29 janv. 2016, art. 42-II.]*

1. Les art. L. 3123-8 et L. 3123-11 CCP permettent à l'autorité concédante d'exclure de la procédure de passation d'un contrat de concession une personne qui peut être regardée, au vu d'éléments précis et circonstanciés, comme ayant, dans le cadre de la procédure de passation en cause ou dans le cadre d'autres procédures récentes de commande publique, entrepris d'influencer la prise de décision de l'acheteur et qui n'a pas établi, en réponse à la demande que l'acheteur lui a adressée à cette fin, que son professionnalisme et sa fiabilité ne peuvent plus être mis en cause et que sa participation à la procédure n'est pas de nature à porter atteinte à l'égalité de traitement entre les candidats.

Le choix par un opérateur économique d'une dénomination sociale ne saurait, au seul motif que celle-ci est susceptible d'induire un risque de confusion avec une autre société également candidate à l'attribution d'une concession, justifier son exclusion sur le fondement de l'art. L. 3123-8 CCP. • CE 24 mars 2022, *Sté EPI et a.*, n°s 457733 et 457735 B : *BJCP 2022. 211, concl. Le Corre.*

2. Procédure visant à constituer une société à capital mixte et à lui attribuer un contrat de concession. L'art. 38 de la Dir. 2014/23/UE du Parlement européen et du Conseil du 26 févr. 2014, sur l'attribution de contrats de concession, telle que modifiée par le Règl. délégué (UE) 2017/2366 de la Commission du 18 déc. 2017, doit être interprété en ce sens qu'un pouvoir adjudicateur peut exclure un opérateur économique de la procédure visant, d'une part, à constituer une société à capital mixte et, d'autre part, à attribuer à cette société une concession de services lorsque cette exclusion est justifiée par le fait que, en raison de la participation indirecte de ce pouvoir adjudicateur dans le capital de cet opérateur économique, la participation maximale dudit pouvoir adjudicateur dans le capital de cette société, telle qu'elle a été fixée par les documents de l'appel d'offres, serait, dans les faits, dépassée si ce même pouvoir adjudicateur choisissait ledit opérateur économique comme son associé, pour autant qu'un tel dépassement aboutit à augmenter l'aléa économique supporté par le même pouvoir adjudicateur. • CJUE 1er août 2022, *Roma Multiservizi SpA*, n° C-322/20.

SOUS-SECTION 3 Exclusions de plein droit propres aux contrats de concession de défense ou de sécurité

Art. L. 3123-12 Les motifs d'exclusion de plein droit prévus à la fois par la sous-section 1 de la présente section et la présente sous-section s'appliquent à la passation des contrats de concession de défense ou de sécurité. – *[Ord. n° 2016-65 du 29 janv. 2016, art. 40, al. 1er.]*

Art. L. 3123-13 Sont exclues des contrats de concession de défense ou de sécurité :

1° Les personnes qui ont fait l'objet d'une condamnation définitive pour l'une des infractions prévues aux articles 226-13, 222-52 à 222-59 ou 413-10 à 413-12 du code pénal, aux articles L. 2339-2 à L. 2339-4, L. 2339-11-1 à L. 2339-11-3 du code de la défense ou à l'article L. 317-8 du code de la sécurité intérieure. L'exclusion de la procédure de passation des contrats de concession s'applique pour une durée de cinq ans à compter du prononcé de la décision du juge ;

2° Les personnes qui, par une décision de justice définitive, ont vu leur responsabilité civile engagée depuis moins de cinq ans pour méconnaissance de leurs engagements en matière de sécurité d'approvisionnement ou en matière de sécurité de l'information, à moins qu'elles aient entièrement exécuté les décisions de justice éventuellement prononcées à leur encontre et qu'elles établissent, par tout moyen, que leur intégrité professionnelle ne peut plus être remise en cause ;

3° Les personnes au sujet desquelles il est établi, par tout moyen et, le cas échéant, par des sources de données protégées, qu'elles ne possèdent pas la fiabilité nécessaire pour éviter des atteintes à la sécurité de l'État.

Cette exclusion n'est pas applicable à la personne qui, après avoir été mise à même de présenter ses observations, établit dans un délai raisonnable et par tout moyen, qu'elle a pris les mesures nécessaires pour corriger les manquements précédemment énoncés et, le cas échéant, que sa participation à la procédure de passation du contrat de concession n'est pas susceptible de porter atteinte à l'égalité de traitement. – *[Ord. n° 2016-65 du 29 janv. 2016, art. 40.]*

Art. L. 3123-14 Les dispositions de l'article L. 3123-6 sont applicables à la passation des contrats de concession de défense ou de sécurité.

SOUS-SECTION 4 Changement de situation des opérateurs économiques au regard des motifs d'exclusion

Art. L. 3123-15 Lorsqu'un opérateur économique est, au cours de la procédure de passation d'un contrat de concession, placé dans l'une des situations mentionnées aux sous-sections 1 à 3 de la présente section, il informe sans délai l'autorité concédante de ce changement de situation.

Dans cette hypothèse, l'autorité concédante exclut le candidat de la procédure de passation du contrat de concession pour ce motif. – *[Ord. n° 2016-65 du 29 janv. 2016, art. 43-I, sauf phrase 2 al. 1er.]*

SOUS-SECTION 5 Groupements d'opérateurs économiques et travaux ou services confiés à des tiers

Art. L. 3123-16 Lorsque le motif d'exclusion de la procédure de passation concerne un membre d'un groupement d'opérateurs économiques, l'autorité concédante exige son remplacement par un autre opérateur économique qui ne fait pas l'objet d'un motif d'exclusion dans un délai de dix jours à compter de la réception de cette demande, sous peine d'exclusion du groupement de la procédure. – *[Ord. n° 2016-65 du 29 janv. 2016, art. 44-I.]*

Art. L. 3123-17 Les personnes à l'encontre desquelles il existe un motif d'exclusion ne peuvent se voir confier une partie des travaux ou services d'un contrat de concession.

Lorsqu'une personne à l'encontre de laquelle il existe un motif d'exclusion est présentée au stade de la procédure de passation du contrat de concession, l'autorité concédante exige son remplacement par un autre opérateur économique qui ne fait pas l'objet d'un motif d'exclusion, dans un délai de dix jours à compter de la réception de cette demande par le candidat ou le soumissionnaire, sous peine d'exclusion de la procédure. – *[Ord. n° 2016-65 du 29 janv. 2016, art. 44-II.]*

SECTION 2 Conditions de participation

Art. L. 3123-18 L'autorité concédante ne peut imposer aux candidats des conditions de participation à la procédure de passation autres que celles propres à garantir qu'ils disposent de l'aptitude à exercer l'activité professionnelle, de la capacité économique et financière ou des capacités techniques et professionnelles nécessaires à l'exécution du contrat de concession.

Lorsque la gestion d'un service public est concédée, ces conditions de participation peuvent notamment porter sur l'aptitude des candidats à assurer la continuité du service public et l'égalité des usagers devant le service public.

Ces conditions sont liées et proportionnées à l'objet du contrat de concession ou à ses conditions d'exécution. – *[Ord. n° 2016-65 du 29 janv. 2016, art. 45-I sauf dernier al.]*

COMMENTAIRE

On notera une inspiration proche de celle qui vaut pour les marchés publics et qui traduit la nécessité de garantir liberté d'accès et égalité de traitement.

On relèvera par ailleurs la mention particulière des concessions de service public.

On se reportera aux articles R. 3123-1 à R. 3123-13 du code.

L'art. 38, § 9, de la Dir. 2014/23/UE du Parlement européen et du Conseil, du 26 févr. 2014, sur l'attribution de contrats de concession, doit être interprété en ce sens qu'il s'oppose à une réglementation nationale qui n'accorde pas à un opérateur économique condamné de manière définitive pour l'une des infractions visées à l'art. 38, § 4, de cette directive et faisant l'objet, pour cette raison, d'une interdiction de plein droit de participer aux procédures de passation de contrats de concession la possibilité d'apporter la preuve qu'il a pris des mesures correctrices susceptibles de démontrer le rétablissement de sa fiabilité.

L'art. 38, § 9 et 10, de la Dir. 2014/23 doit être interprété en ce sens qu'il ne s'oppose pas à ce que l'examen du caractère approprié des mesures correctrices prises par un opérateur économique soit confié aux autorités judiciaires, à condition que le régime national mis en place à cet effet respecte l'ensemble des exigences posées à l'art. 38, § 9, de cette directive et que la procédure applicable soit compatible avec les délais imposés par la procédure de passation des contrats de concession. Par ailleurs, l'art. 38, § 9, de la Dir. 2014/23 doit être interprété en ce sens qu'il ne s'oppose pas à une réglementation nationale qui permet aux autorités judiciaires de relever une personne d'une interdiction de plein droit de participer aux procédures de passation de contrats de concession à la suite d'une condamnation pénale, d'effacer une telle interdiction ou d'exclure toute mention de la condamnation dans le casier judiciaire, à condition que de telles procédures judiciaires répondent effectivement aux conditions posées et à l'objectif poursuivi par ce régime et, en particulier, permettent, dès lors qu'un opérateur économique souhaite participer à une procédure de passation de contrats de concession, de lever, en temps utile, l'interdiction le frappant, au regard du seul caractère approprié des mesures correctrices invoquées par cet opérateur et évaluées par l'autorité judiciaire compétente conformément aux exigences prévues à cette disposition, ce qu'il appartient à la juridiction de renvoi de vérifier. • CJUE 11 juin 2020, *Vert Marine SAS*, C-472/19.

Art. L. 3123-19 Après examen des capacités et aptitudes des candidats, l'autorité concédante élimine les candidatures incomplètes ou irrecevables et dresse la liste des candidats admis à participer à la suite de la procédure de passation du contrat de concession. – *[Ord. nº 2016-65 du 29 janv. 2016, art. 45-I dernier al.]*

COMMENTAIRE

La phase d'examen des candidatures conduit à écarter les candidats qui tombent sous le coup d'une interdiction de soumissionner ou qui ne respectent pas les conditions de participation fixées par l'autorité concédante (leur candidature est irrecevable, V. l'art. L. 3123-20 ci-dessous) et ceux dont la candidature est incomplète.

Sur les conditions dans lesquelles les candidatures sont examinées et la liste des candidats admis à négocier dressée, on se reportera aux articles R. 3123-14 à R. 3123-21 du code.

Art. L. 3123-20 Est irrecevable une candidature présentée par un candidat qui ne peut participer à la procédure de passation en application des articles L. 3123-1 à L. 3123-14, L. 3123-16 et L. 3123-17 ou qui ne possède pas les capacités ou les aptitudes exigées en application de la présente section. – *[Décr. nº 2016-86 du 1er févr. 2016, art. 23-II, al. 2 phrase 2.]*

Art. L. 3123-21 Pour la passation d'un contrat de concession de défense ou de sécurité, l'autorité concédante peut écarter un opérateur économique qui ne dispose pas des capacités techniques. Ces capacités sont appréciées au regard, notamment, de l'implantation hors du territoire de l'Union européenne de l'outillage, du matériel, de l'équipement technique, du personnel, du savoir-faire et des sources d'approvisionnement dont il dispose pour exécuter la concession, faire face à d'éventuelles augmentations des besoins par suite d'une crise ou pour assurer la maintenance, la modernisation ou les adaptations des prestations faisant l'objet de la concession. – *[Ord. nº 2016-65 du 29 janv. 2016, art. 45-II.]*

CHAPITRE IV **PHASE D'OFFRE**

SECTION 1 **Organisation de la négociation des offres**

Art. L. 3124-1 Lorsque l'autorité concédante recourt à la négociation pour attribuer le contrat de concession, elle organise librement la négociation avec un ou plusieurs soumissionnaires dans des conditions prévues par décret en Conseil d'État.

La négociation ne peut porter sur l'objet de la concession, les critères d'attribution ou les conditions et caractéristiques minimales indiquées dans les documents de la consultation. – *[Ord. nº 2016-65 du 29 janv. 2016, art. 46.]*

COMMENTAIRE

Comme on l'a dit, le titulaire du contrat est en principe choisi à l'issue d'une phase de négociation, dont le présent article borne le champ.

On se reporte aux articles R. 3124-1 à R. 3124-3 du code. ❑

SECTION 2 Choix de l'offre

SOUS-SECTION 1 Offres irrégulières ou inappropriées

Art. L. 3124-2 L'autorité concédante écarte les offres irrégulières ou inappropriées. – *[Décr. nº 2016-86 du 1er févr. 2016, art. 25, al. 1er.]*

Art. L. 3124-3 Une offre est irrégulière lorsqu'elle ne respecte pas les conditions et caractéristiques minimales indiquées dans les documents de la consultation.

Alors même que ni la législation applicable en matière de passation de délégation de service public, ni le règlement de consultation de la délégation de service public en litige ne prévoient un examen des offres au regard de la convention collective appliquée par l'entreprise candidate, une offre qui méconnaît les stipulations de la convention collective applicable doit être regardée comme méconnaissant la législation en vigueur. Elle est alors irrégulière. • CAA Nantes, 18 juin 2021, *Sté Action Développement Loisir c/ Cté de Cne Granville Terre et Mer,* nº 20NT03004 : *Rev. CMP 2021, comm. 279, Ubaud-Bergeron.*

Art. L. 3124-4 Une offre est inappropriée lorsqu'elle n'est manifestement pas en mesure, sans modifications substantielles, de répondre aux besoins et aux exigences de l'autorité concédante spécifiés dans les documents de la consultation. – *[Décr. nº 2016-86 du 1er févr. 2016, art. 25, al. 2.]*

SOUS-SECTION 2 Choix de l'offre présentant le meilleur avantage économique global

Art. L. 3124-5 Le contrat de concession est attribué au soumissionnaire qui a présenté la meilleure offre au regard de l'avantage économique global pour l'autorité concédante sur la base de plusieurs critères objectifs, précis et liés à l'objet du contrat de concession ou à ses conditions d'exécution. *(L. nº 2021-1104 du 22 août 2021, art. 35, en vigueur à des dates fixées par décret en fonction des catégories de concession, au plus tard le 22 août 2026)* **« Pour les contrats de concession qui ne sont pas des contrats de concession de défense ou de sécurité, au moins un de ces critères prend en compte les caractéristiques environnementales de l'offre. » Lorsque la gestion d'un service public est concédée, l'autorité concédante se fonde également sur la qualité du service rendu aux usagers.**

Les critères d'attribution n'ont pas pour effet de conférer une liberté de choix illimitée à l'autorité concédante et garantissent une concurrence effective. Ils sont rendus publics dans des conditions prévues par décret en Conseil d'État.

Les modalités d'application du présent article sont prévues par voie réglementaire. – *[Ord. nº 2016-65 du 29 janv. 2016, art. 47 ; Décr. nº 2016-86 du 1er févr. 2016, art. 27-I, al. 1er phrase 2 ecqc le service public.]*

V. note ss. art. L. 3111-2, supra.

COMMENTAIRE

Sur cette étape décisive de la procédure de passation des concessions, le code est, conformément à la directive 2014/23, plus exigeant et plus précis que ne l'était la loi Sapin pour les délégations de service public. La notion d'« avantage économique global » et l'exigence de critères objectifs, non discriminatoires, suffisamment précis pour ne pas laisser une liberté indéterminée à l'autorité concédante et rendus publics s'inspirent de ce qui existe pour les marchés publics.

On se reportera aux articles R. 3124-4 à R. 3124-6 du code.

On notera par ailleurs la deuxième phrase du premier alinéa, introduite par la « loi climat » du 22 août 2021.

SECTION 3 Accès aux contrats de concession de défense ou de sécurité d'opérateurs économiques ou de produits d'États tiers

Art. L. 3124-6 Les concessions de défense ou de sécurité, exclues ou exemptées de l'accord sur les marchés publics ou d'un autre accord international équivalent auquel l'Union européenne est partie, sont passées avec des opérateurs économiques d'États membres de l'Union européenne.

Les autorités concédantes peuvent toutefois autoriser, au cas par cas, les opérateurs économiques de pays tiers à l'Union européenne à participer à une procédure de passation.

La décision de l'autorité concédante prend notamment en compte les impératifs de sécurité de l'information et d'approvisionnement, la préservation des intérêts de la défense et de la sécurité de l'État, l'intérêt de développer la base industrielle et technologique de défense européenne, les objectifs de développement durable, l'obtention d'avantages mutuels et les exigences de réciprocité. – *[Ord. nº 2016-65 du 29 janv. 2016, art. 2-I et II.]*

Art. L. 3124-7 Pour l'application de la présente partie, les États parties à l'Espace économique européen qui ne sont pas membres de l'Union européenne sont assimilés à des États membres de l'Union européenne. – *[Ord. nº 2016-65 du 29 janv. 2016, art. 2-III.]*

CHAPITRE V ACHÈVEMENT DE LA PROCÉDURE

SECTION 1 Information des candidats et des soumissionnaires évincés

Art. L. 3125-1 Dès qu'il a fait son choix, l'acheteur le communique aux candidats et aux soumissionnaires dont la candidature ou l'offre n'a pas été retenue, dans les conditions prévues par décret en Conseil d'État. – *[Ord. nº 2016-65 du 29 janv. 2016, art. 48, al. 1er.]*

SECTION 2 Avis d'attribution

Art. L. 3125-2 L'autorité concédante rend public le choix de l'offre retenue, dans les conditions et sous réserve des exceptions prévues par voie réglementaire. – *[Ord. nº 2016-65 du 29 janv. 2016, art. 48, al. 2.]*

COMMENTAIRE

Pour ce chapitre, on se reportera aux articles R. 3125-1 à R. 3125-7 du présent code.

CHAPITRE VI RÈGLES PARTICULIÈRES À LA PASSATION DE CERTAINS CONTRATS DE CONCESSION

Art. L. 3126-1 Les règles de passation particulières à certains contrats à raison de leur objet ou selon que leur valeur estimée hors taxe est inférieure ou non au seuil européen qui figure dans l'avis annexé au présent code sont fixées par décret en Conseil d'État. – *[Ord. nº 2016-65 du 29 janv. 2016, art. 36, al. 2.]* – *V. Annexe nº 2.*

COMMENTAIRE

On se reportera, pour la définition des concessions soumises à des règles de passation particulières, aux articles R. 3126-1 et R. 3126-2 du présent code, et, pour le contenu de ces règles particulières, aux articles R. 3126-3 à R. 3126-14.

On se reportera, pour le seuil, à l'annexe nº 2 du code.

Art. L. 3126-2 Par dérogation aux dispositions de l'article L. 3122-2, l'autorité concédante n'est pas tenue de consigner les étapes de la procédure de passation des contrats

de concession mentionnées à l'article L. 3126-1. – *[Décr. n° 2016-86 du 1er févr. 2016, art. 13, ecqc l'art. 10.]*

Art. L. 3126-3 Sans préjudice des dispositions du règlement (CE) n° 1370/2007 du Parlement européen et du Conseil du 23 octobre 2007 relatif aux services publics de transport de voyageurs par chemin de fer et par route modifié, les contrats de concession *(Ord. n° 2018-1135 du 12 déc. 2018, art. 2-I, en vigueur le 1er avr. 2019)* **« , à l'exception de ceux relatifs au transport de voyageurs par chemin de fer mentionnés au chapitre I du titre II du livre I de la deuxième partie du code des transports » relevant de son article 5, paragraphe 3 sont soumis aux dispositions des titres I et II, à l'exception des articles L. 3113-1 à L. 3113-3, du second alinéa de l'article L. 3114-1 et des articles L. 3114-2, L. 3114-3 et L. 3114-7 à L. 3114-10.** – *[Ord. n° 2016-65 du 29 janv. 2016, art. 25.]*

Sur l'application des dispositions introduites par le I et le 1° du II de l'art. 2 de l'Ord. n° 2018-1135 du 12 déc. 2018, V. note ss. art. L. 2522-1, supra.

COMMENTAIRE

L'article 5 du règlement (CE) n° 1370/2007 du Parlement européen et du Conseil du 23 octobre 2007, dit « règlement OSP », concerne l'attribution des contrats de service public de transport de voyageurs par chemin de fer et par route. Pour ces contrats, s'appliqueront donc à la fois le règlement OSP (d'application directe) et, sous les réserves que le présent article énumère, les règles de passation prévues par le présent livre. ❑

L'art. 7, § 2 et 4, du Règl. (CE) n° 1370/2007 du Parlement européen et du Conseil, du 23 oct. 2007, relatif aux services publics de transport de voyageurs par chemin de fer et par route, et abrogeant les règlements (CEE) n° 1191/69 et (CEE) n° 1107/70 du Conseil, doit être interprété en ce sens que les autorités nationales compétentes qui ont l'intention d'attribuer directement un contrat de service public de transport de voyageurs par chemin de fer ne sont pas tenues, d'une part, de publier ou de communiquer aux opérateurs économiques éventuellement intéressés toutes les informations nécessaires afin qu'ils soient en mesure d'élaborer une offre suffisamment détaillée et susceptible de faire l'objet d'une évaluation comparative et, d'autre part, d'effectuer une telle évaluation comparative de toutes les offres éventuellement reçues à la suite de la publication de ces informations. • CJUE 24 oct. 2019, *Autorité garante de la concurrence et du marché c/ Région autonome de Sardaigne*, n° C-515/18 : *Rev. CMP 2020, n° 10, note Ubaud-Bergeron.*

TITRE III EXÉCUTION DU CONTRAT DE CONCESSION

COMMENTAIRE

Le titre III n'aborde que quelques aspects de l'exécution des contrats de concession.

Il est vrai que les contrats de concession sont très souvent des contrats administratifs et que, pour ceux-ci, les principes et règles applicables, notamment pour les pouvoirs de l'autorité concédante et la prise en compte des aléas contractuels, sont, pour une large part, d'origine jurisprudentielle (et le code ne procède que très rarement à la codification de la jurisprudence).

On abordera donc ici quelques autres aspects qui, directement ou indirectement, concernent l'exécution des concessions, notamment en mentionnant un certain nombre de décisions jurisprudentielles qui ont été rendues pour des DSP.

I. MARCHÉS ET TRAVAUX DU CONCESSIONNAIRE

Voir la jurisprudence ci-dessous.

II. EXÉCUTION FINANCIÈRE

Voir la jurisprudence ci-dessous.

III. PERSONNEL

On rappellera que, dans le cadre d'une DSP, le personnel employé par le délégataire est soumis au droit du travail. Le cahier des charges de la délégation peut cependant prévoir des obligations spécifiques.

Dans le cas où une collectivité publique décide de reprendre en régie un service anciennement délégué, la question s'est posée de savoir s'il fallait appliquer les dispositions de l'article L. 1224-1 (ancien L. 122-12) du code du travail. Celles-ci imposent la continuité du contrat de travail en cas de modification de l'employeur, principe que consacrent d'ailleurs les textes communautaires relatifs à la protection des travailleurs (Dir. 2001/23/CE du 12 mars 2001). Enfin, en cas de cession du contrat, la situation des personnels est régie par les dispositions du deuxième alinéa de l'article L. 1224-11 du code du travail, aux termes duquel : « Lorsque survient une modification dans la situation juridique de l'employeur, notamment par succession, vente, fusion, transformation du fonds, mise en société de l'entreprise, tous les contrats de travail en cours au jour de la modification subsistent entre le nouvel employeur et le personnel de l'entreprise ».

IV. FISCALITÉ

Voir la jurisprudence ci-dessous.

V. ALÉAS CONTRACTUELS

La question des aléas contractuels n'est pas propre aux concessions, mais c'est pour ces contrats, souvent de longue durée, que les principales théories jurisprudentielles ont été développées.

Le juge administratif admet de faire jouer l'imprévision pour garantir le cocontractant contre les événements imprévisibles, extérieurs à la volonté des parties et emportant un véritable bouleversement de l'économie générale du contrat. Le délégataire peut, lorsque l'état d'imprévision est constaté, bénéficier d'une indemnité d'imprévision, laquelle doit couvrir une partie de ses pertes.

La force majeure est également admise par le juge administratif.

On se reportera à l'article L. 6 du présent code.

VI. POUVOIRS DE L'AUTORITÉ CONCÉDANTE (CONTRATS ADMINISTRATIFS)

On se reportera également sur ce point à l'article L. 6 du présent code.

On rappellera seulement ici que les pouvoirs classiquement reconnus à l'administration contractante, dans les contrats administratifs, sont les pouvoirs de contrôle, de sanction, de modification et de résiliation.

L'objet du contrat de concession étant de transférer la gestion du service ou de l'ouvrage, le contrôle de l'administration ne peut être le même qu'en matière de marchés publics : même pour la gestion d'un service public, la personne publique doit s'assurer que les exigences du service public (continuité, égalité...) sont respectées, mais elle doit respecter l'autonomie de décision du concessionnaire et se garder de toute ingérence. Au demeurant, la responsabilité de la collectivité en cas de préjudice subi par des tiers n'est que subsidiaire.

Le pouvoir de sanction va de la sanction pécuniaire à la résiliation unilatérale pour faute et à la mise sous séquestre (l'autorité concédante reprenant le service en régie ou en confiant la gestion à un tiers, aux frais du cocontractant sanctionné). Voir, sur ce point, le chapitre VI ci-dessous.

L'administration peut par ailleurs procéder à des modifications unilatérales du contrat, pour tout motif d'intérêt général (V., sur ce point, le chap. V ci-dessous), et elle peut, pour motif d'intérêt général également, en prononcer la résiliation (V. le chap. VI ci-desssous).

Les pouvoirs de l'administration sont toutefois limités par deux considérations.

D'une part, l'administration est tenue d'exécuter ses obligations contractuelles, faute de quoi sa responsabilité contractuelle peut être engagée. Elle est également susceptible d'être condamnée sur le terrain de la responsabilité contractuelle si elle fait un usage excessif de ses pouvoirs.

D'autre part, le concessionnaire a droit au respect de l'équilibre financier du contrat : toute modification qui implique une charge supplémentaire doit être indemnisée, comme doit l'être l'usage par l'administration de son pouvoir de résiliation unilatérale sans faute.

On rappellera en outre que le concessionnaire ne peut pas invoquer l'exception d'inexécution : si l'administration ne remplit pas ses obligations, il doit continuer à assurer la gestion du service et ne peut que se tourner vers le juge.

On indiquera enfin que, selon une jurisprudence élaborée pour les délégations de service public, la responsabilité envers les tiers est, pour l'essentiel, supportée par le concessionnaire, qu'il s'agisse de la responsabilité envers les usagers – il s'agit alors d'une responsabilité contractuelle – ou envers d'autres tiers. L'autorité concédante n'est responsable que si le concessionnaire est insolvable. Les clauses contractuelles prévoient cependant souvent un partage. Par ailleurs, la responsabilité quasi délictuelle du concédant peut être engagée, en cas de défaut de contrôle sur son concessionnaire, ou encore pour violation de la loi.

VII. LITIGES

L'exécution des concessions peut donner lieu à des litiges entre les parties.

La non-exécution ou l'exécution fautive des clauses contractuelles est de nature à engager la responsabilité contractuelle des parties. Seuls un cas de force majeure – lié à un événement extérieur, imprévisible et irrésistible – et la faute du cocontractant (mais non le fait des tiers) peuvent constituer des causes d'exonération. La réparation suppose que soit démontré un préjudice directement lié à la faute.

Il peut aussi arriver que la responsabilité contractuelle soit mise en jeu en l'absence de faute : tel est le cas, notamment, dans l'hypothèse du fait du prince, c'est-à-dire d'une mesure licite mais imprévisible prise par la personne publique contractante ; le dommage causé au cocontractant est intégralement indemnisé.

Le cocontractant dont le contrat est annulé ou écarté peut par ailleurs prétendre à une indemnisation au titre de l'enrichissement sans cause de la personne publique concédante et, le cas échéant, à une indemnisation sur le terrain de la faute extracontractuelle.

Sur tous ces points, on se reportera au VI de l'Appendice, *Contrôles et contentieux*. On y trouvera en outre, en plus de la jurisprudence relative aux litiges entre les parties, la jurisprudence qui définit les conditions dans lesquelles des tiers peuvent contester les contrats administratifs ou certaines mesures d'exécution.

Enfin, il convient également de prendre en compte les commentaires et la jurisprudence sous les chapitres II, V et VI ci-dessous. ❑

PLAN DES ANNOTATIONS

I. MARCHÉS ET TRAVAUX DU CONCESSIONNAIRE

1. *Travaux.* Des travaux réalisés par une société concessionnaire du service public de la production et du transport de l'eau, portant sur des ouvrages indispensables à la sécurité de l'approvisionnement en eau de la personne publique délégante, sont des travaux publics, dès lors qu'étant exécutés pour les besoins du service public concédé et portant sur des ouvrages destinés à faire retour dans le patrimoine de la collectivité publique, ils sont exécutés dans un but d'utilité générale et pour le compte d'une personne publique. • CE 7 avr. 2008, *Sté de gestion des eaux de Paris*, n° 289329.

2. *Travaux réalisés par le délégataire. Possibilité pour le délégant de poursuivre la responsabilité décennale (non).* La convention conclue entre le syndicat intercommunal à vocation multiple de l'agglomération rouennaise, aux droits duquel vient la communauté d'agglomération de Rouen-Elbeuf-Austreberthe, et la Sometrar, stipule que la concession prend fin le 31 déc. de la trentième année qui suivra la mise en service du réseau de transport et, qu'à l'expiration de la concession, l'ensemble des biens construits, acquis et financés par le concessionnaire, ou remis par l'autorité concédante, constituent des biens de retour. En outre, l'art. 1er du contrat conclu entre la Sometrar et le groupement d'entreprises chargé de la réalisation des travaux de construction du réseau stipule que la Sometrar intervient en qualité de maître d'ouvrage. La communauté d'agglomération de Rouen-Elbeuf-Austreberthe, en l'absence de remise des ouvrages et de tout intérêt direct et certain, ne peut se prévaloir de la qualité de maître de l'ouvrage affecté par les désordres dont elle demande la réparation sur le seul fondement des principes dont s'inspirent les art. 1792 et 1792-4-3 C. civ., instaurant une garantie décennale due par les constructeurs au maître de l'ouvrage. • CAA Douai, 17 sept. 2003, *Cté d'agglomération de Rouen-Elbeuf-Austreberthe*, n° 12DA01100 : *Rev. CMP 2013, n° 283, note Eckert.*

3. Compte de fonds de travaux. Dans la mesure où aucune stipulation de la convention de concession ne désignait le bénéficiaire de l'éventuel solde positif du compte de fonds de travaux au terme de la concession, et en l'absence de tout élément de nature à établir l'intention des parties sur ce point, la cour administrative d'appel n'a pas dénaturé les pièces du dossier en jugeant que, dès lors que les recettes alimentant ce compte étaient destinées au financement des travaux de gros entretien ou d'agencements portant sur des biens appartenant à la collectivité concédante, ce solde ne pouvait revenir qu'à la commune, pour laquelle il constituait le cas échéant une recette destinée à financer ou à faire prendre en charge par un futur concessionnaire des travaux relatifs à ces biens, nonobstant la circonstance que la société avait à sa charge les frais de renouvellement des installations ; la cour n'a pas davantage commis d'erreur de droit au regard des stipulations de la convention de concession. • CE 23 déc. 2009, *Sté des pompes funèbres OGF*, n° 305478 : *Rev. CMP 2010, n° 118, note Eckert.*

4. Travaux réalisés par un régisseur intéressé sur un réseau endommagé. Réparation du préjudice. Il ressort des pièces du dossier soumis aux juges du fond que, par une convention de régie intéressée du 3 avr. 1962, le Syndicat des eaux d'Île-de-France a confié à la société Compagnie générale des eaux la gestion du service public de production et de distribution de l'eau, notamment sur le territoire des communes de Créteil et de Saint-Maur-des-Fossés, en mettant à sa disposition les installations du réseau, dont il était propriétaire ; en oct. 1997, un affaissement du sol a été constaté au pied de la passerelle reliant les communes de Créteil et de Saint-Maur-des-Fossés, dont celles-ci avaient confié la construction à la société Quillery en 1981 ; une conduite d'eau ayant été endommagée, la Compagnie générale des eaux a procédé immédiatement à une intervention consistant à déplacer la conduite. Il résulte de l'instruction que si l'art. 8.1 de la convention de régie intéressée conclue entre le Syndicat des eaux d'Île-de-France et la Compagnie générale des eaux stipule qu'il appartient au régisseur, sous les directives et le contrôle du propriétaire des installations, de « fournir, poser, entretenir, renouveler ou réhabiliter les branchements, les canalisations de distribution de diamètre inférieur ou égal à 300 mm », de « réaliser les modifications et raccordements de conduites ou de branchements, le raccordement et l'entretien des conduites maîtresses de transport » et de « réaliser tous autres travaux divers de faible importance, non programmables par nature et étroitement liés aux contraintes d'exploitation courante du service... », aucune stipulation ne met à sa charge, contrairement à ce que soutient la société, l'obligation d'exécuter les grosses réparations telles que le déplacement d'une canalisation de 600 mm et d'en supporter le coût ; par ailleurs, aucune stipulation de la convention ne prévoit que le régisseur serait subrogé dans les droits du propriétaire du réseau de production et de distribution d'eau aux fins d'obtenir réparation de dommages causés à ce réseau.

D'une part, la Compagnie générale des eaux, qui, ainsi qu'il a été dit, n'était pas propriétaire du réseau de production et de distribution d'eau, a engagé les travaux rendus nécessaires par le dommage causé à la conduite d'eau litigieuse par la passerelle reliant les deux communes et en a supporté le coût en conséquence de l'obligation qu'elle croyait, au demeurant à tort, avoir en vertu des stipulations de l'art. 8.1 de la convention de régie intéressée passée avec le Syndicat des eaux d'Île-de-France ; elle ne disposait dès lors, en tout état de cause, d'aucun droit propre à obtenir réparation auprès de la commune de Créteil du préjudice qu'elle a subi, qui présentait un caractère indirect. D'autre part, la Compagnie générale des eaux ne bénéficiait d'aucune subrogation dans les droits du Syndicat par voie conventionnelle ; elle n'invoque, en tout état de cause, le bénéfice d'aucune subrogation légale.

Il résulte de ce qui précède que la Compagnie générale des eaux, devenue société Véolia Eau-CGE, ne peut prétendre à une indemnisation par la commune de Créteil du préjudice lié au dommage causé à la conduite d'eau litigieuse. • CE 25 sept. 2013, *Cne de Créteil*, n° 343417 : *Rev. CMP 2013, n° 291, note Eckert.*

5. Marchés conclus par un concessionnaire. Le litige né de l'exécution d'un marché de travaux publics et opposant des participants à l'exécution de ces travaux relève de la compétence de la juridiction administrative, sauf si les parties sont unies par un contrat de droit privé ; dans ce dernier cas, la compétence demeure administrative si l'une des parties au contrat agit pour le compte d'une personne publique. Une convention conclue par un SIVOM a confié à une société la construction d'une station d'épuration et son exploitation pendant une durée de trente ans ; le SIVOM ne prend possession de l'ouvrage qu'au terme de cette période et c'est à cette date que la personne publique est subrogée dans les droits de son contractant ; la rémunération de ce dernier, nonobstant l'apport de subventions pour la réalisation des investissements, est essentiellement assurée par les résultats de l'exploitation ; il s'ensuit que cette convention ayant le caractère d'une concession, la société a agi pour son propre compte et non pour celui de la personne publique ; ainsi les contrats relatifs à la construction de l'ouvrage conclus par le concessionnaire, personne morale de droit privé agissant pour son compte, sont des contrats de droit privé de sorte que le litige né de leur exécution ressortit à la compétence des juridictions de l'ordre judiciaire. • T. confl. 9 juill. 2012, *Cie générale des eaux c/ Min. de l'Écologie et du Développement durable*, n° 3834.

II. EXÉCUTION FINANCIÈRE

6. Aucun principe ni aucune disposition légale ou réglementaire n'imposent un décompte unique et indivisible pour le règlement financier d'une convention de délégation de service public ; les stipulations précitées des art. 8 et 24 du contrat en cause prévoyaient au contraire un règlement progressif des comptes de la délégation ; ainsi, alors que le délégataire ne conteste la créance en cause ni dans son principe ni dans son montant, le département pouvait poursuivre le recouvrement des loyers indépendamment des autres sommes qui faisaient l'objet de contestations. • CAA Nantes, 10 mai 2013, *P. Gauthier*, n° 11NT02920.

7. Pénalités. La société ne peut utilement se prévaloir de la méconnaissance du principe de loyauté des relations contractuelles aux motifs que le concédant aurait mis tardivement à sa charge les pénalités pour le recouvrement desquelles le titre exécutoire a été émis, et qu'il ne lui a imparti qu'un délai de huit jours pour se conformer à ses obligations contractuelles, dès lors que ces pénalités et ce délai résultent de la mise en œuvre de stipulations convenues entre les parties. • CAA Paris, 8 févr. 2017, *Sté Opalys*, n° 15PA04410 : *Rev. CMP 2017, n° 141, note Eckert*.

8. Crédit-bail. Une commune a confié à une société la gestion du service de restauration scolaire et municipal ainsi que la réalisation des travaux de réaménagement des points de distribution des repas et autorisé la société à financer ces travaux par crédit-bail, l'accord de la commune sur ce mode de financement devant être formalisé, en vertu de l'art. 9 de ce contrat, par une convention tripartite conclue entre la commune, la société et la société de crédit-bail ; un contrat de crédit-bail immobilier a été conclu entre la société Soferbail, aux droits de laquelle vient la société Unifergie et la société délégataire ; une convention tripartite a été conclue entre la commune, la société délégataire et la société Soferbail ; en vertu de l'art. 1er de cette convention, la commune reconnaît au crédit-bailleur un droit d'occupation du domaine public, ainsi que, dans la limite des règles générales de la domanialité publique et du régime juridique du crédit-bail, la propriété des ouvrages et matériels financés par lui, sauf en ce qui concerne les biens qui auront été financièrement amortis et auront fait l'objet d'un renouvellement par la société en application du contrat de restauration, et précise que les installations demeureront affectées au service public délégué jusqu'au terme du contrat de crédit-bail ; son art. 2 prévoit l'extension au profit de la société Soferbail du bénéfice des autorisations d'occupation des terrains et des locaux dont la société délégataire est titulaire en vertu du contrat de délégation ; la convention prévoit par ailleurs les modalités selon lesquelles, en cas de résiliation ou résolution du contrat de délégation avant l'issue du crédit-bail, la commune doit soit se substituer à la société comme preneur du contrat de crédit-bail, soit lever l'option d'achat prévue à l'art. 13 du titre A du contrat de crédit-bail.

Le contrat de restauration scolaire ayant été résilié avant l'issue du crédit-bail, la commune, usant de la faculté qui lui était offerte dans une telle hypothèse, a levé par anticipation l'option d'achat ; invoquant toutefois la nullité du contrat, la nullité de la convention tripartite et celle du crédit-bail, la commune a refusé de verser à la société Soferbail le prix prévu au contrat de crédit-bail.

Le litige né de l'action introduite devant la juridiction administrative par la société de crédit-bail, sur le fondement de la convention tripartite mentionnée ci-dessus, présente à juger une question de compétence soulevant une difficulté sérieuse et de nature à justifier le recours à la procédure prévue par l'art. 35 du Décr. du 26 oct. 1849 ; il y a lieu de renvoyer au tribunal des conflits la question de savoir si l'action introduite par cette société relève ou non de la compétence de la juridiction administrative et de surseoir à toute procédure jusqu'à la décision de ce tribunal. • CE 18 nov. 2009, *Cne de Draveil*, n° 298867. ♦ Par un arrêt du 26 avr. 2007, la cour d'appel de Paris s'est reconnue compétente pour connaître du même litige que celui dont la cour administrative d'appel de Versailles a été saisie, relatif à l'exécution du contrat de crédit-bail du 23 août 1993 et de la convention tripartite du

11 janv. 1994 et opposant la commune de Draveil, la société Unifergie et la société Avenance Enseignement et Santé, caractérisé par la triple identité de parties, d'objet et de cause ; par arrêt du 28 mai 2008, la Cour de cassation a rejeté le pourvoi dirigé contre l'arrêt du 26 avr. 2007 de la cour d'appel de Paris ; l'autorité de la chose irrévocablement jugée qui, par suite de l'arrêt de la Cour de cassation du 28 mai 2008, s'attache à l'arrêt du 26 avr. 2007 de la cour d'appel de Paris fait obstacle, ainsi que l'a jugé le tribunal des conflits le 18 oct. 2010, à ce que soit remise en cause la compétence judiciaire pour connaître de ce litige ; ainsi, les moyens invoqués par la commune de Draveil, tirés de ce qu'en rejetant la demande de la société Unifergie comme portée devant un ordre de juridiction incompétent pour en connaître la cour administrative d'appel de Versailles aurait commis une erreur de droit et dénaturé les termes de la convention tripartite, ne peuvent, en tout état de cause, qu'être rejetés. • CE 27 janv. 2011, *Cne de Draveil,* n° 298867 : *préc.*

9. Garantie de l'autorité concédante. Aux termes de l'art. L. 2252-1 CGCT : « Une commune ne peut accorder à une personne de droit privé une garantie d'emprunt ou son cautionnement que dans les conditions fixées au présent chapitre. / Le montant total des annuités, déjà garanties ou cautionnées à échoir au cours de l'exercice, d'emprunts contractés par toute personne de droit privé ou de droit public, majoré du montant de la première annuité entière du nouveau concours garanti, et du montant des annuités de la dette communale, ne peut excéder un pourcentage, défini par décret, des recettes réelles de la section de fonctionnement du budget communal ; le montant des provisions spécifiques constituées par la commune pour couvrir les garanties et cautions accordées, affecté d'un coefficient multiplicateur fixé par décret, vient en déduction du montant total défini au présent alinéa. / Le montant des annuités garanties ou cautionnées au profit d'un même débiteur, exigible au titre d'un exercice, ne doit pas dépasser un pourcentage, défini par décret, du montant total des annuités susceptibles d'être garanties ou cautionnées en application de l'alinéa précédent. / La quotité garantie par une ou plusieurs collectivités territoriales sur un même emprunt ne peut excéder un pourcentage fixé par décret (...) » ; aux termes de l'art. D. 1511-35 du même code : « Pour l'application du quatrième alinéa des articles L. 2252-1, L. 3231-4 et L. 4253-1, la quotité susceptible d'être garantie par une ou plusieurs collectivités sur un même emprunt est fixée à 50 % ».

En vertu des stipulations d'une convention « tripartite », la commune délégante devait s'engager, en cas de résiliation de la convention de délégation de service public relative aux ouvrages de stationnement, pour un motif d'intérêt général ou pour quelque autre cause et, notamment, la défaillance du délégataire, soit à substituer à la société défaillante un nouveau délégataire s'engageant à exploiter les ouvrages concernés et, par voie de conséquence, à payer, dans les termes et conditions initialement convenus, les échéances restant dues jusqu'à la fin des contrats de prêt, soit à se substituer elle-même au délégataire en prenant en particulier à sa charge les obligations financières de ce dernier ; si les dispositions précitées du code général des collectivités territoriales fixent l'une des modalités permettant aux communes d'intervenir en matière économique, il ressort des pièces du dossier que la convention « tripartite » ne devait pas être conclue à des fins de développement économique, mais pour permettre d'assurer l'exécution d'une mission de service public ; c'est dans ce but uniquement que la commune devait, aux termes de cette convention, s'engager, en cas de défaillance du délégataire et de l'impossibilité de substituer à celui-ci un autre contractant, à garantir le remboursement des emprunts nécessaires au financement de travaux concernant des ouvrages immobiliers, lesquels, au demeurant, en leur qualité de bien de retour, étaient, dès leur édification, la propriété de la collectivité territoriale et constituaient une partie intégrante du domaine public de celle-ci ; ainsi, ladite convention était, eu égard à son objet, étrangère au champ d'application des dispositions de l'art. L. 2252-1 CGCT ; par suite, la circonstance que la garantie souscrite par la commune et portant sur le remboursement des sommes prêtées excéderait la quotité fixée par ces dispositions est, par elle-même, sans incidence sur la légalité de la délibération contestée.

La circonstance que les conditions prévues pour le remboursement des emprunts contractés par la société délégataire auraient pour effet de protéger celle-ci de tout aléa de nature économique et, par suite, de rendre illégale la convention, distincte, portant délégation de service public, serait, à la supposer établie, sans incidence sur la régularité de la délibération contestée du conseil municipal, laquelle ne portait pas sur la convention de délégation de service public, mais sur celle ayant pour objet d'assurer l'exécution du service public rendu aux usagers des ouvrages de stationnement. • CAA Nantes, 11 avr. 2008, *Sté Auxifip et Caisse régionale de crédit agricole mutuel Val-De-France,* n° 07NT00284 • 11 avr. 2008, *Cne de Chartres,* n° 07NT00336.

10. Émission d'un titre de recettes. Procédure de conciliation préalable. L'art. 27 du contrat du 19 oct. 2012 prévoit que le délégataire versera chaque année une redevance annuelle d'occupation du domaine public comportant une part fixe et une part variable. Aux termes de l'art. 27.1, relatif à la redevance fixe : « Le délégataire versera à l'autorité délégante, chaque année, une redevance annuelle d'occupation du domaine public. (...) Le premier paiement interviendra à compter de la mise à disposition des installations au délégataire telle que fixée à l'art. 4. / Pour les années suivantes, la redevance actualisée sera exigible en janvier de chaque année. A cette fin, l'autorité délégante adressera au délégataire un titre de recette correspondant ». Il résulte de ces stipulations que l'émission d'un titre de recettes constitue le procédé prévu par le contrat pour assujettir le concessionnaire au paiement de la redevance d'occupation du domaine public due annuellement. La commune ne peut dès lors être regardée comme ayant, en émettant le titre exécutoire du 2 nov. 2015 en vue d'obtenir le versement de la redevance domaniale due pour la période du 1er janv. au 31 déc. 2015, entendu régler un différend avec la Sté Vert Marine au sens des stipulations de l'art. 46 du contrat de concession citées au pt. 5. Par suite, le moyen tiré de ce que la commune a méconnu l'obligation contractuelle de mise en œuvre d'une procédure de conciliation préalable en émettant directement un titre exécutoire pour le règlement des sommes dues au titre de la redevance d'occupation du domaine public ne peut qu'être écarté. • CE 12 oct. 2020, Cne d'Antibes, n° 431903 B : *BJCP 2021. 48, concl. Le Corre ; Rev. CMP 2020. 334, note Eckert.*

11. Titre exécutoire. Sanctions financières. Procédure de conciliation. Aux termes de l'art. 34 du contrat du 19 oct. 2012 relatif aux sanctions pécuniaires : « Dans les conditions prévues ci-dessous, faute pour le Délégataire de remplir les obligations qui lui sont imposées par le contrat, des pénalités peuvent lui être infligées par l'Autorité délégante. (...) / 1° Exploitation du service : en cas de retard dans l'entrée en fonctionnement du service du fait du Délégataire, d'interruption générale ou partielle, (...) après une mise en demeure restée infructueuse pendant deux jours calendaires, le Délégataire peut être redevable sur décision de l'autorité délégante d'une pénalité forfaitaire égale à 2 000 euros par jour à compter du jour suivant la réception (...) par le délégataire, de la mise en demeure restée infructueuse et jusqu'au rétablissement de la situation normale / (...) 3° En cas de non-production des documents et pièces prévus aux art. 13 ou 30, du présent Contrat, dans les délais impartis, et 2 jours calendaires après une mise en demeure restée infructueuse, une pénalité égale à 500 € par jour de retard sera appliquée (...) ».

Il résulte de l'instruction que la commune d'Antibes a mis en demeure la Sté Vert Marine d'exécuter ses obligations contractuelles, puis émis les titres exécutoires litigieux, en application de l'art. 34 préc. du contrat. La Sté Vert Marine soutient que les stipulations de l'art. 46 du contrat, citées au pt. 5, s'opposaient à ce que la commune d'Antibes émette des titres exécutoires sans engager la procédure de règlement des différends qu'elles prévoient, qui impose une tentative de conciliation par un expert désigné d'un commun accord avant de saisir le juge. La commune ne peut toutefois être regardée, en ce qu'elle a mis en œuvre les sanctions pécuniaires prévues par le contrat faute pour le délégataire de remplir ses obligations contractuelles, sanctions dont le prononcé est lui-même subordonné à une mise en demeure préalable, comme ayant eu un différend sur l'application ou l'interprétation du contrat au sens de l'art. 46 du contrat, article qui au surplus figure dans un chapitre distinct de celui relatif aux sanctions, dans lequel est situé l'art. 34. Il s'ensuit que la Sté Vert Marine n'est pas fondée à soutenir que la commune d'Antibes aurait dû mettre en œuvre la procédure de règlement amiable des différends prévue à l'art. 46 du contrat avant d'émettre ces titres. • CE 12 oct. 2020, *Cne d'Antibes,* n° 431903 B : *BJCP 2021. 48, concl. Le Corre ; Rev. CMP 2020. 334, note Eckert.*

12. Sanctions financières. Modulation. Lorsqu'il est saisi d'un litige entre les parties à un contrat de la commande publique, le juge du contrat doit, en principe, appliquer les clauses relatives aux pénalités dont sont convenues les parties en signant le contrat. Il peut, à titre exceptionnel, saisi de conclusions en ce sens par une partie, modérer ou augmenter les pénalités résultant du contrat si elles atteignent un montant manifestement excessif ou dérisoire, eu égard au montant du marché ou aux recettes prévisionnelles de la concession, y inclus les subventions versées par l'autorité concédante, et compte tenu de la gravité de l'inexécution constatée. • CE 12 oct. 2020, *Cne d'Antibes,* n° 431903 B : *BJCP 2021. 48, concl. Le Corre ; Rev. CMP 2020. 334, note Eckert.*

III. PERSONNEL

13. Extension des stipulations d'une convention collective relatives au transfert du contrat de travail. Atteinte à la concurrence. Aux termes du 1er al. de l'art. L. 133-8 C. trav. : « A la demande d'une des organisations visées à l'article L. 133-1 ou à l'initiative du ministre chargé du travail, les dispositions d'une convention de branche ou d'un accord professionnel ou interprofessionnel, répondant aux conditions particulières déterminées par la section précédente, peuvent être rendues obligatoires pour tous les salariés et employeurs compris dans le champ d'application de ladite convention ou dudit accord, par arrêté du ministre chargé du travail, après avis motivé de la commission nationale de la négociation collective prévue à l'article L. 136-1 » ; selon le dernier alinéa du même article : « Toutefois, le ministre chargé du travail peut exclure de l'extension, après avis motivé de la commission nationale de la négociation collective, les clauses qui seraient en contradiction avec les textes législatifs et réglementaires en vigueur » ; d'autre part, aux termes du second al. de l'art. L. 122-12 du même code : « S'il survient une modification dans la situation juridique de l'employeur, notamment par succession, vente, fusion, transformation du fonds, mise en société, tous les contrats de travail en cours au jour de la modification subsistent entre le nouvel employeur et le personnel de l'entreprise ».

Les stipulations de l'art. 2-5, relatives au « transfert du contrat de travail », de la convention collective nationale des services d'eau et d'assainissement du 12 avr. 2000 visent les « contrats d'exploitation (délégations ou marchés) de services publics d'eau et d'assainissement ainsi que les prestations de service globales dont la durée totale (renouvellement compris) est supérieure à deux ans intervenant dans ces mêmes domaines » ; après avoir rappelé, au point 1, que « lorsque les conditions d'application de l'article L. 122-12, al. 2, du code du travail sont réunies, le transfert de personnel est opposable à tous, employeurs et salariés », l'art. 2-5 prévoit, au point 2, des dispositions particulières, destinées à s'appliquer lorsque les conditions de cette application ne sont pas réunies ou en cas de désaccord sur son applicabilité entre les employeurs concernés « afin d'assurer au mieux la continuité des emplois des salariés affectés à l'exploitation de ces services publics », et selon lesquelles « l'employeur entrant » reprend les contrats de travail des salariés de « l'employeur sortant » affectés à l'exploitation et à la clientèle depuis au moins six mois, le nombre de salariés ainsi transférés correspondant notamment à « l'effectif équivalent temps plein ».

Il ressort des termes mêmes de l'art. 2-5 de la convention que, si le point 1 se borne à rappeler que les dispositions du second alinéa de l'art. L. 122-12 C. trav. sont susceptibles de s'appliquer en cas de poursuite de l'exécution d'un marché de prestations de services ou d'une délégation de service public par un nouveau titulaire, comme c'est le cas lorsque se trouve caractérisé le transfert d'une entité économique ayant conservé son identité et dont l'activité est poursuivie ou reprise, en revanche les stipulations du point 2 ont pour objet d'imposer à l'« employeur entrant », sous certaines réserves, la reprise des contrats de travail même lorsque les conditions d'application du second alinéa de l'art. L. 122-12 ne sont pas réunies.

Dans la mise en œuvre des pouvoirs que le ministre du travail tient des dispositions précitées de l'art. L. 133-8 C. trav., il lui appartient de veiller à ce que l'extension d'une convention collective ou d'un accord collectif de travail n'ait pas pour effet de conduire à empêcher, restreindre ou fausser le jeu de la concurrence sur un marché, notamment en limitant l'accès à ce marché ou le libre exercice de la concurrence par d'autres entreprises ; il en va en particulier ainsi dans les secteurs où des entreprises sont candidates à des délégations de services publics ou à des marchés publics ; à ce titre, il incombe au ministre d'opérer, sous le contrôle du juge de l'excès de pouvoir, une conciliation entre, d'une part, les objectifs d'ordre social de nature à justifier que les règles définies par les signataires d'une convention ou d'un accord collectif soient rendues obligatoires pour tous les salariés et employeurs du secteur et, d'autre part, les impératifs tenant à la préservation de la libre concurrence dans le secteur en cause.

Il ressort des pièces du dossier, et notamment de l'avis rendu le 4 déc. 2000 par le Conseil de la concurrence sur les conséquences de l'extension de la convention en cause, que l'offre potentielle sur le marché de la distribution et de l'approvisionnement en eau est partagée pour l'essentiel entre trois groupes ; si le secteur de l'épuration est moins concentré, son évolution tend à favoriser la domination des mêmes groupes ; en raison notamment du poids des dépenses de personnel pour les entreprises de ces secteurs, la généralisation des obligations définies au point 2 de l'art. 2-5 de la convention, en obligeant les nouveaux titulaires d'un marché public ou d'une délégation de service public relatifs aux services d'eau ou d'assainissement, y compris ceux de ces titulaires qui n'adhèrent pas à l'organisation patronale signataire de la convention, à reprendre le personnel en place auquel l'employeur sortant n'aura pas proposé une autre affectation, est de nature à dissuader les concurrents de présenter leur candidature et à aggraver les distorsions de concurrence entre les concessionnaires sortants et les soumissionnaires. L'extension de la convention est donc, compte tenu des caractéristiques propres du marché des services d'eau et d'assainissement, de nature à porter une atteinte excessive à la libre concurrence et est intervenue en méconnaissance des principes énoncés ci-dessus. • CE 30 avr. 2003, ♔ *Synd. professionnel des exploitants indépendants des réseaux d'eau et d'assainissement*, n° 230804 A.

14. Reprise en régie d'un service délégué. Le directeur d'un port, service public industriel et commercial, est un agent de droit public. Lors de la reprise en régie de la gestion de ce service, il ne peut bénéficier des dispositions de l'art. L. 122-12 C. trav. relatives à la cession des contrats de travail. • CE 14 mai 2003, ♔ *CCI de Nîmes, Uzès, Bagnols, Le Vigan*, n° 245628 : *Dr. adm. 2003, comm. n° 142, obs. G.L.C.*

15. Aux termes de l'art. 20 de la L. du 26 juill. 2005 portant diverses mesures de transposition du droit communautaire à la fonction publique : lorsque l'activité d'une entité économique employant des salariés de droit privé est, par transfert de cette entité, reprise par une personne publique dans le cadre d'un service public administratif, il appartient à cette personne publique de proposer à ces salariés un contrat de droit public, à durée déterminée ou indéterminée selon la nature du contrat dont ils sont titulaires. Sauf disposition législative ou réglementaire ou conditions générales de rémunération et d'emploi des agents non titulaires de la personne publique contraires, le contrat qu'elle propose reprend les clauses substantielles du contrat dont les salariés sont titulaires, en particulier celles qui concernent la rémunération. En cas de refus des salariés d'accepter les modifications de leur contrat, la personne publique procède à leur licenciement, dans les conditions prévues par le droit du travail et par leur contrat.

Il résulte de ces dispositions, interprétées au regard des objectifs poursuivis par la Dir. 2001/23/CE du Conseil du 12 mars 2001 concernant le rapprochement des législations des États membres relatives au maintien des droits des travailleurs en cas de transfert d'entreprises, d'établissements ou de parties d'entreprises ou d'établissements, qu'en écartant, en l'absence même de toute disposition législative ou réglementaire contraire, la reprise des clauses du contrat dont le salarié transféré était titulaire relatives à la rémunération, lorsque celles-ci ne sont pas conformes aux conditions générales de rémunération et d'emploi des agents non titulaires de la personne publique, le législateur n'a pas entendu autoriser cette dernière à proposer aux intéressés une rémunération inférieure à celle dont ils bénéficiaient auparavant au seul motif que celle-ci dépasserait, à niveaux de responsabilité et de qualification équivalents, celle des agents en fonctions dans l'organisme d'accueil à la date du transfert.

Les dispositions précitées du 2e al. de l'art. 20 de la L. du 26 juill. 2005 ont en revanche pour objet et pour effet de faire obstacle à ce que soient reprises, dans le contrat de droit public proposé au salarié transféré, des clauses impliquant une rémunération dont le niveau, même corrigé de l'ancienneté, excéderait manifestement celui que prévoient les règles générales que la personne publique a, le cas échéant, fixées pour la rémunération de ses agents non titulaires. En l'absence de telles règles au sein d'une collectivité territoriale, la reprise de la rémunération antérieure n'est en tout état de cause légalement possible que si elle peut être regardée comme n'excédant pas manifestement la rémunération que, dans le droit commun, il appartiendrait à l'autorité administrative compétente de fixer, sous le contrôle du juge, en tenant compte, notamment, des fonctions occupées par l'agent non titulaire, de sa qualification et de la rémunération des agents de l'État de qualification équivalente exerçant des fonctions analogues. • CE, avis cont., 21 mai 2007, *Mme Manolis et a.*, n° 299307 A : *Dr. adm. 2007, n° 118, note Melleray.*

16. En vertu de l'art. 20 de la L. du 26 juill. 2005, alors applicable, lorsque l'activité d'une entité économique employant des salariés de droit privé est, par transfert de cette entité, reprise par une personne publique dans le cadre d'un service public administratif, il appartient à cette personne de proposer à ces salariés un contrat de droit public, à durée déterminée ou indéterminée selon la nature du contrat dont ils sont titulaires et en reprenant leurs clauses substantielles, en particulier celles relatives à la rémunération, et, en cas de refus des salariés d'accepter ces offres, de procéder à leur licenciement dans les conditions prévues par le droit du travail et par leur contrat. Il en résulte que tant que les salariés concernés n'ont pas été placés sous un régime de droit public, leurs contrats demeurent des contrats de droit privé de sorte que le juge judiciaire est seul compétent pour statuer sur les litiges nés du refus de l'un ou l'autre des deux employeurs successifs de poursuivre l'exécution de ces contrats de travail, qui ne mettent en cause, jusqu'à la mise en œuvre du régime de droit public, que des rapports de droit privé et, partant, pour apprécier les conditions d'application des dispositions légales et leurs conséquences, notamment l'existence d'une entité économique transférée et poursuivie ainsi que la teneur des offres faites aux salariés. • T. confl. 9 mars 2015, *Sté Véolia Propreté Nord Normandie c/ Cté de cnes de Desvres-Samer*, n° 3994.

17. Reprise par le délégataire d'agents de la collectivité publique affectés au service. Les cahiers des charges du contrat conclu entre une commune et son délégataire prévoyaient que pour l'exécution du service qu'elle assurait au titre de ce contrat, le délégataire reprendrait vingt-quatre agents du personnel communal affectés à l'enlèvement des déchets ménagers, sans qu'il ressorte des pièces du dossier ni d'ailleurs qu'il soit soutenu que le contrat ait prévu, entre la commune et le délégataire, un transfert d'activité au sens de l'art. L. 122-12 C. trav. ; la somme forfaitaire due par le délégataire à la commune pour chaque agent communal non repris, en vertu des stipulations du contrat, doit dès lors être regardée comme une pénalité financière sanctionnant éventuellement la faute dans l'exécution du contrat en cas d'inexécution par cette société de l'obligation contractuelle d'embaucher les agents de la commune ; si aucun agent communal n'a accepté de conclure un contrat de travail avec cette société, celle-ci a fait à plusieurs reprises des offres d'embauche dont le contenu correspondait aux conditions de rémunération et de reprise d'ancienneté offertes par le marché du travail local ; par suite, le délégataire n'a pas commis de faute contractuelle en n'embauchant aucun agent communal ; dès lors, il ne pouvait légalement être l'objet de pénalités financières pour l'exécution du contrat conclu avec la commune. • CE 1er juill. 2005, *Cne de Saint-Paul de La Réunion*, n° 269342.

18. L'art. 1er, § 1, de la Dir. 2001/23/CE du Conseil du 12 mars 2001, concernant le rapprochement des législations des États membres relatives au maintien des droits des travailleurs en cas de transfert d'entreprises, d'établissements ou de parties d'entreprises ou d'établissements, doit être interprété en ce sens que, dans le cadre d'une reprise, par une entité économique, d'une activité dont l'exercice exige des moyens d'exploitation importants, selon une procédure de passation d'un marché public, l'absence de reprise, par celle-ci, de ces moyens, propriétés de l'entité économique exerçant précédemment cette activité, en raison de contraintes juridiques, environnementales et techniques imposées par le pouvoir adjudicateur, ne saurait nécessairement faire obstacle à la qualification de cette reprise d'activité de transfert d'entreprise, dès lors que d'autres circonstances de fait, telles que la reprise de l'essentiel des effectifs et la poursuite, sans interruption, de ladite activité, permettent de caractériser le maintien de l'identité de l'entité économique concernée, ce qu'il appartient à la juridiction de renvoi d'apprécier. • CJUE 27 févr. 2010, *Reiner Grafe*, C-298/18 : *BJCP 2020. 251, concl. Sharpston* (NB : arrêt rendu à propos d'un marché public de services).

19. L'art. 1er, § 1, de la Dir. 2001/23/CE du Conseil, du 12 mars 2001, concernant le rapprochement des législations des États membres relatives au maintien des droits des travailleurs en cas de transfert d'entreprises, d'établissements ou de parties d'entreprises ou d'établissements, doit être interprété en ce sens que, dans le cadre d'une reprise, par une entité économique, d'une activité dont l'exercice exige des moyens d'exploitation importants, selon une procédure de passation d'un marché public, l'absence de reprise, par celle-ci, de ces moyens, propriétés de l'entité économique exerçant précédemment cette activité, en raison de contraintes juridiques, environnementales et techniques imposées par le pouvoir adjudicateur, ne saurait nécessairement faire obstacle à la qualification de cette reprise d'activité de transfert d'entreprise, dès lors que d'autres circonstances de fait, telles que la reprise de l'essentiel des effectifs et la poursuite, sans interruption, de ladite activité, permettent de caractériser le maintien de l'identité de l'entité économique concernée, ce qu'il appartient à la juridiction de renvoi d'apprécier. • CJUE 27 févr. 2010, *Reiner Grafe*, C-298/18 (NB : Arrêt rendu à propos d'un marché public de services), *BJCP 2020. 251, concl. Shar.*

IV. FISCALITÉ

A. TVA

20. Fonds de compensation de la TVA. Aux termes du 1er al. de l'art. L. 1615-1 CGCT : « Les ressources du fonds de compensation pour la taxe sur la valeur ajoutée des collectivités territoriales comprennent les dotations budgétaires ouvertes chaque année par la loi et destinées à permettre progressivement le remboursement intégral de la taxe sur la valeur ajoutée acquittée par les collectivités territoriales et leurs groupements sur leurs dépenses réelles d'investissement ». Aux termes de l'art. L. 1615-7 du même code, dans sa rédaction en vigueur à la date des décisions attaquées (10 janv. et 21 déc. 2005) : « Les immobilisations cédées ou mises à disposition au profit d'un tiers ne figurant pas au nombre des collectivités ou établissements bénéficiaires du fonds de compensation pour la taxe sur la valeur ajoutée ne peuvent donner lieu à une attribution dudit fonds ». Il ressort tant des travaux préparatoires que des circonstances qui ont présidé à l'adoption du III de l'art. 42 de la L. du 29 déc. 1988 dont sont issues ces dispositions que, par « mise à disposition au profit d'un tiers », le législateur a entendu viser les seuls cas où les conditions dans lesquelles une immobilisation est remise ou confiée par la collectivité ou l'établissement qui l'a réalisée à un tiers, non bénéficiaire du fonds de compensation, font apparaître que l'investissement a principalement eu pour objet ou pour effet d'avantager ce tiers. La notion de « mise à disposition au profit d'un tiers » a conservé, lors de l'entrée en vigueur de l'art. 49 de la L. du 30 déc. 1993, qui a prévu des exceptions temporaires au principe de non-éligibilité des immobilisations cédées ou mises à disposition, la portée qui lui avait été donnée initialement par le législateur.

Par ailleurs, aux termes de l'art. R. 1615-2 du même code, dans sa rédaction en vigueur à la date des décisions attaquées : « Ne figurent pas au nombre des dépenses réelles d'investissement ouvrant droit aux attributions du fonds de compensation pour la taxe sur la valeur ajoutée : (...) 4° Les dépenses concernant les biens concédés ou affermés dans les conditions prévues par l'art. 216 *ter* de l'annexe II du code général des impôts ». Aux termes de l'art. 216 bis de l'annexe II au CGI dans sa version alors en vigueur : « La taxe sur la valeur ajoutée qui a grevé certains biens constituant des immobilisations et utilisés pour la réalisation d'opérations soumises à cette même taxe peut être déduite, dans les conditions et suivant les modalités prévues par les art. 216 *ter* et 216 *quater*, par l'entreprise utilisatrice qui n'en est pas elle-même propriétaire ». Et aux termes de l'art. 216 *ter* de la même annexe, dans sa version alors en vigueur : « La taxe déductible est celle afférente : (...) 1° aux investissements publics que l'État, les collectivités locales et leurs établissements publics ont concédés ou affermés ».

Il résulte de l'ensemble de ces dispositions que si le recours d'une collectivité publique aux services d'un délégataire n'est pas de nature à constituer une « mise à disposition » d'un bien au profit d'un tiers, et ne saurait légalement justifier à lui seul l'exclusion des dépenses relatives à ce bien du champ des dépenses ouvrant droit aux attributions du fonds de compensation pour la taxe sur la valeur ajoutée, sont toutefois exclues de ce champ les dépenses relatives à des biens concédés ou affermés dans les conditions prévues par l'art. 216 *ter* de l'annexe II CGI, c'est-à-dire celles qui peuvent faire l'objet d'une déduction de taxe par l'entreprise concessionnaire ou fermière, qu'une telle déduction ait été ou non effectuée et que la somme correspondante ait été ou non reversée par le concessionnaire ou le fermier à la personne publique contractante. • CE 23 juill. 2010, ♖ *Min. de l'Intérieur c/ cne de Brunoy,* n° 325854.

B. IMPÔT SUR LES SOCIÉTÉS

21. Amortissements de caducité. Une entreprise concessionnaire qui est dans l'obligation de détruire ou abandonner sans indemnité ses équipements et installations à la collectivité concédante à l'expiration de la durée de la concession peut amortir ces immobilisations en fonction de cette dernière durée par des amortissements dits « de caducité ». • CE 22 oct. 1990, ♖ *Cie parisienne de chauffage urbain,* n° 46600 : *RJF 12/90, n° 1437.*

22. Seul un concessionnaire qui est dans l'obligation d'abandonner sans indemnité ses équipements et installations à la collectivité concédante à l'expiration de la durée de la concession peut pratiquer des amortissements de caducité sur ces immobilisations en fonction de la durée de la concession. La circonstance qu'une convention de concession de parcs de stationnement prévoie, à l'expiration de la durée de la concession fixée à trente ans, le versement au concessionnaire, qui devra abandonner ses parcs aux communes concédantes, d'une indemnité égale à 15/45e de la valeur des parcs au jour de leur construction, sauf si la durée de la concession était prorogée de quinze ans, n'autorise pas le concessionnaire à déduire des amortissements de caducité, même en les limitant aux 30/45e de la valeur des immobilisations. • CE 14 janv. 2008, ♖ *Sté Sogeparc France,* n° 297541 B : *RJF 2008, n° 401.*

23. Si une entreprise titulaire d'une délégation de service public, qui est dans l'obligation d'abandonner sans indemnité ses équipements et installations à la collectivité délégante à l'expiration de la durée de la délégation, peut pratiquer des amortissements de caducité sur ces immobilisations en fonction de la durée de la délégation, cette faculté n'est pas ouverte à une société liée à la collectivité publique par un tel contrat à raison des dépenses donnant lieu à immobilisations qu'elle expose au seul titre de son obligation d'entretien des installations que la collectivité propriétaire met à sa disposition alors même que ces immobilisations ne seraient pas totalement amorties avant l'échéance de ce contrat.

Aux termes de l'art. 3-1 du contrat d'affermage en litige : « Le fermier ne pourra exiger de la ville aucune modification ni aucun aménagement nouveau de l'immeuble, ni aucune transformation dans la distribution des locaux, ni aucun remplacement, accroissement ou réparation du matériel et du mobilier affermé. / Cependant le fermier aura la possibilité d'apporter des modifications ou des aménagements à l'immeuble ou des transformations dans la distribution des locaux affermés (...) / Il ne pourra le faire qu'avec l'autorisation écrite de la ville et sous la surveillance d'un architecte agréé par elle. / Outre les plans et les devis descriptifs et estimatifs, il devra préalablement soumettre les matériaux et les fournitures à l'agrément de la ville, tant en ce qui concerne la qualité que les teintes. / Tous embellissements, améliorations ou changements apportés par le fermier deviendront la propriété de la ville sans indemnité en fin d'affermage ». Et aux termes de l'art. 3-2 du même contrat : « Le fermier sera tenu responsable de la conservation, de l'entretien courant des bâtiments affermés (...) Le fermier ne pourra exiger de la ville que les réparations d'étanchéité des couvertures et des terrasses (...) / Le paiement des consommations d'eau, de gaz, d'électricité (...) incombera au fermier de même que l'entretien des compteurs, canalisations, chaudières et appareils de chauffage, de distribution d'eau et de cuisine. / Les réparations d'entretien, les réfections et les remplacements mis à la charge du fermier devront être effectués par lui au fur et à mesure des besoins après un délai de trois ans. / (...) / Les peintures, tentures et moquettes seront maintenues en parfait état et refaites en tant que de besoin » ; il ressort des pièces du dossier soumis aux juges du fond que les travaux, que la société fermière a comptabilisés en immobilisations à son bilan et sur lesquels elle a pratiqué les amortissements de caducité en litige étaient relatifs à des travaux de plomberie, de peinture, de tissu mural et de revêtement de sols ; en jugeant que la société fermière était autorisée à prendre en compte, par des amortissements de caducité, la remise gratuite à la commune, à l'expiration du contrat, de ces immobilisations non intégralement amorties alors que ces travaux sont au nombre de ceux qu'en vertu des stipulations de l'art. 3-2 du contrat d'affermage, il lui incombait de supporter au titre de son obligation d'entretien des locaux dans lesquels elle exerçait son activité, qu'ils ne relèvent pas des embellissements, améliorations ou changements apportés par le fermier et devant devenir la propriété de la ville sans indemnité en fin d'affermage en vertu de l'art. 3-1 de ce contrat et qu'ils ne sont pas ainsi de la nature de ceux qui justifient de pratiquer un tel amortissement, la cour administrative d'appel a inexactement qualifié les faits et par suite commis une erreur de droit. • CE 11 déc. 2008, *SA Hôtelière La chaîne Lucien Barrière*, n° 309427 B.

C. TAXE FONCIÈRE

24. Redevable. Aux termes de l'art. 1400 CGI : « I. Sous réserve des dispositions des art. 1403 et 1404, toute propriété, bâtie ou non bâtie, doit être imposée au nom du propriétaire actuel ». Il résulte de l'instruction que les terrains sur lesquels sont situées les installations du port de plaisance sont propriété de l'État ; les installations qui doivent être remises gratuitement au concédant à l'expiration de la concession doivent être regardées comme incorporées au domaine de l'État dès la date de leur établissement ; par suite, et sans que puisse y faire obstacle la circonstance que le traité de concession passé entre l'État et le concessionnaire prévoit que ce dernier supportera seul la charge de tous les impôts auxquels seraient assujetties la concession et ses dépendances, c'est par une exacte application des dispositions précitées de l'art. 1400 du code que le tribunal administratif a mis au nom de l'État les impositions qui avaient été primitivement établies au nom du concessionnaire. • CE 16 nov. 1988, *Cne d'Arcachon*, n° 47685 B : *RJF 1989, n° 69.*

25. Les installations du port de plaisance dont l'établissement et l'exploitation ont été concédés par l'État à la chambre de commerce et d'industrie doivent être remises gratuitement au concédant à l'expiration de la concession ; elles doivent par suite être regardées comme incorporées au domaine de l'État dès la date de leur établissement ; dès lors, sans que puisse y faire obstacle la circonstance que le traité de concession prévoit que le concessionnaire supportera seul la charge de tous les impôts auxquels seraient assujetties la concession et ses dépendances, la taxe foncière sur les propriétés bâties au titre des installations du port devait être établie au nom de l'État, seul redevable légal de cette imposition. • CE 5 mai 2010, *Cne du Grau du Roi*, n° 301419 : *RJF 2010, n° 691.*

26. Le ministre n'a pas contesté devant les juges du fond que l'ensemble immobilier à raison duquel la chambre de commerce et d'industrie a été assujettie à la taxe foncière sur les propriétés bâties a été édifié sur le domaine public par cet établissement public en exécution de la convention signée en 1972 avec l'État pour la construction et l'exploitation du port fluvial de Béthune-Beuvry ainsi que l'établissement et l'exploitation de son outillage public, ni que, étant nécessaire au fonctionnement du service public portuaire, cet ensemble immobilier était constitutif d'aménagements indispensables à l'exécution des missions de ce service ; le tribunal administratif n'a pas dénaturé l'art. 43 du cahier des charges de ce contrat en jugeant que, à l'expiration de la concession, l'État entrerait immédiatement en possession sans indemnité de toutes les constructions édifiées, qui lui appartenaient, dans le silence de la convention, dès leur réalisation, alors même que, comme le soutient le ministre, cet art. ne précise pas que le retour de ces dépendances immobilières s'effectuera gratuitement au profit de l'autorité concédante.

D'autre part, le tribunal a recherché si la chambre de commerce et d'industrie était titulaire d'une autorisation d'occupation temporaire du domaine public constitutive d'un droit réel et, par suite, redevable de la taxe foncière sur les propriétés bâties en vertu du II de l'art. 1400 CGI ; il a relevé que la convention d'occupation du domaine public dont cet établissement public était titulaire avait été établie antérieurement à l'entrée en vigueur de la loi du 25 juill. 1994, dont les dispositions ne sont applicables pour les conventions en cours que dans les conditions prévues à son art. 3 et que ces conditions n'étaient pas satisfaites ; il a jugé que cette convention ne se traduisait pas par une autorisation d'occupation constitutive d'un droit réel ; en en déduisant que, pour les années en litige, l'administration ne pouvait, sur le fondement du II de l'art. 1400 CGI, assujettir la chambre de commerce et d'industrie à la taxe foncière sur les propriétés bâties au titre de cet ensemble immobilier, le tribunal n'a pas commis d'erreur de droit. • CE 27 févr. 2013, *Min. du Budget, des Comptes publics, de la Fonction publique et de la Réforme de l'État c/ CCI de Béthune*, n° 337634 B : *Rev. CMP 2013, n° 146, note Eckert.*

27. Dans le cadre d'une délégation de service public ou d'une concession de travaux mettant à la charge du cocontractant les investissements correspondant à la création ou à l'acquisition des biens nécessaires au fonctionnement du service public, l'ensemble de ces biens, meubles ou immeubles, appartient, dans le silence de la convention, dès leur réalisation ou leur acquisition, à la personne publique. Lorsque des ouvrages nécessaires au fonctionnement du service public, et ainsi constitutifs d'aménagements indispensables à l'exécution des missions de ce service, sont établis sur la propriété d'une personne publique, ils relèvent, de ce fait, du régime de la domanialité publique ; la faculté offerte aux parties au contrat d'en disposer autrement ne peut s'exercer, en ce qui concerne les droits réels dont peut bénéficier le cocontractant sur le domaine public de l'État et de ses établissements publics, que selon les modalités et dans les limites définies aux art. L. 34-1 à L. 34-8 C. dom. Ét., issus de la loi du 25 juill. 1994 relative à la constitution de droits réels sur le domaine public, puis aux art. L. 2122-6 à L. 2122-14 CGPPP, à compter de l'entrée en vigueur le 1er juill. 2006 de ce code, et à condition que la nature et l'usage des droits consentis ne soient pas susceptibles d'affecter la continuité du service public. A l'expiration de la convention, les biens qui sont entrés, en application des principes énoncés ci-dessus, dans la propriété de la personne publique et ont été amortis au cours de l'exécution du contrat font nécessairement retour à celle-ci gratuitement, sous réserve des clauses contractuelles permettant à la personne publique, dans les conditions qu'elles déterminent, de faire reprendre par son cocontractant les biens qui ne seraient plus nécessaires au fonctionnement du service public.

La circonstance que le contrat de concession prévoie le versement au concessionnaire, à l'expiration de la concession, d'une indemnité destinée à compenser la valeur non amortie des biens nécessaires au fonctionnement du service public ne fait nullement obstacle, contrairement à ce que soutient le ministre, à ce que ces biens appartiennent, dès leur réalisation ou leur acquisition, à la personne publique. • CE 21 oct. 2013, *Min. Budget c/ Sté SEMIDEP*, n° 358873 : *AJDA 2014. 231, note Vila ; Rev. CMP 2013, n° 317, note Eckert.*

28. Exonération. Aux termes de l'art. 1382 CGI : « Sont exonérés de la taxe foncière sur les propriétés bâties : 1° Les immeubles nationaux, les immeubles départementaux pour les taxes perçues par les communes et par le département auquel ils appartiennent et les immeubles communaux pour les taxes perçues par les départements et par la commune à laquelle ils appartiennent, lorsqu'ils sont affectés à un service public ou d'utilité générale et non productifs de revenus ». Aux termes de l'art. 1599 *ter* A du même code : « Les exonérations prévues au 1° de l'art. 1382 sont applicables aux régions ».

Il ressort des pièces du dossier soumis aux juges du fond que la région a, par convention, mis à la disposition d'un syndicat mixte, à titre gracieux, des biens immeubles dont elle est propriétaire, afin de permettre à ce syndicat d'assurer l'exploitation d'une base de plein air ; parmi ces immeubles, figure un local affecté à l'exploitation d'une activité de restauration collective destinée aux usagers de cette base ; la région a été assujettie à la taxe foncière sur les propriétés bâties à raison de ce local ; le tribunal administratif a déchargé la région de cette imposition. Lorsqu'une collectivité publique confie la gestion de son domaine à une autre personne afin d'assurer une mission de service public, les immeubles en cause remplissent, pour l'exonération de la taxe foncière sur les propriétés bâties, la condition d'affectation à un tel service, sauf si l'exploitation de tout ou partie de ces immeubles est d'une nature telle qu'elle n'est plus susceptible de se rattacher à la mission de service public. • CE 10 janv. 2005, *Min. de l'Économie c/ Région Île-de-France*, n° 263506 : *RJF 2005, n° 342.*

29. L'exonération permanente prévue par les dispositions de l'art. 1382 CGI ne s'applique qu'aux immeubles appartenant à l'une des personnes publiques qu'elles mentionnent, non productifs de revenus et qui sont affectés à un service public ou d'utilité générale, cette dernière condition s'appréciant indépendamment de la dénomination du contrat par lequel l'immeuble a été, le cas échéant, mis à disposition par la personne publique. • CE 4 mars 2009, *Synd. mixte du pôle européen de plasturgie (SMPEP)*, n° 298981 B.

30. Aux termes de l'art. 1382 CGI : « Sont exonérés de la taxe foncière sur les propriétés bâties : /1° Les (...) immeubles départementaux pour les taxes perçues par les communes et par le département auquel ils appartiennent (...), lorsqu'ils sont affectés à un service public ou d'utilité générale et non productifs de revenus. Le 2° de l'art. 1394 du même code prévoit des dispositions identiques s'agissant de la taxe foncière sur les propriétés non bâties. Aux termes de l'art. 1400 du même code : « I. Sous réserve des dispositions des art. 1403 et 1404, toute propriété, bâtie ou non bâtie, doit être imposée au nom du propriétaire actuel. / II. — Lorsqu'un immeuble est grevé d'usufruit ou loué soit par bail emphytéotique, soit par bail à construction, soit par bail à réhabilitation ou fait l'objet d'une autorisation d'occupation temporaire du domaine public constitutive d'un droit réel, la taxe foncière est établie au nom de l'usufruitier, de l'emphytéote, du preneur à bail à construction ou à réhabilitation ou du titulaire de l'autorisation. Il résulte de la combinaison des dispositions du 1° de l'art. 1382 et du 2° de l'art. 1394 CGI que la condition qu'elles posent relative à l'absence de revenus doit s'apprécier au regard de la personne publique propriétaire du bien affecté à un service public ou d'utilité générale.

Il ressort des pièces du dossier soumis aux juges du fond que le département est propriétaire d'un domaine constitué d'un terrain sur lequel sont édifiés divers bâtiments ; il a conclu avec une association un bail emphytéotique pour une rémunération annuelle symbolique afin qu'elle gère ce domaine en y exerçant pour son compte une mission de service public, consistant en des actions de nature médico-sociale, éducative, professionnelle et thérapeutique auprès de jeunes en difficulté ; après avoir relevé ces faits qu'il a souverainement constatés, le tribunal administratif n'a pas commis d'erreur de droit en jugeant que, dès lors que le domaine était productif de revenus pour le département, il ne pouvait être exonéré de taxes foncières et qu'en conséquence, l'association était redevable des cotisations de taxe foncière sur les propriétés bâties et de taxe foncière sur les propriétés non bâties auxquelles elle avait été assujettie. • CE 24 nov. 2010, *Assoc. Lehugeur-Lelièvre*, n° 323982 : *RJF 2011, n° 177.*

D. TAXE PROFESSIONNELLE ET CONTRIBUTION ÉCONOMIQUE TERRITORIALE

31. Assujettissement du délégataire. Il résulte des termes mêmes de la convention passée entre la ville et la société anonyme que ladite convention a pour objet de confier à cette société la gestion de l'usine d'incinération des ordures ménagères ; la société assure seule, sans intervention de la commune, l'incinération des ordures ménagères et l'entretien des installations ; ainsi, quelle que soit la nature juridique des liens unissant la commune et la société, cette dernière ne saurait prétendre qu'elle n'exerce pas elle-même l'activité d'incinération des ordures ménagères et qu'elle ne devait pas être assujettie à la taxe professionnelle au titre de ladite activité ; la circonstance que la commune serait exonérée de la taxe professionnelle en vertu de l'art. 1449 CGI, si elle exerçait elle-même ladite activité, est sans influence sur la situation de la société, compte tenu de son activité propre, au regard des textes régissant la taxe professionnelle. • CE 24 juill. 1981, *SA Inor*, n° 26342 A.

32. Il ressort des pièces du dossier soumis aux juges du fond que, par une convention d'affermage du 10 mai 1982, le département des Pyrénées-Orientales a confié à la société l'exploitation du complexe hydraulique de Vinça-Villeneuse-de-la-Raho ; les missions dévolues à la société consistent à assurer, d'une part, l'écrêtement des crues de la Têt par utilisation de la retenue de Vinça, d'autre part, le stockage des eaux de ce fleuve dans les retenues de Vinça et de Villeneuve-de-la-Raho en vue de leur régulation et de leur utilisation en aval et, enfin, la fourniture en gros, à partir des eaux ainsi stockées, d'eau destinée à alimenter les réseaux d'irrigation situés en aval ; la rémunération de la société, telle que prévue par cette convention, est fonction, d'une part, des ventes d'eau auxquelles elle procède, d'autre part, et dans la limite d'un plafond, d'une subvention dont le montant est ajusté en fonction des ventes ainsi réalisées ; la société a confié à sa filiale BRL Exploitation la mission de fourniture de l'eau destinée à alimenter les réseaux d'irrigation situés en aval de la retenue de Villeneuve-de-la-Raho. Pour juger que l'activité exercée par la société dans le cadre de la convention d'affermage conclue avec le département des Pyrénées-Orientales ne caractérisait pas l'exercice, à titre habituel, d'une profession non salariée au sens de l'art. 1447 CGI, la cour a notamment relevé que l'exploitation à des fins commerciales par sa filiale de l'eau retenue par les ouvrages qu'elle gérait n'avait pas pour effet de conférer à sa propre activité une nature professionnelle non salariée ; en statuant ainsi, alors que les activités de la société et de sa filiale, qui procèdent d'une unique convention d'affermage conclue entre le département des Pyrénées-Orientales et la seule société, et mobilisent des moyens matériels indissociables, caractérisent ainsi ensemble l'exercice d'une activité professionnelle au sens de l'art. 1447 CGI, la cour a entaché son arrêt d'une erreur de droit. • CE 22 sept. 2014, *Min. du Budget, des Comptes publics et de la Réforme de l'État c/ Sté CNABRL*, n° 352776.

33. Exonération. Aux termes de l'art. 1449 CGI : « Sont exonérés de la taxe professionnelle : 1°) (...) les établissements publics (...) pour leurs activités de caractère essentiellement culturel, éducatif, sanitaire, social, sportif ou touristique, quelle que soit leur situation à l'égard de la taxe sur la valeur ajoutée ». Un office du tourisme, qui a la qualité d'établissement public industriel et commercial, a été assujetti à la taxe professionnelle à raison de son activité d'exploitation du palais des congrès de la ville ; il a demandé la décharge de ces impositions, en faisant valoir que, en tant qu'établissement public réalisant des activités à caractère essentiellement culturel et touristique, il devait être exonéré de taxe professionnelle en application de l'art. 1449 CGI ; il résulte toutefois de l'instruction que l'office a conclu un contrat d'affermage avec la commune, en vertu duquel il exploite et gère un établissement, qui comprend l'auditorium et ses locaux annexes, répartis sur quatre niveaux, le grand hall d'exposition, la salle des ambassadeurs, les salles de réunion, les jardins d'hiver, les bureaux, la brasserie, les cuisines, réserves, locaux techniques et dégagements ; dans ce cadre, l'office s'engage notamment à exploiter toutes les parties de l'établissement, en vue d'y organiser des congrès, réceptions, banquets, spectacles, assemblées générales, séminaires ou réunions ; les activités ainsi développées constituent, par leur nature, par la clientèle à laquelle elles s'adressent et par les moyens mis en œuvre, une prestation de services à caractère commercial, qui n'est pas le complément indispensable d'une activité culturelle ou touristique, et délivrée dans des conditions analogues à celle fournie par une entreprise privée, nonobstant la circonstance que lesdites activités ne se trouveraient pas en concurrence avec une entreprise locale ; le requérant ne peut, par suite, prétendre être exonéré en vertu des dispositions de l'art. 1449 CGI. • CAA Bordeaux, 23 nov. 2010, *Office du tourisme de Pau*, n° 09BX2947.

34. Bases d'imposition. Aux termes de l'art. 1447 CGI : « La taxe professionnelle est due chaque année par les personnes physiques ou morales qui exercent à titre habituel une activité professionnelle non salariée ». Aux termes de l'art. 1467 du même code, dans sa rédaction applicable aux impositions en cause dans la présente espèce : « La taxe professionnelle a pour base : 1°) Dans le cas des contribuables autres que les titulaires de bénéfices non commerciaux, les agents d'affaires et les intermédiaires de commerce employant moins de cinq salariés : *a)* la valeur locative, telle qu'elle est définie aux articles 1469, 1518 A et 1518 B, des immobilisations corporelles dont le redevable a disposé pour les besoins de son activité professionnelle pendant la période de référence définie aux articles 1467 A et 1478, à l'exception de celles qui ont été détruites ou cédées au cours de la même période ; *b)* les salaires au sens du 1 de l'art. 231 ainsi que les rémunérations allouées aux dirigeants de sociétés mentionnés aux art. 62 et 80 *ter*, versés pendant la période de référence définie au *a* (...) ; ces éléments sont pris en compte pour 18 % de leur montant ». Enfin, l'article 1647 B *sexies* dispose que « I. Sur demande du redevable, la cotisation de taxe professionnelle de chaque entreprise est plafonnée en fonction de la valeur ajoutée produite au cours de l'année au titre de laquelle l'imposition est établie ou au cours du dernier exercice de douze mois clos au cours de cette même année lorsque cet exercice ne coïncide pas avec l'année civile ».

Il résulte des termes mêmes de la convention de régie intéressée conclue le 10 juin 1980 entre la ville et la société que ce contrat avait pour objet de confier à la société requérante la gestion du service public de transport urbain des voyageurs ; la société assurait seule l'exploitation de ce service ainsi que l'entretien des matériels, bâtiments et installations mis à sa disposition ; en contrepartie de cette activité professionnelle, exercée à titre habituel, une rémunération lui était versée par la ville qui dépendait, en partie, du taux d'utilisation du réseau de transport ; ainsi la société ne saurait prétendre qu'elle n'exerçait pas elle-même l'activité de transporteur et qu'elle ne devait pas, elle-même, être assujettie, en application des dispositions précitées de l'art. 1447 CGI, à la taxe professionnelle au titre de ladite activité.

Par ailleurs, aux termes des stipulations de la convention susmentionnée, la ville mettait à la disposition de son régisseur, ainsi qu'il a été dit, les matériels, bâtiments et installations nécessaires à l'exploitation ; la société requérante était pleinement responsable de leur utilisation pour les besoins de sa mission de transporteur ; dès lors, la société n'est pas fondée à soutenir que la valeur locative de ces matériels, bâtiments et installations n'aurait pas dû, en application des dispositions précitées de l'art. 1467 CGI, être comprise dans la base de calcul de la taxe professionnelle dont elle était redevable. • CE 5 juin 2002, ♗ *Cie gén. de transports et d'entreprise*, n° 212809.

35. Il ressort des pièces du dossier soumis aux juges du fond que le syndicat intercommunal d'alimentation en eau potable du pays a délégué à la société S., en vertu d'un traité de gérance, l'exploitation d'installations de production et de distribution d'eau potable, dont il a conservé la propriété ; après un contrôle sur pièces effectué par l'administration fiscale, la société a été assujettie, à raison de ces installations, à des suppléments de taxe professionnelle.

D'une part, aux termes de l'art. 1467 CGI : « La taxe professionnelle a pour base : / 1° (...) / *a.* la valeur locative (...) des immobilisations corporelles dont le redevable a disposé pour les besoins de son activité professionnelle (...) » ; les immobilisations dont la valeur locative est ainsi intégrée dans l'assiette de la taxe professionnelle sont les biens placés sous le contrôle du redevable et que celui-ci utilise matériellement pour la réalisation des opérations qu'il effectue ; il suit de là qu'en estimant, après avoir constaté que la société avait eu le contrôle des installations de production et de distribution d'eau potable mises à sa disposition et qu'elle les avait matériellement utilisées pour l'exercice de son activité, que, quelle que soit la nature juridique du contrat en vertu duquel ces installations avaient été mises à sa disposition, la société était l'unique redevable de la taxe professionnelle due au titre desdites installations, la cour n'a pas commis d'erreur de droit.

D'autre part, aux termes de l'art. 1448 CGI : « La taxe professionnelle est établie suivant la capacité contributive des redevables, appréciée d'après des critères économiques en fonction de l'importance des activités exercées par eux sur le territoire de la collectivité bénéficiaire ou dans la zone de compétence de l'organisme concerné » ; pour soutenir devant la cour que ces dispositions avaient été en l'espèce méconnues, la société requérante estimait qu'il n'avait pas été tenu compte du fait qu'elle n'avait ni la qualité de propriétaire, ni celle de concessionnaire des biens en cause ; la cour, qui a indiqué que l'art. 1467 CGI se fonde sur le critère de la mise à disposition des biens pour définir la base d'imposition à la taxe professionnelle du contribuable, et non sur la qualité de propriétaire ou de concessionnaire des biens en cause, doit être regardée comme ayant répondu au moyen qui était tiré devant elle de la violation des dispositions de l'art. 1448 CGI.

Par ailleurs, en vertu du 1er al. du 1° de l'art. 1469 CGI, la valeur locative est calculée, pour les biens passibles d'une taxe foncière, suivant les règles fixées pour l'établissement de cette taxe. Aux termes de l'art. 1380 CGI : « La taxe foncière est établie annuellement sur les propriétés bâties sises en France à l'exception de celles qui en sont expressément exonérées par les dispositions du présent code ». Aux termes de l'art. 1382 CGI : « Sont exonérés de la taxe foncière sur les propriétés bâties : / 1° Les immeubles nationaux, les immeubles départementaux pour les taxes perçues par les communes et par le département auquel ils appartiennent et les immeubles communaux pour les taxes perçues par les départements et par la commune à laquelle ils appartiennent, lorsqu'ils sont affectés à un service public ou d'utilité générale et non productifs de revenus. Ces dispositions n'ont ni pour objet, ni pour effet, de placer les biens qu'elles visent, qui constituent des propriétés bâties, hors du champ d'application de la taxe foncière sur les propriétés bâties, tel qu'il est défini par l'art. 1380 CGI, alors même qu'elles exonèrent certains d'entre eux du paiement de cette taxe ; les biens visés par le 1° de l'art. 1382 ont, ainsi, le caractère de biens passibles d'une taxe foncière au sens du 1° de l'art. 1469 du même code ; il suit de là qu'en estimant que les dispositions du 1° de l'art. 1382 CGI ne pouvaient, en tout état de cause, être utilement invoquées aux fins d'obtenir la décharge ou la réduction des suppléments de taxe professionnelle en litige, la cour n'a pas commis d'erreur de droit ; en particulier, en retenant que la circonstance, à la supposer établie, que les installations exploitées par la société auraient été affectées à un service public ne pouvait être utilement invoquée, sur le fondement du 1° de l'art. 1382 CGI, pour remettre en cause l'application du 1° de l'art. 1469 du même code, la cour n'a pas commis d'erreur de droit. • CE 28 févr. 2007, ♗ *Sté Saur France*, n° 279092.

36. Réserve faite de la charge que constitue le loyer des biens sous-loués et ce, dans la limite du produit de leur sous-location, ne sont pas déductibles du chiffre d'affaires, pour le calcul de la valeur ajoutée servant de base à la cotisation sur la valeur ajoutée des entreprises, et partant, pour le calcul de la taxe additionnelle et des frais de gestion, les charges qui ont pour contrepartie la mise à disposition de biens corporels pris, soit en location ou en sous-location pour une durée de plus de six mois, soit en crédit-bail, soit en location-gérance. Il en va ainsi quand bien même ces charges auraient été exposées par le contribuable en exécution d'un contrat de délégation de service public. La Sté Eurobar a été imposée au titre des années 2013 et 2014 et à raison de l'activité de restauration et d'hôtellerie qu'elle exerce sur les sites parisiens du Cercle national des armées, à la cotisation sur la valeur ajoutée des entreprises, à la taxe additionnelle pour frais de chambre de commerce et d'industrie, ainsi qu'aux frais de gestion correspondants. Pour accueillir sa demande tendant à la réduction de ces impositions à concurrence de la déduction, pour le calcul de la valeur ajoutée, des redevances qu'elle versait au Cercle national des armées, la cour administrative d'appel de Versailles s'est fondée sur la seule circonstance que ces redevances étaient versées « dans le cadre » d'une délégation de service public conclue avec cet établissement public. En statuant ainsi, sans rechercher si ces redevances constituaient, indépendamment de la nature de la convention en exécution de laquelle elles étaient versées, la contrepartie de la mise à disposition de biens corporels devant être regardés comme pris en location ou en sous-location pour une durée de plus de six mois, en crédit-bail ou en location-gérance, la cour a méconnu la règle rappelée ci-dessus. • CE 24 févr. 2020, ♗ *Min. de l'action et des comptes publics c/ Sté européenne de bars restaurants*, n° 433883.

37. Il ressort des pièces du dossier soumis aux juges du fond que, dans le but d'améliorer les conditions d'hygiène dans lesquelles sont effectuées les opérations de stockage et de collecte des déchets ménagers, la communauté d'agglomération confie des conteneurs aux habitants, qui ont la charge de les déposer sur le trottoir pour la collecte des déchets, puis de les rentrer chez eux après vidage ; la société chargée de la collecte des déchets, qui n'est pas propriétaire des conteneurs, ne décide ni de leur modèle ni des modifications qui peuvent être apportées, pendant la durée du contrat conclu entre elle et la communauté d'agglomération, à leur nombre, leur type, leur forme, leurs dimensions ou contenances, modifications auxquelles elle est en revanche tenue d'adapter ses véhicules de collecte et ses accessoires ; la société ne supporte pas la responsabilité de la perte ou du vol des conteneurs, non plus que la responsabilité civile des dommages qu'ils pourraient causer à des tiers ; dans ces conditions, la société ne peut être regardée comme disposant des conteneurs, au sens de l'art. 1467 CGI, pour la réalisation des opérations de collecte des déchets ménagers qu'elle effectue ; par suite, la cour administrative d'appel a inexactement qualifié les faits en jugeant que ces immobilisations étaient au nombre de celles qui, par application de l'art. 1467 CGI, devaient être incluses dans la base de la taxe professionnelle de la société. • CE 30 déc. 2009, ♗ *Sté Onyx Granjouan-Saco*, n° 305589.

38. Réserve faite de la charge que constitue le loyer des biens sous-loués et ce, dans la limite du produit de leur sous-location, ne sont pas déductibles du chiffre d'affaires, pour le calcul de la valeur ajoutée servant de base à la cotisation sur la valeur ajoutée des entreprises, et partant, pour le calcul de la taxe additionnelle et des frais de gestion, les charges qui ont pour contrepartie la mise à disposition de biens corporels pris, soit en location ou en sous-location pour une durée de plus de six mois, soit en crédit-bail, soit en location-gérance. Il en va ainsi quand bien même ces charges auraient été exposées par le contribuable en exécution d'un contrat de délégation de service public. La société Eurobar a été imposée au titre des années 2013 et 2014 et à raison de l'activité de restauration et d'hôtellerie qu'elle exerce sur les sites parisiens du Cercle national des armées, à la cotisation sur la valeur ajoutée des entreprises, à la taxe additionnelle pour frais de chambre de commerce et d'industrie, ainsi qu'aux frais de gestion correspondants. Pour accueillir sa demande tendant à la réduction de ces impositions à concurrence de la déduction, pour le calcul de la valeur ajoutée, des redevances qu'elle versait au Cercle national des armées, la cour administrative d'appel de Versailles s'est fondée sur la seule circonstance que ces redevances étaient versées « dans le cadre » d'une délégation de service public conclue avec cet établissement public. En statuant ainsi, sans rechercher si ces redevances constituaient, indépendamment de la nature de la convention en exécution de laquelle elles étaient versées, la contrepartie de la mise à disposition de biens corporels devant être regardés comme pris en location ou en sous-location pour une durée de plus de six mois, en crédit-bail ou en location-gérance, la cour a méconnu la règle rappelée ci-dessus. • CE 24 févr. 2020, *Ministre de l'action et des comptes publics c/ Sté européenne de bars restaurants,* n° 433883.

E. TAXE SUR LES SALAIRES

39. Il résulte des dispositions de l'art. 1654 CGI que les exploitations industrielles ou commerciales des collectivités territoriales, quelle qu'en soit la forme, doivent acquitter la taxe sur les salaires à laquelle seraient assujetties des entreprises privées effectuant les mêmes opérations ; il suit de là que le moyen tiré de ce que ces dispositions institueraient une différence de traitement, en matière d'assujettissement à la taxe sur les salaires, entre les régies de transport public de voyageurs et les entreprises délégataires assurant les mêmes opérations qu'elles et seraient, pour ce motif, incompatibles avec les stipulations combinées de l'art. 14 Conv. EDH et de l'art. 1er du premier protocole additionnel à cette convention, ne peut qu'être écarté. • CE 17 juin 2015, *Sté autobus aixois,* n° 371162.

V. ALÉAS CONTRACTUELS

40. Imprévision. Force majeure. Un événement imprévisible, extérieur aux parties, bouleversant l'économie du contrat peut conduire le juge à accorder au cocontractant une indemnité d'imprévision. Cette indemnité d'imprévision ne couvre pas toutes les pertes du cocontractant, mais seulement une partie – importante – de celles-ci. La situation d'imprévision est nécessairement une situation provisoire : le contrat doit pouvoir être exécuté aux conditions initiales une fois passé le moment critique. S'il est impossible de revenir à ces conditions, l'imprévision se transforme en force majeure. • CE 30 mars 1916, *Cie gén. d'éclairage de Bordeaux,* n° 59928 A.

41. Une indemnité d'imprévision suppose un déficit d'exploitation qui soit la conséquence directe d'un évènement imprévisible, indépendant de l'action du cocontractant de l'administration, et ayant entraîné un bouleversement de l'économie du contrat.

Le concessionnaire est alors en droit de réclamer au concédant une indemnité représentant la part de la charge extracontractuelle que l'interprétation raisonnable du contrat permet de lui faire supporter. Cette indemnité est calculée en tenant compte, le cas échéant, des autres facteurs qui ont contribué au bouleversement de l'économie du contrat, l'indemnité d'imprévision ne pouvant venir qu'en compensation de la part de déficit liée aux circonstances imprévisibles.

Une société chargée de la gestion d'un service de desserte maritime réclamait une indemnité d'imprévision. La cour administrative d'appel a relevé que la diminution du fret de 16 % par rapport aux prévisions de trafic réalisées lors de l'élaboration du contrat n'est pas principalement à l'origine des déficits d'exploitation dont la société requérante faisait état, lesquels devaient être regardés comme étant largement la conséquence de l'état de fragilité financière initiale de la société, qui n'était ni imprévisible ni extérieur à l'action du cocontractant, et des conditions dans lesquelles avaient été définis les termes de la délégation, qui n'étaient pas davantage imprévisibles.

Dès lors que la part du déficit d'exploitation qui était directement imputable à des circonstances imprévisibles et extérieures ne suffisait pas à caractériser un bouleversement de l'économie du contrat, la cour n'a pas commis d'erreur de droit en en déduisant que la société n'était pas fondée à solliciter le versement d'une indemnité d'imprévision. • CE 21 oct. 2019, *Sté Alliance,* n° 419155 B : *Rev. CMP 2020, n° 13, note Eckert ; AJDA 2020. 796, note Dubreuil.*

42. Si des circonstances imprévisibles ont eu pour effet de bouleverser le contrat et que les conditions économiques nouvelles ont créé une situation définitive qui ne permet plus au concessionnaire d'équilibrer ses dépenses avec les ressources dont il dispose, la situation nouvelle ainsi créée constitue un cas de force majeure et autorise à ce titre le concessionnaire, comme d'ailleurs le concédant, à défaut d'accord amiable sur une orientation nouvelle à donner à l'exploitation, à demander au juge la résiliation de la concession, avec indemnité s'il y a lieu. En l'espèce, la force majeure résultait d'une pollution du site de captage des eaux, ayant contraint le concessionnaire du service de distribution d'eau à s'approvisionner ailleurs, pour un coût nettement supérieur. La commune ayant refusé de réviser la tarification de l'eau distribuée sur son territoire, le concessionnaire pouvait demander la résiliation du contrat. • CE 14 juin 2000, *Staffelfelden,* n° 184722 A : *CJEG 2000. 435, concl. Bergeal.*

43. Le juge peut accorder une indemnité d'imprévision après l'expiration du contrat. • CE, sect., 12 mars 1976, *Dpt des Hautes-Pyrénées c/ Sté Sofilia,* n° 91471 A : *AJDA 1976. 552, concl. Labetoulle.* ♦ La résiliation du contrat ne fait pas obstacle, par elle-même, au versement d'une indemnité d'imprévision. • CE 10 févr. 2010, *Sté Prest'Action,* n° 301116

44. Par convention conclue le 16 nov. 2004, la commune de Lamalou-les-Bains a confié à la société Casino de Lamalou-les-Bains la délégation du service public d'exploitation du casino municipal pour une durée de quinze ans ; par lettre du 1er déc. 2010, la société requérante a présenté à la commune une demande indemnitaire pour la somme de 565 948 €, correspondant à son déficit d'exploitation depuis 2007, celle-ci estimant être victime d'un bouleversement imprévisible du contrat dont l'exécution lui avait été confiée.

La société Casino de Lamalou-les-Bains s'est trouvée dans une situation financière difficile depuis l'année 2007, qui s'est traduite par des déficits de 2 175 € en 2007 pour un chiffre d'affaires de 1 639 230 €, de 351 699 € en 2008 pour un chiffre d'affaires de 1 360 195 €, de 209 888 € en 2009 pour un chiffre d'affaires de 1 254 477 €, de 229 872 € en 2010 pour un chiffre d'affaires de 1 130 374 €, de 274 941 € en 2011 pour un chiffre d'affaires de 1 108 412 € ; la société soutient que cette baisse de chiffre d'affaires résulte de la crise économique survenue à partir de cette année, de la généralisation de l'interdiction de fumer dans les lieux accueillant du public entrée en vigueur le 1er janv. 2008 ; selon la commune, ces baisses du chiffre d'affaires résultent notamment du développement des jeux en ligne et de l'accroissement du contrôle du blanchiment ainsi que d'erreurs commises par la société requérante dans la gestion de son établissement.

La crise économique survenue en 2008 était imprévisible lors de la conclusion du contrat et elle est extérieure aux parties ; toutefois, tel n'est pas le cas du développement des jeux en ligne, de l'accroissement du contrôle du blanchiment et de l'interdiction de fumer dans les lieux publics, qui n'étaient pas imprévisibles pour un acteur économique raisonnablement attentif à son environnement professionnel ; ainsi il ne résulte pas de l'instruction que le bouleversement de l'économie du contrat résulterait directement et de manière certaine de causes qui seraient extérieures aux parties, et auraient été imprévisibles lors de la conclusion du contrat ; dès lors, la société Casino de Lamalou-les-Bains n'est pas fondée à se plaindre de ce que, par le jugement attaqué, le tribunal administratif de Montpellier a rejeté sa demande. • CAA Marseille, 24 févr. 2014, ♕ *Sté Casin° de Lamalou-les-Bains c/ Cne de Lamalou-les-Bains,* n° 12MA00109.

VI. POUVOIRS ET RESPONSABILITÉ DE L'AUTORITÉ CONCÉDANTE (CONTRATS ADMINISTRATIFS)

A. POUVOIRS DE L'AUTORITÉ CONCÉDANTE

45. On se reportera aussi à la jurisprudence sous l'art. L. 6 du présent code.

46. Pouvoir de modification unilatérale (DSP). La personne publique délégante peut demander à son cocontractant d'adapter sa prestation à de nouvelles exigences (en l'espèce au passage de l'éclairage au gaz à l'éclairage électrique). Le principe de mutabilité du service public implique que soit reconnu à l'administration un tel pouvoir de modification unilatérale. • CE 10 janv. 1902 : *Gaz de Deville-les-Rouen : Lebon 5.*

47. L'administration contractante dispose, en dehors de toute clause contractuelle, d'un pouvoir de modification unilatérale du contrat. Ce pouvoir doit toutefois respecter le droit du cocontractant à l'équilibre financier du contrat, ce qui implique que l'intégralité du préjudice subi par celui-ci du fait de la modification soit indemnisée. • CE 11 mars 1910, ♕ *Cie générale française des tramways,* n° 16178 A.

48. Si l'administration n'indemnise pas son cocontractant du surcoût engendré par l'usage de son pouvoir de modification unilatérale, elle commet une faute susceptible de justifier la résiliation du contrat à ses torts. • CE 12 mars 1999, ♕ *SA Méribel 92,* n° 176694 A : *BJCP 1999. 444, concl. Bergeal.*

49. En vertu des règles générales applicables aux contrats administratifs, la personne publique peut apporter unilatéralement dans l'intérêt général des modifications à ses contrats ; l'autorité organisatrice des transports peut ainsi, en cours de contrat, apporter unilatéralement des modifications à la consistance des services et à leurs modalités d'exploitation, le cocontractant, tenu de respecter ses obligations contractuelles ainsi modifiées, ayant droit au maintien de l'équilibre financier de son contrat ; par suite, en retenant que le refus de la société délégataire d'encaisser le prix des transports à la suite du changement de mode de tarification et de prendre en compte la nouvelle organisation du service fixée par le syndicat intercommunal ne pouvait être qualifié de faute de nature à justifier la résiliation du contrat, dès lors que la société avait respecté ses obligations contractuelles originelles et qu'un avenant au contrat n'avait pas été conclu, la cour a commis une erreur de droit ; par conséquent, le syndicat est fondé à demander l'annulation de l'arrêt attaqué en tant qu'il fait droit aux conclusions de la société tendant à ce qu'il l'indemnise des conséquences financières de la résiliation de la convention. • CE 27 oct. 2010, ♕ *Synd. intercommunal des transports publics de Cannes, Le Cannet, Mandelieu-La Napoule,* n° 318617 B.

50. Continuité du service public et modification unilatérale. Dans le cadre d'une concession, les principes de continuité du service public et d'égalité des usagers devant le service public ne s'imposent au concessionnaire que dans les limites de l'objet du contrat et selon les modalités définies par ses stipulations. Dans l'hypothèse où le bénéfice de la prestation est subordonné à l'existence d'une relation contractuelle avec le concessionnaire et au versement d'une rémunération, le concessionnaire n'est pas tenu, sauf stipulations contractuelles contraires, d'assurer sa mission au profit des usagers qui cessent de remplir les conditions pour en bénéficier. Par suite, la continuité du service public et l'égalité des usagers, si elles peuvent constituer un motif d'intérêt général justifiant une modification unilatérale du contrat par l'autorité concédante, dans le respect de son équilibre financier, ne peuvent, en revanche, justifier qu'il soit fait usage des stipulations du traité de concession relatives aux sanctions coercitives applicables au concessionnaire en cas de méconnaissance de ses obligations contractuelles et que, sur ce fondement, celui-ci soit mis en demeure de poursuivre une prestation non prévue par le contrat. • CE 3 mars 2017, *Cne de Clichy-sous-Bois*, n° 398901 B : *BJCP 2017. 238, concl. Pellissier ; AJDA 2017. 1286, note Hoepffner ; Rev. CMP 2017, n° 140, note Eckert.*

51. Pouvoir de résiliation. V. jurisprudence sous le Chap. VI ci-dessous.

B. RESPONSABILITÉ ENVERS LES TIERS (DSP)

52. Responsabilité de la collectivité délégante à l'égard des tiers. La responsabilité de la collectivité délégante, à l'égard de tiers qui ont subi un préjudice du fait d'un incendie dont la société délégataire est responsable, est engagée à titre subsidiaire en raison de l'insolvabilité de la société, qui a été liquidée pour insuffisance d'actif. • CE 11 déc. 2000, *Mme Agofroy*, n° 202971 A : *RFDA 2001. 1277, concl. Austry.*

53. Un contrat de délégation de service portuaire ne confère à la collectivité délégante qu'un simple pouvoir de contrôle et de surveillance du délégataire, sans approbation préalable des actes de ce dernier, notamment quant à la conduite des travaux à réaliser et aux garanties d'usage concédées aux tiers. Eu égard à la nature du contrat en cause et compte tenu de l'ampleur des prérogatives reconnues au délégataire comme de sa vocation à assurer à ses risques et périls l'exploitation du port, la responsabilité que la collectivité délégante est susceptible d'engager à raison de manquements dans l'exercice de ce pouvoir de contrôle et de surveillance ne peut être recherchée par les tiers qu'à raison de défaillances constitutives de fautes lourdes. • CAA Marseille, 17 juin 2019, *Cne de Propriano*, nos 17MA02389 et 17MA02461 : *Rev. CMP 2019, n° 10, note Hoepffner.*

54. Appel en garantie du délégant par le délégataire. Le concessionnaire de l'exploitation d'un aéroport, seul responsable à l'égard des tiers, ne peut être garanti par l'État concédant de sa condamnation à indemniser une commune riveraine, qui a dû réaliser d'importants travaux d'insonorisation des bâtiments publics, dès lors que le préjudice subi par la commune trouve son origine dans le fonctionnement de l'aéroport et non dans son existence et que le cahier des charges de la concession prévoit que, dans un tel cas, c'est le concessionnaire qui supportera l'intégralité de la charge d'indemnisation des tiers. • CE, sect., 20 nov. 1992, *Cne de Saint-Victoret*, n° 84223 A.

55. Responsabilité quasi délictuelle de la collectivité publique délégante à l'égard des usagers. Un usager peut demander au juge administratif réparation du préjudice résultant de la faute commise par une collectivité publique délégante en refusant d'adapter un contrat d'affermage aux conditions plus avantageuses prévues par un nouveau texte. • CE 21 avr. 2000, *Synd. intercommunal de la région d'Yvelines pour l'adduction d'eau*, n° 193007 B.

56. Affermage/concession. En cas de délégation limitée à la seule exploitation de l'ouvrage, comme c'est le cas en matière d'affermage, si la responsabilité des dommages imputables à son fonctionnement relève du délégataire, sauf stipulations contractuelles contraires, celle résultant de dommages imputables à son existence, à sa nature et à son dimensionnement appartient à la personne publique délégante ; ce n'est qu'en cas de concession d'un ouvrage public, c'est-à-dire d'une délégation de sa construction et de son fonctionnement, que peut être recherchée par des tiers la seule responsabilité du concessionnaire, sauf insolvabilité de ce dernier, en cas de dommages imputables à l'existence ou au fonctionnement de cet ouvrage ; le délégataire ou la personne publique délégante ne peut dégager sa responsabilité que s'il établit que ces dommages résultent de la faute de la victime ou d'un cas de force majeure. • CAA Douai, 7 août 2013, *Cie générale des eaux*, n° 12DA01374 : *Rev. CMP 2013, n° 292, note Devillers.*

VII. LITIGES

57. V. la jurisprudence dans l'appendice « Contrôles et contentieux », ainsi que sous les Chap. II, V et VI ci-dessous. ♦ Il ressort des pièces du dossier soumis aux juges des référés que la convention tripartite de fonctionnement du transport sur voie réservée de l'agglomération caennaise conclue le 21 avr. 2000 forme, avec le contrat de concession de travaux publics qui lie le syndicat mixte et la STVR, auquel elle est annexée, et le contrat de concession de service public qui lie le même syndicat et la société Kéolis Caen, auquel elle est également annexée, un même ensemble contractuel ; dès lors, en relevant que cette convention assurait l'articulation entre les obligations qui lient les deux concessionnaires à l'autorité concédante et en en déduisant que le juge administratif était compétent pour connaître du litige né, entre la STVR et la société Kéolis Caen, de l'exécution de cette convention, la cour n'a commis, contrairement à ce que soutient la société requérante, aucune erreur de droit. • CE 6 déc. 2013, *Sté Keolis Caen*, nos 370074 et 370079 : *BJCP 2014. 93, concl. Pellissier ; AJDA 2014. 741, note Lombard ; Rev. CMP 2014, n° 42, note Eckert.*

CHAPITRE I TRANSPARENCE ET RAPPORT D'INFORMATION DE L'AUTORITÉ CONCÉDANTE

SECTION 1 Mise à disposition des données essentielles

SOUS-SECTION 1 Mise à disposition des données essentielles par l'autorité concédante

Art. L. 3131-1 Dans des conditions fixées par voie réglementaire, l'autorité concédante rend accessibles, sous un format ouvert et librement réutilisable, les données essentielles du contrat de concession, sous réserve des dispositions de l'article L. 3122-3 et à l'exception des informations dont la divulgation serait contraire à l'ordre public. – *[Ord. n° 2016-65 du 29 janv. 2016, art. 53.]*

COMMENTAIRE

Ces dispositions sont inspirées par une logique d'*open-data*, tout en réservant les exigences de la confidentialité et de l'ordre public. On se reportera à l'article R. 3131-1 du code. ❑

SOUS-SECTION 2 Mise à disposition de données par le concessionnaire en cas de gestion concédée d'un service public

Art. L. 3131-2 Lorsque la gestion d'un service public est concédée, le concessionnaire fournit à l'autorité concédante, sous format électronique, dans un standard ouvert librement réutilisable et exploitable par un système de traitement automatisé, les données et les bases de données collectées ou produites à l'occasion de l'exploitation du service public faisant l'objet du contrat et qui sont indispensables à son exécution.

Pour les contrats de concession pour lesquels une consultation a été engagée ou un avis de concession a été envoyé à la publication avant la date d'entrée en vigueur de la loi n° 2016-1321 du 7 octobre 2016 pour une République numérique, le concessionnaire n'est tenu de transmettre les données et bases de données qu'à la seule fin de préparer le renouvellement du contrat. – *[Ord. n° 2016-65 du 29 janv. 2016, art. 53-1, al. 1er 1re phrase, et 78, dern. al. 2e phrase.]*

Les dispositions du premier alinéa du présent art. s'appliquent aux contrats de concession concédant un service public pour lesquels une consultation a été engagée ou un avis de concession a été envoyé à la publication à compter du 9 oct. 2016, date d'entrée en vigueur de la L. n° 2016-1321 du 7 oct. 2016 pour une République numérique (Ord. n° 2018-1074 du 26 nov. 2018, art. 20).

Art. L. 3131-3 Le concessionnaire peut, dès la conclusion du contrat de concession ou au cours de son exécution, être dispensé de tout ou partie des obligations prévues par l'article L. 3131-2 par décision motivée de l'autorité concédante fondée sur des motifs d'intérêt général et rendue publique. – *[Ord. n° 2016-65 du 29 janv. 2016, art. 53-1, dern. al.]*

Les dispositions du présent art. s'appliquent aux contrats de concession concédant un service public pour lesquels une consultation a été engagée ou un avis de concession a été envoyé à la publication à compter du 9 oct. 2016, date d'entrée en vigueur de la L. n° 2016-1321 du 7 oct. 2016 pour une République numérique (Ord. n° 2018-1074 du 26 nov. 2018, art. 20).

Art. L. 3131-4 L'autorité concédante ou un tiers désigné par celle-ci peut extraire et exploiter librement tout ou partie de ces données et bases de données, notamment en vue de leur mise à disposition à titre gratuit à des fins de réutilisation à titre gratuit ou onéreux.

Les données et bases de données fournies par le concessionnaire sont mises à disposition ou publiées dans le respect des articles L. 311-5 à L. 311-7 du code des relations entre le public et l'administration. – *[Ord. n° 2016-65 du 29 janv. 2016, art. 53-1, al. 1er 2e phrase et al. 3.]*

V. note ss. art. L. 3131-3, supra.

SECTION 2 Rapport d'information à l'autorité concédante

Art. L. 3131-5 Le concessionnaire produit chaque année un rapport comportant notamment les comptes retraçant la totalité des opérations afférentes à l'exécution du

contrat de concession et une analyse de la qualité des ouvrages ou des services. *(L. n° 2021-1104 du 22 août 2021, art. 35, en vigueur à des dates fixées par décret en fonction des catégories de concession, au plus tard le 22 août 2026)* **« Ce rapport décrit également les mesures mises en œuvre par le concessionnaire pour garantir la protection de l'environnement et l'insertion par l'activité économique dans le cadre de l'exécution du contrat. »**

Lorsque la gestion d'un service public est concédée, y compris dans le cas prévu à l'article L. 1121-4, ce rapport permet en outre aux autorités concédantes d'apprécier les conditions d'exécution du service public. – *[Ord. n° 2016-65 du 29 janv. 2016, art. 52.]*

V. note ss. art. L. 3111-2, supra.

COMMENTAIRE

Pour ces dispositions, on se reportera aux articles R. 3131-2 à R. 3131-4 du code. ❑

Il résulte des principes mêmes de la délégation de service public que le cocontractant du concédant doit lui communiquer toute information utile sur les biens de la délégation ; s'agissant des concessions de distribution d'électricité ou de gaz consenties par les collectivités territoriales, l'art. L. 2224-31 CGCT dispose : « les collectivités territoriales ou leurs établissements publics de coopération, en tant qu'autorités concédantes de la distribution publique d'électricité et de gaz en application de l'article 6 de la loi du 15 juin 1906 sur les distributions d'énergie et de l'article 36 de la loi n° 46-628 du 8 avril 1946 précitée., négocient et concluent les contrats de concession, et exercent le contrôle du bon accomplissement des missions de service public fixées, pour ce qui concerne les autorités concédantes, par les cahiers des charges de ces concessions. / Les autorités concédantes précitées assurent le contrôle des réseaux publics de distribution d'électricité et de gaz. A cette fin, elles désignent un agent du contrôle distinct du gestionnaire du réseau public de distribution. / Chaque organisme de distribution d'électricité et de gaz tient à la disposition de chacune des autorités concédantes précitées dont il dépend les informations d'ordre économique, commercial, industriel, financier ou technique utiles à l'exercice des compétences de celle-ci, dans les conditions prévues par les dispositions de l'article 20 de la loi du 10 février 2000 relative à la modernisation et au développement du service public de l'électricité et de l'article 9 de la loi du 3 janvier 2003 relative aux marchés du gaz et de l'électricité et au service public de l'énergie. Il communique chaque année, notamment, la valeur brute, la valeur nette comptable et la valeur de remplacement des ouvrages concédés » ; il résulte de ces dispositions que le concessionnaire est tenu, pour permettre à l'autorité concédante d'exercer son contrôle sur le service public concédé, de lui communiquer, à sa demande, toutes informations utiles, notamment un inventaire précis des ouvrages de la concession, avec la détermination de leur valeur brute, de leur valeur nette comptable et de leur valeur de remplacement. • CE, ass., 21 déc. 2012, *Cne de Douai*, n° 342788 A.

CHAPITRE II OCCUPATION DOMANIALE ET BIENS DE LA CONCESSION

Art. L. 3132-1 Lorsque le contrat de concession emporte occupation du domaine public, il vaut autorisation d'occupation de ce domaine pour sa durée. – *[Ord. n° 2016-65 du 29 janv. 2016, art. 50, al. 1er.]*

COMMENTAIRE

Il n'y a donc aucun besoin d'engager, parallèlement à la procédure de passation du contrat, une procédure pour l'obtention d'une autorisation. ❑

Art. L. 3132-2 Le contrat de concession peut attribuer au concessionnaire des droits réels sur les ouvrages et équipements qu'il réalise.

Ces droits lui confèrent les prérogatives et obligations du propriétaire, dans les conditions et les limites définies par les clauses du contrat ayant pour objet de garantir l'intégrité et l'affectation du domaine public. – *[Ord. n° 2016-65 du 29 janv. 2016, art. 50, al. 2.]*

COMMENTAIRE

Il y a là une logique qui trouve son origine dans ce qui avait été dit pour la première fois prévu par l'ordonnance du 17 juin 2004 sur les contrats de partenariat et qu'a reprise le code général de la propriété des personnes publiques. On la retrouve, dans le présent code, pour les marchés de partenariat (V. art. L. 2213-10). On notera cependant qu'il n'y a de droits réels, pour les concessions, que si le contrat le prévoit. On se reportera aussi au commentaire sous l'article L. 3132-6 ci-dessous. ❑

Art. L. 3132-3 Le concessionnaire peut être autorisé, avec l'accord expressément formulé de l'autorité concédante, à conclure des baux ou droits réels d'une durée excédant celle du contrat de concession.

Les autorisations données par l'autorité concédante, ainsi que les baux et droits réels qui en résultent, constituent des accessoires au contrat de concession et sont, à l'issue de la durée du contrat, transférés à l'autorité concédante. — *[Ord. n° 2016-65 du 29 janv. 2016, art. 51.]*

COMMENTAIRE

Là encore, on retrouve une inspiration née avec les contrats de partenariat. ❑

Art. L. 3132-4 Lorsqu'une autorité concédante de droit public a conclu un contrat de concession de travaux ou a concédé la gestion d'un service public :

1° Les biens, meubles ou immeubles, qui résultent d'investissements du concessionnaire et sont nécessaires au fonctionnement du service public sont les biens de retour. Dans le silence du contrat, ils sont et demeurent la propriété de la personne publique dès leur réalisation ou leur acquisition ;

2° Les biens, meubles ou immeubles, qui ne sont pas remis au concessionnaire par l'autorité concédante de droit public et qui ne sont pas indispensables au fonctionnement du service public sont les biens de reprise. Ils sont la propriété du concessionnaire, sauf stipulation contraire prévue par le contrat de concession ;

3° Les biens qui ne sont ni des biens de retour, ni des biens de reprise, sont des biens propres. Ils sont et demeurent la propriété du concessionnaire.

Art. L. 3132-5 Au terme du contrat de concession de travaux ou du contrat concédant un service public, les biens de retour mentionnés à l'article L. 3132-4 qui ont été amortis au cours de l'exécution du contrat de concession font retour dans le patrimoine de la personne publique gratuitement, sous réserve des stipulations du contrat permettant à celle-ci de faire reprendre par le concessionnaire les biens qui ne seraient plus nécessaires au fonctionnement du service public.

L'octroi au concessionnaire, pour la durée du contrat, de la propriété des biens nécessaires au service public autres que les ouvrages établis sur la propriété d'une personne publique ou certains droits réels sur ces biens ne peut faire obstacle au retour gratuit de ces biens dans le patrimoine de la personne publique, sous réserve des stipulations permettant à celle-ci de faire reprendre par le concessionnaire les biens qui ne seraient plus nécessaires au fonctionnement du service public.

Art. L. 3132-6 Le contrat de concession de travaux ou le contrat concédant un service public peut également prévoir une faculté de reprise au profit de la personne publique concédante au terme du contrat, moyennant un prix convenu entre les parties ou, le cas échéant, gratuitement, des biens appartenant au concessionnaire qui ne sont pas nécessaires au fonctionnement du service public.

COMMENTAIRE

Les articles L. 3132-4 à L. 3132-6 procèdent à la « codification » de la jurisprudence élaborée pour les DSP.

Celle-ci distingue en effet depuis longtemps les biens de retour, les biens de reprise et les biens propres : les premiers, indispensables au service public, sont considérés comme appartenant, *ab initio*, à la collectivité publique délégante ; les seconds appartiennent au délégataire et sont en principe rachetés par la personne publique à la fin du contrat ; les troisièmes, utilisés accessoirement par le délégataire pour les besoins du service, restent sa propriété.

Par un arrêt d'assemblée *Commune de Douai* du 21 décembre 2012 (V. *infra*, jurisprudence), le Conseil d'État a précisé le régime juridique des biens d'une concession (ce qu'il n'avait en réalité guère eu l'occasion de faire jusque-là, sinon sur des points particuliers, notamment en matière fiscale).

Pendant la durée de la concession, les biens nécessaires au fonctionnement du service public, meubles ou immeubles, appartiennent, dans le silence du contrat, dès leur réalisation ou leur acquisition, à la personne publique. Lorsqu'il s'agit d'ouvrages établis sur la propriété d'une personne publique, ils relèvent de la domanialité publique, de sorte que les parties au contrat ne peuvent le cas échéant prévoir de faire bénéficier le concessionnaire de droits réels que dans les conditions et limites prévues par les dispositions des articles L. 2122-6 à L. 2122-14 du code général de la propriété des personnes publiques ou par celles des articles L. 1311-2 à L. 1311-8 du code général des collectivités territoriales. Lorsque les ouvrages ne sont pas établis sur la propriété d'une personne publique, les parties peuvent en revanche convenir d'attribuer au concessionnaire, pendant la durée du contrat, la propriété des biens ou des droits réels, sous réserve de garanties propres à assurer la continuité du service public.

Au terme normal de la concession, les biens nécessaires au service public reviennent gratuitement à la personne publique dès lors qu'ils ont été amortis. En effet, à l'amortissement comptable linéaire basé sur la durée d'utilisation des installations peut s'ajouter, lorsque la durée d'utilisation est supérieure à la durée de la concession, un amortissement dit « de caducité », qui permet de reconstituer les capitaux qui ont financé les installations (et qui ne peut précisément être pratiqué, comme le précisent la jurisprudence fiscale et la doctrine administrative, que si le concessionnaire doit remettre gratuitement les installations en fin de contrat au concédant).

L'arrêt précise que les parties peuvent convenir d'une reprise par le concessionnaire de biens qui seraient devenus sans nécessité pour le service public. Quant aux biens propriété du délégataire et qui n'ont jamais été nécessaires au service public, ils peuvent être repris, à titre onéreux ou gratuitement, par la personne publique.

Enfin, en cas de résiliation de la concession, le concessionnaire a droit, en ce qui concerne les biens, à l'indemnisation du préjudice qui résulte de leur retour anticipé dans le patrimoine de la personne publique à titre gratuit. L'arrêt précise, dans l'hypothèse du retour gratuit, comment doit être déterminée l'indemnisation. Si l'amortissement a été calculé sur la base d'une durée d'utilisation inférieure à la durée du contrat, l'indemnisation est égale à la valeur nette comptable. Dans l'hypothèse d'une durée d'utilisation supérieure à la durée du contrat, l'indemnisation se détermine en recalculant un amortissement (amortissement comptable plus amortissement de caducité) sur la base de la durée du contrat (peu important l'éventuelle constitution de provisions pour renouvellement, lesquelles font en ce cas l'objet d'une reprise).

Dans tous les cas, l'indemnisation permet de respecter l'équation financière du contrat, mais ne peut se traduire par une libéralité (est à cet égard levée l'ambiguïté qui, semble-t-il, pouvait résulter de la rédaction de l'arrêt du 4 mai 2001, *CCI de Nîmes, Uzès, Bagnots, Le Vigan*). Pour plus de détails, voir la chronique de jurisprudence du Conseil d'État sur l'arrêt *Commune de Douai, AJDA 2013. 457*.

Le code général des collectivités territoriales prescrit des obligations particulières pour les délégations de service public d'eau ou d'assainissement puisque le délégataire est tenu d'établir en fin de contrat un inventaire détaillé du patrimoine du délégant (art. L. 2224-11-4), ce qui lui impose d'identifier précisément les biens de retour.

On rappellera que, bien que la collectivité publique soit propriétaire des biens de retour, c'est le délégataire qui assume la maîtrise d'ouvrage si des travaux doivent être réalisés. ❑

1. En premier lieu, dans le cadre d'une délégation de service public ou d'une concession de travaux mettant à la charge du cocontractant les investissements correspondant à la création ou à l'acquisition des biens nécessaires au fonctionnement du service public, l'ensemble de ces biens, meubles ou immeubles, appartient, dans le silence de la convention, dès leur réalisation ou leur acquisition à la personne publique.

D'une part, lorsque des ouvrages nécessaires au fonctionnement du service public, et ainsi constitutifs d'aménagements indispensables à l'exécution des missions de ce service, sont établis sur la propriété d'une personne publique, ils relèvent de ce fait du régime de la domanialité publique ; la faculté offerte aux parties au contrat d'en disposer autrement ne peut s'exercer, en ce qui concerne les droits réels dont peut bénéficier le cocontractant sur le domaine public, que selon les modalités et dans les limites définies aux art. L. 2122-6 à L. 2122-14 CGPPP ou aux art. L. 1311-2 à L. 1311-8 CGCT et à condition que la nature et l'usage des droits consentis ne soient pas susceptibles d'affecter la continuité du service public.

D'autre part, le contrat peut attribuer au délégataire ou au concessionnaire, pour la durée de la convention, la propriété des ouvrages qui, bien que nécessaires au fonctionnement du service public, ne sont pas établis sur la propriété d'une personne publique, ou des droits réels sur ces biens, sous réserve de comporter les garanties propres à assurer la continuité du service public, notamment la faculté pour la personne publique de s'opposer à la cession, en cours de délégation, de ces ouvrages ou des droits détenus par la personne privée.

En outre, les biens qui n'ont pas été remis par le délégant au délégataire en vue de leur gestion par celui-ci et qui ne sont pas indispensables au fonctionnement du service public sont la propriété du délégataire, à moins que les parties n'en disposent autrement.

En deuxième lieu, à l'expiration de la convention, les biens qui sont entrés, en application des principes énoncés ci-dessus, dans la propriété de la personne publique et ont été amortis au cours de l'exécution du contrat font nécessairement retour à celle-ci gratuitement, sous réserve des clauses contractuelles permettant à la personne publique, dans les conditions que ces clauses déterminent, de faire reprendre par son cocontractant les biens qui ne seraient plus nécessaires au fonctionnement du service public ; le contrat qui accorde au délégataire ou concessionnaire, pour la durée de la convention, la propriété des biens nécessaires au service public autres que les ouvrages établis sur la propriété d'une personne publique, ou certains droits réels sur ces biens, ne peut, sous les mêmes réserves, faire obstacle au retour gratuit de ces biens à la personne publique en fin de délégation.

Par ailleurs, les parties peuvent convenir d'une faculté de reprise par la personne publique, à l'expiration de la délégation ou de la concession, et moyennant un prix, des biens appartenant au délégataire qui ne sont pas nécessaires au fonctionnement du service ; toutefois, aucun principe ni aucune règle ne font obstacle, s'agissant de ces biens susceptibles d'une reprise, à ce que le contrat prévoie également leur retour gratuit à la personne publique au terme de la délégation. Enfin, lorsque la personne publique résilie la convention avant son terme normal, le délégataire est fondé à demander l'indemnisation du préjudice qu'il subit à raison du retour anticipé des biens à titre gratuit dans le patrimoine de la collectivité publique, en application des principes énoncés ci-dessus, dès lors qu'ils n'ont pu être totalement amortis ; lorsque l'amortissement de ces biens a été calculé sur la base d'une durée d'utilisation inférieure à la durée du contrat, cette indemnité est égale à leur valeur nette comptable inscrite au bilan ; dans le cas où leur durée d'utilisation était supérieure à la durée du contrat, l'indemnité est égale à la valeur nette comptable qui résulterait de l'amortissement de ces biens sur la durée du contrat ; si, en présence d'une convention conclue entre une personne publique et une personne privée, il est loisible aux parties de déroger à ces principes, l'indemnité mise à la charge de la personne publique au titre de ces biens ne saurait en toute hypothèse excéder le montant calculé selon les modalités précisées ci-dessus. • CE, ass., 21 déc. 2012, ♔ *Cne de Douai,* n° 342788 A : *AJDA 2013. 457* ✎ ; *ibid. 724, étude Fatôme et Terneyre* ✎ ; *BJCP 2013. 136, concl. Dacosta ; Rev. CMP 2013, n°s 41 et 42, note Eckert ; Dr. adm. 2013, n° 20, note Éveillard.*

2. Référé mesures utiles. Restitution de différents supports et de droits d'administration de pages hébergées sur des réseaux sociaux. La restitution par le concessionnaire des biens de retour d'une concession, dès lors qu'elle est utile, justifiée par l'urgence et ne se heurte à aucune contestation sérieuse, est au nombre des mesures qui peuvent ainsi être ordonnées par le juge des référés sur le fondement de l'art. L. 521-3 CJA, afin d'assurer la continuité du service public et son bon fonctionnement.

Le juge ne peut retenir que les stipulations d'une convention de délégation de service public sont susceptibles de faire obstacle au retour gratuit à la personne publique de biens nécessaires au service créés au cours de la délégation et s'abstenir de rechercher si les biens en cause sont nécessaires au fonctionnement du service public, alors que, si les parties au contrat de délégation peuvent décider la dévolution gratuite à la personne publique d'un bien qui ne serait pas nécessaire au fonctionnement du service public, elles ne sauraient en revanche exclure qu'un bien nécessaire au fonctionnement du service public lui fasse retour gratuitement.

Des demandes d'une commune ne tendant qu'à la restitution par son délégataire de différents supports, matériels ou non, ainsi que des droits d'administration de pages hébergées sur les réseaux sociaux, sans préjudice des éventuels droits de propriété intellectuelle relatifs à ces supports ou aux contenus hébergés par ces pages, ne peuvent être regardées comme étant relatives à la propriété littéraire et artistique, au sens de l'art. L. 331-1 CPI. Par suite, la juridiction administrative est compétente pour statuer sur ces demandes de restitution.

Le contrat de DSP passé par une commune portant sur « la gestion globale des services d'accueil, l'animation culturelle, la communication et la valorisation des services d'accueil, l'animation culturelle, la communication et la valorisation » des monuments romains de la commune prévoyait qu'il incombait au délégataire, notamment, d'assurer la promotion des monuments, la communication et la « commercialisation touristique régionale, nationale et internationale autour des monuments objet de la présente délégation » et mettait à la charge du délégataire la communication et la promotion « via les réseaux sociaux ».

Les droits d'administration des pages des réseaux sociaux relatives aux monuments faisant l'objet du contrat étant nécessaires au fonctionnement du service public tel qu'institué par la commune, ils doivent lui faire retour gratuitement au terme du contrat. • CE 16 mai 2022, *Cne de Nîmes*, n° 459904A : *Rev. CMP 2022, comm. 241, Eckert.*

3. Valeur comptable. Contrats conclus avant les lois Sapin et Barnier. En fixant à leur valeur nette comptable le montant de l'indemnisation de la société Suez Eau France au titre du retour gratuit anticipé des biens nécessaires au fonctionnement du service public dans le patrimoine de Toulouse Métropole en l'absence de stipulations contraires du contrat et en jugeant inopérant le moyen tiré de ce que ces biens auraient été économiquement amortis avant la résiliation du contrat grâce aux résultats de l'exploitation de la concession, la cour administrative d'appel n'a pas commis d'erreur de droit.

Par ailleurs, l'entrée en vigueur de la L. n° 93-122 du 29 janv. 1993, qui a fixé la règle selon laquelle la durée des conventions de délégation de service public ne doit pas dépasser la durée normale d'amortissement des installations, et celle de la L. n° 95-101 du 2 févr. 1995, qui a prévu que dans le domaine de l'eau potable, de l'assainissement, des ordures ménagères et autres déchets, les délégations de service public ne peuvent avoir, en principe, une durée supérieure à vingt ans, ne font pas obstacle à l'application des règles définies ci-dessus (cf. arrêt *Commune de Douai, supra*) en cas de résiliation d'un contrat conclu antérieurement. Par suite, la cour n'a pas commis d'erreur de droit en jugeant inopérant le moyen tiré de ce que la durée de la concession de service public litigieuse aurait excédé la durée maximale autorisée par la loi. • CE 27 janv. 2020, *Toulouse Métropole*, n° 422104 B : *BJCP 2020. 199, concl. Pellissier ; Rev. CMP 2020, comm. 122, Eckert.*

4. Biens acquis avant la signature du contrat. Les règles énoncées ci-dessus trouvent également à s'appliquer lorsque le cocontractant de l'administration était, antérieurement à la passation de la concession de service public, propriétaire de biens qu'il a, en acceptant de conclure la convention, affectés au fonctionnement du service public et qui sont nécessaires à celui-ci ; une telle mise à disposition emporte le transfert des biens dans le patrimoine de la personne publique ; elle a également pour effet, quels que soient les termes du contrat sur ce point, le retour gratuit de ces biens à la personne publique à l'expiration de la convention ; les parties peuvent prendre en compte cet apport dans la définition de l'équilibre économique du contrat, à condition que, eu égard notamment au coût que représenterait l'acquisition ou la réalisation de biens de même nature, à la durée pendant laquelle les biens apportés peuvent être encore utilisés pour les besoins du service public et au montant des amortissements déjà réalisés, il n'en résulte aucune libéralité de la part de la personne publique.

Dans l'hypothèse où la commune intention des parties a été de prendre en compte l'apport à la concession des biens qui appartenaient au concessionnaire avant la signature du contrat par une indemnité, le versement d'une telle indemnité n'est possible que si l'équilibre économique du contrat ne peut être regardé comme permettant une telle prise en compte par les résultats de l'exploitation ; en outre, le montant de l'indemnité doit, en tout état de cause, être fixé dans le respect des conditions énoncées ci-dessus afin qu'il n'en résulte aucune libéralité de la part de la personne publique. • CE, sect., 29 juin 2018, *Min. de l'intérieur c/ Cté de cnes de la vallée de l'Ubaye*, n° 402251 A : *BJCP 2018. 333, concl. Henrard ; AJDA 2018. 1359 ; ibid. 1656, chron. Nicolas et Faure ; Rev. CMP 2018, comm. 232, Eckert ; Dr. adm. 2018. 59, note Brenet.*

5. Concessions de distribution d'électricité. Il y a lieu, pour définir le régime juridique des biens affectés aux concessions de distribution d'électricité, de tenir compte des spécificités du régime de ces concessions, qui résultent de la L. du 8 avr. 1946 portant nationalisation et création d'un monopole pour le transport et la distribution de l'électricité en France et du code de l'énergie. Il découle de ces spécificités que les biens affectés en vertu de ces dispositions concurremment à plusieurs concessions de service public de distribution d'électricité et, le cas échéant, également à des concessions de distribution de gaz par la société Électricité Réseau Distribution France (ERDF) en sa qualité de gestionnaire du réseau de distribution d'électricité, demeurent la propriété de cette dernière, à laquelle il revient d'assurer la cohérence du réseau de ses concessions et de maintenir la péréquation des tarifs d'utilisation du réseau public de distribution. En conséquence, ces biens ne sauraient être la propriété des différentes collectivités territoriales ou des différents établissements publics de coopération qui concluent avec cette société les contrats de concession propres aux territoires qu'ils administrent. • CE 11 mai 2016, *Cne de Douai*, n° 375533 : *BJCP 2016. 273, concl. Henrard ; Rev. CMP 2016, comm. 183, Eckert.*

6. Dans le cadre d'une délégation de service public ou d'une concession de travaux mettant à la charge du cocontractant les investissements correspondant à la création ou à l'acquisition des biens nécessaires au fonctionnement du service public, l'ensemble de ces biens, meubles ou immeubles, appartient, dans le silence de la convention, dès leur réalisation ou leur acquisition à la personne publique ; à l'expiration de la convention, les biens qui sont entrés, en application des principes énoncés ci-dessus, dans la propriété de la personne publique et ont été amortis au cours de l'exécution du contrat font nécessairement retour à celle-ci gratuitement, sous réserve des clauses contractuelles permettant à la personne publique, dans les conditions qu'elle détermine, de faire reprendre par son cocontractant les biens qui ne seraient plus nécessaires au fonctionnement du service public ; par suite, en l'absence de telles clauses, ces biens, qui ont été nécessaires au fonctionnement du service concédé à un moment quelconque de l'exécution de la convention, font retour à la personne publique à l'expiration de celle-ci, quand bien même ils ne sont plus alors nécessaires au fonctionnement du service public concédé.

La circonstance que des progrès en économie d'énergie ne rendaient plus nécessaires au fonctionnement du service concédé les chaufferies permettant la production de chaleur d'une puissance totale de 279 MW est sans incidence sur la qualification des biens qui ont, à un moment donné de l'exécution de la concession, été nécessaires à la production d'une telle puissance ; par suite, en se fondant sur une telle circonstance pour en déduire que seule une chaudière supplémentaire, dont la puissance demeurait nécessaire à la poursuite du service concédé, devait faire retour au concédant, la cour administrative d'appel a entaché son arrêt d'erreur de droit ; saisie d'une demande tendant à l'indemnisation de la valeur de biens de retour, il lui appartenait de rechercher si, alors que des installations revêtant le caractère de biens de retour avaient été détruites, la collectivité concédante avait entendu, au titre de ses prérogatives et pouvoirs dans l'exécution de la concession, renoncer à la reconstitution de ces biens et accepter une diminution de la puissance thermique prévue à l'origine. • CE 26 févr. 2016, *Synd. mixte de chauffage urbain de La Défense*, n° 384424 : *BJCP 2016. 280, concl. Pellissier ; Rev. CMP 2016, comm. 139, Eckert ; Dr. adm. juin 2016, n° 38, note Lormeteau ; AJDA 2016. 1645, note Janicot et Lafaix*.

7. Provisions pour travaux de renouvellement. Les sommes requises pour l'exécution des travaux de renouvellement des biens nécessaires au fonctionnement du service public qui ont seulement donné lieu, à la date d'expiration du contrat, à des provisions, font également retour à la personne publique. Il en va de même des sommes qui auraient fait l'objet de provisions en vue de l'exécution des travaux de renouvellement pour des montants excédant ce que ceux-ci exigeaient, l'équilibre économique du contrat ne justifiant pas leur conservation par le concessionnaire. • CE 18 oct. 2018, *Sté Électricité de Tahiti*, n° 420097 : *BJCP 2019. 48, concl. Crepey.*

8. Quotas de CO2. Aux termes de l'art. L. 229-7 C. envir. : « Pour chaque installation bénéficiant de l'autorisation d'émettre des gaz à effet de serre, l'État affecte à l'exploitant, pour une période déterminée, des quotas d'émission et lui délivre chaque année, au cours de cette période, une part des quotas qui lui ont été ainsi affectés. A l'issue de chacune des années civiles de la période d'affectation, l'exploitant restitue à l'État sous peine des sanctions prévues à l'article L. 229-18 un nombre de quotas égal au total des émissions de gaz à effet de serre de ses installations, que ces quotas aient été délivrés ou qu'ils aient été acquis en vertu de l'article L. 229-15 ». En vertu de l'art. L. 229-15 du même code : « I. – Les quotas d'émission de gaz à effet de serre délivrés aux exploitants d'installations autorisées à émettre ces gaz ou aux exploitants d'aéronef sont des biens meubles exclusivement matérialisés par une inscription au compte de leur détenteur dans le registre national mentionné à l'article L. 229-16. Ils sont négociables, transmissibles par virement de compte à compte et confèrent des droits identiques à leurs détenteurs. Ils peuvent être cédés dès leur délivrance sous réserve des dispositions du II de l'article L. 229-12 et de l'article L. 229-18 (...) II. – Les quotas d'émission peuvent être acquis, détenus et cédés par tout exploitant d'une installation au titre de laquelle a été délivrée par un État membre de la Communauté européenne une autorisation d'émettre des gaz à effet de serre, par toute personne physique ressortissante d'un État membre de la Communauté européenne, par toute personne morale y ayant son siège et par les États membres eux-mêmes ».

Les dispositions législatives citées ci-dessus établissent un mécanisme d'attribution par l'État de quotas d'émission de dioxyde de carbone aux exploitants des installations concernées ainsi qu'un système d'échange des quotas d'émission excédentaires ; elles impliquent nécessairement que, dans le cadre d'une concession de service public et quelles que soient les clauses du contrat sur ce point, les quotas appartiennent à l'exploitant concessionnaire auquel ils ont été attribués ; ainsi, en relevant que, eu égard au régime spécifique auquel ils sont soumis, les quotas excédentaires d'émission de gaz à effet de serre délivrés à un délégataire de service public exploitant une installation autorisée à émettre ces gaz ne relèvent pas de la catégorie des biens de retour et que la commune de Valence ne pouvait par suite se prévaloir d'un droit de propriété sur les quotas cédés par la société Omnitherm, la cour administrative d'appel de Lyon, qui a suffisamment motivé son arrêt, n'a commis ni erreur de droit, ni erreur de qualification juridique. • CE 6 oct. 2017, *Cne de Valence*, n° 402322 B : *AJDA 2018. 629, note Martin*.

9. Dans le cadre d'une délégation de service public mettant à la charge du cocontractant les investissements correspondant à la création des biens nécessaires au fonctionnement du service public, l'ensemble de ces biens, meubles ou immeubles, appartient, dans le silence de la convention, dès leur réalisation ou leur acquisition, à la personne publique ; en vertu de la liberté contractuelle des parties, le contrat peut attribuer au concessionnaire, pour la durée de la convention, la propriété des ouvrages qui, bien que nécessaires au fonctionnement du service public, ne sont pas établis sur la propriété d'une personne publique, sous réserve de comporter les garanties propres à assurer la continuité du service public, notamment la faculté pour la personne publique de s'opposer à la cession, en cours de délégation, de ces ouvrages ; toutefois, cette liberté contractuelle ne peut s'appliquer lorsque la loi a fixé le régime de propriété de tels ouvrages.

Il résulte des stipulations précitées des art. 2 et 19 du cahier des charges annexé à la convention litigieuse conclue le 18 avr. 2011, dont les parties au contrat ne contestent pas la portée qu'elles ont fixée d'une commune intention, que les dispositifs de comptage créés par le Décr. n° 2010-1022 du 31 août 2010, appelés « compteurs Linky », ne sont pas des « ouvrages concédés » ; il s'ensuit que dès leur installation, ils seront la propriété du concessionnaire ERDF et le resteront, puisqu'en application des stipulations précitées de l'art. 31 dudit cahier des charges, ils ne feront pas automatiquement retour dans la propriété de la personne publique concédante en cas de non-renouvellement ou de résiliation anticipée de la concession ; or, dès lors qu'il n'est pas sérieusement contesté que les « compteurs Linky » sont parties intégrantes des « branchements » au sens des dispositions de l'art. 1er du Décr. n° 2007-1280 du 28 août 2007, ils font partie des ouvrages basse tension des réseaux publics de distribution au sens des dispositions de l'art. 36 de la loi du 9 août 2004 applicable à la date de la signature de la convention litigieuse, repris à l'art. L. 322-4 C. énergie, et appartiennent donc aux collectivités territoriales ou à leurs groupements désignés au IV de l'art. L. 2224-31 CGCT ; par suite, les art. 2 et 19 du cahier des charges en tant qu'ils fixent le régime de propriété des compteurs Linky sont contraires aux dispositions légales précitées. • CAA Nancy, 12 mai 2014, *M. Mietkiewicz et a.*, n° 13NC01303.

10. Indemnisation en cas de résiliation. Pour refuser de faire droit à la demande d'indemnisation de la part non amortie des biens de retour, la cour a jugé que la société n'établissait pas qu'eu égard au caractère structurellement et lourdement déficitaire de l'exploitation de la remontée mécanique en l'absence de réalisation des autres équipements de la station, l'indemnisation de la valeur non amortie des biens qu'elle demandait excéderait la valeur actualisée des pertes d'exploitation qu'elle aurait dû subir de manière prévisible pendant toute la durée de la convention ; en statuant ainsi, alors qu'en cas de résiliation d'une délégation de service public avant son terme et quel qu'en soit le motif, le délégataire a droit à être indemnisé de la valeur non amortie des biens de retour, la circonstance que l'exploitation de la délégation aurait été déficitaire pendant la durée restant à courir de la convention étant à cet égard inopérante, la cour a commis une erreur de droit. • CE 4 mai 2015, *Sté Domaine Porte des neiges*, n° 383208 B : *AJCT 2015. 468, obs. Grimaud ; Rev. CMP 2015, comm. 182, Devillers.*

11. En cas de résiliation unilatérale pour un motif d'intérêt général, le délégataire a le droit à une indemnité couvrant notamment la part non amortie du financement des investissements remis à la collectivité publique. • CE 20 mai 1994, *Sté Le gardiennage industriel de la Seine et a. et Synd. des transports parisiens*, nos 66377 B et 66401 • CAA Paris, 16 oct. 2007, *Cne de Bussy-Saint-Georges c/ Sté Vinci Park*, n° 04PA01884 : *Rev. CMP 2008, n° 330, note Delacour.* ♦ L'indemnisation correspondant à cette part ne saurait être supérieure à la valeur réelle des biens à la date de la résiliation. • CE 6 févr. 1981, *Cne de Saint-Georges-de-Didonne*, n° 19215 B.

12. Dans le cadre d'un contrat par lequel une collectivité territoriale ou un établissement public de coopération intercommunale confie la réalisation de travaux ou ouvrages, qui doivent lui être remis au terme du contrat, à un cocontractant dont la rémunération consiste en tout ou partie dans le droit d'exploiter l'ouvrage, les biens amortis par l'exploitation sont remis gratuitement à la personne publique à ce terme. Lorsque la durée du contrat est inférieure à la durée normale d'amortissement de l'ouvrage, le cocontractant a le droit d'être indemnisé de la valeur non amortie de cet ouvrage au terme du contrat, et donc à hauteur de sa valeur nette comptable, évaluée à la date de la remise des biens. Aucun texte ni aucun principe n'interdisent aux cocontractants de prévoir que cette indemnité soit versée avant le terme du contrat, y compris au début de son exécution, dès lors qu'elle correspond à cette valeur nette comptable des biens remis ; un tel versement équivaut, en effet, à une acquisition moyennant un prix par la personne publique de la part de l'ouvrage qui ne peut être amortie durant l'exploitation eu égard à la durée du contrat. Pour accueillir le moyen de la société France Télécom, devenue la société Orange, tiré de ce qu'elle n'avait pas eu connaissance, lors de la consultation, des modalités de versement de l'indemnité correspondant à la valeur non amortie de l'ouvrage en fin de contrat et qu'ainsi le versement anticipé d'une telle indemnité à la société X, prévu par le contrat litigieux, constituait une aide d'État au sens du § 1 de l'art. 107 TFUE, la cour administrative d'appel a retenu que ce versement avait le caractère d'un avantage constitutif d'une aide d'État. En se bornant à relever que le taux de rentabilité interne de l'opération était sensiblement plus élevé du fait de ce versement que celui « des opérations similaires » pour en déduire l'existence d'une aide d'État, sans rechercher si le montant versé était supérieur à la valeur nette comptable de la partie des biens non amortie à leur date de remise, la cour a commis une erreur de droit. • CE 13 févr. 2015, *Cté d'agglomération d'Épinal,* n° 373645 : *AJDA 2015. 1219, note Martin-Lavigne ; Rev. CMP 2015, comm. 4, Ubaud-Bergeron.*

13. L'indemnité à verser par la collectivité publique délégante au titre des biens de retour s'élève, selon le protocole litigieux, à un montant de 10 702 432 € HT ; il est constant que ce montant excède leur valeur nette comptable inscrite au bilan, qui s'élève à 9 059 098 € HT ; à supposer même que cet amortissement ait été calculé en retenant une durée d'utilisation du bien supérieure à celle du contrat, le montant d'indemnisation prévu par la transaction excèderait également la valeur nette comptable recalculée en retenant un amortissement du bien sur la durée du contrat. L'octroi de la somme retenue dans la convention contestée par le préfet, et dont l'homologation est demandée, méconnaît une règle d'ordre public, tirée de l'interdiction d'indemniser les biens de retour à un montant supérieur à leur valeur nette comptable, et constitue ainsi une libéralité ; la transaction, qui ne peut être homologuée, est entachée de nullité ; ce vice implique nécessairement son annulation, ainsi que celle de l'acte autorisant sa signature par la collectivité intéressée. • CAA Lyon, 28 févr. 2013, *Sté des remontées mécaniques Les Houches-Saint-Gervais,* n° 12LY01332.

14. Résiliation. Indemnisation. Concessionnaire personne publique. Si les parties à un contrat administratif peuvent déterminer l'étendue et les modalités des droits à indemnité du cocontractant en cas de résiliation du contrat pour un motif d'intérêt général, sous réserve qu'il n'en résulte pas, au détriment d'une personne publique, une disproportion manifeste entre l'indemnité ainsi fixée et le préjudice subi, la fixation des modalités d'indemnisation de la part non amortie des biens de retour dans un contrat de concession obéit, compte tenu de la nature d'un tel préjudice, à des règles spécifiques ; lorsqu'une personne publique résilie une concession avant son terme normal, le concessionnaire est fondé à demander l'indemnisation du préjudice qu'il subit à raison du retour anticipé des biens à titre gratuit dans le patrimoine de la collectivité publique, dès lors qu'ils n'ont pu être totalement amortis ; lorsque l'amortissement de ces biens a été calculé sur la base d'une durée d'utilisation inférieure à la durée du contrat, cette indemnité est égale à leur valeur nette comptable inscrite au bilan ; dans le cas où leur durée d'utilisation était supérieure à la durée du contrat, l'indemnité est égale à la valeur nette comptable qui résulterait de l'amortissement de ces biens sur la durée du contrat ; si, en présence d'une convention conclue entre une personne publique et une personne privée, il est loisible aux parties de déroger à ces principes, sous réserve que l'indemnité mise à la charge de la personne publique au titre de ces biens ne puisse, en toute hypothèse, excéder le montant calculé selon les modalités précisées ci-dessus, il est exclu qu'une telle dérogation, permettant de ne pas indemniser ou de n'indemniser que partiellement les biens de retour non amortis, puisse être prévue par le contrat lorsque le concessionnaire est une personne publique. • CE 25 oct. 2017, *Cne du Croisic,* n° 402921.

15. Obligation d'information du délégataire sur les biens. Il résulte des principes mêmes de la délégation de service public que le cocontractant du concédant doit lui communiquer toute information utile sur les biens de la délégation ; s'agissant des concessions de distribution d'électricité ou de gaz consenties par les collectivités territoriales, l'art. L. 2224-31 CGCT dispose : « les collectivités territoriales ou leurs établissements publics de coopération, en tant qu'autorités concédantes de la distribution publique d'électricité et de gaz en application de l'article 6 de la loi du 15 juin 1906 sur les distributions d'énergie et de l'article 36 de la loi n° 46-628 du 8 avril 1946 précitée, négocient et concluent les contrats de concession, et exercent le contrôle du bon accomplissement des missions de service public fixées, pour ce qui concerne les autorités concédantes, par les cahiers des charges de ces concessions. / Les autorités concédantes précitées assurent le contrôle des réseaux publics de distribution d'électricité et de gaz. A cette fin, elles désignent un agent du contrôle distinct du gestionnaire du réseau public de distribution. / Chaque organisme de distribution d'électricité et de gaz tient à la disposition de chacune des autorités concédantes précitées dont il dépend les informations d'ordre économique, commercial, industriel, financier ou technique utiles à l'exercice des compétences de celle-ci, dans les conditions prévues par les dispositions de l'article 20 de la loi du 10 février 2000 relative à la modernisation et au développement du service public de l'électricité et de l'article 9 de la loi du 3 janvier 2003 relative aux marchés du gaz et de l'électricité et au service public de l'énergie. Il communique chaque année, notamment, la valeur brute, la valeur nette comptable et la valeur de remplacement des ouvrages concédés » ; il résulte de ces dispositions que le concessionnaire est tenu, pour permettre à l'autorité concédante d'exercer son contrôle sur le service public concédé, de lui communiquer, à sa demande, toutes informations utiles, notamment un inventaire précis des ouvrages de la concession, avec la détermination de leur valeur brute, de leur valeur nette comptable et de leur valeur de remplacement. • CE, ass., 21 déc. 2012, *Cne de Douai*, n° 342788 A.

16. Restitution des biens de retour. Référé mesures utiles. Le juge des référés n'a pas commis d' erreur de droit ni dénaturé les pièces du dossier en jugeant que, la communauté de communes ne disposant pas de pouvoirs de contrainte à l'égard de la société Equalia, la restitution par le délégataire de biens de retour est au nombre des mesures utiles et urgentes qui peuvent être prises sur le fondement de l'art. L. 521-3 CJA afin d'assurer la continuité du service public et son bon fonctionnement. • CE 5 févr. 2014, *Stés Equalia et Polyxo*, n° 371121 : *Rev. CMP 2014, comm. 112, Eckert ; AJDA 2014. 1397, note Boda et Rohan*.

17. Biens de reprise. S'agissant des biens qui ne devaient pas faire retour de plein droit à la commune en fin de concession et notamment du mobilier de la distribution, des approvisionnements, des compteurs, branchements et *by pass* appartenant à la société et dont la commune a pris possession, l'indemnité doit être égale à la valeur vénale de ces biens. • CE 5 juill. 1967, *Cne de Donville-les-Bains c/ Sté générale technique*, n°s 60931 et 60956 A.

18. Remontées mécaniques. En premier lieu, aux termes de l'art. L. 342-9 C. tourisme : « Le service des remontées mécaniques, le cas échéant étendu aux installations nécessaires à l'exploitation des pistes de ski, est organisé par les communes sur le territoire desquelles elles sont situées ». Selon l'art. L. 342-13 du même code : « L'exécution du service est assurée soit en régie directe, soit en régie par une personne publique sous forme d'un service public industriel et commercial, soit par une entreprise ayant passé à cet effet une convention à durée déterminée avec l'autorité compétente ». L'art. L. 342-14 de ce code dispose que « la convention est établie conformément aux dispositions des articles L. 342-1 à L. 342-5 et fixe la nature et les conditions de fonctionnement et de financement du service. Elle définit les obligations respectives des parties ainsi que les conditions de prise en charge de l'indemnisation des propriétaires pour les servitudes instituées en vertu des articles L. 342-20 à L. 342-23. Elle peut prévoir la participation financière de l'exploitant à des dépenses d'investissement et de fonctionnement occasionnées directement ou indirectement par l'installation de la ou des remontées mécaniques ». Aux termes de son art. L. 342-2 : « Les contrats établis à cet effet (...) prévoient à peine de nullité : 1° L'objet du contrat, sa durée et les conditions dans lesquelles il peut éventuellement être prorogé ou révisé ; 2° Les conditions de résiliation, de déchéance et de dévolution, le cas échéant, des biens en fin de contrat ainsi que les conditions d'indemnisation du cocontractant. Dans le cas des conventions de remontées mécaniques, l'indemnisation pour les biens matériels est préalable à la résiliation du contrat ; 3° Les obligations de chacune des parties et, le cas échéant, le montant de leurs participations financières ; 4° Les pénalités ou sanctions applicables en cas de défaillance du cocontractant ou de mauvaise exécution du contrat ».

Aux termes de l'art. L. 1411-1 CGCT : « Une délégation de service public est un contrat par lequel une personne morale de droit public confie la gestion d'un service public dont elle a la responsabilité à un délégataire public ou privé, dont la rémunération est substantiellement liée aux résultats de l'exploitation du service. Le délégataire peut être chargé de construire des ouvrages ou d'acquérir des biens nécessaires au service ».

D'une part, si les dispositions précitées du code du tourisme, issues de la loi susvisée du 9 janv. 1985 relative au développement et à la protection de la montagne, confient aux communes l'organisation et l'exécution du service des remontées mécaniques, elles ne subordonnent pas la passation d'une convention d'exploitation de remontées mécaniques à la condition que la collectivité se rende préalablement propriétaire, à l'amiable ou par voie forcée, des remontées existantes à la date de la promulgation de la loi ; d'autre part, si les règles qui gouvernent les concessions de service public imposent que les biens nécessaires au fonctionnement du service public appartiennent à la collectivité concédante dès l'origine, ce principe ne trouve pas nécessairement à s'appliquer à toute convention d'exploitation d'un équipement, lorsque le délégataire en était propriétaire antérieurement à la passation de la convention et qu'il l'a seulement mis à disposition pour l'exécution de celle-ci ; si ces biens sont nécessaires à l'exploitation du service, il appartient toutefois à la collectivité, afin de garantir sa continuité au terme de la convention, de se réserver la faculté pour elle d'en faire l'acquisition.

Contrairement à ce que soutient le préfet des Alpes de Haute-Provence, il résulte, en premier lieu, de ce qui précède que la circonstance que les biens faisant l'objet du protocole d'accord litigieux revêtent un caractère indispensable pour l'exploitation du service public des remontées mécaniques de la station Sauze-Super Sauze et devaient, par suite, nécessairement être acquis par la collectivité publique gestionnaire de ce service à l'issue de la convention de délégation conclue le 28 déc. 1998, n'est pas, à elle seule, de nature à faire regarder ces biens comme devant nécessairement être soumis à toutes les règles relatives aux biens dits « de retour » ; dès lors qu'il est constant que ces biens n'ont jamais cessé d'être la propriété de personnes privées parmi lesquelles figurait notamment le délégataire de ce service public, ils doivent être regardés, au sens et pour l'application des principes exposés au point précédents, comme simplement mis à disposition pour l'exécution de ladite convention ; ainsi, ces personnes privées et le CCVU pouvaient valablement, par le protocole d'accord litigieux, organiser les conditions de leur rachat par la collectivité publique, dans le but de garantir la pérennité du service public sans pour autant porter atteinte au droit de propriété, comme l'ont relevé à bon droit les premiers juges ; il s'ensuit qu'en s'abstenant de leur faire application des règles juridiques applicables aux biens dits « de retour » en matière d'évaluation, ce protocole d'accord n'a pas méconnu ces règles, ni les dispositions précitées, notamment de l'art. L. 342-2 C. tourisme.

En deuxième lieu, aux termes de l'art. L. 342-3 du même code : « Conformément aux dispositions de l'article 34 de l'ordonnance n° 2016-65 du 29 janvier 2016 relative aux contrats de concession, la durée de ces contrats est modulée en fonction de la nature et de l'importance des investissements consentis par l'aménageur ou l'exploitant. / Lorsque la durée résiduelle d'un contrat portant sur le service des remontées mécaniques défini à l'article L. 342-9 est insuffisante pour permettre l'amortissement normal d'investissements supplémentaires demandés par la personne publique délégante pour moderniser les infrastructures existantes, les parties peuvent convenir, par voie d'avenant, des conditions d'indemnisation du délégataire pour lesdits investissements qui ne seraient pas amortis au terme du contrat. La personne publique peut se faire rembourser tout ou partie du montant de cette indemnisation par le nouveau cocontractant désigné pour poursuivre l'exploitation du service ».

S'agissant de biens qui ne sont pas soumis au régime applicable aux biens dits « de retour », l'indemnité doit être égale à la valeur vénale de ces biens et non à leur valeur nette comptable ; dès lors, le moyen tiré de ce que le protocole d'accord litigieux aurait, en retenant une indemnité fondée sur la valeur vénale, méconnu par refus d'application les règles juridiques applicables aux biens dits « de retour » et les dispositions précitées de l'art. L. 342-3 C. tourisme doit être écarté. • CAA Marseille, 9 juin 2016, ♔ *Préfet des Alpes de Haute-Provence*, n°s 15MA04083 et 15MA04084 : *Rev. CMP 2016, comm. 212, Eckert.*

19. Les art. 49 et 56 TFUE doivent être interprétés en ce sens qu'ils s'opposent à une disposition nationale restrictive, telle que celle en cause au principal, qui impose au concessionnaire de céder à titre gratuit, lors de la cessation de l'activité du fait de l'expiration de la période de concession, l'usage des biens matériels et immatériels détenus en propriété et constituant le réseau de gestion et de collecte du jeu, pour autant que cette restriction aille au-delà de ce qui est nécessaire à la réalisation de l'objectif effectivement poursuivi par cette disposition, ce qu'il revient à la juridiction de renvoi de vérifier. • CJUE 28 janv. 2016, ♔ *Rosanna Laezza*, n° C-375/14 : *Rev. CMP 2016, comm. 81, Ubaud-Bergeron.*

CHAPITRE III EXÉCUTION FINANCIÈRE

SECTION 1 Facturation électronique

Nota : *Les dispositions introduites par l'art. 193 de la L. n° 2019-486 du 22 mai 2019 s'appliquent aux contrats en cours d'exécution ou conclus postérieurement à l'entrée en vigueur de la loi préc. Elles entrent en vigueur à une date fixée par Décr., et au plus tard 2 mois après la promulgation de ladite loi, soit le 22 juill. 2019 (L. préc., art. 193-III et IV, JO 23 mai).*

SOUS-SECTION 1 Transmission et réception des factures sous forme électronique

(L. n° 2019-486 du 22 mai 2019, art. 193, en vigueur au plus tard le 22 juill. 2019)

Art. L. 3133-1 **Les titulaires de contrats de concession conclus avec** *(L. n° 2022-1157 du 16 août 2022, art. 26)* **« les personnes morales de droit public » transmettent leurs factures sous forme électronique.**

Le présent article n'est pas applicable aux contrats de concession de défense ou de sécurité.

Par dérogation, les dispositions du présent art. s'appliquent aux marchés publics ou aux contrats de concession en cours d'exécution ou conclus postérieurement au 1er janv. 2020 pour les microentreprises telles que définies pour l'application de l'art. 51 de la L. n° 2008-776 du 4 août 2008 de modernisation de l'économie (L. n° 2019-486 du 22 mai 2019, art. 193-V-2°).

Sur l'application des dispositions issues de l'art. 26 de la L. n° 2022-1157 du 16 août 2022, V. art. 26-III-A de ladite loi, ss. art. L. 2192-1.

Art. L. 3133-2 *(L. n° 2022-1157 du 16 août 2022, art. 26)* **« Les personnes morales de droit public » acceptent les factures transmises sous forme électronique par les titulaires de contrats de concession mentionnés à l'article L. 3133-1.**

Sur l'application des dispositions issues de l'art. 26 de la L. n° 2022-1157 du 16 août 2022, V. art. 26-III-A de ladite loi, ss. art. L. 2192-1.

Art. L. 3133-3 Sans préjudice de l'article L. 3133-2, les autorités concédantes acceptent les factures conformes à la norme de facturation électronique définie par voie réglementaire et transmises sous forme électronique par les titulaires de contrats de concession.

Par dérogation, les dispositions du présent art. s'appliquent aux factures relatives aux marchés publics ou aux contrats de concession en cours d'exécution ou conclus avant le 1er avr. 2020 pour les factures reçues par les acheteurs et les autorités concédantes autres que les autorités publiques centrales dont la liste figure en annexe 2 du présent code (L. n° 2019-486 du 22 mai 2019, art. 193-V-1°).

Art. L. 3133-4 Les articles L. 3133-2 et L. 3133-3 ne sont pas applicables aux contrats de concession de défense ou de sécurité lorsque leur passation et leur exécution sont déclarées secrètes ou doivent s'accompagner de mesures particulières de sécurité.

Art. L. 3133-5 Les modalités d'application de la présente sous-section, notamment les éléments essentiels que doivent contenir les factures électroniques, sont définies par voie réglementaire.

SOUS-SECTION 2 Portail public de facturation

(L. n° 2019-486 du 22 mai 2019, art. 193, en vigueur au plus tard le 22 juill. 2019)

Art. L. 3133-6 Une solution mutualisée, mise à disposition par l'État et dénommée "portail public de facturation", permet le dépôt, la réception et la transmission des factures sous forme électronique *(L. n° 2022-1157 du 16 août 2022, art. 26)* « ainsi que des données relatives aux mentions figurant sur les factures électroniques conformément au deuxième alinéa du II de l'article 289 *bis* du code général des impôts ».

Pour la mise en œuvre des obligations résultant de la sous-section 1 de la présente section, utilisent le portail public de facturation :

1° L'État, les collectivités territoriales et les établissements publics ;

2° Les titulaires de contrats de concession conclus avec une autorité concédante mentionnée au 1°.

Sur l'application des dispositions issues de l'art. 26 de la L. n° 2022-1157 du 16 août 2022, V. art. 26-III-A de ladite loi, ss. art. L. 2192-1.

Art. L. 3133-7 Ne sont pas soumises à la présente sous-section les factures émises en exécution des contrats de concession passés par :

1° L'État et ses établissements publics en cas d'impératif de défense ou de sécurité nationale ;

2° La Caisse des dépôts et consignations ;

3° L'établissement public mentionné à l'article L. 2142-1 du code des transports ;

4° La SNCF, SNCF Réseau et SNCF Voyageurs.

Art. L. 3133-8 Les modalités d'application de la présente sous-section sont précisées par voie réglementaire.

SECTION 2 Délais de paiement

Les dispositions de la présente section procédant à la codification du titre IV de la loi du 28 janv. 2013 susvisées s'appliquent aux contrats conclus à compter du 16 mars 2013, date d'entrée en vigueur de cette loi (Ord. n° 2018-1074 du 26 nov. 2018, art. 20).

SOUS-SECTION 1 Fixation du délai de paiement

Art. L. 3133-10 Les pouvoirs adjudicateurs, y compris lorsqu'ils agissent en tant qu'entités adjudicatrices, paient les sommes dues en principal en exécution d'un contrat de concession dans un délai prévu par celui-ci ou, à défaut, dans un délai fixé par voie réglementaire et qui peut être différent selon les catégories de pouvoirs adjudicateurs.

Lorsqu'un délai de paiement est prévu dans le contrat de concession, il ne peut excéder le délai prévu par voie réglementaire.

Art. L. 3133-11 Les entités adjudicatrices mentionnées aux 2° et 3° de l'article L. 1212-1 paient les sommes dues en principal en exécution d'un contrat de concession dans le délai prévu *(Ord. n° 2019-698 du 3 juill. 2019, art. 1er)* « au I de l'article L. 441-10 et au 5° du II de l'article L. 441-11 » du code de commerce.

COMMENTAIRE

On se reportera aux commentaires sous les articles L. 2192-10 et L. 2192-11, ainsi qu'aux articles R. 3133-10 et R. 3133-11 du code. ❑

SOUS-SECTION 2 **Intérêts moratoires, indemnités forfaitaire et complémentaire pour frais de recouvrement**

Art. L. 3133-12 Le retard de paiement est constitué lorsque les sommes dues au créancier, qui a rempli ses obligations légales et contractuelles, ne sont pas versées par le pouvoir adjudicateur à l'échéance prévue au contrat de concession ou à l'expiration du délai de paiement.

Art. L. 3133-13 Le retard de paiement ouvre droit, dans les conditions prévues à la présente sous-section, à des intérêts moratoires, à une indemnité forfaitaire et, le cas échéant, à une indemnisation complémentaire versés au créancier par le pouvoir adjudicateur.

Dès le lendemain de l'expiration du délai de paiement ou de l'échéance prévue par le contrat de concession, le retard de paiement fait courir, de plein droit et sans autre formalité, des intérêts moratoires dont le taux est fixé par voie réglementaire.

Il donne lieu, de plein droit et sans autre formalité, au versement d'une indemnité forfaitaire pour frais de recouvrement, dont le montant est fixé par voie réglementaire.

Lorsque les frais de recouvrement exposés sont supérieurs au montant de l'indemnité forfaitaire prévue à l'alinéa précédent, le créancier peut demander une indemnisation complémentaire, sur justification.

COMMENTAIRE

On se reportera aux articles R. 3133-12 à R. 3133-28 du code. ❑

SOUS-SECTION 3 **Amende administrative en cas de retard de paiement**

Art. L. 3133-14 Les entreprises publiques définies au II de l'article 1er de l'ordonnance n° 2004-503 du 7 juin 2004 portant transposition de la directive 80/723/CEE relative à la transparence des relations financières entre les États membres et les entités adjudicatrices mentionnées aux 2° et 3° de l'article L. 1212-1 sont passibles d'une amende administrative dont le montant ne peut dépasser deux millions d'euros en cas de dépassement du délai maximal de paiement fixé par voie réglementaire mentionné à l'article L. 3133-10, recherché et constaté dans les conditions fixées aux articles L. 450-1 à L. 450-4, L. 450-7 et L. 450-8 du code de commerce.

L'amende est prononcée dans les conditions prévues à l'article L. 470-2 du même code.

Le montant de l'amende encourue est doublé en cas de réitération du manquement dans un délai de deux ans à compter de la date à laquelle la première décision de sanction est devenue définitive.

COMMENTAIRE

On se reportera au commentaire sous l'article L. 2192-15 du code. ❑

CHAPITRE IV EXÉCUTION DU CONTRAT DE CONCESSION PAR DES TIERS

Art. L. 3134-1 Le concessionnaire peut confier à des tiers une part des services ou travaux faisant l'objet du contrat de concession. Il demeure personnellement responsable de l'exécution de toutes les obligations résultant du contrat de concession. – *[Ord. n° 2016-65 du 29 janv. 2016, art. 54-I.]*

COMMENTAIRE

La « sous-traitance » des concessions est prévue par l'article 42 de la directive 2014/23/UE. A l'initiative du concessionnaire ou imposée par l'autorité concédante, elle ne peut être que partielle et n'enlève bien entendu rien au fait que le concessionnaire reste seul responsable à l'égard du concédant.

On se reportera aux articles R. 3134-1 et R. 3134-2 du code.

On ne confondra pas la sous-traitance avec la cession du contrat. La cession ne saurait être considérée comme donnant naissance à un nouveau contrat. Elle peut, en d'autres termes, être opérée sans que les formalités de publicité préalable à la conclusion du contrat doivent à nouveau être respectées.

I. SOUS-TRAITANCE

1. ***Création d'une filiale imposée par la convention de délégation de service public.*** La création d'une filiale par le délégataire pour exploiter le réseau de transports d'une commune, imposée au délégataire par les prescriptions du cahier des charges de la consultation ne peut être regardée comme une sous-traitance de l'exploitation principale du réseau prohibée. • CE 7 juin 2010, *Sté des transports Galiero*, n° 308883 B.

2. ***Société dédiée.*** Il résulte de l'instruction qu'en vue de l'exploitation de la salle omnisports des Trois Moulins, la Sté Vert Marine a constitué le 12 févr. 2013, conformément aux stipulations de l'art. 47 du contrat, la Sté VM 06160, qui s'est substituée à elle dans l'ensemble de ses droits et obligations contractuels. Après la liquidation de cette société, par un jugement du TC de Rouen du 23 juin 2015 confirmé en appel, la commune d'Antibes a estimé que la Sté Vert Marine demeurait tenue des engagements contractuels qu'elle avait contractés puis transmis à la Sté VM 06160, et a, en conséquence, émis à son encontre les titres exécutoires en litige correspondant à des sommes dues au titre de l'exécution du contrat, liées à l'inexécution de l'exploitation du service, au défaut de production de documents et au versement de la redevance domaniale pour l'année 2015. Les stipulations précitées des art. 14 et 47 du contrat n'ont pas eu pour effet de libérer la Sté Vert Marine des engagements contractuels transmis à la société dédiée VM 06160 dans le cadre de l'exécution du contrat, la Sté Vert Marine s'étant engagée à demeurer parfaitement et entièrement solidaire des engagements qui incombaient à sa filiale. Cette garantie s'étendait à la défaillance de la société dédiée VM 06160. La Sté Vert Marine est, dans ces conditions, demeurée solidairement tenue à l'exécution de la convention en litige, le placement en liquidation judiciaire de la société VM 06160 constituant une défaillance au sens de l'art. 47 du contrat. La circonstance que, dès le lendemain du jugement du tribunal de commerce, le 24 juin 2015, le liquidateur de la Sté VM 06160 ait indiqué résilier le contrat en application de l'art. L. 641-11-1 C. com., n'a pu avoir d'effet sur les engagements contractuels propres liant la Sté Vert Marine à l'autorité concédante, en application de l'art. 47 du contrat. Par suite, c'est à tort que le TA de Nice s'est fondé sur le moyen tiré de la rupture du lien contractuel entre la commune d'Antibes et la Sté Vert Marine pour annuler les titres exécutoires en litige, émis à raison de circonstances postérieures à la défaillance de la Sté VM 06160. • CE 12 oct. 2020, *Cne d'Antibes*, n° 431903 B : *BJCP 2021. 48, concl. Le Corre ; Rev. CMP 2020. 334, note Eckert.*

3. L'exécution de tout ou partie d'un service concédé ne peut être cédée ou transférée par le concessionnaire à un tiers qu'avec l'accord de l'autorité concédante ; cette règle générale s'applique même en l'absence de stipulation en ce sens dans le contrat de concession. • CAA Marseille, 14 mars 2016, *Cne de Grasse*, n° 14MA01872.

II. CESSION DU CONTRAT

4. Selon une jurisprudence constante du Conseil d'État, la cession d'une délégation de service public n'est possible qu'avec l'autorisation de la personne publique contractante. Elle n'est soumise à aucune procédure publique de mise en concurrence. L'autorisation de cession ne peut être refusée que pour un motif tel qu'une appréciation négative des garanties professionnelles et financières du cessionnaire ou encore parce que, à la suite d'opérations de restructuration, aboutissant à la création de sociétés nouvelles, la cession paraît à la personne publique de nature soit à remettre en cause les éléments essentiels relatifs au choix du titulaire initial du contrat soit à modifier substantiellement l'économie du contrat. La cession s'entend de la reprise pure et simple par le cessionnaire, qui constitue son nouveau titulaire, de l'ensemble des droits et obligations résultant du contrat et ne saurait être assortie d'une remise en cause des éléments essentiels du contrat, laquelle impliquerait la conclusion d'une nouvelle délégation.

Le tiers cessionnaire est une personne morale distincte du titulaire initial. Il n'y a pas de tiers en cas de simple transformation d'une société en une société d'une autre forme, ou en cas de prorogation, ou de toute autre modification statutaire, ou encore lorsqu'il est procédé à un changement de propriétaire des actions composant le capital social, même dans une proportion très largement majoritaire. En revanche, il y a cession à un tiers lors de la réalisation d'opérations de scission et de fusion, lorsque ces opérations aboutissent à la création de sociétés nouvelles ou lorsque, à la suite d'autres formes de transmission de patrimoines ou de cession d'actifs, une société se voit attribuer, en qualité de cessionnaire, une délégation de service public. • CE, avis, 8 juin 2000, n° 141654 : *Rapport public 2001 ; EDCE, p. 230 ; AJDA 2000. 758, note Richer*. ♦ V. aussi • CAA Marseille, 14 mars 2016, *Cne de Grasse*, n° 14MA01872 : *AJDA 2016. 1505, note Revert ; Rev. CMP 2016, n° 138, note Pietri.*

5. La cession d'une concession sans accord explicite de la collectivité publique concédante n'est pas valide et son titulaire peut se prévaloir de ses stipulations pour demander à être indemnisé du préjudice résultant pour lui de la résiliation de la concession. • CE 22 févr. 2008, *M. et Mme Poirier*, n° 283891.

6. Cession du capital du concessionnaire. Lorsque la société concessionnaire envisage au cours de l'exécution du contrat de céder la totalité de son capital à un tiers avec lequel elle n'a, directement ou indirectement, aucun lien capitalistique, cette cession, qui certes ne se traduit pas par elle-même par la cession à ce tiers du contrat de concession, doit être regardée comme ayant pour effet un changement de concessionnaire au sens et pour l'application de cet art. lorsque le concédant justifie que les données relatives notamment à la capacité financière du candidat, laquelle est susceptible d'être appréciée en prenant en compte l'identité du détenteur de son capital, ont joué un rôle déterminant dans l'attribution de la concession ; en vertu de cet art., le changement de l'identité du détenteur de la totalité du capital de cette société ne peut alors intervenir sans autorisation de l'autorité concédante ; le concessionnaire, qui ne sollicite pas une telle autorisation de cession de la totalité de son capital à un tiers et procède à cette cession, commet une faute susceptible de revêtir un caractère d'une particulière gravité ; la personne publique peut alors retenir ce grief pour prononcer, le cas échéant au vu également d'autres griefs, la résiliation de la concession aux torts du concessionnaire. • CAA Nantes, 31 oct. 2014, *Sté CEP-A Port Guillaume*, n° 13NT00699.

Art. L. 3134-2 Lorsqu'un tiers à l'encontre duquel il existe un motif d'exclusion est présenté par le concessionnaire au stade de l'exécution du contrat de concession, l'autorité concédante exige son remplacement par un tiers qui ne fait pas l'objet d'un motif d'exclusion dans les conditions prévues par voie réglementaire. – *[Décr. nº 2016-86 du 1er févr. 2016, art. 35-II, al. 2.]*

COMMENTAIRE

Voir l'article R. 3134-3 du code.

Art. L. 3134-3 Les contrats de concession *(Ord. nº 2018-1135 du 12 déc. 2018, art. 2-I, en vigueur le 1er avr. 2019)* **« , à l'exception de ceux relatifs au transport de voyageurs par chemin de fer mentionnés au chapitre I du titre II du livre I de la deuxième partie du code des transports » relevant de l'article 5, paragraphe 3 du règlement (CE) n° 1370/2007 du Parlement européen et du Conseil du 23 octobre 2007 relatif aux services publics de transport de voyageurs par chemin de fer et par route modifié sont soumis aux dispositions du présent titre, à l'exception des dispositions des articles L. 3134-1 et L. 3134-2.** – *[Ord. nº 2016-65 du 29 janv. 2016, art. 25, ecqc l'art. 54.]*

Sur l'application des dispositions introduites par le I et le 1° du II de l'art. 2 de l'Ord. nº 2018-1135 du 12 déc. 2018, V. note ss. art. L. 2522-1, supra.

COMMENTAIRE

Voir l'article R. 3134-4 du code.

CHAPITRE V MODIFICATION DU CONTRAT DE CONCESSION

Art. L. 3135-1 Un contrat de concession peut être modifié sans nouvelle procédure de mise en concurrence, dans les conditions prévues par décret en Conseil d'État, lorsque :

1° Les modifications ont été prévues dans les documents contractuels initiaux ;

2° Des travaux ou services supplémentaires sont devenus nécessaires ;

3° Les modifications sont rendues nécessaires par des circonstances imprévues ;

4° Un nouveau concessionnaire se substitue au concessionnaire initial du contrat de concession ;

5° Les modifications ne sont pas substantielles ;
6° Les modifications sont de faible montant.
Qu'elles soient apportées par voie conventionnelle ou, lorsqu'il s'agit d'un contrat administratif, par l'acheteur unilatéralement, de telles modifications ne peuvent changer la nature globale du contrat de concession. – *[Ord. n° 2016-65 du 29 janv. 2016, art. 55, al. 1er.]*

Les dispositions du présent art. s'appliquent à la modification des contrats qui sont des concessions au sens de ce code et qui ont été conclus ou pour lesquels une procédure de passation a été engagée ou un avis de concession a été envoyé à la publication avant le 1er avr. 2016, date d'entrée en vigueur de l'Ord. n° 2016-65 du 29 janv. 2016 relative aux contrats de concession (Ord. n° 2018-1074 du 26 nov. 2018, art. 20).

Sur la modification des contrats de la commande publique sans nouvelle procédure de mise en concurrence, V. les dispositions issues de l'art. 133 de la L. n° 2020-1525 du 7 déc. 2020, ss. art. L. 2194-1.

COMMENTAIRE

La modification d'un contrat de concession n'est possible que dans des limites assez étroites. On se reportera aux articles R. 3135-1 à R. 3135-10 du code.

Pour les contrats administratifs, une modification unilatérale est possible, dans le respect de l'équilibre financier du contrat (V., ci-dessus, les commentaires et la jurisprudence au début du titre III, et les art. L. 6 et L. 3135-2). ❑

1. Modifications substantielles. Nécessité d'un nouveau contrat. L'obligation de transparence qui incombe aux autorités publiques qui concluent un contrat de concession de services implique que soit garantis, en faveur de tout soumissionnaire potentiel, un degré de publicité adéquat permettant une ouverture de la concession de services à la concurrence ainsi que le contrôle de l'impartialité des procédures d'attribution. En vue d'assurer la transparence des procédures et l'égalité de traitement des soumissionnaires, des modifications substantielles, apportées aux dispositions essentielles d'un contrat de concession de services, pourraient appeler, dans certaines hypothèses, l'attribution d'un nouveau contrat de concession lorsqu'elles présentent des caractéristiques substantiellement différentes de celles du contrat de concession initial et sont, en conséquence, de nature à démontrer la volonté des parties de renégocier les termes essentiels de ce contrat. • CJCE 5 oct. 2000, *Commission c/ France,* n° C-337/98 : *Rec. CJCE I-8377, points 44 et 46* • 19 juin 2008, *Pressetext Nachrichtenagentur GmbH c/ Republik Österreich,* n° C-454/06 : *Rec. CJCE I-4401, point 34.* ♦ La modification d'un contrat de concession de services en cours de validité peut être considérée comme substantielle lorsqu'elle introduit des conditions qui, si elles avaient figuré dans la procédure d'attribution initiale, auraient permis l'admission de soumissionnaires autres que ceux initialement admis ou auraient permis de retenir une offre autre que celle initialement retenue. • CJCE 19 juin 2008, *Pressetext Nachrichtenagentur GmbH c/ Republik Österreich,* n° C-454/06 : *préc. point 35.* ♦ Un changement de sous-traitant, même lorsque la possibilité en est prévue dans le contrat, peut, dans des cas exceptionnels, constituer une telle modification de l'un des éléments essentiels du contrat de concession lorsque le recours à un sous-traitant plutôt qu'à un autre a été, compte tenu des caractéristiques propres de la prestation en cause, un élément déterminant de la conclusion du contrat, ce qu'il appartient en tout état de cause à la juridiction de renvoi de vérifier. Si la juridiction de renvoi devait conclure à l'existence d'une modification de l'un des éléments essentiels du contrat de concession, il y aurait lieu d'accorder, conformément à l'ordre juridique interne de l'État membre concerné, toutes les mesures nécessaires pour rétablir la transparence dans la procédure, y compris une nouvelle procédure d'attribution. Le cas échéant, la nouvelle procédure d'attribution devrait être organisée selon des modalités adaptées aux spécificités de la concession de services en cause et permettre qu'une entreprise située sur le territoire d'un autre État membre puisse avoir accès aux informations adéquates relatives à ladite concession avant que celle-ci ne soit attribuée. • CJUE 13 avr. 2010, *Wall AG,* n° C-91/08 : *Rev. CMP 2010. Chron. 222, note Zimmer ; Dr. adm. 2010, n° 109, note Noguellou.*

2. Il ressort des énonciations de l'ordonnance attaquée que, par une convention conclue le 9 juin 2016, la commune d'Aix-en-Provence et la SEMEPA ont entendu résilier la convention relative à la concession de la gestion du service public du stationnement payant sur voirie et de l'exploitation de sept parcs de stationnement publics du 29 déc. 1986 en tant qu'elle concerne l'exploitation des ouvrages hors voirie Bellegarde, Cardeurs, Carnot, Méjanes, Mignet, Pasteur et Signoret ainsi que la convention de délégation de service public du 24 oct. 2003 conclue pour l'exploitation du parc de La Rotonde.

Il résulte de l'instruction que la convention conclue le 29 déc. 1986 entre la commune d'Aix-en-Provence et la SEMEPA, qui avait pour objet de concéder la gestion du service public du stationnement hors voirie et du service public du stationnement sur voirie, constituait, du fait notamment des conditions de son équilibre financier, un ensemble unique ; alors même que la commune d'Aix-en-Provence et la SEMEPA ont déclaré procéder à la « résiliation partielle » de cette convention, la convention du 9 juin 2016 avait pour objet la modification du contrat de concession initial ; cette modification doit être regardée, eu égard à son ampleur, comme changeant la nature globale du contrat initial ; elle introduit, en outre, des conditions qui, si elles avaient figuré dans la procédure de passation initiale, auraient pu attirer davantage de participants ou permis l'admission de candidats ou soumissionnaires autres que ceux initialement admis ou le choix d'une offre autre que celle initialement retenue ; par suite, le moyen soulevé par le préfet tiré de ce que cette modification de la convention conclue le 29 déc. 1986 est intervenue en méconnaissance des règles de modification des contrats de concession est de nature à créer un doute sérieux sur sa validité. • CE 15 nov. 2017, *Cne d'Aix-en-Provence, SEMEPA*, n°s 409728, 409799.

3. Les délégations de service public sont soumises aux principes de liberté d'accès à la commande publique, d'égalité de traitement des candidats et de transparence des procédures, qui sont des principes généraux du droit de la commande publique ; pour assurer le respect de ces principes, les parties à une convention de délégation de service public ne peuvent, par simple avenant, apporter des modifications substantielles au contrat en introduisant des conditions qui, si elles avaient figuré dans la procédure de passation initiale, auraient pu conduire à admettre d'autres candidats ou à retenir une autre offre que celle de l'attributaire ; elles ne peuvent notamment ni modifier l'objet de la délégation ni faire évoluer de façon substantielle l'équilibre économique du contrat, tel qu'il résulte de ses éléments essentiels, comme la durée, le volume des investissements ou les tarifs.

La cour a relevé, par une appréciation souveraine des faits qui n'est entachée d'aucune dénaturation, que l'avenant n° 5 au contrat litigieux prévoyait des hausses de tarifs comprises entre 31 et 48 %, qui se traduiraient par une augmentation de plus d'un tiers des recettes et qui allaient très au-delà de la compensation des augmentations de charges liées aux modifications des obligations du délégataire convenues par ailleurs ; en en déduisant qu'une modification substantielle était ainsi apportée au contrat, la cour, qui a suffisamment motivé son arrêt, n'a, contrairement à ce que soutient la Compagnie, ni omis de répondre à son moyen d'appel tiré de ce que la hausse des tarifs était destinée à compenser les investissements nouveaux et les charges d'exploitation résultant du changement de point de départ des navettes, non compensés par le versement d'une subvention d'exploitation, ni méconnu le droit du délégataire à la compensation des nouvelles sujétions de service public, ni apprécié de manière « purement arithmétique » la modification introduite par l'avenant n° 5, ni commis d'erreur de droit. • CE 9 mars 2018, *Cie des parcs et passeurs du Mont-Saint-Michel*, n° 409972 A : *AJDA 2018. 1104, note Hoepffner* ; *BJCP 2018. 254, concl. Pellissier* ; *Rev. CMP 2018. 120, note Eckert*.

4. Le recours aux avenants. Est limité par le fait qu'ils ne doivent pas modifier l'objet de la délégation, ce qui interdit de mettre à la charge du délégataire la réalisation d'investissements conduisant à la réalisation d'un ouvrage dissociable des ouvrages déjà construits en raison de sa dimension, de son coût et de son autonomie fonctionnelle. • CE, avis, 19 avr. 2005, n° 371234 : *EDCE, n° 57, p. 197*.

5. Un avenant ne peut pas modifier substantiellement l'un des éléments essentiels de la délégation, tels que sa durée ou le volume des investissements mis à la charge du délégataire. Pour autant, le recours à un avenant n'est pas exclu pour prolonger la durée d'une DSP, dès lors que celle-ci n'est pas « substantiellement » modifiée. • CE, avis, 19 avr. 2005, n° 371234.

6. Un avenant ne peut avoir pour objet la réalisation d'investissements qui sont en tout état de cause à la charge du délégataire, tels que les investissements de renouvellement des installations. • CE, avis, 19 avr. 2005, n° 371234.

7. Avenant approuvé par la loi. Incompatibilité avec les stipulations de l'art. 6, § 1, Conv. EDH. La L. n° 2006-241 du 1er mars 2006, ayant approuvé l'avenant à une convention passée entre l'État et la société Autoroutes du sud de la France, concernant une section de l'autoroute A89, ainsi que les modifications apportées par cet avenant au cahier des charges annexé à cette convention, vise, ainsi qu'il ressort des travaux préparatoires, à prémunir la réalisation du projet autoroutier en cause contre d'éventuels recours en annulation. a) Des requérants ayant saisi le juge avant la date de publication de cette loi peuvent utilement se prévaloir de son incompatibilité avec les stipulations du § 1 de l'art. 6 Conv. EDH. Ceux l'ayant saisi après la publication de cette loi ne le peuvent en revanche pas. b) La L. en cause doit être regardée comme ayant modifié rétroactivement l'ensemble des règles applicables à la passation de l'avenant, faisant ainsi obstacle à ce que la légalité de la décision de signer l'avenant et ses clauses réglementaires puisse être utilement contestée devant le juge administratif. Pour être compatible avec les stipulations de l'art. 6, § 1, Conv. EDH, une telle loi doit reposer sur d'impérieux motifs d'intérêt général. Ne revêtent pas ce caractère les motifs invoqués en l'espèce, tenant en particulier à la nécessité d'assurer la réalisation du projet autoroutier dans les meilleurs délais. • CE, sect., 8 avr. 2009, *Assoc. Alcaly et a.*, n° 290604 A : *AJDA 2009. 2243, note Jeanneney ; Rev. CMP 2009, n° 165, note Zimmer ; RFDA 2009. 463, concl. Boulouis* (arrêt rendu à propos d'une concession autoroutière, mais de portée générale).

8. Un avenant qui modifie la répartition des risques entre le délégataire et le délégant, en augmentant sensiblement le taux de subventionnement par la personne publique, porte atteinte à un élément essentiel d'une délégation de service public et, par voie de conséquence, constitue un nouveau contrat. • CAA Paris, 17 avr. 2007, *Sté Keolis*, n° 06PA02278 : *Rev. CMP 2007, n° 194, obs. Zimmer.*

9. L'illégalité d'un avenant est sans incidence sur la légalité d'un avenant ultérieur et des actes détachables de cet avenant dès lors que ce dernier avenant ne constitue pas une mesure d'application de l'avenant antérieur et ne forme pas avec lui une opération complexe qui justifierait que l'illégalité du premier puisse être utilement invoquée à l'encontre du second. • CAA Marseille, 18 déc. 2006, *Cie méditerranéenne d'exploitation des services d'eau (CMESE)*, n° 02MA01595 : *Rev. CMP 2007, n° 84, note Eckert.*

10. Avenant de prolongation. Il n'est pas possible de conclure un avenant de prolongation qui aurait pour effet de produire un bouleversement de l'économie générale du contrat (modifications importantes, en l'espèce, avec prolongation du contrat de seize ans). Dans un tel cas, il est nécessaire de conclure un nouveau contrat. • CAA Versailles, 3 mars 2005, *Cté d'agglomération de Cergy-Pontoise*, n° 04VE00493 : *Dr. adm. 2005, n° 101, obs. Ménéménis.*

11. Renouvellement d'une concession. Le droit de l'Union, et, en particulier, l'art. 43, § 1, sous a), de la Dir. 2014/23/UE du Parlement européen et du Conseil du 26 févr. 2014, sur l'attribution de contrats de concession, doit être interprété en ce sens qu'il ne s'oppose pas à une réglementation nationale imposant le renouvellement d'un contrat de concession sans nouvelle procédure d'attribution, dans des conditions où celui-ci a été attribué à un seul concessionnaire, tandis que le droit national applicable prévoyait qu'une telle concession devait en principe être attribuée à plusieurs, au maximum quatre, opérateurs économiques, lorsque cette réglementation nationale constitue la mise en œuvre d'une clause contenue dans le contrat de concession initial prévoyant l'option d'un tel renouvellement.

Le droit de l'Union, et, en particulier, l'art. 43, § 1, sous e), de la Dir. 2014/23, doit être interprété en ce sens qu'il ne s'oppose pas à une réglementation nationale qui prévoit, d'une part, que le renouvellement d'une concession sera décidé deux ans avant son terme et, d'autre part, une modification des modalités de paiement de la contrepartie financière due par le concessionnaire, telles qu'elles figuraient dans le contrat de concession initial de manière à garantir à l'État des recettes budgétaires nouvelles et plus importantes, lorsque cette modification n'est pas substantielle, au sens de l'art. 43, § 4, de cette Dir.

L'art. 43, § 4, de la Dir. 2014/23 et l'art. 1er, § 3, de la Dir. 89/665/CEE du Conseil, du 21 déc. 1989, portant coordination des dispositions législatives, réglementaires et administratives relatives à l'application des procédures de recours en matière de passation des marchés publics de fournitures et de travaux, telle que modifiée par la Dir. 2014/23, doivent être interprétés en ce sens qu'un opérateur économique peut introduire un recours contre une décision de renouvellement d'une concession au motif que les conditions d'exécution du contrat de concession initial ont été substantiellement modifiées, alors qu'il n'a pas participé à la procédure d'attribution initiale de cette concession, pour autant que, au moment où le renouvellement de la concession devrait intervenir, il justifie d'un intérêt à se voir attribuer une telle concession. • CJUE 2 sept. 2021, *Sisal SpA*, C-721/19 et C-722/19 : *Rev. CMP 2021, comm. 315, Eckert.*

Loi n° 2020-1525 du 7 décembre 2020,

D'accélération et de simplification de l'action publique.

Art. 133 I. — Les contrats répondant à la définition des contrats de la commande publique énoncée à l'article L. 2 du code de la commande publique pour lesquels une consultation a été engagée ou un avis d'appel à la concurrence a été envoyé à la publication avant le 1er avril 2016 peuvent être modifiés sans nouvelle procédure de mise en concurrence dans les conditions définies par le code de la commande publique.

II. — Les dispositions du présent article sont applicables aux contrats mentionnés au I passés par l'État et ses établissements publics dans les îles Wallis-et-Futuna, en Polynésie française, en Nouvelle-Calédonie et dans les Terres australes et antarctiques françaises.

Art. L. 3135-2 **Lorsque l'autorité concédante apporte unilatéralement une modification à un contrat administratif, le concessionnaire a droit au maintien de l'équilibre financier du contrat, conformément aux dispositions du 4° de l'article L. 6.**

CHAPITRE VI FIN DES RELATIONS CONTRACTUELLES

SECTION 1 Résiliation des contrats de concession

Art. L. 3136-1 **Sans préjudice des dispositions de l'article L. 6 et des dispositions législatives spéciales, l'autorité concédante peut résilier le contrat de concession dans les cas prévus à la présente section.**

COMMENTAIRE

Sur la résiliation unilatérale des contrats administratifs, on se reportera à l'article L. 6 du code. ❑

Résiliation tacite. En dehors du cas où elle est prononcée par le juge, la résiliation d'un contrat administratif résulte, en principe, d'une décision expresse de la personne publique cocontractante. Cependant, en l'absence de décision formelle de résiliation du contrat prise par la personne publique cocontractante, un contrat doit être regardé comme tacitement résilié lorsque, par son comportement, la personne publique doit être regardée comme ayant mis fin, de façon non équivoque, aux relations contractuelles. Les juges du fond apprécient souverainement, sous le seul contrôle d'une erreur de droit et d'une dénaturation des pièces du dossier par le juge de cassation, l'existence d'une résiliation tacite du contrat au vu de l'ensemble des circonstances de l'espèce, en particulier des démarches engagées par la personne publique pour satisfaire les besoins concernés par d'autres moyens, de la période durant laquelle la personne publique a cessé d'exécuter le contrat, compte tenu de sa durée et de son terme, ou encore de l'adoption d'une décision de la personne publique qui a pour effet de rendre impossible la poursuite de l'exécution du contrat ou de faire obstacle à l'exécution, par le cocontractant, de ses obligations contractuelles. • CE 27 févr. 2019, *Dpt de la Seine-Saint-Denis*, n° 414114 B : *AJDA 2019. 1056, note Richer* ; *Rev. CMP 2019.173, note Dietenhoeffer* (décision relative à un marché public). ♦ V. aussi : • CE 11 déc. 2020, *Sé Copra Méditerranée*, n° 427616 B : *Rev. CMP 2020. 56, note Soler- Couteaux.*

Art. L. 3136-2 **L'autorité concédante peut résilier le contrat de concession en cas de force majeure.**

COMMENTAIRE

La force majeure visée ici suppose un bouleversement définitif de l'équilibre économique du contrat. Voir, pour les contrats administratifs, les commentaires et la jurisprudence sous l'article L. 6, ainsi que la jurisprudence citée au début du présent titre III. ❑

Art. L. 3136-3 **Lorsque le contrat de concession est un contrat administratif, l'autorité concédante peut le résilier :**

1° En cas de faute d'une gravité suffisante du concessionnaire ;

2° Pour un motif d'intérêt général, conformément aux dispositions du 5° de l'article L. 6.

COMMENTAIRE

La résiliation pour faute doit être motivée et précédée d'une mise en demeure, qui précise les manquements reprochés. Elle suppose une faute grave (interruption du service, fonctionnement durablement défectueux...). Elle ne donne pas lieu à indemnisation (les éventuelles conséquences onéreuses de la résiliation sont même à la charge du délégataire sanctionné) – sauf à concurrence de la valeur non amortie des investissements qui continueront à profiter à la collectivité publique.

La résiliation pour motif d'intérêt général peut par exemple être justifiée par la volonté de réorganiser le service ou par une modification dans la réglementation (mais non par un simple projet de réforme). L'indemnisation couvre le coût des investissements (pour la partie non amortie des biens qui reviennent à la personne publique, les biens de reprise étant rachetés à leur valeur vénale) – *damnum emergens* – et, s'il est démontré qu'un bénéfice devait être réalisé, le gain manqué – *lucrum cessans*.

On se reportera aussi à l'article L. 6 du code. ❑

I. RÉSILIATION POUR FAUTE

1. En cas de manquements de nature à justifier qu'il soit mis fin à son contrat pour faute et sans indemnité, le titulaire doit, en principe, être préalablement mis en demeure de respecter ses obligations, sauf si le contrat en dispose autrement ou s'il n'a pas la possibilité de remédier aux manquements qui lui sont reprochés ; en l'absence même de stipulations du contrat lui donnant cette possibilité, le concédant dispose de la faculté de résilier unilatéralement le contrat pour faute et sans indemnité ; dans l'hypothèse d'une saisine du juge aux fins de prononcer la déchéance du contrat, celui-ci est régulièrement saisi alors même que le délai donné au cocontractant pour se conformer à ses obligations n'est pas expiré ; le juge ne peut toutefois statuer qu'après expiration de ce délai ; ces mêmes règles s'appliquent dans le cas de l'action en déchéance d'un sous-concessionnaire par un concessionnaire. • CE 12 nov. 2015, *Sté Le jardin d'acclimatation*, n° 387660 A : *BJCP 2016. 143, concl. Henrard ; ibid. 908, note Roux.*

2. L'inobservation par le concessionnaire pendant plusieurs années, en dépit de plusieurs mises en demeure formelles, des obligations financières souscrites dans la convention de concession est de nature à justifier que soit prononcée la mesure de la déchéance à son encontre. A le supposer établi, le déséquilibre financier de l'exploitation est sans incidence sur la gravité de ses manquements à ses obligations contractuelles. • CE 25 mars 1991, *Copel*, n° 90747 B.

3. Gravité suffisante de la faute. La déchéance de la concession ne peut être prononcée par le juge que si le concessionnaire a commis une faute d'une particulière gravité. En l'espèce, le concessionnaire avait commis une faute (non-exécution de travaux préparatoires à la réalisation d'une phase ultérieure du projet), mais celle-ci n'était pas d'une gravité suffisante pour justifier la déchéance. • CE 12 mars 1999, *SA Méribel 92*, n° 176694 A : *BJCP 1999. 444, concl. Bergeal.*

4. Il ressort des pièces du dossier soumis aux juges du fond qu'en vertu de l'art. 5 de la convention de concession, la société CVT Loisirs s'était engagée à réaliser des travaux de mise aux normes et de développement identifiés et chiffrés au sein d'une annexe à la convention, pour un montant estimatif de 272 284, 25 € HT. Aux termes de l'art. 9 de la convention relative à la redevance annuelle due à la commune concédante, le concessionnaire pouvait déduire du montant de cette redevance l'annuité résultant de la souscription d'un emprunt sur dix ans pour la somme nécessaire à couvrir lesdits travaux. Plusieurs différends étant nés entre les parties quant à la communication des documents relatifs au prêt contracté à cette fin par le concessionnaire et aux modalités de calcul de la déduction, la société CVT Loisirs n'a pas déféré à la mise en demeure de la commune de lui verser l'acompte de la redevance de l'année 2009, d'un montant de 40 330, 63 €. En estimant que la commune de Saumur pouvait résilier unilatéralement, pour ce seul motif, la concession alors que le non-versement, certes fautif, de cette somme n'était pas, eu égard au montant des investissements engagés par le concessionnaire et à l'équilibre économique de l'exploitation, dont le chiffre d'affaires annuel avoisinait un million d'€, d'une gravité suffisante pour fonder légalement la déchéance du concessionnaire, la cour administrative d'appel de Nantes a inexactement qualifié les faits qui lui étaient soumis. • CE 6 mai 2019, *Sté CVT Loisirs*, n° 420070 : *Rev. CMP 2019. 237, note Eckert.*

5. Les parties à un contrat de concession peuvent subordonner la possibilité de prononcer la déchéance du concessionnaire à la condition du respect, par le concédant, des engagements qu'il a par ailleurs souscrits. • CE 19 oct. 2001, *Synd. intercommunal de Guzet-Neige*, n° 212677 A : *Rev. CMP 2001, n° 240 ; Dr. adm. 2001, comm. n° 35.*

6. La résiliation d'un contrat ne fait pas obstacle par principe à l'application de pénalités de retard prévues par une clause de ce contrat.

Un cocontractant ne peut être regardé comme ayant été régulièrement mis en demeure dans le cas où la mise en demeure qui lui a été adressée ne fait état d'aucun manquement précis de sa part à ses obligations. En se bornant à rappeler l'obligation qui est imposée au délégataire par l'art. 40-1 de la L. n° 93-122 du 29 janv. 1993, de produire chaque année avant le 1er juin, à l'autorité délégante, un rapport retraçant la totalité des opérations comptables afférentes à l'exécution de la délégation de service public et une analyse de la qualité du service et de fournir toutes les pièces comptables encore manquantes à ce jour, un courrier ne fait pas explicitement référence à l'article de la convention qui prévoit les modalités de mise en œuvre et de calcul des sanctions pécuniaires encourues par le délégataire en cas de manquement à ses obligations et n'indique pas le délai dans lequel les pièces réclamées devront être produites. Ainsi, à défaut de mise en demeure régulière, le titre de perception pour avoir paiement des pénalités est lui-même irrégulier. • CE 17 déc. 2008, *Synd. intercommunal de gestion et d'aménagement de Superbagnères*, n° 296819.

7. Résiliation abusive. Les conventions d'affermage prévoyaient la possibilité de contrôles par la collectivité délégante de l'activité du fermier et mettaient à la charge de celui-ci la fourniture des éléments nécessaires pour qu'il puisse y procéder ; le syndicat délégant a décidé en 2006 d'entreprendre un contrôle sur l'ensemble des conventions de délégation en litige ; il a demandé notamment la communication, pour chacun des contrats, des comptes rendus techniques et financiers que le délégataire est tenu d'adresser chaque année à l'autorité délégante, le solde des comptes rendus financiers, les comptes d'exploitation, les inventaires des biens confiés au fermier et également le nombre d'abonnés, le volume assujetti pour le calcul de la rémunération du fermier, la liste des travaux effectués au titre de la garantie de renouvellement, et joint à cette demande un questionnaire par contrat ; si la société délégataire n'a pas fourni dans le délai prévu fixé l'ensemble de ces documents, elle a toutefois remis en mains propres au syndicat plusieurs des documents demandés un mois après ; à la suite d'une mise en demeure aux fins de compléter les documents fournis par la production des comptes prévisionnels d'exploitation, l'état des patrimoines initiaux ainsi que l'évolution du nombre d'abonnés et des volumes assujettis, la société s'est à nouveau efforcée de répondre positivement à la demande du syndicat dont elle a d'ailleurs rencontré le directeur technique à qui elle a remis plusieurs des documents manquants dont les comptes d'exploitation prévisionnels, à l'exception d'un seul, l'inventaire des ouvrages et les comptes rendus techniques et financiers pour les années 1993 à 2000 ; en outre, au cours de cette réunion, un accord est intervenu sur les pièces restant à fournir ; s'il est vrai que la société a tardé dans la remise des documents demandés, le déroulement des faits ci-dessus décrits ne révèle pas de sa part la volonté de faire obstruction au contrôle en refusant de communiquer les documents et les renseignements qui lui étaient demandés ; elle ne saurait dès lors être regardée comme ayant gravement manqué à ses obligations contractuelles ; dans ces conditions, la résiliation de l'ensemble des conventions, au motif tiré de la mauvaise foi dont le délégataire a pu faire preuve lors du contrôle de l'exécution de ces contrats et de son refus obstiné d'apporter les éléments nécessaires au suivi d'un bon déroulement des délégations, présente un caractère abusif et constitue une faute de nature à engager la responsabilité du syndicat ; la société est ainsi fondée à demander réparation des préjudices résultant de la résiliation desdites conventions.

En premier lieu, la société demande réparation de son manque à gagner résultant de la fin anticipée des conventions ; pour en justifier, elle produit en appel les trois derniers comptes rendus financiers de chaque délégation, lesquels permettent de déterminer contrat par contrat le bénéfice moyen sur les trois derniers exercices, puis multiplie ledit bénéfice par le nombre d'années restant à courir ; ces documents sont assortis d'une attestation du commissaire aux comptes de la société qui affirme la concordance des informations fournies avec la comptabilité analytique de la société en lien avec la comptabilité générale ; si le syndicat soutient que compte tenu de la variation d'une année sur l'autre des résultats, la permanence d'un résultat bénéficiaire n'était pas certaine, il ne fait état d'aucun élément précis, tel des dépenses à la charge du délégataire, qui aurait été de nature à diminuer le bénéfice moyen attendu par la société ; il y a lieu par suite de faire droit à cette demande ; en revanche, il n'y a pas lieu de faire droit à la demande de la société concernant ses charges fixes de structure dont elle ne justifie pas et qu'il lui appartient d'ajuster en fonction de son activité.

En deuxième lieu, la société requérante produit en appel les justificatifs des sommes qu'elle a versées en contrepartie de travaux réalisés dans le cadre des conventions d'assainissement concernant plusieurs communes ; la remise de ces biens à la collectivité délégante suppose le versement par cette dernière d'une indemnité correspondant à la valeur non amortie de ces travaux ; il y a lieu de faire droit à cette demande ; il en est de même des emprunts contractés pour le préfinancement de travaux concernant les services publics de distribution d'eau potable et d'assainissement sur la commune de Sabres, l'art. 5 des conventions d'affermage conclues avec cette commune prévoyant, à l'expiration de la convention, le versement par la commune d'une indemnité égale à la part non amortie de ces redevances.

En troisième lieu, il résulte de l'instruction qu'en vertu de l'art. 24 de la convention, les compteurs sont fournis par le fermier en location à l'abonné ; l'art. 54 des contrats prévoit qu'en fin d'affermage, la collectivité pourra reprendre contre indemnité les biens nécessaires à l'exploitation financés par le fermier et que ces indemnités de reprise seront fonction de l'amortissement technique ; il n'est pas contesté que le syndicat a repris les compteurs d'eau ; la société requérante fait état d'un coefficient d'amortissement des compteurs en fonction de leur ancienneté ; il résulte des tableaux qu'elle produit que ce coefficient correspond à une durée d'amortissement de douze ans ; le syndicat ne fournit aucun élément de nature à établir que la durée d'amortissement retenue ne correspondrait pas aux conditions d'amortissement de ces biens ; il s'ensuit que, compte tenu du nombre de compteurs recensés dans les documents produits en appel pour chacune des conventions d'affermage et de leur durée d'amortissement, il sera fait une juste appréciation de l'indemnité due à la société du fait de ce chef de préjudice en la fixant à 93 000 €.

En quatrième lieu, les contrats d'affermage comportent une clause permettant au fermier de bénéficier du transfert du droit à déduction de la taxe sur la valeur ajoutée grevant les investissements financés par la collectivité et compris dans l'affermage, les sommes perçues étant reversées par le fermier à la collectivité ; les contrats prévoient également que si, en fin de contrat, le fermier est amené à rembourser au Trésor public une partie de la taxe sur la valeur ajoutée effectivement récupérée sur les dépenses d'investissement du service au cours des dix années précédentes, la collectivité remboursera au fermier les sommes ainsi dues au Trésor ; la société soutient devoir au Trésor la somme de 18 544 € ; faute cependant d'apporter la preuve du paiement de cette somme au Trésor public, elle ne saurait en obtenir l'indemnisation. • CAA Bordeaux, 17 nov. 2011, *Sté Sogedo,* n° 10BX00812.

8. Cession du capital du concessionnaire. Lorsque la société concessionnaire envisage au cours de l'exécution du contrat de céder la totalité de son capital à un tiers avec lequel elle n'a, directement ou indirectement, aucun lien capitalistique, cette cession, qui certes ne se traduit pas par elle-même par la cession à ce tiers du contrat de concession, doit être regardée comme ayant pour effet un changement de concessionnaire au sens et pour l'application du présent art. lorsque le concédant justifie que les données relatives notamment à la capacité financière du candidat, laquelle est susceptible d'être appréciée en prenant en compte l'identité du détenteur de son capital, ont joué un rôle déterminant dans l'attribution de la concession ; en vertu de cet art., le changement de l'identité du détenteur de la totalité du capital de cette société ne peut alors intervenir sans autorisation de l'autorité concédante ; le concessionnaire, qui ne sollicite pas une telle autorisation de cession de la totalité de son capital à un tiers et procède à cette cession, commet une faute susceptible de revêtir un caractère d'une particulière gravité ; la personne publique peut alors retenir ce grief pour prononcer, le cas échéant au vu également d'autres griefs, la résiliation de la concession aux torts du concessionnaire. • CAA Nantes, 31 oct. 2014, *Sté CEP-A Port Guillaume,* n° 13NT00699 : *AJDA 2015. 1051, note Vila.*

9. Conséquences financières de la résiliation. En cas de résiliation pour faute d'une concession, le concessionnaire ne peut prétendre à l'indemnisation de son manque à gagner ; la résiliation du contrat de concession ayant été prononcée pour faute et non dans l'intérêt général, la société n'a donc droit à aucune indemnité au titre du manque à gagner.

Même en cas de résiliation pour faute, le concessionnaire est fondé à demander une indemnité correspondant à la valeur non amortie des investissements qu'il a réalisés ; aux termes de l'art. 55 du cahier des charges du contrat de concession relatif à l'interruption du contrat par déchéance : « Le concessionnaire n'a droit, comme indemnisation, qu'au paiement d'une somme égale à la valeur des investissements réalisés par lui-même, déduction faite des amortissements industriels et des provisions pour dépréciation figurant au bilan. » Dans le cas où le concessionnaire n'a pas inscrit au bilan ces investissements ou ne les a inscrits que pour une valeur inférieure à leur montant réel, cette circonstance ne saurait faire échec aux droits du concessionnaire ; dans ce cas, il lui appartient de justifier par tous moyens la réalité et le montant exact des investissements qu'il a réalisés ; il y a alors lieu de déduire les amortissements se rapportant à ces investissements en se fondant non sur ceux, erronés, mentionnés au bilan mais sur ceux qui auraient dû normalement être pratiqués selon la durée d'usage des installations ou, à défaut de toute indication produite par le concessionnaire, en calculant cet amortissement sur la durée correspondant à celle de la concession afin que les biens soient regardés comme étant totalement amortis au terme normal de celle-ci ; en l'espèce et compte tenu de l'absence d'inscription au bilan de la société des investissements effectivement réalisés pour la construction des installations portuaires, il y a ainsi lieu de prendre en compte le montant total de ces investissements dont il est justifié par des pièces probantes et, pour arrêter la part qui n'en a pas été amortie, de calculer les amortissements s'y rapportant sur la base d'un amortissement linéaire pendant la durée de la concession invoqué par la société dans ses écritures de première instance et non contesté en défense.

Il résulte des dispositions de l'art. 44 du cahier des charges annexé au contrat de concession que les amortissements industriels et les provisions sont constitués chaque année pour mener à bien, notamment, les travaux de gros entretien et de remise en état indispensables aux ouvrages concédés et le renouvellement des outillages, ce qui correspond à l'obligation d'entretien des ouvrages et outillages prévue par l'art. 5 du cahier des charges ; aucune stipulation de ce cahier ne prévoit l'attribution de ces provisions au concédant au terme du contrat de concession, que ce dernier prenne fin à son terme ou, comme en l'espèce, par l'effet d'une décision de résiliation ; l'obligation d'entretien ainsi prévue ayant pris fin avec la résiliation du contrat, les provisions, qui représentent une partie des bénéfices tirés de l'exploitation du port ont vocation, en l'absence de stipulations contraires, à être conservées par le concessionnaire ; il suit de là que le département n'est pas fondé à en exiger la restitution. • CAA Nantes, 31 oct. 2014, *Sté CEP-A Port Guillaume,* n° 13NT00699.

II. RÉSILIATION POUR MOTIF D'INTÉRÊT GÉNÉRAL

10. Il appartient à l'autorité concédante, en vertu des règles générales applicables aux contrats administratifs, et sous réserve des droits à indemnisation du concessionnaire, de mettre fin avant son terme à un contrat de concession, dès lors qu'il existe des motifs d'intérêt général justifiant, à la date à laquelle elle prend sa décision, que l'exploitation du service concédé soit abandonnée ou établie sur des bases nouvelles. Elle peut user de cette faculté alors même qu'aucune disposition législative ou réglementaire, non plus qu'aucune stipulation contractuelle, n'en a organisé l'exercice. En l'espèce, la cession de 74 % des actions de la société concessionnaire autorisait la commune concédante, à cause des risques de conflits d'intérêts qu'elle entraînait, à regarder son cocontractant comme ne présentant plus les garanties au vu desquelles la concession lui avait été attribuée et, pour ce motif d'intérêt général, à prononcer la résiliation de cette concession. • CE 31 juill. 1996, *Sté des téléphériques du massif du Mont-Blanc,* n° 126594 A.

11. Constituent des motifs d'intérêt général justifiant la résiliation d'une convention de délégation de service public des motifs tirés de l'imprécision de ses dispositions, des irrégularités de sa rédaction, notamment en ce qui concerne sa résiliation, et de la nécessité d'assurer une plus grande cohérence à l'action publique par le biais d'une régie. • CE 10 juill. 1996, *Coisne,* n° 140606 B.

12. Eu égard à l'impératif d'ordre public imposant de garantir, par une remise en concurrence périodique, la liberté d'accès des opérateurs économiques aux contrats de délégation de service public et la transparence des procédures de passation, la nécessité de mettre fin à une convention dépassant la durée prévue par la loi d'une délégation de service public constitue un motif d'intérêt général justifiant sa résiliation unilatérale par la personne publique, sans qu'il soit besoin qu'elle saisisse au préalable le juge ; par suite, le juge des référés n'a pas commis d'erreur de droit en ne retenant pas comme propre à créer un doute sérieux le moyen tiré de ce que le maire ne pouvait constater la « caducité » des contrats litigieux et en prononcer la résiliation unilatérale ; il n'a pas non plus inversé la charge de la preuve. • CE 7 mai 2013, *Sté auxiliaire de parcs de la région parisienne,* n° 365043 A : *BJCP 2013. 353, concl. Dacosta ; AJDA 2013. 1271, chron. Domino-Bretonneau ; AJCT 2013. 462, obs. Burel.*

13. Indemnisation. Même en l'absence de manquements de la collectivité publique à l'exécution de ses obligations contractuelles, la résiliation unilatérale du contrat ouvre droit au profit du délégataire à une indemnisation compensant la perte de bénéfices subie du fait de la résiliation. En l'espèce, le caractère déficitaire de l'exploitation exclut toutefois que le délégataire puisse se prévaloir d'un manque à gagner résultant de la résiliation. • CE 18 nov. 1988, *Ville d'Amiens et Sté d'exploitation du parc de stationnement de la gare d'Amiens,* n° 61871 A.

14. En cas de résiliation unilatérale pour un motif d'intérêt général, le délégataire a le droit à une indemnité couvrant notamment la part non amortie du financement des investissements remis à la collectivité publique. • CE 20 mai 1994, *Sté Le gardiennage industriel de la Seine et a. et Synd. des transports parisiens,* n°s 66377 B et 66401 • CAA Paris, 16 oct. 2007, *Cne de Bussy-Saint-Georges c/ Sté Vinci Park,* n° 04PA01884 : *Rev. CMP 2008, n° 330, note Delacour.* ♦ L'indemnisation correspondant à cette part ne saurait être supérieure à la valeur réelle des biens à la date de la résiliation. • CE 6 févr. 1981, *Cne de Saint-Georges-de-Didonne,* n° 19215 B.

15. L'impossibilité dans laquelle la société chargée de gérer un casino s'est trouvée de poursuivre l'exécution de la convention relative aux activités d'animation et d'en tirer des revenus trouve son origine directe dans la circonstance qu'elle n'était plus titulaire de l'autorisation ministérielle requise par les dispositions de la loi du 15 juin 1907, et non dans un choix de la commune de mettre fin par anticipation, pour un motif d'intérêt général, à la convention relative à ces activités ; la cour administrative d'appel n'a, dès lors, ni commis d'erreur de droit, ni dénaturé la portée de la résiliation prononcée en jugeant que la société ne pouvait se prévaloir, pour obtenir réparation du préjudice qu'elle invoque, des stipulations de l'art. 19 de la convention du 28 mars 1991 prévoyant la faculté de résiliation pour motif d'intérêt général sous condition d'une indemnité. • CE 19 mars 2010, *SNC Malortigue,* n° 306192 : *Rev. CMP 2010. Chron. 225, note Llorens.*

16. En vertu des règles générales applicables aux contrats administratifs, l'autorité concédante peut toujours, pour un motif d'intérêt général, résilier un contrat de concession, sous réserve des droits à indemnité du concessionnaire ; l'étendue et les modalités de cette indemnisation peuvent être déterminées par les stipulations du contrat, sous réserve qu'il n'en résulte pas, au détriment d'une personne publique, une disproportion manifeste entre l'indemnité ainsi fixée et le montant du préjudice résultant, pour le concessionnaire, des dépenses qu'il a exposées et du gain dont il a été privé ; ce principe, découlant de l'interdiction faite aux personnes publiques de consentir des libéralités, ne s'appliquant pas aux personnes privées, rien ne s'oppose en revanche à ce que ces stipulations prévoient une indemnisation inférieure au montant du préjudice subi par le cocontractant privé de l'administration ; dès lors, en se fondant, pour statuer sur les conclusions de la chambre de commerce concessionnaire relatives à l'indemnisation de la valeur des investissements financés sur ses fonds propres, sur un principe selon lequel les stipulations contractuelles ne pouvaient avoir pour effet, quel que soit le statut du cocontractant de l'administration, soit d'exclure toute indemnisation de celui-ci, soit de prévoir une indemnisation manifestement disproportionnée par rapport au préjudice subi, la cour administrative d'appel a commis une erreur de droit.

Toutefois, une chambre de commerce et d'industrie est un établissement public ; le contrat de concession qu'elle a souscrit avec une commune ne pouvait dès lors, en application du principe énoncé ci-dessus, prévoir une indemnisation manifestement disproportionnée par rapport à son préjudice. • CE 4 mai 2011, *CCI de Nîmes, Uzès, Bagnols, Le Vigan*, n° 334280 B : *BJCP 2011. 285, concl. Dacosta ; Rev. CMP 2011, n° 216, note Eckert ; Dr. adm. 2011, n° 67, note Brenet.*

17. En vertu de l'interdiction faite aux personnes publiques de consentir des libéralités, un contrat administratif ne peut légalement prévoir une indemnité de résiliation ou de non-renouvellement qui serait, au détriment de la personne publique, manifestement disproportionnée au montant du préjudice subi par le cocontractant du fait de cette résiliation ou de ce non-renouvellement. • CE 22 juin 2012, *CCI Montpellier et a.*, n° 348676 B : *BJCP 2012. 330, concl. Dacosta ; Rev. CMP 2012, n° 246, note Eckert.*

18. Résiliation unilatérale d'un contrat entaché d'une irrégularité d'une particulière gravité. En vertu des règles générales applicables aux contrats administratifs, la personne publique cocontractante peut toujours, pour un motif d'intérêt général, résilier unilatéralement un tel contrat, sous réserve des droits à indemnité de son cocontractant. Dans le cas particulier d'un contrat entaché d'une irrégularité d'une gravité telle que, s'il était saisi, le juge du contrat pourrait en prononcer l'annulation ou la résiliation, la personne publique peut, sous réserve de l'exigence de loyauté des relations contractuelles, résilier unilatéralement le contrat sans qu'il soit besoin qu'elle saisisse au préalable le juge. Après une telle résiliation unilatéralement décidée pour ce motif par la personne publique, le cocontractant peut prétendre, sur un terrain quasi contractuel, pour la période postérieure à la date d'effet de la résiliation, au remboursement de celles de ses dépenses qui ont été utiles à la collectivité envers laquelle il s'était engagé. Si l'irrégularité du contrat résulte d'une faute de l'administration, le cocontractant peut, en outre, sous réserve du partage de responsabilités découlant le cas échéant de ses propres fautes, prétendre à la réparation du dommage imputable à la faute de l'administration. Saisi d'une demande d'indemnité sur ce second fondement, il appartient au juge d'apprécier si le préjudice allégué présente un caractère certain et s'il existe un lien de causalité direct entre la faute de l'administration et le préjudice. • CE 10 juill. 2020, *Sté Comptoir Négoce Équipements*, n° 430864 A : *BJCP 2020. 320, concl. Pellissier ; Dr. adm. 2020. 40, note Brenet ; Rev. CMP 2020. 257, note Rees.*

19. Fonds de renouvellement. Les provisions versées par le délégataire au fonds de renouvellement étant destinées à assurer le financement des réparations et remplacements nécessaires au maintien des installations en bon état de fonctionnement et le délégataire étant dispensé, par suite de la résiliation, d'assurer ces réparations et remplacements, il y a lieu, pour fixer le montant de l'indemnité, de retrancher le solde du fonds de renouvellement du manque à gagner du délégataire. • CAA Nantes, 29 déc. 2000, *Sté Idex*, n° 93NT00403.

III. EFFETS DE LA RÉSILIATION. CONTRATS DU DÉLÉGATAIRE EN COURS D'EXÉCUTION

20. Sans préjudice des dispositions législatives applicables, notamment en matière de transfert de contrat de travail, en cas de résiliation d'un contrat portant exécution d'un service public, quel qu'en soit le motif, la personne publique, à laquelle il appartient de garantir la continuité du service public et son bon fonctionnement, se substitue de plein droit à son ancien cocontractant pour l'exécution des contrats conclus avec les usagers ou avec d'autres tiers pour l'exécution même du service ; il n'en va toutefois ainsi que si les contrats en cause ne comportent pas d'engagements anormalement pris, c'est-à-dire d'engagements qu'une interprétation raisonnable du contrat relatif à l'exécution d'un service public ne permettait pas de prendre, au regard notamment de leur objet, de leurs conditions d'exécution ou de leur durée, à moins que, dans ce cas, la personne publique n'ait donné, dans le respect de la réglementation applicable, son accord à leur conclusion ; pour l'application de ces règles, la substitution de la personne publique n'emporte pas le transfert des dettes et créances nées de l'exécution antérieure des contrats conclus par l'ancien cocontractant de la personne publique, qu'il s'agisse des contrats conclus avec les usagers du service public ou de ceux conclus avec les autres tiers. • CE, sect., 19 déc. 2014, *Cne de Propriano*, n° 368294 A : *BJCP 2015. 75, concl. Pellissier ; Rev. CMP 2015, n° 46, note Eckert ; Dr. adm. 2015, n° 20, note Brenet ; AJCT 2015. 209, obs. Lanzarone.*

Art. L. 3136-4 Lorsqu'un opérateur économique est, au cours de l'exécution d'un contrat de concession, placé dans l'un des cas d'exclusion mentionnés aux articles L. 3123-1 à L. 3123-5 et aux articles L. 3123-7 à L. 3123-13, l'autorité concédante peut résilier le contrat de concession pour ce motif.

L'opérateur informe sans délai l'autorité concédante de ce changement de situation.

Toutefois, l'autorité concédante ne peut prononcer la résiliation du contrat de concession *(L. n° 2020-1525 du 7 déc. 2020, art. 131)* « au seul motif que l'opérateur économique fait l'objet d'une procédure de redressement judiciaire en application de l'article L. 631-1 du code de commerce, sous réserve des hypothèses de résiliation de plein

droit prévues au III de l'article L. 622-13 du même code ». – *[Ord. nº 2016-65 du 29 janv. 2016, art. 43, ecqc la résiliation.]*

Les dispositions introduites par l'art. 131 de la L. nº 2020-1525 du 7 déc. 2020 s'appliquent aux marchés publics et aux concessions pour lesquels une consultation est engagée ou un avis d'appel à la concurrence est envoyé à la publication à compter de la publication de ladite loi (L. préc., art. 131-III, JO 8 déc.).

Art. L. 3136-5 Lorsqu'un contrat de concession n'aurait pas dû être attribué à un opérateur économique en raison d'un manquement grave aux obligations prévues par le droit de l'Union européenne en matière de contrats de concession qui a été reconnu par la Cour de justice de l'Union européenne dans le cadre de la procédure prévue à l'article 258 du Traité sur le fonctionnement de l'Union européenne, l'autorité concédante peut le résilier. – *[Ord. nº 2016-65 du 29 janv. 2016, art. 49.]*

Art. L. 3136-6 L'autorité concédante peut résilier le contrat de concession lorsque l'exécution du contrat ne peut être poursuivie sans une modification qui méconnaîtrait les dispositions du chapitre V du présent titre. – *[Ord. nº 2016-65 du 29 janv. 2016, art. 55, al. 2, ecqc l'intérêt général.]*

Les dispositions du présent art. s'appliquent à la modification des contrats qui sont des concessions au sens de ce code et qui ont été conclus ou pour lesquels une procédure de passation a été engagée ou un avis de concession a été envoyé à la publication avant le 1er avr. 2016, date d'entrée en vigueur de l'Ord. nº 2016-65 du 29 janv. 2016 relative aux contrats de concession (Ord. nº 2018-1074 du 26 nov. 2018, art. 20).

COMMENTAIRE

Il y a là aussi un motif d'intérêt général pour résilier la concession, dès lors que, dans une telle hypothèse la modification qui s'impose serait nécessairement irrégulière ; sauf à ce que l'autorité concédante renonce à toute relation contractuelle, il est nécessaire de passer un nouveau contrat. ❑

SECTION 2 Modalités particulières d'indemnisation du concessionnaire

Art. L. 3136-7 En cas d'annulation ou de résiliation du contrat de concession par le juge, faisant suite au recours d'un tiers, le concessionnaire peut prétendre à l'indemnisation des dépenses qu'il a engagées conformément au contrat dès lors qu'elles ont été utiles à l'autorité concédante. – *[Ord. nº 2016-65 du 29 janv. 2016, art. 56-I avant "parmi".]*

Art. L. 3136-8 Parmi les dépenses mentionnées à l'article L. 3136-7 figurent, s'il y a lieu, les frais liés au financement mis en place dans le cadre de l'exécution du contrat y compris, le cas échéant, les coûts pour le concessionnaire afférents aux instruments de financement et résultant de la fin anticipée du contrat.

La prise en compte des frais liés au financement est subordonnée à la mention, dans les annexes du contrat de concession, des principales caractéristiques des financements à mettre en place pour les besoins de l'exécution de la concession. – *[Ord. nº 2016-65 du 29 janv. 2016, art. 56-I avant "parmi" et II.]*

Art. L. 3136-9 Lorsqu'une clause du contrat de concession fixe les modalités d'indemnisation du concessionnaire en cas d'annulation, de résolution ou de résiliation du contrat de concession par le juge, elle est réputée divisible des autres stipulations du contrat. – *[Ord. nº 2016-65 du 29 janv. 2016, art. 56-III.]*

COMMENTAIRE

Les dispositions des trois articles qui précèdent sont identiques à celles que prévoient les articles L. 2235-1 à L. 2235-3 du code pour les marchés de partenariat. On ne s'en étonnera pas : dans les deux cas, il s'agit de contrats qui sont souvent de longue durée et qui mettent souvent à la charge de leurs titulaires des investissements importants. ❑

Art. L. 3136-10 Lorsque la personne publique concédante résilie avant son terme normal le contrat de concession de travaux ou le contrat concédant un service public, le concessionnaire a droit à l'indemnisation du préjudice qu'il subit à raison du retour anticipé des biens, à titre gratuit, dans le patrimoine de la personne publique s'ils n'ont pas été totalement amortis, dans les conditions suivantes :

1° Lorsque l'amortissement de ces biens a été calculé sur la base d'une durée d'utilisation inférieure à la durée du contrat, l'indemnité à laquelle peut prétendre le concessionnaire est égale à la valeur nette comptable des biens ;

2° Lorsque l'amortissement de ces biens a été calculé sur la base d'une durée d'utilisation supérieure à la durée du contrat, l'indemnité à laquelle peut prétendre le concessionnaire est égale à la valeur nette comptable des biens telle qu'elle résulterait de leur amortissement sur la durée du contrat.

L'indemnité à la charge de la personne publique ne saurait excéder le montant calculé au titre des alinéas précédents.

COMMENTAIRE

On se reporte au commentaire et à la jurisprudence sous les articles L. 3132-4 à L. 3132-6 ci-dessus. ❑

CHAPITRE VII RÈGLEMENT ALTERNATIF DES DIFFÉRENDS

SECTION 1 Conciliation et médiation

Art. L. 3137-1 Les parties à un contrat administratif peuvent recourir à un tiers conciliateur ou médiateur dans les conditions fixées par les chapitres I et II du titre II du livre IV du code des relations entre le public et l'administration.

Art. L. 3137-2 Les parties à un contrat de concession de droit privé peuvent recourir à un tiers conciliateur ou médiateur dans les conditions fixées par les dispositions du chapitre I du titre VI du livre I et du chapitre II du titre I du livre V du code de procédure civile.

SECTION 2 Transaction

Art. L. 3137-3 Les parties à un contrat de concession peuvent recourir à une transaction ainsi que le prévoit l'article 2044 du code civil.

SECTION 3 Arbitrage

Art. L. 3137-4 Ainsi qu'en dispose le premier alinéa de l'article 2060 du code civil, les autorités concédantes qui sont des personnes morales de droit public ne peuvent recourir à l'arbitrage, sauf dans les cas prévus par la loi, notamment ceux mentionnés par l'article L. 311-6 du code de justice administrative.

V. CJA, art. L. 311-6, App., Partie VI. Contrôles et contentieux, II. C.

Art. L. 3137-5 Le recours à l'arbitrage pour le règlement des litiges opposant des personnes privées dans l'exécution des contrats de concession est possible dans les conditions définies par le livre IV du code de procédure civile.

LIVRE II AUTRES CONTRATS DE CONCESSION

Art. L. 3200-1 Sans préjudice de dispositions législatives spéciales, les catégories de contrats de concession mentionnées au titre I du présent livre sont soumises aux règles particulières définies au titre II.

(Abrogé par Ord. n° 2018-1135 du 12 déc. 2018, art. 2-I, à compter du 1er avr. 2019) ***« Les dispositions du présent livre ne s'appliquent pas aux contrats de concession relevant de l'article 5, paragraphe 3 du règlement (CE) n° 1370/2007 du Parlement européen et du Conseil du 23 octobre 2007 relatif aux services publics de transport de voyageurs par chemin de fer et par route modifié. »***

Sur l'application des dispositions introduites par le I et le 1° du II de l'art. 2 de l'Ord. n° 2018-1135 du 12 déc. 2018, V. note ss. art. L. 2522-1, supra.

COMMENTAIRE

Les contrats « exclus » qui font l'objet de ce présent livre ne sont soumis qu'à un nombre très limité de règles. ❑

TITRE I CHAMP D'APPLICATION

CHAPITRE I RELATIONS INTERNES AU SECTEUR PUBLIC

SECTION 1 Quasi-régie

Art. L. 3211-1 Sont soumis aux règles définies au titre II les contrats de concession conclus par un pouvoir adjudicateur, y compris lorsqu'il agit en qualité d'entité adjudicatrice, avec une personne morale de droit public ou de droit privé lorsque les conditions suivantes sont réunies :

1° Le pouvoir adjudicateur exerce sur la personne morale concernée un contrôle analogue à celui qu'il exerce sur ses propres services ;

2° La personne morale contrôlée réalise plus de 80 % de son activité dans le cadre des tâches qui lui sont confiées soit par le pouvoir adjudicateur qui la contrôle, soit par d'autres personnes morales que celui-ci contrôle, soit par ce pouvoir adjudicateur et d'autres personnes morales qu'il contrôle ;

3° La personne morale contrôlée ne comporte pas de participation directe de capitaux privés au capital, à l'exception des formes de participation de capitaux privés sans capacité de contrôle ou de blocage requises par la loi qui ne permettent pas d'exercer une influence décisive sur la personne morale contrôlée.

Un pouvoir adjudicateur est réputé exercer sur une personne morale un contrôle analogue à celui qu'il exerce sur ses propres services, s'il exerce une influence décisive à la fois sur les objectifs stratégiques et sur les décisions importantes de la personne morale contrôlée. Ce contrôle peut également être exercé par une autre personne morale, qui est elle-même contrôlée de la même manière par le pouvoir adjudicateur. – *[Ord. n° 2016-65 du 29 janv. 2016, art. 16-I.]*

Art. L. 3211-2 Sont soumis aux règles définies au titre II les contrats de concession conclus par une personne morale contrôlée qui est un pouvoir adjudicateur, y compris lorsqu'il agit en qualité d'entité adjudicatrice, avec :

1° Soit le pouvoir adjudicateur qui la contrôle, y compris lorsque ce contrôle est exercé conjointement avec d'autres pouvoirs adjudicateurs, dans les conditions fixées à l'article L. 3211-3 ;

2° Soit une autre personne morale contrôlée par le même pouvoir adjudicateur, à condition que la personne morale à laquelle est attribué le contrat de concession ne comporte pas de participation directe de capitaux privés au capital, à l'exception des formes de participation de capitaux privés sans capacité de contrôle ou de blocage requises par la loi qui ne permettent pas d'exercer une influence décisive sur la personne morale contrôlée. – *[Ord. n° 2016-65 du 29 janv. 2016, art. 16-II.]*

Art. L. 3211-3 Sont soumis aux règles définies au titre II les contrats de concession conclus par un pouvoir adjudicateur, y compris lorsqu'il agit en qualité d'entité adjudicatrice, qui n'exerce pas sur une personne morale un contrôle dans les conditions prévues à l'article L. 3211-1, lorsque les conditions suivantes sont réunies :

1° Le pouvoir adjudicateur exerce sur la personne morale concernée, conjointement avec d'autres pouvoirs adjudicateurs, y compris lorsqu'ils agissent en qualité d'entité adjudicatrice, un contrôle analogue à celui qu'ils exercent sur leurs propres services ;

2° La personne morale réalise plus de 80 % de son activité dans le cadre des tâches qui lui sont confiées par les pouvoirs adjudicateurs qui la contrôlent ou par d'autres personnes morales contrôlées par les mêmes pouvoirs adjudicateurs ;

3° La personne morale contrôlée ne comporte pas de participation directe de capitaux privés au capital, à l'exception des formes de participation de capitaux privés sans capacité de contrôle ou de blocage requises par la loi qui ne permettent pas d'exercer une influence décisive sur la personne morale contrôlée. – *[Ord. n° 2016-65 du 29 janv. 2016, art. 16-III-1°, 2° et 3°.]*

Art. L. 3211-4 Les pouvoirs adjudicateurs sont réputés exercer un contrôle conjoint sur une personne morale lorsque les conditions suivantes sont réunies :

1° Les organes décisionnels de la personne morale contrôlée sont composés de représentants de tous les pouvoirs adjudicateurs participants, une même personne pouvant représenter plusieurs pouvoirs adjudicateurs participants ou l'ensemble d'entre eux ;

2° Ces pouvoirs adjudicateurs sont en mesure d'exercer conjointement une influence décisive sur les objectifs stratégiques et les décisions importantes de la personne morale contrôlée ;

3° La personne morale contrôlée ne poursuit pas d'intérêts contraires à ceux des pouvoirs adjudicateurs qui la contrôlent. – *[Ord. n° 2016-65 du 29 janv. 2016, art. 16-III a), b), et c).]*

Art. L. 3211-5 Le pourcentage d'activités mentionné à la présente section est déterminé en prenant en compte le chiffre d'affaires total moyen ou tout autre paramètre approprié fondé sur les activités, tel que les coûts supportés, au cours des trois exercices comptables précédant l'attribution du contrat de concession.

Lorsque ces éléments ne sont pas disponibles ou ne sont plus pertinents, le pourcentage d'activités est déterminé sur la base d'une estimation réaliste. – *[Ord. n° 2016-65 du 29 janv. 2016, art. 16-IV.]*

SECTION 2 Coopération entre pouvoirs adjudicateurs

Art. L. 3211-6 Sont soumis aux règles définies au titre II les contrats de concession par lesquels les pouvoirs adjudicateurs, y compris lorsqu'ils agissent en qualité d'entité adjudicatrice, établissent ou mettent en œuvre une coopération dans le but de garantir que les services publics dont ils ont la responsabilité sont réalisés en vue d'atteindre les objectifs qu'ils ont en commun, lorsque les conditions suivantes sont réunies :

1° La mise en œuvre de cette coopération n'obéit qu'à des considérations d'intérêt général ;

2° Les pouvoirs adjudicateurs concernés réalisent sur le marché concurrentiel moins de 20 % des activités concernées par cette coopération.

Ce pourcentage d'activités est déterminé dans les conditions fixées à l'article L. 3211-5. – *[Ord. n° 2016-65 du 29 janv. 2016, art. 17.]*

SECTION 3 Contrats de concession attribués par une entité adjudicatrice à une entreprise liée

Art. L. 3211-7 Sont soumis aux règles définies au titre II les contrats de concession qui, d'une part, sont conclus par une entité adjudicatrice avec une entreprise liée ou par un organisme exclusivement constitué par plusieurs entités adjudicatrices en vue de réaliser une ou plusieurs activités d'opérateur de réseau*[x]* avec une entreprise liée à l'une de ces entités adjudicatrices et, d'autre part, présentent les caractéristiques suivantes :

1° S'agissant des contrats de concession de services lorsque l'entreprise liée a réalisé au cours des trois années précédant l'année de passation du contrat au moins 80 % de son chiffre d'affaires moyen en matière de services avec l'entité adjudicatrice ou avec d'autres entreprises auxquelles celle-ci est liée ;

2° S'agissant des contrats de concession de travaux lorsque l'entreprise liée a réalisé au cours des trois années précédant l'année de passation du contrat au moins 80 % de son chiffre d'affaires moyen en matière de travaux avec l'entité adjudicatrice ou avec d'autres entreprises auxquelles celle-ci est liée.

Lorsque l'entreprise liée a été créée ou a commencé à exercer son activité moins de trois ans avant l'année de passation du contrat de concession, elle peut se borner à démontrer, notamment par des projections d'activités, que la réalisation de son chiffre d'affaires dans les conditions prévues aux 1°, 2° ci-dessus est vraisemblable.

Lorsque des services ou des travaux, identiques ou comparables, sont fournis par plus d'une entreprise liée à l'entité adjudicatrice, le pourcentage de 80 % mentionné ci-dessus est apprécié en tenant compte de la totalité des services ou des travaux fournis par ces entreprises. – *[Ord. n° 2016-65 du 29 janv. 2016, art. 18-I.]*

Art. L. 3211-8 Sont des entreprises liées à une entité adjudicatrice au sens de la présente partie :

1° Les entreprises dont les comptes annuels sont consolidés avec ceux de l'entité adjudicatrice ;

2° Les entreprises qui sont susceptibles d'être, directement ou indirectement, soumises à l'influence dominante de l'entité adjudicatrice au sens du deuxième alinéa de l'article L. 1212-2 ;

3° Les entreprises qui sont susceptibles d'exercer une influence dominante sur l'entité adjudicatrice au même sens ;

4° Les entreprises qui sont soumises à l'influence dominante d'une entreprise exerçant elle-même une telle influence dominante sur l'entité adjudicatrice au même sens. – *[Ord. n° 2016-65 du 29 janv. 2016, art. 18-II.]*

SECTION 4 Contrats de concession attribués par une entité adjudicatrice à une coentreprise

Art. L. 3211-9 **Sont soumis aux règles définies au titre II les contrats de concession conclus par un organisme constitué exclusivement par des entités adjudicatrices pour exercer une ou plusieurs des activités d'opérateur de réseaux avec l'une de ces entités adjudicatrices ainsi que les contrats de concession conclus par une entité adjudicatrice avec un tel organisme lorsque les conditions suivantes sont réunies :**

1° L'organisme a été constitué pour exercer son activité pendant une période d'au moins trois ans ;

2° Aux termes des statuts de cet organisme, les entités adjudicatrices qui l'ont constitué en sont membres au moins pendant la période mentionnée au 1°. – *[Ord. n° 2016-65 du 29 janv. 2016, art. 19.]*

COMMENTAIRE

Pour ce premier chapitre, on se reportera à nos commentaires sous les articles L. 2511-1 à L. 2511-9, qui concernent les marchés publics. ❑

1. Quasi-régie. Les art. 43 et 49 CE, les principes d'égalité et de non-discrimination en raison de la nationalité, ainsi que l'obligation de transparence qui en découle ne s'opposent pas à ce qu'une autorité publique attribue, sans appel à la concurrence, une concession de service public à une société coopérative intercommunale dont tous les affiliés sont exclusivement des autorités publiques, dès lors d'une part que ces autorités publiques exercent conjointement sur cette société – peu important à cet égard que les décisions collégiales soient prises à la majorité – un contrôle analogue à celui qu'elles exercent sur leurs propres services – ce qui est le cas dès lors que les décisions relatives aux activités de ladite société sont prises par des organes statutaires composés de représentants des autorités publiques affiliées – et d'autre part que ladite société réalise l'essentiel de son activité avec ces autorités publiques, une telle société n'ayant pas de véritable autonomie et n'ayant aucune « vocation de marché ». • CJCE 13 nov. 2008, *Coditel Brabant SA c/ Cne d'Uccle, Région de Bruxelles-Capitale*, n° C-324/07.

2. Si la société Omnium de gestion et financement soutient que l'insuffisance de représentation des actionnaires minoritaires ne permettait pas à la commune de La Rochelle d'exercer sur la société publique locale un contrôle comparable à celui qu'elle exerce sur ses propres services, il résulte de l'instruction que la commune dispose de la quasi-totalité du capital social et a le pouvoir de désigner tant les membres du conseil d'administration que le directeur général ; elle exerce ainsi sur la société publique locale, pour son compte et celui des autres actionnaires, un contrôle comparable à celui exercé sur ses propres services. • CAA Bordeaux, 18 juill. 2016, *SPL Pompes funèbres publiques des communes associées – Aunis*, n° 15BX00314 : *AJCT 2016. 633, obs. Ferradou et Faras ; Rev. CMP 2016, n° 241, note Eckert.*

3. Partenariat public-privé institutionnel. Les art. 43, 49 et 86 CE ne s'opposent pas à l'attribution directe d'un service public impliquant la réalisation préalable de certains travaux, tels que celui en cause au principal, à une société à capital mixte, public et privé, spécialement créée aux fins de la fourniture de ce service et ayant un objet social unique, dans laquelle l'associé privé est sélectionné sur appel d'offres public, après vérification des conditions financières, techniques, opérationnelles et de gestion se rapportant au service à assurer et des caractéristiques de l'offre au regard des prestations à fournir, pourvu que la procédure d'appel d'offres en question soit conforme aux principes de libre concurrence, de transparence et d'égalité de traitement imposés par le traité CE pour les concessions. • CJCE 15 oct. 2009, *Acoset SpA*, n° C-196/08 : *BJCP 2010. 39, concl. Colomer ; AJDA 2010. 105, note Dreyfus et Peltier*.

CHAPITRE II CONTRATS DE CONCESSION CONCLUS PAR UNE AUTORITÉ CONCÉDANTE

SECTION 1 Contrats de concession conclus en application de règles internationales

Art. L. 3212-1 **Lorsqu'ils sont conclus par des autorités concédantes, sont soumis aux règles définies au titre II les contrats de concession qui doivent être conclus selon des procédures prévues par :**

1° Un accord international ou un arrangement administratif, conclu entre un État membre de l'Union européenne et un ou plusieurs État tiers ou une subdivision de ceux-ci, portant sur des travaux ou des services destinés à la réalisation ou à l'exploitation en commun d'un projet par ses parties signataires. Cet accord est communiqué à la Commission européenne ;

2° Une organisation internationale. – *[Ord. n° 2016-65 du 29 janv. 2016, art. 13, 14°.]*

Art. L. 3212-2 Lorsqu'ils sont conclus par des autorités concédantes, sont soumis aux règles définies au titre II les contrats de concession qui sont conclus :

1° Selon la procédure propre à une organisation internationale lorsque le contrat de concession est entièrement financé par cette organisation internationale ;

2° Selon la procédure convenue entre une organisation internationale et un pouvoir adjudicateur, lorsque le contrat de concession est cofinancé majoritairement par cette organisation internationale. – *[Ord. n° 2016-65 du 29 janv. 2016, art. 13, 15°.]*

SECTION 2 Contrats de concession liés à la sécurité ou à la protection d'intérêts essentiels de l'État

Art. L. 3212-3 Lorsqu'ils sont conclus par des autorités concédantes, sont soumis aux règles définies au titre II les contrats de concession qui exigent le secret ou dont l'exécution doit s'accompagner de mesures particulières de sécurité conformément aux dispositions législatives ou réglementaires en vigueur ou pour lesquels la protection des intérêts essentiels de l'État l'exige, à condition que cette sécurité ou cette protection ne puisse pas être garantie par d'autres moyens. – *[Ord. n° 2016-65 du 29 janv. 2016, art. 13, 13°.]*

SECTION 3 Autres contrats de concession

Art. L. 3212-4 Sont soumis aux règles définies au titre II les contrats de concession suivants :

1° Les services d'acquisition ou de location, quelles qu'en soient les modalités financières, de terrains, de bâtiments existants ou d'autres biens immeubles, ou qui concernent d'autres droits sur ces biens ;

2° Les services relatifs à la recherche et développement pour lesquels l'acheteur n'acquiert pas la propriété exclusive des résultats ou ne finance pas entièrement la prestation ;

3° Les services relatifs à l'arbitrage et aux autres modes alternatifs de règlement des litiges ;

4° Les services financiers liés à l'émission, à l'achat, à la vente ou au transfert de titres ou d'autres instruments financiers définis à l'article L. 211-1 du code monétaire et financier, à des services fournis par des banques centrales ou à des opérations menées avec le Fonds européen de stabilité financière ou le Mécanisme européen de stabilité ;

5° Les contrats d'emprunt, qu'ils soient ou non liés à l'émission, à la vente, à l'achat ou au transfert de valeurs mobilières ou d'autres instruments financiers mentionnés au 4° ;

6° Lorsqu'ils sont conclus avec une organisation ou une association à but non lucratif :

a) Les contrats de concession de services d'incendie et de secours ;

b) Les contrats de concession de services de protection civile ;

c) Les contrats de concession de services de sécurité nucléaire ;

d) Les contrats de concession de services ambulanciers, à l'exception de ceux ayant pour objet exclusif le transport de patients ;

7° Les services juridiques suivants :

a) Les services de certification et d'authentification de documents qui doivent être assurés par des notaires ;

b) Les services fournis par des administrateurs, tuteurs ou prestataires de services désignés par une juridiction ou par la loi pour réaliser des tâches spécifiques sous le contrôle d'une juridiction ;

c) Les services liés, même occasionnellement, à l'exercice de la puissance publique ;

(L. n° 2020-1525 du 7 déc. 2020, art. 140) « *d)* Les services juridiques de représentation légale d'un client par un avocat dans le cadre d'une procédure juridictionnelle,

devant les autorités publiques ou les institutions internationales ou dans le cadre d'un mode alternatif de règlement des conflits ;

« *e)* Les services de consultation juridique fournis par un avocat en vue de la préparation de toute procédure mentionnée au *d* du présent 7° ou lorsqu'il existe des signes tangibles et de fortes probabilités que la question sur laquelle porte la consultation fera l'objet d'une telle procédure ; »

8° Les services qui :

***a)* Soit sont relatifs aux temps de diffusion ou à la fourniture de programmes lorsqu'ils sont attribués à des éditeurs de services de communication audiovisuelle ou à des organismes de radiodiffusion ;**

***b)* Soit ont pour objet l'achat, le développement, la production ou la coproduction de programmes destinés à la diffusion et attribués par des éditeurs de services de communication audiovisuelle ou radiophonique ;**

Au sens du présent 8°, la notion de programme inclut le matériel pour programme à l'exclusion du matériel technique ;

9° Les services d'exploitation de la loterie attribués à un opérateur économique sur la base d'un droit exclusif ;

Les dispositions instituant un tel droit exclusif sont publiées au *Journal officiel de l'Union européenne* ;

10° Les services de transport aérien basés sur l'octroi d'une licence d'exploitation au sens de l'article L. 6412-2 du code des transports ;

(Ord. n° 2018-1135 du 12 déc. 2018, art. 2-I, en vigueur le 1er avr. 2019) **« 11° Les services relatifs au transport de voyageurs par chemin de fer, mentionnés au chapitre I du titre II du livre I de la deuxième partie du code des transports, relevant de l'article 5, paragraphe 3 du règlement (CE) n° 1370/2007 du Parlement européen et du Conseil du 23 octobre 2007 relatif aux services publics de transport de voyageurs par chemin de fer et par route modifié. »** – *[Ord. n° 2016-65 du 29 janv. 2016, art. 13, 2° à 11°.]*

Sur l'application des dispositions introduites par le I et le 1° du II de l'art. 2 de l'Ord. n° 2018-1135 du 12 déc. 2018, V. note ss. art. L. 2522-1, supra.

Les dispositions introduites par la L. n° 2020-1525 du 7 déc. 2020 s'appliquent aux marchés publics et aux contrats de concession pour lesquels une consultation est engagée ou un avis d'appel à la concurrence est envoyé à la publication à compter de la publication de ladite loi (L. préc., art. 140, JO 8 déc.).

COMMENTAIRE

Pour ce deuxième chapitre, on se reportera aux articles L. 2512-1 à L. 2513-1, qui concernent les marchés publics. On notera cependant quelques différences entre ces deux groupes d'articles.

Services de transport aérien. Conformément au Règl. (CE) n° 1008/2008 du 24 sept. 2008 établissant des règles communes pour l'exploitation de services aériens dans la Communauté, les États membres peuvent concéder par contrat, après appel d'offres, l'exploitation de liaisons aériennes non rentables à un prestataire choisi après mise en concurrence et tenu à des obligations de service public. Ces contrats, dès lors qu'ils répondent aux critères posés à l'art. 5 de l'Ord. n° 2016-65 du 29 janv. 2016 relative aux contrats de concession, sont des contrats de concession au sens de cette ordonnance, alors même qu'en vertu de son art. 13, les contrats de concession de service de transport aérien ne sont pas soumis aux règles qu'elle fixe. De tels contrats, lorsqu'ils sont conclus par des personnes morales de droit public relevant du CGCT, sont qualifiés, par les dispositions de l'art. L. 1411-1 de ce code, de contrats de délégation de service public et sont soumis aux règles posées à ce titre par ce code.

Ces contrats sont par suite soumis aux principes de liberté d'accès à la commande publique, d'égalité de traitement des candidats et de transparence des procédures, principes généraux du droit de la commande publique. Pour assurer le respect de ces principes, la personne publique doit apporter aux candidats à l'attribution d'un tel contrat, avant le dépôt de leurs offres, ainsi que le prévoit d'ailleurs le § 5 de l'art. 17 du Règl. (CE) du 24 sept. 2008, l'ensemble des informations et/ou documents pertinents, lesquels doivent nécessairement inclure une information sur les critères de sélection des offres. • CE 15 déc. 2017, *Synd. mixte de l'aéroport de Lannion – Côte de granit*, n° 413193 B : *BJCP 2018. 106, concl. Henrard ; Rev. CMP 2018. 46, note Devillers.*

CHAPITRE III CONTRATS DE CONCESSION CONCLUS PAR UN POUVOIR ADJUDICATEUR

Art. L. 3213-1 Lorsqu'ils sont conclus par des pouvoirs adjudicateurs, sont soumis aux règles définies au titre II, les contrats de concession de services conclus avec un ou plusieurs pouvoirs adjudicateurs, une ou plusieurs entités adjudicatrices mentionnées au 1° de l'article L. 1212-1 ou un opérateur économique lorsqu'ils bénéficient, en vertu d'une disposition légalement prise, d'un droit exclusif, à condition que cette disposition soit compatible avec le Traité sur le fonctionnement de l'Union européenne. – *[Ord. n° 2016-65 du 29 janv. 2016, art. 13, 1°.]*

COMMENTAIRE

Voir l'article L. 2512-4 du code. ❑

Art. L. 3213-2 Lorsqu'ils sont conclus par des pouvoirs adjudicateurs, sont soumis aux règles définies au titre II les contrats de concession qui ont principalement pour objet de permettre la mise à disposition ou l'exploitation de réseaux publics de communications électroniques ou la fourniture au public d'un ou de plusieurs services de communications électroniques. – *[Ord. n° 2016-65 du 29 janv. 2016, art. 13, 12°.]*

COMMENTAIRE

Voir l'article L. 2513-2 du code. ❑

CHAPITRE IV CONTRATS DE CONCESSION CONCLUS PAR UNE ENTITÉ ADJUDICATRICE

Art. L. 3214-1 Lorsqu'ils sont conclus par des entités adjudicatrices, sont soumis aux règles définies au titre II les contrats de concession de services conclus avec un ou plusieurs pouvoirs adjudicateurs, une ou plusieurs entités adjudicatrices mentionnées au 1° de l'article L. 1212-1 ou un opérateur économique lorsqu'ils bénéficient, en vertu d'une disposition légalement prise, d'un droit exclusif, à condition que cette disposition soit compatible avec le Traité sur le fonctionnement de l'Union européenne et les actes juridiques de l'Union établissant des règles communes concernant l'accès au marché applicables aux activités d'opérateur de réseau*[x]*. – *[Ord. n° 2016-65 du 29 janv. 2016, art. 14, 1°.]*

Art. L. 3214-2 Lorsqu'ils sont conclus par des entités adjudicatrices, sont soumis aux règles définies au titre II les contrats de concession conclus par les entités adjudicatrices dans un État membre de l'Union européenne ou dans une aire géographique déterminée d'un État membre, lorsque la Commission européenne a reconnu que, dans cet État ou dans l'aire géographique concernée, cette activité est exercée sur des marchés concurrentiels dont l'accès n'est pas limité. – *[Ord. n° 2016-65 du 29 janv. 2016, art. 14, 3°.]*

COMMENTAIRE

On pourra se reporter à l'article 10 de la directive 2014/23/UE. ❑

CHAPITRE V CONTRATS DE CONCESSION DE DÉFENSE OU DE SÉCURITÉ

Art. L. 3215-1 Sont soumis aux règles définies au titre II les contrats de concession de défense ou de sécurité :

1° Présentant les caractéristiques mentionnées aux articles L. 3212-4, L. 3213-1 et L. 3213-2 ;

2° Pour lesquels, lorsque la protection des intérêts essentiels de sécurité de l'État ne peut être garantie par d'autres mesures :

a) L'application de la présente partie obligerait à une divulgation d'informations contraire aux intérêts essentiels de sécurité de l'État ;

b) L'attribution et l'exploitation sont déclarées secrètes ou doivent être assorties de mesures particulières de sécurité, conformément aux dispositions nationales en vigueur ;

3° Conclus en vertu de la procédure propre à une organisation internationale et dans le cadre des missions de celle-ci ou qui doivent être attribués conformément à cette procédure ;

4° Conclus selon des règles de passation particulières prévues par un accord international ou un arrangement administratif, relatif au stationnement de troupes ou conclu entre au moins un État membre de l'Union européenne et au moins un État tiers ;

5° Conclus dans le cadre d'un programme de coopération fondé sur des activités de recherche et développement mené conjointement par l'État et un autre État membre de l'Union européenne en vue du développement d'un nouveau produit et, le cas échéant, de tout ou partie des phases ultérieures du cycle de vie de ce produit tel que défini au 3° de l'article L. 1113-1. Lorsque seules participent au programme des personnes relevant d'États membres, l'État notifie à la Commission européenne, au moment de la conclusion de l'accord ou de l'arrangement de coopération, la part des dépenses de recherche et développement par rapport au coût global du programme, l'accord relatif au partage des coûts ainsi que, le cas échéant, la part envisagée d'achat pour chaque État membre telle que définie dans l'accord ou l'arrangement ;

6° Passés dans un pays tiers, lorsque des forces sont déployées hors du territoire de l'Union européenne et que les besoins opérationnels exigent qu'ils soient conclus avec des opérateurs économiques implantés dans la zone des opérations ;

7° Passés par l'État et attribués à un autre État ou à une subdivision de ce dernier. – *[Ord. n° 2016-65 du 29 janv. 2016, art. 15.]*

TITRE II RÈGLES APPLICABLES

CHAPITRE I RÈGLES GÉNÉRALES APPLICABLES AUX CONTRATS DE CONCESSIONS MENTIONNÉS AU TITRE I À L'EXCEPTION DE CEUX PORTANT SUR LE SERVICE PUBLIC DE TRANSPORT DE VOYAGEURS PAR CHEMIN DE FER *(Ord. n° 2018-1135 du 12 déc. 2018, art. 2, en vigueur le 1er avr. 2019).*

Art. L. 3221-1 Les contrats de concessions *[concession]* mentionnés au présent livre ne sont pas soumis aux titres I et II du livre I de la présente partie.

Art. L. 3221-2 L'attribution des contrats de concession mentionnés à l'article L. 3214-1 est soumise à la publication d'un avis d'attribution dans les conditions prévues par voie réglementaire. – *[Ord. n° 2016-65 du 29 janv. 2016, art. 14, 1° dern. phrase.]*

COMMENTAIRE

On se reportera à l'article R. 3221-2 du code.

Art. L. 3221-3 Les dispositions des articles L. 3132-4 à L. 3132-6 s'appliquent lorsqu'il y a lieu.

COMMENTAIRE

Le présent article renvoie aux dispositions relatives aux biens d'une concession.

Art. L. 3221-4 Les contrats de concession mentionnés au présent livre sont soumis aux règles relatives aux délais de paiement prévues à la section 2 du chapitre III du titre III du livre I.

Art. L. 3221-5 L'autorité concédante peut résilier un contrat de concession mentionné au présent livre, dans les conditions fixées au livre I.

Elle peut résilier un contrat de droit privé mentionné au présent livre dans les conditions prévues par le code civil.

Art. L. 3221-6 Pour le règlement amiable des différends entre les parties à un contrat de concession mentionné au présent livre, les dispositions du chapitre VII du titre III du livre I sont applicables.

Art. L. 3221-7 *(L. nº 2019-486 du 22 mai 2019, art. 193, en vigueur au plus tard le 22 juill. 2019)* Les contrats de concession mentionnés aux chapitres I à IV du titre I du présent livre sont soumis aux règles relatives à la facturation électronique prévues à la section 1 du chapitre III du titre III du livre I de la présente partie.

Les dispositions introduites par l'art. 193-I de la L. nº 2019-486 du 22 mai 2019 s'appliquent aux contrats en cours d'exécution ou conclus postérieurement à l'entrée en vigueur de la loi préc. Elles entrent en vigueur à une date fixée par Décr., et au plus tard 2 mois après la promulgation de ladite loi, soit le 22 juill. 2019 (L. préc., art. 193-II, JO 23 mai).

Par dérogation, les dispositions du présent art. s'appliquent aux factures relatives aux marchés publics ou aux contrats de concession en cours d'exécution ou conclus postérieurement au 1er avr. 2020 pour les factures reçues par les acheteurs ou les autorités concédantes autres que les autorités publiques centrales dont la liste figure en annexe 2 du présent code (L. préc., art. 193-V-1º).

CHAPITRE II RÈGLES PROPRES AUX CONTRATS DE CONCESSIONS PORTANT SUR LE SERVICE PUBLIC DE TRANSPORT DE VOYAGEURS PAR CHEMIN DE FER

(Ord. nº 2018-1135 du 12 déc. 2018, art. 2-I, en vigueur le 1er avr. 2019)

Art. L. 3222-1 Par dérogation à l'article L. 3200-1, les contrats de concession mentionnés au 11º de l'article L. 3212-4 sont régis, pour leur passation et leur exécution, par les dispositions de l'article L. 2121-17-1 du code des transports.

Sur l'application du présent chap., V. note ss. art. L. 2522-1, supra.

V. C. transp., art. L. 2121-17-1, ss. art. L. 2522-1.

LIVRE III DISPOSITIONS RELATIVES À L'OUTRE-MER

TITRE I DISPOSITIONS PARTICULIÈRES À LA GUADELOUPE, LA GUYANE, LA MARTINIQUE, LA RÉUNION ET MAYOTTE

Le présent titre ne comprend pas de dispositions législatives.

TITRE II DISPOSITIONS PARTICULIÈRES À SAINT-BARTHÉLEMY

CHAPITRE I DISPOSITIONS PARTICULIÈRES AU LIVRE I

Art. L. 3321-1 Pour l'application des dispositions législatives du livre I à Saint-Barthélemy :

1º A l'article L. 3112-3, le mot : "autres" est supprimé ;

2º A l'article L. 3114-9, les mots : "au sens de la recommandation 2003/361/CE de la Commission du 6 mai 2003 concernant la définition des micro, petites et moyennes entreprises" sont supprimés ;

3º A l'article L. 3123-1, les références aux articles 1741 à 1743, 1746 et 1747 du code général des impôts sont remplacées par les références aux dispositions ayant le même objet applicables localement et les mots : "ainsi que pour les infractions équivalentes prévues par la législation d'un autre État membre de l'Union européenne" sont supprimés ;

4º A l'article L. 3123-21, les mots : "hors du territoire de l'Union européenne" sont remplacés par les mots : "dans un État tiers" ;

5º Le premier alinéa de l'article L. 3124-6 est ainsi rédigé :

"Les concessions de défense ou de sécurité sont passées avec des opérateurs économiques d'États membres de l'Union européenne." ;

6º L'article L. 3126-3 est supprimé ;

(L. nº 2019-486 du 22 mai 2019, art. 193, en vigueur au plus tard le 22 juill. 2019) « 6º *bis* Au premier alinéa de l'article L. 3133-1, le mot : "transmettent" est remplacé par les mots : "peuvent transmettre" ; »

7° L'article L. 3134-3 est supprimé ;
8° L'article L. 3136-5 est supprimé. – *[Ord. n° 2018-1135 du 12 déc. 2018, art. 2-I-7°.]*

Les dispositions issues de l'art. 193 de la L. n° 2019-486 du 22 mai 2019 entrent en vigueur à une date fixée par Décr., et au plus tard 2 mois après la promulgation de ladite loi, soit le 22 juill. 2019 (L. préc., art. 193-III, JO 23 mai).

CHAPITRE II DISPOSITIONS PARTICULIÈRES AU LIVRE II

Art. L. 3322-1 Pour l'application des dispositions du livre II à Saint-Barthélemy :

1° Le second alinéa de l'article L. 3200-1 est supprimé ;

2° Le 1° de l'article L. 3212-1 est ainsi rédigé :

"1° Un instrument juridique tel qu'un accord international portant sur des travaux, ou des services destinés à la réalisation ou à l'exploitation en commun d'un projet par ses signataires ;" ;

3° A l'article L. 3212-4 :

a) Au 4°, les mots : "ou à des opérations menées avec le Fonds européen de stabilité financière ou le Mécanisme européen de stabilité" sont supprimés ;

b) Au 9°, les mots : "publiées au *Journal officiel de l'Union européenne*" sont remplacés par les mots : "définies au *Journal officiel* de la République française" ;

4° A l'article L. 3213-1, les mots : ", à condition que cette disposition soit compatible avec le Traité sur le fonctionnement de l'Union européenne" sont supprimés ;

5° A l'article L. 3214-1, les mots : ", à condition que cette disposition soit compatible avec le Traité sur le fonctionnement de l'Union européenne et les actes juridiques de l'Union établissant des règles communes concernant l'accès au marché applicables aux activités d'opérateur de réseau*[x]*" sont supprimés ;

6° L'article L. 3214-2 est supprimé ;

7° A l'article L. 3215-1 :

a) Au 4°, les mots : "ou un arrangement administratif, relatif au stationnement de troupes ou conclu entre au moins un État membre de l'Union européenne et au moins un État tiers" sont supprimés ;

b) Le 5° est supprimé ;

c) Au 6°, les mots : "hors du territoire de l'Union européenne" sont remplacés par les mots : "hors du territoire de Saint-Barthélemy".

TITRE III DISPOSITIONS PARTICULIÈRES À SAINT-MARTIN

CHAPITRE I DISPOSITIONS PARTICULIÈRES AU LIVRE I

Art. L. 3331-1 Pour l'application des dispositions législatives du livre I à Saint-Martin, à l'article L. 3123-1, les références aux articles 1741 à 1743, 1746 et 1747 du code général des impôts sont remplacées par les références aux dispositions ayant le même objet applicables localement.

CHAPITRE II DISPOSITIONS PARTICULIÈRES AU LIVRE II

Art. L. 3332-1 Pour l'application des dispositions législatives du livre II à Saint-Martin, le second alinéa de l'article L. 3200-1 est supprimé.

TITRE IV DISPOSITIONS PARTICULIÈRES À SAINT-PIERRE-ET-MIQUELON

CHAPITRE I DISPOSITIONS PARTICULIÈRES AU LIVRE I

Art. L. 3341-1 Pour l'application des dispositions législatives du livre I à Saint-Pierre-et-Miquelon :

1° A l'article L. 3112-3, le mot : "autres" est supprimé ;

2° A l'article L. 3114-9, les mots : "au sens de la recommandation 2003/361/CE de la Commission du 6 mai 2003 concernant la définition des micro, petites et moyennes entreprises" sont supprimés ;

3° A l'article L. 3123-1, les références aux articles 1741 à 1743, 1746 et 1747 du code général des impôts sont remplacées par les références aux dispositions ayant le même objet applicables localement et les mots : "ainsi que pour les infractions équivalentes prévues par la législation d'un autre État membre de l'Union européenne" sont supprimés ;

4° A l'article L. 3123-21, les mots : "hors du territoire de l'Union européenne" sont remplacés par les mots : "dans un État tiers" ;

5° Le premier alinéa de l'article L. 3124-6 est ainsi rédigé :

"Les concessions de défense ou de sécurité sont passées avec des opérateurs économiques d'États membres de l'Union européenne." ;

6° L'article L. 3126-3 est supprimé ;

(L. n° 2019-486 du 22 mai 2019, art. 193, en vigueur au plus tard le 22 juill. 2019) « 6° *bis* Au premier alinéa de l'article L. 3133-1, le mot : "transmettent" est remplacé par les mots : "peuvent transmettre" ; »

7° L'article L. 3134-3 est supprimé ;

8° L'article L. 3136-5 est supprimé.

Sur l'application des dispositions issues de la L. n° 2019-486 du 22 mai 2019, V. note ss. art. L. 3321-1.

CHAPITRE II DISPOSITIONS PARTICULIÈRES AU LIVRE II

Art. L. 3342-1 Pour l'application des dispositions du livre II à Saint-Pierre-et-Miquelon :

1° Le second alinéa de l'article L. 3200-1 est supprimé ;

2° Le 1° de l'article L. 3212-1 est ainsi rédigé :

"1° Un instrument juridique tel qu'un accord international portant sur des travaux, ou des services destinés à la réalisation ou à l'exploitation en commun d'un projet par ses signataires ;" ;

3° A l'article L. 3212-4 :

a) Au 4°, les mots : "ou à des opérations menées avec le Fonds européen de stabilité financière ou le Mécanisme européen de stabilité" sont supprimés ;

b) Au 9°, les mots : "publiées au *Journal officiel de l'Union européenne*" sont remplacés par les mots : "définies au *Journal officiel* de la République française" ;

4° A l'article L. 3213-1, les mots : ", à condition que cette disposition soit compatible avec le Traité sur le fonctionnement de l'Union européenne" sont supprimés ;

5° A l'article L. 3214-1, les mots : ", à condition que cette disposition soit compatible avec le Traité sur le fonctionnement de l'Union européenne et les actes juridiques de l'Union établissant des règles communes concernant l'accès au marché applicables aux activités d'opérateur de réseau*[x]*" sont supprimés ;

6° L'article L. 3214-2 est supprimé ;

7° A l'article L. 3215-1 :

a) Au 4°, les mots : "ou un arrangement administratif, relatif au stationnement de troupes ou conclu entre au moins un État membre de l'Union européenne et au moins un État tiers" sont supprimés ;

b) Le 5° est supprimé ;

c) Au 6°, les mots : "hors du territoire de l'Union européenne" sont remplacés par les mots : "hors du territoire de Saint-Pierre-et-Miquelon".

TITRE V DISPOSITIONS APPLICABLES DANS LES ÎLES WALLIS-ET-FUTUNA

CHAPITRE UNIQUE

SECTION 1 Dispositions générales

Art. L. 3351-1 Sous la réserve des adaptations prévues par le présent titre, les dispositions suivantes sont applicables dans les îles Wallis-et-Futuna aux contrats de concession conclus par l'État ou ses établissements publics ainsi que par les autres organismes et personnes de droit public et de droit privé chargés par l'État d'une mission de ser-

vice public administratif, dans leur rédaction résultant de l'ordonnance n° 2018-1074 du 26 novembre 2018, sauf mention contraire dans le tableau ci-après. – *Tableau mod. par L. n° 2019-486 du 22 mai 2019, art. 193, en vigueur à une date fixée par Décr., et au plus tard 2 mois après la promulgation de ladite loi, soit le 22 juill. 2019 (JO 23 mai) ; L. n° 2020-1525 du 7 déc. 2020, art. 131 et 140 ; Ord. n° 2022-1336 du 19 oct. 2022, art. 26.*

Sur l'application des dispositions issues de l'art. 26 de l'Ord. n° 2022-1336 du 19 oct. 2022, V. note ss. art. L. 2651-1.

DISPOSITIONS APPLICABLES	DANS LEUR RÉDACTION
L. 3000-1 à L. 3000-4	
Au livre Ier	
L. 3100-1	
Au titre Ier	
L. 3111-1 à L. 3113-2	
L. 3113-2-1 et L. 3113-3	Résultant de l'ordonnance n° 2022-1336 du 19 octobre 2022
L. 3114-1 à L. 3114-7	
L. 3114-9 et L. 3114-10	
Au titre II	
L. 3120-1 à L. 3123-2	
L. 3123-3	Résultant de la loi n° 2020-1525 du 7 décembre 2020 d'accélération et de simplification de l'action publique
L. 3123-4 à L. 3126-2	
Au titre III	
L. 3131-1 à L. 3132-6	
L. 3133-1 et L. 3133-2	Résultant de la loi n° 2019-486 du 22 mai 2019 relative à la croissance et la transformation des entreprises
L. 3133-4 à L. 3133-8	Résultant de la loi n° 2019-486 du 22 mai 2019 relative à la croissance et la transformation des entreprises
L. 3133-10	
L. 3133-12 et L. 3133-13	
L. 3134-1 et L. 3134-2	
L. 3135-1 à L. 3136-3	
L. 3136-4	Résultant de la loi n° 2020-1525 du 7 décembre 2020 d'accélération et de simplification de l'action publique

DISPOSITIONS APPLICABLES	DANS LEUR RÉDACTION
L. 3136-6 à L. 3136-10	
L. 3137-1	
L. 3137-3 et L. 3137-4	
Au livre II	
L. 3200-1	
Au titre Ier	
L. 3211-1 à L. 3212-3	
L. 3212-4	Résultant de la loi n° 2020-1525 du 7 décembre 2020 d'accélération et de simplification de l'action publique
L. 3213-1 à L. 3214-1	
L. 3215-1	
Au titre II	
L. 3221-1 à L. 3221-6	
L. 3221-7	Résultant de la loi n° 2019-486 du 22 mai 2019 relative à la croissance et la transformation des entreprises

SECTION 2 Dispositions d'adaptation

Art. L. 3351-2 Pour l'application des dispositions législatives du livre I dans les îles Wallis-et-Futuna :

1° A l'article L. 3112-3, le mot : "autres" est supprimé ;

2° A l'article L. 3113-1, les mots : "mentionnées à l'article L. 5213-13 du code du travail", et "mentionnés à l'article L. 344-2 du code de l'action sociale et des familles et ainsi qu'à des structures équivalentes" sont remplacés par les mots : "créées en application de la réglementation locale" ;

3° A l'article L. 3113-2, les mots : "mentionnées à l'article L. 5132-4 du code du travail et à des structures équivalentes" sont remplacés par les mots : "créées en application de la réglementation locale" ;

4° A l'article L. 3114-9, les mots : "au sens de la recommandation 2003/361/CE de la Commission du 6 mai 2003 concernant la définition des micro, petites et moyennes entreprises" sont supprimés ;

5° A l'article L. 3123-1, les références aux articles 1741 à 1743, 1746 et 1747 du code général des impôts sont remplacées par les références aux dispositions ayant le même objet applicables localement et les mots : "ainsi que pour les infractions équivalentes prévues par la législation d'un autre État membre de l'Union européenne" sont supprimés ;

6° A l'article L. 3123-4, les mots : "méconnaissances des obligations prévues aux articles L. 1146-1, L. 8221-1, L. 8221-3, L. 8221-5, L. 8231-1, L. 8241-1, L. 8251-1 et L. 8251-2 du code du travail" sont remplacés par les mots : "avoir commis une infraction en matière de travail dissimulé, d'emploi illégal d'étranger et de marchandage définies par la législation localement applicable" et les références au 2° de l'article L. 2242-1 du code du travail sont remplacées par la référence aux dispositions ayant le même objet applicable localement ;

7° A l'article L. 3123-5, la référence à l'article L. 8272-4 du code du travail est remplacée par la référence aux dispositions ayant le même objet applicable localement ;

8° A l'article L. 3123-21, les mots : "hors du territoire de l'Union européenne" sont remplacés par les mots : "dans un État tiers" ;

9° Le premier alinéa de l'article L. 3124-6 est ainsi rédigé :

"Les concessions de défense ou de sécurité sont passées avec des opérateurs économiques d'États membres de l'Union européenne.".

(L. n° 2019-486 du 22 mai 2019, art. 193, en vigueur au plus tard le 22 juill. 2019) « 10° Au premier alinéa de l'article L. 3133-1, les mots : "l'État, les collectivités territoriales et les établissements publics" sont remplacés par les mots : "l'État et ses établissements publics" et le mot : "transmettent" est remplacé par les mots : "peuvent transmettre" ;

« 11° A l'article L. 3133-2 et au 1° de l'article L. 3133-6, les mots : "l'État, les collectivités territoriales et les établissements publics" sont remplacés par les mots : "l'État et ses établissements publics". »

Sur l'application des dispositions issues de la L. n° 2019-486 du 22 mai 2019, V. note ss. art. L. 3321-1.

Art. L. 3351-3 Pour l'application des dispositions du livre II dans les îles Wallis-et-Futuna :

1° Le second alinéa de l'article L. 3200-1 est supprimé ;

2° Le 1° de l'article L. 3212-1 est ainsi rédigé :

"1° Un instrument juridique tel qu'un accord international portant sur des travaux, ou des services destinés à la réalisation ou à l'exploitation en commun d'un projet par ses signataires ;" ;

3° A l'article L. 3212-4 :

a) Au 4°, les mots : "ou à des opérations menées avec le Fonds européen de stabilité financière ou le Mécanisme européen de stabilité" sont supprimés ;

b) Au 9°, les mots : "publiées au *Journal officiel de l'Union européenne*" sont remplacés par les mots : "définies au *Journal officiel* de la République française" ;

4° A l'article L. 3213-1, les mots : ", à condition que cette disposition soit compatible avec le Traité sur le fonctionnement de l'Union européenne" sont supprimés ;

5° A l'article L. 3214-1, les mots : ", à condition que cette disposition soit compatible avec le Traité sur le fonctionnement de l'Union européenne et les actes juridiques de l'Union établissant des règles communes concernant l'accès au marché applicables aux activités d'opérateur de réseau*[x]*" sont supprimés ;

6° A l'article L. 3215-1 :

a) Au 4°, les mots : "ou un arrangement administratif, relatif au stationnement de troupes ou conclu entre au moins un État membre de l'Union européenne et au moins un État tiers" sont supprimés ;

b) Le 5° est supprimé ;

c) Au 6°, les mots : "hors du territoire de l'Union européenne" sont remplacés par les mots : "hors du territoire des îles Wallis-et-Futuna".

TITRE VI DISPOSITIONS APPLICABLES EN POLYNÉSIE FRANÇAISE

CHAPITRE UNIQUE

SECTION 1 Dispositions générales

Art. L. 3361-1 Sous la réserve des adaptations prévues par le présent titre, les dispositions suivantes sont applicables en Polynésie française aux contrats de concession conclus par l'État ou ses établissements publics, sous réserve des compétences dévolues à cette collectivité, dans leur rédaction résultant de l'ordonnance n° 2018-1074 du 26 novembre 2018, sauf mention contraire dans le tableau ci-après. – *Tableau mod. par L. n° 2019-486 du 22 mai 2019, art. 193, en vigueur à une date fixée par Décr., et au plus tard 2 mois après la promulgation de ladite loi, soit le 22 juill. 2019 (JO 23 mai) ; L. n° 2020-1525 du 7 déc. 2020, art. 131 et 140 ; Ord. n° 2022-1336 du 19 oct. 2022, art. 26.*

Sur l'application des dispositions issues de l'art. 26 de l'Ord. nº 2022-1336 du 19 oct. 2022, V. note ss. art. L. 2651-1.

DISPOSITIONS APPLICABLES	DANS LEUR RÉDACTION
L. 3000-1 à L. 3000-4	
Au livre Ier	
L. 3100-1	
Au titre Ier	
L. 3111-1 à L. 3113-2	
L. 3113-2-1 et L. 3113-3	Résultant de l'ordonnance n° 2022-1336 du 19 octobre 2022
L. 3114-1 à L. 3114-7	
L. 3114-9 et L. 3114-10	
Au titre II	
L. 3120-1 à L. 3123-2	
L. 3123-3	Résultant de la loi nº 2020-1525 du 7 décembre 2020 d'accélération et de simplification de l'action publique
L. 3123-4 à L. 3126-2	
Au titre III	
L. 3131-1 à L. 3132-6	
L. 3133-1 et L. 3133-2	Résultant de la loi nº 2019-486 du 22 mai 2019 relative à la croissance et la transformation des entreprises
L. 3133-4 à L. 3133-8	Résultant de la loi nº 2019-486 du 22 mai 2019 relative à la croissance et la transformation des entreprises
L. 3133-10	
L. 3133-12 et L. 3133-13	
L. 3134-1 et L. 3134-2	
L. 3135-1 à L. 3136-3	
L. 3136-4	Résultant de la loi nº 2020-1525 du 7 décembre 2020 d'accélération et de simplification de l'action publique
L. 3136-6 à L. 3136-10	
L. 3137-1	
L. 3137-3 et L. 3137-4	

DISPOSITIONS APPLICABLES	DANS LEUR RÉDACTION
Au livre II	
L. 3200-1	
Au titre Ier	
L. 3211-1 à L. 3212-3	
L. 3212-4	Résultant de la loi n° 2020-1525 du 7 décembre 2020 d'accélération et de simplification de l'action publique
L. 3213-1 à L. 3214-1	
L. 3215-1	
Au titre II	
L. 3221-1 à L. 3221-6	
L. 3221-7	Résultant de la loi n° 2019-486 du 22 mai 2019 relative à la croissance et la transformation des entreprises

SECTION 2 Dispositions d'adaptation

Art. L. 3361-2 Pour l'application des dispositions législatives du livre I en Polynésie française :

1° A l'article L. 3112-3, le mot : "autres" est supprimé ;

2° A l'article L. 3113-1, les mots : "mentionnées à l'article L. 5213-13 du code du travail" et "mentionnés à l'article L. 344-2 du code de l'action sociale et des familles et ainsi qu'à des structures équivalentes" sont remplacés par les mots : "créées en application de la réglementation locale" ;

3° A l'article L. 3113-2, les mots : "mentionnées à l'article L. 5132-4 du code du travail et à des structures équivalentes" sont remplacés par les mots : "créées en application de la réglementation locale" ;

4° A l'article L. 3114-9, les mots : "au sens de la recommandation 2003/361/CE de la Commission du 6 mai 2003 concernant la définition des micro, petites et moyennes entreprises" sont supprimés ;

5° A l'article L. 3123-1, les références aux articles 1741 à 1743, 1746 et 1747 du code général des impôts sont remplacées par les références aux dispositions ayant le même objet applicables localement et les mots : "ainsi que pour les infractions équivalentes prévues par la législation d'un autre État membre de l'Union européenne" sont supprimés ;

6° A l'article L. 3123-3, les références aux articles L. 640-1, L. 653-1 à L. 653-8 et L. 631-1 du code de commerce sont remplacées par les références aux dispositions ayant le même objet applicables localement ;

7° A l'article L. 3123-4, les mots : "méconnaissances des obligations prévues aux articles L. 1146-1, L. 8221-1, L. 8221-3, L. 8221-5, L. 8231-1, L. 8241-1, L. 8251-1 et L. 8251-2 du code du travail" sont remplacés par les mots : "avoir commis une infraction en matière de travail dissimulé, d'emploi illégal d'étranger et de marchandage définies par la législation localement applicable" et les références au 2° de l'article L. 2242-1 du code du travail sont remplacées par la référence aux dispositions ayant le même objet applicable localement ;

8° A l'article L. 3123-5, la référence à l'article L. 8272-4 du code du travail est remplacée par la référence aux dispositions ayant le même objet applicable localement ;

9° A l'article L. 3123-21, les mots : "hors du territoire de l'Union européenne" sont remplacés par les mots : "dans un État tiers" ;

10° Le premier alinéa de l'article L. 3124-6 est ainsi rédigé :

"Les concessions de défense ou de sécurité sont passées avec des opérateurs économiques d'États membres de l'Union européenne." ;

(L. n° 2019-486 du 22 mai 2019, art. 193, en vigueur au plus tard le 22 juill. 2019) « 10° *bis* A l'article L. 3133-1, les mots : "l'État, les collectivités territoriales et les établissements publics" sont remplacés par les mots : "l'État et ses établissements publics" et le mot : "transmettent" est remplacé par les mots : "peuvent transmettre" ;

« 10° *ter* A l'article L. 3133-2 et au 1° de l'article L. 3133-6, les mots : "l'État, les collectivités territoriales et les établissements publics" sont remplacés par les mots : "l'État et ses établissements publics" ; »

11° A l'article L. 3133-11, les mots : "*(Ord. n° 2019-698 du 3 juill. 2019, art. 1er)* « au I de l'article L. 441-10 et au 5° du II de l'article L. 441-11 » du code de commerce" sont remplacés par les mots : "par la réglementation applicable localement" ;

12° A l'article L. 3136-4, *(L. n° 2020-1525 du 7 déc. 2020, art. 131)* « les références au code de commerce sont remplacées par les références » aux dispositions ayant le même objet applicables localement ;

13° A l'article L. 3137-3, les mots : "ainsi que le prévoit l'article 2044 du code civil" sont supprimés ;

14° A l'article L. 3137-4, les mots : "Ainsi qu'en dispose le premier alinéa de l'article 2060 du code civil," sont supprimés.

Sur l'application des dispositions issues de la L. n° 2019-486 du 22 mai 2019, V. note ss. art. L. 3321-1.

Art. L. 3361-3 Pour l'application des dispositions du livre II en Polynésie française :

1° Le second alinéa de l'article L. 3200-1 est supprimé ;

2° Le 1° de l'article L. 3212-1 est ainsi rédigé :

"1° Un instrument juridique tel qu'un accord international portant sur des travaux, ou des services destinés à la réalisation ou à l'exploitation en commun d'un projet par ses signataires ;" ;

3° A l'article L. 3212-4 :

a) Au 4°, les mots : "ou à des opérations menées avec le Fonds européen de stabilité financière ou le Mécanisme européen de stabilité" sont supprimés ;

b) Au 9°, les mots : "publiées au *Journal officiel de l'Union européenne*" sont remplacés par les mots : "définies au *Journal officiel* de la République française" ;

4° A l'article L. 3213-1, les mots : ", à condition que cette disposition soit compatible avec le Traité sur le fonctionnement de l'Union européenne" sont supprimés ;

5° A l'article L. 3214-1, les mots : ", à condition que cette disposition soit compatible avec le Traité sur le fonctionnement de l'Union européenne et les actes juridiques de l'Union établissant des règles communes concernant l'accès au marché applicables aux activités d'opérateur de réseau*[x]*" sont supprimés ;

6° A l'article L. 3215-1 :

a) Au 4°, les mots : "ou un arrangement administratif, relatif au stationnement de troupes ou conclu entre au moins un État membre de l'Union européenne et au moins un État tiers" sont supprimés ;

b) Le 5° est supprimé ;

c) Au 6°, les mots : "hors du territoire de l'Union européenne" sont remplacés par les mots : "hors du territoire de la Polynésie française".

TITRE VII **DISPOSITIONS APPLICABLES EN NOUVELLE-CALÉDONIE**

CHAPITRE UNIQUE

SECTION 1 **Dispositions générales**

Art. L. 3371-1 Sous la réserve des adaptations prévues par le présent titre, les dispositions suivantes sont applicables en Nouvelle-Calédonie aux contrats de concession conclus par l'État ou ses établissements publics, sous réserve des compétences dévolues à cette collectivité, dans leur rédaction résultant de l'ordonnance n° 2018-1074 du

26 novembre 2018, sauf mention contraire dans le tableau ci-après.— *Tableau mod. par L. n° 2019-486 du 22 mai 2019, art. 193, en vigueur à une date fixée par Décr., et au plus tard dans les 2 mois après la promulgation de ladite loi, soit le 22 juill. 2019 (JO 23 mai) ; L. n° 2020-1525 du 7 déc. 2020, art. 131 et 140 ; Ord. n° 2022-1336 du 19 oct. 2022, art. 26.*

Sur l'application des dispositions issues de l'art. 26 de l'Ord. n° 2022-1336 du 19 oct. 2022, V. note ss. art. L. 2651-1.

DISPOSITIONS APPLICABLES	DANS LEUR RÉDACTION
L. 3000-1 à L. 3000-4	
Au livre Ier	
L. 3100-1	
Au titre Ier	
L. 3111-1 à L. 3113-2	
L. 3113-2-1 et L. 3113-3	Résultant de l'ordonnance n° 2022-1336 du 19 octobre 2022
L. 3114-1 à L. 3114-7	
L. 3114-9 et L. 3114-10	
Au titre II	
L. 3120-1 à L. 3123-2	
L. 3123-3	Résultant de la loi n° 2020-1525 du 7 décembre 2020 d'accélération et de simplification de l'action publique
L. 3123-4 à L. 3126-2	
Au titre III	
L. 3131-1 à L. 3132-6	
L. 3133-1 et L. 3133-2	Résultant de la loi n° 2019-486 du 22 mai 2019 relative à la croissance et la transformation des entreprises
L. 3133-4 à L. 3133-8	Résultant de la loi n° 2019-486 du 22 mai 2019 relative à la croissance et la transformation des entreprises
L. 3133-10	
L. 3133-12 et L. 3133-13	
L. 3134-1 et L. 3134-2	
L. 3135-1 à L. 3136-3	
L. 3136-4	Résultant de la loi n° 2020-1525 du 7 décembre 2020 d'accélération et de simplification de l'action publique
L. 3136-6 à L. 3136-10	
L. 3137-1	
L. 3137-3 et L. 3137-4	

DISPOSITIONS APPLICABLES	DANS LEUR RÉDACTION
Au livre II	
L. 3200-1	
Au titre Ier	
L. 3211-1 à L. 3212-3	
L. 3212-4	Résultant de la loi n° 2020-1525 du 7 décembre 2020 d'accélération et de simplification de l'action publique
L. 3213-1 à L. 3214-1	
L. 3215-1	
Au titre II	
L. 3221-1 à L. 3221-6	
L. 3221-7	Résultant de la loi n° 2019-486 du 22 mai 2019 relative à la croissance et la transformation des entreprises

SECTION 2 Dispositions d'adaptation

Art. L. 3371-2 Pour l'application des dispositions législatives du livre I en Nouvelle-Calédonie :

1° A l'article L. 3112-3, le mot : ″autres″ est supprimé ;

2° A l'article L. 3113-1, les mots : ″mentionnées à l'article L. 5213-13 du code du travail″ et ″mentionnés à l'article L. 344-2 du code de l'action sociale et des familles et ainsi qu'à des structures équivalentes″ sont remplacés par les mots : ″créées en application de la réglementation locale″ ;

3° A l'article L. 3113-2, les mots : ″mentionnées à l'article L. 5132-4 du code du travail et à des structures équivalentes″ sont remplacés par les mots : ″créées en application de la réglementation locale″ ;

4° A l'article L. 3114-9, les mots : ″au sens de la recommandation 2003/361/CE de la Commission du 6 mai 2003 concernant la définition des micro, petites et moyennes entreprises″ sont supprimés ;

5° A l'article L. 3123-1, les références aux articles 1741 à 1743, 1746 et 1747 du code général des impôts sont remplacées par les références aux dispositions ayant le même objet applicables localement et les mots : ″ainsi que pour les infractions équivalentes prévues par la législation d'un autre État membre de l'Union européenne″ sont supprimés ;

6° A l'article L. 3123-3, les références aux articles L. 640-1, L. 653-1 à L. 653-8 et L. 631-1 du code de commerce sont remplacées par les références aux dispositions ayant le même objet applicables localement ;

7° A l'article L. 3123-4, les mots : ″méconnaissances des obligations prévues aux articles L. 1146-1, L. 8221-1, L. 8221-3, L. 8221-5, L. 8231-1, L. 8241-1, L. 8251-1 et L. 8251-2 du code du travail″ sont remplacés par les mots : ″avoir commis une infraction en matière de travail dissimulé, d'emploi illégal d'étranger et de marchandage définies par la législation localement applicable″ et les références au 2° de l'article L. 2242-1 du code du travail sont remplacées par la référence aux dispositions ayant le même objet applicable localement ;

8° A l'article L. 3123-5, la référence à l'article L. 8272-4 du code du travail est remplacée par la référence aux dispositions ayant le même objet applicable localement ;

9° A l'article L. 3123-21, les mots : ″hors du territoire de l'Union européenne″ sont remplacés par les mots : ″dans un État tiers″ ;

10° Le premier alinéa de l'article L. 3124-6 est ainsi rédigé :

"Les concessions de défense ou de sécurité sont passées avec des opérateurs économiques d'États membres de l'Union européenne." ;

(L. n° 2019-486 du 22 mai 2019, art. 193, en vigueur au plus tard le 22 juill. 2019) « 10° *bis* A l'article L. 3133-1, les mots : "l'État, les collectivités territoriales et les établissements publics" sont remplacés par les mots : "l'État et ses établissements publics" et le mot : "transmettent" est remplacé par les mots : "peuvent transmettre" ;

« 10° *ter* A l'article L. 3133-2 et au 1° de l'article L. 3133-6, les mots : "l'État, les collectivités territoriales et les établissements publics" sont remplacés par les mots : "l'État et ses établissements publics" ; »

11° A l'article L. 3133-11, les mots : "*(Ord. n° 2019-698 du 3 juill. 2019, art. 1er)* « au I de l'article L. 441-10 et au 5° du II de l'article L. 441-11 » du code de commerce" sont remplacés par les mots : "par la réglementation applicable localement" ;

12° A l'article L. 3136-4, *(L. n° 2020-1525 du 7 déc. 2020, art. 131)* « les références au code de commerce sont remplacées par les références » aux dispositions ayant le même objet applicables localement ;

13° A l'article L. 3137-3, les mots : "ainsi que le prévoit l'article 2044 du code civil" sont supprimés ;

14° A l'article L. 3137-4, les mots : "Ainsi qu'en dispose le premier alinéa de l'article 2060 du code civil," sont supprimés.

Sur l'application des dispositions issues de la L. n° 2019-486 du 22 mai 2019, V. note ss. art. L. 3321-1.

Art. L. 3371-3 Pour l'application des dispositions du livre II en Nouvelle-Calédonie :

1° Le second alinéa de l'article L. 3200-1 est supprimé ;

2° Le 1° de l'article L. 3212-1 est ainsi rédigé :

"1° Un instrument juridique tel qu'un accord international portant sur des travaux, ou des services destinés à la réalisation ou à l'exploitation en commun d'un projet par ses signataires ;" ;

3° A l'article L. 3212-4 :

a) Au 4°, les mots : "ou à des opérations menées avec le Fonds européen de stabilité financière ou le Mécanisme européen de stabilité" sont supprimés ;

b) Au 9°, les mots : "publiées au *Journal officiel de l'Union européenne*" sont remplacés par les mots : "définies au *Journal officiel* de la République française" ;

4° A l'article L. 3213-1, les mots : ", à condition que cette disposition soit compatible avec le Traité sur le fonctionnement de l'Union européenne" sont supprimés ;

5° A l'article L. 3214-1, les mots : ", à condition que cette disposition soit compatible avec le Traité sur le fonctionnement de l'Union européenne et les actes juridiques de l'Union établissant des règles communes concernant l'accès au marché applicables aux activités d'opérateur de réseau*[x]*" sont supprimés ;

6° A l'article L. 3215-1 :

a) Au 4°, les mots : "ou un arrangement administratif, relatif au stationnement de troupes ou conclu entre au moins un État membre de l'Union européenne et au moins un État tiers" sont supprimés ;

b) Le 5° est supprimé ;

c) Au 6°, les mots : "hors du territoire de l'Union européenne" sont remplacés par les mots : "hors du territoire de la Nouvelle-Calédonie".

TITRE VIII DISPOSITIONS APPLICABLES DANS LES TERRES AUSTRALES ET ANTARCTIQUES FRANÇAISES

CHAPITRE UNIQUE

SECTION 1 Dispositions générales

Art. L. 3381-1 Sous la réserve des adaptations prévues par le présent titre, les dispositions suivantes sont applicables dans les Terres australes et antarctiques françaises aux contrats de concession conclus par l'État ou ses établissements publics ainsi que par les autres organismes et personnes de droit public et de droit privé chargés par l'État d'une mission de service public administratif, dans leur rédaction résultant de

l'ordonnance n° 2018-1074 du 26 novembre 2018, sauf mention contraire dans le tableau ci-après. – *Tableau mod. par L. n° 2019-486 du 22 mai 2019, art. 193, en vigueur à une date fixée par Décr., et au plus tard 2 mois après la promulgation de ladite loi, soit le 22 juill. 2019 (JO 23 mai) ; L. n° 2020-1525 du 7 déc. 2020, art. 131 et 140 ; Ord. n° 2022-1336 du 19 oct. 2022, art. 26.*

Sur l'application des dispositions issues de l'art. 26 de l'Ord. n° 2022-1336 du 19 oct. 2022, V. note ss. art. L. 2651-1.

DISPOSITIONS APPLICABLES	DANS LEUR RÉDACTION
L. 3000-1 à L. 3000-4	
Au livre Ier	
L. 3100-1	
Au titre Ier	
L. 3111-1 à L. 3113-2	
L. 3113-2-1 et L. 3113-3	Résultant de l'ordonnance n° 2022-1336 du 19 octobre 2022
L. 3114-1 à L. 3114-10	
Au titre II	
L. 3120-1 à L. 3123-2	
L. 3123-3	Résultant de la loi n° 2020-1525 du 7 décembre 2020 d'accélération et de simplification de l'action publique
L. 3123-4 à L. 3126-2	
Au titre III	
L. 3131-1 à L. 3132-6	
L. 3133-1 et L. 3133-2	Résultant de la loi n° 2019-486 du 22 mai 2019 relative à la croissance et la transformation des entreprises
L. 3133-4 à L. 3133-8	Résultant de la loi n° 2019-486 du 22 mai 2019 relative à la croissance et la transformation des entreprises
L. 3133-10	
L. 3133-12 et L. 3133-13	
L. 3134-1 et L. 3134-2	
L. 3135-1 à L. 3136-3	
L. 3136-4	Résultant de la loi n° 2020-1525 du 7 décembre 2020 d'accélération et de simplification de l'action publique
L. 3136-6 à L. 3136-10	

DISPOSITIONS APPLICABLES	DANS LEUR RÉDACTION
L. 3137-1	
L. 3137-3 et L. 3137-4	
Au livre II	
L. 3200-1	
Au titre Ier	
L. 3211-1 à L. 3212-3	
L. 3212-4	Résultant de la loi n° 2020-1525 du 7 décembre 2020 d'accélération et de simplification de l'action publique
L. 3213-1 à L. 3214-1	
L. 3215-1	
Au titre II	
L. 3221-1 à L. 3221-6	
L. 3221-7	Résultant de la loi n° 2019-486 du 22 mai 2019 relative à la croissance et la transformation des entreprises

SECTION 2 Dispositions d'adaptation

Art. L. 3381-2 Pour l'application des dispositions législatives du livre I dans les Terres australes et antarctiques françaises :

1° A l'article L. 3112-3, le mot : "autres" est supprimé ;

2° A l'article L. 3113-1, les mots : "mentionnées à l'article L. 5213-13 du code du travail" et "mentionnés à l'article L. 344-2 du code de l'action sociale et des familles et ainsi qu'à des structures équivalentes" sont remplacés par les mots : "créées en application de la réglementation locale" ;

3° A l'article L. 3113-2, les mots : "mentionnées à l'article L. 5132-4 du code du travail et à des structures équivalentes" sont remplacés par les mots : "créées en application de la réglementation locale" ;

4° A l'article L. 3114-9, les mots : "au sens de la recommandation 2003/361/CE de la Commission du 6 mai 2003 concernant la définition des micro, petites et moyennes entreprises" sont supprimés ;

5° A l'article L. 3123-1, les références aux articles 1741 à 1743, 1746 et 1747 du code général des impôts sont remplacées par les références aux dispositions ayant le même objet applicables localement et les mots : "ainsi que pour les infractions équivalentes prévues par la législation d'un autre État membre de l'Union européenne" sont supprimés ;

6° A l'article L. 3123-4, les mots : "méconnaissances des obligations prévues aux articles L. 1146-1, L. 8221-1, L. 8221-3, L. 8221-5, L. 8231-1, L. 8241-1, L. 8251-1 et L. 8251-2 du code du travail" sont remplacés par les mots : "avoir commis une infraction en matière de travail dissimulé, d'emploi illégal d'étranger et de marchandage définies par la législation localement applicable" et les références au 2° de l'article L. 2242-1 du code du travail sont remplacées par la référence aux dispositions ayant le même objet applicable localement ;

7° A l'article L. 3123-5, la référence à l'article L. 8272-4 du code du travail est remplacée par la référence aux dispositions ayant le même objet applicable localement ;

8° A l'article L. 3123-21, les mots : "hors du territoire de l'Union européenne" sont remplacés par les mots : "dans un État tiers" ;

9° Le premier alinéa de l'article L. 3124-6 est ainsi rédigé :

"Les concessions de défense ou de sécurité sont passées avec des opérateurs économiques d'États membres de l'Union européenne.".

(L. n° 2019-486 du 22 mai 2019, art. 193, en vigueur au plus tard le 22 juill. 2019) « 10° Au premier alinéa de l'article L. 3133-1, les mots : "l'État, les collectivités territoriales et les établissements publics" sont remplacés par les mots : "l'État et ses établissements publics" et le mot : "transmettent" est remplacé par les mots : "peuvent transmettre" ;

« 11° A l'article L. 3133-2 et au 1° de l'article L. 3133-6, les mots : " l'État, les collectivités territoriales et les établissements publics" sont remplacés par les mots : "l'État et ses établissements publics". »

Sur l'application des dispositions issues de la L. n° 2019-486 du 22 mai 2019, V. note ss. art. L. 3321-1.

Art. L. 3381-3 Pour l'application des dispositions du livre II dans les Terres australes et antarctiques françaises :

1° Le second alinéa de l'article L. 3200-1 est supprimé ;

2° Le 1° de l'article L. 3212-1 est ainsi rédigé :

"1° Un instrument juridique tel qu'un accord international portant sur des travaux, ou des services destinés à la réalisation ou à l'exploitation en commun d'un projet par ses signataires ;" ;

3° A l'article L. 3212-4 :

a) Au 4°, les mots : "ou à des opérations menées avec le Fonds européen de stabilité financière ou le Mécanisme européen de stabilité" sont supprimés ;

b) Au 9°, les mots : "publiées au *Journal officiel de l'Union européenne*" sont remplacés par les mots : "définies au *Journal officiel* de la République française" ;

4° A l'article L. 3213-1, les mots : ", à condition que cette disposition soit compatible avec le Traité sur le fonctionnement de l'Union européenne" sont supprimés ;

5° A l'article L. 3214-1, les mots : ", à condition que cette disposition soit compatible avec le Traité sur le fonctionnement de l'Union européenne et les actes juridiques de l'Union établissant des règles communes concernant l'accès au marché applicables aux activités d'opérateur de réseau*[x]*" sont supprimés ;

6° A l'article L. 3215-1 :

a) Au 4°, les mots : "ou un arrangement administratif, relatif au stationnement de troupes ou conclu entre au moins un État membre de l'Union européenne et au moins un État tiers" sont supprimés ;

b) Le 5° est supprimé ;

c) Au 6°, les mots : "hors du territoire de l'Union européenne" sont remplacés par les mots : "hors du territoire des Terres australes et antarctiques françaises".

LIVRE IV DISPOSITIONS RELATIVES AUX CIRCONSTANCES EXCEPTIONNELLES

(L. n° 2020-1525 du 7 déc. 2020, art. 132)

TITRE I RÈGLES APPLICABLES EN CAS DE CIRCONSTANCES EXCEPTIONNELLES

CHAPITRE UNIQUE

Art. L. 3411-1 Lorsqu'il est fait usage de prérogatives prévues par la loi tendant à reconnaître l'existence de circonstances exceptionnelles ou à mettre en œuvre des mesures temporaires tendant à faire face à de telles circonstances et que ces circonstances affectent les modalités de passation ou les conditions d'exécution d'un contrat de concession, un décret peut prévoir l'application de l'ensemble ou de certaines des mesures du présent livre aux contrats de concession en cours d'exécution, en cours de passation ou dont la procédure de passation n'est pas encore engagée.

Le décret entre en vigueur sur tout ou partie du territoire de la République où les présentes dispositions sont applicables, pour une période ne pouvant pas excéder vingt-quatre mois et dont la prorogation est, le cas échéant, autorisée par la loi.

Art. L. 3411-2 Les autorités concédantes mettent en œuvre les dispositions du présent livre lorsqu'elles sont nécessaires dans la passation ou l'exécution d'un contrat de concession, pour faire face aux difficultés liées à la survenance de circonstances exceptionnelles.

Art. L. 3411-3 Lorsque les modalités de la mise en concurrence prévues dans les documents de la consultation des entreprises ne peuvent être respectées par l'autorité concédante, celle-ci peut apporter en cours de procédure les adaptations nécessaires à la poursuite de la procédure, dans le respect du principe d'égalité de traitement des candidats.

Art. L. 3411-4 Sauf lorsque les prestations qui font l'objet du contrat de concession ne peuvent souffrir aucun retard, l'autorité concédante peut prolonger les délais de réception des candidatures et des offres pour les procédures en cours d'une durée suffisante pour permettre aux opérateurs économiques de présenter leur candidature ou de soumissionner.

Art. L. 3411-5 Les contrats de concession dont le terme intervient pendant la période de circonstances exceptionnelles peuvent être prolongés par avenant au-delà de la durée prévue par le contrat lorsque l'organisation d'une procédure de mise en concurrence ne peut être mise en œuvre.

Cette prolongation au-delà de la durée prévue à l'article L. 3114-8 est dispensée de l'examen préalable par l'autorité compétente de l'État prévu au même article L. 3114-8.

La durée de cette prolongation ne peut excéder la durée de la période de circonstances exceptionnelles, augmentée de la durée nécessaire à la remise en concurrence à l'issue de l'expiration de cette période.

Art. L. 3411-6 Les dispositions de l'article L. 3411-7 s'appliquent en cas de difficultés d'exécution du contrat nonobstant toute stipulation contraire, à l'exception de celles qui se trouveraient être plus favorables au concessionnaire.

Art. L. 3411-7 Lorsque le concessionnaire ne peut pas respecter le délai d'exécution d'une ou de plusieurs obligations du contrat ou que cette exécution en temps et en heure nécessiterait des moyens dont la mobilisation ferait peser sur le concessionnaire une charge manifestement excessive, ce délai est prolongé d'une durée équivalente à la période de non-respect du délai d'exécution résultant directement des circonstances exceptionnelles, sur la demande du titulaire présentée avant l'expiration du délai contractuel et avant l'expiration de la période de circonstances exceptionnelles.

COMMENTAIRE

On se reportera au commentaire sous l'article L. 2711-8 *supra*. ❑

TITRE II DISPOSITIONS RELATIVES À L'OUTRE-MER

CHAPITRE I DISPOSITIONS PARTICULIÈRES À LA GUADELOUPE, LA GUYANE, LA MARTINIQUE, LA RÉUNION ET MAYOTTE

CHAPITRE II DISPOSITIONS PARTICULIÈRES À SAINT-BARTHÉLEMY

CHAPITRE III DISPOSITIONS PARTICULIÈRES À SAINT-MARTIN

CHAPITRE IV DISPOSITIONS PARTICULIÈRES À SAINT-PIERRE-ET-MIQUELON

CHAPITRE V DISPOSITIONS APPLICABLES DANS LES ÎLES WALLIS-ET-FUTUNA

Art. L. 3425-1 Les dispositions suivantes sont applicables dans les îles Wallis-et-Futuna aux contrats de concession conclus par l'État ou ses établissements publics ainsi que par les autres organismes et personnes de droit public et de droit privé chargés par l'État d'une mission de service public administratif, dans leur rédaction résultant de la loi n° 2020-1525 du 7 décembre 2020 d'accélération et de simplification de l'action publique, sauf mention contraire dans le tableau ci-après.

Dispositions applicables	Dans leur rédaction
L. 3411-1 à L. 3411-7	

CHAPITRE VI **DISPOSITIONS APPLICABLES EN POLYNÉSIE FRANÇAISE**

Art. L. 3426-1 Les dispositions suivantes sont applicables en Polynésie française aux contrats de concession conclus par l'État ou ses établissements publics, sous réserve des compétences dévolues à cette collectivité, dans leur rédaction résultant de la loi n° 2020-1525 du 7 décembre 2020 d'accélération et de simplification de l'action publique, sauf mention contraire dans le tableau ci-après.

Dispositions applicables	Dans leur rédaction
L. 3411-1 à L. 3411-7	

CHAPITRE VII **DISPOSITIONS APPLICABLES EN NOUVELLE-CALÉDONIE**

Art. L. 3427-1 Les dispositions suivantes sont applicables en Nouvelle-Calédonie aux contrats de concession conclus par l'État ou ses établissements publics, sous réserve des compétences dévolues à cette collectivité, dans leur rédaction résultant de la loi n° 2020-1525 du 7 décembre 2020 d'accélération et de simplification de l'action publique, sauf mention contraire dans le tableau ci-après.

Dispositions applicables	Dans leur rédaction
L. 3411-1 à L. 3411-7	

CHAPITRE VIII **DISPOSITIONS APPLICABLES DANS LES TERRES AUSTRALES ET ANTARCTIQUES FRANÇAISES**

Art. L. 3428-1 Les dispositions suivantes sont applicables dans les Terres australes et antarctiques françaises aux contrats de concession conclus par l'État ou ses établissements publics ainsi que par les autres organismes et personnes de droit public et de droit privé chargés par l'État d'une mission de service public administratif, dans leur rédaction résultant de la loi n° 2020-1525 du 7 décembre 2020 d'accélération et de simplification de l'action publique, sauf mention contraire dans le tableau ci-après.

Dispositions applicables	Dans leur rédaction
L. 3411-1 à L. 3411-7	

DEUXIÈME PARTIE : RÉGLEMENTAIRE

(Décr. nº 2018-1075 du 3 déc. 2018, en vigueur le 1er avr. 2019)

Nota : *Les dispositions du Décr. nº 2018-1075 du 3 déc. 2018 s'appliquent aux marchés publics pour lesquels une consultation a été engagée ou un avis d'appel à la concurrence a été envoyé à la publication depuis le 1er avr. 2019. Elles ne s'appliquent pas aux marchés publics passés sur le fondement d'un accord-cadre ou dans le cadre d'un système d'acquisition dynamique lorsque la procédure en vue de la passation de cet accord ou de la mise en place de ce système d'acquisition dynamique a été engagée avant cette date. Ces mêmes dispositions s'appliquent aux contrats de concession pour lesquels une consultation a été engagée ou un avis de concession a été envoyé à la publication depuis le 1er avr. 2019. Les dispositions des art. R. 2191-35, R. 3114-4 et des sections II intitulées « Délais de paiement », respectivement du chapitre II du titre IX du livre I de la deuxième partie et du chapitre III du titre III du livre I de la troisième partie du code de la commande publique s'appliquent aux contrats conclus à compter du 16 mars 2013 pour les créances dont le délai de paiement a commencé à courir à compter de la date d'entrée en vigueur de ce décret (Décr. nº 2018-1075 du 3 déc. 2018, art. 16).*

PREMIÈRE PARTIE **DÉFINITIONS ET CHAMP D'APPLICATION**

La présente partie ne comprend pas de dispositions réglementaires.

DEUXIÈME PARTIE **MARCHÉS PUBLICS**

LIVRE PRÉLIMINAIRE **MARCHÉS PUBLICS MIXTES**

Le présent livre ne comprend pas de dispositions réglementaires.

LIVRE I **DISPOSITIONS GÉNÉRALES**

Art. R. 2100-1 **La Banque de France, l'Institut d'émission des départements d'outre-mer, l'Institut d'émission d'outre-mer, l'Institut de France, l'Académie française, l'Académie des inscriptions et belles-lettres, l'Académie des sciences, l'Académie des beaux-arts, l'Académie nationale de médecine, l'Académie des sciences morales et politiques, les offices publics de l'habitat, Pôle emploi, la Caisse des dépôts et consignations et, pour leurs achats destinés à la conduite de leurs activités de recherche, les établissements publics de l'État à caractère administratif ayant dans leurs statuts une mission de recherche appliquent les règles relatives aux acheteurs autres que l'État, ses établissements publics à caractère autre qu'industriel et commercial, les collectivités territoriales, leurs établissements publics et leurs groupements.** – *[Décr. nº 2016-360 du 25 mars 2016, art. 2.]*

COMMENTAIRE

Cet article vise un certain nombre d'acheteurs qui, du fait d'une qualification juridique qui peut prêter à débat ou au contraire du fait d'une qualification expresse par la loi ou la jurisprudence (qualification d'établissements publics administratifs nationaux pour les établissements de recherche ou Pôle Emploi, qualification d'établissements publics locaux à caractère industriel et commercial pour les offices publics de l'habitat), pourraient ou devraient relever de toutes les règles applicables à l'État, à ses établissements publics à caractère autre qu'industriel et commercial, aux collectivités territoriales et à leurs établissements publics. Il a pour objet de ne les soumettre qu'aux règles applicables aux « autres acheteurs ». On verra à cet égard, au fil des articles qui suivent, les spécificités des règles applicables à ces derniers.

TITRE I PRÉPARATION DU MARCHÉ

CHAPITRE I DÉFINITION DU BESOIN

SECTION 1 Aide à la définition du besoin

SOUS-SECTION 1 Études et échanges préalables avec les opérateurs économiques

Art. R. 2111-1 **Afin de préparer la passation d'un marché, l'acheteur peut effectuer des consultations ou réaliser des études de marché, solliciter des avis ou informer les opérateurs économiques de son projet et de ses exigences.**

Les résultats des études et échanges préalables peuvent être utilisés par l'acheteur, à condition que leur utilisation n'ait pas pour effet de fausser la concurrence ou de méconnaître les principes mentionnés à l'article L. 3. – *[Décr. n° 2016-360 du 25 mars 2016, art. 4.]*

COMMENTAIRE

Transposant l'article 40 de la directive 2014/24/UE, cet article s'inscrit dans une logique nouvelle et importante de « sourcing ». Les études et échanges préalables qu'il prévoit peuvent aider l'acheteur public à « bien acheter ». Le respect des principes fondamentaux de la commande publique implique cependant d'agir avec discernement. ❑

Assistance et conseil pour la passation de marchés publics d'assurance. La mission consistant à assister et à conseiller une personne publique afin de lui permettre de passer des marchés publics d'assurance et notamment de sélectionner les candidats dans le respect des dispositions du C. marchés n'a pas pour objet de présenter, de proposer ou d'aider à conclure un contrat d'assurance ou de réaliser d'autres travaux préparatoires à sa conclusion ; elle ne peut ainsi être regardée comme une mission d'intermédiation entrant dans le champ d'application des dispositions des art. L. 511-1, R. 511-1 et L. 512-1 C. assur. • CE 10 févr. 2014, *Cabinet Henri Abecassis*, n° 367262 : *BJCP 2014. 178, concl. Dacosta ; Rev. CMP 2014, n° 104, note Devillers.*

SOUS-SECTION 2 Participation d'un opérateur économique à la préparation du marché

Art. R. 2111-2 **L'acheteur prend les mesures appropriées pour que la concurrence ne soit pas faussée par la participation à la procédure de passation du marché d'un opérateur économique qui aurait eu accès à des informations ignorées par d'autres candidats ou soumissionnaires, en raison de sa participation préalable, directe ou indirecte, à la préparation de cette procédure.**

Cet opérateur n'est exclu de la procédure de passation que lorsqu'il ne peut être remédié à cette situation par d'autres moyens, conformément aux dispositions du 2° de l'article L. 2141-8. – *[Décr. n° 2016-360 du 25 mars 2016, art. 5.]*

COMMENTAIRE

L'article R. 2111-2 est la transposition de l'article 41 de la directive 2014/24/UE. Son intérêt tient à ce qu'il précise que l'exclusion de la procédure de passation d'un marché public n'intervient qu'en dernier ressort, après qu'ont été épuisées les chances de prévenir toute atteinte à une concurrence loyale par des mesures appropriées (par ex., par une diffusion à tous les candidats des informations). La directive est d'ailleurs plus explicite encore que l'article 5 du décret n° 2016-360 du 25 mars 2016. ❑

Il résulte de l'instruction que M. X n'a travaillé pour la société Naldéo qu'au début de la mission d'assistance à maîtrise d'ouvrage, entre le 4 avr. 2017, date d'attribution de cette mission, et le 16 juin 2017, date de son départ de la société ; il a quitté la société avant qu'ait commencé l'élaboration du dossier de consultation des entreprises ; il n'a rejoint la société Sepur qu'en déc. 2017 ; que le SIOM de la vallée de Chevreuse soutient, sans être contredit sur ce point, que dans le cadre de la phase préliminaire de collecte de données générales sur le marché en cours à laquelle M. X devait procéder pour son ancien employeur, la société Naldéo, la société Otus, alors titulaire du marché, a refusé de transmettre les « données détaillées » au motif qu'elles relevaient du secret industriel et commercial ; dans ces conditions, il ne résulte pas de l'instruction que les informations détenues par M. X étaient de nature à avantager la société Sepur par rapport aux autres candidats à l'attribution du marché litigieux ; par suite, le moyen tiré de ce que le SIOM de la vallée de Chevreuse aurait porté atteinte à l'égalité de traitement entre les candidats en attribuant le marché à la société Sepur doit être écarté.

En retenant l'existence d'un doute sur l'impartialité de l'acheteur public alors qu'il n'avait relevé aucun élément de nature à établir que son mandataire, la société Naldéo, avait manqué d'impartialité dans l'établissement des documents de la consultation pendant la période où M. X était son salarié, le juge des référés a inexactement qualifié les faits dont il était saisi. Si les informations confidentielles que M. X aurait éventuellement pu obtenir à l'occasion de sa mission d'assistant à maîtrise d'ouvrage pouvaient, le cas échéant, conférer à son nouvel employeur, la société Sepur, un avantage de nature à rompre l'égalité entre les concurrents et obliger l'acheteur public à prendre les mesures propres à la rétablir, cette circonstance était en elle-même insusceptible d'affecter l'impartialité de l'acheteur public ; par suite, le juge des référés a également commis une erreur de droit en retenant un manquement à l'obligation d'impartialité de l'acheteur public du seul fait qu'il existait un risque que la société Sepur, attributaire du marché, ait pu obtenir des informations confidentielles à l'occasion de la participation de l'un de ses salariés à la mission d'assistance à la maîtrise d'ouvrage lorsque celui-ci travaillait antérieurement pour la société Naldéo, mandataire du syndicat. • CE 12 sept. 2018, *Synd. mixte des ordures ménagères de la vallée de Chevreuse, Sté Sepur*, n°s 420454 B et 420512 : *BJCP 2019. 12, concl. Pellissier ; AJDA 2018. 2246, note Agresta, Hul ; Rev. CMP 2018. 241, note Ubaud-Bergeron.*

SOUS-SECTION 3 Schéma de promotion des achats

Art. D. 2111-3 Le montant annuel des achats prévu à l'article L. 2111-3 est fixé à *(Décr. n° 2022-767 du 2 mai 2022, art. 1er et 11, en vigueur le 1er janv. 2023)* « cinquante millions *[ancienne rédaction : cent millions]* » d'euros hors taxes.

Afin de déterminer le montant total annuel de leurs achats, les pouvoirs adjudicateurs et les entités adjudicatrices soumis à l'article L. 2111-3 prennent en compte *(Décr. n° 2022-767 du 2 mai 2022, art. 1er et 11, en vigueur le 1er janv. 2023)* « les dépenses effectuées au cours d'une année civile dans le cadre *[ancienne rédaction : l'ensemble]* » de leurs marchés à l'exception de ceux relevant du livre V de la présente partie.

SECTION 2 Formalisation du besoin par des spécifications techniques

SOUS-SECTION 1 Contenu des spécifications techniques

Art. R. 2111-4 Les spécifications techniques définissent les caractéristiques requises des travaux, des fournitures ou des services qui font l'objet du marché.

Ces caractéristiques peuvent se référer au processus ou à la méthode spécifique de production ou de fourniture des travaux, des produits ou des services demandés ou à un processus propre à un autre stade de leur cycle de vie même lorsque ces facteurs ne font pas partie de leur contenu matériel, à condition qu'ils soient liés à l'objet du marché et proportionnés à sa valeur et à ses objectifs. — *[Décr. n° 2016-360 du 25 mars 2016, art. 6-I, al. 1er et 2.]*

Art. R. 2111-5 Les spécifications techniques peuvent préciser si le transfert des droits de propriété intellectuelle sera exigé. — *[Décr. n° 2016-360 du 25 mars 2016, art. 6-I, al. 3.]*

Art. R. 2111-6 Sauf cas dûment justifié, les spécifications techniques sont établies de manière à prendre en compte des critères d'accessibilité pour les personnes handicapées ou des critères de fonctionnalité pour tous les utilisateurs. — *[Décr. n° 2016-360 du 25 mars 2016, art. 9.]*

SOUS-SECTION 2 Formulation des spécifications techniques

Art. R. 2111-7 Les spécifications techniques ne peuvent pas faire mention d'un mode ou procédé de fabrication particulier ou d'une provenance ou origine déterminée, ni faire référence à une marque, à un brevet ou à un type lorsqu'une telle mention ou référence est susceptible de favoriser ou d'éliminer certains opérateurs économiques ou certains produits.

Toutefois, une telle mention ou référence est possible si elle est justifiée par l'objet du marché ou, à titre exceptionnel, dans le cas où une description suffisamment précise et intelligible de l'objet du marché n'est pas possible sans elle et à la condition qu'elle soit accompagnée des termes "ou équivalent". – *[Décr. n° 2016-360 du 25 mars 2016, art. 8.]*

Art. R. 2111-8 L'acheteur formule les spécifications techniques :

1° Soit par référence à des normes ou à d'autres documents équivalents accessibles aux candidats ;

2° Soit en termes de performances ou d'exigences fonctionnelles ;

3° Soit par une combinaison des deux. – *[Décr. n° 2016-360 du 25 mars 2016, art. 6-II.]*

Art. R. 2111-9 Les normes ou documents sont accompagnés de la mention "ou équivalent" et choisis dans l'ordre de préférence suivant :

1° Les normes nationales transposant des normes européennes ;

2° Les évaluations techniques européennes ;

3° Les spécifications techniques communes ;

4° Les normes internationales ;

5° Les autres référentiels techniques élaborés par les organismes européens de normalisation ou, en leur absence, les normes nationales, les agréments techniques nationaux ou les spécifications techniques nationales en matière de conception, de calcul et de réalisation des ouvrages et d'utilisation des fournitures.

La définition des normes ou autres documents mentionnés au présent article figure dans un avis annexé au présent code. – *[Décr. n° 2016-360 du 25 mars 2016, art. 6-II-1°.]* – *V. Annexe n° 5.*

Art. R. 2111-10 Les spécifications techniques formulées en termes de performances ou d'exigences fonctionnelles sont suffisamment précises pour permettre aux candidats de connaître exactement l'objet du marché et à l'acheteur d'attribuer le marché. Elles peuvent inclure des caractéristiques environnementales ou sociales. – *[Décr. n° 2016-360 du 25 mars 2016, art. 6-II-2° et 3°.]*

Art. R. 2111-11 Lorsque l'acheteur formule une spécification technique par référence à une norme ou à un document équivalent, il ne peut pas rejeter une offre au motif que celle-ci n'est pas conforme à cette norme ou à ce document si le soumissionnaire prouve, par tout moyen approprié, que les solutions qu'il propose satisfont de manière équivalente aux exigences définies par cette norme ou ce document.

Lorsque l'acheteur formule une spécification technique en termes de performances ou d'exigences fonctionnelles, il ne peut pas rejeter une offre si celle-ci est conforme à une norme ou à un document équivalent correspondant à ces performances ou exigences fonctionnelles. Le soumissionnaire prouve, par tout moyen approprié, que cette norme ou ce document équivalent correspond aux performances ou exigences fonctionnelles définies par l'acheteur. – *[Décr. n° 2016-360 du 25 mars 2016, art. 7.]*

SECTION 3 **Utilisation de labels**

Art. R. 2111-12 Un label est tout document, certificat ou attestation qui prouve que les ouvrages, les produits, les services, les procédés ou les procédures en rapport avec l'objet du marché remplissent certaines caractéristiques. Les exigences en matière de label sont celles que doivent remplir ces ouvrages, ces produits, ces services, ces procédés ou ces procédures pour obtenir ce label. – *[Décr. n° 2016-360 du 25 mars 2016, art. 10-II.]*

Art. R. 2111-13 Dans les spécifications techniques, les critères d'attribution ou les conditions d'exécution d'un marché, l'acheteur peut imposer à l'opérateur économique qu'il détienne un label particulier si ce dernier remplit les conditions fixées aux articles R. 2111-14 et R. 2111-15. – *[Décr. n° 2016-360 du 25 mars 2016, art. 10-I, al. 1er.]*

Art. R. 2111-14 Le label utilisé doit présenter les caractéristiques suivantes :

1° Il est établi au terme d'une procédure ouverte et transparente ;

2° Il repose sur des critères objectivement vérifiables et non discriminatoires ;

3° Ses conditions d'obtention sont fixées par un tiers sur lequel l'opérateur économique qui demande son obtention ne peut exercer d'influence décisive et sont accessibles à toute personne intéressée. – *[Décr. n° 2016-360 du 25 mars 2016, art. 10-I, 2° à 5°.]*

Art. R. 2111-15 L'acheteur peut exiger un label particulier à condition que les caractéristiques prouvées par ce label :

1° Présentent un lien avec l'objet du marché au sens de l'article L. 2112-3 ;

2° Permettent de définir les travaux, fournitures ou services qui font l'objet du marché.

L'acheteur peut exiger un label particulier y compris lorsque toutes les caractéristiques prouvées par ce label ne sont pas attendues, à condition d'identifier dans les documents de la consultation celles qu'il exige.

L'acheteur peut faire référence à un label qui répond partiellement aux conditions mentionnées au présent article sous réserve d'identifier dans les documents de la consultation les seules caractéristiques qu'il exige. — *[Décr. n° 2016-360 du 25 mars 2016, art. 10-I, 1°, al. 7 et III.]*

Art. R. 2111-16 L'acheteur qui exige un label particulier accepte tous les labels qui confirment que les caractéristiques exigées dans le cadre du marché sont remplies. — *[Décr. n° 2016-360 du 25 mars 2016, art. 10-I, al. 8.]*

Art. R. 2111-17 Lorsque l'opérateur économique n'a pas la possibilité, pour des raisons qui ne lui sont pas imputables, d'obtenir dans les délais le label exigé ou un label équivalent qui répond aux conditions de l'article R. 2111-15, il peut prouver par tout moyen que les caractéristiques exigées par l'acheteur sont remplies. — *[Décr. n° 2016-360 du 25 mars 2016, art. 10-I, al. 9.]*

COMMENTAIRE

Les articles R. 2111-4 à R. 2111-17 sont pris en application de l'article L. 2111-2 (V. comm. ss. cet art.).

On notera que les spécifications techniques peuvent être formulées non seulement par référence à des normes, mais aussi en termes de performances ou d'exigences fonctionnelles, ou encore en combinant ces deux approches. Performances et exigences fonctionnelles doivent être décrites avec précision, afin que les candidats bénéficient d'une information objective et sans ambiguïté et que l'acheteur ne dispose pas, *in fine*, d'une liberté d'appréciation indéterminée.

Quel que soit le mode de définition retenu, les candidats ont toujours la possibilité de démontrer que les caractéristiques de leur offre, si elles ne sont pas exactement conformes aux exigences formulées, y répondent de façon équivalente.

On relèvera aussi l'accent mis sur les exigences en matière environnementale – et sur la possibilité de les définir en se référant à des écolabels.

Enfin, plusieurs dispositions ont pour objet d'assurer le respect des principes fondamentaux de liberté d'accès et d'égalité de traitement. ❑

I. CJCE/CJUE

1. Référence à une marque déterminée. Une spécification technique ne peut être définie par référence à un produit d'une marque déterminée, sauf si l'objet du marché ne peut être décrit autrement. Dans ce cas, l'avis de marché doit porter la mention « ou équivalent ». • CJCE 24 janv. 1995, *Commission c/ Pays-Bas*, C-359/93, pt 3.

2. Caractéristiques environnementales. Écolabels. Il convient de rappeler que, aux termes de l'art. 2 de la Dir. 2004/18/CE, établissant les principes de passation des marchés publics, les pouvoirs adjudicateurs traitent les opérateurs économiques sur un pied d'égalité, de manière non discriminatoire, et agissent avec transparence. Ces principes revêtent une importance cruciale en ce qui concerne les spécifications techniques, eu égard aux risques de discrimination liés soit au choix de celles-ci, soit à la manière de les formuler. C'est ainsi que l'art. 23, § 2 et 3, ss. b), et la dernière phrase du vingt-neuvième considérant de la Dir. 2004/18/CE soulignent que les spécifications techniques doivent permettre l'accès égal des soumissionnaires et ne pas avoir pour effet de créer des obstacles injustifiés à l'ouverture des marchés publics à la concurrence, qu'elles doivent être suffisamment précises pour permettre à ceux-ci de déterminer l'objet du marché et aux pouvoirs adjudicateurs de l'attribuer, et qu'il y a lieu de les mentionner clairement, de façon que tous les soumissionnaires sachent ce que recouvrent les critères établis par le pouvoir adjudicateur. C'est notamment à la lumière de ces considérations qu'il y a lieu d'interpréter l'art. 23, § 6, de la Dir. 2004/18/CE. Il résulte du texte du 1er al. de cette disposition que, s'agissant des exigences relatives à des caractéristiques environnementales, celui-ci confère aux pouvoirs adjudicateurs la faculté de recourir aux spécifications détaillées d'un écolabel, mais non à un écolabel en tant que tel. L'exigence de précision inscrite à l'art. 23, § 3, ss. b), de la Dir. 2004/18/CE – auquel se réfère le § 6 dudit art. – et explicitée à la dernière phrase du vingt-neuvième considérant de celle-ci s'oppose à une interprétation extensive de ladite disposition. Certes, en vue de faciliter la vérification du respect d'une telle exigence, le 2nd al. de cet art. 23, § 6, autorise en outre les pouvoirs adjudicateurs à indiquer que les produits munis de l'écolabel dont ils ont utilisé les spécifications détaillées sont présumés satisfaire aux spécifications concernées. Ce 2nd al. n'élargit cependant pas la portée du 1er al. dudit art. 23, § 6, puisqu'il ne permet de recourir à l'écolabel lui-même que de manière secondaire, à titre de preuve qu'il est satisfait « aux spécifications techniques définies dans le cahier des charges ». En effet, conformément au même 2nd al. de l'art. 23, § 6, de la Dir. 2004/18/CE, les pouvoirs adjudicateurs doivent admettre tout autre moyen de preuve approprié, tel qu'un dossier technique du fabricant ou un rapport d'essai d'un organisme reconnu. Il y a lieu, pour le surplus, de rappeler que, si, comme le fait valoir le royaume des Pays-Bas, le pouvoir adjudicateur est en droit d'attendre des opérateurs économiques intéressés qu'ils soient raisonnablement informés et normalement diligents, une telle attente légitime suppose néanmoins que le pouvoir adjudicateur ait lui-même formulé ses exigences de façon claire. • CJUE 22 avr. 2010, ⚖ *Commission européenne c/ Espagne*, C-423/07 : *Rec. CJUE I-3429, pt 58.* ♦ *A fortiori*, cette attente ne saurait être invoquée pour décharger les pouvoirs adjudicateurs des obligations que la Dir. 2004/18/CE leur impose. Au demeurant, loin de constituer un formalisme excessif, l'obligation faite au pouvoir adjudicateur de mentionner expressément les caractéristiques environnementales détaillées qu'il entend imposer même lorsqu'il recourt aux caractéristiques définies par un écolabel est indispensable pour permettre aux soumissionnaires potentiels de se référer à un document unique et officiel, émanant du pouvoir adjudicateur lui-même, et donc sans qu'ils soient soumis aux aléas d'une recherche d'informations et aux possibles variations dans le temps des critères afférents à un écolabel quelconque. En outre, il convient de relever que l'objection, soulevée par le royaume des Pays-Bas, selon laquelle, dès lors que le label EKO renseigne sur le mode d'obtention biologique des produits qui en sont munis, la mention de caractéristiques détaillées aurait requis d'énumérer l'ensemble des prescriptions du Règl. n° 2092/91, ce qui aurait été beaucoup moins clair qu'un renvoi à ce label, n'est pas pertinente. En effet, la Dir. 2004/18/CE ne s'oppose pas, en principe, à un renvoi, dans l'avis de marché ou le cahier des charges, à des dispositions législatives ou réglementaires pour certaines spécifications techniques lorsqu'un tel renvoi est, en pratique, inévitable, pour autant que celui-ci soit accompagné de l'ensemble des indications complémentaires éventuellement requises par cette Dir. • CJUE 22 avr. 2010, ⚖ *Commission européenne c/ Espagne*, C-423/07 : *préc. pts 64 et 65.* ♦ Ainsi, dès lors que la commercialisation, dans l'Union, de produits agricoles issus du mode de production biologique et présentés comme tels doit respecter la réglementation de l'Union en la matière, un pouvoir adjudicateur peut, le cas échéant, sans méconnaître la notion de « spécification technique » au sens du point 1, ss. b), de l'annexe VI de la Dir. 2004/18/CE ni l'art. 23, § 3, de celle-ci, indiquer dans le cahier des charges que le produit à fournir doit être conforme au Règl. n° 2092/91 ou à tout règlement ultérieur remplaçant ce dernier. Il résulte des considérations qui précèdent que, en exigeant, dans le cahier des charges, que certains produits à fournir soient munis d'un écolabel déterminé, plutôt que d'utiliser les spécifications détaillées définies par cet écolabel, la province de Hollande-Septentrionale a établi une spécification technique incompatible avec l'art. 23, § 6, de la Dir. 2004/18/CE. Partant, la première branche du premier moyen est fondée. • CJUE 10 mai 2012, ⚖ *Commission c/ Pays-Bas*, C-368/10.

3. Spécification illégale. L'art. 23, § 2, de la Dir. 2004/18/CE du Parlement européen et du Conseil, du 31 mars 2004, relative à la coordination des procédures de passation des marchés publics de travaux, de fournitures et de services, s'oppose à une exigence, telle que celle en cause au principal, formulée en tant que spécification technique dans des avis de marchés publics portant sur la fourniture de services de santé, selon laquelle les prestations médicales faisant l'objet des appels d'offres doivent être fournies par des établissements hospitaliers privés situés exclusivement dans une municipalité donnée, qui peut ne pas être celle du domicile des patients concernés par ces prestations, dès lors que cette exigence comporte une exclusion automatique des soumissionnaires qui ne peuvent pas fournir ces services dans un tel établissement situé dans cette municipalité, mais qui remplissent toutes les autres conditions de ces appels d'offres. • CJUE 22 oct. 2015, ⚖ *Grupo Hospitalario Quirón SA*, n° C-552/13 : *Rev. CMP 2015, n° 277, note Ubaud-Bergeron.*

4. Achats de dispositifs médicaux. Les pouvoirs adjudicateurs ayant lancé une procédure d'appel d'offres pour la fourniture de dispositifs médicaux munis du marquage CE ne peuvent pas rejeter, pour des raisons relatives à la protection de la santé publique, l'offre de tels produits directement et en dehors de la procédure de sauvegarde prévue aux art. 8 et 18 de la Dir. 93/42. Si un pouvoir adjudicateur considère que l'offre de dispositifs médicaux munis du marquage CE est susceptible de compromettre la santé publique, il est tenu d'en informer l'organisme compétent en vue de la mise en œuvre de ladite procédure de sauvegarde. • CJCE 14 juin 2007, *Medipac-Kazantzidis,* C-6/05 • 19 mars 2009, *Commission c/ Grèce,* C-489/06 : *Rev. CMP 2009, n° 154, note Zimmer.*

5. Médicaments. L'art. 2 et l'art. 23, § 2 et 8, de la Dir. 2004/18/CE du Parlement européen et du Conseil, du 31 mars 2004, relative à la coordination des procédures de passation des marchés publics de travaux, de fournitures et de services, ainsi que l'art. 34 TFUE, lu en combinaison avec l'art. 36 TFUE, doivent être interprétés en ce sens qu'ils s'opposent à une clause du cahier des charges d'un marché public qui exige, conformément à la législation de l'État membre dont relève le pouvoir adjudicateur, que les médicaments dérivés du plasma, objets du marché public en cause, soient produits à partir de plasma collecté dans cet État membre. • CJUE 8 juin 2017, *Medisanus,* n° C-296/15 : *Rev. CMP 2017. 228, note Ubaud-Bergeron.*

6. Fournitures médicales. Les art. 18 et 42 de la Dir. 2014/24/UE doivent être interprétés en ce sens qu'ils n'imposent pas au pouvoir adjudicateur, dans l'établissement des spécifications techniques d'un appel d'offres portant sur l'acquisition de fournitures médicales, de faire prévaloir, par principe, soit l'importance des caractéristiques individuelles des appareils médicaux, soit l'importance du résultat du fonctionnement de ces appareils, mais exigent que les spécifications techniques, dans leur ensemble, respectent les principes d'égalité de traitement et de proportionnalité. Il appartient à la juridiction de renvoi d'évaluer si, dans le litige dont elle est saisie, les spécifications techniques en cause répondent à ces exigences. • CJUE 25 oct. 2018, *« Roche Lietuva » UAB,* C-413/17.

7. Modification d'une spécification technique après la publication de l'avis de marché. Impossibilité. Le pouvoir adjudicateur ne saurait procéder, après la publication d'un avis de marché, à une modification de la spécification technique relative à un élément d'un marché, en violation des principes d'égalité de traitement et de non-discrimination ainsi que de l'obligation de transparence. Il est indifférent, à cet égard, que l'élément auquel se réfère cette spécification soit ou non toujours fabriqué ou disponible sur le marché. • CJUE 16 avr. 2015, *SC Enterprise Focused Solutions SRL,* C-278/14 : *Rev. CMP 2015, n° 139, note Ubaud-Bergeron.*

II. JURISPRUDENCE ADMINISTRATIVE

8. Référence à une marque déterminée. Une référence à une marque déterminée n'est possible que si c'est le seul moyen de définir le besoin du pouvoir adjudicateur et à condition qu'elle soit suivie de la mention « ou équivalent ». • CE 11 sept. 2006, *Cne de Saran c/ Sté Gallaud,* n° 257545 : *Rev. CMP 2006, n° 286, obs. Pietri.*

9. Il ressort des pièces du dossier soumis au juge des référés que, par un avis d'appel public à la concurrence publié le 22 févr. 2011, la région a lancé une procédure d'appel d'offres ouvert en vue de l'attribution d'un marché de services ayant pour objet « la mise en œuvre, l'exploitation, la maintenance et l'hébergement d'une plateforme de service pour la solution "open source" d'espace numérique de travail (ENT) "Lilie" à destination des lycées de Picardie » ; que par courriers des 21 et 23 mars 2011, deux sociétés, qui exercent une activité d'éditeur de logiciel d'espace numérique de travail, ont informé la région de leur intention de demander l'annulation de la procédure si la région ne se conformait pas à ses obligations de mise en concurrence, lesquelles faisaient selon elles obstacle à ce que l'appel d'offres lancé par la région imposât aux candidats le seul logiciel « Lilie » ; poursuivant la procédure, la région, après avoir constaté que l'offre déposée par la société A était irrégulière et que celle déposée par la société B, copropriétaire du logiciel « Lilie », comportait des prix trop élevés ou incohérents, a cependant engagé des négociations avec ces deux sociétés en application des dispositions de l'art. 35-I-1° C. marchés ; par l'ordonnance attaquée, le juge des référés a annulé l'ensemble de la procédure et enjoint à la région, si elle entendait conclure le marché, de la reprendre dans son intégralité.

Aux termes du IV de l'art. 6 C. marchés : « Les spécifications techniques ne peuvent pas faire mention d'un mode ou procédé de fabrication particulier ou d'une provenance ou origine déterminée, ni faire référence à une marque, à un brevet ou à un type, dès lors qu'une telle mention ou référence aurait pour effet de favoriser ou d'éliminer certains opérateurs économiques ou certains produits. Toutefois, une telle mention ou référence est possible si elle est justifiée par l'objet du marché ou, à titre exceptionnel, dans le cas où une description suffisamment précise et intelligible de l'objet du marché n'est pas possible sans elle et à la condition qu'elle soit accompagnée des termes : "ou équivalent" » ; s'agissant des marchés de services, il y a lieu, pour l'application de ces dispositions, d'examiner si la spécification technique en cause a ou non pour effet de favoriser ou d'éliminer certains opérateurs économiques puis, dans l'hypothèse seulement d'une telle atteinte à la concurrence, si cette spécification est justifiée par l'objet du marché ou, si tel n'est pas le cas, si une description suffisamment précise et intelligible de l'objet du marché n'est pas possible sans elle.

Il ressort des pièces du dossier soumis au juge des référés que les prestations objet du marché de services litigieux consistaient en l'intégration et l'adaptation aux besoins de la région de la solution logicielle d'espace numérique de travail

(ENT) « Lilie », laquelle, eu égard à son caractère de logiciel libre, était librement et gratuitement accessible et modifiable par l'ensemble des entreprises spécialisées dans la réalisation d'espaces numériques de travail à destination des établissements d'enseignement qui étaient ainsi toutes à même de l'adapter aux besoins de la collectivité et de présenter une offre indiquant les modalités de cette adaptation ; par suite, en jugeant que la spécification par les documents de la consultation du logiciel libre « Lilie » avait pour effet d'éliminer le déploiement de toute autre solution logicielle, alors que le marché litigieux ne consistait pas en la fourniture d'un logiciel mais en des prestations d'adaptation, d'installation et de maintenance du logiciel « Lilie » que la région avait pu librement et gratuitement se procurer, le juge des référés a commis une erreur de droit ; il a en outre dénaturé les pièces du dossier en estimant que la mention du logiciel « Lilie » conférait un avantage concurrentiel à la société Logica en sa qualité de co-concepteur et copropriétaire de ce logiciel, alors que toute entreprise spécialisée dans l'installation de logiciels supports d'espaces numériques de travail pour les établissements d'enseignement avait la capacité d'adapter ce logiciel aux besoins de la région ; dès lors, et sans qu'il soit besoin d'examiner les autres moyens du pourvoi, la région est fondée à demander l'annulation de l'ordonnance attaquée.

Eu égard à la nature de marché de services, et non de fournitures, du marché litigieux, les sociétés requérantes ne sauraient utilement soutenir que la mention de la solution logicielle « Lilie » a eu pour effet de favoriser ou d'éliminer d'autres solutions logicielles ; il résulte en outre de l'instruction que la mention du logiciel « Lilie », en raison du caractère de logiciel libre que celui-ci présente et qui le rend librement et gratuitement modifiable et adaptable aux besoins de la collectivité par toute entreprise spécialisée dans l'installation de logiciels supports d'espaces numériques de travail, ne peut être regardée ni comme ayant pour effet de favoriser la société B qui a participé à sa conception et en est copropriétaire ni comme ayant pour effet d'éliminer des entreprises telles que les sociétés requérantes qui, tout en ayant entrepris de développer leurs propres solutions logicielles, sont spécialisées dans l'installation d'espaces numériques de travail à destination des établissements d'enseignement et disposent des compétences requises pour adapter le logiciel libre « Lilie » aux besoins de la région ; par suite, les sociétés requérantes ne sont pas fondées à soutenir qu'en mentionnant comme spécification technique du marché le recours à ce seul logiciel libre, la région a méconnu les dispositions du IV de l'art. 6 C. marchés ; dès lors, les sociétés ne sont pas fondées à demander l'annulation de la procédure de passation litigieuse. • CE 30 sept. 2011, ⚖ *Région Picardie*, n° 350431 B : *BJCP 2011. 455, concl. Dacosta ; Rev. CMP 2011, n° 316, note Pietri ; Dr. adm. 2011, n° 96, note Brenet.*

10. Si la société requérante soutient que la référence à une marque est interdite, il ressort des pièces du dossier que toutes les applications métiers de l'université utilisent le système Oracle, que ce dernier permet des facilités de liaisons interfaces avec l'entrepôt de données et que son coût est nul pour l'université ; par suite, l'université de Poitiers a pu régulièrement exiger que l'application proposée s'appuie sur le système Oracle. • CAA Bordeaux, 14 févr. 2013, ⚖ *Sté Index Éducation*, n° 11BX01785.

11. Procédé technique novateur justifié par l'objet du marché. La cour administrative d'appel a estimé que les prescriptions des art. 4.2 et 4.3 du cahier des clauses techniques particulières du marché contesté, excluant tout système de fixation des toiles de couverture du bâtiment par cordes, drisses, Sandow ou tout système assimilé, ne pouvaient être satisfaites sans recourir à la technique de fixation par profilés métalliques dont le brevet appartenait à la société SMC2 et qu'ainsi les dispositions de l'art. 6 C. marchés avaient été méconnues ; elle a, pour ce motif, annulé le marché contesté ; toutefois, il ressort des pièces du dossier soumis aux juges du fond que, d'une part, la commune a fait le choix d'adopter une technologie alors novatrice de fixation des toiles de couverture permettant d'améliorer l'esthétique de l'ouvrage et d'éviter les contraintes de maintenance qu'imposait la méthode de fixation par cordes, drisses ou Sandow et, d'autre part, que les prescriptions en cause, motivées par ce choix, n'avaient pas pour objet de favoriser l'entreprise SMC2 ; par suite, la commune est fondée à soutenir, par son pourvoi incident, que la cour administrative d'appel a inexactement qualifié les faits en estimant que l'illégalité relevée était, dans les circonstances de l'espèce, d'une particulière gravité et de nature à justifier l'annulation du contrat. • CE 10 févr. 2016, ⚖ *Sté SMC2 et a.*, n°s 382148 B et 382154 : *BJCP 2016. 192, concl. Henrard ; Rev. CMP 2016, n° 96, note Devillers.*

12. Droits de propriété intellectuelle. Il ressort des pièces du dossier soumis au juge des référés que, par un avis d'appel public à la concurrence publié le 8 févr. 2013, le département de Lot-et-Garonne a lancé une consultation, selon la procédure adaptée prévue par l'art. 28 C. marchés, en vue de la passation d'un marché ayant pour objet la création d'une application numérique mobile de découverte du patrimoine naturel et bâti ; par un courrier du 11 avr. 2013, le département a informé la société Camineo que son offre était classée à la troisième place et que le marché était attribué à la société GMT éditions.

Le département a pu légalement choisir, eu égard à la nature de son besoin, de disposer, à titre exclusif, de l'ensemble des droits de propriété intellectuelle attachés à l'application en cause ; il n'a, ce faisant, imposé aucune contrainte technique susceptible de porter atteinte au principe de libre accès à la commande publique ; contrairement à ce que soutient la société Camineo, le choix du département de Lot-et-Garonne ne conduisait pas à exclure les offres proposant des applications conçues à partir de logiciels libres, dès lors que la cession des droits de propriété intellectuelle porte sur la seule application numérique. • CE 2 oct. 2013, *Dpt du Lot-et-Garonne*, n° 368900 B : *Rev. CMP 2013, n° 307, note Eckert.*

13. Référence à un label. Atteinte au libre jeu de la concurrence. Mesure d'instruction. Le marché en litige s'élève environ à un montant de 1, 5 million d'euros, dont les deux tiers consistent en la fourniture et la mise en œuvre d'enrobés principalement payables à la tonne ; compte tenu des masses financières en jeu reposant sur les quantités de matériaux livrés, la référence au label AQP est justifiée par l'objet du marché ; le cahier des clauses techniques particulières comportait, dans son art. III-3, la mention obligatoire reconnaissant la possibilité de proposer une référence équivalente ; cependant, la société requérante soutient que la référence à ce label AQP a constitué un frein au libre jeu de la concurrence particulièrement pénalisant pour les petites et moyennes entreprises du secteur en faisant valoir que ce label n'est pas une spécification objective et qu'elle ne pouvait pas proposer un système équivalent ; l'état du dossier ne permet pas à la cour de statuer en toute connaissance de cause sur ce moyen ; aux termes de l'art. R. 625-2 CJA : « Lorsqu'une question technique ne requiert pas d'investigations complexes, la formation de jugement peut charger la personne qu'elle commet de lui fournir un avis sur les points qu'elle détermine. Le consultant, à qui le dossier de l'instance n'est pas remis, n'a pas à opérer en respectant une procédure contradictoire à l'égard des parties. L'avis est consigné par écrit. Il est communiqué aux parties par la juridiction » ; il y a lieu, sur le fondement de ces dispositions, d'ordonner avant-dire droit, une mesure d'instruction sous la forme d'un avis technique aux fins précisées ci-après et de réserver, jusqu'en fin d'instance, les droits et moyens des parties sur lesquels il n'est pas expressément statué par le présent arrêt. • CAA Marseille, 8 juill. 2010, *Sté Siorat*, n° 08MA01775 : *Rev. CMP 2010, n° 367, note Devillers.*

14. Spécifications techniques supérieures aux normes en vigueur. Le pouvoir adjudicateur peut fixer des spécifications techniques supérieures à des normes réglementaires en vigueur, qui ont pour effet de réduire la variété des produits qui y répondent, si des nécessités particulières l'exigent. • CE, sect., 3 nov. 1995, *District de l'agglomération nancéienne*, n° 152484 A : *RFDA 1995. 1077, concl. Chantepy ; CJEG 1996. 67, concl. Chantepy ; AJDA 1995. 945 ; D. 1996. Somm. 322 ; RDI 1996. 68.*

15. Respect des spécifications techniques légales. En vertu du 6° de l'art. 1er de l'Arr. du 15 janv. 2007, pris en application du Décr. du 21 déc. 2006 relatif aux prescriptions techniques pour l'accessibilité de la voirie et des espaces publics, et visant à faciliter la détection par les malvoyants des mobiliers urbains sur panneaux ou sur pieds, ces mobiliers doivent ménager un passage libre d'au moins 2,20 m de hauteur ou, à défaut être rappelés par un élément bas se situant au maximum à 0,40 m du sol ; que ces prescriptions sont impératives, sauf impossibilité technique constatée dans les conditions définies à l'art. 2 de l'arrêté ; dès lors, et en l'absence d'impossibilité technique dûment constatée, en exigeant, dans le cahier des clauses techniques particulières du marché, que les mobiliers d'informations de 2 m^2 comportent une hauteur sous le bas du caisson de 0,50 m minimum, le pouvoir adjudicateur a méconnu de telles prescriptions ; compte tenu de cette méconnaissance des spécifications légales applicables au marché, qui eu égard à sa portée et au stade de la procédure à laquelle elle se rapporte est susceptible d'avoir lésé la société requérante, qui soutient, sans être contestée, avoir dû réviser les cotes de ses panneaux conformément à la réglementation en vigueur, cette société est fondée à demander au juge du référé précontractuel l'annulation de la procédure de passation litigieuse. • CE 4 févr. 2009, *Cne de Toulon*, n° 311344 B : *Rev. CMP 2009, n° 124, note Pietri.*

16. Exigences techniques portant atteinte à l'égalité entre les candidats. La prescription de normes techniques particulières doit être justifiée par l'objet du marché ; dans l'hypothèse où cet objet justifie la référence à des produits ou des procédés propres à certaines entreprises, la personne publique ne peut interdire la présentation d'offres techniquement équivalentes. En l'espèce, aux termes de l'art. III-3 du cahier des clauses techniques particulières : « Les enrobés seront livrés avec un bon de livraison conforme aux recommandations du fascicule 27 et aux normes enrobés. – Le système de pesage mis en place sur les centrales d'enrobage devra être conforme aux exigences essentielles de la Dir. 90/384/CEE du 20 juin 1990 transposée en droit français par Décr. n° 91-330 du 27 mars 1991. – Sur ces bons figureront les informations suivantes : numéro du bon, nom ou raison sociale du producteur, nom du chantier ou du client ou adresse de livraison, nom du transporteur et numéro du véhicule, désignation du matériau produit conformément à la norme, date de livraison et heure de départ de la centrale de fabrication, masse totale du camion en charge, masse du camion à vide, masse du matériau produit livré. – Le système de pesage sera de type AQP (association qualité pesage) ou de tout autre type équivalent. » Le cahier des clauses techniques particulières comporte dans son art. III-3 la mention obligatoire reconnaissant la possibilité de proposer une référence équivalente. La société requérante soutient cependant que la référence au label AQP a constitué un frein au libre jeu de la concurrence particulièrement pénalisant pour les petites et moyennes entreprises du secteur en faisant valoir que ce label n'est pas une spécification objective et qu'elle ne pouvait pas proposer un système équivalent. Il résulte de l'instruction, et notamment de l'avis technique déposé au greffe de la cour le 8 sept. 2010, que « le système de labellisation AQP répond à des exigences précises en matière d'installation des équipements, de gestion des supports à utiliser et de vérification des exigences. [...] Il est toujours possible de décrire longuement un système qualité sans le nommer. [...] Il apparaît logique de nommer ce référentiel connu de la profession pour décrire l'exigence ou les spécifications attendues » ; il ressort également de cet avis technique que le label AQP désigne une marque déposée à l'INPI, qu'il n'existe pas d'autre organisme de labellisation que l'AQP et que « l'exigence attendue (décrite au travers du système AQP) et justifiée pour un marché important de fourniture d'enrobés à la tonne repose principalement sur : des installations et des enregistrements de données inviolables ; une gestion et un suivi indépendant des supports d'enregistrement ; une conformité à un référentiel défini par la profession, validée par audit effectué par des organismes indépendants et reconnus. La fiabilité, la crédibilité, le vécu et l'amélioration du système reposent aussi sur le retour d'expérience et l'amélioration issus du nombre important de pratiquants et d'adhérents. Un système propre à chaque entreprise ne peut pas être équivalent et apporter la même garantie » ; si la mention du label AQP peut être une référence utile compte tenu de l'objet du marché dont il s'agit, il ne résulte pas de l'instruction qu'une telle mention soit indispensable pour donner une description des exigences de fiabilité du système de pesage et des mentions portées sur les bons de livraison ; par suite, la référence dans le cahier des clauses techniques particulières au système de pesage AQP a eu pour effet d'exclure des entreprises qui, sans être adhérentes à l'association qualité pesage, apportent néanmoins des garanties, concernant les systèmes de pesage, qui, sans pour autant être équivalentes à celles qu'apporte le label AQP, pourraient néanmoins être jugées suffisantes, et d'avantager les entreprises qui adhèrent à l'association qualité pesage, dont la société attributaire du marché, et donc de limiter la concurrence entre les candidats à l'attribution du marché ; ainsi, le pouvoir adjudicateur a porté atteinte au principe d'égalité entre les candidats ; par suite, la décision par laquelle l'offre de la société requérante a été rejetée est entachée d'illégalité ; il y a lieu de l'annuler ainsi que la décision d'attribuer ledit marché à la société qui a été choisie. • CAA Marseille, 20 déc. 2010, *Sté Siorat*, n° 08MA01775.

17. Marché de transport scolaire. La limite d'âge de quinze ans pour les véhicules imposée par le département, qui est en rapport avec l'objet du marché, ne peut être regardée comme restreignant la concurrence dès lors que tous les candidats étaient également susceptibles d'y satisfaire. • CE 18 déc. 2012, *Dpt de la Guadeloupe*, n° 362532 B.

CHAPITRE II CONTENU DU MARCHÉ

SECTION 1 Règles générales

Art. R. 2112-1 **Le seuil à compter duquel les marchés sont conclus par écrit est fixé à 25 000 euros hors taxes.** – *[Décr. n° 2016-360 du 25 mars 2016, art. 15, al. 1er.]*

COMMENTAIRE

Comme le précise le présent article, les marchés ne sont pas tenus de se référer aux cahiers des clauses générales.

Dès lors que le marché se réfère à un cahier des clauses générales, celui-ci devient un document contractuel, auquel les parties peuvent déroger d'un commun accord, au moment de la conclusion du marché ou pendant son exécution.

On trouvera en annexe les CCAG applicables pour les marchés publics de travaux, les marchés publics de fournitures courantes et de services, les marchés publics de prestations intellectuelles, les marchés publics de techniques de l'information et de la communication et les marchés publics industriels.

1. Interprétation par le juge. Alors même que les stipulations d'un cahier des clauses générales administratives approuvé par l'autorité administrative ne sont applicables que si le marché s'y réfère expressément, il appartient au juge de cassation de contrôler l'interprétation qu'en donnent les juges du fond. • CE, sect., 27 mars 1998, *Sté d'assurances La Nantaise et l'Angevine réunies*, n° 144240 A.

2. Portée des cahiers des clauses générales. Irrecevabilité d'un recours pour excès de pouvoir. Le cahier des clauses techniques générales applicables aux marchés publics de travaux est un simple document-type dépourvu en lui-même de portée juridique, dès lors que la référence à ses stipulations n'est pas obligatoire pour les parties au contrat ; par suite l'arrêté approuvant ses modifications ne présente pas le caractère d'une décision faisant grief. • CE 30 déc. 2009, *Sté Aquitaine BIO Teste*, n° 319343 B.

3. Dérogation en cours d'exécution. Les parties à un marché public peuvent décider de déroger à un cahier des clauses générales auquel le marché se réfère en cours d'exécution du marché : en l'espèce, la proposition de règlement du différend survenue entre le maître d'œuvre et le titulaire du marché, notifiée à celui-ci par le maître d'ouvrage, a pu subordonner sa mise en œuvre à la conclusion d'un avenant, même si une telle procédure n'est pas prévue par l'art. 50-12 du CGAG travaux auquel le marché se référait. • CE 25 mars 2002, *Sté GTM International et Sté GTM Réunion*, n° 187885 A : *Dr. adm. 2002, n° 84, obs. Ménéménis.*

4. Clauses contraires à l'ordre public. Un article des conditions générales annexées au contrat ouvre ainsi à son titulaire la possibilité de résilier unilatéralement le contrat en cas de retard de paiement des loyers contractuellement dus ; cette clause, qui est de nature à porter atteinte à la continuité du service public, est contraire à l'ordre public ; cette clause étant divisible, son illégalité n'oblige le juge qu'à en écarter l'application sans écarter le contrat ; la société titulaire, qui ne pouvait prendre l'initiative de rompre le contrat et à qui il appartenait, le cas échéant, de saisir le juge du contrat, ne peut se prévaloir des stipulations des conditions générales annexées au contrat qu'elle avait conclu avec l'État pour demander la condamnation de l'État à lui payer la somme de 101 042,39 € correspondant à l'indemnité de résiliation prévue par ladite clause ; par suite, le ministre est fondé à soutenir que c'est à tort que le tribunal administratif a condamné l'État à payer à la société cette somme. • CAA Nancy, 27 mai 2013, *Min. de la Culture et de la Communication*, n° 12NC01396.

Art. R. 2112-2 Les clauses du marché peuvent être déterminées par référence à des documents généraux tels que :

1° Les cahiers des clauses administratives générales, qui fixent les stipulations de nature administrative applicables à une catégorie de marchés ;

2° Les cahiers des clauses techniques générales, qui fixent les stipulations de nature technique applicables à toutes les prestations d'une même nature.

Les cahiers des clauses administratives générales et les cahiers des clauses techniques générales sont approuvés par arrêté du ministre chargé de l'économie et des ministres intéressés. – *[Décr. n° 2016-360 du 25 mars 2016, art. 15, al. 2 à 5.]*

COMMENTAIRE

Comme le précise l'article R. 2112-2, les marchés ne sont pas tenus de se référer aux cahiers des clauses générales. Dès lors que le marché se réfère à un cahier des clauses générales, celui-ci devient un document contractuel, auquel les parties peuvent déroger d'un commun accord, au moment de la conclusion du marché ou pendant son exécution. On trouvera au V du I de l'Appendice les CCAG applicables. ❑

1. Interprétation par le juge. Alors même que les stipulations d'un cahier des clauses générales administratives approuvé par l'autorité administrative ne sont applicables que si le marché s'y réfère expressément, il appartient au juge de cassation de contrôler l'interprétation qu'en donnent les juges du fond. • CE, sect., 27 mars 1998, *Sté d'assurances La Nantaise et l'Angevine réunies*, n° 144240 A.

2. Portée des cahiers des clauses générales. Irrecevabilité d'un recours pour excès de pouvoir. Le cahier des clauses techniques générales applicables aux marchés publics de travaux est un simple document type dépourvu en lui-même de portée juridique, dès lors que la référence à ses stipulations n'est pas obligatoire pour les parties au contrat ; par suite l'arrêté approuvant ses modifications ne présente pas le caractère d'une décision faisant grief. • CE 30 déc. 2009, *Sté Aquitaine BIO Teste*, n° 319343 B.

3. Dérogation en cours d'exécution. Les parties à un marché public peuvent décider de déroger à un cahier des clauses techniques générales auquel le marché se réfère en cours d'exécution du marché : en l'espèce, la proposition de règlement du différend survenu entre le maître d'œuvre et le titulaire du marché, notifiée à celui-ci par le maître d'ouvrage, a pu subordonner sa mise en œuvre à la conclusion d'un avenant, même si une telle procédure n'est pas prévue par l'art. 50-12 du CCAG – travaux auquel le marché se référait. • CE 25 mars 2002, *Sté GTM International et Sté GTM Réunion*, n° 187885 A : *Dr. adm. 2002, n° 84, obs. Ménéménis.*

4. Clauses contraires à l'ordre public. Un article des conditions générales annexées au contrat ouvre ainsi à son titulaire la possibilité de résilier unilatéralement le contrat en cas de retard de paiement des loyers contractuellement dus ; cette clause, qui est de nature à porter atteinte à la continuité du service public, est contraire à l'ordre public ; cette clause étant divisible, son illégalité n'oblige le juge qu'à en écarter l'application sans écarter le contrat ; la société titulaire, qui ne pouvait prendre l'initiative de rompre le contrat et à qui il appartenait, le cas échéant, de saisir le juge du contrat, ne peut se prévaloir des stipulations des conditions générales annexées au contrat qu'elle avait conclu avec l'État pour demander la condamnation de l'État à lui payer la somme de 101 042, 39 € correspondant à l'indemnité de résiliation prévue par ladite clause ; par suite, le ministre est fondé à soutenir que c'est à tort que le tribunal administratif a condamné l'État à payer à la société cette somme. • CAA Nancy, 27 mai 2013, *Min. de la Culture et de la Communication*, n° 12NC01396.

Art. R. 2112-3 Lorsque le marché fait référence à des documents généraux, il comporte, le cas échéant, l'indication des articles de ces documents auxquels il déroge. – *[Décr. n° 2016-360 du 25 mars 2016, art. 15, al. 6.]*

SECTION 2 Durée

Art. R. 2112-4 Un marché peut prévoir une ou plusieurs reconductions à condition que ses caractéristiques restent inchangées et que la mise en concurrence ait été réalisée en prenant en compte sa durée totale.

Sauf stipulation contraire, la reconduction prévue dans le marché est tacite et le titulaire ne peut s'y opposer. – *[Décr. n° 2016-360 du 25 mars 2016, art. 16-II.]*

COMMENTAIRE

Des reconductions sont possibles, dans les conditions prévues par le présent article. Elles impliquaient toujours une décision du pouvoir adjudicateur, jusqu'à ce que le décret n° 2011-1000 du 25 août 2011 ne prévoie au contraire qu'elles sont, en principe, tacites (ce qui n'est bien sûr possible que si elles ont été prises en compte lors de la passation du marché).

1. Reconductions. Aux termes de l'art. 15 du code annexé au décret attaqué (NB : il s'agit du code 2004) : « Sans préjudice des dispositions des art. 35, 68 et 71 définissant la durée maximale pour certains marchés, la durée d'un marché est fixée en tenant compte de la nature des prestations et de la nécessité d'une remise en concurrence périodique. / Un marché peut prévoir une ou plusieurs reconductions à condition que ses caractéristiques restent inchangées et que la mise en concurrence ait été réalisée en prenant en compte la durée totale du marché, période de reconduction comprise. / Le nombre des reconductions doit être indiqué dans le marché. Il est fixé en tenant compte de la nature des prestations et de la nécessité d'une remise en concurrence périodique. La personne responsable du marché prend par écrit la décision de reconduire ou non le marché. Le titulaire du marché ne peut refuser sa reconduction sauf stipulation contraire dans le marché ».

Il résulte de ces dispositions que la durée d'un marché doit être fixée compte tenu de la nature des prestations, et que la passation d'un marché prévoyant une ou plusieurs reconductions n'est possible que si la mise en concurrence a porté sur la durée totale d'exécution du marché, si ses caractéristiques restent inchangées et si le nombre de reconductions a été indiqué dans le marché initial ; ainsi, en décidant de ne pas reconduire un marché après l'une des dates fixées par les stipulations du contrat, la personne responsable du marché met fin à son exécution avant le terme de la période totale d'exécution ; en revanche, lorsqu'elle reconduit ce marché, elle prend simplement la décision de poursuivre son exécution qui ne fait pas naître, contrairement à ce que soutient l'association requérante, un nouveau marché par application d'une clause de reconduction ; par suite, les moyens tirés de ce que la passation de ce prétendu nouveau contrat porterait atteinte à la liberté de consentement du contractant de l'administration et méconnaîtrait les obligations de publicité qui découlent des règles du droit communautaire sont inopérants.

Il résulte des termes mêmes de l'art. 15 que la durée totale du marché ainsi que le nombre de reconductions doivent être arrêtés, avant le lancement de la procédure de consultation, en fonction de la nature des prestations à fournir ; ces prestations doivent rester inchangées pendant la durée d'exécution du marché ; qu'ainsi le respect de ces exigences impose au préalable la détermination par la personne publique de la nature et de l'étendue de ses besoins à satisfaire ; par suite, le moyen tiré de ce que l'art. 15 méconnaîtrait l'obligation posée par l'art. 5 de définition préalable des besoins ne peut qu'être écarté. • CE 23 févr. 2005, *Assoc. pour la transparence et la moralité des marchés publics (ATMMP)*, n°s 264712, 265248, 265281 et 265343 A : *Dr. adm. 2005, n° 63, obs. Ménéménis ; BJCP 2005. 187, concl. Casas ; Rev. CMP 2005, n° 4, p. 11, note Eckert; AJDA 2005. 668, note Dreyfus* .

2. Clause de tacite reconduction irrégulière. Une clause de tacite reconduction d'un marché qui, en raison de sa nature et de son montant, ne peut être passé qu'après que les obligations de publicité et de mise en concurrence prévues par le code ont été respectées, a pour objet de permettre la passation d'un nouveau contrat sans que soient respectées de telles obligations (en l'absence de prise en compte des reconductions possibles lors de la passation du marché) et est, par suite, nulle. • CE 29 nov. 2000, *Cne de Païta*, n° 205143 A. ♦ Un contrat d'abonnement conclu pour une durée minimale de 12 mois et tacitement reconduit, sauf dénonciation par l'une des parties, sans que le nombre des reconductions soit indiqué, ne permet ni d'apprécier le seuil mentionné aux art. 27 et 28 C. marchés alors en vigueur (code 2001) lequel doit tenir compte des reconductions prévues, ni de procéder à une remise en compétition périodique. • CAA Bordeaux, 15 juill. 2009, *Synd. mixte de la coopération du sud (SMCS)*, n° 08BX00050.

3. Non-renouvellement. Indemnisation. Conditions. En vertu de l'interdiction faite aux personnes publiques de consentir des libéralités, un contrat administratif ne peut légalement prévoir une indemnité de résiliation ou de non-renouvellement qui serait, au détriment de la personne publique, manifestement disproportionnée au montant du préjudice subi par le cocontractant du fait de cette résiliation ou de ce non-renouvellement. • CE 22 juin 2012, *CCI Montpellier et a.*, n° 348676 B : *BJCP 2012. 330, concl. Dacosta.*

4. Non-reconduction. Indemnisation (non). En décidant de ne pas reconduire un marché après l'une des dates fixées par les stipulations du contrat, la personne responsable du marché met fin à son exécution avant le terme de la période totale d'exécution ; en revanche, lorsqu'elle reconduit ce marché, elle prend simplement la décision de poursuivre son exécution qui ne fait pas naître un nouveau marché par application d'une clause de reconduction ; en l'espèce, l'acte d'engagement du marché en cause et l'art. 5 du cahier des clauses techniques particulières stipulaient que ledit marché était conclu pour une période de douze mois, décomptée à partir de sa date de prise d'effet, avec la possibilité d'une reconduction par période de douze mois, sans que la durée de validité totale ne dépasse quarante-huit mois ; ce marché a pris effet le 22 févr. 2006 et a été reconduit deux fois, soit jusqu'au 21 févr. 2008 ; par une lettre en date du 11 févr. 2008, le ministre a informé la requérante de ce que le marché ne serait pas reconduit et prendrait fin en conséquence le 21 févr. 2008 ; dès lors, la décision de mettre fin aux relations contractuelles entre l'État et la requérante doit être regardée, non comme une mesure de résiliation intervenue avant le terme normal de la période d'exécution, mais comme une décision de non-renouvellement intervenue à l'occasion de l'une des échéances prévues à cet effet dans l'acte d'engagement ; il s'ensuit que, en l'absence de tout droit, pour un cocontractant, au renouvellement d'un marché, la requérante n'est pas fondée à soutenir qu'elle devrait être indemnisée du préjudice résultant, selon elle, de la décision de ne pas renouveler le marché en cause. • CAA Versailles, 18 oct. 2012, *Sté Altaïr Sécurité*, n° 10VE03167.

5. Clause de tacite reconduction illégale. Indemnisation (non). L'illégalité de la clause de tacite reconduction contenue dans un contrat de la commande publique a pour conséquence l'illégalité de la clause prévoyant l'indemnisation du cocontractant de la personne publique à raison de la non-reconduction tacite du contrat. L'illégalité d'une telle clause indemnitaire dépourvue de fondement légal doit être relevée d'office par le juge. • CE 17 oct. 2016, *Cne de Villeneuve-le-Roi*, n° 398131 B : *BJCP 2017. 14, concl. Pellissier ; AJDA 2017. 231, note Clamour* .

SECTION 3 Prix

Art. R. 2112-5 Les marchés conclus par les pouvoirs adjudicateurs dotés d'un comptable public indiquent les conditions administratives et techniques auxquelles sont subordonnés l'ordonnancement et le paiement.

SOUS-SECTION 1 Forme des prix

Art. R. 2112-6 Les prix des prestations faisant l'objet d'un marché sont :

1° Soit des prix unitaires appliqués aux quantités réellement livrées ou exécutées ;

2° Soit des prix forfaitaires appliqués à tout ou partie du marché, quelles que soient les quantités livrées ou exécutées. – *[Décr. n° 2016-360 du 25 mars 2016, art. 17, al. 1er et 3.]*

SOUS-SECTION 2 Prix définitifs

Art. R. 2112-7 L'État, ses établissements publics autres que ceux ayant un caractère industriel et commercial, les collectivités territoriales, leurs établissements publics et leurs groupements concluent, sous réserve des dispositions de la sous-section 3 de la présente section, un marché à prix définitif. – *[Décr. n° 2016-360 du 25 mars 2016, art. 18-I et II.]*

Art. R. 2112-8 Un prix définitif peut être ferme ou révisable. – *[Décr. n° 2016-360 du 25 mars 2016, art. 18-III.]*

§ 1 Prix fermes

Art. R. 2112-9 Un prix ferme est un prix invariable pendant la durée du marché.

Un marché est conclu à prix ferme, lorsque cette forme de prix n'est pas de nature à exposer les parties à des aléas majeurs du fait de l'évolution raisonnablement prévisible des conditions économiques pendant la période d'exécution des prestations.

Le prix ferme est actualisable dans les conditions définies au présent paragraphe. Le prix ainsi actualisé reste ferme pendant toute la période d'exécution des prestations et constitue le prix de règlement. – *[Décr. n° 2016-360 du 25 mars 2016, art. 18-IV, al. 1er, 2 et 7.]*

Art. R. 2112-10 Lorsqu'un marché est conclu à prix ferme pour des fournitures ou services autres que courants ou pour des travaux, ses clauses doivent prévoir les modalités d'actualisation de son prix.

Lorsqu'un marché est conclu à prix ferme pour des fournitures ou services courants, ses clauses peuvent prévoir que son prix pourra être actualisé.

Sont réputés être des fournitures ou services courants ceux pour lesquels l'acheteur n'impose pas des spécifications techniques propres au marché. – *[Décr. n° 2016-360 du 25 mars 2016, art. 18-IV, al. 3, 6 et 9.]*

Art. R. 2112-11 Lorsqu'un marché est conclu à prix ferme en application de l'article R. 2112-10, ses clauses précisent :

1° Que ce prix sera actualisé si un délai supérieur à trois mois s'écoule entre la date à laquelle le soumissionnaire a fixé son prix dans l'offre et la date de début d'exécution des prestations ;

2° Que l'actualisation se fera aux conditions économiques correspondant à une date antérieure de trois mois à la date de début d'exécution des prestations. – *[Décr. n° 2016-360 du 25 mars 2016, art. 18-IV, al. 4 et 5.]*

Art. R. 2112-12 Dans les marchés à tranches, le prix de chaque tranche est actualisable dans les conditions déterminées aux articles R. 2112-10 et R. 2112-11.

Cette actualisation est opérée aux conditions économiques observées à une date antérieure de trois mois au début d'exécution des prestations de la tranche. – *[Décr. n° 2016-360 du 25 mars 2016, art. 18-IV, al. 8.]*

§ 2 Prix révisables

Art. R. 2112-13 Un prix révisable est un prix qui peut être modifié, dans des conditions fixées au présent article, pour tenir compte des variations économiques.

(Décr. n° 2018-1225 du 24 déc. 2018, art. 12) « Un marché est conclu à prix révisable dans le cas où les parties sont exposées à des aléas majeurs du fait de l'évolution raisonnablement prévisible des conditions économiques pendant la période d'exécution des prestations. Tel est notamment le cas des marchés ayant pour objet l'achat de matières premières agricoles et alimentaires. »

Lorsque le prix est révisable, les clauses du marché fixent la date d'établissement du prix initial, les modalités de calcul de la révision ainsi que la périodicité de sa mise en œuvre. Les modalités de calcul de la révision du prix sont fixées :

1° Soit en fonction d'une référence à partir de laquelle on procède à l'ajustement du prix de la prestation ;

2° Soit par application d'une formule représentative de l'évolution du coût de la prestation. Dans ce cas, la formule de révision ne prend en compte que les différents éléments du coût de la prestation et peut inclure un terme fixe ;

3° Soit en combinant les modalités mentionnées aux 1° et 2°. – *[Décr. n° 2016-360 du 25 mars 2016, art. 18-V.]*

Les dispositions introduites par le Décr. n° 2018-1225 du 24 déc. 2018 s'appliquent aux marchés publics ou aux contrats de concession pour lesquels une consultation est engagée ou un avis d'appel à la concurrence est envoyé à la publication à compter de la date d'entrée en vigueur dudit Décr.

Elles ne s'appliquent pas aux marchés passés sur le fondement d'un accord-cadre ou dans le cadre d'un système d'acquisition dynamique lorsque la procédure en vue de la passation de cet accord-cadre ou de la mise en place de ce système d'acquisition dynamique a été engagée avant cette date (Décr. préc., art. 15).

§ 3 Prix affecté par les fluctuations des cours mondiaux

Art. R. 2112-14 Les marchés d'une durée d'exécution supérieure à trois mois qui nécessitent pour leur réalisation le recours à une part importante de fournitures, notamment de matières premières, dont le prix est directement affecté par les fluctuations de cours mondiaux comportent une clause de révision de prix incluant au moins une référence aux indices officiels de fixation de ces cours, conformément aux dispositions de l'article R. 2112-13.

Toutefois, les marchés de fourniture de gaz ou d'électricité peuvent être conclus à prix ferme conformément aux usages de la profession. – *[Décr. nº 2016-360 du 25 mars 2016, art. 18-VI.]*

SOUS-SECTION 3 Prix provisoires

Art. R. 2112-15 Sous réserve des dispositions de l'article R. 2112-17, les acheteurs peuvent conclure des marchés à prix provisoires. – *[Décr. nº 2016-360 du 25 mars 2016, art. 19-I.]*

Art. R. 2112-16 Les clauses des marchés conclus à prix provisoires précisent :

1° Les conditions dans lesquelles sera déterminé le prix définitif, dans la limite d'un plafond éventuellement révisé ;

2° L'échéance à laquelle le prix définitif devra être fixé ;

3° Les règles comptables auxquelles le titulaire devra se conformer ;

4° Les vérifications sur pièces et sur place que l'acheteur se réserve d'effectuer sur les éléments techniques et comptables du coût de revient. – *[Décr. nº 2016-360 du 25 mars 2016, art. 19-III.]*

Art. R. 2112-17 L'État, ses établissements publics autres que ceux ayant un caractère industriel et commercial, les collectivités territoriales, leurs établissements publics et leurs groupements, ne peuvent conclure un marché à prix provisoires que dans les cas suivants :

1° Lorsque, pour des prestations complexes ou faisant appel à une technique nouvelle et présentant soit un caractère d'urgence impérieuse, soit des aléas techniques importants, l'exécution du marché doit commencer alors que la détermination d'un prix initial définitif n'est pas encore possible ;

2° Lorsque les résultats d'une enquête de coût de revient portant sur des prestations comparables commandées au titulaire d'un marché antérieur ne sont pas encore connus ;

3° Lorsque les prix des dernières tranches d'un marché à tranches sont fixés au vu des résultats, non encore connus, d'une enquête de coût de revient portant sur les premières tranches, conclues à prix définitifs ;

4° Lorsque les prix définitifs de prestations comparables ayant fait l'objet de marchés antérieurs sont remis en cause par le candidat pressenti ou par l'acheteur, sous réserve que ce dernier ne dispose pas des éléments techniques ou comptables lui permettant de négocier de nouveaux prix définitifs ;

5° Lorsque les prestations font l'objet d'un partenariat d'innovation ou font appel principalement à des technologies innovantes ou évolutives ne permettant pas de conclure le marché à prix définitif. – *[Décr. nº 2016-360 du 25 mars 2016, art. 19-II.]*

COMMENTAIRE

Le prix convenu dans le contrat est soit forfaitaire, soit unitaire. Les prix non forfaitaires sont unitaires et s'appliquent aux quantités réellement livrées ou exécutées.

Cette distinction est particulièrement importante quand il s'agit d'indemniser les sujétions imprévues. En effet, le prix incorpore l'ensemble des sujétions d'exécution du marché normalement prévisibles au moment de sa conclusion. Seules les sujétions qui n'étaient pas prévisibles peuvent être indemnisées en plus du paiement du prix convenu. Mais la jurisprudence est plus exigeante pour indemniser ces sujétions quand le marché a prévu un prix forfaitaire.

Pour les acheteurs qui relevaient du code des marchés publics, le prix convenu est en principe définitif, sauf dans les cas prévus par la sous-section 3, qui autorise la passation de marchés avec des prix provisoires.

Par ailleurs, malgré son caractère définitif, le prix fixé par le marché peut évoluer pour tenir compte de la durée de son exécution ou des modifications de l'étendue des prestations ou de leurs conditions de réalisation.

Il peut d'abord, dans certaines limites, être modifié par avenant.

Surtout, ce prix peut être soit actualisé, soit révisé.

En effet, même définitif, le prix peut – ou doit – être actualisé ou révisé dans les cas et conditions prévus par les articles R. 2112-10 à R. 2112-14. La révision permet d'ajuster le prix du marché aux conditions économiques lorsque l'exécution s'étend sur une longue période. Elle ne peut jouer que si elle est expressément prévue par le marché. Conformément à l'article L. 112-2 du code monétaire et financier, il est interdit de prévoir des indexations fondées sur le SMIC, sur le niveau général des prix ou sur le prix de biens ou services n'ayant pas de relation directe avec l'objet du marché. En revanche, il est possible de prévoir un ajustement à partir d'une référence représentative de l'évolution du prix de la prestation ou d'appliquer au prix initial une formule de révision représentative de cette évolution.

On rappellera enfin que le prix d'un marché s'entend toutes taxes comprises. Lorsque le titulaire est assujetti à la TVA, celle-ci doit apparaître clairement sur la facture. Lorsque ni le montant ni le taux de la TVA ne sont indiqués, le prix est réputé comprendre la TVA. ❑

NB : On se reportera aussi à la jurisprudence sous l'article L. 2191-1, notamment sur les sujétions imprévues et les différents aléas techniques et économiques qui peuvent affecter un marché et qui sont susceptibles d'être pris en compte pour son règlement.

1. Prix forfaitaire et sujétions imprévues. Si un marché a été conclu à prix forfaitaire, des sujétions imprévues ne peuvent donner lieu à indemnisation que si elles causent un bouleversement du marché. • CE 19 févr. 1975, *Min. d'État chargé de la défense nationale c/ Sté entreprises Campenon Bernard et a.*, n° 80470 A. ♦ A supposer que les puissances électriques à installer, largement supérieures à celles que mentionnait à titre indicatif le cahier des clauses techniques particulières, constituent une sujétion imprévue, le caractère forfaitaire du marché fait obstacle à toute indemnisation dès lors que, compte tenu du montant des travaux à réaliser, cette sujétion ne saurait être regardée comme ayant eu pour effet de bouleverser l'économie du contrat. • CE 11 avr. 2005, *Sté AMEC SPIE*, n° 263429 B.

2. Prix forfaitaire et dépenses supplémentaires. La société fait valoir que l'augmentation du poids des ouvrages de charpente métallique consécutive à un redimensionnement de l'ouvrage, lui-même induit par les erreurs ayant affecté le dossier de consultation des entreprises, a rendu plus onéreuse l'exécution du marché en entraînant des études d'exécution supplémentaires, des temps de soudure plus longs et des moyens de levage de plus grande capacité ; toutefois, le cahier des clauses techniques particulières du marché prévoyait un art. 5.2.7 énonçant au sujet des éléments fonctionnels et caractéristiques de l'ouvrage OA15 que les données géométriques sont fournies à titre indicatif, l'entrepreneur devra lors de ses études d'exécution optimiser toutes les valeurs ; les mêmes dispositions étaient prévues pour les viaducs OA16 et OA18 par les art. 5.2.8 et 5.2.9 du même document contractuel ; il appartenait, dès lors, à l'entreprise d'optimiser les quantités d'ouvrage en matière de dimensions géométriques seulement fournies à titre indicatif dans les pièces du dossier ; par ailleurs, la société requérante n'établit pas que ces prestations ne relevaient pas de l'exécution normale du marché ou que les sujétions invoquées présentaient un caractère anormal ; le coût de ces prestations doit ainsi entrer dans le prix forfaitaire convenu au marché qui inclut une part d'aléa ; par suite, c'est à bon droit que le tribunal administratif a refusé d'accorder à la société requérante une indemnité pour ces dépenses supplémentaires. • CAA Bordeaux, 3 mai 2011, *Sté Gagne*, n° 10BX01996 : *Rev. CMP 2012, n° 44, note Vila.*

3. Prix forfaitaire et réduction des coûts. Aux termes de l'art. 11.2 du CCAG applicables aux marchés publics de travaux alors en vigueur : « Dans le cas d'application d'un prix forfaitaire, le prix est dû dès lors que l'ouvrage, la partie d'ouvrage ou l'ensemble des prestations auxquelles il se rapporte a été exécuté. Les différences éventuellement constatées pour chaque nature d'ouvrage ou chaque élément d'ouvrage, entre les quantités réellement exécutées et les quantités indiquées dans la décomposition de ce prix, (....) même si celle-ci a une valeur contractuelle, ne peuvent conduire à une modification dudit prix ; il en est de même pour les erreurs que pourrait comporter cette décomposition. » Il résulte de l'instruction que, contrairement à ce que soutient le centre hospitalier requérant, les prestations objet du marché ont été exécutées dans leur intégralité. La circonstance que cette exécution se soit, du fait de la modification du système d'assainissement, induisant une diminution des quantités de matériaux mises en œuvre, révélée moins onéreuse que prévu, n'est pas de nature à justifier la remise en cause du mode de détermination forfaitaire du prix du marché. Par suite, c'est à juste titre que le tribunal administratif a estimé que le caractère forfaitaire du prix du marché conclu entre le centre hospitalier et le groupement faisait obstacle à ce que le maître d'ouvrage pratique, au détriment du groupement, une réfaction portant sur la somme de 239 064,91 euros. • CAA Nancy, 7 juin 2012, *CH Geneviève de Gaulle Anthonioz*, n° 11NC00510.

4. Prix forfaitaire. Difficultés dans l'exécution du marché. Responsabilité du maître d'ouvrage du fait des fautes d'autres intervenants. Les difficultés rencontrées dans l'exécution d'un marché à forfait ne peuvent ouvrir droit à indemnité au profit de l'entreprise titulaire du marché que dans la mesure où celle-ci justifie soit que ces difficultés ont eu pour effet de bouleverser l'économie du contrat, soit qu'elles sont imputables à une faute de la personne publique ; dès lors, en jugeant que la responsabilité de la région était susceptible d'être engagée du seul fait de fautes commises par les autres intervenants à l'opération de restructuration du lycée, la cour administrative d'appel a commis une erreur de droit. • CE 5 juin 2013, *Région Haute-Normandie*, n° 352917 B : *BJCP 2013. 409, concl. Dacosta ; AJDA 2013. 2095, note Martin-Lavigne ; RDI 2013. 588, obs. Galland ; AJCT 2013. 524, obs. Bonnefont.*

5. Marché à forfait. Faute de la personne publique. Les difficultés rencontrées dans l'exécution d'un marché à forfait ne peuvent ouvrir droit à indemnité au profit de l'entreprise titulaire du marché que dans la mesure où celle-ci justifie soit que ces difficultés trouvent leur origine dans des sujétions imprévues ayant eu pour effet de bouleverser l'économie du contrat, soit qu'elles sont imputables à une faute de la personne publique commise notamment dans l'exercice de ses pouvoirs de contrôle et de direction du marché, dans l'estimation de ses besoins, dans la conception même du marché ou dans sa mise en œuvre, en particulier dans le cas où plusieurs cocontractants participent à la réalisation de travaux publics. • CE 12 nov. 2015, *Sté Tonin*, n° 384716 B : *Rev. CMP 2016, n° 17, note Ubaud-Bergeron.*

6. Prix forfaitaire. Indemnisation du préjudice né d'un manquement du maître d'ouvrage à ses obligations contractuelles. Le caractère forfaitaire du prix ne fait pas obstacle à l'indemnisation de l'intégralité du préjudice subi par le titulaire du marché du fait d'une désorganisation du chantier qui trouve sa cause dans un retard fautif du maître d'ouvrage. • CE 22 févr. 2008, *OPAC Habitat Drouais*, n° 255677.

7. Prix forfaitaire. Rémunération des travaux supplémentaires. Des travaux supplémentaires, réalisés sur ordre du pouvoir adjudicateur ou de son représentant dûment habilité, ouvrent droit à rémunération, même quand le marché a été conclu à prix forfaitaire. • CE 25 juin 1975, *Ville de Joigny*, n°s 84979 A et 93218 A.

8. Des travaux supplémentaires, réalisés sans ordre du pouvoir adjudicateur, peuvent donner lieu à paiement, même si le marché a été conclu à prix forfaitaire, s'ils sont indispensables à la bonne exécution des ouvrages entrant dans les prévisions du marché ; en revanche, il n'est pas possible d'obtenir paiement, sur le terrain de l'enrichissement sans cause, pour de tels travaux, en arguant de leur utilité. • CE, sect., 17 oct. 1975, *Cne de Canari*, n° 93704 A • CAA Versailles, 12 juin 2007, *Sté Via TP*, n° 05VE01962.

9. Ce n'est pas le cas si le maître d'ouvrage s'est expressément opposé aux travaux. • CE 2 juill. 1982, *Sté routière Colas*, n° 23653 A.

10. Les dispositions de l'art. 15-3 du CCAG applicables aux marchés publics de travaux, qui prévoient l'indemnisation des travaux supplémentaires réalisés au-delà de la masse initiale des travaux et sur ordre de service du maître d'ouvrage, pour des montants, dans le cas des marchés à prix forfaitaire, excédant le vingtième de la masse initiale, ne font pas obstacle à l'indemnisation de travaux supplémentaires réalisés sans ordre de service du maître d'ouvrage, mais indispensables à la réalisation de l'ouvrage dans les règles de l'art, quel qu'en soit le montant. • CE 14 juin 2002, *Ville d'Angers*, n° 219874 B.

11. Des travaux supplémentaires, exécutés conformément aux demandes du bureau d'études et du bureau de contrôle, étaient indispensables pour l'exécution, selon les règles de l'art, des ouvrages prévus par le marché. Même en l'absence d'un ordre du maître de l'ouvrage, les entreprises sont fondées à en demander le règlement, nonobstant le caractère forfaitaire des travaux prévus en l'espèce, et sans qu'il soit besoin de rechercher si ces travaux supplémentaires ont ou non, par leur importance, bouleversé l'économie du marché. • CE 4 nov. 1988, *Administration générale de l'Assistance publique à Paris c/ Entreprise Bertrand*, n° 42610. ♦ Les difficultés rencontrées dans l'exécution d'un marché à forfait ne peuvent ouvrir droit à indemnité au profit de l'entreprise titulaire du marché que dans la mesure où celle-ci justifie soit que ces difficultés ont eu pour effet de bouleverser l'économie du contrat, soit qu'elles sont imputables à une faute de la personne publique, mais pas du seul fait de fautes commises par d'autres intervenants. • CE 5 juin 2013, *Région Haute-Normandie*, n° 352917 B : *RDI 2013. 588, obs. Galland ; AJCT 2013. 524, note Bonnefont ; Rev. CMP 2013, n° 216, note Eckert ; AJDA 2013. 2095, obs. Martin-Lavigne ; RJEP 2014. 4, note Moreau.* ♦ Les difficultés rencontrées dans l'exécution d'un marché à forfait ne peuvent ouvrir droit à indemnité au profit de l'entreprise titulaire du marché que dans la mesure où celle-ci justifie soit que ces difficultés trouvent leur origine dans des sujétions imprévues ayant eu pour effet de bouleverser l'économie du contrat, soit qu'elles sont imputables à une faute de la personne publique commise notamment dans l'exercice de ses pouvoirs de contrôle et de direction du marché, dans l'estimation de ses besoins, dans la conception même du marché ou dans sa mise en œuvre, en particulier dans le cas où plusieurs cocontractants participent à la réalisation de travaux publics. • CE 12 nov. 2015, *Sté Tonin*, n° 384716 B.

12. Le titulaire d'un marché à prix forfaitaire a droit au paiement des travaux supplémentaires qui, bien qu'ils aient été réalisés sans ordre de service du maître d'ouvrage, ont été indispensables à la réalisation de l'ouvrage selon les règles de l'art ; par ailleurs, il a également droit au paiement des travaux résultant de sujétions imprévues présentant un caractère exceptionnel et imprévisible, dont la cause est extérieure aux parties et qui ont eu pour effet de bouleverser l'économie du contrat. • CE 13 mai 2015, *Stés Gallego et Temsol*, n° 380863. ♦ V. aussi • CE 14 oct. 2015, *Sté SNT Petroni*, n° 384749.

13. Des travaux supplémentaires effectués par l'entrepreneur en l'absence de tout accord écrit et préalable du maître d'œuvre ne peuvent être indemnisés que s'ils revêtent un caractère indispensable à l'exécution de l'ouvrage selon les règles de l'art. • CE 11 mars 2009, *Sté Dominique Housieaux*, n° 296067 B : *Rev. CMP 2009, n° 156, note Olivier.* ♦ Si les travaux litigieux n'avaient fait l'objet ni d'un avenant ni d'un ordre de service, contrairement à ce qu'exigeaient les art. 3.3.1 et 3.3.2.2 du cahier des clauses administratives particulières avant tous travaux ayant le caractère de travaux modificatifs par rapport à ceux prévus par le contrat, de telles stipulations ne sauraient faire obstacle au règlement de travaux indispensables à la bonne exécution de l'ouvrage dans les règles de l'art. • CAA Bordeaux, 10 nov. 2011, *CH intercommunal du Val d'Ariège*, n° 09BX02017. ♦ Aux termes de l'art. 3-6 du cahier des clauses administratives particulières : « Les travaux supplémentaires ne seront pris en considération que s'ils ont été acceptés par écrit par le maître d'œuvre. Pour ces derniers, un ordre de service devra être délivré ». Toutefois, l'entrepreneur a droit à être indemnisé des travaux non prévus au marché qui n'ont fait l'objet d'aucun avenant ou d'aucun ordre de service écrit et qui sont indispensables à la bonne exécution des ouvrages compris dans les prévisions du marché ou qui ont été ordonnés dans des conditions irrégulières et sont utiles à une telle exécution. • CAA Nancy, 2 août 2012, *Cté urb. du Grand Nancy*, n° 11NC00584. ♦ L'entrepreneur, y compris dans le cas des marchés à prix global et forfaitaire, peut demander à être indemnisé à hauteur des travaux supplémentaires qu'il a réalisés sans ordre de service du maître d'ouvrage, dès lors que ces travaux sont indispensables à la réalisation de l'ouvrage dans les règles de l'art. Il en va ainsi, notamment, lorsque l'exécution défectueuse de travaux par une entreprise tierce a pour effet d'obliger l'entrepreneur intéressé à effectuer des travaux non prévus au marché pour rendre les ouvrages en cause aptes à recevoir les installations dont il a la charge. • CAA Nantes, 7 mars 2014, *Sté LGI Industrie*, n° 12NT00798.

14. Les difficultés rencontrées dans l'exécution d'un marché à forfait ne peuvent ouvrir droit à indemnité au profit de l'entreprise titulaire du marché que dans la mesure où celle-ci justifie soit que ces difficultés trouvent leur origine dans des sujétions imprévues ayant eu pour effet de bouleverser l'économie du contrat, soit qu'elles sont imputables à une faute de la personne publique commise notamment dans l'exercice de ses pouvoirs de contrôle et de direction du marché, dans l'estimation de ses besoins, dans la conception même du marché ou dans sa mise en œuvre, en particulier dans le cas où plusieurs cocontractants participent à la réalisation de travaux publics : en dehors de ces hypothèses, l'entreprise ne peut obtenir réparation du préjudice résultant, en tant que tel, des fautes d'autres participants à l'opération de travail public qu'en présentant des conclusions à l'encontre de ces derniers, au titre de leur responsabilité quasi délictuelle ; la circonstance que le maître d'ouvrage était lié à ces autres participants par des contrats distincts de celui sur lequel se fonde le litige principal ne fait pas obstacle à ce que l'entreprise soit recevable à présenter directement de telles conclusions au cours de l'instance l'opposant au maître de l'ouvrage et relative au décompte de son propre marché.

D'une part, le plan général de coordination de sécurité et protection de la santé, qui a valeur de document contractuel d'après l'art. 2 du CCAP, se borne à prévoir que « l'organisation des approvisionnements permettra d'organiser les conditions de stockage, avec aménagement de zones et délimitation, qui seront indiquées sur un plan spécifique des activités des lots concernés avec identification des matériaux dangereux » ; il n'en ressort pas que chaque titulaire a un droit contractuel à un espace de stockage réservé, institué durablement et de taille suffisante ; d'ailleurs, si le plan général précédemment mentionné prévoyait une dépollution du terrain de GEG, il ne résulte pas de l'instruction que la société X aurait subi un surcoût du fait de l'insuffisance ou de l'absence de ces mesures de dépollution ; ainsi, l'existence d'une faute imputable au maître d'ouvrage ou à son mandataire n'est pas établie ; par ailleurs, aucun bouleversement de l'économie générale du contrat n'est allégué ni ne résulte de l'instruction ; par suite, la société X n'est pas fondée à soutenir que c'est à tort que ses conclusions dirigées contre le département de l'Isère et la société Territoires 38 ont été rejetées.

C'est à tort que les premiers ont rejeté, comme non fondées, les conclusions présentées par l'entreprise tendant à la condamnation du maître d'œuvre, au motif que la contestation du décompte général aurait pour objet de statuer sur les droits respectifs du maître d'ouvrage et de l'entrepreneur, sous réserve des conclusions d'appel en garantie ; le maître d'œuvre n'est pas fondé à soutenir que, pour le même motif, les conclusions dirigées à son encontre seraient irrecevables.

Il résulte de l'instruction qu'en s'abstenant d'apporter, au cours du chantier, des réponses adéquates et suffisamment rapides à la société X afin de l'aider à gérer ses difficultés de stockage, le maître d'œuvre a commis une faute engageant sa responsabilité à l'égard de la requérante ; cependant, les fautes commises par cette dernière, tenant à sa propre désorganisation, ayant contribué à son propre préjudice, dont la réalité est établie, il sera fait une juste appréciation du préjudice imputable à la société A en la condamnant à verser à la société X une somme de 10 000 euros hors taxe, au titre de la responsabilité quasi délictuelle, soit 11 960 euros toutes taxes comprises ; la société A n'établissant pas l'existence d'une faute de la société B qui serait à l'origine de sa propre faute, ses conclusions d'appel en garantie présentées devant le tribunal ne peuvent qu'être rejetées. • CAA Lyon, 11 févr. 2016, *Sté Castel et Fromaget,* n° 14LY02988 : *AJDA 2016. 830, note Samson-Dye*.

15. Travaux supplémentaires et marchés à prix unitaires. Le prestataire a le droit d'être indemnisé du coût des prestations supplémentaires indispensables à l'exécution du marché dans les règles de l'art. 2 sauf dans le cas où la personne publique s'est préalablement opposée, de manière précise, à leur réalisation. • CE 27 mars 2020, *Sté Geomat,* n° 426955 B.

16. Tout dépassement de la quantité de travaux telle que la définit, dans les marchés à prix unitaires, le devis quantitatif doit donner lieu à rémunération proposée à l'entreprise après l'ordre de service commandant les prestations dépassant la masse contractuelle des travaux. • CAA Lyon, 18 févr. 2010, *SA Planche,* n° 07LY01299 : *Rev. CMP 2010. Alerte 178, note Llorens.*

17. Il appartient au maître d'ouvrage de régler le solde du marché qu'il a passé ; il doit notamment payer ceux des travaux supplémentaires, qui soit étaient indispensables pour l'exécution, selon les règles de l'art, des ouvrages prévus par le marché, soit ont fait l'objet d'ordres de service, ce nonobstant le caractère forfaitaire du marché, et alors même que ces travaux supplémentaires n'auraient pas bouleversé l'économie du contrat. • CAA Lyon, 3 févr. 2011, *SA Thérond construction, SARL Farigoule,* n° 05LY01803.

18. Prix nouveaux (art. 14 CCAG-Travaux). Les prix nouveaux mentionnés par ces stipulations ne sont applicables que pour les travaux ou ouvrages qui n'étaient pas prévus par le contrat et qui sont réalisés par l'entrepreneur en application d'un ordre de service ; par suite, en jugeant que des prix nouveaux pouvaient être appliqués à des travaux prévus par le marché, à seule fin de tenir compte des conditions réelles de leur réalisation, la cour administrative d'appel de Bordeaux a commis une erreur de droit. • CE 9 juin 2017, *Sté Colas,* n° 396851.

19. Allongement du délai d'exécution. Les stipulations relatives aux prix fixés par le marché n'ont ni pour objet ni pour effet de faire obstacle à l'indemnisation intégrale du préjudice subi par le titulaire du marché du fait des retards dans l'exécution du marché imputables au maître de l'ouvrage ou à ses autres cocontractants et distincts de l'allongement de la durée du chantier imputable à la réalisation des travaux supplémentaires. • CE 16 déc. 2009, *Sté SPIE SCGPM,* n° 301775.

20. Indemnisation d'un aléa économique. Force majeure. Imprévision. V. notes ss. art. L. 2191-1.

21. Passage prix révisable/prix ferme. Les dispositions du code n'ont ni pour objet ni pour effet de faire par principe obstacle à ce que les parties à un marché conclu à prix définitif puissent convenir par avenant, en particulier lorsque l'exécution du marché approche de son terme, de modifier le mécanisme d'évolution du prix définitif pour passer d'un prix révisable à un prix ferme ; par suite, la cour administrative d'appel n'a pas commis d'erreur de droit en écartant pour ce motif le moyen tiré de la méconnaissance du code des marchés publics. • CE 20 déc. 2017, *Sté Area Impianti,* n° 408562 B : *Rev. CMP 2018. 51, note Pietri.*

22. Révision du prix et ordre de priorité des pièces constitutives du marché. Contrat d'assurance. Application de la police collective d'assurance. Absence. Dès lors que les modalités de révision du prix du marché sont définies par un article de l'acte d'engagement et un article du cahier des clauses techniques particulières et, qu'en vertu de l'art. 2 d'un autre article de l'acte d'engagement, ces clauses l'emportent sur celles des conditions générales et particulières du contrat qui seraient en contradiction avec elles, des dispositions de l'art. 11-II de la police collective d'assurance, laquelle ne figure d'ailleurs pas, en l'espèce, au nombre des pièces constitutives du marché soumises à appel à la concurrence, ne sauraient être regardées comme permettant à la société titulaire d'un marché d'assurance de réviser unilatéralement le montant de la prime annuelle, et donc le prix du marché, au-delà du seuil résultant de l'application de la formule définie par le cahier des clauses techniques particulières. • CAA Bordeaux, 11 mars 2008, *Cie AGF,* n°s 06BX00950 B et 06BX02599 : *Rev. CMP 2008, n° 74, obs. Zimmer.*

23. Prix provisoire. Non-respect du délai de fixation du prix définitif. Pour un marché conclu à prix provisoire, seul le prix provisoire peut être pris en compte, si l'avenant qui devait fixer le prix définitif n'a pas été conclu. • CAA Paris, 6 juin 1991, *CH dptal Stell,* n° 89PA02634 B. ♦ Le pouvoir adjudicateur qui, lorsque les conditions sont remplies pour fixer le prix définitif d'un marché conclu à prix provisoire, ne respecte pas le délai prévu à cette fin, engage sa responsabilité et peut être condamné à verser des dommages-intérêts compensatoires. • CE 20 févr. 1976, *Min. de la Défense c/ Laboratoires René-Derveaux,* n° 93030 A.

24. Erreur du titulaire du marché sur le prix. Pour demander le versement d'un prix supérieur au prix global et forfaitaire stipulé dans l'acte d'engagement, la SARL Trindade entend se prévaloir de l'erreur purement matérielle qu'elle aurait commise et qui l'aurait conduite à ne prévoir que 27 panneaux solaires, au lieu des 40 nécessaires. Toutefois, le cocontractant de l'administration ne saurait tirer argument, pour demander un supplément de prix, d'erreurs ou d'omissions qu'il aurait lui-même commises, tant dans les prix que dans la nature des travaux prévus au marché, sauf erreur purement matérielle d'une nature telle qu'il soit impossible au maître de l'ouvrage de s'en prévaloir de bonne foi. La circonstance qu'il eût été possible au maître d'ouvrage de détecter l'erreur ne saurait suffire à la faire regarder comme tellement grossière qu'il ne pourrait s'en prévaloir de bonne foi. • CAA Lyon, 16 mai 2013, *SARL Trindade,* n° 12LY01409.

25. Demande de provision. Contrôle du juge de cassation. Ayant relevé, par une appréciation souveraine des stipulations contractuelles exempte de dénaturation, d'une part, que le marché de services conclu entre la communauté d'agglomération et la société prévoyait que le paiement des prestations accomplies par cette société s'effectuerait sur la base de prix unitaires appliqués aux volumes des déchets effectivement enlevés et traités et, d'autre part, que les stipulations du contrat relatives aux quantités de déchets à enlever et au montant du marché ne constituaient que de simples estimations qui pouvaient être dépassées sans que les entreprises aient à solliciter un nouvel ordre de service, la cour administrative d'appel de Bordeaux a pu en déduire, sans commettre d'erreur de droit, ni entacher son arrêt d'inexacte qualification juridique des faits, que la créance réclamée par la société, qui correspondait à la valorisation, sur la base des prix unitaires contractuels, de quantités de déchets réellement enlevés et traités par elle, n'était pas sérieusement contestable. • CE 26 mars 2014, *Cté d'agglomération côte Basque-Adour,* n° 374287 B : *Rev. CMP 2014, n° 137, note Eckert.*

26. TVA. La TVA dont est redevable un vendeur ou un prestataire de service est, comme les prélèvements de toute nature assis en addition de cette taxe, un élément qui grève le prix convenu avec le client et non un accessoire du prix. Par suite, dans une opération soumise à la TVA, un prix stipulé sans mention de la taxe doit être réputé inclure la taxe qui sera due par le vendeur ou le prestataire de service, à moins qu'une stipulation expresse fasse apparaître que les parties sont convenues d'ajouter au prix stipulé un supplément de prix égal à la TVA applicable à l'opération. Ce principe est applicable dans un litige de nature contractuelle. • CE 29 juin 2021, *Sté des mobiliers urbains pour la publicité et l'information,* n° 442506 B.

Art. R. 2112-18 **Pour la réalisation des ouvrages mentionnés à l'article L. 2412-1, les marchés de maîtrise d'œuvre sont passés à prix provisoires conformément aux dispositions du titre III du livre IV.** – *[Décr. n° 2016-360 du 25 mars 2016, art. 19-IV.]*

COMMENTAIRE

Sur le prix dans les marchés de maîtrise d'œuvre, voir le titre III du livre IV.

CHAPITRE III ORGANISATION DE L'ACHAT

SECTION 1 Allotissement

Art. R. 2113-1 **L'acheteur indique dans les documents de la consultation si les opérateurs économiques peuvent soumissionner pour un seul lot, plusieurs lots ou tous les**

lots ainsi que, le cas échéant, le nombre maximal de lots qui peuvent être attribués à un même soumissionnaire. Dans ce cas, les documents de la consultation précisent les règles applicables lorsque la mise en œuvre des critères d'attribution conduirait à attribuer à un même soumissionnaire un nombre de lots supérieur au nombre maximal. – *[Décr. n° 2016-360 du 25 mars 2016, art. 12-III.]*

Le pouvoir adjudicateur ne peut écarter une offre pour un lot au seul motif que la société s'est vu attribuer l'autre lot, dès lors que ni l'avis d'appel public à concurrence ni le règlement de la consultation n'ont prévu la règle selon laquelle un seul lot serait attribué par candidat. • CAA Versailles, 22 févr. 2007, *Préfet de l'Essonne,* n° 05VE01994 : *Rev. CMP 2007, n° 140, obs. Pietri.*

Art. R. 2113-2 **L'acheteur qui décide de ne pas allotir un marché passé selon une procédure adaptée motive ce choix dans les documents relatifs à la procédure qu'il conserve en application des articles R. 2184-12 et R. 2184-13.** – *[Décr. n° 2016-360 du 25 mars 2016, art. 12-II.]*

Art. R. 2113-3 **L'acheteur qui décide de ne pas allotir un marché répondant à un besoin dont la valeur est égale ou supérieure aux seuils de procédure formalisée motive ce choix :**

1° Dans les documents de la consultation ou le rapport de présentation mentionné à l'article R. 2184-1, lorsqu'il agit en tant que pouvoir adjudicateur ;

2° Parmi les informations qu'il conserve en application des articles R. 2184-7 et R. 2184-8, lorsqu'il agit en tant qu'entité adjudicatrice. – *[Décr. n° 2016-360 du 25 mars 2016, art. 12-I.]*

COMMENTAIRE

On se reportera aux commentaires et à la jurisprudence sous les articles L. 2113-10 et L. 2113-11.

SECTION 2 **Marchés à tranches**

Art. R. 2113-4 **Les acheteurs peuvent passer un marché comportant une tranche ferme et une ou plusieurs tranches optionnelles. Le marché définit la consistance, le prix ou ses modalités de détermination et les modalités d'exécution des prestations de chaque tranche.** – *[Décr. n° 2016-360 du 25 mars 2016, art. 77, al. 1er.]*

Art. R. 2113-5 **Les prestations de la tranche ferme doivent constituer un ensemble cohérent ; il en est de même des prestations de chaque tranche optionnelle compte tenu des prestations de toutes les tranches antérieures.** – *[Décr. n° 2016-360 du 25 mars 2016, art. 77, al. 2.]*

Art. R. 2113-6 **L'exécution de chaque tranche optionnelle est subordonnée à la décision de l'acheteur de l'affermir, notifiée au titulaire dans les conditions fixées par le marché.**

Lorsqu'une tranche optionnelle est affermie avec retard ou n'est pas affermie, le titulaire peut bénéficier, si le marché le prévoit et dans les conditions qu'il définit, d'une indemnité d'attente ou de dédit. – *[Décr. n° 2016-360 du 25 mars 2016, art. 77, al. 3.]*

1. Dans un marché à tranches, l'administration n'est engagée que par la tranche ferme. • CE 30 nov. 1990, *Sté Coignet Entreprise,* n° 53636 B.

2. La décision d'affermir une tranche conditionnelle est une mesure d'exécution du marché dont un tiers n'est recevable à demander ni l'annulation ni la suspension. • CE 21 janv. 2008, *Agence de mutualisation des universités et éts,* n° 308401.

SECTION 3 **Réservation de marchés**

SOUS-SECTION 1 **Réservation de marchés aux opérateurs économiques qui emploient des travailleurs handicapés et défavorisés**

Art. R. 2113-7 **Lorsque l'acheteur réserve un marché ou des lots d'un marché aux opérateurs économiques qui emploient des travailleurs handicapés ou défavorisés, l'avis d'appel à la concurrence ou, en l'absence d'un tel avis, les documents de la consultation renvoient à l'article L. 2113-12 ou à l'article L. 2113-13.**

La proportion minimale mentionnée à ces articles est fixée à 50 %. – *[Décr. n° 2016-360 du 25 mars 2016, art. 13.]*

SOUS-SECTION 2 Réservation de marchés aux entreprises de l'économie sociale et solidaire

Art. R. 2113-8 Lorsque l'acheteur décide de réserver son marché à une ou des entreprises de l'économie sociale et solidaire, l'avis d'appel à la concurrence ou, en l'absence d'un tel avis, les documents de la consultation renvoient aux articles L. 2113-15 et L. 2113-16. – *[Décr. n° 2016-360 du 25 mars 2016, art. 14.]*

TITRE II CHOIX DE LA PROCÉDURE DE PASSATION

CHAPITRE I CALCUL DE LA VALEUR ESTIMÉE DU BESOIN

SECTION 1 Dispositions générales

Art. R. 2121-1 L'acheteur procède au calcul de la valeur estimée du besoin sur la base du montant total hors taxes du ou des marchés envisagés.

Il tient compte des options, des reconductions ainsi que de l'ensemble des lots et, le cas échéant, des primes prévues au profit des candidats ou soumissionnaires. – *[Décr. n° 2016-360 du 25 mars 2016, art. 20, al. 1er.]*

Art. R. 2121-2 Lorsqu'un acheteur est composé d'unités opérationnelles distinctes, la valeur totale estimée des marchés passés pour les besoins des différentes unités opérationnelles est prise en compte. Toutefois, lorsqu'une unité opérationnelle est responsable de manière autonome de ses marchés ou de certaines catégories d'entre eux, la valeur du besoin peut être estimée au niveau de l'unité en question. – *[Décr. n° 2016-360 du 25 mars 2016, art. 20, al. 2.]*

Art. R. 2121-3 La valeur du besoin à prendre en compte est celle estimée au moment de l'envoi de l'avis d'appel à la concurrence ou, en l'absence d'un tel avis, au moment où l'acheteur lance la consultation. – *[Décr. n° 2016-360 du 25 mars 2016, art. 23.]*

Art. R. 2121-4 L'acheteur ne peut se soustraire à l'application du présent livre en scindant ses achats ou en utilisant des modalités de calcul de la valeur estimée du besoin autres que celles qui y sont prévues. – *[Décr. n° 2016-360 du 25 mars 2016, art. 20, al. 3.]*

SECTION 2 Prise en compte de la nature des prestations

Art. R. 2121-5 Pour les marchés de travaux, la valeur estimée du besoin est déterminée, quels que soient le nombre d'opérateurs économiques auquel il est fait appel et le nombre de marchés à passer, en prenant en compte la valeur totale des travaux se rapportant à une opération ainsi que la valeur totale estimée des fournitures et des services mis à la disposition du titulaire par l'acheteur lorsqu'ils sont nécessaires à l'exécution des travaux.

Il y a opération de travaux lorsque l'acheteur prend la décision de mettre en œuvre, dans une période de temps et un périmètre limité, un ensemble de travaux caractérisé par son unité fonctionnelle, technique ou économique. – *[Décr. n° 2016-360 du 25 mars 2016, art. 21-I-1°.]*

Art. R. 2121-6 Pour les marchés de fourniture ou de services, la valeur estimée du besoin est déterminée, quels que soient le nombre d'opérateurs économiques auquel il est fait appel et le nombre de marchés à passer, en prenant en compte la valeur totale des fournitures ou des services qui peuvent être considérés comme homogènes soit en raison de leurs caractéristiques propres, soit parce qu'ils constituent une unité fonctionnelle. – *[Décr. n° 2016-360 du 25 mars 2016, art. 21-I-2°.]*

Art. R. 2121-7 Pour les marchés de fournitures ou de services qui répondent à un besoin régulier, la valeur estimée du besoin est déterminée sur la base :

1° Soit du montant hors taxes des prestations exécutées au cours des douze mois précédents ou de l'exercice budgétaire précédent, en tenant compte des évolutions du besoin susceptibles d'intervenir au cours des douze mois qui suivent la conclusion du marché ;

2° Soit de la valeur estimée des prestations qui seront exécutées au cours des douze mois ou de l'exercice budgétaire qui suit la conclusion du marché. – *[Décr. n° 2016-360 du 25 mars 2016, art. 21-II.]*

COMMENTAIRE

Les articles R. 2121-1 à R. 2121-7 définissent la méthode de calcul de la valeur estimée du besoin pour la satisfaction duquel un acheteur envisage de passer un ou plusieurs marchés. Ces dispositions sont essentielles pour éviter que la réglementation des marchés ne soit contournée : dans bien des cas, en effet, la procédure de passation applicable dépend de la valeur du besoin à satisfaire et elle est d'autant plus « exigeante » que cette valeur est élevée. Toute sous-estimation est donc susceptible d'entacher, dès l'amont, la procédure de passation d'irrégularité.

Les besoins à déterminer sont ceux de l'acheteur. Si celui-ci a une structure complexe et comporte des services dotés d'une autonomie ou d'une spécificité suffisante (État, grandes collectivités, gros établissements publics), ces besoins ne sont pas nécessairement appréciés au niveau le plus centralisé, par agrégation des besoins de tous les services : ainsi sera-t-il par exemple tenu compte, pour l'État, de l'existence de ministères distincts, de la distinction entre services centraux et services déconcentrés ou encore de l'existence de certains services ou organismes autonomes. Au sein de chaque acheteur, il convient donc de déterminer, le cas échéant, les niveaux où les différents types de besoins peuvent être évalués, avec le double souci que ce choix n'ait ni pour objet ni pour effet de contourner la réglementation des marchés publics et qu'il favorise l'efficacité de l'achat public.

Les principes – sinon leur mise en œuvre concrète – sont simples.

Le montant estimé est indépendant du nombre d'opérateurs auxquels il sera fait appel.

En ce qui concerne les travaux, la notion essentielle est celle d'opération : il convient de faire masse de tous les travaux qui concourent à un ensemble caractérisé par son unité et son inscription dans une période de temps et un espace limités. On trouvera sur ces points un intéressant exemple d'analyse dans un arrêt de la CJCE du 5 octobre 2000 (V. jurisprudence). Il s'agissait en l'espèce d'un ensemble de travaux d'entretien et d'extension sur des réseaux de distribution d'électricité et d'éclairage public existants relevant de plusieurs syndicats intercommunaux. Pour déterminer si ces travaux portaient ou non sur un seul ouvrage, une seule opération, la Cour précise d'abord que ni l'existence de plusieurs pouvoirs adjudicateurs ni la circonstance qu'aucun opérateur économique ne serait en mesure de prendre seul en charge l'ensemble des travaux ne constituent des éléments déterminants. L'existence d'un ouvrage doit être appréciée « par rapport à la fonction économique et technique du résultat des travaux concernés ». Les réseaux de distribution d'électricité et d'éclairage ayant des fonctions économiques et techniques différentes, les travaux portant sur chacun des deux réseaux peuvent être distingués. Les travaux en matière d'électrification, même réalisés sur le territoire de collectivités différentes, doivent être regardés comme portant sur un seul ouvrage, dès lors d'une part que les réseaux sont interconnectés et remplissent une fonction économique et technique identique, d'autre part que tous les travaux ont fait l'objet de marchés simultanés. En revanche, chaque réseau d'éclairage public qui relève de chacun des pouvoirs adjudicateurs constitue un ouvrage distinct, dès lors que, sur le plan technique, les différents réseaux ne sont pas interconnectés, et que, d'un point de vue économique, chaque pouvoir adjudicateur peut supporter la charge financière de l'exploitation de son réseau.

En ce qui concerne les fournitures et les services, il convient d'évaluer le besoin en agrégeant toutes les fournitures et prestations homogènes. En 2001, une nomenclature des catégories de fournitures et prestations homogènes avait été mise au point. Jugée imparfaite et trop rigide, elle a été supprimée depuis 2004. Il appartient donc à chaque pouvoir adjudicateur de regrouper les fournitures ou prestations qui ont des caractéristiques proches et/ou qui peuvent être regardées comme relevant d'une « unité fonctionnelle ». Pour déterminer si des fournitures ou des services relèvent d'une même catégorie du fait de leurs « caractéristiques », l'acheteur doit bien entendu se fonder sur les aspects techniques des fournitures et prestations, mais aussi tenir compte d'une logique de métiers et de la structuration des marchés économiques auxquels il s'adresse : il y a d'autant plus de chances que des fournitures et prestations puissent être regardées comme « homogènes » qu'elles sont « produites » par une même catégorie de professionnels. Quant à la notion « d'unité fonctionnelle », elle permet, selon la Commission, de regrouper fournitures et prestations qui ont une finalité identique ou similaire, c'est-à-dire qui permettent de satisfaire des besoins de même nature (meubler des bureaux, former des personnels…).

Pour les fournitures et les prestations de services, comme pour les travaux, le besoin du pouvoir adjudicateur s'apprécie sur une période de temps limitée. On notera que, pour les achats qui répondent à un besoin régulier, la valeur du besoin est estimée selon les modalités spécifiques prévues par l'article R. 2121-7. ❑

1. Travaux. Des travaux réalisés sur plusieurs réseaux électriques interconnectés relevant de plusieurs syndicats intercommunaux d'électrification, qui ont la même fonction économique et technique, auraient dû être regardés comme portant sur un ouvrage unique par l'organisme regroupant ces syndicats qui a passé simultanément les différents marchés nécessaires. Il n'y a en revanche aucun fractionnement irrégulier dans la distinction qui a été opérée entre travaux d'électrification et travaux relatifs à l'éclairage public d'une part, entre les différents travaux relatifs aux réseaux d'éclairage public des différents syndicats intercommunaux, d'autre part. • CJCE 5 oct. 2000, *Commission c/ France,* C-16/98.

2. Pour qu'un ensemble de travaux ait pour résultat un ouvrage, il faut qu'il remplisse par lui-même soit une fonction technique, soit une fonction économique. • CJCE 27 oct. 2005, *Commission c/ Italie,* C-187/04 et C-188/04.

3. Marchés publics de services. Il y a lieu de relever que, dans l'arrêt *Commission c/ France,* qui concernait des marchés de travaux distincts, lancés par plusieurs pouvoirs adjudicateurs, la Cour, afin d'apprécier si ces travaux étaient liés entre eux d'une manière telle qu'ils devaient être regardés comme un ouvrage unique, a adopté une approche fonctionnelle. Elle a ainsi appliqué le critère du caractère unitaire d'un ouvrage doté d'une continuité fonctionnelle et économique et a recherché si les différents lots de cet ouvrage remplissaient la même fonction économique et technique. • CJCE 5 oct. 2000, *Commission c/ France,* C-16/98 : *préc. note 1.* ♦ Le point de désaccord substantiel avec la Commission est celui de savoir si ce critère du caractère unitaire, établi par la Cour dans l'arrêt *Commission c/ France* préc., à propos des marchés publics de travaux, est transposable aux marchés publics de services, ce que la défenderesse conteste compte tenu de la nature différente, à son avis, de ces derniers par rapport aux premiers. Des raisons tenant à la prétendue nature différente des marchés de services ne sauraient justifier l'inapplicabilité à ces derniers de l'approche fonctionnelle développée par la Cour dans l'arrêt *Commission c/ France* préc. Ainsi, afin d'apprécier si des services dont la prestation, comme dans le cas d'espèce, a été effectuée en différentes phases distinctes doivent être considérés comme formant un marché unique, il convient de vérifier le caractère unitaire de leur fonction économique et technique. En l'occurrence, le marché litigieux est un marché de services d'architecture, attribué par un seul pouvoir adjudicateur, concernant un projet global de rénovation d'un seul et même bâtiment public, dont la réalisation a été divisée en différentes phases pour des raisons budgétaires. Des contrats séparés ont été conclus, pour chaque phase d'exécution du projet, entre le pouvoir adjudicateur et le bureau d'architecture choisi. Ce bureau a été appelé, dans un premier temps, à dresser un état des lieux, à présenter sa conception globale de la rénovation de l'immeuble et à établir une estimation des coûts totaux de la rénovation. Ensuite, pour chaque phase d'exécution des travaux, ce même bureau a été chargé d'effectuer l'étude correspondante, d'organiser la procédure de sélection des ingénieurs spécialisés et d'assurer leur coordination et la supervision de leurs travaux. Les honoraires d'architecte constituaient un pourcentage du coût des travaux exécutés à chaque phase. Le fait que, lors des différentes phases d'exécution du projet, l'objet des travaux différait et concernait, par exemple, la structure portante du bâtiment, la toiture ou l'éclairage ne signifie pas que le contenu et la nature des services d'architecture, assurés lors de ces phases, variaient en conséquence. Il s'agissait toujours de prestations typiques d'architecte ayant le même contenu, à savoir, en substance, la conception et la planification des travaux à effectuer ainsi que la supervision de leur exécution, et portant sur la réalisation d'un projet unique. En outre, les modalités de rémunération de ces prestations restaient les mêmes. Par conséquent, ces prestations présentaient une cohérence interne d'un point de vue économique et technique ainsi qu'une continuité fonctionnelle, cohérence et continuité qui ne sauraient être considérées comme rompues en raison du fait que lesdites prestations ont été divisées en différentes phases, suivant le rythme d'exécution des travaux auxquels elles se rapportaient. De même, une telle rupture ne peut être justifiée par des considérations budgétaires. Ainsi que le fait valoir la Commission, il peut être tenu compte de telles considérations en procédant à la répartition en lots d'un marché global, conformément à l'art. 9, § 5, sous a), de la Dir. 2004/18/CE, et en annonçant simultanément dans l'avis de marché que l'attribution ultérieure des lots sera soumise à une réserve de financement. A cet égard, l'argument de la République fédérale d'Allemagne, selon lequel une telle manière de procéder entraînerait une incertitude quant à l'attribution des lots ultérieurs susceptible, de ce fait, de rendre plus chères les offres des soumissionnaires, constitue une allégation d'ordre général qui n'est pas étayée par des éléments circonstanciés. L'argumentation de la défenderesse concernant l'opportunité de la division du marché en vue de son adaptation aux capacités financières des PME ne peut non plus être accueillie. Bien que l'objectif de faciliter la participation des PME aux marchés publics lancés au niveau de l'Union soit légitime, un tel objectif ne saurait être poursuivi au détriment de l'application effective des règles de l'Union en matière de marchés publics. Par ailleurs, conformément à l'art. 9, § 5, de la Dir. 2004/18/CE, il est possible de passer des marchés en même temps par lots séparés, dans les conditions visées à cette disposition, ce qui permet aussi bien d'adapter un marché aux capacités financières des PME que de respecter l'application effective des règles de cette directive. • CJUE 15 mars 2012, *Commission c/ Allemagne*, C-574/10 : *Rev. CMP 2012, n° 145, note Zimmer.*

4. Opération unique. Des marchés conclus presque simultanément entre les mêmes parties et ayant le même objet (travaux de voirie) sont relatifs à une même opération. • CE, sect., 26 juill. 1991, *Cne de Sainte-Marie (La Réunion)*, n° 117717 A : *RFDA 1991. 966, concl. Legal.*

5. De même des marchés conclus simultanément pour la réalisation de trottoirs en quatre endroits différents d'une même commune. • CE 26 sept. 1994, *Préfet d'Eure-et-Loir*, n° 122759.

6. Des travaux d'étanchéité et de peinture effectués sur les mêmes châteaux d'eau à des dates rapprochées conformément à des délibérations adoptées le même jour ont tous pour objet d'assurer la réfection et le fonctionnement des châteaux d'eau et relèvent donc de la même opération. • CE 8 févr. 1999, *Synd. intercommunal des eaux de la Gâtine*, n° 156333.

7. Même s'ils donnent lieu à deux lots distincts attribués à deux entreprises différentes, des travaux d'aménagement d'une voie urbaine relèvent d'une même opération et doivent faire l'objet d'une évaluation globale. • CAA Bordeaux, 10 déc. 2002, *Préfet de La Réunion*, n° 99BX00120.

8. Catégorie homogène de services. Il résulte de l'instruction qu'outre le marché en cause (relatif à la vérification des conditions d'application de la taxe sur la valeur ajoutée par le fonds de compensation de la taxe sur la valeur ajoutée et des modalités d'application de ladite taxe sur les subventions), la commune a passé deux autres marchés ayant pour objets respectifs l'optimisation des coûts sociaux et l'optimisation de la gestion domaniale ; ces marchés, visant à optimiser les ressources et les dépenses de cette collectivité après avoir procédé à un audit et à une étude juridique, répondent à une même logique de métier et remplissent la même fonction économique et technique ; ils relèvent, par suite, d'une catégorie homogène de services au sens de l'art. 27 C. marchés. • CAA Lyon, 15 mai 2014, *Préfet de la Côte-d'Or*, n° 13LY01309 : *Rev. CMP 2014, n° 187, note Pietri.*

9. Sincérité de l'évaluation. L'autorité compétente doit procéder à une estimation sincère et raisonnable du montant du marché compte tenu des éléments disponibles, sous peine de vicier la procédure d'attribution du marché, si la sous-évaluation a pour effet de soustraire le marché à la publicité nécessaire. En l'espèce, l'évaluation est jugée sincère, alors même que toutes les offres ont été faites à un montant supérieur, dès lors que le marché a été conclu pour un montant de peu supérieur au montant prévisionnel. • CE 14 mars 1997, *Préfet des Pyrénées-Orientales c/ Dpt des Pyrénées-Orientales*, n° 170319 B.

10. Marché de maîtrise d'œuvre. Il ressort des pièces du dossier que la commune a d'abord fait réaliser par la société Saunier Techna des études préliminaires destinées à déterminer la faisabilité du projet de réalisation du réseau d'assainissement, compte tenu des contraintes propres au territoire communal ; elle a ensuite confié au cabinet SAFEGE une mission de maîtrise d'œuvre qui a porté sur les études d'avant-projet, les études de projet et l'assistance au maître d'ouvrage pour la passation des contrats de travaux, soit les éléments de mission définis par les art. 20, 21 et 22 du Décr. n° 93-1268 du 29 nov. 1993, ce cabinet d'études ayant perçu à ce titre une rémunération d'un montant de 24 305 € HT ; le marché attribué par la décision litigieuse à la société SCE pour un montant de 14 000 € HT porte sur les éléments de mission de maîtrise d'œuvre définis à l'art. 24-II du même décret, ainsi qu'aux art. 9 à 11 auxquels renvoie l'art. 25, c'est-à-dire le visa des études d'exécution réalisées par les entreprises chargées des travaux, la direction de l'exécution du contrat de travaux, l'ordonnancement, la coordination et le pilotage du chantier, enfin l'assistance apportée au maître d'ouvrage lors des opérations de réception et pendant la garantie de parfait achèvement ; les prestations correspondant à ces éléments de mission ne constituent pas, avec les études préliminaires confiées à la société Saunier Techna, compte tenu de l'objet de celles-ci, une unité fonctionnelle au sens de l'art. 27 C. marchés ; dès lors, il ne ressort pas des pièces du dossier que le montant estimé du besoin au sens de cet art. 27 a dépassé le seuil de 50 000 € HT au-delà duquel le maire ne pouvait passer le marché sans habilitation expresse du conseil municipal. • CAA Bordeaux, 30 juin 2014, *Cne de Bascons*, n° 12BX02465 : *AJDA 2014. 2109, note de La Taille*.

11. Achat de titres de paiement. Pour le calcul de la valeur estimée de son besoin s'agissant d'un marché de titres de paiement, l'acheteur doit prendre en compte, outre les frais de gestion versés par le pouvoir adjudicateur, la valeur faciale des titres susceptibles d'être émis pour son exécution, somme que le pouvoir adjudicateur doit payer à son cocontractant en contrepartie des titres mis à sa disposition. • CE 4 mars 2021, *Dpt de la Loire*, n° 438859 B : *BJCP 2021. 214, concl. Pichon de Vendeuil ; Rev. CMP 2021. 135, note Hoepffner.*

SECTION 3 **Dispositions propres aux accords-cadres, systèmes d'acquisition dynamique et partenariats d'innovation**

Art. R. 2121-8 Pour les accords-cadres et les systèmes d'acquisition dynamiques définis à l'article L. 2125-1, la valeur estimée du besoin est déterminée en prenant en compte la valeur maximale estimée de l'ensemble des marchés à passer ou des bons de commande à émettre pendant la durée totale de l'accord-cadre ou du système d'acquisition dynamique.

(Abrogé par Décr. n° 2021-1111 du 23 août 2021, art. 2) ***« Lorsque l'accord-cadre ne fixe pas de maximum, sa valeur estimée est réputée excéder les seuils de procédure formalisée. »*** – *[Décr. n° 2016-360 du 25 mars 2016, art. 21-III.]*

Les dispositions issues du Décr. n° 2021-1111 du 23 août 2021 s'appliquent aux marchés pour lesquels une consultation est engagée ou un avis d'appel à la concurrence est envoyé à la publication à compter du 1er janv. 2022 (Décr. préc., art. 31).

Art. R. 2121-9 Pour les partenariats d'innovation mentionnés à l'article L. 2172-3, la valeur estimée du besoin est déterminée en prenant en compte la valeur totale estimée des activités de recherche et de développement qui doivent être menées au cours des différentes phases du partenariat ainsi que la valeur totale estimée des travaux, fournitures ou services innovants qui en sont le résultat et dont l'acquisition est envisagée. – *[Décr. n° 2016-360 du 25 mars 2016, art. 21-IV.]*

CHAPITRE II **MARCHÉS PASSÉS SANS PUBLICITÉ NI MISE EN CONCURRENCE PRÉALABLES**

SECTION 1 **Marchés passés sans publicité ni mise en concurrence en raison de leur montant ou de leur objet**

Art. R. 2122-1 L'acheteur peut passer un marché sans publicité ni mise en concurrence préalables lorsqu'une urgence impérieuse résultant de circonstances extérieures et qu'il ne pouvait pas prévoir ne permet pas de respecter les délais minimaux exigés par les procédures formalisées.

Tel est notamment le cas des marchés rendus nécessaires pour l'exécution d'office, en urgence, des travaux mentionnés *(Décr. n° 2021-1634 du 13 déc. 2021, art. 1er)* **« à l'article L. 1311-4 du code de la santé publique et aux articles L. 184-1, L. 511-11, L. 511-15, L. 511-16 et L. 511-19 à L. 511-21 du code de la construction et de l'habitation** *[ancienne rédaction : aux articles L. 1311-4, L. 1331-24, L. 1331-26-1, L. 1331-28, L. 1331-29 et L. 1334-2 du code de la santé publique et des articles L. 123-3, L. 129-2, L. 129-3, L. 511-2 et L. 511-3 du code de la construction et de l'habitation]* **» ainsi que des marchés passés pour faire face à des dangers sanitaires définis aux 1° et 2° de l'article L. 201-1 du code rural et de la pêche maritime.**

Le marché est limité aux prestations strictement nécessaires pour faire face à la situation d'urgence. – *[Décr. n° 2016-360 du 25 mars 2016, art. 30-I-1°.]*

COMMENTAIRE

Comme il est logique, la définition des cas et des conditions dans lesquels l'acheteur peut se prévaloir d'une « urgence impérieuse » pour se dispenser de toute publicité et mise en concurrence préalables est restrictive. Depuis le code des marchés publics de 2006, cependant, elle s'applique notamment aux travaux exécutés d'office sur décision du préfet ou du maire usant des pouvoirs de police qui leur sont conférés par des dispositions du code de la santé publique ou du code de la construction et de l'habitation, notamment en cas de danger ponctuel imminent pour la santé publique, de danger pour la santé des occupants d'un immeuble, d'immeubles devenus irrémédiablement insalubres, notamment du fait du plomb, d'insécurité d'immeubles recevant du public, d'insécurité d'immeubles d'habitation ou de bâtiments menaçant ruine. ❑

1. Appréciation de la condition d'urgence impérieuse. La condition d'urgence impérieuse doit s'apprécier objectivement comme résultant d'événements imprévisibles, qui ne sont en aucun cas imputables au pouvoir adjudicateur et qui sont à l'origine d'une situation incompatible avec les délais de mise en œuvre des procédures de publicité et de mise en concurrence. • CJCE 14 sept. 2004, *Commission c/ Italie*, C-385/02.

2. L'urgence impérieuse suppose l'existence d'un événement imprévisible, d'une urgence incompatible avec les délais exigés par d'autres procédures et d'un lien de causalité entre l'événement imprévisible et l'urgence impérieuse qui en résulte (V., en ce sens, • CJCE 2 août 1993, *Commission c/ Italie*, C-107/92 : *Rec. CJCE I-4655, pt 12* • 28 mars 1996, *Commission c/ Allemagne*, C-318/94 : *Rec. CJCE I-1949, pt 14* • 18 nov. 2004, *Commission c/ Allemagne*, C-126/03 : *Rec. CJCE I-11197, pt 23.* ♦ V. aussi : • CJUE, ord., 20 juin 2013, *Consiglio Nazionale degli Ingegneri c/ Cne di Castelvecchio Subequo et Cne di Barisciano*, C-352/12. ♦ Or la République fédérale d'Allemagne ne conteste pas que plusieurs mois se sont écoulés entre la décision de procéder au remplacement du logiciel utilisé, l'ouverture de négociations et la conclusion du contrat en cause. Dans de telles circonstances, il n'a pas été établi par cet État membre que le remplacement dudit logiciel relevait d'une situation d'urgence impérieuse justifiant le recours à une procédure négociée sans publication préalable d'avis de marché. • CJCE 15 oct. 2009, *Commission c/ Allemagne*, C-275/08.

3. Le retard entraîné par la circonstance qu'un appel d'offres a été légalement déclaré infructueux pour la mise en service du réseau téléphonique d'un hôpital crée une situation d'urgence impérieuse. • CE 11 oct. 1985, *Cie gén. de construction téléphonique*, n° 38788 A.

4. Il y a urgence impérieuse lorsque des intempéries survenues dans une commune, à la suite desquelles un arrêté préfectoral constatant l'état de catastrophe naturelle a été pris, ont entraîné d'importants dégâts sur la voirie qui exigent des travaux que peu d'entreprises peuvent réaliser rapidement et que la menace de nouvelles intempéries ne permet pas de respecter les délais de mise en œuvre d'une procédure formalisée de passation de marchés de travaux. • CAA Marseille, 12 mars 2007, *Cne de Bollène*, n° 04MA00643 : *AJDA 2007. 1460, n° 27, note Marcovic ; BJCP 2007. 277, concl. Josset, obs. Ph. T. ; Rev. CMP 2007, n° 141, obs. Olivier.*

5. Absence d'urgence impérieuse. Le passage d'une dépression tropicale, qui s'est produit avant la signature du marché, n'était pas constitutif d'une urgence impérieuse. • CE, sect., 26 juill. 1991, *Cne de Sainte-Marie (La Réunion)*, n° 117717 A.

6. Aux termes de l'art. 30 du Décr. du 25 mars 2016 relatif aux marchés publics : « Les acheteurs peuvent passer un marché public négocié sans publicité ni mise en concurrence préalables dans les cas suivants : / 1° Lorsqu'une urgence impérieuse résultant de circonstances imprévisibles pour l'acheteur et n'étant pas de son fait ne permet pas de respecter les délais minimaux exigés par les procédures formalisées. (…) Le marché public est limité aux prestations strictement nécessaires pour faire face à la situation d'urgence » ; ces dispositions définissent de manière exhaustive les conditions dans lesquelles une personne publique peut, en cas d'urgence, conclure un nouveau marché public, notamment à titre provisoire, sans respecter au préalable les règles de publicité prescrites.

Il résulte de l'instruction que la convention en litige a été conclue du fait de la résiliation, à compter du 1er déc. 2016, du contrat relatif à la gestion du service de restauration municipale conclu le 8 janv. 2014 par la commune de Saint-Benoît avec la société Gestion des Cuisines Centrales Réunion, prononcée par le tribunal administratif de la Réunion dans un jugement du 31 mars 2016 qui a fait l'objet d'une Ord. rect. le 13 juin 2016, en raison de la méconnaissance, par la commune, de ses obligations de publicité et de mise en concurrence ; la commune de Saint-Benoît, qui a fait appel de ce jugement, n'a pris aucune initiative en vue de lancer une nouvelle procédure et a conclu le 18 nov., sans mesure de publicité et de mise en concurrence, une convention de gestion provisoire qui constitue un marché public avec la société Dupont Restauration Réunion, approuvée par une délibération du 25 nov. 2016 ; dans ces conditions, la commune n'est pas fondée à soutenir qu'elle était placée dans une situation d'urgence impérieuse résultant de circonstances imprévisibles et extérieures à l'acheteur, au sens de l'art. 30 du Décr. du 25 mars 2016 préc. ; en outre, par sa durée de quatorze mois, la convention excède ce qui est strictement nécessaire pour faire face à la situation d'urgence alléguée. • CE 24 mai 2017, *Sté Régal des Îles*, n° 407213 A.

Art. R. 2122-2 **L'acheteur peut passer un marché sans publicité ni mise en concurrence préalables lorsque, dans les cas définis ci-après, soit aucune candidature ou**

aucune offre n'a été déposée dans les délais prescrits, soit seules des candidatures irrecevables définies à l'article R. 2144-7 ou des offres inappropriées définies à l'article L. 2152-4 ont été présentées, et pour autant que les conditions initiales du marché ne soient pas substantiellement modifiées :

1° Appel d'offres lancé par un pouvoir adjudicateur ;

2° Procédure formalisée lancée par une entité adjudicatrice ;

3° Marché répondant à un besoin dont la valeur estimée est inférieure aux seuils de procédure formalisée ;

4° Marché relevant *(Décr. n° 2021-357 du 30 mars 2021, art. 1er)* **« du 3° » de l'article R. 2123-1.**

Dans les cas mentionnés aux *(Décr. n° 2019-748 du 18 juill. 2019, art. 4)* **« 1° et 2° du présent article et au 3° de l'article R. 2123-1 » répondant à un besoin dont la valeur estimée est égale ou supérieure au seuil européen applicable à ces marchés figurant dans un avis annexé au présent code, un rapport est communiqué à la Commission européenne si elle le demande.** – *[Décr. n° 2016-360 du 25 mars 2016, art. 30-I-2°.] – V. Annexe n° 2.*

Les dispositions introduites par l'art. 4 du Décr. n° 2019-748 du 18 juill. 2019 s'appliquent aux marchés publics ou aux contrats de concession pour lesquels une consultation est engagée ou un avis d'appel à la concurrence est envoyé à la publication à compter de la date d'entrée en vigueur dudit Décr. (Décr. préc., art. 7 ; JO 21 juill.).

COMMENTAIRE

Le présent article concerne des formes d'infructuosité qui, dans les conditions qu'il précise, permettent de renoncer à toute publicité et mise en concurrence préalables.

Art. R. 2122-3 L'acheteur peut passer un marché sans publicité ni mise en concurrence préalables lorsque les travaux, fournitures ou services ne peuvent être fournis que par un opérateur économique déterminé, pour l'une des raisons suivantes :

1° Le marché a pour objet la création ou l'acquisition d'une œuvre d'art ou d'une performance artistique unique ;

2° Des raisons techniques. Tel est notamment le cas lors de l'acquisition ou de la location d'une partie minoritaire et indissociable d'un immeuble à construire assortie de travaux répondant aux besoins de l'acheteur qui ne peuvent être réalisés par un autre opérateur économique que celui en charge des travaux de réalisation de la partie principale de l'immeuble à construire ;

3° L'existence de droits d'exclusivité, notamment de droits de propriété intellectuelle.

Le recours à un opérateur déterminé dans les cas mentionnés aux 2° et 3° n'est justifié que lorsqu'il n'existe aucune solution de remplacement raisonnable et que l'absence de concurrence ne résulte pas d'une restriction artificielle des caractéristiques du marché. – *[Décr. n° 2016-360 du 25 mars 2016, art. 30-I-3°.]*

COMMENTAIRE

Le motif que définit le premier alinéa du présent article pour justifier l'absence de publicité et de mise en concurrence préalables est régulièrement mis en avant par des acheteurs. Comme le confirme cependant la jurisprudence, il convient d'être très prudent, compte tenu de la précision des exigences qui sont posées.

1. Marchés ne pouvant être confiés qu'à un opérateur déterminé. En l'absence de preuve en ce sens, le choix d'un traitement thermique des déchets ne saurait être considéré comme constituant une raison technique de nature à justifier l'allégation selon laquelle le marché ne pouvait être confié qu'à un prestataire déterminé. • CJCE 10 avr. 2003, *Commission c/ Allemagne*, C-28/01 : *Rev. CMP juill. 2003, note Zimmer.*

2. La complexité de travaux ne suffit pas à démontrer qu'ils ne peuvent être exécutés que par un seul opérateur. • CJCE 14 sept. 2004, *Commission c/ Italie*, C-385/02 : *Dr. adm. 2005, n° 6, obs. Menéménis ; Rev. CMP 2004, n° 223, obs. Zimmer* • CJCE 2 juin 2005, *Commission c/ Grèce*, C-394/02 : *Rev. CMP 2005, n° 212, obs. Zimmer.*

3. En se bornant à invoquer des spécificités techniques et la nécessité d'assurer l'interopérabilité de sa flotte d'hélicoptères, afin notamment de réduire les coûts logistiques, opérationnels et de formation des pilotes, la République italienne n'a pas suffisamment démontré qu'elle pouvait légalement continuer à faire appel, sans publicité ni mise en concurrence, au même fournisseur d'hélicoptères. • CJCE 8 avr. 2008,

Commission c/ Italie, C-337/05 : *AJDA 2008. 1834, obs. Peyret*.

4. Loin de faire état de recherches sérieuses que le pouvoir adjudicateur aurait menées au niveau européen, après avoir décidé de remplacer un logiciel pour identifier des entreprises à même de fournir un logiciel adapté, la république fédérale d'Allemagne s'est bornée à rejeter la fonctionnalité du produit d'une entreprise concurrente du fournisseur retenu au niveau national.

Or, le simple fait d'affirmer que la fourniture en cause ne pouvait être confiée qu'à un fournisseur déterminé puisque le concurrent présent sur le marché national n'offrait pas un produit satisfaisant aux exigences techniques requises ne saurait suffire à établir que les circonstances exceptionnelles justifiant les dérogations prévues à l'art. 6, § 3, sous c), de la Dir. 93/36/CEE existaient effectivement. • CJCE 15 oct. 2009, *Commission c/ Allemagne*, C-275/08 : *Rev. CMP 2010, n° 17, note Zimmer.*

5. Est légal un marché passé selon la procédure négociée sans publicité ni mise en concurrence avec une société pour l'achat d'un four incinérateur, dès lors que ce four a fait l'objet d'un brevet d'invention déposé par la société, que celle-ci était, à la date de passation du marché, la seule à détenir ce brevet, qu'il n'est pas allégué que d'autres matériels auraient pu satisfaire les besoins de la personne publique. • CE 14 janv. 1987, *Commissaire de la République de la Meuse*, n° 5855 B.

6. En revanche est illégal un marché passé selon la même procédure pour l'achat d'équipements informatiques, dès lors que, pour soutenir que son cocontractant était le seul fournisseur possible, l'établissement public soutient seulement que celui-ci avait déjà fourni les équipements en cause à d'autres établissements publics et qu'il offrait, en plus de la livraison des matériels, une adhésion à un club des établissements publics utilisateurs. • CE 2 nov. 1988, *Préfet des Hauts-de-Seine c/ OPHLM de Malakoff*, n° 64954 B.

7. La circonstance qu'un marché pour la construction d'une « maison de familles » serait complémentaire d'un marché précédemment exécuté par une société pour la réhabilitation d'un square et qu'il serait nécessaire d'assurer l'homogénéité de tous les travaux ne peut justifier que ce marché soit conclu avec cette société selon une procédure négociée sans publicité ni mise en concurrence. • CE 8 janv. 1992, *Préfet, commissaire de la République du dpt des Yvelines*, n° 85439.

8. Un marché de maîtrise d'œuvre conclu pour la réalisation d'un complexe sportif s'étant référé au cahier des clauses administratives générales relatif aux marchés de prestations intellectuelles, le choix, pour la répartition entre les parties des droits de propriété intellectuelle, de l'option B, pour laquelle l'art. B20 stipule que la personne publique ne peut utiliser les résultats, même partiels, des prestations que pour les besoins précisés par le marché, exclut la cession du droit patrimonial de reproduction et fait obstacle à ce que la personne publique utilise les plans du complexe sportif pour l'édification d'un nouvel ouvrage, sans l'accord de l'architecte. En revanche, la personne publique peut modifier l'ouvrage réalisé à partir de ces plans, en faisant appel à un autre architecte, sans préjudice du droit moral du premier architecte au respect de son œuvre. Dès lors, le premier architecte ne disposant d'aucun droit d'exclusivité, la personne publique n'a pu légalement conclure un marché négocié sans publicité ni mise en concurrence avec lui, sur le fondement du 4° du III de l'art. 35, devenu, dans le code de 2006, le 8° du II. • CE 13 juill. 2007, *Synd. d'agglomération nouvelle Ouest Provence*, n° 296096 B : *Rev. CMP 2007, n° 266, obs. Zimmer.*

9. Pour réparer les désordres affectant les bardages extérieurs de deux groupes d'immeubles, un marché négocié sans mise en concurrence a pu être conclu avec l'entreprise qui détenait les brevets de fabrication des dalles défectueuses et était seule titulaire de brevets relatifs à leur réparation. • CAA Douai, 31 oct. 2002, *SA Quille*, n° 99DA01074.

10. Pour recevoir légalement application, les dispositions citées ci-dessus du 8° du II de l'art. 35 C. marchés exigent non seulement des raisons techniques, artistiques ou tenant à la protection de droits d'exclusivité, mais, en outre, que celles-ci rendent indispensable l'attribution du marché à un prestataire déterminé ; la société Itop disposait d'un droit d'exclusivité pour la maintenance et l'exploitation de son logiciel « NetCollège » pour tout marché conclu à compter du 1er janv. 2013 ; eu égard au besoin du département, le moyen tiré de ce que l'attribution du marché qui avait pour objet d'y répondre selon les modalités prévues par les dispositions citées ci-dessus du 8° du II de l'art. 35 C. marchés serait irrégulière doit être écarté. • CE 2 oct. 2013, *Dpt de l'Oise*, n° 368846 B : *BJCP 2014. 43, concl. Dacosta.*

11. Mise en concurrence impossible. Le département entendait promouvoir l'activité sportive auprès du jeune public, notamment des collégiens et des jeunes en difficulté, et encourager l'encadrement bénévole de cette activité, en achetant des places permettant à ce public d'assister gratuitement à des matchs du club de football « Olympique lyonnais », compte tenu de l'intérêt suscité par ce club auprès des populations concernées du département ; si les contrats litigieux constituent des marchés publics au sens de l'art. 1er C. marchés, s'agissant toutefois de prestations ayant nécessairement un caractère unique, une mise en concurrence pour l'achat spécifique de ces billets, dont seul le club de football « Olympique lyonnais » est le distributeur, s'avérait impossible au sens des dispositions précitées de l'art. 28 C. marchés ; il en résulte que le département du Rhône a pu légalement décider que les marchés seraient passés en l'absence de publicité et de mise en concurrence préalable, sans méconnaître les principes de liberté d'accès à la commande publique et d'égalité de traitement des candidats. • CE 28 janv. 2013, *Dpt du Rhône*, n° 356670 B.

12. Aux termes de l'art. 35, II, 8° C. marchés, alors applicable, « les pouvoirs adjudicateurs peuvent passer des marchés négociés dans les cas définis ci-dessous : (...) II. – Peuvent être négociés sans publicité préalable et sans mise en concurrence : 8° Les marchés et les accords-cadres qui ne peuvent être confiés qu'à un opérateur économique déterminé pour des raisons techniques, artistiques ou tenant à la protection de droits d'exclusivité ». Pour recevoir légalement application, les dispositions précitées exigent non seulement des raisons techniques, artistiques ou tenant à la protection de droits d'exclusivité, mais, en outre, que celles-ci rendent indispensable l'attribution du marché à un prestataire déterminé. C'est à l'autorité adjudicatrice qu'il appartient d'établir non seulement la nature et l'étendue des besoins à satisfaire conformément à l'art. 5 C. marchés, mais aussi, ainsi qu'il ressort de la jurisprudence de la CJUE, et notamment de la décision n° C-385/02 *Commission c/ République italienne* du 14 sept. 2004, l'existence de circonstances exceptionnelles justifiant une dérogation aux règles visant à garantir l'effectivité du principe de libre concurrence.

Il résulte de l'instruction que, antérieurement comme postérieurement à l'attribution du marché en litige, d'autres prestations similaires de maintenance et de télémaintenance de laveurs désinfecteurs des mêmes marques Getinge, Maquet et Lancer ont fait l'objet, de la part de plusieurs établissements hospitaliers, dont l'AP-HP, d'une mise en concurrence ayant abouti à l'attribution du marché à la société Steam France, sans que les droits exclusifs dont se prévaut la société Getinge dans le cadre de la présente instance aient alors été invoqués.

En l'espèce, le document intitulé « certificat d'exclusivité » daté du 3 mars 2014, établi à son profit par la société Getinge France, versé au dossier par l'AP-HP pour justifier le recours à la procédure de marché négocié sans publicité préalable et sans mise en concurrence, se borne à énumérer de manière succincte et générique une liste de matériels et prestations pour lesquels ladite société disposerait d'une exclusivité, sans référence à la télémaintenance, qui ne permet pas de déterminer la période au cours de laquelle cette exclusivité se serait appliquée, ni s'il a été communiqué à l'AP-HP au moment de la détermination du mode de passation du marché litigieux. Par suite, l'AP-HP ne peut être regardée comme établissant qu'à la date à laquelle elle a attribué le marché en litige à la société Getinge, cette dernière aurait disposé de droits d'exclusivité qui rendaient indispensable l'attribution du marché à cette société sans mise en concurrence. La société Steam France est dès lors fondée à soutenir que le marché en litige a été conclu à l'issue d'une procédure irrégulière, qui a eu pour effet de l'évincer de ce marché, et qui n'est pas susceptible d'être couverte par une mesure de régularisation. • CAA Paris, 11 déc. 2018, *Sté Steam France*, n° 17PA01588 : *AJDA 2019. 471, concl. Oriol ; Rev. CMP 2019. 38, note Ubaud-Bergeron.*

Art. R. 2122-4 **L'acheteur peut passer un marché de fournitures sans publicité ni mise en concurrence préalables ayant pour objet :**

1° Des livraisons complémentaires exécutées par le fournisseur initial et qui sont destinées soit au renouvellement partiel de fournitures ou d'installations, soit à l'extension de fournitures ou d'installations existantes, lorsque le changement de fournisseur obligerait l'acheteur à acquérir des fournitures ayant des caractéristiques techniques différentes entraînant une incompatibilité ou des difficultés techniques d'utilisation et d'entretien disproportionnées. Lorsqu'un tel marché est passé par un pouvoir adjudicateur, sa durée ne peut dépasser, sauf cas dûment justifié, trois ans, périodes de reconduction comprises ;

2° L'achat de matières premières cotées et achetées en bourse. – *[Décr. n° 2016-360 du 25 mars 2016, art. 30-I-4°.]*

COMMENTAIRE

La dispense de publicité et de mise en concurrence préalables prévue dans ces deux cas est de bon sens mais, là encore, il y a lieu, en particulier pour le 1°, de s'en tenir à une conception rigoureuse.

Art. R. 2122-5 **L'acheteur peut passer un marché sans publicité ni mise en concurrence préalables pour l'achat de fournitures ou de services dans des conditions particulièrement avantageuses soit auprès d'un opérateur économique en cessation définitive d'activité soit, sous réserve de l'article L. 2141-3, auprès d'un opérateur éco-**

nomique soumis à l'une des procédures prévues par le livre VI du code de commerce, à l'exception de celles mentionnées au titre I du livre VI de ce même code, ou une procédure de même nature prévue par une législation d'un autre État. – *[Décr. n° 2016-360 du 25 mars 2016, art. 30-I-5°.]*

Art. R. 2122-6 L'acheteur peut passer un marché de services sans publicité ni mise en concurrence préalables avec le lauréat ou l'un des lauréats d'un concours. Lorsqu'il y a plusieurs lauréats, ils sont tous invités à participer aux négociations. – *[Décr. n° 2016-360 du 25 mars 2016, art. 30-I-6°.]*

COMMENTAIRE

On se reportera aux dispositions sur le concours.

Art. R. 2122-7 L'acheteur peut passer un marché de travaux ou de services sans publicité ni mise en concurrence préalables ayant pour objet la réalisation de prestations similaires à celles qui ont été confiées au titulaire d'un marché précédent passé après mise en concurrence. Le premier marché doit avoir indiqué la possibilité de recourir à cette procédure pour la réalisation de prestations similaires. Sa mise en concurrence doit également avoir pris en compte le montant total envisagé, y compris celui des nouveaux travaux ou services.

Lorsqu'un tel marché est passé par un pouvoir adjudicateur, la durée pendant laquelle les nouveaux marchés peuvent être conclus ne peut dépasser trois ans à compter de la notification du marché initial. – *[Décr. n° 2016-360 du 25 mars 2016, art. 30-I-7°.]*

Le délai de trois ans pendant lequel des « prestations similaires » peuvent être confiées au même titulaire court à compter de la conclusion du contrat initial et non de l'achèvement des prestations prévues par lui. • CJCE 14 sept. 2004, *Commission c/ Italie, C-385/02.*

Art. R. 2122-8 L'acheteur peut passer un marché sans publicité ni mise en concurrence préalables pour répondre à un besoin dont la valeur estimée est inférieure à *(Décr. n° 2019-1344 du 12 déc. 2019, art. 1er et 4, en vigueur le 1er janv. 2020)* **« 40 000 » euros hors taxes ou pour les lots dont le montant est inférieur à** *(Décr. n° 2019-1344 du 12 déc. 2019, art. 1er et 4, en vigueur le 1er janv. 2020)* **« 40 000 » euros hors taxes et qui remplissent** *(Décr. n° 2019-259 du 29 mars 2019, art. 1er)* **« la condition prévue au *b* du 2° de l'article R. 2123-1 ».**

L'acheteur veille à choisir une offre pertinente, à faire une bonne utilisation des deniers publics et à ne pas contracter systématiquement avec un même opérateur économique lorsqu'il existe une pluralité d'offres susceptibles de répondre au besoin. – *[Décr. n° 2016-360 du 25 mars 2016, art. 30-I-8°.]*

Les dispositions introduites par l'art. 1er du Décr. n° 2019-1344 du 12 déc. 2019 s'appliquent aux marchés publics pour lesquels une consultation ou un avis d'appel à la concurrence est envoyé à la publication à compter du 1er janv. 2020 (Décr. préc., art. 4).

Seuil de 25 000 €. Les marchés publics répondant à un besoin dont la valeur estimée est inférieure à 25 000 € HT peuvent être négociés sans publicité ni mise en concurrence préalable ; d'une part, cette faculté ouverte aux acheteurs se justifie par la nécessité d'éviter que ne leur soit imposé, pour des marchés d'un montant peu élevé, le recours à des procédures dont la mise en œuvre ne serait pas indispensable pour assurer l'efficacité de la commande publique et la bonne utilisation des deniers publics et qui pourraient même, en certains cas, dissuader des opérateurs économiques de présenter leur candidature ; la définition d'un seuil portant sur la valeur estimée du besoin constitue un critère objectif de nature à renforcer la sécurité juridique de la passation du marché pour l'acheteur et le candidat ; d'autre part, en précisant que, pour les marchés publics passés sans publicité ni mise en concurrence, l'acheteur veille à choisir une offre pertinente, à faire une bonne utilisation des deniers publics et à ne pas contracter systématiquement avec un même opérateur économique lorsqu'il existe une pluralité d'offres susceptibles de répondre au besoin, les dispositions attaquées prévoient des garanties encadrant l'usage de cette possibilité ; dès lors, le moyen tiré de ce que ces dispositions auraient méconnu les principes de liberté d'accès à la commande publique, d'égalité de traitement des candidats et de transparence des procédures doit être écarté. • CE 17 mars 2017, *M. Perez, Ordre des avocats de Paris,* nos 403768 A et 403817 A : *AJCT 2017. 462, obs. Robillard ; BJCP 2017. 216, concl. Henrard.*

Loi nº 2020-1525 du 7 décembre 2020,

D'accélération et de simplification de l'action publique.

Art. 142 I. — Jusqu'au 31 décembre 2022 inclus, les acheteurs peuvent conclure un marché de travaux sans publicité ni mise en concurrence préalables pour répondre à un besoin dont la valeur estimée est inférieure à 100 000 € hors taxes.

Ces dispositions sont applicables aux lots qui portent sur des travaux et dont le montant est inférieur à 100 000 € hors taxes, à la condition que le montant cumulé de ces lots n'excède pas 20 % de la valeur totale estimée de tous les lots.

Les acheteurs veillent à choisir une offre pertinente, à faire une bonne utilisation des deniers publics et à ne pas contracter systématiquement avec un même opérateur économique lorsqu'il existe une pluralité d'offres susceptibles de répondre au besoin.

II. — Le présent article s'applique aux marchés publics pour lesquels une consultation est engagée ou un avis d'appel à la concurrence est envoyé à la publication à compter de la publication de la présente loi.

Le présent article est applicable aux marchés publics conclus par l'État et ses établissements publics dans les îles Wallis-et-Futuna, en Polynésie française, en Nouvelle-Calédonie et dans les Terres australes et antarctiques françaises.

Art. R. 2122-9 Les acheteurs mentionnés aux 1° et 2° de l'article 3 de la loi nº 81-766 du 10 août 1981 relative au prix du livre peuvent passer sans publicité ni mise en concurrence préalables un marché de fournitures de livres non scolaires pour leurs besoins propres ou pour l'enrichissement des collections des bibliothèques accueillant du public et répondant à un besoin dont la valeur estimée est inférieure à 90 000 euros hors taxes.

Lorsqu'il fait usage de cette faculté, l'acheteur se conforme aux obligations mentionnées à l'article R. 2122-8 et tient compte de l'impératif de maintien sur le territoire d'un réseau dense de détaillants qui garantit la diversité de la création éditoriale et l'accès du plus grand nombre à cette création. — *[Décr. nº 2016-360 du 25 mars 2016, art. 30-I-9º.]*

COMMENTAIRE

L'article 3 de la loi nº 81-766 du 10 août 1981 relative au prix du livre a été modifié par la loi nº 2003-517 du 18 juin 2003 afin d'étendre (avec quelques aménagements) la logique du prix unique aux livres commandés dans le cadre de marchés publics. Cependant, les marchés publics ont plutôt tourné à l'avantage des « grands libraires » et n'ont donc pas contribué à l'objectif fondamental de maintien d'un réseau dense de libraires, d'où la procédure de passation très peu contraignante envisagée jusqu'au seuil – élevé – de 90 000 € HT. ❑

Décret nº 2018-1225 du 24 décembre 2018,

Portant diverses mesures relatives aux contrats de la commande publique.

***Nota :** Les art. 1er à 3 du Décr. nº 2018-1225 du 24 déc. 2018 s'appliquent aux marchés publics ou aux contrats de concession pour lesquels une consultation est engagée ou un avis d'appel à la concurrence est envoyé à la publication à compter de la date d'entrée en vigueur dudit Décr.*

Ils ne s'appliquent pas aux marchés passés sur le fondement d'un accord-cadre ou dans le cadre d'un système d'acquisition dynamique lorsque la procédure en vue de la passation de cet accord-cadre ou de la mise en place de ce système d'acquisition dynamique a été engagée avant cette date (Décr. préc., art. 15).

CHAPITRE I *[ABROGÉ]. DISPOSITIONS RELATIVES À L'EXPÉRIMENTATION EN MATIÈRE D'ACHATS INNOVANTS*

(Abrogé par Décr. nº 2021-1634 du 13 déc. 2021, art. 4)

Art. 1er *A titre expérimental, pour une période de trois ans à compter de l'entrée en vigueur du présent décret, les acheteurs soumis (Décr. nº 2018-1225 du 24 déc. 2018, art. 13, en vigueur le 1er avr. 2019) « au code de la commande publique » peuvent passer un marché public, y compris un marché public de défense ou de sécurité, négocié sans publicité ni mise* *en concurrence préalables portant sur des travaux, fournitures ou services innovants, définis au 2° (Décr. n° 2018-1225 du 24 déc. 2018, art. 13, en vigueur le 1er avr. 2019) « de l'article R. 2124-3 du code la commande publique », et répondant à un besoin dont la valeur estimée est inférieure à 100 000 euros hors taxes.*

Lorsqu'ils font usage de cette faculté, les acheteurs veillent à choisir une offre pertinente, à faire une bonne utilisation des deniers publics et à ne pas contracter systématiquement avec un même opérateur économique lorsqu'il existe une pluralité d'offres susceptibles de répondre au besoin.

Art. 2 *Les acheteurs qui concluent un marché public négocié sans publicité ni mise en concurrence préalables sur le fondement de l'article 1er en font la déclaration auprès de l'Observatoire économique de la commande publique selon les modalités fixées par arrêté du ministre chargé de l'économie.*

Art. 3 *Le ministre chargé de l'économie assure le suivi et l'évaluation de l'expérimentation. Il transmet au Premier ministre un rapport d'évaluation sur l'application du dispositif dans les six mois qui précèdent le terme de l'expérimentation. Ce rapport d'évaluation est élaboré sur la base des données transmises par les acheteurs en application de l'article 2. Il est rendu public.*

Arrêté du 26 décembre 2018,

Relatif à la déclaration des achats innovants prévue par l'article 2 du décret n° 2018-1225 du 24 décembre 2018 portant diverses mesures relatives aux contrats de la commande publique (JO 30 déc.).

Art. 1er Pour satisfaire à l'obligation de déclaration prévue à l'article 2 du décret susvisé, l'acheteur appose la mention "procédure expérimentale innovation" dans la rubrique "Commentaires" du modèle annexé à l'arrêté du 21 juillet 2011 relatif au recensement économique de l'achat public.

Cette obligation concerne les marchés d'un montant égal ou supérieur à 25 000 euros HT et inférieur à 100 000 euros HT passés en application de l'article 1er du décret susvisé.

Art. 2 Le présent arrêté entre en vigueur le lendemain du jour de sa publication au *Journal officiel* de la République française.

Le présent arrêté s'applique aux marchés pour lesquels une consultation est engagée à compter de sa date d'entrée en vigueur.

Art. R. 2122-9-1 *(Décr. n° 2021-1634 du 13 déc. 2021, art. 2)* **L'acheteur peut passer un marché public sans publicité ni mise en concurrence préalables portant sur des travaux, fournitures ou services innovants au sens du second alinéa de l'article L. 2172-3 et répondant à un besoin dont la valeur estimée est inférieure à 100 000 euros hors taxes.**

Ces dispositions sont également applicables aux lots dont le montant est inférieur à 80 000 euros hors taxes pour des fournitures ou des services innovants ou à 100 000 euros hors taxes pour des travaux innovants et qui remplissent la condition prévue au *b* du 2° de l'article R. 2123-1.

Lorsqu'il fait usage de cette faculté, l'acheteur veille à choisir une offre pertinente, à faire une bonne utilisation des deniers publics et à ne pas contracter systématiquement avec un même opérateur économique lorsqu'il existe une pluralité d'offres susceptibles de répondre au besoin.

SECTION 2 Marchés passés sans publicité ni mise en concurrence en raison de la qualité de l'acheteur

Art. R. 2122-10 **Un pouvoir adjudicateur peut passer un marché sans publicité ni mise en concurrence préalables ayant pour objet l'achat de produits fabriqués uniquement à des fins de recherche, d'expérimentation, d'étude ou de développement, sans objectif de rentabilité ou d'amortissement des coûts de recherche et de développement.** – *[Décr. n° 2016-360 du 25 mars 2016, art. 30-II.]*

Art. R. 2122-11 Une entité adjudicatrice peut passer un marché sans publicité ni mise en concurrence préalables :

1° A des fins de recherche, d'expérimentation, d'étude ou de développement, sans objectif de rentabilité ou d'amortissement des coûts de recherche et de développement. La passation d'un tel marché ne doit pas porter préjudice à la mise en concurrence des marchés ultérieurs qui poursuivent ces mêmes objectifs ;

2° Ayant pour objet l'achat de fournitures qu'il est possible d'acquérir en profitant d'une occasion particulièrement avantageuse qui se présente dans une période de temps très courte et pour lesquelles le prix à payer est considérablement plus bas que les prix normalement pratiqués sur le marché. – *[Décr. n° 2016-360 du 25 mars 2016, art. 30-III.]*

CHAPITRE III MARCHÉS PASSÉS SELON UNE PROCÉDURE ADAPTÉE

SECTION 1 Conditions de recours à une procédure adaptée

Art. R. 2123-1 L'acheteur peut recourir à une procédure adaptée pour passer :

1° Un marché dont la valeur estimée hors taxes du besoin est inférieure aux seuils européens mentionnés dans un avis qui figure en annexe du présent code ;

2° Un lot d'un marché alloti dont le montant total est égal ou supérieur aux seuils de procédure formalisée et qui remplit les deux conditions suivantes :

a) La valeur estimée de chaque lot concerné est inférieure à 80 000 euros hors taxes pour des fournitures ou des services ou à 1 million d'euros hors taxes pour des travaux ;

b) Le montant cumulé de ces lots n'excède pas 20 % de la valeur totale estimée de tous les lots ;

3° Un marché ayant pour objet des services sociaux et autres services spécifiques, dont la liste figure dans un avis annexé au présent code, quelle que soit la valeur estimée du besoin ;

(Abrogé par Décr. n° 2021-357 du 30 mars 2021, art. 1er) ***« 4° Un marché ayant pour objet, quelle que soit la valeur estimée du besoin, un ou plusieurs des services juridiques suivants :***

« a) Services juridiques de représentation légale d'un client par un avocat dans le cadre d'une procédure juridictionnelle, devant les autorités publiques ou les institutions internationales ou dans le cadre d'un mode alternatif de règlement des conflits ;

« b) Services de consultation juridique fournis par un avocat en vue de la préparation de toute procédure visée au a ou lorsqu'il existe des signes tangibles et de fortes probabilités que la question sur laquelle porte la consultation fera l'objet d'une telle procédure. » – *[Décr. n° 2016-360 du 25 mars 2016, art. 22, al. 2, 1° et 2°, 27, al. 1er ecqc le seuil MAPA, 28-I et II et 29-I-1° et 2°.] – V. Annexes nos 2 et 3.*

COMMENTAIRE

Les caractéristiques de la procédure adaptée, dont le principe a été posé par l'article L. 2123-1, auquel on se reportera, sont définies par les articles R. 2123-4 à R. 2123-7. L'article R. 2123-1 énumère les quatre hypothèses dans lesquelles il est possible d'y recourir.

Première hypothèse : il est toujours possible de mettre en œuvre une procédure adaptée pour un marché qui vise à satisfaire un besoin dont la valeur estimée est inférieure aux seuils européens. Pour la définition de ces seuils, au-delà desquels une procédure formalisée est en principe obligatoire, on se reportera à l'annexe n° 2 au code.

La deuxième hypothèse est celle des « petits lots » des marchés allotis : même si le montant total des lots est supérieur aux seuils européens – ce qui devrait entraîner l'obligation d'une procédure formalisée pour chacun des lots – les lots qui remplissent les deux conditions cumulatives posées par les *a)* et *b)* du 2° peuvent donner lieu à des marchés en procédure adaptée.

La troisième hypothèse découle de la distinction entre deux catégories de marchés publics de services : les marchés qui correspondent à des services qu'on a longtemps qualifiés de non prioritaires et les autres. Pour les premiers, désormais qualifiés de spécifiques et qui font l'objet d'une liste limitative qu'on trouvera à l'annexe n° 3 du code, la procédure adaptée est toujours possible, quelle que soit la valeur du besoin (même au-dessus des seuils européens, donc). Il s'agit notamment de différents types de services sanitaires et sociaux, de certains services éducatifs, culturels et de santé, ou encore de différents services juridiques.

Une quatrième hypothèse était prévue pour les marchés de services juridiques de représentation légale d'un client par un avocat dans le cadre d'une procédure juridictionnelle, devant les autorités publiques ou les institutions internationales ou dans le cadre d'un mode alternatif de règlement des conflits et les services de consultation juridique fournis par un avocat en vue de la préparation de toute procédure mentionnée ou lorsqu'il existe des signes tangibles et de fortes probabilités que la question sur laquelle porte la consultation fera l'objet d'une telle procédure. Elle a été supprimée par le décret n° 2021-357 du 30 mars 2021 portant diverses dispositions en matière de commande publique. Ce décret tire ainsi la conséquence du fait que ces marchés de services juridiques ont été ajoutés au 8° de l'article L. 2512-5 du présent code par la loi n° 2020-1525 du 7 décembre 2020 d'accélération et de simplification de l'action publique (ASAP). En 2015, le choix avait été fait de ne pas transposer la faculté ouverte par la directive d'exclure ces deux catégories de services juridiques du champ des procédures de passation des marchés publics. Pour ces services juridiques, les marchés relevaient de la procédure adaptée. A la suite de l'arrêt de la Cour de justice de l'Union européenne (CJUE 6 juin 2019, C-264/18, *infra*), la loi ASAP revient sur ce choix (V. CCP, art. L. 2512-5).

On rappellera que la possibilité même de soumettre les marchés de services juridiques – notamment les marchés relatifs à la représentation en justice – à la réglementation de la commande publique et que les modalités de cette soumission avaient fait l'objet, depuis 2001, de longues controverses et de multiples décisions juridictionnelles. On se reportera à cet égard à la jurisprudence citée ci-dessous (V. notes 2 à 18), rendue aussi bien sous l'empire de l'ordonnance du 23 juillet 2015 que sous l'empire du code des marchés publics. ❑

1. CJUE. Concernant les services fournis par des avocats, visés à l'art. 10, ss. d), i) et ii), de la Dir. 2014/24, il ressort du considérant 25 de cette directive que le législateur de l'Union a pris en compte le fait que de tels services juridiques sont habituellement fournis par des organismes ou des personnes qui sont désignés ou sélectionnés d'une manière qui ne peut pas être soumise à des règles de passation des marchés publics dans certains États membres, de telle sorte qu'il convenait d'exclure ces services juridiques du champ d'application de ladite directive.

A cet égard, il y a lieu de relever que l'art. 10, ss. d), i) et ii), de la Dir. 2014/24 n'exclut pas tous les services susceptibles d'être fournis par un avocat au bénéfice d'un pouvoir adjudicateur du champ d'application de ladite directive, mais uniquement la représentation légale de son client dans le cadre d'une procédure devant une instance internationale d'arbitrage ou de conciliation, devant les juridictions ou les autorités publiques d'un État membre ou d'un pays tiers ainsi que devant les juridictions ou institutions internationales, mais également le conseil juridique fourni dans le cadre de la préparation ou de l'éventualité d'une telle procédure. De telles prestations de services fournies par un avocat ne se conçoivent que dans le cadre d'une relation *intuitu personae* entre l'avocat et son client, marquée par la confidentialité la plus stricte.

Il découle nécessairement du fait que le législateur de l'Union a exclu du champ d'application de la Dir. 2014/24 les services visés à l'art. 10, ss. c), d), i), ii) et v), de celle-ci qu'il a, ce faisant, estimé qu'il revenait aux législateurs nationaux de déterminer si ces services devaient être soumis aux règles de passation de marchés publics. • CJUE 6 juin 2019, ⚖ *P.M., N.G.d.M, P. V.d.S,* aff. C-264/18 : *Rev. CMP 2019, n° 256, note Zimmer.*

2. Jurisprudence administrative (antérieure au CCP). Ainsi qu'il ressort notamment des termes de son premier considérant, la Dir. 2014/24/UE tend à la coordination des procédures nationales de passation de marchés afin de garantir que les principes d'égalité de traitement, de non-discrimination, de reconnaissance mutuelle, de proportionnalité et de transparence soient respectés et que la passation des marchés publics soit ouverte à la concurrence ; si les États membres ne peuvent, dans le cadre de la transposition de cette directive, instituer des obligations de publicité et de mise en concurrence moins contraignantes que celles qu'elle prévoit, hors les cas où elle ouvrirait elle-même une telle faculté, il leur est loisible de décider de soumettre aux dispositions prises pour sa transposition des marchés qu'elle exclut de son champ d'application ou de prévoir, pour des marchés qui entrent dans son champ d'application, des règles plus contraignantes que celles qu'elle définit, dès lors que la soumission à ces règles est compatible avec le respect du droit de l'Union européenne.

En particulier, l'Ord. du 23 juill. 2015 attaquée pouvait soumettre à une procédure de publicité et de mise en concurrence les marchés ayant pour objet la représentation d'un client ou le conseil juridique qui lui est lié ; aucune disposition ou aucun principe du droit de l'Union européenne ne s'y oppose ; contrairement à ce qui est soutenu, la soumission à une telle procédure des marchés en cause, qui concerne aussi bien les avocats français que les avocats des autres États membres de l'Union européenne, ne présente aucun caractère discriminatoire. • CE 9 mars 2016, *CNB et a.*, n° 393589 B.

3. Possibilité de soumettre les marchés de services juridiques au code des marchés publics. Les principes relatifs au respect du secret des relations entre l'avocat et son client, à l'indépendance de l'avocat et au libre choix de l'avocat par son client ne font pas obstacle à ce que les marchés de services juridiques soient soumis au régime des marchés négociés, dès lors que des adaptations adéquates sont prévues pour les marchés qui ont pour objet la représentation en justice. • CE, ass., 9 avr. 1999, *Mme Toubol-Fisher et Bismuth*, n° 196177 A : *BJCP 1999. 414, concl. Savoie ; AJDA 1999. 776, chron. Fombeur et Guyomar* • 3 sept. 2008, *Conseil nat. des Barreaux, Ordre des avocats de Paris*, nos 290398 et 290399 : *AJDA 2009. 99, note Coronat* .

4. Nota. On relèvera qu'un débat sur la possibilité de soumettre au code des marchés publics certains marchés de services médicaux a aussi eu lieu. On se reportera par exemple aux deux décisions suivantes : ni les dispositions du CSP ni le code de déontologie médicale n'édictent de règles incompatibles avec la soumission à la réglementation des marchés publics de la catégorie de services que représente l'exécution des analyses biologiques. • CE 9 févr. 1983, *Synd. nat. des médecins biologistes*, n° 20943 B.

Les règles relatives aux professions médicales du CSP ne font pas obstacle à l'application du code des marchés publics à des commandes d'examens d'anatomie et de cytologie pathologiques par un hôpital public. • CAA Marseille, 18 juin 2002, *CH Antibes-Juan-les-Pins*, n° 99MA01105 : *Dr. adm. 2003, n° 6, obs. Ménéménis.*

5. Si l'art. 30 C. marchés impose aux pouvoirs adjudicateurs de veiller au respect des principes déontologiques et des réglementations applicables à la profession d'avocat, cela n'a ni pour objet ni pour effet d'autoriser les pouvoirs adjudicateurs à se prononcer sur la violation desdits principes par les avocats. • CE 9 juill. 2007, *Synd. EGF-BTP et a.*, n° 297711 A : *ACCP 2007/69, note Richer ; BJCP 2007. 366, concl. Boulouis ; Rev. CMP 2007, n° 240, obs. Zimmer ; JCP Adm. 2007. 2213, note Linditch.*

6. Les dispositions de l'art. 15 du Décr. du 12 juill. 2005 relatif à la profession d'avocat qui interdisent aux avocats « toute offre de service personnalisée adressée à un client potentiel » n'ont ni pour objet ni pour effet de leur interdire de répondre à un avis d'appel à concurrence pour la conclusion d'un marché de services juridiques. • CE 9 juill. 2007, *Synd. EGF-BTP et a.*, n° 297711.

7. Indépendance des avocats et liste des pièces constitutives du marché. L'art. 12 du C. marchés, qui fixe la liste des pièces constitutives du marché, ne porte aucune atteinte à l'indépendance des avocats. • CE, ass., 5 mars 2003, *Ordre des avocats à la cour d'appel de Paris*, n° 238039 B (concl. Piveteau) : *AJDA 2003. 718, chron. Donnat et Casas ; Rev. CMP 2003, n° 68, obs. Delelis.*

8. Nature des prestations de services juridiques et durée de marché. Dès lors qu'il permet de remplacer l'indication de la durée du marché par celle des dates prévisionnelles de début et d'achèvement d'exécution, il n'impose aucune obligation impossible à respecter pour des marchés de services juridiques. • CE, ass., 5 mars 2003, *Ordre des avocats à la cour d'appel de Paris*, n° 238039.

9. Prix des marchés. Alors même que le code ne prévoit pas que les marchés de services juridiques peuvent être conclus à prix provisoires et que la durée d'un marché de services juridiques peut n'être pas connue à l'avance, le code n'impose sur ce point aucune obligation impossible à respecter, dès lors qu'il autorise les prix unitaires, la rémunération globale du titulaire étant alors fonction des quantités réellement exécutées. • CE, ass., 5 mars 2003, *Ordre des avocats à la cour d'appel de Paris*, n° 238039.

10. Libre négociation des honoraires. Le fait de répondre à un avis d'appel à concurrence pour la passation d'un marché ne méconnaît pas le principe de la libre négociation des honoraires des avocats posé par l'art. 10 de la L. du 31 déc. 1971 portant réforme de certaines professions judiciaires et juridiques. • CE 9 juill. 2007, *Synd. EGF-BTP et a.*, n° 297711.

11. L'appréciation des offres de prestations des avocats peut être soumise aux dispositions de l'art. 53 du code des marchés publics qui, en tout état de cause, n'imposent pas de ne retenir que le prix comme critère de choix. • CE 9 juill. 2007, *Synd. EGF-BTP et a.*, n° 297711.

12. Rôle du bâtonnier dans les litiges relatifs aux honoraires. Si les dispositions des art. 174 à 176 du Décr. du 27 nov. 1991 pris en application de la L. du 31 déc. 1971 confient au bâtonnier, sous le contrôle du premier président de la cour d'appel, la compétence pour instruire tout litige portant sur les honoraires des avocats, les litiges relatifs au règlement financier d'un marché conclu entre un avocat et une collectivité publique, qui portent sur l'exécution d'un marché public, relèvent de la compétence du juge administratif. Ni l'art. 30 du C. marchés, ni la possibilité, pour le pouvoir adjudicateur, de saisir le comité de règlement amiable des litiges en matière de marchés publics, ne méconnaissent les art. 174 à 176 du Décr. du 31 déc. 1991. • CE 9 juill. 2007, *Synd. EGF-BTP et a.*, n° 297711 B.

13. Secret professionnel et contrôle des marchés. Le secret professionnel prévu par l'art. 66-5 de la L. du 31 déc. 1971 modifiée portant réforme de certaines professions judiciaires et juridiques ne concerne que les documents élaborés au cours de l'exécution d'un marché de services juridiques et non les pièces du marché lui-même. Les dispositions du titre V du C. marchés relatives au contrôle des marchés, qui ne visent que les marchés proprement dits et non les consultations élaborées en exécution de ces marchés, ne portent pas atteinte au principe du secret des relations entre l'avocat et son client. • CE, ass., 5 mars 2003, *Ordre des avocats à la cour d'appel de Paris,* n° 238039 B.

14. Secret professionnel et production de références. Quand il passe un marché, un pouvoir adjudicateur doit s'abstenir d'imposer des prescriptions qui conduiraient les candidats à méconnaître les règles légales ou déontologiques s'appliquant à leur profession. Pour un marché de services juridiques, la production de références professionnelles ne porte pas atteinte au secret régissant les relations entre l'avocat et son client dès lors que les renseignements apportés ne comportent pas de mention nominative et ne permettent pas d'identifier les personnes qui ont demandé des consultations. • CE 7 mars 2005, *Cté urb. de Lyon,* n° 274286 B : *BJCP 2005. 202, concl. Casas ; AJDA 2005. 1128, note Markus et Givord ; Dr. adm. 2005, n° 85, obs. Ménéménis.*

15. La circonstance que les avocats soient tenus de produire des références ne comportant pas de mentions nominatives afin de respecter le secret professionnel prévu à l'art. 66-5 de la loi du 31 déc. 1971 ne constitue pas une discrimination illégale. • CE 9 juill. 2007, *Synd. EGF-BTP et a.,* n° 297711 B.

16. Régime d'exécution des marchés. Le code ne comporte aucune disposition organisant la résiliation ou la modification unilatérale et ne contrevient donc pas aux prérogatives des avocats sur ces points. • CE, ass., 5 mars 2003, *Ordre des avocats à la cour d'appel de Paris,* n° 238039 B. ♦ Si les marchés publics passés en application du code sont des contrats administratifs, le code ne comporte aucune disposition organisant la résiliation ou la modification unilatérale des marchés et le moyen tiré de ce qu'il contreviendrait pour ces raisons au principe d'indépendance des avocats doit donc être écarté. • CE 9 juill. 2007, *Synd. EGF-BTP et a.,* n° 297711 B.

17. Marchés de représentation en justice. Aucun des principes relatifs notamment au respect du secret des relations entre l'avocat et son client et à l'indépendance de l'avocat ne fait obstacle à ce que la conclusion d'un contrat entre un avocat et une collectivité publique pour la représentation en justice de celle-ci soit précédée d'une mise en concurrence préalable. • CE 9 juill. 2007, *Synd. EGF-BTP et a.,* n° 297711 B.

18. La mise en concurrence imposée pour la passation des marchés de représentation en justice n'est pas inconciliable avec les délais des recours contentieux. Ces marchés peuvent d'ailleurs, en cas d'urgence impérieuse, être passés sans publicité ni mise en concurrence préalables. • CE 9 juill. 2007, *Synd. EGF-BTP et a.,* n° 297711 B.

Art. R. 2123-2 *(Décr. n° 2021-357 du 30 mars 2021, art. 1er)* **Lorsqu'un marché a pour objet à la fois des services sociaux mentionnés au 3° de l'article R. 2123-1 et d'autres services, il est passé conformément aux règles applicables à celles de ces deux catégories de services dont la valeur estimée est la plus élevée.**

Lorsqu'il n'est pas possible de déterminer la catégorie de services dont la valeur estimée est la plus élevée, le marché est passé conformément aux règles applicables aux autres services.

Ancien art. R. 2123-2 ***Lorsqu'un marché a pour objet à la fois des services sociaux mentionnés au 3° [de] l'article R. 2123-1 et d'autres services à l'exception des services juridiques de représentation mentionnés au 4° du même article, il est passé conformément aux règles applicables à celles de ces deux catégories de services dont la valeur estimée est la plus élevée.***

Lorsqu'un marché a pour objet à la fois des services mentionnés au 3° de l'article R. 2123-1 et des services juridiques de représentation définis au 4° du même article, l'article *(Décr. n° 2019-259 du 29 mars 2019, art. 1er)* ***« R. 2123-3 » s'applique.***

Lorsqu'il n'est pas possible de déterminer la catégorie de services dont la valeur estimée est la plus élevée, le marché est passé conformément aux règles applicables aux services autres que ceux mentionnés au 4° de l'article R. 2123-1. – [Décr. n° 2016-360 du 25 mars 2016, art. 28-III.]

Marché relatif à la fois à des services prioritaires et à des services non prioritaires. Quand un marché, qui vise un objectif unique, porte à la fois sur des services prioritaires et des services non prioritaires, il y a lieu, pour déterminer la procédure applicable, non de se référer à l'objet principal du marché, mais de déterminer quels services ont la valeur la plus élevée, en appliquant la classification effectuée par référence à la nomenclature CPC. Il n'y a pas lieu de passer des marchés séparés. • CJCE 14 nov. 2002, *Felix Swoboda GmbH,* C-411/00 : *Rev. CMP 2003, n° 3, obs. Delelis.*

Art. R. 2123-3 *(Abrogé par Décr. n° 2021-357 du 30 mars 2021, art. 1er)* ***Lorsqu'un marché a pour objet à la fois des services juridiques mentionnés à l'article R. 2123-1 et d'autres services, l'article R. 2123-8 s'applique si ces services juridiques constituent l'objet principal du marché et si les différentes parties du marché sont objectivement inséparables.***

Lorsqu'il n'est pas possible de déterminer l'objet principal du marché, celui-ci est soumis aux règles applicables aux autres services. – *[Décr. n° 2016-360 du 25 mars 2016, art. 29-II.]*

SECTION 2 Règles applicables

Art. R. 2123-4 Lorsqu'il recourt à une procédure adaptée, l'acheteur en détermine les modalités en fonction de la nature et des caractéristiques du besoin à satisfaire, du nombre ou de la localisation des opérateurs économiques susceptibles d'y répondre ainsi que des circonstances de l'achat. – *[Décr. n° 2016-360 du 25 mars 2016, art. 27, al. 1er ecqc le régime.]*

Art. R. 2123-5 Lorsque l'acheteur prévoit une négociation, il peut attribuer le marché sur la base des offres initiales sans négociation, à condition d'avoir indiqué qu'il se réserve cette possibilité dans les documents de la consultation. – *[Décr. n° 2016-360 du 25 mars 2016, art. 27, al. 2.]*

Art. R. 2123-6 Lorsque la procédure se réfère expressément à l'une des procédures formalisées, l'acheteur est tenu d'appliquer celle-ci dans son intégralité. – *[Décr. n° 2016-360 du 25 mars 2016, art. 27, al. 3.]*

Nota : *On trouvera ci-dessous certaines décisions rendues antérieurement à l'entrée en vigueur du CCP, y compris sur les marchés de services passés en procédure adaptée.*

COMMENTAIRE

1. A la différence des procédures formalisées, la « procédure adaptée » ne consiste pas en un ensemble de règles : elle se caractérise par la liberté laissée à l'acheteur de déterminer lui-même les modalités de publicité et de mise en concurrence qui lui semblent à même de garantir le respect des principes fondamentaux de la commande publique. Il s'agit donc, par nature, d'une procédure dont les modalités sont définies au cas par cas, même si l'acheteur peut, par commodité, se fixer des lignes directrices.

2. Le choix de l'acheteur ne saurait être déterminé par le seul montant prévisionnel de l'achat, même s'il y a là un critère important. L'objet de l'achat (s'agit-il par exemple d'un bien ou d'un service rare ou au contraire banal ?), les conditions dans lesquelles il est réalisé (peut-on, par exemple, faire valoir une certaine urgence ?), le degré de concurrence entre les opérateurs économiques potentiellement intéressés (sont-ils nombreux, dans un périmètre proche du pouvoir adjudicateur, à pouvoir répondre au besoin de celui-ci, ou ne trouve-t-on au contraire que quelques prestataires dispersés ?) constituent autant d'éléments à prendre en compte.

L'analyse à laquelle se livre l'acheteur peut le conduire, dans certaines hypothèses particulières, à se dispenser de toute publicité et de toute mise en concurrence, notamment si celles-ci n'auraient en réalité pas de sens parce qu'on se trouve dans l'un des cas mentionnés au chapitre II ci-dessus.

L'acheteur peut, à l'inverse, décider de mettre en œuvre l'une des procédures formalisées prévues par le code, alors même qu'il n'y est pas tenu : il devra alors en respecter toutes les règles.

Le plus souvent, l'acheteur définira une procédure originale, en s'inspirant, le cas échéant, d'une des procédures formalisées. Il peut notamment, toujours, négocier – et, le cas échéant, renoncer à négocier dans les conditions prévues par l'article R. 2123-5.

3. Sa liberté de choix n'est cependant pas totale.

Ainsi, en ce qui concerne la publicité, on se reportera aux règles fixées par les articles R. 2131-12 et R. 2131-13.

L'acheteur doit en outre respecter un certain nombre d'exigences, qui découlent directement des principes fondamentaux de la commande publique, comme le montre la jurisprudence citée ci-dessous, rendue sous l'empire des textes antérieurement applicables.

Pour reprendre l'exemple de la publicité, il a ainsi été jugé qu'il doit en tout état de cause veiller à ce que les supports choisis permettent d'atteindre les opérateurs économiques susceptibles d'être intéressés, mais aussi à ce que le contenu des informations données soit suffisant (notamment sur l'objet du marché et sur les critères de choix qu'il entend mettre en œuvre). De même, l'acheteur est tenu de faire en sorte que les modalités de mise en concurrence retenues soient transparentes et ne procurent aucun avantage discriminatoire à certains candidats. ❑

I. CJCE/CJUE

1. La passation des marchés de services non prioritaires est soumise aux règles fondamentales du droit communautaire. Cependant, le défaut de publicité préalable ne constitue un manquement que s'il est établi que le marché en cause présente un intérêt transfrontalier certain. • CJCE 13 nov. 2007, *Commission c/ Irlande*, C-507/03 : *Rev. CMP 2008, n° 3, obs. Zimmer* • CJCE 29 nov. 2007, *Commission c/ Italie*, C-119/06 : *Rev. CMP 2008, n° 29, obs. Eckert.*

2. En modifiant la pondération des critères d'attribution d'un marché de fourniture de services [non prioritaires] d'interprétation et de traduction à la suite d'un premier examen des offres soumises, l'Irlande a manqué aux obligations qui lui incombent en vertu du principe d'égalité de traitement et de l'obligation de transparence qui en découle tels qu'interprétés par la CJUE. • CJUE 18 nov. 2010, *Commission européenne c/ Irlande*, C-226/09.

3. Marchés relatifs à l'assurance vieillesse d'entreprise d'agents de collectivités territoriales. Ils doivent être passés conformément aux dispositions applicables aux marchés publics de services prioritaires. • CJUE 15 juill. 2010, *Commission européenne c/ Allemagne*, C-271/08 : *Rev. CMP 2010, n° 319, note Zimmer.*

4. Services sociaux et autres services spécifiques. L'art. 76 de la Dir. 2014/24 doit être interprété en ce sens qu'il s'oppose à une réglementation nationale selon laquelle, dans le cadre de la passation d'un marché public de services sociaux visés à l'annexe XIV de cette directive, l'implantation de l'opérateur économique dans la localité où les services doivent être fournis constitue un critère de sélection des opérateurs économiques, préalable à l'examen de leurs offres. • CJUE 14 juill. 2022 *ASADE*, n° C-436/20.

II. JURIDICTION ADMINISTRATIVE

5. L'art. 28 [du C. marchés alors applicable] a pu renvoyer aux pouvoirs adjudicateurs, sous le contrôle du juge, le soin de fixer la procédure applicable à chaque marché, dès lors que celle-ci correspond à la nature et aux caractéristiques du besoin à satisfaire, au nombre ou à la localisation des opérateurs économiques susceptibles d'y répondre ainsi qu'aux circonstances de l'achat. • CE 9 juill. 2007, *Synd. EGF-BTP et a.*, n° 297711 A : *ACCP 2007/69, note Richer ; BJCP 2007. 366, concl. Boulouis ; Rev. CMP 2007, n° 240, obs. Zimmer ; JCP Adm. 2007. 2213, note Linditch.*

6. Dispense de formalités de publicité et de mise en concurrence. Un pouvoir adjudicateur ne peut se dispenser de formalités de publicité et de mise en concurrence pour la passation d'un marché de services non prioritaires que s'il a vérifié que, compte tenu des caractéristiques du marché, notamment de son montant, de son objet, du degré de concurrence entre les prestataires de services concernés et des conditions dans lesquelles il est passé, ces formalités sont manifestement inutiles pour assurer la liberté d'accès à la commande publique, l'égalité de traitement des candidats et la transparence des procédures ou s'il a constaté que de telles formalités sont rendues impossibles par les caractéristiques du marché. • CE 9 août 2006, *Assoc. des avocats-Conseils d'entreprises – SELARL Cabinet Philippe Petit et associés et a.*, n° 286316 B : *BJCP 2006. 372, concl. Boulouis.*

7. Support de la publicité. Une collectivité territoriale qui se borne, pour un marché passé en application de l'art. 28 C. marchés, à publier un avis d'appel à concurrence dans un journal local et sur son site Internet, alors que l'objet de l'achat (prestations d'architecte-programmiste spécialisé dans les grands projets muséographiques) est très spécifique et que les professionnels concernés ont peu de chances de consulter les deux médias retenus, ne peut être regardée comme ayant mis en œuvre des modalités de publicité adaptées aux caractéristiques du marché à passer. • CE 7 oct. 2005, *Région Nord-Pas-de-Calais*, n° 278732 A : *BJCP 2006. 10, concl. Casas, obs. Ch. M. ; Dr. adm. 2005, n° 168, obs. Ménéménis ; AJDA 2005. 2128, obs. Dreyfus ; Rev. CMP 2005, n° 11, obs. Lichère ; JCP Adm. 2005. 1748, note Linditch.*

8. Publicité. Un cabinet d'avocats a saisi le Premier ministre d'une demande tendant à la modification du Décr. du 17 déc. 2008 modifiant le C. marchés, afin d'empêcher les pouvoirs adjudicateurs de recourir à la seule publication des avis d'appel public à la concurrence sur leur « profil d'acheteur », c'est-à-dire sur le site dématérialisé auquel ils peuvent avoir recours pour passer des marchés publics, et notamment des marchés relevant de la procédure adaptée prévue par l'art. 28 de ce code ; le cabinet demande l'annulation de la décision implicite de rejet née du silence gardé par le Premier ministre sur cette demande. Les marchés passés selon la procédure adaptée prévue à l'art. 28 C. marchés sont soumis, quel que soit leur montant, aux principes fondamentaux rappelés au deuxième alinéa du I de l'art. 1er du même code, selon lequel « les marchés publics respectent les principes de liberté d'accès à la commande publique, d'égalité de traitement des candidats et de transparence des procédures » ; dès lors, si la personne publique est libre, lorsqu'elle décide de recourir à la procédure adaptée pour un marché dont le montant estimé est inférieur aux seuils définis par l'art. 26 C. marchés ou qui relève des dispositions du I de l'art. 30 de ce code, de déterminer les modalités de publicité appropriées aux caractéristiques de ce marché, et notamment à son objet, à son montant, au degré de concurrence entre les entreprises concernées et aux conditions dans lesquelles il est passé, ce choix doit toutefois, sous réserve d'exceptions expressément prévues par ce même code, lui permettre de respecter les principes fondamentaux de la commande publique, qui s'imposent à elle ; par suite, et contrairement à ce que soutient le cabinet requérant, les dispositions du C. marchés issues du Décr. du 17 déc. 2008 ne sauraient être interprétées comme autorisant les pouvoirs adjudicateurs à limiter systématiquement les mesures de publicité entreprises pour la passation d'un marché à une publication sur leur « profil d'acheteur ». • CE 4 juill. 2012, *Cabinet Froment-Meurice et associés*, n° 353305.

9. Contenu de la publicité. Critères de sélection. Pour assurer le respect des principes de liberté d'accès à la commande publique, d'égalité de traitement des candidats et de transparence des procédures, l'information appropriée des candidats sur les critères d'attribution d'un marché public est nécessaire, dès l'engagement de la procédure d'attribution du marché, dans l'avis d'appel public à concurrence ou le cahier des charges tenu à la disposition des candidats ; dans le cas où le pouvoir adjudicateur souhaite retenir d'autres critères que celui du prix, l'information appropriée des candidats doit alors porter également sur les conditions de mise en œuvre de ces critères ; il appartient au pouvoir adjudicateur d'indiquer les critères d'attribution du marché et les conditions de leur mise en œuvre selon les modalités appropriées à l'objet, aux caractéristiques et au montant du marché concerné. • CE, sect., 30 janv. 2009, *ANPE*, n° 290236 A : *AJDA 2009. 302, note Dreyfus ; BJCP 2009. 201, concl. Dacosta ; Rev. CMP 2009, n° 121, note Zimmer ; RDI 2009. 243, note Braconnier ; RJEP 2009, comm. n° 32, note Moreau.*

10. Pour assurer le respect des principes de liberté d'accès à la commande publique, d'égalité de traitement des candidats et de transparence des procédures, l'information appropriée des candidats sur les critères d'attribution d'un marché public est nécessaire dès l'engagement de la procédure d'attribution du marché, dans l'avis d'appel public à concurrence ou le cahier des charges tenu à la disposition des candidats ; dans le cas où le pouvoir adjudicateur souhaite retenir d'autres critères que celui du prix, l'information appropriée des candidats doit alors également porter sur les conditions de mise en œuvre de ces critères ; il appartient au pouvoir adjudicateur d'indiquer les critères d'attribution du marché et les conditions de leur mise en œuvre selon les modalités appropriées à l'objet, aux caractéristiques et au montant du marché concerné ; lorsque le pouvoir adjudicateur décide de limiter le nombre des candidats admis à présenter une offre, il lui appartient, y compris lorsqu'il met en œuvre une procédure adaptée sur le fondement de l'art. 28 C. marchés, d'assurer l'information appropriée des candidats sur les critères de sélection de ces candidatures dès l'engagement de la procédure d'attribution du marché, dans l'avis d'appel public à concurrence ou le cahier des charges tenu à la disposition des candidats ; cette information appropriée suppose que le pouvoir adjudicateur indique aussi les documents ou renseignements au vu desquels il entend opérer la sélection des candidatures ; par ailleurs, si le pouvoir adjudicateur entend fixer des niveaux minimaux de capacité, ces derniers doivent aussi être portés à la connaissance des candidats ; cette information appropriée des candidats n'implique en revanche pas que le pouvoir adjudicateur indique les conditions de mise en œuvre des critères de sélection des candidatures.

En l'espèce, le pouvoir adjudicateur a indiqué dans l'avis d'appel public à la concurrence, s'agissant des critères de sélection des candidatures : « conformité administrative des documents exigés à l'appui des candidatures, garanties et capacités techniques, financières et professionnelles », mais il est constant qu'il n'a aucunement porté à la connaissance des entreprises candidates les documents ou renseignements au vu desquels il entendait procéder, sur la base de ces critères, à la sélection des candidatures ; ainsi, il n'a pas fourni aux entreprises candidates une information sur les critères de sélection des candidatures appropriée à l'objet, aux caractéristiques et au montant du marché concerné, de nature à assurer le respect des principes de liberté d'accès à la commande publique, d'égalité de traitement des candidats et de transparence des procédures. • CE 24 févr. 2010, *Cté de cnes de l'Enclave des Papes*, n° 333569 A : *BJCP 2010. 203, concl. Boulouis.*

11. Pour assurer le respect des principes de liberté d'accès à la commande publique, d'égalité de traitement des candidats et de transparence des procédures, l'information appropriée des candidats sur les critères d'attribution d'un marché public est nécessaire, dès l'engagement de la procédure d'attribution du marché, dans l'avis d'appel public à concurrence ou le cahier des charges tenu à la disposition des candidats ; dans le cas où le pouvoir adjudicateur souhaite retenir d'autres critères que celui du prix, l'information appropriée des candidats doit alors porter également sur les conditions de mise en œuvre de ces critères ; il appartient au pouvoir adjudicateur d'indiquer les critères d'attribution du marché et les conditions de leur mise en œuvre selon les modalités appropriées à l'objet, aux caractéristiques et au montant du marché concerné.

Le pouvoir adjudicateur ayant souhaité, ainsi qu'il ressort des pièces du dossier soumis au juge des référés, retenir d'autres critères que celui du prix, l'information appropriée des candidats à l'attribution de ce marché public devait également porter non seulement sur les critères de sélection des offres mais également sur les conditions de leur mise en œuvre ; s'il est loisible au pouvoir adjudicateur, lorsqu'il passe un marché selon une procédure adaptée en application de l'art. 28 C. marchés, de pondérer ou de hiérarchiser les critères de sélection qu'il retient, y compris en leur attribuant une égale importance, il est tenu d'informer les candidats de son choix de mise en œuvre des critères de sélection ; par suite, le juge du référé précontractuel du tribunal administratif n'a pas commis d'erreur de droit en estimant que le pouvoir adjudicateur avait manqué à son obligation d'indiquer avec une précision suffisante l'importance respective des critères d'attribution de ce marché, dès lors que ces critères avaient été énumérés sans aucune indication quant à leur pondération ou à leur hiérarchisation. • CE 26 sept. 2012, ♧ *GIE Groupement des poursuites extérieures*, n° 359389 B.

12. Contenu de la publicité. Méthode de notation. Pour annuler la procédure de passation d'un marché relevant de la procédure adaptée, le juge des référés s'est fondé sur ce qu'en ne faisant pas figurer dans les documents de consultation la méthode de notation retenue pour apprécier le critère de valeur technique des offres, le pouvoir adjudicateur avait méconnu les obligations de publicité et de mise en concurrence qui s'imposaient à lui en vertu des principes qui découlent de l'exigence d'égal accès à la commande publique ; toutefois si, pour assurer le respect des principes de liberté d'accès à la commande publique, d'égalité de traitement des candidats et de transparence des procédures, le pouvoir adjudicateur a l'obligation d'indiquer dans les documents de consultation les critères d'attribution du marché et leurs conditions de mise en œuvre, il n'est en revanche pas tenu d'informer les candidats de la méthode de notation des offres ; par suite, en jugeant irrégulière la procédure en cause, au motif que les documents de consultation ne comportaient pas cette indication, le juge des référés a commis une erreur de droit et son ordonnance doit être annulée. • CE 31 mars 2010, ♧ *Collectivité territoriale de Corse*, n° 334279 B : *BJCP 2010. 241, concl. Boulouis ; Rev. CMP 2010. Chron. 165, note Zimmer* • 21 mai 2010, ♧ *Cne d'Ajaccio*, n° 333737 B.

13. Sous-critères/méthode de notation. Pour assurer le respect des principes de liberté d'accès à la commande publique, d'égalité de traitement des candidats et de transparence des procédures, l'information appropriée des candidats sur les critères d'attribution d'un marché public est nécessaire, dès l'engagement de la procédure d'attribution du marché, dans l'avis d'appel public à concurrence ou le cahier des charges tenu à la disposition des candidats ; dans le cas où le pouvoir adjudicateur souhaite retenir d'autres critères que celui du prix, l'information appropriée des candidats doit alors porter également sur les conditions de mise en œuvre de ces critères ; il appartient au pouvoir adjudicateur d'indiquer les critères d'attribution du marché et les conditions de leur mise en œuvre selon les modalités appropriées à l'objet, aux caractéristiques et au montant du marché concerné ; en outre, si le pouvoir adjudicateur décide, pour mettre en œuvre ces critères de sélection des offres, de faire usage de sous-critères, il doit porter à la connaissance des candidats leurs conditions de mise en œuvre dès lors que ces sous-critères sont susceptibles d'exercer une influence sur la présentation des offres par les candidats ainsi que sur leur sélection et doivent en conséquence être eux-mêmes regardés comme des critères de sélection.

Pour annuler la procédure de passation du marché litigieux (qui avait pour objet l'entretien et la réparation de groupes électrogènes et qui était passé selon une procédure adaptée), le juge des référés s'est fondé sur ce que le pouvoir adjudicateur, en procédant à une « simulation » consistant à multiplier les coûts horaires des interventions en journée, d'une part, et en heures de nuit et jours fériés, d'autre part, par le nombre estimé d'interventions sur la durée d'exécution du marché et à additionner le résultat obtenu aux prix forfaitaires de l'entretien et de la réparation, ne s'était pas borné à appliquer une méthode de notation mais avait mis en œuvre des sous-critères de prix qui auraient dû être portés à la connaissance des candidats avec leur pondération ; en statuant ainsi, sans rechercher si ces sous-critères étaient susceptibles d'exercer une influence sur la présentation des offres par les candidats ainsi que sur leur sélection et devaient en conséquence être eux-mêmes regardés comme des critères de sélection et, pour ce motif, portés à la connaissance des candidats avec leurs conditions de mise en œuvre, le juge des référés du tribunal administratif a commis une erreur de droit.

Il résulte de l'instruction, en particulier de l'acte

d'engagement inclus dans le dossier de consultation, que le marché litigieux comprenait, d'une part, des prestations d'entretien et de réparation des groupes électrogènes évaluées à partir d'un prix forfaitaire, et, d'autre part, des prestations d'astreintes téléphoniques et de déplacement sur site pour dépannage évaluées à partir d'un prix unitaire par appel téléphonique et par déplacement ; s'agissant de ces dernières prestations, il était demandé aux candidats d'indiquer deux prix unitaires relatifs aux appels téléphoniques et déplacements reçus et effectués du lundi au vendredi de 8 heures à 20 heures et deux autres prix unitaires pour les appels téléphoniques et les déplacements reçus et effectués en dehors de ces jours et horaires ; eu égard à l'impossibilité, d'une part, d'additionner les prix forfaitaires aux prix unitaires proposés par les candidats, et, d'autre part, de déterminer à l'avance, dans le règlement de la consultation, le nombre d'appels téléphoniques et de dépannages auxquels devraient répondre et que devraient assurer ces mêmes candidats, le pouvoir adjudicateur pouvait, pour évaluer le montant des offres en ce qui concernait ces prestations, effectuer une « simulation » consistant à multiplier les prix unitaires proposés par les candidats par le nombre d'interventions envisagées par lui afin d'obtenir un prix global pouvant être additionné aux prix forfaitaires des prestations d'entretien et de réparation ; en procédant à cette simulation, qui était nécessaire à l'appréciation du critère du prix eu égard à la coexistence dans le marché litigieux de prix forfaitaires et de prix unitaires, le pouvoir adjudicateur a mis en œuvre une simple méthode de notation destinée à évaluer ce critère, sans modifier ses attentes définies dans le règlement de la consultation par les critères de sélection et donc sans poser un sous-critère assimilable à un critère distinct ; par suite, le pouvoir adjudicateur n'était nullement tenu d'informer les candidats, dans les documents de la consultation, qu'il aurait recours à une telle méthode ; dès lors, la société X n'est pas fondée à soutenir que le pouvoir adjudicateur, en procédant à cette simulation, a eu recours à des sous-critères qu'il ne pouvait, sans méconnaître le principe de transparence des procédures, omettre de mentionner dans les documents de la consultation. • CE 2 août 2011, *Synd. mixte de la vallée de l'Orge aval,* n° 348711 : *AJDA 2011. 2180, note Busson*.

14. Contenu de la publicité. Recours à la négociation. Si le pouvoir adjudicateur a décidé de faire usage de sa faculté de négocier dans le cadre d'une procédure adaptée, il doit en informer les candidats dès le lancement de la procédure et ne peut alors renoncer à négocier en cours de procédure ; il peut aussi se borner à informer les candidats, lors du lancement de la procédure, qu'il se réserve la possibilité de négocier, sans être tenu, s'il décide effectivement de négocier après la remise des offres, d'en informer l'ensemble des candidats. La décision du pouvoir adjudicateur de recourir à la négociation dans le cadre d'une procédure adaptée ne saurait être utilement critiquée devant le juge ; en revanche, s'il choisit, comme il lui est loisible de le faire, de ne négocier qu'avec certains des candidats qui ont présenté une offre, il appartient au juge, saisi d'un moyen sur ce point, de s'assurer qu'il n'a méconnu aucune des règles qui s'imposent à lui, notamment le principe d'égalité de traitement des candidats. • CE 18 sept. 2015, *Sté Axcess,* n° 380821 B : *Rev. CMP 2015, n° 260, note Devillers.*

15. Obligation de distinguer deux phases dans la procédure. Absence. Il est loisible au pouvoir adjudicateur d'examiner dans une phase unique la recevabilité des candidatures et la valeur des offres. • CE 6 mars 2009, *Cne d'Aix-en-Provence,* n° 314610 : *BJCP 2009. 213, concl. Boulouis ; Rev. CMP 2009, n° 122, note Olivier ; JCP Adm. 2009, n° 2122, note Linditch.*

16. Libre fixation du délai laissé aux candidats pour déposer leur offre. Conséquences. Un pouvoir adjudicateur ayant mis en œuvre la procédure adaptée prévue à l'art. 28 C. marchés, lequel lui permet de fixer librement les modalités de cette procédure et ne détermine donc pas de délai précis laissé aux candidats pour déposer leur offre, le juge du référé précontractuel ne commet pas d'erreur de droit en retenant la date de publication de l'avis et non sa date d'envoi pour publication pour juger insuffisant le délai laissé aux candidats pour présenter une offre. • CE 5 août 2009, *Région Centre,* n° 307117.

17. Délai de remise des offres. Si le pouvoir adjudicateur est libre, lorsqu'il décide de recourir à la procédure adaptée, de déterminer, sous le contrôle du juge administratif, les modalités de publicité et de mise en concurrence appropriées aux caractéristiques de ce marché, notamment en ce qui concerne le délai laissé aux opérateurs économiques pour lui remettre une offre, celui-ci doit être suffisant, au regard notamment de l'objet du marché envisagé, de son montant, de l'urgence à le conclure, de la nature des prestations, de la facilité d'accès aux documents de la consultation, de la nécessité éventuelle d'une visite des lieux et de l'importance des pièces exigées des candidats, pour assurer le respect des principes de liberté d'accès à la commande publique, d'égalité de traitement des candidats et de transparence des procédures énoncés par l'art. 1er du C. marchés, applicables à tous les marchés publics quelle que soit leur procédure de passation. • CAA Nancy, 26 févr. 2019, *SARL Granimond,* n° 18NC00051 : *Rev. CMP 2019, n° 150, note Ubaud-Bergeron.*

18. Critère non pertinent. Impossibilité d'y renoncer en cours de procédure, même en cas de procédure adaptée. Il ressort des pièces du dossier soumis au juge des référés du tribunal administratif que, par un avis d'appel public à la concurrence publié au *Bulletin officiel des annonces des marchés publics*, le Sénat a lancé une consultation en vue de l'attribution d'un marché à procédure adaptée ayant pour objet un bilan de santé pour les sénateurs et le personnel ; l'art. VI-2 du règlement de la consultation prévoyait que le marché serait attribué au candidat présentant l'offre économiquement la plus avantageuse au regard des critères du prix, pour 50 %, et de la valeur technique, pour 50 %, décomposé à parts égales entre le critère de la qualité de l'organisation des opérations d'accueil et de prélèvement réalisées au Palais du Luxembourg et le critère du délai d'envoi des résultats des analyses, et que les candidats ayant présenté les offres les plus intéressantes au regard de ces critères pourraient être invités à négocier ; ayant été averti par la société X, candidate, que l'art. L. 6211-21 CSP, issu de l'Ord. du 13 janv. 2010 relative à la biologie médicale, impose la facturation des examens de biologie médicale au tarif de la nomenclature de la sécurité sociale, le pouvoir adjudicateur a, lors des entretiens de négociation, invité les entreprises candidates à présenter un nouveau bordereau des prix conforme à ces dispositions ; les deux candidats concurrents de la société X, qui avaient proposé des prix inférieurs au tarif de la nomenclature, ont, par suite, rectifié leur offre en ce sens ; le pouvoir adjudicateur a informé la société X que le marché avait été attribué à un laboratoire Y, qui, après neutralisation du critère du prix, avait présenté l'offre la plus avantageuse au regard des critères de valeur technique énoncés dans le règlement de la consultation ; par l'ordonnance attaquée, le juge des référés du tribunal administratif, après avoir notamment relevé qu'en réponse à l'invitation du pouvoir adjudicateur en ce sens les deux entreprises qui n'avaient pas proposé des prix égaux au tarif de la nomenclature avaient régularisé leur offre sur ce point, a retenu que, par la suppression du critère du prix, le pouvoir adjudicateur avait manqué à ses obligations de mise en concurrence et que ce manquement était susceptible d'avoir lésé la société X, dès lors que celle-ci était la seule entreprise à avoir présenté une offre dont le prix était conforme aux nouvelles dispositions législatives.

Les dispositions du 2e al. de l'art. 28 C. marchés, qui permettent au pouvoir adjudicateur, au cours de la procédure adaptée, de négocier avec les candidats ayant présenté une offre sur tous les éléments de leur offre, notamment sur le prix, n'ont ni pour objet ni pour effet de l'autoriser à abandonner, en cours de procédure, le critère du prix défini, à parité avec un autre critère, comme principal critère de jugement des offres par le règlement de consultation ; il en résulte que le juge des référés du tribunal administratif n'a pas commis d'erreur de droit en jugeant que le pouvoir adjudicateur avait manqué à ses obligations de mise en concurrence en neutralisant, après dépôt des offres, le critère du prix et en demandant, en conséquence, à deux candidats de relever les prix proposés par leurs offres afin de les mettre en conformité à la législation. • CE 27 avr. 2011, ♔ *Président du Sénat*, n° 344244 B : *BJCP 2011. 263, concl. Dacosta ; Rev. CMP 2011, n° 165, note Zimmer.*

19. Offre irrégulière. Possibilité de négocier. Pour annuler la procédure de passation d'un marché en procédure adaptée au motif que le ministre avait estimé à tort que le dossier d'offre de la société X ne mentionnait pas les délais d'exécution du marché et que son offre était en conséquence irrégulière, le juge des référés s'est fondé sur ce que, si l'annexe n° 1 à l'acte d'engagement fourni par elle n'indiquait pas les délais d'exécution des travaux de la tranche ferme et de chacune des deux tranches conditionnelles du marché, le planning d'exécution des travaux joint à son offre permettait quant à lui au ministre de connaître les délais proposés par la société ; en admettant ainsi, par principe, que la remise par le candidat d'un acte d'engagement incomplet en certaines de ses mentions puisse être compensée par la fourniture d'un autre document joint à l'offre, sans rechercher si les dispositions du règlement de la consultation ne conféraient pas aux mentions en cause dans l'acte d'engagement le caractère d'une information essentielle sur laquelle devaient s'engager les candidats, le juge des référés a commis une erreur de droit.

L'art. III.3.9 du règlement de la consultation exige des candidats qu'ils mentionnent, dans l'acte d'engagement : « Le délai d'exécution des travaux » ; l'art. V.3 de ce règlement, intitulé « Contenu du dossier de réponse », prévoit plus précisément que les candidats doivent fournir un « dossier d'offre » comportant, notamment, l'acte d'engagement complété et signé et, dans le cadre de leur proposition technique, « un planning d'exécution des travaux » ; l'art. B.6 de l'acte d'engagement intitulé « Délai d'exécution du marché » indique que l'annexe 1 à cet acte doit préciser « les délais d'exécution sur lesquels le candidat s'engage », ce délai étant « un délai global incluant la période de préparation, les délais d'approvisionnement et les délais de réalisation » ; cette annexe 1 comporte trois tableaux respectivement relatifs à la tranche ferme et aux deux tranches conditionnelles, chacun des tableaux comportant une colonne « Durée » en mois qui doit être complétée par le candidat ; par suite, les candidats sont tenus d'indiquer dans cette annexe les délais d'exécution des travaux propres à la tranche ferme et à chacune des deux tranches conditionnelles du marché qu'ils s'engagent à respecter ; cette information sur les délais d'exécution du marché, exigée dans l'acte d'engagement, est, en l'absence de précision contraire du pouvoir adjudicateur, une donnée essentielle sur laquelle s'engagent les candidats ; au surplus, l'art. IV.3 du même règlement retient comme critères d'attribution du marché, le prix, pondéré à 80 %, et le délai, pondéré à 20 %, rendant ainsi indispensable au jugement et au classement de l'offre la mention des délais d'exécution ; il résulte de l'instruction que la société X n'a pas complété cette partie de l'annexe 1 à l'acte d'engagement ; eu égard, ainsi qu'il a été dit, à la nature de cette information, son offre était pour ce seul motif irrégulière ; la société X ne peut en conséquence utilement soutenir que le planning d'exécution des travaux qu'elle a fourni à l'appui de son offre permettait au pouvoir adjudicateur de connaître les délais d'exécution des travaux propres à la tranche ferme et à chacune des deux tranches conditionnelles du marché ; au surplus, la lecture de ce planning ne permettait nullement au ministre de connaître avec clarté les délais que la société s'engageait à respecter ; dès lors, le ministre n'a pas méconnu ses obligations de mise en concurrence en rejetant comme irrégulière l'offre de la société X.

Si les dispositions du III de l'art. 53 C. marchés, qui sont applicables tant aux procédures formalisées qu'aux procédures adaptées, prévoient l'élimination des offres inappropriées, irrégulières et inacceptables avant le classement des autres offres par ordre décroissant, les dispositions de l'art. 28 du même code relatives à la procédure adaptée prévoient que le pouvoir adjudicateur peut négocier avec les candidats ayant présenté une offre et que cette négociation peut porter sur tous les éléments de l'offre, notamment sur le prix ; il résulte de ces dispositions que le pouvoir adjudicateur qui, dans le cadre d'une procédure adaptée, décide de recourir à une négociation, peut librement choisir les candidats avec lesquels il souhaite négocier et peut en conséquence, dans le respect du principe d'égalité de traitement entre les candidats, admettre à la négociation les candidats ayant remis des offres inappropriées, irrégulières ou inacceptables et ne pas les éliminer d'emblée ; il doit cependant, à l'issue de la négociation, rejeter sans les classer les offres qui sont demeurées inappropriées, irrégulières ou inacceptables ; ainsi, si le pouvoir adjudicateur peut, dans le cadre d'une procédure adaptée, décider d'engager une négociation avec les candidats ayant remis une offre irrégulière, il n'y est pas tenu ; par suite, la société X n'est pas fondée à soutenir qu'en ne l'admettant pas à la phase de négociation au motif que son offre était irrégulière, le ministre a manqué à ses obligations de mise en concurrence. • CE 30 nov. 2011 ⚖ *Min. de la Défense et des Anciens Combattants c/ EURL Qualitech,* n° 353121 B : *BJCP 2012. 86, concl. Boulouis ; Rev. CMP 2012, n° 11, note Eckert.*

20. Mise en concurrence impossible. Le département entendait promouvoir l'activité sportive auprès du jeune public, notamment des collégiens et des jeunes en difficulté, et encourager l'encadrement bénévole de cette activité, en achetant des places permettant à ce public d'assister gratuitement à des matchs du club de football « Olympique lyonnais », compte tenu de l'intérêt suscité par ce club auprès des populations concernées du département ; si les contrats litigieux constituent des marchés publics au sens de l'art. 1er C. marchés, s'agissant toutefois de prestations ayant nécessairement un caractère unique, une mise en concurrence pour l'achat spécifique de ces billets, dont seul le club de football « Olympique lyonnais » est le distributeur, s'avérait impossible au sens des dispositions précitées de l'art. 28 C. marchés ; il en résulte que le département du Rhône a pu légalement décider que les marchés seraient passés en l'absence de publicité et de mise en concurrence préalable, sans méconnaître les principes de liberté d'accès à la commande publique et d'égalité de traitement des candidats. • CE 28 janv. 2013, ⚖ *Dpt du Rhône,* n° 356670 B.

21. Marché de services juridiques conclu avec un prestataire ne satisfaisant pas aux conditions de la loi du 31 déc. 1971. Cause illicite. Il résulte de l'instruction que la prestation réalisée par la société Ecofinance collectivités consistait en la vérification des conditions d'application des règles de régularisation de la taxe sur la valeur ajoutée par le fonds de compensation de la taxe sur la valeur ajoutée et les modalités d'application de la taxe sur la valeur ajoutée sur les subventions ; cette mission relève dans son ensemble d'une activité de consultation juridique. Si la société Ecofinance collectivités a fait valoir devant le premier juge qu'elle bénéficie d'une qualification accordée par l'organisme professionnel de qualification des conseils en management sur son activité finances et que les prestations étaient effectuées par des juristes, cet agrément ne l'autorisait à effectuer des consultations juridiques qu'à titre accessoire de son activité principale ; par suite, le contrat conclu entre les deux parties était contraire aux dispositions précitées de la L. du 31 déc. 1971 et reposait dès lors sur une cause illicite. Il n'est ni soutenu ni même allégué que son annulation porterait une atteinte excessive à l'intérêt général ou aux droits des cocontractants. Par suite, le préfet de la Côte-d'Or est fondé à soutenir que c'est à tort que les premiers juges ont rejeté sa demande ; il y a lieu d'annuler le jugement et, par la voie de l'effet dévolutif de l'appel, d'annuler le marché déféré. • CAA Lyon, 15 mai 2014, ⚖ *Préfet de la Côte-d'Or,* n° 13LY01309 : *Rev. CMP 2014, n° 187, note Pietri.*

22. Marchés de consultation juridique. Candidature impossible. Une société comme la société SVP, qui exerce une activité professionnelle non réglementée, pour laquelle elle justifie d'une qualification reconnue par un organisme public, n'est habilitée par les dispositions des art. 54 et 60 de la L. n° 71-1130 du 31 déc. 1971 portant réforme de certaines professions judiciaires et juridiques qu'à la pratique du droit à titre accessoire de son activité principale ; elle ne peut dès lors, sans méconnaître ces dispositions légales, être candidate à l'attribution d'un marché ayant pour objet principal des prestations de consultation juridique. • CAA Nancy, 23 mars 2009, *Sté SVP*, n° 08NC00594 : *AJDA 2009. 1421, note Wallerich*.

23. Contrat de prestations juridiques conclu avec une société en méconnaissance de la loi de 1971. Aux termes de l'art. 54 de la L. du 31 déc. 1971 : « Nul ne peut, directement ou par personne interposée, à titre habituel et rémunéré, donner des consultations juridiques ou rédiger des actes sous seing privé, pour autrui : 1o S'il n'est titulaire d'une licence en droit ou s'il ne justifie, à défaut, d'une compétence juridique appropriée à la consultation et la rédaction d'actes en matière juridique qu'il est autorisé à pratiquer conformément aux art. 56 à 66. / Les personnes mentionnées aux art. 56, 57 et 58 sont réputées posséder cette compétence juridique. / Pour les personnes exerçant une activité professionnelle réglementée mentionnées à l'art. 59, elle résulte des textes les régissant. / Pour chacune des activités non réglementées visées à l'art. 60, elle résulte de l'agrément donné, pour la pratique du droit à titre accessoire de celle-ci, par un arrêté, pris après avis d'une commission, qui fixe, le cas échéant, les conditions de qualification ou d'expérience juridique exigées des personnes exerçant cette activité et souhaitant pratiquer le droit à titre accessoire de celle-ci » ; aux termes de l'art. 60 de la même loi : « Les personnes exerçant une activité professionnelle non réglementée pour laquelle elles justifient d'une qualification reconnue par l'État ou attestée par un organisme public ou un organisme professionnel agréé peuvent, dans les limites de cette qualification, donner des consultations juridiques relevant directement de leur activité principale et rédiger des actes sous seing privé qui constituent l'accessoire nécessaire de cette activité » ; il résulte de l'instruction que la prestation réalisée par la société [dans le cadre d'un marché public ayant pour objet la recherche d'économies sur les charges sociales et fiscales supportées par l'établissement] consistait exclusivement en la vérification, au regard de la réglementation en vigueur, du bien-fondé des cotisations sociales versées aux organismes sociaux et des taxes assises sur les salaires payées par l'établissement public, en la formulation de propositions puis, le cas échéant, en une assistance dans les démarches entreprises par l'établissement pour obtenir la restitution des sommes versées indûment ; cette mission relève dans son ensemble d'une activité de consultation juridique ; si la société fait valoir qu'un agrément à la pratique du droit a été conféré aux consultants exerçant, comme elle, dans le secteur du conseil pour les affaires ou la gestion, et qu'elle bénéficie d'une qualification accordée par l'organisme professionnel de qualification des conseils en management sur son activité finances, cet agrément ne l'autorisait à effectuer des consultations juridiques qu'à titre accessoire de son activité principale ; par suite, le contrat conclu entre les deux parties étant contraire aux dispositions précitées de la L. du 31 déc. 1971 et, reposant dès lors sur une cause illicite, il y a lieu de l'écarter [pour régler le litige qui oppose les parties]. • CAA Lyon, 22 mars 2012, *Sté CTR*, n° 11LY01404 : *AJDA 2012. 806, note Vinet*.

24. Contenu de la publicité. Un avis d'appel public à la concurrence, pour la passation d'un marché de services juridiques, qui indique les principales caractéristiques du marché et qui précise aux candidats éventuels le nom et les coordonnées de la personne à laquelle ils peuvent demander la communication des documents de la consultation dans lesquels figurent des précisions sur le marché et les modalités de présentation des offres, comporte des informations suffisantes. La personne publique n'est pas tenue d'indiquer dans les documents de la consultation si les montants des honoraires doivent être exprimés en tarifs horaires, journaliers ou forfaitaires. Elle peut indiquer par courrier électronique que les honoraires doivent correspondre à des tarifs horaires, dès lors que ce courrier est diffusé à toutes les personnes qui ont demandé un dossier pour déposer leur candidature. • CE 22 janv. 2007, *Synd. des transports parisiens*, n° 294290 : *JCP Adm. 2007, n° 2088, obs. Linditch*.

25. Marchés de services juridiques – Critères de choix. Méthode de notation. Pour assurer le respect des principes de liberté d'accès à la commande publique, d'égalité de traitement des candidats et de transparence des procédures, l'information appropriée des candidats sur les critères d'attribution d'un marché public est nécessaire, dès l'engagement de la procédure d'attribution du marché, dans l'avis d'appel public à concurrence ou le cahier des charges tenu à la disposition des candidats ; dans le cas où le pouvoir adjudicateur souhaite retenir d'autres critères que celui du prix, l'information appropriée des candidats doit alors porter également sur les conditions de mise en œuvre de ces critères ; il appartient au pouvoir adjudicateur d'indiquer les critères d'attribution du marché et les conditions de leur mise en œuvre selon les modalités appropriées à l'objet, aux caractéristiques et au montant du marché concerné ; aucun principe ni aucun texte n'impose au pouvoir adjudicateur d'informer en outre les candidats de la méthode de notation envisagée pour évaluer les offres au regard des critères de sélection. • CE 21 mai 2010, *Cne d'Ajaccio*, n° 333737 B.

26. Exigence de production d'un avis juridique avec l'offre. S'agissant d'un marché de prestations juridiques, le pouvoir adjudicateur est en droit d'exiger, sur le fondement de l'art. 49, que l'offre du candidat soit accompagnée, sans contrepartie financière, d'un avis juridique en rapport avec l'objet et l'importance du marché à condition que cette prestation ne représente pas un investissement significatif ; ainsi, eu égard à l'enjeu juridique et financier que représentait l'achat d'un supercalculateur d'une valeur estimée à 20 millions d'euros, le CNRS était en droit de s'assurer des capacités professionnelles du prestataire par la remise d'un avis juridique au stade de l'offre afin de minimiser les risques de contentieux lors de la passation du marché en vue de l'achat de ce supercalculateur. • CAA Versailles, 2 févr. 2012, *Bruno Kern Avocats Selas,* n° 09VE01405.

27. *Critères de choix des offres. Appréciation des offres.* D'une part, l'obligation de pondérer les critères d'évaluation des offres ne s'applique pas à la procédure adaptée ; dès lors, le règlement de la consultation d'un marché de prestations juridiques a pu régulièrement énoncer sans les pondérer trois critères d'appréciation de la valeur des offres ; d'autre part, l'offre économiquement la plus avantageuse, au sens de l'art. 53 C. marchés, s'entend de la recherche du meilleur rapport possible entre la qualité d'une prestation et son prix ; par suite, en attribuant la priorité au critère de la qualité du conseil juridique et de l'assistance contentieuse sur celui du prix, qui n'est qu'une résultante de la nature et de l'importance des moyens mobilisés pour rendre le service proposé, le règlement de consultation et le classement des offres qui en est résulté n'ont pas méconnu ledit art. 53. Le règlement de consultation informait les candidats que la valeur technique serait appréciée en fonction de la méthodologie de travail qu'il leur appartenait de décrire dans un mémoire et que la composition de l'équipe affectée à l'exécution des marchés serait appréciée au regard de la qualification professionnelle de ses membres ; en attribuant la meilleure note de valeur technique et de composition des équipes au cabinet qui a exposé avec le plus de détails, donc de manière plus convaincante, sa méthode de travail et qui a prévu d'affecter un plus grand nombre de collaborateurs disposant de qualifications professionnelles équivalentes que les équipes concurrentes, moins étoffées, l'autorité adjudicatrice s'est bornée à faire application des sous-critères qu'elle avait annoncés dans le règlement de consultation, sans en ajouter de nouveaux. • CAA Lyon, 5 avr. 2012, *Cabinet MPC Avocats,* n° 10LY01016.

28. Le marché litigieux est relatif à des prestations d'assistance et de représentation juridique de la communauté d'agglomération, en action et en défense, dans les procédures précontentieuses et contentieuses, ainsi qu'à la réalisation d'études juridiques ponctuelles ; les prestations en cause avaient trait au lot 1 « compétence juridictionnelle administrative hors marchés publics et délégations de services publics », au lot 2 « compétence juridictionnelle administrative en marchés publics et délégations de services publics » et au lot 6 « compétence juridictionnelle en contentieux fiscal » ; les critères d'attribution retenus étaient le mémoire technique et méthodologique, pondéré à 40 pts, la spécialisation justifiée par le certificat de spécialisation mentionné par l'art. 92-3 du Décr. susvisé du 27 nov. 1991, pondéré à 30 pts, et le prix des prestations, pondéré à 30 pts ; eu égard à la technicité de ces prestations, l'objet du marché justifie objectivement le recours au critère tenant à la spécialisation des candidats dans les contentieux propres à chaque lot ; en revanche, l'exigence exclusive pour satisfaire ce critère de justifier de la possession du certificat de spécialisation susmentionné, qui conditionne l'attribution des 30 pts associés à ce critère sur un total de 100 pts, n'est, d'une part, pas justifiée par des exigences propres au marché en cause et, d'autre part, a eu un effet excessif sur la sélection des offres. • CAA Douai, 5 juin 2012, *Cabinet MPC Avocats,* n° 11DA00464.

29. *Allotissement d'un marché de services juridiques.* Il ne résulte pas de l'instruction que la division du marché de services juridiques de la commune en un lot « conseils juridiques » et un lot « représentation en justice », compte tenu de la nature des prestations et de l'objet du marché, soit entachée d'une erreur manifeste d'appréciation. • CE 21 mai 2010, *Cne d'Ajaccio,* n° 333737.

30. Il ressort des pièces du dossier soumis au juge du référé précontractuel et des énonciations non contestées sur ce point de l'ordonnance attaquée que les prestations de conseil et de représentation juridiques, objet du marché, portaient sur l'ensemble des matières du droit public ainsi que sur les matières relevant du droit civil, du droit pénal et de la procédure pénale ; compte tenu de la diversité de ces prestations et du volume de la commande passée par la commune, le juge des référés n'a commis ni erreur de droit ni erreur de qualification juridique des faits en jugeant que des prestations distinctes pouvaient être identifiées et que le marché pouvait faire l'objet d'un allotissement ; il a également jugé sans erreur de droit et sans erreur de qualification juridique que la commune, eu égard à son importance et à sa capacité à assurer une coordination des prestations, ne justifiait pas qu'un allotissement du marché rendrait techniquement difficile son exécution. • CE 11 avr. 2014, *Cne de Montreuil,* n° 375051 B : *Rev. CMP 2014, n° 170, note Devillers.*

31. Si l'art. 45 C. marchés autorise les soumissionnaires à s'adjoindre, notamment par voie de sous-traitance, le concours de spécialistes possédant les compétences dont eux-mêmes ne disposent pas afin de réunir l'ensemble des capacités requises à l'appui de leur candidature à l'attribution d'un marché public, c'est à la condition de ne pas méconnaître les dispositions déontologiques particulières régissant l'exercice de certaines activités et dont le pouvoir adjudicateur doit assurer le respect à tous les stades de la mise en concurrence ; tel est le cas des prestations juridiques qui ne peuvent être délivrées que directement par les professionnels qui disposent des qualifications requises par l'art. 54 de la L. du 31 déc. 1971, ce qui implique qu'ils soient cotraitants du marché à l'exécution duquel ils doivent participer et donc qu'ils signent l'acte d'engagement. • CAA Lyon, 18 juin 2015, *Conseil de l'ordre des avocats au barreau de Paris*, n° 14LY02786 : *Rev. CMP 2015, n° 199, note Ubaud-Bergeron.*

Art. R. 2123-7 Pour l'attribution d'un marché mentionné au 3° de l'article R. 2123-1, l'acheteur tient compte des spécificités des services en question. Il veille notamment à la qualité, la continuité, l'accessibilité, le caractère abordable, la disponibilité et l'exhaustivité des services, aux besoins spécifiques des différentes catégories d'utilisateurs, y compris des catégories défavorisées et vulnérables, à la participation et l'implication des utilisateurs, ainsi qu'à l'innovation. – *[Décr. n° 2016-360 du 25 mars 2016, art. 28-II.]*

COMMENTAIRE

La portée exacte de ces dispositions, qui trouvent leur origine dans les articles 76 de la directive 2014/24/UE et 93 de la directive 2014/25/UE, restera à préciser. ❑

SECTION 3 *[ABROGÉE]* Règles particulières aux services juridiques

(Abrogée par Décr. n° 2021-357 du 30 mars 2021, art. 1er)

Art. R. 2123-8 ***Par dérogation à l'article R. 2123-4, les services juridiques mentionnés au 4° de l'article R. 2123-1 ne sont pas soumis aux dispositions du présent livre à l'exception des articles R. 2100-1, R. 2111-1, R. 2111-2, R. 2113-1 à R. 2113-3, R. 2121-1 à R. 2121-9, R. 2122-1 à R. 2122-11, du 2° de l'article R. 2123-1, des articles R. 2142-3, R. 2142-4, R. 2143-3 à R. 2143-16, R. 2144-1 à R. 2144-7, R. 2152-3 à R. 2152-5, R. 2184-12, R. 2184-13 et du titre IX du présent livre.***

L'acheteur définit librement les modalités de publicité et de mise en concurrence en fonction du montant et des caractéristiques du marché. – *[Décr. n° 2016-360 du 25 mars 2016, art. 29-I, al. 1er et 4.]*

CHAPITRE IV MARCHÉS PASSÉS SELON UNE PROCÉDURE FORMALISÉE

Art. R. 2124-1 L'acheteur passe son marché selon l'une des procédures formalisées prévues au présent chapitre lorsque la valeur estimée du besoin est égale ou supérieure aux seuils européens figurant dans un avis annexé au présent code, sous réserve *(Décr. n° 2019-259 du 29 mars 2019, art. 1er)* **« des dispositions du chapitre II et de la section 1 du chapitre III du présent titre ».** – *[Décr. n° 2016-360 du 25 mars 2016, art. 25-I.] – V. Annexe n° 2.*

COMMENTAIRE

La mise en œuvre d'une procédure formalisée est nécessaire lorsque les seuils européens, tels que définis à l'annexe n° 2 du présent code, sont atteints, sauf dans les cas déjà évoqués ci-dessus que mentionne le présent article.

Le choix d'une procédure formalisée est toujours possible au-dessous des seuils ; il implique qu'on respecte les règles applicables à la procédure en cause.

On se reportera aux articles L. 2124-1 à L. 2124-4. ❑

SECTION 1 Appel d'offres

Art. R. 2124-2 L'acheteur choisit librement entre les formes d'appel d'offres suivantes :

1° L'appel d'offres ouvert lorsque tout opérateur économique intéressé peut soumissionner ;

2° L'appel d'offres restreint lorsque seuls les candidats sélectionnés par l'acheteur sont autorisés à soumissionner. – *[Décr. n° 2016-360 du 25 mars 2016, art. 66, al. 2 et 3.]*

COMMENTAIRE

On se reportera aux articles R. 2161-2 à R. 2161-11 ci-dessous pour la description de ces deux procédures d'appel d'offres. ❑

SECTION 2 Procédure avec négociation

Art. R. 2124-3 **Le pouvoir adjudicateur peut passer ses marchés selon la procédure avec négociation dans les cas suivants :**

1° Lorsque le besoin ne peut être satisfait sans adapter des solutions immédiatement disponibles ;

2° Lorsque le besoin consiste en une solution innovante. Sont innovants les travaux, fournitures ou services nouveaux ou sensiblement améliorés. Le caractère innovant peut consister dans la mise en œuvre de nouveaux procédés de production ou de construction, d'une nouvelle méthode de commercialisation ou d'une nouvelle méthode organisationnelle dans les pratiques, l'organisation du lieu de travail ou les relations extérieures de l'entreprise ;

3° Lorsque le marché comporte des prestations de conception ;

4° Lorsque le marché ne peut être attribué sans négociation préalable du fait de circonstances particulières liées à sa nature, à sa complexité ou au montage juridique et financier ou en raison des risques qui s'y rattachent ;

5° Lorsque le pouvoir adjudicateur n'est pas en mesure de définir les spécifications techniques avec une précision suffisante en se référant à une norme, une évaluation technique européenne, une spécification technique commune ou un référentiel technique, définis à la section 2 du chapitre I du titre I du présent livre ;

6° Lorsque, dans le cadre d'un appel d'offres, seules des offres irrégulières ou inacceptables, au sens des articles L. 2152-2 et L. 2152-3, ont été présentées pour autant que les conditions initiales du marché ne soient pas substantiellement modifiées. Le pouvoir adjudicateur n'est pas tenu de publier un avis de marché s'il ne fait participer à la procédure que le ou les soumissionnaires qui ont présenté des offres conformes aux exigences relatives aux délais et modalités formelles de l'appel d'offres. *(Décr. n° 2019-748 du 18 juill. 2019, art. 4)* **« Toutefois, par dérogation aux dispositions de l'article R. 2144-4, ne peuvent participer à la procédure que le ou les soumissionnaires ayant justifié au préalable ne pas être dans un cas d'exclusion et satisfaisant aux conditions de participation fixées par l'acheteur. »** – *[Décr. n° 2016-360 du 25 mars 2016, art. 25-II, sauf dern. phrase.]*

Sur l'application des dispositions issues du Décr. n° 2019-748 du 18 juill. 2019, V. note ss. art. R. 2122-2, supra.

Sur les achats innovants, V. Décr. n° 2018-1225 du 24 déc. 2018 et Arr. du 26 déc. 2018, ss. art. R. 2122-9.

COMMENTAIRE

Ces hypothèses, assez nombreuses, traduisent l'ouverture désormais plus large du droit de la commande publique à la négociation (ou au dialogue compétitif, puisque les « cas d'ouverture » sont les mêmes pour les deux procédures formalisées). La portée exacte de certaines d'entre elles devra encore être précisée par la jurisprudence. ❑

1. Recours au marché négocié après un appel d'offres. Le recours au marché négocié après un appel d'offres n'est pas possible dès lors que des modifications importantes ont été apportées au programme de travaux envisagé. • CE 14 mars 1997, ♎ *Préfet du Maine-et-Loire*, n° 146011 : *Rev. CMP 1997/4, p. 29, concl. Bergeal.*

2. Coût estimatif sous-évalué et infructuosité de l'appel d'offres. Un appel d'offres ne peut être déclaré infructueux au motif que toutes les offres dépassent le coût estimatif, dès lors que celui-ci a été manifestement sous-estimé par le pouvoir adjudicateur. • CE 29 déc. 1997, ♎ *Préfet de Seine-et-Marne c/ OPAC de Meaux*, n° 160686 A.

3. Sous-estimation irréaliste du prix. Infructuosité de l'appel d'offres. Est nul un marché négocié conclu après un appel d'offres déclaré infructueux, dès lors que le prix de la prestation avait été évalué de manière irréaliste à un niveau beaucoup trop faible. • CAA Versailles, 16 juin 2005, *Cne de Franconville-la-Garenne*, n° 02VE03350.

4. Appel d'offres infructueux. Déroulement de la procédure négociée. Les dispositions de l'art. 35 C. marchés ne font pas obstacle à ce qu'après que les offres ont été déclarées inacceptables, la procédure négociée s'engage sur la base des mêmes documents et que le pouvoir adjudicateur se borne à demander aux candidats de réviser leurs prix à la baisse. Dans le cadre d'une procédure négociée, le pouvoir adjudicateur détermine librement les modalités de discussion des offres ; il est seulement tenu d'engager la négociation avec l'ensemble des candidats, dans le respect du principe d'égalité de traitement. La circonstance que la procédure initiale ait été déclarée infructueuse pour un motif tenant au niveau trop élevé des prix des offres ne fait pas obstacle à ce que les offres soient appréciées au regard non seulement de leurs nouveaux prix, mais aussi de leur qualité technique. • CE 11 août 2009, *Sté Val'Horizon – Synd. Émeraude, synd. mixte pour la collecte et le traitement des déchets de la vallée de Montmorency*, n° 325465.

5. Marché négocié après appel d'offres infructueux. Délai de remise des offres. Les conditions initiales du marché n'ayant pas été modifiées, une société candidate, qui a d'ailleurs remis une offre, n'apporte aucun élément de nature à démontrer que le pouvoir adjudicateur, qui n'était tenu par aucune disposition législative ou réglementaire pour fixer le délai de remise des offres, aurait porté atteinte au principe d'égalité de traitement entre les candidats en limitant ce délai à dix jours. • CAA Bordeaux, 4 mars 2010, *Sté Nicollin SAS*, n° 08BX02366 : *Rev. CMP 2010. Chron. 174, note Llorens.*

6. Adaptation des solutions immédiatement disponibles. Si la Dir. 2014/24/UE du 26 févr. 2014 a entendu introduire davantage de souplesse dans la possibilité, pour les pouvoirs adjudicateurs, de recourir à une procédure de passation de marché prévoyant des négociations et a, à cette fin, créé la procédure concurrentielle avec négociation, placée au même niveau que les procédures ouvertes et restreintes, et si, en conséquence, l'Ord. n° 2015-899 du 23 juill. 2015 et le Décr. n° 2016-360 du 25 mars 2016 ont fait de cette procédure l'une des procédures formalisées auxquelles peuvent avoir recours les acheteurs publics, les pouvoirs adjudicateurs ne peuvent néanmoins recourir à cette procédure que dans les cas limitativement énumérés au II de l'art. 25 du Décr. du 25 mars 2016, aujourd'hui codifié à l'art. R. 2124-3 CCP. Des prestations de service qui, réalisées à une grande échelle et sur un vaste territoire, supposent une adaptation des méthodes de l'entreprise mais qui, portant sur des diagnostics immobiliers exigés par différentes réglementations, et devant être faits conformément aux normes applicables, sont connues et normalisées, ne sont pas au nombre de celles qui ne peuvent être réalisées qu'au prix d'une adaptation par les candidats des solutions immédiatement disponibles. Dès lors, le recours, pour de telles prestations, à la procédure concurrentielle avec négociation sur le fondement des dispositions du 1° du II de l'art. 25 du Décr. du 25 mars 2016 est irrégulier. • CE 7 oct. 2020, *Lyon Métropole Habitat*, n° 440575 B : *BJCP 2021. 34, concl. Le Corre ; Rev. CMP 2020. 318, note Hoepffner.*

Art. R. 2124-4 **L'entité adjudicatrice peut passer librement ses marchés selon la procédure avec négociation.** – *[Décr. n° 2016-360 du 25 mars 2016, art. 26-2°.]*

SECTION 3 Dialogue compétitif

Art. R. 2124-5 **Le pouvoir adjudicateur peut passer ses marchés selon la procédure du dialogue compétitif dans les cas mentionnés à l'article R. 2124-3.** – *[Décr. n° 2016-360 du 25 mars 2016, art. 25-II, al. 1er.]*

COMMENTAIRE

Les cas dans lesquels un pouvoir adjudicateur peut recourir au dialogue compétitif sont les mêmes que ceux dans lesquels il peut recourir à la procédure négociée.

On trouvera ci-dessous des décisions rendues sous l'empire du code des marchés publics, qui limitait en principe la possibilité de recourir au dialogue compétitif aux cas dans lesquels le pouvoir adjudicateur n'était objectivement pas en mesure de définir seul et à l'avance les moyens techniques pouvant répondre à ses besoins ou d'établir le montage juridique financier du projet.

Sur le recours au dialogue compétitif en application du code des marchés publics.

1. Recours au dialogue compétitif. Contrôle du juge du référé précontractuel. Il appartient au juge du référé précontractuel de vérifier la légalité du recours à la procédure de dialogue compétitif. • CE 11 mars 2013, *Assoc. des chambres françaises de commerce et d'industrie ; Mutuelle des chambres de commerce et d'industrie*, nos 364551 B et 364603 B : *Rev. CMP 2013, n° 130, note Zimmer.*

2. Pour juger que la ville de Paris ne pouvait recourir à la procédure de dialogue compétitif pour un marché public ayant pour objet, d'une part, la fourniture, l'entretien et l'exploitation publicitaire des kiosques, et d'autre part, la gestion de l'activité des kiosquiers, le juge des référés a relevé que si la ville attendait des candidats des propositions innovantes pour la conception et le design des kiosques ainsi que pour l'amélioration des conditions de travail des kiosquiers, le titulaire du contrat aurait à fournir les autres prestations dans des conditions comparables à celles que prévoyaient les contrats en cours ; il en a déduit que, bénéficiant d'une expérience séculaire en la matière, la ville ne se heurtait pas à des difficultés telles qu'elle ne serait pas en mesure de définir seule et à l'avance les moyens techniques pour répondre à ses besoins ou établir le montage financier ou juridique du projet ; en jugeant ainsi, alors, d'une part, que la ville de Paris entendait qu'à l'occasion de la passation d'un nouveau marché, des solutions innovantes soient proposées, aussi bien pour la conception des ouvrages que pour la gestion de l'activité des kiosquiers, qui tiennent compte à la fois des évolutions technologiques et d'objectifs d'usage multiple des kiosques, de respect des contraintes architecturales et de l'environnement, de gestion optimale d'un réseau de kiosquiers et d'optimisation des recettes domaniales, et, d'autre part, qu'il ressortait des pièces du dossier qui lui était soumis et de l'argumentation des parties devant lui que la définition des moyens techniques pouvant répondre à de tels besoins était complexe, le juge des référés a entaché son ordonnance d'une erreur de qualification juridique. • CE 26 juin 2015, ♘ *Ville de Paris,* n° 389682 B.

3. Il ressort des pièces du dossier soumis au juge des référés que Météo-France a recouru à la procédure du dialogue compétitif en estimant ne pas être objectivement en mesure de définir seul et à l'avance les moyens techniques pouvant répondre à ses besoins ; l'établissement public avait, toutefois, identifié le Lidar Doppler comme étant la technologie la plus appropriée à ses besoins avant même le lancement de la procédure de passation ; il n'est pas établi que, pour équiper l'aéroport de Nice de cette technologie, il serait nécessaire d'obtenir des sociétés présentes sur le marché le développement spécifique de techniques innovantes ; par suite, le juge des référés n'a pas entaché son ordonnance d'erreur de qualification juridique en jugeant que le projet en litige n'était pas d'une complexité technique telle que Météo-France pouvait légalement recourir à la procédure du dialogue compétitif, eu égard aux conditions alors posées par les dispositions de l'art. 36 C. marchés.

Il ressort des pièces du dossier soumis au juge des référés que Météo-France a également recouru à la procédure du dialogue compétitif en estimant n'être objectivement pas en mesure de choisir entre différents montages juridiques et financiers qu'elle avait identifiés avant de lancer la procédure de passation ; toutefois, la seule indétermination du choix entre un achat de l'appareil, une location de l'appareil avec option d'achat ou l'achat de données, qui ne constituent pas des montages juridiques et financiers complexes, ne révélait pas, à elle seule, l'incapacité objective du pouvoir adjudicateur d'établir le montage juridique ou financier du projet ; dès lors, le juge des référés n'a pas non plus entaché son ordonnance d'erreur de qualification juridique en jugeant que le projet en litige n'était pas d'une complexité juridique ou financière telle que Météo-France pouvait légalement recourir à la procédure du dialogue compétitif.

Enfin, il appartient au juge des référés, saisi en vertu des dispositions de l'art. L. 551-1 CJA, de rechercher si l'entreprise qui le saisit se prévaut de manquements qui, eu égard à leur portée et au stade de la procédure auquel ils se rapportent, sont susceptibles de l'avoir lésée ou risquent de la léser, fût-ce de façon indirecte en avantageant une entreprise concurrente ; ainsi, le juge des référés du tribunal administratif de Nice n'a pas commis d'erreur de droit en jugeant que le recours illégal par Météo-France à la procédure de dialogue compétitif était susceptible d'avoir lésé la société requérante, bien qu'elle ait participé à la procédure jusqu'à son terme, dès lors que l'établissement public avait effectivement dialogué avec les candidats sélectionnés à propos de l'identification et de la définition des moyens propres à satisfaire au mieux ses besoins et qu'il n'établissait pas qu'il aurait été à même de le faire dans les mêmes conditions s'il avait recouru à un appel d'offres. • CE 18 déc. 2017, ♘ *Météo-France,* n° 413527.

Art. R. 2124-6 L'entité adjudicatrice peut passer librement ses marchés selon la procédure du dialogue compétitif. – *[Décr. n° 2016-360 du 25 mars 2016, art. 26.]*

CHAPITRE V TECHNIQUES D'ACHAT

Le présent chapitre ne comprend pas de dispositions réglementaires.

TITRE III ENGAGEMENT DE LA PROCÉDURE DE PASSATION

CHAPITRE I PUBLICITÉ PRÉALABLE

SECTION 1 Supports de publication

SOUS-SECTION 1 Avis de préinformation et avis périodique indicatif manifestant l'intention des acheteurs de passer un marché

Art. R. 2131-1 **L'acheteur peut faire connaître son intention de passer un marché par la publication, pour le pouvoir adjudicateur, d'un avis de préinformation, ou, pour l'entité adjudicatrice, d'un avis périodique indicatif.**

Ces avis sont établis conformément aux modèles fixés par le règlement de la Commission européenne établissant les formulaires standard pour la publication d'avis dans le cadre de la passation de marchés. – *[Décr. nº 2016-360 du 25 mars 2016, art. 31-I, al. 1er.]*

COMMENTAIRE

Le principe fondamental de l'obligation d'une publicité préalable a été posé par l'article L. 2131-1, auquel on se reportera.

Les avis mentionnés à l'article R. 2131-1 permettent aux opérateurs économiques potentiellement intéressés d'être informés en amont des projets d'un acheteur.

Sur les conséquences de la publication de tels avis sur le déroulement de la procédure de passation, on se reportera à la description des différentes procédures formalisées.

Par ailleurs, on trouvera au I de l'Appendice le règlement mentionné au second alinéa de l'article précité. ❑

Art. R. 2131-2 **Les avis mentionnés à l'article R. 2131-1 peuvent être :**

1º Soit adressés pour publication à l'Office des publications de l'Union européenne ;

2º Soit publiés par l'acheteur sur son profil d'acheteur mentionné à l'article R. 2132-3. Dans ce cas, l'acheteur envoie à l'Office des publications de l'Union européenne un avis annonçant cette publication. L'avis n'est pas publié sur le profil d'acheteur avant l'envoi à l'Office des publications de l'Union européenne. La date de cet envoi est mentionnée dans l'avis publié sur le profil d'acheteur. – *[Décr. nº 2016-360 du 25 mars 2016, art. 31-I, al. 2 et 4.]*

Art. R. 2131-3 **Lorsqu'une entité adjudicatrice publie un avis périodique indicatif, elle communique aux candidats qui le demandent les spécifications techniques qu'elle fait habituellement figurer ou qu'elle entend faire figurer dans les marchés ayant le même objet que celui mentionné dans l'avis.**

Ces spécifications techniques sont mises à disposition sur un profil d'acheteur dans les conditions fixées aux articles R. 2131-2, R. 2131-4, R. 2131-5 et R. 2131-6. Toutefois, elles sont transmises par d'autres moyens dans les cas suivants :

1º Lorsqu'il n'est pas possible d'offrir un accès gratuit, sans restriction, complet et direct par voie électronique à certains documents de la consultation pour une des raisons mentionnées aux *[articles]* **R. 2132-12 et R. 2131-14 ;**

2º Lorsque l'entité adjudicatrice entend imposer aux opérateurs économiques des exigences visant à protéger la confidentialité des informations qu'elle met à disposition tout au long de la procédure de passation. – *[Décr. nº 2016-360 du 25 mars 2016, art. 32-III.]*

COMMENTAIRE

Les dispositions très précises des articles R. 2131-1 et R. 2131-2 sont inspirées par le souci qu'une information pertinente, selon les modalités les plus appropriées, soit donnée aux acteurs économiques potentiellement intéressés. ❑

SOUS-SECTION 2 Avis de préinformation et avis périodique indicatif constituant un appel à la concurrence

§ 1 Dispositions applicables aux marchés autres que ceux relatifs aux services sociaux et autres services spécifiques

Art. R. 2131-4 **Les acheteurs, à l'exception des autorités publiques centrales dont la liste figure dans un avis annexé au présent code, peuvent utiliser un avis mentionné à l'article R. 2131-1 pour lancer un appel à la concurrence dans le cadre d'une procédure d'appel d'offres restreint ou d'une procédure avec négociation.**

Dans ce cas, cet avis doit remplir les conditions suivantes :

1° Faire référence spécifiquement aux travaux, aux fournitures ou aux services qui feront l'objet du marché à passer ;

2° Mentionner que ce marché sera passé selon une procédure d'appel d'offres restreint ou une procédure avec négociation sans publication ultérieure d'un avis d'appel à la concurrence et inviter les opérateurs économiques intéressés à manifester leur intérêt ;

3° Avoir été envoyé pour publication entre trente-cinq jours et douze mois avant la date d'envoi de l'invitation à confirmer l'intérêt. – *[Décr. n° 2016-360 du 25 mars 2016, art. 31-II, al. 1er à 4.] – V. Annexe n° 2.*

COMMENTAIRE

Le présent article a pour objet de définir dans quels cas et à quelles conditions un avis de préinformation ou avis périodique indicatif peut être utilisé comme un avis d'appel à concurrence.

Dès lors qu'aucun nouvel avis d'appel à concurrence ne sera requis, une « manifestation d'intérêt » est sollicitée. Une « invitation à confirmer » sera ensuite adressée à tous les opérateurs qui se seront manifestés (V. § 3 ci-dessous). On se reportera par ailleurs à la description des procédures d'appel d'offres restreint et de négociation.

On trouvera la liste des autorités publiques centrales mentionnées au premier alinéa dans l'annexe n° 2 du présent code. ❑

Art. R. 2131-5 **Les avis mentionnés à l'article R. 2131-4 ne sont pas publiés sur le profil d'acheteur. Toutefois, une publication supplémentaire peut être réalisée sur le profil d'acheteur, dans les conditions prévues aux articles R. 2131-19 et R. 2131-20.** *– [Décr. n° 2016-360 du 25 mars 2016, art. 31-II, al. 5.]*

COMMENTAIRE

Le respect des conditions prévues pour une publication supplémentaire est important pour ne créer aucune confusion et pour n'introduire aucune différence de traitement entre les candidats potentiels. ❑

Art. R. 2131-6 **La durée maximale de validité des avis mentionnés à l'article R. 2131-4 qui constituent un appel à la concurrence est de douze mois à compter de la date de transmission de l'avis pour publication.** – *[Décr. n° 2016-360 du 25 mars 2016, art. 31-II, al. 6.]*

§ 2 Dispositions applicables aux marchés de services sociaux et autres services spécifiques

Art. R. 2131-7 **L'acheteur peut utiliser, pour lancer un appel à la concurrence, un avis mentionné à l'article R. 2131-1 pour les marchés de services sociaux et autres services spécifiques mentionnés au 3° de l'article R. 2123-1 lorsque la valeur estimée du besoin est égale ou supérieure au seuil européen applicable à ces marchés qui figure dans un avis annexé au présent code.**

Dans ce cas, l'avis mentionné à l'article R. 2131-1 doit remplir les conditions suivantes :

1° Faire référence spécifiquement aux types de services qui feront l'objet des marchés à passer ;

2° Indiquer que les marchés seront passés sans publication ultérieure et inviter les opérateurs économiques intéressés à manifester leur intérêt par écrit. – *[Décr. n° 2016-360 du 25 mars 2016, art. 35, al. 1er, 3 et 5 sauf seconde phrase de l'al. 5.] – V. Annexe n° 3.*

COMMENTAIRE

Pour ces marchés publics de services, voir aussi nos commentaires sous l'article R. 2123-1.

On se reportera à l'annexe n° 2 du présent code pour le seuil mentionné au premier alinéa. ❑

Art. R. 2131-8 L'avis mentionné à l'article R. 2131-7 est publié au *Journal officiel de l'Union européenne* dans les conditions prévues aux articles R. 2131-19 et R. 2131-20.

L'acheteur peut faire paraître une publicité supplémentaire sur un autre support que celui choisi à titre principal. La publicité supplémentaire peut ne comporter que certains des renseignements figurant dans l'avis publié à titre principal sur le support de son choix à condition qu'elle en indique les références. – *[Décr. n° 2016-360 du 25 mars 2016, art. 35, al. 4 et 6.]*

Art. R. 2131-9 L'avis mentionné à l'article R. 2131-7 peut avoir une durée de validité supérieure à douze mois. – *[Décr. n° 2016-360 du 25 mars 2016, art. 35, al. 5, phrase 2.]*

§ 3 Dispositions communes relatives à l'invitation à confirmer l'intérêt

Art. R. 2131-10 Lorsqu'un appel à la concurrence a été lancé sous la forme d'un avis de préinformation ou d'un avis périodique indicatif, l'acheteur adresse une invitation simultanément et par écrit à tous les opérateurs économiques qui ont manifesté leur intérêt, en leur demandant de confirmer leur intérêt à participer à la procédure de passation.– *[Décr. n° 2016-360 du 25 mars 2016, art. 37, al. 1er.]*

Art. R. 2131-11 L'invitation mentionnée à l'article R. 2131-10 comprend au minimum les renseignements suivants :

1° La nature et la quantité des prestations demandées. Dans le cas de marchés renouvelables, elle indique la nature, la quantité et, si possible, une estimation du délai dans lequel l'acheteur procédera à la publication des avis d'appel à la concurrence ultérieurs pour le renouvellement des marchés ;

2° La procédure utilisée ;

3° Le cas échéant, la date de commencement ou d'achèvement de l'exécution du marché ;

4° L'adresse du profil d'acheteur sur lequel les documents de la consultation sont mis à disposition des candidats. Lorsque les documents de la consultation ne sont pas mis à disposition sur un profil d'acheteur, pour l'un des motifs énoncés aux articles R. 2132-12 et R. 2132-13, ni par d'autres moyens, ils sont joints à l'invitation.

Dans les cas où l'accès électronique ne peut être proposé, l'invitation indique l'adresse et la date limite pour le dépôt des demandes visant à obtenir les documents de la consultation ainsi que la ou les langues autorisées pour leur présentation ;

5° L'identification et l'adresse du service qui passe le marché ;

6° Les informations relatives aux capacités professionnelles, techniques, économiques et financières ;

7° La forme du marché ;

8° Les critères d'attribution ainsi que leur pondération ou leur hiérarchisation, si ces renseignements ne figurent pas dans l'avis. – *[Décr. n° 2016-360 du 25 mars 2016, art. 37, al. 2 à 11.]*

COMMENTAIRE

Les articles R. 2131-10 et R. 2131-11 précisent notamment les éléments que doit comporter l'invitation à confirmer, déjà évoquée dans nos commentaires sous l'article R. 2131-4, afin que les opérateurs intéressés soient informés de façon appropriée. ❑

SOUS-SECTION 3 Avis de marché

§ 1 Avis de marché pour certains marchés passés selon une procédure adaptée

Art. R. 2131-12 Les marchés passés selon une procédure adaptée par l'État, ses établissements publics autres qu'à caractère industriel et commercial, les collectivités ter-

ritoriales, leurs établissements publics et leurs groupements, font l'objet d'une publicité dans les conditions suivantes :

1° Lorsque la valeur estimée du besoin est inférieure à 90 000 euros hors taxes, les modalités de publicité sont librement adaptées en fonction des caractéristiques du marché, notamment de son montant et de la nature des travaux, des fournitures ou des services en cause ;

2° Lorsque la valeur estimée du besoin est égale ou supérieure à 90 000 euros hors taxes et inférieure aux seuils de procédure formalisée, un avis de marché *(Décr. n° 2018-1225 du 24 déc. 2018, art. 12 et 13, en vigueur le 1er janv. 2022)* **« établi conformément au modèle fixé par un arrêté du ministre chargé de l'économie figurant en annexe du présent code » est publié soit dans le *Bulletin officiel des annonces des marchés publics* soit dans un journal habilité à recevoir des annonces légales.** – *V. Annexe n° 12.*

L'acheteur apprécie si, compte tenu de la nature ou du montant des travaux, des fournitures ou des services en cause, une publication dans un journal spécialisé correspondant au secteur économique concerné ou au *Journal officiel de l'Union européenne* est en outre nécessaire pour garantir l'information des opérateurs économiques raisonnablement vigilants pouvant être intéressés par le marché. – *[Décr. n° 2016-360 du 25 mars 2016, art. 34-I, al. 1er à 5.]*

Sur l'application des dispositions issues du Décr. n° 2018-1225 du 24 déc. 2018, V. notes ss. art. R. 2112-13.

COMMENTAIRE

L'article R. 2131-12 s'applique aux acheteurs qui relevaient du code des marchés publics et reprend des règles que celui-ci prévoyait déjà.

On se reportera aussi à nos commentaires et à la jurisprudence sous l'article R. 2123-6.

Pour le 2°, on se reportera à l'arrêté du 12 février 2020 (V. Annexe n° 12), qui entre en vigueur à compter du 1er janvier 2022. ❑

Art. R. 2131-13 Pour leurs marchés passés selon une procédure adaptée, les acheteurs autres que ceux mentionnés à l'article R. 2131-12 choisissent librement les modalités de publicité adaptées en fonction des caractéristiques du marché, notamment le montant et la nature des travaux, des fournitures ou des services en cause. – *[Décr. n° 2016-360 du 25 mars 2016, art. 34-I, al. 6 (I, 2°).]*

COMMENTAIRE

Les acheteurs qui n'étaient pas soumis au code des marchés publics ont plus de liberté, mais celle-ci n'est cependant pas totale (V. nos comm. ss. l'art. R. 2123-6). ❑

§ 2 Modalités de publicité pour les marchés de services sociaux et autres services spécifiques

Art. R. 2131-14 Les marchés de services sociaux et autres services spécifiques mentionnés au 3° de l'article R. 2123-1, dont la valeur estimée du besoin est inférieure au seuil européen applicable à ces marchés qui figure dans un avis annexé au présent code, font l'objet d'une publicité adaptée en fonction des caractéristiques du marché, notamment de son montant et de la nature des services en cause. – *[Décr. n° 2016-360 du 25 mars 2016, art. 35-I, al. 1er et 2.] – V. Annexe n° 3.*

COMMENTAIRE

La liberté laissée aux acheteurs tient ici à la fois à l'objet spécifique des marchés en cause et à leur montant limité. ❑

Art. R. 2131-15 Lorsque l'acheteur n'a pas publié un avis mentionné à l'article R. 2131-7, les marchés de services sociaux et autres services spécifiques mentionnés au 3° de l'article R. 2123-1, dont la valeur estimée du besoin est égale ou supérieure au seuil européen applicable à ces marchés qui figure dans un avis annexé au présent code, font l'objet d'un avis de marché, ou le cas échéant d'un avis sur l'existence d'un

système de qualification, conforme au modèle fixé par le règlement de la Commission européenne établissant les formulaires standard pour la publication d'avis dans le cadre de la passation de marchés.

Cet avis est publié au *Journal officiel de l'Union européenne* dans les conditions prévues aux articles R. 2131-19 et R. 2131-20. – *[Décr. n° 2016-360 du 25 mars 2016, art. 35-I, al. 3 à 5.] – V. Annexe n° 3.*

COMMENTAIRE

En dépit de l'objet spécifique des marchés en cause, les acheteurs voient leur liberté encadrée en matière de publicité lorsque le montant des contrats atteint le seuil européen.

§ 3 Avis de marché pour les marchés passés selon une procédure formalisée

Art. R. 2131-16 Pour les marchés passés selon une des procédures formalisées énumérées aux articles R. 2124-2 à R. 2124-6 :

1° L'État, ses établissements publics autres qu'à caractère industriel et commercial, les collectivités territoriales, leurs établissements publics et leurs groupements publient un avis de marché dans le *Bulletin officiel des annonces des marchés publics* et au *Journal officiel de l'Union européenne* ;

2° Les autres acheteurs publient un avis de marché au *Journal officiel de l'Union européenne*. – *[Décr. n° 2016-360 du 25 mars 2016, art. 33-I, al. 1er à 3.]*

Art. R. 2131-17 L'avis de marché est établi conformément au modèle fixé par le règlement de la Commission européenne établissant les formulaires standard pour la publication d'avis dans le cadre de la passation de marchés. – *[Décr. n° 2016-360 du 25 mars 2016, art. 33, al. 4.]*

COMMENTAIRE

Là encore, sont distingués les marchés passés par les acheteurs qui étaient soumis au code des marchés publics et les autres.

On mentionnera ici quelques décisions jurisprudentielles, parfois un peu anciennes déjà, sur la publicité dans les marchés publics. Elles ont été rendues sous l'emprise du code des marchés publics, mais ont en tout état de cause le mérite de rappeler que les formulaires d'avis doivent être renseignés avec le plus grand soin.

1. Possibilité d'un REP contre un avis de marché. Non. Un avis d'appel à concurrence constitue une mesure préparatoire qui ne peut faire l'objet d'un recours pour excès de pouvoir. • CE 10 mai 1996, *Conseil régional de l'ordre des architectes de la région Provence-Alpes-Côte d'Azur,* n° 162856 B. ♦ Un avis publié d'appel à concurrence se borne à manifester l'intention du pouvoir adjudicateur de passer un marché et présente le caractère d'une mesure préparatoire à la conclusion de celui-ci ; comme tel, il ne peut à lui seul faire naître la décision de signer le marché, laquelle ne peut intervenir qu'à la fin de la procédure ainsi lancée si la personne publique entend la mener à son terme. • CE 17 févr. 2010, *Cté de cnes Flandre Lys,* n° 325520.

2. Avis de marché discriminatoire. Conformément à la jurisprudence constante de la Cour, le principe d'égalité de traitement implique le principe de transparence. Ces principes, qui constituent la base des directives communautaires en matière de marchés publics, signifient notamment que les soumissionnaires, mêmes potentiels, doivent se trouver de manière générale sur un pied d'égalité et disposer des mêmes chances dans la formulation des termes de leurs demandes de participation ou de leurs offres (V., en ce sens, • CJCE 12 déc. 2002, *Universale-Bau e.a., C-470/99 : Rec. CJCE I-11617, point 93* • 16 déc. 2008, *Michaniki AE c/ Ethniko Symvoulio Radiotileorasis, Ypourgos Epikrateias, C-213/07 : Rec. CJCE I-09999 ; Rev. CMP 2009. Chron. 35, note Zimmer ; RDI 2009. 244, note Noguellou, pts 44 et 45 ainsi que jurisprudence citée).* ♦ En particulier, les intéressés potentiels doivent se trouver en situation d'égalité quant à la portée des informations contenues dans un avis de marché. Il ne serait pas conforme à ces principes qu'une catégorie de ces intéressés doive s'adresser à l'entité adjudicatrice concernée afin d'obtenir des éclaircissements et des informations supplémentaires sur le sens réel du contenu d'un avis de marché, dès lors que la formulation de ce dernier ne laisse aucun doute à l'égard d'un intéressé raisonnablement avisé et diligent. Il ne saurait être contesté que la clause litigieuse, par sa formulation claire, est susceptible d'avoir un effet dissuasif pour les bureaux d'études et les concepteurs étrangers, comme cela a d'ailleurs été le cas en l'occurrence. En effet, ladite clause donne clairement à penser à ceux-ci qu'une différence éventuelle entre les qualifications déclarées lors d'une précédente procédure lancée par la même entité adjudicatrice et les qualifications requises pour la procédure concernée par l'avis de marché litigieux a pour effet automatique de les exclure de la participation à ce marché. Par conséquent, un candidat étranger tel que l'auteur de la plainte déposée devant la Commission ne dispose pas des mêmes chances que les intéressés non étrangers, en raison de la formulation dissuasive non équivoque de ladite clause, et de la nécessité de procéder, en dépit de cette formulation, à des démarches supplémentaires afin d'obtenir des éclaircissements sur les conditions d'admission à la procédure du concours. Il convient ainsi de constater que la manière dont est libellé l'avis de marché litigieux engendre une différence de traitement en raison de l'État membre d'établissement de l'intéressé, au détriment des candidats étrangers, différence à l'égard de laquelle la République hellénique n'a apporté aucune justification (arrêt rendu à propos d'une entité adjudicatrice mais valant aussi bien pour un pouvoir adjudicateur). • CJCE 12 nov. 2009, ♔ *Commission c/ Grèce,* C-199/07 : *Rev. CMP 2009, n° 380, note Zimmer.*

3. Avis trop imprécis. Un avis qui comporte des mentions trop imprécises est irrégulier, ce qui entraîne la nullité du marché. • CE 29 déc. 1997, ♔ *Dpt de Paris,* n° 159693 A.

4. Informations contradictoires. Un avis d'appel à concurrence qui comporte des informations contradictoires et ne permet pas, de ce fait, de connaître la date de début et la durée de l'exécution du marché a pu être regardé sans erreur de droit comme irrégulier par le juge du référé précontractuel. • CE 15 avr. 2005, ♔ *Ville de Paris c/ Sté SITA Île-de-France Paris,* n° 273178 : *BJCP 2005. 289, concl. Boulouis, obs. R. S. ; Rev. CMP 2005, n° 184, obs. Zimmer.*

5. La passation d'un marché est irrégulière si l'avis envoyé au *BOAMP* décrit avec une précision suffisante son objet, mais que deux autres avis, envoyés à des journaux d'annonces légales, comportent sur ce point des imprécisions. • CE 29 juin 2005, ♔ *CCI de Calais,* n° 266631.

6. Avis d'appel à la concurrence, rectificatif. Lorsqu'elle apporte des modifications substantielles à l'objet et aux conditions initiales du marché, la personne publique doit les porter à la connaissance des entreprises par un avis d'appel à la concurrence rectificatif. Elle doit alors, en cas d'appel d'offres, respecter un nouveau délai de cinquante-deux jours à compter de la date d'envoi pour publication de l'avis rectificatif. Cette obligation vaut même si l'avis rectificatif a pour objet de corriger une erreur qui n'est pas imputable à la personne publique. • CE 16 nov. 2005, ♔ *Ville de Paris,* n° 278646 : *Rev. CMP 2006, n° 3, obs. Zimmer.* ♦ V. aussi, • CAA Nantes, 1er juill. 2011, ♔ *Min. de la Défense,* n° 10NT00987.

7. Modification substantielle des conditions initiales du marché. Avis rectificatif. Aux termes de l'art. 50 C. marchés, dans sa rédaction alors en vigueur : « Lorsque le pouvoir adjudicateur se fonde sur plusieurs critères pour attribuer le marché, il peut autoriser les candidats à présenter des variantes. / Le pouvoir adjudicateur indique dans l'avis d'appel public à la concurrence ou dans les documents de la consultation s'il autorise ou non les variantes ; à défaut d'indication, les variantes ne sont pas admises. / Les documents de la consultation mentionnent les exigences minimales que les variantes doivent respecter ainsi que les modalités de leur présentation. Seules les variantes répondant à ces exigences minimales peuvent être prises en considération. / Les variantes sont proposées avec l'offre de base » ; pour l'application de ces dispositions, les variantes constituent des modifications, à l'initiative des candidats, de spécifications prévues dans la solution de base décrite dans les documents de la consultation. Après avoir souverainement estimé que les documents de la consultation ne permettaient pas aux candidats de présenter des variantes ne comportant pas de verrières pour couvrir les atriums créés entre les deux barres du bâtiment, la cour administrative d'appel a inexactement qualifié les faits en jugeant que l'autorisation donnée aux candidats, au cours de la procédure et avant le dépôt des offres, de présenter de telles variantes, constituait une modification substantielle des conditions initiales du marché, qui devait donner lieu à la publication d'un avis d'appel public à la concurrence rectificatif assorti d'un nouveau délai de réception des offres de cinquante-deux jours à compter de son envoi à la publication. • CE 4 juill. 2012, ♔ *Min. de la Défense et des Anciens Combattants,* n° 352714 : *Rev. CMP 2012, n° 271, note Pietri.*

8. Lorsque le pouvoir adjudicateur souhaite, en cours de procédure et avant la remise des offres, modifier un élément de la consultation, il n'est tenu de publier un avis d'appel public à la concurrence rectificatif que si cette modification est substantielle ; en l'espèce, la suppression d'un unique lot sur les 124 lots du marché, dès la diffusion du dossier de la consultation aux entreprises, ne saurait être regardée comme une modification substantielle et n'avait pas à faire l'objet d'un avis d'appel public à la concurrence rectificatif. • CE 18 déc. 2012, ♔ *Dpt de la Guadeloupe,* n° 362532 B.

9. Montant prévisionnel du marché. Le pouvoir adjudicateur n'a pas à indiquer le montant prévisionnel du marché dans l'avis de marché. • CE 1er juin 2005, ♔ *Dpt de la Loire,* n° 274053 B : *BJCP 2005. 366, concl. Casas ; AJDA 2005. 1629, note Dourlens* ✎ *; Rev. CMP 2005, n° 213, obs. Pietri.*

10. Avis de marché de seuil communautaire. Mentions obligatoires. Toutes les mentions obligatoires prévues par les directives doivent figurer dans l'avis de marché. • CJCE 24 janv. 1995, *Commission c/ Pays-Bas,* C-359/93 : *Rec. CJCE I-157 ; D. 1996. 21, note Bergerès.*

11. Langues dans lesquelles l'offre est présentée. Un avis de marché publié au *JOUE* doit comporter des indications sur la ou les langues dans lesquelles l'offre peut être présentée. • CE 27 juill. 2001, *Cie gén. des eaux,* n° 229566 A : *BJCP 2002. 21, concl. Piveteau,*

12. Modalités de financement et de paiement. Il doit aussi comporter des renseignements, même succincts, sur les modalités de financement et de paiement envisagés pour le marché. • CE 27 juill. 2001, *Cie gén. des eaux,* n° 229566 A.

13. Pour renseigner sur les « modalités essentielles de financement », le pouvoir adjudicateur doit indiquer la nature des ressources qu'il entend mobiliser pour financer l'opération faisant l'objet du marché, qui peuvent être des ressources propres, des ressources extérieures publiques ou privées ou des contributions des usagers. • CE 2 juin 2004, *Ville de Paris, Sté Polyurbaine,* n°s 261060 B, 261296 et 261391 : *Dr. adm. 2004, n° 127, obs. Ménéménis ; Rev. CMP 2004, n° 167, obs. Eckert ; BJCP 2004. 380* • CE 6 janv. 2006, *Synd. mixte de collecte, de traitement et de valorisation des déchets du Vendômois,* n° 281113 : *Rev. CMP 2006, n° 77, obs. Llorens.*

14. A cet égard, la mention « Financement public. Virement administratif » ne suffit pas. • CE 25 juin 2004, *Sté Colas, Sté SMEC, Sté des grands travaux de l'Océan indien,* n° 261264 : *Rev. CMP 2004, n° 111, obs. Zimmer.* ♦ ... Pas plus que la seule mention des délais de paiement. • CE 30 juin 2004, *OPHLM de la ville de Nantes (OPHLM Nantes-Habitat),* n° 261472 B : *BJCP 2004. 457, concl. Casas.* ♦... Ou encore des mentions relatives aux seules modalités de paiement (délais de paiement, ordonnateur, comptable assignataire, acomptes). • CE 11 mai 2007, *Région Guadeloupe,* n°s 298863 et 298964.

15. En revanche, pour un marché public passé par un établissement public, la mention « Financement : budget de l'établissement-paiement direct », qui implique un financement par les ressources propres de l'établissement, est suffisante. • CE 17 nov. 2006, *ANPE,* n° 290712 B : *AJDA 2007. 257, note Subra de Bieusses ; Dr. adm. 2007, n° 23, obs. Alonso Garcia.*

16. Accord sur les marchés publics de l'OMC. Un avis publié au *JOUE* doit aussi préciser si le marché est ou non soumis à l'accord sur les marchés publics (AMP). • CE 14 mai 2003, *Cté d'agglomération de Lens-Liévin,* n° 251336 : *BJCP 2003. 435, concl. Le Chatelier ; Dr. adm. 2004, n° 24, obs. Ménéménis ; Rev. CMP 2003, n° 144, obs. Delelis* • CE 10 mars 2004, *Cté d'agglomération de Limoges Métropole,* n° 259680 : *Rev. CMP 2004, n° 115, obs. Zimmer.*

17. Renvoi aux mentions du règlement de la consultation. Un avis d'appel public à la concurrence publié au JOUE se bornant à renvoyer, en ce qui concerne les conditions de participation à un marché public, aux mentions du règlement de la consultation est incompatible avec les obligations de publicité. • CE 8 avr. 2005, *Sté Radiometer,* n° 270476 B : *Rev. CMP 2005, n° 147, obs. Zimmer.*

18. Délai pendant lequel l'offre doit être maintenue. Un avis envoyé au *JOUE* doit préciser le délai minimum pendant lequel le soumissionnaire est tenu de maintenir son offre. Cette mention dans le règlement de la consultation ne saurait suffire. • CE 15 juin 2007, *Min. de la Défense,* n° 300097 B.

19. Options. Doivent aussi y figurer, au titre de la rubrique « options », les achats ou travaux susceptibles d'être effectués dans le cadre d'éventuelles reconductions du marché, d'avenants ou de marchés complémentaires conclus sans nouvelle mise en concurrence. Une prestation que les candidats sont tenus de proposer dans leur offre et que le pouvoir adjudicateur se réserve la possibilité de demander, en complément de l'offre de base, lors de l'exécution du marché, n'est pas une option. • CE 15 juin 2007, *Min. de la Défense,* n° 299391 B : *Rev. CMP 2007, n° 241, obs. Zimmer*

20. Voies et délais de recours. Pour se conformer aux obligations fixées par l'annexe VII A à la directive, les acheteurs publics ne sont pas tenus de renseigner dans l'avis de marché la rubrique VI.4.2 relative aux délais de recours, dès lors qu'ils ont précisé, au titre de la rubrique VI.4.3, les coordonnées du service auprès duquel ces renseignements peuvent être obtenus. • CE 15 juin 2007, *Min. de la Défense,* n° 300097 • 6 mars 2009, *Cne de Savigny-sur-Orge,* n° 315138 B : *AJDA 2009. 1380, note Deliancourt* (en l'espèce, le service est le TA lui-même) • 20 mai 2009, *Min. de la Défense,* n° 316601. ♦ Cependant, la seule indication, au titre de la rubrique VI.4.1 de l'avis, de l'instance chargée des procédures de recours ne dispense pas le pouvoir adjudicateur de remplir au moins l'une des rubriques VI.4.2 et VI.4.3. Dès lors, un pouvoir adjudicateur qui n'a pas usé de la possibilité de renseigner la rubrique VI.4.3 du formulaire standard, alors même qu'il a rempli la rubrique VI.4.1, a méconnu les dispositions du règlement de la Commission du 7 sept. 2005, en ne précisant pas au sein de la rubrique « introduction des recours » le délai d'introduction du référé précontractuel (lequel peut être exercé depuis le début de la procédure de passation jusqu'à la signature du contrat), dès lors qu'une telle omission affecte de manière substantielle les conditions de publicité de la procédure.

• CE 8 févr. 2008, *Cne de Toulouse*, n° 303748 B : *AJDA 2008. 1106, note Richer et Crochemore ; BJCP 2008. 164, concl. Dacosta ; Rev. CMP 2008, n° 53, obs. Pietri ; RDI 2008. 211, note Noguellou ; JCP Adm. 2008. 2080, obs. Cabanes et Neveu.* ♦ Dès lors que le pouvoir adjudicateur fait le choix de remplir la rubrique VI.4.2 en sus de la rubrique VI.4.3, il lui appartient d'y procéder en mentionnant l'existence d'un référé précontractuel pouvant être introduit depuis le début de la procédure jusqu'à la signature du contrat ; en se bornant à mentionner la possibilité de former un recours dans les deux mois contre le rejet de l'offre, il commet une irrégularité substantielle. • CE 8 févr. 2008, *Dpt de l'Essonne*, n° 300275. ♦ Les acheteurs publics peuvent renseigner alternativement la rubrique VI.4.2, « Introduction des recours », ou VI.4.3 « Service auprès duquel des renseignements peuvent être obtenus concernant l'introduction des recours », du formulaire standard de l'avis d'appel public à concurrence ; le juge des référés a par conséquent commis une erreur de droit en considérant que le ministre de la défense ayant porté à la rubrique VI.4.2 au lieu de la rubrique VI.4.3 le renseignement relatif au « service auprès duquel des renseignements peuvent être obtenus concernant l'introduction des recours », en mentionnant avec leurs coordonnées tant le tribunal administratif de Versailles que le service territorialement compétent du ministère de la défense, il aurait alors dû indiquer à cette même rubrique VI.4.2 l'existence d'un référé précontractuel pouvant être introduit dès le début de la procédure ; en effet, une des informations alternatives exigées avait été portée au point 4 de la section 6 du formulaire standard, relative à l'introduction des recours, sans que l'erreur matérielle résultant d'une mention à la rubrique VI.4.2 au lieu de VI.4.3 ait été de nature à induire en erreur les candidats. • CE 19 juin 2009, *Min. de la Défense*, n° 321844.

21. Date prévisionnelle du début des prestations. Durée du marché. Un avis publié au *JOUE* et au *BOAMP* qui, contrairement aux exigences de l'Arr. du 30 janv. 2004 (alors en vigueur), ne mentionne pas la date prévisionnelle du début des prestations (pour un marché de fournitures ou un marché de services) est irrégulier. • CE 19 sept. 2007, *Service dptal d'incendie et de secours du Nord (SDIS)*, n° 298294 B : *Rev. CMP 2007, n° 292, obs. Zimmer.* ♦ Mais pour les avis relatifs à des marchés passés selon une procédure formalisée envoyés pour publication au *BOAMP* depuis le 1er déc. 2006, qui doivent être conformes au modèle annexé au règlement communautaire du 7 sept. 2005, le pouvoir adjudicateur est seulement tenu d'indiquer soit la durée à compter de la date d'attribution du marché soit les dates de début et de fin d'exécution du contrat. • CE 8 août 2008, *Ville de Marseille*, n° 312370 B : *Rev. CMP 2008, n° 255, obs. Zimmer.*

22. Renseignements exigés à l'appui des candidatures. Le pouvoir adjudicateur peut renvoyer aux formulaires DC4 et DC5 dans l'avis d'appel public à la concurrence pour faire connaître aux entreprises les renseignements exigés à l'appui de leur candidature. S'il se borne à indiquer que les renseignements attendus sont ceux qui sont prévus à l'art. 45 C. marchés et repris dans le formulaire DC5, il indique avec suffisamment de précision que tous les renseignements énumérés dans ce formulaire sont exigés. • CE 21 nov. 2007, *Dpt du Var*, n° 300992 B : *ACCP 2008, n° 73, p. 71, obs. Letellier et Proot ; Rev. CMP 2008, n° 5, obs. Zimmer.*

23. Niveaux minimaux de capacités professionnelles, techniques et financières. Si les dispositions de l'art. 45 du code font obligation au pouvoir adjudicateur de contrôler les garanties professionnelles, techniques et financières des candidats à l'attribution d'un marché public au vu des documents ou renseignements demandés à cet effet dans les avis d'appel public à concurrence ou dans le règlement de la consultation dans les cas de procédures dispensées de l'envoi de tels avis, le pouvoir adjudicateur n'est pas tenu de fixer dans les avis d'appel public à la concurrence des niveaux minimaux de capacités professionnelles, techniques et financières exigés des candidats ; en revanche, lorsque le pouvoir adjudicateur décide de fixer des niveaux minimaux de capacité, ces derniers sont précisés dans l'avis d'appel public à concurrence ou, en l'absence d'un tel avis, dans les documents de la consultation. • CE 8 août 2008, *Cne de Nanterre*, n° 309136 B : *BJCP 2008. 410, concl. Dacosta ; Rev. CMP 2008, n° 229, obs. Pietri* • 8 août 2008, *Région Bourgogne*, n° 307143 B : *Rev. CMP 2008, n° 226, obs. Pietri ; Dr. adm. 2008, comm. n° 148, obs. Labayle-Pabet et Garderes ; JCP Adm. 2008. 2211, note Linditch ; RDI 2008. 503, obs. Noguellou* • 8 août 2008, *CH Edmond-Garcin*, n° 309652 B : *Rev. CMP 2008, n° 228, obs. Pietri* • 20 mai 2009, *Cne de Fort-de-France*, n° 311379.

24. Date limite de présentation des demandes de communication du cahier des charges et des documents complémentaires. La mention de cette date n'est exigée par le règlement communautaire du 7 sept. 2005 que si le pouvoir adjudicateur entend fixer une date limite. L'absence de cette mention indique simplement que le pouvoir adjudicateur n'entend pas poser de date limite particulière et que les candidats peuvent demander communication des documents jusqu'à la date limite de présentation des offres. • CE 8 août 2008, *Cne de Nanterre*, n° 309136 B.

25. Mention de la date d'envoi de l'avis à l'office des publications officielles de l'Union européenne. Une telle mention au *BOAMP* ou sur tout autre support publicitaire n'a pas lieu d'être lorsque le pouvoir adjudicateur a recours au formulaire électronique unique. • CE 8 août 2008, *Ville de Marseille*, n° 312370.

26. Marchés à bons de commande. Les marchés à bons de commande, au sens de l'art. 77 C. marchés, doivent être regardés comme des accords-cadres au sens de la directive. Par suite, la rubrique II.1.4 du modèle d'avis prévu par le règlement communautaire du 7 sept. 2005, dans laquelle le pouvoir adjudicateur doit indiquer s'il envisage de conclure un tel accord avec un opérateur unique ou avec des opérateurs multiples, doit être renseignée. • CE 8 août 2008, *Cne de Nanterre*, n° 309136 B : *préc. note 24.* ♦ Le pouvoir adjudicateur est dès lors tenu d'indiquer dans les avis que le marché implique la conclusion d'un accord-cadre. • CE 24 oct. 2008, *UGAP*, n° 314499 B : *Rev. CMP 2008, n° 274, obs. Zimmer.*

27. Marchés à bons de commande sans minimum ni maximum. Même si l'art. 77 C. marchés prévoit que de tels marchés peuvent être conclus sans minimum ni maximum, le pouvoir adjudicateur est tenu de faire figurer, dans le cadre « Quantité ou étendue globale » de l'avis d'appel d'offres, à titre indicatif et prévisionnel, des quantités. • CE 24 oct. 2008, *Cté d'agglomération de l'Artois*, n° 313600 B : *Rev. CMP 2008, n° 275, obs. Eckert* • 20 mai 2009, *Min. de la Défense*, n° 316601.

28. Marchés de maîtrise d'œuvre. Sous-critères. Le pouvoir adjudicateur n'est pas tenu de distinguer, dans l'avis d'appel à concurrence d'un marché de maîtrise d'œuvre, des « sous-critères » de conformité des prestations proposées au règlement de la consultation et des « sous-critères » d'évaluation de la qualité de ces prestations. • CE 8 août 2008, *CH Edmond-Garcin*, n° 309652 B.

29. Avis publié seulement selon un formulaire national. Exigences non prévues. Lorsque le formulaire annexé à l'Arr. du 30 janv. 2004 (alors en vigueur) pour les marchés dont le montant est inférieur aux seuils communautaires n'exige pas qu'une rubrique (en l'espèce relative aux modalités de financement et de paiement du marché) soit renseignée, un avis pour un tel marché qui ne mentionne pas les renseignements correspondants (en l'espèce il indique seulement les modalités essentielles de paiement) n'est pas irrégulier. • CE 1er juin 2005, *Dpt de la Loire*, n° 274053.

30. Erreur dans la publication d'un avis au BOAMP. Responsabilité de l'État. Il résulte des documents produits par l'OPAC (pouvoir adjudicateur) que la version imprimée de l'avis d'appel public à la concurrence litigieux mentionnait à tort la réalisation de 4 logements tout public ; si le Premier ministre soutient que ce sont les éléments transmis par l'OPAC à la Direction des journaux officiels qui étaient erronés et que la « capture d'écran » de la version électronique de l'avis versée au dossier par l'office, qui fait apparaître le chiffre de 45 logements, aurait fait l'objet d'une « manipulation », il ne l'établit ni par ses allégations, ni par le document produit à leur soutien, présenté comme une autre version du même avis, alors d'ailleurs que celle publiée au *Journal officiel de l'Union européenne* mentionne également le chiffre de 45 logements tout public ; il résulte ainsi de l'instruction que l'erreur relative à l'objet du marché en cause figurant dans la version imprimée du *Bulletin officiel des annonces des marchés publics* est nécessairement imputable à la Direction des journaux officiels ; cette erreur de publication est constitutive d'une faute de nature à engager la responsabilité de l'État.

Toutefois, il découle des dispositions de l'art. 40 C. marchés alors applicable, qui posent l'obligation de faire précéder tout marché public d'une publicité permettant une mise en concurrence effective, qu'il appartient à la personne publique concernée de vérifier avec la célérité requise l'exactitude de l'avis qu'elle a fait publier et, le cas échéant, d'en demander la rectification ; en l'espèce, il est constant que l'OPAC, qui ne s'est aperçu de l'erreur entachant la version imprimée de l'avis publié au *Bulletin officiel des annonces des marchés publics* qu'à l'occasion de l'examen des dossiers de candidature, n'a pas procédé à cette vérification en temps utile et a dû, en conséquence, annuler l'ensemble de la procédure ; le défaut de vérification et de demande de rectification de l'avis publié est ainsi constitutif d'une faute commise par l'office ; contrairement à ce que soutient l'OPAC, sa situation ne saurait s'assimiler à celle d'une autorité de contrôle dont la responsabilité ne pourrait être retenue qu'en cas de faute lourde ; dans les circonstances de l'espèce, la faute commise par l'office est ainsi de nature à exonérer l'État de sa responsabilité à hauteur de 40 %. • CAA Paris, 27 mars 2012, *OPAC du dpt du Rhône*, n° 09PA05349.

§ 4 Publicité supplémentaire

Art. R. 2131-18 **L'acheteur peut faire paraître une publicité supplémentaire sur un autre support que celui choisi à titre principal. La publicité supplémentaire peut ne comporter que certains des renseignements figurant dans l'avis de marché publié à titre principal sur le support de son choix à condition qu'elle en indique les références.** – *[Décr. n° 2016-360 du 25 mars 2016, art. 33-III, 34-II et 35-II.]*

COMMENTAIRE

Comme il l'a déjà été dit, une publicité supplémentaire, qui peut contribuer à un achat plus efficace en élargissant le champ des candidats potentiels, ne doit introduire ni confusion, ni rupture d'égalité. ❑

SECTION 2 **Publication**

Art. R. 2131-19 **Les avis destinés à être publiés au *Journal officiel de l'Union européenne* sont transmis par voie électronique à l'Office des publications de l'Union européenne. L'acheteur conserve la preuve de la date d'envoi de ces avis.** – *[Décr. nº 2016-360 du 25 mars 2016, art. 36-I.]*

Art. R. 2131-20 **Les publications au niveau national ne peuvent être effectuées avant la publication au *Journal officiel de l'Union européenne*. Elles peuvent néanmoins avoir lieu, en tout état de cause, lorsque l'acheteur n'a pas été avisé de la publication au *Journal officiel de l'Union européenne* dans les quarante-huit heures suivant la confirmation de la réception de l'avis par l'Office des publications de l'Union européenne.**

Ces publications ne peuvent fournir plus de renseignements que ceux envoyés à l'Office des publications de l'Union européenne. Elles mentionnent la date de cet envoi. – *[Décr. nº 2016-360 du 25 mars 2016, art. 36-II et III.]*

CHAPITRE II COMMUNICATIONS ET ÉCHANGES D'INFORMATION

SECTION UNIQUE **Dématérialisation des communications et échanges d'informations**

SOUS-SECTION 1 **Mise à disposition des documents de la consultation**

Art. R. 2132-1 **Les documents de la consultation sont l'ensemble des documents fournis par l'acheteur ou auxquels il se réfère afin de définir son besoin et de décrire les modalités de la procédure de passation, y compris l'avis d'appel à la concurrence. Les informations fournies sont suffisamment précises pour permettre aux opérateurs économiques de déterminer la nature et l'étendue du besoin et de décider de demander ou non à participer à la procédure.** – *[Décr. nº 2016-360 du 25 mars 2016, art. 38.]*

COMMENTAIRE

On trouvera ci-dessous quelques décisions juridictionnelles relatives aux documents de la consultation. Elles ont été rendues sous l'empire de l'ancien code des marchés publics, qui prévoyait, au nombre de ces documents, sans le rendre d'ailleurs toujours obligatoire, un « règlement de la consultation ». ❑

1. Les documents de la consultation ne doivent être ni contradictoires, ni ambigus. • CE 19 oct. 2001, *Région La Réunion et Sté SETEC TPI*, nos 234298 et 234366.

2. Éléments essentiels du marché. Égalité de traitement des candidats. Il ressort des pièces du dossier soumis aux juges du fond qu'après avoir soumissionné à un appel d'offre restreint pour un marché de nettoyage, la société X, déclarée attributaire de celui-ci, a retiré son offre, compte tenu du nombre de salariés qu'elle était dans l'obligation de reprendre en application d'une annexe à la convention collective du personnel des entreprises de nettoyage de locaux, signée quelques mois auparavant ; saisie d'un appel de la société contre le jugement qui l'a condamnée à indemniser le pouvoir adjudicateur du préjudice qu'il avait subi, la cour administrative d'appel a écarté le moyen tiré par la société de ce que celui-ci aurait méconnu le principe d'égalité entre les candidats à un appel d'offres en ne lui communiquant pas, malgré sa demande, la liste des salariés à reprendre ; en se bornant, pour écarter ce moyen, à relever que cette obligation de reprise résultait de dispositions extérieures au marché, connues de la société, et régissant uniquement les rapports entre employeurs et salariés, et qu'aucune disposition législative ou réglementaire n'imposait, en l'espèce, de fournir à tous les candidats la liste des personnels à reprendre, sans rechercher si cet élément d'information constituait un élément essentiel du marché dont tous les candidats devaient avoir été mis à même de prendre connaissance, la cour administrative d'appel a commis une erreur de droit. • CE 6 juin 1997, *SA industrielle de nettoyage*, nº 129437.

3. Informations indispensables. Exemple. En premier lieu, le juge des référés a, sans dénaturer les pièces du dossier, estimé que, l'entreprise attributaire étant susceptible de devoir reprendre les salariés du titulaire du précédent marché sur le fondement d'obligations résultant d'une convention collective étendue, le coût de la masse salariale correspondante était en conséquence un élément essentiel du marché, eu égard au poids des charges de personnel dans l'activité considérée ; c'est, de même, par une appréciation souveraine qu'il a estimé que le pouvoir adjudicateur détenait ces informations ou était en mesure de les obtenir ; il n'a ainsi pas commis d'erreur de droit en jugeant nécessaire la communication de cette information à tous les candidats, quand bien même certains ne seraient pas soumis à cette obligation conventionnelle de reprise, afin qu'ils puissent présenter une offre dans des conditions d'une égale concurrence ; en deuxième lieu, le juge des référés n'a pas commis d'erreur de droit, d'une part, en regardant comme inopérantes les circonstances que le marché serait un « marché de résultats » et que l'origine de l'obligation serait conventionnelle, dès lors que cette obligation s'imposait à une partie au moins des candidats, d'autre part, en relevant que la méconnaissance de cette obligation de communiquer à tous les candidats un élément essentiel du marché était constitutive d'un manquement aux règles de publicité et de mise en concurrence ; en troisième lieu, si les collectivités publiques sont, dans leur activité contractuelle, tenues au respect du secret des affaires, ce secret doit se concilier avec l'obligation d'assurer l'égalité entre les candidats à l'attribution d'un marché public ; le juge des référés n'a donc pas commis d'erreur de droit en jugeant que, compte tenu de la nature des informations en cause, leur communication était nécessaire pour assurer l'égalité entre les candidats, sans que leur divulgation puisse être regardée comme constitutive d'une violation du secret des affaires. • CE 19 janv. 2011, 🏛 *Sté TEP – Technique d'Environnement et Propreté*, n°s 340773 et 340780.

4. Information sur la masse salariale à reprendre. Il résulte des stipulations de l'accord du 5 mars 2002 relatif à la reprise du personnel, attaché à la convention collective nationale des entreprises de prévention et de sécurité du 15 févr. 1985, étendue par Arr. du 25 juill. 1985, que la conclusion d'un contrat portant sur des prestations relevant de cette convention collective implique, en cas de changement de prestataire, que l'entreprise retenue reprenne au moins 85 % des personnels transférables dans la limite du nombre de personnels nécessaires à l'exécution du contrat ; dans le cadre de la passation d'un marché public, y compris lorsqu'il s'agit d'un marché à bon de commandes, il incombe au pouvoir adjudicateur d'informer les candidats éventuels de la masse salariale des personnels à reprendre ainsi que du coût correspondant ; ces informations constituent un élément essentiel du marché eu égard à la nature des prestations de gardiennage et de sécurité concernées ; la méconnaissance de cette obligation est constitutive d'un manquement aux règles de publicité et de mise en concurrence. • CAA Douai, 6 mars 2014, 🏛 *Cne de Creil*, n° 13DA00173.

5. Renseignements inexacts donnés aux candidats. Égalité de traitement des candidats. Pour annuler la procédure de passation litigieuse, le juge des référés du tribunal administratif a relevé, par des appréciations souveraines exemptes de dénaturation, que les chiffres de consommations énergétiques communiqués aux candidats à un marché public relatif à l'exploitation et à l'entretien des installations de chauffage, de production d'eau chaude et de climatisation par le pouvoir adjudicateur étaient en moyenne majorés d'environ 10 % par rapport aux consommations réelles constatées par les candidats exploitants sortants, que la performance énergétique des prestations proposées par les candidats était un paramètre pris en compte dans trois des quatre sous-critères d'évaluation de la valeur technique des offres et, ainsi, que ces informations relatives aux consommations énergétiques réelles de bâtiments, à partir desquelles les candidats pouvaient élaborer et chiffrer leurs offres, constituaient un « élément essentiel du marché ».

Compte tenu de ce que la société X était l'exploitant sortant de la quasi-totalité des sites objets du marché, au nombre de plusieurs centaines, alors que la société candidate A n'exploitait pour sa part que quelques sites et que la société candidate B n'en exploitait aucun, et que les deux concurrents évincés disposaient de ce fait, ainsi qu'il vient d'être dit, d'informations inexactes sur les consommations énergétiques réelles sur lesquelles reposait l'élaboration de leurs offres, le juge des référés n'a pas commis d'erreur de qualification juridique en relevant que ce manquement aux règles de publicité et de mise en concurrence était susceptible de léser les sociétés A et B, concurrentes évincées ; par suite, il n'a pas méconnu son office en annulant la procédure de passation du marché en application des dispositions de l'art. L. 551-1 CJA. • CE 12 mars 2012, 🏛 *Dynacité, Sté Dalkia France*, n°s 354355 à 354558 A : *BJCP 2012. 188, concl. Boulouis ; Rev. CMP 2012, n° 145, note Pietri.*

6. Le pouvoir adjudicateur doit adresser aux candidats les documents de la consultation nécessaires à l'élaboration de leurs offres ; toutefois, ces dispositions n'ont ni pour objet ni pour effet d'interdire au pouvoir adjudicateur d'inviter les candidats à venir consulter sur site des documents nécessaires à l'élaboration de leurs offres mais qui ne peuvent leur être adressés en raison, notamment, de leur volume ou de leur confidentialité. • CE 11 mars 2013, 🏛 *Min. de la Défense* *c/ Sté Aéromécanic,* n° 364827 B : *Rev. CMP 2013, note Eckert.*

7. Un marché public ne peut être attribué à un candidat qui ne respecte pas toutes les prescriptions du règlement de la consultation. • CE 23 nov. 2005, *Sté Axialogic,* n° 267494 A.

8. Contradictions entre le règlement de la consultation et le cahier des charges. Le pouvoir adjudicateur peut légalement mettre fin à une procédure de passation d'un marché quand il apparaît que des contradictions entre le règlement de la consultation et le cahier des charges créent des incertitudes. • CE 13 janv. 1995, *CCI de Vienne,* n°s 68117 A, 68118, 114841 et 115307.

9. Rectification des conditions de la consultation. Des modifications du règlement de la consultation antérieures au dépôt des offres sont possibles, dès lors qu'est assurée l'égalité entre les candidats et que ceux-ci disposent d'un délai suffisant pour adapter leurs offres. • CE 9 févr. 2004, *Cté urb. de Nantes,* n° 259369 B.

10. Règlement de la consultation imprécis. Un règlement de la consultation qui dispose : « en cas de groupement, la forme souhaitée est un groupement solidaire ou conjoint sans mandataire solidaire. Si le groupement attributaire du marché est d'une forme différente, il pourra se voir contraint d'assurer sa transformation pour se conformer au souhait du pouvoir adjudicateur tel qu'il est indiqué ci-dessus » ne permet pas aux candidats de connaître à l'avance clairement le choix que ferait le pouvoir adjudicateur entre les deux formes de groupement souhaitées par lui, ce qui justifie l'injonction faite par le juge du référé précontractuel au pouvoir adjudicateur, si celui-ci entend poursuivre son projet, de reprendre la procédure. • CE 29 oct. 2007, *Cté d'agglomération du pays voironnais,* n° 301065 B : *Rev. CMP 2007, n° 324, obs. Olivier.*

11. Visite groupée des candidats. Une visite groupée organisée par la personne publique à l'intention des entreprises candidates n'est pas en soi contraire au principe d'égalité des candidats dès lors que le déroulement de la visite ne porte pas atteinte à ce principe (décision rendue à propos de la passation d'une délégation de service public). • CE 24 oct. 2008, *Synd. intercommunal d'eau et d'assainissement de Mayotte, SNC Sogea Mayotte,* n°s 300034 B et 300094.

Art. R. 2132-2 *(Décr. n° 2018-1225 du 24 déc. 2018, art. 12)* **« Les documents de la consultation sont gratuitement mis à disposition des opérateurs économiques. Pour les marchés qui répondent à un besoin dont la valeur estimée est égale ou supérieure à** *(Décr. n° 2019-1344 du 12 déc. 2019, art. 1er et 4, en vigueur le 1er janv. 2020)* **« 40 000 » euros hors taxes et dont la procédure donne lieu à la publication d'un avis d'appel à la concurrence, cette mise à disposition s'effectue sur un profil d'acheteur à compter de la publication de l'avis d'appel à la concurrence selon des modalités fixées par arrêté du ministre chargé de l'économie figurant en annexe du présent code. »**

Lorsque les spécifications techniques sont fondées sur des documents gratuitement disponibles par des moyens électroniques, l'indication de la référence de ces documents est considérée comme suffisante.

L'avis d'appel à la concurrence, ou le cas échéant l'invitation à confirmer l'intérêt, mentionne l'adresse du profil d'acheteur sur lequel les documents de la consultation sont accessibles. – *[Décr. n° 2016-360 du 25 mars 2016, art. 39, al. 1er.]* – *V. Annexe n° 6.*

Sur l'application des dispositions issues du Décr. n° 2018-1225 du 24 déc. 2018, V. notes ss. art. R. 2112-13, supra.

Sur l'application du Décr. n° 2019-1344 du 12 déc. 2019, V. note ss. art. R. 2122-8, supra.

COMMENTAIRE

Pour la mise à dispositions des documents de la consultation, la gratuité est la règle, la publication sur un profil d'acheteur le principe.

On se reportera aux annexes n°s 6 et 7 du code.

Art. R. 2132-3 **Le profil d'acheteur est la plateforme de dématérialisation permettant notamment aux acheteurs de mettre les documents de la consultation à disposition des opérateurs économiques par voie électronique et de réceptionner par voie électronique les documents transmis par les candidats et les soumissionnaires. Un arrêté du ministre chargé de l'économie figurant en annexe du présent code détermine les fonctionnalités et les exigences minimales qui s'imposent aux profils d'acheteur.** – *[Décr. n° 2016-360 du 25 mars 2016, art. 31-I, al. 3.]* – *V. Annexe n° 7.*

COMMENTAIRE

Le « profil d'acheteur » est, on l'a vu, un élément clé de la dématérialisation des procédures de passation des marchés publics.

On se reportera à l'annexe n° 7 du code. ❑

Art. R. 2132-4 **Lorsque l'appel à la concurrence est effectué au moyen d'un avis de préinformation ou d'un avis périodique indicatif, l'accès aux documents de la consultation sur le profil d'acheteur est offert à compter de l'envoi de l'invitation à confirmer l'intérêt.**

Lorsque l'appel à la concurrence est effectué au moyen d'un avis sur l'existence d'un système de qualification, l'accès aux documents de la consultation sur le profil d'acheteur est offert dès que possible et au plus tard à la date d'envoi de l'invitation à soumissionner. – *[Décr. nº 2016-360 du 25 mars 2016, art. 39, al. 2 et 3 du I.]*

Art. R. 2132-5 **Lorsque certains documents de la consultation ne sont pas publiés sur le profil d'acheteur pour une des raisons mentionnées aux articles R. 2132-12 et R. 2132-13, l'acheteur indique, dans l'avis d'appel à la concurrence ou l'invitation à confirmer l'intérêt, les moyens par lesquels ces documents peuvent être obtenus.**

Lorsque certains documents de la consultation ne sont pas publiés sur le profil d'acheteur parce que l'acheteur impose aux opérateurs économiques des exigences visant à protéger la confidentialité de certaines informations, celui-ci indique, dans l'avis d'appel à la concurrence, dans l'invitation à confirmer l'intérêt ou, lorsque l'appel à la concurrence est effectué au moyen d'un avis sur l'existence d'un système de qualification, dans les documents de la consultation, les mesures qu'il impose en vue de protéger la confidentialité des informations ainsi que les modalités d'accès aux documents concernés. – *[Décr. nº 2016-360 du 25 mars 2016, art. 39-II, al. 1er et 2.]*

(Décr. nº 2018-1225 du 24 déc. 2018, art. 12) **« Lorsque certains documents de la consultation sont trop volumineux pour être téléchargés depuis le profil d'acheteur, l'acheteur indique dans l'avis d'appel à la concurrence ou dans l'invitation à confirmer l'intérêt les moyens électroniques par lesquels ces documents peuvent être obtenus gratuitement. »**

Sur l'application des dispositions issues du Décr. nº 2018-1225 du 24 déc. 2018, V. notes ss. art. R. 2112-13, supra.

COMMENTAIRE

Les dispositions de l'article R. 2132-5 très précises traduisent le double souci d'assurer une information complète et égale des opérateurs économiques et de respecter certaines autres exigences, notamment la confidentialité de certaines informations. ❑

Art. R. 2132-6 **En cas de procédure formalisée, les renseignements complémentaires sur les documents de la consultation sont envoyés aux opérateurs économiques six jours au plus tard avant la date limite fixée pour la réception des offres, pour autant qu'ils en aient fait la demande en temps utile.**

Lorsque le délai de réception des offres est réduit pour cause d'urgence en application des dispositions du titre VI, ce délai est de quatre jours. – *[Décr. nº 2016-360 du 25 mars 2016, art. 39-III.]*

SOUS-SECTION 2 **Support des communications et échanges d'informations**

Art. R. 2132-7 **Sous réserve des dispositions des articles R. 2132-11 à R. 2132-13, les communications et les échanges d'informations lors de la passation d'un marché en application du présent livre ont lieu par voie électronique.**

Un moyen de communication électronique est un équipement électronique de traitement, y compris la compression numérique, et de stockage de données diffusées, acheminées et reçues par fils, par radio, par moyens optiques ou par d'autres moyens électromagnétiques. – *[Décr. nº 2016-360 du 25 mars 2016, art. 40-I, 41-I, al. 2.]*

COMMENTAIRE

L'article R. 2132-7 traduit le principe fondamental de dématérialisation des procédures (on se reportera à l'article L. 2132-2 du présent code). ❑

Art. R. 2132-8 **Les moyens de communication électronique ainsi que leurs caractéristiques techniques ne sont pas discriminatoires et ne restreignent pas l'accès des opérateurs économiques à la procédure de passation. Ils sont communément disponibles et compatibles avec les technologies de l'information et de la communication généralement utilisées.**

Ils répondent à des exigences minimales figurant dans un arrêté du ministre chargé de l'économie figurant en annexe au présent code. – *[Décr. nº 2016-360 du 25 mars 2016, art. 42-I.] – V. Annexe nº 8.*

COMMENTAIRE

A tous les stades de la procédure et pour tous les outils qu'elle utilise, il convient de veiller à ce que les principes fondamentaux de liberté d'accès à la commande publique et d'égalité de traitement soient scrupuleusement respectés.

On se reportera à l'annexe nº 8 du code.

Art. R. 2132-9 **L'acheteur assure la confidentialité et la sécurité des transactions sur un réseau informatique accessible selon des modalités figurant dans un arrêté du ministre chargé de l'économie figurant en annexe au présent code. Les frais d'accès au réseau restent à la charge de l'opérateur économique.**

Les communications, les échanges et le stockage d'informations sont effectués de manière à assurer l'intégrité des données et la confidentialité des candidatures, des offres et des demandes de participation et à garantir que l'acheteur ne prend connaissance de leur contenu qu'à l'expiration du délai prévu pour leur présentation. – *[Décr. nº 2016-360 du 25 mars 2016, art. 42-II.] – V. Annexe nº 8.*

COMMENTAIRE

Confidentialité et sécurité doivent, comme la liberté d'accès et l'égalité de traitement, être garanties.

On se reportera à l'annexe nº 8 du code.

1. Procédure dématérialisée. Accès d'un candidat aux messages de l'acheteur. Pour annuler la procédure de passation litigieuse, le juge des référés du tribunal administratif, après avoir relevé que le règlement de la consultation prévoyait l'accès à une plate-forme de dématérialisation des marchés publics et fournissait des indications sur ses modalités d'utilisation, a estimé que le département avait méconnu le principe d'égalité de traitement des candidats, d'une part, en ne s'assurant pas qu'était bien parvenu sur la messagerie électronique de la société X, mandataire du groupement, le message électronique indiquant qu'une demande tendant à compléter sa candidature lui avait été adressée – message dont il a souverainement relevé qu'il avait été envoyé à cette société le 2 mars 2012 à 11 h 01 – et, d'autre part, en ne réexpédiant pas à celle-ci, à tout le moins, le message contenant l'information qu'un document la concernant pouvait être consulté sur la plate-forme de dématérialisation des marchés publics du département.

En jugeant ainsi que le département devait s'assurer que les candidats avaient effectivement pris connaissance de ce message, sans avoir relevé de dispositions du règlement de la consultation lui en faisant obligation, et alors qu'en vertu du guide d'utilisation de la plate-forme dématérialisée imposé aux candidats par le règlement de la consultation, tel que le juge des référés l'a souverainement interprété, le département devait seulement, pour inviter les candidats à compléter leur candidature, leur adresser, à l'adresse électronique indiquée par eux, un message d'alerte les invitant à se rendre sur cette plateforme pour prendre connaissance des compléments d'information demandés et y répondre, le juge des référés a commis une erreur de droit ; par suite, et sans qu'il soit besoin d'examiner les autres moyens du pourvoi, l'ordonnance attaquée doit être annulée.

Il résulte de l'instruction que le département a envoyé à l'adresse électronique de la société X, le 2 mars 2012 à 11 h 01, un courrier électronique ayant pour objet une demande tendant à compléter son dossier de candidature ; la société ne pouvait prendre connaissance du contenu de cette demande et en accuser réception qu'en activant le lien électronique inclus dans ce courriel ; il résulte également de l'instruction, en particulier d'un courriel adressé le 13 avr. 2012 par la société gestionnaire de la plate-forme de dématérialisation, au département, que ce message est bien parvenu sur le serveur de messagerie de la société X, qu'il appartenait à cette dernière d'activer le lien électronique pour pouvoir accéder au contenu de ce message et compléter le dossier de candidature du groupement dans le délai qui lui était imparti pour ce faire ; dans ces conditions, le département a pu estimer que le dossier de candidature des sociétés membres du groupement demeurait incomplet et rejeter en conséquence leur candidature. • CE 3 oct. 2012, ♘ *Dpt des Hauts-de-Seine*, n° 359921 B : *BJCP 2013. 9, concl. Dacosta ; Rev. CMP 2012, n° 305, note Devillers.*

2. Il résulte de l'instruction et notamment d'un constat établi par huissier diligenté qu'une société X a pu accéder à la liste des entreprises candidates alors que l'obligation de confidentialité s'impose non seulement au contenu des candidatures et des offres mais également à l'identité des candidats ; il résulte également des opérations informatiques effectuées sous le contrôle de l'huissier que la société X a pu accéder au contenu de son offre et que, par des manipulations identiques, elle aurait pu accéder au contenu des offres des autres sociétés candidates avant comme après leur date limite de réception ; il s'ensuit que, si le constat d'huissier ne permet pas d'établir que toute société candidate aurait pu avoir accès à l'identité des autres candidats et à leurs offres, le pouvoir adjudicateur n'a pas assuré la confidentialité des candidatures et des offres. • CAA Paris, 20 mars 2012, ♘ *CNAVTS*, n° 11PA02323 : *Rev. CMP 2012, n° 200, note Devillers.*

Art. R. 2132-10 **L'acheteur peut, si nécessaire, exiger l'utilisation d'outils et de dispositifs qui ne sont pas communément disponibles, tels que des outils de modélisation électronique des données du bâtiment ou des outils similaires.**

Dans ce cas, il offre un ou plusieurs des moyens d'accès mentionnés à l'article R. 2132-14, jusqu'à ce que ces outils et dispositifs soient devenus communément disponibles aux opérateurs économiques. – *[Décr. n° 2016-360 du 25 mars 2016, art. 42-III.]*

Art. R. 2132-11 **Les candidats et soumissionnaires qui transmettent leurs documents par voie électronique peuvent adresser à l'acheteur, sur support papier ou sur support physique électronique, une copie de sauvegarde de ces documents établie selon des modalités fixées par arrêté du ministre chargé de l'économie, annexé au présent code.** – *[Décr. n° 2016-360 du 25 mars 2016, art. 41-III.] – V. Annexe n° 6.*

COMMENTAIRE

On se reportera à l'annexe n° 6 du code. ❑

Art. R. 2132-12 **L'acheteur n'est pas tenu d'utiliser des moyens de communication électronique dans les cas suivants :**

1° Pour les marchés mentionnés aux articles R. 2122-1 à R. 2122-11 et répondant à un besoin dont la valeur estimée est inférieure aux seuils de procédure formalisée ;

2° Pour les marchés de services sociaux et autres services spécifiques mentionnés au 3° de l'article R. 2123-1 et à l'article R. 2123-2 ;

3° Lorsque, en raison de la nature particulière du marché, l'utilisation de moyens de communication électroniques nécessiterait des outils, des dispositifs ou des formats de fichiers particuliers qui ne sont pas communément disponibles ou pris en charge par des applications communément disponibles ;

4° Lorsque les applications prenant en charge les formats de fichier*[s]* **adaptés à la description des offres utilisent des formats de fichiers qui ne peuvent être traités par aucune autre application ouverte ou communément disponibles ou sont soumises à un régime de droit de propriété intellectuelle et ne peuvent être mises à disposition par téléchargement ou à distance par l'acheteur ;**

5° Lorsque l'utilisation de moyens de communication électroniques nécessiterait un équipement de bureau spécialisé dont les acheteurs ne disposent pas communément ;

6° Lorsque les documents de la consultation exigent la présentation de maquettes, de modèles réduits, de prototypes ou d'échantillons qui ne peuvent être transmis par voie électronique ;

7° Lorsque l'utilisation d'autres moyens de communication est nécessaire en raison soit d'une violation de la sécurité des moyens de communication électroniques, soit du caractère particulièrement sensible des informations qui exigent un degré de protection extrêmement élevé ne pouvant pas être assuré convenablement par l'utilisation de moyens de communication électroniques dont disposent communément les opérateurs économiques ou qui peuvent être mis à leur disposition par un des moyens d'accès mentionnés à l'article R. 2132-14. – *[Décr. n° 2016-360 du 25 mars 2016, art. 41-II sauf dern. al.]*

COMMENTAIRE

Ces exceptions à l'obligation de communication et d'échange d'informations par voie électronique sont reprises des articles 22 et 40 des directives 2014/24/UE et 2014/25/UE. ❑

Art. R. 2132-13 **Lorsque l'acheteur n'utilise pas de moyens de communication électroniques en application de l'article R. 2132-12, il l'indique dans l'avis d'appel à la concurrence ou, en l'absence d'un tel avis, dans les documents de la consultation.**

Les raisons pour lesquelles d'autres moyens de communication sont utilisés, sont indiquées dans le rapport de présentation mentionné aux articles R. 2184-1 à R. 2184-6 pour les pouvoirs adjudicateurs et dans les documents conservés en application des articles R. 2184-7 à R. 2184-10 pour les entités adjudicatrices.

Pour chaque étape de la procédure, les candidats et soumissionnaires appliquent le même mode de transmission à l'ensemble des documents qu'ils transmettent à l'acheteur. – *[Décr. n° 2016-360 du 25 mars 2016, art. 40-I, al. 2 et 3, et 41-II, dern. al.]*

Art. R. 2132-14 **L'acheteur est réputé offrir d'autres moyens d'accès appropriés dans tous les cas suivants :**

1° Lorsqu'il offre gratuitement un accès sans restriction, complet et direct par moyen électronique aux outils et dispositifs mentionnés au premier alinéa de l'article R. 2132-10 à partir de la date de publication de l'avis d'appel à la concurrence ou de la date d'envoi de l'invitation à confirmer l'intérêt ou, en l'absence d'un tel avis ou d'une telle invitation, à compter du lancement de la consultation. Le texte de l'avis ou de l'invitation à confirmer l'intérêt précise l'adresse internet à laquelle ces outils et dispositifs sont accessibles ;

2° Lorsqu'il veille à ce que les opérateurs économiques n'ayant pas accès à ces outils et dispositifs ni la possibilité de se les procurer dans les délais requis, à condition que l'absence d'accès ne soit pas imputable à l'opérateur économique concerné, puissent accéder à la procédure de passation du marché en utilisant des jetons provisoires mis gratuitement à disposition en ligne ;

3° Lorsqu'il assure la disponibilité d'une autre voie de présentation électronique des offres. – *[Décr. n° 2016-360 du 25 mars 2016, art. 42-IV.]*

COMMENTAIRE

Les dispositions des articles R. 2132-13 et R. 2132-14 découlent également directement des directives. ❑

TITRE IV PHASE DE CANDIDATURE

CHAPITRE I MOTIFS D'EXCLUSIONS DE LA PROCÉDURE DE PASSATION

Le présent chapitre ne comprend pas de dispositions réglementaires.

CHAPITRE II CONDITIONS DE PARTICIPATION

SECTION 1 Dispositions générales

SOUS-SECTION 1 Conditions générales

Art. R. 2142-1 **Les conditions de participation à la procédure de passation relatives aux capacités du candidat mentionnées à l'article L. 2142-1, ainsi que les moyens de preuve acceptables, sont indiqués par l'acheteur dans l'avis d'appel à la concurrence ou dans l'invitation à confirmer l'intérêt ou, en l'absence d'un tel avis ou d'une telle invitation, dans les documents de la consultation.** – *[Décr. n° 2016-360 du 25 mars 2016, art. 44-I, al. 1er.]*

COMMENTAIRE

Les principes essentiels de la définition, par l'acheteur, des conditions que doivent respecter les opérateurs pour participer à la procédure de passation d'un marché ont été définis par l'article L. 2142-1, auquel on se reportera.

Les principes fondamentaux de la commande publique imposent que l'acheteur fasse connaître en amont à tous les candidats potentiels les conditions à respecter et les modalités selon lesquelles ils peuvent prouver qu'ils les respectent.

Les sous-sections 2, 3 et 4 de la présente section détaillent les conditions de participation qui peuvent être définies par l'acheteur (V. comm. et jurispr. ss. art. R. 2142-14, *infra*). On se reportera par ailleurs à la définition des conditions dans lesquelles les candidatures doivent être présentées et des documents justificatifs qui sont susceptibles d'être exigés par l'acheteur (chapitre III ci-dessous), ainsi qu'à la définition des conditions dans lesquelles l'acheteur examine la recevabilité des candidatures (sect. I du chap. IV ci-dessous). ❑

Art. R. 2142-2 Lorsque l'acheteur décide de fixer des niveaux minimaux de capacité, il ne peut exiger que des niveaux minimaux liés et proportionnés à l'objet du marché ou à ses conditions d'exécution. – *[Décr. n° 2016-360 du 25 mars 2016, art. 44-I, al. 2.]*

COMMENTAIRE

C'est la reprise d'un principe déjà énoncé à l'article L. 2142-1. ❑

Art. R. 2142-3 Un opérateur économique peut avoir recours aux capacités d'autres opérateurs économiques, quelle que soit la nature juridique des liens qui l'unissent à ces opérateurs. L'acheteur peut exiger que les opérateurs économiques concernés soient solidairement responsables dans la mesure où cela est nécessaire à la bonne exécution du marché. Dans ce cas, l'acheteur justifie cette exigence dans les documents de la consultation. – *[Décr. n° 2016-360 du 25 mars 2016, art. 48-II.]*

COMMENTAIRE

Il s'agit d'un élément de souplesse important pour faciliter l'accès aux marchés publics.

On se reportera aussi à l'article R. 2143-12 ci-dessous. ❑

1. Un candidat peut faire valoir les capacités d'autres entités, quelle que soit la nature juridique des liens existant entre lui-même et ces entités, pour autant qu'il établit avoir effectivement la disposition des moyens de ces entités. • CJCE 14 avr. 1994, *Ballast Nedam Groep NV*, C-389/92 • 18 déc. 1997, *Ballast Nedam Groep*, C-5/97.

2. La Dir. 92/50/CEE du Conseil du 18 juin 1992, portant coordination des procédures de passation des marchés publics de services, doit être interprétée en ce sens qu'elle permet à un prestataire, pour établir qu'il satisfait aux conditions économiques, financières et techniques de participation à une procédure d'appel d'offres en vue de conclure un marché public de services, de faire état des capacités d'autres entités, quelle que soit la nature juridique des liens qu'il entretient avec elles, à condition qu'il soit en mesure de prouver qu'il a effectivement la disposition des moyens de ces entités nécessaires à l'exécution du marché. Il appartient au juge national d'apprécier si une telle justification est apportée dans l'espèce au principal. • CJCE 2 déc. 1999, *Holst Italia SpA*, n° C-176/98.

3. Le pouvoir adjudicateur doit tenir compte du droit que les art. 47, § 2, et 48, § 3, de la Dir. 2004/18/CE reconnaissent à tout opérateur économique de faire valoir, pour un marché déterminé, les capacités d'autres entités, quelle que soit la nature des liens existant entre lui-même et ces entités, pour autant qu'il prouve au pouvoir adjudicateur qu'il disposera des moyens nécessaires pour l'exécution de ce marché.

Il convient donc de considérer que la Dir. 2004/18/CE permet le cumul des capacités de plusieurs opérateurs économiques en vue de satisfaire aux exigences minimales de capacité fixées par le pouvoir adjudicateur pour autant qu'il soit prouvé à celui-ci que le candidat ou le soumissionnaire qui se prévaut des capacités d'une ou de plusieurs autres entités disposera effectivement des moyens de ces dernières qui sont nécessaires à l'exécution du marché.

Une telle interprétation est conforme à l'objectif d'ouverture des marchés publics à la concurrence la plus large possible que poursuivent les directives en la matière au bénéfice non seulement des opérateurs économiques, mais également des pouvoirs adjudicateurs (V., en ce sens, Arr. du 23 déc. 2009, *CoNISMa*, C-305/08, *Rec. p. I-12129, pt 37* et jurisprudence citée). En outre, ainsi que l'a relevé M. l'avocat général aux pts 33 et 37 de ses conclusions, elle est également de nature à faciliter l'accès des petites et moyennes entreprises aux marchés publics, ce à quoi tend également la Dir. 2004/18/CE, ainsi que le révèle son considérant 32.

Certes, il ne saurait être exclu qu'il existe des travaux qui présentent des particularités nécessitant une certaine capacité qui n'est pas susceptible d'être obtenue en rassemblant des capacités inférieures de plusieurs opérateurs. Dans une telle hypothèse, le pouvoir adjudicateur serait fondé à exiger que le niveau minimal de la capacité concernée soit atteint par un opérateur économique unique ou, le cas échéant, par le recours à un nombre limité d'opérateurs économiques, en vertu de l'art. 44, § 2, 2e al., de la Dir. 2004/18/CE, dès lors que cette exigence serait liée et proportionnée à l'objet du marché en cause.

Toutefois, cette hypothèse constituant une situation exceptionnelle, la Dir. 2004/18/CE s'oppose à ce que ladite exigence soit érigée en règle générale par le droit national, ainsi que le fait une disposition telle que l'art. 49, § 6, du décret législatif n° 163/2006. • CJUE 10 oct. 2013, *Swm Costruzioni 2 SpA*, C-94/12.

4. Les art. 47, § 2, et 48, § 3, de la Dir. 2004/18/CE du Parlement européen et du Conseil du 31 mars 2004 relative à la coordination des procédures de passation des marchés publics de travaux, de fournitures et de services doivent être interprétés en ce sens qu'ils s'opposent à ce qu'un pouvoir adjudicateur puisse, dans le cadre du cahier des charges relatif à une procédure de passation d'un marché public, imposer à un soumissionnaire qui fait valoir les capacités d'autres entités l'obligation, avant la passation dudit marché, de conclure avec ces entités un accord de partenariat ou de créer avec celles-ci une société en nom collectif. • CJUE 14 janv. 2016, *Ostas celtnieks SIA*, n° C-234/14 : *Rev. CMP 2016, n° 66, note Pietri*.

5. La Dir. 2004/18/CE du Parlement européen et du Conseil du 31 mars 2004 relative à la coordination des procédures de passation des marchés publics de travaux, de fournitures et de services, telle que modifiée par le Règl. (CE) n° 2083/2005 de la Commission du 19 déc. 2005, doit être interprétée en ce sens qu'un pouvoir adjudicateur n'est pas autorisé à exiger, par une clause du cahier des charges d'un marché public de travaux, que le futur adjudicataire de ce marché exécute par ses propres moyens un certain pourcentage des travaux faisant l'objet dudit marché. • CJUE 14 juill. 2016, *Wroclaw-Miasto na prawach powiatu*, n° C-406/14.

6. S'il est libre d'établir des liens avec les entités dont il fait valoir les capacités et de choisir la nature juridique de ces liens, le soumissionnaire est néanmoins tenu d'apporter la preuve qu'il dispose effectivement des moyens de celles-ci qui ne lui appartiennent pas en propre et qui sont nécessaires à l'exécution d'un marché déterminé (V., en ce sens, Arr. du 2 déc. 1999, *Holst Italia*, C-176/98, *pt 29* et jurisprudence citée). Ainsi, conformément aux art. 47, § 2, et 48, § 3, de la Dir. 2004/18/CE, un soumissionnaire ne saurait faire valoir les capacités d'autres entités afin de satisfaire de manière purement formelle aux conditions requises par le pouvoir adjudicateur.

Les dispositions de la Dir. 2004/18/CE ne s'opposent pas à ce que l'exercice du droit consacré aux art. 47, § 2, et 48, § 3, de cette directive soit limité dans des circonstances exceptionnelles (V., en ce sens, arrêt du 10 oct. 2013, *Swm Costruzioni 2* et *Mannocchi Luigino*, C-94/12, *pt 36*).

De même, il ne saurait être exclu que, dans des circonstances particulières, eu égard à la nature et aux objectifs d'un marché déterminé, les capacités dont dispose une entité tierce, et qui sont nécessaires à l'exécution d'un marché déterminé, ne soient pas susceptibles d'être transmises au soumissionnaire. Par conséquent, dans de telles circonstances, le soumissionnaire ne saurait se prévaloir desdites capacités que si l'entité tierce participe directement et personnellement à l'exécution du marché en question.

Le pouvoir adjudicateur ne saurait, en principe, imposer des conditions expresses susceptibles d'entraver l'exercice du droit de tout opérateur économique de faire valoir les capacités d'autres entités, notamment en indiquant à l'avance les modalités concrètes selon lesquelles les capacités de ces autres entités peuvent être invoquées. Ce constat s'impose d'autant plus que, dans la pratique, ainsi que le relève à juste titre la Commission européenne, il apparaît difficile, voire impossible, pour l'opérateur économique de prévoir, *a priori*, tous les scénarios envisageables d'utilisation des capacités d'autres entités. L'art. 48, §§ 2 et 3, de la Dir. 2004/18/CE doit être interprété en ce sens que, eu égard à l'objet d'un marché déterminé ainsi qu'aux finalités de celui-ci, le pouvoir adjudicateur peut, dans des circonstances particulières, aux fins de la correcte exécution de ce marché, indiquer expressément, dans l'avis de marché ou dans le cahier des charges, des règles précises selon lesquelles un opérateur économique peut faire valoir les capacités d'autres entités, pour autant que ces règles sont liées et proportionnées à l'objet et aux finalités dudit marché. • CJUE 7 avr. 2016, *Partner Apelski Dariusz*, n° C-324/14 : *BJCP 2016. 352, concl. Jääskinen*.

7. Il convient de répondre à la question que, s'agissant d'un marché public qui ne relève pas du champ d'application de la Dir. 2004/17/CE, mais qui présente un intérêt transfrontalier certain, les principes d'égalité de traitement et de non-discrimination ainsi que l'obligation de transparence qui découlent notamment des art. 49 et 56 TFUE doivent être interprétés en ce sens qu'ils ne s'opposent pas à ce que l'entité adjudicatrice modifie, après la publication de l'avis de marché, une clause du cahier des charges relative aux conditions et aux modalités de cumul des capacités professionnelles, sous réserve, premièrement, que les modifications effectuées ne soient pas à ce point substantielles qu'elles auraient attiré des soumissionnaires potentiels qui, en l'absence de ces modifications, ne seraient pas en mesure de présenter une offre, deuxièmement, que lesdites modifications fassent l'objet d'une publicité adéquate et, troisiènement, qu'elles interviennent avant la présentation des offres par les soumissionnaires, que le délai de présentation de ces offres soit prolongé lorsque les modifications concernées sont importantes, que la durée de cette prolongation soit fonction de l'importance de ces modifications et que cette durée soit suffisante afin de permettre aux opérateurs économiques intéressés d'adapter leur offre en conséquence, ce qu'il appartient à la juridiction de renvoi de vérifier. • CJUE 5 avr. 2017, *Borta,* n° C-298/15.

8. L'art. 44 de la Dir. 2004/18/CE, lu en combinaison avec l'art. 48, § 2, ss. a), de cette directive et le principe d'égalité de traitement des opérateurs économiques figurant à l'art. 2 de celle-ci, doit être interprété en ce sens qu'il ne permet pas à un opérateur économique de faire valoir les capacités d'une autre entité, au sens de l'art. 48, § 3, de ladite directive, en additionnant les connaissances et l'expérience de deux entités, qui, individuellement, ne disposent pas des capacités demandées pour l'exécution d'un marché déterminé, dans le cas où le pouvoir adjudicateur considérerait que le marché concerné est indivisible et qu'une telle exclusion de la possibilité de faire valoir les expériences de plusieurs opérateurs économiques est liée et proportionnée à l'objet du marché en cause, lequel doit donc être réalisé par un seul opérateur.

L'art. 44 de la Dir. 2004/18/CE, lu en combinaison avec l'art. 48, § 2, ss. a), de cette directive et le principe d'égalité de traitement des opérateurs économiques figurant à l'art. 2 de celle-ci, doit être interprété en ce sens qu'il ne permet pas à un opérateur économique, qui participe individuellement à une procédure d'attribution d'un marché public, de faire valoir l'expérience d'un groupement d'entreprises, auquel il a pris part dans le cadre d'un autre marché public, s'il n'a pas effectivement et concrètement participé à la réalisation de ce dernier. • CJUE 4 mai 2017, *Esaprojekt,* n° C-387/14.

9. L'art. 63 de la Dir. 2014/24/UE du Parlement européen et du Conseil du 26 févr. 2014, sur la passation des marchés publics et abrogeant la Dir. 2004/18/CE, lu en combinaison avec l'art. 57, § 4, sous h), de cette directive et à la lumière du principe de proportionnalité, doit être interprété en ce sens qu'il s'oppose à une réglementation nationale en vertu de laquelle le pouvoir adjudicateur doit automatiquement exclure un soumissionnaire d'une procédure de passation de marché public lorsqu'une entreprise auxiliaire, aux capacités de laquelle il entend recourir, a fourni une déclaration mensongère quant à l'existence de condamnations pénales ayant acquis force de chose jugée, sans pouvoir imposer ou, à tout le moins, permettre, en pareille hypothèse, à ce soumissionnaire de remplacer ladite entité. • CJUE 3 juin 2021, *Rad Service Srl Unipersonale, Cosmo Ambiente Srl, Cosmo Scavi Srl,* C-210/20 : *Rev. CMP 2021. 236, note Ubaud-Bergeron.*

Art. R. 2142-4 **Une même personne ne peut représenter plus d'un candidat pour un même marché.** – *[Décr. n° 2016-360 du 25 mars 2016, art. 48-III.]*

SOUS-SECTION 2 Conditions relatives à l'aptitude à exercer une activité professionnelle

Art. R. 2142-5 **Lorsqu'un opérateur économique doit être inscrit sur un registre professionnel, l'acheteur peut exiger qu'il le justifie.** – *[Décr. n° 2016-360 du 25 mars 2016, art. 44-II.]*

SOUS-SECTION 3 Conditions relatives aux capacités économiques et financières

Art. R. 2142-6 **L'acheteur peut notamment exiger que les opérateurs économiques réalisent un chiffre d'affaires annuel minimal, notamment dans le domaine concerné par le marché.** – *[Décr. n° 2016-360 du 25 mars 2016, art. 44-III, al. 1er.]*

Art. R. 2142-7 **Le chiffre d'affaires minimal exigé ne peut être supérieur à deux fois le montant estimé du marché ou du lot, sauf justifications liées à son objet ou à ses conditions d'exécution. Les raisons pour lesquelles un chiffre d'affaires annuel minimal supérieur à ce plafond est exigé figurent dans les documents de la consultation ou, à défaut :**

1° Sont indiquées dans le rapport de présentation mentionné aux articles R. 2184-1 à R. 2184-6 pour les pouvoirs adjudicateurs ;

2° Sont conservées dans les conditions des articles R. 2184-7 à R. 2184-11 pour les entités adjudicatrices. – *[Décr. n° 2016-360 du 25 mars 2016, art. 44-III, al. 2.]*

Art. R. 2142-8 **En cas de marché alloti, le plafond mentionné à l'article R. 2142-7 s'applique pour chacun des lots. Toutefois, l'acheteur peut exiger un chiffre d'affaires annuel minimal pour des groupes de lots, dans l'éventualité où un titulaire se verrait**

attribuer plusieurs lots à exécuter en même temps. – *[Décr. n° 2016-360 du 25 mars 2016, art. 44-III, al. 3.]*

Art. R. 2142-9 **Pour les accords-cadres, le plafond mentionné à l'article R. 2142-7 est calculé sur la base du montant total maximal des marchés subséquents ou des bons de commande dont l'exécution par un même titulaire pourrait être effectuée concomitamment ou, si ce montant ne peut être estimé, sur la base de la valeur totale estimée des marchés passés sur le fondement de l'accord-cadre ou des bons de commande susceptibles d'être attribués à un même titulaire pendant la durée de validité de l'accord-cadre.** – *[Décr. n° 2016-360 du 25 mars 2016, art. 44-III, al. 4.]*

Art. R. 2142-10 **Pour les systèmes d'acquisition dynamique, le plafond mentionné à l'article R. 2142-7 est calculé sur la base de la valeur totale estimée des marchés spécifiques envisagés pendant la durée totale du système.** – *[Décr. n° 2016-360 du 25 mars 2016, art. 44-III, al. 5.]*

Art. R. 2142-11 **L'acheteur peut exiger que les opérateurs économiques fournissent des informations sur leurs comptes annuels indiquant notamment le rapport entre les éléments d'actif et de passif.**

L'acheteur précise, dans les documents de la consultation, les méthodes et les critères objectifs et non discriminatoires qu'il appliquera pour prendre en compte ces informations. – *[Décr. n° 2016-360 du 25 mars 2016, art. 44-III, al. 6.]*

Art. R. 2142-12 **L'acheteur peut exiger un niveau approprié d'assurance des risques professionnels.** – *[Décr. n° 2016-360 du 25 mars 2016, art. 44-III, al. 7.]*

SOUS-SECTION 4 **Conditions relatives aux capacités techniques et professionnelles**

Art. R. 2142-13 **L'acheteur peut imposer des conditions garantissant que les opérateurs économiques possèdent les ressources humaines et techniques et l'expérience nécessaires pour exécuter le marché en assurant un niveau de qualité approprié. A cette fin, dans les marchés de services ou de travaux et les marchés de fournitures nécessitant des travaux de pose ou d'installation ou comprenant des prestations de service***[s]***, l'acheteur peut imposer aux candidats qu'ils indiquent les noms et les qualifications professionnelles pertinentes des personnes physiques qui seront chargées de l'exécution du marché en question.** – *[Décr. n° 2016-360 du 25 mars 2016, art. 44-IV, al. 1er.]*

Art. R. 2142-14 **L'acheteur peut exiger que les opérateurs économiques disposent d'un niveau d'expérience suffisant, démontré par des références adéquates provenant de marchés exécutés antérieurement. Toutefois, l'absence de références relatives à l'exécution de marchés de même nature ne peut justifier, à elle seule, l'élimination d'un candidat.** – *[Décr. n° 2016-360 du 25 mars 2016, art. 44-IV, al. 2.]*

COMMENTAIRE

Qu'il s'agisse de l'aptitude à exercer une activité professionnelle, des capacités économiques et financières ou des capacités techniques et professionnelles, les articles R. 2142-5 à R. 2142-14 poursuivent le double objectif de garantir à l'acheteur que les candidats sont capables d'exécuter le marché et d'éviter que des exigences disproportionnées n'écartent indûment des candidats.

On se reportera par ailleurs à la définition des conditions dans lesquelles les candidatures doivent être présentées et des documents justificatifs qui sont susceptibles d'être exigés par l'acheteur (chapitre III ci-dessous), ainsi qu'à la définition des conditions dans lesquelles l'acheteur examine la recevabilité des candidatures (section 1 du chapitre IV ci-dessous). La jurisprudence citée sous les articles de ces chapitres III et IV, notamment sous l'article R. 2144-7, complète la jurisprudence citée sous le présent article. ❑

1. Exigence illégale d'une qualification professionnelle. Lorsque le niveau de qualification exigé des candidats a pour effet de limiter la concurrence en restreignant le nombre de fournisseurs possibles, cette exigence doit être objectivement rendue nécessaire par l'objet du marché et la nature des prestations à réaliser. Il appartient au juge du référé précontractuel de le vérifier. En l'espèce, le pouvoir adjudicateur a méconnu ses obligations en matière de publicité et de mise en concurrence en exigeant la détention du titre de géomètre-expert pour la réalisation de travaux, sans que ceux-ci justifient une telle capacité et alors que les prestations à réaliser ne sont pas de celles que la loi réserve aux géomètres-experts. • CE 30 juin 2004, *Min. de l'Équipement, des Transports, du Logement, du Tourisme et de la Mer c/ M. Fourgeaud*, n° 261919 B : *AJDA 2004. 1771, obs. Dreyfus ; Rev. CMP 2004, n° 192, obs. Pietri.* ♦ Pour une hypothèse inverse, dans laquelle les exigences étaient justifiées : • CE 6 mars 2009, *Cne de Savigny-sur-Orge*, n° 315138 B : *AJDA 2009. 1380, note Deliancourt .*

2. Qualifications requises pour l'exercice d'activités réglementées. Il appartient au pouvoir adjudicateur, dans le cadre de la procédure de passation d'un marché public portant sur des activités dont l'exercice est réglementé, de s'assurer que les soumissionnaires remplissent les conditions requises pour les exercer ; tel est le cas des consultations juridiques et de la rédaction d'actes sous seing privé qui ne peuvent être effectuées à titre habituel que par les professionnels mentionnés par l'art. 54 de la L. du 31 déc. 1971 ; toutefois, lorsque les prestations qui font l'objet du marché n'entrent qu'en partie seulement dans le champ d'activités réglementées, l'art. 45 du Décr. du 25 mars 2016 autorise les opérateurs économiques à présenter leur candidature et leur offre sous la forme d'un groupement conjoint, dans le cadre duquel l'un des cotraitants possède les qualifications requises ; ainsi, pour un marché relatif à des prestations ne portant que partiellement sur des consultations juridiques ou la rédaction d'actes sous seing privé, il est loisible à un opérateur économique ne possédant pas ces qualifications de s'adjoindre, dans le cadre d'un groupement conjoint, en tant que cotraitant, le concours d'un professionnel du droit, à la condition que la répartition des tâches entre les membres du groupement n'implique pas que celui ou ceux d'entre eux qui n'ont pas cette qualité soient nécessairement conduits à effectuer des prestations relevant de l'art. 54 de la L. du 31 déc. 1971. • CE 4 avr. 2018, *Sté Altraconsulting*, n° 415946 B : *AJDA 2018. 768, obs. Maupin ; AJCT 2018. 460, obs. Hul ; BJCP 2018. 211, concl. Pellissier ; Rev. CMP 2018. 130, note Ubaud-Bergeron.*

3. L'art. 3 du Décr. du 6 févr. 1997 relatif aux conditions d'agrément des personnes habilitées à procéder à des identifications par empreintes génétiques dans le cadre d'une procédure judiciaire prévoit que « sont seules habilitées à procéder à des identifications par empreintes génétiques dans le cadre d'une procédure judiciaire les personnes physiques ou morales ayant fait l'objet, dans des conditions fixées par les dispositions ci-après, d'un agrément délivré, pour une période de cinq ans renouvelable, par la commission instituée à l'art. 1er » ; l'art. 4 du décret subordonne la délivrance de l'agrément à l'inscription des personnes physiques ou morales concernées sur une des listes instituées en vertu de l'art. 2 de la L. du 29 juin 1971 susvisée relative aux experts judiciaires et de l'art. 157 C. pr. pén. et prévoit que, lorsque l'agrément est délivré à une personne morale, les personnes physiques appelées à assurer, en son sein et en son nom, des missions d'identification par empreintes génétiques doivent elles-mêmes être agréées ; l'art. 7 du décret prévoit que le maintien et le renouvellement de l'agrément sont subordonnés à la participation de ceux qui en sont titulaires à des contrôles de la fiabilité des résultats des analyses biologiques d'identification qu'ils effectuent par l'Agence française de sécurité sanitaire des produits de santé ; l'art. 9 du même décret impose aux laboratoires où sont exécutées les missions d'identification par empreintes génétiques dans le cadre de procédures judiciaires de disposer d'infrastructures et d'équipements adaptés aux techniques de biologie moléculaire et de garantir la sécurité des locaux affectés à la conservation des scellés, des échantillons biologiques et des résultats d'analyses.

L'agrément, prévu par le Décr. du 6 févr. 1997, ayant pour seul objet de garantir que les sociétés qui en sont titulaires disposent des compétences professionnelles requises pour procéder à des identifications par empreintes génétiques dans le cadre d'une procédure judiciaire, le juge des référés du tribunal administratif n'a pas commis d'erreur de droit en estimant que la détention de l'agrément ne suffisait pas à garantir que les candidats disposaient également des capacités techniques et financières requises pour exécuter le marché et que le pouvoir adjudicateur ne pouvait se borner, pour satisfaire à son obligation de contrôle des capacités professionnelles, techniques et financières des candidats, à exiger la production de cet agrément. • CE 29 avr. 2011, *Garde des Sceaux, min. de la Justice et des Libertés*, n° 344617 B.

4. Si les groupements d'intérêt économique (GIE), constitués entre plusieurs personnes physiques ou morales titulaires d'offices d'huissier de justice, ne peuvent eux-mêmes procéder au recouvrement amiable de créances ou de condamnations pécuniaires préalablement à la mise en œuvre de toute procédure coercitive, ils peuvent se porter candidat à l'obtention d'une commande publique pour le compte de leurs membres, dans le cadre de l'art. 128 de la L. n° 2004-1485 du 30 déc. 2004, dès lors que seuls ces derniers exécutent les prestations, objet du contrat, et à la condition de préciser dans l'acte de candidature quels sont les huissiers membres du groupement qui s'engagent ainsi à exécuter les prestations dans les conditions prévues par l'Ord. n° 45-2592 du 2 nov. 1945 et les autres textes applicables aux huissiers de justice.Toutefois, si les membres d'un GIE qui se porte candidat à l'obtention d'une commande publique peuvent être des personnes physiques ou morales dès lors qu'elles sont titulaires d'offices d'huissier de justice, un huissier associé dans une société civile professionnelle (SCI) ou une société d'exercice libéral ne peut pas être membre d'un GIE en vue d'exercer une activité de recouvrement à titre individuel. • CE 26 janv. 2018, ⚖ *GIE Groupement périphérique des huissiers de justice*, n° 399865 B.

5. Aux termes de l'art. L. 111-25 CCH : « L'activité de contrôle technique est soumise à agrément. Elle est incompatible avec l'exercice de toute activité de conception, d'exécution ou d'expertise d'un ouvrage » ; aux termes de l'art. R. 111-31 du même code : « Les personnes et organismes agréés, les administrateurs ou gérants et le personnel de direction de ces organismes, ainsi que le personnel auquel il est fait appel pour les contrôles, doivent agir avec impartialité et n'avoir aucun lien de nature à porter atteinte à leur indépendance avec les personnes, organismes, sociétés ou entreprises qui exercent une activité de conception, d'exécution ou d'expertise dans le domaine de la construction ». Les dispositions précitées visent à garantir, dans l'intérêt des maîtres d'ouvrage, l'indépendance des contrôleurs techniques à l'égard des personnes et organismes exerçant une activité de conception, d'exécution ou d'expertise dans le domaine de la construction ; toutefois, ces dispositions et la règle qu'elles imposent ne s'appliquent qu'aux sociétés de contrôle technique et non aux sociétés exerçant d'autres activités dans le domaine de la construction ; par suite, elles ne pouvaient être opposées à la société Qualiconsult Sécurité, dont il ressort des termes de l'ordonnance attaquée et de l'ensemble des pièces soumises au juge des référés qu'elle n'était pas agréée en vue d'exercer une activité exclusive de contrôle technique et qui, précisément, s'était portée candidate à l'attribution d'un marché d'expertise dans le domaine de la construction et non d'un marché de prestations de contrôle technique. • CE 19 oct. 2012, ⚖ *École nat. sup. de sécurité sociale*, n° 361459 B.

6. Prohibition légale de l'exercice de certaines activités. L'art. L. 111-25 CCH prohibe la participation à toute activité de conception, de construction ou d'expertise d'un ouvrage d'une personne physique ou morale agréée pour se livrer à une activité de contrôle technique. Il en résulte que le pouvoir adjudicateur a légalement rejeté la candidature d'une société, bénéficiaire d'un agrément au titre du contrôle technique, dès lors que le marché portait sur une expertise en matière de sécurité incendie sur des établissements pénitentiaires. • CE 18 juin 2010, ⚖ *Min. d'État, garde des Sceaux, min. de la Justice et des Libertés c/ Sté Bureau Veritas*, n° 336418 B : *BJCP 2010. 341, concl. Dacosta ; Rev. CMP 2010, n° 270, note Rees.*

7. L'art. R. 111-31 CCH, en prohibant tout lien de nature à porter atteinte à leur indépendance, fait obstacle à la participation des personnes agréées au titre du contrôle technique à un groupement d'entreprises se livrant à des activités de conception, d'exécution ou d'expertise d'ouvrage, alors même que la répartition des missions entre les membres du groupement prévoirait qu'il ne réalise pas lui-même des missions relevant du champ de l'incompatibilité prévue par l'art. L. 111-25 du même code. • CE 27 avr. 2021, ⚖ *Ville de Paris*, n° 447221 B : *BJCP 2021. 286, concl. Le Corre ; Rev. CMP 2021. 203, note Hoepffner.*

8. Exigence illégale. Les art. 2 et 46 de la Dir. 2004/18/CE du Parlement européen et du Conseil, du 31 mars 2004, relative à la coordination des procédures de passation des marchés publics de travaux, de fournitures et de services, doivent être interprétés en ce sens qu'ils s'opposent à une réglementation nationale en vertu de laquelle le pouvoir adjudicateur doit exiger, dans un avis de marché et en tant que critère de sélection qualitative, que les soumissionnaires apportent la preuve, dès le dépôt de leur offre, qu'ils disposent d'un enregistrement ou d'un agrément requis par la réglementation applicable à l'activité faisant l'objet du marché public en cause et délivré par l'autorité compétente de l'État membre d'exécution de ce marché, alors même qu'ils possèdent déjà un enregistrement ou un agrément similaire dans l'État membre dans lequel ils sont établis. Le principe de protection de la confiance légitime doit être interprété en ce sens qu'il ne peut pas être invoqué par un pouvoir adjudicateur qui, dans le cadre d'une procédure de passation de marché public, a, pour se conformer à la réglementation nationale relative aux denrées alimentaires, exigé des soumissionnaires qu'ils disposent, dès la soumission de leur offre, d'un enregistrement ou d'un agrément délivré par l'autorité compétente de l'État membre d'exécution du marché. • CJUE 20 mai 2021, ⚖ *Sotsiaalministeerium*, C-6/20 : *Rev. CMP 2021. 235, note Zimmer.*

9. Exigence légale (compétences techniques et professionnelles). L'art. 58, § 1 et 4, de la Dir. 2014/24/UE du Parlement européen et du Conseil du 26 févr. 2014, sur la passation des marchés publics et abrogeant la Dir. 2004/18/CE, telle que modifiée par le Règl. délégué (UE) 2017/2365 de la Commission du 18 déc. 2017, doit être interprété en ce sens qu'il ne s'oppose pas à ce que, dans le cadre d'une procédure de passation d'un marché public, un pouvoir adjudicateur puisse imposer, au titre des critères de sélection relatifs aux capacités techniques et professionnelles des opérateurs économiques, des exigences plus strictes que les exigences minimales posées par la réglementation nationale, pour autant que de telles exigences soient propres à garantir qu'un candidat ou un soumissionnaire dispose des compétences techniques et professionnelles nécessaires pour exécuter le marché à attribuer, qu'elles soient liées à l'objet du marché et qu'elles soient proportionnées à celui-ci. • CJUE 31 mars 2022, *LB/ Smetna palata na Republica Bulgaria,* n° C-195/21 : *Rev. CMP 2022, comm. 164, Hoepffner.*

10. Niveau de capacité technique. Contrôle du juge du référé précontractuel. La candidature d'un groupement a été écartée au motif qu'elle ne satisfaisait pas aux exigences de capacités techniques des candidats, qui devaient justifier être dotés d'au moins douze fourgons équipés de panneaux à messages variables pour la réalisation des prestations du marché ; par son ordonnance, le juge des référés a fait droit à la demande de la société X sur le fondement de l'art. L. 551-1 CJA, en annulant la procédure de passation au motif que le niveau de capacité technique ainsi exigé des candidats n'était manifestement pas lié et proportionné avec l'objet du marché. En jugeant que le pouvoir adjudicateur avait ainsi manqué à ses obligations, alors que le juge ne peut annuler une procédure de passation d'un marché pour un tel motif que si l'exigence de capacité technique imposée aux candidats est manifestement dépourvue de lien avec l'objet du marché ou manifestement disproportionnée et qu'il ressortait des pièces du dossier soumis à son examen, d'une part, que la diversité des messages potentiels à diffuser par le cocontractant comme l'étendue du réseau routier pouvaient justifier l'exigence d'une dotation minimale importante en véhicules de ce type et, d'autre part, que ces matériels pouvaient être aisément acquis ou loués par les candidats pour satisfaire aux niveaux de capacité technique ainsi exigés, le juge des référés a dénaturé les pièces du dossier. • CE 7 mai 2013, *Sté Segex, Sté Aximum,* n° 365706 B : *BJCP 2013. 366, concl. Dacosta ; Rev. CMP 2013, n° 203, note Pietri.*

11. Exigence relative à la « responsabilité sociale des entreprises » illégale. Ainsi qu'il résulte de ses § 1 et 6, l'art. 48 de la Dir. 2004/18/CE énumère exhaustivement les éléments sur la base desquels le pouvoir adjudicateur peut évaluer et vérifier les capacités techniques et professionnelles des soumissionnaires. Par ailleurs, si l'art. 44, § 2, de celle-ci autorise le pouvoir adjudicateur à établir des niveaux minimaux de capacités auxquels doit satisfaire un soumissionnaire pour que son offre soit prise en considération pour l'attribution du marché, ces niveaux ne peuvent être fixés, en vertu du premier alinéa de cette dernière disposition, que par référence aux éléments énumérés audit art. 48, s'agissant des capacités techniques et professionnelles.

Or, contrairement à ce que soutient le royaume des Pays-Bas, l'exigence de respect des « critères de durabilité des achats et de responsabilité sociale des entreprises » ne se rattache à aucun de ces éléments.

En particulier, les informations demandées au titre de cette exigence, à savoir l'indication de « [la manière dont le soumissionnaire] rempli[t] les critères de durabilité des achats et de responsabilité sociale des entreprises [, et] contribue à rendre le marché du café plus durable et à rendre la production de café écologiquement, socialement et économiquement responsable », ne sauraient être assimilées à « une description de l'équipement technique, des mesures employées par le fournisseur pour s'assurer de la qualité et des moyens d'étude et de recherche de son entreprise », visée à l'art. 48, § 2, sous c), de la Dir. 2004/18/CE. En effet, le terme « qualité », qui est employé non seulement à cette disposition mais également aux points b), d) et j), du même paragraphe, doit, dans le contexte dudit art. 48, s'entendre de la qualité technique des prestations ou des fournitures d'un type semblable à celui des prestations ou des fournitures qui constituent l'objet du marché considéré, le pouvoir adjudicateur étant en droit d'exiger des soumissionnaires qu'ils l'informent quant à la manière dont ils contrôlent et garantissent la qualité de ces prestations ou fournitures, dans la mesure prévue auxdits points.

Il résulte des considérations qui précèdent que, en imposant, au titre des exigences d'aptitude et des niveaux minimaux de capacités énoncés dans le cahier des charges, la condition selon laquelle les soumissionnaires respectent les critères de durabilité des achats et de responsabilité sociale des entreprises, et indiquent comment ils respectent ces critères et contribuent à rendre le marché du café plus durable et à rendre la production de café écologiquement, socialement et économiquement responsable, la province de Hollande-Septentrionale a établi un niveau minimal de capacité technique non autorisé par les art. 44, § 2, et 48 de la Dir. 2004/18/CE. • CJUE 10 mai 2012, *Commission c/ Pays-Bas :* C-368/10.

12. Capacités professionnelles. Références. Compte tenu de l'objet du marché qu'il envisage de passer, un pouvoir adjudicateur a pu légalement décider, en l'espèce, que les entreprises candidates devaient produire des références datant de moins de trois ans pour faire valoir leurs capacités professionnelles. • CE 4 nov. 2005, *Cne de Bourges,* n° 280406.

13. Exigences de capacités financières excessives. L'avis d'appel public à la concurrence indiquait que les candidats devaient justifier « d'un chiffre d'affaires au moins égal au montant maximum du marché » alors que le montant maximum de chacun des trois lots était sensiblement inférieur. En imposant un tel niveau de capacité financière aux candidats au marché, alors qu'il n'a fourni aucun élément établissant qu'un chiffre d'affaires égal au montant total des trois lots était rendu nécessaire par l'objet du marché et la nature des prestations à réaliser, le pouvoir adjudicateur a méconnu les obligations de mise en concurrence auxquelles était soumise la passation du marché en litige. • CE 17 nov. 2006, *ANPE*, n° 290712 B : *AJDA 2007. 257, note Subra de Bieusses ; Dr. adm. 2007, n° 23, obs. Alonso Garcia.*

14. Capacité économique et financière. Référence à des éléments particuliers du bilan. Les art. 44, § 2, et 47, § 1, ss. b), de la Dir. 2004/18/CE doivent être interprétés en ce sens qu'un pouvoir adjudicateur est autorisé à exiger un niveau minimal de capacité économique et financière par référence à un ou à plusieurs éléments particuliers du bilan, pour autant que ceux-ci soient objectivement propres à renseigner sur cette capacité dans le chef d'un opérateur économique et que ce niveau soit adapté à l'importance du marché concerné en ce sens qu'il constitue objectivement un indice positif de l'existence d'une assise économique et financière suffisante pour mener à bien l'exécution de ce marché, sans toutefois aller au-delà de ce qui est raisonnablement nécessaire à cette fin. L'exigence d'un niveau minimal de capacité économique et financière ne saurait, en principe, être écartée pour la seule raison que ce niveau porte sur un élément du bilan à propos duquel des divergences peuvent exister entre les législations des différents États membres.

L'art. 47 de la Dir. 2004/18/CE doit être interprété en ce sens que, lorsqu'un opérateur économique se trouve dans l'impossibilité de satisfaire à un niveau minimal de capacité économique et financière consistant dans le fait que le résultat selon bilan des candidats ou des soumissionnaires ne soit pas négatif pour plus d'un des trois derniers exercices clôturés, en raison d'une convention en vertu de laquelle cet opérateur économique transfère systématiquement ses bénéfices à sa société mère, celui-ci n'a d'autre possibilité, pour satisfaire à ce niveau minimal de capacité, que de faire valoir les capacités d'une autre entité, conformément au § 2 dudit art. Il est sans incidence à cet égard que les législations de l'État membre d'établissement dudit opérateur économique et de l'État membre d'établissement du pouvoir adjudicateur divergent en ce qu'une telle convention est autorisée sans limitation par la législation du premier État membre alors que, selon la législation du second, elle ne le serait qu'à la condition que le transfert des bénéfices n'ait pas pour effet de rendre négatif le résultat selon bilan. • CJUE 18 oct. 2012, *Észak-dunántúli Környezetvédelmi és Vízügyi Igazgatóság (Édukövízig), Hochtief Construction AG Magyarországi Fióktelepe*, C-218/11 : *Rev. CMP 2012, n° 330, note Zimmer.*

15. En recommandant aux responsables des marchés d'écarter les candidatures de certaines entreprises au seul motif que leur chiffre d'affaires serait trop important au regard du montant des marchés, une directive ministérielle introduit une discrimination sans rapport avec l'objet de la réglementation des marchés. • CE 13 mai 1987, *Sté Wanner Isofi Isolation*, n° 39120 A : *AJDA 2021. 2461, note Donnat ; Rev. CMP 2021. Chron. 336, Zimmer.*

16. Obligation relative au chiffre d'affaires. L'art. 58 de la Dir. 2014/24/UE du Parlement européen et du Conseil, du 26 févr. 2014, sur la passation des marchés publics et abrogeant la Dir. 2004/18/CE, doit être interprété en ce sens que l'obligation, pour les opérateurs économiques, de démontrer qu'ils réalisent un certain chiffre d'affaires annuel moyen dans le domaine d'activités concerné par le marché public en cause constitue un critère de sélection relatif à la capacité économique et financière de ces opérateurs, au sens du § 3 de cette disposition. Les dispositions combinées de l'art. 58, § 3, et de l'art. 60, § 3, de la Dir. 2014/24 doivent être interprétées en ce sens que, dans l'hypothèse où le pouvoir adjudicateur a exigé que les opérateurs économiques aient réalisé un chiffre d'affaires minimal donné dans le domaine concerné par le marché public en cause, un opérateur économique ne peut, aux fins de rapporter la preuve de sa capacité économique et financière, se prévaloir des revenus perçus par un groupement temporaire d'entreprises auquel il a appartenu que s'il a effectivement contribué, dans le cadre d'un marché public déterminé, à la réalisation d'une activité de ce groupement analogue à celle qui fait l'objet du marché public pour lequel ledit opérateur entend prouver sa capacité économique et financière. • CJUE 7 sept. 2021, *« Klaipedios regiono atliekу tvarkymo centras » UAB*, C-927/19 : *AJDA 2021. 2461, note Donnat ; Rev. CMP 2021. Chron. 336, Zimmer*

17. Exigence de capacité technique/spécification technique/condition d'exécution. Une exigence contenue dans un appel d'offres est susceptible d'être qualifiée de critère de sélection ayant trait aux capacités techniques et professionnelles ou de spécification technique, voire de condition d'exécution du marché. • CJUE 7 sept. 2021, *« Klaipedios regiono atliekу tvarkymo centras » UAB*, C-927-19 : *préc. note 16.*

SECTION 2 Réduction du nombre de candidats

Art. R. 2142-15 L'acheteur peut limiter le nombre de candidats admis à soumissionner ou à participer au dialogue, à condition que ce nombre soit suffisant pour assurer une concurrence effective. — *[Décr. n° 2016-360 du 25 mars 2016, art. 47, al. 1er et 3.]*

Art. R. 2142-16 **L'acheteur qui entend limiter le nombre de candidats indique, dans l'avis d'appel à la concurrence ou dans l'invitation à confirmer l'intérêt, les critères objectifs et non discriminatoires qu'il prévoit d'appliquer à cet effet, le nombre minimum de candidats qu'il prévoit d'inviter et, le cas échéant, leur nombre maximum.** – *[Décr. n° 2016-360 du 25 mars 2016, art. 47, al. 2.]*

COMMENTAIRE

Lorsque l'acheteur décide de recourir à une procédure restreinte, en n'admettant pas que tous les candidats recevables présentent une offre, il lui appartient non seulement d'apprécier la recevabilité des candidatures, mais aussi de sélectionner les candidats admis. Il doit à cette fin mettre en œuvre, comme critères de sélection, les niveaux de capacité professionnelle, technique, économique et financière préalablement rendus publics et non discriminatoires. Ces éléments, relatifs à la capacité des candidats, qui permettent d'apprécier la recevabilité des candidatures et, en cas de procédure restreinte, de sélectionner les candidats admis à présenter une offre, sont différents des critères de sélection mis en œuvre ensuite pour sélectionner l'attributaire du marché, qui sont relatifs aux qualités des offres. On se reportera, sur ce point, à la jurisprudence sous les articles R. 2144-7 et R. 2152-12.

Voir par ailleurs l'article R. 2144-5.

1. L'art. 28, § 2, de la Dir. 2014/24/UE du Parlement européen et du Conseil, du 26 févr. 2014, sur la passation des marchés publics et abrogeant la Dir. 2004/18/CE, doit être interprété en ce sens que, eu égard à l'exigence d'identité juridique et matérielle entre les opérateurs économiques présélectionnés et ceux qui présentent les offres, il ne s'oppose pas à ce que, dans le cadre d'une procédure restreinte d'attribution d'un marché public, un candidat présélectionné qui s'engage à absorber un autre candidat présélectionné, en vertu d'un accord de fusion conclu entre la phase de présélection et celle de présentation des offres et exécuté après cette phase de présentation, puisse présenter une offre. • CJUE 11 juill. 2019, *Telecom Italia SpA*, C-697/17 : *Rev. CMP 2019, n° 10, note Zimmer.*

2. Nombre limité de candidats admis à présenter une offre. Sélection. Renseignements et documents pouvant être demandés. Lorsqu'il décide de limiter le nombre des candidats admis à présenter une offre, le pouvoir adjudicateur ne peut exiger des candidats, pour sélectionner ceux qui seront admis à présenter une offre, que les renseignements et documents prévus [C. marchés alors en vigueur]. • CE 11 avr. 2014, *Min. de la Défense c/ Sté Legrand Bâtisseurs*, n° 375245 B : *BJCP 2014. 341, concl. Dacosta ; Rev. CMP 2014, n° 171, note Zimmer ; Dr. adm. juill. 2014, n° 44, note Brenet.*

3. Lorsque le pouvoir adjudicateur décide de limiter le nombre des candidats admis à présenter une offre, il lui appartient d'assurer l'information appropriée des candidats sur les critères de sélection de ces candidatures dès l'engagement de la procédure d'attribution du marché, dans l'avis d'appel public à concurrence ou le cahier des charges tenu à la disposition des candidats. Cette information appropriée suppose que le pouvoir adjudicateur indique aussi les documents ou renseignements au vu desquels il entend opérer la sélection des candidatures. Par ailleurs, si le pouvoir adjudicateur entend fixer des niveaux minimaux de capacité, ces derniers doivent aussi être portés à la connaissance des candidats. Cette information appropriée des candidats n'implique en revanche pas que le pouvoir adjudicateur indique les conditions de mise en œuvre des critères de sélection des candidatures, sauf dans l'hypothèse où ces conditions, si elles avaient été initialement connues, auraient été de nature à susciter d'autres candidatures ou à retenir d'autres candidats. • CE 10 avr. 2015, *CCI terr. d'Ajaccio et de Corse du Sud*, n° 387128 B : *AJDA 2015. 728, note Poupeau ; Rev. CMP 2015, n° 140, note Eckert.*

4. Distinction sélection des candidatures/sélection des offres. V. notes ss. les art. R. 2144-1 et R. 2152-12.

5. Appréciation des mérites des candidatures en vue de la sélection des candidats dans une procédure restreinte. Contrôle du juge du référé précontractuel. Absence. Il n'appartient pas au juge du référé précontractuel d'apprécier les mérites des candidatures. • CE 26 juin 2015, *Ville de Paris*, n° 389682 B.

Art. R. 2142-17 **Pour les pouvoirs adjudicateurs, le nombre minimum de candidats indiqué dans l'avis d'appel à la concurrence ou dans l'invitation à confirmer l'intérêt, ne peut être inférieur à :**

1° Cinq en appel d'offres restreint ;

2° Trois en procédure avec négociation ou en dialogue compétitif. – *[Décr. n° 2016-360 du 25 mars 2016, art. 47, al. 4, 1re phrase.]*

Art. R. 2142-18 Lorsque le nombre de candidats satisfaisant aux critères de sélection est inférieur au nombre minimum indiqué, l'acheteur peut poursuivre la procédure avec ces candidats. – *[Décr. n° 2016-360 du 25 mars 2016, art. 47, al. 4, 2e phrase.]*

SECTION 3 Groupements d'opérateurs économiques

Art. R. 2142-19 Les groupements d'opérateurs économiques peuvent participer aux procédures de passation de marchés. – *[Décr. n° 2016-360 du 25 mars 2016, art. 45-I, al. 1er, 1re phrase.]*

1. Exclusion automatique illégale. Le droit communautaire doit être interprété en ce sens qu'il s'oppose à une réglementation nationale qui prévoit, lors de la procédure de passation d'un marché public dont le montant n'atteint pas le seuil communautaire, mais qui revêt un intérêt transfrontalier certain, l'exclusion automatique de la participation à cette procédure et l'infliction de sanctions pénales à l'encontre tant d'un groupement stable que des entreprises qui sont membres de celui-ci, lorsque ces dernières ont présenté des offres concurrentes de celle de ce groupement dans le cadre de la même procédure, quand bien même l'offre dudit groupement n'aurait pas été déposée pour le compte et dans l'intérêt de ces entreprises. Une telle règle comporte, en effet, une présomption irréfragable d'interférence réciproque dans les cas où un groupement et une ou plusieurs des entreprises qui le composent ont déposé, dans la même procédure de marché public, des offres concurrentes, même lorsque le groupement en question n'est pas intervenu à la procédure pour le compte et dans l'intérêt desdites entreprises, sans que la possibilité ait été laissée tant au groupement qu'aux entreprises concernées de prouver que leurs offres ont été formulées d'une manière pleinement indépendante et que, par conséquent, un risque d'influence sur la concurrence entre les soumissionnaires n'existe pas. Une telle règle d'exclusion systématique, qui comporte également, pour les pouvoirs adjudicateurs, une obligation absolue d'exclusion des entités concernées, même dans les cas où les rapports existant entre ces dernières restent sans incidence sur leur comportement dans le cadre des procédures auxquelles elles ont participé, est contraire à l'intérêt communautaire à ce que soit assurée la participation la plus large possible de soumissionnaires à un appel d'offres et va au-delà de ce qui est nécessaire pour atteindre l'objectif consistant à assurer l'application des principes d'égalité de traitement et de transparence. Elle est en outre de nature à exercer une influence dissuasive sur les opérateurs économiques établis dans d'autres États membres, à savoir, d'une part, les opérateurs qui souhaiteraient s'établir dans l'État membre concerné par la création d'un groupement stable, constitué éventuellement d'entreprises nationales et étrangères, et, d'autre part, ceux qui envisageraient d'adhérer à de tels groupements déjà constitués, afin de participer plus aisément à des procédures de marchés publics lancées par des pouvoirs adjudicateurs de cet État membre et d'offrir ainsi plus facilement leurs services. Elle constitue une restriction au sens des art. 43 et 49 Traité CE, d'autant plus que cet effet dissuasif est accentué par le risque présenté par les sanctions pénales prévues par la réglementation nationale. • CJUE 23 déc. 2009, *Serrantoni Srl, Consorzio stabile edili Scrl c/ Cne di Milano*, C-376/08 : *Rev. CMP 2010, n° 62, note Zimmer.*

2. Procédure négociée. Offre déposée par l'un des deux membres du groupement après que l'autre a été déclaré en faillite. Le principe d'égalité de traitement des opérateurs économiques, figurant à l'art. 10 de la Dir. 2004/17/CE du Parlement européen et du Conseil du 31 mars 2004 portant coordination des procédures de passation des marchés dans les secteurs de l'eau, de l'énergie, des transports et des services postaux, lu en combinaison avec l'art. 51 de celle-ci, doit être interprété en ce sens qu'une entité adjudicatrice ne viole pas ce principe lorsqu'elle autorise l'un des deux opérateurs économiques qui faisaient partie d'un groupement d'entreprises ayant été, en tant que tel, invité à soumissionner par cette entité à se substituer à ce groupement à la suite de la dissolution de celui-ci et à participer, en son nom propre, à une procédure négociée d'attribution d'un marché public, pourvu qu'il soit établi, d'une part, que cet opérateur économique satisfait seul aux exigences définies par ladite entité et, d'autre part, que la continuation de sa participation à ladite procédure n'entraîne pas une détérioration de la situation concurrentielle des autres soumissionnaires. • CJUE 24 mai 2016, *MT Hojgaard A/S*, n° C-396/14 : *AJDA 2016. 1681, chron. Broussy, Cassagnabère et Gänser ; BJCP 2016. 342, concl. Mengozzi.*

3. Membre d'un groupement. Possibilité de contester une décision d'une autorité distincte du pouvoir adjudicateur ayant des effets sur la procédure de passation. Le droit de l'Union, en particulier le droit à une protection juridictionnelle effective, s'oppose à une réglementation nationale interprétée en ce sens que les membres d'une association momentanée, soumissionnaire dans une procédure de passation d'un marché public, soient privés de la possibilité de demander, à titre individuel, réparation du préjudice qu'ils auraient individuellement subi par suite d'une décision qui a été adoptée par une autorité, autre que le pouvoir adjudicateur, impliquée dans cette procédure conformément aux règles nationales applicables, et qui est de nature à influer sur le déroulement de celle-ci, alors même qu'un tel litige ne relève pas du système de recours établi par la Dir. 89/665/CEE. • CJUE 6 mai 2010, *Club Hôtel Loutraki AE* : n^os C-145/08 et C-149/08.

4. Membre d'un groupement. Recevabilité devant le juge du référé précontractuel. Une entreprise membre d'un groupement ayant présenté une offre a un intérêt à la conclusion du contrat et est ainsi recevable à saisir le juge des référés sur le fondement des dispositions de l'art. L. 551-1 CJA, y compris en son nom personnel. • CE 18 juin 2010, *Cne de Saint-Pal-de-Mons,* n° 337377 A.

5. Action en garantie entre membres d'un groupement. Lorsque le juge administratif est saisi d'un litige né de l'exécution d'un marché de travaux publics opposant le maître d'ouvrage à des constructeurs qui ont constitué un groupement pour exécuter le marché, il est compétent pour connaître des actions en garantie engagées par les constructeurs les uns envers les autres si le marché indique la répartition des prestations entre les membres du groupement ; si tel n'est pas le cas, le juge administratif est également compétent pour connaître des actions en garantie entre les constructeurs, quand bien même la répartition des prestations résulterait d'un contrat de droit privé conclu entre eux, hormis le cas où la validité ou l'interprétation de ce contrat soulèverait une difficulté sérieuse. • T. confl. 9 févr. 2015, *Sté Ace European Group Limited c/ M. Targe et a.*, n° 3983.

Art. R. 2142-20 Le groupement est :

1° Conjoint lorsque chacun des opérateurs économiques membres du groupement s'engage à exécuter la ou les prestations qui sont susceptibles de lui être attribuées dans le marché ;

2° Solidaire lorsque chacun des opérateurs économiques membres du groupement est engagé financièrement pour la totalité du marché. — *[Décr. n° 2016-360 du 25 mars 2016, art. 45-I, al. 2 et 3.]*

COMMENTAIRE

Cette distinction entre deux formes de groupements est traditionnelle. On notera que, dans le groupement solidaire, la solidarité est financière. ❑

1. Groupement conjoint. Lots techniques. La candidature de groupements conjoints suppose que le pouvoir adjudicateur décompose le marché en plusieurs ensembles de prestations techniques susceptibles, chacun, d'être attribué à un membre du groupement. Cette décomposition technique est une opération différente de celle de l'allotissement prévu à l'art. 10, lequel consiste à conclure plusieurs marchés séparés, et ne fait pas obstacle à la conclusion d'un marché unique. • CE 30 juin 2004, *OPHLM de la ville de Nantes (OPHLM Nantes-Habitat)*, n° 261472 B : *Rev. CMP 2004, n° 193, obs. Pietri.*

2. Groupement conjoint. Missions du mandataire. Si, en principe, lorsque le marché est confié à un groupement conjoint d'entrepreneurs, le mandataire de ce groupement ne représente les entrepreneurs conjoints vis-à-vis du pouvoir adjudicateur et du maître d'œuvre que jusqu'à l'expiration du délai de garantie des travaux, il demeure, même après l'expiration de ce délai, seul habilité à signer le décompte général et à présenter, le cas échéant, le mémoire de réclamation prévu par le troisième alinéa du 44 de l'art. 13 du cahier des clauses administratives générales. En revanche, il n'est habilité à poursuivre, pour le compte des entrepreneurs conjoints, la procédure de règlement du différend né de la présentation de ce mémoire, dans les conditions fixées aux § 22 s. de l'art. 50, que jusqu'à l'expiration du délai de garantie. • CE 6 juill. 2005, *Sté Bourbonnaise de travaux publics et de construction et Sté de grands travaux de l'océan Indien*, n° 259801 B.

3. Groupement solidaire et groupement conjoint. Garantie décennale. Lorsqu'ils se sont solidairement engagés envers le maître— d'un ouvrage affecté de désordres rendant cet ouvrage impropre à sa destination, les cotraitants ne sauraient se libérer de l'obligation, qui pèse sur chacun d'eux, de réparer la totalité des désordres qu'en établissant qu'ils ne sont, même partiellement, imputables à aucun d'eux. En revanche, chaque cotraitant d'un groupement conjoint n'est solidairement obligé de réparer l'intégralité des désordres que si ces désordres lui sont, au moins partiellement, imputables. Dans ce cas, l'imputabilité s'apprécie selon la nature et l'étendue de la mission qu'attribuait à chaque cotraitant le contrat de louage. • CAA Lyon, 5 nov. 2009, *Kalisz et a.*, n° 07LY00276.

4. Groupement solidaire. Aucune convention entre la personne publique et les entreprises membres d'un groupement solidaire ne prévoyant la part de chacune des sociétés dans l'exécution des travaux, ces sociétés ne sont pas fondées à soutenir qu'elles n'auraient pas participé à l'exécution de certains lots pour échapper à leur solidarité conjointe et solidaire avec les autres entreprises contractantes. • CE, sect., 9 janv. 1976, *Sté Caillol et Cie, Sté Chagnaud et Cie et Sté Les travaux du Midi*, n° 90350 A.

5. Des entreprises qui se sont engagées conjointement et solidairement par un même marché à participer à l'exécution d'un même ouvrage sans qu'aucune répartition des tâches soit faite entre elles par le marché doivent être regardées comme s'étant donné mandat mutuel de se représenter dans tous les actes administratifs et techniques relatifs à l'exécution du marché qui interviennent dans les relations contractuelles du maître de l'ouvrage et des entreprises signataires du marché. Ces mêmes entreprises ne sauraient en revanche être regardées comme s'étant donné un tel mandat pour intervenir dans une action quasi délictuelle engagée contre le maître de l'ouvrage ou ses entrepreneurs par la victime d'un dommage imputé à l'exécution des travaux. • CE 15 juin 1983, *Sté Entreprise Solétanche*, n° 27329 A. ♦ En l'absence de stipulation particulière dans le contrat d'engagement, la désignation d'un mandataire pour représenter les membres du groupement auprès du maître de l'ouvrage n'a pas pour effet de confier à ce mandataire la représentation exclusive devant le juge du contrat des autres entreprises solidaires, qui gardent donc la possibilité de s'adresser à ce dernier pour obtenir le paiement du solde global du marché. • CE 25 juin 2004, *Synd. intercommunal de la Vallée de l'Ondaine*, n° 250573 B : *BJCP 2004. 451, concl. Piveteau ; Rev. CMP 2004, n° 200, obs. Eckert.*

6. Les entreprises ayant formé un groupement solidaire pour l'exécution du marché dont elles sont titulaires sont réputées se représenter mutuellement dans toutes les instances relatives aux obligations attachées à l'exécution de ce marché ; il en résulte que la requête par laquelle l'un des membres du groupement solidaire demande l'annulation du jugement ayant condamné ses membres, sur le fondement de leur responsabilité contractuelle, à indemniser leur cocontractant doit en principe être regardée comme présentée au nom et pour le compte des membres du groupement ; la représentation mutuelle de membres du groupement cesse lorsque, présents dans l'instance, ils formulent des conclusions divergentes. Une requête en appel présentée par une société membre d'un groupement doit ainsi être, en principe, réputée présentée au nom et pour le compte des membres du groupement solidaire condamnés par le tribunal administratif ; toutefois, eu égard à la teneur des conclusions, telles qu'analysées par la cour administrative d'appel, présentées par cette société, présente à l'instance d'appel et qui concluait, à titre principal, à la confirmation du jugement et, à titre subsidiaire, à la minoration du montant du préjudice et à ce que les autres sociétés soient condamnées à la garantir de toute condamnation supplémentaire qui serait mise à sa charge, c'est sans erreur de droit que la cour administrative d'appel juge implicitement mais nécessairement qu'elle avait décidé de mettre fin à la représentation mutuelle en justice des sociétés membres du groupement solidaire auquel elle appartenait. • CE 31 mai 2010, *Sté Bureau de conception et de coordination du bâtiment*, n° 323948 B : *Rev. CMP 2010, n° 298, note Devillers.*

7. Les entreprises ayant formé un groupement solidaire pour l'exécution du marché dont elles sont titulaires sont réputées, dès lors qu'aucune répartition des tâches n'a été faite entre elles par le marché, se représenter mutuellement. Il en résulte que leurs conclusions doivent être regardées comme présentées au nom et pour le compte des membres du groupement et b) qu'elles peuvent tendre au paiement du solde global du marché. Toutefois, d'une part, la représentation mutuelle de membres de groupement cesse lorsque, présents dans l'instance, ils formulent des conclusions divergentes. D'autre part, un membre d'un groupement solidaire, qu'il en soit ou non le mandataire, est recevable à demander le paiement, pour son propre compte, des seules prestations qu'il a personnellement effectuées, y compris lorsque le marché ne précise pas la répartition des tâches entre les membres de ce groupement.

Lorsque le maître d'ouvrage acquitte les sommes correspondant à ces prestations ou est condamné par le juge du contrat à les verser, il est libéré de sa dette à concurrence du montant des sommes correspondantes à l'égard de l'ensemble des membres du groupement. • CE 19 mai 2022, *Stté Patriarche*, n° 454637 B : *Rev. CMP 2022, comm. 231, Rees.*

8. Les entreprises qui se sont engagées solidairement par un même marché sont réputées s'être donné mandat tacite de se représenter ; la solidarité emporte cet effet sans qu'il soit besoin que la convention de mandat le mentionne expressément ; en outre, dès lors que la solidarité s'étend à l'obligation de réparer les désordres au titre de la garantie décennale des constructeurs, la représentation mutuelle en justice se poursuit pour les besoins de cette réparation, quand bien même une convention, au demeurant de droit privé et non opposable au maître d'ouvrage, en prévoirait l'expiration. • CE 11 mai 2011, *Sté d'études, de recherche et de développement d'automatismes*, n° 327452.

9. Les documents contractuels ne peuvent prévoir que, dans le cadre d'un groupement solidaire formé entre des entrepreneurs et des architectes, ceux-ci pourront être conduits à se substituer à des entrepreneurs défaillants, dès lors que ceci les obligerait à accomplir des actes étrangers à l'exercice de leur profession. • CE 7 nov. 1986, *Ville de Toulouse*, n° 55131 B.

10. En l'absence de stipulations contraires, les entreprises qui s'engagent conjointement et solidairement envers le maître d'ouvrage à réaliser une opération de construction s'engagent conjointement et solidairement non seulement à exécuter les travaux, mais encore à réparer les malfaçons susceptibles de rendre l'immeuble impropre à sa destination, malfaçons dont les constructeurs sont, pendant dix ans à compter de la réception des travaux, responsables à l'égard du maître d'ouvrage sur le fondement des principes dont s'inspirent les art. 1792 et 2270 C. civ. Pour échapper à sa responsabilité conjointe et solidaire avec les autres entreprises contractantes, une entreprise n'est fondée à soutenir qu'elle n'a pas réellement participé à la construction des lots où ont été révélées des malfaçons que si une convention à laquelle le maître d'ouvrage est partie fixe la part qui lui revient dans l'exécution des travaux et que ces lots en sont exclus. • CE 24 févr. 1993, *Sté SMAC Aciéroid*, n° 116352.

11. En l'absence de stipulations contraires, les entreprises, qui s'engagent conjointement et solidairement envers le maître de l'ouvrage à réaliser une opération de construction, s'engagent conjointement et solidairement non seulement à exécuter les travaux, mais encore à réparer le préjudice subi par le maître de l'ouvrage du fait de manquements dans l'exécution de leurs obligations contractuelles ; un constructeur ne peut échapper à sa responsabilité conjointe et solidaire avec les autres entreprises cocontractantes, au motif qu'il n'a pas réellement participé aux travaux révélant un tel manquement, que si une convention, à laquelle le maître de l'ouvrage est partie, fixe la part qui lui revient dans l'exécution des travaux ; la cour administrative d'appel, après avoir constaté que la société A et la société B formaient un groupement d'entreprises solidaires pour l'exécution des travaux de restructuration et d'extension d'un lycée professionnel qui leur avaient été confiés par la région, a retenu la responsabilité de l'entreprise A dans la survenance du dommage et s'est fondée, pour écarter celle de la société B, sur la circonstance que celle-ci n'avait pas pris part au chantier du bâtiment dont l'effondrement avait causé le préjudice invoqué ; elle a ainsi commis une erreur de droit. • CE 29 sept. 2010, *Région Aquitaine*, n° 332068 B : *BJCP 2010. 401, concl. Boulouis.*

Art. R. 2142-21 **Les documents de la consultation peuvent interdire aux candidats de présenter pour le marché ou certains de ses lots plusieurs candidatures en agissant à la fois :**

1° En qualité de candidats individuels et de membres d'un ou plusieurs groupements ;

2° En qualité de membres de plusieurs groupements. – *[Décr. n° 2016-360 du 25 mars 2016, art. 45-V.]*

Art. R. 2142-22 **L'acheteur ne peut exiger que le groupement d'opérateurs économiques ait une forme juridique déterminée pour la présentation d'une candidature ou d'une offre.**

L'acheteur peut exiger que les groupements d'opérateurs économiques adoptent une forme juridique déterminée après l'attribution du marché dans la mesure où cela est nécessaire à sa bonne exécution. Dans ce cas, l'acheteur justifie cette exigence dans les documents de la consultation. – *[Décr. n° 2016-360 du 25 mars 2016, art. 45-I, al. 1er, 2e phrase et II.]*

1. Les pouvoirs adjudicateurs ne peuvent pas exiger la transformation de groupements d'opérateurs en une forme juridique déterminée aux fins de la présentation d'une offre. • CJCE 18 déc. 2007, *Frigerio Luigi et C. Snc*, C-357/06 : *Rev. CMP 2008, n° 31, obs. Eckert.*

2. Un règlement de la consultation qui dispose : « en cas de groupement, la forme souhaitée est un groupement solidaire ou conjoint sans mandataire solidaire. Si le groupement attributaire du marché est d'une forme différente, il pourra se voir contraint d'assurer sa transformation pour se conformer au souhait du pouvoir adjudicateur tel qu'il est indiqué ci-dessus » ne permet pas aux candidats de connaître à l'avance clairement le choix que ferait le pouvoir adjudicateur entre les deux formes de groupement souhaitées par lui, ce qui justifie l'injonction faite par le juge du référé précontractuel au pouvoir adjudicateur, si celui-ci entend poursuivre son projet, de reprendre la procédure. • CE 29 oct. 2007, *Cté d'agglomération du pays voironnais*, n° 301065 B : *Rev. CMP 2007, n° 324, obs. Olivier.*

3. L'avis d'appel public à la concurrence, en mentionnant que le groupement d'opérateurs économiques attributaire du marché devrait revêtir la forme du groupement solidaire, n'a pas méconnu les dispositions de l'art. 51 C. marchés, applicables à la procédure de passation litigieuse en vertu de l'art. 142 du même code, autorisant le candidat à un marché à se présenter sous forme de groupement solidaire ou de groupement conjoint, sous réserve du respect des règles relatives à la concurrence, mais s'est borné à exiger de l'attributaire du marché litigieux la constitution d'un groupement solidaire, ainsi que l'y autorisent les dispositions du VII de l'art. 51. • CE 10 avr. 2015, *CCI terr. d'Ajaccio et de Corse du Sud*, n° 387128 B : *AJDA 2015. 728, note Poupeau ; BJCP 2015. 262, concl. Dacosta.*

4. En précisant dans le règlement de la consultation du marché en cause que « les candidats pourront se présenter seuls ou en groupement solidaire » et en reprenant cette exigence dans l'avis d'appel public à la concurrence, le pouvoir adjudicateur a nécessairement entendu exclure, au stade de l'attribution dudit marché, la possibilité pour les entreprises candidates de constituer des groupements conjoints ; il a ainsi méconnu les dispositions de l'art. 51 C. marchés et la procédure de passation du marché est entachée d'irrégularité. • CAA Nantes, 27 juin 2008, *Cté de cnes de la Plaine d'Argentan Nord*, n° 07NT01245.

Art. R. 2142-23 **Les candidatures et les offres sont présentées soit par l'ensemble des membres du groupement, soit par un mandataire qui justifie des habilitations nécessaires pour représenter les autres membres du groupement. Un même opérateur économique ne peut pas être mandataire de plus d'un groupement pour un même marché.** – *[Décr. n° 2016-360 du 25 mars 2016, art. 45-I, al. 4.]*

Le dossier présenté par les candidats groupés à un appel d'offres doit comporter, lorsque chacun d'eux n'en est pas signataire, l'indication, soit dans le formulaire remis à cet effet, soit par la production d'un mandat à part, attestant que l'un d'entre eux est mandataire des autres prestataires du groupement. Cette indication revêt un caractère substantiel. • CE 28 avr. 2006, *Synd. mixte de gestion et de travaux pour l'élimination des déchets ménagers et assimilés de la zone ouest du dpt de l'Hérault*, n° 283942 B : *Rev. CMP 2006, n° 166, obs. Olivier ; ibid., n° 206, concl. Casas.*

Art. R. 2142-24 **Dans les deux formes de groupements mentionnées à l'article R. 2142-20, l'un des opérateurs économiques membres du groupement, désigné dans la candidature et dans l'offre comme mandataire, représente l'ensemble des membres vis-à-vis de l'acheteur et coordonne les prestations des membres du groupement.**

Si le marché le prévoit, le mandataire du groupement conjoint est solidaire, pour l'exécution du marché, de chacun des membres du groupement pour ses obligations contractuelles à l'égard de l'acheteur. – *[Décr. n° 2016-360 du 25 mars 2016, art. 45-III.]*

COMMENTAIRE

On relèvera que l'hypothèse dans laquelle le mandataire d'un groupement conjoint est solidaire correspond en quelque sorte à une troisième forme de groupement.

On se reportera par ailleurs à la jurisprudence sous l'article R. 2142-20. ❑

Art. R. 2142-25 **L'appréciation des capacités d'un groupement d'opérateurs économiques est globale. Il n'est pas exigé que chaque membre du groupement ait la totalité des capacités requises pour exécuter le marché.** – *[Décr. n° 2016-360 du 25 mars 2016, art. 44-V.]*

L'art. 63 de la Dir. prévoit, à son § 1, qu'un opérateur économique peut, pour un marché déterminé, avoir recours aux capacités d'autres entités, en ce qui concerne les critères relatifs à la capacité économique et financière ainsi que les critères relatifs aux capacités techniques et professionnelles, et que, dans les mêmes conditions, un groupement d'opérateurs économiques peut avoir recours aux capacités de participants du groupement ou d'autres entités. Il précise, par ailleurs, à son § 2, que, pour certains types de marché, dont les marchés de services, « les pouvoirs adjudicateurs peuvent exiger que certaines tâches essentielles soient effectuées directement par le soumissionnaire lui-même ou, si l'offre est soumise par un groupement d'opérateurs économiques [...], par un participant dudit groupement ».

Or, en imposant à l'entreprise mandataire du groupement d'opérateurs économiques d'exécuter les prestations « dans une proportion majoritaire » par rapport à tous les membres du groupement, c'est-à-dire d'exécuter la majorité de l'ensemble des prestations couvertes par le marché, l'art. 83, § 8, du code des marchés publics (italien) fixe une condition plus rigoureuse que celle prévue par la Dir. 2014/24, laquelle se borne à autoriser le pouvoir adjudicateur à prévoir, dans l'avis de marché, que certaines tâches essentielles seront effectuées directement par un participant du groupement d'opérateurs économiques.

Selon le régime institué par cette directive, ce sont les pouvoirs adjudicateurs qui peuvent exiger que certaines tâches essentielles soient effectuées directement par le soumissionnaire lui-même ou, si l'offre est soumise par un groupement d'opérateurs économiques visé à l'art. 19, § 2, de la Dir. 2014/24, par un participant dudit groupement, alors que, selon le droit national en cause au principal, c'est le législateur national qui, de façon horizontale, impose pour tous les marchés publics en Italie que le mandataire du groupement d'opérateurs économiques exécute la majorité des prestations.

Il est vrai que l'art. 19, § 2, deuxième al., de la Dir. 2014/24 prévoit que les États membres peuvent établir des clauses standard précisant la manière dont les groupements d'opérateurs économiques doivent remplir les conditions relatives à la capacité économique et financière ou aux capacités techniques et professionnelles visées à l'art. 58 de cette Dir.

Toutefois, quand bien même la capacité d'exécuter des tâches essentielles relèverait de la notion de « capacité technique », au sens des art. 19 et 58 de la Dir. 2014/24, ce qui permettrait au législateur national de l'inclure dans les clauses standard prévues à l'art. 19, § 2, de celle-ci, une règle telle que celle contenue à l'art. 83, § 8, troisième phrase, du code des marchés publics, qui oblige le mandataire du groupement d'opérateurs économiques à exécuter lui-même directement la majorité des tâches, va au-delà de ce que permet cette directive. En effet, une telle règle ne se limite pas à préciser la manière dont un groupement d'opérateurs économiques doit garantir sa possession des ressources humaines et techniques nécessaires pour exécuter le marché, au sens de l'art. 19, § 2, de ladite Dir., lu conjointement avec l'art. 58, § 4, de celle-ci, mais porte sur l'exécution même du marché et exige à cet égard que celle-ci soit majoritairement effectuée par le mandataire du groupement.

Enfin, il est vrai que, selon l'art. 63, § 2, de la Dir. 2014/24, les pouvoirs adjudicateurs peuvent exiger, notamment pour les marchés de services, que « certaines tâches essentielles » soient effectuées par un participant du groupement d'opérateurs économiques.

Cependant, (…) il ressort clairement des termes « certaines tâches essentielles », employés dans plusieurs versions linguistiques de cette directive (…) que la volonté du législateur de l'Union est, conformément aux finalités énoncées aux considérants 1 et 2 de la même Dir., de limiter ce qui peut être imposé à un seul opérateur d'un groupement, suivant une approche qualitative et non simplement quantitative, afin de favoriser la participation de groupements tels que des associations temporaires de petites et moyennes entreprises aux procédures de passation de marchés publics. Une exigence telle que celle énoncée à l'art. 83, § 8, 3e phrase, C. marchés, qui s'étend aux « prestations dans une proportion majoritaire », contrevient à une telle approche, dépasse les termes ciblés employés à l'art. 63, § 2, de la Dir. 2014/24 et porte ainsi atteinte à la finalité, poursuivie par la législation de l'Union en la matière, d'ouvrir les marchés publics à la concurrence la plus large possible et de faciliter l'accès des petites et moyennes entreprises (arrêt du 2 juin 2016, *Pizzo*, C 27/15, pt. 27).

Du reste, alors que l'art. 63, § 2, de la Dir. 2014/24 se limite à autoriser les pouvoirs adjudicateurs à exiger, notamment pour les marchés de services, que certaines tâches soient effectuées par l'un ou l'autre participant du groupement d'opérateurs économiques, l'art. 83, § 8, du code des marchés publics impose l'exigence d'exécution des prestations dans une proportion majoritaire au seul mandataire du groupement, à l'exclusion de toutes les autres entreprises qui y participent, et restreint ainsi indûment le sens et la portée des termes employés à l'art. 63, § 2, de la Dir. 2014/24.

Eu égard à ce qui précède il convient de répondre à la question posée que l'art. 63 de la Dir. 2014/24 doit être interprété en ce sens qu'il s'oppose à une réglementation nationale selon laquelle l'entreprise mandataire d'un groupement d'opérateurs économiques participant à une procédure de passation d'un marché public doit satisfaire aux critères prévus dans l'avis de marché et exécuter les prestations de ce marché dans une proportion majoritaire. • CJUE 28 avr. 2022, *Caruter Srl*, n° C-642/20 : *Rev. CMP 2022, comm. 197, Ubaud-Bergeron.*

Art. R. 2142-26 **Sans préjudice des dispositions de l'article L. 2141-13, la composition du groupement ne peut être modifiée entre la date de remise des candidatures et la date de signature du marché. Toutefois, en cas d'opération de restructuration de société, notamment de rachat, de fusion ou d'acquisition ou, si le groupement apporte la preuve qu'un de ses membres se trouve dans l'impossibilité d'accomplir sa tâche pour des raisons qui ne sont pas de son fait, il peut demander à l'acheteur l'autorisation de continuer à participer à la procédure de passation en proposant, le cas échéant, à l'acceptation de l'acheteur, un ou plusieurs nouveaux membres du groupement, sous-traitants ou entreprises liées. L'acheteur se prononce sur cette demande après examen de la capacité de l'ensemble des membres du groupement ainsi transformé et, le cas échéant, des sous-traitants ou entreprises liées présentés à son acceptation, au regard des conditions de participation qu'il a définies.** – *[Décr. n° 2016-360 du 25 mars 2016, art. 45-IV.]*

COMMENTAIRE

Le principe, c'est l'intangibilité du groupement. Une souplesse limitée est cependant prévue.

1. La possibilité qui serait accordée, d'une manière imprévisible, exclusivement à un groupement d'entreprises de remplacer une entreprise tierce faisant partie du groupement, et ayant perdu une qualification requise sous peine d'exclusion, constituerait une modification substantielle de l'offre et de l'identité même du groupement. En effet, une telle modification de l'offre obligerait le pouvoir adjudicateur à procéder à de nouveaux contrôles tout en accordant un avantage compétitif à ce groupement qui pourrait chercher à optimiser son offre afin de mieux faire face aux offres de ses concurrents dans la procédure de passation du marché en cause.

Une telle situation serait contraire au principe d'égalité de traitement qui impose que les soumissionnaires disposent des mêmes chances dans la formulation des termes de leurs offres et implique que ces offres soient soumises aux mêmes conditions pour tous les soumissionnaires et constituerait une distorsion de la concurrence saine et effective entre les entreprises participant à un marché public.

Eu égard à ce qui précède, il convient de répondre à la question posée que l'art. 47, § 2, et l'art. 48, § 3, de la Dir. 2004/18/CE doivent être interprétés en ce sens qu'ils ne s'opposent pas à une législation nationale qui exclut la possibilité pour l'opérateur économique participant à un appel d'offres de remplacer une entreprise auxiliaire ayant perdu des qualifications requises postérieurement au dépôt de son offre et qui a pour conséquence l'exclusion automatique de cet opérateur. • CJUE 14 sept. 2017, *Casertana Costruzioni Srl*, nº C-223/16 : *Rev. CMP 2017. 272, note Ubaud-Bergeron.*

2. Modification de la composition d'un groupement. Une loi nationale peut interdire la modification de la composition d'un groupement d'entrepreneurs après la soumission des offres. • CJCE 23 janv. 2003, *Makedoniko c/ Elliniko Dimosio, C-57/01 : Rev. CMP 2003, nº 50, obs. Llorens.*

3. Modification de la composition d'un groupement. Appréciation par le pouvoir adjudicateur. Il résulte de l'instruction que la candidature de la SARL Haskoning France, membre du groupement d'entreprises, a été retenue par LMCU dans le cadre d'une autre procédure de consultation lancée en vue de la conclusion d'un marché d'assistance à maîtrise d'ouvrage concernant la même opération d'aménagement ; la SARL Haskoning France étant ainsi appelée à assister le pouvoir adjudicateur dans le choix des offres qui seraient présentées dans le cadre de l'appel d'offres restreint afférent au marché de conception-réalisation en cause, elle a estimé ne pas pouvoir poursuivre sa collaboration avec la SAS SEGEX dans l'élaboration de l'offre de ce groupement d'entreprises et a ainsi fait connaître à cette dernière, le 18 octobre 2010, sa décision de se retirer, laquelle a amené la SAS SEGEX à demander au pouvoir adjudicateur, le 22 octobre 2010, l'autorisation de modifier la composition du groupement ; toutefois, en présentant sa candidature en vue de la conclusion du marché d'assistance à maîtrise d'ouvrage alors même qu'elle était, dans le même temps, membre d'un groupement candidat à l'attribution du marché de conception-réalisation concernant la même opération, la SARL Haskoning France a pris un risque qui est directement à l'origine de la situation de conflit d'intérêts dans laquelle elle s'est trouvée placée et qui l'a conduite à devoir se retirer du groupement d'entreprises ; ainsi, si cette société était dans l'impossibilité d'accomplir la tâche qui lui était dévolue au sein de ce groupement, cette situation ne résultait pas, au sens et pour l'application des dispositions de l'art. 51 C. marchés, de raisons qui n'étaient pas de son fait ; par suite, LMCU a pu à bon droit refuser, le 8 mars 2011, à la SAS SEGEX de faire droit à la demande qu'elle avait formée afin d'être autorisée à modifier la composition du groupement et ce refus n'est dès lors entaché d'aucune illégalité fautive.

LMCU, qui, dans le cadre de la consultation préalable à l'attribution du marché d'assistance à maîtrise d'ouvrage, devait se conformer aux règles du C. marchés visant à assurer le libre accès à la commande publique et l'égalité de traitement entre les candidats, ne pouvait légalement écarter l'offre du groupement Haskoning France-Ixsane, dont était membre la SARL Haskoning France, au seul motif que cette dernière était également membre d'un groupement d'entreprises candidat à l'attribution du marché de conception-réalisation portant sur la même opération ; ainsi, en attribuant le volet environnemental du marché d'assistance à maîtrise d'ouvrage au groupement Haskoning France-Ixsane, LMCU n'a commis aucune faute de nature à engager sa responsabilité à l'égard de la SAS SEGEX.

Si la SAS SEGEX soutient que la décision de refus du 8 mars 2011 aurait été tardivement prise par LMCU et que ce retard serait, par lui-même, constitutif d'une faute de nature à engager la responsabilité de cet établissement public à son égard, il ressort des termes mêmes de la demande qu'elle a formulée le 22 oct. 2010 que celle-ci faisait connaître au pouvoir adjudicateur la décision de cette société d'assumer elle-même la mission jusqu'alors confiée à la SARL Haskoning France et annonçait la présentation prochaine d'un sous-traitant appelé à l'assister à cette fin ; même si, comme il a été dit, la demande de la SAS SEGEX visant à être autorisée à modifier la composition du groupement ne répondait pas aux conditions posées par les dispositions précitées de l'art. 51 C. marchés, LMCU n'était, pour autant, pas tenue de rejeter cette demande, mais il lui appartenait, en vertu même de ce texte, d'apprécier l'opportunité d'y faire droit après avoir examiné les éléments d'information fournis par la SAS SEGEX en ce qui concerne la capacité professionnelle, technique et financière de l'ensemble des membres du groupement ainsi transformé et, le cas échéant, des sous-traitants présentés à son acceptation ; il résulte de l'instruction que la SAS SEGEX n'a proposé son sous-traitant, la société BIEF, que le 18 janv. 2011 et que, comme il a été dit, le pouvoir adjudicateur s'est prononcé le 8 mars 2011 ; dans ces conditions, le délai d'un peu moins de deux mois mis par LMCU pour examiner les capacités de ce sous-traitant, ainsi que celles du groupement constitué selon la nouvelle composition proposée n'a pas présenté un caractère anormalement long de nature à engager la responsabilité de LMCU, devenue la MEL, à l'égard du groupement dont la SAS SEGEX est le mandataire. • CAA Douai, 1er déc. 2016, *SAS Segex*, n° 14DA01892 : *Rev. CMP 2017, n° 40, note Ubaud-Bergeron.*

Art. R. 2142-27 **Pour les marchés de services ou de travaux et les marchés de fournitures nécessitant des travaux de pose ou d'installation ou comprenant des prestations de service*[s]*, l'acheteur peut exiger que certaines tâches essentielles soient effectuées par l'un des membres du groupement, à condition de l'avoir mentionné dans les documents de la consultation.** – *[Décr. n° 2016-360 du 25 mars 2016, art. 45-VI.]*

CHAPITRE III CONTENU DES CANDIDATURES

SECTION 1 Présentation des candidatures

SOUS-SECTION 1 Délai de réception des candidatures

Art. R. 2143-1 **L'acheteur fixe les délais de réception des candidatures en tenant compte de la complexité du marché et du temps nécessaire aux opérateurs économiques pour préparer leur candidature.**

En procédure formalisée, les délais de réception des candidatures ne peuvent être inférieurs aux délais minimaux propres à chaque procédure fixée au chapitre I du titre VI du présent livre. – *[Décr. n° 2016-360 du 25 mars 2016, art. 43-I, al. 1er et 2.]*

Délai supérieur au délai minimal. Obligation de vérifier qu'il n'est pas manifestement inadapté. Le juge des référés du tribunal administratif de la Guadeloupe a estimé que le délai de consultation du marché en litige, bien que supérieur au délai minimal prévu par ce texte, qui était de trente jours dès lors que les candidatures pouvaient être transmises par voie électronique, était insuffisant pour permettre aux candidats de passer une commande de véhicules avec une date de livraison ferme en Guadeloupe après avoir obtenu le financement de ces véhicules, et que cette insuffisance était de nature à empêcher certains candidats d'obtenir la note maximale sur le critère de l'âge des véhicules dont ils disposaient ; en annulant, pour ce motif, la procédure de passation de l'ensemble des lots en litige, alors qu'il lui incombait seulement de vérifier si le délai de consultation, bien que supérieur au délai minimal fixé par les textes applicables, n'était néanmoins pas manifestement inadapté à la présentation d'une offre compte tenu de la complexité du marché public et du temps nécessaire aux opérateurs économiques pour préparer leurs candidatures et leurs offres, le juge des référés a commis une erreur de droit. • CE 11 juill. 2018, *Cté d'agglomération du Nord Grande-Terre*, nos 418021 B et 418022 : *BJCP 2018. 362, concl. Henrard ; Rev. CMP 2018. 218, note Hul.*

Art. R. 2143-2 **Les candidatures reçues hors délai sont éliminées.** – *[Décr. n° 2016-360 du 25 mars 2016, art. 43-IV.]*

SOUS-SECTION 2 Éléments à produire par le candidat

Art. R. 2143-3 **Le candidat produit à l'appui de sa candidature :**

1° Une déclaration sur l'honneur pour justifier qu'il n'entre dans aucun des cas mentionnés aux articles L. 2141-1 à L. 2141-5 et L. 2141-7 à L. 2141-11 notamment qu'il satisfait aux obligations concernant l'emploi des travailleurs handicapés définies aux articles L. 5212-1 à L. 5212-11 du code du travail ;

2° Les renseignements demandés par l'acheteur aux fins de vérification de l'aptitude à exercer l'activité professionnelle, de la capacité économique et financière et des capacités techniques et professionnelles du candidat. – *[Décr. n° 2016-360 du 25 mars 2016, art. 48-I.]*

COMMENTAIRE

La déclaration sur l'honneur mentionnée au 1° de l'article R. 2143-3 est un élément de simplification et les renseignements demandés aux fins de vérification doivent être proportionnés aux caractéristiques et aux conditions d'exécution du marché. ❑

Obligation d'emploi de travailleurs handicapés. L'obligation d'emploi des travailleurs handicapés et l'obligation subséquente d'adresser une déclaration annuelle relative à l'obligation d'emploi des travailleurs handicapés, prévues respectivement par les art. L. 5212-2 et L. 5212-5 C. trav., s'appliquent uniquement, en vertu de l'art. L. 5212-1 de ce code, aux employeurs occupant au moins vingt salariés.

Il en résulte qu'aucune disposition n'impose à un employeur occupant moins de vingt salariés d'employer des travailleurs handicapés ou de faire une déclaration annuelle d'emploi des travailleurs handicapés. Dès lors, la production du certificat attestant la régularité de la situation de l'employeur au regard de l'emploi des travailleurs handicapés mentionné dans l'Arr. du 25 mai 2016 fixant la liste des impôts, taxes, contributions ou cotisations sociales donnant lieu à la délivrance de certificats pour l'attribution de marchés publics et de contrats de concession ne peut être exigée, lors de la passation d'un marché public, d'un candidat qui emploie moins de vingt salariés ; par suite, le juge des référés du tribunal administratif a commis une erreur de droit en estimant que la société attributaire du marché devait, alors même qu'elle n'était pas assujettie à l'obligation d'emploi de travailleurs handicapés, produire un certificat attestant de la régularité de sa situation au regard de l'emploi des travailleurs handicapés et que la commune a manqué à ses obligations de publicité et de mise en concurrence en lui attribuant le marché en cause alors que son offre aurait dû être déclarée irrecevable. • CE 22 janv. 2018, *Cne de Vitry-le-François, n° 414860 : AJCT 2018. 269, obs. Lanzarone et Bachtli ; BJCP 2018. 158, concl. Pellissier.*

Art. R. 2143-4 **L'acheteur accepte que le candidat présente sa candidature sous forme d'un document unique de marché européen et constituant un échange de données structurées, établi conformément au modèle fixé par le règlement de la Commission européenne établissant le formulaire type pour le document unique de marché européen, en lieu et place de la déclaration sur l'honneur et des renseignements mentionnés à l'article R. 2143-3.**

En ce qui concerne les conditions de participation, l'acheteur indique dans les documents de la consultation s'il autorise les candidats à se limiter à indiquer dans le document unique de marché européen qu'ils disposent de l'aptitude et des capacités requises sans fournir d'informations particulières sur celles-ci. En l'absence d'une telle mention, cette faculté n'est pas autorisée.

Les opérateurs économiques peuvent réutiliser le document unique de marché européen qui a déjà été utilisé dans une procédure antérieure, à condition de confirmer que les informations qui y figurent sont toujours valables. – *[Décr. n° 2016-360 du 25 mars 2016, art. 49-I, al. 1er et 2, II.]*

COMMENTAIRE

L'obligation qu'impose l'article R. 2143-4 à l'acheteur résulte de l'article 59 de la directive 2014/24/UE. Il convient de se reporter au règlement d'exécution (UE) 2016/7 de la Commission du 5 janvier 2016, qu'on trouvera au I de l'appendice. ❑

SECTION 2 Documents justificatifs et autres moyens de preuve

SOUS-SECTION 1 Dispositions générales

Art. R. 2143-5 **Lorsqu'il demande à un candidat de fournir un certificat, une attestation ou tout autre document prouvant qu'une exigence a été satisfaite, l'acheteur accepte tout document équivalent d'un autre État membre de l'Union européenne. Il n'impose pas la remise de documents sous forme d'original, de copie certifiée conforme ou de traduction certifiée, sauf lorsque cela est justifié par une raison impérieuse d'intérêt général.** – *[Décr. n° 2016-360 du 25 mars 2016, art. 52.]*

COMMENTAIRE

Pour préciser les éléments de preuve qui peuvent être exigés des candidats pour justifier qu'ils n'entrent dans aucun cas d'exclusion et qu'ils satisfont aux conditions de participation, le présent article et tous ceux de cette section sont inspirés par le souci de concilier les exigences qui tiennent à la liberté d'accès à la commande publique et celles qui tiennent à la nécessité que l'acheteur s'assure de la recevabilité des candidatures. ❑

SOUS-SECTION 2 Documents justificatifs et autres moyens de preuve de l'absence de motifs d'exclusion

Art. R. 2143-6 L'acheteur accepte, comme preuve suffisante attestant que le candidat ne se trouve pas dans un cas d'exclusion mentionné aux articles *[à l'article]* **L. 2141-1 et aux 1° et 3° de l'article L. 2141-4, une déclaration sur l'honneur.** – *[Décr. n° 2016-360 du 25 mars 2016, art. 51-I.]*

COMMENTAIRE

Il y a là, au stade de l'examen des candidatures, un élément de simplicité. ❑

Art. R. 2143-7 L'acheteur accepte comme preuve suffisante attestant que le candidat ne se trouve pas dans un cas d'exclusion mentionné à l'article L. 2141-2, les certificats délivrés par les administrations et organismes compétents. La liste des impôts, taxes, contributions ou cotisations sociales devant donner lieu à délivrance d'un certificat ainsi que la liste des administrations et organismes compétents figurent dans un arrêté du ministre chargé de l'économie annexé au présent code.

Le candidat établi à l'étranger produit un certificat établi par les administrations et organismes de son pays d'origine ou d'établissement. – *[Décr. n° 2016-360 du 25 mars 2016, art. 51-II.] – V. Annexe n° 4.*

COMMENTAIRE

L'arrêté que mentionne cet article est à l'annexe n° 4 du code. ❑

Société étrangère disposant d'un établissement en France. La SA Altuna y Uria soutient que le certificat d'affiliation auprès de la caisse des congés payés du bâtiment d'Aquitaine n'était pas requis dans la mesure où, en tant que société espagnole, elle justifiait avoir satisfait à ses obligations sociales par la production d'un « certificado de situación de cotización ». Toutefois, si le II de l'art. 46 C. marchés prévoit que les candidats qui sont établis dans un État autre que la France produisent un certificat établi par les administrations et organismes du pays d'origine, il résulte de l'instruction, et notamment de l'extrait Kbis et de l'avis d'attribution du marché, que si la SA Altuna y Uria est une société espagnole ayant son siège social à Azpeitia, elle dispose en France d'un établissement principal, créé en 2006, situé rue de la Gare à Hendaye et que le marché a été passé avec cet établissement dont le numéro français de taxe sur la valeur ajoutée intracommunautaire était mentionné dans l'imprimé intitulé « DC2 » qui contient les renseignements relatifs à la situation financière du candidat. Dans ces conditions, la SA Altuna y Uria, qui a présenté sa candidature comme « succursale d'une société étrangère », doit être regardée comme étant établie en France et ne peut dès lors utilement se prévaloir des dispositions du II de l'art. 46 C. marchés. Par suite, elle relevait du I de l'art. 46 préc. et devait produire un certificat établi par les organismes français compétents en matière de cotisations sociales. Il est constant que la caisse des congés payés du bâtiment de la région Aquitaine n'a pu lui délivrer ce certificat avant juin 2013, faute de déclaration des salariés employés en France révélés par deux contrôles effectués sur le chantier le 20 déc. 2011 et le 25 juill. 2012, qui ont entraîné la régularisation rétroactive des cotisations afférentes aux salariés employés depuis 2010 en France.

Il résulte du III de l'art. 46 C. marchés que l'absence de production des attestations et certificats requis dans le délai imparti devait entraîner l'élimination du candidat dont l'offre a été retenue, ce qui faisait obstacle à la signature du marché avec la SA Altuna y Uria. Ainsi et alors au surplus que les charges sociales influent sensiblement sur le coût de la main-d'œuvre et par suite sur la formation des prix, la commune d'Anglet n'est pas fondée à soutenir que l'irrégularité ainsi constatée ne revêtirait pas un caractère suffisamment grave pour justifier l'annulation du contrat. Dans ces conditions, et sans qu'il soit besoin de se prononcer sur le bien-fondé des autres motifs retenus par le tribunal administratif, ce seul motif justifiait l'annulation du contrat. Enfin, il résulte de l'instruction qu'aucune raison d'intérêt général, notamment la mise en œuvre des garanties liées à l'exécution du marché dont se prévaut la commune d'Anglet, ne justifie le prononcé de l'une des mesures alternatives à l'annulation du contrat. Par suite, la commune d'Anglet n'est pas fondée à soutenir que c'est à tort que, par le jugement attaqué, le tribunal administratif de Pau a annulé le marché conclu le 17 janvier 2012 concernant le lot n° 2 « Structure-Gros œuvre ». • CAA Bordeaux, 7 avr. 2016, *Cne d'Anglet,* n° 14BX02241 : *AJDA 2016. 1751, concl. Normand.*

Art. R. 2143-8 Le candidat produit, le cas échéant, les pièces prévues aux articles R. 1263-12, D. 8222-5 ou D. 8222-7 ou D. 8254-2 à D. 8254-5 du code du travail. – *[Décr. n° 2016-360 du 25 mars 2016, art. 51-III.]*

Art. R. 2143-9 *(Décr. n° 2021-631 du 21 mai 2021, art. 3 et 22, en vigueur le 1er nov. 2021)* « Afin de prouver qu'il ne se trouve pas dans un des cas d'exclusion mentionné *[mentionnés]* à l'article L. 2141-3, le candidat produit son numéro unique d'identification permettant à l'acheteur d'accéder aux informations pertinentes par le biais d'un système électronique mentionné au 1° de l'article R. 2143-13 ou, s'il est étranger, produit un document délivré par l'autorité judiciaire ou administrative compétente de son pays d'origine ou d'établissement, attestant de l'absence de cas d'exclusion *[ancienne rédaction : L'acheteur accepte comme preuve suffisante attestant que le candidat ne se trouve pas dans un cas d'exclusion mentionné à l'article L. 2141-3, la production d'un extrait du registre pertinent, tel qu'un extrait K, un extrait K bis, un extrait D1 ou, à défaut, d'un document équivalent délivré par l'autorité judiciaire ou administrative compétente du pays d'origine ou d'établissement du candidat, attestant de l'absence de cas d'exclusion]*. »

Lorsque le candidat est en redressement judiciaire, il produit la copie du ou des jugements prononcés. – *[Décr. n° 2016-360 du 25 mars 2016, art. 51-IV.]*

Art. R. 2143-10 Lorsque les autorités compétentes du pays d'origine ou d'établissement du candidat ne délivrent pas les documents justificatifs équivalents à ceux mentionnés aux articles R. 2143-6 à R. 2143-9 ou lorsque ceux-ci ne mentionnent pas tous les motifs d'exclusion de la procédure de passation, ils peuvent être remplacés par une déclaration sous serment ou, dans les pays où une telle procédure n'existe pas, par une déclaration solennelle faite par l'intéressé devant une autorité judiciaire ou administrative, un notaire ou un organisme professionnel qualifié de son pays d'origine ou d'établissement. – *[Décr. n° 2016-360 du 25 mars 2016, art. 51-V.]*

SOUS-SECTION 3 **Documents justificatifs et autres moyens de preuve relatifs aux conditions de participation**

Art. R. 2143-11 Pour vérifier que les candidats satisfont aux conditions de participation à la procédure, l'acheteur peut exiger la production des renseignements et documents dont la liste figure dans un arrêté annexé au présent code. – *[Décr. n° 2016-360 du 25 mars 2016, art. 50, al. 1er.]* – *V. Annexe n° 9.*

COMMENTAIRE

L'arrêté que mentionne le présent article est à l'annexe n° 9 du code, à laquelle on se reportera.

1. Obligation de fournir tous les éléments demandés. Les candidats doivent fournir tous les éléments dont la production est demandée par le pouvoir adjudicateur. • CE 10 févr. 1997, *Sté Révillon*, n° 169309 B.

2. Le pouvoir adjudicateur ne peut admettre un candidat qui ne justifie pas de sa capacité juridique lui permettant de déposer sa candidature (en l'espèce de sa qualité de mandataire d'un groupement). • CE 28 avr. 2006, *Synd. mixte de gestion et de travaux pour l'élimination des déchets ménagers et assimilés de la zone ouest du dpt de l'Hérault*, n° 283942 B.

3. Caractère exhaustif de la liste des renseignements et documents prévus. Un règlement de consultation ne peut exiger que des candidats fournissent des renseignements ou documents non prévus [par l'art. 45 C. marchés alors en vigueur]. Ainsi, le juge des référés ne commet pas d'erreur de droit en estimant que la CAO d'un établissement public local n'a pu légalement écarter la candidature d'une société au motif que celle-ci n'avait pas souscrit l'engagement de respecter les art. L. 341-6 et L. 341-6-4 C. trav. qu'exigeait illégalement le règlement de la consultation du marché. • CE 13 nov. 2002, *OPHLM de la Cté urb. du Mans*, n° 245303 B : *BJCP 2003. 116, concl. Piveteau.*

4. Exigences relatives aux documents comptables et aux références. Un pouvoir adjudicateur peut exiger des candidats la détention de documents comptables et de références de nature à attester de leurs capacités, mais cette exigence, lorsqu'elle a pour effet de restreindre l'accès au marché à des entreprises de création récente, doit être objectivement rendue nécessaire par l'objet du marché et la nature des prestations à réaliser. Dès lors qu'une telle exigence est formulée, la CAO est tenue de refuser les candidats qui n'y satisfont pas. • CE 10 mai 2006, *Sté Bronzo*, n° 281976 : *AJDA 2006. 1619, note Lacrouts ; Rev. CMP 2006, n° 204, obs. Pietri.*

5. S'il est loisible à l'acheteur public d'exiger la détention, par les candidats à l'attribution d'un marché public, de documents comptables et de références de nature à attester de leurs capacités, il doit néanmoins, lorsque cette exigence a pour effet de restreindre l'accès au marché à des entreprises de création récente, permettre aux candidats qui sont dans l'impossibilité objective de produire les documents et renseignements exigés par le règlement de la consultation de justifier de leurs capacités financières et de leurs références professionnelles par tout autre moyen. Pour annuler la procédure de passation litigieuse, le juge des référés du tribunal administratif a jugé que la commune avait méconnu le règlement de la consultation et ses obligations de mise en concurrence en retenant la candidature de la société X, alors que cette société n'avait pu fournir les déclarations de chiffre d'affaires des trois derniers exercices et les références des prestations similaires exécutées au cours des trois dernières années qui étaient exigées des candidats par le règlement de la consultation pour justifier de leurs capacités professionnelles, techniques et financières, sans que puisse être prise en considération la circonstance qu'elle était de création récente ; en jugeant ainsi que la mention, dans le règlement de la consultation, de ces seuls documents et renseignements imposait au pouvoir adjudicateur de rejeter la candidature des entreprises de création récente qui n'avaient pu les fournir, alors qu'il lui incombait, en application des art. 45 et 52 C. marchés [alors en vigueur], de permettre aux entreprises de création récente de justifier de leurs capacités financières, techniques et références professionnelles par tout autre moyen, le juge des référés du tribunal administratif a commis une erreur de droit. • CE 9 mai 2012, *Cne de Saint-Benoît*, n° 356455 B.

6. Capacité professionnelle. Preuves. L'acheteur public doit, lorsqu'il précise dans l'avis d'appel public à la concurrence ou dans le règlement de la consultation ceux des renseignements et documents qu'il invite les candidats à produire, permettre à ces derniers d'apporter la preuve de leur capacité professionnelle par tout moyen. Cette obligation est satisfaite lorsque l'acheteur public a précisé, dans les documents de la consultation, que la capacité professionnelle peut être attestée par des certificats de qualification ou d'autres justificatifs regardés comme équivalents. En revanche, la mention selon laquelle la preuve de la capacité de l'entreprise peut être apportée par tout moyen n'a pas à figurer dans l'avis d'appel public à la concurrence ou dans le document de la consultation. • CE 25 janv. 2006, *Dpt de la Seine-Saint-Denis*, n° 278115 : *Rev. CMP 2006, n° 71, obs. Zimmer.*

7. Détention des autorisations requises dès le stade de la candidature (non). Les dispositions de l'art. 45 C. marchés n'autorisent pas l'acheteur public, quand bien même l'exécution du marché suppose l'obtention d'autorisations, à exiger des entreprises qu'elles attestent dès le stade de la candidature qu'elles possèdent les autorisations requises ou qu'elles ont reçu récépissé d'une demande. • CE 21 nov. 2007, *Dpt de l'Orne*, n° 291411 B : *Rev. CMP 2008, n° 6, obs. Olivier.*

8. Certificats de qualification. Impossibilité pour un candidat de détenir tous les certificats exigés. Un cahier des clauses techniques particulières d'un marché de travaux qui exige des candidats qu'ils produisent des agréments pour les travaux de désamiantage et pour le transport et le stockage des matériaux amiantés n'est pas illégal, dès lors que des prestations de retraitement et de transport des matériaux de construction contenant de l'amiante sont prévues par ce marché. Si un candidat soutient qu'aucun professionnel ne réunit les agréments pour les travaux de désamiantage d'une part et pour le transport et le stockage des matériaux amiantés d'autre part, il lui appartenant de constituer un groupement avec des cotraitants disposant des agréments que lui-même ne pouvait présenter. • CAA Lyon, 8 nov. 2007, *Sté SFTP*, n° 02LY01565 : *AJDA 2008. 539, concl. Besle.*

9. Absence de certificats de qualification. Moyen de preuve équivalent. L'art. 7-1 du règlement de la consultation applicable à la procédure litigieuse a exigé des candidats qu'ils produisent un certificat de qualification professionnelle ou équivalent « Qualibat » n° 3813 (« tout type de bardage »), « Qualibat » n° 3523 (« fabrication et pose de menuiseries extérieures en aluminium ») et « Qualibat » n° 3532 (« fabrication et pose de menuiseries extérieures en acier) ; le même art. précisait que, sur ces points, la preuve de la capacité du candidat pourrait être apportée par tout moyen, notamment par des certifications d'autres organismes indépendants répondant aux normes européennes ou des références de prestations attestant de la compétence de l'opérateur économique à réaliser la prestation pour laquelle il se porte candidat, ces références devant cependant être nécessairement appuyées d'attestations d'un tiers indépendant. D'une part, le ministre pouvait légalement, sur le fondement des dispositions du II de l'art. 45 C. marchés, demander aux candidats de produire, à titre de moyen de preuve équivalant aux trois certificats de qualification professionnelle « Qualibat » mentionnés à l'art. 7-1 du règlement de la consultation, des références de prestations accompagnées d'attestations délivrées par un tiers indépendant, lesquelles étaient destinées, comme la certification « Qualibat », à prouver la qualité technique des prestations antérieurement effectuées par le candidat dans les domaines couverts par les certifications en cause ; d'autre part, la société X ne conteste pas ne pas être titulaire des certificats « Qualibat » n°s 3532 et 3813 ; il résulte de l'instruction que les références de prestations qu'elle a produites à l'appui de sa candidature, afin d'attester de sa compétence à réaliser des travaux de fabrication et de pose de menuiseries extérieures en acier et des travaux de bardage, émanaient seulement de clients pour lesquels elle a effectué des travaux et n'étaient pas accompagnées d'attestations délivrées par un tiers indépendant, contrairement à ce qu'exigeait l'art. 7-1 du règlement de la consultation ; par suite, la société X n'est pas fondée à soutenir que le ministre a manqué à ses obligations de publicité et de mise en concurrence en rejetant sa candidature. • CE 11 avr. 2012, *Min. de la Défense et des Anciens Combattants*, n° 355564 B.

Art. R. 2143-12 **Si le candidat s'appuie sur les capacités d'autres opérateurs économiques, il justifie des capacités de ce ou ces opérateurs économiques et apporte la preuve qu'il en disposera pour l'exécution du marché. Cette preuve peut être apportée par tout moyen approprié.** – *[Décr. n° 2016-360 du 25 mars 2016, art. 50, al. 2.]*

COMMENTAIRE

On se reportera au commentaire et à la jurisprudence sous l'article R. 2142-3. ❑

SOUS-SECTION 4 Accès des acheteurs aux documents justificatifs et moyens de preuve

Art. R. 2143-13 **Les candidats ne sont pas tenus de fournir les documents justificatifs et moyens de preuve que l'acheteur peut obtenir directement par le biais :**

1° D'un système électronique de mise à disposition d'informations administré par un organisme officiel à condition que l'accès à celui-ci soit gratuit et, le cas échéant, que figurent dans le dossier de candidature toutes les informations nécessaires à sa consultation ;

2° D'un espace de stockage numérique, à condition que figurent dans le dossier de candidature toutes les informations nécessaires à sa consultation et que l'accès à ceux-ci soit gratuit. – *[Décr. n° 2016-360 du 25 mars 2016, art. 53-I.]*

Art. R. 2143-14 **Les candidats ne sont pas tenus de fournir les documents justificatifs et moyens de preuve qui ont déjà été transmis au service acheteur concerné lors d'une précédente consultation et qui demeurent valables, même si celui-ci ne l'a pas expressément prévu.** – *[Décr. n° 2016-360 du 25 mars 2016, art. 53-II.]*

SOUS-SECTION 5 Opérateurs agréés et certifiés

Art. R. 2143-15 **Pour les marchés passés par les pouvoirs adjudicateurs, les candidats inscrits sur une liste officielle d'opérateurs agréés d'un État membre de l'Union européenne ou munis d'un certificat délivré par un organisme de certification répondant aux normes européennes en matière de certification peuvent présenter au pouvoir adjudicateur un certificat d'inscription délivré par l'autorité compétente ou le certificat délivré par l'organisme de certification compétent, à condition que ces opérateurs soient établis dans l'État membre qui a dressé la liste officielle. Ces certificats indiquent les références qui leur ont permis d'être inscrits sur la liste officielle ou d'obtenir la certification, ainsi que la classification sur cette liste.**

L'inscription certifiée par les organismes compétents sur des listes officielles ou le certificat délivré par l'organisme de certification constitue une présomption d'aptitude en ce qui concerne les motifs d'exclusion et les conditions de participation couvertes par la liste officielle ou le certificat. Toutefois, en ce qui concerne la vérification de la régularité de la situation fiscale et sociale du candidat, un certificat supplémentaire peut être exigé lors de l'attribution du contrat ou, lorsque l'acheteur limite le nombre de candidats admis à soumissionner ou à participer au dialogue, lors de la sélection des candidats. – *[Décr. n° 2016-360 du 25 mars 2016, art. 54.]*

SECTION 3 Traduction en français

Art. R. 2143-16 **L'acheteur peut exiger que les candidats joignent une traduction en français aux éléments et documents rédigés dans une autre langue qu'ils remettent en application du présent chapitre.** – *[Décr. n° 2016-360 du 25 mars 2016, art. 48-IV, 49-II, al. 2, 50, al. 3 et 51-IV.]*

Une candidature peut être régulièrement écartée si les certificats et attestations fournis, rédigés en langue étrangère, sont accompagnés d'une traduction dont l'auteur est inconnu. • CAA Paris, 2 mai 2007, Sté italienne ENEL SPA, n° 04PA02524 : *Rev. CMP 2007, n° 210, obs. Zimmer.*

CHAPITRE IV EXAMEN DES CANDIDATURES

SECTION 1 Modalités de vérification

Art. R. 2144-1 L'acheteur vérifie les informations qui figurent dans la candidature, y compris en ce qui concerne les opérateurs économiques sur les capacités desquels le candidat s'appuie. Cette vérification est effectuée dans les conditions prévues aux articles R. 2144-3 à R. 2144-5. – *[Décr. n° 2016-360 du 25 mars 2016, art. 55-II.]*

Art. R. 2144-2 L'acheteur qui constate que des pièces ou informations dont la présentation était réclamée au titre de la candidature sont absentes ou incomplètes peut demander à tous les candidats concernés de compléter leur dossier de candidature dans un délai approprié et identique pour tous.

Les dispositions du premier alinéa s'appliquent dans le cas où l'acheteur constate qu'une candidature a été présentée en méconnaissance de l'article R. 2132-7. – *[Décr. n° 2016-360 du 25 mars 2016, art. 55-I.]*

1. Possibilité de demander aux candidats de compléter leur dossier de candidature. Les dispositions du I de l'art. 52 C. marchés, citées plus haut, qui régissent la sélection des candidatures, si elles permettent au pouvoir adjudicateur qui constate que des pièces dont la production était réclamée sont absentes ou incomplètes de demander à tous les candidats concernés, avant l'examen des candidatures, dans les conditions fixées à cet article, de compléter leur dossier de candidature, ne l'autorisent pas à leur demander de compléter la teneur de leur offre. • CE 4 mars 2011, *Région La Réunion*, n° 344197 B : *BJCP 2011. 196, concl. Boulouis.*

2. Faculté de demander un document après l'expiration du délai pour faire acte de candidature. Respect du principe d'égalité. Le principe d'égalité de traitement doit être interprété en ce sens qu'il ne s'oppose pas à ce qu'un pouvoir adjudicateur demande à un candidat, après l'expiration du délai imparti pour le dépôt des candidatures à un marché public, la communication de documents descriptifs de la situation de ce candidat, tels que le bilan publié, dont l'existence avant l'expiration du délai fixé pour faire acte de candidature est objectivement vérifiable pour autant que les documents dudit marché n'aient pas imposé explicitement leur communication sous peine d'exclusion de la candidature. Une telle demande ne doit pas indûment favoriser ou défavoriser le ou les candidats auxquels ladite demande a été adressée. • CJUE 10 oct. 2013, *Ministeriet for Forskning, Innovation og Videregaende Uddannelser*, C-336/12 : *Rev. CMP 2013, n° 310, note Zimmer.*

3. L'art. 51 de la Dir. 2004/18/CE du Parlement européen et du Conseil, du 31 mars 2004, relative à la coordination des procédures de passation des marchés publics de travaux, de fournitures et de services, lu en combinaison avec l'art. 2 de cette directive, doit être interprété en ce sens qu'il s'oppose à ce que, après l'expiration du délai imparti pour le dépôt des candidatures à un marché public, un opérateur économique transmette au pouvoir adjudicateur, pour prouver qu'il remplit les conditions de participation à une procédure de marché public, des documents ne figurant pas dans son offre initiale, tels qu'un contrat exécuté par une entité tierce ainsi que l'engagement de cette dernière de mettre à la disposition de cet opérateur des capacités et des ressources nécessaires à l'exécution du marché en cause. • CJUE 4 mai 2017, *Esaprojekt*, n° C-387/14 : *Rev. CMP 2017, n° 183, note Ubaud-Bergeron.*

4. Pour annuler la procédure de passation litigieuse, le juge des référés du tribunal administratif, après avoir relevé que le règlement de la consultation prévoyait l'accès à une plate-forme de dématérialisation des marchés publics et fournissait des indications sur ses modalités d'utilisation, a estimé que le département avait méconnu le principe d'égalité de traitement des candidats, d'une part, en ne s'assurant pas qu'était bien parvenu sur la messagerie électronique de la société X, mandataire du groupement, le message électronique indiquant qu'une demande tendant à compléter sa candidature lui avait été adressée – message dont il a souverainement relevé qu'il avait été envoyé à cette société le 2 mars 2012 à 11 h 01 – et, d'autre part, en ne réexpédiant pas à celle-ci, à tout le moins, le message contenant l'information qu'un document la concernant pouvait être consulté sur la plate-forme de dématérialisation des marchés publics du département.

En jugeant ainsi que le département devait s'assurer que les candidats avaient effectivement pris connaissance de ce message, sans avoir relevé de dispositions du règlement de la consultation lui en faisant obligation, et alors qu'en vertu du guide d'utilisation de la plate-forme dématérialisée imposée aux candidats par le règlement de la consultation, tel que le juge des référés l'a souverainement interprété, le département devait seulement, pour inviter les candidats à compléter leur candidature, leur adresser, à l'adresse électronique indiquée par eux, un message d'alerte les invitant à se rendre sur cette plateforme pour prendre connaissance des compléments d'information demandés et y répondre, le juge des référés a commis une erreur de droit ; par suite, et sans qu'il soit besoin d'examiner les autres moyens du pourvoi, l'ordonnance attaquée doit être annulée.

Il résulte de l'instruction que le département a envoyé à l'adresse électronique de la société X, le 2 mars 2012 à 11 h 01, un courrier électronique ayant pour objet une demande tendant à compléter son dossier de candidature ; la société ne pouvait prendre connaissance du contenu de cette demande et en accuser réception qu'en activant le lien électronique inclus dans ce courriel ; il résulte également de l'instruction, en particulier d'un courriel adressé le 13 avr. 2012 par la société gestionnaire de la plate-forme de dématérialisation, au département, que ce message est bien parvenu sur le serveur de messagerie de la société X ; il appartenait à cette dernière d'activer le lien électronique pour pouvoir accéder au contenu de ce message et compléter le dossier de candidature du groupement dans le délai qui lui était imparti pour ce faire ; dans ces conditions, le département a pu estimer que le dossier de candidature des sociétés membres du groupement demeurait incomplet et rejeter en conséquence leur candidature. • CE 3 oct. 2012, *Dpt des Hauts-de-Seine*, n° 359921 B : *BJCP 2013. 9, concl. Dacosta ; Rev. CMP 2012, n° 305, note Devillers.*

Art. R. 2144-3 **La vérification de l'aptitude à exercer l'activité professionnelle, de la capacité économique et financière et des capacités techniques et professionnelles des candidats peut être effectuée à tout moment de la procédure et au plus tard avant l'attribution du marché.** – *[Décr. n° 2016-360 du 25 mars 2016, art. 55-II-1°.]*

Art. R. 2144-4 **L'acheteur ne peut exiger que du seul candidat auquel il est envisagé d'attribuer le marché qu'il justifie ne pas relever d'un motif d'exclusion de la procédure de passation du marché.** – *[Décr. n° 2016-360 du 25 mars 2016, art. 55-II-2°.]*

COMMENTAIRE

C'est le corollaire du fait que les candidats ont seulement, sur ce point, à présenter une déclaration sur l'honneur.

Sauf lorsque l'acheteur décide de limiter le nombre des candidats admis à négocier, les preuves de ce qu'un candidat ne se trouve pas dans un des cas d'interdiction de soumissionner, qui ne peuvent être exigées au stade du dépôt des dossiers de candidature, doivent seulement être apportées par le candidat auquel le pouvoir adjudicateur envisage d'attribuer le marché public. Il résulte de l'instruction que la société a fait l'objet d'une procédure de redressement judiciaire ouverte le 25 juin 2009 et qu'à l'issue d'une période d'observation, un plan de redressement prévoyant un apurement du passif sur une durée de neuf ans a été arrêté par un jugement du 4 nov. 2010 du tribunal de commerce, durée ultérieurement portée à dix ans par d'autres jugements. S'il résulte des dispositions combinées de l'art. 45 de l'Ord. du 23 juill. 2015 et des art. 51 et 55 du Décr. du 25 mars 2016 qu'il lui incombait, pour que le marché puisse lui être attribué, de produire une copie des jugements mentionnés au pt 5, la collectivité ne pouvait exiger la production de ces justifications en même temps que le dépôt de sa candidature. Dès lors qu'il résulte par ailleurs de l'instruction qu'elle n'avait pas décidé de limiter le nombre des candidats admis à négocier, elle n'a entaché la procédure d'aucune irrégularité en n'écartant pas la candidature de la société au motif que son dossier de candidature aurait été incomplet et en se bornant à exiger que la société produise les jugements en cause après que son offre eut été retenue. • CE 25 janv. 2019, *Sté Dauphin Telecom*, n° 421844 B.

Art. R. 2144-5 **Lorsque l'acheteur limite le nombre de candidats admis à poursuivre la procédure, les vérifications mentionnées aux articles R. 2144-1, R. 2144-3 et R. 2144-4 interviennent au plus tard avant l'envoi de l'invitation à soumissionner ou à participer au dialogue.** – *[Décr. n° 2016-360 du 25 mars 2016, art. 55-II-3°.]*

Art. R. 2144-6 **L'acheteur peut demander au candidat de compléter ou d'expliquer les documents justificatifs et moyens de preuve fournis ou obtenus.** – *[Décr. n° 2016-360 du 25 mars 2016, art. 55-III.]*

Art. R. 2144-7 **Si un candidat ou un soumissionnaire se trouve dans un cas d'exclusion, ne satisfait pas aux conditions de participation fixées par l'acheteur, produit, à l'appui de sa candidature, de faux renseignements ou documents, ou ne peut produire dans le délai imparti les documents justificatifs, les moyens de preuve, les complé-**

ments ou explications requis par l'acheteur, sa candidature est déclarée irrecevable et le candidat est éliminé.

Dans ce cas, lorsque la vérification des candidatures intervient après la sélection des candidats ou le classement des offres, le candidat ou le soumissionnaire dont la candidature ou l'offre a été classée immédiatement après la sienne est sollicité pour produire les documents nécessaires. Si nécessaire, cette procédure peut être reproduite tant qu'il subsiste des candidatures recevables ou des offres qui n'ont pas été écartées au motif qu'elles sont inappropriées, irrégulières ou inacceptables. – *[Décr. n° 2016-360 du 25 mars 2016, art. 55-IV.]*

COMMENTAIRE

Ne peuvent en principe participer à la procédure que les candidats recevables. En tout état de cause, seul un candidat recevable peut être choisi comme attributaire. L'examen de la recevabilité des candidatures constitue donc un élément essentiel de la procédure de passation d'un marché. Quel que soit le moment où il intervient effectivement, il constitue une étape différente de celle qui consiste à apprécier la qualité des offres et à sélectionner l'attributaire. La jurisprudence citée ci-dessous, qui a été rendue sous l'empire de textes qui ont, dans leurs détails, évolué, le rappelle.

I. DISTINCTION VÉRIFICATION DE L'APTITUDE DES CANDIDATS/SÉLECTION DES OFFRES

1. Il ressort de la jurisprudence que, si les directives communautaires en matière de marchés publics n'excluent pas, en théorie, que la vérification de l'aptitude des soumissionnaires et l'attribution du marché puissent avoir lieu simultanément, il n'en demeure pas moins que ces deux opérations sont distinctes et qu'elles sont régies par des règles différentes. • CJCE 20 sept. 1988, *Beentjes, C-31/87 : Rec. CJCE I-4635, pts 15 et 16* • 24 janv. 2008, *Emm. G. Lianakis AE,* C-532/06 : *Rec. CJCE I-251, pt 26.* ♦ La vérification de l'aptitude des soumissionnaires est, en effet, effectuée par les pouvoirs adjudicateurs conformément aux critères de capacité économique, financière et technique (dits « critères de sélection qualitative »). En revanche, l'attribution du marché se fonde sur les critères énumérés par les directives, à savoir soit le prix le plus bas, soit l'offre économiquement la plus avantageuse. • CJCE 20 sept. 1988, *Beentjes,* C-31/87 : *Rec., pt 18* • 24 janv. 2008, *Emm. G. Lianakis AE,* C-532/06 : *Rec.* ♦ Or, s'il est vrai que, dans ce dernier cas, ainsi que l'atteste l'emploi de l'expression « par exemple », les critères pouvant être retenus par les pouvoirs adjudicateurs ne sont pas énumérés de manière limitative et que cette disposition laisse donc aux pouvoirs adjudicateurs le choix des critères d'attribution du marché qu'ils entendent retenir, il n'en reste pas moins que ce choix ne peut porter que sur des critères visant à identifier l'offre économiquement la plus avantageuse. • CJCE 20 sept. 1988, *Beentjes,* C-31/87 : *Rec.* • 18 oct. 2001, *SIAC Construction,* C-19/00 : *Rec. CJCE I-7725, pts 35 et 36* • 17 sept. 2002, *Concordia Bus Finland,* C-513/99 : *Rec. CJCE I-7213, pts 54 et 59* • 19 juin 2003, *GAT,* C-315/01 : *Rec. CJCE I-6351, pts 63 et 64* • 24 janv. 2008, *Emm. G. Lianakis AE,* C-532/06 : *Rec., pt 29.* ♦ Partant, sont exclus à titre de « critères d'attribution » des critères qui ne visent pas à identifier l'offre économiquement la plus avantageuse, mais qui sont liés essentiellement à l'appréciation de l'aptitude des soumissionnaires à exécuter le marché en question. • CJCE 24 janv. 2008, *Emm. G. Lianakis AE,* C-532/06 : *Rec., pt 30.* ♦ Des critères retenus par le pouvoir adjudicateur à titre de « critères d'attribution », qui portent sur l'expérience et la capacité réelle à garantir une bonne exécution du marché, concernent l'aptitude des soumissionnaires à exécuter ce marché et n'ont donc pas la qualité de « critères d'attribution ». • CJCE 12 nov. 2009, *Commission c/ Grèce,* C-199/07 : *Rev. CMP 2009. Chron. 380, note Zimmer.*

2. La Dir. n° 93/36/CEE du Conseil du 14 juin 1993, portant coordination des procédures de passation des marchés publics de fournitures, s'oppose à ce que, dans le cadre d'une procédure d'adjudication d'un marché public de fournitures, le pouvoir adjudicateur tienne compte du nombre des références relatives aux produits offerts par les soumissionnaires à d'autres clients non pas en tant que critère de vérification de l'aptitude de ceux-ci à exécuter le marché en cause, mais en tant que critère d'attribution dudit marché. • CJCE 19 juin 2003, *GAT,* C-315/01.

3. Est irrégulière la procédure de passation qui prévoit, parmi les critères de sélection des offres, la qualification professionnelle des entreprises, laquelle ne peut constituer qu'un critère de recevabilité ou de sélection des candidatures. • CE 29 déc. 2006, *Sté Bertele Snc,* n° 273783 B : *BJCP 2007. 97, concl. Boulouis.*

4. Un critère « qualités architecturales et techniques des références prescrites au vu du dossier fourni » n'est pas relatif à la valeur de l'offre, mais permet d'apprécier les capacités professionnelles des candidats au vu de leurs références. • CE 8 août 2008, *CH Edmond-Garcin,* n° 309652 B : *Rev. CMP 2008, n° 228, obs. Pietri.*

5. Les capacités du candidat, établies notamment par ses références professionnelles, doivent être examinées au moment de l'ouverture de la première enveloppe et les offres des seules entreprises dont la qualification professionnelle a été jugée satisfaisante doivent être ensuite examinées après ouverture de la seconde enveloppe, la sélection se faisant entre ces offres par application des critères fixés par le II de l'art. 53 C. marchés, éventuellement complétés par des critères additionnels énoncés par le règlement de la consultation et justifiés par l'objet du marché ou ses conditions d'exécution. En l'espèce, les juges du fond, pour juger que la commission d'appel d'offres avait commis une erreur manifeste d'appréciation en estimant que la valeur des offres présentées par les deux sociétés candidates à un marché public pour la restructuration d'un musée était équivalente, ont retenu, outre le contenu de la note technique produite par les candidates, « que l'une des deux sociétés, spécialisée dans la réalisation d'aménagements, et notamment de vitrines, pour l'exposition et la conservation d'objets, en particulier dans les musées, justifiait d'importantes références en ce domaine alors que l'autre société se présentait comme intervenant principalement dans la conception de charpentes, menuiseries intérieures et extérieures, aménagement de bureaux, commerces, cuisines sans apporter de précision sur la nature des travaux effectués sur des chantiers autres que liés à l'habitat » ; s'étant ainsi fondés sur les références des entreprises candidates, et non pas exclusivement sur la valeur intrinsèque des offres, les juges du fond ont commis une erreur de droit. • CE 8 févr. 2010, *Cne de La Rochelle*, n° 314075 A.

6. Les dispositions des art. 52 et 53 C. marchés distinguent – après comme avant la suppression de la formalité de la double enveloppe – la phase de sélection des candidatures à un marché public de la phase d'attribution du marché au candidat qui a présenté l'offre économiquement la plus avantageuse, après élimination, notamment, en application du III de l'art. 53, des offres que leur teneur, incomplète, rend irrégulières. • CE 4 mars 2011, *Région La Réunion*, n° 344197 : *BJCP 2011. 196, concl. Boulouis ; Rev. CMP 2011, n° 132, note Zimmer.*

7. Le sous-critère « présentation de l'entreprise », qui impliquait une simple présentation générale de l'entreprise, sans rapport avec l'exécution technique du marché, permettait seulement une appréciation de la capacité professionnelle et technique des candidats et se rapportait à l'examen et à la sélection des candidatures ; par suite, la société est fondée à soutenir que l'AP-HP a manqué à ses obligations de publicité et de mise en concurrence en recourant à un tel sous-critère (de sélection des offres) ; eu égard à l'importance de ce sous-critère et même si tous les candidats ont obtenu, pour ce sous-critère, la même note, un tel manquement est susceptible d'avoir lésé la requérante. • CE 11 mars 2013, *AP-HP*, n° 364706.

8. Il résulte des dispositions des art. 52 et 53 C. marchés que, dans le cadre de la procédure d'appel d'offres ouvert, les capacités des candidats, établies notamment par leurs références professionnelles, doivent être examinées par la commission d'appel d'offres au moment de l'ouverture de la première enveloppe et que les offres des seules entreprises dont les capacités ont été jugées suffisantes doivent être examinées, après ouverture de la seconde enveloppe, au regard des critères fixés par le C. marchés, éventuellement complétés par des critères additionnels ; si le critère de l'expérience professionnelle, qui est relatif aux capacités des candidats, peut être utilisé, au stade de l'ouverture de la première enveloppe, pour sélectionner les candidatures, il ne peut être utilisé, à titre de critère additionnel à ceux fixés par le C. marchés, pour sélectionner les offres après ouverture de la seconde enveloppe, lesquels doivent être relatifs à l'objet du marché. • CAA Nancy, 5 août 2010, *Cté de cnes du pays de Lure, Sté de travaux publics et industriels*, n° 09NC00016.

9. Un critère relatif à la situation financière des entreprises ne peut être utilisé que pour sélectionner les candidatures, non les offres. • CAA Lyon, 29 sept. 2006, *Préfet de l'Ain*, n° 00LY02073 : *BJCP 2006. 7, concl. Besle.*

10. Distinction vérification de l'aptitude des candidats/sélection des offres. Marché de prestations intellectuelles. La qualité de l'exécution d'un marché public peut dépendre de manière déterminante de la valeur professionnelle des personnes chargées de l'exécuter, valeur constituée par leur expérience professionnelle et leur formation. Il en est plus particulièrement ainsi lorsque la prestation faisant l'objet du marché est de nature intellectuelle et porte, comme dans l'affaire au principal, sur des services de formation et de conseil. Lorsqu'un tel marché doit être exécuté par une équipe, ce sont les compétences et l'expérience de ses membres qui sont déterminantes pour apprécier la qualité professionnelle de cette équipe. Cette qualité peut être une caractéristique intrinsèque de l'offre et liée à l'objet du marché, au sens de l'art. 53, § 1, sous a), de la Dir. n° 2004/18/CE. Par conséquent, ladite qualité peut figurer comme critère d'attribution dans l'avis de marché ou dans le cahier des charges concerné. • CJUE 26 mars 2015, *Ambisig – Ambiente e Sistemas de Informação Geográfica SA*, C-601/13 : *Rev. CMP 2015, n° 116, note Ubaud-Bergeron.*

11. Distinction critères de sélection des candidatures/critères de sélection des offres. Cas particulier de certains marchés passés en procédure adaptée. Les dispositions de l'art. 53 C. marchés permettent au pouvoir adjudicateur de retenir, en procédure adaptée, pour choisir l'offre économiquement la plus avantageuse, un critère reposant sur l'expérience des candidats, et donc sur leurs références portant sur l'exécution d'autres marchés, lorsque sa prise en compte est rendue objectivement nécessaire par l'objet du marché et la nature des prestations à réaliser et n'a pas d'effet discriminatoire. Par suite, le juge des référés du tribunal administratif a commis une erreur de droit en jugeant que la prise en compte des références des candidats n'était pas au nombre des critères susceptibles d'être retenus pour sélectionner les offres.

Il résulte de l'instruction que le marché litigieux est relatif à soixante-dix prédiagnostics énergétiques sur des bâtiments publics, écoles, mairies, logements communaux, salles des fêtes ainsi que sur des établissements de santé, des campings, gîtes ruraux, centres de vacances et hôtels ; il prévoit la réalisation d'un bilan énergétique sur chaque bâtiment ainsi qu'une évaluation des gisements d'économie d'énergie et une orientation vers des interventions simples à mettre en œuvre ou des études approfondies ; eu égard à la technicité de ces prestations, l'objet du marché justifie objectivement le recours au critère, pondéré à hauteur de 20 %, tenant aux références des candidats afin de prendre en considération leur expérience ; la prise en compte de ce critère n'a pas eu d'effet discriminatoire. • CE 2 août 2011, ♔ *Parc naturel régional des Grands Causses*, n° 348254 B : *BJCP 2011. 430, concl. Dacosta.*

12. Ainsi que le souligne le pouvoir adjudicateur sans être contredit, les prestations d'accueil et d'assistance technique à réaliser (à l'École du Louvre) présentaient, eu égard notamment à la localisation de l'École du Louvre au sein d'un palais qui accueille chaque année des millions de visiteurs, de grandes spécificités. Dans ces conditions particulières, la prise en compte de l'expérience des candidats parmi les critères de sélection des offres pouvait être regardée comme rendue objectivement nécessaire par l'objet du marché ; ce critère ne pouvait être regardé comme ayant un effet discriminatoire et il était par ailleurs pondéré à hauteur de 5 % seulement. Par suite, le moyen tiré de ce que les références des candidats n'étaient pas au nombre des critères susceptibles d'être retenus pour sélectionner les offres doit être écarté. • CE 18 sept. 2015, ♔ *Sté Axcess*, n° 380821 B.

13. Si elles imposent au pouvoir adjudicateur de vérifier les capacités des candidats au moment de l'examen des candidatures, les dispositions des art. 52 et 53 C. marchés ne lui interdisent pas, s'il est non discriminatoire et lié à l'objet du marché, de retenir un critère ou un sous-critère relatif aux moyens en personnel et en matériel affectés par le candidat à l'exécution des prestations du marché afin d'en garantir la qualité technique. Selon le règlement de la consultation applicable au litige, la valeur technique intervenait pour 60 % dans l'appréciation de l'offre et le prix, pour 40 % ; la valeur technique des offres était appréciée à partir de six sous-critères tenant, en premier lieu, à la qualité des procédures et des modes opératoires liés au système d'assurance de qualité mis en place par le candidat, en deuxième lieu, à la qualité des conditions de stockage des échantillons, en troisième lieu, à la formation et à l'expérience professionnelle des personnes affectées à l'exécution de la prestation dans le domaine de l'analyse de biologie médicale, en quatrième lieu, à la qualité des conditions de transport des prélèvements, en cinquième lieu, au nombre de coursiers et de véhicules affectés à l'exécution de la prestation et, en sixième lieu, aux conditions de rendu des résultats.

Il résulte de l'instruction que le sous-critère relatif à « la qualité des procédures et des modes opératoires » et celui relatif aux « conditions de stockage des échantillons » permettaient de juger, pour l'un, des modalités du contrôle qualité interne à l'entreprise et, pour l'autre, des moyens techniques mis en œuvre par le soumissionnaire pour conserver l'intégrité des prélèvements ; enfin, le sous-critère relatif à « la formation et à l'expérience professionnelle des personnes affectées à l'exécution des prestations » avait pour but d'apprécier les moyens humains mis à disposition, par l'entreprise candidate, pour permettre la réalisation de l'objet du marché. Ces sous-critères, qui étaient en rapport avec l'objet du marché et ne présentaient pas un caractère discriminatoire, n'avaient pas trait à la vérification de la qualification professionnelle des personnels des entreprises candidates, qui est relative à leur capacité à soumissionner, mais étaient destinés à apprécier la qualité technique des offres. Par suite, la SELARL n'est pas fondée à soutenir que la procédure de dévolution du marché en litige serait irrégulière en raison du choix de ces sous-critères. • CAA Douai, 28 mai 2015, ♔ *SELARL Nord Biologie*, n° 13DA01259.

II. OBLIGATION DE L'ACHETEUR

14. Le pouvoir adjudicateur doit contrôler les garanties professionnelles, techniques et financières des candidats. L'avis d'appel à concurrence, ou le règlement de la consultation dans les cas de procédures dispensées de l'envoi d'un tel avis, doit nécessairement prévoir un ou plusieurs des documents ou renseignements prévus par le texte qui énumère les documents et renseignements qui peuvent être exigés des candidats. • CE 26 mars 2008, ♔ *Cté urb. de Lyon*, n° 303779 B : *Rev. CMP 2008, n° 125, obs. Pietri.* ♦ Le pouvoir adjudicateur n'est en revanche pas tenu de préciser dans les avis d'appel public à la concurrence des niveaux minimaux de capacités professionnelles, techniques et financières. • CE 8 août 2008, ♔ *Cne de Nanterre*, n° 309136 B : *Rev. CMP 2008, n° 229, obs. Pietri* • 8 août 2008, ♔ *Région Bourgogne*, n° 307143 : *Rev. CMP 2008,* *comm. 226, obs. Pietri ; Dr. adm. 2008, comm. 148, obs. Labayle-Pabet et Garderes ; JCP Adm. 2008. 2211, note Linditch ; RDI 2008. 503, obs. Noguellou* • 8 août 2008, *CH Edmond-Garcin*, n° 309652 B : *Rev. CMP 2008, n° 228, obs. Pietri.* ♦ Si les dispositions de l'art. 45 C. marchés font obligation au pouvoir adjudicateur de contrôler les garanties professionnelles, techniques et financières des candidats à l'attribution d'un marché public au vu des documents ou renseignements demandés à cet effet dans les avis d'appel public à concurrence ou dans le règlement de la consultation dans les cas de procédures dispensées de l'envoi de tels avis, le pouvoir adjudicateur n'est pas tenu de fixer dans les avis d'appel public à la concurrence des niveaux minimaux de capacités professionnelles, techniques et financières exigés des candidats ; en revanche, lorsque le pouvoir adjudicateur décide de fixer des niveaux minimaux de capacité, ces derniers sont précisés dans l'avis d'appel public à concurrence ou, en l'absence d'un tel avis, dans les documents de la consultation. • CE 20 mai 2009, *Cne de Fort-de-France*, n° 311379.

15. Le pouvoir adjudicateur doit contrôler les garanties professionnelles, techniques et financières des candidats à l'attribution d'un marché public et cette vérification s'effectue au vu des seuls renseignements ou documents prévus ; si les documents ou renseignements exigés à l'appui des candidatures doivent être objectivement rendus nécessaires par l'objet du marché et la nature des prestations à réaliser, les avis d'appel public à concurrence, ou le règlement de consultation dans les cas de procédures dispensées de l'envoi de tels avis, doivent nécessairement prévoir un de ces documents ou renseignements afin précisément de permettre au pouvoir adjudicateur de procéder au contrôle des garanties requises des candidats. • CE 21 févr. 2014, *Sté AD3 et Les Lavandières, Centre dptal gériatrique de l'Indre*, n°s 373096 et 373116.

16. Le pouvoir adjudicateur n'est pas en droit de mener ses propres investigations auprès de personnes auxquelles un candidat a fourni des prestations, en dehors de celles dont les coordonnées sont expressément demandées dans le formulaire DC5, en vue de s'informer de leur bonne exécution, ainsi que la commission d'appel d'offres et le maire l'ont successivement fait. • CAA Nantes, 17 févr. 2015, *Sté Anjou Bâtiment*, n° 13NT03082.

17. Motifs permettant d'écarter une candidature. Les dispositions des art. 44 et 52 C. marchés fixent précisément et limitativement les motifs pour lesquels des candidatures peuvent être écartées et les modalités de ce rejet ; par suite, un pouvoir adjudicateur ne peut régulièrement rejeter la candidature d'une société au motif que figurait dans son dossier, outre les pièces prévues par les dispositions précitées, un document technique complémentaire. • CE 8 août 2008, *Ville de Marseille*, n° 312370 : *Rev. CMP 2008, n° 255, obs. Zimmer.*

18. Le pouvoir adjudicateur est tenu d'écarter les candidats qui ne fournissent pas toutes les pièces mentionnées à l'art. 45 C. marchés. • CE 13 nov. 2002, *Cne du Mans*, n° 245354 B.

19. Liste d'aptitude. Illégalité. Le ministre de la culture ne tient d'aucun texte la compétence de créer, par voie réglementaire, un examen sur épreuves ayant pour objet l'établissement d'une « liste d'aptitude » de professionnels capables d'exécuter des marchés. • CE, sect., 26 juill. 1996, *Assoc. des restaurateurs d'art et d'archéologie de formation universitaire*, n° 99506 A.

20. Le principe d'égalité de traitement et l'obligation de transparence doivent être interprétés en ce sens qu'ils s'opposent à l'exclusion d'un opérateur économique de la procédure de passation d'un marché public à la suite du non-respect, par celui-ci, d'une obligation qui résulte non pas expressément des documents afférents à cette procédure ou de la loi nationale en vigueur, mais d'une interprétation de cette loi et de ces documents ainsi que du comblement des lacunes, de la part des autorités ou des juridictions administratives nationales, présentées par lesdits documents. Dans ces circonstances, les principes d'égalité de traitement et de proportionnalité doivent être interprétés en ce sens qu'ils ne s'opposent pas au fait de permettre à l'opérateur économique de régulariser sa situation et de satisfaire à ladite obligation dans un délai fixé par le pouvoir adjudicateur. • CJUE 2 juin 2016, *Pippo Pizzo*, C-27/15.

21. Candidatures à écarter du fait d'une interdiction légale. L'art. L. 111-25 CCH prohibe la participation à toute activité de conception, de construction ou d'expertise d'un ouvrage d'une personne physique ou morale agréée pour se livrer à une activité de contrôle technique ; il en résulte que le pouvoir adjudicateur a légalement rejeté la candidature d'une société, bénéficiaire d'un agrément au titre du contrôle technique, dès lors que le marché portait sur une expertise en matière de sécurité incendie sur des établissements pénitentiaires. • CE 18 juin 2010, *Min. d'État, garde des Sceaux, min. de la Justice et des Libertés c/ Sté Bureau Veritas*, n° 336418 B : *BJCP 2010. 341, concl. Dacosta ; Rev. CMP 2010, n° 270, note Rees.*

22. L'art. R. 111-31 CCH, en prohibant tout lien de nature à porter atteinte à leur indépendance, fait obstacle à la participation des personnes agréées au titre du contrôle technique à un groupement d'entreprises se livrant à des activités de conception, d'exécution ou d'expertise d'ouvrage, alors même que la répartition des missions entre les membres du groupement prévoirait qu'il ne réalise pas lui-même des missions relevant du champ de l'incompatibilité prévue par l'art. L. 111-25 du même code. • CE 27 avr. 2021, *Ville de Paris,* n° 447221 B.

23. Exigence illégale. Les art. 2 et 46 de la Dir. 2004/18/CE du Parlement européen et du Conseil du 31 mars 2004, relative à la coordination des procédures de passation des marchés publics de travaux, de fournitures et de services, doivent être interprétés en ce sens qu'ils s'opposent à une réglementation nationale en vertu de laquelle le pouvoir adjudicateur doit exiger, dans un avis de marché et en tant que critère de sélection qualitative, que les soumissionnaires apportent la preuve, dès le dépôt de leur offre, qu'ils disposent d'un enregistrement ou d'un agrément requis par la réglementation applicable à l'activité faisant l'objet du marché public en cause et délivré par l'autorité compétente de l'État membre d'exécution de ce marché, alors même qu'ils possèdent déjà un enregistrement ou un agrément similaire dans l'État membre dans lequel ils sont établis. Le principe de protection de la confiance légitime doit être interprété en ce sens qu'il ne peut pas être invoqué par un pouvoir adjudicateur qui, dans le cadre d'une procédure de passation de marché public, a, pour se conformer à la réglementation nationale relative aux denrées alimentaires, exigé des soumissionnaires qu'ils disposent, dès la soumission de leur offre, d'un enregistrement ou d'un agrément délivré par l'autorité compétente de l'État membre d'exécution du marché. • CJUE 20 mai 2021, *Sotsiaalministeerium,* C-6/20 : *Rev. CMP 2021. 235, note Zimmer.*

24. Si les groupements d'intérêt économique (GIE), constitués entre plusieurs personnes physiques ou morales titulaires d'offices d'huissier de justice, ne peuvent eux-mêmes procéder au recouvrement amiable de créances ou de condamnations pécuniaires préalablement à la mise en œuvre de toute procédure coercitive, ils peuvent se porter candidat à l'obtention d'une commande publique pour le compte de leurs membres, dans le cadre de l'art. 128 de la L. n° 2004-1485 du 30 déc. 2004, dès lors que seuls ces derniers exécutent les prestations objet du contrat et à la condition de préciser dans l'acte de candidature quels sont les huissiers membres du groupement qui s'engagent ainsi à exécuter les prestations dans les conditions prévues par l'Ord. n° 45-2592 du 2 nov. 1945 et les autres textes applicables aux huissiers de justice.Toutefois, si les membres d'un GIE qui se porte candidat à l'obtention d'une commande publique peuvent être des personnes physiques ou morales dès lors qu'elles sont titulaires d'offices d'huissier de justice, un huissier associé dans une société civile professionnelle (SCI) ou une société d'exercice libéral ne peut pas être membre d'un GIE en vue d'exercer une activité de recouvrement à titre individuel. • CE 26 janv. 2018, *GIE Groupement périphérique des huissiers de justice,* n° 399865 B.

25. Aux termes de l'art. L. 111-25 CCH : « L'activité de contrôle technique est soumise à agrément. Elle est incompatible avec l'exercice de toute activité de conception, d'exécution ou d'expertise d'un ouvrage (...) » ; aux termes de l'art. R. 111-31 du même code : « Les personnes et organismes agréés, les administrateurs ou gérants et le personnel de direction de ces organismes, ainsi que le personnel auquel il est fait appel pour les contrôles, doivent agir avec impartialité et n'avoir aucun lien de nature à porter atteinte à leur indépendance avec les personnes, organismes, sociétés ou entreprises qui exercent une activité de conception, d'exécution ou d'expertise dans le domaine de la construction (...) ». Les dispositions précitées visent à garantir, dans l'intérêt des maîtres d'ouvrage, l'indépendance des contrôleurs techniques à l'égard des personnes et organismes exerçant une activité de conception, d'exécution ou d'expertise dans le domaine de la construction ; toutefois, ces dispositions et la règle qu'elles imposent ne s'appliquent qu'aux sociétés de contrôle technique et non aux sociétés exerçant d'autres activités dans le domaine de la construction ; par suite, elles ne pouvaient être opposées à la société Qualiconsult Sécurité, dont il ressort des termes de l'ordonnance attaquée et de l'ensemble des pièces soumises au juge des référés qu'elle n'était pas agréée en vue d'exercer une activité exclusive de contrôle technique et qui, précisément, s'était portée candidate à l'attribution d'un marché d'expertise dans le domaine de la construction et non d'un marché de prestations de contrôle technique. • CE 19 oct. 2012, *École nationale supérieure de sécurité sociale,* n° 361459 B.

26. Il appartient au pouvoir adjudicateur, dans le cadre de la procédure de passation d'un marché public portant sur des activités dont l'exercice est réglementé, de s'assurer que les soumissionnaires remplissent les conditions requises pour les exercer ; tel est le cas des consultations juridiques et de la rédaction d'actes sous seing privé qui ne peuvent être effectuées à titre habituel que par les professionnels mentionnés par l'art. 54 de la L. du 31 déc. 1971 ; toutefois, lorsque les prestations qui font l'objet du marché n'entrent qu'en partie seulement dans le champ d'activités réglementées, l'art. 45 du Décr. du 25 mars 2016 autorise les opérateurs économiques à présenter leur candidature et leur offre sous la forme d'un groupement conjoint, dans le cadre duquel l'un des cotraitants possède les qualifications requises ; ainsi, pour un marché relatif à des prestations ne portant que partiellement sur des consultations juridiques ou la rédaction d'actes sous seing privé, il est loisible à un opérateur économique ne possédant pas ces qualifications de s'adjoindre, dans le cadre d'un groupement conjoint, en tant que cotraitant, le concours d'un professionnel du droit, à la condition que la répartition des tâches entre les membres du groupement n'implique pas que celui ou ceux d'entre eux qui n'ont pas cette qualité soient nécessairement conduits à effectuer des prestations relevant de l'art. 54 de la L. du 31 déc. 1971. • CE 4 avr. 2018, *Sté Altraconsulting*, n° 415946 B : *AJDA 2018. 768, obs. Maupin* ; *AJCT 2018. 460, obs. Hul* ; *BJCP 2018. 211, concl. Pellissier* ; *Rev. CMP 2018. 130, note Ubaud-Bergeron*.

27. Aux termes du I de l'art. 128 de la L. du 30 déc. 2004 de finances rectificative pour 2004 : « Lorsque le comptable du Trésor public est autorisé par des dispositions législatives ou réglementaires à procéder au recouvrement forcé d'une créance ou d'une condamnation pécuniaire, il peut, préalablement à la mise en œuvre de toute procédure coercitive, demander à un huissier de justice d'obtenir du débiteur ou du condamné qu'il s'acquitte entre ses mains du montant de sa dette ou de sa condamnation pécuniaire. / Les frais de recouvrement sont versés directement par le débiteur ou le condamné à l'huissier de justice. / Le montant des frais, qui restent acquis à l'huissier de justice, est calculé selon un taux proportionnel aux sommes recouvrées fixé par arrêté conjoint des ministres chargés des finances et de la justice (...) » ; aux termes de l'ar. 1er de l'Ord. du 2 nov. 1945 relative au statut des huissiers : « Les huissiers de justice peuvent (...) procéder au recouvrement amiable (...) de toutes créances » ; aux termes de l'art. 5 du Décr. du 29 févr. 1956 relatif au statut des huissiers : « Les actes prévus aux alinéas 1er et 2 de l'article 1er de l'ordonnance du 2 nov. 1945 (...) sont faits concurremment par les huissiers de justice dans le ressort du tribunal de grande instance de leur résidence (...) » ; aux termes de l'art. L. 251-1 C. com. : « Deux ou plusieurs personnes physiques ou morales peuvent constituer entre elles un groupement d'intérêt économique pour une durée déterminée. / Le but du groupement est de faciliter ou de développer l'activité économique de ses membres, d'améliorer ou d'accroître les résultats de cette activité. Il n'est pas de réaliser des bénéfices pour lui-même. / Son activité doit se rattacher à l'activité économique de ses membres et ne peut avoir qu'un caractère auxiliaire par rapport à celle-ci » ; aux termes de l'art. L. 251-2 du même code : « Les personnes exerçant une profession libérale soumise à un statut législatif ou réglementaire ou dont le titre est protégé peuvent constituer un groupement d'intérêt économique ou y participer ».

Il résulte de l'ensemble de ces dispositions que si les groupements d'intérêt économique, constitués entre plusieurs personnes physiques ou morales titulaires d'offices d'huissier de justice, ne peuvent eux-mêmes procéder au recouvrement amiable de créances ou de condamnations pécuniaires préalablement à la mise en œuvre de toute procédure coercitive, ils peuvent se porter candidat à l'obtention d'une commande publique pour le compte de leurs membres, dans le cadre de l'art. 128 de la L. du 30 déc. 2004, dès lors que seuls ces derniers exécutent les prestations, objet du contrat, et à la condition de préciser dans l'acte de candidature quels sont les huissiers membres du groupement qui s'engagent ainsi à exécuter les prestations dans les conditions prévues par l'Ord. du 2 nov. 1945 et le Décr. du 29 févr. 1956, notamment celles relatives à la compétence territoriale des huissiers de justice. • CE 3 déc. 2012, *GIE Groupement des poursuites extérieures*, n° 361887 B : *Rev. CMP 2013, n° 27, note Devillers*.

28. Exigence illégale d'une qualification professionnelle. Lorsque le niveau de qualification exigé des candidats a pour effet de limiter la concurrence en restreignant le nombre de fournisseurs possibles, cette exigence doit être objectivement rendue nécessaire par l'objet du marché et la nature des prestations à réaliser. Il appartient au juge du référé précontractuel de le vérifier. En l'espèce, le pouvoir adjudicateur a méconnu ses obligations en matière de publicité et de mise en concurrence en exigeant la détention du titre de géomètre-expert pour la réalisation de travaux, sans que ceux-ci justifient une telle capacité et alors que les prestations à réaliser ne sont pas de celles que la loi réserve aux géomètres-experts. • CE 30 juin 2004, *Min. de l'Équipement, des Transports, du Logement, du Tourisme et de la Mer c/ M. Fourgeaud*, n° 261919 B : *AJDA 2004. 1771, obs. Dreyfus* ; *Rev. CMP 2004, n° 192, obs. Pietri*. ♦ Pour une hypothèse inverse, dans laquelle les exigences étaient justifiées : • CE 6 mars 2009, *Cne de Savigny-sur-Orge*, n° 315138 B : *AJDA 2009. 1380, note Deliancourt*.

29. Entreprises en redressement judiciaire. Les entreprises placées en redressement judiciaire sont tenues de justifier, lors du dépôt de leur offre, qu'elles sont habilitées, par le jugement prononçant leur placement dans cette situation, à poursuivre leurs activités pendant la durée d'exécution du marché, telle qu'elle ressort des documents de la consultation ; dans l'hypothèse où l'entreprise candidate à l'attribution d'un marché public a été placée en redressement judiciaire après la date limite fixée pour le dépôt des offres, elle doit en informer sans délai le pouvoir adjudicateur, lequel doit alors vérifier si l'entreprise est autorisée à poursuivre son activité au-delà de la durée d'exécution du marché et apprécier si sa candidature reste recevable ; dans la négative, le pouvoir adjudicateur ne peut poursuivre la procédure avec cette société ; lorsqu'il est soutenu devant lui que le placement en redressement judiciaire de l'entreprise, y compris lorsqu'il est intervenu après le dépôt de son offre, affecte la recevabilité de sa candidature, il appartient au juge du référé précontractuel d'apprécier si cette candidature est recevable et d'annuler, le cas échéant, la procédure au terme de laquelle l'offre de l'entreprise aurait été retenue par le pouvoir adjudicateur. • CE 26 mars 2014, *Cne de Chaumont,* n° 374387 B : *BJCP 2014. 341, concl. Pellissier ; Rev. CMP 2014, n° 135, note Zimmer.*

30. Il incombe au pouvoir adjudicateur de vérifier les capacités de l'entreprise placée en redressement judiciaire à exécuter le marché compte tenu de son placement dans cette situation pour s'assurer de la recevabilité de sa candidature. Une entreprise placée en redressement judiciaire est ainsi tenue de justifier, lors du dépôt de son offre, qu'elle est habilitée, par le jugement prononçant son placement dans cette situation, à poursuivre ses activités pendant la durée d'exécution du marché, telle qu'elle ressort des documents de la consultation. Cette obligation incombe à l'entreprise, y compris lorsqu'elle fait l'objet d'un plan de redressement. Même si l'entreprise est alors admise, sous certaines conditions, à poursuivre son activité en dépit de sa situation débitrice, le pouvoir adjudicateur doit néanmoins pouvoir s'assurer de son aptitude à exécuter le marché proposé alors que l'entreprise est encore soumise au plan de redressement. • CAA Bordeaux, 1er déc. 2016, *Sté Entreprise du bâtiment Dus,* n° 14BX01718.

31. Il résulte de l'instruction que la société a fait l'objet d'une procédure de redressement judiciaire ouverte le 25 juin 2009 et qu'à l'issue d'une période d'observation, un plan de redressement prévoyant un apurement du passif sur une durée de neuf ans a été arrêté par un jugement du 4 nov. 2010 du tribunal de commerce, durée ultérieurement portée à dix ans par d'autres jugements. S'il résulte des dispositions combinées de l'art. 45 de l'Ord. du 23 juill. 2015 et des art. 51 et 55 du Décr. du 25 mars 2016 qu'il lui incombait, pour que le marché puisse lui être attribué, de produire une copie des jugements mentionnés au point 5, la collectivité ne pouvait exiger la production de ces justifications en même temps que le dépôt de sa candidature. Dès lors qu'il résulte par ailleurs de l'instruction qu'elle n'avait pas décidé de limiter le nombre des candidats admis à négocier, elle n'a entaché la procédure d'aucune irrégularité en n'écartant pas la candidature de la société au motif que son dossier de candidature aurait été incomplet et en se bornant à exiger que la société produise les jugements en cause après que son offre eut été retenue. • CE 25 janv. 2019, *Sté Dauphin Telecom,* n° 421844 B : *BJCP 2019.105, concl. Pellissier ; Rev. CMP 2019. 111, note Dietenhoeffer.*

32. GIE candidat. Aux termes de l'art. L. 251-2 C. com. : « Les personnes exerçant une profession libérale soumise à un statut législatif ou réglementaire ou dont le titre est protégé peuvent constituer un groupement d'intérêt économique ou y participer ». Selon l'art. L. 123-9 du même code : « La personne assujettie à immatriculation ne peut, dans l'exercice de son activité, opposer ni aux tiers ni aux administrations publiques, qui peuvent toutefois s'en prévaloir, les faits et actes sujets à mention que si ces derniers ont été publiés au registre. (...) / Les dispositions des alinéas précédents sont applicables aux faits ou actes sujets à mention ou à dépôt même s'ils ont fait l'objet d'une autre publicité légale. Ne peuvent toutefois s'en prévaloir les tiers et administrations qui avaient personnellement connaissance de ces faits et actes ». Aux termes de l'art. L. 251-8 du même code : « I. — Le contrat de groupement d'intérêt économique détermine l'organisation du groupement, sous réserve des dispositions du présent chapitre. Il est établi par écrit et publié selon les modalités fixées par décret en Conseil d'État. / II. — Le contrat contient notamment les indications suivantes : / (...) 2° Les nom, raison sociale ou dénomination sociale, la forme juridique, l'adresse du domicile ou du siège social et, s'il y a lieu, le numéro d'identification de chacun des membres du groupement, (...) / III. — Toutes les modifications du contrat sont établies et publiées dans les mêmes conditions que le contrat lui-même. Elles ne sont opposables aux tiers qu'à dater de cette publicité ». L'art. R. 123-36 du même code prévoit que les groupements d'intérêt économique sont tenus à l'obligation d'immatriculation au registre du commerce et des sociétés. L'art. R. 123-66 fait obligation à toute personne morale immatriculée de procéder à une inscription modificative dans le mois de tout fait ou acte rendant nécessaire la rectification ou le complément des mentions de l'immatriculation.

Il résulte des dispositions de l'art. L. 123-9 C. com. citées au point précédent qu'une personne assujettie à immatriculation au registre du commerce et des sociétés ne peut pas opposer aux administrations publiques les faits et actes sujets à mention dans ce registre qui n'ont pas été publiés dans celui-ci. En revanche, l'administration peut, lorsqu'elle en a connaissance, se prévaloir de ces faits et actes alors même qu'ils n'ont pas fait l'objet d'une telle publication. Dès lors, la seule circonstance qu'un changement dans la composition du groupement d'intérêt économique candidat à l'attribution d'un marché public n'a pas été publié au registre, en méconnaissance des dispositions du code de commerce, à la date de la signature du contrat ne fait pas obstacle à ce que le pouvoir adjudicateur tienne compte de ce changement lorsqu'il en a connaissance. Ce défaut de publication n'entache donc pas, par lui-même, la régularité de la candidature du groupement. • CE 5 nov. 2021, *Ministre de l'Économie, des Finances et de la Relance c/ Sté Huissiers Partner Conseils,* n° 444625 : *Rev. CMP 2022. Chron. 4, Ubaud-Bergeron.*

33. Vérification de la recevabilité des candidatures postérieure à l'attribution du marché. Il résulte de l'instruction que la société 3P, déclarée attributaire du marché lors de la première procédure de passation, n'a pas été en mesure de fournir les documents exigés par les dispositions préc. de l'art. 46 C. marchés ; la région Lorraine a alors décidé de déclarer sans suite la procédure de passation du marché et n'a pas ainsi sollicité la société Hygie-Serv dont l'offre était classée en deuxième position. La région Lorraine soutient qu'elle ne pouvait sans commettre d'irrégularité solliciter la société Hygie-Serv dès lors qu'ayant notifié aux candidats le rejet de leurs offres, celles-ci étaient devenues caduques ; toutefois, la région Lorraine ne peut se prévaloir de l'irrégularité qu'elle a commise en rejetant les offres des autres soumissionnaires avant de s'être assurée de la production des documents exigés par l'attributaire pressenti, pour invoquer « une fragilité juridique » constitutive d'un motif d'intérêt général de nature à justifier une déclaration sans suite de la procédure de passation du marché ; dans ces conditions, la région Lorraine devait solliciter la société Hygie-Serv, dont l'offre qui n'était ni inappropriée, ni irrégulière, ni inacceptable, avait été classée immédiatement après celle de la société 3P, pour produire les certificats et attestations nécessaires avant que le marché ne lui soit attribué ; la région Lorraine a ainsi entaché la procédure de passation du marché d'une irrégularité de nature à engager sa responsabilité. • CAA Nancy, 5 juill. 2006, *Sté Hygie-Serv*, n° 15NC00330.

34. Exigence illégale. Une réglementation d'un État membre qui prescrit au pouvoir adjudicateur de ne désigner comme adjudicataires de marchés publics de travaux que les entreprises qui, lors de la soumission, s'engagent par écrit à verser à leurs salariés, en contrepartie des prestations concernées, au minimum la rémunération prévue par la convention collective applicable au lieu d'exécution de celles-ci, méconnaît la liberté de prestation de services. • CJCE 3 avr. 2008, 🏛 *Dirk Rüffert*, aff. C-346/06 : *Rev. CMP 2008, n° 92, obs. Eckert.*

35. Difficultés d'exécution d'un marché antérieur. Les difficultés auxquelles a donné lieu la réalisation de prestations comparables dans le cadre d'un marché antérieur peuvent motiver le rejet d'une candidature. • CE 27 févr. 1988, *Hôpital dptal d'Esquirol*, n° 59645 • CE 24 nov. 2008, 🏛 *Sté EL ALE*, n° 292256. ♦ Mais le pouvoir adjudicateur ne peut se fonder uniquement sur les seuls manquements allégués d'une entreprise dans l'exécution de précédents marchés, sans rechercher si d'autres éléments du dossier de candidature de la société permettent à celle-ci de justifier de garanties techniques et financières suffisantes. • CE 10 juin 2009, 🏛 *Région Lorraine*, n° 324153 : *Rev. CMP 2009, n° 271, note Zimmer ; Dr. adm. 2009, comm. n° 112, note Ruellan ; RDI 2009. 472, note Noguellou* ✐. ♦ Le pouvoir adjudicateur doit examiner l'ensemble du dossier de candidature. • CAA Nancy, 12 mai 2005, *Dpt de la Moselle*, n° 01NC00913.

36. Difficultés d'exécution d'un marché antérieur. Examen de la recevabilité d'une candidature par le pouvoir adjudicateur. Contrôle du juge du référé précontractuel. Le motif tiré de ce que la société candidate ne produisait pas de références portant sur des marchés analogues ne peut suffire, à lui seul, à justifier le rejet de la candidature de la société X, le pouvoir adjudicateur étant tenu d'examiner les capacités professionnelles, techniques et financières d'un candidat en application des dispositions précitées de l'art. 52 C. marchés ; toutefois, la commune fait valoir que, nonobstant la motivation figurant dans la lettre de rejet adressée à la société, elle s'est effectivement livrée à une appréciation des capacités professionnelles et techniques de la société et qu'elle les a jugées insuffisantes ; il résulte de l'instruction que la commission d'appel d'offres a procédé à cette appréciation avant le rejet de la candidature de la société ; en estimant, au regard de l'objet social de la société, de ses moyens humains et matériels, des qualifications attestées et de son expérience antérieure, que cette candidature, en dépit de compétences réelles dans l'entretien des cours d'eau naturels, ne démontrait pas de compétences de maîtrise de l'eau des bassins et des fontaines objet du marché, la commune n'a pas entaché d'erreur manifeste l'appréciation à laquelle elle s'est ainsi livrée ; ce motif justifie le rejet de la candidature de la société X. • CE 17 juin 2015, 🏛 *Cne de Montpellier*, n° 388596 B : *BJCP 2015. 386, concl. Pellissier ; Rev. CMP 2015, n° 200, note Ubaud-Bergeron.*

37. Motif illégal de rejet d'une candidature. Différends à l'occasion de l'exécution de précédents marchés. La CAO (commission d'appel d'offres) ne peut écarter une candidature en se fondant uniquement sur l'existence de litiges opposant la société au maître d'œuvre dans des opérations similaires sans examiner dans son ensemble le dossier de candidature. • CAA Paris, 2 oct. 2007, 🏛 *Sté GAR*, n° 06PA02495.

38. Motif illégal de rejet d'une candidature : non-fourniture de renseignements illégalement demandés. Un règlement de consultation ne peut exiger que des candidats fournissent des renseignements ou documents non prévus par l'art. 45 C. marchés. Ainsi, le juge des référés ne commet pas d'erreur de droit en estimant que la CAO d'un établissement public local n'a pu légalement écarter la candidature d'une société au motif que celle-ci n'avait pas souscrit l'engagement de respecter les art. L. 341-6 et L. 341-6-4 C. trav. qu'exigeait illégalement le règlement de la consultation du marché. • CE 13 nov. 2002, 🏛 *OPHLM de la Cté urb. du Mans*, n° 245303 B : *BJCP 2003. 116, concl. Piveteau.*

39. Recevabilité de la candidature d'une entreprise chargée d'études préalables. Le pouvoir adjudicateur ne peut refuser à une entreprise qui a été chargée d'études préalables relatives à des travaux, fournitures ou services de participer à la procédure de passation du marché public relatif à ces travaux, fournitures ou services sans lui laisser la possibilité de faire la preuve que l'expérience qu'elle a ainsi acquise n'est pas de nature à fausser la concurrence. • CJCE 3 mars 2005, *Fabricom SA*, C-21/03.

40. Informations privilégiées détenues par un candidat. Le juge du référé précontractuel peut censurer la décision du pouvoir adjudicateur qui, sans apporter sur ce point aucun élément de preuve, écarte un candidat au motif qu'il aurait obtenu, avant le lancement de la procédure, des informations que les autres candidats n'ont pas. • CE 29 juill. 1998, *Garde des Sceaux, Min. de la Justice c/ Sté Génicorp*, n° 177952 B.

41. Interdiction d'écarter une candidature au seul motif que la forme juridique du candidat ne relève pas d'une catégorie déterminée. Les pouvoirs adjudicateurs ne peuvent pas écarter des candidats au seul motif que la forme juridique de ceux-ci ne correspond pas à une catégorie spécifique de personnes morales. • CJCE 18 déc. 2007, *Frigerio Luigi et C. Snc*, C-357/06 : *Rev. CMP 2008, n° 31, obs. Eckert*.

42. Rejet d'une candidature. Absence d'erreur manifeste d'appréciation. Pour contrôler, en application du I de l'art. 52 C. marchés, les garanties professionnelles, techniques et financières de la SARL Schiocchet Excursions, le département a examiné sa candidature en comparant les moyens fournis par la société aux moyens nécessaires à l'exploitation des lots 10 et 11 ; le rapport d'analyse des candidatures relève que la capacité de la SARL Schiocchet Excursions est inférieure de 61 % et 41,6 % par rapport aux moyens nécessaires à l'exploitation des lots s'agissant du nombre de véhicules et de 72,2 % et 58,3 % s'agissant du nombre de conducteurs ; le même rapport indique également que les moyens financiers de la société sont inférieurs de 83 % et de 62,6 % par rapport aux besoins d'investissements de la société nécessaires à l'acquisition du nombre de véhicules requis pour l'exécution de ces marchés ; en se fondant sur ces données, résultant tant des éléments requis par les documents de consultation que des informations fournies par la société dans le cadre de la présentation de son offre, pour estimer qu'« au vu du chiffre d'affaires et de la structure de l'entreprise, il apparaît que le candidat n'a pas les capacités structurelles et financières pour répondre aux lots 10 et 11 », le département n'a ni fait application de seuils minimaux de capacité financière qui n'étaient pas prévus par les documents de consultation, ni porté atteinte au principe d'égalité de traitement entre les candidats ; en outre, en rejetant la candidature de la société requérante aux motifs de l'insuffisance de ses moyens en personnel et en matériel et de son incapacité financière à faire face à l'investissement nécessité par les deux marchés pour lesquels elle avait déposé une offre, le département n'a pas commis d'erreur manifeste d'appréciation quant aux éléments qu'il a ainsi pris en considération sur le fondement des dispositions précitées de l'art. 45 C. marchés ; la société soutient également que le département a entaché d'erreur manifeste l'appréciation portée sur les capacités financières des autres candidats en violation du principe d'égalité d'accès à la commande publique en ne relevant pas, dans le rapport d'analyse des candidatures, le nombre d'autocars et de chauffeurs dont disposaient ses concurrentes ; il résulte cependant de l'instruction qu'eu égard au montant des chiffres d'affaires annuels des autres candidates, très supérieurs à celui de la société Schiocchet Excursions, le département a pu examiner leurs candidatures sans comparer le nombre de véhicules et de chauffeurs dont elles disposaient à ceux requis pour l'exécution des lots 10 et 11 ; contrairement à ce que soutient la SARL Schiocchet Excursions, ces deux entreprises disposaient du nombre de véhicules requis par les lots 10 et 11 ; par suite, le département n'a pas commis d'erreur manifeste d'appréciation ni porté atteinte au principe d'égalité de traitement dans le cadre de l'examen des candidatures. • CAA Nancy, 25 juin 2015, *Sté Schiocchet Excursions*, n° 13NC02288 : *AJDA 2015. 2080, note Goujon-Fischer*.

43. Motif illégal de rejet d'une candidature. Offre écartée sans examen. Liens du candidat avec le pouvoir adjudicateur. Conflits d'intérêts. Il ressort des pièces du dossier soumis au juge des référés que la commune a lancé une procédure d'appel d'offres ouvert pour la passation d'un marché de travaux portant sur l'amélioration de son réseau d'eau potable ; la commune a informé la société X, qui s'était portée candidate à l'attribution du marché, que son offre avait été rejetée sans être examinée au motif que cette société « a des liens avec un des membres du conseil municipal ».

Le juge des référés a relevé qu'une conseillère municipale, déléguée à l'urbanisme, avait un lien de parenté avec le président de la société, était actionnaire de cette société et avait participé à la délibération du conseil municipal autorisant le lancement de la procédure de passation du marché, mais que, d'une part, à ce stade de la délibération, la procédure n'avait pas encore été organisée et les soumissionnaires n'étaient pas connus et que, d'autre part, la conseillère municipale n'avait pas siégé à la commission d'appel d'offres et n'avait pris aucune part dans le choix de l'entreprise attributaire ; ayant, ce faisant, porté sur les faits de l'espèce une appréciation souveraine exempte de dénaturation, le juge des référés, s'agissant de travaux habituels dont l'utilité n'était pas contestée et sur la définition et le lancement desquels il n'est pas allégué que l'intéressée aurait exercé une influence particulière, n'a ni inexactement qualifié ces faits ni commis d'erreur de droit en jugeant qu'ils n'étaient pas susceptibles de faire naître un doute sur l'impartialité du pouvoir adjudicateur et, qu'en conséquence, en éliminant par principe l'offre de la société, celui-ci avait méconnu le principe de libre accès à la commande publique et manqué à ses obligations de mise en concurrence. • CE 9 mai 2012, *Cne de Saint-Maur-des-Fossés*, n° 355756 A : *AJDA 2012. 1404, note Dreyfus ; BJCP 2012. 343, concl. Dacosta.*

44. Motifs d'exclusion ou d'admission d'un candidat. Contrôle du juge du référé précontractuel. Le juge du référé précontractuel vérifie les motifs de l'exclusion d'un candidat. S'il estime qu'un motif est irrégulier, il ne peut enjoindre au pouvoir adjudicateur d'admettre la candidature qu'après avoir constaté que, au regard des débats devant lui, aucun autre motif n'était susceptible de justifier légalement une telle exclusion. • CE 3 mars 2004, *Cne de Châteaudun*, n° 258602 B : *AJDA 2004. 1711, note Vincent-Legoux.*

45. Le juge du référé précontractuel ne méconnaît pas son office en jugeant que le motif par lequel la commission d'appel d'offres a admis une candidature, tiré de ce que celle-ci présentait des garanties suffisantes, était mal fondé. • CE 29 avr. 2006, *Sté Abraham Bâtiment Travaux publics et Coll. terr. de Saint-Pierre-et-Miquelon*, n° 286443 B.

46. Contrôle du juge du référé précontractuel. Le juge du référé précontractuel ne peut censurer l'appréciation portée par le pouvoir adjudicateur sur les garanties et capacités techniques que présentent les candidats à un marché public, ainsi que sur leurs références professionnelles, que dans le cas où cette appréciation est entachée d'une erreur manifeste ; il ressort de l'ordonnance attaquée que, pour accueillir le moyen tiré de ce que le groupement attributaire ne justifiait pas détenir les capacités professionnelles et techniques exigées et ne pas avoir besoin de recourir à des moyens externes, le juge du référé précontractuel s'est fondé sur l'absence d'éléments suffisants, à défaut notamment de la production par le département ou le groupement attributaire, au cours de l'instruction, du dossier de candidature du groupement, pour qu'il soit procédé au contrôle de l'appréciation que le département était tenu de porter sur la candidature du groupement ; la société requérante ne peut ainsi utilement soutenir que le juge des référés aurait commis une erreur de droit en ne se bornant pas à vérifier si l'appréciation portée par le pouvoir adjudicateur sur les capacités du groupement était entachée d'une erreur manifeste ; c'est par une appréciation souveraine exempte de dénaturation que le juge des référés a estimé insuffisante la seule production, au cours de l'instruction, de références professionnelles pour la justification des capacités techniques et professionnelles du groupement. • CE 17 sept. 2014, *Sté Delta Process*, n° 378722 : *BJCP 2015. 54, concl. Pelissier ; Rev. CMP 2014, n° 292, note Eckert.*

47. Contrôle du juge du référé précontractuel. Cas d'une personne publique candidate. Il appartient au juge du référé précontractuel, saisi de moyens sur ce point, de s'assurer que l'appréciation portée par le pouvoir adjudicateur pour exclure ou admettre une candidature ne constitue pas un manquement aux obligations de publicité et de mise en concurrence ; dans ce cadre, lorsque le candidat est une personne morale de droit public, il lui incombe de vérifier que l'exécution du contrat en cause entrerait dans le champ de sa compétence et, s'il s'agit d'un établissement public, ne méconnaîtrait pas le principe de spécialité auquel il est tenu.

Il ressort toutefois des pièces du dossier soumis au juge des référés du tribunal administratif que c'est l'association de gestion du Conservatoire national des arts et métiers des Pays de la Loire, personne morale de droit privé, qui était membre du groupement attributaire du marché litigieux et non l'établissement public lui-même ; ainsi, le juge des référés, qui s'est fondé sur la méconnaissance, par l'établissement public Conservatoire national des arts et métiers, du principe de spécialité, en se bornant, au surplus, à prendre en compte l'objet statutaire de cet établissement, sans rechercher si les prestations objet du marché constituaient le complément normal de sa mission statutaire et étaient utiles à l'exercice de celle-ci, a commis une erreur de droit ; par suite, sans qu'il soit besoin d'examiner les moyens du pourvoi, les requérants sont fondés à demander l'annulation de l'ordonnance attaquée. • CE 18 sept. 2015, *Assoc. de gestion du CNAM des Pays de la Loire*, n° 390041 B : *RDI 2015. 581, obs. Braconnier.*

48. Contrôle du juge du référé précontractuel. Candidature d'une personne privée dont un texte définit l'objet social. Il n'appartient pas au juge du référé précontractuel, lorsqu'une personne morale de droit privé se porte candidate à l'attribution d'un contrat de commande publique, de vérifier que l'exécution de ce contrat entre dans le champ de son objet social.

Il en va toutefois différemment dans le cas où un texte législatif ou réglementaire a précisément défini son objet social et ses missions. Il résulte des art. L. 366-1 et R. 366-5 CCH ainsi que des art. L. 232-1 et L. 232-2 C. énergie que les associations départementales d'information sur le logement (ADILE) sont compétentes pour proposer des prestations de conseil aux particuliers en matière de performance et de rénovation énergétiques de leurs logements et peuvent dès lors candidater à un marché public portant sur de telles prestations. • CE 4 mai 2016, *ADILE de*

Vendée, n° 396590 B : *Rev. CMP 2016, n° 186, note Pietri.*

49. Justification des garanties professionnelles et financières. Secret commercial et industriel. Office du juge du référé précontractuel (décision rendue à propos d'une DSP). Il appartient au juge du référé précontractuel, lorsque est invoqué devant lui le secret commercial et industriel, et s'il l'estime indispensable pour forger sa conviction sur les points en litige, d'inviter la partie qui s'en prévaut à lui procurer tous les éclaircissements nécessaires sur la nature des pièces écartées et sur les raisons de leur exclusion ; il lui revient, si ce secret lui est opposé à tort, d'enjoindre à la collectivité de produire les pièces en cause et de tirer les conséquences, le cas échéant, de son abstention ; pour annuler partiellement la procédure litigieuse, le juge du référé précontractuel a accueilli le moyen tiré de ce que la commission de délégation de service public aurait dû écarter la candidature de la société Le Petit Bain, au motif que celle-ci ne justifiait pas des garanties professionnelles et financières requises, en se bornant à relever que les mentions chiffrées afférentes à ces garanties, figurant dans les documents relatifs à l'analyse de la candidature de la société qui lui avaient été transmis par la commune, avaient été occultées, alors, selon lui, qu'elles ne relevaient pas du secret commercial ou industriel ; toutefois, la seule circonstance que la commune ait cru devoir, devant le juge, occulter des éléments chiffrés portant sur la société attributaire, afin d'éviter qu'ils ne soient versés aux débats dans le cadre de la procédure contradictoire et qu'il soit ainsi porté atteinte au secret des affaires, ne pouvait, à supposer même que l'analyse de la collectivité ait été erronée quant à l'applicabilité de ce secret en l'espèce, être regardée comme établissant, par elle-même, le caractère insuffisant des garanties offertes par la société ; les requérantes sont, par suite, fondées à soutenir que le premier motif de l'ordonnance attaquée est entaché d'erreur de droit. • CE 17 oct. 2016, *Cne d'Hyères-les-Palmiers, Mme Maestracci*, nos 400172 B et 400175 B : *AJDA 2017. 53, concl. Pellissier*

50. Prise en compte de renseignements erronés fournis par un candidat. Conséquences à tirer par le juge précontractuel. La prise en compte par le pouvoir adjudicateur de renseignements erronés relatifs aux capacités professionnelles, techniques et financières d'un candidat est susceptible de fausser l'appréciation portée sur les mérites de cette candidature au détriment des autres candidatures et ainsi de porter atteinte au principe d'égalité de traitement entre les candidats. Le choix de l'offre d'un candidat dont la candidature a été retenue sur la base d'informations relatives à ses capacités financières et professionnelles erronées est susceptible d'avoir lésé le candidat qui invoque ce manquement, à moins qu'il ne résulte de l'instruction que sa candidature devait elle-même être écartée, ou que l'offre qu'il présentait ne pouvait qu'être éliminée comme inappropriée, irrégulière ou inacceptable. • CE 3 oct. 2012, *Sté Déménagements Le Gars – Hauts-de-Seine Déménagements*, n° 360952 B : *BJCP 2013. 16, concl. Dacosta ; Rev. CMP 2012, n° 304, note Pietri.*

SECTION 2 Invitation des candidats sélectionnés

Art. R. 2144-8 L'acheteur invite simultanément et par écrit les candidats admis à soumissionner ou à participer au dialogue. – *[Décr. n° 2016-360 du 25 mars 2016, art. 56, al. 1er.]*

Art. R. 2144-9 En cas d'appel d'offres restreint, de procédure avec négociation ou de dialogue compétitif, l'invitation comprend au minimum les informations suivantes :

1° La référence de l'avis d'appel à la concurrence publié ;

2° La date limite de réception des offres, l'adresse à laquelle les offres doivent être transmises et la ou les langues autorisées pour leur présentation. Toutefois, dans le cas du dialogue compétitif, ces renseignements ne figurent pas dans l'invitation à participer au dialogue mais dans l'invitation à remettre une offre finale ;

3° Dans le cas du dialogue compétitif, la date et le lieu du dialogue ainsi que la ou les langues utilisées ;

4° La liste des documents à fournir ;

5° La pondération ou la hiérarchisation des critères d'attribution du marché si ces renseignements ne figurent pas dans les documents de la consultation ;

6° L'adresse du profil d'acheteur sur lequel les documents de la consultation ont été mis à disposition des candidats. Lorsque les documents de la consultation n'ont pas été mis à disposition sur un profil d'acheteur, pour l'un des motifs énoncés aux articles R. 2132-12 et R. 2132-13, ni par d'autres moyens, ils sont joints à l'invitation. – *[Décr. n° 2016-360 du 25 mars 2016, art. 56, al. 2.]*

TITRE V PHASE D'OFFRE

CHAPITRE I PRÉSENTATION ET CONTENU DES OFFRES

SECTION 1 Présentation des offres

SOUS-SECTION 1 Délais de réception

Art. R. 2151-1 L'acheteur fixe les délais de réception des offres en tenant compte de la complexité du marché et du temps nécessaire aux opérateurs économiques pour préparer leur offre. – *[Décr. nº 2016-360 du 25 mars 2016, art. 43-I, al. 1er.]*

COMMENTAIRE

La phase de sélection de l'attributaire du marché constitue le cœur de la procédure de passation. Pour qu'elle s'engage, il convient d'abord que l'acheteur fixe un délai de remise des offres. Des délais minimaux sont définis par les articles applicables aux différentes procédures formalisées. En tout état de cause, le délai doit être suffisant pour que les soumissionnaires bénéficient d'une possibilité effective de présenter leurs offres.

A compter de la remise de son offre, qui doit intervenir dans le délai de remise des offres prévu par le marché, l'entreprise est liée par son offre pendant la durée de validité des offres, prévue par le contrat. ❑

1. La rectification par l'administration des conditions de la consultation pendant le délai de remise des offres n'entraîne l'obligation de reprendre à son commencement la procédure que si cette rectification apporte une modification substantielle. La modification substantielle peut résulter d'une rectification purement matérielle, qui porterait par exemple sur le champ d'application du marché. • CE 16 nov. 2005, *Ville de Paris,* nº 278646 B.

2. Marché négocié après appel d'offres infructueux. Délai de remise des offres. Les conditions initiales du marché n'ayant pas été modifiées, une société candidate, qui a d'ailleurs remis une offre, n'apporte aucun élément de nature à démontrer que le pouvoir adjudicateur, qui n'était tenu par aucune disposition législative ou réglementaire pour fixer le délai de remise des offres, aurait porté atteinte au principe d'égalité de traitement entre les candidats en limitant ce délai à dix jours. • CAA Bordeaux, 4 mars 2010, *Sté Nicollin SAS,* nº 08BX02366 : *Rev. CMP 2010. Chron. 174, note Llorens.*

3. Procédure adaptée. Délai de remise des offres. Si le pouvoir adjudicateur est libre, lorsqu'il décide de recourir à la procédure adaptée, de déterminer, sous le contrôle du juge administratif, les modalités de publicité et de mise en concurrence appropriées aux caractéristiques de ce marché, notamment en ce qui concerne le délai laissé aux opérateurs économiques pour lui remettre une offre, celui-ci doit être suffisant, au regard notamment de l'objet du marché envisagé, de son montant, de l'urgence à le conclure, de la nature des prestations, de la facilité d'accès aux documents de la consultation, de la nécessité éventuelle d'une visite des lieux et de l'importance des pièces exigées des candidats, pour assurer le respect des principes de liberté d'accès à la commande publique, d'égalité de traitement des candidats et de transparence des procédures énoncés par l'art. 1er C. marchés, applicables à tous les marchés publics quelle que soit leur procédure de passation. • CAA Nancy, 26 févr. 2019, *SARL Granimond,* nº 18NC00051 : *Rev. CMP 2019, nº 150, note Ubaud-Bergeron.*

Art. R. 2151-2 Les délais de réception des offres présentées dans le cadre d'une procédure formalisée ne peuvent être inférieurs aux délais minimaux propres à chaque procédure, définis au chapitre I du titre VI.

Lorsque certains documents de la consultation ne sont pas publiés sur un profil d'acheteur pour l'une des raisons mentionnées à l'article R. 2132-5, le délai minimal de réception des offres est augmenté de cinq jours, sauf urgence dûment justifiée.– *[Décr. nº 2016-360 du 25 mars 2016, art. 43-I, al. 2.]*

Art. R. 2151-3 Lorsque les offres ne peuvent être déposées qu'à la suite d'une visite sur les lieux d'exécution du marché ou après consultation sur place de documents complémentaires, les délais de réception des offres sont suffisants pour permettre à tous les opérateurs économiques de prendre connaissance de toutes les informations nécessaires pour l'élaboration de leurs offres. – *[Décr. nº 2016-360 du 25 mars 2016, art. 43-II.]*

Art. R. 2151-4 Le délai de réception des offres est prolongé dans les cas suivants :

1° Lorsqu'un complément d'informations, nécessaire à l'élaboration de l'offre, demandé en temps utile par l'opérateur économique, n'est pas fourni dans les délais prévus à l'article R. 2132-6 ;

2° Lorsque des modifications importantes sont apportées aux documents de la consultation.

La durée de la prolongation est proportionnée à l'importance des informations demandées ou des modifications apportées. – *[Décr. n° 2016-360 du 25 mars 2016, art. 43-III.]*

Art. R. 2151-5 Les offres reçues hors délai sont éliminées. – *[Décr. n° 2016-360 du 25 mars 2016, art. 43-IV.]*

1. Offre remise hors délai. Une offre parvenue hors délai ne peut être prise en compte. • CE 4 nov. 1996, *Dpt de la Dordogne*, n° 114956 A.

2. Offre remise par voie électronique. Si l'art. R. 2151-5 CCP prévoit que les offres reçues hors délai sont éliminées, l'acheteur public ne saurait toutefois rejeter une offre remise par voie électronique comme tardive lorsque le soumissionnaire, qui n'a pu déposer celle-ci dans le délai sur le réseau informatique mentionné à l'art. R. 2132-9 du même code, établit, d'une part, qu'il a accompli en temps utile les diligences normales attendues d'un candidat pour le téléchargement de son offre et, d'autre part, que le fonctionnement de son équipement informatique était normal. Dans un cas où, d'une part, l'impossibilité pour un candidat de transmettre son offre dématérialisée dans le délai imparti n'est imputable ni à son équipement informatique, ni à une faute ou à une négligence de sa part dans le téléchargement des documents constituant son offre et où, d'autre part, l'acheteur public n'établit pas le bon fonctionnement de sa plateforme de dépôt, la tardivité de la remise de l'offre doit être regardée comme imputable à un dysfonctionnement de cette plateforme faisant obstacle à ce que l'acheteur public écarte cette offre comme tardive. • CE 23 sept. 2021, *RATP*, n° 449250 B : *BJCP 2022. 28, concl. Pichon de Vendeuil ; Rev. CMP 2021. 337, note Hoepffner.*

SOUS-SECTION 2 Modalités de remise

Art. R. 2151-6 Le soumissionnaire transmet son offre en une seule fois. Si plusieurs offres sont successivement transmises par un même soumissionnaire, seule est ouverte la dernière offre reçue par l'acheteur dans le délai fixé pour la remise des offres. – *[Décr. n° 2016-360 du 25 mars 2016, art. 57-I.]*

1. Signature de l'offre. Il appartient à la personne publique de vérifier que le représentant d'une société, qui a signé l'offre, était dûment habilité par les statuts ou par un mandat. Le marché signé par un représentant de la société qui n'était pas autorisé à l'engager est nul. • CE 17 déc. 2008, *OPH de Nice et des Alpes-Maritimes (OPAM)*, n° 282178 B : *Rev. CMP 2009, n° 39, note Eckert.*

2. La production des documents relatifs aux pouvoirs des personnes habilitées à engager un candidat est exigible au stade de l'examen des candidatures. Une offre ne saurait donc être regardée, par elle-même, comme irrégulière, au seul motif que le pouvoir adjudicateur ne dispose pas des documents attestant que le signataire de l'acte d'engagement est habilité à représenter l'entreprise candidate. Lorsque l'acte d'engagement est signé par une personne qui se présente comme un responsable de cette entreprise, il est loisible au pouvoir adjudicateur, à supposer qu'il doute de la capacité du signataire à engager le candidat, de solliciter la production des documents justifiant de cette capacité. • CE 24 févr. 2016, *Synd. mixte pour l'étude et le traitement des ordures ménagères de l'Eure*, n° 394945 B : *Rev. CMP 2016. 97, note Devillers.*

3. Signature (électronique). Une offre dont l'acte d'engagement n'est pas, avant la date limite de remise des offres, signé par une personne dûment mandatée ou habilitée à engager l'entreprise candidate est irrégulière et doit être éliminée comme telle avant même d'être examinée ; le juge des référés du tribunal administratif de Paris ne pouvait ainsi, sans commettre d'erreur de droit, juger qu'à défaut de signature électronique de l'acte d'engagement, la signature électronique des autres documents composant l'offre de la société suffisait à établir l'engagement juridique de cette société.

Il est constant que l'accusé de réception transmis à la société ne mentionnait aucun « jeton » de signature associé à l'acte d'engagement ; en jugeant, dans ces conditions, que cette absence de mention ne suffisait pas à établir que l'acte d'engagement de la société requérante n'était pas accompagné de sa signature électronique, au motif que n'étaient démontrées ni l'absence de dysfonctionnement de la plate-forme X ni l'existence d'un dispositif signalant aux candidats le défaut de signature électronique de leurs documents, le juge des référés du tribunal administratif a également commis une erreur de droit.

Il résulte de l'instruction et n'est d'ailleurs pas

contesté que la société a reçu le 17 mars à 14 h 19 un message électronique, adressé par la plate-forme X, attestant du dépôt de son offre sur cette plateforme aux mêmes date et heure ; il ressort de ce document qui précise la nature des fichiers enregistrés et constitue la preuve de leur dépôt par les candidats, que si l'acte d'engagement a bien été enregistré sur la plate-forme, aucune mention du nom et du poids du « jeton » de signature associé ne figurait dans la liste des documents dont il était accusé réception ; la société qui a donc eu connaissance, après le dépôt de son offre, de ce que l'engagement juridique enregistré sur la plate-forme n'était pas accompagné de sa signature électronique et pouvait ainsi, le cas échéant, décider de compléter son offre avant la date limite de remise des offres, soit le 17 mars 2014 à 17 h 00, ne peut, dès lors, utilement soutenir que cette absence résulterait d'un dysfonctionnement de la plate-forme ; elle ne peut pas non plus utilement soutenir qu'elle n'aurait pas été informée de l'absence de signature électronique de l'acte d'engagement par un dispositif d'alerte spécifique, dès lors qu'en tout état de cause, ni les dispositions de l'art. 56 C. marchés ni les documents de la consultation ne prévoyaient la mise en place d'un tel dispositif. • CE 7 nov. 2014, *Min. des Finances et des Comptes publics c/ Sté Bearing Point France*, n° 383587 : *BJCP 2015. 163, concl. Dacosta ; Rev. CMP 2015, n° 7, note Devillers.*

4. Offre non signée. Une offre présentée sous la forme d'un acte d'engagement non signé est entachée d'une irrégularité substantielle qui ne peut être régularisée que jusqu'à la date limite de dépôt des offres. En l'absence d'une telle régularisation, à laquelle la personne publique n'est pas tenue d'inviter l'entreprise à procéder, elle doit être écartée. • CE 10 déc. 1993, *Sté Lopez*, n° 124529 • 3 nov. 1997, *Préfet de la Marne c/ Cne de Francheville*, n° 148150 A : *AJDA 1998. 281, obs. Michon* • CAA Bordeaux, 4 mars 2010, *Sté Nicollin SAS*, n° 08BX02366 : *Rev. CMP 2010. Chron. 174, note Llorens.*

5. Offre présentée sous forme d'un acte d'engagement et ordre de priorité des documents contractuels. Si la présence, parmi les documents contractuels d'un marché, d'une stipulation prévoyant un commencement d'exécution avant sa conclusion, et donc avant sa notification en méconnaissance des dispositions de l'art. 81 C. marchés, pourrait être de nature à entacher d'illicéité le contenu du contrat et à justifier en conséquence qu'il n'en soit pas fait application, il ressort en l'espèce des pièces du dossier soumis aux juges du fond que l'art. 43 du cahier des charges intitulé « Documents contractuels », qui fixait la liste des documents contractuels constitutifs du marché, stipulait que ces documents étaient énumérés « par ordre de priorité décroissante » et mentionnait en premier lieu, dans la catégorie « Documents particuliers », l'acte d'engagement, lequel, ainsi que l'a d'ailleurs relevé la cour administrative d'appel, stipulait que le marché prendrait effet à compter de sa date de notification, alors que le calendrier prévisionnel d'exécution des travaux, qui prévoyait un commencement d'exécution avant la notification et même la conclusion du marché, ne figurait qu'en troisième position au sein de ces documents ; par suite, en faisant prévaloir les stipulations du document contractuel intitulé « Phasage prévisionnel des travaux » sur celles de l'acte d'engagement pour considérer que le marché stipulait une date de commencement d'exécution antérieure à la date de sa conclusion et de sa notification et qu'il était en conséquence nul et ne pouvait recevoir application dans le litige qui lui était soumis, la cour administrative d'appel a commis une erreur de droit et dénaturé les clauses du contrat. • CE 12 janv. 2011, *Sté Léon Grosse*, n° 334320 B.

6. Communication. Les marchés publics et les documents qui s'y rapportent, y compris les documents relatifs au contenu des offres, sont des documents administratifs au sens des dispositions de l'art. 1er de la L. du 17 juill. 1978 ; saisis d'un recours relatif à la communication de tels documents, il revient aux juges du fond d'examiner si, par eux-mêmes, les renseignements contenus dans les documents dont il est demandé la communication peuvent, en affectant la concurrence entre les opérateurs économiques, porter atteinte au secret industriel et commercial et faire ainsi obstacle à cette communication en application des dispositions du II de l'art. 6 de la L. du 17 juill. 1978 ; au regard des règles de la commande publique, doivent ainsi être regardés comme communicables, sous réserve des secrets protégés par la loi, l'ensemble des pièces du marché ; dans cette mesure, si notamment l'acte d'engagement, le prix global de l'offre et les prestations proposées par l'entreprise attributaire sont en principe communicables, le bordereau unitaire de prix de l'entreprise attributaire, en ce qu'il reflète la stratégie commerciale de l'entreprise opérant dans un secteur d'activité et qu'il est susceptible, ainsi, de porter atteinte au secret commercial, n'est quant à lui, en principe, pas communicable.

Pour juger communicable le formulaire de réponse financière de l'attributaire du marché relatif à l'assurance responsabilité civile du centre hospitalier, le tribunal a estimé que cette communication ne pouvait porter atteinte à la concurrence en se fondant notamment sur le fait que le marché n'était pas susceptible d'être renouvelé à brève échéance par le centre hospitalier ; ce faisant, alors qu'en lui-même le bordereau de prix unitaire d'un marché est, ainsi qu'il a été dit, en principe susceptible d'affecter la concurrence entre les entreprises intervenant dans un même secteur d'activité et ainsi de porter atteinte au secret commercial, le tribunal administratif a entaché son jugement d'une erreur de droit.

La communication du prix détaillé de l'offre de l'attributaire d'un marché dans le secteur des assurances, qui relève de la stratégie commerciale de l'assureur et peut en révéler les principaux aspects, est susceptible de porter atteinte au secret commercial ; en l'absence de circonstances particulières relatives à l'offre retenue par le centre hospitalier, c'est sans erreur de droit ni de qualification juridique que le directeur du centre hospitalier a estimé ne pouvoir communiquer ce document demandé. • CE 30 mars 2016, *CH de Perpignan*, n° 375529 A.

7. Erreurs ou omissions dans l'offre. Conséquences. Une entreprise ne peut se prévaloir d'erreurs ou d'omissions dans l'établissement de son offre pour soutenir que sa soumission était nulle et son consentement vicié et obtenir que soit prononcée la nullité du marché. • CE 1er févr. 1980, *OPHLM de la ville de Brest c/ Lorientaise de bâtiment et de travaux publics*, n° 01505 A. ♦ ... Ou encore pour demander un supplément de prix. • CE 21 mai 1990, *Sté Frédéric Roudet*, n° 79506.

8. Précisions et compléments apportés à l'offre. Aux termes du I de l'art. 59 C. marchés [relatif à l'appel d'offres] : « Il ne peut y avoir de négociation avec les candidats. Il est seulement possible de demander aux candidats de préciser ou de compléter la teneur de leur offre » ; si ces dispositions s'opposent en principe à toute modification du montant de l'offre à l'initiative du candidat ou du pouvoir adjudicateur, ce principe ne saurait recevoir application dans le cas exceptionnel où il s'agit de rectifier une erreur purement matérielle, d'une nature telle que nul ne pourrait s'en prévaloir de bonne foi dans l'hypothèse où le candidat verrait son offre retenue. Pour annuler la procédure de passation litigieuse, le juge des référés, après avoir relevé que, en réponse à la demande de précision qui lui avait été adressée par le département au sujet du prix n° 903 du bordereau de prix unitaires, la société X avait indiqué que ce prix était de 220 € et non de 22 €, a estimé que la société avait ainsi procédé à la rectification d'une erreur matérielle qui avait pu entraîner une modification du montant de l'offre sans méconnaître les dispositions précitées du I de l'art. 59 C. marchés, eu égard au caractère très marginal de la prestation concernée et à l'incidence négligeable de cette rectification en cause sur le montant global de l'offre de l'intéressée ; en statuant ainsi, sans rechercher si cette erreur purement matérielle était d'une nature telle que nul n'aurait pu ensuite s'en prévaloir de bonne foi, le juge des référés a commis une erreur de droit. Il résulte de l'instruction que la société X a remis un bordereau de prix unitaires comportant 905 prix pour un montant total de 2 365 897 € HT, avec un prix unitaire n° 903 correspondant au transport et à la mise en centre de stockage et de traitement de déchets dangereux de classe I, s'élevant à 22 €, montant anormalement faible ; la décomposition de ce prix faisait apparaître la mention du seul prix unitaire de transport de ces déchets et omettait la ligne tarifaire correspondant à leurs stockage et traitement, dont l'absence ne pouvait résulter que d'une erreur purement matérielle ; décelant cette erreur, le département a adressé à la société une demande de précision sur le fondement des dispositions du I de l'art. 59 C. marchés ; la société a alors indiqué en réponse que ce prix était de 220 € et non de 22 €, après l'ajout de la ligne tarifaire omise ; elle a ainsi, comme elle l'indiquait dans sa réponse au département, procédé à la rectification d'une erreur purement matérielle, laquelle était d'une nature telle que nul, notamment le département, n'aurait pu ensuite s'en prévaloir de bonne foi dans l'hypothèse où l'offre du groupement dont la société était le mandataire aurait été retenue ; cette rectification pouvait ainsi intervenir sans méconnaître, en l'espèce, le principe interdisant de modifier l'offre ; par suite, c'est à tort que la commission d'appel d'offres du département a éliminé l'offre du groupement au motif que celui-ci avait méconnu ce principe en modifiant le prix n° 903 et par conséquent le montant de son offre ; cette élimination a constitué un manquement du département à ses obligations de mise en concurrence qui, eu égard au stade de la procédure auquel il est intervenu, est susceptible d'avoir lésé la société X, en sa qualité de mandataire du groupement, laquelle n'a pu voir son offre examinée par le département. • CE 21 sept. 2011, *Dpt des Hauts-de-Seine*, n° 349149 : *BJCP 2011. 442, concl. Boulouis ; Rev. CMP 2011, n° 315, note Zimmer.*

9. Clarification d'une offre. La Dir. 2004/18 ne s'oppose pas à ce que, exceptionnellement, les données relatives à l'offre puissent être corrigées ou complétées ponctuellement, notamment parce qu'elles nécessitent à l'évidence une simple clarification, ou pour mettre fin à des erreurs matérielles manifestes, pourvu que cette modification n'aboutisse pas à proposer en réalité une nouvelle offre. Ledit art. ne s'oppose donc pas davantage à ce que figure dans la législation nationale une disposition selon laquelle, en substance, le pouvoir adjudicateur peut demander par écrit aux candidats de clarifier leur offre sans toutefois demander ou accepter aucune modification de l'offre. Dans l'exercice du pouvoir d'appréciation dont dispose ainsi le pouvoir adjudicateur, il incombe à ce dernier de traiter les différents candidats de manière égale et loyale, de telle sorte que la demande de clarification ne puisse pas apparaître à l'issue de la procédure de sélection des offres et au vu du résultat de celle-ci comme ayant indûment favorisé ou défavorisé le ou les candidats ayant fait l'objet de cette demande. Afin de donner une réponse utile à la juridiction de renvoi, il doit être ajouté que la demande de clarification de l'offre ne saurait intervenir qu'après que le pouvoir adjudicateur a pris connaissance de l'ensemble des offres. • CJCE 27 nov. 2001, *Impresa Lombardini SpA*, nos C-285/99 et C-286/99 • CJUE 29 mars 2012, *SAG ELV Slovensko*, C-599/10.

10. Clarification. Rectification d'erreur matérielle. Le principe d'égalité de traitement des opérateurs économiques énoncé à l'art. 10 de la Dir. 2004/17/CE du Parlement européen et du Conseil du 31 mars 2004, portant coordination des procédures de passation des marchés dans les secteurs de l'eau, de l'énergie, des transports et des services postaux, doit être interprété en ce sens qu'il s'oppose à ce que, dans le cadre d'une procédure de passation d'un marché public, le pouvoir adjudicateur invite un soumissionnaire à fournir les déclarations ou les documents dont la communication était requise par le cahier des charges et qui n'auraient pas été fournis dans le délai imparti pour soumettre les offres. En revanche, cet article ne s'oppose pas à ce que le pouvoir adjudicateur invite un soumissionnaire à clarifier une offre ou à rectifier une erreur matérielle manifeste que comporterait cette dernière, sous réserve, toutefois, qu'une telle invitation soit adressée à tout soumissionnaire placé dans la même situation, que tous les soumissionnaires soient traités de manière égale et loyale et que cette clarification ou cette rectification ne puisse être assimilée à la présentation d'une nouvelle offre, ce qu'il appartient à la juridiction de renvoi de vérifier. • CJUE 11 mai 2017, *Archus et Gama*, n° C-131/16 : *Rev. CMP 2017, n° 184, note Devillers.*

11. Allotissement et offre présentée sous forme d'un acte d'engagement unique. Dès lors que le règlement particulier d'appel d'offres d'un marché de travaux qui prévoit la répartition de ceux-ci en deux lots ne spécifie pas que chacun des lots doit faire l'objet d'un marché, le fait pour une entreprise d'avoir soumis un acte d'engagement commun aux deux lots n'est pas de nature à rendre son offre irrecevable. La commission d'appel d'offres ayant pu procéder à une appréciation des offres lot par lot, la procédure d'attribution n'a pas porté atteinte au principe d'égalité entre les entreprises. • CAA Paris, 25 juill. 1997, *Préfet de La Réunion c/ Cne du Port*, n° 96PA01815 B.

12. Offre unique pour un lot. Application aux accords-cadres. Il résulte, pris ensemble, de l'art. 13 de l'Ord. n° 2015-899 du 23 juill. 2015, alors applicable et dont la teneur a été reprise aux art. L. 1220-1 à L. 1220-3 CCP, de l'art. 4, al. 3, de cette Ord. et du I de l'art. 57 du Décr. n° 2016-360 du 25 mars 2016, dont la teneur a été reprise à l'art. R. 2151-6 CCP que, lors de la passation d'accords-cadres portant chacun sur un lot de travaux, un même soumissionnaire ne peut présenter qu'une seule offre pour chaque lot. Il résulte de l'art. 13 de l'Ord. n° 2015-899 du 23 juill. 2015 que si deux personnes morales différentes constituent en principe des opérateurs économiques distincts, elles doivent néanmoins être regardées comme un seul et même soumissionnaire lorsque le pouvoir adjudicateur constate leur absence d'autonomie commerciale, résultant notamment des liens étroits entre leurs actionnaires ou leurs dirigeants, qui peut se manifester par l'absence totale ou partielle de moyens distincts ou la similarité de leurs offres pour un même lot. • CE 8 déc. 2020, *Métropole Aix-Marseille-Provence et a.*, nos 436532, 436582 et 436583 B : *BJCP 2021. 111, concl. Pichon de Vendeuil ; Rev. CMP 2021. 38, note Ubaud-Bergeron.*

Art. R. 2151-7 L'acheteur peut interdire aux candidats, dans les documents de la consultation, de présenter pour le marché ou certains de ses lots plusieurs offres en agissant à la fois :

1° En qualité de candidats individuels et de membres d'un ou plusieurs groupements ;

2° En qualité de membres de plusieurs groupements. — *[Décr. n° 2016-360 du 25 mars 2016, art. 45-V.]*

COMMENTAIRE

On se reporte aussi à l'article L. 2151-1.

SOUS-SECTION 3 Variantes

Art. R. 2151-8 Les acheteurs peuvent autoriser la présentation de variantes dans les conditions suivantes :

1° Pour les marchés passés selon une procédure formalisée :

a) Lorsque le marché est passé par un pouvoir adjudicateur, les variantes sont interdites sauf mention contraire dans l'avis de marché ou dans l'invitation à confirmer l'intérêt ;

b) Lorsque le marché est passé par une entité adjudicatrice, les variantes sont autorisées sauf mention contraire dans l'avis de marché ou dans l'invitation à confirmer l'intérêt ;

2° Pour les marchés passés selon une procédure adaptée, les variantes sont autorisées sauf mention contraire dans les documents de la consultation. – *[Décr. n° 2016-360 du 25 mars 2016, art. 58-I.]*

Art. R. 2151-9 L'acheteur peut exiger la présentation de variantes. Dans ce cas, il l'indique dans l'avis d'appel à la concurrence, dans l'invitation à confirmer l'intérêt ou, en l'absence d'un tel avis ou d'une telle invitation, dans les documents de la consultation. – *[Décr. n° 2016-360 du 25 mars 2016, art. 58-II.]*

Art. R. 2151-10 Lorsque l'acheteur autorise ou exige la présentation de variantes, il mentionne dans les documents de la consultation les exigences minimales que les variantes doivent respecter ainsi que toute condition particulière de leur présentation. – *[Décr. n° 2016-360 du 25 mars 2016, art. 58-III.]*

Art. R. 2151-11 Pour les marchés de fournitures ou de services, une variante ne peut être rejetée au seul motif qu'elle aboutirait, si elle était retenue, à un marché de services au lieu d'un marché de fournitures ou à un marché de fournitures au lieu d'un marché de services. – *[Décr. n° 2016-360 du 25 mars 2016, art. 58-IV.]*

COMMENTAIRE

Les variantes peuvent contribuer très utilement à l'innovation et, par suite, à la qualité et à l'efficacité de l'achat. Le droit de l'Union européenne est cependant assez réservé à leur égard parce qu'il considère que la sélection des offres est plus délicate quand elles sont accompagnées de variantes et qu'en outre il peut être difficile, dans certains cas, de marquer clairement jusqu'où peuvent aller les variantes ; l'acheteur dispose en effet donc, quand les variantes sont autorisées, de marges d'appréciation plus grandes et son choix est moins objectif. Pour les marchés passés par un pouvoir adjudicateur selon une des procédures formalisées, la possibilité de présenter des variantes est donc l'exception : si le marché ne les autorise pas expressément (dès l'avis de marché ou l'invitation à confirmer l'intérêt), elles sont interdites. Cette conception restrictive ne vaut ni pour la procédure adaptée, ni pour les entités adjudicatrices.

L'acheteur peut cependant décider d'exiger la présentation des variantes. Que les variantes soient autorisées ou exigées, les candidats ne sont jamais totalement libres d'en définir le contenu : elles doivent satisfaire aux exigences minimales définies par l'acheteur. ❑

1. Notion de variante. Une offre qui comporte un procédé d'exécution différent de celui qui est prévu dans le cahier des clauses techniques particulières constitue une variante, même si sa mise en œuvre permettrait la réalisation d'un ouvrage conforme à celui qu'a demandé la personne publique. Le règlement de la consultation ne mentionnant pas la possibilité de présenter des variantes, une telle offre ne peut être retenue. • CAA Lyon, 23 mai 2002, *Dpt de la Haute-Savoie c/ Préfet de la Haute-Savoie*, n° 96LY01979.

2. Aux termes du II de l'art. 50 du C. marchés : « Pour les marchés publics passés selon une procédure adaptée, lorsque le pouvoir adjudicateur se fonde sur plusieurs critères pour attribuer le marché, les candidats peuvent proposer des variantes sauf si le pouvoir adjudicateur a mentionné dans les documents de consultation qu'il s'oppose à l'exercice de cette faculté [...] » ; pour l'application de ces dispositions, des variantes constituent des modifications, à l'initiative des candidats, de spécifications prévues dans la solution de base décrite dans les documents de la consultation ; le juge des référés du tribunal administratif ayant souverainement interprété les stipulations de l'art. 2.4 du règlement de la consultation comme imposant aux candidats de compléter le cahier des clauses techniques particulières en proposant une rédaction complète des chapitres A 4, « description du procédé de déclenchement proposé par le candidat, ainsi que de ses ouvrages constitutifs et de leurs caractéristiques de fonctionnement », B 6, « provenance et qualité des matériels et matériaux constituant le dispositif de déclenchement » et C 7, « installation et mise au point des dispositifs de déclenchement », il a en conséquence inexactement qualifié de variantes ces précisions que devaient apporter les candidats sur les moyens techniques mis en œuvre pour exécuter le marché. • CE 5 janv. 2011, *Sté Technologie Alpine Sécurité et Cne de Bonneval-sur-Arc*, n°s 343206 B et 343214 : *Rev. CMP 2011, n° 39, note Devillers.*

3. Un critère du règlement de consultation, intitulé « performance de l'offre sur ses aspects, autres que techniques, notamment au regard des propositions variantes éventuellement proposées », ne peut être compris, compte tenu de l'objet du marché (fourniture de mobiliers urbains d'information municipale ainsi que d'abris pour les usagers des transports en commun) et de la définition des autres critères, que comme laissant la possibilité pour les candidats de proposer des variantes à caractère financier. • CE 23 déc. 2011, *Sté JC Decaux,* n° 342394.

4. Autorisation de présenter des variantes donnée en cours de procédure. Modification substantielle des conditions initiales du marché (non). Aux termes de l'art. 50 C. marchés, dans sa rédaction alors en vigueur : « Lorsque le pouvoir adjudicateur se fonde sur plusieurs critères pour attribuer le marché, il peut autoriser les candidats à présenter des variantes. / Le pouvoir adjudicateur indique dans l'avis d'appel public à la concurrence ou dans les documents de la consultation s'il autorise ou non les variantes ; à défaut d'indication, les variantes ne sont pas admises. / Les documents de la consultation mentionnent les exigences minimales que les variantes doivent respecter ainsi que les modalités de leur présentation. Seules les variantes répondant à ces exigences minimales peuvent être prises en considération. / Les variantes sont proposées avec l'offre de base » ; pour l'application de ces dispositions, les variantes constituent des modifications, à l'initiative des candidats, de spécifications prévues dans la solution de base décrite dans les documents de la consultation. Après avoir souverainement estimé que les documents de la consultation ne permettaient pas aux candidats de présenter des variantes ne comportant pas de verrières pour couvrir les atriums créés entre les deux barres du bâtiment, la cour administrative d'appel a inexactement qualifié les faits en jugeant que l'autorisation donnée aux candidats, au cours de la procédure et avant le dépôt des offres, de présenter de telles variantes, constituait une modification substantielle des conditions initiales du marché, qui devait donner lieu à la publication d'un avis d'appel public à la concurrence rectificatif assorti d'un nouveau délai de réception des offres de cinquante-deux jours à compter de son envoi à la publication. • CE 4 juill. 2012, *Min. de la Défense et des Anciens Combattants,* n° 352714 : *Rev. CMP 2012, n° 271, note Pietri.*

5. Conditions minimales requises. Il n'est pas satisfait à l'exigence tenant à la mention des conditions minimales requises par un pouvoir adjudicateur pour prendre en considération les variantes lorsque le cahier des charges se borne à renvoyer à une disposition de la législation nationale selon laquelle l'offre alternative garantit la fourniture d'une prestation qualitativement équivalente par rapport à celle faisant l'objet de l'appel d'offres. • CJCE 16 oct. 2003, *Traunfellner GmbH,* C-421/01 : *Dr. adm. 2004, n° 25, obs. Ménéménis.*

6. Selon l'art. 2-4 du règlement de consultation, « Les solutions variantes proposées devront indiquer clairement leur objet et leur intérêt technique et économique » ; cet article n'apporte aucune précision sur la nature ou l'étendue des variantes que le pouvoir adjudicataire se proposait d'admettre, ni aucune précision permettant de déterminer les caractéristiques minimales de l'offre de base qui ne pourraient être affectées par d'éventuelles variantes, pas plus que d'indications sur les modalités de présentation de cette variante, ainsi que l'exigent les dispositions précitées du C. marchés ; du fait du non-respect de cette exigence, qui constitue un manquement aux obligations de transparence de la procédure et d'égalité de traitement des candidats, les variantes proposées n'auraient pas dû être prises en considération par le pouvoir adjudicateur lors de l'examen des offres ; il résulte de l'instruction que le syndicat mixte a retenu l'offre variante présentée par un groupement dont l'offre de base n'avait pas été classée en première position ; ainsi, le vice entachant la procédure de passation litigieuse a été de nature à modifier le choix de l'attributaire du marché, comme le soutient la société requérante, sans que le syndicat mixte puisse utilement se prévaloir de ce que l'offre variante de ladite société ait été examinée. Une annulation du marché ne porterait pas une atteinte excessive à l'intérêt général ou aux droits des cocontractants de nature à faire obstacle à ce que, eu égard à la gravité des vices exposés ci-dessus, il soit prononcé une annulation du contrat. • CAA Lyon, 11 oct. 2012, *SAS Faurie,* n° 11LY01982.

7. Variantes et sélection des offres. Pour arrêter son choix, le pouvoir adjudicateur doit prendre en compte les offres dans toutes leurs composantes, y compris les variantes, dès lors que celles-ci sont autorisées. • CE 16 juin 1997, *Préfet du Morbihan c/ Cne de Guilliers,* n° 154564 A.

8. Il ressort des termes mêmes de l'art. 2.4 du règlement du marché que le SIAEP ne s'est pas opposé à l'exercice par les candidats de la possibilité qui leur est ouverte par les dispositions de l'art. 50 C. marchés de proposer des variantes à l'offre de base. Dès lors que la possibilité de présenter des variantes a été ainsi ouverte aux candidats potentiels, le SIAEP était tenu de mettre en œuvre les mêmes critères, et le cas échéant sous-critères, à l'égard des offres de base et des variantes.

Pour déterminer l'offre économiquement la plus avantageuse en cas de variantes, il appartient au pouvoir adjudicateur, en application des dispositions du II de l'art. 50 et du I de l'art. 53 C. marchés, soit de classer l'ensemble des offres qu'elles soient de base ou variantes et d'en retenir l'offre la mieux classée au vu de ce classement, soit, après avoir classé séparément les offres de base et les offres variantes, de retenir l'offre la mieux classée entre la première des offres de base et la première des offres variables.

Il ressort du rapport d'analyse des offres qu'après avoir examiné toutes les offres au regard des mêmes critères et opéré leur classement en distinguant les offres de base d'une part et les offres variantes d'autre part, le SIAEP a retenu comme étant l'offre économiquement la plus avantageuse celle des offres variantes qui avait reçu la meilleure note globale alors même que cette note était inférieure à la note attribuée à la meilleure offre de base. En écartant ainsi l'offre de base la mieux classée et en retenant l'offre variante de la société X comme étant l'offre économiquement la plus avantageuse, le SIAEP a méconnu les dispositions du I de l'art. 53 C. marchés. • CAA Bordeaux, 1er mars 2016, *Synd. intercommunal d'alimentation en eau potable de la région d'Ahun c/ Sté Travaux Publics Contrôle des Réseaux et bâtiment,* n° 14BX03211 : *Rev. CMP 2016, n° 134, note Ubaud-Bergeron.*

9. Variantes contraires aux exigences du pouvoir adjudicateur. En retenant une offre qui portait la durée du marché de cinq à dix ans, alors que cette modification ne pouvait être regardée comme correspondant à l'une des variantes autorisées par le règlement de la consultation, la CAO a méconnu l'égalité entre les soumissionnaires. • CE 4 avr. 1997, *Cne de l'île d'Yeu,* n° 147957 B.

10. Une offre proposant la construction d'un catamaran en aluminium doit être écartée, dès lors que, si des variantes étaient autorisées, le pouvoir adjudicateur avait cependant exigé un navire monocoque. • CE 28 juill. 1999, *Institut français de recherche scientifique pour le développement en coopération et sté Océa,* nos 186051 A, 186219 : *BJCP 1999. 29, concl. Savoie.*

11. Une offre qui comprend plusieurs variantes, alors que le règlement de la consultation n'en autorisait qu'une, est irrecevable dans sa totalité. • CE 7 nov. 2001, *SA Quillery,* n° 218221 : *BJCP 2002. 189, concl. de Silva.*

12. Variantes interdites. Offre avec plusieurs propositions. D'une part, les dispositions de l'art. 11 du règlement de la consultation (d'un marché public de mobilier urbain) n'autorisaient la présentation de variantes que pour « les seules dispositions relatives aux délais et aux fréquences de nettoyage et d'entretien » ; les documents de la consultation excluaient en conséquence la présentation de variantes en ce qui concernait, notamment, les modèles de mobiliers urbains objet du marché. D'autre part, il résulte de l'instruction que la société X a proposé au soutien de son offre plusieurs dessins et modèles pour les différents types de mobilier urbain, notamment les panneaux publicitaires et les abris voyageurs, dont le marché prévoyait la fourniture, l'installation et l'entretien, alors même qu'aucun des documents de la consultation n'autorisait les candidats à proposer, pour chaque type de mobilier, différents modèles ou « designs », et que, par un courrier adressé à tous les candidats, la commune avait indiqué à ces derniers qu'il n'était pas possible de proposer plusieurs designs ; même si les différents dessins et modèles proposés par la société X ne pouvaient être regardés comme des variantes au sens des dispositions de l'art. 50 C. marchés dès lors qu'ils ne comportaient aucune modification des spécifications prévues dans la solution de base décrite dans les documents de la consultation, la société X n'en a pas moins méconnu ces documents en s'abstenant d'indiquer au pouvoir adjudicateur, pour chaque type de mobilier urbain exigé, le mobilier qu'elle entendait proposer, et en le mettant ainsi dans l'impossibilité d'apprécier son offre sur ce point et de faire application du critère de jugement des offres relatif à la valeur esthétique des mobiliers ; par suite, la société X n'est pas fondée à soutenir que la commune a manqué à ses obligations de publicité et de mise en concurrence en rejetant son offre comme irrégulière. • CE 12 mars 2012, *Sté Clear Channel France,* n° 353826 A : *Rev. CMP 2012, n° 147, note Charmeil.*

13. Variante interdite. Solution de base irréalisable. Il résulte de l'instruction que la société a présenté une offre comprenant, pour les onze menuiseries devant être utilisées comme issues de secours dans le bâtiment de la gare, des portes entièrement fabriquées en aluminium alors même que le cahier des clauses techniques particulières prévoyait exclusivement la pose de portes mixtes en bois et aluminium. Une telle variante étant interdite, l'offre de la société était irrégulière. Si cette dernière société soutient que les portes en litige ne pouvaient, en tout état de cause et pour des raisons tenant tant à l'impossibilité technique de les fabriquer qu'au respect de normes de sécurité, être composées à la fois de bois et d'aluminium, une telle circonstance ne pouvait suffire, en l'absence de modification des documents de consultation pour toutes les entreprises soumissionnaires, et quand bien même la procédure de passation était une procédure adaptée, à régulariser l'offre de la société. • CAA Bordeaux, 15 nov. 2016, *Dpt des Pyrénées-Atlantiques c/ Sté nouvelle Paybou,* n° 15BX00190.

SECTION 2 Informations et documents à produire dans l'offre

Art. R. 2151-12 L'acheteur peut exiger que les soumissionnaires joignent une traduction en français aux documents rédigés dans une autre langue qu'ils remettent en application de l'article R. 2151-6. Il n'impose pas de traduction certifiée sauf lorsque cela est justifié par une raison impérieuse d'intérêt général. — *[Décr. n° 2016-360 du 25 mars 2016, art. 57-IV.]*

Art. R. 2151-13 **Dans les documents de la consultation, l'acheteur peut demander aux soumissionnaires d'indiquer dans leur offre la part du marché qu'ils ont l'intention de sous-traiter à des tiers, notamment à des petites et moyennes entreprises au sens de la recommandation 2003/361/CE de la Commission du 6 mai 2003 concernant la définition des micro, petites et moyennes entreprises ou à des artisans au sens du I de l'article 19 de la loi n° 96-603 du 5 juillet 1996 modifiée relative au développement et à la promotion du commerce et de l'artisanat.** – *[Décr. n° 2016-360 du 25 mars 2016, art. 57-II.]*

Les dispositions du II de l'art. 48 C. marchés 2006 [substantiellement reprises par les dispositions du présent article] permettent uniquement au pouvoir adjudicateur d'obtenir des informations sur la sous-traitance du marché envisagé, mais ne sauraient avoir pour effet d'autoriser le pouvoir adjudicateur à retenir les conditions de la sous-traitance comme un critère de sélection des offres. • CE 9 juill. 2007, *Synd. EGF-BTP et a.*, n° 297711 : *ACCP 2007/69, note Richer ; BJCP 2007. 366, concl. Boulouis ; Rev. CMP 2007, n° 240, obs. Zimmer ; JCP Adm. 2007. 2213, note Linditch.*

Art. R. 2151-14 **Dans les documents de la consultation, l'acheteur peut exiger que les soumissionnaires fournissent, comme moyen de preuve de la conformité aux spécifications techniques, aux critères d'attribution ou aux conditions d'exécution du marché, un rapport d'essai d'un organisme d'évaluation de la conformité accrédité, conformément au règlement (CE) n° 765/2008 du Parlement européen et du Conseil du 9 juillet 2008 fixant les prescriptions relatives à l'accréditation et à la surveillance du marché pour la commercialisation des produits et abrogeant le règlement (CEE) n° 339/93 du Conseil, ou un certificat délivré par un tel organisme. Lorsqu'il exige un certificat établi par un organisme d'évaluation identifié, il accepte un certificat établi par un organisme équivalent.**

Lorsqu'un opérateur économique n'a pas accès aux certificats ou aux rapports d'essai mentionnés à l'alinéa précédent ni la possibilité de les obtenir dans les délais fixés par l'acheteur, ce dernier accepte d'autres moyens de preuve appropriés. – *[Décr. n° 2016-360 du 25 mars 2016, art. 11.]*

Art. R. 2151-15 **Dans les documents de la consultation, l'acheteur peut exiger que les offres soient accompagnées d'échantillons, de maquettes ou de prototypes ainsi que de tout document permettant d'apprécier l'offre. Lorsque ces demandes impliquent un investissement significatif pour les soumissionnaires, elles donnent lieu au versement d'une prime. Le montant de la prime est indiqué dans les documents de la consultation. Ce montant est déduit de la rémunération du titulaire du marché.** – *[Décr. n° 2016-360 du 25 mars 2016, art. 57-III.]*

1. L'art. 49 C. marchés [substantiellement repris par le présent article] ne saurait être regardé comme imposant un début d'exécution de la prestation. • CE 9 juill. 2007, *Synd. EGF-BTP et a.*, n° 297711 : *ACCP 2007/69, note Richer ; BJCP 2007. 366, concl. Boulouis ; Rev. CMP 2007, n° 240, obs. Zimmer ; JCP Adm. 2007. 2213, note Linditch.*

2. S'agissant d'un marché de prestations juridiques, le pouvoir adjudicateur est en droit d'exiger, sur le fondement de l'art. 49, que l'offre du candidat soit accompagnée, sans contrepartie financière, d'un avis juridique en rapport avec l'objet et l'importance du marché à condition que cette prestation ne représente pas un investissement significatif ; ainsi, eu égard à l'enjeu juridique et financier que représentait l'achat d'un supercalculateur d'une valeur estimée à 20 millions d'euros, le CNRS était en droit de s'assurer des capacités professionnelles du prestataire par la remise d'un avis juridique au stade de l'offre afin de minimiser les risques de contentieux lors de la passation du marché en vue de l'achat de ce supercalculateur. • CAA Versailles, 2 févr. 2012, *Bruno Kern Avocats Selas*, n° 09VE01405.

3. Pour annuler la procédure litigieuse, le juge des référés a jugé que l'obligation imposée aux candidats par le pouvoir adjudicateur d'accomplir, dans le cadre de la présentation de leur offre, et sous le contrôle du pouvoir adjudicateur, un essai des prestations faisant l'objet du marché, afin de permettre l'évaluation de la qualité technique de leur offre, n'était autorisée par aucune disposition du C. marchés relative aux appels d'offres ouverts ; en jugeant que le pouvoir adjudicateur (AP-HP) avait ainsi manqué à ses obligations de publicité et de mise en concurrence, sans rechercher si l'obligation qu'il avait prévue était prohibée par une disposition du C. marchés ou les principes de la commande publique, le juge des référés a commis une erreur de droit. Ni les dispositions de l'art. 49 C. marchés, ni aucune autre disposition ou principe n'interdisaient à l'AP-HP d'exiger des candidats la réalisation d'essais dans le cadre de la présentation de leur offre. • CE 26 juin 2015, *AP-HP*, nº 389124 B : *BJCP 2015. 425, concl. Dacosta ; Rev. CMP 2015, nº 234, note Eckert.*

Art. R. 2151-16 **Dans les marchés de travaux ou de services et les marchés de fournitures nécessitant des travaux de pose ou d'installation ou comportant des prestations de service*[s]*, l'acheteur peut imposer aux soumissionnaires qu'ils indiquent les noms et les qualifications professionnelles pertinentes des personnes physiques qui seront chargées de l'exécution du marché, lorsque la qualité de l'offre est évaluée sur la base du savoir-faire, de l'efficacité, de l'expérience ou de la fiabilité de l'équipe dédiée à cette exécution.** – *[Décr. nº 2016-360 du 25 mars 2016, art. 57-V.]*

CHAPITRE II EXAMEN DES OFFRES

SECTION 1 Offres irrégulières, inacceptables ou inappropriées

Art. R. 2152-1 **Dans les procédures adaptées sans négociation et les procédures d'appel d'offres, les offres irrégulières, inappropriées ou inacceptables sont éliminées.**

Dans les autres procédures, les offres inappropriées sont éliminées. Les offres irrégulières ou inacceptables peuvent devenir régulières ou acceptables au cours de la négociation ou du dialogue, à condition qu'elles ne soient pas anormalement basses. Lorsque la négociation ou le dialogue a pris fin, les offres qui demeurent irrégulières ou inacceptables sont éliminées. – *[Décr. nº 2016-360 du 25 mars 2016, art. 59-II, 1re phrase et III sauf dern. phrase.]*

COMMENTAIRE

Pour la définition des offres irrégulières, inacceptables ou inappropriées, on se reportera aux articles L. 2152-1 à L. 2152-4.

Ces offres sont, sous réserve des possibilités de régularisation prévues par l'article R. 2152-2, automatiquement écartées. Toutefois, pour les procédures où intervient une négociation ou un dialogue, notamment pour les procédures adaptées, on se reportera à la jurisprudence citée sous l'article R. 2152-2.

Art. R. 2152-2 **Dans toutes les procédures, l'acheteur peut autoriser tous les soumissionnaires concernés à régulariser les offres irrégulières dans un délai approprié, à condition qu'elles ne soient pas anormalement basses.**

La régularisation des offres irrégulières ne peut avoir pour effet d'en modifier des caractéristiques substantielles. – *[Décr. nº 2016-360 du 25 mars 2016, art. 59-II, 2e phrase et III dern. phrase.]*

1. Le pouvoir adjudicateur n'est jamais tenu d'inviter un candidat à régulariser son offre, quand bien même il serait allégué que l'irrégularité de l'offre résulterait d'une demande de précision formulée par le pouvoir adjudicateur. • CE 20 mai 2009, *Dpt du Var*, nº 318871.

2. Le droit de l'Union, notamment l'art. 51 de la Dir. 2004/18/CE du Parlement européen et du Conseil du 31 mars 2004, relative à la coordination des procédures de passation des marchés publics de travaux, de fournitures et de services, les principes relatifs à la passation des marchés publics, au nombre desquels figurent les principes d'égalité de traitement et de transparence visés à l'art. 10 de la Dir. 2004/17/CE du Parlement européen et du Conseil du 31 mars 2004, portant coordination des procédures de passation des marchés dans les secteurs de l'eau, de l'énergie, des transports et des services postaux, et à l'art. 2 de la Dir. 2004/18/CE, ainsi que le principe de proportionnalité doivent être interprétés en ce sens qu'ils ne s'opposent pas, en principe, à une réglementation nationale établissant un mécanisme d'assistance à l'établissement du dossier, en application duquel le pouvoir adjudicateur peut, dans le cadre d'une procédure de passation d'un marché public, inviter tout soumissionnaire dont l'offre est entachée d'irrégularités substantielles, au sens de ladite réglementation, à régulariser son offre, sous réserve du paiement d'une sanction pécuniaire, pour autant que le montant de cette sanction demeure conforme au principe de proportionnalité, ce qu'il incombe à la juridiction de renvoi de déterminer.

En revanche, ces mêmes dispositions et principes doivent être interprétés en ce sens qu'ils s'opposent à une réglementation nationale établissant un mécanisme d'assistance à l'établissement du dossier en application duquel le pouvoir adjudicateur peut exiger d'un soumissionnaire, moyennant le paiement par ce dernier d'une sanction pécuniaire, qu'il remédie à l'absence d'un document qui, selon les dispositions expresses des documents du marché, doit conduire à son exclusion, ou qu'il élimine les irrégularités affectant son offre de façon telle que les corrections ou modifications opérées s'apparenteraient à la présentation d'une nouvelle offre. • CJUE 28 févr. 2018, *MA.T.I. SUD SpA*, n^{os} C-523/16 et C-536/16.

3. Offre incomplète. Le règlement de la consultation d'un marché est obligatoire dans toutes ses mentions. L'administration ne peut en conséquence attribuer le marché à un candidat qui ne respecterait pas une des prescriptions imposées par le règlement. • CE 23 nov. 2005, *Sté Axialogic*, n° 267494 B.

4. Non-respect d'une prescription. Défaut de production d'un élément utile. Le pouvoir adjudicateur ne peut attribuer le marché à un candidat qui ne respecterait pas une des prescriptions imposées par le règlement de la consultation. Il est tenu d'éliminer, sans en apprécier la valeur, les offres incomplètes, c'est-à-dire celles qui ne comportent pas toutes les pièces ou renseignements requis par les documents de la consultation et sont, pour ce motif, irrégulières. Cette obligation ne fait pas obstacle à ce que ces documents prévoient en outre la communication, par les soumissionnaires, d'éléments d'information qui, sans être nécessaires pour la définition ou l'appréciation des offres et sans que leur communication doive donc être prescrite à peine d'irrégularité de l'offre, sont utiles au pouvoir adjudicateur pour lui permettre d'apprécier la valeur des offres au regard d'un critère ou d'un sous-critère et précisent qu'en l'absence de ces informations, l'offre sera notée zéro au regard du critère ou du sous-critère en cause.

Pour juger que l'offre du groupement Raffalli-Pompéani était incomplète et, donc, irrégulière, la cour administrative d'appel de Marseille a relevé qu'elle ne comportait pas certaines informations, relatives notamment aux matériaux utilisés pour la réalisation des travaux et à leurs fiches techniques. En jugeant ainsi que la communication de ces éléments relatifs au contenu des offres était prescrite par le règlement de la consultation, elle n'a pas dénaturé celui-ci. Elle n'a par ailleurs commis aucune erreur de droit. En effet, alors même que, ainsi qu'il ressort du dossier soumis à la cour, ce règlement prévoyait, parmi les critères d'attribution, un critère de la valeur technique divisé en un sous-critère relatif à la méthodologie employée, un sous-critère relatif aux matériels employés et aux personnels affectés et un sous-critère relatif à la qualité des matériaux et des prestations et qu'il ajoutait, en des termes au demeurant ambigus, que « toute absence de renseignement d'un sous-critère sera sanctionnée d'une note égale à zéro », la production d'informations sur la qualité des matériaux employés, notamment de leurs fiches techniques, ne pouvait être regardée que comme une production d'éléments nécessaires prescrite par le règlement, dont l'absence dans une offre entraînait nécessairement son irrégularité. • CE 20 sept. 2019, *Coll. terr. de Corse*, n° 421075 B.

5. Offre irrégulière. Procédure adaptée. Possibilité de négocier. Pour annuler la procédure de passation d'un marché en procédure adaptée au motif que le ministre avait estimé à tort que le dossier d'offre de la société X ne mentionnait pas les délais d'exécution du marché et que son offre était en conséquence irrégulière, le juge des référés s'est fondé sur ce que, si l'annexe 1 à l'acte d'engagement fourni par elle n'indiquait pas les délais d'exécution des travaux de la tranche ferme et de chacune des deux tranches conditionnelles du marché, le planning d'exécution des travaux joint à son offre permettait quant à lui, au ministre, de connaître les délais proposés par la société ; en admettant ainsi, par principe, que la remise par le candidat d'un acte d'engagement incomplet en certaines de ses mentions puisse être compensée par la fourniture d'un autre document joint à l'offre, sans rechercher si les dispositions du règlement de la consultation ne conféraient pas aux mentions en cause dans l'acte d'engagement le caractère d'une information essentielle sur laquelle devaient s'engager les candidats, le juge des référés a commis une erreur de droit.

L'art. III.3.9 du règlement de la consultation exige des candidats qu'ils mentionnent, dans l'acte d'engagement, « le délai d'exécution des travaux » ; l'art. V.3 de ce règlement, intitulé « Contenu du dossier de réponse », prévoit plus précisément que les candidats doivent fournir un « dossier d'offre » comportant, notamment, l'acte d'engagement complété et signé et, dans le cadre de leur proposition technique, « un planning d'exécution des travaux » ; l'art. B.6 de l'acte d'engagement intitulé « Délai d'exécution du marché » indique que l'annexe 1 à cet acte doit préciser « les délais d'exécution sur lesquels le candidat s'engage », ce délai étant « un délai global incluant la période de préparation, les délais d'approvisionnement et les délais de réalisation » ; cette annexe 1 comporte trois tableaux respectivement relatifs à la tranche ferme et aux deux tranches conditionnelles, chacun des tableaux comportant une colonne « Durée » en mois qui doit être complétée par le candidat ; par suite, les candidats sont tenus d'indiquer dans cette annexe les délais d'exécution des travaux propres à la tranche ferme et à chacune des deux tranches conditionnelles du marché qu'ils s'engagent à respecter ; cette information sur les délais d'exécution du marché, exigée dans l'acte d'engagement est, en l'absence de précision contraire du pouvoir adjudicateur, une donnée essentielle sur laquelle s'engagent les candidats ; au surplus, l'art. IV.3 du même règlement retient, comme critères d'attribution du marché, le prix, pondéré à 80 %, et le délai, pondéré à 20 %, rendant ainsi indispensable au jugement et au classement de l'offre la mention des délais d'exécution ; il résulte de l'instruction que la société X n'a pas complété cette partie de l'annexe 1 à l'acte d'engagement ; eu égard, ainsi qu'il a été dit, à la nature de cette information, son offre était pour ce seul motif irrégulière ; la société X ne peut en conséquence utilement soutenir que le planning d'exécution des travaux qu'elle a fourni à l'appui de son offre permettait au pouvoir adjudicateur de connaître les délais d'exécution des travaux propres à la tranche ferme et à chacune des deux tranches conditionnelles du marché ; au surplus, la lecture de ce planning ne permettait nullement au ministre de connaître avec clarté les délais que la société s'engageait à respecter ; dès lors, le ministre n'a pas méconnu ses obligations de mise en concurrence en rejetant comme irrégulière l'offre de la société X.

Si les dispositions du III de l'art. 53 C. marchés, qui sont applicables tant aux procédures formalisées qu'aux procédures adaptées, prévoient l'élimination des offres inappropriées, irrégulières et inacceptables avant le classement des autres offres par ordre décroissant, les dispositions de l'art. 28 du même code relatives à la procédure adaptée prévoient que le pouvoir adjudicateur peut négocier avec les candidats ayant présenté une offre et que cette négociation peut porter sur tous les éléments de l'offre, notamment sur le prix ; il résulte de ces dispositions que le pouvoir adjudicateur qui, dans le cadre d'une procédure adaptée, décide de recourir à une négociation, peut librement choisir les candidats avec lesquels il souhaite négocier et peut en conséquence, dans le respect du principe d'égalité de traitement entre les candidats, admettre à la négociation les candidats ayant remis des offres inappropriées, irrégulières ou inacceptables et ne pas les éliminer d'emblée ; il doit cependant, à l'issue de la négociation, rejeter sans les classer les offres qui sont demeurées inappropriées, irrégulières ou inacceptables ; ainsi, si le pouvoir adjudicateur peut, dans le cadre d'une procédure adaptée, décider d'engager une négociation avec les candidats ayant remis une offre irrégulière, il n'y est pas tenu ; par suite, la société X n'est pas fondée à soutenir qu'en ne l'admettant pas à la phase de négociation au motif que son offre était irrégulière, le ministre a manqué à ses obligations de mise en concurrence. • CE 30 nov. 2011, ♗ *Min. de la Défense et des Anciens Combattants c/ EURL Qualitech*, n° 353121 : *BJCP 2012. 86, concl. Boulouis ; Rev. CMP 2012, n° 11, note Eckert.*

6. Possibilité de négocier des offres non conformes aux exigences impératives de spécifications techniques (non). L'art. 30, § 2, de la Dir. 2004/18/CE du Parlement européen et du Conseil, du 31 mars 2004, relative à la coordination des procédures de passation des marchés publics de travaux, de fournitures et de services, n'autorise pas le pouvoir adjudicateur à négocier avec les soumissionnaires des offres qui ne répondent pas aux exigences impératives prévues par les spécifications techniques du marché. • CJUE 5 déc. 2013, ♗ *Nordecon AS*, n° C-561/12.

7. Le pouvoir adjudicateur ne peut modifier ou rectifier lui-même une offre incomplète, comme telle irrégulière ; si le pouvoir adjudicateur n'est pas tenu d'inviter un candidat à préciser ou à compléter une offre irrégulière, il peut toutefois demander à un candidat des précisions sur son offre si celle-ci lui paraît ambiguë ou incertaine, ou l'inviter à rectifier ou à compléter cette offre sans que le candidat puisse alors en modifier la teneur. • CE 25 mars 2013, ♗ *Dpt de l'Hérault*, n° 364824 : *Rev. CMP 2013, n° 133, note Eckert.*

8. Sur les possibilités de clarification, de complément et de rectification des offres, on se reportera à la jurisprudence qui suit le commentaire qui figure au début de la sect. III ci-dessous.

SECTION 2 Offres anormalement basses

Art. R. 2152-3 L'acheteur exige que le soumissionnaire justifie le prix ou les coûts proposés dans son offre lorsque celle-ci semble anormalement basse eu égard aux travaux, fournitures ou services, y compris pour la part du marché qu'il envisage de sous-traiter.

Peuvent être prises en considération des justifications tenant notamment aux aspects suivants :

1° Le mode de fabrication des produits, les modalités de la prestation des services, le procédé de construction ;

2° Les solutions techniques adoptées ou les conditions exceptionnellement favorables dont dispose le soumissionnaire pour fournir les produits ou les services ou pour exécuter les travaux ;

3° L'originalité de l'offre ;

4° La règlementation applicable en matière environnementale, sociale et du travail en vigueur sur le lieu d'exécution des prestations ;

5° L'obtention éventuelle d'une aide d'État par le soumissionnaire. – *[Décr. n° 2016-360 du 25 mars 2016, art. 60-I.]*

Art. R. 2152-4 **L'acheteur rejette l'offre comme anormalement basse dans les cas suivants :**

1° Lorsque les éléments fournis par le soumissionnaire ne justifient pas de manière satisfaisante le bas niveau du prix ou des coûts proposés ;

2° Lorsqu'il établit que celle-ci est anormalement basse parce qu'elle contrevient en matière de droit de l'environnement, de droit social et de droit du travail aux obligations imposées par le droit français, y compris la ou les conventions collectives applicables, par le droit de l'Union européenne ou par les stipulations des accords ou traités internationaux mentionnées dans un avis qui figure en annexe du présent code. – *[Décr. n° 2016-360 du 25 mars 2016, art. 60-II.]* – *V. Annexe n° 4.*

COMMENTAIRE

On se reportera aux articles L. 2152-5 et L. 2152-6.

1. Une réglementation nationale ne peut permettre au pouvoir adjudicateur de rejeter comme anormalement basses des offres présentant un rabais supérieur à un « seuil d'anomalie » calculé selon une formule mathématique sans procéder à un examen contradictoire des offres suspectes. • CJCE 27 nov. 2001, *Impresa Lombardini SpA*, n^os C-285/99 et C-286/99.

2. Les règles fondamentales du traité concernant la liberté d'établissement et la libre prestation des services, ainsi que le principe général de non-discrimination, s'opposent à une réglementation nationale qui, pour des marchés publics dont le montant est inférieur aux seuils communautaires et qui revêtent un intérêt transfrontalier certain, impose aux pouvoirs adjudicateurs, lorsque le nombre des offres valides est supérieur à cinq, de procéder à l'exclusion automatique des offres considérées comme anormalement basses par rapport à la prestation à fournir. Il est seulement admissible que les pouvoirs adjudicateurs, en cas de nombre excessivement élevé d'offres les obligeant à procéder à des vérifications contradictoires dépassant leur capacité administrative ou susceptibles de provoquer des retards mettant en danger la réalisation du projet en cause, fixent un seuil raisonnable à partir duquel ils procéderont à l'exclusion automatique, sans vérification contradictoire, des OAB. • CJCE 15 mai 2008, *SECAP SpA c/ Cne di Torino*, n^os C-147/06 et C-148/06 : *Rev. CMP 2008, n° 156, obs. Zimmer ; Dr. adm. 2008, comm. n° 79 ; JCP Adm. 2008. 2125, note Linditch ; RDI 2008. 383, note Noguellou*.

3. L'existence d'un débat contradictoire effectif, situé à un moment utile dans la procédure d'examen des offres, entre le pouvoir adjudicateur et le candidat, afin que ce dernier puisse prouver que son offre est sérieuse, constitue une exigence de la Dir. 2004/18/CE, en vue d'éviter l'arbitraire de l'autorité adjudicatrice et de garantir une saine concurrence entre les entreprises (V., en ce sens, arrêt Lombardini et Mantovani, pt 57).

A cet égard, il y a lieu de rappeler, d'une part, que, si la liste contenue à l'art. 55, § 1, 2^d al., de la Dir. 2004/18/CE n'est pas exhaustive, elle n'est toutefois pas purement indicative, et ne laisse donc pas les pouvoirs adjudicateurs libres de déterminer quels sont les éléments pertinents à prendre en considération avant d'écarter une offre apparaissant anormalement basse (CJCE 23 avr. 2009, *Commission c/ Belgique*, aff. C-292/07, pt 159).

D'autre part, l'effet utile de l'art. 55, § 1, de la Dir. 2004/18/CE implique qu'il incombe au pouvoir adjudicateur de formuler clairement la demande adressée aux candidats concernés afin de mettre ceux-ci en mesure de justifier pleinement et utilement le caractère sérieux de leurs offres.

Il appartient toutefois au seul juge national de vérifier, au vu de l'ensemble des pièces du dossier qui lui sont soumises, si la demande d'éclaircissement a permis aux candidats concernés d'expliquer à suffisance la composition de leur offre. • CJUE 29 mars 2012, *SAG ELV Slovensko*, C-599/10 : *Rev. CMP 2012, n° 176, note Zimmer.*

4. Dès lors, l'existence d'un débat contradictoire effectif, situé à un moment utile dans la procédure d'examen des offres, entre le pouvoir adjudicateur et le candidat, afin que ce dernier puisse prouver que son offre est sérieuse, constitue une exigence de la Dir. 2004/18/CE, en vue d'éviter l'arbitraire de l'autorité adjudicatrice et de garantir une saine concurrence entre les entreprises. • CJCE 27 nov. 2001, *Impresa Lombardini SpA*, C-285/99 et C-286/99. ♦ A cet égard, il y a lieu de rappeler, d'une part, que, si la liste contenue à l'art. 55, § 1, 2e al., de la Dir. 2004/18/CE n'est pas exhaustive, elle n'est toutefois pas purement indicative, et ne laisse donc pas les pouvoirs adjudicateurs libres de déterminer quels sont les éléments pertinents à prendre en considération avant d'écarter une offre apparaissant anormalement basse. • CJCE 23 avr. 2009, *Commission c/ Belgique*, C-292/07. ♦ D'autre part, l'effet utile de l'art. 55, § 1, de la Dir. 2004/18/CE implique qu'il incombe au pouvoir adjudicateur de formuler clairement la demande adressée aux candidats concernés afin de mettre ceux-ci en mesure de justifier pleinement et utilement le caractère sérieux de leurs offres. Il appartient toutefois au seul juge national de vérifier, au vu de l'ensemble des pièces du dossier qui lui sont soumises, si la demande d'éclaircissement a permis aux candidats concernés d'expliquer à suffisance la composition de leur offre. • CJUE 29 mars 2012, *SAG ELV Slovensko*, C-599/10.

5. Soumissionnaire bénéficiant de subventions publiques. Le législateur de l'Union, tout en étant conscient de la nature différente des concurrents participant à un marché public, n'a pas prévu d'autres mécanismes que celui de la vérification et du rejet éventuel des offres anormalement basses.

Les dispositions de la Dir. 92/50/CEE et la jurisprudence de la Cour ne permettent pas d'exclure, *a priori* et sans autre examen, de la participation à une procédure de passation d'un marché public un soumissionnaire pour la seule raison que, grâce à des subventions publiques dont il bénéficie, il est en mesure de faire des offres à des prix sensiblement inférieurs à ceux des soumissionnaires non subventionnés (V., en ce sens, arrêts *ARGE*, C-94/99, pts 25 à 27, ainsi que *CoNISMa*, C-305/08, pts 34 et 40).

Cependant, dans certaines circonstances particulières, le pouvoir adjudicateur a l'obligation, ou à tout le moins la possibilité, de prendre en considération l'existence de subventions, et notamment d'aides non conformes au traité, afin, le cas échéant, d'exclure les soumissionnaires qui en bénéficient (V., en ce sens, arrêts *ARGE*, C-94/99, pt 29, ainsi que *CoNISMa*, C-305/08, pt 33). A cet égard, ainsi que l'a relevé la Commission lors de l'audience devant la Cour, la circonstance selon laquelle l'établissement public concerné dispose d'une comptabilité séparée entre ses activités exercées sur le marché et ses autres activités peut permettre de vérifier si une offre est anormalement basse par l'effet d'un élément d'aide d'État. Toutefois, le pouvoir adjudicateur ne saurait conclure de l'absence d'une telle séparation comptable qu'une telle offre a été rendue possible par l'obtention d'une subvention ou d'une aide d'État non conforme au traité.

Les dispositions de la Dir. 92/50/CEE, et en particulier les principes généraux de libre concurrence, de non-discrimination et de proportionnalité qui sous-tendent cette directive, doivent être interprétés en ce sens qu'ils ne s'opposent pas à une législation nationale permettant à un établissement hospitalier public, tel que celui en cause au principal, participant à un appel d'offres de soumettre une offre à laquelle aucune concurrence ne peut faire face, grâce aux financements publics dont il bénéficie. Toutefois, dans le cadre de l'examen du caractère anormalement bas d'une offre sur le fondement de l'art. 37 de cette directive, le pouvoir adjudicateur peut prendre en considération l'existence d'un financement public dont bénéficie un tel établissement au regard de la faculté de rejeter cette offre. • CJUE 18 déc. 2014, ✿ *Azienda Ospedaliero-Universitaria di Careggi-Firenze c/ Data Medical Service Srl*, C-568/13.

6. Offre à prix zéro. Il convient de constater que l'art. 2, §1, pt. 5, de la Dir. 2014/24/UE du Parlement européen et du Conseil du 26 février 2014 sur la passation des marchés publics, se borne à définir la notion de « marchés publics » aux fins de déterminer l'applicabilité de cette Dir. En effet, ainsi que cela ressort de son art. 1er, § 1, ladite Dir. ne s'applique qu'aux « marchés publics », au sens de l'art. 2, § 1, pt. 5, de celle-ci, dont la valeur estimée atteint ou dépasse les seuils établis à l'art. 4 de cette dernière. Il s'ensuit que l'art. 2, § 1, pt. 5, de la Dir. 2014/24/UE ne saurait constituer une base juridique susceptible de fonder le rejet d'une offre proposant un prix de zéro euro. Dès lors, cette disposition ne permet pas d'écarter automatiquement une offre soumise dans le cadre d'un marché public, telle qu'une offre au prix de zéro euro, par laquelle un opérateur propose de fournir au pouvoir adjudicateur les travaux, les fournitures ou les services que celui ci souhaite acquérir sans demander de contrepartie.

Dans ces conditions, dès lors qu'une offre au prix de zéro euro peut être qualifiée d'offre anormalement basse, au sens de l'art. 69 de la Dir. 2014/24/UE, lorsqu'un pouvoir adjudicateur est confronté à une telle offre, il doit suivre la procédure prévue à cette disposition, en demandant au soumissionnaire des explications quant au montant de l'offre. Il résulte, en effet, de la logique sous-jacente à l'art. 69 de la Dir. 2014/24/UE qu'une offre ne saurait automatiquement être rejetée au seul motif que le prix proposé est de zéro euro.

Ainsi, il ressort du § 1 de cet art. que, lorsqu'une offre semble anormalement basse, les pouvoirs adjudicateurs exigent du soumissionnaire qu'il explique le prix ou les coûts proposés dans celle-ci, ces explications pouvant, notamment, concerner les éléments visés au § 2 dudit art. Lesdites explications contribuent ainsi à l'évaluation de la fiabilité de l'offre et permettraient d'établir que, bien que le soumissionnaire propose un prix de zéro euro, l'offre en cause n'affectera pas l'exécution correcte du marché.

En effet, conformément au § 3 de ce même art., le pouvoir adjudicateur doit évaluer les informations fournies en consultant le soumissionnaire et il ne peut rejeter une telle offre que si les éléments de preuve fournis n'expliquent pas de manière satisfaisante le bas niveau du prix ou des coûts proposés.

L'évaluation de ces informations doit, en outre, être effectuée dans le respect des principes d'égalité et de non-discrimination entre les soumissionnaires, ainsi que de transparence et de proportionnalité, lesquels s'imposent au pouvoir adjudicateur, conformément à l'art. 18, § 1, de la Dir. 2014/24/UE.

Dès lors, c'est dans le contexte d'une éventuelle application de l'art. 69 de la Dir. 2014/24/UE qu'il y a lieu d'apprécier l'argument d'un soumissionnaire ayant déposé une offre au prix de zéro euro, selon lequel le prix proposé dans son offre s'explique par le fait qu'il compte obtenir l'accès à un nouveau marché ou à des références, si cette offre est acceptée. • CJUE 10 sept. 2020, *Tax-Fin-Lex d.o.o.*, C-367/19 : *BJCP 2021. 20, concl. Bobek ; Rev. CMP 2020. 283, note Ubaud-Bergeron.*

7. Un pouvoir adjudicateur ne peut, au motif que l'offre d'une entreprise est anormalement basse, rectifier, sans consultation préalable de l'entreprise, les prix et quantités proposés, en sorte que l'offre d'une autre entreprise apparaît plus avantageuse. • CE 29 déc. 1994, *Coenon*, n° 129677 A.

8. Le pouvoir adjudicateur ne peut regarder une offre comme anormalement basse sans avoir adressé une demande écrite à la société concernée. • CE, ass., 5 mars 1999, *Président de l'Assemblée nationale*, n° 163328 A.

9. Le pouvoir adjudicateur n'est pas tenu de retenir l'offre du candidat le moins-disant ; il ressort du rapport d'analyse des offres que les prix proposés par les sociétés requérantes étaient anormalement bas et que dès lors leur offre était susceptible d'entraîner des difficultés lors de l'exécution des travaux ; dans ces conditions, la commission d'appel d'offres a pu, sans erreur manifeste d'appréciation, après avoir demandé leurs explications, écarter la candidature de ces sociétés. • CE 29 janv. 2003, *Dpt d'Ille-et-Vilaine*, n° 208096.

10. La commission d'appel d'offres, après avoir écarté une offre dont le prix ne s'élevait qu'à 137 100 €, inférieur de 21,66 % au prix estimé des prestations, a retenu une seconde offre pour un montant de 149 000 euros ; le maître d'œuvre auquel l'analyse économique des offres avait été déléguée a demandé à l'opérateur qui avait présenté la première offre des précisions sur ses prix, conformément aux dispositions de l'art. 55 C. marchés ; aucune réponse n'ayant été apportée à cette demande, la commission d'appel d'offres, après avoir attribué la note de zéro pour le critère « prix » à l'offre en cause, n'a pas commis d'erreur manifeste d'appréciation en l'écartant comme anormalement basse. • CAA Bordeaux, 17 nov. 2009, *SITCOM nord*, n° 08BX01571.

11. Il résulte de l'instruction que la mission de maîtrise d'œuvre objet du marché en cause, d'une durée de sept ans, porte sur la mise en accessibilité de 52 bâtiments dont 46 établissements d'enseignement secondaire et présente de ce fait un certain degré de complexité ; l'offre de l'agence d'architecture est largement inférieure à l'estimation du département du Gard, à la moyenne des offres des candidats, à celle du candidat retenu ainsi qu'au barème indicatif pour des missions de ce type proposé par la mission interministérielle pour la qualité des constructions publiques ; pour justifier le prix proposé, l'agence d'architecture se borne à mettre en avant sa longue expérience et le contexte économique difficile ; il résulte de l'ensemble de ces éléments que le département du Gard n'a pas, en écartant l'offre de l'agence d'architecture comme anormalement basse, commis une erreur manifeste d'appréciation. • CE 29 oct. 2013, *Dpt du Gard*, n° 371233 B : *BJCP 2014. 59, concl. Dacosta ; Rev. CMP 2014, n° 5, note Pietri.*

12. Quelle que soit la procédure de passation mise en œuvre, il incombe au pouvoir adjudicateur qui constate qu'une offre paraît anormalement basse de solliciter auprès de son auteur toutes précisions et justifications de nature à expliquer le prix proposé ; si les précisions et justifications apportées ne sont pas suffisantes pour que le prix proposé ne soit pas regardé comme manifestement sous-évalué et de nature, ainsi, à compromettre la bonne exécution du marché, il appartient au pouvoir adjudicateur de rejeter l'offre.

Il résulte de l'instruction que l'offre de la société A était d'un montant de 79 090 € HT alors que celle de la société requérante était d'un montant de 80 331,90 € HT ; pour établir que la commune a commis une erreur manifeste d'appréciation en retenant l'offre de la société A, dont il est allégué qu'elle est anormalement basse, la société requérante se borne à soutenir que le montant de l'offre de la société A correspond au prix d'achat des matériels et ne lui permet pas de faire un bénéfice ; cette seule circonstance n'est pas suffisante pour que le prix proposé soit regardé comme manifestement sous-évalué et de nature, ainsi, à compromettre la bonne exécution du marché. • CE 22 janv. 2018, *Cne de Vitry-le-François*, n° 414860.

13. Le fait pour un pouvoir adjudicateur de retenir une offre anormalement basse porte atteinte à l'égalité entre les candidats à l'attribution d'un marché public ; il résulte des dispositions précitées que, quelle que soit la procédure de passation mise en œuvre, il incombe au pouvoir adjudicateur qui constate qu'une offre paraît anormalement basse de solliciter auprès de son auteur toutes précisions et justifications de nature à expliquer le prix proposé ; si les précisions et justifications apportées ne sont pas suffisantes pour que le prix proposé ne soit pas regardé comme manifestement sous-évalué et de nature, ainsi, à compromettre la bonne exécution du marché, il appartient au pouvoir adjudicateur de rejeter l'offre.

Pour juger que la région Réunion avait commis une erreur manifeste d'appréciation en écartant l'offre du groupement GIP FCIP-GRETA Réunion pour les lots n°s 6, 7 et 8 comme anormalement basse, le juge des référés a relevé que la circonstance que le groupement se soit abstenu de répondre à la demande de justification de la région ne pouvait être prise en compte en l'espèce et que le prix de son offre était supérieur à celui de l'offre de l'entreprise BFAOI, attributaire du marché ; en se fondant ainsi, pour estimer que l'offre du groupement n'était pas anormalement basse, sur le seul écart de prix avec l'offre concurrente, alors au surplus qu'en l'absence de toute précision donnée par le groupement de nature à expliquer le prix proposé, il incombait à la région de rejeter son offre, le juge des référés a commis une erreur de droit. • CE 30 mars 2017, *Région Réunion,* n° 406224 : *Rev. CMP 2017, n° 158, note Ubaud-Bergeron.*

14. Prix anormalement bas pour une seule des prestations. L'existence d'un prix paraissant anormalement bas au sein de l'offre d'un candidat, pour l'une seulement des prestations faisant l'objet du marché, n'implique pas, à elle-seule, le rejet de son offre comme anormalement basse, y compris lorsque cette prestation fait l'objet d'un mode de rémunération différent ou d'une sous-pondération spécifique au sein du critère du prix. Le prix anormalement bas d'une offre s'apprécie en effet au regard de son prix global. Il s'ensuit que le juge des référés du tribunal administratif de Dijon a commis une erreur de droit en se fondant, pour juger que la communauté d'agglomération du Grand Sénonais n'avait pas commis d'erreur manifeste d'appréciation en rejetant l'offre de la société Sepur comme anormalement basse, sur le seul motif que celle-ci proposait de ne pas facturer les prestations de collecte supplémentaire des ordures ménagères produites par certains gros producteurs. • CE 13 mars 2019, *Sté Sepur,* n° 425191 B : *BJCP 2019. 174 concl. Henrard ; AJDA 2019. 1119, note Hul ; Rev. CMP 2019, n° 189, note Ubaud-Bergeron.*

15. Si l'offre de la société attributaire proposait un prix inférieur de 30 % à celle de la société Lytec, cette seule circonstance n'est pas suffisante pour estimer que le pouvoir adjudicateur devait suspecter une offre anormalement basse et donc solliciter de la société Assist Partner des précisions et justifications, dès lors qu'il ne résulte pas de l'instruction que le prix proposé par cette société était, en lui-même, manifestement sous-évalué et, ainsi, susceptible de compromettre la bonne exécution du marché. • CAA Nantes, 6 oct. 2017, *Sté Lytec,* n° 15NT03533.

16. Décision de retenir une OAB. Contrôle restreint du juge du référé précontractuel. Pour annuler la procédure ayant donné lieu à la décision de la commission d'appel d'offres attribuant à la société A le lot n° 130, relatif à la ligne entre Vico et Ajaccio, du marché départemental ayant pour objet le service des transports scolaires en Corse-du-Sud, le juge des référés du tribunal administratif s'est fondé sur ce que le département avait retenu une offre d'un montant anormalement bas, dans des conditions de nature à fausser l'égalité entre les entreprises candidates ; pour statuer ainsi, il a estimé que le salarié de la société précédemment attributaire affecté à cette ligne devait être repris par le nouvel attributaire, en application de l'accord du 7 juill. 2009 sur la garantie d'emploi et la poursuite des relations de travail en cas de changement de prestataire dans les transports interurbains de voyageurs, étendu par arrêté interministériel du 22 juill. 2010, et en a déduit que le coût de cette reprise devait nécessairement s'intégrer au prix de l'offre soumise par les candidats. Toutefois, si le coût correspondant à la reprise de salariés imposée par les dispositions du C. trav. ou par un accord collectif étendu constitue un élément essentiel du marché, dont la connaissance permet aux candidats d'apprécier les charges du cocontractant et d'élaborer utilement une offre, le prix de cette offre ne doit pas nécessairement assurer la couverture intégrale de ce coût, compte tenu des possibilités pour l'entreprise de le compenser, notamment par le redéploiement des effectifs en son sein ou, si l'exécution de ce marché n'assure pas un emploi à temps plein des salariés concernés, de la possibilité de leur donner d'autres missions et donc de n'imputer, pour le calcul du prix de l'offre, qu'un coût salarial correspondant aux heures effectives de travail requises par la seule exécution du marché ; en ne tenant pas compte de ces possibilités, le juge des référés du tribunal administratif a commis une erreur de droit. Il résulte clairement des stipulations de l'accord du 7 juill. 2009 étendu par l'arrêté du 22 juill. 2010 qu'aucune d'elles n'interdit que les salariés affectés à un marché de transport routier de voyageurs soient, après leur reprise par un nouveau prestataire, affectés à d'autres tâches au sein de l'entreprise, dans le respect des clauses particulières attachées à leur contrat dans l'entreprise sortante et sous réserve du maintien de leurs éléments de rémunération, conformément au § 2.4. de l'art. 2 de cet accord ; dès lors, le coût de leur reprise par un nouveau prestataire, s'il doit être intégralement supporté par ce dernier, ne peut être imputé au nouveau marché qu'à raison de leur affectation à ce marché. • CE 1er mars 2012, *Dpt de la Corse-du-Sud,* n° 354159 A : *BJCP 2012. 177, concl. Dacosta ; Rev. CMP 2012, n° 109, note Zimmer.*

17. Le fait, pour un pouvoir adjudicateur, de retenir une offre anormalement basse porte atteinte à l'égalité entre les candidats à l'attribution d'un marché public ; il résulte des dispositions de l'art. 55 C. marchés que, quelle que soit la procédure de passation mise en œuvre, il incombe au pouvoir adjudicateur qui constate qu'une offre paraît anormalement basse de solliciter auprès de son auteur toutes précisions et justifications de nature à expliquer le prix proposé ; si les précisions et justifications apportées ne sont pas suffisantes pour que le prix proposé ne soit pas regardé comme manifestement sous-évalué et de nature, ainsi, à compromettre la bonne exécution du marché, il appartient au pouvoir adjudicateur de rejeter l'offre.

Pour juger que l'administration avait commis une erreur manifeste dans l'appréciation de la qualité respective des offres des deux sociétés concurrentes pour le lot n° 1, du fait du caractère anormalement bas de l'offre de la société X, attributaire de ce lot, le juge des référés du tribunal administratif a relevé que celle-ci avait présenté une offre dont le prix était nettement inférieur à celui que proposait la société Y et que les explications fournies n'étaient pas de nature à justifier la différence de prix entre les deux offres ; en se fondant ainsi, pour estimer que l'offre de l'attributaire était anormalement basse, sur le seul écart de prix avec l'offre concurrente, sans rechercher si le prix en cause était en lui-même manifestement sous-évalué et, ainsi, susceptible de compromettre la bonne exécution du marché, le juge des référés a commis une erreur de droit. • CE 29 mai 2013, *Min. de l'Intérieur c/ Sté Artéis,* n° 366606 B : *BJCP 2013. 348, concl. Dacosta ; Rev. CMP 2013, n° 187, note Zimmer.*

18. Il résulte de l'instruction que l'offre présentée par la société Cars Philibert était inférieure de 48,5 % à l'estimation du département de l'Isère s'agissant du lot n° 5 et de 32 % s'agissant du lot n° 11. Par des courriers en date des 9 et 19 avr. 2013 adressés au département de l'Isère, en réponse aux demandes de précisions formulées par ce dernier sur le fondement de l'art. 55 C. marchés, la société Cars Philibert a notamment justifié le caractère très compétitif de son offre par, d'une part, une politique de densification de son activité sur certains territoires lui permettant de limiter le nombre de kilomètres roulés à vide, d'autre part, une réduction de ses taux de marges et, enfin, l'optimisation de la gestion de son parc de véhicules ; la commission d'appel d'offres a jugé les réponses de la société Cars Philibert cohérentes et satisfaisantes pour l'ensemble des lots pour l'attribution desquels celle-ci s'était portée candidate.

En premier lieu, la circonstance, à la supposer établie, que le prix proposé par la société attributaire serait insuffisant pour couvrir les charges effectivement exposées pour la desserte des lignes de transport du lot concerné ne peut suffire, à elle seule, à considérer que le département de l'Isère aurait commis une erreur manifeste d'appréciation en ne rejetant pas les offres de la société Cars Philibert comme anormalement basses et susceptibles de rendre difficile l'exécution du marché.

En second lieu, les sociétés Cars Berthelet, s'agissant du lot n° 5, et Jean Perraud et Fils, s'agissant du lot n° 11, soutiennent, pour démontrer le caractère manifestement sous-évalué des prix proposés par la société Cars Philibert, que le nombre de kilomètres roulés à vide et les coûts de structure, affichés par cette dernière à l'appui de ses offres, sont manifestement sous-évalués. Le département de l'Isère a toutefois pu, sans commettre d'erreur manifeste d'appréciation, estimer que les explicitations avancées par la société Cars Philibert sur ce point et tenant notamment, d'une part, à la création d'un nouveau centre de dépôt et à l'emploi de conducteurs à temps partiel et, d'autre part, à sa politique de rationalisation et de compression de ses marges, suffisaient à écarter la qualification d'offre anormalement basse.

Il résulte de tout ce qui précède que les sociétés Cars Berthelet et Jean Perraud et Fils ne sont pas fondées à soutenir qu'en ne rejetant pas les offres retenues comme anormalement basses et susceptibles de rendre difficile l'exécution du marché, le pouvoir adjudicateur aurait entaché ses décisions d'une erreur manifeste d'appréciation, méconnu le principe d'égalité entre les candidats et manqué à ses obligations de mise en concurrence. • CE 25 oct. 2013, *Dpt de l'Isère, Sté Cars Philibert,* n°s 370573, 370578, 370616 et 370617.

19. Offre regardée comme anormalement basse sans rechercher si le prix proposé est en lui-même manifestement sous-évalué. Irrégularité. Pour juger que la communauté de communes avait commis une erreur manifeste d'appréciation en retenant l'offre anormalement basse de l'ONF, le juge des référés du tribunal administratif s'est borné à relever que cette offre était très inférieure au prix proposé par la société X, à l'estimation du coût des travaux faite par le pouvoir adjudicateur ainsi qu'au prix des précédents marchés de restauration des autres tronçons des berges conclus les années précédentes ; en statuant ainsi, pour juger que l'offre de l'ONF était anormalement basse, par la seule comparaison de cette offre avec des offres concurrentes ou passées ou encore avec les estimations de prix du pouvoir adjudicateur, sans rechercher si le prix proposé par l'ONF était en lui-même manifestement sous-évalué et susceptible de compromettre la bonne exécution du marché en cause, le juge des référés a commis une erreur de droit. • CE 3 nov. 2014, *ONF c/ Sté MPF,* n° 382413.

20. C. com., art. L. 420-5. La société ne peut utilement invoquer les dispositions de l'art. L. 420-5 C. com., aux termes desquelles « sont prohibées les offres de prix ou pratiques de prix de vente aux consommateurs abusivement bas par rapport aux coûts de production, de transformation et de commercialisation, dès lors que ces offres ou pratiques ont pour objet ou peuvent avoir pour effet d'éliminer d'un marché ou d'empêcher d'accéder à un marché une entreprise ou l'un de ses produits », dès lors qu'elles ne sont pas applicables aux personnes publiques en tant que pouvoirs adjudicateurs, qui ne sont pas des consommateurs au sens de ces dispositions. • CAA Paris, 22 janv. 2021, *Sté Orfa acoustique,* n° 18PA03106.

Art. R. 2152-5 L'acheteur qui constate qu'une offre est anormalement basse du fait de l'obtention d'une aide d'État par le soumissionnaire ne peut rejeter cette offre pour ce seul motif que si le soumissionnaire n'est pas en mesure de démontrer, dans un délai suffisant fixé par l'acheteur, que l'aide en question répondait aux conditions de compatibilité avec le marché intérieur définies à l'article 107 du Traité sur le fonctionnement de l'Union européenne.

L'acheteur qui rejette une offre dans ces conditions en informe la Commission européenne. – *[Décr. n° 2016-360 du 25 mars 2016, art. 60-III.]*

SECTION 3 Choix de l'offre économiquement la plus avantageuse

COMMENTAIRE

Les articles L. 2152-7 et L. 2152-8 ont défini les principes applicables au choix, par l'acheteur, de la meilleure offre. Les articles de la présente section précisent les règles applicables aux critères de choix.

On trouvera ci-dessous des décisions jurisprudentielles qui portent sur quelques questions générales. Il convient de les compléter par les décisions citées sous l'article R. 2152-12, qui concernent directement la définition et la mise en œuvre des critères de choix. ❑

I. IMPARTIALITÉ

1. L'art. 1er, § 1, 3e al., de la Dir. 89/665/CEE du Conseil, du 21 déc. 1989, portant coordination des dispositions législatives, réglementaires et administratives relatives à l'application des procédures de recours en matière de passation des marchés publics de fournitures et de travaux, telle que modifiée par la Dir. 2007/66/CE du Parlement européen et du Conseil, du 11 déc. 2007, ainsi que les art. 2, 44, § 1, et 53, § 1, ss. a), de la Dir. 2004/18/CE du Parlement européen et du Conseil, du 31 mars 2004, relative à la coordination des procédures de passation des marchés publics de travaux, de fournitures et de services, doivent être interprétés en ce sens qu'ils ne s'opposent pas en principe à ce que l'illégalité de l'évaluation des offres des soumissionnaires soit constatée par le seul fait que l'attributaire du marché a eu des liens significatifs avec des experts nommés par le pouvoir adjudicateur ayant évalué les offres. Le pouvoir adjudicateur est, en toute hypothèse, tenu de vérifier l'existence d'éventuels conflits d'intérêts et de prendre les mesures appropriées afin de prévenir, de détecter les conflits d'intérêts et d'y remédier. Dans le cadre de l'examen d'un recours visant l'annulation de la décision d'attribution du fait de la partialité des experts, il ne peut être exigé du soumissionnaire évincé qu'il prouve concrètement la partialité du comportement des experts. Il appartient, en principe, au droit national de déterminer si et dans quelle mesure les autorités administratives et juridictionnelles compétentes doivent tenir compte de la circonstance qu'une éventuelle partialité des experts a eu ou non un impact sur une décision d'attribution du marché. • CJUE 12 mars 2015, *eVigilo Ltd,* n° C-538/13.

2. Participation à la CAO (commission d'appel d'offre) d'une personne intéressée. Une personne qui a déposé une offre dans le cadre d'un appel d'offres lancé par une commune ne peut participer à la CAO ni pour l'ouverture des plis, ni pour le choix de l'attributaire, alors même que sa candidature a été écartée dès l'ouverture des plis. • CE 6 juin 1997, *Marcilly,* n° 147524.

3. M. Antoine X. a siégé en qualité de conseiller municipal à la commission d'appel d'offres au cours de laquelle ont été examinées les offres relatives aux marchés que la commune de Francheville se proposait de passer en vue de la construction de locaux de secours et d'incendie ; M. Marcel X., entrepreneur, père de M. Antoine X. et son employeur, avait soumissionné pour les lots 1, 2, 3, 4 et 11 ; dans ces conditions, et alors même que seul le lot 1 a été attribué à l'entreprise de M. Marcel X., la présence de M. Antoine X. au sein de la commission d'appel d'offres lorsque celle-ci a examiné les offres relatives aux lots 1, 2, 3, 4 et 11 a vicié la procédure relative à ces lots. • CE 3 nov. 1997, *Préfet de la Marne c/ Cne de Francheville,* n° 148150.

4. La participation à la CAO en qualité d'élu local d'un ancien salarié d'une des entreprises candidates, qui avait été licencié plusieurs années auparavant par celle-ci, ne constitue pas un manquement aux obligations de publicité et de mise en concurrence en l'absence d'allégation précise permettant de mettre en doute son impartialité. • CE 27 juill. 2001, *Sté Degrémont et Synd. intercommunal d'assainissement et de protection de l'environnement de Toulon, La Valette, La Garde, Le Pradet,* n° 232820 A.

5. La présence en tant que membre avec voix consultative à la réunion de la commission d'un ancien directeur commercial d'une des entreprises candidates, qui a été licencié plus de deux ans et demi auparavant et qui a mis fin trois ans auparavant à sa participation comme actionnaire d'une autre société aux côtés du directeur régional de cette entreprise, ne vicie pas la procédure en l'absence de tout autre élément susceptible d'établir l'existence d'un lien, à la date des faits, entre cette personne et son ancien employeur. • CAA Marseille, 7 janv. 2008, *CH de Grasse*, n° 05MA03107.

6. Liens du candidat avec le pouvoir adjudicateur. Offre écartée sans examen. Il ressort des pièces du dossier soumis au juge des référés que la commune a lancé une procédure d'appel d'offres ouvert pour la passation d'un marché de travaux portant sur l'amélioration de son réseau d'eau potable ; la commune a informé la société X., qui s'était portée candidate à l'attribution du marché, que son offre avait été rejetée sans être examinée au motif que cette société « a des liens avec un des membres du conseil municipal ». Le juge des référés a relevé qu'une conseillère municipale, déléguée à l'urbanisme, avait un lien de parenté avec le président de la société, était actionnaire de cette société et avait participé à la délibération du conseil municipal autorisant le lancement de la procédure de passation du marché, mais que, d'une part, à ce stade de la délibération, la procédure n'avait pas encore été organisée et les soumissionnaires n'étaient pas connus et que, d'autre part, la conseillère municipale n'avait pas siégé à la commission d'appel d'offres et n'avait pris aucune part dans le choix de l'entreprise attributaire ; ayant, ce faisant, porté sur les faits de l'espèce une appréciation souveraine exempte de dénaturation, le juge des référés, s'agissant de travaux habituels dont l'utilité n'était pas contestée et sur la définition et le lancement desquels il n'est pas allégué que l'intéressée aurait exercé une influence particulière, n'a ni inexactement qualifié ces faits ni commis d'erreur de droit en jugeant qu'ils n'étaient pas susceptibles de faire naître un doute sur l'impartialité du pouvoir adjudicateur, et que, en conséquence, en éliminant par principe l'offre de la société, celui-ci avait méconnu le principe de libre accès à la commande publique et manqué à ses obligations de mise en concurrence. • CE 9 mai 2012, *Cne de Saint-Maur-des-Fossés*, n° 355756 A : *AJDA 2012. 1404, note Dreyfus ; BJCP 2012. 343, concl. Dacosta.*

7. Pour annuler la procédure, le juge des référés a relevé, en premier lieu, que M. X., adjoint au maire de la commune de Saint-Louis, était membre du conseil d'administration de la société EBM (Genossenschaft Elektra Birsek), société de droit suisse dont la sous-filiale EBM Thermique est l'attributaire du marché litigieux, en deuxième lieu, que M. X. était, au sein de la commune de Saint-Louis, la « personne responsable du marché précédent », en troisième lieu, qu'en cours de procédure, il avait fait parvenir aux candidats les réponses aux questions qu'ils avaient posées. En déduisant des seuls éléments mentionnés ci-dessus que « l'implication » de M. X. pouvait être regardée comme un manquement aux règles d'impartialité et d'égalité de traitement des candidats, alors qu'il ressortait des pièces du dossier qui lui était soumis que M. X. siégeait au sein du conseil d'administration de la société coopérative EBM pour y avoir été élu par une assemblée des délégués dont il était membre en qualité d'abonné au réseau public de distribution d'électricité concédé à cette société par la commune de Saint-Louis depuis 1906 et qu'il ne ressortait pas de ces pièces qu'il aurait eu un intérêt personnel à l'issue de la procédure ou une capacité d'influence particulière sur son déroulement, de nature à créer un doute légitime sur son impartialité, le juge des référés a inexactement qualifié les faits qui lui étaient soumis ; par suite, son ordonnance doit être annulée, sans qu'il soit besoin d'examiner les autres moyens des pourvois.La société soutient que les conditions dans lesquelles la procédure litigieuse a conduit à l'attribution du marché sont de nature à faire naître un doute légitime sur l'impartialité du pouvoir adjudicateur, aux motifs, d'une part, que l'impartialité de M. X. peut-être elle-même mise en doute, d'autre part, que la commune a attribué à la société EBM Thermique, sous-filiale de la société coopérative EBM, titulaire du contrat de concession du réseau de distribution d'électricité de la commune de Saint-Louis, une délégation de service public et deux marchés publics dans le secteur de la production de chaleur et de l'exploitation de réseaux et d'installation de chauffage, systématiquement à son détriment, et qu'elle est membre affilié de la société EBM, où elle désigne périodiquement un représentant siégeant à l'assemblée des délégués.

Il résulte de ce qui a été dit ci-dessus qu'aucune circonstance ne permet de caractériser un intérêt personnel ou une capacité d'influence particulière de nature à créer un doute légitime sur l'impartialité de M. X. ; les allégations selon lesquelles, du fait de sa connaissance du marché antérieurement confié à la société Dalkia, il aurait pu communiquer des informations confidentielles à la société EBM Thermique ou influencer la définition du besoin du pouvoir adjudicateur de manière à avantager la sous-filiale de la société coopérative EBM ne sont assorties d'aucune précision permettant d'en apprécier le bien-fondé. Par ailleurs, l'existence de contrats conclus antérieurement entre la commune de Saint-Louis et la société EBM Thermique, comme la représentation de la commune au sein des instances de la société EBM en tant qu'abonné au réseau électrique de cette société de forme coopérative, ne sont pas de nature, par elles-mêmes, à faire naître un doute sur l'impartialité du pouvoir adjudicateur. • CE 22 oct. 2014, *Sté EBM Thermique c/ Cne de Saint-Louis*, n° 382495 : *AJCT 2015. 96, obs. Dyens*.

8. Au nombre des principes généraux du droit qui s'imposent au pouvoir adjudicateur comme à toute autorité administrative figure le principe d'impartialité, dont la méconnaissance est constitutive d'un manquement aux obligations de publicité et de mise en concurrence ; en l'espèce, il résulte de l'instruction que, d'une part, M. X., chargé par la région d'une mission d'assistance à la maîtrise d'ouvrage pour le marché litigieux, a non seulement contribué à la rédaction du cahier des clauses techniques particulières mais aussi à l'analyse des offres des candidats aux côtés des services de la région et qu'il a ainsi été susceptible d'influencer l'issue de la procédure litigieuse ; d'autre part, M. X. a exercé des responsabilités importantes au sein de la SA Applicam, en qualité de directeur qualité puis de directeur des opérations et des projets, et qu'ayant occupé ces fonctions du mois de décembre 2001 au mois d'avril 2013, il n'avait donc quitté l'entreprise que moins de deux ans avant le lancement de la procédure litigieuse ; s'il ne résulte pas de l'instruction que l'intéressé détiendrait encore des intérêts au sein de l'entreprise, le caractère encore très récent de leur collaboration, à un haut niveau de responsabilité, pouvait légitimement faire naître un doute sur la persistance de tels intérêts et par voie de conséquence sur l'impartialité de la procédure suivie par la région Nord-Pas-de-Calais ; il était au demeurant loisible à la région, qui avait connaissance de la qualité d'ancien salarié de la SA Applicam de M. X., de mettre en œuvre, une fois connue la candidature de cette société, toute mesure en vue de lever ce doute légitime, par exemple en l'écartant de la procédure d'analyse des offres ; dans ces conditions, la région Nord-Pas-de-Calais a méconnu ses obligations de publicité et de mise en concurrence ; par suite, il y a lieu, sans qu'il soit besoin d'examiner les autres moyens de la demande, d'annuler la procédure contestée. • CE 14 oct. 2015, *Sté Applicam c/ Région Nord-Pas-de-Calais*, n°s 390968 B et 391105 : *Rev. CMP 2015, n° 279, note Eckert ; BJCP 2016. 34, concl. Pellissier.*

9. Au nombre des principes généraux du droit qui s'imposent au pouvoir adjudicateur comme à toute autorité administrative figure le principe d'impartialité. Ce principe implique l'absence de situation de conflit d'intérêts au cours de la procédure de sélection du titulaire du contrat. L'existence d'une situation de conflit d'intérêts au cours de la procédure d'attribution du marché, telle que définie à l'art. L. 2141-10 CCP, est constitutive d'un manquement aux obligations de publicité et de mise en concurrence susceptible d'entacher la validité du contrat. Eu égard à sa nature, la méconnaissance du principe d'impartialité est par elle-même constitutive d'un vice d'une particulière gravité justifiant l'annulation du contrat, sans qu'il soit besoin de relever une intention de la part du pouvoir adjudicateur de favoriser un candidat. Personne désignée par le règlement de consultation du marché comme le « technicien en charge du dossier », chargée notamment de fournir des renseignements techniques aux candidats, ayant exercé des fonctions d'ingénieur-chef de projet en matière de nouvelles technologies de l'information et de la communication au sein de l'une des sociétés candidates, fonctions de haut niveau au sein de la représentation locale de la société et ayant trait à un objet en relation directe avec le contenu du marché. Personne ayant occupé cet emploi immédiatement avant son recrutement par la collectivité adjudicatrice et trois mois avant l'attribution du marché. Procès-verbal d'ouverture des plis mentionnant que cette personne s'est vue remettre les plis « en vue de leur analyse au regard des critères de sélection des candidatures et des offres ». Eu égard au niveau et à la nature des responsabilités confiées à cette personne au sein de la société candidate puis des services de la collectivité adjudicatrice et au caractère très récent de son appartenance à cette société et alors même qu'il n'a pas signé le rapport d'analyse des offres, sa participation à la procédure de sélection des candidatures et des offres pouvait légitimement faire naître un doute sur la persistance d'intérêts le liant à la société candidate et par voie de conséquence sur l'impartialité de la procédure suivie par la collectivité adjudicatrice. • CE 25 nov. 2021, *Collectivité de Corse*, n° 454466 A : *BJCP 2022. 75, concl. Le Corre ; Rev. CMP 2022, comm. 39, Hoepffner ; Dr. adm. 2022. 13, note Amilhat, Kerléo ; RFDA 2022. 501, note Aynès.*

II. OBLIGATIONS ET POUVOIRS DE L'ACHETEUR

10. Obligation d'écarter une offre incomplète. Le règlement de la consultation d'un marché est obligatoire dans toutes ses mentions. L'administration ne peut en conséquence attribuer le marché à un candidat qui ne respecterait pas une des prescriptions imposées par le règlement. • CE 23 nov. 2005, *Sté Axialogic*, n° 267494 B.

11. Non-respect d'une prescription. Défaut de production d'un élément utile. Le pouvoir adjudicateur ne peut attribuer le marché à un candidat qui ne respecterait pas une des prescriptions imposées par le règlement de la consultation. Il est tenu d'éliminer, sans en apprécier la valeur, les offres incomplètes, c'est-à-dire celles qui ne comportent pas toutes les pièces ou renseignements requis par les documents de la consultation et sont, pour ce motif, irrégulières. Cette obligation ne fait pas obstacle à ce que ces documents prévoient en outre la communication, par les soumissionnaires, d'éléments d'information qui, sans être nécessaires pour la définition ou l'appréciation des offres et sans que leur communication doive donc être prescrite à peine d'irrégularité de l'offre, sont utiles au pouvoir adjudicateur pour lui permettre d'apprécier la valeur des offres au regard d'un critère ou d'un sous-critère et précisent qu'en l'absence de ces informations, l'offre sera notée zéro au regard du critère ou du sous-critère en cause.

Pour juger que l'offre du groupement Raffalli-

Pompéani était incomplète et, donc, irrégulière, la cour administrative d'appel de Marseille a relevé qu'elle ne comportait pas certaines informations, relatives notamment aux matériaux utilisés pour la réalisation des travaux et à leurs fiches techniques. En jugeant ainsi que la communication de ces éléments relatifs au contenu des offres était prescrite par le règlement de la consultation, elle n'a pas dénaturé celui-ci. Elle n'a par ailleurs commis aucune erreur de droit. En effet, alors même que, ainsi qu'il ressort du dossier soumis à la cour, ce règlement prévoyait, parmi les critères d'attribution, un critère de la valeur technique divisé en un sous-critère relatif à la méthodologie employée, un sous-critère relatif aux matériels employés et aux personnels affectés et un sous-critère relatif à la qualité des matériaux et des prestations, et qu'il ajoutait, en des termes au demeurant ambigus, que « toute absence de renseignement d'un sous-critère sera sanctionnée d'une note égale à zéro », la production d'informations sur la qualité des matériaux employés, notamment de leurs fiches techniques, ne pouvait être regardée que comme une production d'éléments nécessaires prescrite par le règlement, dont l'absence dans une offre entraînait nécessairement son irrégularité. • CE 20 sept. 2019, ⚖ *Coll. terr. de Corse*, n° 421075 B.

12. Possibilité d'exclure une offre. Motifs non prévus dans l'avis de marché. Dans le cadre d'un marché public non soumis à la Dir. n° 2004/18, mais présentant un intérêt transfrontalier certain, ce qu'il appartient à la juridiction de renvoi de vérifier, les règles fondamentales et les principes généraux du traité, en particulier les principes d'égalité de traitement et de non-discrimination ainsi que l'obligation de transparence qui en découle, doivent être interprétés en ce sens que le pouvoir adjudicateur ne saurait rejeter une offre satisfaisant aux exigences de l'avis de marché en se fondant sur des motifs non prévus dans cet avis. • CJUE 16 avr. 2015, ⚖ *SC Enterprise Focused Solutions SRL*, aff. C-278/14 : *Rev. CMP 2015, n° 139, note Ubaud-Bergeron.*

13. Possibilité d'exclure une offre. Faute professionnelle grave de l'attributaire. Le droit de l'Union, en particulier l'art. 45, § 2, de la Dir. 2004/18/CE du Parlement européen et du Conseil du 31 mars 2004, relative à la coordination des procédures de passation des marchés publics de travaux, de fournitures et de services, ne s'oppose pas à ce qu'une réglementation nationale, telle que celle en cause au principal, oblige un pouvoir adjudicateur à examiner, en application du principe de proportionnalité, s'il y a effectivement lieu de procéder à l'exclusion d'un candidat à un marché public qui a commis une faute professionnelle grave.Les dispositions de la Dir. 2004/18/CE, notamment celles de l'art. 2 et de l'annexe VII A, pt 17, de cette directive, lues à la lumière du principe d'égalité de traitement ainsi que de l'obligation de transparence qui en découle, doivent être interprétées en ce sens qu'elles s'opposent à ce qu'un pouvoir adjudicateur décide d'attribuer un marché public à un soumissionnaire ayant commis une faute professionnelle grave au motif que l'exclusion de ce soumissionnaire de la procédure d'adjudication aurait été contraire au principe de proportionnalité, alors que, selon les conditions de l'appel d'offres de ce marché, un soumissionnaire ayant commis une faute professionnelle grave devait être nécessairement exclu sans prendre en compte le caractère proportionné ou non de cette sanction. • CJUE 14 déc. 2016, ⚖ *Connexxion Taxi Services BV*, n° C-171/15 : *Rev. CMP 2017, n° 39, note Ubaud-Bergeron.*

14. Sous réserve du respect de l'égalité entre les entreprises candidates, l'absence, dans l'enveloppe contenant l'offre d'une entreprise, d'une pièce exigée par le pouvoir adjudicateur à l'appui des offres, ne justifie pas à elle seule l'élimination de cette offre dès lors que la pièce a bien été produite mais a été incluse par erreur au sein de l'enveloppe relative à la candidature de l'entreprise. • CE 7 nov. 2008, ⚖ *Sté Hexagone 2000*, n° 292570 B : *Rev. CMP 2008, n° 276, obs. Zimmer.*

15. Allotissement et offre présentée sous la forme d'un acte d'engagement unique. Dès lors que le règlement particulier d'appel d'offres d'un marché de travaux qui prévoit la répartition de ceux-ci en deux lots ne spécifie pas que chacun des lots doit faire l'objet d'un marché, le fait pour une entreprise d'avoir soumis un acte d'engagement commun aux deux lots n'est pas de nature à rendre son offre irrecevable. La commission d'appel d'offres ayant pu procéder à une appréciation des offres lot par lot, la procédure d'attribution n'a pas porté atteinte au principe d'égalité entre les entreprises. • CAA Paris, 25 juill. 1997, ⚖ *Préfet de La Réunion c/ Cne du Port*, n° 96PA01815 B.

16. Obligation d'inviter à préciser une offre contradictoire ou lacunaire. Absence. Aux termes du I de l'art. 59 C. marchés : « Il ne peut y avoir de négociation avec les candidats. Il est seulement possible de demander aux candidats de préciser ou de compléter la teneur de leur offre ». En jugeant que la communauté d'agglomération était tenue, en application de ces dispositions, d'inviter la société et le groupement de candidats à préciser ou à compléter, préalablement aux opérations de notation, la teneur de leurs offres qui étaient, pour la première, contradictoire en ce qui concernait le nombre de semi-remorques mis à disposition pour effectuer le service et, pour la seconde, lacunaire en ce qui concernait l'organisation du personnel affecté au service, alors que le pouvoir adjudicateur n'est jamais tenu de procéder à une telle invitation lorsque lui sont remises des offres comportant des contradictions ou ambiguïtés ou des offres qui ne sont pas complètes, le juge des référés a commis une erreur de droit. • CE 26 sept. 2012, ⚖ *Cté* *d'agglom. Seine-Eure,* n° 359706 B : *BJCP 2012. 412, concl. Pellissier.*

17. Demande de clarification d'une offre. Limites. Ainsi qu'il ressort de la décision de renvoi, le bureau de nettoyage de la ville de Varsovie (pouvoir adjudicateur), ayant des doutes sur le point de savoir si Partner disposait des moyens nécessaires pour exécuter le marché en cause au principal, a invité ladite société, après le dépôt de son offre, à spécifier la nature de la participation de PUM à l'exécution de ce marché.

En réponse à cette demande de clarification, Partner a demandé au bureau de nettoyage de la ville de Varsovie, pour le cas où il considérerait que l'expérience démontrée est insuffisante, à attribuer les moyens dont elle faisait état pour chacune des huit parties du marché en cause au principal, selon un certain ordre de priorité, de manière à ce que l'éventuel rejet puisse porter non pas sur l'intégralité de ce marché, mais seulement sur les lots pour lesquels elle ne remplissait pas les conditions requises.

Or, il est constant qu'une telle communication, par laquelle un opérateur économique indique au pouvoir adjudicateur, après l'ouverture des offres, l'ordre de priorité des parties du marché concerné selon lequel son offre devrait être évaluée, loin de représenter une simple clarification ponctuelle ou une correction d'erreurs matérielles manifestes, au sens de la jurisprudence rappelée au point 63 du présent arrêt, constitue, en réalité, une modification substantielle qui s'apparente plutôt à la présentation d'une nouvelle offre.

Il s'ensuit que le pouvoir adjudicateur ne saurait permettre à un opérateur économique de préciser de la sorte son offre initiale sous peine d'enfreindre les principes d'égalité de traitement et de non-discrimination des opérateurs économiques ainsi que l'obligation de transparence qui en découle, auxquels les pouvoirs adjudicateurs sont soumis en vertu de l'art. 2 de la Dir. 2004/18/CE (V., en ce sens, arrêt 6 nov. 2014, *Cartiera dell'Adda,* C-42/13, pt 43). • CJUE 7 avr. 2016, *Partner Apelski Dariusz,* n° C-324/14 : *Rev. UE 2017. 231, chron. Lévi et Rodrigues ; AJDA 2016. 1059, chron. Broussy, Cassagnabère et Gänser.*

18. Corrections, compléments, clarifications. La Dir. 2004/18/CE ne s'oppose pas à ce que, exceptionnellement, les données relatives à l'offre puissent être corrigées ou complétées ponctuellement, notamment parce qu'elles nécessitent à l'évidence une simple clarification, ou pour mettre fin à des erreurs matérielles manifestes, pourvu que cette modification n'aboutisse pas à proposer en réalité une nouvelle offre. Ledit art. ne s'oppose donc pas davantage à ce que figure dans la législation nationale une disposition selon laquelle, en substance, le pouvoir adjudicateur peut demander par écrit aux candidats de clarifier leur offre sans toutefois demander ou accepter aucune modification de l'offre. Dans l'exercice du pouvoir d'appréciation dont dispose ainsi le pouvoir adjudicateur, il incombe à ce dernier de traiter les différents candidats de manière égale et loyale, de telle sorte que la demande de clarification ne puisse pas apparaître à l'issue de la procédure de sélection des offres et au vu du résultat de celle-ci comme ayant indûment favorisé ou défavorisé le ou les candidats ayant fait l'objet de cette demande. Afin de donner une réponse utile à la juridiction de renvoi, il doit être ajouté que la demande de clarification de l'offre ne saurait intervenir qu'après que le pouvoir adjudicateur a pris connaissance de l'ensemble des offres. • CJCE 27 nov. 2001, *Impresa Lombardini SpA,* nos C-285/99 et C-286/99 • CJUE 29 mars 2012, *SAG ELV Slovensko,* C-599/10.

19. Clarification, rectification d'erreur matérielle. Le principe d'égalité de traitement des opérateurs économiques énoncé à l'art. 10 de la Dir. 2004/17/CE du Parlement européen et du Conseil du 31 mars 2004, portant coordination des procédures de passation des marchés dans les secteurs de l'eau, de l'énergie, des transports et des services postaux, doit être interprété en ce sens qu'il s'oppose à ce que, dans le cadre d'une procédure de passation d'un marché public, le pouvoir adjudicateur invite un soumissionnaire à fournir les déclarations ou les documents dont la communication était requise par le cahier des charges et qui n'auraient pas été fournis dans le délai imparti pour soumettre les offres. En revanche, cet article ne s'oppose pas à ce que le pouvoir adjudicateur invite un soumissionnaire à clarifier une offre ou à rectifier une erreur matérielle manifeste que comporterait cette dernière, sous réserve, toutefois, qu'une telle invitation soit adressée à tout soumissionnaire placé dans la même situation, que tous les soumissionnaires soient traités de manière égale et loyale et que cette clarification ou cette rectification ne puisse être assimilée à la présentation d'une nouvelle offre, ce qu'il appartient à la juridiction de renvoi de vérifier. • CJUE 11 mai 2017, *Archus et Gama,* n° C-131/16 : *Rev. CMP 2017, n° 184, note Devillers.*

20. Demande de précision et de complément. Aux termes du I de l'art. 59 C. marchés [relatif à l'appel d'offres] : « Il ne peut y avoir de négociation avec les candidats. Il est seulement possible de demander aux candidats de préciser ou de compléter la teneur de leur offre » ; si ces dispositions s'opposent en principe à toute modification du montant de l'offre à l'initiative du candidat ou du pouvoir adjudicateur, ce principe ne saurait recevoir application dans le cas exceptionnel où il s'agit de rectifier une erreur purement matérielle, d'une nature telle que nul ne pourrait s'en prévaloir de bonne foi dans l'hypothèse où le candidat verrait son offre retenue. Pour annuler la procédure de passation litigieuse, le juge des référés, après avoir relevé que, en réponse à la demande de précision qui lui avait été adressée par le département au sujet du prix n° 903 du bordereau de prix unitaires, la société X avait indiqué que ce prix était de 220 € et non de 22 €, a estimé que la société avait ainsi procédé à la rectification d'une erreur matérielle qui avait pu entraîner une modification du montant de l'offre sans méconnaître les dispositions précitées du I de l'art. 59 C. marchés, eu égard au caractère très marginal de la prestation concernée et à l'incidence négligeable de cette rectification en cause sur le montant global de l'offre de l'intéressée. En statuant ainsi, sans rechercher si cette erreur purement matérielle était d'une nature telle que nul n'aurait pu ensuite s'en prévaloir de bonne foi, le juge des référés a commis une erreur de droit. Il résulte de l'instruction que la société X a remis un bordereau de prix unitaires comportant 905 prix pour un montant total de 2 365 897 € HT, avec un prix unitaire n° 903 correspondant au transport et à la mise en centre de stockage et de traitement de déchets dangereux de classe I, s'élevant à 22 €, montant anormalement faible ; la décomposition de ce prix faisait apparaître la mention du seul prix unitaire de transport de ces déchets et omettait la ligne tarifaire correspondant à leurs stockage et traitement, dont l'absence ne pouvait résulter que d'une erreur purement matérielle ; décelant cette erreur, le département a adressé à la société une demande de précision sur le fondement des dispositions du I de l'art. 59 C. marchés ; la société a alors indiqué en réponse que ce prix était de 220 € et non de 22 €, après l'ajout de la ligne tarifaire omise ; elle a ainsi, comme elle l'indiquait dans sa réponse au département, procédé à la rectification d'une erreur purement matérielle, laquelle était d'une nature telle que nul, notamment le département, n'aurait pu ensuite s'en prévaloir de bonne foi dans l'hypothèse où l'offre du groupement dont la société était le mandataire aurait été retenue ; cette rectification pouvait ainsi intervenir sans méconnaître, en l'espèce, le principe interdisant de modifier l'offre ; par suite, c'est à tort que la commission d'appel d'offres du département a éliminé l'offre du groupement au motif que celui-ci avait méconnu ce principe en modifiant le prix n° 903 et par conséquent le montant de son offre ; cette élimination a constitué un manquement du département à ses obligations de mise en concurrence qui, eu égard au stade de la procédure auquel il est intervenu, est susceptible d'avoir lésé la société X, en sa qualité de mandataire du groupement, laquelle n'a pu voir son offre examinée par le département. • CE 21 sept. 2011, ⚖ *Dpt des Hauts-de-Seine*, n° 349149 : *BJCP 2011. 442, concl. Boulouis ; Rev. CMP 2011, n° 315, note Zimmer.*

21. Il résulte de l'instruction que le bordereau des prix unitaires que les candidats devaient compléter et produire à l'appui de leur offre comportait une partie consacrée aux coûts horaires d'intervention d'un coordonnateur proposés par les candidats pour la période du lundi au vendredi, pour la journée du samedi, pour les dimanches et jours fériés et pour les nuits ; dans son offre initiale, la société X a mentionné un coût de 220 € du lundi au vendredi, de 275 € pour le samedi et de 385 € pour les dimanches et jours fériés ainsi que pour les horaires de nuit ; la mention de ces coûts a résulté d'une erreur purement matérielle ayant consisté pour la société à indiquer comme coûts horaires des coûts journaliers, dont la société n'aurait pu ensuite se prévaloir de bonne foi dans l'hypothèse où son offre aurait été retenue. Décelant cette erreur, le pouvoir adjudicateur a adressé à la société une demande de précision sur le fondement des dispositions du I de l'art. 59 C. marchés, afin de savoir si elle confirmait les prix relatifs au coût horaire d'un coordonnateur ; en réponse à cette demande, la société ne s'est cependant pas bornée, comme il lui appartenait de le faire, à indiquer les coûts horaires qui résultaient avec évidence de la seule correction de l'erreur purement matérielle affectant son offre mais a proposé de nouveaux coûts horaires ; en proposant ces nouveaux coûts, la société n'a donc pas procédé à la rectification d'une erreur purement matérielle mais a modifié le montant de son offre, en méconnaissance du principe d'intangibilité de l'offre et des dispositions du I de l'art. 59 C. marchés. • CE 16 janv. 2012, ⚖ *Dpt de l'Essonne*, n° 353629.

22. Impossibilité pour l'acheteur de modifier lui-même une offre irrégulière. Le pouvoir adjudicateur ne peut modifier ou rectifier lui-même une offre incomplète, comme telle irrégulière ; si le pouvoir adjudicateur n'est pas tenu d'inviter un candidat à préciser ou à compléter une offre irrégulière, il peut toutefois demander à un candidat des précisions sur son offre si celle-ci lui paraît ambiguë ou incertaine, ou l'inviter à rectifier ou à compléter cette offre sans que le candidat puisse alors en modifier la teneur. • CE 25 mars 2013, ⚖ *Dpt de l'Hérault*, n° 364824 : *Rev. CMP 2013, n° 133, note Eckert.*

23. Les dispositions de l'art. 59 C. marchés [relatives à l'appel d'offres] interdisent au pouvoir adjudicateur de modifier ou de rectifier lui-même une offre incomplète, comme telle irrégulière ; si le pouvoir adjudicateur n'est pas tenu d'inviter un candidat à préciser ou à compléter une offre irrégulière, il peut toutefois demander à un candidat des précisions sur son offre si celle-ci lui paraît ambiguë ou incertaine, ou l'inviter à rectifier ou à compléter cette offre sans que le candidat puisse alors en modifier la teneur. • CAA Nancy, 28 nov. 2013, ⚖ *CH Ravenel*, n° 13NC00746.

24. Informations inutiles pour l'appréciation de l'offre. Le pouvoir adjudicateur peut s'affranchir des exigences du règlement de la consultation quand la fourniture des éléments demandés ne présente pas d'utilité pour l'appréciation de l'offre, notamment parce que ces informations ont un caractère public. • CE 22 déc. 2008, *Ville de Marseille*, n° 314244 : *Rev. CMP 2009, n° 81, note Pietri.*

25. Appréciation des offres des candidats. Contrôle du juge du référé précontractuel. Absence. Il n'appartient pas au juge statuant sur le fondement de la procédure prévue à l'art. L. 551-1 CJA d'examiner l'appréciation portée par l'autorité administrative, à l'issue de la consultation, sur les mérites respectifs de chacun des candidats. • CE 29 juill. 1998, *Synd. mixte des transports en commun de l'agglomération clermontoise et Stés Spie Batignolles et ANF Industries*, n° 194412 B (décision rendue à propos d'une DSP).

26. Choix de l'attributaire. Une fois qu'elle a fait son choix, une CAO ne peut procéder à un nouvel examen des offres et modifier son choix. • CE 10 janv. 1986, *Sté des Travaux du Midi*, n° 41778 B.

27. Toutefois, si l'entreprise fait savoir que son offre comporte une erreur, la CAO peut, alors que le délai de validité des offres n'est pas clos et qu'aucune décision n'a été notifiée aux candidats, retirer sa décision de retenir cette offre et reprendre l'examen des offres. • CAA Paris, 10 févr. 2004, *Préfet des Yvelines*, n° 99PA01947 : *AJDA 2005. 557, note Heintz.*

28. Fraude de l'attributaire. La CAO ne peut, après avoir fait son choix, procéder à un nouvel examen des offres et retenir finalement l'offre d'une autre entreprise que celle qu'elle avait initialement retenue. Il en va cependant différemment lorsque le choix de la commission a été fondé sur des éléments entachés d'erreur matérielle ou de fraude, notamment lorsque la société dont l'offre a été retenue a sciemment dissimulé qu'elle se trouvait en état de redressement judiciaire. • CE 8 déc. 1997, *Sté A2IL*, n° 154715 B : *RDI 1998. 242, obs. Llorens et Terneyre ; D. 1998. Somm. 359, obs. Terneyre.*

III. AUTORITÉ COMPÉTENTE POUR ATTRIBUER LE MARCHÉ

29. La commission d'appel d'offres et le conseil d'administration d'un syndicat intercommunal, compte tenu de l'intervention du renouvellement général des conseils municipaux des communes membres, ne pouvaient que prendre des décisions relevant de la gestion des affaires courantes ; il résulte de l'instruction que les décisions d'attribuer et de signer les marchés relatifs à l'assainissement de plusieurs rues, en raison d'une part du coût, du volume et de la durée des travaux prévus et, d'autre part, de l'absence d'urgence particulière s'attachant à leur réalisation, ne peuvent être regardées comme relevant du fonctionnement courant du syndicat ou indispensables à la continuité du service public ; par suite, elles ne relevaient pas de la gestion des affaires courantes ; ni la commission d'appel d'offres ni le conseil d'administration de la régie n'avaient ainsi compétence pour prendre ces décisions. • CE 23 déc. 2011, *Min. de l'Intérieur, de l'Outre-mer, des Collectivités territoriales et de l'Immigration*, n° 348648.

30. L'organe délibérant d'un établissement public de coopération intercommunale, à la suite du renouvellement général des conseils municipaux des communes membres de cet établissement, ne peut que gérer les affaires courantes jusqu'à l'installation du nouvel organe délibérant issu de ce renouvellement ; il en va de même de la commission d'appel d'offres antérieurement désignée, qui ne peut, en conséquence, procéder à l'attribution d'un marché excédant, en raison du coût, du volume et de la durée des travaux prévus et en l'absence d'urgence particulière s'attachant à sa réalisation, la gestion des affaires courantes ; un marché attribué dans ces conditions ne peut être régularisé que par l'intervention d'une décision de la commission d'appel d'offres et d'une décision de l'organe délibérant issus du renouvellement général des collectivités membres de l'établissement, destinées, pour la première, à confirmer le choix de l'attributaire du marché et, pour la seconde, à réitérer l'autorisation donnée à l'exécutif de l'établissement public de signer le marché.

Pour juger que la délibération du 25 juin 2008 du comité syndical du syndicat mixte ayant autorisé le président du syndicat à signer un marché de travaux avec le groupement était illégale, la cour administrative d'appel a relevé que cette délibération, prise par une instance régulièrement renouvelée à la suite des élections municipales du mois de mars précédent, avait cependant poursuivi la procédure de désignation sur le fondement des propositions de la commission d'appel d'offres du syndicat mixte réunie le 10 avr. 2008 dans une composition procédant du comité syndical non renouvelé, alors qu'à cette date la commission d'appel d'offres ne pouvait prendre que des décisions limitées aux affaires courantes ; en jugeant que la décision initiale d'attribution d'un marché de travaux de génie civil prise par une telle commission ne relevait pas de la gestion des affaires courantes du syndicat, notamment en raison, d'une part, du coût, du volume et de la durée des travaux prévus et, d'autre part, de l'absence d'urgence particulière s'attachant à leur réalisation, la cour administrative d'appel a implicitement mais nécessairement jugé que la règle de limitation des compétences aux affaires courantes pendant la période suivant les élections s'appliquait aux commissions d'appel d'offres comme à toute autre instance élue ; en statuant ainsi, elle n'a pas commis d'erreur de droit et a suffisamment motivé son arrêt. • CE 28 janv. 2013, *Synd. mixte Flandre Morinie*, n° 358302 B : *Rev. CMP 2013, n° 87, note Pietri.*

SOUS-SECTION 1 Choix des critères d'attribution

Art. R. 2152-6 Les offres régulières, acceptables et appropriées, et qui n'ont pas été rejetées en application des articles R. 2152-3 à R. 2152-5 et R. 2153-3, sont classées par ordre décroissant en appliquant les critères d'attribution. – *[Décr. nº 2016-360 du 25 mars 2016, art. 62-I et V.]*

Art. R. 2152-7 Pour attribuer le marché au soumissionnaire ou, le cas échéant, aux soumissionnaires qui ont présenté l'offre économiquement la plus avantageuse, l'acheteur se fonde :

1° Soit sur un critère unique qui peut être :

a) Le prix, à condition que le marché ait pour seul objet l'achat de services ou de fournitures standardisés dont la qualité est insusceptible de variation d'un opérateur économique à l'autre ;

b) Le coût, déterminé selon une approche globale qui peut être fondée sur le coût du cycle de vie défini à l'article R. 2152-9 ;

2° Soit sur une pluralité de critères non discriminatoires et liés à l'objet du marché ou à ses conditions d'exécution, parmi lesquels figure le critère du prix ou du coût et un ou plusieurs autres critères comprenant des aspects qualitatifs, environnementaux ou sociaux. Il peut s'agir des critères suivants :

a) La qualité, y compris la valeur technique et les caractéristiques esthétiques ou fonctionnelles, l'accessibilité, l'apprentissage, la diversité, les conditions de production et de commercialisation, la garantie de la rémunération équitable des producteurs, le caractère innovant, les performances en matière de protection de l'environnement, de développement des approvisionnements directs de produits de l'agriculture, d'insertion professionnelle des publics en difficulté, la biodiversité, le bien-être animal ;

b) Les délais d'exécution, les conditions de livraison, le service après-vente et l'assistance technique, la sécurité des approvisionnements, l'interopérabilité et les caractéristiques opérationnelles ;

c) L'organisation, les qualifications et l'expérience du personnel assigné à l'exécution du marché lorsque la qualité du personnel assigné peut avoir une influence significative sur le niveau d'exécution du marché.

D'autres critères peuvent être pris en compte s'ils sont justifiés par l'objet du marché ou ses conditions d'exécution.

Les critères d'attribution retenus doivent pouvoir être appliqués tant aux variantes qu'aux offres de base. – *[Décr. nº 2016-360 du 25 mars 2016, art. 62-II.]*

COMMENTAIRE

Voir les commentaires et la jurisprudence sous l'article R. 2152-12 ci-dessous. ❑

Code de l'environnement

Art. L. 228-4 La commande publique tient compte notamment de la performance environnementale des produits, en particulier de leur caractère biosourcé. *(L. nº 2018-1021 du 23 nov. 2018, art. 180)* « Dans le domaine de la construction ou de la rénovation de bâtiments, elle prend en compte les exigences de lutte contre les émissions de gaz à effet de serre et de stockage du carbone et veille au recours à des matériaux *(L. nº 2020-105 du 10 févr. 2020, art. 59)* « de réemploi ou » issus des ressources renouvelables. »

(L. nº 2021-1104 du 22 août 2021, art. 39) « A compter du 1er janvier 2030, l'usage des matériaux biosourcés ou bas-carbone intervient dans au moins 25 % des rénovations lourdes et des constructions relevant de la commande publique. Un décret en Conseil d'État précise les modalités d'application du présent article, en particulier la nature des travaux de rénovation lourde et les seuils au-delà desquels l'obligation est applicable aux acheteurs publics. »

Nouvel art. R. 2152-7 ***Pour attribuer le marché au soumissionnaire ou, le cas échéant, aux soumissionnaires qui ont présenté l'offre économiquement la plus avantageuse,*** *(Décr. nº 2022-767 du 2 mai 2022, art. 2 et 11, en vigueur le 21 août 2026)* ***« l'acheteur se fonde sur un ou plusieurs critères non discriminatoires et liés à l'objet du marché ou à ses conditions d'exécution qui peuvent être :***

« 1° Soit le critère unique du coût, déterminé selon une approche globale qui peut être fondée sur le coût du cycle de vie défini à l'article R. 2152-9 et qui prend en compte les caractéristiques environnementales de l'offre ;

« [2°] Soit une pluralité de critères parmi lesquels figurent le prix ou le coût. Au moins l'un d'entre eux prend en compte les caractéristiques environnementales de l'offre. Ces critères peuvent également comprendre des aspects qualitatifs ou sociaux.

« Ces critères peuvent porter notamment sur les éléments suivants : »

a) La qualité, y compris la valeur technique et les caractéristiques esthétiques ou fonctionnelles, l'accessibilité, l'apprentissage, la diversité, les conditions de production et de commercialisation, la garantie de la rémunération équitable des producteurs, le caractère innovant, les performances en matière de protection de l'environnement, de développement des approvisionnements directs de produits de l'agriculture, d'insertion professionnelle des publics en difficulté, la biodiversité, le bien-être animal ;

b) Les délais d'exécution, les conditions de livraison, le service après-vente et l'assistance technique, la sécurité des approvisionnements, l'interopérabilité et les caractéristiques opérationnelles ;

c) L'organisation, les qualifications et l'expérience du personnel assigné à l'exécution du marché lorsque la qualité du personnel assigné peut avoir une influence significative sur le niveau d'exécution du marché.

D'autres critères peuvent être pris en compte s'ils sont justifiés par l'objet du marché ou ses conditions d'exécution.

Les critères d'attribution retenus doivent pouvoir être appliqués tant aux variantes qu'aux offres de base. – [Décr. n° 2016-360 du 25 mars 2016, art. 62-II.]

Les dispositions issues du Décr. n° 2022-767 du 2 mai 2022 entrent en vigueur le 21 août 2026 et s'appliquent aux marchés et aux contrats de concession pour lesquels une consultation est engagée ou un avis d'appel à la concurrence est envoyé à la publication à compter de cette date (Décr. préc., art. 11).

Art. R. 2152-8 En cas de dialogue compétitif et pour les partenariats d'innovation, l'offre économiquement la plus avantageuse est identifiée sur la base d'une pluralité de critères conformément aux dispositions du 2° de l'article R. 2152-7. – *[Décr. n° 2016-360 du 25 mars 2016, art. 62-III.]*

SOUS-SECTION 2 **Utilisation du coût du cycle de vie comme critère d'attribution**

Art. R. 2152-9 Le coût du cycle de vie couvre, dans la mesure où ils sont pertinents, tout ou partie des coûts suivants du cycle de vie d'un produit, d'un service ou d'un ouvrage :

1° Les coûts supportés par l'acheteur ou par d'autres utilisateurs, tels que :

a) Les coûts liés à l'acquisition ;

b) Les coûts liés à l'utilisation comme la consommation d'énergie et d'autres ressources ;

c) Les frais de maintenance ;

d) Les coûts liés à la fin de vie comme les coûts de collecte et de recyclage ;

2° Les coûts imputés aux externalités environnementales et liés au produit, au service ou à l'ouvrage pendant son cycle de vie, à condition que leur valeur monétaire puisse être déterminée et vérifiée. Ces coûts peuvent inclure le coût des émissions de gaz à effet de serre et d'autres émissions polluantes ainsi que d'autres coûts d'atténuation du changement climatique. – *[Décr. n° 2016-360 du 25 mars 2016, art. 63-I.]*

Loi n° 2021-1104 du 22 août 2021,

Portant lutte contre le dérèglement climatique et renforcement de la résilience face à ses effets.

Art. 36 Au plus tard le 1er janvier 2025, l'État met à la disposition des pouvoirs adjudicateurs des outils opérationnels de définition et d'analyse du coût du cycle de vie des biens pour les principaux segments d'achat. Ces outils intègrent le coût global lié notamment à l'acquisition, à l'utilisation, à la maintenance et à la fin de vie des biens ainsi que, lorsque c'est pertinent, les coûts externes supportés par l'ensemble de la société, tels que la pollution atmosphérique, les émissions de gaz à effet de serre, la perte de la biodiversité ou la déforestation.

Art. R. 2152-10 **Lorsque l'acheteur évalue les coûts selon une approche fondée sur le cycle de vie, il indique dans les documents de la consultation les données que doivent fournir les soumissionnaires et la méthode qu'il utilisera pour déterminer le coût du cycle de vie sur la base de ces données.**

La méthode utilisée pour évaluer les coûts imputés aux externalités environnementales respecte l'ensemble des conditions suivantes :

a) **Elle se fonde sur des critères non discriminatoires et vérifiables de façon objective ;**

b) **Elle est accessible à toutes les parties intéressées ;**

c) **Elle implique que les données requises puissent être fournies moyennant un effort raisonnable consenti par des opérateurs économiques normalement diligents.** – *[Décr. n° 2016-360 du 25 mars 2016, art. 63-II.]*

SOUS-SECTION 3 Publicité des critères et de leurs modalités de mise en œuvre

Art. R. 2152-11 **Les critères d'attribution ainsi que les modalités de leur mise en œuvre sont indiqués dans les documents de la consultation.** – *[Décr. n° 2016-360 du 25 mars 2016, art. 62-IV, al. 1er.]*

Art. R. 2152-12 **Pour les marchés passés selon une procédure formalisée, les critères d'attribution font l'objet d'une pondération ou, lorsque la pondération n'est pas possible pour des raisons objectives, sont indiqués par ordre décroissant d'importance. La pondération peut être exprimée sous forme d'une fourchette avec un écart maximum approprié.** – *[Décr. n° 2016-360 du 25 mars 2016, art. 62-IV, al. 2.]*

COMMENTAIRE

Pour choisir l'attributaire du marché, le pouvoir adjudicateur peut se fonder, eu égard à l'objet du marché, sur un seul critère – qui est alors le prix, si l'objet du marché le justifie, ou le coût – ou sur plusieurs critères, dont l'article R. 2152-12 fournit une liste qui n'est pas exhaustive.

Ces critères doivent être rendus publics en amont de la procédure, dans les documents de la consultation. Dans toutes les procédures formalisées, ils doivent être pondérés (sauf, pour le pouvoir adjudicateur, à démontrer qu'une telle pondération est impossible).

Ils doivent être liés à l'objet du marché ou – ce qui est plus souple – à ses conditions d'exécution.

Ils doivent être non discriminatoires, ce qui signifie que, s'ils doivent permettre de choisir, ils ne doivent pas avoir pour objet ou pour effet de retirer toute chance *a priori* à tel ou tel opérateur économique (par exemple du fait de sa nationalité).

S'ils peuvent être qualitatifs, c'est à la condition d'être suffisamment précis pour ne pas laisser au pouvoir adjudicateur une liberté de choix indéterminée.

La mise en œuvre de ces critères doit permettre d'identifier l'offre économiquement la plus avantageuse. On trouve ici confirmation de ce que la réglementation des marchés publics a un caractère essentiellement économique : il s'agit de faire en sorte que l'achat soit, pour les pouvoirs adjudicateurs, un acte économique, déterminé par des considérations d'efficacité économique et non par la prise en compte d'autres objectifs de politique publique.

Cette conception économique de l'achat public n'est cependant pas sans nuances : les critères de choix de l'offre économiquement la plus avantageuse ne sont pas nécessairement des critères économiques et, on l'a dit, les critères qualitatifs sont possibles, pourvu qu'ils remplissent toutes les conditions rappelées ci-dessus.

La question se pose notamment de savoir si et dans quelle mesure il est possible de mettre en œuvre des critères de choix à caractère social ou à caractère environnemental.

La jurisprudence, notamment celle de la Cour de justice, rappelle toujours que les critères de choix doivent être liés à l'objet du marché ou à ses conditions d'exécution, non discriminatoires, suffisamment précis – ce qui paraît laisser une place réduite pour des critères à caractère environnemental et, plus encore, pour des critères à caractère social. On peut imaginer des cas où certains critères à caractère environnemental ou social peuvent répondre à de telles exigences (ainsi du niveau d'émission de gaz polluants pour des achats de véhicules de transport). En revanche, des critères généraux (« comportement » des entreprises en matière environnementale, par exemple, ou encore, en matière sociale, emploi de personnes en difficulté), ne permettent en principe pas d'identifier un lien suffisant avec l'objet d'un marché et, par suite, de juger qu'il n'y a aucun risque de discrimination. La jurisprudence de la CJUE, comme celle du Conseil d'État, a été marquée, sur ces questions, par d'assez sensibles assouplissements depuis 2012 (V. jurisprudence, *infra*). L'article R. 2152-7 va dans le même sens.

Il convient enfin de rappeler que des critères de sélection des candidatures (capacités professionnelles et économiques du soumissionnaire, notamment) ne sauraient être utilisés comme critères de sélection des offres. On relèvera cependant les termes du *c* du 2° de l'article R. 2152-7. ❑

PLAN DES ANNOTATIONS

I. DISTINCTION VÉRIFICATION DE L'APTITUDE DES CANDIDATS/SÉLECTION DES OFFRES

1. Il ressort de la jurisprudence que, si les directives communautaires en matière de marchés publics n'excluent pas, en théorie, que la vérification de l'aptitude des soumissionnaires et l'attribution du marché puissent avoir lieu simultanément, il n'en demeure pas moins que ces deux opérations sont distinctes et qu'elles sont régies par des règles différentes. • CJCE 20 sept. 1988, *Beentjes, C-31/87 : Rec. CJCE I-4635, pts 15 et 16* • 24 janv. 2008, *Emm. G. Lianakis AE,* C-532/06 : *Rec. CJCE I-251, pt 26.* ♦ La vérification de l'aptitude des soumissionnaires est, en effet, effectuée par les pouvoirs adjudicateurs conformément aux critères de capacité économique, financière et technique (dits « critères de sélection qualitative »). En revanche, l'attribution du marché se fonde sur les critères énumérés par les directives, à savoir soit le prix le plus bas, soit l'offre économiquement la plus avantageuse. • CJCE 20 sept. 1988, *Beentjes,* C-31/87 : *Rec.* • 24 janv. 2008, *Emm. G. Lianakis AE,* C-532/06 : *Rec.* ♦ Or, s'il est vrai que, dans ce dernier cas, ainsi que l'atteste l'emploi de l'expression « par exemple », les critères pouvant être retenus par les pouvoirs adjudicateurs ne sont pas énumérés de manière limitative et que cette disposition laisse donc aux pouvoirs adjudicateurs le choix des critères d'attribution du marché qu'ils entendent retenir, il n'en reste pas moins que ce choix ne peut porter que sur des critères visant à identifier l'offre économiquement la plus avantageuse. • CJCE 20 sept. 1988, *Beentjes,* C-31/87 : *Rec.* • 18 oct. 2001, *SIAC Construction,* C-19/00 : *Rec. CJCE I-7725, pts 35 et 36* • 17 sept. 2002, *Concordia Bus Finland,* C-513/99 : *Rec. CJCE I-7213, pts 54 et 59* • 19 juin 2003, *GAT,* C-315/01 : *Rec. CJCE I-6351, pts 63 et 64* • 24 janv. 2008, *Emm. G. Lianakis AE,* C-532/06 : *Rec.* ♦ Partant, sont exclus à titre de « critères d'attribution » des critères qui ne visent pas à identifier l'offre économiquement la plus avantageuse, mais qui sont liés essentiellement à l'appréciation de l'aptitude des soumissionnaires à exécuter le marché en question. • CJCE 24 janv. 2008, *Emm. G. Lianakis AE,* C-532/06 : *Rec.* ♦ Des critères retenus par le pouvoir adjudicateur à titre de « critères d'attribution », qui portent sur l'expérience et la capacité réelle à garantir une bonne exécution du marché, concernent l'aptitude des soumissionnaires à exécuter ce marché et n'ont donc pas la qualité de « critères d'attribution ». • CJCE 12 nov. 2009, *Commission c/ Grèce,* C-199/07 : *Rev. CMP 2009. Chron. 380, note Zimmer.*

2. La Dir. n° 93/36/CEE du Conseil, du 14 juin 1993, portant coordination des procédures de passation des marchés publics de fournitures, s'oppose à ce que, dans le cadre d'une procédure d'adjudication d'un marché public de fournitures, le pouvoir adjudicateur tienne compte du nombre des références relatives aux produits offerts par les soumissionnaires à d'autres clients non pas en tant que critère de vérification de l'aptitude de ceux-ci à exécuter le marché en cause, mais en tant que critère d'attribution dudit marché. • CJCE 19 juin 2003, *GAT,* C-315/01.

3. Est irrégulière la procédure de passation qui prévoit, parmi les critères de sélection des offres, la qualification professionnelle des entreprises, laquelle ne peut constituer qu'un critère de recevabilité ou de sélection des candidatures. • CE 29 déc. 2006, *Sté Bertele Snc,* n° 273783 B : *BJCP 2007. 97, concl. Boulouis.*

4. Les capacités du candidat, établies notamment par ses références professionnelles, doivent être examinées au moment de l'ouverture de la première enveloppe et les offres des seules entreprises dont la qualification professionnelle a été jugée satisfaisante doivent être ensuite examinées après ouverture de la seconde enveloppe, la sélection se faisant entre ces offres par application des critères fixés par le II de l'art. 53 C. marchés, éventuellement complétés par des critères additionnels énoncés par le règlement de la consultation et justifiés par l'objet du marché ou ses conditions d'exécution. En l'espèce, les juges du fond, pour juger que la commission d'appel d'offres avait commis une erreur manifeste d'appréciation en estimant que la valeur des offres présentées par les deux sociétés candidates à un marché public pour la restructuration d'un musée étaient équivalentes, ont retenu, outre le contenu de la note technique produite par les candidates, « que l'une des deux sociétés, spécialisée dans la réalisation d'aménagements, et notamment de vitrines, pour l'exposition et la conservation d'objets, en particulier dans les musées, justifiait d'importantes références en ce domaine alors que l'autre société se présentait comme intervenant principalement dans la conception de charpentes, menuiseries intérieures et extérieures, aménagement de bureaux, commerces, cuisines sans apporter de précision sur la nature des travaux effectués sur des chantiers autres que liés à l'habitat » ; s'étant ainsi fondés sur les références des entreprises candidates, et non pas exclusivement sur la valeur intrinsèque des offres, les juges du fond ont commis une erreur de droit. • CE 8 févr. 2010, ♎ *Cne de La Rochelle*, n° 314075 A.

5. Les dispositions des art. 52 et 53 C. marchés distinguent – après comme avant la suppression de la formalité de la double enveloppe – la phase de sélection des candidatures à un marché public de la phase d'attribution du marché au candidat qui a présenté l'offre économiquement la plus avantageuse, après élimination, notamment, en application du III de l'art. 53, des offres que leur teneur, incomplète, rend irrégulières. • CE 4 mars 2011, ♎ *Région La Réunion*, n° 344197 : *BJCP 2011. 196, concl. Boulouis ; Rev. CMP 2011, n° 132, note Zimmer.*

6. Il résulte des dispositions des art. 52 et 53 C. marchés que, dans le cadre de la procédure d'appel d'offres ouvert, les capacités des candidats, établies notamment par leurs références professionnelles, doivent être examinées par la commission d'appel d'offres au moment de l'ouverture de la première enveloppe et que les offres des seules entreprises dont les capacités ont été jugées suffisantes doivent être examinées, après ouverture de la seconde enveloppe, au regard des critères fixés par le code, éventuellement complétés par des critères additionnels ; si le critère de l'expérience professionnelle, qui est relatif aux capacités des candidats, peut être utilisé, au stade de l'ouverture de la première enveloppe, pour sélectionner les candidatures, il ne peut être utilisé, à titre de critère additionnel à ceux fixés par le C. marchés, pour sélectionner les offres après ouverture de la seconde enveloppe, lesquels doivent être relatifs à l'objet du marché. • CAA Nancy, 5 août 2010, ♎ *Cté de cnes du pays de Lure, Sté de travaux publics et industriels*, n° 09NC00016.

7. Le sous-critère « présentation de l'entreprise », qui impliquait une simple présentation générale de l'entreprise, sans rapport avec l'exécution technique du marché, permettait seulement une appréciation de la capacité professionnelle et technique des candidats et se rapportait à l'examen et à la sélection des candidatures ; par suite, la société est fondée à soutenir que l'AP-HP a manqué à ses obligations de publicité et de mise en concurrence en recourant à un tel sous-critère (de sélection des offres) ; eu égard à l'importance de ce sous-critère et même si tous les candidats ont obtenu, pour ce sous-critère, la même note, un tel manquement est susceptible d'avoir lésé la requérante. • CE 11 mars 2013, ♎ *AP-HP*, n° 364706.

8. Un critère « qualités architecturales et techniques des références prescrites au vu du dossier fourni » n'est pas relatif à la valeur de l'offre, mais permet d'apprécier les capacités professionnelles des candidats au vu de leurs références. • CE 8 août 2008, ♎ *CH Edmond-Garcin*, n° 309652 B : *Rev. CMP 2008, n° 228, obs. Pietri.*

9. Un critère relatif à la situation financière des entreprises ne peut être utilisé que pour sélectionner les candidatures, non les offres. • CAA Lyon, 29 sept. 2006, *Préfet de l'Ain*, n° 00LY02073 : *BJCP 2006. 7, concl. Besle.*

10. Distinction critères de sélection des candidatures/critères de sélection des offres. Cas particulier de certains marchés passés en procédure adaptée. Les dispositions de l'art. 53 C. marchés permettent au pouvoir adjudicateur de retenir, en procédure adaptée, pour choisir l'offre économiquement la plus avantageuse, un critère reposant sur l'expérience des candidats, et donc sur leurs références portant sur l'exécution d'autres marchés, lorsque sa prise en compte est rendue objectivement nécessaire par l'objet du marché et la nature des prestations à réaliser et n'a pas d'effet discriminatoire ; par suite, le juge des référés du tribunal administratif a commis une erreur de droit en jugeant que la prise en compte des références des candidats n'était pas au nombre des critères susceptibles d'être retenus pour sélectionner les offres. Il résulte de l'instruction que le marché litigieux est relatif à soixante-dix prédiagnostics énergétiques sur des bâtiments publics, écoles, mairies, logements communaux, salles des fêtes ainsi que sur des établissements de santé, des campings, gîtes ruraux, centres de vacances et hôtels ; il prévoit la réalisation d'un bilan énergétique sur chaque bâtiment ainsi qu'une évaluation des gisements d'économie d'énergie et une orientation vers des interventions simples à mettre en œuvre ou des études approfondies ; eu égard à la technicité de ces prestations, l'objet du marché justifie objectivement le recours au critère, pondéré à hauteur de 20 %, tenant aux références des candidats afin de prendre en considération leur expérience ; la prise en compte de ce critère n'a pas eu d'effet discriminatoire. • CE 2 août 2011, *Parc naturel régional des Grands Causses*, n° 348254 B : *BJCP 2011. 430, concl. Dacosta.*

11. Distinction vérification de l'aptitude des candidats/sélection des offres. Marché de prestations intellectuelles. La qualité de l'exécution d'un marché public peut dépendre de manière déterminante de la valeur professionnelle des personnes chargées de l'exécuter, valeur constituée par leur expérience professionnelle et leur formation. Il en est plus particulièrement ainsi lorsque la prestation faisant l'objet du marché est de nature intellectuelle et porte, comme dans l'affaire au principal, sur des services de formation et de conseil. Lorsqu'un tel marché doit être exécuté par une équipe, ce sont les compétences et l'expérience de ses membres qui sont déterminantes pour apprécier la qualité professionnelle de cette équipe. Cette qualité peut être une caractéristique intrinsèque de l'offre et liée à l'objet du marché, au sens de l'art. 53, § 1, sous a), de la Dir. n° 2004/18. Par conséquent, ladite qualité peut figurer comme critère d'attribution dans l'avis de marché ou dans le cahier des charges concernés. • CJUE 26 mars 2015, *Ambisig – Ambiente e Sistemas de Informação Geográfica SA*, aff. C-601/13 : *Rev. CMP 2015, n° 116, note Ubaud-Bergeron.*

12. Critère relatif à l'expérience des candidats. Ainsi que le souligne le pouvoir adjudicateur sans être contredit, les prestations d'accueil et d'assistance technique à réaliser (à l'École du Louvre) présentaient, eu égard notamment à la localisation de l'École du Louvre au sein d'un palais qui accueille chaque année des millions de visiteurs, de grandes spécificités ; dans ces conditions particulières, la prise en compte de l'expérience des candidats parmi les critères de sélection des offres pouvait être regardée comme rendue objectivement nécessaire par l'objet du marché. Ce critère ne pouvait être regardé comme ayant un effet discriminatoire ; il était par ailleurs pondéré à hauteur de 5 % seulement. Par suite, le moyen tiré de ce que les références des candidats n'étaient pas au nombre des critères susceptibles d'être retenus pour sélectionner les offres doit être écarté. • CE 18 sept. 2015, *Sté Axcess*, n° 380821 B.

13. Critère relatif aux moyens en personnel et en matériel. Si elles imposent au pouvoir adjudicateur de vérifier les capacités des candidats au moment de l'examen des candidatures, les dispositions des art. 52 et 53 C. marchés ne lui interdisent pas, s'il est non discriminatoire et lié à l'objet du marché, de retenir un critère ou un sous-critère relatif aux moyens en personnel et en matériel affectés par le candidat à l'exécution des prestations du marché afin d'en garantir la qualité technique.

Selon le règlement de la consultation applicable au litige, la valeur technique intervenait pour 60 % dans l'appréciation de l'offre et le prix, pour 40 % ; la valeur technique des offres était appréciée à partir de six sous-critères tenant, en premier lieu, à la qualité des procédures et des modes opératoires liés au système d'assurance de qualité mis en place par le candidat, en deuxième lieu, à la qualité des conditions de stockage des échantillons, en troisième lieu, à la formation et à l'expérience professionnelle des personnes affectées à l'exécution de la prestation dans le domaine de l'analyse de biologie médicale, en quatrième lieu, à la qualité des conditions de transport des prélèvements, en cinquième lieu, au nombre de coursiers et de véhicules affectés à l'exécution de la prestation et, en sixième lieu, aux conditions de rendu des résultats.

Il résulte de l'instruction que le sous-critère relatif à « la qualité des procédures et des modes opératoires » et celui relatif aux « conditions de stockage des échantillons » permettaient de juger, pour l'un, des modalités du contrôle qualité interne à l'entreprise et, pour l'autre, des moyens techniques mis en œuvre par le soumissionnaire pour conserver l'intégrité des prélèvements ; enfin, le sous-critère relatif à « la formation et à l'expérience professionnelle des personnes affectées à l'exécution des prestations » avait pour but d'apprécier les moyens humains mis à disposition, par l'entreprise candidate, pour permettre la réalisation de l'objet du marché ; ces sous-critères, qui étaient en rapport avec l'objet du marché et ne présentaient pas un caractère discriminatoire, n'avaient pas trait à la vérification de la qualification professionnelle des personnels des entreprises candidates, qui est relative à leur capacité à soumissionner, mais étaient destinés à apprécier la qualité technique des offres ; par suite, la SELARL n'est pas fondée à soutenir que la procédure de dévolution du marché en litige serait irrégulière en raison du choix de ces sous-critères. • CAA Douai, 28 mai 2015, *SELARL Nord Biologie*, n° 13DA01259.

II. CRITÈRES SOCIAUX, CRITÈRES ENVIRONNEMENTAUX

14. Critère social. Emploi de chômeurs de longue durée. Un critère de choix des offres relatif à l'emploi de chômeurs de longue durée est légal, dès lors qu'il ne conduit à aucune discrimination entre les candidats en raison de leur nationalité, ce qu'il appartient au juge national de vérifier. • CJCE 20 sept. 1988, *Beentjes*, C-31/87 • 26 sept. 2000, *Commission c/ France*, C-225/98. ♦ Un critère relatif aux « propositions concrètes faites par les soumissionnaires en matière de créations d'emplois, d'insertion et de formation » est sans rapport avec l'objet d'un marché public conclu pour la réhabilitation d'une décharge et, par suite, illégal. • CE 25 juill. 2001, *Cne de Gravelines,* n° 299666 A. – V. également • CE 10 mai 1996, ♔ *Féd. nat. des travaux publics et a.,* n° 159979 A.

15. Le marché en litige est relatif aux déménagement, stockage et transfert de mobilier et machines-outils dans des lycées de la région ; il ne ressort d'aucune pièce du dossier que les prestations attendues présenteraient, par nature, un lien avec les performances en matière d'insertion de publics en difficulté ; cette exigence a été prise en compte pour une part représentant 15 % de la notation globale et identifiée spécifiquement comme un sous-critère du critère de la valeur technique pour la sélection des offres ; si la région pouvait retenir, au nombre des conditions d'exécution du contrat, des éléments à caractère social prenant en compte l'objectif de progrès social, tel que mentionné à l'art. 14 C. marchés, elle ne pouvait pas le faire au titre des critères d'attribution. • CAA Douai, 29 nov. 2011, ♔ *Région Nord-Pas-de-Calais,* n° 10DA01501.

16. Critère « insertion professionnelle » légal. Il appartient au pouvoir adjudicateur de déterminer l'offre économiquement la plus avantageuse en se fondant sur des critères permettant d'apprécier la performance globale des offres au regard de ses besoins, tels que définis à l'art. 5 C. marchés, compte tenu des objectifs de développement durable ; dans le cadre d'une procédure d'attribution d'un marché qui, eu égard à son objet, est susceptible d'être exécuté, au moins en partie, par des personnels engagés dans une démarche d'insertion, le pouvoir adjudicateur peut légalement prévoir d'apprécier les offres au regard du critère d'insertion professionnelle des publics en difficulté dès lors que ce critère n'est pas discriminatoire et lui permet d'apprécier objectivement ces offres ; par suite, le juge des référés du tribunal administratif a commis une erreur de droit en relevant que, par nature et indépendamment des personnels susceptibles d'être concernés par l'exécution du marché, les travaux de renforcement et de renouvellement de chaussées prévus par le marché litigieux ne présentent aucun lien direct avec l'insertion professionnelle des publics en difficulté. Il résulte de l'instruction que l'avis de marché public fixe, parmi les critères de sélection des offres, le critère des performances en matière d'insertion professionnelle des publics en difficulté, pondéré pour 15 % de la note finale ; l'art. 6 du règlement de consultation indique que cette performance en matière d'insertion professionnelle des publics en difficulté doit être appréciée au vu des éléments indiqués par les candidats, lesquels doivent notamment indiquer les modalités d'accueil et d'intégration de la personne en insertion recrutée dans le cadre de l'exécution du marché, présenter son référent avec son éventuelle formation au tutorat ou indiquer la progression et la formation de la personne en insertion recrutée ; ce critère de performances en matière d'insertion professionnelle des publics en difficulté, ainsi mis en œuvre pour évaluer l'offre des candidats, est en rapport avec l'objet de ce marché de travaux publics, susceptible d'être exécuté au moins en partie par du personnel engagé dans une démarche d'insertion ; par suite, la société requérante n'est pas fondée à soutenir que le critère relatif aux performances en matière d'insertion professionnelle ne présente pas de lien avec l'objet du marché et ne pouvait légalement être retenu, alors même que le département n'a pas repris de telles exigences dans le cadre des clauses d'exécution du marché et que celui-ci devait s'exécuter sous la forme de bons de commande. • CE 25 mars 2013, ♔ *Dpt de l'Isère,* n° 364950 A.

17. Critère social. Si l'acheteur peut, pour sélectionner l'offre économiquement la plus avantageuse, mettre en œuvre des critères comprenant des aspects sociaux, c'est à la condition, notamment, qu'ils soient liés à l'objet du marché ou à ses conditions d'exécution ; à cet égard, des critères à caractère social, relatifs notamment à l'emploi, aux conditions de travail ou à l'insertion professionnelle des personnes en difficulté, peuvent concerner toutes les activités des entreprises soumissionnaires, pour autant qu'elles concourent à la réalisation des prestations prévues par le marché ; les dispositions de l'art. 52 n'ont, en revanche, ni pour objet ni pour effet de permettre l'utilisation d'un critère relatif à la politique générale de l'entreprise en matière sociale, appréciée au regard de l'ensemble de son activité et indistinctement applicable à l'ensemble des marchés de l'acheteur, indépendamment de l'objet ou des conditions d'exécution propres au marché en cause. Il ressort des pièces du dossier soumis au juge des référés du tribunal administratif de Nantes que Nantes Métropole a prévu un critère de sélection relatif à la « performance en matière de responsabilité sociale », pondéré à hauteur de 15 % de la note totale, décomposé en cinq sous-critères relatifs à la « protection de l'environnement », aux « aspects sociaux », aux « aspects sociétaux », à la « performance économique durable » ainsi qu'aux « aspects gouvernance » des entreprises candidates ; l'art. 2.5 du règlement de la consultation précise que l'utilisation de ce critère s'inscrit dans le cadre d'une politique dite « Achats Durables » de l'acheteur qui « implique que l'entreprise doive, tout en assurant sa performance économique, assumer ses responsabilités au regard des objectifs du développement durable c'est-à-dire dans les domaines environnementaux, sociaux et sociétaux » ; il ressort du « cadre de réponse diagnostique RSE » prévu par le dossier de consultation que ce critère est évalué sur la base d'une appréciation d'éléments généraux, tels que la « lutte contre les discriminations » et le « respect de l'égalité hommes/femmes », appréciés au regard du taux d'emploi et de la rémunération des travailleurs handicapés et féminins, la « sécurité et la santé du personnel », évaluées sur la base du nombre d'accidents du travail pendant les trois dernières années et de la durée totale des arrêts de travail sur le dernier exercice, les dépenses de formation du personnel engagées par l'entreprise, la « stabilité des effectifs » et la limitation du recours aux contrats d'intérim, ou encore la formation active des stagiaires et apprentis par des tuteurs certifiés ; contrairement à ce que soutient Nantes Métropole, le juge des référés du tribunal administratif de Nantes n'a pas dénaturé les pièces du dossier en estimant que le critère de « performance en matière de responsabilité sociale » ne concerne pas seulement les conditions dans lesquelles les entreprises candidates exécuteraient l'accord-cadre en litige mais porte sur l'ensemble de leurs activités et a pour objectif d'évaluer leur politique générale en matière sociale, sans s'attacher aux éléments caractérisant le processus spécifique de réalisation des travaux d'impression prévus par le contrat ; il résulte de ce qui a été dit au point précédent que le juge des référés n'a pas commis d'erreur de droit en en déduisant que ce critère n'a pas un lien suffisant avec l'objet du marché ou ses conditions d'exécution. • CE 25 mai 2018, *Nantes Métropole*, n° 417580 A : *BJCP 2018. 307 concl. Pellissier ; Rev. CMP 2018. 155, note Pietri.*

18. Critère environnemental. Des critères de choix à caractère environnemental doivent être en relation avec l'objet du marché. La Cour de justice des Communautés européennes admet, pour un achat d'autobus, des critères tels que le niveau d'émissions d'oxyde azotique ou le niveau sonore des autobus. • CJCE 17 sept. 2002, *Concordia Bus Finland*, C-513/99 : *BJCP 2003. 14, concl. Mischo, obs. R. S. ; Dr. adm. 2002, n° 174, obs. Ménéménis.*

19. Commerce équitable. Labels. Il y a lieu de rappeler que, ainsi qu'il a été jugé aux points 51 à 57 du présent arrêt, par référence aux documents du marché qui déterminent les critères d'attribution de ce dernier, la province de Hollande-Septentrionale a établi un critère d'attribution consistant dans le fait que les ingrédients à fournir soient munis des labels Eko et/ou Max Havelaar. Afin d'apprécier le bien-fondé du grief visant l'absence d'un lien suffisant entre le critère d'attribution litigieux et l'objet du marché, il convient, d'une part, de prendre en considération les critères sous-jacents aux labels Eko et Max Havelaar. Ainsi qu'il résulte des points 34 et 37 du présent arrêt, ces critères sous-jacents caractérisent des produits issus, respectivement, de l'agriculture biologique et du commerce équitable. Quant au mode de production biologique tel qu'encadré par la réglementation de l'Union, à savoir, à l'époque pertinente en l'espèce, le Règl. (CEE) n° 2092/91, les deuxième et neuvième considérants de celui-ci indiquent que ce mode de production favorise la protection de l'environnement, notamment parce qu'il implique des restrictions importantes en ce qui concerne l'utilisation de fertilisants ou de pesticides. Quant au commerce équitable, il résulte dudit point 37 que les critères imposés par la fondation qui octroie le label Max Havelaar visent à favoriser les petits producteurs des pays en développement en entretenant avec eux des relations commerciales qui tiennent compte des besoins réels de ces producteurs, et non simplement des lois du marché. Il découle de ces indications que le critère d'attribution litigieux concernait des caractéristiques environnementales et sociales entrant dans le cadre de l'art. 53, § 1, ss. a), de la Dir. 2004/18/CE. D'autre part, il s'impose de constater que, conformément à la description du marché figurant au sous-chapitre 1.4 du cahier des charges, ce marché portait notamment sur la fourniture du café, du thé et des autres ingrédients nécessaires à la fabrication des boissons disponibles dans les distributeurs. Il résulte par ailleurs de la rédaction du critère d'attribution litigieux que celui-ci visait uniquement les ingrédients à fournir dans le cadre dudit marché, sans aucune implication quant à la politique générale d'achat des soumissionnaires. Partant, ces critères portaient sur des produits dont la fourniture constituait une partie de l'objet dudit marché. Enfin, comme il résulte du point 110 des conclusions de Mme l'avocat général, il n'est pas requis qu'un critère d'attribution porte sur une caractéristique intrinsèque d'un produit, c'est-à-dire un élément qui s'incorpore matériellement dans celui-ci. C'est ainsi que la Cour a jugé, au point 34 de l'arrêt *EVN et Wienstrom*, que la réglementation de l'Union en matière de marchés publics ne s'oppose pas à ce que, dans le cadre d'un marché de fourniture d'électricité, le pouvoir adjudicateur retienne un critère d'attribution consistant dans le fait que l'électricité soit produite à partir de sources d'énergie renouvelables. Rien ne s'oppose dès lors, en principe, à ce qu'un tel critère vise le fait qu'un produit soit issu du commerce équitable. Force est donc de constater que le critère d'attribution litigieux présente, avec l'objet du marché concerné, le lien exigé à l'art. 53, § 1, ss. a), de la Dir. 2004/18/CE, de sorte que le grief formulé par la Commission à cet égard n'est pas fondé. Quant au grief relatif au fait que la province de Hollande-Septentrionale a érigé la possession de labels déterminés en critère d'attribution, il convient de relever que, aux termes du point 35 de l'annexe A du cahier des charges, le pouvoir adjudicateur avait prévu que le fait que les ingrédients à fournir portent les labels Eko et/ou Max Havelaar donnerait lieu à l'octroi d'un certain nombre de points dans le cadre du classement des offres en concurrence aux fins de l'attribution du marché.

Cette condition doit être examinée au regard des exigences de clarté et d'objectivité qui s'imposent aux pouvoirs adjudicateurs à cet égard. S'agissant du cas spécifique de l'emploi de labels, le législateur de l'Union a donné certaines indications précises quant aux implications de ces exigences dans le contexte des spécifications techniques. Ainsi qu'il résulte des points 62 à 65 du présent arrêt, après avoir souligné, à l'art. 23, § 3, ss. b), de la Dir. 2004/18/CE, que ces spécifications doivent être suffisamment précises pour permettre aux soumissionnaires de déterminer l'objet du marché et aux pouvoirs adjudicateurs d'attribuer celui-ci, au § 6 du même art., le législateur a autorisé les pouvoirs adjudicateurs à recourir aux critères sous-jacents à un éco label pour établir certaines caractéristiques d'un produit, mais non à ériger un éco label en spécification technique, celui-ci ne pouvant être utilisé qu'à titre de présomption que les produits qui en disposent satisfont aux caractéristiques ainsi définies, sous réserve expresse de tout autre moyen de preuve approprié. Il découle de l'ensemble des considérations qui précèdent que, en prévoyant, dans le cahier des charges, que le fait que certains produits à fournir soient munis de labels déterminés donnerait lieu à l'octroi d'un certain nombre de points dans le cadre du choix de l'offre économiquement la plus avantageuse, sans avoir énuméré les critères sous-jacents à ces labels ni autorisé que la preuve qu'un produit satisfait à ces critères sous-jacents soit apportée par tout moyen approprié, la province de Hollande-Septentrionale a établi un critère d'attribution incompatible avec l'art. 53, § 1, ss. a), de la Dir. 2004/18/CE. Partant, dans cette mesure, le troisième moyen est fondé. • CJUE 10 mai 2012, *Commission c/ Pays-Bas*, C-368/10.

20. Critère environnemental jamais obligatoire. Il résulte de l'instruction que, aux termes de l'art. 5 du règlement de la consultation d'un marché public portant sur l'évacuation et le traitement des déchets dangereux des ménages, il devait être procédé au jugement des offres sur le critère du prix et sur celui de la valeur technique de l'offre ; le critère de la valeur technique était lui-même décomposé en quatre sous-critères relatifs aux modalités d'organisation de la formation du personnel de la communauté urbaine affecté aux déchetteries, aux moyens en personnels et en matériels mis en œuvre dans le cadre du marché, aux modalités d'évacuation des déchets et, enfin, ainsi qu'il a été dit, aux filières de traitement ; la combinaison de ces critères et sous-critères, qui étaient objectifs, permettait, eu égard à l'objet du marché, de sélectionner l'offre économiquement la plus avantageuse ; la société X n'est donc pas fondée à soutenir qu'en ne retenant pas un critère de sélection des offres en matière de développement durable, permettant notamment de minimiser les distances ou les quantités de transport de déchets par voie routière, la communauté urbaine aurait méconnu ses obligations de publicité ou de mise en concurrence. • CE 23 nov. 2011, *Cté urb. de Nice-Côte-d'Azur*, n° 351570 : *BJCP 2012. 21, concl. Dacosta ; Rev. CMP 2012, n° 10, note Devillers.*

21. Performances en matière d'environnement. Si les dispositions (de l'art. 53 C. marchés) laissent à la collectivité publique le choix des critères d'attribution du marché qu'elle entend retenir, notamment au regard des performances en matière d'environnement, ceux-ci doivent être justifiés par l'objet du marché et présenter un caractère pertinent permettant d'identifier l'offre économiquement la plus avantageuse.

Il résulte de l'instruction que le règlement de la consultation prévoyait que le critère environnemental, noté sur 6, comportait un sous-critère noté sur 3 apprécié à partir des pourcentages des cars du parc de véhicules appartenant en propre à l'entreprise, classés selon la norme de pollution Euro IV et la norme Euro V de niveau supérieur ; toutefois ce même règlement demandait aux candidats un descriptif des équipements des véhicules « affectés aux lignes », alors que par ailleurs le cahier des clauses techniques particulières stipulait : « 2.2.1 parc et catégories de véhicules / Les véhicules affectés aux différents services devront être en adéquation avec les effectifs transportés. / (...) 2.2.2 Suivi et maintenance du matériel / (...) L'ensemble des biens propres à l'exploitant et leurs caractéristiques sont décrits dans l'annexe « parc et catégories de véhicules » de l'acte d'engagement. Seuls les véhicules inscrits à cette annexe sont autorisés à assurer le transport sous réserve du respect de la limite d'âge. L'exploitant, s'il le souhaite, peut déclarer pour chaque service une liste de véhicules « au moins équivalents » aux véhicules titulaires des services (...). Ces véhicules dits « de réserve » pourront remplacer les véhicules titulaires uniquement sur les services pour lesquels ils ont été déclarés. / L'inventaire du matériel utilisé, mis à jour, sera fourni à la personne publique au 30 septembre au plus tard de chaque année. / (...) 2.3.3 Matériel embarqué de billetterie / Les véhicules titulaires sont équipés d'un matériel de distribution des titres de transport (...) / 2.3.4 Âge limite / (...) Seul le véhicule déclaré lors de l'agrément de la convention est autorisé à assurer le transport sous réserve du respect de la limite d'âge. / (...) 2.3.5 Changement de véhicule / Dans le cas où l'exploitant serait amené à changer un véhicule de manière définitive, il doit prévoir un véhicule d'une capacité identique respectant les caractéristiques (...) / En cas de changement temporaire d'un véhicule, seuls les véhicules de remplacement figurant dans l'annexe « inventaire du matériel utilisé » de l'acte d'engagement peuvent être mis en circulation. / Tout changement définitif de véhicule doit être autorisé par l'Autorité organisatrice. Les photocopies des cartes grise et violette (...) du nouveau véhicule seront adressées à l'Autorité organisatrice. / Le changement temporaire ne peut concerner que les cas de panne, entretien normal et contrôle technique réglementaire. (...) » ; il résulte de la combinaison de ces stipulations que, dans leur offre, les candidats devaient désigner précisément les véhicules qui seraient affectés au marché comme le prévoyait également l'annexe I à l'acte d'engagement intitulé « inventaire du matériel utilisé » comportant deux rubriques « véhicule principal » et « véhicule de remplacement » et la note du sous-critère « environnement » calculée sur ces deux véhicules.

En notant, dans ces conditions, l'ensemble du parc de chaque candidat au regard de la norme de pollution « Euro » alors que la notation aurait dû porter sur les seuls véhicules précisément désignés au marché, le département de la Savoie a fait une inexacte application du sous-critère environnemental lié à la norme précitée ; le marché passé avec la société Alpes Découverte a donc été conclu à la suite d'une procédure irrégulière. Cette illégalité, qui n'affecte ni le consentement de la personne publique ni le bien-fondé de la prestation de service, et en l'absence de toutes circonstances particulières révélant notamment une volonté de la personne publique de favoriser un candidat, ne justifie pas que soit prononcée la résolution du contrat ; par sa gravité et en l'absence de régularisation possible, ce vice implique cependant que le marché soit résilié ; toutefois, l'intérêt général tenant à la continuité du service public justifie que cette résiliation ne prenne effet qu'au 1er févr. 2014, afin que le département puisse mener à bien la procédure légalement requise de choix d'un cocontractant. • CAA Lyon, 3 oct. 2013, *Sté Faure Vercors,* n° 12LY02248.

22. Précision suffisante des critères à caractère environnemental. Encore faut-il que des critères à caractère environnemental soient définis avec une précision suffisante. • CJCE 4 déc. 2003, *EVN AG et Wienstrom,* C-448/01 : *Rev. CMP 2004, n° 28, obs. Delelis.*

III. EXIGENCES À RESPECTER

23. Les critères d'attribution doivent être formulés, dans le cahier des charges ou dans l'avis de marché, de manière à permettre à tous les soumissionnaires raisonnablement informés et normalement diligents de les interpréter de la même manière (arrêts *SIAC Construction*, cité note 17, pt 42, ainsi que du 4 déc. 2003, *EVN et Wienstrom*, préc. note 22, C-448/01, *Rec. CJCE I-14527, pt 57*) et, lors d'une évaluation des offres, ces critères doivent être appliqués de manière objective et uniforme à tous les soumissionnaires (arrêt *SIAC Construction*, préc., point 44). • CJUE 17 févr. 2011, *Commission européenne c/ Chypre,* C-251/09.

24. Précision. Un pouvoir adjudicateur qui autorise les candidats à présenter des « services annexes » pris en compte à hauteur de 30% au titre du critère de la valeur technique des offres, critère lui-même assorti d'une pondération de 7/20, sans donner aucune description précise des prestations complémentaires ainsi demandées, s'est réservé une marge de choix discrétionnaire et n'a donc pas prévu des modalités d'examen des offres garantissant l'égalité de traitement des candidats et la transparence de la procédure. • CE 15 déc. 2008, *Cté urb. de Dunkerque – Ville de Dunkerque,* n° 310380 : *Rev. CMP 2009, n° 36, note Olivier.*

25. Contradictions dans les critères de sélection des offres. Le règlement de la consultation d'un marché relatif à des prestations de desserte d'établissements d'enseignement au bénéfice d'élèves et d'étudiants handicapés prévoit que le candidat peut, à son choix, soit renseigner l'ensemble du bordereau des prix portant sur l'intégralité de la gamme des véhicules de transport, soit, s'il ne dispose pas de l'ensemble des véhicules référencés, les prix des prestations indiquées dans l'état prévisionnel des services et que doit être retenue l'offre du candidat le moins-disant. Toutefois, alors qu'un candidat peut donc régulièrement proposer pour chaque lot une offre de transports sans disposer de toute la gamme des véhicules référencés, le même règlement prévoit qu'en cas d'équivalence du montant des offres, le pouvoir adjudicateur les départagera en prenant en compte « chaque prix unitaire du bordereau des prix », laissant ainsi supposer que ce départage se fera sur la base des prix proposés pour la gamme complète des véhicules référencés. Ces incertitudes, voire ces contradictions, affectant les critères de sélection des offres constituent un manquement, par le pouvoir adjudicateur, à ses obligations de publicité et de mise en concurrence. • CE 20 mai 2009, *Dpt du Var,* n° 318871.

26. Il ressort des pièces du dossier soumis au juge des référés que figurait parmi les critères d'attribution du lot n° 1 un critère relatif à l'insertion de personnes en difficulté, décomposé en deux sous-critères, relatifs, l'un au nombre d'heures d'insertion proposées par les candidats avec un minimum de quatre mille heures, l'autre à la formation de ces personnes ; le cahier des clauses administratives particulières (CCAP) comportait, à l'art. 1-5, une « clause sociale », détaillant la mise en œuvre par l'attributaire de l'objectif d'insertion de la commune, en fonction notamment de l'obligation de reprise des personnels affectés au précédent marché stipulée par la convention collective applicable à ce secteur ; eu égard au lien existant ainsi entre l'un des critères d'attribution du lot et l'exécution des prestations, c'est sans erreur de droit, ni erreur de qualification juridique que le juge des référés a pris en compte les stipulations du marché et les conditions de son exécution, pour apprécier si, ainsi que le soutenait la société Carrard Services, le critère relatif à l'insertion était ou non entaché d'incertitudes ou de contradictions ; le juge des référés a pu, dès lors, par une appréciation souveraine exempte de dénaturation, estimer que ni les stipulations de l'art. 1-5 du CCAP ni les explications complémentaires du pouvoir adjudicateur ne faisaient clairement apparaître comment s'appliquait l'engagement de l'attributaire relatif au nombre d'heures d'insertion en cas de reprise des personnels du marché précédent ; c'est également par une appréciation souveraine exempte de dénaturation qu'il en a déduit que le sous-critère relatif au nombre d'heures de travail réservées à l'insertion professionnelle de personnes en difficultés était entaché d'incertitudes constitutives, en l'espèce, d'un manquement de la commune aux obligations de publicité et de mise en concurrence susceptible de léser la société requérante ; en annulant la totalité de la procédure de passation pour le lot n° 1, le juge des référés n'a, eu égard au manquement qu'il relevait, commis aucune erreur de droit. • CE 28 mai 2014, *Cne de Dijon c/ Sté Carraud Services*, n° 375941 : *Rev. CMP 2014, n° 189, note Zimmer.*

27. Critères. Éléments d'appréciation. Il ressort des pièces du dossier soumis au juge des référés que le règlement de consultation du marché énonce, dans son chap. VI, que les offres seront évaluées à partir de deux critères, un critère technique et un critère financier, pondérés à hauteur respectivement de 70 % et de 30 % ; le critère technique est lui-même décomposé en cinq sous-critères affectés de pondérations différentes, parmi lesquels un sous-critère SC2 « Présentation de la solution » doté d'une note de 30 points sur 100. Il résulte tant du rapport d'analyse technique des offres que d'une lettre adressée le 13 nov. 2017 par le pouvoir adjudicateur à la société Archimed que la notation du sous-critère SC2 a été réalisée à partir de deux éléments, d'une part, la « présentation de la solution hors robustesse » et, d'autre part, la « présentation de la solution – partie robustesse », auxquels a été attribuée une même pondération. En estimant qu'il s'agissait de critères qui auraient dû être communiqués aux candidats, alors que ces mentions constituaient seulement des éléments d'appréciation, définis par le pouvoir adjudicateur pour préciser ses attentes au regard de chaque critère, lesquels n'étaient pas susceptibles d'exercer une influence sur la présentation des offres, la pondération identique de ces deux éléments manifestant l'intention du pouvoir adjudicateur de ne pas accorder à l'un d'entre eux une importance particulière, le juge des référés a commis une erreur de qualification juridique. • CE 4 avr. 2018, *Min. des Armées c/ Sté Archimed*, n° 416577.

28. Pondération. Les pouvoirs adjudicateurs peuvent déterminer librement la pondération des critères de choix entre les offres, pour autant qu'elle permette une évaluation synthétique des critères retenus afin d'identifier l'offre économiquement la plus avantageuse. • CJCE 4 déc. 2003, *EVN AG et Wienstrom*, n° C-448/01 : *préc. note 22.*

29. Il résulte du I de l'art. 53 C. marchés qu'il appartient au pouvoir adjudicateur de déterminer l'offre économiquement la plus avantageuse en se fondant sur des critères permettant d'apprécier la performance globale des offres au regard de ses besoins. Ces critères doivent être liés à l'objet du marché ou à ses conditions d'exécution, être définis avec suffisamment de précision pour ne pas laisser une marge de choix indéterminée et ne pas créer de rupture d'égalité entre les candidats. Le pouvoir adjudicateur détermine librement la pondération des critères de choix des offres. Toutefois, il ne peut légalement retenir une pondération, en particulier pour le critère du prix ou du coût, qui ne permettrait manifestement pas, eu égard aux caractéristiques du marché, de retenir l'offre économiquement la plus avantageuse. • CE 10 juin 2020, *Ministre des Armées c/ sociétés Erics Associés et Altaris*, n° 431194 B : *BJCP 2020. 308, concl. Le Corre ; Rev. CMP 2020. 253, note Hoepffner.*

30. Sous-éléments d'un critère d'attribution. Le pouvoir adjudicateur peut accorder un poids spécifique aux sous-éléments d'un critère d'attribution établi d'avance, en procédant à une ventilation, entre ces derniers, du nombre de points prévus au titre de ce critère lors de l'établissement du cahier des charges ou de l'avis de marché à condition qu'une telle décision ne modifie pas les critères d'attribution définis dans le cahier des charges ou l'avis de marché, ne contienne pas d'éléments qui, s'ils avaient été connus lors de la préparation des offres, auraient pu influencer cette préparation, n'ait pas été adoptée en prenant en compte des éléments susceptibles d'avoir un effet discriminatoire envers l'un des candidats. • CJCE 24 nov. 2005, *ATI EAC srl e Viaggi di Maio Snc*, C-331/04. ♦ En revanche, ni les sous-critères eux-mêmes, ni la pondération des critères ne peuvent être fixés « *ex post* ». • CJCE 24 janv. 2008, *Emm. G. Lianakis AE*, C-532/06 : *Rev. CMP 2008, n° 54, obs. Zimmer.*

31. Critères de choix des offres. Pondération, égalité de traitement et transparence. L'Irlande, qui avait donné accès aux soumissionnaires potentiels aux informations appropriées relatives au marché litigieux avant la date limite fixée pour la présentation des offres, n'a pas violé le principe d'égalité de traitement ni l'obligation de transparence qui en découle en procédant à une pondération de ces critères d'attribution sans donner auxdits soumissionnaires accès à une telle pondération avant l'expiration du délai fixé pour la présentation des offres. En attribuant une valeur pondérée à ces critères, le pouvoir adjudicateur n'a fait que préciser les modalités selon lesquelles les offres présentées devaient être évaluées, sans aucunement violer l'obligation de respecter la même interprétation des critères d'attribution, ceux-ci n'ayant pas été énumérés par ordre décroissant d'importance. Il convient de relever que la circonstance que les critères d'attribution ont été énumérés sans l'indication d'une pondération relative de chacun de ceux-ci ne permet pas de supposer que cette énumération était nécessairement effectuée par ordre décroissant d'importance ni que les critères d'attribution devaient avoir la même valeur pondérée. La modification de la valeur pondérée des critères d'attribution du marché litigieux a bien eu lieu après que le pouvoir adjudicateur eut communiqué la pondération relative de ces critères, sous la forme d'une grille d'évaluation, aux membres de la commission d'évaluation afin qu'ils puissent effectuer un premier examen des offres soumises. Non seulement les membres de la commission d'évaluation ont eu l'occasion d'examiner, à titre individuel, les offres avant la première réunion de cette commission en qualité d'organe collégial, mais ils ont été incités à effectuer un tel examen initial afin de faciliter l'évaluation collective au sein de cette commission. Ensuite, il convient de relever que, dans un tel contexte factuel, ainsi que la Cour l'a déjà jugé, les principes d'égalité de traitement et de transparence des procédures d'adjudication impliquent pour les pouvoirs adjudicateurs l'obligation de s'en tenir à la même interprétation des critères d'attribution tout au long de la procédure (V. par analogie, • CJCE 4 déc. 2003, *EVN AG et Wienstrom,* C-448/01 : *Rec. CJCE I-14527, pt 92).* ♦ S'agissant des critères d'attribution eux-mêmes, il convient d'admettre, à plus forte raison, que ceux-ci ne doivent subir aucune modification au cours de la procédure d'adjudication (V. par analogie, • CJCE 4 déc. 2003, *EVN AG et Wienstrom,* C-448/01, pt 93. ♦ Une phase au cours de laquelle, avant la réunion de la commission d'évaluation, les membres de celle-ci examinent, à titre individuel, les offres présentées fait partie intégrante de la procédure de passation du marché concerné. Dans ces conditions, une modification de la pondération des critères d'attribution qui intervient après ladite phase, au cours de laquelle les offres ont été examinées une première fois, reviendrait à modifier les critères sur la base desquels le premier examen a été effectué. Un tel comportement ne respecte pas le principe d'égalité de traitement et l'obligation de transparence qui en découle. • CJUE 18 nov. 2010, *Commission européenne c/ Irlande,* C-226/09 : *Rev. CMP 2011, n° 6, note Zimmer.*

32. Information des candidats sur les critères. Pour assurer le respect des principes de liberté d'accès à la commande publique, d'égalité de traitement des candidats et de transparence des procédures, l'information appropriée des candidats sur les critères d'attribution d'un marché public est nécessaire, dès l'engagement de la procédure d'attribution du marché, dans l'avis d'appel public à concurrence ou le cahier des charges tenu à la disposition des candidats ; dans le cas où le pouvoir adjudicateur souhaite retenir d'autres critères que celui du prix, l'information appropriée des candidats doit alors porter également sur les conditions de mise en œuvre de ces critères ; il appartient au pouvoir adjudicateur d'indiquer les critères d'attribution du marché et les conditions de leur mise en œuvre selon les modalités appropriées à l'objet, aux caractéristiques et au montant du marché concerné. Le pouvoir adjudicateur ayant souhaité, ainsi qu'il ressort des pièces du dossier soumis au juge des référés, retenir d'autres critères que celui du prix, l'information appropriée des candidats à l'attribution de ce marché public devait également porter non seulement sur les critères de sélection des offres mais également sur les conditions de leur mise en œuvre ; s'il est loisible au pouvoir adjudicateur, lorsqu'il passe un marché selon une procédure adaptée en application de l'art. 28 C. marchés, de pondérer ou de hiérarchiser les critères de sélection qu'il retient, y compris en leur attribuant une égale importance, il est tenu d'informer les candidats de son choix de mise en œuvre des critères de sélection ; par suite, le juge du référé précontractuel du tribunal administratif n'a pas commis d'erreur de droit en estimant que le pouvoir adjudicateur avait manqué à son obligation d'indiquer avec une précision suffisante l'importance respective des critères d'attribution de ce marché, dès lors que ces critères avaient été énumérés sans aucune indication quant à leur pondération ou à leur hiérarchisation. • CE 26 sept. 2012, *Groupement des poursuites extérieures,* n° 359389.

33. Information des candidats. Polynésie française. Aux termes de l'art. 28-1 de la L. org. du 27 févr. 2004 portant statut d'autonomie de la Polynésie française : « La Polynésie française fixe les règles applicables à la commande publique de la Polynésie française et de ses établissements publics dans le respect des principes de liberté d'accès, d'égalité de traitement des candidats, de transparence des procédures, d'efficacité de la commande publique et de bon emploi des deniers publics » ; pour assurer le respect de ces principes, l'information appropriée des candidats sur les critères d'attribution d'un marché public est nécessaire, dès l'engagement de la procédure d'attribution du marché, dans l'avis d'appel public à concurrence ou le cahier des charges tenu à la disposition des candidats ; en Polynésie française, où les dispositions en vigueur prévoient l'application d'au moins six critères énumérés par l'art. 25 du C. marchés applicable localement, susceptibles d'être complétés par d'autres critères, le respect des principes fondamentaux de la commande publique implique, dans tous les cas, que le pouvoir adjudicateur fournisse aux candidats l'information appropriée sur les conditions de mise en œuvre des critères d'attribution, y compris lorsque les six critères prévus par le code applicable localement ne sont pas complétés par d'autres critères spécifiques au marché en cause, en indiquant la hiérarchisation ou la pondération de ces critères, même lorsque leur est attribuée une égale importance ; il suit de là que le juge des référés a pu énoncer, sans commettre d'erreur de droit, que l'autorité compétente devait indiquer aux candidats la hiérarchisation des différents critères lorsqu'une telle hiérarchisation était retenue pour le jugement des offres. • CE 7 nov. 2012, *Polynésie française,* n° 360252 : *BJCP 2013. 3, concl. Dacosta.*

34. Critères d'attribution des marchés subséquents (accord-cadre). Information des candidats. L'information appropriée des candidats sur les critères d'attribution des marchés subséquents à un accord-cadre est nécessaire dès l'engagement de la procédure d'attribution de l'accord-cadre, dans l'avis d'appel public à la concurrence ou le cahier des charges tenu à la disposition des candidats ; dans le cas où le pouvoir adjudicateur souhaite retenir d'autres critères que celui du prix, l'information appropriée des candidats doit alors porter également sur les conditions de mise en œuvre de ces critères ; il appartient au pouvoir adjudicateur d'indiquer les critères d'attribution des marchés subséquents et les conditions de leur mise en œuvre selon les modalités appropriées à l'objet, aux caractéristiques et au montant prévisible des marchés concernés ; il lui est loisible, dans l'hypothèse du choix d'une pondération des critères, d'exprimer le poids de chacun d'entre eux par une fourchette, qu'il peut éventuellement préciser lors de la passation de chacun des marchés subséquents ; toutefois, eu égard à l'interdiction pour les parties, édictée par le II de l'art. 76 C. marchés, d'apporter des modifications substantielles aux termes fixés dans l'accord-cadre, l'écart maximal de cette fourchette doit être approprié et ne saurait, en tout état de cause, autoriser l'absence de prise en compte ultérieure de certains des critères annoncés.

Il résulte de ce qui précède que, d'une part, en jugeant que les candidats à l'attribution d'un accord-cadre devaient être informés, dès la passation de l'accord-cadre, des critères d'attribution des marchés subséquents et de leurs modalités de mise en œuvre, le juge du référé précontractuel n'a pas commis d'erreur de droit ; que, d'autre part, en estimant, après avoir relevé que le cahier des charges de l'accord-cadre mentionnait quatre critères d'attribution des marchés subséquents, dont les fourchettes de pondération étaient respectivement comprises entre 30 et 100 %, 0 et 70 %, 0 et 50 % et 0 et 30 %, que les indications données aux candidats à l'attribution de l'accord-cadre ne leur permettaient pas de déterminer, pour chaque marché subséquent ou chaque type de marché subséquent, s'il serait attribué sur la base de l'ensemble des critères annoncés, de certains d'entre eux ou du seul critère du prix, et en en déduisant que la procédure de passation avait été irrégulière, le juge du référé précontractuel s'est livré à une appréciation souveraine, exempte de dénaturation, et n'a pas commis d'erreur de droit. • CE 5 juill. 2013, *UGAP, Sté SCC,* n°s 368448 B et 368461 : *BJCP 2013. 418, concl. Dacosta ; Rev. CMP 2013, n° 248, note Zimmer ; RJEP 2014. 7, note Sirinelli.*

35. Sous-critères. Pondération ou hiérarchisation. Information des candidats. Si le pouvoir adjudicateur décide, pour mettre en œuvre ses critères de sélection des offres, de faire usage de sous-critères également pondérés ou hiérarchisés, il doit porter à la connaissance des candidats la pondération ou la hiérarchisation de ces sous-critères dès lors que, eu égard à leur nature et à l'importance de cette pondération ou hiérarchisation, ils sont susceptibles d'exercer une influence sur la présentation des offres par les candidats ainsi que sur leur sélection et doivent en conséquence être eux-mêmes regardés comme des critères de sélection. • CE 18 juin 2010, *Cne de Saint-Pal-de-Mons,* n° 337377 A : *BJCP 2010. 336, concl. Dacosta ; Rev. CMP 2010, n° 271, note Rees.* V. aussi • CAA Bordeaux, 27 oct. 2011, *SARL Arts et Bâtiment,* n° 10BX00835 • CE 4 juill. 2012, *Min. de la Défense et des Anciens Combattants,* n° 352714 : *Rev. CMP 2012, n° 271, note Pietri.*

36. Le pouvoir adjudicateur doit informer les candidats des critères de sélection des offres ainsi que de leur pondération ou hiérarchisation ; si le pouvoir adjudicateur décide, pour mettre en œuvre ces critères de sélection des offres, de faire usage de sous-critères également pondérés ou hiérarchisés, il doit porter à la connaissance des candidats la pondération ou la hiérarchisation de ces sous-critères dès lors que, eu égard à leur nature et à l'importance de cette pondération ou hiérarchisation, ils sont susceptibles d'exercer une influence sur la présentation des offres par les candidats ainsi que sur leur sélection et doivent en conséquence être eux-mêmes regardés comme des critères de sélection ; le pouvoir adjudicateur n'est en revanche pas tenu d'informer les candidats de la méthode de notation des offres.

Pour annuler la décision d'attribution du marché, la cour administrative d'appel s'est fondée sur la circonstance que l'appréciation des échantillons était constitutive d'un sous-critère du critère de la valeur technique, non prévu par les documents de la consultation, que la commune n'avait dès lors pu régulièrement prendre en considération ; en retenant ce motif, sans rechercher si la prise en compte des échantillons révélait un critère distinct de celui de la valeur technique et n'était pas constitutive d'une simple méthode de notation des offres pour l'appréciation du critère de la valeur technique, la cour a commis une erreur de droit. • CE 23 mai 2011, *Cne d'Ajaccio*, n° 339406 B : *Rev. CMP 2011, n° 246, note Devillers.*

37. Il ressort des énonciations de l'Ord. attaquée que le juge des référés du TA de Grenoble a estimé que faute d'avoir porté à la connaissance des candidats la façon dont elle entendait décomposer, au stade de l'analyse des offres, les trois sous-critères du critère technique prévus dans le règlement de consultation en plusieurs items, et la pondération qui en résultait pour chacun des sous-critères, la commune de La Léchère a commis un manquement au principe de transparence des procédures, mentionné au pt 2. En statuant de la sorte, alors qu'il résulte de l'instruction que la grille d'analyse utilisée par la commune conduisait à ce que les sous-critères « méthodologie », « continuité du service » et « moyens humains » comptent respectivement pour 6/11, 3/11 et 2/11 dans la note technique, et établissait ce faisant une pondération entre ces derniers, de nature, si elle avait été connue des candidats, à influencer la présentation de leurs offres, le juge des référés n'a ni entaché son ordonnance d'erreur de droit et d'erreur de qualification juridique des faits, ni méconnu son office.Il résulte de ce qui a été dit ci-dessus que, eu égard à l'importance de la pondération établie entre les sous-critères, ceux-ci devaient être eux-mêmes regardés comme des critères de sélection. Par suite, le moyen tiré de ce que le juge des référés du TA de Grenoble aurait commis une erreur de droit en omettant de rechercher si les sous-critères en litige avaient exercé une influence sur la présentation de l'offre des différents candidats doit être écarté. • CE 18 mai 2021, *Cne de la Léchère*, n° 448618.

38. Le règlement de la consultation annonçait que les offres des entreprises seraient appréciées selon deux critères, le prix pour 40 % et la valeur technique pour 60 %. Le rapport d'analyse des offres fait apparaître que le critère de la valeur technique a été décomposé en 8 sous-critères dotés pour 7 d'entre eux de la même pondération, le dernier étant affecté d'une pondération nettement plus importante. Les entreprises n'ont pas eu connaissance, lors de la préparation de leur offre, de ces sous-critères ni de leurs valeurs respectives. L'absence de communication aux entreprises d'une telle information de nature à influencer la préparation de leur offre a entaché d'irrégularité la procédure de passation du marché. • CAA Bordeaux, 14 mai 2009, *Cté d'agglom. du territoire de la côte ouest (TCO)*, n° 07BX00650.

39. Marchés de maîtrise d'œuvre. Sous-critères. Le pouvoir adjudicateur n'est pas tenu de distinguer, dans l'avis d'appel à concurrence d'un marché de maîtrise d'œuvre, des « sous-critères » de conformité des prestations proposées au règlement de la consultation et des « sous-critères » d'évaluation de la qualité de ces prestations. • CE 8 août 2008, *CH Edmond-Garcin*, n° 309652 B.

IV. DIFFÉRENTS CRITÈRES

40. Critère du prix. Une réglementation ne peut exiger de façon générale et abstraite que, pour les marchés de travaux, les pouvoirs adjudicateurs ne retiennent que le critère du prix. • CJCE 7 oct. 2004, *Sintesi SpA*, C-247/02 : *Rev. CMP 2004, n° 222, obs. Zimmer.*

41. Critère unique (prix). Hypothèse où un tel critère est non pertinent et, par suite, illégal. En faisant dépendre de l'objet du marché le recours au seul critère du prix, l'art. 53 C. marchés ne méconnaît pas les objectifs de la directive. Un juge du référé précontractuel ne commet aucune erreur de droit en jugeant que, compte tenu de la complexité de l'objet d'un marché (réalisation d'un itinéraire alternatif à la route départementale RD 1075 sur le territoire de la commune de Morestel), le pouvoir adjudicateur a méconnu les dispositions de l'art. 53 C. marchés en retenant le prix comme critère unique de sélection des offres. • CE 6 avr. 2007, *Dpt de l'Isère*, n° 298584 B : *BJCP 2007. 293, concl. Boulouis*

42. Critère du prix. Pertinence. En complément des recettes publicitaires résultant de l'exploitation commerciale des mobiliers urbains, les candidats à un marché public de mobilier urbain étaient autorisés à solliciter le versement d'un « prix », c'est-à-dire d'un apport financier de la commune, dont l'art. 3.3.1 du cahier des clauses administratives particulières précisait qu'il devait être établi par le prestataire en fonction, d'une part, d'une redevance domaniale à verser à la collectivité ainsi que du coût des prestations à réaliser, d'autre part, de ses recettes publicitaires ; si les prestataires étaient appelés à se rémunérer grâce aux recettes publicitaires tirées de l'exploitation commerciale des mobiliers urbains, et s'il était loisible aux candidats de ne demander aucun « prix » à la collectivité, le critère du « prix » éventuellement demandé par les entreprises en complément des recettes publicitaires n'était pas dépourvu de pertinence au regard de l'économie du contrat et des conditions de financement des prestations demandées. • CE 4 févr. 2009, *Cne de Toulon*, n° 311344 B : *Rev. CMP 2009, n° 124, note Pietri.*

43. Critère du prix non pertinent. Aux termes de l'art. L. 6211-21 CSP : « Sous réserve des accords ou conventions susceptibles d'être passés avec des régimes ou des organismes d'assurance maladie ou des établissements de santé ou des groupements de coopération sanitaire (...) les examens de biologie médicale sont facturés au tarif de la nomenclature des actes de biologie médicale prise en application des art. L. 162-1-7 et L. 162-1-7-1 du code de la sécurité sociale » ; il résulte de ces dispositions qu'en dehors des exceptions prévues par le CSP, la facturation des examens de biologie médicale n'est susceptible de donner lieu à aucune forme de remise de la part des entités en assurant l'exécution ; dès lors, lorsqu'un pouvoir adjudicateur organise une mise en concurrence afin d'attribuer un marché de prestations d'analyse médicale, le critère du prix des prestations prévues par la nomenclature des actes de biologie médicale est dépourvu de toute pertinence pour départager les offres. • CE 7 mai 2013, *Dpt de Paris, Ville de Paris,* n° 364833.

44. Critère non pertinent. Impossibilité d'y renoncer en cours de procédure, même en cas de procédure adaptée. Il ressort des pièces du dossier soumis au juge des référés du tribunal administratif que, par un avis d'appel public à la concurrence publié au *Bulletin officiel des annonces des marchés publics*, le Sénat a lancé une consultation en vue de l'attribution d'un marché à procédure adaptée ayant pour objet un bilan de santé pour les sénateurs et le personnel ; l'art. VI-2 du règlement de la consultation prévoyait que le marché serait attribué au candidat présentant l'offre économiquement la plus avantageuse au regard des critères du prix, pour 50 %, et de la valeur technique, pour 50 %, décomposée à parts égales entre le critère de la qualité de l'organisation des opérations d'accueil et de prélèvement réalisées au Palais du Luxembourg et le critère du délai d'envoi des résultats des analyses, et que les candidats ayant présenté les offres les plus intéressantes au regard de ces critères pourraient être invités à négocier ; ayant été averti par la société X, candidate, que l'art. L. 6211-21 CSP, issu de l'Ord. du 13 janv. 2010 relative à la biologie médicale, impose la facturation des examens de biologie médicale au tarif de la nomenclature de la sécurité sociale, le pouvoir adjudicateur a, lors des entretiens de négociation, invité les entreprises candidates à présenter un nouveau bordereau des prix conforme à ces dispositions ; les deux candidats concurrents de la société X, qui avaient proposé des prix inférieurs au tarif de la nomenclature, ont, par suite, rectifié leur offre en ce sens ; le pouvoir adjudicateur a informé la société X que le marché avait été attribué à un laboratoire Y, qui, après neutralisation du critère du prix, avait présenté l'offre la plus avantageuse au regard des critères de valeur technique énoncés dans le règlement de la consultation ; par l'ordonnance attaquée, le juge des référés du tribunal administratif, après avoir notamment relevé qu'en réponse à l'invitation du pouvoir adjudicateur en ce sens les deux entreprises qui n'avaient pas proposé des prix égaux au tarif de la nomenclature avaient régularisé leur offre sur ce point, a retenu que, par la suppression du critère du prix, le pouvoir adjudicateur avait manqué à ses obligations de mise en concurrence et que ce manquement était susceptible d'avoir lésé la société X, dès lors que celle-ci était la seule entreprise à avoir présenté une offre dont le prix était conforme aux nouvelles dispositions législatives.

Les dispositions du 2e al. de l'art. 28 C. marchés, qui permettent au pouvoir adjudicateur, au cours de la procédure adaptée, de négocier avec les candidats ayant présenté une offre sur tous les éléments de leur offre, notamment sur le prix, n'ont ni pour objet ni pour effet de l'autoriser à abandonner, en cours de procédure, le critère du prix défini, à parité avec un autre critère, comme principal critère de jugement des offres par le règlement de consultation ; il en résulte que le juge des référés du tribunal administratif n'a pas commis d'erreur de droit en jugeant que le pouvoir adjudicateur avait manqué à ses obligations de mise en concurrence en neutralisant, après dépôt des offres, le critère du prix et en demandant, en conséquence, à deux candidats de relever les prix proposés par leurs offres afin de les mettre en conformité à la législation. • CE 27 avr. 2011, *Président du Sénat,* n° 344244 B : *BJCP 2011. 263, concl. Dacosta ; Rev. CMP 2011, n° 165, note Zimmer.*

45. Critère illégal (meilleure connaissance par le pouvoir adjudicateur d'un des procédés techniques possibles). Une CAO porte atteinte à l'égalité de traitement des candidats, auxquels étaient proposés indifféremment deux procédés techniques différents, en retenant un critère de sélection des offres tiré de la meilleure connaissance par la personne publique de l'un des deux procédés. • CE 1er avr. 1994, *SA Éts J. Richard Ducros,* n° 120121 A.

46. Préférence locale. Commet une erreur de droit la CAO qui décide d'attribuer un marché de façon préférentielle à une entreprise locale si ses propositions n'excèdent pas 104 % du montant des autres offres, afin de favoriser le maintien des emplois locaux et l'acquittement, au bénéfice de la commune, de la taxe professionnelle, motifs sans rapport avec la réglementation des marchés. • CE 29 juill. 1994, *Cne de Ventenac-en-Minervois,* n° 131562 B.

47. Critère relatif aux « qualités esthétiques ». Un critère relatif aux « qualités esthétiques » peut être en rapport avec l'objet d'un marché. Il doit cependant être suffisamment précis, surtout s'il est affecté d'un coefficient de pondération élevé. • CE 28 avr. 2006, *Cne de Toulouse,* n° 280197 B : *BJCP 2006. 268, concl. Casas ; AJDA 2006. 593, note Brenet ; Dr. adm. 2006, n° 149, obs. Ménéménis ; Rev. CMP 2006, n° 165, obs. Eckert.*

48. Critères esthétiques. Précision suffisante. Le pouvoir adjudicateur, qui avait retenu l'esthétique comme un des critères d'attribution du marché, avait apporté à cet égard les indications suivantes dans le cahier des clauses techniques particulières du marché : « Les mobiliers urbains (...) devront participer à l'embellissement de l'espace public par leurs qualités esthétiques. Ils devront de plus être en cohérence avec l'identité portuaire et maritime de Saint-Nazaire et s'inscrire dans le style nazairien alliant exigence fonctionnelle (solidité, résistance, confort d'usage, durabilité, facilité d'entretien et de remplacement) et esthétique. A cet égard, le mobilier retenu devra être d'esprit contemporain, de forme simple et épurée, de préférence en métal et d'une couleur dominante blanche » ; en jugeant que, par de telles indications, le pouvoir adjudicateur n'avait pas défini ses attentes avec une précision suffisante pour écarter l'éventualité d'une décision d'attribution discrétionnaire, le juge des référés a dénaturé les pièces du dossier. • CE 5 nov. 2008, *Cne de Saint-Nazaire, Cté d'agglomération de la région nazairienne et de l'estuaire – Sté Abri services SARL*, n°s 310484 B et 310544 B : *Rev. CMP 2008, n° 299, obs. Zimmer ; Dr. adm. 2009, n° 24, note Coronat.*

49. Critère légal : conformité avec les exigences figurant dans la documentation. Les art. 2 et 53, § 1, ss. a), de la Dir. n° 2004/18/CE doivent être interprétés en ce sens qu'ils permettent, en principe, à un pouvoir adjudicateur de retenir comme critère d'évaluation des offres déposées par les soumissionnaires à un marché public le degré de conformité de celles-ci avec les exigences figurant dans la documentation de l'appel d'offres. • CJUE 12 mars 2015, *eVigilo Ltd*, C-538/13.

50. Expérience des soumissionnaires acquise lors de contrats précédents. La prise en considération de l'expérience des soumissionnaires acquise lors de contrats passés avec le pouvoir adjudicateur ne peut servir, au stade de la phase d'attribution, pour évaluer les qualités technique et économique des offres. Toutefois, de tels contrats peuvent constituer des éléments de preuve des qualités technique et économique d'une offre, afin de permettre au pouvoir adjudicateur d'apprécier la crédibilité des offres soumises, notamment en termes de faisabilité des solutions techniques proposées ou d'adéquation des ressources aux caractéristiques de ces offres. • CJUE 16 avr. 2015, *European Dynamics Belgium SA et a.*, C-173/14 P.

51. Délai d'exécution. Le délai d'exécution, critère de sélection prévu par l'art. 53 C. marchés, ne peut être pris en considération que s'il est retenu par le règlement de la consultation. Ce délai, qui n'avait pas été défini par le règlement de la consultation comme un élément de la valeur technique de l'offre, et qui constitue un critère distinct de cette valeur technique selon les dispositions du C. marchés, ne peut, par suite, être régulièrement retenu pour départager les offres des entreprises soumissionnaires. • CAA Nancy, 24 janv. 2008, *Cne d'Euville*, n° 06NC00908.

52. Valeur technique. Obligation de produire un arrêté préfectoral d'autorisation. Légalité. Le règlement de consultation du marché définit trois critères d'attribution, dont celui de la valeur technique, « apprécié au regard du mémoire technique », lequel doit comprendre une copie des arrêtés préfectoraux autorisant l'exploitation du centre de traitement en validité sur la durée du marché, avec l'indication de la capacité de traitement du site, des tonnages actuels autorisés et des tonnes actuellement reçues ; d'une part, une telle exigence n'est pas en elle-même, contrairement à ce que soutient la société requérante, constitutive d'une rupture d'égalité entre les candidats ; d'autre part, elle permet de déterminer les moyens dont disposent les candidats pour exécuter le marché et donc d'évaluer leurs offres au regard des critères retenus ; par conséquent, le pouvoir adjudicateur n'a pas méconnu les dispositions de l'art. 53 C. marchés en retenant une telle exigence. • CE 7 nov. 2014, *Synd. dptal de traitement des déchets ménagers de l'Aisne (Valor'Aisne)*, n° 384014 : *Rev. CMP 2015, n° 6, note Eckert ; BJCP 2015. 189, concl. Dacosta.*

53. Valeur technique. Justificatifs. Lorsque, pour fixer un critère d'attribution d'un marché public, le pouvoir adjudicateur prévoit que la valeur des offres sera examinée au regard d'une caractéristique technique déterminée, il lui incombe d'exiger la production de justificatifs lui permettant de vérifier l'exactitude des informations données par les candidats. • CE 9 nov. 2015, *Sté Autocars de l'Île de Beauté*, n° 392785 B : *Rev. CMP 2016, n° 16, note Ubaud-Bergeron ; BJCP 2016. 121, concl. Henrard ; AJDA 2016. 1069, note Hul*.

54. Lorsque le pouvoir adjudicateur prévoit, pour fixer un critère ou un sous-critère d'attribution du marché, que la valeur des offres sera examinée au regard du respect d'une caractéristique technique déterminée, il lui incombe d'exiger la production de justificatifs lui permettant de vérifier l'exactitude des informations données par les candidats. Toutefois, en l'espèce, s'il ressort des documents de la consultation que devaient être examinés, au titre du critère des « effectifs humains et matériels », le nombre et les caractéristiques sommaires des véhicules utilisés, le pouvoir adjudicateur n'avait pas émis d'exigences particulières à cet égard sanctionnées par le système d'évaluation des offres stipulé par le règlement de la consultation et n'a donc pas manqué à ses obligations de publicité et de mise en concurrence en ne prévoyant pas de justificatif particulier. • CE 22 juill. 2016, *Cté d'agglomération du Centre Littoral*, n° 396597 B : *BJCP 2016. 439, concl. Henrard ; AJDA 2017. 477, note Vila*.

55. Critère portant sur les « modalités de collaboration » des candidats à un marché de services juridiques. Le critère n° 2 prévu par le règlement de la consultation, commun aux lots n°s 1 et 5 et pondéré à hauteur de 30 %, portait sur les modalités de collaboration proposées par les candidats. Un tel critère, dont il était indiqué qu'il serait apprécié en ce qui concerne les modalités proposées par les candidats en termes notamment de réactivité du cabinet, de suivi des dossiers et de capacité à formuler des recommandations, n'est pas de nature à conférer au pouvoir adjudicateur une liberté de choix illimitée. Par suite la commune n'a pas, en retenant un tel critère, méconnu les obligations de publicité et de mise en concurrence applicables. • CE 13 nov. 2020, *Cne de Perpignan c/ Sté Saguine de di Frenna et associés,* n°s 439525 et 439543.

56. Sous-critère illégal. Un article de l'acte d'engagement d'un marché est ainsi rédigé : « Les modalités d'intervention relatives à la maintenance sont fixées à l'art. 7-4 du cahier des clauses administratives particulières » ; toutefois, ledit article ne fait apparaître, s'agissant des délais d'intervention de maintenance, d'autre exigence que la réalisation des prestations aux jours et heures ouvrables du pouvoir adjudicateur ; la rubrique « délais d'intervention » comme la rubrique « pénalité pour retard d'intervention » sont toutes deux renseignées « sans objet ». Par suite, le pouvoir adjudicateur ne pouvait régulièrement faire de la rapidité d'intervention en matière de maintenance de l'équipement un sous-critère de l'appréciation de la valeur technique des offres, dès lors que ce sous-critère, dont le résultat représentait le tiers de l'appréciation sur le service après-vente, lui-même affecté d'un coefficient de 30 %, n'était pas prévu dans les documents de la consultation. • CE 1er avr. 2009, ♔ *Min. de l'Écologie, de l'Énergie, du Développement durable et de l'Aménagement du territoire,* n° 321752 B.

57. Sous-critère du critère de valeur technique non pertinent (montant des pénalités en cas de retard). Un sous-critère relatif au montant des pénalités à infliger en cas de retard dans l'exécution des prestations, qui n'a ni pour objet ni pour effet de différencier les offres au regard du délai d'exécution des travaux, ne permet pas de mesurer la capacité technique des entreprises candidates à respecter des délais d'exécution du marché ni d'évaluer la qualité technique de leur offre ; en outre, la personne publique n'est pas tenue de faire application des pénalités de retard et le juge administratif, saisi de conclusions en ce sens, peut, à titre exceptionnel, modérer ou augmenter les pénalités résultant du contrat si elles atteignent un montant manifestement excessif ou dérisoire eu égard au montant du marché et compte tenu de l'ampleur du retard constaté ; il suit de là que la cour administrative d'appel a commis une erreur de droit en estimant que le sous critère relatif aux pénalités de retard n'était pas sans lien avec la valeur technique de l'offre à apprécier. • CE 9 nov. 2018, ♔ *Sté Savoie,* n° 413533 B : *BJCP 2019. 18, concl. Pellissier ; Rev. CMP 2019. 6, note Ubaud-Bergeron.*

58. Sous-critère légal. Exemple. Le marché litigieux a pour objet l'acquisition par l'UGAP, en sa qualité de centrale d'achat et sur le fondement du 1° de l'art. 9 C. marchés, de prestations de services de maîtrise d'ouvrage déléguée d'applications informatiques destinées à être ensuite commercialisées auprès des pouvoirs adjudicateurs soumis au C. marchés ou à l'Ord. du 6 juin 2005, lesquels seront, en application de l'art. 31 du même code, considérés comme ayant respecté leurs obligations de publicité et de mise en concurrence ; il résulte de l'art. 7 du cahier des clauses administratives particulières que ces prestations doivent faire l'objet, de la part de ces pouvoirs adjudicateurs, de bons de commande adressés à l'UGAP ou directement au titulaire du lot n° 3, et doivent être exécutées par ce dernier, soit dans les locaux des pouvoirs adjudicateurs, soit dans ses propres locaux ; qu'il résulte également de l'art. 5.2 du cahier des clauses administratives particulières que la rémunération du titulaire du marché peut notamment être calculée en fonction du nombre d'unités d'œuvre forfaitisées, chaque unité d'œuvre correspondant à une durée de prestation maximale exprimée en jours ouvrés.

Il résulte de ce qui précède que le sous-critère du critère de la qualité de services intitulé « mode de fonctionnement proposé en interface avec l'UGAP pour garantir le déploiement efficace de l'offre » et le sous-critère du critère du prix intitulé « cohérence de la décomposition des prix des unités d'œuvre forfaitisées » sont liés à l'objet du marché, dès lors que le premier sous-critère vise, ainsi que l'indique l'annexe 1 au règlement de la consultation, à décrire les moyens commerciaux proposés par le titulaire du lot n° 3 pour identifier, avec l'UGAP, les besoins en services informatiques des pouvoirs adjudicateurs auprès desquels seront commercialisées par cette dernière les prestations de services informatiques acquises auprès du titulaire, et que le second sous-critère est destiné à connaître les prix proposés par celui-ci à l'UGAP pour certaines de ces prestations ; par suite, la société n'est pas fondée à soutenir que l'UGAP a manqué à ses obligations de publicité et de mise en concurrence en recourant à des sous-critères non liés à l'objet du marché. • CE 18 déc. 2012, ♔ *UGAP,* n° 363208.

V. MÉTHODE DE NOTATION

59. Sous-critères/méthodes de notation. Pour assurer le respect des principes de liberté d'accès à la commande publique, d'égalité de traitement des candidats et de transparence des procédures, l'information appropriée des candidats sur les critères d'attribution d'un marché public est nécessaire, dès l'engagement de la procédure d'attribution du marché, dans l'avis d'appel public à concurrence ou le cahier des charges tenu à la disposition des candidats ; dans le cas où le pouvoir adjudicateur souhaite retenir d'autres critères que celui du prix, l'information appropriée des candidats doit alors porter également sur les conditions de mise en œuvre de ces critères ; il appartient au pouvoir adjudicateur d'indiquer les critères d'attribution du marché et les conditions de leur mise en œuvre selon les modalités appropriées à l'objet, aux caractéristiques et au montant du marché concerné ; en outre, si le pouvoir adjudicateur décide, pour mettre en œuvre ces critères de sélection des offres, de faire usage de sous-critères, il doit porter à la connaissance des candidats leurs conditions de mise en œuvre dès lors que ces sous-critères sont susceptibles d'exercer une influence sur la présentation des offres par les candidats ainsi que sur leur sélection et doivent en conséquence être eux-mêmes regardés comme des critères de sélection.

Pour annuler la procédure de passation du marché litigieux (qui avait pour objet l'entretien et la réparation de groupes électrogènes et qui était passé selon une procédure adaptée), le juge des référés s'est fondé sur ce que le pouvoir adjudicateur, en procédant à une « simulation » consistant à multiplier les coûts horaires des interventions en journée, d'une part, et en heures de nuit et jours fériés, d'autre part, par le nombre estimé d'interventions sur la durée d'exécution du marché et à additionner le résultat obtenu aux prix forfaitaires de l'entretien et de la réparation, ne s'était pas borné à appliquer une méthode de notation mais avait mis en œuvre des sous-critères de prix qui auraient dû être portés à la connaissance des candidats avec leur pondération ; en statuant ainsi, sans rechercher si ces sous-critères étaient susceptibles d'exercer une influence sur la présentation des offres par les candidats ainsi que sur leur sélection et devaient en conséquence être eux-mêmes regardés comme des critères de sélection et, pour ce motif, portés à la connaissance des candidats avec leurs conditions de mise en œuvre, le juge des référés du tribunal administratif a commis une erreur de droit.

Il résulte de l'instruction, en particulier de l'acte d'engagement inclus dans le dossier de consultation, que le marché litigieux comprenait, d'une part, des prestations d'entretien et de réparation des groupes électrogènes évaluées à partir d'un prix forfaitaire et, d'autre part, des prestations d'astreintes téléphoniques et de déplacement sur site pour dépannage évaluées à partir d'un prix unitaire par appel téléphonique et par déplacement ; s'agissant de ces dernières prestations, il était demandé aux candidats d'indiquer deux prix unitaires relatifs aux appels téléphoniques et déplacements reçus et effectués du lundi au vendredi de 8 h à 20 h et deux autres prix unitaires pour les appels téléphoniques et les déplacements reçus et effectués en dehors de ces jours et horaires ; eu égard à l'impossibilité, d'une part, d'additionner les prix forfaitaires aux prix unitaires proposés par les candidats et, d'autre part, de déterminer à l'avance, dans le règlement de la consultation, le nombre d'appels téléphoniques et de dépannages auxquels devraient répondre et que devraient assurer ces mêmes candidats, le pouvoir adjudicateur pouvait, pour évaluer le montant des offres en ce qui concernait ces prestations, effectuer une « simulation » consistant à multiplier les prix unitaires proposés par les candidats par le nombre d'interventions envisagées par lui afin d'obtenir un prix global pouvant être additionné aux prix forfaitaires des prestations d'entretien et de réparation ; en procédant à cette simulation, qui était nécessaire à l'appréciation du critère du prix eu égard à la coexistence dans le marché litigieux de prix forfaitaires et de prix unitaires, le pouvoir adjudicateur a mis en œuvre une simple méthode de notation destinée à évaluer ce critère, sans modifier ses attentes définies dans le règlement de la consultation par les critères de sélection et donc sans poser un sous-critère assimilable à un critère distinct ; par suite, le pouvoir adjudicateur n'était nullement tenu d'informer les candidats, dans les documents de la consultation, qu'il aurait recours à une telle méthode. • CE 2 août 2011, *Synd. mixte de la vallée de l'Orge aval*, n° 348711 B : *BJCP 2011. 435, concl. Dacosta ; AJDA 2011. 2180, note Busson*.

60. Il résulte de l'instruction, et notamment du dossier d'analyse des offres, que la valeur technique est notée sur trente points, chacun des éléments visés, au nombre desquels figurait le point dit « remplacement des pièces », comptant pour deux points ; cet élément ne figure pas au point 5.3 du cahier des clauses techniques particulières relatif à la maintenance des matériels qui précise le contenu du contrat de suivi et d'entretien que doivent fournir les entreprises ; le remplacement des pièces, dès lors qu'il a été au nombre des éléments permettant d'apprécier la qualité du mémoire technique des entreprises, devait s'analyser comme un sous-critère et non comme une simple méthode de notation ; compte tenu de l'influence qu'il était susceptible d'exercer sur la présentation et la sélection des offres par les candidats, le pouvoir adjudicateur aurait dû le mentionner dans les documents de consultation. • CAA Douai, 16 nov. 2012, *Sté Hydra LS*, n° 11DA01162.

61. Critère/méthode de notation. Pour annuler la procédure de passation litigieuse, le juge des référés du tribunal administratif a retenu que les candidats n'avaient pas été informés par les documents de la consultation que le critère du prix serait apprécié, à hauteur de 80 %, en fonction du montant total général porté au bordereau de prix unitaires remis aux candidats et, à hauteur de 20 %, en fonction du rabais consenti par les candidats sur le prix public des matériaux non identifiés dans le bordereau, lequel ferait ainsi l'objet d'une appréciation distincte de celle du montant total porté au bordereau des prix unitaires ; le juge a ainsi estimé que le rabais demandé aux candidats sur les matériaux non identifiés dans le bordereau qui leur avait été remis constituait en lui-même un critère de prix et que le pouvoir adjudicateur avait donc mis en œuvre deux critères de prix, l'un pour les fournitures, matériaux et prestations figurant au bordereau de prix unitaires remis aux candidats, l'autre pour les matériaux ne figurant pas dans ce bordereau.

En retenant ainsi l'existence d'un second critère de prix, alors que le rabais devant être proposé par les candidats sur les matériaux non prévus au bordereau de prix unitaires constituait, avec l'indication du montant total général porté à ce bordereau, l'un des deux éléments d'appréciation pour la notation d'un seul critère de prix, la pondération de ces deux éléments étant destinée à établir le prix de l'offre et ne manifestant pas l'intention du pouvoir adjudicateur d'accorder à l'un d'entre eux une importance particulière non liée à la part respective des matériaux et fournitures concernés dans l'ensemble des matériaux et fournitures nécessaires à l'exécution des prestations du marché, le juge des référés a commis une erreur de qualification juridique. • CE 25 mars 2013, *Sté Cophignon, OPH des Ardennes-Habitat 08*, n°s 364951 B et 364963.

62. *Obligation d'informer les candidats de la méthode de notation. Absence.* Le pouvoir adjudicateur n'a pas à informer les candidats de la méthode de notation qu'il envisage de retenir et d'utiliser pour évaluer les offres au regard des critères de sélection. • CE 26 sept. 2012, *Cté d'agglomération Seine-Eure*, n° 359706 B : *BJCP 2012. 412, concl. Pellissier ; Rev. CMP 2012, n° 306, note Zimmer.*

63. Pour faire droit à la demande de la société, le juge des référés du tribunal administratif a jugé que le pouvoir adjudicateur avait manqué à ses obligations de publicité et de mise en concurrence en ne communiquant pas aux candidats la note qui correspondrait, pour le critère du prix, au prix moyen des offres présentées pour chaque lot ; toutefois, la note attribuée au prix moyen des offres est un élément relatif à la méthode de notation des offres, que le pouvoir adjudicateur n'est pas tenu de communiquer aux candidats ; par suite, le juge des référés a commis une erreur de droit. • CE 18 déc. 2012, *Dpt de la Guadeloupe*, n° 362532 B : *Rev. CMP 2013, n° 28, note Zimmer.*

64. Il ressort des pièces du dossier soumis aux juges du fond qu'aux termes du règlement de consultation du marché passé par la commune en vue de l'installation d'une chaudière à granulés bois dans l'école primaire communale, les critères de sélection des offres étaient, pour 40 points, le prix, et pour 60 points, la valeur technique, elle-même divisée en deux sous-critères, intitulés « qualité du matériel proposé », noté sur 25 points, et « quantitatif mis en œuvre », noté sur 35 points ; le document d'analyse des offres intitulé « éléments de notation et de classement », non communiqué aux candidats, précisait que la « qualité du matériel proposé » était appréciée en fonction de cinq éléments notés chacun sur 5 points, à savoir la puissance des radiateurs, la garantie, les références, la qualité du devis et la réactivité de l'entreprise, et que le « quantitatif mis en œuvre » était apprécié sur la base de deux éléments respectivement notés sur 30 et 5 points, à savoir les « détails quantitatifs » et le contrat d'entretien proposé.

La cour administrative d'appel a jugé que la commune avait méconnu le principe de transparence des procédures de passation des marchés publics au motif qu'elle n'avait pas communiqué aux candidats ces « éléments de notation et de classement » alors que l'importance particulière accordée aux « détails quantitatifs » notés sur 30 points avait nécessairement eu une influence sur la présentation des offres et la sélection des entreprises dès lors que les six autres éléments d'appréciation du critère de la valeur technique n'étaient comptés chacun que pour 5 points sur un total de 60 points ; toutefois, ce total se décomposait, selon les termes du règlement de consultation, en deux sous-critères, qualitatif pour 25 points et quantitatif pour 35 points ; en se livrant à une appréciation au regard du total de points attribués au critère de la « valeur technique », et non à une appréciation au regard du total de points attribués au sous-critère du « quantitatif mis en œuvre », qui avait été porté à la connaissance des candidats, la cour a commis une erreur de droit. • CE 6 avr. 2016, *Cne de la Bohelle*, n° 388123 : *Rev. CMP 2016, n° 147, note Ubaud-Bergeron.* – V. aussi • CAA Nantes, 10 janv. 2017, *SARL Aclimat c/ Cne de La Bohalle*, n° 16NT01287 : *Rev. CMP 2017, comm. 65, Ubaud-Bergeron.*

65. Il ressort des énonciations de l'ordonnance attaquée que le pouvoir adjudicateur a distribué aux membres du jury, sans le porter à la connaissance des candidats, un barème de notation du sous-critère 3.1 « Réponse aux besoins fonctionnels décrits au tome 1 », noté sur 7,5 pts, indiquant les éléments d'appréciation suivants : Insertion dans le site/ qualité architecturale pour 2,5 pts (insertion dans le site et qualité architecturale de l'extension, impact avec le bâtiment existant, gestion des accès/cheminements/gestion des flux et espaces extérieurs) ; Pertinence de la fonctionnalité du projet pour 2,5 pts (gestion globale/organisation générale/flux internes, connexions entre l'extension et le bâtiment existant) ; Analyse de la fonctionnalité des entités accueillies pour 2,5 pts (y compris surface des locaux « dimensionnants »). Pour juger que le pouvoir adjudicateur avait manqué à ses obligations de mise en concurrence en ne portant pas ces informations à la connaissance des candidats, l'auteur de l'ordonnance attaquée a considéré que le pouvoir adjudicateur avait entendu noter sur 2,5 pts la qualité architecturale et sur 5 pts la qualité fonctionnelle et que « ces éléments d'appréciation, distincts par leur nature et leur pondération respective, ne constituaient donc pas une simple méthode d'évaluation mettant en œuvre le sous-critère de sélection 3-1 ». En statuant ainsi, alors que le barème de notation, qu'il n'appartenait pas au juge du référé précontractuel de recomposer, distinguait trois éléments d'appréciation pondérés à la même hauteur, l'auteur de l'ordonnance attaquée a dénaturé les pièces du dossier. • CE 1er avr. 2022, *Sté Bourdarios,* nos 458793 et 458864.

66. L'art. 53, § 2, de la Dir. 2004/18/CE du Parlement européen et du Conseil du 31 mars 2004 relative à la coordination des procédures de passation des marchés publics de travaux, de fournitures et de services, lu à la lumière du principe d'égalité de traitement et de l'obligation de transparence qui en découle, doit être interprété en ce sens que, dans le cas d'un marché de services devant être attribué selon le critère de l'offre économiquement la plus avantageuse du point de vue du pouvoir adjudicateur, ce dernier n'est pas tenu de porter à la connaissance des soumissionnaires potentiels, dans l'avis de marché ou le cahier des charges relatifs au marché en cause, la méthode d'évaluation appliquée par le pouvoir adjudicateur afin d'évaluer et de classer concrètement les offres. En revanche, ladite méthode ne saurait avoir pour effet d'altérer les critères d'attribution et leur pondération relative. • CJUE 14 juill. 2016, *TNS Dimarso NV,* no C-6/15 : *Rev. CMP 2016, no 232, note Ubaud-Bergeron ; BJCP 2016. 421, concl. Mengozzi.*

67. Méthode de notation. Liberté de définition. Limites. Le pouvoir adjudicateur définit librement la méthode de notation pour la mise en œuvre de chacun des critères de sélection des offres qu'il a définis et rendus publics ; toutefois, ces méthodes de notation sont entachées d'irrégularité si, en méconnaissance des principes fondamentaux d'égalité de traitement des candidats et de transparence des procédures, elles sont par elles-mêmes de nature à priver de leur portée les critères de sélection ou à neutraliser leur pondération et sont, de ce fait, susceptibles de conduire, pour la mise en œuvre de chaque critère, à ce que la meilleure note ne soit pas attribuée à la meilleure offre, ou, au regard de l'ensemble des critères pondérés, à ce que l'offre économiquement la plus avantageuse ne soit pas choisie ; il en va ainsi alors même que le pouvoir adjudicateur, qui n'y est pas tenu, aurait rendu publiques, dans l'avis d'appel à concurrence ou les documents de la consultation, de telles méthodes de notation.

Il ressort des pièces du dossier soumis aux juges du fond que les critères d'attribution des quatre lots du marché litigieux étaient, pour deux d'entre eux, le prix et la valeur technique, et, pour les deux autres, le prix, la valeur technique et les délais d'exécution ; le règlement de la consultation prévoyait que, pour la mise en œuvre du critère du prix, chaque offre serait notée en fonction de son prix (P) et du prix de l'offre la plus basse (P0) selon la formule : 10/3 × (7 – P/P0) ; en relevant qu'une telle méthode de notation avait pour effet de neutraliser les écarts entre les prix de sorte que les offres ne pouvaient être différenciées qu'au regard des autres critères de sélection et qu'elle était ainsi susceptible de conduire à ce que l'offre économiquement la plus avantageuse ne soit pas choisie, et en déduisant que cette méthode était entachée d'irrégularité, la cour n'a commis aucune erreur de droit. • CE 3 nov. 2014, *Cne de Belleville-sur-Loire,* no 373362 A : *BJCP 2015. 112, concl. Pellissier ; AJDA 2015. 532, note Hoepffner ; Rev. CMP 2015, no 39, note Devillers.*

68. En jugeant, après avoir relevé que le marché était un marché global divisé en dix lots techniques et que le pouvoir adjudicateur avait décidé, pour la mise en œuvre du critère du prix, de procéder à une notation lot par lot, avant de faire la moyenne arithmétique des différentes notes obtenues pour calculer une note globale, que la méthode de notation ainsi utilisée n'était pas entachée d'irrégularité, alors qu'il ressortait des pièces du dossier soumis à son examen que le calcul de la note globale ne permettait pas de tenir compte de la grande disparité des valeurs des différents lots ni, par suite, d'identifier l'offre dont le prix était effectivement le plus avantageux, la cour administrative d'appel a commis une erreur de droit. • CE 1er juill. 2015, *Sté nouvelle d'entreprise générale du sud-ouest,* no 381095 B : *BJCP 2015. 436, concl. Dacosta ; Rev. CMP 2015, no 233, note Pietri.*

69. Méthode de notation. Notes négatives pour certains critères. Illégalité. Les pouvoirs adjudicateurs ne peuvent, lorsqu'ils choisissent d'évaluer les offres par plusieurs critères pondérés, recourir à des méthodes de notation conduisant à l'attribution, pour un ou plusieurs critères, de notes négatives ; en effet une telle note, en se soustrayant aux notes obtenues sur les autres critères dans le calcul de la note globale, serait susceptible de fausser la pondération relative des critères initialement définie et communiquée aux candidats. • CE 18 déc. 2012, *Dpt de la Guadeloupe,* no 362532 B : *préc. note 63.*

70. Méthode illégale. Le pouvoir adjudicateur a fixé, pour l'attribution du marché public litigieux, trois critères : le prix, la valeur technique et la politique sociale, pondérés respectivement à 60 %, 30 % et 10 % ; ainsi que le soutient la société Techno Logistique, la méthode de notation retenue conduisant automatiquement, sur le critère du prix, à l'attribution de la note maximale de 20 à l'offre la moins distante et de 0 à l'offre la plus onéreuse, a pour effet, compte tenu de la pondération élevée de ce critère, de neutraliser les deux autres critères en éliminant automatiquement l'offre la plus onéreuse, quel que soit l'écart entre son prix et celui des autres offres et alors même qu'elle aurait obtenu les meilleures notes sur les autres critères ; elle peut ainsi avoir pour effet d'éliminer l'offre économiquement la plus avantageuse au profit de l'offre la mieux disante sur le seul critère du prix, et ce quel que soit le nombre de candidats, contrairement à ce que soutient le ministre de la Défense ; en retenant une telle méthode de notation pour l'attribution du marché litigieux, le pouvoir adjudicateur a manqué à ses obligations de mise en concurrence. • CE 24 mai 2017, *Min. de la Défense c/ Sté Techno Logistique,* n° 405787 B : *Rev. CMP 2017, n° 200, note Pietri.*

71. Une méthode de notation des offres par laquelle le pouvoir adjudicateur laisse aux candidats le soin de fixer, pour l'un des critères ou sous-critères, la note qu'ils estiment devoir leur être attribuée est, par elle-même, de nature à priver de portée utile le critère ou sous-critère en cause si cette note ne peut donner lieu à vérification au stade de l'analyse des offres, quand bien même les documents de la consultation prévoiraient que le candidat attributaire qui ne respecterait pas, lors de l'exécution du marché, les engagements que cette note entend traduire pourrait, de ce fait, se voir infliger des pénalités.

Une procédure d'appel d'offres ouvert pour la passation d'un marché alloti de services réguliers de transports publics non urbains de personnes par voie terrestre a été initié. Le pouvoir adjudicateur ayant retenu trois critères de jugement des offres, dont la valeur technique pondérée respectivement à 25 %. La notation de l'un des deux sous-critères de la valeur technique, pondéré à hauteur de 20 %, dépendait exclusivement du niveau de qualité du service que le candidat s'estimait en mesure de garantir et ne résultait que de l'indication par le candidat lui-même d'une note dite « note qualité » qu'il devait s'attribuer à l'aide d'un outil de simulation. Les éléments mentionnés pour l'auto-évaluation, portant sur la propreté du véhicule, « l'ambiance générale » au sein du véhicule, la ponctualité, la conduite respectueuse du code de la route ou la qualité de l'accueil à bord du véhicule ne pouvaient faire l'objet d'une évaluation objective au stade de l'analyse des offres.

La cour administrative d'appel a estimé que, par le recours à une telle méthode de notation, le pouvoir adjudicateur n'avait pas renoncé à apprécier la valeur des offres au motif, d'une part, qu'il avait précisément défini et communiqué aux candidats les modalités selon lesquelles le sous-critère en litige serait apprécié et, d'autre part, que la note attribuée aux candidats avait vocation à servir de référence pour la détermination de leur note annuelle « qualité » et le calcul d'éventuelles pénalités en cas de manquement à cet engagement. En statuant ainsi, la cour administrative d'appel a commis une erreur de droit. • CE 22 nov. 2019, *Sté Autocars Faure,* n° 41846 B : *Rev. CMP 2020, n° 40, note Ubaud-Bergeron ; BJCP 2020. 28, concl. Le Corre.*

72. Il résulte de l'instruction que la commune de Perpignan, coordinateur du groupement, avait décidé, pour la mise en œuvre du critère du prix, d'additionner les neuf prix unitaires proposés par les candidats pour les prestations faisant l'objet de l'accord-cadre, telles que la réalisation de consultations juridiques, la représentation en justice ou l'assistance dans le cadre de modes alternatifs de règlement des différends, sans leur appliquer aucune pondération ni tenir compte des quantités prévisionnelles de chacune des prestations demandées. L'offre proposant la somme des prix unitaires la plus basse se voyait attribuer la meilleure note, les autres offres étant notées en fonction de leur écart à l'offre la mieux disante. Eu égard à la diversité des prestations faisant l'objet de l'accord-cadre et à l'écart très important des prix unitaires proposés par les candidats, cette méthode de notation, qui renforçait l'importance relative des prix unitaires les plus élevés dans la notation du critère du prix alors même que le nombre prévisible de prestations correspondantes était faible, était par elle-même de nature à priver de sa portée ce critère, et, de ce fait, susceptible de conduire à ce que la meilleure note ne soit pas attribuée à la meilleure offre sur ce critère. Dans ces conditions, la commune a méconnu ses obligations de publicité et de mise en concurrence en retenant une telle méthode de notation du critère du prix. • CE 13 nov. 2020, *Cne de Perpignan c/ Sté Saguine de di Frenna et associés,* n°s 439525, 439543.

73. Le règlement de consultation prévoyait, à son point 5.2, deux critères de jugement des offres, tenant à la valeur technique, pondérée à 60 %, et au prix, pondéré à 40 % ; il résulte de l'instruction que la société X a obtenu 50 points sur 60 et la société attributaire 42 points sur 60 s'agissant du critère tenant à la valeur technique ; il résulte par ailleurs du rapport d'analyse des offres produit par la commune devant le tribunal administratif que, s'agissant du critère tenant au prix, les offres des deux candidats ont été notées à partir de la formule (P – X) x 40/(P – M), dans laquelle P correspond au montant de l'offre la plus élevée, X au montant de l'offre notée et M au montant de l'offre la moins élevée ; pour regarder cette méthode de notation comme irrégulière, le tribunal administratif a relevé que l'application de cette formule conduit, en présence de seulement deux candidats, à attribuer la note maximale de 40 sur 40 au candidat ayant proposé le meilleur prix, et une note nulle au candidat ayant proposé l'offre la plus chère, quel que soit, par ailleurs, l'écart de prix entre les offres des deux candidats. Le tribunal ayant ainsi estimé à juste titre que la mise en œuvre d'une telle formule est de nature à neutraliser la pondération des critères de sélection et est susceptible de conduire à ce que l'offre économiquement la plus avantageuse ne soit pas choisie, la commune n'est pas fondée à contester ce jugement en se bornant à soutenir que la neutralisation de la pondération relevée par le tribunal administratif ne se produit que s'il n'y a que deux offres, à faire état de son pouvoir discrétionnaire d'apprécier les offres et à faire valoir qu'il aurait été possible d'écarter l'offre de la société X avec une autre méthode de notation pour le critère tenant au prix. • CAA Paris, 8 févr. 2016, *Sté RJ45*, n° 15PA02953.

74. ***Méthode de notation légale.*** Le département pouvait, sans méconnaître le principe d'égalité entre les candidats ni les obligations de publicité et de mise en concurrence, choisir une méthode de notation qui, s'agissant de l'évaluation du critère technique, permettait une différenciation des notes attribuées aux candidats, notamment par l'attribution automatique de la note maximale au candidat ayant présenté la meilleure offre. • CE 15 févr. 2013, *Sté SFR*, n°s 363854 B, 363855, 363856 et 363857 : *Rev. CMP 2013, n° 105, note Pietri.*

75. Les personnes publiques peuvent, sans méconnaître le principe d'égalité entre les candidats ni les obligations de publicité et de mise en concurrence, choisir une méthode de notation non linéaire, conduisant à un important écart de notes entre les offres. • CE 17 juill. 2013, *Min. de la Défense c/ Sté Aéromécanic*, n° 364827 B : *BJCP 2013. 342, concl. Dacosta.*

76. Le pouvoir adjudicateur définit librement la méthode de notation pour la mise en œuvre de chacun des critères de sélection des offres qu'il a définis et rendus publics ; en effectuant, pour évaluer le montant des offres qui lui sont présentées, une « simulation » consistant à multiplier les prix unitaires proposés par les candidats par le nombre d'interventions envisagées, un pouvoir adjudicateur n'a pas recours à un sous-critère, mais à une simple méthode de notation des offres destinée à les évaluer au regard du critère du prix ; il n'est donc pas tenu d'informer les candidats, dans les documents de la consultation, qu'il aura recours à une telle méthode ; il ne manque pas non plus à ses obligations de mise en concurrence en élaborant plusieurs commandes fictives et en tirant au sort, avant l'ouverture des plis, celle à partir de laquelle le critère du prix sera évalué, à la triple condition que les simulations correspondent toutes à l'objet du marché, que le choix du contenu de la simulation n'ait pas pour effet d'en privilégier un aspect particulier de telle sorte que le critère du prix s'en trouverait dénaturé et que le montant des offres proposées par chaque candidat soit reconstitué en recourant à la même simulation ; en censurant le recours à une telle méthode de notation du critère du prix au seul motif que l'introduction du hasard dans la procédure de désignation du bénéficiaire du marché en litige avait nécessairement privé de leur portée les critères de sélection ou neutralisé leur pondération et induit, de ce fait, que la meilleure note ne soit pas nécessairement attribuée à la meilleure offre, ou, au regard de l'ensemble des critères pondérés, que l'offre économiquement la plus avantageuse ne soit pas choisie, dès lors que le choix de l'attributaire ne résulte pas de l'analyse conduite par le pouvoir adjudicateur mais des résultats d'un tirage au sort aléatoire, le juge des référés a entaché son ordonnance d'erreur de droit. • CE 16 nov. 2016, *Sté SNEF-Ville de Marseille*, n°s 401660 B et 401710 : *AJDA 2017. 32, concl. Henrard ; ibid. 537, note Calmette ; Rev. CMP 2017, n° 5, note Ubaud-Bergeron.*

77. Il résulte de l'instruction que les offres devaient être appréciées, au regard du critère relatif au prix des prestations, pondéré à 40 %, par comparaison avec l'estimation faite par l'administration, qui s'élevait à 25 000 € HT ; pour classer les offres, la commission a utilisé une formule mathématique (20 – [(5 × prix offre) / estimation budgétaire]) qui avait pour effet d'attribuer une note de 15/20 à toute offre correspondant à l'estimation budgétaire de l'administration, les offres d'un montant supérieur ou inférieur à cette estimation se trouvant affectées d'une note inférieure ou supérieure à 15 ; ainsi, sauf propositions extrêmes, le critère du prix ne pouvait pas en fait être noté sur l'échelle de 1 à 20 prévue par le règlement de la consultation ; il ressort du rapport d'analyse des offres que la société Arches Études, moins disante pour un montant de 19 800 € HT, a reçu, avant pondération, une note de 16,04/20 et que l'attributaire, le cabinet d'architecture Larcher/Divry, qui avait présenté une offre pour un montant de 29 083,50 € HT supérieur de près de 47 %, a été noté 14,18/20 ; la méthode de notation du critère du prix retenue, en réduisant de manière très importante l'impact des écarts de prix entre les offres, a ainsi eu pour effet de neutraliser largement l'application de ce critère, de manière contradictoire avec sa pondération à 40 % dans l'appréciation globale des offres ; la communauté des communes giennoises n'est par suite pas fondée à soutenir que c'est à tort que le tribunal a estimé que la méthode mise en œuvre pour noter ce critère ne permettait ni de respecter l'échelle de notation sur 20 prévue au règlement de consultation pour chaque critère, ni surtout de hiérarchiser correctement les offres au regard de l'objectif, annoncé dans ce même règlement, d'approcher l'estimation budgétaire de la collectivité et de déterminer l'offre économiquement la plus avantageuse. Eu égard à la pondération du critère du prix et au très faible écart, de 0,07 point sur 20, séparant la note définitive de 16,27 de la société Arches Études et celle de 16,34 du candidat retenu, le caractère manifestement inapproprié et incohérent de la méthode de notation de ce critère a influé sur le choix de l'attributaire du marché ; ainsi, la société Arches Études doit être regardée comme ayant perdu une chance sérieuse de remporter le marché en cause ; par suite, elle a droit à être indemnisée de son manque à gagner. • CAA Nantes, 21 févr. 2014, *Cté des Cnes gennoises,* n° 12NT00206.

78. Méthode légale. Consultation engagée en vue de la passation d'un marché relatif à la réservation de places en crèche. Sous-critère portant sur la qualité du projet d'établissement reposant sur plusieurs éléments d'appréciation, dont notamment le budget annuel consacré à l'alimentation. Le montant du budget consacré à l'alimentation des enfants étant un élément qui permet d'apprécier, parmi d'autres, la qualité des repas, il n'est pas sans lien avec le sous-critère de la qualité du projet d'établissement du critère de la valeur technique des offres. La circonstance que le montant du budget consacré à l'alimentation puisse également servir à l'appréciation du critère financier tiré du « prix unitaire à la place » de crèche ne fait pas obstacle à ce qu'il puisse également être pris en compte pour apprécier la valeur technique des offres dès lors que le prix des repas n'est que l'un des éléments déterminant tant le budget consacré à l'alimentation que le prix unitaire à la place de crèche. Ainsi, la prise en compte du montant du budget consacré à l'alimentation, qui n'était pas sans lien avec l'objet du marché et n'a constitué qu'un élément d'appréciation parmi d'autres de la qualité de l'alimentation proposée aux enfants, même s'il ne suffisait pas à refléter, à lui seul, la qualité diététique et gustative des repas, n'affectait pas la régularité de la méthode de notation. • CE 20 nov. 2020, *Sté Evancia,* n° 427761 B : *Rev. CMP 2021. 39, note Hoepffner.*

79. Méthode de notation. Critère du prix. Prise en compte de la TVA. La régularité d'une méthode de notation de prix de prestations s'apprécie sans considération de la situation particulière de chacune des entreprises candidates et ne saurait donc dépendre, notamment, de leur situation fiscale respective au regard de la taxe sur la valeur ajoutée (TVA). Eu égard à ce principe, une collectivité ne saurait comparer les prix proposés par chacune des entreprises en ajoutant aux prix proposés hors taxe, conformément aux règles définies par elle, par les candidats non exonérés de taxe à la date de la comparaison, la TVA qui sera éventuellement due par la collectivité sur les prestations. • CAA Bordeaux, 15 nov. 2016, *Bordeaux Métropole,* n° 15BX00253.

80. Méthode de notation. Contrôle du juge du référé précontractuel. La méthode de notation des offres ne peut être utilement contestée devant le juge du référé précontractuel qu'en cas d'erreur de droit ou de discrimination illégale. La méthode de notation du critère du prix doit permettre d'attribuer la meilleure note au candidat ayant proposé le prix le plus bas ; le juge des référés a relevé, sans commettre d'erreur de droit ni dénaturer les pièces du dossier, que la méthode retenue par Val-d'Oise Habitat pour noter le critère du prix avait pour effet d'attribuer la note la plus faible au candidat ayant présenté le prix le plus éloigné de l'estimation du coût de la prestation opérée par le maître d'œuvre, que ce prix soit inférieur ou supérieur à l'estimation, et, ainsi, avait eu pour conséquence d'attribuer la note maximale à la société déclarée attributaire du marché, alors même que sa proposition de prix était supérieure à celle de la requérante. • CE 29 oct. 2013, *Val-d'Oise Habitat,* n° 370789 B : *Rev. CMP 2014, n° 4, note Devillers.*

81. Marchés passés par des concessionnaires d'autoroutes. Contrôle du juge des référés judiciaire. Vu l'art. L. 122-20 C. voirie rout., dans sa version antérieure à celle issue de l'Ord. n° 19-761 du 24 juill. 2019, et l'art. 2 de l'Ord. n° 2009-515 du 7 mai 2009 relative aux procédures de recours applicables aux contrats de la commande publique.

Il résulte de la combinaison de ces textes qu'en cas de manquement de la part d'un concessionnaire d'autoroute, lors de la passation d'un marché pour les besoins de la concession relevant du droit privé, aux obligations de publicité et de mise en concurrence auxquelles est soumise la passation des marchés de travaux, fournitures ou services, l'Autorité est, comme les personnes ayant intérêt à conclure l'un de ces contrats et susceptibles d'être lésées par ce manquement, habilitée à saisir le juge en la forme des référés avant la signature du contrat.

En application de ces dispositions, cette autorité, chargée de la défense de l'ordre public économique en veillant, notamment, au respect des règles de concurrence dans les procédures d'appel d'offres, n'a pas, lorsqu'elle exerce cette action, à établir que le manquement qu'elle dénonce a, directement ou indirectement, lésé les intérêts de l'une des entreprises candidates.

Pour rejeter la demande de l'Autorité, l'ordonnance, après avoir rappelé les notes obtenues par les entreprises soumissionnaires pour le lot numéro 1, pour chacun des sous-critères techniques puis la note attribuée à chacune d'elles après pondération, relève que l'écart entre ces notes est peu important et retient que l'Autorité ne démontre pas en quoi cette situation pourrait constituer une irrégularité, n'étant ni allégué ni établi que la meilleure note n'ait pas été attribuée à la meilleure offre pour chaque sous-critère, ni que l'attribution de notes proches ait été faite pour neutraliser le critère de valeur technique. Relevant ensuite que, compte tenu de la compétence et la technicité comparables des entreprises soumissionnaires, le prix, quelle que soit la pondération appliquée, constitue l'élément essentiel de départage, l'ordonnance rappelle le montant de l'offre moins-disante, les écarts entre cette offre et celles des autres soumissionnaires, ainsi que les notes redressées obtenues par chacune d'elles, et retient qu'il ne peut pas en être déduit l'illégalité de la méthode utilisée, dans la mesure où, en reprenant les notes techniques obtenues par les entreprises, en supprimant le coefficient multiplicateur entre l'offre à évaluer et l'offre la moins-disante, et même en appliquant un pourcentage de 50 % pour le critère technique et le critère prix, la situation est identique.

En statuant ainsi, alors qu'elle devait vérifier objectivement si la méthode de notation retenue et appliquée par la société ASF n'était pas, par elle-même, de nature à priver de portée le critère technique ou à neutraliser la pondération des critères annoncée aux candidats, comme le soutenait l'Autorité, le juge des référés précontractuels a violé les textes susvisés. • Com. 15 janv. 2020, n° 18-11.134 : *Rev. CMP 2020. 120, note Hoepffner.*

SECTION 4 Mise au point du marché

Art. R. 2152-13 **L'acheteur et le soumissionnaire retenu peuvent procéder à une mise au point des composantes du marché avant sa signature. Cependant, cette mise au point ne peut avoir pour effet de modifier des caractéristiques substantielles de l'offre ou du marché.** – *[Décr. n° 2016-360 du 25 mars 2016, art. 64.]*

COMMENTAIRE

La « mise au point » ne saurait être « substantielle », sous peine de méconnaissance des principes fondamentaux de transparence et d'égalité de traitement.

La prise en compte d'améliorations ou de variantes limitées proposées par le titulaire du marché lors de la signature de celui-ci n'est pas irrégulière. • CE 27 juill. 1984, *Sté Biro*, n° 44919 A.

CHAPITRE III OFFRES PRÉSENTÉES PAR DES OPÉRATEURS ÉCONOMIQUES OU COMPORTANT DES PRODUITS D'ÉTATS TIERS

SECTION 1 Principes généraux

Art. R. 2153-1 **Les acheteurs peuvent introduire dans les documents de la consultation des critères ou des restrictions fondées sur l'origine de tout ou partie des travaux, fournitures ou services composant les offres proposées ou la nationalité des opérateurs économiques autorisés à soumettre une offre, en tenant compte du champ géographique et sectoriel des accords internationaux mentionnés par l'article L. 2153-1 ainsi que des éventuelles restrictions qu'ils comportent.** – *[Décr. n° 2016-360 du 25 mars 2016, art. 3, entier sauf dern. phrase.]*

Art. R. 2153-2 **Les pays et les secteurs pour lesquels les mesures visées à l'article R. 2153-1 ne peuvent être introduites sont précisés en tant que de besoin et en fonction du contenu des accords mentionnés à l'article L. 2153-1, par un arrêté du ministre chargé de l'économie figurant en annexe du présent code.** – *[Décr. n° 2016-360 du 25 mars 2016, art. 3, dern. phrase.]*

SECTION 2 Marchés de fournitures des entités adjudicatrices

Art. R. 2153-3 **Pour l'application de l'article L. 2153-2, une offre peut être rejetée lorsque la part des produits originaires de pays tiers excède 50 % de la valeur totale des produits composant cette offre. Pour l'application du présent article, les logiciels utilisés dans les équipements de réseaux de télécommunications sont considérés comme des produits.** – *[Décr. n° 2016-360 du 25 mars 2016, art. 61-I.]*

Art. R. 2153-4 **Lorsque deux ou plusieurs offres sont équivalentes au regard des critères d'attribution, une préférence est accordée à celle des offres qui ne peut être rejetée en application de l'article R. 2153-3. Les offres sont considérées comme équivalentes si l'écart entre leur prix respectif n'excède pas 3 %.**

Toutefois, ce droit de préférence n'est pas mis en œuvre lorsque l'acceptation de l'offre obligerait l'entité adjudicatrice à acquérir un matériel présentant des caractéristiques techniques différentes de celles du matériel qu'elle possède déjà et entraînerait une incompatibilité ou des difficultés techniques d'utilisation ou d'entretien ou des coûts disproportionnés. – *[Décr. n° 2016-360 du 25 mars 2016, art. 61-II.]*

Art. R. 2153-5 **La liste des pays et des secteurs couverts, à la date de sa publication, par un accord mentionné à l'article L. 2153-2 est précisée en tant que de besoin par**

un arrêté du ministre chargé de l'économie. Cet arrêté précise également, pour un pays ou un secteur donné, si, en fonction du contenu de ces accords, les engagements conclus comportent des restrictions de nature à empêcher un accès comparable et effectif des entreprises de l'Union européenne aux marchés des pays tiers. – *[Décr. n° 2016-360 du 25 mars 2016, art. 61-III.]*

COMMENTAIRE

On se reportera aux articles L. 2153-1 et L. 2153-2. ❑

TITRE VI RÈGLES APPLICABLES AUX PROCÉDURES DE PASSATION ET AUX TECHNIQUES D'ACHAT

CHAPITRE I RÈGLES APPLICABLES AUX PROCÉDURES FORMALISÉES

Art. R. 2161-1 Les dispositions du présent chapitre relatives aux délais de présentation des candidatures et des offres s'appliquent sans préjudice de celles figurant aux articles R. 2143-1, R. 2151-1 et R. 2151-2.

SECTION 1 Appel d'offres

SOUS-SECTION 1 Appel d'offres ouvert

Art. R. 2161-2 Le délai minimal de réception des candidatures et des offres est de trente-cinq jours à compter de la date de l'envoi de l'avis de marché. – *[Décr. n° 2016-360 du 25 mars 2016, art. 67-I, al. 1er.]*

Délai supérieur au délai minimal. Obligation de vérifier qu'il n'est pas manifestement inadapté. Le juge des référés du tribunal administratif de la Guadeloupe a estimé que le délai de consultation du marché en litige, bien que supérieur au délai minimal prévu par ce texte, qui était de trente jours dès lors que les candidatures pouvaient être transmises par voie électronique, était insuffisant pour permettre aux candidats de passer une commande de véhicules avec une date de livraison ferme en Guadeloupe après avoir obtenu le financement de ces véhicules, et que cette insuffisance était de nature à empêcher certains candidats d'obtenir la note maximale sur le critère de l'âge des véhicules dont ils disposaient ; en annulant, pour ce motif, la procédure de passation de l'ensemble des lots en litige, alors qu'il lui incombait seulement de vérifier si le délai de consultation, bien que supérieur au délai minimal fixé par les textes applicables, n'était néanmoins pas manifestement inadapté à la présentation d'une offre compte tenu de la complexité du marché public et du temps nécessaire aux opérateurs économiques pour préparer leurs candidatures et leurs offres, le juge des référés a commis une erreur de droit. • CE 11 juill. 2018, *Cté d'agglomération du Nord Grande-Terre*, nos 418021 B, 418022.

Art. R. 2161-3 Le délai minimal fixé à l'article R. 2161-2 peut être ramené :

1° A quinze jours si l'acheteur a publié un avis de préinformation ou un avis périodique indicatif qui n'a pas été utilisé comme avis d'appel à la concurrence et lorsque les conditions suivantes sont réunies :

a) L'avis de préinformation ou l'avis périodique indicatif a été envoyé pour publication trente-cinq jours au moins à douze mois au plus avant la date d'envoi de l'avis de marché ;

b) Cet avis contient les mêmes renseignements que ceux qui figurent dans l'avis de marché, pour autant que ces renseignements soient disponibles au moment de son envoi pour publication ;

2° A trente jours si les candidatures et les offres sont ou peuvent être transmises par voie électronique ;

3° A quinze jours lorsqu'une situation d'urgence, dûment justifiée, rend le délai minimal impossible à respecter. – *[Décr. n° 2016-360 du 25 mars 2016, art. 67-I, al. 2, II et III.]*

1. Urgence. L'urgence, qui permet de prévoir des délais réduits, doit être imputable à une cause ne résultant pas du fait du pouvoir adjudicateur. • CE 4 avr. 1997, *Dpt d'Ille-et-Vilaine*, n° 145388 A.

2. Même si des travaux exigent d'être réalisés rapidement, le retard pris pour leur programmation et pour l'attribution des subventions n'est pas imputable à une cause ne résultant pas du fait de la commune, l'augmentation du nombre des enfants en âge scolaire, invoquée par elle, ne constituant pas un événement soudain. Le pouvoir adjudicateur ne peut utilement faire valoir que la réduction du délai de réception des offres a été sans incidence sur la concurrence. • CAA Bordeaux, 27 avr. 2004, *Préfet de la Guyane*, n° 00BX01919.

Art. R. 2161-4 **L'acheteur peut décider d'examiner les offres avant les candidatures. Lorsqu'il fait usage de cette faculté, il examine les candidatures de manière impartiale et transparente. Il veille notamment à ce que sa connaissance des offres n'influe en rien sur l'appréciation des motifs d'exclusion ou des critères de sélection.** – *[Décr. n° 2016-360 du 25 mars 2016, art. 68.]*

COMMENTAIRE

On se reportera à la jurisprudence, mentionnée sous les articles R. 2144-1 et R. 2152-12, relative à la différence entre appréciation (ou, le cas échéant, sélection) des candidatures et sélection des offres.

Pour la jurisprudence, on se reportera aux décisions mentionnées sous l'article R. 2161-5 et à celles qui sont mentionnées après le commentaire qui figure au début de la section 3 du chapitre II du titre V.

Art. R. 2161-5 **L'acheteur ne peut négocier avec les soumissionnaires. Il lui est seulement possible de leur demander de préciser la teneur de leur offre.** – *[Décr. n° 2016-360 du 25 mars 2016, art. 67-IV.]*

COMMENTAIRE

L'absence de toute négociation, de tout dialogue (sinon pour de simples précisions) est la caractéristique de l'appel d'offres.

Voir aussi l'article L. 2124-2.

Pour la jurisprudence, on se reportera aux décisions mentionnées ci-dessous et à celles qui sont mentionnées après le commentaire qui figure au début de la section 3 du chapitre II du titre V.

1. Il ne peut y avoir de discussion avec les candidats. Il est seulement possible de leur demander des précisions sur leurs offres (par exemple le montant exact des prestations qu'ils ont indiqué vouloir sous-traiter, ou encore le montant précis d'une des prestations incluses dans l'offre). • CE 9 nov. 2007, *Sté ISOSEC*, n° 288289.

2. Rectification d'une erreur matérielle. Aux termes du I de l'art. 59 C. marchés [relatif à l'appel d'offre] : « Il ne peut y avoir de négociation avec les candidats. Il est seulement possible de demander aux candidats de préciser ou de compléter la teneur de leur offre » ; si ces dispositions s'opposent en principe à toute modification du montant de l'offre à l'initiative du candidat ou du pouvoir adjudicateur, ce principe ne saurait recevoir application dans le cas exceptionnel où il s'agit de rectifier une erreur purement matérielle, d'une nature telle que nul ne pourrait s'en prévaloir de bonne foi dans l'hypothèse où le candidat verrait son offre retenue.

Pour annuler la procédure de passation litigieuse, le juge des référés, après avoir relevé qu'en réponse à la demande de précision qui lui avait été adressée par le département au sujet du prix n° 903 du bordereau de prix unitaires, la société X avait indiqué que ce prix était de 220 € et non de 22 €, a estimé que la société avait ainsi procédé à la rectification d'une erreur matérielle qui avait pu entraîner une modification du montant de l'offre sans méconnaître les dispositions précitées du I de l'art. 59 C. marchés, eu égard au caractère très marginal de la prestation concernée et à l'incidence négligeable de cette rectification en cause sur le montant global de l'offre de l'intéressée ; en statuant ainsi, sans rechercher si cette erreur purement matérielle était d'une nature telle que nul n'aurait pu ensuite s'en prévaloir de bonne foi, le juge des référés a commis une erreur de droit.

Il résulte de l'instruction que la société X a remis un bordereau de prix unitaires comportant 905 prix pour un montant total de 2 365 897 € hors taxes, avec un prix unitaire n° 903 correspondant au transport et à la mise en centre de stockage et de traitement de déchets dangereux de classe I, s'élevant à 22 €, montant anormalement faible ; la décomposition de ce prix faisait apparaître la mention du seul prix unitaire de transport de ces déchets et omettait la ligne tarifaire correspondant à leurs stockage et traitement, dont l'absence ne pouvait résulter que d'une erreur purement matérielle ; décelant cette erreur, le département a adressé à la société une demande de précision sur le fondement des dispositions du I de l'art. 59 C. marchés ; la société a alors indiqué en réponse que ce prix était de 220 € et non de 22 €, après l'ajout de la ligne tarifaire omise ; elle a ainsi, comme elle l'indiquait dans sa réponse au département, procédé à la rectification d'une erreur purement matérielle, laquelle était d'une nature telle que nul, notamment pas le département, n'aurait pu ensuite s'en prévaloir de bonne foi dans l'hypothèse où l'offre du groupement dont la société était le mandataire aurait été retenue ; cette rectification pouvait ainsi intervenir sans méconnaître, en l'espèce, le principe interdisant de modifier l'offre ; par suite, c'est à tort que la commission d'appel d'offres du département a éliminé l'offre du groupement au motif que celui-ci avait méconnu ce principe en modifiant le prix n° 903 et par conséquent le montant de son offre ; cette élimination a constitué un manquement du département à ses obligations de mise en concurrence qui, eu égard au stade de la procédure auquel il est intervenu, est susceptible d'avoir lésé la société X, en sa qualité de mandataire du groupement, laquelle n'a pu voir son offre examinée par le département. • CE 21 sept. 2011, *Dpt des Hauts-de-Seine*, n° 349149 B : *BJCP 2011. 442, concl. Boulouis ; Rev. CMP 2011, n° 315, note Zimmer.*

3. Obligation d'inviter à préciser une offre contradictoire ou lacunaire. Absence. Aux termes du I de l'art. 59 C. marchés : « Il ne peut y avoir de négociation avec les candidats. Il est seulement possible de demander aux candidats de préciser ou de compléter la teneur de leur offre » ; en jugeant que la communauté d'agglomération était tenue, en application de ces dispositions, d'inviter la société et le groupement candidats à préciser ou compléter, préalablement aux opérations de notation, la teneur de leurs offres qui étaient, pour la première, contradictoire en ce qui concernait le nombre de semi-remorques mis à disposition pour effectuer le service et, pour la seconde, lacunaire en ce qui concernait l'organisation du personnel affecté au service, alors que le pouvoir adjudicateur n'est jamais tenu de procéder à une telle invitation lorsque lui sont remises des offres comportant des contradictions ou ambiguïtés ou des offres qui ne sont pas complètes, le juge des référés a commis une erreur de droit. • CE 26 sept. 2012, *Cté d'agglomération Seine-Eure*, n° 359706 B : *BJCP 2012. 412, concl. Pellissier.*

4. Il résulte de l'instruction que le bordereau des prix unitaires que les candidats devaient compléter et produire à l'appui de leur offre comportait une partie consacrée aux coûts horaires d'intervention d'un coordonnateur proposés par les candidats pour la période du lundi au vendredi, pour la journée du samedi, pour les dimanches et jours fériés et pour les nuits ; dans son offre initiale, la société X a mentionné un coût de 220 € du lundi au vendredi, de 275 € pour le samedi et de 385 € pour les dimanches et jours fériés ainsi que pour les horaires de nuit ; la mention de ces coûts a résulté d'une erreur purement matérielle ayant consisté pour la société à indiquer comme coûts horaires des coûts journaliers, dont la société n'aurait pu ensuite se prévaloir de bonne foi dans l'hypothèse où son offre aurait été retenue. Décelant cette erreur, le pouvoir adjudicateur a adressé à la société une demande de précision sur le fondement des dispositions du I de l'art. 59 C. marchés, afin de savoir si elle confirmait les prix relatifs au coût horaire d'un coordonnateur ; en réponse à cette demande, la société ne s'est cependant pas bornée, comme il lui appartenait de le faire, à indiquer les coûts horaires qui résultaient avec évidence de la seule correction de l'erreur purement matérielle affectant son offre mais a proposé de nouveaux coûts horaires ; en proposant ces nouveaux coûts, la société n'a donc pas procédé à la rectification d'une erreur purement matérielle mais a modifié le montant de son offre, en méconnaissance du principe d'intangibilité de l'offre et des dispositions du I de l'art. 59 C. marchés. • CE 16 janv. 2012, *Dpt de l'Essonne*, n° 353629.

5. Le pouvoir adjudicateur ne peut modifier ou rectifier lui-même une offre incomplète, comme telle irrégulière ; si le pouvoir adjudicateur n'est pas tenu d'inviter un candidat à préciser ou à compléter une offre irrégulière, il peut toutefois demander à un candidat des précisions sur son offre si celle-ci lui paraît ambiguë ou incertaine, ou l'inviter à rectifier ou à compléter cette offre sans que le candidat puisse alors en modifier la teneur. • CE 25 mars 2013, *Dpt de l'Hérault*, n° 364824 : *Rev. CMP 2013, n° 133, note Eckert.*

6. Il ne saurait y avoir de discussion, après l'ouverture des plis, pour pallier les erreurs ou imprécisions des documents de la consultation. • CAA Nantes, 26 juin 2003, *SDIS du Calvados*, n° 02NT00006.

7. Les dispositions de l'art. 59 interdisent au pouvoir adjudicateur de modifier ou de rectifier lui-même une offre incomplète, comme telle irrégulière ; si le pouvoir adjudicateur n'est pas tenu d'inviter un candidat à préciser ou à compléter une offre irrégulière, il peut toutefois demander à un candidat des précisions sur son offre si celle-ci lui paraît ambiguë ou incertaine, ou l'inviter à rectifier ou à compléter cette offre sans que le candidat puisse alors en modifier la teneur. • CAA Nancy, 28 nov. 2013, *CH Ravenel*, n° 13NC00746.

SOUS-SECTION 2 **Appel d'offres restreint**

Art. R. 2161-6 **Les délais minimaux de réception des candidatures sont :**

1° Pour les pouvoirs adjudicateurs, de trente jours à compter de la date d'envoi de l'avis de marché ou, lorsque l'appel à la concurrence est effectué au moyen d'un avis de préinformation, à compter de la date d'envoi de l'invitation à confirmer l'intérêt.

Lorsqu'une situation d'urgence, dûment justifiée, rend ce délai minimal impossible à respecter, le pouvoir adjudicateur peut fixer un délai de réception des candidatures qui ne peut être inférieur à quinze jours à compter de la date d'envoi de l'avis de marché ou de l'invitation à confirmer l'intérêt ;

2° Pour les entités adjudicatrices, de quinze jours à compter de la date d'envoi de l'avis de marché ou de l'invitation à confirmer l'intérêt. – *[Décr. n° 2016-360 du 25 mars 2016, art. 69.]*

1. Urgence. L'urgence, qui permet de prévoir des délais réduits, doit être imputable à une cause ne résultant pas du fait du pouvoir adjudicateur. • CE 4 avr. 1997, ♁ *Dpt d'Ille-et-Vilaine,* n° 145388 A.

2. Même si des travaux exigent d'être réalisés rapidement, le retard pris pour leur programmation et pour l'attribution des subventions n'est pas imputable à une cause ne résultant pas du fait de la commune, l'augmentation du nombre des enfants en âge scolaire, invoquée par elle, ne constituant pas un événement soudain. Le pouvoir adjudicateur ne peut utilement faire valoir que la réduction du délai de réception des offres a été sans incidence sur la concurrence. • CAA Bordeaux, 27 avr. 2004, ♁ *Préfet de la Guyane,* n° 00BX01919.

Art. R. 2161-7 Le délai minimal de réception des offres est, pour les pouvoirs adjudicateurs, de trente jours à compter de la date d'envoi de l'invitation à soumissionner. – *[Décr. n° 2016-360 du 25 mars 2016, art. 70-I, al. 1er.]*

Art. R. 2161-8 Le délai minimal fixé à l'article R. 2161-7 peut être ramené :

1° A dix jours si le pouvoir adjudicateur a publié un avis de préinformation qui n'a pas été utilisé comme avis d'appel à la concurrence et lorsque cet avis remplit les conditions suivantes :

a) Il a été envoyé pour publication trente-cinq jours au moins à douze mois au plus avant la date d'envoi de l'avis de marché ;

b) Il contient les mêmes renseignements que ceux qui figurent dans l'avis de marché, pour autant que ces renseignements soient disponibles au moment de son envoi pour publication ;

2° A vingt-cinq jours si les offres sont transmises par voie électronique ;

3° A dix jours lorsqu'une situation d'urgence, dûment justifiée, rend le délai minimal impossible à respecter. – *[Décr. n° 2016-360 du 25 mars 2016, art. 70-I, al. 2 à 4.]*

Urgence. L'urgence, qui permet de prévoir des délais réduits, doit être imputable à une cause ne résultant pas du fait du pouvoir adjudicateur. • CE 4 avr. 1997, ♁ *Dpt d'Ille-et-Vilaine,* n° 145388 A.

Art. R. 2161-9 Un pouvoir adjudicateur autre qu'une autorité publique centrale dont la liste figure dans un avis annexé au présent code peut fixer la date limite de réception des offres d'un commun accord avec les candidats sélectionnés, à condition que cette date soit la même pour tous. En l'absence d'accord, il fixe un délai qui ne peut être inférieur à dix jours à compter de la date d'envoi de l'invitation à soumissionner. – *[Décr. n° 2016-360 du 25 mars 2016, art. 70-I, al. 5.] – V. Annexe n° 2.*

COMMENTAIRE

On trouvera l'avis mentionné par l'article R. 2161-9 à l'annexe n° 2. ❑

Art. R. 2161-10 Une entité adjudicatrice peut fixer la date limite de réception des offres d'un commun accord avec les candidats sélectionnés, à condition que cette date soit la même pour tous. En l'absence d'accord, elle fixe un délai qui ne peut être inférieur à dix jours à compter de la date d'envoi de l'invitation à soumissionner. – *[Décr. n° 2016-360 du 25 mars 2016, art. 70-II.]*

Art. R. 2161-11 L'acheteur ne peut négocier avec les soumissionnaires. Il lui est seulement possible de leur demander de préciser la teneur de leur offre. – *[Décr. n° 2016-360 du 25 mars 2016, art. 70-III.]*

COMMENTAIRE

Voir le commentaire et la jurisprudence sous l'article R. 2161-5. ❑

SECTION 2 Procédure avec négociation

SOUS-SECTION 1 Règles applicables aux pouvoirs adjudicateurs

Art. R. 2161-12 Le délai minimal de réception des candidatures est de trente jours à compter de la date d'envoi de l'avis de marché ou, lorsque l'appel à la concurrence est effectué au moyen d'un avis de préinformation, à compter de la date d'envoi de l'invitation à confirmer l'intérêt.

Lorsqu'une situation d'urgence, dûment justifiée, rend ce délai minimal impossible à respecter, le pouvoir adjudicateur peut fixer un délai de réception des candidatures qui ne peut être inférieur à quinze jours à compter de la date d'envoi de l'avis d'appel à la concurrence ou de l'invitation à confirmer l'intérêt. – *[Décr. n° 2016-360 du 25 mars 2016, art. 72-I.]*

Urgence. L'urgence, qui permet de prévoir des délais réduits, doit être imputable à une cause ne résultant pas du fait du pouvoir adjudicateur. • CE 4 avr. 1997, *Dpt d'Ille-et-Vilaine*, n° 145388 A.

Art. R. 2161-13 Le pouvoir adjudicateur indique dans les documents de la consultation les exigences minimales que doivent respecter les offres. – *[Décr. n° 2016-360 du 25 mars 2016, art. 71, al. 2.]*

COMMENTAIRE

C'est un élément important de « cadrage » du champ de la négociation. ❑

Art. R. 2161-14 Le délai minimal de réception des offres initiales est de trente jours à compter de la date d'envoi de l'invitation à soumissionner. – *[Décr. n° 2016-360 du 25 mars 2016, art. 72-II, al. 1er.]*

Art. R. 2161-15 Le délai minimal fixé à l'article R. 2161-14 peut être ramené :

1° A dix jours si le pouvoir adjudicateur a publié un avis de préinformation qui n'a pas été utilisé comme avis d'appel à la concurrence et lorsque cet avis remplit les conditions suivantes :

a) Il a été envoyé pour publication trente-cinq jours au moins à douze mois au plus avant la date d'envoi de l'avis de marché ;

b) Il contient les mêmes renseignements que ceux qui figurent dans l'avis de marché, pour autant que ces renseignements soient disponibles au moment de son envoi pour publication ;

2° Vingt-cinq jours si les offres sont ou peuvent être transmises par voie électronique ;

3° Dix jours lorsqu'une situation d'urgence, dûment justifiée, rend le délai minimal impossible à respecter. – *[Décr. n° 2016-360 du 25 mars 2016, art. 72-II, al. 2 à 4.]*

1. Urgence. L'urgence, qui permet de prévoir des délais réduits, doit être imputable à une cause ne résultant pas du fait du pouvoir adjudicateur. • CE 4 avr. 1997, *Dpt d'Ille-et-Vilaine*, n° 145388 A.

2. Marché négocié après appel d'offres infructueux. Délai de remise des offres. Les conditions initiales du marché n'ayant pas été modifiées, une société candidate, qui a d'ailleurs remis une offre, n'apporte aucun élément de nature à démontrer que le pouvoir adjudicateur, qui n'était tenu par aucune disposition législative ou réglementaire pour fixer le délai de remise des offres, aurait porté atteinte au principe d'égalité de traitement entre les candidats en limitant ce délai à dix jours. • CAA Bordeaux, 4 mars 2010, *Sté Nicollin SAS*, n° 08BX02366 : *Rev. CMP 2010. Chron. 174, note Llorens.*

Art. R. 2161-16 Un pouvoir adjudicateur autre qu'une autorité publique centrale dont la liste figure dans un avis annexé au présent code peut fixer la date limite de réception des offres d'un commun accord avec les candidats sélectionnés, à condition que cette date soit la même pour tous. En l'absence d'accord, il fixe un délai qui ne peut être inférieur à dix jours à compter de la date d'envoi de l'invitation à soumissionner. – *[Décr. n° 2016-360 du 25 mars 2016, art. 72-II, al. 5.] – V. Annexe n° 2.*

COMMENTAIRE

On trouvera l'avis mentionné par l'article R. 2161-16 à l'annexe n° 2. ❑

Art. R. 2161-17 Le pouvoir adjudicateur négocie avec tous les soumissionnaires leurs offres initiales et ultérieures, à l'exception des offres finales.

Il peut toutefois attribuer le marché sur la base des offres initiales sans négociation, à condition d'avoir indiqué dans l'avis de marché ou dans l'invitation à confirmer l'intérêt qu'il se réserve la possibilité de le faire.

Les exigences minimales mentionnées à l'article R. 2161-13 et les critères d'attribution ne peuvent faire l'objet de négociations. – *[Décr. n° 2016-360 du 25 mars 2016, art. 73-I.]*

COMMENTAIRE

En principe, l'objet même de la négociation est de permettre aux soumissionnaires de rendre peu à peu leur offre plus conforme aux besoins de l'acheteur, le cas échéant après des changements apportés par l'acheteur (V., sur ce point, l'art. R. 2161-19 ci-dessous). Tout, cependant, n'est pas négociable. Il n'est par ailleurs pas interdit à l'acheteur, pourvu qu'une telle éventualité ait été portée à la connaissance des candidats, de faire son choix d'emblée, au seul vu des offres initiales.

On se reportera aussi à l'article L. 2124-3.

1. Appel d'offres infructueux. Déroulement de la procédure négociée. Les dispositions de l'art. 35 C. marchés ne font pas obstacle à ce qu'après que les offres ont été déclarées inacceptables, la procédure négociée s'engage sur la base des mêmes documents et que le pouvoir adjudicateur se borne à demander aux candidats de réviser leurs prix à la baisse. Dans le cadre d'une procédure négociée, le pouvoir adjudicateur détermine librement les modalités de discussion des offres ; il est seulement tenu d'engager la négociation avec l'ensemble des candidats, dans le respect du principe d'égalité de traitement. La circonstance que la procédure initiale ait été déclarée infructueuse pour un motif tenant au niveau trop élevé des prix des offres ne fait pas obstacle à ce que les offres soient appréciées au regard non seulement de leurs nouveaux prix, mais aussi de leur qualité technique. • CE 11 août 2009, *Sté Val'Horizon – Synd. Émeraude, synd. mixte pour la collecte et le traitement des déchets de la vallée de Montmorency*, n° 325465.

2. Possibilité de négocier des offres non conformes aux exigences impératives de spécifications techniques (non). L'art. 30, § 2, de la Dir. 2004/18/CE du Parlement européen et du Conseil, du 31 mars 2004, relative à la coordination des procédures de passation des marchés publics de travaux, de fournitures et de services, n'autorise pas le pouvoir adjudicateur à négocier avec les soumissionnaires des offres qui ne répondent pas aux exigences impératives prévues par les spécifications techniques du marché. • CJUE 5 déc. 2013, *Nordecon AS*, n° C-561/12.

Art. R. 2161-18 La procédure avec négociation peut se dérouler en phases successives de manière à réduire le nombre d'offres à négocier en appliquant les critères d'attribution définis dans les documents de la consultation. Le pouvoir adjudicateur indique, dans l'un de ces documents, s'il fera usage de cette possibilité.

Dans la phase finale de négociation, le nombre d'offres restant à négocier doit être suffisant pour assurer une concurrence réelle, pour autant qu'il y ait un nombre suffisant d'offres remplissant les conditions requises. – *[Décr. n° 2016-360 du 25 mars 2016, art. 73-II.]*

Art. R. 2161-19 Le pouvoir adjudicateur informe par écrit tous les soumissionnaires dont les offres n'ont pas été éliminées en application de l'article R. 2161-18 de tous les changements apportés aux spécifications techniques ou aux autres documents de la consultation, à l'exception de ceux qui définissent les exigences minimales. A la suite de ces changements, le pouvoir adjudicateur accorde aux soumissionnaires un délai suffisant et identique pour leur permettre de modifier leurs offres et, le cas échéant, de les présenter à nouveau. – *[Décr. n° 2016-360 du 25 mars 2016, art. 73-III, phrases 3 et 4.]*

COMMENTAIRE

Voir aussi l'article R. 2161-17, *supra*.

Art. R. 2161-20 Lorsque le pouvoir adjudicateur entend conclure les négociations, il en informe les soumissionnaires restant en lice et fixe une date limite commune pour

la présentation d'éventuelles offres nouvelles ou révisées. – *[Décr. n° 2016-360 du 25 mars 2016, art. 73-IV.]*

SOUS-SECTION 2 Règles applicables aux entités adjudicatrices

Art. R. 2161-21 **Le délai minimal de réception des candidatures est de quinze jours à compter de la date d'envoi de l'avis de marché ou, lorsque l'appel à la concurrence est effectué au moyen d'un avis périodique indicatif, à compter de la date d'envoi de l'invitation à confirmer l'intérêt.** – *[Décr. n° 2016-360 du 25 mars 2016, art. 74, al. 2.]*

Art. R. 2161-22 **La date limite de réception des offres peut être fixée d'un commun accord avec les candidats sélectionnés, à condition que cette date soit la même pour tous. En l'absence d'accord, l'entité adjudicatrice fixe un délai qui ne peut être inférieur à dix jours à compter de la date d'envoi de l'invitation à soumissionner.** – *[Décr. n° 2016-360 du 25 mars 2016, art. 74, al. 3.]*

Art. R. 2161-23 **L'entité adjudicatrice peut attribuer le marché sur la base des offres initiales sans négociation, à condition d'avoir indiqué dans l'avis de marché ou dans l'invitation à confirmer l'intérêt qu'elle se réserve la possibilité de le faire.** – *[Décr. n° 2016-360 du 25 mars 2016, art. 74, al. 4.]*

SECTION 3 Dialogue compétitif

Art. R. 2161-24 **L'acheteur définit ses besoins et ses exigences dans l'avis de marché et, le cas échéant, dans un programme fonctionnel ou un projet partiellement défini.**

Les modalités du dialogue, les critères d'attribution et un calendrier indicatif sont précisés dans l'avis de marché ou dans un autre document de la consultation. – *[Décr. n° 2016-360 du 25 mars 2016, art. 75, al. 2 et 3.]*

COMMENTAIRE

Innovation de la directive de 2004, la procédure de dialogue compétitif, qui s'est substituée à l'ancienne procédure d'appel d'offres sur performances, présente d'assez fortes analogies avec une procédure de négociation. Elle a d'abord été conçue pour des achats complexes que le pouvoir adjudicateur ne pourrait réaliser sans dialoguer avec les professionnels. Elle est relativement peu utilisée pour les marchés publics « classiques », beaucoup plus pour les marchés de partenariat.

Son originalité principale tient au fait que, sans être exactement une négociation, elle fait une place aux échanges entre le pouvoir adjudicateur et les opérateurs économiques, afin que les seconds aident le premier à définir les moyens les plus aptes à satisfaire ses besoins (mais non ses besoins eux-mêmes).

La procédure de dialogue compétitif doit permettre à chaque opérateur, au cours des deux phases auxquelles elle peut donner lieu, de développer la ou les solutions qu'il préconise.

On se reportera aussi à l'article L. 2124-4.

1. Définition des besoins. Modification. La nature et l'étendue des besoins telles qu'elles apparaissent dans le programme fonctionnel élaboré par la personne publique ne peuvent être modifiées (dans le cadre d'un appel d'offres sur performances : solution transposable au dialogue compétitif). • CE 4 avr. 2005, *Cne de Castellar,* n° 265784 A : *BJCP 2005. 208, concl. Boulouis ; Rev. CMP 2005, n° 149, obs. Olivier.*

2. Définition des besoins et dialogue compétitif. Si les prescriptions du programme fonctionnel peuvent être modifiées au cours du dialogue, ces modifications ne peuvent porter sur la nature et l'étendue des besoins de la personne publique, lesquelles peuvent seulement faire l'objet des précisions nécessaires pour répondre aux éléments d'information complémentaires apparus au cours de la procédure et à la condition que ces précisions soient portées en temps utile à la connaissance de tous les candidats ayant fait une offre pour leur permettre de l'adapter.

La société Citelum soutient que la ville de Paris, en laissant la possibilité aux candidats de répartir librement les prestations visant à atteindre l'objectif de réduction de consommation d'énergie entre la tranche ferme et la tranche conditionnelle du marché et en introduisant en cours de dialogue un plafond de performance énergétique à atteindre sous peine de pénalités, a procédé à une définition de ses besoins insuffisante.

La ville de Paris, en indiquant, à l'art. 7.1.1 du

programme fonctionnel que « la consommation d'énergie en 2010 à périmètre constant (année 2004) est estimée à 150,02 GWh. Le titulaire devra proposer une diminution à périmètre constant (année 2004) de 41,76 GWh d'ici à la fin du contrat [...] », doit être regardée comme ayant défini, avec une précision suffisante, ses besoins en matière de réduction de la consommation d'énergie ; en offrant aux candidats la possibilité de répartir librement les prestations visant à atteindre l'objectif précité entre la tranche ferme et la tranche conditionnelle du marché, la ville de Paris a seulement laissé aux candidats le soin de proposer différentes modalités permettant d'atteindre cet objectif conformément à la procédure de dialogue compétitif ; la circonstance qu'au cours du dialogue, la ville de Paris a introduit un mécanisme de pénalité n'est pas davantage de nature à établir qu'elle aurait défini ses besoins de manière insuffisante ; par suite, le moyen tiré de la méconnaissance de l'art. 5 C. marchés doit être écarté.

En second lieu, la société Citelum soutient que la ville de Paris, en imposant aux candidats un système de télégestion et en faisant de cette exigence une clause tangible lors de la remise de l'offre finale, en précisant que les droits de propriété intellectuelle seraient transférés au pouvoir adjudicateur et en indiquant, lors de la troisième audition, que les opérations du plan climat ne devaient pas concerner les parcs et jardins, a modifié la nature et l'étendue de ses besoins en cours de dialogue compétitif.

Tout d'abord, il ressort du programme fonctionnel, et en particulier du livre 15 de ce programme, que le système de télégestion était une simple faculté et non une obligation pour les candidats ; celui-ci ne constituait pas un besoin de la personne publique mais une solution susceptible d'y répondre.

Ensuite, en décidant, en cours de procédure, que les droits de propriété intellectuelle seraient transférés au pouvoir adjudicateur, la ville de Paris n'a pas modifié substantiellement ses besoins mais a simplement privilégié une solution lui permettant de s'assurer qu'elle pourrait intervenir sur les systèmes informatiques de maintenance du marché.

Enfin, il résulte de l'instruction, et en particulier de l'analyse de l'art. 1.2.3 du programme fonctionnel, que les espaces verts n'ont pas été insérés dans la tranche ferme du marché mais seulement dans la tranche conditionnelle ; dès lors, la ville de Paris, en indiquant aux candidats, lors de la troisième audition, que, s'agissant de la réalisation de la tranche ferme, les opérations « plan climat » ne devaient pas concerner les parcs et jardins, s'est bornée à leur rappeler une information qui leur avait été communiquée dès le début de la procédure sans modifier l'étendue de ses besoins sur ce point. • CAA Paris, 30 juin 2017, *Sté Citelum*, n°s 15PA00443 et 15PA00445.

3. L'objet du dialogue compétitif ne consiste pas à identifier les besoins mais les moyens propres à les satisfaire, ce qui implique que les besoins aient été au préalable précisément définis. Pour qu'il soit admis que le pouvoir adjudicateur a précisé ses besoins, ces derniers, définis par des spécifications techniques, formulées par référence à des normes, des performances, des exigences fonctionnelles ou des écolabels, doivent prendre en compte les caractéristiques de l'ouvrage ou du service ou les éléments susceptibles d'exercer une influence déterminante sur leur conception. • CAA Bordeaux, 18 déc. 2018, ⚖ *Synd. interdépartemental mixte pour l'équipement rural*, n° 16BX00178 : *Rev. CMP 2019. 78, note Ubaud-Bergeron*.

Art. R. 2161-25 **Le délai minimal de réception des candidatures est de trente jours à compter de la date d'envoi de l'avis de marché.** — *[Décr. n° 2016-360 du 25 mars 2016, art. 76-I.]*

Art. R. 2161-26 **L'acheteur ouvre avec les participants sélectionnés un dialogue dont l'objet est l'identification et la définition des moyens propres à satisfaire au mieux ses besoins. Tous les aspects du marché peuvent être discutés avec les participants sélectionnés.** — *[Décr. n° 2016-360 du 25 mars 2016, art. 76-II, al. 1er à 5.]*

Art. R. 2161-27 **Le dialogue peut se dérouler en phases successives de manière à réduire le nombre de solutions à discuter, en appliquant les critères d'attribution définis dans l'avis de marché ou dans un autre document de la consultation. L'acheteur indique, dans les documents de la consultation, s'il fera usage de cette possibilité.**

Dans la phase finale de dialogue, le nombre de solutions restant à discuter doit être suffisant pour assurer une concurrence réelle, pour autant qu'il y ait un nombre suffisant de solutions remplissant les conditions requises.

L'acheteur poursuit le dialogue jusqu'à ce qu'il soit en mesure d'identifier la ou les solutions qui sont susceptibles de répondre à ses besoins. — *[Décr. n° 2016-360 du 25 mars 2016, art. 76-II, al. 2 à 4.]*

Art. R. 2161-28 **Lorsqu'il estime que le dialogue est arrivé à son terme, l'acheteur en informe les participants restant en lice et les invite à présenter leur offre finale sur la base de la ou des solutions qu'ils ont présentées et spécifiées au cours du dialogue. Il**

vérifie que les offres finales comprennent tous les éléments requis et nécessaires pour la réalisation du projet. – *[Décr. n° 2016-360 du 25 mars 2016, art. 76-III, al. 1er.]*

Art. R. 2161-29 Des précisions, clarifications, perfectionnements ou compléments peuvent être demandés aux participants sur leur offre finale. Cependant, ces demandes ne peuvent avoir pour effet de modifier les aspects essentiels de l'offre finale, notamment les besoins et exigences indiqués dans les documents de la consultation. – *[Décr. n° 2016-360 du 25 mars 2016, art. 76-III, al. 2.]*

Art. R. 2161-30 A la demande de l'acheteur, l'attributaire peut être amené à clarifier des aspects de son offre ou à confirmer les engagements figurant dans celle-ci. Cependant, ces demandes ne peuvent avoir pour effet de modifier des éléments fondamentaux de l'offre ou des caractéristiques essentielles du marché. – *[Décr. n° 2016-360 du 25 mars 2016, art. 76-IV.]*

Art. R. 2161-31 L'acheteur peut prévoir des primes au profit des participants au dialogue. Le montant de la prime est indiqué dans les documents de la consultation et la rémunération du titulaire du marché tient compte de la prime qui lui a été éventuellement versée pour sa participation à la procédure. – *[Décr. n° 2016-360 du 25 mars 2016, art. 76-V.]*

CHAPITRE II RÈGLES APPLICABLES AUX TECHNIQUES D'ACHAT

SECTION 1 Accords-cadres

SOUS-SECTION 1 Dispositions générales

Art. R. 2162-1 Les acheteurs ne peuvent recourir aux accords-cadres de manière abusive ou aux fins d'empêcher, de restreindre ou de fausser la concurrence. – *[Décr. n° 2016-360 du 25 mars 2016, art. 78-I, al. 1er et 5.]*

COMMENTAIRE

L'accord-cadre constitue une technique de présélection, pour une durée de quelques années, d'opérateurs susceptibles de répondre aux besoins de l'acheteur, au fur et à mesure et dans la mesure où ceux-ci deviennent effectifs. On se reportera au 1° de l'article L. 2125-1. ❑

Art. R. 2162-2 Lorsque l'accord-cadre ne fixe pas toutes les stipulations contractuelles, il donne lieu à la conclusion de marchés subséquents dans les conditions fixées aux articles R. 2162-7 à R. 2162-12.

Lorsque l'accord-cadre fixe toutes les stipulations contractuelles, il est exécuté au fur et à mesure de l'émission de bons de commande dans les conditions fixées aux articles R. 2162-13 et R. 2162-14. – *[Décr. n° 2016-360 du 25 mars 2016, art. 78-I, al. 2 et 3.]*

COMMENTAIRE

Ce sont les deux hypothèses que mentionne l'article L. 2125-1. La première est la plus caractéristique de cette technique d'achat en ce qu'elle permet de présélectionner des opérateurs à un moment où il n'est pas encore possible de définir en détail les prestations à réaliser et leurs conditions d'exécution. La seconde correspond à ce qu'on a longtemps appelé les marchés à bons de commande. ❑

Art. R. 2162-3 Un accord-cadre peut être exécuté en partie par la conclusion de marchés subséquents et en partie par l'émission de bons de commande, à condition que l'acheteur identifie les prestations qui relèvent des différentes parties de l'accord-cadre. – *[Décr. n° 2016-360 du 25 mars 2016, art. 78-I, al. 4.]*

Art. R. 2162-4 Les accords-cadres peuvent être conclus :

1° Soit avec un minimum et un maximum en valeur ou en quantité ;

(Décr. n° 2021-1111 du 23 août 2021, art. 2) **« 2° Soit avec seulement un maximum en valeur ou en quantité** *[ancienne rédaction : 2° Soit avec seulement un minimum ou un maximum]*. **»**

(Abrogé par Décr. n° 2021-1111 du 23 août 2021, art. 2) ***« 3° Soit sans minimum ni maximum. »*** *– [Décr. n° 2016-360 du 25 mars 2016, art. 78-II.]*

V. note ss. art. R. 2121-8, supra.

COMMENTAIRE

On relèvera que, depuis le décret n° 2021-1111 du 23 août 2021 modifiant les dispositions du code de la commande publique relatives aux accords-cadres et aux marchés publics de défense ou de sécurité, il n'est plus possible de conclure des accords-cadres sans maximum. Le code tient ainsi compte de la jurisprudence de la Cour de justice de l'Union européenne (V. la décision de la CJUE citée ci-dessous).

1. L'acheteur public n'est pas tenu de fixer un montant maximal pour l'accord-cadre qu'il entend conclure. En outre, aucune règle ni aucun principe ne lui interdit, dans le cadre d'une procédure négociée, qu'il ait informé ou non les candidats dans les documents de la consultation que la négociation pourrait le conduire à fixer un montant maximal, de fixer effectivement un tel montant en fin de procédure. Par conséquent, en jugeant que le pouvoir adjudicateur, dans le cadre d'une procédure négociée, était tenu, dès lors qu'il avait envisagé d'assigner un montant maximal à un marché, de mentionner ce montant dans les documents de la consultation, le juge du référé précontractuel du tribunal administratif de Toulon a commis une erreur de droit. • CE 12 juin 2019, *Min. des Armées c/ Sté Sonocar Industrie*, n°s 427397 et 427407.

2. Montant minimum. Conséquence du non-respect. Si le montant minimal prévu par un marché à bons de commande n'est pas atteint pour des raisons imputables à l'administration, le titulaire du marché a droit à une indemnisation, égale à la marge bénéficiaire sur la différence entre le montant minimal et le montant effectivement commandé. • CE 18 janv. 1991, *Ville d'Antibes c/ SARL Dani*, n° 91344 B.

3. Montant minimal, montant maximal. Les dispositions de l'art. 77 C. marchés ne font pas obstacle à ce que le pouvoir adjudicateur prévoie un minimum en valeur ou en quantité sans fixer de maximum et inversement. • CE 24 oct. 2008, *UGAP*, n° 314499 B : *Rev. CMP 2008, n° 274, obs. Zimmer.*

4. Jurisprudence de la CJUE. Accord-cadre. Quantité ou valeur estimée, quantité ou valeur maximale des produits à fournir. L'art. 49 de la Dir. 2014/24/UE du Parlement européen et du Conseil, du 26 févr. 2014, sur la passation des marchés publics et abrogeant la Dir. 2004/18/CE, les pts 7 et 8 ainsi que le pt 10, sous a), de la partie C de l'annexe V de cette directive, lus en combinaison avec l'art. 33 de ladite Dir. et les principes d'égalité de traitement et de transparence énoncés à l'art. 18, § 1, de cette dernière, doivent être interprétés en ce sens que l'avis de marché doit indiquer la quantité et/ou la valeur estimée ainsi qu'une quantité et/ou une valeur maximale des produits à fournir en vertu d'un accord-cadre et qu'une fois que cette limite aura été atteinte, ledit accord-cadre aura épuisé ses effets. L'art. 49 de la Dir. 2014/24 ainsi que le pt 7 et le pt 10, sous a), de la partie C de l'annexe V de cette Dir., lus en combinaison avec l'art. 33 de ladite Dir. et les principes d'égalité de traitement et de transparence énoncés à l'art. 18, § 1, de cette dernière, doivent être interprétés en ce sens que l'avis de marché doit indiquer la quantité et/ou la valeur estimée ainsi qu'une quantité et/ou une valeur maximale des produits à fournir en vertu d'un accord-cadre de manière globale et que cet avis peut fixer des exigences supplémentaires que le pouvoir adjudicateur déciderait d'y ajouter. • CJUE 17 juin 2021, *Simonsen & Weel, C-23/20.*

5. Par son Arr. du 17 juin 2021, *Simonsen Weel A/S c/ Region Nordjylland og Region Syddanmark*, n° C-23/20, la CJUE a dit pour droit, sans prévoir une application différée dans le temps de cette interprétation, que les dispositions de la Dir. 2014/24/UE du Parlement et du Conseil du 26 févr. 2014 sur la passation des marchés publics doivent être interprétées dans le sens que « l'avis de marché doit indiquer la quantité et/ou la valeur estimée ainsi qu'une quantité et/ou valeur maximale des produits à fournir en vertu d'un accord-cadre et qu'une fois que cette limite aurait été atteinte, ledit accord-cadre aura épuisé ses effets » et que « l'indication de la quantité ou de la valeur maximale des produits à fournir en vertu d'un accord-cadre peut figurer indifféremment dans l'avis de marché ou dans le cahier des charges ».

Il résulte de l'arrêt de la CJUE mentionné ci-dessus que, pour tout appel à concurrence relatif à un marché destiné à être passé sous la forme d'un accord-cadre qui, eu égard à son montant, entre dans le champ d'application de cette directive, l'avis publié à cet effet doit comporter la mention du montant maximal en valeur ou en quantité que prévoit le pouvoir adjudicateur, cette indication pouvant figurer indifféremment dans l'avis de marché ou dans les documents contractuels mentionnés dans l'avis de marché et librement accessibles à toutes les personnes intéressées. Il n'en va différemment que pour les accords-cadres qui ne sont pas régis par cette directive, pour lesquels le Décr. du 23 août 2021, modifiant notamment les dispositions de l'art. R. 2162-4 CCP, a supprimé la possibilité de conclure un accord-cadre sans maximum, en différant, en son art. 31, l'application de cette règle aux avis de marché publiés à compter du 1er janv. 2022 afin de ne pas porter une atteinte excessive aux intérêts privés et publics en cause. • CE 28 janv. 2022, *Cté de cnes Convergence Garonne*, n° 456418 B : *BJCP 2022. 131, concl. Pichon de Vendeuil ; AJDA 2022. 1229, note Cafarelli ; Rev. CMP 2022, comm. 105, Eckert.*

Art. R. 2162-5 Les marchés subséquents et les bons de commande ne peuvent être conclus ou émis que durant la période de validité de l'accord-cadre. Leur durée d'exécution est fixée conformément aux conditions habituelles d'exécution des prestations faisant l'objet de l'accord-cadre. L'acheteur ne peut fixer une durée telle que l'exécution des marchés subséquents ou des bons de commande se prolonge au-delà de la date limite de validité de l'accord-cadre dans des conditions qui méconnaissent l'obligation d'une remise en concurrence périodique. – *[Décr. n° 2016-360 du 25 mars 2016, art. 78-IV, al. 2.]*

Art. R. 2162-6 Les marchés subséquents et les bons de commande sont conclus ou émis entre les acheteurs identifiés à cette fin dans l'avis d'appel à la concurrence, dans l'invitation à confirmer l'intérêt ou, en l'absence d'un tel avis ou d'une telle invitation, dans un autre document de la consultation, et le ou les opérateurs économiques titulaires de l'accord-cadre. – *[Décr. n° 2016-360 du 25 mars 2016, art. 78-IV, al. 1er.]*

COMMENTAIRE

Les titulaires d'un accord-cadre sont seuls susceptibles de se voir confier la réalisation de prestations dans le cadre de marchés subséquents ou de bons de commande.

On relèvera par ailleurs que les acheteurs doivent nécessairement être identifiés en amont.

1. Nature et valeur des accords-cadres. Un accord-cadre doit être considéré comme un marché public au sens des directives, dont la valeur est constituée par la valeur totale des marchés spécifiques qui sont ou seront passés. • CJCE 29 nov. 2007, *Commission c/ Italie*, C-119/06 : *Rev. CMP 2008, n° 29, obs. Eckert.*

2. Exemple d'accord-cadre. Un accord, tel que celui en cause au principal, conclu entre une caisse publique d'assurance maladie et un opérateur économique, dans lequel sont définies les rémunérations des différentes formes de prise en charge attendues de cet opérateur ainsi que la durée d'application de l'accord, ledit opérateur assumant l'obligation de s'exécuter à l'égard des assurés qui lui en feraient la demande et ladite caisse étant, de son côté, la seule débitrice de la rémunération des interventions de ce même opérateur, devra être considéré comme un « accord-cadre » au sens de l'art. 1er, § 5, de la Dir. n° 2004/18/CE. • CJCE 11 juin 2009, *Oymanns OrthopädieSchuhtechnik*, C-300/07.

3. L'art. 1er, § 5, et l'art. 32, § 2, 4e al., de la Dir. 2004/18/CE du Parlement européen et du Conseil, du 31 mars 2004, relative à la coordination des procédures de passation des marchés publics de travaux, de fournitures et de services, doivent être interprétés en ce sens que :

– un pouvoir adjudicateur peut agir pour son propre compte et pour celui d'autres pouvoirs adjudicateurs clairement désignés qui ne sont pas directement parties à un accord-cadre, dès lors que les exigences de publicité et de sécurité juridique et, partant, de transparence sont respectées et,

– il est exclu que les pouvoirs adjudicateurs non signataires de cet accord-cadre ne déterminent pas le volume des prestations qui pourra être requis lorsqu'ils concluront des marchés en exécution de celui-ci ou qu'ils le déterminent par référence à leurs besoins ordinaires, sous peine de méconnaître les principes de transparence et d'égalité de traitement des opérateurs économiques intéressés à la conclusion dudit accord-cadre. • CJUE 19 déc. 2018, *Autorita Garante della Concorrenza e del Mercato – Antitrust, Coopservice Soc. Coop. Arl*, C-216/17.

4. Marché à bons de commande. Notion. Dès lors que les besoins à satisfaire ne peuvent être entièrement déterminés à l'avance du fait de la subordination de l'exécution des prestations à un certain nombre de conditions techniques et administratives, un marché passé pour la fourniture, l'installation et l'entretien de cent abris pour voyageurs et la mise en œuvre de dix campagnes annuelles d'information doit être regardé comme un marché à bons de commande. • CE, sect., 6 déc. 1995, *Dpt de l'Aveyron et a. et Sté Jean-Claude Decaux*, n° 148964 A et 149403 : *AJDA 1996. 120, chron. Stahl et Chauvaux* ♦ V. aussi • CE 19 févr. 1996, *Sté Aubettes*, n° 148794 A : *AJDA 1996. 392, concl. Fratacci* • 8 déc. 1997, *Sté Sotracer c/ Ville d'Auxerre*, n° 168577 B.

5. Marchés à bons de commande/accords-cadres. Les marchés à bons de commande, au sens de l'art. 77 C. marchés, doivent être regardés comme des accords-cadres au sens de la directive. • CE 8 août 2008, *Cne de Nanterre*, n° 309136 B : *Rev. CMP 2008, n° 229, obs. Pietri.*

6. Exclusivité. Contrôle du juge du référé contractuel. Absence. Si la société requérante invoque les dispositions de l'art. 76 C. marchés qui imposent au pouvoir adjudicateur ayant conclu un accord-cadre avec un ou plusieurs titulaires de s'adresser exclusivement à eux pour la passation d'un contrat fondé sur cet accord, la méconnaissance de ces dispositions n'est pas au nombre des manquements qui, en vertu des art. L. 551-18 à L. 551-20 CJA, peuvent être utilement invoqués devant le juge du référé contractuel. • CE 29 juin 2012, *Sté Chaumeil,* n° 358353 B.

7. Obligation de publier une estimation de la part de chaque prestation distincte. Absence. Un pouvoir adjudicateur qui a prévu un minimum et un maximum en valeur pour le marché à passer s'est conformé à l'une des hypothèses prévues par l'art. 77 C. marchés, lequel ne formule aucune autre exigence ; il ne manque pas à ses obligations de publicité et de mise en concurrence en ne publiant pas, en sus de ces deux valeurs, une estimation de la part que peut représenter dans l'ensemble du marché chacune des prestations distinctes (fourniture-location de portes et fenêtres anti-intrusion, télésurveillance...) demandées aux entreprises candidates. • CE 18 juin 2010, *OPAC Habitat Marseille Provence,* n° 335611 B : *BJCP 2010. 346, concl. Dacosta ; Rev. CMP 2010, n° 269, note Zimmer.*

8. Les marchés à bons de commande, définis par les dispositions de l'art. 77 C. marchés en vigueur, doivent être regardés comme des accords-cadres au regard du droit communautaire ; aux termes de l'art. 36 relatif à la rédaction et aux modalités de publication des avis d'appel public à la concurrence, de la Dir. 2004/18/CE du Parlement européen et du Conseil du 31 mars 2004 relative à la coordination des procédures de passation des marchés publics de travaux, de fournitures et de services : « 1. Les avis comportent les informations mentionnées à l'annexe VII A et, le cas échéant, tout autre renseignement jugé utile par le pouvoir adjudicateur, selon le format des formulaires standards adoptés par la Commission [...] » ; à l'annexe VII A, il est écrit à la rubrique 6) a relative aux marchés publics de travaux : « [...] dans le cas d'accords-cadres, indiquer également la durée prévue de l'accord-cadre, la valeur totale des travaux estimée pour toute la durée de l'accord-cadre ainsi que, dans toute la mesure du possible, la valeur et la fréquence des marchés à passer [...] » ; le formulaire standard fixé par le Règl. (CE) n° 1564/2005 fait notamment figurer, parmi les mentions que doivent comporter les avis de marchés lorsqu'il s'agit d'un accord-cadre, au point II.1.4) l'estimation de la valeur totale des acquisitions pour l'ensemble de la durée du contrat.

Il résulte de la combinaison de ces dispositions que, alors même que l'art. 77 C. marchés prévoit qu'un marché à bons de commande peut être passé « sans minimum ni maximum », le pouvoir adjudicateur, qui entendait passer un tel marché, était tenu de faire figurer, dans le cadre « quantité ou étendue globale » de l'avis d'appel d'offres, selon le modèle fixé par le règlement communautaire mentionné ci-dessus, à titre indicatif et prévisionnel, les montants annuels des travaux ou des éléments permettant d'apprécier l'étendue du marché. • CAA Marseille, 28 nov. 2012, *Côte d'Azur Habitat,* n° 10MA01413.

9. Marché comportant des prestations donnant lieu à émission de bons de commande et à d'autres prestations. Aucune disposition du C. marchés ni aucun principe n'interdisent d'inclure dans un unique marché des prestations donnant lieu à l'émission de bons de commande et d'autres prestations, à condition que les deux types de prestation soient clairement distingués, que les stipulations du contrat relatives aux prestations donnant lieu à l'émission de bons de commande respectent les dispositions de l'art. 77 et que la conclusion d'un marché global soit permise par les dispositions de l'art. 10 du même code relatives à l'allotissement. • CE 29 oct. 2010, *Synd. mixte d'assainissement de la région ouest de Versailles (SMAROV),* n° 340212 B : *Rev. CMP 2010, n° 403, note Devillers ; AJDA 2011. 514, note Le Port et Hul.*

10. Définition des besoins. Marché à bons de commande. Aux termes de l'art. 5 C. marchés : « I. – La nature et l'étendue des besoins à satisfaire sont déterminées avec précision avant tout appel à la concurrence ou toute négociation non précédée d'un appel à la concurrence (...). Le ou les marchés (...) conclus par le pouvoir adjudicateur ont pour objet exclusif de répondre à ces besoins. II. – Le pouvoir adjudicateur détermine le niveau auquel les besoins sont évalués (...) » ; d'autre part, aux termes de l'art. L. 3221-11-1 CGCT, dans sa rédaction alors applicable : « La délibération du conseil général (...) chargeant le président du conseil général de souscrire un marché déterminé peut être prise avant l'engagement de la procédure de passation de ce marché. Elle comporte alors obligatoirement la définition de l'étendue du besoin à satisfaire et le montant prévisionnel du marché (...) » ; il résulte de la lettre même de l'art. L. 3221-11-1 préc. que, lorsque le conseil général autorise par anticipation son président à souscrire un marché dont il approuve l'engagement de la procédure de passation, sa délibération doit comporter, outre le montant prévisionnel de la commande, la définition de l'étendue du besoin à satisfaire ; cette obligation se rapporte nécessairement à la détermination de la quantité de prestations qu'est susceptible de couvrir le montant prévisionnel du marché au regard des besoins exprimés par la collectivité.

Souhaitant promouvoir les valeurs du sport à l'occasion d'actions de communication auprès du milieu associatif par la distribution de billets, de « pass » et d'abonnements donnant accès aux rencontres disputées par l'Olympique Lyonnais au stade de Gerland, le conseil général du Rhône a, par la délibération litigieuse, approuvé l'organisation d'une mise en concurrence pour l'attribution d'un marché à bons de commande pour l'acquisition des titres au cours de la saison 2007-2008 et autorisé son président à conclure le marché avec le lauréat de la consultation ; si ladite délibération comporte le montant prévisionnel minimum et maximum des bons de commande, elle ne définit pas l'étendue des besoins à satisfaire, évaluée en quantités de titres à acquérir dans chacune des trois catégories au regard des sommes qu'il est envisagé de consacrer à cette action, alors que, dans sa délibération du 20 juill. 2007, la commission permanente avait décidé de redistribuer les titres aux bénévoles de plusieurs centaines d'associations ; en autorisant le président du conseil général du Rhône à organiser la consultation et à signer un marché sans évaluer la quantité de billets, de pass et d'abonnements qui pourrait être délivrée en contrepartie du montant prévisionnel des bons de commande et, partant, sans déterminer à quelle hauteur pourrait être satisfaite la demande de redistribution auprès des bénéficiaires dont la liste était d'ores et déjà arrêtée, la délibération litigieuse a méconnu l'art. L. 3221-11-1 préc. • CAA Lyon, 7 avr. 2011, *Dpt du Rhône*, n° 09LY02983 : *Rev. CMP 2011, n° 164, note Llorens.*

11. Critères d'attribution des marchés subséquents à un accord-cadre. Information des candidats à l'accord-cadre. L'information appropriée des candidats sur les critères d'attribution des marchés subséquents à un accord-cadre est nécessaire dès l'engagement de la procédure d'attribution de l'accord-cadre, dans l'avis d'appel public à la concurrence ou le cahier des charges tenu à la disposition des candidats ; dans le cas où le pouvoir adjudicateur souhaite retenir d'autres critères que celui du prix, l'information appropriée des candidats doit alors porter également sur les conditions de mise en œuvre de ces critères ; il appartient au pouvoir adjudicateur d'indiquer les critères d'attribution des marchés subséquents et les conditions de leur mise en œuvre selon les modalités appropriées à l'objet, aux caractéristiques et au montant prévisible des marchés concernés ; il lui est loisible, dans l'hypothèse du choix d'une pondération des critères, d'exprimer le poids de chacun d'entre eux par une fourchette, qu'il peut éventuellement préciser lors de la passation de chacun des marchés subséquents ; toutefois, eu égard à l'interdiction pour les parties, édictée par le II de l'art. 76 C. marchés, d'apporter des modifications substantielles aux termes fixés dans l'accord-cadre, l'écart maximal de cette fourchette doit être approprié et ne saurait, en tout état de cause, autoriser l'absence de prise en compte ultérieure de certains des critères annoncés.

Il résulte de ce qui précède que, d'une part, en jugeant que les candidats à l'attribution d'un accord-cadre devaient être informés, dès la passation de l'accord-cadre, des critères d'attribution des marchés subséquents et de leurs modalités de mise en œuvre, le juge du référé précontractuel n'a pas commis d'erreur de droit ; que, d'autre part, en estimant, après avoir relevé que le cahier des charges de l'accord-cadre mentionnait quatre critères d'attribution des marchés subséquents, dont les fourchettes de pondération étaient respectivement comprises entre 30 et 100 %, 0 et 70 %, 0 et 50 % et 0 et 30 %, que les indications données aux candidats à l'attribution de l'accord-cadre ne leur permettaient pas de déterminer, pour chaque marché subséquent ou chaque type de marché subséquent, s'il serait attribué sur la base de l'ensemble des critères annoncés, de certains d'entre eux ou du seul critère du prix, et en en déduisant que la procédure de passation avait été irrégulière, le juge du référé précontractuel s'est livré à une appréciation souveraine, exempte de dénaturation, et n'a pas commis d'erreur de droit. • CE 5 juill. 2013, *UGAP, Sté SCC*, n°s 368448 B et 368461 B : *BJCP 2013. 418, concl. Dacosta ; Rev. CMP 2013, n° 248, note Zimmer ; RJEP 2014. 7, note Sirinelli.*

12. Accord-cadre mono-attributaire. Marchés subséquents. Conformément aux art. L. 2125-1, R. 2162-2, R. 2162-6, R. 2162-7 et R. 2162-9 CCP, il appartient au pouvoir adjudicateur d'informer les candidats sur les conditions d'attribution des marchés subséquents à un accord-cadre mono-attributaire dès l'engagement de la procédure d'attribution de cet accord-cadre, dans l'avis d'appel public à la concurrence ou le cahier des charges tenu à la disposition des candidats.

La circonstance qu'un accord-cadre soit conclu avec un seul opérateur économique n'implique pas que son titulaire bénéficie de l'octroi automatique des marchés subséquents passés dans ce cadre. Aucune disposition du CCP ni aucun principe ne fait en effet obstacle à ce que les offres remises par le titulaire d'un accord-cadre mono-attributaire pour l'attribution des marchés subséquents soient notées et analysées, et que les marchés ne lui soient attribués que sous réserve de remplir certaines conditions.

Il en va de même dans l'hypothèse où la procédure de passation de l'accord-cadre mono-attributaire envisagerait l'attribution simultanée d'un premier marché subséquent et où les candidats à l'attribution de l'accord-cadre seraient de ce fait invités à remettre également une offre pour ce premier marché, sous réserve que la comparaison des offres des candidats porte uniquement sur l'accord-cadre et non, de façon concomitante, sur celles remises pour le premier marché. • CE 6 nov. 2020, *Métropole européenne de Lille*, n° 437718 B : *BJCP 2021. 99, concl. Pichon de Vendeuil ; Rev. CMP 2021. 4, note Hoepffner.*

13. Accord-cadre. Valeur maximale des prestations atteinte. L'art. 33, § 3, de la Dir. 2014/24 doit être interprété en ce sens qu'un pouvoir adjudicateur ne peut plus se fonder, pour attribuer un nouveau marché, sur un accord-cadre dont la quantité et/ou la valeur maximale des travaux, fournitures ou services concernés qu'il fixe a ou ont déjà été atteinte(s), à moins que l'attribution de ce marché n'entraîne pas une modification substantielle de cet accord-cadre, ainsi que le prévoit l'art. 72, § 1, sous e), de cette Dir. • CJUE 14 juill. 2022, *EPIC Financial Consulting Ges.m.b.H.*, n^os^ C-274/21 et C-275/21.

14. Marché à bons de commande sans minimum. Résiliation. Si les principes généraux applicables aux contrats administratifs permettent aux personnes publiques, sans qu'aucune disposition législative ou réglementaire, non plus qu'aucune stipulation contractuelle ne le prévoient, de résilier un contrat pour un motif d'intérêt général, sous réserve de l'indemnisation du préjudice éventuellement subi par le cocontractant, ces mêmes principes ne s'opposent pas à ce que des stipulations contractuelles écartent, comme en l'espèce, tout droit à indemnisation en cas de résiliation du contrat par la personne publique ; s'agissant, en outre, d'un marché à bons de commande sans minimum, la cour administrative d'appel n'a, en tout état de cause, pas commis d'erreur de droit ni dénaturé les stipulations du contrat, en faisant application de l'art. 11 du cahier des clauses administratives particulières et en jugeant que ses stipulations faisaient obstacle à ce que la société soit indemnisée du préjudice né de la résiliation du contrat, quand bien même il serait établi que cette dernière n'était pas justifiée par un motif d'intérêt général. • CE 19 déc. 2012, *Sté AB Trans*, n° 350341 : *Rev. CMP 2013, n° 29, note Eckert ; Dr. adm. 2013, n° 42, note Colson.*

15. Marché à bons de commande. Résiliation irrégulière. Si le titulaire d'un marché résilié irrégulièrement peut prétendre à être indemnisé de la perte du bénéfice net dont il a été privé, il lui appartient d'établir la réalité de ce préjudice. Dans le cas d'un marché à bons de commande dont les documents contractuels prévoient un minimum en valeur ou en quantité, le manque à gagner ne revêt un caractère certain qu'en ce qu'il porte sur ce minimum garanti. • CE 10 oct. 2018, *Sté du docteur Jacques Franc*, n° 410501 B : *BJCP 2019. 22, concl. Henrard ; Rev. CMP 2018. 266, note Zimmer ; AJDA 2019. 338, note Riccardi.*

16. Mesures d'exécution d'un marché à bons de commande. Les parties à un contrat ne peuvent pas demander au juge l'annulation d'une mesure d'exécution de ce contrat, mais seulement une indemnisation du préjudice qu'une telle mesure leur a causé ; pour juger que l'association titulaire du marché à bons de commande était recevable à demander l'annulation et la suspension de l'exécution de la décision de la région Languedoc-Roussillon du 3 avr. 2013, le juge des référés s'est fondé sur la circonstance que cette décision causait un préjudice financier important à l'association et mettait un terme immédiat à la session de formation dont elle assurait la direction ; en statuant ainsi, alors, d'une part, qu'il a lui-même relevé que la décision attaquée avait pour objet non de résilier le marché à bons de commande conclu avec cette association mais seulement d'interrompre l'exécution de l'une des prestations prévues par un bon de commande et, d'autre part, qu'une telle interruption constitue une simple mesure d'exécution du contrat dont le cocontractant de l'administration n'est pas recevable à demander l'annulation, le juge des référés du tribunal administratif a commis une erreur de droit. • CE 25 oct. 2013, *Région Languedoc-Roussillon*, n° 369806 B : *BJCP 2014. 54, concl. Pellissier ; Rev. CMP 2013, n° 323, note Devillers.*

17. Marché à bons de commande. Minimum non respecté. L'inclusion dans un contrat d'une quantité minimale de commandes oblige l'administration à indemniser le titulaire du contrat du préjudice éventuellement subi lorsque le montant minimum ainsi spécifié n'est pas commandé. L'inclusion d'une telle clause ne donne, en revanche, pas nécessairement à son cocontractant un droit à la rémunération correspondante, mais à la réparation du préjudice subi du fait du non-respect par l'administration de ses engagements, correspondant à sa perte de marge bénéficiaire, et, le cas échéant, aux dépenses qu'il aurait engagées pour pouvoir satisfaire à ses obligations contractuelles minimales. • CAA Versailles, 4 mars 2021, *Sté Robin Marieton*, n° 18VE04041.

SOUS-SECTION 2 **Dispositions propres aux marchés subséquents**

Art. R. 2162-7 Les marchés subséquents précisent les caractéristiques et les modalités d'exécution des prestations demandées qui n'ont pas été fixées dans l'accord-cadre. Ils ne peuvent entraîner des modifications substantielles des termes de l'accord-cadre. – *[Décr. n° 2016-360 du 25 mars 2016, art. 79-I, al. 1er.]*

Art. R. 2162-8 Les marchés subséquents peuvent prendre la forme d'un accord-cadre fixant toutes les conditions d'exécution des prestations et exécuté au moyen de bons de commande dans les conditions fixées aux articles R. 2162-13 et R. 2162-14. – *[Décr. n° 2016-360 du 25 mars 2016, art. 79-I, al. 2.]*

COMMENTAIRE

C'est ici, en quelque sorte, un accord-cadre « au carré ». ❑

Art. R. 2162-9 Pour les pouvoirs adjudicateurs, lorsqu'un accord-cadre est conclu avec un seul opérateur économique, les marchés subséquents sont attribués dans les conditions fixées par l'accord-cadre. Préalablement à la conclusion des marchés subséquents, le pouvoir adjudicateur peut demander par écrit au titulaire de compléter son offre. – *[Décr. n° 2016-360 du 25 mars 2016, art. 79-II, al. 1er.]*

Art. R. 2162-10 Lorsqu'un accord-cadre est conclu avec plusieurs opérateurs économiques, le pouvoir adjudicateur organise une mise en concurrence selon la procédure suivante :

1° Pour chacun des marchés subséquents, le pouvoir adjudicateur consulte par écrit les titulaires de l'accord-cadre ou, lorsque l'accord-cadre a été divisé en lots, les titulaires du lot correspondant à l'objet du marché subséquent ;

2° Le pouvoir adjudicateur fixe un délai suffisant pour la présentation des offres en tenant compte d'éléments tels que la complexité des prestations attendues ou le temps nécessaire à la transmission des offres ;

3° Les offres sont proposées conformément aux caractéristiques fixées par l'accord-cadre et les documents de la consultation propres au marché subséquent. Elles sont établies par écrit et ne sont pas ouvertes avant l'expiration du délai prévu pour le dépôt des offres ;

4° Le marché subséquent est attribué à celui ou à ceux des titulaires de l'accord-cadre qui ont présenté les offres économiquement les plus avantageuses, sur la base des critères d'attribution énoncés dans l'accord-cadre.

L'accord-cadre peut prévoir que l'attribution de certains marchés subséquents ne donnera pas lieu à remise en concurrence lorsqu'il apparaît que, pour des raisons techniques, ces marchés ne peuvent plus être confiés qu'à un opérateur économique déterminé. Tel est notamment le cas lorsque aucun produit, matériel ou service ne peut être substitué au produit, matériel ou service à acquérir et qu'un seul des titulaires est en mesure de le fournir. – *[Décr. n° 2016-360 du 25 mars 2016, art. 79-II, sauf al. 1er.]*

COMMENTAIRE

Le principe, c'est l'attribution d'un marché subséquent à un des titulaires de l'accord-cadre après une procédure de mise en concurrence spécifique. ❑

Art. R. 2162-11 Pour les entités adjudicatrices, les marchés subséquents sont passés sur la base de règles ou de critères objectifs et non discriminatoires définis dans l'accord-cadre, qui peuvent inclure la remise en concurrence des titulaires. – *[Décr. n° 2016-360 du 25 mars 2016, art. 79-III, al. 1er.]*

Art. R. 2162-12 Lorsqu'une remise en concurrence est prévue, l'entité adjudicatrice fixe un délai suffisant pour permettre la présentation des offres. Le marché subséquent est attribué à celui ou à ceux des titulaires de l'accord-cadre qui ont présenté les offres économiquement les plus avantageuses, sur la base des critères d'attribution définis dans l'accord-cadre. – *[Décr. n° 2016-360 du 25 mars 2016, art. 79-III, al. 2.]*

SOUS-SECTION 3 **Dispositions propres aux bons de commande**

Art. R. 2162-13 Les bons de commande sont des documents écrits adressés aux titulaires de l'accord-cadre qui précisent celles des prestations, décrites dans l'accord-cadre, dont l'exécution est demandée et en déterminent la quantité. – *[Décr. n° 2016-360 du 25 mars 2016, art. 80, al. 1er.]*

Art. R. 2162-14 L'émission des bons de commande s'effectue sans négociation ni remise en concurrence préalable des titulaires, selon des modalités prévues par l'accord-cadre. – *[Décr. n° 2016-360 du 25 mars 2016, art. 80, al. 2.]*

COMMENTAIRE

Toutes les stipulations ayant été prévues par l'accord-cadre lui-même, il n'y a lieu ni à remise en concurrence des titulaires, ni à négociation. L'accord-cadre doit cependant déterminer les modalités d'attribution des prestations aux titulaires de l'accord-cadre. ❑

Chaque commande d'un marché de travaux à bons de commande donne lieu à des prestations propres pouvant faire l'objet d'une réception et d'un règlement dès leur réalisation ; par suite, sauf à ce que le contrat renvoie le règlement définitif de l'ensemble des commandes au terme du marché, chaque commande de travaux peut donner lieu à un règlement définitif qui ne saurait donc être regardé comme un règlement partiel définitif interdit par le deuxième alinéa de l'art. 92 C. marchés aux termes duquel : « Les marchés de travaux ne donnent pas lieu à des règlements partiels définitifs ». • CE 3 oct. 2012, *Sté Eiffage Travaux Publics Méditerranée,* n° 348476 B : *BJCP 2013. 20, concl. Pellissier.* ♦ V. aussi • CAA Nancy, 27 déc. 2016, *Sté CCR Schmitt,* n° 16NC00002 : *Rev. CMP 2017, n° 67, note Ubaud-Bergeron.*

SECTION 2 Concours

SOUS-SECTION 1 Déroulement du concours

Art. R. 2162-15 **L'acheteur publie un avis de concours dans les conditions prévues aux articles R. 2131-12, R. 2131-13 et R. 2131-16 à R. 2131-20. Lorsqu'il entend attribuer un marché de services au lauréat ou à l'un des lauréats du concours en application de l'article R. 2122-6, il l'indique dans l'avis de concours.** – *[Décr. n° 2016-360 du 25 mars 2016, art. 88-I.]*

COMMENTAIRE

On se reportera au 2° de l'article L. 2125-1.

Le concours est un mode de sélection qui permet à un acheteur, sur la base d'un simple programme (sans avoir à décider des spécifications des prestations, donc), de choisir un plan ou un projet. Il fait intervenir un jury. Les participants, qui doivent réaliser des prestations, sont indemnisés. ❑

Art. R. 2162-16 **Lorsque le concours est restreint, l'acheteur établit des critères de sélection des participants au concours. Le nombre de candidats invités à participer au concours est suffisant pour garantir une concurrence réelle.**

L'acheteur fixe, au vu de l'avis du jury, la liste des candidats admis à concourir et les candidats non retenus en sont informés. – *[Décr. n° 2016-360 du 25 mars 2016, art. 88-II, al. 1er 2e phrase et III 2e phrase.]*

Art. R. 2162-17 **Pour l'organisation du concours, l'acheteur fait intervenir un jury composé selon les modalités prévues à la sous-section 2.** – *[Décr. n° 2016-360 du 25 mars 2016, art. 88-III, al. 1er 1re phrase.]*

Art. R. 2162-18 **Après avoir analysé les candidatures et formulé un avis motivé sur celles-ci, le jury examine les plans et projets présentés de manière anonyme par les opérateurs économiques admis à participer au concours, sur la base des critères d'évaluation définis dans l'avis de concours.**

Il consigne dans un procès-verbal, signé par ses membres, le classement des projets ainsi que ses observations et, le cas échéant, tout point nécessitant des éclaircissements et les questions qu'il envisage en conséquence de poser aux candidats concernés.

L'anonymat des candidats peut alors être levé.

Le jury peut ensuite inviter les candidats à répondre aux questions qu'il a consignées dans le procès-verbal. Un procès-verbal complet du dialogue entre les membres du jury et les candidats est établi. – *[Décr. n° 2016-360 du 25 mars 2016, art. 88-III, al. 2 à 4.]*

COMMENTAIRE

Le présent article précise comment, pour la passation d'un concours, le jury examine les candidatures, évalue les prestations, dialogue le cas échéant avec les candidats, avant que ne soient choisis le ou les lauréats. On relèvera notamment l'exigence d'anonymat jusqu'au dialogue. ❑

1. Groupement de commandes et concours. Les sociétés requérantes font valoir que le recours à un groupement de commandes, en privant les assemblées délibérantes des collectivités membres de leur pouvoir d'attribution du marché, est incompatible avec les dispositions des art. 70 et 74 du code ; toutefois, d'une part, le recours à un groupement de commande est prévu par l'art. 8 C. marchés, lequel a pu déroger aux dispositions des art. 70 et 74, d'autre part, en vertu du II dudit art. 8, le coordonnateur désigné par les membres d'un groupement de commandes dans la convention constitutive de ce groupement est chargé de procéder dans le respect des règles prévues par le code des marchés publics à l'ensemble des opérations de sélection d'un ou de plusieurs cocontractants ; l'art. 8 dudit code ne fait aucune réserve de la procédure du concours ; il résulte ainsi de la combinaison des dispositions des art. 8, 70 et 74 préc. C. marchés que dès lors que la procédure du concours est mise en œuvre par le coordonnateur d'un groupement de commandes et que, comme en l'espèce, ce coordonnateur est une collectivité territoriale, l'assemblée délibérante qui attribue le marché est celle du coordonnateur ; le moyen tiré d'une incompatibilité entre le recours à un groupement de commandes et les dispositions des art. 70 et 74 ne peut, dès lors, qu'être écarté. • CAA Bordeaux, 18 mars 2014, *Groupe d'architecture Ellipse*, n° 11BX03387.

2. Candidats à écarter. Un candidat qui tire de sa participation à l'élaboration du programme du concours un avantage indu doit être écarté. • CE 8 juill. 1991, *OPHLM du dpt de l'Aisne*, n° 95305. ♦ ... De même un candidat qui a eu connaissance des offres des autres participants dans le cadre d'un autre marché. • CE 29 juill. 1998, *Garde des Sceaux, Min. de la Justice c/ Sté Génicorp*, n° 177952 B.

3. Dialogue : clarification et non-négociation. Le jury, à l'issue de sa réunion du 18 déc. 2006, a conduit un dialogue avec les équipes retenues dont l'objet, conformément à l'art. 70 C. marchés, devait être limité à la clarification de tel ou tel aspect d'un projet ; il résulte de l'instruction, singulièrement du procès-verbal du dialogue entre le jury et les concurrents, produit au dossier, que, à cette occasion, le jury, par la teneur de la question 5 posée à l'équipe conduite par M. A, a permis à cette dernière de corriger une lacune de sa proposition initiale au regard des exigences du programme de la consultation en intégrant un faux gril pour l'espace scénique ; cette question, qui excédait les exigences de clarification du projet, a provoqué une rupture du principe d'égalité entre les concurrents en permettant à l'un d'entre eux de rendre conforme au programme un projet qui ne l'était pas ; cette circonstance a affecté la régularité de l'avis du jury et, par suite, celle de la procédure de passation du marché de maîtrise d'œuvre.Le concurrent irrégulièrement évincé de la conclusion d'un marché public n'a droit à l'indemnisation du manque à gagner qu'il a subi que dans le cas où il avait des chances sérieuses d'emporter le marché ; en l'espèce, MM. B et C établissent que l'irrégularité de procédure constatée a permis au groupement conduit par M. A de remettre un projet finalement conforme, alors que sa proposition initiale avait été qualifiée par le jury de « non conforme au programme, voire inacceptable », s'agissant de la scénographie ; si la personne responsable du marché est tenue, aux termes des dispositions précitées de l'art. 70 C. marchés, de négocier avec le lauréat du concours, cette négociation, postérieure à la désignation du lauréat, ne saurait avoir pour objet ni pour effet de permettre la mise en conformité d'une offre avec le programme de la consultation ; ainsi, alors que l'offre de A aurait pu être écartée pour non-conformité au programme, elle a été retenue alors que l'équipe de MM. B et C avait été classée en première position par le jury lors de sa réunion du 18 déc. 2006 ; par suite, MM. B et C ont été privés de chances sérieuses d'emporter le marché et sont, dès lors, fondés à soutenir que c'est à tort que, par le jugement attaqué, le tribunal administratif a jugé qu'ils n'avaient pas été privés d'une chance sérieuse d'emporter le marché en raison de l'irrégularité de la procédure de passation et a rejeté leurs demandes indemnitaires. • CAA Douai, 19 juin 2012, *M. B et M. C*, n° 10DA01598.

4. Motivation du classement des offres par le jury. Le jury doit suffisamment motiver l'avis par lequel il classe les offres pour mettre le pouvoir adjudicateur à même de se déterminer. • CE 23 oct. 1992, *Bourdiel*, n° 107107 B.

Art. R. 2162-19 **L'acheteur choisit le ou les lauréats du concours au vu des procès-verbaux et de l'avis du jury et publie un avis de résultats de concours dans les conditions prévues aux articles R. 2183-1 à R. 2183-7.** – *[Décr. n° 2016-360 du 25 mars 2016, art. 88-IV, al. 1er.]*

1. Concours de maîtrise d'œuvre. Portée de l'avis du jury. L'assemblée délibérante d'une collectivité territoriale peut s'écarter de l'avis émis par le jury, à condition de rendre publics les motifs de son choix. • CE 10 oct. 1994, *Cne de Béziers*, n° 121257. ♦ Le règlement d'un concours de maîtrise d'œuvre ne peut prévoir que l'avis du jury liera la personne en charge du marché. • CE 27 nov. 2002, *M. Dangas et a.*, n° 204619 B.

2. Concours de maîtrise d'œuvre. Nouvel examen des offres par un tiers. Pour la passation d'un concours de maîtrise d'œuvre, le pouvoir adjudicateur ne peut faire procéder par un tiers à un nouvel examen des offres qui ait la même nature et le même objet que celui qui relève du jury. • CE 1er oct. 1997, *Cne de Paluel*, n° 170033 B.

3. Concours de maîtrise d'œuvre. Avis d'une commission technique. Est irrégulière la passation d'un concours de maîtrise d'œuvre au cours de laquelle le pouvoir adjudicateur se fonde directement, pour retenir un projet, sur l'avis d'une commission technique ayant consigné dans son rapport des appréciations sur les projets des candidats ayant le même objet et la même nature que celles portées par le jury. • CE 25 juin 2004, *Min. des Affaires étrangères, de la Coopération et de la Francophonie c/ Soler*, n° 263404 B : *Rev. CMP 2004, n° 195, obs. Olivier.*

4. Concours de maîtrise d'œuvre. Le juge du référé précontractuel ne commet pas d'erreur de droit en recherchant si le projet retenu était conforme aux prescriptions du programme fonctionnel d'un concours de maîtrise d'œuvre pour la réalisation de deux maisons centrales en jugeant que tel n'était pas le cas, dès lors que ce projet organisait en extérieur des circulations en détention qui auraient dû être couvertes selon le programme et, ensuite, que cette non-conformité concernait un élément suffisamment important du programme, du point de vue de la sécurité, pour faire obstacle à la désignation comme lauréat du groupement concerné et à la régularisation ultérieure de son offre, laquelle méconnaîtrait le principe d'égalité de traitement des candidats, le juge des référés n'a pas dénaturé les pièces du dossier ni entaché son ordonnance d'erreur de droit. • CE 9 mai 2008, *Agence de maîtrise d'ouvrage des travaux du ministère de la Justice*, n° 308911. ♦ Quelles que soient les qualités d'un projet, il appartient au jury de l'écarter dès lors que le montant prévisionnel des travaux qu'il prévoit est supérieur au montant de l'enveloppe financière fixé par une disposition impérative du règlement du concours. • CAA Nancy, 18 juin 2009, *EURL Santini Ingénierie*, n° 07NC00629.

Art. R. 2162-20 Une prime est allouée aux participants qui ont remis des prestations conformes au règlement du concours. Sous réserve des dispositions des articles R. 2172-4 à R. 2172-6, le montant de la prime est librement défini par l'acheteur et est indiqué dans les documents de la consultation. – *[Décr. n° 2016-360 du 25 mars 2016, art. 88-IV, al. 2.]*

Art. R. 2162-21 Lorsqu'un marché de services est attribué au lauréat ou à l'un des lauréats du concours, sa rémunération tient compte de la prime qu'il a reçue pour sa participation au concours. – *[Décr. n° 2016-360 du 25 mars 2016, art. 88-IV, al. 3.]*

SOUS-SECTION 2 Composition du jury

Art. R. 2162-22 Le jury est composé de personnes indépendantes des participants au concours. Lorsqu'une qualification professionnelle particulière est exigée pour participer à un concours, au moins un tiers des membres du jury doit posséder cette qualification ou une qualification équivalente. – *[Décr. n° 2016-360 du 25 mars 2016, art. 89-I.]*

1. La composition du jury et la personnalité de son président doivent présenter toutes les garanties d'impartialité. • CE 23 janv. 1976, *Sieurs Bergerioux et a.*, n° 94856 B.

2. Lorsque la présence de personnalités qualifiées est obligatoire, la méconnaissance de cette obligation entraîne la nullité de la procédure. • CE 10 oct. 1994, *Cne de Béziers*, n° 121257.

3. Remplacement des membres du jury démissionnaires ou ne pouvant siéger (marchés de conception-réalisation). Entre les phases de sélection des candidatures et de choix des offres (dans le cadre d'une procédure de passation d'un marché de conception-réalisation), il est possible de procéder au remplacement des membres du jury ayant démissionné ou ayant fait savoir qu'ils ne pourraient siéger. Aucune autre modification de la composition du jury n'est possible. • CE 25 janv. 2006, *Cté urb. de Nantes*, n° 257978 B : *Rev. CMP 2006, n° 72, obs. Eckert.*

Art. R. 2162-23 Pour les concours organisés par l'État, les membres du jury sont désignés selon les modalités suivantes :

1° En ce qui concerne les administrations centrales de l'État, les services à compétence nationale et les services déconcentrés qui ne sont pas placés sous l'autorité du préfet, par le ministre dont ils dépendent ;

2° En ce qui concerne les services déconcentrés de l'État placés sous l'autorité du préfet, par le préfet. – *[Décr. n° 2016-360 du 25 mars 2016, art. 89-II.]*

Art. R. 2162-24 Pour les concours organisés par les collectivités territoriales, leurs établissements publics et leurs groupements, à l'exception des établissements publics sociaux ou médico-sociaux et des offices publics de l'habitat, les membres élus de la commission d'appel d'offres font partie du jury. – *[Décr. n° 2016-360 du 25 mars 2016, art. 89-III.]*

Art. R. 2162-25 Pour les concours organisés par les acheteurs autres que ceux mentionnés aux articles R. 2162-23 et R. 2162-24, les membres du jury sont désignés selon les règles propres à chaque établissement. – *[Décr. n° 2016-360 du 25 mars 2016, art. 89-IV.]*

Art. R. 2162-26 Pour les groupements de commande*[s]* mentionnés au I de l'article L. 1414-3 du code général des collectivités territoriales, les membres de la commission d'appel d'offres du groupement font partie du jury. Pour les autres groupements de commandes, la composition du jury est fixée par la convention de groupement. – *[Décr. n° 2016-360 du 25 mars 2016, art. 89-V.]*

SECTION 3 Système de qualification des entités adjudicatrices

Art. R. 2162-27 Les entités adjudicatrices peuvent recourir à un système de qualification établi par un tiers. Elles en informent les opérateurs économiques intéressés. – *[Décr. n° 2016-360 du 25 mars 2016, art. 46-I, al. 2.]*

COMMENTAIRE

On se reportera au 3° de l'article L. 2125-1.

Le système de qualification est un dispositif de présélection, propre aux entités adjudicatrices, qui repose sur l'idée que, tant du côté des acheteurs que des fournisseurs, les opérateurs sont parfois peu nombreux et sont souvent spécialisés. L'existence d'un système de qualification permet la constitution d'un « réservoir » de fournisseurs présélectionnés, dont la candidature n'aura plus à être examinée par la suite.

Le système de qualification lui-même et la passation des marchés conclus sur la base du système obéissent à des règles précises, détaillées dans les trois sous-sections qui suivent. ❑

SOUS-SECTION 1 Règles de publicité

Art. R. 2162-28 Pour mettre en place un système de qualification, l'entité adjudicatrice publie un avis sur l'existence d'un tel système dans les conditions fixées à l'article R. 2131-19 et R. 2131-20.

Cet avis mentionne son objet, sa durée et les modalités d'accès aux règles qui le gouvernent.

Il est établi conformément au modèle fixé par le règlement de la Commission européenne établissant les formulaires standard pour la publication d'avis dans le cadre de la passation de marchés. – *[Décr. n° 2016-360 du 25 mars 2016, art. 46-II, al. 1er.]*

Art. R. 2162-29 L'entité adjudicatrice notifie à l'Office des publications de l'Union européenne tout changement de la durée du système en utilisant :

1° Un avis sur l'existence d'un système de qualification lorsque sa durée de validité est modifiée sans qu'il y soit mis un terme ;

2° Un avis d'attribution lorsqu'il est mis fin au système. – *[Décr. n° 2016-360 du 25 mars 2016, art. 46-II, al. 2.]*

SOUS-SECTION 2 Qualification des opérateurs économiques

Art. R. 2162-30 Le système de qualification peut comprendre plusieurs stades de qualification.

L'entité adjudicatrice établit des règles et critères objectifs d'exclusion et de sélection des opérateurs économiques qui demandent à être qualifiés et des règles et critères objectifs de fonctionnement du système de qualification, portant sur des aspects tels que l'inscription au système, la mise à jour périodique des qualifications et la durée du système. Parmi ces critères, peut être retenue la capacité des candidats à respecter des spécifications techniques définies aux articles R. 2111-4, R. 2111-5, R. 2111-9 et

R. 2111-10. Ces règles et ces critères peuvent être mis à jour. – *[Décr. n° 2016-360 du 25 mars 2016, art. 46-III.]*

Art. R. 2162-31 Les entités adjudicatrices veillent à ce que les opérateurs économiques puissent à tout moment demander à être qualifiés. Les règles et les critères de qualification leur sont communiqués sur leur demande. La mise à jour des règles et des critères est communiquée à tous les opérateurs économiques intéressés.

Les opérateurs économiques sont informés des décisions relatives à leur qualification dans les conditions de l'article R. 2181-5 et R. 2181-6. – *[Décr. n° 2016-360 du 25 mars 2016, art. 46-IV.]*

Art. R. 2162-32 Les entités adjudicatrices ne peuvent mettre fin à la qualification d'un opérateur économique que pour des raisons fondées sur les règles et critères mentionnés à l'article R. 2162-30. L'intention de mettre fin à la qualification est préalablement notifiée à cet opérateur, par écrit motivé, au moins quinze jours avant la date prévue pour mettre fin à la qualification. – *[Décr. n° 2016-360 du 25 mars 2016, art. 46-V.]*

Art. R. 2162-33 Un relevé des opérateurs économiques qualifiés est conservé. Il peut être divisé en catégories par type de marchés pour la réalisation desquels la qualification est valable. – *[Décr. n° 2016-360 du 25 mars 2016, art. 46-VI.]*

Art. R. 2162-34 Lorsque des frais sont facturés pour les demandes de qualification, pour la mise à jour ou la conservation d'une qualification déjà obtenue en vertu du système, ils sont proportionnés aux coûts occasionnés. – *[Décr. n° 2016-360 du 25 mars 2016, art. 46-VIII.]*

SOUS-SECTION 3 Règles de passation des marchés conclus sur la base d'un système de qualification

Art. R. 2162-35 Lorsque l'appel à la concurrence est effectué au moyen d'un avis sur l'existence d'un système de qualification, l'accès aux documents de la consultation est offert dès que possible et au plus tard à la date d'envoi de l'invitation à soumissionner.

Lorsqu'une mise en concurrence est effectuée au moyen d'un avis sur l'existence d'un système de qualification, les marchés de travaux, fournitures ou services couverts par le système de qualification sont attribués selon une procédure d'appel d'offres restreint ou une procédure avec négociation dans laquelle les participants sont sélectionnés parmi les candidats déjà qualifiés selon un tel système. – *[Décr. n° 2016-360 du 25 mars 2016, art. 39-I, al. 3, et 46-VII.]*

Art. R. 2162-36 Lorsque certains documents de la consultation ne sont pas publiés sur un profil d'acheteur parce que l'entité adjudicatrice impose aux participants sélectionnés des exigences visant à protéger la confidentialité de certaines informations, cette dernière indique, dans les documents de la consultation, les mesures qu'elle impose en vue de protéger la confidentialité des informations ainsi que les modalités d'accès aux documents concernés. – *[Décr. n° 2016-360 du 25 mars 2016, art. 39-II, al. 2.]*

SECTION 4 Système d'acquisition dynamique

SOUS-SECTION 1 Mise en place du système d'acquisition dynamique

Art. R. 2162-37 Le système d'acquisition dynamique peut être subdivisé en catégories de fournitures, de services ou de travaux définies de manière objective sur la base des caractéristiques du marché à exécuter dans la catégorie concernée. Ces caractéristiques peuvent notamment renvoyer à la taille maximale autorisée de certains marchés spécifiques ou à une zone géographique précise dans laquelle certains marchés spécifiques seront exécutés.

Lorsque l'acheteur a subdivisé le système en catégories de produits, de services ou de travaux, il précise les critères de sélection applicables à chaque catégorie. – *[Décr. n° 2016-360 du 25 mars 2016, art. 81-I, al. 2, 2e et 3e phrases, et 82-IV, al. 1er, 2e phrase.]*

COMMENTAIRE

On se reportera au 4° de l'article L. 2125-1.

Il s'agit d'un système de sélection entièrement électronique, réservé aux achats d'usage courant, qui ressemble à un « accord-cadre électronique », mais qui, de plus, est « dynamique » d'un double point de vue : il est toujours possible d'y entrer, pendant toute sa durée (notamment au moment de la passation de chaque « marché spécifique ») ; en outre, les candidatures peuvent être régulièrement actualisées. ❑

Art. R. 2162-38 **Lorsqu'il met en place un système d'acquisition dynamique et que la valeur estimée du besoin est égale ou supérieure aux seuils de procédure formalisée, l'acheteur respecte les règles de l'appel d'offres restreint sous réserve des dispositions des articles R. 2162-39, R. 2162-41 à R. 2162-47 et R. 2162-49 à R. 2162-51.** – *[Décr. n° 2016-360 du 25 mars 2016, art. 81-IV.]*

§ 1 Formalités de publicité

Art. R. 2162-39 **Pour mettre en place un système d'acquisition dynamique, l'acheteur publie un avis d'appel à la concurrence. Cet avis mentionne l'intention de l'acheteur de recourir à un tel système et indique la période de validité du système.**

Lorsqu'un système d'acquisition dynamique est mis en place par une centrale d'achat, l'avis d'appel à la concurrence indique en outre s'il est susceptible d'être utilisé par d'autres acheteurs. – *[Décr. n° 2016-360 du 25 mars 2016, art. 81-II, 1re phrase, 82-I, al. 1er et II.]*

Art. R. 2162-40 **Lorsque la valeur estimée du besoin est égale ou supérieure aux seuils de procédure formalisée, l'acheteur notifie à la Commission européenne tout changement de la durée de validité du système d'acquisition dynamique en utilisant les formulaires types suivants :**

1° Le formulaire utilisé pour l'appel à la concurrence lorsque la durée de validité est modifiée sans qu'il soit mis fin au système ;

2° L'avis d'attribution mentionné aux articles R. 2183-1 à R. 2183-7 lorsqu'il est mis fin au système. – *[Décr. n° 2016-360 du 25 mars 2016, art. 81-II, 2e phrase.]*

§ 2 Documents de la consultation

Art. R. 2162-41 **L'acheteur offre par voie électronique, pendant toute la durée de validité du système, un accès libre, direct et complet aux documents de la consultation.** – *[Décr. n° 2016-360 du 25 mars 2016, art. 82-I, al. 3.]*

Art. R. 2162-42 **L'acheteur précise dans les documents de la consultation la nature des achats envisagés et leur quantité estimée ainsi que toutes les informations nécessaires concernant le système d'acquisition dynamique, y compris son éventuelle subdivision en catégories de produits, de services ou de travaux et les caractéristiques de ces catégories, les modalités de fonctionnement du système, l'équipement électronique utilisé et les arrangements et spécifications techniques de connexion.** – *[Décr. n° 2016-360 du 25 mars 2016, art. 82-I, al. 2.]*

SOUS-SECTION 2 Sélection des opérateurs économiques participant au système d'acquisition dynamique

Art. R. 2162-43 **Tout opérateur économique peut demander à participer au système d'acquisition dynamique pendant sa durée de validité.** – *[Décr. n° 2016-360 du 25 mars 2016, art. 81-I, al. 2, 1re phrase.]*

Art. R. 2162-44 **Le délai minimal de réception des candidatures est de trente jours à compter de la date d'envoi de l'avis de marché ou, lorsque l'appel à la concurrence est effectué au moyen d'un avis de préinformation ou d'un avis périodique indicatif, à compter de la date d'envoi de l'invitation à confirmer l'intérêt.**

Après l'envoi de l'invitation à soumissionner pour le premier marché spécifique dans le cadre du système d'acquisition dynamique, aucun délai supplémentaire de réception des candidatures n'est applicable. – *[Décr. n° 2016-360 du 25 mars 2016, art. 82-III.]*

Art. R. 2162-45 **L'acheteur procède à l'évaluation des candidatures dans un délai** *[de]* **dix jours ouvrables après leur réception.**

Ce délai peut être porté à quinze jours ouvrables lorsque cela est justifié, notamment parce qu'il est nécessaire d'examiner des documents complémentaires ou de vérifier d'une autre manière si les critères de sélection sont remplis.

L'acheteur peut prolonger la période d'évaluation des candidatures tant que l'invitation à soumissionner pour le premier marché spécifique n'a pas été envoyée. Il indique dans les documents de la consultation, la durée de la prolongation qu'il compte appliquer. – *[Décr. n° 2016-360 du 25 mars 2016, art. 82-IV, al. 2 sauf 1re phrase.]*

Art. R. 2162-46 Les candidats qui satisfont aux critères de sélection sont admis dans le système. Leur nombre n'est pas limité.

L'acheteur informe dans les plus brefs délais les candidats. – *[Décr. n° 2016-360 du 25 mars 2016, art. 82-IV, al. 1er, 1re phrase et al. 3.]*

Art. R. 2162-47 A tout moment au cours de la période de validité du système d'acquisition dynamique, l'acheteur peut demander aux candidats admis d'actualiser leur dossier de candidature, dans un délai de cinq jours ouvrables à compter de la date d'envoi de cette demande. – *[Décr. n° 2016-360 du 25 mars 2016, art. 82-V.]*

Art. R. 2162-48 Aucun frais ne peut être facturé avant ou pendant la période de validité du système d'acquisition dynamique aux opérateurs économiques intéressés ou participant au système d'acquisition dynamique. – *[Décr. n° 2016-360 du 25 mars 2016, art. 81-III.]*

SOUS-SECTION 3 Règles de passation des marchés spécifiques conclus sur la base d'un système d'acquisition dynamique

Art. R. 2162-49 Afin de procéder à l'attribution d'un marché spécifique, l'acheteur invite tous les candidats admis dans le système d'acquisition dynamique à présenter une offre dans les conditions des articles R. 2144-8 et R. 2144-9.

Lorsque le système est subdivisé en catégories de produits, de services ou de travaux, l'acheteur invite tous les candidats admis pour la catégorie correspondant au marché spécifique concerné. – *[Décr. n° 2016-360 du 25 mars 2016, art. 83-I.]*

Art. R. 2162-50 Le délai minimal de réception des offres est de dix jours à compter de la date d'envoi de l'invitation à soumissionner.

Toutefois, les pouvoirs adjudicateurs autres que les autorités publiques centrales dont la liste figure dans l'avis annexé au présent code et les entités adjudicatrices peuvent fixer la date limite de réception des offres d'un commun accord avec les candidats invités à soumissionner, à condition que cette date soit la même pour tous.

En l'absence d'accord sur la date limite de réception des offres, le délai fixé ne peut être inférieur à dix jours à compter de la date d'envoi de l'invitation à soumissionner. – *[Décr. n° 2016-360 du 25 mars 2016, art. 83-II-1°.] – V. Annexe n° 2.*

Art. R. 2162-51 Le marché spécifique est attribué au soumissionnaire qui a présenté l'offre économiquement la plus avantageuse sur la base des critères d'attribution définis dans l'avis de marché ou, lorsque l'appel à la concurrence est effectué au moyen d'un avis de préinformation ou d'un avis périodique indicatif, dans l'invitation à confirmer l'intérêt. Ces critères peuvent, le cas échéant, être précisés dans l'invitation à soumissionner. – *[Décr. n° 2016-360 du 25 mars 2016, art. 83-III.]*

SECTION 5 Catalogues électroniques

Art. R. 2162-52 Lorsque l'utilisation de moyens de communication électroniques est requise, l'acheteur peut exiger que les offres soient présentées sous la forme d'un catalogue électronique ou qu'elles comportent un tel catalogue. – *[Décr. n° 2016-360 du 25 mars 2016, art. 86-I, al. 1er.]*

COMMENTAIRE

Voir le 5° de l'article L. 2125-1. Il s'agit d'un mode de présentation des offres, introduit par les articles 36 et 54 des directives. On se reportera au considérant 68 de la directive 2014/24/UE et au considérant 77 de la directive 2014/25/UE, qui en expliquent la raison d'être et les enjeux. ❑

Art. R. 2162-53 L'acheteur indique dans l'avis de marché, dans l'invitation à confirmer l'intérêt ou dans l'invitation à soumissionner s'il autorise ou exige la présentation des offres sous la forme d'un catalogue électronique.

Il précise également, dans les documents de la consultation, toutes les informations requises en ce qui concerne le format, l'équipement électronique utilisé ainsi que les modalités de connexion et les spécifications techniques du catalogue. – *[Décr. n° 2016-360 du 25 mars 2016, art. 87-I.]*

Art. R. 2162-54 Les catalogues électroniques sont établis par les candidats ou les soumissionnaires conformément aux spécifications techniques et au format prévus par l'acheteur. Ils respectent les exigences applicables aux moyens de communication électronique ainsi que toute exigence supplémentaire définie par l'acheteur conformément aux dispositions des articles R. 2132-1, à R. 2132-7 et R. 2132-11 à R. 2132-13.

Les offres présentées sous la forme d'un catalogue électronique peuvent être accompagnées de documents complémentaires. – *[Décr. n° 2016-360 du 25 mars 2016, art. 86-I, al. 2 et II.]*

Art. R. 2162-55 Lorsque, dans le cadre de la procédure de passation d'un accord-cadre conclu avec plusieurs opérateurs économiques, des offres ont été présentées sous la forme de catalogues électroniques, l'acheteur peut prévoir que la remise en concurrence des titulaires de l'accord-cadre pour l'attribution des marchés subséquents est effectuée sur la base des catalogues actualisés.

Dans ce cas, l'acheteur utilise l'une des méthodes suivantes :

1° Soit il invite les titulaires de l'accord-cadre à présenter de nouveau leurs catalogues électroniques, adaptés aux exigences du marché subséquent ;

2° Soit il informe les titulaires de l'accord-cadre qu'il entend recueillir, à partir des catalogues électroniques déjà présentés, les informations nécessaires pour constituer des offres adaptées aux exigences du marché subséquent, pour autant que l'utilisation de cette méthode ait été annoncée dans les documents de la consultation de l'accord-cadre. Dans ce cas, l'acheteur informe les titulaires de l'accord-cadre de la date et de l'heure à laquelle il entend procéder à cette collecte d'information et leur donne la possibilité de refuser cette collecte. Il prévoit un délai adéquat entre la notification et la collecte effective des informations. Avant d'attribuer le marché subséquent, l'acheteur transmet les informations collectées à chaque titulaire concerné afin de lui permettre de contester ou de confirmer que l'offre ainsi constituée ne comporte pas d'erreurs matérielles. – *[Décr. n° 2016-360 du 25 mars 2016, art. 87-II.]*

Art. R. 2162-56 L'acheteur peut attribuer des marchés spécifiques dans le cadre d'un système d'acquisition dynamique en exigeant que les offres soient présentées sous la forme d'un catalogue électronique.

Il peut également attribuer des marchés spécifiques conformément aux dispositions du 2° de l'article R. 2162-55, à condition que la demande de participation au système d'acquisition dynamique soit accompagnée d'un catalogue électronique conforme aux spécifications techniques et au format prévus par l'acheteur. Ce catalogue est ensuite complété par les candidats lorsqu'ils sont informés de l'intention de l'acheteur de constituer des offres en procédant à la collecte d'information. – *[Décr. n° 2016-360 du 25 mars 2016, art. 87-III.]*

SECTION 6 **Enchères électroniques**

Art. R. 2162-57 L'enchère électronique porte :

1° Soit uniquement sur le prix lorsque le marché est attribué sur la base de ce seul critère ;

2° Soit sur le prix ou sur d'autres éléments quantifiables indiqués dans les documents de la consultation lorsque le marché est attribué sur la base du coût ou d'une pluralité de critères. – *[Décr. n° 2016-360 du 25 mars 2016, art. 84-II.]*

COMMENTAIRE

On se reportera au 6° de l'article L. 2125-1, qui définit l'objet de ce mode de sélection électronique des offres. ❑

Nouvel art. R. 2162-57 *(Décr. n° 2022-767 du 2 mai 2022, art. 3 et 11, en vigueur le 21 août 2026)* ***L'enchère électronique porte sur le prix ou sur d'autres éléments quantifiables indiqués dans les documents de la consultation.***

Sur l'application des dispositions issues de l'art. 3 du Décr. n° 2022-767 du 2 mai 2022, V. note ss. nouvel art. R. 2152-7.

Art. R. 2162-58 **L'acheteur qui décide de recourir à une enchère électronique en fait mention dans l'avis de marché, dans l'invitation à confirmer l'intérêt ou, lorsque l'appel à la concurrence a été réalisé au moyen d'un avis sur l'existence d'un système de qualification, dans l'invitation à soumissionner.** — *[Décr. n° 2016-360 du 25 mars 2016, art. 85-I, al. 1er.]*

Art. R. 2162-59 **Les documents de la consultation de l'enchère électronique comprennent les informations suivantes :**

1° Les éléments des offres sur lesquels porte l'enchère ;

2° Le cas échéant, les valeurs minimales et maximales qui pourront être présentées ;

3° La nature des informations qui seront mises à la disposition des soumissionnaires au cours de l'enchère et le moment où elles le seront ;

4° Les informations pertinentes sur le déroulement de l'enchère, notamment les conditions dans lesquelles les soumissionnaires pourront enchérir et les écarts minimaux qui, le cas échéant, seront exigés pour enchérir ;

5° Les informations pertinentes sur le dispositif électronique utilisé et sur les modalités et spécifications techniques de connexion. — *[Décr. n° 2016-360 du 25 mars 2016, art. 85-I, al. 2.]*

Art. R. 2162-60 **L'enchère électronique intervient après une première évaluation complète des offres conformément aux critères d'attribution, permettant leur classement sur la base d'un traitement automatisé.** — *[Décr. n° 2016-360 du 25 mars 2016, art. 85-II, al. 1er.]*

Art. R. 2162-61 **Tous les soumissionnaires qui ont présenté des offres qui n'ont pas été écartées au motif qu'elles sont inappropriées, irrégulières ou inacceptables sont invités simultanément, par des moyens électroniques, à participer à l'enchère électronique en utilisant les connexions, à la date et à l'heure spécifiées, conformément aux instructions figurant dans l'invitation.** — *[Décr. n° 2016-360 du 25 mars 2016, art. 85-II, al. 2.]*

Lorsqu'un soumissionnaire présente une offre recevable et satisfait ainsi aux critères énoncés dans l'avis de marché, il incombe au pouvoir adjudicateur, conformément à l'art. 54, § 4, de la Dir. 2004/18/CE, d'assurer l'exercice du droit de ce soumissionnaire de participer, le cas échéant, à l'enchère électronique. Par conséquent, lorsqu'un tel soumissionnaire n'est pas invité à prendre part à ladite enchère, ainsi que M. l'avocat général l'a relevé au point 52 de ses conclusions, les principes d'égalité de traitement et de non-discrimination, énoncés à l'art. 2 de la Dir. 2004/18/CE, imposent au pouvoir adjudicateur d'annuler et de répéter une telle enchère. A cet égard, il importe de préciser qu'une telle conclusion s'impose indépendamment de la question de savoir si la participation de l'opérateur exclu aurait modifié le résultat de l'enchère en question. En effet, l'exercice du droit du soumissionnaire de participer à une enchère électronique ne saurait aucunement être subordonné au résultat préconisé de celle-ci et ne saurait ainsi être exclu d'emblée en raison de considérations hypothétiques de la part du pouvoir adjudicateur. En d'autres termes, ainsi que le relève également la Krajowa Izba Odwolawcza (Chambre nationale de recours) dans sa décision de renvoi, il n'est pas possible d'exclure *a priori* que l'opérateur économique n'ayant pas été admis à participer à l'enchère électronique aurait présenté l'offre la plus avantageuse, de sorte que l'erreur commise par le pouvoir adjudicateur emporte nécessairement l'annulation et la répétition de l'enchère. Il convient, dès lors, de répondre aux huitième et neuvième questions que les principes d'égalité de traitement et de non-discrimination des opérateurs économiques, énoncés à l'art. 2 de la Dir. 2004/18/CE, doivent être interprétés en ce sens qu'ils exigent d'annuler et de réitérer une enchère électronique à la participation de laquelle un opérateur économique ayant présenté une offre recevable n'a pas été invité, et cela même s'il ne peut pas être constaté que la participation de l'opérateur exclu aurait modifié le résultat de l'enchère. • CJUE 7 avr. 2016, *Partner Apelski Dariusz*, n° C-324/14.

Art. R. 2162-62 L'invitation adressée à chaque soumissionnaire est accompagnée du résultat de l'évaluation complète de son offre réalisée en application de l'article R. 2162-60.

Elle mentionne également la formule mathématique qui déterminera, lors de l'enchère électronique, les reclassements automatiques en fonction des nouveaux prix ou des nouvelles valeurs présentés. Cette formule intègre la pondération de tous les critères fixés pour déterminer l'offre économiquement la plus avantageuse, telle qu'indiquée dans l'avis de marché ou dans un autre document de la consultation. Le cas échéant, les fourchettes sont réduites à une valeur déterminée.

Lorsque des variantes sont autorisées, une formule distincte est fournie pour chaque variante. – *[Décr. n° 2016-360 du 25 mars 2016, art. 85-II, al. 3 à 5.]*

Art. R. 2162-63 L'enchère électronique peut se dérouler en plusieurs phases successives. Elle ne peut débuter moins de deux jours ouvrables après la date d'envoi des invitations. – *[Décr. n° 2016-360 du 25 mars 2016, art. 85-III, al. 1er.]*

Art. R. 2162-64 Au cours de chaque phase de l'enchère électronique, l'acheteur communique instantanément à tous les soumissionnaires les informations leur permettant de connaître à tout moment leur classement respectif. Il peut également annoncer le nombre de participants à la phase de l'enchère et communiquer, si les documents de la consultation le prévoient, les prix ou valeurs présentés par les autres soumissionnaires. Cependant, il ne peut en aucun cas divulguer l'identité des soumissionnaires. – *[Décr. n° 2016-360 du 25 mars 2016, art. 85-III, al. 2.]*

Art. R. 2162-65 L'acheteur clôt l'enchère électronique selon une ou plusieurs des modalités suivantes :

1° A la date et à l'heure fixées dans l'invitation à participer à l'enchère ;

2° Lorsqu'il ne reçoit plus de nouveaux prix ou de nouvelles valeurs répondant aux exigences relatives aux écarts minimaux, à condition d'avoir préalablement précisé le délai qu'il observera à partir de la réception de la dernière offre avant de clôturer l'enchère ;

3° Lorsque toutes les phases de l'enchère, prévues dans l'invitation à participer à l'enchère ont eu lieu.

Lorsque l'acheteur entend clore l'enchère conformément aux dispositions du 3°, le cas échéant en combinaison avec les modalités prévues au 2°, l'invitation à participer indique le calendrier de chaque phase de l'enchère. – *[Décr. n° 2016-360 du 25 mars 2016, art. 85-IV, al. 1er et 2.]*

Art. R. 2162-66 Après la clôture de l'enchère électronique, le marché est attribué en fonction des résultats de celle-ci et sous réserve du respect des dispositions des articles R. 2152-3 à R. 2152-5. – *[Décr. n° 2016-360 du 25 mars 2016, art. 85-IV, al. 3.]*

TITRE VII RÈGLES APPLICABLES À CERTAINS MARCHÉS

CHAPITRE I RÈGLES APPLICABLES À CERTAINS MARCHÉS GLOBAUX

SECTION 1 Caractéristiques des marchés globaux

SOUS-SECTION 1 Marché de conception-réalisation

Art. R. 2171-1 Les motifs d'ordre technique justifiant le recours à un marché de conception-réalisation sont liés à la destination ou à la mise en œuvre technique de l'ouvrage.

Sont concernés des ouvrages dont l'utilisation conditionne la conception, la réalisation et la mise en œuvre ainsi que des ouvrages dont les caractéristiques, telles que des dimensions exceptionnelles ou des difficultés techniques particulières, exigent de faire appel aux moyens et à la technicité propres des opérateurs économiques. – *[Décr. n° 2016-360 du 25 mars 2016, art. 91-I.]*

COMMENTAIRE

On se reportera aux commentaires et à la jurisprudence sous l'article L. 2171-2.

Le présent article explicite les hypothèses dans lesquelles il est possible de recourir à un tel marché global. ❑

SOUS-SECTION 2 **Marché global de performance**

Art. R. 2171-2 Les prix des prestations de réalisation, d'exploitation ou de maintenance du marché global de performance apparaissent de manière séparée dans le marché.

La rémunération des prestations d'exploitation ou de maintenance du marché global de performance est liée à l'atteinte des engagements de performances mesurables, fixées par le marché pour toute sa durée. – *[Décr. nº 2016-360 du 25 mars 2016, art. 92-I, al. 1er.]*

COMMENTAIRE

Voir l'article L. 2171-3.

On relèvera que, en dépit du caractère global du marché, les prix des prestations de réalisation et d'exploitation/maintenance doivent rester distincts. ❑

Art. R. 2171-3 Pour attribuer le marché global de performance, l'acheteur se fonde sur une pluralité de critères parmi lesquels figurent le critère du coût global ainsi qu'un ou plusieurs critères relatifs aux objectifs de performance définis en fonction de l'objet du marché. – *[Décr. nº 2016-360 du 25 mars 2016, art. 92-I, al. 2.]*

COMMENTAIRE

On relèvera que le critère du coût global est obligatoire. Par ailleurs, les objectifs de performance doivent aussi donner lieu à un ou des critères de sélection des offres. ❑

SOUS-SECTION 3 **Dispositions communes aux marchés globaux comportant des prestations de conception d'un ouvrage de bâtiment**

Art. D. 2171-4 Pour les marchés globaux comportant des prestations de conception d'un ouvrage de bâtiment, une mission de base est confiée à l'équipe de maîtrise d'œuvre qui comporte les éléments de mission suivants :

1º Les études d'avant-projet définitif ;

2º Les études de projet ;

3º Les études d'exécution ;

4º Le suivi de la réalisation des travaux ;

5º L'assistance au maître d'ouvrage aux opérations de réception et pendant la période de garantie de parfait achèvement.

Cette mission peut également comprendre les études d'esquisse et les études d'avant-projet sommaire.

Ces éléments de mission sont définis à la présente sous-section. – *[Décr. nº 2017-842 du 5 mai 2017, art. 2.]*

COMMENTAIRE

Comme le précise l'article L. 2171-7, auquel on se reportera, la mission confiée à l'équipe de maîtrise d'œuvre pour les ouvrages de bâtiment comprend les éléments que mentionne l'article L. 2431-1, auquel on se reportera également, mais avec des spécificités qui visent à tenir compte du caractère global du marché. ❑

§ 1 Les études d'esquisse

Art. D. 2171-5 *(Décr. nº 2019-259 du 29 mars 2019, art. 1er)* **Les études d'esquisse ont pour objet de :**

1º Proposer une ou plusieurs solutions d'ensemble, traduisant les éléments majeurs du programme, et d'en indiquer les délais de réalisation ;

2º Vérifier la faisabilité de l'opération au regard des différentes contraintes du programme et du site. – *[Décr. nº 2017-842 du 5 mai 2017, art. 3.]*

§ 2 Les études d'avant-projet

Art. D. 2171-6 Les études d'avant-projet sommaire ont pour objet de :

1° Préciser la composition générale en plan et en volume ;

2° Apprécier les volumes intérieurs et l'aspect extérieur de l'ouvrage ;

3° Proposer les dispositions techniques pouvant être envisagées et, le cas échéant, préconiser des études complémentaires des ouvrages existants notamment dans le cadre des opérations de réutilisation et de réhabilitation ;

4° Participer à la vérification du calendrier de réalisation et, le cas échéant, le découpage en tranches fonctionnelles ;

5° Participer à la vérification de la cohérence des éléments architecturaux, techniques et économiques avec l'économie générale du marché global. – *[Décr. n° 2017-842 du 5 mai 2017, art. 4-II.]*

Art. D. 2171-7 Les études d'avant-projet définitif ont pour objet de :

1° Déterminer les surfaces détaillées de tous les éléments du programme ;

2° Arrêter en plans, coupes et façades, les dimensions de l'ouvrage, ainsi que son aspect ;

3° Définir les principes constructifs, les matériaux et les installations techniques ;

4° Participer à la vérification de la cohérence des éléments du projet et des prestations avec l'économie générale du marché global. – *[Décr. n° 2017-842 du 5 mai 2017, art. 4-III.]*

Art. D. 2171-8 Pour les ouvrages de construction neuve de logements, les études d'avant-projet sommaire et d'avant-projet définitif peuvent être exécutées en une seule phase d'études. – *[Décr. n° 2017-842 du 5 mai 2017, art. 4-IV.]*

Art. D. 2171-9 Les études d'avant-projet sommaire et d'avant-projet définitif comprennent l'établissement des dossiers et les consultations relevant de la compétence de la maîtrise d'œuvre et nécessaires à l'obtention du permis de construire et des autres autorisations administratives, ainsi que l'assistance au maître d'ouvrage au cours de leur instruction. – *[Décr. n° 2017-842 du 5 mai 2017, art. 4-V.]*

§ 3 Les études de projet

Art. D. 2171-10 Les études de projet ont pour objet de :

1° Préciser par des plans, coupes et élévations, les formes des différents éléments de la construction, la nature et les caractéristiques des matériaux et les conditions de leur mise en œuvre ;

2° Déterminer l'implantation et l'encombrement de tous les éléments de structure et de tous les équipements techniques ;

3° Préciser les tracés des alimentations et évacuations de tous les fluides ;

4° Transmettre au maître d'ouvrage les éléments lui permettant d'estimer les coûts d'exploitation de l'ouvrage ;

5° Participer à la vérification de la cohérence des éléments du projet et des prestations avec l'économie générale du marché global. – *[Décr. n° 2017-842 du 5 mai 2017, art. 5.]*

§ 4 Les études d'exécution

Art. D. 2171-11 Les études d'exécution permettent la réalisation de l'ouvrage. Elles ont pour objet, pour l'ensemble de l'ouvrage, d'établir tous les plans d'exécution et spécifications à l'usage du chantier ainsi que les plans de synthèse correspondants, sans nécessiter pour l'opérateur économique chargé de la construction, d'études complémentaires autres que celles concernant les plans d'atelier et de chantier, relatifs aux méthodes de réalisation, aux ouvrages provisoires et aux moyens de chantier. – *[Décr. n° 2017-842 du 5 mai 2017, art. 6-I.]*

Art. D. 2171-12 Lorsque des études d'exécution ou des plans de synthèse ne sont pas réalisés par l'équipe de maître d'œuvre identifiée dans le marché global, celle-ci s'assure que les documents qu'elle n'a pas établis respectent les dispositions du projet et, dans ce cas, leur délivre son visa. – *[Décr. n° 2017-842 du 5 mai 2017, art. 6-II.]*

§ 5 Le suivi de la réalisation des travaux

Art. D. 2171-13 L'équipe de maîtrise d'œuvre est chargée du suivi de la réalisation des travaux et, le cas échéant, de leur direction.

Le suivi de la réalisation des travaux a pour objet, d'une part, de s'assurer que les documents d'exécution ainsi que les ouvrages en cours de réalisation respectent les dispositions des études effectuées et sont conformes au marché global et, d'autre part, que les demandes de paiement sont cohérentes avec l'avancement des travaux. Il comprend la participation aux réunions de chantier et le visa des procès-verbaux.

La direction des travaux a pour objet d'organiser et diriger les réunions de chantier et en établir les procès-verbaux. – *[Décr. nº 2017-842 du 5 mai 2017, art. 7.]*

§ 6 L'assistance aux opérations de réception et à la mise en œuvre de la garantie de parfait achèvement

Art. D. 2171-14 **L'équipe de maîtrise d'œuvre est associée aux opérations de réception et à la mise en œuvre de la garantie de parfait achèvement. Elle participe ainsi :**

1° Aux opérations préalables à la réception des travaux ;

2° Au suivi des réserves formulées lors de la réception des travaux jusqu'à leur levée ;

3° A l'examen des désordres signalés par le maître d'ouvrage ;

4° A la constitution du dossier des ouvrages exécutés, nécessaire à leur exploitation. – *[Décr. nº 2017-842 du 5 mai 2017, art. 8.]*

SECTION 2 Procédure de passation des marchés globaux applicable aux acheteurs soumis au livre IV

Art. R. 2171-15 **Lorsque la valeur estimée du besoin est égale ou supérieure aux seuils de procédure formalisée, les acheteurs soumis au livre IV passent des marchés globaux de conception-réalisation ou de performance selon l'une des procédures mentionnées aux articles R. 2124-2 à** *(Décr. nº 2019-748 du 18 juill. 2019, art. 4)* **« R. 2124-6 » sous réserve des dispositions de la présente section.** – *[Décr. nº 2016-360 du 25 mars 2016, art. 91-II, 1re phrase et III et 92-III.]*

Sur l'application des dispositions issues du Décr. nº 2019-748 du 18 juill. 2019, V. note ss. art. R. 2122-2, supra.

COMMENTAIRE

On se reportera au titre I du livre IV de la partie II (partie législative), c'est-à-dire aux articles L. 2410-1 à L. 2412-2, pour la définition des acheteurs concernés.

Les procédures qui sont visées sont l'appel d'offres, la procédure avec négociation et le dialogue compétitif. ❑

Art. R. 2171-16 **Un jury est désigné par l'acheteur à l'exception des cas suivants :**

(Décr. nº 2021-357 du 30 mars 2021, art. 2) **« 1° Pour les marchés de conception-réalisation passés par les pouvoirs adjudicateurs dans les hypothèses énumérées aux 1° à 3° et au 5° de l'article R. 2172-2 ;**

« 1° *bis* Pour les marchés globaux de performance passés par les pouvoirs adjudicateurs dans les hypothèses énumérées à l'article R. 2172-2 *[ancienne rédaction : 1° Pour les marchés de conception-réalisation et les marchés globaux de performance passés par les pouvoirs adjudicateurs dans les hypothèses énumérées aux 1° à 3° de l'article R. 2172-2]* **; »**

2° Pour les marchés de conception-réalisation et les marchés globaux de performance passés par les entités adjudicatrices selon la procédure de dialogue compétitif ou selon la procédure avec négociation. – *[Décr. nº 2016-360 du 25 mars 2016, art. 91-II-1°, 1re phrase et 2°.]*

Par dérogation aux dispositions du présent art., les acheteurs soumis au livre IV de la deuxième partie de ce code ne sont pas tenus de désigner un jury pour l'attribution des marchés globaux mentionnés au II de l'art. 3 de l'Ord. nº 2019-36 du 23 janv. 2019.

Ces dispositions s'appliquent :

– aux marchés pour lesquels une consultation est engagée ou un avis d'appel à la concurrence est envoyé à la publication à compter du 1er avr. 2019 ;

– jusqu'à la fin du sixième mois suivant la date du retrait du Royaume-Uni de l'Union européenne (Décr. nº 2019-37 du 23 janv. 2019, art. 2 et 6).

Sur l'application des dispositions issues du Décr. nº 2019-748 du 18 juill. 2019, V. note ss. art. R. 2122-2, supra.

Les dispositions introduites par l'art. 2 du Décr. n° 2021-357 du 30 mars 2021 s'appliquent aux marchés pour lesquels une consultation est engagée ou un avis d'appel à la concurrence est envoyé à la publication à compter de l'entrée en vigueur dudit Décr. (Décr. préc., art. 7, JO 1er avr.).

COMMENTAIRE

Les exceptions mentionnées au 1° concernent la réutilisation ou la réhabilitation d'ouvrages existants, la réalisation d'un projet urbain ou paysager, la réalisation d'ouvrages à titre de recherche, d'essai ou d'expérimentation. ❑

Art. R. 2171-17 Le jury est composé de personnes indépendantes des candidats. Lorsqu'une qualification professionnelle particulière est exigée pour participer à la procédure, au moins un tiers des membres du jury doit posséder cette qualification ou une qualification équivalente. – [*Décr. n° 2016-360 du 25 mars 2016, art. 91-II-1°, 2e et 3e phrases.*]

1. La composition du jury et la personnalité de son président doivent présenter toutes les garanties d'impartialité. • CE 23 janv. 1976, *Sieurs Bergerioux et a.,* n° 94856 B.

2. Lorsque la présence de personnalités qualifiées est obligatoire, la méconnaissance de cette obligation entraîne la nullité de la procédure. • CE 10 oct. 1994, *Cne de Béziers,* n° 121257.

3. Remplacement des membres du jury démissionnaires ou ne pouvant siéger (marchés de conception-réalisation). Entre les phases de sélection des candidatures et de choix des offres (dans le cadre d'une procédure de passation d'un marché de conception-réalisation), il est possible de procéder au remplacement des membres du jury ayant démissionné ou ayant fait savoir qu'ils ne pourraient siéger. Aucune autre modification de la composition du jury n'est possible. • CE 25 janv. 2006, *Cté urb. de Nantes,* n° 257978 : *Rev. CMP 2006, n° 72, obs. Eckert.*

Art. R. 2171-18 Le jury dresse un procès-verbal d'examen des candidatures et formule un avis motivé sur la liste des candidats à retenir. L'acheteur arrête la liste des candidats admis à réaliser des prestations.

Les candidats admis exécutent des prestations sur lesquelles se prononce le jury, après les avoir entendus. Ces prestations comportent au moins un avant-projet sommaire pour un ouvrage de bâtiment ou, pour un ouvrage d'infrastructure, un avant-projet accompagné de la définition des performances techniques de l'ouvrage.

Le jury dresse un procès-verbal d'examen des prestations et d'audition des candidats et formule un avis motivé.

L'acheteur peut demander des clarifications ou des précisions concernant les offres, dans le cadre d'une procédure d'appel d'offres, et les offres finales, dans le cadre des autres procédures. Ces précisions, clarifications ou compléments ne peuvent avoir pour effet de modifier des éléments fondamentaux de l'offre ou des caractéristiques essentielles du marché.

Le marché est attribué au vu de l'avis du jury. – [*Décr. n° 2016-360 du 25 mars 2016, art. 91-II, al. 3 à 7.*]

COMMENTAIRE

On relèvera le rôle essentiel du jury, aussi bien pour l'examen des candidatures que pour celui des prestations que ceux-ci doivent réaliser, contre versement d'une prime. ❑

SECTION 3 **Versement d'une prime**

Art. R. 2171-19 Lorsque les documents de la consultation des marchés globaux prévoient la remise de prestations, ils indiquent le montant de la prime qui sera versée aux soumissionnaires ainsi que ses modalités de réduction ou de suppression :

1° Pour la passation d'un marché de conception-réalisation lorsque celui-ci est passé par un acheteur soumis aux dispositions du livre IV de la présente partie ;

2° Pour la passation d'un marché global de performance qui comporte des prestations de conception. – [*Décr. n° 2016-360 du 25 mars 2016, art. 91-IV, al. 1er.*]

D'une part, le pouvoir adjudicateur et les candidats sélectionnés par un jury pour exécuter les prestations visant à l'attribution d'un marché de conception-réalisation sont, indépendamment de l'attribution de ce marché, engagés dans un contrat ayant pour objet la remise de prestations conformes aux documents de la consultation et pour prix, conformément aux dispositions du C. marchés citées ci-dessus, une prime susceptible d'être réduite ou supprimée sur décision du jury.

D'autre part, lorsque les parties soumettent au

juge un litige relatif à l'exécution du contrat qui les lie, il incombe en principe à celui-ci, eu égard à l'exigence de loyauté des relations contractuelles, de faire application du contrat ; toutefois, dans le cas seulement où il constate une irrégularité invoquée par une partie ou relevée d'office par lui, tenant au caractère illicite du contenu du contrat ou à un vice d'une particulière gravité relatif notamment aux conditions dans lesquelles les parties ont donné leur consentement, il doit écarter le contrat et ne peut régler le litige sur le terrain contractuel ; dans l'hypothèse où la procédure de passation d'un marché de conception-réalisation a été annulée, il appartient au juge saisi d'une demande de paiement de la prime par un candidat admis à concourir de déterminer si les vices ayant conduit à l'annulation de la procédure de passation du marché doivent ou non le conduire à écarter l'application du contrat passé par le pouvoir adjudicateur au titre de l'exécution des prestations exécutées dans le cours de cette procédure.

Il résulte de l'instruction que, pour prononcer l'annulation de la procédure de passation du marché de conception-réalisation, le juge des référés du tribunal administratif a relevé que la discordance entre le délai de validité des offres indiqué dans le règlement de la consultation et celui mentionné dans les avis de publicité était constitutive d'un manquement aux obligations de publicité et de mise en concurrence ; ce vice est toutefois sans incidence sur la validité de l'engagement contractuel relatif au versement de la prime. • CE 23 oct. 2013, *Sté Bernard Leclercq Architecture*, n° 362437 : *Rev. CMP 2013, n° 310, note Zimmer.* ♦ V. aussi • CE 14 févr. 2014, *M. Pagiaro*, n° 362331.

Art. R. 2171-20 **Le montant de la prime attribué à chaque soumissionnaire est égal au prix estimé des études de conception à effectuer telles que définies par les documents de la consultation, affecté d'un abattement au plus égal à 20 %.** – *[Décr. n° 2016-360 du 25 mars 2016, art. 91-IV, al. 2 et 92-II, al. 1er.]*

Art. R. 2171-21 **Lorsque le marché de conception-réalisation ou le marché global de performance répond à un besoin dont la valeur estimée est supérieure aux seuils de procédure formalisée et lorsque sa procédure de passation fait intervenir un jury, la prime est versée aux soumissionnaires sur proposition du jury.** – *[Décr. n° 2016-360 du 25 mars 2016, art. 91-IV, al. 1er, 92-II, al. 2 et III ecqc la loi MOP.]*

Art. R. 2171-22 **La rémunération du titulaire du marché de conception-réalisation ou du marché global de performance tient compte de la prime qu'il a reçue.** – *[Décr. n° 2016-360 du 25 mars 2016, art. 91-IV, dern. al. et 92-II, dern. al.]*

SECTION 4 Part de l'exécution des marchés globaux réservée aux PME

(Décr. n° 2021-357 du 30 mars 2021, art. 3)

Art. R. 2171-23 **Si le titulaire d'un marché global n'est pas lui-même une petite ou moyenne entreprise ou un artisan, la part minimale qu'il s'engage à confier, directement ou indirectement, à des petites et moyennes entreprises ou à des artisans, en application de l'article L. 2171-8, est fixée à 10 % du montant prévisionnel du marché, sauf lorsque la structure économique du secteur concerné ne le permet pas.**

Le taux mentionné au premier alinéa peut être modifié par décret.

Les dispositions introduites de l'art. R. 2171-23 s'appliquent aux marchés pour lesquels une consultation est engagée ou un avis d'appel à la concurrence est envoyé à la publication à compter de l'entrée en vigueur dudit Décr. (Décr. n° 2021-357 du 30 mars 2021, art. 7, JO 1er avr.).

CHAPITRE II RÈGLES APPLICABLES À CERTAINS MARCHÉS EN FONCTION DE LEUR OBJET

SECTION 1 Marchés de maîtrise d'œuvre

SOUS-SECTION 1 Définition

Art. R. 2172-1 **Les marchés de maîtrise d'œuvre ont pour objet, en vue de la réalisation d'un ouvrage ou d'un projet urbain ou paysager, l'exécution d'un ou plusieurs éléments de la mission définie à l'article L. 2431-1.**

Ces marchés sont passés selon les modalités prévues à la présente section et, lorsqu'ils relèvent ainsi que les acheteurs qui les concluent du livre IV, dans le respect de ces dispositions. – *[Décr. n° 2016-360 du 25 mars 2016, art. 90-I.]*

COMMENTAIRE

On se reportera aux articles R. 2432-1 à R. 2432-7 pour les acheteurs définis au titre I du livre IV de la partie II (partie législative).

SOUS-SECTION 2 Procédures applicables

Art. R. 2172-2 Pour les acheteurs soumis au livre IV, les marchés de maîtrise d'œuvre qui répondent à un besoin dont le montant est égal ou supérieur aux seuils de procédure formalisée sont négociés en application de l'article R. 2122-6, avec le ou les lauréats d'un concours restreint organisé dans les conditions des articles R. 2162-15 à R. 2162-21.

Toutefois, l'acheteur n'est pas tenu d'organiser un concours pour l'attribution d'un marché de maîtrise d'œuvre :

1° Relatif à la réutilisation ou à la réhabilitation d'ouvrages existants ou à la réalisation d'un projet urbain ou paysager ;

2° Relatif à des ouvrages réalisés à titre de recherche, d'essai ou d'expérimentation ;

3° Relatif à des ouvrages d'infrastructures ;

4° Qui ne confie aucune mission de conception au titulaire ; – *[Décr. n° 2016-360 du 25 mars 2016, art. 90-II-1° ; L. n° 77-2 du 3 janv. 1977, art. 5-1, al. 3.]*

(Décr. n° 2018-1225 du 24 déc. 2018, art. 12) **« 5° Relatif à des ouvrages de bâtiment réalisés par des organismes d'habitations à loyer modéré mentionnés à l'article L. 411-2 du code de la construction et de l'habitation, des sociétés d'économie mixte mentionnées à l'article L. 481-1 du même code pour leur activité agréée ainsi que des centres régionaux des œuvres universitaires et scolaires définis à l'article L. 822-3 du code de l'éducation. »**

Sur l'application des dispositions issues du Décr. n° 2018-1225 du 24 déc. 2018, V. notes ss. art. R. 2112-13, supra.

Par dérogation aux dispositions du premier alinéa du présent art., les acheteurs soumis au livre IV de la deuxième partie de ce code ne sont pas tenus d'organiser un concours pour l'attribution d'un marché public de maîtrise d'œuvre en vue de la réalisation de travaux requis par le rétablissement des contrôles des marchandises et des passagers à destination ou en provenance du Royaume-Uni.

Ces dispositions s'appliquent :

– aux marchés pour lesquels une consultation est engagée ou un avis d'appel à la concurrence est envoyé à la publication à compter du 1er avr. 2019 ;

– jusqu'à la fin du sixième mois suivant la date du retrait du Royaume-Uni de l'Union européenne (Décr. n° 2019-37 du 23 janv. 2019, art. 2 et 6).

COMMENTAIRE

En principe, pour les acheteurs entrant dans le champ de l'ancienne loi MOP, une sélection par concours est obligatoire au-dessus des seuils européens (V., sur le concours, les articles R. 2162-15 à R. 2162-26), la négociation s'engageant ensuite avec les lauréats. Le présent article prévoit cependant un certain nombre d'exceptions.

Art. R. 2172-3 Pour les autres acheteurs, les marchés de maîtrise d'œuvre qui répondent à un besoin dont la valeur estimée est égale ou supérieure aux seuils de procédure formalisée sont passés selon l'une des procédures mentionnées au chapitre IV du titre II ou, si les conditions mentionnées au chapitre II du titre II sont remplies, sans publicité ni mise en concurrence préalables. – *[Décr. n° 2016-360 du 25 mars 2016, art. 90-II-2°.]*

COMMENTAIRE

Les procédures qui sont visées sont les différentes procédures formalisées. Pour les conditions à remplir pour se dispenser de publicité et de mise en concurrence, on se reportera aux articles R. 2122-1 à R. 2122-11.

SOUS-SECTION 3 Primes

Art. R. 2172-4 Lorsque l'acheteur est soumis au livre IV et organise un concours, les opérateurs économiques qui ont remis des prestations conformes au règlement du

concours bénéficient d'une prime. Le montant de cette prime est égal au prix estimé des études à effectuer, affecté d'un abattement au plus égal à 20 %. *(Décr. nº 2019-259 du 29 mars 2019, art. 1er)* **« L'acheteur précise dans les documents de la consultation les modalités selon lesquelles la prime peut être réduite ou supprimée. Il verse cette prime aux participants au concours sur proposition du jury. »** – *[Décr. nº 2016-360 du 25 mars 2016, art. 90-III, al. 1er.]*

1. Les candidats qui ont été admis à participer à un concours restreint d'architecture et d'ingénierie organisé pour l'attribution d'un marché de maîtrise d'œuvre sont en droit de bénéficier de la prime que les dispositions de l'art. 11 de la L. du 12 juill. 1985 prévoient à la condition que les études remises soient conformes au règlement du concours ; ainsi, un règlement de consultation d'un concours qui prévoit que la prime pourra être réduite ou supprimée notamment si l'offre ne répond pas au programme du concours ne méconnaît pas ces dispositions. • CE 5 août 2009, *Cne de Deauville*, nº 322997.

2. Transaction illégale. Il ressort des pièces du dossier que la société a présenté un projet comportant une démolition totale et une reconstruction des deux groupes scolaires, en méconnaissance de l'art. 1.1 du règlement du concours qui prévoyait le maintien de l'existant, la restructuration du groupe scolaire et la création d'un second groupe scolaire ; à supposer même que, comme la société le soutient, son offre satisfaisait néanmoins à son obligation de conseil dans la mesure où elle s'imposait techniquement et permettait de tenir les délais d'exécution et les conditions financières prescrites, la commune se devait de l'écarter, ainsi qu'elle l'a fait conformément à la proposition unanime du jury qui ne l'a pas classée, à peine de méconnaître le principe d'égalité de traitement des candidats ; si la société a entendu déposer pour les mêmes motifs une demande gracieuse auprès de la commune et contester le rejet de son offre et l'allocation d'une prime de 5 000 euros HT, soit 5 980 euros TTC, en application de l'art. 5.5 du règlement du concours, elle n'a fait valoir aucune intention d'action contentieuse laquelle, au vu des circonstances, aurait été dépourvue de toute chance de prospérer et alors que l'allocation de cette prime n'était pas manifestement insuffisante au regard de l'inadéquation de l'offre, nonobstant le travail qu'elle a pu représenter ; en acceptant néanmoins, dans ces circonstances, de verser une indemnité de 41 860 euros TTC en sus de la prime de 5 980 euros précitée au titre des dépenses utiles exposées pour la réalisation du concours de maîtrise d'œuvre en contrepartie de la renonciation à toute action contentieuse, tout en reconnaissant, ainsi qu'il ressort du préambule de la transaction, que la procédure avait été régulière et qu'était fondée la décision du jury d'écarter la candidature de cette société et de moduler le montant de la prime au vu de l'importance du non-respect des exigences du programme, la commune a été à bon droit regardée par les premiers juges comme accordant une libéralité à la société ; le protocole transactionnel était, par suite, entaché de nullité. • CAA Versailles, 13 mai 2015, *Sté Ameller et Dubois*, nº 13VE03220 : *Rev. CMP 2015, nº 186, note Pietri.*

Art. R. 2172-5 **Lorsque l'acheteur** *(Décr. nº 2019-259 du 29 mars 2019, art. 1er)* **« n'est pas soumis au livre IV ou lorsqu'il n'organise pas de concours », les opérateurs économiques qui ont remis des prestations conformes aux documents de la consultation bénéficient d'une prime dont le montant est librement défini par l'acheteur.** – *[Décr. nº 2016-360 du 25 mars 2016, art. 90-III, al. 2.]*

Art. R. 2172-6 **Le montant de la prime mentionnée à la présente sous-section est indiqué dans les documents de la consultation et la rémunération du titulaire du marché de maîtrise d'œuvre tient compte de la prime reçue pour sa participation à la procédure.** – *[Décr. nº 2016-360 du 25 mars 2016, art. 90-III, al. 3.]*

SECTION 2 Marchés de décoration des constructions publiques

Art. R. 2172-7 **Les collectivités publiques soumises à l'obligation de décoration des constructions publiques passent des marchés ayant pour objet de satisfaire cette obligation conformément aux dispositions de la présente section.**

COMMENTAIRE

On se reportera à l'article L. 2172-2.

SOUS-SECTION 1 Marchés inférieurs aux seuils européens

§ 1 Marchés portant sur la commande d'une ou plusieurs réalisations artistiques à créer

Art. R. 2172-8 Le marché de décoration des constructions publiques est passé dans les conditions fixées au présent paragraphe lorsque les deux conditions suivantes sont remplies :

1° Il porte sur la commande d'une ou plusieurs réalisations artistiques à créer ;

2° Son montant est inférieur aux seuils européens mentionnés dans un avis figurant en annexe du présent code.

Art. R. 2172-9 L'acheteur constitue un comité artistique dans les conditions fixées à la sous-section 3, dès l'approbation de l'avant-projet sommaire défini à l'article R. 2431-10.

Art. R. 2172-10 Le comité artistique élabore le programme de la commande artistique qui précise notamment la nature et l'emplacement de la réalisation envisagée puis le soumet à l'approbation de l'acheteur.

Art. R. 2172-11 Lorsque la commande ne peut être confiée qu'à un prestataire déterminé en application des dispositions de l'article R. 2122-3, l'acheteur peut négocier sans publicité ni mise en concurrence préalables le marché de décoration des constructions publiques.

Dans les autres cas, il doit procéder à une publicité adaptée du programme de la commande artistique permettant une information suffisante des artistes en fonction de la nature et du montant de la commande. L'avis de publicité précise le nombre d'artistes qui seront sélectionnés.

Art. R. 2172-12 Le comité artistique invite les artistes sélectionnés à remettre leurs projets. Il peut les entendre. Il propose un ou plusieurs des projets à l'acheteur.

Art. R. 2172-13 L'acheteur arrête son choix, après avis du comité artistique, par une décision motivée et en informe l'ensemble des candidats.

Art. R. 2172-14 Les artistes ayant présenté au comité artistique un projet non retenu reçoivent une indemnité.

Le total des indemnités ne peut dépasser 20 % du montant défini à l'article 2 du décret n° 2002-677 du 29 avril 2002 relatif à l'obligation de décoration des constructions publiques et précisant les conditions de passation des marchés ayant pour objet de satisfaire à cette obligation.

L'acheteur peut décider, sur proposition du comité artistique, de supprimer ou de réduire le montant de l'indemnité en cas d'insuffisance manifeste du projet présenté par un candidat.

§ 2 Marchés portant sur l'achat d'une ou plusieurs réalisations artistiques existantes

Art. R. 2172-15 Le marché de décoration des constructions publiques est attribué à un ou plusieurs artistes vivants après avis du maître d'œuvre, de l'utilisateur de l'ouvrage et du directeur régional des affaires culturelles lorsqu'il porte sur l'achat d'une ou plusieurs réalisations artistiques existantes et que son montant est inférieur à 30 000 euros hors taxes.

Art. R. 2172-16 Le marché de décoration des constructions publiques est passé dans les conditions fixées au paragraphe 1 de la présente sous-section lorsqu'il porte sur l'achat d'une ou plusieurs réalisations artistiques existantes et que son montant est supérieur ou égal à 30 000 euros hors taxes et inférieur aux seuils européens mentionnés dans un avis figurant en annexe du présent code. – *V. Annexe n° 2.*

SOUS-SECTION 2 Marchés supérieurs aux seuils européens

Art. R. 2172-17 Lorsque le marché de décoration des constructions publiques porte sur l'achat ou la commande d'une ou plusieurs réalisations artistiques et que son montant est supérieur aux seuils européens mentionnés dans un avis figurant en annexe du présent code, il est passé selon les règles définies aux titres I à VI et VIII.

Toutefois, l'acheteur est également tenu de faire intervenir un comité artistique conformément aux dispositions de la sous-section 3. – *V. Annexe n° 2.*

SOUS-SECTION 3 Composition et fonctionnement du comité artistique

Art. R. 2172-18 **Pour les opérations situées sur le territoire national, le comité artistique mentionné à l'article R. 2172-9 est composé des membres suivants :**

1° Le maître d'ouvrage ou son représentant, qui en assure la présidence ;

2° Le maître d'œuvre ;

3° Le directeur régional des affaires culturelles ou son représentant ;

4° Un représentant des utilisateurs du bâtiment ;

5° Trois personnalités qualifiées dans le domaine des arts plastiques :

a) **Une personnalité qualifiée désignée par le maître d'ouvrage ;**

b) **Deux personnalités qualifiées désignées par le directeur régional des affaires culturelles, dont une choisie sur une liste établie par les organisations professionnelles d'artistes.**

Le directeur régional des affaires culturelles ou son représentant est rapporteur des projets devant le comité. Le préfet de région peut désigner un rapporteur adjoint au sein des services de l'État.

Le président du comité peut inviter un représentant de la commune du lieu d'implantation de la construction à assister avec voix consultative aux travaux du comité.

Art. R. 2172-19 **Pour les opérations situées hors du territoire national, le comité artistique mentionné à l'article R. 2172-9 est composé des membres suivants :**

1° Le maître d'ouvrage ou son représentant, qui en assure la présidence ;

2° L'ambassadeur ou son représentant ;

3° Le maître d'œuvre ;

4° Le directeur général de la création artistique ou son représentant ;

5° Deux personnalités qualifiées dans le domaine des arts plastiques, dont l'une est désignée par le maître de l'ouvrage et l'autre par l'ambassadeur.

SECTION 3 Partenariats d'innovation

Art. R. 2172-20 **L'acheteur peut décider de mettre en place un partenariat d'innovation avec un ou plusieurs opérateurs économiques qui exécutent les prestations de manière séparée dans le cadre de contrats individuels.** – *[Décr. n° 2016-360 du 25 mars 2016, art. 93, al. 2, 1re phrase.]*

COMMENTAIRE

On se reportera à l'article L. 2172-3.

Le partenariat d'innovation peut être conclu, notamment pour la phase de recherche-développement, avec plusieurs entreprises : il donne lieu alors à plusieurs contrats individuels qui s'exécutent séparément, même s'ils comportent une partie commune.

Il est conçu comme un partenariat structuré de long terme. Il comporte une ou plusieurs phases de recherche-développement et une ou plusieurs phases d'acquisition du résultat de cette recherche. La structuration, la durée et la valeur de ces phases sont définies en tenant compte du degré d'innovation de la solution proposée, de la durée et du coût des activités de recherche-développement requises. La valeur estimée des fournitures, services ou travaux dont l'acquisition est envisagée est proportionnée à l'investissement requis pour leur développement.

Chaque phase comporte des objectifs à atteindre et une rémunération lui est associée. A l'issue de chaque phase, le pouvoir adjudicateur peut soit poursuivre l'exécution du partenariat, le cas échéant après avoir précisé ou modifié, avec l'accord du partenaire, les objectifs de la phase suivante et les moyens à mettre en œuvre, soit mettre un terme au partenariat (si plusieurs contrats individuels ont été conclus, le nombre des partenaires peut ainsi être réduit). Fournitures, services ou travaux ne peuvent être acquis que s'ils correspondent aux niveaux de performance et coûts maximum prévus par le contrat. L'exécution de chaque phase est subordonnée à une décision du pouvoir adjudicateur notifiée au titulaire. On notera que le contrat doit prévoir la répartition des droits de propriété intellectuelle entre le titulaire et le pouvoir adjudicateur.

La procédure de passation, lorsque le seuil des procédures formalisées est dépassé, est une procédure négociée avec publicité et mise en concurrence adaptée aux spécificités de ces partenariats. Ainsi, par exemple, les réductions de délais justifiées par l'urgence ne sont pas applicables. La négociation peut porter sur tous les aspects des offres, mais non sur les exigences minimales ni sur les critères d'attribution. Lorsqu'elle se déroule en phases successives, le pouvoir adjudicateur doit informer, à l'issue de chaque phase, les candidats qui n'ont pas été évincés de tous les changements apportés aux documents de la consultation et il doit leur laisser un délai suffisant pour leur permettre de modifier ou de présenter à nouveau leur offre. A la fin de la négociation, il invite les candidats, en leur laissant un délai suffisant, à remettre leurs offres finales, qui ne peuvent plus être modifiées. On notera que, pendant toute cette procédure, les exigences de confidentialité sont d'une importance particulière. ☐

SOUS-SECTION 1 Contenu du partenariat d'innovation

Art. R. 2172-21 La décision mentionnée à l'article R. 2172-20 est indiquée dans l'avis de marché ou dans un autre document de la consultation. – *[Décr. n° 2016-360 du 25 mars 2016, art. 93, al. 2, 2e phrase.]*

Art. R. 2172-22 L'acheteur définit, dans les documents de la consultation, le besoin relatif aux produits, services ou travaux innovants. Il indique les éléments de cette définition qui fixent les exigences minimales que doivent respecter toutes les offres. Les informations fournies sont suffisamment précises pour permettre aux opérateurs économiques de déterminer la nature et la portée de la solution requise et de décider de demander ou non à participer à la procédure. – *[Décr. n° 2016-360 du 25 mars 2016, art. 95-II.]*

Art. R. 2172-23 Le partenariat d'innovation comprend une ou plusieurs phases successives qui suivent le déroulement du processus de recherche et de développement et une ou plusieurs phases d'acquisition des produits, services ou travaux qui en sont le résultat.

La structure, la durée et la valeur des différentes phases du partenariat d'innovation tiennent compte du degré d'innovation de la solution proposée, de la durée et du coût des activités de recherche et d'innovation requises pour le développement de la solution innovante.

La valeur estimée des produits, services ou travaux dont l'acquisition est envisagée n'est pas disproportionnée par rapport à l'investissement requis pour leur développement, quelle que soit la part des activités de recherche et de développement financée par l'acheteur. – *[Décr. n° 2016-360 du 25 mars 2016, art. 94-I.]*

Art. R. 2172-24 Le partenariat d'innovation définit les objectifs de chaque phase que le partenaire doit atteindre ainsi que la rémunération associée à chaque phase. – *[Décr. n° 2016-360 du 25 mars 2016, art. 94-II, 1re phrase.]*

Art. R. 2172-25 La répartition des droits de propriété intellectuelle, notamment quant aux résultats des phases de recherche et développement, est prévue dans le partenariat d'innovation. – *[Décr. n° 2016-360 du 25 mars 2016, art. 94-IV.]*

SOUS-SECTION 2 Passation du partenariat d'innovation

Art. R. 2172-26 Les partenariats d'innovation d'un montant égal ou supérieur aux seuils de procédure formalisée sont passés selon la procédure avec négociation sous réserve des dispositions de la présente sous-section. – *[Décr. n° 2016-360 du 25 mars 2016, art. 95-I.]*

Art. R. 2172-27 Un avis de préinformation ou un avis périodique indicatif ne peut être utilisé en lieu et place de l'avis de marché. – *[Décr. n° 2016-360 du 25 mars 2016, art. 95-III.]*

Art. R. 2172-28 Le délai minimum de réception des candidatures prévu à l'article R. 2161-12 ne peut être réduit.

La sélection des candidatures tient compte notamment de la capacité des candidats dans le domaine de la recherche et du développement ainsi que dans l'élaboration et la mise en œuvre de solutions innovantes. – *[Décr. n° 2016-360 du 25 mars 2016, art. 95-IV et V.]*

Art. R. 2172-29 Sans préjudice de l'application des dispositions des articles R. 2151-1 à R. 2151-5, le délai minimal de réception des offres initiales est librement fixé par l'acheteur. – *[Décr. n° 2016-360 du 25 mars 2016, art. 95-VI.]*

Art. R. 2172-30 L'acheteur ne peut attribuer le partenariat d'innovation sur la base des offres initiales sans négociation. Il négocie les offres initiales et toutes les offres ultérieures en vue d'en améliorer le contenu à l'exception des offres finales. Les critères d'attribution et les exigences minimales ne font pas l'objet de négociation.

La négociation peut se dérouler en phases successives à l'issue desquelles certains soumissionnaires sont éliminés par application des critères d'attribution définis dans les documents de la consultation. L'acheteur indique, dans l'un de ces documents, s'il fera usage de cette possibilité. Il informe, à l'issue de chaque phase, tous les soumissionnaires dont l'offre n'a pas été éliminée des changements apportés aux documents de la consultation et leur accorde un délai suffisant pour leur permettre de modifier leur offre et, le cas échéant, de la présenter à nouveau. – *[Décr. n° 2016-360 du 25 mars 2016, art. 95-VII.]*

SOUS-SECTION 3 **Déroulement du partenariat d'innovation**

Art. R. 2172-31 A l'issue de chaque phase, sur la base des résultats obtenus, l'acheteur décide :

1° Soit de poursuivre l'exécution du partenariat d'innovation, éventuellement après avoir précisé ou modifié, avec l'accord du partenaire, les objectifs de la phase suivante et les moyens à mettre en œuvre pour les atteindre. Les conditions initiales du partenariat d'innovation ne peuvent être substantiellement modifiées à cette occasion ;

2° Soit de mettre un terme au partenariat d'innovation ou, lorsqu'il existe plusieurs partenaires, de réduire leur nombre en mettant un terme à leurs contrats.

Le partenariat d'innovation mentionne cette prérogative de l'acheteur et définit les conditions de sa mise en œuvre, notamment ses conséquences financières et les modalités de sélection des partenaires avec lesquels il est décidé de poursuivre l'exécution du partenariat.

L'exécution de chaque phase est subordonnée à une décision de l'acheteur notifiée au partenaire dans les conditions fixées dans le partenariat d'innovation. – *[Décr. n° 2016-360 du 25 mars 2016, art. 94-II, al. 2 à 4.]*

Art. R. 2172-32 L'acheteur ne peut acquérir les produits, les services ou les travaux résultant des phases de recherche et de développement que s'ils correspondent aux niveaux de performance et n'excèdent pas les coûts maximum prévus par le partenariat d'innovation. – *[Décr. n° 2016-360 du 25 mars 2016, art. 94-III.]*

SECTION 4 **Marchés réalisés dans le cadre de programmes expérimentaux**

Art. R. 2172-33 Pour la réalisation d'ouvrages issus de projets retenus par l'État dans le cadre d'un programme public national de recherche, d'essai et d'expérimentation, l'acheteur peut passer des marchés de maîtrise d'œuvre ou de travaux, sur certains de ces ouvrages afin d'en vérifier la pertinence. – *[Décr. n° 2016-360 du 25 mars 2016, art. 97, al. 1er.]*

Art. R. 2172-34 Ces marchés sont conclus au terme d'une procédure de mise en concurrence conforme aux dispositions du présent livre, limitée à des opérateurs économiques choisis parmi ceux dont les projets auront été sélectionnés par le jury du programme public national, après publication d'un avis de marché.

Un protocole d'expérimentation est passé entre l'acheteur et l'organisme public responsable du programme national. – *[Décr. n° 2016-360 du 25 mars 2016, art. 97, al. 2.]*

COMMENTAIRE

Il s'agit d'autoriser des acheteurs (collectivités territoriales et offices publics d'HLM notamment) à tester les idées architecturales sélectionnées par le jury d'un programme de recherche national en passant un petit nombre de marchés, donnant lieu à un nombre limité de réalisations, dont l'accès est réservé à des opérateurs choisis parmi ceux dont les idées ont été sélectionnées.

SECTION 5 *[ABROGÉE]* Marchés relatifs à l'achat de véhicules à moteur

(Abrogée par Décr. n° 2021-1491 du 17 nov. 2021, art. 7)

Art. R. 2172-35 *Lorsqu'un acheteur passe un marché pour l'achat d'un véhicule à moteur relevant des catégories M et N définies à l'article R. 311-1 du code de la route et que la valeur estimée du besoin est égale ou supérieure aux seuils de procédure formalisée, il tient compte des incidences énergétiques et environnementales de ce véhicule sur toute sa durée de vie.*

Sont exemptés de cette obligation les achats :

1° De véhicules conçus et construits pour être utilisés principalement sur les chantiers de construction, dans les carrières ou les installations portuaires ou aéroportuaires ;

2° De véhicules conçus et construits pour être utilisés par les forces armées, la protection civile, les services de lutte contre l'incendie et les services responsables du maintien de l'ordre ;

3° De machines mobiles. – [Décr. n° 2016-360 du 25 mars 2016, art. 96-I ; Ord. n° 2015-899 du 23 juill. 2015, art. 31-II.]

Art. R. 2172-36 *Lorsque l'achat du véhicule à moteur est réalisé pour l'exécution d'un service public de transport de personnes dont l'acheteur s'est vu confier la gestion et l'exploitation, l'obligation mentionnée au premier alinéa de l'article R. 2172-35 s'applique, indépendamment de la valeur estimée du marché, dès lors que les produits de la gestion et l'exploitation, sur toute leur durée, sont d'un montant égal ou supérieur au seuil de procédure formalisée applicable pour la passation des marchés de fournitures de cet acheteur. – [Décr. n° 2016-360 du 25 mars 2016, art. 96-II.]*

Art. R. 2172-37 *Il peut être satisfait à l'obligation mentionnée à l'article R. 2172-35 par :*

1° La fixation de spécifications techniques conformes aux articles R. 2111-7 à R. 2111-11 relatives aux performances énergétiques et environnementales du véhicule ;

2° L'inclusion des incidences énergétiques et environnementales du véhicule, sur toute sa durée de vie, dans les critères d'attribution prévus à l'article R. 2152-7. Les incidences à prendre en compte sont définies selon les modalités fixées à l'article R. 2172-38. Si l'acheteur choisit de traduire ces incidences en valeur monétaire, leur quantification doit se conformer à la méthodologie établie en application de l'article R. 2172-38. – [Décr. n° 2016-360 du 25 mars 2016, art. 96-III.]

Art. R. 2172-38 *Un arrêté conjoint des ministres chargés de l'écologie et de l'économie qui figure en annexe du présent code détermine les incidences énergétiques et environnementales liées à l'utilisation du véhicule à moteur qu'il convient de prendre en compte ainsi que la méthodologie à appliquer s'il est envisagé de traduire ces incidences en valeur monétaire. – [Décr. n° 2016-360 du 25 mars 2016, art. 96-IV.] – V. Annexe n° 11.*

COMMENTAIRE

On se reportera à l'article L. 2172-4.

L'arrêté mentionné par l'article R. 2172-38 figure à l'annexe n° 11 du code. ❑

TITRE VIII ACHÈVEMENT DE LA PROCÉDURE

CHAPITRE I INFORMATION DES CANDIDATS ET DES SOUMISSIONNAIRES ÉVINCÉS

Art. R. 2181-1 L'acheteur notifie sans délai à chaque candidat ou soumissionnaire concerné sa décision de rejeter sa candidature ou son offre. – *[Décr. n° 2016-360 du 25 mars 2016, art. 99-I, al. 1er et II al. 1er.]*

COMMENTAIRE

On se reportera, pour l'ensemble de ce chapitre, à l'article L. 2181-1. ❑

SECTION 1 Marchés passés selon une procédure adaptée

Art. R. 2181-2 **Tout candidat ou soumissionnaire dont la candidature ou l'offre a été rejetée peut obtenir les motifs de ce rejet dans un délai de quinze jours à compter de la réception de sa demande à l'acheteur.**

Lorsque l'offre de ce soumissionnaire n'était ni inappropriée, ni irrégulière, ni inacceptable, l'acheteur lui communique en outre les caractéristiques et avantages de l'offre retenue ainsi que le nom de l'attributaire du marché. – [*Décr. n° 2016-360 du 25 mars 2016, art. 99-I, al. 2.*]

COMMENTAIRE

L'acheteur n'est tenu à l'obligation d'information sur les motifs du rejet et, le cas échéant, sur l'offre retenue qu'en cas de demande du concurrent évincé. ❑

1. Pour les marchés passés selon une procédure adaptée, l'acheteur doit, dès qu'il décide de rejeter une offre, notifier ce rejet au soumissionnaire concerné, sans être tenu de lui notifier la décision d'attribution. • CE 31 oct. 2017, *Sté MB Terrassements Bâtiments*, n° 410772 B.

2. Les marchés passés selon une procédure adaptée ne sont pas soumis à l'obligation, pour le pouvoir adjudicateur ou l'entité adjudicatrice, de notifier aux opérateurs économiques ayant présenté une offre, avant la signature du contrat, la décision d'attribution. • CE 19 janv. 2011, *Grand port maritime du Havre*, n° 343435 A : *AJDA 2011. 800, note Dreyfus ; BJCP 2011. 125, concl. Boulouis.*

SECTION 2 Marchés passés selon une procédure formalisée

Art. R. 2181-3 (*Décr. n° 2019-259 du 29 mars 2019, art. 1er*) **« La notification prévue à l'article R. 2181-1 mentionne les motifs du rejet de la candidature ou de l'offre. »**

Lorsque la notification de rejet intervient après l'attribution du marché, l'acheteur communique en outre :

1° Le nom de l'attributaire ainsi que les motifs qui ont conduit au choix de son offre ;

2° La date à compter de laquelle il est susceptible de signer le marché dans le respect des dispositions de l'article R. 2182-1. – [*Décr. n° 2016-360 du 25 mars 2016, art. 99-II, al. 2.*]

Art. R. 2181-4 **A la demande de tout soumissionnaire ayant fait une offre qui n'a pas été rejetée au motif qu'elle était irrégulière, inacceptable ou inappropriée, l'acheteur communique dans les meilleurs délais et au plus tard quinze jours à compter de la réception de cette demande :**

1° Lorsque les négociations ou le dialogue ne sont pas encore achevés, les informations relatives au déroulement et à l'avancement des négociations ou du dialogue ;

2° Lorsque le marché a été attribué, les caractéristiques et les avantages de l'offre retenue. – [*Décr. n° 2016-360 du 25 mars 2016, art. 99-II, al. 3.*]

COMMENTAIRE

On relèvera que l'obligation prévue par l'article R. 2181-3 ne suppose aucune demande préalable. ❑

I. CJUE

1. La motivation de la décision de rejet d'une offre doit être communiquée en temps utile afin que les soumissionnaires évincés aient la possibilité d'introduire efficacement un recours. • CJUE 17 févr. 2011, *Commission européenne c/ Chypre*, C-251/09.

II. JURISPRUDENCE ADMINISTRATIVE (RELATIVE AUX ANCIENS ARTICLES 80 ET 83 DU CODE DES MARCHÉS PUBLICS)

2. **Rappel** : Aux termes du 1° du I de l'art. 80 C. marchés : « Pour les marchés et accords-cadres passés selon une procédure formalisée autre que celle prévue au II de l'art. 35, le pouvoir adjudicateur, dès qu'il a fait son choix pour une candidature ou une offre, notifie à tous les autres candidats le rejet de leur candidature ou de leur offre, en leur indiquant les motifs de ce rejet. Cette notification précise le nom de l'attributaire et les motifs qui ont conduit au choix de son offre aux candidats ayant soumis une offre et à ceux n'ayant pas encore eu communication du rejet de leur candidature. (...) ». Aux termes de l'art. 83 du même code : « Le pouvoir adjudicateur communique à tout candidat écarté qui n'a pas été destinataire de la notification prévue au1° du I de l'article 80 les motifs du rejet de sa candidature ou de son offre dans les quinze jours de la réception d'une demande écrite à cette fin.

Si le candidat a vu son offre écartée alors qu'elle n'était aux termes de l'article 35 ni inappropriée, ni irrégulière, ni inacceptable, le pouvoir adjudicateur est en outre tenu de lui communiquer les caractéristiques et les avantages relatifs de l'offre retenue ainsi que le nom du ou des attributaires du marché ou de l'accord-cadre ».

3. La méconnaissance de l'obligation faite au pouvoir adjudicateur d'informer les candidats du rejet de leur offre et des motifs de ce rejet constitue une atteinte aux obligations de publicité et de mise en concurrence dont il appartient au juge du référé précontractuel de tirer les conséquences en enjoignant au pouvoir adjudicateur de communiquer les motifs du rejet de l'offre et en prononçant la suspension de la procédure. • CE 21 janv. 2004, *Sté Aquitaine Démolition,* n° 253509 B : *BJCP 2004, concl. Piveteau ; AJDA 2004. 710, note Dreyfus .*

4. Un tel manquement n'est plus constitué si l'ensemble des informations mentionnées aux art. 80 et 83 C. marchés a été communiqué au candidat évincé à la date à laquelle le juge du référé précontractuel statue et si le délai qui s'est écoulé entre cette communication et la date à laquelle le juge des référés statue a été suffisant pour permettre à ce candidat de contester utilement son éviction. • CE 6 mars 2009, *Synd. mixte de la région d'Auray-Belz-Quiberon,* n° 321217 B : *AJDA 2009. 1554, note Vincent-Legoux ; Rev. CMP 2009, n° 126, note Eckert.*

5. Le juge du référé précontractuel ne commet pas d'erreur de droit en considérant qu'un pouvoir adjudicateur qui communique à un opérateur évincé, avant l'attribution du marché, les prix et délais d'exécution sur lesquels les autres opérateurs se sont engagés manque à ses obligations de publicité et de mise en concurrence. • CE 20 oct. 2006, *Synd. des eaux de Charente-Maritime,* n° 278601 B : *BJCP 2007. 28, concl. Casas.*

6. En jugeant que la communication par le pouvoir adjudicateur du rapport d'analyse des offres comportait des informations susceptibles de nuire à une concurrence loyale entre les opérateurs économiques, en violation des dispositions du III de l'art. 80, et en annulant pour ce motif le rejet de certaines offres et la décision portant attribution du marché, alors que, cette communication étant intervenue après la sélection des offres, n'était donc plus susceptible de l'affecter et ne pouvait ainsi altérer la concurrence entre les entreprises candidates à l'attribution du marché, le juge des référés entache son ordonnance d'une erreur de droit. • CE 16 nov. 2009, *Région La Réunion,* n° 307620 B : *Rev. CMP 2010, n° 18, note Eckert.*

7. Le fait que le pouvoir adjudicateur ne notifie à un opérateur le rejet de sa candidature qu'à la date d'expiration du délai de validité des offres est sans influence sur la régularité de la procédure. • CE 21 mars 2007, *Cne de Lens,* n° 279535 B : *AJDA 2007. 667 .*

8. Un pouvoir adjudicateur a informé un candidat que son offre avait été écartée au motif que sa candidature était irrecevable ; dès lors qu'il ne résulte pas de l'instruction qu'une telle information, à supposer même qu'elle ne puisse être regardée comme suffisante au regard des exigences de l'art. 80 C. marchés, n'ait pas permis en l'espèce au candidat évincé, quels que soient par ailleurs ses droits au regard de l'art. 83 C. marchés, de contester utilement la décision de rejet qui lui était opposée, aucune méconnaissance des obligations de publicité et de mise en concurrence ne peut être sanctionnée sur ce point par le juge du référé précontractuel. • CE 11 août 2009, *Dpt des Alpes-Maritimes,* n° 320088.

9. D'une part, le motif du rejet de l'offre de la société X se déduisait nécessairement, contrairement à ce qu'elle soutient, des termes de la notification prévue à l'art. 80, qui mentionnait le classement de cette offre en deuxième position, les notes qui lui avaient été attribuées et celles qu'avait reçues l'offre retenue, égale à la sienne pour le critère de la valeur technique et supérieure pour le critère du prix ; d'autre part, en indiquant dans cette notification, qu'il a transmise à la société X par télécopie, qu'il s'imposait un délai de suspension de onze jours à compter de l'envoi de cette notification, le pouvoir adjudicateur a fait une exacte application des dispositions de l'art. 80 C. marchés. • CE 23 nov. 2011, *Cté urb. de Nice-Côte-d'Azur,* n° 351570 B.

10. Les dispositions de l'art. 80 C. marchés n'interdisent pas au pouvoir adjudicateur, après avoir communiqué les motifs justifiant le rejet d'une candidature ou d'une offre, de procéder ultérieurement à une nouvelle communication pour compléter ou préciser ces motifs, voire pour procéder à une substitution de motifs. • CE 24 juin 2011, *Cne de Rouen,* n° 347840 B : *BJCP 2011. 419, concl. Boulouis ; Rev. CMP 2011, n° 247, note Pietri.*

11. L'absence de communication par le pouvoir adjudicateur de l'une des informations mentionnées par le deuxième alinéa des dispositions précitées de l'art. 83 C. marchés doit conduire le juge (du référé précontractuel) à enjoindre à ce dernier de communiquer les informations manquantes au candidat dont l'offre, bien que recevable, a été rejetée ; cependant, il résulte de l'instruction que le requérant s'est vu communiquer par le ministère de la Justice, par un courrier daté du 25 sept. 2012, le détail de la notation de son offre, le nom du candidat retenu, le montant de son offre et les notes qui lui ont été attribuées ainsi que des éléments de comparaison entre les deux offres ; par suite, le requérant n'est pas fondé à soutenir qu'il n'a pas été suffisamment informé des motifs du rejet de son offre et qu'ont été méconnues les dispositions de l'art. 83 C. marchés. • CE 20 févr. 2013, ♔ *Sté Laboratoire Biomnis,* n° 363656 B.

12. Si l'absence de communication par le pouvoir adjudicateur de l'une des informations mentionnées par le deuxième alinéa des dispositions précitées de l'art. 83 C. marchés doit conduire le juge du référé précontractuel à enjoindre à ce dernier de communiquer les informations manquantes au candidat dont l'offre, bien que recevable, a été rejetée, il résulte en l'espèce de l'instruction que la société X a été écartée de la procédure litigieuse au stade de la présentation de sa candidature et non à celui de la présentation de son offre ; par suite, cette société ne saurait utilement soutenir que les caractéristiques, notamment le prix, et les avantages relatifs de l'offre retenue ne lui ont pas été communiqués par le ministre et que celui-ci aurait par cette omission méconnu les dispositions du deuxième alinéa de l'art. 83 C. marchés. • CE 11 avr. 2012, ♔ *Min. de la Défense et des Anciens Combattants,* n° 355564 B.

13. La personne publique est tenue, sur le fondement des dispositions de l'art. 255 C. marchés, de communiquer, dans les cas prévus par ces dispositions, aux candidats évincés, à leur demande et postérieurement au choix de l'attributaire du marché, les « caractéristiques et avantages relatifs » de l'offre retenue ; le pouvoir adjudicateur a refusé, sans apporter aucune justification de nature, notamment, à établir une atteinte au secret industriel et commercial, de communiquer à la société les délais d'exécution et le prix global de l'offre de la société attributaire, qui constituaient des éléments faisant l'objet de critères de sélection des offres ; elle a, en l'espèce, manqué à ses obligations de publicité et de mise en concurrence ; un tel manquement est susceptible de léser la société ; il y a dès lors lieu, d'une part, d'enjoindre au pouvoir adjudicateur de communiquer à la société, dans un délai de quinze jours à compter de la notification de la présente décision, les délais d'exécution et le prix global de l'offre de la société attributaire, sauf à établir qu'une telle communication porterait atteinte au secret des affaires, et, d'autre part, de surseoir à statuer sur les conclusions de la société tendant à l'annulation de la procédure. • CE 11 mars 2013, ♔ *Min. de la Défense c/ Sté Aéromécanic,* n° 364827 B : *BJCP 2013. 342, concl. Dacosta* (**NB** : arrêt relatif à l'art. 255 C. marchés, substantiellement identique à l'art. 83).

14. Par une décision avant-dire droit du 11 mars 2013, le Conseil d'État, statuant au contentieux, après avoir annulé l'Ord. n° 1207109 du juge du référé précontractuel du tribunal administratif du 14 déc. 2012, a sursis à statuer sur la demande de la société X tendant à l'annulation de la procédure de passation d'un marché public de prestation de maintenance des hélicoptères « Puma » de l'armée française, jusqu'à ce que le ministre de la défense ait communiqué à cette société le montant global et les délais d'exécution de l'offre de la société Y ; il a en effet jugé qu'en s'abstenant, sans apporter aucune justification, de communiquer à la société X, qui les lui avait demandées par écrit, ces deux caractéristiques de l'offre de la société Y, postérieurement au choix de l'attributaire du marché, le ministre avait méconnu les dispositions de l'art. 255 C. marchés et manqué ainsi à ses obligations de publicité et de mise en concurrence et qu'un tel manquement était susceptible de léser la société X ; il a par suite enjoint au ministre de la défense « de communiquer à la société X, dans un délai de quinze jours à compter de la notification de la présente décision, les délais d'exécution et le prix global de l'offre de la société Y, sauf à établir qu'une telle communication porterait atteinte au secret des affaires » ; par un mémoire enregistré le 27 mars 2013, le ministre de la défense a indiqué qu'il ne pouvait procéder à la communication demandée, en soutenant qu'elle ne pourrait intervenir qu'après la signature du marché et que, avant cette date, les informations en cause pouvaient seulement, le cas échéant, être transmises au juge, sans que celui-ci les communique à la société X ; après une mesure supplémentaire d'instruction, le ministre a confirmé son refus de communiquer les informations demandées à la société X, tout en les transmettant au Conseil d'État.

Pour justifier son refus, le ministre de la défense soutient que la communication des deux informations demandées risquerait de donner à la société X un avantage compétitif de nature à nuire à la loyauté de la concurrence, dans l'hypothèse où la procédure litigieuse serait annulée par le Conseil d'État ou serait déclarée sans suite pour motif d'intérêt général et où une nouvelle procédure de passation du marché serait engagée ; le ministre n'apporte ainsi aucun élément de nature à établir que la communication des informations demandées porterait, en l'espèce, une atteinte au secret des affaires ou pourrait nuire à une concurrence loyale entre les opérateurs économiques et faire ainsi obstacle à ce qu'il y soit procédé. • CE 29 mai 2013, ♔ *Min. de la Défense c/ Sté Aéromécanic,* n° 364827 B : *BJCP 2013. 342, concl. Dacosta* (**NB** : arrêt relatif à l'art. 255 C. marchés).

15. Il résulte de l'instruction que si le syndicat a communiqué à la société les motifs de rejet de son offre et des éléments portant sur les caractéristiques et avantages de l'offre retenue ainsi que le nom de l'entreprise attributaire, il n'a toutefois pas répondu à ses demandes ultérieures de communication du prix de l'offre retenue et des notes obtenues par la société attributaire au titre des « sous-critères » qu'il a retenus pour l'évaluation des critères de la valeur technique et de la performance environnementale, alors que, eu égard à la nature et à l'importance de leur pondération, ces « sous-critères » sont susceptibles d'exercer une influence sur la présentation des offres par les candidats et leur sélection, et doivent en conséquence être eux-mêmes regardés comme des critères de sélection.

En ne répondant pas à ces demandes, le syndicat a manqué à ses obligations de publicité et de mise en concurrence ; un tel manquement est susceptible de léser la société ; dès lors, il y a lieu, avant de statuer sur les conclusions de la société tendant à l'annulation de la procédure, d'enjoindre au syndicat départemental de traitement des déchets ménagers de communiquer à la société, avec copie à la sous-section de la section du contentieux chargée de l'instruction, dans un délai de huit jours à compter de la notification de la présente décision, le prix de l'offre retenue et les notes obtenues par la société attributaire au titre de l'adéquation de l'organisation proposée notamment au regard de l'interface avec la collecte et le transfert, de la capacité technique à exécuter la prestation, du management qualité et sécurité, des impacts environnementaux liés à l'exécution de la prestation et de l'engagement dans une démarche environnementale ; en revanche, il n'y a pas lieu de faire droit aux autres demandes de communication, dès lors qu'elles sont étrangères aux caractéristiques de l'offre retenue. • CE 7 nov. 2014, ☎ *Synd. dptal de traitement des déchets ménagers de l'Aisne (Valor'Aisne)*, n° 384014 B : *Rev. CMP 2015, n° 6, note Eckert ; BJCP 2015. 189, concl. Dacosta.*

16. Il résulte de l'instruction que la lettre par laquelle la collectivité d'outre-mer a informé la société du rejet de son offre était dépourvue de motivation, en méconnaissance des dispositions de l'art. 80 C. marchés ; la réponse donnée par l'administration à la demande présentée par la société sur le fondement des dispositions de l'art. 83 du même code a porté à la connaissance de la société candidate évincée, pour chacun des trois lots pour lesquels celle-ci avait présenté une offre, l'identité de l'attributaire, le motif principal du choix, tenant au prix, l'indication que la notation de la valeur technique avait été sensiblement la même pour l'ensemble des candidats, ainsi que le nombre total de points recueillis par les candidats avec leur classement ; la collectivité d'outre-mer s'est toutefois abstenue, à cette occasion, de communiquer à la société les notes attribuées à son offre, ainsi qu'à celle retenue, pour chacun des deux critères d'attribution ; cette omission a privé cette société d'une information suffisante sur les avantages relatifs de l'offre retenue ; dès lors, les dispositions de l'art. 83 C. marchés ont également été méconnues. • CAA Bordeaux, 30 oct. 2014, ☎ *Collectivité d'outre-mer de Saint-Martin*, n° 14BX00572.

SECTION 3 Informations des candidats et soumissionnaires évincés dans le cadre d'un système de qualification passé par une entité adjudicatrice

Art. R. 2181-5 Les entités adjudicatrices qui établissent et gèrent un système de qualification informent les opérateurs économiques qui demandent à être qualifiés de la décision prise à leur sujet dans un délai de quatre mois à compter de la réception de leur demande de qualification.

Ce délai peut être prolongé de deux mois au plus, à condition que les opérateurs économiques concernés soient informés de cette prolongation dans les deux mois qui suivent la réception de leur demande. Les motifs de cette prolongation ainsi que la date à laquelle une décision sera prise leur sont également indiqués. – *[Décr. n° 2016-360 du 25 mars 2016, art. 100, al. 1er.]*

Art. R. 2181-6 Lorsque l'entité adjudicatrice décide de rejeter une demande de qualification, elle informe l'opérateur économique des motifs de sa décision, dans un délai maximal de quinze jours à compter de la date de cette décision.

Ces motifs doivent être fondés sur les critères de qualification mentionnés à l'article R. 2162-30. – *[Décr. n° 2016-360 du 25 mars 2016, art. 100, al. 2.]*

CHAPITRE II SIGNATURE ET NOTIFICATION DU MARCHÉ

SECTION 1 Signature du marché

Art. R. 2182-1 Pour les marchés passés selon une procédure formalisée, un délai minimal de onze jours est respecté entre la date d'envoi de la notification prévue aux articles R. 2181-1 et R. 2181-3 et la date de signature du marché par l'acheteur.

Ce délai minimal est porté à seize jours lorsque cette notification n'a pas été transmise par voie électronique. – *[Décr. n° 2016-360 du 25 mars 2016, art. 101-I.]*

COMMENTAIRE

Ce délai de « *stand still* », prévu pour les procédures formalisées, est essentiel pour l'effectivité du référé précontractuel (on se reportera au VI de l'Appendice, *Contrôles et contentieux*). Il n'existe que pour les procédures formalisées.

1. Délai de « stand still » et recours efficace contre les décisions des pouvoirs adjudicateurs. Un candidat évincé d'un marché public doit disposer de la possibilité effective de saisir une autorité de recours pour obtenir l'annulation de la décision d'attribution du marché. Un délai raisonnable doit donc s'écouler entre la date à laquelle il a connaissance de son éviction et la signature du marché. • CJCE 28 oct. 1999, *Alcatel Austria,* C-81/98 • 24 juin 2004, *Commission c/ Autriche,* C-212/02 : *Rev. CMP 2002, n° 176, obs. Zimmer* • 3 avr. 2008, *Commission c/ Espagne,* C-444/06 : *Rev. CMP 2008, n° 110, obs. Zimmer.* ♦ L'instance de recours doit pouvoir décider que des informations contenues dans le dossier relatif à la passation d'un marché ne sont pas transmises aux parties et à leurs avocats, si cela est nécessaire pour assurer la protection d'une concurrence loyale ou des intérêts légitimes des opérateurs économiques, voulue par le droit communautaire. • CJCE 14 févr. 2008, *Varec SA,* C-450/06.

2. Le délai que doit s'imposer puis respecter le pouvoir adjudicateur entre l'envoi aux concurrents évincés de la notification du rejet de leur candidature ou de leur offre et la conclusion du marché est un délai dont la computation s'opère de date à date ; il ressort des pièces du dossier soumis au juge des référés que la commune s'était en l'espèce conformée au délai minimum de seize jours prévu par l'art. 80 C. marchés ; ainsi, ayant envoyé le 28 déc. 2010 à la société X la notification du rejet de son offre, la commune pouvait régulièrement signer le marché litigieux le 13 janv. 2011, le délai de suspension ayant expiré le 12 janv. 2011. • CE 2 août 2011, *Sté Clean garden,* n° 347526 B.

3. Non-respect du délai de « stand still ». Si la société évincée soutient que la signature du marché est intervenue en méconnaissance des dispositions de l'art. 80 C. marchés alors applicables en vertu desquelles un délai d'au moins dix jours devait être respecté entre la date à laquelle la décision de rejet de leur offre est notifiée aux candidats dont l'offre n'a pas été retenue et la date de signature du marché, cette circonstance, si elle est de nature à entacher d'illégalité la décision de signer le marché litigieux, ne suffit pas à faire regarder la signature de ce dernier comme inexistante. Il en va de même de la circonstance, à la supposer établie, que, eu égard aux conditions dans lesquelles elle est intervenue, la décision de signer le marché aurait eu pour seul but de faire obstacle à la saisine, par les candidats évincés, du juge du référé précontractuel et serait ainsi entachée de détournement de pouvoir. La société, à qui il appartient seulement, si elle s'y croit fondée, de saisir le pouvoir adjudicateur d'une demande d'indemnisation du préjudice que lui auraient causé les illégalités qu'elle invoque, n'est pas fondée à soutenir que le juge du référé précontractuel a commis une erreur de droit en estimant que sa demande était sans objet et, par suite, irrecevable. • CE 7 mars 2005, *Sté Grandjouan-Saco,* n° 270778 A : *Rev. CMP 2005, n° 167, obs. Pietri.*

Art. R. 2182-2 **Le respect du délai mentionné à l'article R. 2182-1 n'est pas exigé :**

1° Lorsque le marché est attribué au seul opérateur ayant participé à la consultation ;

2° Pour l'attribution des marchés subséquents, fondés sur un accord-cadre, ou des marchés spécifiques fondés sur un système d'acquisition dynamique. – *[Décr. n° 2016-360 du 25 mars 2016, art. 101-II.]*

Art. R. 2182-3 **Le marché peut être signé électroniquement, selon les modalités fixées par un arrêté du ministre chargé de l'économie qui figure en annexe du présent code.** – *[Décr. n° 2016-360 du 25 mars 2016, art. 102.] – V. Annexe n° 12.*

COMMENTAIRE

On trouvera l'arrêté que mentionne cet article à l'annexe n° 12 du code.

1. Signature par une personne publique distincte de celle qui a passé le marché. Lorsqu'une personne publique a vocation à exercer la compétence nécessaire à la conclusion et à l'exécution d'un contrat de la commande publique, notamment parce qu'elle est en cours de création ou de transformation ou parce qu'une procédure, par laquelle la compétence nécessaire doit lui être dévolue, est déjà engagée, aucune règle ni aucun principe ne font obstacle à ce qu'elle engage elle-même la procédure de passation du contrat, alors même qu'elle n'est pas encore compétente à cette date pour le conclure. Il en va notamment ainsi lorsque le contrat en cause a pour objet la gestion d'un service public. Il appartient seulement à la personne publique de faire savoir, dès le lancement de la procédure de passation, que le contrat ne sera signé qu'après qu'elle sera devenue compétente à cette fin.

Une personne publique peut signer un contrat dont la procédure de passation a été engagée et conduite par une autre personne publique, à laquelle, à la date de la signature du contrat, elle est substituée de plein droit, sans que cette procédure soit, en l'absence de vice propre, entachée d'irrégularité. • CE 9 juin 2020, *Métropole Nice-Côte d'Azur,* n° 436922, 436925 et

436926 : *BJCP 2020. 299, concl. Le Corre ; Rev. CMP 2020. 231, note Eckert.*

2. Signature du marché non immédiate. La circonstance que le pouvoir adjudicateur n'ait pas immédiatement signé le marché après le choix de l'offre de l'attributaire, alors qu'il n'est pas allégué que cette signature serait intervenue après l'expiration du délai de validité de l'offre, n'est pas constitutive d'une faute susceptible d'engager sa responsabilité. • CE 29 sept. 2010, *Sté des travaux du Midi,* n° 325524 B : *BJCP 2010. 430, concl. Boulouis.*

3. Délibération autorisant la signature. L'absence de transmission de la délibération autorisant un maire à signer un marché avant la date à laquelle le maire conclut le contrat entraîne l'illégalité du marché, qui ne peut être régularisé ultérieurement par la transmission de la délibération. • CE, sect., avis, 10 juin 1996, *Préfet de la Côte-d'Or,* n° 176873 A. ♦ Cette jurisprudence a été abandonnée par l'arrêt d'assemblée *commune de Béziers* (V. l'analyse de cet arrêt *in* App., *Partie VI. Contrôles et contentieux*) : L'absence de transmission de la délibération autorisant le maire à signer un contrat avant la date à laquelle le maire procède à sa signature constitue un vice affectant les conditions dans lesquelles les parties ont donné leur consentement ; toutefois, eu égard à l'exigence de loyauté des relations contractuelles, un tel vice ne saurait être regardé à lui seul comme d'une gravité telle que le juge doive écarter le contrat et que le litige qui oppose les parties ne doive pas être tranché sur le terrain contractuel. • CE, ass., 28 déc. 2009, *Cne de Béziers,* n° 304802 A.

4. Délibération autorisant la signature avec une SEM. Élus intéressés. Aux termes de l'art. L. 2131-11 CGCT : « Sont illégales les délibérations auxquelles ont pris part un ou plusieurs membres du conseil intéressés à l'affaire qui en fait l'objet, soit en leur nom personnel, soit comme mandataires » ; aux termes du 11e al. de l'art. L. 1524-5 du même code : « Les élus locaux agissant en tant que mandataires des collectivités territoriales ou de leurs groupements au sein du conseil d'administration ou de surveillance des sociétés d'économie mixte locales et exerçant les fonctions de membre ou de président du conseil d'administration, de président-directeur général ou de membre ou de président du conseil de surveillance, ne sont pas considérés comme étant intéressés à l'affaire, au sens de l'art. L. 2131-11, lorsque la collectivité ou le groupement délibère sur ses relations avec la société d'économie mixte locale » ; aux termes du 12e alinéa du même art. : « Toutefois, ils ne peuvent participer aux commissions d'appel d'offres ou aux commissions d'attribution de délégations de service public de la collectivité territoriale ou du groupement lorsque la société d'économie mixte locale est candidate à l'attribution d'un marché public ou d'une délégation de service public dans les conditions prévues aux art. L. 1411-1 et suivants ».

Les conventions passées entre les collectivités territoriales ou leurs groupements avec une société d'économie mixte locale portent sur des relations entre ces collectivités ou leurs groupements et la société d'économie mixte locale au sens du 11e alinéa de l'art. L. 1524-4 CGCT ; s'il résulte des dispositions du 12e alinéa de ce même art. que les élus agissant au sein de la société d'économie mixte locale comme mandataires des collectivités ou de leurs groupements, et exerçant les fonctions de membre ou de président du conseil d'administration, de président-directeur général ou de membre ou de président du conseil de surveillance, ne peuvent pas participer aux commissions d'appel d'offres des marchés publics ou aux commissions d'attribution de délégations de service public, en revanche, ils ne peuvent être regardés comme « intéressés », au sens de l'art. L. 2131-11 du même code, du seul fait de leurs fonctions, lorsqu'ils délibèrent sur un projet de convention portant attribution à cette société d'un marché public, d'une délégation de service public ou d'une convention d'aménagement. • CE 10 déc. 2012, *M. Auclair,* n° 354044 B : *BJCP 2013. 89, concl. Pellissier ; Rev. CMP 2013, n° 4, note Devillers ; AJDA 2013. 1059, note Devès.*

5. La décision de contracter résultant d'une délibération du conseil municipal autorisant le maire à passer un marché avec une entreprise est créatrice de droits au profit de cette dernière. Un retrait illégal constitue une faute engageant la responsabilité de la commune. • CAA Nantes, 7 mai 1991, *Cne de Mauves-sur-Loire c/ SA Gauthier,* n° 89NT00418 B.

SECTION 2 Notification du marché

Art. R. 2182-4 **L'acheteur notifie le marché au titulaire.**

Le marché prend effet à la date de réception de la notification. – *[Décr. n° 2016-360 du 25 mars 2016, art. 103, al. 1er et 2.]*

Art. R. 2182-5 **Les marchés des collectivités territoriales, de leurs groupements et de leurs établissements publics prennent effet à la date de réception de la notification du marché au titulaire sous réserve du respect des dispositions du code général des collectivités territoriales relatives au contrôle de légalité.** – *[Décr. n° 2016-360 du 25 mars 2016, art. 103, al. 3.]*

1. Transmission du marché au contrôle de la légalité. Le fait qu'un ordre de service de commencer les travaux ait été illégalement notifié au titulaire du marché avant que celui-ci n'ait été transmis au préfet ne concerne que l'exécution du marché et ne saurait donc affecter sa légalité. • CE 27 avr. 1987, *Commissaire de la République des Côtes-du-Nord c/ OPHLM des Côtes-du-Nord et Sté Socea-Balency*, n° 68831 B.

2. Date de commencement d'exécution. Un marché prévoyant une date de commencement d'exécution antérieure à sa conclusion et à sa transmission est illégal. • CE 4 févr. 1991, *Ville de Caen*, n° 71956 B.

3. Le délai d'exécution d'un marché court en principe à compter de sa notification. Toutefois, dans un marché de travaux, le délai d'exécution court à compter de la date de début d'exécution des travaux, matérialisé par un ordre de service. En l'absence d'un tel ordre, pourtant prévu par le marché, le délai court à compter du début effectif des travaux. • CE 3 janv. 1958, *Cne de Bourg-Saint-Léonard*, n° 3293 A.

CHAPITRE III AVIS D'ATTRIBUTION

SECTION 1 Modalités de publication

SOUS-SECTION 1 Dispositions générales

Art. R. 2183-1 Pour les marchés répondant à un besoin d'un montant égal ou supérieur aux seuils européens figurant dans un avis annexé au présent code, l'acheteur envoie pour publication, dans un délai maximal de trente jours à compter de la signature du marché, un avis d'attribution dans les conditions suivantes :

1° Pour l'État, ses établissements publics autres qu'à caractère industriel et commercial, les collectivités territoriales, leurs établissements publics et leurs groupements*[,]* l'avis est publié dans le *Bulletin officiel des annonces des marchés publics* et au *Journal officiel de l'Union européenne* ;

2° Pour les autres acheteurs, l'avis est publié au *Journal officiel de l'Union européenne* ;

3° Pour les marchés de services sociaux et autres services spécifiques, l'avis est publié au *Journal officiel de l'Union européenne*. – *[Décr. n° 2016-360 du 25 mars 2016, art. 104-I, al. 1er.] – V. Annexe n° 2.*

Art. R. 2183-2 L'avis d'attribution est établi conformément au modèle fixé par le règlement de la Commission européenne établissant les formulaires standard pour la publication d'avis dans le cadre de la passation de marchés. – *[Décr. n° 2016-360 du 25 mars 2016, art. 104-I, al. 2.]*

SOUS-SECTION 2 Dispositions propres à certains marchés

Art. R. 2183-3 Pour les marchés subséquents, fondés sur un accord-cadre, l'acheteur est dispensé d'envoyer un avis d'attribution. – *[Décr. n° 2016-360 du 25 mars 2016, art. 104-III, al. 1er.]*

Art. R. 2183-4 Pour les marchés spécifiques fondés sur un système d'acquisition dynamique et les marchés de services sociaux et autres services spécifiques, l'acheteur peut regrouper les avis d'attribution sur une base trimestrielle. Dans ce cas, il envoie ces avis groupés pour publication au plus tard trente jours après la fin de chaque trimestre. – *[Décr. n° 2016-360 du 25 mars 2016, art. 104-III, al. 2.]*

SECTION 2 Dispositions particulières au contenu des avis d'attribution

Art. R. 2183-5 Dans les conditions fixées par l'article L. 2132-1, certaines informations sur la passation du marché peuvent ne pas être publiées au cas où leur divulgation ferait obstacle à l'application des lois, serait contraire à l'intérêt public, porterait préjudice aux intérêts commerciaux légitimes d'un opérateur économique en particulier, public ou privé, ou pourrait nuire à une concurrence loyale entre les opérateurs économiques. – *[Décr. n° 2016-360 du 25 mars 2016, art. 104-IV.]*

Art. R. 2183-6 Lorsque l'appel à la concurrence a été effectué sous la forme d'un avis de préinformation ou d'un avis périodique indicatif et que l'acheteur a décidé de ne pas attribuer de nouveaux marchés au cours de la période couverte par cet avis, l'avis d'attribution le mentionne expressément. – *[Décr. n° 2016-360 du 25 mars 2016, art. 104-II.]*

Art. R. 2183-7 Pour les marchés de services de recherche et développement passés par une entité adjudicatrice, les informations concernant la nature et la quantité des services peuvent être limitées :

1° A la mention "services de recherche et développement" lorsque le marché a été passé sans publicité ni mise en concurrence préalables conformément au 1° de l'article R. 2122-11 ;

2° A des informations au moins aussi détaillées que celles qui figuraient dans l'avis qui a été utilisé comme appel à la concurrence. – *[Décr. n° 2016-360 du 25 mars 2016, art. 104-V.]*

CHAPITRE IV **CONSERVATION DES INFORMATIONS**

SECTION 1 **Rapport de présentation de la procédure menée par les pouvoirs adjudicateurs**

Art. R. 2184-1 Le pouvoir adjudicateur établit un rapport de présentation de la procédure de passation des marchés et des systèmes d'acquisition dynamiques répondant à un besoin dont la valeur est égale ou supérieure aux seuils européens figurant dans un avis annexé au présent code.

L'établissement de ce rapport n'est pas exigé pour les marchés subséquents fondés sur un accord-cadre lorsque ceux-ci sont conclus sans remise en concurrence. – *[Décr. n° 2016-360 du 25 mars 2016, art. 105-I, 1re phrase et III, al. 2.] – V. Annexe n° 2.*

Art. R. 2184-2 Le rapport de présentation comporte au moins les éléments suivants :

1° Le nom et l'adresse du pouvoir adjudicateur, l'objet et la valeur du marché ou du système d'acquisition dynamique ;

2° Le nom des candidats exclus et les motifs du rejet de leur candidature ;

3° Le nom des candidats sélectionnés et les motifs de ce choix ;

4° Le nom des soumissionnaires dont l'offre a été rejetée et les motifs de ce rejet y compris, le cas échéant, les raisons qui ont amené l'acheteur à la juger anormalement basse ;

5° Le nom du titulaire et les motifs du choix de son offre, ainsi que, si ces informations sont connues, la part du marché que le titulaire a l'intention de sous-traiter à des tiers et le nom des sous-traitants. – *[Décr. n° 2016-360 du 25 mars 2016, art. 105-I, 2e phrase.]*

Art. R. 2184-3 Le rapport de présentation comporte en outre, lorsqu'il y a lieu, les éléments suivants :

1° Les motifs du recours *(Décr. n° 2019-748 du 18 juill. 2019, art. 4)* « à un marché passé sans publicité ni mise en concurrence préalables, » à la procédure avec négociation ou au dialogue compétitif ;

2° Les motifs pour lesquels le pouvoir adjudicateur n'a pas alloti le marché, s'il ne les a pas indiqués dans les documents de la consultation ;

3° Les raisons pour lesquelles un chiffre d'affaires annuel minimal supérieur au plafond fixé aux articles R. 2142-6 à R. 2142-12 a été exigé, lorsque celles-ci n'ont pas été indiquées dans les documents de la consultation ;

4° Les raisons pour lesquelles le pouvoir adjudicateur a sollicité l'utilisation de moyens de communication autres que les moyens électroniques pour la transmission des offres ;

5° La description des mesures appropriées prises par le pouvoir adjudicateur pour s'assurer que la concurrence n'a pas été faussée par des études et échanges préalables avec des opérateurs économiques ou par la participation d'un opérateur économique à la préparation du marché en application des articles R. 2111-1 et R. 2111-2 ;

6° Les conflits d'intérêts décelés et les mesures prises en conséquence ;

7° Les raisons pour lesquelles le pouvoir adjudicateur a renoncé à passer un marché ou à mettre en place un système d'acquisition dynamique. – *[Décr. n° 2016-360 du 25 mars 2016, art. 105-II.]*

Sur l'application des dispositions issues du Décr. n° 2019-748 du 18 juill. 2019, V. note ss. art. R. 2122-2, supra.

Art. R. 2184-4 Dans la mesure où l'avis d'attribution contient les informations exigées aux articles R. 2184-1 à R. 2184-3, le pouvoir adjudicateur peut renvoyer, dans le rapport de présentation, à cet avis. – *[Décr. nº 2016-360 du 25 mars 2016, art. 105-III, al. 1er.]*

Art. R. 2184-5 Lorsque le pouvoir adjudicateur est soumis à un contrôle de ses marchés, il transmet aux autorités chargées de ce contrôle le rapport de présentation en même temps que les documents contractuels. – *[Décr. nº 2016-360 du 25 mars 2016, art. 105-III, al. 3, ecqc les autorités de contrôle.]*

Art. R. 2184-6 Le rapport de présentation ou ses principaux éléments sont communiqués à la Commission européenne à sa demande. – *[Décr. nº 2016-360 du 25 mars 2016, art. 105-III, al. 3, ecqc la Commission européenne.]*

SECTION 2 Informations conservées par les entités adjudicatrices

Art. R. 2184-7 L'entité adjudicatrice conserve la justification des décisions relatives à la qualification, à la sélection des opérateurs économiques et à l'attribution des marchés et des systèmes d'acquisition dynamiques répondant à un besoin dont la valeur est égale ou supérieure aux seuils européens figurant dans un avis annexé au présent code. – *[Décr. nº 2016-360 du 25 mars 2016, art. 106, al. 1er.] – V. Annexe nº 2.*

Art. R. 2184-8 L'entité adjudicatrice conserve également les informations suivantes :

1° Les motifs de la passation d'un marché sans publicité ni mise en concurrence préalables ;

2° Les motifs pour lesquels elle n'a pas alloti le marché ;

3° Les raisons pour lesquelles elle a exigé un chiffre d'affaires annuel minimal supérieur au plafond fixé à l'article R. 2142-7, lorsque celles-ci n'ont pas été indiquées dans les documents de la consultation ;

4° La description des mesures appropriées qu'elle a prises pour s'assurer que la concurrence n'a pas été faussée par des études et échanges préalables avec des opérateurs économiques ou par la participation d'un opérateur économique à la préparation du marché en application des articles R. 2111-1 et R. 2111-2 ;

5° Les raisons pour lesquelles elle a sollicité l'utilisation de moyens de communication autres que les moyens électroniques pour la transmission des offres. – *[Décr. nº 2016-360 du 25 mars 2016, art. 106, al. 2.]*

Art. R. 2184-9 Dans la mesure où l'avis d'attribution contient les informations exigées aux articles R. 2184-7 et R. 2184-8, l'entité adjudicatrice peut se référer à cet avis. – *[Décr. nº 2016-360 du 25 mars 2016, art. 106, al. 3.]*

Art. R. 2184-10 Lorsque l'entité adjudicatrice est soumise à un contrôle de ses marchés, elle transmet aux autorités chargées de ce contrôle les informations, documents ou leurs principaux éléments mentionnés dans la présente section en même temps que les documents contractuels. – *[Décr. nº 2016-360 du 25 mars 2016, art. 106, al. 4, ecqc les autorités de contrôle.]*

Art. R. 2184-11 Les informations, documents ou les principaux éléments mentionnés dans la présente section sont communiqués à la Commission européenne à sa demande. – *[Décr. nº 2016-360 du 25 mars 2016, art. 106, al. 4, ecqc la Commission européenne.]*

SECTION 3 Durée de conservation

Art. R. 2184-12 L'acheteur conserve les candidatures et les offres ainsi que les documents relatifs à la procédure de passation pendant une période minimale de cinq ans à compter de la date de signature du marché. – *[Décr. nº 2016-360 du 25 mars 2016, art. 108, al. 2.]*

Art. R. 2184-13 L'acheteur conserve les pièces constitutives du marché pendant une durée minimale de cinq ans pour les marchés de fournitures ou de services et de dix ans pour les marchés de travaux, de maîtrise d'œuvre ou de contrôle technique à compter de la fin de l'exécution du marché. – *[Décr. nº 2016-360 du 25 mars 2016, art. 108, al. 1er.]*

COMMENTAIRE

Les dispositions du chapitre IV, qui trouvent leur fondement dans l'article L. 2184-1, traduisent une exigence de transparence.

On mentionnera par ailleurs, ci-dessous, quelques décisions jurisprudentielles en matière de communication. ❑

1. Les marchés publics et les documents qui s'y rapportent, y compris les documents relatifs au contenu des offres, sont des documents administratifs au sens des dispositions de l'art. 1er de la L. du 17 juill. 1978 ; saisis d'un recours relatif à la communication de tels documents, il revient aux juges du fond d'examiner si, par eux-mêmes, les renseignements contenus dans les documents dont il est demandé la communication peuvent, en affectant la concurrence entre les opérateurs économiques, porter atteinte au secret industriel et commercial et faire ainsi obstacle à cette communication en application des dispositions du II de l'art. 6 de la L. du 17 juill. 1978 ; au regard des règles de la commande publique, doivent ainsi être regardées comme communicables, sous réserve des secrets protégés par la loi, l'ensemble des pièces du marché ; dans cette mesure, si notamment l'acte d'engagement, le prix global de l'offre et les prestations proposées par l'entreprise attributaire sont en principe communicables, le bordereau unitaire de prix de l'entreprise attributaire, en ce qu'il reflète la stratégie commerciale de l'entreprise opérant dans un secteur d'activité et qu'il est susceptible, ainsi, de porter atteinte au secret commercial, n'est quant à lui, en principe, pas communicable.

Pour juger communicable le formulaire de réponse financière de l'attributaire du marché relatif à l'assurance responsabilité civile du centre hospitalier, le tribunal a estimé que cette communication ne pouvait porter atteinte à la concurrence en se fondant notamment sur le fait que le marché n'était pas susceptible d'être renouvelé à brève échéance par le centre hospitalier ; ce faisant, alors qu'en lui-même le bordereau de prix unitaire d'un marché est, ainsi qu'il a été dit, en principe susceptible d'affecter la concurrence entre les entreprises intervenant dans un même secteur d'activité et ainsi de porter atteinte au secret commercial, le tribunal administratif a entaché son jugement d'une erreur de droit.

La communication du prix détaillé de l'offre de l'attributaire d'un marché dans le secteur des assurances, qui relève de la stratégie commerciale de l'assureur et peut en révéler les principaux aspects, est susceptible de porter atteinte au secret commercial ; en l'absence de circonstances particulières relatives à l'offre retenue par le centre hospitalier, c'est sans erreur de droit ni de qualification juridique que le directeur du centre hospitalier a estimé ne pouvoir communiquer ce document demandé. • CE 30 mars 2016, ♔ *CH de Perpignan*, n° 375529 A : *Rev. CMP 2016, n° 148, note Ubaud-Bergeron.*

2. Les marchés publics et les documents qui s'y rapportent, y compris les documents relatifs au contenu des offres, sont des documents administratifs au sens des dispositions de l'art. 1er de la L. du 17 juill. 1978 ; saisis d'un recours relatif à la communication de tels documents, il revient aux juges du fond d'examiner si, par eux-mêmes, les renseignements contenus dans les documents dont il est demandé la communication peuvent, en affectant la concurrence entre les opérateurs économiques, porter atteinte au secret industriel et commercial et faire ainsi obstacle à cette communication en application des dispositions du II de l'art. 6 de la L. du 17 juill. 1978 ; au regard des règles de la commande publique, doivent ainsi être regardées comme communicables, sous réserve des secrets protégés par la loi, l'ensemble des pièces du marché ; si notamment l'acte d'engagement, le prix global de l'offre et les prestations proposées par l'entreprise attributaire sont en principe communicables, le bordereau unitaire de prix de l'entreprise attributaire, en ce qu'il reflète la stratégie commerciale de l'entreprise opérant dans un secteur d'activité, n'est quant à lui, en principe, pas communicable.

Il ressort des pièces du dossier que le marché auquel se rapportent les documents litigieux est intervenu dans le secteur des enrobés hydrocarbonés pour les routes qui revêt un caractère concurrentiel ; il suit de là que la communication du détail de l'offre de prix de l'entreprise attributaire, qui constitue une composante essentielle de sa stratégie commerciale, est susceptible, même au terme de l'exécution du marché, eu égard à la nature de celui-ci, d'altérer le libre jeu de la concurrence entre les opérateurs économiques et de porter ainsi atteinte à la protection du secret commercial ; le préfet pouvait donc légalement refuser de communiquer à la requérante le bordereau unitaire de prix de l'entreprise attributaire ; il en va différemment des informations relatives au montant global des offres présentées par les entreprises candidates qui n'ont pas été retenues. • CE 2 mai 2016, ♔ *SA Toffolutti*, n° 381635.

3. Le document litigieux est un avis interne à l'administration émis par la direction des libertés publiques et des affaires juridiques du ministère de l'intérieur à destination de la direction des ressources et des compétences de la police nationale. Cet avis a été rédigé dans la perspective d'un contentieux afin d'évaluer les risques et faiblesses juridiques de la procédure de passation du marché en cause. La demande de communication de cet avis émane de sociétés qui ont contesté devant le tribunal administratif de Paris l'attribution du marché à une société concurrente. Compte tenu de l'identité de parties dans les deux litiges, la communication de l'avis aux sociétés requérantes permettrait de porter à la connaissance du juge chargé d'apprécier la légalité du marché des éléments émanant de la partie défenderesse et de nature à plaider contre la cause de cette dernière, portant ainsi atteinte au déroulement équitable du procès. Dans les circonstances de l'espèce, la communication de cet avis serait donc de nature à porter atteinte aux procédures juridictionnelles en cours. • CE 28 sept. 2016, *Sté Armor Développement et a.*, n° 390760 B : *Rev. CMP 2016, n° 269, note Devillers.*

CHAPITRE V **ABANDON DE LA PROCÉDURE**

Art. R. 2185-1 **L'acheteur peut, à tout moment, déclarer une procédure sans suite.** – *[Décr. n° 2016-360 du 25 mars 2016, art. 98, 1re phrase.]*

Art. R. 2185-2 **Lorsqu'il déclare une procédure sans suite, l'acheteur communique dans les plus brefs délais les motifs de sa décision de ne pas attribuer le marché ou de recommencer la procédure aux opérateurs économiques y ayant participé.** – *[Décr. n° 2016-360 du 25 mars 2016, art. 98, 2e phrase.]*

COMMENTAIRE

On rappellera que le fait d'avoir été retenu comme attributaire d'un marché ne crée aucun droit à la signature du marché : le pouvoir adjudicateur peut renoncer à signer pour un motif d'intérêt général. En revanche, tant qu'elle n'a pas renoncé au marché, la personne publique ne peut conclure celui-ci avec une autre entreprise que celle qui a été choisie à l'issue de la procédure de passation.

1. Renonciation à signer le marché avec l'attributaire. Lorsque l'administration informe un soumissionnaire que son offre est acceptée, cette décision ne crée pour l'attributaire aucun droit à la signature du marché. Le pouvoir adjudicateur peut renoncer à passer le marché pour un motif d'intérêt général. • CE 10 oct. 1984, *Cie gén. de constructions téléphoniques*, n° 16234 A.

2. La décision de la commission d'appel d'offres se prononçant sur les offres présentées par des entreprises ne constitue pas pour ces candidats une décision créatrice de droits. Aux termes des stipulations de l'acte d'engagement qu'elle a souscrit, l'offre présentée par la société la liait contractuellement si l'acceptation de cette offre lui était notifiée dans un délai de 120 jours à compter de la date limite de remise des offres ; la lettre, par laquelle le pouvoir adjudicateur a, dans ce délai, informé la société, comme tous les autres candidats, que son offre n'avait pas été retenue par la commission d'appel d'offres, a eu pour effet de délier contractuellement la société de l'engagement précédemment souscrit par elle ; dès lors, si le pouvoir adjudicateur, par une lettre postérieure, l'a informée de l'erreur entachant la lettre précédente et lui a demandé d'accuser réception de la notification du marché, son offre ayant été en réalité retenue par la commission d'appel d'offres, ce marché ne pouvait en tout état de cause être conclu, dans les conditions fixées par l'offre remise par la société, qu'en recueillant à nouveau l'accord de celle-ci. • CE 31 mai 2010, *Sté Cassan*, n° 315851 B : *BJCP 2010, n° 72, concl. Boulouis ; Rev. CMP 2010, n° 273, note Pietri.*

3. Le droit de l'Union ne s'oppose pas à ce que les États membres prévoient, dans leur législation, la possibilité d'adopter une décision de retrait d'un appel d'offres. Les motifs d'une telle décision de retrait peuvent ainsi être fondés sur des raisons qui ont notamment un rapport avec l'appréciation de l'opportunité, du point de vue de l'intérêt public, de mener à terme une procédure d'adjudication, compte tenu, entre autres, de la modification éventuelle du contexte économique ou des circonstances factuelles, ou encore des besoins du pouvoir adjudicateur concerné. Une telle décision peut également être motivée par le niveau insuffisant de concurrence, en raison du fait que, à l'issue de la procédure de passation du marché concerné, un seul soumissionnaire demeurait apte à exécuter ce marché.

Par conséquent, sous réserve du respect des principes de transparence et d'égalité de traitement, un pouvoir adjudicateur ne saurait être tenu de mener à terme une procédure d'adjudication engagée et de passer le marché en cause, même avec le seul soumissionnaire resté en lice. • CJUE 11 déc. 2014, *Croce Amica One Italia Srl c/ Azienda Regionale Emergenza Urgenza (AREU)*, C-440/13.

4. Renonciation à signer le marché. Faute. Le fait de mettre fin à un appel d'offres (sur performances, en l'espèce) en se prévalant de l'incohérence d'une offre présentée par un candidat constitue un détournement de procédure, un tel motif n'étant pas un motif d'intérêt général, mais pouvant uniquement conduire la CAO à juger l'offre inacceptable. • CE 18 mars 2005, *Sté Cyclergie*, n° 238752 B : *Rev. CMP 2005, n° 150, obs. Olivier.*

5. Il ne résulte pas de l'instruction, nonobstant l'argument invoqué pour justifier le renoncement de la collectivité à signer le marché litigieux, dont une société était attributaire, que ce renoncement ait été justifié par un motif d'intérêt général ; par suite, le pouvoir adjudicateur, qui ne peut, eu égard aux pièces produites en appel par la société, contester avoir lancé, pour des motifs étrangers à l'intérêt général, une nouvelle consultation ayant le même objet que le marché litigieux, a commis une faute de nature à engager sa responsabilité vis-à-vis de la société. • CAA Paris, 4 mai 2010, *Région Île-de-France c/ Sté Opérationnelle Communication*, n° 08PA04899.

6. *Renonciation à signer le marché. Faute. Absence.* Une société a été déclarée attributaire d'un lot d'un marché relatif à la construction de logements locatifs. En renonçant à conclure le marché au motif d'intérêt général que les logements pouvaient être réalisés pour un coût nettement moins élevé sur des bases techniques nouvelles et en soumettant à un nouvel appel d'offres le marché ainsi techniquement modifié, le maître d'ouvrage ne commet aucune illégalité constitutive d'une faute de nature à engager sa responsabilité. Jusqu'à la décision de la CAO de lancer un deuxième appel d'offres, le maître d'ouvrage n'était pas tenu de prendre l'initiative d'informer la société des circonstances nouvelles susceptibles de remettre en cause la conclusion du marché concernant le lot dont elle était attributaire. Il devait seulement l'informer dans un délai raisonnable à compter de cette décision. • CE 23 déc. 2009, *Sté Estradera*, n° 305287 B : *Rev. CMP 2010. Chron. 177, note Llorens.*

7. Il résulte de l'instruction que le coût du projet initial s'élevait, selon l'offre du groupement attributaire, à la somme de 1 684 050 € HT ; le pouvoir adjudicateur n'a pu obtenir du département la subvention qu'il escomptait à hauteur de 30 % de ce montant ; il n'est pas sérieusement contesté par la requérante que le coût du projet envisagé de raccordement à la station d'épuration du syndicat mixte du Dijonnais était estimé à moins de 500 000 € et qu'il a finalement été arrêté à la somme de 257 528,17 € HT selon devis de l'entreprise X accepté par délibération du 23 sept. 2010 ; dans ces conditions, eu égard à l'intérêt général qui s'attachait aux économies ainsi réalisées tant pour les usagers que pour le syndicat, la décision de renoncer à conclure le marché initial n'était pas illégale et donc pas fautive. • CAA Lyon, 6 juin 2013, *Sté Peduzzi bâtiment c/ Synd. des eaux de Ruffey-lès-Echirey*, n° 12LY01822.

8. Le département a lancé le 16 mai 2009 une procédure d'appel d'offres ouvert afin de conclure un marché à bons de commande pour la réalisation d'analyses biologiques médicales ; la SELARL a présenté une offre pour les lots 1 et 4 ; par un courrier du 10 juill. 2009, le président du conseil général l'a avertie que ses offres avaient été retenues, avant de l'informer, par un courrier du 10 août 2009, que la procédure était déclarée sans suite ; il résulte de l'instruction que le motif retenu pour fonder cette décision tenait en un vice entachant d'irrégularité la procédure suivie ; dès lors, en ne donnant pas suite pour un motif d'intérêt général à la procédure engagée, le département n'a pas commis de faute. • CAA Douai, 28 mai 2015, *SELARL Nord Biologie*, n° 13DA01259.

9. *Renonciation fautive. Indemnisation.* Après avoir porté à la connaissance de la société A son intention de la déclarer attributaire des trois lots du marché de fournitures informatiques, le président de la communauté de communes a déclaré sans suite la procédure pour un motif d'intérêt général tiré de ce que les besoins des services avaient été sous-évalués et qu'elle entendait relancer une nouvelle procédure en adéquation avec ses besoins réels ; un nouvel avis de mise en concurrence a été publié ; si la communauté de communes soutient, pour la première fois en appel, que l'évolution de ses besoins est consécutive à des défaillances techniques ayant affecté des matériels informatiques de ses services, elle n'en apporte aucune justification ; d'ailleurs, le président de la communauté de communes indiquait lui-même dans une lettre au conseil de la requérante, en réponse à une mise en demeure de celui-ci, que « le marché auquel avait soumissionné votre cliente était basé sur une mauvaise estimation des besoins par les services communautaires. En effet, il est apparu que ceux-ci avaient omis de comptabiliser un besoin certain de 9 ordinateurs. Ce besoin impactant les autres lots dudit marché » ; il résulte ainsi de l'instruction que l'abandon de la procédure ayant abouti à l'attribution du marché susmentionné à la société est dû à un défaut d'évaluation précise de ses propres besoins par le pouvoir adjudicateur et ne peut être regardé comme justifié par un motif d'intérêt général ; la communauté de communes a ainsi commis une faute à l'égard de la société, déclarée initialement attributaire du marché. La société a droit au remboursement de l'intégralité du manque à gagner qu'elle a subi du fait de l'inexécution du marché litigieux. • CAA Nantes, 2 févr. 2016, *Sté Savoir Bien Satisfaire*, n° 14NT01374.

10. Le manque à gagner qui doit être indemnisé doit être calculé sur la marge nette que les prestations prévues au marché auraient engendrée et non sur la marge brute. • CAA Nantes, 25 janv. 2017, *Cne de Vannes*, n° 15NT00576.

TITRE IX EXÉCUTION DU MARCHÉ

CHAPITRE I EXÉCUTION FINANCIÈRE

Art. R. 2191-1 Les acheteurs mentionnés à l'article R. 2100-1 ne sont pas soumis aux dispositions du présent chapitre *(Décr. n° 2019-259 du 29 mars 2019, art. 1er)* « , à l'exception de celles des articles R. 2191-20 et R. 2191-21 ».

Toutefois, Pôle emploi et, pour leurs achats destinés à la conduite de leurs activités de recherche, les établissements publics de l'État à caractère administratif ayant dans leurs statuts une mission de recherche sont soumis aux dispositions des sections I à III du présent chapitre. – *[Décr. n° 2016-360 du 25 mars 2016, art. 2 ecqc la partie R et 109, phrase 1.]*

Art. R. 2191-2 Les acheteurs non soumis aux dispositions du présent chapitre peuvent volontairement en faire application. – *[Décr. n° 2016-360 du 25 mars 2016, art. 109, phrase 2.]*

COMMENTAIRE

Pour l'ensemble des questions que soulève l'exécution des marchés publics, on se reportera aux commentaires et à la jurisprudence sous l'article L. 2191-1. ❑

SECTION 1 Avances

SOUS-SECTION 1 Dispositions générales

§ 1 Principe de versement d'une avance

Art. R. 2191-3 L'acheteur accorde une avance au titulaire d'un marché lorsque le montant initial du marché est supérieur à 50 000 euros hors taxes et dans la mesure où le délai d'exécution est supérieur à deux mois. – *[Décr. n° 2016-360 du 25 mars 2016, art. 110-I, al. 1er ecqc les marchés publics.]*

Art. R. 2191-4 L'acheteur peut prévoir le versement d'une avance dans les cas où elle n'est pas obligatoire. – *[Décr. n° 2016-360 du 25 mars 2016, art. 110-V.]*

Art. R. 2191-5 Le titulaire du marché peut refuser le versement de l'avance. – *[Décr. n° 2016-360 du 25 mars 2016, art. 110-I, al. 5.]*

§ 2 Modalités de calcul du montant de l'avance

Art. R. 2191-6 Lorsqu'une partie du marché est sous-traitée, le montant initial du marché est diminué du montant des prestations confiées au sous-traitant et donnant lieu au paiement direct. – *[Décr. n° 2016-360 du 25 mars 2016, art. 110-I, al. 1er, 2e phrase.]*

Art. R. 2191-7 Lorsque la durée du marché est inférieure ou égale à douze mois, le montant de l'avance est fixé entre 5 % et 30 % du montant initial toutes taxes comprises du marché.

Lorsque la durée du marché est supérieure à douze mois, le montant de l'avance est fixé entre 5 % et 30 % d'une somme égale à douze fois le montant initial toutes taxes comprises du marché divisé par sa durée exprimée en mois.

(Décr. n° 2019-1344 du 12 déc. 2019, art. 2 et 4, en vigueur le 1er janv. 2020) **« Lorsque le titulaire du marché public ou son sous-traitant admis au paiement direct est une petite ou moyenne entreprise mentionnée à l'article R. 2151-13, le taux minimal de l'avance est porté à :**

« 1° 20 % pour les marchés publics passés par l'État ;

« 2° 10 % pour les marchés publics passés par les établissements publics administratifs de l'État, autres que les établissements publics de santé, dont les dépenses de fonctionnement constatées dans le compte financier au titre de l'avant-dernier exercice clos sont supérieures à 60 millions d'euros ;

« 3° 10 % pour les marchés publics passés par les collectivités territoriales, leurs établissements publics et leurs groupements, dont les dépenses réelles de fonctionnement constatées dans le compte de gestion du budget principal au titre de l'avant-dernier exercice clos sont supérieures à 60 millions d'euros. »

Les collectivités territoriales, leurs établissements publics et leurs groupements peuvent conditionner le versement de l'avance à la constitution d'une garantie à première demande *(Abrogé par Décr. n° 2019-748 du 18 juill. 2019, art. 4) « **conformément aux dispositions** (Décr. n° 2019-259 du 29 mars 2019, art. 1er) « **des articles R. 2191-36 à***

R. 2191-42 » ». Cette garantie peut porter sur tout ou partie de l'avance. Les deux parties peuvent s'accorder pour substituer à cette garantie une caution personnelle et solidaire. La constitution de cette garantie *(Décr. nº 2020-1261 du 15 oct. 2020, art. 1er)* « ne peut toutefois être exigée » des personnes publiques titulaires d'un marché. – *[Décr. nº 2016-360 du 25 mars 2016, art. 110-II-1º, III, al. 1er et 2 et 112.]*

Sur l'application des dispositions issues du Décr. nº 2018-1225 du 24 déc. 2018, V. note ss. art. R. 2112-13, supra.

Sur l'application des dispositions issues du Décr. nº 2019-748 du 18 juill. 2019, V. note ss. art. R. 2122-2, supra.

Sur l'application des dispositions issues du Décr. nº 2019-1344 du 12 déc. 2019, V. notes ss. art. R. 2122-8, supra.

Les dispositions introduites par l'art. 1er du Décr. nº 2020-1261 du 15 oct. 2020 s'appliquent aux marchés publics pour lesquels une consultation est engagée ou un avis d'appel à la concurrence est envoyé à la publication à compter du 18 oct. 2020 (Décr. préc., art. 3).

Art. R. 2191-8 *(Décr. nº 2020-1261 du 15 oct. 2020, art. 1er)* **L'acheteur peut porter le montant de l'avance au-delà de 30 % du montant calculé conformément aux dispositions de l'article R. 2191-7. Il peut alors en conditionner le versement à la constitution d'une garantie à première demande. Cette garantie peut porter sur tout ou partie de l'avance. Les deux parties peuvent s'accorder pour substituer à cette garantie une caution personnelle et solidaire. La constitution de cette garantie ne peut toutefois être exigée des personnes publiques titulaires d'un marché.** – *[Décr. nº 2016-360 du 25 mars 2016, art. 110-III, al. 3 et 113.]*

Sur l'application des dispositions issues du Décr. nº 2020-1261 du 15 oct. 2020, V. note ss. art. R. 2191-7, supra.

Art. R. 2191-9 **Le montant de l'avance ne peut être affecté par la mise en œuvre d'une clause de variation de prix.** – *[Décr. nº 2016-360 du 25 mars 2016, art. 110-II, dern. al.]*

Art. R. 2191-10 **Les clauses du marché précisent les conditions de versement de l'avance ainsi que son taux.** – *[Décr. nº 2016-360 du 25 mars 2016, art. 110-III, dern. al.]*

§ 3 Modalités de remboursement de l'avance

Art. R. 2191-11 **Le remboursement de l'avance s'impute sur les sommes dues au titulaire, selon un rythme et des modalités fixées par les clauses du marché par précompte sur les sommes dues à titre d'acomptes, de règlement partiel définitif ou de solde.** – *[Décr. nº 2016-360 du 25 mars 2016, art. 111-I, al. 1er et II.]*

(Décr. nº 2020-1261 du 15 oct. 2020, art. 1er) **« Dans le silence du marché, ce remboursement s'impute :**

« 1° Pour les avances inférieures ou égales à 30 % du montant toutes taxes comprises du marché, sur les sommes dues au titulaire quand le montant des prestations exécutées atteint 65 % du montant toutes taxes comprises du marché ;

« 2° Pour les avances supérieures à 30 % du montant toutes taxes comprises du marché, sur les sommes dues au titulaire dès la première demande de paiement. »

Sur l'application des dispositions issues du Décr. nº 2020-1261 du 15 oct. 2020, V. note ss. art. R. 2191-7, supra.

1. Le remboursement de l'avance peut être imputé sur le montant des acomptes dus au titulaire, même si ces derniers ont fait l'objet d'une cession de créance au profit d'un établissement financier, dès lors que seul le solde du décompte général et définitif détermine les droits et obligations définitifs des parties. • CE 21 juin 1999, *Banque populaire Bretagne-Atlantique*, nº 151917 A : *BJCP 1999. 590, concl. Savoie ; RFDA 1999. 874 ; Dr. adm. 1999, comm. 219 ; RDI 1999. 640, obs. Llorens ; Gaz. Pal. 9 et 10 févr. 2000, p. 29.*

2. Les avances accordées et versées au titulaire d'un marché sur le fondement de l'art. 87 C. marchés ont pour objet de lui fournir une trésorerie suffisante destinée à assurer le préfinancement de l'exécution des prestations qui lui ont été confiées. Le principe et les modalités de leur remboursement sont prévus par les dispositions de l'art. 88 de ce code, dont la substance a été reprise aux art. R. 2191-11 et R. 2191-12 CCP, qui permettent au maître d'ouvrage d'imputer le remboursement des avances par précompte sur les sommes dues au titulaire du marché à titre d'acomptes, de règlement partiel définitif ou de solde. L'art. 115 C. marchés, dont la substance a été reprise aux art. R. 2193-17 s. CCP, prévoit que ces dispositions s'appliquent aux sous-traitants bénéficiaires du paiement direct.

Il résulte de la combinaison de ces articles que, lorsque le marché est résilié avant que l'avance puisse être remboursée par précompte sur les prestations dues, le maître d'ouvrage peut obtenir le remboursement de l'avance versée au titulaire du marché ou à son sous-traitant sous réserve des dépenses qu'ils ont exposées et qui correspondent à des prestations prévues au marché et effectivement réalisées. En cas de résiliation pour faute du marché, le remboursement de l'avance par le sous-traitant ne fait pas obstacle à ce que celui-ci engage une action contre le titulaire du marché et lui demande, le cas échéant, réparation du préjudice que cette résiliation lui a causé à raison des dépenses engagées en vue de l'exécution de prestations prévues initialement au marché. • CE 4 mars 2020, ⚖ *Sté Savima,* n° 423443 B : *BJCP 2020. 263, concl. Le Corre ; Rev. CMP 2020. 176, note Rees.*

3. Il est constant que le centre hospitalier a versé à la Sté Savima (sous-traitante) une avance forfaitaire. Il est également constant, d'une part, que le centre hospitalier a résilié le 10 juin 2011 le marché de construction du nouvel hôpital local aux torts de la Sté Saint Landry, repreneur du mandataire du groupement d'entreprises constitué pour la conclusion du marché, et, d'autre part, que cette résiliation est intervenue avant que le centre hospitalier ait pu obtenir le remboursement de l'avance consentie par précompte sur les sommes dues à la Sté Savima.

Dans ces conditions, il appartenait au centre hospitalier d'établir un décompte de résiliation du marché à l'occasion duquel il serait procédé, pour faire apparaître une créance certaine et exigible, au mécanisme du précompte prévu aux art. 88 et 115 C. marchés afin d'obtenir le remboursement de l'avance forfaitaire consentie. Par suite, en recourant au titre exécutoire pour le remboursement de l'avance, le centre hospitalier a méconnu les dispositions des art. 88 et 115 C. marchés. • CAA Bordeaux 15 déc. 2021, ⚖ *Sté Savima,* n° 20BX00800 : *Rev. CMP 2022. Chron. 71, note Dietenhoeffer.*

Art. R. 2191-12 *(Décr. n° 2020-1261 du 15 oct. 2020, art. 1er)* **Lorsque le montant de l'avance est inférieur à 80 % du montant toutes taxes comprises du marché, son remboursement doit être terminé lorsque le montant des prestations exécutées par le titulaire atteint 80 % du montant toutes taxes comprises du marché.**

Dans les autres cas, dans le silence du marché, l'avance est intégralement remboursée lorsque le montant toutes taxes comprises des prestations exécutées atteint le montant de l'avance accordée.

Sur l'application des dispositions issues du Décr. n° 2020-1261 du 15 oct. 2020, V. note ss. art. R. 2191-7, supra.

SOUS-SECTION 2 Dispositions particulières

§ 1 Marchés à tranches

Art. R. 2191-13 **Dans le cas d'un marché à tranche optionnelle, une avance est versée au titulaire pour chaque tranche affermie dans les conditions prévues à la sous-section 1.** – *[Décr. n° 2016-360 du 25 mars 2016, art. 110-I, phrase 1 ecqc les marchés publics à tranches.]*

Art. R. 2191-14 *(Décr. n° 2020-1261 du 15 oct. 2020, art. 1er)* **Pour chaque tranche affermie, lorsque le montant de l'avance est inférieur à 80 % du montant toutes taxes comprises de la tranche, son remboursement doit être terminé lorsque le montant des prestations exécutées par le titulaire atteint 80 % du montant toutes taxes comprises de la tranche affermie.**

Dans les autres cas, dans le silence du marché, l'avance est intégralement remboursée lorsque le montant toutes taxes comprises des prestations exécutées atteint le montant de l'avance accordée.

Sur l'application des dispositions issues du Décr. n° 2020-1261 du 15 oct. 2020, V. note ss. art. R. 2191-7, supra.

§ 2 Marchés reconductibles

Art. R. 2191-15 **Dans le cas d'un marché reconductible, une avance est versée au titulaire pour chaque reconduction dans les conditions prévues à la sous-section 1.** – *[Décr. n° 2016-360 du 25 mars 2016, art. 110-IV et 111-III.]*

§ 3 Accords-cadres à bons de commande

Art. R. 2191-16 Lorsque l'accord-cadre exécuté par l'émission de bons de commande ne prévoit pas de montant minimum, l'avance est accordée pour chaque bon de commande remplissant les conditions prévues à la sous-section 1. – *[Décr. n° 2016-360 du 25 mars 2016, art. 110-I, al. 3.]*

Art. R. 2191-17 Lorsque l'accord-cadre exécuté par l'émission de bons de commande prévoit un montant minimum supérieur à 50 000 euros hors taxes, l'avance est accordée en une seule fois sur la base de ce montant minimum. – *[Décr. n° 2016-360 du 25 mars 2016, art. 110-I, al. 2.]*

Art. R. 2191-18 Lorsque l'accord-cadre exécuté par l'émission de bons de commande prévoit un montant minimum supérieur à 50 000 euros hors taxes et est conclu par un groupement de commande*[s]*, l'avance peut être accordée dans les conditions fixées à l'article R. 2191-16 dès lors que chaque membre du groupement procède au paiement des prestations qu'il a commandées. – *[Décr. n° 2016-360 du 25 mars 2016, art. 110-I, al. 4.]*

Art. R. 2191-19 *(Décr. n° 2020-1261 du 15 oct. 2020, art. 1er)* « Lorsque le montant de l'avance est inférieur à 80 % du montant calculé conformément aux dispositions des articles R. 2191-16 à R. 2191-18, le remboursement » de l'avance doit être terminé lorsque le montant des prestations exécutées par le titulaire atteint 80 % du montant toutes taxes comprises des prestations qui lui sont confiées au titre :

1° Du bon de commande dans le cas d'un accord-cadre à bons de commande ne comportant pas de minimum fixé en valeur ;

2° Du montant minimum dans le cas d'un accord-cadre à bons de commandes comportant un montant minimum fixé en valeur.

(Décr. n° 2020-1261 du 15 oct. 2020, art. 1er) « Dans les autres cas, dans le silence du marché, l'avance est intégralement remboursée lorsque le montant toutes taxes comprises des prestations exécutées atteint le montant de l'avance accordée. » – *[Décr. n° 2016-360 du 25 mars 2016, art. 111-I, al. 2, 2° et 3°.]*

Sur l'application des dispositions issues du Décr. n° 2020-1261 du 15 oct. 2020, V. note ss. art. R. 2191-7, supra.

SECTION 2 Acomptes

Art. R. 2191-20 *(Décr. n° 2019-259 du 29 mars 2019, art. 1er)* « Les prestations qui ont donné lieu à un commencement d'exécution ouvrent droit à des acomptes. »

Les acomptes n'ont pas le caractère de paiements définitifs. – *[Décr. n° 2016-360 du 25 mars 2016, art. 115, al. 3.]*

COMMENTAIRE

L'acompte est un droit pour le titulaire du marché. Les clauses de révision des prix jouent lors de l'établissement des acomptes. Le titulaire du marché a droit aux intérêts moratoires si l'acompte n'est pas versé dans les délais prescrits. Ces intérêts sur acomptes doivent être repris au nombre des éléments d'actif du décompte général du marché. ❑

Art. R. 2191-21 Le montant des acomptes correspond à la valeur des prestations auxquelles ils se rapportent. Le cas échéant, il est diminué de la fraction correspondante de la retenue de garantie mentionnée à l'article R. 2191-32. – *[Décr. n° 2016-360 du 25 mars 2016, art. 114, al. 1er.]*

Art. R. 2191-22 La périodicité du versement des acomptes est fixée au maximum à trois mois.

Lorsque le titulaire du marché est une petite ou moyenne entreprise ou un artisan au sens de l'article R. 2151-13, une société coopérative de production, un groupement de producteurs agricoles, une société coopérative d'artisans, une société coopérative d'artistes ou une entreprise adaptée, ce délai est ramené à un mois pour les marchés de travaux, et, sur demande du titulaire du marché, pour les marchés de fournitures et de services. – *[Décr. n° 2016-360 du 25 mars 2016, art. 114, al. 2 et 3.]*

Provision. Le juge du référé peut accorder une provision au titre d'un acompte, alors même que le décompte général n'est pas établi. • CE 2 avr. 2004, *Sté Imhoff,* n° 257392 B.

SECTION 3 Régime des paiements

SOUS-SECTION 1 Dispositions générales

Art. R. 2191-23 Les prestations effectuées par le titulaire d'un marché qui donnent lieu à versement d'avances ou d'acomptes, à règlement partiel définitif, ou à paiement pour solde, sont constatées par un écrit établi par l'acheteur ou vérifié et accepté par lui. – *[Décr. n° 2016-360 du 25 mars 2016, art. 119.]*

Art. R. 2191-24 Dans le cas des marchés passés en lots séparés, le titulaire de plusieurs lots présente des factures distinctes pour chaque lot ou une facture globale identifiant distinctement les différents lots. – *[Décr. n° 2016-360 du 25 mars 2016, art. 116.]*

Art. R. 2191-25 Dans le cas où le marché prévoit l'échelonnement de son exécution et des versements auxquels il donne lieu, aucune créance ne peut devenir exigible, aucun intérêt moratoire ne peut commencer à courir avant les dates prévues. – *[Décr. n° 2016-360 du 25 mars 2016, art. 120.]*

SOUS-SECTION 2 Règlement partiel définitif

Art. R. 2191-26 Un règlement partiel définitif est un règlement non susceptible d'être remis en cause par les parties après son paiement, notamment lors de l'établissement du solde.

A l'exception des marchés de travaux, l'acheteur peut prévoir des règlements partiels définitifs. – *[Décr. n° 2016-360 du 25 mars 2016, art. 115, al. 1er et 2.]*

Chaque commande d'un marché de travaux à bons de commande donne lieu à des prestations propres pouvant faire l'objet d'une réception et d'un règlement dès leur réalisation. Par suite, sauf à ce que le contrat renvoie le règlement définitif de l'ensemble des commandes au terme du marché, chaque commande de travaux peut donner lieu à un règlement définitif qui ne saurait donc être regardé comme un règlement partiel définitif interdit par le 2e al. de l'art. 92 C. marchés aux termes duquel : « Les marchés de travaux ne donnent pas lieu à des règlements partiels définitifs ». Ainsi l'art. 3-3.6.3 du cahier des clauses particulières du marché pouvait, sans contrevenir à cette disposition, prévoir, dans le cadre d'un marché de travaux à bons de commande, que soit considéré comme définitif le paiement de l'ensemble d'une commande. Par suite, la cour n'a pas commis d'erreur de droit en jugeant que la société requérante n'était pas fondée à demander la condamnation du département au paiement de travaux exécutés au titre d'une commande ayant fait l'objet d'un paiement définitif. • CE 3 oct. 2012, *Sté Eiffage Travaux Publics Méditerranée,* n° 348476 B.

SOUS-SECTION 3 Mise en œuvre de la clause de variation de prix

Art. R. 2191-27 Lorsque le marché comporte une clause de variation de prix, la valeur finale des références utilisées pour l'application de cette clause est appréciée au plus tard à la date de réalisation des prestations telle que prévue par le marché, ou à la date de leur réalisation réelle si celle-ci est antérieure. – *[Décr. n° 2016-360 du 25 mars 2016, art. 117, al. 1er.]*

COMMENTAIRE

La révision qui consiste à ajuster le prix du marché aux conditions économiques ne peut jouer que si elle est prévue par le marché. La valeur finale des références à retenir est celle qui est en vigueur à la date de réalisation des prestations telle que prévue au marché, c'est-à-dire à la date d'expiration du délai d'exécution contractuellement prévu, ou, si les prestations sont terminées avant, à la date de leur réalisation. ❑

Art. R. 2191-28 Le paiement calculé sur la base des valeurs finales de référence utilisées pour l'application de la clause de variation de prix intervient au plus tard trois mois après la date à laquelle sont publiées ces valeurs.

Lorsque la valeur finale des références n'est pas connue à la date où doit intervenir un acompte ou un paiement partiel définitif, l'acheteur procède à un règlement provi-

soire sur la base des dernières références connues. – *[Décr. n° 2016-360 du 25 mars 2016, art. 117, al. 2 et 3.]*

Art. R. 2191-29 Lorsque les avances sont remboursées par précompte sur les sommes dues à titre d'acompte ou de solde, le précompte est effectué après application de la clause de variation de prix sur le montant initial de l'acompte ou du solde. – *[Décr. n° 2016-360 du 25 mars 2016, art. 117, dern. al.]*

SOUS-SECTION 4 Règles applicables en cas de résiliation du marché

Art. R. 2191-30 En cas de résiliation totale ou partielle du marché, les parties peuvent s'accorder, sans attendre la liquidation définitive du solde, sur un montant de dettes et de créances, hors indemnisation éventuelle, acceptées par elles, à titre provisionnel.

Si le solde est créditeur au profit du titulaire, l'acheteur lui verse 80 % de ce montant. S'il est créditeur au profit de l'acheteur, le titulaire lui reverse 80 % de ce montant. Un délai peut être accordé au titulaire pour s'acquitter de sa dette. Dans cette hypothèse, le titulaire doit fournir la garantie prévue à l'article R. 2191-44. – *[Décr. n° 2016-360 du 25 mars 2016, art. 118.]*

COMMENTAIRE

L'acheteur doit, quel que soit le motif de la résiliation, établir un décompte de résiliation qui, comme tout décompte, doit reprendre l'ensemble des sommes venant à l'actif ou au passif de la société. Ce décompte comporte à l'actif le paiement des prestations réalisées par le titulaire du marché, ainsi qu'une indemnité en cas de résiliation injustifiée, et, au passif, selon les causes et conditions de la résiliation, notamment des pénalités de retard ainsi qu'une indemnité pour couvrir les conséquences onéreuses de la résiliation ou le préjudice que subit l'acheteur du fait de la résiliation.

L'établissement de ce décompte peut n'être effectué que plusieurs mois après la résiliation, éventuellement par le juge saisi du litige.

L'article R. 2191-30 permet donc à titre provisionnel d'opérer le paiement de 80 % du solde calculé hors indemnités liées à la résiliation. ❑

Art. R. 2191-31 En cas de résiliation du marché ouvrant droit à indemnisation, si les parties ne parviennent pas, dans un délai de six mois à compter de la date de la résiliation, à un accord sur le montant de l'indemnité, le titulaire perçoit, à sa demande, le montant que l'acheteur a proposé. – *[Décr. n° 2016-360 du 25 mars 2016, art. 121.]*

COMMENTAIRE

L'article R. 2191-31 ne concerne que le cas où la résiliation ouvre au titulaire un droit à indemnisation. C'est notamment le cas de la résiliation prononcée pour un motif d'intérêt général. ❑

Une clause contractuelle, prévoyant en cas de résiliation pour cas de force majeure l'indemnisation de l'entrepreneur pour les pertes de matériel qu'il a subies, ne permet pas de l'indemniser pour le manque à gagner engendré par la résiliation. • CE 11 déc. 1991, *SARL Niçoise pour l'extension de l'aéroport (Sonexa)*, n° 81588 B.

SECTION 4 Garanties

SOUS-SECTION 1 Retenue de garantie

Art. R. 2191-32 La retenue de garantie a pour seul objet de couvrir les réserves formulées à la réception des prestations du marché et, le cas échéant, celles formulées pendant le délai de garantie lorsque les malfaçons n'étaient pas apparentes ou que leurs conséquences n'étaient pas identifiables au moment de la réception. – *[Décr. n° 2016-360 du 25 mars 2016, art. 122, al. 3 et 4.]*

Art. R. 2191-33 Le montant de la retenue de garantie ne peut être supérieur à 5 % du montant initial du marché augmenté, le cas échéant, du montant des modifications en cours d'exécution. *(Décr. n° 2018-1225 du 24 déc. 2018, art. 12)* **« Pour les marchés**

publics conclus par l'État et une petite et moyenne entreprise mentionnée à l'article R. 2151-13, ce taux est de 3 %. » – *[Décr. n° 2016-360 du 25 mars 2016, art. 122, al. 2.]*

Sur l'application des dispositions issues du Décr. n° 2018-1225 du 24 déc. 2018, V. notes ss. art. R. 2112-13, supra.

Art. R. 2191-34 La retenue de garantie est prélevée par fractions sur les acomptes, les règlements partiels définitifs et le solde.

Dans l'hypothèse où le montant des sommes dues au titulaire ne permettrait pas de procéder au prélèvement de la retenue de garantie, celui-ci est tenu de constituer une garantie à première demande selon les modalités prévues à la sous-section 2 de la présente section.

Le deuxième alinéa n'est pas applicable aux personnes publiques titulaires d'un marché. – *[Décr. n° 2016-360 du 25 mars 2016, art. 122, al. 1er, 5 et 6.]*

Art. R. 2191-35 Lorsque le marché prévoit une retenue de garantie, celle-ci est remboursée dans un délai de trente jours à compter de la date d'expiration du délai de garantie.

Toutefois, si des réserves ont été notifiées au créancier pendant le délai de garantie et si elles n'ont pas été levées avant l'expiration de ce délai, la retenue de garantie est remboursée dans un délai de trente jours après la date de leur levée.

Les dispositions du présent art. s'appliquent aux contrats conclus à compter du 16 mars 2013 pour les créances dont le délai de paiement a commencé à courir à compter de la date d'entrée en vigueur du Décr. n° 2018-1075 du 3 déc. 2018 (Décr. préc., art. 16).

1. A défaut de toute réception faisant naître le droit au remboursement de la retenue de garantie, l'entreprise a droit aux intérêts au taux légal sur le montant de cette retenue à compter de la date du jugement du tribunal administratif qui constate ce droit à remboursement. • CE 3 nov. 1978, *Office public dptal d'HLM des Alpes-Maritimes*, n° 2260 A. ♦ Il découle des dispositions de l'art. 1153 C. civ. que des intérêts moratoires sont dus en cas de retard dans l'exécution d'une obligation de paiement. La prolongation indue d'une retenue de garantie, c'est-à-dire l'immobilisation de sommes dues au contractant, constitue bien un retard de paiement au sens de ces dispositions. • CE 23 mai 2012, *Maison de retraite publique de la Vallée des Baux*, n° 351157.

2. Une commune est fondée à conserver, en l'absence de réception de l'ouvrage, la retenue destinée à garantir la bonne exécution des obligations contractuelles incombant à l'entrepreneur. Il appartiendra à celui-ci de demander à la commune le remboursement de ladite garantie lorsqu'il lui aura payé les sommes auxquelles il est condamné par le juge du contrat. • CE 31 juill. 1992, *Sté Muraccioli et Cne de Cervione*, n° 74282 B.

3. Lorsque des désordres nécessitent des travaux de trop peu d'importance pour que la commune puisse refuser la réception des ouvrages, il appartient seulement à celle-ci, en cas de défaillance de l'entreprise, de déduire du compte définitif les sommes nécessaires à la réparation des malfaçons. Par suite, les travaux sont en état de réception et la commune doit verser au constructeur le montant de la retenue de garantie, diminué du coût de réparation des malfaçons. • CE 27 mai 1983, *Cne de la Queue-en-Brie*, n° 23757 B.

4. Il résulte des annexes au décompte général que la personne responsable du marché a utilisé la retenue de garantie pour financer les reprises de malfaçons qu'elle a fait exécuter d'office. Si ce choix implique qu'elle ne restitue à l'expiration de la garantie de parfait achèvement que le reliquat inutilisé de la retenue, elle ne pouvait imputer de ce chef aucune réfaction sur le solde de rémunération de l'entreprise. • CAA Lyon, 18 févr. 2010, *SA Planche*, n° 07LY01299 : *Rev. CMP 2010. Chron. 182, note Llorens.*

5. Si l'entrepreneur n'a pas, contrairement aux stipulations du marché, contracté d'assurance garantissant notamment sa responsabilité décennale, la violation desdites stipulations ne saurait être regardée comme un manquement aux obligations que l'entrepreneur doit remplir pour obtenir la restitution de la retenue de garantie. Par suite, le maître d'ouvrage ne peut refuser de restituer ladite garantie. • CE 2 juin 1989, *Ville de Boissy-Saint-Léger c/ Sté Nouvelle de Constructions Industrialisées*, n° 65631 B.

6. Retenue de garantie et sous-traitance. Il ressort des trois actes spéciaux faisant mention des travaux sous-traités à la société B.H.D. que celle-ci est acceptée par le maître d'ouvrage comme sous-traitant de la société IDF Construction et ses conditions de paiement agréées. En application des dispositions de l'art. 6 de la L. du 31 déc. 1975, la société B.H.D. était donc en droit d'être payée directement par le maître de l'ouvrage à hauteur du montant indiqué dans chacun de ces actes. Si la société IDF Construction a transmis à Logial OPH les factures de son sous-traitant après avoir réduit le montant à payer d'une somme correspondant à la retenue de garantie de 5 % mentionnée dans les actes spéciaux de sous-traitance signés le 28 décembre

2006, alors au demeurant que les deux actes spéciaux rectificatifs du 31 août 2007 faisaient mention de ce que le sous-traité ne prévoit pas de retenue de garantie, cette circonstance ne privait pas la société B.H.D. de son droit à restitution, par le maître de l'ouvrage, des sommes ainsi soustraites de la procédure de paiement direct qu'elle réclamait à l'expiration du délai de parfait achèvement. • CAA Paris, 21 oct. 2014, *Logicial OPH*, n° 13PA01615.

SOUS-SECTION 2 Garantie à première demande et caution personnelle et solidaire

Art. R. 2191-36 Le titulaire du marché a la possibilité, pendant toute la durée du marché, de substituer à la retenue de garantie une garantie à première demande ou, si l'acheteur ne s'y oppose pas, une caution personnelle et solidaire.

L'objet de cette garantie de substitution est identique à celui de la retenue de garantie qu'elle remplace. – *[Décr. n° 2016-360 du 25 mars 2016, art. 123, al. 1er, 8 phrase 1 et al. 2, phrase 2.]*

I. GARANTIE À PREMIÈRE DEMANDE

1. Pour rejeter la requête d'appel de la communauté de communes et confirmer le jugement la condamnant à verser à la société RCM la somme de 138 606 € dont celle-ci s'était indirectement acquittée en raison du prélèvement effectué sur son compte par la société Fortis Banque, la cour administrative d'appel a estimé que la mise en œuvre, auprès de l'établissement bancaire, d'une garantie à première demande, afin de couvrir les réserves formulées lors de la réception des travaux ou pendant le délai de garantie, ne dispensait pas le maître d'ouvrage de faire figurer les sommes correspondant à la réalisation des travaux nécessaires à la levée des réserves, au débit du titulaire, dans le décompte général du marché et qu'à défaut, le titulaire du marché était en droit de demander au maître d'ouvrage de lui verser le montant correspondant ; après avoir constaté que la communauté de communes n'avait pas mentionné le montant de 138 606 €, correspondant aux réserves non levées, au débit de la société RCM, dans le décompte général notifié à la société, elle en a déduit que cette dernière était fondée à réclamer à la communauté de communes de l'indemniser à hauteur de ce montant.

Si, comme l'a relevé la cour administrative d'appel, l'ensemble des opérations auxquelles donne lieu l'exécution d'un marché public est, en principe, compris dans un décompte dont aucun élément ne peut être isolé et dont seul le solde, arrêté lors du décompte définitif, détermine les droits et obligations définitifs des parties, le mécanisme de la garantie à première demande institue une obligation autonome, qui incombe à un tiers à l'égard du marché ; pour concilier cette obligation autonome avec la règle de l'unité du décompte, il revient en principe aux parties, si ce mécanisme a été actionné, de faire figurer dans le décompte, au débit du titulaire, le montant correspondant aux réserves non levées et, au crédit de celui-ci, le montant versé par le garant pour son compte ; toutefois, si le montant versé par le garant n'a pas été inscrit dans le décompte général au crédit du titulaire et si, par suite, le montant correspondant aux réserves non levées n'a pas été porté à son débit, ces circonstances n'ont pas pour conséquence de faire obstacle à ce que soit mis à la charge du titulaire le coût des travaux nécessaires à la levée des réserves ; en juger ainsi reviendrait, en effet, à mettre à la charge finale du maître d'ouvrage le coût de ces travaux ; dès lors, en se fondant sur la seule circonstance que la communauté de communes n'avait pas mentionné le montant de 138 606 €, correspondant aux réserves non levées, au débit de la société RCM, dans le décompte général notifié à la société, pour condamner le maître d'ouvrage à verser cette somme à la société, la cour a entaché son arrêt d'erreur de droit. • CE 12 oct. 2018, *Cté de cnes du pays de Montereau*, n° 409515 : *Rev. CMP 2018. 267, note Pietri.*

2. Une garantie à première demande se caractérise par son entière autonomie à l'égard de l'obligation principale née du marché. • CE 10 juill. 2013, *Sté Banque calédonienne d'investissement*, n° 361122 B : *Rev. CMP 2013, n° 249, note Eckert.*

3. La garantie à première demande constitue une obligation autonome, indépendante du marché et qui incombe à un tiers à l'égard du marché, alors que la retenue de garantie prévue par les dispositions de l'art. 101 (anc. art. 125) C. marchés est au contraire étroitement liée au marché, notamment à son montant et à ses modalités de règlement. Les obligations que la garantie à première demande impose au garant peuvent donc légalement être différentes de celles qui incombent au titulaire du marché du fait de la retenue de garantie. • CE 10 mai 1996, *Féd. nat. des travaux publics*, n° 159980 A. ♦ La décision par laquelle le maître d'ouvrage a procédé à l'appel de la garantie à première demande délivrée par la Banque Populaire constitue une mesure d'exécution du contrat, né entre cet établissement bancaire et la commune de Quetigny de l'acceptation par cette collectivité de ladite garantie. Il résulte de la nature même de la garantie à première demande que les obligations mises à la charge de l'établissement bancaire par le contrat de garantie le liant à la commune sont autonomes par rapport à celles incombant à la société Ronzat et compagnie dans le cadre de l'exécution du marché de travaux dont elle était titulaire. Cette société, qui ne prétend pas, en tout état de cause, agir en qualité de subrogé dans les droits de l'établissement bancaire, ne peut dès lors utilement, pour demander une somme en application du marché de travaux qui lui a été attribué, contester la décision mettant en œuvre la garantie à première demande. • CAA Lyon, 9 janv. 2014, *Sté Ronzat et compagnie*, n° 12LY02905.

4. Une caution personnelle et solidaire constitue une garantie indépendante de la situation de l'entreprise titulaire du marché public et de son éventuel placement en redressement judiciaire, mais présente un caractère accessoire de l'obligation née de ce marché, qu'elle garantit. • CE 10 juill. 2013, *Sté Banque calédonienne d'investissement*, n° 361122 B : *Rev. CMP 2013, n° 249, note Eckert.*

II. CAUTION

5. Caution personnelle et solidaire. Une caution personnelle et solidaire constitue une garantie indépendante de la situation de l'entreprise titulaire du marché public et de son éventuel placement en redressement judiciaire, mais présente un caractère accessoire de l'obligation née de ce marché, qu'elle garantit. • CE 10 juill. 2013, *Sté Banque calédonienne d'investissement*, n° 361122 B : *Rev. CMP 2013, n° 249, note Eckert.*

6. Lorsqu'une société se porte caution personnelle et solidaire pour le montant de la retenue de garantie à laquelle une entreprise était assujettie en qualité de titulaire d'un marché passé avec une commune, cet engagement ne peut porter sur un montant supérieur à celui dont l'entreprise se trouverait redevable envers le maître d'ouvrage au titre de la retenue de garantie exigible sur la valeur des travaux effectués. La caution ne doit donc pas nécessairement jouer à concurrence du montant total de la retenue de garantie. • CE 14 mars 1980, *Sté de cautionnement mutuel des entrepreneurs de bâtiments et de travaux publics de France*, n° 9577 B.

7. La caution personnelle et solidaire n'a pas pour objet de couvrir l'ensemble des dettes contractuelles mais seulement les réserves à la réception des travaux ainsi que celles formulées, le cas échéant, pendant le délai de garantie de parfait achèvement. Ainsi le maître d'ouvrage ne pouvait pas inclure dans le montant réclamé au titre de la caution les pénalités de retard dont la société lui serait redevable. En revanche, il peut exiger de la caution qu'elle prenne en charge, dans la limite de son engagement, le coût des travaux qu'il a été contraint d'exposer pour couvrir les réserves formulées à la réception des travaux et pendant le délai de garantie et non levées par la société, dans la mesure toutefois où il peut invoquer à l'égard de l'entreprise titulaire une créance certaine et exigible. • CAA Paris, 15 juin 2010, *CH Sainte-Anne*, n° 08PA05801.

8. Cautionnement. Étendue des engagements. Les engagements pris par la caution sont limités, d'une part, à la somme jusqu'à concurrence de laquelle la caution s'est engagée à garantir l'entrepreneur principal au tire du marché pour lequel elle a été instituée, d'autre part, à la durée stipulée par le cautionnement. • CE 14 oct. 1966, *Sté Entreprise de l'Île-de-France : Lebon 543.*

9. La caution de l'entrepreneur principal répond non seulement des travaux exécutés par ce dernier, mais aussi de ceux réalisés par ses sous-traitants. La caution ne saurait invoquer l'existence de contrats de sous-traitance pour refuser d'honorer ses engagements. • CE 15 oct. 1975, *Banque de crédit coopératif*, n° 94725 B.

10. Dans le cas où l'entreprise défaillante a constitué une caution, le juge administratif apprécie, indépendamment des conséquences de la procédure de redressement judiciaire, l'étendue des obligations qui s'imposent à celui qui a donné une caution et a ainsi apporté au maître de l'ouvrage une garantie indépendante de la situation de l'entreprise en redressement et constitutive d'une obligation autonome. • CE 14 juin 2000, *Banque Rhône-Alpes*, n° 199585 A. ♦ V. aussi • CAA Paris, 15 juin 2010, *CH Sainte-Anne*, n° 08PA05801.

11. Mise en jeu de la caution. Résiliation du marché. Si la résiliation de plein droit d'un marché passé entre un centre hospitalier régional et une entreprise a rompu tout lien entre les cocontractants et interdit de faire supporter à l'entrepreneur défaillant les conséquences onéreuses du marché passé à une date postérieure pour la continuation des travaux, le maître de l'ouvrage est cependant en droit d'obtenir de son cocontractant et, par suite, de la caution, la réparation des préjudices que la résiliation a pu lui causer. • CE 4 mars 1981, *CHR de Limoges*, n° 10602 A.

12. Retenue de garantie remplacée par une caution d'un égal montant. Le maître de l'ouvrage ne peut exiger de la caution le versement de sommes faisant l'objet de son engagement que dans la mesure où il peut invoquer à l'égard de l'entreprise une créance certaine et exigible. • CE, sect., 17 mars 1972, *Dame Figaroli*, n° 76453 A.

13. Libération de la caution. Lorsque le maître d'ouvrage, compte tenu de la faible importance des travaux de réparation des désordres par l'entrepreneur et de la modicité de la somme restant due par lui, aurait dû libérer la caution pour le surplus, et ne l'a pas fait, il doit rembourser une partie des frais de cautionnement exposés par l'entreprise après la date normale de libération de la caution. • CE 12 oct. 1988, *OPHLM de la Cté urb. de Bordeaux*, n° 67968 B.

♦ La caution bancaire garantit la reprise des malfaçons constatées à la réception ou apparues dans l'année suivant la date d'effet de la réception. Par suite, la mainlevée ne peut intervenir qu'après l'écoulement du délai de garantie de parfait achèvement et est indépendante de l'établissement du décompte général. Dès lors, une commune ne pouvait maintenir la caution bancaire pour garantir le paiement d'une dette du titulaire du marché qui aurait été exigible au stade du décompte général. • CAA Lyon, 31 janv. 2008, *Sté Vaucluse Provence*, n° 03LY01168 B. ♦ Il découle des dispositions de l'art. 1153 C. civ. que des intérêts moratoires sont dus en cas de retard dans l'exécution d'une obligation de paiement. La prolongation indue d'une retenue de garantie, c'est-à-dire l'immobilisation de sommes dues au contractant, constitue bien un retard de paiement au sens de ces dispositions. En revanche, l'obligation de prononcer la mainlevée sur une caution bancaire, qui n'implique aucune immobilisation de capital susceptible de porter intérêts, ne peut être assimilée à une obligation de restituer une somme au cocontractant. Par suite, le retard à prononcer cette mainlevée ne saurait donner lieu au versement d'intérêts moratoires sur le montant des cautions constituées, mais seulement, le cas échéant, sur le montant des agios versés en raison de ce retard. Ainsi la société ne pouvait prétendre au versement d'intérêts moratoires sur le montant des cautions bancaires qu'elle a constituées. Par suite, en condamnant le maître d'ouvrage au versement d'intérêts moratoires sur le montant de ces cautions, la cour administrative d'appel a méconnu le principe selon lequel une personne publique ne peut pas être condamnée au paiement d'une somme qu'elle ne doit pas. Son arrêt doit dès lors être annulé en tant qu'il statue sur les intérêts moratoires sur le montant des cautions. • CE 23 mai 2012, *Maison de retraite publique de la Vallée des Baux*, n° 351157 :

14. Action de la sous-caution. La sous-caution qui garantit la créance de la caution à l'égard du débiteur principal et non la créance du créancier initial à l'égard de ce débiteur ne peut se prévaloir des exceptions inhérentes à la dette du débiteur principal à l'égard de ce créancier. Bien que la demande présentée par la sous-caution tende à la condamnation du maître d'ouvrage, sur le fondement de la responsabilité quasi délictuelle, à lui verser une indemnité à raison de l'abus ou de la fraude manifestes commis par ce dernier lors de la mobilisation de la garantie versée par la banque, en l'absence de tout lien entre la sous-caution et le créancier, celle-ci ne peut rechercher la condamnation du maître d'ouvrage à raison de l'abus ou de la fraude manifestes commis par lui, lesquels ne peuvent être invoqués que dans le cadre de l'action que la sous-caution peut, si elle s'y croit fondée, engager à l'encontre de la caution devant le juge judiciaire. • CE 11 mars 2011, *Sté R. Maes Arbeco SA*, n° 335323 B : *BJCP 2011. 201, concl. Boulouis.*

Art. R. 2191-37 **La garantie de substitution est établie selon un modèle fixé par un arrêté du ministre chargé de l'économie figurant en annexe du présent code.** – *[Décr. n° 2016-360 du 25 mars 2016, art. 123, al. 3.]* – *V. Annexe n° 13.*

Art. R. 2191-38 **La garantie de substitution est constituée pour le montant total du marché y compris les modifications en cours d'exécution.**

Le montant de la garantie de substitution ne peut être supérieur à celui de la retenue de garantie qu'elle remplace. – *[Décr. n° 2016-360 du 25 mars 2016, art. 123, al. 2, phrase 1 et al. 8, phrase 2.]*

Art. R. 2191-39 **Lorsque le titulaire du marché est un groupement solidaire, la garantie de substitution est fournie par le mandataire pour le montant total du marché.**

Lorsque le titulaire du marché est un groupement conjoint, chaque membre du groupement fournit une garantie de substitution correspondant aux prestations qui lui sont confiées. Si le mandataire du groupement conjoint est solidaire de chacun des membres du groupement, la garantie de substitution peut être fournie par le mandataire pour le montant total du marché. – *[Décr. n° 2016-360 du 25 mars 2016, art. 123, al. 5 et 6.]*

Art. R. 2191-40 **Dans l'hypothèse où la garantie de substitution ne serait pas constituée ou complétée au plus tard à la date à laquelle le titulaire remet la demande de paiement correspondant au premier acompte, la fraction de la retenue de garantie correspondant à l'acompte est prélevée par l'acheteur.**

Lorsque la garantie de substitution a été constituée après la date fixée au premier alinéa, les montants déjà prélevés au titre de la retenue de garantie sont reversés au titulaire. – *[Décr. n° 2016-360 du 25 mars 2016, art. 123, al. 7 et 8, phrase 3.]*

Art. R. 2191-41 **L'organisme apportant sa garantie est choisi parmi les tiers agréés par l'Autorité de contrôle prudentiel et de résolution. Lorsque cet organisme est étranger, il est choisi parmi les tiers agréés dans son pays d'origine.**

L'acheteur peut récuser l'organisme qui doit apporter sa garantie. – *[Décr. n° 2016-360 du 25 mars 2016, art. 123, al. 4.]*

Art. R. 2191-42 Les établissements ayant accordé leur caution ou leur garantie à première demande sont libérés un mois au plus tard après l'expiration du délai de garantie.

Toutefois, si des réserves ont été notifiées pendant le délai de garantie au titulaire du marché et aux établissements ayant accordé leur caution ou leur garantie à première demande et si elles n'ont pas été levées avant l'expiration de ce délai, les établissements sont libérés de leurs engagements un mois au plus tard après la date de leur levée. – *[Décr. n° 2016-360 du 25 mars 2016, art. 124.]*

SOUS-SECTION 3 Autres garanties

Art. R. 2191-43 Le marché peut prévoir d'autres garanties que celle prévues à la sous-section 1 pour l'exécution d'un engagement particulier. – *[Décr. n° 2016-360 du 25 mars 2016, art. 126.]*

Art. R. 2191-44 En cas de résiliation d'un marché qui n'a pas prévu de retenue de garantie, lorsqu'un délai est accordé au titulaire dans les conditions prévues à l'article R. 2191-30 pour reverser à l'acheteur 80 % du montant de l'éventuel solde créditeur apparu au profit de celui-ci, le titulaire fournit une garantie à première demande ou, si l'acheteur ne s'y oppose pas, une caution personnelle et solidaire. – *[Décr. n° 2016-360 du 25 mars 2016, art. 125.]*

SECTION 5 Cession ou nantissement des créances

Art. R. 2191-45 Le montant maximum de la créance que le titulaire peut céder ou donner en nantissement correspond au montant du marché diminué du montant des prestations sous-traitées et donnant lieu à paiement direct. – *[Décr. n° 2016-360 du 25 mars 2016, art. 128, al. 4.]*

COMMENTAIRE

Le code civil organise la procédure de la cession de créance autre que celle de la loi « Dailly ». Cette procédure passe par la remise du titre du cédant au cessionnaire et la notification par voie d'huissier de cette cession au débiteur de la créance.

Quant au nantissement, c'est un contrat par lequel le titulaire du marché donne en gage sa créance comme garantie du financement de son activité par un établissement financier.

Le contrat de cession ou de nantissement qui est passé entre deux personnes de droit privé est un contrat dont le contentieux relève de l'autorité judiciaire.

Les cessions de créances d'une activité professionnelle prévues par la loi n° 81-1 du 2 janvier 1981, dont les dispositions sont codifiées aux articles L. 313-23 et suivants du code monétaire et financier (V. App., *Partie V. Cessions de créances et nantissement*) font l'objet de dispositions particulières à l'article R. 2191-55.

L'objectif des articles de cette section est de concilier et protéger les intérêts des différents intervenants : l'acheteur, dont la dette à l'égard du titulaire du marché n'est définitivement fixée qu'au moment de l'établissement du décompte général et définitif ; le titulaire, qui est en droit de céder ses créances sur l'acheteur au fur et à mesure de l'exécution du marché sans attendre l'établissement du décompte ; le sous-traitant, qui doit être payé pour la part des travaux qu'il a réalisés, laquelle ne peut faire l'objet par le titulaire du marché d'une cession de créance ; enfin le cessionnaire, qui doit pouvoir obtenir le paiement de sa créance par l'acheteur. Or, le mode de règlement des marchés au fur et à mesure de leur exécution par le versement d'acomptes, qui peuvent faire l'objet de cessions de créance, et le mécanisme du décompte général et définitif, qui ne solde les comptes entre l'acheteur et le titulaire du marché qu'à la fin des prestations, créent des perturbations dans les relations entre ces différents intervenants, en particulier dans les marchés publics de travaux. En effet, le cessionnaire ne pouvant avoir plus de droits que le cédant, l'unicité du décompte lui est opposable et il peut, tout comme le titulaire du marché, se voir opposer un solde négatif du marché après, notamment, l'application de pénalités de retard. En ce cas, le cessionnaire ne peut se faire payer les sommes qu'il croyait lui être encore dues par l'acheteur au titre du dernier acompte, et se voit même réclamer la restitution de sommes déjà encaissées.

Les difficultés en matière de cessions de créances peuvent aussi tenir au fait que les créances des personnes publiques sont payées par un comptable public qui est distinct de l'ordonnateur qui constate l'existence de la créance.

Le présent code crée des obligations à la charge de la personne publique en vue d'assurer, d'une part, une complète information du cessionnaire sur l'existence et le montant de la créance que le titulaire du marché ou un sous-traitant lui propose d'acquérir ou de nantir, d'autre part, l'information du comptable pour éviter que la créance ne soit payée à une autre personne que le cessionnaire. En cas de litige opposant le cessionnaire et cette personne publique sur le non-respect de ces obligations, l'action ne peut être fondée que sur la responsabilité quasi délictuelle.

Le code impose notamment la remise par l'acheteur au titulaire du marché de l'exemplaire unique du marché ou d'un certificat de cessibilité. Ce document fait notamment apparaître le comptable chargé du paiement et les conditions de règlement du marché.

Cet exemplaire unique doit toutefois s'adapter à la diversité des situations. Le code prévoit la remise, en cas de groupement conjoint d'entreprises, d'autant d'exemplaires uniques que de membres du groupement, ce qui est logique, chaque entreprise étant payée par le pouvoir adjudicateur pour les prestations qu'elle a effectuées. En cas de groupement solidaire, le pouvoir adjudicateur établit un seul exemplaire unique, sauf lorsque le marché prévoit la répartition des prestations entre les membres du groupement et le paiement sur des comptes séparés.

Les mentions de cet exemplaire unique doivent être modifiées si, en cours d'exécution du marché, le titulaire décide de recourir à un sous-traitant ou d'augmenter le montant des prestations qu'il a sous-traitées au moment de la passation de son marché.

Le titulaire du marché doit remettre l'exemplaire unique à la personne à laquelle il cède sa créance ou auprès de laquelle il entend procéder à son nantissement.

Le code impose la présentation de ce document au comptable assignataire par l'établissement financier, comme justificatif du paiement. En l'absence de cette présentation, le comptable doit refuser de payer car il ne peut s'assurer que la même créance n'a pas été cédée deux fois par le titulaire du marché ou le sous-traitant.

L'action du cessionnaire doit être portée devant le juge compétent pour connaître des relations entre le cédant et le pouvoir adjudicateur. ❑

SOUS-SECTION 1 Exemplaire unique et certificat de cessibilité

§ 1 Modalités de remise de l'exemplaire unique et du certificat de cessibilité

Art. R. 2191-46 Lorsque le titulaire du marché souhaite céder ou nantir sa créance, il en informe l'acheteur qui lui communique :

1° Soit une copie de l'original du marché revêtue d'une mention signée par l'acheteur indiquant que cette pièce est délivrée en unique exemplaire en vue de permettre au titulaire de céder ou de nantir la créance résultant du marché ;

2° Soit un certificat de cessibilité conforme à un modèle et dématérialisé selon des modalités définis par un arrêté du ministre chargé de l'économie figurant en annexe du présent code. – *[Décr. n° 2016-360 du 25 mars 2016, art. 127, al. 1er et 2.] – V. Annexe n° 14.*

Art. R. 2191-47 Pour tout marché prévoyant plusieurs comptables assignataires, l'acheteur fournit autant d'exemplaires uniques ou de certificats de cessibilité que de comptables, en précisant dans une mention apposée sur chacun de ces documents le comptable auquel il doit être remis. Chaque document ne mentionne que la part de la créance totale que le comptable auquel il est transmis est appelé à mettre en paiement. – *[Décr. n° 2016-360 du 25 mars 2016, art. 127, al. 7.]*

§ 2 Contenu et modification de l'exemplaire unique ou du certificat de cessibilité

Art. R. 2191-48 Le titulaire du marché peut demander que le contenu de l'exemplaire unique ou du certificat de cessibilité soit limité aux indications nécessaires à la cession ou au nantissement de la créance. – *[Décr. n° 2016-360 du 25 mars 2016, art. 127, al. 5.]*

Art. R. 2191-49 Lorsque le secret exigé en matière de défense fait obstacle à la remise de la copie du marché au bénéficiaire d'une cession ou d'un nantissement de créance, l'acheteur délivre au titulaire un exemplaire unique ou un certificat de cessibilité ne contenant que les indications compatibles avec ce secret. – *[Décr. n° 2016-360 du 25 mars 2016, art. 127, al. 4.]*

Art. R. 2191-50 S'il est procédé à une modification dans la désignation du comptable ou dans les conditions de règlement du marché, l'acheteur annote l'exemplaire unique ou le certificat de cessibilité d'une mention constatant la modification. – *[Décr. n° 2016-360 du 25 mars 2016, art. 127, al. 6.]*

§ 3 Dispositions propres aux accords-cadres à bons de commande et aux marchés à tranches optionnelles

Art. R. 2191-51 Dans le cas d'un accord-cadre à bons de commande ou d'un marché à tranches optionnelles, il est délivré, sur demande du titulaire, soit un exemplaire unique ou un certificat de cessibilité du marché, soit un exemplaire unique ou un certificat de cessibilité de chaque bon de commande ou de chaque tranche. – *[Décr. n° 2016-360 du 25 mars 2016, art. 127, al. 8.]*

§ 4 Dispositions propres aux groupements d'opérateurs économiques

Art. R. 2191-52 Dans le cas d'un marché attribué à un groupement conjoint d'opérateurs économiques, il est délivré à chaque opérateur économique un exemplaire unique ou un certificat de cessibilité limité au montant des prestations qui lui sont confiées. – *[Décr. n° 2016-360 du 25 mars 2016, art. 127, al. 9.]*

Art. R. 2191-53 Dans le cas d'un marché attribué à un groupement solidaire d'opérateurs économiques, il est délivré un exemplaire unique ou un certificat de cessibilité au nom du groupement, dès lors que les prestations réalisées par les entreprises ne sont pas individualisées. Si les prestations sont individualisées, les dispositions de l'article R. 2191-52 s'appliquent. – *[Décr. n° 2016-360 du 25 mars 2016, art. 127, al. 10.]*

SOUS-SECTION 2 Notification au comptable assignataire et encaissement de la créance

§ 1 Notification au comptable assignataire

Art. R. 2191-54 Le bénéficiaire d'une cession ou d'un nantissement de créance au titre d'un marché notifie ou signifie cette cession ou ce nantissement au comptable public assignataire. – *[Décr. n° 2016-360 du 25 mars 2016, art. 128, al. 1er.]*

Art. R. 2191-55 En cas de cession ou de nantissement effectué conformément aux dispositions des articles L. 313-23 à L. 313-34 du code monétaire et financier, la notification prévue à l'article L. 313-28 de ce code est adressée au comptable public assignataire désigné dans le marché dans les formes prévues à l'article R. 313-17 dudit code. – *[Décr. n° 2016-360 du 25 mars 2016, art. 129.]*

COMMENTAIRE

Cette disposition vaut dans l'hypothèse où la cession ou le nantissement est opéré selon les modalités prévues par la loi « Dailly » (V. l'annexe sur les dispositions de cette loi, codifiées par le C. mon. fin.). ❑

§ 2 Encaissement de la créance

Art. R. 2191-56 A compter de la notification ou signification au comptable prévue au paragraphe 1, le bénéficiaire de la cession ou du nantissement de créance encaisse

seul le montant de la créance ou de la part de la créance qui lui a été cédée ou donnée en nantissement. – *[Décr. n° 2016-360 du 25 mars 2016, art. 128, al. 2.]*

COMMENTAIRE

C'est là l'objet même de la cession ou du nantissement. ❑

Art. R. 2191-57 Quand la cession ou le nantissement de la créance a été constitué au profit de plusieurs bénéficiaires, chacun d'eux encaisse seul la part de la créance qui lui a été affectée. – *[Décr. n° 2016-360 du 25 mars 2016, art. 128, al. 3.]*

Art. R. 2191-58 L'exemplaire unique ou le certificat de cessibilité est remis par l'organisme bénéficiaire de la cession ou du nantissement au comptable assignataire en tant que pièce justificative pour le paiement. – *[Décr. n° 2016-360 du 25 mars 2016, art. 127, al. 3.]*

SOUS-SECTION 3 Information des bénéficiaires

Art. R. 2191-59 Les bénéficiaires de nantissements ou de cessions de créances ne peuvent intervenir en aucune manière dans l'exécution du marché.

Ils ne peuvent exiger de l'acheteur ou du comptable assignataire que les renseignements mentionnés à la présente sous-section. – *[Décr. n° 2016-360 du 25 mars 2016, art. 130, al. 6.]*

§ 1 Renseignements communiqués par l'acheteur

Art. R. 2191-60 L'acheteur communique, au cours de l'exécution du marché, aux bénéficiaires du nantissement ou de la cession de créances, lorsqu'ils en font la demande :

1° Soit un état sommaire des prestations effectuées, accompagné d'une évaluation qui n'engage pas l'acheteur ;

2° Soit le décompte des droits constatés au profit du titulaire du marché.

Il leur communique également, à leur demande, un état des avances et des acomptes mis en paiement. – *[Décr. n° 2016-360 du 25 mars 2016, art. 130, al. 1er à 3.]*

Art. R. 2191-61 Lorsqu'ils en font la demande par lettre recommandée avec avis de réception postal, en justifiant de leur qualité, l'acheteur avise les bénéficiaires de nantissements ou de cessions de créances, en même temps que le titulaire du marché, de toutes les modifications apportées au contrat qui ont un effet sur le nantissement ou la cession. – *[Décr. n° 2016-360 du 25 mars 2016, art. 130, al. 5.]*

§ 2 Renseignements communiqués par le comptable

Art. R. 2191-62 Le comptable communique aux bénéficiaires du nantissement ou de la cession de créances, lorsqu'ils en font la demande, un état détaillé des oppositions au paiement de la créance détenue par le titulaire du marché qu'il a reçues. – *[Décr. n° 2016-360 du 25 mars 2016, art. 130, al. 4.]*

I. RÈGLES GÉNÉRALES

1. Trop-perçu. Le banquier cessionnaire peut se voir réclamer un trop-perçu si la personne publique a omis de tenir compte de sa propre créance lors du paiement de la créance cédée. • CE 2 oct. 1957, *Sté Worms et Cie*, n° 32258 A.

2. Cession de créance. Solde de paiement négatif. A la suite de la résiliation du marché de sous-traitance conclu entre un groupement d'entreprises et le titulaire du marché, le maître de l'ouvrage a établi un décompte général et définitif de ce marché faisant apparaître un solde de paiement négatif pour le sous-traitant. Comme le cédant d'une créance ne peut transmettre plus de droits qu'il n'en détient, le juge du référé-provision a pu juger sans erreur de droit que l'obligation de payer résultant de la cession de créance opérée par le sous-traitant au profit de la société cessionnaire était sérieusement contestable en raison du solde de paiement négatif du décompte du marché sous-traité. • CE 9 mai 2005, *Sté Schüco International*, n° 266060 B : *BJCP 2005. 292, concl. Boulouis.*

3. Droits du cessionnaire. Le cédant d'une créance ne peut transmettre plus de droits qu'il n'en détient. Ainsi, le cessionnaire de la créance ne peut prétendre, lorsqu'il présente une demande de paiement au titre de cette créance, au versement d'une somme supérieure à celle due par la personne publique au cédant à cette date, quand bien même la valeur de la créance serait supérieure. Commet par suite une erreur de droit une cour administrative d'appel qui juge que le pouvoir adjudicateur était tenu de régler une somme égale à la valeur du solde de la créance cédée par la société titulaire du marché, alors qu'elle devait retenir les droits effectifs que tenait de cette société cédante la société cessionnaire à la date de présentation de la demande de paiement de la créance. En l'espèce, il résulte de l'instruction que le pouvoir adjudicateur était créancier de la société titulaire ; ainsi, à la date de la demande de paiement par la société cessionnaire, celle-ci ne pouvait se prévaloir des stipulations de l'acte de cession de créance et de la valeur de cette créance pour obtenir la condamnation du pouvoir adjudicateur à lui verser la somme qu'elle réclamait. • CE 22 juill. 2009, *OPAC de la Sarthe*, n° 300313 : *RDI 2009. 592, note Noguellou*.

4. Production de l'exemplaire unique. Le paiement d'une créance cédée relative à l'exécution d'un marché public suppose la production, par le cessionnaire, de l'exemplaire unique du marché, quel que soit le montant de celui-ci. • CE 15 févr. 2008, *SA Fortis Banque France*, n° 277295 B : *BJCP 2008. 171, concl. Dacosta ; Rev. CMP 2008, n° 73, obs. Eckert ; RDI 2008. 207, note Noguellou*.

5. Cessions de deux créances distinctes à deux personnes différentes. En cas de cessions de deux créances distinctes à deux personnes différentes, il appartient au débiteur des créances cédées, sauf s'il existait une clause de réserve de propriété, de répartir les sommes restant dues après établissement du décompte du marché du titulaire, au prorata des droits de chacun des créanciers. • CE 9 mai 2005, *Sté Schüco International*, n° 266060 B : *BJCP 2005. 292, concl. Boulouis.*

6. Il n'est pas contesté que la commune avait payé à la société A la totalité des sommes qui lui étaient dues au titre de l'exécution des travaux qui lui avaient été confiés. Devant le tribunal administratif, la société B a fait valoir que la commune ne pouvait pas refuser de lui payer, pour ce motif, la somme correspondant au montant de la créance que lui avait cédée la société A, dès lors qu'elle avait fait signifier cette cession à la commune. Elle reconnaissait, certes, qu'elle n'avait pas notifié cette cession au comptable public assignataire de la dépense mais soutenait que la commune aurait dû transmettre l'acte de cession au comptable ou l'inviter à procéder à une notification au comptable. Elle soutenait que la faute ainsi commise par la commune justifiait la condamnation de celle-ci à réparer le préjudice subi du fait de la perte, définitive en raison de ce que la société A avait fait l'objet d'une liquidation judiciaire, de sa créance.

Pour écarter ces moyens, le tribunal administratif a rappelé qu'en vertu de l'art. 6 du Décr. n° 93-977 du 31 juill. 1993 relatif aux saisies et cessions notifiées aux comptables publics, toute notification d'une cession de créance en application de l'art. 1690 C. civ. doit être faite au comptable assignataire. Il a également relevé qu'en outre et contrairement aux dispositions du C. marchés, il n'avait été établi aucun « exemplaire unique » du marché, nécessaire en cas de nantissement d'un marché public ou de cession de créances résultant de l'exécution du marché. Le tribunal administratif a estimé que la notification de la cession de la créance à la commune ne constituait pas une demande au sens de l'art. 18 de la L. n° 2000-321 du 12 avr. 2000 relative aux droits des citoyens dans leurs relations avec les administrations et que, par suite, la commune n'avait méconnu ni l'art. 20 de cette loi, en ne transmettant pas au comptable public l'acte de cession que lui avait signifié la société B, ni l'art. 19-1 de la même loi, en n'invitant pas la société à procéder à la notification de la cession à ce comptable. Le tribunal a, enfin, observé que la liquidation judiciaire de la société A n'avait aucune incidence sur les obligations de la commune.

Devant la cour, la société B se borne à reprendre les mêmes moyens qu'en première instance sans critiquer utilement les motifs du jugement attaqué. Il y a donc lieu d'écarter ces moyens par adoption des motifs pertinemment retenus par les premiers juges. • CAA Bordeaux, 3 nov. 2015, *Sté négoce matériaux constructions*, n° 13BX03047 : *Rev. CMP 2016, n° 5, note Eckert.*

II. CESSION DAILLY

7. Unicité du décompte. Cession Dailly. Le cédant d'une créance ne peut transmettre plus de droits qu'il n'en détient. La L. du 2 janv. 1981 (loi Dailly) n'a eu ni pour objet ni pour effet de rendre inapplicable au cessionnaire d'une créance née de l'exécution d'un marché de travaux publics le principe selon lequel l'ensemble des opérations auxquelles donne lieu l'exécution d'un tel marché est compris dans un compte dont aucun élément ne peut être isolé et dont seul le solde arrêté lors de l'établissement du décompte général et définitif détermine les droits et obligations définitifs des parties, les règles qui régissent la compensation étant par suite inapplicables aux opérations comprises dans ce compte et la mise en règlement judiciaire de l'entrepreneur étant sans influence sur l'application des règles qui tiennent à la nature même du compte. • CE 21 juin 1999, *Banque populaire Bretagne-Atlantique*, n° 151917 A : *BJCP 1999. 590, concl. Savoie ; RFDA 1999. 874 ; Dr. adm. 1999, comm. 219 ; RDI 1999. 640 obs. Llorens ; Gaz. Pal. 9 et 10 févr. 2000, p. 29.*

8. Créance payée à tort à un tiers. A compter de la notification de la cession Dailly, la personne publique cédée ne peut plus se libérer valablement que dans les mains du cessionnaire. Si elle paie une autre personne – le bénéficiaire d'un plan de cession de la société cédante en l'espèce – elle devra également payer le cessionnaire, sans pouvoir soutenir qu'il n'est pas possible de condamner une personne publique à payer une somme qu'elle ne doit pas. • CE 19 mars 2001, *Région Provence-Alpes-Côte d'Azur*, n° 207626.

9. La cession de créance effectuée en application des dispositions de l'art. L. 313-27 C. mon. fin. ne peut faire échec à l'action en revendication du vendeur initial sur des marchandises pour lesquelles il dispose d'une réserve de propriété. • CE 23 juin 2003, *Ministre de l'Économie c/ Banque Worms*, n° 232665 : *Rev. CMP 2003, n° 176, note Eckert, Dr. adm. 2003, n° 168, obs. G.L.C.*

10. La cession d'une créance détenue par une entreprise sur une commune pour des travaux réalisés au profit de cette dernière autorise l'établissement de crédit cessionnaire, substitué à l'entreprise dans les droits résultant de la créance cédée, à réclamer à la commune, en cas de nullité du marché pour l'exécution duquel avaient été effectués les travaux, le remboursement des dépenses engagées et qui ont été utiles à la commune. • CE 7 avr. 2004, *Cne de Cabourg*, n° 239000 A.

11. Opposabilité du bordereau. Par bordereau en date du 14 mai 1984, M. Z. a cédé à la société Crédit commercial de France, en application des dispositions de la L. du 2 janv. 1981, la créance qu'il détenait sur un centre hospitalier spécialisé en exécution d'un marché de travaux publics, et ladite cession de créance a été notifiée par la société au comptable assignataire du marché le 5 sept. 1984. Ce comptable a reçu notification respectivement le 18 mai 1984 et le 28 oct. 1984, d'une part, d'un avis à tiers détenteur émis par le trésorier principal de Mérignac, d'autre part, d'une saisie-arrêt sur ordonnance de référé du Conseil de prud'hommes de Bordeaux sur créances de salaires au profit d'un salarié de M. Z. En application des dispositions du 1er al. de l'art. 4 de la L. du 2 janv. 1981 la cession de créance dont bénéficiait la société avait pris effet entre les parties et était devenue opposable aux tiers à la date portée sur le bordereau, soit le 14 mai 1984. Ainsi, à la date des oppositions susmentionnées la créance litigieuse était sortie du patrimoine de l'entrepreneur. Les dispositions de l'art. 9 du Décr. du 18 août 1807 selon lesquelles : « Tout receveur, dépositaire ou administrateur de caisses ou de deniers publics, entre les mains duquel il existera une saisie-arrêt ou opposition sur une partie prenante, ne pourra vider ses mains sans le consentement des parties intéressées, ou sans y être autorisé par justice », ne pouvaient avoir pour effet de faire obstacle au paiement par ledit comptable de la société requérante. • CE 17 févr. 1993, *Sté Crédit commercial de France*, n° 115272 B.

12. L'agrément des conditions de paiement de chaque contrat de sous-traitance n'a pu légalement intervenir en l'absence de production préalable par la société titulaire du marché de l'exemplaire unique du marché ou de l'attestation de l'établissement de crédit bénéficiaire de la cession. La circonstance que la société ait sciemment omis de communiquer à la ville l'exemplaire unique du marché ou l'attestation de l'établissement de crédit bénéficiaire de la cession n'est pas de nature à délivrer la ville de ses obligations à l'égard de la banque nées de la L. du 2 janv. 1981. Il s'ensuit que la ville ne peut être valablement regardée comme libérée de ses dettes à l'égard de la banque par le paiement qu'elle a préalablement effectué entre les mains des sous-traitants. • CE 6 déc. 1999, *Ville de Marseille*, n° 189407 A : *BJCP 2000. 110, concl. Savoie ; CJEG 2000. 117 ; RFDA 2000.199 ; RDI 2000. 42 ; Marchés publ. 4/2000, p. 17.*

13. Aux termes de l'art. 18 de la L. du 12 avr. 2000 relative aux droits des citoyens dans leurs relations avec les administrations, aujourd'hui repris à l'art. L. 110-1 CRPA : « Sont considérées comme des demandes au sens du présent chapitre les demandes et les réclamations, y compris les recours gracieux ou hiérarchiques, adressées aux autorités administratives. » Aux termes de l'art. 20 de la même loi, aujourd'hui repris à l'art. L. 114-2 du même code : « Lorsqu'une demande est adressée à une autorité administrative incompétente, cette dernière la transmet à l'autorité administrative compétente et en avise l'intéressé (…) ».

Les dispositions relatives aux cessions de créance professionnelle instituent un régime particulier de notification, y compris lorsque celle-ci est accomplie auprès d'une autorité administrative ; une telle notification ne tend pas à la prise d'une décision par cette autorité mais constitue une information destinée à faire obstacle à ce qu'elle règle sa dette auprès d'une autre personne que l'organisme cessionnaire ; dès lors, elle n'entre pas dans le champ d'application des dispositions de la L. du 12 avr. 2000.

Il ressort des énonciations de l'arrêt attaqué que la société Banque Delubac & Cie a notifié la cession de créance en litige directement au CROUS de Nice-Toulon et non à son comptable assignataire ; en estimant qu'une telle notification ne constituait pas une demande au sens et pour l'application des dispositions de la L. du 12 avr. 2000 citées ci-dessus et que cette société ne pouvait dès lors utilement invoquer la faute qu'aurait commise le CROUS en s'abstenant de procéder à sa transmission auprès de son comptable, la cour administrative d'appel n'a pas commis d'erreur de droit. • CE 9 mars 2018, *Sté Banque Delubac et Cie*, n° 407842 B.

14. Cession Dailly « acceptée ». La souscription par le débiteur d'une créance cédée, à la demande de l'établissement de crédit cessionnaire, de l'acte d'acceptation prévu à l'art. 6 de la loi « Dailly » a pour effet de créer à l'encontre de ce débiteur une obligation de paiement entre les mains du bénéficiaire du bordereau, détachée de la créance initiale de l'entreprise et contre laquelle il ne peut faire valoir des exceptions tirées de ses rapports avec l'entreprise cédante. En estimant que la seule circonstance que la cession de créance n'avait pas été régulièrement notifiée au comptable public assignataire de la dépense justifiait légalement le refus opposé par la commune de verser à l'établissement de crédit cessionnaire le montant d'une créance que lui avait cédée le titulaire du marché, alors même que le maire de cette commune avait signé un acte d'acceptation de la cession de cette créance, une cour administrative d'appel commet une erreur de droit.

La souscription de l'acte d'acceptation prévu à l'art. 6 de la L. du 2 janv. 1981 a pour effet de créer pour le débiteur de la créance cédée une obligation distincte de sa dette initiale. En l'absence de délibération du Conseil municipal à cet effet, le maire de la commune n'a pas compétence pour prendre au nom de celle-ci un tel engagement, lequel se trouve dès lors entaché de nullité. Toutefois, la nullité de l'acte d'acceptation étant relevée en cours d'instance, l'établissement de crédit est recevable à poursuivre le litige en invoquant pour la première fois des moyens tirés de l'enrichissement sans cause de la commune et de la faute qu'elle a commise en prenant l'engagement en cause dans des conditions irrégulières. • CE 25 juin 2003, *Caisse centrale de Crédit mutuel du Nord de la France*, n° 240679 A : *Rev. CMP 2003, n° 175, obs. Eckert ; Dr. adm. 2003, n° 168, obs. G.L.C. ; AJDA 2003. 1729, concl. Le Chatelier ; BJCP 2003. 444, concl. Le Chatelier ; RFDA 2003. 829*.

SOUS-SECTION 4 Privilège résultant de l'article L. 3253-22 du code du travail

Art. R. 2191-63 **Les seuls fournisseurs susceptibles de bénéficier du privilège résultant de l'article L. 3253-22 du code du travail sont ceux qui ont été agréés par l'acheteur.**

Ce privilège ne porte que sur les fournitures livrées postérieurement à la date à laquelle la demande d'agrément est parvenue à l'autorité compétente. – *[Décr. n° 2016-360 du 25 mars 2016, art. 131.]*

COMMENTAIRE

L'article L. 3253-22 du code du travail, qui institue un privilège connu sous le nom de « privilège de pluviôse », a pour effet de conférer aux fournisseurs des entreprises titulaires d'un marché de travaux un droit de paiement préférentiel, à raison des créances qu'ils détiennent sur ces dernières au titre des fournitures et matériaux qu'ils apportent pour l'exécution du marché.

Il n'est ouvert qu'aux fournisseurs, ce qui exclut les sous-traitants, quel que soit leur rang, car ceux-ci ont passé des contrats d'entreprise et non des contrats de fournitures. Et ce droit n'est ouvert qu'après agrément du fournisseur par l'acheteur. ❑

1. Compétence du juge judiciaire. Une contestation relative au privilège de pluviôse doit être portée devant l'autorité judiciaire. • T. confl. 15 nov. 1999, *Sté Bloc Matériaux c/ Hôpital d'Alise-Sainte-Reine et Percepteur de Venarey-les-Laumes*, n° 03171 A : *D. 1999. Somm. 276*.

2. Conditions d'exercice du « privilège de pluviôse ». L'exercice du privilège de pluviôse par le fournisseur est soumis aux deux conditions suivantes : 1°) Les fonds dus au titulaire du marché doivent être disponibles à concurrence du montant de la créance dont le fournisseur demande le paiement au maître d'ouvrage, soit que ces fonds n'aient pas fait l'objet d'une opposition régulière par tout autre créancier de l'entreprise titulaire du marché, soit que, le cas échéant, le montant des fonds dus au titulaire du marché soit tel que, au-delà du montant rendu indisponible par l'effet de l'opposition régulièrement pratiquée par tout autre créancier, ces fonds demeurent disponibles à concurrence du montant de la créance dont le fournisseur demande le paiement. 2°) Le paiement opéré au profit du fournisseur doit avoir pour effet de libérer la personne publique contractante de sa dette vis-à-vis du titulaire du marché, ce qui suppose que celui-ci ait conclu avec le fournisseur un accord ayant pour objet ou pour effet de faire succéder le fournisseur lui-même en qualité de créancier du maître d'ouvrage, à concurrence du montant de la créance du fournisseur. La notification au comptable public du titre établissant cet accord doit être effectuée selon les modalités particulières prescrites par les lois et règlements selon la nature de ce titre. Dès lors qu'aucune formalité particulière n'est requise, la notification peut être effectuée par simple envoi postal.

Aucune disposition législative ou réglementaire n'autorise un comptable public saisi par un fournisseur d'une demande tendant à l'exercice du privilège, ni à suspendre le paiement des fonds, quel que soit le bénéficiaire de ce paiement, ni à procéder au paiement du fournisseur si les deux conditions exposées ci-dessus ne sont pas réunies. Seule une saisie-attribution pratiquée par le fournisseur sur la créance du titulaire autorise et oblige alors le comptable public à faire droit à la demande qui lui est faite. • CE, avis, 9 juill. 1996, n° 359055 : *EDCE, n° 48, p. 323.*

3. Cession Dailly et « privilège de pluviôse ». Les droits du banquier bénéficiaire d'une cession de créances ne sont primés par le privilège de pluviôse du fournisseur que s'il est justifié d'un agrément exprès donné au fournisseur et mentionné sur un registre spécial. • Com. 5 avr. 2005, *Crédit d'équipement des petites et moyennes entreprises (CEPME) c/ SA Aquitaine Béton Manufacture*, n° 02-19.407 : *Rev. CMP 2005, n° 272, obs. Eckert ; D. 2005. 2090, note Barthez*.

CHAPITRE II MODALITÉS DE FACTURATION ET DE PAIEMENT

SECTION 1 Facturation électronique

Nota : *Les dispositions introduites par l'art. 1er du Décr. n° 2019-748 du 18 juill. 2019 s'appliquent, sous réserve des dispositions du V de l'art. 193 de la L. n° 2019-486 du 22 mai 2019 (V. ss. art. D. 2192-1), aux contrats en cours au lendemain de la publication dudit Décr. (JO 21 juill.), ainsi qu'aux contrats conclus postérieurement à cette date (Décr. préc., art. 7).*

SOUS-SECTION 1 Transmission et réception des factures sous forme électronique

(Décr. n° 2019-748 du 18 juill. 2019, art. 1er)

§ 1 Norme de facturation électronique

V. nota ss. Sect. Ire.

Art. D. 2192-1 **La norme de facturation électronique mentionnée à l'article L. 2192-3 est celle fixée par la décision (UE) 2017/1870 de la Commission européenne du 16 octobre 2017 concernant la publication de la référence de la norme européenne sur la facturation électronique et de la liste des syntaxes en vertu de la directive 2014/55/UE du Parlement européen et du Conseil.**

Loi n° 2019-486 du 22 mai 2019,

Relative à la croissance et la transformation des entreprises.

Art. 193 *[...]* V. — Par dérogation au IV du présent article :

1° Les dispositions des articles L. 2192-3 et L. 3133-3 du code de la commande publique, ainsi que des articles L. 2521-5 et L. 3221-7 du même code en tant qu'elles renvoient respectivement aux articles L. 2192-3 et L. 3133-3 dudit code, s'appliquent aux factures relatives aux marchés publics ou aux contrats de concession en cours d'exécution ou conclus postérieurement au 1er avril 2020 pour les factures reçues par les acheteurs et les autorités concédantes autres que les autorités publiques centrales dont la liste figure dans un avis annexé au code de la commande publique ;

2° Les dispositions des articles L. 2192-1, L. 2392-1 et L. 3133-1 du code de la commande publique s'appliquent aux marchés publics ou aux contrats de concession en cours d'exécution ou conclus postérieurement au 1er janvier 2020 pour les microentreprises telles que définies pour l'application de l'article 51 de la loi n° 2008-776 du 4 août 2008 de modernisation de l'économie.

[...]

§ 2 Mentions obligatoires des factures sous forme électronique

V. nota ss. Sect. Ire.

Art. D. 2192-2 **Sans préjudice des mentions obligatoires fixées par les dispositions législatives ou réglementaires, les factures mentionnées aux articles L. 2192-1 à L. 2192-3 comportent les mentions suivantes :**

1° La date d'émission de la facture ;

2° La désignation de l'émetteur et du destinataire de la facture ;

3° Le numéro unique basé sur une séquence chronologique et continue établie par l'émetteur de la facture, la numérotation pouvant être établie dans ces conditions sur une ou plusieurs séries ;

4° En cas de contrat exécuté au moyen de bons de commande, le numéro du bon de commande ou, dans les autres cas, les références du contrat ou le numéro de l'enga-

gement attribué par le système d'information financière et comptable du destinataire de la facture ;

5° La désignation du payeur, avec l'indication, pour les personnes publiques, du code d'identification du service chargé du paiement ;

6° La date de livraison des fournitures ou d'exécution des services ou des travaux ;

7° La quantité et la dénomination précise des produits livrés, des prestations et travaux réalisés ;

8° Le prix unitaire hors taxes des produits livrés, des prestations et travaux réalisés ou, lorsqu'il y a lieu, leur prix forfaitaire ;

9° Le montant total de la facture, le montant total hors taxes et le montant de la taxe à payer, ainsi que la répartition de ces montants par taux de taxe sur la valeur ajoutée, ou, le cas échéant, le bénéfice d'une exonération ;

10° L'identification, le cas échéant, du représentant fiscal de l'émetteur de la facture ;

11° Le cas échéant, les modalités de règlement ;

12° Le cas échéant, les renseignements relatifs aux déductions ou versements complémentaires.

Les factures comportent en outre les numéros d'identité de l'émetteur et du destinataire de la facture, attribués à chaque établissement concerné ou, à défaut, à chaque personne en application de l'article R. 123-221 du code de commerce.

Pour les émetteurs ne disposant pas du numéro d'identité mentionné à l'alinéa précédent, un arrêté du ministre chargé du budget, annexé au présent code, fixe l'identifiant qui doit être porté sur les factures.

SOUS-SECTION 2 Portail public de facturation

(Décr. n° 2019-748 du 18 juill. 2019, art. 1er)

V. nota ss. Sect. Ire.

Art. R. 2192-3 Un arrêté du ministre chargé du budget, annexé au présent code, définit les modalités techniques selon lesquelles le dépôt, la transmission et la réception des factures sont effectués sur le portail public de facturation en application de l'article L. 2192-5. Ces modalités garantissent la réception immédiate et intégrale des factures et assure la fiabilité de l'identification de l'émetteur, l'intégrité des données, la sécurité, la confidentialité et la traçabilité des échanges.

L'utilisation du portail public de facturation est exclusive de tout autre mode de transmission. Lorsqu'une facture lui est transmise en dehors de ce portail, la personne publique destinataire ne peut la rejeter qu'après avoir informé l'émetteur par tout moyen de l'obligation mentionnée à l'article L. 2192-1 et l'avoir invité à s'y conformer en utilisant ce portail.

SOUS-SECTION 3 Contrôles et transmission des factures et des données relatives à la facturation et au paiement

(Décr. n° 2022-1299 du 7 oct. 2022, art. 2 et 3, en vigueur le 1er juill. 2024)

Art. R. 2192-4 Les dispositions des articles 242 *nonies* A à 242 *nonies* L et de l'article 242 *nonies* P de l'annexe II au code général des impôts s'appliquent aux factures échangées en application de la présente section.

Les dispositions introduites par l'art. 2 du Décr. n° 2022-1299 du 7 oct. 2022, s'appliquent à compter du 1er juill. 2024. Toutefois, cette date est portée :

1° Au 1er janv. 2025 pour les entreprises de taille intermédiaire mentionnées au A du III de l'art. 26 de la L. n° 2022-1157 du 16 août 2022 de finances rectificatives pour 2022 ;

2° Au 1er janv. 2025 pour les petites et moyennes entreprises et les microentreprises mentionnées au même A (Décr. préc., art. 3).

SECTION 2 Délais de paiement

Les dispositions de la présente section s'appliquent aux contrats conclus à compter du 16 mars 2013 pour les créances dont le délai de paiement a commencé à courir à compter de la date d'entrée en vigueur du Décr. n° 2018-1075 du 3 déc. 2018 (Décr. préc., art. 16).

SOUS-SECTION 1 **Fixation du délai de paiement**

Art. R. 2192-10 Le délai de paiement prévu à l'article L. 2192-10 est fixé à trente jours pour les pouvoirs adjudicateurs, y compris lorsqu'ils agissent en tant qu'entité adjudicatrice.

Art. R. 2192-11 Par dérogation à l'article R. 2192-10, le délai de paiement est fixé à :

1° Cinquante jours pour les établissements publics de santé et les établissements du service de santé des armées ;

2° Soixante jours pour les entreprises publiques au sens du II de l'article 1er de l'ordonnance n° 2004-503 du 7 juin 2004 portant transposition de la directive 80/723/CEE relative à la transparence des relations financières entre les États membres et les entreprises publiques, à l'exception de celles ayant la nature d'établissements publics locaux.

SOUS-SECTION 2 **Déclenchement du délai de paiement**

§ 1 Dispositions générales

Art. R. 2192-12 Sous réserve des dispositions prévues aux articles R. 2192-13, R. 2192-17 et R. 2192-18, le délai de paiement court à compter de la date de réception de la demande de paiement par le pouvoir adjudicateur ou, si le marché le prévoit, par le maître d'œuvre ou toute autre personne habilitée à cet effet.

Art. R. 2192-13 Lorsque la date de réception de la demande de paiement est incertaine ou antérieure à la date d'exécution des prestations, le délai de paiement court à compter de la date d'exécution des prestations.

Art. R. 2192-14 La date de réception de la demande de paiement et la date d'exécution des prestations sont constatées par les services du pouvoir adjudicateur ou, le cas échéant, par le maître d'œuvre ou la personne habilitée à cet effet.

A défaut, la date de la demande de paiement augmentée de deux jours fait foi. En cas de litige, il appartient au créancier d'apporter la preuve de cette date.

La date de réception de la demande de paiement ne peut faire l'objet d'un accord contractuel entre le pouvoir adjudicateur et son créancier.

Art. R. 2192-15 Lorsque la demande de paiement est transmise par voie électronique en application *(Décr. n° 2019-748 du 18 juill. 2019, art. 2)* « des articles L. 2192-1 à L. 2192-3 », la date de réception de la demande de paiement par le pouvoir adjudicateur correspond :

1° Lorsque les factures sont transmises par échange de données informatisé, à la date à laquelle le système d'information budgétaire et comptable de l'État horodate l'arrivée de la facture et, pour les autres pouvoirs adjudicateurs, à la date de notification du message électronique l'informant de la mise à disposition de la facture sur *(Décr. n° 2019-748 du 18 juill. 2019, art. 2)* « le portail public de facturation mentionné à l'article L. 2192-5 » ;

2° Lorsque les factures sont transmises par le mode portail ou service, à la date de notification au pouvoir adjudicateur du message électronique l'informant de la mise à disposition de la facture *(Décr. n° 2019-748 du 18 juill. 2019, art. 2)* « sur ce portail ».

Les dispositions introduites par l'art. 2 du Décr. n° 2019-748 du 18 juill. 2019 s'appliquent, sous réserve des dispositions du V de l'art. 193 de la L. n° 2019-486 du 22 mai 2019 (V. ss. art. D. 2192-1), aux contrats en cours au lendemain de la publication dudit Décr. (JO 21 juill.), ainsi qu'aux contrats conclus postérieurement à cette date (Décr. préc., art. 7).

§ 2 Dispositions propres à certains marchés

Art. R. 2192-16 Pour le paiement du solde des marchés de travaux *(Décr. n° 2021-357 du 30 mars 2021, art. 4)* « ou de maîtrise d'œuvre » conclus par l'État, ses établissements publics ayant un caractère autre qu'industriel et commercial, les collectivités territoriales et leurs établissements publics, le délai de paiement court à compter de la date de réception par le maître de l'ouvrage du décompte général et définitif établi

dans les conditions fixées par le cahier des clauses administratives générales applicables aux marchés de travaux *(Décr. nº 2021-357 du 30 mars 2021, art. 4)* **« et aux marchés de maîtrise d'œuvre ».**

Les dispositions introduites par l'art. 4 du Décr. nº 2021-357 du 30 mars 2021 s'appliquent aux marchés pour lesquels une consultation est engagée ou un avis d'appel à la concurrence est envoyé à la publication à compter de l'entrée en vigueur dudit Décr. (Décr. préc., art. 7, JO 1er avr.).

Art. R. 2192-17 Lorsque le marché prévoit une procédure de vérification de la conformité des prestations, il peut prévoir que le délai de paiement court à compter de la date à laquelle cette conformité est constatée, si cette date est postérieure à la date de réception de la demande de paiement.

La durée de la procédure de vérification ne peut excéder trente jours. Toutefois, une durée plus longue peut être prévue par le marché, à condition que cela ne constitue pas un abus manifeste à l'égard du créancier, notamment au regard de l'usage ou des bonnes pratiques. A défaut de décision expresse dans ce délai, les prestations sont réputées conformes.

§ 3 Dispositions propres à l'intervention d'un tiers habilité à recevoir les demandes de paiement

Art. R. 2192-18 Si le pouvoir adjudicateur recourt à un maître d'œuvre ou à tout autre prestataire dont l'intervention conditionne le paiement des sommes dues, l'intervention du maître d'œuvre ou du prestataire ne modifie pas le délai de paiement qui s'impose au pouvoir adjudicateur.

Art. R. 2192-19 Le marché conclu par l'État, ses établissements publics ayant un caractère autre qu'industriel et commercial, les collectivités territoriales ou leurs établissements publics, avec le maître d'œuvre ou tout autre prestataire indique le délai dans lequel celui-ci doit effectuer ses interventions. Lorsque celles-ci interviennent après la date à laquelle le délai de paiement a commencé à courir, ce délai d'intervention ne peut excéder quinze jours.

Art. R. 2192-20 Le maître d'œuvre ou le prestataire habilité à recevoir les demandes de paiement est tenu de faire figurer dans l'état qu'il transmet au pouvoir adjudicateur en vue du paiement la date de réception ou de remise de la demande de paiement du créancier.

Art. R. 2192-21 Le marché comporte des stipulations sur les pénalités encourues du fait de l'inobservation du délai mentionné à l'article R. 2192-19 ou de l'obligation prévue à l'article R. 2192-20 ainsi que sur leurs modalités de calcul. Il prévoit également la faculté pour le pouvoir adjudicateur d'effectuer ou de faire effectuer, après mise en demeure, les prestations aux frais du défaillant.

§ 4 Dispositions propres aux sous-traitants bénéficiant du paiement direct

Art. R. 2192-22 Le délai de paiement du sous-traitant bénéficiant du paiement direct en application de l'article L. 2193-10 est identique à celui applicable au titulaire.

Ce délai court à compter de la date à laquelle le pouvoir adjudicateur a connaissance de l'acceptation expresse ou implicite par le titulaire des pièces justificatives servant de base au paiement direct.

Art. R. 2192-23 Pour les marchés conclus par l'État, ses établissements publics ayant un caractère autre qu'industriel et commercial, les collectivités territoriales et leurs établissements publics, le délai de paiement du sous-traitant court à compter de la réception par le pouvoir adjudicateur de l'accord, total ou partiel, du titulaire d'un marché sur le paiement demandé.

A défaut de notification d'un accord ou d'un refus par le titulaire dans le délai mentionné à l'article R. 2193-12, le délai de paiement court à compter soit de l'expiration de ce délai, soit de la réception par le pouvoir adjudicateur de l'avis postal mentionné à l'article R. 2193-14.

§ 5 **Dispositions propres aux avances, aux garanties et aux indemnités de résiliation**

Art. R. 2192-24 En cas de versement d'une avance en application de *(Décr. n° 2019-259 du 29 mars 2019, art. 1er)* « l'article R. 2191-3 », le délai de paiement de celle-ci court à compter :

1° Soit de la date de notification du marché ;

2° Soit lorsque le marché le prévoit, de la date de notification de l'acte qui emporte commencement d'exécution des prestations correspondant à l'avance.

Dans les autres cas, le délai de paiement court à compter de la date à laquelle les conditions prévues par le marché pour le versement de l'avance sont remplies ou, dans le silence du marché, à compter de sa date de notification.

Art. R. 2192-25 Lorsque la constitution d'une garantie à première demande ou d'une caution personnelle et solidaire est exigée, le délai de paiement de l'avance ne peut courir avant la réception de cette garantie ou de cette caution.

Art. R. 2192-26 En cas de versement d'une indemnité de résiliation, le délai de paiement de cette indemnité court à compter de la date à laquelle le montant de l'indemnité est arrêté, une fois la décision de résiliation notifiée.

SOUS-SECTION 3 **Interruption du délai de paiement**

Art. R. 2192-27 Lorsque la demande de paiement ne comporte pas l'ensemble des pièces et des mentions prévues par la loi ou par le marché ou que celles-ci sont erronées ou incohérentes, le délai de paiement peut être interrompu une seule fois par le pouvoir adjudicateur.

Pour les pouvoirs adjudicateurs dotés d'un comptable public, cette interruption ne peut intervenir qu'avant l'ordonnancement de la dépense.

Art. R. 2192-28 L'interruption du délai de paiement mentionnée à l'article R. 2192-27 fait l'objet d'une notification au créancier par tout moyen permettant d'attester une date certaine de réception.

Cette notification précise les raisons imputables au créancier qui s'opposent au paiement, ainsi que les pièces à fournir ou à compléter.

Art. R. 2192-29 A compter de la réception de la totalité des pièces et mentions prévues à l'article R. 2192-27, un nouveau délai de paiement est ouvert. Ce délai est de trente jours ou égal au solde restant à courir à la date de réception de la notification de l'interruption si ce solde est supérieur à trente jours.

Art. R. 2192-30 Lorsque l'ordonnateur et le comptable public ne relèvent pas de la même personne morale et ont convenu d'un délai de règlement conventionnel dans les conditions prévues à l'article 12 du décret n° 2013-269 du 29 mars 2013 relatif à la lutte contre les retards de paiement dans les contrats de la commande publique, ce nouveau délai ne peut être inférieur à quinze jours augmentés du délai prévu pour l'intervention du comptable public dans le cadre de ce délai de règlement conventionnel.

SOUS-SECTION 4 **Intérêts moratoires, indemnités forfaitaire et complémentaire pour frais de recouvrement**

Art. R. 2192-31 Le taux des intérêts moratoires mentionnés à l'article L. 2192-13 est égal au taux d'intérêt appliqué par la Banque centrale européenne à ses opérations principales de refinancement les plus récentes, en vigueur au premier jour du semestre de l'année civile au cours duquel les intérêts moratoires ont commencé à courir, majoré de huit points de pourcentage.

Art. R. 2192-32 Les intérêts moratoires courent à compter du lendemain de l'expiration du délai de paiement *(Décr. n° 2019-748 du 18 juill. 2019, art. 4)* « ou de l'échéance prévue par le marché » jusqu'à la date de mise en paiement du principal incluse.

Sur l'application des dispositions issues du Décr. n° 2019-748 du 18 juill. 2019, V. note ss. art. R. 2122-2, supra.

Art. R. 2192-33 Les intérêts moratoires appliqués aux acomptes ou au solde sont calculés sur le montant total de l'acompte ou du solde toutes taxes comprises, diminué de la retenue de garantie, et après application des clauses d'actualisation, de révision et de pénalisation.

Art. R. 2192-34 En cas de désaccord sur le montant d'un acompte ou du solde, le paiement est effectué dans les délais fixés aux articles R. 2192-10 et R. 2192-11 sur la base provisoire des sommes admises par le pouvoir adjudicateur. Lorsque les sommes ainsi payées sont inférieures à celles qui sont finalement dues au créancier, celui-ci a droit à des intérêts moratoires calculés sur la différence.

Art. D. 2192-35 Le montant de l'indemnité forfaitaire pour frais de recouvrement est fixé à 40 euros.

Art. R. 2192-36 Les intérêts moratoires et l'indemnité forfaitaire pour frais de recouvrement sont payés dans un délai de quarante-cinq jours suivant la mise en paiement du principal.

COMMENTAIRE

On se reportera, pour l'ensemble de cette section, aux articles L. 2192-10 à L. 2192-15 du code.

1. Assiette : montant du marché TTC. Les intérêts moratoires dus en application du C. marchés doivent être calculés sur le montant du solde impayé du marché, sans en exclure le montant de la taxe sur la valeur ajoutée, laquelle n'est pas dissociable du montant des sommes dues. • CE 27 mai 1998, *SA Nicoletti*, n° 128094 A : *AJDA 1999. 81, obs. Gilli*.

2. Montant des intérêts non soumis à la TVA. L'indemnité versée par le débiteur à son créancier du fait du retard apporté au paiement de la somme due au titre de l'exécution d'un marché n'est pas la contrepartie d'une prestation de service entrant dans le champ de la taxe sur la valeur ajoutée mais constitue la réparation d'un préjudice qui est dissociable de la prestation fournie par l'entreprise bénéficiaire du versement. Par suite, les intérêts moratoires dus à la société n'avaient pas à être majorés du montant de la taxe sur la valeur ajoutée. • CE, sect., 25 juin 2004, *Sté Philippe Filipini et cie*, n° 234687 A : *Rev. CMP 2004, n° 10, p. 28, note Eckert.*

3. Intérêts pour paiement tardif du solde. La circonstance que le solde du marché ne puisse être établi par les parties elles-mêmes est sans incidence sur le point de départ de ces intérêts qui doit être fixé à la date à laquelle ce solde aurait dû être établi. Il n'en va autrement, sans préjudice des stipulations du marché, que lorsque le retard dans l'établissement du solde est imputable au titulaire du marché, le point de départ de ces intérêts étant alors fixé à la date à laquelle le juge est saisi en vue du règlement du litige. • CE 11 mars 2009, *Sté Dominique Housieaux*, n° 296067 B : *Rev. CMP 2009, n° 156, note Olivier.*

4. Aux termes du I de l'art. 1er du Décr. du 21 févr. 2002 relatif à la mise en œuvre du délai maximum de paiement dans les marchés publics : « pour les marchés de travaux, le point de départ du délai global de paiement du solde est la date de réception du décompte général et définitif par le maître d'ouvrage ». Pour l'application de ces dispositions, lorsqu'un décompte général fait l'objet d'une réclamation par un cocontractant, le délai de paiement du solde doit être regardé comme ne commençant à courir qu'à compter de la réception de cette réclamation par le maître d'ouvrage. • CE 25 mars 2020, *Ministre de la transition écologique et solidaire c/ Sté Guintoli*, n° 427085.

5. Intérêts pour paiement tardif des acomptes. Les intérêts moratoires dus par le maître de l'ouvrage en cas de retard dans les paiements d'acomptes sont un élément du décompte général et ne peuvent être réclamés une fois le décompte devenu définitif. • CE 4 déc. 1987, *Cne de La Ricamarie*, n° 56108 A.

6. Intérêts et intangibilité du décompte. Quand le décompte général et définitif est établi, seuls les intérêts contractuels qui courent le cas échéant sur le solde résultant de ce décompte peuvent être discutés, le caractère définitif du décompte accepté faisant obstacle à ce que soient réclamés ou contestés les intérêts moratoires afférents à des acomptes qui y sont inclus. • CE 20 sept. 2001, *Entreprise de construction et de prestations de services*, n° 213395 A : *BJCP 2002. 27, concl. Bergeal ; Dr. adm. 2002, n° 10, obs. Ménéménis.* ♦ Les intérêts moratoires dus sur les acomptes mandatés ou payés au-delà du délai contractuel constituent des éléments de créance trouvant leur cause dans l'exécution du marché. L'entrepreneur doit, à peine de déchéance, les intégrer à son projet de décompte final lorsque, à la date d'établissement de cette pièce, ces acomptes ont été mandatés ou payés et que de ce fait il est en mesure de déterminer le retard sur la base duquel les intérêts moratoires doivent être liquidés. Il encourt la déchéance du droit au paiement des intérêts moratoires dont le montant était devenu définitif à la date du décompte final et qui n'y figuraient pas. • CAA Lyon, 31 janv. 2008, *Sté Eiffage Construction*, n° 02LY00706 B.

7. Mode de calcul des intérêts pour paiement tardif des acomptes. Le solde du décompte doit être fixé en faisant état de tous les éléments actifs et passifs résultant d'obligations ayant une existence certaine à la date de la résiliation du marché, devant figurer sur ledit décompte, et comprenant tant au profit de l'entreprise, la rémunération de ses travaux, qu'à sa charge, le coût de la réparation des malfaçons, imputé au décompte au fur et à mesure de la liquidité de la créance détenue à ce titre par le maître de l'ouvrage. Dans ce décompte doivent être compris les intérêts pour paiement tardif des acomptes dont les montants sont déterminés en fonction des dates de liquidité des diverses créances de l'une et l'autre parties. • CE 5 janv. 1988, *Ville de Paris c/ Sté Linville*, n° 35687 A.

8. Renonciation aux intérêts. Impossibilité. Les parties au contrat peuvent aménager le droit au paiement des intérêts moratoires mais il leur est interdit d'y renoncer. Une transaction qui prévoit la renonciation du titulaire au paiement des intérêts est entachée de nullité. • CE 17 oct. 2003, *Min. de l'Intérieur, de la Sécurité intérieure et des Libertés locales c/ Synd. intercommunal d'assainissement Le Beausset, La Cadière, Le Castellet*, n° 249822 A : *BJCP 2004. 20, concl. Le Chatelier ; AJDA 2004. 1631, chron. Lafaix ; ibid. 2003. 2267, obs. Dreyfus ; Rev. CMP 2003, n° 230, p. 22, note Eckert ; CJEG 2004. 96, note F. L.*

9. Un entrepreneur ayant indiqué dans une lettre adressée au maître d'ouvrage accepter la conciliation pour solde de tout compte et la renonciation à toute réclamation ultérieure ne peut être regardé comme ayant entendu renoncer au paiement des intérêts moratoires sur les sommes en cause. • CE 10 nov. 2004, *Entreprise Paul Milet*, n° 256031. ♦ V. aussi • CE 18 mai 2021, *Cté d'agglomération de Lens-Liévin*, n°s 443153 et 443158 B.

10. Intérêts en cas de condamnation pécuniaire. La majoration prévue à l'art. L. 313-3 C. mon. fin. ne s'applique, en cas de condamnation pécuniaire, qu'au taux de l'intérêt légal, fixé en application de l'art. L. 313-2 du même code, et ne s'applique pas, en revanche, au taux d'intérêt contractuel résultant de stipulations expresses ou, s'agissant d'un marché public, et en l'absence de stipulations contraires, des dispositions prises pour l'application de l'art. 182 C. marchés, dans sa version applicable au litige. Eu égard à l'intérêt qui s'attache à l'exécution rapide des décisions juridictionnelles et au paiement des dettes nées de l'exécution d'un marché public, le titulaire d'un marché public peut bénéficier, sur sa demande, à l'expiration du délai de deux mois à compter de la notification à son débiteur de la décision de justice condamnant celui-ci à une indemnité assortie d'intérêts moratoires contractuels, de l'application du taux d'intérêt légal majoré prévu à l'art. L. 313-3 C. mon. fin. pour chacune des périodes pour lesquelles celle-ci s'avère plus favorable que l'application du seul taux d'intérêt contractuel ou résultant du code des marchés publics. • CE 23 mai 2012, *Sté SPIE SCGPM*, n° 346352 : *ACCP 2012, n° 126, note Pintat et Chachereau.*

SECTION 3 Paiement par carte d'achat des marchés des personnes morales de droit public dotées d'un comptable public

Art. R. 2192-37 Les personnes morales de droit public dotées d'un comptable public peuvent recourir à la carte d'achat comme modalité d'exécution des marchés dans les conditions prévues par le décret n° 2004-1144 du 26 octobre 2004 relatif à l'exécution des marchés par carte d'achat.

Ne peuvent faire l'objet d'une exécution par carte d'achat :

1° Les marchés de travaux, sauf décision de l'acheteur motivée par des besoins d'entretien et de réparation courants n'ayant pas fait l'objet d'un programme ;

2° Les marchés faisant l'objet d'une avance forfaitaire ou facultative. — *[Décr. n° 2004-1144 du 26 oct. 2004, art. 1er, al. 1er et 2.]*

Décret n° 2004-1144 du 26 octobre 2004,

Relatif à l'exécution des marchés publics par carte d'achat.

Art. 1er Les entités publiques peuvent recourir à la carte d'achat comme modalité d'exécution des marchés publics. Les titulaires des marchés acceptant cet instrument obtiennent un paiement dans les conditions fixées par le présent décret.

L'exécution par carte d'achat éteint la créance née du marché, y compris d'un bon de commande, et clôture le délai de paiement. — *[V. désormais CCP, art. R. 2192-37 et R. 2392-13.]*

Art. 2 Ne peuvent faire l'objet d'une exécution par carte d'achat :

— les marchés de travaux, sauf décision de l'entité publique motivée par des besoins d'entretien et de réparation courants n'ayant pas fait l'objet d'un programme ;

— les marchés faisant l'objet d'une avance forfaitaire ou facultative. – *[V. désormais CCP, art. R. 2192-37.]*

Art. 3 Au sens du présent décret, on entend par :

— entité publique : personne morale de droit public dotée d'un comptable public ;

— émetteur : établissement de crédit et organismes mentionnés à l'article L. 518-1 du code monétaire et financier émettant des cartes d'achat et habilités à effectuer les opérations de banque définies à l'article L. 311-1 du code précité ;

— porteur : agent d'une entité publique détenteur d'une carte d'achat ;

— accepteur : titulaire d'un marché public acceptant le paiement par carte d'achat.

Art. 4 L'émetteur met à la disposition de l'entité publique les cartes d'achat des porteurs qu'elle a désignés.

L'émetteur ou son correspondant bancaire paye à l'accepteur toute créance née d'un marché exécuté par carte d'achat. L'émetteur ou son correspondant bancaire paye dans un délai prévu par contrat avec l'accepteur. Ce délai est inférieur ou égal au délai global de paiement prévu par l'article 96 du code des marchés publics. Il court à compter de la date d'utilisation de la carte d'achat connue de l'émetteur ou de son correspondant bancaire.

L'émetteur porte chaque utilisation de la carte d'achat sur un relevé d'opérations. Le montant des fonds transférés aux accepteurs est inscrit par l'émetteur dans ses livres, au débit d'un compte technique dédié au contrat passé avec l'entité publique.

Art. 5 L'entité publique procède à la désignation de chaque porteur et définit les paramètres d'habilitation de chaque carte.

Le porteur se fait remettre ou livrer directement les fournitures ou services commandés auprès des accepteurs. L'utilisation physique de la carte par son porteur n'est possible que lorsque l'accepteur remet les fournitures ou services commandés en présence du porteur, et que la commande n'est pas effectuée dans le cadre d'un marché conclu aux conditions prévues par une convention de prix.

L'entité publique fait créditer le compte technique du montant de la créance née et approuvée.

Les conditions et modalités de fonctionnement du compte technique et délais d'approbation des montants qui y sont inscrits sont fixés par le contrat passé par l'entité publique avec l'émetteur. L'approbation est acquise par l'utilisation physique de la carte et la présence du porteur lors de la remise par l'accepteur des fournitures ou services commandés. Ces dispositions sont reproduites dans le contrat passé par l'émetteur ou son correspondant bancaire avec l'accepteur.

Avant de créditer le compte technique, le comptable public assignataire effectue les contrôles réglementaires prévus au décret n° 2012-1246 du 7 novembre 2012 relatif à la gestion budgétaire et comptable publique. Il procède au paiement de l'émetteur.

Art. 6 Pour chaque utilisation de la carte, l'accepteur contrôle auprès de l'émetteur les paramètres d'habilitation, procède à la délivrance ou à la livraison des fournitures ou services commandés par le porteur et demande à l'émetteur ou à son correspondant bancaire le paiement de la créance née. Les conditions et modalités d'acceptation de la carte de paiement de la créance née et de remboursement si elle n'est pas approuvée sont fixées par le contrat passé par l'accepteur avec l'émetteur ou son correspondant bancaire.

Si la possibilité d'accepter le paiement par carte d'achat est refusée ou retirée par l'émetteur ou son correspondant bancaire à un titulaire de marché public en raison des risques financiers qu'il présente, l'entité publique dispense le titulaire d'exécuter le marché par carte d'achat.

Art. 7 Le contrat passé entre l'entité publique et l'émetteur stipule :

a) Que chaque créance née d'une exécution par carte d'achat est portée sur un relevé d'opérations établi par l'émetteur ;

b) Que ce relevé fait foi des transferts de fonds entre les livres de l'émetteur et ceux de l'accepteur ;

c) Que ce relevé appuie la demande de paiement de l'émetteur à l'entité publique.

Le relevé d'opérations doit mentionner le nom ou la raison sociale de l'émetteur et le nom de l'entité publique débitrice. Pour chaque créance née d'une exécution par carte d'achat porté par l'émetteur sur le relevé d'opérations, l'accepteur ou l'entité publique précise :

a) Le nom ou la raison sociale, le numéro unique d'identification de l'accepteur tel que défini à l'article 1er du décret du 16 mai 1997 susvisé ;

b) L'identification de la carte utilisée ou de son porteur ;

c) La date d'utilisation de la carte d'achat ;

d) Le montant de la créance née et, le cas échéant, l'indication de la TVA ;

e) La nature de la dépense ou, pour les marchés écrits exécutés par carte d'achat et conclus aux conditions prévues par une convention de prix, le décompte des sommes dues : nature des fournitures ou services, prix et, le cas échéant, quantité.

Le relevé d'opérations est transmis, le cas échéant, par voie électronique. Les utilisations de carte d'achat sont regroupées par l'entité publique par marché, par budget ou état des prévisions de recettes et de dépenses, par nature de dépenses.

Sauf dans les cas prévus à l'article L. 132-2 du code monétaire et financier, le paiement par l'émetteur est opposable aux tiers. Le paiement doit être effectué à l'émetteur par le comptable public assignataire, dans les délais et selon les dispositions du code des marchés publics ou, lorsque l'entité publique n'y est pas soumise, de la réglementation qui lui est applicable.

CHAPITRE III SOUS-TRAITANCE

SECTION 1 Acceptation du sous-traitant et agrément des conditions de paiement

SOUS-SECTION 1 Modalités d'acceptation et d'agrément

§ 1 Déclaration de sous-traitance au moment de l'offre

Art. R. 2193-1 Lorsque la déclaration de sous-traitance intervient au moment du dépôt de l'offre, le soumissionnaire fournit à l'acheteur une déclaration mentionnant l'ensemble des informations suivantes :

1° La nature des prestations sous-traitées ;

2° Le nom, la raison ou la dénomination sociale et l'adresse du sous-traitant proposé ;

3° Le montant maximum des sommes à verser au sous-traitant ;

4° Les conditions de paiement prévues par le projet de contrat de sous-traitance et, le cas échéant, les modalités de variation des prix ;

5° Le cas échéant, les capacités du sous-traitant sur lesquelles le candidat s'appuie.

Le soumissionnaire remet également à l'acheteur une déclaration du sous-traitant indiquant qu'il n'est pas placé *(Décr. n° 2019-259 du 29 mars 2019, art. 1er)* **« dans un cas d'exclusion mentionné par les dispositions législatives des sections I et II du chapitre I du titre IV ».** – *[Décr. n° 2016-360 du 25 mars 2016, art. 134, al. 1er et 2.]*

Art. R. 2193-2 La notification du marché emporte acceptation du sous-traitant et agrément des conditions de paiement. – *[Décr. n° 2016-360 du 25 mars 2016, art. 134-1°, al. 8.]*

COMMENTAIRE

Sur la sous-traitance, on se reportera aux commentaires et à la jurisprudence sous les articles L. 2193-1 à L. 2193-14 du présent code.

Les articles du présent chapitre ont pour objet de définir :

– les modalités concrètes d'acceptation et d'agrément, selon que la déclaration de sous-traitance intervient avant ou après la notification du marché et en tenant compte d'éventuels cessions ou nantissements de créances (section 1) ;

– les modalités concrètes de paiement du sous-traitant accepté et dont les conditions de paiement ont été agréées (section 2) ;

– les conséquences de la sous-traitance d'une partie d'un marché sur les avances et l'application au sous-traitant des règles sur la cession ou le nantissement des créances (section 3). ❑

§ 2 Déclaration de sous-traitance après la notification du marché public

Art. R. 2193-3 Lorsque la déclaration de sous-traitance intervient après la notification du marché, le titulaire remet à l'acheteur contre récépissé ou lui adresse par let-

tre recommandée avec demande d'avis de réception, un acte spécial de sous-traitance contenant les renseignements mentionnés à l'article R. 2193-1.

Le titulaire établit en outre qu'aucune cession ni aucun nantissement de créances résultant du marché ne font obstacle au paiement direct du sous-traitant, en produisant, lorsque les dispositions du chapitre I du présent titre s'appliquent, soit l'exemplaire unique ou le certificat de cessibilité du marché qui lui a été délivré, soit une attestation ou une mainlevée du bénéficiaire de la cession ou du nantissement de créances. – *[Décr. n° 2016-360 du 25 mars 2016, art. 134-2°, al. 1er et 2.]*

Art. R. 2193-4 L'acceptation du sous-traitant et l'agrément des conditions de paiement sont constatés par la signature de l'acte spécial de sous-traitance. Le silence de l'acheteur gardé pendant vingt et un jours à compter de la réception des documents mentionnés à l'article R. 2193-3 vaut également acceptation du sous-traitant et agrément des conditions de paiement. – *[Décr. n° 2016-360 du 25 mars 2016, art. 134-2°, al. 3 et 4°.]*

SOUS-SECTION 2 Modalités de modification de l'exemplaire unique et du certificat de cessibilité en cas de prestations confiées à un sous-traitant admis au paiement direct

Art. R. 2193-5 Lorsque le titulaire envisage de confier à des sous-traitants bénéficiant du paiement direct, postérieurement à la notification du marché, l'exécution de prestations pour un montant supérieur à celui qui a été indiqué dans le marché ou l'acte spécial et que les dispositions du chapitre I du présent titre s'appliquent, il demande à l'acheteur, sans préjudice des dispositions relatives à l'acceptation du sous-traitant de la sous-section 1 de la présente section, la modification de l'exemplaire unique ou du certificat de cessibilité prévus à l'article R. 2191-46. – *[Décr. n° 2016-360 du 25 mars 2016, art. 134-3°, al. 1er.]*

Art. R. 2193-6 Lorsque l'exemplaire unique ou le certificat de cessibilité a été remis en vue d'une cession ou d'un nantissement de créances et ne peut être restitué, le titulaire justifie soit que la cession ou le nantissement de créances concernant le marché est d'un montant tel qu'il ne fait pas obstacle au paiement direct de la partie sous-traitée, soit que son montant a été réduit afin que ce paiement soit possible.

Cette justification est donnée par une attestation du bénéficiaire de la cession ou du nantissement de créances. – *[Décr. n° 2016-360 du 25 mars 2016, art. 134-3°, al. 2 et 3.]*

Art. R. 2193-7 L'acheteur ne peut pas accepter un sous-traitant ni agréer ses conditions de paiement si l'exemplaire unique ou le certificat de cessibilité n'a pas été modifié ou si la justification mentionnée à l'article R. 2193-6 ne lui a pas été remise.

Le silence de l'acheteur gardé pendant vingt et un jours à compter de la réception des documents mentionnés au premier alinéa et à l'article R. 2193-3 vaut acceptation du sous-traitant et agrément des conditions de paiement. – *[Décr. n° 2016-360 du 25 mars 2016, art. 134-3°, al. 4 et 4°.]*

Art. R. 2193-8 Toute modification en cours d'exécution du marché dans la répartition des prestations entre le titulaire et les sous-traitants payés directement ou entre les sous-traitants eux-mêmes nécessite la modification de l'exemplaire unique ou du certificat de cessibilité ou, le cas échéant, la production d'une attestation ou d'une mainlevée du ou des cessionnaires. – *[Décr. n° 2016-360 du 25 mars 2016, art. 134-3°, al. 5.]*

SOUS-SECTION 3 Offres anormalement basses des sous-traitants

Art. R. 2193-9 Lorsque le montant de la sous-traitance apparaît anormalement bas, l'acheteur met en œuvre les dispositions des articles R. 2152-3 à R. 2152-5. – *[Décr. n° 2016-360 du 25 mars 2016, art. 134-1°, al. 3.]*

SECTION 2 Paiement du sous-traitant

Art. R. 2193-10 Le seuil prévu à l'article L. 2193-10 à partir duquel un sous-traitant qui a été accepté et dont les conditions de paiement ont été agréées est payé directement par l'acheteur est fixé à 600 euros toutes taxes comprises.

En ce qui concerne les marchés de services, de travaux ou de fournitures nécessitant des travaux de pose ou d'installation ou comportant des prestations de service*[s]*, passés par les services de la défense, notamment des marchés de réalisation de prototypes, de fabrication, d'assemblage, d'essais, de réparations ou de maintien en condition et de prestations intellectuelles, ce seuil est fixé à 10 % du montant total du marché. – *[Décr. n° 2016-360 du 25 mars 2016, art. 135-I.]*

Art. R. 2193-11 Le sous-traitant admis au paiement direct adresse sa demande de paiement au titulaire du marché, par tout moyen permettant d'en assurer la réception et d'en déterminer la date, ou la dépose auprès du titulaire contre récépissé. – *[Décr. n° 2016-360 du 25 mars 2016, art. 136-I, al. 1er.]*

Art. R. 2193-12 Le titulaire dispose d'un délai de quinze jours à compter de la date de réception ou du récépissé mentionnés à l'article R. 2193-11 pour donner son accord ou notifier un refus, d'une part, au sous-traitant et, d'autre part, à l'acheteur. – *[Décr. n° 2016-360 du 25 mars 2016, art. 136-I, al. 2.]*

Art. R. 2193-13 Passé le délai mentionné à l'article R. 2193-12, le titulaire du marché est réputé avoir accepté celles des pièces justificatives ou des parties de pièces justificatives qu'il n'a pas expressément acceptées ou refusées.

Art. R. 2193-14 Lorsque le sous-traitant a obtenu la preuve ou le récépissé attestant que le titulaire a bien reçu la demande de paiement dans les conditions fixées à l'article R. 2193-11 ou qu'il dispose de l'avis postal attestant que le pli a été refusé ou n'a pas été réclamé par le titulaire, le sous-traitant adresse sa demande de paiement à l'acheteur accompagnée de cette preuve, du récépissé ou de l'avis postal.

L'acheteur adresse sans délai au titulaire une copie des factures produites par le sous-traitant. – *[Décr. n° 2016-360 du 25 mars 2016, art. 136-I, al. 3 et 4.]*

Art. R. 2193-15 L'acheteur informe le titulaire des paiements qu'il effectue au sous-traitant. – *[Décr. n° 2016-360 du 25 mars 2016, art. 136-I, al. 5.]*

Art. R. 2193-16 Lorsque le sous-traitant utilise *(Décr. n° 2019-748 du 18 juill. 2019, art. 2)* « le portail public de facturation mentionné à l'article L. 2192-5 », il y dépose sa demande de paiement sans autre formalité. Le titulaire dispose de quinze jours à compter de ce dépôt pour accepter ou refuser la demande de paiement *(Décr. n° 2019-748 du 18 juill. 2019, art. 2)* « sur ce portail ». – *[Décr. n° 2016-360 du 25 mars 2016, art. 136-II.]*

Sur l'application des dispositions issues du Décr. n° 2019-748 du 18 juill. 2019, V. note ss. art. R. 2192-15, supra.

SECTION 3 Régime financier

SOUS-SECTION 1 Avances

Art. R. 2193-17 Lorsque les dispositions des sections I à III du chapitre I du présent titre s'appliquent au marché, elles s'appliquent aux sous-traitants sous réserve des dispositions particulières de la présente sous-section. – *[Décr. n° 2016-360 du 25 mars 2016, art. 135-II, al. 1er.]*

Art. R. 2193-18 Lorsqu'une partie du marché est sous-traitée, l'avance versée au titulaire est calculée sur la base du montant du marché diminué le cas échéant du montant des prestations confiées aux sous-traitants et donnant lieu à paiement direct. – *[Décr. n° 2016-360 du 25 mars 2016, art. 135-II, al. 2.]*

Art. R. 2193-19 Dès lors que le titulaire remplit les conditions pour bénéficier d'une avance, une avance est versée, sur leur demande, aux sous-traitants bénéficiaires du paiement direct.

Pour le calcul du montant de cette avance, les limites fixées aux articles R. 2191-3 à R. 2191-10 sont appréciées par référence au montant des prestations confiées au sous-traitant tel qu'il figure dans le marché ou dans l'acte spécial mentionné à l'article R. 2193-3. – *[Décr. n° 2016-360 du 25 mars 2016, art. 135-II, al. 3 et 4.]*

Art. R. 2193-20 Le droit du sous-traitant à une avance est ouvert dès la notification du marché ou de l'acte spécial par l'acheteur.

Le remboursement de cette avance s'impute sur les sommes dues au sous-traitant selon les mêmes modalités que celles prévues aux articles R. 2191-11 et R. 2191-12. – *[Décr. n° 2016-360 du 25 mars 2016, art. 135-II, al. 5 et 6.]*

Art. R. 2193-21 Si le titulaire du marché qui a perçu l'avance sous-traite une part du marché en cours d'exécution, il rembourse l'avance correspondant au montant des prestations sous-traitées et donnant lieu à paiement direct à l'acheteur, même dans le cas où le sous-traitant ne souhaite pas bénéficier de l'avance.

Le remboursement par le titulaire s'impute sur les sommes qui lui sont dues par l'acheteur dès la notification de l'acte spécial. – *[Décr. n° 2016-360 du 25 mars 2016, art. 135-II, al. 7 et 8.]*

Remboursement des avances. Les avances accordées et versées au titulaire d'un marché sur le fondement de l'art. 87 C. marchés ont pour objet de lui fournir une trésorerie suffisante destinée à assurer le préfinancement de l'exécution des prestations qui lui ont été confiées. Le principe et les modalités de leur remboursement sont prévus par les dispositions de l'article 88 de ce code, dont la substance a été reprise aux art. R. 2191-11 et R. 2191-12 CCP, qui permettent au maître d'ouvrage d'imputer le remboursement des avances par précompte sur les sommes dues au titulaire du marché à titre d'acomptes, de règlement partiel définitif ou de solde. L'art. 115 C. marchés, dont la substance a été reprise aux art. R. 2193-17 s. CCP, prévoit que ces dispositions s'appliquent aux sous-traitants bénéficiaires du paiement direct. Il résulte de la combinaison de ces art. que, lorsque le marché est résilié avant que l'avance puisse être remboursée par précompte sur les prestations dues, le maître d'ouvrage peut obtenir le remboursement de l'avance versée au titulaire du marché ou à son sous-traitant sous réserve des dépenses qu'ils ont exposées et qui correspondent à des prestations prévues au marché et effectivement réalisées. En cas de résiliation pour faute du marché, le remboursement de l'avance par le sous-traitant ne fait pas obstacle à ce que celui-ci engage une action contre le titulaire du marché et lui demande, le cas échéant, réparation du préjudice que cette résiliation lui a causé à raison des dépenses engagées en vue de l'exécution de prestations prévues initialement au marché. • CE 4 mars 2020, *Sté Savima*, n° 423443 B.

SOUS-SECTION 2 Cession ou nantissement de créances

Art. R. 2193-22 Le sous-traitant qui a été accepté et dont les conditions de paiement ont été agréées peut céder ou nantir, à concurrence du montant des prestations qui lui sont réglées directement, tout ou partie de sa créance.

La copie de l'original du marché ou du certificat de cessibilité prévu*[s]* à l'article R. 2191-46 ou, le cas échéant, de l'acte spécial prévu à l'article R. 2193-4 désignant un sous-traitant admis au paiement direct, est remise à chaque sous-traitant bénéficiant du paiement direct. – *[Décr. n° 2016-360 du 25 mars 2016, art. 137.]*

CHAPITRE IV MODIFICATION DU MARCHÉ

SECTION 1 Modifications autorisées

SOUS-SECTION 1 Clauses contractuelles

Art. R. 2194-1 Le marché peut être modifié lorsque les modifications, quel que soit leur montant, ont été prévues dans les documents contractuels initiaux sous la forme de clauses de réexamen, dont des clauses de variation du prix ou d'options claires, précises et sans équivoque.

Ces clauses indiquent le champ d'application et la nature des modifications ou options envisageables ainsi que les conditions dans lesquelles il peut en être fait usage. – *[Décr. n° 2016-360 du 25 mars 2016, art. 139-1°.]*

COMMENTAIRE

Pour l'ensemble de ce chapitre, on se reportera aux commentaires et à la jurisprudence sous les articles L. 2194-1 et L. 2194-2.

Le présent article et ceux qui suivent explicitent les cas, définis par la loi, dans lesquels un marché public peut être modifié.

D'une façon générale, on relèvera que les conditions posées sont précises et souvent restrictives, ce qui traduit le souci d'éviter que ne soit méconnue, par de prétendues

« modifications », les obligations de publicité et de mise en concurrence qu'imposerait la conclusion d'un nouveau marché. Ainsi, le présent article souligne par exemple que les clauses ouvrant la faculté de procéder à des modifications doivent être claires, précises et sans équivoque. ❑

SOUS-SECTION 2 **Travaux, fournitures ou services supplémentaires devenus nécessaires**

Art. R. 2194-2 Le marché peut être modifié lorsque, sous réserve de la limite fixée à l'article R. 2194-3, des travaux, fournitures ou services supplémentaires, quel que soit leur montant, sont devenus nécessaires et ne figuraient pas dans le marché initial, à la condition qu'un changement de titulaire soit impossible pour des raisons économiques ou techniques tenant notamment à des exigences d'interchangeabilité ou d'interopérabilité avec les équipements, services ou installations existants achetés dans le cadre du marché initial. – *[Décr. n° 2016-360 du 25 mars 2016, art. 139-2°.]*

COMMENTAIRE

En cas de contestation il appartiendra à l'acheteur d'établir à la fois que les prestations en cause étaient nécessaires et qu'il n'était pas possible de les confier à un autre titulaire. ❑

Art. R. 2194-3 Lorsque le marché est conclu par un pouvoir adjudicateur, le montant de la modification prévue à l'article R. 2194-2 ne peut être supérieur à 50 % du montant du marché initial.

Lorsque plusieurs modifications successives sont effectuées, cette limite s'applique au montant de chaque modification.

Ces modifications successives ne doivent pas avoir pour objet de contourner les obligations de publicité et de mise en concurrence. – *[Décr. n° 2016-360 du 25 mars 2016, art. 140-I.]*

Art. R. 2194-4 Pour le calcul du montant de la modification mentionnée à l'article R. 2194-2, l'acheteur tient compte de la mise en œuvre de la clause de variation des prix. – *[Décr. n° 2016-360 du 25 mars 2016, art. 140-II, al. 1er ecqc l'art. 140.]*

SOUS-SECTION 3 **Circonstances imprévues**

Art. R. 2194-5 Le marché peut être modifié lorsque la modification est rendue nécessaire par des circonstances qu'un acheteur diligent ne pouvait pas prévoir.

Dans ce cas, les dispositions des articles R. 2194-3 et R. 2194-4 sont applicables. – *[Décr. n° 2016-360 du 25 mars 2016, art. 139-3°.]*

SOUS-SECTION 4 **Substitution d'un nouveau titulaire**

Art. R. 2194-6 Le marché peut être modifié lorsqu'un nouveau titulaire se substitue au titulaire initial du marché, dans l'un des cas suivants :

1° En application d'une clause de réexamen ou d'une option conformément aux dispositions de l'article R. 2194-1 ;

2° Dans le cas d'une cession du marché, à la suite d'une opération de restructuration du titulaire initial, à condition que cette cession n'entraîne pas d'autres modifications substantielles et ne soit pas effectuée dans le but de soustraire le marché aux obligations de publicité et de mise en concurrence. Le nouveau titulaire doit remplir les conditions qui avaient été fixées par l'acheteur pour la participation à la procédure de passation du marché initial. – *[Décr. n° 2016-360 du 25 mars 2016, art. 139-4°.]*

SOUS-SECTION 5 **Modification non substantielle**

Art. R. 2194-7 Le marché peut être modifié sans nouvelle procédure de mise en concurrence lorsque les modifications, quel que soit leur montant, ne sont pas substantielles.

Pour l'application de l'article L. 2194-1, une modification est substantielle, notamment, lorsque au moins une des conditions suivantes est remplie :

1° Elle introduit des conditions qui, si elles avaient été incluses dans la procédure de passation initiale, auraient attiré davantage d'opérateurs économiques ou permis

l'admission d'autres opérateurs économiques ou permis le choix d'une offre autre que celle retenue ;

2° Elle modifie l'équilibre économique du marché en faveur du titulaire d'une manière qui n'était pas prévue dans le marché initial ;

3° Elle modifie considérablement l'objet du marché ;

4° Elle a pour effet de remplacer le titulaire initial par un nouveau titulaire en dehors des hypothèses prévues à l'article R. 2194-6. – *[Décr. n° 2016-360 du 25 mars 2016, art. 139-5°.]*

SOUS-SECTION 6 Modification de faible montant

Art. R. 2194-8 Le marché peut être modifié lorsque le montant de la modification est inférieur aux seuils européens qui figurent dans l'avis annexé au présent code et à 10 % du montant du marché initial pour les marchés de services et de fournitures ou à 15 % du montant du marché initial pour les marchés de travaux, sans qu'il soit nécessaire de vérifier si les conditions prévues à l'article R. 2194-7 sont remplies.

Les dispositions de l'article R. 2194-4 sont applicables au cas de modification prévue au présent article. – *[Décr. n° 2016-360 du 25 mars 2016, art. 139-6° et 140-II, al. 1er ecqc le 6° de l'art. 139.]* – *V. Annexe n° 2.*

Art. R. 2194-9 Lorsque plusieurs modifications successives relevant de l'article R. 2194-8 sont effectuées, l'acheteur prend en compte leur montant cumulé. – *[Décr. n° 2016-360 du 25 mars 2016, art. 140-II, al. 2.]*

SECTION 2 Avis de modification

Art. R. 2194-10 Dans les cas prévus aux articles R. 2194-2 et R. 2194-5, lorsque le marché a été passé selon une procédure formalisée, l'acheteur publie un avis de modification.

Cet avis est publié au *Journal officiel de l'Union européenne* dans les conditions fixées aux articles R. 2131-19 et R. 2131-20, conformément au modèle fixé par le règlement de la Commission européenne établissant les formulaires standards pour la publication d'avis dans le cadre de la passation de marchés. – *[Décr. n° 2016-360 du 25 mars 2016, art. 140-III.]*

CHAPITRE V RÉSILIATION DU MARCHÉ

Le présent chapitre ne comprend pas de dispositions réglementaires.

CHAPITRE VI INFORMATIONS RELATIVES À L'ACHAT

SECTION 1 Mise à disposition des données essentielles

Art. R. 2196-1 L'acheteur offre, sur son profil d'acheteur, un accès libre, direct et complet aux données essentielles des marchés répondant à un besoin dont la valeur est égale ou supérieure à *(Décr. n° 2019-1344 du 12 déc. 2019, art. 1er et 4, en vigueur le 1er janv. 2020)* « 40 000 » euros hors taxes *[nouvelle rédaction issue du Décr. n° 2022-767 du 2 mai 2022, art. 4 et 11, en vigueur au plus tard le 1er janv. 2024 : « L'acheteur publie sur le portail national de données ouvertes les données essentielles des marchés répondant à un besoin dont la valeur est égale ou supérieure à 40 000 euros hors taxes dans les deux mois suivant la notification du marché ou sa modification »]*.

Ces données essentielles portent sur :

1° La procédure de passation du marché ;

2° Le contenu du contrat ;

3° L'exécution du marché, notamment, lorsqu'il y a lieu, sur *[nouvelle rédaction issue du Décr. n° 2022-767 du 2 mai 2022, art. 4 et 11, en vigueur au plus tard le 1er janv. 2024 : « [L'exécution du marché] et, le cas échéant, »]* sa modification.

Un arrêté du ministre chargé de l'économie qui figure en annexe au présent code fixe la liste de ces données essentielles ainsi que les modalités de leur publication.

(Décr. n° 2019-1344 du 12 déc. 2019, art. 1er et 4, en vigueur le 1er janv. 2020) « Les dispositions du présent article sont également applicables aux marchés conclus en

application de l'article R. 2122-8 dont la valeur est égale ou supérieure à 25 000 euros hors taxes. Toutefois, pour ces mêmes marchés, l'acheteur peut satisfaire à cette obligation d'information en publiant au cours du premier trimestre de chaque année, sur le support de son choix, la liste de ces marchés conclus l'année précédente. Cette liste mentionne l'objet, le montant hors taxes et la date de conclusion du marché ainsi que le nom de l'attributaire et son code postal s'il est établi en France, ou le pays de son principal établissement, s'il n'est pas établi en France. » – *[Décr. n° 2016-360 du 25 mars 2016, art. 107.] – V. Annexe n° 15.*

Sur l'application du Décr. n° 2019-1344 du 12 déc. 2019, V. note ss. art. R. 2122-8, supra.

Les dispositions issues du Décr. n° 2022-767 du 2 mai 2022 entrent en vigueur à une date fixée par arrêté du min. de l'Économie et au plus tard le 1er janv. 2024, et s'appliquent aux marchés et contrats de concessions pour lesquels une consultation est engagée ou un avis d'appel à la concurrence est envoyé à la publication à compter de cette date (Décr. préc., art. 11).

SECTION 2 Recensement économique

SOUS-SECTION 1 Observatoire économique de la commande publique

Art. R. 2196-2 Un observatoire économique de la commande publique placé auprès du ministre chargé de l'économie *(Abrogé par Décr. n° 2022-767 du 2 mai 2022, art. 4 et 11, au plus tard à compter du 1er janv. 2024)* ***« rassemble et »*** **analyse les données relatives aux aspects économiques et techniques de la commande publique.**

Il constitue une instance de concertation et d'échanges d'informations avec les opérateurs économiques, les pouvoirs adjudicateurs et les entités adjudicatrices et contribue à la diffusion des bonnes pratiques. – *[Décr. n° 2016-360 du 25 mars 2016, art. 141, al. 1er.]*

Sur l'application des dispositions issues du Décr. n° 2022-767 du 2 mai 2022, V. note ss. art. R. 2196-1.

Art. R. 2196-3 La composition, l'organisation et les modalités de fonctionnement de l'observatoire économique de la commande publique sont fixées par un arrêté figurant en annexe du présent code. – *[Décr. n° 2016-360 du 25 mars 2016, art. 141, al. 2.] – V. Annexe n° 16.*

COMMENTAIRE

Voir l'annexe n° 16.

Art. R. 2196-4 L'observatoire économique de la commande publique effectue chaque année *(Abrogé par Décr. n° 2022-767 du 2 mai 2022, art. 4 et 11, au plus tard à compter du 1er janv. 2024)* ***« , sur la base des informations transmises par les pouvoirs adjudicateurs et les entités adjudicatrices, »*** **un recensement économique des contrats de la commande publique dans des conditions fixées par un arrêté figurant en annexe du présent code.**

A cet effet, il fait notamment appel, en tant que de besoin, aux services de l'État compétents en matière d'enquêtes statistiques et peut utiliser les données présentes dans les systèmes d'informations comptables publics. – *[Décr. n° 2016-360 du 25 mars 2016, art. 141, dern. al.] – V. Annexe n° 17.*

Sur l'application des dispositions issues du Décr. n° 2022-767 du 2 mai 2022, V. note ss. art. R. 2196-1.

SOUS-SECTION 2 Modalités du recensement économique

Art. D. 2196-5 Le recensement économique a pour objet d'assurer le recueil et l'exploitation de données statistiques *[nouvelle rédaction issue du Décr. n° 2022-767, art. 4 et 11, en vigueur au plus tard le 1er janv. 2024 : « l'exploitation et l'analyse statistique des données »]* **relatives à la passation, à la notification et à l'exécution des marchés passés en application des dispositions du présent code.**

Sur l'application des dispositions issues du Décr. n° 2022-767 du 2 mai 2022, V. note ss. art. R. 2196-1.

Art. D. 2196-6 La liste des données communiquées à l'observatoire économique de la commande publique, qui peuvent concerner la passation et l'exécution du marché,

ainsi que les modalités de leur communication sont fixées par arrêté figurant en annexe du présent code. – *V. Annexe n° 17.*

Nouvel art. D. 2196-6 *(Décr. n° 2022-767 du 2 mai 2022, art. 4 et 11, en vigueur au plus tard le 1er janv. 2024)* ***L'observatoire économique de la commande publique effectue le recensement économique à partir des données mentionnées à l'article R. 2196-1.***

Sur l'application des dispositions issues du Décr. n° 2022-767 du 2 mai 2022, V. note ss. art. R. 2196-1.

Art. D. 2196-7 *(Abrogé par Décr. n° 2022-767 du 2 mai 2022, art. 4 et 11, au plus tard à compter du 1er janv. 2024)* ***Pour permettre à l'observatoire économique de la commande publique de constituer et d'exploiter une base de données regroupant l'ensemble des opérations de commande publique, chacun des contrats recensés est identifié au moyen d'un numéro d'identifiant unique dont la composition est définie par un arrêté figurant en annexe du présent code.*** – *V. Annexe n° 17.*

Sur l'application des dispositions issues du Décr. n° 2022-767 du 2 mai 2022, V. note ss. art. R. 2196-1.

SECTION 3 Contrôle du coût de revient des marchés de l'État et de ses établissements publics

Art. R. 2196-8 **Si le titulaire ne fournit pas à l'acheteur, dans le délai imparti par celui-ci, les renseignements sur les éléments techniques et comptables du coût de revient des prestations qui font l'objet du marché ou fournit des renseignements inexacts, l'acheteur peut, après mise en demeure restée sans effet, décider la suspension des paiements à intervenir dans la limite du dixième du montant du marché lorsque le manquement est le fait du titulaire ou retenir un montant équivalent. Après nouvelle mise en demeure infructueuse, l'acheteur peut décider de transformer cette retenue en retenue définitive, sans préjudice de la résiliation éventuelle du marché aux torts du titulaire.**

Lorsqu'une estimation du coût de revient est effectuée avant la notification du marché, l'acheteur indique dans les documents de la consultation et dans le marché les sanctions applicables en cas de manquement à l'obligation figurant au premier alinéa de l'article *(Décr. n° 2019-259 du 29 mars 2019, art. 1er)* **« L. 2196-5 ».** – *[Décr. n° 2016-360 du 25 mars 2016, art. 138, al. 2.]*

Art. R. 2196-9 **Sont soumis aux obligations prévues par la présente section les entreprises liées au titulaire ainsi que les sous-traitants et fournisseurs intervenant dans l'exécution du marché, lorsque ces derniers réalisent individuellement, sauf stipulation contraire du marché, une part supérieure à 10% du montant du marché et d'un montant supérieur à 10 millions d'euros hors taxes.**

Art. R. 2196-10 **La décision d'exercer un contrôle de coût de revient est prise par l'autorité qui a signé le marché soumis au contrôle ou, lorsque l'estimation du coût de revient est effectuée avant la notification de ce marché, par l'autorité en charge de sa passation.** – *[Décr. n° 2016-360 du 25 mars 2016, art. 138, al. 3.]*

Art. R. 2196-11 **Les agents ou les catégories d'agents des services de l'État habilités à exercer les vérifications sur pièces ou sur place sont désignés par arrêté du ministre dont ils dépendent.**

Les agents des établissements publics appelés à effectuer ces vérifications sont habilités nommément par arrêté du ministre de tutelle.

Ils peuvent être mis à la disposition de tout département ministériel pour effectuer des vérifications au profit de celui-ci. – *[Décr. n° 2016-360 du 25 mars 2016, art. 138, al. 4 à 6.]*

Art. R. 2196-12 **Tous les fonctionnaires ou agents qui ont connaissance à un titre quelconque des renseignements recueillis au sujet des entreprises en application de la présente section sont astreints au secret professionnel ainsi que, le cas échéant, aux règles relatives à la protection du secret en matière de défense.**

Les renseignements recueillis ne peuvent être utilisés à des fins autres que le contrôle du coût de revient du marché soumis au contrôle ou de tout autre marché analogue. – *[Décr. n° 2016-360 du 25 mars 2016, art. 138, al. 7 et 8.]*

CHAPITRE VII RÈGLEMENT ALTERNATIF DES DIFFÉRENDS

SECTION 1 Comités consultatifs de règlement amiable des différends

Art. R. 2197-1 En cas de différend concernant l'exécution des marchés, les acheteurs et les titulaires peuvent recourir aux comités consultatifs de règlement amiable des différends relatifs aux marchés.

Les comités consultatifs de règlement amiable des différends, qui peuvent être national ou locaux, ont pour mission de rechercher des éléments de droit ou de fait en vue de proposer une solution amiable et équitable aux différends relatifs à l'exécution des marchés. – *[Décr. n° 2016-360 du 25 mars 2016, art. 142, al. 1er et 2.]*

SOUS-SECTION 1 Compétences des comités consultatifs de règlement amiable des différends

Art. R. 2197-2 Un comité national est placé auprès du ministre chargé de l'économie.

Il connaît des différends relatifs aux marchés passés par :

1° Les services centraux de l'État ;

2° Les services et organismes à compétence nationale lorsque les marchés en cause couvrent des besoins excédant la circonscription d'un seul comité local mentionné à l'article R. 2197-3.

COMMENTAIRE

Pour l'ensemble de cette section, on se reportera aux articles L. 2197-1 à L. 2197-3 du code. ❑

Art. R. 2197-3 Les comités locaux sont constitués au niveau régional, interrégional ou interdépartemental par un arrêté du ministre chargé de l'économie figurant en annexe du présent code.

Cet arrêté fixe leur circonscription et désigne le représentant de l'État dans la région chargé d'arrêter les listes des représentants et organisations professionnelles mentionnées aux 2° et 3° de l'article R. 2197-7. – *V. Annexe n° 18.*

COMMENTAIRE

Voir l'annexe n° 18. ❑

Art. R. 2197-4 Les comités locaux connaissent des différends relatifs aux marchés passés par :

1° Les collectivités territoriales, leurs groupements ou leurs établissements publics ;

2° Les services déconcentrés de l'État ;

3° Les services et organismes à compétence nationale lorsque les marchés en cause couvrent des besoins limités à la circonscription de compétence du comité local ;

4° Les autres acheteurs mentionnés aux articles L. 1211-1 et L. 1212-1, à l'exception de ceux mentionnés à l'article R. 2197-2.

Art. R. 2197-5 Lorsqu'un comité local est saisi d'un différend relatif à un marché couvrant des besoins excédant sa circonscription de compétence, son président transmet sans délai la saisine au président du comité national qui attribue l'examen de l'affaire à un comité local, si cet examen ne relève pas de la compétence du comité national.

SOUS-SECTION 2 Composition des comités consultatifs de règlement amiable des différends

Art. R. 2197-6 Le comité national comprend six membres ayant voix délibérative :

1° Un membre du Conseil d'État ou un magistrat de la Cour des comptes, en activité ou honoraire, ayant au moins le grade de conseiller d'État ou de conseiller maître, président ;

2° Un membre du Conseil d'État ou un magistrat de la Cour des comptes, en activité ou honoraire, ayant au moins le grade de maître des requêtes ou de conseiller référendaire, vice-président ;

3° Deux représentants de l'État, en activité ou en retraite, exerçant ou ayant exercé dans le département ministériel intéressé par l'affaire soumise au comité ;

4° Deux personnalités compétentes exerçant ou ayant exercé des fonctions dans le même secteur d'activité que le titulaire du marché.

Un représentant de la direction générale des finances publiques peut assister aux séances avec voix consultative.

Art. R. 2197-7 Chaque comité local comprend six membres ayant voix délibérative :

1° Un président et un vice-président, choisis parmi les membres en activité ou honoraires des juridictions administratives ou des juridictions financières ;

2° Deux représentants de l'État, en activité ou en retraite, dont l'un au moins exerçant ou ayant exercé dans le département ministériel intéressé par l'affaire soumise au comité ;

3° Deux personnalités compétentes exerçant ou ayant exercé des fonctions dans le même secteur d'activité que le titulaire du marché.

Pour l'examen des différends relatifs aux marchés des collectivités territoriales, de leurs groupements ou de leurs établissements publics, les deux agents de l'État prévus au 2° ci-dessus sont remplacés par deux membres ayant la qualité d'élu ou d'agent des collectivités, groupements ou établissements publics.

Le comptable public assignataire des paiements relatifs au marché litigieux ou son représentant peut assister aux séances avec voix consultative.

SOUS-SECTION 3 Nomination des membres des comités consultatifs de règlement amiable des différends

Art. R. 2197-8 Le président et le vice-président du comité national ainsi que les présidents et vice-présidents des comités locaux sont nommés par arrêté du ministre chargé de l'économie sur proposition, selon le cas, du vice-président du Conseil d'État ou du premier président de la Cour des comptes.

Leur mandat est limité à trois ans. Il est renouvelable.

Art. R. 2197-9 Les représentants de l'État mentionnés au 3° de l'article R. 2197-6 et au 2° de l'article R. 2197-7 et les représentants des collectivités territoriales, de leurs groupements ou de leurs établissements publics n'ayant pas la qualité d'élu ont un mandat limité à trois ans et renouvelable.

Le mandat des représentants des collectivités territoriales, de leurs groupements ou de leurs établissements publics ayant la qualité d'élu est limité à la durée de leurs fonctions électives.

Art. R. 2197-10 Les représentants de l'État mentionnés au 3° de l'article R. 2197-6 et au 2° de l'article R. 2197-7 sont choisis, à l'occasion de chaque affaire, par le président, sur des listes nominatives établies dans les conditions ci-après :

1° Les listes des représentants de l'État sont arrêtées, pour le comité national, par le ministre chargé de l'économie, sur proposition du ministre compétent ;

2° Les listes des représentants de l'État sont arrêtées, pour les comités locaux, par le préfet désigné par l'arrêté mentionné à l'article R. 2197-3, avec l'accord de l'autorité hiérarchique dont, le cas échéant, ils dépendent.

Art. R. 2197-11 Les listes des représentants des collectivités territoriales, de leurs groupements et de leurs établissements publics, habilités à siéger dans les comités locaux, sont arrêtées par le préfet désigné par l'arrêté mentionné à l'article R. 2197-3, sur proposition des autorités dont ils dépendent.

Art. R. 2197-12 Les listes des organisations professionnelles les plus représentatives appelées à désigner, sur demande des présidents des comités, deux personnalités compétentes pour y siéger en application du 4° de l'article R. 2197-6 et du 3° de l'article R. 2197-7 sont arrêtées :

1° Pour le comité national, par le ministre chargé de l'économie ;

2° Pour les comités locaux, par le préfet désigné par l'arrêté mentionné à l'article R. 2197-3.

SOUS-SECTION 4 **Animation, coordination et secrétariat des comités consultatifs de règlement amiable des différends**

Art. D. 2197-13 La direction des affaires juridiques du ministère chargé de l'économie assure le soutien et le secrétariat du comité national ainsi que l'animation et la coordination des secrétariats des comités locaux.

Le préfet désigné par l'arrêté mentionné à l'article R. 2197-3 désigne le service de l'État chargé du secrétariat du comité local.

SOUS-SECTION 5 **Dispositions financières relatives aux comités consultatifs de règlement amiable des différends**

Art. D. 2197-14 Les membres des comités ainsi que les rapporteurs sont indemnisés de leurs frais de déplacement et de séjour, dans les conditions prévues par la réglementation applicable aux personnels civils de l'État. N'ouvrent droit à indemnisation que les missions effectuées à la demande du président ou avec son autorisation.

Les rapporteurs, les présidents et les vice-présidents des comités perçoivent des indemnités dans des conditions fixées par le décret n° 92-239 du 11 mars 1992 relatif aux indemnités susceptibles d'être allouées aux présidents, aux vice-présidents et aux rapporteurs du comité consultatif national et des comités consultatifs régionaux ou interrégionaux de règlement amiable des différends ou litiges relatifs aux marchés.

Ces indemnités sont prises en charge par le ministère chargé de l'économie.

SOUS-SECTION 6 **Saisine des comités consultatifs de règlement amiable des différends**

Art. D. 2197-15 Le comité peut être saisi par l'acheteur ou par le titulaire du marché.

La saisine est faite par une note détaillée exposant les motifs du différend et, le cas échéant, la nature et le montant des réclamations formulées. Cette note est accompagnée des pièces contractuelles du marché et de toutes correspondances relatives au différend. Elle est adressée au comité par lettre recommandée avec demande d'avis de réception postal ou déposée contre récépissé au secrétariat du comité. Les communications et les échanges d'information avec le comité peuvent être réalisés par voie électronique.

Art. R. 2197-16 La saisine d'un comité consultatif de règlement amiable des différends interrompt les délais de recours contentieux pour les marchés qui sont des contrats administratifs jusqu'à la notification de la décision prise par l'acheteur sur l'avis du comité. – *[Décr. n° 2016-360 du 25 mars 2016, art. 142, al. 4 ecqc les CCRA.]*

Art. D. 2197-17 Lorsqu'il apparaît manifeste qu'une demande ne relève de la compétence d'aucun comité ou qu'elle est irrecevable sans qu'une régularisation soit possible, le président peut la rejeter par décision motivée. Il peut également donner acte des désistements ou constater qu'il n'y a pas lieu pour le comité de rendre un avis.

SOUS-SECTION 7 **Modalités de fonctionnement des comités consultatifs de règlement amiable des différends**

Art. D. 2197-18 Les rapporteurs de chaque comité sont placés sous l'autorité de son président, qui en arrête la liste parmi les magistrats de l'ordre administratif ou parmi les fonctionnaires, en activité ou en retraite, avec l'accord des intéressés et, le cas échéant, des autorités dont ils relèvent.

Le président attribue les affaires aux rapporteurs qu'il désigne. Il fixe le délai de présentation du rapport et du projet d'avis dans le respect du délai prescrit à l'article D. 2197-21 et le nombre de vacations attribuées au rapporteur pour le traitement de l'affaire.

Le rapporteur instruit l'affaire et établit un rapport et un projet d'avis. Il a accès à tous documents administratifs utiles pour le règlement du différend et questionne oralement ou par écrit les représentants des parties. Il peut les convoquer. Dans le cas où le traitement de l'affaire l'exige, le président autorise le rapporteur à se déplacer.

Art. D. 2197-19 Les membres des comités de règlement amiable des différends et le rapporteur désigné ne doivent pas avoir eu à connaître antérieurement de l'affaire qui leur est soumise.

Art. D. 2197-20 Le comité siège à huis clos.

Le rapporteur présente oralement son rapport.

Le comité entend le titulaire du marché et le représentant de l'acheteur, qui peuvent être assistés par toute personne de leur choix ainsi que toute personne dont le président juge l'audition utile.

Le comité ne délibère valablement que lorsque sont présents à sa séance au moins trois de ses membres ayant voix délibérative, dont le président ou le vice-président et un représentant de chacune des catégories mentionnées, selon le cas, aux 3° et 4° de l'article R. 2197-6 ou aux 2° et 3° de l'article R. 2197-7. Les questions sont résolues à la majorité des voix. En cas de partage égal des voix, celle du président de la séance est prépondérante.

Le délibéré est secret.

Le rapporteur y participe avec voix consultative.

Le secrétaire du comité ou son suppléant assiste aux séances et en dresse le procès-verbal.

SOUS-SECTION 8 Notification des avis des comités consultatifs de règlement amiable des différends

Art. D. 2197-21 Le comité notifie son avis, dans le délai de six mois à compter de sa saisine. Ce délai peut être, lorsque des difficultés particulières d'instruction du dossier le justifient, prolongé par périodes d'un mois dans la limite d'une durée de trois mois.

L'avis est notifié à l'acheteur ainsi qu'au titulaire du marché. Il est transmis, pour information, au ministre chargé de l'économie et, dans le cas des marchés des collectivités territoriales, de leurs groupements ou de leurs établissements publics, au préfet du département ou de la région du ressort de l'acheteur.

Art. D. 2197-22 La décision prise par l'acheteur sur l'avis du comité est notifiée au titulaire du marché et au secrétaire du comité consultatif de règlement amiable des différends. Elle est transmise, pour information, au ministre chargé de l'économie.

SECTION 2 Le médiateur des entreprises

Art. R. 2197-23 En cas de différend concernant l'exécution des marchés, les acheteurs et les titulaires peuvent recourir au médiateur des entreprises.

Le médiateur des entreprises agit comme tierce partie, sans pouvoir décisionnel, afin d'aider les parties, qui en ont exprimé la volonté, à trouver une solution mutuellement acceptable à leur différend. – *[Décr. n° 2016-360 du 25 mars 2016, art. 142, al. 1er et 3.]*

Art. R. 2197-24 La saisine du médiateur des entreprises interrompt les délais de recours contentieux pour les marchés qui sont des contrats administratifs. – *[Décr. n° 2016-360 du 25 mars 2016, art. 142, al. 4, ecqc le médiateur.]*

COMMENTAIRE

Voir l'article L. 2197-4 du code.

SECTION 3 Arbitrage

Art. R. 2197-25 Pour l'État, le recours à l'arbitrage dans les cas mentionnés à l'article L. 2197-6 est autorisé par décret pris sur le rapport du ministre compétent et du ministre chargé de l'économie.

COMMENTAIRE

Voir les articles L. 2197-6 et L. 2197-7 du code.

LIVRE II DISPOSITIONS PROPRES AUX MARCHÉS DE PARTENARIAT

Art. R. 2200-1 Sous réserve des dispositions du livre V de la présente partie, les marchés de partenariat définis à l'article L. 1112-1 sont régis par les dispositions du livre I à l'exception :

1° Des dispositions de la sous-section 3 de la section 1 du chapitre I du titre VII relatives aux dispositions communes aux marchés globaux comportant des prestations de conception d'un ouvrage de bâtiment ;

2° Des dispositions des sections II et III du chapitre II du titre I relatives à la durée et au prix du marché public ;

3° Des dispositions de la section 2 du chapitre III du titre I relatives à l'allotissement ;

4° Des dispositions des chapitres I et III du titre IX relatives au régime financier et à la sous-traitance. – *[Décr. n° 2016-360 du 25 mars 2016, art. 143.]*

COMMENTAIRE

On se reportera à l'article L. 2200-1. ❑

TITRE I PRÉPARATION DU MARCHÉ DE PARTENARIAT

CHAPITRE I CONDITIONS DE RECOURS AU MARCHÉ DE PARTENARIAT

SECTION 1 Seuils

Art. R. 2211-1 Les acheteurs ne peuvent recourir au marché de partenariat que si sa valeur est supérieure à un seuil fixé à :

1° 2 millions d'euros hors taxes lorsque l'objet principal du marché de partenariat porte sur des biens immatériels, des systèmes d'information ou des équipements autres que des ouvrages ainsi que lorsque le contrat comporte des objectifs chiffrés de performance énergétique et prévoit que la rémunération du titulaire tient compte de l'atteinte de ces objectifs ;

2° 5 millions d'euros hors taxes lorsque l'objet principal du marché de partenariat porte sur :

a) Des ouvrages d'infrastructure de réseau, notamment dans le domaine de l'énergie, des transports, de l'aménagement urbain et de l'assainissement ;

b) Des ouvrages de bâtiment lorsque la mission confiée au titulaire ne comprend aucun des éléments mentionnés aux 2° et 3° de *[l'article]* L. 1112-1 ;

3° 10 millions d'euros hors taxes lorsque l'objet principal du marché de partenariat porte sur des prestations ou des ouvrages autres que ceux mentionnés aux 1° et 2° du présent article. – *[Décr. n° 2016-360 du 25 mars 2016, art. 151-I.]*

Art. R. 2211-2 La valeur du marché de partenariat prise en compte pour l'application du seuil mentionné à l'article R. 2211-1 est celle estimée au moment de l'envoi de l'avis d'appel à la concurrence à la publication. Cette valeur comprend :

1° La rémunération du titulaire versée par l'acheteur ;

2° Le cas échéant, les revenus issus de l'exercice d'activités annexes ou de la valorisation du domaine ;

3° Le cas échéant, les éventuels concours publics. – *[Décr. n° 2016-360 du 25 mars 2016, art. 151-II.]*

COMMENTAIRE

Voir l'article L. 2211-5. ❑

SECTION 2 Bilan plus favorable

Art. R. 2211-3 Pour établir le bilan prévu à l'article L. 2211-6, l'acheteur tient compte de ses capacités à conduire le projet, des caractéristiques, du coût et de la complexité de celui-ci, des objectifs poursuivis ainsi que, le cas échéant, des exigences du service public ou de la mission d'intérêt général dont il est chargé. – *[Décr. n° 2016-360 du 25 mars 2016, art. 152, 1re phrase.]*

Art. R. 2211-4 Pour démontrer que le bilan mentionné à l'article R. 2211-3 est plus favorable que celui des autres modes de réalisation de ce projet envisageables, l'acheteur procède à une appréciation globale des avantages et des inconvénients du recours à un marché de partenariat, compte tenu notamment :

1° De l'étendue du transfert de la maîtrise d'ouvrage du projet au titulaire de ce marché ;

2° Du périmètre des missions susceptibles d'être confiées au titulaire ;

3° Des modalités de partage de risques entre l'acheteur et le titulaire ;

4° Du coût global du projet compte tenu notamment de la structure de financement envisagée. – *[Décr. n° 2016-360 du 25 mars 2016, art. 152, 2e phrase.]*

COMMENTAIRE

On se reportera à l'article L. 2211-6.

CHAPITRE II INSTRUCTION DU PROJET

Art. R. 2212-1 L'instruction du projet inclut l'évaluation du mode de réalisation du projet et l'étude de soutenabilité budgétaire. – *[Décr. n° 2016-360 du 25 mars 2016, art. 145.]*

SECTION 1 Dispositions communes à la phase d'instruction

Art. R. 2212-2 L'évaluation du mode de réalisation du projet et l'étude de soutenabilité budgétaire sont actualisées à tout moment de la procédure de passation en cas de circonstances nouvelles susceptibles de modifier substantiellement son économie générale. – *[Décr. n° 2016-360 du 25 mars 2016, art. 149.]*

Art. R. 2212-3 Lorsque le marché de partenariat est passé sous la forme d'un accord-cadre, l'évaluation du mode de réalisation du projet et l'étude de soutenabilité budgétaire sont réalisées avant le lancement de la procédure de passation de l'accord-cadre. – *[Décr. n° 2016-360 du 25 mars 2016, art. 150.]*

SECTION 2 Évaluation du mode de réalisation du projet

Art. R. 2212-4 L'évaluation du mode de réalisation du projet mentionnée à l'article L. 2212-1 comporte :

1° Une présentation générale ;

2° Une analyse comparative en valeur actualisée des différentes options de montages contractuels et institutionnels de la commande publique envisageables pour mettre en œuvre le projet ;

3° Une présentation des principaux risques du projet comprenant les risques financiers et la répartition des risques entre l'acheteur et le titulaire et, le cas échéant, une valorisation financière de ces risques ;

4° Une analyse de la compatibilité du projet avec les orientations de la politique immobilière de l'acheteur lorsque le marché de partenariat emporte occupation du domaine public ou privé. – *[Décr. n° 2016-360 du 25 mars 2016, art. 147, 1re phrase.]*

Art. R. 2212-5 La présentation générale mentionnée à l'article R. 2212-4 comporte notamment :

1° L'objet du projet, son historique, son contexte, ses enjeux et les caractéristiques de son équilibre économique ;

2° Les compétences de l'acheteur, son statut et ses capacités financières. – *[Décr. n° 2016-360 du 25 mars 2016, art. 147, 1re phrase, 1°.]*

Art. R. 2212-6 L'analyse comparative en valeur actualisée des différentes options de montages contractuels et institutionnels de la commande publique envisageables mentionnée à l'article R. 2212-4 comprend :

1° Une description d'ensemble, incluant notamment le périmètre, les procédures et le calendrier pour chacune des phases de réalisation du projet, ainsi que la durée totale du contrat ;

2° Une estimation en coût complet des différentes options comprenant notamment les coûts de programmation, de conception, de réalisation, de financement et de fonctionnement pour l'acheteur et pour le titulaire avec leur évolution dans le temps jusqu'à la fin de

vie ainsi que, le cas échéant, des recettes résultant du projet et le traitement comptable et fiscal retenu. – *[Décr. n° 2016-360 du 25 mars 2016, art. 147, 1re phrase, 2°.]*

Art. R. 2212-7 **L'organisme expert, placé auprès du ministre chargé de l'économie, rend un avis sur l'évaluation du mode de réalisation du projet dans un délai de six semaines suivant sa saisine.**

A défaut, son avis est réputé favorable. – *[Décr. n° 2016-360 du 25 mars 2016, art. 153, 1re et 2e phrase.]*

Art. R. 2212-8 **Les modalités d'organisation et de fonctionnement de l'organisme expert mentionné à l'article R. 2212-7 sont précisées par le décret n° 2016-522 du 27 avril 2016 relatif à la mission d'appui au financement des infrastructures.** – *[Décr. n° 2016-360 du 25 mars 2016, art. 153, 3e phrase.]*

SECTION 3 Étude de soutenabilité budgétaire

Art. R. 2212-9 **L'étude de soutenabilité budgétaire prend en compte tous les aspects financiers du projet de marché de partenariat.**

Celle-ci inclut notamment :

1° Le coût prévisionnel global du contrat en moyenne annuelle ;

2° L'indication de la part que ce coût représente par rapport à la capacité d'autofinancement annuelle de l'acheteur et son effet sur sa situation financière ;

3° L'impact du contrat sur l'évolution des dépenses obligatoires de l'acheteur, ses conséquences sur son endettement et ses engagements hors bilan ;

4° Une analyse des coûts résultant d'une rupture anticipée du contrat. – *[Décr. n° 2016-360 du 25 mars 2016, art. 148.]*

Art. R. 2212-10 **Le ministre chargé du budget, auquel l'évaluation du mode de réalisation du projet est communiquée, émet un avis motivé sur l'étude de soutenabilité budgétaire.**

Il se prononce dans un délai de six semaines suivant sa saisine.

A défaut, son avis est réputé favorable. – *[Décr. n° 2016-360 du 25 mars 2016, art. 154.]*

COMMENTAIRE

Voir les articles L. 2212-3 et L. 2212-4. ❑

SECTION 4 Instruction des projets pour le compte des acheteurs non autorisés

Art. R. 2212-11 **Les projets de marchés de partenariat conclus pour le compte des acheteurs non autorisés sont instruits par le ministre de tutelle.** – *[Décr. n° 2016-360 du 25 mars 2016, art. 146-I, al. 1er.]*

Art. R. 2212-12 **Au sens du présent livre, le ministre de tutelle est :**

1° Le ou les ministres exerçant la tutelle en application des textes législatifs ou réglementaires en vigueur ;

2° Pour les groupements d'intérêt public, le ou les ministres ayant approuvé la convention constitutive ;

3° Pour les associations et les fondations, le ou les ministres représentés au sein de leurs organes décisionnels ;

4° Pour les établissements publics de santé et les structures de coopération sanitaire dotées de la personnalité morale publique, le ministre chargé de la santé.

Pour les autorités administratives indépendantes, les autorités publiques indépendantes et les organismes non mentionnés aux 1° à 4°, est assimilé au ministre de tutelle au sens du présent livre, le ou les ministres compétents dans les domaines dans lesquels ces autorités et organismes exercent leurs missions. – *[Décr. n° 2016-360 du 25 mars 2016, art. 146-I, al. 2.]*

Art. R. 2212-13 **Pour procéder à l'instruction du projet, le ou les ministres de tutelle peuvent faire appel aux services d'un autre ministre, à un groupement d'intérêt public ou à un établissement public, dans le respect des dispositions législatives et réglementaires déterminant les compétences ou les attributions de ceux-ci.**

Les acheteurs peuvent être consultés pour les besoins de cette instruction. – *[Décr. n° 2016-360 du 25 mars 2016, art. 146-II.]*

CHAPITRE III CONTENU DU MARCHÉ DE PARTENARIAT

SECTION 1 Rémunération du titulaire

Art. R. 2213-1 Pour le calcul de la rémunération du titulaire, le marché de partenariat précise les conditions dans lesquelles sont pris en compte et identifiés :

1° Les coûts d'investissement, notamment les coûts d'étude et de conception, les coûts de construction, les coûts annexes à la construction et les frais financiers intercalaires ;

2° Les coûts de fonctionnement, notamment les coûts d'entretien, de maintenance et de renouvellement des ouvrages et des équipements ;

3° Les coûts de financement ;

4° Le cas échéant, les revenus issus de l'exercice d'activités annexes ou de la valorisation du domaine. – *[Décr. n° 2016-360 du 25 mars 2016, art. 161-I.]*

Art. R. 2213-2 Le marché de partenariat prévoit les motifs et les modalités de variation de la rémunération ainsi que les modalités de paiement du titulaire pendant toute sa durée. – *[Décr. n° 2016-360 du 25 mars 2016, art. 161-II.]*

Art. R. 2213-3 Le marché de partenariat peut prévoir les conditions dans lesquelles, chaque année, les sommes dues par l'acheteur au titulaire et celles dont celui-ci est redevable au titre de pénalités ou de sanctions font l'objet d'une compensation. – *[Décr. n° 2016-360 du 25 mars 2016, art. 161-III.]*

Art. R. 2213-4 Le marché de partenariat prévoit les modalités d'ajustement de la rémunération du titulaire en cas de modification des conditions de financement non prévue dans le plan de financement initialement retenu dans le contrat. – *[Décr. n° 2016-360 du 25 mars 2016, art. 162.]*

COMMENTAIRE

Les articles R. 2213-1 à R. 2213-4 détaillent les modalités de calcul de la rémunération du titulaire. Ils impliquent que les marchés de partenariat comportent, sur ce point, toutes les précisions nécessaires. On relèvera la compensation et l'ajustement prévus respectivement par l'article R. 2213-3 et par l'article R. 2213-4.

On se reportera par ailleurs aux articles L. 2213-8, L. 2213-9 et L. 2232-1. ❑

SECTION 2 Part d'exécution du contrat réservée aux PME

Art. R. 2213-5 La part minimale que le titulaire s'engage à confier, directement ou indirectement, à des petites et moyennes entreprises ou à des artisans mentionnés à l'article R. 2151-13 est fixée à 10 % du montant prévisionnel du marché de partenariat hors coût de financement, sauf lorsque la structure économique du secteur concerné ne le permet pas.

(Décr. n° 2021-357 du 30 mars 2021, art. 5) « Le taux mentionné au premier alinéa peut être modifié par décret. » – *[Décr. n° 2016-360 du 25 mars 2016, art. 163.]*

Les dispositions introduites par l'art. 5 du Décr. n° 2021-357 du 30 mars 2021 s'appliquent aux marchés pour lesquels une consultation est engagée ou un avis d'appel à la concurrence est envoyé à la publication à compter de l'entrée en vigueur dudit Décr. (Décr. préc., art. 7 ; JO 1er avr.).

COMMENTAIRE

Voir l'article L. 2213-14. ❑

TITRE II PASSATION DU MARCHÉ DE PARTENARIAT

CHAPITRE I AUTORISATIONS PRÉALABLES À L'ENGAGEMENT DE LA PROCÉDURE

SECTION UNIQUE Dispositions applicables à l'État, ses établissements publics et aux acheteurs non autorisés

Art. R. 2221-1 Pour les projets de l'État, les ministres chargés du budget et de l'économie autorisent le lancement de la procédure de passation du marché de partenariat.

Leur accord est réputé acquis à défaut de réponse expresse dans un délai d'un mois à compter de la date de réception de l'évaluation du mode de réalisation du projet et de l'étude de soutenabilité budgétaire ainsi que des avis mentionnés aux articles R. 2212-7 et R. 2212-10, ou, lorsqu'ils sont tacites, à compter de la date à laquelle ceux-ci sont réputés acquis. – *[Décr. n° 2016-360 du 25 mars 2016, art. 155, al. 1er.]*

Art. R. 2221-2 Pour les projets des établissements publics de l'État, l'évaluation et l'étude préalables et les avis mentionnés aux articles R. 2212-7 et R. 2212-10 sont présentés à l'organe délibérant, qui se prononce sur le principe du recours à un marché de partenariat. – *[Décr. n° 2016-360 du 25 mars 2016, art. 155, al. 2.]*

Art. R. 2221-3 Pour les projets des acheteurs non autorisés, l'autorisation préalable au lancement de la procédure de passation est donnée par les ministres chargés du budget et de l'économie. – *[Décr. n° 2016-360 du 25 mars 2016, art. 155, al. 3.]*

COMMENTAIRE

Voir l'article L. 2221-1. ❑

CHAPITRE II PRÉSENTATION DES DOCUMENTS DE LA CONSULTATION, DES OFFRES ET CRITÈRES D'ATTRIBUTION

SECTION 1 Caractère ajustable des modalités de financement

Art. R. 2222-1 Lorsque l'acheteur prévoit que les modalités de financement du projet peuvent présenter un caractère ajustable, il le mentionne dans les documents de la consultation. – *[Décr. n° 2016-360 du 25 mars 2016, art. 159, al. 1er.]*

COMMENTAIRE

On se reportera aux articles L. 2222-1 et L. 2222-2. Le présent article traduit les exigences de transparence et d'égalité de traitement des candidats. ❑

SECTION 2 Constitution d'une société de projet

Art. R. 2222-2 Lorsque l'acheteur décide de mettre en œuvre les dispositions de l'article L. 2213-6, l'avis d'appel à la concurrence, ou à défaut, les documents de la consultation mentionnent que le concours de l'État, des collectivités territoriales ou d'autres personnes publiques au financement des investissements prend la forme d'une participation minoritaire au capital du titulaire et précise les principales caractéristiques de la société de projet à constituer. – *[Décr. n° 2016-360 du 25 mars 2016, art. 160, al. 1er.]*

Art. R. 2222-3 Lorsque l'acheteur décide de mettre en œuvre les dispositions de l'article L. 2213-6, les offres sont accompagnées du projet de statut de cette société. – *[Décr. n° 2016-360 du 25 mars 2016, art. 160, al. 2.]*

COMMENTAIRE

On se reportera à l'article L. 2213-6. ❑

CHAPITRE III ACHÈVEMENT DE LA PROCÉDURE

SECTION 1 Accord préalable à la signature

SOUS-SECTION 1 Dispositions applicables à l'État, ses établissements publics et aux acheteurs non autorisés

Art. R. 2223-1 Un marché de partenariat ne peut être signé par l'État qu'après accord des ministres chargés du budget et de l'économie.

Leur accord est réputé acquis à défaut de réponse expresse dans un délai d'un mois à compter de la réception du projet de marché de partenariat. – *[Décr. n° 2016-360 du 25 mars 2016, art. 156-I.]*

Art. R. 2223-2 Un marché de partenariat ne peut être signé pour un établissement public de l'État qu'après accord des ministres chargés du budget, de l'économie et du ministre de tutelle.

L'accord de chacun des ministres est réputé acquis à défaut de réponse dans un délai d'un mois à compter de la réception du projet de marché de partenariat. – *[Décr. n° 2016-360 du 25 mars 2016, art. 156-II.]*

Art. R. 2223-3 Lorsque la procédure de passation d'un marché de partenariat a été lancée pour le compte d'un acheteur non autorisé, ce marché ne peut être signé qu'après accord exprès des ministres chargés du budget et de l'économie. – *[Décr. n° 2016-360 du 25 mars 2016, art. 156-III.]*

COMMENTAIRE

On se reportera à l'article L. 2223-1. ❑

SOUS-SECTION 2 Dispositions applicables aux collectivités territoriales et aux établissements publics locaux

Art. R. 2223-4 Préalablement à l'autorisation de signature du marché de partenariat, la collectivité territoriale ou l'établissement public local concerné peut solliciter l'avis de l'organisme expert mentionné à l'article R. 2212-7 sur le projet de marché de partenariat.

Lorsqu'il est saisi, l'organisme expert émet un avis dans un délai de six semaines. A défaut, l'avis est réputé rendu.

Dans le cadre de cette saisine, l'organisme expert peut solliciter l'avis des services du ministre chargé du budget sur la soutenabilité budgétaire du marché de partenariat. – *[Décr. n° 2016-360 du 25 mars 2016, art. 156-IV.]*

COMMENTAIRE

Voir l'article L. 2223-2. ❑

SECTION 2 Signature du marché de partenariat pour le compte des acheteurs non autorisés

Art. R. 2223-5 Le ou les ministres de tutelle signent les marchés de partenariat pour le compte des acheteurs non autorisés.

A compter de la signature du marché de partenariat, ces acheteurs assument la totalité des droits et obligations qui y sont attachés. – *[Décr. n° 2016-360 du 25 mars 2016, art. 157.]*

TITRE III EXÉCUTION DU MARCHÉ DE PARTENARIAT

CHAPITRE I ACQUISITION DES BIENS ET CESSION DE CONTRATS

Le présent chapitre ne comprend pas de dispositions réglementaires.

CHAPITRE II EXÉCUTION FINANCIÈRE

Art. R. 2232-1 En application de l'article L. 2232-7, le délai de paiement applicable aux prestations exécutées par des petites et moyennes entreprises ou des artisans au sens de l'article R. 2151-13 est celui qui s'impose à l'acheteur en application de la section 2 du chapitre II du titre IX du livre I de la présente partie. – *[Décr. n° 2016-360 du 25 mars 2016, art. 164.]*

COMMENTAIRE

Voir les articles R. 2192-10 et R. 2192-11. ❑

CHAPITRE III VALORISATION DOMANIALE PAR LE TITULAIRE DU MARCHÉ DE PARTENARIAT

Le présent chapitre ne comprend pas de dispositions réglementaires.

CHAPITRE IV SUIVI ET CONTRÔLE DE L'EXÉCUTION DU MARCHÉ DE PARTENARIAT

SECTION 1 Rapport annuel du titulaire

Art. R. 2234-1 Le rapport annuel mentionné à l'article L. 2234-1 est établi par le titulaire et doit permettre la comparaison entre l'année qu'il retrace et les précédentes. Il comprend notamment :

1° Des données économiques et comptables ;

2° Le suivi de plusieurs indicateurs. – *[Décr. n° 2016-360 du 25 mars 2016, art. 165-I.]*

Art. R. 2234-2 Les données économiques et comptables mentionnées à l'article R. 2234-1 comprennent :

1° Le compte annuel de résultat de l'exploitation de l'opération objet du marché de partenariat, rappelant les données présentées l'année précédente au même titre et présentant les données utilisées pour les révisions et indexations contractuelles et les justifications des prestations extérieures facturées à l'exploitation ;

2° Une présentation des méthodes et des éléments de calcul économique retenus pour la détermination des produits et charges imputés au compte de résultat de l'exploitation avec, le cas échéant, la mention des changements, exceptionnels et motivés, intervenus au cours de l'exercice dans ces méthodes et éléments de calcul ;

3° Un état des variations du patrimoine immobilier intervenues dans le cadre du marché et le tableau d'amortissement de ce patrimoine ;

4° Un compte rendu de la situation des autres biens et immobilisations nécessaires à l'exploitation de l'ouvrage, de l'équipement ou du bien immatériel objet du marché, mise en comparaison le cas échéant avec les tableaux relatifs à l'amortissement et au renouvellement de ces biens et immobilisations ;

5° Un état des autres dépenses de renouvellement réalisées dans l'année ;

6° Les engagements à incidences financières liés au marché et nécessaires à la continuité du service public ;

7° Les ratios annuels de rentabilité économique et de rentabilité interne du projet ainsi que la répartition entre le coût des fonds propres et le coût de la dette afférents au financement des biens et activités objets du marché. – *[Décr. n° 2016-360 du 25 mars 2016, art. 165-I-1°.]*

Art. R. 2234-3 Les indicateurs mentionnés à l'article R. 2234-1 comprennent les indicateurs correspondant :

1° Aux objectifs de performance prévus à l'article L. 2213-8 ;

2° A la part d'exécution du marché confiée à des petites et moyennes entreprises ou à des artisans en application de l'article L. 2213-14 ;

3° Au suivi des recettes annexes perçues par le titulaire en application de l'article L. 2213-9 ;

4° Aux pénalités demandées et à celles acquittées par le titulaire. – *[Décr. n° 2016-360 du 25 mars 2016, art. 165-I-2°.]*

Art. R. 2234-4 Les pièces justificatives des données mentionnées à la présente section sont transmises à l'acheteur à sa demande. – *[Décr. n° 2016-360 du 25 mars 2016, art. 165-II.]*

SECTION 2 Contrôle de l'exécution du marché de partenariat par l'acheteur

Art. R. 2234-5 En phase de construction, le contrôle mentionné à l'article L. 2234-2 porte notamment sur la qualité des ouvrages construits et leur conformité au programme fonctionnel prévu dans le contrat, sur les coûts et délais définitifs de l'ouvrage construit et du plan de financement retenu. – *[Décr. n° 2016-360 du 25 mars 2016, art. 166-I-1°.]*

Art. R. 2234-6 En phase d'exploitation des ouvrages ou du service public, le contrôle mentionné à l'article L. 2234-2 porte notamment sur la qualité, le respect des objectifs de performance et le niveau de coût des prestations de service*[s]* offertes par le titulaire. – *[Décr. n° 2016-360 du 25 mars 2016, art. 166-I-2°.]*

Art. R. 2234-7 En fin de contrat, le contrôle mentionné à l'article L. 2234-2 porte notamment sur les coûts définitifs du projet en construction et en exploitation, la qualité de l'exécution des prestations de service*[s]* prévues dans le contrat, le respect des objectifs de performance ainsi que l'évaluation de l'état de l'ouvrage en fin de contrat et de sa valeur patrimoniale. – *[Décr. n° 2016-360 du 25 mars 2016, art. 166-I-3°.]*

Art. R. 2234-8 L'acheteur peut demander au titulaire tout document utile au contrôle de l'exécution du marché de partenariat dans le respect de l'article L. 2132-1. – *[Décr. n° 2016-360 du 25 mars 2016, art. 166-II.]*

CHAPITRE V INDEMNISATION EN CAS D'ANNULATION OU DE RÉSILIATION DU MARCHÉ DE PARTENARIAT

Le présent chapitre ne comprend pas de dispositions réglementaires.

CHAPITRE VI RECOURS À L'ARBITRAGE

Art. R. 2236-1 Pour l'État, le recours à l'arbitrage mentionné à l'article L. 2236-1 est autorisé par décret pris sur le rapport du ministre compétent et du ministre chargé de l'économie. – *[Ord. n° 2015-899 du 23 juill. 2015, art. 90, al. 2.]*

LIVRE III DISPOSITIONS APPLICABLES AUX MARCHÉS DE DÉFENSE OU DE SÉCURITÉ

Art. R. 2300-1 Un arrêté du Premier ministre fixe les conditions dans lesquelles est assurée la protection du secret et des informations concernant la défense nationale et la sûreté de l'État dans les marchés publics et autres contrats.

Des dispositions particulières peuvent être prises par voie réglementaire pour la passation et l'exécution des marchés publics passés par les services placés sous l'autorité du ministre de la défense dans les situations définies aux articles L. 1111-2 et L. 2141-1 à L. 2141-4 du code de la défense. – *[Décr. n° 2016-361 du 25 mars 2016, art. 1er.]*

TITRE I PRÉPARATION DU MARCHÉ

CHAPITRE I DÉFINITION DU BESOIN

SECTION 1 Aide à la définition du besoin

Art. R. 2311-1 Les dispositions des articles R. 2111-1 et R. 2111-2 s'appliquent. – *[Décr. n° 2016-361 du 25 mars 2016, art. 2 et 3.]*

SECTION 2 Formalisation du besoin par des spécifications techniques

SOUS-SECTION 1 Contenu des spécifications techniques

Art. R. 2311-2 Les dispositions des articles R. 2111-4 et R. 2111-5 s'appliquent. – *[Décr. n° 2016-361 du 25 mars 2016, art. 4-I.]*

Art. R. 2311-3 Chaque fois que cela est possible, les spécifications techniques sont établies de manière à prendre en compte des critères d'accessibilité pour les personnes handicapées ou des critères de fonctionnalité pour tous les utilisateurs. – *[Décr. n° 2016-361 du 25 mars 2016, art. 7.]*

SOUS-SECTION 2 Formulation des spécifications techniques

Art. R. 2311-4 Les dispositions des articles R. 2111-7 et R. 2111-8 s'appliquent. – *[Décr. n° 2016-361 du 25 mars 2016, art. 4-II, al 1er, 11 et 13 et 6.]*

Art. R. 2311-5 Les spécifications techniques sont choisies par référence à des normes ou à d'autres documents équivalents accessibles aux candidats.

Les normes ou documents sont accompagnés de la mention "ou équivalent" et choisis dans l'ordre de préférence suivant :

1° Les normes civiles nationales transposant des normes européennes ;
2° Les agréments techniques européens ;
3° Les spécifications techniques civiles communes ;
4° Les normes civiles nationales transposant des normes internationales ;
5° Les autres normes civiles internationales ;
6° Les autres référentiels techniques élaborés par les organismes européens de normalisation, ou, en leur absence, les normes civiles nationales, les agréments techniques nationaux ou les spécifications techniques nationales en matière de conception, de calcul et de réalisation des ouvrages et d'utilisation des fournitures ;
7° Les spécifications techniques civiles définies par les entreprises et largement reconnues par elles ;
8° Les "normes défense" nationales et spécifications relatives aux équipements miliaires qui sont similaires à ces normes.

Les règles européennes relatives à la nature et au contenu des spécifications techniques sont publiées au *Journal officiel* de la République française. – *[Décr. n° 2016-361 du 25 mars 2016, art. 4-II, al. 1er, 1° et al. 13.]*

Art. R. 2311-6 Les dispositions des articles R. 2111-10 et R. 2111-11 s'appliquent. – *[Décr. n° 2016-361 du 25 mars 2016, art. 4, 2° et 3°, et 5, phrases 1 à 3.]*

Art. R. 2311-7 La formulation des spécifications techniques ne doit faire obstacle ni au respect de règles techniques nationales obligatoires, y compris celles relatives à la sécurité des produits, ni à la satisfaction d'exigences techniques destinées à garantir l'interopérabilité requise par des accords internationaux de normalisation dont la France est signataire. – *[Décr. n° 2016-361 du 25 mars 2016, art. 5, phrase 4.]*

SECTION 3 Utilisation d'écolabels

Art. R. 2311-8 Lorsque les performances ou les exigences fonctionnelles comportent des caractéristiques environnementales, celles-ci peuvent être définies par référence à tout ou partie d'un écolabel pour autant :

1° Que cet écolabel soit approprié pour définir les caractéristiques des fournitures ou des prestations faisant l'objet du marché ;
2° Que les mentions figurant dans l'écolabel aient été établies sur la base d'une information scientifique ;
3° Que l'écolabel soit établi par une procédure ouverte et transparente ;
4° Que l'écolabel et ses spécifications détaillées soient accessibles à toute personne intéressée. – *[Décr. n° 2016-361 du 25 mars 2016, art. 8, al. 1er à 5.]*

Art. R. 2311-9 L'acheteur peut indiquer, dans les documents de la consultation, que les produits ou services ayant obtenu un écolabel sont présumés satisfaire aux caractéristiques environnementales mentionnées dans les spécifications techniques mais est tenu d'accepter tout moyen de preuve approprié. – *[Décr. n° 2016-361 du 25 mars 2016, art. 8, al. 6.]*

CHAPITRE II CONTENU DU MARCHÉ

SECTION 1 Règles générales

Art. R. 2312-1 Les dispositions de l'article R. 2112-1 s'appliquent. – *[Décr. n° 2016-361 du 25 mars 2016, art. 11, al. 1er.]*

Art. R. 2312-2 Les clauses d'un marché de défense ou de sécurité peuvent être déterminées par référence à des documents généraux. – *[Décr. n° 2016-361 du 25 mars 2016, art. 11, al. 2.]*

Art. R. 2312-3 Les dispositions de l'article R. 2112-3 s'appliquent. – *[Décr. n° 2016-361 du 25 mars 2016, art. 11, al. 3.]*

Art. R. 2312-4 Les conditions d'exécution particulières d'un marché de défense ou de sécurité peuvent, notamment, comporter :

1° Des éléments à caractère social ou environnemental qui prennent en compte les objectifs de développement durable en conciliant développement économique, protection et mise en valeur de l'environnement et progrès social ;

2° Des exigences relatives à la sécurité d'approvisionnement ;

3° Des exigences relatives aux sous-contrats prévues au chapitre III du titre IX ;

4° Des exigences relatives à la sécurité des informations ;

5° Des exigences relatives à la localisation sur le territoire des États membres de l'Union européenne ou des parties à l'Espace économique européen du lieu d'exécution de tout ou partie des prestations ou des moyens utilisés pour exécuter tout ou partie du marché, maintenir ou moderniser les produits acquis. – *[Décr. n° 2016-361 du 25 mars 2016, art. 12.]*

SECTION 2 **Durée**

Art. R. 2312-5 Les dispositions de l'article R. 2112-4 s'appliquent. – *[Décr. n° 2016-361 du 25 mars 2016, art. 13, al. 2 et 3.]*

SECTION 3 **Prix**

Art. R. 2312-6 Les dispositions de l'article R. 2112-5 s'appliquent. – *[Décr. n° 2013-269 du 29 mars 2013, art. 11.]*

SOUS-SECTION 1 **Forme des prix**

Art. R. 2312-7 Les dispositions de l'article R. 2112-6 s'appliquent. – *[Décr. n° 2016-361 du 25 mars 2016, art. 14, al. 1er.]*

SOUS-SECTION 2 **Prix définitifs**

Art. R. 2312-8 L'acheteur conclut, sous réserve des dispositions de la sous-section 3, un marché à prix définitif. – *[Décr. n° 2016-361 du 25 mars 2016, art. 15-I.]*

Art. R. 2312-9 Les dispositions de l'article R. 2112-8 s'appliquent. – *[Décr. n° 2016-361 du 25 mars 2016, art. 15-II.]*

Art. R. 2312-10 Les dispositions des articles R. 2112-9 à *(Décr. n° 2021-1111 du 23 août 2021, art. 3)* « R. 2112-11 *[ancienne rédaction : R. 2112-12]* » s'appliquent. – *[Décr. n° 2016-361 du 25 mars 2016, art. 15-III.]*

Les dispositions issues du Décr. n° 2021-1111 du 23 août 2021 s'appliquent aux marchés pour lesquels une consultation est engagée ou un avis d'appel à la concurrence est envoyé à la publication à compter du 26 août 2021 (Décr. préc., art. 31, JO 25 août).

Art. R. 2312-10-1 *(Décr. n° 2021-1111 du 23 août 2021, art. 3)* Dans les marchés publics à tranches, le prix de chaque tranche peut être actualisé dans les conditions déterminées aux articles R. 2112-10 et R. 2112-11.

V. note ss. art. R. 2121-8, supra.

Art. R. 2312-11 Un prix révisable est un prix qui peut être modifié, dans des conditions fixées au présent article, pour tenir compte des variations économiques.

Lorsque le prix est révisable, les clauses du marché fixent la date d'établissement du prix initial, les modalités de calcul de la révision ainsi que la périodicité de sa mise en œuvre. Les modalités de calcul de la révision du prix sont fixées :

1° Soit en fonction d'une référence à partir de laquelle on procède à l'ajustement du prix de la prestation ;

2° Soit par application d'une formule représentative de l'évolution du coût de la prestation. Dans ce cas, la formule de révision ne prend en compte que les différents éléments du coût de la prestation et inclut un terme fixe ;

3° Soit en combinant les modalités mentionnées aux 1° et 2°. – *[Décr. n° 2016-361 du 25 mars 2016, art. 15-IV.]*

Art. R. 2312-12 Les marchés de défense ou de sécurité d'une durée d'exécution supérieure à trois mois qui nécessitent pour leur réalisation le recours à une part importante de fournitures, notamment de matières premières, dont le prix est directement et substantiellement affecté par les fluctuations de cours mondiaux comportent une clause de révision de prix incluant au moins une référence aux indices officiels de fixation de ces cours, conformément aux dispositions de l'article R. 2312-11.

Toutefois, les marchés de fourniture de gaz ou d'électricité peuvent être conclus à prix ferme conformément aux usages de la profession. – *[Décr. n° 2016-361 du 25 mars 2016, art. 15-V.]*

SOUS-SECTION 3 **Prix provisoires**

Art. R. 2312-13 Les acheteurs ne peuvent conclure un marché de défense ou de sécurité à prix provisoires que dans les cas suivants :

1° Lorsque, pour des prestations complexes ou faisant appel à une technique nouvelle et présentant soit un caractère d'urgence impérieuse ou résultant d'une situation d'urgence de crise, soit des aléas techniques importants, l'exécution du marché doit commencer alors que la détermination d'un prix initial définitif n'est pas encore possible ;

2° Lorsque les résultats d'une enquête de coût de revient portant sur des prestations comparables commandées au titulaire d'un marché antérieur ne sont pas encore connus ;

3° Lorsque les prix des dernières tranches d'un marché à tranches sont fixés au vu des résultats, non encore connus, d'une enquête de coût de revient portant sur les premières tranches, conclues à prix définitifs ;

4° Lorsque les prix définitifs de prestations comparables ayant fait l'objet de marchés antérieurs sont remis en cause par le candidat pressenti ou par l'acheteur, sous réserve que ce dernier ne dispose pas des éléments techniques ou comptables lui permettant de négocier de nouveaux prix définitifs ;

5° Lorsque les prestations font l'objet d'un partenariat d'innovation ou font appel principalement à des technologies innovantes ou évolutives ne permettant pas de conclure le marché à prix définitif ;

6° Lorsque les résultats de la mise en concurrence d'une partie du marché que le titulaire a prévu de confier à un sous-contractant ne sont pas encore connus au moment de la conclusion du marché. – *[Décr. n° 2016-361 du 25 mars 2016, art. 16-I.]*

Art. R. 2312-14 Les dispositions des articles R. 2112-16 et R. 2112-18 s'appliquent. – *[Décr. n° 2016-361 du 25 mars 2016, art. 16-II et III.]*

CHAPITRE III **ORGANISATION DE L'ACHAT**

SECTION 1 **Allotissement**

Art. R. 2313-1 L'acheteur qui décide d'allotir un marché de défense ou de sécurité indique, s'il y a lieu, les règles d'attribution de plusieurs lots à un même soumissionnaire dans les documents de la consultation. – *[Décr. n° 2016-361 du 25 mars 2016, art. 9.]*

SECTION 2 **Marchés à tranches**

Art. R. 2313-2 Les dispositions des articles R. 2113-4 à R. 2113-6 s'appliquent. – *[Décr. n° 2016-361 du 25 mars 2016, art. 69.]*

SECTION 3 **Réservation de marchés**

Art. R. 2313-3 Lorsque l'acheteur réserve un marché ou des lots d'un marché aux opérateurs économiques qui emploient des travailleurs handicapés, l'avis d'appel à la concurrence renvoie à l'article L. 2113-12.

La proportion minimale mentionnée à ce même article est fixée à 50 %. – *[Décr. n° 2016-361 du 25 mars 2016, art. 10.]*

TITRE II CHOIX DE LA PROCÉDURE DE PASSATION

CHAPITRE I CALCUL DE LA VALEUR ESTIMÉE DU BESOIN

SECTION 1 Dispositions générales

Art. R. 2321-1 L'acheteur procède au calcul de la valeur estimée du besoin sur la base du montant total hors taxes du ou des marchés envisagés.

Il tient compte des options, des reconductions ainsi que de l'ensemble des lots, et le cas échéant, des primes ou des paiements prévus au profit des candidats ou soumissionnaires. — *[Décr. n° 2016-361 du 25 mars 2016, art. 17, al. 1er, phrase 1, al. 2 et 19, al. al. 1er.]*

Art. R. 2321-2 Les dispositions des articles R. 2121-2 et R. 2121-3 s'appliquent. — *[Décr. n° 2016-361 du 25 mars 2016, art. 17, al. 2 et art. 20.]*

Art. R. 2321-3 L'acheteur ne peut se soustraire à l'application du présent livre en scindant ses achats ou en utilisant des modalités de calcul de la valeur estimée du besoin autres que celles qui y sont prévues. — *[Décr. n° 2016-361 du 25 mars 2016, art. 17, al. 3.]*

SECTION 2 Prise en compte de la nature des prestations

Art. R. 2321-4 Les dispositions des articles R. 2121-5 à R. 2121-7 s'appliquent. — *[Décr. n° 2016-361 du 25 mars 2016, art. 18-I et II.]*

SECTION 3 Dispositions propres aux accords-cadres et aux partenariats d'innovation

Art. R. 2321-5 Pour les accords-cadres mentionnés à l'article L. 2325-1, la valeur estimée du besoin est déterminée en prenant en compte la valeur maximale estimée de l'ensemble des marchés à passer ou des bons de commande à émettre pendant la durée totale de l'accord-cadre.

(Abrogé par Décr. n° 2021-1111 du 23 août 2021, art. 4) ***« Lorsque l'accord-cadre ne fixe pas de maximum, sa valeur estimée est réputée excéder les seuils de procédure formalisée. »*** — *[Décr. n° 2016-361 du 25 mars 2016, art. 18-III.]*

V. note ss. art. R. 2121-8, supra.

Art. R. 2321-6 Les dispositions de l'article R. 2121-9 s'appliquent. — *[Décr. n° 2016-361 du 25 mars 2016, art. 18-IV.]*

SECTION 4 Dispositions propres aux marchés non écrits conclus par carte d'achat

(Décr. n° 2021-1111 du 23 août 2021, art. 5)

Art. R. 2321-7 Sans préjudice des dispositions de l'article R. 2121-7, pour les marchés non écrits conclus par carte d'achat, l'acheteur vérifie, après leur conclusion et au moins trimestriellement, que la valeur de ces marchés par catégorie homogène telle que définie à l'article R. 2121-6 n'excède pas les seuils de publicité et de mise en concurrence. Si cette valeur atteint ou excède le seuil défini à l'article R. 2322-14, les marchés suivants dans la catégorie considérée sont passés conformément aux dispositions de l'article L. 2320-1 pour la période considérée.

V. note ss. art. R. 2312-10, supra.

CHAPITRE II MARCHÉS DE DÉFENSE OU DE SÉCURITÉ PASSÉS SANS PUBLICITÉ NI MISE EN CONCURRENCE PRÉALABLES

Art. R. 2322-1 L'acheteur peut passer un marché sans publicité ni mise en concurrence préalables lorsque, soit seules des offres irrégulières définies à l'article L. 2152-2, soit seules des offres inacceptables définies à l'article L. 2152-3 ont été présentées. Les conditions initiales du marché ne peuvent alors être substantiellement modifiées et l'acheteur ne doit faire participer à la négociation que le ou les soumissionnaires qui ont présenté des offres conformes aux exigences relatives aux délais et modalités formelles de présentation. – *[Décr. n° 2016-361 du 25 mars 2016, art. 23-1°.]*

Art. R. 2322-2 L'acheteur peut passer un marché sans publicité ni mise en concurrence préalables lorsque, soit aucune candidature ou aucune offre n'a été déposée dans les délais prescrits, soit seules des candidatures irrecevables définies à l'article R. 2344-4, soit seules des offres inappropriées définies à l'article L. 2152-4, ont été présentées. Les conditions initiales du marché ne peuvent alors être substantiellement modifiées.

Pour les marchés dont la valeur estimée du besoin est supérieure aux seuils de procédure formalisée, un rapport est communiqué à la Commission européenne si celle-ci le demande. – *[Décr. n° 2016-361 du 25 mars 2016, art. 23-2°.]*

Art. R. 2322-3 L'acheteur peut passer un marché sans publicité ni mise en concurrence préalables lorsque les conditions de passation ne sont pas compatibles avec les délais minimaux d'urgence prévus aux articles R. 2361-2 et R. 2361-6 dans la procédure d'appel d'offres restreint ou à l'article R. 2361-8 dans la procédure avec négociation, parce qu'il est conclu pour faire face à une urgence résultant d'une crise en France ou à l'étranger, notamment avec des opérateurs ayant mis en place ou maintenu, en exécution d'un autre marché, les capacités nécessaires pour faire face à une éventuelle augmentation des besoins.

Au sens du présent livre, une crise est un conflit armé ou une guerre ou toute situation dans laquelle ont été causés, ou bien sont imminents, des dommages dépassant clairement ceux de la vie courante et, qui compromettent substantiellement la vie et la santé de la population ou qui ont des effets substantiels sur la valeur des biens ou qui nécessitent des mesures concernant l'approvisionnement de la population en produits de première nécessité.

Lorsque l'urgence résultant d'une crise est incompatible avec la préparation des documents de la consultation, la passation du marché fait au moins l'objet d'un échange de lettres. – *[Décr. n° 2016-361 du 25 mars 2016, art. 23-3°.]*

Art. R. 2322-4 L'acheteur peut passer un marché sans publicité ni mise en concurrence préalables lorsque les conditions de passation ne sont pas compatibles avec les délais minimaux d'urgence prévus aux articles R. 2361-2 et R. 2361-6 dans la procédure d'appel d'offres restreint ou à l'article R. 2361-8 dans la procédure avec négociation, et dont l'objet est strictement limité aux mesures nécessaires pour faire face à une urgence impérieuse résultant de circonstances imprévisibles et extérieures, notamment les catastrophes technologiques ou naturelles.

Lorsque l'urgence impérieuse est incompatible avec la préparation des documents de la consultation, la passation du marché fait au moins l'objet d'un échange de lettres. – *[Décr. n° 2016-361 du 25 mars 2016, art. 23-4°.]*

Art. R. 2322-5 L'acheteur peut passer un marché sans publicité ni mise en concurrence préalables lorsque le marché ne peut être confié qu'à un opérateur économique déterminé, pour des raisons tenant à la protection de droits d'exclusivité, ou pour des raisons techniques comme, par exemple, des exigences spécifiques d'interopérabilité ou de sécurité qui doivent être satisfaites pour garantir le fonctionnement des forces armées ou de sécurité, ou la stricte impossibilité technique, pour un candidat autre que l'opérateur économique retenu, de réaliser les objectifs requis, ou la nécessité de recourir à un savoir-faire, un outillage ou des moyens spécifiques dont ne dispose qu'un seul opérateur, notamment en cas de modification ou de mise en conformité rétroactive d'un équipement particulièrement complexe. – *[Décr. n° 2016-361 du 25 mars 2016, art. 23-5°.]*

Art. R. 2322-6 L'acheteur peut passer sans publicité ni mise en concurrence préalables un marché de services de recherche et développement pour lequel l'acheteur acquiert la propriété exclusive des résultats et finance entièrement la prestation. – *[Décr. n° 2016-361 du 25 mars 2016, art. 23-6°.]*

Art. R. 2322-7 L'acheteur peut passer sans publicité ni mise en concurrence préalables un marché qui concerne des produits fabriqués uniquement à des fins de recherche et de développement à l'exception de la production en quantités visant à établir la viabilité commerciale du produit ou à amortir les frais de recherche et de développement. – *[Décr. n° 2016-361 du 25 mars 2016, art. 23-7°.]*

Art. R. 2322-8 L'acheteur peut passer sans publicité ni mise en concurrence préalables un marché pour les achats complémentaires de fournitures qui sont exécutés par le titulaire du marché et qui sont destinés soit au renouvellement partiel de fournitures ou d'installations d'usage courant, soit à l'extension de fournitures ou d'installations existantes, lorsque le changement de titulaire obligerait à acquérir un matériel de technique différente entraînant une incompatibilité avec le matériel déjà acquis ou des difficultés techniques d'utilisation et d'entretien disproportionnées.

La durée de ces marchés complémentaires de fournitures, périodes de reconduction comprises, ne peut dépasser cinq ans sauf dans des circonstances exceptionnelles déterminées en tenant compte de la durée de vie prévue des objets, installations ou systèmes livrés, ainsi que des difficultés techniques que peut occasionner un changement de titulaire. – *[Décr. n° 2016-361 du 25 mars 2016, art. 23-8°.]*

Art. R. 2322-9 L'acheteur peut passer sans publicité ni mise en concurrence préalables un marché qui a pour objet l'achat de matières premières cotées et achetées en bourse. – *[Décr. n° 2016-361 du 25 mars 2016, art. 23-9°.]*

Art. R. 2322-10 L'acheteur peut passer sans publicité ni mise en concurrence préalables un marché pour l'achat de fournitures dans des conditions particulièrement avantageuses, soit auprès d'un opérateur économique en cessation définitive d'activité, soit, sous réserve de l'article L. 2141-3, auprès d'un opérateur économique soumis à l'une des procédures prévues par le livre VI du code de commerce, à l'exception de celles mentionnées au titre I, ou une procédure de même nature prévue par une législation d'un autre État. – *[Décr. n° 2016-361 du 25 mars 2016, art. 23-10°.]*

Art. R. 2322-11 L'acheteur peut passer sans publicité ni mise en concurrence préalables des marchés de services ou de travaux complémentaires qui consistent en des prestations qui ne figurent pas dans le marché initialement conclu mais qui sont devenues nécessaires, à la suite d'une circonstance imprévue, à l'exécution du service ou à la réalisation des travaux tels qu'ils sont décrits dans le marché initial, à condition que l'attribution soit faite à l'opérateur économique qui a exécuté ce service ou réalisé ces travaux lorsque :

1° Soit ces services ou travaux complémentaires ne peuvent être techniquement ou économiquement séparés du marché initial sans inconvénient majeur pour l'acheteur ;

2° Soit ces services ou travaux, quoiqu'ils soient séparables de l'exécution du marché initial, sont strictement nécessaires à son parfait achèvement.

Le montant cumulé de ces marchés complémentaires de services ou de travaux ne peut dépasser 50 % du montant du marché initial. – *[Décr. n° 2016-361 du 25 mars 2016, art. 23-11°.]*

Art. R. 2322-12 L'acheteur peut passer sans publicité ni mise en concurrence préalables des marchés ayant pour objet la réalisation de prestations similaires à celles qui ont été confiées au titulaire d'un marché précédent passé après mise en concurrence. Le premier marché doit avoir indiqué la possibilité de recourir à cette procédure pour la réalisation de prestations similaires. Sa mise en concurrence doit également avoir pris en compte le montant total envisagé, y compris celui des nouveaux travaux ou services.

La durée pendant laquelle les marchés de services ou de travaux similaires peuvent être conclus ne peut dépasser cinq ans à compter de la notification du marché initial, sauf dans des circonstances exceptionnelles déterminées en tenant compte de la durée de vie prévue des objets, installations ou systèmes livrés, ainsi que des difficultés techniques que peut occasionner un changement de titulaire. – *[Décr. n° 2016-361 du 25 mars 2016, art. 23-12°.]*

Art. R. 2322-13 L'acheteur peut passer sans publicité ni mise en concurrence préalables un marché lié à la fourniture de services de transport maritime et aérien pour les forces armées ou les forces de sécurité d'un État membre, qui sont ou vont être déployées à l'étranger, lorsque l'acheteur doit obtenir ces services d'opérateurs économiques qui garantissent la validité de leur offre uniquement pour des périodes très brèves de sorte que les délais applicables aux procédures formalisées ne peuvent être respectés. – *[Décr. n° 2016-361 du 25 mars 2016, art. 23-13°.]*

Art. R. 2322-14 *(Décr. n° 2021-1111 du 23 août 2021, art. 6)* L'acheteur peut passer un marché sans publicité ni mise en concurrence préalables pour répondre à un besoin dont la valeur estimée est inférieure à 100 000 euros hors taxes ou pour les lots dont le montant est inférieur à 80 000 euros hors taxes et qui remplissent les conditions prévues au *b* du 2° de l'article R. 2323-1.

L'acheteur veille à choisir une offre pertinente, à faire une bonne utilisation des deniers publics et à ne pas contracter systématiquement avec un même opérateur économique lorsqu'il existe une pluralité d'offres susceptibles de répondre au besoin.

V. note ss. art. R. 2312-10, supra.

Ancien art. R. 2322-14 *Les dispositions de l'article R. 2122-8 s'appliquent. – [Décr. n° 2016-361 du 25 mars 2016, art. 23-14°.]*

Art. R. 2322-15 *(Décr. n° 2021-1111 du 23 août 2021, art. 7)* L'acheteur peut passer sans publicité ni mise en concurrence préalables un marché ayant pour objet des fournitures ou des services dont la valeur estimée est inférieure au seuil de procédure formalisée et qui sont nécessaires à l'exécution de tâches scientifiques ou techniques sans objectif de rentabilité et spécialisées dans le domaine de la recherche, du développement, de l'étude ou de l'expérimentation, à l'exclusion des prestations de fonctionnement courant du service.

V. note ss. art. R. 2312-10, supra.

CHAPITRE III MARCHÉS DE DÉFENSE OU DE SÉCURITÉ PASSÉS SELON UNE PROCÉDURE ADAPTÉE

SECTION 1 Conditions de recours à une procédure adaptée

Art. R. 2323-1 *(Décr. n° 2021-1111 du 23 août 2021, art. 8)* « Sans préjudice des dispositions de l'article R. 2322-14, l'acheteur » peut recourir à une procédure adaptée pour passer :

1° Un marché de défense ou de sécurité dont la valeur estimée hors taxes du besoin est inférieure aux seuils européens mentionnés dans un avis qui figure en annexe du présent code ;

2° Un lot d'un marché de défense ou de sécurité alloti dont le montant total est égal ou supérieur aux seuils de procédure formalisée et qui remplit les deux conditions suivantes :

a) La valeur estimée de chaque lot concerné est inférieure à 80 000 euros hors taxes pour des fournitures ou des services ou à 1 million d'euros hors taxes pour des travaux ;

b) Le montant cumulé de ces lots n'excède pas 20 % de la valeur totale estimée de tous les lots. – *[Décr. n° 2016-361 du 25 mars 2016, art. 19, al. 1er et 2, 1° et 2° et 22, al. 1er ecqc le seuil mapa.] – V. Annexe n° 2.*

Art. R. 2323-2 Quelle que soit la valeur estimée du besoin, sont passés selon une procédure adaptée les marchés de défense ou de sécurité ayant pour objet des services autres que ceux mentionnés ci-dessous :

1° Services d'entretien et de réparation ;
2° Services liés à l'aide militaire aux pays étrangers ;
3° Services de défense, services de défense militaires et services de défense civils ;
4° Services d'enquête et de sécurité ;
5° Services de transports terrestres ;
6° Services de transports aériens : transports de voyageurs et de marchandises, à l'exclusion des transports de courrier ;
7° Transports de courrier par transport terrestre et par air ;
8° Services de transports ferroviaires ;
9° Services de transport par eau ;
10° Services annexes et auxiliaires des transports ;

11° Services de télécommunications ;
12° Services financiers : services d'assurances ;
13° Services informatiques et services connexes ;
14° Services de recherche et de développement et tests d'évaluation, à l'exclusion des services de recherche et de développement exclus du champ d'application du présent livre en application de l'article L. 2515-1 ;
15° Services comptables, d'audit et de tenue de livres ;
16° Services de conseil en gestion, à l'exclusion des services d'arbitrage et de conciliation, et services connexes ;
17° Services d'architecture, services d'ingénierie et services intégrés d'ingénierie, services d'aménagement urbain et d'ingénierie paysagère, services connexes de consultations scientifiques et techniques, services d'essais et d'analyses techniques ;
18° Services de nettoyage de bâtiments et services de gestion de propriétés ;
19° Services de voirie et d'enlèvement des ordures : services d'assainissement et services analogues ;
20° Services de simulation et de formation dans les domaines de la défense et de la sécurité. – *[Décr. n° 2016-361 du 25 mars 2016, art. 24 et 25-I, al. 1er.]*

Art. R. 2323-3 Lorsqu'un marché a pour objet à la fois des prestations de services mentionnées à l'article R. 2323-2 et des prestations de services qui n'y sont pas mentionnées, il est passé conformément aux règles qui s'appliquent à celle de ces deux catégories de prestations de services dont la valeur estimée est la plus élevée. – *[Décr. n° 2016-361 du 25 mars 2016, art. 25-II.]*

SECTION 2 Règles applicables

Art. R. 2323-4 Les dispositions des articles R. 2123-4 à R. 2123-6 s'appliquent. – *[Décr. n° 2016-361 du 25 mars 2016, art. 22, al. 1er ecqc le régime et al. 2 et 3.]*

CHAPITRE IV MARCHÉS DE DÉFENSE OU DE SÉCURITÉ PASSÉS SELON UNE PROCÉDURE FORMALISÉE

Art. R. 2324-1 L'acheteur passe son marché selon l'une des procédures formalisées prévues au présent chapitre lorsque la valeur estimée du besoin est égale ou supérieure aux seuils européens figurant dans un avis annexé au présent code, sous réserve des dispositions *(Décr. n° 2019-259 du 29 mars 2019, art. 1er)* « du chapitre II et » de la section 1 du chapitre III. – *[Décr. n° 2016-361 du 25 mars 2016, art. 21-I.] – V. Annexe n° 2.*

SECTION 1 Appel d'offres restreint

Art. R. 2324-2 En cas de passation du marché de défense ou de sécurité selon la procédure de l'appel d'offres mentionnée à l'article L. 2124-2, cet appel d'offres est restreint. Seuls les candidats sélectionnés par l'acheteur sont ainsi autorisés à soumissionner. – *[Décr. n° 2016-361 du 25 mars 2016, art. 61.]*

SECTION 2 Procédure avec négociation

Art. R. 2324-3 Lorsque l'acheteur recourt, pour la passation d'un marché de défense ou de sécurité, à la procédure avec négociation, il ne négocie les conditions du marché qu'avec le ou les opérateurs économiques autorisés à participer aux négociations. – *[Décr. n° 2016-361 du 25 mars 2016, art. 64, al. 1er.]*

SECTION 3 Dialogue compétitif

Art. R. 2324-4 L'acheteur peut, pour la passation d'un marché de défense ou de sécurité, recourir à la procédure du dialogue compétitif mentionnée à l'article L. 2124-4, lorsque l'une au moins des conditions suivantes est remplie :
1° L'acheteur n'est objectivement pas en mesure de définir seul et à l'avance les moyens techniques pouvant répondre à ses besoins ;
2° L'acheteur n'est objectivement pas en mesure d'établir le montage juridique ou financier d'un projet. – *[Décr. n° 2016-361 du 25 mars 2016, art. 21-II.]*

CHAPITRE V TECHNIQUES D'ACHAT

Le présent chapitre ne comprend pas de dispositions réglementaires.

TITRE III ENGAGEMENT DE LA PROCÉDURE DE PASSATION

CHAPITRE I PUBLICITÉ PRÉALABLE

SECTION 1 Support de publicité

SOUS-SECTION 1 Avis de préinformation

Art. R. 2331-1 Les acheteurs peuvent faire connaître leur intention de passer un marché de défense ou de sécurité par le biais de la publication d'un avis de préinformation.

Cet avis est établi conformément au modèle fixé par le règlement de la Commission européenne établissant les formulaires standard pour la publication d'avis dans le cadre des procédures de passation de marchés. – *[Décr. n° 2016-361 du 25 mars 2016, art. 26-I, al. 1er.]*

Art. R. 2331-2 L'avis de préinformation peut être :

1° Soit adressé pour publication à l'Office des publications de l'Union européenne ;

2° Soit publié par l'acheteur sur son profil d'acheteur mentionné à l'article R. 2332-3. L'acheteur envoie alors à l'Office des publications de l'Union européenne un avis annonçant cette publication. La date de cet envoi est mentionnée sur l'avis de préinformation publié sur le profil d'acheteur.

L'avis de préinformation est adressé pour publication à l'Office des publications de l'Union européenne ou publié sur le profil d'acheteur le plus rapidement possible après la décision de réaliser le projet pour lequel l'acheteur envisage de passer des marchés. – *[Décr. n° 2016-361 du 25 mars 2016, art. 26-I, al. 2, 4 et 5.]*

Art. R. 2331-3 Pour les marchés de fournitures ou de services, l'avis de préinformation indique la valeur totale estimée du besoin, pour chacune des catégories de produits ou de services homogènes que l'acheteur envisage de passer au cours des douze mois suivant la publication de cet avis. – *[Décr. n° 2016-361 du 25 mars 2016, art. 26-II, al. 1er.]*

Art. R. 2331-4 Pour les marchés de travaux, l'avis de préinformation indique les caractéristiques essentielles des marchés que l'acheteur entend passer. – *[Décr. n° 2016-361 du 25 mars 2016, art. 26-I, al. 2.]*

SOUS-SECTION 2 Avis de marché

§ 1 Avis de marché pour les marchés passés selon une procédure adaptée en raison de leur montant

Art. R. 2331-5 *(Décr. n° 2021-1111 du 23 août 2021, art. 9)* Pour ses marchés passés selon une procédure adaptée, l'acheteur choisit librement les modalités de publicité adaptées en fonction des caractéristiques du marché, notamment le montant et la nature des travaux, des fournitures ou des services en cause.

V. note ss. art. R. 2312-10, supra.

Art. R. 2331-6 *(Abrogé par Décr. n° 2021-1111 du 23 août 2021, art. 10)* ***L'avis mentionné au 2° de l'article R. 2131-12 est établi conformément au modèle fixé par un arrêté du ministre chargé de l'économie figurant en annexe du présent code.*** – *[Décr. n° 2016-361 du 25 mars 2016, art. 28-II.] – V. Annexe n° 19.*

V. note ss. art. R. 2312-10, supra.

§ 2 Avis de marché pour les marchés passés selon une procédure adaptée en raison de leur objet

Art. R. 2331-7 Pour les marchés de services soumis à la section 2 du chapitre III du titre II, l'acheteur choisit librement les modalités de publicité adaptées en fonction des caractéristiques du marché, notamment le montant et la nature des services en cause. – *[Décr. nº 2016-361 du 25 mars 2016, art. 25-I-1º.]*

§ 3 Avis de marché pour les marchés passés selon une procédure formalisée

Art. R. 2331-8 *(Décr. nº 2021-1111 du 23 août 2021, art. 11)* Pour les marchés passés selon l'une des procédures formalisées énumérées aux articles R. 2324-2 à R. 2324-4, l'acheteur publie un avis de marché au *Journal officiel de l'Union européenne* établi conformément au modèle fixé par le règlement de la Commission européenne établissant les formulaires standard pour la publication d'avis dans le cadre de la passation de marchés.

V. note ss. art. R. 2312-10, supra.

§ 4 Publicité supplémentaire de l'avis de marché

Art. R. 2331-9 L'acheteur peut faire paraître une publicité supplémentaire sur un autre support que celui choisi à titre principal dans les conditions fixées par arrêté du ministre chargé de l'économie figurant en annexe au présent code.

La publicité supplémentaire peut ne comporter que certains des renseignements figurant dans l'avis de marché publié à titre principal à condition qu'elle indique les références de cet avis. – *[Décr. nº 2016-361 du 25 mars 2016, art. 27, al. 3 et 28-III.] – V. Annexe nº 19.*

SECTION 2 Publication

Art. R. 2331-10 Les dispositions de l'article R. 2131-19 s'appliquent. – *[Décr. nº 2016-361 du 25 mars 2016, art. 29, al. 1er.]*

Art. R. 2331-11 Les publications au niveau national ne peuvent être effectuées avant l'envoi à l'Office des publications de l'Union européenne de la demande de publication au *Journal officiel de l'Union européenne.*

Ces publications ne peuvent fournir plus de renseignements que ceux envoyés à l'Office des publications de l'Union européenne. Elles mentionnent la date de cet envoi. – *[Décr. nº 2016-361 du 25 mars 2016, art. 29, al. 2 et 3.]*

CHAPITRE II COMMUNICATION ET ÉCHANGES D'INFORMATIONS

SECTION UNIQUE Dématérialisation des communications et échanges d'informations

SOUS-SECTION 1 Mise à disposition des documents de la consultation

Art. R. 2332-1 Les dispositions de l'article R. 2132-1 s'appliquent. – *[Décr. nº 2016-361 du 25 mars 2016, art. 30.]*

Art. R. 2332-2 Les documents de la consultation sont remis gratuitement aux opérateurs économiques qui en font la demande. Toutefois, l'acheteur peut décider que ces documents lui sont remis contre paiement des frais de reproduction. Le montant et les modalités de paiement de ces frais figurent dans les documents de la consultation. – *[Décr. nº 2016-361 du 25 mars 2016, art. 31-I, al. 1er.]*

Art. R. 2332-3 Lorsque l'acheteur décide d'autoriser ou imposer la transmission des candidatures ou des offres par voie électronique conformément aux dispositions de l'article R. 2332-11, les documents de la consultation sont publiés sur un profil d'acheteur.

Lorsque les spécifications techniques sont fondées sur des documents gratuitement disponibles par des moyens électroniques, l'indication de la référence de ces documents est considérée comme suffisante.

L'adresse du profil d'acheteur sur lequel les documents de la consultation sont accessibles est indiquée dans l'avis. – *[Décr. nº 2016-361 du 25 mars 2016, art. 31-I, al. 2, phrases 1 et 4.]*

Art. R. 2332-4 Pour autant que les opérateurs économiques les aient demandés en temps utile, les renseignements complémentaires sur les documents de la consultation sont envoyés au plus tard :

1° En cas d'appel d'offres restreint, quatre jours avant la date limite fixée pour la réception des offres ;

2° En cas de procédure avec négociation, six jours avant la date limite fixée pour la réception des offres. Toutefois, en cas de délais réduits du fait de l'urgence, ce délai est de quatre jours ;

3° En cas de dialogue compétitif, six jours avant la date limite fixée pour la réception des offres finales. – *[Décr. n° 2016-361 du 25 mars 2016, art. 31-II.]*

Art. R. 2332-5 Les dispositions de l'article R. 2132-3 s'appliquent. – *[Décr. n° 2016-361 du 25 mars 2016, art. 26-I, al. 3 et 31-I, al. 2, phrase 2.]*

SOUS-SECTION 2 **Support des communications et échanges d'informations**

Art. R. 2332-6 Les moyens de transmission des documents et des informations qui sont choisis par l'acheteur sont accessibles, sans discrimination, à tous les opérateurs économiques et ne peuvent avoir pour effet de restreindre l'accès des candidats et soumissionnaires à la procédure d'attribution. – *[Décr. n° 2016-361 du 25 mars 2016, art. 32, al. 1er.]*

Art. R. 2332-7 Les transmissions, les échanges et le stockage d'informations sont effectués de manière à assurer l'intégrité des données, la confidentialité des candidatures et des offres et à garantir que l'acheteur ne prend connaissance du contenu des candidatures et des offres qu'à l'expiration du délai prévu pour la présentation de celles-ci. – *[Décr. n° 2016-361 du 25 mars 2016, art. 32, al. 2.]*

Art. R. 2332-8 Lorsque la consultation implique la communication d'informations ou de supports classifiés ou protégés dans l'intérêt de la sécurité nationale, l'avis d'appel à la concurrence précise les exigences assurant la protection de ces informations ou supports et l'obligation pour les candidats et soumissionnaires de veiller à ce que les sous-contractants respectent ces exigences.

L'arrêté du Premier ministre mentionné à l'article R. 2300-1 détermine la nature de ces exigences. – *[Décr. n° 2016-361 du 25 mars 2016, art. 32, al. 3 et 4.]*

Art. R. 2332-9 Dans toutes les procédures de passation des marchés, les communications et échanges d'informations effectués en application du présent livre peuvent être effectuées par des moyens de communication électronique ou par la production de supports physiques électroniques, selon les dispositions prévues à la présente sous-section.

Un moyen de communication électronique est un équipement électronique de traitement, y compris la compression numérique, et de stockage de données diffusées, acheminées et reçues par fils, par radio, par moyens optiques ou par d'autres moyens électromagnétiques. – *[Décr. n° 2016-361 du 25 mars 2016, art. 33-I, al. 1er et 2.]*

Art. R. 2332-10 Les outils et les dispositifs de communication et d'échanges d'information par voie électronique répondent à des exigences minimales mentionnées dans un arrêté du ministre chargé de l'économie figurant en annexe au présent code. – *[Décr. n° 2016-361 du 25 mars 2016, art. 33-I, al. 3.] – V. Annexe n° 8.*

Art. R. 2332-11 L'acheteur peut autoriser ou imposer la transmission des candidatures ou des offres par voie électronique.

Le mode de transmission des candidatures ou des offres est indiqué dans l'avis d'appel à la concurrence ou, en l'absence d'un tel avis, dans un autre document de la consultation.

Pour chaque étape de la procédure, les candidats et soumissionnaires appliquent le même mode de transmission à l'ensemble des documents qu'ils transmettent à l'acheteur. – *[Décr. n° 2016-361 du 25 mars 2016, art. 33-II, al. 1er à 3.]*

Art. R. 2332-12 Dans les cas où la transmission électronique est une faculté donnée aux candidats ou soumissionnaires et dans ceux où elle est obligatoire, l'acheteur assure la confidentialité et la sécurité des transactions, selon des modalités figurant dans un arrêté du ministre chargé de l'économie figurant en annexe du présent code.

Dans le cas des marchés passés selon une procédure adaptée, ces modalités tiennent compte des caractéristiques du marché, notamment de la nature et du montant des travaux, fournitures ou services en cause. – *[Décr. n° 2016-361 du 25 mars 2016, art. 33-I, al. 4.] – V. Annexe n° 8.*

Art. R. 2332-13 Les frais d'accès au réseau informatique sont à la charge de chaque candidat ou soumissionnaire. – *[Décr. n° 2016-361 du 25 mars 2016, art. 33-I, al. 5.]*

Art. R. 2332-14 Les dispositions de l'article R. 2132-11 s'appliquent. – *[Décr. n° 2016-361 du 25 mars 2016, art. 33-III, phrase 1.]*

Art. R. 2332-15 Dans le cadre des marchés passés par un groupement de commandes, le coordonnateur désigné par le groupement assume les obligations mises à la charge de l'acheteur mentionnées aux articles R. 2332-9 à R. 2332-14. – *[Décr. n° 2016-361 du 25 mars 2016, art. 33-IV, al. 1er.]*

Art. R. 2332-16 Dans le cas de candidatures d'un groupement d'opérateurs économiques, le mandataire assure la sécurité et l'authenticité des informations transmises au nom des membres du groupement. – *[Décr. n° 2016-361 du 25 mars 2016, art. 33-IV, al. 2.]*

Art. R. 2332-17 L'acheteur peut, si nécessaire, exiger l'utilisation d'outils et de dispositifs qui ne sont pas communément disponibles, tels que des outils de modélisation électronique des données du bâtiment ou des outils similaires.

Dans ces cas, l'acheteur offre d'autres moyens d'accès appropriés au sens de l'article R. 2332-18, jusqu'à ce que ces outils et dispositifs soient devenus communément disponibles aux opérateurs économiques. – *[Décr. n° 2016-361 du 25 mars 2016, art. 34-I.]*

Art. R. 2332-18 L'acheteur est réputé offrir d'autres moyens d'accès appropriés dans tous les cas suivants :

1° Lorsqu'il offre gratuitement un accès sans restriction, complet et direct par moyen électronique aux outils et dispositifs mentionnés au premier alinéa de l'article R. 2332-17 à partir de la date de publication de l'avis d'appel à la concurrence ou, en l'absence d'un tel avis, à compter du lancement de la consultation. Le texte de l'avis précise l'adresse internet à laquelle ces outils et dispositifs sont accessibles ;

2° Lorsqu'il veille à ce que les opérateurs économiques n'ayant pas accès à ces outils et dispositifs ni la possibilité de se les procurer dans les délais requis, à condition que l'absence d'accès ne soit pas imputable à l'opérateur économique concerné, participent gratuitement à la procédure de passation des marchés en utilisant des jetons provisoires mis gratuitement à disposition en ligne ;

3° Lorsqu'il assure la disponibilité d'une autre voie de présentation électronique des offres. – *[Décr. n° 2016-361 du 25 mars 2016, art. 34-II.]*

TITRE IV PHASE DE CANDIDATURE

CHAPITRE I MOTIFS D'EXCLUSION DE LA PROCÉDURE DE PASSATION

Le présent chapitre ne comprend pas de dispositions réglementaires.

CHAPITRE II CONDITIONS DE PARTICIPATION

SECTION 1 Dispositions générales

SOUS-SECTION 1 Conditions générales

Art. R. 2342-1 Les conditions de participation à la procédure de passation relatives aux capacités du candidat, mentionnées à l'article L. 2142-1, ainsi que les moyens de preuve acceptables, sont indiqués par l'acheteur dans l'avis d'appel à la concurrence ou, en l'absence d'un tel avis, dans un autre document de la consultation. – *[Décr. n° 2016-361 du 25 mars 2016, art. 36-I, al. 1er.]*

Art. R. 2342-2 Les dispositions des articles R. 2142-2 à R. 2142-4 s'appliquent. – *[Décr. nº 2016-361 du 25 mars 2016, art. 36-I, al. 2 et 40-II et III.]*

Art. R. 2342-3 Les candidatures sont transmises par tout moyen permettant de déterminer de façon certaine la date et l'heure de leur réception et d'en garantir la confidentialité. – *[Décr. nº 2016-361 du 25 mars 2016, art. 40-IV.]*

SOUS-SECTION 2 Conditions relatives à l'aptitude à exercer une activité professionnelle

Art. R. 2342-4 Les dispositions de l'article R. 2142-5 s'appliquent. – *[Décr. nº 2016-361 du 25 mars 2016, art. 36-II.]*

SOUS-SECTION 3 Conditions relatives aux capacités économiques et financières

Art. R. 2342-5 Les dispositions des articles R. 2142-6, R. 2142-11 et R. 2142-12 s'appliquent. – *[Décr. nº 2016-361 du 25 mars 2016, art. 36-III.]*

SOUS-SECTION 4 Conditions relatives aux capacités techniques et professionnelles

Art. R. 2342-6 Les dispositions des articles R. 2142-13 et R. 2142-14 s'appliquent. – *[Décr. nº 2016-361 du 25 mars 2016, art. 36-IV.]*

SOUS-SECTION 5 Conditions de participation des opérateurs économiques des pays tiers à l'Union européenne ou à l'Espace économique européen

Art. R. 2342-7 L'acheteur indique dans l'avis d'appel à la concurrence si la procédure de passation est ouverte aux opérateurs économiques des pays tiers à l'Union européenne ou à l'Espace économique européen. – *[Décr. nº 2016-361 du 25 mars 2016, art. 37, al. 1er.]*

Art. R. 2342-8 Lorsque l'acheteur décide d'ouvrir la procédure de passation aux opérateurs économiques des pays tiers à l'Union européenne ou à l'Espace économique européen, il indique, dans l'avis d'appel à la concurrence, les critères d'accessibilité sur le fondement desquels l'autorisation de participer à la procédure peut être accordée.

Ces critères sont établis notamment au regard des impératifs de sécurité d'information et d'approvisionnement, de la préservation des intérêts de la défense et de la sécurité de l'État, de l'intérêt de développer la base industrielle et technologique de défense européenne, des objectifs de développement durable, de l'obtention d'avantages mutuels et des exigences de réciprocité. – *[Décr. nº 2016-361 du 25 mars 2016, art. 37, al. 2 et 3.]*

SECTION 2 Réduction du nombre de candidats

Art. R. 2342-9 L'acheteur peut limiter le nombre de candidats admis à soumissionner ou à participer au dialogue dans les conditions définies à la présente section. – *[Décr. nº 2016-361 du 25 mars 2016, art. 39, al. 1er.]*

Art. R. 2342-10 L'acheteur qui entend limiter le nombre de candidats indique, dans l'avis d'appel à la concurrence, les critères objectifs et non discriminatoires qu'il prévoit d'appliquer, le nombre minimum de candidats qu'il prévoit d'inviter, qui ne peut être inférieur à trois, et, le cas échéant, leur nombre maximum. – *[Décr. nº 2016-361 du 25 mars 2016, art. 39, al. 2.]*

Art. R. 2342-11 Lorsque le nombre de candidats satisfaisant aux critères de sélection et aux niveaux minimaux de capacité est inférieur au nombre minimal, l'acheteur peut poursuivre la procédure avec ces candidats. – *[Décr. nº 2016-361 du 25 mars 2016, art. 49, al. 1er.]*

SECTION 3 Groupements d'opérateurs économiques

Art. R. 2342-12 Les dispositions des articles R. 2142-19 à R. 2142-25 s'appliquent. – *[Décr. nº 2016-361 du 25 mars 2016, art. 36-V, 38-I, al. 1er, 2, 3, 4, II, III, V.]*

Art. R. 2342-13 Sans préjudice des dispositions de l'article L. 2141-14, l'acheteur peut prévoir, dans les documents de la consultation, la possibilité de modifier la composition des groupements et d'en constituer de nouveaux entre la remise des candidatures et la remise des offres initiales ou, le cas échéant, lorsque les circonstances liées à la complexité des spécifications techniques le justifient, jusqu'au terme de la négociation ou du dialogue.

A défaut d'une telle indication, les groupements ne peuvent être constitués ou modifiés après la date de remise des candidatures. *(Abrogé par Décr. n° 2021-1111 du 23 août 2021, art. 12)* ***« Tous les membres du groupement doivent avoir été autorisés à présenter une offre ou à y participer et le groupement nouvellement constitué doit respecter les exigences de l'acheteur relatives aux capacités des candidats. »***

(Décr. n° 2021-1111 du 23 août 2021, art. 12) « En cas de modification ou de constitution d'un groupement, tous ses membres doivent avoir été autorisés à présenter une offre ou à y participer, au moins en tant que sous-contractant accepté dans la phase de candidature, et le groupement modifié ou nouvellement constitué doit respecter les exigences de l'acheteur relatives aux capacités des candidats. » – *[Décr. n° 2016-361 du 25 mars 2016, art. 38-IV, al. 1er.]*

V. note ss. art. R. 2312-10, supra.

Art. R. 2342-14 La composition du groupement peut être modifiée jusqu'à la date de signature du marché public, en cas d'opération de restructuration de société, notamment de rachat, de fusion ou d'acquisition, ou si le groupement apporte la preuve qu'un de ses membres se trouve dans l'impossibilité d'accomplir sa tâche pour des raisons qui ne sont pas de son fait. Le groupement peut demander à l'acheteur l'autorisation de continuer à participer à la procédure de passation en proposant, le cas échéant, à l'acceptation de l'acheteur, un ou plusieurs nouveaux membres du groupement, sous-contractants ou entreprises liées. L'acheteur se prononce sur cette demande après examen de la capacité de l'ensemble des membres du groupement ainsi transformé et, le cas échéant, des sous-contractants ou entreprises liées présentés à son acceptation, au regard des conditions de participation qu'il a définies. – *[Décr. n° 2016-361 du 25 mars 2016, art. 38-IV, al. 2.]*

Art. R. 2342-15 Les dispositions de l'article R. 2142-27 s'appliquent. – *[Décr. n° 2016-361 du 25 mars 2016, art. 38-VI.]*

CHAPITRE III CONTENU DES CANDIDATURES

SECTION 1 Présentation des candidatures

SOUS-SECTION 1 Délai de réception des candidatures

Art. R. 2343-1 L'acheteur fixe les délais de réception des candidatures *(Abrogé par Décr. n° 2019-748 du 18 juill. 2019, art. 4)* ***« et des offres »*** en tenant compte de la complexité du marché et du temps nécessaire aux opérateurs économiques pour préparer leur candidature.

En procédure formalisée, les délais de réception des candidatures ne peuvent être inférieurs aux délais minimaux propres à chaque procédure fixée au chapitre I du titre VI. – *[Décr. n° 2016-361 du 25 mars 2016, art. 35-I, al. 1er et 2.]*

Sur l'application des dispositions issues du Décr. n° 2019-748 du 18 juill. 2019, V. note ss. art. R. 2122-2, supra.

Art. R. 2343-2 Les dispositions de l'article R. 2143-2 s'appliquent. – *[Décr. n° 2016-361 du 25 mars 2016, art. 35-IV.]*

SOUS-SECTION 2 Éléments à produire par le candidat

Art. R. 2343-3 Le candidat produit à l'appui de sa candidature :

1° Une déclaration sur l'honneur pour justifier qu'il n'entre dans *(Décr. n° 2019-259 du 29 mars 2019, art. 1er)* « aucun des cas mentionnés par les dispositions législatives des sections I et II du chapitre I » et notamment qu'il satisfait aux obligations concernant l'emploi des travailleurs handicapés définies aux articles L. 5212-1 à L. 5212-11 du code du travail ;

2° Les documents et renseignements demandés par l'acheteur aux fins de vérification de l'aptitude à exercer l'activité professionnelle, de la capacité économique et financière et des capacités techniques et professionnelles du candidat conformément aux dispositions des articles R. 2142-5, R. 2142-6 et R. 2142-11 à R. 2142-14 ;

3° Tous les renseignements ou documents justifiant de sa nationalité et, le cas échéant, les renseignements demandés par l'acheteur en application de l'article R. 2343-6. – *[Décr. n° 2016-361 du 25 mars 2016, art. 40-I, al. 1er à 4.]*

Art. R. 2343-4 Lorsqu'un marché de défense ou de sécurité, au titre de sa passation ou de son exécution, nécessite ou comporte des supports ou informations protégés ou classifiés dans l'intérêt de la sécurité nationale, l'acheteur exige la production de la ou des habilitations nécessaires. – *[Décr. n° 2016-361 du 25 mars 2016, art. 40-I, al. 5.]*

Art. R. 2343-5 Lorsque l'acheteur exige des candidats qu'ils soient habilités, il peut accorder aux candidats qui ne sont pas habilités au moment du dépôt de leur candidature un délai supplémentaire pour obtenir cette habilitation. Ce délai est indiqué dans l'avis d'appel à la concurrence. A l'expiration de ce délai, seuls les candidats habilités sont autorisés à poursuivre la procédure. – *[Décr. n° 2016-361 du 25 mars 2016, art. 40-I, al. 6.]*

Art. R. 2343-6 Lorsque l'acheteur décide d'autoriser les opérateurs économiques des pays tiers à l'Union européenne ou à l'Espace économique européen à participer à la procédure de passation du marché dans les conditions prévues à la sous-section 5 de la section 1 du chapitre II, le candidat n'ayant pas la qualité d'opérateur économique issu d'un État membre de l'Union européenne ou de l'Espace économique européen produit à l'appui de sa candidature tous documents, renseignements ou justificatifs permettant d'évaluer s'il répond aux critères d'accessibilité à la procédure indiqués dans l'avis d'appel à concurrence. – *[Décr. n° 2016-361 du 25 mars 2016, art. 41.]*

SECTION 2 Documents justificatifs et autres moyens de preuve

SOUS-SECTION 1 Dispositions générales

Art. R. 2343-7 Les dispositions de l'article R. 2143-5 s'appliquent. – *[Décr. n° 2016-361 du 25 mars 2016, art. 44.]*

SOUS-SECTION 2 Documents justificatifs et autres moyens de preuve de l'absence de motifs d'exclusion

Art. R. 2343-8 L'acheteur accepte comme preuve suffisante attestant que le candidat ne se trouve pas dans un cas d'exclusion mentionné à l'article L. 2341-1, *(Décr. n° 2021-1111 du 23 août 2021, art. 13)* « à l'article L. 2141-4, au 1° de l'article L. 2341-3 et à l'article L. 2141-5 », la production soit d'une attestation sur l'honneur, soit d'un extrait de casier judiciaire.

Le candidat établi à l'étranger produit un extrait du registre pertinent ou, à défaut, un document équivalent délivré par l'autorité judiciaire ou administrative compétente du pays d'origine ou d'établissement de l'opérateur économique, attestant de l'absence de cas d'exclusion. – *[Décr. n° 2016-361 du 25 mars 2016, art. 43-I.]*

V. note ss. art. R. 2312-10, supra.

Art. R. 2343-9 Les dispositions des articles R. 2143-7 à R. 2143-9 s'appliquent.

(Décr. n° 2021-1111 du 23 août 2021, art. 14) « Toutefois, pour les marchés répondant à un besoin dont la valeur estimée est inférieure aux seuils de procédure formalisée, l'acheteur peut accepter comme preuve suffisante une attestation sur l'honneur, en lieu et place des pièces justificatives exigées par les dispositions des articles mentionnés à l'alinéa précédent. » – *[Décr. n° 2016-361 du 25 mars 2016, art. 43-II, III, IV.]*

V. note ss. art. R. 2312-10, supra.

Art. R. 2343-10 Lorsque les autorités compétentes du pays d'origine ou d'établissement du candidat ne délivrent pas les documents justificatifs et moyens de preuve mentionnés aux articles R. 2143-7 à R. 2143-9 et à l'article R. 2343-8, ou lorsque ceux-ci ne mentionnent pas tous les motifs d'exclusion de la procédure de passation, ils peuvent être remplacés par une déclaration sous serment ou, dans les pays où un tel serment n'est pas prévu, par une déclaration solennelle faite par l'intéressé devant l'autorité judiciaire ou administrative compétente, un notaire ou un organisme professionnel qualifié du pays d'origine ou d'établissement du candidat. – *[Décr. n° 2016-361 du 25 mars 2016, art. 43-V.]*

SOUS-SECTION 3 **Documents justificatifs et autres moyens de preuve relatifs aux conditions de participation**

Art. R. 2343-11 Pour vérifier que les candidats satisfont aux conditions de participation à la procédure, l'acheteur peut notamment exiger la production des renseignements et documents dont la liste figure dans un arrêté conjoint des ministres chargés de l'économie et de la défense figurant en annexe du présent code. – *[Décr. n° 2016-361 du 25 mars 2016, art. 42, al. 1er.] – V. Annexe n° 9.*

Art. R. 2343-12 Les dispositions de l'article R. 2143-12 s'appliquent. – *[Décr. n° 2016-361 du 25 mars 2016, art. 42, al. 2.]*

Art. R. 2343-13 *(Décr. n° 2021-1111 du 23 août 2021, art. 15)* Lorsque la passation d'un marché de défense ou de sécurité nécessite la détention de données protégées, l'acheteur exige des candidats qu'ils produisent les éléments justifiant de leur capacité à traiter, stocker et transmettre ces données au niveau de protection nécessaire.

Lorsque le candidat est établi en France, l'acheteur peut demander à l'autorité administrative compétente de vérifier, dans un délai que l'acheteur fixe, la conformité des locaux et installations susceptibles d'être utilisés, les procédures industrielles et administratives qui seront suivies, les modalités de gestion de l'information ou la situation du personnel susceptible d'être employé pour l'exécution du marché public, sans préjudice pour ces autorités de la possibilité de procéder à d'autres enquêtes et d'en tenir compte.

Lorsque le candidat est établi à l'étranger, l'acheteur peut saisir l'autorité nationale de sécurité ou l'autorité de sécurité déléguée aux fins de solliciter l'autorité nationale de sécurité de l'État du candidat ou l'autorité de sécurité désignée par l'État du candidat afin qu'elle vérifie, dans un délai que l'acheteur fixe, la conformité des locaux et installations susceptibles d'être utilisés, les procédures industrielles et administratives qui seront suivies, les modalités de gestion de l'information ou la situation du personnel susceptible d'être employé pour l'exécution du marché public, sans préjudice pour ces autorités de la possibilité de procéder à d'autres enquêtes et d'en tenir compte. Les habilitations de sécurité de l'État du candidat sont reconnues dans la limite des accords de sécurité existants, sans préjudice de la possibilité de faire procéder à une enquête par l'autorité administrative française compétente et d'en tenir compte.

V. note ss. art. R. 2312-10, supra.

Ancien art. R. 2343-13 *Lorsque la passation d'un marché de défense ou de sécurité nécessite la détention de données protégées, l'acheteur exige des candidats qu'ils produisent les éléments justifiant de leur capacité à traiter, stocker et transmettre ces données au niveau de protection nécessaire. L'acheteur peut demander à l'autorité nationale de sécurité de l'État du candidat ou à l'autorité de sécurité désignée de cet État de vérifier, dans un délai que l'acheteur fixe, la conformité des locaux et installations susceptibles d'être utilisés, les procédures industrielles et administratives qui seront suivies, les modalités de gestion de l'information ou la situation du personnel susceptible d'être employé pour l'exécution du marché public, sans préjudice pour ces autorités de la possibilité de procéder à d'autres enquêtes et d'en tenir compte. Les habilitations de sécurité de l'État du candidat sont reconnues dans la limite des accords de sécurité existants, sans préjudice de la possibilité de faire procéder à une enquête par l'autorité nationale de sécurité de défense et d'en tenir compte. – [Décr. n° 2016-361 du 25 mars 2016, art. 42, al. 3.]*

SOUS-SECTION 4 **Accès des acheteurs aux documents justificatifs et moyens de preuve**

Art. R. 2343-14 Les documents de la consultation peuvent prévoir que les candidats ne seront pas tenus de fournir les documents justificatifs et moyens de preuve que l'acheteur peut obtenir directement par le biais d'un système électronique de mise à disposition d'informations administré par un organisme officiel ou d'un espace de stockage numérique, à condition que figurent dans le dossier de candidature toutes les informations nécessaires à la consultation de ce système ou de cet espace et que l'accès à ceux-ci soit gratuit. – *[Décr. n° 2016-361 du 25 mars 2016, art. 45, al. 1er.]*

Art. R. 2343-15 L'acheteur peut prévoir dans les documents de la consultation que les candidats ne sont pas tenus de fournir les documents justificatifs et moyens de preuve qui leur ont déjà été transmis dans le cadre d'une précédente consultation et qui demeurent valables. – *[Décr. n° 2016-361 du 25 mars 2016, art. 45, al. 2.]*

SOUS-SECTION 5 **Opérateurs agréés et certifiés**

Art. R. 2343-16 Les candidats inscrits sur une liste officielle d'opérateurs agréés d'un État membre de l'Union européenne ou munis d'un certificat délivré par un organisme de certification répondant aux normes européennes en matière de certification peuvent présenter à l'acheteur un certificat d'inscription délivré par l'autorité compétente ou le certificat délivré par l'organisme de certification compétent, à condition que ces opérateurs soient établis dans l'État membre qui a dressé la liste officielle. Ces certificats indiquent les références qui leur ont permis d'être inscrits sur la liste officielle ou d'obtenir la certification, ainsi que la classification sur cette liste.

L'inscription certifiée par les organismes compétents sur des listes officielles ou le certificat délivré par l'organisme de certification constitue une présomption d'aptitude en ce qui concerne les motifs d'exclusion et les conditions de participation couvertes par la liste officielle ou le certificat. Toutefois, en ce qui concerne la vérification de la régularité de la situation fiscale et sociale du candidat, un certificat supplémentaire peut être exigé lors de l'attribution du contrat. – *[Décr. n° 2016-361 du 25 mars 2016, art. 46-I.]*

Art. R. 2343-17 *(Décr. n° 2021-1111 du 23 août 2021, art. 16)* « Des listes » officielles d'opérateurs économiques agréés peuvent être établies.

Un certificat d'inscription est remis aux opérateurs économiques agréés. Les candidats inscrits sur une liste peuvent, à l'appui de leur candidature, fournir une copie de ce certificat au titre des informations et renseignements couverts par l'inscription sur cette liste.

Les modalités d'établissement de la liste ainsi que les conditions de validité de l'inscription sur une liste sont fixés *[fixées]* par un arrêté du ministre chargé de l'économie et du ministre de la défense. – *[Décr. n° 2016-361 du 25 mars 2016, art. 46-II.]*

V. note ss. art. R. 2312-10, supra.

Art. R. 2343-18 L'inscription sur les listes mentionnées aux articles de la présente sous-section ne peut pas être imposée aux opérateurs économiques en vue de leur participation à un marché de défense ou de sécurité. – *[Décr. n° 2016-361 du 25 mars 2016, art. 46-III.]*

SECTION 3 **Traduction en français**

Art. R. 2343-19 L'acheteur peut exiger que les candidats joignent une traduction en français aux éléments et documents rédigés dans une autre langue qu'ils remettent en application du présent chapitre. – *[Décr. n° 2016-361 du 25 mars 2016, art. 43-VI.]*

CHAPITRE IV **EXAMEN DES CANDIDATURES**

SECTION 1 **Modalités de vérification**

SOUS-SECTION 1 **Dispositions générales**

Art. R. 2344-1 L'acheteur qui constate que des pièces ou informations dont la présentation était réclamée au titre de la candidature sont absentes ou incomplètes peut demander à tous les candidats concernés de compléter leur dossier de candidature dans un délai approprié et identique pour tous. – *[Décr. n° 2016-361 du 25 mars 2016, art. 48, al. 2.]*

Art. R. 2344-2 *(Décr. nº 2021-1111 du 23 août 2021, art. 17)* **L'acheteur vérifie les informations qui figurent dans la candidature, y compris en ce qui concerne les opérateurs économiques sur les capacités desquels le candidat s'appuie, au plus tard avant l'attribution du marché. Cette vérification peut ne porter que sur la candidature du candidat auquel il est envisagé d'attribuer le marché.**

Toutefois, lorsque l'acheteur limite le nombre de candidats admis à soumissionner ou à participer au dialogue, la vérification des informations qui figurent dans la candidature des opérateurs économiques sélectionnés intervient au plus tard avant l'envoi de l'invitation mentionnée à la section 2.

V. note ss. art. R. 2312-10, supra.

Ancien art. R. 2344-2 *L'acheteur vérifie les informations qui figurent dans la candidature, y compris en ce qui concerne les opérateurs économiques sur les capacités desquels le candidat s'appuie, au plus tard avant l'envoi de l'invitation mentionnée à la section 2. – [Décr. nº 2016-361 du 25 mars 2016, art. 48, al. 1er.]*

Art. R. 2344-3 **Les dispositions de l'article R. 2144-6 s'appliquent.** – *[Décr. nº 2016-361 du 25 mars 2016, art. 48, al. 3.]*

Art. R. 2344-4 *(Décr. nº 2021-1111 du 23 août 2021, art. 18)* **Les dispositions de l'article R. 2144-7 s'appliquent.**

V. note ss. art. R. 2312-10, supra.

Ancien art. R. 2344-4 *Si un candidat est concerné par un motif d'exclusion, ne satisfait pas aux conditions de participation fixées par l'acheteur, produit à l'appui de sa candidature de faux renseignements ou documents, ou ne peut produire dans le délai imparti les documents justificatifs, moyens de preuve, compléments ou explications requis par l'acheteur, sa candidature est déclarée irrecevable et le candidat est éliminé. – [Décr. nº 2016-361 du 25 mars 2016, art. 48, al. 4.]*

Art. R. 2344-5 **Lorsque l'acheteur estime que le nombre de candidats appropriés est trop restreint pour assurer une véritable concurrence, il peut suspendre la procédure et publier à nouveau l'avis d'appel à la concurrence en fixant un nouveau délai pour l'introduction des demandes de participation.**

Dans ce cas, les candidats sélectionnés à la suite de la première publication et ceux sélectionnés à la suite de la deuxième publication sont invités conformément aux dispositions des articles R. 2344-9 et R. 2344-10. Cette option ne porte pas atteinte à la faculté de l'acheteur d'annuler la procédure d'achat en cours et de lancer une nouvelle procédure. – *[Décr. nº 2016-361 du 25 mars 2016, art. 49, al. 2 et 3.]*

SOUS-SECTION 2 **Dispositions particulières aux opérateurs économiques des pays tiers à l'Union européenne ou à l'Espace économique européen**

Art. R. 2344-6 **Lorsque l'acheteur décide d'autoriser les opérateurs économiques des pays tiers à l'Union européenne ou à l'Espace économique européen à participer à la procédure de passation du marché, avant de procéder à l'examen de l'accessibilité des opérateurs économiques à la procédure, il peut, lorsqu'il constate que les documents, renseignements ou justificatifs mentionnés à l'article R. 2343-6 dont la production était réclamée sont absents ou incomplets, demander à tous les candidats concernés de compléter leur dossier d'accessibilité dans un délai identique pour tous et qui ne saurait être supérieur à dix jours.**

Les candidats des pays tiers à l'Union européenne ou à l'Espace économique européen qui, le cas échéant après mise en œuvre des dispositions de l'alinéa précédent, produisent des dossiers d'accessibilité ne comportant pas les documents, renseignements ou justificatifs dont la production était réclamée ne sont pas admis à participer à la suite de la procédure de passation du marché. – *[Décr. nº 2016-361 du 25 mars 2016, art. 47-I.]*

Art. R. 2344-7 **L'acheteur vérifie le droit des opérateurs économiques des pays tiers à l'Union européenne ou à l'Espace économique européen qui n'ont pas été écartés en vertu du dernier alinéa de l'article R. 2344-6 à participer à la procédure de passation au regard des critères d'accessibilité figurant dans l'avis d'appel à concurrence.**

Dès qu'il a pris sa décision, l'acheteur en informe par écrit et de manière motivée les opérateurs économiques des pays tiers à l'Union européenne ou à l'Espace écono-

mique européen qui ont sollicité l'autorisation de participer à la procédure. – *[Décr. n° 2016-361 du 25 mars 2016, art. 47-II, al. 1er et 2.]*

Art. R. 2344-8 Les candidatures des opérateurs économiques des pays tiers à l'Union européenne ou à l'Espace économique européen qui n'ont pas été écartées sont étudiées dans les conditions prévues à la sous-section 1. – *[Décr. n° 2016-361 du 25 mars 2016, art. 47-II, al. 3.]*

SECTION 2 Invitation des candidats sélectionnés

Art. R. 2344-9 Les dispositions de l'article R. 2144-8 s'appliquent. – *[Décr. n° 2016-361 du 25 mars 2016, art. 50, al. 1er.]*

Art. R. 2344-10 En procédure formalisée, l'invitation comprend au minimum les informations suivantes :

1° La référence de l'avis d'appel à la concurrence publié ;

2° La date limite de réception des offres, l'adresse à laquelle les offres doivent être transmises et la ou les langues autorisées pour leur présentation. Toutefois, dans le cas du dialogue compétitif, ces renseignements ne figurent pas dans l'invitation à participer au dialogue, mais dans l'invitation à remettre une offre finale ;

3° Dans le cas du dialogue compétitif, la date et le lieu du dialogue ainsi que la ou les langues autorisées ;

4° La liste des documents à fournir ;

5° La pondération ou la hiérarchisation des critères d'attribution du marché public si ces renseignements ne figurent pas dans les autres documents de la consultation ;

6° Le cas échéant, l'adresse du profil d'acheteur sur lequel les documents de la consultation ont été mis à disposition des candidats sélectionnés et les conditions d'accès à ces documents.

Dans les cas où l'accès électronique à ces documents n'a pas été proposé, l'invitation indique l'adresse et la date limite pour le dépôt des demandes visant à obtenir les documents de la consultation ou, s'ils ne sont pas détenus par l'acheteur, l'adresse du service auprès duquel ces documents peuvent être immédiatement obtenus sur demande et la date limite pour présenter cette demande. – *[Décr. n° 2016-361 du 25 mars 2016, art. 50, al. 2 à 8.]*

TITRE V PHASE D'OFFRE

CHAPITRE I PRÉSENTATION ET CONTENU DES OFFRES

SECTION 1 Présentation des offres

SOUS-SECTION 1 Délais de réception

Art. R. 2351-1 Les dispositions de l'article R. 2151-1 s'appliquent. – *[Décr. n° 2016-361 du 25 mars 2016, art. 35-I, al. 1er.]*

Art. R. 2351-2 Les délais de réception des offres présentées dans le cadre d'une procédure formalisée ne peuvent être inférieurs aux délais minimaux propres à chaque procédure, définis au chapitre I du titre VI. – *[Décr. n° 2016-361 du 25 mars 2016, art. 35-I, al. 2.]*

Art. R. 2351-3 Les dispositions de l'article R. 2151-3 s'appliquent. – *[Décr. n° 2016-361 du 25 mars 2016, art. 35-II.]*

Art. R. 2351-4 Le délai de réception des offres est prolongé dans les cas suivants :

1° Lorsqu'un complément d'informations, nécessaire à l'élaboration de l'offre, demandé en temps utile par l'opérateur économique, n'est pas fourni dans les délais prévus à l'article R. 2332-4 ;

2° Lorsque des modifications importantes sont apportées aux documents de la consultation.

La durée de la prolongation est proportionnée à l'importance des informations demandées ou des modifications apportées. – *[Décr. n° 2016-361 du 25 mars 2016, art. 35-III.]*

Art. R. 2351-5 Les dispositions de l'article R. 2151-5 s'appliquent. – *[Décr. n° 2016-361 du 25 mars 2016, art. 35-IV.]*

SOUS-SECTION 2 Modalités de remise

Art. R. 2351-6 Le soumissionnaire transmet son offre en une seule fois par tout moyen permettant de déterminer de façon certaine la date et l'heure de leur réception et d'en garantir la confidentialité. Si plusieurs offres sont successivement transmises par un même soumissionnaire, seule est ouverte la dernière offre reçue par l'acheteur dans le délai fixé pour la remise des offres. – *[Décr. n° 2016-361 du 25 mars 2016, art. 51-I.]*

Art. R. 2351-7 Les dispositions de l'article R. 2151-7 s'appliquent. – *[Décr. n° 2016-361 du 25 mars 2016, art. 38-V.]*

SOUS-SECTION 3 Variantes

Art. R. 2351-8 Lorsque l'acheteur se fonde sur plusieurs critères pour attribuer le marché, il peut autoriser la présentation de variantes dans les conditions suivantes :

1° Pour les marchés passés selon une procédure formalisée, les variantes sont interdites sauf mention contraire dans l'avis d'appel à la concurrence ;

2° Pour les marchés passés selon une procédure adaptée, les variantes sont autorisées sauf mention contraire dans les documents de la consultation. – *[Décr. n° 2016-361 du 25 mars 2016, art. 55, al. 1er à 3.]*

Art. R. 2351-9 Lorsque l'acheteur autorise expressément la présentation de variantes, il mentionne dans les documents de la consultation les exigences minimales que les variantes doivent respecter ainsi que toute condition particulière de leur présentation. – *[Décr. n° 2016-361 du 25 mars 2016, art. 55, al. 4.]*

Art. R. 2351-10 Les dispositions de l'article R. 2151-11 s'appliquent. – *[Décr. n° 2016-361 du 25 mars 2016, art. 55, al. 5.]*

SECTION 2 Informations et documents à produire dans l'offre

Art. R. 2351-11 L'acheteur peut exiger que les soumissionnaires joignent une traduction en français aux documents rédigés dans une autre langue qu'ils remettent en application des articles R. 2151-15 et R. 2151-16 ainsi que des articles R. 2351-6 et R. 2351-12. Il n'impose pas de traduction certifiée, sauf lorsque cela est justifié par une raison impérieuse d'intérêt général. – *[Décr. n° 2016-361 du 25 mars 2016, art. 51-IV.]*

Art. R. 2351-12 Dans les documents de la consultation, l'acheteur peut demander aux soumissionnaires d'indiquer dans leur offre la part du marché qu'ils ont l'intention de sous-contracter à des tiers, notamment à des petites et moyennes entreprises au sens de la recommandation 2003/361/CE de la Commission du 6 mai 2003 concernant la définition des micro, petites et moyennes entreprises ou à des artisans au sens du I de l'article 19 de la loi n° 96-603 du 5 juillet 1996 modifiée relative au développement et à la promotion du commerce et de l'artisanat. – *[Décr. n° 2016-361 du 25 mars 2016, art. 51-II.]*

Art. R. 2351-13 Les dispositions des articles R. 2151-15 et R. 2151-16 s'appliquent. – *[Décr. n° 2016-361 du 25 mars 2016, art. 51-III et V.]*

Art. R. 2351-14 Lorsque l'exécution d'un marché de défense ou de sécurité fait intervenir, nécessite ou comporte des informations ou supports protégés ou classifiés dans l'intérêt de la sécurité nationale, l'acheteur demande, dans les documents de la consultation, que l'offre du soumissionnaire comporte :

1° Un engagement de préserver, au niveau de protection requis par le marché, et conformément aux dispositions prévues par l'arrêté du Premier ministre mentionné à l'article R. 2300-1, la confidentialité de toutes les informations et supports protégés ou classifiés en sa possession, ou dont il viendrait à prendre connaissance tout au long de l'exécution du marché et après résiliation ou expiration du contrat ;

2° Un engagement d'obtenir le même engagement de la part des sous-contractants identifiés au moment de la notification du marché et de ceux auxquels il pourrait faire appel au cours de son exécution ;

3° Des informations au sujet des sous-contractants identifiés, suffisantes pour permettre de déterminer si chacun d'entre eux possède les capacités requises pour préserver de manière appropriée la confidentialité des informations et supports classifiés ou protégés auxquels il a accès pendant la consultation ou qu'il sera amené à produire dans le cadre de la réalisation de son contrat avec le titulaire du marché. Ces informations doivent permettre à *(Décr. n° 2021-1111 du 23 août 2021, art. 19)* « l'acheteur *[ancienne rédaction : l'autorité nationale de sécurité]* » de s'assurer, le cas échéant, que les opérateurs disposent ou sont susceptibles de bénéficier des habilitations requises ;

4° Un engagement de produire des informations au sujet des sous-contractants auxquels il fera appel au cours de l'exécution du marché, avant de leur attribuer un contrat aux fins de la réalisation d'une partie de ce marché. Ces informations doivent être suffisantes pour permettre de déterminer si chacun d'entre eux possède les capacités requises pour préserver de manière appropriée la confidentialité des informations et supports classifiés ou protégés qu'il sera amené à produire dans le cadre de la réalisation de son contrat avec le titulaire du marché. Elles doivent permettre à *(Décr. n° 2021-1111 du 23 août 2021, art. 19)* « l'acheteur *[ancienne rédaction : l'autorité nationale de sécurité]* » de s'assurer, le cas échéant, que les opérateurs disposent ou sont susceptibles de bénéficier des habilitations requises. – *[Décr. n° 2016-361 du 25 mars 2016, art. 52-I.]*

V. note ss. art. R. 2312-10, supra.

Art. R. 2351-15 Lorsque l'acheteur fixe des exigences relatives à la sécurité d'approvisionnement, il peut notamment demander, dans les documents de la consultation, que l'offre du soumissionnaire comporte :

1° La certification ou des documents démontrant qu'il sera à même de remplir les obligations en matière d'exportation, d'importation, de transfert et de transit de marchandises liées au contrat, y compris tout document complémentaire émanant de l'État concerné ;

2° L'indication de toute restriction pesant sur l'acheteur concernant la divulgation, le transfert ou l'utilisation des produits et services ou toute information relative à ces produits et services qui résulterait des régimes de contrôle d'exportations ou des régimes de sécurité ;

3° La certification ou des documents démontrant que l'organisation et la localisation de sa chaîne d'approvisionnement lui permettront de respecter les exigences de l'acheteur en matière de sécurité d'approvisionnement ;

4° Tout document complémentaire émanant de ses autorités nationales concernant la satisfaction des besoins supplémentaires qui surgiraient à la suite d'une crise définie à l'article R. 2322-3 ;

5° Un engagement de veiller à ce que les éventuels changements survenus dans la chaîne d'approvisionnement pendant l'exécution du marché ne nuisent pas au respect des exigences en matière de sécurité d'approvisionnement et à ce que cette chaîne conserve un niveau au moins équivalent en matière de sécurité de l'information, de sécurité d'approvisionnement ou en matière environnementale et sociale ;

6° Un engagement de mettre en place ou maintenir les capacités nécessaires pour faire face à une éventuelle augmentation des besoins à la suite d'une crise telle que définie à l'article R. 2322-3, selon des modalités et des conditions à convenir ;

7° Un engagement d'assurer la maintenance, la modernisation ou les adaptations des fournitures faisant l'objet du marché ;

8° Un engagement d'informer, en temps utile, l'acheteur de tout changement survenu dans son organisation, sa chaîne d'approvisionnement ou sa stratégie industrielle susceptible d'affecter ses obligations envers lui ;

9° Un engagement de fournir, selon des modalités et conditions à arrêter, tous les moyens spécifiques nécessaires pour la production de pièces détachées, de composants, d'assemblages et d'équipements d'essais spéciaux, y compris les plans techniques, les autorisations et les instructions d'utilisation, au cas où il ne serait plus en mesure de les fournir. – *[Décr. n° 2016-361 du 25 mars 2016, art. 53-I.]*

Art. R. 2351-16 Il ne peut être demandé à un soumissionnaire d'obtenir d'un État membre de l'Union européenne un engagement qui porterait atteinte à la liberté dudit État membre d'appliquer, conformément au droit international ou de l'Union européenne pertinent, ses critères nationaux en matière d'autorisation des exportations, transferts ou transits, dans les circonstances prévalant au moment de la décision d'autorisation. – *[Décr. n° 2016-361 du 25 mars 2016, art. 53-II.]*

Art. R. 2351-17 Lorsque l'acheteur fixe des exigences relatives aux sous-contrats, il peut notamment demander, dans l'avis d'appel à la concurrence, que l'offre du soumissionnaire comporte :

1° L'indication des parties du marché public qu'il a l'intention de sous-contracter, ainsi que l'objet de ces sous-contrats et l'identité des sous-contractants ;

2° Un engagement d'indiquer tout changement intervenu au cours de l'exécution du marché au niveau de ses sous-contractants ;

3° Les informations prévues aux articles R. 2393-4 à R. 2393-6 lorsqu'il impose au titulaire de mettre en concurrence tout ou partie de ses sous-contractants ;

4° Les informations prévues aux articles R. 2393-7 à R. 2393-12 lorsqu'il impose au titulaire de sous-contracter une partie du marché ;

5° Un engagement d'attribuer les sous-contrats conformément aux dispositions des articles R. 2393-4 à R. 2393-6 ou R. 2393-7 à R. 2393-12. – *[Décr. n° 2016-361 du 25 mars 2016, art. 54.]*

CHAPITRE II **EXAMEN DES OFFRES**

SECTION 1 **Offres irrégulières, inacceptables ou inappropriées**

Art. R. 2352-1 Les dispositions des articles R. 2152-1 et R. 2152-2 s'appliquent. – *[Décr. n° 2016-361 du 25 mars 2016, art. 56-II à IV.]*

SECTION 2 **Offres anormalement basses**

Art. R. 2352-2 L'acheteur exige que le soumissionnaire explique le prix ou les coûts proposés dans son offre lorsque celle-ci semble anormalement basse eu égard aux travaux, fournitures ou services.

Peuvent être prises en considération des justifications tenant notamment aux aspects suivants :

1° Le mode de fabrication des produits, les modalités de la prestation des services, le procédé de construction ;

2° Les solutions techniques adoptées ou les conditions exceptionnellement favorables dont dispose le soumissionnaire pour fournir les produits ou les services ou pour exécuter les travaux ;

3° L'originalité de l'offre ;

4° La réglementation applicable en matière environnementale, sociale et du travail en vigueur sur le lieu d'exécution des prestations ;

5° L'obtention éventuelle d'une aide d'État par le soumissionnaire. – *[Décr. n° 2016-361 du 25 mars 2016, art. 57-I.]*

Art. R. 2352-3 Les dispositions des articles R. 2152-4 et R. 2152-5 s'appliquent. – *[Décr. n° 2016-361 du 25 mars 2016, art. 57-II et III.]*

SECTION 3 **Choix de l'offre économiquement la plus avantageuse**

SOUS-SECTION 1 **Choix des critères d'attribution**

Art. R. 2352-4 Les offres régulières, acceptables et appropriées, et qui n'ont pas été rejetées en application des articles R. 2152-1, R. 2152-2 ainsi que de la section 2 sont classées par ordre décroissant en appliquant les critères d'attribution. – *[Décr. n° 2016-361 du 25 mars 2016, art. 58-I et V.]*

Art. R. 2352-5 Pour attribuer le marché de défense ou de sécurité au soumissionnaire ou, le cas échéant, aux soumissionnaires qui ont présenté l'offre économiquement la plus avantageuse, l'acheteur se fonde :

1° Soit sur une pluralité de critères non discriminatoires et liés à l'objet du marché, notamment la qualité, le prix, la valeur technique, les caractéristiques fonctionnelles ou environnementales, le coût d'utilisation, les coûts au long du cycle de vie au sens de l'article L. 2312-2, la rentabilité, le service après-vente et l'assistance technique, la date de livraison, le délai de livraison ou d'exécution, la sécurité d'approvisionnement, l'interopérabilité et les caractéristiques opérationnelles. D'autres critères peuvent être pris en compte s'ils sont justifiés par l'objet du marché ;

2° Soit sur le critère unique du prix, à condition que le marché ait pour seul objet l'achat de services ou de fournitures standardisés dont la qualité est insusceptible de variation d'un opérateur économique à l'autre. – *[Décr. n° 2016-361 du 25 mars 2016, art. 58-II.]*

Art. R. 2352-6 En cas de dialogue compétitif et pour les partenariats d'innovation, l'offre économiquement la plus avantageuse est identifiée sur la base d'une pluralité de critères conformément aux dispositions du 1° de l'article R. 2352-5. – *[Décr. n° 2016-361 du 25 mars 2016, art. 58-III.]*

SOUS-SECTION 2 Publicité des critères et de leurs modalités de mise en œuvre

Art. R. 2352-7 Les dispositions de l'article R. 2152-11 s'appliquent. – *[Décr. n° 2016-361 du 25 mars 2016, art. 58-IV, al. 1er.]*

Art. R. 2352-8 Pour les marchés passés selon une procédure formalisée, les critères d'attribution font l'objet d'une pondération ou, lorsque la pondération n'est pas possible pour des raisons objectives, sont indiqués par ordre décroissant d'importance. La pondération peut être exprimée sous forme d'une fourchette avec un écart maximum approprié qui doit refléter la façon dont l'acheteur valorise les différents critères. – *[Décr. n° 2016-361 du 25 mars 2016, art. 58-IV, al. 2.]*

SECTION 4 Mise au point du marché

Art. R. 2352-9 Les dispositions de l'article R. 2152-13 s'appliquent. – *[Décr. n° 2016-361 du 25 mars 2016, art. 59.]*

CHAPITRE III OFFRES PRÉSENTÉES PAR DES OPÉRATEURS ÉCONOMIQUES OU COMPORTANT DES PRODUITS D'ÉTATS TIERS

Le présent chapitre ne comprend pas de dispositions réglementaires.

TITRE VI RÈGLES APPLICABLES AUX PROCÉDURES DE PASSATION ET AUX TECHNIQUES D'ACHAT

CHAPITRE I RÈGLES APPLICABLES AUX PROCÉDURES FORMALISÉES

Art. R. 2361-1 Les dispositions du présent chapitre relatives aux délais de présentation des candidatures et des offres s'appliquent sans préjudice de celles figurant aux articles R. 2343-1 et R. 2351-1 à R. 2351-5. – *[Décr. n° 2016-361 du 25 mars 2016, art. 60.]*

SECTION 1 Appel d'offres restreint

Art. R. 2361-2 Le délai minimal de réception des candidatures est de trente-sept jours à compter de la date d'envoi de l'avis de marché ou de trente jours lorsque cet avis a été envoyé par voie électronique.

Lorsqu'une situation d'urgence ne résultant pas du fait de l'acheteur rend ce délai impossible à respecter, il peut être ramené à quinze jours ou à dix jours lorsque l'avis a été envoyé par voie électronique. – *[Décr. n° 2016-361 du 25 mars 2016, art. 62.]*

Art. R. 2361-3 Le délai minimal de réception des offres est de quarante jours à compter de la date d'envoi de l'invitation à soumissionner. – *[Décr. n° 2016-361 du 25 mars 2016, art. 63-I, al. 1er.]*

Art. R. 2361-4 Le délai minimal fixé à l'article R. 2361-3 peut être ramené à vingt-deux jours si l'acheteur a publié un avis de préinformation qui remplit les conditions suivantes :

1° Il a été envoyé pour publication cinquante-deux jours au moins à douze mois au plus avant la date d'envoi de l'avis de marché ;

2° Il contient les mêmes renseignements que ceux qui figurent dans l'avis de marché, pour autant que ces renseignements soient disponibles au moment de son envoi pour publication. – *[Décr. n° 2016-361 du 25 mars 2016, art. 63-I, al. 2 à 4.]*

Art. R. 2361-5 Le délai minimal fixé aux articles R. 2361-3 et R. 2361-4 peut être réduit de cinq jours si l'acheteur offre, par moyen électronique et à compter de la publication de l'avis d'appel à la concurrence, l'accès libre, direct et complet aux documents de la consultation et à tout document complémentaire, en indiquant dans le texte de l'avis l'adresse internet à laquelle ces documents peuvent être consultés. – *[Décr. n° 2016-361 du 25 mars 2016, art. 63-I, al. 5.]*

Art. R. 2361-6 Lorsqu'une situation d'urgence ne résultant pas du fait de l'acheteur rend le délai minimal fixé aux articles R. 2361-3 à R. 2361-5 impossible à respecter, l'acheteur peut fixer un délai de réception des offres qui ne peut être inférieur à dix jours. – *[Décr. n° 2016-361 du 25 mars 2016, art. 63-II.]*

Art. R. 2361-7 Les dispositions de l'article R. 2161-11 s'appliquent. – *[Décr. n° 2016-361 du 25 mars 2016, art. 63-III.]*

SECTION 2 **Procédure avec négociation**

Art. R. 2361-8 Le délai minimal de réception des candidatures est de trente-sept jours à compter de la date d'envoi de l'avis de marché ou de trente jours lorsque cet avis a été envoyé par voie électronique.

Lorsqu'une situation d'urgence ne résultant pas du fait de l'acheteur rend ce délai impossible à respecter, il peut être ramené à quinze jours ou à dix jours lorsque l'avis a été envoyé par voie électronique. – *[Décr. n° 2016-361 du 25 mars 2016, art. 65, al. 1er et 2.]*

Art. R. 2361-9 L'acheteur indique dans les documents de la consultation les exigences minimales que doivent respecter les offres. – *[Décr. n° 2016-361 du 25 mars 2016, art. 64, al. 2.]*

Art. R. 2361-10 La date limite de réception des offres est librement fixée par l'acheteur. – *[Décr. n° 2016-361 du 25 mars 2016, art. 65, al. 3.]*

Art. R. 2361-11 L'acheteur négocie avec tous les soumissionnaires leurs offres initiales et ultérieures, à l'exception des offres finales.

La négociation ne peut porter sur l'objet du marché ni modifier substantiellement les caractéristiques et les conditions d'exécution du marché telles qu'elles sont définies dans les documents de la consultation.

Les exigences minimales mentionnées à l'article R. 2361-9 et les critères d'attribution ne peuvent faire l'objet de négociations. – *[Décr. n° 2016-361 du 25 mars 2016, art. 66, al. 1er à 3.]*

Art. R. 2361-12 La négociation peut se dérouler en phases successives de manière à réduire le nombre d'offres à négocier en appliquant les critères d'attribution précisés dans l'avis de marché ou dans un autre document de la consultation. L'acheteur indique, dans l'un de ces documents, s'il fera usage de cette possibilité. – *[Décr. n° 2016-361 du 25 mars 2016, art. 66, al. 4.]*

SECTION 3 **Dialogue compétitif**

Art. R. 2361-13 L'acheteur définit ses besoins et ses exigences dans l'avis de marché ou dans un autre document de la consultation.

Les modalités du dialogue, les critères d'attribution et un calendrier indicatif sont précisés dans l'avis de marché ou dans un autre document de la consultation. – *[Décr. n° 2016-361 du 25 mars 2016, art. 67, al. 2 et 3.]*

Art. R. 2361-14 Le délai minimal de réception des candidatures est de trente-sept jours à compter de la date d'envoi de l'avis de marché ou de trente jours lorsque cet avis a été envoyé par voie électronique. – *[Décr. n° 2016-361 du 25 mars 2016, art. 68-I.]*

Art. R. 2361-15 Les dispositions de l'article R. 2161-26 s'appliquent. – *[Décr. n° 2016-361 du 25 mars 2016, art. 68-II, al. 1er.]*

Art. R. 2361-16 Le dialogue peut se dérouler en phases successives de manière à réduire le nombre de solutions à discuter, en appliquant les critères d'attribution définis dans l'avis de marché ou dans un autre document de la consultation. L'acheteur indique, dans les documents de la consultation, s'il fera usage de cette possibilité.

L'acheteur poursuit le dialogue jusqu'à ce qu'il soit en mesure d'identifier la ou les solutions qui sont susceptibles de répondre à ses besoins. – *[Décr. n° 2016-361 du 25 mars 2016, art. 68-II, al. 2 et 3.]*

Art. R. 2361-17 Les dispositions des articles R. 2161-28 et R. 2161-29 s'appliquent. – *[Décr. n° 2016-361 du 25 mars 2016, art. 68-III.]*

Art. R. 2361-18 A la demande de l'acheteur, l'attributaire peut être amené à clarifier des aspects de son offre ou à confirmer les engagements financiers figurant dans celle-ci. Cependant, ces demandes ne peuvent avoir pour effet de modifier des éléments fondamentaux de l'offre ou des caractéristiques essentielles du marché. – *[Décr. n° 2016-361 du 25 mars 2016, art. 68-IV.]*

Art. R. 2361-19 Les dispositions de l'article R. 2161-31 s'appliquent. – *[Décr. n° 2016-361 du 25 mars 2016, art. 68-V.]*

CHAPITRE II RÈGLES APPLICABLES AUX TECHNIQUES D'ACHAT

SECTION 1 Accords-cadres

SOUS-SECTION 1 Dispositions générales

Art. R. 2362-1 Les dispositions de l'article R. 2162-1 s'appliquent. – *[Décr. n° 2016-361 du 25 mars 2016, art. 70-I, al. 1er et 6.]*

Art. R. 2362-2 Lorsque l'accord-cadre ne fixe pas toutes les stipulations contractuelles, il donne lieu à la conclusion de marchés subséquents dans les conditions fixées à la sous-section 2. Lorsque l'accord-cadre fixe toutes les stipulations contractuelles, il est exécuté au fur et à mesure de l'émission de bons de commande dans les conditions fixées à la sous-section 3. – *[Décr. n° 2016-361 du 25 mars 2016, art. 70-I, al. 2 et 3.]*

Art. R. 2362-3 Les dispositions de l'article R. 2162-3 s'appliquent. – *[Décr. n° 2016-361 du 25 mars 2016, art. 70-I, al. 4.]*

Art. R. 2362-4 Lorsque l'accord-cadre est attribué à plusieurs opérateurs économiques, ceux-ci sont au moins au nombre de trois, sous réserve d'un nombre suffisant de candidats et d'offres. – *[Décr. n° 2016-361 du 25 mars 2016, art. 70-I, al. 5.]*

Art. R. 2362-5 Les dispositions des articles R. 2162-4 et R. 2162-5 s'appliquent. – *[Décr. n° 2016-361 du 25 mars 2016, art. 70-II et IV, al. 2.]*

Art. R. 2362-6 Les marchés subséquents et les bons de commande sont conclus ou émis entre les acheteurs identifiés à cette fin dans l'avis d'appel à la concurrence ou dans l'invitation à soumissionner, à négocier ou à participer au dialogue ou, en l'absence d'un tel avis ou d'une telle invitation, dans un autre document de la consultation, et le ou les opérateurs économiques titulaires de l'accord-cadre. – *[Décr. n° 2016-361 du 25 mars 2016, art. 70-IV, al. 1er.]*

SOUS-SECTION 2 Dispositions propres aux marchés subséquents

Art. R. 2362-7 Les dispositions des articles R. 2162-7 à R. 2162-10 s'appliquent. – *[Décr. n° 2016-361 du 25 mars 2016, art. 71.]*

SOUS-SECTION 3 **Dispositions propres aux bons de commande**

Art. R. 2362-8 Les dispositions des articles R. 2162-13 et R. 2162-14 s'appliquent. – *[Décr. n° 2016-361 du 25 mars 2016, art. 72.]*

SECTION 2 **Catalogues électroniques**

Art. R. 2362-9 Lorsque l'utilisation de moyens de communication électroniques est prévue par l'acheteur, celui-ci peut exiger que les offres soient présentées sous la forme d'un catalogue électronique ou qu'elles comportent un tel catalogue. – *[Décr. n° 2016-361 du 25 mars 2016, art. 75, al. 1er.]*

Art. R. 2362-10 L'acheteur indique dans l'avis de marché ou dans l'invitation à soumissionner s'il autorise ou exige la présentation des offres sous la forme d'un catalogue électronique.

Il précise également, dans les documents de la consultation, toutes les informations requises en ce qui concerne le format, l'équipement électronique utilisé ainsi que les modalités de connexion et les spécifications techniques du catalogue. – *[Décr. n° 2016-361 du 25 mars 2016, art. 76-I.]*

Art. R. 2362-11 Les catalogues électroniques sont établis par les candidats ou les soumissionnaires conformément aux spécifications techniques et au format prévus par l'acheteur. Ils respectent les exigences applicables aux moyens de communication électronique ainsi que toute exigence supplémentaire définie par l'acheteur conformément aux articles de la sous-section 2 du chapitre II du titre III.

Les offres présentées sous la forme d'un catalogue électronique peuvent être accompagnées de documents complémentaires. – *[Décr. n° 2016-361 du 25 mars 2016, art. 75, al. 2 et 3.]*

Art. R. 2362-12 Les dispositions de l'article R. 2162-55 s'appliquent. – *[Décr. n° 2016-361 du 25 mars 2016, art. 76-II.]*

SECTION 3 **Enchères électroniques**

Art. R. 2362-13 Les dispositions de l'article R. 2162-57 s'appliquent. – *[Décr. n° 2016-361 du 25 mars 2016, art. 73-II.]*

Nouvel art. R. 2362-13 *(Décr. n° 2022-767 du 2 mai 2022, art. 5 et 11, en vigueur le 21 août 2026) L'enchère électronique porte :*

1° Soit uniquement sur le prix lorsque le marché est attribué sur la base de ce seul critère ;

2° Soit sur le prix ou sur d'autres éléments quantifiables indiqués dans les documents de la consultation lorsque le marché est attribué sur la base du coût ou d'une pluralité de critères.

Sur l'application des dispositions issues de l'art. 5 du Décr. n° 2022-767 du 2 mai, V. note ss. art. R. 2152-7 nouv.

Art. R. 2362-14 L'acheteur qui décide de recourir à une enchère électronique en fait mention dans l'avis de marché. – *[Décr. n° 2016-361 du 25 mars 2016, art. 74-I, al. 1er, 1re phrase.]*

Art. R. 2362-15 Les dispositions des articles R. 2162-59 à R. 2162-61 s'appliquent. – *[Décr. n° 2016-361 du 25 mars 2016, art. 74-I, al. 1er, 2e phrase et al. 2 à 6, II, al. 1er et 2.]*

Art. R. 2362-16 Lorsque le choix de l'attributaire du marché n'est pas fondé sur le seul critère du prix, l'invitation adressée à chaque soumissionnaire est accompagnée du résultat de l'évaluation complète de son offre réalisée en application de l'article R. 2162-60.

Elle mentionne également la formule mathématique qui déterminera, lors de l'enchère électronique, les reclassements automatiques en fonction des nouveaux prix ou des nouvelles valeurs présentés. Cette formule intègre la pondération de tous les critères fixés pour déterminer l'offre économiquement la plus avantageuse, telle qu'indiquée dans l'avis de marché ou dans un autre document de la consultation. Le cas échéant, les fourchettes sont réduites à une valeur déterminée.

Lorsque des variantes sont autorisées, une formule distincte est fournie pour chaque variante. – *[Décr. n° 2016-361 du 25 mars 2016, art. 74-II, al. 3 et 4.]*

Art. R. 2362-17 Les dispositions des articles R. 2162-63 à R. 2162-65 s'appliquent. – *[Décr. n° 2016-361 du 25 mars 2016, art. 74-III et IV, al. 1er à 5.]*

Art. R. 2362-18 Après la clôture de l'enchère électronique, le marché est attribué en fonction des résultats de celle-ci et sous réserve du respect des dispositions de la section 2 du chapitre II du titre V. – *[Décr. n° 2016-361 du 25 mars 2016, art. 74-IV, al. 6.]*

TITRE VII RÈGLES APPLICABLES À CERTAINS MARCHÉS DE DÉFENSE OU DE SÉCURITÉ

CHAPITRE I RÈGLES APPLICABLES À CERTAINS MARCHÉS GLOBAUX

SECTION 1 Caractéristiques des marchés globaux

SOUS-SECTION 1 Marchés de conception-réalisation

Art. R. 2371-1 Les dispositions de l'article R. 2171-1 s'appliquent. – *[Décr. n° 2016-361 du 25 mars 2016, art. 79-I.]*

SOUS-SECTION 2 Marchés globaux de performance

Art. R. 2371-2 Sous réserve de l'application des dispositions de l'article L. 2391-5, les prix des prestations de réalisation, d'exploitation ou de maintenance du marché global de performance apparaissent de manière séparée. – *[Décr. n° 2016-361 du 25 mars 2016, art. 80-I.]*

SOUS-SECTION 3 Dispositions communes aux marchés globaux comportant des prestations de conception d'un ouvrage de bâtiment

Art. D. 2371-3 Les dispositions des articles D. 2171-4 à D. 2171-14 relatives aux études d'esquisse, aux études d'avant-projet, aux études de projet, aux études d'exécution, au suivi de la réalisation des travaux, à l'assistance aux opérations de réception et à la mise en œuvre de la garantie de parfait achèvement s'appliquent. – *[Décr. n° 2017-842 du 5 mai 2017, art. 2, 3, 4-II à V, 5 et 6.]*

SECTION 2 Procédure de passation des marchés globaux

Art. R. 2371-4 Lorsque la valeur estimée du besoin est égale ou supérieure aux seuils de procédure formalisée, les acheteurs passent des marchés globaux de conception-réalisation ou de performance selon l'une des procédures mentionnées au chapitre IV du titre II, sous réserve des dispositions de la présente section. – *[Décr. n° 2016-361 du 25 mars 2016, art. 79-II, 1re phrase et III, et 80-II.]*

Art. R. 2371-5 Lorsque la procédure de l'appel d'offres restreint est utilisée, un jury, composé dans les conditions de l'article R. 2371-6, est désigné par l'acheteur.

Lorsque la procédure avec négociation ou la procédure du dialogue compétitif est utilisée, la désignation d'un jury est facultative. – *[Décr. n° 2016-361 du 25 mars 2016, art. 79-II, 1°, 1re phrase et 2°.]*

Art. R. 2371-6 Le jury est composé de personnes indépendantes des candidats. Lorsqu'une qualification professionnelle particulière est exigée pour participer à la procédure, au moins un tiers des membres du jury doit posséder cette qualification ou une qualification équivalente.

Les membres du jury sont désignés selon les modalités suivantes :

1° En ce qui concerne les administrations centrales de l'État, les services à compétence nationale et les services déconcentrés qui ne sont pas placés sous l'autorité du préfet, par le ministre dont ils dépendent ;

2° En ce qui concerne les services déconcentrés de l'État placés sous l'autorité du préfet, par le préfet ;

3° En ce qui concerne les établissements publics de l'État, selon les règles propres à chaque établissement.

En cas de groupement de commandes, la composition du jury est fixée par la convention de groupement. – *[Décr. n° 2016-361 du 25 mars 2016, art. 78.]*

Art. R. 2371-7 Le jury dresse un procès-verbal d'examen des candidatures et formule un avis motivé sur la liste des candidats à retenir. L'acheteur arrête la liste des candidats admis à réaliser des prestations.

Les candidats admis exécutent des prestations sur lesquelles se prononce le jury, après les avoir entendus. Ces prestations comportent au moins un avant-projet sommaire pour un ouvrage de bâtiment ou, pour un ouvrage d'infrastructure, un avant-projet accompagné de la définition des performances techniques de l'ouvrage.

Le jury dresse un procès-verbal d'examen des prestations et d'audition des candidats et formule un avis motivé.

L'acheteur peut demander des clarifications ou des précisions concernant les offres déposées par les candidats. Ces précisions, clarifications ou compléments ne peuvent avoir pour effet de modifier des éléments fondamentaux de l'offre ou des caractéristiques essentielles du marché.

Le marché est attribué au vu de l'avis du jury. – *[Décr. n° 2016-361 du 25 mars 2016, art. 79-II, 1° phases 2 et 3 et al. 2 à 5.]*

SECTION 3 Versement d'une prime

Art. R. 2371-8 Les documents de la consultation indiquent le montant de la prime qui sera versée aux soumissionnaires ainsi que ses modalités de réduction ou de suppression :

1° Pour la passation d'un marché de conception-réalisation lorsque les documents de la consultation ont prévu la remise de prestations ;

2° Pour la passation d'un marché global de performance qui comporte des prestations de conception. – *[Décr. n° 2016-361 du 25 mars 2016, art. 79-IV, al. 1er et 80-III, al. 1er.]*

Art. R. 2371-9 Les dispositions des articles R. 2171-20 à R. 2171-22 s'appliquent. – *[Décr. n° 2016-361 du 25 mars 2016, art. 79-IV, al. 2 et 3.]*

CHAPITRE II RÈGLES APPLICABLES À CERTAINS MARCHÉS DE DÉFENSE OU DE SÉCURITÉ EN FONCTION DE LEUR OBJET

SECTION 1 Marchés de maîtrise d'œuvre

SOUS-SECTION 1 Définition

Art. R. 2372-1 Les marchés de maîtrise d'œuvre ont pour objet, en vue de la réalisation d'un ouvrage, l'exécution d'un ou plusieurs éléments de la mission énoncée à l'article L. 2431-1.

Ces marchés sont passés selon les modalités prévues à la présente section et, lorsqu'ils relèvent, ainsi que les acheteurs qui les concluent, du livre IV, dans le respect des dispositions de ce livre. – *[Décr. n° 2016-361 du 25 mars 2016, art. 77-I.]*

SOUS-SECTION 2 Procédures applicables

Art. R. 2372-2 Pour les marchés de maîtrise d'œuvre qui répondent à un besoin dont la valeur estimée est égale ou supérieure aux seuils de procédure formalisée, l'acheteur peut recourir :

1° Soit à l'appel d'offres restreint dans les conditions prévues à l'article R. 2372-3 ;

2° Soit à la procédure avec négociation dans les conditions prévues à l'article R. 2372-4 ;

3° Soit à la procédure sans publicité ni mise en concurrence préalables lorsque les conditions de recours à cette procédure sont réunies ;

4° Soit à la procédure du dialogue compétitif dans les conditions prévues à l'article R. 2372-5. – *[Décr. n° 2016-361 du 25 mars 2016, art. 77-II, 1° à 4°, 1re phrase.]*

Art. R. 2372-3 Lorsque la procédure de l'appel d'offres restreint est utilisée, un jury composé dans les conditions définies à l'article R. 2371-6 émet un avis motivé sur les candidatures et sur les offres. – *[Décr. n° 2016-361 du 25 mars 2016, art. 77-II, 1°, 2e phrase.]*

Art. R. 2372-4 Lorsque la procédure avec négociation est utilisée, l'acheteur, après avis du jury composé conformément aux dispositions de l'article R. 2371-6, dresse la liste des candidats admis à négocier, dont le nombre ne peut être inférieur à trois sauf si le nombre de candidats n'est pas suffisant. – *[Décr. n° 2016-361 du 25 mars 2016, art. 77-II, 2°, 2e phrase.]*

Art. R. 2372-5 Pour l'attribution d'un marché de maîtrise d'œuvre relatif à la réhabilitation d'un ouvrage, l'acheteur peut recourir au dialogue compétitif lorsque les conditions de recours à cette procédure sont réunies.

Un jury peut être composé conformément aux dispositions de l'article R. 2371-6.

Dans ce cas, il examine les candidatures et formule dans un procès-verbal un avis motivé sur celles-ci. L'acheteur dresse la liste des candidats admis au dialogue au vu de cet avis. A l'issue du dialogue, le jury examine les offres finales, les évalue et les classe dans un avis motivé qui fait l'objet d'un procès-verbal. Il peut inviter les candidats à apporter des précisions, clarifications, perfectionnements ou compléments sur leur offre finale.

Le marché est attribué au vu de l'avis du jury. – *[Décr. n° 2016-361 du 25 mars 2016, art. 77-II, 4° et al. 6.]*

SOUS-SECTION 3 Primes

Art. R. 2372-6 Pour les marchés de maîtrise d'œuvre relatifs à des ouvrages auxquels sont applicables les dispositions du livre IV, les soumissionnaires qui ont remis des prestations conformes aux documents de la consultation bénéficient d'une prime.

Le montant de la prime attribuée à chaque soumissionnaire est égal au prix estimé des études à effectuer, affecté d'un abattement au plus égal à 20 %. – *[Décr. n° 2016-361 du 25 mars 2016, art. 77-III, al. 1er.]*

Art. R. 2372-7 Pour les marchés de maîtrise d'œuvre relatifs à des ouvrages auxquels ne sont pas applicables les dispositions du livre IV, les soumissionnaires qui ont remis des prestations conformes aux documents de la consultation bénéficient d'une prime dont le montant est librement défini par l'acheteur. – *[Décr. n° 2016-361 du 25 mars 2016, art. 77-III, al. 2.]*

Art. R. 2372-8 Lorsque le marché de maîtrise d'œuvre répond à un besoin dont la valeur estimée est supérieure aux seuils de procédure formalisée et lorsque sa procédure de passation fait intervenir un jury, la prime est versée aux soumissionnaires sur proposition du jury.

Art. R. 2372-9 Les documents de la consultation indiquent le montant de la prime qui sera versée aux soumissionnaires ainsi que ses modalités de réduction ou de suppression.

La rémunération du titulaire du marché de maîtrise d'œuvre tient compte de la prime qu'il a reçue pour sa participation à la procédure. – *[Décr. n° 2016-361 du 25 mars 2016, art. 77-III, al. 3.]*

SECTION 2 Marchés de décoration des constructions publiques

Art. R. 2372-10 Les dispositions de l'article R. 2172-7 s'appliquent.

SOUS-SECTION 1 Marchés inférieurs aux seuils européens

§ 1 Marchés portant sur la commande d'une ou plusieurs réalisations artistiques à créer

Art. R. 2372-11 Les dispositions des articles R. 2172-8 à R. 2172-10 s'appliquent.

Art. R. 2372-12 Lorsque la commande ne peut être confiée qu'à un prestataire déterminé en application des dispositions de l'article R. 2322-5, l'acheteur peut négocier sans publicité ni mise en concurrence préalables le marché de décoration des constructions publiques.

Dans les autres cas, il doit procéder à une publicité adaptée du programme de la commande artistique permettant une information suffisante des artistes en fonction de la nature et du montant de la commande. L'avis de publicité précise le nombre d'artistes qui sera autorisé à présenter un projet en réponse au programme.

Art. R. 2372-13 Les dispositions des articles R. 2172-12 à R. 2172-14 s'appliquent.

§ 2 Marchés portant sur l'achat d'une ou plusieurs réalisations artistiques existantes

Art. R. 2372-14 Les dispositions des articles R. 2172-15 et R. 2172-16 s'appliquent.

SOUS-SECTION 2 Marchés de décoration des constructions publiques supérieurs aux seuils européens

Art. R. 2372-15 Les dispositions de l'article R. 2172-17 s'appliquent.

SOUS-SECTION 3 Composition et fonctionnement du comité artistique

Art. R. 2372-16 Les dispositions des articles R. 2172-18 et R. 2172-19 s'appliquent.

SECTION 3 Partenariats d'innovation

Art. R. 2372-17 Les dispositions des articles R. 2172-20, R. 2172-21, R. 2172-23 à R. 2172-25, R. 2172-31 et R. 2172-32 s'appliquent. – *[Décr. n° 2016-361 du 25 mars 2016, art. 81, al. 2 et 82.]*

Art. R. 2372-18 Les partenariats d'innovation qui répondent à un besoin dont la valeur estimée est égale ou supérieure aux seuils de procédure formalisée sont passés selon une procédure avec négociation.

Toutefois, les réductions de délais du fait de l'urgence ne sont pas applicables. – *[Décr. n° 2016-361 du 25 mars 2016, art. 83.]*

SECTION 4 Marchés présentant des aléas techniques importants

Art. R. 2372-19 Dans les marchés de défense ou de sécurité présentant des aléas techniques importants, notamment ceux comportant une part de développement ou relatifs au maintien en conditions opérationnelles de matériels, l'acheteur peut prévoir, dans des cas dûment justifiés, l'acquisition en cours d'exécution d'une part de fournitures ou de services qui n'ont pu être définis avec précision dans le marché public initial.

Ces fournitures ou ces services doivent être liés à l'objet du marché et nécessaires à son exécution. – *[Décr. n° 2016-360 du 25 mars 2016, art. 84, al. 1er, phrase 1, et al. 4.]*

Art. R. 2372-20 Le recours à la faculté mentionnée à l'article R. 2372-19 doit être indiqué dans les documents de la consultation.

La part des fournitures ou des services qui pourront être acquis en cours d'exécution sans avoir été définis dans le marché initial et les conditions de fixation du prix de ces fournitures ou services doivent être indiqué*[e]*s dans le marché. Cette part doit être justifiée et ne peut être supérieure à 15 % du montant total du marché initial. – *[Décr. n° 2016-361 du 25 mars 2016, art. 84, al. 1er, phrase 2, et al. 2.]*

Art. R. 2372-21 Les fournitures ou services mentionnés à l'article R. 2372-19 sont commandés, le cas échéant, après négociation avec le titulaire. – *[Décr. n° 2016-361 du 25 mars 2016, art. 84, al. 3.]*

SECTION 5 *[ABROGÉE]* Marchés relatifs à l'achat de véhicules à moteur

(Abrogée par Décr. n° 2021-1491 du 17 nov. 2021, art. 7)

Art. R. 2372-22 *Les dispositions de l'article R. 2172-35 s'appliquent.* – *[Décr. n° 2016-361 du 25 mars 2016, art. 85-I.]*

Art. R. 2372-23 *Il peut être satisfait à l'obligation mentionnée à l'article R. 2172-35 par :*

1° La fixation de spécifications techniques conformes aux dispositions des sections II et III du chapitre I du titre I relatives aux performances énergétiques et environnementales du véhicule ;

2° L'inclusion des incidences énergétiques et environnementales du véhicule, sur toute sa durée de vie, dans les critères d'attribution prévus aux articles R. 2352-5 et R. 2352-6. Les incidences à prendre en compte sont définies selon les modalités fixées à l'article R. 2172-38. Si l'acheteur choisit de traduire ces incidences en valeur monétaire, leur quantification doit se conformer à la méthodologie établie en application de cet article. – [Décr. n° 2016-361 du 25 mars 2016, art. 85-III.]

Art. R. 2372-24 *Les dispositions de l'article R. 2172-38 s'appliquent. – [Décr. n° 2016-361 du 25 mars 2016, art. 85-IV.]*

CHAPITRE III MARCHÉS DE PARTENARIAT DE DÉFENSE OU DE SÉCURITÉ

Art. R. 2373-1 Les marchés de partenariat de défense ou de sécurité sont soumis aux dispositions du présent livre, à l'exception :

1° Des dispositions des sections II et III du chapitre II du titre I ;

2° Des dispositions du chapitre I du titre IX ;

3° Des dispositions de la section 2 du chapitre III du titre IX.

Ils sont également soumis aux dispositions du livre II, à l'exception de son article R. 2200-1, sous réserve des dispositions suivantes :

1° Le seuil prévu à l'article L. 2211-5, au-delà duquel les acheteurs peuvent recourir au marché de partenariat, est fixé à 20 millions d'euros hors taxes ;

2° La part minimale que le titulaire s'engage à confier, directement ou indirectement, à des petites et moyennes entreprises ou à des artisans en application de l'article R. 2213-5, est fixée à 10 % du montant prévisionnel du contrat hors coût de financement, sauf lorsque la structure économique du secteur concerné, la sécurité des approvisionnements ou celle des informations ne le permettent pas. – *[Décr. n° 2016-361 du 25 mars 2016, art. 86.]*

TITRE VIII ACHÈVEMENT DE LA PROCÉDURE DE PASSATION

CHAPITRE I INFORMATION DES CANDIDATS ET DES SOUMISSIONNAIRES ÉVINCÉS DE LA PROCÉDURE DE PASSATION

Art. R. 2381-1 Les dispositions des articles R. 2181-1 à R. 2181-4 s'appliquent. – *[Décr. n° 2016-361 du 25 mars 2016, art. 88.]*

CHAPITRE II SIGNATURE ET NOTIFICATION DU MARCHÉ

SECTION 1 Signature du marché

Art. R. 2382-1 Les dispositions de l'article R. 2182-1 s'appliquent. – *[Décr. n° 2016-361 du 25 mars 2016, art. 89, al. 1er.]*

Art. R. 2382-2 Le respect du délai mentionné à l'article R. 2182-1 n'est pas exigé :

1° Lorsque le marché est attribué au seul opérateur ayant participé à la consultation ;

2° Pour l'attribution des marchés subséquents fondés sur un accord-cadre. – *[Décr. n° 2016-361 du 25 mars 2016, art. 89, al. 2.]*

Art. R. 2382-3 Les dispositions de l'article R. 2182-3 s'appliquent. – *[Décr. n° 2016-361 du 25 mars 2016, art. 90.]*

SECTION 2 Notification du marché

Art. R. 2382-4 Les dispositions de l'article R. 2182-4 s'appliquent. – *[Décr. n° 2016-361 du 25 mars 2016, art. 91.]*

CHAPITRE III AVIS D'ATTRIBUTION DU MARCHÉ

SECTION 1 Modalités de publication

Art. R. 2383-1 Pour les marchés de défense ou de sécurité répondant à un besoin dont la valeur est égale ou supérieure aux seuils européens figurant dans un avis annexé au présent code, l'acheteur envoie pour publication, dans un délai maximal de quarante-huit jours à compter de la signature du marché, un avis d'attribution.

Cet avis est publié *(Abrogé par Décr. n° 2021-1111 du 23 août 2021, art. 20) « dans le Bulletin officiel des annonces de marchés publics et »* au *Journal officiel* de l'Union européenne. – *[Décr. n° 2016-361 du 25 mars 2016, art. 25, al. 3 et 92-I, al. 1er et art. 2.] – V. Annexe n° 2.*

Art. R. 2383-2 Les dispositions des articles R. 2183-2 et R. 2183-3 s'appliquent. – *[Décr. n° 2016-361 du 25 mars 2016, art. 92-I, al. 3 et II, al. 1er.]*

SECTION 2 Dispositions particulières relatives au contenu des avis d'attribution

Art. R. 2383-3 Dans les conditions fixées par l'article *(Décr. n° 2019-259 du 29 mars 2019, art. 1er)* « L. 2332-1 », certaines informations sur la passation du marché peuvent ne pas être publiées au cas où leur divulgation ferait obstacle à l'application des lois, serait contraire à l'intérêt public, en particulier aux intérêts en matière de défense ou de sécurité, porterait préjudice aux intérêts commerciaux légitimes d'un opérateur économique en particulier, public ou privé, ou pourrait nuire à une concurrence loyale entre les opérateurs économiques. – *[Décr. n° 2016-361 du 25 mars 2016, art. 92-II, al. 2.]*

CHAPITRE IV CONSERVATION DES INFORMATIONS DU MARCHÉ

SECTION 1 Rapport de présentation de la procédure menée par les acheteurs

Art. R. 2384-1 L'acheteur établit un rapport de présentation de la procédure de passation des marchés de défense ou de sécurité répondant à un besoin dont la valeur est égale ou supérieure aux seuils européens figurant dans un avis annexé au présent code. – *[Décr. n° 2016-361 du 25 mars 2016, art. 93, al. 1er.] – V. Annexe n° 2.*

Art. R. 2384-2 Le rapport de présentation comporte au moins les éléments suivants :

1° Le nom et l'adresse de l'acheteur, l'objet et la valeur du marché ;

2° La procédure de passation choisie ;

3° Le nom des candidats exclus et les motifs du rejet de leur candidature ;

4° Le nom des candidats sélectionnés et les motifs de ce choix ;

5° Le nom des soumissionnaires dont l'offre a été écartée et les motifs de ce rejet, y compris, le cas échéant, les raisons qui ont amené à la juger anormalement basse ;

6° Le nom du titulaire et les motifs du choix de son offre, ainsi que, si ces informations sont connues, la part du marché que le titulaire a l'intention ou sera tenu de sous-contracter à des tiers et le nom des sous-contractants. – *[Décr. n° 2016-361 du 25 mars 2016, art. 93, al. 2 à 7.]*

Art. R. 2384-3 Le rapport de présentation comporte en outre, lorsqu'il y a lieu, les éléments suivants :

1° Les motifs du recours à la procédure de passation sans publicité ni mise en concurrence préalables ou à la procédure de dialogue compétitif ;

2° Les motifs du recours à un accord-cadre d'une durée supérieure à sept ans ;

3° La justification du dépassement des durées prévues aux articles R. 2322-8 et R. 2322-12 ;

4° Toutes les informations sur le déroulement des procédures d'attribution conduites par voie électronique ;

5° Les motifs des décisions concernant la participation à la procédure de passation des opérateurs économiques des pays tiers à l'Union européenne ou à l'Espace économique européen ;

6° Si l'acheteur a pris des mesures appropriées pour s'assurer que la concurrence n'a pas été faussée par les consultations, l'avis ou la participation des tiers en application

(Abrogé par Décr. n° 2019-259 du 29 mars 2019, art. 1er) « des sous-sections 2 et 3 » de la section 1 du chapitre I du titre I, la description de ces mesures ;

7° Les conflits d'intérêts décelés et les mesures prises en conséquence ;

8° Les raisons pour lesquelles l'acheteur a renoncé à passer un marché. – *[Décr. n° 2016-361 du 25 mars 2016, art. 93, al. 8 à 16.]*

Art. R. 2384-4 Les dispositions des articles R. 2184-5 et R. 2184-6 s'appliquent. – *[Décr. n° 2016-361 du 25 mars 2016, art. 93, al. 17 ecqc les autorités de contrôle et ecqc la commission européenne.]*

SECTION 2 Durée de conservation

Art. R. 2384-5 Les dispositions des articles R. 2184-12 et R. 2184-13 s'appliquent. – *[Décr. n° 2016-361 du 25 mars 2016, art. 95.]*

CHAPITRE V ABANDON DE LA PROCÉDURE DE PASSATION DU MARCHÉ

Art. R. 2385-1 Les dispositions des articles R. 2185-1 et R. 2185-2 s'appliquent. – *[Décr. n° 2016-361 du 25 mars 2016, art. 87.]*

TITRE IX EXÉCUTION DU MARCHÉ

CHAPITRE I EXÉCUTION FINANCIÈRE DU MARCHÉ

SECTION 1 Avances

SOUS-SECTION 1 Dispositions générales

§ 1 Principe de versement d'une avance

Art. R. 2391-1 L'acheteur accorde une avance au titulaire d'un marché lorsque le montant initial du marché est supérieur à 250 000 euros hors taxes et dans la mesure où le délai d'exécution est supérieur à trois mois.

Lorsque le titulaire est une petite ou moyenne entreprise ou un artisan au sens de l'article R. 2351-12, une avance est versée lorsque le montant initial du marché ou de la tranche est supérieur à 50 000 euros hors taxes et dans la mesure où le délai d'exécution est supérieur à deux mois. – *[Décr. n° 2016-361 du 25 mars 2016, art. 97-I, al. 1er, phrases 1 ecqc les marchés publics et 3.]*

Art. R. 2391-2 Les dispositions des articles R. 2191-4 et R. 2191-5 s'appliquent. – *[Décr. n° 2016-361 du 25 mars 2016, art. 97-I, al. 5 et V.]*

§ 2 Modalités de calcul du montant de l'avance

Art. R. 2391-3 Les dispositions de l'article R. 2191-6 s'appliquent. – *[Décr. n° 2016-361 du 25 mars 2016, art. 97-I, al. 1er, phrase 2.]*

Art. R. 2391-4 Lorsque la durée du marché est inférieure ou égale à douze mois, le montant de l'avance est fixé entre 5 % et 30 % du montant initial toutes taxes comprises du marché.

Lorsque la durée du marché est supérieure à douze mois, le montant de l'avance est fixé entre 5 % et 30 % d'une somme égale à douze fois le montant initial toutes taxes comprises du marché divisé par sa durée exprimée en mois.

Lorsque le titulaire est une petite ou moyenne entreprise ou un artisan au sens de l'article R. 2351-12, le seuil de 5 % mentionné aux deux alinéas précédents est porté à *(Décr. n° 2018-1225 du 24 déc. 2018, art. 12)* « 20 % ». – *[Décr. n° 2016-361 du 25 mars 2016, art. 97-II-1° et al. 5 et III, al. 1er et 2.]*

Sur l'application des dispositions issues du Décr. n° 2018-1225 du 24 déc. 2018, V. notes ss. art. R. 2112-13, supra.

Art. R. 2391-5 *(Décr. n° 2020-1261 du 15 oct. 2020, art. 1er)* L'acheteur peut porter le montant de l'avance au-delà de 30 % du montant calculé conformément aux dispositions de l'article R. 2391-4. Il peut alors en conditionner le versement à la constitution d'une garantie à première demande. Cette garantie peut porter sur tout ou partie de l'avance. Les deux parties peuvent s'accorder pour substituer à cette garantie une caution personnelle et solidaire. La constitution de cette garantie ne peut toutefois être exigée des personnes publiques titulaires d'un marché. – *[Décr. n° 2016-361 du 25 mars 2016, art. 97-III, al. 3 et art. 99.]*

Sur l'application des dispositions issues du Décr. n° 2020-1261 du 15 oct. 2020, V. note ss. art. R. 2191-7, supra.

Art. R. 2391-6 Les dispositions des articles R. 2191-9 et R. 2191-10 s'appliquent. – *[Décr. n° 2016-361 du 25 mars 2016, art. 97-II, al. 6 et III, al. 4.]*

§ 3 Modalités de remboursement de l'avance

Art. R. 2391-7 Les dispositions des articles R. 2191-11 et R. 2191-12 s'appliquent. – *[Décr. n° 2016-361 du 25 mars 2016, art. 98-I, al. 1er et 2 et II.]*

SOUS-SECTION 2 Dispositions particulières

§ 1 Marchés à tranches

Art. R. 2391-8 Dans le cas d'un marché à tranches, une avance est versée au titulaire pour chaque tranche affermie dans les conditions prévues à la sous-section 1. – *[Décr. n° 2016-361 du 25 mars 2016, art. 97-I, 1re phrase ecqc les marchés publics à tranches.]*

Art. R. 2391-9 Les dispositions de l'article R. 2191-14 s'appliquent. – *[Décr. n° 2016-361 du 25 mars 2016, art. 98-I, al. 2 et 3.]*

Art. R. 2391-10 Dans le cadre d'un marché à tranches, le marché peut prévoir que le remboursement de l'avance s'impute par précompte sur la somme due au titulaire au titre de l'avance versée pour la tranche suivante lorsque celle-ci a été affermie avant que le montant des prestations exécutées au titre de la tranche précédente n'ait atteint 80 % du montant de celle-ci toutes taxes comprises. – *[Décr. n° 2016-361 du 25 mars 2016, art. 98-I, al. 6.]*

§ 2 Marchés reconductibles

Art. R. 2391-11 Dans le cas d'un marché reconductible, une avance est versée au titulaire pour chaque reconduction dans les conditions prévues à la sous-section 1. – *[Décr. n° 2016-361 du 25 mars 2016, art. 97-IV et 98-III.]*

§ 3 Accords-cadres à bons de commande

Art. R. 2391-12 Lorsque l'accord-cadre exécuté par l'émission de bons de commande ne prévoit pas de montant minimum, l'avance est accordée pour chaque bon de commande remplissant les conditions prévues à la sous-section 1. – *[Décr. n° 2016-361 du 25 mars 2016, art. 97-I, al. 3 et II, 3°.]*

Art. R. 2391-13 Lorsque l'accord-cadre exécuté par l'émission de bons de commande prévoit un montant minimum supérieur à 250 000 euros hors taxes ou à 50 000 euros hors taxes lorsque le titulaire est une petite ou moyenne entreprise ou un artisan au sens de l'article R. 2351-12, l'avance est accordée en une seule fois sur la base de ce montant minimum. – *[Décr. n° 2016-361 du 25 mars 2016, art. 97-I, al. 2 et II, 2°.]*

Art. R. 2391-14 Lorsque l'accord-cadre exécuté par l'émission de bons de commande prévoit un montant minimum supérieur à 250 000 euros hors taxes, ou à 50 000 euros hors taxes lorsque le titulaire est une petite ou moyenne entreprise ou un artisan au sens de l'article R. 2351-12, et est conclu par un groupement de commande*[s]*, l'avance peut être accordée dans les conditions fixées à l'article R. 2391-12 dès lors que chaque membre du groupement procède au paiement des prestations qu'il a commandées. – *[Décr. n° 2016-361 du 25 mars 2016, art. 97-I, al. 4.]*

Art. R. 2391-15 Les dispositions de l'article R. 2191-19 s'appliquent. – *[Décr. n° 2016-361 du 25 mars 2016, art. 98-I, al. 2, 2° et 3°.]*

SECTION 2 Acomptes

Art. R. 2391-16 Les dispositions des articles R. 2191-20 et R. 2191-21 s'appliquent. – *[Décr. n° 2016-361 du 25 mars 2016, art. 100, al. 1er et art. 101, al. 3.]*

Art. R. 2391-17 La périodicité du versement des acomptes est fixée en tenant compte des caractéristiques et de la durée du marché. Elle est fixée au maximum à six mois.

Lorsque le titulaire du marché est une petite ou moyenne entreprise ou un artisan au sens de l'article R. 2351-12, la périodicité du versement des acomptes est fixée au maximum à trois mois. Ce délai est ramené à un mois pour les marchés de travaux et, sur demande du titulaire du marché, pour les marchés de fournitures et de services. – *[Décr. n° 2016-361 du 25 mars 2016, art. 100, al. 2 et 3.]*

SECTION 3 Régime des paiements

SOUS-SECTION 1 Dispositions générales

Art. R. 2391-18 Lorsque la décision d'autoriser l'insertion dans un marché d'une clause de paiement différé a été prise en application de l'article L. 2391-5, les dispositions des sections I et II du présent chapitre ainsi que l'article R. 2191-27 et le premier alinéa de l'article R. 2191-28 ne sont pas applicables. – *[Décr. n° 2016-361 du 25 mars 2016, art. 105.]*

Art. R. 2391-19 Les dispositions des articles R. 2191-23 à R. 2191-25 s'appliquent. – *[Décr. n° 2016-361 du 25 mars 2016, art. 102, 106 et 107.]*

SOUS-SECTION 2 Règlement partiel définitif

Art. R. 2391-20 Les dispositions des articles *(Décr. n° 2021-1111 du 23 août 2021, art. 21)* « R. 2191-26, R. 2191-27, R. 2191-29 et R. 2191-31 *[ancienne rédaction : R. 2191-26 à R. 2191-31]* » s'appliquent. – *[Décr. n° 2016-361 du 25 mars 2016, art. 101, al. 1er et 2, 103, 104 et 108.]*

V. note ss. art. R. 2312-10, supra.

Art. R. 2391-20-1 *(Décr. n° 2021-1111 du 23 août 2021, art. 22)* Le paiement calculé sur la base des valeurs finales de référence utilisées pour l'application de la clause de variation de prix intervient au plus tard trois mois après la date à laquelle sont publiées ces valeurs.

Lorsque la valeur finale des références n'est pas connue à la date à laquelle doit intervenir un acompte ou un paiement partiel définitif, l'acheteur procède à un règlement provisoire sur la base des dernières références connues. Les parties peuvent néanmoins convenir de calculer les paiements, y compris le solde du marché, sur la base d'indices provisoires.

V. note ss. art. R. 2312-10, supra.

Art. R. 2391-20-2 *(Décr. n° 2021-1111 du 23 août 2021, art. 22)* En cas de résiliation totale ou partielle du marché public, les parties peuvent s'accorder, sans attendre la liquidation définitive du solde, sur un montant de dettes et de créances, hors indemnisation éventuelle, acceptées par elles, à titre provisionnel.

Si le solde est créditeur au profit du titulaire, l'acheteur lui verse 80 % de ce montant. S'il est créditeur au profit de l'acheteur, le titulaire lui reverse 80 % de ce montant. Un délai peut être accordé au titulaire pour s'acquitter de sa dette. Dans cette hypothèse, l'acheteur peut exiger que le titulaire fournisse, à sa convenance, soit une garantie à première demande soit une caution personnelle et solidaire.

V. note ss. art. R. 2312-10, supra.

SECTION 4 Garanties

SOUS-SECTION 1 Retenue de garantie

Art. R. 2391-21 Les dispositions de l'article R. 2191-32 s'appliquent. – *[Décr. n° 2016-361 du 25 mars 2016, art. 109-I, al. 3 et 4.]*

Art. R. 2391-22 Le montant de la retenue de garantie ne peut être supérieur à 10 % du montant initial augmenté, le cas échéant, du montant des modifications du marché en cours d'exécution. – *[Décr. nº 2016-361 du 25 mars 2016, art. 109-I, al. 2.]*

Art. R. 2391-23 La retenue de garantie est prélevée par fractions sur les acomptes, les règlements partiels définitifs et le solde.

Dans l'hypothèse où le montant des sommes dues au titulaire ne permettrait pas de procéder au prélèvement de la retenue de garantie, celui-ci est tenu de constituer une garantie à première demande selon les modalités prévues à la sous-section 2.

L'acheteur peut décider de ne pas appliquer les dispositions du deuxième alinéa aux personnes publiques titulaires d'un marché. – *[Décr. nº 2016-361 du 25 mars 2016, art. 109-I, al. 1er et II.]*

Art. R. 2391-24 Les dispositions de l'article R. 2191-35 s'appliquent.

SOUS-SECTION 2 Garantie à première demande et caution personnelle et solidaire

Art. R. 2391-25 Les dispositions des articles R. 2191-36 à R. 2191-42 s'appliquent. – *[Décr. nº 2016-361 du 25 mars 2016, art. 110-I, al. 1er et 2 (phrase 2), II, phrase 1 et al. 3.]*

SOUS-SECTION 3 Autres garanties

Art. R. 2391-26 Le marché peut prévoir d'autres garanties que celle prévues à la sous-section 1 pour l'exécution d'un engagement particulier. – *[Décr. nº 2016-361 du 25 mars 2016, art. 113.]*

Art. R. 2391-27 *(Décr. nº 2021-1111 du 23 août 2021, art. 23)* En cas de résiliation d'un marché qui n'a pas prévu de retenue de garantie, lorsqu'un délai est accordé au titulaire dans les conditions prévues à l'article R. 2391-20-2 pour reverser à l'acheteur 80 % du montant de l'éventuel solde créditeur apparu au profit de celui-ci, l'acheteur peut exiger du titulaire que celui-ci fournisse, à sa convenance, soit une garantie à première demande soit une caution personnelle et solidaire.

V. note ss. art. R. 2312-10, supra.

SECTION 5 Cession ou nantissement de créances

Art. R. 2391-28 Les dispositions des articles R. 2191-45 à R. 2191-63 s'appliquent. – *[Décr. nº 2016-361 du 25 mars 2016, art. 114, 115, 116, 117, 118.]*

CHAPITRE II MODALITÉS DE FACTURATION ET DE PAIEMENT

SECTION 1 Facturation électronique

Nota : *Les dispositions introduites par l'art. 1er du Décr. nº 2019-748 du 18 juill. 2019 s'appliquent, sous réserve des dispositions du V de l'art. 193 de la L. nº 2019-486 du 22 mai 2019 (V. ss. art. D. 2192-1), aux contrats en cours au lendemain de la publication dudit Décr. (JO 21 juill.), ainsi qu'aux contrats conclus postérieurement à cette date (Décr. préc., art. 7).*

SOUS-SECTION 1 Transmission et réception des factures sous forme électronique

(Décr. nº 2019-748 du 18 juill. 2019, art. 1er)

§ 1 Norme de facturation électronique

V. nota ss. Sect. Ire.

Art. D. 2392-1 La norme de facturation électronique mentionnée à l'article L. 2392-3 est celle fixée par la décision (UE) 2017/1870 de la Commission européenne du 16 octobre 2017 concernant la publication de la référence de la norme européenne sur la facturation électronique et de la liste des syntaxes en vertu de la directive 2014/55/UE du Parlement européen et du Conseil.

§ 2 Mentions obligatoires des factures sous forme électronique

V. nota ss. Sect. Ire.

Art. D. 2392-2 Sans préjudice des mentions obligatoires fixées par les dispositions législatives ou réglementaires, les factures sous forme électronique mentionnées aux articles L. 2392-1 à L. 2392-3 comportent les mentions prévues à l'article D. 2192-2.

SOUS-SECTION 2 Portail public de facturation

(Décr. nº 2019-748 du 18 juill. 2019, art. 1er)

V. nota ss. Sect. Ire.

Art. R. 2392-3 Un arrêté du ministre chargé du budget, annexé au présent code, définit les modalités techniques selon lesquelles le dépôt, la transmission et la réception des factures sont effectués sur le portail public de facturation en application de l'article L. 2392-5. Ces modalités garantissent la réception immédiate et intégrale des factures et assure la fiabilité de l'identification de l'émetteur, l'intégrité des données, la sécurité, la confidentialité et la traçabilité des échanges.

L'utilisation du portail public de facturation est exclusive de tout autre mode de transmission sous forme électronique. Lorsqu'une facture lui est transmise en dehors de ce portail, la personne publique destinataire ne peut la rejeter qu'après avoir informé l'émetteur par tout moyen de l'obligation mentionnée à l'article L. 2392-5 et l'avoir invité à s'y conformer en utilisant ce portail.

SOUS-SECTION 3 Contrôles et transmission des factures et des données relatives à la facturation et au paiement

(Décr. nº 2022-1299 du 7 oct. 2022, art. 2 et 3, en vigueur le 1er juill. 2024)

Art. R. 2392-4 Les dispositions des articles 242 *nonies* A à 242 *nonies* L et de l'article 242 *nonies* P de l'annexe II au code général des impôts s'appliquent aux factures échangées en application de la présente section.

Sur l'application des dispositions issues de l'art. 2 du Décr. nº 2022-1299 du 7 oct. 2022, V. note ss. art. R. 2192-4.

SECTION 2 Délais de paiement

Art. R. 2392-10 Les dispositions des articles *(Décr. nº 2019-748 du 18 juill. 2019, art. 2)* « R. 2192-10 à R. 2192-14 et R. 2192-16 à R. 2192-22 », *(Décr. nº 2019-259 du 29 mars 2019, art. 1er)* « R. 2192-25 » à R. 2192-34 et R. 2192-36 s'appliquent.

(Décr. nº 2019-259 du 29 mars 2019, art. 1er) « En cas de versement d'une avance en application de l'article R. 2391-1, le délai de paiement de celle-ci court à compter de la date définie dans les conditions fixées à l'article R. 2192-24. »

Sur l'application des dispositions issues du Décr. nº 2019-748 du 18 juill. 2019, V. note ss. art. R. 2192-15, supra.

Art. D. 2392-11 Les dispositions de l'article D. 2192-35 s'appliquent.

Art. R. 2392-12 Le délai de paiement du sous-traitant court à compter de la réception par l'acheteur de l'accord, total ou partiel, du titulaire d'un marché sur le paiement demandé.

A défaut de notification d'un accord ou d'un refus par le titulaire dans le délai mentionné à l'article R. 2193-12, le délai de paiement court à compter soit de l'expiration du délai mentionné à cet article, soit de la réception par l'acheteur de l'avis postal mentionné à l'article R. 2193-14.

Art. R. 2392-12-1 *(Décr. nº 2019-748 du 18 juill. 2019, art. 2)* Lorsque la demande de paiement est transmise par voie électronique en application des articles L. 2392-1 à L. 2392-3, la date de réception de la demande de paiement par le pouvoir adjudicateur correspond :

1º Lorsque les factures sont transmises par échange de données informatisé, à la date à laquelle le système d'information budgétaire et comptable de l'État horodate l'arrivée de la facture ou, pour les factures adressées à un établissement public de l'État, à la date de notification du message électronique l'informant de la mise à disposition de la facture sur le portail public de facturation mentionné à l'article L. 2392-5 ;

2° Lorsque les factures sont transmises par le mode portail ou service, à la date de notification à l'établissement public de l'État du message électronique l'informant de la mise à disposition de la facture sur ce portail.

Sur l'application des dispositions issues du Décr. n° 2019-748 du 18 juill. 2019, V. note ss. art. R. 2192-15, supra.

SECTION 3 Paiement par carte d'achat des marchés des personnes morales de droit public dotées d'un comptable public

Art. R. 2392-13 Les dispositions de l'article R. 2192-37 s'appliquent. – *[Décr. n° 2004-1144 du 26 oct. 2004, art. 1er, al. 1er.]*

CHAPITRE III DISPOSITIONS RELATIVES AUX SOUS-CONTRATS

Art. R. 2393-1 Les dispositions de la section 1 s'appliquent à l'ensemble des sous-contrats.

Les dispositions de la section 2 s'appliquent aux sous-contrats qui présentent le caractère de sous-traités.

Les dispositions de la section 3 s'appliquent aux sous-contrats qui ne présentent pas le caractère de sous-traités.

SECTION 1 Dispositions communes aux sous-contrats

Art. R. 2393-2 Pour l'application des dispositions des sous-sections 1 à 3, ne sont pas considérés comme des sous-contractants :

1° Les membres d'un même groupement les uns vis-à-vis des autres ;

2° Les opérateurs économiques sur lesquels le titulaire du marché exerce, directement ou indirectement, une influence dominante au sens du deuxième alinéa de l'article L. 1212-2 ;

3° Les opérateurs économiques qui peuvent exercer une influence dominante, au sens du deuxième alinéa de l'article L. 1212-2, sur le titulaire du marché ;

4° Les opérateurs économiques qui sont soumis avec le titulaire du marché à l'influence dominante, au sens du deuxième alinéa de l'article L. 1212-2, d'un même opérateur économique. – *[Décr. n° 2016-361 du 25 mars 2016, art. 132.]*

Art. R. 2393-3 Les dispositions de la sous-section 1 précisent les modalités par lesquelles l'acheteur peut imposer au titulaire d'un marché de défense ou de sécurité de recourir à une mise en concurrence pour choisir son ou ses sous-contractants.

Les dispositions de la sous-section 2 précisent les obligations du titulaire lorsque l'acheteur lui impose de sous-contracter une partie de son marché.

Les dispositions de la sous-section 3 précisent les règles de mise en concurrence des sous-contractants applicables au titulaire du marché.

(Décr. n° 2021-1111 du 23 août 2021, art. 24) « Les dispositions des sous-sections 4 et 5 s'appliquent à l'ensemble des cas où le titulaire recourt à des sous-contractants. »

V. note ss. art. R. 2312-10, supra.

SOUS-SECTION 1 Obligation du titulaire de mettre en concurrence les sous-contractants

Art. R. 2393-4 Lorsque l'acheteur décide d'imposer au titulaire, pour tous les sous-contrats ou certains d'entre eux, de mettre en concurrence les opérateurs économiques afin de choisir un ou des sous-contractants en application du 1° de l'article L. 2393-3, il l'indique dans l'avis de marché.

Le cas échéant, l'acheteur identifie également dans cet avis les tâches essentielles qui ne peuvent pas faire l'objet d'un sous-contrat en application de l'article L. 2393-7. – *[Décr. n° 2016-361 du 25 mars 2016, art. 133, al. 1er.]*

Art. R. 2393-5 Le soumissionnaire indique dans son offre la liste exhaustive des entreprises mentionnées aux 1° à 4° de l'article R. 2393-2, qui ne sont pas considérées comme sous-contractants. Il tient cette liste à jour et informe l'acheteur de toute modification. – *[Décr. n° 2016-361 du 25 mars 2016, art. 133, al. 2.]*

Art. R. 2393-6 Le titulaire du marché de défense ou de sécurité attribue les sous-contrats dans les conditions définies à la sous-section 3. – *[Décr. n° 2016-361 du 25 mars 2016, art. 133, al. 3.]*

SOUS-SECTION 2 Obligation du titulaire de sous-contracter

Art. R. 2393-7 Lorsque l'acheteur décide d'imposer au titulaire de sous-contracter une partie de son marché en application du 2° de l'article L. 2393-3, il l'indique dans l'avis de marché sous la forme de pourcentages fixés dans les conditions prévues par l'article R. 2393-8.

Le cas échéant, il identifie également dans cet avis les tâches essentielles qui ne peuvent faire l'objet d'un sous-contrat en application de l'article L. 2393-7. – *[Décr. n° 2016-361 du 25 mars 2016, art. 134-I, al. 1er.]*

Art. R. 2393-8 *(Décr. n° 2021-1111 du 23 août 2021, art. 25)* « L'acheteur indique dans l'avis de marché la part minimale du montant du marché que le titulaire sera tenu de sous-contracter sous la forme d'une fourchette comportant un pourcentage minimum et un pourcentage maximum lequel ne peut pas dépasser 30 % du montant du marché *[ancienne rédaction : L'acheteur indique dans l'avis de marché le pourcentage minimum et le pourcentage maximum du montant du marché que le titulaire sera tenu de sous-contracter.*

Le pourcentage maximum ne peut pas dépasser 30 % du montant du marché]. »

Les pourcentages doivent être proportionnés à l'objet et à la valeur du marché ainsi qu'à la nature du secteur industriel concerné, notamment le niveau de concurrence prévalant dans ce secteur et les capacités techniques concernées de la base industrielle. – *[Décr. n° 2016-361 du 25 mars 2016, art. 134-I, al. 2 à 4.]*

V. note ss. art. R. 2312-10, supra.

Art. R. 2393-9 L'acheteur peut demander au candidat, dans l'avis de marché, d'indiquer les prestations qu'il envisage de sous-contracter au-delà du pourcentage minimum imposé, ainsi que les sous-contractants qu'il a déjà identifiés. – *[Décr. n° 2016-361 du 25 mars 2016, art. 134-II, al. 2.]*

Art. R. 2393-10 Le soumissionnaire indique dans son offre le pourcentage du montant du marché et les prestations qu'il envisage de sous-contracter pour respecter les exigences fixées par l'acheteur dans l'avis de marché. – *[Décr. n° 2016-361 du 25 mars 2016, art. 134-II, al. 1er (phrase 1).]*

Art. R. 2393-11 Le soumissionnaire indique dans son offre la liste exhaustive des entreprises mentionnées aux 1° à 4° de l'article R. 2393-2 qui ne sont pas considérées comme sous-contractants. Il tient cette liste à jour et informe l'acheteur de toute modification. – *[Décr. n° 2016-361 du 25 mars 2016, art. 134-II, al. 1er (phrase 2).]*

Art. R. 2393-12 Le titulaire attribue les sous-contrats dans les conditions définies à la sous-section 3. – *[Décr. n° 2016-361 du 25 mars 2016, art. 134-III.]*

SOUS-SECTION 3 Procédure de mise en concurrence des sous-contractants

Art. R. 2393-13 Lorsque l'acheteur recourt aux dispositions de l'article L. 2393-3, le titulaire attribue les sous-contrats conformément aux dispositions de la présente sous-section.

Toutefois, lorsque le titulaire est un acheteur au sens de l'article L. 1210-1, *(Décr. n° 2021-1111 du 23 août 2021, art. 26)* « il passe ses sous-contrats conformément aux dispositions du présent livre. »

(Abrogé par Décr. n° 2021-1111 du 23 août 2021, art. 26) « 1° Les dispositions des sections II et III du chapitre I du titre I relatives aux spécifications techniques et aux écolabels ;

« 2° Les dispositions des sections I et II du chapitre II du titre I relatives à la formalisation des clauses du marché et à sa durée ;

« 3° Les dispositions de la section 5 du chapitre II du titre VI relatives à la réservation des marchés ;

« 4° Les dispositions relatives à la passation du marché pour la conclusion des sous-contrats. » – *[Décr. n° 2016-361 du 25 mars 2016, art. 135-I.]*

V. note ss. art. R. 2312-10, supra.

§ 1 Règles de passation communes aux sous-contrats

Art. R. 2393-14 Pour sélectionner les sous-contractants, le titulaire indique dans l'avis ou, en l'absence d'un tel avis, dans un autre document de la consultation :

1° L'obligation du sous-contractant de fournir une déclaration indiquant qu'il n'est pas placé dans l'un des *(Décr. n° 2019-259 du 29 mars 2019, art. 1er)* « cas d'exclusion énumérés par les dispositions législatives du chapitre I du titre IV » ;

2° Les exigences relatives à l'aptitude à exercer l'activité professionnelle, les capacités économiques et financières, les capacités techniques et professionnelles ainsi que les renseignements ou documents permettant d'évaluer ces capacités, tels qu'exigés des candidats lors de la passation du marché principal ;

3° Le cas échéant, les autres conditions, renseignements ou documents qu'il entend exiger.

Les exigences mentionnées au 2° et 3° par le titulaire ne doivent pas être discriminatoires et ne peuvent être imposées que si elles sont rendues nécessaires par l'objet du sous-contrat et la nature des prestations à réaliser.

Lorsque le titulaire décide de fixer des niveaux minimaux de capacité, il ne peut exiger des candidats que des niveaux minimaux de capacité proportionnés à l'objet du sous-contrat. – *[Décr. n° 2016-361 du 25 mars 2016, art. 135-III.]*

Art. R. 2393-15 Le titulaire n'est pas tenu de sous-contracter s'il apporte la preuve, à la satisfaction de l'acheteur, qu'aucun des sous-contractants potentiels participant à la mise en concurrence ou qu'aucune des offres présentées ne satisfait aux critères figurant dans l'avis. – *[Décr. n° 2016-361 du 25 mars 2016, art. 135-IV.]*

Art. R. 2393-16 Le titulaire peut décider d'attribuer les sous-contrats sur la base d'un accord-cadre tel que défini au 1° de l'article L. 2325-1 et dans les conditions prévues à la présente sous-section. Il est dans ce cas considéré comme ayant satisfait aux exigences de mise en concurrence.

Les sous-contrats basés sur l'accord-cadre doivent respecter les exigences suivantes :

1° Ils sont attribués dans les limites des conditions fixées dans l'accord-cadre ;

2° Ils ne peuvent être attribués qu'aux opérateurs économiques qui étaient parties, à l'origine, à l'accord-cadre. – *[Décr. n° 2016-361 du 25 mars 2016, art. 135-V.]*

§ 2 Passation des sous-contrats dont la valeur estimée du besoin est inférieure aux seuils de procédure formalisée

Art. R. 2393-17 Lorsque le sous-contrat répond à un besoin dont la valeur estimée est inférieure aux seuils de procédure formalisée, le titulaire fixe librement, dans le respect des principes de la commande publique, les modalités de publicité appropriées aux caractéristiques de ce sous-contrat, et notamment à son objet, à son montant, au degré de concurrence entre les entreprises concernées et aux conditions dans lesquelles le sous-contrat est passé. – *[Décr. n° 2016-361 du 25 mars 2016, art. 135-II, al. 3.]*

§ 3 Passation des sous-contrats dont la valeur estimée du besoin est égale ou supérieure aux seuils de procédure formalisée

Art. R. 2393-18 Lorsque le sous-contrat répond à un besoin dont la valeur estimée, calculée conformément aux dispositions prévues au chapitre I du titre II est supérieure ou égale aux seuils de procédure formalisée, le titulaire fait connaître son intention de passer ce sous-contrat par un avis publié au *Journal officiel de l'Union européenne* dans les conditions *(Décr. n° 2019-259 du 29 mars 2019, art. 1er)* « de l'article R. 2131-19 ». – *[Décr. n° 2016-361 du 25 mars 2016, art. 135-II, al. 1er (phrase 1).]*

Art. R. 2393-19 L'avis mentionné à l'article R. 2393-18 est établi conformément au modèle fixé par le règlement de la Commission européenne établissant les formulaires standard pour la publication d'avis dans le cadre de la passation de marchés publics. – *[Décr. n° 2016-361 du 25 mars 2016, art. 135-II, al. 2.]*

Art. R. 2393-20 Par dérogation à l'article R. 2393-18, le titulaire n'est pas tenu de publier un avis lorsque le sous-contrat remplit les conditions de recours à la procédure de passation sans publicité ni mise en concurrence préalables prévues au chapitre II du titre II. – *[Décr. n° 2016-361 du 25 mars 2016, art. 135-II, al. 1er (phrase 2).]*

SOUS-SECTION 4 Conditions de rejet par l'acheteur du sous-contractant proposé par le titulaire

Art. R. 2393-21 Pour l'application de l'article L. 2393-8, les capacités des *(Décr. nº 2019-259 du 29 mars 2019, art. 1er)* « sous-contractants » s'apprécient notamment au regard de la sécurité des informations, de la sécurité des approvisionnements ou de l'aptitude à exécuter le marché, à faire face à d'éventuelles augmentations des besoins par suite d'une crise ou à assurer la maintenance, la modernisation ou les adaptations des fournitures faisant l'objet du marché lorsque l'implantation géographique de l'outillage, du matériel, de l'équipement technique, du personnel, du savoir-faire ou des sources d'approvisionnement dont il dispose se trouve hors du territoire de l'Union européenne. – *[Décr. nº 2016-361 du 25 mars 2016, art. 123, al. 1er et 131-I.]*

Art. R. 2393-22 Lorsque l'acheteur rejette un sous-contractant, il fournit au soumissionnaire ou au titulaire une justification écrite indiquant les motifs de ce rejet. – *[Décr. nº 2016-361 du 25 mars 2016, art. 123, al. 4 et 131-II.]*

SOUS-SECTION 5 Communication des sous-contrats à l'acheteur

Art. R. 2393-23 Le titulaire qui, quinze jours après avoir été mis par écrit en demeure de le faire, ne communique pas les sous-contrats à l'acheteur, encourt une pénalité égale à un millième du montant du marché ou de la tranche concernée, ou, à défaut, du montant du bon de commande concerné. Cette pénalité s'applique pour chaque jour de retard. – *[Décr. nº 2016-361 du 25 mars 2016, art. 136.]*

SECTION 2 Dispositions applicables aux sous-contrats qui présentent le caractère de sous-traités

SOUS-SECTION 1 Modalités d'acceptation

Art. R. 2393-24 Le titulaire du marché peut recourir à la sous-traitance lors de la passation du marché et tout au long de son exécution, à condition de l'avoir déclarée à l'acheteur et d'avoir obtenu l'acceptation du sous-traitant.

L'acheteur indique dans l'avis de marché ou, en l'absence d'un tel avis, dans un autre document de la consultation que chaque sous-traitant doit être soumis à son acceptation.

Il précise également les conditions de rejet des sous-traitants conformément aux dispositions de la sous-section 4 de la section 1. – *[Décr. nº 2016-361 du 25 mars 2016, art. 121.]*

§ 1 Déclaration de sous-traitance au moment de l'offre

Art. R. 2393-25 Lorsque la déclaration de sous-traitance intervient au moment du dépôt de l'offre, le soumissionnaire fournit à l'acheteur une déclaration mentionnant l'ensemble des informations suivantes :

1° La nature des prestations sous-traitées ;

2° Le nom, la raison ou la dénomination sociale et l'adresse du sous-traitant proposé ;

3° Le lieu d'exécution des prestations sous-traitées ;

4° Le montant maximum des sommes à verser au sous-traitant ;

5° Les conditions de paiement prévues par le projet de sous-traité et, le cas échéant, les modalités de variation des prix ;

6° Le cas échéant, les capacités du sous-traitant sur lesquelles le candidat s'appuie.

Le soumissionnaire remet également à l'acheteur une déclaration du sous-traitant indiquant qu'il n'est pas placé dans un *(Décr. nº 2019-259 du 29 mars 2019, art. 1er)* « cas d'exclusion mentionnés *[mentionné]* par les dispositions législatives du chapitre I du titre IV ». – *[Décr. nº 2016-361 du 25 mars 2016, art. 122-I, al. 1er à 8.]*

Art. R. 2393-26 La notification du marché emporte acceptation du sous-traitant et, le cas échéant, agrément de ses conditions de paiement. – *[Décr. nº 2016-361 du 25 mars 2016, art. 122-I, al. 9.]*

§ 2 Déclaration de sous-traitance après la notification du marché

Art. R. 2393-27 Lorsque la déclaration de sous-traitance intervient après la notification du marché, le titulaire remet à l'acheteur contre récépissé ou lui adresse par lettre recommandée avec demande d'avis de réception, un acte spécial de sous-traitance contenant les renseignements mentionnés à l'article R. 2393-25.

Le titulaire établit en outre qu'aucune cession ni aucun nantissement de créances résultant du marché ne font obstacle au paiement direct du sous-traitant, en produisant, soit l'exemplaire unique ou le certificat de cessibilité du marché qui lui a été délivré, soit une attestation ou une mainlevée du bénéficiaire de la cession ou du nantissement de créances. – *[Décr. n° 2016-361 du 25 mars 2016, art. 122-II, al. 1er et 2.]*

Art. R. 2393-28 L'acceptation du sous-traitant et, le cas échéant, l'agrément de ses conditions de paiement sont constatés par la signature de l'acte spécial de sous-traitance.

Le silence de l'acheteur gardé pendant vingt et un jours à compter de la réception des documents mentionnés à l'article R. 2393-27 vaut également acceptation du sous-traitant et, le cas échéant, agrément de ses conditions de paiement. – *[Décr. n° 2016-361 du 25 mars 2016, art. 122-II, al. 3 et 4 et IV.]*

SOUS-SECTION 2 **Modalités de modification de l'exemplaire unique et du certificat de cessibilité en cas de prestations confiées à un sous-traitant admis au paiement direct**

Art. R. 2393-29 Lorsque le titulaire envisage de confier à des sous-traitants bénéficiant du paiement direct, postérieurement à la notification du marché, l'exécution de prestations pour un montant supérieur à celui qui a été indiqué dans le marché ou l'acte spécial, il demande à l'acheteur, sans préjudice des dispositions de la sous-section 1 relatives à l'acceptation du sous-traitant, la modification de l'exemplaire unique ou du certificat de cessibilité. – *[Décr. n° 2016-361 du 25 mars 2016, art. 122-III, al. 1er.]*

Art. R. 2393-30 Les dispositions de l'article R. 2193-6 s'appliquent. – *[Décr. n° 2016-361 du 25 mars 2016, art. 122-III, al. 2 et 3.]*

Art. R. 2393-31 L'acheteur ne peut agréer les conditions de paiement d'un sous-traitant si l'exemplaire unique ou le certificat de cessibilité n'a pas été modifié ou si la justification mentionnée à l'article R. 2193-6 ne lui a pas été remise.

Le silence de l'acheteur gardé pendant vingt et un jours à compter de la réception des documents mentionnés au premier alinéa et à l'article R. 2393-27 vaut également acceptation du sous-traitant et agrément des conditions de paiement. – *[Décr. n° 2016-361 du 25 mars 2016, art. 122-III, al. 4 et IV.]*

Art. R. 2393-32 Les dispositions de l'article R. 2193-8 s'appliquent. – *[Décr. n° 2016-361 du 25 mars 2016, art. 122-III, al. 5.]*

SOUS-SECTION 3 **Paiement du sous-traitant**

Art. R. 2393-33 Le seuil prévu à l'article L. 2393-13 à partir duquel un sous-traitant qui a été accepté est payé directement par l'acheteur est fixé à 600 euros toutes taxes comprises.

En ce qui concerne les marchés de services, de travaux ou de fournitures nécessitant des travaux de pose ou d'installation ou comportant des prestations de service*[s]*, passés par les services de la défense, notamment les marchés de réalisation de prototypes, de fabrication, d'assemblage, d'essais, de réparations ou de maintien en condition et de prestations intellectuelles, les sous-traitants ne sont payés directement que si le montant de leur contrat de sous-traitance est égal ou supérieur :

1° A 10 % du montant total du marché lorsque le sous-traitant est une petite ou une moyenne entreprise ou un artisan au sens de l'article R. 2351-12 ;

2° A 50 % du montant total du marché lorsque le sous-traitant est lié au titulaire ;

3° A 20 % du montant total du marché dans les autres cas. – *[Décr. n° 2016-361 du 25 mars 2016, art. 124, al. 1er à 5.]*

Art. R. 2393-34 Les dispositions des articles R. 2193-11 à *(Décr. n° 2019-748 du 18 juill. 2019, art. 2)* « R. 2193-15 » s'appliquent. – *[Décr. n° 2016-361 du 25 mars 2016, art. 125.]*

Sur l'application des dispositions issues du Décr. n° 2019-748 du 18 juill. 2019, V. note ss. art. R. 2192-15, supra.

Art. R. 2393-34-1 *(Décr. n° 2019-748 du 18 juill. 2019, art. 2)* **Lorsque le sous-traitant utilise le portail public de facturation mentionné à l'article L. 2392-5, il y dépose sa demande de paiement sans autre formalité. Le titulaire dispose de quinze jours à compter de ce dépôt pour accepter ou refuser la demande de paiement sur ce portail.**

Sur l'application des dispositions issues du Décr. n° 2019-748 du 18 juill. 2019, V. note ss. art. R. 2192-15, supra.

Art. R. 2393-34-2 *(Décr. n° 2021-1111 du 23 août 2021, art. 27)* **Le sous-traitant dont les conditions de paiement n'ont pas été agréées par l'acheteur est payé par le titulaire.**

V. note ss. art. R. 2312-10, supra.

SOUS-SECTION 4 Régime financier

Art. R. 2393-35 Lorsque le marché a été passé par l'État et que le titulaire recourt à un service de l'État comme sous-traitant, les prestations qui font l'objet du sous-contrat ne donnent lieu à aucun versement au profit du titulaire. – *[Décr. n° 2016-361 du 25 mars 2016, art. 127.]*

§ 1 Avances

Art. R. 2393-36 Les dispositions des sections I à III du chapitre I s'appliquent aux sous-traitants sous réserve des dispositions particulières du présent paragraphe. – *[Décr. n° 2016-361 du 25 mars 2016, art. 124, al. 6.]*

Art. R. 2393-37 Les dispositions de l'article R. 2193-18 s'appliquent. – *[Décr. n° 2016-361 du 25 mars 2016, art. 124, al. 7.]*

Art. R. 2393-38 Dès lors que le titulaire remplit les conditions pour bénéficier d'une avance, une avance est versée, sur leur demande, aux sous-traitants bénéficiaires du paiement direct.

Pour le calcul du montant de cette avance, le montant maximal est apprécié par référence au montant des prestations confiées au sous-traitant tel qu'il figure dans le marché ou dans l'acte spécial mentionné à l'article R. 2393-27. – *[Décr. n° 2016-361 du 25 mars 2016, art. 124, al. 8 et 9.]*

Art. R. 2393-39 Les dispositions des articles R. 2193-20 et R. 2193-21 s'appliquent. – *[Décr. n° 2016-361 du 25 mars 2016, art. 124, al. 10 à 13.]*

§ 2 Cession ou nantissement de créances

Art. R. 2393-40 Le sous-traitant qui a été accepté et dont les conditions de paiement ont été agréées peut céder ou nantir, à concurrence du montant des prestations qui lui sont réglées directement, tout ou partie de sa créance.

La copie de l'original du marché ou du certificat de cessibilité prévu à l'article R. 2191-46 ou, le cas échéant, de l'acte spécial prévu à l'article R. 2393-27 désignant un sous-traitant admis au paiement direct, est remise à chaque sous-traitant bénéficiant du paiement direct. – *[Décr. n° 2016-361 du 25 mars 2016, art. 126.]*

SECTION 3 Dispositions applicables aux sous-contrats qui ne présentent pas le caractère de sous-traités

Art. R. 2393-41 L'acheteur peut imposer au titulaire l'acceptation de tout ou partie des sous-contractants ne présentant pas le caractère de sous-traitants. Il l'indique dans l'avis d'appel à la concurrence.

Dans ce cas, ces sous-contractants sont acceptés dans les conditions prévues à la présente section.

L'acheteur précise, le cas échéant, les parties des prestations du marché ou le montant du sous-contrat au-dessus duquel le sous-contractant éventuel doit être accepté. – *[Décr. n° 2016-361 du 25 mars 2016, art. 129.]*

Art. R. 2393-42 Lorsque le soumissionnaire présente des sous-contractants au moment du dépôt de l'offre, il fournit à l'acheteur une déclaration mentionnant :

1° La nature et le montant des prestations faisant l'objet du sous-contrat ;

2° Le nom, la raison ou la dénomination sociale et l'adresse du sous-contractant proposé ;

3° Le lieu d'exécution des prestations sous-contractées ;

4° L'aptitude à exercer l'activité professionnelle, les capacités économiques et financières, techniques et professionnelles du sous-contractant.

Le soumissionnaire remet également à l'acheteur une déclaration du sous-contractant indiquant qu'il n'est pas placé dans un *(Décr. n° 2019-259 du 29 mars 2019, art. 1er)* « cas d'exclusion mentionnés par les dispositions législatives du chapitre I du titre IV ».

La notification du marché emporte acceptation du sous-contractant. – *[Décr. n° 2016-361 du 25 mars 2016, art. 130-I, 1°.]*

Art. R. 2393-43 Lorsque le titulaire présente des sous-contractants après la notification du marché, il remet à l'acheteur contre récépissé ou lui adresse par lettre recommandée, avec demande d'avis de réception, une déclaration contenant les renseignements mentionnés à l'article R. 2393-42.

L'acceptation du sous-contractant est constatée *(Abrogé par Décr. n° 2021-1111 du 23 août 2021, art. 28) « par un acte spécial comprenant les renseignements mentionnés à l'article R. 2393-42 et signé des deux parties, ou, pour les marchés passés par les services de la défense, »* par décision écrite de l'acheteur. – *[Décr. n° 2016-361 du 25 mars 2016, art. 130-I, 2°.]*

V. note ss. art. R. 2312-10, supra.

Art. R. 2393-44 Le silence de l'acheteur gardé pendant vingt et un jours à compter de la réception de la déclaration mentionnée aux articles R. 2393-42 et R. 2393-43 vaut également acceptation du sous-contractant. – *[Décr. n° 2016-361 du 25 mars 2016, art. 130-II.]*

CHAPITRE IV MODIFICATION DU MARCHÉ

Art. R. 2394-1 Les dispositions des articles R. 2194-1 à R. 2194-9 s'appliquent. – *[Décr. n° 2016-361 du 25 mars 2016, art. 137.]*

CHAPITRE V RÉSILIATION DU MARCHÉ

Le présent chapitre ne comprend pas de dispositions réglementaires.

CHAPITRE VI INFORMATIONS RELATIVES À L'ACHAT

SECTION 1 Recensement économique

Art. R. 2396-1 Les dispositions des articles R. 2196-2 à R. 2196-4 s'appliquent. – *[Décr. n° 2016-361 du 25 mars 2016, art. 138.]*

Art. D. 2396-2 Les dispositions des articles D. 2196-5 à D. 2196-7 *[nouvelle rédaction issue du Décr. n° 2022-767 du 2 mai 2022, art. 6 et 11, en vigueur au plus tard le 1er janv. 2024 : « de l'article D. 2196-5 »]* s'appliquent.

Sur l'application des dispositions issues du Décr. n° 2022-767 du 2 mai 2022, V. note ss. art. R. 2196-1.

Art. D. 2396-2-1 *(Décr. n° 2022-767 du 2 mai 2022, art. 6 et 11, en vigueur au plus tard le 1er janv. 2024)* La liste des données communiquées à l'observatoire économique de la commande publique en vue du recensement économique, qui peuvent concerner la passation, le contenu, l'exécution du marché et, le cas échéant, sa modification,

ainsi que les modalités de leur communication sont fixées par un arrêté figurant en annexe du présent code.

Sur l'application des dispositions issues du Décr. n° 2022-767 du 2 mai 2022, V. note ss. art. R. 2196-1.

SECTION 2 Contrôle du coût de revient des marchés de l'État et de ses établissements publics

Art. R. 2396-3 **Si le titulaire ne fournit pas aux dates prévues les renseignements demandés ou fournit des renseignements inexacts, l'acheteur peut, après mise en demeure restée sans effet, décider la suspension des paiements à intervenir dans la limite du dixième du montant du marché lorsque le manquement est le fait du titulaire ou retenir un montant équivalent. Après nouvelle mise en demeure infructueuse, cette retenue peut être transformée en retenue définitive par décision de l'acheteur, indépendamment de la résiliation éventuelle du marché aux torts du titulaire.**

Lorsqu'une estimation du coût de revient est effectuée avant la notification du marché, l'acheteur indique dans les documents de la consultation et dans le marché les sanctions applicables en cas de manquement à l'obligation figurant au premier alinéa de l'article *(Décr. n° 2019-259 du 29 mars 2019, art. 1er)* **« L. 2196-5 ».** – *[Décr. n° 2016-361 du 25 mars 2016, art. 140, al. 2.]*

Art. R. 2396-4 **Les dispositions des articles R. 2196-10 à R. 2196-12 s'appliquent.** – *[Décr. n° 2016-361 du 25 mars 2016, art. 140, al. 3 à 8.]*

Art. R. 2396-5 **Sont soumis aux obligations prévues par la présente section les entreprises liées au titulaire ainsi que les sous-contractants intervenant dans l'exécution du marché, lorsque ces derniers réalisent individuellement, sauf stipulation contraire du marché, une part supérieure à 10 % du montant du marché et d'un montant supérieur à 10 millions d'euros hors taxes.** – *[Mesures d'application de l'art. 44, 6°, a) de la L. n° 2018-361 du 13 juill. 2018.]*

SECTION 3 Éléments de sécurité pouvant être demandés par l'acheteur

Art. R. 2396-6 **Pendant l'exécution du marché, l'acheteur peut demander à** *(Décr. n° 2021-1111 du 23 août 2021, art. 29)* **« l'autorité administrative compétente ou, dans le cas d'un titulaire établi à l'étranger, saisir l'autorité nationale de sécurité ou l'autorité de sécurité déléguée aux fins de solliciter » l'autorité nationale de sécurité de l'État du titulaire ou à l'autorité de sécurité désignée de cet État, sous réserve de l'existence d'accords de sécurité et dans un délai qu'il fixe, de :**

(Décr. n° 2021-1111 du 23 août 2021, art. 29) **« 1° Justifier des habilitations de sécurité qu'elle a délivrées** *[ancienne rédaction : 1° Communiquer les habilitations de sécurité qu'il a délivrées]* **; »**

2° Vérifier la conformité des locaux et installations susceptibles d'être utilisés, les procédures industrielles et administratives qui seront suivies, les modalités de gestion de l'information ou la situation du personnel susceptible d'être employé pour l'exécution du marché, sans préjudice de la possibilité de procéder à d'autres enquêtes et d'en tenir compte. – *[Décr. n° 2016-361 du 25 mars 2016, art. 52-II.]*

V. note ss. art. R. 2312-10, supra.

CHAPITRE VII RÈGLEMENT ALTERNATIF DES DIFFÉRENDS

SECTION 1 Comités consultatifs de règlement amiable des différends

Art. R. 2397-1 **Les dispositions des articles R. 2197-1 à R. 2197-12 et R. 2197-16 s'appliquent.**

Art. D. 2397-2 **Les dispositions des articles D. 2197-13 à D. 2197-15 et des articles D. 2197-17 à D. 2197-22 s'appliquent.** – *[Décr. n° 2016-360 du 25 mars 2016, art. 142, al. 4 ; Décr. n° 2016-361 du 25 mars 2016, art. 139.]*

SECTION 2 Le médiateur des entreprises

Art. R. 2397-3 Les dispositions des articles R. 2197-23 et R. 2197-24 s'appliquent. – *[Décr. nº 2016-361 du 25 mars 2016, art. 139 ecqc le médiateur.]*

SECTION 3 Arbitrage

Art. R. 2397-4 Pour l'État, le recours à l'arbitrage, en application de l'article L. 2397-3, est autorisé par décret pris sur le rapport du ministre compétent et du ministre chargé de l'économie.

LIVRE IV DISPOSITIONS PROPRES AUX MARCHÉS PUBLICS LIÉS À LA MAÎTRISE D'OUVRAGE PUBLIQUE ET À LA MAÎTRISE D'ŒUVRE

TITRE I CHAMP D'APPLICATION

CHAPITRE I MAÎTRES D'OUVRAGE

Le présent chapitre ne comprend pas de dispositions réglementaires.

CHAPITRE II OUVRAGES

Art. R. 2412-1 Les catégories d'ouvrages de bâtiment ou d'infrastructure mentionnés au 1° de l'article L. 2412-2 qui ne sont pas soumises aux dispositions du présent livre sont les suivantes :

1° Les ouvrages conçus pour l'exercice d'une activité industrielle incluse dans les classes de la section B relative aux industries extractives et de la section C relative à l'industrie manufacturière du décret nº 2007-1888 du 26 décembre 2007 portant approbation des nomenclatures d'activités et de produits françaises ;

2° Les centrales de production d'énergie ;

3° Les centrales de chauffage urbain ;

4° Les unités de traitement de déchets.

TITRE II MAÎTRISE D'OUVRAGE

Le présent titre ne comprend pas de dispositions réglementaires.

TITRE III MAÎTRISE D'ŒUVRE PRIVÉE

CHAPITRE I MISSION DE MAÎTRISE D'ŒUVRE PRIVÉE

SECTION 1 Dispositions générales

Art. R. 2431-1 La mission de maîtrise d'œuvre peut comprendre les éléments suivants :

1° Les études préliminaires ;

2° Les études de diagnostic ;

3° Les études d'esquisse ;

4° Les études d'avant-projet ;

5° Les études de projet ;

6° L'assistance apportée au maître d'ouvrage pour la passation des marchés de travaux ;

7° Les études d'exécution ou l'examen de leur conformité au projet et le visa de celles qui ont été faites par les opérateurs économiques chargés des travaux ;

8° La direction de l'exécution des marchés de travaux ;

9° L'ordonnancement, le pilotage et la coordination du chantier ;

10° L'assistance apportée au maître d'ouvrage lors des opérations de réception et pendant la période de garantie de parfait achèvement.

COMMENTAIRE

On se reportera à l'article L. 2431-2.

Art. R. 2431-2 Les éléments de mission de maîtrise d'œuvre sont précisés à la section 2 pour les ouvrages de bâtiment et à la section 3 pour les ouvrages d'infrastructure.

Des éléments de mission spécifiques sont prévus à la section 4 lorsque les méthodes ou techniques de réalisation ou les produits industriels à mettre en œuvre impliquent l'intervention, dès l'établissement des études d'avant-projet, d'un opérateur économique chargé des travaux ou d'un fournisseur de produits industriels.

Les éléments de mission de maîtrise d'œuvre portant sur des ouvrages réalisés à titre de recherche, d'essais ou d'expérimentation sont précisés à la section 5.

Art. R. 2431-3 Le maître d'ouvrage détermine l'appartenance de l'ouvrage à l'une des catégories suivantes :

1° Opération de construction neuve de bâtiment ;

2° Opération de réhabilitation de bâtiment ;

3° Opération de construction neuve d'infrastructure ;

4° Opération de réhabilitation d'infrastructure.

Il peut, le cas échéant, scinder l'ouvrage en parties d'ouvrage relevant de l'une ou l'autre de ces catégories.

SECTION 2 Éléments de mission de maîtrise d'œuvre privée portant sur les ouvrages de bâtiment

SOUS-SECTION 1 Mission de base

Art. R. 2431-4 Pour les opérations de construction neuve de bâtiment, la mission de base comporte :

1° Les études d'esquisse ;

2° Les études d'avant-projet ;

3° Les études de projet ;

4° L'assistance apportée au maître d'ouvrage pour la passation des marchés publics de travaux ;

5° La direction de l'exécution des marchés publics de travaux ;

6° L'assistance apportée au maître d'ouvrage lors des opérations de réception et pendant la période de garantie de parfait achèvement ;

7° L'examen de la conformité au projet des études d'exécution et leur visa lorsqu'elles ont été faites par un opérateur économique chargé des travaux et les études d'exécution lorsqu'elles sont faites par le maître d'œuvre.

Art. R. 2431-5 Pour les opérations de réhabilitation de bâtiment, la mission de base comporte les mêmes éléments que ceux visés à l'article R. 2431-4, à l'exception des études d'esquisse.

Art. R. 2431-6 Lorsque le maître d'ouvrage décide de consulter des opérateurs économiques chargés des travaux ou des fournisseurs de produits industriels dès l'établissement des avant-projets, la mission de base tient compte des éléments de missions spécifiques décrits à la section 4 du présent chapitre pour chacun des marchés publics concernés.

Art. R. 2431-7 Lorsque en cas de défaillance d'un maître d'œuvre titulaire d'une mission de base, le maître d'ouvrage confie une mission partielle à un autre maître d'œuvre afin de poursuivre l'opération, l'ensemble des éléments de mission, ceux effectués par le titulaire du premier marché public et ceux confiés au nouveau maître d'œuvre, doit respecter le contenu de la mission de base.

COMMENTAIRE

On se reportera, pour cette sous-section, à l'article L. 2431-3. ❑

SOUS-SECTION 2 Dispositions propres aux opérations de construction neuve de bâtiment

Art. R. 2431-8 Les études d'esquisse ont pour objet :

1° De proposer une ou plusieurs solutions d'ensemble, traduisant les éléments majeurs du programme, d'en indiquer les délais de réalisation, d'examiner leur compatibilité avec la partie de l'enveloppe financière prévisionnelle retenue par le maître d'ouvrage et affectée aux travaux ;

2° De vérifier la faisabilité de l'opération au regard des différentes contraintes du programme et du site.

Art. R. 2431-9 Les études d'avant-projet comprennent les études d'avant-projet sommaire définies à l'article R. 2431-10 et les études d'avant-projet définitif définies à l'article R. 2431-11.

Les études d'avant-projet comprennent également l'établissement des dossiers et les consultations relevant de la compétence de la maîtrise d'œuvre et nécessaires à l'obtention du permis de construire et des autres autorisations administratives, ainsi que l'assistance au maître d'ouvrage au cours de leur instruction.

Pour les ouvrages de construction neuve de logements, les études d'avant-projet sommaire et d'avant-projet définitif peuvent être exécutées en une seule phase d'études.

Art. R. 2431-10 Les études d'avant-projet sommaire ont pour objet :

1° De préciser la composition générale en plan et en volume ;

2° D'apprécier les volumes intérieurs et l'aspect extérieur de l'ouvrage ;

3° De proposer les dispositions techniques pouvant être envisagées ;

4° De préciser le calendrier de réalisation et, le cas échéant, le découpage en phases fonctionnelles ;

5° D'établir une estimation provisoire du coût prévisionnel des travaux.

Art. R. 2431-11 Les études d'avant-projet définitif ont pour objet :

1° De déterminer les surfaces détaillées de tous les éléments du programme ;

2° D'arrêter en plans, coupes et façades les dimensions de l'ouvrage, ainsi que son aspect ;

3° De définir les principes constructifs, les matériaux et les installations techniques ;

4° D'établir l'estimation définitive du coût prévisionnel des travaux, décomposée par corps d'état ;

5° De permettre au maître d'ouvrage d'arrêter définitivement le programme ;

6° De permettre la fixation du forfait de rémunération dans les conditions prévues par le marché public de maîtrise d'œuvre.

Art. R. 2431-12 Les études de projet ont pour objet :

1° De préciser par des plans, coupes et élévations, les formes des différents éléments de la construction, la nature et les caractéristiques des matériaux et les conditions de leur mise en œuvre ;

2° De déterminer l'implantation, et l'encombrement de tous les éléments de structure et de tous les équipements techniques ;

3° De préciser les tracés des alimentations et évacuations de tous les fluides ;

4° D'établir un coût prévisionnel des travaux décomposé par corps d'état, sur la base d'un avant-métré ;

5° De permettre au maître d'ouvrage, au regard de cette évaluation, d'arrêter le coût prévisionnel de l'ouvrage et d'estimer les coûts de son exploitation ;

6° De déterminer le délai global de réalisation de l'ouvrage.

Art. R. 2431-13 L'assistance apportée au maître d'ouvrage pour la passation des marchés publics de travaux sur la base des études qu'il a approuvées a pour objet :

1° De préparer la consultation des opérateurs économiques chargés des travaux, en fonction du mode de passation des marchés publics ;

2° De préparer la sélection des candidatures et de les examiner ;

3° D'analyser les offres et, le cas échéant, les variantes ;

4° De préparer les mises au point permettant la conclusion des marchés publics par le maître d'ouvrage.

Art. R. 2431-14 L'avant-projet définitif ou le projet servent de base à la mise en concurrence des opérateurs économiques chargés des travaux par le maître d'ouvrage.

Lorsque le maître d'ouvrage retient une offre qui comporte une variante, le maître d'œuvre doit compléter les études du projet pour en assurer la cohérence, notamment en établissant la synthèse des plans et spécifications et, le cas échéant, prendre en compte les dispositions découlant d'un permis de construire modifié.

Art. R. 2431-15 Les études d'exécution permettent la réalisation de l'ouvrage. Elles ont pour objet, pour l'ensemble de l'ouvrage ou pour les seuls marchés publics concernés :

1° D'établir tous les plans d'exécution et spécifications à l'usage du chantier ainsi que les plans de synthèse correspondants ;

2° D'établir sur la base des plans d'exécution un devis quantitatif détaillé par marché public ;

3° D'établir le calendrier prévisionnel d'exécution des travaux par marché public ;

4° D'effectuer la mise en cohérence technique des documents fournis par les opérateurs économiques chargés des travaux lorsque les documents pour l'exécution des ouvrages sont établis pour partie par la maîtrise d'œuvre et pour partie par ces opérateurs.

Lorsque les études d'exécution sont, partiellement ou intégralement, réalisées par les opérateurs économiques chargés des travaux, le maître d'œuvre s'assure que les documents qu'ils ont établis respectent les dispositions du projet et, dans ce cas, leur délivre son visa.

Art. R. 2431-16 La direction de l'exécution des marchés publics de travaux a pour objet :

1° De s'assurer que les documents d'exécution ainsi que les ouvrages en cours de réalisation respectent les dispositions des études effectuées ;

2° De s'assurer que les documents qui doivent être produits par les opérateurs économiques chargés des travaux, ainsi que l'exécution des travaux sont conformes aux clauses de leur marché public ;

3° De délivrer tous ordres de service, d'établir tous procès-verbaux nécessaires à l'exécution du marché public de travaux, de procéder aux constats contradictoires et d'organiser et de diriger les réunions de chantier ;

4° De vérifier les projets de décomptes mensuels ou les demandes d'avances présentés par les opérateurs économiques chargés des travaux, d'établir les états d'acomptes, de vérifier le projet de décompte final et d'établir le décompte général ;

5° D'assister le maître d'ouvrage en cas de différend sur le règlement ou l'exécution des travaux.

Art. R. 2431-17 L'ordonnancement, la coordination et le pilotage du chantier ont respectivement pour objet :

1° D'analyser les tâches élémentaires portant sur les études d'exécution et les travaux, de déterminer leurs enchaînements ainsi que leur chemin critique par des documents graphiques ;

2° D'harmoniser dans le temps et dans l'espace les actions des différents intervenants au stade des travaux ;

3° Au stade des travaux et jusqu'à la levée des réserves dans les délais impartis dans les marchés publics de travaux, de mettre en application les diverses mesures d'organisation arrêtées au titre de l'ordonnancement et de la coordination.

Art. R. 2431-18 L'assistance apportée au maître d'ouvrage lors des opérations de réception et pendant la période de garantie de parfait achèvement a pour objet :

1° D'organiser les opérations préalables à la réception des travaux ;

2° D'assurer le suivi des réserves formulées lors de la réception des travaux jusqu'à leur levée ;

3° De procéder à l'examen des désordres signalés par le maître d'ouvrage ;

4° De constituer le dossier des ouvrages exécutés nécessaires à leur exploitation.

SOUS-SECTION 3 **Dispositions propres aux opérations de réhabilitation de bâtiment**

Art. R. 2431-19 Les études de diagnostic qui permettent de renseigner le maître d'ouvrage sur l'état du bâtiment et sur la faisabilité de l'opération ont pour objet :

1° D'établir un état des lieux ;

2° De fournir une analyse fonctionnelle, urbanistique, architecturale et technique du bâti existant ;

3° De permettre d'établir un programme fonctionnel d'utilisation du bâtiment ainsi qu'une estimation financière et d'en déduire la faisabilité de l'opération.

Le maître d'œuvre préconise, éventuellement, des études complémentaires d'investigation des existants.

Art. R. 2431-20 Les études d'avant-projet comprennent des études d'avant-projet sommaire définies à l'article R. 2431-21 et des études d'avant-projet définitif définies à l'article R. 2431-22.

Les études d'avant-projet comprennent également l'établissement des dossiers et les consultations relevant de la compétence de la maîtrise d'œuvre et, le cas échéant, nécessaires à l'obtention du permis de construire et des autres autorisations administratives, ainsi que l'assistance au maître d'ouvrage au cours de leur instruction.

Art. R. 2431-21 Les études d'avant-projet sommaire ont pour objet :

1° De proposer une ou plusieurs solutions d'ensemble traduisant les éléments majeurs du programme fonctionnel et d'en présenter les dispositions générales techniques envisagées ;

2° D'indiquer des durées prévisionnelles de réalisation ;

3° D'établir une estimation provisoire du coût prévisionnel des travaux des différentes solutions étudiées.

Art. R. 2431-22 Les études d'avant-projet définitif ont pour objet :

1° D'arrêter en plans, coupes et façades, les dimensions de l'ouvrage ainsi que son aspect ;

2° De définir les matériaux ;

3° De permettre au maître d'ouvrage d'arrêter définitivement le programme et certains choix d'équipements en fonction des coûts d'investissement, d'exploitation et de maintenance ;

4° D'établir l'estimation définitive du coût prévisionnel des travaux, décomposée par corps d'état ;

5° De permettre la fixation du forfait de rémunération dans les conditions prévues par le marché public de maîtrise d'œuvre.

Art. R. 2431-23 Les dispositions des articles R. 2431-12 à R. 2431-18 sont applicables aux opérations de réhabilitation d'ouvrages de bâtiment.

SECTION 3 Éléments de mission de maîtrise d'œuvre privée portant sur les ouvrages d'infrastructure

Art. R. 2431-24 Les études préliminaires, dans le cas d'une opération de construction neuve, constituent la première étape de la réponse de la maîtrise d'œuvre aux objectifs, besoins, contraintes et exigences du programme.

Ces études permettent au maître d'ouvrage d'arrêter le parti d'ensemble de l'ouvrage et ont pour objet :

1° De préciser les contraintes physiques, économiques et environnementales conditionnant le projet ;

2° De présenter une ou plusieurs solutions techniques, architecturales, d'implantation et d'insertion dans le paysage pour les ouvrages concernés ainsi qu'une comparaison des différents éléments composant ces solutions, assorties de délais de réalisation et d'examiner leur compatibilité avec la partie affectée aux travaux de l'enveloppe financière prévisionnelle retenue par le maître d'ouvrage ;

3° De vérifier la faisabilité de l'opération.

Art. R. 2431-25 Les études de diagnostic, dans le cas d'une opération de réhabilitation, permettent de renseigner le maître d'ouvrage sur l'état de l'ouvrage et sur la faisabilité de l'opération et ont pour objet :

1° D'établir un état des lieux ;

2° De procéder à une analyse technique sur la résistance de la structure et sur les équipements techniques ;

3° De permettre d'établir un programme fonctionnel d'utilisation de l'ouvrage ;

4° De proposer, éventuellement, des méthodes de réparation ou de confortement assorties de délais de réalisation et de mise en œuvre.

Le maître d'œuvre préconise, éventuellement, des études complémentaires d'investigation des existants.

Art. R. 2431-26 Les études d'avant-projet ont pour objet :

1° De confirmer, compte tenu des études et reconnaissances complémentaires, la faisabilité de la solution retenue et d'en déterminer ses principales caractéristiques ;

2° De proposer une implantation topographique des principaux ouvrages ;

3° De proposer, le cas échéant, une décomposition en phases de réalisation et de préciser la durée de cette réalisation ;

4° De permettre au maître d'ouvrage de prendre ou de confirmer la décision de réaliser le projet, d'en arrêter définitivement le programme et d'en déterminer les moyens nécessaires, notamment financiers ;

5° D'établir l'estimation du coût prévisionnel des travaux, en distinguant les dépenses par partie d'ouvrage et nature de travaux et en indiquant l'incertitude qui y est attachée compte tenu des bases d'estimation utilisées ;

6° De permettre la fixation du forfait de rémunération dans les conditions prévues par le marché public de maîtrise d'œuvre ;

7° De permettre l'établissement des dossiers à déposer, le cas échéant, en vue de l'obtention du permis de construire et autres autorisations administratives nécessaires relevant de la compétence de la maîtrise d'œuvre, ainsi que l'assistance au maître d'ouvrage au cours de leur instruction.

Art. R. 2431-27 Les études de projet ont pour objet :

1° De préciser la solution d'ensemble et les choix techniques, architecturaux et paysagers ;

2° De fixer les caractéristiques et dimensions des différents ouvrages de la solution d'ensemble, ainsi que leur implantation topographique ;

3° De préciser les tracés des alimentations et évacuations de tous les fluides ainsi que des réseaux souterrains existants ;

4° De préciser les dispositions générales et les spécifications techniques des équipements répondant aux besoins de l'exploitation ;

5° D'établir un coût prévisionnel des travaux décomposés en éléments techniquement homogènes ;

6° De permettre au maître d'ouvrage d'arrêter le coût prévisionnel de la solution d'ensemble et, le cas échéant, de chaque phase de réalisation, d'évaluer les coûts d'exploitation et de maintenance, de fixer l'échéancier d'exécution et de scinder, le cas échéant, l'opération en lots.

Art. R. 2431-28 L'assistance apportée au maître d'ouvrage pour la passation des marchés publics de travaux a pour objet :

1° De préparer la consultation des opérateurs économiques chargés des travaux, en fonction du mode de passation des marchés publics ;

2° De préparer la sélection des candidatures et de les examiner ;

3° D'analyser les offres et, le cas échéant, les variantes ;

4° De préparer les mises au point permettant la conclusion des marchés publics par le maître d'ouvrage.

Art. R. 2431-29 L'avant-projet ou le projet servent de base à la mise en concurrence des opérateurs économiques chargés des travaux par le maître d'ouvrage.

Lorsque le maître d'ouvrage retient une offre qui comporte une variante, le maître d'œuvre doit compléter les études du projet pour en assurer la cohérence, notamment en établissant la synthèse des plans et spécifications et, le cas échéant, prendre en compte les dispositions découlant d'un permis de construire modifié.

Art. R. 2431-30 Les études d'exécution permettent la réalisation de l'ouvrage. Elles ont pour objet, pour l'ensemble de l'ouvrage ou pour les seuls marchés publics concernés :

1° D'élaborer les schémas fonctionnels, les notes techniques et de calcul qui précèdent et commandent celles des plans d'exécution ;

2° D'établir tous les plans d'exécution, repérages et spécifications à l'usage du chantier ainsi que les plans de synthèse correspondants ;

3° D'établir, sur la base des plans d'exécution, un devis quantitatif détaillé de chacun des marchés publics ;

4° D'établir le calendrier prévisionnel d'exécution des travaux de chacun des marchés publics ;

5° D'effectuer la mise en cohérence technique des documents fournis par les opérateurs économiques chargés des travaux lorsque les documents pour l'exécution des ouvrages sont établis pour partie par la maîtrise d'œuvre, et pour partie par ces opérateurs.

Lorsque les études d'exécution sont, partiellement ou intégralement, réalisées par les opérateurs économiques chargés des travaux, le maître d'œuvre s'assure que les documents qu'ils ont établis respectent les dispositions du projet et, dans ce cas, leur délivre son visa.

Art. R. 2431-31 Les dispositions des articles R. 2431-16 à R. 2431-18 sont applicables aux ouvrages d'infrastructure.

SECTION 4 Éléments de mission de maîtrise d'œuvre privée spécifiques

Art. R. 2431-32 Lorsque les méthodes ou techniques de réalisation ou les produits industriels à mettre en œuvre impliquent l'intervention, dès l'établissement des avant-projets, de l'opérateur économique chargé des travaux ou du fournisseur de produits industriels, le maître d'ouvrage peut décider de les consulter de façon anticipée pour un ou plusieurs marchés publics de technicité particulière.

Cette consultation intervient soit à l'issue des études d'avant-projet sommaire ou d'avant-projet définitif pour les ouvrages neufs de bâtiment et pour les opérations de réhabilitation de bâtiment et d'infrastructure, soit à l'issue des études préliminaires pour les ouvrages neufs d'infrastructure.

L'opérateur économique chargé des travaux ou le fournisseur de produits industriels retenu après consultation établit et remet au maître d'œuvre les documents graphiques et écrits définissant les solutions techniques qu'il propose.

Art. R. 2431-33 Les éléments de mission d'avant-projet et de projet pour les marchés publics concernés sont remplacés ou complétés en tant que de besoin par les éléments de mission spécifiques mentionnés aux articles R. 2431-34 et R. 2431-35.

Art. R. 2431-34 Les études spécifiques d'avant-projet ont pour objet :

1° D'apprécier les conséquences de la solution technique étudiée par l'opérateur économique chargé des travaux ou le fournisseur de produits industriels en s'assurant qu'elle est compatible avec les contraintes du programme et qu'elle est assortie de toutes les justifications et avis techniques nécessaires ;

2° De retenir la solution technique, le cas échéant de la faire adapter, ou d'en proposer le rejet au maître d'ouvrage ;

3° De permettre la fixation de la rémunération définitive du maître d'œuvre en tenant compte des éléments de missions spécifiques qui lui sont confiés ;

4° De permettre au maître d'ouvrage d'arrêter avec l'opérateur économique chargé des travaux ou le fournisseur de produits industriels les conditions d'exécution de son marché public.

Art. R. 2431-35 Les études spécifiques de projet ont pour objet :

1° De définir de façon détaillée les prescriptions architecturales et techniques à partir des études de l'opérateur économique chargé des travaux ou du fournisseur de produits industriels ;

2° De permettre au maître d'ouvrage d'évaluer les coûts d'exploitation et de maintenance ;

3° De préciser la période de réalisation des marchés publics concernés.

SECTION 5 Éléments de mission de maîtrise d'œuvre privée portant sur des ouvrages réalisés à titre de recherche, d'essais ou d'expérimentation

Art. R. 2431-36 Lorsque, dans le cadre d'un programme de recherche bénéficiant d'une aide financière publique, des ouvrages sont réalisés à titre de recherche, d'essais ou d'expérimentation, l'ensemble des dispositions du présent chapitre est applicable à l'exclusion des articles R. 2431-4 à R. 2431-7 relatifs à la mission de base pour les ouvrages de bâtiment.

Le contenu de chacun des éléments de mission décrits au présent chapitre peut comporter des adaptations en fonction de l'objet précis de la recherche, des essais ou de l'expérimentation auquel doit répondre la réalisation de l'ouvrage.

SECTION 6 Dispositions diverses

Art. R. 2431-37 Un arrêté conjoint des ministres chargés de l'équipement et de l'industrie, annexé au présent code, précise les modalités techniques d'exécution des éléments de mission de maîtrise d'œuvre. – *V. Annexe n° 20.*

CHAPITRE II MARCHÉ PUBLIC DE MAÎTRISE D'ŒUVRE PRIVÉE

SECTION 1 Dispositions générales

Art. R. 2432-1 Le maître d'ouvrage décide, au plus tard avant le commencement des études de projet, d'allotir ou non l'opération et précise son incidence sur le marché public de maîtrise d'œuvre.

SECTION 2 Engagements du maître d'œuvre privé

Art. R. 2432-2 Le marché public de maîtrise d'œuvre précise, d'une part, les modalités selon lesquelles est arrêté le coût prévisionnel des travaux assorti d'un seuil de tolérance, sur lesquels s'engage le maître d'œuvre et, d'autre part, les conséquences, pour celui-ci, des engagements souscrits.

Art. R. 2432-3 Lorsque la mission confiée au maître d'œuvre comporte l'assistance au maître d'ouvrage pour la passation des marchés publics de travaux, le marché public de maîtrise d'œuvre prévoit l'engagement de son titulaire de respecter le coût prévisionnel des travaux arrêté au plus tard avant le lancement de la procédure de passation des marchés publics de travaux.

Le respect de cet engagement est contrôlé à l'issue de la consultation des opérateurs économiques chargés des travaux.

En cas de dépassement du seuil de tolérance, le maître d'ouvrage peut demander au maître d'œuvre d'adapter ses études, sans rémunération supplémentaire.

Art. R. 2432-4 Lorsque la mission confiée au maître d'œuvre comporte, outre l'assistance au maître d'ouvrage pour la passation des marchés publics de travaux, la direction de l'exécution des marchés publics de travaux et l'assistance au maître d'ouvrage lors des opérations de réception, le marché public de maîtrise d'œuvre prévoit un engagement de son titulaire de respecter le coût, assorti d'un nouveau seuil de tolérance, qui résulte des marchés publics de travaux passés par le maître d'ouvrage.

Le respect de cet engagement est contrôlé après exécution complète des travaux nécessaires à la réalisation de l'ouvrage en tenant compte du coût total définitif des travaux résultant des décomptes finaux et factures des opérateurs économiques chargés des travaux.

Pour contrôler le respect de l'engagement du maître d'œuvre, le marché public de maîtrise d'œuvre prévoit les modalités de prise en compte des variations des conditions économiques.

En cas de dépassement excédant le seuil de tolérance fixé par le marché public de maîtrise d'œuvre, la rémunération du maître d'œuvre est réduite. Le marché public de maîtrise d'œuvre détermine les modalités de calcul de cette réduction qui ne peut excéder 15 % de la rémunération du maître d'œuvre correspondant aux éléments de missions postérieurs à l'attribution des marchés publics de travaux.

Art. R. 2432-5 Le marché public de maîtrise d'œuvre peut ne pas prévoir les engagements mentionnés aux articles R. 2432-3 et R. 2432-4, s'il est établi que certaines des données techniques nécessaires à la souscription de tels engagements ne pourront être connues au moment où ces engagements devraient être pris.

SECTION 3 Rémunération du maître d'œuvre privé

Art. R. 2432-6 La rémunération forfaitaire du maître d'œuvre décomposée par éléments de mission tient compte des éléments suivants :

1° L'étendue de la mission, appréciée notamment au regard du nombre et du volume des prestations demandées, de l'ampleur des moyens à mettre en œuvre, de l'éventuel allotissement des marchés publics de travaux, des délais impartis et, lorsqu'ils sont souscrits, des engagements pris par le maître d'œuvre de respecter le coût prévisionnel des travaux ;

2° Le degré de complexité de cette mission, apprécié notamment au regard du type et de la technicité de l'ouvrage, de son insertion dans l'environnement, des exigences et contraintes du programme ;

3° Le coût prévisionnel des travaux basé soit sur l'estimation prévisionnelle provisoire des travaux établie par le maître d'œuvre lors des études d'avant-projet sommaire, soit sur l'estimation prévisionnelle définitive des travaux établie lors des études d'avant-projet définitif.

Art. R. 2432-7 Dans le cas où le coût prévisionnel des travaux n'est pas encore connu au moment de la passation du marché public de maîtrise d'œuvre, le montant provisoire de la rémunération de ce dernier est basé sur la partie affectée aux travaux de l'enveloppe financière prévisionnelle fixée par le maître d'ouvrage.

Son montant définitif est fixé conformément aux dispositions de la section 2 du présent chapitre et en application de l'article *(Décr. n° 2019-259 du 29 mars 2019, art. 1er)* « R. 2194-1 ».

1. Rémunération forfaitaire du maître d'œuvre et modification du programme ou des prestations. Il résulte des dispositions de l'art. 9 de la L. du 12 juill. 1985 relative à la maîtrise d'ouvrage publique et à ses rapports avec la maîtrise d'œuvre et de l'art. 30 du Décr. du 29 déc. 1993 relatif aux missions de maîtrise d'œuvre confiées par des maîtres d'ouvrage publics à des prestataires de droit privé, que le titulaire d'un contrat de maîtrise d'œuvre est rémunéré par un prix forfaitaire couvrant l'ensemble de ses charges et missions, ainsi que le bénéfice qu'il en escompte, et que seules une modification de programme ou une modification de prestations décidées par le maître de l'ouvrage peuvent donner lieu à une adaptation et, le cas échéant, à une augmentation de sa rémunération. La prolongation de sa mission n'est de nature à justifier une rémunération supplémentaire du maître d'œuvre que si elle a donné lieu à des modifications de programme ou de prestations décidées par le maître d'ouvrage. En outre, le maître d'œuvre ayant effectué des missions ou prestations non prévues au marché de maîtrise d'œuvre et qui n'ont pas été décidées par le maître d'ouvrage a droit à être rémunéré de ces missions ou prestations, nonobstant le caractère forfaitaire du prix fixé par le marché si, d'une part, elles ont été indispensables à la réalisation de l'ouvrage selon les règles de l'art, ou si, d'autre part, le maître d'œuvre a été confronté dans l'exécution du marché à des sujétions imprévues présentant un caractère exceptionnel et imprévisible, dont la cause est extérieure aux parties et qui ont pour effet de bouleverser l'économie du contrat. • CE 29 sept. 2010, *Sté Babel,* n° 319481 B : *BJCP 2010. 405, concl. Boulouis.* ♦ Dans l'hypothèse où une modification de programme ou de prestations a été décidée par le maître de l'ouvrage, le droit du maître d'œuvre à l'augmentation de sa rémunération est uniquement subordonné à l'existence de prestations supplémentaires de maîtrise d'œuvre utiles à l'exécution des modifications décidées par le maître de l'ouvrage. En revanche, ce droit n'est subordonné ni à l'intervention de l'avenant qui doit normalement être signé en application des dispositions préc. de l'art. 30 du Décr. du 29 déc. 1993, ni même, à défaut d'avenant, à celle d'une décision par laquelle le maître d'ouvrage donnerait son accord sur un nouveau montant de rémunération du maître d'œuvre. • CE 10 févr. 2014, *Sté Arc Ame,* n° 365828 B : *Rev. CMP 2014, n° 139, note Zimmer.* ♦ Il résulte des dispositions de l'art. 9 de la L. du 12 juill. 1985 relative à la maîtrise d'ouvrage publique et à ses rapports avec la maîtrise d'œuvre, du III de l'art. 19 C. marchés, et de l'art. 4 du Décr. du 29 nov. 1993 relatif aux missions de maîtrise d'œuvre confiées par des maîtres d'ouvrage publics à des prestataires de droit privé que la rémunération forfaitaire du maître d'œuvre est notamment déterminée par le coût prévisionnel des travaux. Dans l'hypothèse où ce coût ne peut être établi à la date de la conclusion du contrat de maîtrise d'œuvre, la rémunération forfaitaire du maître d'œuvre est fixée, à titre provisoire, compte tenu de l'estimation prévisionnelle provisoire des travaux ou de la partie affectée aux travaux de l'enveloppe financière prévisionnelle fixée par le maître de l'ouvrage. Les parties au contrat doivent, par la suite, fixer le montant du forfait définitif de rémunération du maître d'œuvre en fonction du coût prévisionnel des travaux arrêté, avant le lancement de la consultation des entreprises pour la passation des marchés de travaux, à partir des études d'avant-projet définitif, lorsque la mission confiée au maître d'œuvre comporte l'assistance au maître de l'ouvrage pour la passation du ou des contrats de travaux. • CE 10 févr. 2014, *Cté d'agglomération Tour(s) Plus,* n° 367821 B : *Rev. CMP 2014, n° 138, note*

Zimmer ; RJEP nov. 2014, n° 46, note Moreau. – V. aussi • CAA Marseille, 17 oct. 2016, *Cne de Gémenos*, n° 15MA01987.

2. Un maître d'œuvre dont la rémunération est forfaitaire ne peut prétendre au paiement de dépenses supplémentaires, sauf s'il a dû engager des frais imputables à des fautes du maître de l'ouvrage dans la conception de l'ouvrage et/ou la définition de la mission de maîtrise d'œuvre. • CE 24 nov. 2010, *Cne de Lyon*, n° 325195 B : *BJCP 2011. 12, concl. Boulouis.*

3. Marché de maîtrise d'œuvre. Fixation de la rémunération définitive du maître d'œuvre par avenant. Les dispositions de la L. du 12 juill. 1985 et du Décr. du 29 nov. 1993, qui, dans le cadre posé par l'art. 19 C. marchés, autorisent le maître d'œuvre à modifier le programme des travaux ou des prestations pendant les études d'avant-projet, doivent se combiner avec celles de l'art. 20 de ce code, qui interdisent au maître de l'ouvrage de conclure un avenant qui aurait pour effet de bouleverser l'économie du marché ou d'en changer l'objet ; il ne résulte, en effet, d'aucune disposition du C. marchés, ni de la L. du 12 juill. 1985 et de son décret d'application, que les avenants aux marchés de maîtrise d'œuvre conclus à prix provisoires seraient soustraits à la règle générale fixée par l'art. 20 de ce code dans son chapitre X relatif à l'ensemble des avenants, et ce nonobstant le caractère réglementaire de ces dispositions. • CAA Paris, 25 févr. 2013, *Ville de Paris*, n° 12PA00638 : *AJDA 2013. 1102, concl. Dewailly.*

4. Marché de maîtrise d'œuvre à rémunération forfaitaire. Naissance des droits au paiement. Les droits au paiement d'un marché de maîtrise d'œuvre à rémunération forfaitaire sont acquis lors de l'établissement du projet de décompte par l'architecte et non lors de celui du décompte général du marché par le maître d'ouvrage. La prescription quadriennale commence donc à courir à compter du 1er janvier de l'année suivant celle au cours de laquelle le projet de décompte a été établi. • CE 11 févr. 2005 *Desnoes*, n° 249211 B.

5. V. notes ss. art. L. 2191-1.

LIVRE V AUTRES MARCHÉS PUBLICS

TITRE I CHAMP D'APPLICATION

Le présent titre ne comprend pas de dispositions réglementaires.

TITRE II RÈGLES APPLICABLES

CHAPITRE I RÈGLES GÉNÉRALES APPLICABLES AUX AUTRES MARCHÉS PUBLICS À L'EXCEPTION DE CEUX PORTANT SUR LE SERVICE PUBLIC DE TRANSPORT DE VOYAGEURS PAR CHEMIN DE FER (*Décr. n° 2019-1083 du 24 oct. 2019, art. 4*).

Art. R. 2521-1 Sans préjudice de dispositions réglementaires spéciales, en application de l'article L. 2500-1, les marchés publics mentionnés aux articles L. 2511-1 à L. 2515-1 sont soumis au présent titre.

Art. R. 2521-2 Les marchés publics mentionnés aux articles L. 2511-1 à L. 2515-1 sont soumis aux règles relatives aux délais de paiement prévues à la section 2 du chapitre II du titre IX du livre I et à l'article R. 2112-5.

Art. R. 2521-3 Pour le règlement amiable des différends des parties à un marché public mentionné aux articles L. 2511-1 à L. 2515-1, les dispositions du chapitre VII du titre IX du livre I sont applicables, à l'exception des dispositions relatives aux comités consultatifs de règlement amiable des différends.

Art. R. 2521-4 Lorsqu'un marché public mentionné aux articles L. 2511-1 à L. 2515-1 est conclu par un acheteur et a pour objet la réalisation d'un ouvrage qui relève respectivement des articles L. 2411-1, L. 2412-1 et L. 2412-2, il est soumis au livre IV de la présente partie.

Art. D. 2521-5 (*Décr. n° 2019-748 du 18 juill. 2019, art. 1er*) Les dispositions des articles D. 2192-1 et D. 2192-2 sont applicables aux factures émises en exécution des marchés publics mentionnés par les dispositions législatives des chapitres I à IV du titre I.

Les dispositions introduites par l'art. 1er du Décr. n° 2019-748 du 18 juill. 2019 s'appliquent, sous réserve des dispositions du V de l'art. 193 de la L. n° 2019-486 du 22 mai 2019 (V. ss. art.

D. 2192-1), aux contrats en cours au lendemain de la publication dudit Décr. (JO 21 juill.), ainsi qu'aux contrats conclus postérieurement à cette date (Décr. préc., art. 7).

Art. R. 2521-6 *(Décr. nº 2019-748 du 18 juill. 2019, art. 1er)* **Les dispositions de l'article R. 2192-3 sont applicables aux factures émises en exécution des marchés publics mentionnés par les dispositions législatives des chapitres I à IV du titre I.**

Sur l'application des dispositions issues du Décr. nº 2019-748 du 18 juill. 2019, V. note ss. art. D. 2521-5, supra.

CHAPITRE II RÈGLES PROPRES AUX MARCHÉS PUBLICS PORTANT SUR LE SERVICE PUBLIC DE TRANSPORT DE VOYAGEURS PAR CHEMIN DE FER

(Décr. nº 2019-1083 du 24 oct. 2019, art. 4)

Art. R. 2522-1 **Les marchés publics mentionnés au 4º de l'article L. 2512-5, en tant qu'ils portent sur le service public de transport de voyageurs par chemin de fer, sont régis, pour leur passation et leur exécution, par le décret nº 2019-1083 du 24 octobre 2019 relatif aux modalités de passation et d'exécution des contrats de service public de transport ferroviaire de voyageurs.**

Les dispositions du présent art. s'appliquent aux contrats de service public ferroviaire de transport de voyageurs pour lesquels le lancement de la procédure de mise en concurrence ou l'attribution directe intervient à compter de la publication du Décr. nº 2019-1083 du 24 oct. 2019, soit le 26 oct. 2019 (Décr. préc., art. 5, JO 26 oct.).

LIVRE VI DISPOSITIONS RELATIVES À L'OUTRE-MER

TITRE I DISPOSITIONS PARTICULIÈRES À LA GUADELOUPE, LA GUYANE, LA MARTINIQUE, LA RÉUNION ET MAYOTTE

CHAPITRE I DISPOSITIONS PARTICULIÈRES AU LIVRE I

Art. R. 2611-1 **Pour l'application des articles R. 2172-15 et R. 2172-18 en Guadeloupe, en Guyane, en Martinique, à Mayotte et à La Réunion, les mots : "directeur régional des affaires culturelles" sont remplacés par les mots : "directeur des affaires culturelles" et à Mayotte les mots : "préfet de région" par les mots : "représentant de l'État".**

Art. D. 2611-2 **La Guyane, la Martinique et Mayotte peuvent relever d'une circonscription d'un comité interrégional ou interdépartemental prévu à l'article R. 2197-3.**

CHAPITRE II DISPOSITIONS PARTICULIÈRES AU LIVRE II

Le présent chapitre ne comprend pas de dispositions réglementaires.

CHAPITRE III DISPOSITIONS PARTICULIÈRES AU LIVRE III

Le présent chapitre ne comprend pas de dispositions réglementaires.

CHAPITRE IV DISPOSITIONS PARTICULIÈRES AU LIVRE IV

Art. R. 2614-1 **L'État peut confier à la Guyane et à Mayotte, sur leur demande, une partie des attributions de la maîtrise d'ouvrage, lorsque ces collectivités passent des marchés ayant pour objet la réalisation d'opérations d'aménagement du réseau national, mentionnées à l'article L. 2614-1, financées selon les modalités prévues par les dispositions du 2º du A de l'article L. 4434-1 du code général des collectivités territoriales.**

Art. R. 2614-2 **L'assemblée de Guyane ou le conseil départemental de Mayotte arrête la programmation financière des opérations mentionnées à l'article R. 2614-1, sur proposition du préfet. L'État peut confier à la collectivité après déclaration d'utilité**

publique, lorsque cette procédure est nécessaire, tout ou partie des attributions suivantes de la maîtrise d'ouvrage :

1° Conduite des acquisitions foncières au nom et pour le compte de l'État ;

2° Préparation, passation et gestions des contrats ;

3° Réception de l'ouvrage, après accord préalable du préfet ;

4° Action en justice au nom et pour le compte de l'État, après accord de ce dernier.

Art. R. 2614-3 Les projets de marchés et de contrats et leurs éventuels avenants doivent, préalablement à leur signature, faire l'objet d'un accord écrit du préfet. A défaut de réponse dans un délai de quinze jours suivant la proposition motivée de la collectivité territoriale de Guyane ou du Département de Mayotte, l'accord est réputé acquis.

Art. R. 2614-4 La collectivité territoriale de Guyane ou le Département de Mayotte assure le paiement de l'ensemble des dépenses afférentes aux opérations d'aménagement du réseau routier national réalisées en application du présent chapitre.

Art. R. 2614-5 Les services de l'État concernés demeurent maîtres d'œuvre des opérations définies à l'article R. 2614-4.

Art. R. 2614-6 Pour chaque opération, un accord conclu entre le préfet et le président de l'assemblée de Guyane ou du conseil départemental de Mayotte définit le contenu des attributions de maîtrise d'ouvrage confiées à la collectivité et l'organisation de la maîtrise d'œuvre. Ces opérations font l'objet d'un contrôle technique et financier de l'État en tant que maître d'ouvrage. L'exercice des attributions confiées à la collectivité prend fin par le quitus délivré par les services compétents de l'État, après réception des travaux.

CHAPITRE V DISPOSITIONS PARTICULIÈRES AU LIVRE V

Le présent chapitre ne comprend pas de dispositions réglementaires.

TITRE II DISPOSITIONS PARTICULIÈRES À SAINT-BARTHÉLEMY

CHAPITRE I DISPOSITIONS PARTICULIÈRES AU LIVRE I

Art. R. 2621-1 Pour l'application des dispositions réglementaires du livre I à Saint-Barthélemy :

1° A l'article R. 2111-9 :

a) Le 2° est supprimé ;

b) Au 5° les mots : "les autres référentiels techniques élaborés par les organismes européens de normalisation, ou, en leur absence," sont supprimés ;

(Décr. n° 2021-1634 du 13 déc. 2021, art. 3) « 2° A l'article R. 2122-1, les références aux articles L. 184-1, L. 511-11, L. 511-15, L. 511-16 et L. 511-19 à L. 511-21 du code de la construction et de l'habitation sont remplacées par les références aux dispositions applicables localement ayant le même objet *[ancienne rédaction : 2° A l'article R. 2122-1, les références aux articles L. 123-3, L. 129-2, L. 129-3, L. 511-2 et L. 511-3 du code de la construction et de l'habitation sont remplacées par les références aux dispositions applicables localement ayant le même objet]* ; »

3° A l'article R. 2122-2, le dernier alinéa est supprimé ;

4° Au 5° de l'article R. 2124-3, le mot : "européenne" est supprimé ;

5° L'article R. 2131-1 est ainsi rédigé :

Art. R. 2131-1 L'acheteur peut faire connaître son intention de passer un marché par la publication, pour le pouvoir adjudicateur, d'un avis de préinformation ou, pour l'entité adjudicatrice, d'un avis périodique indicatif.

6° L'article R. 2131-2 est ainsi rédigé :

Art. R. 2131-2 Les avis mentionnés à l'article R. 2131-1 sont publiés soit au *Journal officiel* de la collectivité de Saint-Barthélemy, soit sur le profil d'acheteur du pouvoir adjudicateur.

7° A l'article R. 2131-5, les mots : ", dans les conditions prévues aux articles R. 2131-19 et R. 2131-20" sont supprimés ;

8° A l'article R. 2131-8, les mots : "de l'Union européenne dans les conditions prévues aux articles R. 2131-19 et R. 2131-20." sont remplacés par les mots : "de la collectivité de Saint-Barthélemy." ;

9° Les articles R. 2131-12 et R. 2131-13 sont remplacés par les dispositions suivantes :

Art. R. 2131-12 Pour les marchés passés selon une procédure adaptée, l'acheteur choisit librement les modalités de publicité adaptées en fonction des caractéristiques du marché, notamment le montant et la nature des travaux, des fournitures ou des services en cause.

10° A l'article R. 2131-15 :

a) Les mots : ", conforme au modèle fixé par le règlement de la Commission européenne établissant les formulaires standard pour la publication d'avis dans le cadre de la passation de marchés publics" sont supprimés ;

b) Les mots : "de l'Union européenne dans les conditions prévues aux articles R. 2131-19 et R. 2131-20" sont remplacés par les mots : "de la collectivité de Saint-Barthélemy" ;

11° L'article R. 2131-16 est ainsi rédigé :

Art. R. 2131-16 Pour les marchés passés selon une des procédures formalisées énumérées aux articles R. 2124-2 à R. 2124-6, l'acheteur publie un avis de marché soit dans le *Bulletin officiel des annonces des marchés publics*, soit dans le *Journal officiel* de la collectivité de Saint-Barthélemy, soit dans un journal habilité à recevoir des annonces légales.

12° L'article R. 2131-17 est supprimé ;
13° L'article R. 2131-19 est supprimé ;
14° L'article R. 2131-20 est supprimé ;
15° L'article R. 2132-2 est remplacé par les dispositions suivantes :

Art. R. 2132-2 Les documents de la consultation sous format papier sont gratuitement mis à disposition des opérateurs économiques. Ils peuvent être mis en ligne sur un profil d'acheteur à compter de la publication de l'avis d'appel à la concurrence selon des modalités figurant en annexe du présent code. L'adresse du profil d'acheteur sur lequel les documents de la consultation sont accessibles est indiquée dans l'avis ou, le cas échéant, l'invitation.

16° L'article R. 2132-4 est ainsi rédigé :

Art. R. 2132-4 Lorsque l'appel à la concurrence est effectué au moyen d'un avis de préinformation ou d'un avis périodique indicatif, l'accès aux documents de la consultation est offert à compter de l'envoi de l'invitation à confirmer l'intérêt.

Lorsque l'appel à la concurrence est effectué au moyen d'un avis sur l'existence d'un système de qualification, cet accès est offert dès que possible et au plus tard à la date d'envoi de l'invitation à soumissionner.

17° L'article R. 2132-5 est supprimé ;

18° Le premier alinéa de l'article R. 2132-7 est remplacé par les dispositions suivantes :

"Dans toutes les procédures de passation des marchés, les communications et les échanges d'informations peuvent être effectués soit sous forme papier soit par voie électronique." ;

19° Les articles R. 2132-11 et R. 2132-12 sont supprimés ;

20° L'article R. 2132-13 est remplacé par les dispositions suivantes :

Art. R. 2132-13 Pour chaque étape de la procédure, les candidats et soumissionnaires appliquent le même mode de transmission à l'ensemble des documents qu'ils transmettent à l'acheteur.

21° L'article R. 2143-4 est supprimé ;

22° Le premier alinéa de l'article R. 2143-7 est ainsi rédigé :

"Le candidat établi dans la collectivité produit les certificats délivrés par les administrations et organismes compétents localement. Les impôts, taxes, contributions ou contributions sociales figurant dans l'arrêté annexé au présent code sont remplacés, en

tant que de besoin, par les impôts, taxes, contributions ou cotisations sociales ayant le même objet applicables localement." ;

23° L'article R. 2143-15 est supprimé ;

24° A l'article R. 2151-13, les mots : "au sens de la recommandation 2003/361/CE de la Commission du 6 mai 2003 concernant la définition des micro, petites et moyennes entreprises" sont remplacés par les mots : "qui occupent moins de deux cent cinquante personnes et dont le chiffre d'affaires annuel n'excède pas 50 millions d'euros ou dont le total du bilan annuel n'excède pas 43 millions d'euros" ;

25° A l'article R. 2151-14, les mots : "au règlement (CE) n° 75/2008 du Parlement européen et du Conseil du 9 juillet 2008 fixant les prescriptions relatives à l'accréditation et à la surveillance du marché pour la commercialisation des produits et abrogeant le règlement (CEE) n° 339/93 du Conseil" sont remplacés par les mots : "aux règles nationales en vigueur" ;

26° A l'article R. 2152-4, les mots : "par le droit de l'Union européenne" sont supprimés ;

27° L'article R. 2152-5 est supprimé ;

28° A l'article R. 2162-23, la référence au préfet est remplacée par la référence au représentant de l'État ;

29° L'article R. 2162-28 est ainsi rédigé :

Art. R. 2162-28 Pour mettre en place un système de qualification, l'entité adjudicatrice publie un avis sur l'existence d'un tel système au *Journal officiel* de la collectivité de Saint-Barthélemy. Cet avis mentionne son objet, sa durée et les modalités d'accès aux règles qui le gouvernent.

30° L'article R. 2162-29 est ainsi rédigé :

Art. R. 2162-29 L'entité adjudicatrice notifie au *Journal officiel* de la collectivité de Saint-Barthélemy tout changement de la durée du système en utilisant :

1° Un avis sur l'existence d'un système de qualification lorsque sa durée de validité est modifiée sans qu'il y soit mis un terme ;

2° Un avis d'attribution lorsqu'il est mis fin au système.

31° L'article R. 2162-36 est supprimé ;

32° L'article R. 2162-40 est ainsi rédigé :

Art. R. 2162-40 Lorsque la valeur estimée du besoin est égale ou supérieure aux seuils de procédure formalisée, l'acheteur notifie au *Journal officiel* de la collectivité de Saint-Barthélemy tout changement de la durée de validité du système d'acquisition dynamique en utilisant :

1° Le formulaire utilisé pour l'appel à la concurrence pour le système d'acquisition dynamique lorsque la durée de validité est modifiée sans qu'il soit mis un terme au système ;

2° Un avis d'attribution lorsqu'il est mis fin au système.

(Décr. n° 2018-1225 du 24 déc. 2018, art. 12) **« 32° *bis* A l'article R. 2172-2, les références aux articles L. 411-2 et L. 481-1 du code de la construction et de l'habitation sont remplacées par les références aux dispositions applicables localement ayant le même objet ; »**

33° Aux articles R. 2172-15 et R. 2172-18, les mots : "directeur régional des affaires culturelles" sont remplacés par les mots : "directeur des affaires culturelles de Guadeloupe" et les mots "préfet de région" par les mots "représentant de l'État" ;

(Abrogé par Décr. n° 2021-1491 du 17 nov. 2021, art. 8) ***« 34° A l'article R. 2172-35, la référence aux catégories M et N définies à l'article R. 311-1 du code de la route est remplacée par la référence aux dispositions applicables localement ayant le même objet ; »***

35° L'article R. 2183-1 est ainsi rédigé :

Art. R. 2183-1 Pour les marchés répondant à un besoin d'un montant égal ou supérieur aux seuils européens publiés au *Journal officiel* de la République française, l'acheteur envoie pour publication, dans un délai maximal de trente jours à compter de la signature du marché, un avis d'attribution dans le support qui a été utilisé à titre principal pour la publicité préalable.

36° L'article R. 2183-2 est supprimé ;

37° L'article R. 2184-6 est supprimé ;

38° L'article R. 2184-11 est supprimé ;

(Décr. nº 2019-748 du 18 juill. 2019, art. 3) « 38° *bis* Le deuxième alinéa de l'article R. 2192-3 n'est applicable que si les titulaires de marchés ou leurs sous-traitants admis au paiement direct choisissent de transmettre leurs factures sous forme électronique ; »

39° Le dernier alinéa de l'article R. 2194-10 est ainsi rédigé :

"Cet avis est publié dans le support qui a été utilisé à titre principal pour la publicité préalable." ;

(Décr. nº 2019-259 du 29 mars 2019, art. 2) « 40° » Saint-Barthélemy peut relever d'une circonscription d'un comité interrégional ou interdépartemental prévu à l'article R. 2197-3.

Sur l'application des dispositions issues du Décr. nº 2018-1225 du 24 déc. 2018, V. notes ss. art. R. 2112-13, supra.

Sur l'application des dispositions issues du Décr. nº 2019-748 du 18 juill. 2019, V. note ss. art. R. 2192-15, supra.

Art. D. 2621-2 *(Décr. nº 2019-748 du 18 juill. 2019, art. 3)* Pour l'application de l'article D. 2192-1 à Saint-Barthélemy, la référence à la norme fixée par la décision (UE) 2017/1870 de la Commission européenne du 16 octobre 2017 concernant la publication de la référence de la norme européenne sur la facturation électronique et de la liste des syntaxes en vertu de la directive 2014/55/UE du Parlement européen et du Conseil est remplacée par la référence à la norme de facturation électronique applicable en métropole.

Sur l'application des dispositions issues du Décr. nº 2019-748 du 18 juill. 2019, V. note ss. art. R. 2192-15, supra.

Art. R. 2621-3 *(Décr. nº 2021-1491 du 17 nov. 2021, art. 9)* I. — Lorsqu'un acheteur passe un marché pour l'achat d'un véhicule à moteur relevant des catégories équivalentes à Saint-Barthélemy aux catégories M et N définies à l'article R. 311-1 du code de la route et que la valeur estimée du besoin est égale ou supérieure aux seuils de procédure formalisée, il tient compte des incidences énergétiques et environnementales de ce véhicule sur toute sa durée de vie.

Sont exemptés de cette obligation les achats :

1° De véhicules conçus et construits pour être utilisés principalement sur les chantiers de construction, dans les carrières ou les installations portuaires ou aéroportuaires ;

2° De véhicules conçus et construits pour être utilisés par les forces armées, la protection civile, les services de lutte contre l'incendie et les services responsables du maintien de l'ordre ;

3° De machines mobiles.

II. — Lorsque l'achat du véhicule à moteur est réalisé pour l'exécution d'un service public de transport de personnes dont l'acheteur s'est vu confier la gestion et l'exploitation, l'obligation mentionnée au premier alinéa du I du présent article s'applique, indépendamment de la valeur estimée du marché, dès lors que les produits de la gestion et l'exploitation, sur toute leur durée, sont d'un montant égal ou supérieur au seuil de procédure formalisée applicable pour la passation des marchés de fournitures de cet acheteur.

III. — Il peut être satisfait à l'obligation mentionnée au I du présent article par :

1° La fixation de spécifications techniques conformes aux articles R. 2111-7 à R. 2111-11 relatives aux performances énergétiques et environnementales du véhicule ;

2° L'inclusion des incidences énergétiques et environnementales du véhicule, sur toute sa durée de vie, dans les critères d'attribution prévus à l'article R. 2152-7. Les incidences à prendre en compte sont définies selon les modalités fixées au IV du présent article. Si l'acheteur choisit de traduire ces incidences en valeur monétaire, leur quantification doit se conformer à la méthodologie établie en application du IV du présent article.

IV. – Un arrêté conjoint des ministres chargés de l'écologie et de l'économie, qui figure en annexe du présent code, détermine les incidences énergétiques et environnementales liées à l'utilisation du véhicule à moteur qu'il convient de prendre en compte ainsi que la méthodologie à appliquer s'il est envisagé de traduire ces incidences en valeur monétaire.

CHAPITRE II **DISPOSITIONS PARTICULIÈRES AU LIVRE II**

Le présent chapitre ne comprend pas de dispositions réglementaires.

CHAPITRE III **DISPOSITIONS PARTICULIÈRES AU LIVRE III**

Art. R. 2623-1 Pour l'application des dispositions réglementaires du livre III à Saint-Barthélemy :

1° A l'article R. 2311-5 :

a) Le 2° est supprimé ;

b) Au 6°, les mots : "les autres référentiels techniques élaborés par les organismes européens de normalisation, ou, en leur absence," sont supprimés ;

2° A l'article R. 2322-2, le second alinéa est supprimé ;

3° Les articles R. 2331-1 et R. 2331-2 sont remplacés par les dispositions suivantes :

Art. R. 2331-1 Les acheteurs peuvent faire connaître leur intention de passer un marché par le biais de la publication d'un avis de pré-information.

Art. R. 2331-2 Cet avis est publié soit dans le *Bulletin officiel des annonces de marchés publics* soit sur le profil acheteur du pouvoir adjudicateur.

Le profil d'acheteur est la plateforme de dématérialisation permettant notamment aux acheteurs de mettre les documents de la consultation à disposition des opérateurs économiques par voie électronique et de réceptionner par voie électronique les documents transmis par les candidats et les soumissionnaires. Un arrêté du ministre chargé de l'économie détermine les fonctionnalités et les exigences minimales qui s'imposent aux profils d'acheteur.

4° L'article R. 2331-8 est ainsi rédigé :

Art. R. 2331-8 Les dispositions de l'article R. 2131-16 s'appliquent.

5° Les articles R. 2331-10 et R. 2331-11 sont supprimés ;

6° A l'article R. 2351-12, les mots : "au sens de la recommandation de la Commission du 6 mai 2003 concernant la définition des micro, petites et moyennes entreprises" sont remplacés par les mots : "qui occupent moins de 250 personnes et dont le chiffre d'affaires annuel n'excède pas 50 millions d'euros ou dont le total du bilan annuel n'excède pas 43 millions d'euros" ;

7° L'article R. 2352-3 est ainsi rédigé :

Art. R. 2352-3 Les dispositions de l'article R. 2152-4 s'appliquent.

8° A l'article R. 2371-6, la référence au préfet est remplacée par la référence au représentant de l'État ;

(Décr. n° 2021-1111 du 23 août 2021, art. 30) « 9° Le second alinéa de l'article R. 2383-1 est ainsi rédigé :

« "Cet avis est publié dans le *Bulletin officiel* des annonces de marchés publics." » ;

10° L'article R. 2383-2 est ainsi rédigé :

Art. R. 2383-2 Les dispositions de l'article R. 2183-3 s'appliquent.

11° L'article R. 2384-4 est ainsi rédigé :

Art. R. 2384-4 Les dispositions de l'article R. 2184-5 s'appliquent.

(Décr. n° 2019-748 du 18 juill. 2019, art. 3) « 11° *bis* La première phrase du deuxième alinéa de l'article R. 2392-3 n'est applicable que si les titulaires de marchés ou leurs sous-traitants admis au paiement direct choisissent de transmettre leurs factures sous forme électronique ; »

12° A l'article R. 2393-18, les mots : "au *Journal officiel de l'Union européenne* dans les conditions des articles R. 2131-19 et R. 2331-11" sont remplacés par les mots : "au *Journal officiel* de la collectivité de Saint-Barthélemy" ;

13° L'article R. 2393-19 est supprimé.

Sur l'application des dispositions issues du Décr. n° 2019-748 du 18 juill. 2019, V. note ss. art. R. 2192-15, supra.

Art. D. 2623-2 *(Décr. n° 2019-748 du 18 juill. 2019, art. 3)* Pour l'application de l'article D. 2392-1 à Saint-Barthélemy, la référence à la norme fixée par la décision (UE) 2017/1870 de la Commission européenne du 16 octobre 2017 concernant la publication de la référence de la norme européenne sur la facturation électronique et de la liste des syntaxes en vertu de la directive 2014/55/UE du Parlement européen et du Conseil est remplacée par la norme de facturation électronique applicable en métropole.

Sur l'application des dispositions issues du Décr. n° 2019-748 du 18 juill. 2019, V. note ss. art. R. 2192-15, supra.

Art. R. 2623-3 *(Décr. n° 2021-1491 du 17 nov. 2021, art. 10)* I. – Les dispositions du I et du IV de l'article R. 2621-3 s'appliquent.

II. – Il peut être satisfait à l'obligation mentionnée au I de l'article R. 2621-3 par :

1° La fixation de spécifications techniques conformes aux dispositions des sections II et III du chapitre I du titre I relatives aux performances énergétiques et environnementales du véhicule ;

2° L'inclusion des incidences énergétiques et environnementales du véhicule, sur toute sa durée de vie, dans les critères d'attribution prévus aux articles R. 2352-5 et R. 2352-6. Les incidences à prendre en compte sont définies selon les modalités fixées au IV de l'article R. 2621-3. Si l'acheteur choisit de traduire ces incidences en valeur monétaire, leur quantification doit se conformer à la méthodologie établie en application de cet article.

CHAPITRE IV DISPOSITIONS PARTICULIÈRES AU LIVRE IV

Le présent chapitre ne comprend pas de dispositions réglementaires.

CHAPITRE V DISPOSITIONS PARTICULIÈRES AU LIVRE V

Le présent chapitre ne comprend pas de dispositions réglementaires.

TITRE III DISPOSITIONS APPLICABLES À SAINT-MARTIN

CHAPITRE I DISPOSITIONS PARTICULIÈRES AU LIVRE I

Art. R. 2631-1 Pour l'application des dispositions réglementaires du livre I à Saint-Martin :

(Décr. n° 2021-1634 du 13 déc. 2021, art. 3) « 1° A l'article R. 2122-1, les références aux articles L. 184-1, L. 511-11, L. 511-15, L. 511-16 et L. 511-19 à L. 511-21 du code de la construction et de l'habitation sont remplacées par les références aux dispositions applicables localement ayant le même objet *[ancienne rédaction : 1° A l'article R. 2122-1, les références aux articles L. 123-3, L. 129-2, L. 129-3, L. 511-2 et L. 511-3 du code de la construction et de l'habitation sont remplacées par les références aux dispositions applicables localement ayant le même objet]* ; »

2° Le premier alinéa de l'article R. 2143-7 est ainsi rédigé :

"Le candidat établi dans la collectivité produit les certificats délivrés par les administrations et organismes compétents localement. Les impôts, taxes, contributions ou contributions sociales figurant dans l'arrêté annexé au présent code sont remplacés, en tant que de besoin, par les impôts, taxes, contributions ou cotisations sociales ayant le même objet applicables localement." ;

3° A l'article R. 2162-23, la référence au préfet est remplacée par la référence au représentant de l'État ;

(Décr. n° 2018-1225 du 24 déc. 2018, art. 12) « 3° *bis* A l'article R. 2172-2, les références aux articles L. 411-2 et L. 481-1 du code de la construction et de l'habitation sont remplacées par les références aux dispositions applicables localement ayant le même objet ; »

4° Aux articles R. 2172-15 et R. 2172-18, les mots : "directeur régional des affaires culturelles" sont remplacés par les mots : "directeur des affaires culturelles de Guadeloupe" et les mots "préfet de région" par les mots "représentant de l'État" ;

(Abrogé par Décr. n° 2021-1491 du 17 nov. 2021, art. 11) ***« 5° A l'article R. 2172-35, la référence aux catégories M et N définies à l'article R. 311-1 du code de la route est remplacée par la référence aux dispositions applicables localement ayant le même objet ; »***

6° Le dernier alinéa de l'article R. 2194-10 est ainsi rédigé :

"Cet avis est publié dans le support qui a été utilisé à titre principal pour la publicité préalable." ;

7° Saint-Martin peut relever d'une circonscription d'un comité interrégional ou interdépartemental prévu à l'article R. 2197-3.

Sur l'application des dispositions issues du Décr. n° 2018-1225 du 24 déc. 2018, V. notes ss. art. R. 2112-13, supra.

CHAPITRE II DISPOSITIONS PARTICULIÈRES AU LIVRE II

Le présent chapitre ne comprend pas de dispositions réglementaires.

CHAPITRE III DISPOSITIONS PARTICULIÈRES AU LIVRE III

Art. R. 2633-1 Pour l'application de l'article R. 2371-6 à Saint-Martin, la référence au préfet est remplacée par la référence au représentant de l'État.

CHAPITRE IV DISPOSITIONS PARTICULIÈRES AU LIVRE IV

Le présent chapitre ne comprend pas de dispositions réglementaires.

CHAPITRE V DISPOSITIONS PARTICULIÈRES AU LIVRE V

Le présent chapitre ne comprend pas de dispositions réglementaires.

TITRE IV DISPOSITIONS PARTICULIÈRES À SAINT-PIERRE-ET-MIQUELON

CHAPITRE I DISPOSITIONS PARTICULIÈRES AU LIVRE I

Art. R. 2641-1 Pour l'application des dispositions réglementaires du livre I à Saint-Pierre-et-Miquelon :

1° A l'article R. 2111-9 :

a) Le 2° est supprimé ;

b) Au 5°, les mots : "les autres référentiels techniques élaborés par les organismes européens de normalisation, ou, en leur absence," sont supprimés ;

(Décr. n° 2021-1634 du 13 déc. 2021, art. 3) **« 2° A l'article R. 2122-1, les références aux articles L. 184-1, L. 511-11, L. 511-15, L. 511-16 et L. 511-19 à L. 511-21 du code de la construction et de l'habitation sont remplacées par les références aux dispositions applicables localement ayant le même objet** *[ancienne rédaction : 2° A l'article R. 2122-1, les références aux articles L. 123-3, L. 129-2, L. 129-3, L. 511-2 et L. 511-3 du code de la construction et de l'habitation sont remplacées par les références aux dispositions applicables localement ayant le même objet]* **; »**

3° A l'article R. 2122-2, le dernier alinéa est supprimé ;

4° Au 5° de l'article R. 2124-3, le mot : "européenne" est supprimé ;

5° L'article R. 2131-1 est ainsi rédigé :

Art. R. 2131-1 L'acheteur peut faire connaître son intention de passer un marché par la publication, pour le pouvoir adjudicateur, d'un avis de préinformation ou, pour l'entité adjudicatrice, d'un avis périodique indicatif.

6° L'article R. 2131-2 est ainsi rédigé :

Art. R. 2131-2 Les avis mentionnés à l'article R. 2131-1 sont publiés soit au *Journal officiel* de Saint-Pierre-et-Miquelon, soit sur le profil d'acheteur du pouvoir adjudicateur.

7° A l'article R. 2131-5, les mots : ", dans les conditions prévues aux articles R. 2131-19 et R. 2131-20" sont supprimés ;

8° A l'article R. 2131-8, les mots : "de l'Union européenne dans les conditions prévues aux articles R. 2131-19 et R. 2131-20." sont remplacés par les mots : "de Saint-Pierre-et-Miquelon." ;

9° Les articles R. 2131-12 et R. 2131-13 sont remplacés par les dispositions suivantes :

Art. R. 2131-12 Pour les marchés passés selon une procédure adaptée, l'acheteur choisit librement les modalités de publicité adaptées en fonction des caractéristiques du marché, notamment le montant et la nature des travaux, des fournitures ou des services en cause.

10° A l'article R. 2131-15 :

a) Les mots : ", conforme au modèle fixé par le règlement de la Commission européenne établissant les formulaires standard pour la publication d'avis dans le cadre de la passation de marchés publics" sont supprimés ;

b) Les mots : "de l'Union européenne dans les conditions prévues aux articles R. 2131-19 et R. 2131-20" sont remplacés par les mots : "de Saint-Pierre-et-Miquelon." ;

11° L'article R. 2131-16 est ainsi rédigé :

Art. R. 2131-16 Pour les marchés passés selon une des procédures formalisées énumérées aux articles R. 2124-2 à R. 2124-6, l'acheteur publie un avis de marché soit dans le *Bulletin officiel des annonces des marchés publics*, soit dans le *Journal officiel* de Saint-Pierre-et-Miquelon, soit dans un journal habilité à recevoir des annonces légales.

12° L'article R. 2131-17 est supprimé ;

13° L'article R. 2131-19 est supprimé ;

14° L'article R. 2131-20 est supprimé ;

15° L'article R. 2132-2 est ainsi rédigé :

Art. R. 2132-2 Les documents de la consultation sous format papier sont gratuitement mis à disposition des opérateurs économiques. Ils peuvent être mis en ligne sur un profil d'acheteur à compter de la publication de l'avis d'appel à la concurrence selon des modalités figurant en annexe du présent code. L'adresse du profil d'acheteur sur lequel les documents de la consultation sont accessibles est indiquée dans l'avis ou, le cas échéant, l'invitation.

16° L'article R. 2132-4 est ainsi rédigé :

Art. R. 2132-4 Lorsque l'appel à la concurrence est effectué au moyen d'un avis de préinformation ou d'un avis périodique indicatif, l'accès aux documents de la consultation est offert à compter de l'envoi de l'invitation à confirmer l'intérêt.

Lorsque l'appel à la concurrence est effectué au moyen d'un avis sur l'existence d'un système de qualification, cet accès est offert dès que possible et au plus tard à la date d'envoi de l'invitation à soumissionner.

17° L'article R. 2132-5 est supprimé ;

18° Le premier alinéa de l'article R. 2132-7 est remplacé par les dispositions suivantes :

"Dans toutes les procédures de passation des marchés, les communications et les échanges d'informations peuvent être effectués soit sous forme papier soit par voie électronique." ;

19° Les articles R. 2132-11 et R. 2132-12 sont supprimés ;

20° L'article R. 2132-13 est remplacé par les dispositions suivantes :

Art. R. 2132-13 Pour chaque étape de la procédure, les candidats et soumissionnaires appliquent le même mode de transmission à l'ensemble des documents qu'ils transmettent à l'acheteur.

21° L'article R. 2143-4 est supprimé ;

22° Le premier alinéa de l'article R. 2143-7 est ainsi rédigé :

"Le candidat établi dans la collectivité produit les certificats délivrés par les administrations et organismes compétents localement. Les impôts, taxes, contributions ou contributions sociales figurant dans l'arrêté annexé au présent code sont remplacés, en tant que de besoin, par les impôts, taxes, contributions ou cotisations sociales ayant le même objet applicables localement." ;

23° L'article R. 2143-15 est supprimé ;

24° A l'article R. 2151-13, les mots : "au sens de la recommandation 2003/361/CE de la Commission du 6 mai 2003 concernant la définition des micro, petites et moyennes entreprises" sont remplacés par les mots : "qui occupent moins de deux cent cinquante personnes et dont le chiffre d'affaires annuel n'excède pas 50 millions d'euros ou dont le total du bilan annuel n'excède pas 43 millions d'euros" ;

25° A l'article R. 2151-14, les mots : "au règlement (CE) n° 765/2008 du Parlement européen et du Conseil du 9 juillet 2008 fixant les prescriptions relatives à l'accréditation et à la surveillance du marché pour la commercialisation des produits et abrogeant le règlement (CEE) n° 339/93 du Conseil" sont remplacés par les mots : "aux règles nationales en vigueur" ;

26° A l'article R. 2152-4, les mots : "par le droit de l'Union européenne" sont supprimés ;

27° L'article R. 2152-5 est supprimé ;

28° A l'article R. 2162-23, la référence au préfet est remplacée par la référence au représentant de l'État ;

29° L'article R. 2162-28 est ainsi rédigé :

Art. R. 2162-28 Pour mettre en place un système de qualification, l'entité adjudicatrice publie un avis sur l'existence d'un tel système au *Journal officiel* de Saint-Pierre-et-Miquelon. Cet avis mentionne son objet, sa durée et les modalités d'accès aux règles qui le gouvernent.

30° L'article R. 2162-29 est ainsi rédigé :

Art. R. 2162-29 L'entité adjudicatrice notifie au *Journal officiel* de Saint-Pierre-et-Miquelon tout changement de la durée du système en utilisant :

1° Un avis sur l'existence d'un système de qualification lorsque sa durée de validité est modifiée sans qu'il y soit mis un terme ;

2° Un avis d'attribution lorsqu'il est mis fin au système.

31° L'article R. 2162-36 est supprimé ;

32° L'article R. 2162-40 est ainsi rédigé :

Art. R. 2162-40 Lorsque la valeur estimée du besoin est égale ou supérieure aux seuils de procédure formalisée, l'acheteur notifie au *Journal officiel* de Saint-Pierre-et-Miquelon tout changement de la durée de validité du système d'acquisition dynamique en utilisant :

1° Le formulaire utilisé pour l'appel à la concurrence pour le système d'acquisition dynamique lorsque la durée de validité est modifiée sans qu'il soit mis un terme au système ;

2° Un avis d'attribution lorsqu'il est mis fin au système.

(Décr. n° 2018-1225 du 24 déc. 2018, art. 12) « 32° *bis* A l'article R. 2172-2, les références aux articles L. 411-2 et L. 481-1 du code de la construction et de l'habitation sont remplacées par les références aux dispositions applicables localement ayant le même objet ; »

33° Aux articles R. 2172-15 et R. 2172-18, les mots : "directeur régional des affaires culturelles" sont remplacés par les mots : "directeur de la cohésion sociale, du travail, de l'emploi et de la population" et les mots "préfet de région" par les mots : "représentant de l'État" ;

34° L'article R. 2183-1 est ainsi rédigé :

Art. R. 2183-1 Pour les marchés répondant à un besoin d'un montant égal ou supérieur aux seuils européens publiés au *Journal officiel* de la République française, l'acheteur envoie pour publication, dans un délai maximal de trente jours à compter de la signature du marché, un avis d'attribution dans le support qui a été utilisé à titre principal pour la publicité préalable.

35° L'article R. 2183-2 est supprimé ;
36° L'article R. 2184-6 est supprimé ;
37° L'article R. 2184-11 est supprimé ;
(Décr. n° 2019-748 du 18 juill. 2019, art. 3) « 37° *bis* Le deuxième alinéa de l'article R. 2192-3 n'est applicable que si les titulaires de marchés ou leurs sous-traitants admis au paiement direct choisissent de transmettre leurs factures sous forme électronique ; »
38° Le dernier alinéa de l'article R. 2194-10 est ainsi rédigé :
"Cet avis est publié dans le support qui a été utilisé à titre principal pour la publicité préalable."
39° Saint-Pierre-et-Miquelon peut relever d'une circonscription d'un comité interrégional ou interdépartemental prévu à l'article R. 2197-3.

Sur l'application des dispositions issues du Décr. n° 2018-1225 du 24 déc. 2018, V. notes ss. art. R. 2112-13, supra.

Sur l'application des dispositions issues du Décr. n° 2019-748 du 18 juill. 2019, V. note ss. art. R. 2192-15, supra.

Art. D. 2641-2 *(Décr. n° 2019-748 du 18 juill. 2019, art. 3)* Pour l'application de l'article D. 2192-1 à Saint-Pierre-et-Miquelon, la référence à la norme fixée par la décision (UE) 2017/1870 de la Commission européenne du 16 octobre 2017 concernant la publication de la référence de la norme européenne sur la facturation électronique et de la liste des syntaxes en vertu de la directive 2014/55/UE du Parlement européen et du Conseil est remplacée par la norme de facturation électronique applicable en métropole.

Sur l'application des dispositions issues du Décr. n° 2019-748 du 18 juill. 2019, V. note ss. art. R. 2192-15, supra.

CHAPITRE II DISPOSITIONS PARTICULIÈRES AU LIVRE II

Le présent chapitre ne comprend pas de dispositions réglementaires.

CHAPITRE III DISPOSITIONS PARTICULIÈRES AU LIVRE III

Art. R. 2643-1 Pour l'application des dispositions réglementaires du livre III à Saint-Pierre-et-Miquelon :
1° A l'article R. 2311-5 :
a) Le 2° est supprimé ;
b) Au 5° les mots : "les autres référentiels techniques élaborés par les organismes européens de normalisation, ou, en leur absence," sont supprimés ;
2° A l'article R. 2322-2, le second alinéa est supprimé ;
3° Les articles R. 2331-1 et R. 2331-2 sont remplacés par les dispositions suivantes :

Art. R. 2331-1 Les acheteurs peuvent faire connaître leur intention de passer un marché par le biais de la publication d'un avis de pré-information.

Art. R. 2331-2 Cet avis est publié soit dans le *Bulletin officiel des annonces de marchés publics* soit sur le profil acheteur du pouvoir adjudicateur.
Le profil d'acheteur est la plateforme de dématérialisation permettant notamment aux acheteurs de mettre les documents de la consultation à disposition des opérateurs économiques par voie électronique et de réceptionner par voie électronique les documents transmis par les candidats et les soumissionnaires. Un arrêté du ministre chargé de l'économie détermine les fonctionnalités et les exigences minimales qui s'imposent aux profils d'acheteur.

4° L'article R. 2331-8 est ainsi rédigé :

Art. R. 2331-8 Les dispositions de l'article R. 2131-16 s'appliquent.

5° Les articles R. 2331-10 et R. 2331-11 sont supprimés ;
6° A l'article R. 2351-12, les mots : "au sens de la recommandation de la Commission du 6 mai 2003 concernant la définition des micro, petites et moyennes entreprises" sont remplacés par les mots : "qui occupent moins de deux cent cinquante personnes et dont le chiffre d'affaires annuel n'excède pas 50 millions d'euros ou dont le total du bilan annuel n'excède pas 43 millions d'euros" ;

7° L'article R. 2352-3 est ainsi rédigé :

Art. R. 2352-3 Les dispositions de l'article R. 2152-4 s'appliquent.

8° A l'article R. 2371-6, la référence au préfet est remplacée par la référence au représentant de l'État ;
(Décr. n° 2021-1111 du 23 août 2021, art. 30) « 9° Le second alinéa de l'article R. 2383-1 est ainsi rédigé :
« "Cet avis est publié dans le *Bulletin officiel* des annonces de marchés publics." » ;
10° L'article R. 2383-2 est ainsi rédigé :

Art. R. 2383-2 Les dispositions de l'article R. 2183-3 s'appliquent.

11° L'article R. 2384-4 est ainsi rédigé :

Art. R. 2384-4 Les dispositions de l'article R. 2184-5 s'appliquent.

(Décr. n° 2019-748 du 18 juill. 2019, art. 3) « 11° *bis* La première phrase du deuxième alinéa de l'article R. 2392-3 n'est applicable que si les titulaires de marchés ou leurs sous-traitants admis au paiement direct choisissent de transmettre leurs factures sous forme électronique ; »
12° A l'article R. 2393-18, les mots : "au *Journal officiel de l'Union européenne* dans les conditions des articles R. 2131-19 et R. 2331-11" sont remplacés par les mots : "au *Journal officiel* de la collectivité de Saint-Pierre-et-Miquelon" ;
13° L'article R. 2393-19 est supprimé.

Sur l'application des dispositions issues du Décr. n° 2019-748 du 18 juill. 2019, V. note ss. art. R. 2192-15, supra.

Art. D. 2643-2 *(Décr. n° 2019-748 du 18 juill. 2019, art. 3)* Pour l'application de l'article D. 2392-1 à Saint-Pierre-et-Miquelon, la référence à la norme fixée par la décision (UE) 2017/1870 de la Commission européenne du 16 octobre 2017 concernant la publication de la référence de la norme européenne sur la facturation électronique et de la liste des syntaxes en vertu de la directive 2014/55/UE du Parlement européen et du Conseil est remplacée par la norme de facturation électronique applicable en métropole.

Sur l'application des dispositions issues du Décr. n° 2019-748 du 18 juill. 2019, V. note ss. art. R. 2192-15, supra.

CHAPITRE IV DISPOSITIONS PARTICULIÈRES AU LIVRE IV

Le présent chapitre ne comprend pas de dispositions réglementaires.

CHAPITRE V DISPOSITIONS PARTICULIÈRES AU LIVRE V

Le présent chapitre ne comprend pas de dispositions réglementaires.

TITRE V DISPOSITIONS APPLICABLES DANS LES ÎLES WALLIS-ET-FUTUNA

CHAPITRE UNIQUE

SECTION 1 Dispositions générales

Art. R. 2651-1 Sous la réserve des adaptations prévues par le présent titre, les dispositions suivantes sont applicables dans les îles Wallis-et-Futuna aux marchés publics conclus par l'État ou ses établissements publics, sous réserve des compétences dévolues à cette collectivité, dans leur rédaction *(Décr. n° 2019-748 du 18 juill. 2019, art. 5)* « résultant du décret n° 2018-1075 du 3 décembre 2018 », sauf mention contraire dans le tableau ci-après. — *Tableau mod. par Décr. n° 2018-1225 du 24 déc. 2018, art. 12-11°, en vigueur dans les conditions décrites ss. art. R. 2112-13 ; Décr. n° 2019-259 du 29 mars 2019, art. 2 ; Décr. n° 2019-748 du 18 juill. 2019 art. 3 et 5, en vigueur dans les conditions décrites ss. art. R. 2651-3 ; Décr. n° 2019-1344 du 12 déc. 2019, art. 3 et 4, en vigueur le 1er janv. 2020 ; Décr. n° 2020-1261 du 15 oct. 2020, art. 2 ; Décr. n° 2021-357 du 30 mars 2021, art. 6 ; Décr.*

n° 2021-631 du 21 mai 2021, art. 3 ; Décr. n° 2021-1111 du 23 août 2021, art. 30 ; Décr. n° 2021-1634 du 13 déc. 2021, art. 3 ; Décr. n° 2022-767 du 2 mai 2022, art. 10.

DISPOSITIONS APPLICABLES	DANS LEUR RÉDACTION
Au livre Ier	
R. 2100-1	
Au titre Ier	
R. 2111-1 à R. 2111-2	
R. 2111-4 à R. 2112-12	
R. 2112-13	Résultant du décret n° 2018-1225 du 24 décembre 2018
R. 2112-14 à R. 2113-8	
Au titre II	
R. 2121-1 à R. 2121-7	
R. 2121-8	Résultant du décret n° 2021-1111 du 23 août 2021
R. 2121-9	
R. 2122-1	Résultant du décret n° 2021-1634 du 13 décembre 2021
R. 2122-2	Résultant du décret n° 2021-357 du 30 mars 2021
R. 2122-3 à R. 2122-7	
R. 2122-8	Résultant du décret n° 2019-1344 du 12 décembre 2019
R. 2122-9-1	Résultant du décret n° 2021-1634 du 13 décembre 2021
R. 2122-10 et R. 2122-11	
R. 2123-1	Résultant du décret n° 2021-357 du 30 mars 2021
R. 2123-2	Résultant du décret n° 2021-357 du 30 mars 2021
R. 2123-4 à R. 2123-7	
R. 2124-1	Résultant du décret n° 2019-259 du 29 mars 2019
R. 2124-2	
R. 2124-3	Résultant du décret n° 2019-748 du 18 juillet 2019
R. 2124-4 à R. 2124-6	

DISPOSITIONS APPLICABLES	DANS LEUR RÉDACTION
Au titre III	
R. 2131-1 à R. 2131-11	
R. 2131-12	*[A compter du 1er janv. 2022]* résultant du décret n° 2018-1225 du 24 décembre 2018
R. 2131-13 à R. 2131-16	
R. 2131-18	
R. 2132-1	
R. 2132-2	Résultant du décret n° 2019-1344 du 12 décembre 2019
R. 2132-3 et R. 2132-4	
R. 2132-6 à R. 2132-10	
R. 2132-13 et R. 2132-14	
Au titre IV	
R. 2142-1 à R. 2143-3	
R. 2143-5 à R. 2143-8	
R. 2143-9	Résultant du décret n° 2021-631 du 21 mai 2021
R. 2143-10 à R. 2143-14	
R. 2143-16 à R. 2144-9	
Au titre V	
R. 2151-1 à R. 2152-4	
R. 2152-6 à R. 2153-5	
Au titre VI	
R. 2161-1 à R. 2162-3	
R. 2162-4	Résultant du décret n° 2021-1111 du 23 août 2021
R. 2162-5 à R. 2162-23	
R. 2162-25 à R. 2162-35	
R. 2162-37 à R. 2162-66	
Au titre VII	
R. 2171-1 à R. 2171-3	
R. 2171-15	Résultant du décret n° 2019-748 du 18 juillet 2019
R. 2171-16	Résultant du décret n° 2021-357 du 30 mars 2021

DISPOSITIONS APPLICABLES	DANS LEUR RÉDACTION
R. 2171-17 à R. 2172-22	
R. 2171-23	Résultant du décret n° 2021-357 du 30 mars 2021
R. 2172-1 et R. 2172-2	
R. 2172-4 et R. 2172-5	Résultant du décret n° 2019-259 du 29 mars 2019
R. 2172-6	
R. 2172-20 à R. 2172-38	
Au titre VIII	
R. 2181-1 et R. 2182-2	
R. 2181-3	Résultant du décret n° 2019-259 du 29 mars 2019
R. 2181-4 à R. 2182-4	
R. 2183-1	
R. 2183-3 à R. 2184-2	
R. 2184-3	Résultant du décret n° 2019-748 du 18 juillet 2019
R. 2184-4 et R. 2184-5	
R. 2184-7 à R. 2184-10	
R. 2184-12 à R. 2185-2	
Au titre IX	
R. 2191-1	Résultant du décret n° 2019-259 du 29 mars 2019
R. 2191-2 à R. 2191-6	
R. 2191-7	Résultant du décret n° 2020-1261 du 15 octobre 2020
R. 2191-8	Résultant du décret n° 2020-1261 du 15 octobre 2020
R. 2191-9 et R. 2191-10	
R. 2191-11 et R. 2191-12	Résultant du décret n° 2020-1261 du 15 octobre 2020
R. 2191-13	
R. 2191-14	Résultant du décret n° 2020-1261 du 15 octobre 2020
R. 2191-15 à R. 2191-18	
R. 2191-19	Résultant du décret n° 2020-1261 du 15 octobre 2020

DISPOSITIONS APPLICABLES	DANS LEUR RÉDACTION
R. 2191-20	Résultant du décret n° 2019-259 du 29 mars 2019
R. 2191-21 à R. 2191-32	
R. 2191-33	Résultant du décret n° 2018-1225 du 24 décembre 2018
R. 2191-34 à R. 2191-63	
R. 2192-3	Résultant du décret n° 2019-748 du 18 juillet 2019
R. 2192-10 à R. 2192-14	
R. 2192-15	Résultant du décret n° 2019-748 du 18 juillet 2019
R. 2192-16	Résultant du décret n° 2021-357 du 30 mars 2021
R. 2192-17 à R. 2192-23	
R. 2192-24	Résultant du décret n° 2019-259 du 29 mars 2019
R. 2192-25 à R. 2192-31	
R. 2192-32	Résultant du décret n° 2019-748 du 18 juillet 2019
R. 2192-33 et R. 2192-34	
R. 2192-36 et R. 2192-37	
R. 2193-1	Résultant du décret n° 2019-259 du 29 mars 2019
R. 2193-2 à R. 2193-15	
R. 2193-16	Résultant du décret n° 2019-748 du 18 juillet 2019
R. 2193-17 à R. 2194-10	
R. 2196-1	Résultant du décret n° 2022-767 du 2 mai 2022
R. 2196-2	Résultant du décret n° 2022-767 du 2 mai 2022
R. 2196-3	
R. 2196-4	Résultant du décret n° 2022-767 du 2 mai 2022
R. 2196-8	Résultant du décret n° 2019-259 du 29 mars 2019
R. 2196-9 à R. 2197-12	
R. 2197-16	

DISPOSITIONS APPLICABLES	DANS LEUR RÉDACTION
R. 2197-23 à R. 2197-25	
Au livre II	
R. 2200-1	
Au titre Ier	
R. 2211-1 à R. 2213-4	
R. 2213-5	Résultant du décret n° 2021-357 du 30 mars 2021
Au titre II	
R. 2221-1 à R. 2223-3	
Au titre III	
R. 2232-1 à R. 2236-1	
Au livre III	
R. 2300-1	
Au titre Ier	
R. 2311-1 à R. 2312-9	
R. 2312-10 et R. 2312-10-1	Résultant du décret n° 2021-1111 du 23 août 2021
R. 2312-11 à R. 2313-3	
Au titre II	
R. 2321-1 à R. 2321-4	
R. 2321-5	Résultant du décret n° 2021-1111 du 23 août 2021
R. 2321-6	
R. 2321-7	Résultant du décret n° 2021-1111 du 23 août 2021
R. 2322-1 à R. 2322-13	
R. 2322-14 à R. 2323-1	Résultant du décret n° 2021-1111 du 23 août 2021
R. 2323-2 à R. 2323-4	
R. 2324-1	Résultant du décret n° 2019-259 du 29 mars 2019
R. 2324-2 à R. 2324-4	
Au titre III	
R. 2331-1 à R. 2331-4	
R. 2331-5	Résultant du décret n° 2021-1111 du 23 août 2021

DISPOSITIONS APPLICABLES	DANS LEUR RÉDACTION
R. 2331-7	
R. 2331-8	Résultant du décret n° 2021-1111 du 23 août 2021
R. 2331-9	
R. 2332-1 à R. 2332-18	
Au titre IV	
R. 2342-1 à R. 2342-12	
R. 2342-13	Résultant du décret n° 2021-1111 du 23 août 2021
R. 2343-14 et R. 2342-15	
R. 2343-1	Résultant du décret n° 2019-748 du 18 juillet 2019
R. 2343-2	
R. 2343-3	Résultant du décret n° 2019-259 du 29 mars 2019
R. 2343-4 à R. 2343-7	
R. 2343-8 et R. 2344-9	Résultant du décret n° 2021-1111 du 23 août 2021
R. 2343-10 à R. 2343-12	
R. 2343-13	Résultant du décret n° 2021-1111 du 23 août 2021
R. 2343-14 à R. 2344-16	
R. 2343-17	Résultant du décret n° 2021-1111 du 23 août 2021
R. 2343-18 à R. 2344-1	
R. 2344-2	Résultant du décret n° 2021-1111 du 23 août 2021
R. 2344-3	
R. 2344-4	Résultant du décret n° 2021-1111 du 23 août 2021
R. 2344-5 à R. 2344-10	
Au titre V	
R. 2351-1 à R. 2351-13	
R. 2351-14	Résultant du décret n° 2021-1111 du 23 août 2021
R. 2351-15 à R. 2352-9	

DISPOSITIONS APPLICABLES	DANS LEUR RÉDACTION
Au titre VI	
R. 2361-1 à R. 2362-12	
R. 2362-13	Résultant du décret n° 2022-767 du 2 mai 2022
R. 2362-14 à R. 2362-18	
Au titre VII	
R. 2371-1 à R. 2371-2	
R. 2371-4 à R. 2372-9	
R. 2372-17 à R. 2373-1	
Au titre VIII	
R. 2381-1 à R. 2382-4	
R. 2383-1	Résultant du décret n° 2021-1111 du 23 août 2021
R. 2383-2	
R. 2383-3	Résultant du décret n° 2019-259 du 29 mars 2019
R. 2384-1 à R. 2384-2	
R. 2384-3	Résultant du décret n° 2019-259 du 29 mars 2019
R. 2384-4 à R. 2385-1	
Au titre IX	
R. 2391-1 à R. 2391-3	
R. 2391-4	Résultant du décret n° 2018-1225 du 24 décembre 2018
R. 2391-5	Résultant du décret n° 2020-1261 du 15 octobre 2020
R. 2391-6 à R. 2391-19	
R. 2391-20 à R. 2391-20-2	Résultant du décret n° 2021-1111 du 23 août 2021
R. 2391-21 à R. 2391-26	
R. 2391-27	Résultant du décret n° 2021-1111 du 23 août 2021
R. 2391-28	
R. 2392-3	Résultant du décret n° 2019-748 du 18 juillet 2019
R. 2392-10	Résultant du décret n° 2019-748 du 18 juillet 2019

DISPOSITIONS APPLICABLES	DANS LEUR RÉDACTION
R. 2392-12	
R. 2392-12-1	Résultant du décret nº 2019-748 du 18 juillet 2019
R. 2392-13 à R. 2393-2	
R. 2393-3	Résultant du décret nº 2021-1111 du 23 août 2021
R. 2393-4 à R. 2393-7	
R. 2393-8	Résultant du décret nº 2021-1111 du 23 août 2021
R. 2393-9 à R. 2393-12	
R. 2393-13	Résultant du décret nº 2021-1111 du 23 août 2021
R. 2393-14	Résultant du décret nº 2019-259 du 29 mars 2019
R. 2391-15 à R. 2393-17	
R. 2393-18	Résultant du décret nº 2019-259 du 29 mars 2019
R. 2393-19 et R. 2393-20	
R. 2393-21	Résultant du décret nº 2019-259 du 29 mars 2019
R. 2393-22 à R. 2393-24	
R. 2393-25	Résultant du décret nº 2019-259 du 29 mars 2019
R. 2393-26 à R. 2393-33	
R. 2393-34 et R. 2393-34-1	Résultant du décret nº 2019-748 du 18 juillet 2019
R. 2393-34-2	Résultant du décret nº 2021-1111 du 23 août 2021
R. 2393-35 à R. 2393-41	
R. 2393-42	Résultant du décret nº 2019-259 du 29 mars 2019
R. 2393-43	
R. 2393-44 à R. 2396-1	Résultant du décret nº 2021-1111 du 23 août 2021
R. 2396-3	Résultant du décret nº 2019-259 du 29 mars 2019
R. 2396-4 et R. 2396-5	
R. 2396-6	Résultant du décret nº 2021-1111 du 23 août 2021

7° A l'article R. 2131-5, les mots : ", dans les conditions prévues aux articles R. 2131-19 et R. 2131-20" sont supprimés ;

8° A l'article R. 2131-8, les mots : "de l'Union européenne dans les conditions prévues aux articles R. 2131-19 et R. 2131-20." sont remplacés par les mots : "du territoire des îles Wallis-et-Futuna." ;

9° Les articles R. 2131-12 et R. 2131-13 sont remplacés par les dispositions suivantes :

Art. R. 2131-12 Pour les marchés passés selon une procédure adaptée, l'acheteur choisit librement les modalités de publicité adaptées en fonction des caractéristiques du marché, notamment le montant et la nature des travaux, des fournitures ou des services en cause.

10° A l'article R. 2131-15 :

a) Les mots : ", conforme au modèle fixé par le règlement de la Commission européenne établissant les formulaires standard pour la publication d'avis dans le cadre de la passation de marchés publics" sont supprimés ;

b) Les mots : "de l'Union européenne dans les conditions prévues aux articles R. 2131-19 et R. 2131-20" sont remplacés par les mots : "du territoire des îles Wallis-et-Futuna." ;

11° L'article R. 2131-16 est ainsi rédigé :

Art. R. 2131-16 Pour les marchés passés selon une des procédures formalisées énumérées aux articles R. 2124-2 à R. 2124-6, l'acheteur publie un avis de marché soit dans le *Bulletin officiel des annonces des marchés publics*, soit dans le *Journal officiel* du Territoire des îles Wallis-et-Futuna, soit dans un journal habilité à recevoir des annonces légales.

12° L'article R. 2132-2 est remplacé par les dispositions suivantes :

Art. R. 2132-2 Les documents de la consultation sous format papier sont gratuitement mis à disposition des opérateurs économiques. Ils peuvent être mis en ligne sur un profil d'acheteur à compter de la publication de l'avis d'appel à la concurrence selon des modalités figurant en annexe du présent code. L'adresse du profil d'acheteur sur lequel les documents de la consultation sont accessibles est indiquée dans l'avis ou, le cas échéant, l'invitation.

13° L'article R. 2132-4 est ainsi rédigé :

Art. R. 2132-4 Lorsque l'appel à la concurrence est effectué au moyen d'un avis de préinformation ou d'un avis périodique indicatif, l'accès aux documents de la consultation est offert à compter de l'envoi de l'invitation à confirmer l'intérêt.

Lorsque l'appel à la concurrence est effectué au moyen d'un avis sur l'existence d'un système de qualification, cet accès est offert dès que possible et au plus tard à la date d'envoi de l'invitation à soumissionner.

14° Le premier alinéa de l'article R. 2132-7 est remplacé par les dispositions suivantes :

"Dans toutes les procédures de passation des marchés, les communications et les échanges d'informations peuvent être effectués soit sous forme papier soit par voie électronique." ;

15° L'article R. 2132-13 est remplacé par les dispositions suivantes :

Art. R. 2132-13 Pour chaque étape de la procédure, les candidats et soumissionnaires appliquent le même mode de transmission à l'ensemble des documents qu'ils transmettent à l'acheteur.

16° A l'article R. 2143-3, les références aux articles L. 5212-1 à L. 5212-11 du code du travail sont remplacées par les références aux dispositions applicables localement ayant le même objet ;

17° Le premier alinéa de l'article R. 2143-7 est ainsi rédigé :

"Le candidat établi dans la collectivité produit les certificats délivrés par les administrations et organismes compétents localement. Les impôts, taxes, contributions ou contributions sociales figurant dans l'arrêté annexé au présent code sont remplacés, en

tant que de besoin, par les impôts, taxes, contributions ou cotisations sociales ayant le même objet applicables localement." ;

18° A l'article R. 2143-8, les références aux articles du code du travail sont remplacées par les références applicables aux dispositions localement ayant le même objet ;

(Décr. n° 2021-631 du 21 mai 2021, art. 3 et 22, en vigueur le 1er nov. 2021) **« 19° Le premier alinéa de l'article R. 2143-9 est remplacé par les dispositions suivantes :**

« "L'acheteur accepte comme preuve suffisante attestant que le candidat ne se trouve pas dans un cas d'exclusion mentionné à l'article L. 2141-3, la production d'un extrait du registre pertinent ou, à défaut, d'un document équivalent délivré par l'autorité judiciaire ou administrative compétente du pays d'origine ou d'établissement du candidat, attestant de l'absence de cas d'exclusion." *[ancienne rédaction : 19° A l'article R. 2143-9, les mots : "tel qu'un extrait K, un extrait K bis, un extrait D1" sont supprimés]* **; »**

(Décr. n° 2019-259 du 29 mars 2019, art. 2) **« 20° A l'article R. 2151-13, les mots : "au sens de la recommandation 2003/361/CE concernant la définition des micro, petites et moyennes entreprises" et les mots : "au sens du I de l'article 19 de la loi n° 96-603 du 5 juillet 1996 modifiée relative au développement et à la promotion du commerce et de l'artisanat" sont remplacés par les mots : "au sens de la réglementation localement applicable" » ;**

21° A l'article R. 2151-14, les mots : "au règlement (CE) n° 765/2008 du Parlement européen et du Conseil du 9 juillet 2008 fixant les prescriptions relatives à l'accréditation et à la surveillance du marché pour la commercialisation des produits et abrogeant le règlement (CEE) n° 339/93 du Conseil" sont remplacés par les mots : "aux règles nationales en vigueur" ;

22° A l'article R. 2152-4, les mots : "par le droit de l'Union européenne" sont supprimés ;

23° A l'article R. 2162-23, la référence au préfet est remplacée par la référence à l'administrateur supérieur ;

24° L'article R. 2162-28 est ainsi rédigé :

Art. R. 2162-28 Pour mettre en place un système de qualification, l'entité adjudicatrice publie un avis sur l'existence d'un tel système au *Journal officiel* du territoire des îles Wallis-et-Futuna. Cet avis mentionne son objet, sa durée et les modalités d'accès aux règles qui le gouvernent.

25° L'article R. 2162-29 est ainsi rédigé :

Art. R. 2162-29 L'entité adjudicatrice notifie au *Journal officiel* du territoire des îles Wallis-et-Futuna tout changement de la durée du système en utilisant :

1° Un avis sur l'existence d'un système de qualification lorsque sa durée de validité est modifiée sans qu'il y soit mis un terme ;

2° Un avis d'attribution lorsqu'il est mis fin au système.

26° L'article R. 2162-40 est ainsi rédigé :

Art. R. 2162-40 Lorsque la valeur estimée du besoin est égale ou supérieure aux seuils de procédure formalisée, l'acheteur notifie au *Journal officiel* du territoire des îles Wallis-et-Futuna tout changement de la durée de validité du système d'acquisition dynamique en utilisant :

1° Le formulaire utilisé pour l'appel à la concurrence pour le système d'acquisition dynamique lorsque la durée de validité est modifiée sans qu'il soit mis un terme au système ;

2° Un avis d'attribution lorsqu'il est mis fin au système.

27° A l'article R. 2172-35, la référence aux catégories M et N définies à l'article R. 311-1 du code de la route est remplacée par la référence aux dispositions applicables localement ayant le même objet ;

28° L'article R. 2183-1 est ainsi rédigé :

Art. R. 2183-1 Pour les marchés répondant à un besoin d'un montant égal ou supérieur aux seuils européens publiés au *Journal officiel* de la République française, l'acheteur envoie pour publication, dans un délai maximal de trente jours à compter de la signature du marché, un avis d'attribution dans le support qui a été utilisé à titre principal pour la publicité préalable.

(Décr. n° 2019-1344 du 12 déc. 2019, art. 3 et 4, en vigueur le 1er janv. 2020) « **29°** Les deux derniers alinéas de l'article **R. 2191-7** sont supprimés » ;

30° A l'article *(Décr. n° 2019-748 du 18 juill. 2019, art. 5)* « **R. 2191-63** », la référence à l'article L. 3253-22 du code du travail est remplacée par la référence à la réglementation localement applicable ayant le même objet ;

(Décr. n° 2019-748 du 18 juill. 2019, art. 3) « **30° *bis*** Le deuxième alinéa de l'article **R. 2192-3** n'est applicable que si les titulaires de marchés ou leurs sous-traitants admis au paiement direct choisissent de transmettre leurs factures sous forme électronique ; »

31° A l'article *(Décr. n° 2019-748 du 18 juill. 2019, art. 5)* « **R. 2192-11** », le dernier alinéa est supprimé ;

(Décr. n° 2019-748 du 18 juill. 2019, art. 3 et 7) « **31° *bis*** A l'article **R. 2192-15**, les mots : "à L. 2192-3" sont remplacés par les mots : "et L. 2192-2" ; »

32° A l'article *(Décr. n° 2019-748 du 18 juill. 2019, art. 5)* « **R. 2192-16** », les mots : "les collectivités territoriales et leurs établissements publics" sont supprimés ;

33° A l'article *(Décr. n° 2019-748 du 18 juill. 2019, art. 5 et 7)* « **R. 2192-19** », les mots : "les collectivités territoriales *(Décr. n° 2019-748 du 18 juill. 2019, art. 5)* « ou » leurs établissements publics" sont supprimés ;

34° A l'article *(Décr. n° 2019-748 du 18 juill. 2019, art. 5)* « **R. 2192-23** », les mots : "les collectivités territoriales et leurs établissements publics" sont supprimés ;

35° Le dernier alinéa de l'article **R. 2194-10** est ainsi rédigé :

"Cet avis est publié dans le support qui a été utilisé à titre principal pour la publicité préalable." ;

36° Les îles Wallis-et-Futuna peuvent relever d'une circonscription d'un comité interrégional ou interdépartemental prévu à l'article **R. 2197-3** ;

37° Le 1° de l'article **R. 2197-4** est supprimé.

Les dispositions introduites par l'art. 3 du Décr. n° 2019-748 du 18 juill. 2019 s'appliquent, sous réserve des dispositions du V de l'art. 193 de la L. n° 2019-486 du 22 mai 2019 (V. ss. art. D. 2192-1), aux contrats en cours au lendemain de la publication dudit Décr. (JO 21 juill.), ainsi qu'aux contrats conclus postérieurement à cette date (Décr. préc., art. 7).

Les dispositions introduites par l'art. 5 du Décr. préc. s'appliquent aux marchés public ou aux contrats de concessions pour lesquels une consultation est engagée ou un avis d'appel à la concurrence est envoyé à la publication à compter de la date d'entrée en vigueur du présent Décr. (Décr. préc., art. 7 ; JO 21 juill.).

Art. D. 2651-3-1 *(Décr. n° 2019-748 du 18 juill. 2019, art. 3)* Pour l'application de l'article D. 2192-2 dans les îles Wallis-et-Futuna :

a) Les mots : "à L. 2192-3" sont remplacés par les mots : "et L. 2192-2" ;

b) En tant que de besoin, la référence au numéro d'identité déterminé en application de l'article R. 123-221 du code de commerce est remplacée par la référence au numéro du répertoire des entreprises applicable localement.

Sur l'application des dispositions issues du Décr. n° 2019-748 du 18 juill. 2019, V. note ss. art. R. 2192-15, supra.

Art. R. 2651-4 Pour l'application des dispositions réglementaires du livre III aux îles Wallis-et-Futuna :

1° A l'article **R. 2311-5** :

a) Le 2° est supprimé ;

b) Au 6° les mots : "les autres référentiels techniques élaborés par les organismes européens de normalisation, ou, en leur absence," sont supprimés ;

2° A l'article **R. 2322-2**, le second alinéa est supprimé ;

3° Les articles **R. 2331-1** et **R. 2331-2** sont remplacés par les dispositions suivantes :

Art. R. 2331-1 Les acheteurs peuvent faire connaître leur intention de passer un marché par le biais de la publication d'un avis de pré-information.

Art. R. 2331-2 Cet avis est publié soit dans le *Bulletin officiel des annonces de marchés publics* soit sur le profil acheteur du pouvoir adjudicateur.

Le profil d'acheteur est la plateforme de dématérialisation permettant notamment aux acheteurs de mettre les documents de la consultation à disposition des opérateurs économiques par voie électronique et de réceptionner par voie électronique les documents transmis par les candidats et les soumissionnaires. Un arrêté du ministre chargé de l'économie détermine les fonctionnalités et les exigences minimales qui s'imposent aux profils d'acheteur.

4° L'article R. 2331-8 est ainsi rédigé :

Art. R. 2331-8 Les dispositions de l'article R. 2131-16 s'appliquent.

5° A l'article R. 2343-3, les références aux articles L. 5212-1 à L. 5212-11 du code du travail sont remplacées par les références aux dispositions applicables localement ayant le même objet ;

(Décr. n° 2019-259 du 29 mars 2019, art. 2) **« 6° A l'article R. 2351-12, les mots : "au sens de la recommandation de la Commission du 6 mai 2003 concernant la définition des micro, petites et moyennes entreprises" et les mots : "au sens du I de l'article 19 de la loi n° 96-603 du 5 juillet 1996 modifiée relative au développement et à la promotion du commerce et de l'artisanat" sont remplacés par les mots : "au sens de la réglementation localement applicable" » ;**

7° L'article R. 2352-3 est ainsi rédigé :

Art. R. 2352-3 Les dispositions de l'article R. 2152-4 s'appliquent.

8° A l'article R. 2371-6, la référence au préfet est remplacée par la référence à l'administrateur supérieur ;

(Décr. n° 2021-1111 du 23 août 2021, art. 30) **« 9° Le second alinéa de l'article R. 2383-1 est ainsi rédigé :**

« "Cet avis est publié dans le *Bulletin officiel* des annonces de marchés publics." » ;

10° L'article R. 2383-2 est ainsi rédigé :

Art. R. 2383-2 Les dispositions de l'article R. 2183-3 s'appliquent.

11° L'article R. 2384-4 est ainsi rédigé :

Art. R. 2384-4 Les dispositions de l'article R. 2184-5 s'appliquent.

(Décr. n° 2019-748 du 18 juill. 2019, art. 3) **« 11° *bis* La première phrase du deuxième alinéa de l'article R. 2392-3 n'est applicable que si les titulaires de marchés ou leurs sous-traitants admis au paiement direct choisissent de transmettre leurs factures sous forme électronique ;**

« 11° *ter* A l'article R. 2392-12-1, les mots : "à L. 2392-3" sont remplacés par les mots : "et L. 2392-2" ; »

12° A l'article R. 2393-18, les mots : "au *Journal officiel de l'Union européenne* dans les conditions des articles R. 2131-19 et R. 2331-11" sont remplacés par les mots : "au *Journal officiel* du territoire des îles Wallis-et-Futuna".

Sur l'application des dispositions issues du Décr. n° 2019-748 du 18 juill. 2019, V. notes ss. art. R. 2651-3, supra.

Art. D. 2651-5 *(Décr. n° 2019-748 du 18 juill. 2019, art. 3)* **Pour l'application de l'article D. 2392-2 dans les îles Wallis-et-Futuna, les mots : "à L. 2392-3" sont remplacés par les mots : "et L. 2392-2."**

Sur l'application des dispositions issues du Décr. n° 2019-748 du 18 juill. 2019, V. notes ss. art. R. 2651-3, supra.

TITRE VI DISPOSITIONS APPLICABLES EN POLYNÉSIE FRANÇAISE

CHAPITRE UNIQUE

SECTION 1 Dispositions générales

Art. R. 2661-1 Sous la réserve des adaptations prévues par le présent titre, les dispositions suivantes sont applicables en Polynésie française aux marchés publics conclus par l'État ou ses établissements publics, sous réserve des compétences dévolues à cette collectivité, dans leur rédaction *(Décr. n° 2019-748 du 18 juill. 2019, art. 5)* **« résultant du décret n° 2018-1075 du 3 décembre 2018 », sauf mention contraire dans le tableau**

ci-après. – *Tableau mod. par Décr. n° 2018-1225 du 24 déc. 2018, art. 12-12°, en vigueur dans les conditions décrites ss. art. R. 2112-13 ; Décr. n° 2019-259 du 29 mars 2019, art. 2 ; Décr. n° 2019-748 du 18 juill. 2019 art. 3 et 5, en vigueur dans les conditions décrites ss. art. R. 2651-3 ; Décr. n° 2019-1344 du 12 déc. 2019, art. 3 et 4, en vigueur le 1er janv. 2020 ; Décr. n° 2020-1261 du 15 oct. 2020, art. 2 ; Décr. n° 2021-357 du 30 mars 2021, art. 6 ; Décr. n° 2021-631 du 21 mai 2021, art. 3 ; Décr. n° 2021-1111 du 23 août 2021, art. 30 ; Décr. n° 2021-1634 du 13 déc. 2021, art. 3 ; Décr. n° 2022-767 du 2 mai 2022, art. 10.*

DISPOSITIONS APPLICABLES	DANS LEUR RÉDACTION
Au livre Ier	
R. 2100-1	
Au titre Ier	
R. 2111-1 à R. 2111-2	
R. 2111-4 à R. 2112-12	
R. 2112-13	Résultant du décret n° 2018-1225 du 24 décembre 2018
R. 2112-14 à R. 2113-8	
Au titre II	
R. 2121-1 à R. 2121-7	
R. 2121-8	Résultant du décret n° 2021-1111 du 23 août 2021
R. 2121-9	
R. 2122-1	Résultant du décret n° 2021-1634 du 13 décembre 2021
R. 2122-2	Résultant du décret n° 2021-357 du 30 mars 2021
R. 2122-3 à R. 2122-7	
R. 2122-8	Résultant du décret n° 2019-1344 du 12 décembre 2019
R. 2122-9-1	Résultant du décret n° 2021-1634 du 13 décembre 2021
R. 2122-10 et R. 2122-11	
R. 2123-1	Résultant du décret n° 2021-357 du 30 mars 2021
R. 2123-2	Résultant du décret n° 2021-357 du 30 mars 2021
R. 2123-4 à R. 2123-7	
R. 2124-1	Résultant du décret n° 2019-259 du 29 mars 2019

DISPOSITIONS APPLICABLES	DANS LEUR RÉDACTION
R. 2124-2	
R. 2124-3	Résultant du décret n° 2019-748 du 18 juillet 2019
R. 2124-4 à R. 2124-6	
Au titre III	
R. 2131-1 à R. 2131-11	
R. 2131-12	*[A compter du 1er janvier 2022]* résultant du décret n° 2018-1225 du 24 décembre 2018
R. 2131-13 à R. 2131-16	
R. 2131-18	
R. 2132-1	
R. 2132-2	Résultant du décret n° 2019-1344 du 12 décembre 2019
R. 2132-3 et R. 2132-4	
R. 2132-6 à R. 2132-10	
R. 2132-13 et R. 2132-14	
Au titre IV	
R. 2142-1 à R. 2143-3	
R. 2143-5 à R. 2143-8	
R. 2143-9	Résultant du décret n° 2021-631 du 21 mai 2021
R. 2143-10 à R. 2143-14	
R. 2143-16 à R. 2144-9	
Au titre V	
R. 2151-1 à R. 2152-4	
R. 2152-6 à R. 2153-5	
Au titre VI	
R. 2161-1 à R. 2162-3	
R. 2162-4	Résultant du décret n° 2021-1111 du 23 août 2021
R. 2162-5 à R. 2162-23	
R. 2162-25 à R. 2162-35	

DISPOSITIONS APPLICABLES	**DANS LEUR RÉDACTION**
R. 2162-37 à R. 2162-66	
Au titre VII	
R. 2171-1 à R. 2171-3	
R. 2171-15	Résultant du décret n° 2019-748 du 18 juillet 2019
R. 2171-16	Résultant du décret n° 2021-357 du 30 mars 2021
R. 2171-17 à R. 2171-22	
R. 2171-23	Résultant du décret n° 2021-357 du 30 mars 2021
R. 2172-1 et R. 2172-2	
R. 2172-4 et R. 2172-5	Résultant du décret n° 2019-259 du 29 mars 2019
R. 2172-6	
R. 2172-20 à R. 2172-38	
Au titre VIII	
R. 2181-1 et R. 2182-2	
R. 2181-3	Résultant du décret n° 2019-259 du 29 mars 2019
R. 2181-4 à R. 2182-4	
R. 2183-1	
R. 2183-3 à R. 2184-2	
R. 2184-3	Résultant du décret n° 2019-748 du 18 juillet 2019
R. 2184-4 et R. 2184-5	
R. 2184-7 à R. 2184-10	
R. 2184-12 à R. 2185-2	
Au titre IX	
R. 2191-1	Résultant du décret n° 2019-259 du 29 mars 2019
R. 2191-2 à R. 2191-6	
R. 2191-7	Résultant du décret n° 2020-1261 du 15 octobre 2020
R. 2191-8	Résultant du décret n° 2020-1261 du 15 octobre 2020

DISPOSITIONS APPLICABLES	DANS LEUR RÉDACTION
R. 2191-9 et R. 2191-10	
R. 2191-11 et R. 2191-12	Résultant du décret n° 2020-1261 du 15 octobre 2020
R. 2191-13	
R. 2191-14	Résultant du décret n° 2020-1261 du 15 octobre 2020
R. 2191-15 à R. 2191-18	
R. 2191-19	Résultant du décret n° 2020-1261 du 15 octobre 2020
R. 2191-20	Résultant du décret n° 2019-259 du 29 mars 2019
R. 2191-21 à R. 2191-32	
R. 2191-33	Résultant du décret n° 2018-1225 du 24 décembre 2018
R. 2191-34 à R. 2191-63	
R. 2192-3	Résultant du décret n° 2019-748 du 18 juillet 2019
R. 2192-10 à R. 2192-14	
R. 2192-15	Résultant du décret n° 2019-748 du 18 juillet 2019
R. 2192-16	Résultant du décret n° 2021-357 du 30 mars 2021
R. 2192-17 à R. 2192-23	
R. 2192-24	Résultant du décret n° 2019-259 du 29 mars 2019
R. 2192-25 à R. 2192-31	
R. 2192-32	Résultant du décret n° 2019-748 du 18 juillet 2019
R. 2192-33 et R. 2192-34	
R. 2192-36 et R. 2192-37	
R. 2193-1	Résultant du décret n° 2019-259 du 29 mars 2019
R. 2193-2 à R. 2193-15	
R. 2193-16	Résultant du décret n° 2019-748 du 18 juillet 2019
R. 2193-17 à R. 2194-10	

DISPOSITIONS APPLICABLES	DANS LEUR RÉDACTION
R. 2196-1	Résultant du décret n° 2022-767 du 2 mai 2022
R. 2196-2	Résultant du décret n° 2022-767 du 2 mai 2022
R. 2196-3	
R. 2196-4	Résultant du décret n° 2022-767 du 2 mai 2022
R. 2196-8	Résultant du décret n° 2019-259 du 29 mars 2019
R. 2196-9 à R. 2197-12	
R. 2197-16	
R. 2197-23 à R. 2197-25	
Au livre II	
R. 2200-1	
Au titre Ier	
R. 2211-1 à R. 2213-4	
R. 2213-5	Résultant du décret n° 2021-357 du 30 mars 2021
Au titre II	
R. 2221-1 à R. 2223-3	
Au titre III	
R. 2232-1 à R. 2236-1	
Au livre III	
R. 2300-1	
Au titre Ier	
R. 2311-1 à R. 2313-9	
R. 2311-10 et R. 2312-10-1	Résultant du décret n° 2021-1111 du 23 août 2021
R. 2312-11 à R. 2313-3	
Au titre II	
R. 2321-1 à R. 2321-4	
R. 2321-5	Résultant du décret n° 2021-1111 du 23 août 2021
R. 2321-6	

DISPOSITIONS APPLICABLES	DANS LEUR RÉDACTION
R. 2321-7	Résultant du décret n° 2021-1111 du 23 août 2021
R. 2322-1 à R. 2322-13	
R. 2322-14 à R. 2323-1	Résultant du décret n° 2021-1111 du 23 août 2021
R. 2323-2 à R. 2323-4	
R. 2324-1	Résultant du décret n° 2019-259 du 29 mars 2019
R. 2324-2 à R. 2324-4	
Au titre III	
R. 2331-1 à R. 2331-4	
R. 2331-5	Résultant du décret n° 2021-1111 du 23 août 2021
R. 2331-7	
R. 2331-8	Résultant du décret n° 2021-1111 du 23 août 2021
R. 2331-9	
R. 2332-1 à R. 2332-18	
Au titre IV	
R. 2342-1 à R. 2342-12	
R. 2342-13	Résultant du décret n° 2021-1111 du 23 août 2021
R. 2342-14 et R. 2342-15	
R. 2343-1	Résultant du décret n° 2019-748 du 18 juillet 2019
R. 2343-2	
R. 2343-3	Résultant du décret n° 2019-259 du 29 mars 2019
R. 2343-4 à R. 2343-7	
R. 2343-8 et R. 2343-9	Résultant du décret n° 2021-1111 du 23 août 2021
R. 2343-10 à R. 2343-12	
R. 2343-13	Résultant du décret n° 2021-1111 du 23 août 2021
R. 2343-14 à R. 2343-16	

DISPOSITIONS APPLICABLES	DANS LEUR RÉDACTION
R. 2343-17	Résultant du décret n° 2021-1111 du 23 août 2021
R. 2343-18 à R. 2344-1	
R. 2344-2	Résultant du décret n° 2021-1111 du 23 août 2021
R. 2344-3	
R. 2344-4	Résultant du décret n° 2021-1111 du 23 août 2021
R. 2344-5 à R. 2344-10	
Au titre V	
R. 2351-1 à R. 2351-13	
R. 2351-14	Résultant du décret n° 2021-1111 du 23 août 2021
R. 2351-15 à R. 2352-9	
Au titre VI	
R. 2361-1 à R. 2362-12	
R. 2362-13	Résultant du décret n° 2022-767 du 2 mai 2022
R. 2362-14 à R. 2362-18	
Au titre VII	
R. 2371-1 à R. 2371-2	
R. 2371-4 à R. 2372-9	
R. 2372-17 à R. 2373-1	
Au titre VIII	
R. 2381-1 à R. 2382-4	
R. 2383-1	Résultant du décret n° 2021-1111 du 23 août 2021
R. 2383-2	
R. 2383-3	Résultant du décret n° 2019-259 du 29 mars 2019
R. 2384-1 à R. 2384-2	
R. 2384-3	Résultant du décret n° 2019-259 du 29 mars 2019
R. 2384-4 à R. 2385-1	

DISPOSITIONS APPLICABLES	DANS LEUR RÉDACTION
Au titre IX	
R. 2391-1 à R. 2391-3	
R. 2391-4	Résultant du décret n° 2018-1225 du 24 décembre 2018
R. 2391-5	Résultant du décret n° 2020-1261 du 15 octobre 2020
R. 2391-6 à R. 2391-19	
R. 2391-20 à R. 2391-20-2	Résultant du décret n° 2021-1111 du 23 août 2021
R. 2391-21 à R. 2391-26	
R. 2391-27	Résultant du décret n° 2021-1111 du 23 août 2021
R. 2391-28	
R. 2392-3	Résultant du décret n° 2019-748 du 18 juillet 2019
R. 2392-10	Résultant du décret n° 2019-748 du 18 juillet 2019
R. 2392-12	
R. 2392-12-1	Résultant du décret n° 2019-748 du 18 juillet 2019
R. 2392-13 à R. 2393-2	
R. 2393-3	Résultant du décret n° 2021-1111 du 23 août 2021
R. 2393-4 à R. 2393-7	
R. 2393-8	Résultant du décret n° 2021-1111 du 23 août 2021
R. 2393-9 à R. 2393-12	
R. 2393-13	Résultant du décret n° 2021-1111 du 23 août 2021
R. 2393-14	Résultant du décret n° 2019-259 du 29 mars 2019
R. 2391-15 à R. 2393-17	
R. 2393-18	Résultant du décret n° 2019-259 du 29 mars 2019
R. 2393-19 et R. 2393-20	

DISPOSITIONS APPLICABLES	DANS LEUR RÉDACTION
R. 2393-21	Résultant du décret nº 2019-259 du 29 mars 2019
R. 2393-22 à R. 2393-24	
R. 2393-25	Résultant du décret nº 2019-259 du 29 mars 2019
R. 2393-26 à R. 2393-33	
R. 2393-34 et R. 2393-34-1	Résultant du décret nº 2019-748 du 18 juillet 2019
R. 2393-34-2	Résultant du décret nº 2021-1111 du 23 août 2021
R. 2393-35 à R. 2393-41	
R. 2393-42	Résultant du décret nº 2019-259 du 29 mars 2019
R. 2393-43	Résultant du décret nº 2021-1111 du 23 août 2021
R. 2393-44 à R. 2396-1	
R. 2396-3	Résultant du décret nº 2019-259 du 29 mars 2019
R. 2396-4 et R. 2396-5	
R. 2396-6	Résultant du décret nº 2021-1111 du 23 août 2021
R. 2397-1	
R. 2397-3 à R. 2397-4	
Au livre IV	
Au titre Ier	
R. 2412-1	
Au titre III	
R. 2431-1 à R. 2432-6	
R. 2432-7	Résultant du décret nº 2019-259 du 29 mars 2019
Au livre V	
Au titre II	
R. 2521-1 à R. 2521-4	
R. 2521-6	Résultant du décret nº 2019-748 du 18 juillet 2019

Art. D. 2661-2 Sous la réserve des adaptations prévues par le présent titre, les dispositions suivantes sont applicables en Polynésie française aux marchés publics conclus par l'État ou ses établissements publics, sous réserve des compétences dévolues à cette collectivité, dans leur rédaction *(Décr. nº 2019-748 du 18 juill. 2019, art. 5)* « résultant du décret nº 2018-1075 du 3 décembre 2018 », sauf mention contraire dans le tableau ci-après. – *Tableau mod. par Décr. nº 2019-259 du 29 mars 2019, art. 2 ; Décr. nº 2019-748 du 18 juill. 2019 art. 3 et 5, en vigueur dans les conditions décrites ss. art. R. 2651-3 ; Décr. nº 2022-767 du 2 mai 2022, art. 10.*

DISPOSITIONS APPLICABLES	DANS LEUR RÉDACTION
Au livre Ier	
Au titre VII	
D. 2171-4	
D. 2171-5	Résultant du décret nº 2019-259 du 29 mars 2019
D. 2171-6 à D. 2171-14	
Au titre IX	
D. 2192-2	Résultant du décret nº 2019-748 du 18 juillet 2019
D. 2192-35	
D. 2196-5 et D. 2196-6	Résultant du décret nº 2022-767 du 2 mai 2022
D. 2197-13 à D. 2197-15	
D. 2197-17 à D. 2197-22	
Au livre III	
Au titre VII	
D. 2371-3	
Au titre IX	
D. 2392-2	Résultant du décret nº 2019-748 du 18 juillet 2019
D. 2392-11	
D. 2396-2 et D. 2396-2-1	Résultant du décret nº 2022-767 du 2 mai 2022
D. 2397-2	
Au livre V	
Au titre II	
D. 2521-5	Résultant du décret nº 2019-748 du 18 juillet 2019

SECTION 2 Dispositions d'adaptation

Art. R. 2661-3 Pour l'application des dispositions réglementaires du livre I en Polynésie française :

1° A l'article R. 2111-9 :

a) Le 2° est supprimé ;

b) Au 5° les mots : "les autres référentiels techniques élaborés par les organismes européens de normalisation, ou, en leur absence," sont supprimés ;

(Décr. n° 2021-1634 du 13 déc. 2021, art. 3) « 2° A l'article R. 2122-1, les références à l'article L. 1311-4 du code de la santé publique, aux articles L. 184-1, L. 511-11, L. 511-15, L. 511-16 et L. 511-19 à L. 511-21 du code de la construction et de l'habitation et aux 1° et 2° de l'article L. 201-2 du code rural et de la pêche maritime sont remplacées par les références aux dispositions applicables localement ayant le même objet *[ancienne rédaction : 2° A l'article R. 2122-1, les références aux articles L. 1311-4, L. 1331-24, L. 1331-26-1, L. 1331-28, L. 1331-29 et L. 1334-2 du code de la santé publique, aux articles L. 123-3, L. 129-2, L. 129-3, L. 511-2 et L. 511-3 du code de la construction et de l'habitation et aux 1° et 2° de l'article L. 201-2 du code rural et de la pêche maritime sont remplacées par les références aux dispositions applicables localement ayant le même objet]* ; »

3° A l'article R. 2122-2, le dernier alinéa est supprimé ;

4° Au 5° de l'article R. 2124-3, le mot : "européenne" est supprimé ;

5° L'article R. 2131-1 est ainsi rédigé :

Art. R. 2131-1 L'acheteur peut faire connaître son intention de passer un marché par la publication, pour le pouvoir adjudicateur, d'un avis de préinformation, ou, pour l'entité adjudicatrice, d'un avis périodique indicatif.

6° L'article R. 2131-2 est ainsi rédigé :

Art. R. 2131-2 Les avis mentionnés à l'article R. 2131-1 sont publiés soit au *Journal officiel* de la Polynésie Française, soit sur le profil d'acheteur du pouvoir adjudicateur.

7° A l'article R. 2131-5, les mots : ", dans les conditions prévues aux articles R. 2131-19 et R. 2131-20" sont supprimés ;

8° A l'article R. 2131-8, les mots : "de l'Union européenne dans les conditions prévues aux articles R. 2131-19 et R. 2131-20." sont remplacés par les mots : "de la Polynésie française." ;

9° Les articles R. 2131-12 et R. 2131-13 sont remplacés par les dispositions suivantes :

Art. R. 2131-12 Pour les marchés passés selon une procédure adaptée, l'acheteur choisit librement les modalités de publicité adaptées en fonction des caractéristiques du marché, notamment le montant et la nature des travaux, des fournitures ou des services en cause.

10° A l'article R. 2131-15 :

a) Les mots : ", conforme au modèle fixé par le règlement de la Commission européenne établissant les formulaires standard pour la publication d'avis dans le cadre de la passation de marchés publics" sont supprimés ;

b) Les mots : "de l'Union européenne dans les conditions prévues aux articles R. 2131-19 et R. 2131-20." sont remplacés par les mots : "de la Polynésie française." ;

11° L'article R. 2131-16 est ainsi rédigé :

Art. R. 2131-16 Pour les marchés passés selon une des procédures formalisées énumérées aux articles R. 2124-1 et R. 2124-3 à R. 2124-5, l'acheteur publie un avis de marché soit dans le *Bulletin officiel des annonces des marchés publics*, soit dans le *Journal officiel* de la Polynésie française, soit dans un journal habilité à recevoir des annonces légales.

12° L'article R. 2132-2 est remplacé par les dispositions suivantes :

Art. R. 2132-2 Les documents de la consultation sous format papier sont gratuitement mis à disposition des opérateurs économiques. Ils peuvent être mis en ligne sur un profil d'acheteur à compter de la publication de l'avis d'appel à la concurrence selon des modalités figurant en annexe du présent code. L'adresse du profil d'acheteur sur lequel les documents de la consultation sont accessibles est indiquée dans l'avis ou, le cas échéant, l'invitation.

13° L'article R. 2132-4 est ainsi rédigé :

Art. R. 2132-4 Lorsque l'appel à la concurrence est effectué au moyen d'un avis de préinformation ou d'un avis périodique indicatif, cet accès est offert à compter de l'envoi de l'invitation à confirmer l'intérêt.

Lorsque l'appel à la concurrence est effectué au moyen d'un avis sur l'existence d'un système de qualification, cet accès est offert dès que possible et au plus tard à la date d'envoi de l'invitation à soumissionner.

14° Le premier alinéa de l'article R. 2132-7 est ainsi rédigé :

"Dans toutes les procédures de passation des marchés, les communications et les échanges d'informations peuvent être effectués soit sous forme papier soit par voie électronique" ;

15° L'article R. 2132-13 est remplacé par les dispositions suivantes :

Art. R. 2132-13 Pour chaque étape de la procédure, les candidats et soumissionnaires appliquent le même mode de transmission à l'ensemble des documents qu'ils transmettent à l'acheteur.

16° A l'article R. 2143-3, les références aux articles L. 5212-1 à L. 5212-11 du code du travail sont remplacées par les références aux dispositions applicables localement ayant le même objet ;

17° Le premier alinéa de l'article R. 2143-7 est ainsi rédigé :

"Le candidat établi dans la collectivité produit les certificats délivrés par les administrations et organismes compétents localement. Les impôts, taxes, contributions ou contributions sociales figurant dans l'arrêté annexé au présent code sont remplacés, en tant que de besoin, par les impôts, taxes, contributions ou cotisations sociales ayant le même objet applicables localement." ;

18° A l'article R. 2143-8, les références aux articles du code du travail sont remplacées par les références aux dispositions applicables localement ayant le même objet ;

(Décr. n° 2021-631 du 21 mai 2021, art. 3 et 22, en vigueur le 1er nov. 2021) « 19° Le premier alinéa de l'article R. 2143-9 est remplacé par les dispositions suivantes :

« "L'acheteur accepte comme preuve suffisante attestant que le candidat ne se trouve pas dans un cas d'exclusion mentionné à l'article L. 2141-3, la production d'un extrait du registre pertinent ou, à défaut, d'un document équivalent délivré par l'autorité judiciaire ou administrative compétente du pays d'origine ou d'établissement du candidat, attestant de l'absence de cas d'exclusion." *[ancienne rédaction : 19° A l'article R. 2143-9, les mots : "tel qu'un extrait K, un extrait K bis, un extrait D1" sont supprimés]* ; »

(Décr. n° 2019-259 du 29 mars 2019, art. 2) « 20° A l'article R. 2151-13, les mots : "au sens de la recommandation 2003/361/CE concernant la définition des micro, petites et moyennes entreprises" et les mots : "au sens du I de l'article 19 de la loi n° 96-603 du 5 juillet 1996 modifiée relative au développement et à la promotion du commerce et de l'artisanat" sont remplacés par les mots : "au sens de la réglementation localement applicable" » ;

21° A l'article R. 2151-14, les mots : "au règlement (CE) n° 765/2008 du Parlement européen et du Conseil du 9 juillet 2008 fixant les prescriptions relatives à l'accréditation et à la surveillance du marché pour la commercialisation des produits et abrogeant le règlement (CEE) n° 339/93 du Conseil" sont remplacés par les mots : "aux règles nationales en vigueur" ;

22° A l'article R. 2152-4, les mots : "par le droit de l'Union européenne" sont supprimés ;

23° A l'article R. 2162-23, la référence au préfet est remplacée par la référence au haut-commissaire de la République ;

24° L'article R. 2162-28 est ainsi rédigé :

Art. R. 2162-28 Pour mettre en place un système de qualification, l'entité adjudicatrice publie un avis sur l'existence d'un tel système au *Journal officiel* de la Polynésie française. Cet avis mentionne son objet, sa durée et les modalités d'accès aux règles qui le gouvernent.

25° L'article R. 2162-29 est ainsi rédigé :

Art. R. 2162-29 L'entité adjudicatrice notifie au *Journal officiel* de la Polynésie française tout changement de la durée du système en utilisant :

1° Un avis sur l'existence d'un système de qualification lorsque sa durée de validité est modifiée sans qu'il y soit mis un terme ;

2° Un avis d'attribution lorsqu'il est mis fin au système.

26° L'article R. 2162-40 est ainsi rédigé :

Art. R. 2162-40 Lorsque la valeur estimée du besoin est égale ou supérieure aux seuils de procédure formalisée, l'acheteur notifie au *Journal officiel* de la Polynésie française tout changement de la durée de validité du système d'acquisition dynamique en utilisant :

1° Le formulaire utilisé pour l'appel à la concurrence pour le système d'acquisition dynamique lorsque la durée de validité est modifiée sans qu'il soit mis un terme au système ;

2° Un avis d'attribution lorsqu'il est mis fin au système.

27° A l'article R. 2172-35, la référence aux catégories M et N définies à l'article R. 311-1 du code de la route est remplacée par la référence aux dispositions applicables localement ayant le même objet ;

28° L'article R. 2183-1 est ainsi rédigé :

Art. R. 2183-1 Pour les marchés répondant à un besoin d'un montant égal ou supérieur aux seuils européens publiés au *Journal officiel* de la République française, l'acheteur envoie pour publication, dans un délai maximal de trente jours à compter de la signature du marché, un avis d'attribution dans le support qui a été utilisé à titre principal pour la publicité préalable.

(Décr. nº 2019-1344 du 12 déc. 2019, art. 3 et 4, en vigueur le 1er janv. 2020) **« 29° Les deux derniers alinéas de l'article R. 2191-7 sont supprimés » ;**

30° A l'article R. 2191-63, la référence à l'article L. 3253-22 du code du travail est remplacée par la référence à la réglementation localement applicable ayant le même objet ;

(Décr. nº 2019-748 du 18 juill. 2019, art. 3) **« 30° *bis* Le deuxième alinéa de l'article R. 2192-3 n'est applicable que si les titulaires de marchés ou leurs sous-traitants admis au paiement direct choisissent de transmettre leurs factures sous forme électronique ; »**

31° A l'article *(Décr. nº 2019-748 du 18 juill. 2019, art. 5 et 7)* **« R. 2192-11 », le dernier alinéa est supprimé ;**

(Décr. nº 2019-748 du 18 juill. 2019, art. 3) **« 31° *bis* A l'article R. 2192-15, les mots : "à L. 2192-3" sont remplacés par les mots : "et L. 2192-2" ; »**

32° A l'article *(Décr. nº 2019-748 du 18 juill. 2019, art. 5 et 7)* **« R. 2192-16 », les mots : "les collectivités territoriales et leurs établissements publics" sont supprimés ;**

3*[3]*° A l'article *(Décr. nº 2019-748 du 18 juill. 2019, art. 5)* **« R. 2192-19 », les mots : "les collectivités territoriales** *(Décr. nº 2019-748 du 18 juill. 2019, art. 5)* **« ou » leurs établissements publics" sont supprimés ;**

34° A l'article *(Décr. nº 2019-748 du 18 juill. 2019, art. 5)* **« R. 2192-23 », les mots : "les collectivités territoriales et leurs établissements publics" sont supprimés ;**

35° Le dernier alinéa de l'article R. 2194-10 est ainsi rédigé :

"Cet avis est publié dans le support qui a été utilisé à titre principal pour la publicité préalable." ;

36° La Polynésie française peut relever d'une circonscription d'un comité interrégional ou interdépartemental prévu à l'article R. 2197-3 ;

37° Le 1° de l'article R. 2197-4 est supprimé.

Sur l'application des dispositions issues du Décr. nº 2019-748 du 18 juill. 2019, V. notes ss. art. R. 2651-3, supra.

Art. D. 2661-3-1 *(Décr. nº 2019-748 du 18 juill. 2019, art. 3)* **Pour l'application de l'article D. 2192-2 en Polynésie française :**

a) **Les mots : "à L. 2192-3" sont remplacés par les mots : "et L. 2192-2" ;**

b) En tant que de besoin, la référence au numéro d'identité déterminé en application de l'article R. 123-221 du code de commerce est remplacée par la référence au numéro du répertoire TAHITI en vertu de la réglementation applicable localement.

Sur l'application des dispositions issues du Décr. n° 2019-748 du 18 juill. 2019, V. note ss. art. R. 2192-15, supra.

Art. R. 2661-4 **Pour l'application des dispositions réglementaires du livre III en Polynésie française :**

1° A l'article R. 2311-5 :

a) Le 2° est supprimé ;

b) Au 6°, les mots : "les autres référentiels techniques élaborés par les organismes européens de normalisation, ou, en leur absence," sont supprimés ;

2° A l'article R. 2322-2, le second alinéa est supprimé ;

3° Les articles R. 2331-1 et R. 2331-2 sont remplacés par les dispositions suivantes :

Art. R. 2331-1 Les acheteurs peuvent faire connaître leur intention de passer un marché par le biais de la publication d'un avis de pré-information.

Art. R. 2331-2 Cet avis est publié soit dans le *Bulletin officiel des annonces de marchés publics* soit sur le profil acheteur du pouvoir adjudicateur.

Le profil d'acheteur est la plateforme de dématérialisation permettant notamment aux acheteurs de mettre les documents de la consultation à disposition des opérateurs économiques par voie électronique et de réceptionner par voie électronique les documents transmis par les candidats et les soumissionnaires. Un arrêté du ministre chargé de l'économie détermine les fonctionnalités et les exigences minimales qui s'imposent aux profils d'acheteur.

4° L'article R. 2331-8 est ainsi rédigé :

Art. R. 2331-8 Les dispositions de l'article R. 2131-16 s'appliquent.

5° A l'article R. 2343-3, les références aux articles L. 5212-1 à L. 5212-11 du code du travail sont remplacées par les références aux dispositions applicables localement ayant le même objet ;

(Décr. n° 2019-259 du 29 mars 2019, art. 2) **« 6° A l'article R. 2351-12, les mots : "au sens de la recommandation de la Commission du 6 mai 2003 concernant la définition des micro, petites et moyennes entreprises" et les mots "au sens du I de l'article 19 de la loi n° 96-603 du 5 juillet 1996 modifiée relative au développement et à la promotion du commerce et de l'artisanat" sont remplacés par les mots "au sens de la réglementation localement applicable" ; »**

7° L'article R. 2352-3 est ainsi rédigé :

Art. R. 2352-3 Les dispositions de l'article R. 2152-4 s'appliquent.

8° A l'article R. 2371-6, la référence au préfet est remplacée par la référence au haut-commissaire de la République ;

(Décr. n° 2021-1111 du 23 août 2021, art. 30) **« 9° Le second alinéa de l'article R. 2383-1 est ainsi rédigé :**

« "Cet avis est publié dans le *Bulletin officiel* des annonces de marchés publics." » ;

10° L'article R. 2383-2 est ainsi rédigé :

Art. R. 2383-2 Les dispositions de l'article R. 2183-3 s'appliquent.

11° L'article R. 2384-4 est ainsi rédigé :

Art. R. 2384-4 Les dispositions de l'article R. 2184-5 s'appliquent.

(Décr. n° 2019-748 du 18 juill. 2019, art. 3) **« 11° *bis* La première phrase du deuxième alinéa de l'article R. 2392-3 n'est applicable que si les titulaires de marchés ou leurs sous-traitants admis au paiement direct choisissent de transmettre leurs factures sous forme électronique ;**

« 11° *ter* A l'article R. 2392-12-1, les mots : "à L. 2392-3" sont remplacés par les mots : "et L. 2392-2" ; »

12° A l'article R. 2393-18, les mots : "au *Journal officiel de l'Union européenne* dans les conditions des articles R. 2131-19 et R. 2331-11" sont remplacés par les mots : "au *Journal officiel* de la Polynésie française".

Sur l'application des dispositions issues du Décr. n° 2019-748 du 18 juill. 2019, V. notes ss. art. R. 2651-3, supra.

Art. D. 2661-5 *(Décr. n° 2019-748 du 18 juill. 2019, art. 3)* Pour l'application de l'article D. 2392-2, les mots : "à L. 2392-3" sont remplacés par les mots : "et L. 2392-2".

Sur l'application des dispositions issues du Décr. n° 2019-748 du 18 juill. 2019, V. notes ss. art. R. 2651-3, supra.

TITRE VII DISPOSITIONS APPLICABLES EN NOUVELLE-CALÉDONIE

CHAPITRE UNIQUE

SECTION 1 Dispositions générales

Art. R. 2671-1 Sous la réserve des adaptations prévues par le présent titre, les dispositions suivantes sont applicables en Nouvelle-Calédonie aux marchés publics conclus par l'État ou ses établissements publics, sous réserve des compétences dévolues à cette collectivité, dans leur rédaction *(Décr. n° 2019-748 du 18 juill. 2019, art. 5)* « résultant du décret n° 2018-1075 du 3 décembre 2018 », sauf mention contraire dans le tableau ci-après. — *Tableau mod. par Décr. n° 2018-1225 du 24 déc. 2018, art. 12-13°, en vigueur dans les conditions décrites ss. art. R. 2112-13 ; Décr. n° 2019-259 du 29 mars 2019, art. 2 ; Décr. n° 2019-748 du 18 juill. 2019, art. 3 et 5, en vigueur dans les conditions décrites ss. art. R. 2651-3 ; Décr. n° 2019-1344 du 12 déc. 2019, art. 3 et 4, en vigueur le 1er janv. 2020 ; Décr. n° 2020-1261 du 15 oct. 2020, art. 2 ; Décr. n° 2021-357 du 30 mars 2021, art. 6 ; Décr. n° 2021-631 du 21 mai 2021, art. 3 ; Décr. n° 2021-1111 du 23 août 2021, art. 30 ; Décr. n° 2021-1634 du 13 déc. 2021, art. 3 ; Décr. n° 2022-767 du 2 mai 2022, art. 10.*

DISPOSITIONS APPLICABLES	DANS LEUR RÉDACTION
Au livre Ier	
R. 2100-1	
Au titre Ier	
R. 2111-1 à R. 2111-2	
R. 2111-4 à R. 2112-12	
R. 2112-13	Résultant du décret n° 2018-1225 du 24 décembre 2018
R. 2112-14 à R. 2113-8	
Au titre II	
R. 2121-1 à R. 2121-7	
R. 2121-8	Résultant du décret n° 2021-1111 du 23 août 2021
R. 2121-9	
R. 2122-1	Résultant du décret n° 2021-1634 du 13 décembre 2021
R. 2122-2	Résultant du décret n° 2021-357 du 30 mars 2021

DISPOSITIONS APPLICABLES	DANS LEUR RÉDACTION
R. 2122-3 à R. 2122-7	
R. 2122-8	Résultant du décret n° 2019-1344 du 12 décembre 2019
R. 2122-9-1	Résultant du décret n° 2021-1634 du 13 décembre 2021
R. 2122-10 et R. 2122-11	
R. 2123-1	Résultant du décret n° 2021-357 du 30 mars 2021
R. 2123-2	Résultant du décret n° 2021-357 du 30 mars 2021
R. 2123-4 à R. 2123-7	
R. 2123-3 à R. 2123-8	
R. 2124-1	Résultant du décret n° 2019-259 du 29 mars 2019
R. 2124-2	
R. 2124-3	Résultant du décret n° 2019-748 du 18 juillet 2019
R. 2124-4 à R. 2124-6	
Au titre III	
R. 2131-1 à R. 2131-11	
R. 2131-12	*[A compter du 1er janvier 2022]* résultant du décret n° 2018-1225 du 24 décembre 2018
R. 2131-13 à R. 2131-16	
R. 2131-18	
R. 2132-1	
R. 2132-2	Résultant du décret n° 2019-1344 du 12 décembre 2019
R. 2132-3 et R. 2132-4	
R. 2132-6 à R. 2132-10	
R. 2132-13 et R. 2132-14	
Au titre IV	
R. 2142-1 à R. 2143-3	
R. 2143-5 à R. 2143-8	

DISPOSITIONS APPLICABLES	DANS LEUR RÉDACTION
R. 2143-9	Résultant du décret n° 2021-631 du 21 mai 2021
R. 2143-10 à R. 2143-14	
R. 2143-16 à R. 2144-9	
Au titre V	
R. 2151-1 à R. 2152-4	
R. 2152-6 à R. 2153-5	
Au titre VI	
R. 2161-1 à R. 2162-3	
R. 2162-4	Résultant du décret n° 2021-1111 du 23 août 2021
R. 2162-5 à R. 2162-23	
R. 2162-25 à R. 2162-35	
R. 2162-37 à R. 2162-66	
Au titre VII	
R. 2171-1 à R. 2171-3	
R. 2171-15	Résultant du décret n° 2019-748 du 18 juillet 2019
R. 2171-16	Résultant du décret n° 2021-357 du 30 mars 2021
R. 2171-17 à R. 2171-22	
R. 2171-23	Résultant du décret n° 2021-357 du 30 mars 2021
R. 2172-1 et R. 2172-2	
R. 2172-4 et R. 2172-5	Résultant du décret n° 2019-259 du 29 mars 2019
R. 2172-6	
R. 2172-20 à R. 2172-38	
Au titre VIII	
R. 2181-1 et R. 2182-2	
R. 2181-3	Résultant du décret n° 2019-259 du 29 mars 2019
R. 2181-4 à R. 2182-4	
R. 2183-1	

DISPOSITIONS APPLICABLES	DANS LEUR RÉDACTION
R. 2183-3 à R. 2184-2	
R. 2184-3	Résultant du décret n° 2019-748 du 18 juillet 2019
R. 2184-4 et R. 2184-5	
R. 2184-7 à R. 2184-10	
R. 2184-12 à R. 2185-2	
Au titre IX	
R. 2191-1	Résultant du décret n° 2019-259 du 29 mars 2019
R. 2191-2 à R. 2191-6	
R. 2191-7	Résultant du décret n° 2020-1261 du 15 octobre 2020
R. 2191-8	Résultant du décret n° 2020-1261 du 15 octobre 2020
R. 2191-9 et R. 2191-10	
R. 2191-11 et R. 2191-12	Résultant du décret n° 2020-1261 du 15 octobre 2020
R. 2191-13	
R. 2191-14	Résultant du décret n° 2020-1261 du 15 octobre 2020
R. 2191-15 à R. 2191-18	
R. 2191-19	Résultant du décret n° 2020-1261 du 15 octobre 2020
R. 2191-20	Résultant du décret n° 2019-259 du 29 mars 2019
R. 2191-21 à R. 2191-32	
R. 2191-33	Résultant du décret n° 2018-1225 du 24 décembre 2018
R. 2191-34 à R. 2191-63	
R. 2192-3	Résultant du décret n° 2019-748 du 18 juillet 2019
R. 2192-10 à R. 2192-14	
R. 2192-15	Résultant du décret n° 2019-748 du 18 juillet 2019
R. 2192-16	Résultant du décret n° 2021-357 du 30 mars 2021

DISPOSITIONS APPLICABLES	DANS LEUR RÉDACTION
R. 2192-17 à R. 2192-23	
R. 2192-24	Résultant du décret nº 2019-259 du 29 mars 2019
R. 2192-25 à R. 2192-31	
R. 2192-32	Résultant du décret nº 2019-748 du 18 juillet 2019
R. 2192-33 et R. 2192-34	
R. 2192-36 et R. 2192-37	
R. 2193-1	Résultant du décret nº 2019-259 du 29 mars 2019
R. 2193-2 à R. 2193-15	
R. 2193-16	Résultant du décret nº 2019-748 du 18 juillet 2019
R. 2193-17 à R. 2194-10	
R. 2196-1	Résultant du décret nº 2022-767 du 2 mai 2022
R. 2196-2	Résultant du décret nº 2022-767 du 2 mai 2022
R. 2196-3	
R. 2196-4	Résultant du décret nº 2022-767 du 2 mai 2022
R. 2196-8	Résultant du décret nº 2019-259 du 29 mars 2019
R. 2196-9 à R. 2197-12	
R. 2197-16	
R. 2197-23 à R. 2197-25	
Au livre II	
R. 2200-1	
Au titre Ier	
R. 2211-1 à R. 2213-4	
R. 2213-5	Résultant du décret nº 2021-357 du 30 mars 2021
Au titre II	
R. 2221-1 à R. 2223-3	

DISPOSITIONS APPLICABLES	DANS LEUR RÉDACTION
Au titre III	
R. 2232-1 à R. 2236-1	
Au livre III	
R. 2300-1	
Au titre Ier	
R. 2311-1 à R. 2312-9	
R. 2312-10 et R. 2312-10-1	Résultant du décret n° 2021-1111 du 23 août 2021
R. 2312-11 à R. 2313-3	
Au titre II	
R. 2321-1 à R. 2321-4	
R. 2321-5	Résultant du décret n° 2021-1111 du 23 août 2021
R. 2321-6	
R. 2321-7	Résultant du décret n° 2021-1111 du 23 août 2021
R. 2322-1 à R. 2322-13	
R. 2322-14 à R. 2323-1	Résultant du décret n° 2021-1111 du 23 août 2021
R. 2323-2 à R. 2323-4	
R. 2324-1	Résultant du décret n° 2019-259 du 29 mars 2019
R. 2324-2 à R. 2324-4	
Au titre III	
R. 2331-1 à R. 2331-4	
R. 2331-5	Résultant du décret n° 2021-1111 du 23 août 2021
R. 2331-7	
R. 2331-8	Résultant du décret n° 2021-1111 du 23 août 2021
R. 2331-9	
R. 2332-1 à R. 2332-18	
Au titre IV	
R. 2342-1 à R. 2342-12	

DISPOSITIONS APPLICABLES	DANS LEUR RÉDACTION
R. 2342-13	Résultant du décret n° 2021-1111 du 23 août 2021
R. 2342-14 et R. 2342-15	
R. 2343-1	Résultant du décret n° 2019-748 du 18 juillet 2019
R. 2343-2	
R. 2343-3	Résultant du décret n° 2019-259 du 29 mars 2019
R. 2343-4 à R. 2343-7	
R. 2343-8 et R. 2343-9	Résultant du décret n° 2021-1111 du 23 août 2021
R. 2343-10 à R. 2343-12	
R. 2343-13	Résultant du décret n° 2021-1111 du 23 août 2021
R. 2343-14 à R. 2343-16	
R. 2343-17	Résultant du décret n° 2021-1111 du 23 août 2021
R. 2343-18 à R. 2344-1	
R. 2344-2	Résultant du décret n° 2021-1111 du 23 août 2021
R. 2344-3	
R. 2344-4	Résultant du décret n° 2021-1111 du 23 août 2021
R. 2344-5 à R. 2344-10	
Au titre V	
R. 2351-1 à R. 2351-13	
R. 2351-14	Résultant du décret n° 2021-1111 du 23 août 2021
R. 2351-15 à R. 2352-9	
Au titre VI	
R. 2361-1 à R. 2362-12	
R. 2362-13	Résultant du décret n° 2022-767 du 2 mai 2022
R. 2362-14 à R. 2362-18	

DISPOSITIONS APPLICABLES	DANS LEUR RÉDACTION
Au titre VII	
R. 2371-1 à R. 2371-2	
R. 2371-4 à R. 2372-9	
R. 2372-17 à R. 2373-1	
Au titre VIII	
R. 2381-1 à R. 2382-4	
R. 2383-1	Résultant du décret nº 2021-1111 du 23 août 2021
R. 2383-2	
R. 2383-3	Résultant du décret nº 2019-259 du 29 mars 2019
R. 2384-1 à R. 2384-2	
R. 2384-3	Résultant du décret nº 2019-259 du 29 mars 2019
R. 2384-4 à R. 2385-1	
Au titre IX	
R. 2391-1 à R. 2391-3	
R. 2391-4	Résultant du décret nº 2018-1225 du 24 décembre 2018
R. 2391-5	Résultant du décret nº 2020-1261 du 15 octobre 2020
R. 2391-6 à R. 2391-19	
R. 2391-20 à R. 2391-20-2	Résultant du décret nº 2021-1111 du 23 août 2021
R. 2391-21 à R. 2391-26	
R. 2391-27	Résultant du décret nº 2021-1111 du 23 août 2021
R. 2391-28	
R. 2392-3	Résultant du décret nº 2019-748 du 18 juillet 2019
R. 2392-10	Résultant du décret nº 2019-748 du 18 juillet 2019
R. 2392-12	
R. 2392-12-1	Résultant du décret nº 2019-748 du 18 juillet 2019

DISPOSITIONS APPLICABLES	DANS LEUR RÉDACTION
R. 2392-13 à R. 2393-2	
R. 2393-3	Résultant du décret n° 2021-1111 du 23 août 2021
R. 2393-4 à R. 2393-7	
R. 2393-8	Résultant du décret n° 2021-1111 du 23 août 2021
R. 2393-9 à R. 2393-12	
R. 2393-13	Résultant du décret n° 2021-1111 du 23 août 2021
R. 2393-14	Résultant du décret n° 2019-259 du 29 mars 2019
R. 2391-15 à R. 2393-17	
R. 2393-18	Résultant du décret n° 2019-259 du 29 mars 2019
R. 2393-19 et R. 2393-20	
R. 2393-21	Résultant du décret n° 2019-259 du 29 mars 2019
R. 2393-22 à R. 2393-24	
R. 2393-25	Résultant du décret n° 2019-259 du 29 mars 2019
R. 2393-26 à R. 2393-33	
R. 2393-34 et R. 2393-34-1	Résultant du décret n° 2019-748 du 18 juillet 2019
R. 2393-34-2	Résultant du décret n° 2021-1111 du 23 août 2021
R. 2393-35 à R. 2393-41	
R. 2393-42	Résultant du décret n° 2019-259 du 29 mars 2019
R. 2393-43	Résultant du décret n° 2021-1111 du 23 août 2021
R. 2393-44 à R. 2396-1	
R. 2396-3	Résultant du décret n° 2019-259 du 29 mars 2019
R. 2396-4 à R. 2396-5	
R. 2396-6	Résultant du décret n° 2021-1111 du 23 août 2021

DISPOSITIONS APPLICABLES	DANS LEUR RÉDACTION
R. 2397-1	
R. 2397-3 à R. 2397-4	
Au livre IV	
Au titre Ier	
R. 2412-1	
Au titre III	
R. 2431-1 à R. 2432-6	
R. 2432-7	Résultant du décret n° 2019-259 du 29 mars 2019
Au livre V	
Au titre II	
R. 2521-1 à R. 2521-4	
R. 2521-6	Résultant du décret n° 2019-748 du 18 juillet 2019

Aux termes de l'art. R. 2182-1 CCP : « Pour les marchés passés selon une procédure formalisée, un délai minimal de onze jours est respecté entre la date d'envoi de la notification prévue aux articles R. 2181-1 et R. 2181-3 et la date de signature du marché par l'acheteur. / Ce délai minimal est porté à seize jours lorsque cette notification n'a pas été transmise par voie électronique. » Aux termes de l'art. R. 2671-1 de ce même code : « les dispositions suivantes sont applicables en Nouvelle-Calédonie aux marchés publics conclus par l'État ou ses établissements publics, sous réserve des compétences dévolues à cette collectivité (...) / (...) R. 2181-4 à R. 2182-4 (...). »

Il ne résulte ni de ces dispositions, applicables en Nouvelle-Calédonie aux seuls contrats conclus par l'État ou ses établissements publics, ni de celles de la Délib. du 20 mars 2019 du Congrès de la Nouvelle-Calédonie, ni d'aucun principe qui s'imposerait à une collectivité territoriale de la Nouvelle-Calédonie qui attribue un marché l'obligation de respecter un délai entre l'information des candidats évincés du rejet de leur offre et la date de conclusion du contrat. Dès lors le moyen tiré de ce que le juge des référés aurait commis une erreur de droit en jugeant que le pouvoir adjudicateur ou l'entité adjudicatrice n'étaient pas soumis à l'obligation de respecter un délai minimal doit être écarté. • CE 27 juill. 2021, *Sté Franck Tagawa,* n° 450556.

Art. D. 2671-2 **Sous la réserve des adaptations prévues par le présent titre, les dispositions suivantes sont applicables en Nouvelle-Calédonie aux marchés publics conclus par l'État ou ses établissements publics, sous réserve des compétences dévolues à cette collectivité, dans leur rédaction** *(Décr. n° 2019-748 du 18 juill. 2019, art. 5)* **« résultant du décret n° 2018-1075 du 3 décembre 2018 », sauf mention contraire dans le tableau ci-après.** — *Tableau mod. par Décr. n° 2019-259 du 29 mars 2019, art. 2 ; Décr. n° 2019-748 du 18 juill. 2019, art. 3 et 5, en vigueur dans les conditions décrites ss. art. R. 2651-3 ; Décr. n° 2022-767 du 2 mai 2022, art. 10.*

DISPOSITIONS APPLICABLES	DANS LEUR RÉDACTION
Au livre Ier	
Au titre VII	
D. 2171-4	

DISPOSITIONS APPLICABLES	DANS LEUR RÉDACTION
D. 2171-5	Résultant du décret n° 2019-259 du 29 mars 2019
D. 2171-6 à D. 2171-14	
Au titre IX	
D. 2192-2	Résultant du décret n° 2019-748 du 18 juillet 2019
D. 2192-35	
D. 2196-5 et D. 2196-6	Résultant du décret n° 2022-767 du 2 mai 2022
D. 2197-13 à D. 2197-15	
D. 2197-17 à D. 2197-22	
Au livre III	
Au titre VII	
D. 2371-3	
Au titre IX	
D. 2392-2	Résultant du décret n° 2019-748 du 18 juillet 2019
D. 2392-11	
D. 2396-2 et D. 2396-2-1	Résultant du décret n° 2022-767 du 2 mai 2022
D. 2397-2	
Au livre V	
Au titre II	
D. 2521-5	Résultant du décret n° 2019-748 du 18 juillet 2019

SECTION 2 Dispositions d'adaptation

Art. R. 2671-3 Pour l'application des dispositions réglementaires du livre I en Nouvelle-Calédonie :

1° A l'article R. 2111-9 :

a) Le 2° est supprimé ;

b) Au 5°, les mots : "les autres référentiels techniques élaborés par les organismes européens de normalisation, ou, en leur absence," sont supprimés ;

(Décr. n° 2021-1634 du 13 déc. 2021, art. 3) « 2° A l'article R. 2122-1, les références à l'article L. 1311-4 du code de la santé publique, aux articles L. 184-1, L. 511-11, L. 511-15, L. 511-16 et L. 511-19 à L. 511-21 du code de la construction et de l'habitation et aux 1° et 2° de l'article L. 201-2 du code rural et de la pêche maritime sont remplacées par les références aux dispositions applicables localement ayant le même objet *[ancienne rédaction : 2° A l'article R. 2122-1, les références aux articles L. 1311-4, L. 1331-24, L. 1331-26-1, L. 1331-28, L. 1331-29 et L. 1334-2 du code de la santé publique, aux*

articles L. 123-3, L. 129-2, L. 129-3, L. 511-2 et L. 511-3 du code de la construction et de l'habitation et aux 1° et 2° de l'article L. 201-2 du code rural et de la pêche maritime sont remplacées par les références aux dispositions applicables localement ayant le même objet] ; »

3° A l'article R. 2122-2, le dernier alinéa est supprimé ;

4° Au 5° de l'article R. 2124-3, le mot : "européenne" est supprimé ;

5° L'article R. 2131-1 est ainsi rédigé :

Art. R. 2131-1 L'acheteur peut faire connaître son intention de passer un marché par la publication, pour le pouvoir adjudicateur, d'un avis de préinformation, ou, pour l'entité adjudicatrice, d'un avis périodique indicatif.

6° L'article R. 2131-2 est ainsi rédigé :

Art. R. 2131-2 Les avis mentionnés à l'article R. 2131-1 sont publiés soit au *Journal officiel* de la Nouvelle-Calédonie, soit sur le profil d'acheteur du pouvoir adjudicateur.

7° A l'article R. 2131-5, les mots : ", dans les conditions prévues aux articles R. 2131-19 et R. 2131-20" sont supprimés ;

8° A l'article R. 2131-8, les mots : "de l'Union européenne dans les conditions prévues aux articles R. 2131-19 et R. 2131-20" sont remplacés par les mots : "de la Nouvelle-Calédonie." ;

9° Les articles R. 2131-12 et R. 2131-13 sont remplacés par les dispositions suivantes :

Art. R. 2131-12 Pour les marchés passés selon une procédure adaptée, l'acheteur choisit librement les modalités de publicité adaptées en fonction des caractéristiques du marché, notamment le montant et la nature des travaux, des fournitures ou des services en cause.

10° A l'article R. 2131-15 :

a) Les mots : "conforme au modèle fixé par le règlement de la Commission européenne établissant les formulaires standard pour la publication d'avis dans le cadre de la passation de marchés publics" sont supprimés ;

b) Les mots : "de l'Union européenne dans les conditions prévues aux articles R. 2131-19 et R. 2131-20" sont remplacés par les mots : "de la Nouvelle-Calédonie" ;

11° L'article R. 2131-16 est ainsi rédigé :

Art. R. 2131-16 Pour les marchés passés selon une des procédures formalisées énumérées aux articles R. 2124-1 et R. 2124-3 à R. 2124-5, l'acheteur publie un avis de marché soit dans le *Bulletin officiel des annonces des marchés publics*, soit dans le *Journal officiel* de la Nouvelle-Calédonie, soit dans un journal habilité à recevoir des annonces légales.

12° L'article R. 2132-2 est remplacé par les dispositions suivantes :

Art. R. 2132-2 Les documents de la consultation sous format papier sont gratuitement mis à disposition des opérateurs économiques. Ils peuvent être mis en ligne sur un profil d'acheteur à compter de la publication de l'avis d'appel à la concurrence selon des modalités figurant en annexe du présent code. L'adresse du profil d'acheteur sur lequel les documents de la consultation sont accessibles est indiquée dans l'avis ou, le cas échéant, l'invitation.

13° L'article R. 2132-4 est ainsi rédigé :

Art. R. 2132-4 Lorsque l'appel à la concurrence est effectué au moyen d'un avis de préinformation ou d'un avis périodique indicatif, l'accès aux documents de la consultation est offert à compter de l'envoi de l'invitation à confirmer l'intérêt.

Lorsque l'appel à la concurrence est effectué au moyen d'un avis sur l'existence d'un système de qualification, cet accès est offert dès que possible et au plus tard à la date d'envoi de l'invitation à soumissionner.

14° Le premier alinéa de l'article R. 2132-7 est ainsi rédigé :

"Dans toutes les procédures de passation des marchés, les communications et les échanges d'informations peuvent être effectués soit sous forme papier soit par voie électronique." ;

15° L'article R. 2132-13 est ainsi rédigé :

Art. R. 2132-13 Pour chaque étape de la procédure, les candidats et soumissionnaires appliquent le même mode de transmission à l'ensemble des documents qu'ils transmettent à l'acheteur.

16° A l'article R. 2143-3, les références aux articles L. 5212-1 à L. 5212-11 du code du travail sont remplacées par les références aux dispositions applicables localement ayant le même objet ;

17° Le premier alinéa de l'article R. 2143-7 est ainsi rédigé :

"Le candidat établi dans la collectivité produit les certificats délivrés par les administrations et organismes compétents localement. Les impôts, taxes, contributions ou contributions sociales figurant dans l'arrêté annexé au présent code sont remplacés, en tant que de besoin, par les impôts, taxes, contributions ou cotisations sociales ayant le même objet applicables localement." ;

18° A l'article R. 2143-8, les références aux articles du code du travail sont remplacées par les références aux dispositions applicables localement ayant le même objet ;

(Décr. n° 2021-631 du 21 mai 2021, art. 3 et 22, en vigueur le 1er nov. 2021) « 19° Le premier alinéa de l'article R. 2143-9 est remplacé par les dispositions suivantes :

« "L'acheteur accepte comme preuve suffisante attestant que le candidat ne se trouve pas dans un cas d'exclusion mentionné à l'article L. 2141-3, la production d'un extrait du registre pertinent ou, à défaut, d'un document équivalent délivré par l'autorité judiciaire ou administrative compétente du pays d'origine ou d'établissement du candidat, attestant de l'absence de cas d'exclusion." *[ancienne rédaction : 19° A l'article R. 2143-9, les mots : "tel qu'un extrait K, un extrait K bis, un extrait D1" sont supprimés]* ; »

(Décr. n° 2019-259 du 29 mars 2019, art. 2) « 20° A l'article R. 2151-13, les mots : "au sens de la recommandation 2003/361/CE concernant la définition des micro, petites et moyennes entreprises" et les mots : "au sens du I de l'article 19 de la loi n° 96-603 du 5 juillet 1996 modifiée relative au développement et à la promotion du commerce et de l'artisanat" sont remplacés par les mots : "au sens de la réglementation localement applicable" » ;

21° A l'article R. 2151-14, les mots : "au règlement (CE) n° 765/2008 du Parlement européen et du Conseil du 9 juillet 2008 fixant les prescriptions relatives à l'accréditation et à la surveillance du marché pour la commercialisation des produits et abrogeant le règlement (CEE) n° 339/93 du Conseil" sont remplacés par les mots : "aux règles nationales en vigueur" ;

22° A l'article R. 2152-4, les mots : "par le droit de l'Union européenne" sont supprimés ;

23° A l'article R. 2162-23, la référence au préfet est remplacée par la référence au haut-commissaire de la République ;

24° L'article R. 2162-28 est ainsi rédigé :

Art. R. 2162-28 Pour mettre en place un système de qualification, l'entité adjudicatrice publie un avis sur l'existence d'un tel système au *Journal officiel* de la Nouvelle-Calédonie. Cet avis mentionne son objet, sa durée et les modalités d'accès aux règles qui le gouvernent.

25° L'article R. 2162-29 est ainsi rédigé :

Art. R. 2162-29 L'entité adjudicatrice notifie au *Journal officiel* de la Nouvelle-Calédonie tout changement de la durée du système en utilisant :

1° Un avis sur l'existence d'un système de qualification lorsque la durée de validité est modifiée sans qu'il y soit mis un terme ;

2° Un avis d'attribution lorsqu'il est mis fin au système.

26° L'article R. 2162-40 est ainsi rédigé :

Art. R. 2162-40 Lorsque la valeur estimée du besoin est égale ou supérieure aux seuils de procédure formalisée, l'acheteur notifie au *Journal officiel* de la Nouvelle-Calédonie tout changement de la durée de validité du système d'acquisition dynamique en utilisant :

1° Le formulaire utilisé pour l'appel à la concurrence pour le système d'acquisition dynamique lorsque la durée de validité est modifiée sans qu'il soit mis un terme au système ;

2° Un avis d'attribution lorsqu'il est mis fin au système.

27° A l'article R. 2172-35, la référence aux catégories M et N définies à l'article R. 311-1 du code de la route est remplacée par la référence aux dispositions applicables localement ayant le même objet ;
28° L'article R. 2183-1 est ainsi rédigé :

Art. R. 2183-1 Pour les marchés répondant à un besoin d'un montant égal ou supérieur aux seuils européens publiés au *Journal officiel* de la République française, l'acheteur envoie pour publication, dans un délai maximal de trente jours à compter de la signature du marché, un avis d'attribution dans le support qui a été utilisé à titre principal pour la publicité préalable.

(Décr. n° 2019-1344 du 12 déc. 2019, art. 3 et 4, en vigueur le 1er janv. 2020) **« 29° Les deux derniers alinéas de l'article R. 2191-7 sont supprimés » ;**
30° A l'article R. 2191-63, la référence à l'article L. 3253-22 du code du travail est remplacée par la référence à la réglementation localement applicable ayant le même objet ;
(Décr. n° 2019-748 du 18 juill. 2019, art. 3) **« 30° *bis* Le deuxième alinéa de l'article R. 2192-3 n'est applicable que si les titulaires de marchés ou leurs sous-traitants admis au paiement direct choisissent de transmettre leurs factures sous forme électronique ; »**
31° A l'article *(Décr. n° 2019-748 du 18 juill. 2019, art. 5)* **« R. 2192-11 », le dernier alinéa est supprimé ;**
(Décr. n° 2019-748 du 18 juill. 2019, art. 3) **« 31° *bis* A l'article R. 2192-15, les mots : "à L. 2192-3" sont remplacés par les mots :"et L. 2192-2" ; »**
32° A l'article *(Décr. n° 2019-748 du 18 juill. 2019, art. 5)* **« R. 2192-16 », les mots : "les collectivités territoriales et leurs établissements publics" sont supprimés ;**
33° A l'article *(Décr. n° 2019-748 du 18 juill. 2019, art. 5)* **« R. 2192-19 », les mots : "les collectivités territoriales** *(Décr. n° 2019-748 du 18 juill. 2019, art. 5)* **« ou » leurs établissements publics" sont supprimés ;**
34° A l'article *(Décr. n° 2019-748 du 18 juill. 2019, art. 5)* **« R. 2192-23 », les mots : "les collectivités territoriales et leurs établissements publics" sont supprimés ;**
35° Le dernier alinéa de l'article R. 2194-10 est ainsi rédigé :
"Cet avis est publié dans le support qui a été utilisé à titre principal pour la publicité préalable." ;
36° La Nouvelle-Calédonie peut relever d'une circonscription d'un comité interrégional ou interdépartemental prévu à l'article R. 2197-3 ;
37° Le 1° de l'article R. 2197-4 est supprimé.

Sur l'application des dispositions issues du Décr. n° 2019-748 du 18 juill. 2019, V. notes ss. art. R. 2651-3, supra.

Art. D. 2671-3-1 *(Décr. n° 2019-748 du 18 juill. 2019, art. 3)* **Pour l'application de l'article D. 2192-2 en Nouvelle-Calédonie :**
***a)* Les mots : "à L. 2192-3" sont remplacés par les mots : "et L. 2192-2" ;**
***b)* En tant que de besoin, la référence au numéro d'identité déterminé en application de l'article R. 123-221 du code de commerce est remplacée par la référence au numéro du répertoire RIDET en vertu de la réglementation applicable localement.**

Sur l'application des dispositions issues du Décr. n° 2019-748 du 18 juill. 2019, V. note ss. art. R. 2192-15, supra.

Art. R. 2671-4 Pour l'application des dispositions réglementaires du livre III en Nouvelle-Calédonie :
1° A l'article R. 2311-5 :
***a)* Le 2° est supprimé ;**
***b)* Au 6°, les mots : "les autres référentiels techniques élaborés par les organismes européens de normalisation, ou, en leur absence," sont supprimés ;**
2° A l'article R. 2322-2, le second alinéa est supprimé ;
3° Les articles R. 2331-1 et R. 2331-2 sont remplacés par les dispositions suivantes :

Art. R. 2331-1 Les acheteurs peuvent faire connaître leur intention de passer un marché par le biais de la publication d'un avis de pré-information.

Art. R. 2331-2 Cet avis est publié soit dans le *Bulletin officiel des annonces de marchés publics* soit sur le profil acheteur du pouvoir adjudicateur.

Le profil d'acheteur est la plateforme de dématérialisation permettant notamment aux acheteurs de mettre les documents de la consultation à disposition des opérateurs économiques par voie électronique et de réceptionner par voie électronique les documents transmis par les candidats et les soumissionnaires. Un arrêté du ministre chargé de l'économie détermine les fonctionnalités et les exigences minimales qui s'imposent aux profils d'acheteur.

4° L'article R. 2331-8 est ainsi rédigé :

Art. R. 2331-8 Les dispositions de l'article R. 2131-16 s'appliquent.

5° Le second alinéa de l'article R. 2332-9 est supprimé ;

6° A l'article R. 2343-3, les références aux articles L. 5212-1 à L. 5212-11 du code du travail sont remplacées par les références aux dispositions applicables localement ayant le même objet ;

(Décr. n° 2019-259 du 29 mars 2019, art. 2) « 7° A l'article R. 2351-12, les mots : "au sens de la recommandation de la Commission du 6 mai 2003 concernant la définition des micro, petites et moyennes entreprises" et les mots : "au sens du I de l'article 19 de la loi n° 96-603 du 5 juillet 1996 modifiée relative au développement et à la promotion du commerce et de l'artisanat" sont remplacés par les mots : "au sens de la réglementation localement applicable" » ;

8° L'article R. 2352-3 est ainsi rédigé :

Art. R. 2352-3 Les dispositions de l'article R. 2152-4 s'appliquent.

9° A l'article R. 2371-6, la référence au préfet est remplacée par la référence au haut-commissaire de la République ;

(Décr. n° 2021-1111 du 23 août 2021, art. 30) « 10° Le second alinéa de l'article R. 2383-1 est ainsi rédigé :

« "Cet avis est publié dans le *Bulletin officiel* des annonces de marchés publics." » ;

11° L'article R. 2383-2 est ainsi rédigé :

Art. R. 2383-2 Les dispositions de l'article R. 2183-3 s'appliquent.

(Décr. n° 2019-748 du 18 juill. 2019, art. 3) « 11° *bis* La première phrase du deuxième alinéa de l'article R. 2392-3 n'est applicable que si les titulaires de marchés ou leurs sous-traitants admis au paiement direct choisissent de transmettre leurs factures sous forme électronique ;

« 11° *ter* A l'article R. 2392-12-1, les mots : "à L. 2392-3" sont remplacés par les mots : "et L. 2392-2" ; »

12° L'article R. 2384-4 est ainsi rédigé :

Art. R. 2384-4 Les dispositions de l'article R. 2184-5 s'appliquent.

13° A l'article R. 2393-18, les mots : "au *Journal officiel de l'Union européenne* dans les conditions des articles R. 2131-19 et R. 2331-11" sont remplacés par les mots : "au *Journal officiel* de la Nouvelle-Calédonie". – *Anc. art. R. 2671-5 (Décr. n° 2018-1225 du 24 déc. 2018, art. 12).*

Les 5°, 6°, 7°, 8°, 9°, 10°, 11° et 12° deviennent respectivement les 6°, 7°, 8°, 9°, 10°, 11°, 12° et 13° (Décr. n° 2019-259 du 29 mars 2019, art. 2-8°).

Sur l'application des dispositions issues du Décr. n° 2019-748 du 18 juill. 2019, V. notes ss. art. R. 2651-3, supra.

Art. D. 2671-5 *(Décr. n° 2019-748 du 18 juill. 2019, art. 3)* Pour l'application de l'article D. 2392-2 en Nouvelle-Calédonie, les mots : "à L. 2392-3" sont remplacés par les mots : "et L. 2392-2".

Sur l'application des dispositions issues du Décr. n° 2019-748 du 18 juill. 2019, V. note ss. art. R. 2192-15, supra.

TITRE VIII DISPOSITIONS APPLICABLES DANS LES TERRES AUSTRALES ET ANTARCTIQUES FRANÇAISES

CHAPITRE UNIQUE

SECTION 1 Dispositions générales

Art. R. 2681-1 **Sous la réserve des adaptations prévues par le présent titre, les dispositions suivantes sont applicables dans les Terres australes et antarctiques françaises aux marchés publics conclus par l'État ou ses établissements publics, sous réserve des compétences dévolues à cette collectivité, dans leur rédaction** *(Décr. n° 2019-748 du 18 juill. 2019, art. 5)* **« résultant du décret n° 2018-1075 du 3 décembre 2018 », sauf mention contraire dans le tableau ci-après.** – *Tableau mod. par Décr. n° 2018-1225 du 24 déc. 2018, art. 12-15°, en vigueur dans les conditions décrites ss. art. R. 2112-13 ; Décr. n° 2019-259 du 29 mars 2019, art. 2 ; Décr. n° 2019-748 du 18 juill. 2019, art. 3 et 5, en vigueur dans les conditions décrites ss. art. R. 2651-3 ; Décr. n° 2019-1344 du 12 déc. 2019, art. 3 et 4, en vigueur le 1er janv. 2020 ; Décr. n° 2020-1261 du 15 oct. 2020, art. 2 ; Décr. n° 2021-357 du 30 mars 2021, art. 6 ; Décr. n° 2021-631 du 21 mai 2021, art. 3 ; Décr. n° 2021-1111 du 23 août 2021, art. 30 ; Décr. n° 2021-1634 du 13 déc. 2021, art. 3 ; Décr. n° 2022-767 du 2 mai 2022, art. 10.*

DISPOSITIONS APPLICABLES	DANS LEUR RÉDACTION
Au livre Ier	
R. 2100-1	
Au titre Ier	
R. 2111-1 à R. 2111-2	
R. 2111-4 à R. 2112-12	
R. 2112-13	Résultant du décret n° 2018-1225 du 24 décembre 2018
R. 2112-14 à R. 2113-8	
Au titre II	
R. 2121-1 à R. 2121-7	
R. 2121-8	Résultant du décret n° 2021-1111 du 23 août 2021
R. 2121-9	
R. 2122-1	Résultant du décret n° 2021-1634 du 13 décembre 2021
R. 2122-2	Résultant du décret n° 2021-357 du 30 mars 2021
R. 2122-3 à R. 2122-7	
R. 2122-8	Résultant du décret n° 2019-1344 du 12 décembre 2019
R. 2122-9-1	Résultant du décret n° 2021-1634 du 13 décembre 2021

DISPOSITIONS APPLICABLES	DANS LEUR RÉDACTION
R. 2122-10 et R. 2122-11	
R. 2123-1	Résultant du décret n° 2021-357 du 30 mars 2021
R. 2123-2	Résultant du décret n° 2021-357 du 30 mars 2021
R. 2123-4 à R. 2123-7	
R. 2123-3 à R. 2123-8	
R. 2124-1	Résultant du décret n° 2019-259 du 29 mars 2019
R. 2124-2	
R. 2124-3	Résultant du décret n° 2019-748 du 18 juillet 2019
R. 2124-4 à R. 2124-6	
Au titre III	
R. 2131-1 à R. 2131-11	
R. 2131-12	*[A compter du 1er janvier 2022]* résultant du décret n° 2018-1225 du 24 décembre 2018
R. 2131-13 à R. 2131-16	
R. 2131-18	
R. 2132-1	
R. 2132-2	Résultant du décret n° 2019-1344 du 12 décembre 2019
R. 2132-3 et R. 2132-4	
R. 2132-6 à R. 2132-10	
R. 2132-13 et R. 2132-14	
Au titre IV	
R. 2142-1 à R. 2143-3	
R. 2143-5 à R. 2143-8	
R. 2143-9	Résultant du décret n° 2021-631 du 21 mai 2021
R. 2143-5 à R. 2143-8	
R. 2143-10 à R. 2144-14	

DISPOSITIONS APPLICABLES	DANS LEUR RÉDACTION
Au titre V	
R. 2151-1 à R. 2152-4	
R. 2152-6 à R. 2153-5	
Au titre VI	
R. 2161-1 à R. 2162-3	
R. 2162-4	Résultant du décret nº 2021-1111 du 23 août 2021
R. 2162-5 à R. 2162-23	
R. 2162-25 à R. 2162-35	
R. 2162-37 à R. 2162-66	
Au titre VII	
R. 2171-1 à R. 2171-3	
R. 2171-15	Résultant du décret nº 2019-748 du 18 juillet 2019
R. 2171-16	Résultant du décret nº 2021-357 du 30 mars 2021
R. 2171-17 à R. 2171-22	
R. 2171-23	Résultant du décret nº 2021-357 du 30 mars 2021
R. 2172-1 et R. 2172-2	
R. 2172-4 et R. 2172-5	Résultant du décret nº 2019-259 du 29 mars 2019
R. 2172-6	
R. 2172-20 à R. 2172-38	
Au titre VIII	
R. 2181-1 et R. 2182-2	
R. 2181-3	Résultant du décret nº 2019-259 du 29 mars 2019
R. 2181-4 à R. 2182-4	
R. 2183-1	
R. 2183-3 à R. 2184-2	
R. 2184-3	Résultant du décret nº 2019-748 du 18 juillet 2019
R. 2184-4 et R. 2184-5	

DISPOSITIONS APPLICABLES	DANS LEUR RÉDACTION
R. 2184-7 à R. 2184-10	
R. 2184-12 à R. 2185-2	
Au titre IX	
R. 2191-1	Résultant du décret n° 2019-259 du 29 mars 2019
R. 2191-2 à R. 2191-6	
R. 2191-7	Résultant du décret n° 2020-1261 du 15 octobre 2020
R. 2191-8	Résultant du décret n° 2020-1261 du 15 octobre 2020
R. 2191-9 et R. 2191-10	
R. 2191-11 et R. 2191-12	Résultant du décret n° 2020-1261 du 15 octobre 2020
R. 2191-13	
R. 2191-14	Résultant du décret n° 2020-1261 du 15 octobre 2020
R. 2191-15 à R. 2191-18	
R. 2191-19	Résultant du décret n° 2020-1261 du 15 octobre 2020
R. 2191-20	Résultant du décret n° 2019-259 du 29 mars 2019
R. 2191-21 à R. 2191-32	
R. 2191-33	Résultant du décret n° 2018-1225 du 24 décembre 2018
R. 2191-34 à R. 2191-63	
R. 2192-3	Résultant du décret n° 2019-748 du 18 juillet 2019
R. 2192-10 à R. 2192-14	
R. 2192-15	Résultant du décret n° 2019-748 du 18 juillet 2019
R. 2192-16	Résultant du décret n° 2021-357 du 30 mars 2021
R. 2192-17 à R. 2192-23	
R. 2192-24	Résultant du décret n° 2019-259 du 29 mars 2019
R. 2192-25 à R. 2192-31	

DISPOSITIONS APPLICABLES	DANS LEUR RÉDACTION
R. 2192-32	Résultant du décret n° 2019-748 du 18 juillet 2019
R. 2192-33 et R. 2192-34	
R. 2192-36 et R. 2192-37	
R. 2193-1	Résultant du décret n° 2019-259 du 29 mars 2019
R. 2193-2 à R. 2193-15	
R. 2193-16	Résultant du décret n° 2019-748 du 18 juillet 2019
R. 2193-17 à R. 2194-10	
R. 2196-1	Résultant du décret n° 2022-767 du 2 mai 2022
R. 2196-2	Résultant du décret n° 2022-767 du 2 mai 2022
R. 2196-3	
R. 2196-4	Résultant du décret n° 2022-767 du 2 mai 2022
R. 2196-8	Résultant du décret n° 2019-259 du 29 mars 2019
R. 2196-9 à R. 2197-12	
R. 2197-16	
R. 2197-23 à R. 2197-25	
Au livre II	
R. 2200-1	
Au titre Ier	
R. 2211-1 à R. 2213-4	
R. 2213-5	Résultant du décret n° 2021-357 du 30 mars 2021
Au titre II	
R. 2221-1 à R. 2223-3	
Au titre III	
R. 2232-1 à R. 2236-1	
Au livre III	
R. 2300-1	

DISPOSITIONS APPLICABLES	DANS LEUR RÉDACTION
Au titre Ier	
R. 2311-1 à R. 2312-9	
R. 2312-10 à R. 2312-10-1	Résultant du décret n° 2021-1111 du 23 août 2021
R. 2312-11 à R. 2313-3	
Au titre II	
R. 2321-1 à R. 2321-4	
R. 2321-5	Résultant du décret n° 2021-1111 du 23 août 2021
R. 2321-6	
R. 2321-7	Résultant du décret n° 2021-1111 du 23 août 2021
R. 2322-1 à R. 2322-13	
R. 2322-14 à R. 2323-1	Résultant du décret n° 2021-1111 du 23 août 2021
R. 2323-2 à R. 2323-4	
R. 2324-1	Résultant du décret n° 2019-259 du 29 mars 2019
R. 2324-2 à R. 2324-4	
Au titre III	
R. 2331-1 à R. 2331-4	
R. 2331-5	Résultant du décret n° 2021-1111 du 23 août 2021
R. 2331-7	
R. 2331-8	Résultant du décret n° 2021-1111 du 23 août 2021
R. 2331-9	
R. 2332-1 à R. 2332-18	
Au titre IV	
R. 2342-1 à R. 2342-12	
R. 2342-13	Résultant du décret n° 2021-1111 du 23 août 2021
R. 2342-14 et R. 2342-15	
R. 2343-1	Résultant du décret n° 2019-748 du 18 juillet 2019

DISPOSITIONS APPLICABLES	DANS LEUR RÉDACTION
R. 2343-2	
R. 2343-3	Résultant du décret n° 2019-259 du 29 mars 2019
R. 2343-4 à R. 2343-7	
R. 2343-8 et R. 2343-9	Résultant du décret n° 2021-1111 du 23 août 2021
R. 2343-10 à R. 2343-12	
R. 2343-13	Résultant du décret n° 2021-1111 du 23 août 2021
R. 2343-14 à R. 2343-16	
R. 2343-17	Résultant du décret n° 2021-1111 du 23 août 2021
R. 2343-18 à R. 2344-1	
R. 2344-2	Résultant du décret n° 2021-1111 du 23 août 2021
R. 2344-3	
R. 2344-4	Résultant du décret n° 2021-1111 du 23 août 2021
R. 2344-5 à R. 2344-10	
Au titre V	
R. 2351-1 à R. 2351-13	
R. 2351-14	Résultant du décret n° 2021-1111 du 23 août 2021
R. 2351-15 à R. 2352-9	
Au titre VI	
R. 2361-1 à R. 2362-12	
R. 2362-13	Résultant du décret n° 2022-767 du 2 mai 2022
R. 2362-14 à R. 2362-18	
Au titre VII	
R. 2371-1 à R. 2371-2	
R. 2371-4 à R. 2372-9	
R. 2372-17 à R. 2373-1	

DISPOSITIONS APPLICABLES	DANS LEUR RÉDACTION
Au titre VIII	
R. 2381-1 à R. 2382-4	
R. 2383-1	Résultant du décret n° 2021-1111 du 23 août 2021
R. 2383-2	
R. 2383-3	Résultant du décret n° 2019-259 du 29 mars 2019
R. 2384-1 à R. 2384-2	
R. 2384-3	Résultant du décret n° 2019-259 du 29 mars 2019
R. 2384-4 à R. 2385-1	
Au titre IX	
R. 2391-1 à R. 2391-3	
R. 2391-4	Résultant du décret n° 2018-1225 du 24 décembre 2018
R. 2391-5	Résultant du décret n° 2020-1261 du 15 octobre 2020
R. 2391-6 à R. 2391-19	
R. 2391-20 à R. 2391-20-2	Résultant du décret n° 2021-1111 du 23 août 2021
R. 2391-21 à R. 2391-26	
R. 2391-27	Résultant du décret n° 2021-1111 du 23 août 2021
R. 2391-28	
R. 2392-3	Résultant du décret n° 2019-748 du 18 juillet 2019
R. 2392-10	Résultant du décret n° 2019-748 du 18 juillet 2019
R. 2392-12	
R. 2392-12-1	Résultant du décret n° 2019-748 du 18 juillet 2019
R. 2392-13 à R. 2393-2	
R. 2393-3	Résultant du décret n° 2021-1111 du 23 août 2021
R. 2393-4 à R. 2393-7	

DISPOSITIONS APPLICABLES	DANS LEUR RÉDACTION
R. 2393-8	Résultant du décret n° 2021-1111 du 23 août 2021
R. 2393-9 à R. 2393-12	
R. 2393-13	Résultant du décret n° 2021-1111 du 23 août 2021
R. 2393-14	Résultant du décret n° 2019-259 du 29 mars 2019
R. 2391-15 à R. 2393-17	
R. 2393-18	Résultant du décret n° 2019-259 du 29 mars 2019
R. 2393-19 et R. 2393-20	
R. 2393-21	Résultant du décret n° 2019-259 du 29 mars 2019
R. 2393-22 à R. 2393-24	
R. 2393-25	Résultant du décret n° 2019-259 du 29 mars 2019
R. 2393-26 à R. 2393-33	
R. 2393-34 et R. 2393-34-1	Résultant du décret n° 2019-748 du 18 juillet 2019
R. 2393-34-2	Résultant du décret n° 2021-1111 du 23 août 2021
R. 2393-35 à R. 2393-41	
R. 2393-42	Résultant du décret n° 2019-259 du 29 mars 2019
R. 2393-43	Résultant du décret n° 2021-1111 du 23 août 2021
R. 2393-44 à R. 2396-1	
R. 2396-3	Résultant du décret n° 2019-259 du 29 mars 2019
R. 2396-4 et R. 2396-5	
R. 2396-6	Résultant du décret n° 2021-1111 du 23 août 2021
R. 2397-1	
R. 2397-3 à R. 2397-4	

DISPOSITIONS APPLICABLES	DANS LEUR RÉDACTION
Au livre IV	
Au titre Ier	
R. 2412-1	
Au titre III	
R. 2431-1 à R. 2432-6	
R. 2432-7	Résultant du décret n° 2019-259 du 29 mars 2019
Au livre V	
Au titre II	
R. 2521-1 à R. 2521-4	
R. 2521-6	Résultant du décret n° 2019-748 du 18 juillet 2019

Art. D. 2681-2 Sous la réserve des adaptations prévues par le présent titre, les dispositions suivantes sont applicables dans les Terres australes et antarctiques françaises aux marchés publics conclus par l'État ou ses établissements publics, sous réserve des compétences dévolues à cette collectivité, dans leur rédaction *(Décr. n° 2019-748 du 18 juill. 2019, art. 5)* « résultant du décret n° 2018-1075 du 3 décembre 2018 », sauf mention contraire dans le tableau ci-après. – *Tableau mod. par Décr. n° 2019-259 du 29 mars 2019, art. 2 ; Décr. n° 2019-748 du 18 juill. 2019 art. 3 et 5, en vigueur dans les conditions décrites ss. art. R. 2651-3 ; Décr. n° 2022-767 du 2 mai 2022, art. 10.*

DISPOSITIONS APPLICABLES	DANS LEUR RÉDACTION
Au livre Ier	
Au titre VII	
D. 2171-4	
D. 2171-5	Résultant du décret n° 2019-259 du 29 mars 2019
D. 2171-6 à D. 2171-14	
Au titre IX	
D. 2192-2	Résultant du décret n° 2019-748 du 18 juillet 2019
D. 2192-35	
D. 2196-5 et D. 2196-6	Résultant du décret n° 2022-767 du 2 mai 2022
D. 2197-13 à D. 2197-15	
D. 2197-17 à D. 2197-22	

DISPOSITIONS APPLICABLES	DANS LEUR RÉDACTION
Au livre III	
Au titre VII	
D. 2371-3	
Au titre IX	
D. 2392-2	Résultant du décret n° 2019-748 du 18 juillet 2019
D. 2392-11	
D. 2396-2 et D. 2396-2-1	Résultant du décret n° 2022-767 du 2 mai 2022
D. 2397-2	
Au livre V	
Au titre II	
D. 2521-5	Résultant du décret n° 2019-748 du 18 juillet 2019

SECTION 2 Dispositions d'adaptation

Art. R. 2681-3 Pour l'application des dispositions réglementaires du livre I dans les Terres australes et antarctiques françaises :

1° A l'article R. 2111-9 :

a) Le 2° est supprimé ;

b) Au 5°, les mots : "les autres référentiels techniques élaborés par les organismes européens de normalisation, ou, en leur absence," sont supprimés ;

(Décr. n° 2021-1634 du 13 déc. 2021, art. 3) « 2° A l'article R. 2122-1, les références à l'article L. 1311-4 du code de la santé publique, aux articles L. 184-1, L. 511-11, L. 511-15, L. 511-16 et L. 511-19 à L. 511-21 du code de la construction et de l'habitation et aux 1° et 2° de l'article L. 201-2 du code rural et de la pêche maritime sont remplacées par les références aux dispositions applicables localement ayant le même objet *[ancienne rédaction : 2° A l'article R. 2122-1, les références aux articles L. 1311-4, L. 1331-24, L. 1331-26-1, L. 1331-28, L. 1331-29 et L. 1334-2 du code de la santé publique, aux articles L. 123-3, L. 129-2, L. 129-3, L. 511-2 et L. 511-3 du code de la construction et de l'habitation et aux 1° et 2° de l'article L. 201-2 du code rural et de la pêche maritime sont remplacées par les références aux dispositions applicables localement ayant le même objet]* ; »

3° A l'article R. 2122-2, le dernier alinéa est supprimé ;

4° Au 5° de l'article R. 2124-3, le mot : "européenne" est supprimé ;

5° L'article R. 2131-1 est ainsi rédigé :

Art. R. 2131-1 L'acheteur peut faire connaître son intention de passer un marché par la publication, pour le pouvoir adjudicateur, d'un avis de préinformation, ou, pour l'entité adjudicatrice, d'un avis périodique indicatif.

6° L'article R. 2131-2 est ainsi rédigé :

Art. R. 2131-2 Les avis mentionnés à l'article R. 2131-1 sont publiés soit au *Journal officiel* des Terres australes et antarctiques françaises, soit sur le profil d'acheteur du pouvoir adjudicateur.

7° A l'article R. 2131-5, les mots : ", dans les conditions prévues aux articles R. 2131-19 et R. 2131-20" sont supprimés ;

8° A l'article R. 2131-8, les mots : "de l'Union européenne dans les conditions prévues à l'article R. 2131-19 et R. 2131-20." sont remplacés par les mots : "des Terres australes et antarctiques françaises." ;

9° Les articles R. 2131-12 et R. 2131-13 sont remplacés par les dispositions suivantes :

Art. R. 2131-12 Pour les marchés passés selon une procédure adaptée, l'acheteur choisit librement les modalités de publicité adaptées en fonction des caractéristiques du marché, notamment le montant et la nature des travaux, des fournitures ou des services en cause.

10° A l'article R. 2131-15 :

a) Les mots : ", conforme au modèle fixé par le règlement de la Commission européenne établissant les formulaires standard pour la publication d'avis dans le cadre de la passation de marchés publics" sont supprimés ;

b) Les mots : "de l'Union européenne dans les conditions prévues aux articles R. 2131-19 et R. 2131-20" sont remplacés par les mots : "des Terres australes et antarctiques françaises" ;

11° L'article R. 2131-16 est ainsi rédigé :

Art. R. 2131-16 Pour les marchés passés selon une des procédures formalisées énumérées aux articles R. 2124-2 à R. 2124-6, l'acheteur publie un avis de marché soit dans le *Bulletin officiel des annonces des marchés publics*, soit dans le *Journal officiel* des Terres australes et antarctiques françaises, soit dans un journal habilité à recevoir des annonces légales.

12° L'article R. 2132-2 est remplacé par les dispositions suivantes :

Art. R. 2132-2 Les documents de la consultation sous format papier sont gratuitement mis à disposition des opérateurs économiques. Ils peuvent être mis en ligne sur un profil d'acheteur à compter de la publication de l'avis d'appel à la concurrence selon des modalités figurant en annexe du présent code. L'adresse du profil d'acheteur sur lequel les documents de la consultation sont accessibles est indiquée dans l'avis ou, le cas échéant, l'invitation.

13° L'article R. 2132-4 est ainsi rédigé :

Art. R. 2132-4 Lorsque l'appel à la concurrence est effectué au moyen d'un avis de préinformation ou d'un avis périodique indicatif, l'accès aux documents de la consultation est offert à compter de l'envoi de l'invitation à confirmer l'intérêt.

Lorsque l'appel à la concurrence est effectué au moyen d'un avis sur l'existence d'un système de qualification, cet accès est offert dès que possible et au plus tard à la date d'envoi de l'invitation à soumissionner.

14° Le premier alinéa de l'article R. 2132-7 est remplacé par les dispositions suivantes :

"Dans toutes les procédures de passation des marchés, les communications et les échanges d'informations peuvent être effectués soit sous forme papier soit par voie électronique." ;

15° L'article R. 2132-13 est remplacé par les dispositions suivantes :

Art. R. 2132-13 Pour chaque étape de la procédure, les candidats et soumissionnaires appliquent le même mode de transmission à l'ensemble des documents qu'ils transmettent à l'acheteur.

16° A l'article R. 2143-3, les références aux articles L. 5212-1 à L. 5212-11 du code du travail sont remplacées par les références aux dispositions applicables localement ayant le même objet ;

17° Le premier alinéa de l'article R. 2143-7 est ainsi rédigé :

"Le candidat établi dans la collectivité produit les certificats délivrés par les administrations et organismes compétents localement. Les impôts, taxes, contributions ou contributions sociales figurant dans l'arrêté annexé au présent code sont remplacés, en tant que de besoin, par les impôts, taxes, contributions ou cotisations sociales ayant le même objet applicables localement." ;

18° A l'article R. 2143-8, les références aux articles du code du travail sont remplacées par les références aux dispositions applicables localement ayant le même objet ;

(Décr. n° 2021-631 du 21 mai 2021, art. 3 et 22, en vigueur le 1er nov. 2021) 19° Le premier alinéa de l'article R. 2143-9 est remplacé par les dispositions suivantes :

« "L'acheteur accepte comme preuve suffisante attestant que le candidat ne se trouve pas dans un cas d'exclusion mentionné à l'article L. 2141-3, la production d'un extrait du registre pertinent ou, à défaut, d'un document équivalent délivré par l'autorité judiciaire ou administrative compétente du pays d'origine ou d'établissement du candidat, attestant de l'absence de cas d'exclusion." *[ancienne rédaction : 19° A l'article R. 2143-9, les mots : "tel qu'un extrait K, un extrait K bis, un extrait D1" sont supprimés]* ; »

20° A l'article R. 2151-13, les mots : "au sens de la recommandation 2003/361/CE de la Commission du 6 mai 2003 concernant la définition des micro, petites et moyennes entreprises" sont remplacés par les mots : *(Décr. n° 2019-259 du 29 mars 2019, art. 2)* « qui occupent moins de deux cent cinquante personnes et dont le chiffre d'affaires annuel n'excède pas 50 millions d'euros ou dont le total du bilan annuel n'excède pas 43 millions d'euros »" ;

21° A l'article R. 2151-14, les mots : "au règlement (CE) n° 765/2008 du Parlement européen et du Conseil du 9 juillet 2008 fixant les prescriptions relatives à l'accréditation et à la surveillance du marché pour la commercialisation des produits et abrogeant le règlement (CEE) n° 339/93 du Conseil" sont remplacés par les mots : "aux règles nationales en vigueur" ;

22° A l'article R. 2152-4, les mots : "par le droit de l'Union européenne" sont supprimés ;

23° A l'article R. 2162-23, la référence au préfet est remplacée par la référence à l'administrateur supérieur du territoire ;

24° L'article R. 2162-28 est ainsi rédigé :

Art. R. 2162-28 Pour mettre en place un système de qualification, l'entité adjudicatrice publie un avis sur l'existence d'un tel système au *Journal officiel* des Terres australes et antarctiques françaises. Cet avis mentionne son objet, sa durée et les modalités d'accès aux règles qui le gouvernent.

25° L'article R. 2162-29 est ainsi rédigé :

Art. R. 2162-29 L'entité adjudicatrice notifie au *Journal officiel* des Terres australes et antarctiques françaises tout changement de la durée du système en utilisant :

1° Un avis sur l'existence d'un système de qualification lorsque sa durée de validité est modifiée sans qu'il y soit mis un terme ;

2° Un avis d'attribution lorsqu'il est mis fin au système.

26° L'article R. 2162-40 est ainsi rédigé :

Art. R. 2162-40 Lorsque la valeur estimée du besoin est égale ou supérieure aux seuils de procédure formalisée, l'acheteur notifie au *Journal officiel* des Terres australes et antarctiques françaises tout changement de la durée de validité du système d'acquisition dynamique en utilisant :

1° Le formulaire utilisé pour l'appel à la concurrence pour le système d'acquisition dynamique lorsque la durée de validité est modifiée sans qu'il soit mis un terme au système ;

2° Un avis d'attribution lorsqu'il est mis fin au système.

27° A l'article R. 2172-35, la référence aux catégories M et N définies à l'article R. 311-1 du code de la route est remplacée par la référence aux dispositions applicables localement ayant le même objet ;

28° L'article R. 2183-1 est ainsi rédigé :

Art. R. 2183-1 Pour les marchés répondant à un besoin d'un montant égal ou supérieur aux seuils européens publiés au *Journal officiel* de la République française, l'acheteur envoie pour publication, dans un délai maximal de trente jours à compter de la signature du marché, un avis d'attribution dans le support qui a été utilisé à titre principal pour la publicité préalable.

(Décr. n° 2019-1344 du 12 déc. 2019, art. 3 et 4, en vigueur le 1er janv. 2020) « 29° Les deux derniers alinéas de l'article R. 2191-7 sont supprimés » ;

30° A l'article R. 2191-63, la référence à l'article L. 3253-22 du code du travail est remplacée par la référence à la réglementation localement applicable ayant le même objet ;

(Décr. nº 2019-748 du 18 juill. 2019, art. 3) **« 30° *bis* Le deuxième alinéa de l'article R. 2192-3 n'est applicable que si les titulaires de marchés ou leurs sous-traitants admis au paiement direct choisissent de transmettre leurs factures sous forme électronique ; »**

31° A l'article *(Décr. nº 2019-748 du 18 juill. 2019, art. 5)* **« R. 2192-11 », le dernier alinéa est supprimé ;**

(Décr. nº 2019-748 du 18 juill. 2019, art. 3) **« 31° *bis* A l'article R. 2192-15, les mots : "à L. 2192-3" sont remplacés par les mots : "et L. 2192-2" ; »**

32° A l'article *(Décr. nº 2019-748 du 18 juill. 2019, art. 5)* **« R. 2192-16 », les mots : "les collectivités territoriales et leurs établissements publics" sont supprimés ;**

33° A l'article *(Décr. nº 2019-748 du 18 juill. 2019, art. 5)* **« R. 2192-19 », les mots : "les collectivités territoriales** *(Décr. nº 2019-748 du 18 juill. 2019, art. 5)* **« ou » leurs établissements publics" sont supprimés ;**

34° A l'article *(Décr. nº 2019-748 du 18 juill. 2019, art. 5)* **« R. 2192-23 », les mots : "les collectivités territoriales et leurs établissements publics" sont supprimés ;**

35° Le dernier alinéa de l'article R. 2194-10 est ainsi rédigé :

"Cet avis est publié dans le support qui a été utilisé à titre principal pour la publicité préalable." ;

36° Les Terres australes et antarctiques françaises peuvent relever d'une circonscription d'un comité interrégional ou interdépartemental prévu à l'article R. 2197-3 ;

37° Le 1° de l'article R. 2197-4 est supprimé.

Sur l'application des dispositions issues du Décr. nº 2019-748 du 18 juill. 2019, V. note ss. art. R. 2651-3, supra.

Art. D. 2681-3-1 *(Décr. nº 2019-748 du 18 juill. 2019, art. 3)* **Pour l'application de l'article D. 2192-2 dans les Terres australes et antarctiques françaises, les mots : "à L. 2192-3" sont remplacés par les mots : "et L. 2192-2".**

Sur l'application des dispositions issues du Décr. nº 2019-748 du 18 juill. 2019, V. note ss. art. R. 2192-15, supra.

Art. R. 2681-4 **Pour l'application des dispositions réglementaires du livre III aux Terres australes et antarctiques françaises :**

1° A l'article R. 2311-5 :

***a)* Le 2° est supprimé ;**

***b)* Au 6°, les mots : "les autres référentiels techniques élaborés par les organismes européens de normalisation, ou, en leur absence," sont supprimés ;**

2° A l'article R. 2322-2, le second alinéa est supprimé ;

3° Les articles R. 2331-1 et R. 2331-2 sont remplacés par les dispositions suivantes :

Art. R. 2331-1 Les acheteurs peuvent faire connaître leur intention de passer un marché par le biais de la publication d'un avis de pré-information.

Art. R. 2331-2 Cet avis est publié soit dans le *Bulletin officiel des annonces de marchés publics* soit sur le profil acheteur du pouvoir adjudicateur.

Le profil d'acheteur est la plateforme de dématérialisation permettant notamment aux acheteurs de mettre les documents de la consultation à disposition des opérateurs économiques par voie électronique et de réceptionner par voie électronique les documents transmis par les candidats et les soumissionnaires. Un arrêté du ministre chargé de l'économie détermine les fonctionnalités et les exigences minimales qui s'imposent aux profils d'acheteur.

4° L'article R. 2331-8 est ainsi rédigé :

Art. R. 2331-8 Les dispositions de l'article R. 2131-16 s'appliquent.

5° A l'article R. 2343-3, les références aux articles L. 5212-1 à L. 5212-11 du code du travail sont remplacées par les références aux dispositions applicables localement ayant le même objet ;

6° A l'article R. 2351-12, les mots : "au sens de la recommandation de la Commission du 6 mai 2003 concernant la définition des micro, petites et moyennes entreprises" sont remplacés par les mots : "qui occupent moins de deux cent cinquante personnes et dont le chiffre d'affaires annuel n'excède pas 50 millions d'euros ou dont le total du bilan annuel n'excède pas 43 millions d'euros" ;

7° L'article R. 2352-3 est ainsi rédigé :

Art. R. 2352-3 Les dispositions de l'article R. 2152-4 s'appliquent.

8° A l'article R. 2371-6, la référence au préfet est remplacée par la référence à l'administrateur supérieur du territoire ;

(Décr. n° 2021-1111 du 23 août 2021, art. 30) « 9° Le second alinéa de l'article R. 2383-1 est ainsi rédigé :

« "Cet avis est publié dans le *Bulletin officiel* des annonces de marchés publics." » ;

10° L'article R. 2383-2 est ainsi rédigé :

Art. R. 2383-2 Les dispositions de l'article R. 2183-3 s'appliquent.

11° L'article R. 2384-4 est ainsi rédigé :

Art. R. 2384-4 Les dispositions de l'article R. 2184-5 s'appliquent.

(Décr. n° 2019-748 du 18 juill. 2019, art. 3) « 11° *bis* La première phrase du deuxième alinéa de l'article R. 2392-3 n'est applicable que si les titulaires de marchés ou leurs sous-traitants admis au paiement direct choisissent de transmettre leurs factures sous forme électronique ;

« 11° *ter* A l'article R. 2392-12-1, les mots : "à L. 2392-3" sont remplacés par les mots : "et L. 2392-2" ; »

12° A l'article R. 2393-18, les mots : "au *Journal officiel de l'Union européenne* dans les conditions des articles R. 2131-19 et R. 2331-11" sont remplacés par les mots : "au *Journal officiel* des Terres australes et antarctiques françaises". – *Anc. art. R. 2681-5 (Décr. n° 2018-1225 du 24 déc. 2018, art. 12).*

Sur l'application des dispositions issues du Décr. n° 2019-748 du 18 juill. 2019, V. notes ss. art. R. 2651-3, supra.

Art. D. 2681-5 *(Décr. n° 2019-748 du 18 juill. 2019, art. 3)* Pour l'application de l'article D. 2392-2 dans les Terres australes et antarctiques françaises, les mots : "à L. 2392-3" sont remplacés par les mots : "et L. 2392-2".

Sur l'application des dispositions issues du Décr. n° 2019-748 du 18 juill. 2019, V. notes ss. art. R. 2651-3, supra.

TITRE IX DISPOSITIONS COMMUNES À PLUSIEURS COLLECTIVITÉS

CHAPITRE UNIQUE

Art. R. 2691-1 Pour l'application des articles L. 2691-1 et L. 2691-2, la proportion entre, d'une part, le taux de chômage des jeunes de moins de 25 ans constatée dans l'un des territoires mentionnés à cet article et, d'autre part, ce même taux observé au niveau national est fixée à 1,5.

La part minimale du nombre d'heures nécessaires à l'exécution du marché qui doit être effectuée par des jeunes de moins de 25 ans est fixée à 30 %.

TROISIÈME PARTIE CONCESSIONS

LIVRE PRÉLIMINAIRE CONTRATS DE CONCESSION MIXTES

Le présent livre ne comprend pas de dispositions réglementaires.

LIVRE I DISPOSITIONS GÉNÉRALES

TITRE I PRÉPARATION DU CONTRAT DE CONCESSION

CHAPITRE I DÉFINITION DU BESOIN

Art. R. 3111-1 Les spécifications techniques et fonctionnelles définissent les caractéristiques requises des travaux ou des services.

Elles peuvent se référer au processus spécifique de production ou d'exécution des travaux ou des services demandés, à condition qu'ils soient liés à l'objet du contrat de concession et proportionnés à sa valeur et à ses objectifs. – *[Décr. n° 2016-86 du 1er févr. 2016, art. 2-I.]*

Art. R. 3111-2 Les spécifications techniques et fonctionnelles ne font pas référence à un mode ou procédé de fabrication particulier, à une provenance ou origine déterminée, à une marque, un brevet ou un type.

Toutefois, une telle mention ou référence est possible si elle est justifiée par l'objet du contrat de concession ou, à titre exceptionnel, dans le cas où une description suffisamment précise et intelligible de l'objet du contrat de concession n'est pas possible sans elle et à la condition qu'elle soit accompagnée des termes : "ou équivalent". – *[Décr. n° 2016-86 du 1er févr. 2016, art. 2-II.]*

Art. R. 3111-3 L'autorité concédante ne peut pas rejeter une offre au motif qu'elle n'est pas conforme aux spécifications techniques et fonctionnelles si le soumissionnaire prouve dans son offre, par tout moyen approprié, que les solutions qu'il propose respectent de manière équivalente ces spécifications. – *[Décr. n° 2016-86 du 1er févr. 2016, art. 2-III.]*

COMMENTAIRE

On trouve ici des dispositions qui, moins précises que celles qui concernent les marchés publics, sont inspirées par les mêmes exigences. ❑

DSP. L'autorité délégante peut exiger des spécifications techniques supérieures à celles exigées par la réglementation applicable au secteur d'activité, mais si ces spécifications ont pour effet de limiter la concurrence entre candidats potentiels, elles doivent être justifiées par les nécessités propres au service public délégué. • CE 15 déc. 2006, *Sté Corsica Ferries*, n° 298618 A : *BJCP 2007. 11, concl. Casas.*

CHAPITRE II MUTUALISATION

Le présent chapitre ne comprend pas de dispositions réglementaires.

CHAPITRE III RÉSERVATION

Art. R. 3113-1 L'autorité concédante peut mettre en œuvre la réservation prévue aux articles L. 3113-1 et L. 3113-2 lorsque la proportion minimale mentionnée à ces articles est d'au moins 50 %.

La décision de réserver est mentionnée dans l'avis de concession. – *[Décr. n° 2016-86 du 1er févr. 2016, art. 3.]*

CHAPITRE IV CONTENU DU CONTRAT DE CONCESSION

SECTION 1 Durée

Art. R. 3114-1 Pour la détermination de la durée du contrat de concession, les investissements s'entendent comme les investissements initiaux ainsi que ceux devant être réalisés pendant la durée du contrat de concession, lorsqu'ils sont nécessaires à l'exploitation des travaux ou des services concédés.

Sont notamment considérés comme tels les travaux de renouvellement, les dépense liées aux infrastructures, aux droits d'auteur, aux brevets, aux équipements, à la logi tique, au recrutement et à la formation du personnel. – *[Décr. n° 2016-86 du 1er fé 2016, art. 6-I.]*

Art. R. 3114-2 Pour les contrats de concession d'une durée supérieure à cinq an durée du contrat ne doit pas excéder le temps raisonnablement escompté p concessionnaire pour qu'il amortisse les investissements réalisés pour l'exploitatio ouvrages ou services avec un retour sur les capitaux investis, compte tenu des in sements nécessaires à l'exécution du contrat. – *[Décr. n° 2016-86 du 1er févr. art. 6-II.]*

Art. D. 3114-3 **L'autorité compétente de l'État mentionnée à l'article L. 3114-8 est le directeur départemental des finances publiques.** – *[Décr. n° 2016-86 du 1er févr. 2016, art. 6-III.]*

COMMENTAIRE

On se reportera aux articles L. 3114-7 et L. 3114-8 du code, qui déterminent les règles applicables à la durée des concessions.

L'article R. 3114-1 précise ce qu'il convient d'entendre par « investissements », en des termes assez complexes. La façon de prendre en compte des investissements futurs pour déterminer la durée légalement possible d'un contrat restera à préciser. On peut par ailleurs s'interroger sur la liste – non exhaustive – qui figure au second alinéa. ❑

SECTION 2 Conditions de paiement

Art. R. 3114-4 **Pour les pouvoirs adjudicateurs dotés d'un comptable public, le contrat de concession indique, lorsqu'il y a lieu, les conditions administratives et techniques auxquelles sont subordonnés l'ordonnancement et le paiement.**

Les dispositions du présent art. s'appliquent aux contrats conclus à compter du 16 mars 2013 pour les créances dont le délai de paiement a commencé à courir à compter de la date d'entrée en vigueur du Décr. n° 2018-1075 du 3 déc. 2018 (Décr. préc., art. 16 ; JO 5 déc.).

SECTION 3 Part du contrat exécutée par des tiers

Art. R. 3114-5 **En application de l'article L. 3114-9, la part des services ou travaux que le soumissionnaire doit confier à des petites et moyennes entreprises ou à des tiers ne peut être inférieure à 10 % de la valeur globale estimée du contrat de concession.**

TITRE II PROCÉDURE DE PASSATION

CHAPITRE I DÉTERMINATION DES RÈGLES PROCÉDURALES APPLICABLES

SECTION 1 Calcul de la valeur estimée du contrat de concession

Art. R. 3121-1 **La valeur estimée du contrat de concession est calculée selon une méthode objective, précisée dans les documents de la consultation mentionnés à l'article R. 3122-7. Elle correspond au chiffre d'affaires total hors taxes du concessionnaire pendant la durée du contrat.**

Le choix de la méthode de calcul utilisée par l'autorité concédante ne peut avoir pour effet de soustraire le contrat de concession aux dispositions du présent livre qui lui sont applicables, notamment en scindant les travaux ou services. – *[Décr. n° 2016-86 du 1er févr. 2016, art. 7-I, al. 1er et III.]*

Art. R. 3121-2 **Pour estimer la valeur du contrat de concession, l'autorité concédante prend notamment en compte :**

1° La valeur de toute forme d'option et les éventuelles prolongations de la durée du contrat de concession ;

2° Les recettes perçues sur les usagers des ouvrages ou des services, autres que celles collectées pour le compte de l'autorité concédante ou d'autres personnes ;

3° Les paiements effectués par l'autorité concédante ou toute autre autorité publique ou tout avantage financier octroyé par l'une de celles-ci au concessionnaire ;

4° La valeur des subventions ou de tout autre avantage financier octroyés par des tiers pour l'exploitation de la concession ;

5° Les recettes tirées de toute vente d'actifs faisant partie de la concession ;

6° La valeur de tous les fournitures et services mis à la disposition du concessionnaire par l'autorité concédante, à condition qu'ils soient nécessaires à l'exécution des travaux ou à la prestation des services ;

7° Toutes primes ou tous paiements au profit des candidats ou des soumissionnaires. – *[Décr. n° 2016-86 du 1er févr. 2016, art. 7-I, al. 2 à 9.]*

COMMENTAIRE

L'estimation de la valeur du contrat est très importante puisqu'elle a une incidence sur les règles procédurales.

L'article R. 3121-1 pose la règle fondamentale (chiffre d'affaires total hors taxes pendant la durée du contrat), mais l'évaluation (qui doit être objective et transparente) n'est pas toujours aisée et la liste que prévoit l'article R. 3121-2 n'est pas exhaustive. ❑

Art. R. 3121-3 Lorsque l'ouvrage ou le service concédé fait l'objet d'une attribution en lots séparés, l'autorité concédante tient compte de la valeur globale estimée de la totalité de ces lots.

L'autorité concédante peut décider de mettre en œuvre soit une procédure commune de mise en concurrence pour l'ensemble des lots, soit une procédure de mise en concurrence propre à chaque lot. Elle détermine la procédure à mettre en œuvre pour la passation en fonction de la valeur cumulée des lots et, pour les contrats relevant du 2° de l'article R. 3126-1, en fonction de leur objet. – *[Décr. n° 2016-86 du 1er févr. 2016, art. 7-I, al. 2 à 9.]*

COMMENTAIRE

Quelle que soit l'option retenue, ce qui compte, pour la détermination de la procédure à mettre en œuvre, c'est la valeur totale des lots ou, le cas échéant, l'objet du contrat. ❑

Art. R. 3121-4 La valeur du contrat de concession à prendre en compte pour déterminer les règles procédurales à mettre en œuvre pour la passation du contrat est celle estimée au moment de l'envoi de l'avis de concession ou, dans les cas où un tel avis n'est pas prévu, au moment où l'autorité concédante engage la procédure de passation.

Lorsque la valeur du contrat de concession au moment de l'attribution est supérieure de plus de 20 % à sa valeur précédemment estimée et qu'elle excède alors le seuil européen qui figure dans l'avis annexé au présent code, une nouvelle procédure de passation est mise en œuvre si les règles procédurales applicables aux contrats dont la valeur excède ce seuil n'ont pas été respectées. – *[Décr. n° 2016-86 du 1er févr. 2016, art. 8.] – V. Annexe n° 2.*

SECTION 2 Passation des contrats de concessions

SOUS-SECTION 1 Contrats de concession passés avec publicité et mise en concurrence préalables

Art. R. 3121-5 Les contrats de concession sont passés dans le respect des règles de procédure prévues par les chapitres I à V du présent titre, sous réserve des règles particulières propres aux contrats de concession relevant du chapitre VI du présent titre. – *[Décr. n° 2016-86 du 1er févr. 2016, art. 9.]*

COMMENTAIRE

Les articles des chapitres I à V prévoient les règles de droit commun ; pour les concessions dont la valeur estimée est inférieure au seuil européen et certaines autres concessions, il convient de se reporter aux articles R. 3126-1 à R. 3126-14 (V. chap. VI *infra*). ❑

SOUS-SECTION 2 Contrats de concession passés sans publicité ni mise en concurrence préalables

Art. R. 3121-6 Les contrats de concession peuvent être conclus sans publicité ni mise en concurrence préalables dans les cas suivants :

1° Le contrat de concession ne peut être confié qu'à un opérateur économique déterminé pour des raisons techniques, artistiques ou tenant à la protection de droits d'exclusivité ;

2° Lorsque aucune candidature ou aucune offre n'a été reçue ou lorsque seules des candidatures irrecevables au sens de l'article L. 3123-20 ou des offres inappropriées au

sens de l'article R. 3124-4 ont été déposées, pour autant que les conditions initiales du contrat ne soient pas substantiellement modifiées et qu'un rapport soit communiqué à la Commission européenne si elle le demande ;

3° En cas d'urgence résultant de l'impossibilité dans laquelle se trouve l'autorité concédante publique, indépendamment de sa volonté, de continuer à faire assurer le service concédé par son cocontractant ou de l'assurer elle-même, à la condition, d'une part, que la continuité du service soit justifiée par un motif d'intérêt général et, d'autre part, que la durée de ce nouveau contrat de concession n'excède pas celle requise pour mettre en œuvre une procédure de passation. – *[Décr. n° 2016-86 du 1er févr. 2016, art. 11.]*

COMMENTAIRE

La possibilité de contrats passés sans publicité et sans mise en concurrence est prévue par l'article L. 3121-2 : on se reportera au commentaire et à la jurisprudence sous cet article, notamment sur l'urgence.

CHAPITRE II ENGAGEMENT DE LA PROCÉDURE DE PASSATION

SECTION 1 Publicité préalable

SOUS-SECTION 1 Avis de concession

Art. R. 3122-1 L'autorité concédante qui envisage d'attribuer un contrat de concession publie un avis de concession qui comporte notamment une description de la concession et des conditions de participation à la procédure de passation.

Cet avis est établi conformément au modèle fixé par le règlement d'exécution (UE) 2015/1986 de la Commission du 11 novembre 2015 établissant les formulaires standard pour la publication d'avis dans le cadre de la passation de marchés publics et abrogeant le règlement d'exécution (UE) n° 842/2011. – *[Décr. n° 2016-86 du 1er févr. 2016, art. 14, sauf phrase 2, al. 1er.]*

COMMENTAIRE

On trouvera à la partie I de l'appendice le modèle fixé par le règlement (UE) n° 2015/1986.

Les concessions sont soumises aux principes de liberté d'accès à la commande publique, d'égalité de traitement des candidats et de transparence des procédures, qui sont des principes généraux du droit de la commande publique. Pour assurer le respect de ces principes, la personne publique doit apporter aux candidats à l'attribution d'une concession, avant le dépôt de leurs offres, une information suffisante sur la nature et l'étendue des besoins à satisfaire.

Il lui appartient à ce titre d'indiquer aux candidats les caractéristiques essentielles de la concession et le type d'investissements attendus ainsi que les critères de sélection des offres.

S'il est loisible à l'autorité concédante d'indiquer précisément aux candidats l'étendue et le détail des investissements qu'elle souhaite les voir réaliser, elle n'est pas tenue de le faire à peine d'irrégularité de la procédure. Il lui est en effet possible, après avoir défini les caractéristiques essentielles de la concession, de laisser les candidats définir eux-mêmes leur programme d'investissement, sous réserve qu'elle leur ait donné des éléments d'information suffisants sur la nécessité de prévoir des investissements, sur leur nature et leur consistance et sur le rôle qu'ils auront parmi les critères de sélection des offres. • CE 6 nov. 2020, *Cne de Saint-Amand-les-Eaux, Sté anonyme du casino de Saint-Amand-les-Eaux*, nos 437946 et 437975 B : *AJDA 2021. 341*, note Videlin.

SOUS-SECTION 2 Supports de publication

Art. R. 3122-2 L'autorité concédante publie l'avis de concession dans les trois supports suivants :

1° Au *Journal officiel de l'Union européenne* ;

2° Au *Bulletin officiel des annonces des marchés publics* ou dans un journal d'annonces légales ;

3° Dans une publication spécialisée correspondant au secteur économique concerné.
– *[Décr. n° 2016-86 du 1er févr. 2016, art. 15-I.]*

1. Le *Bulletin officiel d'annonces des marchés publics* doit être considéré comme une publication habilitée à recevoir des annonces légales (même s'il ne figure pas sur la liste des journaux habilités à recevoir des annonces légales dressée chaque année par le préfet). Par ailleurs, s'agissant d'une délégation relative à un service public de collecte d'eaux usées, le *Moniteur du bâtiment et des travaux publics* est une « publication spécialisée correspondant au secteur économique concerné ». • CE 19 nov. 2004, *Cne Auxerre c/ Sté Saur France*, n° 266975 B : *AJDA 2005. 433* ; *ACCP févr. 2005, comm. Landot.*

2. La liste des journaux habilités à recevoir des annonces légales dressée par le préfet n'est pas limitative. Elle peut notamment être complétée par des publications qui, au plan national, peuvent être considérées comme habilitées à recevoir de telles annonces, comme le *BOAMP*. En revanche, le *Journal officiel de l'Union européenne* ne peut se voir reconnaître le caractère de publication habilitée à recevoir des annonces légales. Par ailleurs, le *Moniteur du bâtiment et des travaux publics* n'est pas une publication spécialisée dans le secteur économique de la gestion des marchés d'approvisionnement, mais la commune pouvait procéder, dès lors que n'existe aucune publication spécialisée dans ce secteur, à une publication dans le journal *Les Échos*. • CE 8 juill. 2005, *Sté EGS*, n° 277554 B : *Rev. CMP 2005, n° 253, obs. Zimmer ; BJCP 2005. 441, concl. Casas, obs. R.S. ; ACCP nov. 2005, comm. Doulens.*

3. Pour une concession de mise en place et d'exploitation d'un réseau câblé de télévision, le *Moniteur des travaux publics* ne constitue pas une publication spécialisée, dès lors que l'exploitation d'un tel réseau requiert des compétences différentes de celles des entreprises de travaux publics. • CAA Lyon, 19 avr. 2001, *Cne de Sainte-Foy-lès-Lyon*, n° 97LY00357. ♦ De même, des journaux de la presse quotidienne régionale et l'hebdomadaire *La Gazette des communes, des départements, des régions* ne sont pas des revues spécialisées correspondant au secteur économique de l'équipement de la montagne, dès lors qu'il n'est pas établi qu'il n'existe aucune revue dans ce secteur. • CAA Marseille, 21 oct. 2003, *Préfet des Pyrénées-Orientales c/ Cne de La Llagonne*, n° 00MA00574.

4. Le *Moniteur du bâtiment et des travaux publics* peut être considéré comme une publication spécialisée correspondant au secteur économique concerné s'agissant d'une délégation de casinos. • CAA Nantes, 18 juin 2004, *Cne de Carnac*, n° 03NT01143.

Art. R. 3122-3 **L'autorité concédante peut faire paraître, en sus de l'avis de concession mentionné à l'article R. 3122-2, un avis de publicité complémentaire sur un autre support que celui choisi à titre obligatoire.**

Cet avis complémentaire peut, le cas échéant, ne comporter que certains des renseignements figurant dans l'avis de concession publié à titre obligatoire, à condition qu'il indique expressément les références de ce dernier. – *[Décr. n° 2016-86 du 1er févr. 2016, art. 15-IV.]*

SOUS-SECTION 3 **Modalités de publication des avis de concession**

Art. R. 3122-4 **Les avis destinés à être publiés au *Journal officiel de l'Union européenne* sont transmis par voie électronique à l'Office des publications de l'Union européenne qui se charge de leur publication au *Journal officiel de l'Union européenne*.** – *[Décr. n° 2016-86 du 1er févr. 2016, art. 16-I.]*

Art. R. 3122-5 **La publication d'un avis de concession sur tout autre support que le *Journal officiel de l'Union européenne* ne peut intervenir avant sa publication par l'Office des publications de l'Union européenne.**

L'autorité concédante peut toutefois procéder à une publication, au niveau national, lorsqu'elle n'a pas été avisée de la publication au *Journal officiel de l'Union européenne* dans les quarante-huit heures suivant la confirmation de la réception de l'avis par l'Office des publications de l'Union européenne.

L'avis de concession publié au niveau national ne peut fournir plus de renseignements que ceux qui sont contenus dans l'avis adressé à l'Office des publications de l'Union européenne et fait mention de la date d'envoi de l'avis à l'Office des publications de l'Union européenne. – *[Décr. n° 2016-86 du 1er févr. 2016, art. 16-II.]*

COMMENTAIRE

La publication de l'avis au *JOUE* est, en principe, prioritaire et il convient de veiller à ce que les avis – obligatoires ou facultatifs – publiés au niveau national ne comportent aucune information qui ne serait pas mentionnée dans l'avis européen. ❑

Art. R. 3122-6 **L'autorité concédante doit être en mesure de faire la preuve de la date d'envoi des avis de concession.** – *[Décr. n° 2016-86 du 1er févr. 2016, art. 16-III.]*

COMMENTAIRE

On trouvera ci-dessous quelques décisions jurisprudentielles rendues à propos de délégations de service public.

1. DSP passée par l'État. Avis d'appel à la concurrence. Recours. Non. Aucune disposition n'impose à l'État, contrairement à ce qui est prévu pour les collectivités territoriales ainsi que leurs groupements et établissements publics, d'adopter, avant d'engager la procédure de passation d'une délégation de service public, une décision sur le principe du recours à une telle délégation ; l'avis d'appel public à la concurrence, publié le 19 nov. 2015 par le ministre chargé des transports au *BOAMP*, relatif à la délégation de service public de l'aérodrome d'Aix Les Milles, se borne à lancer la procédure de passation de cette délégation ; s'il manifeste l'intention de l'État de passer une convention de délégation de service public pour la gestion de cet aérodrome, il ne saurait en soi constituer une décision sur le principe du recours à une telle délégation ; un tel avis présente le caractère d'une simple mesure préparatoire à la conclusion de la convention qui n'est pas susceptible d'être déférée au juge de l'excès de pouvoir ; les délégations de service public étant au nombre des contrats administratifs qui peuvent faire l'objet du recours de pleine juridiction dont disposent les tiers pour en contester la validité, dans les conditions définies par la décision n° 358994 du 4 avr. 2014 du Conseil d'État, statuant au contentieux, la validité du recours à ce mode de gestion ne pourra être contestée qu'à l'occasion du recours exercé contre le contrat dans les conditions ainsi définies. • CE 4 avr. 2018, *Min. de la Transition écologique et solidaire c/ M. Benard et a.*, n° 414263 B : *AJDA 2018. 765, obs. Maupin*.

2. Publicité. Contenu de l'avis d'appel à concurrence. Une absence de précision dans l'avis d'appel à concurrence, relative à une mention qu'aucun texte n'impose, qui est levée dans le dossier de consultation dès la première phase de la consultation, ne constitue pas un manquement aux obligations de publicité et de mise en concurrence. De même pour des différences de détail entre l'avis publié au *JOCE* et l'avis publié au *BOAMP*. • CE 29 juill. 1998, *Synd. mixte des transports en commun de l'agglomération clermontoise et Stés Spie Batignolles et ANF Industries*, n° 194412 B : *BJCP 1999. 191*.

3. Alors que l'avis d'appel public à la concurrence ne mentionne pas la durée de la convention envisagée, mais que cette information figure dans le dossier de consultation remis à l'ensemble des candidats ayant répondu à l'avis, l'absence de précision sur ce point de l'avis, levée dès la première phase de consultation, n'est pas regardée, dans les circonstances de l'espèce, et compte tenu de la durée envisagée de 12 ans, habituelle pour le type de délégation en cause, comme entachant d'irrégularité la procédure de passation du contrat. • CE 25 juill. 2001, *Synd. des eaux de l'Iffernet*, n° 231319 B.

4. En relevant qu'une collectivité délégante avait, dans l'avis d'appel à candidatures, indiqué que la durée de base du contrat était fixée à quinze ans, tout en spécifiant que la collectivité proposait également deux options à dix et vingt années, sans faire apparaître les critères de choix des offres au regard des durées proposées, pour caractériser un manquement de la collectivité à son obligation de fournir aux candidats potentiels une information satisfaisante sur les critères d'appréciation des offres concurrentes, le juge du référé précontractuel, qui a nécessairement jugé, sans erreur de droit, que l'imprécision qui découlait des documents soumis aux entreprises était susceptible de léser les sociétés requérantes, et qui a souverainement apprécié que l'absence de précision quant à la durée exacte de la délégation ne donnait pas aux entreprises candidates une information suffisante sur les critères d'appréciation des offres, n'a pas commis d'erreur de droit en jugeant que la collectivité délégante avait pour ce motif méconnu ses obligations de publicité et de mise en concurrence. • CE 15 déc. 2008, *Cté intercommunale des villes solidaires*, n° 312350 B : *Rev. CMP 2009, n° 58, note Eckert*.

5. Avis rectificatif. L'avis d'appel à la concurrence publié par la commune au *JOUE*, à la revue *Énergie Plus* et au *BOAMP*, fixait la date limite de dépôt des candidatures au 15 mars 2010, soit dans le délai d'un mois prévu par les dispositions du CGCT ; trois candidats ont retiré le dossier de consultation ; le 1er mars 2010, la commune a informé ces derniers que les offres devaient prendre en compte l'existence d'un capital restant dû concernant des travaux de mise en sécurité d'une partie du réseau de chaleur ; à la suite de cette information, la collectivité publique a également publié le 10 mars 2010 un avis rectificatif et repoussé le délai de remise des candidatures au 2 avr. 2010 ; cet avis rectificatif n'a pas eu pour effet d'affecter les caractéristiques essentielles du contrat de délégation de service public, de telle sorte qu'un nouveau délai d'un mois aurait dû être imparti pour le dépôt des candidatures ; il n'est pas non plus établi que cette rectification aurait dissuadé d'autres candidats de se manifester auprès de la commune, laquelle, contrairement à ce qu'ont estimé les premiers juges, n'a pas manqué aux obligations de publicité, ni méconnu le principe d'égalité entre les candidats. • CAA Douai, 9 juin 2015, *Cne d'Évreux*, n° 13DA01518 : *Rev. CMP 2015, n° 218, note Eckert.*

SECTION 2 Communications et échanges d'informations

SOUS-SECTION 1 Mise à disposition des documents de la consultation

Art. R. 3122-7 Les documents de la consultation sont constitués de l'ensemble des documents fournis par l'autorité concédante ou auxquels elle se réfère, pour définir l'objet, les spécifications techniques et fonctionnelles, les conditions de passation et d'exécution du contrat de concession, ainsi que le délai de remise des candidatures ou des offres et, s'il y a lieu, les conditions de tarification du service rendu à l'usager.

Ils comprennent notamment l'avis de concession, le cahier des charges de la concession et, le cas échéant, l'invitation à présenter une offre. – *[Décr. n° 2016-86 du 1er févr. 2016, art. 4-I, al. 1er.]*

1. Information des candidats. Des contradictions entre le cahier des charges et le dossier de consultation vicient la régularité de la procédure. • CE 22 mars 2000, *Épx Lasaulce*, n° 207804 A.

2. Le cahier des charges peut comporter des informations plus détaillées que les informations essentielles contenues dans l'avis d'appel à la concurrence, sous la seule réserve de ne pas faire apparaître une prestation à exécuter différente de celle résultant de l'avis d'appel à la concurrence. • CE 4 févr. 2009, *Cté d'agglomération du Bassin de Thau*, n° 311949 B : *Rev. CMP 2009, n° 163, note Zimmer.*

3. Les rapports techniques d'exploitation du précédent délégataire, qui sont des documents administratifs, peuvent être communiqués aux candidats. • CE 21 juin 2000, *Synd. intercommunal Côte d'Amour et presqu'île guérandaise*, n° 209319 A : *D. 2000. 232.*

Art. R. 3122-8 Toute modification des documents de la consultation est communiquée à l'ensemble des opérateurs économiques, aux candidats admis à présenter une offre ou à tous les soumissionnaires, dans des conditions garantissant leur égalité et leur permettant de disposer d'un délai suffisant pour remettre leurs candidatures ou leurs offres. – *[Décr. n° 2016-86 du 1er févr. 2016, art. 4-I, al. 2.]*

Art. R. 3122-9 Les documents de la consultation sont mis à disposition, par voie électronique, sur un profil d'acheteur défini à l'article R. 3122-10, à compter de la date de publication d'un avis de concession ou de la date d'envoi de l'invitation à présenter une offre.

Le texte de l'avis de concession ou de l'invitation précise l'adresse internet à laquelle il peut être pris connaissance des documents de la consultation. – *[Décr. n° 2016-86 du 1er févr. 2016, art. 5, al. 1er ecqc l'application.]*

Art. R. 3122-10 Le profil d'acheteur est la plate-forme de dématérialisation permettant notamment aux autorités concédantes de mettre les documents de la consultation à disposition des opérateurs économiques par voie électronique et de réceptionner par voie électronique les documents transmis par les candidats et les soumissionnaires. Un arrêté du ministre chargé de l'économie annexé au présent code détermine les fonctionnalités et les exigences minimales qui s'imposent aux profils d'acheteur. – *[Décr. n° 2016-86 du 1er févr. 2016, art. 5, al. 2.] – V. Annexe n° 7.*

COMMENTAIRE

Voir l'annexe n° 7 au code.

Art. R. 3122-11 Par dérogation à l'article R. 3122-9, lorsque, dans des circonstances dûment justifiées, pour des raisons de sécurité exceptionnelle, des raisons techniques ou en raison du caractère particulièrement sensible d'informations commerciales nécessitant un niveau de protection très élevé, l'autorité concédante est dans l'impossibilité d'offrir un accès dématérialisé à certains documents de la consultation, elle indique, dans l'avis de concession ou l'invitation à présenter une offre, que ces documents seront transmis par des moyens autres qu'électroniques.

Le délai de réception des offres tient compte de cette impossibilité. – *[Décr. n° 2016-86 du 1er févr. 2016, art. 5, al. 3.]*

Art. R. 3122-12 L'autorité concédante communique, au plus tard six jours avant la date limite fixée pour la réception des candidatures ou des offres, les renseignements complémentaires sur les documents de la consultation sollicités en temps utile par les candidats ou soumissionnaires. – *[Décr. n° 2016-86 du 1er févr. 2016, art. 4-II.]*

SOUS-SECTION 2 Moyens de communication et échanges d'informations

Art. R. 3122-13 Les moyens de communication utilisés ne peuvent avoir pour effet de restreindre l'accès des opérateurs économiques à la procédure de passation du contrat de concession.

Les transmissions, les échanges et le stockage d'informations sont effectués de manière à assurer l'intégrité des données et la confidentialité des candidatures et des offres et à garantir que l'autorité concédante ne prend connaissance du contenu des candidatures et des offres qu'à l'expiration du délai prévu pour leur présentation. – *[Décr. n° 2016-86 du 1er févr. 2016, art. 17-I, sauf al. 4.]*

Art. R. 3122-14 A l'exception des cas prévus aux articles R. 3122-4 et R. 3122-9, l'autorité concédante choisit le ou les moyens de communication avec les opérateurs économiques. Ce choix est indiqué dans l'avis de concession ou, en l'absence d'un tel avis, dans un autre document de la consultation. – *[Décr. n° 2016-86 du 1er févr. 2016, art. 17-II.]*

Art. R. 3122-15 Lorsque l'autorité concédante utilise des moyens électroniques, elle assure la confidentialité et la sécurité des transactions sur un réseau informatique accessible de façon non discriminatoire, selon des modalités fixées par arrêté du ministre chargé de l'économie annexé au présent code. – *[Décr. n° 2016-86 du 1er févr. 2016, art. 17-II, al. 1er.]* – *V. Annexe n° 8.*

COMMENTAIRE

Voir l'annexe n° 8.

Art. R. 3122-16 Les dispositifs et les systèmes utilisés pour communiquer par voie électronique, ainsi que leurs caractéristiques techniques, doivent être compatibles avec les technologies d'information et de communication généralement utilisées.

Les frais d'accès au réseau sont à la charge de chaque candidat ou soumissionnaire. – *[Décr. n° 2016-86 du 1er févr. 2016, art. 17-III, al. 2 et 3.]*

Art. R. 3122-17 Les candidats ou soumissionnaires peuvent adresser à l'autorité concédante une copie de sauvegarde des documents transmis par voie électronique dans des conditions fixées par un arrêté du ministre chargé de l'économie annexé au présent code. Cette copie ne peut être prise en considération que si elle est parvenue à l'autorité concédante dans le délai prescrit pour le dépôt, selon le cas, des candidatures ou des offres. – *[Décr. n° 2016-86 du 1er févr. 2016, art. 17-III, al. 4.]* – *V. Annexe n° 6.*

Art. R. 3122-18 L'autorité concédante peut exiger que les candidats et soumissionnaires joignent une traduction en français aux documents qu'ils ont remis rédigés dans une autre langue. – *[Décr. n° 2016-86 du 1er févr. 2016, art. 17-I, al. 4.]* – *V. Annexe n° 4.*

CHAPITRE III PHASE DE CANDIDATURE

SECTION 1 Conditions de participation

SOUS-SECTION 1 Exigences générales de l'autorité concédante

Art. R. 3123-1 L'autorité concédante vérifie les conditions de participation relatives aux capacités et aux aptitudes des candidats nécessaires à la bonne exécution du contrat de concession. – *[Décr. n° 2016-86 du 1er févr. 2016, art. 21, al. 1er, phrase 1.]*

Art. R. 3123-2 L'autorité concédante ne peut exiger des candidats que des renseignements et documents à caractère non discriminatoire et proportionnés à l'objet du contrat de concession ainsi que des renseignements et documents relatifs aux pouvoirs des personnes habilitées à les engager.

Elle peut notamment exiger que les personnes morales indiquent, dans leur candidature, les noms et les qualifications professionnelles des personnes qui seront chargées de l'exécution du contrat de concession. – *[Décr. n° 2016-86 du 1er févr. 2016, art. 21, al. 1er, phrase 2, al. 2.]*

Art. R. 3123-3 L'autorité concédante peut exiger, si l'objet ou les conditions du contrat le justifient, des renseignements relatifs à l'habilitation préalable des candidats, en application des articles R. 2311-1 et suivants du code de la défense. Elle peut accorder à ceux qui ne sont pas habilités au moment du dépôt de leur candidature un délai supplémentaire pour obtenir cette habilitation. Elle indique ce délai dans l'avis de concession ou, en l'absence d'un tel avis, dans un autre document de la consultation. – *[Décr. n° 2016-86 du 1er févr. 2016, art. 21, al. 3.]*

Art. R. 3123-4 Lorsque l'autorité concédante décide d'exiger des candidats des niveaux minimaux de capacité, ceux-ci doivent être liés et proportionnés à l'objet du contrat de concession. – *[Décr. n° 2016-86 du 1er févr. 2016, art. 21-II.]*

Art. R. 3123-5 Les renseignements, documents et les niveaux minimaux de capacité demandés au titre de la présente sous-section sont précisés par l'autorité concédante dans l'avis de concession ou, en l'absence d'un tel avis, dans un autre document de la consultation. – *[Décr. n° 2016-86 du 1er févr. 2016, art. 21-III.]*

COMMENTAIRE

Sur les conditions de participation qui peuvent être exigées par l'autorité concédante et l'examen de la recevabilité des candidatures, on se reportera aux articles L. 3123-18 à L. 3123-21 du code ainsi qu'à la jurisprudence sous l'article R. 3123-21 *infra*. ❑

SOUS-SECTION 2 Conditions de participation propres aux contrats de concession de défense ou de sécurité

Art. R. 3123-6 Pour les contrats de concession de défense ou de sécurité, l'autorité concédante indique dans l'avis de concession si la procédure de passation est ouverte aux opérateurs économiques des pays tiers à l'Union européenne ou à l'Espace économique européen. – *[Décr. n° 2016-86 du 1er févr. 2016, art. 20-I.]*

Art. R. 3123-7 Lorsque l'autorité concédante décide d'ouvrir la procédure de passation aux opérateurs économiques des pays tiers à l'Union européenne ou à l'Espace économique européen, elle indique, dans l'avis de concession, les critères d'accessibilité sur le fondement desquels l'autorisation de participer à la procédure peut être accordée.

Ces critères sont établis notamment au regard des impératifs de sécurité d'information et d'approvisionnement, de la préservation des intérêts de la défense et de la sécurité de l'État, de l'intérêt de développer la base industrielle et technologique de défense européenne, des objectifs de développement durable, de l'obtention d'avantages mutuels et des exigences de réciprocité. – *[Décr. n° 2016-86 du 1er févr. 2016, art. 20-II.]*

Art. R. 3123-8 Lorsque l'autorité concédante décide d'autoriser les opérateurs économiques de pays tiers à l'Union européenne ou à l'Espace économique européen à participer à la procédure de passation de la concession, le candidat n'ayant pas la qualité d'opérateur économique européen produit à l'appui de sa candidature tous documents, renseignements ou justificatifs permettant d'évaluer s'il répond aux critères d'accessibilité à la procédure indiqués dans l'avis de concession. – *[Décr. n° 2016-86 du 1er févr. 2016, art. 20-III.]*

SOUS-SECTION 3 Groupements d'opérateurs économiques

Art. R. 3123-9 Peuvent se porter candidats des groupements d'opérateurs économiques. – *[Décr. n° 2016-86 du 1er févr. 2016, art. 24, al. 1er.]*

Art. R. 3123-10 L'autorité concédante ne peut exiger que le groupement d'opérateurs économiques ait une forme juridique déterminée lors de la présentation d'une candidature ou d'une offre.

Toutefois, l'autorité concédante peut exiger que les groupements d'opérateurs économiques adoptent une forme juridique déterminée après l'attribution du contrat de concession dans la mesure où cela est nécessaire à sa bonne exécution. Dans ce cas, l'autorité concédante précise la forme qui sera imposée après attribution dans les documents de la consultation. – *[Décr. nº 2016-86 du 1er févr. 2016, art. 24, al. 2.]*

SOUS-SECTION 4 Réduction du nombre de candidats

Art. R. 3123-11 L'autorité concédante peut limiter le nombre de candidats admis à présenter une offre. Dans ce cas, elle fixe, dans les documents de la consultation, un nombre minimum de candidats admis à présenter une offre et, le cas échéant, un nombre maximum. Le nombre de candidats admis à présenter une offre doit garantir une concurrence effective. – *[Décr. nº 2016-86 du 1er févr. 2016, art. 22, al. 1er.]*

Art. R. 3123-12 L'autorité concédante procède à la sélection des candidats en appliquant des critères de sélection non discriminatoires et liés à l'objet du contrat de concession relatifs à leurs capacités et à leurs aptitudes. Ces critères sont mentionnés dans les documents de la consultation. – *[Décr. nº 2016-86 du 1er févr. 2016, art. 22, al. 2.]*

Art. R. 3123-13 Lorsque le nombre de candidats satisfaisant aux critères de sélection des candidatures est inférieur au nombre minimum indiqué dans les documents de la consultation, l'autorité concédante peut continuer la procédure avec le ou les seuls candidats sélectionnés. – *[Décr. nº 2016-86 du 1er févr. 2016, art. 22, al. 3.]*

COMMENTAIRE

Pour la mise en œuvre de cette procédure restreinte, les capacités et aptitudes ne sont pas seulement des éléments d'appréciation de la recevabilité des candidatures, mais des critères de sélection.

SECTION 2 Présentation et analyse des candidatures

SOUS-SECTION 1 Délai de réception des candidatures

Art. R. 3123-14 L'autorité concédante fixe le délai de réception des candidatures en fonction notamment de la nature, du montant et des caractéristiques des travaux ou services demandés au concessionnaire.

Le délai minimum de réception des candidatures, accompagnées le cas échéant des offres, est de :

1° Trente jours à compter de la date d'envoi de l'avis de concession ;

2° Vingt-cinq jours lorsque l'autorité concédante accepte que les candidatures lui soient transmises par voie électronique. – *[Décr. nº 2016-86 du 1er févr. 2016, art. 18-I ecqc les candidatures.]*

Art. R. 3123-15 Lorsque les candidatures ne peuvent être déposées qu'à la suite d'une visite sur les lieux d'exécution du contrat ou après consultation sur place de documents complémentaires, le délai de réception des candidatures est fixé de manière à permettre aux opérateurs économiques concernés de prendre connaissance des informations nécessaires au dépôt de leur candidature. – *[Décr. nº 2016-86 du 1er févr. 2016, art. 18-II ecqc les candidatures.]*

Une visite groupée organisée par la personne publique délégante à l'intention des entreprises candidates, à laquelle participe l'ancien titulaire du contrat, n'est pas en soi contraire au principe d'égalité des candidats dès lors que le déroulement de la visite ne porte pas atteinte à ce principe. • CE 24 oct. 2008, *Synd. intercommunal d'eau et d'assainissement de Mayotte, SNC Sogea Mayotte*, nos 300034 et 300094 B.

SOUS-SECTION 2 Éléments à produire par le candidat

Art. R. 3123-16 Le candidat produit, à l'appui de sa candidature, une déclaration sur l'honneur attestant :

1° Qu'il ne fait l'objet d'aucune exclusion de la participation à la procédure de passation des contrats de concession prévue aux articles L. 3123-1 à L. 3123-14 ;

2° Que les renseignements et documents relatifs à ses capacités et à ses aptitudes, exigés en application des articles L. 3123-18, L. 3123-19 et L. 3123-21 et dans les conditions fixées aux articles R. 3123-1 à R. 3123-8, sont exacts. – *[Décr. n° 2016-86 du 1er févr. 2016, art. 19-I.]*

COMMENTAIRE

L'exigence d'une déclaration sur l'honneur répond à un objectif de simplicité pour les candidats. ❑

Art. R. 3123-17 **Le candidat produit, au plus tard avant l'attribution du contrat, tout document attestant qu'il ne fait l'objet d'aucune exclusion de la participation à la procédure de passation des contrats de concession prévue aux articles L. 3123-1 à L. 3123-14.** – *[Décr. n° 2016-86 du 1er févr. 2016, art. 19-II, al. 1er.]*

Art. R. 3123-18 **Pour justifier qu'il a satisfait aux obligations prévues à l'article L. 3123-2, le candidat produit un certificat délivré par les administrations et organismes compétents.**

La liste des impôts, taxes, contributions ou cotisations sociales devant donner lieu à délivrance d'un certificat ainsi que la liste des administrations et organismes compétents figurent dans un arrêté du ministre chargé de l'économie annexé au présent code. – *[Décr. n° 2016-86 du 1er févr. 2016, art. 19-II, al. 2.]*

COMMENTAIRE

On se reportera à l'annexe du code n° 4. ❑

Art. R. 3123-19 **Si le candidat s'appuie sur les capacités et aptitudes d'autres opérateurs économiques, il justifie des capacités et aptitudes de ces opérateurs économiques et apporte la preuve qu'il en disposera pendant toute l'exécution du contrat. Cette preuve peut être apportée par tout moyen approprié.**

En ce qui concerne la capacité financière, l'autorité concédante peut exiger que l'opérateur économique et les autres entités en question soient solidairement responsables de l'exécution du contrat de concession. – *[Décr. n° 2016-86 du 1er févr. 2016, art. 19-III.]*

COMMENTAIRE

Ces dispositions sont, comme plusieurs autres dispositions de ce chapitre, à rapprocher de ce qui est prévu pour les marchés publics. ❑

SOUS-SECTION 3 **Examen des candidatures**

Art. R. 3123-20 **Avant de procéder à l'examen des candidatures, l'autorité concédante qui constate que manquent des pièces ou informations dont la production était obligatoire conformément aux dispositions des articles R. 3123-1 à R. 3123-8 et aux articles R. 3123-16 à R. 3123-19 peut demander aux candidats concernés de compléter leur dossier de candidature dans un délai approprié. Elle informe alors les autres candidats de la mise en œuvre de la présente disposition.** – *[Décr. n° 2016-86 du 1er févr. 2016, art. 23-I.]*

Art. R. 3123-21 **Ne sont pas admis à participer à la suite de la procédure de passation du contrat de concession :**

1° Les candidats qui produisent une candidature incomplète, le cas échéant après mise en œuvre des dispositions de l'article R. 3123-20, ou contenant de faux renseignements ou documents ;

2° Les candidats qui produisent une candidature irrecevable. – *[Décr. n° 2016-86 du 1er févr. 2016, art. 23-II, al. 1er et 2, phrase 1.]*

COMMENTAIRE

On trouvera ci-dessous quelques décisions jurisprudentielles sur l'examen des candidatures à une DSP, rendues sous l'emprise de la loi Sapin ou de l'ordonnance du 29 janvier 2016. ❑

1. Obligations et pouvoirs de l'autorité concédante. Le règlement de la consultation prévu par une autorité concédante pour la passation d'un contrat de concession est obligatoire dans toutes ses mentions. L'autorité concédante ne peut, dès lors, attribuer ce contrat à un candidat qui ne respecte pas une des exigences imposées par ce règlement, sauf si cette exigence se révèle manifestement dépourvue de toute utilité pour l'examen des candidatures ou des offres. Une candidature doit être regardée comme incomplète, au sens de l'art. 23 du Décr. n° 2016-86 du 1er févr. 2016, quand bien même elle contiendrait les pièces et informations dont la production est obligatoire en application des art. 19, 20 et 21 du Décr. préc., dès lors qu'elle ne respecte pas les exigences fixées par le règlement de la consultation relatives au mode de transmission de ces documents, sous réserve que ces exigences ne soient pas manifestement inutiles. Pour rejeter la demande de la société requérante, le juge des référés a estimé que l'obligation imposée aux candidats par le règlement de la consultation de déposer une version sur support numérique des dossiers de candidature n'était pas une formalité inutile, en raison notamment de ce qu'elle avait pour objet de permettre l'analyse des candidatures déposées dans des délais contraints. Les candidats à l'attribution d'un contrat de concession doivent respecter les exigences imposées par le règlement de la consultation et ne peuvent être exonérés de cette obligation que dans l'hypothèse où l'une de ces exigences serait manifestement dépourvue de toute utilité pour l'examen des candidatures ou des offres. Par suite, c'est sans commettre d'erreur de droit que le juge des référés a estimé que l'absence de version sous format dématérialisé du dossier de candidature de la société avait pour effet de rendre cette candidature incomplète au sens de l'art. 23 du Décr. du 1er févr. 2016, alors même qu'une version sous format papier comportant les pièces et informations demandées avait été également déposée. • CE 22 mai 2019, *Sté Corsica Ferries*, n° 426763 B : *BJCP 2019. 340, concl. Pellissier.*

2. Si elles interdisent de prendre en considération les dossiers des candidats qui ne comporteraient pas les attestations nécessaires, les dispositions de l'art. 8 du Décr. n° 97-638 du 31 mai 1997 prévoient, y compris après la date limite de dépôt des candidatures, une procédure de régularisation des candidatures ; dans l'hypothèse où la collectivité délégante fixe une date limite unique pour le dépôt de dossiers comportant, d'une part, les éléments nécessaires pour apprécier les garanties offertes par les candidats, notamment au regard de la satisfaction de leurs obligations fiscales et sociales, d'autre part, les offres proprement dites de ces candidats, cette procédure de régularisation trouve à s'appliquer, le cas échéant, après cette date limite, et jusqu'à ce que la commission mentionnée à l'art. L. 1411-5 CGCT procède à l'ouverture des plis contenant les offres. • CE 14 mars 2003, *Sté Air Lib et a.*, n° 251610 B : *BJCP 2003. 328 ; AJDA 2003. 1052, note Dreyfus ; ACL 2004, n° 53.* ♦ Si la commission a constaté, lors de l'ouverture des plis de candidatures, qu'une société avait produit une attestation sur l'honneur qu'elle était en règle au regard de ses obligations en matière d'emploi de travailleurs handicapés ainsi que des certificats fiscaux et sociaux justifiant de sa situation, documents qui ne correspondaient pas à ceux exigés dans l'avis d'appel public à la concurrence, elle a pu légalement inviter cette société, ainsi qu'un autre candidat, à compléter son dossier, dès lors qu'elle n'a ouvert les enveloppes contenant les offres qu'après cette régularisation. • CAA Bordeaux, 17 févr. 2009, *Cté intercommunale du nord de La Réunion, (CINOR)*, n° 08BX00018.

3. Les collectivités publiques qui se proposent de conclure une délégation de service public doivent s'assurer que les sociétés candidates sont en situation régulière au regard de l'obligation d'emploi de travailleurs handicapés prévue par l'art. L. 323-1 C. trav. • CE 4 févr. 2009, *Cté d'agglomération du Bassin de Thau*, n° 311949 B.

4. Exigence de remise d'un imprimé DC1. Candidature incomplète. Conséquences. Règlement de la consultation ayant donné lieu à la conclusion du contrat dont la validité est contestée prévoyant que les candidats devaient remettre un « imprimé DC1 dûment complété et signé ». L'exigence ainsi faite aux candidats de remplir un formulaire DC1, qui est aisément accessible sur le site internet du ministère chargé de l'économie et qui détermine les modalités de présentation des renseignements relatifs à l'objet de la candidature, à l'identité de l'acheteur et du candidat, ainsi que de la déclaration sur l'honneur prévue au 1° du I de l'art. 19 du Décr. n° 2016-86 du 1er févr. 2016 relative aux cas d'exclusions de la procédure de passation, n'est pas manifestement inutile.

Candidat ayant produit un imprimé DC1 dont la majorité des champs n'étaient pas remplis et qui n'était pas signé : sa candidature était incomplète, sans qu'ait d'incidence la circonstance que d'autres documents auraient comporté les informations requises. Elle aurait par suite dû être écartée comme incomplète, sauf à faire l'objet d'une demande de régularisation, en application du II de l'art. 23 du Décr. du 1er févr. 2016.

Le fait, pour la personne publique, d'avoir conclu le contrat avec une personne dont la candidature aurait dû être écartée comme incomplète constitue un vice entachant la validité du contrat, qui n'est pas susceptible d'être régularisé devant le juge.

Le vice entachant la procédure de passation du contrat et consistant à retenir une société dont la candidature ou l'offre aurait dû être écartée comme incomplète, ne s'oppose pas nécessairement à la poursuite de l'exécution du contrat conclu avec cette société. Il incombe au juge saisi d'une contestation de la validité du contrat, au regard de l'importance et les conséquences du vice, d'apprécier les suites qu'il doit lui donner.

Imprimé DC1 produit par le candidat dont l'essentiel des champs n'est pas rempli, y compris l'attestation sur l'honneur selon laquelle le candidat ne relève d'aucun cas d'exclusion obligatoire, aucun des autres documents produits dans le dossier de candidature ne permettant, par ailleurs, de s'assurer qu'elle ne faisait l'objet d'aucune exclusion : eu égard à la portée de ce manquement au règlement de la consultation, ce vice ne permet pas la poursuite de l'exécution du contrat et justifie la résiliation de celui-ci. • CE 28 mars 2022, *Cne de Ramatuelle et Sté Tropezina Beach Development*, n° 454341 B : *BJCP 2022. 217, concl. Le Corre ; Rev. CMP 2022.184, Dietenhoeffer.*

5. Caractère obligatoire des mentions du règlement de la consultation. Le règlement de la consultation prévu par une autorité délégante pour la passation d'une DSP est obligatoire dans toutes ses mentions. L'autorité délégante ne peut, dès lors, attribuer ce contrat à un candidat qui ne respecte pas une des exigences imposées par ce règlement, sauf si cette exigence se révèle manifestement dépourvue de toute utilité pour l'examen des candidatures ou des offres, ou si la méconnaissance de cette exigence résulte d'une erreur purement matérielle d'une nature telle que nul ne pourrait s'en prévaloir de bonne foi dans l'hypothèse où le candidat verrait son offre retenue. • CE 20 juill. 2022, *Cne du Lavandou*, n° 458427 B.

6. Candidatures. Exigences de l'autorité délégante. Justifications fournies par les candidats. Si l'autorité délégante peut exiger, au stade de l'admission des candidatures, la détention par les candidats de documents comptables et de références de nature à attester de leurs capacités, cette exigence, lorsqu'elle a pour effet de restreindre l'accès au contrat à des entreprises de création récente ou n'ayant réalisé jusqu'alors que des prestations d'une ampleur moindre, doit être objectivement rendue nécessaire par l'objet de la délégation et la nature des prestations à réaliser. Dans le cas contraire, l'autorité délégante doit permettre aux candidats de justifier de leurs capacités financières et professionnelles et de leur aptitude à assurer la continuité du service public par tout autre moyen. Il appartient au juge administratif, saisi sur le fondement de l'art. L. 551-1 CJA, de vérifier la légalité des motifs de l'exclusion d'un candidat d'une procédure de délégation de service public, notamment au regard des principes ainsi définis. • CE 14 déc. 2009, *Cne de La Roche-sur-Yon*, n° 325830 B : *BJCP 2010. 98, concl. Dacosta.* ♦ En exigeant des candidats des références relatives à la gestion d'un service du même ordre de grandeur que le sien, l'autorité délégante ne saurait être regardée comme ayant cherché à limiter la concurrence ou méconnu les dispositions du 2e al. de l'art. L. 1411-1 CGCT ou de l'art. R. 1411-1 du même code. • CAA Bordeaux, 3 mars 2009, *M. Jean-Marc Capdeboscq*, n° 07BX02078.

7. Candidatures. Examen. Il appartient à la collectivité publique de procéder à l'examen pour chaque candidat de ses garanties et aptitudes et d'inscrire sur la liste des candidats admis à présenter une offre tous ceux qui ont satisfait à cet examen. Elle peut, à cette fin, inviter les candidats, dans l'avis d'appel à concurrence, à faire état de références, mais ne peut limiter son examen à celui de références dans une activité déterminée sans permettre aux candidats de démontrer par d'autres références ou d'autres moyens leur aptitude. • CAA Lyon, 10 mai 2001, *Ville de Lyon*, n° 00LY00675.

8. SEM en cours de constitution. Pour refuser de regarder la société d'économie mixte locale Aveyron Labo comme étant en cours de constitution et susceptible comme telle de présenter une candidature à l'attribution de la délégation de service public du laboratoire départemental d'analyses dont la recevabilité pouvait être appréciée au travers des garanties apportées par ses futurs associés, la CAA a relevé que si, au 28 févr. 2005, date limite de réception des candidatures, le département avait approuvé le principe de sa création et adopté des projets de statuts, l'ensemble des personnes sollicitées pour entrer au capital n'avait, à cette date, ni donné leur accord de principe, ni fixé le montant de leur éventuelle participation ; pour porter cette appréciation sur la recevabilité de cette candidature, la cour a pu se fonder sur l'absence, à la date limite d'examen des candidatures, d'informations certaines et précises sur la participation au capital de la future société, même en présence de garanties résultant de la volonté manifestée par le département de créer la société et alors même que, en vertu de l'art. L. 210-6 C. com., les personnes agissant au nom d'une société en cours de formation peuvent prendre des engagements susceptibles d'être ensuite repris par la société constituée. • CE 19 déc. 2012, *Dpt de l'Aveyron*, n° 354873 B : *Rev. CMP 2013, n° 40, note Eckert ; RJEP 2013, n° 30, note Brenet.*

9. Capacité financière. La personne publique délégante peut prendre en compte le chiffre d'affaires d'une entreprise candidate pour apprécier ses capacités financières. • CE 21 juin 2000, *Synd. intercommunal Côte d'Amour et presqu'île guérandaise*, n° 209319 A.

10. En premier lieu, il résulte de l'instruction que la société SNIE, qui a fourni l'ensemble des documents prévus par le pt III.2.3 de l'avis d'appel public à la concurrence, rappelé à l'art. 6.1 du règlement de consultation, a fait état de nombreuses références dans le domaine de la gestion d'infrastructures lourdes, notamment de l'aménagement de zones d'activité, de l'exploitation d'une flotte de conteneurs et d'un parc frigorifiques, de ponts roulants de 30 tonnes de levage ainsi que de l'expérience de sa gérante, Mme Nel, dans la gestion du port de Longoni et du port de plaisance de Mamoudzou, en sa qualité d'ancienne présidente de la chambre de commerce et d'industrie de Mayotte. Par suite, quand bien même la sté SNIE n'avait pas définitivement justifié de l'engagement d'opérateurs économiques partenaires mentionnés dans sa candidature, le moyen tiré de l'absence de capacité technique de la sté SNIE faisant obstacle à l'admission de sa candidature doit être écarté.

En second lieu, il résulte de l'instruction que la société SNIE a produit l'ensemble des documents prévus par le pt III.2.2 de l'avis d'appel public à la concurrence, et rappelés à l'art. 6.1 du règlement de consultation, pour justifier de la capacité économique et financière des candidats. Si la commission de délégation de service public a relevé, lors de l'examen des candidatures, que « la trésorerie fonctionnelle de la sté SNIE était très faible » et que « la surface financière apparaît limitée pour prendre en charge les prestations du port de Mayotte et l'ensemble de ses terminaux », elle a pu estimer, compte tenu de la complexité des montages financiers induits par une délégation de service public et eu égard au niveau de ses fonds propres satisfaisants, que la société pouvait être admise à présenter une offre. En outre, la société requérante ne démontre pas plus en appel qu'elle ne le faisait en première instance que les niveaux de trésorerie et les indicateurs de rentabilité de la sté SNIE s'opposaient à ce que cette dernière soit admise à déposer une offre. Par ailleurs, en précisant que certains indicateurs économiques portés à l'appui de la candidature de la sté SNIE appelaient une vigilance particulière sur le montage juridico-financier proposé dans le cadre de la procédure, la commission n'a pas invité le candidat retenu à une quelconque régularisation de sa candidature. Par suite, le moyen tiré de l'absence de capacité économique et financière de la sté SNIE doit être écarté. • CAA Bordeaux, 20 déc. 2018, *Sé Lavalin c/ Dpt de Mayotte*, n° 16BX00794 : *Rev. CMP 2019. 90 note Eckert.*

11. Manquements dans l'exécution d'une précédente délégation de service public. Pour juger que la candidature d'une entreprise ne remplit pas le critère de « références pour des opérations du même type », lequel doit permettre de déterminer si les candidats disposent de capacités techniques et financières suffisantes, le juge du référé précontractuel ne peut se fonder seulement sur des appréciations négatives portées par une autre société candidate sur la manière dont la société se serait acquittée de ses obligations dans l'exécution d'une précédente délégation de service public dont elle était titulaire, sans rechercher si d'autres éléments du dossier de candidature de cette société permettent à celle-ci de justifier de telles références. • CE 6 oct. 2004, *Sté « La communication hospitalière », AP-HP*, n° 263083 B.

12. Il ressort des pièces du dossier que l'exploitation du lot n° 6 de la plage de Ramatuelle avait provoqué d'importants troubles de voisinage et nuisances ; l'exploitant n'y a pas remédié en dépit de nombreuses demandes et actions engagées pour les faire cesser ; il a poursuivi l'exploitation de son établissement construit sur le domaine public longtemps après l'expiration de sa délégation ; la commission des délégations de service public de la commune, qui a pris en considération l'ensemble des documents et pièces produits, a pu légalement se fonder sur ces éléments, sans entacher sa décision d'inexactitudes matérielles ni d'erreur manifeste d'appréciation, pour rejeter la candidature de cet exploitant au motif qu'il ne justifiait pas de son aptitude à assurer la continuité du service public, laquelle implique un fonctionnement du service conforme aux exigences légales. • CE 24 nov. 2010, *Cne de Ramatuelle*, n° 335703 B.

13. Justification des garanties professionnelles et financières. Secret commercial et industriel. Office du juge du référé précontractuel. Il appartient au juge du référé précontractuel, lorsque est invoqué devant lui le secret commercial et industriel, et s'il l'estime indispensable pour forger sa conviction sur les points en litige, d'inviter la partie qui s'en prévaut à lui procurer tous les éclaircissements nécessaires sur la nature des pièces écartées et sur les raisons de leur exclusion ; il lui revient, si ce secret lui est opposé à tort, d'enjoindre à la collectivité de produire les pièces en cause et de tirer les conséquences, le cas échéant, de son abstention ; pour annuler partiellement la procédure litigieuse, le juge du référé précontractuel a accueilli le moyen tiré de ce que la commission de délégation de service public aurait dû écarter la candidature de la société Le Petit Bain, au motif que celle-ci ne justifiait pas des garanties professionnelles et financières requises, en se bornant à relever que les mentions chiffrées afférentes à ces garanties, figurant dans les documents relatifs à l'analyse de la candidature de la société qui lui avaient été transmis par la commune, avaient été occultées, alors, selon lui, qu'elles ne relevaient pas du secret commercial ou industriel ; toutefois, la seule circonstance que la commune ait cru devoir, devant le juge, occulter des éléments chiffrés portant sur la société attributaire, afin d'éviter qu'ils ne soient versés aux débats dans le cadre de la procédure contradictoire et qu'il soit ainsi porté atteinte au secret des affaires, ne pouvait, à supposer même que l'analyse de la collectivité ait été erronée quant à l'applicabilité de ce secret en l'espèce, être regardée comme établissant, par elle-même, le caractère insuffisant des garanties offertes par la société ; les requérantes sont, par suite, fondées à soutenir que le premier motif de l'ordonnance attaquée est entaché d'erreur de droit. • CE 17 oct. 2016, *Cne d'Hyères-les-Palmiers, Mme Maestracci*, nos 400172 B et 400175 B : *Rev. CMP 2016, no 293, note Eckert.*

14. Rejet d'une candidature. Obligation de motivation (non). La décision de rejet d'une candidature dans le cadre d'une procédure de passation d'un contrat portant délégation de service public ne constitue pas le refus d'une autorisation au sens des dispositions de l'art. 1er de la L. du 11 juill. 1979 ; elle n'entre dans aucune autre catégorie de décision administrative devant faire l'objet d'une motivation en application de ces dispositions. • CE 24 nov. 2010, *Cne de Ramatuelle*, no 335703 A.

15. Admission irrégulière d'un candidat à négocier une offre. Conséquences. L'admission irrégulière d'un candidat qui ne présente pas les capacités techniques, professionnelles et financières requises, n'entache pas nécessairement d'irrégularité la procédure, dès lors que l'offre présentée par ce candidat n'est pas retenue. • CE 24 oct. 2008, *Synd. intercommunal d'eau et d'assainissement de Mayotte, SNC Sogea Mayotte*, nos 300034 et 300094.

CHAPITRE IV PHASE D'OFFRE

SECTION 1 Organisation de la négociation des offres

Art. R. 3124-1 **Lorsque l'autorité concédante fait usage de la possibilité de négocier prévue à l'article L. 3121-1, elle peut décider de limiter le nombre de soumissionnaires admis à participer à la négociation.**

Elle procède à la sélection du ou des soumissionnaires en appliquant les critères d'attribution fixés aux articles R. 3124-4 et R. 3124-5. – *[Décr. no 2016-86 du 1er févr. 2016, art. 26.]*

COMMENTAIRE

Sur la phase décisive de sélection de l'offre présentant le meilleur avantage économique global, on se reportera aux articles L. 3124-1 à L. 3124-5. ❑

SECTION 2 Délais de remise des offres

Art. R. 3124-2 **L'autorité concédante fixe le délai de remise des offres en fonction notamment de la nature, du montant et des caractéristiques des travaux ou services demandés au concessionnaire, et, lorsqu'il y a lieu, conformément aux dispositions de l'article R. 3122-11, de l'impossibilité d'offrir un accès dématérialisé aux documents de la consultation.**

Sous réserve des dispositions de l'article R. 3123-14, le délai minimum de remise des offres est de :

1° Vingt-deux jours à compter de la date d'envoi de l'invitation à présenter une offre ;

2° Dix-sept jours lorsque l'autorité concédante accepte que les offres lui soient transmises par voie électronique. – *[Décr. no 2016-86 du 1er févr. 2016, art. 18-I ecqc les offres.]*

Art. R. 3124-3 **Lorsque les offres ne peuvent être déposées qu'à la suite d'une visite sur les lieux d'exécution du contrat ou après consultation sur place de documents complémentaires, le délai de réception des offres est fixé de manière à permettre aux opérateurs économiques concernés de prendre connaissance des informations nécessaires au dépôt de leur offre.** – *[Décr. no 2016-86 du 1er févr. 2016, art. 18-II ecqc les offres.]*

SECTION 3 Choix de l'offre

Art. R. 3124-4 **Pour attribuer le contrat de concession, l'autorité concédante se fonde, conformément aux dispositions de l'article L. 3124-5, sur une pluralité de critères non discriminatoires. Au nombre de ces critères, peuvent figurer notamment des critères environnementaux, sociaux, relatifs à l'innovation** *[nouvelle rédaction issue du Décr. no 2022-767 du 2 mai 2022, art. 7 et 11, en vigueur le 21 août 2026 : « Pour attribuer le contrat de concession, l'autorité concédante se fonde, conformément aux dispositions de l'article L. 3124-5, sur une pluralité de critères non discriminatoires dont au moins l'un d'entre eux prend en compte les caractéristiques environnementales de l'offre. Au nombre de ces critères peuvent également figurer des critères sociaux ou relatifs à l'innovation »]*.

Les critères et leur description sont indiqués dans l'avis de concession, dans l'invitation à présenter une offre ou dans tout autre document de la consultation. – *[Décr. n° 2016-86 du 1er févr. 2016, art. 27-I, sauf phrase 3 de l'al. 1er.]*

Sur l'application des dispositions issues de l'art. 7 du Décr. n° 2022-767 du 2 mai 2022, V. note ss. art. R. 2152-7 nouv.

Art. R. 3124-5 L'autorité concédante fixe les critères d'attribution par ordre décroissant d'importance. Leur hiérarchisation est indiquée dans l'avis de concession, dans l'invitation à présenter une offre ou dans tout autre document de la consultation.

L'autorité concédante peut modifier, à titre exceptionnel, l'ordre des critères pour tenir compte du caractère innovant d'une solution présentée dans une offre. Une telle modification ne doit pas être discriminatoire. Une offre est considérée comme présentant une solution innovante lorsqu'elle comporte des performances fonctionnelles d'un niveau exceptionnel, et qu'elle ne pouvait être prévue par une autorité concédante diligente. L'autorité concédante publie un nouvel avis de concession ou envoie une nouvelle invitation à présenter une offre dans le respect des délais fixés aux articles R. 3124-2 et R. 3124-3. – *[Décr. n° 2016-86 du 1er févr. 2016, art. 27-II.]*

Art. R. 3124-6 Les offres qui n'ont pas été éliminées en application de l'article L. 3124-2 sont classées par ordre décroissant sur la base des critères prévus aux articles R. 3124-4 et R. 3124-5.

L'offre la mieux classée est retenue. – *[Décr. n° 2016-86 du 1er févr. 2016, art. 28.]*

COMMENTAIRE

Là encore, la procédure s'inspire de ce qui existe pour les marchés publics, avec plus de souplesse. On relèvera en particulier l'originalité de la faculté ouverte par le second alinéa de l'article R. 3124-5.

On trouvera ci-dessous quelques décisions rendues à propos de DSP. ❑

1. Critères de sélection des offres. Les délégations de service public sont soumises aux principes de liberté d'accès à la commande publique, d'égalité de traitement des candidats et de transparence des procédures, qui sont des principes généraux du droit de la commande publique ; pour assurer le respect de ces principes, la personne publique doit apporter aux candidats à l'attribution d'une délégation de service public, avant le dépôt de leurs offres, une information sur les critères de sélection des offres ; la circonstance que les dispositions de l'art. 38 de la L. du 29 janv. 1993 relative à la prévention de la corruption et à la transparence de la vie économique et des procédures publiques prévoient seulement que, après avoir dressé la liste des candidats admis à présenter une offre, la collectivité publique « adresse à chacun des candidats un document définissant les caractéristiques quantitatives et qualitatives des prestations ainsi que, s'il y a lieu, les conditions de tarification du service rendu à l'usager », est sans incidence sur l'obligation d'informer également ces candidats des critères de sélection de leurs offres ; toutefois, les dispositions de l'art. 38 de la L. du 29 janv. 1993 prévoyant que la personne publique négocie librement les offres avant de choisir, au terme de cette négociation, le délégataire, elle n'est pas tenue d'informer les candidats des modalités de mise en œuvre de ces critères ; elle choisit le délégataire, après négociation, au regard d'une appréciation globale des critères, sans être contrainte par des modalités de mise en œuvre préalablement déterminées ; ces règles s'imposent à l'ensemble des délégations de service public, qu'elles entrent ou non dans le champ du droit communautaire ; ainsi, le juge des référés, qui a qualifié la convention litigieuse de délégation de service public, n'a pas commis d'erreur de droit en annulant la procédure de passation au motif que l'absence d'information des candidats sur les critères de sélection des offres, avant le dépôt de celles-ci, était constitutif d'un manquement aux règles de publicité et de mise en concurrence. • CE 23 déc. 2009, *Ét. publ. du musée et du domaine national de Versailles*, n° 328827 A : *BJCP 2010. 103, concl. Dacosta ; AJDA 2010. 500, note Dreyfus ; Dr. adm. 2010, n° 36, note Eckert ; Rev. CMP 2010, n° 83, note Rees.*

2. Toutefois, si, alors même qu'elle n'y est pas tenue, elle rend publiques les modalités de mise en œuvre des critères de sélection des offres et si elle entend ensuite les modifier, elle ne peut légalement le faire qu'en informant les candidats de cette modification en temps utile avant le dépôt des candidatures, afin que celles-ci puissent être utilement présentées, dans le cas où l'information initiale sur les modalités de mise en œuvre des critères a elle-même été donnée avant le dépôt des candidatures, ou en temps utile avant le dépôt des offres, pour que celles-ci puissent être utilement présentées, dans le cas où l'information initiale n'a été donnée qu'après le dépôt des candidatures ; par suite, lorsque la personne publique a informé les candidats des modalités de mise en œuvre des critères de sélection des offres, elle ne peut en tout état de cause les modifier après le dépôt des offres sans méconnaître le principe de transparence des procédures ; la société Lyonnaise des eaux France est, dès lors, fondée à soutenir que la cour administrative d'appel de Lyon a commis une erreur de droit en écartant comme inopérant le moyen tiré de ce que le syndicat aurait manqué au principe de transparence en modifiant en cours de consultation les modalités de mise en œuvre des critères de sélection des offres dont elle avait informé les candidats. • CE 30 juill. 2014, *Sté Lyonnaise des Eaux France*, n° 369044 B : *BJCP 2014. 398, concl. Pellissier ; Rev. CMP 2014, n° 269, note Eckert ; AJDA 2014. 2486, note Hoepffner*.

3. Dès lors que l'autorité délégante choisit de faire connaître ses critères de sélection des offres dans l'avis d'appel public à la concurrence, elle ne peut ensuite les modifier sans porter atteinte aux principes de la transparence des procédures et d'égal accès des candidats aux délégations de service public. Elle peut, en revanche, préciser le sens et la portée de ces critères de sélection au cours de la consultation, dès lors que ces précisions n'ont ni pour objet ni pour effet de créer des discriminations injustifiées entre les entreprises candidates. • CE 20 oct. 2006, *Cté d'agglom. Salon-Étang de Berre-Durance*, n° 287198 B : *Rev. CMP 2006, n° 322*.

4. Aucune règle ni aucun principe n'impose à l'autorité délégante d'informer les candidats des modalités de mise en œuvre des critères de sélection des offres ; l'absence d'une telle information n'est pas constitutive d'un manquement aux règles de publicité et de mise en concurrence. • CE 21 mai 2010, *Cne de Bordeaux*, n° 334845 B.

5. Critères de sélection des offres. Nombre d'emplois locaux induits. Un critère ou un sous-critère relatif au nombre d'emplois locaux dont la création sera induite par la gestion et l'exploitation d'un port, lequel est une infrastructure concourant notamment au développement de l'économie locale, doit être regardé comme en lien direct avec les conditions d'exécution du contrat de délégation de la gestion de ce port et, pourvu qu'il soit non discriminatoire, comme permettant de contribuer au choix de l'offre présentant un avantage économique global pour l'autorité concédante. Il suit de là que c'est sans commettre d'erreur de droit que la cour administrative d'appel a jugé qu'en l'espèce, un tel sous-critère, qui n'implique pas, par lui-même, de favoriser des entreprises locales, n'était pas entaché d'irrégularité. • CE 20 déc. 2019, *Sté Edeis*, n° 428290 B : *BJCP 2020. 130, concl. Le Corre ; Rev. CMP 2020. 91, note Hoepffner*.

6. Négociation et critères de sélection des offres. Redevance domaniale. Si une collectivité délégante lance la procédure prévue par les dispositions du CGCT pour la passation d'une convention de délégation de service public afin d'attribuer un sous-traité d'exploitation d'une plage, qui porte également autorisation d'occupation du domaine public, elle peut librement négocier avec les candidats à l'attribution de ce sous-traité l'ensemble des éléments composant leur offre, y compris le montant de la redevance domaniale, afin de rechercher la valorisation optimale de son domaine. A ce titre, une collectivité délégante peut notamment prévoir que le montant de la redevance domaniale versée par l'attributaire fasse partie des critères de sélection des offres. Il appartient ensuite à la collectivité délégante, en sa qualité d'autorité gestionnaire du domaine public, de fixer elle-même, au plus tard lors de l'attribution du sous-traité, le montant de la redevance domaniale devant être versé par l'attributaire du contrat. • CE 17 sept. 2018, *Sté Le Pagus*, n° 407099 B : *Rev. CMP 2018, comm. 253, note Eckert*.

7. Méthode d'évaluation des offres. L'autorité concédante définit librement la méthode d'évaluation des offres au regard de chacun des critères d'attribution qu'elle a définis et rendus publics. Elle peut ainsi déterminer tant les éléments d'appréciation pris en compte pour son évaluation des offres que les modalités de leur combinaison.

Une méthode d'évaluation est toutefois entachée d'irrégularité si, en méconnaissance des principes fondamentaux d'égalité de traitement des candidats et de transparence des procédures, les éléments d'appréciation pris en compte pour évaluer les offres au titre de chaque critère d'attribution sont dépourvus de tout lien avec les critères dont ils permettent l'évaluation ou si les modalités d'évaluation des critères d'attribution par combinaison de ces éléments sont, par elles-mêmes, de nature à priver de leur portée ces critères ou à neutraliser leur hiérarchisation et sont, de ce fait, susceptibles de conduire, pour la mise en œuvre de chaque critère, à ce que la meilleure offre ne soit pas la mieux classée, ou, au regard de l'ensemble des critères, à ce que l'offre présentant le meilleur avantage économique global ne soit pas choisie.

Il en va ainsi alors même que l'autorité concédante, qui n'y est pas tenue, aurait rendu publique, dans l'avis d'appel à concurrence ou les documents de la consultation, une telle méthode d'évaluation.

Autorité concédante ayant, pour évaluer les offres qui lui étaient soumises, associé à chacun des critères hiérarchisés qu'elle avait fixés et rendus publics une appréciation qualitative des offres. Appréciation étant composée d'une évaluation littérale décrivant les qualités des offres pour chaque critère, suivie d'une flèche qui la résumait. Dans le cadre de cette méthode, une flèche verte orientée vers le haut représentait la meilleure appréciation, une flèche rouge vers le bas la moins bonne, tandis que des flèches orange orientées en haut à droite ou en bas à droite constituaient deux évaluations intermédiaires. Enfin, les offres avaient été classées au regard de l'appréciation que l'autorité concédante avait portée sur chacun des critères.

Cette méthode d'évaluation des offres, qui permet de comparer et de classer tant les évaluations portées sur une même offre au titre de chaque critère que les différentes offres entre elles, n'est pas de nature à priver de leur portée ces critères ou à neutraliser leur hiérarchisation et n'est, par suite, pas entachée d'irrégularité.

Le montant prévisionnel des redevances proposées par les candidats, alors même qu'il serait évalué pour partie par référence au chiffre d'affaire prévisionnel s'agissant des redevances variables, n'est pas dépourvu de tout lien avec le critère de la qualité et la cohérence des offres sur le plan financier, dont il est un élément d'appréciation, et vise à apprécier non la valeur financière de l'offre mais la cohérence et la crédibilité de celle-ci au plan financier. Par suite, la société X n'est pas fondée à soutenir que cet élément d'appréciation des offres, dont il ne résulte pas de l'instruction qu'il devrait être regardé comme un sous-critère, entacherait d'irrégularité la méthode d'évaluation retenue par l'autorité concédante. • CE 3 mai 2022, *Cne de Saint-Cyr-sur-mer*, n°s 459678 et 460724 B : *Rev. CMP 2022, comm. 208, Eckert.*

8. Engagement de la négociation. Il résulte des dispositions de l'art. 38 de la L. du 29 janv. 1993 que l'autorité responsable de la personne publique délégante choisit librement, au vu des offres présentées, ceux des candidats admis à présenter une offre avec qui elle entend mener les négociations. • CE 23 mai 2008, *Musée Rodin*, n° 306153 B : *AJDA 2008. 1768, note Sablière ; Rev. CMP 2008, n° 164, obs. Eckert ; JCP Adm. 2008. 2184, note Linditch.*

9. L'autorité délégante n'est pas tenue de notifier son choix aux entreprises avec lesquelles elle ne compte pas entamer de négociations. • CE 29 juill. 2002, *Cne de Cavalaire-sur-Mer*, n° 242153 • CE 15 déc. 2006, *Sté Corsica Ferries*, n° 298618 A.

10. Aucune règle n'encadre les modalités de l'organisation des négociations par la personne publique, qui n'est en particulier pas tenue de fixer un calendrier préalable de négociation ni de faire connaître son choix de ne pas poursuivre les négociations avec l'un des candidats. • CE 18 juin 2000, *Cté urb. de Strasbourg et Sté Seche Eco Industrie*, n° 336120 B : *BJCP 2010. 354, concl. Dacosta ; Rev. CMP 2010, n° 293, note Eckert.*

11. Engagement de la négociation. Offre incomplète. Lorsque le règlement de la consultation ou le cahier des charges impose la production de documents ou de renseignements à l'appui des offres, l'autorité habilitée à signer la convention de délégation de service public ne peut engager de négociation avec un opérateur économique dont l'offre n'est pas accompagnée de tous ces documents ou renseignements que si cette insuffisance, d'une part, ne fait pas obstacle à ce que soit appréciée la conformité de l'offre aux exigences du cahier des charges et, d'autre part, n'est pas susceptible d'avoir une influence sur la comparaison entre les offres et le choix des candidats qui seront admis à participer à la négociation ; par suite, les sociétés requérantes sont fondées à soutenir que, en jugeant qu'en raison des insuffisances de leur offre au regard des exigences du dossier de consultation, le département du Nord ne pouvait régulièrement leur attribuer le contrat de délégation de service public envisagé, sans rechercher si les irrégularités reprochées à leur offre étaient telles qu'elles empêchaient d'apprécier sa conformité au cahier des charges ou d'effectuer utilement une comparaison avec les autres offres présentées, le juge des référés a commis une erreur de droit. • CE 5 janv. 2011, *Sté Voyages Dupas Lebeda et a.*, n° 342158 B.

12. Le règlement de consultation d'une délégation de service public de remontées mécaniques prévoit que les clauses du document de consultation pourront faire l'objet d'observations ou de propositions alternatives motivées de la part des candidats, qui seront intégrées dans leur proposition. Le cahier des charges impose aux candidats de proposer « en plus des investissements de renouvellement, les investissements nouveaux ou toute autre proposition visant à contribuer au développement de la station, avec la réalisation *a minima* de deux télésièges et d'une retenue collinaire permettant l'installation d'un réseau de neige de culture sur le secteur croix de Fry ».

En estimant qu'il résultait de ces dispositions, qui n'interdisaient pas aux candidats de formuler des propositions alternatives s'agissant des investissements qu'elles visent, que l'offre de la société, qui avait proposé, lors de la phase de négociation, deux solutions à la commune délégante, l'une portant sur l'extension des réseaux d'enneigement artificiel sans construction d'une nouvelle retenue d'altitude, l'autre prévoyant la réalisation d'un lac d'altitude, n'était pas pour ce motif irrégulière, la cour administrative d'appel n'a pas commis d'erreur de droit. • CE 14 oct. 2019, *Sté Les téléskis de la Croix Fry*, n° 418317 B : *Rev. CMP 2019. 379, note Hoepffner ; BJCP 2020. 130, concl. Le Corre.*

13. Si les documents de la consultation imposent la production de documents ou de renseignements à l'appui des offres, des négociations ne peuvent être engagées avec un opérateur dont l'offre n'est pas accompagnée de ces documents que si cette insuffisance ne fait pas obstacle à ce que la conformité de son offre puisse être appréciée au regard des exigences du cahier des charges et qu'en outre elle ne soit pas susceptible d'avoir une influence sur la comparaison entre les offres et le choix des candidats admis à participer à la négociation. • CE 15 déc. 2006, *Sté Corsica Ferries,* n° 298618 A.

14. Négociation. Délai de validité des offres. L'autorité délégante dispose d'une liberté de négociation avec les candidats ayant présenté des offres, mais elle doit respecter la procédure de recueil des offres fixée lors de la phase de publicité préalable. Ainsi, si le règlement de mise en concurrence édicté par l'autorité publique prévoit une date limite de validité des offres, celle-ci ne peut être prorogée qu'avec l'accord de l'ensemble des candidats admis à présenter une offre. • CE 13 déc. 1996, *Synd. intercommunal pour la revalorisation des déchets du secteur Cannes-Grasse et a.,* n° 169706 A.

15. Aucune disposition n'impose à l'autorité délégante de fixer une date limite de validité des offres ; dans le cas, toutefois, où le règlement de mise en concurrence édicté par l'autorité délégante prévoit une telle date limite, le délai ainsi fixé ne peut être prolongé qu'avec l'accord de l'ensemble des candidats admis à présenter une offre, sans que s'impose la fixation d'une nouvelle date limite, et sous réserve qu'un changement dans les conditions de la concurrence ou dans les conditions prévisibles d'exécution du contrat ne rende pas nécessaire, dans les circonstances propres à chaque procédure de mise en concurrence, eu égard notamment au rapport entre la durée de la procédure et la durée d'exécution du contrat, la fixation d'une nouvelle date limite ou l'organisation d'une nouvelle procédure de publicité ; l'expression d'un tel accord peut résulter notamment, selon les circonstances de l'espèce, de la poursuite par les candidats des négociations avec l'autorité délégante. • CE 24 juin 2011, *Cne de Bourgoin-Jallieu,* n° 347889 B : *BJCP 2011. 362, concl. Boulouis ; Rev. CMP 2011, n° 262, note Eckert.*

16. Le principe d'égalité entre candidats à l'octroi d'une délégation de service public s'impose pendant toute la phase de négociation. Ainsi, lorsque la collectivité délégante mène des négociations avec des entreprises à la suite de la remise des offres et qu'elle fixe un délai de remise de nouvelles offres, elle doit, si elle veut proroger ce nouveau délai, le faire pour toutes les entreprises intéressées et pas uniquement pour certaines d'entre elles. • CE 15 juin 2001, *Synd. intercommunal d'assainissement de St-Martin-de-Ré et La Flotte-en-Ré,* n° 223481 A : *AJDA 2001. 1090, note Markus.*

17. Négociation. Adaptation des conditions de la consultation. Le ministre de la justice a pu légalement apporter à la consultation des adaptations correspondant à des éléments d'information complémentaires apparues nécessaires en cours de procédure dès lors qu'elles ont été portées à la connaissance des candidats et qu'elles n'avaient pas pour but d'avantager un candidat. • CE 29 juill. 1998, *Éd. Dalloz-Sirey et Sté ORT,* n° 188686 A : *AJDA 1999. 250, note Subra de Bieusses.*

18. Au cours de la consultation, la personne responsable de la passation du contrat de délégation de service public peut apporter des adaptations à l'objet du contrat qu'elle envisage de conclure au terme de la négociation lorsque ces adaptations sont d'une portée limitée, justifiées par l'intérêt du service et qu'elles ne présentent pas, entre les entreprises concurrentes, un caractère discriminatoire. En retenant que la modification apportée à l'art. 2 du projet de convention affectait de manière excessive l'économie générale du projet de convention, dès lors qu'elle permettait au délégataire, dans le cas où un recours administratif ou contentieux à l'encontre de la convention ou de ses actes détachables n'aurait pas été définitivement réglé au cours des quatre premières années de l'exécution du contrat, d'une part, d'exiger de l'autorité délégante qu'elle résilie de plein droit le contrat dont la durée pouvait ainsi être réduite des cinq sixièmes, d'autre part, de limiter substantiellement le montant des investissements nouveaux auxquels il s'engageait, le juge des référés n'a pas inexactement qualifié les faits de l'espèce. • CE 21 févr. 2014, *Sté Dalkia France et a.,* n° 373159 B : *BJCP 2014. 292, concl. Pellissier ; Rev. CMP 2014, n° 111, note Eckert ; AJDA 2014. 1778, note Vila.*

19. L'autorité délégante peut apporter, au cours de la consultation, des adaptations à l'objet du contrat qu'elle envisage de conclure au terme de la négociation lorsque ces adaptations sont d'une portée limitée, justifiées par l'intérêt du service et qu'elles ne conduisent pas à une discrimination entre les entreprises concurrentes. Elle a pu en l'espèce ajouter des travaux de faible importance au regard du montant global du contrat et prolonger de six mois la durée d'exécution du contrat, initialement prévue à dix ans. • CE 21 juin 2000, *Synd. intercommunal Côte d'Amour et presqu'île guérandaise,* n° 209319 A : *V. note 21 s.* ♦ Même solution, s'agissant de travaux supplémentaires destinés à accroître la sécurité d'un tunnel autoroutier, d'un montant de 58 millions d'euros pour un montant global des travaux de 1,3 milliard d'euros. • CE 29 avr. 2002, *Groupement des Assoc. de l'ouest parisien,* n° 216902 B. ♦ En sens inverse, a été considérée comme trop importante et non justifiée par l'intérêt du service la modification suivante : alors qu'était initialement envisagée la réalisation de trois parkings souterrains, le contrat finalement conclu ne portait plus que sur la réalisation d'un seul parking, sans que la collectivité publique puisse démontrer que cette modification était justifiée par l'intérêt du service. • CAA Paris, 13 juin 2006, *Cne d'Asnières-sur-Seine,* n° 03PA03602 : *Rev. CMP 2006, n° 266, obs. Delacour.*

20. Durée de la négociation. Il ressort des pièces du dossier que la phase de négociation entre la personne publique et la société (pour la DSP relative au traitement des déchets ménagers et assimilés par incinération avec valorisation énergétique, avec durée d'exploitation de vingt ans) a débuté en juill. 2003 pour ne s'achever qu'en oct. 2005 ; cette durée s'explique, notamment, par l'interruption des négociations entre mars 2004 et mai 2005, consécutivement au retard pris dans la procédure d'expropriation ; que ni le choix définitif du site d'implantation, ni la modification des conditions de rémunération du délégataire, en application d'une variante et en cours de négociation, n'ont été de nature à modifier les conditions de la concurrence ; dans ces conditions, compte tenu de la durée de la délégation, et en l'absence de changements dans les conditions prévisibles d'exécution du contrat, il n'est pas établi que la durée de la négociation aurait été excessive, ce qui aurait rendu nécessaire l'organisation d'une nouvelle procédure de mise en concurrence. Des modifications ont été apportées aux clauses financières du contrat, sur la base de l'offre de la société qui a été retenue et suite aux négociations entreprises, notamment en ce que la redevance payée par le délégant est devenue pour partie fixe ; toutefois, si l'annuité financière annuelle devait être rapportée au nombre de tonnes traitées, selon le programme de consultation, il ne ressort pas des pièces du dossier que le volume de ces déchets, correspondant à ceux collectés par la personne publique délégante, aurait été sujet à des variations significatives, si bien que l'amortissement financier par le délégataire de son ouvrage aurait été incertain ; par ailleurs, une part significative du risque demeure à la charge du délégataire, sa rémunération dépendant de la performance des installations dans le traitement des déchets et des recettes extérieures, notamment de valorisation énergétique, lesquelles représentent le tiers environ de la rémunération prévisionnelle de ce dernier ; dès lors, les modifications apportées au contrat, qui n'ont pas bouleversé son équilibre financier, ont été de portée limitée et n'ont pas présenté un caractère discriminatoire ; par suite, le moyen tiré de ce que la négociation aurait excédé les possibilités offertes par les dispositions législatives applicables doit être écarté. • CAA Lyon, 3 nov. 2011, ⚖ *Sté Veolia Propreté*, n° 10LY00536.

21. Négociation. Assistance par des personnalités qualifiées. Aucune disposition législative ou réglementaire ni aucun principe général du droit n'interdisent à l'autorité responsable de la personne publique délégante de s'adjoindre, pendant la négociation, les conseils de personnalités qualifiées. Le président du syndicat intercommunal pouvait donc se faire assister, au cours de la négociation, de représentants d'associations d'usagers. • CE 21 juin 2000, ⚖ *Synd. intercommunal Côte d'Amour et presqu'île guérandaise*, n° 209319 A.

22. Négociation. Variante. Égalité de traitement des candidats. La circonstance que, après l'abandon par la personne publique délégante d'une variante mentionnée dans l'avis d'appel à concurrence, la négociation n'ait été poursuivie, à l'expiration du délai au terme duquel les candidats étaient tenus de formuler leur ultime meilleure proposition, qu'avec un candidat ne constitue pas un manquement aux obligations de publicité et de mise en concurrence, dès lors qu'il ne résulte pas de l'instruction que seule la variante ait été l'objet de discussions avant l'expiration du délai imparti aux candidats pour présenter leur ultime meilleure proposition. • CE 21 juin 2000, ⚖ *Synd. intercommunal Côte d'Amour et presqu'île guérandaise*, n° 209319 A.

23. Incidents en cours de négociation. Ni les dispositions des art. L. 1411-1 s. CGCT ni celles de l'Ord. du 29 janv. 2016 et du Décr. du 1er févr. 2016 pris pour son application ne font obligation à l'autorité délégante de définir, préalablement à l'engagement de la négociation, les modalités de celle-ci ni de prévoir le calendrier de ses différentes phases ; toutefois, dans le cas où l'autorité délégante prévoit que les offres seront remises selon des modalités et un calendrier fixé par le règlement de consultation qu'elle arrête, le respect du principe de transparence de la procédure exige en principe qu'elle ne puisse remettre en cause les étapes essentielles de la procédure et les conditions de la mise en concurrence ; à cet égard, lorsqu'un règlement de consultation prévoit que les candidats doivent, après une phase de négociation, remettre leur offre finale à une date déterminée, cette phase finale constitue une étape essentielle de la procédure de négociation qui ne peut normalement pas être remise en cause au cours de la procédure.

Cependant, il appartient à l'autorité délégante de veiller en toute hypothèse au respect des principes de la commande publique, en particulier à l'égalité entre les candidats ; il ressort en l'espèce des éléments de la procédure soumise au juge des référés que la décision par laquelle la métropole a modifié le déroulement de la procédure, en renonçant à recueillir les offres finales des soumissionnaires et en s'engageant à prendre en considération, pour le choix de l'attributaire, l'état des offres à la date du 19 mai 2017, a été prise pour remédier à la transmission par erreur, ce 19 mai 2017, à la société A de documents relatifs à la négociation menée entre la métropole et la société B et aux éléments de l'offre de cette dernière ; cette divulgation à l'un des candidats de documents se rapportant à l'offre de son concurrent était de nature à nuire à la concurrence entre les opérateurs et, dans les circonstances de l'espèce, à porter irrémédiablement atteinte à l'égalité entre les candidats, dans le cadre de la procédure en cours comme dans le cadre d'une nouvelle procédure si la procédure de passation devait, à brève échéance, être reprise depuis son début ; la décision de la métropole, consistant à figer l'état des offres à la date de la divulgation, a entendu pallier cette atteinte à l'égalité entre les candidats ; à cette date, les négociations avaient donné lieu à de nombreux échanges entre la métropole et les candidats qui avaient disposé d'un délai suffisant, et strictement identique, pour présenter leurs offres.

Dans ces conditions, le juge des référés a pu, sans commettre d'erreur de droit ni dénaturer les faits de l'espèce, juger, par l'ordonnance attaquée qui est suffisamment motivée, que la métropole avait pu, dans les circonstances très particulières de l'espèce et en l'absence de manœuvre, décider de procéder au choix du délégataire non sur la base des offres finales dont il était initialement prévu qu'elles devaient être déposées le 12 juin 2017, mais sur celle des offres intermédiaires déposées le 18 avr. 2017 et complétées par les éléments fournis par les parties durant les négociations menées avec la métropole jusqu'au 19 mai 2017, alors même qu'en principe l'autorité délégante ne peut revenir en cours de procédure sur une étape essentielle de la procédure qu'elle avait prévue dans le règlement de la consultation. • CE 8 nov. 2017, 🏛 *Sté Transdev*, n° 412859.

24. Modification de leurs offres initiales par les candidats. Les négociations menées entre la personne publique et un candidat à l'attribution d'une délégation de service public peuvent conduire à ce que ce dernier propose, en définitive, une offre nettement inférieure à celle qu'il avait initialement présentée dès lors que la présentation d'une nouvelle offre n'a pas porté atteinte à l'égalité entre les candidats. En l'espèce, toutes les entreprises avaient pu compléter ou modifier leurs offres initiales. • CE 9 août 2006, 🏛 *Cie gén. des eaux*, n° 286107 : *BJCP 2006. 448, concl. Casas, obs. C. M. ; Rev. CMP 2006, n° 267, obs. Delacour.*

25. Impossibilité pour l'autorité concédante de modifier une offre. Le dernier al. de l'art. L. 1411-1 CGCT, dans sa rédaction issue de l'Ord. n° 2009-1530 du 10 déc. 2009, qui permet à la personne publique délégante de négocier librement les offres des candidats, ne l'autorise pas à modifier ou à compléter de sa propre initiative et unilatéralement une offre dont elle estimerait que les prestations ne respectent pas les caractéristiques quantitatives et qualitatives qu'elle a définies. • CE 20 déc. 2019, 🏛 *Cté de cnes de Sélestat*, n° 419993 B : *BJCP 2020. 143, concl. Le Corre ; Rev. CMP 2020. 90, note Hoepffner.*

26. Il résulte de l'instruction que, lors de la négociation, la société a fait évoluer son offre en prévoyant, d'une part, que le bâtiment situé sur son lot de plage, pour lequel était initialement prévue une façade en bois naturel, serait peint en blanc et blanc écru et, d'autre part, que les housses des transats porteraient ces mêmes couleurs plutôt que le bleu proposé dans l'offre initiale. S'agissant de la façade du bâtiment, la circonstance que l'offre initiale de la société aurait été irrégulière au regard de l'art. 1-2 du cahier des charges ne faisait pas obstacle à ce que la négociation la fasse évoluer et conduise à sa régularisation, pas plus que celle, qui n'est au demeurant pas établie, qu'elle aurait d'abord été inappropriée. En ce qui concerne les housses des transats, il résulte des termes mêmes de l'art. 1-4 du cahier des charges que leur couleur était susceptible d'évoluer au cours de la négociation. Dans ces conditions, le moyen tiré de ce que la société aurait méconnu le règlement de la consultation par l'ampleur des modifications apportées à son offre au cours de la négociation ne peut qu'être écarté. • CE 3 mai 2022, *Cne de Saint-Cyr-sur-mer*, n°s 460089 et 460155.

27. Demande de dépôts d'une offre conditionnelle. Irrégularité. Une autorité concédante ne peut modifier en cours de procédure les éléments d'appréciation des candidatures ou des offres en remettant en cause les conditions de la mise en concurrence initiale ; elle ne peut non plus, sans méconnaître l'objet de la concession qu'elle entend conclure et l'obligation de sélectionner la meilleure offre au regard de l'avantage économique global que présente pour elle cette offre, demander aux candidats de lui remettre une offre conditionnelle tenant compte d'une procédure de passation mise en œuvre par une autre autorité concédante ou prendre en compte, pour choisir un délégataire, des éléments étrangers à ce contrat. Il ressort des énonciations de l'ordonnance attaquée qu'après avoir indiqué, par un courrier du 9 août 2016 valant lettre de consultation, les critères de sélection des offres aux candidats admis à présenter une offre, la commune a, à l'issue des négociations et après avoir demandé aux candidats de lui remettre leur proposition finale, adressé le 14 nov. 2016 aux candidats, conjointement avec le syndicat intercommunal à vocation unique (SIVU) de la station d'épuration du Limouxin qui avait lancé dans le même temps une procédure de délégation du service public de l'assainissement, un courrier leur demandant, compte tenu de l'unicité de facturation des services de l'eau potable et de l'assainissement, de remettre une ultime offre financière pour le service de l'eau potable dans l'hypothèse de l'attribution simultanée à un même candidat des deux contrats de délégation de service public de l'eau potable et de l'assainissement ; en procédant de la sorte, la commune de Limoux a demandé aux candidats de lui remettre une offre conditionnelle tenant compte d'une procédure de passation mise en œuvre par une autre autorité concédante, portant sur la délégation d'un service public dont tant l'objet que le périmètre géographique étaient différents du service public en cause ; par suite, le juge des référés n'a pas commis d'erreur de droit en estimant que la commune avait, ce faisant, fondé son appréciation de l'avantage économique global que présentaient les offres sur des éléments étrangers au service public concédé et sans lien avec cet avantage économique global et méconnu les règles qu'elle avait elle-même fixées en vue de l'attribution du contrat de délégation du service public de l'eau potable. • CE 24 mai 2017, *Cne de Limoux,* n° 407431 B : *BJCP 2017. 316, concl. Pellissier ; Rev. CMP 2017, n° 194, note Ubaud-Bergeron.*

28. Impartialité. La circonstance que la SODEMO soit une société d'économie mixte locale dont le PANC est actionnaire ne fait pas par elle-même obstacle à ce qu'une délégation de service public lui soit attribuée. Le fait que certains membres du conseil d'administration du PANC soient également administrateurs de la SODEMO n'a, en l'espèce, pas conduit à une situation de conflit d'intérêts, dès lors qu'il résulte de l'instruction que, lors de la réunion du 10 avr. 2019 au cours de laquelle le conseil d'administration du PANC a approuvé l'attribution de la délégation de service public litigieuse à la SODEMO, les deux membres du conseil également administrateurs de la SODEMO n'ont participé ni aux débats ni aux votes sur ce point. Par ailleurs, il résulte de l'instruction que, si le PANC a été saisi d'une demande de prolongation du délai de remise des offres par la SODEMO, une telle prolongation était objectivement justifiée par la nécessité d'assurer une information égale des candidats, que ceux-ci ont l'un et l'autre bénéficié de ce nouveau délai de remise des offres initiales et ont accepté l'un et l'autre de participer à la négociation qui a ensuite été engagée. Dans ces conditions, les moyens tirés de ce que la procédure de passation de la délégation de service public aurait méconnu le principe d'impartialité doivent être écartés. • CE 18 déc. 2019, *Port autonome de la Nouvelle-Calédonie (PANC) – Société d'économie mixte de la baie de la Moselle (SODEMO),* n°s 432590 et 432782 B : *BJCP 2020. 136, concl. Le Corre ; Rev. CMP 2020. 89, note Eckert.*

29. Rejet d'une offre. Obligation d'information. Absence. Aucun principe ni aucun texte n'impose à l'autorité délégante d'informer le candidat évincé du rejet de sa proposition ni des motifs de ce rejet. • CE 18 juin 2000, *Cté urb. de Strasbourg et Sté Seche Eco Industrie,* n° 336120 B.

30. Attribution à une personne publique. Conditions de régularité. Le fait qu'une personne publique choisie comme attributaire d'une délégation de service public par une commune ait proposé des prix sensiblement inférieurs à ceux de ses concurrents ne révèle pas, par lui-même, une sous-estimation des coûts de nature à fausser la concurrence. Cependant, dès lors que le candidat évincé soutient devant le juge, sans être sérieusement démenti, que le prix proposé ne reflète pas les conditions du marché et que la personne publique attributaire a, de différentes façons, utilisé son statut pour pratiquer des prix artificiels, la production de documents de nature à justifier la détermination du prix proposé par la personne publique attributaire était nécessaire. La commune n'ayant pas demandé une telle production au stade de l'examen des offres et une telle demande, formulée par le candidat évincé devant le juge, tant en première instance qu'en appel, étant restée sans réponse, le principe de liberté de la concurrence doit être réputé avoir été, en l'espèce, méconnu. • CAA Douai, 9 juin 2005, *Cie générale des Eaux,* n° 03DA00269. ♦ V. également • CAA Douai, 16 nov. 2006, *Cne de Quiévrechain,* n° 05DA00341 (dès lors que les documents comptables produits font apparaître que le prix proposé par l'établissement public local, inférieur de 37 % à celui de la société privée concurrente, résultait d'une mutualisation des coûts des différentes missions du syndicat, l'autorité délégante ne pouvait signer le contrat sans violer le principe de liberté de la concurrence).

31. Choix du délégataire. Erreur manifeste. Absence. Dès lors que le groupement retenu disposait pour le démarrage des prestations du nombre de conducteurs et de véhicules requis, de la qualité du service attendue et eu égard au montant de la contribution financière qu'il demandait au département, le choix du délégataire n'est pas entaché d'une erreur manifeste d'appréciation (cas d'une délégation de service public de transport public de voyageurs). • CE 7 nov. 2008, *Dpt de la Vendée,* n° 291794 : *note 63 ss. art. L. 1121-3.*

32. Choix de l'attributaire. Motifs. Ne commet aucune irrégularité une commission qui fonde sa préférence pour un candidat sur trois motifs tirés du caractère incomplet de la formule de révision du tarif de base prévue par son concurrent, du niveau plus élevé des tarifs proposés par celui-ci, de l'absence de présentation distincte, dans l'offre du concurrent, des coûts d'exploitation d'un équipement dont l'entrée en service est prévue en cours de contrat. • CE 25 juill. 2001, *Synd. des eaux de l'Iffernet,* n° 231319 B : *BJCP 2001. 530, concl. Piveteau.*

33. Casinos. Choix de l'attributaire irrégulier. L'exploitation des casinos est régie à la fois par le droit des délégations de service public et par des règles spécifiques de police administrative. Elle donne lieu à la passation d'une convention avec la commune mais fait aussi l'objet d'autorisations délivrées par le ministre de l'Intérieur. La commune ne peut tirer argument de ce que le ministre de l'Intérieur ne délivre l'autorisation relative aux « machines à sous » qu'après une année d'exploitation du casino, pour rejeter l'offre d'une entreprise candidate et préférer attribuer la concession au délégataire sortant, certain d'obtenir l'autorisation en cause, dès lors que la pratique du ministre conduit à une violation du principe d'égalité de traitement entre les candidats. • CE, sect., 10 mars 2006, *Cne de Houlgate,* n° 264098 A : *AJDA 2006. 575 ; ibid. 751, note Dreyfus ; Dr. adm. 2006, n° 94, obs. Ménéménis ; BJCP 2006. 203, concl. Casas, obs. C.M. ; Rev. CMP 2006, n° 150, obs. Eckert.*

34. Consultation du CTP. Le comité technique paritaire (CTP) doit être consulté avant que la personne publique ne choisisse un nouveau délégataire pour le service public, alors même que la décision par laquelle la commune a confié la gestion de son restaurant scolaire à une entreprise ne modifie ni l'effectif ni le statut du personnel affecté à ce service. • CE 11 mars 1998, *Cne de Rognes,* n° 168403. ♦ En l'absence de modification de l'organisation des services, dès lors que le mode de gestion n'a pas varié et que l'effectif ou le statut du personnel n'est pas modifié, le choix du nouveau fermier n'a pas à être précédé de la consultation du CTP. • CAA Bordeaux, 3 mars 2009, *M. Jean-Marc Capdeboscq,* n° 07BX02078.

35. Négociation conduite par une commission. Le maire ayant décidé, comme il lui était loisible de le faire en application des art. L. 1411-5 CGCT et 46 de l'Ord. n° 2016-65 du 29 janv. 2016, de confier à une commission composée d'élus et d'agents de la ville le soin de mener la négociation avec les différents candidats, une fois arrêtée la liste des candidats admis à présenter une offre. La seule circonstance que certains membres de cette commission n'ont pas assisté à l'entretien de négociation avec la société requérante n'est pas de nature à établir la méconnaissance du principe d'égalité de traitement entre les candidats. • CE 8 avr. 2019, *Cne de Cannes,* n° 425373 B : *BJCP 2019. 276, concl. Pellissier ; Rev. CMP 2019. 203, note Eckert.*

36. Irrégularité dans la procédure. Obligation de ne pas signer le contrat. La personne publique informée, avant la signature d'un contrat, de l'existence d'une irrégularité de procédure affectant le choix du concessionnaire doit s'abstenir de signer le contrat litigieux, alors même qu'elle ne serait pas responsable de cette irrégularité. Ainsi, lorsqu'est constatée, au cours de la procédure de passation, qu'ont été divulguées des informations relatives à l'offre déposée par un candidat à l'attribution du contrat, il appartient à la personne publique d'apprécier si cette divulgation peut être regardée comme étant de nature à porter atteinte au principe d'égalité entre les candidats. La seule circonstance qu'une telle divulgation ne soit pas imputable à la personne publique responsable de la procédure de passation ne la dispense pas de cette obligation. • CE 24 juin 2019, *Sté La Méridionale,* n° 429407.

CHAPITRE V ACHÈVEMENT DE LA PROCÉDURE

SECTION 1 Information des candidats et des soumissionnaires évincés

SOUS-SECTION 1 Obligation d'information des candidats et soumissionnaires évincés

Art. R. 3125-1 **L'autorité concédante notifie sans délai à chaque candidat ou soumissionnaire concerné sa décision de rejeter sa candidature ou son offre.**

Cette notification précise les motifs de ce rejet et, pour les soumissionnaires, le nom du ou des attributaires ainsi que les motifs qui ont conduit au choix de l'offre. Elle comporte l'indication de la durée du délai de suspension que l'autorité concédante s'impose, eu égard notamment au mode de transmission retenu. – *[Décr. n° 2016-86 du 1er févr. 2016, art. 29-I, al. 1er et 3.]*

Art. R. 3125-2 **L'autorité concédante respecte un délai de seize jours entre la date d'envoi de la notification et la date de conclusion du contrat de concession. Ce délai est réduit à au moins onze jours en cas de transmission électronique de cette notification à l'ensemble des candidats et soumissionnaires intéressés.**

Le respect de ces délais n'est pas exigé lorsque le contrat de concession est attribué au seul opérateur ayant participé à la consultation. – *[Décr. n° 2016-86 du 1er févr. 2016, art. 29-I, al. 2 et II.]*

SOUS-SECTION 2 Informations communiquées sur demande des candidats ou soumissionnaires évincés

Art. R. 3125-3 **L'autorité concédante communique aux soumissionnaires ayant présenté une offre qui n'a pas été éliminée en application de l'article L. 3124-2 les caractéristiques et les avantages relatifs de l'offre retenue, dans les quinze jours de la réception d'une demande à cette fin.** – *[Décr. n° 2016-86 du 1er févr. 2016, art. 31, al. 2.]*

COMMENTAIRE

Les obligations d'information et de *stand still* prévues par cet article et les deux précédents ont notamment pour objet de permettre d'introduire un référé précontractuel.

SOUS-SECTION 3 Information en cas de déclaration sans suite de la procédure de passation

Art. R. 3125-4 **Lorsque l'autorité concédante décide de ne pas attribuer le contrat de concession ou de recommencer la procédure, elle informe, dans les plus brefs délais, les candidats ou soumissionnaires des motifs de sa décision.** – *[Décr. n° 2016-86 du 1er févr. 2016, art. 30.]*

1. Renonciation à la procédure. Une personne publique qui a engagé une procédure de passation d'un contrat de concession ne saurait être tenue de conclure le contrat. Elle peut décider, sous le contrôle du juge, de renoncer à le conclure pour un motif d'intérêt général. L'insuffisance de la concurrence constitue un motif d'intérêt général susceptible de justifier la renonciation à conclure un contrat de délégation de service public. • CE 17 sept. 2018, *Sté Le Pagus*, n° 407099 B : *BJCP 2019. 40, concl. Pellissier.*

2. La personne publique peut décider de renoncer à une procédure déjà engagée pour tout motif d'intérêt général (le risque pesant sur la régularité de la procédure, en l'espèce). Elle n'est pas tenue d'organiser une nouvelle procédure de mise en concurrence et peut, de manière discrétionnaire, décider de reprendre le service en régie. • CAA Marseille, 15 nov. 2001, *Sté « Méditerranée Plaisance »*, n° 98MA00814 : *Rev. CMP 2002, n° 40, obs. Soler-Couteaux.* ♦ V. également, pour une espèce où le juge a considéré qu'il n'y avait pas de motif d'intérêt général permettant à la personne publique de mettre fin à la procédure engagée : • CAA Bordeaux, 1er juin 2006, *Cne de Balma, Dpt de la Haute-Garonne*, n° 02BX01545 : *AJDA 2006. 1857.*

SECTION 2 Signature du contrat de concession

(Décr. n° 2018-1225 du 24 déc. 2018, art. 12)

Les dispositions introduites par le Décr. n° 2018-1225 du 24 déc. 2018 s'appliquent aux marchés publics ou aux contrats de concession pour lesquels une consultation est engagée ou un avis d'appel à la concurrence est envoyé à la publication à compter de la date d'entrée en vigueur dudit Décr.

Elles ne s'appliquent pas aux marchés passés sur le fondement d'un accord-cadre ou dans le cadre d'un système d'acquisition dynamique lorsque la procédure en vue de la passation de cet accord-cadre ou de la mise en place de ce système d'acquisition dynamique a été engagée avant cette date (Décr. préc., art. 15).

Art. R. 3125-5 **Le contrat de concession peut être signé électroniquement, selon les modalités fixées par un arrêté du ministre chargé de l'économie figurant en annexe du présent code.** – *V. Annexe n° 12.*

1. Signature par une personne publique distincte de celle qui a passé la concession. Lorsqu'une personne publique a vocation à exercer la compétence nécessaire à la conclusion et à l'exécution d'un contrat de la commande publique, notamment parce qu'elle est en cours de création ou de transformation ou parce qu'une procédure, par laquelle la compétence nécessaire doit lui être dévolue, est déjà engagée, aucune règle ni aucun principe ne font obstacle à ce qu'elle engage elle-même la procédure de passation du contrat, alors même qu'elle n'est pas encore compétente à cette date pour le conclure. Il en va notamment ainsi lorsque le contrat en cause a pour objet la gestion d'un service public. Il appartient seulement à la personne publique de faire savoir, dès le lancement de la procédure de passation, que le contrat ne sera signé qu'après qu'elle sera devenue compétente à cette fin.

Une personne publique peut signer un contrat dont la procédure de passation a été engagée et conduite par une autre personne publique, à laquelle, à la date de la signature du contrat, elle est substituée de plein droit, sans que cette procédure soit, en l'absence de vice propre, entachée d'irrégularité. • CE 9 juin 2020, *Métropole Nice-Côte d'Azur*, n° 436922, 436925 et 436926 : *BJCP 2020. 299, concl. Le Corre ; Rev. CMP 2020. 231, note Eckert.*

2. La délibération par laquelle un conseil municipal décide la signature avec une entreprise d'une délégation de service public crée des droits au profit de ce dernier ; dès lors, la délibération qui la retire doit comporter le motif de droit justifiant ce retrait, en application des dispositions de la L. du 11 juill. 1979. • CE 17 mars 2004, *Cne de Val-d'Isère*, n° 228428.

SECTION 3 Avis d'attribution

Art. R. 3125-6 L'autorité concédante envoie pour publication un avis d'attribution dans un délai maximal de quarante-huit jours à compter de la notification du contrat de concession.

Cet avis est établi conformément au modèle fixé par le règlement d'exécution (UE) 2015/1986 de la Commission du 11 novembre 2015 établissant les formulaires standard pour la publication d'avis dans le cadre de la passation de marchés publics et abrogeant le règlement d'exécution (UE) n° 842/2011. – *[Décr. n° 2016-86 du 1er févr. 2016, art. 32-I, al. 1er et 2 et II, phrase 2.]*

Art. R. 3125-7 L'avis d'attribution est publié au *Journal officiel de l'Union européenne* et selon les mêmes modalités de transmission que celles définies aux articles R. 3122-4 à R. 3122-6. – *[Décr. n° 2016-86 du 1er févr. 2016, art. 32-II, phrase 1.]*

CHAPITRE VI RÈGLES PARTICULIÈRES À LA PASSATION DE CERTAINS CONTRATS DE CONCESSION

Art. R. 3126-1 Le présent chapitre s'applique aux contrats de concession suivants :

1° Les contrats de concession dont la valeur estimée est inférieure au seuil européen qui figure dans un avis annexé au présent code ;

2° Les contrats de concession qui ont, quelle que soit leur valeur estimée, pour objet :

a) Les activités relevant du *c* du 1° de l'article L. 1212-3 ;

b) Un des services sociaux ou des autres services spécifiques, dont la liste figure dans l'avis annexé au présent code ;

(Décr. n° 2019-1083 du 24 oct. 2019, art. 4) « *c)* L'exploitation de services de transport de voyageurs relevant de l'article L. 3126-3. »

Ces contrats de concession sont passés conformément aux règles de procédure prévues au présent titre, sous réserve des règles particulières prévues par le présent chapitre. – *[Décr. n° 2016-86 du 1er févr. 2016, art. 10.]* – *V. Annexes nos 2 et 3.*

Les dispositions introduites par l'art. 4 du Décr. n° 2019-1083 du 24 oct. 2019 s'appliquent aux contrats de service public ferroviaire de transport de voyageurs pour lesquels le lancement de la procédure de mise en concurrence ou l'attribution directe intervient à compter de la publication dudit décret, soit le 26 oct. 2019 (Décr. préc., art. 5, JO 26 oct.).

COMMENTAIRE

Pour le 1° de l'article R. 3126-1, on se reportera à l'annexe n° 2.

Le *a)* du 2° concerne la mise à disposition, l'exploitation ou l'alimentation de réseaux destinés à fournir un service au public dans le domaine de la production, du transport ou de la distribution d'eau potable.

La liste mentionnée au *b)* du 2° figure à l'annexe n° 3.

Pour les contrats concernés, voir aussi l'article R. 3126-5.

Pour le *c)* du 2°, voir l'article L. 3126-3.

Eau potable. En renvoyant aux activités mentionnées au 3° du I de l'art. 11 de l'Ord. du 29 janv. 2016, l'art. 10 du Décr. du 1er févr. 2016 s'est fondé sur le critère matériel de l'objet du contrat pour exclure l'application des règles de passation particulières applicables aux contrats dont la valeur estimée hors taxe est égale ou supérieure au seuil européen, au nombre desquelles figure l'obligation pour l'autorité concédante, prévue au II de l'art. 27 du Décr., de fixer les critères d'attribution du contrat par ordre décroissant d'importance, aux contrats relatifs à la mise à disposition, à l'exploitation ou à l'alimentation de réseaux fixes destinés à fournir un service au public dans le domaine de la production, du transport ou de la distribution d'eau potable, quelle que soit leur valeur estimée et qu'ils soient conclus par un pouvoir adjudicateur ou une entité adjudicatrice. Il ressort des pièces du dossier soumis au juge des référés du tribunal administratif de Bastia que le contrat de concession du service public de distribution d'eau potable de la CCIRB a pour objet l'exploitation des installations de production, de stockage et de distribution d'eau potable en vue assurer la fourniture d'eau aux usagers du service. Un contrat ayant un tel objet est au nombre de ceux que vise le 2° de l'art. 10 du Décr. du 1er févr. 2016. Il résulte dès lors de ce qui a été dit au point précédent que le juge des référés a commis une erreur de droit en jugeant qu'eu égard à la valeur estimée du contrat, la CCIRB était tenue de procéder à une hiérarchisation des critères d'attribution des offres et d'indiquer cette hiérarchie dans l'avis de concession, dans l'invitation à présenter une offre ou dans tout autre document de la consultation. Ainsi, sans qu'il soit besoin d'examiner les autres moyens des pourvois, la CCIRB et l'OEHC sont fondés à demander l'annulation de l'ordonnance qu'ils attaquent. • CE 18 sept. 2019, *Cté de cnes de l'Île-Rousse-Balagne, Office d'équipement hydraulique de la Corse*, n°s 430368 et 430474 B.

Art. R. 3126-2 Lorsqu'un contrat de concession a pour objet à la fois une activité visée au *b* du 2° de l'article R. 3126-1 et une autre activité de services, il est passé :

1° Selon les règles applicables à son objet principal lorsque cette autre activité de services ne relève pas du présent chapitre. L'objet principal du contrat est déterminé en fonction de la valeur estimée la plus élevée de ces activités respectives ;

2° Selon les règles applicables aux contrats qui relèvent du *b* du 2° de l'article R. 3126-1 lorsque l'autre activité est également visée au même article. – *[Décr. n° 2016-86 du 1er févr. 2016, art. 12.]*

COMMENTAIRE

On trouvera le modèle mentionné par cet article à l'annexe n° 21 au code. ❑

SECTION 1 Publicité préalable

Art. R. 3126-3 L'autorité concédante qui envisage d'attribuer un contrat de concession, publie un avis de concession, qui comporte notamment une description de la concession et des conditions de participation à la procédure de passation.

L'avis de concession est établi conformément au modèle fixé par un arrêté du ministre chargé de l'économie annexé au présent code. – *[Décr. n° 2016-86 du 1er févr. 2016, art. 14.] – V. Annexe n° 21.*

Art. R. 3126-4 L'autorité concédante publie l'avis de concession au *Bulletin officiel des annonces des marchés publics* ou dans un journal d'annonces légales.

Elle apprécie si, compte tenu de la nature ou du montant des services ou des travaux en cause, une publication dans une revue spécialisée correspondant au secteur économique concerné ou au *Journal officiel de l'Union européenne* est en outre nécessaire pour garantir l'information des opérateurs économiques raisonnablement vigilants pouvant être intéressés par le contrat de concession. – *[Décr. n° 2016-86 du 1er févr. 2016, art. 15-II.]*

COMMENTAIRE

On trouvera ci-dessous quelques décisions rendues à propos de DSP. ❑

DSP LOI SAPIN

1. Publicité. Support. Contrat sans obligation de publication d'un avis au JOUE mais susceptible d'intéresser des opérateurs implantés sur le territoire d'autres États membres de l'Union européenne. Les dispositions de la loi Sapin sur la publicité, qui s'interprètent à la lumière des règles fondamentales du traité instituant la communauté européenne, au nombre desquelles figure le principe de non-discrimination en raison de la nationalité, ne peuvent être réputées satisfaites que lorsque est mise en œuvre une procédure de publicité adéquate compte tenu de l'objet, du montant financier et des enjeux économiques de la délégation de service public à passer ; lorsque la délégation de service public en cause est, compte tenu de ses caractéristiques, susceptible d'intéresser des opérateurs implantés sur le territoire d'autres États membres de l'Union européenne, une procédure de publicité adéquate peut être assurée par une insertion dans un support de référence pour les annonces concernant les procédures de délégation de service public lancées en France dans le domaine concerné, à la condition toutefois qu'elle soit insusceptible d'échapper à l'attention des opérateurs raisonnablement vigilants pouvant être intéressés par une telle délégation, y compris ceux implantés sur le territoire d'un autre État membre. ♦ Pour une DSP dans le domaine des transports : la revue *Ville & Transports* est en France l'une des revues de référence dans le domaine des transports publics de voyageurs, recueillant un nombre élevé d'annonces concernant des délégations de service public passées dans ce secteur ; le site « marchés on line » constitue par ailleurs un site largement fréquenté, avec plus de 2 millions de pages vues par mois, environ 14 500 entreprises inscrites, et une source d'information reconnue pour les avis concernant les marchés de travaux publics, mais aussi les marchés de service et les délégations de service public passés sur le territoire français ; compte tenu des publications intervenues dans ces deux supports, complétées, au surplus, par une insertion dans la revue *Moniteur du bâtiment & des travaux publics*, la personne publique, qui, à défaut d'une disposition l'exigeant, n'était pas tenue de procéder systématiquement à une insertion dans un support bénéficiant d'une diffusion européenne, a mis en œuvre une procédure de publicité adéquate, insusceptible en l'espèce d'échapper à l'attention des opérateurs raisonnablement vigilants pouvant être intéressés par la délégation de service public en cause, y compris ceux implantés dans d'autres États membres de l'Union européenne, et n'a ainsi ni méconnu ses obligations de publicité et de mise en concurrence ni porté atteinte à l'égalité de traitement entre les opérateurs. • CE 1er avr. 2009, *Cté urb. de Bordeaux, Sté Keolis*, n° 323585 A : *Rev. CMP 2009, n° 162, note Soler-Couteaux ; Dr. adm. 2009, n° 68, note Battoue ; RFDA 2009. 937, note Dubois et Raux ; AJDA 2009. 1889, note Train.*

2. Si un avis, paru au *Bulletin officiel des annonces des marchés publics*, issu du formulaire électronique type, fait apparaître, en raison de la conception de ce dernier, la mention « marché » dans l'intitulé et le contenu d'une de ses rubriques, toutefois, les mentions « délégation de service public » et « concession », qui apparaissent neuf fois dans cet avis, dont une fois dans le titre, ainsi que la référence explicite aux art. L. 1411-1 s. CGCT, sont de nature à exclure toute ambiguïté quant à la nature du contrat pour les candidats potentiels. ♦ Il est loisible à la collectivité délégante d'indiquer les durées potentielles de la délégation au regard desquelles s'exerce la concurrence, à condition il est vrai que ces potentialités n'induisent pas une incertitude telle qu'elle puisse empêcher des entreprises de présenter utilement leurs offres. • CE 4 févr. 2009, *Cté urb. d'Arras*, n° 312411 B : *BJCP 2009. 220, concl. Boulouis ; Rev. CMP 2009, n° 142, note Eckert ; JCP Adm. 2009, n° 2101, note Dieu.*

Art. R. 3126-5 Par dérogation à l'article R. 3126-4, lorsque la valeur estimée des contrats de concession visés au *b* du 2° de l'article R. 3126-1 est égale ou supérieure au seuil européen qui figure dans un avis annexé au présent code, l'autorité concédante publie l'avis de concession au *Journal officiel de l'Union européenne* ainsi qu'au *Bulletin officiel des annonces des marchés publics* ou dans un journal d'annonces légales. – *[Décr. n° 2016-86 du 1er févr. 2016, art. 15-III.] – V. Annexe n° 2.*

Art. R. 3126-6 Les dispositions de l'article R. 3122-5 ne sont pas applicables aux contrats de concession qui relèvent du présent chapitre.

Par dérogation à l'alinéa précédent, les contrats de concession ayant pour objet un des services sociaux ou autres services spécifiques dont la liste est publiée par avis annexé au présent code sont soumis aux dispositions de l'article R. 3122-5 lorsque leur valeur estimée est égale ou supérieure au seuil européen qui figure dans un avis annexé au présent code. – *[Décr. n° 2016-86 du 1er févr. 2016, art. 16-II ecqc l'art. 10.] – V. Annexes n° 2 et n° 3.*

COMMENTAIRE

On se reportera au commentaire sous l'article R. 3122-5. L'avis mentionné au second alinéa se trouve à l'annexe n° 3 du code.

SECTION 2 Communications et échanges d'information

Art. R. 3126-7 Dans l'hypothèse où l'autorité concédante utilise des moyens électroniques, elle assure la confidentialité et la sécurité des transactions sur un réseau informatique accessible de façon non discriminatoire, selon des modalités fixées par arrêté du ministre chargé de l'économie. Celles-ci tiennent compte des caractéristiques du contrat, notamment de la nature et du montant des travaux ou services en cause. – *[Décr. n° 2016-86 du 1er févr. 2016, art. 17-III ecqc l'art. 10.]*

COMMENTAIRE

Voir l'annexe n° 8.

SECTION 3 Candidatures

Art. R. 3126-8 L'autorité concédante fixe le délai de réception des candidatures en fonction notamment de la nature, du montant et des caractéristiques des travaux ou

services demandés au concessionnaire. – *[Décr. n° 2016-86 du 1er févr. 2016, art. 18-I, 1re phrase ecqc les candidatures.]*

COMMENTAIRE

Aucun délai minimum n'est prévu. ❑

SECTION 4 Offres

Art. R. 3126-9 **L'autorité concédante fixe le délai de remise des offres en fonction notamment de la nature, du montant et des caractéristiques des travaux ou services demandés au concessionnaire, et, lorsqu'il y a lieu, conformément aux dispositions de l'article R. 3122-11, de l'impossibilité d'offrir un accès dématérialisé aux documents de la consultation.** – *[Décr. n° 2016-86 du 1er févr. 2016, art. 5, al. 3, 2e phrase, et 18-I, 1re phrase ecqc les offres.]*

COMMENTAIRE

Aucun délai minimum n'est prévu. ❑

Art. R. 3126-10 **L'article R. 3124-5 n'est pas applicable aux contrats de concession relevant du présent chapitre.**

COMMENTAIRE

Il n'y a donc aucune obligation de hiérarchisation des critères de sélection des offres. ❑

SECTION 5 Achèvement de la procédure

Art. R. 3126-11 **Les dispositions de la section 1 du chapitre V du présent titre ne sont pas applicables aux contrats de concession qui relèvent du présent chapitre.**

Par dérogation à l'alinéa précédent, les contrats de concession ayant pour objet un des services sociaux ou autres services spécifiques dont la liste est publiée par un avis annexé au présent code sont soumis aux dispositions de la section 1 du chapitre V du présent titre lorsque leur valeur estimée est égale ou supérieure au seuil européen qui figure dans un avis annexé au présent code. – *[Décr. n° 2016-86 du 1er févr. 2016, art. 29-I, phrase 1.] – V. Annexes n° 2 et n° 3.*

COMMENTAIRE

Il n'y a donc, sauf dans l'hypothèse prévue par le second alinéa, aucune obligation d'information « spontanée » des candidats et soumissionnaires évincés ni de *stand still.*

L'avis mentionné au second alinéa se trouve à l'annexe n° 3 du code. ❑

Art. R. 3126-12 **Lorsqu'un candidat ou soumissionnaire écarté lui en fait la demande, l'autorité concédante lui communique les motifs du rejet de sa candidature ou de son offre ainsi que le nom du ou des attributaires du contrat de concession, dans un délai de quinze jours suivant la réception de cette demande.** – *[Décr. n° 2016-86 du 1er févr. 2016, art. 31, al. 1er.]*

COMMENTAIRE

Il y a en revanche obligation de répondre à une demande d'information. ❑

Art. R. 3126-13 **Les dispositions de la** *(Décr. n° 2019-259 du 29 mars 2019, art. 1er)* **« section 3 » du chapitre V du présent titre ne sont pas applicables aux contrats de concession qui relèvent du présent chapitre.**

Par dérogation à l'alinéa précédent, les contrats de concession ayant pour objet un des services sociaux ou autres services spécifiques dont la liste est publiée par un avis annexé au présent code sont soumis aux dispositions de la *(Décr. n° 2019-259 du 29 mars 2019, art. 1er)* **« section 3 » du chapitre V du présent titre lorsque leur valeur estimée est égale ou supérieure au seuil européen qui figure dans un avis annexé au présent code.**

Toutefois, pour ces derniers, l'autorité concédante peut n'envoyer qu'un avis global chaque trimestre, au plus tard quarante-huit jours après la fin de chaque trimestre. – *[Décr. n° 2016-86 du 1er févr. 2016, art. 32-I, al. 1er et 3 et III.] – V. Annexes n° 2 et n° 3.*

SECTION 6 **Dispositions particulières à certains contrats de concession de services publics de transport de voyageurs** *(Décr. n° 2019-1083 du 24 oct. 2019, art. 4).*

Art. R. 3126-14 Les contrats de concession visés au *c* du 2° de l'article R. 3126-1 ne sont pas soumis au 1° de l'article R. 3121-6. – *[Décr. n° 2016-86 du 1er févr. 2016, art. 1er, al. 2.]*

TITRE III EXÉCUTION DU CONTRAT DE CONCESSION

CHAPITRE I TRANSPARENCE ET RAPPORT D'INFORMATION DE L'AUTORITÉ CONCÉDANTE

SECTION 1 **Mise à disposition des données essentielles**

Art. R. 3131-1 L'autorité concédante offre sur son profil d'acheteur un accès libre, direct et complet aux données essentielles du contrat de concession.

Ces données essentielles portent sur :

1° La passation du contrat ;

2° Le contenu du contrat de concession ;

3° L'exécution du contrat, notamment lorsqu'il y a lieu, sa modification.

Un arrêté du ministre chargé de l'économie qui figure en annexe au présent code fixe la liste de ces données essentielles ainsi que les modalités de leur publication. – *[Décr. n° 2016-86 du 1er févr. 2016, art. 34-I sauf l'énumération et II.] – V. Annexe n° 15.*

COMMENTAIRE

Voir l'annexe n° 15. ❑

Nouvel art. R. 3131-1 *(Décr. n° 2022-767 du 2 mai 2022, art. 8 et 11, en vigueur au plus tard le 1er janv. 2024)* ***« L'autorité concédante publie sur le portail national de données ouvertes les données essentielles du contrat de concession avant le début d'exécution du contrat ou dans les deux mois suivant sa modification.***

« Ces données essentielles portent sur :

« 1° La passation du contrat ;

« 2° Le contenu du contrat ;

« 3° L'exécution du contrat et, le cas échéant, sa modification. »

Un arrêté du ministre chargé de l'économie qui figure en annexe au présent code fixe la liste de ces données essentielles ainsi que les modalités de leur publication.

Sur l'application des dispositions issues du Décr. n° 2022-767 du 2 mai 2022, V. note ss. art. R. 2196-1.

SECTION 2 **Rapport d'information à l'autorité concédante**

Art. R. 3131-2 Le rapport prévu par l'article L. 3131-5 est produit chaque année par le concessionnaire, avant le 1er juin.

Il tient compte des spécificités du secteur d'activité concerné et respecte les principes comptables d'indépendance des exercices et de permanence des méthodes retenues pour l'élaboration de chacune de ses parties, tout en permettant la comparaison entre l'année en cours et la précédente. Toutes les pièces justificatives des éléments de ce rapport sont tenues par le concessionnaire à la disposition de l'autorité concédante, dans le cadre de son droit de contrôle. – *[Décr. n° 2016-86 du 1er févr. 2016, art. 36-I, al. 1er et 2.]*

Art. R. 3131-3 Le rapport comprend, notamment :

1° Les données comptables suivantes :

a) Le compte annuel de résultat de l'exploitation de la concession rappelant les données présentées l'année précédente au titre du contrat en cours. Pour l'établissement de ce compte, l'imputation des charges s'effectue par affectation directe pour les charges directes et selon des critères internes issus de la comptabilité analytique ou selon une clé de répartition dont les modalités sont précisées dans le rapport pour les charges indirectes, notamment les charges de structure ;

b) Une présentation des méthodes et des éléments de calcul économique annuel et pluriannuel retenus pour la détermination des produits et charges directs et indirects imputés au compte de résultat de l'exploitation, les méthodes étant identiques d'une année sur l'autre sauf modification exceptionnelle et dûment motivée ;

c) Un état des variations du patrimoine immobilier intervenues dans le cadre du contrat ;

d) Un état des autres dépenses de renouvellement réalisées dans l'année conformément aux obligations contractuelles ;

2° Une analyse de la qualité des ouvrages ou des services demandés au concessionnaire, comportant tout élément qui permette d'apprécier la qualité des ouvrages ou des services exploités et les mesures proposées par le concessionnaire pour une meilleure satisfaction des usagers. La qualité des ouvrages ou des services est notamment appréciée à partir d'indicateurs, proposés par le concessionnaire ou demandés par l'autorité concédante et définis par voie contractuelle ;

(Décr. n° 2022-767 du 2 mai 2022, art. 9 et 11, en vigueur le 21 août 2026) « 3° Une description des mesures mises en œuvre par le concessionnaire pour garantir la protection de l'environnement et l'insertion par l'activité économique dans le cadre de l'exécution du contrat. » – *[Décr. n° 2016-86 du 1er févr. 2016, art. 36-I, sauf al. 1er et 2.]*

Sur l'application des dispositions issues du Décr. n° 2022-767 du 2 mai 2022, V. note ss. art. R. 2152-7 nouv.

Art. R. 3131-4 Lorsque la gestion d'un service public est concédée, le rapport comprend également :

1° Les données comptables suivantes :

a) Un compte rendu de la situation des biens et immobilisations nécessaires à l'exploitation du service public concédé, comportant notamment une description des biens et, le cas échéant, le programme d'investissement, y compris au regard des normes environnementales et de sécurité ;

b) Un état du suivi du programme contractuel d'investissements en premier établissement et du renouvellement des biens et immobilisations nécessaires à l'exploitation du service public concédé ainsi qu'une présentation de la méthode de calcul de la charge économique imputée au compte annuel de résultat d'exploitation de la concession ;

c) Un inventaire des biens désignés au contrat comme biens de retour et de reprise du service concédé ;

d) Les engagements à incidences financières, y compris en matière de personnel, liés à la concession et nécessaires à la continuité du service public ;

2° Une annexe comprenant un compte rendu technique et financier comportant les informations utiles relatives à l'exécution du service, notamment les tarifs pratiqués, leur mode de détermination et leur évolution, ainsi que les autres recettes d'exploitation. – *[Décr. n° 2016-86 du 1er févr. 2016, art. 33-II.]*

COMMENTAIRE

Pour cette section, on se reportera à l'article L. 3131-5 du code. ❑

SECTION 3 Observatoire économique de la commande publique

Art. R. 3131-5 Les travaux de l'observatoire économique de la commande publique prévus aux articles R. 2196-2 à R. 2196-4 portent également sur les contrats de concession.

CHAPITRE II OCCUPATION DOMANIALE

Le présent chapitre ne comprend pas de dispositions réglementaires.

CHAPITRE III EXÉCUTION FINANCIÈRE

SECTION 1 Facturation électronique

Nota : *Les dispositions introduites par l'art. 1er du Décr. no 2019-748 du 18 juill. 2019 s'appliquent, sous réserve des dispositions du V de l'art. 193 de la L. no 2019-486 du 22 mai 2019 (V. ss. art. D. 2192-1), aux contrats en cours au lendemain de la publication dudit Décr. (JO 21 juill.), ainsi qu'aux contrats conclus postérieurement à cette date (Décr. préc., art. 7).*

SOUS-SECTION 1 Transmission et réception des factures sous forme électronique

(Décr. no 2019-748 du 18 juill. 2019, art. 1er)

§ 1 Norme de facturation électronique

V. nota ss. Sect. Ire.

Art. D. 3133-1 La norme de facturation électronique mentionnée à l'article L. 3133-3 est celle fixée par la décision (UE) 2017/1870 de la Commission européenne du 16 octobre 2017 concernant la publication de la référence de la norme européenne sur la facturation électronique et de la liste des syntaxes en vertu de la directive 2014/55/ UE du Parlement européen et du Conseil.

§ 2 Mentions obligatoires des factures sous forme électronique

V. nota ss. Sect. Ire.

Art. D. 3133-2 Sans préjudice des mentions obligatoires fixées par les dispositions législatives ou réglementaires, les factures mentionnées aux articles L. 3133-1 à L. 3133-3 comportent les mentions suivantes :

1° La date d'émission de la facture ;

2° La désignation de l'émetteur et du destinataire de la facture ;

3° Le numéro unique basé sur une séquence chronologique et continue établie par l'émetteur de la facture, la numérotation pouvant être établie dans ces conditions sur une ou plusieurs séries ;

4° En cas de contrat exécuté au moyen de bons de commande, le numéro du bon de commande ou, dans les autres cas, les références du contrat ou le numéro de l'engagement attribué par le système d'information financière et comptable du destinataire de la facture ;

5° La désignation du payeur, avec l'indication, pour les personnes publiques, du code d'identification du service chargé du paiement ;

6° La date de livraison des fournitures ou d'exécution des services ou des travaux ;

7° La quantité et la dénomination précise des produits livrés, des prestations et travaux réalisés ;

8° Le prix unitaire hors taxes des produits livrés, des prestations et travaux réalisés ou, lorsqu'il y a lieu, leur prix forfaitaire ;

9° Le montant total de la facture, le montant total hors taxes et le montant de la taxe à payer, ainsi que la répartition de ces montants par taux de taxe sur la valeur ajoutée, ou, le cas échéant, le bénéfice d'une exonération ;

10° L'identification, le cas échéant, du représentant fiscal de l'émetteur de la facture ;

11° Le cas échéant, les modalités de règlement ;

12° Le cas échéant, les renseignements relatifs aux déductions ou versements complémentaires.

Les factures comportent en outre les numéros d'identité de l'émetteur et du destinataire de la facture, attribués à chaque établissement concerné ou, à défaut, à chaque personne en application de l'article R. 123-221 du code de commerce.

Pour les émetteurs ne disposant pas du numéro d'identité mentionné à l'alinéa précédent, un arrêté du ministre chargé du budget, annexé au présent code, fixe l'identifiant qui doit être porté sur les factures.

SOUS-SECTION 2 Portail public de facturation

(Décr. no 2019-748 du 18 juill. 2019, art. 1er)

V. nota ss. Sect. Ire.

Art. R. 3133-3 Un arrêté du ministre chargé du budget, annexé au présent code, définit les modalités techniques selon lesquelles le dépôt, la transmission et la réception des factures sont effectués sur le portail public de facturation en application de l'article L. 3133-6. Ces modalités garantissent la réception immédiate et intégrale des factures et assure la fiabilité de l'identification de l'émetteur, l'intégrité des données, la sécurité, la confidentialité et la traçabilité des échanges.

L'utilisation du portail public de facturation est exclusive de tout autre mode de transmission. Lorsqu'une facture lui est transmise en dehors de ce portail, la personne publique destinataire ne peut la rejeter qu'après avoir informé l'émetteur par tout moyen de l'obligation prévue à l'article L. 3133-1 et l'avoir invité à s'y conformer en utilisant ce portail.

SOUS-SECTION 3 Contrôles et transmission des factures et des données relatives à la facturation et au paiement

(Décr. n° 2022-1299 du 7 oct. 2022, art. 2 et 3, en vigueur le 1er juill. 2024)

Art. R. 3133-4 Les dispositions des articles 242 *nonies* A à 242 *nonies* L et de l'article 242 *nonies* P de l'annexe II au code général des impôts s'appliquent aux factures échangées en application de la présente section.

Sur l'application des dispositions issues de l'art. 2 du Décr. n° 2022-1299 du 7 oct. 2022, V. note ss. art. R. 2192-4.

SECTION 2 Délais de paiement

Les dispositions de la présente section s'appliquent aux contrats conclus à compter du 16 mars 2013 pour les créances dont le délai de paiement a commencé à courir à compter de la date d'entrée en vigueur du Décr. n° 2018-1075 du 3 déc. 2018 (Décr. préc., art. 16 ; JO 5 déc.).

SOUS-SECTION 1 Fixation des délais de paiement

Art. R. 3133-10 Le délai de paiement prévu au premier alinéa de l'article L. 3133-10 est fixé à trente jours pour les pouvoirs adjudicateurs, y compris lorsqu'ils agissent en tant qu'entité adjudicatrice.

Art. R. 3133-11 Par dérogation à l'article R. 3133-10, le délai de paiement est fixé à :

1° Cinquante jours pour les établissements publics de santé et les établissements du service de santé des armées ;

2° Soixante jours pour les entreprises publiques au sens du II de l'article 1er de l'ordonnance du 7 juin 2004 portant transposition de la directive 80/723/ CEE du 25 juin 1980 relative à la transparence des relations financières entre les États membres et les entreprises publiques, à l'exception de celles ayant la nature d'établissements publics locaux.

SOUS-SECTION 2 Déclenchement du délai de paiement

§ 1 Dispositions générales

Art. R. 3133-12 Sous réserve des dispositions prévues aux articles R. 3133-13 à R. 3133-17, le délai de paiement court à compter de la date de réception de la demande de paiement par le pouvoir adjudicateur ou, si le contrat de concession le prévoit, toute autre personne habilitée à cet effet.

Art. R. 3133-13 Lorsque la date de réception de la demande de paiement est incertaine ou antérieure à la date d'exécution des prestations, le délai de paiement court à compter de la date d'exécution des prestations.

Art. R. 3133-14 La date de réception de la demande de paiement et la date d'exécution des prestations sont constatées par les services du pouvoir adjudicateur ou, le cas échéant, par le maître d'œuvre ou la personne habilitée à cet effet.

A défaut, la date de la demande de paiement augmentée de deux jours fait foi. En cas de litige, il appartient au créancier d'apporter la preuve de cette date.

La date de réception de la demande de paiement ne peut faire l'objet d'un accord contractuel entre le pouvoir adjudicateur et son créancier.

Art. R. 3133-15 Lorsque la demande de paiement relève de l'obligation de facturation électronique prévue *(Décr. n° 2019-748 du 18 juill. 2019, art. 2)* « aux articles L. 3133-1 à L. 3133-3 », la date de réception de la demande de paiement par le pouvoir adjudicateur correspond :

1° Lorsque les factures sont transmises par échange de données informatisé, à la date à laquelle le système d'information budgétaire et comptable de l'État horodate l'arrivée de la facture et, pour les autres pouvoirs adjudicateurs, à la date de notification du message électronique l'informant de la mise à disposition de la facture sur *(Décr. n° 2019-748 du 18 juill. 2019, art. 2)* « le portail public de facturation mentionné à l'article L. 3133-6 » ;

2° Lorsque les factures sont transmises par le mode portail ou service, à la date de notification au pouvoir adjudicateur du message électronique l'informant de la mise à disposition de la facture *(Décr. n° 2019-748 du 18 juill. 2019, art. 2)* « sur ce portail ».

Sur l'application des dispositions issues du Décr. n° 2019-748 du 18 juill. 2019, V. note ss. art. R. 2192-15, supra.

§ 2 Dispositions propres à certains contrats de concession

Art. R. 3133-16 Lorsque le contrat de concession prévoit une procédure de vérification de la conformité des prestations, il peut prévoir que le délai de paiement court à compter de la date à laquelle cette conformité est constatée, si cette date est postérieure à la date de réception de la demande de paiement.

La durée de la procédure de vérification ne peut excéder trente jours. Toutefois, une durée plus longue peut être prévue par le contrat de concession, à condition que cela ne constitue pas un abus manifeste à l'égard du créancier, notamment au regard de l'usage ou des bonnes pratiques. A défaut de décision expresse dans ce délai, les prestations sont réputées conformes.

§ 3 Disposition propre à l'intervention d'un tiers habilité à recevoir les demandes de paiement

Art. R. 3133-17 Si le pouvoir adjudicateur recourt à un prestataire dont l'intervention conditionne le paiement des sommes dues, l'intervention de celui-ci ne modifie pas le délai de paiement qui s'impose au pouvoir adjudicateur.

§ 4 Disposition propre aux indemnités de résiliation

Art. R. 3133-18 En cas de versement d'une avance, le délai de paiement de celle-ci court à compter de :

1° La date de notification du contrat de concession ;

2° Lorsque le contrat de concession le prévoit, la date de notification de l'acte qui emporte commencement d'exécution des prestations correspondant à l'avance.

Dans les autres cas, le délai de paiement court à compter de la date à laquelle les conditions prévues par le contrat de concession pour le versement de l'avance sont remplies ou, dans le silence du contrat, à compter de sa date de notification.

Art. R. 3133-19 Lorsque la constitution d'une garantie à première demande ou d'une caution personnelle et solidaire est exigée, le délai de paiement de l'avance ne peut courir avant la réception de cette garantie ou de cette caution.

Art. R. 3133-20 En cas de versement d'une indemnité de résiliation, le délai de paiement de cette indemnité court à compter de la date à laquelle le montant de l'indemnité est arrêté, une fois la décision de résiliation notifiée.

SOUS-SECTION 3 Interruption du délai de paiement

Art. R. 3133-21 Lorsque la demande de paiement ne comporte pas l'ensemble des pièces et des mentions prévues par la loi ou par le contrat de concession ou que celles-ci sont erronées ou incohérentes, le délai de paiement peut être interrompu une seule fois par le pouvoir adjudicateur.

Pour les pouvoirs adjudicateurs dotés d'un comptable public, cette interruption ne peut intervenir qu'avant l'ordonnancement de la dépense.

Art. R. 3133-22 L'interruption du délai de paiement mentionné à l'article R. 3133-21 fait l'objet d'une notification au créancier par tout moyen permettant d'attester une date certaine de réception.

Cette notification précise les raisons imputables au créancier qui s'opposent au paiement, ainsi que les pièces à fournir ou à compléter.

Art. R. 3133-23 A compter de la réception de la totalité des pièces et mentions prévues à l'article R. 3133-21, un nouveau délai de paiement est ouvert. Ce délai est de trente jours ou égal au solde restant à courir à la date de réception de la notification de l'interruption si ce solde est supérieur à trente jours.

Art. R. 3133-24 Lorsque l'ordonnateur et le comptable public ne relèvent pas de la même personne morale et ont convenu d'un délai de règlement conventionnel dans les conditions prévues à l'article 12 du décret n° 2013-269 du 29 mars 2013 relatif à la lutte contre les retards de paiement dans les contrats de la commande publique, ce nouveau délai ne peut être inférieur à quinze jours augmentés du délai prévu pour l'intervention du comptable public dans le cadre de ce délai de règlement conventionnel.

SOUS-SECTION 4 Intérêts moratoires, indemnités forfaitaire et complémentaire pour frais de recouvrement

Art. R. 3133-25 Le taux des intérêts moratoires mentionné à l'article L. 3133-13 est égal au taux d'intérêt appliqué par la Banque centrale européenne à ses opérations principales de refinancement les plus récentes, en vigueur au premier jour du semestre de l'année civile au cours duquel les intérêts moratoires ont commencé à courir, majoré de huit points de pourcentage.

Art. R. 3133-26 Les intérêts moratoires courent à compter du lendemain de l'expiration du délai de paiement *(Décr. n° 2019-748 du 18 juill. 2019, art. 4)* « ou de l'échéance prévue par le contrat de concession » jusqu'à la date de mise en paiement du principal incluse.

Sur l'application des dispositions issues du Décr. n° 2019-748 du 18 juill. 2019, V. note ss. art. R. 2122-2, supra.

Art. D. 3133-27 Le montant de l'indemnité forfaitaire pour frais de recouvrement est fixé à 40 euros.

Art. R. 3133-28 Les intérêts moratoires et l'indemnité forfaitaire pour frais de recouvrement sont payés dans un délai de quarante-cinq jours suivant la mise en paiement du principal.

CHAPITRE IV EXÉCUTION DU CONTRAT DE CONCESSION PAR DES TIERS

Art. R. 3134-1 Le concessionnaire indique à l'autorité concédante, après l'attribution du contrat et, au plus tard, au début de son exécution, le nom, les coordonnées et les représentants légaux des tiers participant à ces services ou travaux dans la mesure où ces informations sont connues à ce stade. – *[Décr. n° 2016-86 du 1er févr. 2016, art. 35-II, al. 1er.]*

Art. R. 3134-2 Le concessionnaire informe l'autorité concédante de tout changement relatif aux informations mentionnées à l'article R. 3134-1 intervenant au cours de l'exécution du contrat de concession ainsi que des informations requises pour tout nouveau tiers qui participe ultérieurement à ces services ou travaux. – *[Décr. n° 2016-86 du 1er févr. 2016, art. 35-II, al. 3.]*

Art. R. 3134-3 Pour l'application de l'article L. 3134-2, l'autorité concédante exige le remplacement du tiers concerné dans un délai de dix jours à compter de la réception de sa demande par le concessionnaire. – *[Décr. n° 2016-86 du 1er févr. 2016, art. 35-II, al. 2 ecqc le délai.]*

Art. R. 3134-4 Les contrats de concession relevant *(Décr. n° 2019-1083 du 24 oct. 2019, art. 4)* « de l'article L. 3134-3 » sont soumis aux dispositions du présent titre, à l'exception des dispositions du présent chapitre. – *[Décr. n° 2016-86 du 1er févr. 2016, art. 1er, ecqc le règlement OSP.]*

Les dispositions introduites par l'art. 4 du Décr. n° 2019-1083 du 24 oct. 2019 s'appliquent aux contrats de service public ferroviaire de transport de voyageurs pour lesquels le lancement de la procédure de mise en concurrence ou l'attribution directe intervient à compter de la publication dudit décret, soit le 26 oct. 2019 (Décr. préc., art. 5, JO 26 oct.).

CHAPITRE V MODIFICATION DU CONTRAT DE CONCESSION

SECTION 1 Modifications autorisées

SOUS-SECTION 1 Clauses contractuelles

Art. R. 3135-1 Le contrat de concession peut être modifié lorsque les modifications, quel que soit leur montant, ont été prévues dans les documents contractuels initiaux, sous la forme de clauses de réexamen ou d'options claires, précises et sans équivoque.

Ces clauses indiquent le champ d'application et la nature des modifications ou options envisageables, ainsi que les conditions dans lesquelles il peut en être fait usage. – *[Décr. n° 2016-86 du 1er févr. 2016, art. 36-1°.]*

COMMENTAIRE

Pour l'ensemble de ce chapitre, on pourra se reporter aux articles L. 3135-1 et L. 3135-2. Voir aussi les dispositions relatives aux marchés publics (L. 2194-1 et L. 2194-2, R. 2194-1 à R. 2194-10). ❑

SOUS-SECTION 2 Travaux ou services supplémentaires devenus nécessaires

Art. R. 3135-2 Le contrat de concession peut être modifié lorsque, sous réserve de la limite fixée à l'article R. 3135-3, des travaux ou services supplémentaires sont devenus nécessaires et ne figuraient pas dans le contrat de concession initial, à la condition qu'un changement de concessionnaire soit impossible pour des raisons économiques ou techniques tenant notamment aux exigences d'interchangeabilité ou d'interopérabilité avec les équipements, services ou installations existants acquis dans le cadre de la concession initiale. – *[Décr. n° 2016-86 du 1er févr. 2016, art. 36-2° sauf le b).]*

Art. R. 3135-3 Lorsque le contrat de concession est conclu par un pouvoir adjudicateur, le montant de la modification prévue à l'article R. 3135-2 ne peut être supérieur à 50 % du montant du contrat de concession initial. Lorsque plusieurs modifications successives sont effectuées dans le respect des dispositions du présent article, cette limite s'applique au montant de chaque modification.

Ces modifications consécutives ne doivent pas avoir pour objet de contourner les obligations de publicité et de mise en concurrence. – *[Décr. n° 2016-86 du 1er févr. 2016, art. 37-I.]*

Art. R. 3135-4 Pour le calcul du montant de la modification mentionnée à l'article R. 3135-2, le montant actualisé du contrat de concession initial est le montant de référence lorsque le contrat de concession comporte une clause d'indexation. Dans le cas contraire, le montant actualisé du contrat de concession initial est calculé en tenant compte de l'inflation moyenne. – *[Décr. n° 2016-86 du 1er févr. 2016, art. 37-II, sauf al. 2.]*

SOUS-SECTION 3 Circonstances imprévues

Art. R. 3135-5 Le contrat de concession peut être modifié lorsque la modification est rendue nécessaire par des circonstances qu'une autorité concédante diligente ne pouvait pas prévoir.

Dans ce cas, les dispositions des articles R. 3135-3 et R. 3135-4 sont applicables. – *[Décr. n° 2016-86 du 1er févr. 2016, art. 36-3°.]*

SOUS-SECTION 4 Substitution d'un nouveau concessionnaire

Art. R. 3135-6 Le contrat de concession peut être modifié lorsqu'un nouveau concessionnaire se substitue à celui auquel l'autorité concédante a initialement attribué le contrat de concession, dans l'un des cas suivants :

1° En application d'une clause de réexamen ou d'une option définie à l'article R. 3135-1 ;

2° Dans le cas d'une cession du contrat de concession, à la suite d'opérations de restructuration du concessionnaire initial. Le nouveau concessionnaire justifie des capacités économiques, financières, techniques et professionnelles fixées initialement par l'autorité concédante. Cette cession ne peut être effectuée dans le but de soustraire le contrat de concession aux obligations de publicité et de mise en concurrence. – *[Décr. nº 2016-86 du 1er févr. 2016, art. 36-4º.]*

SOUS-SECTION 5 Modification non substantielle

Art. R. 3135-7 Le contrat de concession peut être modifié sans nouvelle procédure de mise en concurrence lorsque les modifications, quel qu'en soit le montant, ne sont pas substantielles.

Pour l'application de l'article L. 3135-1, une modification est considérée comme substantielle, notamment, lorsqu'au moins une des conditions suivantes est remplie :

1° Elle introduit des conditions qui, si elles avaient figuré dans la procédure de passation initiale, auraient attiré davantage de participants ou permis l'admission de candidats ou soumissionnaires autres que ceux initialement admis ou le choix d'une offre autre que celle initialement retenue ;

2° Elle modifie l'équilibre économique de la concession en faveur du concessionnaire d'une manière qui n'était pas prévue dans le contrat de concession initial ;

3° Elle étend considérablement le champ d'application du contrat de concession ;

4° Elle a pour effet de remplacer le concessionnaire auquel l'autorité concédante a initialement attribué le contrat de concession par un nouveau concessionnaire, en dehors des hypothèses visées à l'article R. 3135-6. – *[Décr. nº 2016-86 du 1er févr. 2016, art. 36-5º.]*

SOUS-SECTION 6 Modification de faible montant

Art. R. 3135-8 Le contrat de concession peut être modifié lorsque le montant de la modification est inférieur au seuil européen qui figure dans l'avis annexé au présent code et à 10 % du montant du contrat de concession initial, sans qu'il soit nécessaire de vérifier si les conditions énoncées à l'article R. 3135-7 sont remplies.

Les dispositions de l'article R. 3135-4 sont applicables au cas de modification prévu au présent article. – *[Décr. nº 2016-86 du 1er févr. 2016, art. 36-6º et 37-II, al. 1er.] – V. Annexe nº 2.*

Art. R. 3135-9 Lorsque plusieurs modifications successives relevant de l'article R. 3135-8 sont effectuées, l'autorité concédante prend en compte leur montant cumulé. – *[Décr. nº 2016-86 du 1er févr. 2016, art. 37-II, dern. al.]*

SECTION 2 Avis de modification

Art. R. 3135-10 Pour les contrats de concession ne relevant pas du chapitre VI du titre II du présent livre, l'autorité concédante publie un avis de modification du contrat de concession dans les hypothèses prévues aux articles R. 3135-2 et R. 3135-5.

Cet avis est publié au *Journal officiel de l'Union européenne* dans les conditions fixées aux articles R. 3122-4 à R. 3122-6, conformément au modèle fixé par le règlement d'exécution (UE) 2015/1986 de la Commission du 11 novembre 2015 établissant les formulaires standard pour la publication d'avis dans le cadre de la passation des marchés publics et abrogeant le règlement d'exécution (UE) nº 842/2011. – *[Décr. nº 2016-86 du 1er févr. 2016, art. 37-III.]*

CHAPITRE VI FIN DES RELATIONS CONTRACTUELLES

Le présent chapitre ne comprend pas de dispositions réglementaires.

CHAPITRE VII RÈGLEMENT ALTERNATIF DES DIFFÉRENDS

Le présent chapitre ne comprend pas de dispositions réglementaires.

LIVRE II AUTRES CONTRATS DE CONCESSION

Art. R. 3200-1 *(Abrogé par Décr. n° 2019-1083 du 24 oct. 2019, art. 4)* ***Les dispositions du présent livre ne s'appliquent pas aux contrats de concession relevant de l'article 5, paragraphe 3 du règlement (CE) n° 1370/2007 du Parlement européen et du Conseil du 23 octobre 2007 relatif aux services publics de transport de voyageurs par chemin de fer et par route.***

Les dispositions de l'art. 4 du Décr. n° 2019-1083 du 24 oct. 2019 s'appliquent aux contrats de service public ferroviaire de transport de voyageurs pour lesquels le lancement de la procédure de mise en concurrence ou l'attribution directe intervient à compter de la publication dudit décret, soit le 26 oct. 2019 (Décr. préc., art. 5, JO 26 oct.).

TITRE I CHAMP D'APPLICATION

Le présent titre ne comprend pas de dispositions réglementaires.

TITRE II RÈGLES APPLICABLES

CHAPITRE I RÈGLES GÉNÉRALES APPLICABLES AUX AUTRES CONTRATS DE CONCESSION À L'EXCEPTION DE CEUX PORTANT SUR LE SERVICE PUBLIC DE TRANSPORT DE VOYAGEURS PAR CHEMIN DE FER *(Décr. n° 2019-1083 du 24 oct. 2019, art. 4)*.

Art. R. 3221-1 Sans préjudice de dispositions réglementaires spéciales, en application de l'article L. 3200-1, les contrats de concession mentionnés aux articles L. 3211-1 à L. 3215-1 sont soumis au régime juridique particulier défini au présent titre.

Art. R. 3221-2 Pour l'application de l'article L. 3214-1, l'autorité concédante publie un avis d'attribution lorsque les conditions cumulatives suivantes sont remplies :

1° La valeur estimée du contrat de concession est égale ou supérieure au seuil mentionné dans un avis figurant en annexe du présent code ;

2° La législation sectorielle de l'Union européenne ne prévoit pas d'obligations de transparence pour l'attribution de ce contrat. — *[Décr. n° 2016-86 du 1er févr. 2016, art. 32-I-3°.] — V. Annexe n° 2.*

Art. R. 3221-3 Les contrats de concession mentionnés aux articles L. 3211-1 à L. 3215-1 sont soumis aux règles relatives aux délais de paiement prévues à la section 2 du chapitre III du titre III du livre I et à l'article R. 3114-4.

Art. D. 3221-4 *(Décr. n° 2019-748 du 18 juill. 2019, art. 1er)* **Les dispositions des articles D. 3133-1 et D. 3133-2 sont applicables aux factures émises en exécution des contrats de concession mentionnés par les dispositions législatives des chapitres I à IV du titre I.**

Les dispositions introduites par l'art. 1er du Décr. n° 2019-748 du 18 juill. 2019 s'appliquent, sous réserve des dispositions du V de l'art. 193 de la L. n° 2019-486 du 22 mai 2019 (V. infra), aux contrats en cours au lendemain de la publication dudit Décr. (JO du 21 juill.), ainsi qu'aux contrats conclus postérieurement à cette date (Décr. préc., art. 7).

Art. R. 3221-5 *(Décr. n° 2019-748 du 18 juill. 2019, art. 1er)* **Les dispositions de l'article R. 3133-3 sont applicables aux factures émises en exécution des contrats de concession mentionnés par les dispositions législatives des chapitres I à IV du titre I.**

Sur l'application des dispositions issues du Décr. n° 2019-748 du 18 juill. 2019, V. note ss. art. R. 2192-15, supra.

CHAPITRE II RÈGLES PROPRES AUX CONTRATS DE CONCESSION PORTANT SUR LE SERVICE PUBLIC DE TRANSPORT DE VOYAGEURS PAR CHEMIN DE FER

(Décr. n° 2019-1083 du 24 oct. 2019, art. 4)

Art. R. 3222-1 Les contrats de concession mentionnés au 11° de l'article L. 3212-4 sont régis, pour leur passation et leur exécution, par le décret n° 2019-1083 du 24 octobre 2019 relatif aux modalités de passation et d'exécution des contrats de service public de transport ferroviaire de voyageurs.

Les dispositions du présent art. s'appliquent aux contrats de service public ferroviaire de transport de voyageurs pour lesquels le lancement de la procédure de mise en concurrence ou l'attribution directe intervient à compter de la publication du Décr. n° 2019-1083 du 24 oct. 2019, soit le 26 oct. 2019 (Décr. préc., art. 5, JO 26 oct.).

LIVRE III DISPOSITIONS RELATIVES À L'OUTRE-MER

TITRE I DISPOSITIONS PARTICULIÈRES À LA GUADELOUPE, LA GUYANE, LA MARTINIQUE, LA RÉUNION ET MAYOTTE

CHAPITRE UNIQUE

Art. D. 3311-1 Pour l'application de l'article D. 3114-3 à Mayotte, les mots : "directeur départemental des finances publiques" sont remplacés par les mots : "directeur régional des finances publiques de Mayotte".

TITRE II DISPOSITIONS PARTICULIÈRES À SAINT-BARTHÉLEMY

CHAPITRE I DISPOSITIONS PARTICULIÈRES AU LIVRE I

Art. D. 3321-1 Pour l'application de l'article D. 3114-3 à Saint-Barthélemy, les mots : "directeur départemental des finances publiques" sont remplacés par les mots : "directeur local des finances publiques de Saint-Barthélemy".

Art. R. 3321-2 Pour l'application des dispositions réglementaires du livre I à Saint-Barthélemy :

1° A l'article R. 3121-6, les mots : "et qu'un rapport soit communiqué à la Commission européenne si elle le demande" sont supprimés ;

2° A l'article R. 3122-1, le second alinéa est supprimé ;

3° A l'article R. 3122-2, les mots : "au *Journal officiel de l'Union européenne*" sont remplacés par les mots "au *Journal officiel* de la collectivité de Saint-Barthélemy" ;

4° Les articles R. 3122-4 et R. 3122-5 sont supprimés ;

5° Le premier alinéa de l'article R. 3123-18 est ainsi rédigé :

"Le candidat établi dans cette collectivité produit les certificats délivrés par les administrations et organismes compétents localement et les impôts, taxes, contributions ou contributions sociales figurant dans l'arrêté annexé au présent code sont remplacés, en tant que de besoin, par les impôts, taxes, contributions ou cotisations sociales ayant le même objet applicables localement." ;

6° Le second alinéa de l'article R. 3125-6 est supprimé ;

7° L'article R. 3125-7 est ainsi rédigé :

Art. R. 3125-7 L'avis d'attribution est publié au *Journal officiel* de la collectivité de Saint-Barthélemy.

8° Le *c* du 2° de l'article R. 3126-1 est ainsi rédigé :

"*c)* L'exploitation de services de transport de voyageurs, à l'exclusion des transports routiers." ;

9° Aux articles R. 3126-4 et R. 3126-5, les mots : "au *Journal officiel de l'Union européenne*" sont remplacés par les mots "au *Journal officiel* de la collectivité de Saint-Barthélemy" ;

10° L'article R. 3126-6 est supprimé ;

(Décr. nº 2019-748 du 18 juill. 2019, art. 3) « 10º *bis* Le deuxième alinéa de l'article R. 3133-3 n'est applicable que si les titulaires des contrats de concession choisissent de transmettre leurs factures sous forme électronique ; »

11º Le deuxième alinéa de l'article R. 3135-10 est ainsi rédigé :

"Cet avis est publié au *Journal officiel* de la collectivité de Saint-Barthélemy.".

Sur l'application des dispositions issues du Décr. nº 2019-748 du 18 juill. 2019, V. notes ss. art. R. 2651-3, supra.

Art. D. 3321-3 *(Décr. nº 2019-748 du 18 juill. 2019, art. 3)* Pour l'application de l'article D. 3133-1 à Saint-Barthélemy, la référence à la norme fixée par la décision (UE) 2017/1870 de la Commission européenne du 16 octobre 2017 concernant la publication de la référence de la norme européenne sur la facturation électronique et de la liste des syntaxes en vertu de la directive 2014/55/UE du Parlement européen et du Conseil est remplacée par la référence à la norme de facturation électronique applicable en métropole.

Sur l'application des dispositions issues du Décr. nº 2019-748 du 18 juill. 2019, V. note ss. art. R. 2192-15, supra.

CHAPITRE II DISPOSITIONS PARTICULIÈRES AU LIVRE II

Le présent chapitre ne comprend pas de dispositions réglementaires.

TITRE III DISPOSITIONS PARTICULIÈRES À SAINT-MARTIN

CHAPITRE I DISPOSITIONS PARTICULIÈRES AU LIVRE I

Art. D. 3331-1 Pour l'application de l'article D. 3114-3 à Saint-Martin, les mots : "directeur départemental des finances publiques" sont remplacés par les mots : "directeur local des finances publiques de Saint-Martin".

Art. R. 3331-2 *(Abrogé par Décr. nº 2019-748 du 18 juill. 2019, art. 3) Pour l'application des dispositions réglementaires du livre I à Saint-Martin, à l'article R. 3133-15, les mots : "prévue à l'article 1er de l'ordonnance nº 2014-697 du 26 juin 2014 relative au développement de la facturation électronique" et les mots : "définie à l'article 2 de l'ordonnance nº 2014-697 du 26 juin 2014 relative au développement de la facturation électronique" sont supprimés.*

CHAPITRE II DISPOSITIONS PARTICULIÈRES AU LIVRE II

Le présent chapitre ne comprend pas de dispositions réglementaires.

TITRE IV DISPOSITIONS PARTICULIÈRES À SAINT-PIERRE-ET-MIQUELON

CHAPITRE I DISPOSITIONS PARTICULIÈRES AU LIVRE I

Art. D. 3341-1 Pour l'application de l'article D. 3114-3 à Saint-Pierre-et-Miquelon, les mots : "directeur départemental des finances publiques" sont remplacés par les mots : "directeur local des finances publiques de Saint-Pierre-et-Miquelon".

Art. R. 3341-2 Pour l'application des dispositions réglementaires du livre I à Saint-Pierre-et-Miquelon :

1º A l'article R. 3121-6, les mots : "et qu'un rapport soit communiqué à la Commission européenne si elle le demande" sont supprimés ;

2º A l'article R. 3122-1, le second alinéa est supprimé ;

3º A l'article R. 3122-2, les mots : "au *Journal officiel de l'Union européenne*" sont remplacés par les mots "au *Journal officiel* de Saint-Pierre-et-Miquelon" ;

4º Les articles R. 3122-4 et R. 3122-5 sont supprimés ;

5º Le premier alinéa de l'article R. 3123-18 est ainsi rédigé :

"Le candidat établi dans cette collectivité produit les certificats délivrés par les administrations et organismes compétents localement. Les impôts, taxes, contributions ou contributions sociales figurant dans l'arrêté annexé au présent code sont remplacés, en tant que de besoin, par les impôts, taxes, contributions ou cotisations sociales ayant le même objet applicables localement.″ ;

6° Le second alinéa de l'article R. 3125-6 est supprimé ;

7° L'article R. 3125-7 est ainsi rédigé :

Art. R. 3125-7 L'avis d'attribution est publié au *Journal officiel* de Saint-Pierre-et-Miquelon.

8° Aux articles R. 3126-4 et R. 3126-5, les mots : ″au *Journal officiel de l'Union européenne*″ sont remplacés par les mots ″au *Journal officiel* de Saint-Pierre-et-Miquelon″ ;

9° L'article R. 3126-6 est supprimé ;

(Décr. n° 2019-748 du 18 juill. 2019, art. 3) « 9° *bis* Le deuxième alinéa de l'article R. 3133-3 n'est applicable que si les titulaires des contrats de concession choisissent de transmettre leurs factures sous forme électronique ; »

10° Le deuxième alinéa de l'article R. 3135-10 est ainsi rédigé :

″Cet avis est publié au *Journal officiel* de Saint-Pierre-et-Miquelon.″

Sur l'application des dispositions issues du Décr. n° 2019-748 du 18 juill. 2019, V. notes ss. art. R. 2651-3, supra.

Art. D. 3341-3 *(Décr. n° 2019-748 du 18 juill. 2019, art. 3)* Pour l'application de l'article D. 3133-1 à Saint-Pierre-et-Miquelon, la référence à la norme fixée par la décision (UE) 2017/1870 de la Commission européenne du 16 octobre 2017 concernant la publication de la référence de la norme européenne sur la facturation électronique et de la liste des syntaxes en vertu de la directive 2014/55/UE du Parlement européen et du Conseil est remplacée par la référence à la norme de facturation électronique applicable en métropole.

Sur l'application des dispositions issues du Décr. n° 2019-748 du 18 juill. 2019, V. notes ss. art. R. 2651-3, supra.

CHAPITRE II DISPOSITIONS PARTICULIÈRES AU LIVRE II

Le présent chapitre ne comprend pas de dispositions réglementaires.

TITRE V DISPOSITIONS APPLICABLES DANS LES ÎLES WALLIS-ET-FUTUNA

CHAPITRE UNIQUE

SECTION 1 Dispositions générales

Art. R. 3351-1 Sous la réserve des adaptations prévues par le présent titre, les dispositions suivantes sont applicables dans les îles Wallis-et-Futuna aux contrats de concession conclus par l'État ou ses établissements publics ainsi que par les autres organismes et personnes de droit public et de droit privé chargés par l'État d'une mission de service public administratif, dans leur rédaction *(Décr. n° 2019-748 du 18 juill. 2019, art. 5)* « résultant du décret n° 2018-1075 du 3 décembre 2018 », sauf mention contraire dans le tableau ci-après. — *Tableau mod. par Décr. n° 2018-1225 du 24 déc. 2018, art. 12-18°, en vigueur dans les conditions décrites ss. art. R. 2112-13 ; Décr. n° 2019-259 du 29 mars 2019, art. 2 ; Décr. n° 2019-748 du 18 juill. 2019 art. 3 et 5, en vigueur dans les conditions décrites ss. art. R. 2651-3 ; Décr. n° 2022-767 du 2 mai 2022, art. 10.*

DISPOSITIONS APPLICABLES	DANS LEUR RÉDACTION
Au livre Ier	
Au titre Ier	
R. 3111-1 à R. 3114-2	

DISPOSITIONS APPLICABLES	DANS LEUR RÉDACTION
R. 3114-4 et R. 3114-5	
Au titre II	
R. 3121-1 à R. 3122-3	
R. 3122-6 à R. 3125-4	
R. 3125-5	Résultant du décret n° 2018-1225 du 24 décembre 2018
R. 3125-6	
R. 3126-1 à R. 3126-5	
R. 3126-7 à R. 3126-12	
R. 3126-13	Résultant du décret n° 2019-259 du 29 mars 2019
Au titre III	
R. 3131-1	Résultant du décret n° 2022-767 du 2 mai 2022
R. 3131-2 à R. 3131-5	
R. 3133-3	Résultant du décret n° 2019-748 du 18 juillet 2019
R. 3133-10 à R. 3133-14	
R. 3133-15	Résultant du décret n° 2019-748 du 18 juillet 2019
R. 3133-16 à R. 3133-25	
R. 3133-26	Résultant du décret n° 2019-748 du 18 juillet 2019
R. 3133-28 à R. 3134-3	
R. 3135-1 à R. 3135-10	
Au livre II	
Au titre II	
R. 3221-1 à R. 3221-3	
R. 3221-5	Résultant du décret n° 2019-748 du 18 juillet 2019

Art. D. 3351-2 Sous la réserve des adaptations prévues par le présent titre, les dispositions suivantes sont applicables dans les îles Wallis-et-Futuna aux contrats de concession conclus par l'État ou ses établissements publics ainsi que par les autres organismes et personnes de droit public et de droit privé chargés par l'État d'une mission de service public administratif, dans leur rédaction *(Décr. n° 2019-748 du 18 juill. 2019, art. 5)* « résultant du décret n° 2018-1075 du 3 décembre 2018 », sauf mention

contraire dans le tableau ci-après. – *Tableau mod. par Décr. n° 2019-748 du 18 juill. 2019 art. 3 et 5, en vigueur dans les conditions décrites ss. art. R. 2651-3.*

DISPOSITIONS APPLICABLES	DANS LEUR RÉDACTION
Au livre Ier	
Au titre III	
D. 3133-2	Résultant du décret n° 2019-748 du 18 juillet 2019
D. 3133-27	
Au livre II	
Au titre II	
D. 3221-4	Résultant du décret n° 2019-748 du 18 juillet 2019

SECTION 2 Dispositions d'adaptation

Art. R. 3351-3 Pour l'application des dispositions réglementaires du livre I dans les îles Wallis-et-Futuna :

1° A l'article R. 3121-6, les mots : "et qu'un rapport soit communiqué à la Commission européenne si elle le demande" sont supprimés ;

2° A l'article R. 3122-1, le second alinéa est supprimé ;

3° A l'article R. 3122-2 les mots : "au *Journal officiel de l'Union européenne*" sont remplacés par les mots "au *Journal officiel* du Territoire des îles Wallis-et-Futuna" ;

4° Le premier alinéa de l'article R. 3123-18 est ainsi rédigé :

"Le candidat établi dans la collectivité produit les certificats délivrés par les administrations et organismes compétents localement. Les impôts, taxes, contributions ou contributions sociales figurant dans l'arrêté annexé au présent code sont remplacés, en tant que de besoin, par les impôts, taxes, contributions ou cotisations sociales ayant le même objet applicables localement." ;

5° Le second alinéa de l'article R. 3125-6 est supprimé ;

6° L'article R. 3125-7 est ainsi rédigé :

Art. R. 3125-7 L'avis d'attribution est publié au *Journal officiel* du territoire des îles Wallis-et-Futuna.

7° Les *a* et *c* du 2° de l'article R. 3126-1 sont supprimés ;

8° Aux articles R. 3126-4 et R. 3126-5, les mots : "au *Journal officiel de l'Union européenne*" sont remplacés par les mots "au *Journal officiel* du territoire des îles Wallis-et-Futuna" ;

(Décr. n° 2019-748 du 18 juill. 2019, art. 3) « 8° *bis* Le deuxième alinéa de l'article R. 3133-3 n'est applicable que si les titulaires des contrats de concession choisissent de transmettre leurs factures sous forme électronique ; »

9° L'article R. 3133-5 est ainsi rédigé :

Art. R. 3133-5 Par dérogation à l'article R. 3133-4, le délai de paiement est fixé à cinquante jours pour les établissements du service de santé des armées.

(Décr. n° 2019-748 du 18 juill. 2019, art. 3) « 10° A l'article R. 3133-15, les mots : "à L. 3133-3" sont remplacés par les mots : "et L. 3133-2" ; »

11° Le deuxième alinéa de l'article R. 3135-10 est ainsi rédigé :

"Cet avis est publié au *Journal officiel* du territoire des îles Wallis-et-Futuna.".

Sur l'application des dispositions issues du Décr. n° 2019-748 du 18 juill. 2019, V. notes ss. art. R. 2651-3, supra.

Art. D. 3351-4 *(Décr. n° 2019-748 du 18 juill. 2019, art. 3)* Pour l'application de l'article D. 3133-2 dans les îles Wallis-et-Futuna :

a) Les mots : "à L. 3133-3" sont remplacés par les mots : "et L. 3133-2" ;

b) En tant que de besoin, la référence au numéro d'identité déterminé en application de l'article R. 123-221 du code de commerce est remplacée par la référence au numéro du répertoire des entreprises applicables localement.

Sur l'application des dispositions issues du Décr. n° 2019-748 du 18 juill. 2019, V. note ss. art. R. 2192-15.

TITRE VI DISPOSITIONS APPLICABLES EN POLYNÉSIE FRANÇAISE

CHAPITRE UNIQUE

SECTION 1 Dispositions générales

Art. R. 3361-1 Sous la réserve des adaptations prévues par le présent titre, les dispositions suivantes sont applicables en Polynésie française aux contrats de concession conclus par l'État ou ses établissements publics, sous réserve des compétences dévolues à cette collectivité, dans leur rédaction *(Décr. n° 2019-748 du 18 juill. 2019, art. 5)* « résultant du décret n° 2018-1075 du 3 décembre 2018 », sauf mention contraire dans le tableau ci-après. – *Tableau mod. par Décr. n° 2018-1225 du 24 déc. 2018, art. 12-18°, en vigueur dans les conditions décrites ss. art. R. 2112-13 ; Décr. n° 2019-259 du 29 mars 2019, art. 2 ; Décr. n° 2019-748 du 18 juill. 2019 art. 3 et 5, en vigueur dans les conditions décrites ss. art. R. 2651-3 ; Décr. n° 2022-767 du 2 mai 2022, art. 10.*

DISPOSITIONS APPLICABLES	DANS LEUR RÉDACTION
Au livre Ier	
Au titre Ier	
R. 3111-1 à R. 3114-2	
R. 3114-4 et R. 3114-5	
Au titre II	
R. 3121-1 à R. 3122-3	
R. 3122-6 à R. 3125-4	
R. 3125-5	Résultant du décret n° 2018-1225 du 24 décembre 2018
R. 3125-6	
R. 3126-1 à R. 3126-5	
R. 3126-7 à R. 3126-12	
R. 3126-13	Résultant du décret n° 2019-259 du 29 mars 2019
Au titre III	
R. 3131-1	Résultant du décret n° 2022-767 du 2 mai 2022
R. 3131-2 à R. 3131-5	

DISPOSITIONS APPLICABLES	DANS LEUR RÉDACTION
R. 3133-3	Résultant du décret nº 2019-748 du 18 juillet 2019
R. 3133-10 à R. 3133-14	
R. 3133-15	Résultant du décret nº 2019-748 du 18 juillet 2019
R. 3133-16 à R. 3133-25	
R. 3133-26	Résultant du décret nº 2019-748 du 18 juillet 2019
R. 3133-28 à R. 3134-3	
R. 3135-1 à R. 3135-10	
Au livre II	
Au titre II	
R. 3221-1 à R. 3221-3	
R. 3221-5	Résultant du décret nº 2019-748 du 18 juillet 2019

Art. D. 3361-2 Sous la réserve des adaptations prévues par le présent titre, les dispositions suivantes sont applicables en Polynésie française aux contrats de concession conclus par l'État ou ses établissements publics, sous réserve des compétences dévolues à cette collectivité, dans leur rédaction *(Décr. nº 2019-748 du 18 juill. 2019, art. 5)* « résultant du décret nº 2018-1075 du 3 décembre 2018 », sauf mention contraire dans le tableau ci-après. — *Tableau mod. par Décr. nº 2019-748 du 18 juill. 2019 art. 3 et 5, en vigueur dans les conditions décrites ss. art. R. 2651-3.*

DISPOSITIONS APPLICABLES	DANS LEUR RÉDACTION
Au livre Ier	
Au titre III	
D. 3133-2	Résultant du décret nº 2019-748 du 18 juillet 2019
D. 3133-27	
Au livre II	
Au titre II	
D. 3221-4	Résultant du décret nº 2019-748 du 18 juillet 2019

SECTION 2 Dispositions d'adaptation

Art. R. 3361-3 Pour l'application des dispositions réglementaires du livre I en Polynésie française :

1º A l'article R. 3121-6, les mots : "et qu'un rapport soit communiqué à la Commission européenne si elle le demande" sont supprimés ;

2° A l'article R. 3122-1, le second alinéa est supprimé ;

3° A l'article R. 3122-2, les mots : "au *Journal officiel de l'Union européenne*" sont remplacés par les mots "au *Journal officiel* de la Polynésie française" ;

4° Le premier alinéa de l'article R. 3123-18 est ainsi rédigé :

"Le candidat établi dans la collectivité produit les certificats délivrés par les administrations et organismes compétents localement. Les impôts, taxes, contributions ou contributions sociales figurant dans l'arrêté annexé au présent code sont remplacés, en tant que de besoin, par les impôts, taxes, contributions ou cotisations sociales ayant le même objet applicables localement." ;

5° Le second alinéa de l'article R. 3125-6 est supprimé ;

6° L'article R. 3125-7 est ainsi rédigé :

Art. R. 3125-7 L'avis d'attribution est publié au *Journal officiel* de la Polynésie française.

7° Les *a* et *c* du 2° de l'article R. 3126-1 sont supprimés ;

8° Aux articles R. 3126-4 et R. 3126-5, les mots : "au *Journal officiel de l'Union européenne*" sont remplacés par les mots "au *Journal officiel* de la Polynésie française" ;

(Décr. n° 2019-748 du 18 juill. 2019, art. 3) « 8° *bis* Le deuxième alinéa de l'article R. 3133-3 n'est applicable que si les titulaires des contrats de concession choisissent de transmettre leurs factures sous forme électronique ; »

9° L'article R. 3133-11 est ainsi rédigé :

Art. R. 3133-11 Par dérogation à l'article R. 3133-10, le délai de paiement est fixé à cinquante jours pour les établissements du service de santé des armées.

(Décr. n° 2019-748 du 18 juill. 2019, art. 3) « 10° A l'article R. 3133-15, les mots : "à L. 3133-3" sont remplacés par les mots : "et L. 3133-2" ; »

11° Le deuxième alinéa de l'article R. 3135-10 est ainsi rédigé :

"Cet avis est publié au *Journal officiel* de la Polynésie française.".

Sur l'application des dispositions issues du Décr. n° 2019-748 du 18 juill. 2019, V. note ss. art. R. 2192-15, supra.

Art. D. 3361-4 *(Décr. n° 2019-748 du 18 juill. 2019, art. 3)* Pour l'application de l'article D. 3133-2 en Polynésie française :

a) Les mots : "à L. 3133-3" sont remplacés par les mots : "et L. 3133-2" ;

b) En tant que de besoin, la référence au numéro d'identité déterminé en application de l'article R. 123-221 du code de commerce est remplacée par la référence au numéro du répertoire TAHITI en vertu de la réglementation applicable localement.

Sur l'application des dispositions issues du Décr. n° 2019-748 du 18 juill. 2019, V. note ss. art. R. 2192-15, supra.

TITRE VII **DISPOSITIONS APPLICABLES EN NOUVELLE-CALÉDONIE**

CHAPITRE UNIQUE

SECTION 1 **Dispositions générales**

Art. R. 3371-1 Sous la réserve des adaptations prévues par le présent titre, les dispositions suivantes sont applicables en Nouvelle-Calédonie aux contrats de concession conclus par l'État ou ses établissements publics, sous réserve des compétences dévolues à cette collectivité, dans leur rédaction *(Décr. n° 2019-748 du 18 juill. 2019, art. 5)* « résultant du décret n° 2018-1075 du 3 décembre 2018 », sauf mention contraire dans le tableau ci-après. – *Tableau mod. par Décr. n° 2018-1225 du 24 déc. 2018, art. 12-18°, en vigueur dans les conditions décrites ss. art. R. 2112-13 ; Décr. n° 2019-259 du 29 mars 2019, art. 2 ; Décr. n° 2019-748 du 18 juill. 2019, art. 3 et 5, en vigueur dans les conditions décrites ss. art. R. 2651-3 ; Décr. n° 2022-767 du 2 mai 2022, art. 10.*

DISPOSITIONS APPLICABLES	DANS LEUR RÉDACTION
Au livre Ier	
Au titre Ier	
R. 3111-1 à R. 3114-2	
R. 3114-4 et R. 3114-5	
Au titre II	
R. 3121-1 à R. 3122-3	
R. 3122-6 à R. 3125-4	
R. 3125-5	Résultant du décret n° 2018-1225 du 24 décembre 2018
R. 3125-6	
R. 3126-1 à R. 3126-5	
R. 3126-7 à R. 3126-12	
R. 3126-13	Résultant du décret n° 2019-259 du 29 mars 2019
Au titre III	
R. 3131-1	Résultant du décret n° 2022-767 du 2 mai 2022
R. 3131-2 à R. 3131-5	
R. 3133-3	Résultant du décret n° 2019-748 du 18 juillet 2019
R. 3133-10 à R. 3133-14	
R. 3133-15	Résultant du décret n° 2019-748 du 18 juillet 2019
R. 3133-16 à R. 3133-25	
R. 3133-26	Résultant du décret n° 2019-748 du 18 juillet 2019
R. 3133-28 à R. 3134-3	
R. 3135-1 à R. 3135-10	
Au livre II	
Au titre II	
R. 3221-1 à R. 3221-3	
R. 3221-5	Résultant du décret n° 2019-748 du 18 juillet 2019

Art. D. 3371-2 Sous la réserve des adaptations prévues par le présent titre, les dispositions suivantes sont applicables en Nouvelle-Calédonie aux contrats de concession conclus par l'État ou ses établissements publics, sous réserve des compétences dévolues à cette collectivité, dans leur rédaction *(Décr. n° 2019-748 du 18 juill. 2019, art. 5)* « résultant du décret n° 2018-1075 du 3 décembre 2018 », sauf mention contraire dans le tableau ci-après. – *Tableau mod. par Décr. n° 2019-748 du 18 juill. 2019 art. 3, en vigueur dans les conditions décrites ss. art. R. 2651-3.*

DISPOSITIONS APPLICABLES	DANS LEUR RÉDACTION
Au livre Ier	
Au titre III	
D. 3133-2	Résultant du décret n° 2019-748 du 18 juillet 2019
D. 3133-27	
Au livre II	
Au titre II	
D. 3221-4	Résultant du décret n° 2019-748 du 18 juillet 2019

SECTION 2 Dispositions d'adaptation

Art. R. 3371-3 Pour l'application des dispositions réglementaires du livre I en Nouvelle-Calédonie :

1° A l'article R. 3121-6, les mots : "et qu'un rapport soit communiqué à la Commission européenne si elle le demande" sont supprimés ;

2° A l'article R. 3122-1, le second alinéa est supprimé ;

3° A l'article R. 3122-2 les mots : "au *Journal officiel de l'Union européenne*" sont remplacés par les mots "au *Journal officiel* de la Nouvelle-Calédonie" ;

4° Le premier alinéa de l'article R. 3123-18 est ainsi rédigé :

"Le candidat établi dans la collectivité produit les certificats délivrés par les administrations et organismes compétents localement. Les impôts, taxes, contributions ou contributions sociales figurant dans l'arrêté annexé au présent code sont remplacés, en tant que de besoin, par les impôts, taxes, contributions ou cotisations sociales ayant le même objet applicables localement." ;

5° Le second alinéa de l'article R. 3125-6 est supprimé ;

6° L'article R. 3125-7 est ainsi rédigé :

Art. R. 3125-7 L'avis d'attribution est publié au *Journal officiel* de la Nouvelle-Calédonie.

7° Les *a* et *c* du 2° de l'article R. 3126-1 sont supprimés ;

8° Aux articles R. 3126-4 et R. 3126-5, les mots : "au *Journal officiel de l'Union européenne*" sont remplacés par les mots "au *Journal officiel* de la Nouvelle-Calédonie" ;

(Décr. n° 2019-748 du 18 juill. 2019, art. 3) « 8° *bis* Le deuxième alinéa de l'article R. 3133-3 n'est applicable que si les titulaires des contrats de concession choisissent de transmettre leurs factures sous forme électronique ; »

9° L'article R. 3133-11 est ainsi rédigé :

Art. R. 3133-11 Par dérogation à l'article R. 3133-10, le délai de paiement est fixé à cinquante jours pour les établissements du service de santé des armées.

(Décr. n° 2019-748 du 18 juill. 2019, art. 3) « 10° A l'article R. 3133-15, les mots : "à L. 3133-3" sont remplacés par les mots : "et L. 3133-2" ; »

11° Le deuxième alinéa de l'article R. 3135-10 est ainsi rédigé :

"Cet avis est publié au *Journal officiel* de la Nouvelle-Calédonie.".

Sur l'application des dispositions issues du Décr. n° 2019-748 du 18 juill. 2019, V. note ss. art. R. 2192-15, supra.

Art. D. 3371-4 *(Décr. n° 2019-748 du 18 juill. 2019, art. 3)* Pour l'application de l'article D. 3133-2 en Nouvelle-Calédonie :

a) Les mots : "à L. 3133-3" sont remplacés par les mots : "et L. 3133-2" ;

b) En tant que de besoin, la référence au numéro d'identité déterminé en application de l'article R. 123-221 du code de commerce est remplacée par la référence au numéro du répertoire RIDET en vertu de la réglementation applicable localement.

Sur l'application des dispositions issues du Décr. n° 2019-748 du 18 juill. 2019, V. note ss. art. R. 2192-15, supra.

TITRE VIII DISPOSITIONS APPLICABLES DANS LES TERRES AUSTRALES ET ANTARCTIQUES FRANÇAISES

CHAPITRE UNIQUE

SECTION 1 Dispositions générales

Art. R. 3381-1 Sous la réserve des adaptations prévues par le présent titre, les dispositions suivantes sont applicables dans les Terres australes et antarctiques françaises aux contrats de concession conclus par l'État ou ses établissements publics ainsi que par les autres organismes et personnes de droit public et de droit privé chargés par l'État d'une mission de service public administratif, dans leur rédaction *(Décr. n° 2019-748 du 18 juill. 2019, art. 5)* « résultant du décret n° 2018-1075 du 3 décembre 2018 », sauf mention contraire dans le tableau ci-après. – *Tableau mod. par Décr. n° 2018-1225 du 24 déc. 2018, art. 12-18°, en vigueur dans les conditions décrites ss. l'art. R. 2112-13 ; Décr. n° 2019-259 du 29 mars 2019, art. 2 ; Décr. n° 2019-748 du 18 juill. 2019, art. 3 et 5, en vigueur dans les conditions décrites ss. art. R. 2651-3 ; Décr. n° 2022-767 du 2 mai 2022, art. 10.*

DISPOSITIONS APPLICABLES	DANS LEUR RÉDACTION
Au livre Ier	
Au titre Ier	
R. 3111-1 à R. 3114-2	
R. 3114-4 et R. 3114-5	
Au titre II	
R. 3121-1 à R. 3122-3	
R. 3122-6 à R. 3125-4	
R. 3125-5	Résultant du décret n° 2018-1225 du 24 décembre 2018
R. 3125-6	
R. 3126-1 à R. 3126-5	
R. 3126-7 à R. 3126-12	
R. 3126-13	Résultant du décret n° 2019-259 du 29 mars 2019
Au titre III	
R. 3131-1	Résultant du décret n° 2022-767 du 2 mai 2022

DISPOSITIONS APPLICABLES	DANS LEUR RÉDACTION
R. 3131-2 à R. 3131-5	
R. 3133-3	Résultant du décret nº 2019-748 du 18 juillet 2019
R. 3133-10 à R. 3133-14	
R. 3133-15	Résultant du décret nº 2019-748 du 18 juillet 2019
R. 3133-16 à R. 3133-25	
R. 3133-26	Résultant du décret nº 2019-748 du 18 juillet 2019
R. 3133-28 à R. 3134-3	
R. 3135-1 à R. 3135-10	
Au livre II	
Au titre II	
R. 3221-1 à R. 3221-3	
R. 3221-5	Résultant du décret nº 2019-748 du 18 juillet 2019

Art. D. 3381-2 Sous la réserve des adaptations prévues par le présent titre, les dispositions suivantes sont applicables dans les Terres australes et antarctiques françaises aux contrats de concession conclus par l'État ou ses établissements publics ainsi que par les autres organismes et personnes de droit public et de droit privé chargés par l'État d'une mission de service public administratif, dans leur rédaction *(Décr. nº 2019-748 du 18 juill. 2019, art. 5)* « résultant du décret nº 2018-1075 du 3 décembre 2018 », sauf mention contraire dans le tableau ci-après. – *Tableau mod. par Décr. nº 2019-748 du 18 juill. 2019 art. 3 et 5, en vigueur dans les conditions décrites ss. art. R. 2651-3.*

DISPOSITIONS APPLICABLES	DANS LEUR RÉDACTION
Au livre Ier	
Au titre III	
D. 3133-2	Résultant du décret nº 2019-748 du 18 juillet 2019
D. 3133-27	
Au livre II	
Au titre II	
D. 3221-4	Résultant du décret nº 2019-748 du 18 juillet 2019

SECTION 2 Dispositions d'adaptation

Art. D. 3381-3 Pour l'application de l'article D. 3114-3 dans les Terres australes et antarctiques françaises, les mots : "directeur départemental des finances publiques" sont remplacés par les mots : "directeur régional des finances publiques de La Réunion".

Art. R. 3381-4 Pour l'application des dispositions réglementaires du livre I dans les Terres australes et antarctiques françaises :

1° A l'article R. 3121-6, les mots : "et qu'un rapport soit communiqué à la Commission européenne si elle le demande" sont supprimés ;

2° A l'article R. 3122-1, le second alinéa est supprimé ;

3° A l'article R. 3122-2, les mots : "au *Journal officiel de l'Union européenne*" sont remplacés par les mots "au *Journal officiel* des Terres australes et antarctiques françaises" ;

4° Le premier alinéa de l'article R. 3123-18 est ainsi rédigé :

"Le candidat établi dans la collectivité produit les certificats délivrés par les administrations et organismes compétents localement. Les impôts, taxes, contributions ou contributions sociales figurant dans l'arrêté annexé au présent code sont remplacés, en tant que de besoin, par les impôts, taxes, contributions ou cotisations sociales ayant le même objet applicables localement." ;

5° Le second alinéa de l'article R. 3125-6 est supprimé ;

6° L'article R. 3125-7 est ainsi rédigé :

Art. R. 3125-7 L'avis d'attribution est publié au *Journal officiel* des Terres australes et antarctiques françaises.

7° Les *a* et *c* du 2° de l'article R. 3126-1 sont supprimés ;

8° Aux articles R. 3126-4 et R. 3126-5, les mots : "au *Journal officiel de l'Union européenne*" sont remplacés par les mots "au *Journal officiel* des Terres australes et antarctiques françaises";

(Décr. n° 2019-748 du 18 juill. 2019, art. 3) « 8° *bis* Le deuxième alinéa de l'article R. 3133-3 n'est applicable que si les titulaires des contrats de concession choisissent de transmettre leurs factures sous forme électronique ;

« 8° *ter* L'article R. 3133-11 est ainsi rédigé :

Art. R. 3133-11 Par dérogation à l'article R. 3133-10, le délai de paiement est fixé à cinquante jours pour les établissements du service de santé des armées.

« 9° A l'article R. 3133-15, les mots : "à L. 3133-3" sont remplacés par les mots : "et L. 3133-2" ; »

10° Le deuxième alinéa de l'article R. 3135-10 est ainsi rédigé :

"Cet avis est publié au *Journal officiel* des Terres australes et antarctiques françaises.".

Sur l'application des dispositions issues du Décr. n° 2019-748 du 18 juill. 2019, V. note ss. art. R. 2192-15, supra.

Art. D. 3381-5 *(Décr. n° 2019-748 du 18 juill. 2019, art. 3)* Pour l'application de l'article D. 3133-2 dans les Terres australes et antarctiques françaises, les mots : "à L. 3133-3" sont remplacés par les mots : "et L. 3133-2".

Sur l'application des dispositions issues du Décr. n° 2019-748 du 18 juill. 2019, V. note ss. art. R. 2192-15, supra.

ANNEXES

ANNEXE PRÉLIMINAIRE

Arrêté du 22 mars 2019,

Portant l'annexe préliminaire du code de la commande publique.

Art. 1er Les tableaux figurant en annexe du présent arrêté constituent l'annexe préliminaire des annexes du code de la commande publique. Les modifications des avis mentionnés dans ces tableaux sont faites par avis.

Art. 2 Le présent arrêté entre en vigueur le 1er avril 2019.

ANNEXE

LISTE DES ANNEXES DU CODE DE LA COMMANDE PUBLIQUE

Numéro de l'annexe	Nom de l'annexe
Annexe n° 1	Avis relatif à la liste des activités qui sont des travaux en droit de la commande publique
Annexe n° 2	Avis relatif aux seuils de procédure et à la liste des autorités publiques centrales en droit de la commande publique
Annexe n° 3	Avis relatif aux contrats de la commande publique ayant pour objet des services sociaux et autres services spécifiques
Annexe n° 4	Arrêté fixant la liste des impôts, taxes, contributions ou cotisations sociales donnant lieu à la délivrance de certificats pour l'attribution des contrats de la commande publique
Annexe n° 5	Avis relatif à la nature et au contenu des spécifications techniques dans les marchés publics
Annexe n° 6	Arrêté fixant les modalités de mise à disposition des documents de la consultation et de la copie de sauvegarde
Annexe n° 7	Arrêté relatif aux fonctionnalités et exigences minimales des profils d'acheteurs
Annexe n° 8	Arrêté relatif aux exigences minimales des moyens de communication électronique utilisés dans la commande publique
Annexe n° 9	Arrêté fixant la liste des renseignements et documents pouvant être demandés aux candidats aux marchés publics
Annexe n° 10	Avis relatif à la liste des dispositions internationales en matière de droit environnemental, social et du travail permettant de rejeter une offre comme anormalement basse en matière de marchés publics

Numéro de l'annexe	Nom de l'annexe
Annexe n° 11	Arrêté relatif aux modalités de prise en compte des incidences énergétiques et environnementales des véhicules à moteur dans la passation des marchés publics
Annexe n° 12	Arrêté relatif à la signature électronique des contrats de la commande publique
Annexe n° 13	Arrêté fixant les modèles de garantie à première demande et de caution personnelle et solidaire
Annexe n° 14	Arrêté relatif au certificat de cessibilité des créances issues de marchés publics
Annexe n° 15	Arrêté relatif aux données essentielles dans la commande publique
Annexe n° 16	Arrêté relatif au fonctionnement et à la composition de l'observatoire économique de la commande publique
Annexe n° 17	Arrêté relatif au recensement économique de la commande publique
Annexe n° 18	Arrêté relatif aux comités consultatifs locaux de règlement amiable des différends relatifs aux marchés publics
Annexe n° 19	Arrêté fixant le modèle d'avis pour la passation des marchés publics et des accords-cadres de défense ou de sécurité
Annexe n° 20	Arrêté précisant les modalités techniques d'exécution des éléments de mission de maîtrise d'œuvre confiés par des maîtres d'ouvrage publics à des prestataires de droit privé
Annexe n° 21	Arrêté fixant le modèle d'avis pour la passation des contrats de concession
[Annexe n° 22	*Arrêté fixant un modèle d'avis pour la passation des marchés publics répondant à un besoin d'une valeur estimée entre 90 000 € hors taxes et les seuils de procédure formalisée]*

GRILLE DE CORRESPONDANCE

Articles du code de la commande publique mentionnant les arrêtés et avis	Arrêtés et avis correspondant
Article L. 1111-2	**Annexe n° 1** : Avis relatif à la liste des activités qui sont des travaux en droit de la commande publique
Article L. 1121-2	**Annexe n° 1** : Avis relatif à la liste des activités qui sont des travaux en droit de la commande publique
Article L. 1321-1	**Annexe n° 2** : Avis relatif aux seuils de procédure et à la liste des autorités publiques centrales en droit de la commande publique

Articles du code de la commande publique mentionnant les arrêtés et avis	Arrêtés et avis correspondant
Article L. 2100-2	**Annexe n° 2** : Avis relatif aux seuils de procédure et à la liste des autorités publiques centrales en droit de la commande publique
Article L. 2113-15	**Annexe n° 3** : Avis relatif aux contrats de la commande publique ayant pour objet des services sociaux et autres services spécifiques
Article L. 2123-1	**Annexe n° 2** : Avis relatif aux seuils de procédure et à la liste des autorités publiques centrales en droit de la commande publique
Article L. 2124-1	**Annexe n° 2** : Avis relatif aux seuils de procédure et à la liste des autorités publiques centrales en droit de la commande publique
Article L. 2141-2	**Annexe n° 4** : Arrêté fixant la liste des impôts, taxes, contributions ou cotisations sociales donnant lieu à la délivrance de certificats pour l'attribution des contrats de la commande publique
Article L. 2324-1	**Annexe n° 2** : Avis relatif aux seuils de procédure et à la liste des autorités publiques centrales en droit de la commande publique
Article L. 3123-2	**Annexe n° 4** : Arrêté fixant la liste des impôts, taxes, contributions ou cotisations sociales donnant lieu à la délivrance de certificats pour l'attribution des contrats de la commande publique
Article L. 3126-1	**Annexe n° 2** : Avis relatif aux seuils de procédure et à la liste des autorités publiques centrales en droit de la commande publique
Article R. 2111-9	**Annexe n° 5** : Avis relatif à la nature et au contenu des spécifications techniques dans les marchés publics
Article R. 2122-2	**Annexe n° 2** : Avis relatif aux seuils de procédure et à la liste des autorités publiques centrales en droit de la commande publique
Article R. 2123-1	**Annexe n° 2** : Avis relatif aux seuils de procédure et à la liste des autorités publiques centrales en droit de la commande publique **Annexe n° 3** : Avis relatif aux contrats de la commande publique ayant pour objet des services sociaux et autres services spécifiques
Article R. 2124-1	**Annexe n° 2** : Avis relatif aux seuils de procédure et à la liste des autorités publiques centrales en droit de la commande publique
Article R. 2131-4	**Annexe n° 2** : Avis relatif aux seuils de procédure et à la liste des autorités publiques centrales en droit de la commande publique

Articles du code de la commande publique mentionnant les arrêtés et avis	Arrêtés et avis correspondant
Article R. 2131-7	**Annexe n° 3** : Avis relatif aux contrats de la commande publique ayant pour objet des services sociaux et autres services spécifiques
Article R. 2131-14	**Annexe n° 3** : Avis relatif aux contrats de la commande publique ayant pour objet des services sociaux et autres services spécifiques
Article R. 2131-15	**Annexe n° 3** : Avis relatif aux contrats de la commande publique ayant pour objet des services sociaux et autres services spécifiques
Article R. 2132-2	**Annexe n° 6** : Arrêté fixant les modalités de mise à disposition des documents de la consultation et de la copie de sauvegarde
Article R. 2132-3	**Annexe n° 7** : Arrêté relatif aux fonctionnalités et exigences minimales des profils d'acheteurs
Article R. 2132-8	**Annexe n° 8** : Arrêté relatif aux exigences minimales des moyens de communications électroniques utilisés dans la commande publique
Article R. 2132-9	**Annexe n° 8** : Arrêté relatif aux exigences minimales des moyens de communications électroniques utilisés dans la commande publique
Article R. 2132-11	**Annexe n° 6** : Arrêté fixant les modalités de mise à disposition des documents de la consultation et de la copie de sauvegarde
Article R. 2143-7	**Annexe n° 4** : Arrêté fixant la liste des impôts, taxes, contributions ou cotisations sociales donnant lieu à la délivrance de certificats pour l'attribution des contrats de la commande publique
Article R. 2143-11	**Annexe n° 9** : Arrêté fixant la liste des renseignements et documents pouvant être demandés aux candidats aux marchés publics
Article R. 2152-4	**Annexe n° 10** : Avis relatif à la liste des dispositions internationales en matière de droit environnemental, social et du travail permettant de rejeter une offre comme anormalement basse en matière de marchés publics
Article R. 2161-9	**Annexe n° 2** : Avis relatif aux seuils de procédure et à la liste des autorités publiques centrales en droit de la commande publique
Article R. 2161-16	**Annexe n° 2** : Avis relatif aux seuils de procédure et à la liste des autorités publiques centrales en droit de la commande publique
Article R. 2162-50	**Annexe n° 2** : Avis relatif aux seuils de procédure et à la liste des autorités publiques centrales en droit de la commande publique

Articles du code de la commande publique mentionnant les arrêtés et avis	Arrêtés et avis correspondant
Article R. 2172-8	**Annexe n° 2** : Avis relatif aux seuils de procédure et à la liste des autorités publiques centrales en droit de la commande publique
Article R. 2172-16	**Annexe n° 2** : Avis relatif aux seuils de procédure et à la liste des autorités publiques centrales en droit de la commande publique
Article R. 2172-17	**Annexe n° 2** : Avis relatif aux seuils de procédure et à la liste des autorités publiques centrales en droit de la commande publique
Article R. 2172-38	**Annexe n° 11** : Arrêté relatif aux modalités de prise en compte des incidences énergétiques et environnementales des véhicules à moteur dans la passation des marchés publics
Article R. 2182-3	**Annexe n° 12** : Arrêté relatif à la signature électronique des contrats de la commande publique
Article R. 2183-1	**Annexe n° 2** : Avis relatif aux seuils de procédure et à la liste des autorités publiques centrales en droit de la commande publique
Article R. 2184-1	**Annexe n° 2** : Avis relatif aux seuils de procédure et à la liste des autorités publiques centrales en droit de la commande publique
Article R. 2184-7	**Annexe n° 2** : Avis relatif aux seuils de procédure et à la liste des autorités publiques centrales en droit de la commande publique
Article R. 2191-37	**Annexe n° 13** : Arrêté fixant les modèles de garantie à première demande et de caution personnelle et solidaire
Article R. 2191-46	**Annexe n° 14** : Arrêté relatif au certificat de cessibilité des créances issues de marchés publics
Article R. 2194-8	**Annexe n° 2** : Avis relatif aux seuils de procédure et à la liste des autorités publiques centrales en droit de la commande publique
Article R. 2196-1	**Annexe n° 15** : Arrêté relatif aux données essentielles dans la commande publique
Article R. 2196-3	**Annexe n° 16** : Arrêté relatif au fonctionnement et à la composition de l'observatoire économique de la commande publique
Article R. 2196-4	**Annexe n° 17** : Arrêté relatif au recensement économique de la commande publique
Article D. 2196-6	**Annexe n° 17** : Arrêté relatif au recensement économique de la commande publique
Article D. 2196-7	**Annexe n° 17** : Arrêté relatif au recensement économique de la commande publique

Articles du code de la commande publique mentionnant les arrêtés et avis	Arrêtés et avis correspondant
Article R. 2197-3	**Annexe nº 18** : Arrêté relatif aux comités consultatifs locaux de règlement amiable des différends relatifs aux marchés publics
Article R. 2323-1	**Annexe nº 2** : Avis relatif aux seuils de procédure et à la liste des autorités publiques centrales en droit de la commande publique
Article R. 2324-1	**Annexe nº 2** : Avis relatif aux seuils de procédure et à la liste des autorités publiques centrales en droit de la commande publique
Article R. 2331-6	**Annexe nº 19** : Arrêté fixant le modèle d'avis pour la passation des marchés publics et des accords-cadres de défense ou de sécurité
Article R. 2331-9	**Annexe nº 19** : Arrêté fixant le modèle d'avis pour la passation des marchés publics et des accords-cadres de défense ou de sécurité
Article R. 2332-10	**Annexe nº 8** : Arrêté relatif aux exigences minimales des moyens de communication électronique utilisés dans la commande publique
Article R. 2332-12	**Annexe nº 8** : Arrêté relatif aux exigences minimales des moyens de communication électronique utilisés dans la commande publique
Article R. 2343-11	**Annexe nº 9** : Arrêté fixant la liste des renseignements et documents pouvant être demandés aux candidats aux marchés publics
Article R. 2383-1	**Annexe nº 2** : Avis relatif aux seuils de procédure et à la liste des autorités publiques centrales en droit de la commande publique
Article R. 2384-1	**Annexe nº 2** : Avis relatif aux seuils de procédure et à la liste des autorités publiques centrales en droit de la commande publique
Article R. 2431-37	**Annexe nº 20** : Arrêté précisant les modalités techniques d'exécution des éléments de mission de maîtrise d'œuvre confiés par des maîtres d'ouvrage publics à des prestataires de droit privé
Article R. 3121-4	**Annexe nº 2** : Avis relatif aux seuils de procédure et à la liste des autorités publiques centrales en droit de la commande publique
Article R. 3122-10	**Annexe nº 7** : Arrêté relatif aux fonctionnalités et exigences minimales des profils d'acheteurs
Article R. 3122-15	**Annexe nº 8** : Arrêté relatif aux exigences minimales des moyens de communication électronique utilisés dans la commande publique

Articles du code de la commande publique mentionnant les arrêtés et avis	Arrêtés et avis correspondant
Article R. 3122-17	**Annexe n° 6** : Arrêté fixant les modalités de mise à disposition des documents de la consultation et de la copie de sauvegarde
Article R. 3123-18	**Annexe n° 4** : Arrêté fixant la liste des impôts, taxes, contributions ou cotisations sociales donnant lieu à la délivrance de certificats pour l'attribution des contrats de la commande publique
Article R. 3125-5	**Annexe n° 12** : Arrêté relatif à la signature électronique des contrats de la commande publique
Article R. 3126-1	**Annexe n° 2** : Avis relatif aux seuils de procédure et à la liste des autorités publiques centrales en droit de la commande publique **Annexe n° 3** : Avis relatif aux contrats de la commande publique ayant pour objet des services sociaux et autres services spécifiques
Article R. 3126-3	**Annexe n° 21** : Arrêté fixant le modèle d'avis pour la passation des contrats de concession
Article R. 3126-5	**Annexe n° 2** : Avis relatif aux seuils de procédure et à la liste des autorités publiques centrales en droit de la commande publique
Article R. 3126-6	**Annexe n° 3** : Avis relatif aux contrats de la commande publique ayant pour objet des services sociaux et autres services spécifiques **Annexe n° 2** : Avis relatif aux seuils de procédure et à la liste des autorités publiques centrales en droit de la commande publique
Article R. 3126-11	**Annexe n° 3** : Avis relatif aux contrats de la commande publique ayant pour objet des services sociaux et autres services spécifiques **Annexe n° 2** : Avis relatif aux seuils de procédure et à la liste des autorités publiques centrales en droit de la commande publique
Article R. 3126-13	**Annexe n° 3** : Avis relatif aux contrats de la commande publique ayant pour objet des services sociaux et autres services spécifiques **Annexe n° 2** : Avis relatif aux seuils de procédure et à la liste des autorités publiques centrales en droit de la commande publique
Article R. 3131-1	**Annexe n° 15** : Arrêté relatif aux données essentielles dans la commande publique
Article R. 3135-8	**Annexe n° 2** : Avis relatif aux seuils de procédure et à la liste des autorités publiques centrales en droit de la commande publique
Article R. 3221-2	**Annexe n° 2** : Avis relatif aux seuils de procédure et à la liste des autorités publiques centrales en droit de la commande publique

ANNEXE N° 1

Avis

Relatif à la liste des activités qui sont des travaux en droit de la commande publique (1).

I. — La liste des travaux mentionnés au 1° de l'article L. 1111-2 et au 1° de l'article L. 1121-2 du code de la commande publique est fixée comme suit :

NACE Rév. 1 (2)			Code CPV (3)
section f	construction		
Classe	Description	Observations	
45,11	Démolition et terrassements	Cette classe comprend : – la démolition d'immeubles et d'autres constructions ; – le déblayage des chantiers ; – les travaux de terrassement : creusement, comblement, nivellement de chantiers de construction, ouverture de tranchées, dérochement, destruction à l'explosif ... ; – la préparation de sites pour l'exploitation minière : – l'enlèvement de déblais et autres travaux d'aménagement et de préparation des terrains et des sites miniers ; – le drainage des chantiers de construction ; – le drainage des terrains agricoles et sylvicoles.	45110000
45,12	Forages et sondages	Cette classe comprend : – les sondages d'essai, les forages d'essai et les carottages pour la construction ainsi que pour les études géophysiques, géologiques et similaires.	45120000
45,21	Construction d'ouvrages de bâtiment ou de génie civil	Cette classe comprend : – la construction de bâtiments de tous types ; – la construction d'ouvrages de génie civil-ponts (y compris ceux destinés à supporter des routes surélevées), viaducs, tunnels et passages souterrains ; – conduites de transport, lignes de communication et de transport d'énergie électrique à longue distance ; – conduites de transport, lignes de communication et de transport d'énergie électrique pour réseaux urbains ; – travaux annexes d'aménagement urbain ; – l'assemblage et la construction d'ouvrages préfabriqués sur les chantiers.	45210000 (sauf : 45213316) 45220000 45231000 45232000
45,22	Réalisation de charpentes et de couvertures	Cette classe comprend : – le montage de charpentes ; – la pose de couvertures ; – les travaux d'étanchéification.	45261000

NACE Rév. 1 [2]			Code CPV [3]
45,23	Construction d'autoroutes, de routes, d'aérodromes et d'installations sportives	Cette classe comprend : – la construction d'autoroutes, de routes, de chaussées et d'autres voies pour véhicules et piétons ; – la construction de voies ferrées ; – la construction de pistes d'atterrissage ; – la construction d'équipements (autres que les bâtiments) pour stades, piscines, gymnases, courts de tennis, parcours de golf et autres installations sportives ; – le marquage à la peinture des chaussées et des aires ou des parcs de stationnement.	45212212 et DA03 45230000 (sauf : 45231000 45232000 45234115)
45,24	Travaux maritimes et fluviaux	Cette classe comprend la construction de : – voies navigables, ports, ouvrages fluviaux, ports de plaisance (marinas), écluses, etc. ; – barrages et digues ; – le dragage ; – les travaux sous-marins.	45240000
45,25	Autres travaux de construction	Cette classe comprend : – les activités de construction spécialisées qui concernent un aspect commun à différents ouvrages et requièrent des compétences ou du matériel spécialisés ; – la réalisation de fondations, y compris le battage de pieux ; – le forage et la construction de puits d'eau, le fonçage de puits ; – le montage d'éléments de structures métalliques non fabriqués par l'unité qui exécute les travaux ; – le cintrage d'ossatures métalliques ; – la maçonnerie et le pavage ; – le montage et démontage d'échafaudages et de plates-formes de travail propres ou loués ; – la construction de cheminées et de fours industriels.	45250000 45262000
45,31	Travaux d'installation électrique	Cette classe comprend l'installation dans des bâtiments ou d'autres projets de construction des éléments suivants : – câbles et appareils électriques ; – systèmes de télécommunication ; – installations de chauffage électriques ; – antennes d'immeubles ; – systèmes d'alarme incendie ; – systèmes d'alarme contre les effractions ; – ascenseurs et escaliers mécaniques ; – paratonnerres, etc.	45213316 45310000 (sauf : 45316000)
45,32	Travaux d'isolation	Cette classe comprend : – la mise en œuvre dans des bâtiments ou d'autres projets de construction de matériaux d'isolation thermique, acoustique et antivibratile.	45320000

NACE Rév. 1 (2)			Code CPV (3)
45,33	Plomberie	Cette classe comprend l'installation dans des bâtiments ou d'autres projets de construction des éléments suivants : – plomberie et appareils sanitaires ; – appareils à gaz ; – équipements et conduites de chauffage, de ventilation, de réfrigération ou de climatisation ; – installation d'extinction automatique d'incendie.	45330000
45,34	Autres travaux d'installation	Cette classe comprend : – l'installation de systèmes d'éclairage et de signalisation pour chaussées, voies ferrées, aéroports et installations portuaires ; – l'installation dans des bâtiments ou d'autres projets de construction d'installations et d'appareils non classés ailleurs.	45234115 45316000 45340000
45,41	Plâtrerie	Cette classe comprend : – la mise en œuvre dans des bâtiments ou d'autres projets de construction de plâtre ou de stuc pour enduits intérieurs et extérieurs, y compris les matériaux de lattage associés.	45410000
45,42	Menuiserie	Cette classe comprend : – l'installation de portes, de fenêtres, de dormants de portes et de fenêtres, de cuisines équipées, d'escaliers, d'équipements pour magasins et d'équipements similaires, en bois ou en d'autres matériaux, non fabriqués par l'unité qui exécute les travaux ; – les aménagements intérieurs tels que plafonds, revêtements muraux en bois, cloisons mobiles, etc.	45420000
45,43	Revêtement des sols et des murs	Cette classe comprend la pose dans des bâtiments ou d'autres projets de construction des éléments suivants : – revêtements muraux ou carrelages en céramique, en béton ou en pierre de taille ; – parquets et autres revêtements de sols en bois, moquettes et revêtements de sols en linoléum : – y compris en caoutchouc ou en matières plastiques ; – revêtements de sols et de murs en granito, en marbre, en granit ou en ardoise ; – papiers peints.	45430000
45,44	Peinture et vitrerie	Cette classe comprend : – la peinture intérieure et extérieure des bâtiments ; – la teinture des ouvrages de génie civil ; – la pose de vitres, de miroirs, etc.	45440000
45,45	Autres travaux de finition	Cette classe comprend : – l'installation de piscines privées ; – le nettoyage à la vapeur, le sablage et les activités analogues appliquées aux parties extérieures des bâtiments ; – les autres travaux d'achèvement et de finition des bâtiments non classés ailleurs.	45212212 et DA04 45450000

NACE Rév. 1 (2)			Code CPV (3)
45,50	Location avec opérateur de matériel de construction		45500000

En cas d'interprétation différente entre le CPV et la NACE, la nomenclature CPV est applicable.

II. – Cet avis est applicable sur l'ensemble du territoire de la République française.

Il constitue l'annexe n° 1 du code de la commande publique et se substitue à compter du 1er avril 2019 à l'avis relatif à la liste des activités qui sont des travaux en droit de la commande publique publié au *Journal officiel* de la République française le 27 mars 2016 (NOR : EINM1608130V).

(1) Cet avis est pris conformément à :

– la directive 2014/23/UE du Parlement européen et du Conseil du 26 février 2014 sur l'attribution de contrats de concession ;

– la directive 2014/24/UE du Parlement européen et du Conseil du 26 février 2014 sur la passation des marchés publics et abrogeant la directive 2004/18/CE ;

– la directive 2014/25/UE du Parlement européen et du Conseil du 26 février 2014 relative à la passation de marchés par des entités opérant dans les secteurs de l'eau, de l'énergie, des transports et des services postaux et abrogeant la directive 2004/17/CE.

(2) Règlement (CEE) n° 3037/90 du Conseil du 9 octobre 1990 relative à la nomenclature statistique des activités économiques dans la Communauté européenne (JO L 293 du 24 octobre 1990, p. 1).

(3) Règlement (CE) n° 2195/2002 du Parlement européen et du Conseil relatif au vocabulaire commun pour les marchés publics (CPV) et les directives 2004/17/CE et 2004/18/CE du Parlement européen et du Conseil relatives aux procédures en matière de marchés publics, en ce qui concerne la révision du CPV, modifié par le règlement (CE) n° 213/2008 de la Commission du 28 novembre 2007 (JOUE n° L 74 du 15 mars 2008, p. 1).

ANNEXE N° 2

Avis

Relatif aux seuils de procédure et à la liste des autorités publiques centrales en droit de la commande publique (1) – Publié au JO du 9 déc. 2021, en vigueur le 1er janv. 2022.

I. – Seuils de procédure formalisée pour les marchés publics : les seuils mentionnés aux articles L. 1321-1, L. 2100-2, L. 2123-1, L. 2124-1, L. 2324-1, R. 2122-2, R. 2123-1, R. 2124-1, R. 2172-8, R. 2172-16, R. 2172-17, R. 2183-1, R. 2184-1, R. 2184-7, R. 2194-8, R. 2323-1, R. 2324-1, R. 2383-1 et R. 2384-1 du code de la commande publique sont les suivants :

POUVOIRS ADJUDICATEURS	
Fournitures et services :	
a) Autorités publiques centrales sauf dans les cas du c	**140 000 € HT**
b) Autres pouvoirs adjudicateurs	**215 000 € HT**
c) Fournitures des autorités publiques centrales dans le domaine de la défense pour des produits autres que ceux figurant à l'annexe 4 de l'appendice I de l'offre de l'Union européenne au titre de l'Accord sur les marchés publics (2)	**215 000 € HT**

POUVOIRS ADJUDICATEURS	
Travaux	**5 382 000 € HT**
ENTITÉS ADJUDICATRICES	
Fournitures et services	**431 000 € HT**
Travaux	**5 382 000 € HT**
MARCHÉS DE DÉFENSE OU DE SÉCURITÉ	
Fournitures et services	**431 000 € HT**
Travaux	**5 382 000 € HT**

II. – Seuil applicable aux contrats de concession : le seuil mentionné aux articles L. 3126-1, R. 3121-4, R. 3126-1, R. 3126-5, R. 3126-6, R. 3126-11, R. 3126-13, R. 3135-8 et R. 3221-2 du code de la commande publique est de 5 382 000 € HT.

III. – Liste des autorités publiques centrales : les autorités publiques centrales mentionnées aux articles R. 2131-4, R. 2161-9, R. 2161-16 et R. 2162-50 du code de la commande publique sont les suivantes (3) :

1. L'État, à l'exception des établissements du service de santé des armées ;

2. Les établissements publics de l'État autres que ceux ayant un caractère industriel et commercial, à l'exception des établissements publics de santé ;

3. Les autorités administratives indépendantes dotées de la personnalité juridique ;

4. La Caisse des dépôts et consignations ;

5. L'ordre national de la Légion d'honneur ;

6. L'Union des groupements d'achats publics (UGAP) ;

7. La fondation Carnegie ;

8. La fondation Singer-Polignac.

IV. – Cet avis est applicable sur l'ensemble du territoire de la République.

Pour son application en Nouvelle-Calédonie, Polynésie française et dans les îles Wallis-et-Futuna, les montants exprimés en euros sont applicables sous réserve de leur contre-valeur en monnaie locale.

V. – A compter du 1er janvier 2022, cet avis se substitue à l'avis relatif aux seuils de procédure et à la liste des autorités publiques centrales en droit de la commande publique publié au *Journal officiel* de la République française le 10 décembre 2019 (NOR : ECOM1934008V), et constitue l'annexe n° 2 du code de la commande publique.

(1) Le présent avis est pris conformément à :

– la directive 2009/81/CE du Parlement européen et du Conseil du 13 juill. 2009 relative à la coordination des procédures de passation de certains marchés de travaux, de fournitures et de services par des pouvoirs adjudicateurs ou entités adjudicatrices dans les domaines de la défense et de la sécurité, et modifiant les directive 2004/17/CE et 2004/18/CE, telle que modifiée par le règlement délégué (UE) 2021/1950 de la Commission du 10 nov. 2021 ;

– la directive 2014/23/UE du Parlement européen et du Conseil du 26 févr. 2014 sur l'attribution de contrats de concession, telle que modifiée par le règlement délégué (UE) 2021/1951 de la Commission du 10 nov. 2021 ;

– la directive 2014/24/UE du Parlement européen et du Conseil du 26 févr. 2014 sur la passation des marchés publics et abrogeant la directive 2004/18/CE, telle que modifiée par le règlement délégué (UE) 2021/1952 de la Commission du 10 nov. 2021 ;

– la directive 2014/25/UE du Parlement européen et du Conseil du 26 févr. 2014 relative à la passation de marchés par des entités opérant dans les secteurs de l'eau, de l'énergie, des transports et des services postaux et abrogeant la directive 2004/17/CE, telle que modifiée par le règlement délégué (UE) 2021/1953 de la Commission du 10 nov. 2021.

(2) L'annexe 4 point 3 de l'offre de l'Union européenne au titre de l'Accord sur les marchés publics révisé est disponible sur le site de l'Organisation mondiale du commerce (https://www.wto.org/french/tratop_f/gproc_f/gproc_f.htm).

(3) Les autorités qui succèdent à celles visées par cette liste, par changement de dénomination, par fusion ou par absorption, sont considérées comme des autorités publiques centrales au sens des mêmes articles.

ANNEXE N° 3

Avis

Relatif aux contrats de la commande publique ayant pour objet des services sociaux et autres services spécifiques (1).

I. – Les services sociaux et autres services spécifiques mentionnés aux articles L. 2113-15 et R. 2123-1 du code de la commande publique sont les suivants :

Désignation	Codes CPV (2)
1. Services sanitaires, sociaux et connexes	– 75200000-8 [Prestations de services pour la collectivité] ; – 75231200-6 [Services liés à la détention ou à la réhabilitation de criminels] ; – 75231240-8 [Services de réinsertion] ; – 79611000-0 [Services de recherche d'emploi] ; – 79622000-0 [Services de mise à disposition de personnel d'aide à domicile] ; – 79624000-4 et 79625000-1 [Services de mise à disposition de personnel infirmier et médical] ; – de 85000000-9 à 85323000-9 [Services de santé et services sociaux] ; – 98133000-4 [Services prestés par les organisations sociales] ; – 98133100-5 [Services d'appui relatifs au développement de l'esprit civique et aux équipements collectifs] ; – 98200000-5 [Services de conseil en matière d'égalité des chances] ; – 98500000-8 [Ménages privés employant du personnel] ; – de 98513000-2 à 98514000-9 [Services de main-d'œuvre pour les particuliers, services de personnel intérimaire pour les particuliers, services de personnel de bureau pour les particuliers, services de personnel temporaire pour les particuliers, services d'aide à domicile, services domestiques].
2. Services administratifs, sociaux, éducatifs et culturels et soins de santé	– 85321000-5 et 85322000-2 [services sociaux administratifs et programme d'action communale] ; – 75000000-6 [Services de l'administration publique, de la défense et de la sécurité sociale] ; – 75121000-0,75122000-7 [Services administratifs de l'enseignement et de la santé] ; – 75124000-1 [services récréatifs, culturels et religieux] ; – de 79950000-8 à 79956000-0 [Services d'organisation d'expositions, de foires, de congrés, de séminaires, d'événements, de festivals, de fêtes, de défilés de mode] ; – de 79995000-5 à 79995200-7 [Services de gestion de bibliothèque, d'archivage et de catalogue] ; – de 80000000-4 à 80660000-8 [Services d'enseignement et de formation] ; – de 92000000-1 à 92700000-8 [Services récréatifs, culturels et sportifs].

Désignation	Codes CPV (2)
3. Services de sécurité sociale obligatoire	– 75300000-9.
4. Services de prestations	– de 75310000-2 à 75340000-1 [Services de prestations sociales et familiales, indemnités de maladie, de maternité, d'invalidité, d'incapacité temporaire, de chômage, allocations familiales].
5. Autres services communautaires, sociaux et personnels y compris services fournis par les syndicats, les organisations politiques, les associations de jeunes et autres services des organisations associatives	– 98000000-3 [autres services communautaires, sociaux et personnels] – 98120000-0 et 98132000-7 [Services prestés par les organisations syndicales ou politiques] ; – 98130000-3 et 98133110-8 [Services prestés par les organisations associatives ou les associations de jeunes].
6. Services religieux	– 98131000-0.
7. Services d'hôtellerie et de restauration	– de 55100000-1 à 55410000-7 [Services d'hôtellerie, d'hébergement, de camping, de centres aérés, de colonies de vacances, de wagons-lits, de restaurant, de débit de boisson ...] ; – de 55510000-8 à 55524000-9 [Services de cantine, de restauration scolaire, de traiteur et de livraison de repas].
8. Services juridiques (3)	– 75231100-5 [Services administratifs des tribunaux] ; – de 79100000-5 à 79140000-7 [services juridiques].
9. Autres services administratifs et publics	– de 75100000-7 à 75111200-9 [Services de l'administration publique, du législatif et de l'exécutif] ; – de 75112000-4 à 75120000-3 [Services administratifs relatifs aux activités des entreprises et aux projets de développements, services administratifs d'agences] ; – 75123000-4 [Services administratifs du logement] ; – de 75125000-8 à 75131000-3 [Services administratifs dans le secteur du tourisme, services d'appui aux pouvoirs publics, services de pouvoirs publics].
10. Prestations de services pour la collectivité	– 75200000-8 à 75231000-4 [Affaires étrangères, défense, protection civile, justice].
11. Services liés à l'administration pénitentiaire, services de sécurité publique et de secours (4)	– 75231210-9 à 75231230-5 [Services liés à l'administration pénitentiaire] ; – de 75240000-0 à 75252000-7 [Services de sécurité, de police, d'ordre public, d'huissiers de justice, d'incendie et de sauvetage] ; – 794300000-7 [Services de gestion de crise] ; – 98113100-9 [Services de sûreté nucléaire].
12. Services d'enquête et de sécurité	– de 79700000-1 à 79723000-8.
13. Services internationaux	– 98900000-2 [Services prestés par des organisations et des organismes extra-territoriaux] ; – 98910000-5 [Services spécifiques aux organisations et aux organismes internationaux].

Désignation	Codes CPV (2)
14. Services postaux	– de 64000000-6 à 64116000-2 [Services postaux, services de guichets de bureaux de poste, location de boîtes aux lettres, services de poste restante] ; – 64122000-7 [Services de courrier et de messagerie interne des administrations].
15. Services divers	– 50116510-9 [Services de rechapage de pneus] ; – 71550000-8 [Services de travaux de forge].

II. – Les seuils prévus aux articles R. 2131-7, R. 2131-14 et R. 2131-15 du code de la commande publique à compter desquels les marchés publics de services sociaux et autres services spécifiques mentionnés au I du présent avis font l'objet de mesures de publicité européenne, sont les suivants :

Pour les pouvoirs adjudicateurs	**750 000 € HT**
Pour les entités adjudicatrices	**1 000 000 € HT**

III. – Parmi les marchés de services sociaux et autres services spécifiques mentionnés ci-dessus, les marchés pouvant faire l'objet d'une réservation au bénéfice des entreprises de l'économie sociale et solidaire en vertu des articles L. 2113-15 et L. 2113-16 du code de la commande publique sont les suivants :

Désignation	Codes CPV (2)
1. Services sanitaires, sociaux et connexes	– 79622000-0 [Services de mise à disposition de personnel d'aide à domicile] ; – 79624000-4 et 79625000-1 [Services de mise à disposition de personnel infirmier et médical] ; – de 85000000-9 à 85323000-9 [Services de santé et services sociaux] ; – 98133000-4 [Services prestés par les organisations sociales].
2. Services administratifs, sociaux, éducatifs et culturels et soins de santé	– 75121000-0 et 75122000-7 [Services administratifs de l'enseignement et de la santé] ; – 80110000-8 [Services d'enseignement préscolaire] ; – 80300000-7 [Services d'enseignement supérieur] ; – 80420000-4 [Services d'enseignement par voie électronique] ; – 80430000-7 [Services d'enseignement de niveau universitaire pour adultes] ; – 80511000-9 [Services de formation du personnel] ; – 80520000-5 [Installations de formation] ; – 80590000-6 [Services d'aide pédagogique] ; – 92500000-6 [Services de bibliothèques, archives, musées et autres services culturels] ; – 926000000-7 [Services sportifs].

Désignation	Codes CPV (2)
3. Autres services communautaires, sociaux et personnels y compris services fournis par les syndicats, les organisations politiques, les associations de jeunes et autres services des organisations associatives	– 98133110-8 [Services prestés par les associations de jeunes].

IV. – Les services sociaux et autres services spécifiques mentionnés au *b* du 2° de l'article R. 3126-1, ainsi qu'aux articles R. 3126-6, R. 3126-11 et R. 3126-13 du code de la commande publique sont ceux mentionnés dans la liste figurant au I, à l'exception des services correspondant aux codes CPV suivants :
– 92350000-9 [Services de jeux et de paris] ;
– 92351000-6 [Services de jeux] ;
– 92351200-8 [Services d'exploitation de casinos] ;
– 92352000-3 [Services de paris] ;
– 92352100-4 [Services d'exploitation de machines pour les paris mutuels] ;
– 92352200-5 [Services prestés par les bookmakers].

V. – Cet avis est applicable sur l'ensemble du territoire de la République française.

Pour son application en Nouvelle-Calédonie, Polynésie française et dans les îles Wallis-et-Futuna, les montants exprimés en euros sont applicables sous réserve de leur contre-valeur en monnaie locale.

VI. – Cet avis constitue l'annexe n° 3 du code de la commande publique et se substitue à compter du 1er avril 2019 à l'avis relatif aux contrats de la commande publique ayant pour objet des services sociaux et autres services spécifiques publié au *Journal officiel* de la République française le 27 mars 2016 (NOR : EINM1608208V).

(1) Cet avis est pris conformément à :

– la directive 2014/23/UE du Parlement européen et du Conseil du 26 février 2014 sur l'attribution de contrats de concession ;

– la directive 2014/24/UE du Parlement européen et du Conseil du 26 février 2014 sur la passation des marchés publics et abrogeant la directive 2004/18/CE ;

– la directive 2014/25/UE du Parlement européen et du Conseil du 26 février 2014 relative à la passation de marchés par des entités opérant dans les secteurs de l'eau, de l'énergie, des transports et des services postaux et abrogeant la directive 2004/17/CE.

(2) Les codes CPV sont ceux fixés par le règlement (CE) n° 2195/2002 du Parlement européen et du Conseil relatif au vocabulaire commun pour les marchés publics (CPV) et les directives 2004/17/CE et 2004/18/CE du Parlement européen et du Conseil relatives aux procédures en matière de marchés publics, en ce qui concerne la révision du CPV, modifié par le règlement (CE) n° 213/2008 de la Commission du 28 novembre 2007 (JOUE n° L 74 du 15 mars 2008, p. 1).

(3) Dans la mesure où ces services ne sont pas mentionnés à l'article R. 2123-8 du code de la commande publique et ne relèvent pas :

– Du 8° de l'article L. 2512-5 du code de la commande publique ;

– Du 7° de l'article L. 3212-4 du code de la commande publique.

(4) Dans la mesure où ces services ne relèvent pas :

– Du 7° de l'article L. 2512-5 du code de la commande publique ;

– Du 6° de l'article L. 3212-4 du code de la commande publique.

ANNEXE N° 4

Arrêté du 22 mars 2019,

Fixant la liste des impôts, taxes, contributions ou cotisations sociales donnant lieu à la délivrance de certificats pour l'attribution des contrats de la commande publique.

Art. 1er **I. – Les impôts et taxes donnant lieu à la délivrance des certificats prévus aux articles R. 2143-7, R. 2343-9, R. 3123-18 du code de la commande publique susvisé sont :**

1° L'impôt sur le revenu ;
2° L'impôt sur les sociétés ;
3° La taxe sur la valeur ajoutée.
II. – Le certificat attestant la souscription des déclarations et les paiements correspondants aux impôts susvisés est délivré par l'administration fiscale dont relève le demandeur.

Art. 2 I. – Sans préjudice du III, le certificat prévu aux articles R. 2143-7, R. 2343-9 et R. 3123-18 du code de la commande publique susvisé est l'attestation mentionnée à l'article L. 243-15 du code de la sécurité sociale.

II. – Cette attestation est également délivrée pour les cotisations d'assurance vieillesse et d'assurance invaliditédécès dues par les membres des professions libérales visés aux articles L. 640-1 et L. 651-1 du code de la sécurité sociale, par les organismes visés aux articles L. 641-5 et L. 652-1 du code de la sécurité sociale.

III. – Les caisses de congés payés compétentes pour les cotisations de congés payés et de chômage intempéries délivrent un certificat attestant le versement régulier des cotisations légales aux caisses qui assurent le service des congés payés et du chômage intempéries.

(Abrogé par Arr. du 17 mars 2021, art. 1er et 2, à compter du 1er juill. 2021) IV. – L'Association de gestion du fonds de développement pour l'insertion professionnelle des handicapés, mentionnée à l'article L. 5214-1 du code du travail, délivre un certificat attestant la régularité de la situation de l'employeur au regard de l'obligation d'emploi des travailleurs handicapés prévue aux articles L. 5212-2 à L. 5212-5 du même code. »

Art. 3 Les candidats aux marchés publics ou aux contrats de concession sont autorisés à présenter aux acheteurs et autorités concédantes une copie des certificats visés aux articles 1er et 2.

Art. 4 Lorsque le profil d'acheteur le permet, dans les conditions prévues aux articles R. 2343-14 du code de la commande publique, les candidats aux marchés publics passés par l'État et ses établissements publics ne sont pas tenus de fournir à l'appui de leur candidature les certificats suivants :

1° Le certificat attestant la souscription des déclarations et paiements correspondant aux impôts mentionnés au II de l'article 1 ;

2° Le certificat de fourniture des déclarations sociales et de paiement des cotisations et contributions de sécurité sociale mentionné au I de l'article 2 délivré par l'agence centrale des organismes de sécurité sociale ;

3° Le certificat de fourniture des déclarations sociales et de paiement des cotisations et contributions de sécurité sociale prévu au I de l'article 2 délivré par la caisse de mutualité sociale agricole ;

4° Le certificat de cotisation retraite délivré par l'organisme Pro BTP ;

(Abrogé par Arr. du 17 mars 2021, art. 1er et 2, à compter du 1er juill. 2021) « 5° Le certificat attestant de la régularité de la situation de l'employeur au regard de l'obligation d'emploi des travailleurs handicapés mentionné au IV de l'article 2. »

Art. 5 Le cas échéant, les acheteurs utilisent la base de données e-Certis de la Commission européenne pour procéder aux vérifications des formes des documents de preuve ou des pièces justificatives des candidats aux marchés publics.

Lorsque l'acheteur demande la production d'un certificat, d'une attestation ou d'un document de preuve particulier, il exige principalement celles de ces pièces justificatives qui sont référencées dans cette base.

Art. 6 I. – Le présent arrêté est applicable aux marchés publics et aux contrats de concession conclus par l'État ou ses établissements publics dans les îles Wallis-et-Futuna, en Polynésie française, en Nouvelle-Calédonie et dans les Terres australes et antarctiques françaises, sous réserve des adaptations suivantes :

1° A l'article 1er, les références aux impôts et taxes sont remplacées, en tant que de besoin, par les références aux impôts et taxes en vigueur localement ayant le même objet ;

2° A l'article 2 :

a) Les références aux cotisations et contributions sociales ainsi qu'aux organismes chargés de les recevoir sont remplacées, en tant que de besoin, par les références aux cotisations et contributions sociales et aux organismes chargés de les recevoir applicables ou compétents localement ayant le même objet ;

b) Les références au code du travail sont remplacées par les références aux dispositions applicables localement ayant le même objet ;

3° L'article 4 est supprimé dans les îles Wallis-et-Futuna et dans les Terres australes et antarctiques françaises ;

4° A l'article 4, *(Arr. du 17 mars 2021, art. 1er et 2, en vigueur le 1er juill. 2021)* « les 2° à 4° » sont supprimés en Polynésie française et en Nouvelle-Calédonie ;

5° L'article 5 est supprimé.

II. – Pour l'application du présent arrêté à Saint-Barthélemy et à Saint-Pierre-et-Miquelon :

1° A l'article 1er, les références aux impôts et taxes sont remplacées, en tant que de besoin, par les références aux impôts et taxes en vigueur localement ayant le même objet ;

2° Pour Saint-Barthélemy, *(Arr. du 17 mars 2021, art. 1er et 2, en vigueur le 1er juill. 2021)* « le 4° de l'article 4 est supprimé » ;

3° Pour Saint-Pierre-et-Miquelon, les 2° à 5° de l'article 4 sont supprimés ;

4° L'article 5 n'est pas applicable.

III. – Pour l'application du présent arrêté à Saint-Martin :

1° A l'article 1er, les références aux impôts et taxes sont remplacées, en tant que de besoin, par les références aux impôts et taxes en vigueur localement ayant le même objet ;

2° *(Arr. du 17 mars 2021, art. 1er et 2, en vigueur le 1er juill. 2021)* « Le 4° de l'article 4 est supprimé ».

Art. 7 Le présent arrêté constitue l'annexe n° 4 du code de la commande publique.

Art. 8 L'arrêté du 25 mai 2016 fixant la liste des impôts, taxes, contributions ou cotisations sociales donnant lieu à la délivrance de certificats pour l'attribution de marchés publics et de contrats de concession est abrogé.

Art. 9 Le présent arrêté entre en vigueur le 1er avril 2019.

Il s'applique aux marchés publics pour lesquels une consultation est engagée ou un avis d'appel à la concurrence est envoyé à la publication à compter de sa date d'entrée en vigueur.

Il s'applique aux contrats de concession pour lesquels une consultation est engagée ou un avis de concession est envoyé à la publication à compter de sa date d'entrée en vigueur.

ANNEXE N° 5

Avis

Relatif à la nature et au contenu des spécifications techniques dans les marchés publics (1).

I. – Au sens de l'article R. 2111-9 du code de la commande publique :

1° Une spécification technique est :

a) Lorsqu'il s'agit d'un marché public de travaux, l'ensemble des prescriptions techniques contenues notamment dans les documents de marché, définissant les caractéristiques requises d'un matériau, d'un produit ou d'une fourniture de manière telle qu'ils répondent à l'usage auquel ils sont destinés par le pouvoir adjudicateur ; ces caractéristiques comprennent les niveaux de performance environnementale et climatique, la conception pour tous les besoins (y compris l'accessibilité pour les personnes handicapées) et l'évaluation de la conformité, la propriété d'emploi, la sécurité ou les dimensions, y compris les procédures relatives à l'assurance de la qualité, la terminologie, les symboles, les essais et méthodes d'essai, l'emballage, le marquage et l'étiquetage, les instructions d'utilisation, ainsi que les processus et méthodes de production à tout stade du cycle de vie des ouvrages ; elles incluent également les règles de conception et de calcul des coûts, les conditions d'essai, de contrôle et de réception des ouvrages, ainsi que les méthodes ou techniques de construction et toutes les autres conditions de caractère technique que le pouvoir adjudicateur est à même de prescrire, par voie de réglementation générale ou particulière, en ce qui concerne les ouvrages terminés et en ce qui concerne les matériaux ou les éléments constituant ces ouvrages ;

b) Lorsqu'il s'agit d'un marché public de fournitures ou de services, une spécification qui figure dans un document définissant les caractéristiques requises d'un produit ou d'un service, telles que les niveaux de qualité, les niveaux de la performance environnementale et climatique, la conception pour tous les besoins (y compris l'accessibilité pour les personnes handicapées) et l'évaluation de la conformité, la propriété d'emploi, l'utilisation du produit, la sécurité ou les dimensions, y compris les prescriptions applicables au produit en ce qui concerne le nom sous lequel il est vendu, la terminologie, les symboles, les essais et méthodes d'essais, l'emballage, le marquage et l'étiquetage, les instructions d'utilisation, les processus et méthodes de production à tout stade du cycle de vie de la fourniture ou du service, ainsi que les procédures d'évaluation de la conformité.

2° Une norme est une spécification technique adoptée par un organisme de normalisation reconnu pour application répétée ou continue, dont le respect n'est pas obligatoire et qui relève de l'une des catégories suivantes :

a) Norme internationale : norme adoptée par un organisme international de normalisation et qui est mise à la disposition du public ;

b) Norme européenne : norme adoptée par un organisme européen de normalisation et qui est mise à la disposition du public ;

c) Norme nationale : norme adoptée par un organisme national de normalisation et qui est mise à la disposition du public ;

3° Une évaluation technique européenne est une évaluation documentée de la performance d'un produit de construction en ce qui concerne ses caractéristiques essentielles, conformément au document d'évaluation européen pertinent, tel qu'il est défini au point 12 de l'article 2 du règlement (UE) n° 305/2011 du Parlement européen et du Conseil du 9 mars 2011 établissant des conditions harmonisées de commercialisation pour les produits de construction et abrogeant la directive 89/106/CEE du Conseil ;

4° Une spécification technique commune est une spécification technique dans le domaine des technologies de l'information et de la communication (TIC) élaborée conformément aux articles 13 et 14 du règlement (UE) n° 1025/2012 du Parlement européen et du Conseil du 25 octobre 2012 relatif à la normalisation européenne, modifiant les directives 89/686/CEE et 93/15/CEE du Conseil ainsi que les directives 94/9/CE, 94/25/CE, 95/16/CE, 97/23/CE, 98/34/CE, 2004/22/CE, 2007/23/CE, 2009/23/CE et 2009/105/CE du Parlement européen et du Conseil et abrogeant la décision 87/95/CEE du Conseil et la décision n° 1673/2006/CE du Parlement européen et du Conseil ;

5° Un référentiel technique vise tout produit élaboré par les organismes européens de normalisation, autre que les normes européennes, selon des procédures adaptées à l'évolution des besoins du marché.

II. – Au sens de l'article R. 2311-5 du code de la commande publique :

1° Une spécification technique est :

a) Lorsqu'il s'agit d'un marché public de travaux, l'ensemble des prescriptions techniques contenues notamment dans les cahiers des charges, définissant les caractéristiques requises d'un matériau, d'un produit ou d'une fourniture et permettant de les caractériser de manière telle qu'ils répondent à l'usage auquel ils sont destinés par le pouvoir adjudicateur ou l'entité adjudicatrice. Ces caractéristiques incluent les niveaux de la performance environnementale, la conception pour tous les usages (y compris l'accessibilité pour les personnes handicapées) et l'évaluation de la conformité, la propriété d'emploi, la sécurité ou les dimensions, y compris les procédures relatives à l'assurance de la qualité, la terminologie, les symboles, les essais et méthodes d'essai, l'emballage, le marquage et l'étiquetage, ainsi que les processus et méthodes de production. Elles incluent également les règles de conception et de calcul des ouvrages, les conditions d'essai, de contrôle et de réception des ouvrages, ainsi que les techniques ou méthodes de construction et toutes les autres conditions de caractère technique que le pouvoir adjudicateur ou l'entité adjudicatrice sont à même de prescrire, par voie de réglementation générale ou particulière, en ce qui concerne les ouvrages terminés et en ce qui concerne les matériaux ou les éléments constituant ces ouvrages ;

b) Lorsqu'il s'agit d'un marché public de fournitures ou de services, une spécification figurant dans un document définissant les caractéristiques requises d'un produit ou d'un service, telles que les niveaux de qualité, les niveaux de la performance environnementale, la conception pour tous les usages (y compris l'accessibilité pour les personnes handicapées) et l'évaluation de la conformité, de la propriété d'emploi, de l'utilisation du produit, sa sécurité ou ses dimensions, y compris les prescriptions applicables au produit en ce qui concerne la dénomination de vente, la terminologie, les symboles, les essais et méthodes d'essais, l'emballage, le marquage et l'étiquetage, les instructions d'utilisation, les processus et méthodes de production, ainsi que les procédures d'évaluation de la conformité ;

2° Une norme est une spécification technique approuvée par un organisme de normalisation reconnu pour une application répétée ou continue, dont l'observation n'est pas obligatoire et qui relève de l'une des catégories suivantes :

a) Norme internationale : une norme adoptée par un organisme international de normalisation et mise à la disposition du public ;

b) Norme européenne : une norme adoptée par un organisme européen de normalisation et mise à la disposition du public ;

c) Norme nationale : une norme adoptée par un organisme national de normalisation et mise à la disposition du public ;

3° Une "norme défense" est une spécification technique dont l'observation n'est pas obligatoire et qui est approuvée par un organisme de normalisation spécialisé dans l'élaboration de spécifications techniques pour une application répétée ou continue dans le domaine de la défense ;

4° Un agrément technique européen est une appréciation technique favorable de l'aptitude à l'emploi d'un produit pour une fin déterminée, basée sur la satisfaction des exigences essentielles pour la construction, selon les caractéristiques intrinsèques de ce produit et les conditions établies de mise en œuvre et d'utilisation. L'agrément technique européen est délivré par un organisme agréé à cet effet par l'État membre ;

5° Une spécification technique commune est une spécification technique élaborée selon une procédure reconnue par les États membres et publiée au *Journal officiel de l'Union européenne* ;

6° Un référentiel technique vise tout produit élaboré par les organismes européens de normalisation, autre que les normes officielles, selon des procédures adaptées à l'évolution des besoins du marché.

III. – Cet avis est applicable sur l'ensemble du territoire de la République française.

Il constitue l'annexe n° 5 du code de la commande publique et se substitue à compter du 1er avril 2019 à l'avis relatif à la nature et au contenu des spécifications techniques dans les marchés publics publié au *Journal officiel* de la République française le 27 mars 2016 (NOR : EINM1608199V).

(1) Cet avis est pris conformément à :

– la directive 2009/81/CE du Parlement européen et du Conseil du 13 juillet 2009 relative à la coordination des procédures de passation de certains marchés de travaux, de fournitures et de services par des pouvoirs adjudicateurs ou entités adjudicatrices dans les domaines de la défense et de la sécurité, et modifiant les directive 2004/17/CE et 2004/18/CE ;

– la directive 2014/24/UE du Parlement européen et du Conseil du 26 février 2014 sur la passation des marchés publics et abrogeant la directive 2004/18/CE ;

– la directive 2014/25/UE du Parlement européen et du Conseil du 26 février 2014 relative à la passation de marchés par des entités opérant dans les secteurs de l'eau, de l'énergie, des transports et des services postaux et abrogeant la directive 2004/17/CE.

ANNEXE N° 6

Arrêté du 22 mars 2019,

Fixant les modalités de mise à disposition des documents de la consultation et de la copie de sauvegarde.

Art. 1er L'accès aux documents de la consultation est gratuit, complet, direct et sans restriction.

Lorsque certains documents de la consultation sont trop volumineux pour être téléchargés depuis le profil d'acheteur, l'acheteur indique dans l'avis d'appel à la concurrence ou dans l'invitation à confirmer l'intérêt, les moyens électroniques par lesquels ces documents peuvent être obtenus gratuitement.

Les opérateurs économiques peuvent indiquer à l'acheteur le nom de la personne physique chargée du téléchargement et une adresse électronique, afin que puissent lui être communiquées les modifications et les précisions apportées aux documents de la consultation.

Art. 2 I. – Le candidat ou le soumissionnaire peut faire parvenir une copie de sauvegarde dans les délais impartis pour la remise des candidatures ou des offres.

La copie de sauvegarde transmise à l'acheteur ou l'autorité concédante sur support papier ou sur support physique électronique doit être placée dans un pli comportant la mention "copie de sauvegarde".

II. – La copie de sauvegarde est ouverte dans les cas suivants :

1° Lorsqu'un programme informatique malveillant est détecté dans les candidatures ou les offres transmises par voie électronique. La trace de cette malveillance est conservée ;

2° Lorsqu'une candidature ou une offre électronique est reçue de façon incomplète, hors délais ou n'a pu être ouverte, sous réserve que la transmission de la candidature ou de l'offre électronique ait commencé avant la clôture de la remise des candidatures ou des offres.

III. – Lorsqu'un programme informatique malveillant est détecté dans la copie de sauvegarde, celle-ci est écartée par l'acheteur ou l'autorité concédante.

Art. 3 Lorsque la copie de sauvegarde est ouverte, elle est conservée conformément aux articles R. 2184-12, R. 2184-13, et R. 2384-5 du code de la commande publique.

Lorsque la copie de sauvegarde n'est pas ouverte ou a été écartée pour le motif prévu au III de l'article 2 du présent arrêté, elle est détruite.

Art. 4 I. – Le présent arrêté est applicable aux marchés publics et aux contrats de concession conclus par l'État ou ses établissements publics dans les îles Wallis-et-Futuna, en Polynésie française, en Nouvelle Calédonie et dans les Terres australes et antarctiques françaises sous réserve de l'adaptation suivante :

Le deuxième alinéa de l'article 1er est ainsi rédigé "Lorsque certains documents de la consultation sont trop volumineux pour être téléchargés depuis le profil d'acheteur, l'acheteur peut indiquer dans l'avis d'appel à la concurrence ou dans l'invitation à confirmer l'intérêt, les moyens électroniques par lesquels ces documents peuvent être obtenus gratuitement."

II. – Pour son application à Saint-Barthélemy et à Saint-Pierre-et-Miquelon, le deuxième alinéa de l'article 1er est ainsi rédigé "Lorsque certains documents de la consultation sont trop volumineux pour être téléchargés depuis le profil d'acheteur, l'acheteur peut indiquer dans l'avis d'appel à la concurrence ou dans l'invitation à confirmer l'intérêt, les moyens électroniques par lesquels ces documents peuvent être obtenus gratuitement."

Art. 5 Le présent arrêté constitue l'annexe 6 du code de la commande publique.

Art. 6 L'arrêté du 27 juillet 2018 fixant les modalités de mise à disposition des documents de la consultation et de la copie de sauvegarde est abrogé.

Art. 7 Le présent arrêté entre en vigueur le 1er avril 2019.

Il s'applique aux marchés publics pour lesquels une consultation est engagée ou un avis d'appel à la concurrence est envoyé à la publication à compter de sa date d'entrée en vigueur.

Il s'applique aux contrats de concession pour lesquels une consultation est engagée ou un avis de concession est envoyé à la publication à compter de sa date d'entrée en vigueur.

ANNEXE N° 7

Arrêté du 22 mars 2019,

Relatif aux fonctionnalités et exigences minimales des profils d'acheteurs.

Art. 1er I. – Le profil d'acheteur permet à l'acheteur d'effectuer les actions suivantes :

1° S'identifier et s'authentifier ;

2° Publier des avis d'appel à la concurrence et leurs éventuelles modifications ;

3° Mettre à disposition des documents de la consultation ;

4° Réceptionner et conserver des candidatures y compris si elles se présentent sous la forme du document unique de marché européen électronique constituant un échange de données structurées ;

5° Réceptionner et conserver des offres, y compris hors délais ;

6° Compléter un formulaire nécessaire à la publication des données essentielles prévues par l'arrêté du 22 mars 2019 relatif aux données essentielles dans la commande publique ou importer ces données lorsqu'elles sont disponibles dans un autre système d'information ;

7° Accéder à un service de courrier électronique au sens de l'article 1er de la loi du 21 juin 2004 susvisée ;

8° Accéder à un historique des évènements permettant l'enregistrement et la traçabilité des actions ayant eu lieu sur le profil d'acheteur notamment le retrait et le dépôt de documents ;

9° Répondre aux questions soumises par les entreprises ;

10° Obtenir les documents justificatifs et moyens de preuve lorsque ceux-ci peuvent être directement obtenus auprès d'autres administrations.

II. – Le profil d'acheteurs permet à l'opérateur économique d'effectuer les actions suivantes :

1° S'identifier et s'authentifier ;

2° Connaître les prérequis techniques et les modules d'extension nécessaires pour utiliser le profil d'acheteur ;

3° Accéder à un espace permettant de tester que la configuration du poste de travail utilisé est en adéquation avec les prérequis techniques du profil d'acheteur ;

4° Effectuer une recherche permettant d'accéder notamment aux avis d'appel à la concurrence, aux consultations et aux données essentielles ;

5° Consulter et télécharger en accès gratuit, libre, direct et complet les documents de la consultation, les avis d'appel à la concurrence et leurs éventuelles modifications ;

6° Accéder à un espace permettant de simuler le dépôt de documents ;

7° Déposer une candidature y compris si elle se présente sous la forme du document unique de marché européen électronique constituant un échange de données structurées ;

8° Déposer des offres, y compris les dépôts successifs quand la procédure le requiert et les offres signées électroniquement ;

9° Solliciter une assistance ou consulter un support utilisateur permettant d'apporter des réponses aux problématiques techniques ;

10° Formuler des questions à l'acheteur ;

11° Consulter et télécharger les données essentielles conformément aux dispositions de l'arrêté du 22 mars 2019 relatif aux données essentielles dans la commande publique.

Art. 2 I. – Le profil d'acheteur répond aux exigences fixées dans les référentiels généraux de sécurité, d'interopérabilité et d'accessibilité prévues aux articles 9 et 11 de l'ordonnance n° 2005-1516 du 8 décembre 2005 susvisée.

II. – Les fonctionnalités visées à l'article 1er répondent aux exigences techniques, de sécurité et d'accessibilité suivantes :

1° Le profil d'acheteur accepte les fichiers communément disponibles et notamment les fichiers aux formats.XML et.JSON ;

2° La taille et les formats des documents et avis d'appel à la concurrence sont indiqués ;

3° L'horodatage est qualifié conformément aux dispositions du règlement n° 910/2014 du Parlement européen et du Conseil du 23 juillet 2014 susvisé ;

4° Le profil d'acheteur assure l'intégrité des données ;

5° Le profil d'acheteur permet une visualisation adaptée au média utilisé ;

6° Le profil d'acheteur garantit la confidentialité des candidatures, des offres et des demandes de participation jusqu'à l'expiration du délai prévu pour leur présentation. Les documents sont inaccessibles avant cette date. A l'expiration de ce délai, ils ne sont accessibles qu'aux personnes autorisées. Le profil d'acheteur recourt à des moyens de cryptologie ou à un outil de gestion des droits d'accès et des privilèges ou à une technique équivalente ;

7° Le profil d'acheteur est interopérable avec les autres outils et dispositifs de communication électronique et d'échanges d'informations utilisés dans le cadre de la commande publique.

III. – Les dépôts, par l'opérateur économique, de documents sur le profil d'acheteur donnent immédiatement lieu à l'envoi d'un accusé de réception automatique portant les mentions suivantes :

– l'identification de l'opérateur économique auteur du dépôt ;
– le nom de l'acheteur public ;
– l'intitulé et l'objet de la consultation concernée ;
– la date et l'heure de réception des documents ;
– la liste détaillée des documents transmis.

Art. 3 I. – Pour les autorités concédantes, le profil d'acheteur permet d'effectuer les actions suivantes :

1° S'identifier et s'authentifier ;

2° Mettre à disposition des documents de la consultation ;

3° Réceptionner et conserver des candidatures ;

4° Réceptionner et conserver des offres, y compris hors délais ;

5° Compléter un formulaire nécessaire à la publication des données essentielles prévues par l'arrêté du 22 mars 2019 relatif aux données essentielles dans la commande publique précité ou importer ces données lorsqu'elles sont disponibles dans un autre système d'information ;

6° Accéder à un historique des évènements permettant l'enregistrement et la traçabilité des actions ayant eu lieu sur le profil d'acheteur notamment le retrait et le dépôt de documents.

II. – Le profil d'acheteur permet à l'opérateur économique d'effectuer les actions suivantes :

1° S'identifier et s'authentifier ;

2° Connaître les prérequis techniques et les modules d'extension nécessaires pour utiliser le profil d'acheteur ;

3° Accéder à un espace permettant de tester que la configuration du poste de travail utilisé est en adéquation avec les prérequis techniques du profil d'acheteur ;

4° Effectuer une recherche permettant d'accéder notamment aux consultations et aux données essentielles ;

5° Consulter et télécharger en accès gratuit, libre, direct et complet les documents de la consultation ;

6° Accéder à un espace permettant de simuler le dépôt de documents ;

7° Déposer une candidature ;

8° Déposer des offres ;

9° Solliciter une assistance ou consulter un support utilisateur permettant d'apporter des réponses aux problématiques techniques ;

10° Consulter et télécharger les données essentielles conformément aux dispositions de l'arrêté du 22 mars 2019 relatif aux données essentielles dans la commande publique précité.

III. – Les fonctionnalités visées au I et au II de l'article 3 répondent aux exigences techniques, de sécurité et d'accessibilité suivantes :

1° Le profil d'acheteur garantit la confidentialité des candidatures, des offres et des demandes de participation jusqu'à l'expiration du délai prévu pour leur présentation. Les documents sont inaccessibles avant cette date. A l'expiration de ce délai, ils ne sont accessibles qu'aux personnes autorisées. Le profil d'acheteur recourt à des moyens de cryptologie ou à un outil de gestion des droits d'accès et des privilèges ou à une technique équivalente ;

2° Assurer l'intégrité des données ;

3° Permettre une visualisation adaptée au média utilisé ;

4° Le profil d'acheteur répond aux exigences fixées dans les référentiels généraux de sécurité, d'interopérabilité et d'accessibilité prévues aux articles 9 et 11 de l'ordonnance n° 2005-1516 du 8 décembre 2005.

IV. – Les dépôts, par l'opérateur économique, de documents sur le profil d'acheteur donnent immédiatement lieu à l'envoi d'un accusé réception automatique portant les mentions suivantes :

– l'identification de l'opérateur économique auteur du dépôt ;
– le nom de l'autorité concédante ;
– l'intitulé et l'objet de la consultation concernée ;
– la date et l'heure de réception des documents ;
– la liste détaillée des documents transmis.

Art. 4 I. – Le profil d'acheteur figure sur une liste publiée sur le portail unique interministériel destiné à rassembler et à mettre à disposition librement l'ensemble des informations publiques.

II. – Chaque profil d'acheteur est identifié par :
– le SIRET de l'acheteur ;
– l'adresse URL du profil d'acheteur ;
– l'adresse URL du DCAT prévue à l'article 8 de l'arrêté du 22 mars 2019 relatif aux données essentielles dans la commande publique précité.
– les coordonnées du ou des acheteurs concernés.

III. – La déclaration du profil d'acheteur est effectuée par l'acheteur ou toute personne habilitée par celui-ci sur le portail unique interministériel destiné à rassembler et à mettre à disposition librement l'ensemble des informations publiques. La déclaration comporte l'identité du déclarant, l'identité de l'organisme chargé de la gestion du profil d'acheteur, l'adresse URL du profil d'acheteur, l'adresse URL du DCAT et les coordonnées du ou des acheteurs concernés.

Art. 5 I. – Pour son application à Saint-Barthélemy et à Saint-Pierre-et-Miquelon le 3° de l'article 2 est ainsi rédigé :

"l'horodatage est qualifié conformément aux dispositions applicables en métropole en vertu du règlement n° 910/2014 du Parlement européen et du Conseil du 23 juillet 2014 susvisé ;"

II. – Les dispositions du présent arrêté sont applicables en Nouvelle-Calédonie, en Polynésie française, dans les îles Wallis-et-Futuna et dans les Terres australes et antarctiques françaises pour les contrats de la commande publiques conclus par l'État et ses établissements publics, sous réserves des adaptations suivantes :

1° Pour son application en Nouvelle-Calédonie et en Polynésie française, le 3° de l'article 2 est ainsi rédigé :

"l'horodatage est qualifié conformément aux dispositions applicables localement ;"

2° Pour son application les dans les îles Wallis-et-Futuna et dans les Terres australes et antarctiques françaises le 3° de l'article 2 est ainsi rédigé :

"l'horodatage est qualifié conformément aux dispositions applicables en métropole en vertu du règlement n° 910/2014 du Parlement européen et du Conseil du 23 juillet 2014 susvisé."

Art. 6 Le présent arrêté constitue l'annexe 7 du code de la commande publique.

Art. 7 L'arrêté du 14 avril 2017 relatif aux fonctionnalités et exigences minimales des profils d'acheteurs est abrogé.

Art. 8 Le présent arrêté entre en vigueur le 1er avril 2019.

Il s'applique aux marchés publics pour lesquels une consultation est engagée ou un avis d'appel à la concurrence est envoyé à la publication à compter de sa date d'entrée en vigueur.

Il s'applique aux contrats de concession pour lesquels une consultation est engagée ou un avis de concession est envoyé à la publication à compter de sa date d'entrée en vigueur.

ANNEXE N° 8

Arrêté du 22 mars 2019,

Relatif aux exigences minimales des moyens de communication électronique utilisés dans la commande publique.

Art. 1er L'acheteur, l'autorité concédante ou l'opérateur économique rend accessible à l'autre partie intéressée les modalités d'utilisation des moyens de communication électronique, y compris le chiffrement et l'horodatage.

Art. 2 I. – Les moyens de communication électronique utilisés pour la réception des candidatures, des offres, des demandes de participation, ainsi que des plans et projets doivent au moins garantir que :

1° L'identité de l'acheteur ou de l'autorité concédante et de l'opérateur économique est déterminée ;

2° L'intégrité des données est assurée ;

3° L'heure et la date exactes de la réception sont déterminées avec précision, conformément à l'article 5 du présent arrêté ;

4° La gestion des droits permet d'établir que lors des différents stades de la procédure de passation du marché ou du contrat de concession, seules les personnes autorisées ont accès aux données.

Les violations ou tentatives de violation de ces exigences minimales sont détectables en fonction des possibilités techniques.

II. – Lorsqu'il est fait usage des moyens de communication électronique visés au I, la réception des documents donne lieu à l'envoi d'un accusé de réception électronique portant les mentions suivantes :

1° L'identification de l'opérateur économique auteur du dépôt ;

2° Le nom de l'acheteur ou de l'autorité concédante ;

3° L'intitulé et l'objet de la consultation concernée ;

4° La date et l'heure de réception des documents ;

5° La liste détaillée des documents transmis.

III. – L'acheteur ou l'autorité concédante détermine les niveaux de sécurité exigés pour le recours aux moyens de communication électronique utilisés pour les communications ou échanges d'informations autres que ceux visés au I.

IV. – L'acheteur détermine librement l'ensemble des moyens de communication électronique utilisés et les niveaux de sécurité afférents pour les marchés publics répondant à un besoin dont la valeur estimée est inférieure à 25 000 euros HT.

Art. 3 Les moyens de communication électronique répondent aux exigences fixées dans les référentiels généraux de sécurité, d'interopérabilité et d'accessibilité prévues aux articles 9 et 11 de l'ordonnance du 8 décembre 2005 susvisée.

Art. 4 Les moyens de communication électronique donnent la possibilité à l'acheteur ou à l'autorité concédante de récupérer les documents et les données dans un format ouvert aisément réutilisable et exploitable par un traitement automatisé de données.

L'acheteur ou l'autorité concédante doivent pouvoir également récupérer les documents initialement déposés dans un format non ouvert ou non aisément réutilisable.

Art. 5 L'horodatage est qualifié conformément aux dispositions du règlement n° 910/2014 du Parlement européen et du Conseil du 23 juillet 2014 susvisé.

Art. 6 Lorsque l'acheteur, l'autorité concédante ou l'opérateur économique utilise un coffre-fort numérique, celui-ci répond aux exigences fixées par l'article L. 103 du code des postes et des communications électroniques.

Art. 7 Un document peut être notifié par l'envoi d'un recommandé électronique au sens de l'article L. 100 du code des postes et des communications électroniques, par l'utilisation du profil d'acheteur ou par l'utilisation d'un autre moyen de communication électronique.

Dans tous les cas, le dispositif utilisé permet de désigner l'expéditeur, de garantir l'identité du destinataire et d'établir si le document lui a été remis.

Art. 8 L'utilisation de pseudonymes dans les échanges par voie électronique n'est pas autorisée dans le cadre des marchés publics et des contrats de concession.

Art. 9 En utilisant les moyens de communication électronique, le candidat ou le soumissionnaire accepte que les données de sa demande de participation ou de son offre soient enregistrées par l'outil ou le dispositif de réception.

Art. 10 I. – Pour son application à Saint-Barthélemy et à Saint-Pierre-et-Miquelon, l'article 5 est ainsi rédigé :

Art. 5 L'horodatage est qualifié conformément aux dispositions applicables en métropole en vertu du règlement n° 910/2014 du Parlement européen et du Conseil du 23 juillet 2014 sur l'identification électronique et les services de confiance pour les transactions électroniques au sein du marché intérieur et abrogeant la directive 1999/93/CE.

II. – Les dispositions du présent arrêté sont applicables, d'une part, aux contrats de la commande publique passés par l'État et ses établissements publics dans les îles Wallis-et-Futuna, en Polynésie française, en Nouvelle Calédonie et dans les Terres australes et antarctiques françaises et d'autre part, aux contrats de concession passés par les autres organismes et personnes de droit public et de droit privé chargés par l'État d'une mission de service public administratif dans les îles Wallis-et-Futuna et dans les Terres australes et antarctiques françaises, sous réserves des adaptations suivantes :

1° Pour son application en Polynésie française et en Nouvelle-Calédonie, l'article 5 est ainsi rédigé :

Art. 5 L'horodatage est qualifié conformément aux dispositions applicables localement.

2° Pour son application dans les îles Wallis-et-Futuna et dans les Terres australes et antarctiques françaises, l'article 5 est ainsi rédigé :

Art. 5 L'horodatage est qualifié conformément aux dispositions applicables en métropole en vertu du règlement n° 910/2014 du Parlement européen et du Conseil du 23 juillet 2014 sur l'identification électronique et les services de confiance pour les transactions électroniques au sein du marché intérieur et abrogeant la directive 1999/93/CE.

Art. 11 Le présent arrêté constitue l'annexe 8 du code de la commande publique.

Art. 12 L'arrêté du 27 juillet 2018 relatif aux exigences minimales des outils et dispositifs de communication et d'échanges d'information par voie électronique dans le cadre des marchés publics est abrogé.

Art. 13 Le présent arrêté entre en vigueur le 1er avril 2019.

Il s'applique aux marchés publics pour lesquels une consultation est engagée ou un avis d'appel à la concurrence est envoyé à la publication à compter de sa date d'entrée en vigueur.

Il s'applique aux contrats de concession pour lesquels une consultation est engagée ou un avis de concession est envoyé à la publication à compter de sa date d'entrée en vigueur.

ANNEXE N° 9

Arrêté du 22 mars 2019,

Fixant la liste des renseignements et des documents pouvant être demandés aux candidats aux marchés publics.

Art. 1er Pour les marchés publics de services, lorsque les opérateurs économiques ont besoin d'une autorisation spécifique ou doivent être membres d'une organisation spécifique pour pouvoir fournir, dans leur pays d'origine, le service concerné, l'acheteur peut leur demander de prouver qu'ils possèdent cette autorisation ou qu'ils appartiennent à cette organisation.

Art. 2 I. – Dans la mesure où ils sont nécessaires à l'appréciation de la capacité économique et financière des candidats, l'acheteur peut notamment exiger un ou plusieurs des renseignements ou documents justificatifs suivants :

1° Déclaration concernant le chiffre d'affaires global du candidat et, le cas échéant, le chiffre d'affaires du domaine d'activité faisant l'objet du marché public, portant au maximum sur les trois derniers exercices disponibles en fonction de la date de création de l'entreprise ou du début d'activité de l'opérateur économique, dans la mesure où les informations sur ces chiffres d'affaires sont disponibles ;

2° Déclarations appropriées de banques ou, le cas échéant, preuve d'une assurance des risques professionnels pertinents ;

3° Bilans ou extraits de bilan, concernant les trois dernières années, des opérateurs économiques pour lesquels l'établissement des bilans est obligatoire en vertu de la loi.

II. – Si, pour une raison justifiée, l'opérateur économique n'est pas en mesure de produire les renseignements et documents demandés par l'acheteur, il est autorisé à prouver sa capacité économique et financière par tout autre moyen considéré comme approprié par l'acheteur.

Art. 3 I. – Dans la mesure où ils sont nécessaires à l'appréciation des capacités techniques et professionnelles des candidats, l'acheteur peut exiger un ou plusieurs renseignements ou documents figurant dans la liste ci-dessous. Pour les marchés publics autres que de défense ou de sécurité, cette liste est limitative.

1° Une liste des travaux exécutés au cours des cinq dernières années, assortie d'attestations de bonne exécution pour les travaux les plus importants. Le cas échéant, afin de garantir un niveau de concurrence suffisant, l'acheteur peut indiquer que les éléments de preuve relatifs à des travaux exécutés il y a plus de cinq ans seront pris en compte. Ces attestations indiquent le montant, la date et le lieu d'exécution des travaux et précisent s'ils ont été effectués selon les règles de l'art et menés régulièrement à bonne fin ;

2° Une liste des principales livraisons effectuées ou des principaux services fournis au cours des trois dernières années ou, pour les marchés publics de défense ou de sécurité, au cours des cinq dernières années, indiquant le montant, la date et le destinataire public ou privé. Le cas échéant, afin de garantir un niveau de concurrence suffisant, l'acheteur peut indiquer que les éléments de preuve relatifs à des produits ou services pertinents fournis il y a plus de trois ans seront pris en compte. Les livraisons et les prestations de services sont prouvées par des attestations du destinataire ou, à défaut, par une déclaration de l'opérateur économique ;

3° Une déclaration indiquant les effectifs moyens annuels du candidat et l'importance du personnel d'encadrement pendant les trois dernières années ;

4° Pour les marchés publics de travaux, de services ou pour les marchés publics de fournitures comportant également des travaux de pose et d'installation ou des prestations de services, l'indication des titres d'études et professionnels du candidat ou des cadres de l'entreprise, et notamment des responsables de prestation de services ou de conduite des travaux de même nature que celle du marché public ;

5° L'indication des techniciens ou des organismes techniques, qu'ils soient ou non intégrés au candidat, en particulier de ceux qui sont responsables du contrôle de la qualité et, lorsqu'il s'agit de marchés publics de travaux, auquel le candidat pourra faire appel pour l'exécution de l'ouvrage ;

6° Une description de l'outillage, du matériel et de l'équipement technique dont le candidat disposera pour la réalisation du marché public ;

7° La description de l'équipement technique ainsi que des mesures employées par le candidat pour s'assurer de la qualité et des moyens d'étude et de recherche de son entreprise ;

8° L'indication des systèmes de gestion et de suivi de la chaîne d'approvisionnement que le candidat pourra mettre en œuvre lors de l'exécution du marché public ;

9° L'indication des mesures de gestion environnementale que le candidat pourra appliquer lors de l'exécution du marché public ;

10° Des échantillons, descriptions ou photographies des fournitures ;

11° Des certificats établis par des instituts ou services officiels chargés du contrôle de la qualité et habilités à attester la conformité des fournitures par des références à certaines spécifications techniques. Toutefois, d'autres preuves de mesures équivalentes de garantie de la qualité produites par les candidats sont acceptées, si ceux-ci n'ont pas accès à ces certificats ou n'ont aucune possibilité de les obtenir dans les délais fixés ;

12° Des certificats de qualification professionnelle établis par des organismes indépendants. Dans ce cas, l'acheteur accepte tout moyen de preuve équivalent ainsi que les certificats équivalents d'organismes établis dans d'autres États membres ;

13° Lorsque les produits ou les services à fournir sont complexes ou que, à titre exceptionnel, ils doivent répondre à un but particulier, un contrôle effectué par l'acheteur ou, au nom de celui-ci, par un organisme officiel compétent du pays dans lequel le fournisseur ou le prestataire de services est établi, sous réserve de l'accord de cet organisme ; ce contrôle porte sur les capacités de production du fournisseur ou sur la capacité technique du prestataire de services et, si nécessaire, sur les moyens d'étude et de recherche dont il dispose ainsi que sur les mesures qu'il prendra pour contrôler la qualité ;

14° Dans les marchés publics de défense ou de sécurité uniquement :

a) Une description des sources d'approvisionnement dont le candidat dispose pour exécuter le marché public, pour faire face à d'éventuelles augmentations des besoins de l'acheteur par suite d'une crise ou pour assurer la maintenance, la modernisation ou les adaptations des fournitures faisant l'objet du marché public avec une indication de leur implantation géographique lorsqu'elle se trouve hors du territoire européen ;

b) Une description des règles internes en matière de propriété intellectuelle ;

c) Lorsqu'il s'agit de marchés publics qui font intervenir, nécessitent ou comportent des supports ou informations protégés ou classifiés dans l'intérêt de la sécurité nationale, les éléments mentionnés à l'arrêté du Premier ministre mentionné à l'article R. 2300-1 du code de la commande publique justifiant la capacité de traiter, stocker et transmettre ces informations au niveau de classification ou de protection exigé par l'acheteur.

II. – Dans les marchés publics de défense ou de sécurité, si, pour une raison justifiée, l'opérateur économique n'est pas en mesure de produire les références demandées par l'acheteur, il est autorisé à prouver ses capacités techniques ou professionnelles par tout autre moyen considéré comme approprié par l'acheteur.

Art. 4 L'acheteur peut demander aux candidats qu'ils produisent des certificats de qualité attestant que l'opérateur économique se conforme à certaines normes d'assurance de qualité, y compris en ce qui concerne l'accessibilité pour les personnes handicapées. Ces certificats, délivrés par des organismes indépendants, sont fondés sur les normes européennes et certifiés par des organismes accrédités.

Lorsque l'acheteur demande la production de certificats établis par des organismes indépendants, attestant que l'opérateur économique se conforme à certains systèmes ou normes de gestion environnementale, il se réfère :

1° Soit au système de management environnemental et d'audit (EMAS) de l'Union européenne ;

2° Soit à d'autres systèmes de gestion environnementale reconnus conformément à l'article 45 du règlement (CE) n° 1221/2009 du Parlement européen et du Conseil du 25 novembre 2009 susvisé ;

3° Soit à d'autres normes de gestion environnementale fondées sur les normes européennes ou internationales en la matière élaborées par des organismes accrédités.

L'acheteur accepte les certificats équivalents d'organismes établis dans d'autres États membres. Lorsqu'un opérateur économique n'a pas la possibilité d'obtenir ces certificats dans les délais fixés pour des motifs qui ne lui sont pas imputables, l'acheteur accepte d'autres mesures équivalentes pour autant que l'opérateur économique concerné établisse que les mesures proposées sont équivalentes à celles requises.

Art. 5 Si l'objet ou les conditions d'exécution du marché public le justifient, l'acheteur peut exiger des renseignements relatifs à l'habilitation préalable ou à la demande d'habilitation préalable du candidat, en application des articles R. 2311-1 et suivants du code de la défense relatifs à la protection du secret de la défense nationale.

Art. 6 Le cas échéant, les acheteurs utilisent la base de données e-Certis de la Commission européenne pour procéder aux vérifications des formes des documents de preuve ou des pièces justificatives des candidats.

Lorsque l'acheteur demande la production d'un certificat, d'une attestation ou d'un document de preuve particulier, il exige principalement celles de ces pièces justificatives qui sont référencées dans cette base.

Art. 7 I. – Le présent arrêté est applicable aux marchés publics soumis au code de la commande publique, conclus par l'État ou ses établissements publics dans les îles Wallis-et-Futuna, en Polynésie française, en Nouvelle-Calédonie et dans les Terres australes et antarctiques françaises, sous réserve des dispositions suivantes :

1° Les alinéas 1 à 5 de l'article 4 sont ainsi rédigés :

"L'acheteur peut demander aux candidats qu'ils produisent des certificats de qualité attestant que l'opérateur économique se conforme à certaines normes d'assurance de qualité, y compris en ce qui concerne l'accessibilité pour les personnes handicapées. Ces certificats, délivrés par des organismes indépendants, sont fondés sur les normes locales, nationales ou internationales et certifiés par des organismes accrédités.

"Lorsque l'acheteur demande la production de certificats établis par des organismes indépendants, attestant que l'opérateur économique se conforme à certains systèmes ou normes de gestion environnementale, il se réfère à des normes de gestion environnementale fondées sur les normes locales, nationales ou internationales en la matière élaborées par des organismes accrédités." ;

2° L'article 6 est supprimé.

II. – Pour l'application du présent arrêté à Saint-Barthélemy :

1° Les alinéas 1 à 5 de l'article 4 sont ainsi rédigés :

"L'acheteur peut demander aux candidats qu'ils produisent des certificats de qualité attestant que l'opérateur économique se conforme à certaines normes d'assurance de qualité, y compris en ce qui concerne l'accessibilité pour les personnes handicapées. Ces certificats, délivrés par des organismes indépendants, sont fondés sur les normes locales, nationales ou internationales et certifiés par des organismes accrédités.

"Lorsque l'acheteur demande la production de certificats établis par des organismes indépendants, attestant que l'opérateur économique se conforme à certains systèmes ou normes de gestion environnementale, il se réfère à des normes de gestion environnementale fondées sur les normes locales, nationales ou internationales en la matière élaborées par des organismes accrédités." ;

2° L'article 6 est supprimé.

III. – Pour l'application du présent arrêté à Saint-Pierre-et-Miquelon :

1° Les alinéas 1 à 5 de l'article 4 sont ainsi rédigés :

"L'acheteur peut demander aux candidats qu'ils produisent des certificats de qualité attestant que l'opérateur économique se conforme à certaines normes d'assurance de qualité, y compris en ce qui concerne l'accessibilité pour les personnes handicapées. Ces certificats, délivrés par des organismes indépendants, sont fondés sur les normes locales, nationales ou internationales et certifiés par des organismes accrédités.

"Lorsque l'acheteur demande la production de certificats établis par des organismes indépendants, attestant que l'opérateur économique se conforme à certains systèmes ou normes de gestion environnementale, il se réfère à des normes de gestion environnementale fondées sur les normes nationales ou internationales en la matière élaborées par des organismes accrédités." ;

2° L'article 6 n'est pas applicable.

Art. 8 Le présent arrêté constitue l'annexe n° 9 du code de la commande publique.

Art. 9 L'arrêté du 29 mars 2016fixant la liste des renseignements et des documents pouvant être demandés aux candidats aux marchés publics est abrogé.

Art. 10 Le présent arrêté entre en vigueur le 1er avril 2019.

Il s'applique aux marchés publics pour lesquels une consultation est engagée ou un avis d'appel à la concurrence est envoyé à la publication à compter de sa date d'entrée en vigueur.

ANNEXE N° 10

Avis

Liste des dispositions internationales en matière de droit environnemental, social et du travail permettant de rejeter une offre comme anormalement basse en matière de marchés publics (1).

I. – Les conventions internationales en matière de droit environnemental, social ou du travail mentionnées aux articles R. 2152-4 et R. 2352-3 du code de la commande publique sont les suivantes :

– Convention n° 87 de l'Organisation internationale du travail concernant la liberté syndicale et la protection du droit syndical ;

– Convention n° 98 de l'Organisation internationale du travail sur le droit d'organisation et de négociation collective ;

– Convention n° 29 de l'Organisation internationale du travail sur le travail forcé ;

– Convention n° 105 de l'Organisation internationale du travail sur l'abolition du travail forcé ;

– Convention n° 138 de l'Organisation internationale du travail concernant l'âge minimum d'admission à l'emploi ;

– Convention n° 111 de l'Organisation internationale du travail concernant la discrimination (emploi et profession) ;

– Convention n° 100 de l'Organisation internationale du travail sur l'égalité de rémunération ;

– Convention n° 182 de l'Organisation internationale du travail sur les pires formes de travail des enfants ;

– Convention de Vienne pour la protection de la couche d'ozone et son protocole de Montréal relatif à des substances qui appauvrissent la couche d'ozone ;

– Convention de Bâle sur le contrôle des mouvements transfrontières de déchets dangereux et de leur élimination (convention de Bâle) ;

– Convention de Stockholm sur les polluants organiques persistants ;

– Convention de Rotterdam du 10 septembre 1998 sur la procédure de consentement préalable en connaissance de cause applicable à certains produits chimiques et pesticides dangereux qui font l'objet du commerce international (Programme des Nations unies pour l'environnement/Food and Agriculture Organization) (Convention PIC) et ses trois protocoles régionaux.

II. – Le présent avis constitue l'annexe n° 10 du code de la commande publique et se substitue à compter du 1er avril 2019 à l'avis relatif à la liste des dispositions internationales en matière de droit environnemental, social et du travail permettant de rejeter une offre comme anormalement basse en matière de marchés publics publié au *Journal officiel* de la République française le 27 mars 2016 (NOR : EINM1608173V).

(1) Avis pris conformément à la directive 2014/24/UE du Parlement européen et du Conseil du 26 février 2014 sur la passation des marchés publics et abrogeant la directive 2004/18/CE et à la directive 2014/25/UE du Parlement européen et du Conseil du 26 février 2014 relative à la passation de marchés par des entités opérant dans les secteurs de l'eau, de l'énergie, des transports et des services postaux et abrogeant la directive 2004/17/CE.

ANNEXE N° 11

Arrêté du 22 mars 2019,

Relatif aux modalités de prise en compte des incidences énergétiques et environnementales des véhicules à moteur dans la passation des marchés publics.

Art. 1er Les incidences énergétiques et environnementales à prendre en compte sont, au minimum :

1. La consommation d'énergie ;
2. Les émissions de dioxyde de carbone (CO_2) ;
3. Les émissions de composés d'azote et d'oxygène (NOx), de composés hydrocarbonés non méthaniques (HCNM) et de particules.

Art. 2 Lorsque la personne soumise à l'obligation de prendre en compte les incidences énergétiques et environnementales liées à l'utilisation d'un véhicule de transport routier fait le choix de les traduire en valeur monétaire, les coûts, pour toute la durée de vie d'un véhicule, de la consommation d'énergie, des émissions de CO_2 et des émissions de polluants sont calculés selon la méthodologie exposée aux articles 3 à 6.

Art. 3 Coût de la consommation d'énergie sur toute la durée de vie du véhicule.

Le coût, en euros, de la consommation d'énergie d'un véhicule sur toute sa durée de vie est calculé au moyen de la formule paramétrique :

CE = QEu × VEu × D

dans laquelle :

a) QEu représente la consommation d'énergie par kilomètre d'un véhicule, établie conformément à l'article 6, exprimée en mégajoules par kilomètre (MJ/km) ;

Lorsque la consommation de carburant est donnée dans une unité différente, elle est convertie en mégajoules par kilomètre (MJ/km) au moyen de la formule paramétrique QEu = QCu × T, dans laquelle QCu représente la consommation de carburant par kilomètre, en litres ou en normo-mètres cubes (Nm^3), et T représente la teneur énergétique du carburant concerné, telle que déterminée au tableau 1 de l'annexe au présent arrêté ;

b) VEu représente la valeur d'une unité d'énergie en euros (€/MJ) ;

VEu est déterminée par référence à la plus basse des deux valeurs entre le coût avant imposition d'une unité d'énergie d'essence et le coût avant imposition d'une unité d'énergie de gazole ;

Le coût avant imposition d'une unité d'énergie d'essence ou de gazole est égal au prix unitaire hors taxes de ce carburant, exprimé en euros par litre (€/litre), divisé par la teneur énergétique de ce carburant telle qu'elle figure dans le tableau 1 de l'annexe du présent arrêté ;

Le prix unitaire hors taxes de l'essence ou du gazole pris en compte est le prix unitaire moyen national hors taxes pendant le semestre qui précède le mois de l'engagement de la consultation, de l'envoi à la publication de l'avis d'appel public à la concurrence ou, à défaut, de la procédure d'achat ;

c) D représente la durée de vie restante du véhicule exprimée en kilomètres (km).

Lorsqu'il s'agit d'un véhicule neuf, cette valeur est celle fixée au tableau 3 de l'annexe du présent arrêté, sauf indication d'une durée de vie différente figurant dans les documents de consultation.

Lorsque le véhicule est d'occasion, cette valeur est déterminée selon la formule :

D = Dn – Da

dans laquelle :

Dn représente la valeur figurant au tableau 3 ; et

Da représente le nombre de kilomètres déjà parcourus par le véhicule.

Art. 4 Coût des émissions de CO_2 sur toute la durée de vie du véhicule.

Le coût, en euros, correspondant aux émissions de CO_2 liées à l'utilisation d'un véhicule sur toute sa durée de vie est calculé au moyen de la formule paramétrique :

$CCO^2 = QCO^2u \times VCO^2u \times D$

dans laquelle :

a) QCO^2u représente les émissions de CO_2 en kilogrammes par kilomètre (kg/km), telles que déterminées à l'article 6 ;

b) VCO^2u représente le coût, en euro par kilogramme (€/kg), de CO_2 émis, pris dans la fourchette figurant dans le tableau 2 de l'annexe du présent arrêté ;

La personne mentionnée à l'article 2 peut appliquer un coût plus élevé, à condition que ce coût ne soit pas supérieur au double de la valeur la plus haute figurant dans le tableau 2 ; dans tous les cas, le coût à appliquer est indiqué dans les documents de la consultation ;

c) D représente la durée de vie restante du véhicule exprimée en kilomètres, telle que déterminée à l'article 3 (c).

Art. 5 Coût des émissions de polluants sur toute la durée de vie du véhicule.

Le coût, en euros, correspondant aux émissions de polluants liées à l'utilisation d'un véhicule sur toute sa durée de vie est calculé en additionnant, sur toute la durée de vie du véhicule, les coûts correspondant aux émissions de NOx, de HCNM et de particules.

Le coût, en euros, correspondant à chaque polluant, lié à l'utilisation d'un véhicule sur toute sa durée de vie est calculé au moyen de la formule paramétrique :

$CP = QPu \times VPu \times D$

dans laquelle :

a) QPu représente les émissions en gramme par kilomètre (g/km), telles que déterminées à l'article 6 ;

b) VPu représente le coût du polluant, en euros par gramme (€/g), figurant dans le tableau 2 de l'annexe au présent arrêté ;

La personne mentionnée à l'article 2 peut appliquer un coût plus élevé, à condition que ce coût ne soit pas supérieur au double de la valeur figurant dans le tableau 2 ; dans tous les cas, le coût à appliquer est indiqué dans les documents de la consultation ;

c) D représente la durée de vie restante du véhicule exprimée en kilomètres telle que déterminée à l'article 3 (c).

Art. 6 La consommation de carburant ainsi que les émissions de CO_2 et de polluants par kilomètre, sont fondées sur les procédures d'essai communautaires normalisées, en ce qui concerne les véhicules pour lesquels de telles procédures d'essai sont définies dans la législation communautaire en matière de réception par type. Pour les véhicules qui ne sont pas couverts par une procédure d'essai communautaire normalisée, la comparabilité des différentes offres est assurée au moyen de procédures d'essai largement reconnues ou de résultats d'essais réalisés pour l'autorité publique, ou d'informations fournies par le constructeur.

Art. 7 Le présent arrêté est applicable aux marchés publics soumis au code de la commande publique, conclus par l'État ou ses établissements publics dans les îles Wallis-et-Futuna, en Polynésie française, en Nouvelle-Calédonie et dans les Terres australes et antarctiques françaises.

Art. 8 Le présent arrêté constitue l'annexe n° 11 du code de la commande publique.

Art. 9 L'arrêté du 5 mai 2011 relatif aux modalités de prise en compte des incidences énergétiques et environnementales des véhicules à moteur dans les procédures de commande publique est abrogé.

Art. 10 Le présent arrêté entre en vigueur le 1er avril 2019.

Il s'applique aux marchés publics pour lesquels une consultation est engagée ou un avis d'appel à la concurrence est envoyé à la publication postérieurement à sa date d'entrée en vigueur.

ANNEXE

TABLEAU 1

Teneur énergétique des carburants	
Carburants	**Teneurs énergétiques**
Gazole	36 MJ/litre
Essence	32 MJ/litre
Gaz naturel/biogaz	33-38 MJ/Nm^3
Gaz de pétrole liquéfié (GPL)	24 MJ/litre
Éthanol	21 MJ/litre
Biodiesel	33 MJ/litre
Émulsions	32 MJ/litre
Hydrogène	11 MJ/Nm^3

TABLEAU 2

Coût des émissions dans le transport routier	
Émissions	**Coûts**
CO_2	0,03/0,04 €/kg
NOx	0,004 4 €/g
HCNM	0,001 €/g
Particules	0,087 €/g

TABLEAU 3

Kilométrage total des véhicules de transport routier	
Catégories de véhicules (catégories M et N telles que définies par l'article R. 311-1 du code de la route)	**Kilométrages totaux**
Voitures particulières (M1)	200 000 km
Véhicules utilitaires légers (N1)	250 000 km
Poids lourds (N2, N3)	1 000 000 km
Autobus (M2, M3)	800 000 km

ANNEXE N° 12

Arrêté du 22 mars 2019,

Relatif à la signature électronique des contrats de la commande publique.

Art. 1er Lorsque la signature électronique est requise pour tout document sous forme électronique d'un contrat de la commande publique, il est signé selon les modalités prévues au présent arrêté.

Art. 2 I. – Les acheteurs, les autorités concédantes et les opérateurs économiques utilisent une signature électronique conforme aux exigences du règlement susvisé, relatives à la signature électronique avancée reposant sur un certificat qualifié.

II. – Le certificat de signature électronique qualifié entre au moins dans l'une des catégories suivantes :

1° Un certificat qualifié délivré par un prestataire de service de confiance qualifié répondant aux exigences du règlement susvisé ;

2° Un certificat délivré par une autorité de certification, française ou étrangère, qui répond aux exigences équivalentes à l'annexe I du règlement susvisé.

Art. 3 Les formats de signature sont XAdES, CAdES ou PAdES tels que mentionnés aux articles 1er et 2 de la décision d'exécution (UE) n° 2015/1506 de la Commission du 8 septembre 2015 susvisée.

Art. 4 Le signataire utilise le dispositif de création de signature électronique de son choix.

Art. 5 I. – La validité de la procédure de vérification de la signature se constate par un contrôle fonctionnel qui porte au minimum sur les points suivants :

1° L'identité du signataire ;

2° L'appartenance du certificat du signataire à l'une des catégories de certificats mentionnées à l'article 2 ;

3° Le respect du format de signature mentionné à l'article 3 ;

4° Le caractère non échu et non révoqué du certificat à la date de la signature ;

5° L'intégrité du document signé.

II. – Ces vérifications peuvent être effectuées de manière automatisée, à l'exception de la vérification de l'identité du signataire.

Le système utilisé pour valider la signature électronique fournit le résultat du processus de validation et permet de détecter tout problème relatif à la sécurité.

Art. 6 Le mode d'emploi permettant de procéder à la vérification de la validité de la signature électronique est mis gratuitement à disposition lors du dépôt de document signé.

Toutefois, lorsque le signataire utilise le certificat visé au 1° du II de l'article 2 et l'outil de création de signature électronique proposé par le profil d'acheteur, il est dispensé de transmettre la procédure de vérification de la signature électronique.

Art. 7 La signature électronique peut être apposée au moyen d'un parapheur électronique.

Le parapheur électronique est un outil disposant de fonctions autorisant, au moins, le regroupement de documents à valider ou signer, la signature d'un même document par plusieurs signataires, sans en altérer l'intégrité, que l'utilisation soit locale ou en ligne.

Chaque signature doit pouvoir être vérifiée indépendamment des autres.

Art. 8 I. – Le présent arrêté est applicable aux marchés publics et contrats de concessions conclus par l'État ou ses établissements publics dans les îles Wallis-et-Futuna, en Polynésie française, en Nouvelle-Calédonie et dans les Terres australes et antarctiques françaises, ainsi qu'aux contrats de concession conclus par les autres organismes et personnes de droit public et de droit privé chargés par l'État d'une mission de service public administratif dans les îles Wallis-et-Futuna ou dans les Terres australes et antarctiques françaises.

II. – Pour l'application des articles 2 et 3 du présent arrêté à Saint-Barthélemy, à Saint-Pierre-et-Miquelon, dans les îles Wallis-et-Futuna, en Polynésie française, en Nouvelle-Calédonie et dans les Terres australes et antarctiques françaises, les références au règlement européen susvisé et à la décision d'exécution (UE) n° 2015/1506 de la Commission du 8 septembre 2015 susvisée sont remplacées par les références aux dispositions applicables en métropole en vertu du règlement n° 910/2014 du Parlement européen et du Conseil du 23 juillet 2014 sur l'identification électronique et les services de confiance pour les transactions électroniques au sein du marché intérieur et abrogeant la directive 1999/93/CE et conformément à la décision d'exécution (UE) n° 2015/1506 de la Commission du 8 septembre 2015.

Art. 9 Le présent arrêté constitue l'annexe n° 12 du code de la commande publique.

Art. 10 L'arrêté du 12 avril 2018 relatif à la signature électronique dans la commande publique et abrogeant l'arrêté du 15 juin 2012 relatif à la signature électronique dans les marchés publics est abrogé.

Toutefois, les certificats qualifiés de signature électronique délivrés en application de l'arrêté du 15 juin 2012 relatif à la signature électronique dans les marchés publics demeurent régis par ses dispositions jusqu'à leur expiration.

Art. 11 Le présent arrêté entre en vigueur le 1er avril 2019.

Il s'applique aux marchés publics pour lesquels une consultation est engagée ou un avis d'appel à la concurrence est envoyé à la publication à compter de sa date d'entrée en vigueur.

Il s'applique aux contrats de concession pour lesquels une consultation est engagée ou un avis de concession est envoyé à la publication à compter de sa date d'entrée en vigueur.

ANNEXE N° 13

Arrêté du 22 mars 2019,

Fixant les modèles de garantie à première demande et de caution personnelle et solidaire.

Art. 1er La garantie à première demande et la caution personnelle et solidaire visées aux articles R. 2191-37 et R. 2391-25 du code de la commande publique doivent être conformes aux modèles annexés au présent arrêté.

Art. 2 Le présent arrêté constitue l'annexe n° 13 du code de la commande publique.

Art. 3 L'arrêté du 3 janvier 2005 pris en application de l'article 102 du code des marchés publics et fixant les modèles de garantie à première demande et de caution personnelle et solidaire est abrogé.

Art. 4 Le présent arrêté entre en vigueur le 1er avril 2019.

Il s'applique aux marchés publics pour lesquels une consultation est engagée ou un avis d'appel à la concurrence est envoyé à la publication à compter de sa date d'entrée en vigueur.

Art. 5 Les dispositions du présent arrêté sont applicables en Nouvelle-Calédonie, en Polynésie française, dans les îles Wallis-et-Futuna et dans les Terres australes et antarctiques françaises.

ANNEXE

Garantie à première demande

(Remplaçant la retenue de garantie en application des articles R. 2191-36 et R. 2391-25 du code de la commande publique)

A Identification de la personne publique qui passe le marché, du titulaire du marché et de la personne qui apporte sa garantie

Personne publique qui passe le marché (nom, adresse, direction, sous-direction, bureau, télécopie, téléphone, courriel) :

Titulaire du marché (dénomination et adresse) :

Organisme apportant sa garantie (dénomination et adresse) :

Objet du marché :

Numéro et date du marché :

Date (indicative) prévue pour la réception :

Montant garanti (qui ne peut être supérieur à celui de la retenue de garantie (1) que la présente garantie remplace) :

Le présent engagement correspond (2) :

☐ A la garantie du marché de base ;

☐ A un complément de garantie au titre de l'avenant n°

B Engagement

Je m'engage à payer à première demande, dans la limite du montant garanti, les sommes que la personne publique pourrait demander pour couvrir les réserves à la réception des travaux, fournitures ou services ainsi que celles formulées pendant le délai de garantie du marché.

Le paiement interviendra dans un délai de quinze jours à compter de la réception par mes services d'un dossier comportant la photocopie des pièces suivantes :

1. Si l'entreprise est en redressement ou en liquidation judiciaire : jugement prononçant la liquidation judiciaire ou prononçant le redressement judiciaire et ne permettant pas à l'entreprise de couvrir les réserves à la réception des travaux, fournitures ou services ainsi que celles formulées pendant le délai de garantie du marché.

2. Autres cas :

— mise en demeure au titulaire d'exécuter les travaux ou services ou de livrer les fournitures, ou références de l'article du marché dispensant la personne publique de cette mise en demeure ;

— certificat administratif indiquant que les travaux ou services n'ont pas été exécutés ou les fournitures livrées malgré l'expiration du délai fixé dans la mise en demeure ;

— décision de mise en régie ou d'exécution aux frais et risques des travaux ou services ou des livraisons des fournitures concernés.

3. Pièce à fournir dans les cas 1 et 2 : certificat administratif indiquant le montant estimé, du fait des réserves formulées, du surcoût d'achèvement des travaux ou services ou des livraisons de fournitures.

Le montant qui me sera réclamé ne pourra être supérieur au montant indiqué dans le certificat administratif sans pouvoir dépasser le montant garanti. Je procéderai au paiement dès lors que j'aurai reçu l'ensemble des pièces énumérées ci-dessus sans soulever aucune contestation quant à leur contenu.

Les sommes payées resteront acquises à la personne publique quel que soit le motif d'inexécution des travaux ou services ou des livraisons des fournitures, même en cas de force majeure, de redressement judiciaire ou de liquidation judiciaire du titulaire, mon engagement étant autonome par rapport aux éventuelles dettes de ce dernier.

La présente garantie prendra fin dans les conditions prévues à l'article R. 2191-42 et R. 2391-25 du code de la commande publique.

Par ailleurs, je certifie avoir été agréé par l'Autorité de contrôle prudentiel et de résolution mentionnée à l'article L. 612-1 du code monétaire et financier.

Le droit français est seul applicable au présent engagement ; les tribunaux français sont seuls compétents.

A ...., le ....

Signature du représentant de l'organisme apportant sa garantie

Caution personnelle et solidaire

(Remplaçant la retenue de garantie en application des articles R. 2191-36 et R. 2391-25 du code de la commande publique)

A Identification de la personne publique qui passe le marché, du titulaire du marché et de la personne qui apporte sa caution

Personne publique qui passe le marché (nom, adresse, direction, sous-direction, bureau, télécopie, téléphone, courriel) :

Titulaire du marché (dénomination et adresse) :

Organisme apportant sa caution (dénomination et adresse) :

Objet du marché :

Numéro et date du marché :

Date (indicative) prévue pour la réception :

Montant garanti (qui ne peut être supérieur à celui de la retenue de garantie (1) que la présente caution remplace) :

Le présent engagement correspond (2) :

☐ A la garantie du marché de base ;

☐ A un complément de garantie au titre de l'avenant n°

B Engagement

Je me porte caution personnelle et solidaire du titulaire du marché, dans la limite du montant garanti, pour le versement des sommes dont il serait débiteur auprès de la personne publique pour couvrir les réserves à la réception des travaux, fournitures ou services ainsi que celles formulées pendant le délai de garantie du marché.

Le paiement interviendra dans un délai de quinze jours à compter de la réception par mes services d'un justificatif de la créance.

Dès lors que j'aurai reçu le justificatif énoncé ci-dessus, je m'engage à effectuer, sur ordre de la personne publique, jusqu'à concurrence de la somme garantie ci-dessus, le versement des sommes dont le titulaire serait débiteur.

Je certifie être agréé par l'Autorité de contrôle prudentiel et de résolution mentionnée à l'article L. 612-1 du code monétaire et financier.

Le présent engagement de caution prend fin dans les conditions prévues à l'article R. 2191-42 et R. 2391-25 du code de la commande publique.

A ...., le ....

Signature du représentant de l'organisme apportant sa garantie

(1) Le montant de la retenue de garantie ne peut être supérieur à 5 % du montant initial du marché public augmenté, le cas échéant, du montant des modifications en cours d'exécution (article R. 2191-33 du code de la commande publique).

Dans le cadre des marchés public de défense ou de sécurité, le montant de la retenue de garantie ne peut être supérieur à 10 % du montant initial augmenté, le cas échéant, du montant des modifications du marché public en cours d'exécution (article R. 2391-22 du code de la commande publique).

(2) Cocher la case concernée.

ANNEXE N° 14

Arrêté du 28 juillet 2020,

Fixant le modèle de certificat de cessibilité des créances issues de marchés publics.

Art. 1er En application des articles R. 2191-46 et R. 2391-28 du code de la commande publique, le certificat de cessibilité est établi conformément au modèle joint en annexe.

Art. 2 Le certificat de cessibilité est établi, sur demande du titulaire du marché ou de son sous-traitant payé directement, par l'acheteur qui le signe et le leur transmet.

Art. 3 En cas de modification de la créance, l'acheteur complète, rectifie et signe le certificat de cessibilité précédemment émis qui lui a été retourné par le titulaire du marché ou par son sous-traitant payé directement.

L'acheteur restitue le certificat de cessibilité ainsi modifié au titulaire du marché ou à son sous-traitant payé directement.

Art. 4 Les dispositions du présent arrêté sont applicables en Nouvelle-Calédonie, en Polynésie française, dans les îles Wallis-et-Futuna et dans les Terres australes et antarctiques françaises.

Pour son application en Nouvelle-Calédonie, en Polynésie française et dans les îles Wallis-et-Futuna, les montants exprimés en euro sont applicables sous réserve de leur contre-valeur en monnaie locale.

Art. 5 Le présent arrêté constitue l'annexe 14 du code de la commande publique.

Art. 6 L'arrêté du 22 mars 2019 relatif au certificat de cessibilité des créances issues de marchés publics est abrogé.

Art. 7 Le présent arrêté entre en vigueur le 1er octobre 2020.

Il s'applique aux certificats de cessibilité émis à compter de sa date d'entrée en vigueur.

ANNEXE

CERTIFICAT DE CESSIBILITE DE CREANCE(S) SUR MARCHE PUBLIC, DELIVRE PAR L'ACHETEUR EN UNIQUE EXEMPLAIRE AU TITULAIRE DU MARCHE OU A SON SOUS-TRAITANT PAYE DIRECTEMENT POUR ETRE REMIS AU CESSIONNAIRE OU AU TITULAIRE D'UN NANTISSEMENT DE CREANCES

Toutes les mentions énumérées dans la présente annexe sont obligatoires, sauf mention contraire :

1. Identification de l'acheteur

Désignation de l'acheteur : SIRET, nom et adresse de l'acheteur.

Désignation de la personne habilitée à donner les renseignements prévus aux articles R. 2191-60 et R. 2391-28 du code de la commande publique.

Désignation du comptable public assignataire (1).

(1) Conformément aux articles R. 2191-47 et R. 2391-28 du code de la commande publique, il doit être établi un certificat de cessibilité distinct pour chaque comptable assignataire concerné par un même marché, en y retraçant la part de la créance totale que le comptable auquel il est transmis est appelé à mettre en paiement.

2. Identification du créancier au titre du marché public

Désignation du créancier : SIRET, raison sociale, adresse.

Coordonnées bancaires du créancier (**) : IBAN.

Renseignements complémentaires sur le créancier (*) (2) :

(2) Cocher la ou les cases correspondantes.

Titulaire du marché	☐
Sous-traitant de premier rang	☐
Membre d'un groupement solidaire	☐
Membre d'un groupement conjoint	☐
Mandataire solidaire	☐

Mandataire conjoint	☐
Agissant pour son propre compte	☐
Habilité à céder ou nantir la créance du groupement	☐
Dans ce dernier cas, indiquer la référence de l'habilitation :	

3. Identification de la créance cessible (3)

Désignation du marché et de son montant : référence du marché obtenue au plus tard lors de la notification, date, montant.

Le cas échéant, désignation de la tranche et mention de son montant (*).

Le cas échéant, désignation du lot et de son montant (*).

Le cas échéant, désignation du bon de commande et de son montant (*).

Le cas échéant, éléments relatifs aux clauses de variation de prix applicables à la créance (*).

Le cas échéant, éléments relatifs aux clauses de pénalités susceptibles d'être appliquées à la créance (*).

Le cas échéant, autres renseignements (*).

(3) Lorsque le montant est demandé, faire apparaître le montant TTC, le montant HT et celui de la TVA.

4. Renseignements complémentaires affectant le marché et/ou la créance (4)

L'acheteur renvoie les parties aux documents du marché.	☐

Si la case précédente n'a pas été cochée, remplir les champs suivants :

Le cas échéant :	
Le marché prévoit le versement d'une avance au créancier au titre du marché :	☐
En cas d'avance, son pourcentage :	%
Le marché prévoit une retenue de garantie :	☐
En cas de retenue de garantie, son pourcentage :	%
Le marché prévoit un délai d'exécution des prestations :	☐
Si un délai d'exécution est prévu, le délai mentionné est de :	
Le marché prévoit des dates prévisionnelles de début d'exécution et d'achèvement :	☐
Si elles sont prévues, les dates prévisionnelles de début d'exécution et d'achèvement sont :	
Le marché prévoit un délai maximum de paiement :	☐
Si un délai maximum de paiement est prévu, il est de :	
S'il est prévu, référence du taux des intérêts moratoires mentionné (5) :	
Le marché prévoit un montant :	☐
Montant prévu pour l'ensemble du marché :	euros (TTC).

Montant prévu pour la tranche concernée :	euros (TTC).
Montant prévu pour le lot concerné :	euros (TTC).
Pour les accords-cadres à bons de commande, indiquer (6) :	
Montant minimum :	euros (TTC).
Montant maximum :	euros (TTC).
Montant estimé :	euros (TTC).
Le titulaire souhaite ne pas confier l'exécution d'une partie des prestations à des sous-traitants ayant droit au paiement direct :	☐
Cette partie non sous-traitée est au maximum de :	euros (TTC).

(4) Cocher la ou les cases correspondantes.
(5) En l'absence de clause contractuelle, il convient d'indiquer le délai maximum de paiement et la référence au taux des intérêts moratoires prévus par la réglementation en vigueur.
(6) Pour les accords-cadres à bons de commande comportant un minimum et/ou un maximum, ceux-ci doivent être indiqués. Pour les accords-cadres à bons de commande comportant un montant estimatif, celui-ci doit être indiqué.

5. Informations supplémentaires en cas de groupement (**)

Désignation des membres du groupement (**) : SIRET pour chaque membre du groupement.

Désignation du mandataire (**) (7).

(7) A compléter si différent du créancier indiqué au 2. du présent certificat de cessibilité.

6. Modification(s) ultérieure(s) de la créance

(à renseigner autant de fois que nécessaire)

1re modification	La créance cessible est ramenée/portée à : €	Date/Signature
2e modification	La créance cessible est	Date/Signature

	ramenée/portée à : €	
3e modification	La créance cessible est ramenée/portée à : €	Date/Signature
4e modification	La créance cessible est ramenée/portée à : €	Date/Signature
Ne modification	La créance cessible est ramenée/portée à : €	Date/Signature

En cas de cession ou de nantissement, le cessionnaire ou le titulaire du nantissement transmet l'original du présent certificat au comptable public assignataire, conformément aux articles R. 2191-54, R. 2191-55 et R. 2391-28 du code de la commande publique (8).

(8) Il est rappelé que le bénéficiaire d'une cession ou d'un nantissement doit notifier ou signifier cette cession ou ce nantissement au comptable public assignataire.

7. Signature de l'acheteur

à	Le
	Signature de l'acheteur ou de son représentant

(*) Champ facultatif

(**) Champ facultatif et indicatif. Le titulaire complète le champ en donnant une indication/estimation à titre informatif.

ANNEXE N° 15

Arrêté du 22 mars 2019,

Relatif aux données essentielles dans la commande publique.

Art. 1er I. – Les données essentielles relatives aux marchés publics mises à disposition sur le profil d'acheteur sont :

1° Le numéro d'identification unique du marché public ;

2° La date de notification du marché public ;

3° La date de publication des données essentielles du marché public initial ;

4° Le nom de l'acheteur ou du mandataire en cas de groupement ;

5° Le numéro SIRET de l'acheteur ou le numéro SIRET du mandataire en cas de groupement ;

6° La nature du marché public correspondant à l'une des mentions suivantes : marché, marché de partenariat, accord-cadre, marché subséquent ;

7° L'objet du marché public ;

8° Le principal code du Vocabulaire commun pour les marchés publics (CPV) prévu par le règlement (CE) n° 213/2008 du 28 novembre 2007 susvisé ;

9° La procédure de passation utilisée correspondant à l'une des mentions suivantes : procédure adaptée, appel d'offres ouvert, appel d'offres restreint, procédure avec négociation, dialogue compétitif, marchés publics passés sans publicité ni mise en concurrence préalables ;

10° Le nom du lieu principal d'exécution ;

11° L'identifiant du lieu principal d'exécution, sous la forme d'un code postal ou d'un code INSEE ;

12° La durée du marché public initial en nombre de mois ;

13° Le montant HT forfaitaire ou estimé maximum en euros ;

14° La forme du prix du marché public correspondant à l'une des mentions suivantes : ferme, ferme et actualisable, révisable ;

15° Le nom du ou des titulaires du marché public ;

16° Le ou les numéros d'inscription du ou des titulaires au répertoire des entreprises et de leurs établissements, prévu à l'article R. 123-220 du code de commerce, à défaut le numéro de TVA intracommunautaire lorsque le siège social est domicilié dans un État membre de l'Union européenne autre que la France ou le numéro en vigueur dans le pays lorsque le siège social est domicilié hors de l'Union européenne ;

II. – Les données relatives aux modifications des marchés publics sont :

1° La date de publication des données relatives à la modification apportée au marché public initial ;

2° L'objet de la modification apportée au marché public ;

3° La durée modifiée du marché public ;

4° Le montant hors taxes modifié en euros du marché public ;

5° Le nom du nouveau titulaire, en cas de changement de titulaire ;

6° Le numéro d'identifiant du nouveau titulaire, en cas de changement de titulaire ;

7° la date de notification par l'acheteur de la modification apportée au marché public.

Les modifications résultant de la mise en œuvre des clauses de variations de prix sont dispensées de publication.

Art. 2 I. – Les données essentielles relatives aux contrats de concession mises à disposition sur le profil d'acheteur sont :

1° Le numéro d'identification unique attribué au contrat de concession ;

2° La date de début d'exécution du contrat de concession ;

3° La date de publication des données essentielles du contrat de concession ;

4° Le nom de l'autorité concédante ;

5° Le numéro SIRET de l'autorité concédante ;

6° La nature du contrat de concession correspondant à l'une des mentions suivantes : concession de travaux, concession de service, concession de service public ou délégation de service public ;

7° L'objet du contrat de concession ;

8° La procédure de passation utilisée correspondant à l'une des mentions suivantes : procédure négociée ouverte, procédure non négociée ouverte, procédure négociée restreinte, procédure non négociée restreinte ;

9° Le nom du lieu principal d'exécution ;

10° L'identifiant du lieu principal d'exécution, sous la forme d'un code postal ou d'un code INSEE ;

11° La durée du contrat de concession en nombre de mois ;

12° La valeur globale hors taxes attribuée en euros ;

13° Le montant en euros des subventions ou de tout autre avantage financier octroyés par des tiers pour l'exploitation de la concession ;

14° Le nom du concessionnaire ;

15° Le numéro d'inscription du concessionnaire au répertoire des entreprises et de leurs établissements, prévu à l'article R. 123-220 du code de commerce, à défaut le numéro de TVA intracommunautaire lorsque le siège social est domicilié dans un État membre de l'Union européenne autre que la France ou le numéro en vigueur dans le pays lorsque le siège social est domicilié hors de l'Union européenne ;

16° La date de signature du contrat de concession par l'autorité concédante ;

II. – Les données relatives à l'exécution du contrat de concession mises à disposition tous les ans, sont :

1° Les dépenses d'investissement réalisées par le concessionnaire ;

2° Les intitulés des principaux tarifs à la charge des usagers ;

3° Les montants des principaux tarifs à la charge des usagers ;

III. – Les données relatives aux modifications apportées au contrat de concession sont :

1° La date de publication des données relatives aux modifications apportées au contrat de concession ;

2° L'objet de la modification du contrat de concession ;

3° La durée modifiée du contrat de concession ;

4° La valeur globale hors taxes modifiée en euros du contrat de concession ;

5° La date de signature de la modification du contrat de concession.

Art. 3 Le numéro d'identification unique prévu aux articles 1 et 2 est composé des quatre premiers caractères correspondant à l'année de notification de la procédure de passation du marché public ou du contrat de concession et du numéro d'ordre interne du marché public ou du contrat de concession attribué par l'acheteur ou l'autorité concédante.

Le numéro d'ordre interne comporte au maximum dix caractères alphanumériques.

Les données relatives aux modifications du marché public ou du contrat de concession sont rattachées aux données du marché public ou du contrat de concession initial grâce au numéro d'identification, conformément aux schémas mentionnés à l'article 9. Il est ajouté au numéro d'identification deux caractères numériques correspondant au numéro d'ordre de la modification du marché public ou du contrat de concession.

Art. 4 I. – Les données essentielles des marchés publics mentionnées au I de l'article 1er sont mises à disposition sur le profil d'acheteur au plus tard deux mois à compter de la date de notification du marché public au titulaire.

II. – Les données essentielles des contrats de concession mentionnées au I de l'article 2 sont mises à disposition sur le profil d'acheteur avant le début d'exécution du contrat.

Art. 5 I. – Les données essentielles relatives aux modifications des marchés publics mentionnées au II de l'article 1er sont mises à disposition sur le profil d'acheteur au plus tard deux mois à compter de la date de notification de la modification du marché public.

II. – Les données essentielles relatives aux modifications des contrats de concession mentionnées au III de l'article 2 sont mises à disposition sur le profil d'acheteur au plus tard deux mois à compter de la date de signature de la modification du contrat de concession.

Art. 6 Les données relatives à l'exécution des contrats de concession mentionnées au II de l'article 2 sont mises à disposition sur le profil d'acheteur au plus tard deux mois à compter de la fin de chaque année d'exécution du contrat de concession.

Art. 7 Les données essentielles sont maintenues disponibles sur le profil d'acheteur pendant une durée minimale de cinq ans après la fin de l'exécution du marché public ou du contrat de concession à l'exception des données essentielles dont la divulgation serait devenue contraire aux intérêts en matière de défense ou de sécurité ou à l'ordre public.

Toutefois, lorsque les données essentielles sont rendues publiques sur le portail unique interministériel destiné à rassembler et à mettre à disposition librement l'ensemble des informations publiques, elles sont maintenues disponibles sur le profil d'acheteur pendant une durée minimale d'un an.

Art. 8 Les données essentielles sont accessibles gratuitement sur le profil d'acheteur en consultation et en téléchargement.

La consultation sur le profil d'acheteur permet de visualiser simplement et directement l'ensemble des données essentielles de manière intelligible, et permet de réaliser une recherche notamment selon les critères de tri suivants : marché public ou marché public de défense ou de sécurité ou contrat de concession, acheteur ou autorité concédante. A l'exclusion des marchés publics de défense ou de sécurité, la recherche peut également répondre notamment aux critères de tri suivants : mot-clé, code CPV, année de publication, procédure, nom du titulaire.

Afin de permettre leur téléchargement, les données sont également mises à disposition sur le profil d'acheteur dans un format lisible par une machine aux formats XML ou JSON mentionnés à l'article 9.

Art. 9 Les données essentielles sont disponibles sur le profil d'acheteur conformément aux formats, aux normes et nomenclatures figurant dans les référentiels des données de la commande publique annexés au présent arrêté.

Les modèles constituant la description de l'organisation des données et les schémas permettant de vérifier la validité et la conformité de la structure des données sont disponibles à l'adresse suivante : https://www.data.gouv.fr/fr/datasets/referentiel-de-donnees-marches-publics/.

Le profil d'acheteur intègre un catalogue référençant les données en conformité avec le standard *Data Catalog Vocabulary* (DCAT) développé par le *World Wide Web Consortium*.

Art. 10 L'acheteur public ou l'autorité concédante met à disposition les données essentielles sous une licence de réutilisation qu'il détermine conformément aux dispositions des articles L. 323-2 et suivants du code des relations entre le public et l'administration.

Art. 11 I. – Pour son application à Saint-Barthélemy et à Saint-Pierre-et-Miquelon, le 8° du I de l'article 1er est supprimé.

II. – Les dispositions du présent arrêté, à l'exception du 8° du I de l'article 1er, sont applicables en Nouvelle-Calédonie, en Polynésie française, dans les îles Wallis-et-Futuna et dans les Terres australes et antarctiques françaises.

Pour son application en Nouvelle-Calédonie, en Polynésie française et dans les îles Wallis-et-Futuna, les montants exprimés en euros sont applicables sous réserve de leur contre-valeur en monnaie locale.

Art. 12 Le présent arrêté constitue l'annexe 15 du code de la commande publique.

Art. 13 L'arrêté du 14 avril 2017 modifié relatif aux données essentielles dans la commande publique est abrogé.

Art. 14 Le présent arrêté entre en vigueur le 1er avril 2019.

Il s'applique aux marchés publics pour lesquels une consultation est engagée ou un avis d'appel à la concurrence est envoyé à la publication à compter de sa date d'entrée en vigueur.

Il s'applique aux contrats de concession pour lesquels une consultation est engagée ou un avis de concession est envoyé à la publication à compter de sa date d'entrée en vigueur.

ANNEXES

ANNEXE I

RÉFÉRENTIEL DES DONNÉES RELATIF AUX MARCHÉS PUBLICS

Le jeu de caractère (encoding) à utiliser est UTF-8.

Nom du champ	**Obligatoire**	**Format**	**Norme et nomenclature de référence**
Identifiant unique de marché public			
Numéro d'identification unique de marché public Format pivot : ***id***	Oui	Texte Identifiant de marché [année de notification (4)] [numéro interne (1-10)] [numéro d'ordre de la modification (2)] Exemple : 2018123456789000	
Caractéristiques de l'acheteur			
Acheteur ou mandataire Format pivot **acheteur**	Oui	Objet (propriétés ci-après) Si le marché est passé par un groupement d'acheteurs, c'est le mandataire du groupement qui est décrit dans les données.	
Identification de l'acheteur Format pivot : ***acheteur*** > ***id***	Oui	Identifiant du Système d'Identification du Répertoire des Etablissements (SIRET) Type INSEE : *ChaineNumeriqueType* Taille : 14	http://xml.insee.fr/schema/siret.html#SIRET_stype
Nom de l'acheteur Format pivot : ***acheteur*** > ***nom***	Oui	Texte Nom de l'acheteur (le caractère univoque est assuré par le SIRET) Exemple : "CONSEIL REGIONAL DE BRETAGNE" Type INSEE : *ChaineFrancaisOfficielType* [A-Za-zÀÂÄÇÉÈÊËÎÏÔÖÙÛÜŸàâäçéèêëîïôöùûüÿÆŒæœ '-']*	http://xml.insee.fr/schema/commun.html#ChaineFrancaisOfficiel_stype
Caractéristiques du marché public			
Nature du marché Format pivot : ***nature***	Oui	Texte Nature du marché Valeurs possibles : – Marché – Marché de partenariat – Accord-cadre – Marché subséquent	
Objet du marché ou du lot Format pivot : ***objet***	Oui	Texte Limité à 256 caractères.	

Nom du champ	Obligatoire	Format	Norme et nomenclature de référence
Code CPV principal Format pivot : ***codeCPV***	Oui	Texte Le code CPV principal (8 caractères) Exemple : 45112500	
Procédure de passation de marché Format pivot : ***procedure***	Oui	Texte Valeurs possibles : – Procédure adaptée – Appel d'offres ouvert – Appel d'offres restreint – Procédure avec négociation – Marché passé sans publicité ni mise en concurrence préalable – Dialogue compétitif	
Lieu principal d'exécution Format pivot : ***lieuExecution***	Oui	Objet (propriétés ci-après)	
Code du lieu d'exécution Format pivot : ***lieuExecution* > *code***	Oui	Texte Code du lieu d'exécution (code postal, commune, canton, arrondissement, département, région, pays) Exemple : "2B002"	
Type de code du lieu d'exécution Format pivot : ***lieuExecution* > *typeCode***	Oui	Texte Le type de code utilisé pour désigner le lieu d'exécution. Hormis le "Code postal", les codes sont des codes géographiques gérés par l'INSEE (http://www.insee.fr/fr/methodes/nomenclatures/cog/default.asp) Valeurs possibles : – Code postal – Code commune – Code arrondissement – Code canton – Code département – Code région – Code pays	
Nom du lieu d'exécution Format pivot : ***lieuExecution* > *nom***	Oui	Texte Nom du lieu d'exécution Type INSEE : *ChaineFrancaisOfficielType* [A-Za-zÀÂÄÇÉÈÊËÎÏÔÖÙÛÜŸ àâäçéèêëîïôöùûüÿÆŒæœ '-']*	http://xml.insee.fr/schema/commun.html#ChaineFrancaisOfficiel_stype

Nom du champ	Obligatoire	Format	Norme et nomenclature de référence
Durée initiale du marché Format pivot : ***dureeMois***	Oui	Nombre Valeur minimum : 1 Si la durée n'est pas un nombre exact de mois, arrondir au nombre entier supérieur. Valeur arrondie au nombre entier supérieur. Exemples : – 9 pour 9 mois – 1 pour 2 semaines – 2 pour 1 mois et 3 semaines Si une fois les données initiales du marché publiées une modification de la durée du marché intervient, elle doit être retranscrite via un objet enfant de Modifications et la propriété dureeMois initiale ne doit pas être modifiée.	
Date de notification Format pivot : ***dateNotification***	Oui	Date de notification du marché au format AAAA-MM-JJ Type INSEE : *DateType* Expression régulière de validation ('d 4} -'d 2} -'d{2}) Exemple : 2016-02-24	ISO 8601, format étendu http://xml.insee.fr/schema/commun.html#Date_stype
Date initiale de publication des données essentielles Format pivot : ***datePublicationDonnees***	Oui	Date à laquelle les données essentielles du marché décrit ont été publiées pour la première fois. Cette date n'est donc pas mise à jour en cas de modification du marché. Date au format AAAA-MM-JJ Type INSEE : *DateType* Expression régulière de validation ('d{4} -'d{2} -'d{2}) Exemple : 2016-02-24	ISO 8601, format étendu http://xml.insee.fr/schema/commun.html#Date_stype
Caractéristiques financières			
Montant forfaitaire ou estimé maximum HT Format pivot : **montant**	Oui	Décimal Montant du marché hors taxes en € Le séparateur décimal est le point. Exemple : 14982.29	
Forme du prix Format pivot : ***formePrix***	Oui	Texte (plusieurs choix possibles) – Ferme – Ferme et actualisable – Révisable	

Nom du champ	Obligatoire	Format	Norme et nomenclature de référence
Caractéristiques d'identification des opérateurs économiques			
Titulaires Format pivot : ***titulaires***	Oui	Liste d'objets (voir les propriétés ci-après) Si le marché n'a qu'un seul titulaire, c'est malgré tout une liste à une entrée. Si une fois les données initiales du marché publiées des modifications des données des titulaires interviennent, elles doivent être retranscrites via un objet enfant de Modifications et non modifiées dans l'objet Titulaires.	
Identifiant du titulaire Format pivot : ***titulaires > id***	Oui	Texte Types d'identifiants possibles (favoriser le SIRET) : – **SIRET** (identifiant français, 14 chiffres) – **TVA** (numéro de TVA intracommunautaire, pour les entreprises de pays membres de l'Union européenne) – **TAHITI** (identifiants pour Tahiti et la Polynésie française, 9 chiffres) – **RIDET** (identifiants pour la Nouvelle-Calédonie, 10 chiffres) – **FRWF** (identifiants pour Wallis-et-Futuna, "FRWF" + 14 premières lettres de la raison sociale. Ex : FRWFDURANDCHAUFFAG) – **IREP** (personnes physiques françaises, 5 chiffres + LIEU DE NAISSANCE + NOM + PRENOM. Ex : 18102VANNESDURANDMATHIEU) – **HORS-UE** (identifiants pour les entreprises de pays non membres de l'Union européenne. Code pays ISO 3166 + 16 premiers caractères de la dénomination sociale. Ex : BRDASILVAMOTORES)	
Type d'identifiant Format pivot : ***titulaires > typeIdentifiant***	Oui	Texte Valeurs possibles : – SIRET – TVA – TAHITI – RIDET – FRWF – IREP – HORS-UE	

Nom du champ	Obligatoire	Format	Norme et nomenclature de référence
Dénomination sociale Format pivot : ***titulaires*** > ***denominationSociale***	Oui	Texte Nom de l'opérateur économique intervenant sur le marché (le caractère univoque est assuré par le SIRET) Exemple : "Transit 2000 SA"	
Modification du marché			
Modifications du marché (avenants) Fomat pivot : ***modifications***	Oui, si le marché comporte des modifications	Liste d'objets (voir propriétés ci-après)	
Objet de la modification Format pivot : ***modifications*** > ***objetModification***	Oui	Texte Limité à 256 caractères. Exemple : "Modification du titulaire du marché. Nouveau titulaire : Rodriguez SAS".	http://xml.insee.fr/schema/commun.html#ChaineFrancaisOfficiel_stype
Date de publication des données de la modification Format pivot : ***modifications*** > ***datePublicationDonneesModification***	Oui	Texte Date de la republication des données incluant la modification au format AAAA-MM-JJ Type INSEE : *DateType* Expression régulière de validation ('d{4} -'d{2} -'d{2}) Exemple : 2016-02-24	ISO 8601, format étendu http://xml.insee.fr/schema/commun.html#Date_stype
Modification de la durée Format pivot : ***modifications*** > ***dureeMois***	Oui, si la modification porte sur la durée	Nombre Valeur minimum : 1 Si la durée n'est pas un nombre exact de mois, arrondir au nombre supérieur. Valeur arrondie au nombre supérieur. Exemples : – 9 pour 9 mois – 1 pour 2 semaines – 2 pour 1 mois et 3 semaines	
Modification du montant Format pivot : ***modifications*** > ***montant***	Oui, si la modification porte sur le montant attribué HT	Décimal Montant hors taxes en € Le séparateur décimal est le point. Exemple : 14982.29	

Nom du champ	Obligatoire	Format	Norme et nomenclature de référence
Modification des titulaires Format pivot : ***modifications*** > ***titulaires***	Oui, si la modification porte sur les titulaires	Liste d'objets (voir les propriétés ci-après)	
Identifiant du titulaire Format pivot : ***modifications*** > ***titulaires*** > ***id***	Oui, si la modification porte sur les titulaires	Texte Types d'identifiants possibles (favoriser le SIRET) : – **SIRET** (identifiant français, 14 chiffres) – **TVA** (numéro de TVA intracommunautaire, pour les entreprises de pays membres de l'Union européenne) – **TAHITI** (identifiants pour Tahiti et la Polynésie française, 9 chiffres) – **RIDET** (identifiants pour la Nouvelle-Calédonie, 10 chiffres) – **FRWF** (identifiants pour Wallis-et-Futuna, "FRWF" + 14 premières lettres de la raison sociale. Ex : FRWFDURANDCHAUFFAG) – **IREP** (personnes physiques françaises, 5 chiffres + LIEU DE NAISSANCE + NOM + PRENOM. Ex : 18102VANNESDURANDMATHIEU) **HORS-UE** (identifiants pour les entreprises de pays non membres de l'Union européenne. Code pays ISO 3166 + 16 premiers caractères de la dénomination sociale. Ex : BRDASILVAMOTORES)	
Type d'identifiant Format pivot : ***modifications*** > ***titulaires*** > ***typeIdentifiant***	Oui, si la modification porte sur les titulaires	Texte Valeurs possibles : – SIRET – TVA – TAHITI – RIDET – FRWF – IREP – HORS-UE	
Dénomination sociale Format pivot : ***modifications*** > ***titulaires*** > ***denominationSociale***	Oui, si la modification porte sur les titulaires	Texte Nom de l'opérateur économique intervenant sur le marché (le caractère univoque est assuré par l'identifiant) Exemple : "Transit 2000 SA"	

Nom du champ	Obligatoire	Format	Norme et nomenclature de référence
Date de la notification de la modification Format pivot : ***modifications* > *dateSignature Modification***	Oui	Texte Date de signature du marché au format AAAA-MM-JJ Type INSEE : *DateType* Expression régulière de validation ('d{ 4} -'d{ 2} -'d{ 2}) Exemple : 2016-02-24	ISO 8601, format étendu http://xml.insee.fr/schema/commun.html#Date_stype

ANNEXE II

RÉFÉRENTIEL DES DONNÉES RELATIF AUX CONTRATS DE CONCESSION

Le jeu de caractère (encoding) à utiliser est UTF-8.

Nom du champ	Obligatoire	Format	Norme et nomenclature de référence
Identifiant unique de contrat concession			
Numéro d'identification unique de contrat concession Format pivot : **id**	Oui	Texte Identifiant de contrat de concession [année de notification (4)] [numéro interne (1-10)] [numéro d'ordre de la modification (2)] Exemple : 2018123456789000	
Caractéristiques de l'autorité concédante			
Autorité concédante Format pivot : **autoriteConcedante**	Oui	Objet (propriétés ci-après) Si le contrat de concession est passé par un groupement, c'est le mandataire du groupement qui est décrit dans les données.	
Identification de l'autorité concédante Format pivot : **autoriteConcedante > id**	Oui	Identifiant du Système d'Identification du Répertoire des Etablissements (SIRET) Type INSEE : *ChaineNumeriqueType* Taille : 14	http://xml.insee.fr/schema/siret.html#SIRET_stype
Nom de l'autorité concédante Format pivot : **autoriteConcedante > nom**	Oui	Texte Nom de l'autorité concédante (le caractère univoque est assuré par le SIRET) Exemple : « CONSEIL REGIONAL DE BRETAGNE » Type INSEE : *ChaineFrancaisOfficielType* [A-Za-zÀÂÄÇÉÈÊËÎÏÔÖÙÛÜŸàâäçéèêëîïôöùûüÿÆŒæœ '-']*	http://xml.insee.fr/schema/commun.html#ChaineFrancaisOfficiel_stype

Nom du champ	Obligatoire	Format	Norme et nomenclature de référence
Caractéristiques du contrat de concession			
Nature du contrat de concession Format pivot : **nature**	Oui	Texte Valeurs possibles : – Concession de travaux – Concession de service – Concession de service public – Délégation de service public	
Objet du contrat de concession Format pivot : **objet**	Oui	Texte Limité à 256 caractères.	
Procédure de passation utilisée Format pivot : **procedure**	Oui	Texte Valeurs possibles : – Procédure négociée ouverte – Procédure non négociée ouverte – Procédure négociée restreinte – Procédure non négociée restreinte	
Lieu principal d'exécution Format pivot : **lieuExecution**	Oui	Objet (propriétés ci-après)	
Code du lieu exécution Format pivot : **lieuExecution > code**	Oui	Texte Code du lieu d'exécution (code postal, commune, canton, arrondissement, département, région, pays) Exemple : « 2B002 »	
Type de code du lieu d'exécution Format pivot : **lieuExecution > typeCode**	Oui	Texte Le type de code utilisé pour désigner le lieu d'exécution. Hormis le « Code postal », les codes sont des codes géographiques gérés par l'INSEE (http://www.insee.fr/fr/methodes/nomenclatures/cog/default.asp) Valeurs possibles : – Code postal – Code commune – Code arrondissement – Code canton – Code département – Code région – Code pays	
Nom du lieu d'exécution Format pivot : **lieuExecution > nom**	Oui	Texte Nom du lieu d'exécution Type INSEE : *ChaineFrancaisOfficielType* [A-Za-zÀÂÄÇÉÈÊËÎÏÔÖÙÛÜŸ àâäçéèêëîïôöùûüÿÆŒæœ '-']*	http://xml.insee.fr/schema/commun.html#ChaineFrancaisOfficiel_stype

Nom du champ	Obligatoire	Format	Norme et nomenclature de référence
Durée initiale du contrat de concession Format pivot : **dureeMois**	Oui	Nombre Valeur minimum : 1 Si la durée n'est pas un nombre entier de mois, arrondir au nombre entier supérieur. Valeur arrondie au nombre entier supérieur. Exemples : – 9 pour 9 mois – 1 pour 2 semaines – 2 pour 1 mois et 3 semaines	
Date de signature Format pivot : **dateSignature**	Oui	Date de signature du contrat de concession au format AAAA-MM-JJ Type INSEE : *DateType* Expression régulière de validation ('d{4} -'d{2} -'d{2}) Exemple : 2016-02-24	ISO 8601, format étendu http://xml.insee.fr/schema/commun.html#Date_stype
Date initiale de publication des données essentielles Format pivot : **datePublicationDonnees**	Oui	Date à laquelle les données essentielles du contrat de concession ont été publiées pour la première fois sur le profil d'acheteur. Cette date n'est donc pas mise à jour en cas de modification du contrat concession. Date au format AAAA-MM-JJ Type INSEE : *DateType* Expression régulière de validation ('d{4} -'d{2} -'d{2}) Exemple : 2016-02-24	ISO 8601, format étendu http://xml.insee.fr/schema/commun.html#Date_stype
Date de début d'exécution Format pivot : **dateDebutExecution**	Oui	Date de début d'exécution du contrat de concession Date au format AAAA-MM-JJ Type INSEE : *DateType* Expression régulière de validation ('d{4} -'d{2} -'d{2}) Exemple : 2016-02-24	ISO 8601, format étendu http://xml.insee.fr/schema/commun.html#Date_stype
Caractéristiques financières			
Valeur globale HT attribuée Format pivot : **valeurGlobale**	Oui	Décimal Le séparateur décimal est le point. Exemple : 14982.29	
Montant de la subvention publique Format pivot : **montantSubventionPublique**	Oui	Décimal Le séparateur décimal est le point. Exemple : 14982.29	

Nom du champ	Obligatoire	Format	Norme et nomenclature de référence
Données d'exécution du contrat de concession			
Données d'exécution du contrat de concession Format pivot : **donneesExecution**	Oui	Liste d'objets Les données d'exécution du contrat de concession à une date donnée. Tous les ans, l'autorité concédante publie les données d'exécution, jusqu'à la fin du contrat de concession. Ces données ne sont inclues qu'à partir de la première année, pas lors de la publication initiale des données qui fait suite à la notification.	
Date de publication des données d'exécution Format pivot : **donneesExecution > datePublicationDonnees Execution**	Oui	La date à laquelle les données d'exécution ont été publiées. Date au format AAAA-MM-JJ Type INSEE : *DateType* Expression régulière de validation ('d{4} -'d{2} -'d{2}) Exemple : 2016-02-24	
Dépenses d'investissement Format pivot : **donneesExecution > depensesInvestissement**	Oui	Décimal Les dépenses d'investissement réalisées par le concessionnaire. Le séparateur décimal est le point. Exemple : 14982.29	
Tarifs à la charge des usagers Format pivot : **donneesExecution > tarifs**	Oui	Liste d'objets (propriétés ci-après) Les principaux tarifs à la charge des usagers.	
Intitulé du tarif Format pivot : **donneesExecution > tarifs > intituleTarif**	Oui	Texte Intitulé du tarif Maximum 256 caractères	
Tarif Format pivot : **donneesExecution > tarifs > tarif**	Oui	Décimal Le séparateur décimal est le point. Exemple : 14.29	
Caractéristiques d'identification des opérateurs économiques			
Concessionnaires Format pivot : **concessionnaires**	Oui	Liste d'objets (voir les propriétés ci-après) Si le contrat de concession n'a qu'un seul concessionnaire, c'est malgré tout une liste à une entrée. Si une fois les données initiales du contrat de concession publiées des modifications des données des titulaires interviennent, elles doivent être retranscrites via un objet enfant de Modifications et non modifiées dans l'objet Titulaires.	

Nom du champ	Obligatoire	Format	Norme et nomenclature de référence
Identifiant du concessionnaire Format pivot : **concessionnaires > id**	Oui	Texte Types d'identifiants possibles (favoriser le SIRET) : – SIRET (identifiant français, 14 chiffres) – TVA (numéro de TVA intracommunautaire, pour les entreprises de pays membres de l'Union européenne) – TAHITI (identifiants pour Tahiti et la Polynésie française, 9 chiffres) – RIDET (identifiants pour la Nouvelle-Calédonie, 10 chiffres) – FRWF (identifiants pour Wallis-et-Futuna, "FRWF" + 14 premières lettres de la raison sociale. Ex : FRWFDURANDCHAUFFAG) – IREP (personnes physiques françaises, 5 chiffres + LIEU DE NAISSANCE + NOM + PRENOM. Ex : 18102VANNESDURAND MATHIEU) – HORS-UE (identifiants pour les entreprises de pays non membres de l'Union européenne. Code pays ISO 3166 + 16 premiers caractères de la dénomination sociale. Ex : BRDASILVAMOTORES)	
Type d'identifiant Format pivot : **concessionnaires > typeIdentifiant**	Oui	Texte Valeurs possibles : – SIRET – TVA – TAHITI – RIDET – FRWF – IREP – HORS-UE	
Dénomination sociale Format pivot : **concessionnaires > denominationSociale**	Oui	Texte Nom de l'opérateur économique intervenant sur le contrat de concession (le caractère univoque est assuré par l'identifiant) Exemple : « Transit 2000 SA »	
Modification du contrat de concession			
Modifications du contrat de concession Fomat pivot : **modifications**	Oui	Liste d'objets (voir propriétés ci-après)	

Nom du champ	Obligatoire	Format	Norme et nomenclature de référence
Objet de la modification Format pivot : **modifications > objetModification**	Oui	Texte Limité à 256 caractères. Exemple : « Modification du concessionnaire. Nouveau concessionnaire : Rodriguez SAS ».	http://xml.insee.fr/schema/commun.html#ChaineFrancais Officiel_stype
Date de publication des données de la modification Format pivot : **modifications > datePublicationDonnees Modification**	Oui	Texte Date de la republication des données incluant la modification au format AAAA-MM-JJ Type INSEE : *DateType* Expression régulière de validation ('d{4} -'d{2} -'d{2}) Exemple : 2016-02-24	ISO 8601, format étendu http://xml.insee.fr/schema/commun.html#Date_stype
Modification de la durée Format pivot : **modifications > dureeMois**	Oui, si la modification porte sur la durée	Nombre Nouvelle durée du contrat de concession. Valeur minimum : 1	
Modification de la valeur globale HT Format pivot : **modifications > valeurGlobale**	Oui, si la modification porte sur la valeur globale	Décimal Nouvelle valeur globale du contrat de concession. Le séparateur décimal est le point. Exemple : 14982.29	
Date de signature de la modification Format pivot : **modifications > dateSignatureModification**	Oui	Texte Date de signature de la modification au contrat de concession au format AAAA-MM-JJ Type INSEE : *DateType* Expression régulière de validation ('d{4} -'d{2} -'d{2}) Exemple : 2016-02-24	ISO 8601, format étendu http://xml.insee.fr/schema/commun.html#Date_stype

ANNEXE N° 16

Arrêté du 22 mars 2019,

Relatif au fonctionnement et à la composition de l'observatoire économique de la commande publique.

Art. 1er I. – L'observatoire économique de la commande publique est doté d'un comité d'orientation, composé des membres suivants :

Sept membres représentant les acheteurs et les collectivités territoriales :

1° Le directeur des achats de l'État ou son représentant ;

2° Le président directeur général de l'Union des groupements d'achat public (UGAP) ou son représentant ;

3° Un représentant d'une entreprise publique constituant une entité adjudicatrice ;

4° Un représentant de l'Association des maires de France et des présidents d'intercommunalités (AMF) ;

5° Un représentant de l'Assemblée des départements de France (ADF) ;

6° Un représentant de l'Association régions de France (ARF) ;

7° Un représentant de l'Assistance publique – Hôpitaux de Paris (APHP).

Cinq membres représentant les organisations professionnelles :

8° Un représentant de la Confédération des petites et moyennes entreprises (CPME) ;

9° Un représentant du Mouvement des entreprises de France (MEDEF) ;
10° Un représentant de la Fédération Nationale des Travaux Publics (FNTP) ;
11° Un représentant de l'Alliance Française des Industries du Numérique (AFNUM) ;
12° Un représentant de la Fédération nationale des fabricants de fournitures administratives civiles et militaires (FACIM).

Huit membres représentant des administrations ou des organismes concernés par les problématiques de la commande publique :

13° Le directeur général des finances publiques ou son représentant ;
14° Le directeur général des entreprises ou son représentant ;
15° Le directeur général de la concurrence, de la consommation et de la répression des fraudes ou son représentant ;
16° Le médiateur des entreprises ou son représentant ;
17° Le directeur général des collectivités locales au ministère chargé des collectivités locales ou son représentant ;
18° Le commissaire général au développement durable au ministère chargé du développement durable ou son représentant ;
19° Le directeur général de l'Institut national de la statistique et des études économiques ou son représentant ;
20° Le directeur général de la Banque publique d'investissement ou son représentant.

Deux personnalités qualifiées du domaine universitaire, appelées en raison de leurs compétences particulières.

II. – Le comité d'orientation examine le programme d'activités de l'observatoire et précise en tant que de besoin ses méthodes de travail.

Ses avis, qui sont rendus publics, portent notamment sur les documents préparés par les groupes de travail constitués au sein de l'observatoire.

Le comité d'orientation se réunit au moins une fois par an sous la présidence du directeur des affaires juridiques du ministère chargé de l'économie.

Art. 2 L'observatoire constitue en son sein des groupes de travail techniques ou juridiques dont la composition est déterminée sur avis du comité d'orientation mentionné à l'article 1er du présent arrêté.

Les groupes de travail techniques chargés de rédiger des documents relatifs aux techniques de l'achat public et les groupes de travail juridiques chargés de la concertation sur un projet de texte sont animés par la direction des affaires juridiques du ministère chargé de l'économie.

Art. 3 Le secrétariat de l'observatoire économique de la commande publique est assuré par la direction des affaires juridiques du ministère chargé de l'économie.

Art. 4 Le présent arrêté constitue l'annexe 16 du code de la commande publique.

Art. 5 L'arrêté du 12 avril 2017 relatif au fonctionnement et à la composition de l'observatoire économique de la commande publique est abrogé.

ANNEXE N° 17

Arrêté du 22 mars 2019,

Relatif au recensement économique de la commande publique.

Art. 1er Le recensement économique des contrats, mentionné aux articles R. 2196-4 à D. 2196-7, R. 2396-1 et D. 2396-2 du code de la commande publique, est réalisé selon les modalités fixées par le présent arrêté.

Art. 2 Une fiche statistique comportant les données du recensement est établie pour chaque contrat d'un montant supérieur à 90 000 € HT, par le représentant légal de l'organisme qui passe le contrat.

Les modifications apportées au contrat en cours d'exécution, en dehors des modifications résultant d'une clause de variation de prix et les actes spéciaux de sous-traitance, sont recueillies dans les mêmes conditions que la fiche initiale.

Art. 3 Le numéro d'identifiant prévu à l'article D. 2196-7 du code de la commande publique susvisé est composé de dix-huit caractères définis comme suit :

Les quatre premiers caractères correspondent à l'année de lancement de la procédure.

Les caractères 5 à 14 correspondent au numéro d'ordre interne de la procédure et sont attribués par l'organisme acheteur.

Les caractères 15 et 16 constituent les numéros d'ordre, le cas échéant, du ou des modifications qui interviennent postérieurement à la notification.

Les caractères 17 et 18 constituent les numéros d'ordre, le cas échéant, du ou des actes spéciaux de sous-traitance qui interviennent postérieurement à la notification.

Art. 4 Les données communiquées à l'observatoire économique de la commande publique en application de l'article D. 2196-6 comportent obligatoirement les informations suivantes :

– le type de contrat ;

– le millésime de la date de lancement de la procédure de publicité et de mise en concurrence ;

– les numéros SIREN et NIC de l'organisme acheteur ;

– le numéro d'ordre de la procédure au sein de l'organisme acheteur ;

– lorsqu'une procédure de passation donne lieu à plusieurs marchés, l'identifiant du marché ;

– le cas échéant, le numéro d'ordre de la modification, en dehors des modifications résultant d'une clause de variation de prix, ou de l'acte spécial ;

– le numéro SIREN du titulaire ou du mandataire du groupement ;

– le cas échéant, le numéro SIREN du ou des cotitulaires ;

– le cas échéant, le numéro SIREN du sous-traitant ;

– l'objet du contrat défini en recourant aux numéros de la nomenclature communautaire "Vocabulaire commun pour les marchés publics" dite "CPV" ;

– le type de procédure de passation ;

– le montant hors taxe du contrat ou de la modification du contrat, en dehors des modifications résultant d'une clause de variation de prix ;

– le cas échéant, le montant de la part sous-traitée ;

– la durée du contrat ;

– la nature ferme, actualisable ou révisable du prix ;

– le mois et l'année de notification du contrat ;

– le mode d'exécution du contrat ;

– la mise en œuvre de conditions d'exécution sociales ou environnementales ;

– la possibilité prévue par le contrat d'utiliser la carte d'achat ;

– lors de la mise en œuvre de la dématérialisation de la procédure de passation, le nombre de propositions dématérialisées et le nombre de propositions reçues.

Art. 5 I. – Les organismes utilisant dans leurs relations avec les comptables publics les échanges d'informations électroniques prévus par les applications comptables CHORUS transmettent par l'intermédiaire de ces applications les données du recensement.

II. – Pour les organismes mentionnés au I du présent article, les informations suivantes, collectées à partir de ces applications, sont également recensées :

1. Pour un marché basé sur un accord-cadre, l'identifiant de l'accord-cadre auquel il se rattache ;
2. En cas de groupement, le type de groupement d'entreprises ;
3. Le CCAG de rattachement éventuel ;
4. L'attribution d'une avance ;
5. Le pourcentage de l'avance ;
6. Le montant payé à un titulaire au titre du contrat ;
7. Le montant payé à un sous-traitant au titre du contrat.

Art. 6 Lorsque l'organisme ne met pas en œuvre les applications comptables mentionnées à l'article 5 ou lorsque la transmission par ces applications comptables n'est pas possible, l'organisme transmet à l'observatoire économique de la commande publique les données du recensement selon le modèle annexé au présent arrêté.

La transmission électronique des données de recensement intervient après l'ouverture préalable d'un compte de déclarant auprès de l'observatoire économique de la commande publique.

Art. 7 Le présent arrêté est applicable aux marchés publics et aux contrats de concession conclus par l'État ou ses établissements publics dans les îles Wallis-et-Futuna, en Polynésie française, en Nouvelle-Calédonie et dans les Terres australes et antarctiques françaises, sous réserve des adaptations suivantes :

A l'article 4, les mots : "numéro SIREN" sont remplacés par les mots : "numéro du répertoire des entreprises applicable localement" pour les îles Wallis-et-Futuna, "numéro du répertoire TAHITI" pour la Polynésie française et "numéro du répertoire RIDET" en Nouvelle-Calédonie.

Art. 8 Le présent arrêté constitue l'annexe 17 du code de la commande publique.

Art. 9 L'arrêté du 21 juillet 2011 relatif au recensement économique de l'achat public est abrogé.

Art. 10 Le présent arrêté entre en vigueur le 1er avril 2019.

Il s'applique aux marchés publics pour lesquels une consultation est engagée ou un avis d'appel à la concurrence est envoyé à la publication à compter de sa date d'entrée en vigueur.

ANNEXE

MINISTÈRE DE L'ÉCONOMIE ET DES FINANCES

OBSERVATOIRE ECONOMIQUE DE LA COMMANDE PUBLIQUE

RECENSEMENT ÉCONOMIQUE DES ACHATS PUBLICS

Fiche de recensement

pour renseigner correctement la fiche, se référer au Guide du recensement :
http://www.economie.gouv.fr/files/files/directions_services/daj/marches_publics/formulaires/recense/guide_recensement.pdf

oe cp

Identifiant du contrat 2 0 — Année | Numéro interne du contrat | N° Avt | N°AS

Numéro SIRET (n° SIREN + n° NIC) de l'acheteur public — N° SIREN Entité contractante | NIC Etablissement

Mois et année de notification du contrat — Mois | Année 2 0

Mode d'exécution du contrat

1 - ordinaire
2 - à bons de commande
3 - à tranches
4 - à tranches et bons de commande
5 - à phases
6 - autre
⇨ (indiquer le numéro choisi)

Nature de l'acte juridique

1- contrat initial
2- contrat complémentaire
3 - contrat sur la base d'un accord-cadre
4 - accord-cadre
5 - autre
⇨ (indiquer le numéro choisi)

Si avenant modifiant un contrat existant

1- avenant sans incidence financière
2- avenant augmentant le montant initial
3 - avenant diminuant le montant initial
⇨ (indiquer le numéro choisi)

Objet principal du contrat

Code CPV : (8 caractères + 1 caractère de contrôle)

Codes CPV secondaires :

Procédure ⇨ (Indiquer le numéro choisi)

01 - appel d'offres ouvert
02 - appel d'offres restreint
03 - procédure négociée après publicité préalable et mise en concurrence
04 - procédure négociée sans publicité préalable et sans mise en concurrence
05 - procédure spécifique à certains marchés de la défense
06 - dialogue compétitif
07- concours
08 - système d'acquisition dynamique
09 - procédure adaptée (« MAPA »)
10 - autre

Montant HT du contrat ou de l'avenant en Euros €
(ne pas inscrire les centimes)

Durée, en mois, du contrat
(mois entier)

Forme des prix 1 – prix fermes 2 – prix fermes actualisables 3 – prix révisables ⇨ (indiquer le numéro choisi)

Numéro SIRET (n° SIREN + n° NIC) du titulaire ou du mandataire — N° SIREN | NIC

En cas de groupement, nombre d'entreprises groupées
(titulaire + co-titulaires)

Numéro SIREN
des principaux co-titulaires — N° SIREN | N° SIREN | N° SIREN

Sous-traitance déclarée à la passation du marché
(si oui, cocher la case)

Le contrat comporte-il une clause sociale ?
(si oui, cocher la case)

Le contrat permet-il l'utilisation de la carte d'achat ?
(si oui, cocher la case)

Le contrat comporte-il une clause environnementale ?
(si oui, cocher la case)

Informations sur la dématérialisation Nombre total de propositions reçues — Nombre de propositions dématérialisées

Commentaires (50 caractères maxi) : (pays du titulaire étranger, numéro de l'accord-cadre de rattachement, nombre + SIREN des attributaires, etc.)

ANNEXE N° 18

Arrêté du 22 mars 2019,

Relatif aux comités consultatifs locaux de règlement amiable des différends relatifs aux marchés publics.

Art. 1er Les comités consultatifs de règlement amiable des différends relatifs aux marchés publics ont pour mission de rechercher des éléments de droit ou de fait en vue de proposer une solution amiable et équitable aux différends relatifs à l'exécution des marchés publics, conformément aux dispositions des articles R. 2197-1 et suivants pour les marchés publics et de l'article R. 2397-1 pour les marchés publics de défense ou de sécurité, du code de la commande publique.

Art. 2 En application de l'article R. 2197-3 du code de la commande publique, ces comités sont constitués respectivement :

– auprès du préfet de la région d'Île-de-France, préfet de Paris ;
– auprès du préfet de la région Pays de la Loire, préfet de la Loire-Atlantique ;
– auprès du préfet de la région Nouvelle-Aquitaine, préfet de la Gironde ;
– auprès du préfet de la région Auvergne-Rhône-Alpes, préfet du Rhône ;
– auprès du préfet de la région Grand Est, préfet de Meurthe-et-Moselle ;
– auprès du préfet de la région Provence-Alpes-Côte d'Azur, préfet des Bouches-du-Rhône et de la zone de défense Sud.

Art. 3 Les comités consultatifs régionaux, interrégionaux et interdépartementaux de règlement amiable sont désignés sous le nom de la ville où ils siègent.

Art. 4 Les sièges et les ressorts des comités consultatifs régionaux, interrégionaux et interdépartementaux de règlement amiable des différends relatifs aux marchés publics sont fixés comme suit :

Comité consultatif interrégional de règlement des différends de Paris : Paris, Val-de-Marne, Seine-et-Marne, Guadeloupe, Guyane, Martinique, Mayotte, La Réunion, Saint-Barthélemy, Saint-Martin, Saint-Pierre-et-Miquelon, îles Wallis-et-Futuna, Polynésie française, Nouvelle-Calédonie et Terres australes et antarctiques françaises.

Comité consultatif interdépartemental de règlement des différends de Versailles : Yvelines, Hauts-de-Seine, Val-d'Oise, Essonne et Seine-Saint-Denis ;

Comité consultatif interrégional de règlement des différends de Nantes : Loire-Atlantique, Maine-et-Loire, Mayenne, Sarthe, Vendée, Calvados, Manche, Orne, Loiret, Cher, Eure-et-Loir, Indre-et-Loire, Loir-et-Cher, Ille-et-Vilaine, Côtes-d'Armor, Finistère, Morbihan, Seine-Maritime, Eure ;

Comité consultatif interrégional de règlement des différends de Bordeaux : Gironde, Dordogne, Lot-et-Garonne, Haute-Vienne, Corrèze, Creuse, Indre, Pyrénées-Atlantiques, Gers, Hautes-Pyrénées, Landes, Vienne, Charente, Charente-Maritime, Deux-Sèvres, Haute-Garonne, Ariège, Aveyron, Lot, Tarn, Tarn-et-Garonne ;

Comité consultatif interrégional de règlement des différends de Lyon : Rhône, Ain, Ardèche, Loire, Puy-de-Dôme, Allier, Cantal, Haute-Loire, Côte-d'Or, Nièvre, Saône-et-Loire, Yonne, Isère, Drôme, Haute-Savoie, Savoie ;

Comité consultatif interrégional de règlement des différends de Nancy : Meurthe-et-Moselle, Meuse, Vosges, Somme, Aisne, Oise, Doubs, Haute-Saône, Jura, Territoire de Belfort, Marne, Ardennes, Aube, Haute-Marne, Nord, Pas-de-Calais, Bas-Rhin, Haut-Rhin, Moselle ;

Comité consultatif interrégional de règlement des différends de Marseille : Bouches-du-Rhône, Alpes-de-Haute-Provence, Hautes-Alpes, Vaucluse, Haute-Corse, Corse-du-Sud, Hérault, Aude, Gard, Lozère, Pyrénées-Orientales, Alpes-Maritimes, Var.

Art. 5 Le présent arrêté constitue l'annexe 18 du code de la commande publique.

Art. 6 L'arrêté du 13 février 1992 modifié portant création de comités consultatifs interrégionaux de règlement amiable des litiges, l'arrêté du 1er avril 1998 modifiant l'arrêté du 13 février 1992, et l'arrêté du 19 juillet 2005 modifiant l'arrêté du 13 février 1992 sont abrogés à compter du 1er avril 2019.

Art. 7 Le présent arrêté entre en vigueur à compter du 1er avril 2019.

Il s'applique aux marchés publics pour lesquels une consultation est engagée ou un avis d'appel à la concurrence est envoyé à la publication à compter de sa date d'entrée en vigueur.

ANNEXE N° 19

Arrêté du 22 mars 2019,

Fixant le modèle d'avis pour la passation des marchés et des accords-cadres de défense ou de sécurité.

Art. 1er L'avis de marché mentionné à l'article R. 2331-6 du code de la commande publique est établi conformément au modèle d'avis de marché pour des marchés dans le domaine de la défense et de la sécurité annexé au règlement d'exécution (UE) n° 2015/1986 de la Commission européenne du 11 novembre 2015 susvisé.

Cet avis doit comporter, outre les mentions rendues obligatoires en application des dispositions du code, les informations figurant dans les rubriques suivantes :

1° Rubrique I.1. "Nom, adresses et point(s) de contact" ;
2° Rubrique II.1.1. "Intitulé" ;
3° Rubrique II.2.5. "Critères d'attribution" ;
4° Rubrique IV.2.2. "Date limite des demandes de participation" ;
5° Rubrique VI.5. "Date d'envoi du présent avis".

Art. 2 Les avis complémentaires mentionnés à l'article R. 2331-9 du code de la commande publique peuvent ne comporter que certains des renseignements figurant dans l'un des avis publiés à titre principal au *Journal officiel de l'Union européenne*, au *Bulletin officiel des annonces des marchés publics* ou dans un journal habilité à recevoir des annonces légales, à condition qu'ils indiquent expressément les références de cet avis.

Art. 3 I. – Les dispositions du présent arrêté sont applicables dans les îles Wallis-et-Futuna, en Polynésie française, en Nouvelle-Calédonie et dans les Terres australes et antarctiques françaises.

II. – A l'article 2, les mots : *"Journal officiel de l'Union européenne"* sont respectivement remplacés, pour l'application dans chacun des territoires ultramarins concernés, par les mots : *"Journal officiel* de la collectivité de Saint-Barthélemy", *"Journal officiel* de Saint-Pierre-et-Miquelon", *"Journal officiel* du Territoire des îles Wallis-et-Futuna", *"Journal officiel* de la Polynésie française", *"Journal officiel* de la Nouvelle-Calédonie" ou *"Journal officiel* des Terres australes et antarctiques françaises".

Art. 4 Le présent arrêté constitue l'annexe n° 19 du code de la commande publique.

Art. 5 L'arrêté du 8 mars 2012 pris en application de l'article 212 du code des marchés publics et fixant le modèle d'avis pour la passation des marchés publics et des accords-cadres de défense ou de sécurité est abrogé.

Art. 6 Le présent arrêté entre en vigueur le 1er avril 2019.

Il s'applique aux marchés et accords-cadres de défense ou de sécurité pour lesquels une consultation est engagée ou un avis d'appel à la concurrence est envoyé à la publication à compter de sa date d'entrée en vigueur.

ANNEXE N° 20

Arrêté du 22 mars 2019,

Précisant les modalités techniques d'exécution des éléments de mission de maîtrise d'œuvre confiés par des maîtres d'ouvrage publics à des prestataires de droit privé.

Art. 1er Les annexes I, II, III et IV jointes au présent arrêté précisent les modalités techniques d'exécution des éléments de mission de maîtrise d'œuvre définis au chapitre I du titre III du livre IV de la deuxième partie du code de la commande publique.

Art. 2 Le présent arrêté est applicable dans les îles Wallis-et-Futuna, en Polynésie française, en Nouvelle-Calédonie et dans les Terres australes et antarctiques françaises.

Art. 3 Le présent arrêté constitue l'annexe n° 20 du code de la commande publique.

Art. 4 L'arrêté du 21 décembre 1993 précisant les modalités techniques d'exécution des éléments de mission de maîtrise d'œuvre confiés par des maîtres d'ouvrage publics à des prestataires de droit privé est abrogé.

Art. 5 Le présent arrêté entre en vigueur le 1er avril 2019.

Il s'applique aux marchés publics pour lesquels une consultation est engagée ou un avis d'appel à la concurrence est envoyé à la publication postérieurement à sa date d'entrée en vigueur.

ANNEXES

ANNEXE I

ÉLÉMENTS DE MISSION DE MAÎTRISE D'ŒUVRE POUR LES OPÉRATIONS DE CONSTRUCTION NEUVE DE BÂTIMENT

1. Les études d'esquisse constituent la première étape de la réponse de la maîtrise d'œuvre aux objectifs, besoins et contraintes définis dans le programme. Outre les éléments mentionnés à l'article R. 2431-8 du code de la commande publique, elles peuvent proposer certaines mises au point du programme et suggérer des études géologiques et géotechniques, environnementales ou urbaines complémentaires.

Il est demandé les plans des niveaux significatifs établis au 1/500, avec, éventuellement, certains détails significatifs au 1/200, ainsi que l'expression de la volumétrie d'ensemble avec, éventuellement, une façade significative au 1/200.

Pour les ouvrages de construction neuve de logements, les plans des principaux types de logements au 1/200 peuvent être demandés en plus des études d'esquisse.

2. Les études d'avant-projet, fondées sur la solution d'ensemble retenue et le programme précisé à l'issue des études d'esquisse approuvées par le maître d'ouvrage, comprennent :

a) Les études d'avant-projet sommaire qui ont pour objet, outre les éléments mentionnés à l'article R. 2431-10 du code de la commande publique :

— de vérifier la compatibilité de la solution retenue avec les contraintes du programme et du site ainsi qu'avec les différentes réglementations, notamment celles relatives à l'hygiène et à la sécurité ;

— de contrôler les relations fonctionnelles des éléments du programme et leurs surfaces ;

— d'apprécier les intentions de traitement des espaces d'accompagnement ;

— de proposer éventuellement les performances techniques à atteindre

Le niveau de définition correspond à des plans établis au 1/200, avec certains détails significatifs au 1/100 ;

b) Les études d'avant-projet définitif, fondées sur l'avant-projet sommaire approuvé par le maître d'ouvrage, et qui ont pour objet, outre les éléments mentionnés à l'article R. 2431-11 du code de la commande publique :

— de vérifier le respect des différentes réglementations, notamment celles relatives à l'hygiène et à la sécurité ;

— de définir les principes constructifs, de fondation et de structure, ainsi que leur dimensionnement indicatif ;

— de justifier les solutions techniques retenues, notamment en ce qui concerne les installations techniques ;

— au maître d'ouvrage d'arrêter définitivement certains choix d'équipements en fonction de l'estimation des coûts d'investissement, d'exploitation et de maintenance.

Le niveau de définition correspond à des plans établis au 1/100, avec certains détails significatifs au 1/50.

3. Les études de projet, fondées sur le programme arrêté et les études d'avant-projet approuvées par le maître d'ouvrage ainsi que sur les prescriptions de celui-ci, découlant du permis de construire et autres autorisations administratives, définissent la conception générale de l'ouvrage.

Elles doivent permettre, outre les éléments mentionnés à l'article R. 2431-12 du code de la commande publique :

— de coordonner les informations et contraintes nécessaires à l'organisation spatiale des ouvrages en fonction de l'éventuel allotissement des marchés publics de travaux ;

— de décrire les ouvrages et d'établir les plans de repérage nécessaires à la compréhension du projet ;

Le niveau de définition correspond à des plans généralement établis au 1/50 avec tous les détails significatifs de conception architecturale à des échelles variant de 1/20 à 1/2.

4. L'assistance apportée au maître d'ouvrage pour la passation des marchés publics de travaux sur la base des études qu'il a approuvées a pour objet, outre les éléments mentionnés à l'article R. 2431-13 du code de la commande publique :

— de préparer la consultation des opérateurs économiques chargés des travaux afin qu'ils puissent présenter leurs offres en toute connaissance de cause, sur la base d'un dossier constitué des pièces administratives et techniques prévues au contrat ainsi que des pièces élaborées par la maîtrise d'œuvre correspondant à l'étape de la conception choisie par le maître d'ouvrage pour cette consultation. Le contenu du dossier de consultation est adapté en fonction de la décision du maître d'ouvrage d'allotir ou non l'opération ;

— de procéder, au stade de l'analyse des offres, à la vérification de la conformité des réponses apportées aux documents de la consultation, d'analyser les méthodes ou solutions techniques proposées en s'assurant qu'elles sont assorties de toutes les justifications et avis techniques, en vérifiant qu'elles ne comportent pas d'omissions, d'erreurs ou de contradictions normalement décelables par un homme de l'art et d'établir un rapport d'analyse comparative proposant les offres susceptibles d'être retenues, conformément aux critères d'attribution précisés dans les documents de la consultation. La partie financière de l'analyse comporte une comparaison des offres entre elles et avec le coût prévisionnel des travaux.

5. Les études d'exécution, fondées sur le projet approuvé par le maître d'ouvrage, ont pour objet, outre les éléments mentionnés à l'article R. 2431-15 du code de la commande publique :

— d'établir tous les plans d'exécution et spécifications à l'usage du chantier, en cohérence avec les plans de synthèse correspondants, et définissant les travaux dans tous leurs détails. Ces plans d'exécution et spécifications sont établis afin de dispenser l'opérateur économique chargé des travaux de réaliser des études complémentaires autres que celles concernant les plans d'atelier et de chantier, relatifs aux méthodes de réalisation, aux ouvrages provisoires et aux moyens de chantier ;

— de réaliser des études de synthèse ayant pour objet d'assurer pendant la phase d'études d'exécution la cohérence spatiale des éléments d'ouvrage de tous les corps d'état, dans le respect des dispositions architecturales, techniques, d'exploitation et de maintenance du projet. Ces études de synthèse se traduisent par des plans de synthèse qui représentent, au niveau du détail d'exécution, sur un même support, l'implantation des éléments d'ouvrage, des équipements et des installations ;

L'examen de la conformité au projet des études d'exécution et de synthèse faites par les opérateurs économiques chargés des travaux ainsi que leur visa par le maître d'œuvre ont pour objet d'assurer au maître d'ouvrage que les documents établis par ces opérateurs respectent les dispositions du projet établi par le maître d'œuvre. Le cas échéant, le maître d'œuvre participe aux travaux de la cellule de synthèse.

6. La direction de l'exécution des marchés publics de travaux a pour objet, outre les éléments mentionnés à l'article R. 2431-16 du code de la commande publique :

— de s'assurer que les documents produits par les opérateurs économiques chargés des travaux ne comportent ni erreur, ni omission, ni contradiction normalement décelables par un homme de l'art ;

— de s'assurer que l'exécution des travaux est conforme aux clauses du marché public, y compris le cas échéant, en ce qui concerne l'application effective d'un schéma directeur de la qualité, s'il en a été établi un ;

— d'informer systématiquement le maître d'ouvrage sur l'état d'avancement et de prévision des travaux et dépenses, avec indication des évolutions notables ;

— de donner un avis au maître d'ouvrage sur les réserves éventuellement formulées par les opérateurs économiques chargés des travaux et sur les décomptes généraux ainsi que d'instruire les mémoires de réclamation de ces opérateurs économiques.

7. Outre les éléments mentionnés à l'article R. 2431-17 du code de la commande publique, l'ordonnancement et la planification du chantier ont pour objet de proposer des mesures visant au respect des délais d'exécution des travaux et une répartition appropriée des éventuelles pénalités et la coordination peut conduire le cas échéant à présider le collège inter-entreprises d'hygiène et de sécurité.

8. L'assistance apportée au maître d'ouvrage lors des opérations de réception et pendant la période de garantie de parfait achèvement a pour objet, outre les éléments mentionnés à l'article R. 2431-18 du code de la commande publique, de constituer le dossier des ouvrages exécutés à partir des plans conformes à l'exécution remis par les opérateurs économiques chargés des travaux, des plans de récolement ainsi que des notices de fonctionnement et des prescriptions de maintenance des fournisseurs d'éléments d'équipement mis en œuvre.

9. Ne sont pas compris, dans les éléments de mission mentionnés ci-dessus, des éléments de mission complémentaires d'assistance et notamment :

— l'assistance au maître d'ouvrage pour mettre en œuvre la consultation et l'information des usagers ou du public ;

— la coordination ou la participation à la coordination des actions effectuées par les intervenants extérieurs à la maîtrise d'œuvre, lorsqu'elle est nécessaire en supplément de la mission d'ordonnancement, coordination et pilotage du chantier ;

— l'établissement, pendant les études et/ou la période de préparation des travaux, en concertation avec le maître d'ouvrage et les différents intervenants concernés, du schéma directeur de la qualité ;

— le suivi particulier de la mise en œuvre de certains éléments d'ouvrages nécessitant une présence permanente ;

— la détermination des coûts d'exploitation et de maintenance, la justification des choix architecturaux et techniques par l'analyse du coût global de l'ouvrage en proposant, éventuellement, la mise en place d'un système de gestion ;

— la définition et le choix des équipements mobiliers ;

— le traitement de la signalétique ;

— l'assistance au maître d'ouvrage pour l'insertion des arts plastiques dans l'opération ;

— l'assistance au maître d'ouvrage dans la définition et la mise en œuvre de projets particuliers de paysage ;

— l'assistance au maître d'ouvrage par des missions d'expertise en cas de litige avec des tiers.

Lorsque ces missions complémentaires ne sont pas confiées par le maître d'ouvrage au maître d'œuvre, ce dernier doit, néanmoins, au titre de son obligation de conseil, attirer l'attention du maître d'ouvrage sur la nécessité de prendre en compte les préoccupations correspondantes lorsque cela est nécessaire à la cohérence de l'opération.

ANNEXE II

Éléments de mission de maîtrise d'œuvre pour les opérations de réhabilitation de bâtiment

1. Les études de diagnostic permettent, outre les éléments mentionnés à l'article R. 2431-19 du code de la commande publique :

— d'établir un état des lieux. A cette fin, le maître d'ouvrage a la charge de remettre à la maîtrise d'œuvre, tous les renseignements en sa possession concernant le bâtiment, son environnement, ses performances et son fonctionnement. Le maître d'œuvre est chargé, s'il y a lieu, d'effectuer les relevés nécessaires à l'établissement de cet état des lieux ;

— d'assurer une meilleure prise en compte des attentes des habitants et usagers ;

— de procéder à une analyse technique sur la résistance mécanique des structures en place et sur la conformité des équipements techniques aux normes en vigueur, et aux règlements d'hygiène et de sécurité.

2. Les études d'avant-projet, fondées sur les études de diagnostic et le programme fonctionnel approuvés par le maître d'ouvrage, comprennent :

a) Les études d'avant-projet sommaire qui ont pour objet, outre les éléments mentionnés à l'article R. 2431-21 du code de la commande publique, de proposer éventuellement :

— des performances techniques à atteindre ;

— des études complémentaires d'investigation des existants en fonction des renseignements fournis lors des études de diagnostic.

Le niveau de définition correspond à des plans établis au 1/200, avec certains détails significatifs au 1/100 ;

b) Les études d'avant-projet définitif, fondées sur la solution d'ensemble retenue à l'issue des études d'avant-projet sommaire approuvées par le maître d'ouvrage, et qui ont pour objet, outre les éléments mentionnés à l'article R. 2431-22 du code de la commande publique :

— de vérifier le respect des différentes réglementations notamment celles relatives à l'hygiène et à la sécurité ;

— de justifier les solutions techniques retenues, notamment en ce qui concerne les installations techniques.

Le niveau de définition correspond à des plans établis au 1/100, avec certains détails significatifs au 1/50.

3. Les études de projet, fondées sur le programme arrêté et les études d'avant-projet approuvées par le maître d'ouvrage ainsi que sur les prescriptions de celui-ci, découlant du permis de construire et autres autorisations administratives, définissent la conception générale de l'ouvrage.

Outre les éléments mentionnés à l'article R. 2431-12 du code de la commande publique, les études de projet ont pour objet de :

— coordonner les informations et contraintes nécessaires à l'organisation spatiale des ouvrages en fonction de l'éventuel allotissement des marchés publics ;

— décrire les ouvrages et établir les plans de repérage nécessaires à la compréhension du projet.

Le niveau de définition correspond à des plans généralement établis au 1/50 avec tous les détails significatifs de conception architecturale à des échelles variant de 1/20 à 1/2.

4. Outre les éléments mentionnés à l'article R. 2431-13 du code de la commande publique, l'assistance apportée au maître d'ouvrage pour la passation des marchés publics de travaux sur la base des études qu'il a approuvées a pour objet :

— de préparer la consultation des opérateurs économiques chargés des travaux afin qu'ils puissent présenter leurs offres en toute connaissance de cause, sur la base d'un dossier constitué des pièces administratives et techniques prévues au contrat, ainsi que des pièces élaborées par la maîtrise d'œuvre, correspondant à l'étape de la conception choisie par le maître d'ouvrage pour cette consultation. Le contenu du dossier de consultation est adapté en fonction de la décision du maître d'ouvrage d'allotir ou non l'opération ;

— de procéder, au stade de l'analyse des offres, à la vérification de la conformité des réponses apportées aux documents de la consultation, d'analyser les méthodes ou solutions techniques proposées en s'assurant qu'elles sont assorties de toutes les justifications et avis techniques, en vérifiant qu'elles ne comportent pas d'omissions, d'erreurs ou de contradictions normalement décelables par un homme de l'art et d'établir un rapport d'analyse comparative proposant les offres susceptibles d'être retenues, conformément aux critères d'attribution précisés dans les documents de la consultation. La partie financière de l'analyse comporte une comparaison des offres entre elles et avec le coût prévisionnel des travaux.

5. Les études d'exécution, fondées sur le projet approuvé par le maître d'ouvrage ont pour objet, outre les éléments mentionnés à l'article R. 2431-15 du code de la commande publique :

— d'établir tous les plans d'exécution et spécifications à l'usage du chantier, en cohérence avec les plans de synthèse correspondants, et définissant les travaux dans tous leurs détails. Ces plans d'exécution et spécifications sont établis afin de dispenser l'opérateur économique chargé des travaux de réaliser des études complémentaires autres que celles concernant les plans d'atelier et de chantier, relatifs aux méthodes de réalisation, aux ouvrages provisoires et aux moyens de chantier ;

— de réaliser des études de synthèse ayant pour objet d'assurer pendant la phase d'études d'exécution la cohérence spatiale des éléments d'ouvrage de tous les corps d'état, dans le respect des dispositions architecturales, techniques, d'exploitation et de maintenance du projet. Ces études de synthèse se traduisent par des plans de synthèse qui représentent, au niveau du détail d'exécution, sur un même support, l'implantation des éléments d'ouvrage, des équipements et des installations.

L'examen de la conformité au projet des études d'exécution et de synthèse faites par les opérateurs économiques chargés des travaux ainsi que leur visa par le maître d'œuvre ont pour objet d'assurer au maître d'ouvrage que les documents établis par ces opérateurs respectent les dispositions du projet établi par le maître d'œuvre. Le cas échéant, le maître d'œuvre participe aux travaux de la cellule de synthèse.

6. La direction de l'exécution des marchés publics de travaux a pour objet, outre les éléments mentionnés à l'article R. 2431-16 du code de la commande publique :

— de s'assurer que les documents produits par les opérateurs économiques chargés des travaux ne comportent ni erreur, ni omission, ni contradiction normalement décelable par un homme de l'art ;

— de s'assurer que l'exécution des travaux est conforme aux clauses des marchés publics de travaux, y compris, le cas échéant, en ce qui concerne l'application effective d'un schéma directeur de la qualité, s'il en a été établi un ;

— d'informer systématiquement le maître d'ouvrage sur l'état d'avancement et de prévision des travaux et dépenses, avec indication des évolutions notables ;

— de donner un avis au maître d'ouvrage sur les réserves éventuellement formulées par les opérateurs économiques chargés des travaux et sur les décomptes généraux ainsi que d'instruire les mémoires de réclamation de ces opérateurs économiques.

7. Outre les éléments mentionnés à l'article R. 2431-17 du code de la commande publique, l'ordonnancement et la planification du chantier ont pour objet, de proposer des mesures visant au respect des délais d'exécution des travaux et une répartition appropriée des éventuelles pénalités et la coordination peut conduire, le cas échéant, à présider le collège inter-entreprises d'hygiène et de sécurité.

8. L'assistance apportée au maître d'ouvrage lors des opérations de réception et pendant la période de garantie de parfait achèvement a pour objet, outre les éléments mentionnés à l'article R. 2431-18 du code de la commande publique, de constituer le dossier des ouvrages exécutés à partir des plans conformes à l'exécution remis par les opérateurs économiques chargés des travaux, des plans de récolement ainsi que des notices de fonctionnement et des prescriptions de maintenance des fournisseurs d'éléments d'équipements mis en œuvre.

9. Ne sont pas compris, dans les éléments de mission mentionnés ci-dessus, des éléments de mission complémentaires d'assistance et notamment :

— l'assistance au maître d'ouvrage pour mettre en œuvre la consultation et l'information des usagers ou du public ;

— la coordination ou la participation à la coordination des actions effectuées par les intervenants extérieurs à la maîtrise d'œuvre, lorsqu'elle est nécessaire en supplément de la mission d'ordonnancement, coordination et pilotage du chantier ;

— l'établissement, pendant les études et/ou la période de préparation des travaux, en concertation avec le maître d'ouvrage et les différents intervenants concernés, du schéma directeur de la qualité ;

— le suivi particulier de la mise en œuvre de certains éléments d'ouvrages, nécessitant une présence permanente ;

— la détermination des coûts d'exploitation et de maintenance, la justification des choix architecturaux et techniques par l'analyse du coût global de l'ouvrage en proposant éventuellement la mise en place d'un système de gestion ;

— la définition et le choix des équipements mobiliers ;

— le traitement de la signalétique ;

— l'assistance au maître d'ouvrage pour l'insertion des arts plastiques dans l'opération ;

— l'assistance au maître d'ouvrage dans la définition et la mise en œuvre de projets particuliers de paysage ;

— l'assistance au maître d'ouvrage par des missions d'expertise en cas de litige avec des tiers.

Lorsque ces missions complémentaires ne sont pas confiées par le maître d'ouvrage au maître d'œuvre, ce dernier doit, néanmoins, au titre de son obligation de conseil, attirer l'attention du maître d'ouvrage sur la nécessité de prendre en compte les préoccupations correspondantes lorsque cela est nécessaire à la cohérence de l'opération.

ANNEXE III

Éléments de mission de maîtrise d'œuvre pour les opérations de construction neuve ou de réhabilitation d'ouvrages d'infrastructure

1. Dans le cas d'une opération de construction neuve, les études préliminaires permettent, outre les éléments mentionnés à l'article R. 2431-24 du code de la commande publique :

— de renseigner sur l'existence et l'implantation des ouvrages et réseaux souterrains, subaquatiques et aériens susceptibles d'être rencontrés à l'emplacement des travaux ;

— de proposer éventuellement certaines mises au point du programme ;

— de vérifier la faisabilité de l'opération, au regard des différentes contraintes du programme et du site, et proposer éventuellement la nature et l'importance des études et reconnaissances complémentaires nécessaires.

1 *bis*. Dans le cas d'une opération de réhabilitation, les études de diagnostic permettent, outre les éléments mentionnés à l'article R. 2431-25 du code de la commande publique :

— d'établir un état des lieux. A cette fin, le maître d'ouvrage a la charge de remettre au maître d'œuvre tous les renseignements en sa possession concernant l'ouvrage, son environnement, ses performances et son fonctionnement. Le maître d'œuvre est chargé, s'il y a lieu, d'effectuer les relevés nécessaires à l'établissement de cet état des lieux ;

— de procéder à une analyse technique notamment sur la conformité des équipements techniques aux normes et règlements en vigueur ;

— de permettre d'établir une estimation financière du programme fonctionnel d'utilisation de l'ouvrage et d'en déduire la faisabilité de l'opération ;

— de proposer, éventuellement, des études et opérations complémentaires d'investigation des existants. Les données et contraintes du programme sont à fournir par le maître de l'ouvrage dans les mêmes conditions que celles définies au paragraphe 1° ci-dessus.

2. Les études d'avant-projet, fondées sur la solution retenue et le programme précisé à l'issue des études préliminaires ou de diagnostic approuvées par le maître d'ouvrage, ont pour objet, outre les éléments mentionnés à l'article R. 2431-26 du code de la commande publique :

— de confirmer la faisabilité de la solution retenue compte tenu des études et reconnaissances complémentaires et en particulier de celles du sous-sol éventuellement effectuées ;

— de préciser la solution retenue, déterminer ses principales caractéristiques, la répartition des ouvrages et leurs liaisons, contrôler les relations fonctionnelles de tous les éléments majeurs du programme ;

— de vérifier la compatibilité de la solution retenue avec les contraintes du programme et du site ainsi qu'avec les différentes réglementations, notamment celles relatives à l'hygiène et à la sécurité ;

— d'apprécier, le cas échéant, la volumétrie, l'aspect extérieur des ouvrages, et les aménagements paysagers ainsi que les ouvrages annexes à envisager ;

— de signaler les aléas de réalisation normalement prévisibles, notamment en ce qui concerne le sous-sol et les réseaux souterrains, et préciser la durée de cette réalisation ;

— de permettre au maître d'ouvrage d'arrêter définitivement certains choix d'équipements en fonction des coûts d'investissement, d'exploitation et de maintenance.

3. Les études de projet, fondées sur le programme arrêté et les études d'avant-projet approuvées par le maître d'ouvrage ainsi que sur les prescriptions de celui-ci, découlant des procédures réglementaires, définissent la conception générale de l'ouvrage.

Elles ont pour objet, outre les éléments mentionnés à l'article R. 2431-27 du code de la commande publique :

— de préciser la solution d'ensemble au niveau de chacun des ouvrages d'infrastructure qu'elle implique ;

— de confirmer les choix techniques, architecturaux et paysagers et préciser la nature et la qualité des matériaux et équipements et les conditions de leur mise en œuvre ;

— de vérifier, au moyen de notes de calculs appropriées, que la stabilité et la résistance des ouvrages est assurée dans les conditions d'exploitation auxquelles ils pourront être soumis ;

— de coordonner les informations et contraintes nécessaires à l'organisation spatiale des ouvrages en fonction du mode de l'éventuel allotissement des marchés publics de travaux.

4. L'assistance apportée au maître d'ouvrage pour la passation des marchés publics de travaux sur la base des études qu'il a approuvées a pour objet, outre les éléments mentionnés à l'article R. 2431-28 du code de la commande publique :

— de préparer la consultation des opérateurs économiques chargés des travaux de manière afin qu'ils puissent présenter leurs offres en toute connaissance de cause, sur la base d'un dossier constitué des pièces administratives et techniques prévues au contrat ainsi que des pièces élaborées par la maîtrise d'œuvre correspondant à l'étape de la conception choisie par le maître d''ouvrage pour cette consultation. Le contenu du dossier de consultation est adapté en fonction de la décision du maître d'ouvrage d'allotir ou non l'opération ;

— de procéder, au stade de l'analyse des offres, à la vérification de la conformité des réponses apportées aux documents de la consultation, d'analyser les méthodes ou solutions techniques en s'assurant qu'elles sont assorties de toutes les justifications et avis techniques, en vérifiant qu'elles ne comportent pas d'omissions, d'erreurs ou de contradictions normalement décelables par un homme de l'art et d'établir un rapport d'analyse comparative proposant les offres susceptibles d'être retenues, conformément aux critères d'attribution précisés dans les documents de la consultation. La partie financière de l'analyse comporte une comparaison des offres entre elles et avec le coût prévisionnel des travaux.

5. Les études d'exécution, fondées sur le projet approuvé par le maître d'ouvrage, ont pour objet, outre les éléments mentionnés à l'article R. 2431-30 du code de la commande publique :

— d'établir tous les plans d'exécution et spécifications à l'usage du chantier en cohérence avec les plans de synthèse correspondants et définissant les travaux dans tous leurs détails. Ces plans d'exécution et spécifications sont établis afin de dispenser l'opérateur économique chargé des travaux de réaliser des études complémentaires autres que celles concernant les plans d'atelier et de chantier relatifs aux méthodes de réalisation, aux ouvrages provisoires et aux moyens de chantier ;

— de réaliser des études de synthèse ayant pour objet d'assurer pendant la phase d'études d'exécution la cohérence spatiale des éléments d'ouvrage de tous les corps d'état, dans le respect des dispositions architecturales, techniques, d'exploitation et de maintenance du projet. Ces études de synthèse se traduisent par des plans de synthèse qui représentent, au niveau du détail d'exécution, sur un même support, l'implantation des éléments d'ouvrage, des équipements et des installations.

L'examen de la conformité au projet des études d'exécution et de synthèse faites par les opérateurs économiques chargés de travaux ainsi que leur visa par le maître d'œuvre ont pour objet d'assurer au maître d'ouvrage que les documents établis par l'opérateur économique chargé des travaux respectent les dispositions du projet établi par le maître d'œuvre. Le cas échéant, le maître d'œuvre participe aux travaux de la cellule de synthèse.

6. La direction de l'exécution des marchés publics de travaux a pour objet, outre les éléments mentionnés à l'article R. 2431-16 du code de la commande publique :

— de s'assurer que les documents produits par les opérateurs économiques chargés des travaux ne comportent ni erreur, ni omission, ni contradiction normalement décelables par un homme de l'art ;

— de s'assurer que l'exécution des travaux est conforme aux clauses du marché public, y compris, le cas échéant, en ce qui concerne l'application effective d'un schéma directeur de la qualité, s'il en a été établi un ;

— d'informer systématiquement le maître d'ouvrage sur l'état d'avancement et de prévision des travaux et dépenses, avec indication des évolutions notables ;

— de donner un avis au maître d'ouvrage sur les réserves éventuellement formulées par les opérateurs économiques chargés des travaux et sur les décomptes généraux, ainsi que d'instruire les mémoires de réclamation de ces opérateurs économiques.

7. Outre les éléments mentionnés à l'article R. 2431-17 du code de la commande publique, l'ordonnancement et la planification du chantier ont pour objet, de proposer des mesures visant au respect des délais d'exécution des travaux et une répartition appropriée des éventuelles pénalités et la coordination, peut conduire, le cas échéant, à présider le collège inter-entreprises d'hygiène et de sécurité.

8. L'assistance apportée au maître d'ouvrage lors des opérations de réception et pendant la période de garantie de parfait achèvement a pour objet, outre les éléments mentionnés à l'article R. 2431-18 du code de la commande publique, de constituer le dossier des ouvrages exécutés à partir des plans conformes à l'exécution remis par les opérateurs économiques chargés des travaux, des plans de récolement ainsi que des notices de fonctionnement et des prescriptions de maintenance des fournisseurs d'éléments d'équipements mis en œuvre.

9. Ne sont pas compris dans les éléments de mission mentionnés ci-dessus, des éléments de mission complémentaires d'assistance, et notamment :

— l'assistance au maître d'ouvrage pour mettre en œuvre la consultation et l'information des usagers ou du public ;

— la coordination ou la participation à la coordination des actions effectuées par les intervenants extérieurs à la maîtrise d'œuvre, lorsqu'elle est nécessaire en supplément de la mission d'ordonnancement, coordination et pilotage du chantier ;

— les évaluations environnementales des différentes variantes envisagées, la proposition sur la variante retenue des mesures propres à réduire les impacts du projet sur l'environnement ;

— l'établissement de dossiers complémentaires, autres que ceux qui l'ont été au stade des études d'avant-projet, notamment l'étude d'impact, exigés pour autoriser la réalisation de l'ouvrage, et l'assistance au maître d'ouvrage pour la présentation de ces dossiers ;

— l'établissement, pendant les études et/ou la période de préparation des travaux, en concertation avec le maître d'ouvrage et les différents intervenants concernés, du schéma directeur de la qualité ;

— la vérification des notes de calcul de des opérateurs économiques chargés des travaux et la vérification, lorsque le maître d'œuvre n'est pas chargé de la direction des marchés publics de travaux, que les documents d'exécution établis par ces opérateurs ne comportent pas d'erreur décelable par un homme de l'art ;

— le suivi particulier de la mise en œuvre de certains éléments d'ouvrages, nécessitant une présence permanente, et la tenue d'un journal de chantier ;

— la détermination des coûts d'exploitation et de maintenance, la justification des choix architecturaux et techniques par l'analyse du coût global de l'ouvrage en proposant éventuellement la mise en place d'un système de gestion ;

— l'assistance au maître d'ouvrage pour l'insertion des arts plastiques dans l'opération ;

— l'établissement des spécifications techniques des marchés publics de travaux topographiques et de reconnaissance géologique et géotechnique ;

— la réalisation d'un bilan environnemental du projet ;

— l'assistance au maître d'ouvrage pour les opérations de mise en service ;

— l'assistance au maître d'ouvrage par des missions d'expertise en cas de litige avec des tiers.

Lorsque ces missions complémentaires ne sont pas confiées par le maître d'ouvrage au maître d'œuvre, ce dernier doit, néanmoins, au titre de son obligation de conseil, attirer l'attention du maître de l'ouvrage sur la nécessité de prendre en compte les préoccupations correspondantes lorsque cela est nécessaire à la cohérence de l'opération.

ANNEXE IV

Éléments de mission de maîtrise d'œuvre spécifiques

Lorsqu'en application de l'article R. 2431-32 du code de la commande publique, le maître d'ouvrage décide de consulter de façon anticipée les opérateurs économiques chargés des travaux ou les fournisseurs de produits industriels, pour un ou plusieurs lots de technicité particulière, le dossier de consultation des entreprises pour les marchés publics concernés doit être adapté. Il comporte en particulier :

— des éléments du programme, notamment des renseignements relatifs au terrain et au sous-sol et les délais prévisibles de réalisation ;

— des détails architecturaux essentiels ;

— des spécifications générales précisant les intentions qualitatives et les performances techniques à atteindre en relation avec les exigences du programme ;

— une liste des documents graphiques et descriptifs et des notes de calcul justificatives que les opérateurs économiques chargés des travaux ou les fournisseurs doivent remettre à l'appui de leur offre.

La mission du maître d'œuvre n'est pas interrompue par l'intervention anticipée d'opérateurs économiques chargés des travaux ou de fournisseurs de produits industriels.

La mission de base dans le domaine du bâtiment demeure et tient compte des éléments de mission spécifiques.

a) Les études spécifiques d'avant-projet pour les marchés publics concernés, fondées sur la proposition de l'opérateur économique chargé des travaux ou du fournisseur de produits industriels retenus après consultation, complètent les études d'avant-projet effectuées pour les autres marchés publics constituant l'ouvrage.

Elles ont pour objet, outre les éléments mentionnés à l'article R. 2431-34 du code de la commande publique :

— d'apprécier par rapport aux différentes réglementations, et notamment celle relative à l'hygiène et à la sécurité, les conséquences de la solution technique étudiée par l'opérateur économique chargé des travaux ou le fournisseur de produits industriels en s'assurant qu'elle est compatible avec les contraintes du programme et qu'elle est assortie de toutes les justifications et avis techniques nécessaires ;

— de confirmer les choix techniques et préciser la nature et la qualité des matériaux et éléments d'équipements.

b) Les études spécifiques de projet pour les marchés publics concernés, fondées sur les études d'avant-projet, sont à inclure dans le dossier de conception générale de l'ensemble de l'ouvrage. Outre les éléments mentionnés à l'article R. 2431-35 du code de la commande publique, elles ont pour objet de préciser la période de réalisation du ou des lots concernés en vue de l'établissement de l'échéancier global de réalisation de l'ouvrage.

ANNEXE N° 21

Arrêté du 22 mars 2019,

Fixant le modèle d'avis pour la passation des contrats de concession.

Art. 1er Les avis de concession mentionnés à l'article R. 3126-3 du code de la commande publique sont établis conformément au modèle fixé par le règlement d'exécution (UE) n° 2015/1986 de la Commission du 11 novembre 2015 susvisé.

Toutefois, pour les contrats de concession autres que ceux visés à l'article R. 3126-5 du même code, l'autorité concédante peut ne renseigner au minimum que les rubriques suivantes :

1° Rubrique I.1 "Nom et adresses" ;

2° Rubrique I.3 "Communication" ;

3° Rubrique II.1.1 "Intitulé" ;

4° Rubrique II.2.4 "Description des prestations" ;

5° Rubrique II.2.5 "Critères d'attribution", sans pour autant que la mention hiérarchisée des critères d'attribution ne s'impose à l'autorité concédante ;

6° Rubrique III.1 "Conditions de participation" ;

7° Rubrique IV.2.2 "Date limite de remise des candidatures ou de réception des offres".

Art. 2 Les avis de concession mentionnés à l'article R. 3122-3 et au second alinéa de l'article R. 3126-4 du code de la commande publique, publiés au niveau national, peuvent ne comporter que certains des renseignements figurant dans l'un des avis publiés à titre principal au *Journal officiel de l'Union européenne*, au *Bulletin officiel des annonces des marchés publics* ou dans un journal habilité à recevoir des annonces légales, à condition qu'ils indiquent expressément les références de cet avis.

Les avis de concession mentionnés à l'article R. 3122-3 et au second alinéa de l'article R. 3126-4 du même code, publiés au *Journal officiel de l'Union européenne*, sont établis conformément au modèle fixé par le règlement d'exécution de la Commission européenne susvisé.

Art. 3 I. — Les dispositions du présent arrêté sont applicables dans les îles Wallis-et-Futuna, en Polynésie française, en Nouvelle-Calédonie et dans les Terres australes et antarctiques françaises.

II. — A l'article 2, les mots : *"Journal officiel de l'Union européenne"* sont respectivement remplacés, pour l'application dans chacun des territoires ultramarins concernés, par les mots : "*Journal officiel* de la collectivité de Saint-Barthélemy", "*Journal officiel* de Saint-Pierre-et-Miquelon", "*Journal officiel* du territoire des îles Wallis-et-Futuna", "*Journal officiel* de la Polynésie française", "*Journal officiel* de la Nouvelle-Calédonie" ou "*Journal officiel* des Terres australes et antarctiques françaises".

Art. 4 Le présent arrêté constitue l'annexe n° 21 du code de la commande publique.

Art. 5 L'arrêté du 21 mars 2016 fixant le modèle d'avis pour la passation des contrats de concession est abrogé.

Art. 6 Le présent arrêté entre en vigueur le 1er avril 2019.

Il s'applique aux contrats de concession pour lesquels une consultation est engagée ou un avis de concession est envoyé à la publication à compter de sa date d'entrée en vigueur.

ANNEXE N° 22

Arrêté du 12 février 2020,

Fixant un modèle d'avis pour la passation des marchés publics répondant à un besoin d'une valeur estimée entre 90 000 € hors taxes et les seuils de procédure formalisée.

— En vigueur le 1er janv. 2022.

Art. 1er **L'avis de marché mentionné au 2° de l'article R. 2131-12 est établi conformément au modèle annexé au présent arrêté.** — *Annexe mod. par Arr. du 26 juill. 2021, en vigueur le 1er janv. 2022. V. ci-dessous.*

Art. 2 **Le présent arrêté constitue l'annexe 22 du code de la commande publique.**

Art. 3 **Le présent arrêté entre en vigueur le 1er janvier 2022.**

Il s'applique aux marchés publics pour lesquels un avis de marché est envoyé à la publication à compter de sa date d'entrée en vigueur.

ANNEXE

MODÈLE D'AVIS POUR LA PASSATION DES MARCHÉS RÉPONDANT À UN BESOIN ESTIMÉ ENTRE 90 000 € HT ET LES SEUILS DE PROCÉDURE FORMALISÉE

(Arr. du 26 juill. 2021, en vigueur le 1er janv. 2022)

SECTION 1 Identification de l'acheteur

Nom complet de l'acheteur (*) :	
Type de Numéro national d'identification (*) : ☐ SIRET ☐ SIREN ☐ RIDET ☐ TAHITI ☐ FRWF ☐ IREP ☐ TVA INTRACOMMUNAUTAIRE	N° national d'identification (*) :
Ville :	Code Postal :
Groupement de commandes (*) : ☐ Oui ☐ Non	Si oui, préciser le nom du coordinateur du groupement :

SECTION 2 Communication

Moyen d'accès aux documents de la consultation (*) : ☐ Lien URL vers le profil d'acheteur ☐ Lien URL vers les documents de la consultation ☐ Autre	Lien vers le profil d'acheteur (si « Lien URL vers le profil d'acheteur » a été coché) :
	Lien d'accès direct aux documents de la consultation (si « Lien URL vers les documents de la consultation » a été coché) :
	Autre moyen d'accès aux documents de la consultation (si « Autre » a été coché) :
Identifiant interne de la consultation :	
L'intégralité des documents de la consultation se trouve sur le profil d'acheteur (*) : ☐ Oui ☐ Non	Mesures assurant la confidentialité et l'accès aux documents mis sur un support autre que le profil d'acheteur (Si non a été coché) :
Utilisation de moyens de communication non communément disponibles (*) : ☐ Oui ☐ Non	URL de l'outil non communément disponible mis à disposition pour recevoir les réponses électroniques (si oui a été coché) :

Nom du contact (*) :	Adresse mail du contact :
	N° téléphone du contact :

SECTION 3 Procédure

Type de procédure (*) :	☐ Procédure adaptée ouverte	☐ Procédure adaptée restreinte

Conditions de participation (*) :	
- aptitude à exercer l'activité professionnelle	conditions / moyens de preuve :..................
- capacité économique et financière	conditions / moyens de preuve :..................
- capacités techniques et professionnelles	conditions / moyens de preuve :..................

Technique d'achat (*) :	☐ Accord-cadre ☐ Système d'acquisition dynamique (SAD) ☐ Catalogue électronique ☐ Sans objet	☐ Système de qualification ☐ Concours ☐ Enchères électroniques

Date et heure limites de réception des plis (*) :	
Présentation des offres par catalogue électronique (*) : ☐ Exigée ☐ Autorisée ☐ Interdite	
Réduction du nombre de candidats (*) : ☐ Oui ☐ Non	Nombre maximum de candidats :
	En cas de réduction, critères de sélection des candidats admis à présenter une offre :
Possibilité d'attribution sans négociation ? : ☐ Oui ☐ Non (Attribution sur la base de l'offre initiale) (*) :	
L'acheteur exige la présentation de variantes (*) : ☐ Oui ☐ Non	
Identification des catégories d'acheteurs intervenant (Si accord-cadre) :	
Critères d'attribution (obligatoire si SAD) :	

SECTION 4 Identification du marché

Intitulé du marché (*) :	Code CPV Principal : [][][][][][][][]-[]
Type de marché (*) : ☐ Travaux ☐ Fournitures ☐ Services	
Description succincte du marché :	
Lieu principal d'exécution du marché (*) :	Durée du marché (en mois) :

Valeur estimée du besoin (en euros) : (Si accord-cadre ou SAD, indiquer la valeur maximale)
La consultation comporte des tranches (*) : ☐ Oui ☐ Non

La consultation prévoit une réservation de tout ou partie du marché (si marché alloti, préciser pour chaque lot dans la description) (*) : ☐ Oui ☐ Non	Type de marché réservé : ☐ Marché réservé à une entreprise adaptée, un établissement de service d'aide par le travail ou une structure équivalente, employant au moins 50 % de travailleurs handicapés ☐ Marché réservé à une structure d'insertion par l'activité économique ou structure équivalente, employant au moins 50 % de travailleurs défavorisés ☐ Marché portant exclusivement sur des services sociaux et autres services spécifiques, réservé aux entreprises de l'économie sociale et solidaire ou structure équivalente

SECTION 5 Lots

Marché alloti (*) : ☐ Oui ☐ Non		
Description du lot n° 1 :		
CPV du lot n° 1 : [] [] [] [] [] [] [] []	Estimation de la valeur hors taxes du lot n° 1 :	Lieu d'exécution du lot n° 1 :
Description du lot n° 2 :		
CPV du lot n° 2 : [] [] [] [] [] [] [] []	Estimation de la valeur hors taxes du lot n° 2 :	Lieu d'exécution du lot n° 2 :
...		

SECTION 6 Informations complémentaires

Visite obligatoire (*) : ☐ Oui ☐ Non	Détails sur la visite (si oui) :
Autres informations complémentaires :	

(*) Les champs signalés par un astérisque doivent obligatoirement être renseignés.

APPENDICE

PARTIE I TEXTES RELATIFS AUX MARCHÉS PUBLICS

I TEXTES EUROPÉENS

Directive 2014/24/UE du Parlement européen et du Conseil du 26 février 2014,

Sur la passation des marchés publics et abrogeant la directive 2004/18/CE (Texte présentant de l'intérêt pour l'EEE) (JOUE n° L 94 du 28 mars 2014).

***Nota :** en vigueur le 17 avr. 2014.*

Considérant ce qui suit :

(1) La passation de marchés publics par les autorités des États membres ou en leur nom doit être conforme aux principes du traité sur le fonctionnement de l'Union européenne, notamment la libre circulation des marchandises, la liberté d'établissement et la libre prestation de services, ainsi qu'aux principes qui en découlent comme l'égalité de traitement, la non-discrimination, la reconnaissance mutuelle, la proportionnalité et la transparence. Toutefois, en ce qui concerne les marchés publics dépassant un certain montant, des dispositions devraient être élaborées pour coordonner les procédures nationales de passation de marchés afin de garantir que ces principes soient respectés en pratique et que la passation des marchés publics soit ouverte à la concurrence.

(2) Les marchés publics jouent un rôle essentiel dans la stratégie Europe 2020, exposée dans la communication de la Commission du 3 mars 2010 intitulée "Europe 2020, une stratégie pour une croissance intelligente, durable et inclusive" (ci-après dénommée "Stratégie Europe 2020 pour une croissance intelligente, durable et inclusive"), dans la mesure où ils constituent l'un des instruments fondés sur le marché à utiliser pour parvenir à une croissance intelligente, durable et inclusive, tout en garantissant l'utilisation optimale des fonds publics. A cette fin, les règles de passation des marchés publics adoptées en application de la directive 2004/17/CE du Parlement européen et du Conseil *[Dir. 2004/17/CE du Parlement européen et du Conseil du 31 mars 2004 portant coordination des procédures de passation des marchés dans les secteurs de l'eau, de l'énergie, des transports et des services postaux (JOUE L 134 du 30 avr. 2004, p. 1)]*, **ainsi que de la directive 2004/18/CE du Parlement européen et du Conseil** *[Dir. 2004/18/CE du Parlement européen et du Conseil du 31 mars 2004 relative à la coordination des procédures de passation des marchés publics de travaux, de fournitures et de services (JOUE L 134 du 30 avr. 2004, p. 114)]* **devraient être révisées et modernisées pour accroître l'efficacité de la dépense publique, en facilitant notamment la participation des petites et moyennes entreprises (PME) aux marchés publics, et pour permettre aux acheteurs de mieux utiliser l'instrument des marchés publics au service d'objectifs sociétaux communs. Il est également nécessaire d'éclaircir certains concepts et notions fondamentaux afin de garantir la sécurité juridique et de prendre en compte certains aspects de la jurisprudence bien établie de la Cour de justice de l'Union européenne en la matière.**

(3) Lors de la mise en œuvre de la présente directive, il convient de tenir compte de la Convention des Nations unies relative aux droits des personnes handicapées *[approuvée par la Décis. 2010/48/CE du Conseil du 26 nov. 2009 concernant la conclusion, par la Communauté européenne, de la convention des Nations unies relative aux droits des personnes handicapées (JOUE L 23 du 27 janv. 2010, p. 35)]*, **notamment en ce qui concerne le choix des moyens de communication, les spécifications techniques, les critères d'attribution et les conditions d'exécution du marché.**

(4) Les formes de plus en plus diverses que prend l'action publique ont rendu nécessaire de définir plus clairement la notion même de marché public. Cette clarification ne devrait

toutefois pas élargir le champ d'application de la présente directive par rapport à celui de la directive 2004/18/CE. Les règles de l'Union relatives à la passation des marchés publics ne sont pas destinées à couvrir toutes les formes de dépenses de fonds publics, mais uniquement celles qui visent l'acquisition de travaux, de fournitures ou de services à titre onéreux au moyen d'un marché public. Il convient de préciser que ces acquisitions de travaux, de fournitures ou de services devraient relever de la présente directive, qu'elles soient réalisées au moyen d'un achat, d'un crédit-bail ou d'autres formes contractuelles.

La notion d'acquisition devrait être entendue au sens large, en tant qu'obtention de la jouissance des travaux, fournitures ou services en question, ne nécessitant pas nécessairement de transfert de propriété aux pouvoirs adjudicateurs. En outre, le simple financement d'une activité, notamment par le biais de subventions, auquel est fréquemment liée l'obligation de rembourser les montants perçus lorsqu'ils ne sont pas utilisés aux fins prévues, n'entre habituellement pas dans le champ d'application des règles relatives à la passation des marchés publics. De même, les cas dans lesquels tous les opérateurs remplissant certaines conditions sont autorisés à exécuter une tâche donnée sans aucune sélectivité, comme dans les systèmes de libre choix des clients ou de chèques-services, ne devraient pas être considérés comme des marchés publics, mais comme de simples régimes d'autorisations (les licences pour des médicaments ou des services médicaux, par exemple).

(5) Il convient de rappeler que rien dans la présente directive ne fait obligation aux États membres de confier à des tiers ou d'externaliser la fourniture de services qu'ils souhaitent fournir eux-mêmes ou organiser autrement que par la passation d'un marché public au sens de la présente directive. La prestation de services fondés sur la législation, la réglementation ou des contrats d'emploi ne devrait pas être concernée. Dans certains États membres, cela pourrait par exemple être le cas pour certains services administratifs et publics, tels que les services exécutifs et législatifs, ou la fourniture de certains services à la population, tels que des services en matière d'affaires étrangères ou de justice ou des services de sécurité sociale obligatoire.

(6) Il convient également de rappeler que la présente directive ne devrait pas affecter la législation des États membres en matière de sécurité sociale. Elle ne devrait pas non plus traiter de la libéralisation des services d'intérêt économique général, réservés à des organismes publics ou privés, ni de la privatisation d'organismes publics prestataires de services.

Il convient également de rappeler que les États membres sont libres d'organiser la fourniture de services sociaux obligatoires ou d'autres services, tels que les services postaux, soit en tant que services d'intérêt économique général, soit en tant que services d'intérêt général non économiques, ou une combinaison des deux. Il y a lieu de préciser que les services d'intérêt général non économiques ne devraient pas relever du champ d'application de la présente directive.

(7) Enfin, il convient de rappeler que la présente directive est sans préjudice de la liberté des autorités nationales, régionales et locales de définir, conformément au droit de l'Union, des services d'intérêt économique général, leur champ d'application et les caractéristiques des services à fournir, et notamment toute condition relative à leur qualité, afin d'assurer la poursuite de leurs objectifs de politique publique. La présente directive devrait également s'entendre sans préjudice de la compétence des autorités nationales, régionales et locales de fournir, de faire exécuter et de financer des services d'intérêt économique général, conformément à l'article 14 du traité sur le fonctionnement de l'Union européenne et au protocole n° 26 sur les services d'intérêt général annexé au traité sur le fonctionnement de l'Union européenne ou au traité sur l'Union européenne. En outre, la présente directive ne concerne pas le financement des services d'intérêt économique général ni les systèmes d'aides accordées par les États membres, en particulier dans le domaine social, conformément aux règles de l'Union sur la concurrence.

(8) Un marché ne devrait être considéré comme un marché public de travaux que si son objet vise spécifiquement à réaliser les activités visées à l'annexe II, même si le marché porte sur la fourniture d'autres services nécessaires à la réalisation de ces activités. Les marchés publics de services, notamment dans le domaine des services de gestion immobilière, peuvent, dans certains cas, inclure des travaux. Toutefois, dans la mesure où ces travaux sont accessoires à l'objet principal du marché et en constituent une conséquence éventuelle ou un complément, le fait qu'ils soient inclus dans le marché ne justifie pas que le marché public de services soit qualifié de marché public de travaux. Cependant, eu égard à la diversité des marchés publics de travaux, il convient que les pouvoirs adjudicateurs puissent prévoir tant la passation séparée que la passation conjointe de marchés pour la conception et

l'exécution des travaux. La présente directive ne vise pas à prescrire une passation séparée ou conjointe.

(9) La réalisation d'un ouvrage répondant aux besoins précisés par un pouvoir adjudicateur requiert que le pouvoir en question ait pris des mesures afin de définir les caractéristiques de l'ouvrage ou, à tout le moins, d'exercer une influence déterminante sur la conception de celui-ci. Le fait que le contractant réalise tout ou partie de l'ouvrage par ses propres moyens ou qu'il en assure la réalisation par d'autres moyens ne devrait pas avoir d'incidence sur la qualification du marché en tant que marché de travaux, tant que le contractant a l'obligation directe ou indirecte, légalement exécutoire, de garantir la réalisation des travaux.

(10) Les notions de « pouvoirs adjudicateurs » et, en particulier, celle d'« organismes de droit public » ont fait, à plusieurs reprises, l'objet d'un examen dans la jurisprudence de la Cour de justice de l'Union européenne. Afin d'indiquer clairement que le champ d'application *ratione personae* de la présente directive devrait demeurer inchangé, il convient de conserver la définition sur laquelle la Cour s'est fondée et d'introduire un certain nombre de clarifications apportées par ladite jurisprudence pour une meilleure compréhension des définitions elles-mêmes sans viser à modifier la compréhension des concepts tels qu'ils ont été élaborés par la jurisprudence. A cette fin, il faudrait préciser qu'un organisme, qui opère dans des conditions normales de marché, poursuit un but lucratif et supporte les pertes liées à l'exercice de son activité, ne devrait pas être considéré comme un « organisme de droit public », étant donné que les besoins d'intérêt général pour la satisfaction desquels il a été créé ou qu'il a été chargé de satisfaire peuvent être réputés avoir un caractère industriel ou commercial.

De même, la condition liée à l'origine du financement de l'organisme considéré a également été examinée par la jurisprudence, qui a précisé notamment que la notion de « financement majoritaire » signifie un financement pour plus de la moitié, qui peut comprendre des paiements provenant d'usagers, qui sont imposés, calculés et recouvrés conformément aux règles de droit public.

(11) Dans le cas de marchés mixtes, les règles applicables devraient être établies eu égard à l'objet principal du marché lorsque les différentes parties qui le composent ne sont objectivement pas séparables. Il convient dès lors de préciser la manière dont les pouvoirs adjudicateurs devraient déterminer si les différentes parties sont séparables ou non. Cette précision devrait se fonder sur la jurisprudence pertinente de la Cour de justice de l'Union européenne.

L'appréciation du caractère séparable ou non des différentes parties devrait être faite au cas par cas, les intentions exprimées ou présumées du pouvoir adjudicateur de considérer les différents aspects d'un marché mixte comme indivisibles ne devant pas suffire, mais devant être corroborées par des éléments de preuve objectifs de nature à les justifier et à établir la nécessité de conclure un marché unique. Ce besoin justifié de conclure un marché unique pourrait, par exemple, exister dans le cas de la construction d'un seul et même bâtiment dont l'une des parties serait destinée à être utilisée directement par le pouvoir adjudicateur concerné et l'autre à être exploitée sur la base d'une concession, par exemple pour offrir des emplacements de stationnement au public. Il convient de préciser que la nécessité de conclure un marché unique peut être due à des raisons tant techniques qu'économiques.

(12) Dans le cas de marchés mixtes, qui peuvent donner lieu à des marchés séparés, les pouvoirs adjudicateurs sont toujours libres d'attribuer des marchés distincts pour les différentes parties du marché mixte, auquel cas les dispositions applicables à chaque partie distincte devraient être établies exclusivement eu égard aux caractéristiques du marché en question. Cela étant, lorsque les pouvoirs adjudicateurs décident d'inclure d'autres éléments dans le marché, qu'elle qu'en soit la valeur ou quel que soit le régime juridique dont les éléments ajoutés auraient autrement relevé, le principe directeur devrait être que, lorsqu'un marché attribué indépendamment devrait être passé conformément aux dispositions de la présente directive, celle-ci continue de s'appliquer au marché mixte dans son ensemble.

(13) Il convient toutefois de prendre des dispositions particulières pour les marchés mixtes comportant des aspects ayant trait à la défense ou à la sécurité ou dont certaines parties ne relèvent pas du champ d'application du traité sur le fonctionnement de l'Union européenne. Dans ces cas, il devrait être possible de ne pas appliquer la présente directive, à condition que la passation d'un marché unique se justifie pour des raisons objectives et que la décision de passer un marché unique ne soit pas prise dans le but de soustraire des marchés à l'application de la présente directive ou de la directive 2009/81/CE du Parlement européen

et du Conseil *[Dir. 2009/81/CE du Parlement européen et du Conseil du 13 juill. 2009 relative à la coordination des procédures de passation de certains marchés de travaux, de fournitures et de services par des pouvoirs adjudicateurs ou entités adjudicatrices dans les domaines de la défense et de la sécurité, et modifiant les Dir. 2004/17/CE et 2004/18/CE (JOUE L 216 du 20 août 2009, p. 76)]*. Il convient de préciser que les pouvoirs adjudicateurs ne devraient pas être empêchés de choisir d'appliquer à certains marchés mixtes les dispositions de la présente directive plutôt que celles de la directive 2009/81/CE.

(14) Il convient de préciser que la notion d'« opérateur économique » devrait s'interpréter au sens large, de manière à inclure toute personne ou entité qui offre la réalisation de travaux, la fourniture de produits ou la prestation de services sur le marché, quelle que soit la forme juridique sous laquelle elle a choisi d'opérer. Dès lors, les sociétés, les succursales, les filiales, les associations, les sociétés coopératives, les sociétés anonymes, les universités, qu'elles soient publiques ou privées, ainsi que d'autres formes d'entités que les personnes physiques, devraient toutes relever de la notion d'opérateur économique, qu'il s'agisse ou non de « personnes morales » en toutes circonstances.

(15) Il convient de préciser que les groupements d'opérateurs économiques, y compris lorsqu'ils se sont constitués sous la forme d'une association temporaire, peuvent participer aux procédures de passation de marchés sans devoir nécessairement adopter une forme juridique déterminée. Dans la mesure où cela s'avère nécessaire, par exemple lorsqu'une responsabilité solidaire est requise, les groupements d'opérateurs économiques peuvent être tenus d'adopter une forme juridique déterminée lorsque le marché leur a été attribué.

Il convient également de préciser que les pouvoirs adjudicateurs devraient pouvoir indiquer expressément la manière dont les groupements d'opérateurs économiques doivent remplir les conditions relatives à la capacité économique et financière énoncées dans la présente directive, ou les critères relatifs aux capacités techniques et professionnelles qui sont imposés aux opérateurs économiques participant à titre individuel.

L'exécution d'un marché par des groupements d'opérateurs économiques peut nécessiter la fixation de conditions qui ne sont pas imposées aux participants individuels. Ces conditions, qui devraient être justifiées par des motifs objectifs et être proportionnées, pourraient par exemple imposer la désignation d'une représentation commune ou d'un chef de file aux fins de la procédure de passation de marché ou la communication d'informations concernant la constitution de tels groupements.

(16) Les pouvoirs adjudicateurs devraient utiliser tous les moyens à leur disposition, conformément au droit national, pour éviter les distorsions dans les procédures de passation de marchés publics découlant de conflits d'intérêts, notamment des procédures visant à détecter et prévenir les conflits d'intérêts et à y remédier.

(17) La décision 94/800/CE du Conseil *[Décis. 94/800/CE du Conseil du 22 déc. 1994 relative à la conclusion au nom de la Communauté européenne, pour ce qui concerne les matières relevant de ses compétences, des accords des négociations multilatérales du cycle de l'Uruguay (1986-1994) (JOUE L 336 du 23 déc. 1994, p. 1)]* a notamment approuvé l'accord de l'Organisation mondiale du commerce sur les marchés publics (AMP). Le but de l'AMP est d'établir un cadre multilatéral de droits et d'obligations équilibrés en matière de marchés publics en vue de réaliser la libéralisation et l'expansion du commerce mondial. Pour les marchés relevant des annexes 1, 2, 4 et 5 et des notes générales relatives à l'Union européenne de l'appendice I de l'AMP ainsi que d'autres accords internationaux pertinents par lesquels l'Union est liée, les pouvoirs adjudicateurs devraient remplir les obligations prévues par ces accords en appliquant la présente directive aux opérateurs économiques des pays tiers qui en sont signataires.

(18) L'AMP s'applique aux marchés dont le montant dépasse certains seuils fixés dans l'AMP et exprimés en droits de tirage spéciaux. Il convient d'harmoniser les seuils fixés par la présente directive pour qu'ils correspondent aux équivalents en euros des seuils prévus par l'AMP. Il convient également de prévoir une révision périodique des seuils exprimés en euros afin de les adapter, par une opération purement mathématique, en fonction des variations éventuelles de la valeur de l'euro par rapport à ces droits de tirage spéciaux. Outre ces adaptations mathématiques périodiques, il conviendrait d'étudier la possibilité de relever les seuils fixés dans l'AMP lors du prochain cycle de négociations correspondant.

(19) Il convient de préciser que, aux fins de l'estimation de la valeur d'un marché, toutes les recettes doivent être prises en compte, qu'elles proviennent du pouvoir adjudicateur ou de tiers. Il convient également de préciser que, aux fins de l'estimation des seuils, on devrait entendre par « fournitures homogènes », des produits destinés à des usages identiques ou similaires tels que la fourniture d'une gamme de denrées alimentaires ou de différents arti-

cles de mobilier de bureau. En règle générale, un opérateur économique exerçant des activités dans le domaine concerné devrait vraisemblablement disposer de ces fournitures dans sa gamme normale de produits.

(20) Aux fins de l'estimation de la valeur d'un marché donné, il convient de préciser qu'il devrait être permis de baser l'estimation de la valeur sur une subdivision du marché uniquement lorsque cela est justifié par des motifs objectifs. Par exemple, il pourrait être justifié d'estimer la valeur d'un marché au niveau d'une unité opérationnelle distincte du pouvoir adjudicateur, comme une école ou un jardin d'enfants, à condition que l'unité en question soit responsable de manière autonome de ses marchés. On peut considérer que tel est le cas lorsque l'unité opérationnelle distincte mène de manière autonome les procédures de passation de marché et prend les décisions d'achat, dispose d'une ligne budgétaire séparée pour les marchés concernés, conclut le marché de manière autonome et assure son financement à partir d'un budget dont elle dispose. Une subdivision ne se justifie pas lorsque le pouvoir adjudicateur organise simplement la passation d'un marché de manière décentralisée.

(21) Les marchés publics qui sont passés par des pouvoirs adjudicateurs opérant dans les secteurs de l'eau, de l'énergie, des transports et des services postaux et qui s'inscrivent dans le cadre de ces activités relèvent de la directive 2014/25/UE du Parlement européen et du Conseil *[Dir. 2014/25/UE du Parlement européen et du Conseil du 26 févr. 2014 relative à la passation de marchés par des entités opérant dans les secteurs de l'eau, de l'énergie, des transports et des services postaux et abrogeant la Dir. 2004/17/CE (V. JOUE L 94 du 28 mars 2014, p. 243)]*. Cependant, les marchés passés par des pouvoirs adjudicateurs dans le cadre de leurs activités d'exploitation de services de transports maritimes, côtiers ou fluviaux relèvent de la présente directive.

(22) La présente directive ayant les États membres comme destinataires, elle ne s'applique pas aux marchés passés par des organisations internationales en leur nom et pour leur propre compte. Il est cependant nécessaire de préciser dans quelle mesure la présente directive devrait s'appliquer à la passation de marchés régie par des règles internationales spécifiques.

(23) La passation de marchés publics pour certains services de médias audiovisuels et radiophoniques par des fournisseurs de services de médias devrait pouvoir tenir compte de considérations revêtant une importance culturelle et sociale, qui rendent inadéquate l'application de règles de passation des marchés. Pour ces motifs, il faut donc prévoir une exception pour les marchés publics de services attribués par les fournisseurs de services de médias eux-mêmes visant l'achat, le développement, la production ou la coproduction de programmes prêts à l'utilisation et d'autres services préparatoires, tels que ceux relatifs aux scénarios ou aux performances artistiques nécessaires pour la réalisation du programme. Il y a lieu également de préciser que cette exclusion devrait s'appliquer de la même manière aux services de médias de radiodiffusion et aux services à la demande (services non linéaires). Toutefois, cette exclusion ne devrait pas s'appliquer à la fourniture du matériel technique nécessaire pour la production, la coproduction et l'émission de ces programmes.

(24) Il convient de rappeler que les services d'arbitrage et de conciliation, ainsi que d'autres modes alternatifs similaires de règlement des conflits, sont habituellement fournis par des organismes ou des personnes qui sont agréés ou sélectionnés d'une manière qui ne peut être soumise à des règles de passation des marchés publics. Il convient de préciser que la présente directive ne s'applique pas aux marchés de services portant sur la fourniture de tels services, quelle que soit leur dénomination conformément au droit national.

(25) Un certain nombre de services juridiques sont fournis par des prestataires de services désignés par une cour ou un tribunal d'un État membre, impliquent la représentation de clients par des avocats dans le cadre de procédures judiciaires, doivent être prestés par un notaire ou sont associés à l'exercice de l'autorité publique. De tels services juridiques sont habituellement fournis par des organismes ou des personnes qui sont désignés ou sélectionnés d'une manière qui ne peut être soumise à des règles de passation des marchés publics par exemple pour la désignation de procureurs publics dans certains États membres. Ces services juridiques devraient dès lors être exclus du champ d'application de la présente directive.

(26) Il convient de préciser que la notion d'instruments financiers qui figure dans la présente directive recouvre le même sens que dans d'autres textes législatifs sur le marché intérieur et que, compte tenu de la création récente du Fonds européen de stabilité financière et du Mécanisme européen de stabilité, il y a lieu d'indiquer que les opérations effectuées avec ledit Fonds et ledit mécanisme devraient être exclues du champ d'application de la présente directive. Il convient enfin de préciser que les prêts, qu'ils soient ou non associés à l'émission de titres ou d'autres instruments financiers ou à d'autres opérations les concernant, devraient être exclus du champ d'application de la présente directive.

(27) Il convient de rappeler que l'article 5, paragraphe 1, du règlement (CE) n° 1370/2007 du Parlement européen et du Conseil *[Règl. (CE) n° 1370/2007 du Parlement européen et du Conseil du 23 oct. 2007 relatif aux services publics de transport de voyageurs par chemin de fer et par route, et abrogeant les Règl. (CEE) n° 1191/69 et (CEE) n° 1107/70 du Conseil (JOUE L 315 du 3 déc. 2007, p. 1)]* prévoit expressément que les directives 2004/17/CE et 2004/18/CE s'appliquent aux marchés (publics) de services relatifs aux services de transport public de voyageurs par autobus ou par tramway, tandis que le règlement (CE) n° 1370/2007 s'applique respectivement aux contrats de services aux contrats de concession de services de transport public de voyageurs par autobus ou par tramway. Il y a lieu en outre de rappeler que ledit règlement continue de s'appliquer aux marchés (publics) de services ainsi qu'aux contrats de concession de services de transport public de passagers par chemin de fer ou par métro. Pour préciser les liens entre la présente directive et le règlement (CE) n° 1370/2007, il convient de prévoir expressément que la présente directive ne devrait pas s'appliquer aux marchés publics de services relatifs aux services de transport public de passagers par chemin de fer ou par métro, dont la passation devrait continuer de relever dudit règlement. Dans la mesure où le règlement (CE) n° 1370/2007 permet que le droit national s'écarte des règles fixées dans ledit règlement, les États membres devraient pouvoir continuer de prévoir dans leur droit national que les marchés publics de services relatifs aux services de transport public de passagers par chemin de fer ou par métro doivent être attribués par une procédure de passation de marchés conforme à leur règlementation générale en matière de marchés publics.

(28) La présente directive ne devrait pas s'appliquer à certains services d'urgence lorsque ceux-ci sont fournis par des organisations ou associations à but non lucratif, étant donné qu'il serait difficile de préserver la nature particulière de telles organisations si les prestataires de services devaient être sélectionnés conformément aux procédures définies dans la présente directive. Il convient toutefois que cette exclusion n'aille pas au-delà de ce qui est strictement nécessaire. Par conséquent, il convient d'indiquer expressément que les services ambulanciers de transport de patients ne devraient pas être exclus. Dans ce contexte, il est en outre nécessaire de préciser que le code CPV 601 « Services de transport terrestre » n'inclut pas les services ambulanciers, qui relèvent de la classe CPV 8514. Il convient dès lors de préciser que les services relevant du code CPV 85143000-3, qui comprend exclusivement les services ambulanciers de transport de patients, devraient être soumis au régime spécial établi pour les services sociaux et autres services spécifiques (ci-après dénommé « régime assoupli »). Par conséquent, les marchés mixtes portant sur la fourniture de services ambulanciers en général seraient également soumis au régime assoupli si la valeur des services ambulanciers de transport de patients était supérieure à la valeur d'autres services ambulanciers.

(29) Il convient de rappeler que la présente directive ne s'applique qu'aux pouvoirs adjudicateurs des États membres. Par conséquent, les partis politiques en règle générale, qui ne sont pas des pouvoirs adjudicateurs, ne sont pas soumis à ses dispositions. Néanmoins, dans certains États membres, des partis politiques pourraient relever de la notion d'organisme de droit public.

Toutefois, certains services (comme les services de production de films de propagande et de vidéos) sont si indissociablement liés aux opinions politiques du prestataire de services lorsque les services sont fournis dans le cadre d'une campagne électorale que, en règle générale, le mode de sélection des prestataires de services ne peut pas être régi par les règles relatives à la passation des marchés publics.

Enfin, il convient de rappeler que le statut et le financement des partis politiques européens et des fondations politiques européennes sont soumis à d'autres règles que celles énoncées dans la présente directive.

(30) Dans certains cas, un pouvoir adjudicateur donné ou une association de pouvoirs adjudicateurs peut être la seule source d'un service spécifique, pour la fourniture duquel il jouit d'un droit exclusif en vertu de dispositions législatives, réglementaires ou de dispositions administratives publiées qui sont compatibles avec le traité sur le fonctionnement de l'Union européenne. Il y a lieu de préciser que la présente directive ne doit pas nécessairement s'appliquer à l'attribution de marchés publics de services audit pouvoir adjudicateur ou à ladite association.

(31) Il existe une importante insécurité juridique quant à la question de savoir dans quelle mesure les règles sur la passation des marchés publics devraient s'appliquer aux marchés conclus entre entités appartenant au secteur public. La jurisprudence applicable de la Cour de justice de l'Union européenne fait l'objet d'interprétations divergentes entre États mem-

bres et même entre pouvoirs adjudicateurs. Il est dès lors nécessaire de préciser dans quels cas les marchés conclus au sein du secteur public ne sont pas soumis à l'application des règles relatives à la passation des marchés publics.

Ces précisions devraient s'appuyer sur les principes énoncés dans la jurisprudence pertinente de la Cour de justice de l'Union européenne. La seule circonstance que les deux parties à un accord sont elles-mêmes des pouvoirs publics n'exclut pas en soi l'application des règles relatives à la passation des marchés publics. L'application de ces règles ne devrait toutefois pas interférer avec la liberté des pouvoirs publics d'exercer les missions de service public qui leur sont confiées en utilisant leurs propres ressources, ce qui inclut la possibilité de coopérer avec d'autres pouvoirs publics.

Il convient de veiller à ce qu'aucune coopération public-public ainsi exclue n'entraîne de distorsion de concurrence à l'égard des opérateurs économiques privés dans la mesure où cela place un prestataire de services privé dans une situation privilégiée par rapport à ses concurrents.

(32) Les marchés publics attribués à des personnes morales contrôlées ne devraient pas être soumis à l'application des procédures prévues par la présente directive si le pouvoir adjudicateur exerce sur la personne morale concernée un contrôle analogue à celui qu'il exerce sur ses propres services, à condition que la personne morale contrôlée consacre plus de 80 % de ses activités à l'exécution de missions qui lui ont été confiées par le pouvoir adjudicateur qui la contrôle ou par d'autres personnes morales contrôlées par ledit pouvoir adjudicateur, quel que soit le bénéficiaire de l'exécution du marché.

Cette exemption ne devrait pas être étendue aux situations où un opérateur économique privé détient une participation directe dans le capital de la personne morale contrôlée dès lors que, dans de telles circonstances, l'attribution d'un marché public sans recourir à une procédure concurrentielle conférerait à l'opérateur économique privé détenant une participation dans le capital de la personne morale contrôlée un avantage indu par rapport à ses concurrents. Toutefois, eu égard aux caractéristiques particulières des organismes publics à adhésion obligatoire, tels que les organisations chargées de la gestion ou de l'exécution de certains services publics, cette règle ne devrait pas s'appliquer dans les cas où la participation d'opérateurs économiques privés spécifiques dans le capital de la personne morale contrôlée est rendue obligatoire par une disposition législative nationale en conformité avec les traités, à condition que cette participation ne donne pas une capacité de contrôle ou de blocage et ne confère pas une influence décisive sur les décisions de la personne morale contrôlée. Il convient en outre de préciser que la participation privée directe dans le capital de la personne morale contrôlée constitue le seul élément déterminant. Par conséquent, le fait que le ou les pouvoirs adjudicateurs de contrôle comportent une participation de capitaux privés ne fait pas obstacle à l'attribution de marchés publics à la personne morale contrôlée, sans appliquer les procédures prévues par la présente directive étant donné que ces participations ne nuisent pas à la concurrence entre les opérateurs économiques privés.

Il convient également de préciser que les pouvoirs adjudicateurs tels que les organismes de droit public, qui peuvent comporter une participation de capitaux privés, devraient être en mesure de se prévaloir de l'exemption concernant la coopération horizontale. Par conséquent, lorsque toutes les autres conditions relatives à la coopération horizontale sont remplies, l'exemption en la matière devrait également s'appliquer à ces pouvoirs adjudicateurs, dans le cas où le marché est conclu exclusivement entre pouvoirs adjudicateurs.

(33) Les pouvoirs adjudicateurs devraient pouvoir choisir de fournir conjointement leurs services publics par la voie de la coopération, sans être contraints de recourir à une forme juridique particulière. Cette coopération pourrait porter sur tous les types d'activités liées à l'exécution de services et à l'exercice de responsabilités confiées aux pouvoirs adjudicateurs participants ou assumées par eux, telles que des missions obligatoires ou volontaires relevant d'autorités locales ou régionales ou des services confiés à des organismes particuliers par le droit public. Les services fournis par les différents pouvoirs adjudicateurs participants ne doivent pas nécessairement être identiques ; ils pourraient également être complémentaires.

Les marchés concernant la fourniture conjointe de services publics ne devraient pas être soumis à l'application des règles établies dans la présente directive, à condition qu'ils soient conclus exclusivement entre pouvoirs adjudicateurs, que la mise en œuvre de cette coopération n'obéisse qu'à des considérations d'intérêt public et qu'aucun prestataire privé de services ne soit placé dans une situation privilégiée par rapport à ses concurrents.

Pour que ces conditions soient remplies, il convient que la coopération soit fondée sur le concept de coopération. Cette coopération n'exige pas que tous les pouvoirs participants se chargent de l'exécution des principales obligations contractuelles, tant que l'engagement a été pris de coopérer à l'exécution du service public en question. En outre, la mise en œuvre de la coopération, y compris tout transfert financier entre les pouvoirs adjudicateurs participants, ne devrait obéir qu'à des considérations d'intérêt public.

(34) Il existe des cas où une entité juridique agit, en vertu des dispositions pertinentes du droit national, en tant qu'instrument ou service technique pour le compte de pouvoirs adjudicateurs donnés et est contrainte d'exécuter les instructions que ceux-ci lui donnent, sans avoir d'influence sur la rémunération de sa prestation. Compte tenu de son caractère non contractuel, cette relation purement administrative ne devrait pas relever du champ d'application des procédures de passation de marchés publics.

(35) Le cofinancement de programmes de recherche et développement (R&D) provenant de sources industrielles devrait être encouragé. Par conséquent, il y a lieu de préciser que la présente directive ne s'applique qu'en l'absence d'un tel cofinancement et lorsque les résultats des activités de R&D reviennent au pouvoir adjudicateur concerné. Cela ne devrait pas exclure la possibilité pour le prestataire de service ayant réalisé ces activités d'en publier un compte rendu, tant que le pouvoir adjudicateur conserve le droit exclusif d'utiliser les résultats de la R&D dans l'exercice de ses propres activités. Toutefois, un partage fictif des résultats de la R&D ou une participation purement symbolique à la rémunération du prestataire de service ne devrait pas empêcher l'application de la présente directive.

(36) L'emploi et le travail contribuent à l'insertion dans la société et constituent des éléments essentiels pour garantir l'égalité des chances pour tous. Les ateliers protégés peuvent jouer un rôle considérable à cet égard. Cela vaut également pour d'autres entreprises sociales ayant pour objectif principal de soutenir l'intégration ou la réintégration sociale et professionnelle des personnes handicapées ou défavorisées telles que les chômeurs, les membres de minorités défavorisées ou de groupes socialement marginalisés pour d'autres raisons. Toutefois, de tels ateliers ou entreprises pourraient ne pas être en mesure de remporter des marchés dans des conditions de concurrence normales. Dès lors, il convient de prévoir que les États membres aient la possibilité de réserver le droit de participer aux procédures de passation de marchés publics ou de certains lots de ceux-ci à de tels ateliers ou entreprises ou d'en réserver l'exécution dans le cadre de programmes d'emplois protégés.

(37) Afin que les exigences applicables dans les domaines environnemental, social et du travail soient prises en compte de manière appropriée dans les procédures de passation de marchés publics, il importe tout particulièrement que les États membres et les pouvoirs adjudicateurs adoptent les mesures nécessaires pour assurer le respect des obligations en matière de droit environnemental, social et du travail qui s'appliquent au lieu où les travaux sont exécutés ou les services fournis, et qui découlent de lois, règlements, décrets et décisions en vigueur au niveau national et au niveau de l'Union, ainsi que de conventions collectives, à condition que ces règles et leur application soient conformes au droit de l'Union. De même, les obligations découlant des accords internationaux ratifiés par l'ensemble des États membres, énumérés à l'annexe X, devraient s'appliquer lors de l'exécution du marché. Toutefois, cela ne devrait en aucune manière faire obstacle à l'application de conditions de travail plus favorables pour les travailleurs.

Il convient que les mesures pertinentes soient appliquées dans le respect des principes fondamentaux du droit de l'Union, en particulier en vue d'assurer l'égalité de traitement. Ces mesures devraient être appliquées conformément à la directive 96/71/CE du Parlement européen et du Conseil *[Dir. 96/71/CE du Parlement européen et du Conseil du 16 déc. 1996 concernant le détachement de travailleurs effectué dans le cadre d'une prestation de services (JOUE L 18 du 21 janv. 1997, p. 1)]* et d'une manière qui garantisse l'égalité de traitement et ne crée pas de discriminations directes ou indirectes à l'égard des opérateurs économiques et des travailleurs d'autres États membres.

(38) Les services devraient être considérés comme réalisés sur le lieu d'exécution des prestations caractéristiques. Lorsqu'ils sont réalisés à distance, par exemple par un centre d'appel, ces services devraient être considérés comme réalisés sur le lieu de leur exécution, indépendamment du lieu et de l'État membre auxquels ils sont destinés.

(39) Les obligations pertinentes pourraient figurer dans des clauses du marché. Il devrait également être possible d'introduire dans des marchés publics des clauses garantissant le respect des conventions collectives conformément au droit de l'Union. Le non-respect des obligations en question pourrait être considéré comme une faute grave de l'opérateur économique concerné, pouvant entraîner son exclusion de la procédure de passation de marché public.

(40) Le contrôle du respect de ces dispositions du droit environnemental, social et du travail devrait être effectué aux stades pertinents de la procédure de passation de marché, lors de l'application des principes généraux régissant le choix des participants et l'attribution des marchés, lors de l'application des critères d'exclusion et lors de l'application des dispositions concernant les offres anormalement basses. Les vérifications nécessaires à cette fin devraient être réalisées conformément aux dispositions pertinentes de la présente directive, en particulier celles régissant les moyens de preuve et les déclarations sur l'honneur.

(41) Aucune disposition de la présente directive ne devrait empêcher d'imposer ou d'appliquer des mesures nécessaires à la protection de l'ordre public, de la moralité et de la sécurité publiques, de la santé, de la vie humaine et animale ou à la préservation des végétaux ou d'autres mesures environnementales, en particulier dans l'optique du développement durable, à condition que ces mesures soient conformes au traité sur le fonctionnement de l'Union européenne.

(42) Il est absolument nécessaire que les pouvoirs adjudicateurs disposent de plus de souplesse pour choisir une procédure de passation de marchés prévoyant des négociations. Un recours accru à ces procédures est également susceptible de renforcer les échanges transnationaux, étant donné que l'Évaluation a montré que les offres transnationales obtiennent un taux de réussite particulièrement élevé dans le cas de marchés passés par une procédure négociée avec publication préalable. Les États membres devraient être en mesure de prévoir le recours à la procédure concurrentielle avec négociation ou au dialogue compétitif dans diverses situations où une procédure ouverte ou une procédure restreinte sans négociation ne sont pas susceptibles de donner des résultats satisfaisants. Il y a lieu de rappeler qu'en termes de volume des marchés, le recours au dialogue compétitif s'est considérablement accru au cours des dernières années. Cette procédure s'est révélée utile dans les cas où les pouvoirs adjudicateurs ne sont pas en mesure de définir les moyens permettant de satisfaire leurs besoins ou d'évaluer les solutions que le marché peut offrir sur les plans technique, financier ou juridique. Tel peut notamment être le cas de projets innovants, de la réalisation de projets importants d'infrastructures de transport intégrées, de grands réseaux informatiques ou de projets comportant un financement complexe et structuré. Le cas échéant, les pouvoirs adjudicateurs devraient être encouragés à désigner un chef de projet afin d'assurer une bonne coopération entre les opérateurs économiques et le pouvoir adjudicateur durant la procédure d'attribution.

(43) Pour les marchés de travaux, il s'agit notamment de travaux qui ne concernent pas des bâtiments standards ou qui comportent une conception ou des solutions innovantes. Pour les services ou les fournitures nécessitant des efforts d'adaptation ou de conception, le recours à une procédure concurrentielle avec négociation ou au dialogue compétitif est susceptible d'être utile. De tels efforts d'adaptation ou de conception sont particulièrement nécessaires dans le cas d'acquisitions complexes, telles que les acquisitions de produits sophistiqués, de services intellectuels, par exemple certains services de conseil, d'architecture ou d'ingénierie, ou de projets majeurs relevant du domaine des technologies de l'information et de la communication (TIC). Dans de tels cas, des négociations peuvent être nécessaires afin de garantir que le produit ou le service en question répond aux besoins du pouvoir adjudicateur. En ce qui concerne les services ou les produits immédiatement disponibles sur le marché sans adaptation et pouvant être fournis par nombre d'opérateurs économiques différents, il ne convient pas de recourir à la procédure concurrentielle avec négociation ni au dialogue compétitif.

(44) La procédure concurrentielle avec négociation devrait également pouvoir être utilisée dans les situations où le recours à une procédure ouverte ou à une procédure restreinte n'a donné lieu qu'à des offres irrégulières ou inacceptables. Dans de tels cas, les pouvoirs adjudicateurs devraient être autorisés à mener des négociations afin d'obtenir des offres régulières et acceptables.

(45) La procédure concurrentielle avec négociation devrait s'accompagner de garanties adéquates quant au respect des principes d'égalité de traitement et de transparence. En particulier, les pouvoirs adjudicateurs devraient indiquer d'emblée les exigences minimales relatives à la nature du marché et qui ne devraient pas être modifiées au cours de négociations. Les critères d'attribution et leur pondération devraient demeurer inchangés tout au long de la procédure et ne devraient pas faire l'objet de négociations, afin de garantir l'égalité de traitement de tous les opérateurs économiques. Les négociations devraient avoir pour objectif d'améliorer les offres, de manière que les pouvoirs adjudicateurs puissent acquérir des travaux, des fournitures et des services parfaitement adaptés à leurs besoins spécifiques. Les négociations peuvent porter sur toutes les caractéristiques des travaux, des fournitures ou

des services achetés, y compris, notamment, la qualité, les quantités, les clauses commerciales, ainsi que les aspects sociaux, environnementaux et innovants, pour autant qu'il ne s'agisse pas d'exigences minimales.

Il convient de préciser que les exigences minimales à fixer par le pouvoir adjudicateur sont les conditions et caractéristiques (notamment physiques, fonctionnelles et juridiques) que toute offre est tenue de remplir ou de posséder afin de permettre au pouvoir adjudicateur d'attribuer le marché conformément au critère d'attribution retenu. Afin de garantir la transparence et la traçabilité du processus, toutes les étapes devraient être dûment consignées. En outre, tout au long de la procédure, l'ensemble des offres devraient être soumises par écrit.

(46) Les pouvoirs adjudicateurs devraient être autorisés à raccourcir certains délais applicables à des procédures ouvertes, restreintes ou concurrentielles avec négociation, lorsque les délais en question seraient impossibles à respecter en raison d'une situation d'urgence que les pouvoirs concernés devraient être tenus de justifier en bonne et due forme. Il convient de préciser qu'il ne s'agit pas nécessairement d'une urgence extrême résultant d'événements imprévisibles par le pouvoir adjudicateur et qui ne lui sont pas imputables.

(47) La recherche et l'innovation, y compris l'éco-innovation et l'innovation sociale, comptent parmi les principaux moteurs de la croissance future et ont été placées au cœur de la stratégie Europe 2020 pour une croissance intelligente, durable et inclusive. Les pouvoirs publics devraient faire le meilleur usage stratégique des marchés publics pour stimuler l'innovation. L'acquisition de produits, travaux et services innovants joue un rôle essentiel dans l'amélioration de l'efficacité et de la qualité des services publics tout en permettant de faire face aux grands enjeux de société. Elle aide à parvenir à une utilisation optimale des deniers publics ainsi qu'à dégager de plus larges avantages économiques, environnementaux et sociétaux à travers les nouvelles idées générées, leur concrétisation sous la forme de produits et services innovants et, partant, la promotion d'une croissance économique durable.

Il convient de rappeler qu'une série de modèles de passation de marché ont été présentés dans la communication de la Commission du 14 décembre 2007 intitulée « Achats publics avant commercialisation : promouvoir l'innovation pour assurer des services publics durables et de qualité en Europe », portant sur la passation des marchés relatifs aux services de R&D qui ne relèvent pas du champ d'application de la présente directive. Ces modèles pourraient continuer à être utilisés mais la présente directive devrait également contribuer à faciliter la passation de marchés publics à visée innovante et aider les États membres à atteindre les objectifs de l'Union de l'innovation.

(48) En raison de l'importance que revêt l'innovation, il convient d'encourager les pouvoirs adjudicateurs à autoriser des variantes aussi souvent que possible. L'attention desdits pouvoirs adjudicateurs devrait dès lors être attirée sur la nécessité de définir les exigences minimales auxquelles les variantes doivent répondre avant de signaler qu'il est permis d'en proposer.

(49) Lorsque le besoin de développer un produit, un service ou des travaux innovants et d'acquérir ultérieurement des fournitures, services ou travaux qui en résultent, ne peut être satisfait par des solutions déjà disponibles sur le marché, les pouvoirs adjudicateurs devraient avoir accès à une procédure spécifique de passation de marché pour les marchés relevant du champ d'application de la présente directive. Cette procédure spécifique devrait permettre aux pouvoirs adjudicateurs d'établir un partenariat d'innovation à long terme en vue du développement et de l'acquisition ultérieure d'un produit, d'un service ou de travaux nouveaux et innovants, pour autant qu'ils puissent être fournis aux niveaux de prestation et au coût arrêtés, sans qu'il soit nécessaire de procéder à une passation de marché distincte pour l'acquisition. Le partenariat d'innovation devrait se fonder sur les règles procédurales applicables à la procédure concurrentielle avec négociation et les marchés devraient être attribués sur la seule base du meilleur rapport qualité/prix, qui est le plus adapté pour comparer des offres de solutions innovantes. Que le partenariat d'innovation porte sur un projet innovant de très grande dimension ou sur un projet de plus petite taille, il devrait être structuré de manière à mettre en place le mécanisme d'incitation induite par la demande du marché qui est nécessaire pour stimuler le développement d'une solution innovante sans verrouiller le marché.

Partant, les pouvoirs adjudicateurs ne devraient pas recourir aux partenariats d'innovation de manière à empêcher, à restreindre ou à fausser la concurrence. Dans certains cas, la mise en place de partenariats d'innovation avec plusieurs partenaires pourrait permettre d'éviter de tels effets.

(50) Compte tenu de ses effets négatifs sur la concurrence, le recours à une procédure négociée sans publication préalable d'un avis de marché devrait être réservé à des circonstances très exceptionnelles. Ces exceptions devraient se limiter aux cas où une publication n'est pas possible pour des raisons d'extrême urgence résultant d'événements imprévisibles qui ne sont pas imputables au pouvoir adjudicateur ou bien lorsqu'il est clair dès le départ qu'une publication ne susciterait pas plus de concurrence ou n'apporterait pas de meilleurs résultats, en particulier parce qu'il n'existe objectivement qu'un seul opérateur économique capable d'exécuter le marché. Tel est le cas des œuvres d'art, pour lesquelles l'identité de l'artiste détermine en soi le caractère unique et la valeur de l'œuvre d'art. L'exclusivité peut aussi résulter d'autres motifs, mais le recours à la procédure négociée sans publication ne peut être justifié que dans une situation d'exclusivité objective, c'est-à-dire lorsque l'exclusivité n'a pas été créée par le pouvoir adjudicateur lui-même en vue de la passation du marché.

Les pouvoirs adjudicateurs invoquant cette exception devraient en justifier l'absence de solutions de remplacement ou rechange raisonnables telles que le recours à d'autres canaux de distribution, y compris en dehors de l'État membre du pouvoir adjudicateur ou le fait d'envisager des travaux, fournitures ou services ayant une fonction comparable.

Lorsque l'exclusivité est due à des raisons techniques, celles-ci devraient être rigoureusement définies et justifiées au cas par cas. Parmi ces raisons pourraient par exemple figurer la quasi-impossibilité technique, pour un autre opérateur économique, de réaliser les prestations requises, ou la nécessité de recourir à un savoir-faire, des outils ou des moyens spécifiques dont ne dispose qu'un seul opérateur économique. Des raisons techniques peuvent également découler d'exigences spécifiques d'interopérabilité qui doivent être satisfaites pour garantir le fonctionnement des travaux, des fournitures ou des services achetés.

Enfin, une procédure de passation de marché n'est pas utile lorsque les fournitures sont achetées directement sur une bourse des matières premières, notamment les plate-formes d'échange de produits de base telles que les bourses de produits agricoles, de matières premières et de produits énergétiques, où la structure d'échange multilatérale réglementée et contrôlée garantit naturellement les prix du marché.

(51) Il convient de préciser que les dispositions concernant la protection des informations confidentielles n'empêchent en aucune manière la publication des éléments non confidentiels des marchés conclus, y compris celle de toute modification ultérieure.

(52) Les moyens électroniques d'information et de communication permettent de simplifier considérablement la publicité des marchés publics et de rendre les procédures de passation de marché plus efficaces et transparentes. Ils devraient devenir les moyens de communication et d'échange d'informations usuels dans les procédures de passation de marchés, car les possibilités pour les opérateurs économiques de prendre part à des procédures de passation de marché dans l'ensemble du marché intérieur s'en trouvent considérablement accrues. A cet effet, il faudrait que soient obligatoires la transmission des avis et la mise à disposition des documents de marché par voie électronique et, à l'issue d'une période transitoire de trente mois, la communication totalement électronique, c'est-à-dire la communication par des moyens électroniques à tous les stades de la procédure, notamment la transmission des demandes de participation, et en particulier la transmission des offres (soumission électronique). Il convient que les États membres et les pouvoirs adjudicateurs demeurent libres d'aller plus loin sur cette voie, s'ils le souhaitent. Il y a lieu également de préciser que l'obligation de recourir aux moyens de communication électroniques en vertu de la présente directive ne devrait toutefois pas contraindre les pouvoirs adjudicateurs à procéder au traitement électronique des offres, ni imposer l'évaluation électronique ou le traitement automatique. En outre, en vertu de la présente directive, l'utilisation obligatoire de moyens de communication électroniques ne devrait concerner aucun aspect de la procédure postérieur à l'attribution du marché, ni la communication interne au sein du pouvoir adjudicateur.

(53) Les pouvoirs adjudicateurs devraient, sauf dans certaines situations spécifiques, utiliser des moyens électroniques de communication qui ne sont pas discriminatoires, qui sont communément disponibles et compatibles avec les TIC généralement utilisées et qui ne restreignent pas l'accès des opérateurs économiques à la procédure de passation de marché. L'utilisation de ces moyens de communication devrait également tenir dûment compte de l'accessibilité pour les personnes handicapées. Il convient de préciser qu'il ne serait pas approprié d'imposer l'obligation d'utiliser des moyens électroniques à tous les stades de la procédure de passation de marché ni lorsque cette utilisation nécessiterait des outils spécialisés ou des formats de fichiers qui ne sont pas communément disponibles ni lorsque les

communications concernées ne pourraient être traitées qu'en recourant à un équipement de bureau spécialisé. Les pouvoirs adjudicateurs ne devraient dès lors pas être tenus, dans certains cas qui devraient être énumérés de manière exhaustive, d'exiger l'emploi de moyens de communication électroniques lors du processus de soumission. La présente directive prévoit que ces cas devraient notamment couvrir les situations nécessitant l'utilisation d'un équipement de bureau spécialisé dont les autorités contractantes ne disposent pas communément tel que des imprimantes grand format. Dans certaines procédures de passation de marché, les documents de marché pourraient exiger la présentation d'une maquette ou d'un modèle réduit, qui ne peut pas être transmis au pouvoir adjudicateur par voie électronique. Dans un tel cas, cet objet devrait être transmis au pouvoir adjudicateur par voie postale ou par tout autre moyen approprié.

Il convient toutefois de préciser que l'emploi d'autres moyens de communication devrait être limité aux éléments de l'offre pour lesquels les moyens de communication électroniques ne sont pas exigés.

Il convient de préciser que, lorsque cela est nécessaire pour des motifs techniques, les pouvoirs adjudicateurs devraient pouvoir fixer la taille maximale autorisée des fichiers à soumettre.

(54) Il peut exister des cas exceptionnels dans lesquels les pouvoirs adjudicateurs devraient être autorisés à ne pas utiliser des moyens électroniques de communication lorsqu'il est nécessaire de ne pas utiliser ces moyens de communication pour protéger le caractère particulièrement sensible d'informations. Il convient de préciser que, lorsque l'utilisation d'outils électroniques qui ne sont pas communément disponibles peut garantir le niveau de protection nécessaire, ces outils électroniques devraient être utilisés. Tel pourrait être par exemple le cas lorsque les pouvoirs adjudicateurs exigent l'utilisation de moyens de communication sécurisés spécifiques auxquels ils offrent un accès.

(55) La variété des formats techniques, des procédures et des normes en matière de messagerie pourrait poser des problèmes d'interopérabilité, non seulement au sein de chaque État membre, mais aussi et surtout entre États membres. Par exemple, pour participer à une procédure de passation de marché pour laquelle serait autorisée ou requise l'utilisation de catalogues électroniques, c'est-à-dire d'un format permettant de présenter et d'organiser les informations d'une manière commune à tous les soumissionnaires et qui se prête au traitement électronique, les opérateurs économiques seraient tenus, en l'absence de normalisation, d'adapter leurs catalogues à chaque procédure de passation de marché, ce qui entraînerait la communication d'informations très semblables dans des formats différents en fonction du cahier des charges du pouvoir adjudicateur concerné. La normalisation des formats des catalogues permettrait donc d'améliorer le degré d'interopérabilité, d'accroître l'efficacité et également de réduire l'effort demandé aux opérateurs économiques.

(56) Lorsqu'elle détermine s'il est nécessaire d'assurer ou de renforcer l'interopérabilité entre différents formats techniques ou différentes normes en matière de procédures et de messagerie en rendant obligatoire le recours à des normes spécifiques et, dans l'affirmative, quelles normes il y a lieu d'imposer, la Commission tient le plus grand compte de l'avis des parties concernées. Elle devrait également étudier dans quelle mesure une norme donnée a déjà été utilisée dans la pratique par les opérateurs économiques et les pouvoirs adjudicateurs et déterminer si elle a bien rempli son rôle. Avant de rendre l'utilisation d'une norme technique particulière obligatoire, la Commission devrait aussi examiner attentivement les coûts que cette obligation pourrait entraîner, notamment en termes d'adaptation aux solutions existantes en matière de passation de marchés en ligne, y compris en ce qui concerne les infrastructures, les procédures ou les logiciels. Les normes qui n'auraient pas été élaborées par un organisme de normalisation international, européen ou national devraient satisfaire aux exigences applicables aux normes relatives aux TIC établies dans le règlement (UE) n° 1025/2012 du Parlement européen et du Conseil *[Règl. (UE) n° 1025/2012 du Parlement européen et du Conseil du 25 oct. 2012 relatif à la normalisation européenne, modifiant les Dir. 89/686/CEE et 93/15/CEE du Conseil ainsi que les Dir. 94/9/CE, 94/25/CE, 95/16/CE, 97/23/CE, 98/34/CE, 2004/22/CE, 2007/23/CE, 2009/23/CE et 2009/105/CE du Parlement européen et du Conseil et abrogeant la Décis. n° 87/95/CEE du Conseil et la Décis. n° 1673/2006/CE du Parlement européen et du Conseil (JOUE L 316 du 14 nov. 2012, p. 12)]*.

(57) Avant de préciser le niveau de sécurité requis pour les moyens de communication électroniques devant être utilisés aux différents stades de la procédure d'attribution, les États membres et les pouvoirs adjudicateurs devraient évaluer la proportionnalité entre, d'une part, les exigences visant à assurer une identification exacte et fiable des expéditeurs de la communication concernée, ainsi que l'intégrité du contenu de celle-ci et, d'autre part, le ris-

que que des problèmes surviennent, par exemple dans des cas où les messages sont transmis par un expéditeur autre que celui qui est indiqué. Toutes choses étant égales par ailleurs, cela signifierait que le niveau de sécurité requis, par exemple, d'un courriel demandant confirmation de l'adresse exacte à laquelle se tiendra une réunion d'information ne serait pas nécessairement identique à celui de la transmission de l'offre elle-même, qui constitue une proposition contraignante pour l'opérateur économique. De même, l'évaluation de la proportionnalité pourrait conduire à exiger des niveaux de sécurité moins élevés pour la nouvelle présentation de catalogues électroniques, la soumission d'offres relatives à des mises en concurrence réduites organisées au titre d'un accord-cadre ou l'accès aux documents de marché.

(58) Si les aspects essentiels d'une procédure de passation de marché tels que les documents de marché, les demandes de participation, les confirmations d'intérêt et les offres doivent toujours revêtir une forme écrite, il devrait néanmoins rester possible de communiquer oralement avec les opérateurs économiques, pour autant que le contenu de ces communications soit consigné d'une manière suffisante. Cette mesure est nécessaire pour garantir un niveau satisfaisant de transparence qui permet de vérifier si le principe de l'égalité de traitement a été respecté. Il est en particulier essentiel que les communications orales avec les soumissionnaires, qui sont susceptibles d'avoir une incidence sur le contenu et l'évaluation des offres, soient consignées d'une manière suffisante et par des moyens appropriés tels que des notes écrites ou des enregistrements audio ou des synthèses des principaux éléments de la communication.

(59) On observe, dans l'ensemble des marchés publics de l'Union, que les acheteurs publics ont une forte tendance à regrouper leurs demandes afin d'obtenir des économies d'échelle, notamment une réduction des prix et des frais de transaction, et d'améliorer et de professionnaliser la gestion de la passation de marchés. Cette concentration des achats peut se faire en jouant soit sur le nombre de pouvoirs adjudicateurs concernés, soit sur le volume et la valeur des achats dans le temps. Il faudrait cependant surveiller attentivement le regroupement et la centralisation des achats pour éviter une concentration excessive du pouvoir d'achat et le risque de collusion et pour préserver la transparence et la concurrence, ainsi que les possibilités d'accès au marché pour les petites et moyennes entreprises.

(60) L'accord-cadre est un instrument largement utilisé et considéré comme une technique de passation de marché efficace dans toute l'Europe. Il convient donc de le maintenir en l'état pour l'essentiel. Il est cependant nécessaire d'en clarifier certains aspects, notamment le fait que les pouvoirs adjudicateurs ne devraient pas recourir à un accord-cadre dans lequel ils ne sont pas nommés. A cette fin, les pouvoirs adjudicateurs qui sont, dès le départ, parties à un accord-cadre spécifique, devraient être clairement désignés, soit par leur nom ou par d'autres moyens tels qu'un renvoi à une catégorie donnée de pouvoirs adjudicateurs dans une zone géographique clairement délimitée, de manière que les pouvoirs adjudicateurs concernés puissent être identifiés aisément et sans ambiguïté. De même, une fois conclu, un accord-cadre ne devrait pas être ouvert à de nouveaux opérateurs économiques. Ainsi, par exemple, lorsqu'une centrale d'achat fait usage d'un registre général des pouvoirs adjudicateurs ou de catégories de ceux-ci, tels que les collectivités locales d'une zone géographique donnée, qui sont autorisés à recourir aux accords-cadres qu'elle conclut, elle devrait procéder de manière à ce qu'il soit possible de vérifier, non seulement l'identité du pouvoir adjudicateur concerné, mais aussi la date à compter de laquelle il acquiert le droit de recourir à l'accord-cadre conclu par la centrale d'achat, étant donné que cette date détermine les accords-cadres spécifiques auxquels ledit pouvoir adjudicateur devrait être autorisé à avoir recours.

(61) Les conditions objectives permettant de déterminer quel opérateur économique, partie à l'accord-cadre, devrait exécuter une tâche donnée telle que la fourniture de produits ou la prestation de services destinés à être utilisés par des personnes physiques, peuvent englober, dans le contexte des accords-cadres définissant toutes les conditions, les besoins ou le choix des personnes physiques concernées.

Il y a lieu d'octroyer davantage de souplesse aux pouvoirs adjudicateurs passant un marché en vertu d'un accord-cadre qui est conclu avec plusieurs opérateurs économiques et définit toutes les conditions.

Dans un tel cas, les pouvoirs adjudicateurs devraient être autorisés à obtenir des travaux, fournitures ou services spécifiques relevant de l'accord-cadre, soit en les demandant à l'un des opérateurs économiques, désigné selon des critères objectifs et dans les conditions déjà définies, soit en attribuant un marché spécifique pour les travaux, fournitures ou services concernés au terme d'une mise en concurrence réduite entre les opérateurs économiques qui sont parties à l'accord-cadre. Afin de garantir la transparence et l'égalité de traitement, il convient que les pouvoirs adjudicateurs indiquent, dans les documents de marché relatifs à l'accord-cadre, les critères objectifs qui régiront le choix entre ces deux méthodes d'exécution de l'accord-cadre. Les critères en question pourraient, par exemple, porter sur la quantité, la valeur ou les caractéristiques des travaux, fournitures ou services concernés, y compris la nécessité d'un niveau plus élevé de service ou de sécurité, ou sur l'évolution des niveaux de prix par rapport à un indice de prix préétabli. Les accords-cadres ne devraient pas être utilisés de façon abusive ou de manière à empêcher, à restreindre ou à fausser la concurrence. La présente directive ne devrait pas obliger les pouvoirs adjudicateurs à acquérir, en vertu d'un accord-cadre, des travaux, des fournitures ou des services couverts par celui-ci.

(62) Il convient également de préciser que, si les marchés fondés sur un accord-cadre doivent être attribués avant la fin de la période de validité de celui-ci, la durée des différents marchés fondés sur un accord-cadre ne doit pas nécessairement coïncider avec celle dudit accord-cadre, mais pourrait, selon le cas, être plus courte ou plus longue. En particulier, il devrait être permis de fixer la durée des différents marchés fondés sur un accord-cadre en tenant compte de facteurs tels que le temps nécessaire pour les exécuter, lorsqu'il est prévu d'assurer la maintenance d'équipements dont la durée de vie utile escomptée est supérieure à quatre ans ou qu'une formation approfondie du personnel est nécessaire pour exécuter le marché.

Il convient aussi de préciser qu'il pourrait exister des cas exceptionnels où la durée des accords-cadres eux-mêmes devrait pouvoir être supérieure à quatre ans. De tels cas, qui devraient être dûment justifiés, en particulier par l'objet de l'accord-cadre, pourraient par exemple se présenter lorsque les opérateurs économiques ont besoin de disposer d'équipements dont la durée d'amortissement est supérieure à quatre ans et qui doivent être disponibles en tout temps pendant toute la durée de l'accord-cadre.

(63) Compte tenu de l'expérience acquise, il est également nécessaire d'adapter les règles régissant les systèmes d'acquisition dynamiques, pour permettre aux pouvoirs adjudicateurs de tirer pleinement parti des possibilités qu'offre cet instrument. Il convient de simplifier ces systèmes ; ils devraient en particulier suivre les règles de la procédure restreinte, ce qui éliminerait la nécessité des offres indicatives, qui ont été identifiées comme l'une des principales lourdeurs associées aux systèmes d'acquisition dynamiques. Ainsi, tout opérateur économique qui présente une demande de participation et remplit les critères de sélection devrait être autorisé à prendre part aux procédures de passation de marchés se déroulant selon le système d'acquisition dynamique pendant sa période de validité. Cette technique d'acquisition permet au pouvoir adjudicateur de disposer d'un éventail particulièrement large d'offres et donc de garantir une utilisation optimale des deniers publics grâce à une large concurrence en ce qui concerne les produits, travaux ou services d'usage courant ou standards qui sont généralement disponibles sur le marché.

(64) Ces demandes de participation devraient normalement être examinées dans un délai maximal de dix jours ouvrables, étant donné que l'évaluation des critères de sélection s'effectuera sur la base des exigences simplifiées en matière de justificatifs qui sont énoncées dans la présente directive. Toutefois, lorsqu'un système d'acquisition dynamique est initialement mis en place, il se peut que, en réponse à la première publication de l'avis de marché ou de l'invitation à confirmer l'intérêt, les pouvoirs adjudicateurs soient confrontés à un tel nombre de demandes de participation qu'ils pourraient avoir besoin de plus de temps pour examiner ces demandes, ce qui devrait pouvoir être accepté, à condition qu'aucune passation de marché spécifique ne soit lancée avant que toutes les demandes aient été examinées. Les pouvoirs adjudicateurs devraient avoir la faculté d'organiser les modalités d'examen des demandes de participation en décidant, par exemple, de ne procéder à l'examen des demandes qu'une fois par semaine, pour autant que soient respectés les délais prévus pour l'examen de chaque demande d'admission.

(65) A tout moment au cours de la période de validité du système d'acquisition dynamique, les pouvoirs adjudicateurs devraient avoir la faculté de demander aux opérateurs économiques de présenter, dans un délai approprié, une déclaration sur l'honneur renouvelée et actualisée concernant la satisfaction des critères de sélection qualitative. Il conviendrait de rappeler que la possibilité, prévue par la présente directive dans ses dispositions générales relatives aux moyens de preuve, de demander aux opérateurs économiques de présenter des documents justificatifs et l'obligation incombant à ce titre au soumissionnaire auquel il a été décidé d'attribuer le marché s'appliquent également dans le cadre particulier des systèmes d'acquisition dynamiques.

(66) Pour accroître les chances des petites et moyennes entreprises (PME) de participer à un système d'acquisition dynamique à grande échelle, comme ceux mis en place par une centrale d'achat, le pouvoir adjudicateur concerné devrait pouvoir organiser le système en catégories de produits, travaux ou services définies de manière objective. La définition de ces catégories devrait se fonder sur des facteurs objectifs qui pourraient, par exemple, comprendre la taille maximale autorisée des marchés spécifiques à attribuer dans le cadre de la catégorie concernée ou une zone géographique précise dans laquelle les marchés spécifiques doivent être exécutés. Lorsqu'un système d'acquisition dynamique est divisé en catégories, le pouvoir adjudicateur devrait appliquer des critères de sélection proportionnés aux caractéristiques de la catégorie concernée.

(67) Il convient de préciser que les enchères électroniques ne sont en règle générale pas adaptées à certains marchés publics de travaux et de services ayant pour objet des prestations intellectuelles telles que la conception de travaux, car une enchère électronique ne peut porter que sur des éléments se prêtant à une évaluation automatique par des moyens électroniques, sans aucune intervention ni appréciation de la part du pouvoir adjudicateur, à savoir des éléments qui sont quantifiables pour pouvoir être exprimés en chiffres ou en pourcentages.

Cependant, il faudrait également préciser qu'il est possible d'avoir recours aux enchères électroniques dans le cadre d'une procédure de passation de marché concernant l'acquisition d'un droit de propriété intellectuelle particulier. Il est également opportun de rappeler que si les pouvoirs adjudicateurs ont toujours la faculté de réduire le nombre de candidats ou de soumissionnaires avant le début de l'enchère, en revanche, une fois que celle-ci a commencé, aucune autre réduction du nombre de soumissionnaires participant à l'enchère électronique ne devrait être permise.

(68) De nouvelles techniques d'acquisition électroniques, telles que les catalogues électroniques, sont continuellement développées. Les catalogues électroniques constituent un format permettant de présenter et d'organiser des informations d'une manière commune à tous les soumissionnaires participants et qui se prête lui-même au traitement électronique. On pourrait citer à titre d'exemple les offres présentées sous la forme d'une feuille de calcul. Les pouvoirs adjudicateurs devraient pouvoir exiger des catalogues électroniques dans toutes les procédures disponibles lorsque l'emploi de moyens de communication électroniques est requis. Les catalogues électroniques contribuent à accroître la concurrence et à rationaliser la commande publique, notamment en termes de gains de temps et d'économies. Certaines règles devraient toutefois être établies pour veiller à ce que l'utilisation des nouvelles techniques soit conforme à la présente directive et aux principes d'égalité de traitement, de non-discrimination et de transparence. Ainsi l'utilisation des catalogues électroniques pour présenter des offres ne devrait pas avoir pour effet de permettre aux opérateurs économiques de se limiter à transmettre leur catalogue général. Les opérateurs économiques devraient toujours être tenus d'adapter leurs catalogues généraux en fonction de la procédure spécifique de passation de marché. Cette adaptation garantit que le catalogue qui est transmis pour répondre à une procédure de passation de marché donnée ne contient que les produits, travaux ou services dont l'opérateur économique a jugé, au terme d'un examen approfondi, qu'ils correspondaient aux exigences énoncées par le pouvoir adjudicateur. Ce faisant, les opérateurs économiques devraient être autorisés à copier des informations figurant dans leur catalogue général, sans pour autant pouvoir soumettre celui-ci tel quel.

En outre, lorsque des garanties suffisantes sont offertes en matière de traçabilité, d'égalité de traitement et de prévisibilité, les pouvoirs adjudicateurs devraient être autorisés à recueillir les informations nécessaires à la constitution des offres concernant des achats spécifiques en s'appuyant sur des catalogues électroniques transmis antérieurement, en particulier dans les cas de remise en concurrence pour l'application d'un accord-cadre ou de recours à un système d'acquisition dynamique.

Lorsque le pouvoir adjudicateur a recueilli les informations nécessaires à la constitution d'une offre, l'opérateur économique concerné devrait avoir la possibilité de vérifier que l'offre, qui a donc été ainsi constituée par le pouvoir adjudicateur, ne comporte pas d'erreurs matérielles. Si de telles erreurs sont constatées, l'opérateur économique ne devrait pas être lié par l'offre constituée par le pouvoir adjudicateur, à moins que les erreurs ne soient rectifiées.

Conformément aux exigences prévues par les règles relatives aux moyens de communication électroniques, les pouvoirs adjudicateurs devraient éviter que les opérateurs économiques soient confrontés à des obstacles injustifiés pour accéder aux procédures de passation de marché dans lesquelles les offres doivent être soumises sous la forme de catalogues électroniques et qui garantissent le respect des principes généraux de non-discrimination et d'égalité de traitement.

(69) Les techniques de centralisation des achats sont de plus en plus utilisées dans la plupart des États membres. Des centrales d'achat sont chargées d'effectuer des acquisitions, de gérer des systèmes d'acquisition dynamiques ou de passer des marchés publics/des accords-cadres pour d'autres pouvoirs adjudicateurs, avec ou sans rémunération. Les pouvoirs adjudicateurs pour lesquels un accord-cadre est conclu devraient pouvoir y avoir recours pour des achats uniques ou répétés. Du fait de l'importance des volumes achetés, ces techniques peuvent permettre d'accroître la concurrence et devraient aider à professionnaliser la commande publique. En conséquence, il y a lieu de prévoir, au niveau de l'Union, une définition de la centrale d'achat destinée aux pouvoirs adjudicateurs, en précisant que ces centrales opèrent de deux manières différentes.

Elles devraient pouvoir agir, en premier lieu, en tant que grossistes en achetant, stockant et revendant ou, en second lieu, en tant qu'intermédiaires en attribuant des marchés, en exploitant des systèmes d'acquisition dynamiques ou en concluant des accords-cadres destinés aux pouvoirs adjudicataires. Elles pourraient jouer ce rôle d'intermédiaire, dans certains cas, en menant de manière autonome les procédures d'attribution applicables, sans avoir reçu d'instructions détaillées des pouvoirs adjudicateurs concernés, et, dans d'autres cas, en menant les procédures d'attribution applicables sur instructions des pouvoirs adjudicateurs concernés, en leur nom et pour leur compte.

En outre, des règles devraient être arrêtées pour répartir les responsabilités quant au respect des obligations prévues par la présente directive entre la centrale d'achat et les pouvoirs adjudicateurs qui effectuent leurs achats auprès de celle-ci ou par son intermédiaire. Lorsque la centrale d'achat assume seule la responsabilité du déroulement des procédures de passation de marché, elle devrait aussi assumer seule la responsabilité directe de la légalité des procédures. Si un pouvoir adjudicateur se charge de certaines parties de la procédure, telles que la remise en concurrence en application d'un accord-cadre ou l'attribution de marchés particuliers sur la base d'un système d'acquisition dynamique, il devrait rester responsable des phases de la procédure dont il se charge.

(70) Les pouvoirs adjudicateurs devraient être autorisés à attribuer un marché public de service pour la fourniture d'activités d'achat centralisées à une centrale d'achat sans appliquer les procédures prévues par la présente directive. Il devrait également être permis d'inclure des activités d'achat auxiliaires dans ces marchés publics de services. Un marché public de service pour la fourniture d'activités d'achat auxiliaires qui ne serait pas exécuté par une centrale d'achat en liaison avec la fourniture par celle-ci d'activités d'achat centralisées au pouvoir adjudicateur concerné, devrait être attribué conformément à la présente directive. Il y a lieu également de rappeler que la présente directive ne devrait pas s'appliquer lorsque les activités d'achat centralisées ou auxiliaires sont fournies en dehors d'un contrat à titre onéreux qui constitue une passation de marché au sens de la présente directive.

(71) Le renforcement des dispositions concernant les centrales d'achat ne devrait en aucune manière faire obstacle à la pratique actuelle de la passation conjointe de marchés à titre occasionnel, à savoir l'achat conjoint moins institutionnalisé et systématique ou à la pratique établie consistant à s'adresser à des prestataires de services qui préparent et gèrent les procédures de passation de marché au nom et pour le compte d'un pouvoir adjudicateur et en suivant ses instructions. En revanche, certains aspects de la passation conjointe de marchés devraient être précisés en raison du rôle important qu'elle peut jouer, en particulier en ce qui concerne des projets innovants.

La passation conjointe de marchés peut prendre différentes formes, depuis la passation coordonnée de marchés, en passant par la préparation de spécifications techniques communes pour des travaux, fournitures ou services qui seront acquis par un certain nombre de pouvoirs adjudicateurs, chacun d'entre eux menant sa propre procédure de passation de marché, jusqu'aux cas où les pouvoirs adjudicateurs concernés mènent conjointement une procédure de passation de marché, soit en agissant ensemble soit en confiant à l'un d'entre eux la gestion de la procédure au nom de l'ensemble des pouvoirs adjudicateurs.

Lorsque plusieurs pouvoirs adjudicateurs mènent conjointement une procédure de passation de marché, ils devraient être solidairement responsables de l'exécution des obligations qui leur incombent en vertu de la présente directive. Toutefois, lorsque seules des parties de la procédure de passation de marché sont menées conjointement par les pouvoirs adjudicateurs, la responsabilité solidaire ne devrait s'appliquer qu'à ces parties. Chaque pouvoir adjudicateur devrait être seul responsable pour les procédures ou les parties de procédures dont il se charge seul, telles que l'attribution d'un marché, la conclusion d'un accord-cadre, l'exploitation d'un système d'acquisition dynamique, la remise en concurrence en application d'un accord-cadre ou la détermination de l'opérateur économique partie à un accord-cadre qui exécutent une tâche donnée.

(72) Les moyens de communication électroniques se prêtent particulièrement bien à la mise en œuvre de pratiques et d'outils de centralisation des achats, grâce à la possibilité qu'ils offrent de réutiliser et de traiter automatiquement des données et de réduire au minimum les frais d'information et de transaction. Il faudrait par conséquent, dans un premier temps, rendre obligatoire le recours à ces moyens de communication électroniques pour les centrales d'achat, tout en facilitant par ailleurs la convergence des pratiques dans toute l'Union. A cette première étape devrait succéder une obligation générale d'utiliser des moyens de communication électroniques dans toutes les procédures de passation de marchés, à l'issue d'une période transitoire de trente mois.

(73) La passation conjointe de marchés publics par des pouvoirs adjudicateurs de différents États membres pose actuellement des problèmes juridiques spécifiques relatifs aux conflits de lois nationales. Bien que la directive 2004/18/CE ait implicitement autorisé la passation conjointe de marchés publics transnationaux, les pouvoirs adjudicateurs continuent de rencontrer de grandes difficultés juridiques et pratiques pour acheter auprès de centrales d'achat établies dans d'autres États membres ou passer conjointement des marchés publics. Il y a lieu de remédier à ces difficultés afin de permettre aux pouvoirs adjudicateurs de tirer le meilleur parti possible du potentiel du marché intérieur en termes d'économies d'échelle et de partage des gains et des risques, en particulier pour les projets innovants comportant plus de risques que n'en peut raisonnablement assumer un seul pouvoir adjudicateur. Il convient donc de définir de nouvelles règles en matière de passation conjointe de marchés transnationaux, afin de faciliter la coopération entre pouvoirs adjudicateurs et d'accroître les avantages pouvant être retirés du marché intérieur en ouvrant des perspectives commerciales transnationales aux fournisseurs et aux prestataires de services. Ces règles devraient établir les conditions d'utilisation transnationale des centrales d'achat et désigner la réglementation relative à la passation de marchés publics, y compris en ce qui concerne les recours, qui s'applique aux procédures conjointes transnationales, en complétant les règles de conflit de lois prévues par le règlement (CE) n° 593/2008 du Parlement européen et du Conseil *[Règl. (CE) n° 593/2008 du Parlement européen et du Conseil du 17 juin 2008 sur la loi applicable aux obligations contractuelles (Rome I) (JOUE L 177 du 4 juill. 2008, p. 6)]*. De plus, les pouvoirs adjudicateurs de différents États membres devraient pouvoir créer des entités conjointes constituées en vertu du droit national ou du droit de l'Union. Des règles particulières devraient être prévues pour cette forme de passation conjointe de marchés.

Toutefois, les pouvoirs adjudicateurs ne devraient pas faire usage des possibilités offertes par la passation conjointe de marchés transnationaux dans le but de se soustraire aux dispositions obligatoires de droit public conformes au droit de l'Union auxquelles ils sont soumis dans l'État membre dans lequel ils sont situés. Ces dispositions peuvent porter, par exemple, sur la transparence et l'accès aux documents ou sur des exigences spécifiques en matière de traçabilité de fournitures sensibles.

(74) Il est nécessaire que les spécifications techniques établies par les acheteurs publics permettent d'ouvrir les marchés publics à la concurrence et d'atteindre les objectifs de durabilité. A cet effet, la présentation d'offres reflétant la diversité des solutions techniques, des normes et des spécifications techniques existant sur le marché, y compris celles définies sur la base de critères de performance liés au cycle de vie et à la durabilité du processus de production des travaux, fournitures et services, devrait être possible.

Les spécifications techniques devraient donc être élaborées de manière à éviter de restreindre artificiellement la concurrence en instaurant des exigences qui favorisent un opérateur économique particulier en reprenant les principales caractéristiques des fournitures, services ou travaux qu'il propose habituellement. La rédaction des spécifications technique[s] en termes de performances et d'exigences fonctionnelles permet généralement d'atteindre [...] mieux cet objectif. Les exigences fonctionnelles et celles liées aux performances sont ég[...] ment des moyens appropriés pour promouvoir l'innovation dans la passation de ma[...] publics et elles devraient être utilisées aussi largement que possible. Lorsqu'il est fai[...] rence à une norme européenne ou, à défaut, à une norme nationale, les offres for[...] des standards équivalents devraient être prises en compte par les pouvoirs adjudi[...] devrait incomber à l'opérateur économique de prouver l'équivalence avec le label[...]

Pour prouver cette équivalence, il devrait être possible d'exiger des soumissionnaires qu'ils fournissent des attestations de tiers. Il convient toutefois d'admettre d'autres moyens de preuve appropriés, tels que le dossier technique du fabricant, lorsque l'opérateur économique concerné n'a pas accès à de tels certificats ou rapports d'essai ni la possibilité de se les procurer dans les délais requis, à condition que l'opérateur économique concerné prouve ainsi que les travaux, fournitures ou services remplissent les conditions ou critères énoncés dans les spécifications techniques, les critères d'attribution ou les conditions d'exécution du marché.

(75) Les pouvoirs adjudicateurs qui souhaitent acquérir des travaux, fournitures ou services présentant des caractéristiques spécifiques d'ordre environnemental, social ou autre devraient pouvoir faire référence à un label précis, comme l'écolabel européen, un écolabel (pluri)national ou tout autre label, à condition que les exigences attachées au label soient liées à l'objet du marché telles que les exigences relatives à la description et à la présentation du produit, notamment à son emballage. Il est également essentiel que ces exigences soient définies et adoptées sur la base de critères objectivement vérifiables, suivant une procédure à laquelle les parties concernées, telles que les organismes publics, les consommateurs, les fabricants, les distributeurs ou les organisations environnementales, peuvent participer, et que le label soit accessible à tous les intéressés et qu'ils puissent l'obtenir. Il convient de préciser que les parties concernées pourraient être des organismes publics ou privés, des entreprises ou tout type d'organisation non gouvernementale (organisation qui ne fait pas partie d'un gouvernement et qui n'est pas une entreprise traditionnelle).

Il convient également de préciser que des organisations ou organismes publics ou nationaux particuliers peuvent participer à la définition des exigences en matière de label susceptibles d'être utilisées dans le cadre d'un marché passé par des pouvoirs publics sans que ces organisations ou organismes perdent leur statut de tierces parties.

La référence à des labels ne devrait pas avoir pour effet de freiner l'innovation.

(76) Pour tous les achats destinés à être utilisés par des personnes physiques, qu'il s'agisse du grand public ou du personnel du pouvoir adjudicateur, il est nécessaire que les pouvoirs adjudicateurs prévoient des spécifications techniques de façon à prendre en compte, sauf dans des cas dûment justifiés, des critères d'accessibilité pour les personnes handicapées ou d'adaptation de la conception à tous les utilisateurs.

(77) Lors de l'élaboration des spécifications techniques, les pouvoirs adjudicateurs devraient tenir compte des exigences découlant du droit de l'Union en matière de protection des données, en particulier en ce qui concerne la conception du traitement des données à caractère personnel (protection des données dès la conception).

(78) La passation des marchés publics devrait être adaptée aux besoins des PME. Il convient d'encourager les pouvoirs adjudicateurs à recourir au code des bonnes pratiques présenté dans le document de travail de la Commission du 25 juin 2008 intitulé « Code européen des bonnes pratiques facilitant l'accès des PME aux marchés publics », qui fournit des orientations sur la manière dont ils peuvent appliquer le cadre régissant les marchés publics en vue de faciliter la participation des PME. A cet effet, et afin de renforcer la concurrence, les pouvoirs adjudicateurs devraient en particulier être encouragés à diviser en lots les marchés importants. Cette division pourrait se faire sur une base quantitative, en faisant mieux correspondre la taille des différents marchés à la capacité des PME, ou sur une base qualitative, en fonction des différentes branches d'activité et spécialisations concernées, afin d'adapter plus étroitement le contenu de chaque marché aux secteurs de spécialisation des PME, ou selon les différentes phases successives du projet.

La taille et l'objet des lots devraient être établis librement par le pouvoir adjudicateur qui, conformément aux règles applicables au calcul de la valeur estimée du marché, devrait également être autorisé à attribuer certains lots sans appliquer les procédures prévues par la présente directive. Le pouvoir adjudicateur devrait avoir l'obligation d'examiner l'opportunité de diviser les marchés en lots tout en demeurant libre de prendre sa décision de façon autonome sur la base de tout motif qu'il juge pertinent, sans faire l'objet d'un contrôle administratif ou judiciaire. Lorsque le pouvoir adjudicateur décide qu'il ne serait pas indiqué de diviser le marché en lots, le rapport individuel ou les documents de marché devraient comporter une mention des principaux motifs justifiant son choix. A ce titre, le pouvoir adjudicateur pourrait par exemple faire valoir qu'il estime que cette division risquerait de restreindre la concurrence ou de rendre l'exécution du marché excessivement coûteuse ou difficile sur le plan technique ou que la nécessité de coordonner les contractants des différents lots pourrait compromettre gravement la bonne exécution du marché.

Les États membres devraient demeurer libres d'aller plus loin pour faciliter la participation des PME aux marchés publics, en étendant la portée de l'obligation d'examiner l'opportunité de diviser les marchés en lots de taille plus réduite, en exigeant des pouvoirs adjudicateurs qu'ils motivent leur décision de ne pas diviser les marchés en lots ou en rendant obligatoire une telle division dans certaines conditions. Dans le même but, les États membres devraient également être libres de prévoir des mécanismes de paiements directs aux sous-traitants.

(79) Lorsque les marchés sont divisés en lots, les pouvoirs adjudicateurs devraient être autorisés, par exemple en vue de préserver la concurrence ou d'assurer la fiabilité de l'approvisionnement, à limiter le nombre de lots pour lesquels un opérateur économique peut soumissionner ; il devrait également leur être permis de limiter le nombre de lots pouvant être attribués à un même soumissionnaire.

Toutefois, la poursuite de l'objectif consistant à renforcer l'accès des PME aux procédures de passation de marchés publics pourrait être entravée si les pouvoirs adjudicateurs étaient tenus d'attribuer le marché lot par lot même lorsque cela impliquerait de devoir accepter des solutions nettement moins avantageuses par rapport à une attribution regroupant plusieurs lots ou la totalité de ceux-ci. Lorsque la possibilité d'appliquer une telle méthode a été clairement indiquée au préalable, les pouvoirs adjudicateurs devraient donc pouvoir procéder à une évaluation comparative des offres afin d'établir si les offres présentées par un soumissionnaire donné pour un ensemble spécifique de lots, prises dans leur ensemble, répondent mieux aux critères d'attribution établis conformément à la présente directive que les offres portant sur chacun des lots concernés, prises isolément. Si tel est le cas, le pouvoir adjudicateur devrait être autorisé à attribuer un marché réunissant les lots en question au soumissionnaire concerné. Il convient de préciser que les pouvoirs adjudicateurs devraient effectuer cette évaluation comparative en déterminant d'abord quelles offres remplissent le mieux les critères d'attribution établis pour chacun des lots et en comparant ensuite celles-ci aux offres présentées par un soumissionnaire donné pour un ensemble spécifique de lots, prises dans leur ensemble.

(80) Afin de rendre les procédures plus rapides et plus efficaces, les délais prévus pour la participation aux procédures de passation de marché devraient demeurer aussi courts que possible, sans entraver indûment l'accès des opérateurs économiques au sein du marché intérieur, et notamment des PME. Il convient dès lors de garder à l'esprit que, lorsqu'ils fixent les délais de réception des offres et des demandes de participation, les pouvoirs adjudicateurs devraient tenir compte en particulier de la complexité du marché et du temps requis pour l'élaboration des offres, même si cela implique de fixer des délais supérieurs aux minimums prévus en vertu de la présente directive. Par ailleurs, l'utilisation de moyens électroniques d'information et de communication, en particulier le fait de mettre les documents de marché à la disposition des opérateurs économiques, des soumissionnaires et des candidats, sous forme totalement électronique, et la transmission électronique des communications, aboutit bien à davantage de transparence et d'économies de temps. Par conséquent, il y a lieu de prévoir une réduction des délais minimums conformément aux règles établies par l'AMP et à condition qu'ils soient compatibles avec les modalités de transmission spécifiques prévues au niveau de l'Union. En outre, les pouvoirs adjudicateurs devraient avoir la possibilité de raccourcir davantage les délais prévus pour la réception des demandes de participation et des offres lorsqu'une situation d'urgence rend les délais habituels impossibles à respecter, sans toutefois rendre impossible le déroulement d'une procédure normale avec publication. Ce n'est que dans des situations exceptionnelles, où l'extrême urgence résultant d'événements imprévisibles par le pouvoir adjudicateur concerné et qui ne lui sont pas imputables rend impossible le déroulement d'une procédure normale, même avec des délais raccourcis, que les pouvoirs adjudicateurs devraient, dans la mesure strictement nécessaire, avoir la possibilité d'attribuer des marchés selon une procédure négociée sans publication préalable. Tel pourrait être le cas lorsqu'une catastrophe naturelle requiert une action immédiate.

(81) Il convient de préciser que, en raison de la nécessité de faire en sorte que les opérateurs économiques disposent d'un délai suffisant pour élaborer des offres recevables, il est possible que les délais fixés initialement doivent être prolongés. Tel serait, en particulier, le cas lorsque des modifications importantes sont apportées aux documents de marché. Il convient également de préciser que, dans ce cas, on devrait entendre par « modification importante » toute modification, en particulier des spécifications techniques, pour laquelle les opérateurs économiques auraient besoin d'un délai supplémentaire pour la comprendre et en tenir compte de manière appropriée. Il y a lieu, toutefois, de préciser que de telles modifications ne devraient pas être à ce point substantielles qu'elles auraient permis l'admis-

sion d'autres candidats que ceux retenus initialement ou auraient attiré davantage de participants à la procédure de passation de marché. Tel pourrait, en particulier, être le cas lorsque les modifications rendent le marché ou l'accord-cadre sensiblement différent par nature de celui défini au départ dans les documents de marché.

(82) Il y a lieu de préciser que les pouvoirs adjudicateurs devraient communiquer les informations relatives à certaines décisions arrêtées au cours d'une procédure de passation de marché, y compris celle de ne pas attribuer le marché ou de ne pas conclure un accord-cadre, sans que les candidats ou les soumissionnaires n'aient à les solliciter. Il convient également de rappeler que la directive 89/665/CEE du Conseil *[Dir. 89/665/CEE du Conseil du 21 déc. 1989 portant coordination des dispositions législatives, réglementaires et administratives relatives à l'application des procédures de recours en matière de passation des marchés publics de fournitures et de travaux (JOUE L 395 du 30 déc. 1989, p. 33)]* prévoit l'obligation pour les pouvoirs adjudicateurs de fournir aux candidats et soumissionnaires concernés, à nouveau sans que ceux-ci aient à la solliciter, une synthèse des motifs pertinents justifiant certaines des principales décisions arrêtées au cours d'une procédure de passation de marché. Il faudrait enfin préciser que les candidats et les soumissionnaires devraient pouvoir demander des compléments d'informations concernant ces motifs, que les pouvoirs adjudicateurs devraient être tenus de communiquer, sauf si des raisons sérieuses s'y opposent. Ces raisons devraient être mentionnées dans la présente directive. Pour garantir la transparence nécessaire dans le cadre de procédures de passation de marché comportant des négociations et un dialogue avec les soumissionnaires, ceux d'entre eux ayant remis une offre recevable devraient également, sauf lorsqu'il y aurait des motifs sérieux de ne pas le faire, pouvoir solliciter des informations concernant le déroulement et l'avancement de la procédure.

(83) Les exigences disproportionnées relatives à la capacité économique et financière de l'opérateur constituent souvent un obstacle injustifié à la participation des PME aux marchés publics. Il conviendrait que toute exigence de cet ordre soit liée et proportionnée à l'objet du marché. En particulier, les pouvoirs adjudicateurs ne devraient pas être autorisés à exiger que les opérateurs économiques aient un chiffre d'affaires minimum qui serait disproportionné par rapport à l'objet du marché ; en règle générale, le montant exigé ne devrait pas être supérieur au double de la valeur estimée du marché. Toutefois, dans des circonstances dûment justifiées, il devrait être possible d'appliquer des exigences plus strictes. Cela pourrait être le cas lorsque l'exécution du marché comporte des risques importants ou lorsque la bonne exécution du marché dans les délais est essentielle, par exemple parce qu'elle conditionne l'exécution d'autres marchés.

Dans ces cas dûment justifiés, les pouvoirs adjudicateurs devraient demeurer libres de décider de façon autonome s'il serait opportun et pertinent d'imposer des seuils plus élevés de chiffre d'affaires minimum, sans faire l'objet d'un contrôle administratif ou judiciaire. Lorsque des seuils plus élevés de chiffre d'affaires minimum s'appliquent, les pouvoirs adjudicateurs devraient rester libres d'en fixer le niveau tant que celui-ci est lié et proportionné à l'objet du marché. Lorsque le pouvoir adjudicateur décide que le montant du chiffre d'affaires minimum exigé devrait être supérieur au double de la valeur estimée du marché, le rapport individuel ou les documents de marché devraient comporter une mention des principaux motifs justifiant son choix.

Les pouvoirs adjudicateurs devraient également pouvoir demander des informations sur le ratio entre, par exemple, les éléments d'actif et de passif des comptes annuels. Un ratio positif, indiquant que le niveau des actifs est supérieur à celui des passifs, pourrait constituer un élément supplémentaire prouvant que la capacité financière d'un opérateur économique est suffisante.

(84) De nombreux opérateurs économiques, et en particulier les PME, estiment que les lourdeurs administratives découlant de l'obligation de produire un nombre important de certificats ou d'autres documents en rapport avec les critères d'exclusion et de sélection constituent l'un des principaux obstacles à leur participation aux marchés publics. Limiter ces exigences, par exemple en utilisant un document unique de marché européen (DUME) consistant en une déclaration sur l'honneur actualisée, pourrait conduire à une simplification considérable dont bénéficieraient tant les pouvoirs adjudicateurs que les opérateurs économiques.

Le soumissionnaire à qui il a été décidé d'attribuer le marché devrait néanmoins être tenu de produire les éléments de preuve pertinents ; à défaut, les pouvoirs adjudicateurs ne devraient pas passer de marché avec lui. Les pouvoirs adjudicateurs devraient également être autorisés à demander, à tout moment, communication de tout ou partie des documents justificatifs lorsqu'ils l'estiment nécessaire pour assurer le bon déroulement de la procédure.

Cela pourrait notamment être le cas lors de procédures en deux étapes (procédure restreinte, procédure concurrentielle avec négociation, dialogue compétitif et partenariat d'innovation) dans le cadre desquelles le pouvoir adjudicateur recourt à la possibilité de limiter le nombre de candidats invités à soumissionner. Demander que les documents justificatifs soient produits au moment de la sélection des candidats à inviter pourrait se justifier afin d'éviter que les pouvoirs adjudicateurs invitent des candidats qui se montreraient ultérieurement incapables de présenter les documents justificatifs au stade de l'attribution du marché, empêchant ainsi des candidats remplissant par ailleurs les conditions requises de participer.

Il convient d'indiquer expressément que le DUME devrait également fournir les informations pertinentes concernant les entités aux capacités desquelles un opérateur économique a recours, de sorte qu'il puisse être procédé à la vérification des informations concernant ces entités parallèlement aux vérifications concernant l'opérateur économique principal et aux mêmes conditions.

(85) Il importe que les décisions des pouvoirs adjudicateurs soient fondées sur des informations récentes, notamment en ce qui concerne les motifs d'exclusion, étant donné que des changements importants peuvent intervenir très rapidement, par exemple en cas de difficultés financières qui auraient pour conséquence que l'opérateur économique ne remplirait pas les conditions requises ou, inversement, parce qu'une dette en cours en matière de cotisations sociales aurait entre-temps été payée. Il est donc préférable que, dans la mesure du possible, les pouvoirs adjudicateurs vérifient ces informations en consultant les bases de données pertinentes, qui devraient être nationales, c'est-à-dire administrées par des pouvoirs publics. A ce jour, il pourrait subsister des cas où il n'est pas encore possible de procéder de la sorte pour des raisons techniques. Par conséquent, il conviendrait que la Commission envisage d'encourager les mesures susceptibles de faciliter un recours aisé, par voie électronique, à des informations actualisées, comme le renforcement d'outils donnant accès à des dossiers virtuels d'entreprise, des moyens permettant de renforcer l'interopérabilité entre les bases de données ou d'autres mesures d'accompagnement analogues.

Il convient également de prévoir que les pouvoirs adjudicateurs ne devraient pas demander à avoir accès à des documents qui sont toujours valables et déjà en leur possession dans le cadre de procédures de passation de marchés antérieures. Il convient toutefois également de veiller à ce que, dans ce contexte, les pouvoirs adjudicateurs ne soient pas confrontés à une charge disproportionnée en matière d'archivage et de classement. Par conséquent, cette obligation ne devrait s'appliquer que lorsque l'utilisation de moyens électroniques de communication sera obligatoire, dès lors que la gestion électronique des documents facilitera considérablement l'accomplissement de cette tâche pour les pouvoirs adjudicateurs.

(86) Une plus grande simplification tant pour les opérateurs économiques que pour les pouvoirs adjudicateurs pourrait être obtenue au moyen d'un formulaire type pour les déclarations sur l'honneur, ce qui pourrait réduire les problèmes liés à la formulation précise des déclarations officielles et des déclarations de consentement, ainsi qu'aux questions linguistiques.

(87) La Commission met à disposition et gère un système électronique, baptisé e-Certis, que les autorités nationales actualisent et vérifient en ce moment à titre facultatif. E-Certis a pour but de faciliter la transmission des certificats et autres pièces justificatives fréquemment exigés par les pouvoirs adjudicateurs. L'expérience acquise à ce jour montre que la procédure de mise à jour et de vérification facultatives ne permet pas de tirer tout le parti possible d'e-Certis en termes de simplification de transmission des documents, notamment en faveur des PME. Il convient donc, dans un premier temps, d'imposer une obligation de maintenance du système. L'utilisation d'e-Certis sera rendue obligatoire dans un second temps.

(88) Les pouvoirs adjudicateurs devraient pouvoir exiger que des mesures ou systèmes de gestion environnementale soient mis en œuvre durant l'exécution d'un marché public. Les systèmes de gestion environnementale, qu'ils soient ou non enregistrés au titre des instruments de l'Union, tels que le règlement (CE) n° 1221/2009 du Parlement européen et du Conseil *[Règl. (CE) n° 1221/2009 du Parlement européen et du Conseil du 25 nov. 2009 concernant la participation volontaire des organisations à un système communautaire de management environnemental et d'audit (EMAS), abrogeant le Règl. (CE) n° 761/2001 et les Décis. de la Commission 2001/681/CE et 2006/193/CE (JOUE L 342 du 22 déc. 2009, p. 1)]*, peuvent démontrer la capacité technique de l'opérateur économique à exécuter le marché. Il s'agit notamment des certificats Écolabel qui comportent des critères de gestion environnementale. Lorsqu'un opérateur économique n'a pas accès à un tel système de gestion environnementale enregistré ni la possibilité de se le

procurer dans les délais requis, il devrait être autorisé à soumettre une description des mesures de gestion environnementale mises en œuvre, à condition que l'opérateur économique concerné démontre que ces mesures assurent le même niveau de protection de l'environnement que les mesures requises au titre de la gestion environnementale.

(89) Les critères d'attribution constituent une notion essentielle de la présente directive. Il importe par conséquent que les dispositions correspondantes soient présentées d'une manière aussi simple et rationnelle que possible. A cette fin, les termes « offre économiquement la plus avantageuse » peuvent être utilisés comme notion prépondérante, puisque toutes les offres retenues devraient en fin de compte être sélectionnées en fonction de ce que le pouvoir adjudicateur concerné considère comme étant la meilleure solution sur le plan économique parmi celles proposées. Afin d'éviter les confusions avec le critère d'attribution actuellement dénommé « offre économiquement la plus avantageuse » figurant dans les directives 2004/17/CE et 2004/18/CE, il convient d'utiliser une terminologie différente pour désigner cette notion, à savoir le « meilleur rapport qualité/prix ». Par conséquent, ce critère devrait être interprété conformément à la jurisprudence relative aux directives précitées, sauf lorsqu'il existe une solution clairement et matériellement différente dans le cadre de la présente directive.

(90) Le marché devrait être attribué selon des critères objectifs qui assurent le respect des principes de transparence, de non-discrimination et d'égalité de traitement, dans le but de garantir une comparaison objective de la valeur relative des offres afin de déterminer, dans des conditions de concurrence effective, quelle est l'offre économiquement la plus avantageuse. Il convient d'indiquer expressément que l'offre économiquement la plus avantageuse devrait être évaluée sur la base du meilleur rapport qualité/prix, qui devrait dans tous les cas comporter un élément en rapport avec le prix ou le coût. Il y a également lieu de préciser que cette évaluation de l'offre économiquement la plus avantageuse pourrait aussi être fondée exclusivement sur le prix ou le rapport coût/efficacité. Il convient par ailleurs de rappeler que les pouvoirs adjudicateurs sont libres de fixer des normes de qualité adéquates en arrêtant des spécifications techniques ou des conditions d'exécution du marché.

Pour favoriser les passations de marchés publics davantage orientées vers la qualité, les États membres devraient être autorisés à interdire ou limiter, lorsqu'ils le jugent approprié, le recours au seul critère de prix ou de coût pour évaluer l'offre économiquement la plus avantageuse.

Afin de garantir le respect du principe d'égalité de traitement lors de l'attribution des marchés, les pouvoirs adjudicateurs devraient être tenus d'instaurer la transparence nécessaire pour permettre à tous les soumissionnaires d'être raisonnablement informés des critères et des modalités qui seront appliqués lors de la décision d'attribution du marché. Les pouvoirs adjudicateurs devraient par conséquent être tenus d'indiquer les critères d'attribution du marché, ainsi que la pondération relative qui sera conférée à chacun d'entre eux. Les pouvoirs adjudicateurs devraient cependant être autorisés à déroger à l'obligation d'indiquer la pondération des critères d'attribution dans des cas dûment justifiés, qu'ils doivent être en mesure de motiver, lorsque cette pondération ne peut pas être établie au préalable, notamment en raison de la complexité du marché. Dans de tels cas, ils devraient indiquer les critères par ordre décroissant d'importance.

(91) L'article 11 du traité sur le fonctionnement de l'Union européenne dispose que les exigences de la protection de l'environnement sont intégrées dans la définition et la mise en œuvre des politiques et actions de l'Union, en particulier afin de promouvoir le développement durable. La présente directive précise comment les pouvoirs adjudicateurs peuvent contribuer à la protection de l'environnement et à la promotion du développement durable tout en garantissant la possibilité d'obtenir pour leurs marchés le meilleur rapport qualité/prix.

(92) Lorsqu'ils évaluent le meilleur rapport qualité/prix, les pouvoirs adjudicateurs devraient établir les critères économiques et qualitatifs liés à l'objet du marché qu'ils appliqueront à cette fin. Ces critères devraient donc permettre une évaluation comparative du niveau de prestation offert par chaque soumissionnaire par rapport à l'objet du marché, tel qu'il est défini dans les spécifications techniques. Dans le cadre du meilleur rapport qualité/prix, une liste non exhaustive de critères d'attribution susceptibles d'être utilisés, comprenant notamment les aspects sociaux et environnementaux, figure dans la présente directive. Il y a lieu d'encourager les pouvoirs adjudicateurs à retenir les critères d'attribution qui leur permettent d'obtenir des travaux, des fournitures ou des services de grande qualité qui correspondent idéalement à leurs besoins.

Les critères retenus ne devraient pas conférer une liberté de choix illimitée au pouvoir adjudicateur, ils devraient garantir une concurrence effective et équitable et être accompagnés de modalités qui permettent de vérifier effectivement les informations fournies par les soumissionnaires.

Afin de déterminer l'offre économiquement la plus avantageuse, il convient que la décision d'attribution du marché ne soit pas fondée exclusivement sur des critères autres que le coût. Les critères qualitatifs devraient dès lors être assortis d'un critère de coût qui pourrait être, au choix du pouvoir adjudicateur, soit le prix, soit une approche coût/efficacité telle que le coût du cycle de vie. Toutefois, les critères d'attribution ne devraient pas avoir d'incidence sur l'application de dispositions nationales établissant la rémunération de certains services ou imposant un prix fixe pour certaines fournitures.

(93) Lorsque des dispositions nationales établissent la rémunération de certains services ou imposent un prix fixe pour certaines fournitures, il convient de préciser qu'il demeure possible d'évaluer le rapport qualité/prix sur la base d'autres facteurs que le seul prix ou la seule rémunération. Selon le service ou le produit concerné, ces facteurs pourraient, par exemple, inclure les conditions de livraison et de paiement, des aspects liés au service après-vente (par exemple l'étendue des services de conseil et de remplacement) ou des aspects sociaux ou environnementaux (par exemple le fait que des livres aient ou non été imprimés sur du papier recyclé ou du papier produit à partir de bois issu de sources durables, les coûts imputés aux externalités environnementales ou le fait que l'intégration sociale de personnes défavorisées ou de membres de groupes vulnérables parmi le personnel assigné à l'exécution du marché ait ou non été facilitée). Étant donné qu'il existe de nombreuses possibilités pour évaluer le rapport qualité/prix sur la base de critères matériels, il convient d'éviter de recourir au tirage au sort comme unique moyen d'attribuer le marché.

(94) Lorsque la qualité du personnel employé est déterminante pour le niveau d'exécution du marché, les pouvoirs adjudicateurs devraient également être autorisés à utiliser comme critère d'attribution l'organisation, les qualifications et l'expérience du personnel assigné à l'exécution du marché en question, étant donné que cela peut affecter la qualité de l'exécution du marché et, par conséquent, la valeur économique de l'offre. Cela pourrait être le cas, par exemple, des marchés de services intellectuels tels que des services de conseil ou d'architecte. Les pouvoirs adjudicateurs ayant recours à cette possibilité devraient s'assurer, par des moyens contractuels appropriés, que le personnel assigné à l'exécution du marché répond effectivement aux normes de qualité spécifiées et qu'il ne peut être remplacé qu'avec l'accord du pouvoir adjudicateur qui vérifie que le personnel de remplacement offre un niveau de qualité équivalent.

(95) Il est absolument primordial de tirer pleinement parti du potentiel des marchés publics pour atteindre les objectifs de la stratégie Europe 2020 pour une croissance intelligente, durable et inclusive. A cet égard, il convient de rappeler que les marchés publics sont essentiels pour promouvoir l'innovation, qui est très importante pour la croissance future en Europe. Les secteurs et les marchés étant très différents les uns des autres, il ne serait toutefois pas indiqué d'imposer des critères généraux pour la passation de marchés à visée environnementale, sociale ou innovante.

Le législateur de l'Union a déjà fixé des conditions obligatoires en matière de passation de marché pour atteindre des objectifs précis dans les secteurs du transport routier (directive 2009/33/CE du Parlement européen et du Conseil *[Dir. 2009/33/CE du Parlement européen et du Conseil du 23 avr. 2009 relative à la promotion de véhicules de transport routier propres et économes en énergie (JOUE L 120 du 15 mai 2009, p. 5)]*) et de l'équipement de bureau (règlement (CE) n° 106/2008 du Parlement européen et du Conseil *[Règl. (CE) n° 106/2008 du Parlement européen et du Conseil du 15 janv. 2008 concernant un programme communautaire d'étiquetage relatif à l'efficacité énergétique des équipements de bureau (refonte) (JOUE L 39 du 13 févr. 2008, p. 1)]*). Par ailleurs, d'importants progrès ont été faits en ce qui concerne la définition de méthodes communes pour calculer le coût du cycle de vie.

Il paraît donc judicieux de poursuivre sur cette voie en réservant aux dispositions sectorielles la définition d'objectifs obligatoires, en fonction des politiques et des conditions propres à chaque secteur, et de promouvoir le développement et l'utilisation d'approches européennes en matière de coût du cycle de vie, afin de donner aux marchés publics une dimension supplémentaire à l'appui d'une croissance durable.

(96) Ces mesures sectorielles devraient être complétées par une adaptation des directives 2004/17/CE et 2004/18/CE qui habilite les pouvoirs adjudicateurs à inclure les objectifs de la stratégie Europe 2020 pour une croissance intelligente, durable et inclusive dans leurs

stratégies d'achat. Il convient donc de préciser que, sauf lorsque l'évaluation est exclusivement fondée sur le prix, les pouvoirs adjudicateurs peuvent déterminer l'offre économiquement la plus avantageuse et le prix le plus bas en prenant en compte le coût du cycle de vie. La notion de calcul du coût du cycle de vie couvre tous les coûts supportés durant le cycle de vie des travaux, fournitures ou services.

Elle englobe les coûts internes, tels que la recherche à réaliser, le développement, la production, le transport, l'utilisation, la maintenance et le traitement en fin de vie, mais peut également comprendre les coûts imputés aux externalités environnementales, tels que la pollution causée par l'extraction des matières premières utilisées dans le produit ou par le produit lui-même ou sa fabrication, à condition qu'ils puissent être monétisés et faire l'objet d'un suivi. Les méthodes utilisées par les pouvoirs adjudicateurs pour évaluer les coûts imputés aux externalités environnementales devraient être établies au préalable d'une manière objective et non discriminatoire et être accessibles à toutes les parties intéressées. Ces méthodes peuvent être arrêtées au niveau national, régional ou local mais, pour éviter des distorsions de concurrence résultant de méthodes taillées sur mesure, il convient qu'elles demeurent générales dans le sens qu'elles ne devraient pas être spécifiquement mises en place pour une procédure de passation de marché public particulière.

Il convient de mettre au point au niveau de l'Union des méthodes communes afin de calculer le coût du cycle de vie de certaines catégories de fournitures ou de services. Lorsque de telles méthodes sont mises au point, il convient de les rendre obligatoires.

Il convient par ailleurs d'étudier la faisabilité de définir une méthode commune concernant les coûts sociaux du cycle de vie, en tenant compte des méthodes existantes telles que les lignes directrices pour l'analyse sociale du cycle de vie des produits adoptées dans le cadre du programme des Nations unies pour l'environnement.

(97) En outre, afin que les considérations sociales et environnementales soient mieux prises en compte dans les procédures de passation de marché, il convient que les pouvoirs adjudicateurs soient autorisés à appliquer des critères d'attribution ou des conditions d'exécution de marché liés aux travaux, produits ou services à fournir en vertu du marché public sous tous leurs aspects et à n'importe quel stade de leur cycle de vie, depuis l'extraction des matières premières utilisées pour le produit jusqu'au stade de l'élimination de celui-ci, y compris les facteurs intervenant dans le processus spécifique de production, de fourniture ou de commercialisation et ses conditions, desdits travaux, produits ou services, ou dans un processus spécifique lié à un stade ultérieur de leur cycle de vie, même lorsque ces facteurs ne font pas partie de leur contenu matériel. A titre d'exemple, sont à considérer comme des critères et des conditions applicables à ce type de processus de production ou de prestation ceux prévoyant que des substances chimiques toxiques n'entrent pas dans la fabrication des produits achetés ou que les services achetés sont fournis en utilisant des machines économes en énergie. Conformément à la jurisprudence de la Cour de justice de l'Union européenne, il s'agit également de critères d'attribution ou de conditions d'exécution du marché relatifs à la fourniture ou à l'utilisation de produits issus du commerce équitable lors de l'exécution du marché à attribuer. Les critères et conditions concernant la commercialisation et ses conditions peuvent par exemple mentionner que le produit concerné est issu du commerce équitable, y compris l'obligation de payer aux producteurs un prix minimum et une majoration de prix. Parmi les conditions d'exécution du marché liées aux considérations environnementales pourraient figurer, par exemple, la livraison, l'emballage et l'élimination des produits et, pour ce qui est des marchés de travaux ou de services, la minimisation des déchets et l'utilisation efficace des ressources.

Toutefois, la condition de l'existence d'un lien avec l'objet du marché exclut les critères et conditions relatifs à la politique générale de l'entreprise, qui ne peuvent être considérés comme un élément caractérisant le processus spécifique de production ou de fourniture des travaux, produits ou services achetés. Les pouvoirs adjudicateurs ne devraient dès lors pas être autorisés à exiger des soumissionnaires qu'ils aient mis en place une politique particulière de responsabilité sociale ou environnementale de l'entreprise.

(98) Il est essentiel que les critères d'attribution ou les conditions d'exécution du marché concernant les aspects sociaux du processus de production aient trait aux travaux, produits ou services à fournir en vertu du marché. En outre, ils devraient être appliqués conformément à la directive 96/71/CE, selon l'interprétation de la Cour de justice de l'Union européenne, et ne devraient pas être retenus ou appliqués de telle façon qu'ils créent une discrimination directe ou indirecte à l'encontre d'opérateurs économiques d'autres États membres ou de pays tiers parties à l'AMP ou à des accords de libre-échange auxquels l'Union est partie. Dès lors, les exigences concernant les conditions de travail de base régle-

mentées par la directive 96/71/CE, telles que les taux minimaux de rémunération, devraient demeurer au niveau établi par le droit national ou par des conventions collectives appliqués conformément au droit de l'Union dans le cadre de ladite directive.

Les conditions d'exécution du marché pourraient également viser à favoriser la mise en œuvre de mesures destinées à promouvoir l'égalité des hommes et des femmes au travail, une plus grande participation des femmes au marché du travail et la conciliation de la vie professionnelle et de la vie privée, la protection de l'environnement ou le bien-être animal, à assurer le respect pour l'essentiel des dispositions des conventions fondamentales de l'Organisation internationale du travail (OIT), ainsi qu'à recruter davantage de personnes défavorisées que ne l'exige la législation nationale.

(99) Les mesures visant à protéger la santé du personnel participant au processus de production, à favoriser l'intégration des personnes défavorisées ou appartenant à des groupes vulnérables parmi les personnes chargées d'exécuter le marché ou à former aux compétences nécessaires pour le marché en question peuvent également faire l'objet de critères d'attribution ou de conditions d'exécution du marché, à condition d'être liées aux travaux, produits ou services à fournir en vertu du marché. Par exemple, ces critères ou conditions pourraient porter, entre autres choses, sur l'emploi de chômeurs de longue durée, la mise en œuvre de mesures de formation pour les chômeurs ou les jeunes au cours de l'exécution du marché à attribuer. Les pouvoirs adjudicateurs peuvent prévoir dans les spécifications techniques des exigences sociales caractérisant directement le produit ou service concerné, telles que l'accessibilité des personnes handicapées ou la conception destinée à tous les utilisateurs.

(100) Les marchés publics ne devraient pas être attribués à des opérateurs économiques qui ont participé à une organisation criminelle ou ont été déclarés coupables de corruption, de fraude au détriment des intérêts financiers de l'Union, d'infractions terroristes, de blanchiment de capitaux ou de financement du terrorisme. De même, le non-paiement d'impôts ou de taxes ou de cotisations de sécurité sociale devrait entraîner une exclusion obligatoire au niveau de l'Union. Les États membres devraient toutefois pouvoir prévoir une dérogation à ces exclusions obligatoires dans des cas exceptionnels où des exigences impératives d'intérêt général rendent indispensable l'attribution d'un marché. Tel pourrait être, par exemple, le cas d'un vaccin ou d'un matériel de secours nécessaire de toute urgence qui ne peut être acheté qu'auprès d'un opérateur économique auquel s'appliquerait autrement un des motifs d'exclusion obligatoires.

(101) Les pouvoirs adjudicateurs devraient en outre pouvoir exclure des opérateurs économiques qui se seraient avérés non fiables, par exemple pour manquement à des obligations environnementales ou sociales, y compris aux règles d'accessibilité pour les personnes handicapées, ou pour d'autres fautes professionnelles graves telles que la violation de règles de concurrence ou de droits de propriété intellectuelle. Il convient de préciser qu'une faute professionnelle grave peut remettre en question l'intégrité d'un opérateur économique et avoir pour conséquence que celui-ci ne remplit pas les conditions requises pour se voir attribuer un marché public, indépendamment du fait qu'il disposerait par ailleurs des capacités techniques et économiques pour exécuter le marché concerné.

Compte tenu du fait qu'ils seront responsables des conséquences d'une éventuelle décision erronée de leur part, les pouvoirs adjudicateurs devraient également avoir la faculté de considérer qu'il y a eu faute professionnelle grave lorsque, avant qu'une décision finale et contraignante quant à l'existence de motifs d'exclusion obligatoires ne soit prise, ils peuvent démontrer, par tout moyen approprié, que l'opérateur économique a manqué à ses obligations, y compris ses obligations relatives au paiement d'impôts et taxes ou de cotisations de sécurité sociale, sauf disposition contraire du droit national. Ils devraient également pouvoir exclure des candidats ou des soumissionnaires lorsque des défaillances importantes dans l'exécution d'obligations essentielles ont été constatées lors de l'exécution de marchés publics antérieurs, par exemple un défaut de fourniture ou d'exécution, des carences notables du produit ou du service fourni qui le rendent impropre aux fins prévues, ou un comportement fautif jetant sérieusement le doute quant à la fiabilité de l'opérateur économique. La législation nationale devrait prévoir une durée maximale pour ces exclusions.

Lorsqu'ils appliquent des motifs facultatifs d'exclusion, les pouvoirs adjudicateurs devraient accorder une attention particulière au principe de proportionnalité. Des irrégularités mineures ne devraient entraîner l'exclusion d'un opérateur économique que dans des circonstances exceptionnelles. Toutefois, des cas répétés d'irrégularités mineures peuvent susciter des doutes quant à la fiabilité d'un opérateur économique, ce qui pourrait justifier son exclusion.

(102) Il convient cependant de laisser aux opérateurs économiques la possibilité de prendre des mesures de mise en conformité visant à remédier aux conséquences de toute infrac-

tion pénale ou faute et à empêcher effectivement que celles-ci ne se reproduisent. Il pourrait notamment s'agir de mesures concernant leur organisation et leur personnel, comme la rupture de toute relation avec des personnes ou des organisations impliquées dans ces agissements, des mesures appropriées de réorganisation du personnel, la mise en œuvre de systèmes de déclaration et de contrôle, la création d'une structure d'audit interne pour assurer le suivi de la conformité et l'adoption de règles internes de responsabilité et de réparation. Lorsque ces mesures offrent des garanties suffisantes, l'opérateur économique concerné ne devrait plus être exclu pour ces seuls motifs. Les opérateurs économiques devraient avoir la possibilité de demander que soient examinées les mesures de mise en conformité prises en vue d'une éventuelle admission à la procédure de passation de marché. Cependant, il convient de laisser aux États membres le pouvoir de déterminer les conditions procédurales et matérielles exactes qui seraient applicables dans ces cas. Ils devraient, en particulier, être libres de décider s'ils autorisent chaque pouvoir adjudicateur à effectuer les évaluations pertinentes ou s'ils confient cette tâche à d'autres pouvoirs à un niveau central ou décentralisé.

(103) Les offres qui paraissent anormalement basses par rapport aux travaux, fournitures ou services concernés pourraient reposer sur des hypothèses ou des pratiques techniquement, économiquement ou juridiquement contestables. Si le soumissionnaire ne peut pas fournir d'explication satisfaisante, le pouvoir adjudicateur devrait être autorisé à rejeter son offre. Ce rejet devrait être obligatoire dans les cas où le pouvoir adjudicateur constate que ce prix ou ces coûts anormalement bas sont dus à des manquements aux obligations découlant du droit de l'Union ou du droit national compatible avec celle-ci en matière de droit social et du travail ou de droit environnemental, ou de dispositions internationales en matière de droit du travail.

(104) Les conditions d'exécution du marché énoncent des exigences spécifiques liées à l'exécution du marché. Contrairement aux critères d'attribution du marché, qui servent de base à l'évaluation comparative de la qualité des offres, les conditions d'exécution du marché constituent des exigences objectives arrêtées qui n'ont pas d'incidence sur l'évaluation des offres. Les conditions d'exécution du marché devraient être compatibles avec la présente directive pour autant qu'elles ne soient pas directement ou indirectement discriminatoires et qu'elles soient liées à l'objet du marché, y compris tous les facteurs qui interviennent dans le processus même de production, de prestation ou de commercialisation lui-même. Cela comprend les conditions relatives au processus d'exécution du marché, mais exclut les exigences concernant la politique générale d'une société.

Les conditions d'exécution du marché devraient figurer dans l'avis de marché, l'avis de préinformation servant de moyen d'appel à la concurrence ou dans les documents de marché.

(105) Il importe que le respect, par les sous-traitants, des obligations applicables dans les domaines du droit environnemental, social et du travail, établies par le droit de l'Union, le droit national ou des conventions collectives, ou par les dispositions de droit international environnemental, social et du travail énumérées dans la présente directive, à condition que ces règles et leur application soient conformes au droit de l'Union, soit assuré au moyen de mesures appropriées prises par les autorités nationales compétentes dans le cadre de leurs responsabilités et compétences, par exemple les inspections du travail ou les agences de protection de l'environnement.

Il est également nécessaire d'assurer une certaine transparence dans la chaîne de sous-traitance, car les pouvoirs adjudicateurs disposeront ainsi d'informations sur l'identité des personnes présentes sur les chantiers de construction, sur la nature des travaux réalisés pour leur compte ou sur les entreprises qui fournissent des services dans des bâtiments, des infrastructures ou des zones, tels qu'une mairie, une école municipale, des installations sportives, un port ou une autoroute, pour lesquels les pouvoirs adjudicateurs sont responsables ou sur lesquels ils exercent une surveillance directe. Il convient de préciser que l'obligation de communiquer les informations requises incombera dans tous les cas au contractant principal, soit sur la base de clauses spécifiques que chaque pouvoir adjudicateur serait tenu d'inclure dans toutes les procédures de passation de marchés, soit sur la base d'obligations que les États membres imposeraient aux contractants principaux au moyen de dispositions d'application générale.

Il convient également de préciser que les conditions relatives au contrôle du respect des obligations applicables dans les domaines du droit environnemental, social et du travail, établies par le droit de l'Union, le droit national, des conventions collectives ou par les dispositions de droit international environnemental, social et du travail énumérées dans la présente directive, à condition que ces règles et leur application soient conformes au droit de l'Union, devraient être appliquées chaque fois que le droit interne d'un État membre prévoit un mécanisme de responsabilité solidaire entre les sous-traitants et le contractant principal. En outre, il convient d'indiquer expressément que les États membres devraient pouvoir aller plus loin, par exemple en élargissant les obligations de transparence, en autorisant les paiements directs en faveur des sous-traitants ou en permettant ou en impsant aux pouvoirs adjudicateurs de vérifier que des sous-traitants ne se trouvent pas dans l'une quelconque des situations qui justifieraient l'exclusion d'opérateurs économiques. Lorsque de telles mesures sont appliquées aux sous-traitants, il convient d'assurer la cohérence avec les dispositions applicables aux contractants principaux, de sorte que l'existence de motifs d'exclusion obligatoires entraînerait l'obligation, pour le contractant principal, de remplacer le sous-traitant concerné. Lorsqu'il ressort des vérifications susmentionnées qu'il existe des motifs non obligatoires d'exclusion, il convient de préciser que les pouvoirs adjudicateurs peuvent exiger le remplacement. Il convient toutefois également d'indiquer expressément que les pouvoirs adjudicateurs peuvent être tenus d'exiger le remplacement du sous-traitant concerné lorsque l'exclusion du contractant devrait être obligatoire dans de tels cas.

En outre, il convient d'indiquer expressément que les États membres restent libres de prévoir, dans leur législation nationale, des règles plus strictes en matière de responsabilité ou d'aller plus loin en ce qui concerne les paiements directs en faveur des sous-traitants.

(106) Il y a lieu de rappeler que le règlement (CEE, Euratom) n° 1182/71 du Conseil *[Règl. (CEE, Euratom) n° 1182/71 du Conseil du 3 juin 1971 portant détermination des règles applicables aux délais, aux dates et aux termes (JOUE L 124 du 8 juin 1971, p. 1)]* s'applique au calcul des délais figurant dans la présente directive.

(107) Il est nécessaire de préciser les conditions dans lesquelles des modifications apportées à un marché en cours d'exécution imposent une nouvelle procédure de passation de marché, en tenant compte de la jurisprudence de la Cour de justice de l'Union européenne en la matière. Il y a lieu d'engager une nouvelle procédure de passation de marché lorsque des modifications substantielles sont apportées au marché initial, notamment en ce qui concerne l'étendue et le contenu des droits et obligations réciproques des parties, y compris l'attribution de droits de propriété intellectuelle. Ces modifications attestent l'intention des parties de renégocier les conditions essentielles du marché. C'est notamment le cas de conditions qui, si elles avaient été incluses dans la procédure initiale, auraient influé sur son issue.

Il devrait toujours être possible d'apporter au marché des modifications entraînant une variation mineure de sa valeur jusqu'à un certain montant, sans devoir recourir à une nouvelle procédure de passation de marché. A cet effet, et afin de garantir la sécurité juridique, la présente directive devrait prévoir des seuils minimaux, en dessous desquels une nouvelle procédure de passation de marché n'est pas nécessaire. Il devrait être possible d'apporter au marché des modifications allant au-delà de ces seuils sans devoir recourir à une nouvelle procédure de passation de marché, pour autant que lesdites modifications respectent les conditions pertinentes énoncées dans la présente directive.

(108) Les pouvoirs adjudicateurs peuvent être confrontés à des situations dans lesquelles des travaux, fournitures ou services complémentaires s'avèrent nécessaires ; dans de tels cas, une modification du marché initial sans engager une nouvelle procédure de passation de marché peut être justifiée, en particulier dans le cas où les livraisons complémentaires sont destinées au renouvellement partiel ou à l'extension de services, fournitures ou installations existants, lorsque le changement de fournisseur obligerait le pouvoir adjudicateur à acquérir un matériel, des travaux ou des services revêtant des caractéristiques techniques différentes entraînant une incompatibilité ou des difficultés techniques d'utilisation et d'entretien disproportionnées.

(109) Les pouvoirs adjudicateurs peuvent se trouver confrontés à des circonstances extérieures qu'ils ne pouvaient prévoir au moment de l'attribution du marché, notamment lorsque l'exécution de celui-ci s'étend sur une plus longue période. Dans un tel cas, une certaine marge de manœuvre est nécessaire pour pouvoir adapter le marché à ces circonstances sans engager de nouvelle procédure de passation de marché. Les circonstances imprévisibles sont celles que le pouvoir adjudicateur, bien qu'ayant fait preuve d'une diligence raisonnable lors de la préparation du marché initial, n'aurait pu prévoir, compte tenu des moyens à sa disposition, de la nature et des caractéristiques du projet particulier, des bonnes pratiques du secteur et de la nécessité de mettre en adéquation les ressources consacrées à la préparation de l'attribution du marché et la valeur prévisible de celui-ci. Toutefois, cette définition ne saurait s'appliquer en cas de modification altérant la nature de l'ensemble du marché, par exemple lorsque les travaux, fournitures ou services faisant l'objet du marché sont remplacés

par une commande différente ou que le type de marché est fondamentalement modifié, puisque l'on peut, dans ce cas, présumer que cette modification serait de nature à influer éventuellement sur l'issue du marché.

(110) Conformément aux principes d'égalité de traitement et de transparence, il ne devrait pas être possible, par exemple lorsque le marché est résilié en raison de défaillances dans son exécution, de remplacer l'adjudicataire par un autre opérateur économique sans remise en concurrence du marché. En revanche, notamment lorsque le marché a été attribué à plus d'une entreprise, l'adjudicataire devrait pouvoir faire l'objet de certaines modifications structurelles durant l'exécution du marché (restructurations purement internes, rachat, fusions et acquisitions ou insolvabilité), sans que ces modifications structurelles requièrent automatiquement l'ouverture d'une nouvelle procédure de passation de marché pour tous les marchés publics dont il assure l'exécution.

(111) Les pouvoirs adjudicateurs devraient avoir la possibilité de prévoir, dans le marché même, des modifications au marché grâce à une clause de réexamen ou d'option, qui ne devrait cependant pas leur laisser toute latitude en la matière. La présente directive devrait donc préciser dans quelle mesure il est possible de prévoir des modifications dans le marché initial. Il convient par conséquent de préciser qu'une clause de réexamen ou d'option, formulée de manière suffisamment claire, peut notamment prévoir des indexations de prix ou garantir, par exemple, que des équipements de communication devant être livrés sur une période de temps donnée restent appropriés également en cas de modification de protocoles de communication ou d'autres modifications technologiques. Il devrait également être possible, en vertu de clauses suffisamment claires, de prévoir des adaptations du marché rendues nécessaires par des difficultés techniques apparues pendant l'utilisation ou l'entretien. En outre, il y a lieu de rappeler qu'un marché pourrait, par exemple, à la fois comporter un entretien ordinaire et prévoir des opérations d'entretien extraordinaires qui pourraient s'avérer nécessaires pour assurer la continuité d'un service public.

(112) Les pouvoirs adjudicateurs sont parfois confrontés à des circonstances dans lesquelles ils doivent résilier un marché public afin de se conformer à des obligations relevant du droit de l'Union dans le domaine des marchés publics. Les États membre devraient dès lors veiller à ce que les pouvoirs adjudicateurs aient la possibilité, selon les conditions déterminées par le droit national, de résilier un marché public en cours si le droit de l'Union l'exige.

(113) Les résultats du document de travail des services de la Commission du 27 juin 2011 intitulé « rapport d'évaluation : incidence et efficacité de la législation de l'Union en matière de marchés publics » ont indiqué qu'il faudrait revoir l'exclusion de certains services de l'application intégrale de la directive 2004/18/CE. L'application intégrale de la présente directive devrait par conséquent être étendue à un certain nombre de services.

(114) Certaines catégories de services conservent, par leur nature intrinsèque, une dimension transnationale limitée, à savoir les services consistant en des services à la personne tels que certains services sociaux, de santé et d'éducation. Ces services sont fournis dans un cadre spécifique qui varie grandement d'un État membre à l'autre, du fait de traditions culturelles différentes. Il convient dès lors de mettre en place un régime spécifique pour les marchés publics portant sur de tels services, dont le seuil est plus élevé que celui qui s'applique à d'autres services.

Les services à la personne dont la valeur n'atteint pas ce seuil n'intéresseront généralement pas les prestataires d'autres États membres sauf indication concrète du contraire, par exemple lorsque l'Union intervient dans le financement de projets transfrontaliers.

Les marchés de services à la personne dépassant ce seuil devraient être soumis à des obligations de transparence à l'échelle de l'Union. Compte tenu de l'importance du contexte culturel et du caractère sensible de ces services, les États membres devraient avoir un large pouvoir d'appréciation pour organiser le choix des prestataires de services de la manière qu'ils jugent la plus appropriée. Les règles de la présente directive tiennent compte de cet impératif, en n'imposant que le respect de principes fondamentaux de transparence et d'égalité de traitement et en veillant à ce que les pouvoirs adjudicateurs soient en mesure d'appliquer des critères de qualité spécifiques pour le choix de prestataires de services, tels que ceux définis dans le cadre volontaire européen pour la qualité des services sociaux, publié par le comité de la protection sociale. Lorsqu'ils fixent les procédures à suivre pour l'attribution des marchés de services à la personne, les États membres devraient tenir compte de l'article 14 du traité sur le fonctionnement de l'Union européenne et du protocole n° 26. Ce faisant, les États membres devraient également poursuivre les objectifs de simplification et d'allègement de la charge administrative pour les pouvoirs adjudicateurs et les opérateurs économiques ; il convient de préciser que ce processus pourrait également conduire à se fonder sur les règles applicables aux marchés de services ne relevant pas du régime spécifique.

Les États membres et les pouvoirs publics restent libres de fournir eux-mêmes ces services à caractère social ou de les organiser sans que cela entraîne la conclusion de marchés publics, par exemple en se contentant de financer ces services ou en octroyant des licences ou des autorisations à tous les opérateurs économiques remplissant les conditions prédéfinies par le pouvoir adjudicateur, sans fixation de limites ou de quotas, à condition qu'un tel système garantisse une publicité suffisante et soit conforme aux principes de transparence et de non-discrimination.

(115) De même, les services d'hôtellerie et de restauration ne sont généralement offerts que par des opérateurs situés sur le lieu précis de prestation de ces services et ont donc aussi une dimension transnationale limitée. Ils ne devraient dès lors être couverts que par le régime assoupli, à partir d'un seuil de 750 000 EUR. Les marchés importants de services d'hôtellerie et de restauration dont le montant dépasse ce seuil peuvent susciter l'intérêt de différents opérateurs économiques tels que les agences de voyages et d'autres intermédiaires, y compris sur une base transnationale.

(116) De même, certains services juridiques concernent exclusivement des questions de droit purement national ; par conséquent, ils ne sont généralement offerts que par des opérateurs situés dans l'État membre concerné et dès lors ils n'ont, en outre, qu'une dimension transnationale limitée. Ils ne devraient dès lors être couverts que par le régime assoupli, à partir d'un seuil de 750 000 EUR. Les marchés importants de services juridiques dont le montant dépasse ce seuil peuvent susciter l'intérêt de différents opérateurs économiques tels que les cabinets d'avocats internationaux, également sur une base transnationale, notamment lorsqu'ils font intervenir des questions juridiques ayant pour origine ou pour toile de fond le droit de l'Union ou un autre droit international ou impliquant plus d'un pays.

(117) L'expérience a montré qu'une série d'autres services, tels les services de secours, d'incendie ou pénitentiaires, ne présentent d'ordinaire un certain intérêt transnational qu'à partir du moment où ils acquièrent une masse critique suffisante en raison de leur valeur relativement élevée. Dans la mesure où ils ne sont pas exclus du champ d'application de la présente directive, ils devraient être inclus dans le régime assoupli. Dans la mesure où ils sont effectivement fournis sur la base d'un marché, des services appartenant à d'autres catégories, tels les services publics ou la fourniture de certains services à la population, ne seraient normalement susceptibles de présenter un intérêt transnational qu'à partir d'un seuil de 750 000 EUR et ne devraient donc être soumis que dans ce cas au régime assouplis.

(118) Afin d'assurer la continuité des services publics, la présente directive devrait permettre que la participation aux procédures de passation de marchés concernant certains services dans les domaines de la santé, des services sociaux et des services culturels puisse être réservée aux organisations reposant sur l'actionnariat des travailleurs ou sur leur participation active à la gouvernance de l'organisation, et aux organisations existantes, telles que les coopératives, pour participer à la fourniture de ces services aux utilisateurs finaux. Le champ d'application de cette disposition est exclusivement limité à certains services dans le domaine de la santé, à certains services sociaux et services connexes, à certains services dans les domaines de l'éducation et de la formation, aux bibliothèques, aux services d'archives, aux musées et à d'autres services culturels, aux services sportifs et aux services aux ménages privés, et cette disposition n'est pas destinée à s'appliquer à une quelconque des exclusions prévues par d'autres dispositions de la présente directive. Ces services ne devraient être couverts que par le régime assoupli.

(119) Il convient de définir ces services par référence aux positions particulières du Vocabulaire commun pour les marchés publics (*Common Procurement Vocabulary*, CPV) adopté par le règlement (CE) n° 2195/2002 du Parlement européen et du Conseil *[Règl. (CE) n° 2195/2002 du Parlement européen et du Conseil du 5 nov. 2002 relatif au vocabulaire commun pour les marchés publics (CPV) (JOUE L 340 du 16 déc. 2002, p. 1)]*, qui est une nomenclature hiérarchiquement structurée classée par divisions, groupes, classes, catégories et sous catégories. Afin d'éviter toute insécurité juridique, il y a lieu de préciser qu'un renvoi à une division n'entraîne pas implicitement un renvoi à une subdivision de celle-ci. Cette couverture intégrale devrait plutôt être indiquée expressément par la mention de toutes les positions pertinentes, le cas échéant sous la forme d'une plage de codes.

(120) Les concours sont l'instrument le plus souvent utilisé dans le domaine de l'aménagement du territoire, de l'urbanisme, de l'architecture, de l'ingénierie ou du traitement de

données. Il convient toutefois de rappeler que la souplesse de cet instrument pourrait également être utilisée à d'autres fins comme, par exemple, pour des programmes d'ingénierie financière permettant d'optimiser le soutien aux PME dans le cadre des ressources européenne *[européennes]* conjointes pour les PME et les micro-entreprises (initiative JEREMIE) ou d'autres programmes de l'Union visant à soutenir les PME dans un État membre donné. Le concours utilisé pour acquérir de tels programmes d'ingénierie financière pourrait également prévoir l'attribution des marchés de services ultérieurs, pour la mise en œuvre du programme, au lauréat ou à un des lauréats du concours par le biais d'une procédure négociée sans publication.

(121) L'évaluation a montré que l'application de la réglementation de l'Union sur les marchés publics peut encore être nettement améliorée. Pour que la mise en œuvre de cette réglementation soit plus efficace et plus cohérente, il est essentiel d'avoir une bonne vue d'ensemble des éventuels problèmes structurels et des grandes lignes des politiques nationales en matière de marchés publics afin de trouver des solutions plus ciblées aux problèmes potentiels. Un suivi approprié devrait permettre d'obtenir cette vue d'ensemble : les résultats de ce suivi devraient être publiés régulièrement, afin de pouvoir débattre en toute connaissance de cause des améliorations qui peuvent être apportées aux règles et aux pratiques en la matière. Cette bonne vue d'ensemble pourrait également fournir des indications sur l'application de la réglementation relative aux marchés publics dans le contexte de la mise en œuvre de projets cofinancés par l'Union. Les États membres devraient avoir la faculté de décider qui serait chargé de ce suivi en pratique et selon quelles modalités ; ce faisant, ils devraient également rester libres de décider si ce suivi devrait être fondé sur un contrôle *ex post* par échantillonnage ou sur un contrôle *ex ante* systématique des procédures de passation de marchés publics visées par la présente directive. Il devrait être possible de porter des problèmes potentiels à l'attention des organismes compétentes *[compétents]* ; les personnes ayant réalisé le suivi ne devraient pas nécessairement pour autant avoir qualité pour agir en justice.

Si les pouvoirs adjudicateurs et les opérateurs économiques recevaient de meilleures orientations, de meilleures informations et une meilleure aide, l'efficacité des procédures de passation de marchés publics pourrait aussi s'en trouver grandement améliorée grâce à de meilleures connaissances, une sécurité juridique accrue et une professionnalisation des pratiques en la matière. Ces orientations devraient leur être fournies chaque fois qu'elles s'avèrent nécessaires pour améliorer l'application de la réglementation. Elles pourraient porter sur toutes les matières relevant de la passation de marchés publics telles que la programmation des achats, les procédures, le choix des techniques et instruments et les bonnes pratiques dans le déroulement des procédures. Pour ce qui est des questions juridiques, les orientations ne devraient pas nécessairement être synonymes d'analyse juridique exhaustive des questions concernées, mais elles pourraient se limiter à une indication générale des éléments à prendre en considération en vue de l'analyse détaillée ultérieure des questions, par exemple, en signalant la jurisprudence qui pourrait être applicable ou des notes d'orientation ou d'autres sources ayant déjà examiné la question particulière concernée.

(122) La directive 89/665/CEE prévoit que certaines procédures de recours sont accessibles au moins à toute personne ayant ou ayant eu intérêt à obtenir un marché particulier et ayant été lésée ou risquant de l'être par une violation alléguée du droit de l'Union dans le domaine de la passation de marchés publics ou des règles nationales transposant ce droit. Ces procédures de recours ne devraient pas être affectées par la présente directive. Toutefois, les citoyens et les parties concernées, qu'ils soient organisés ou non, ainsi que d'autres personnes ou organismes qui n'ont pas accès aux procédures de recours en vertu de la directive 89/665/CEE ont néanmoins un intérêt légitime en qualité de contribuables à ce qu'il existe de bonnes procédures de passation de marché. Ils devraient dès lors disposer de la possibilité, autrement qu'au moyen du système de recours prévu par la directive 89/665/CEE et sans qu'ils se voient nécessairement conférer pour autant la qualité pour agir en justice, de signaler d'éventuelles violations de la présente directive à une autorité ou une structure compétente. Afin de ne pas créer de doublons avec des autorités ou structures existantes, les États membres devraient avoir la possibilité de prévoir un recours auprès d'autorités ou de structures générales de contrôle, d'organismes sectoriels de surveillance, d'autorités locales de surveillance, d'autorités chargées de la concurrence, du médiateur ou d'autorités nationales de contrôle.

(123) Pour tirer pleinement parti du potentiel des marchés publics pour atteindre les objectifs de la stratégie Europe 2020 pour une croissance intelligente, durable et inclusive, la passation de marchés à visée environnementale, sociale ou innovante aura également son

rôle à jouer. Il est dès lors important d'avoir une vue d'ensemble de l'évolution de la situation dans le domaine de la passation de marchés stratégiques, de manière à avoir une vision éclairée des tendances générales au niveau global dans ce domaine. Toute étude pertinente et déjà réalisée peut bien entendu être utilisée à cet égard également.

(124) Étant donné le potentiel de création d'emplois, de croissance et d'innovation que recèlent les PME, il est important d'encourager leur participation à la passation de marchés publics grâce à la fois à des dispositions appropriées dans la présente directive et à des initiatives au niveau national. Les nouvelles dispositions prévues dans la présente directive devraient contribuer à améliorer leur niveau de réussite, à savoir la part de la valeur totale des marchés attribués revenant aux PME. Il n'est pas approprié d'imposer des quotas obligatoires de réussite. Cependant, il y a lieu de suivre de près les initiatives nationales visant à accroître la participation des PME, en raison de l'importance de ce paramètre.

(125) Un ensemble de procédures et de méthodes de travail a déjà été établi compte tenu des communications et des contacts de la Commission avec les États membres, tels que les communications et contacts liés aux procédures prévues en vertu des articles 258 et 260 du traité sur le fonctionnement de l'Union européenne, le réseau de résolution des problèmes dans le marché intérieur (SOLVIT) et EU Pilot, qui ne sont pas modifiées par la présente directive. Il convient néanmoins de les compléter en désignant, dans chaque État membre, un point de référence unique chargé de la coopération avec la Commission, qui devrait servir de point d'entrée unique pour les questions concernant la passation de marchés publics dans l'État membre concerné. Cette tâche pourrait être exercée par des personnes ou des structures qui entretiennent déjà des contacts réguliers avec la Commission à propos de questions liées à la passation de marchés publics, tels que les points de contact nationaux, des membres du comité consultatif pour les marchés publics ou du réseau des marchés publics ou des instances nationales de coordination.

(126) La traçabilité et la transparence des processus décisionnels de passation des marchés sont essentielles pour la qualité des procédures, notamment en ce qui concerne la lutte efficace contre la corruption et la fraude. Les pouvoirs adjudicateurs devraient dès lors conserver des copies des documents relatifs aux marchés d'une valeur élevée qu'ils passent, afin que les parties intéressées puissent y avoir accès, conformément aux règles en vigueur sur l'accès aux documents. En outre, les éléments essentiels et les décisions ayant trait aux diverses procédures de passation de marchés publics devraient être consignés dans un rapport *ad hoc*. Afin de limiter, dans la mesure du possible, les lourdeurs administratives, ce rapport devrait pouvoir faire référence aux informations figurant déjà dans l'avis d'attribution du marché concerné. Les systèmes électroniques de publication de ces avis, qui sont gérés par la Commission, devraient également être améliorés afin de faciliter la saisie de données, tout en rendant plus aisée l'extraction de rapports généraux, ainsi que l'échange de données entre systèmes.

(127) Par souci de simplification administrative et afin de réduire la charge qui pèse sur les États membres, la Commission devrait examiner à intervalles réguliers si la qualité et l'exhaustivité des informations figurant dans les avis publiés dans le cadre des procédures de passation des marchés publics sont suffisantes pour lui permettre d'en extraire des données statistiques qui, à défaut, devraient être communiquées par les États membres.

(128) Une coopération administrative effective est nécessaire pour échanger les informations requises dans le cadre des procédures d'attribution de marché, notamment en ce qui concerne la vérification des motifs d'exclusion et des critères de sélection, l'application des normes de qualité et de respect de l'environnement, ainsi que les listes d'opérateurs économiques agréés. Étant donné que l'échange d'informations relève de lois nationales régissant la confidentialité, la présente directive n'entraîne aucune obligation pour les États membres d'échanger des informations qui aillent au-delà de celles auxquelles les pouvoirs adjudicateurs nationaux peuvent avoir accès. Le système d'information du marché intérieur (IMI) créé par le règlement (UE) n° 1024/2012 du Parlement européen et du Conseil *[Règl. (UE) n° 1024/2012 du Parlement européen et du Conseil du 25 oct. 2012 concernant la coopération administrative par l'intermédiaire du système d'information du marché intérieur et abrogeant la Décis. 2008/49/CE de la Commission (« règlement IMI ») (JOUE L 316 du 14 nov. 2012, p. 1)]* pourrait constituer un moyen électronique utile pour faciliter et renforcer la coopération administrative en gérant l'échange d'informations sur la base de procédures simples et unifiées surmontant les barrières linguistiques. Un projet pilote devrait par conséquent être lancé dans les meilleurs délais afin de tester l'opportunité d'étendre l'IMI à l'échange d'informations relevant de la présente directive.

(129) Afin de permettre les adaptations requises par l'évolution rapide des techniques, de l'économie et de la réglementation, il convient de déléguer à la Commission le pouvoir d'adopter des actes, conformément à l'article 290 du traité sur le fonctionnement de l'Union européenne en ce qui concerne un certain nombre d'éléments non essentiels de la présente directive. Eu égard à la nécessité de se conformer aux accords internationaux, la Commission devrait être habilitée à modifier les modalités techniques des méthodes de calcul des seuils, à réviser périodiquement les seuils eux-mêmes et à adapter en conséquence l'annexe X ; les listes d'autorités publiques centrales peuvent subir des modifications en raison de changements administratifs au niveau national. Ces modifications sont notifiées à la Commission qui devrait être habilitée à adapter l'annexe I ; les références à la nomenclature CPV étant susceptibles de faire l'objet de modification réglementaires au niveau de l'Union, il est nécessaire d'intégrer ces modifications dans le texte de la présente directive ; les détails et caractéristiques techniques des dispositifs de réception électronique devraient être actualisés en fonction de l'évolution des technologies ; il est également nécessaire d'habiliter la Commission à imposer des normes techniques de communication électronique pour assurer l'interopérabilité des formats techniques, des procédures et des messageries dans le cadre des passations de marché par voie électronique, en fonction de l'évolution des technologies ; la liste des actes législatifs de l'Union établissant des méthodes communes de calcul du coût du cycle de vie devrait être adaptée rapidement pour prendre en compte les mesures adoptées au niveau sectoriel. Pour répondre à ces impératifs, la Commission devrait être habilitée à actualiser la liste des actes législatifs y compris les méthodes de calcul du coût du cycle de vie. Il importe particulièrement que la Commission procède aux consultations appropriées durant son travail préparatoire, y compris au niveau des experts. Il convient que, lorsqu'elle prépare et élabore des actes délégués, la Commission veille à ce que les documents pertinents soient transmis simultanément, en temps utile et de façon appropriée, au Parlement européen et au Conseil.

(130) Dans le cadre de l'application de la présente directive, la Commission devrait consulter des groupes d'experts appropriés dans le domaine de la passation de marchés en ligne en assurant une composition équilibrée des principaux groupes de parties prenantes.

(131) Afin d'assurer des conditions uniformes d'exécution de la présente directive, en ce qui concerne l'élaboration des formulaires types pour la publication des avis et un formulaire type pour les déclarations sur l'honneur, il convient de conférer des compétences d'exécution à la Commission. Ces compétences devraient être exercées en conformité avec le règlement (UE) n° 182/2011 du Parlement européen et du Conseil *[Règl. (UE) n° 182/2011 du Parlement européen et du Conseil du 16 févr. 2011 établissant les règles et principes généraux relatifs aux modalités de contrôle par les États membres de l'exercice des compétences d'exécution par la Commission (JOUE L 55 du 28 févr. 2011, p. 13)]*.

(132) Il convient d'avoir recours à la procédure consultative pour l'adoption des actes d'exécution relatifs aux formulaires types pour la publication des avis qui n'ont aucune incidence, ni sur le plan financier, ni sur la nature ou la portée des obligations découlant de la présente directive. Il s'agit au contraire d'actes à visée purement administrative, destinés à faciliter l'application des règles énoncées dans la présente directive.

(133) Il convient d'avoir recours à la procédure d'examen pour l'adoption du formulaire type pour les déclarations sur l'honneur en raison des effets de ces déclarations sur l'honneur sur la passation des marchés et parce qu'elles jouent un rôle central dans la simplification des exigences documentaires dans le cadre des procédures de passation de marchés.

(134) La Commission devrait examiner les effets sur le marché intérieur découlant de l'application des seuils et faire rapport au Parlement européen et au Conseil. Ce faisant, elle devrait tenir compte de facteurs tels que le volume des passations de marchés transnationaux, la participation des PME, les coûts des transactions et le rapport coût-efficacité. L'article XXII, paragraphe 7, de l'AMP prévoit que celui-ci fait l'objet de nouvelles négociations trois ans après son entrée en vigueur et par la suite de façon périodique. Il convient, dans ce contexte, de procéder à l'examen de l'adéquation du niveau des seuils eu égard à l'incidence de l'inflation, compte tenu de l'absence de modification des seuils fixés dans l'AMP pendant une longue période ; dans le cas où il en résulterait que ce niveau doit être modifié, la Commission devrait, le cas échéant, adopter une proposition d'acte juridique modifiant les seuils établis par la présente directive.

(135) Eu égard aux discussions actuelles sur les dispositions horizontales régissant les relations avec les pays tiers dans le contexte de la passation de marchés publics, la Commission devrait suivre attentivement la situation du commerce mondial et évaluer la position concurrentielle de l'Union.

(136) Étant donné que l'objectif de la présente directive, à savoir la coordination des dispositions législatives, réglementaires et administratives des États membres applicables à certaines procédures de passation de marchés publics, ne peut être atteint de manière suffisante par les États membres mais peut, en raison de ses dimensions et de ses effets, l'être mieux au niveau de l'Union, celle-ci peut prendre des mesures, conformément au principe de subsidiarité prévu à l'article 5 du traité sur l'Union européenne. Conformément au principe de proportionnalité énoncé audit article, la présente directive n'excède pas ce qui est nécessaire pour atteindre cet objectif.

(137) Il y a lieu d'abroger la directive 2004/18/CE.

(138) Conformément à la déclaration politique commune des États membres et de la Commission du 28 septembre 2011 sur les documents explicatifs, les États membres se sont engagés à accompagner, dans les cas où cela se justifie, la notification de leurs mesures de transposition d'un ou plusieurs documents expliquant le lien entre les éléments d'une directive et les parties correspondantes des instruments nationaux de transposition. En ce qui concerne la présente directive, le législateur estime que la transmission de ces documents est justifiée.

TITRE I CHAMP D'APPLICATION, DÉFINITIONS ET PRINCIPES GÉNÉRAUX

CHAPITRE I *CHAMP D'APPLICATION ET DÉFINITIONS*

SECTION 1 *Objets et définitions*

Art. 1er *Objet et champ d'application.*

1. La présente directive établit les règles applicables aux procédures de passation de marchés par des pouvoirs adjudicateurs en ce qui concerne les marchés publics, ainsi que les concours, dont la valeur estimée atteint ou dépasse les seuils établis à l'article 4.

2. Au sens de la présente directive, la passation d'un marché est l'acquisition, au moyen d'un marché public de travaux, de fournitures ou de services par un ou plusieurs pouvoirs adjudicateurs auprès d'opérateurs économiques choisis par lesdits pouvoirs, que ces travaux, fournitures ou services aient ou non une finalité publique.

3. La mise en œuvre de la présente directive est soumise à l'article 346 du traité sur le fonctionnement de l'Union européenne.

4. La présente directive ne porte pas atteinte à la faculté des États membres de définir, conformément au droit de l'Union, ce qu'ils entendent par services d'intérêt économique général, la manière dont ces services devraient être organisés et financés conformément aux règles relatives aux aides d'État et les obligations spécifiques auxquelles ils devraient être soumis. De même, la présente directive n'a pas d'incidence sur le droit qu'ont les pouvoirs publics de décider si, comment et dans quelle mesure ils souhaitent assumer eux-mêmes certaines fonctions publiques conformément à l'article 14 du traité sur le fonctionnement de l'Union européenne et au protocole n° 26.

5. La présente directive n'a pas d'incidence sur la façon dont les États membres organisent leurs systèmes de sécurité sociale.

6. Les accords, décisions ou autres instruments juridiques qui organisent le transfert de compétences et de responsabilités en vue de l'exécution de missions publiques entre pouvoirs adjudicateurs ou groupements de pouvoirs adjudicateurs et qui ne prévoient pas la rémunération de prestations contractuelles, sont considérés comme relevant de l'organisation interne de l'État membre concerné et, à ce titre, ne sont en aucune manière affectés par la présente directive.

Art. 2 *Définitions.*

1. Aux fins de la présente directive, on entend par :

1. "pouvoirs adjudicateurs", l'État, les autorités régionales ou locales, les organismes de droit public ou les associations formées par une ou plusieurs de ces autorités ou un ou plusieurs de ces organismes de droit public ;

2. "autorités publiques centrales", les pouvoirs adjudicateurs figurant à l'annexe I et, dans la mesure où des rectificatifs ou des modifications auraient été apportés au niveau national, les entités qui leur auraient succédé ;

3. "pouvoirs adjudicateurs sous-centraux", tous les pouvoirs adjudicateurs qui ne sont pas des autorités publiques centrales ;

4. "organisme de droit public", tout organisme présentant toutes les caractéristiques suivantes :

a) il a été créé pour satisfaire spécifiquement des besoins d'intérêt général ayant un caractère autre qu'industriel ou commercial ;

b) il est doté de la personnalité juridique ; et

c) soit il est financé majoritairement par l'État, les autorités régionales ou locales ou par d'autres organismes de droit public, soit sa gestion est soumise à un contrôle de ces autorités ou organismes, soit son organe d'administration, de direction ou de surveillance est composé de membres dont plus de la moitié sont désignés par l'État, les autorités régionales ou locales ou d'autres organismes de droit public ;

5. "marchés publics", des contrats à titre onéreux conclus par écrit entre un ou plusieurs opérateurs économiques et un ou plusieurs pouvoirs adjudicateurs et ayant pour objet l'exécution de travaux, la fourniture de produits ou la prestation de services ;

6. "marchés publics de travaux", des marchés publics ayant l'un des objets suivants :

a) soit l'exécution seule, soit à la fois la conception et l'exécution de travaux relatifs à l'une des activités mentionnées à l'annexe II ;

b) soit l'exécution seule, soit à la fois la conception et l'exécution d'un ouvrage ;

c) la réalisation, par quelque moyen que ce soit, d'un ouvrage répondant aux exigences fixées par le pouvoir adjudicateur qui exerce une influence déterminante sur sa nature ou sa conception ;

7. "ouvrage", le résultat d'un ensemble de travaux de bâtiment ou de génie civil permettant de remplir par lui-même une fonction économique ou technique ;

8. "marchés publics de fournitures", des marchés publics ayant pour objet l'achat, la prise en crédit-bail, la location ou la location-vente, avec ou sans option d'achat, de produits. Un marché public de fourniture peut comprendre, à titre accessoire, des travaux de pose et d'installation ;

9. "marchés publics de services", des marchés publics ayant pour objet la prestation de services autre que ceux visés au point 6) ;

10. "opérateur économique", toute personne physique ou morale ou entité publique, ou tout groupement de ces personnes et/ou entités, y compris toute association temporaire d'entreprises, qui offre la réalisation de travaux et/ou d'ouvrages, la fourniture de produits ou la prestation de services sur le marché ;

11. "soumissionnaire", un opérateur économique qui a présenté une offre ;

12. "candidat", un opérateur économique qui a demandé à être invité ou a été invité à participer à une procédure restreinte, à une procédure concurrentielle avec négociation, à une procédure négociée sans publication préalable, à un dialogue compétitif ou à un partenariat d'innovation ;

13. "document de marché", tout document fourni par le pouvoir adjudicateur ou auquel il se réfère afin de décrire ou de définir des éléments de la passation de marché ou de la procédure de passation de marché, y compris l'avis de marché, l'avis de préinformation lorsqu'il est utilisé en tant que moyen de mise en concurrence, les spécifications techniques, le document descriptif, les conditions contractuelles proposées, les formats de présentation des documents par les candidats et les soumissionnaires, les informations sur les obligations généralement applicables et tout autre document additionnel ;

14. "activités d'achat centralisées", des activités menées en permanence qui prennent l'une des formes suivantes :

a) l'acquisition de fournitures et/ou de services destinés à des pouvoirs adjudicateurs ;

b) la passation de marchés publics ou la conclusion d'accords-cadres de travaux, de fournitures ou de services destinés à des pouvoirs adjudicateurs ;

15. "activités d'achat auxiliaires", des activités qui consistent à fournir un appui aux activités d'achat, notamment sous les formes suivantes :

a) infrastructures techniques permettant aux pouvoirs adjudicateurs de passer des marchés publics ou de conclure des accords-cadres de travaux, de fournitures ou de services ;

b) conseil sur le déroulement ou la conception des procédures de passation de marchés publics ;

c) préparation et gestion des procédures de passation de marché au nom du pouvoir adjudicateur concerné et pour son compte ;

16. "centrale d'achat", un pouvoir adjudicateur qui réalise des activités d'achat centralisées et éventuellement des activités d'achat auxiliaires ;

17. "prestataire de services de passation de marché", un organisme public ou privé qui propose des activités d'achat auxiliaires sur le marché ;

18. "écrit(e)" ou "par écrit", tout ensemble de mots ou de chiffres qui peut être lu, reproduit, puis communiqué, y compris les informations transmises et stockées par un moyen électronique ;

19. "moyen électronique", un équipement électronique de traitement (y compris la compression numérique) et de stockage de données diffusées, acheminées et reçues par fils, par radio, par moyens optiques ou par d'autres moyens électromagnétiques ;

20. "cycle de vie", l'ensemble des étapes successives et/ou interdépendantes, y compris la recherche et le développement à réaliser, la production, la commercialisation et ses conditions, le transport, l'utilisation et la maintenance, tout au long de la vie de : le produit ou l'ouvrage ou la fourniture d'un service, depuis l'acquisition des matières premières ou la production des ressources jusqu'à l'élimination, la remise en état et la fin du service ou d) de l'utilisation ;

21. "concours", les procédures qui permettent au pouvoir adjudicateur d'acquérir, principalement dans le domaine de l'aménagement du territoire, de l'urbanisme, de l'architecture et de l'ingénierie ou du traitement de données, un plan ou un projet qui est choisi par un jury après mise en concurrence avec ou sans attribution de primes ;

22. "innovation", la mise en œuvre d'un produit, d'un service ou d'un procédé nouveau ou sensiblement amélioré, y compris mais pas exclusivement des procédés de production ou de construction, d'une nouvelle méthode de commercialisation ou d'une nouvelle méthode organisationnelle dans les pratiques, l'organisation du lieu de travail ou les relations extérieures de l'entreprise, notamment dans le but d'aider à relever des défis sociétaux ou à soutenir la stratégie Europe 2020 pour une croissance intelligente, durable et inclusive ;

23. "label", tout document, certificat ou attestation confirmant que les ouvrages, les produits, les services, les procédés ou les procédures en question remplissent certaines exigences ;

24. "exigences en matière de label", les exigences que doivent remplir les ouvrages, les produits, les services, les procédés ou les procédures en question pour obtenir le label concerné.

2. Aux fins du présent article, l'expression "autorités régionales" comprend les autorités dont la liste non exhaustive figure dans les NUTS 1 et 2 visées dans le règlement (CE) n° 1059/2003 du Parlement européen et du Conseil *[Règl. (CE) n° 1059/2003 du Parlement européen et du Conseil du 26 mai 2003 relatif à l'établissement d'une nomenclature commune des unités territoriales statistiques (NUTS) (JOUE L 154 du 21 juin 2003, p. 1)]*, tandis que l'expression "autorités locales" désigne toutes les autorités des unités administratives relevant de la NUTS 3 et des unités administratives de plus petite taille visées dans ledit règlement.

Art. 3 *Marchés mixtes.*

1. Le paragraphe 2 s'applique aux marchés mixtes qui ont pour objet différents types d'achats relevant tous de la présente directive.

Les paragraphes 3 à 5 s'appliquent aux marchés mixtes qui ont pour objet des achats relevant de la présente directive et des achats relevant d'autres régimes juridiques.

2. Les marchés qui ont pour objet plusieurs types d'achats (travaux, services ou fournitures) sont passés conformément aux dispositions applicables au type d'achat qui constitue l'objet principal du marché en question.

En ce qui concerne les marchés mixtes portant à la fois sur des services au sens du titre III, chapitre I, et sur d'autres services, ou les marchés mixtes portant à la fois sur des services et sur des fournitures, l'objet principal est déterminé en fonction de la plus élevée des valeurs estimées respectives des fournitures ou des services.

3. Lorsque les différentes parties d'un marché donné sont objectivement séparables, le paragraphe 4 s'applique. Lorsque les différentes parties d'un marché donné sont objectivement inséparables, le paragraphe 6 s'applique.

Lorsqu'une partie d'un marché donné relève de l'article 346 du traité sur le fonctionnement de l'Union européenne ou de la directive 2009/81/CE, l'article 16 de la présente directive s'applique.

4. Lorsqu'un marché a pour objet des achats relevant de la présente directive ainsi que des achats qui ne relèvent pas de la présente directive, les pouvoirs adjudicateurs peuvent décider de passer des marchés distincts pour les différentes parties du marché ou de passer un marché unique. Lorsque les pouvoirs adjudicateurs décident de passer des marchés distincts pour les différentes parties, la décision concernant le régime juridique applicable à chacun de ces marchés distincts est adoptée sur la base des caractéristiques des différentes parties concernées.

Lorsque les pouvoirs adjudicateurs choisissent de passer un marché unique, la présente directive s'applique, sauf disposition contraire de l'article 16, au marché mixte qui en résulte, indépendamment de la valeur des parties qui relèveraient normalement d'un régime juridique différent et indépendamment du régime juridique dont celles-ci auraient normalement relevé.

Dans le cas d'un marché mixte contenant des éléments de marchés de fournitures, de travaux et de services et de concessions, le marché mixte est passé conformément à la présente directive, pour autant que la valeur estimée de la partie du marché qui constitue un marché relevant de la présente directive, calculée conformément à l'article 5, soit égale ou supérieure au seuil applicable fixé à l'article 4.

5. Lorsqu'un marché a pour objet à la fois des achats relevant de la présente directive et des achats en vue de l'exercice d'une activité relevant de la directive 2014/25/UE, les règles applicables sont, nonobstant le paragraphe 4 du présent article, déterminées conformément aux articles 5 et 6 de la directive 2014/25/UE.

6. Lorsque les différentes parties d'un marché donné sont objectivement inséparables, le régime juridique applicable est déterminé en fonction de l'objet principal dudit marché.

SECTION 2 *Seuils*

Art. 4 *Montants des seuils.*

La présente directive s'applique aux marchés dont la valeur estimée hors taxe sur la valeur ajoutée (TVA) est égale ou supérieure aux seuils suivants :

a) *(Règl. délégué (UE) 2021/1952 du 10 nov. 2021, art. 1er et 2, en vigueur le 1er janv. 2022)* « 5 382 000 EUR » pour les marchés publics de travaux ;

b) *(Règl. délégué (UE) 2021/1952 du 10 nov. 2021, art. 1er et 2, en vigueur le 1er janv. 2022)* « 140 000 EUR » pour les marchés publics de fournitures et de services passés par des autorités publiques centrales et pour les concours organisés par celles-ci ; en ce qui concerne les marchés publics de fournitures passés par des pouvoirs adjudicateurs qui opèrent dans le domaine de la défense, ce seuil ne s'applique qu'aux marchés concernant les produits visés à l'annexe III ;

c) *(Règl. délégué (UE) 2021/1952 du 10 nov. 2021, art. 1er et 2, en vigueur le 1er janv. 2022)* « 215 000 EUR » pour les marchés publics de fournitures et de services passés par des pouvoirs adjudicateurs sous-centraux et pour les concours organisés par ceux-ci ; ce seuil s'applique également aux marchés publics de fournitures passés par des autorités publiques centrales opérant dans le domaine de la défense, lorsque ces marchés concernent des produits non visés à l'annexe III ;

d) 750 000 EUR pour les marchés publics de services portant sur des services sociaux et d'autres services spécifiques énumérés à l'annexe XIV.

Art. 5 *Méthodes de calcul de la valeur estimée du marché.*

1. Le calcul de la valeur estimée d'un marché est fondé sur le montant total payable, hors TVA, estimé par le pouvoir adjudicateur, y compris toute forme d'option éventuelle et les éventuelles reconductions des contrats, explicitement mentionnées dans les documents de marché.

Si le pouvoir adjudicateur prévoit des primes ou des paiements au profit des candidats ou soumissionnaires, il en tient compte pour calculer la valeur estimée du marché.

2. Lorsqu'un pouvoir adjudicateur est composé d'unités opérationnelles distinctes, la valeur totale estimée de toutes les différentes unités opérationnelles est prise en compte.

Nonobstant le premier alinéa, lorsqu'une unité opérationnelle distincte est responsable de manière autonome de ses marchés ou de certaines catégories d'entre eux, les valeurs peuvent être estimées au niveau de l'unité en question.

3. Le choix de la méthode pour le calcul de la valeur estimée d'un marché ne peut être effectué avec l'intention de le soustraire à l'application de la présente directive. Un marché ne peut être subdivisé de manière à l'empêcher de relever du champ d'application de la présente directive, sauf si des raisons objectives le justifient.

4. Cette valeur estimée est valable au moment de l'envoi de l'avis d'appel à la concurrence, ou, dans les cas où un tel avis n'est pas prévu, au moment où le pouvoir adjudicateur engage la procédure de passation du marché, par exemple, le cas échéant, en entrant en contact avec les opérateurs économiques au sujet de la passation du marché.

5. Pour les accords-cadres et pour les systèmes d'acquisition dynamiques, la valeur à prendre en considération est la valeur maximale estimée hors TVA de l'ensemble des marchés envisagés pendant la durée totale de l'accord-cadre ou du système d'acquisition dynamique.

6. Pour les partenariats d'innovation, la valeur à prendre en considération est la valeur maximale estimée hors TVA des activités de recherche et de développement qui doivent être menées au cours des différentes phases du partenariat envisagé ainsi que des fournitures, des services ou des travaux qui doivent être mis au point et achetés à la fin du partenariat envisagé.

7. Pour les marchés publics de travaux, le calcul de la valeur estimée prend en compte le coût des travaux ainsi que la valeur totale estimée des fournitures et des services mis à la

disposition du titulaire par le pouvoir adjudicateur, pourvu qu'ils soient nécessaires à l'exécution des travaux.

8. Lorsque l'ouvrage envisagé ou la prestation de services envisagée peut donner lieu à des marchés passés par lots séparés, la valeur globale estimée de la totalité de ces lots est prise en compte.

Lorsque la valeur cumulée des lots est égale ou supérieure au seuil prévu à l'article 4, la présente directive s'applique à la passation de chaque lot.

9. Lorsqu'un projet visant à acquérir des fournitures homogènes peut donner lieu à des marchés passés par lots séparés, la valeur totale estimée de l'ensemble de ces lots est prise en compte pour l'application de l'article 4, points b) et c).

Lorsque la valeur cumulée des lots est égale ou supérieure au seuil prévu à l'article 4, la présente directive s'applique à la passation de chaque lot.

10. Nonobstant les paragraphes 8 et 9, les pouvoirs adjudicateurs peuvent passer des marchés pour des lots distincts sans appliquer les procédures prévues par la présente directive, pour autant que la valeur estimée hors TVA du lot concerné soit inférieure à 80 000 EUR pour des fournitures ou des services et à 1 000 000 EUR pour des travaux. Toutefois, la valeur cumulée des lots ainsi attribués sans appliquer la présente directive ne dépasse pas 20 % de la valeur cumulée de tous les lots résultant de la division des travaux envisagés, de l'acquisition de fournitures homogènes envisagée ou de la prestation de services envisagée.

11. Lorsqu'il s'agit de marchés publics de fournitures ou de services présentant un caractère de régularité ou destinés à être renouvelés au cours d'une période donnée, est prise comme base pour le calcul de la valeur estimée du marché :

a) soit la valeur réelle globale des contrats successifs analogues passés au cours des douze mois précédents ou de l'exercice précédent, corrigée, si possible, pour tenir compte des modifications en quantité ou en valeur qui surviendraient au cours des douze mois suivant le contrat initial ;

b) soit la valeur globale estimée des contrats successifs passés au cours des douze mois suivant la première prestation ou au cours de l'exercice si celui-ci est supérieur à douze mois.

12. Pour les marchés publics de fournitures ayant pour objet le crédit-bail, la location ou la location-vente de produits, la valeur à prendre comme base pour le calcul de la valeur estimée du marché est la suivante :

a) dans le cas de marchés publics ayant une durée déterminée, dans la mesure où celle-ci est égale ou inférieure à douze mois, la valeur totale estimée pour la durée du marché ou, dans la mesure où la durée du marché est supérieure à douze mois, la valeur totale incluant le montant estimé de la valeur résiduelle ;

b) dans le cas de marchés publics ayant une durée indéterminée ou dans le cas où leur durée ne peut être définie, la valeur mensuelle multipliée par 48.

13. Pour les marchés publics de services, la valeur estimée du marché est, selon le cas, calculée sur la base suivante :

a) services d'assurance : la prime payable et les autres modes de rémunération ;

b) services bancaires et autres services financiers : les honoraires, les commissions payables, les intérêts et les autres modes de rémunération ;

c) marchés impliquant la conception : les honoraires, les commissions à payer et les autres modes de rémunération.

14. En ce qui concerne les marchés publics de services n'indiquant pas un prix total, la valeur estimée des marchés est calculée sur la base suivante :

a) dans le cas de marchés ayant une durée déterminée, si celleci est égale ou inférieure à quarante-huit mois : la valeur totale pour toute leur durée ;

b) dans le cas de marchés ayant une durée indéterminée ou supérieure à quarante-huit mois : la valeur mensuelle multipliée par 48.

Art. 6 *Révision des seuils et de la liste des autorités publiques centrales.*

1. Tous les deux ans à partir du 30 juin 2013, la Commission vérifie que les seuils fixés à l'article 4, points a), b) et c), correspondent aux seuils fixés dans l'accord de l'Organisation mondiale du commerce sur les marchés publics (AMP) et les révise s'il y a lieu conformément au présent article.

Conformément à la méthode de calcul énoncée dans l'AMP sur les marchés publics, la Commission calcule la valeur de ces seuils sur la moyenne de la valeur quotidienne de l'euro exprimée en droits de tirage spéciaux (DTS), sur une période de vingt-quatre mois qui se termine le 31 août qui précède la révision prenant effet le 1er janvier. La valeur des seuils ainsi révisée est arrondie si nécessaire au millier d'euros inférieur au chiffre résultant de ce calcul afin d'assurer le respect des seuils en vigueur prévus par l'AMP, qui sont exprimés en DTS.

2. Lorsqu'elle procède à la révision prévue au paragraphe 1, la Commission révise en outre :

a) le seuil prévu à l'article 13, premier alinéa, point *a)*, en l'alignant sur le seuil révisé applicable aux marchés publics de travaux ;

b) le seuil prévu à l'article 13, premier alinéa, point *b)*, en l'alignant sur le seuil révisé applicable aux marchés publics de services passés par des pouvoirs adjudicateurs sous-centraux.

3. Tous les deux ans à partir du 1er janvier 2014, la Commission détermine les valeurs, dans les monnaies des États membres dont la monnaie n'est pas l'euro, des seuils visés à l'article 4, points a), b) et c), révisés conformément au paragraphe 1 du présent article.

Dans le même temps, la Commission détermine la valeur, dans les monnaies des États membres dont la monnaie n'est pas l'euro, du seuil visé à l'article 4, point d).

Conformément à la méthode de calcul énoncée dans l'AMP, la détermination de ces valeurs est basée sur la moyenne de la valeur quotidienne de ces monnaies, correspondant au seuil applicable exprimé en euros sur une période de vingt-quatre mois qui se termine le 31 août qui précède la révision prenant effet le 1er janvier.

4. La Commission publie les seuils révisés visés au paragraphe 1, de leur contre-valeur dans les monnaies nationales visées au paragraphe 3, premier alinéa, et de la valeur déterminée conformément au paragraphe 3, deuxième alinéa, au *Journal officiel de l'Union européenne* au début du mois de novembre qui suit leur révision.

5. La Commission est habilitée à adopter des actes délégués conformément à l'article 87 afin d'adapter la méthodologie énoncée au paragraphe 1, second alinéa, du présent article aux changements éventuels de la méthodologie prévue par l'AMP, pour la révision des seuils visés à l'article 4, points a), b) et c), et pour la détermination des valeurs correspondantes dans les monnaies des États membres dont la monnaie n'est pas l'euro, selon les dispositions du paragraphe 3 du présent article.

La Commission est habilitée à adopter des actes délégués conformément à l'article 87 afin de réviser, conformément au paragraphe 1 du présent article, les seuils visés à l'article 4, points a), b) et c), et afin de réviser, conformément au paragraphe 2 du présent article, les seuils visés à l'article 13, premier alinéa, points a) et b).

6. Lorsqu'il est nécessaire de réviser les seuils visés à l'article 4, points a), b) et c) et ceux visés à l'article 13, paragraphe 1, points a) et b), que des contraintes de délais empêchent le recours à la procédure prévue à l'article 87 et qu'en conséquence, il existe des raisons impérieuses de recourir à une procédure d'urgence, la procédure prévue à l'article 88 s'applique aux actes délégués adoptés en vertu du paragraphe 5, second alinéa, du présent article.

7. La Commission est habilitée à adopter des actes délégués conformément à l'article 87 pour modifier l'annexe I, afin de mettre à jour la liste des pouvoirs adjudicateurs à la suite de notifications des États membres, lorsque cette modification se révèle nécessaire pour bien identifier les pouvoirs adjudicateurs.

SECTION 3 *Exclusions*

Art. 7 *Marchés passés dans les secteurs de l'eau, de l'énergie, des transports et des services postaux.*

La présente directive ne s'applique pas aux marchés publics ni aux concours qui, dans le cadre de la directive 2014/25/UE, sont passés ou organisés par des pouvoirs adjudicateurs exerçant une ou plusieurs des activités visées aux articles 8 à 14 de ladite directive et qui sont passés pour l'exercice de ces activités, ni aux marchés publics exclus du champ d'application de ladite directive en vertu de ses articles 18, 23 et 34 ni, lorsqu'ils sont passés par un pouvoir adjudicateur qui fournit des services postaux au sens de l'article 13, paragraphe 2, point b), de ladite directive, aux marchés passés pour l'exercice des activités suivantes :

a) services à valeur ajoutée liés au courrier électronique et effectués entièrement par voie électronique (y inclus la transmission sécurisée de documents codés par voie électronique, les services de gestion des adresses et la transmission de courrier électronique recommandé) ;

b) services financiers relevant des codes CPV sous les numéros de référence 66100000-1 à 66720000-3 et de l'article 21, point d), de la directive 2014/25/UE, y compris notamment les virements postaux et les transferts à partir de comptes courants postaux ;

c) services de philatélie ; ou

d) services logistiques (services associant la remise physique et/ou le dépôt à d'autres fonctions autres que postales).

Art. 8 *Exclusions spécifiques dans le domaine des communications électroniques.*

La présente directive ne s'applique pas aux marchés publics ni aux concours qui ont principalement pour objet de permettre aux pouvoirs adjudicateurs la mise à disposition ou l'exploitation de réseaux publics de communications ou la fourniture au public d'un ou de plusieurs services de communications électroniques.

Aux fins du présent article, les expressions "réseau public de communications" et "service de communication électronique" revêtent le même sens que dans la directive 2002/21/CE du Parlement européen et du Conseil *[Dir. 2002/21/CE du Parlement européen et du Conseil du 7 mars 2002 relative à un cadre réglementaire commun pour les réseaux et services de communications électroniques (directive "cadre") (JOUE L 108 du 24 avr. 2002, p. 33)]*.

Art. 9 *Marchés publics passés et concours organisés en vertu de règles internationales.*

1. La présente directive ne s'applique pas aux marchés publics et aux concours que le pouvoir adjudicateur a l'obligation de passer ou d'organiser conformément à des procédures de passation de marché qui diffèrent de celles énoncées dans la présente directive, et qui sont établies par :

a) un instrument juridique créant des obligations de droit international tel qu'un accord international conclu, en conformité avec le traité sur le fonctionnement de l'Union européenne, entre un État membre et un ou plusieurs pays tiers ou subdivisions de ceux-ci et portant sur des travaux, des fournitures ou des services destinés à la réalisation ou à l'exploitation en commun d'un projet par leurs signataires ;

b) une organisation internationale.

Les États membres communiquent tout instrument juridique visé au premier alinéa, point a), du présent paragraphe à la Commission, qui peut consulter le comité consultatif pour les marchés publics visé à l'article 89.

2. La présente directive ne s'applique pas aux marchés publics ni aux concours que le pouvoir adjudicateur passe ou organise conformément à des règles de passation de marché prévues par une organisation internationale ou une institution financière internationale, lorsque les marchés publics et les concours concernés sont entièrement financés par ladite organisation ou institution ; en ce qui concerne les marchés publics et les concours cofinancés pour l'essentiel par une organisation internationale ou une institution financière internationale, les parties conviennent des procédures de passation de marché applicables.

3. L'article 17 s'applique aux marchés et concours comportant des aspects ayant trait à la défense ou à la sécurité qui sont passés ou organisés en vertu de règles internationales. Les paragraphes 1 et 2 du présent article ne s'appliquent pas à ces marchés et concours.

Art. 10 *Exclusions spécifiques pour les marchés de services.*

La présente directive ne s'applique pas aux marchés publics de services ayant pour objet :

a) l'acquisition ou la location, quelles qu'en soient les modalités financières, de terrains, de bâtiments existants ou d'autres biens immeubles ou concernant des droits sur ces biens ;

b) l'achat, le développement, la production ou la coproduction de matériel de programmes destiné à des services de médias audiovisuels ou radiophoniques qui sont passés par des fournisseurs de services de médias audiovisuels ou radiophoniques, ni aux marchés concernant les temps de diffusion ou la fourniture de programmes qui sont attribués à des fournisseurs de services de médias audiovisuels ou radiophoniques. Aux fins du présent point, les expressions "services de médias audiovisuels" et "fournisseurs de services de médias" revêtent respectivement le même sens qu'à l'article 1er, paragraphe 1, points a) et d), de la directive 2010/13/UE du Parlement européen et du Conseil *[Dir. 2010/13/UE du Parlement européen et du Conseil du 10 mars 2010 visant à la coordination de certaines dispositions législatives, réglementaires et administratives des États membres relatives à la fourniture de services de médias audiovisuels (directive Services de médias audiovisuels) (JOUE L 95 du 15 avr. 2010, p. 1)]*. Le terme "programme" a le même sens qu'à l'article 1er, paragraphe 1, point *b)*, de ladite directive, mais il englobe également les programmes radiophoniques et le matériel pour programmes radiophoniques. En outre, aux fins de la présente disposition, l'expression "matériel de programmes" a le même sens que le terme "programme" ;

c) les services d'arbitrage et de conciliation ;

d) l'un des services juridiques suivants :

i) la représentation légale d'un client par un avocat au sens de l'article 1er de la directive 77/249/CEE du Conseil *[Dir. 77/249/CEE du Conseil du 22 mars 1977 tendant à faciliter l'exercice effectif de la libre prestation de services par les avocats (JOUE L 78 du 26.3.1977, p. 17)]* dans le cadre :

— d'un arbitrage ou d'une conciliation se déroulant dans un État membre, un pays tiers ou devant une instance internationale d'arbitrage ou de conciliation, ou

— d'une procédure devant les juridictions ou les autorités publiques d'un État membre ou d'un pays tiers ou devant les juridictions ou institutions internationales ;

ii) du conseil juridique fourni en vue de la préparation de toute procédure visée au présent point, sous i), ou lorsqu'il existe des signes tangibles et de fortes probabilités selon lesquels la question sur laquelle porte le conseil fera l'objet d'une telle procédure, pour autant que le conseil émane d'un avocat au sens de l'article 1er de la directive 77/249/CEE ;

iii) des services de certification et d'authentification de documents qui doivent être réalisés par des notaires ;

iv) des services juridiques fournis par des administrateurs légaux ou des tuteurs ou d'autres services juridiques dont les prestataires sont désignés par une juridiction de l'État membre concerné ou par la loi pour réaliser des tâches spécifiques sous le contrôle de ces juridictions ;

v) d'autres services juridiques qui, dans l'État membre concerné, sont liés, même occasionnellement à l'exercice de la puissance publique ;

e) des services financiers liés à l'émission, à la vente, à l'achat ou au transfert de titres ou d'autres instruments financiers au sens de la directive 2004/39/CE du Parlement européen et du Conseil *[Dir. 2004/39/CE du Parlement européen et du Conseil du 21 avr. 2004 concernant les marchés d'instruments financiers, modifiant les directives 85/611/CEE et 93/6/CEE du Conseil et la Dir. 2000/12/CE du Parlement européen et du Conseil et abrogeant la directive 93/22/CEE du Conseil (JOUE L 145 du 30 avr. 2004, p. 1)]*, des services fournis par des banques centrales et des opérations menées avec le Fonds européen de stabilité financière et le mécanisme européen de stabilité ;

f) des prêts, qu'ils soient ou non liés à l'émission, à la vente, à l'achat ou au transfert de titres ou d'autres instruments financiers ;

g) les contrats d'emploi ;

h) les services de défense civile, de protection civile et de prévention des risques qui sont fournis par des organisations ou des associations à but non lucratif et qui relèvent des codes CPV 75250000-3, 75251000-0, 75251100-1, 75251110-4, 75251120-7, 75252000-7, 75222000-8, 98113100-9 et 85143000-3 excepté les services ambulanciers de transport de patients ;

i) les services publics de transport de voyageurs par chemin de fer ou par métro ;

j) les services liés aux campagnes politiques, relevant des codes CPV 79341400-0, 92111230-3 et 92111240-6, lorsqu'ils sont passés par un parti politique dans le cadre d'une campagne électorale.

Art. 11 *Marchés de services attribués sur la base d'un droit exclusif.*

La présente directive ne s'applique pas aux marchés publics de services attribués par un pouvoir adjudicateur à un autre pouvoir adjudicateur ou à une association de pouvoirs adjudicateurs sur la base d'un droit exclusif dont ceux-ci bénéficient en vertu de dispositions législatives, réglementaires ou de dispositions administratives publiées, à condition que ces dispositions soient compatibles avec le traité sur le fonctionnement de l'Union européenne.

Art. 12 *Marchés publics passés entre entités appartenant au secteur public.*

1. Un marché public attribué par un pouvoir adjudicateur à une personne morale régie par le droit privé ou le droit public ne relève pas du champ d'application de la présente directive lorsque toutes les conditions suivantes sont réunies :

a) le pouvoir adjudicateur exerce sur la personne morale concernée un contrôle analogue à celui qu'il exerce sur ses propres services ;

b) plus de 80 % des activités de cette personne morale contrôlée sont exercées dans le cadre de l'exécution des tâches qui lui sont confiées par le pouvoir adjudicateur qui la contrôle ou par d'autres personnes morales qu'il contrôle ; et

c) la personne morale contrôlée ne comporte pas de participation directe de capitaux privés, à l'exception des formes de participation de capitaux privés sans capacité de contrôle ou de blocage requises par les dispositions législatives nationales, conformément aux traités, qui ne permettent pas d'exercer une influence décisive sur la personne morale contrôlée.

Un pouvoir adjudicateur est réputé exercer sur une personne morale un contrôle analogue à celui qu'il exerce sur ses propres services, au sens du premier alinéa, point a), s'il exerce une influence décisive à la fois sur les objectifs stratégiques et sur les décisions importantes de la personne morale contrôlée. Ce contrôle peut également être exercé par une autre personne morale, qui est elle-même contrôlée de la même manière par le pouvoir adjudicateur.

2. Le paragraphe 1 s'applique également lorsqu'une personne morale contrôlée qui est un pouvoir adjudicateur attribue un marché au pouvoir adjudicateur qui la contrôle, ou à une autre personne morale contrôlée par le même pouvoir adjudicateur, à condition que la personne morale à laquelle est attribué le marché public ne comporte pas de participation directe de capitaux privés, à l'exception des formes de participation de capitaux privés sans capacité de contrôle ou de blocage requises par les dispositions législatives nationales, conformément aux traités, qui ne permettent pas d'exercer une influence décisive sur la personne morale contrôlée.

3. Un pouvoir adjudicateur qui n'exerce pas de contrôle sur une personne morale régie par le droit privé ou le droit public au sens du paragraphe 1 peut néanmoins attribuer un marché public à cette personne morale sans appliquer la présente directive, lorsque toutes les conditions suivantes sont réunies :

a) le pouvoir adjudicateur exerce, conjointement avec d'autres pouvoirs adjudicateurs, un contrôle sur la personne morale concernée, analogue à celui qu'ils exercent sur leurs propres services ;

b) plus de 80 % des activités de cette personne morale sont exercées dans le cadre de l'exécution des tâches qui lui sont confiées par les pouvoirs adjudicateurs qui la contrôlent ou par d'autres personnes morales contrôlées par les mêmes pouvoirs adjudicateurs ; et

c) la personne morale contrôlée ne comporte pas de participation directe de capitaux privés à l'exception des formes de participation de capitaux privés sans capacité de contrôle ou de blocage requises par les dispositions législatives nationales, conformément aux traités, qui ne permettent pas d'exercer une influence décisive sur la personne morale contrôlée.

Aux fins du premier alinéa, point *a)*, les pouvoirs adjudicateurs exercent un contrôle conjoint sur une personne morale lorsque toutes les conditions suivantes sont réunies :

i) les organes décisionnels de la personne morale contrôlée sont composés de représentants de tous les pouvoirs adjudicateurs participants, une même personne pouvant représenter plusieurs pouvoirs adjudicateurs participants ou l'ensemble d'entre eux ;

ii) ces pouvoirs adjudicateurs sont en mesure d'exercer conjointement une influence décisive sur les objectifs stratégiques et les décisions importantes de la personne morale contrôlée ; et

iii) la personne morale contrôlée ne poursuit pas d'intérêts contraires à ceux des pouvoirs adjudicateurs qui la contrôlent ;*[.]*

4. Un marché conclu exclusivement entre deux pouvoirs adjudicateurs ou plus ne relève pas du champ d'application de la présente directive, lorsque toutes les conditions suivantes sont réunies :

a) le marché établit ou met en œuvre une coopération entre les pouvoirs adjudicateurs participants dans le but de garantir que les services publics dont ils doivent assurer la prestation sont réalisés en vue d'atteindre les objectifs qu'ils ont en commun ;

b) la mise en œuvre de cette coopération n'obéit qu'à des considérations d'intérêt public ; et

c) les pouvoirs adjudicateurs participants réalisent sur le marché concurrentiel moins de 20 % des activités concernées par la coopération ;*[.]*

5. Le pourcentage d'activités visé au paragraphe 1, premier alinéa, point b), au paragraphe 3, premier alinéa, point b), et au paragraphe 4, point c), est déterminé en fonction du chiffre d'affaires total moyen ou d'un autre paramètre approprié fondé sur les activités tel que les coûts supportés par la personne morale ou le pouvoir adjudicateur concerné pour ce qui est des services, fournitures et travaux pendant les trois années précédant l'attribution du marché.

Lorsque, en raison de la date de création ou de début des activités de la personne morale ou du pouvoir adjudicateur concerné ou en raison d'une réorganisation de ses activités, le chiffre d'affaires, ou un autre paramètre fondé sur les activités tel que les coûts, n'est pas disponible pour les trois dernières années ou n'est plus pertinent, il suffit de montrer que le calcul des activités est vraisemblable, notamment par des projections d'activités.

SECTION 4 *Situations spécifiques*

SOUS-SECTION 1 *Marchés subventionnés et services de recherche et de développement*

Art. 13 *Marchés subventionnés par les pouvoirs adjudicateurs.*

La présente directive s'applique à la passation :

a) de marchés de travaux subventionnés directement à plus de 50 % par des pouvoirs adjudicateurs, dont la valeur estimée, hors TVA, est égale ou supérieure à *(Règl. délégué (UE) 2021/1952 du 10 nov. 2021, art. 1er et 2, en vigueur le 1er janv. 2022)* « 5 382 000 EUR » et qui concernent l'une des activités suivantes :

i) des activités de génie civil figurant sur la liste de l'annexe II ;

ii) des travaux de construction relatifs aux hôpitaux, aux équipements sportifs, récréatifs et de loisirs, aux bâtiments scolaires et universitaires et aux bâtiments à usage administratif ;

b) de marchés de services subventionnés directement à plus de 50 % par des pouvoirs adjudicateurs, dont la valeur estimée, hors TVA, est égale ou supérieure à *(Règl. délégué (UE) 2021/1952 du 10 nov. 2021, art. 1er et 2, en vigueur le 1er janv. 2022)* « 215 000 EUR », et qui sont liés à un marché de travaux visé au point *a)*.

Les pouvoirs adjudicateurs qui fournissent les subventions visées au premier alinéa, points a) et b), veillent au respect des dispositions de la présente directive lorsqu'ils n'attribuent pas eux-mêmes les marchés subventionnés ou lorsqu'ils les attribuent au nom et pour le compte d'autres entités.

Art. 14 *Services de recherche et de développement.*

La présente directive ne s'applique qu'aux marchés de services de recherche et de développement relevant des codes CPV 73000000-2 à 73120000-9, 73300000-5, 73420000-2 et 73430000-5, pour autant que les deux conditions suivantes soient réunies :

a) leurs fruits appartiennent exclusivement au pouvoir adjudicateur pour son usage dans l'exercice de sa propre activité ; et

b) la prestation de services est entièrement rémunérée par le pouvoir adjudicateur.

SOUS-SECTION 2 *Passation de marchés comportant des aspects ayant trait à la défense ou à la sécurité*

Art. 15 *Défense et sécurité.*

1. La présente directive s'applique à la passation de marchés publics et aux concours organisés dans les domaines de la défense et de la sécurité, hormis :

a) les marchés relevant de la directive 2009/81/CE ;

b) les marchés ne relevant pas de la directive 2009/81/CE en vertu de ses articles 8, 12 et 13.

2. La présente directive ne s'applique pas aux marchés publics ni aux concours qui ne sont pas par ailleurs exclus en vertu du paragraphe 1 dans la mesure où la protection des intérêts essentiels de la sécurité d'un État membre ne peut être garantie par des mesures moins intrusives, par exemple en imposant des conditions en vue de protéger la confidentialité des informations que le pouvoir adjudicateur met à disposition dans le cadre d'une procédure d'attribution de marché prévue par la présente directive.

En outre, et en conformité avec l'article 346, paragraphe 1, point *a)*, du traité sur le fonctionnement de l'Union européenne, la présente directive ne s'applique pas aux marchés publics ni aux concours qui ne sont pas par ailleurs exclus en vertu du paragraphe 1 du présent article, dans la mesure où l'application de la présente directive obligerait un État membre à fournir des informations dont il estimerait la divulgation contraire aux intérêts essentiels de sa sécurité.

3. Lorsque la passation et l'exécution du marché public ou du concours sont déclarés secrets ou doivent s'accompagner de mesures particulières de sécurité, conformément aux dispositions législatives, réglementaires ou administratives en vigueur dans un État membre, la présente directive ne s'applique pas pour autant que ledit État membre ait établi que la protection des intérêts essentiels concernés ne peut être garantie par des mesures moins intrusives, telles que celles visées au paragraphe 2, premier alinéa.

Art. 16 *Marchés mixtes comportant des aspects ayant trait à la défense ou à la sécurité.*

1. Le présent article s'applique aux marchés mixtes qui ont pour objet les achats relevant de la présente directive ainsi que ceux relevant de l'article 346 du traité sur le fonctionnement de l'Union européenne ou de la directive 2009/81/CE.

2. Lorsque les différentes parties d'un marché public donné sont objectivement séparables, les pouvoirs adjudicateurs peuvent décider de passer des marchés distincts pour les différentes parties du marché ou de passer un marché unique.

Lorsque les pouvoirs adjudicateurs décident de passer des marchés distincts pour les différentes parties, la décision concernant le régime juridique applicable à chacun de ces marchés distincts est adoptée sur la base des caractéristiques des différentes parties concernées.

Lorsque les pouvoirs adjudicateurs choisissent de passer un marché unique, les critères ci-après s'appliquent pour déterminer le régime juridique applicable :

a) lorsqu'une partie d'un marché donné relève de l'article 346 du traité sur le fonctionnement de l'Union européenne, le marché peut être passé sans appliquer la présente directive, sous réserve que la passation d'un marché unique soit justifiée par des raisons objectives ;

b) lorsqu'une partie d'un marché donné relève de la directive 2009/81/CE, le marché peut être passé conformément à ladite *[directive]*, sous réserve que la passation d'un marché unique soit justifiée par des raisons objectives. Le présent point est sans préjudice des seuils et exclusions prévus par ladite directive.

Cependant, la décision de passer un marché unique ne peut être prise dans le but d'exclure des marchés de l'application de la présente directive ou de la directive 2009/81/CE.

3. Le paragraphe 2, troisième alinéa, point a) s'applique aux marchés mixtes auxquels tant le point a) que le point b) dudit alinéa pourraient normalement être applicables.

4. Lorsque les différentes parties d'un marché donné sont objectivement inséparables, le marché peut être passé sans appliquer la présente directive lorsqu'il comporte des éléments relevant de l'application de l'article 346 du traité sur le fonctionnement de l'Union européenne ; dans le cas contraire, il peut être passé conformément à la directive 2009/81/CE.

Art. 17 *Marchés publics et concours comportant des aspects ayant trait à la défense ou à la sécurité passés ou organisés en vertu de règles internationales.*

1. La présente directive ne s'applique pas aux marchés publics et aux concours comportant des aspects ayant trait à la défense ou à la sécurité que le pouvoir adjudicateur a l'obligation de passer ou d'organiser conformément à des procédures de passation de marché qui diffèrent de celles relevant de la présente directive, et qui sont établies par l'un des éléments suivants :

a) un accord ou arrangement international conclu, en conformité avec les traités, entre un État membre et un ou plusieurs pays tiers ou subdivisions de ceux-ci et portant sur des travaux, des fournitures ou des services destinés à la réalisation ou à l'exploitation en commun d'un projet par leurs signataires ;

b) un accord ou arrangement international relatif au stationnement de troupes et concernant des entreprises d'un État membre ou d'un pays tiers ;

c) une organisation internationale.

Tout accord ou arrangement visé au premier alinéa, point *a)*, du présent paragraphe est communiqué à la Commission, qui peut consulter le comité consultatif pour les marchés publics visé à l'article 89.

2. La présente directive ne s'applique pas aux marchés publics ni aux concours comportant des aspects ayant trait à la défense ou à la sécurité que le pouvoir adjudicateur passe conformément à des règles de passation de marché prévues par une organisation internationale ou une institution financière internationale, lorsque les marchés publics et les concours concernés sont entièrement financés par ladite organisation ou institution. En ce qui concerne les marchés publics et les concours cofinancés pour l'essentiel par une organisation internationale ou une institution financière internationale, les parties conviennent des procédures de passation de marché applicables.

CHAPITRE II *RÈGLES GÉNÉRALES*

Art. 18 *Principes de la passation de marchés.*

1. Les pouvoirs adjudicateurs traitent les opérateurs économiques sur un pied d'égalité et sans discrimination et agissent d'une manière transparente et proportionnée.

Un marché ne peut être conçu dans l'intention de le soustraire au champ d'application de la présente directive ou de limiter artificiellement la concurrence. La concurrence est considérée comme artificiellement limitée lorsqu'un marché est conçu dans l'intention de favoriser ou de défavoriser indûment certains opérateurs économiques.

2. Les États membres prennent les mesures appropriées pour veiller à ce que, dans l'exécution des marchés publics, les opérateurs économiques se conforment aux obligations applicables dans les domaines du droit environnemental, social et du travail établies par le droit de l'Union, le droit national, les conventions collectives ou par les dispositions internationales en matière de droit environnemental, social et du travail énumérées à l'annexe X.

Art. 19 *Opérateurs économiques.*

1. Les opérateurs économiques qui, en vertu de la législation de l'État membre dans lequel ils sont établis, sont habilités à fournir la prestation concernée ne peuvent être rejetés au seul motif qu'ils seraient tenus, en vertu de la législation de l'État membre dans lequel le marché est attribué, d'être soit des personnes physiques, soit des personnes morales.

Toutefois, pour les marchés publics de services et de travaux, ainsi que pour les marchés publics de fournitures comportant, en outre, des services ou des travaux de pose et d'installation, les personnes morales peuvent être obligées d'indiquer, dans leurs offres ou leurs demandes de participation, les noms et les qualifications professionnelles pertinentes des personnes qui sont chargées de l'exécution du marché en question.

2. Les groupements d'opérateurs économiques, y compris les associations temporaires, peuvent participer aux procédures de passation de marchés. Ils ne sont pas contraints par les pouvoirs adjudicateurs d'avoir une forme juridique déterminée pour présenter une offre ou une demande de participation.

Si nécessaire, les pouvoirs adjudicateurs peuvent préciser, dans les documents de marché, la manière dont les groupements d'opérateurs économiques doivent remplir les conditions relatives à la capacité économique et financière ou aux capacités techniques et professionnelles visées à l'article 58, pour autant que cela soit justifié par des motifs objectifs et que ce soit proportionné[.] Les États membres peuvent établir des clauses standard précisant la manière dont les groupements d'opérateurs économiques doivent remplir ces conditions.

Les conditions d'exécution d'un marché par de tels groupements d'opérateurs économiques, qui sont différentes de celles imposées aux participants individuels, sont également justifiées par des motifs objectifs et sont proportionnées.

3. Nonobstant le paragraphe 2, les pouvoirs adjudicateurs peuvent exiger que les groupements d'opérateurs économiques adoptent une forme juridique déterminée lorsque le marché leur a été attribué, dans la mesure où cette transformation est nécessaire pour la bonne exécution du marché.

Art. 20 *Marchés réservés.*

1. Les États membres peuvent réserver le droit de participer aux procédures de passation de marchés publics à des ateliers protégés et à des opérateurs économiques dont l'objet principal est l'intégration sociale et professionnelle de personnes handicapées ou défavorisées, ou prévoir l'exécution de ces marchés dans le contexte de programmes d'emplois protégés, à condition qu'au moins 30 % du personnel de ces ateliers, opérateurs économiques ou programmes soient des travailleurs handicapés ou défavorisés.

2. L'appel à la concurrence renvoie au présent article.

Art. 21 *Confidentialité.*

1. Sauf disposition contraire de la présente directive ou des règles de droit national auxquelles le pouvoir adjudicateur est soumis, notamment les dispositions régissant l'accès à l'information, et sans préjudice des obligations en matière de publicité concernant les marchés attribués et d'information des candidats et des soumissionnaires qui figurent aux articles 50 et 55, le pouvoir adjudicateur ne divulgue pas les renseignements que les opérateurs économiques lui ont communiqués à titre confidentiel, y compris, entre autres, les secrets techniques ou commerciaux et les aspects confidentiels des offres.

2. Les pouvoirs adjudicateurs peuvent imposer aux opérateurs économiques des exigences visant à protéger la confidentialité des informations qu'ils mettent à disposition tout au long de la procédure de passation de marché.

Art. 22 *Règles applicables aux communications.*

1. Les États membres veillent à ce que toutes les communications et tous les échanges d'informations effectués en vertu de la présente directive, et notamment la soumission électronique des offres, soient réalisés par des moyens de communication électroniques, conformément aux exigences du présent article. Les outils et dispositifs utilisés pour communiquer par des moyens électroniques, ainsi que leurs caractéristiques techniques, ne sont pas discriminatoires, sont communément disponibles et compatibles avec les TIC généralement utilisées, et ne restreignent pas l'accès des opérateurs économiques à la procédure de passation de marché.

Nonobstant le premier alinéa, les pouvoirs adjudicateurs ne sont pas tenus d'exiger l'utilisation de moyens de communication électroniques lors du processus de soumission dans les cas suivants :

a) en raison de la nature spécialisée du marché, l'utilisation de moyens de communication électroniques nécessiterait des outils, des dispositifs ou des formats de fichiers particuliers qui ne sont pas communément disponibles ou pris en charge par des applications communément disponibles ;

b) les applications prenant en charge les formats de fichier adaptés à la description des offres utilisent des formats de fichiers qui ne peuvent être traités par aucune autre application ouverte ou communément disponibles ou sont soumises à un régime de licence propriétaire et ne peuvent être mises à disposition par téléchargement ou à distance par le pouvoir adjudicateur ;

c) l'utilisation de moyens de communication électroniques nécessiterait un équipement de bureau spécialisé dont les pouvoirs adjudicateurs ne disposent pas communément ;

d) les documents de marché exigent la présentation de maquettes ou de modèles réduits qui ne peuvent être transmis par voie électronique.

Les communications pour lesquelles il n'est pas fait usage de moyens électroniques en vertu du deuxième alinéa sont transmises par voie postale ou par tout autre service de portage approprié ou en combinant la voie postale ou tout autre service de portage approprié et les moyens électroniques.

Nonobstant le premier alinéa du présent paragraphe, les pouvoirs adjudicateurs ne sont pas tenus d'exiger l'utilisation de moyens de communication électroniques lors du processus de soumission, dans la mesure où l'utilisation d'autres moyens de communication que les moyens électroniques est nécessaire en raison soit d'une violation de la sécurité des moyens de communication électroniques, soit du caractère particulièrement sensible des informations qui exigent un degré de protection extrêmement élevé ne pouvant pas être assuré convenablement par l'utilisation d'outils et de dispositifs électroniques dont disposent communément les opérateurs économiques ou qui peuvent être mis à leur disposition par d'autres moyens d'accès au sens du paragraphe 5.

Il appartient aux pouvoirs adjudicateurs qui, conformément au deuxième alinéa du présent paragraphe, exigent d'autres moyens de communication que les moyens électroniques lors du processus de soumission, d'indiquer les raisons d'une telle exigence dans le rapport individuel visé à l'article 84. Le cas échéant, les pouvoirs adjudicateurs indiquent, dans le rapport individuel, les raisons pour lesquelles le recours à d'autres moyens de communication que les moyens électroniques a été jugé nécessaire en application du quatrième alinéa du présent paragraphe.

2. Nonobstant le paragraphe 1, il peut être fait usage de la communication orale pour la transmission d'autres informations que celles concernant les éléments essentiels d'une procédure de passation de marché, à condition de garder une trace suffisante du contenu de la communication orale. A cette fin, les éléments essentiels d'une procédure de passation de marché comprennent les documents de marché, les demandes de participation, les confirmations d'intérêt et les offres. En particulier, il est gardé une trace suffisante des communications orales avec les soumissionnaires, qui sont susceptibles d'avoir une incidence importante sur le contenu et l'évaluation des offres par des moyens appropriés tels que des notes écrites, des enregistrements audio ou des synthèses des principaux éléments de la communication.

3. Les pouvoirs adjudicateurs veillent à préserver l'intégrité des données et la confidentialité des offres et des demandes de participation lors de toute communication et de tout échange et stockage d'informations. Ils ne prennent connaissance du contenu des offres et des demandes de participation qu'à l'expiration du délai prévu pour la présentation de celles-ci.

4. Pour les marchés publics de travaux et les concours, les États membres peuvent exiger l'utilisation d'outils électroniques particuliers tels que des outils de modélisation électronique des données du bâtiment ou des outils similaires. Dans ces cas, les pouvoirs adjudicateurs offrent d'autres moyens d'accès, selon les dispositions du paragraphe 5, jusqu'à ce que ces outils soient devenus communément disponibles au sens de paragraphe 1, premier alinéa, deuxième phrase.

5. Les pouvoirs adjudicateurs peuvent, si nécessaire, exiger l'utilisation d'outils et de dispositifs qui ne sont pas communément disponibles, à condition d'offrir d'autres moyens d'accès.

Les pouvoirs adjudicateurs sont réputés offrir d'autres moyens d'accès appropriés dans tous les cas suivants, lorsqu'ils :

a) offrent gratuitement un accès sans restriction, complet et direct par moyen électronique à ces outils et dispositifs à partir de la date de publication de l'avis visé à l'annexe VIII ou de la date d'envoi de l'invitation à confirmer l'intérêt. Le texte de l'avis ou de l'invitation à confirmer l'intérêt précise l'adresse internet à laquelle ces outils et dispositifs sont accessibles ;

b) veillent à ce que les soumissionnaires n'ayant pas accès à ces outils et dispositifs ni la possibilité de se les procurer dans les délais requis, à condition que l'absence d'accès ne soit pas imputable au soumissionnaire concerné, puissent accéder à la procédure de passation de marché en utilisant des jetons provisoires mis gratuitement à disposition en ligne ; ou

c) assurent la disponibilité d'une autre voie de présentation électronique des offres.

6. Outre les exigences énoncées à l'annexe IV, les règles ci-après sont applicables aux outils et dispositifs de transmission et de réception électroniques des offres ainsi que de réception électronique des demandes de participation :

a) les informations relatives aux spécifications nécessaires à la soumission des offres et des demandes de participation par voie électronique, y compris le cryptage et l'horodatage, sont à la disposition des parties intéressées ;

b) Les États membres, ou les pouvoirs adjudicateurs agissant dans un cadre général établi par l'État membre concerné, précisent le niveau de sécurité exigé pour le recours aux moyens électroniques de communication pour chacune des phases de la procédure de passation de marché ; ce niveau est proportionné aux risques ;

c) lorsque les États membres, ou les pouvoirs adjudicateurs agissant dans un cadre général établi par l'État membre concerné, concluent que le niveau de risque, estimé en vertu du point b) du présent paragraphe, est tel que l'usage de signatures électroniques avancées, au sens de la directive 1999/93/CE du Parlement européen et du Conseil *[Dir. 1999/93/CE du*

Parlement européen et du Conseil du 13 déc. 1999 sur un cadre communautaire pour les signatures électroniques (JOUE L 13 du 19 janv. 2000, p. 12)], est requis, les pouvoirs adjudicateurs acceptent les signatures électroniques avancées qui sont accompagnées d'un certificat qualifié, en tenant compte du fait de savoir si ces certificats sont fournis par un fournisseur de services de certificat, qui figure sur une liste de confiance prévue par la décision 2009/767/CE de la Commission *[Décis. 2009/767/CE de la Commission du 16 oct. 2009 établissant des mesures destinées à faciliter l'exécution de procédures par voie électronique par l'intermédiaire des guichets uniques conformément à la Dir. 2006/123/CE du Parlement européen et du Conseil relative aux services dans le marché intérieur (JOUE L 274 du 20 oct. 2009, p. 36)]*, créés avec ou sans dispositif sécurisé de création de signature, pour autant que les conditions suivantes soient remplies :

i) les pouvoirs adjudicateurs établissent le format de signature avancé requis en se fondant sur les formats prévus par la décision 2011/130/UE de la Commission *[Décis. 2011/130/UE de la Commission du 25 févr. 2011 établissant des exigences minimales pour le traitement transfrontalier des documents signés électroniquement par les autorités compétentes conformément à la Dir. 2006/123/CE du Parlement européen et du Conseil relative aux services dans le marché intérieur (JOUE L 53 du 26 févr. 2011, p. 66)]*, et mettent en place les mesures nécessaires pour le traitement technique de ces formats ; dans le cas où un format de signature électronique différent est utilisé, la signature électronique ou le support électronique du document comporte des informations concernant les possibilités de validation existantes, qui relèvent de la responsabilité de l'État membre. Les possibilités de validation permettent au pouvoir adjudicateur de valider en ligne, gratuitement et d'une manière qui soit compréhensible pour les allophones, la signature électronique reçue comme une signature électronique avancée accompagnée d'un certificat qualifié.

Les États membres notifient les informations concernant le prestataire de services de validation à la Commission, qui les met à la disposition du public sur l'internet ;

ii) lorsque l'offre est signée en recourant à un certificat qualifié figurant sur une liste de confiance, les pouvoirs adjudicateurs n'appliquent pas d'exigences supplémentaires susceptibles de faire obstacle à l'utilisation de ces signatures par les soumissionnaires.

En ce qui concerne les documents utilisés dans le cadre d'une procédure de passation de marchés qui sont signés par une autorité compétente d'un État membre ou une autre entité d'émission compétente, l'autorité ou l'entité d'émission compétente peut établir le format de signature avancé requis conformément aux exigences énoncées à l'article 1er, paragraphe 2, de la décision 2011/130/UE. Les pouvoirs adjudicateurs mettent en place les mesures nécessaires pour le traitement technique de ces formats en faisant figurer dans le document concerné les informations requises aux fins du traitement de la signature. Ces documents comportent, dans la signature électronique ou le support électronique du document, des informations concernant les possibilités de validation existantes qui permettent de valider la signature électronique reçue en ligne, gratuitement et d'une manière qui soit compréhensible pour les allophones.

7. La Commission est habilitée à adopter des actes délégués conformément à l'article 87 afin de modifier les modalités et caractéristiques techniques figurant à l'annexe IV afin de tenir compte d'évolutions techniques.

La Commission est habilitée à adopter des actes délégués conformément à l'article 87 afin de modifier la liste prévue au paragraphe 1, deuxième alinéa, points a) à d), du présent article lorsque, en raison des progrès technologiques, il est devenu inapproprié de continuer à déroger à l'utilisation des moyens de communication électroniques ou, à titre exceptionnel, lorsque de nouvelles exceptions doivent être prévues en raison des progrès technologiques.

Afin d'assurer l'interopérabilité des formats techniques ainsi que des normes en matière de procédures et de messagerie, en particulier dans un contexte transnational, la Commission n'est habilitée à adopter des actes délégués conformément à l'article 87 afin de rendre obligatoire l'utilisation de ces normes techniques spécifiques, notamment en ce qui concerne l'utilisation de la soumission électronique, des catalogues électroniques et de moyens d'authentification électronique que lorsque les normes techniques ont été testées de façon approfondie et ont fait preuve de leur utilité dans la pratique. Avant de rendre l'utilisation de toute norme technique obligatoire, la Commission examine aussi attentivement les coûts que cette obligation pourrait entraîner, notamment en termes d'adaptation aux solutions existantes en matière de passation de marchés en ligne, y compris en ce qui concerne les infrastructures, les procédures ou les logiciels.

Art. 23 *Nomenclatures.*

1. Les références aux nomenclatures dans le cadre de la passation des marchés publics renvoient au Vocabulaire commun pour les marchés publics (*Common Procurement Vocabulary*, CPV) prévu par le règlement (CE) n° 2195/2002 *[V. ce texte infra]*.

2. La Commission est habilitée à adopter des actes délégués conformément à l'article 87 afin d'adapter les codes CPV visés dans la présente directive lorsqu'il est nécessaire de tenir compte des changements de la nomenclature CPV dans le cadre de la présente directive et pour autant que ces modifications n'impliquent pas une modification du champ d'application de la présente directive.

Art. 24 *Conflits d'intérêts.*

Les États membres veillent à ce que les pouvoirs adjudicateurs prennent les mesures appropriées permettant de prévenir, de détecter et de corriger de manière efficace des conflits d'intérêts survenant lors des procédures de passation de marché, afin d'éviter toute distorsion de concurrence et d'assurer l'égalité de traitement de tous les opérateurs économiques.

La notion de conflit d'intérêts vise au moins toute situation dans laquelle des membres du personnel du pouvoir adjudicateur ou d'un prestataire de services de passation de marché agissant au nom du pouvoir adjudicateur qui participent au déroulement de la procédure ou sont susceptibles d'en influencer l'issue ont, directement ou indirectement, un intérêt financier, économique ou un autre intérêt personnel qui pourrait être perçu comme compromettant leur impartialité ou leur indépendance dans le cadre de la procédure de passation de marché.

TITRE II RÈGLES APPLICABLES AUX MARCHÉS PUBLICS

CHAPITRE I *PROCÉDURES*

Art. 25 *Dispositions découlant de l'AMP et d'autres conventions internationales.*

Dans la mesure où les annexes 1, 2, 4 et 5 et les notes générales relatives à l'Union européenne de l'appendice I de l'AMP ainsi que d'autres conventions internationales liant l'Union européenne le prévoient, les pouvoirs adjudicateurs accordent aux travaux, aux fournitures, aux services et aux opérateurs économiques des signataires de ces conventions un traitement non moins favorable que celui accordé aux travaux, aux fournitures, aux services et aux opérateurs économiques de l'Union.

Art. 26 *Choix de la procédure.*

1. Lorsqu'ils passent des marchés publics, les pouvoirs adjudicateurs mettent en œuvre les procédures nationales adaptées de manière à être conformes à la présente directive, à condition que, sans préjudice de l'article 32, un appel à la concurrence ait été publié conformément à la présente directive.

2. Les États membres prévoient que les pouvoirs adjudicateurs peuvent mettre en œuvre des procédures ouvertes ou restreintes régies par la présente directive.

3. Les États membres prévoient que les pouvoirs adjudicateurs peuvent mettre en œuvre des partenariats d'innovation régis par la présente directive.

4. Les États membres prévoient que les pouvoirs adjudicateurs peuvent appliquer une procédure concurrentielle avec négociation ou à un dialogue compétitif dans les situations suivantes :

a) pour les travaux, fournitures ou services remplissant un ou plusieurs des critères suivants :

i) les besoins du pouvoir adjudicateur ne peuvent être satisfaits sans adapter des solutions immédiatement disponibles ;

ii) ils portent notamment sur de la conception ou des solutions innovantes ;

iii) le marché ne peut être attribué sans négociations préalables du fait de circonstances particulières liées à sa nature, à sa complexité ou au montage juridique et financier ou en raison des risques qui s'y rattachent ;

iv) le pouvoir adjudicateur n'est pas en mesure de définir les spécifications techniques avec une précision suffisante en se référant à une norme, une évaluation technique européenne, une spécification technique commune ou une référence technique au sens de l'annexe VII, points 2 à 5 ;

b) pour les travaux, les fournitures ou les services pour lesquels, en réponse à une procédure ouverte ou restreinte, seules des offres irrégulières ou inacceptables ont été présentées. En pareil cas, les pouvoirs adjudicateurs ne sont pas tenus de publier un avis de marché s'ils incluent dans la procédure tous, et seulement, les soumissionnaires qui satisfont aux critères visés aux articles 57 à 64 et qui, lors de la procédure ouverte ou restreinte antérieure, ont soumis des offres conformes aux exigences formelles de la procédure de passation de marchés.

Sont notamment considérées comme irrégulières les offres qui ne sont pas conformes aux documents de marché, qui sont parvenues tardivement, qui comportent des éléments manifestes de collusion ou de corruption ou que le pouvoir adjudicateur a jugées anormalement basses. Sont notamment considérées comme inacceptables les offres présentées par des soumissionnaires dépourvus des capacités requises ou dont le prix dépasse le budget du pouvoir adjudicateur tel qu'il a été déterminé et établi avant le lancement de la procédure de passation de marché.

5. L'appel à la concurrence est effectué au moyen d'un avis de marché conformément à l'article 49.

Lorsque le marché est passé selon une procédure restreinte ou une procédure concurrentielle avec négociation, les États membres peuvent prévoir, nonobstant le premier alinéa, que des pouvoirs adjudicateurs sous-centraux ou certaines catégories d'entre eux peuvent effectuer l'appel à la concurrence au moyen d'un avis de préinformation conformément à l'article 48, paragraphe 2.

Lorsque l'appel à la concurrence est effectué au moyen d'un avis de préinformation conformément à l'article 48, paragraphe 2, les opérateurs économiques ayant exprimé leur intérêt à la suitc de la publication de l'avis de préinformation sont ultérieurement invités à confirmer leur intérêt par écrit au moyen d'une invitation à confirmer l'intérêt, conformément à l'article 54.

6. Dans certains cas et circonstances expressément visés à l'article 32, les États membres peuvent prévoir que les pouvoirs adjudicateurs peuvent recourir à une procédure négociée sans publication préalable d'un appel à la concurrence. Les États membres n'autorisent pas l'application de cette procédure dans d'autres cas que ceux visés à l'article 32.

Art. 27 *Procédure ouverte.*

1. Dans une procédure ouverte, tout opérateur économique intéressé peut soumettre une offre en réponse à un appel à la concurrence.

Le délai minimal de réception des offres est de trente-cinq jours à compter de la date de l'envoi de l'avis de marché.

L'offre est assortie des informations aux fins de la sélection qualitative réclamées par le pouvoir adjudicateur.

2. Dans le cas où les pouvoirs adjudicateurs ont publié un avis de préinformation qui ne servait pas en soi de moyen d'appel à la concurrence, le délai minimal de réception des offres visé au paragraphe 1, deuxième alinéa, peut être ramené à quinze jours, à condition que toutes les conditions suivantes soient réunies :

a) l'avis de préinformation contenait toutes les informations requises pour l'avis de marché énumérées à l'annexe V, partie B, section 1, dans la mesure où celles-ci étaient disponibles au moment de la publication de l'avis de préinformation ;

b) l'avis de préinformation a été envoyé pour publication de trente-cinq jours à douze mois avant la date d'envoi de l'avis de marché.

3. Lorsqu'une situation d'urgence, dûment justifié *[justifiée]* par le pouvoir adjudicateur, rend le délai minimal prévu au paragraphe 1, deuxième alinéa, impossible à respecter, il peut fixer un délai qui ne peut être inférieur à quinze jours à compter de la date d'envoi de l'avis de marché.

4. Le pouvoir adjudicateur peut réduire de cinq jours le délai de réception des offres prévu au paragraphe 1, deuxième alinéa, du présent article s'il accepte que les offres soient soumises par voie électronique conformément à l'article 22, paragraphe 1, premier alinéa, et à l'article 22, paragraphes 5 et 6.

Art. 28 *Procédure restreinte.*

1. Dans une procédure restreinte, tout opérateur économique peut soumettre une demande de participation en réponse à un avis d'appel à la concurrence contenant les informations visées à l'annexe V, partie B ou C, le cas échéant, en fournissant les informations aux fins de la sélection qualitative qui sont réclamées par le pouvoir adjudicateur.

Le délai minimal de réception des demandes de participation est de trente jours à compter de la date d'envoi de l'avis de marché ou, lorsque l'appel à la concurrence est effectué au moyen d'un avis de préinformation, à compter de la date d'envoi de l'invitation à confirmer l'intérêt.

2. Seuls les opérateurs économiques invités à le faire par le pouvoir adjudicateur à la suite de l'évaluation par celui-ci des informations fournies peuvent soumettre une offre. Les pouvoirs adjudicateurs peuvent limiter le nombre de candidats admis à présenter une offre qui seront invités à participer à la procédure, conformément à l'article 65.

Le délai minimal de réception des offres est de trente jours à compter de la date d'envoi de l'invitation à soumissionner.

3. Dans le cas où les pouvoirs adjudicateurs ont publié un avis de préinformation qui ne servait pas en soi de moyen d'appel à la concurrence, le délai minimal de réception des

offres visé au paragraphe 2, deuxième alinéa, peut être ramené à dix jours, à condition que toutes les conditions suivantes soient réunies :

a) l'avis de préinformation contenait toutes les informations requises dans l'annexe V, partie B, section 1, dans la mesure où celles-ci étaient disponibles au moment de la publication de l'avis de préinformation ;

b) l'avis de préinformation a été envoyé pour publication de trente-cinq jours à douze mois avant la date d'envoi de l'avis de marché.

4. Les États membres peuvent prévoir que toutes les catégories, ou certaines catégories de pouvoirs adjudicateurs sous-centraux peuvent fixer le délai de réception des offres d'un commun accord entre le pouvoir adjudicateur et les candidats sélectionnés, pour autant que tous les candidats sélectionnés disposent d'un délai identique pour préparer et soumettre leurs offres. En l'absence d'accord sur le délai de réception des offres, le délai n'est pas inférieur à dix jours à compter de la date d'envoi de l'invitation à soumissionner.

5. Le délai de réception des offres prévu au paragraphe 2 du présent article peut être réduit de cinq jours si le pouvoir adjudicateur accepte que les offres soient soumises par voie électronique conformément à l'article 22, paragraphes 1, 5 et 6.

6. Lorsqu'une situation d'urgence, dûment justifié *[justifiée]* par les pouvoirs adjudicateurs, rend les délais minimaux prévus au présent article impossibles à respecter, ceux-ci peuvent fixer :

a) pour la réception des demandes de participation, un délai qui ne peut être inférieur à quinze jours à compter de la date d'envoi de l'avis de marché ;

b) pour la réception des offres, un délai qui ne peut être inférieur à dix jours à compter de la date d'envoi de l'invitation à soumissionner.

Art. 29 *Procédure concurrentielle avec négociation.*

1. Dans une procédure concurrentielle avec négociation, tout opérateur économique peut soumettre une demande de participation en réponse à un avis de mise en concurrence contenant les informations visées à l'annexe V, parties B et C, en fournissant les informations aux fins de la sélection qualitative qui sont réclamées par le pouvoir adjudicateur.

Dans les documents de marché, les pouvoirs adjudicateurs définissent l'objet du marché en fournissant une description de leurs besoins et des caractéristiques requises des fournitures, travaux ou services faisant l'objet du marché et précisent les critères d'attribution du marché. Ils indiquent également les éléments de la description qui fixent les exigences minimales que doivent respecter toutes les offres.

Les informations fournies sont suffisamment précises pour permettre aux opérateurs économiques de déterminer la nature et la portée du marché et de décider de demander ou non à participer à la procédure.

Le délai minimal de réception des demandes de participation est de trente jours à compter de la date d'envoi de l'avis de marché ou, lorsque l'appel à la concurrence est effectué au moyen d'un avis de préinformation, à compter de la date d'envoi de l'invitation à confirmer l'intérêt. Le délai minimal de réception des offres initiales est de trente jours à compter de la date d'envoi de l'invitation. L'article 28, paragraphes 3 à 6, est applicable.

2. Seuls les opérateurs économiques ayant reçu une invitation du pouvoir adjudicateur à la suite de l'évaluation par celui-ci des informations fournies peuvent soumettre une offre initiale, qui sert de base aux négociations ultérieures. Les pouvoirs adjudicateurs peuvent limiter le nombre de candidats admis à présenter une offre qui seront invités à participer à la procédure, conformément à l'article 65.

3. Sauf disposition contraire au paragraphe 4, les pouvoirs adjudicateurs négocient avec les soumissionnaires les offres initiales et toutes les offres ultérieures que ceux-ci ont présentées, à l'exception des offres finales au sens du paragraphe 7, en vue d'améliorer leur contenu.

Les exigences minimales et les critères d'attribution ne font pas l'objet de négociations.

4. Les pouvoirs adjudicateurs peuvent attribuer des marchés sur la base des offres initiales sans négociation, lorsqu'ils ont indiqué, dans l'avis de marché ou dans l'invitation à confirmer l'intérêt, qu'ils se réservent la possibilité de le faire.

5. Au cours de la négociation, les pouvoirs adjudicateurs assurent l'égalité de traitement de tous les soumissionnaires. A cette fin, ils ne donnent pas, de manière discriminatoire, d'information susceptible d'avantager certains soumissionnaires par rapport à d'autres. Ils informent par écrit tous les soumissionaires dont les offres n'ont pas été éliminées en vertu du paragraphe 6 de tous les changements apportés aux spécifications techniques ou aux autres documents de marché, autres que ceux qui définissent les exigences minimales. A la

suite de ces changements, les pouvoirs adjudicateurs prévoient suffisamment de temps pour permettre aux soumissionnaires de modifier leurs offres et de les présenter à nouveau s'il y a lieu.

Conformément à l'article 21, les pouvoirs adjudicateurs ne révèlent pas aux autres participants les informations confidentielles communiquées par un candidat ou un soumissionnaire participant aux négociations, sans l'accord de celui-ci. Cet accord ne revêt pas la forme d'une renonciation générale mais vise des informations précises dont la communication est envisagée.

6. La procédure concurrentielle avec négociation peut se dérouler en phases successives de manière à réduire le nombre d'offres à négocier en appliquant les critères d'attribution précisés dans l'avis de marché, dans l'invitation à confirmer l'intérêt ou dans un autre document du marché. Le pouvoir adjudicateur indique, dans l'avis de marché, l'invitation à confirmer l'intérêt ou dans un autre document du marché, s'il fera usage de cette possibilité.

7. Lorsque le pouvoir adjudicateur entend conclure les négociations, il en informe les soumissionnaires restant en lice et fixe une date limite commune pour la présentation d'éventuelles offres nouvelles ou révisées. Il vérifie que les offres finales répondent aux exigences minimales et respectent l'article 56, paragraphe 1, il évalue les offres finales sur la base des critères d'attribution et il attribue le marché conformément aux articles 66 à 69.

Art. 30 *Dialogue compétitif.*

1. Tout opérateur économique peut soumettre une demande de participation à un dialogue compétitif en réponse à un avis de marché en fournissant les informations aux fins de la sélection qualitative qui sont réclamées par le pouvoir adjudicateur.

Le délai minimal de réception des demandes de participation est de trente jours à compter de la date d'envoi de l'avis de marché.

Seuls les opérateurs économiques ayant reçu une invitation du pouvoir adjudicateur à la suite de l'évaluation des informations fournies peuvent participer au dialogue. Les pouvoirs adjudicateurs peuvent limiter le nombre de candidats admis à présenter une offre qui seront invités à participer à la procédure, conformément à l'article 65. Le marché est attribué sur la seule base du critère d'attribution du meilleur rapport qualité/prix, conformément à l'article 67, paragraphe 2.

2. Les pouvoirs adjudicateurs indiquent leurs besoins et leurs exigences dans l'avis de marché et définissent ces besoins et ces exigences dans cet avis et/ou dans un document descriptif. A cette occasion, et dans les mêmes documents, ils indiquent et définissent également les critères d'attribution retenus et fixent un calendrier indicatif.

3. Les pouvoirs adjudicateurs ouvrent, avec les participants sélectionnés conformément aux dispositions pertinentes des articles 56 à 66, un dialogue dont l'objet est l'identification et la définition des moyens propres à satisfaire au mieux leurs besoins. Au cours de ce dialogue, ils peuvent discuter tous les aspects du marché avec les participants sélectionnés.

Au cours du dialogue, les pouvoirs adjudicateurs assurent l'égalité de traitement de tous les participants. A cette fin, ils ne donnent pas, de manière discriminatoire, d'information susceptible d'avantager certains participants par rapport à d'autres.

Conformément à l'article 21, les pouvoirs adjudicateurs ne révèlent pas aux autres participants les solutions proposées ou d'autres informations confidentielles communiquées par un candidat ou un soumissionnaire participant au dialogue sans l'accord de celui-ci. Cet accord ne revêt pas la forme d'une renonciation générale mais vise des informations précises dont la communication est envisagée.

4. Les dialogues compétitifs peuvent se dérouler en phases successives de manière à réduire le nombre de solutions à discuter pendant la phase du dialogue en appliquant les critères d'attribution énoncés dans l'avis de marché ou dans le document descriptif. Dans l'avis de marché ou le document descriptif, le pouvoir adjudicateur indique s'il fera usage de cette possibilité.

5. Le pouvoir adjudicateur poursuit le dialogue jusqu'à ce qu'il soit en mesure d'identifier la ou les solutions qui sont susceptibles de répondre à ses besoins.

6. Après avoir prononcé la clôture du dialogue et en avoir informé les participants restant en lice, les pouvoirs adjudicateurs invitent chacun d'eux à soumettre leur offre finale sur la base de la ou des solutions présentées et spécifiées au cours du dialogue. Ces offres comprennent tous les éléments requis et nécessaires pour la réalisation du projet.

A la demande du pouvoir adjudicateur, ces offres peuvent être clarifiées, précisées et optimisées. Cependant, de tels efforts de clarification, de précision ou d'optimisation ou la présentation d'informations complémentaires ne peuvent avoir pour effet de modifier les aspects essentiels de l'offre ou du marché public, notamment les besoins et exigences indiqués dans l'avis de marché ou dans le document descriptif, lorsque les modifications apportées à ces aspects, besoins ou exigences sont susceptibles de fausser la concurrence ou d'avoir un effet discriminatoire.

7. Les pouvoirs adjudicateurs évaluent les offres reçues en fonction des critères d'attribution fixés dans l'avis de marché ou dans le document descriptif.

A la demande du pouvoir adjudicateur, des négociations peuvent être menées avec le soumissionnaire reconnu comme ayant remis l'offre présentant le meilleur rapport qualité/prix conformément à l'article 67 pour confirmer les engagements financiers ou d'autres conditions énoncés dans l'offre en arrêtant les clauses du marché, à condition que ce processus n'ait pas pour effet de modifier, de manière importante, des aspects essentiels de l'offre ou du marché public, y compris les besoins et les exigences indiqués dans l'avis de marché ou dans le document descriptif, et ne risque pas de fausser la concurrence ou d'entraîner des discriminations.

8. Les pouvoirs adjudicateurs peuvent prévoir des primes ou des paiements au profit des participants au dialogue.

Art. 31 *Partenariat d'innovation.*

1. Dans un partenariat d'innovation, tout opérateur économique peut soumettre une demande de participation en réponse à un avis de marché en fournissant les informations aux fins de la sélection qualitative qui sont réclamées par le pouvoir adjudicateur.

Le pouvoir adjudicateur peut décider de mettre en place le partenariat d'innovation avec un ou plusieurs partenaires menant des activités de recherche et de développement séparées.

Le délai minimal de réception des demandes de participation est de trente jours à compter de la date d'envoi de l'avis de marché. Seuls les opérateurs économiques ayant reçu une invitation du pouvoir adjudicateur à la suite de l'évaluation des informations fournies peuvent participer à la procédure. Les pouvoirs adjudicateurs peuvent limiter le nombre de candidats admis à présenter une offre qui seront invités à participer à la procédure, conformément à l'article 65. Les marchés sont attribués sur la seule base du critère d'attribution du meilleur rapport qualité/prix, conformément à l'article 67.

2. Le partenariat d'innovation vise au développement d'un produit, d'un service ou de travaux innovants et à l'acquisition ultérieure des fournitures, services ou travaux en résultant, à condition qu'ils correspondent aux niveaux de performance et aux coûts maximum convenus entre les pouvoirs adjudicateurs et les participants.

Le partenariat d'innovation est structuré en phases successives qui suivent le déroulement des étapes du processus de recherche et d'innovation, qui peuvent comprendre le stade de la fabrication des produits, de la prestation des services ou de l'exécution des travaux. Le partenariat d'innovation établit des objectifs intermédiaires que les partenaires doivent atteindre et prévoit le paiement de la rémunération selon des tranches appropriées.

Sur la base de ces objectifs, le pouvoir adjudicateur peut décider, après chaque phase, de résilier le partenariat d'innovation ou, dans le cas d'un partenariat d'innovation établi avec plusieurs partenaires, de réduire le nombre de partenaires en mettant un terme aux contrats individuels, à condition que, dans les documents de marché, il ait indiqué ces possibilités et les conditions de leur mise en œuvre.

3. Sauf disposition contraire prévue au présent article, les pouvoirs adjudicateurs négocient avec les soumissionnaires l'offre initiale et toutes les offres ultérieures que ceux-ci ont présentées, à l'exception de l'offre finale, en vue d'en améliorer le contenu.

Les exigences minimales et les critères d'attribution ne font pas l'objet de négociations.

4. Au cours de la négociation, les pouvoirs adjudicateurs assurent l'égalité de traitement de tous les soumissionnaires. A cette fin, ils ne donnent pas, de manière discriminatoire, d'information susceptible d'avantager certains soumissionnaires par rapport à d'autres. Ils informent par écrit tous les soumissionnaires dont les offres n'ont pas été éliminées, en vertu du paragraphe 5, de tous les changements apportés aux spécifications techniques ou aux autres documents de marché, autres que ceux qui définissent les exigences minimales. A la suite de ces changements, les pouvoirs adjudicateurs prévoient suffisamment de temps pour permettre aux soumissionnaires de modifier leurs offres et de les présenter à nouveau s'il y a lieu.

Conformément à l'article 21, les pouvoirs adjudicateurs ne révèlent pas aux autres participants les informations confidentielles communiquées par un candidat ou un soumissionnaire participant aux négociations, sans l'accord de celui-ci. Cet accord ne revêt pas la forme d'une renonciation générale mais vise des informations précises dont la communication est envisagée.

5. Les négociations intervenant au cours des procédures de partenariat d'innovation peuvent se dérouler en phases successives de manière à réduire le nombre d'offres à négocier en appliquant les critères d'attribution précisés dans l'avis de marché, dans l'invitation à confir-

mer l'intérêt ou dans les documents de marché. Le pouvoir adjudicateur indique, dans l'avis de marché, l'invitation à confirmer l'intérêt ou les documents de marché, s'il fera usage de cette possibilité.

6. Lors de la sélection des candidats, les pouvoirs adjudicateurs appliquent en particulier les critères relatifs aux capacités des candidats dans le domaine de la recherche et du développement ainsi que de l'élaboration et de la mise en œuvre de solutions innovantes.

Seuls les opérateurs économiques ayant reçu une invitation du pouvoir adjudicateur à la suite de l'évaluation des informations requises peuvent soumettre des projets de recherche et d'innovation qui visent à répondre aux besoins définis par le pouvoir adjudicateur et que les solutions existantes ne permettent pas de couvrir.

Dans les documents de marché, le pouvoir adjudicateur définit les dispositions applicables aux droits de propriété intellectuelle. En cas de partenariat d'innovation associant plusieurs partenaires, conformément à l'article 21, le pouvoir adjudicateur ne révèle pas aux autres partenaires les solutions proposées ou d'autres informations confidentielles communiquées par un partenaire dans le cadre du partenariat sans l'accord dudit partenaire. Cet accord ne revêt pas la forme d'une renonciation générale mais vise des informations précises dont la communication est envisagée.

7. Le pouvoir adjudicateur veille à ce que la structure du partenariat, et notamment la durée et la valeur de ses différentes phases, tiennent compte du degré d'innovation de la solution proposée et du déroulement des activités de recherche et d'innovation requises pour le développement d'une solution innovante non encore disponible sur le marché. La valeur estimée des fournitures, des services ou des travaux n'est pas disproportionnée par rapport à l'investissement requis pour leur développement.

Art. 32 *Recours à la procédure négociée sans publication préalable.*

1. Dans certains cas et circonstances visés aux paragraphes 2 à 5, les États membres peuvent prévoir que les pouvoirs adjudicateurs peuvent attribuer des marchés publics en recourant à une procédure négociée sans publication préalable.

2. Il est possible de recourir à la procédure négociée sans publication préalable pour des marchés publics de travaux, de fournitures et de services dans chacun des cas suivants :

a) lorsque aucune offre ou aucune offre appropriée ou aucune demande ou aucune demande appropriée de participation n'a été déposée en réponse à une procédure ouverte ou restreinte, pour autant que les conditions initiales du marché ne soient pas substantiellement modifiées et qu'un rapport soit communiqué à la Commission, à sa demande.

Une offre n'est pas considérée comme appropriée lorsqu'elle est sans rapport avec le marché parce qu'elle n'est manifestement pas en mesure, sans modifications substantielles, de répondre aux besoins et aux exigences du pouvoir adjudicateur spécifiés dans les documents de marché. Une demande de participation n'est pas considérée comme appropriée lorsque l'opérateur économique concerné doit ou peut être exclu en vertu de l'article 57 ou ne remplit pas les critères de sélection établis par le pouvoir adjudicateur en vertu de l'article 58 ;

b) lorsque les travaux, fournitures ou services ne peuvent être fournis que par un opérateur économique particulier, pour l'une quelconque des raisons suivantes :

i) l'objet du marché est la création ou l'acquisition d'une œuvre d'art ou d'une performance artistique unique ;

ii) il y a absence de concurrence pour des raisons techniques ;

iii) la protection de droits d'exclusivité, notamment de droits de propriété intellectuelle ;

Les exceptions indiquées aux points ii) et iii) ne s'appliquent que lorsqu'il n'existe aucune solution alternative ou de remplacement raisonnable et que l'absence de concurrence ne résulte pas d'une restriction artificielle des paramètres du marché ;

c) dans la mesure strictement nécessaire, lorsque l'urgence impérieuse résultant d'événements imprévisibles pour le pouvoir adjudicateur ne permet pas de respecter les délais des procédures ouvertes, restreintes ou concurrentielles avec négociation. Les circonstances invoquées pour justifier l'urgence impérieuse ne sont en aucun cas imputables au pouvoir adjudicateur.

3. Il est possible de recourir à la procédure négociée sans publication préalable pour des marchés publics de fournitures :

a) lorsque les produits concernés sont fabriqués uniquement à des fins de recherche, d'expérimentation, d'étude ou de développement ; toutefois, les marchés attribués conformément au présent point ne comprennent pas la production en quantités visant à établir la viabilité commerciale du produit ou à amortir les frais de recherche et de développement ;

b) pour les livraisons complémentaires effectuées par le fournisseur initial et destinées soit au renouvellement partiel de fournitures ou d'installations, soit à l'extension de fournitures ou d'installations existantes, lorsque le changement de fournisseur obligerait le pouvoir adjudicateur à acquérir des fournitures ayant des caractéristiques techniques différentes entraînant une incompatibilité ou des difficultés techniques d'utilisation et d'entretien disproportionnées ; la durée de ces marchés, ainsi que des marchés renouvelables, ne dépasse pas, en règle générale, trois ans ;

c) pour les fournitures cotées et achetées à une bourse des matières premières ;

d) pour l'achat de fournitures ou de services à des conditions particulièrement avantageuses, soit auprès d'un fournisseur cessant définitivement ses activités commerciales, soit auprès du liquidateur dans le cadre d'une faillite, d'un concordat judiciaire ou d'une procédure de même nature prévue par les législations ou réglementations nationales.

4. Il est possible de recourir à la procédure négociée sans publication préalable pour des marchés publics de services lorsque le marché considéré fait suite à un concours organisé conformément à la présente directive et est, en vertu des règles prévues dans le cadre du concours, attribué au lauréat ou à un des lauréats de ce concours ; dans ce dernier cas, tous les lauréats du concours sont invités à participer aux négociations.

5. Il est possible de recourir à la procédure négociée sans publication préalable pour de nouveaux travaux ou services consistant dans la répétition de travaux ou de services similaires confiés à l'opérateur économique adjudicataire du marché initial par les mêmes pouvoirs adjudicateurs, à condition que ces travaux ou ces services soient conformes à un projet de base et que ce projet ait fait l'objet d'un marché initial passé selon une procédure conforme à l'article 26, paragraphe 1. Le projet de base précise l'étendue des travaux ou services supplémentaires possibles, et les conditions de leur attribution.

La possibilité de recourir à cette procédure est indiquée dès la mise en concurrence du premier projet et le montant total envisagé pour les travaux ou les services supplémentaires est pris en considération par les pouvoirs adjudicateurs pour l'application de l'article 4.

Il n'est possible de recourir à cette procédure que pendant une période de trois ans suivant la conclusion du marché initial.

CHAPITRE II *TECHNIQUES ET INSTRUMENTS POUR LES MARCHÉS ÉLECTRONIQUES ET AGRÉGÉS*

Art. 33 *Accords-cadres.*

1. Les pouvoirs adjudicateurs peuvent conclure des accords-cadres pour autant qu'ils appliquent les procédures prévues par la présente directive.

Un accord-cadre est un accord conclu entre un ou plusieurs pouvoirs adjudicateurs et un ou plusieurs opérateurs économiques ayant pour objet d'établir les conditions régissant les marchés à passer au cours d'une période donnée, notamment en ce qui concerne les prix et, le cas échéant, les quantités envisagées.

La durée d'un accord-cadre ne dépasse pas quatre ans, sauf dans des cas exceptionnels dûment justifiés, notamment par l'objet de l'accord-cadre.

2. Les marchés fondés sur un accord-cadre sont passés selon les procédures prévues au présent paragraphe et aux paragraphes 3 et 4.

Ces procédures ne peuvent être appliquées qu'entre, d'une part, les pouvoirs adjudicateurs clairement identifiés à cette fin dans l'avis d'appel à la concurrence ou dans l'invitation à confirmer l'intérêt et, d'autre part, les opérateurs économiques qui sont parties à l'accord-cadre tel qu'il a été conclu.

Les marchés fondés sur l'accord-cadre ne peuvent en aucun cas entraîner des modifications substantielles des termes fixés dans ledit accord-cadre, notamment dans le cas visé au paragraphe 3.

3. Lorsqu'un accord-cadre est conclu avec un seul opérateur économique, les marchés fondés sur cet accord-cadre sont attribués dans les limites des conditions fixées dans l'accord-cadre.

Pour la passation de ces marchés, les pouvoirs adjudicateurs peuvent consulter par écrit l'opérateur économique partie à l'accord-cadre, en lui demandant de compléter, si besoin est, son offre.

4. Lorsqu'un accord-cadre est conclu avec plusieurs opérateurs économiques, il est exécuté de l'une des manières suivantes :

a) sans remise en concurrence, selon les clauses et conditions de l'accord-cadre, lorsque celui-ci définit toutes les conditions régissant la fourniture des travaux, des services et des produits concernés, et les conditions objectives permettant de déterminer quel opérateur économique partie à l'accord-cadre est chargé de l'exécution ; les documents de marché relatifs à l'accord-cadre précisent ces dernières conditions ;

b) lorsque l'accord-cadre définit toutes les conditions régissant la fourniture des travaux, des services et des produits concernés, en partie sans remise en concurrence conformément au point a) et en partie avec remise en concurrence entre les opérateurs économiques parties à l'accord-cadre conformément au point c), dans le cas où cette possibilité a été stipulée par les pouvoirs adjudicateurs dans les documents de marché relatifs à l'accord-cadre. Le choix d'acquérir des travaux, fournitures ou services spécifiques par le biais d'une remise en concurrence ou directement selon les conditions figurant dans l'accord-cadre s'effectue en fonction de critères objectifs, qui sont énoncés dans les documents de marché relatifs à l'accord-cadre. Ces documents de marché précisent également les conditions qui peuvent faire l'objet d'une remise en concurrence ;

Les possibilités prévues au premier alinéa du présent point s'appliquent aussi à tout lot d'un accord-cadre dont toutes les conditions régissant la fourniture des travaux, des services et des produits concernés sont définies dans l'accord-cadre, indépendamment du fait que toutes les conditions régissant la fourniture des travaux, des services et des produits concernés dans le cadre d'autres lots aient été ou non définies.

c) par une remise en concurrence des opérateurs économiques parties à l'accord-cadre, lorsque celui-ci ne définit pas toutes les conditions régissant la fourniture des travaux, des services et des produits concernés.

5. La mise en concurrence visée au paragraphe 4, points b) et c), obéit aux mêmes conditions que celles qui ont été appliquées à l'attribution de l'accord-cadre, dont le libellé est si nécessaire précisé et qui sont, au besoin, complétées par d'autres conditions énoncées dans les documents de marché relatifs à l'accord-cadre, selon la procédure suivante :

a) pour chaque marché à passer, les pouvoirs adjudicateurs consultent par écrit les opérateurs économiques qui sont capables d'exécuter le marché ;

b) les pouvoirs adjudicateurs fixent un délai suffisant pour permettre la soumission des offres relatives à chaque marché spécifique en tenant compte d'éléments tels que la complexité de l'objet du marché et le temps nécessaire pour la transmission des offres ;

c) les offres sont soumises par écrit et elles ne sont pas ouvertes avant l'expiration du délai de réponse prévu ;

d) les pouvoirs adjudicateurs attribuent chaque marché au soumissionnaire ayant présenté la meilleure offre sur la base des critères d'attribution énoncés dans les documents de marché relatifs à l'accord-cadre.

Art. 34 *Systèmes d'acquisition dynamiques.*

1. Pour des achats d'usage courant dont les caractéristiques, tels qu'ils sont communément disponibles sur le marché, répondent aux besoins des pouvoirs adjudicateurs, ceux-ci peuvent utiliser un système d'acquisition dynamique. Ce système fonctionne comme un processus entièrement électronique et est ouvert, pendant toute la durée de validité du système d'acquisition, à tout opérateur économique satisfaisant aux critères de sélection. Il peut être subdivisé en catégories de produits, de travaux ou de services définies de manière objective sur la base des caractéristiques du marché à réaliser dans le cadre de la catégorie concernée. Ces caractéristiques peuvent notamment renvoyer à la taille maximale autorisée de certains marchés spécifiques ultérieurs ou à une zone géographique précise dans laquelle certains marchés spécifiques ultérieurs seront exécutés.

2. Pour passer un marché dans le cadre d'un système d'acquisition dynamique, les pouvoirs adjudicateurs suivent les règles de la procédure restreinte. Tous les candidats satisfaisant aux critères de sélection sont admis dans le système et leur nombre n'est pas limité conformément à l'article 65. Lorsque les pouvoirs adjudicateurs ont subdivisé le système en catégories de produits, de travaux ou de services conformément au paragraphe 1 du présent article, ils précisent les critères de sélection applicables à chaque catégorie.

Nonobstant l'article 28, les délais suivants sont applicables :

a) le délai minimal de réception des demandes de participation est de trente jours à compter de la date d'envoi de l'avis de marché ou, lorsque l'appel à la concurrence a été réalisé au moyen d'un avis de préinformation, à compter de la date d'envoi de l'invitation à confirmer l'intérêt. Aucun délai supplémentaire de réception des demandes de participation n'est applicable après l'envoi de l'invitation à soumissionner pour le premier marché spécifique dans le cadre du système d'acquisition dynamique ;

b) le délai minimal de réception des offres est d'au moins dix jours à compter de la date d'envoi de l'invitation à soumissionner. Le cas échéant, l'article 28, paragraphe 4, s'applique. L'article 28, paragraphes 3 et 5, n'est pas applicable.

3. Dans le cadre d'un système d'acquisition dynamique, toutes les communications sont uniquement effectuées par des moyens électroniques conformément à l'article 22, paragraphes 1, 3, 5 et 6.

4. Pour passer des marchés dans le cadre d'un système d'acquisition dynamique, les pouvoirs adjudicateurs :

a) publient un avis d'appel à la concurrence en indiquant clairement qu'il s'agit d'un système d'acquisition dynamique ;

b) précisent dans les documents de marché au moins la nature des achats envisagés et leur quantité estimée, ainsi que toutes les informations nécessaires concernant le système d'acquisition dynamique, y compris la manière dont ce système fonctionne, l'équipement électronique utilisé et les arrangements et spécifications techniques de connexion ;

c) signalent toute subdivision en catégories de produits, de travaux ou de services et les caractéristiques définissant celles-ci ;

d) fournissent, pendant la période de validité du système, un accès sans restriction, complet et direct aux documents de marché, conformément à l'article 53.

5. Les pouvoirs adjudicateurs accordent, pendant toute la durée de validité du système d'acquisition dynamique, la possibilité à tout opérateur économique de demander à participer au système aux conditions visées au paragraphe 2. Les pouvoirs adjudicateurs achèvent l'évaluation de ces demandes conformément aux critères de sélection dans un délai de dix jours ouvrables après leur réception. Ce délai peut être porté à quinze jours ouvrables dans certains cas où cela se justifie, notamment parce qu'il est nécessaire d'examiner des documents complémentaires ou de vérifier d'une autre manière si les critères de sélection sont remplis.

Nonobstant le premier alinéa, tant que l'invitation à soumissionner pour le premier marché spécifique dans le cadre du système d'acquisition dynamique n'a pas été envoyée, les pouvoirs adjudicateurs peuvent prolonger la période d'évaluation, à condition qu'aucune invitation à soumissionner ne soit émise au cours de cette prolongation. Les pouvoirs adjudicateurs indiquent dans les documents de marché la durée de la prolongation qu'ils comptent appliquer.

Le pouvoir adjudicateur indique aussi rapidement que possible à l'opérateur économique concerné s'il a été admis ou non dans le système d'acquisition dynamique.

6. Les pouvoirs adjudicateurs invitent tous les participants admis à présenter une offre pour chaque marché spécifique dans le cadre du système d'acquisition dynamique, conformément à l'article 54. Lorsque le système d'acquisition dynamique a été subdivisé en catégories de travaux, de produits ou de services, les pouvoirs adjudicateurs invitent tous les participants admis pour la catégorie correspondant au marché spécifique concerné à soumettre une offre.

Ils attribuent le marché au soumissionnaire qui a présenté la meilleure offre sur la base des critères d'attribution définis dans l'avis de marché du système d'acquisition dynamique ou, lorsque l'appel à la concurrence a été réalisé au moyen d'un avis de préinformation, dans l'invitation à confirmer l'intérêt. Ces critères peuvent, le cas échéant, être précisés dans l'invitation à soumissionner.

7. A tout moment au cours de la période de validité du système d'acquisition dynamique, les pouvoirs adjudicateurs peuvent demander aux participants admis de présenter une déclaration sur l'honneur renouvelée et actualisée, prévue à l'article 59, paragraphe 1, dans un délai de cinq jours ouvrables à compter de la date d'envoi de cette demande.

L'article 59, paragraphes 4 à 6, s'applique pendant toute la période de validité du système d'acquisition dynamique.

8. Les pouvoirs adjudicateurs précisent la période de validité du système d'acquisition dynamique dans l'appel à la concurrence. Ils notifient à la Commission tout changement de cette durée en utilisant les formulaires types suivants :

a) lorsque la durée de validité est modifiée sans qu'il soit mis un terme au système, le formulaire initialement utilisé pour l'appel à la concurrence pour le système d'acquisition dynamique ;

b) lorsqu'il est mis fin au système, l'avis d'attribution de marché visé à l'article 50.

9. Aucun frais ne peut être facturé avant ou pendant la période de validité du système d'acquisition dynamique aux opérateurs économiques intéressés ou participant au système d'acquisition dynamique.

Art. 35 *Enchères électroniques.*

1. Les pouvoirs adjudicateurs peuvent recourir à des enchères électroniques où sont présentés de nouveaux prix, révisés à la baisse, et/ou de nouvelles valeurs portant sur certains éléments des offres.

A cette fin, les pouvoirs adjudicateurs structurent l'enchère électronique comme un processus électronique itératif, qui intervient après une première évaluation complète des offres, ce qui permet de les classer au moyen de méthodes d'évaluation automatiques.

Étant donné que certains marchés publics de services ou de travaux ayant pour objet des prestations intellectuelles, telles que la conception de travaux, ne peuvent être classés au moyen de méthodes d'évaluation automatiques, ils ne font pas l'objet d'enchères électroniques.

2. Dans les procédures ouvertes, restreintes ou concurrentielles avec négociation, les pouvoirs adjudicateurs peuvent décider que l'attribution d'un marché public est précédée d'une enchère électronique lorsque le contenu des documents de marché, en particulier les spécifications techniques, peuvent être établis de manière précise.

Dans les mêmes conditions, il est possible de recourir à l'enchère électronique lors de la remise en concurrence entre les parties à un accord-cadre visée à l'article 33, paragraphe 4, point b) ou point c), et de la mise en concurrence des marchés à passer dans le cadre du système d'acquisition dynamique visé à l'article 34.

3. L'enchère électronique porte sur l'un des éléments suivants des offres :

a) uniquement sur les prix lorsque le marché est attribué sur la seule base du prix ;

b) sur les prix et/ou sur les nouvelles valeurs des éléments des offres indiqués dans les documents de marché lorsque le marché est attribué sur la base du meilleur rapport qualité/prix ou au soumissionnaire ayant présenté l'offre au coût le plus bas selon une approche fondée sur le rapport coût/efficacité.

4. Les pouvoirs adjudicateurs qui décident de recourir à une enchère électronique en font mention dans l'avis de marché ou dans l'invitation à confirmer l'intérêt. Les documents de marché comprennent au moins les informations mentionnées à l'annexe VI.

5. Avant de procéder à une enchère électronique, les pouvoirs adjudicateurs effectuent une première évaluation complète des offres conformément aux critères d'attribution et à la pondération qui leur est associée.

Une offre est considérée comme recevable dès lors qu'elle a été présentée par un soumissionnaire qui n'a pas été exclu en vertu de l'article 57 et qui remplit les critères de sélection et dont l'offre est conforme aux spécifications techniques, tout en n'étant pas irrégulière ou inacceptable.

Sont notamment considérées comme irrégulières les offres qui ne sont pas conformes aux documents de marché, qui sont parvenues tardivement, qui comportent des éléments manifestes de collusion ou de corruption ou que le pouvoir adjudicateur a jugées anormalement basses. Sont notamment considérées comme inacceptables les offres présentées par des soumissionnaires dépourvus des capacités requises ou dont le prix dépasse le budget du pouvoir adjudicateur tel qu'il a été déterminé et établi avant le lancement de la procédure de passation de marché.

Une offre n'est pas considérée comme appropriée lorsqu'elle est sans rapport avec le marché parce qu'elle n'est manifestement pas en mesure, sans modifications substantielles, de répondre aux besoins et aux exigences du pouvoir adjudicateur spécifiés dans les documents de marché. Une demande de participation n'est pas considérée comme appropriée lorsque l'opérateur économique concerné doit ou peut être exclu en vertu de l'article 57 ou ne remplit pas les critères de sélection établis par le pouvoir adjudicateur en vertu de l'article 58.

Tous les soumissionnaires qui ont présenté des offres recevables sont invités simultanément, par des moyens électroniques, à participer à l'enchère électronique en utilisant les connexions, à la date et à l'heure spécifiées, conformément aux instructions figurant dans l'invitation. L'enchère électronique peut se dérouler en plusieurs phases successives. Elle ne débute au plus tôt que deux jours ouvrables à compter de la date d'envoi des invitations.

6. L'invitation est accompagnée par le résultat de l'évaluation complète de l'offre concernée, effectuée conformément à la pondération prévue à l'article 67, paragraphe 5, premier alinéa.

L'invitation mentionne également la formule mathématique qui devra être utilisée, lors de l'enchère électronique, pour déterminer les reclassements automatiques en fonction des nouveaux prix et ou des nouvelles valeurs présentés. Sauf lorsque l'offre économiquement la plus avantageuse est identifiée sur la base du prix uniquement, cette formule intègre la pondération de tous les critères fixés pour déterminer l'offre économiquement la plus avantageuse, telle qu'indiquée dans l'avis servant d'appel à concurrence ou dans d'autres documents de marché. A cette fin, les éventuelles fourchettes sont toutefois réduites au préalable à une valeur déterminée.

Dans le cas où des variantes sont autorisées, une formule distincte est fournie pour chaque variante.

7. Au cours de chaque phase de l'enchère électronique, les pouvoirs adjudicateurs communiquent instantanément à tous les soumissionnaires au moins les informations suffisantes pour leur permettre de connaître à tout moment leur classement respectif. Ils peuvent, dans la mesure où cela a été indiqué préalablement, communiquer d'autres informations concer-

nant d'autres prix ou valeurs présentés. Ils peuvent également à tout moment annoncer le nombre des participants dans la phase de l'enchère. Cependant, ils ne peuvent en aucun cas, divulguer l'identité des soumissionnaires dans aucune des phases de l'enchère électronique.

8. Les pouvoirs adjudicateurs clôturent l'enchère électronique selon une ou plusieurs des modalités suivantes :

a) à la date et à l'heure préalablement indiquées ;

b) lorsqu'ils ne reçoivent plus de nouveaux prix ou de nouvelles valeurs répondant aux exigences relatives aux écarts minimaux, à condition d'avoir préalablement précisé le délai qu'ils observeront à partir de la réception de la dernière offre avant de clore l'enchère électronique ; ou

c) lorsque le nombre préalablement annoncé de phases de l'enchère est atteint.

Lorsque les pouvoirs adjudicateurs entendent clore l'enchère électronique conformément au premier alinéa, point c), le cas échéant en combinaison avec les modalités prévues au point b) dudit alinéa, l'invitation à participer à l'enchère indique le calendrier de chaque phase de l'enchère.

9. Après la clôture de l'enchère électronique, les pouvoirs adjudicateurs attribuent le marché conformément à l'article 67 en fonction des résultats de celle-ci.

Art. 36 *Catalogues électroniques.*

1. Lorsque l'utilisation de moyens de communication électroniques est requise, les pouvoirs adjudicateurs peuvent exiger que les offres soient présentées sous la forme d'un catalogue électronique ou qu'elles comportent un catalogue électronique.

Les États membres peuvent rendre obligatoire l'utilisation des catalogues électroniques pour certains types de marchés.

Les offres présentées sous la forme d'un catalogue électronique peuvent être accompagnées d'autres documents qui les complètent.

2. Les catalogues électroniques sont établis par les candidats ou les soumissionnaires en vue de participer à une procédure de passation de marché donnée conformément aux spécifications techniques et au format prévus par le pouvoir adjudicateur.

En outre, les catalogues électroniques respectent les exigences applicables aux outils de communication électronique ainsi que toute exigence supplémentaire définie par le pouvoir adjudicateur conformément à l'article 22.

3. Lorsque la présentation des offres sous la forme d'un catalogue électronique est acceptée ou exigée, les pouvoirs adjudicateurs :

a) le précisent dans l'avis de marché ou dans l'invitation à confirmer l'intérêt lorsque l'appel à la concurrence a été réalisé au moyen d'un avis de préinformation ;

b) précisent dans les documents de marché toutes les informations requises en vertu de l'article 22, paragraphe 6, en ce qui concerne le format, l'équipement électronique utilisé ainsi que les modalités de connexion et les spécifications techniques du catalogue.

4. Lorsqu'un accord-cadre a été conclu avec plusieurs opérateurs économiques à la suite de la soumission d'offres sous la forme de catalogues électroniques, les pouvoirs adjudicateurs peuvent prévoir que la remise en concurrence pour des marchés spécifiques est effectuée sur la base de catalogues actualisés. Dans ce cas, les pouvoirs adjudicateurs utilisent l'une des méthodes suivantes :

a) ils invitent les soumissionnaires à présenter de nouveau leurs catalogues électroniques, adaptés aux exigences du marché en question ; ou

b) ils informent les soumissionnaires qu'ils entendent recueillir, à partir des catalogues électroniques déjà présentés, les informations nécessaires pour constituer des offres adaptées aux exigences du marché en question, pour autant que l'utilisation de cette méthode ait été annoncée dans les documents de marché de l'accord-cadre.

5. Lorsque les pouvoirs adjudicateurs remettent en concurrence des marchés spécifiques conformément au paragraphe 4, point *b)*, ils informent les soumissionnaires de la date et de l'heure à laquelle ils entendent recueillir les informations nécessaires pour constituer des offres adaptées aux exigences du marché spécifique en question et donnent aux soumissionnaires la possibilité de refuser cette collecte d'informations.

Les pouvoirs adjudicateurs prévoient un délai adéquat entre la notification et la collecte effective des informations.

Avant d'attribuer le marché, les pouvoirs adjudicateurs transmettent les informations recueillies au soumissionnaire concerné afin de lui permettre de contester ou de confirmer que l'offre ainsi constituée ne comporte pas d'erreurs matérielles.

6. Les pouvoirs adjudicateurs peuvent attribuer des marchés fondés sur un système d'acquisition dynamique en exigeant que les offres relatives à un marché spécifique soient présentées sous la forme d'un catalogue électronique.

Les pouvoirs adjudicateurs peuvent également attribuer des marchés fondés sur un système d'acquisition dynamique conformément au paragraphe 4, point b), et au paragraphe 5, à condition que la demande de participation au système d'acquisition dynamique soit accompagnée d'un catalogue électronique conforme aux spécifications techniques et au format prévus par le pouvoir adjudicateur. Ce catalogue est ensuite complété par les candidats lorsqu'ils sont informés de l'intention du pouvoir adjudicateur de constituer des offres par le biais de la procédure prévue au paragraphe 4, point b).

Art. 37 *Activités d'achat centralisées et centrales d'achat.*

1. Les États membres peuvent prévoir que les pouvoirs adjudicateurs peuvent acquérir des fournitures et/ou des services auprès d'une centrale d'achat proposant les activités d'achat centralisées visées à l'article 2, paragraphe 1, point 14), sous a).

Les États membres peuvent également prévoir que les pouvoirs adjudicateurs peuvent acquérir des travaux, des fournitures et des services par le biais de marchés attribués par une centrale d'achat, de systèmes d'acquisition dynamiques mis en place par une centrale d'achat ou, dans la mesure indiquée à l'article 33, paragraphe 2, deuxième alinéa, par le biais d'un accord-cadre conclu par une centrale d'achat proposant les activités d'achat centralisées visées à l'article 2, paragraphe 1, point 14), sous b). Lorsqu'un système d'acquisition dynamique mis en place par une centrale d'achat est susceptible d'être utilisé par d'autres pouvoirs adjudicateurs, ce fait est signalé dans l'appel à la concurrence mettant ledit système d'acquisition dynamique en place.

Eu égard aux premier et deuxième alinéas, les États membres peuvent prévoir que certains marchés doivent être passés en recourant à des centrales d'achat ou à une ou plusieurs centrales d'achat spécifiques.

2. Un pouvoir adjudicateur remplit ses obligations en vertu de la présente directive lorsqu'il acquiert des fournitures ou des services auprès d'une centrale d'achat proposant les activités d'achat centralisées visées à l'article 2, paragraphe 1, point 14), sous a).

En outre, un pouvoir adjudicateur remplit également ses obligations en vertu de la présente directive lorsqu'il acquiert des travaux, des fournitures ou des services par le biais de marchés attribués par la centrale d'achat, de systèmes d'acquisition dynamiques mis en place par la centrale d'achat ou, dans la mesure indiquée à l'article 33, paragraphe 2, deuxième alinéa, par le biais d'un accord-cadre conclu par la centrale d'achat proposant les activités d'achat centralisées visées à l'article 2, paragraphe 1, point 14) sous b).

Toutefois, le pouvoir adjudicateur concerné est responsable de l'exécution des obligations prévues par la présente directive pour les parties de la passation de marché dont il se charge lui-même, telles que :

a) l'attribution d'un marché dans le cadre d'un système d'acquisition dynamique mis en place par une centrale d'achat ;

b) la remise en concurrence en vertu d'un accord-cadre conclu par une centrale d'achat ;

c) en vertu de l'article 33, paragraphe 4, points a) ou b), le choix de l'opérateur économique partie à l'accord-cadre qui exécutera une tâche donnée en vertu de l'accord-cadre conclu par une centrale d'achat.

3. Dans le cadre de toutes les procédures de passation de marché menées par une centrale d'achat, il est fait usage de moyens de communication électroniques, conformément aux exigences énoncées à l'article 22.

4. Les pouvoirs adjudicateurs peuvent, sans appliquer les procédures prévues dans la présente directive, attribuer à une centrale d'achat un marché public de services pour la fourniture d'activités d'achat centralisées.

Ces marchés publics de services peuvent également comprendre la fourniture d'activités d'achat auxiliaires.

Art. 38 *Marchés conjoints occasionnels.*

1. Deux pouvoirs adjudicateurs ou plus peuvent convenir de passer conjointement certains marchés spécifiques.

2. Lorsqu'une procédure de passation de marché est menée conjointement dans son intégralité au nom et pour le compte de tous les pouvoirs adjudicateurs concernés, ceux-ci sont solidairement responsables de l'exécution des obligations qui leur incombent en vertu de la présente directive. C'est également le cas lorsqu'un seul pouvoir adjudicateur gère la procédure, en agissant pour son propre compte et pour le compte des autres pouvoirs adjudicateurs concernés.

Lorsqu'une procédure de passation de marché n'est pas menée dans son intégralité au nom et pour le compte des pouvoirs adjudicateurs concernés, ceux-ci ne sont solidairement responsables que des parties de la procédure qui sont menées conjointement. Chaque pouvoir adjudicateur est seul responsable de l'exécution des obligations qui lui incombent en vertu de la présente directive pour les parties de la procédure dont il se charge en son nom propre et pour son propre compte.

Art. 39 *Marchés auxquels participent des pouvoirs adjudicateurs de différents États membres.*

1. Sans préjudice de l'article 12, les pouvoirs adjudicateurs de différents États membres peuvent agir conjointement pour la passation de marchés publics en recourant à l'un des moyens prévus au présent article.

Les pouvoirs adjudicateurs ne recourent pas aux moyens prévus dans le présent article dans le but de se soustraire à l'application de dispositions obligatoires de droit public conformes au droit de l'Union auxquelles ils sont soumis dans leur État membre.

2. Un État membre n'interdit pas à ses pouvoirs adjudicateurs de recourir à des activités d'achat centralisées proposées par des centrales d'achat situées dans un autre État membre.

En ce qui concerne les activités d'achat centralisées proposées par une centrale d'achat située dans un autre État membre que celui du pouvoir adjudicateur, les États membres peuvent toutefois choisir de préciser que leurs pouvoirs adjudicateurs ne peuvent recourir qu'aux activités d'achat centralisées définies à l'article 2, paragraphe 1, point 14, sous a) ou b).

3. Les activités d'achat centralisées sont fournies par une centrale d'achat située dans un autre État membre conformément aux dispositions nationales de l'État membre dans lequel est située la centrale d'achat.

Les dispositions nationales de l'État membre dans lequel est située la centrale d'achat s'appliquent également :

a) à la passation d'un marché en vertu d'un système d'acquisition dynamique ;

b) à la remise en concurrence en application d'un accord-cadre ;

c) au choix, en vertu de l'article 33, paragraphe 4, point a) ou b), de l'opérateur économique partie à l'accord-cadre, qui exécutera une tâche donnée.

4. Plusieurs pouvoirs adjudicateurs de différents États membres peuvent conjointement passer un marché public, conclure un accord-cadre ou mettre en place un système d'acquisition dynamique. Ils peuvent également, dans les limites fixées à l'article 33, paragraphe 2, deuxième alinéa, passer des marchés sur la base d'un accord-cadre ou d'un système d'acquisition dynamique. A moins que les éléments nécessaires n'aient été prévus par un accord international conclu entre les États membres concernés, les pouvoirs adjudicateurs participants concluent un accord qui détermine :

a) les responsabilités des parties et le droit national applicable pertinent ;

b) l'organisation interne de la procédure de passation de marché, y compris la gestion de la procédure, la répartition des travaux, des fournitures ou des services à acheter, et la conclusion des marchés.

Un pouvoir adjudicateur participant remplit les obligations qui lui incombent en vertu de la présente directive lorsqu'il acquiert des travaux, des fournitures ou des services d'un pouvoir adjudicateur qui est responsable de la procédure de passation de marché. Lorsqu'ils déterminent les responsabilités et le droit national applicable visés au point a), les pouvoirs adjudicateurs participants peuvent se répartir des responsabilités spécifiques entre eux et déterminer les dispositions applicables des droits nationaux de l'un quelconque de leurs États membres respectifs. Pour les marchés publics passés conjointement, les documents de marché visent l'attribution des responsabilités et le droit national applicable.

5. Lorsque plusieurs pouvoirs adjudicateurs de différents États membres ont établi une entité conjointe, notamment un groupement européen de coopération territoriale en vertu du règlement (CE) n° 1082/2006 du Parlement européen et du Conseil *[Règl. (CE) n° 1082/2006 du Parlement européen et du Conseil du 5 juill. 2006 relatif à un groupement européen de coopération territoriale (GECT) (JOUE L 210 du 31 juill. 2006, p. 19)]* ou d'autres entités en vertu du droit de l'Union, les pouvoirs adjudicateurs participants conviennent, par une décision de l'organe compétent de l'entité conjointe, que les règles nationales en matière de passation de marchés qui s'appliquent sont celles de l'un des États membres suivants :

a) soit les dispositions nationales de l'État membre dans lequel se trouve le siège social de l'entité conjointe ;

b) soit les dispositions nationales de l'État membre dans lequel l'entité conjointe exerce ses activités.

L'accord visé au premier alinéa peut être valable soit pour une durée indéterminée, s'il est incorporé dans les statuts de l'entité conjointe, soit pour une période déterminée ou encore pour certains types de marchés ou pour un ou plusieurs marchés particuliers.

CHAPITRE III *DÉROULEMENT DE LA PROCÉDURE*

SECTION 1 *Préparation*

Art. 40 *Consultations préalables du marché.*

Avant d'entamer une procédure de passation de marché, les pouvoirs adjudicateurs peuvent réaliser des consultations du marché en vue de préparer la passation de marché et d'informer les opérateurs économiques de leurs projets et de leurs exigences en la matière.

A cette fin, les pouvoirs adjudicateurs peuvent par exemple demander ou accepter les avis d'autorités ou d'experts indépendants ou d'acteurs du marché. Ces avis peuvent être utilisés pour la planification et le déroulement de la procédure de passation de marché, à condition que ces avis n'aient pas pour effet de fausser la concurrence et n'entraînent pas une violation des principes de non-discrimination et de transparence.

Art. 41 *Participation préalable de candidats ou de soumissionnaires.*

Lorsqu'un candidat ou soumissionnaire, ou une entreprise liée à un candidat ou à un soumissionnaire, a donné son avis au pouvoir adjudicateur, que ce soit ou non dans le cadre de l'article 40, ou a participé d'une autre façon à la préparation de la procédure de passation de marché, le pouvoir adjudicateur prend des mesures appropriées pour veiller à ce que la concurrence ne soit pas faussée par la participation de ce candidat ou soumissionnaire.

Ces mesures consistent notamment à communiquer aux autres candidats et soumissionnaires des informations utiles échangées dans le contexte de la participation du candidat ou soumissionnaire susmentionné à la préparation de la procédure, ou résultant de cette participation et à fixer des délais adéquats pour la réception des offres. Le candidat ou soumissionnaire concerné n'est exclu de la procédure que s'il n'existe pas d'autre moyen d'assurer le respect du principe de l'égalité de traitement.

Avant qu'une telle exclusion ne soit prononcée, les candidats ou soumissionnaires se voient accorder la possibilité de prouver que leur participation à la préparation de la procédure n'est pas susceptible de fausser la concurrence. Les mesures prises sont consignées dans le rapport individuel prévu à l'article 84.

Art. 42 *Spécifications techniques.*

1. Les spécifications techniques définies au point 1 de l'annexe VII figurent dans les documents de marché. Les spécifications techniques définissent les caractéristiques requises des travaux, des services ou des fournitures.

Ces caractéristiques peuvent également se référer au processus ou à la méthode spécifique de production ou de fourniture des travaux, des produits ou des services demandés ou à un processus propre à un autre stade de leur cycle de vie même lorsque ces facteurs ne font pas partie de leur contenu matériel, à condition qu'ils soient liés à l'objet du marché et proportionnés à sa valeur et à ses objectifs.

Les spécifications techniques peuvent aussi préciser si le transfert des droits de propriété intellectuelle sera exigé.

Pour tous les marchés de travaux, fournitures ou services destinés à être utilisés par des personnes physiques, qu'il s'agisse du grand public ou du personnel du pouvoir adjudicateur, les spécifications techniques sont élaborées, sauf dans des cas dûment justifiés, de façon à tenir compte des critères d'accessibilité pour les personnes handicapées ou de la notion de conception pour tous les utilisateurs.

Lorsque des exigences d'accessibilité contraignantes ont été arrêtées par un acte juridique de l'Union, les spécifications techniques sont définies par référence à ces normes en ce qui concerne les critères d'accessibilité pour les personnes handicapées ou la notion de conception pour tous les utilisateurs.

2. Les spécifications techniques donnent aux opérateurs économiques une égalité d'accès à la procédure de passation de marché et n'ont pas pour effet de créer des obstacles injustifiés à l'ouverture des marchés publics à la concurrence.

3. Sans préjudice des règles techniques nationales obligatoires, dans la mesure où elles sont compatibles avec le droit de l'Union, les spécifications techniques sont formulées de l'une des façons suivantes :

a) en termes de performances ou d'exigences fonctionnelles, y compris de caractéristiques environnementales, à condition que les paramètres soient suffisamment précis pour permettre aux soumissionnaires de déterminer l'objet du marché et aux pouvoirs adjudicateurs d'attribuer le marché ;

b) par référence à des spécifications techniques et, par ordre de préférence, aux normes nationales transposant des normes européennes, aux évaluations techniques européennes, aux spécifications techniques communes, aux normes internationales, aux autres référentiels techniques élaborés par les organismes européens de normalisation, ou, en leur absence, aux normes nationales, aux agréments techniques nationaux ou aux spécifications techniques nationales en matière de conception, de calcul et de réalisation des ouvrages et d'utilisation des fournitures ; chaque référence est accompagnée de la mention "ou équivalent" ;

c) en termes de performances ou d'exigences fonctionnelles visées au point a), en se référant, comme moyen de présumer la conformité à ces performances ou à ces exigences fonctionnelles, aux spécifications techniques visées au point b) ;

d) par référence aux spécifications visées au point b) pour certaines caractéristiques et aux performances ou exigences fonctionnelles visées au point a) pour d'autres caractéristiques.

4. A moins qu'elles ne soient justifiées par l'objet du marché, les spécifications techniques ne font pas référence à une fabrication ou une provenance déterminée ou à un procédé particulier, qui caractérise les produits ou les services fournis par un opérateur économique spécifique, ni à une marque, à un brevet, à un type, à une origine ou à une production déterminée qui auraient pour effet de favoriser ou d'éliminer certaines entreprises ou certains produits. Cette référence est autorisée, à titre exceptionnel, dans le cas où il n'est pas possible de fournir une description suffisamment précise et intelligible de l'objet du marché en application du paragraphe 3. Une telle référence est accompagnée des termes "ou équivalent".

5. Lorsque les pouvoirs adjudicateurs font usage de la possibilité de se référer aux spécifications techniques visées au paragraphe 3, point b), ils ne rejettent pas une offre au motif que les travaux, fournitures ou services offerts ne sont pas conformes aux spécifications techniques auxquelles ils ont fait référence dès lors que le soumissionnaire prouve dans son offre, par tout moyen approprié, y compris les moyens de preuve visés à l'article 44, que les solutions proposées satisfont de manière équivalente aux exigences définies par les spécifications techniques.

6. Lorsque les pouvoirs adjudicateurs font usage de la possibilité, prévue au paragraphe 3, point a), de formuler des spécifications techniques en termes de performances ou d'exigences fonctionnelles, ils ne rejettent pas une offre de travaux, fournitures ou services conformes à une norme nationale transposant une norme européenne, à un agrément technique européen, à une spécification technique commune, à une norme internationale ou à un référentiel technique élaboré par un organisme européen de normalisation, si ces spécifications correspondent aux performances ou aux exigences fonctionnelles qu'ils ont fixées.

Dans son offre, le soumissionnaire prouve, par tout moyen approprié y compris ceux visés à l'article 44, que les travaux, fournitures ou services, conformes à la norme, répondent aux conditions de performance ou aux exigences fonctionnelles imposées par le pouvoir adjudicateur.

Art. 43 *Labels.*

1. Lorsque les pouvoirs adjudicateurs souhaitent acquérir des travaux, des fournitures ou des services présentant certaines caractéristiques d'ordre environnemental, social ou autre, ils peuvent, dans les spécifications techniques, les critères d'attribution ou les conditions d'exécution du marché, exiger un label particulier en tant que moyen permettant de prouver que les travaux, services ou fournitures correspondent aux caractéristiques requises, à condition que l'ensemble des conditions suivantes soient respectées :

a) les exigences en matière de label ne concernent que des critères qui sont liés à l'objet du marché et sont propres à définir les caractéristiques des travaux, fournitures ou services qui font l'objet du marché ;

b) les exigences en matière de label sont fondées sur des critères vérifiables de façon objective et non discriminatoires ;

c) le label est établi par une procédure ouverte et transparente à laquelle toutes les parties concernées, telles que les organismes publics, les consommateurs, les partenaires sociaux, les fabricants, les distributeurs ou les organisations non gouvernementales, peuvent participer ;

d) le label est accessible à toutes les parties intéressées ;

e) les exigences en matière de label sont fixées par un tiers sur lequel l'opérateur économique qui demande l'obtention du label ne peut exercer d'influence décisive.

Lorsque les pouvoirs adjudicateurs n'exigent pas que les travaux, fournitures ou services remplissent toutes les exigences en matière de label, ils indiquent les exigences qui sont visées.

Les pouvoirs adjudicateurs qui exigent un label particulier acceptent tous les labels qui confirment que les travaux, fournitures ou services remplissent des exigences équivalentes en matière de label.

Lorsqu'un opérateur économique n'avait manifestement pas la possibilité d'obtenir le label particulier spécifié par le pouvoir adjudicateur ou un label équivalent dans les délais fixés pour des raisons qui ne lui sont pas imputables, le pouvoir adjudicateur accepte d'autres moyens de preuve appropriés tels que, par exemple, un dossier technique du fabricant, pour autant que l'opérateur économique concerné établisse que les travaux, fournitures ou services qu'il doit fournir satisfont aux exigences concernant le label particulier ou aux exigences particulières indiquées par le pouvoir adjudicateur.

2. Lorsqu'un label remplit les conditions prévues au paragraphe 1, points b), c), d) et e), mais fixe aussi des exigences qui ne sont pas liées à l'objet du marché, les pouvoirs adjudicateurs n'exigent pas le label en soi, mais ils peuvent définir la spécification technique par référence aux spécifications détaillées de ce label ou, si besoin est, aux parties de celles-ci qui sont liées à l'objet du marché et sont propres à définir les caractéristiques de cet objet.

Art. 44 *Rapports d'essai, certification et autres moyens de preuve.*

1. Les pouvoirs adjudicateurs peuvent exiger que les opérateurs économiques fournissent, comme moyen de preuve de la conformité aux exigences ou aux critères arrêtés dans les spécifications techniques, les critères d'attribution ou les conditions d'exécution du marché, un rapport d'essai d'un organisme d'évaluation de la conformité ou un certificat délivré par un tel organisme.

Lorsque les pouvoirs adjudicateurs demandent que des certificats établis par un organisme d'évaluation de la conformité particulier leur soient soumis, ils acceptent aussi des certificats d'autres organismes d'évaluation de la conformité équivalents.

Aux fins du présent paragraphe, on entend par "organisme d'évaluation de la conformité" un organisme exerçant des activités d'évaluation de la conformité telles que le calibrage, les essais, la certification et l'inspection, accrédité conformément au règlement (CE) nº 765/2008 du Parlement européen et du Conseil *[Règl. (CE) nº 765/2008 du Parlement européen et du Conseil du 9 juill. 2008 fixant les prescriptions relatives à l'accréditation et à la surveillance du marché pour la commercialisation des produits et abrogeant le Règl. (CEE) nº 339/93 du Conseil (JOUE L 218 du 13 août 2008, p. 30)]*.

2. Les pouvoirs adjudicateurs acceptent d'autres moyens de preuve appropriés que ceux visés au paragraphe 1, comme un dossier technique du fabricant lorsque l'opérateur économique concerné n'avait pas accès aux certificats ou aux rapports d'essai visés au paragraphe 1 ni la possibilité de les obtenir dans les délais fixés, à condition que l'absence d'accès ne soit pas imputable à l'opérateur économique concerné et pour autant que celui-ci établisse ainsi que les travaux, fournitures ou services qu'il fournit satisfont aux exigences ou aux critères énoncés dans les spécifications techniques, les critères d'attribution ou les conditions d'exécution du marché.

3. Les États membres mettent à la disposition des autres États membres, sur demande, toute information relative aux éléments de preuve et documents soumis conformément à l'article 42, paragraphe 6, à l'article 43 et aux paragraphes 1 et 2 du présent article. Les autorités compétentes de l'État membre d'établissement de l'opérateur économique communiquent ces informations conformément à l'article 86.

Art. 45 *Variantes.*

1. Les pouvoirs adjudicateurs peuvent autoriser les soumissionnaires à présenter des variantes ou exiger une telle présentation. Ils indiquent dans l'avis de marché ou, lorsque l'avis de préinformation sert de moyen d'appel à la concurrence dans l'invitation à confirmer l'intérêt, s'ils autorisent ou exigent ou non les variantes. Les variantes ne sont pas autorisées sans cette indication. Les variantes sont liées à l'objet du marché.

2. Les pouvoirs adjudicateurs qui autorisent ou exigent des variantes mentionnent dans les documents de marché les exigences minimales que les variantes doivent respecter ainsi que toute condition particulière de leur soumission, en indiquant notamment si des variantes ne peuvent être soumises que si une offre qui n'est pas une variante a également été soumise. Ils s'assurent aussi que les critères d'attribution retenus puissent être appliqués tant aux variantes qui respectent ces exigences minimales qu'aux offres conformes qui ne sont pas des variantes.

3. Les pouvoirs adjudicateurs ne prennent en considération que les variantes répondant aux exigences minimales qu'ils ont fixées.

Dans les procédures de passation de marchés publics de fournitures ou de services, les pouvoirs adjudicateurs qui ont autorisé ou exigé des variantes ne rejettent pas une variante au seul motif qu'elle aboutirait, si elle était retenue, soit à un marché de services au lieu d'un marché public de fournitures, soit à un marché de fournitures au lieu d'un marché public de services.

Art. 46 *Division des marchés en lots.*

1. Les pouvoirs adjudicateurs peuvent décider d'attribuer un marché sous la forme de lots distincts, dont ils peuvent déterminer la taille et l'objet.

Hormis pour les marchés dont la division a été rendue obligatoire en vertu du paragraphe 4 du présent article, les pouvoirs adjudicateurs indiquent les principaux motifs justifiant la décision qu'ils ont prise de ne pas subdiviser le marché en lots ; lesquels motifs figurent dans les documents de marché ou le rapport individuel visé à l'article 84.

2. Dans l'avis de marché ou dans l'invitation à confirmer l'intérêt, les pouvoirs adjudicateurs indiquent s'il est possible de soumettre une offre pour un seul lot, pour plusieurs lots ou pour tous les lots.

Les pouvoirs adjudicateurs peuvent, même lorsqu'il est possible de soumettre une offre pour plusieurs lots ou tous les lots, limiter le nombre de lots qui peuvent être attribués à un seul soumissionnaire, à condition que le nombre maximal de lots par soumissionnaire soit inscrit dans l'avis de marché ou dans l'invitation à confirmer l'intérêt. Les pouvoirs adjudicateurs indiquent dans les documents de marché les critères ou règles objectifs et non discriminatoires qu'ils entendent appliquer pour déterminer quels lots seront attribués lorsque l'application des critères d'attribution conduirait à attribuer à un soumissionnaire un nombre de lots supérieur au nombre maximal.

3. Les États membres peuvent prévoir que, lorsque plusieurs lots peuvent être attribués au même soumissionnaire, les pouvoirs adjudicateurs peuvent attribuer des marchés réunissant plusieurs lots ou tous les lots, s'ils ont précisé dans l'avis de marché ou dans l'invitation à confirmer l'intérêt qu'ils se réservent la possibilité de le faire et indiquent les lots ou groupes de lots qui peuvent être réunis.

4. Les États membres peuvent mettre en œuvre le paragraphe 1, deuxième alinéa, en rendant obligatoire la passation de marchés sous la forme de lots distincts dans des conditions à définir conformément à leur droit national et dans le respect du droit de l'Union. Dans de telles circonstances, le paragraphe 2, premier alinéa, et, le cas échéant, le paragraphe 3 sont applicables.

Art. 47 *Fixation des délais.*

1. En fixant les délais de réception des offres et des demandes de participation, les pouvoirs adjudicateurs tiennent compte de la complexité du marché et du temps nécessaire pour préparer les offres, sans préjudice des délais minimaux fixés par les articles 27 à 31.

2. Lorsque des offres ne peuvent être faites qu'à la suite d'une visite des lieux ou après consultation sur place de documents étayant les documents de marché, les délais de réception des offres, qui sont supérieurs aux délais minimaux fixés aux articles 27 à 31, sont arrêtés de manière que tous les opérateurs économiques concernés puissent prendre connaissance de toutes les informations nécessaires pour la formulation de leurs offres.

3. Les pouvoirs adjudicateurs prolongent les délais de réception des offres de manière que tous les opérateurs économiques concernés puissent prendre connaissance de toutes les informations nécessaires pour la formulation de leurs offres dans les cas suivants :

a) lorsque, pour quelque motif que ce soit, un complément d'informations, bien que demandé en temps utile par l'opérateur économique, n'est pas fourni au moins six jours avant l'expiration du délai fixé pour la réception des offres. Dans le cas d'une procédure accélérée visée à l'article 27, paragraphe 3, et à l'article 28, paragraphe 6, ce délai est de quatre jours ;

b) lorsque des modifications importantes sont apportées aux documents de marché.

La durée de la prolongation est proportionnée à l'importance des informations ou de la modification.

Lorsque le complément d'informations n'a pas été demandé en temps utile ou qu'il est d'une importance négligeable pour la préparation d'offres recevables, les pouvoirs adjudicateurs ne sont pas tenus de prolonger les délais.

SECTION 2 *Publication et transparence*

Art. 48 *Avis de préinformation.*

1. Les pouvoirs adjudicateurs peuvent faire connaître leurs intentions en matière de passation de marchés par le biais de la publication d'un avis de préinformation. De tels avis contiennent les informations mentionnées à l'annexe V, partie B, section 1. Ils sont publiés soit par l'Office des publications de l'Union européenne, soit par les pouvoirs adjudicateurs sur leur profil d'acheteur conformément à l'annexe VIII, point 2), b). Lorsque les pouvoirs adjudicateurs publient l'avis de préinformation sur leur profil d'acheteur, ils envoient à l'Office des publications de l'Union européenne un avis de publication sur leur profil d'ache-

teur conformément à l'annexe VIII. De tels avis contiennent les informations mentionnées à l'annexe V, partie A.

2. Dans le cas de procédures restreintes et de procédures concurrentielles avec négociation, les pouvoirs adjudicateurs sous-centraux peuvent utiliser un avis de préinformation pour lancer un appel à la concurrence conformément à l'article 26, paragraphe 5, à condition que l'avis remplisse toutes les conditions suivantes :

a) il fait référence spécifiquement aux fournitures, aux travaux ou aux services qui feront l'objet du marché à passer ;

b) il mentionne que ce marché sera passé selon une procédure restreinte ou concurrentielle avec négociation sans publication ultérieure d'un avis d'appel à la concurrence et invite les opérateurs économiques intéressés à manifester leur intérêt ;

c) il contient, outre les informations mentionnées à l'annexe V, partie B, section 1, celles mentionnées à l'annexe V, partie B, section 2 ;

d) il a été envoyé pour publication entre trente-cinq jours et douze mois avant la date d'envoi de l'invitation visée à l'article 54, paragraphe 1.

De tels avis ne sont pas publiés sur un profil d'acheteur. Toutefois, l'éventuelle publication supplémentaire au niveau national conformément à l'article 52 peut être réalisée sur un profil d'acheteur.

La durée maximale de la période couverte par l'avis de préinformation est de douze mois à compter de la date de transmission de l'avis pour publication. Toutefois, dans le cas de marchés publics pour des services sociaux et d'autres services spécifiques, l'avis de préinformation visé à l'article 75, paragraphe 1, point b), peut couvrir une période d'une durée supérieure à douze mois.

Art. 49 *Avis de marché.*

Les avis de marché sont utilisés comme moyen d'appel à la concurrence pour toutes les procédures, sans préjudice de l'article 26, paragraphe 5, deuxième alinéa, et de l'article 32. Les avis de marché contiennent les informations prévues à l'annexe V, partie C, et sont publiés conformément à l'article 51.

Art. 50 *Avis d'attribution de marché.*

1. Au plus tard trente jours après la conclusion d'un marché ou d'un accord-cadre, faisant suite à la décision d'attribution ou de conclusion de celui-ci, les pouvoirs adjudicateurs envoient un avis d'attribution de marché relatif aux résultats de la procédure de passation de marché.

Ces avis contiennent les informations prévues à l'annexe V, partie D, et sont publiés conformément à l'article 51.

2. Lorsque l'appel à la concurrence pour le marché concerné a été effectué sous la forme d'un avis de préinformation et que le pouvoir adjudicateur a décidé de ne pas attribuer de nouveaux marchés au cours de la période couverte par cet avis, l'avis d'attribution de marché le mentionne expressément.

Dans le cas d'accords-cadres conclus conformément à l'article 33, les pouvoirs adjudicateurs n'ont pas l'obligation d'envoyer un avis concernant les résultats de la procédure de passation de chaque marché fondé sur l'accord-cadre. Les États membres peuvent prévoir que les pouvoirs adjudicateurs regroupent sur une base trimestrielle les avis concernant les résultats de la procédure de passation des marchés fondés sur l'accord-cadre. Dans ce cas, les pouvoirs adjudicateurs envoient ces avis regroupés au plus tard trente jours après la fin de chaque trimestre.

3. Les pouvoirs adjudicateurs envoient un avis d'attribution de marché au plus tard trente jours après la passation de chaque marché fondé sur un système d'acquisition dynamique. Toutefois, ils peuvent regrouper ces avis sur une base trimestrielle. Dans ce cas, ils envoient ces avis regroupés au plus tard trente jours après la fin de chaque trimestre.

4. Certaines informations sur la passation du marché ou la conclusion de l'accord-cadre peuvent ne pas être publiées au cas où leur divulgation ferait obstacle à l'application des lois, serait contraire à l'intérêt public ou porterait préjudice aux intérêts commerciaux légitimes d'un opérateur économique en particulier, public ou privé, ou pourrait nuire à une concurrence loyale entre les opérateurs économiques.

Art. 51 *Rédaction et modalités de publication des avis.*

1. Les avis visés aux articles 48, 49 et 50 incluent les informations mentionnées à l'annexe V sous la forme de formulaires types, y compris des formulaires types pour avis rectificatifs.

La Commission établit ces formulaires types au moyen d'actes d'exécution. Ceux-ci sont adoptés conformément à la procédure consultative visée à l'article 89, paragraphe 2.

2. Les avis visés aux articles 48, 49 et 50 sont rédigés, transmis par voie électronique à l'Office des publications de l'Union européenne et publiés conformément à l'annexe VIII. Les avis sont publiés au plus tard cinq jours après leur envoi. Les frais de publication de ces avis par l'Office des publications de l'Union européennes ont à la charge de l'Union.
3. Les avis visés aux articles 48, 49 et 50 sont publiés intégralement dans la ou les langues officielles des institutions de l'Union choisie(s) par le pouvoir adjudicateur. Cette ou ces versions linguistiques sont les seules faisant foi. Un résumé des éléments importants de chaque avis est publié dans les autres langues officielles des institutions de l'Union.
4. L'Office des publications de l'Union européenne veille à ce que le texte intégral et le résumé des avis de préinformation visés à l'article 48, paragraphe 2, et des avis d'appel à la concurrence instaurant un système d'acquisition dynamique visés à l'article 34, paragraphe 4, point a), continuent à être publiés :
a) dans le cas des avis de préinformation, pendant douze mois ou jusqu'à réception d'un avis d'attribution de marché, comme prévu à l'article 50, avec la mention qu'aucun autre marché ne sera attribué au cours de la période de douze mois couverte par l'avis d'appel à la concurrence. Toutefois, dans le cas de marchés publics pour des services sociaux et d'autres services spécifiques, l'avis de préinformation visé à l'article 75, paragraphe 1, point b), continue d'être publié jusqu'à la fin de sa période de validité indiquée initialement ou jusqu'à réception d'un avis d'attribution de marché, comme prévu à l'article 50, avec la mention qu'aucun autre marché ne sera pas attribué au cours de la période couverte par l'appel à la concurrence ;
b) dans le cas des avis d'appel à la concurrence instaurant un système d'acquisition dynamique, pour la période de validité de ce système.
5. Les pouvoirs adjudicateurs sont en mesure de faire la preuve de la date d'envoi des avis.
L'Office des publications de l'Union européenne donne au pouvoir adjudicateur confirmation de la réception de l'avis et de la publication des informations transmises, en mentionnant la date de cette publication. Cette confirmation tient lieu de preuve de la publication.
6. Les pouvoirs adjudicateurs peuvent publier des avis de marchés publics qui ne sont pas soumis à l'exigence de publication prévue dans la présente directive, à condition que ces avis soient envoyés à l'Office des publications de l'Union européenne par voie électronique en respectant le format et aux modalités de transmission indiqués à l'annexe VIII.

Art. 52 *Publication au niveau national.*
1. Les avis visés aux articles 48, 49 et 50 et les informations qui y figurent ne sont pas publiés au niveau national avant la publication prévue par l'article 51. Toutefois, la publication peut en tout état de cause avoir lieu au niveau national lorsque les pouvoirs adjudicateurs n'ont pas été avisés de la publication dans les quarante-huit heures suivant la confirmation de la réception de l'avis conformément à l'article 51.
2. Les avis publiés au niveau national ne comporteront pas de renseignements autres que ceux contenus dans les avis envoyés à l'Office des publications de l'Union européenne ou publiés sur un profil d'acheteur, mais ils font mention de la date d'envoi de l'avis à l'Office des publications de l'Union européenne ou de sa publication sur le profil d'acheteur.
3. Les avis de préinformation ne sont pas publiés sur un profil d'acheteur avant l'envoi à l'Office des publications de l'Union européenne de l'avis annonçant leur publication sous cette forme*[.]* Ils font mention de la date de cet envoi.

Art. 53 *Mise à disposition des documents de marché par voie électronique.*
1. Les pouvoirs adjudicateurs offrent, par moyen électronique, un accès gratuit, sans restriction, complet et direct aux documents de marché à partir de la date de publication d'un avis conformément à l'article 51 ou à partir de la date d'envoi de l'invitation à confirmer l'intérêt. Le texte de l'avis ou de l'invitation à confirmer l'intérêt précise l'adresse internet à laquelle les documents de marché sont accessibles.

Lorsqu'il n'est pas possible d'offrir un accès gratuit, sans restriction, complet et direct par moyen électronique à certains documents de marché pour une des raisons mentionnées à l'article 22, paragraphe 1, deuxième alinéa, les pouvoirs adjudicateurs peuvent indiquer, dans l'avis ou l'invitation à confirmer l'intérêt, que les documents de marché concernés seront transmis par d'autres moyens que des moyens électroniques, conformément au paragraphe 2 du présent article. Dans un tel cas, le délai de présentation des offres est prolongé de 5 jours, sauf les cas d'urgence dûment motivée visés à l'article 27, paragraphe 3, à l'article 28, paragraphe 6, et à l'article 29, paragraphe 1, quatrième alinéa.

Lorsqu'il n'est pas possible d'offrir un accès gratuit, sans restriction, complet et direct par voie électronique à certains documents de marché parce que les pouvoirs adjudicateurs entendent appliquer l'article 21, paragraphe 2, ceux-ci indiquent, dans l'avis ou l'invitation à confirmer l'intérêt, les mesures qu'ils imposent en vue de protéger la confidentialité des informations, ainsi que les modalités d'accès aux documents concernés. Dans un tel cas, le délai de présentation des offres est prolongé de 5 jours, sauf les cas d'urgence dûment motivée visés à l'article 27, paragraphe 3, à l'article 28, paragraphe 6, et à l'article 29, paragraphe 1, quatrième alinéa.

2. Les pouvoirs adjudicateurs fournissent à tous les soumissionnaires participant à la procédure de passation de marché les renseignements complémentaires relatifs aux documents du marché et tout document justificatif six jours au plus tard avant la date limite fixée pour la réception des offres, pour autant que la demande en ait été faite en temps utile. Dans le cas d'une procédure accélérée visée à l'article 27, paragraphe 3, et à l'article 28, paragraphe 6, ce délai est de quatre jours.

Art. 54 *Invitations des candidats.*

1. Dans les procédures restreintes, les dialogues compétitifs, les partenariats d'innovation et les procédures concurrentielles avec négociation, les pouvoirs adjudicateurs invitent simultanément et par écrit les candidats retenus à présenter leurs offres ou, dans le cas du dialogue compétitif, à participer au dialogue.

Lorsqu'un avis de préinformation sert d'appel à la concurrence conformément à l'article 48, paragraphe 2, les pouvoirs adjudicateurs invitent simultanément et par écrit les opérateurs économiques qui ont manifesté leur intérêt à confirmer leur intérêt.

2. Les invitations visées au paragraphe 1 du présent article mentionnent notamment l'adresse électronique à laquelle les documents de marché ont été mis directement à disposition par voie électronique. Les invitations sont accompagnées des documents de marché, lorsque ceux-ci n'ont pas fait l'objet d'un accès gratuit, sans restriction, complet et direct, pour les motifs énoncés à l'article 53, paragraphe 1, deuxième ou troisième alinéa, et qu'ils n'ont pas déjà été mis à disposition par d'autres moyens. Les invitations visées au paragraphe 1 du présent article comportent en outre les informations indiquées à l'annexe IX.

Art. 55 *Information des candidats et des soumissionnaires.*

1. Les pouvoirs adjudicateurs informent dans les meilleurs délais chaque candidat et chaque soumissionnaire des décisions prises concernant la conclusion d'un accord-cadre, l'attribution du marché ou l'admission dans un système d'acquisition dynamique, y compris des motifs pour lesquels ils ont décidé de ne pas conclure un accord-cadre ou de ne pas passer un marché qui a fait l'objet d'un appel à la concurrence, de recommencer la procédure ou de renoncer à mettre en œuvre un système d'acquisition dynamique.

2. A la demande du candidat ou du soumissionnaire concerné, les pouvoirs adjudicateurs communiquent, dans les meilleurs délais et au plus tard quinze jours à compter de la réception d'une demande écrite :

a) à tout candidat écarté, les motifs du rejet de sa demande de participation ;

b) à tout soumissionnaire écarté, les motifs du rejet de son offre, y compris, dans les cas visés à l'article 42, paragraphes 5 et 6, les raisons pour lesquelles ils ont conclu à la non-équivalence ou décidé les travaux, fournitures, ou services ne répondent pas aux performances ou aux exigences fonctionnelles ;

c) à tout soumissionnaire ayant fait une offre recevable, les caractéristiques et avantages relatifs de l'offre retenue ainsi que le nom du titulaire ou des parties à l'accord-cadre ;

d) à tout soumissionnaire ayant fait une offre recevable, des informations relatives au déroulement et à l'avancement des négociations et du dialogue avec les soumissionnaires.

3. Les pouvoirs adjudicateurs peuvent décider de ne pas communiquer certains renseignements concernant l'attribution du marché, la conclusion d'accords-cadres ou l'admission dans un système d'acquisition dynamique, visés aux paragraphes 1 et 2, lorsque leur divulgation ferait obstacle à l'application des lois ou serait contraire à l'intérêt public, porterait préjudice aux intérêts commerciaux légitimes d'un opérateur économique particulier, public ou privé, ou pourrait nuire à une concurrence loyale entre les opérateurs économiques.

SECTION 3 *Choix des participants et attribution des marchés*

Art. 56 *Principes généraux.*

1. Les marchés sont attribués sur la base des critères arrêtés conformément aux articles 67 à 69, pour autant que les pouvoirs adjudicateurs aient vérifié, conformément aux articles 59 à 61, que toutes les conditions suivantes sont réunies :

a) l'offre est conforme aux exigences, conditions et critères énoncés dans l'avis de marché ou dans l'invitation à confirmer l'intérêt ainsi que dans les documents de marché, compte tenu, le cas échéant, de l'article 45 ;

b) l'offre provient d'un soumissionnaire qui n'est pas exclu en vertu de l'article 57 et qui répond aux critères de sélection fixés par le pouvoir adjudicateur conformément à l'article 58 et, le cas échéant, aux règles et critères non discriminatoires visés à l'article 65.

Les pouvoirs adjudicateurs peuvent décider de ne pas attribuer un marché au soumissionnaire ayant remis l'offre économiquement la plus avantageuse lorsqu'ils ont établi que cette offre ne respecte pas les obligations applicables visées à l'article 18, paragraphe 2.

2. Dans le cadre de procédures ouvertes, les pouvoirs adjudicateurs peuvent décider d'examiner les offres avant de vérifier l'absence de motifs d'exclusion et le respect des critères de sélection conformément aux articles 57 à 64. Lorsqu'ils font usage de cette possibilité, ils s'assurent que la vérification de l'absence de motifs d'exclusion et du respect des critères de sélection s'effectue d'une manière impartiale et transparente, afin qu'aucun marché ne soit attribué à un soumissionnaire qui aurait dû être exclu en vertu de l'article 57 ou qui ne remplit pas les critères de sélection établis par le pouvoir adjudicateur.

Les États membres peuvent interdire le recours à la procédure prévue au premier alinéa ou limiter le recours à cette procédure à certains types de marchés ou dans des circonstances particulières.

3. Lorsque les informations ou les documents qui doivent être soumis par les opérateurs économiques sont ou semblent incomplets ou erronés ou lorsque certains documents sont manquants, les pouvoirs adjudicateurs peuvent, sauf disposition contraire du droit national mettant en œuvre la présente directive, demander aux opérateurs économiques concernés de présenter, compléter, clarifier ou préciser les informations ou les documents concernés dans un délai approprié, à condition que ces demandes respectent pleinement les principes d'égalité de traitement et transparence.

4. La Commission est habilitée à adopter des actes délégués conformément à l'article 87 afin de modifier la liste de l'annexe X, dès lors que cette modification est nécessaire pour ajouter de nouvelles conventions internationales qui ont été ratifiées par tous les États membres ou lorsque les conventions internationales existantes visées ne sont plus ratifiées par tous les États membres ou ont fait l'objet d'autres modifications portant, par exemple, sur leur champ d'application, leur contenu ou leur intitulé.

SOUS-SECTION 1 *Critères de sélection qualitative*

Art. 57 *Motifs d'exclusion.*

1. Les pouvoirs adjudicateurs excluent un opérateur économique de la participation à une procédure de passation de marché lorsqu'ils ont établi, en procédant à des vérifications conformément aux articles 59, 60 et 61, ou qu'ils sont informés de quelque autre manière que cet opérateur économique a fait l'objet d'une condamnation, prononcée par un jugement définitif, pour l'une des raisons suivantes :

a) participation à une organisation criminelle telle qu'elle est définie à l'article 2 de la décision-cadre 2008/841/JAI du Conseil *[Décis.-cadre 2008/841/JAI du Conseil du 24 oct. 2008 relative à la lutte contre la criminalité organisée (JOUE L 300 du 11 nov. 2008, p. 42)]* ;

b) corruption, telle qu'elle est définie à l'article 3 de la convention relative à la lutte contre la corruption impliquant des fonctionnaires des Communautés européennes ou des fonctionnaires des États membres de l'Union européenne *[JOUE C 195 du 25 juin 1997, p. 1]* et à l'article 2, paragraphe 1, de la décision-cadre 2003/568/JAI du Conseil *[Décis.-cadre 2003/568/JAI du Conseil du 22 juill. 2003 relative à la lutte contre la corruption dans le secteur privé (JOUE L 192 du 31 juill. 2003, p. 54)]*, ou telle qu'elle est définie dans le droit national du pouvoir adjudicateur ou de l'opérateur économique ;

c) fraude au sens de l'article 1er de la convention relative à la protection des intérêts financiers des Communautés européennes *[JOUE C 316 du 27 nov. 1995, p. 48]* ;

d) infraction terroriste ou infraction liée aux activités terroristes, telles qu'elles sont définies respectivement à l'article 1er et à l'article 3 de la décision-cadre 2002/475/JAI du Conseil *[Décis.-cadre 2002/475/JAI du Conseil du 13 juin 2002 relative à la lutte contre le terrorisme (JOUE L 164 du 22 juin 2002, p. 3)]*, ou incitation à commettre une infraction, complicité ou tentative d'infraction telles qu'elles sont visées à l'article 4 de ladite décision-cadre ;

e) blanchiment de capitaux ou financement du terrorisme tels qu'ils sont définis à l'article 1er de la directive 2005/60/CE du Parlement européen et du Conseil *[Dir. 2005/60/CE du Parlement européen et du Conseil du 26 oct. 2005 relative à la prévention de l'utilisation du système financier aux fins du blanchiment de capitaux et du financement du terrorisme (JOUE L 309 du 25 nov. 2005, p. 15)]* ;

f) travail des enfants et autres formes de traite des êtres humains définis à l'article 2 de la directive 2011/36/UE du Parlement européen et du Conseil *[Dir. 2011/36/UE du Parlement européen et du Conseil du 5 avr. 2011 concernant la prévention de la traite des êtres humains et la lutte contre ce phénomène ainsi que la protection des victimes et remplaçant la décision-cadre 2002/629/JAI du Conseil (JOUE L 101 du 15 avr. 2011, p. 1)]*.

L'obligation d'exclure un opérateur économique s'applique aussi lorsque la personne condamnée par jugement définitif est un membre de l'organe administratif, de gestion ou de surveillance dudit opérateur économique ou détient un pouvoir de représentation, de décision ou de contrôle en son sein.

2. Un opérateur économique est exclu de la participation à une procédure de passation de marché si le pouvoir adjudicateur a connaissance d'un manquement par l'opérateur économique à ses obligations relatives au paiement d'impôts et taxes ou de cotisations de sécurité sociale lorsque celui-ci a été établi par une décision judiciaire ayant force de chose jugée ou une décision administrative ayant un effet contraignant, conformément aux dispositions légales du pays dans lequel il est établi ou à celles de l'État membre du pouvoir adjudicateur.

En outre, les pouvoirs adjudicateurs peuvent exclure ou être obligés par les États membres à exclure un opérateur économique de la participation à une procédure de passation de marché si le pouvoir adjudicateur peut démontrer par tout moyen approprié que l'opérateur économique a manqué à ses obligations relatives au paiement d'impôts et taxes ou de cotisations de sécurité sociale.

Le présent paragraphe ne s'applique plus lorsque l'opérateur économique a rempli ses obligations en payant ou en concluant un accord contraignant en vue de payer les impôts et taxes ou cotisations de sécurité sociale dues, y compris, le cas échéant, tout intérêt échu ou les éventuelles amendes.

3. Les États membres peuvent prévoir une dérogation à l'exclusion obligatoire visée aux paragraphes 1 et 2, à titre exceptionnel, pour des raisons impératives relevant de l'intérêt public telles que des raisons liées à la santé publique ou à la protection de l'environnement.

Les États membres peuvent aussi prévoir une dérogation à l'exclusion obligatoire visée au paragraphe 2, lorsqu'une exclusion serait manifestement disproportionnée, en particulier lorsque seuls des montants minimes d'impôts, de taxes ou de cotisations de sécurité sociale sont impayés ou lorsque l'opérateur économique a été informé du montant exact dû à la suite du manquement à ses obligations relatives au paiement d'impôts et taxes ou de cotisations de sécurité sociale à un moment où il n'avait pas la possibilité de prendre les mesures prévues au paragraphe 2, troisième alinéa, avant l'expiration du délai de présentation de la demande de participation ou, dans le cadre de procédures ouvertes, du délai de présentation de l'offre.

4. Les pouvoirs adjudicateurs peuvent exclure ou être obligés par les États membres à exclure tout opérateur économique de la participation à une procédure de passation de marché dans l'un des cas suivants :

a) lorsque le pouvoir adjudicateur peut démontrer, par tout moyen approprié, un manquement aux obligations applicables visées à l'article 18, paragraphe 2 ;

b) l'opérateur économique est en état de faillite ou fait l'objet d'une procédure d'insolvabilité ou de liquidation, ses biens sont administrés par un liquidateur ou sont placés sous administration judiciaire, il a conclu un concordat préventif, il se trouve en état de cessation d'activités, ou dans toute situation analogue résultant d'une procédure de même nature existant dans les législations et réglementations nationales ;

c) le pouvoir adjudicateur peut démontrer par tout moyen approprié que l'opérateur économique a commis une faute professionnelle grave qui remet en cause son intégrité ;

d) le pouvoir adjudicateur dispose d'éléments suffisamment plausibles pour conclure que l'opérateur économique a conclu des accords avec d'autres opérateurs économiques en vue de fausser la concurrence ;

e) il ne peut être remédié à un conflit d'intérêts au sens de l'article 24 par d'autres mesures moins intrusives ;

f) il ne peut être remédié à une distorsion de la concurrence résultant de la participation préalable des opérateurs économiques à la préparation de la procédure de passation de marché, visée à l'article 41, par d'autres mesures moins intrusives ;

g) des défaillances importantes ou persistantes de l'opérateur économique ont été constatées lors de l'exécution d'une obligation essentielle qui lui incombait dans le cadre d'un marché public antérieur, d'un marché antérieur passé avec une entité adjudicatrice ou d'une concession antérieure, lorsque ces défaillances ont donné lieu à la résiliation dudit marché ou de la concession, à des dommages et intérêts ou à une autre sanction comparable ;

h) l'opérateur économique s'est rendu coupable de fausse déclaration en fournissant les renseignements exigés pour la vérification de l'absence de motifs d'exclusion ou la satisfaction des critères de sélection, a caché ces informations ou n'est pas en mesure de présenter les documents justificatifs requis en vertu de l'article 59 ; ou

i) l'opérateur économique a entrepris d'influer indûment sur le processus décisionnel du pouvoir adjudicateur ou d'obtenir des informations confidentielles susceptibles de lui donner un avantage indu lors de la procédure de passation de marché, ou a fourni par négligence des informations trompeuses susceptibles d'avoir une influence déterminante sur les décisions d'exclusion, de sélection ou d'attribution.

Nonobstant le premier alinéa, point *b)*, les États membres peuvent exiger ou prévoir la possibilité que le pouvoir adjudicateur n'exclue pas un opérateur économique qui se trouve dans l'un des cas visés audit point lorsque le pouvoir adjudicateur a établi que l'opérateur économique en question sera en mesure d'exécuter le marché, compte tenu des règles et des mesures nationales applicables en matière de continuation des activités dans le cadre des situations visées au point *b)*.

5. A tout moment de la procédure, les pouvoirs adjudicateurs excluent un opérateur économique lorsqu'il apparaît que celui-ci se trouve, compte tenu des actes qu'il a commis ou omis d'accomplir soit avant, soit durant la procédure, dans un des cas visés aux paragraphes 1 et 2.

A tout moment de la procédure, les pouvoirs adjudicateurs peuvent exclure ou peuvent être obligés par les États membres à exclure un opérateur économique lorsqu'il apparaît que celui-ci se trouve, compte tenu des actes qu'il a commis ou omis d'accomplir soit avant, soit durant la procédure, dans un des cas visés au paragraphe 4.

6. Tout opérateur économique qui se trouve dans l'une des situations visées aux paragraphes 1 et 4 peut fournir des preuves afin d'attester que les mesures qu'il a prises suffisent à démontrer sa fiabilité malgré l'existence d'un motif d'exclusion pertinent. Si ces preuves sont jugées suffisantes, l'opérateur économique concerné n'est pas exclu de la procédure de passation de marché.

A cette fin, l'opérateur économique prouve qu'il a versé ou entrepris de verser une indemnité en réparation de tout préjudice causé par l'infraction pénale ou la faute, clarifié totalement les faits et circonstances en collaborant activement avec les autorités chargées de l'enquête et pris des mesures concrètes de nature technique et organisationnelle et en matière de personnel propres à prévenir une nouvelle infraction pénale ou une nouvelle faute.

Les mesures prises par les opérateurs économiques sont évaluées en tenant compte de la gravité de l'infraction pénale ou de la faute ainsi que de ses circonstances particulières. Lorsque les mesures sont jugées insuffisantes, la motivation de la décision concernée est transmise à l'opérateur économique.

Un opérateur économique qui a été exclu par un jugement définitif de la participation à des procédures de passation de marché ou d'attribution de concession n'est pas autorisé à faire usage de la possibilité prévue au présent paragraphe pendant la période d'exclusion fixée par ledit jugement dans les États membres où le jugement produit ses effets.

7. Par disposition législative, réglementaire ou administrative et dans le respect du droit de l'Union, les États membres arrêtent les conditions d'application du présent article. Ils déterminent notamment la durée maximale de la période d'exclusion si aucune des mesures visées au paragraphe 6 n'a été prise par l'opérateur économique pour démontrer sa fiabilité. Lorsque la durée de la période d'exclusion n'a pas été fixée par jugement définitif, elle ne peut dépasser cinq ans à compter de la date de la condamnation par jugement définitif dans les cas visés au paragraphe 1 et trois ans à compter de la date de l'événement concerné dans les cas visés au paragraphe 4.

Art. 58 *Critères de sélection.*

1. Les critères de sélection peuvent avoir trait :

a) à l'aptitude à exercer l'activité professionnelle ;

b) à la capacité économique et financière ;

c) aux capacités techniques et professionnelles.

Les pouvoirs adjudicateurs ne peuvent imposer comme conditions de participation aux opérateurs économiques que les critères visés aux paragraphes 2, 3 et 4. Ils limitent ces conditions à celles qui sont propres à garantir qu'un candidat ou un soumissionnaire dispose de la capacité juridique et financière ainsi que des compétences techniques et professionnelles nécessaires pour exécuter le marché à attribuer. Toutes les conditions sont liées et proportionnées à l'objet du marché.

2. En ce qui concerne l'aptitude à exercer l'activité professionnelle, les pouvoirs adjudicateurs peuvent imposer aux opérateurs économiques d'être inscrits sur un registre professionnel ou sur un registre du commerce de leur État membre d'établissement, visé à l'annexe XI, ou de se conformer à toute autre exigence énoncée dans ladite annexe.

Dans les procédures de passation de marché de services, lorsque les opérateurs économiques ont besoin d'une autorisation spécifique ou doivent être membres d'une organisation spécifique pour pouvoir fournir dans leur pays d'origine le service concerné, le pouvoir adjudicateur peut leur demander de prouver qu'ils possèdent cette autorisation ou qu'ils appartiennent à cette organisation.

3. En ce qui concerne la capacité économique et financière, les pouvoirs adjudicateurs peuvent imposer aux opérateurs économiques des conditions garantissant que ceux-ci possèdent la capacité économique et financière nécessaire pour exécuter le marché. A cette fin, les pouvoirs adjudicateurs peuvent en particulier exiger que les opérateurs économiques réalisent un chiffre d'affaires annuel minimal donné, notamment un chiffre d'affaires minimal donné dans le domaine concerné par le marché. En outre, les pouvoirs adjudicateurs peuvent exiger que les opérateurs économiques fournissent des informations sur leurs comptes annuels indiquant le rapport, par exemple, entre les éléments d'actif et de passif. Ils peuvent également exiger un niveau approprié d'assurance des risques professionnels.

Le chiffre d'affaires annuel minimal que les opérateurs économiques sont tenus de réaliser ne dépasse pas le double de la valeur estimée du marché, sauf dans des cas dûment justifiés tels que ceux ayant trait aux risques particuliers inhérents à la nature des travaux, services ou fournitures. Le pouvoir adjudicateur indique les principales raisons justifiant une telle exigence dans les documents de marché ou le rapport individuel visé à l'article 84.

Le ratio, par exemple, entre les éléments d'actif et de passif peut être pris en compte lorsque le pouvoir adjudicateur précise les méthodes et les critères de cette prise en compte dans les documents de marché. Ces méthodes et critères sont transparents, objectifs et non discriminatoires.

Lorsqu'un marché est divisé en lots, le présent article s'applique à chacun des lots. Cependant, le pouvoir adjudicateur peut fixer le chiffre d'affaires annuel minimal que les opérateurs économiques sont tenus de réaliser pour des groupes de lots, dans l'éventualité où le titulaire se verrait attribuer plusieurs lots à exécuter en même temps.

Lorsque des marchés fondés sur un accord-cadre sont à attribuer à la suite d'une remise en concurrence, l'exigence maximale en termes de chiffre d'affaires annuel visée au deuxième alinéa est calculée sur la base de la taille maximale prévue des marchés spécifiques qui seront exécutés en même temps ou, si ce montant n'est pas connu, sur la base de la valeur estimée de l'accord-cadre. Dans le cas des systèmes d'acquisition dynamiques, l'exigence maximale en termes de chiffre d'affaires annuel visée au deuxième alinéa est calculée sur la base de la taille maximale prévue des marchés spécifiques devant être attribués dans le cadre desdits systèmes.

4. En ce qui concerne les capacités techniques et professionnelles, les pouvoirs adjudicateurs peuvent imposer des conditions garantissant que les opérateurs économiques possèdent les ressources humaines et techniques et l'expérience nécessaires pour exécuter le marché en assurant un niveau de qualité approprié.

Les pouvoirs adjudicateurs peuvent exiger notamment que les opérateurs économiques disposent d'un niveau d'expérience suffisant, démontré par des références adéquates provenant de marchés exécutés antérieurement. Un pouvoir adjudicateur peut considérer qu'un opérateur économique ne possède pas les capacités professionnelles requises lorsqu'il a établi que l'opérateur économique se trouve dans une situation de conflit d'intérêts qui pourrait avoir une incidence négative sur l'exécution du marché.

Dans les procédures de passation de marché de fournitures nécessitant des travaux de pose ou d'installation, de services ou de travaux, la capacité professionnelle des opérateurs économiques à fournir les services ou à exécuter l'installation ou les travaux peut être évaluée en vertu de leur savoir-faire, de leur efficacité, de leur expérience et de leur fiabilité.

5. Les conditions de participation requises, qui peuvent être exprimées en tant que capacités minimales, ainsi que les moyens de preuve acceptables sont indiqués par les pouvoirs adjudicateurs dans l'avis de marché ou dans l'invitation à confirmer l'intérêt.

Art. 59 *Document unique de marché européen.*

1. Lors de la présentation de demandes de participation ou d'offres, les pouvoirs adjudicateurs acceptent le document unique de marché européen (DUME) consistant en une déclaration sur l'honneur actualisée à titre de preuve *a priori* en lieu et place des certificats délivrés par des autorités publiques ou des tiers pour confirmer que l'opérateur économique concerné remplit l'une des conditions suivantes :

a) il ne se trouve pas dans l'une des situations, visées à l'article 57, qui doit ou peut entraîner l'exclusion d'un opérateur ;

b) il répond aux critères de sélection applicables qui ont été établis conformément à l'article 58 ;

c) le cas échéant, il respecte les règles et critères objectifs qui ont été établis conformément à l'article 65.

Lorsque l'opérateur économique a recours aux capacités d'autres entités en vertu de l'article 63, le DUME comporte également les informations visées au premier alinéa, du présent paragraphe en ce qui concerne ces entités.

Le DUME consiste en une déclaration officielle par laquelle l'opérateur économique affirme que le motif d'exclusion concerné ne s'applique pas et/ou que le critère de sélection concerné est rempli et il fournit les informations pertinentes requises par le pouvoir adjudicateur. Le DUME désigne en outre l'autorité publique ou le tiers compétent pour établir les documents justificatifs et contient une déclaration officielle indiquant que l'opérateur économique sera en mesure, sur demande et sans tarder, de fournir lesdits documents justificatifs.

Lorsque le pouvoir adjudicateur peut obtenir directement les documents justificatifs en accédant à une base de données en vertu du paragraphe 5, le DUME contient également les renseignements requis à cette fin, tels que l'adresse internet de la base de données, toute donnée d'identification et, le cas échéant, la déclaration de consentement nécessaire.

Les opérateurs économiques peuvent réutiliser un DUME qui a déjà été utilisé dans une procédure antérieure, à condition qu'ils confirment que les informations qui y figurent sont toujours valables.

2. Le DUME est élaboré sur la base d'un formulaire type. La Commission établit ledit formulaire type au moyen d'actes d'exécution. Ces actes d'exécution sont adoptés selon la procédure d'examen visée à l'article 89, paragraphe 3.

Le DUME ne doit être fourni que sous forme électronique.

3. Nonobstant l'article 92, la Commission examine l'application pratique du DUME en tenant compte de l'évolution technique des bases de données dans les États membres et fait rapport à ce sujet au Parlement européen et au Conseil au plus tard le 18 avril 2017.

Le cas échéant, la Commission présente des propositions de solutions pour optimiser l'accès transnational à ces bases de données et l'utilisation des certificats et des attestations dans le marché intérieur.

4. Un pouvoir adjudicateur peut demander à des soumissionnaires et des candidats, à tout moment de la procédure, de fournir tout ou partie des documents justificatifs, si cela est nécessaire pour assurer le bon déroulement de la procédure.

Avant l'attribution du marché, le pouvoir adjudicateur exige du soumissionnaire auquel il a décidé d'attribuer le marché, sauf pour les marchés fondés sur des accords-cadres lorsque ces marchés sont conclus conformément à l'article 33, paragraphe 3, ou à l'article 33, paragraphe 4, point a), qu'il présente des documents justificatifs mis à jour conformément à l'article 60 et, le cas échéant, à l'article 62. Le pouvoir adjudicateur peut inviter les opérateurs économiques à compléter ou à expliciter les certificats reçus en application des articles 60 et 62.

5. Nonobstant le paragraphe 4, les opérateurs économiques ne sont pas tenus de présenter des documents justificatifs ou d'autres pièces justificatives lorsque et dans la mesure où le pouvoir adjudicateur a la possibilité d'obtenir directement les certificats ou les informations pertinentes en accédant à une base de données nationale dans un État membre qui est accessible gratuitement, comme un registre national des marchés publics, un dossier virtuel d'entreprise, un système de stockage électronique de documents ou un système de préqualification.

Nonobstant le paragraphe 4, les opérateurs économiques ne sont pas tenus de présenter des documents justificatifs lorsque le pouvoir adjudicateur ayant attribué le marché ou conclu l'accord-cadre a déjà ces documents en sa possession.

Aux fins du premier alinéa, les États membres veillent à ce que les bases de données qui contiennent des informations pertinentes concernant les opérateurs économiques et qui peuvent être consultées par leurs pouvoirs adjudicateurs puissent l'être également, dans les mêmes conditions, par les pouvoirs adjudicateurs d'autres États membres.

6. Les États membres rendent accessible et mettent à jour dans la base e-Certis une liste complète des bases de données contenant les informations pertinentes relatives aux opérateurs économiques qui peuvent être consultées par les pouvoirs adjudicateurs d'autres États membres. Les États membres communiquent aux autres États membres, à leur demande, toute information relative aux bases de données visées au présent article.

Sur le formulaire type pour le DUME, ainsi que les instructions relatives à son utilisation, V. Règl. d'exécution (UE) 2016/7 du 5 janv. 2016, infra.

Art. 60 *Moyens de preuve.*

1. Les pouvoirs adjudicateurs peuvent exiger la production des certificats, déclarations et autres moyens de preuve visés aux paragraphes 2, 3 et 4, ainsi qu'à l'annexe XII, à titre de preuve de l'absence des motifs d'exclusion visés à l'article 57 et du respect des critères de sélection conformément à l'article 58.

Les pouvoirs adjudicateurs n'exigent pas de moyens de preuve autres que ceux visés au présent article et à l'article 62. En ce qui concerne l'article 63, les opérateurs économiques peuvent avoir recours à tout moyen approprié pour prouver au pouvoir adjudicateur qu'ils disposeront des moyens nécessaires.

2. Les pouvoirs adjudicateurs acceptent comme preuve suffisante attestant que l'opérateur économique ne se trouve dans aucun des cas visés à l'article 57 :

a) pour le paragraphe 1 dudit article, la production d'un extrait du registre pertinent, tel qu'un extrait de casier judiciaire, ou, à défaut, d'un document équivalent délivré par l'autorité judiciaire ou administrative compétente de l'État membre ou du pays d'origine ou d'établissement de l'opérateur économique et dont il résulte que ces conditions sont remplies ;

b) pour le paragraphe 2 et le paragraphe 4, point *b)*, dudit article, un certificat délivré par l'autorité compétente de l'État membre ou du pays concerné.

Lorsque l'État membre ou le pays concerné ne délivre pas de tels documents ou certificats ou lorsque ceux-ci ne mentionnent pas tous les cas visés aux paragraphes 1 et 2 et au paragraphe 4, point b), de l'article 57, ils peuvent être remplacés par une déclaration sous serment ou, dans les États membres ou les pays où un tel serment n'est pas prévu, par une déclaration solennelle faite par l'intéressé devant l'autorité judiciaire ou administrative compétente, un notaire ou un organisme professionnel qualifié de l'État membre ou du pays d'origine ou de l'État membre ou du pays dans lequel l'opérateur économique est établi.

Un État membre fournit, le cas échéant, une déclaration officielle attestant que les documents ou certificats visés au présent paragraphe ne sont pas délivrés ou qu'ils ne couvrent pas tous les cas visés à l'article 55, paragraphes 1 et 2, et à l'article 57, paragraphe 4, point b). Ces déclarations officielles sont mises à disposition par le biais de la base de données de certificats en ligne (e-Certis) mentionnée à l'article 61.

3. La preuve de la capacité économique et financière de l'opérateur économique peut, en règle générale, être apportée par un ou plusieurs des éléments de référence énumérée à l'annexe XII, partie 1.

Si, pour une raison justifiée, l'opérateur économique n'est pas en mesure de produire les éléments de référence demandés par le pouvoir adjudicateur, il est autorisé à prouver sa capacité économique et financière par tout autre document considéré comme approprié par le pouvoir adjudicateur.

4. La preuve des capacités techniques des opérateurs économiques peut être fournie par un ou plusieurs des moyens énumérés à l'annexe XII, partie II, selon la nature, la quantité ou l'importance, et l'utilisation des travaux, des fournitures ou des services.

5. Les États membres mettent à la disposition des autres États membres, à leur demande, toute information relative aux motifs d'exclusion énumérés à l'article 57, à l'aptitude à exercer l'activité professionnelle et aux capacités financières et techniques des soumissionnaires visées à l'article 58 et toute information relative aux moyens de preuve visés au présent article.

Art. 61 *Base de données de certificats en ligne (e-Certis).*

1. En vue de faciliter la soumission d'offres transnationales, les États membres veillent à ce que les informations relatives aux certificats et aux autres formes de pièces justificatives introduites dans la base e-Certis créée par la Commission soient tenues à jour en permanence.

2. Les pouvoirs adjudicateurs ont recours à e-Certis et ils exigent principalement les types de certificats ou les formes de pièces justificatives qui sont prévus par e-Certis.

3. La Commission donne accès à toutes les versions linguistiques du DUME dans e-Certis.

Art. 62 *Normes d'assurance de la qualité et normes de gestion environnementale.*

1. Lorsque les pouvoirs adjudicateurs demandent la production de certificats établis par des organismes indépendants, attestant que l'opérateur économique se conforme à certaines normes d'assurance de la qualité, y compris en ce qui concerne l'accessibilité pour les personnes handicapées, ils se réfèrent aux systèmes d'assurance de la qualité basés sur les séries de normes européennes en la matière et certifiés par des organismes accrédités. Ils reconnaissent les certificats équivalents d'organismes établis dans d'autres États membres. Ils acceptent également d'autres preuves de mesures équivalentes d'assurance de la qualité lorsque l'opérateur économique concerné n'avait pas la possibilité d'obtenir ces certificats dans les délais fixés pour des motifs qui ne lui sont pas imputables, pour autant que ledit opérateur économique établisse que les mesures d'assurance de la qualité proposées sont conformes aux normes d'assurance de la qualité requises.

2. Lorsque les pouvoirs adjudicateurs demandent la production de certificats établis par des organismes indépendants, attestant que l'opérateur économique se conforme à certains systèmes ou normes de gestion environnementale, ils se réfèrent au système de management

environnemental et d'audit (EMAS) de l'Union ou à d'autres systèmes de gestion environnementale reconnus conformément à l'article 45 du règlement (CE) n° 1221/2009 ou à d'autres normes de gestion environnementale fondées sur les normes européennes ou internationales en la matière élaborées par des organismes accrédités. Ils reconnaissent les certificats équivalents d'organismes établis dans d'autres États membres.

Lorsqu'un opérateur économique n'avait manifestement pas accès à de tels certificats ni la possibilité de se les procurer dans les délais fixés pour des motifs qui ne lui sont pas imputables, le pouvoir adjudicateur accepte également d'autres preuves des mesures de gestion environnementale, pour autant que l'opérateur économique établisse que ces mesures sont équivalentes à celles requises en vertu du système ou de la norme de gestion environnementale applicable.

3. Conformément à l'article 86, les États membres mettent à la disposition des autres États membres, à leur demande, toute information relative aux documents produits pour prouver le respect des normes en matière de qualité et d'environnement visées aux paragraphes 1 et 2.

Art. 63 *Recours aux capacités d'autres entités.*

1. Un opérateur économique peut, le cas échéant et pour un marché déterminé, avoir recours aux capacités d'autres entités, quelle que soit la nature juridique des liens qui l'unissent à ces entités, en ce qui concerne les critères relatifs à la capacité économique et financière énoncés à l'article 58, paragraphe 3, et les critères relatifs aux capacités techniques et professionnelles, visés à l'article 58, paragraphe 4. En ce qui concerne les critères relatifs aux titres d'études et professionnels visés à l'annexe XII, partie II, point f), ou à l'expérience professionnelle pertinente, les opérateurs économiques ne peuvent toutefois avoir recours aux capacités d'autres entités que lorsque ces dernières exécuteront les travaux ou fourniront les services pour lesquels ces capacités sont requises. Si un opérateur économique souhaite recourir aux capacités d'autres entités, il apporte au pouvoir adjudicateur la preuve qu'il disposera des moyens nécessaires, par exemple, en produisant l'engagement de ces entités à cet effet.

Le pouvoir adjudicateur vérifie, conformément aux articles 59, 60 et 61, si les entités aux capacités desquelles l'opérateur économique entend avoir recours remplissent les critères de sélection applicables et s'il existe des motifs d'exclusion en vertu de l'article 57. Le pouvoir adjudicateur exige que l'opérateur économique remplace une entité qui ne remplit pas un critère de sélection applicable ou à l'encontre de laquelle il existe des motifs d'exclusion obligatoires. Le pouvoir adjudicateur peut exiger ou peut être obligé par l'État membre à exiger que l'opérateur économique remplace une entité à l'encontre de laquelle il existe des motifs d'exclusion non obligatoires.

Lorsqu'un opérateur économique a recours aux capacités d'autres entités en ce qui concerne des critères ayant trait à la capacité économique et financière, le pouvoir adjudicateur peut exiger que l'opérateur économique et les autres entités en question soient solidairement responsables de l'exécution du marché.

Dans les mêmes conditions, un groupement d'opérateurs économiques visé à l'article 19, paragraphe 2, peut avoir recours aux capacités de participants du groupement ou d'autres entités.

2. Pour les marchés de travaux, les marchés de services et les travaux de pose ou d'installation dans le cadre d'un marché de fournitures, les pouvoirs adjudicateurs peuvent exiger que certaines tâches essentielles soient effectuées directement par le soumissionnaire lui-même ou, si l'offre est soumise par un groupement d'opérateurs économiques visé à l'article 19, paragraphe 2, par un participant dudit groupement.

Art. 64 *Listes officielles d'opérateurs économiques agréés et certification par des organismes de droit public ou privé.*

1. Les États membres peuvent soit établir ou maintenir des listes officielles d'entrepreneurs, de fournisseurs ou de prestataires de services agréés, soit prévoir une certification par des organismes de certification qui répondent aux normes européennes en matière de certification au sens de l'annexe VII.

Ils transmettent à la Commission et aux autres États membres l'adresse de l'organisme de certification ou de l'organisme responsable des listes officielles auquel les demandes doivent être envoyées.

2. Les États membres adaptent aux dispositions de la présente sous-section les conditions d'inscription sur les listes officielles visées au paragraphe 1 et de délivrance de certificats par les organismes de certification.

Les États membres les adaptent également à l'article 63 pour les demandes d'inscription présentées par des opérateurs économiques faisant partie d'un groupement et faisant valoir des moyens mis à leur disposition par les autres sociétés du groupement. Dans un tel cas, ces opérateurs apportent à l'autorité établissant la liste officielle la preuve qu'ils disposeront de ces moyens pendant toute la période de validité du certificat attestant leur inscription sur la liste officielle et que ces sociétés continueront à remplir, pendant cette même durée, les exigences en matière de sélection qualitative couvertes par la liste officielle ou le certificat dont ces opérateurs se prévalent pour leur inscription.

3. Les opérateurs économiques inscrits sur des listes officielles ou munis d'un certificat peuvent présenter aux pouvoirs adjudicateurs, à l'occasion de chaque marché, un certificat d'inscription délivré par l'autorité compétente ou le certificat délivré par l'organisme de certification compétent.

Ces certificats indiquent les références qui leur ont permis d'être inscrits sur la liste officielle ou d'obtenir la certification, ainsi que la classification sur cette liste.

4. L'inscription certifiée par les organismes compétents sur des listes officielles ou le certificat délivré par l'organisme de certification constitue une présomption d'aptitude en ce qui concerne les exigences en matière de sélection qualitative couvertes par la liste officielle ou le certificat.

5. Les renseignements qui peuvent être déduits de l'inscription sur des listes officielles ou de la certification ne sont pas mis en cause sans justification. En ce qui concerne le versement des cotisations de sécurité sociale et le paiement des impôts et taxes, un certificat supplémentaire peut être exigé de tout opérateur économique lors de l'attribution d'un marché.

Les pouvoirs adjudicateurs des autres États membres n'appliquent le paragraphe 3 et le premier alinéa du présent paragraphe qu'en faveur des opérateurs économiques établis dans l'État membre qui a dressé la liste officielle.

6. Les exigences de preuve applicables aux critères en matière de sélection qualitative couverts par la liste officielle ou le certificat sont conformes à l'article 60, ainsi qu'à l'article 62, le cas échéant. Pour l'inscription d'opérateurs économiques d'autres États membres sur une liste officielle ou pour leur certification, il n'est pas exigé d'autres preuves ou déclarations que celles demandées aux opérateurs économiques nationaux.

Les opérateurs économiques peuvent demander à tout moment leur inscription sur une liste officielle ou la délivrance d'un certificat. Ils sont informés dans un délai raisonnablement court de la décision de l'autorité établissant la liste officielle ou de l'organisme de certification compétent.

7. Les opérateurs économiques d'autres États membres ne sont pas tenus de se soumettre à une telle inscription ou à une telle certification en vue de leur participation à un marché public. Les pouvoirs adjudicateurs reconnaissent les certificats équivalents des organismes établis dans d'autres États membres. Ils acceptent également d'autres moyens de preuve équivalents.

8. Les États membres mettent à la disposition des autres États membres, à leur demande, toute information relative aux documents produits pour prouver que les opérateurs économiques satisfont à l'obligation d'inscription sur la liste officielle des opérateurs économiques agréés ou que les opérateurs économiques d'un autre État membre bénéficient d'une certification équivalente.

SOUS-SECTION 2 *Réduction du nombre de candidats, d'offres et de solutions*

Art. 65 ***Réduction du nombre de candidats invités à participer et qui remplissent par ailleurs les conditions requises.***

1. Dans les procédures restreintes, les procédures concurrentielles avec négociation, les dialogues compétitifs et les partenariats d'innovation, les pouvoirs adjudicateurs peuvent limiter le nombre de candidats respectant les critères de sélection qu'ils inviteront à soumissionner ou à dialoguer, pour autant que le nombre minimum, fixé au paragraphe 2, de candidats qualifiés soit disponible.

2. Les pouvoirs adjudicateurs indiquent dans l'avis de marché ou dans l'invitation à confirmer l'intérêt les critères ou règles objectifs et non discriminatoires qu'ils prévoient d'appliquer, le nombre minimum de candidats qu'ils prévoient d'inviter et, le cas échéant, leur nombre maximum.

Dans la procédure restreinte, le nombre minimal de candidats est de cinq. Dans la procédure concurrentielle avec négociation, le dialogue compétitif et le partenariat d'innovation, le nombre minimal de candidats est de trois. En tout état de cause, le nombre de candidats invités est suffisant pour assurer une concurrence réelle.

Les pouvoirs adjudicateurs invitent un nombre de candidats au moins égal au nombre minimal. Toutefois, lorsque le nombre de candidats satisfaisant aux critères de sélection et aux niveaux minimaux de capacité, visés à l'article 58, paragraphe 5, est inférieur au nombre minimum, le pouvoir adjudicateur peut poursuivre la procédure en invitant les candidats ayant les capacités requises. Dans le cadre de cette même procédure, le pouvoir adjudicateur n'inclut pas les opérateurs économiques n'ayant pas demandé à participer ou des candidats n'ayant pas les capacités requises.

Art. 66 *Réduction du nombre d'offres et de solutions.*

Lorsque les pouvoirs adjudicateurs recourent à la faculté de réduire le nombre d'offres à négocier, prévue à l'article 29, paragraphe 6, ou de solutions à discuter, prévue à l'article 30, paragraphe 4, ils effectuent cette réduction en appliquant les critères d'attribution indiqués dans les documents de marché. Dans la phase finale, ce nombre permet d'assurer une concurrence réelle, pour autant qu'il y ait un nombre suffisant d'offres, de solutions ou de candidats remplissant les conditions requises.

SOUS-SECTION 3 *Attribution du marché*

Art. 67 *Critères d'attribution du marché.*

1. Sans préjudice des dispositions législatives, réglementaires ou administratives nationales relatives au prix de certaines fournitures ou à la rémunération de certains services, les pouvoirs adjudicateurs se fondent, pour attribuer les marchés publics, sur l'offre économiquement la plus avantageuse.

2. L'offre économiquement la plus avantageuse du point de vue du pouvoir adjudicateur est déterminée sur la base du prix ou du coût, selon une approche fondée sur le rapport coût/efficacité, telle que le coût du cycle de vie, conformément à l'article 68, et peut tenir compte du meilleur rapport qualité/prix, qui est évalué sur la base de critères comprenant des aspects qualitatifs, environnementaux et/ou sociaux liés à l'objet du marché public concerné. Il peut s'agir, par exemple, des critères suivants :

a) la qualité, y compris la valeur technique, les caractéristiques esthétiques et fonctionnelles, l'accessibilité, la conception pour tous les utilisateurs, les caractéristiques sociales, environnementales et innovantes et la commercialisation et ses conditions ;

b) l'organisation, les qualifications et l'expérience du personnel assigné à l'exécution du marché, lorsque la qualité du personnel assigné peut avoir une influence significative sur le niveau d'exécution du marché ; ou

c) le service après-vente, l'assistance technique et les conditions de livraison, telles que la date de livraison, le mode de livraison et le délai de livraison ou d'exécution.

Le facteur coût peut également prendre la forme d'un prix ou d'un coût fixe sur la base duquel les opérateurs économiques seront en concurrence sur les seuls critères de qualité.

Les États membres peuvent prévoir que les pouvoirs adjudicateurs ne peuvent pas uniquement utiliser le prix ou le coût comme seul critère d'attribution ou limiter cette utilisation à certaines catégories de pouvoirs adjudicateurs ou certains types de marchés.

3. Les critères d'attribution sont réputés être liés à l'objet du marché public lorsqu'ils se rapportent aux travaux, fournitures ou services à fournir en vertu du marché à quelque égard que ce soit et à n'importe quel stade de leur cycle de vie, y compris les facteurs intervenant dans :

a) le processus spécifique de production, de fourniture ou de commercialisation desdits travaux, produits ou services ; ou

b) un processus spécifique lié à un autre stade de leur cycle de vie,

même lorsque ces facteurs ne font pas partie de leur contenu matériel.

4. Les critères d'attribution n'ont pas pour effet de conférer une liberté de choix illimitée au pouvoir adjudicateur. Ils garantissent la possibilité d'une véritable concurrence et sont assortis de précisions qui permettent de vérifier concrètement les informations fournies par les soumissionnaires pour évaluer dans quelle mesure les offres répondent aux critères d'attribution. En cas de doute, les pouvoirs adjudicateurs vérifient concrètement l'exactitude des informations et éléments de preuve fournis par les soumissionnaires.

5. Le pouvoir adjudicateur précise, dans les documents de marché, la pondération relative qu'il attribue à chacun des critères choisis pour déterminer l'offre économiquement la plus avantageuse, sauf lorsqu'elle est déterminée sur la seule base du prix.

Cette pondération peut être exprimée en prévoyant une fourchette avec un écart maximum approprié.

Lorsque la pondération n'est pas possible pour des raisons objectives, le pouvoir adjudicateur indique les critères par ordre décroissant d'importance.

Art. 68 *Coût du cycle de vie.*

1. Le coût du cycle de vie couvre, dans la mesure où ils sont pertinents, tout ou partie des coûts suivants du cycle de vie d'un produit, d'un service ou d'un ouvrage :

a) les coûts supportés par le pouvoir adjudicateur ou d'autres utilisateurs, tels que :
i) les coûts liés à l'acquisition,
ii) les coûts liés à l'utilisation, tels que la consommation d'énergie et d'autres ressources,
iii) les frais de maintenance,
iv) les coûts liés à la fin de vie tels que les coûts de collecte et de recyclage.*[;]*
b) les coûts imputés aux externalités environnementales liés au produit, au service ou à l'ouvrage pendant son cycle de vie, à condition que leur valeur monétaire puisse être déterminée et vérifiée ; ces coûts peuvent inclure le coût des émissions de gaz à effet de serre et d'autres émissions polluantes ainsi que d'autres coûts d'atténuation du changement climatique.

2. Lorsque les pouvoirs adjudicateurs évaluent les coûts selon une méthode basée sur le cycle de vie, ils indiquent dans les documents de marché les données que doivent fournir les soumissionnaires et la méthode qu'utilisera le pouvoir adjudicateur pour déterminer le coût du cycle de vie sur la base de ces données.

La méthode utilisée pour évaluer les coûts imputés aux externalités environnementales respecte l'ensemble des conditions suivantes :
a) elle se fonde sur des critères vérifiables de façon objective et non discriminatoires. En particulier, lorsqu'elle n'a pas été prévue pour une application répétée ou continue, elle ne favorise ni ne défavorise indûment certains opérateurs économiques ;
b) elle est accessible à toutes les parties intéressées ;
c) les données requises peuvent être fournies moyennant un effort raisonnable consenti par des opérateurs économiques normalement diligents, y compris des opérateurs de pays tiers parties à l'AMP ou à d'autres accords internationaux par lesquels l'Union est liée.

3. Lorsqu'une méthode commune de calcul des coûts du cycle de vie est devenue obligatoire de par un acte législatif de l'Union, elle est appliquée pour l'évaluation des coûts du cycle de vie.

La liste de ces actes législatifs et, si nécessaire, des actes délégués les complétant figure à l'annexe XIII. La Commission est habilitée à adopter des actes délégués conformément à l'article 87 en ce qui concerne l'actualisation de cette liste, lorsque cette actualisation est nécessaire en raison de l'adoption de nouveaux actes législatifs rendant une méthode commune obligatoire ou de l'abrogation ou de la modification d'actes juridiques en vigueur.

Art. 69 *Offres anormalement basses.*
1. Les pouvoirs adjudicateurs exigent que les opérateurs économiques expliquent le prix ou les coûts proposés dans l'offre lorsque celle-ci semble anormalement basse eu égard aux travaux, fournitures ou services.

2. Les explications visées au paragraphe 1 peuvent concerner notamment :
a) l'économie du procédé de fabrication des produits, de la prestation des services ou du procédé de construction ;
b) les solutions techniques adoptées ou les conditions exceptionnellement favorables dont dispose le soumissionnaire pour fournir les produits ou les services ou pour exécuter les travaux ;
c) l'originalité des travaux, des fournitures ou des services proposés par le soumissionnaire ;
d) le respect des obligations visées à l'article 18, paragraphe 2 ;
e) le respect des obligations visées à l'article 71 ;
f) l'obtention éventuelle d'une aide d'État par le soumissionnaire.

3. Le pouvoir adjudicateur évalue les informations fournies en consultant le soumissionnaire. Il ne peut rejeter l'offre que si les éléments de preuve fournis n'expliquent pas de manière satisfaisante le bas niveau du prix ou des coûts proposés, compte tenu des éléments visés au paragraphe 2.

Les pouvoirs adjudicateurs rejettent l'offre s'ils établissent que celle-ci est anormalement basse parce qu'elle contrevient aux obligations applicables visées à l'article 18, paragraphe 2.

4. Le pouvoir adjudicateur qui constate qu'une offre est anormalement basse du fait de l'obtention d'une aide d'État par le soumissionnaire ne peut rejeter cette offre pour ce seul motif que s'il consulte le soumissionnaire et que celui-ci n'est pas en mesure de démontrer, dans un délai suffisant fixé par le pouvoir adjudicateur, que l'aide en question était compatible avec le marché intérieur au sens de l'article 107 du traité sur le fonctionnement de l'Union européenne. Le pouvoir adjudicateur qui rejette une offre dans ces conditions en informe la Commission.

5. Les États membres mettent à la disposition des autres États membres, à leur demande, au titre de la coopération administrative, toute information dont ils disposent, telles que les dispositions législatives ou réglementaires, les conventions collectives d'application générale

ou les normes techniques nationales, relative aux preuves et documents produits en rapport avec les éléments énumérés au paragraphe 2.

CHAPITRE IV *EXÉCUTION DU MARCHÉ*

Art. 70 *Conditions d'exécution du marché.*

Les pouvoirs adjudicateurs peuvent prévoir des conditions particulières concernant l'exécution d'un marché pour autant qu'elles soient liées à l'objet du marché au sens de l'article 67, paragraphe 3, et indiquées dans l'appel à la concurrence ou dans les documents de marché. Ces conditions peuvent prendre en compte des considérations relatives à l'économie, à l'innovation, à l'environnement, au domaine social ou à l'emploi.

Art. 71 *Sous-traitance.*

1. Le respect des obligations visées à l'article 18, paragraphe 2, par les sous-traitants est assuré grâce à des mesures appropriées adoptées par les autorités nationales compétentes agissant dans le cadre de leurs responsabilités et de leurs compétences.

2. Dans les documents de marché, le pouvoir adjudicateur peut demander ou peut être obligé par un État membre à demander au soumissionnaire d'indiquer, dans son offre, toute part du marché qu'il a éventuellement l'intention de sous-traiter à des tiers ainsi que les sous-traitants proposés.

3. Les États membres peuvent prévoir que, à la demande du sous-traitant et si la nature du marché le permet, le pouvoir adjudicateur effectue directement au sous-traitant les paiements dus pour les services, fournitures ou travaux qu'il a fournis à l'opérateur économique auquel le marché public a été attribué (le contractant principal). Ces mesures peuvent comprendre des mécanismes appropriés permettant au contractant principal de s'opposer à des paiements indus. Les dispositions relatives à ce mode de paiement sont exposées dans les documents de marché.

4. Les paragraphes 1 à 3 s'entendent sans préjudice de la question de la responsabilité du contractant principal.

5. En ce qui concerne les marchés de travaux et les services qui doivent être fournis dans un local placé sous la surveillance directe du pouvoir adjudicateur, après l'attribution du marché et, au plus tard, au début de l'exécution du marché, le pouvoir adjudicateur exige du contractant principal qu'il lui indique le nom, les coordonnées et les représentants légaux de ses sous-traitants participant à ces travaux ou à la prestation de ces services dans la mesure où ces informations sont connues à ce stade. Le pouvoir adjudicateur exige que le contractant principal lui fasse part de tout changement relatif à ces informations intervenant au cours du marché ainsi que des informations requises pour tout nouveau sous-traitant qui participe ultérieurement à ces travaux ou à la prestation de ces services.

Nonobstant le premier alinéa, les États membres peuvent imposer au contractant principal l'obligation de fournir les informations requises directement.

Au besoin, aux fins du paragraphe 6, point b), du présent article, les informations requises sont assorties de déclarations sur l'honneur des sous-traitants selon les dispositions de l'article 59. Les mesures d'exécution visées au paragraphe 8 du présent article peuvent prévoir que les sous-traitants qui sont présentés après l'attribution du marché fournissent des certificats et d'autres documents justificatifs en lieu et place d'une déclaration sur l'honneur.

Le premier alinéa ne s'applique pas aux fournisseurs.

Les pouvoirs adjudicateurs peuvent étendre ou être contraints par des États membres à étendre les obligations prévues au premier alinéa, par exemple :

a) aux marchés de fournitures, aux marchés de services autres que ceux concernant des services à fournir dans les locaux du pouvoir adjudicateur sous sa surveillance directe ou aux fournisseurs participant aux marchés de travaux ou de services ;

b) aux sous-traitants des sous-traitants du contractant principal ou se trouvant à des échelons inférieurs de la chaîne de sous-traitance.

6. Dans le but d'éviter les manquements aux obligations visées à l'article 18, paragraphe 2, des mesures appropriées peuvent être prises, telles que les mesures suivantes :

a) lorsque la législation d'un État membre prévoit un mécanisme de responsabilité solidaire entre les sous-traitants et le contractant principal, l'État membre concerné veille à ce que les règles correspondantes s'appliquent conformément aux conditions énoncées à l'article 18, paragraphe 2 ;

b) conformément aux articles 59, 60 et 61, les pouvoirs adjudicateurs peuvent vérifier ou être obligés par les États membres à vérifier s'il existe des motifs d'exclusion des sous-traitants en vertu de l'article 57. Dans de tels cas, le pouvoir adjudicateur exige que l'opérateur économique remplace un sous-traitant à l'encontre duquel ladite vérification a montré qu'il existe des motifs d'exclusion obligatoires. Le pouvoir adjudicateur peut exiger ou être obligé par un État membre à exiger de l'opérateur économique qu'il remplace un sous-traitant à l'encontre duquel la vérification a montré qu'il existe des motifs d'exclusion non obligatoires.

7. Les États membres peuvent édicter des règles de responsabilité plus strictes en droit national ou des dispositions plus larges en matière de paiements directs aux sous-traitants dans la législation nationale, par exemple en prévoyant de tels paiements sans que les sous-traitants aient besoin d'en faire la demande.

8. Les États membres ayant décidé de prévoir des mesures en vertu des paragraphes 3, 5 ou 6 précisent les conditions de mise en œuvre de ces mesures, par des dispositions législatives, réglementaires ou administratives et dans le respect du droit de l'Union. Ce faisant, les États membres peuvent limiter leur applicabilité, notamment à l'égard de certains types de marchés, certaines catégories de pouvoirs adjudicateurs ou d'opérateurs économiques ou à partir de certains montants.

Art. 72 *Modification de marchés en cours.*

1. Les marchés et les accords-cadres peuvent être modifiés sans nouvelle procédure de passation de marché conformément à la présente directive dans l'un des cas suivants :

a) lorsque les modifications, quelle que soit leur valeur monétaire, ont été prévues dans les documents de marchés initiaux sous la forme de clauses de réexamen, dont des clauses de révision du prix ou d'options claires, précises et univoques. Ces clauses indiquent le champ d'application et la nature des éventuelles modifications ou options ainsi que les conditions dans lesquelles il peut en être fait usage. Elles ne permettent pas de modifications ou d'options qui changeraient la nature globale du marché ou de l'accord-cadre ;

b) pour les travaux, services ou fournitures supplémentaires du contractant principal qui sont devenus nécessaires et ne figuraient pas dans le marché initial, lorsqu'un changement de contractant :

i) est impossible pour des raisons économiques ou techniques telles que l'obligation d'interchangeabilité ou d'interopérabilité avec les équipements, services ou installations existants achetés dans le cadre de le *[du]* marché initial ; et

ii) présenterait un inconvénient majeur ou entraînerait une augmentation substantielle des coûts pour le pouvoir adjudicateur.

Toutefois, toute augmentation de prix ne peut pas être supérieure à 50 % de la valeur du marché initial. Lorsque plusieurs modifications successives sont effectuées, cette limite s'applique à la valeur de chaque modification. Ces modifications consécutives ne visent pas à contourner les dispositions de la présente directive ;

c) lorsque toutes les conditions suivantes sont remplies :

i) la modification est rendue nécessaire par des circonstances qu'un pouvoir adjudicateur diligent ne pouvait pas prévoir ;

ii) la modification ne change pas la nature globale du marché ;

iii) toute augmentation de prix n'est pas supérieure à 50 % de la valeur du marché ou de l'accord-cadre initial. Lorsque plusieurs modifications successives sont effectuées, cette limite s'applique à la valeur de chaque modification. Ces modifications consécutives ne visent pas à contourner les dispositions de la présente directive ;

d) lorsqu'un nouveau contractant remplace celui auquel le pouvoir adjudicateur a initialement attribué le marché :

i) en application d'une clause de réexamen ou d'une option univoque conformément au point a) ;

ii) à la suite d'une succession universelle ou partielle du contractant initial, à la suite d'opérations de restructuration de société, notamment de rachat, de fusion, d'acquisition ou d'insolvabilité, assurée par un autre opérateur économique qui remplit les critères de sélection qualitative établis initialement, à condition que cela n'entraîne pas d'autres modifications substantielles du marché et ne vise pas à se soustraire à l'application de la présente directive ; ou

iii) dans le cas où le pouvoir adjudicateur lui-même assume les obligations du contractant principal à l'égard de ses sous-traitants lorsque cette possibilité est prévue en vertu de la législation nationale conformément à l'article 71;

e) lorsque les modifications, quelle qu'en soit la valeur, ne sont pas substantielles au sens du paragraphe 4.

Les pouvoirs adjudicateurs qui ont modifié un marché dans les cas mentionnés aux points b) et c) du présent paragraphe publient un avis à cet effet au *Journal officiel de l'Union européenne*. Cet avis contient les informations prévues à l'annexe V, partie G, et il est publié conformément à l'article 51.

2. En outre, et sans qu'il soit besoin de vérifier si les conditions énoncées au paragraphe 4, points a) à d), sont remplies, les marchés peuvent également être modifiés sans qu'une nouvelle procédure de passation de marché conformément à la présente directive ne soit nécessaire lorsque la valeur de la modification est inférieure aux deux valeurs suivantes :

i) les seuils fixés à l'article 4 ; et

ii) 10 % de la valeur du marché initial pour les marchés de services et de fournitures et 15 % de la valeur du marché initial pour les marchés de travaux.

Toutefois, la modification ne peut pas changer la nature globale du marché ou de l'accord-cadre. Lorsque plusieurs modifications successives sont effectuées, la valeur est déterminée sur la base de la valeur cumulée nette des modifications successives.

3. Pour le calcul du prix mentionné au paragraphe 2 et au paragraphe 1, points b) et c), le prix actualisé est la valeur de référence lorsque le marché comporte une clause d'indexation.

4. Une modification d'un marché ou d'un accord-cadre en cours est considérée comme substantielle au sens du paragraphe 1, point e), lorsqu'elle rend le marché ou l'accord-cadre sensiblement différent par nature de celui conclu au départ. En tout état de cause, sans préjudice des paragraphes 1 et 2, une modification est considérée comme substantielle lorsqu'une au moins des conditions suivantes est remplie :

a) elle introduit des conditions qui, si elles avaient été incluses dans la procédure initiale de passation de marché, auraient permis l'admission d'autres candidats que ceux retenus initialement ou l'acceptation d'une offre autre que celle initialement acceptée ou auraient attiré davantage de participants à la procédure de passation de marché ;

b) elle modifie l'équilibre économique du marché ou de l'accord-cadre en faveur du contractant d'une manière qui n'était pas prévue dans le marché ou l'accord-cadre initial ;

c) elle élargit considérablement le champ d'application du marché ou de l'accord-cadre ;

d) lorsqu'un nouveau contractant remplace celui auquel le pouvoir adjudicateur a initialement attribué le marché dans d'autres cas que ceux prévus au paragraphe 1, point d).

5. Une nouvelle procédure de passation de marché conformément à la présente directive est requise pour des modifications des dispositions d'un marché public ou d'un accord-cadre en cours autres que celles prévues aux paragraphes 1 et 2.

Art. 73 *Résiliation de marchés.*

Les États membres veillent à ce que les pouvoirs adjudicateurs aient la possibilité, au moins dans les circonstances ci-après et dans les conditions déterminées par le droit national applicable, de résilier un marché public en cours lorsque :

a) le marché a fait l'objet d'une modification substantielle qui aurait requis une nouvelle procédure de passation de marché en vertu de l'article 72 ;

b) le contractant se trouvait, lors de l'attribution du marché, dans une des situations visées à l'article 57, paragraphe 1, et aurait dès lors dû être exclu de la procédure de passation de marché ;

c) le marché n'aurait pas dû être attribué au contractant en raison d'un manquement grave aux obligations prévues par les traités et la présente directive, qui a été établi par la Cour de justice de l'Union européenne dans le cadre d'une procédure au titre de l'article 258 du traité sur le fonctionnement de l'Union européenne.

TITRE III SYSTÈMES SPÉCIAUX DE PASSATION DE MARCHÉS

CHAPITRE I *SERVICES SOCIAUX ET AUTRES SERVICES SPÉCIFIQUES*

Art. 74 *Attribution de marchés pour des services sociaux et d'autres services spécifiques.*

Les marchés publics pour les services sociaux et d'autres services spécifiques énumérés à l'annexe XIV sont attribués conformément au présent chapitre lorsque la valeur des marchés est égale ou supérieure au seuil indiqué à l'article 4, point d).

Art. 75 *Publication des avis.*

1. Les pouvoirs adjudicateurs qui entendent passer un marché public pour les services visés à l'article 74 font connaître leur intention par l'un des moyens suivants :

a) un avis de marché qui contient les informations visées à l'annexe V, partie H, conformément aux formulaires types visés à l'article 51 ; ou

b) un avis de préinformation, publié de manière continue et qui contient les informations mentionnées à l'annexe V, partie I. L'avis de préinformation fait référence spécifiquement aux types de services qui feront l'objet des marchés à passer ; il indique que les marchés seront passés sans publication ultérieure et invite les opérateurs économiques intéressés à manifester leur intérêt par écrit.

Le premier alinéa ne s'applique toutefois pas lorsqu'il aurait été possible de recourir, conformément à l'article 32, à une procédure négociée sans publication préalable pour la passation d'un marché de service public.

2. Les pouvoirs adjudicateurs qui ont attribué un marché public pour les services visés à l'article 74 font connaître les résultats de la procédure de passation de marché au moyen d'un avis d'attribution de marché, qui contient les informations visées à l'annexe V, partie J, conformément aux formulaires types visés à l'article 51. Toutefois, ils peuvent regrouper ces avis sur une base trimestrielle. Dans ce cas, ils envoient ces avis regroupés au plus tard trente jours après la fin de chaque trimestre.

3. La Commission établit les formulaires types visés aux paragraphes 1 et 2 du présent article au moyen d'actes d'exécution. Ceux-ci sont adoptés conformément à la procédure consultative visée à l'article 89, paragraphe 2.

4. Les avis visés au présent article sont publiés conformément à l'article 51.

Art. 76 *Principes d'attribution de marchés.*

1. Les États membres mettent en place, pour la passation des marchés relevant du présent chapitre, des règles nationales afin de garantir que les pouvoirs adjudicateurs respectent les principes de transparence et d'égalité de traitement des opérateurs économiques. Les États membres sont libres de déterminer les règles de procédure applicables, tant que celles-ci permettent aux pouvoirs adjudicateurs de prendre en compte les spécificités des services en question.

2. Les États membres veillent à ce que les pouvoirs adjudicateurs puissent prendre en compte la nécessité d'assurer la qualité, la continuité, l'accessibilité, le caractère abordable, la disponibilité et l'exhaustivité des services, les besoins spécifiques des différentes catégories d'utilisateurs, y compris des catégories défavorisées et vulnérables, la participation et l'implication des utilisateurs, ainsi que l'innovation. Les États membres peuvent également prévoir que le choix du prestataire de services est opéré sur la base de l'offre présentant le meilleur rapport qualité/prix, en tenant compte de critères de qualité et de durabilité en ce qui concerne les services à caractère social.

Art. 77 *Marchés réservés pour certains services.*

1. Les États membres peuvent prévoir que les pouvoirs adjudicateurs peuvent réserver aux organisations le droit de participer à des procédures de passation de marchés publics portant exclusivement sur les services de santé, sociaux ou culturels visés à l'article 74 relevant des codes CPV 75121000-0, 75122000-7, 75123000-4, 79622000-0, 79624000-4, 79625000-1, 80110000-8, 80300000-7, 80420000-4, 80430000-7, 80511000-9, 80520000-5, 80590000-6, de 85000000-9 à 85323000-9, 92500000-6, 92600000-7, 98133000-4 et 98133110-8.

2. Une organisation visée au paragraphe 1 remplit toutes les conditions suivantes :

a) elles ont pour objectif d'assumer une mission de service public liée à la prestation des services visés au paragraphe 1 ;

b) leurs bénéfices sont réinvestis en vue d'atteindre l'objectif de l'organisation. En cas de distribution ou de redistribution des bénéfices, celle-ci devrait être fondée sur des principes participatifs ;

c) les structures de gestion ou de propriété des organisations exécutant le marché sont fondées sur l'actionnariat des salariés ou des principes participatifs ou exigent la participation active des salariés, des utilisateurs ou des parties prenantes ;

d) les organisations ne se sont pas vu attribuer un marché par le pouvoir adjudicateur concerné pour les services visés par le présent article dans les trois années précédentes.

3. La durée maximale du marché n'est pas supérieure à trois ans.

4. L'appel à la concurrence renvoie au présent article.

5. Nonobstant l'article 92, la Commission évalue les effets du présent article et fait rapport au Parlement européen et au Conseil au plus tard le 18 avril 2019.

CHAPITRE II *RÈGLES RÉGISSANT LES CONCOURS*

Art. 78 *Champ d'application.*

Le présent chapitre s'applique :

a) aux concours organisés dans le cadre d'une procédure aboutissant à la passation d'un marché public de services ;

b) aux concours avec primes ou paiements versés aux participants.

Dans les cas visés au premier alinéa, point *a)*, du présent article, le seuil visé à l'article 4 est calculé sur la base de la valeur estimée hors TVA du marché public de services, y compris les primes ou paiements éventuels versés aux participants.

Dans les cas visés au premier alinéa, point b), du présent article, on entend par "seuil" le montant total des primes et paiements, y compris la valeur estimée hors TVA du marché public de services qui pourrait être passé ultérieurement aux termes de l'article 32, paragraphe 4, si le pouvoir adjudicateur a annoncé son intention de passer ce marché dans l'avis de concours.

Art. 79 *Avis.*

1. Les pouvoirs adjudicateurs qui entendent organiser un concours font connaître leur intention au moyen d'un avis de concours.

Lorsqu'ils entendent attribuer un marché de services ultérieur en vertu de l'article 32, paragraphe 4, ils l'indiquent dans l'avis de concours.

2. Les pouvoirs adjudicateurs qui ont organisé un concours envoient un avis concernant les résultats du concours conformément à l'article 51 et sont en mesure de faire la preuve de la date d'envoi.

Lorsque la divulgation d'informations sur l'issue du concours ferait obstacle à l'application des lois, serait contraire à l'intérêt public ou porterait préjudice aux intérêts commerciaux légitimes d'une entreprise en particulier, publique ou privée, ou pourrait nuire à une concurrence loyale entre les prestataires de services, de telles informations peuvent ne pas être publiées.

3. Les avis visés aux paragraphes 1 et 2 sont publiés conformément aux dispositions de l'article 51, paragraphes 2 à 6, et de l'article 52. Ils contiennent les informations prévues respectivement à l'annexe V, parties E et F, sous la forme de formulaires types.

La Commission établit les formulaires types au moyen d'actes d'exécution. Ceux-ci sont adoptés conformément à la procédure consultative visée à l'article 89, paragraphe 2.

Art. 80 *Règles concernant l'organisation des concours et la sélection des participants.*

1. Pour organiser des concours, les pouvoirs adjudicateurs appliquent des procédures qui sont adaptées aux dispositions du titre I et du présent chapitre.

2. L'accès à la participation aux concours n'est pas limité :

a) au territoire ou à une partie du territoire d'un État membre ;

b) au motif que les participants seraient tenus, en vertu de la législation de l'État membre où le concours est organisé, d'être soit des personnes physiques, soit des personnes morales.

3. Lorsque les concours sont limités à un nombre restreint de participants, les pouvoirs adjudicateurs établissent des critères de sélection clairs et non discriminatoires. Dans tous les cas, le nombre de candidats invités à participer aux concours est suffisant pour garantir une concurrence réelle.

Art. 81 *Composition du jury.*

Le jury est composé exclusivement de personnes physiques indépendantes des participants au concours. Lorsqu'une qualification professionnelle particulière est exigée pour participer à un concours, au moins un tiers des membres du jury possèdent cette qualification ou une qualification équivalente.

Art. 82 *Décisions du jury.*

1. Le jury dispose d'une autonomie de décision ou d'avis.

2. Le jury examine les plans et projets présentés par les candidats de manière anonyme et en se fondant exclusivement sur les critères indiqués dans l'avis de concours.

3. Le jury consigne, dans un rapport signé par ses membres, le classement des projets décidé selon les mérites de chacun de ceux-ci, ainsi que ses observations et tout point nécessitant des éclaircissements.

4. L'anonymat est respecté jusqu'à l'avis ou la décision du jury.

5. Les candidats peuvent être invités, si nécessaire, à répondre aux questions que le jury a consignées dans le procès-verbal, afin de clarifier tel ou tel aspect d'un projet.

6. Un procès-verbal complet du dialogue entre les membres du jury et les candidats est établi.

TITRE IV GOUVERNANCE

Art. 83 *Suivi de l'application.*

1. Pour assurer effectivement la bonne application et la mise en œuvre efficace de la présente directive, les États membres veillent à ce que, pour le moins, les tâches énoncées dans le présent article soient accomplies par une ou plusieurs autorités, organismes ou structures. Ils indiquent à la Commission toutes les autorités, instances ou structures qui sont compétentes pour ces tâches.

2. Les États membres veillent à ce que l'application des règles relatives à la passation des marchés publics soit contrôlée.

Lorsque les autorités ou structures de contrôle constatent, de leur propre initiative ou après en avoir été informées, des violations précises ou des problèmes systémiques, elles doivent être habilitées à les signaler aux autorités nationales d'audit, aux juridictions ou aux autres autorités ou structures compétentes telles que le médiateur, le parlement national ou les commissions de celui-ci.

3. Les résultats des opérations de contrôle réalisées conformément au paragraphe 2 sont rendus publics via des moyens d'information appropriés. Ces résultats sont également mis à la disposition de la Commission. Par exemple, ils peuvent être intégrés dans les rapports de contrôle visés au deuxième alinéa du présent paragraphe.

Le 18 avril 2017 au plus tard et tous les trois ans par la suite, les États membres présentent à la Commission un rapport de contrôle comportant, le cas échéant, des informations sur les causes les plus fréquentes de mauvaise application des règles ou d'insécurité juridique, y compris d'éventuels problèmes structurels ou récurrents dans l'application des règles, sur le niveau de participation des PME aux procédures de passation des marchés publics ainsi que sur la prévention, la détection et le signalement adéquat des cas de fraude, de corruption, de conflit d'intérêts et d'autres irrégularités graves dans le cadre de la passation de marchés.

La Commission peut, au plus tous les trois ans, demander aux États membres de fournir des informations sur la mise en œuvre pratique des politiques stratégiques nationales en matière de marchés.

Aux fins du présent paragraphe et du paragraphe 4 du présent article, on entend par "PME" l'entreprise qui est définie dans la recommandation 2003/361/CE de la Commission *[Recomm. 2003/361/CE de la Commission du 6 mai 2003 concernant la définition des micro, petites et moyennes entreprises (JO L 124 du 20 mai 2003, p. 36)]*.

A la lumière des informations reçues en vertu du présent paragraphe, la Commission publie à intervalles réguliers un rapport sur l'application des politiques nationales en matière de passation des marchés et les bonnes pratiques en la matière dans le marché intérieur.

4. Les États membres veillent à ce que :

a) des informations et des orientations concernant l'interprétation et l'application du droit de l'Union relatif aux marchés publics soient mises à disposition gratuitement pour aider les pouvoirs adjudicateurs et les opérateurs économiques, en particulier les PME, à appliquer correctement les règles de l'Union en la matière ; et

b) les pouvoirs adjudicateurs puissent bénéficier d'un soutien pour planifier et mener les procédures de passation de marché.

5. Sans préjudice des procédures générales et des méthodes de travail mises en place par la Commission pour ses communications et contacts avec les États membres, les États membres désignent un point de référence pour la coopération avec la Commission en ce qui concerne l'application de la législation relative aux marchés publics.

6. Les pouvoirs adjudicateurs conservent, au moins pendant la durée des marchés, des copies de tous les marchés conclus dont la valeur est égale ou supérieure à :

a) 1 000 000 EUR en ce qui concerne les marchés publics de fournitures ou de services ;

b) 10 000 000 EUR en ce qui concerne les marchés publics de travaux.

Les pouvoirs adjudicateurs donnent accès à ces marchés ; toutefois, l'accès à des documents ou à des éléments d'information particuliers peut être refusé dans la mesure et dans les conditions prévues par la législation de l'Union ou la réglementation nationale applicable en matière d'accès aux documents et de protection des données.

Art. 84 *Rapports individuels sur les procédures d'attribution de marchés.*

1. Pour tout marché ou accord-cadre relevant de la présente directive, et chaque fois qu'un système d'acquisition dynamique est mis en place, les pouvoirs adjudicateurs établissent un rapport écrit comportant au moins :

a) le nom et l'adresse du pouvoir adjudicateur, l'objet et la valeur du marché, de l'accord-cadre ou du système d'acquisition dynamique ;

b) le cas échéant, les résultats de la sélection qualitative et/ou de la réduction du nombre de candidats, d'offres ou de solutions prévue aux articles 65 et 66, à savoir :

i) le nom des candidats ou soumissionnaires sélectionnés et les motifs justifiant leur sélection ;

ii) le nom des candidats ou soumissionnaires écartés et les motifs de cette décision ;

c) les motifs du rejet des offres jugées anormalement basses ;

d) le nom du soumissionnaire retenu et la justification du choix de son offre, ainsi que, si elle est connue, la part du marché ou de l'accord-cadre que le soumissionnaire retenu a l'intention de sous-traiter à des tiers ; et si ces informations sont connues à ce stade, les noms des sous-traitants du contractant principal, le cas échéant ;

e) en ce qui concerne les procédures concurrentielles avec négociation et les dialogues compétitifs, les situations prévues à l'article 26 qui justifient le recours à ces procédures ;

f) pour les procédures négociées sans publication préalable, les circonstances visées à l'article 32 qui justifient le recours à cette procédure ;

g) le cas échéant, les raisons pour lesquelles le pouvoir adjudicateur a renoncé à passer un marché, un accord-cadre ou à mettre en place un système d'acquisition dynamique ;

h) le cas échéant, les raisons pour lesquelles des moyens de communication autres que les moyens électroniques ont été utilisés pour la soumission des offres ;

i) le cas échéant, les conflits d'intérêts décelés et les mesures prises en conséquence.

L'établissement de ce rapport ne sera pas exigé pour les contrats fondés sur des accords-cadres lorsque ceux-ci sont conclus conformément à l'article 33, paragraphe 3, ou à l'article 33, paragraphe 4, point a).

Dans la mesure où l'avis d'attribution de marché établi conformément à l'article 50 ou à l'article 75, paragraphe 2, contient les informations exigées au présent paragraphe, les pouvoirs adjudicateurs peuvent se référer audit avis.

2. Les pouvoirs adjudicateurs gardent une trace du déroulement de toutes les procédures de passation de marchés, qu'elles soient menées ou non par des moyens électroniques. A cet effet, ils veillent à conserver des documents suffisants pour justifier les décisions prises à toutes les étapes de la procédure de passation de marché, notamment des documents concernant les échanges avec les opérateurs économiques et les délibérations internes, la préparation des documents de marché, le dialogue ou la négociation le cas échéant, la sélection et l'attribution du marché. Ces documents sont conservés au moins pendant une période de trois ans à compter de la date d'attribution du marché.

3. Le rapport, ou ses principaux éléments, sont communiqués à la Commission ou aux autorités, organismes ou structures compétentes visées à l'article 83 à leur demande.

Art. 85 *Rapports nationaux et informations statistiques.*

1. La Commission examine la qualité et l'exhaustivité des données pouvant être extraites des avis visés aux articles 48, 49, 50, 75 et 79 qui sont publiés conformément à l'annexe VIII.

Lorsque la qualité et l'exhaustivité des données visées au premier alinéa du présent paragraphe ne sont pas conformes aux obligations énoncées à l'article 48, paragraphe 1, à l'article 49, à l'article 50, paragraphe 1, à l'article 75, paragraphe 2, et à l'article 79, paragraphe 3, la Commission demande des informations complémentaires à l'État membre concerné. Dans un délai raisonnable, l'État membre concerné fournit les informations statistiques manquantes demandées par la Commission.

2. Le 18 avril 2017 au plus tard et tous les trois ans par la suite, les États membres transmettent à la Commission, pour les marchés qui auraient relevé de la présente directive si leur valeur avait dépassé le seuil applicable fixé à l'article 4, un rapport statistique présentant une estimation de la valeur totale agrégée de ces marchés au cours de la période concernée. Cette estimation peut notamment être fondée sur des données disponibles en vertu des obligations nationales en matière de publication ou sur des estimations fondées sur un échantillonnage.

Ce rapport peut être intégré dans le rapport visé à l'article 83, paragraphe 3.

3. Les États membres mettent à la disposition de la Commission des informations sur leur organisation institutionnelle en rapport avec la mise en œuvre, le suivi et le contrôle de l'application de la présente directive, ainsi que sur les initiatives nationales prises pour fournir des orientations ou une assistance lors de la mise en œuvre des règles de l'Union relatives aux marchés publics ou répondre aux difficultés qui se posent lors de la mise en œuvre de ces règles.

Ces informations peuvent être intégrées dans le rapport visé à l'article 83, paragraphe 3.

Art. 86 *Coopération administrative.*

1. Les États membres se prêtent une assistance mutuelle et mettent en place des mesures pour coopérer de manière efficace entre eux afin de garantir l'échange d'informations sur les sujets visés aux articles 42, 43, 44, 57, 59, 60, 62, 64 et 69. Ils assurent la confidentialité des informations qu'ils échangent.

2. Les autorités compétentes de tous les États membres concernés échangent des informations conformément aux règles relatives à la protection des données à caractère personnel prévues dans la directive 95/46/CE du Parlement européen et du Conseil *[Dir. 95/46/CE du Parlement européen et du Conseil, du 24 oct. 1995, relative à la protection des personnes physiques à l'égard du traitement des données à caractère personnel et à la libre circulation de ces données (JOUE L. 281 du 23 nov. 1995, p. 31)]* et dans la directive 2002/58/CE du Parlement européen et du Conseil *[Dir. 2002/58/CE du Parlement européen et du Conseil du 12 juill. 2002 concernant le traitement des données à caractère personnel et la protection de la vie privée dans le secteur des communications électroniques (JOUE L 201 du 31 juill. 2002, p. 37)]*.

3. Afin de tester la validité du recours au système d'information du marché intérieur (IMI) mis en place par le règlement (UE) n° 1024/2012 aux fins de l'échange d'informations relevant de la présente directive, un projet pilote est lancé au plus tard le 18 avril 2015.

TITRE V POUVOIRS DÉLÉGUÉS, COMPÉTENCES D'EXÉCUTION ET DISPOSITIONS FINALES

Art. 87 *Exercice de la délégation.*

1. Le pouvoir d'adopter des actes délégués conféré à la Commission est soumis aux conditions fixées au présent article.

2. Le pouvoir d'adopter des actes délégués visé aux articles 6, 22, 23, 56 et 68 est conféré à la Commission pour une durée indéterminée à compter du 17 avril 2014.

3. La délégation de pouvoir visée aux articles 6, 22, 23, 56 et 68 peut être révoquée à tout moment par le Parlement européen ou le Conseil. La décision de révocation met fin à la délégation du pouvoir qui y est précisée. La révocation prend effet le jour suivant celui de la publication de ladite décision au *Journal officiel de l'Union européenne* ou à une date ultérieure précisée dans ladite décision. Elle ne porte pas atteinte à la validité des actes délégués déjà en vigueur.

4. Aussitôt qu'elle adopte un acte délégué, la Commission le notifie au Parlement européen et au Conseil simultanément.

5. Un acte délégué adopté en vertu des articles 6, 22, 23, 56 et 68 n'entre en vigueur que si le Parlement européen ou le Conseil n'a pas exprimé d'objections dans un délai de deux mois à compter de la notification de cet acte au Parlement européen et au Conseil ou si, avant l'expiration de ce délai, le Parlement européen et le Conseil ont tous deux informé la Commission de leur intention de ne pas exprimer d'objections. Ce délai est prolongé de deux mois à l'initiative du Parlement européen ou du Conseil.

Art. 88 *Procédure d'urgence.*

1. Les actes délégués adoptés en vertu du présent article entrent en vigueur sans délai et s'appliquent tant qu'aucune objection n'est exprimée conformément au paragraphe 2. La notification d'un acte délégué au Parlement européen et au Conseil expose les raisons du recours à la procédure d'urgence.

2. Le Parlement européen ou le Conseil peuvent exprimer des objections à l'égard d'un acte délégué, conformément à la procédure visée à l'article 87, paragraphe 5. En pareil cas, la Commission abroge l'acte concerné sans délai après que le Parlement européen ou le Conseil lui a notifié sa décision d'exprimer des objections.

Art. 89 *Procédure de comité.*

1. La Commission est assistée par le comité consultatif pour les marchés publics institué par la décision 71/306/CEE du Conseil *[Décis. 71/306/CEE du Conseil du 26 juill. 1971 instituant un comité consultatif pour les marchés publics de travaux (JOUE L 185 du 16 août 1971, p. 15)]*. Ledit comité est un comité au sens du règlement (UE) n° 182/2011.

2. Lorsqu'il est fait référence au présent paragraphe, l'article 4 du règlement (UE) n° 182/2011 s'applique.

3. Lorsqu'il est fait référence au présent paragraphe, l'article 5 du règlement (UE) n° 182/2011 s'applique.

Art. 90 *Transposition et dispositions transitoires.*

1. Les États membres mettent en vigueur les dispositions législatives, réglementaires et administratives nécessaires pour se conformer à la présente directive au plus tard le 18 avril 2016. Ils communiquent immédiatement à la Commission le texte de ces dispositions.

2. Nonobstant le paragraphe 1 du présent article, les États membres peuvent reporter l'application de l'article 22, paragraphe 1, jusqu'au 18 octobre 2018, hormis lorsque l'utilisation de moyens électroniques est obligatoire conformément aux articles 34, 35 ou 36, à l'article 37, paragraphe 3, à l'article 51, paragraphe 2, ou à l'article 53.

Nonobstant le paragraphe 1 du présent article, les États membres peuvent reporter l'application de l'article 22, paragraphe 1, aux centrales d'achat jusqu'au 18 avril 2017.

Lorsqu'un État membre choisit de reporter l'application de l'article 22, paragraphe 1, il prévoit que les pouvoirs adjudicateurs peuvent utiliser au choix les moyens de communication suivants pour toutes les communications et tous les échanges d'informations :

a) des moyens électroniques conformément à l'article 22 ;

b) la voie postale ou tout autre moyen de portage approprié ;

c) le télécopieur ;

d) une combinaison de ces moyens.

3. Nonobstant le paragraphe 1 du présent article, les États membres peuvent reporter l'application de l'article 59, paragraphe 2, deuxième alinéa, jusqu'au 18 avril 2018.

4. Nonobstant le paragraphe 1 du présent article, les États membres peuvent reporter l'application de l'article 59, paragraphe 5, deuxième alinéa, jusqu'au 18 octobre 2018.

5. Nonobstant le paragraphe 1 du présent article, les États membres peuvent reporter l'application de l'article 61, paragraphe 2, jusqu'au 18 octobre 2018.

6. Lorsque les États membres adoptent les mesures visées aux paragraphes 1 à 5, celles-ci contiennent une référence à la présente directive ou sont accompagnées d'une telle référence lors de leur publication officielle. Les modalités de cette référence sont arrêtées par les États membres.

7. Les États membres communiquent à la Commission le texte des dispositions essentielles de droit interne qu'ils adoptent dans le domaine régi par la présente directive.

Art. 91 *Abrogation.*

La directive 2004/18/CE est abrogée avec effet au 18 avril 2016.

Les références faites à la directive abrogée s'entendent comme faites à la présente directive et sont à lire selon le tableau de correspondance figurant à l'annexe XV.

Art. 92 *Examen.*

La Commission examine les effets économiques sur le marché intérieur, en particulier eu égard aux éléments tels que l'attribution transnationale de marchés et les coûts de transaction, découlant de l'application des seuils fixés à l'article 4, et fait rapport au Parlement européen et au Conseil le 18 avril 2019 au plus tard.

La Commission envisage, dans la mesure du possible et s'il y a lieu, de suggérer une augmentation des montants des seuils applicables en vertu de l'AMP lors du prochain cycle de négociations. En cas de modification des montants des seuils applicables en vertu de l'AMP, le rapport est suivi, le cas échéant, d'une proposition d'acte juridique modifiant les seuils établis dans la présente directive.

Art. 93 *Entrée en vigueur.*

La présente directive entre en vigueur le vingtième jour suivant celui de sa publication au *Journal officiel de l'Union européenne.*

Art. 94 *Destinataires.*

Les États membres sont destinataires de la présente directive.

ANNEXES

ANNEXE I

Autorités publiques centrales

[...]

FRANCE

1. *Ministères.*

Services du Premier ministre
Ministère chargé de la santé, de la jeunesse et des sports
Ministère chargé de l'intérieur, de l'outre-mer et des collectivités territoriales
Ministère de la justice
Ministère de la défense
Ministère chargé des affaires étrangères et européennes
Ministère chargé de l'éducation nationale
Ministère de l'économie, des finances et de l'industrie
Secrétariat d'État aux transports
Secrétariat d'État aux entreprises et au commerce extérieur
Ministère chargé du travail, des relations sociales et de la solidarité
Ministère chargé de la culture et de la communication
Ministère du budget, des comptes publics et de la fonction publique
Ministère chargé de l'agriculture et de la pêche
Ministère de l'enseignement supérieur et de la recherche
Ministère chargé de l'écologie, du développement et de l'aménagement durables
Secrétariat d'État à la fonction publique
Ministère chargé du logement et de la ville
Secrétariat d'État à la coopération et à la francophonie
Secrétariat d'État à l'outre-mer
Secrétariat d'État à la jeunesse, des sports et de la vie associative
Secrétariat d'État aux anciens combattants
Ministère chargé de l'immigration, de l'intégration, de l'identité nationale et du co-développement
Secrétariat d'État en charge de la prospective et de l'évaluation des politiques publiques
Secrétariat d'État aux affaires européennes,
Secrétariat d'État aux affaires étrangères et aux droits de l'homme

Secrétariat d'État à la consommation et au tourisme
Secrétariat d'État à la politique de la ville
Secrétariat d'État à la solidarité
Secrétariat d'État en charge de l'industrie et de la consommation
Secrétariat d'État en charge de l'emploi
Secrétariat d'État en charge du commerce, de l'artisanat, des PME, du tourisme et des services
Secrétariat d'État en charge de l'écologie
Secrétariat d'État en charge du développement de la région-capitale
Secrétariat d'État en charge de l'aménagement du territoire

2. *Institutions, autorités et juridictions indépendantes.*
Présidence de la République
Assemblée nationale
Sénat
Conseil constitutionnel
Conseil économique et social *[économique, social et environnemental]*
Conseil supérieur de la magistrature
Agence française contre le dopage
Autorité de contrôle des assurances et des mutuelles
Autorité de contrôle des nuisances sonores aéroportuaires
Autorité de régulation des communications électroniques et des postes
Autorité de sûreté nucléaire
Autorité indépendante des marchés financiers
Comité national d'évaluation des établissements publics à caractère scientifique, culturel et professionnel
Commission d'accès aux documents administratifs
Commission consultative du secret de la défense nationale
Commission nationale des comptes de campagne et des financements politiques
Commission nationale de contrôle des interceptions de sécurité
Commission nationale de déontologie de la sécurité
Commission nationale du débat public
Commission nationale de l'informatique et des libertés
Commission des participations et des transferts
Commission de régulation de l'énergie
Commission de la sécurité des consommateurs
Commission des sondages
Commission de la transparence financière de la vie politique
Conseil de la concurrence *[devenu Autorité de la concurrence]*
Conseil des ventes volontaires de meubles aux enchères publiques
Conseil supérieur de l'audiovisuel *[au 1er janv. 2022, Autorité de régulation de la communication audiovisuelle et numérique]*
Défenseur des enfants
Haute autorité de lutte contre les discriminations et pour l'égalité
Haute autorité de santé
Médiateur de la République
Cour de justice de la République
Tribunal des conflits
Conseil d'État
Cours administratives d'appel
Tribunaux administratifs
Cour des comptes
Chambres régionales des comptes
Cours et tribunaux de l'ordre judiciaire (Cour de cassation, cours d'appel, tribunaux d'instance et tribunaux de grande instance)

3. *Établissements publics nationaux.*
Académie de France à Rome
Académie de marine
Académie des sciences d'outre-mer
Académie des technologies
Agence centrale des organismes de sécurité sociale (ACOSS)
Agence de biomédecine
Agence pour l'enseignement du français à l'étranger
Agence française de sécurité sanitaire des aliments

Agence française de sécurité sanitaire de l'environnement et du travail
Agence nationale pour la cohésion sociale et l'égalité des chances
Agence nationale pour la garantie des droits des mineurs
Agences de l'eau
Agence nationale de l'accueil des étrangers et des migrations
Agence nationale pour l'amélioration des conditions de travail (ANACT)
Agence nationale pour l'amélioration de l'habitat (ANAH)
Agence nationale pour la cohésion sociale et l'égalité des chances
Agence nationale pour l'indemnisation des Français d'outre-mer (ANIFOM)
Assemblée permanente des chambres d'agriculture (APCA)
Bibliothèque publique d'information
Bibliothèque nationale de France
Bibliothèque nationale et universitaire de Strasbourg
Caisse des dépôts et consignations
Caisse nationale des autoroutes (CNA)
Caisse nationale militaire de sécurité sociale (CNMSS)
Caisse de garantie du logement social
Casa de Velásquez
Centre d'enseignement zootechnique
Centre d'études de l'emploi
Centre d'études supérieures de sécurité sociale
Centres de formation professionnelle et de promotion agricole
Centre hospitalier des Quinze-Vingts
Centre international d'études supérieures en sciences agronomiques (Montpellier Sup Agro)
Centre des liaisons européennes et internationales de sécurité sociale
Centre des monuments nationaux
Centre national d'art et de culture Georges Pompidou
Centre national des arts plastiques
Centre national du cinéma et de l'image animée
Centre national d'études et d'expérimentation du machinisme agricole, du génie rural, des eaux et des forêts
Centre national du livre
Centre national de documentation pédagogique
Centre national des œuvres universitaires et scolaires (CNOUS)
Centre national professionnel de la propriété forestière
Centre national de la recherche scientifique (CNRS)
Centres d'éducation populaire et de sport (CREPS)
Centres régionaux des œuvres universitaires (CROUS)
Collège de France
Conservatoire de l'espace littoral et des rivages lacustres
Conservatoire national des arts et métiers
Conservatoire national supérieur de musique et de danse de Paris
Conservatoire national supérieur de musique et de danse de Lyon
Conservatoire national supérieur d'art dramatique
École centrale de Lille
École centrale de Lyon
École centrale des arts et manufactures
École française d'archéologie d'Athènes
École française d'Extrême-Orient
École française de Rome
École des hautes études en sciences sociales
École du Louvre
École nationale d'administration
École nationale de l'aviation civile (ENAC)
École nationale des Chartes
École nationale d'équitation
École nationale du génie de l'eau et de l'environnement de Strasbourg
Écoles nationales d'ingénieurs
École nationale d'ingénieurs des industries des techniques agricoles et alimentaires
Écoles nationales d'ingénieurs des travaux agricoles
École nationale de la magistrature
Écoles nationales de la marine marchande
École nationale de la santé publique (ENSP)

École nationale de ski et d'alpinisme
École nationale supérieure des arts décoratifs
École nationale supérieure des arts et techniques du théâtre
École nationale supérieure des arts et industries textiles – Roubaix
Écoles nationales supérieures d'arts et métiers
École nationale supérieure des beaux-arts
École nationale supérieure de céramique industrielle
École nationale supérieure de l'électronique et de ses applications (ENSEA)
École nationale supérieure du paysage de Versailles
École nationale supérieure des sciences de l'information et des bibliothécaires
École nationale supérieure de la sécurité sociale
Écoles nationales vétérinaires
École nationale de voile
Écoles normales supérieures
École polytechnique
École technique professionnelle agricole et forestière de Meymac (Corrèze)
École de sylviculture – Crogny (Aube)
École de viticulture et d'œnologie de la Tour-Blanche (Gironde)
École de viticulture – Avize (Marne)
Établissement national d'enseignement agronomique de Dijon
Établissement national des invalides de la marine (ENIM)
Établissement national de bienfaisance Koenigswarter
Établissement public du musée et du domaine national de Versailles
Fondation Carnegie
Fondation Singer-Polignac
Haras nationaux
Hôpital national de Saint-Maurice
Institut des hautes études pour la science et la technologie
Institut français d'archéologie orientale du Caire
Institut géographique national
Institut national de l'origine et de la qualité
Institut national des hautes études de sécurité
Institut de veille sanitaire
Institut national d'enseignement supérieur et de recherche agronomique et agroalimentaire de Rennes
Institut national d'études démographiques (INED)
Institut national d'horticulture
Institut national de la jeunesse et de l'éducation populaire
Institut national des jeunes aveugles – Paris
Institut national des jeunes sourds – Bordeaux
Institut national des jeunes sourds – Chambéry
Institut national des jeunes sourds – Metz
Institut national des jeunes sourds – Paris
Institut national de physique nucléaire et de physique des particules (I.N2.P3)
Institut national de la propriété industrielle
Institut national de la recherche agronomique (INRA)
Institut national de recherche pédagogique (INRP)
Institut national de la santé et de la recherche médicale (INSERM)
Institut national d'histoire de l'art (INHA)
Institut national de recherches archéologiques préventives
Institut national des sciences de l'univers
Institut national des sports et de l'éducation physique
Institut national supérieur de formation et de recherche pour l'éducation des jeunes handicapés et les enseignements inadaptés
Instituts nationaux polytechniques
Instituts nationaux des sciences appliquées
Institut national de recherche en informatique et en automatique (INRIA)
Institut national de recherche sur les transports et leur sécurité (INRETS)
Institut de recherche pour le développement
Instituts régionaux d'administration
Institut des sciences et des Industries du vivant et de l'environnement (Agro Paris Tech)
Institut supérieur de mécanique de Paris
Institut universitaire de formation des maîtres
Musée de l'armée

Musée Gustave Moreau
Musée national de la marine
Musée national J. J. Henner
Musée du Louvre
Musée du Quai Branly
Muséum national d'histoire naturelle
Musée Auguste Rodin
Observatoire de Paris
Office français de protection des réfugiés et apatrides
Office national des anciens combattants et des victimes de guerre (ONAC)
Office national de la chasse et de la faune sauvage
Office national de l'eau et des milieux aquatiques
Office national d'information sur les enseignements et les professions (ONISEP)
Office universitaire et culturel français pour l'Algérie
Musée national de la Légion d'honneur
Palais de la Découverte
Parcs nationaux
Universités

4. *Autres organismes publics nationaux.*
Union des groupements d'achats publics (UGAP)
Agence nationale pour l'emploi (ANPE) *[devenue Pôle Emploi]*
Caisse nationale des allocations familiales (CNAF)
Caisse nationale d'assurance maladie des travailleurs salariés (CNAM)
Caisse nationale d'assurance vieillesse des travailleurs salariés (CNAVTS)
[...]

ANNEXE II

LISTE DES ACTIVITÉS VISÉES À L'ARTICLE 2, PARAGRAPHE 1, POINT 6) A)

En cas d'interprétation différente entre le CPV et la NACE, c'est la nomenclature CPV qui est applicable.

NACE Rév. 1 [(1)]					Code CPV
SECTION F			CONSTRUCTION (Tableau récapitulatif)		
Division	Groupe	Classe	Description	Observations	
45			Construction	Cette division comprend : – la construction de bâtiments et d'ouvrages neufs, la restauration et les réparations courantes	45000000
	45,1		Préparation des sites		45100000
		45,11	Démolition et terrassements	Cette classe comprend : – la démolition d'immeubles et d'autres constructions – le déblayage des chantiers – les travaux de terrassement : creusement, comblement, nivellement de chantiers de construction, ouverture de tranchées, dérochement, destruction à l'explosif, etc. – la préparation de sites pour l'exploitation minière : – l'enlèvement de déblais et autres travaux d'aménagement et de préparation des terrains et des sites miniers Cette classe comprend également : – le drainage des chantiers de construction – le drainage des terrains agricoles et sylvicoles	45110000

NACE Rév. 1 [1]					Code CPV
SECTION F			CONSTRUCTION (Tableau récapitulatif)		
Division	Groupe	Classe	Description	Observations	
		45,12	Forages et sondages	Cette classe comprend : – les sondages d'essai, les forages d'essai et les carottages pour la construction ainsi que pour les études géophysiques, géologiques et similaires Cette classe ne comprend pas : – le forage de puits d'extraction de pétrole ou de gaz, voir 11.20 – le forage de puits d'eau, voir 45.25 – le fonçage de puits, voir 45.25 – la prospection de gisements de pétrole et de gaz ainsi que les études géophysiques, géologiques et sismiques, voir 74.20	45120000
	45,2		Construction d'ouvrages de bâtiment ou de génie civil		45200000
		45,21	Travaux de construction	Cette classe comprend : – la construction de bâtiments de tous types, – la construction d'ouvrages de génie civil : – ponts (y compris ceux destinés à supporter des routes surélevées), viaducs, tunnels et passages souterrains – conduites de transport, lignes de communication et de transport d'énergie électrique à longue distance – conduites de transport, lignes de communication et de transport d'énergie électrique pour réseaux urbains ; – travaux annexes d'aménagement urbain – l'assemblage et la construction d'ouvrages préfabriqués sur les chantiers Cette classe ne comprend pas : – les services liés à l'extraction du pétrole et du gaz, voir 11.20 – la construction d'ouvrages entièrement préfabriqués au moyen d'éléments, autres qu'en béton, fabriqués par l'unité qui exécute les travaux, voir 20, 26 et 28 – la construction d'équipements (autres que les bâtiments) pour stades, piscines, gymnases, courts de tennis, parcours de golf et autres installations sportives, voir 45.23 – les travaux d'installation, voir 45.3 – les travaux de finition, voir 45.4 – les activités d'architecture et d'ingénierie, voir 74.20 – la gestion de projets de construction, voir 74.20	45210000 Sauf : – 45213316 45220000 45231000 45232000
		45,22	Réalisation de charpentes et de couvertures	Cette classe comprend : – le montage de charpentes – la pose de couvertures – les travaux d'étanchéification	45261000

NACE Rév. 1 (1)					
SECTION F			CONSTRUCTION (Tableau récapitulatif)		Code CPV
Division	Groupe	Classe	Description	Observations	
		45,23	Construction de chaussées	Cette classe comprend : – la construction d'autoroutes, de routes, de chaussées et d'autres voies pour véhicules et piétons – la construction de voies ferrées – la construction de pistes d'atterrissage – la construction d'équipements (autres que les bâtiments) pour stades, piscines, gymnases, courts de tennis, parcours de golf et autres installations sportives – le marquage à la peinture des chaussées et des aires ou des parcs de stationnement Cette classe ne comprend pas : – les terrassements préalables, voir 45.11	45212212 et DA03 45230000 sauf : – 45231000 – 45232000 – 45234115
		45,24	Travaux maritimes et fluviaux	Cette classe comprend : – la construction de : – voies navigables, ports, ouvrages fluviaux, ports de plaisance (marinas), écluses, etc. – barrages et digues – le dragage – les travaux sous-marins	45240000
		45,25	Autres travaux de construction	Cette classe comprend : – les activités de construction spécialisées qui concernent un aspect commun à différents ouvrages et requièrent des compétences ou du matériel spécialisés : – réalisation de fondations, y compris battage de pieux – forage et construction de puits d'eau, fonçage de puits – montage d'éléments de structures métalliques non fabriqués par l'unité qui exécute les travaux – cintrage d'ossatures métalliques – maçonnerie et pavage – montage et démontage d'échafaudages et de platesformes de travail propres ou loués – construction de cheminées et de fours industriels Cette classe ne comprend pas : – la location d'échafaudages sans montage ni démontage, voir 71.32	45250000 45262000
	45,3		Travaux d'installation		45300000
		45,31	Travaux d'installation électrique	Cette classe comprend : – l'installation dans des bâtiments ou d'autres projets de construction des éléments suivants : – câbles et appareils électriques – systèmes de télécommunication – installations de chauffage électriques – antennes d'immeubles – systèmes d'alarme incendie – systèmes d'alarme contre les effractions – ascenseurs et escaliers mécaniques – paratonnerres, etc.	45213316 45310000 Sauf : – 45316000

NACE Rév. 1 (1)					Code CPV
SECTION F			CONSTRUCTION (Tableau récapitulatif)		
Division	Groupe	Classe	Description	Observations	
		45,32	Travaux d'isolation	Cette classe comprend : – la mise en œuvre dans des bâtiments ou d'autres projets de construction de matériaux d'isolation thermique, acoustique et antivibratile Cette classe ne comprend pas : – les travaux d'étanchéification, voir 45.22	45320000
		45,33	Plomberie	Cette classe comprend : – l'installation dans des bâtiments ou d'autres projets de construction des éléments suivants : – plomberie et appareils sanitaires – appareils à gaz – équipements et conduites de chauffage, de ventilation, de réfrigération ou de climatisation – installation d'extinction automatique d'incendie Cette classe ne comprend pas : – la pose d'installations de chauffage électriques, voir 45.31	45330000
		45,34	Autres travaux d'installation	Cette classe comprend : – l'installation de systèmes d'éclairage et de signalisation pour chaussées, voies ferrées, aéroports et installations portuaires – l'installation dans des bâtiments ou d'autres projets de construction d'installations et d'appareils non classés ailleurs	45234115 45316000 45340000
	45,4		Travaux de finition		45400000
		45,41	Plâtrerie	Cette classe comprend : – la mise en œuvre dans des bâtiments ou d'autres projets de construction de plâtre ou de stuc pour enduits intérieurs et extérieurs, y compris les matériaux de lattage associés	45410000
		45,42	Menuiserie	Cette classe comprend : – l'installation de portes, de fenêtres, de dormants de portes et de fenêtres, de cuisines équipées, d'escaliers, d'équipements pour magasins et d'équipements similaires, en bois ou en d'autres matériaux, non fabriqués par l'unité qui exécute les travaux – les aménagements intérieurs tels que plafonds, revêtements muraux en bois, cloisons mobiles, etc. Cette classe ne comprend pas : – la pose de parquets et d'autres revêtements de sols en bois, voir 45.43	45420000

NACE Rév. 1 [(1)]					
SECTION F		CONSTRUCTION (Tableau récapitulatif)			Code CPV
Division	Groupe	Classe	Description	Observations	
		45,43	Revêtement des sols et des murs	Cette classe comprend : – la pose dans des bâtiments ou d'autres projets de construction des éléments suivants : – revêtements muraux ou carrelages en céramique, en béton ou en pierre de taille – parquets et autres revêtements de sols en bois, – moquettes et revêtements de sols en linoléum y compris en caoutchouc ou en matières plastiques – revêtements de sols et de murs en granito, en marbre, en granit ou en ardoise – papiers peints	45430000
		45,44	Peinture et vitrerie	Cette classe comprend : – la peinture intérieure et extérieure des bâtiments – la teinture des ouvrages de génie civil – la pose de vitres, de miroirs, etc. Cette classe ne comprend pas : – l'installation de fenêtres, voir 45.42	45440000
		45,45	Autres travaux de finition	Cette classe comprend : – l'installation de piscines privées – le nettoyage à la vapeur, le sablage et les activités analogues appliquées aux parties extérieures des bâtiments – les autres travaux d'achèvement et de finition des bâtiments non classés ailleurs Cette classe ne comprend pas : – le nettoyage des parties intérieures de bâtiments et d'autres constructions, voir 74.70	45212212 et DA04 45450000
	45,5		Location avec opérateur de matériel de construction		45500000
		45,50	Location avec opérateur de matériel de construction	Cette classe ne comprend pas : – la location de machines et de matériels de construction ou de démolition sans opérateur, voir 71.32	45500000

(1) Règlement (CEE) n° 3037/90 du Conseil du 9 octobre 1990 relatif à la nomenclature statistique des activités économiques dans la Communauté européenne (JO L 293 du 24.10.1990, p. 1).

ANNEXE III

LISTE DES PRODUITS VISÉS À L'ARTICLE 4, POINT B), EN CE QUI CONCERNE LES MARCHÉS PASSÉS PAR LES POUVOIRS ADJUDICATEURS DANS LE DOMAINE DE LA DÉFENSE

Le seul texte faisant foi aux fins de la présente directive est celui qui figure à l'annexe I, point 3, de l'AMP sur lequel se base la liste indicative de produits suivante :

Chapitre 25 :	Sel, soufre, terres et pierres, plâtres, chaux et ciments
Chapitre 26 :	Minerais métallurgiques, scories et cendres

Chapitre 27 :	Combustibles minéraux, huiles minérales et produits de leur distillation, matières bitumineuses, cires minérales sauf : ex 27.10 : carburants spéciaux
Chapitre 28 :	Produits chimiques inorganiques, composés inorganiques ou organiques de métaux précieux, d'éléments radioactifs, de métaux des terres rares et d'isotopes sauf : ex 28.09 : explosifs ex 28.13 : explosifs ex 28.14 : gaz lacrymogènes ex 28.28 : explosifs ex 28.32 : explosifs ex 28.39 : explosifs ex 28.50 : produits toxicologiques ex 28.51 : produits toxicologiques ex 28.54 : explosifs
Chapitre 29 :	produits chimiques organiques sauf : ex 29.03 : explosifs ex 29.04 : explosifs ex 29.07 : explosifs ex 29.08 : explosifs ex 29.11 : explosifs ex 29.12 : explosifs ex 29.13 : produits toxicologiques ex 29.14 : produits toxicologiques ex 29.15 : produits toxicologiques ex 29.21 : produits toxicologiques ex 29.22 : produits toxicologiques ex 29.23 : produits toxicologiques ex 29.26 : explosifs ex 29.27 : produits toxicologiques ex 29.29 : explosifs
Chapitre 30 :	Produits pharmaceutiques
Chapitre 31 :	Engrais
Chapitre 32 :	Extraits tannants et tinctoriaux, tanins et leurs dérivés, matières colorantes, couleurs, peintures, vernis et teintures, mastics, encres
Chapitre 33 :	Huiles essentielles et résinoïdes, produits de parfumerie ou de toilette préparés et préparations cosmétiques
Chapitre 34 :	Savons, produits organiques tensio-actifs, préparations pour lessives, préparations lubrifiantes, cires artificielles, cires préparées, produits d'entretien, bougies et articles similaires, pâtes à modeler et "cires pour l'art dentaire"
Chapitre 35 :	Matières albuminoïdes, colles, enzymes
Chapitre 37 :	Produits photographiques et cinématographiques
Chapitre 38 :	Produits divers des industries chimiques sauf : ex 38.19 : produits toxicologiques
Chapitre 39 :	Matières plastiques artificielles, éthers et esters de la cellulose, résines artificielles et ouvrages en ces matières sauf : ex 39.03 : explosifs
Chapitre 40 :	Caoutchouc naturel ou synthétique, factice pour caoutchouc et ouvrages en caoutchouc sauf : ex 40.11 : pneus à l'épreuve des balles

Chapitre 41 :	Peaux (autres que les pelleteries) et cuirs
Chapitre 42 :	Ouvrages en cuir, articles de bourrellerie et de sellerie, articles de voyage, sacs à main et contenants similaires, ouvrages en boyaux
Chapitre 43 :	Pelleteries et fourrures ; pelleteries factices
Chapitre 44 :	Bois, charbon de bois et ouvrages en bois
Chapitre 45 :	Liège et ouvrages en liège
Chapitre 46 :	Ouvrages de sparterie et de vannerie
Chapitre 47 :	Matières servant à la fabrication du papier
Chapitre 48 :	Papier et cartons, ouvrages en pâte de cellulose, en papier et en carton
Chapitre 49 :	Articles de librairie et produits des arts graphiques
Chapitre 65 :	Coiffures et parties de coiffures
Chapitre 66 :	Parapluies, parasols, cannes, fouets, cravaches et leurs parties
Chapitre 67 :	Plumes et duvet apprêtés et articles en plumes ou en duvet, fleurs artificielles, ouvrages en cheveux
Chapitre 68 :	Ouvrages en pierres, plâtre, ciment, amiante, mica et matières analogues
Chapitre 69 :	Produits céramiques
Chapitre 70 :	Verres et ouvrages en verre
Chapitre 71 :	Perles fines, pierres gemmes et similaires, métaux précieux, plaqués ou doublés de métaux précieux et ouvrages en ces matières ; bijouterie de fantaisie
Chapitre 73 :	Fonte, fer et acier
Chapitre 74 :	Cuivre
Chapitre 75 :	Nickel
Chapitre 76 :	Aluminium
Chapitre 77 :	Magnésium, béryllium
Chapitre 78 :	Plomb
Chapitre 79 :	Zinc
Chapitre 80 :	Étain
Chapitre 81 :	Autres métaux communs employés dans la métallurgie et ouvrages en ces matières
Chapitre 82 :	Outillage, articles de coutellerie et couverts de table, en métaux communs sauf : ex 82.05 : outillage ex 82.07 : pièces d'outillage
Chapitre 83 :	Ouvrages divers en métaux communs
Chapitre 84 :	Chaudières, machines, appareils et engins mécaniques sauf : ex 84.06 : moteurs ex 84.08 : autres propulseurs ex 84.45 : machines ex 84.53 : machines automatiques de traitement de l'information ex 84.55 : parties de machines du n° 84.53 ex 84.59 : réacteurs nucléaires
Chapitre 85 :	Machines, appareils et matériels électriques et leurs parties sauf : ex 85.13 : équipements de télécommunication ex 85.15 : appareils de transmission

Chapitre 86 :	Véhicules et matériel pour voies ferrées, appareils de signalisation non électriques pour voies de communication sauf : ex 86.02 : locomotives blindées, électriques ex 86.03 : autres locomotives blindées ex 86.05 : wagons blindés ex 86.06 : wagons ateliers ex 86.07 : wagons
Chapitre 87 :	Voitures automobiles, tracteurs, cycles et autres véhicules terrestres sauf : ex 87.08 : chars et automobiles blindés ex 87.01 : tracteurs ex 87.02 : véhicules militaires ex 87.03 : voitures de dépannage ex 87.09 : motocycles ex 87.14 : remorques
Chapitre 89 :	Navigation maritime et fluviale sauf : ex 89.01A : bateaux de guerre
Chapitre 90 :	Instruments et appareils d'optique, de photographie et de cinématographie, de mesure, de vérification, de précision, instruments et appareils médico-chirurgicaux sauf : ex 90.05 : jumelles ex 90.13 : instruments divers, lasers ex 90.14 : télémètres ex 90.28 : instruments de mesures électriques ou électroniques ex 90.11 : microscopes ex 90.17 : instruments médicaux ex 90.18 : appareils de mécanothérapie ex 90.19 : appareils d'orthopédie ex 90.20 : appareils rayon X
Chapitre 91 :	Horlogerie
Chapitre 92 :	Instruments de musique, appareils d'enregistrement ou de reproduction du son ; appareils d'enregistrement ou de reproduction des images et du son en télévision, parties et accessoires de ces instruments et appareils
Chapitre 94 :	Meubles, mobilier médico-chirurgical, articles de literie et similaires sauf : ex 94.01A : sièges d'aérodynes
Chapitre 95 :	Matières à tailler et à mouler, à l'état travaillé (y compris les ouvrages)
Chapitre 96 :	Ouvrages de brosserie et pinceaux, balais, houppes et articles de tamiserie
Chapitre 98 :	Marchandises et produits divers

ANNEXE IV

Exigences relatives aux outils et dispositifs de réception électronique des offres, des demandes de participation ainsi que des plans et projets dans le cadre des concours

Les outils et dispositifs de réception électronique des offres, des demandes de participation, ainsi que des plans et projets, doivent au moins garantir, par les moyens techniques et procédures appropriés, que :

a) l'heure et la date exactes de la réception des offres, des demandes de participation et de la soumission des plans et projets peuvent être déterminées avec précision ;

b) il peut être raisonnablement assuré que personne ne peut avoir accès aux données transmises en vertu des présentes exigences avant les dates limites spécifiées ;

c) seules les personnes autorisées peuvent fixer ou modifier les dates de l'ouverture des données reçues ;

d) lors des différents stades de la procédure de passation de marchés ou du concours, seules les personnes autorisées doivent pouvoir avoir accès à la totalité, ou à une partie, des données soumises ;

e) seules les personnes autorisées doivent donner accès aux données transmises et uniquement après la date spécifiée ;

f) les données reçues et ouvertes en application des présentes exigences ne demeurent accessibles qu'aux personnes autorisées à en prendre connaissance.

g) en cas de violation ou de tentative de violation des interdictions ou conditions d'accès visées aux points b), c), d), e) et f), il peut être raisonnablement assuré que les violations ou tentatives de violation sont clairement détectables.

ANNEXE V

Informations qui doivent figurer dans les avis

PARTIE A *Informations qui doivent figurer dans les avis annonçant la publication d'un avis de préinformation sur un profil d'acheteur.*

1. Nom, numéro d'identification (dans les cas où il est prévu dans la législation nationale), adresse, y compris code NUTS, numéro de téléphone, numéro de télécopieur, adresse électronique et adresse internet du pouvoir adjudicateur et, s'ils sont différents, du service à contacter pour tout complément d'information.

2. Type de pouvoir adjudicateur et principale activité exercée.

3. Le cas échéant, indiquer si le pouvoir adjudicateur est une centrale d'achat ou signaler tout recours ou possibilité de recours à une autre forme de passation de marchés conjoints.

4. Codes CPV.

5. Adresse internet du "profil d'acheteur" (URL).

6. Date d'envoi de l'avis annonçant la publication d'un avis de préinformation sur le profil d'acheteur.

PARTIE B *Informations qui doivent figurer dans les avis de préinformation (visés à l'article 48).*

I. Informations qui doivent figurer dans tous les cas

1. Nom, numéro d'identification (dans les cas où il est prévu dans la législation nationale), adresse, y compris code NUTS, numéro de téléphone, numéro de télécopieur, adresse électronique et adresse internet du pouvoir adjudicateur et, s'ils sont différents, du service à contacter pour tout complément d'information.

2. Adresse électronique ou internet sur laquelle les documents de marché sont mis à disposition en accès sans restriction, complet, direct et gratuit.

Lorsqu'un accès sans restriction, complet, direct et gratuit n'est pas possible pour les motifs énoncés à l'article 53, paragraphe 1, deuxième et troisième alinéas, indiquer les modalités d'accès aux documents de marché.

3. Type de pouvoir adjudicateur et principale activité exercée.

4. Le cas échéant, indiquer si le pouvoir adjudicateur est une centrale d'achat ou signaler tout recours ou possibilité de recours à une autre forme de passation de marchés conjoints.

5. Codes CPV ; si le marché est divisé en lots, indiquer cette information pour chaque lot.

6. Code NUTS du lieu principal des travaux pour les marchés de travaux ou code NUTS du lieu principal de livraison ou d'exécution pour les marchés de fournitures et de services ; si le marché est divisé en lots, indiquer cette information pour chaque lot.

7. Brève description du marché : nature et étendue des travaux, nature et quantité ou valeur des fournitures, nature et étendue des services.

8. Lorsque cet avis ne sert pas de moyen d'appel à la concurrence, date(s) prévue(s) de la publication d'un ou plusieurs avis de marché relatifs au(x) marché(s) visés dans cet avis de préinformation.

9. Date d'envoi de l'avis.

10. Toute autre information pertinente.

11. Indiquer si le marché relève ou non de l'AMP.

II. Informations supplémentaires à fournir lorsque l'avis sert de moyen d'appel à la concurrence (article 48, paragraphe 2)

1. Mentionner le fait que les opérateurs économiques intéressés doivent faire part au pouvoir adjudicateur de leur intérêt pour le ou les marchés.

2. Type de procédure d'attribution (procédures restreintes, avec recours ou non à un système d'acquisition dynamique, ou procédures concurrentielles avec négociation).

3. Le cas échéant, indiquer s'il y a :

a) un accord-cadre,

b) un système d'acquisition dynamique.

4. Dans la mesure où il est connu, calendrier de la livraison ou de la fourniture des produits, travaux ou services et durée du marché.

5. Dans la mesure où elles sont connues, les conditions de participation, notamment :

a) le cas échéant, indiquer s'il s'agit d'un marché public réservé à des ateliers protégés ou dont l'exécution est réservée dans le cadre de programmes d'emplois protégés ;

b) le cas échéant, indiquer si, en vertu de dispositions législatives, réglementaires ou administratives, la prestation du service est réservée à une profession déterminée ;

c) présenter une brève description des critères de sélection.

6. Dans la mesure où ils sont connus, brève description des critères à utiliser pour l'attribution du marché.

7. Dans la mesure où il est connu, l'ordre de grandeur total estimé du/des marché(s) : lorsque le marché est divisé en lots, l'information est fournie pour chaque lot.

8. Dates limites de réception des manifestations d'intérêt.

9. Adresse à laquelle les manifestations d'intérêt doivent être envoyées.

10. Langue ou langues autorisées pour la présentation des candidatures ou des offres.

11. Le cas échéant, indiquer si :

a) les offres ou les demandes de participation devront/pourront être présentées par voie électronique,

b) la commande en ligne sera utilisée,

c) la facturation en ligne sera utilisée,

d) le paiement en ligne sera accepté.

12. Préciser si le marché est lié à un projet et/ou un programme financé par des fonds de l'Union.

13. Nom et adresse de l'instance compétente pour les procédures de recours et, le cas échéant, de médiation. Précisions concernant les délais d'introduction des recours ou, au besoin, nom, adresse, numéro de téléphone, numéro de télécopieur et adresse électronique du service à contacter pour tout complément d'information.

PARTIE C *Informations qui doivent figurer dans les avis de marché (visés à l'article 49).*

1. Nom, numéro d'identification (dans les cas où il est prévu dans la législation nationale), adresse, y compris code NUTS, numéro de téléphone, numéro de télécopieur, adresse électronique et adresse internet du pouvoir adjudicateur et, s'ils sont différents, du service à contacter pour tout complément d'information.

2. Adresse électronique ou internet sur laquelle les documents de marché sont mis à disposition en accès sans restriction, complet, direct et gratuit.

Lorsqu'un accès sans restriction, complet, direct et gratuit n'est pas possible pour les motifs énoncés à l'article 53, paragraphe 1, deuxième et troisième alinéas, indiquer les modalités d'accès aux documents de marché.

3. Type de pouvoir adjudicateur et principale activité exercée.

4. Le cas échéant, indiquer si le pouvoir adjudicateur est une centrale d'achat ou signaler tout recours à une autre forme de passation de marchés conjoints.

5. Codes CPV ; si le marché est divisé en lots, indiquer cette information pour chaque lot.

6. Code NUTS du lieu principal des travaux pour les marchés de travaux ou code NUTS du lieu principal de livraison ou d'exécution pour les marchés de fournitures et de services ; si le marché est divisé en lots, indiquer cette information pour chaque lot.

7. Description du marché : nature et étendue des travaux, nature et quantité ou valeur des fournitures, nature et étendue des services. Si le marché est divisé en lots, indiquer cette information pour chaque lot. Le cas échéant, description des options.

8. Ordre de grandeur total estimé du/des marché(s) : lorsque le marché est divisé en lots, cette information est fournie pour chaque lot.

9. Admission ou interdiction des variantes.

10. Calendrier de la livraison ou de la fourniture des produits, travaux ou services et, dans la mesure du possible, durée du marché.

a) En cas d'accord-cadre, indiquer la durée prévue de l'accord-cadre en précisant, si nécessaire, les raisons de toute durée de plus de quatre ans ; dans la mesure du possible, indiquer la valeur ou l'ordre de grandeur et la fréquence des marchés à attribuer, le nombre et, si nécessaire, le nombre maximal envisagé d'opérateurs économiques autorisés à participer.

b) En cas de système d'acquisition dynamique, indiquer la durée prévue du système ; dans la mesure du possible, indiquer la valeur ou l'ordre de grandeur et la fréquence des marchés à attribuer.

11. Conditions de participation, notamment :

a) le cas échéant, indiquer s'il s'agit d'un marché public réservé à des ateliers protégés ou dont l'exécution est réservée dans le cadre de programmes d'emplois protégés ;

b) le cas échéant, indiquer si, en vertu de dispositions législatives, réglementaires ou administratives, la fourniture du service est réservée à une profession particulière ; référence de la disposition législative, réglementaire ou administrative applicable ;

c) liste et brève description des critères de sélection et des critères concernant la situation personnelle des opérateurs économiques qui pourraient entraîner leur exclusion ; niveau(x) minimal(-aux) de normes éventuellement requis ; indiquer les informations requises (déclarations sur l'honneur, documents).

12. Type de procédure d'attribution ; le cas échéant, justification du recours à une procédure accélérée (en cas de procédures ouvertes, restreintes et de procédures concurrentielles avec négociation).

13. Le cas échéant, indiquer s'il y a :

a) un accord-cadre ;

b) un système d'acquisition dynamique ;

c) une enchère électronique (en cas de procédures ouvertes, restreintes ou de procédures concurrentielles avec négociation).

14. Si le marché doit être divisé en lots, indiquer la possibilité, pour les opérateurs économiques, de soumissionner pour un, plusieurs lots ou tous les lots ; indiquer toute limite éventuelle du nombre de lots qui peuvent être attribués à un seul soumissionnaire. Lorsque le marché n'est pas divisé en lots, en indiquer les raisons, sauf si cette information est fournie dans le rapport individuel.

15. Pour les procédures restreintes, les procédures concurrentielles avec négociation, le dialogue compétitif ou les partenariats d'innovation, lorsqu'il est fait usage de la faculté de réduire le nombre de candidats qui seront invités à présenter une offre, à négocier ou à dialoguer : nombre minimal et, le cas échéant, maximal de candidats envisagé et critères objectifs à appliquer pour choisir les candidats en question.

16. Pour les procédures concurrentielles avec négociation, le dialogue compétitif ou les partenariats d'innovation, indiquer, le cas échéant, le recours à une procédure se déroulant en phases successives afin de réduire progressivement le nombre d'offres à négocier ou de solutions à discuter.

17. Le cas échéant, conditions particulières auxquelles est soumise l'exécution du marché.

18. Critères qui seront utilisés lors de l'attribution du ou des marchés. Sauf lorsque l'offre économiquement la plus avantageuse est identifiée sur la base du prix uniquement, les critères de l'offre économiquement la plus avantageuse ainsi que leur pondération sont mentionnés lorsqu'ils ne figurent pas dans le cahier des charges ou, en cas de dialogue compétitif, dans le document descriptif.

19. Délai de réception des offres (procédures ouvertes) ou des demandes de participation (procédures restreintes, procédures concurrentielles avec négociation, systèmes d'acquisition dynamique, dialogues compétitifs, partenariats d'innovation).

20. Adresse à laquelle les offres ou les demandes de participation sont envoyées.

21. En cas de procédures ouvertes :

a) délai pendant lequel le soumissionnaire est tenu de maintenir son offre ;

b) date, heure et lieu de l'ouverture des offres ;

c) personnes autorisées à assister à cette ouverture.

22. Langue ou langues devant être utilisées dans l'offre ou la demande de participation.

23. Le cas échéant, indiquer si :

a) les offres ou les demandes de participation pourront être présentées par voie électronique ;

b) la commande en ligne sera utilisée ;

c) la facturation en ligne sera acceptée ;

d) le paiement en ligne sera utilisé.

24. Préciser si le marché est lié à un projet et/ou un programme financé par des fonds de l'Union.

25. Nom et adresse de l'instance compétente pour les procédures de recours et, le cas échéant, de médiation. Précisions concernant les délais d'introduction des recours ou, au besoin, nom, adresse, numéro de téléphone, numéro de télécopieur et adresse électronique du service à contacter pour tout complément d'information.

26. Date(s) et référence(s) des publications précédentes au *Journal officiel de l'Union européenne* pertinentes pour le ou les marchés publiés dans cet avis.

27. En cas de marchés récurrents, calendrier provisoire des prochains avis qui seront publiés.

28. Date d'envoi de l'avis.

29. Indiquer si le marché relève ou non de l'AMP.

30. Toute autre information pertinente.

PARTIE D *Informations qui doivent figurer dans les avis d'attribution de marchés (visés à l'article 50).*

1. Nom, numéro d'identification (dans les cas où il est prévu dans la législation nationale), adresse, y compris code NUTS, numéro de téléphone, numéro de télécopieur, adresse électronique et adresse internet du pouvoir adjudicateur et, s'ils sont différents, du service à contacter pour tout complément d'information.

2. Type de pouvoir adjudicateur et principale activité exercée.

3. Le cas échéant, indiquer si le pouvoir adjudicateur est une centrale d'achat ou signaler tout recours à une autre forme de passation de marchés conjoints.

4. Codes CPV.
5. Code NUTS du lieu principal des travaux pour les marchés de travaux, ou code NUTS du lieu principal de livraison ou d'exécution pour les marchés de fournitures et de services.
6. Description du marché : nature et étendue des travaux, nature et quantité ou valeur des fournitures, nature et étendue des services. Si le marché est divisé en lots, indiquer cette information pour chaque lot. Le cas échéant, description des options.
7. Type de procédure d'attribution ; en cas de procédure négociée sans publication préalable, justification.
8. Le cas échéant, indiquer s'il y a :
a) un accord-cadre,
b) un système d'acquisition dynamique.
9. Critères visés à l'article 67 qui ont été appliqués lors de l'attribution du ou des marchés. Le cas échéant, indiquer s'il y a eu enchère électronique (en cas de procédures ouvertes ou restreintes ou de procédures concurrentielles avec négociation).
10. Date de conclusion du ou des marché(s) ou de l'accord-cadre ou des accords-cadres à la suite de la décision d'attribution ou de conclusion.
11. Nombre d'offres reçues pour chaque attribution, notamment :
a) nombre d'offres reçues d'opérateurs économiques qui sont des petites et moyennes entreprises ;
b) nombre d'offres reçues en provenance d'un autre État membre ou d'un pays tiers ;
c) nombre d'offres reçues par voie électronique.
12. Pour chaque attribution, nom, adresse, y compris le code NUTS, numéro de téléphone, numéro de télécopieur, adresse électronique et adresse internet du ou des soumissionnaires, et notamment :
a) indiquer si le soumissionnaire est une petite ou moyenne entreprise ;
b) indiquer si le marché a été attribué à un groupement d'opérateurs économiques (coentreprise, consortium ou autre).
13. Valeur de l'offre ou des offres retenues ou de l'offre la plus élevée et de l'offre la moins élevée prises en considération pour l'attribution du marché ou des marchés.
14. Le cas échéant, pour chaque attribution, valeur et part du contrat susceptible d'être sous-traitée à des tiers.
15. Préciser si le marché est lié à un projet et/ou un programme financé par des fonds de l'Union.
16. Nom et adresse de l'instance compétente pour les procédures de recours et, le cas échéant, de médiation. Précisions concernant le délai d'introduction des recours ou, au besoin, nom, adresse, numéro de téléphone, numéro de télécopieur et adresse électronique du service à contacter pour tout complément d'information.
17. Date(s) et référence(s) des publications précédentes au *Journal officiel de l'Union européenne* pertinentes pour le ou les marchés publiés dans cet avis.
18. Date d'envoi de l'avis.
19. Toute autre information pertinente.

PARTIE E *Informations qui doivent figurer dans les avis de concours (visés à l'article 79, paragraphe 1).*

1. Nom, numéro d'identification (dans les cas où il est prévu dans la législation nationale), adresse, y compris code NUTS, numéro de téléphone, numéro de télécopieur, adresse électronique et adresse internet du pouvoir adjudicateur et, s'ils sont différents, du service à contacter pour tout complément d'information.
2. Adresse électronique ou internet sur laquelle les documents de marché sont mis à disposition en accès sans restriction, complet, direct et gratuit.
Lorsqu'un accès sans restriction, complet, direct et gratuit n'est pas possible pour les motifs énoncés à l'article 53, paragraphe 1, deuxième et troisième alinéas, indiquer les modalités d'accès aux documents de marché.
3. Type de pouvoir adjudicateur et principale activité exercée.
4. Le cas échéant, indiquer si le pouvoir adjudicateur est une centrale d'achat ou signaler tout recours à une autre forme de passation de marchés conjoints.
5. Codes CPV ; si le marché est divisé en lots, indiquer cette information pour chaque lot.
6. Description des principales caractéristiques du projet.
7. Nombre et valeur de toutes les primes.
8. Type de concours (ouvert ou restreint).
9. Dans le cas d'un concours ouvert, date limite pour le dépôt des projets.
10. Dans le cas d'un concours restreint :
a) nombre de participants envisagé ;
b) le cas échéant, noms des participants déjà sélectionnés ;
c) critères de sélection des participants ;
d) date limite pour les demandes de participation.

11. Le cas échéant, indiquer si la participation est réservée à une profession déterminée.
12. Critères qui seront appliqués lors de l'évaluation des projets.
13. Indiquer si la décision du jury est contraignante pour le pouvoir adjudicateur.
14. Le cas échéant, indiquer les paiements à verser à tous les participants.
15. Indiquer si des marchés faisant suite au concours seront ou ne seront pas attribués au lauréat ou aux lauréats du concours.
16. Date d'envoi de l'avis.
17. Toute autre information pertinente.

PARTIE F *Informations qui doivent figurer dans les avis sur les résultats des concours (visés à l'article 79, paragraphe 2).*

1. Nom, numéro d'identification (dans les cas où il est prévu dans la législation nationale), adresse, y compris code NUTS, numéro de téléphone, numéro de télécopieur, adresse électronique et adresse internet du pouvoir adjudicateur et, s'ils sont différents, du service à contacter pour tout complément d'information.
2. Type de pouvoir adjudicateur et principale activité exercée.
3. Le cas échéant, indiquer si le pouvoir adjudicateur est une centrale d'achat ou signaler tout recours à une autre forme de passation de marchés conjoints.
4. Codes CPV.
5. Description des principales caractéristiques du projet.
6. Valeur des primes.
7. Type de concours (ouvert ou restreint).
8. Critères qui ont été appliqués lors de l'évaluation des projets.
9. Date de la décision du jury.
10. Nombre de participants.
a) Nombre de participants qui sont des PME.
b) Nombre de participants de l'étranger.
11. Nom, adresse, y compris le code NUTS, numéro de téléphone, numéro de télécopieur, adresse électronique et adresse internet du ou des lauréats du concours ; indiquer s'il s'agit de petites et moyennes entreprises.
12. Préciser si le concours est lié à un projet ou un programme financé par des fonds de l'Union.
13. Date(s) et référence(s) des publications précédentes au *Journal officiel de l'Union européenne* pertinentes pour le ou les projets concernés par cet avis.
14. Date d'envoi de l'avis.
15. Toute autre information pertinente.

PARTIE G *Informations qui doivent figurer dans les avis de modification d'un marché en cours (visés à l'article 72, paragraphe 1).*

1. Nom, numéro d'identification (dans les cas où il est prévu dans la législation nationale), adresse, y compris code NUTS, numéro de téléphone, numéro de télécopieur, adresse électronique et adresse internet du pouvoir adjudicateur et, s'ils sont différents, du service à contacter pour tout complément d'information.
2. Codes CPV.
3. Code NUTS du lieu principal des travaux pour les marchés de travaux ou code NUTS du lieu principal de livraison ou d'exécution pour les marchés de fournitures et de services.
4. Description du marché avant et après modification : nature et étendue des travaux, nature et quantité ou valeur des fournitures, nature et étendue des services.
5. Le cas échéant, augmentation du prix due à la modification.
6. Description des circonstances qui ont rendu la modification nécessaire.
7. Date de la décision d'attribution du marché.
8. Le cas échéant, nom, adresse, y compris le code NUTS, numéro de téléphone, numéro de télécopieur, adresse électronique et adresse internet du ou des nouveaux opérateurs économiques.
9. Préciser si le marché est lié à un projet et/ou un programme financé par des fonds de l'Union.
10. Nom et adresse de l'organe de contrôle et de l'instance compétente pour les procédures de recours et, le cas échéant, de médiation. Précisions concernant le délai d'introduction des recours ou, le cas échéant, nom, adresse, numéro de téléphone, numéro de télécopieur et adresse électronique du service à contacter pour tout complément d'information.
11. Date(s) et référence(s) des publications précédentes au *Journal officiel de l'Union européenne* pertinentes pour le ou les marchés concernés par cet avis.
12. Date d'envoi de l'avis.
13. Toute autre information pertinente.

PARTIE H *Informations qui doivent figurer dans les avis de marchés concernant des marchés pour des services sociaux et d'autres services spécifiques (visés à l'article 75, paragraphe 1).*

1. Nom, numéro d'identification (dans les cas où il est prévu dans la législation nationale), adresse, y compris code NUTS, adresse électronique et adresse internet du pouvoir adjudicateur.
2. Code NUTS du lieu principal des travaux pour les marchés de travaux ou code NUTS du lieu principal de livraison ou d'exécution pour les marchés de fournitures et de services.
3. Brève description du marché en question comprenant le ou les codes CPV.
4. Conditions de participation, notamment :
– le cas échéant, indiquer s'il s'agit d'un marché réservé à des ateliers protégés ou dont l'exécution est réservée dans le cadre de programmes d'emplois protégés,
– le cas échéant, indiquer si, en vertu de dispositions législatives, réglementaires ou administratives, l'exécution du service est réservée à une profession déterminée.
5. Délai(s) pour contacter le pouvoir adjudicateur en vue d'une participation.
6. Brève description des principales caractéristiques de la procédure d'attribution à appliquer.

PARTIE I *Informations qui doivent figurer dans les avis de préinformation pour des services sociaux et d'autres services spécifiques (visés à l'article 75, paragraphe 1).*

1. Nom, numéro d'identification (dans les cas où il est prévu dans la législation nationale), adresse, y compris code NUTS, adresse électronique et adresse internet du pouvoir adjudicateur.
2. Brève description du marché en question comprenant la valeur totale estimée du marché et le ou les codes CPV.
3. Dans la mesure où ils sont connus :
a) code NUTS du lieu principal des travaux pour les marchés de travaux ou code NUTS du lieu principal de livraison ou d'exécution pour les marchés de fournitures et services ;
b) calendrier de la livraison ou de la fourniture des fournitures, travaux ou services et durée du marché ;
c) conditions de participation, notamment :
– le cas échéant, indiquer s'il s'agit d'un marché public réservé à des ateliers protégés ou dont l'exécution est réservée dans le cadre de programmes d'emplois protégés,
– le cas échéant, indiquer si, en vertu de dispositions législatives, réglementaires ou administratives, l'exécution du service est réservée à une profession déterminée ;
d) brève description des principales caractéristiques de la procédure d'attribution à appliquer.
4. Mentionner le fait que les opérateurs économiques intéressés doivent faire part au pouvoir adjudicateur de leur intérêt pour le ou les marchés ainsi que les dates limites de réception des manifestations d'intérêt et l'adresse à laquelle les manifestations d'intérêt doivent être envoyées.

PARTIE J *Informations qui doivent figurer dans les avis d'attribution de marchés concernant des marchés pour des services sociaux et d'autres services spécifiques (visés à l'article 75, paragraphe 2).*

1. Nom, numéro d'identification (dans les cas où il est prévu dans la législation nationale), adresse, y compris code NUTS, adresse électronique et adresse internet du pouvoir adjudicateur.
2. Brève description du marché en question comprenant le ou les codes CPV.
3. Code NUTS du lieu principal des travaux pour les marchés de travaux ou code NUTS du lieu principal de livraison ou d'exécution pour les marchés de fournitures et de services.
4. Nombre d'offres reçues.
5. Prix ou gamme des prix (maximum/minimum) payés.
6. Pour chaque attribution, nom, adresse, y compris le code NUTS, adresse électronique et adresse internet du ou des opérateurs économiques retenus.
7. Toute autre information pertinente.

ANNEXE VI

INFORMATIONS QUI DOIVENT FIGURER DANS LES DOCUMENTS DE MARCHÉ LIÉS À DES ENCHÈRES ÉLECTRONIQUES (ARTICLE 35, PARAGRAPHE 4)

Lorsque les pouvoirs adjudicateurs ont décidé de recourir à une enchère électronique, les documents de marché contiennent au moins les données suivantes :
a) les éléments dont les valeurs feront l'objet de l'enchère électronique, pour autant que ces éléments soient quantifiables de manière à être exprimés en chiffres ou en pourcentages ;
b) les limites éventuelles des valeurs qui pourront être présentées, telles qu'elles résultent des spécifications de l'objet du marché ;
c) les informations qui seront mises à la disposition des soumissionnaires au cours de l'enchère électronique et à quel moment elles seront, le cas échéant, mises à leur disposition ;
d) les informations pertinentes sur le déroulement de l'enchère électronique ;
e) les conditions dans lesquelles les soumissionnaires pourront enchérir et notamment les écarts minimaux qui, le cas échéant, seront exigés pour enchérir ;
f) les informations pertinentes sur le dispositif électronique utilisé et sur les modalités et spécifications techniques de connexion.

ANNEXE VII

Définition de certaines spécifications techniques

Aux fins de la présente directive, on entend par :

1. "spécification technique", soit :

a) lorsqu'il s'agit de marchés publics de travaux, l'ensemble des prescriptions techniques contenues notamment dans les documents de marché, définissant les caractéristiques requises d'un matériau, d'un produit ou d'une fourniture de manière telle qu'ils répondent à l'usage auquel ils sont destinés par le pouvoir adjudicateur ; ces caractéristiques comprennent les niveaux de performance environnementale et climatique, la conception pour tous les besoins (y compris l'accessibilité pour les personnes handicapées) et l'évaluation de la conformité, la propriété d'emploi, la sécurité ou les dimensions, y compris les procédures relatives à l'assurance de la qualité, la terminologie, les symboles, les essais et méthodes d'essai, l'emballage, le marquage et l'étiquetage, les instructions d'utilisation, ainsi que les processus et méthodes de production à tout stade du cycle de vie des ouvrages ; elles incluent également les règles de conception et de calcul des coûts, les conditions d'essai, de contrôle et de réception des ouvrages, ainsi que les méthodes ou techniques de construction et toutes les autres conditions de caractère technique que le pouvoir adjudicateur est à même de prescrire, par voie de réglementation générale ou particulière, en ce qui concerne les ouvrages terminés et en ce qui concerne les matériaux ou les éléments constituant ces ouvrages ;

b) lorsqu'il s'agit de marchés publics de fournitures ou de services, une spécification qui figure dans un document définissant les caractéristiques requises d'un produit ou d'un service, telles que les niveaux de qualité, les niveaux de la performance environnementale et climatique, la conception pour tous les besoins (y compris l'accessibilité pour les personnes handicapées) et l'évaluation de la conformité, la propriété d'emploi, l'utilisation du produit, la sécurité ou les dimensions, y compris les prescriptions applicables au produit en ce qui concerne le nom sous lequel il est vendu, la terminologie, les symboles, les essais et méthodes d'essais, l'emballage, le marquage et l'étiquetage, les instructions d'utilisation, les processus et méthodes de production à tout stade du cycle de vie de la fourniture ou du service, ainsi que les procédures d'évaluation de la conformité ;

2. "norme", une spécification technique adoptée par un organisme de normalisation reconnu pour application répétée ou continue, dont le respect n'est pas obligatoire et qui est l'une des normes suivantes :

a) "norme internationale" : norme qui est adoptée par un organisme international de normalisation et qui est mise à la disposition du public ;

b) "norme européenne" : norme qui est adoptée par un organisme européen de normalisation et qui est mise à la disposition du public ;

c) "norme nationale" : norme qui est adoptée par un organisme national de normalisation et qui est mise à la disposition du public ;

3. "évaluation technique européenne", une évaluation documentée de la performance d'un produit de construction en ce qui concerne ses caractéristiques essentielles, conformément au document d'évaluation européen pertinent, tel qu'il est défini à l'article 2, point 12, du règlement (UE) n° 305/2011 du Parlement européen et du Conseil *[Règl. (UE) n° 305/2011 du Parlement européen et du Conseil du 9 mars 2011 établissant des conditions harmonisées de commercialisation pour les produits de construction (JOUE L 88 du 4 avr. 2011, p. 5)]* ;

4. "spécification technique commune", une spécification technique dans le domaine des TIC élaborée conformément aux articles 13 et 14 du règlement (UE) n° 1025/2012 ;

5. "référentiel technique", tout produit élaboré par les organismes européens de normalisation, autre que les normes européennes, selon des procédures adaptées à l'évolution des besoins du marché.

ANNEXE VIII

Caractéristiques concernant la publication

1. Publication des avis.

Les avis visés aux articles 48, 49, 50, 75 et 79 sont envoyés par les pouvoirs adjudicateurs à l'Office des publications de l'Union européenne et publiés conformément aux règles ci-après.

Les avis visés aux articles 48, 49, 50, 75 et 79 sont publiés par l'Office des publications de l'Union européenne ou par les pouvoirs adjudicateurs dans le cas d'avis de préinformation publiés sur un profil d'acheteur conformément à l'article 48, paragraphe 1.

Les pouvoirs adjudicateurs peuvent, en outre, publier ces informations sur internet, sur un "profil d'acheteur" tel que visé au paragraphe 2, point b).

L'Office des publications de l'Union européenne délivre au pouvoir adjudicateur la confirmation de publication visée à l'article 51, paragraphe 5, deuxième alinéa.

2. Publication d'informations complémentaires ou additionnelles.

a) Sauf disposition contraire de l'article 53, paragraphe 1, deuxième et troisième alinéas, les pouvoirs adjudicateurs publient l'intégralité des documents de marché sur l'internet.

b) Le profil d'acheteur peut comprendre des avis de préinformation, visés à l'article 48, paragraphe 1, des informations sur les invitations à soumissionner en cours, les achats programmés, les marchés passés, les procédures annulées, ainsi que toute information générale utile, comme un point de contact, un numéro de téléphone et de télécopie, une adresse postale et une adresse électronique. Le profil d'acheteur peut également comprendre des avis de préinformation servant de moyens d'appel à la concurrence, qui sont publiés au niveau national conformément à l'article 52.

3. Format et modalités de transmission des avis par voie électronique.

Le format et les modalités de transmission des avis par voie électronique tels qu'établis par la Commission sont accessibles à l'adresse internet http://simap.europa.eu

ANNEXE IX

CONTENU DES INVITATIONS À PRÉSENTER UNE OFFRE, À PARTICIPER AU DIALOGUE OU À CONFIRMER L'INTÉRÊT PRÉVUES À L'ARTICLE 54

1. L'invitation à présenter une offre ou à participer au dialogue prévue à l'article 54 comporte au moins :

a) une référence à l'appel à la concurrence publié ;

b) la date limite de réception des offres, l'adresse à laquelle les offres doivent être transmises et la ou les langues dans lesquelles les offres doivent être rédigées ;

c) dans le cas du dialogue compétitif, la date fixée et l'adresse pour le début de la phase de consultation, ainsi que la ou les langues utilisées ;

d) une indication des documents à joindre éventuellement, soit à l'appui des déclarations vérifiables fournies par le soumissionnaire conformément aux articles 59 et 60 et, le cas échéant, à l'article 62, soit en complément des renseignements visés auxdits articles et dans les mêmes conditions que celles prévues aux articles 59, 60 et 62 ;

e) la pondération relative des critères d'attribution du marché ou, le cas échéant, l'ordre décroissant d'importance de ces critères, s'ils ne figurent pas dans l'avis de marché, dans l'invitation à confirmer l'intérêt, dans les spécifications techniques ou dans le document descriptif.

Toutefois, dans le cas de marchés attribués dans le cadre d'un dialogue compétitif ou d'un partenariat d'innovation, les renseignements visés au point b) ne figurent pas dans l'invitation à participer au dialogue ou à négocier, mais dans l'invitation à présenter une offre.

2. Lorsqu'un appel à la concurrence est effectué au moyen d'un avis de préinformation, les pouvoirs adjudicateurs invitent ultérieurement tous les candidats à confirmer leur intérêt sur la base des informations détaillées relatives au marché en question avant de commencer la sélection de soumissionnaires ou de participants à une négociation.

Ladite invitation comprend au moins les renseignements suivants :

a) nature et quantité, y compris toutes les options concernant des marchés complémentaires et, si possible, délai estimé pour l'exercice de ces options ; dans le cas de marchés renouvelables, nature et quantité, et, si possible, délai estimé de publication des avis d'appel à la concurrence ultérieurs pour les travaux, fournitures ou services devant faire l'objet du marché ;

b) type de procédure : procédure restreinte ou procédure concurrentielle avec négociation ;

c) le cas échéant, date à laquelle commencera ou s'achèvera la livraison des fournitures ou l'exécution des travaux ou des services ;

d) dans les cas où l'accès électronique ne peut être proposé, adresse et date limite pour le dépôt des demandes visant à obtenir les documents de marché ainsi que la ou les langues autorisées pour leur présentation ;

e) adresse du pouvoir adjudicateur qui doit attribuer le marché ;

f) conditions de caractère économique et technique, garanties financières et renseignements exigés des opérateurs économiques ;

g) forme du marché faisant l'objet de l'invitation à soumissionner : achat, crédit-bail, location ou location-vente, ou plusieurs de ces formes ; et

h) les critères d'attribution, ainsi que leur pondération ou, le cas échéant, l'ordre d'importance de ces critères, si ces renseignements ne figurent pas dans l'avis de préinformation ou dans les spécifications techniques ou dans l'invitation à présenter une offre ou à négocier.

ANNEXE X

LISTE DES CONVENTIONS INTERNATIONALES DANS LE DOMAINE SOCIAL ET ENVIRONNEMENTAL VISÉES À L'ARTICLE 18, PARAGRAPHE 2

— Convention n° 87 de l'OIT concernant la liberté syndicale et la protection du droit syndical,
— Convention n° 98 de l'OIT sur le droit d'organisation et de négociation collective,
— Convention n° 29 de l'OIT sur le travail forcé,

— Convention n° 105 de l'OIT sur l'abolition du travail forcé,
— Convention n° 138 de l'OIT concernant l'âge minimum d'admission à l'emploi,
— Convention n° 111 de l'OIT concernant la discrimination (emploi et profession),
— Convention n° 100 de l'OIT sur l'égalité de rémunération,
— Convention n° 182 de l'OIT sur les pires formes de travail des enfants,
— Convention de Vienne pour la protection de la couche d'ozone et son protocole de Montréal relatif à des substances qui appauvrissent la couche d'ozone,
— Convention de Bâle sur le contrôle des mouvements transfrontières de déchets dangereux et de leur élimination (convention de Bâle),
— Convention de Stockholm sur les polluants organiques persistants,
— Convention de Rotterdam du 10 septembre 1998 sur la procédure de consentement préalable en connaissance de cause applicable à certains produits chimiques et pesticides dangereux qui font l'objet du commerce international (PNUE/FAO) (Convention PIC), et ses trois protocoles régionaux.

ANNEXE XI

Registres

(Aux fins de l'article 58, paragraphe 2, on entend par "registres professionnels ou du commerce", ceux figurant dans la présente annexe et, dans la mesure où des modifications auraient été apportées au niveau national, les registres qui les auraient remplacés).

Les registres professionnels et du commerce ainsi que les déclarations et certificats correspondant pour chaque État membre sont :

[...]

— pour la France, le "Registre du commerce et des sociétés" et le "Répertoire des métiers",

[...]

ANNEXE XII

Moyens de preuve du respect des critères de sélection

Partie I *Capacité économique et financière.*

La preuve de la capacité économique et financière de l'opérateur économique peut, en règle générale, être apportée par un ou plusieurs éléments de références suivants :

a) déclarations appropriées de banques ou, le cas échéant, preuve d'une assurance des risques professionnels pertinents ;

b) la présentation d'états financiers ou d'extraits d'états financiers, dans les cas où la publication d'états financiers est prescrite par la législation du pays dans lequel l'opérateur économique est établi ;

c) déclaration concernant le chiffre d'affaires global de l'entreprise et, le cas échéant, le chiffre d'affaires du domaine d'activités faisant l'objet du marché, portant au maximum sur les trois derniers exercices disponibles en fonction de la date de création de l'entreprise ou du début d'activités de l'opérateur économique, dans la mesure où les informations sur ces chiffres d'affaires sont disponibles.

Partie II *Capacité technique.*

Les moyens de preuve attestant des capacités techniques des opérateurs économiques visées à l'article 58 sont :

a) les listes suivantes :

i) une liste des travaux exécutés au cours des cinq dernières années tout au plus, assortie de certificats de bonne exécution et de résultats pour les travaux les plus importants ; le cas échéant, afin de garantir un niveau de concurrence suffisant, les pouvoirs adjudicateurs peuvent indiquer que les éléments de preuve relatifs à des travaux exécutés il y plus de cinq ans seront pris en compte ;

ii) une liste des principales livraisons effectuées ou des principaux services fournis au cours des trois dernières années tout au plus, indiquant le montant, la date et le destinataire public ou privé. Le cas échéant, afin de garantir un niveau de concurrence suffisant, les pouvoirs adjudicateurs peuvent indiquer que les éléments de preuve relatifs à des produits ou services pertinents fournis il y a plus de trois ans seront pris en compte ;

b) l'indication des techniciens ou des organismes techniques, qu'ils soient ou non intégrés à l'entreprise de l'opérateur économique, en particulier de ceux qui sont responsables du contrôle de la qualité et, lorsqu'il s'agit de marchés publics de travaux, auquel l'entrepreneur pourra faire appel pour l'exécution de l'ouvrage ;

c) la description de l'équipement technique, des mesures employées par l'opérateur économique pour s'assurer de la qualité et des moyens d'étude et de recherche de son entreprise ;

d) l'indication des systèmes de gestion et de suivi de la chaîne d'approvisionnement que l'opérateur économique pourra mettre en œuvre lors de l'exécution du marché ;

e) lorsque les produits ou les services à fournir sont complexes ou que, à titre exceptionnel, ils doivent répondre à un but particulier, un contrôle effectué par le pouvoir adjudicateur ou, au nom de celui-ci, par un organisme officiel compétent du pays dans lequel le fournisseur ou le prestataire de services est établi, sous réserve de l'accord de cet organisme ; ce contrôle porte sur les capacités de production du fournisseur ou sur la capacité technique du prestataire de services et, si nécessaire, sur les moyens d'étude et de recherche dont il dispose ainsi que sur les mesures qu'il prendra pour contrôler la qualité ;

f) l'indication des titres d'études et professionnels du prestataire de services ou de l'entrepreneur ou des cadres de l'entreprise, à condition qu'ils ne soient pas évalués comme critère d'attribution ;

g) l'indication des mesures de gestion environnementale que l'opérateur économique pourra appliquer lors de l'exécution du marché ;

h) une déclaration indiquant les effectifs moyens annuels du prestataire de services ou de l'entrepreneur et l'importance du personnel d'encadrement pendant les trois dernières années ;

i) une déclaration indiquant l'outillage, le matériel et l'équipement technique dont le prestataire de services ou l'entrepreneur disposera pour la réalisation du marché ;

j) l'indication de la part du marché que l'opérateur économique a éventuellement l'intention de sous-traiter ;

k) en ce qui concerne les produits à fournir :

i) des échantillons, descriptions ou photographies dont l'authenticité doit être certifiée à la demande du pouvoir adjudicateur ;

ii) des certificats établis par des instituts ou services officiels chargés du contrôle de la qualité et reconnus compétents, attestant la conformité de produits bien identifiée par des références à des spécifications ou normes techniques.

ANNEXE XIII

Liste des actes juridiques de l'Union visés à l'article 68, paragraphe 3

Directive 2009/33/CE du Parlement européen et du Conseil.

ANNEXE XIV

Services visés à l'article 74

Code CPV	Désignation
75200000-8 ; 75231200-6 ; 75231240-8 ; 79611000-0 ; 79622000-0 [Services de mise à disposition de personnel d'aide à domicile] ; 79624000-4 [Services de mise à disposition de personnel infirmier] et 79625000-1 [Services de mise à disposition de personnel médical] de 85000000-9 à 85323000-9 ; 98133100-5, 98133000-4 ; 98200000-5 ; 98500000-8 [Ménages privés employant du personnel] et 98513000-2 à 98514000-9 [Services de main-d'œuvre pour les particuliers, Service de personnel intérimaire pour les particuliers, Services de personnel de bureau pour les particuliers, Services de personnel temporaire pour les particuliers, Services d'aide à domicile et Services domestiques]	Services sanitaires, sociaux et connexes
85321000-5 et 85322000-2, 75000000-6 [Services de l'administration publique, de la défense et de la sécurité sociale], 75121000-0, 75122000-7, 75124000-1 ; de 79995000-5 à 79995200-7 ; de 80000000-4 [Services d'enseignement et de formation] à 80660000-8 ; de 92000000-1 à 92700000-8 79950000-8 [Services d'organisation d'expositions, de foires et de congrès], 79951000-5 [Services d'organisation de séminaires], 79952000-2 [Services d'organisation d'événements], 79952100-3 [Services d'organisation d'événements culturels], 79953000-9 [Services d'organisation de festivals], 79954000-6 [Services d'organisation de fêtes], 79955000-3 [Services d'organisation de défilés de mode], 79956000-0 [Services d'organisation de foires et d'expositions]	Services administratifs, sociaux, éducatifs et culturels et soins de santé

Code CPV	Désignation
75300000-9	Services de sécurité sociale obligatoire (1)
75310000-2, 75311000-9, 75312000-6, 75313000-3, 75313100-4, 75314000-0, 75320000-5, 75330000-8, 75340000-1	Services de prestations
98000000-3 ; 98120000-0 ; 98132000-7 ; 98133110-8 et 98130000-3	Autres services communautaires, sociaux et personnels y compris services fournis par les syndicats, les organisations politiques, les associations de jeunes et autres services des organisations associatives
98131000-0	Services religieux
55100000-1 à 55410000-7 ; 55521000-8 à 55521200-0 ; [55521000-8 Service traiteur pour ménages], 55521100-9 [Services de repas livrés à domicile], 55521200-0 [Services de livraison de repas] 55520000-1 [Services traiteur], 55522000-5 [Service traiteur pour entreprises de transport], 55523000-2 [Services traiteur pour autres entreprises ou autres institutions], 55524000-9 [Service traiteur pour écoles], 55510000-8 [Services de cantine], 55511000-5 [Services de cantine et autres services de cafétéria pour clientèle restreinte], 55512000-2 [Services de gestion de cantine], 55523100-3 [Services de restauration scolaire]	Services d'hôtellerie et de restauration
79100000-5 à 79140000-7 ; 75231100-5	Services juridiques dans la mesure où ils ne sont pas exclus en vertu de l'article 10, point d)
75100000-7 à 75120000-3 ; 75123000-4 ; 75125000-8 à 75131000-3	Autres services administratifs et publics
75200000-8 à 75231000-4	Prestations de services pour la collectivité
75231210-9 à 75231230-5 ; 75240000-0 à 75252000-7 ; 794300000-7 ; 98113100-9	Services liés à l'administration pénitentiaire, services de sécurité publique et de secours, dans la mesure où ils ne sont pas exclus en vertu de l'article 10, point h)
79700000-1 à 79721000-4 [Services d'enquête et de sécurité, Services de sécurité, Services de surveillance d'installations d'alarme, Services de gardiennage, Services de surveillance, Services de localisation, Services de recherche de fugitifs, Services de patrouille, Services de fourniture de badges d'identification, Services d'enquêtes et Services d'agences de détectives][,] 79722000-1 [Services de graphologie], 79723000-8 [Services d'analyse des déchets]	Services d'enquête et de sécurité
98900000-2 [Services prestés par des organisations et des organismes extra-territoriaux] et 98910000-5 [Services spécifiques aux organisations et aux organismes internationaux]	Services internationaux

Code CPV	Désignation
64000000-6 [Services des postes et télécommunications], 64100000-7 [Services postaux et services de courrier], 64110000-0 [Services postaux], 64111000-7 [Services postaux relatifs aux journaux et aux périodiques], 64112000-4 [Services postaux relatifs aux lettres], 64113000-1 [Services postaux relatifs aux colis], 64114000-8 [Services de guichets de bureaux de poste], 64115000-5 [Location de boîtes aux lettres], 64116000-2 [Services de poste restante], 64122000-7 [Services de courrier et de messagerie interne des administrations]	Services postaux
50116510-9 [Services de rechapage de pneus], 71550000-8 [Services de travaux de forge]	Services divers
(1) Ces services ne relèvent pas de la présente directive lorsqu'ils sont organisés comme des services non économiques d'intérêt général. Les États membres ont la faculté d'organiser la fourniture de services sociaux obligatoires ou d'autres services tels que des services d'intérêt général ou des services non économiques d'intérêt général.	

ANNEXE XV

Tableau de correspondance

Présente directive	Directive 2004/18/CE
article 1er, paragraphes 1, 2 4, 5 et 6	—
article 1er, paragraphe 3	article 10
article 2, paragraphe 1, point 1)	article 1er, paragraphe 9, premier alinéa
article 2, paragraphe 1, point 2)	article 7, point a)
article 2, paragraphe 1, point 3)	—
article 2, paragraphe 1, point 4) a)	article 1er, paragraphe 9, deuxième alinéa, point a)
article 2, paragraphe 1, point 4) b)	article 1er, paragraphe 9, deuxième alinéa, point b)
article 2, paragraphe 1, point 4) c)	article 1er, paragraphe 9, deuxième alinéa, point c)
article 2, paragraphe 1, point 5)	article 1er, paragraphe 2, point a)
article 2, paragraphe 1, point 6)	article 1er, paragraphe 2, point b), première phrase
article 2, paragraphe 1, point 7)	article 1er, paragraphe 2, point b), deuxième phrase
article 2, paragraphe 1, point 8)	article 1er, paragraphe 2, point c)

Présente directive	Directive 2004/18/CE
article 2, paragraphe 1, point 9)	article 1er, paragraphe 2, point d)
article 2, paragraphe 1, point 10)	article 1er, paragraphe 8, deuxième alinéa
article 2, paragraphe 1, point 11)	article 1er, paragraphe 8, troisième alinéa
article 2, paragraphe 1, point 12)	article 1er, paragraphe 8, troisième alinéa
article 2, paragraphe 1, point 13)	article 23, paragraphe 1
article 2, paragraphe 1, point 14)	article 1er, paragraphe 10
article 2, paragraphe 1, point 15)	—
article 2, paragraphe 1, point 16)	article 1er, paragraphe 10
article 2, paragraphe 1, point 17)	—
article 2, paragraphe 1, point 18)	article 1er, paragraphe 12
article 2, paragraphe 1, point 19)	article 1er, paragraphe 13
article 2, paragraphe 1, point 20)	—
article 2, paragraphe 1, point 21)	article 1er, paragraphe 11, point e)
article 2, paragraphe 1, point 22)	—
article 2, paragraphe 1, point 23)	—
article 2, paragraphe 1, point 24)	—
article 2, paragraphe 2	—
article 3, paragraphe 1	—
article 3, paragraphe 2, premier alinéa	—
article 3, paragraphe 2, deuxième alinéa	article 22 ; article 1er, paragraphe 2, point d)
article 3, paragraphe 3	—
article 3, paragraphe 4	—

Présente directive	Directive 2004/18/CE
article 3, paragraphe 5	—
article 3, paragraphe 6	—
Article 4	articles 7 et 67
article 5, paragraphe 1	article 9, paragraphe 1
article 5, paragraphe 2	—
article 5, paragraphe 3	article 9, paragraphe 3 ; article 9, paragraphe 7, deuxième alinéa
article 5, paragraphe 4	article 9, paragraphe 2
article 5, paragraphe 5	article 9, paragraphe 9
article 5, paragraphe 6	—
article 5, paragraphe 7	article 9, paragraphe 4
article 5, paragraphe 8	article 9, paragraphe 5, point a), premier alinéa
article 5, paragraphe 9	article 9, paragraphe 5, point b), premier et deuxième alinéas
article 5, paragraphe 10	article 9, paragraphe 5, point a), troisième alinéa article 9, paragraphe 5, point b), troisième alinéa
article 5, paragraphe 11	article 9, paragraphe 7
article 5, paragraphe 12	article 9, paragraphe 6
article 5, paragraphe 13	article 9, paragraphe 8, point a)
article 5, paragraphe 14	article 9, paragraphe 8, point b)
article 6, paragraphes 1 à 6	article 78 ; article 79, paragraphe 2, point a)
article 6, paragraphe 7	article 79, point 2), point d)
Article 7	article 12, article 68, point a)
article 8, premier alinéa	article 13, article 68, point b)
article 8, deuxième alinéa	article 1er, paragraphe 15
Article 9	article 15, article 68, point b)
article 10, point a)	article 16, point a)
article 10, point b)	article 16, point b)
article 10, point c)	article 16, point c)
article 10, point d)	—
article 10, point e)	article 16, point d)
article 10, point f)	—
article 10, point g)	article 16, point e)
article 10, point h)	—

Présente directive	Directive 2004/18/CE
article 10, point i)	—
article 10, point j)	—
Article 11	article 18
Article 12	—
article 13, premier alinéa	article 8, premier alinéa
article 13, deuxième alinéa	article 8, deuxième alinéa
article 14	article 16, point f)
article 15, paragraphes 1 et 2	article 10 ; article 14 ; article 68, point b)
article 15, paragraphe 3	article 14 ; article 68, point b)
Article 16	—
article 17, paragraphe 1	article 10, deuxième alinéa ; article 12 de la directive 2009/81/EC*[CE]*
article 17, paragraphe 2	—
article 18, paragraphe 1	article 2
article 18, paragraphe 2	—
article 19, paragraphe 1	article 4, paragraphe 1
article 19, paragraphes 2 et 3	article 4, paragraphe 2
article 20, paragraphe 1	article 19
article 20, paragraphe 2	article 19, deuxième alinéa
article 21, paragraphe 1	article 6
article 21, paragraphe 2	—
article 22, paragraphe 1	article 42, paragraphes 1, 2 et 4 ; article 71, paragraphe 1
article 22, paragraphe 2	—
article 22, paragraphe 3	article 42, paragraphe 3 ; article 71, paragraphe 2
article 22, paragraphe 4	—
article 22, paragraphe 5	—
article 22, paragraphe 6	article 42, paragraphes 5 et 6 ; article 71, paragraphe 3
article 22, paragraphe 7, premier alinéa	article 79, paragraphe 2, point g)
article 22, paragraphe 7, deuxième et troisième alinéas	—
article 23, paragraphe 1	article 1er, paragraphe 14, premier alinéa
article 23, paragraphe 2	article 79, paragraphe 2, points e) et f)

Présente directive	Directive 2004/18/CE
Article 24	—
Article 25	article 5
article 26, paragraphe 1	article 28, premier alinéa
article 26, paragraphe 2	article 28, deuxième alinéa
article 26, paragraphe 3	—
article 26, paragraphe 4	article 28, deuxième alinéa ; article 30, paragraphe 1
article 26, paragraphe 5, premier alinéa	article 35, paragraphe 2
article 26, paragraphe 5, deuxième alinéa	—
article 26, paragraphe 6	article 28, deuxième alinéa
article 27, paragraphe 1, premier alinéa	article 1er, paragraphe 11, point a)
article 27, paragraphe 1, deuxième et troisième alinéas	article 38, paragraphe 2
article 27, paragraphe 2	article 38, paragraphe 4
article 27, paragraphe 3	—
article 27, paragraphe 4	—
article 28, paragraphe 1	article 38, paragraphe 3, point a) ; article 1er, paragraphe 11, point b)
article 28, paragraphe 2	article 1er, paragraphe 11, point b) ; article 38, paragraphe 3, point b) ; article 44, paragraphe 3, première phrase
article 28, paragraphe 3	article 38, paragraphe 4
article 28, paragraphe 4	—
article 28, paragraphe 5	—
article 28, paragraphe 6	article 38, paragraphe 8
article 29, paragraphe 1, premier alinéa	article 1er, paragraphe 11, point d)
article 29, paragraphe 1, deuxième et troisième alinéas	—
article 29, paragraphe 1, quatrième alinéa	article 38, paragraphe 3, points a) et b)
article 29, paragraphe 2	article 1er, paragraphe 11, point d) ; article 44, paragraphe 3, première phrase
article 29, paragraphe 3	article 30, paragraphe 2
article 29, paragraphe 4	—

Présente directive	Directive 2004/18/CE
article 29, paragraphe 5	article 30, paragraphe 3
article 29, paragraphe 6	article 30, paragraphe 4
article 29, paragraphe 7	article 30, paragraphe 2
article 30, paragraphe 1	article 1er, paragraphe 11, point c) ; article 38, paragraphe 3 ; article 44, paragraphe 3, première phrase
article 30, paragraphe 2	article 29, paragraphes 2 et 7
article 30, paragraphe 3	article 29, paragraphe 3
article 30, paragraphe 4	article 29, paragraphe 4
article 30, paragraphe 5	article 29, paragraphe 5
article 30, paragraphe 6	article 29, paragraphe 6
article 30, paragraphe 7	article 29, paragraphe 7
article 30, paragraphe 8	article 29, paragraphe 8
article 31	—
article 32, paragraphe 1	article 31, première phrase
article 32, paragraphe 2, point a)	article 31, point 1) a)
article 32, paragraphe 2, point b)	article 31, point 1) b)
article 32, paragraphe 2, point c)	article 31, point 1) c)
article 32, paragraphe 3, point a)	article 31, point 2) a)
article 32, paragraphe 3, point b)	article 31, point 2) b)
article 32, paragraphe 3, point c)	article 31, point 2) c)
article 32, paragraphe 3, point d)	article 31, point 2) d)
article 32, paragraphe 4	article 31, point 3)
article 32, paragraphe 5	article 31, point 4) b)
article 33, paragraphe 1	article 32, paragraphe 1 ; article 1er, paragraphe 5 ; article 32, paragraphe 2, premier et quatrième alinéas
article 33, paragraphe 2	article 32, paragraphe 2, deuxième et troisième alinéas
article 33, paragraphe 3	article 32, paragraphe 3
article 33, paragraphe 4	article 32, paragraphe 4
article 33, paragraphe 5	article 32, paragraphe 4

Présente directive	Directive 2004/18/CE
article 34, paragraphe 1	article 33, paragraphe 1 ; article 1er, paragraphe 6
article 34, paragraphe 2	article 33, paragraphe 2
article 34, paragraphe 3	article 33, paragraphe 2 à la fin
article 34, paragraphe 4	article 33, paragraphe 3
article 34, paragraphe 5	article 33, paragraphe 4
article 34, paragraphe 6	article 33, paragraphe 6
article 34, paragraphe 7	—
article 34, paragraphe 8	—
article 34, paragraphe 9	article 33, paragraphe 7, troisième alinéa
article 35, paragraphe 1, premier alinéa	article 54, paragraphe 1
article 35, paragraphe 1, deuxième et troisième alinéas	article 1er, paragraphe 7
article 35, paragraphe 2	article 54, paragraphe 2, premier et deuxième alinéas
article 35, paragraphe 3	article 54, paragraphe 2, troisième alinéa
article 35, paragraphe 4	article 54, paragraphe 3
article 35, paragraphe 5	article 54, paragraphe 4
article 35, paragraphe 6	article 54, paragraphe 5
article 35, paragraphe 7	article 54, paragraphe 6
article 35, paragraphe 8	article 54, paragraphe 7
article 35, paragraphe 9	article 54, paragraphe 8, premier alinéa
article 36	—
article 37, paragraphe 1	article 11, paragraphe 1
article 37, paragraphe 2	article 11, paragraphe 2
article 37, paragraphe 3	—
article 37, paragraphe 4	article 11, paragraphe 2
article 38	—
article 39	—
article 40	considérant 8
article 41	—
article 42, paragraphe 1	article 23, paragraphe 1
article 42, paragraphe 2	article 23, paragraphe 2
article 42, paragraphe 3	article 23, paragraphe 3

Présente directive	Directive 2004/18/CE
article 42, paragraphe 4	article 23, paragraphe 8
article 42, paragraphe 5	article 23, paragraphe 4, premier alinéa
article 42, paragraphe 6	article 23, paragraphe 5, premier et deuxième alinéas
article 43, paragraphe 1	article 23, paragraphe 6
article 43, paragraphe 2	article 23, paragraphe 6, premier tiret
article 44, paragraphe 1	article 23, paragraphe 4, deuxième alinéa, paragraphe 5, deuxième et troisième alinéas, paragraphe 6, deuxième alinéa, et paragraphe 7
article 44, paragraphe 2	article 23, paragraphe 4, premier alinéa, paragraphe 5, premier alinéa, et paragraphe 6, premier alinéa
article 44, paragraphe 3	—
article 45, paragraphe 1	article 24, paragraphes 1 et 2
article 45, paragraphe 2	article 24, paragraphe 3
article 45, paragraphe 3	article 24, paragraphe 4
article 46	—
article 47, paragraphe 1	article 38, paragraphe 1
article 47, paragraphe 2	article 38, paragraphe 7
article 47, paragraphe 3	article 38, paragraphe 7
article 48, paragraphe 1	article 35, paragraphe 1 ; article 36, paragraphe 1
article 48, paragraphe 2	—
article 49	article 35, paragraphe 2 ; article 36, paragraphe 1
article 50, paragraphes 1 à 3	article 35, paragraphe 4, du premier au troisième alinéa ; article 36, paragraphe 1
article 50, paragraphe 4	article 35, paragraphe 4, cinquième alinéa
article 51, paragraphe 1	article 36, paragraphe 1 ; article 79, paragraphe 1, point a)
article. 51, paragraphe 2	article 36, paragraphe 2
article 51, paragraphe 2	article 36, paragraphe 3 et paragraphe 4, deuxième alinéa
article 51, paragraphe 3	article 36, paragraphe 4, premier alinéa
article 51, paragraphe 4	—
article 51, paragraphe 5, premier alinéa	article 36, paragraphe 7
article 51, paragraphe 5, deuxième alinéa	article 36, paragraphe 8
article 51, paragraphe 6	article 37
article 52, paragraphe 1	article 36, paragraphe 5, premier alinéa

Présente directive	Directive 2004/18/CE
article 52, paragraphes 2 et 3	article 36, paragraphe 5, deuxième et troisième alinéas
article 53, paragraphe 1	article 38, paragraphe 6
article 53, paragraphe 2	article 39, paragraphe 2
article 54, paragraphe 1	article 40, paragraphe 1
article 54, paragraphe 2	article 40, paragraphe 2
article 55, paragraphe 1	article 41, paragraphe 1
article 55, paragraphe 2	article 41, paragraphe 2
article 55, paragraphe 3	article 41, paragraphe 3
article 56, paragraphe 1, premier alinéa	article 44, paragraphe 1
article 56, paragraphe 1, deuxième alinéa	—
article 56, paragraphe 2	—
article 56, paragraphe 3	—
article 56, paragraphe 4	—
article 57, paragraphe 1	article 45, paragraphe 1
article 57, paragraphe 2	article 45, paragraphe 2, points e) et f)
article 57, paragraphe 3	article 45, paragraphe 1, deuxième alinéa
article 57, paragraphe 4	article 45, paragraphe 2
article 57, paragraphe 5	—
article 57, paragraphe 6	—
article 57, paragraphe 7	article 45, paragraphe 1, deuxième alinéa, et paragraphe 2, deuxième alinéa
article 58, paragraphe 1	article 44, paragraphe 1 et paragraphe 2, premier et deuxième alinéas
article 58, paragraphe 2	article 46
article 58, paragraphe 3	article 47
article 58, paragraphe 4	article 48
article 58, paragraphe 5	article 44, paragraphe 2
article 59	—
article 60, paragraphe 1	article 47, paragraphes 4 et 5 ; article 48, paragraphe 6
article 60, paragraphe 2	article 45, paragraphe 3
article 60, paragraphes 3 et 4	article 47, paragraphes 1 et 5, article 48, paragraphe 2
article 60, paragraphe 5	—

Présente directive	Directive 2004/18/CE
article 61	—
article 62, paragraphe 1	article 49
article 62, paragraphe 2	article 50
article 62, paragraphe 3	—
article 63, paragraphe 1	article 47, paragraphes 2 et 3 ; article 48, paragraphes 3 et 4
article 63, paragraphe 2	—
article 64, paragraphe 1	article 52, paragraphe 1 ; article 52, paragraphe 7
article 64, paragraphe 2, premier alinéa	article 52, paragraphe 1, deuxième alinéa
article 64, paragraphe 2, deuxième alinéa	article 52, paragraphe 1, troisième alinéa
article 64, paragraphe 3	article 52, paragraphe 2
article 64, paragraphe 4	article 52, paragraphe 3
article 64, paragraphe 5, premier alinéa	article 52, paragraphe 4, premier alinéa
article 64, paragraphe 5, deuxième alinéa	article 52, paragraphe 4, deuxième alinéa
article 64, paragraphe 6, premier alinéa	article 52, paragraphe 5, premier alinéa
article 64, paragraphe 6, deuxième alinéa	article 52, paragraphe 6
article 64, paragraphe 7	article 52, paragraphe 5, deuxième alinéa
article 64, paragraphe 8	—
article 65	article 44, paragraphe 3
article 66	article 44, paragraphe 4
article 67, paragraphe 1	article 53, paragraphe 1
article 67, paragraphe 2	article 53, paragraphe 1
article 67, paragraphe 3	—
article 67, paragraphe 4	considérant 1 ; considérant 46, troisième alinéa
article 67, paragraphe 5	article 53, paragraphe 2
article 68	—
article 69, paragraphe 1	article 55, paragraphe 1
article 69, paragraphe 2, point a)	article 55, paragraphe 1, deuxième alinéa, point a)
article 69, paragraphe 2, point b)	article 55, paragraphe 1, deuxième alinéa, point b)

Présente directive	Directive 2004/18/CE
article 69, paragraphe 2, point c)	article 55, paragraphe 1, deuxième alinéa, point c)
article 69, paragraphe 2, point d)	article 55, paragraphe 1, deuxième alinéa, point d)
article 69, paragraphe 2, point e)	—
article 69, paragraphe 2, point f)	article 55, paragraphe 1, deuxième alinéa, point e)
article 69, paragraphe 3, premier alinéa	article 55, paragraphe 2
article 69, paragraphe 3, deuxième alinéa	—
article 69, paragraphe 4	article 55, paragraphe 3
article 69, paragraphe 5	—
article 70	article 26
article 71, paragraphe 1	—
article 71, paragraphe 2	article 25, premier alinéa
article 71, paragraphe 3	—
article 71, paragraphe 4	article 25, deuxième alinéa
article 71, paragraphes 5 à 8	—
article 72	—
article 73	—
article 74	—
article 75	—
article 76	—
article 77	—
article 78	article 67, paragraphe 2
article 79, paragraphes 1 et 2	article 69, paragraphes 1 et 2
article 79, paragraphe 3	article 70, paragraphe 1 ; article 79, paragraphe 1, point a)
article 80, paragraphe 1	—
article 80, paragraphe 2	article 66, paragraphe 2
article 80, paragraphe 3	article 72
article 81	article 73
article 82	article 74
article 83, paragraphe 1	article 81, premier alinéa

Présente directive	Directive 2004/18/CE
article 83, paragraphes 2 à 6	—
article 84	article 43
article 85	—
article 86	—
article 87	article 77, paragraphes 3 et 4
article 88	article 77, paragraphe 5
article 89, paragraphes 1 et 2	article 77, paragraphes 1 et 2
article 89, paragraphe 3	—
article 90, paragraphe 1	article 80, paragraphe 1, premier alinéa
article 90, paragraphes 2 à 5	—
article 90, paragraphe 6	article 80, paragraphe 1, deuxième alinéa
article 91	article 82
article 92	—
article 93	article 83
article 94	article 84
annexe I	annexe IV
annexe II	annexe I
annexe III	annexe V
—	annexe III
annexe IV, points a) à f)	annexe X, points b) à h)
annexe IV, point g)	—
annexe V, partie A	annexe VII, partie A
annexe V, partie B, chapitre I	annexe VII, partie A
annexe V, partie B, chapitre II	—
annexe V, partie C	annexe VII, partie A
annexe V, partie D	annexe VII, partie A
annexe V, partie E	annexe VII, partie D
annexe V, partie F	annexe VII, partie D
annexe V, partie G	—
annexe V, partie H	—
annexe V, partie I	—
annexe V, partie J	—

Présente directive	Directive 2004/18/CE
annexe VI	article 54, paragraphe 3, points a) à f)
annexe VII	annexe VI
annexe VIII	annexe VIII
annexe IX, paragraphe 1	article 40, paragraphe 5
annexe IX, paragraphe 2	—
annexe X	—
annexe XI	annexe IX, parties A, B et C
annexe XII, partie 1	article 47, paragraphe 1
annexe XII, partie 2	article 48, paragraphe 2
annexe XIII	—
annexe XIV	annexe II
annexe XV	annexe XII

Directive 2014/25/UE du Parlement européen et du Conseil du 26 février 2014,

Relative à la passation de marchés par des entités opérant dans les secteurs de l'eau, de l'énergie, des transports et des services postaux et abrogeant la directive 2004/17/CE (JOUE n° L 94 du 28 mars 2014).

Nota : *en vigueur le 17 avr. 2014.*

Considérant ce qui suit :

(1) A la lumière des résultats du document de travail des services de la Commission du 27 juin 2011 intitulé « rapport d'évaluation : incidence et efficacité de la législation de l'Union en matière de marchés publics », il semble approprié de maintenir des règles applicables aux procédures de passation de marchés par les entités opérant dans les secteurs de l'eau, de l'énergie, des transports et des services postaux, étant donné que les autorités nationales restent en mesure d'influencer le comportement de ces entités, notamment par des participations dans leur capital ou une représentation dans leurs organes d'administration, de gestion ou de surveillance. Une autre raison de continuer à réglementer les marchés dans ces secteurs est le caractère fermé des marchés sur lesquels les entités de ces secteurs opèrent, cette fermeture étant due à l'octroi par les États membres de droits spéciaux ou exclusifs pour l'approvisionnement, la mise à disposition ou l'exploitation de réseaux fournissant le service concerné.

(2) En vue de garantir l'ouverture à la concurrence des marchés passés par les entités opérant dans les secteurs de l'eau, de l'énergie, des transports et des services postaux, il convient d'élaborer des dispositions pour coordonner les procédures de passation des marchés lorsque ceux-ci dépassent une certaine valeur. Cette coordination est nécessaire pour mettre en œuvre les principes du traité sur le fonctionnement de l'Union européenne et notamment la libre circulation des marchandises, la liberté d'établissement et la libre prestation de services, ainsi que les principes qui en découlent comme l'égalité de traitement, la non-discrimination, la reconnaissance mutuelle, la proportionnalité et la transparence. Compte tenu de la nature des secteurs concernés, la coordination des procédures de passation des marchés au niveau de l'Union devrait, tout en sauvegardant l'application des principes en question, créer un cadre pour des pratiques commerciales loyales et permettre un maximum de flexibilité.

(3) En ce qui concerne les marchés dont la valeur est inférieure au seuil déclenchant l'application des dispositions sur la coordination au niveau de l'Union, il convient de rappe-

ler la jurisprudence de la Cour de justice de l'Union européenne concernant l'application correcte des règles et principes du traité sur le fonctionnement de l'Union européenne.

(4) Les marchés publics jouent un rôle essentiel dans la stratégie Europe 2020, exposée dans la communication de la Commission du 3 mars 2010 intitulée « Europe 2020, une stratégie pour une croissance intelligente, durable et inclusive » (ci-après dénommée « stratégie Europe 2020 pour une croissance intelligente, durable et inclusive »), dans la mesure où ils constituent l'un des instruments de marché à utiliser pour parvenir à une croissance intelligente, durable et inclusive tout en garantissant une utilisation optimale des fonds publics. A cette fin, les règles de passation des marchés publics adoptées en application de la directive 2004/17/CE du Parlement européen et du Conseil *[Dir. 2004/17/CE du Parlement européen et du Conseil du 31 mars 2004 portant coordination des procédures de passation des marchés dans les secteurs de l'eau, de l'énergie, des transports et des services postaux (JO L 134 du 30 avr. 2004, p. 1)]*, ainsi que de la directive 2004/18/CE du Parlement européen et du Conseil *[Dir. 2004/18/CE du Parlement européen et du Conseil du 31 mars 2004 relative à la coordination des procédures de passation des marchés publics de travaux, de fournitures et de services (JO L 134 du 30 avr. 2004, p. 114)]*, devraient être révisées et modernisées pour accroître l'efficacité des dépenses publiques, en facilitant notamment la participation des petites et moyennes entreprises (PME) aux marchés publics, et pour permettre aux acheteurs de mieux utiliser l'instrument des marchés publics au service d'objectifs sociétaux communs. Il est également nécessaire d'éclaircir certains concepts et notions fondamentaux afin de garantir une sécurité juridique accrue et d'intégrer certains aspects de la jurisprudence bien établie de la Cour de justice de l'Union européenne.

(5) Lors de la mise en œuvre de la présente directive, il convient de tenir compte de la convention des Nations unies relative aux droits des personnes handicapées *[Approuvée par la Décis. 2010/48/CE du Conseil du 26 nov. 2009 concernant la conclusion, par la Communauté européenne, de la convention des Nations unies relative aux droits des personnes handicapées (JO L 23 du 27 janv. 2010, p. 35)]*, notamment en ce qui concerne le choix des moyens de communication, les spécifications techniques, les critères d'attribution et les conditions d'exécution du marché.

(6) Il convient que la notion de passation de marché soit aussi proche que possible de celle appliquée conformément à la directive 2014/24/UE du Parlement européen et du Conseil *[Dir. 2014/24/UE du Parlement européen et du Conseil du 26 févr. 2014 sur la passation des marchés publics et abrogeant la directive 2004/18/CE (V. p. 65 du présent Journal officiel)]*, en tenant dûment compte des spécificités des secteurs couverts par la présente directive.

(7) Il convient de rappeler que rien dans la présente directive ne fait obligation aux États membres de confier à des tiers ou d'externaliser la fourniture de services qu'ils souhaitent fournir eux-mêmes ou organiser autrement que par la passation d'un marché au sens de la présente directive. La prestation de services fondée sur la législation, la réglementation ou des contrats d'emploi ne devrait pas être concernée. Dans certains États membres, cela pourrait par exemple être le cas pour la fourniture de certains services à la collectivité, comme la fourniture d'eau potable.

(8) Il convient également de rappeler que la présente directive ne devrait pas affecter la législation des États membres en matière de sécurité sociale. Elle ne devrait pas non plus traiter de la libéralisation des services d'intérêt économique général, réservés à des organismes publics ou privés, ni de la privatisation d'organismes publics prestataires de services.

Il convient également de rappeler que les États membres sont libres d'organiser la fourniture de services sociaux obligatoires ou d'autres services, tels que les services postaux, soit en tant que services d'intérêt économique général soit en tant que services d'intérêt général non économiques, ou une combinaison des deux. Il y a lieu de préciser que les services d'intérêt général non économiques ne devraient pas relever du champ d'application de la présente directive.

(9) Enfin, il convient de rappeler que la présente directive est sans préjudice de la liberté des autorités nationales, régionales et locales de définir, conformément au droit de l'Union, des services d'intérêt économique général, leur champ d'application et les caractéristiques des services à fournir, et notamment toute condition relative à leur qualité, afin d'assurer la poursuite de leurs objectifs de politique publique. La présente directive devrait également s'entendre sans préjudice de la compétence des autorités nationales, régionales et locales de fournir, de faire exécuter et de financer des services d'intérêt économique général, conformément à l'article 14 du traité sur le fonctionnement de l'Union européenne et au protocole n° 26 sur les services d'intérêt général, annexé au traité sur le fonctionnement de l'Union européenne et au traité sur l'Union européenne. En outre, la présente directive ne

traite pas du financement des services d'intérêt économique général ni les *[des]* systèmes d'aides accordées par les États membres, en particulier dans le domaine social, conformément aux règles de l'Union sur la concurrence.

(10) Un marché ne devrait être considéré comme un marché de travaux que si son objet vise spécifiquement à réaliser les activités visées à l'annexe I, même si le marché porte sur la fourniture d'autres services nécessaires à la réalisation de ces activités. Les marchés de services, notamment dans le domaine des services de gestion immobilière, peuvent, dans certains cas, inclure des travaux. Toutefois, dans la mesure où ces travaux sont accessoires à l'objet principal du marché et en constituent une conséquence éventuelle ou un complément, le fait qu'ils soient inclus dans le marché ne justifie pas que le marché de services soit qualifié de marché de travaux.

Cependant, eu égard à la diversité des marchés de travaux, il convient que les entités adjudicatrices puissent prévoir tant la passation séparée que la passation conjointe de marchés pour la conception et l'exécution des travaux. La présente directive ne vise pas à prescrire une passation séparée ou conjointe.

(11) La réalisation d'un ouvrage correspondant aux exigences définies par une entité adjudicatrice requiert que l'entité en question prenne des mesures afin de définir la nature de l'ouvrage ou, à tout le moins, d'exercer une influence décisive sur sa conception. Le fait que le contractant réalise tout ou partie de l'ouvrage par ses propres moyens ou qu'il en assure la réalisation par d'autres moyens ne devrait pas avoir d'incidence sur la qualification du marché en tant que marché de travaux, tant que le contractant a l'obligation directe ou indirecte, légalement exécutoire, de garantir la réalisation des travaux.

(12) Les notions de « pouvoirs adjudicateurs » et, en particulier, celle d'« organismes de droit public » ont fait, à plusieurs reprises, l'objet d'un examen dans la jurisprudence de la Cour de justice de l'Union européenne. Afin d'indiquer clairement que le champ d'application *ratione personae* de la présente directive devrait demeurer inchangé, il convient de conserver la définition sur laquelle la Cour s'est fondée et d'introduire un certain nombre de clarifications apportées par ladite jurisprudence pour une meilleure compréhension des définitions elles-mêmes sans modifier le concept tel qu'il a été élaboré par la jurisprudence.

A cette fin, il faudrait préciser qu'un organisme qui opère dans des conditions normales de marché, poursuit un but lucratif et supporte les pertes liées à l'exercice de son activité, ne devrait pas être considéré comme un « organisme de droit public », étant donné que les besoins d'intérêt général pour la satisfaction desquels il a été créé ou qu'il a été chargé de satisfaire peuvent être réputés avoir un caractère industriel ou commercial. De même, la condition liée à l'origine du financement de l'organisme considéré a également été examinée par la jurisprudence, qui a précisé notamment que la notion de « financement majoritaire » signifie un financement pour plus de la moitié, qui peut comprendre des paiements provenant d'usagers qui sont imposés, calculés et recouvrés conformément aux règles de droit public.

(13) Dans le cas de marchés mixtes, les règles applicables devraient être établies eu égard à l'objet principal du marché lorsque les différentes parties qui le composent ne sont objectivement pas séparables. Il convient dès lors de préciser la manière dont les entités adjudicatrices devraient déterminer si les différentes parties sont séparables ou non. Cette précision devrait se fonder sur la jurisprudence pertinente de la Cour de justice de l'Union européenne. L'appréciation du caractère séparable ou non des différentes parties devrait être faite au cas par cas, les intentions exprimées ou présumées de l'entité adjudicatrice de considérer les différents aspects d'un marché mixte comme indivisibles ne devant pas suffire, mais devant être corroborées par des éléments de preuve objectifs de nature à les justifier et à établir la nécessité de conclure un marché unique. Ce besoin justifié de conclure un marché unique pourrait, par exemple, exister dans le cas de la construction d'un seul et même bâtiment dont l'une des parties serait destinée à être utilisée directement par l'entité adjudicatrice concernée et l'autre à être exploitée sur la base d'une concession par exemple pour offrir des emplacements de stationnement au public. Il convient de préciser que la nécessité de conclure un marché unique peut être due à des raisons tant techniques qu'économiques.

(14) Dans le cas des marchés mixtes, qui peuvent être subdivisés, les entités adjudicatrices sont toujours libres d'attribuer des marchés distincts pour les différentes parties du marché mixte, auquel cas les dispositions applicables à chaque partie distincte devraient être établies exclusivement eu égard aux spécificités du marché en question. Cela étant, lorsque les entités adjudicatrices décident d'inclure d'autres éléments au marché, quelle qu'en soit la valeur ou quel que soit le régime juridique dont les éléments ajoutés auraient autrement relevé, le

principe directeur devrait être que, lorsqu'un marché attribué indépendamment devrait être passé conformément aux dispositions de la présente directive*[,]* alors il convient que celle-ci continue de s'appliquer au marché mixte dans son ensemble.

(15) Il convient toutefois de prendre des dispositions particulières pour les marchés mixtes comportant des aspects ayant trait à la défense ou à la sécurité ou dont certaines parties ne relèvent pas du champ d'application du traité sur le fonctionnement de l'Union européenne. Dans ces cas, il devrait être possible de ne pas appliquer la présente directive, à condition que la passation d'un marché unique se justifie pour des raisons objectives et que la décision d'attribuer un marché unique ne soit pas prise dans le but de soustraire des marchés à l'application de la présente directive ou de la directive 2009/81/CE du Parlement européen et du Conseil *[Dir. 2009/81/CE du Parlement européen et du Conseil du 13 juill. 2009 relative à la coordination des procédures de passation de certains marchés de travaux, de fournitures et de services par des pouvoirs adjudicateurs ou entités adjudicatrices dans les domaines de la défense et de la sécurité, et modifiant les Dir. 2004/17/CE et 2004/18/CE (JO L 216 du 20 août 2009, p. 76)]*. Il convient de préciser que les entités adjudicatrices ne devraient pas être empêchées de choisir d'appliquer à certains marchés mixtes les dispositions de la présente directive plutôt que celles de la directive 2009/81/CE.

(16) En outre, des marchés pourraient être attribués pour satisfaire des exigences inhérentes à différentes activités, soumises éventuellement à des régimes juridiques différents. Il conviendrait de préciser que le régime juridique applicable à un contrat unique destiné à couvrir plusieurs activités devrait être soumis aux règles applicables à l'activité à laquelle il est principalement destiné. Pour déterminer à quelle activité le marché est principalement destiné, on peut se fonder sur l'analyse des besoins auxquels doit répondre le marché spécifique, effectuée par l'entité adjudicatrice aux fins de l'estimation du montant du marché et de l'établissement des documents de marché. Dans certains cas, comme lors de l'achat d'un équipement unique destiné à la poursuite d'activités pour lesquelles on ne disposerait pas d'informations permettant une estimation des taux d'utilisation respectifs, il pourrait s'avérer objectivement impossible de déterminer à quelle activité le marché est principalement destiné. Il y aurait lieu de prévoir quelles règles s'appliquent dans de tels cas.

(17) Il convient de préciser que la notion d'« opérateur économique » devrait s'interpréter au sens large, de manière à inclure toute personne ou entité qui offre la réalisation de travaux, la fourniture de produits ou la prestation de services sur le marché, quelle que soit la forme juridique sous laquelle elle a choisi d'opérer. Dès lors, les sociétés, les succursales, les filiales, les associations, les sociétés coopératives, les sociétés anonymes, les universités, qu'elles soient publiques ou privées, ainsi que d'autres formes d'entités que les personnes physiques, devraient toutes relever de la notion d'opérateur économique, qu'il s'agisse ou non de « personnes morales » en toutes circonstances.

(18) Il convient de préciser que les groupements d'opérateurs économiques, y compris lorsqu'ils se sont constitués sous la forme d'une association temporaire, peuvent participer aux procédures de passation de marchés sans devoir nécessairement adopter une forme juridique déterminée. Dans la mesure où cela s'avère nécessaire, par exemple lorsqu'une responsabilité solidaire est requise, les groupements d'opérateurs économiques peuvent être tenus d'adopter une forme juridique déterminée lorsque le marché leur a été attribué.

Il convient également de préciser que les entités adjudicatrices devraient pouvoir indiquer expressément la manière dont les groupements d'opérateurs économiques doivent remplir les critères et conditions relatifs à la qualification et à la sélection qualitative énoncés dans la présente directive, qui sont imposés aux opérateurs économiques participant à titre individuel.

L'exécution d'un marché par des groupements d'opérateurs économiques peut nécessiter la fixation de conditions qui ne sont pas imposées aux participants individuels. Ces conditions, qui devraient être justifiées par des motifs objectifs et être proportionnées, pourraient par exemple imposer la désignation d'une représentation commune ou d'un chef de file aux fins de la procédure de passation de marché ou la communication d'informations concernant la constitution de tels groupements.

(19) La nécessité d'assurer une véritable ouverture du marché et un juste équilibre dans l'application des règles de passation des marchés dans les secteurs de l'eau, de l'énergie, des transports et des services postaux exige que les entités visées soient définies autrement que par référence à leur statut juridique. Il faudrait donc veiller à ce qu'il ne soit pas porté atteinte à l'égalité de traitement entre les entités adjudicatrices du secteur public et celles du secteur privé. Il est également nécessaire de veiller, conformément à l'article 345 du traité

sur le fonctionnement de l'Union européenne, à n'affecter en rien le régime de la propriété dans les États membres.

(20) La notion de droits spéciaux ou exclusifs est fondamentale pour la définition du champ d'application de la présente directive, dès lors que les entités qui ne sont ni des pouvoirs adjudicateurs ni des entreprises publiques au sens de la présente directive ne sont soumises à ses dispositions que dans la mesure où elles exercent en vertu de tels droits l'une des activités qui en relèvent. Il y a donc lieu de préciser que les droits octroyés par la voie d'une procédure fondée sur des critères objectifs, en particulier conformément à la législation de l'Union, et ayant fait l'objet d'une publicité appropriée, ne constituent pas des droits spéciaux ou exclusifs aux fins de la présente directive.

La législation en question devrait comprendre la directive 2009/73/CE du Parlement européen et du Conseil *[Dir. 2009/73/CE du Parlement européen et du Conseil du 13 juill. 2009 concernant des règles communes pour le marché intérieur du gaz naturel et abrogeant la Dir. 2003/55/CE (JO L 211 du 14 août 2009, p. 94)]*, la directive 2009/72/CE du Parlement européen et du Conseil *[Dir. 2009/72/CE du Parlement européen et du Conseil du 13 juill. 2009 concernant des règles communes pour le marché intérieur de l'électricité et abrogeant la Dir. 2003/54/CE (JO L 211 du 14 août 2009, p. 55)]*, la directive 97/67/CE du Parlement européen et du Conseil *[Dir. 97/67/CE du Parlement européen et du Conseil du 15 déc. 1997 concernant des règles communes pour le développement du marché intérieur des services postaux de la Communauté et l'amélioration de la qualité du service (JO L 15 du 21 janv. 1998, p. 14)]*, la directive 94/22/CE du Parlement européen et du Conseil *[Dir. 94/22/CE du Parlement européen et du Conseil du 30 mai 1994 sur les conditions d'octroi et d'exercice des autorisations de prospecter, d'exploiter et d'extraire des hydrocarbures (JO L 164 du 30 juin 1994, p. 3)]*, ainsi que le règlement (CE) n° 1370/2007 du Parlement européen et du Conseil *[Règl. (CE) n° 1370/2007 du Parlement européen et du Conseil du 23 oct. 2007 relatif aux services publics de transport de voyageurs par chemin de fer et par route, et abrogeant les Règl. (CEE) n° 1191/69 et (CEE) n° 1107/70 du Conseil (JO L 315 du 3 déc. 2007, p. 1)]*.

Il convient de préciser également que cette liste de dispositions législatives n'est pas exhaustive et que les droits accordés sous quelque forme que ce soit, y compris par des actes de concession, selon d'autres procédures, sur la base de critères objectifs et ayant fait l'objet d'une publicité appropriée, ne constituent pas des droits spéciaux ou exclusifs aux fins de définir le champ d'application de la présente directive *ratione personae*. La notion de droits exclusifs devrait également être utilisée pour déterminer si le recours à une procédure négociée sans mise en concurrence préalable serait justifié par le fait que les travaux, les fournitures ou les services ne peuvent être fournis que par un opérateur économique bien précis en raison de la protection de certains droits exclusifs.

Toutefois, compte tenu des différences au niveau de la *ratio legis* qui sous-tend ces dispositions, il y a lieu de préciser que la notion de droits exclusifs n'a pas nécessairement la même signification dans les deux contextes*[.]* Il convient dès lors de préciser qu'une entité qui a obtenu le droit exclusif de fournir un service donné dans une zone géographique donnée selon une procédure basée sur des critères objectifs et suffisamment transparente ne serait pas, s'agissant d'un organisme privé, une entité adjudicatrice proprement dite, mais serait néanmoins la seule entité à pouvoir fournir le service concerné dans cette zone.

(21) Certaines entités sont actives dans les domaines de la production, de la transmission ou de la distribution de chauffage et de réfrigération. Il peut exister une certaine incertitude quant aux règles applicables aux activités liées respectivement au chauffage et à la réfrigération. Par conséquent, il convient de préciser que les pouvoirs adjudicateurs, les entreprises publiques et les entreprises privées qui sont actifs dans le secteur du chauffage sont soumis aux règles de la présente directive ; toutefois, dans le cas des entreprises privées, celles-ci doivent en outre exercer leurs activités sur la base de droits spéciaux ou exclusifs. En revanche, les pouvoirs adjudicateurs actifs dans le domaine de la réfrigération sont soumis aux règles de la directive 2014/24/UE, tandis que les entreprises publiques et les entreprises privées, que ces dernières exercent ou non leurs activités sur la base de droits spéciaux ou exclusifs, ne sont pas soumises aux règles relatives à la passation des marchés. Enfin, il convient de préciser que les marchés attribués à la fois pour des contrats de chauffage et de réfrigération devraient être examinés à la lumière des dispositions relatives aux contrats concernant l'exercice de plusieurs activités afin de déterminer quelles sont les règles de passation des marchés qui régissent éventuellement l'attribution de ces contrats.

(22) Avant d'envisager toute modification du champ d'application de la présente directive et de la directive 2014/24/UE en ce qui concerne le secteur de la réfrigération, il conviendrait d'examiner la situation de ce secteur afin d'obtenir suffisamment d'informations, notamment sur l'environnement concurrentiel, le volume des acquisitions transnationales

ainsi que l'avis des parties prenantes. Étant donné que l'application de la directive 2014/23/UE du Parlement européen et du Conseil *[Dir. 2014/23/UE du Parlement européen et du Conseil du 26 févr. 2014 sur l'attribution de contrats de concession]* à ce secteur pourrait avoir une incidence non négligeable en termes d'ouverture du marché, il serait opportun d'effectuer cet examen à l'occasion de l'analyse de l'impact de la directive 2014/23/UE.

(23) Sans étendre en aucune façon le champ d'application de la présente directive, il y a lieu de spécifier que lorsque la présente directive renvoie à l'alimentation en électricité, elle couvre sa production, sa vente en gros et sa vente de détail.

(24) Les entités adjudicatrices opérant dans le secteur de l'eau potable peuvent aussi mener d'autres activités liées à l'eau, par exemple des projets de génie hydraulique, d'irrigation, de drainage, ou l'évacuation et le traitement des eaux usées. Dans un tel cas, les entités adjudicatrices devraient être en mesure d'appliquer les procédures de passation de marché prévues dans la présente directive pour toutes leurs activités relatives à l'eau, quelle que soit la phase concernée du cycle de l'eau. Toutefois, les règles de passation de marchés du type de celles qui sont proposées pour les fournitures de produits sont inappropriées pour les achats d'eau, compte tenu de la nécessité de s'approvisionner auprès de sources proches du lieu d'utilisation.

(25) Il convient d'exclure la passation de marchés aux fins de l'exploration pétrolière et gazière, étant donné qu'il a été systématiquement constaté que ce secteur est soumis à une telle pression concurrentielle que la discipline de passation de marchés apportée par les règles de passation des marchés de l'Union n'est plus nécessaire. Étant donné que l'extraction de pétrole et de gaz continue de relever du champ d'application de la présente directive, il est peut-être nécessaire de faire la distinction entre exploration et extraction. Ainsi, il convient d'entendre par « exploration » les activités qui sont entreprises afin de déterminer si l'on trouve dans une zone donnée du pétrole et du gaz et, si tel est le cas, s'ils sont commercialement exploitables, tandis que par « extraction », il convient d'entendre la « production » de pétrole et de gaz. Conformément à la pratique établie en matière de concentration entre entreprises, la « production » est censée inclure aussi le « développement », c'est-à-dire la mise en place de l'infrastructure nécessaire pour la production future (plateformes pétrolières, oléoducs, terminaux, etc.).

(26) Les pouvoirs adjudicateurs devraient utiliser tous les moyens à leur disposition, conformément au droit national, pour éviter les distorsions dans les procédures de passation de marchés découlant de conflits d'intérêts, notamment des procédures visant à détecter et prévenir les conflits d'intérêts et à y remédier.

(27) La décision 94/800/CE du Conseil *[Décis. 94/800/CE du Conseil du 22 déc. 1994 relative à la conclusion au nom de la Communauté européenne, pour ce qui concerne les matières relevant de ses compétences, des accords des négociations multilatérales du cycle de l'Uruguay (1986-1994) (JO L 336 du 23 déc. 1994, p. 1)]* a notamment approuvé l'accord de l'Organisation mondiale du commerce sur les marchés publics (AMP). Le but de l'AMP est d'établir un cadre multilatéral de droits et d'obligations équilibrés en matière de marchés publics en vue de réaliser la libéralisation et l'expansion du commerce mondial. Pour les marchés relevant des annexes 3, 4 et 5 et des notes générales relatives à l'Union européenne de l'appendice I de l'AMP ainsi que d'autres accords internationaux pertinents par lesquels l'Union est liée, les entités adjudicatrices devraient remplir les obligations prévues par ces accords en appliquant la présente directive aux opérateurs économiques des pays tiers qui en sont signataires.

(28) L'AMP s'applique aux marchés dont le montant dépasse certains seuils fixés dans l'AMP et exprimés en droits de tirage spéciaux. Il convient d'harmoniser les seuils fixés par la présente directive pour qu'ils correspondent aux équivalents en euros des seuils prévus par l'AMP. Il convient également de prévoir une révision périodique des seuils exprimés en euros afin de les adapter, par une opération purement mathématique, en fonction des variations éventuelles de la valeur de l'euro par rapport à ces droits de tirage spéciaux.

Outre ces adaptations mathématiques périodiques, il conviendrait d'étudier la possibilité de relever les seuils fixés dans l'AMP lors du prochain cycle de négociations.

Pour éviter la multiplication des seuils, il convient en outre, sans préjudice des engagements internationaux de l'Union, de continuer à appliquer les mêmes seuils à toutes les entités adjudicatrices, quel que soit le secteur dans lequel elles opèrent.

(29) Il convient de préciser que, aux fins de l'estimation de la valeur d'un marché, toutes les recettes doivent être prises en compte, qu'elles proviennent de l'entité adjudicatrice ou de tiers.

Il convient également de préciser que, aux fins de l'estimation des seuils, on devrait entendre par « fournitures homogènes », des produits destinés à des usages identiques ou similaires tels que la fourniture d'une gamme de denrées alimentaires ou de différents articles de mobilier de bureau. En règle générale, un opérateur économique exerçant des activités dans le domaine concerné devrait vraisemblablement disposer de ces fournitures dans sa gamme normale de produits.

(30) Aux fins de l'estimation de la valeur d'un marché donné, il convient de préciser qu'il devrait être permis de baser l'estimation de la valeur sur une subdivision du marché uniquement lorsque cela est justifié par des motifs objectifs. Par exemple, il pourrait être justifié d'estimer la valeur d'un marché au niveau d'une unité opérationnelle distincte de l'entité adjudicatrice, à condition que l'unité en question soit responsable de manière autonome de ses marchés. On peut considérer que tel est le cas lorsque l'unité opérationnelle distincte mène de manière autonome les procédures de passation de marché et prend les décisions d'achat, dispose d'une ligne budgétaire séparée pour les marchés concernés, conclut le marché de manière autonome et assure son financement à partir d'un budget dont elle dispose. Une subdivision ne se justifie pas lorsque l'entité adjudicatrice organise simplement la passation d'un marché de manière décentralisée.

(31) La présente directive ayant les États membres comme destinataires, elle ne s'applique pas aux marchés passés par des organisations internationales en leur nom et pour leur propre compte. Il est cependant nécessaire de préciser dans quelle mesure elle devrait s'appliquer à la passation de marchés régie *[régis]* par des règles internationales spécifiques.

(32) Il convient de rappeler que les services d'arbitrage et de conciliation, ainsi que d'autres modes alternatifs similaires de règlement des conflits, sont habituellement fournis par des organismes ou des personnes qui sont agréés ou sélectionnés d'une manière qui ne peut être soumise à des règles de passation des marchés publics. Il convient de préciser que la présente directive ne s'applique pas aux marchés de services portant sur la fourniture de tels services, quelle que soit leur dénomination conformément au droit national.

(33) Un certain nombre de services juridiques sont fournis par des prestataires de services désignés par une cour ou un tribunal d'un État membre, impliquent la représentation de clients par des avocats dans le cadre de procédures judiciaires, doivent être fournis par un notaire ou sont associés à l'exercice de l'autorité publique. Ces services juridiques sont habituellement fournis par des organismes ou des personnes qui sont désignés ou sélectionnés d'une manière qui ne peut être soumise à des règles de passation des marchés publics, par exemple pour la désignation de procureurs publics dans certains États membres. Ces services juridiques devraient dès lors être exclus du champ d'application de la présente directive.

(34) Il convient de préciser que la notion d'instruments financiers qui figure dans la présente directive recouvre le même sens que dans les autres textes législatifs sur le marché intérieur et que, compte tenu de la création récente du Fonds européen de stabilité financière et le *[du]* Mécanisme européen de stabilité, il y a lieu d'indiquer que les opérations effectuées avec ledit fonds et ledit mécanisme devraient être exclues du champ d'application de la présente directive. Il convient enfin de préciser que les prêts, qu'ils soient ou non associés à l'émission de titres ou d'autres instruments financiers ou à d'autres opérations les concernant, devraient être exclus du champ d'application de la présente directive.

(35) Il convient de rappeler que l'article 5, paragraphe 1, du règlement (CE) n° 1370/2007 du Parlement européen et du Conseil *[Règl. (CE) n° 1370/2007 du Parlement européen et du Conseil du 23 oct. 2007 relatif aux services publics de transport de voyageurs par chemin de fer et par route, et abrogeant les Règl. (CEE) n° 1191/69 et (CEE) n° 1107/70 du Conseil (JO L 315 du 3 déc. 2007, p. 1)]* prévoit explicitement que les directives 2004/17/CE et 2004/18/CE s'appliquent respectivement aux marchés de services et aux marchés publics de services relatifs aux services de transport public de voyageurs par autobus ou par tramway, tandis que le règlement (CE) n° 1370/2007 s'applique aux contrats de concession de services de transport public par autobus ou par tramway. Il y a lieu en outre de rappeler que ledit règlement continue de s'appliquer aux marchés publics de services ainsi qu'aux contrats de concession de services de transport public de passagers par chemin de fer ou par métro. Pour préciser les liens entre la présente directive et le règlement (CE) n° 1370/2007, il convient de prévoir explicitement que la présente directive ne devrait pas s'appliquer aux marchés de services pour la prestation de services de transport public de passagers par chemin de fer ou par métro, dont l'attribution devrait continuer de relever dudit règlement. Dans la mesure où le règlement (CE) n° 1370/2007 permet que le droit national s'écarte des règles fixées dans ledit règlement, les États membres devraient pouvoir continuer de prévoir dans leur droit national que les marchés de services pour la prestation de services de transport public

de passagers par chemin de fer ou par métro doivent être attribués selon une procédure d'attribution de marchés conforme à leur règlementation *[réglementation]* générale en matière de marchés publics.

(36) La présente directive ne devrait pas s'appliquer à certains services d'urgence lorsque ceux-ci sont fournis par des organisations ou associations à but non lucratif, étant donné qu'il serait difficile de préserver la nature particulière de telles organisations si les prestataires de services devaient être sélectionnés conformément aux procédures définies dans la présente directive. Il convient toutefois que cette exclusion n'aille pas au-delà de ce qui est strictement nécessaire. Par conséquent, il convient d'indiquer expressément que les services ambulanciers de transport de patients ne devraient pas être exclus. Dans ce contexte, il est en outre nécessaire de préciser que le code CPV 601 « Services de transport terrestre » n'inclut pas les services ambulanciers, qui relèvent de la classe CPV 8514. Il convient dès lors de préciser que les services relevant du code CPV 85143000-3, qui comprend exclusivement les services ambulanciers de transport de patients, devraient être soumis au régime spécial instauré pour les services sociaux et autres services spécifiques (ci-après dénommé « régime assoupli »). Par conséquent, les marchés mixtes portant sur la fourniture de services ambulanciers en général seraient également soumis au régime assoupli si la valeur des services ambulanciers de transport de patients était supérieure à la valeur d'autres services ambulanciers.

(37) Dans certains cas, un pouvoir adjudicateur donné ou une association de pouvoirs adjudicateurs peut être la seule source d'un service spécifique, pour la prestation duquel ils jouissent d'un droit exclusif en vertu de dispositions législatives, réglementaires ou des dispositions administratives publiées qui sont compatibles avec le traité sur le fonctionnement de l'Union européenne. Il y a lieu de préciser que la présente directive ne doit pas nécessairement s'appliquer à l'attribution de marchés de services audit pouvoir adjudicateur ou à ladite association.

(38) Il existe une importante insécurité juridique quant à la question de savoir dans quelle mesure les règles de passation des marchés publics devraient s'appliquer aux marchés conclus entre pouvoirs adjudicateurs. La jurisprudence applicable de la Cour de justice de l'Union européenne fait l'objet d'interprétations divergentes entre États membres et même entre pouvoirs adjudicateurs. Étant donné que cette jurisprudence s'appliquerait également aux pouvoirs publics lorsqu'ils opèrent dans les secteurs couverts par la présente directive, il convient de faire en sorte que les mêmes règles s'appliquent et soient interprétées de la même façon dans le cadre à la fois de la présente directive et de la directive 2014/24/UE.

(39) De nombreuses entités adjudicatrices sont organisées en tant que groupement économique pouvant comporter une série d'entreprises distinctes ; chacune de ces entreprises joue souvent un rôle spécialisé dans le contexte global du groupement économique. Il convient dès lors d'exclure certains marchés de services, de fournitures et de travaux attribués à une entreprise liée dont l'activité principale est de fournir ces services, fournitures ou travaux au groupe auquel elle appartient et non de les proposer sur le marché. Il convient également d'exclure certains marchés de services, de fournitures et de travaux attribués par une entité adjudicatrice à une coentreprise constituée de plusieurs entités adjudicatrices aux fins de la poursuite d'activités visées par la présente directive et dont ladite entité fait partie. Toutefois, il est opportun de garantir que cette exclusion ne provoque pas de distorsions de la concurrence au bénéfice des entreprises ou des coentreprises qui sont liées aux entités adjudicatrices ; il convient de prévoir un ensemble approprié de règles, notamment sur les limites maximales de chiffre d'affaires que les entreprises peuvent réaliser sur le marché et au-delà desquelles elles perdraient la possibilité de se voir attribuer des marchés sans mise en concurrence, sur la composition des coentreprises et sur la stabilité des rapports entre ces coentreprises et les entités adjudicatrices qui les composent.

(40) Il convient également de clarifier l'interaction des dispositions relatives à la coopération entre pouvoirs publics et les dispositions relatives à l'attribution de marchés à des entreprises liées ou dans le contexte de coentreprises.

(41) Des entreprises devraient être considérées comme liées lorsqu'il existe un rapport d'influence dominante directe ou indirecte entre l'entité adjudicatrice et l'entreprise concernée, ou lorsqu'elles sont toutes deux soumises à l'influence dominante d'une tierce entreprise ; dans ce contexte, la participation privée ne devrait pas, en soi, être pertinente. Il devrait être aussi facile que possible de vérifier si une entreprise est liée à une certaine entité adjudicatrice ou pas. Par conséquent, comme l'éventualité d'une telle influence dominante directe ou indirecte devrait déjà avoir été vérifiée afin de décider si les comptes annuels des entreprises et des entités concernées devraient être consolidés, il convient de

considérer que des entreprises sont liées à chaque fois que leurs comptes annuels sont consolidés. Néanmoins, les règles de l'Union concernant les comptes consolidés ne sont pas applicables dans certains cas, par exemple en raison de la taille des entreprises concernées ou parce que certaines conditions liées à leur forme juridique ne sont pas remplies. En pareil cas, lorsque la directive 2013/34/UE du Parlement européen et du Conseil *[Dir. 2013/34/UE du Parlement européen et du Conseil du 26 juin 2013 relative aux états financiers annuels, aux états financiers consolidés et aux rapports y afférents de certaines formes d'entreprises, modifiant la Dir. 2006/43/CE du Parlement européen et du Conseil et abrogeant les Dir. 78/660/CEE et 83/349/CEE du Conseil (JO L 182 du 29 juin 2013, p. 19)]* n'est pas applicable, il faut examiner si une influence dominante directe ou indirecte est exercée du fait de la propriété, de la participation financière ou des règles régissant ces entreprises.

(42) Le cofinancement de programmes de recherche et développement (R&D) provenant de sources industrielles devrait être encouragé. Par conséquent, il y a lieu de préciser que la présente directive ne s'applique qu'en l'absence d'un tel cofinancement et lorsque les résultats des activités de R&D reviennent à l'entité adjudicatrice concernée. Cela ne devrait pas exclure la possibilité pour le prestataire de services ayant réalisé ces activités d'en publier un compte rendu, tant que l'entité adjudicatrice conserve le droit exclusif d'utiliser les résultats de la R&D dans l'exercice de ses propres activités. Toutefois, un partage fictif des résultats de la R&D ou une participation purement symbolique à la rémunération du prestataire de services ne devrait pas empêcher l'application de la présente directive.

(43) La présente directive ne devrait pas s'appliquer aux marchés destinés à permettre l'exercice d'une activité relevant de la présente directive ni aux concours organisés pour la poursuite d'une telle activité, si, dans l'État membre dans lequel cette activité est exercée, elle est directement exposée à la concurrence sur des marchés dont l'accès n'est pas limité. Il convient donc de maintenir une procédure, applicable à tous les secteurs, ou à des parties de ceux-ci, visés par la présente directive, qui permette de prendre en considération les effets d'une ouverture à la concurrence actuelle ou future. Une telle procédure devrait offrir la sécurité juridique aux entités concernées et un processus de décision approprié, permettant, dans de brefs délais, d'assurer une application uniforme du droit de l'Union en la matière. Il convient de préciser, dans l'intérêt de la sécurité juridique, que toutes les décisions adoptées avant l'entrée en vigueur de la présente directive concernant l'applicabilité des dispositions correspondantes énoncées à l'article 30 de la directive 2004/17/CE demeurent applicables.

(44) L'exposition directe à la concurrence devrait être évaluée sur la base de critères objectifs prenant en considération les caractéristiques spécifiques du secteur de parties concernées de celui-ci*[.]* Cette évaluation est toutefois limitée par la brièveté des délais applicables et par la nécessité de se fonder sur les informations dont dispose la Commission, qu'elles proviennent de sources déjà disponibles ou qu'elles soient obtenues dans le cadre de l'application de l'article 35, et qui ne peuvent être complétées en recourant à des méthodes exigeant plus de temps, y compris, en particulier, *[à]* des enquêtes publiques auprès des opérateurs économiques concernés. L'évaluation de l'exposition directe à la concurrence susceptible d'être effectuée dans le cadre de la présente directive est par conséquent sans préjudice de l'application intégrale du droit de la concurrence.

(45) L'évaluation de l'exposition directe d'un secteur donné, ou de parties de celui-ci, à la concurrence devrait être examinée par rapport à la zone spécifique dans laquelle l'activité, ou les parties de celle-ci concernées, est/sont exercée(s) par les opérateurs économiques concernés, autrement dit le "marché géographique concerné". Étant donné que cette notion est capitale pour l'évaluation, il convient de la définir de façon appropriée, sur la base de notions existantes en droit de l'Union. Il convient par ailleurs de préciser que le marché géographique concerné ne coïncide pas nécessairement avec le territoire de l'État membre concerné ; en conséquence, il devrait être possible de limiter les décisions relatives à l'applicabilité de l'exemption aux parties du territoire de l'État membre concerné.

(46) La mise en œuvre et l'application de dispositions législatives appropriées de l'Union ouvrant un secteur donné ou une partie de celui-ci devraient être considérées comme offrant une présomption suffisante de libre accès au marché en question. Ces dispositions législatives appropriées devraient être énumérées dans une annexe qui pourra être mise à jour par la Commission. Lors de la mise à jour de ladite annexe, la Commission devrait tenir compte, en particulier, de l'adoption éventuelle de mesures réalisant une réelle ouverture à la concurrence de secteurs autres que ceux ayant fait l'objet d'une législation qui est déjà visée à ladite annexe, telle que l'ouverture des transports ferroviaires nationaux de passagers.

(47) Lorsque le libre accès à un marché donné ne découle pas d'une présomption formée sur la base de la mise en œuvre de la législation appropriée de l'Union, il devrait être démontré que cet accès est libre en droit et en fait. Lorsqu'un État membre étend l'application d'un acte juridique de l'Union ouvrant un secteur donné à la concurrence à des situations qui ne relèvent pas du champ d'application de cet acte juridique, par exemple en appliquant la directive 94/22/CE au secteur du charbon ou la directive 2012/34/UE du Parlement européen et du Conseil *[Dir. 2012/34/UE du Parlement européen et du Conseil du 21 nov. 2012 établissant un espace ferroviaire unique européen (JO L 343 du 14 déc. 2012, p. 32)]* au service passagers au niveau national, cet élément devrait être pris en compte au moment d'évaluer si l'accès au secteur concerné est libre en droit et en fait.

(48) Les autorités nationales indépendantes, telles que les autorités de régulation sectorielles ou les autorités en matière de concurrence, possèdent normalement le savoir-faire spécialisé, les informations et les connaissances pertinentes pour l'évaluation de l'exposition directe d'une activité donnée ou de parties de celle-ci à la concurrence sur des marchés dont l'accès n'est pas limité. Aussi les demandes d'exemption devraient-elles, le cas échéant, être assorties d'un avis récemment adopté par une autorité nationale indépendante, compétente dans le champ d'activité concerné, concernant la situation de la concurrence dans le secteur en question, ou comporter un tel avis.

En l'absence d'un avis motivé et justifié adopté par une autorité nationale indépendante compétente en ce qui concerne l'activité concernée, un délai plus long serait nécessaire pour évaluer une demande d'exemption. Les périodes au cours desquelles la Commission doit évaluer les demandes de ce type devraient donc être modifiées en conséquence.

(49) La Commission devrait toujours être tenue d'examiner les demandes qui sont en conformité avec les règles détaillées relatives à l'application des procédures devant permettre d'établir si une activité donnée, ou des parties de celle-ci, est directement exposée à la concurrence sur des marchés dont l'accès n'est pas limité. Il convient toutefois de préciser également que la complexité de ces demandes peut être telle qu'il n'est pas toujours possible d'assurer l'adoption dans les délais applicables des actes d'exécution établissant si une activité donnée, ou des parties de celle-ci, est directement exposée à la concurrence sur des marchés dont l'accès n'est pas limité.

(50) Il convient de préciser que la Commission devrait avoir la possibilité de faire obligation aux États membres ou aux entités adjudicatrices de fournir des informations, des compléments d'information ou des éclaircissements. La Commission devrait fixer un délai approprié pour ce faire, qui tienne dûment compte aussi de la nécessité de respecter les délais fixés pour l'adoption par la Commission de son acte d'exécution, et de facteurs tels que la complexité des informations demandées et la facilité d'accès aux informations.

(51) L'emploi et le travail contribuent à l'insertion dans la société et constituent des éléments essentiels pour garantir l'égalité des chances pour tous. Les ateliers protégés peuvent jouer un rôle considérable à cet égard. Cela vaut également pour d'autres entreprises sociales qui ont pour objectif principal de soutenir l'intégration ou la réintégration sociale et professionnelle des personnes handicapées ou défavorisées telles que les chômeurs, les membres de minorités défavorisées ou de groupes socialement marginalisés pour d'autres raisons. Toutefois, de tels ateliers ou entreprises pourraient ne pas être en mesure de remporter des marchés dans des conditions de concurrence normales. Dès lors, il convient de prévoir que les États membres aient la possibilité de réserver le droit de participer aux procédures d'attribution de marchés publics ou de certains lots de ceux-ci à de tels ateliers ou entreprises ou d'en réserver l'exécution dans le cadre de programmes d'emplois protégés.

(52) Afin que les exigences applicables dans les domaines environnemental, social et du travail soient prises en compte de manière appropriée dans les procédures de passation de marchés publics, il importe tout particulièrement que les États membres et les entités adjudicatrices adoptent les mesures nécessaires pour assurer le respect des obligations en matière de droit environnemental, social et du travail qui s'appliquent au lieu où les travaux sont exécutés ou les services fournis, et qui découlent de lois, règlements, décrets et décisions en vigueur au niveau national et au niveau de l'Union, ainsi que de conventions collectives, à condition que ces règles et leur application soient conformes au droit de l'Union. De même, les obligations découlant des accords internationaux ratifiés par l'ensemble des États membres, énumérés à l'annexe XIV, devraient s'appliquer lors de l'exécution du marché. Toutefois, cela ne devrait en aucune manière faire obstacle à l'application de conditions de travail plus favorables pour les travailleurs.

Il convient que les mesures pertinentes soient appliquées dans le respect des principes fondamentaux du droit de l'Union, en particulier en vue d'assurer l'égalité de traitement. Ces mesures devraient être appliquées conformément à la directive 96/71/CE du Parlement européen et du Conseil *[Dir. 96/71/CE du Parlement européen et du Conseil du 16 déc. 1996 concernant le détachement de travailleurs effectué dans le cadre d'une prestation de services (JO L 18 du 21 janv. 1997, p. 1)]* et d'une manière qui garantisse l'égalité de traitement et ne crée pas de discriminations directes ou indirectes à l'égard des opérateurs économiques et des travailleurs d'autres États membres.

(53) Les services devraient être considérés comme réalisés sur le lieu d'exécution des prestations caractéristiques. Lorsqu'ils sont réalisés à distance, par exemple par un centre d'appel, ils devraient être considérés comme réalisés sur le lieu de leur exécution, indépendamment du lieu et de l'État membre auxquels ils sont destinés.

(54) Les obligations pertinentes pourraient figurer dans des clauses du marché. Il devrait également être possible d'introduire dans des marchés publics des clauses garantissant le respect des conventions collectives conformément au droit de l'Union. Le non-respect des obligations en question pourrait être considéré comme une faute grave de l'opérateur économique concerné, pouvant entraîner son exclusion de la procédure de passation de marché public.

(55) Le contrôle du respect de ces dispositions du droit environnemental, social et du travail devrait être effectué aux stades pertinents de la procédure de passation de marché, lors de l'application des principes généraux régissant le choix des participants et l'attribution des marchés, lors de l'application des critères d'exclusion et lors de l'application des dispositions concernant les offres anormalement basses. Les vérifications nécessaires à cette fin devraient être réalisées conformément aux dispositions pertinentes de la présente directive, en particulier celles régissant les moyens de preuve et les déclarations sur l'honneur.

(56) Aucune disposition de la présente directive ne devrait empêcher d'imposer ou d'appliquer des mesures nécessaires à la protection de l'ordre public, de la moralité et de la sécurité publiques, de la santé, de la vie humaine et animale ou à la préservation des végétaux ou d'autres mesures environnementales, en particulier dans l'optique du développement durable, à condition que ces mesures soient conformes au traité sur le fonctionnement de l'Union européenne.

(57) La recherche et l'innovation, y compris l'éco-innovation et l'innovation sociale, comptent parmi les principaux moteurs de la croissance future et ont été placées au cœur de la stratégie Europe 2020 pour une croissance intelligente, durable et inclusive. Les entités adjudicatrices devraient faire le meilleur usage stratégique des marchés publics pour stimuler l'innovation. L'acquisition de produits, de travaux et de services innovants joue un rôle essentiel dans l'amélioration de l'efficacité et de la qualité des services publics tout en permettant de faire face aux grands enjeux de société. Elle contribue à une utilisation optimale des fonds publics et engendre des avantages économiques, environnementaux et sociétaux au sens large à travers les nouvelles idées générées, leur concrétisation sous la forme de produits et services innovants et, partant, la promotion d'une croissance économique durable.

Il convient de rappeler qu'une série de modèles de passation de marché ont été présentés dans la communication de la Commission du 14 décembre 2007 intitulée « Achats publics avant commercialisation : promouvoir l'innovation pour assurer des services publics durables et de qualité en Europe » portant sur la passation des marchés relatifs aux services de R&D qui ne relèvent pas du champ d'application de la présente directive. Ces modèles pourraient continuer à être utilisés, mais la présente directive devrait également contribuer à faciliter la passation de marchés à visée innovante et aider les États membres à atteindre les objectifs de l'Union de l'innovation.

(58) En raison de l'importance de l'innovation, il convient d'encourager les entités adjudicatrices à autoriser des variantes aussi souvent que possible. L'attention de ces entités devrait dès lors être attirée sur la nécessité de définir les exigences minimales auxquelles les variantes doivent répondre, avant de mentionner la possibilité de proposer des variantes.

(59) Lorsque le besoin de développer un produit, un service ou des travaux innovants et d'acquérir ultérieurement les fournitures, services ou travaux qui en résultent, ne peut être satisfait par des solutions déjà disponibles sur le marché, les entités adjudicatrices devraient avoir accès à une procédure spécifique de passation de marché pour les marchés relevant du champ d'application de la présente directive. Cette procédure spécifique devrait permettre aux entités adjudicatrices d'établir un partenariat d'innovation à long terme en vue du développement et de l'acquisition ultérieure d'un produit, d'un service ou de travaux nouveaux et innovants, pour autant qu'ils puissent être fournis aux niveaux de prestation et au coût arrêtés, sans qu'il soit nécessaire d'établir une procédure de passation de marché distincte

pour l'acquisition. Le partenariat d'innovation devrait se fonder sur les règles de procédure applicables aux procédures négociées avec mise en concurrence préalable et les marchés devraient être attribués sur la seule base du meilleur rapport qualité/prix, qui est le plus adapté pour comparer des offres de solutions innovantes. Que le partenariat d'innovation porte sur un projet innovant de très grande dimension ou sur un projet de plus petite taille, il devrait être structuré de manière à mettre en place le mécanisme d'incitation induite par la demande du marché qui est nécessaire pour stimuler le développement d'une solution innovante sans verrouiller le marché. Les entités adjudicatrices ne devraient donc pas recourir aux partenariats d'innovation de manière à empêcher, à restreindre ou à fausser la concurrence. Dans certains cas, la mise en place d'une série de partenariats d'innovation avec plusieurs partenaires pourrait permettre d'éviter de tels effets.

(60) L'expérience a montré que le dialogue compétitif, qui est prévu dans la directive 2014/24/UE, s'est révélé utile dans les cas où les pouvoirs adjudicateurs ne sont pas en mesure de définir les moyens permettant de satisfaire leurs besoins ou d'évaluer les solutions que le marché peut offrir sur le plan technique, financier ou juridique. Une telle situation peut survenir notamment avec des projets innovants, la réalisation de projets importants d'infrastructures de transport intégrées, de grands réseaux informatiques ou des projets comportant un financement complexe et structuré. Il convient dès lors que les États membres puissent mettre cet outil à la disposition des entités adjudicatrices. Le cas échéant, les pouvoirs adjudicateurs devraient être encouragés à désigner un chef de projet afin d'assurer une bonne coopération entre les opérateurs économiques et le pouvoir adjudicateur durant la procédure d'attribution.

(61) Compte tenu de ses effets négatifs sur la concurrence, le recours à une procédure négociée sans mise en concurrence préalable devrait être réservé à des circonstances très exceptionnelles. Ces exceptions devraient être limitées aux cas où une publication n'est pas possible pour des raisons d'extrême urgence résultant d'événements imprévisibles qui ne sont pas imputables à l'entité adjudicatrice ou bien lorsqu'il est clair dès le départ qu'une publication ne susciterait pas plus de concurrence ou n'apporterait pas de meilleurs résultats, en particulier parce qu'il n'existe objectivement qu'un seul opérateur économique capable d'exécuter le marché. Tel est le cas des œuvres d'art, pour lesquelles c'est l'identité de l'artiste qui détermine en soi le caractère unique et la valeur de l'œuvre d'art. L'exclusivité peut aussi résulter d'autres motifs, mais le recours à la procédure négociée sans mise en concurrence préalable ne peut être justifié que dans une situation d'exclusivité objective, c'est-à-dire lorsque l'exclusivité n'a pas été créée par l'entité adjudicatrice elle-même en vue de la passation du marché.

Les entités adjudicatrices invoquant cette exception devraient justifier l'absence de solutions de remplacement ou de rechange raisonnables telles que le recours à d'autres canaux de distribution, y compris en dehors de l'État membre de l'entité adjudicatrice ou le fait d'envisager des travaux, fournitures ou services ayant une fonction comparable.

Lorsque l'exclusivité est due à des raisons techniques, celles-ci devraient être rigoureusement définies et justifiées au cas par cas. Parmi ces raisons pourraient par exemple figurer la quasi-impossibilité technique, pour un autre opérateur économique, de réaliser les prestations requises, ou la nécessité de recourir à un savoir-faire, à des outils ou à des moyens spécifiques dont ne dispose qu'un seul opérateur économique. Des raisons techniques peuvent également découler d'exigences spécifiques d'interopérabilité qui doivent être satisfaites pour garantir le fonctionnement des travaux, des fournitures ou des services achetés.

Enfin, une procédure de passation de marché n'est pas utile lorsque les fournitures sont achetées directement sur une bourse de matières premières, notamment les plateformes d'échange de produits de base telles que les bourses de produits agricoles, de matières premières et de produits énergétiques, où la structure d'échange multilatérale réglementée et contrôlée garantit naturellement les prix du marché.

(62) Il convient de préciser que les dispositions concernant la protection des informations confidentielles n'empêchent en aucune manière la publication des éléments non confidentiels des marchés conclus, y compris celle de toute modification ultérieure.

(63) Les moyens électroniques d'information et de communication permettent de simplifier considérablement la publicité des marchés publics et de rendre les procédures de passation de marché plus efficaces et transparentes. Ils devraient devenir les moyens de communication et d'échange d'informations usuels dans les procédures de passation de marchés, car les possibilités pour les opérateurs économiques de prendre part à des procédures de passation de marché dans l'ensemble du marché intérieur s'en trouvent considérablement

accrues. A cet effet, il faudrait rendre obligatoires la transmission des avis et la mise à disposition des documents de marché par voie électronique et, à l'issue d'une période transitoire de trente mois, la communication totalement électronique, c'est-à-dire la communication par des moyens électroniques à tous les stades de la procédure, notamment la transmission des demandes de participation, et en particulier la transmission des offres (soumission électronique). Il convient que les États membres et les entités adjudicatrices demeurent libres d'aller plus loin sur cette voie, s'ils le souhaitent. Il y a lieu également de préciser que l'obligation de recourir aux moyens de communication électroniques en vertu de la présente directive ne devrait toutefois pas contraindre les entités adjudicatrices à procéder au traitement électronique des offres, ni imposer l'évaluation électronique ou le traitement automatique. En outre, en vertu de la présente directive, l'utilisation obligatoire de moyens de communication électroniques ne devrait concerner aucun aspect de la procédure d'exécution des marchés publics postérieur à l'attribution du marché, ni la communication interne au sein de l'entité adjudicatrice.

(64) Les entités adjudicatrices devraient, sauf dans certaines situations spécifiques, utiliser des moyens électroniques de communication qui ne sont pas discriminatoires, qui sont communément disponibles et compatibles avec les technologies d'information et de communication (TIC) généralement utilisées et qui ne restreignent pas l'accès des opérateurs économiques à la procédure de passation de marché. L'utilisation de ces moyens de communication devrait également tenir dûment compte de l'accessibilité pour les personnes handicapées. Il convient de préciser qu'il ne serait pas approprié d'imposer l'obligation d'utiliser des moyens électroniques à tous les stades de la procédure de passation de marché ni lorsque cette utilisation nécessiterait des outils spécialisés ou des formats de fichiers qui ne sont pas communément disponibles ni lorsque les communications concernées ne pourraient être traitées qu'en recourant à un équipement de bureau spécialisé. Les entités adjudicatrices ne devraient dès lors pas être tenues, dans certains cas qui devraient être énumérés de manière exhaustive, d'exiger l'emploi de moyens de communication électroniques lors du processus de soumission. La présente directive prévoit que ces cas devraient notamment couvrir les situations nécessitant l'utilisation d'un équipement de bureau spécialisé dont les entités contractantes ne disposent pas communément, comme des imprimantes grand format. Dans certaines procédures de passation de marché, les documents de marché pourraient exiger la présentation d'une maquette ou d'un modèle réduit, qui ne peut pas être transmis à l'entité adjudicatrice par voie électronique. En l'occurrence, cet objet devrait être transmis à l'entité adjudicatrice par voie postale ou par tout autre moyen approprié.

Il convient toutefois de préciser que l'emploi d'autres moyens de communication devrait être limité aux éléments de l'offre pour lesquels les moyens de communication électroniques ne sont pas exigés.

Il convient de préciser que, lorsque cela est nécessaire pour des motifs techniques, les entités adjudicatrices devraient pouvoir fixer une taille maximale autorisée des fichiers à soumettre.

(65) Il peut exister des cas exceptionnels dans lesquels les entités adjudicatrices devraient être autorisées à ne pas utiliser des moyens électroniques de communication lorsqu'il est nécessaire de ne pas utiliser ces moyens de communication pour protéger le caractère particulièrement sensible d'informations. Il convient de préciser que, lorsque l'utilisation d'outils électroniques qui ne sont pas communément disponibles peut garantir le niveau de protection nécessaire, ces outils électroniques devraient être utilisés. Tel pourrait être par exemple le cas lorsque les entités adjudicatrices exigent l'utilisation de moyens de communication sécurisés spécifiques auxquels elles offrent un accès.

(66) La variété des formats techniques, des procédures et des normes en matière de messagerie pourrait poser des problèmes d'interopérabilité, non seulement au sein de chaque État membre, mais aussi et surtout entre États membres. Par exemple, pour participer à une procédure de passation de marché pour laquelle serait autorisée ou requise l'utilisation de catalogues électroniques, c'est-à-dire d'un format permettant de présenter et d'organiser les informations d'une manière commune à tous les soumissionnaires et qui se prête au traitement électronique, les opérateurs économiques seraient tenus, en l'absence de normalisation, d'adapter leurs catalogues à chaque procédure de passation de marché, ce qui entraînerait la communication d'informations très semblables dans des formats différents en fonction du cahier des charges de l'entité adjudicatrice concernée. La normalisation du format des catalogues permettrait donc d'améliorer le degré d'interopérabilité, d'accroître l'efficacité et également de réduire l'effort demandé aux opérateurs économiques.

(67) Lorsqu'elle détermine s'il est nécessaire d'assurer ou de renforcer l'interopérabilité entre différents formats techniques ou différentes normes en matière de procédures et de messagerie en rendant obligatoire le recours à des normes spécifiques et, dans l'affirmative, quelles normes il y a lieu d'imposer, la Commission tient le plus grand compte de l'avis des parties concernées. Elle devrait également étudier dans quelle mesure une norme donnée a déjà été utilisée dans la pratique par les opérateurs économiques et les entités adjudicatrices et déterminer si elle a bien rempli son rôle. Avant de rendre l'utilisation d'une norme technique particulière obligatoire, la Commission devrait aussi examiner attentivement les coûts que cette obligation pourrait entraîner, notamment en termes d'adaptation aux solutions existantes en matière de passation de marchés en ligne, y compris en ce qui concerne les infrastructures, les procédures ou les logiciels.

Les normes qui n'auraient pas été élaborées par un organisme de normalisation international, européen ou national devraient satisfaire aux exigences applicables aux normes relatives aux TIC établies dans le règlement (UE) n° 1025/2012 du Parlement européen et du Conseil *[Règl. (UE) n° 1025/2012 du Parlement européen et du Conseil du 25 oct. 2012 relatif à la normalisation européenne, modifiant les Dir. 89/686/CEE et 93/15/CEE du Conseil ainsi que les directives 94/9/CE, 94/25/CE, 95/16/CE, 97/23/CE, 98/34/CE, 2004/22/CE, 2007/23/CE, 2009/23/CE et 2009/105/CE du Parlement européen et du Conseil et abrogeant la Décis. 87/95/CEE du Conseil et la Décis. n° 1673/2006/CE du Parlement européen et du Conseil (JO L 316 du 14 nov. 2012, p. 12)]*.

(68) Avant de préciser le niveau de sécurité requis pour les moyens de communication électroniques devant être utilisés aux différents stades de la procédure d'attribution, les États membres et les entités adjudicatrices devraient évaluer la proportionnalité entre, d'une part, les exigences visant à assurer une identification exacte et fiable des expéditeurs de la communication concernée, ainsi que l'intégrité du contenu de celle-ci et, d'autre part, le risque que des problèmes surviennent, par exemple dans des cas où les messages sont transmis par un expéditeur autre que celui qui est indiqué. Toutes choses égales par ailleurs, cela signifierait que le niveau de sécurité requis, par exemple, d'un courriel demandant confirmation de l'adresse exacte à laquelle se tiendra une réunion d'information ne serait pas nécessairement identique à celui de la transmission de l'offre elle-même, qui constitue une proposition contraignante pour l'opérateur économique. De même, l'évaluation de la proportionnalité pourrait conduire à exiger des niveaux de sécurité moins élevés pour la nouvelle présentation de catalogues électroniques, la soumission d'offres relatives à des mises en concurrence réduites organisées au titre d'un accord-cadre ou l'accès aux documents de marché.

(69) Si les éléments essentiels d'une procédure de passation de marché tels que les documents de marché, les demandes de participation, les confirmations d'intérêt et les offres devraient toujours revêtir une forme écrite, il devrait néanmoins rester possible de communiquer oralement avec les opérateurs économiques, pour autant que le contenu de ces communications soit consigné d'une manière suffisante. Cette mesure est nécessaire pour garantir un niveau de transparence suffisant pour permettre de vérifier que le principe de l'égalité de traitement a été respecté. Il est en particulier essentiel que les communications orales avec les soumissionnaires, qui sont susceptibles d'avoir une incidence sur le contenu et l'évaluation des offres, soient consignées d'une manière suffisante et par des moyens appropriés tels que des notes écrites ou des enregistrements audio ou des synthèses des principaux éléments de la communication.

(70) On observe, dans l'ensemble des marchés publics de l'Union, que les acheteurs publics ont une forte tendance à regrouper leurs demandes afin d'obtenir des économies d'échelle, notamment une réduction des prix et des frais de transaction, et d'améliorer et de professionnaliser la gestion de la passation de marchés. Cette concentration des achats peut se faire en jouant soit sur le nombre d'entités adjudicatrices concernées, soit sur le volume et la valeur des achats dans le temps. Il faudrait cependant surveiller attentivement le regroupement et la centralisation des achats pour éviter une concentration excessive du pouvoir d'achat et le risque de collusion et pour préserver la transparence et la concurrence, ainsi que les possibilités d'accès au marché pour les PME.

(71) Le recours aux accords-cadres peut s'avérer efficace comme technique de passation de marché dans l'ensemble de l'Union ; il est toutefois nécessaire de renforcer la concurrence en améliorant la transparence de la passation de marchés sur le fondement d'un accord-cadre et l'accès à ce type de procédure. Il convient dès lors de réviser les dispositions applicables à ces accords, en particulier en prévoyant que l'attribution de marchés spécifiques sur la base desdits accords ait lieu en fonction de règles et de critères objectifs, par exemple une mise en concurrence réduite, et en limitant la durée des accords-cadres.

(72) Il convient également de préciser que, si les marchés fondés sur un accord-cadre doivent être attribués avant la fin de la période de validité de celui-ci, la durée des différents marchés fondés sur un accord-cadre ne doit pas nécessairement coïncider avec celle dudit accord-cadre, mais pourrait, selon le cas, être plus courte ou plus longue. En particulier, il devrait être permis de fixer la durée des différents marchés fondés sur un accord-cadre en tenant compte de facteurs tels que le temps nécessaire pour les exécuter, lorsqu'il est prévu d'assurer la maintenance d'équipements dont la durée de vie utile escomptée est supérieure à huit ans ou qu'une formation approfondie du personnel est nécessaire pour exécuter le marché.

Il convient aussi de préciser qu'il pourrait exister des cas où la durée des accords-cadres eux-mêmes devrait pouvoir être supérieure à huit ans. De tels cas, qui devraient être dûment justifiés, en particulier par l'objet de l'accord-cadre, pourraient par exemple se présenter lorsque les opérateurs économiques ont besoin de disposer d'équipements dont la durée d'amortissement est supérieure à huit ans et qui doivent être disponibles en tout temps pendant toute la durée de l'accord-cadre. Dans le contexte particulier des services d'utilité publique fournissant des services essentiels au public, il se peut qu'il soit nécessaire, dans certains cas, que la durée des accords-cadres ainsi que celle des différents marchés soit plus longue, par exemple lorsqu'il s'agit d'accords-cadres visant à assurer la maintenance ordinaire et extraordinaire de réseaux pouvant nécessiter des équipements coûteux destinés à être utilisés par un personnel qui a reçu une formation *ad hoc* hautement spécialisée, afin d'assurer la continuité des services et de réduire autant que possible les interruptions éventuelles.

(73) Compte tenu de l'expérience acquise, il est également nécessaire d'adapter les règles régissant les systèmes d'acquisition dynamiques, pour permettre aux entités adjudicatrices de tirer pleinement parti des possibilités qu'offre cet instrument. Il convient de simplifier ces systèmes, ils devraient en particulier suivre les règles de la procédure restreinte, ce qui éliminerait la nécessité des offres indicatives, qui ont été identifiées comme l'une des principales lourdeurs associées aux systèmes d'acquisition dynamiques. Ainsi, tout opérateur économique qui introduit une demande de participation et remplit les critères de sélection devrait être autorisé à prendre part aux procédures de passation de marchés se déroulant selon le système d'acquisition dynamique pendant sa période de validité.

Cette technique d'acquisition permet à l'entité adjudicatrice de disposer d'un éventail d'offres particulièrement large et donc de garantir une utilisation optimale des ressources financières grâce à une large concurrence en ce qui concerne les produits, travaux ou services d'usage courant ou standards qui sont généralement disponibles sur le marché.

(74) Ces demandes de participation devraient normalement être examinées dans un délai maximal de dix jours ouvrables, étant donné que l'évaluation des critères de sélection s'effectuera sur la base des exigences en matière de documentation qui sont fixées par les entités adjudicatrices, le cas échéant, conformément aux dispositions simplifiées de la directive 2014/24/UE. Toutefois, lorsqu'un système d'acquisition dynamique est initialement mis en place, il se peut que, en réponse à la première publication de l'avis de marché ou de l'invitation à confirmer l'intérêt, les entités adjudicatrices soient confrontées à un tel nombre de demandes de participation qu'elles pourraient avoir besoin de plus de temps pour examiner ces demandes, ce qui devrait pouvoir être accepté, à condition qu'aucune passation de marché spécifique ne soit lancée avant que toutes les demandes aient été examinées.

Les entités adjudicatrices devraient avoir la faculté d'organiser les modalités d'examen des demandes de participation en décidant, par exemple, de ne procéder à l'examen des demandes qu'une fois par semaine, pour autant que soient respectés les délais prévus pour l'examen de chaque demande d'admission. Les entités adjudicatrices qui utilisent les critères d'exclusion ou de sélection prévus par la directive 2014/24/UE dans le contexte d'un système d'acquisition dynamique devraient appliquer les dispositions pertinentes de cette directive à l'instar des pouvoirs adjudicateurs exploitant un système d'acquisition dynamique conformément à la directive 2014/24/UE.

(75) Pour accroître les chances des PME de participer à un système d'acquisition dynamique à grande échelle, comme ceux exploités par une centrale d'achat, le pouvoir adjudicateur ou l'entité adjudicatrice concerné devrait pouvoir organiser le système en catégories de produits, travaux ou services définies de manière objective. La définition de ces catégories devrait se fonder sur des facteurs objectifs qui pourraient, par exemple, comprendre la taille maximale autorisée des marchés spécifiques à attribuer dans le cadre de la catégorie concernée ou une zone géographique précise dans laquelle les marchés spécifiques ultérieurs doivent être exécutés. Lorsqu'un système d'acquisition dynamique est divisé en catégories, le

pouvoir adjudicateur ou l'entité adjudicatrice devrait appliquer des critères de sélection proportionnés aux caractéristiques de la catégorie concernée.

(76) Il convient de préciser que, en règle générale, les enchères électroniques ne sont pas adaptées à certains marchés de travaux et de services ayant pour objet des prestations intellectuelles telles que la conception de travaux, car une enchère électronique ne peut porter que sur des éléments se prêtant à une évaluation automatique par des moyens électroniques, sans aucune intervention ni appréciation de la part de l'entité adjudicatrice, à savoir des éléments qui sont quantifiables pour pouvoir être exprimés en chiffres ou en pourcentages.

Cependant, il faudrait également préciser qu'il est possible d'avoir recours aux enchères électroniques dans le cadre d'une procédure de passation de marché concernant l'acquisition d'un droit de propriété intellectuelle particulier. Il est également opportun de rappeler que si les entités adjudicatrices ont la faculté d'appliquer des critères de sélection leur permettant de réduire le nombre de candidats ou de soumissionnaires avant le début de l'enchère, en revanche, une fois que celle-ci a commencé, aucune autre réduction du nombre de soumissionnaires participant à l'enchère électronique ne devrait être permise.

(77) De nouvelles techniques d'acquisition électroniques, telles que les catalogues électroniques, sont continuellement développées. Les catalogues électroniques constituent un format permettant de présenter et d'organiser des informations d'une manière commune à tous les soumissionnaires participants et qui se prête lui-même au traitement électronique. On pourrait citer à titre d'exemple les offres présentées sous la forme d'une feuille de calcul. Les entités adjudicatrices devraient pouvoir exiger des catalogues électroniques dans toutes les procédures disponibles lorsque l'emploi de moyens de communication électroniques est requis. Les catalogues électroniques contribuent à élargir la concurrence et à rationaliser la commande publique, notamment en termes de gain de temps et d'économies. Certaines règles devraient toutefois être établies pour veiller à ce que l'utilisation des nouvelles techniques soit conforme à la présente directive et aux principes d'égalité de traitement, de non-discrimination et de transparence. Ainsi l'utilisation des catalogues électroniques pour présenter des offres ne devrait pas avoir pour effet de permettre aux opérateurs économiques de se limiter à transmettre leur catalogue général. Les opérateurs économiques devraient toujours être tenus d'adapter leurs catalogues généraux en fonction de la procédure spécifique de passation de marché. Cette adaptation garantit que le catalogue qui est transmis pour répondre à une procédure de passation de marché donnée ne contient que les produits, travaux ou services dont l'opérateur économique a jugé, au terme d'un examen approfondi, qu'ils correspondaient aux exigences énoncées par l'entité adjudicatrice. Ce faisant, les opérateurs économiques devraient être autorisés à copier des informations figurant dans leur catalogue général, sans pour autant pouvoir soumettre celui-ci tel quel. En outre, lorsque des garanties suffisantes sont offertes en matière de traçabilité, d'égalité de traitement et de prévisibilité, les entités adjudicatrices devraient être autorisées à recueillir les informations nécessaires à la constitution des offres concernant des achats spécifiques en s'appuyant sur des catalogues électroniques transmis antérieurement, en particulier dans les cas de remise en concurrence pour l'application d'un accord-cadre ou de recours à un système d'acquisition dynamique.

Lorsque l'entité adjudicatrice a recueilli les informations nécessaires à la constitution d'une offre, l'opérateur économique concerné devrait avoir la possibilité de vérifier que l'offre, qui a donc été mise au point par l'entité adjudicatrice, ne comporte pas d'erreurs matérielles. Si de telles erreurs sont constatées, l'opérateur économique ne devrait pas être lié par l'offre constituée par l'entité adjudicatrice, à moins que les erreurs ne soient rectifiées.

Conformément aux exigences prévues par les règles relatives aux moyens de communication électroniques, les entités adjudicatrices devraient éviter que les opérateurs économiques soient confrontés à des obstacles injustifiés pour accéder aux procédures de passation de marché où les offres doivent être présentées sous la forme de catalogues électroniques et qui garantissent le respect des principes généraux de non-discrimination et d'égalité de traitement.

(78) Les techniques de centralisation des achats sont de plus en plus utilisées dans la plupart des États membres. Des centrales d'achat sont chargées d'effectuer des acquisitions, de gérer des systèmes d'acquisition dynamiques ou de passer des marchés/des accords-cadres pour d'autres pouvoirs adjudicateurs ou entités adjudicatrices, avec ou sans rémunération. Les entités adjudicatrices pour lesquelles un accord-cadre est conclu devraient pouvoir y avoir recours pour des achats uniques ou répétés. Ces techniques peuvent permettre, du fait de l'importance des volumes achetés, d'élargir la concurrence et devraient aider à professionnaliser la commande publique. En conséquence, il y a lieu de prévoir, au niveau de l'Union,

une définition de la centrale d'achat destinée aux entités adjudicatrices, en précisant que ces centrales opèrent de deux manières différentes.

Elles devraient pouvoir agir, en premier lieu, en tant que grossistes en achetant, stockant et revendant ou, en second lieu, en tant qu'intermédiaires en attribuant des marchés, en exploitant des systèmes d'acquisition dynamiques ou en concluant des accords-cadres destinés aux entités adjudicatrices.

Elles pourraient jouer ce rôle d'intermédiaire, dans certains cas, en menant de manière autonome les procédures d'attribution applicables, sans avoir reçu d'instructions détaillées de la part des entités adjudicatrices concernées, et, dans d'autres cas, en menant les procédures d'attribution applicables sur instructions des entités adjudicatrices concernées, en leur nom et pour leur compte.

En outre, des règles devraient être arrêtées pour répartir les responsabilités quant au respect des obligations prévues par la présente directive, y compris en matière de recours, entre la centrale d'achat et les entités adjudicatrices qui effectuent leurs achats auprès de celle-ci ou par son intermédiaire. Lorsque la centrale d'achat assume seule la responsabilité du déroulement des procédures de passation de marché, elle devrait aussi assumer seule la responsabilité directe de la légalité des procédures. Si une entité adjudicatrice se charge de certaines parties de la procédure, telles que la remise en concurrence en application d'un accord-cadre ou l'attribution de marchés particuliers sur la base d'un système d'acquisition dynamique, elle devrait rester responsable des phases de la procédure dont elle se charge.

(79) Les entités adjudicatrices devraient être autorisées à attribuer un marché de services pour la fourniture d'activités d'achat centralisées à une centrale d'achat sans appliquer les procédures prévues par la présente directive. Il devrait également être permis d'inclure des activités d'achat auxiliaires dans ces marchés de services. Un marché de services pour la fourniture d'activités d'achat auxiliaires qui ne serait pas exécuté par une centrale d'achat en liaison avec la fourniture par celle-ci d'activités d'achat centralisées à l'entité adjudicatrice concernée devrait être attribué conformément à la présente directive. Il y a lieu également de rappeler que la présente directive ne devrait pas s'appliquer lorsque les activités d'achat centralisées ou auxiliaires sont fournies en dehors d'un contrat à titre onéreux qui constitue une passation de marché au sens de la présente directive.

(80) Le renforcement des dispositions concernant les centrales d'achat ne devrait en aucune manière faire obstacle à la pratique actuelle de la passation conjointe de marchés à titre occasionnel, à savoir l'achat conjoint moins institutionnalisé et systématique, ou à la pratique établie consistant à s'adresser à des prestataires de services qui préparent et gèrent les procédures de passation de marché au nom et pour le compte d'une entité adjudicatrice et en suivant ses instructions. En revanche, certains aspects de la passation conjointe de marchés devraient être précisés en raison du rôle important qu'elle peut jouer, en particulier en ce qui concerne des projets innovants.

La passation conjointe de marchés peut prendre différentes formes, depuis la passation coordonnée de marchés, en passant par la préparation de spécifications techniques communes pour des travaux, fournitures ou services qui seront acquis par un certain nombre d'entités adjudicatrices, chacune d'entre elles menant sa propre procédure de passation de marché, jusqu'aux cas où les entités adjudicatrices concernées mènent conjointement une procédure unique de passation de marché, soit en agissant ensemble soit en confiant à l'une d'entre elles la gestion de la procédure au nom de l'ensemble des entités adjudicatrices.

Lorsque plusieurs entités adjudicatrices mènent conjointement une procédure de passation de marché, elles devraient être solidairement responsables de l'exécution des obligations qui leur incombent en vertu de la présente directive. Toutefois, lorsque seules des parties de la procédure de passation de marché sont menées conjointement par les entités adjudicatrices, la responsabilité solidaire ne devrait s'appliquer qu'à ces parties. Chaque entité adjudicatrice devrait être seule responsable pour les procédures ou les parties de procédures dont elle se charge seule, telles que l'attribution d'un marché, la conclusion d'un accord-cadre, l'exploitation d'un système d'acquisition dynamique ou la remise en concurrence en application d'un accord-cadre.

(81) Les moyens de communication électroniques se prêtent particulièrement bien à la mise en œuvre de pratiques et d'outils de centralisation des achats, grâce à la possibilité qu'ils offrent de réutiliser et de traiter automatiquement les données et de réduire au minimum les frais d'information et de transaction. Il faudrait par conséquent, dans un premier temps, rendre obligatoire le recours à ces moyens de communication électroniques pour les centrales d'achat, tout en facilitant par ailleurs la convergence des pratiques dans toute

l'Union. A cette première étape devrait succéder une obligation générale d'utiliser des moyens de communication électroniques dans toutes les procédures de passation de marchés, à l'issue d'une période transitoire de trente mois.

(82) La passation conjointe de marchés par des entités adjudicatrices de différents États membres pose actuellement des problèmes juridiques spécifiques relatifs aux conflits de lois nationales. Bien que la directive 2004/17/CE ait implicitement autorisé la passation conjointe de marchés publics transnationaux, les entités adjudicatrices continuent de rencontrer de grandes difficultés juridiques et pratiques pour acheter auprès de centrales d'achat établies dans d'autres États membres ou attribuer conjointement des marchés. Il y a lieu de remédier à ces difficultés afin de permettre aux entités adjudicatrices de tirer le meilleur parti possible du potentiel du marché intérieur en termes d'économies d'échelle et de partage des gains et des risques, en particulier pour les projets innovants comportant plus de risques que n'en peut raisonnablement assumer une seule entité adjudicatrice. Il convient donc de définir de nouvelles règles en matière de passation conjointe de marchés transnationaux, afin de faciliter la coopération entre entités adjudicatrices et d'accroître les avantages pouvant être retirés du marché intérieur en ouvrant des perspectives commerciales transnationales aux fournisseurs et aux prestataires de services. Ces règles devraient établir les conditions d'utilisation transnationale des centrales d'achat et désigner la réglementation relative à la passation de marchés publics, y compris celle en matière de recours, qui s'applique aux procédures conjointes transnationales, en complétant les règles de conflit de lois du règlement (CE) n° 593/2008 du Parlement européen et du Conseil *[Règl. (CE) n° 593/2008 du Parlement européen et du Conseil du 17 juin 2008 sur la loi applicable aux obligations contractuelles (Rome I) (JO L 177 du 4 juill. 2008, p. 6)]*. De plus, des entités adjudicatrices de différents États membres devraient pouvoir créer des entités juridiques conjointes en vertu du droit national ou du droit de l'Union. Des règles particulières devraient être définies pour cette forme de passation conjointe de marchés.

Toutefois, les entités adjudicatrices ne devraient pas faire usage des possibilités offertes par la passation conjointe de marchés transnationaux aux fins de se soustraire aux dispositions obligatoires de droit public conformément au droit de l'Union auxquelles elles sont soumises dans l'État membre dans lequel elles sont situées. Ces dispositions pourraient porter, par exemple, sur la transparence et l'accès aux documents ou sur des exigences spécifiques en matière de traçabilité de fournitures sensibles.

(83) Il est nécessaire que les spécifications techniques établies par les acheteurs permettent d'ouvrir les marchés publics à la concurrence et d'atteindre les objectifs de durabilité. A cet effet, la présentation d'offres reflétant la diversité des solutions techniques, des normes et des spécifications techniques existant sur le marché, y compris celles définies sur la base de critères de performance liés au cycle de vie et à la durabilité du processus de production des travaux, fournitures et services, devrait être possible.

Les spécifications techniques devraient donc être élaborées de manière à éviter de restreindre artificiellement la concurrence en instaurant des exigences qui favorisent un opérateur économique particulier en reprenant les principales caractéristiques des fournitures, services ou travaux qu'il propose habituellement. La rédaction des spécifications techniques en termes de performances et d'exigences fonctionnelles permet généralement d'atteindre au mieux cet objectif. Les exigences fonctionnelles et celles liées aux performances sont également des moyens appropriés pour promouvoir l'innovation dans la passation de marchés publics et elles devraient être utilisées aussi largement que possible. Lorsqu'il est fait référence à une norme européenne ou, à défaut, à une norme nationale, les offres fondées sur des standards équivalents qui répondent aux exigences des entités adjudicatrices et qui sont équivalentes en termes de sécurité devraient être prises en compte par les entités adjudicatrices. Il devrait incomber à l'opérateur économique de prouver l'équivalence avec le label demandé.

Pour prouver cette équivalence, il devrait être possible d'exiger des soumissionnaires qu'ils fournissent des attestations de tiers. Il convient toutefois d'admettre d'autres moyens de preuve appropriés, tels que le dossier technique du fabricant, lorsque l'opérateur économique concerné n'a pas accès à de tels certificats ou rapports d'essai ni la possibilité de se les procurer dans les délais requis, à condition que l'opérateur économique concerné prouve ainsi que les travaux, fournitures ou services remplissent les conditions ou critères énoncés dans les spécifications techniques, les critères d'attribution ou les conditions d'exécution du marché.

(84) Dans tous les cas où l'objet d'un marché est destiné à être utilisé par des personnes, qu'il s'agisse du grand public ou du personnel de l'entité adjudicatrice, il est nécessaire que

les entités adjudicatrices définissent les spécifications techniques de manière à tenir compte de critères d'accessibilité pour les personnes handicapées ou d'adaptation de la conception à tous les utilisateurs, sauf dans des cas dûment justifiés.

(85) Les entités adjudicatrices qui souhaitent acquérir des travaux, des fournitures ou des services présentant des caractéristiques spécifiques d'ordre environnemental, social ou autre devraient pouvoir se référer à un label précis, comme l'écolabel européen, à un écolabel (pluri)national ou à tout autre label, à condition que les exigences attachées au label soient liées à l'objet du marché telles que les exigences relatives à la description et à la présentation du produit, notamment à son emballage. Il est également essentiel que ces exigences soient définies et adoptées sur la base de critères objectivement vérifiables, suivant une procédure à laquelle toutes les parties concernées (organismes publics, consommateurs, fabricants, distributeurs ou organisations environnementales) puissent participer, et que le label soit accessible à tous les intéressés. Il convient de préciser que les parties concernées pourraient être des organismes publics ou privés, des entreprises ou tout type d'organisation non gouvernementale (organisation qui ne fait pas partie d'un gouvernement et qui n'est pas une entreprise traditionnelle, à but lucratif).

Il convient également de préciser que des organisations ou organismes publics ou nationaux particuliers peuvent participer à la définition des exigences en matière de label susceptibles d'être utilisées dans le cadre d'un marché passé par des pouvoirs publics sans que ces organisations ou organismes perdent leur statut de tierces parties. La référence à des labels ne devrait pas avoir pour effet de freiner l'innovation.

(86) Lors de l'élaboration des spécifications techniques, les entités adjudicatrices devraient tenir compte des exigences découlant du droit de l'Union en matière de protection des données, en particulier en ce qui concerne la conception du traitement des données à caractère personnel (protection des données dès la conception).

(87) La passation des marchés publics devrait être adaptée aux besoins des PME. Il convient d'encourager les entités adjudicatrices à recourir au code des bonnes pratiques présenté dans le document de travail de la Commission du 25 juin 2008 intitulé « Code européen des bonnes pratiques facilitant l'accès des PME aux marchés publics », qui fournit des orientations sur la manière dont elles peuvent appliquer le cadre régissant les marchés publics en vue de faciliter la participation des PME. A cet effet, il convient de prévoir expressément que les marchés peuvent être divisés en lots. Cette division pourrait se faire sur une base quantitative, en faisant mieux correspondre la taille des différents marchés à la capacité des PME, ou sur une base qualitative, en fonction des différentes branches d'activité et spécialisations concernées, afin d'adapter plus étroitement le contenu de chaque marché aux secteurs de spécialisation des PME ou selon les différentes phases successives du projet. La taille et l'objet des lots devraient être établis librement par l'entité adjudicatrice qui, conformément aux règles applicables au calcul de la valeur estimée du marché, devrait également être autorisée à attribuer certains lots sans appliquer les procédures prévues par la présente directive.

Les États membres devraient demeurer libres d'aller plus loin pour faciliter la participation des PME aux marchés publics, en introduisant l'obligation d'examiner l'opportunité de diviser les marchés en lots de taille plus réduite, en exigeant des entités adjudicatrices qu'elles motivent leur décision de ne pas diviser les marchés en lots ou en rendant obligatoire une telle division dans certaines conditions. Dans le même but, les États membres devraient également être libres de prévoir des mécanismes de paiements directs aux sous-traitants.

(88) Lorsque les marchés sont divisés en lots, les entités adjudicatrices devraient être autorisées, par exemple en vue de préserver la concurrence ou d'assurer la fiabilité de l'approvisionnement, à limiter le nombre de lots pour lesquels un opérateur économique peut soumissionner ; il devrait également leur être permis de limiter le nombre de lots pouvant être attribués à un même soumissionnaire.

Toutefois, la poursuite de l'objectif consistant à renforcer l'accès des PME aux procédures de passation de marchés publics pourrait être entravée si les entités adjudicatrices étaient tenues d'attribuer le marché lot par lot même lorsque cela impliquerait de devoir accepter des solutions nettement moins avantageuses par rapport à une attribution regroupant plusieurs lots ou la totalité de ceux-ci. Lorsque la possibilité d'appliquer une telle méthode a été clairement indiquée au préalable, les entités adjudicatrices devraient donc pouvoir procéder à une évaluation comparative des offres afin d'établir si les offres présentées par un soumissionnaire donné pour un ensemble spécifique de lots, prises dans leur ensemble, répondent mieux aux critères d'attribution établis conformément à la présente directive que les offres portant sur chacun des lots concernés, prises isolément. Si tel est le cas, les entités adjudicatrices devraient être autorisées à attribuer un marché réunissant les lots en question au soumissionnaire concerné. Il convient de préciser que les entités adjudicatrices devraient effectuer cette évaluation comparative en déterminant d'abord quelles offres remplissent le mieux les critères d'attribution établis conformément à *[la présente directive]* pour chacun des lots et en comparant ensuite celles-ci aux offres présentées par un soumissionnaire donné pour un ensemble spécifique de lots, prises dans leur ensemble.

(89) Afin de rendre les procédures plus rapides et plus efficaces, les délais prévus pour la participation aux procédures de passation de marché devraient demeurer aussi courts que possible, sans entraver indûment l'accès des opérateurs économiques au sein du marché intérieur, et notamment des PME. Il convient dès lors de garder à l'esprit que, lorsqu'elles fixent les délais de réception des offres et des demandes de participation, les entités adjudicatrices devraient tenir compte en particulier de la complexité du marché et du temps requis pour l'élaboration des offres, même si cela implique de fixer des délais supérieurs aux minimums prévus en vertu de la présente directive. Par ailleurs, l'utilisation de moyens électroniques d'information et de communication, en particulier la mise à la disposition des opérateurs économiques, des soumissionnaires et des candidats, sous forme totalement électronique, des documents de marché et la transmission électronique des communications aboutit bien à davantage de transparence et d'économies de temps. Par conséquent, il y a lieu de prévoir une réduction des délais minimums applicables aux procédures ouvertes, conformément aux règles établies par l'AMP et à condition qu'ils soient compatibles avec les modalités de transmission spécifiques prévues au niveau de l'Union. En outre, les entités adjudicatrices devraient avoir la possibilité de raccourcir davantage les délais prévus pour la réception des offres dans les procédures ouvertes lorsqu'une situation d'urgence rend les délais habituels dans les procédures ouvertes impossibles à respecter, sans toutefois rendre impossible le déroulement d'une procédure ouverte dans des délais raccourcis. Ce n'est que dans des situations exceptionnelles, où l'extrême urgence résultant d'événements imprévisibles pour l'entité adjudicatrice concernée et qui ne lui sont pas imputables rend impossible le déroulement d'une procédure normale, même avec des délais raccourcis, que les entités adjudicatrices devraient, dans la mesure strictement nécessaire, avoir la possibilité d'attribuer des marchés selon une procédure négociée sans mise en concurrence préalable. Tel pourrait être le cas lorsqu'une catastrophe naturelle requiert une action immédiate.

(90) Il convient de préciser que, en raison de la nécessité de faire en sorte que les opérateurs économiques disposent d'un délai suffisant pour élaborer des offres recevables, il est possible que les délais fixés initialement doivent être prolongés. Tel serait, en particulier, le cas lorsque des modifications importantes sont apportées aux documents de marché. Il convient également de préciser que, dans ce cas, on devrait entendre par « modification importante » toute modification, en particulier des spécifications techniques, pour laquelle les opérateurs économiques auraient besoin d'un délai supplémentaire pour la comprendre et en tenir compte de manière appropriée. Il y a lieu, toutefois, de préciser que de telles modifications ne devraient pas être à ce point substantielles qu'elles auraient permis l'admission d'autres candidats que ceux retenus initialement ou auraient attiré davantage de participants à la procédure de passation de marché. Tel pourrait, en particulier, être le cas lorsque les modifications rendent le marché ou l'accord-cadre sensiblement différent par nature de celui défini au départ dans les documents de marché.

(91) Il y a lieu de préciser que les entités adjudicatrices devraient communiquer les informations relatives à certaines décisions arrêtées au cours d'une procédure de passation de marché, y compris celle de ne pas attribuer le marché ou de ne pas conclure un accord-cadre, sans que les candidats ou les soumissionnaires n'aient à les solliciter. Il convient également de rappeler que la directive 92/13/CEE du Conseil *[Dir. 92/13/CEE du Conseil du 25 févr. 1992 portant coordination des dispositions législatives, réglementaires et administratives relatives à l'application des règles communautaires sur les procédures de passation des marchés des entités opérant dans les secteurs de l'eau, de l'énergie, des transports et des télécommunications (JO L 76 du 23 mars 1992, p. 14)]* prévoit l'obligation pour les entités adjudicatrices de fournir aux candidats et soumissionnaires concernés, à nouveau sans que ceux-ci aient à la solliciter, une synthèse des motifs pertinents justifiant certaines des principales décisions arrêtées au cours d'une procédure de passation de marché. Il faudrait enfin préciser que les candidats et les soumissionnaires devraient pouvoir demander des compléments d'information concernant ces motifs, que les entités adjudicatrices devraient être tenues de communiquer, sauf si des raisons sérieuses s'y opposent. Ces raisons devraient être mentionnées dans la présente directive. Pour garantir la transparence nécessaire dans le cadre de procédures de passation de marché comportant des négociations et un dialogue avec les soumissionnaires, ceux d'entre eux

ayant remis une offre recevable devraient également, sauf lorsqu'il y aurait des motifs sérieux de ne pas le faire, pouvoir solliciter des informations concernant le déroulement et l'avancement de la procédure.

(92) Dans la mesure où cela est compatible avec la nécessité d'assurer des pratiques commerciales loyales en conservant un maximum de souplesse, il y a lieu de prévoir l'application de la directive 2014/24/UE sur les marchés publics aux exigences concernant la capacité économique et financière de l'opérateur et aux documents justificatifs à présenter. Les entités adjudicatrices devraient dès lors être autorisées à appliquer les critères de sélection prévus dans ladite directive, auquel cas elles devraient être tenues d'en appliquer, certaines autres dispositions concernant, en particulier, le plafonnement des exigences en matière de chiffre d'affaires minimal ainsi que l'utilisation du document unique de marché européen.

(93) Les entités adjudicatrices devraient pouvoir exiger que des mesures ou systèmes de gestion environnementale soient mis en œuvre durant l'exécution du marché. Les systèmes de gestion environnementale, qu'ils soient ou non enregistrés conformément à des instruments de l'Union, tels que le règlement (CE) n° 1221/2009 du Parlement européen et du Conseil *[Règl. (CE) n° 1221/2009 du Parlement européen et du Conseil du 25 nov. 2009 concernant la participation volontaire des organisations à un système communautaire de management environnemental et d'audit (EMAS), abrogeant le Règl. (CE) n° 761/2001 et les Décis. de la Commission 2001/681/CE et 2006/193/CE (JO L 342 du 22 déc. 2009, p. 1)]*, peuvent démontrer la capacité technique de l'opérateur économique à exécuter le marché. Par ailleurs, une description des mesures mises en œuvre par l'opérateur économique pour assurer le même niveau de protection de l'environnement devrait être acceptée comme moyen de preuve, en lieu et place d'un système de gestion environnementale enregistré, lorsque l'opérateur n'a pas accès à un tel système ni la possibilité de se le procurer dans les délais requis.

(94) Les critères d'attribution étant une notion essentielle de la présente directive, il importe par conséquent que les dispositions correspondantes soient présentées d'une manière aussi simple et rationnelle que possible. A cette fin, les termes « offre économiquement la plus avantageuse » peuvent être utilisés comme notion prépondérante, puisque toutes les offres retenues devraient en fin de compte être sélectionnées en fonction de ce que l'entité adjudicatrice concernée considère comme étant la meilleure solution sur le plan économique parmi celles proposées. Afin d'éviter les confusions avec le critère d'attribution actuellement dénommé « offre économiquement la plus avantageuse » figurant dans les directives 2004/17/CE et 2004/18/CE, il convient d'utiliser une terminologie différente pour désigner cette notion, à savoir le « meilleur rapport qualité/prix ». Par conséquent, ce critère devrait être interprété conformément à la jurisprudence relative aux directives précitées, sauf lorsqu'il existe une solution clairement et matériellement différente dans le cadre de la présente directive.

(95) Le marché devrait être attribué selon des critères objectifs qui assurent le respect des principes de transparence, de non-discrimination et d'égalité de traitement, dans le but de garantir une comparaison objective de la valeur relative des offres afin de déterminer, dans des conditions de concurrence effective, quelle est l'offre économiquement la plus avantageuse. Il convient d'indiquer expressément que l'offre économiquement la plus avantageuse devrait être évaluée sur la base du meilleur rapport qualité/prix, qui devrait dans tous les cas comporter un élément en rapport avec le prix ou le coût. Il y a également lieu de préciser que cette évaluation de l'offre économiquement la plus avantageuse pourrait aussi être fondée exclusivement sur le prix ou le rapport coût/efficacité. Il convient par ailleurs de rappeler que les entités adjudicatrices sont libres de fixer des normes de qualité adéquates en arrêtant des spécifications techniques ou des conditions d'exécution du marché.

Pour favoriser les passations de marchés publics davantage orientées vers la qualité, les États membres devraient être autorisés à interdire ou limiter, lorsqu'ils le jugent approprié, le recours au seul critère de prix ou de coût pour évaluer l'offre économiquement la plus avantageuse.

Afin de garantir le respect du principe de l'égalité de traitement lors de l'attribution des marchés, les entités adjudicatrices devraient être tenues d'instaurer la transparence nécessaire pour permettre à tous les soumissionnaires d'être raisonnablement informés des critères et des modalités qui seront appliqués lors de la décision d'attribution du marché. Les entités adjudicatrices devraient par conséquent être tenues d'indiquer les critères d'attribution du marché, ainsi que la pondération relative qui sera appliquée à chacun d'entre eux. Les entités adjudicatrices devraient cependant être autorisées à déroger à l'obligation d'indiquer la pondération des critères d'attribution dans des cas dûment justifiés, qu'elles doivent être en mesure de motiver, lorsque cette pondération ne peut pas être établie au préalable, notamment du fait de la complexité du marché. Dans de tels cas, elles devraient indiquer les critères par ordre décroissant d'importance.

(96) L'article 11 du traité sur le fonctionnement de l'Union européenne dispose que les exigences de la protection de l'environnement sont intégrées dans la définition et la mise en œuvre des politiques et actions de l'Union, en particulier afin de promouvoir le développement durable. La présente directive précise comment les entités adjudicatrices peuvent contribuer à la protection de l'environnement et à la promotion du développement durable tout en garantissant la possibilité d'obtenir pour leurs marchés le meilleur rapport qualité/prix.

(97) Lorsqu'elles évaluent le meilleur rapport qualité/prix, les entités adjudicatrices devraient établir les critères économiques et qualitatifs liés à l'objet du marché sur la base desquels elles évalueront les offres afin de déterminer l'offre qui est, de leur point de vue, la plus économiquement avantageuse. Ces critères devraient donc permettre une évaluation comparative du niveau de prestation offert par chaque soumissionnaire par rapport à l'objet du marché, tel qu'il est défini dans les spécifications techniques. Dans le cadre du meilleur rapport qualité/prix, une liste non exhaustive de critères d'attribution susceptibles d'être établis figure dans la présente directive. Il y a lieu d'encourager les entités adjudicatrices à retenir les critères d'attribution qui leur permettent d'obtenir des travaux, des fournitures ou des services de grande qualité qui correspondent idéalement à leurs besoins.

Les critères retenus ne devraient pas conférer une liberté de choix illimitée à l'entité adjudicatrice, ils devraient garantir une concurrence effective et loyale et être assortis d'exigences qui permettent de vérifier effectivement les informations fournies par les soumissionnaires.

Afin de déterminer l'offre économiquement la plus avantageuse, il convient que la décision d'attribution du marché ne soit pas fondée exclusivement sur des critères autres que le coût. Les critères qualitatifs devraient dès lors être assortis d'un critère de coût qui pourrait être, au choix de l'entité adjudicatrice, soit le prix, soit une approche coût/efficacité telle que le calcul du coût du cycle de vie. Toutefois, les critères d'attribution ne devraient pas avoir d'incidence sur l'application de dispositions nationales établissant la rémunération de certains services ou imposant un prix fixe pour certaines fournitures.

(98) Lorsque des dispositions nationales établissent la rémunération de certains services ou imposent un prix fixe pour certaines fournitures, il convient de préciser qu'il demeure possible d'évaluer le rapport qualité/prix sur la base d'autres facteurs que le seul prix ou la seule rémunération. Selon le service ou le produit concerné, ces facteurs pourraient, par exemple, inclure les conditions de livraison et de paiement, des aspects liés au service après-vente (par exemple l'étendue des services de conseil et de remplacement) ou des aspects sociaux ou environnementaux (par exemple le fait que des livres aient ou non été imprimés sur du papier recyclé ou du papier produit à partir de bois issu de sources durables, les coûts imputés aux externalités environnementales ou le fait que l'intégration sociale de personnes défavorisées ou de membres de groupes vulnérables parmi le personnel assigné à l'exécution du marché ait ou non été facilitée). Étant donné qu'il existe de nombreuses possibilités pour évaluer le rapport qualité/prix sur la base de critères matériels, il convient d'éviter de recourir au tirage au sort comme unique moyen d'attribuer le marché.

(99) Lorsque la qualité du personnel employé est déterminante pour le niveau d'exécution du marché, les entités adjudicatrices devraient également être autorisées à utiliser comme critère d'attribution l'organisation, les qualifications et l'expérience du personnel chargé de l'exécution du marché en question, étant donné que cela peut affecter la qualité de l'exécution du marché et, par conséquent, la valeur économique de l'offre. Cela pourrait être le cas, par exemple, des marchés de services intellectuels tels que des services de conseil ou d'architecte. Les entités adjudicatrices ayant recours à cette possibilité devraient s'assurer, par des moyens contractuels appropriés, que le personnel chargé de l'exécution du marché répond effectivement aux normes de qualité spécifiées et qu'il ne peut être remplacé qu'avec l'accord de l'entité adjudicatrice qui vérifie que le personnel de remplacement offre un niveau de qualité équivalent.

(100) Il est absolument primordial de tirer pleinement parti du potentiel des marchés publics pour atteindre les objectifs de la stratégie Europe 2020 pour une croissance intelligente, durable et inclusive. A cet égard, il convient de rappeler que les marchés publics sont essentiels pour promouvoir l'innovation, qui est très importante pour la croissance future en Europe. Les secteurs et les marchés étant très différents les uns des autres, il ne serait toutefois pas indiqué d'imposer des critères généraux pour la passation de marchés à visée envi-

ronnementale, sociale ou innovante. Le législateur de l'Union a déjà fixé des conditions obligatoires en matière de passation de marché pour atteindre des objectifs précis dans les secteurs du transport routier [directive 2009/33/CE du Parlement européen et du Conseil *[Dir. 2009/33/CE du Parlement européen et du Conseil du 23 avr. 2009 relative à la promotion de véhicules de transport routier propres et économes en énergie (JO L 120 du 15 mai 2009, p. 5)]*] et de l'équipement de bureau [règlement (CE) n° 106/2008 du Parlement européen et du Conseil *[Règl. (CE) n° 106/2008 du Parlement européen et du Conseil du 15 janv. 2008 concernant un programme communautaire d'étiquetage relatif à l'efficacité énergétique des équipements de bureau (JO L 39 du 13 févr. 2008, p. 1)]*]. Par ailleurs, d'importants progrès ont été faits en ce qui concerne la définition de méthodes communes pour calculer le coût du cycle de vie.

Il paraît donc judicieux de poursuivre sur cette voie en réservant aux dispositions sectorielles la définition d'objectifs obligatoires, en fonction des politiques et des conditions propres à chaque secteur, et de promouvoir le développement et l'utilisation d'approches européennes en matière de calcul du coût du cycle de vie, afin de donner aux marchés publics une dimension supplémentaire à l'appui d'une croissance durable.

(101) Ces mesures sectorielles devraient être complétées par une adaptation des directives 2004/17/CE et 2004/18/CE qui habilite les entités adjudicatrices à inclure les objectifs de la stratégie Europe 2020 pour une croissance intelligente, durable et inclusive dans leurs stratégies d'achat. Il convient donc de préciser que, sauf lorsque l'évaluation est exclusivement fondée sur le prix, les entités adjudicatrices peuvent déterminer l'offre économiquement la plus avantageuse et le coût le plus bas en prenant en compte le calcul du coût du cycle de vie. La notion de calcul du coût du cycle de vie couvre tous les coûts supportés durant le cycle de vie des travaux, fournitures ou services.

Elle englobe les coûts internes tels que la recherche à réaliser, le développement, la production, le transport, l'utilisation, la maintenance et le traitement en fin de vie, mais peut également comprendre les coûts imputés aux externalités environnementales, telles que la pollution causée par l'extraction des matières premières utilisées dans le produit ou causées par le produit lui-même ou sa fabrication, à condition qu'elles puissent être monétarisées et faire l'objet d'un suivi. Les méthodes utilisées par les entités adjudicatrices pour évaluer les coûts imputés aux externalités environnementales devraient être établies au préalable d'une manière objective et non discriminatoire et être accessibles à toutes les parties intéressées. Ces méthodes peuvent être arrêtées au niveau national, régional ou local mais, pour éviter des distorsions de concurrence résultant de méthodes taillées sur mesure, il convient qu'elles demeurent générales dans le sens qu'elles ne devraient pas être spécifiquement mises en place pour une procédure de passation de marché public particulière. Il convient de mettre au point au niveau de l'Union des méthodes communes afin de calculer le coût du cycle de vie de certaines catégories de fournitures ou de services. Lorsque de telles méthodes sont mises au point, il convient de les rendre obligatoires.

Il convient par ailleurs d'étudier la faisabilité de définir une méthode commune concernant les coûts sociaux du cycle de vie, en tenant compte des méthodes existantes telles que les lignes directrices pour l'analyse sociale du cycle de vie des produits adoptées dans le cadre du programme des Nations unies pour l'environnement.

(102) En outre, afin que les considérations sociales et environnementales soient mieux prises en compte dans les procédures de passation de marché, il convient que les entités adjudicatrices soient autorisées à appliquer des critères d'attribution ou des conditions d'exécution de marché liés aux travaux, fournitures ou services à fournir en vertu du marché public sous tous leurs aspects et à n'importe quel stade de leur cycle de vie, depuis l'extraction des matières premières utilisées pour le produit jusqu'au stade de l'élimination de celuici, y compris les facteurs intervenant dans le processus spécifique de production, de fourniture ou de commercialisation et ses conditions, desdits travaux, fournitures ou services, ou dans un processus spécifique lié à un stade ultérieur de leur cycle de vie, même lorsque ces facteurs ne font pas partie de leur contenu matériel. A titre d'exemple, sont à considérer comme des critères et des conditions se rapportant à ce type de processus de production ou de prestation ceux/celles prévoyant que des substances chimiques toxiques n'entrent pas dans la fabrication des produits achetés ou que les services achetés sont fournis en utilisant des machines économes en énergie.

Conformément à la jurisprudence de la Cour de justice de l'Union européenne, il s'agit également de critères d'attribution ou de conditions d'exécution du marché relatifs à la fourniture ou à l'utilisation de produits issus du commerce équitable lors de l'exécution du marché à attribuer. Parmi les conditions d'exécution du marché liées aux considérations environnementales pourraient figurer, par exemple, la livraison, l'emballage et l'élimination des produits et, pour ce qui est des marchés de travaux ou de services, la minimisation des déchets et l'utilisation efficace des ressources.

Toutefois, la condition de l'existence d'un lien avec l'objet du marché exclut les critères et conditions ayant trait à la politique générale de l'entreprise, qui ne peuvent être considérés comme un élément caractérisant le processus spécifique de production ou de fourniture des travaux, fournitures ou services achetés. Les entités adjudicatrices ne devraient dès lors pas être autorisées à exiger des soumissionnaires qu'ils aient mis en place une politique particulière de responsabilité sociale ou environnementale de l'entreprise.

(103) Il est essentiel que les critères d'attribution ou les conditions d'exécution du marché concernant les aspects sociaux du processus de production aient trait aux travaux, fournitures ou services à fournir en vertu du marché. En outre, ils devraient être appliqués conformément à la directive 96/71/CE, selon l'interprétation de la Cour de justice de l'Union européenne, et ne devraient pas être retenus ou appliqués de telle façon qu'ils créent une discrimination directe ou indirecte à l'encontre d'opérateurs économiques d'autres États membres ou de pays tiers parties à l'AMP ou à des accords de libre-échange auxquels l'Union est partie. Dès lors, les exigences concernant les conditions de travail de base réglementées par la directive 96/71/CE, telles que les taux minimaux de rémunération, devraient demeurer au niveau établi par le droit national ou par des conventions collectives appliqués conformément au droit de l'Union dans le cadre de ladite directive.

Les conditions d'exécution du marché pourraient également viser à favoriser la promotion de l'égalité des hommes et des femmes au travail, une plus grande participation des femmes au marché du travail et la conciliation de la vie professionnelle et de la vie privée, la protection de l'environnement ou le bien-être animal, à assurer le respect pour l'essentiel des dispositions des conventions fondamentales de l'Organisation internationale du travail (OIT), ainsi qu'à recruter davantage de personnes défavorisées que ne l'exige la législation nationale.

(104) Les mesures visant à protéger la santé du personnel participant au processus de production, à favoriser l'intégration des personnes défavorisées ou appartenant à des groupes vulnérables parmi les personnes chargées d'exécuter le marché ou à former aux compétences nécessaires pour le marché en question peuvent également faire l'objet de critères d'attribution ou de conditions d'exécution du marché, à condition d'être liées aux travaux, fournitures ou services à fournir en vertu du marché. Par exemple, ces critères ou conditions pourraient porter, entre autres choses, sur l'emploi de chômeurs de longue durée, ou la mise en œuvre de mesures de formation pour les chômeurs ou les jeunes au cours de l'exécution du marché à attribuer. Les entités adjudicatrices peuvent prévoir dans les spécifications techniques des exigences sociales caractérisant directement le produit ou service concerné, telles que l'accessibilité pour les personnes handicapées ou le fait d'être conçu pour tous les utilisateurs.

(105) Les marchés publics ne devraient pas être attribués à des opérateurs économiques qui ont participé à une organisation criminelle ou qui ont été déclarés coupables de corruption, de fraude au détriment des intérêts financiers de l'Union, d'infractions terroristes, de blanchiment de capitaux ou de financement du terrorisme. De même, le non-paiement d'impôts, de taxes ou de cotisations de sécurité sociale devrait entraîner une exclusion obligatoire au niveau de l'Union. Les États membres devraient toutefois pouvoir prévoir une dérogation à ces exclusions obligatoires dans des cas exceptionnels où des exigences impératives d'intérêt général rendent indispensable l'attribution d'un marché. Tel pourrait être le cas, par exemple, d'un vaccin ou d'un matériel de secours nécessaire de toute urgence qui ne peut être acheté qu'auprès d'un opérateur économique auquel s'appliquerait autrement un des motifs d'exclusion obligatoires. Compte tenu du fait que les entités adjudicatrices qui ne sont pas des pouvoirs adjudicateurs n'ont pas nécessairement accès à des éléments de preuve incontestables à cet égard, il convient de leur laisser le choix d'appliquer ou non les critères d'exclusion énumérés dans la directive 2014/24/UE. L'obligation d'appliquer l'article 57, paragraphes 1 et 2, de la directive 2014/24/UE devrait donc être limitée aux seules entités adjudicatrices qui sont des pouvoirs adjudicateurs.

(106) Les entités adjudicatrices devraient en outre pouvoir exclure des opérateurs économiques qui se seraient avérés non fiables, par exemple pour manquement à des obligations environnementales ou sociales, y compris aux règles d'accessibilité pour les personnes handicapées, ou pour d'autres fautes professionnelles graves telles que la violation des règles de concurrence ou de droits de propriété intellectuelle. Il convient de préciser qu'une faute professionnelle grave peut remettre en question l'intégrité d'un opérateur économique et avoir pour conséquence que celui-ci ne remplit pas les conditions requises pour se voir attri-

buer un marché public, indépendamment du fait qu'il aurait par ailleurs les capacités techniques et économiques pour exécuter le marché concerné.

Compte tenu du fait qu'elles seront responsables des conséquences d'une éventuelle décision erronée de leur part, les entités adjudicatrices devraient également avoir la faculté de considérer qu'il y a eu faute professionnelle grave lorsque, avant qu'une décision finale et contraignante quant à l'existence de motifs obligatoires d'exclusion ne soit prise, elles peuvent démontrer, par tout moyen approprié, que l'opérateur économique a manqué à ses obligations, y compris ses obligations relatives au paiement d'impôts et taxes ou de cotisations de sécurité sociale, sauf disposition contraire de le *[du]* droit national. Elles devraient également pouvoir exclure des candidats ou des soumissionnaires lorsque des défaillances importantes en ce qui concerne les exigences de fond ont été constatées lors de l'exécution de marchés publics antérieurs, par exemple un défaut de fourniture ou d'exécution, des carences notables du produit ou du service fourni qui le rendent impropre aux fins prévues, ou un comportement fautif jetant sérieusement le doute quant à la fiabilité de l'opérateur économique. La législation nationale devrait prévoir une durée maximale pour ces exclusions.

Lors de l'application de motifs facultatifs d'exclusion, il convient d'accorder une attention particulière au principe de proportionnalité. Des irrégularités mineures ne devraient entraîner l'exclusion d'un opérateur économique que dans des circonstances exceptionnelles. Toutefois, des cas répétés d'irrégularités mineures peuvent susciter des doutes quant à la fiabilité d'un opérateur économique, ce qui pourrait justifier son exclusion.

(107) Les entités adjudicatrices tenues d'appliquer ces critères d'exclusion ou choisissant de le faire devraient appliquer la directive 2014/24/UE en ce qui concerne la possibilité pour les opérateurs économiques de prendre des mesures de mise en conformité visant à remédier aux effets d'infractions pénales ou de fautes et à empêcher effectivement que celles-ci ne se reproduisent.

(108) Les offres qui paraissent anormalement basses par rapport aux travaux, fournitures ou services concernés pourraient reposer sur des hypothèses ou des pratiques techniquement, économiquement ou juridiquement contestables. Si le soumissionnaire ne peut fournir d'explication satisfaisante, l'entité adjudicatrice devrait être autorisée à rejeter son offre. Ce rejet devrait être obligatoire dans les cas où l'entité adjudicatrice constate que ce prix ou ce coût anormalement bas est dû à un manquement aux obligations découlant du droit de l'Union ou du droit national compatible avec celle-ci en matière de droit social et du travail ou de droit environnemental, ou de dispositions internationales en matière de droit du travail.

(109) Les conditions d'exécution du marché énoncent des exigences spécifiques liées à l'exécution du marché. Contrairement aux critères d'attribution du marché, qui servent de base à l'évaluation comparative de la qualité des offres, les conditions d'exécution du marché constituent des exigences objectives arrêtées qui n'ont pas d'incidence sur l'évaluation des offres. Les conditions d'exécution du marché devraient être compatibles avec la présente directive pour autant qu'elles ne soient pas directement ou indirectement discriminatoires et qu'elles soient liées à l'objet du marché, ce qui inclut tous les facteurs qui interviennent dans le processus même de production, de fourniture ou de commercialisation. Cela comprend les conditions relatives au processus d'exécution du marché, mais exclut les exigences concernant la politique générale d'une société.

(110) Il importe que le respect, par les sous-traitants, des obligations applicables dans les domaines du droit environnemental, social et du travail, établies par le droit de l'Union, le droit national ou des conventions collectives, ou par les dispositions de droit international environnemental, social et du travail énumérées dans la présente directive, à condition que ces règles et leur application soient conformes au droit de l'Union, soit assuré au moyen de mesures appropriées par les autorités nationales compétentes dans le cadre de leurs responsabilités et compétences, telles que les agences d'inspection du travail ou les agences de protection de l'environnement.

Il est également nécessaire d'assurer une certaine transparence dans la chaîne de sous-traitance, car les entités adjudicatrices disposent ainsi d'informations sur l'identité des personnes présentes sur les chantiers de construction, sur la nature des travaux réalisés pour leur compte ou sur les entreprises qui fournissent des services dans des bâtiments, des infrastructures ou des zones, tels qu'une mairie, une école municipale, des installations sportives, un port ou une autoroute, pour lesquels les entités adjudicatrices sont responsables ou sur lesquels elles exercent une surveillance directe. Il convient de préciser que l'obligation de communiquer les informations requises incombe dans tous les cas au contractant principal, soit sur la base de clauses spécifiques que chaque entité adjudicatrice serait tenue d'inclure dans toutes les procédures de passation de marchés, soit sur la base d'obligations que les États membres imposeraient aux contractants principaux au moyen de dispositions d'application générale.

Il convient également de préciser que les conditions relatives au contrôle du respect des obligations applicables dans les domaines du droit environnemental, social et du travail, établies par le droit de l'Union, le droit national, des conventions collectives ou par les dispositions de droit international environnemental, social et du travail énumérées dans la présente directive, à condition que ces règles et leur application soient conformes au droit de l'Union, devraient être appliquées chaque fois que le droit interne d'un État membre prévoit un mécanisme de responsabilité solidaire entre les sous-traitants et le contractant principal. En outre, il convient d'indiquer expressément que les États membres devraient pouvoir aller plus loin, par exemple en élargissant les obligations de transparence, en autorisant les paiements directs en faveur des sous-traitants ou en permettant ou en imposant aux pouvoirs adjudicateurs de vérifier que des sous-traitants ne se trouvent pas dans l'une quelconque des situations qui justifieraient l'exclusion d'opérateurs économiques. Lorsque de telles mesures sont appliquées aux sous-traitants, il convient d'assurer la cohérence avec les dispositions applicables aux contractants principaux, de sorte que l'existence de motifs d'exclusion obligatoires entraînerait l'obligation, pour le contractant principal, de remplacer le sous-traitant concerné. Lorsqu'il ressort des vérifications susmentionnées qu'il existe des motifs non obligatoires d'exclusion, il convient de préciser que les pouvoirs adjudicateurs peuvent exiger le remplacement. Il convient toutefois également d'indiquer expressément que les pouvoirs adjudicateurs peuvent être tenus d'exiger le remplacement du sous-traitant concerné lorsque l'exclusion du contractant principal serait obligatoire dans de tels cas.

Il convient aussi d'indiquer expressément que les États membres restent libres de prévoir, dans leur législation nationale, des règles plus strictes en matière de responsabilité ou d'aller plus loin en ce qui concerne les paiements directs en faveur des sous-traitants.

(111) Eu égard aux travaux en cours sur les dispositions horizontales régissant les relations avec les pays tiers dans le contexte des marchés publics, il convient de maintenir pendant une période transitoire le *statu quo* du régime qui s'applique au secteur des services d'utilité publique conformément aux articles 58 et 59 de la directive 2004/17/CE. Dès lors, ces dispositions devraient demeurer inchangées, y compris celle qui prévoit l'adoption d'actes d'exécution lorsque des entreprises de l'Union ont des difficultés à accéder aux marchés de pays tiers. Dans ces conditions, ces actes d'exécution devraient continuer à être adoptés par le Conseil.

(112) Il convient de rappeler que le règlement (CEE, Euratom) n° 1182/71 du Conseil *[Règl. (CEE, Euratom) n° 1182/71 du Conseil du 3 juin 1971 portant détermination des règles applicables aux délais, aux dates et aux termes (JO L 124 du 8 juin 1971, p. 1)]* s'applique au calcul des délais visés par la présente directive.

(113) Il est nécessaire de préciser les conditions dans lesquelles des modifications apportées à un marché en cours d'exécution imposent une nouvelle procédure de passation de marché, en tenant compte de la jurisprudence de la Cour de justice de l'Union européenne en la matière. Il y a lieu d'engager une nouvelle procédure de passation de marché lorsque des modifications substantielles sont apportées au marché initial, notamment en ce qui concerne l'étendue et le contenu des droits et obligations réciproques des parties, y compris l'attribution de droits de propriété intellectuelle, car de telles modifications attestent de l'intention des parties de renégocier des clauses ou conditions essentielles du marché. C'est notamment le cas de conditions qui, si elles avaient été incluses dans la procédure initiale, auraient influé sur son issue.

Il devrait toujours être possible d'apporter au marché des modifications entraînant une variation mineure de sa valeur jusqu'à un certain montant, sans pour autant devoir engager une nouvelle procédure de passation de marché. A cet effet, et afin de garantir la sécurité juridique, la présente directive devrait prévoir des seuils minimaux, en dessous desquels une nouvelle procédure de passation de marché n'est pas nécessaire. Il devrait être possible d'apporter au marché des modifications allant au-delà de ces seuils sans devoir recourir à une nouvelle procédure de passation de marché, pour autant que lesdites modifications respectent les conditions pertinentes énoncées dans la présente directive.

(114) Les entités adjudicatrices peuvent être confrontées à des situations dans lesquelles des travaux, fournitures ou services complémentaires s'avèrent nécessaires ; dans de tels cas, une modification du marché initial sans engager une nouvelle procédure de passation de

marché peut être justifiée, en particulier dans le cas où les livraisons complémentaires sont destinées au renouvellement partiel ou à l'extension de services, fournitures ou installations existants, lorsque le changement de fournisseur obligerait l'entité adjudicatrice à acquérir un matériel, des travaux ou des services revêtant des caractéristiques techniques différentes entraînant une incompatibilité ou des difficultés techniques d'utilisation et d'entretien disproportionnées.

(115) Les entités adjudicatrices peuvent se trouver confrontées à des circonstances extérieures qu'elles ne pouvaient prévoir au moment de l'attribution du marché, notamment lorsque l'exécution de celui-ci s'étend sur une plus longue période. Dans ce cas, une certaine souplesse est nécessaire pour pouvoir adapter le marché à ces circonstances sans engager de nouvelle procédure de passation de marché. Les circonstances imprévisibles sont celles que l'entité adjudicatrice, bien qu'ayant fait preuve d'une diligence raisonnable lors de la préparation du marché initial, n'aurait pu prévoir, compte tenu des moyens à sa disposition, de la nature et des caractéristiques du projet concerné, des bonnes pratiques du secteur et de la nécessité de mettre en adéquation les ressources consacrées à la préparation de l'attribution du marché et la valeur prévisible de celui-ci.

Toutefois, cela ne peut s'appliquer aux modifications qui ont pour effet d'altérer la nature de l'ensemble du marché, par exemple lorsque les travaux, fournitures ou services faisant l'objet du marché sont remplacés par une commande différente ou que le type de marché est fondamentalement modifié, puisque l'on peut alors présumer que cette modification serait de nature à influer sur l'issue du marché.

(116) Conformément aux principes d'égalité de traitement et de transparence, il ne devrait pas être possible, par exemple lorsque le marché a été annulé en raison de défaillances dans son exécution, de remplacer l'adjudicataire par un autre opérateur économique sans remise en concurrence du marché. En revanche, notamment lorsque le marché a été attribué à plus d'une entreprise, l'adjudicataire devrait pouvoir faire l'objet de certaines modifications structurelles durant l'exécution du marché (restructurations purement internes, rachat, fusions et acquisitions ou insolvabilité), sans que ces modifications structurelles requièrent automatiquement l'ouverture d'une nouvelle procédure de passation de marché pour tous les marchés publics dont il assure l'exécution.

(117) Les entités adjudicatrices devraient avoir la possibilité de prévoir, dans le marché même, des modifications grâce à une clause de réexamen ou d'option, qui ne devrait cependant pas leur laisser toute latitude en la matière. La présente directive devrait donc préciser dans quelle mesure il est possible de prévoir des modifications dans le marché initial. Il convient par conséquent de préciser qu'une clause de réexamen ou d'option, formulée de manière suffisamment claire, peut notamment prévoir des indexations de prix ou garantir, par exemple, que des équipements de communication devant être livrés sur une période de temps donnée restent appropriés également en cas de modification de protocoles de communication ou d'autres modifications technologiques. Il devrait également être possible, en vertu de clauses suffisamment claires, de prévoir des adaptations du marché rendues nécessaires par des difficultés techniques apparues pendant l'utilisation ou l'entretien. En outre, il y a lieu de rappeler qu'un marché pourrait, par exemple, à la fois comporter un entretien ordinaire et prévoir des opérations d'entretien extraordinaires qui pourraient s'avérer nécessaires pour assurer la continuité d'un service public.

(118) Les entités adjudicatrices sont parfois confrontées à des circonstances requérant la résiliation d'un marché public afin de se conformer aux obligations relevant du droit de l'Union dans le domaine des marchés publics. Les États membres devraient dès lors veiller à ce que les entités adjudicatrices aient la possibilité, dans les conditions déterminées par le droit national, de résilier un marché public en cours si le droit de l'Union l'exige.

(119) Les résultats du document de travail des services de la Commission du 27 juin 2011 intitulé « Rapport d'évaluation : incidence et efficacité de la législation de l'Union en matière de marchés publics » donnaient à penser qu'il faudrait revoir l'exclusion de certains services de l'application intégrale de la directive 2004/17/CE. L'application intégrale de la présente directive devrait par conséquent être étendue à un certain nombre de services.

(120) Certaines catégories de services conservent, par leur nature intrinsèque, une dimension transnationale limitée ; à savoir les services à la personne tels que certains services sociaux, de santé et d'éducation. Ces services sont fournis dans un cadre spécifique qui varie largement d'un État membre à l'autre, du fait de traditions culturelles différentes. Il convient dès lors de mettre en place un régime spécifique pour les marchés portant sur de tels services, dont le seuil est plus élevé que celui qui s'applique à d'autres services.

Dans le contexte particulier de la passation de marchés dans ces secteurs, les services à la personne dont la valeur n'atteint pas ce seuil n'intéresseront généralement pas les fournisseurs d'autres États membres sauf indication concrète du contraire, par exemple lorsque l'Union intervient dans le financement de projets transfrontaliers.

Les marchés de services à la personne dépassant ce seuil devraient être soumis à des obligations de transparence à l'échelle de l'Union. Compte tenu de l'importance du contexte culturel et du caractère sensible de ces services, les États membres devraient avoir un large pouvoir d'appréciation pour organiser le choix des prestataires de services de la manière qu'ils jugent la plus appropriée. Les règles de la présente directive tiennent compte de cet impératif, en n'imposant que le respect de principes fondamentaux de transparence et d'égalité de traitement et en veillant à ce que les entités adjudicatrices soient en mesure d'appliquer des critères de qualité spécifiques pour le choix de prestataires de services, tels que ceux définis dans le cadre volontaire européen pour la qualité des services sociaux, publié par le comité de la protection sociale. Lorsqu'ils fixent les procédures à suivre pour l'attribution des marchés de services à la personne, les États membres devraient tenir compte de l'article 14 du traité sur le fonctionnement de l'Union européenne et du protocole n° 26. Ce faisant, les États membres devraient également poursuivre les objectifs de simplification et d'allègement de la charge administrative pour les entités adjudicatrices et les opérateurs économiques ; il convient de préciser que ce processus pourrait également conduire à se fonder sur les règles applicables aux marchés de services ne relevant pas du régime spécifique.

Les États membres et les entités adjudicatrices restent libres de fournir eux-mêmes ces services à caractère social ou de les organiser sans que cela entraîne la conclusion de marchés publics, par exemple en se contentant de financer ces services ou en octroyant des licences ou des autorisations à tous les opérateurs économiques remplissant les conditions prédéfinies par l'entité adjudicatrice, sans fixation de limites ou de quotas, à condition qu'un tel système garantisse une publicité suffisante et soit conforme aux principes de transparence et de non-discrimination.

(121) De même, les services d'hôtellerie et de restauration ne sont généralement offerts que par des opérateurs situés sur le lieu précis de prestation de ces services et ont donc aussi une dimension transnationale limitée. Ils ne devraient dès lors être couverts que par le régime assoupli, à partir d'un seuil de 1 000 000 euros. Les marchés importants de services d'hôtellerie et de restauration dont le montant dépasse ce seuil peuvent susciter l'intérêt de différents opérateurs économiques tels que les agences de voyages et d'autres intermédiaires, y compris sur une base transnationale.

(122) De même, certains services juridiques concernent exclusivement des questions de droit purement national et ne sont donc généralement offerts que par des opérateurs locaux situés dans l'État membre concerné et ont par conséquent également une dimension transfrontière limitée. Ils ne devraient dès lors être couverts que par le *[régime]* assoupli, à partir d'un seuil de 1 000 000 euros. Les marchés importants de services juridiques dont le montant dépasse ce seuil peuvent susciter l'intérêt de différents opérateurs économiques tels que les cabinets d'avocats internationaux, également sur une base transnationale, notamment lorsqu'ils font intervenir des questions juridiques ayant pour origine ou pour toile de fond le droit de l'Union ou un autre droit international ou impliquant plus d'un pays.

(123) L'expérience a montré qu'une série d'autres services, tels que les services de secours, d'incendie ou les services pénitentiaires, ne présentent d'ordinaire un certain intérêt transnational qu'à partir du moment où ils acquièrent une masse critique suffisante de par leur valeur relativement élevée. Dans la mesure où ils ne sont pas exclus du champ d'application de la présente directive, ils devraient être inclus dans le régime assoupli. Dans la mesure où ils sont effectivement fournis sur la base d'un marché, d'autres catégories de services, tels que les services d'enquête et de sécurité, ne seraient normalement susceptibles de présenter un intérêt transnational qu'à partir d'un seuil de 1 000 000 euros et ne devraient donc être soumis que dans ce cas au régime assoupli.

(124) Afin d'assurer la continuité des services publics, la présente directive devrait permettre que la participation aux procédures de passation de marchés concernant certains services dans les domaines de la santé, des services sociaux et des services culturels puisse être réservée aux organisations reposant sur l'actionnariat des travailleurs ou sur leur participation active à la gouvernance de l'organisation et aux organisations existantes, telles que les coopératives, pour participer à la fourniture de ces services aux utilisateurs finals. Le champ d'application de cette disposition est exclusivement limité à certains services dans le domaine de la santé, à certains services sociaux et services connexes, à certains services dans les domaines de l'éducation et de la formation, aux bibliothèques, aux services d'archives, aux

musées et à d'autres services culturels, aux services sportifs et aux services aux ménages privés, et cette disposition n'est pas destinée à s'appliquer à une quelconque des exclusions prévues par d'autres dispositions de la présente directive. Ces services ne devraient être couverts que par le régime assoupli.

(125) Il convient de définir ces services par référence aux positions particulières du « Vocabulaire commun pour les marchés publics » (*Common Procurement Vocabulary*, CPV) adopté par le règlement (CE) n° 2195/2002 du Parlement européen et du Conseil *[Règl. (CE) n° 2195/2002 du Parlement européen et du Conseil du 5 nov. 2002 relatif au vocabulaire commun pour les marchés publics (CPV) (JO L 340 du 16 déc. 2002, p. 1)]*, qui est une nomenclature hiérarchiquement structurée classée par divisions, groupes, classes, catégories et sous-catégories. Afin d'éviter toute insécurité juridique, il y a lieu de préciser qu'un renvoi à une division n'entraîne pas implicitement un renvoi à une de ses subdivisions. Cette couverture totale devrait plutôt être expressément indiquée par la mention de toutes les positions pertinentes, le cas échéant sous la forme d'une plage de codes.

(126) Les concours sont l'instrument le plus souvent utilisés *[utilisé]* dans le domaine de l'aménagement du territoire, de l'urbanisme, de l'architecture et de l'ingénierie ou du traitement de données. Il convient toutefois de rappeler que la souplesse de cet instrument pourrait également être utilisée à d'autres fins et qu'il peut être stipulé que les marchés de services seraient attribués par la suite au lauréat ou à l'un des lauréats du concours selon une procédure négociée sans publication.

(127) L'évaluation a montré que l'application de la réglementation de l'Union sur les marchés publics peut encore être nettement améliorée. Pour que la mise en œuvre de cette réglementation soit plus efficace et plus cohérente, il est essentiel d'avoir une bonne vue d'ensemble des éventuels problèmes structurels et des grandes lignes des politiques nationales en matière de marchés publics afin de trouver des solutions plus ciblées aux problèmes potentiels. Un suivi approprié devrait permettre d'obtenir cette vue d'ensemble : les résultats de ce suivi devraient être publiés régulièrement, afin de pouvoir débattre en connaissance de cause des améliorations qui peuvent être apportées aux règles et aux pratiques en la matière. Cette bonne vue d'ensemble pourrait également fournir des indications sur l'application de la réglementation relative aux marchés publics dans le contexte de la mise en œuvre de projets cofinancés par l'Union. Les États membres devraient avoir la faculté de décider qui serait chargé de ce suivi en pratique et selon quelles modalités ; ce faisant, ils devraient également rester libres de décider si ce suivi devrait être fondé sur un contrôle *ex post* par échantillonnage ou sur un contrôle *ex ante* systématique des procédures de passation de marchés publics visées par la présente directive. Il devrait être possible de porter des problèmes potentiels à l'attention des organismes compétents ; les personnes ayant réalisé le suivi ne devraient pas nécessairement pour autant avoir qualité pour agir en justice.

Si les entités adjudicatrices et les opérateurs économiques recevaient de meilleures orientations, de meilleures informations et une meilleure aide, l'efficacité des procédures de passation de marchés publics pourrait aussi s'en trouver grandement améliorée grâce à de meilleures connaissances, une sécurité juridique accrue et une professionnalisation des pratiques en la matière ; ces orientations devraient leur être fournies chaque fois qu'elles s'avèrent nécessaires pour améliorer l'application de la réglementation. Elles pourraient porter sur toutes les matières relevant de la passation de marchés publics telles que la programmation des achats, les procédures, le choix des techniques et instruments et les bonnes pratiques dans le déroulement des procédures. Pour ce qui est des questions juridiques, les orientations ne devraient pas nécessairement être synonymes d'analyse juridique exhaustive des questions concernées, mais elles pourraient se limiter à une indication générale des éléments à prendre en considération en vue de l'analyse détaillée ultérieure des questions, par exemple, en signalant la jurisprudence qui pourrait être applicable ou des notes d'orientation ou d'autres sources ayant déjà examiné la question particulière concernée.

(128) La directive 92/13/CEE prévoit que certaines procédures de recours sont accessibles au moins à toute personne ayant ou ayant eu intérêt à obtenir un marché particulier et ayant été lésée ou risquant de l'être par une violation alléguée du droit de l'Union dans le domaine de la passation de marchés publics ou des règles nationales transposant ce droit. Ces procédures de recours ne devraient pas être affectées par la présente directive. Toutefois, les citoyens et les parties concernées, qu'ils soient organisés ou non, ainsi que d'autres personnes ou organismes qui n'ont pas accès aux procédures de recours en vertu de la directive 92/13/CEE ont néanmoins un intérêt légitime en qualité de contribuables à ce qu'il existe de bonnes procédures de passation de marché. Ils devraient dès lors disposer de la possibilité, autrement qu'au moyen du système de recours prévu par la directive 92/13/CEE

et sans qu'ils se voient nécessairement conférer pour autant la qualité pour agir en justice, de signaler d'éventuelles violations de la présente directive à une autorité ou une structure compétente. Afin de ne pas créer de doublons avec les autorités ou structures existantes, les États membres devraient avoir la possibilité de prévoir un recours auprès d'autorités ou de structures générales de contrôle, d'organismes sectoriels de surveillance, d'autorités locales de surveillance, d'autorités chargées de la concurrence, du médiateur ou d'autorités nationales d'audit.

(129) Pour tirer pleinement parti du potentiel des marchés publics pour atteindre les objectifs de la stratégie Europe 2020 pour une croissance intelligente, durable et inclusive, la passation de marchés à visée environnementale, sociale ou innovante aura également son rôle à jouer. Il est dès lors important d'avoir une vue d'ensemble de l'évolution de la situation dans le domaine de la passation de marchés stratégiques, de manière à avoir une vision éclairée des tendances générales au niveau global dans ce domaine. Toute étude pertinente et déjà réalisée peut bien entendu être utilisée à cet égard également.

(130) Étant donné le potentiel de création d'emplois, de croissance et d'innovation que possèdent les PME, il est important d'encourager leur participation à la passation de marchés publics grâce à la fois à des dispositions appropriées dans la présente directive et à des initiatives au niveau national. Les nouvelles dispositions prévues dans la présente directive devraient contribuer à améliorer leur niveau de réussite, à savoir la part de la valeur totale des marchés attribués revenant aux PME. Il n'est pas approprié d'imposer des quotas obligatoires de réussite. Cependant, il y a lieu de suivre de près les initiatives nationales visant à accroître la participation des PME, en raison de l'importance de ce paramètre.

(131) Un ensemble de procédures et de méthodes de travail a déjà été établi compte tenu des communications et des contacts de la Commission avec les États membres, comme les communications et contacts liés aux procédures prévues en vertu des articles 258 et 260 du traité sur le fonctionnement de l'Union européenne, le réseau de résolution des problèmes dans le marché intérieur (SOLVIT) et EU Pilot, qui ne sont pas modifiées par la présente directive. Il convient néanmoins de les compléter en désignant, dans chaque État membre, un point de référence unique chargé de la coopération avec la Commission, qui devrait servir de point d'entrée unique pour les questions concernant la passation de marchés publics dans l'État membre concerné. Cette tâche pourrait être exercée par des personnes ou des structures qui entretiennent déjà des contacts réguliers avec la Commission à propos de questions liées à la passation de marchés publics, tels que les points de contact nationaux, des membres du comité consultatif pour les marchés publics ou du réseau des marchés publics ou des instances nationales de coordination.

(132) La traçabilité et la transparence des processus décisionnels de passation des marchés sont essentielles pour la qualité des procédures, notamment en ce qui concerne l'efficacité de la lutte contre la corruption et la fraude. Les pouvoirs adjudicateurs devraient dès lors conserver une copie des documents relatifs aux marchés d'un montant élevé qu'ils passent, afin que les parties intéressées puissent y avoir accès, conformément aux règles en vigueur sur l'accès aux documents. En outre, les éléments essentiels et les décisions ayant trait aux diverses procédures de passation de marchés publics devraient être consignés par les entités adjudicatrices dans un rapport *ad hoc*. Afin de limiter, dans la mesure du possible, les lourdeurs administratives, ce rapport devrait pouvoir faire référence aux informations figurant déjà dans l'avis d'attribution du marché concerné. Les systèmes électroniques de publication de ces avis, qui sont gérés par la Commission, devraient également être améliorés afin de faciliter la saisie de données, tout en rendant plus aisée l'extraction de rapports généraux, ainsi que l'échange de données entre systèmes.

(133) Par souci de simplification administrative et afin de réduire la charge qui pèse sur les États membres, la Commission devrait examiner à intervalles réguliers si la qualité et l'exhaustivité des informations figurant dans les avis publiés dans le cadre des procédures de passation des marchés publics sont suffisantes pour lui permettre d'en extraire des données statistiques qui, à défaut, devraient être communiquées par les États membres.

(134) Une coopération administrative effective est nécessaire pour échanger les informations requises dans le cadre des procédures d'attribution de marché, notamment en ce qui concerne la vérification des motifs d'exclusion et des critères de sélection et l'application des normes de qualité et de respect de l'environnement. Le système d'information du marché intérieur (IMI) créé par le règlement (UE) n° 1024/2012 du Parlement européen et du Conseil *[Règl. (UE) n° 1024/2012 du Parlement européen et du Conseil du 25 oct. 2012 concernant la coopération administrative par l'intermédiaire du système d'information du marché intérieur et abrogeant la Décis. 2008/49/CE de la Commission (« règlement IMI ») (JO L 316 du 14 nov. 2012, p. 1)]* pourrait

constituer un moyen électronique utile pour faciliter et renforcer la coopération administrative en gérant l'échange d'informations sur la base de procédures simples et unifiées surmontant les barrières linguistiques. Un projet pilote devrait par conséquent être lancé dans les meilleurs délais afin de tester l'opportunité d'étendre l'IMI à l'échange d'informations relevant de la présente directive.

(135) Afin de permettre les adaptations requises par l'évolution rapide des techniques, de l'économie et de la réglementation, il convient de déléguer à la Commission le pouvoir d'adopter des actes, conformément à l'article 290 du traité sur le fonctionnement de l'Union européenne, en ce qui concerne un certain nombre d'éléments non essentiels de la présente directive. Eu égard à la nécessité de se conformer aux accords internationaux, la Commission devrait être habilitée à modifier les modalités techniques des méthodes de calcul des seuils et à réviser périodiquement les seuils eux-mêmes ; les références à la nomenclature CPV étant susceptibles de faire l'objet de modifications réglementaires au niveau de l'Union, il est nécessaire d'intégrer ces modifications dans le texte de la présente directive ; les détails et les caractéristiques techniques des dispositifs de réception électronique devraient être actualisés en fonction de l'évolution des technologies ; il est également nécessaire d'habiliter la Commission à imposer des normes techniques de communication électronique, afin d'assurer l'interopérabilité des formats techniques, des procédures et des messageries dans le cadre des passations de marchés par voie électronique, en tenant compte de l'évolution des technologies ; pour intégrer les mesures adoptées au niveau sectoriel, il conviendrait d'habiliter également la Commission à adapter rapidement la liste des actes législatifs de l'Union établissant des méthodes communes de calcul des coûts du cycle de vie, la liste des conventions internationales en matière sociale et environnementale, la liste des actes juridiques de l'Union dont la mise en œuvre crée une présomption de libre accès à un marché, et l'annexe II qui énumère les actes à prendre en considération pour établir l'existence de droits spéciaux ou exclusifs ; pour répondre à cette nécessité, la Commission devrait être habilitée à actualiser ces listes. Il importe particulièrement que la Commission procède aux consultations appropriées au cours de ses travaux préparatoires, y compris au niveau des experts. Lorsqu'elle prépare et élabore des actes délégués, la Commission devrait veiller à ce que tous les documents pertinents soient transmis simultanément, en temps utile et de façon appropriée au Parlement européen et au Conseil.

(136) Dans le cadre de l'application de la présente directive, la Commission devrait consulter des groupes d'experts appropriés dans le domaine de la passation de marchés en ligne en assurant une composition équilibrée des principaux groupes de parties prenantes.

(137) Afin d'assurer des conditions uniformes d'exécution de la présente directive, il convient de conférer des compétences d'exécution à la Commission en ce qui concerne les modalités de transmission et de publication des données visées à l'annexe IX, les modalités d'élaboration et de transmission des avis, et les formulaires types pour la publication des avis. Ces compétences devraient être exercées en conformité avec le règlement (UE) n° 182/2011 du Parlement européen et du Conseil *[Règl. (UE) n° 182/2011 du Parlement européen et du Conseil du 16 févr. 2011 établissant les règles et principes généraux relatifs aux modalités de contrôle par les États membres de l'exercice des compétences d'exécution par la Commission (JO L 55 du 28 févr. 2011, p. 13)]*.

(138) Il convient d'avoir recours à la procédure consultative pour l'adoption des actes d'exécution relatifs aux formulaires types pour la publication des avis qui n'ont aucune incidence, ni sur le plan financier, ni sur la nature ou la portée des obligations découlant de la présente directive. Il s'agit au contraire d'actes à visée purement administrative, destinés à faciliter l'application des règles énoncées dans la présente directive.

Par ailleurs, les conditions d'adoption des décisions déterminant si une activité donnée est directement exposée à la concurrence sur des marchés libres d'accès devraient garantir l'uniformité des conditions de mise en œuvre de cette disposition. Par conséquent, il y a également lieu de conférer à la Commission des compétences d'exécution en ce qui concerne les modalités précises de mise en œuvre de la procédure prévue à l'article 35 pour déterminer si l'article 34 est applicable, et l'adoption des actes d'exécution eux-mêmes. Il convient que ces compétences soient exercées conformément au règlement (UE) n° 182/2011. Il convient d'utiliser la procédure consultative pour l'adoption de ces actes d'exécution.

(139) La Commission devrait examiner les effets sur le marché intérieur découlant de l'application des seuils et adresser un rapport au Parlement européen et au Conseil. Ce faisant, elle devrait tenir compte de facteurs tels que le volume des passations de marchés transnationaux, la participation des PME, les coûts des transactions et le rapport coût-efficacité.

L'article XXII, paragraphe 7, de l'AMP prévoit que celui-ci fait l'objet de nouvelles négociations trois ans après son entrée en vigueur et par la suite de façon périodique. Il convient, dans ce contexte, de procéder à l'examen de l'adéquation du niveau des seuils eu égard à l'incidence de l'inflation, compte tenu de l'absence de modification des seuils fixés dans l'AMP pendant une longue période ; dans le cas où il en résulterait que ce niveau doit être modifié, la Commission devrait, le cas échéant, adopter une proposition d'acte juridique modifiant les seuils établis par la présente directive.

(140) Étant donné que l'objectif de la présente directive, à savoir la coordination des dispositions législatives, réglementaires et administratives des États membres applicables à certaines procédures de passation de marchés publics, ne peut être atteint de manière suffisante par les États membres mais peut, en raison de ses dimensions et de ses effets, l'être mieux au niveau de l'Union, celle-ci peut prendre des mesures, conformément au principe de subsidiarité prévu à l'article 5 du traité sur l'Union européenne. Conformément au principe de proportionnalité énoncé audit article, la présente directive n'excède pas ce qui est nécessaire pour atteindre cet objectif.

(141) Il y a lieu d'abroger la directive 2004/17/CE.

(142) Conformément à la déclaration politique commune des États membres et de la Commission du 28 septembre 2011 sur les documents explicatifs, les États membres se sont engagés à accompagner, dans les cas où cela est justifié, la notification de leurs mesures de transposition d'un ou plusieurs documents expliquant le lien entre les éléments d'une directive et les parties correspondantes des instruments nationaux de transposition. En ce qui concerne la présente directive, le législateur estime que la transmission de ces documents est justifiée.

TITRE I CHAMP D'APPLICATION, DÉFINITIONS ET PRINCIPES GÉNÉRAUX

CHAPITRE I *OBJET ET DÉFINITIONS*

Art. 1er *Objet et champ d'application.*

1. La présente directive établit les règles applicables aux procédures de passation de marchés par des entités adjudicatrices en ce qui concerne les marchés, ainsi que les concours, dont la valeur estimée atteint ou dépasse les seuils énoncés à l'article 15.

2. Au sens de la présente directive, la passation d'un marché est l'acquisition, au moyen d'un marché de fournitures, de travaux ou de services de travaux, de fournitures ou de services par une ou plusieurs entités adjudicatrices auprès d'opérateurs économiques choisis par lesdites entités, à condition que ces travaux, fournitures ou services soient destinés à l'exercice de l'une des activités visées aux articles 8 à 14.

3. La mise en œuvre de la présente directive est soumise à l'article 346 du traité sur le fonctionnement de l'Union européenne.

4. La présente directive ne porte pas atteinte à la faculté des États membres de définir, conformément au droit de l'Union, ce qu'ils entendent par services d'intérêt économique général, la manière dont ces services devraient être organisés et financés conformément aux règles relatives aux aides d'État ou les obligations spécifiques auxquelles ils devraient être soumis. De même, la présente directive n'a pas d'incidence sur le droit qu'ont les pouvoirs publics de décider si, comment et dans quelle mesure ils souhaitent assumer eux-mêmes certaines fonctions publiques conformément à l'article 14 du traité sur le fonctionnement de l'Union européenne et au protocole n° 26.

5. La présente directive n'a pas d'incidence sur la façon dont les États membres organisent leurs systèmes de sécurité sociale.

6. Le champ d'application de la présente directive ne couvre pas les services non économiques d'intérêt général.

Art. 2 *Définitions.*

Aux fins de la présente directive, on entend par :

1) "marchés de fournitures, de travaux et de services", des contrats à titre onéreux conclus par écrit entre une ou plusieurs entités adjudicatrices et un ou plusieurs opérateurs économiques, qui ont pour objet l'exécution de travaux, la fourniture de produits ou la prestation de services ;

2) "marchés de travaux", des marchés ayant l'un des objets suivants :

a) soit l'exécution seule, soit à la fois la conception et l'exécution de travaux relatifs à l'une des activités mentionnées à l'annexe I ;

b) soit l'exécution seule, soit à la fois la conception et l'exécution d'un ouvrage ;

c) la réalisation, par quelque moyen que ce soit, d'un ouvrage répondant aux exigences fixées par l'entité adjudicatrice qui exerce une influence déterminante sur sa nature ou sa conception ;

3) "ouvrage", le résultat d'un ensemble de travaux de bâtiment ou de génie civil destiné à remplir par lui-même une fonction économique ou technique ;

4) "marchés de fournitures", des marchés ayant pour objet l'achat, la prise en crédit-bail, la location ou la location-vente, avec ou sans option d'achat, de produits. Un marché de fournitures peut comprendre, à titre accessoire, des travaux de pose et d'installation ;

5) "marchés de services", des marchés ayant pour objet la prestation de services autres que ceux visés au point 2) ;

6) "opérateur économique", toute personne physique ou morale ou entité adjudicatrice, ou tout groupement de ces personnes et/ou entités, y compris toute association temporaire d'entreprises, qui offre la réalisation de travaux et/ou d'ouvrages, la fourniture de produits ou la prestation de services sur le marché ;

7) "soumissionnaire", un opérateur économique qui a présenté une offre ;

8) "candidat", un opérateur économique qui a demandé à être invité ou a été invité à participer à une procédure restreinte ou négociée, à un dialogue compétitif ou à un partenariat d'innovation ;

9) "document de marché", tout document fourni par l'entité adjudicatrice ou auquel elle se réfère afin de décrire ou de définir des éléments de la passation de marché ou de la procédure de passation de marché, y compris l'avis de marché, l'avis périodique indicatif ou les avis sur l'existence d'un système de qualification lorsqu'ils sont utilisés en tant que moyen de mise en concurrence, les spécifications techniques, le document descriptif, les conditions contractuelles proposées, les formats de présentation des documents par les candidats et les soumissionnaires, les informations sur les obligations généralement applicables et tout autre document additionnel ;

10) "activités d'achat centralisées", des activités menées en permanence qui prennent l'une des formes suivantes :

a) l'acquisition de fournitures et/ou de services destinés à des entités adjudicatrices ;

b) la passation de marchés ou la conclusion d'accords-cadres de travaux, de fournitures ou de services destinés à des entités adjudicatrices ;

11) "activités d'achat auxiliaires", des activités qui consistent à fournir un appui aux activités d'achat, notamment sous les formes suivantes :

a) infrastructures techniques permettant aux entités adjudicatrices de passer des marchés publics ou de conclure des accords-cadres de travaux, de fournitures ou de services ;

b) conseil sur le déroulement ou la conception des procédures de passation de marchés ;

c) préparation et gestion des procédures de passation de marchés au nom de l'entité adjudicatrice concernée et pour son compte ;

12) "centrale d'achat", une entité adjudicatrice au sens de l'article 4, paragraphe 1, de la présente directive, ou un pouvoir adjudicateur au sens de l'article 2, paragraphe 1, point 1), de la directive 2014/24/UE qui fournit des activités d'achat centralisées et, éventuellement, des activités d'achat auxiliaires.

Un marché passé par une centrale d'achats en vue d'effectuer des activités d'achat centralisées est considéré comme un marché passé en vue de mener une des activités visées aux articles 8 à 14. L'article 18 ne s'applique pas aux marchés passés par une centrale d'achats en vue de mener des activités d'achat centralisées ;

13) "prestataire de services de passation de marchés", un organisme public ou privé qui propose des activités d'achat auxiliaires sur le marché ;

14) "écrit(e)" ou "par écrit", tout ensemble de mots ou de chiffres qui peut être lu, reproduit, puis communiqué, y compris les informations transmises et stockées par un moyen électronique ;

15) "moyen électronique", un équipement électronique de traitement (y compris la compression numérique) et de stockage de données diffusées, acheminées et reçues par câble, par voie hertzienne, par moyen optique ou par d'autres moyens électromagnétiques ;

16) "cycle de vie", l'ensemble des étapes successives et/ou interdépendantes*[,]* y compris la recherche et le développement à réaliser, la production, la commercialisation et ses conditions, le transport, l'utilisation et la maintenance, tout au long de la vie du produit ou de l'ouvrage ou de la fourniture du service, depuis l'acquisition des matières premières ou la production des ressources jusqu'à l'élimination, la remise en état et la fin du service ou de l'utilisation ;

17) "concours", les procédures qui permettent à l'entité adjudicatrice d'acquérir, principalement dans le domaine de l'aménagement du territoire, de l'urbanisme, de l'architecture, de

l'ingénierie ou du traitement de données, un plan ou un projet qui est choisi par un jury après mise en concurrence avec ou sans attribution de primes ;

18) "innovation", la mise en œuvre d'un produit, d'un service ou d'un procédé nouveau ou sensiblement amélioré, y compris mais pas exclusivement des procédés de production ou de construction, d'une nouvelle méthode de commercialisation ou d'une nouvelle méthode organisationnelle dans les pratiques, l'organisation du lieu de travail ou les relations extérieures de l'entreprise, notamment dans le but d'aider à relever des défis sociétaux ou à soutenir la stratégie Europe 2020 pour une croissance intelligente, durable et inclusive ;

19) "label", tout document, certificat ou attestation confirmant que les ouvrages, les produits, les services, les procédés ou les procédures en question remplissent certaines exigences ;

20) "exigences en matière de label", les exigences que doivent remplir les ouvrages, les produits, les services, les procédés ou les procédures en question pour obtenir le label concerné.

Art. 3 *Pouvoirs adjudicateurs.*

1. Aux fins de la présente directive, on entend par "pouvoirs adjudicateurs", l'État, les autorités régionales ou locales, les organismes de droit public ou les associations formées par une ou plusieurs de ces autorités ou par un ou plusieurs de ces organismes de droit public.

2. On entend par "autorités régionales" toutes les autorités des unités administratives énumérées dans les NUTS 1 et 2 visées dans le règlement (CE) n° 1059/2003 *[Règl. (CE) n° 1059/2003 du Parlement européen et du Conseil du 26 mai 2003 relatif à l'établissement d'une nomenclature commune des unités territoriales statistiques (NUTS) (JO L 154 du 21 juin 2003, p. 1)]*.

3. On entend par "autorités locales" toutes les autorités des unités administratives relevant de la NUTS 3 et des unités administratives de plus petite taille visées dans le règlement (CE) n° 1059/2003.

4. On entend par "organisme de droit public" tout organisme présentant toutes les caractéristiques suivantes :

a) il a été créé pour satisfaire spécifiquement des besoins d'intérêt général ayant un caractère autre qu'industriel ou commercial ;

b) il est doté de la personnalité juridique ; et

c) soit il est financé majoritairement par l'État, les autorités régionales ou locales, ou d'autres organismes de droit public, soit sa gestion est soumise à un contrôle de ces autorités ou organismes, soit son organe d'administration, de direction ou de surveillance est composé de membres dont plus de la moitié sont désignés par l'État, les autorités régionales ou locales ou d'autres organismes de droit public.

Art. 4 *Entités adjudicatrices.*

1. Aux fins de la présente directive, les entités adjudicatrices sont des entités qui :

a) sont des pouvoirs adjudicateurs ou des entreprises publiques et qui exercent une des activités visées aux articles 8 à 14 ;

b) lorsqu'elles ne sont pas des pouvoirs adjudicateurs ou des entreprises publiques, exercent, parmi leurs activités, l'une des activités visées aux articles 8 à 14, ou plusieurs de ces activités, et bénéficient de droits spéciaux ou exclusifs octroyés par une autorité compétente d'un État membre.

2. On entend par "entreprise publique" toute entreprise sur laquelle les pouvoirs adjudicateurs peuvent exercer directement ou indirectement une influence dominante du fait de la propriété de cette entreprise, de la participation financière qu'ils y détiennent ou des règles qui la régissent.

L'influence dominante des pouvoirs adjudicateurs est présumée dans tous les cas suivants lorsque ces pouvoirs, directement ou indirectement, à l'égard de l'entreprise :

a) détiennent la majorité du capital souscrit de l'entreprise ;

b) disposent de la majorité des voix attachées aux parts émises par l'entreprise ;

c) peuvent désigner plus de la moitié des membres de l'organe d'administration, de direction ou de surveillance de l'entreprise.

3. Aux fins du présent article, les "droits spéciaux ou exclusifs" sont des droits accordés par l'autorité compétente d'un État membre, au moyen de toute disposition législative, réglementaire ou administrative ayant pour effet de réserver à une ou plusieurs entités l'exercice d'une activité définie aux articles 8 à 14 et d'affecter substantiellement la capacité des autres entités d'exercer cette activité.

Les droits octroyés au moyen d'une procédure ayant fait l'objet d'une publicité appropriée et selon des critères objectifs ne constituent pas des "droits spéciaux ou exclusifs" au sens du premier alinéa.

Ces procédures sont notamment les suivantes :

a) des procédures de passation de marchés avec mise en concurrence préalable, conformément à la directive 2014/24/UE, à la directive 2009/81/CE, à la directive 2014/23/UE ou à la présente directive ;

b) des procédures en vertu d'autres actes juridiques de l'Union, énumérés à l'annexe II, qui garantissent une transparence préalable adéquate pour l'octroi d'autorisations sur la base de critères objectifs.

4. La Commission est habilitée à adopter des actes délégués en conformité avec l'article 103 en ce qui concerne la modification de la liste des actes juridiques de l'Union figurant à l'annexe II, lorsque cette modification est rendue nécessaire par l'adoption de nouveaux actes juridiques, ou par l'abrogation ou la modification de tels actes.

Art. 5 *Marchés mixtes couvrant la même activité.*

1. Le paragraphe 2 s'applique aux marchés mixtes qui ont pour objet différents types d'achats relevant tous de la présente directive.

Les paragraphes 3 à 5 s'appliquent aux marchés mixtes qui ont pour objet des achats relevant de la présente directive et des achats relevant d'autres régimes juridiques.

2. Les marchés qui ont pour objet plusieurs types d'achats (travaux, services ou fournitures) sont passés conformément aux dispositions applicables au type d'achat qui constitue l'objet principal du marché en question.

En ce qui concerne les marchés mixtes portant à la fois sur des services au sens du titre III, chapitre I, et en partie sur d'autres services, ou les marchés mixtes portant en partie sur des services et en partie sur des fournitures, l'objet principal est déterminé en fonction de la plus élevée des valeurs estimées respectives des fournitures ou des services.

3. Lorsque les différentes parties d'un marché donné sont objectivement séparables, le paragraphe 4 s'applique. Lorsque les différentes parties d'un marché donné sont objectivement inséparables, le paragraphe 5 s'applique.

Lorsqu'une partie d'un marché donné relève de l'article 346 du traité sur le fonctionnement de l'Union européenne ou de la directive 2009/81/CE, l'article 25 de la présente directive s'applique.

4. Lorsqu'un marché a pour objet des achats relevant de la présente directive ainsi que des achats qui ne relèvent pas de la présente directive, les entités adjudicatrices peuvent décider de passer des marchés distincts pour les différentes parties du marché ou de passer un marché unique. Lorsque les entités adjudicatrices décident de passer des marchés distincts pour les différentes parties, la décision concernant le régime juridique applicable à chacun de ces marchés distincts est adoptée sur la base des caractéristiques des différentes parties concernées.

Lorsque les entités adjudicatrices décident de passer un marché unique, la présente directive s'applique, sauf disposition contraire de l'article 25, au marché mixte qui en résulte, indépendamment de la valeur des parties qui relèveraient normalement d'un régime juridique différent et indépendamment du régime juridique dont celles-ci auraient normalement relevé.

Dans le cas d'un marché mixte contenant des éléments de marchés de fournitures, de travaux et de services et de concessions, le marché mixte est passé conformément à la présente directive, pour autant que la valeur estimée de la partie du marché qui constitue un marché relevant de la présente directive, calculée conformément à l'article 16, soit égale ou supérieure au seuil applicable fixé à l'article 15.

5. Lorsque les différentes parties d'un marché donné sont objectivement inséparables, le régime juridique applicable est déterminé en fonction de l'objet principal dudit marché.

Art. 6 *Marchés couvrant plusieurs activités.*

1. Dans le cas de marchés destinés à couvrir plusieurs activités, les entités adjudicatrices peuvent décider de passer des marchés distincts pour chacune des différentes activités ou de passer un marché unique. Lorsque les entités adjudicatrices décident de passer des marchés distincts, la décision concernant les règles applicables à chacun de ces marchés distincts est adoptée sur la base des caractéristiques des différentes activités concernées.

Nonobstant l'article 5, lorsque les entités adjudicatrices décident de passer un marché unique, les paragraphes 2 et 3 du présent article s'appliquent. Toutefois, lorsque l'une des activités concernées relève de l'article 346 du traité sur le fonctionnement de l'Union européenne ou *[de]* la directive 2009/81/CE, l'article 26 de la présente directive s'applique.

La décision de passer un marché unique ou de passer plusieurs marchés distincts ne peut toutefois être prise dans le but de soustraire le ou les marchés au champ d'application de la présente directive ou, le cas échéant, de la directive 2014/24/UE ou de la directive 2014/23/UE.

2. Un marché destiné à couvrir plusieurs activités suit les règles applicables à l'activité à laquelle il est principalement destiné.

3. Dans le cas d'un marché pour lequel il est objectivement impossible d'établir à quelle activité le marché est principalement destiné, les règles applicables sont déterminées conformément aux points a), b) et c) :

a) le marché est attribué conformément à la directive 2014/24/UE, si l'une des activités auxquelles le marché est destiné relève de la présente directive et l'autre de la directive 2014/24/UE ;

b) le marché est attribué conformément à la présente directive, si l'une des activités auxquelles le marché est destiné relève de la présente directive et l'autre de la directive 2014/23/UE ;

c) le marché est attribué conformément à la présente directive, si l'une des activités auxquelles le marché est destiné relève de la présente directive et si l'autre ne relève ni de la présente directive, ni de la directive 2014/24/UE, ni de la directive 2014/25/UE.

CHAPITRE II *ACTIVITÉS*

Art. 7 *Dispositions communes.*

Aux fins des articles 8, 9 et 10, le terme "alimentation" comprend la production, la vente en gros et la vente de détail.

Toutefois, la production de gaz par extraction relève du champ d'application de l'article 14.

Art. 8 *Gaz et chaleur.*

1. En ce qui concerne le gaz et la chaleur, la présente directive s'applique aux activités suivantes :

a) la mise à disposition ou l'exploitation de réseaux fixes destinés à fournir un service au public dans le domaine de la production, du transport ou de la distribution de gaz ou de chaleur ;

b) l'alimentation de ces réseaux en gaz ou en chaleur.

2. L'alimentation, par une entité adjudicatrice autre que les pouvoirs adjudicateurs, en gaz ou en chaleur des réseaux qui fournissent un service au public n'est pas considérée comme une activité visée au paragraphe 1 lorsque toutes les conditions suivantes sont remplies :

a) la production de gaz ou de chaleur par ladite entité adjudicatrice est le résultat inéluctable de l'exercice d'une activité autre que celles visées au paragraphe 1 du présent article ou aux articles 9 à 11 ;

b) l'alimentation du réseau public ne vise qu'à exploiter de manière économique cette production et ne représente pas plus de 20 % du chiffre d'affaires de l'entité adjudicatrice calculés sur la base de la moyenne des trois dernières années, y compris l'année en cours.

Art. 9 *Électricité.*

1. En ce qui concerne l'électricité, la présente directive s'applique aux activités suivantes :

a) la mise à disposition ou l'exploitation de réseaux fixes destinés à fournir un service au public dans le domaine de la production, du transport ou de la distribution d'électricité ;

b) l'alimentation de ces réseaux en électricité.

2. L'alimentation, par une entité adjudicatrice autre que les pouvoirs adjudicateurs, en électricité des réseaux qui fournissent un service au public n'est pas considérée comme une activité visée au paragraphe 1 lorsque toutes les conditions suivantes sont remplies :

a) la production d'électricité par ladite entité adjudicatrice a lieu parce que sa consommation est nécessaire à l'exercice d'une activité autre que celles visées au paragraphe 1 du présent article ou aux articles 8, 10 et 11 ;

b) l'alimentation du réseau public ne dépend que de la consommation propre de ladite entité adjudicatrice et n'a pas dépassé 30 % de la production totale d'énergie de cette entité adjudicatrice calculés sur la base de la moyenne des trois dernières années, y compris l'année en cours.

Art. 10 *Eau.*

1. En ce qui concerne l'eau, la présente directive s'applique aux activités suivantes :

a) la mise à disposition ou l'exploitation de réseaux fixes destinés à fournir un service au public dans le domaine de la production, du transport ou de la distribution d'eau potable ;

b) l'alimentation de ces réseaux en eau potable.

2. La présente directive s'applique également aux marchés ou concours qui sont passés ou organisés par les entités adjudicatrices exerçant une activité visée au paragraphe 1 et qui sont liés à l'une des activités suivantes :

a) des projets de génie hydraulique, d'irrigation ou de drainage, pour autant que le volume d'eau destiné à l'alimentation en eau potable représente plus de 20 % du volume total d'eau mis à disposition par ces projets ou ces installations d'irrigation ou de drainage ;

b) l'évacuation ou le traitement des eaux usées.

3. L'alimentation, par une entité adjudicatrice autre que les pouvoirs adjudicateurs, en eau potable des réseaux qui fournissent un service au public n'est pas considérée comme une activité visée au paragraphe 1 lorsque toutes les conditions suivantes sont remplies :

a) la production d'eau potable par ladite entité adjudicatrice a lieu parce que sa consommation est nécessaire à l'exercice d'une activité autre que celles visées aux articles 8 à 11 ;

b) l'alimentation du réseau public ne dépend que de la consommation propre de ladite entité adjudicatrice et n'a pas dépassé 30 % de la production totale d'eau potable de cette entité adjudicatrice calculés sur la base de la moyenne des trois dernières années, y compris l'année en cours.

Art. 11 *Services de transport.*

La présente directive s'applique aux activités visant la mise à disposition ou l'exploitation de réseaux destinés à fournir un service au public dans le domaine du transport par chemin de fer, systèmes automatiques, tramway, trolleybus, autobus ou câble.

En ce qui concerne les services de transport, il est considéré qu'un réseau existe lorsque le service est fourni dans les conditions déterminées par une autorité compétente d'un État membre, telles que les conditions relatives aux itinéraires à suivre, à la capacité de transport disponible ou à la fréquence du service.

Art. 12 *Ports et aéroports.*

La présente directive s'applique aux activités relatives à l'exploitation d'une aire géographique aux fins de mettre un aéroport, un port maritime ou intérieur ou d'autres terminaux à la disposition des entreprises de transport aérien, maritime ou par voie de navigation intérieure.

Art. 13 *Services postaux.*

1. La présente directive s'applique aux activités liées à la fourniture :

a) de services postaux ;

b) d'autres services que des services postaux, pourvu que ces services soient fournis par une entité fournissant également des services postaux au sens du paragraphe 2 du présent article, point *b)*, et que les conditions fixées à l'article 34, paragraphe 1, ne soient pas remplies en ce qui concerne les services relevant du paragraphe 2, point *b)* du présent article.

2. Aux fins du présent article et sans préjudice de la directive 97/67/CE du Parlement européen et du Conseil *[Dir. 97/67/CE du Parlement européen et du Conseil du 15 déc. 1997 concernant des règles communes pour le développement du marché intérieur des services postaux de la Communauté et l'amélioration de la qualité du service (JO L 15 du 21 janv. 1998, p. 14)]*, on entend par :

a) "envoi postal", un envoi portant une adresse sous la forme définitive dans laquelle il doit être acheminé, quel que soit son poids. Outre les envois de correspondance, il s'agit par exemple de livres, de catalogues, de journaux, de périodiques et de colis postaux contenant des marchandises avec ou sans valeur commerciale, quel que soit leur poids ;

b) "services postaux", des services, consistant en la levée, le tri, l'acheminement et la distribution d'envois postaux, qu'ils relèvent ou non du champ d'application du service universel établi conformément à la directive 97/67/CE ;

c) "services autres que les services postaux", des services fournis dans les domaines suivants :

i) services de gestion de services courrier (aussi bien les services précédant l'envoi que ceux postérieurs à l'envoi, y compris les *mailroom management services*) ;

ii) services concernant des envois non compris au point *a)*, tels que le publipostage ne portant pas d'adresse.

Art. 14 *Extraction de pétrole et de gaz et exploration et extraction de charbon et d'autres combustibles solides.*

La présente directive s'applique aux activités relatives à l'exploitation d'une aire géographique dans le but :

a) d'extraire du pétrole ou du gaz ;

b) de procéder à l'exploration ou à l'extraction de charbon ou d'autres combustibles solides.

CHAPITRE III *CHAMP D'APPLICATION MATÉRIEL*

SECTION 1 *Seuils*

Art. 15 *Montants des seuils.*

A moins qu'ils ne soient exclus en vertu des exclusions prévues aux articles 18 à 23 ou conformément à l'article 34 concernant la poursuite de l'activité en question, la présente directive s'applique aux marchés dont la valeur estimée hors taxe sur la valeur ajoutée (TVA) est égale ou supérieure aux seuils suivants :

a) *(Règl. délégué (UE) 2021/1953 du 10 nov. 2021, art. 1er et 2, en vigueur le 1er janv. 2022)* « 431 000 EUR » pour les marchés de fournitures et de services et pour les concours ;

b) *(Règl. délégué (UE) 2021/1953 du 10 nov. 2021, art. 1er et 2, en vigueur le 1er janv. 2022)* « 5 382 000 EUR » pour les marchés de travaux ;

c) 1 000 000 EUR pour les marchés de services portant sur des *[services]* sociaux et d'autres services spécifiques énumérés à l'annexe XVII.

Art. 16 *Méthodes de calcul de la valeur estimée du marché.*

1. Le calcul de la valeur estimée d'un marché est fondé sur le montant total payable, hors TVA, estimé par l'entité adjudicatrice, y compris toute forme d'option éventuelle et les éventuelles reconductions du contrat, explicitement mentionnées dans les documents de marché.

Si l'entité adjudicatrice prévoit des primes ou des paiements au profit des candidats ou soumissionnaires, elle en tient compte pour calculer la valeur estimée du marché.

2. Lorsqu'une entité adjudicatrice est composée d'unités opérationnelles distinctes, la valeur totale estimée de toutes les différentes unités opérationnelles est prise en compte.

Nonobstant le premier alinéa, lorsqu'une unité opérationnelle distincte est responsable de manière autonome de ses marchés ou de certaines catégories d'entre eux, les valeurs peuvent être estimées au niveau de l'unité en question.

3. Le choix de la méthode pour le calcul de la valeur estimée d'un marché ne peut être effectué avec l'intention de le soustraire à l'application de la présente directive. Une passation de marché ne peut être subdivisée de manière à l'empêcher de relever du champ d'application de la présente directive, sauf si des raisons objectives le justifient.

4. Cette valeur estimée est valable au moment de l'envoi de l'avis d'appel à la concurrence, ou, dans les cas où un tel avis n'est pas prévu, au moment où l'entité adjudicatrice engage la procédure de passation du marché, par exemple, le cas échéant, en entrant en contact avec les opérateurs économiques au sujet de la passation du marché.

5. Pour les accords-cadres et pour les systèmes d'acquisition dynamiques, la valeur à prendre en considération est la valeur maximale estimée hors TVA de l'ensemble des marchés envisagés pendant la durée totale de l'accord ou du système.

6. Pour les partenariats d'innovation, la valeur à prendre en considération est la valeur maximale estimée hors TVA des activités de recherche et développement qui doivent être menées au cours des différentes phases du partenariat envisagé ainsi que des fournitures, des services ou des travaux qui doivent être mis au point et achetés à la fin du partenariat envisagé.

7. Aux fins de l'application de l'article 15, les entités adjudicatrices incluent dans la valeur estimée des marchés de travaux la valeur des travaux ainsi que la valeur totale estimée de toutes les fournitures ou de tous les services mis à la disposition du titulaire par les entités adjudicatrices, dès lors qu'ils sont nécessaires à l'exécution des travaux.

8. Lorsque l'ouvrage envisagé ou la prestation de services envisagée peut donner lieu à des marchés passés par lots séparés, la valeur globale estimée de la totalité de ces lots est prise en compte.

Lorsque la valeur cumulée des lots est égale ou supérieure au seuil prévu à l'article 15, la présente directive s'applique à la passation de chaque lot.

9. Lorsqu'un projet visant à acquérir des fournitures homogènes peut donner lieu à des marchés passés par lots séparés, la valeur estimée de la totalité de ces lots est prise en compte pour l'application de l'article 15, points b) et c).

Lorsque la valeur cumulée des lots est égale ou supérieure au seuil prévu à l'article 15, la présente directive s'applique à la passation de chaque lot.

10. Nonobstant les paragraphes 8 et 9, les entités adjudicatrices peuvent passer des marchés pour des lots distincts sans appliquer les procédures prévues par la présente directive, pour autant que la valeur estimée hors TVA du lot concerné soit inférieure à 80 000 EUR pour des fournitures ou des services et à 1 000 000 EUR pour des travaux. Toutefois, la valeur cumulée des lots ainsi attribués sans appliquer la présente directive ne dépassera pas

20 % de la valeur cumulée de tous les lots résultant de la division des travaux envisagés, de l'acquisition de fournitures analogues envisagée ou de la prestation de services envisagée.

11. Lorsqu'il s'agit de marchés de fournitures ou de services présentant un caractère de régularité ou destinés à être renouvelés au cours d'une période donnée, est prise comme base pour le calcul de la valeur estimée du marché :

a) soit la valeur réelle globale des contrats successifs analogues passés au cours des douze mois précédents ou de l'exercice précédent, corrigée, si possible, pour tenir compte des modifications en quantité ou en valeur qui surviendraient au cours des douze mois suivant le contrat initial ;

b) soit la valeur estimée globale des contrats successifs passés au cours des douze mois suivant la première prestation ou au cours de l'exercice si celui-ci est supérieur à douze mois.

12. Pour les marchés de fournitures ayant pour objet le crédit-bail, la location ou la location-vente de produits, la valeur à prendre comme base pour le calcul de la valeur estimée du marché est la suivante :

a) dans le cas de marchés ayant une durée déterminée, dans la mesure où celle-ci est égale ou inférieure à douze mois, la valeur totale estimée pour la durée du marché ou, si la durée du marché est supérieure à douze mois, la valeur totale incluant le montant estimé de la valeur résiduelle ;

b) dans le cas de marchés ayant une durée indéterminée ou dans le cas où leur durée ne peut être définie, la valeur mensuelle multipliée par 48.

13. Pour les marchés de services, la valeur estimée du marché est, selon le cas, calculée sur la base suivante :

a) services d'assurance : la prime payable et les autres modes de rémunération ;

b) services bancaires et autres services financiers : les honoraires, commissions payables, les intérêts et les autres modes de rémunération ;

c) marchés impliquant la conception : les honoraires, les commissions à payer et les autres modes de rémunération.

14. En ce qui concerne les marchés de services n'indiquant pas un prix total, la valeur estimée des marchés est calculée sur la base suivante :

a) dans le cas de marchés ayant une durée déterminée, si celle-ci est égale ou inférieure à quarante-huit mois : la valeur totale pour toute leur durée ;

b) dans le cas de marchés ayant une durée indéterminée ou supérieure à 48 mois : la valeur mensuelle multipliée par 48.

Art. 17 *Révision des seuils.*

1. Tous les deux ans à partir du 30 juin 2013, la Commission vérifie que les seuils fixés à l'article 15, points a) et b), correspondent aux seuils prévus par l'accord de l'Organisation mondiale du commerce sur les marchés publics (AMP), et les révise s'il y a lieu conformément au présent article.

Conformément à la méthode de calcul énoncée dans l'AMP sur les marchés publics, la Commission calcule la valeur de ces seuils sur la moyenne de la valeur quotidienne de l'euro exprimée en droits de tirage spéciaux (DTS), sur une période de vingt-quatre mois qui se termine le 31 août qui précède la révision prenant effet le 1er janvier. La valeur des seuils ainsi révisée est arrondie si nécessaire au millier d'euros inférieur au chiffre résultant de ce calcul afin d'assurer le respect des seuils en vigueur prévus par l'AMP, qui sont exprimés en DTS.

2. Tous les deux ans à partir du 1er janvier 2014, la Commission détermine les valeurs, dans les monnaies des États membres dont la monnaie n'est pas l'euro, des seuils visés à l'article 15, points a) et b), révisés conformément au paragraphe 1 du présent article.

Dans le même temps, la Commission détermine la valeur, dans les monnaies des États membres dont la monnaie n'est pas l'euro, du seuil visé à l'article 15, point c).

Conformément à la méthode de calcul énoncée dans l'AMP, la détermination de ces valeurs est basée sur la moyenne de la valeur quotidienne de ces monnaies, correspondant au seuil applicable exprimé en euros sur une période de vingt-quatre mois qui se termine le 31 août qui précède la révision prenant effet le 1er janvier.

3. La Commission publie les seuils révisés visés au paragraphe 1, de leur contre-valeur dans les monnaies nationales visées au paragraphe 2, premier alinéa, et de la valeur déterminée conformément au paragraphe 2, deuxième alinéa, au *Journal officiel de l'Union européenne* au début du mois de novembre qui suit leur révision.

4. La Commission est habilitée à adopter des actes délégués en conformité avec l'article 103 afin d'adapter la méthodologie énoncée au paragraphe 1 du présent article, second alinéa, aux changements éventuels de la méthodologie prévue par l'AMP sur les marchés publics pour la révision des seuils visés à l'article 15, points a) et b), et pour la détermi-

nation des valeurs correspondantes dans les monnaies nationales des États membres dont la monnaie n'est pas l'euro, selon les dispositions du paragraphe 2 du présent article.

La Commission est habilitée à adopter des actes délégués en conformité avec l'article 103 afin de réviser, lorsque c'est nécessaire, les seuils visés à l'article 15, points a) et b).

5. Lorsqu'il est nécessaire de réviser les seuils visés à l'article 15, points a) et b), que des contraintes de délais empêchent le recours à la procédure prévue à l'article 103 et qu'en conséquence, il existe des raisons impérieuses de recourir à une procédure d'urgence, la procédure prévue à l'article 104 s'applique aux actes délégués adoptés en vertu du paragraphe 4, second alinéa, du présent article.

SECTION 2 *Marchés exclus et concours – Dispositions spéciales concernant la passation de marchés comportant des aspects ayant trait à la défense et à la sécurité*

SOUS-SECTION 1 *Exclusions applicables à toutes les entités adjudicatrices et exclusions spéciales pour les secteurs de l'eau et de l'énergie*

Art. 18 *Marchés passés à des fins de revente ou de location à des tiers.*

1. La présente directive ne s'applique pas aux marchés passés à des fins de revente ou de location à des tiers, lorsque l'entité adjudicatrice ne bénéficie d'aucun droit spécial ou exclusif pour vendre ou louer l'objet de ces marchés et lorsque d'autres entités peuvent librement le vendre ou le louer dans les mêmes conditions que l'entité adjudicatrice.

2. Les entités adjudicatrices communiquent à la Commission, à sa demande, toutes les catégories de produits et d'activités qu'elles considèrent comme exclues en vertu du paragraphe 1. La Commission peut publier périodiquement au *Journal officiel de l'Union européenne*, à titre d'information, des listes des catégories de produits et d'activités qu'elle considère comme exclues. A cet égard, la Commission respecte le caractère commercial sensible que ces entités adjudicatrices feraient valoir lors de la transmission des informations.

Art. 19 *Marchés et concours passés ou organisés à des fins autres que la poursuite d'une activité visée ou pour la poursuite d'une telle activité dans un pays tiers.*

1. La présente directive ne s'applique pas aux marchés que les entités adjudicatrices passent à des fins autres que la poursuite de leurs activités visées aux articles 8 à 14 ou pour la poursuite de ces activités dans un pays tiers, dans des conditions n'impliquant pas l'exploitation physique d'un réseau ou d'une aire géographique à l'intérieur de la Communauté, ni aux concours organisés à de telles fins.

2. Les entités adjudicatrices communiquent à la Commission, à sa demande, toute activité qu'elles considèrent comme exclue en vertu du paragraphe 1. La Commission peut publier périodiquement au *Journal officiel de l'Union européenne*, à titre d'information, des listes des catégories d'activités qu'elle considère comme exclues. A cet égard, la Commission respecte le caractère commercial sensible que ces entités adjudicatrices feraient valoir lors de la transmission des informations.

Art. 20 *Marchés passés et concours organisés en vertu de règles internationales.*

1. La présente directive ne s'applique pas aux marchés ou concours que l'entité adjudicatrice a l'obligation de passer ou d'organiser conformément à des procédures de passation de marché qui diffèrent de celles énoncées dans la présente directive, et qui sont établies par :

a) un instrument juridique créant des obligations de droit international tel qu'un accord international conclu, en conformité avec les traités, entre un État membre et un ou plusieurs pays tiers ou subdivisions de ceux-ci et portant sur des travaux, des fournitures ou des services destinés à la réalisation ou à l'exploitation en commun d'un projet par leurs signataires ;

b) une organisation internationale.

Les États membres communiquent tout instrument juridique visé au premier alinéa, point a), du présent paragraphe à la Commission, qui peut consulter le comité consultatif pour les marchés publics visé à l'article 105.

2. La présente directive ne s'applique pas aux marchés ni aux concours que l'entité adjudicatrice passe ou organise conformément à des règles de passation de marché prévues par une organisation internationale ou une institution financière internationale, lorsque les marchés ou les concours concernés sont entièrement financés par ladite organisation ou institution ; en ce qui concerne les marchés publics et les concours cofinancés pour l'essentiel par une organisation internationale ou une institution financière internationale, les parties conviennent des procédures de passation de marché applicables.

3. L'article 27 s'applique aux marchés et concours comportant des aspects ayant trait à la défense ou à la sécurité qui sont passés ou organisés en vertu de règles internationales. Les paragraphes 1 et 2 du présent article ne s'appliquent pas à ces marchés et concours.

Art. 21 *Exclusions spécifiques pour les marchés de services.*

La présente directive ne s'applique pas aux marchés de services :

a) ayant pour objet l'acquisition ou la location, quelles qu'en soient les modalités financières, de terrains, de bâtiments existants ou d'autres biens immeubles ou qui concernent des droits sur ces biens ;

b) concernant les services d'arbitrage et de conciliation ;

c) concernant l'un des services juridiques suivants :

i) la représentation légale d'un client par un avocat au sens de l'article 1er de la directive 77/249/CEE du Conseil *[Dir. 77/249/CEE du Conseil du 22 mars 1977 tendant à faciliter l'exercice effectif de la libre prestation de services par les avocats (JO L 78 du 26 mars 1977, p. 17)]* dans le cadre :

– d'un arbitrage ou d'une conciliation se déroulant dans un État membre, un pays tiers ou devant une instance internationale d'arbitrage ou de conciliation ; ou

– d'une procédure devant les juridictions ou les autorités publiques d'un État membre ou d'un pays tiers ou devant les juridictions ou institutions internationales ;

ii) le conseil juridique fourni en vue de la préparation de toute procédure visée au point i) ou lorsqu'il existe des signes tangibles et de fortes probabilités selon lesquels la question sur laquelle porte le conseil fera l'objet d'une telle procédure, pour autant que le conseil émane d'un avocat au sens de l'article 1er de la directive 77/249/CEE ;

iii) des services de certification et d'authentification de documents qui doivent être réalisés par des notaires ;

iv) des services juridiques fournis par des administrateurs légaux ou des tuteurs ou d'autres services juridiques dont les prestataires sont désignés par une juridiction de l'État membre concerné ou par la loi pour réaliser des tâches spécifiques sous le contrôle de ces juridictions ;

v) d'autres services juridiques qui, dans l'État membre concerné, sont liés, même occasionnellement, à l'exercice de la puissance publique ;

d) ayant pour objet des services financiers liés à l'émission, à la vente, à l'achat ou au transfert de titres ou d'autres instruments financiers au sens de la directive 2004/39/CE du Parlement européen et du Conseil *[Dir. 2004/39/CE du Parlement européen et du Conseil du 21 avr. 2004 concernant les marchés d'instruments financiers, modifiant les directives 85/611/CEE et 93/6/CEE du Conseil et la Dir. 2000/12/CE du Parlement européen et du Conseil et abrogeant la Dir. 93/22/CEE du Conseil (JO L 145 du 30 avr. 2004, p. 1)]*, ou des opérations menées avec le Fonds européen de stabilité financière et le mécanisme européen de stabilité ;

e) ayant pour objet des prêts, qu'ils soient ou non liés à l'émission, à la vente, à l'achat ou au transfert de titres ou d'autres instruments financiers ;

f) concernant les contrats d'emploi ;

g) concernant des services publics de transport de voyageurs par chemin de fer ou par métro ;

h) concernant les services de défense civile, de protection civile et de prévention des risques qui sont fournis par des organisations ou des associations à but non lucratif et qui relèvent des codes CPV 75250000-3, 75251000-0, 75251100-1, 75251110-4, 75251120-7, 75252000-7, 75222000-8 ; 98113100-9 et 85143000-3, excepté les services ambulanciers de transport de patients ;

i) concernant les temps de diffusion ou la fourniture de programmes qui sont attribués à des prestataires de services de médias audiovisuels ou à des organismes de radiodiffusion. Aux fins du présent point, les termes "fournisseurs de services de médias" revêtent le même sens qu'à l'article 1er, paragraphe 1, point d), de la directive 2010/13/UE du Parlement européen et du Conseil *[Dir. 2010/13/UE du Parlement européen et du Conseil du 10 mars 2010 visant à la coordination de certaines dispositions législatives, réglementaires et administratives des États membres relatives à la fourniture de services de médias audiovisuels (directive Services de médias audiovisuels) (JO L 95 du 15 avr. 2010, p. 1)]*. Le terme "programme" a le même sens qu'à l'article 1er, paragraphe 1, point b), de ladite directive, mais il englobe également les programmes radiophoniques et le matériel pour programmes radiophoniques. En outre, aux fins de la présente disposition, l'expression "matériel de programmes" a le même sens que le terme "programme".

Art. 22 *Marchés de services attribués sur la base d'un droit exclusif.*

La présente directive ne s'applique pas aux marchés de services attribués à une entité qui est elle-même un pouvoir adjudicateur, ou à une association de pouvoirs adjudicateurs sur la base d'un droit exclusif dont ceux-ci bénéficient en vertu de dispositions législatives, réglementaires ou des dispositions administratives publiées, à condition que ces dispositions soient compatibles avec le traité sur le fonctionnement de l'Union européenne.

Art. 23 *Marchés passés par certaines entités adjudicatrices pour l'achat d'eau et pour la fourniture d'énergie ou de combustibles destinés à la production d'énergie.*

La présente directive ne s'applique pas :

a) aux marchés pour l'achat d'eau, pour autant qu'ils soient passés par des entités adjudicatrices exerçant une ou les deux activités relatives à l'eau potable visées à l'article 10, paragraphe 1 ;

b) aux marchés passés par des entités adjudicatrices elles-mêmes présentes dans le secteur de l'énergie du fait qu'elles exercent l'une des activités visées à l'article 8, paragraphe 1, à l'article 9, paragraphe 1, ou à l'article 14 pour la fourniture :

i) d'énergie ;

ii) de combustibles destinés à la production d'énergie.

SOUS-SECTION 2 *Passation de marchés comportant des aspects ayant trait à la défense ou à la sécurité*

Art. 24 *Défense et sécurité.*

1. En ce qui concerne les marchés et concours passés ou organisés dans les domaines de la défense et de la sécurité, la présente directive ne s'applique pas :

a) aux marchés relevant de la directive 2009/81/CE ;

b) aux marchés ne relevant pas de la directive 2009/81/CE en vertu de ses articles 8, 12 et 13.

2. La présente directive ne s'applique pas aux marchés ni aux concours qui ne sont pas par ailleurs exclus en vertu du paragraphe 1 dans la mesure où la protection des intérêts essentiels de la sécurité d'un État membre ne peut être garantie par des mesures moins intrusives, par exemple en imposant des conditions en vue de protéger la confidentialité des informations que l'entité adjudicatrice met à disposition dans le cadre d'une procédure d'attribution de marché prévue par la présente directive.

En outre, et en conformité avec l'article 346, paragraphe 1, point *a)*, du traité sur le fonctionnement de l'Union européenne, la présente directive ne s'applique pas aux marchés ni aux concours qui ne sont pas par ailleurs exclus en vertu du paragraphe 1 du présent article dans la mesure où l'application de la présente directive obligerait un État membre à fournir des informations dont il estimerait la divulgation contraire aux intérêts essentiels de sa sécurité.

3. Lorsque la passation et l'exécution du marché ou du concours sont déclarées secrètes ou doivent s'accompagner de mesures particulières de sécurité, conformément aux dispositions législatives, réglementaires ou administratives en vigueur dans un État membre, la présente directive ne s'applique pas, pour autant que ledit État membre ait établi que la protection des intérêts essentiels concernés ne peut être garantie par des mesures moins intrusives, telles que celles visées au paragraphe 2, premier alinéa.

Art. 25 *Marchés mixtes couvrant la même activité et comportant des aspects ayant trait à la défense ou à la sécurité.*

1. Le présent article s'applique aux marchés mixtes couvrant la même activité et qui ont pour objet des achats relevant de la présente directive et des achats ou d'autres éléments relevant de l'article 346 du traité sur le fonctionnement de l'Union européenne ou de la directive 2009/81/CE.

2. Lorsque les différentes parties d'un marché donné sont objectivement séparables, les entités adjudicatrices peuvent décider de passer des marchés distincts pour les différentes parties du marché ou de passer un marché unique.

Lorsque les entités adjudicatrices décident de passer des marchés distincts pour les différentes parties, la décision concernant le régime juridique applicable à chacun de ces marchés distincts est adoptée sur la base des caractéristiques des différentes parties concernées.

Lorsque les entités adjudicatrices choisissent de passer un marché unique, les critères ci-après s'appliquent pour déterminer le régime juridique applicable :

a) lorsqu'une partie d'un marché donné relève de l'article 346 du traité sur le fonctionnement de l'Union européenne, le marché peut être passé sans appliquer la présente directive, sous réserve que la passation d'un marché unique soit justifiée par des raisons objectives ;

b) lorsqu'une partie d'un marché donné relève de la directive 2009/81/CE, le marché peut être passé conformément à ladite directive, sous réserve que la passation d'un marché unique soit justifiée par des raisons objectives. Le présent point est sans préjudice des seuils et exclusions prévus par ladite directive.

Cependant, la décision de passer un marché unique ne peut être prise dans le but de soustraire des marchés à l'application de la présente directive ou de la directive 2009/81/CE.

3. Le paragraphe 2, premier alinéa, point a), s'applique aux marchés mixtes auxquels tant le point a) que le point b) dudit alinéa pourraient normalement être applicables.

4. Lorsque les différentes parties d'un marché donné sont objectivement inséparables, le marché peut être passé sans appliquer la présente directive lorsqu'il comporte des éléments relevant de l'application de l'article 346 du traité sur le fonctionnement de l'Union européenne ; dans le cas contraire, il peut être passé conformément à la directive 2009/81/CE.

Art. 26 *Marchés couvrant plusieurs activités et comportant des aspects ayant trait à la défense ou à la sécurité.*

1. Dans le cas de marchés destinés à couvrir plusieurs activités, les entités adjudicatrices peuvent décider d'attribuer des marchés distincts pour chacune des différentes activités ou de passer un marché unique. Lorsque les entités adjudicatrices décident de passer des marchés distincts pour les différentes parties, la décision concernant le régime juridique applicable à chacun de ces marchés distincts est adoptée sur la base des caractéristiques des différentes activités concernées.

Lorsque les entités adjudicatrices décident de passer un marché unique, le paragraphe 2 du présent article s'applique. Le choix entre la passation d'un marché unique et la passation de plusieurs marchés distincts ne peut être effectué avec l'objectif d'exclure le ou les marchés du champ d'application de la présente directive ou de la directive 2009/81/CE.

2. Dans le cas de marchés destinés à couvrir une activité relevant de la présente directive et une autre activité :

a) relevant de la directive 2009/81/CE ; ou

b) relevant de l'article 346 du traité sur le fonctionnement de l'Union européenne,

le marché peut être passé conformément à la directive 2009/81/CE dans les cas visés au premier alinéa, point a), et il peut être passé sans appliquer la présente directive dans les cas visés au point b). Le présent alinéa est sans préjudice des seuils et exclusions prévus par la directive 2009/81/CE.

Les marchés visés au premier alinéa, point a), qui en outre ont pour objet des achats ou d'autres éléments relevant de l'article 346 du traité sur le fonctionnement de l'Union européenne, peuvent être passés sans appliquer la présente directive.

Toutefois, les premier et deuxième alinéas ne s'appliquent qu'à la condition que la passation d'un marché unique soit justifiée par des raisons objectives et que la décision de passer un marché unique ne soit pas prise dans le but de soustraire des marchés à l'application de la présente directive.

Art. 27 *Marchés et concours comportant des aspects ayant trait à la défense ou à la sécurité passés ou organisés en vertu de règles internationales.*

1. La présente directive ne s'applique pas aux marchés ou concours comportant des aspects ayant trait à la défense ou à la sécurité que l'entité adjudicatrice a l'obligation de passer ou d'organiser conformément à des procédures de passation de marché*[s]* qui diffèrent de celles établies dans la présente directive, et qui sont établies par l'un des éléments suivants :

a) un accord ou arrangement international conclu, en conformité avec les traités, entre un État membre et un ou plusieurs pays tiers ou subdivisions de ceux-ci et portant sur des travaux, des fournitures ou des services destinés à la réalisation ou à l'exploitation en commun d'un projet par leurs signataires ;

b) un accord ou arrangement international relatif au stationnement de troupes et concernant des entreprises d'un État membre ou d'un pays tiers ;

c) une organisation internationale.

Tout accord ou arrangement visé au premier alinéa, point *a)*, du présent paragraphe est communiqué à la Commission, qui peut consulter le comité consultatif pour les marchés publics visé à l'article 105.

2. La présente directive ne s'applique pas aux marchés ni aux concours comportant des aspects ayant trait à la défense ou à la sécurité que l'entité adjudicatrice passe conformément à des règles de passation de marché*[s]* prévues par une organisation internationale ou une institution financière internationale, lorsque les marchés ou les concours concernés sont entièrement financés par ladite organisation ou institution. En ce qui concerne les marchés et les concours cofinancés pour l'essentiel par une organisation internationale ou une institution financière internationale, les parties conviennent des procédures de passation de marché*[s]* applicables.

SOUS-SECTION 3 *Relations spéciales (coopération, entreprises liées ou coentreprises)*

Art. 28 *Marchés passés entre pouvoirs adjudicateurs.*

1. Un marché attribué par un pouvoir adjudicateur à une autre personne morale régie par le droit privé ou le droit public ne relève pas du champ d'application de la présente directive lorsque toutes les conditions suivantes sont réunies :

a) le pouvoir adjudicateur exerce sur la personne morale concernée un contrôle analogue à celui qu'il exerce sur ses propres services ;

b) plus de 80 % des activités de la personne morale contrôlée sont exercées dans le cadre de l'exécution des tâches qui lui sont confiées par le pouvoir adjudicateur qui la contrôle ou par d'autres personnes morales qu'il contrôle ;

c) la personne morale contrôlée ne comporte pas de participation directe de capitaux privés, à l'exception des formes de participation de capitaux privés sans capacité de contrôle ou de blocage requises par les dispositions législatives nationales, conformément aux traités, qui ne permettent pas d'exercer une influence décisive sur la personne morale contrôlée.

Un pouvoir adjudicateur est réputé exercer sur une personne morale un contrôle semblable à celui qu'il exerce sur ses propres services, au sens du premier alinéa, point *a)*, s'il exerce une influence décisive à la fois sur les objectifs stratégiques et sur les décisions importantes de la personne morale contrôlée. Le contrôle peut également être exercé par une autre personne morale, qui est elle-même contrôlée de la même manière par le pouvoir adjudicateur.

2. Le paragraphe 1 s'applique également lorsqu'une personne morale contrôlée qui est un pouvoir adjudicateur attribue un marché au pouvoir adjudicateur qui la contrôle, ou à une autre personne morale contrôlée par le même pouvoir adjudicateur, à condition que la personne morale à laquelle est attribué le marché public ne comporte pas de participation directe de capitaux privés, à l'exception des formes de participation de capitaux privés sans capacité de contrôle ou de blocage requises par les dispositions législatives nationales, conformément aux traités, qui ne permettent pas d'exercer une influence décisive sur la personne morale contrôlée.

3. Un pouvoir adjudicateur qui n'exerce pas de contrôle sur une personne morale régie par le droit privé ou le droit public au sens du paragraphe 1 peut néanmoins attribuer un marché à cette personne morale sans appliquer la présente directive, lorsque toutes les conditions suivantes sont réunies :

a) le pouvoir adjudicateur exerce, conjointement avec d'autres pouvoirs adjudicateurs, un contrôle sur la personne morale concernée semblable à celui qu'ils exercent sur leurs propres services ;

b) plus de 80 % des activités de cette personne morale sont exercées dans le cadre de l'exécution des tâches qui lui sont confiées par les pouvoirs adjudicateurs qui la contrôlent ou par d'autres personnes morales contrôlées par les mêmes pouvoirs adjudicateurs ; et

c) la personne morale contrôlée ne comporte pas de participation directe de capitaux privés, à l'exception des formes de participation de capitaux privés sans capacité de contrôle ou de blocage requises par les dispositions législatives nationales, conformément aux traités, qui ne permettent pas d'exercer une influence décisive sur la personne morale contrôlée.

Aux fins du premier alinéa, point *a)*, les pouvoirs adjudicateurs sont réputés exercer un contrôle conjoint sur une personne morale lorsque toutes les conditions suivantes sont réunies :

i) les organes décisionnels de la personne morale contrôlée sont composés de représentants de tous les pouvoirs adjudicateurs participants, une même personne pouvant représenter plusieurs pouvoirs adjudicateurs participants ou l'ensemble d'entre eux ;

ii) ces pouvoirs adjudicateurs sont en mesure d'exercer conjointement une influence décisive sur les objectifs stratégiques et les décisions importantes de la personne morale contrôlée ; et

iii) la personne morale contrôlée ne poursuit pas d'intérêts contraires à ceux des pouvoirs adjudicateurs qui la contrôlent[.]

4. Un marché conclu exclusivement entre deux pouvoirs adjudicateurs ou plus ne relève pas du champ d'application de la présente directive, lorsque toutes les conditions suivantes sont réunies :

a) le marché établit ou met en œuvre une coopération entre les pouvoirs adjudicateurs participants dans le but de garantir que les services publics dont ils doivent assurer la prestation sont réalisés en vue d'atteindre les objectifs qu'ils ont en commun ;

b) la mise en œuvre de cette coopération n'obéit qu'à des considérations d'intérêt public ; et

c) les pouvoirs adjudicateurs participants réalisent sur le marché concurrentiel moins de 20 % des activités concernées par la coopération.

5. Le pourcentage d'activités visé au paragraphe 1, premier alinéa, point b), au paragraphe 3, premier alinéa, point b), et au paragraphe 4, point c), est déterminé en fonction du chiffre d'affaires total moyen ou d'un autre paramètre approprié fondé sur les activités tel que les coûts supportés par la personne morale concernée pour ce qui est des services, fournitures et travaux pendant les trois années précédant l'attribution du marché.

Lorsque, en raison de la date de création ou de début des activités de la personne morale concernée ou en raison d'une réorganisation de ses activités, le chiffre d'affaires, ou un autre paramètre fondé sur les activités tel que les coûts, n'est pas disponible pour les trois dernières années ou n'est plus pertinent, il suffit de montrer que le calcul des activités est vraisemblable, notamment par des projections d'activités.

Art. 29 *Marchés attribués à une entreprise liée.*

1. Aux fins du présent article, on entend par "entreprise liée" toute entreprise dont les comptes annuels sont consolidés avec ceux de l'entité adjudicatrice conformément aux exigences de la directive 2013/34/UE.

2. En ce qui concerne les entités qui ne relèvent pas de la directive 2013/34/UE, on entend par "entreprise liée" une entreprise :

a) susceptible d'être directement ou indirectement soumise à l'influence dominante de l'entité adjudicatrice ;

b) susceptible d'exercer une influence dominante sur l'entité adjudicatrice ; ou

c) qui, de même que l'entité adjudicatrice, est soumise à l'influence dominante d'une autre entreprise du fait de la propriété, de la participation financière ou des règles qui la régissent.

Aux fins du présent paragraphe, l'expression "influence dominante" a le même sens qu'à l'article 4, paragraphe 2, deuxième alinéa.

3. Nonobstant les dispositions de l'article 28, et dans la mesure où les conditions prévues au paragraphe 4 du présent article sont remplies, la présente directive ne s'applique pas aux marchés :

a) passés par une entité adjudicatrice auprès d'une entreprise liée ; ou

b) passés par une coentreprise, exclusivement constituée de plusieurs entités adjudicatrices aux fins de la poursuite des activités décrites aux articles 8 à 14, auprès d'une entreprise liée à une de ces entités adjudicatrices.

4. Le paragraphe 3 s'applique :

a) aux marchés de services, pour autant que 80 % au moins du chiffre d'affaires moyen total que l'entreprise liée a réalisé au cours des trois dernières années, en prenant en compte tous les services fournis par ladite entreprise, proviennent de la prestation de services à l'entité adjudicatrice ou à d'autres entreprises auxquelles elle est liée ;

b) aux marchés de fournitures, pour autant que 80 % au moins du chiffre d'affaires moyen total que l'entreprise liée a réalisé au cours des trois dernières années, en prenant en compte toutes les fournitures mises à disposition par ladite entreprise, proviennent de la livraison de fournitures à l'entité adjudicatrice ou à d'autres entreprises auxquelles elle est liée ;

c) aux marchés de travaux, pour autant que 80 % au moins du chiffre d'affaires moyen total que l'entreprise liée a réalisé, en prenant en compte tous les travaux fournis par ladite entreprise au cours des trois dernières années, provienne *[proviennent]* de l'exécution de travaux pour l'entité adjudicatrice ou *[pour]* d'autres entreprises auxquelles elle est liée.

5. Lorsque, du fait de la date de création ou de début d'activités de l'entreprise liée, le chiffre d'affaires n'est pas disponible pour les trois dernières années, il suffit que cette entreprise montre que la réalisation du chiffre d'affaires visé au paragraphe 4, points a), b) ou c), est vraisemblable, notamment par des projections d'activités.

6. Lorsque les mêmes services, fournitures ou travaux, ou des services, fournitures ou travaux similaires sont fournis par plus d'une entreprise liée à l'entité adjudicatrice avec laquelle elles forment un groupement économique, les pourcentages sont calculés en tenant compte du chiffre d'affaires total résultant, respectivement, de la fourniture de services, de la mise à disposition de fournitures et de la fourniture de travaux par ces entreprises liées.

Art. 30 *Marchés attribués à une coentreprise ou à une entité adjudicatrice faisant partie d'une coentreprise.*

Nonobstant l'article 28, et pour autant que la coentreprise ait été constituée dans le but de poursuivre l'activité en question pendant une période d'au moins trois ans et que l'instrument constituant la coentreprise stipule que les entités adjudicatrices qui la composent en feront partie intégrante pendant au moins la même période, la présente directive ne s'applique pas aux marchés passés :

a) par une coentreprise exclusivement constituée de plusieurs entités adjudicatrices aux fins de la poursuite des activités au sens des articles 8 à 14 auprès d'une de ces entités adjudicatrices ; ou

b) par une entité adjudicatrice auprès d'une telle coentreprise, dont elle fait partie.

Art. 31 *Notification d'informations.*

Les entités adjudicatrices notifient à la Commission, à sa demande, les informations suivantes relatives à l'application de l'article 29, paragraphes 2 et 3, et de l'article 30 :

a) les noms des entreprises ou coentreprises concernées ;

b) la nature et la valeur des marchés visés ;

c) les éléments que la Commission juge nécessaires pour prouver que les relations entre l'entité adjudicatrice et l'entreprise ou la coentreprise à laquelle les marchés sont attribués répondent aux exigences des articles 29 ou 30.

SOUS-SECTION 4 *Situations spécifiques*

Art. 32 *Services de recherche et développement.*

La présente directive ne s'applique qu'aux marchés de services de recherche et de développement relevant des codes CPV 73000000-2 à 73120000-9, 73300000-5, 73420000-2 et 73430000-5, pour autant que les deux conditions suivantes soient réunies :

a) leurs fruits appartiennent exclusivement à l'entité adjudicatrice pour son usage dans l'exercice de sa propre activité ; et

b) la prestation de services est entièrement rémunérée par l'entité adjudicatrice.

Art. 33 *Marchés soumis à un régime spécial.*

1. Sans préjudice de l'article 34 de la présente directive, la République d'Autriche et la République fédérale d'Allemagne veillent à ce que, à travers les conditions d'autorisation ou d'autres mesures appropriées, chaque entité opérant dans les secteurs mentionnés dans la décision 2002/205/CE de la Commission *[Décis. 2002/205/CE de la Commission du 4 mars 2002 à la suite de la demande de l'Autriche de recourir au régime spécial prévu par l'art. 3 de la Dir. 93/38/CEE (JO L 68 du 12 mars 2002, p. 31)]* et dans la décision 2004/73/CE de la Commission *[Décis. 2004/73/CE de la Commission du 15 janv. 2004 relative à la demande de la République fédérale d'Allemagne concernant l'application du régime spécifique visé à l'art. 3 de la Dir. 93/38/CEE (JO L 16 du 23 janv. 2004, p. 57)]* :

a) observe les principes de non-discrimination et de mise en concurrence pour l'attribution des marchés de fournitures, de travaux et de services, en particulier en ce qui concerne l'information qu'elle met à la disposition des opérateurs économiques, s'agissant de ses intentions de passation de marchés ;

b) communique à la Commission, dans les conditions définies par la décision 93/327/CEE de la Commission *[Décis. 93/327/CEE de la Commission du 13 mai 1993 définissant les conditions dans lesquelles les entités adjudicatrices se livrant à l'exploitation d'aires géographiques dans le but de prospecter ou d'extraire du pétrole, du gaz, du charbon ou d'autres combustibles solides doivent communiquer à la Commission des informations relatives aux marchés qu'elles passent (JO L 129 du 27 mai 1993, p. 25)]*, des informations relatives aux marchés qu'elles passent.

2. Sans préjudice de l'article 34, le Royaume-Uni veille à ce que, à travers les conditions d'autorisation ou d'autres mesures appropriées, chaque entité opérant dans les secteurs mentionnés dans la décision 97/367/CEE applique les points a) et b) du paragraphe 1 du présent article en ce qui concerne les marchés passés pour l'exercice de cette activité en Irlande du Nord.

3. Les paragraphes 1 et 2 ne s'appliquent pas aux marchés passés dans un but d'exploration pétrolière ou gazière.

SOUS-SECTION 5 *Activités directement exposées à la concurrence et dispositions procédurales y afférentes*

Art. 34 *Activités directement exposées à la concurrence.*

1. Les marchés destinés à permettre la prestation d'une activité visée aux articles 8 à 14 ne sont pas soumis à la présente directive si l'État membre ou l'entité adjudicatrice qui a introduit la demande conformément à l'article 35 peut démontrer que, dans l'État membre où l'activité est exercée, elle est directement exposée à la concurrence, sur des marchés dont l'accès n'est pas limité. De même, les concours organisés pour la poursuite d'une telle activité dans cette aire géographique ne sont pas soumis à la présente directive. L'activité

concernée peut s'inscrire dans un secteur plus large ou n'être exercée que dans certaines parties de l'État membre concerné. L'évaluation de la concurrence visée dans la première phrase du présent paragraphe, qui est faite à la lumière des informations dont dispose la Commission et aux fins de la présente directive, est sans préjudice de l'application du droit de la concurrence. Cette évaluation est effectuée en tenant compte du marché des activités concernées et du marché géographique de référence au sens du paragraphe 2.

2. Aux fins du paragraphe 1 du présent article, la question de savoir si une activité est directement exposée à la concurrence est tranchée sur la base de critères conformes aux dispositions du traité sur le fonctionnement de l'Union européenne relatives à la concurrence. Ces critères peuvent notamment être les caractéristiques des produits ou services concernés, l'existence de produits ou de services alternatifs jugés substituables du côté de l'offre ou de la demande, les prix ou la présence, réelle ou potentielle, de plus d'un fournisseur des produits ou d'un prestataire des services en question.

Le marché géographique de référence servant de base à l'évaluation de l'exposition à la concurrence est constitué par un territoire sur lequel les entreprises concernées interviennent dans l'offre et la demande de biens ou de services, sur lequel les conditions de concurrence sont suffisamment homogènes et qui peut être distingué des territoires voisins, en particulier en raison des conditions de concurrence sensiblement différentes de celles prévalant sur ces territoires. Cette appréciation tient notamment compte de la nature et des caractéristiques des produits ou services concernés, de l'existence de barrières à l'entrée ou de préférences des consommateurs, ainsi que de l'existence, entre le territoire concerné et les territoires voisins, de différences significatives de parts de marché des entreprises ou de différences de prix substantielles.

3. Aux fins du paragraphe 1 du présent article, l'accès au marché est considéré comme étant non limité si l'État membre a mis en œuvre et a appliqué les dispositions de la législation de l'Union mentionnée à l'annexe III.

Si le libre accès à un marché donné ne peut être présumé sur la base du premier alinéa, il doit être démontré que l'accès au marché en cause est libre en fait et en droit.

Art. 35 *Procédure pour déterminer si l'article 34 est applicable.*

1. Lorsqu'un État membre ou, si la législation de l'État membre concerné le prévoit, lorsqu'une entité adjudicatrice estime que, sur la base des critères énoncés à l'article 34, paragraphes 2 et 3, une activité donnée est directement exposée à la concurrence sur des marchés dont l'accès n'est pas limité, l'État membre ou l'entité peut soumettre à la Commission une demande visant à faire établir que la présente directive ne s'applique pas à la passation de marchés ou à l'organisation de concours pour la poursuite de cette activité, ainsi que, le cas échéant, la position adoptée par une autorité nationale indépendante qui est compétente pour l'activité concernée. Cette demande peut porter sur des activités qui s'inscrivent dans un secteur plus large ou qui ne sont exercées que dans certaines parties de l'État membre concerné.

Dans sa demande, l'État membre ou l'entité adjudicatrice informe la Commission de tous les faits pertinents, et notamment de toute loi, règlement, disposition administrative ou accord concernant la conformité aux conditions énoncées à l'article 34, paragraphe 1.

2. A moins qu'une demande émanant d'une entité adjudicatrice soit assortie d'une position motivée et justifiée, adoptée par une autorité nationale indépendante compétente pour l'activité concernée, qui analyse de manière approfondie les conditions de l'éventuelle applicabilité de l'article 34, paragraphe 1, à l'activité concernée, conformément aux paragraphes 2 et 3 dudit article, la Commission informe immédiatement l'État membre concerné. En pareils *[pareil]* cas, l'État membre concerné informe la Commission de tous les faits pertinents, et notamment de toute loi, règlement, disposition administrative ou accord concernant la conformité aux conditions énoncées à l'article 34, paragraphe 1.

3. Lorsqu'elle reçoit une demande soumise conformément au paragraphe 1, la Commission peut, par un acte d'exécution adopté dans les délais prévus à l'annexe IV, établir si une activité visée aux articles 8 à 14 est directement exposée à la concurrence, sur la base des critères énoncés à l'article 34. Ces actes d'exécution sont adoptés en conformité avec la procédure consultative visée à l'article 105, paragraphe 2.

Les marchés destinés à permettre l'exercice de l'activité donnée et les concours organisés pour la poursuite d'une telle activité cessent d'être soumis à la présente directive dans chacun des cas suivants :

a) la Commission a adopté l'acte d'exécution établissant l'applicabilité de l'article 34, paragraphe 1, dans les délais prévus à l'annexe IV ;

b) la Commission n'a pas adopté l'acte d'exécution dans les délais prévus à l'annexe IV.

4. Après la soumission d'une demande, l'État membre ou l'entité adjudicatrice concernée peut, avec l'accord de la Commission, modifier sensiblement sa demande, en particulier en ce qui concerne les activités ou les zones géographiques concernées. Dans ce cas, un nouveau délai pour l'adoption de l'acte d'exécution s'applique, qui est calculé conformément au paragraphe 1 de l'annexe IV, à moins que la Commission et l'État membre ou l'entité adjudicatrice qui a présenté la demande ne se soient mis d'accord sur un délai plus court.

5. Lorsque, dans un État membre donné, une activité fait déjà l'objet d'une procédure au titre des paragraphes 1, 2 et 4, de nouvelles demandes se rapportant à la même activité dans le même État membre présentées avant le terme du délai prévu pour la première demande ne sont pas considérées comme donnant lieu à de nouvelles procédures et sont traitées dans le cadre de la première demande.

6. La Commission adopte un acte d'exécution qui précise les règles pour l'application des paragraphes 1 à 5. Cet acte d'exécution comprend au moins les règles concernant :

a) la publication pour information, au *Journal officiel de l'Union européenne*, des dates auxquelles commence et finit le délai prévu au paragraphe 1 de l'annexe IV, y compris les éventuelles prolongations ou suspensions de délai telles que prévues par ladite annexe ;

b) la publication d'une éventuelle applicabilité de l'article 34, paragraphe 1, conformément au paragraphe 3, second alinéa, point b), du présent article ;

c) des dispositions d'application concernant la forme, la teneur et les autres modalités des demandes présentées en application du paragraphe 1 du présent article.

Ces actes d'exécution sont adoptés en conformité avec la procédure consultative visée à l'article 105, paragraphe 2.

CHAPITRE IV ***PRINCIPES GÉNÉRAUX***

Art. 36 *Principes de la passation de marchés.*

1. Les entités adjudicatrices traitent les opérateurs économiques sur un pied d'égalité et sans discrimination et agissent d'une manière transparente et proportionnée.

Un marché ne peut être conçu dans l'intention de le soustraire au champ d'application de la présente directive ou de limiter artificiellement la concurrence. La concurrence est considérée comme artificiellement limitée lorsqu'un marché est conçu dans l'intention de favoriser ou de défavoriser indûment certains opérateurs économiques.

2. Les États membres prennent les mesures appropriées pour veiller à ce que, dans l'exécution des marchés publics, les opérateurs économiques se conforment aux obligations applicables dans les domaines du droit environnemental, social et du travail établies par le droit de l'Union, le droit national, les conventions collectives ou par les dispositions internationales en matière de droit environnemental, social et du travail énumérées à l'annexe XIV.

Art. 37 *Opérateurs économiques.*

1. Les opérateurs économiques qui, en vertu de la législation de l'État membre où ils sont établis, sont habilités à fournir la prestation concernée ne peuvent être rejetés au seul motif qu'ils seraient tenus, en vertu de la législation de l'État membre dans lequel le marché est attribué, d'être soit des personnes physiques, soit des personnes morales.

Toutefois, pour les marchés de services et de travaux, ainsi que pour les marchés de fournitures comportant en outre des services ou des travaux de pose et d'installation, les personnes morales peuvent être obligées d'indiquer, dans leurs offres ou leurs demandes de participation, les noms et les qualifications professionnelles appropriées des personnes chargées de l'exécution du contrat en question.

2. Les groupements d'opérateurs économiques, y compris les associations temporaires, peuvent participer aux procédures de passation de marchés. Ils ne sont pas contraints par les entités adjudicatrices d'avoir une forme juridique déterminée pour présenter une offre ou une demande de participation.

Si nécessaire, les entités adjudicatrices peuvent préciser, dans les documents de marché, la manière dont les groupements d'opérateurs économiques doivent remplir les critères et conditions relatifs à la qualification et à la sélection qualitative visés aux articles 77 à 81, pour autant que cela soit justifié par des motifs objectifs et proportionnés. Les États membres peuvent établir des clauses standard précisant la manière dont les groupements d'opérateurs économiques doivent remplir ces conditions.

Les conditions d'exécution d'un marché par de tels groupements d'opérateurs économiques, qui sont différentes de celles imposées aux participants individuels, sont également justifiées par des motifs objectifs et sont proportionnées.

3. Nonobstant le paragraphe 2, les entités adjudicatrices peuvent exiger que les groupements d'opérateurs économiques adoptent une forme juridique déterminée lorsque le mar-

ché leur a été attribué, dans la mesure où cette transformation est nécessaire pour la bonne exécution du marché.

Art. 38 *Marchés réservés.*

1. Les États membres peuvent réserver le droit de participer aux procédures de passation de marchés à des ateliers protégés et à des opérateurs économiques dont l'objet principal est l'intégration sociale et professionnelle de personnes handicapées ou défavorisées, ou prévoir l'exécution de ces marchés dans le contexte de programmes d'emplois protégés, à condition qu'au moins 30 % du personnel de ces ateliers, opérateurs économiques ou programmes soient des travailleurs handicapés ou défavorisés.

2. L'avis d'appel à la concurrence renvoie au présent article.

Art. 39 *Confidentialité.*

1. Sauf disposition contraire de la présente directive ou des règles de droit national auxquelles l'entité adjudicatrice est soumise, notamment les dispositions régissant l'accès à l'information, et sans préjudice des obligations en matière de publicité concernant les marchés attribués et d'information des candidats et des soumissionnaires qui figurent aux articles 70 et 75, l'entité adjudicatrice ne divulgue pas les renseignements que les opérateurs économiques lui ont communiqués à titre confidentiel, y compris, entre autres, les secrets techniques ou commerciaux et les aspects confidentiels des offres.

2. Les entités adjudicatrices peuvent imposer aux opérateurs économiques des exigences visant à protéger la confidentialité des informations qu'elles mettent à disposition tout au long de la procédure de passation de marché, y compris les informations mises à disposition dans le cadre du fonctionnement d'un système de qualification, que celui-ci ait fait ou non l'objet d'un avis sur l'existence d'un système de qualification utilisé comme moyen de mise en concurrence.

Art. 40 *Règles applicables aux communications.*

1. Les États membres veillent à ce que toutes les communications et tous les échanges d'informations effectués en vertu de la présente directive, et notamment la soumission électronique des offres, soient réalisés par des moyens de communication électroniques, conformément aux exigences du présent article. Les dispositifs utilisés pour communiquer par des moyens électroniques, ainsi que leurs caractéristiques techniques, ne sont pas discriminatoires, sont communément disponibles et compatibles avec les TIC généralement utilisées, et ne restreignent pas l'accès des opérateurs économiques à la procédure de passation de marché.

Nonobstant le premier alinéa, les entités adjudicatrices ne sont pas tenues d'exiger l'utilisation de moyens de communication électroniques lors du processus de soumission dans les cas suivants :

a) en raison de la nature spécialisée du marché, l'utilisation de moyens de communication électroniques nécessiterait des outils, des dispositifs ou des formats de fichiers particuliers qui ne sont pas communément disponibles ou pris en charge par des applications communément disponibles ;

b) les applications prenant en charge les formats de fichier adaptés à la description des offres utilisent des formats de fichiers qui ne peuvent être traités par aucune autre application ouverte ou communément disponible ou sont soumises à un régime de licence propriétaire et ne peuvent être mises à disposition par téléchargement ou à distance par l'entité adjudicatrice ;

c) l'utilisation de moyens de communication électroniques nécessiterait un équipement de bureau spécialisé dont les entités adjudicatrices ne disposent pas communément ;

d) les documents de marché exigent la présentation de maquettes ou de modèles réduits qui ne peuvent être transmis par voie électronique.

Les communications pour lesquelles il n'est pas fait usage de moyens électroniques en vertu du deuxième alinéa sont transmises par voie postale ou par tout service de portage approprié ou en combinant la voie postale ou tout autre service de portage approprié et les moyens électroniques.

Nonobstant le premier alinéa du présent paragraphe, les entités adjudicatrices ne sont pas tenues d'exiger l'utilisation de moyens de communication électroniques lors du processus de soumission, dans la mesure où l'utilisation d'autres moyens de communication que les moyens électroniques est nécessaire en raison soit d'une violation de la sécurité des moyens de communication électroniques, soit du caractère particulièrement sensible des informations qui exigent un degré de protection extrêmement élevé ne pouvant pas être assuré convenablement par l'utilisation d'outils et de dispositifs électroniques dont disposent communément les opérateurs économiques ou qui peuvent être mis à leur disposition par d'autres moyens d'accès au sens du paragraphe 5.

Il appartient aux entités adjudicatrices qui, conformément au deuxième alinéa du présent paragraphe, exigent d'autres moyens de communication que les moyens électroniques lors du processus de soumission d'indiquer les raisons d'une telle exigence dans le rapport individuel visé à l'article 100. Le cas échéant, les entités adjudicatrices indiquent, dans le rapport individuel, les raisons pour lesquelles le recours à d'autres moyens de communication que les moyens électroniques a été jugé nécessaire en application du quatrième alinéa du présent paragraphe.

2. Nonobstant le paragraphe 1, il peut être fait usage de la communication orale pour la transmission d'autres informations que celles concernant les éléments essentiels d'une procédure de passation de marché, à condition de garder une trace suffisante du contenu de la communication orale. A cette fin, les éléments essentiels de la procédure de passation de marché comprennent les documents de marché, les demandes de participation et les confirmations d'intérêt et les offres. En particulier, il est gardé une trace suffisante des communications orales avec les soumissionnaires, qui sont susceptibles d'avoir une incidence importante sur le contenu et l'évaluation des offres par des moyens appropriés tels que des notes écrites, des enregistrements audio ou des synthèses des principaux éléments de la communication.

3. Les entités adjudicatrices veillent à préserver l'intégrité des données et la confidentialité des offres et des demandes de participation lors de toute communication et de tout échange et stockage d'informations. Elles ne prennent connaissance du contenu des offres et des demandes de participation qu'à l'expiration du délai prévu pour la présentation de celles-ci.

4. Pour les marchés de travaux publics et les concours, les États membres peuvent exiger l'utilisation d'outils électroniques particuliers tels que des outils de modélisation électronique des données du bâtiment ou des outils similaires. Dans ces cas, les entités adjudicatrices offrent d'autres moyens d'accès, selon les dispositions du paragraphe 5, jusqu'à ce que ces outils soient devenus communément disponibles au sens du paragraphe 1, premier alinéa, deuxième phrase.

5. Les entités adjudicatrices peuvent, si nécessaire, exiger l'utilisation d'outils qui ne sont pas communément disponibles, à condition d'offrir d'autres moyens d'accès.

Les entités adjudicatrices sont réputées offrir d'autres moyens d'accès appropriés dans tous les cas suivants, lorsqu'elles :

a) offrent gratuitement un accès sans restriction, complet et direct par moyen électronique à ces outils et dispositifs à partir de la date de publication de l'avis visé à l'annexe IX ou de la date d'envoi de l'invitation à confirmer l'intérêt. Le texte de l'avis ou de l'invitation à confirmer l'intérêt précise l'adresse internet à laquelle ces outils et dispositifs sont accessibles ;

b) veillent à ce que les soumissionnaires n'ayant pas accès à ces outils et dispositifs ni la possibilité de se les procurer dans les délais requis, à condition que l'absence d'accès ne soit pas imputable au soumissionnaire concerné, puissent accéder à la procédure de passation de marché en utilisant des jetons provisoires mis à disposition gratuitement en ligne ; ou

c) assurent la disponibilité d'une autre voie de présentation électronique des offres.

6. Outre les exigences énoncées à l'annexe V, les règles ci-après sont applicables aux outils et dispositifs de transmission et de réception électroniques des offres ainsi que de réception électronique des demandes de participation :

a) les informations relatives aux spécifications nécessaires à la soumission des offres et des demandes de participation par voie électronique, y compris le chiffrement et l'horodatage, sont à la disposition des parties intéressées ;

b) les États membres, ou les entités adjudicatrices agissant dans un cadre général établi par l'État membre concerné, précisent le niveau de sécurité exigé pour le recours aux moyens électroniques de communication pour chacune des phases de la procédure de passation de marché ; ce niveau est proportionné aux risques ;

c) lorsque les États membres, ou les entités adjudicatrices agissant dans un cadre général établi par l'État membre concerné, concluent que le niveau de risque, estimé en vertu du point b) du présent paragraphe, est tel que l'usage de signatures électroniques avancées, au sens de la directive 1999/93/CE du Parlement européen et du Conseil *[Dir. 1999/93/CE du Parlement européen et du Conseil du 13 déc. 1999 sur un cadre communautaire pour les signatures électroniques (JO L 13 du 19 janv. 2000, p. 12)]*, est requis, les entités adjudicatrices acceptent les signatures électroniques qui sont accompagnées d'un certificat qualifié, en tenant compte du fait de savoir si ces certificats sont fournis par un fournisseur de services de certificat, qui figure sur une liste de confiance prévues par la décision 2009/767/CE de la Commission *[Décis. 2009/767/CE de la Commission du 16 oct. 2009 établissant des mesures destinées à faciliter l'exé-*

cution de procédures par voie électronique par l'intermédiaire des guichets uniques conformément à la Dir. 2006/123/CE du Parlement européen et du Conseil relative aux services dans le marché intérieur (JO L 274 du 20 oct. 2009, p. 36)], créés avec ou sans dispositif sécurisé de création de signature, pour autant que les conditions suivantes soient remplies :

i) les entités adjudicatrices établissent le format de signature avancé requis en se fondant sur les formats prévus par la décision 2011/130/UE de la Commission *[Décis. 2011/130/UE de la Commission du 25 févr. 2011 établissant des exigences minimales pour le traitement transfrontalier des documents signés électroniquement par les autorités compétentes conformément à la Dir. 2006/123/CE du Parlement européen et du Conseil relative aux services dans le marché intérieur (JO L 53 du 26 févr. 2011, p. 66)]*, et mettent en place les mesures nécessaires pour le traitement technique de ces formats ; dans le cas où un format de signature électronique différent est utilisé, la signature électronique ou le support électronique du document comporte des informations concernant les possibilités de validation existantes, qui relèvent de la responsabilité de l'État membre. Les possibilités de validation permettent à l'entité adjudicatrice de valider en ligne, gratuitement et d'une manière qui soit compréhensible pour les allophones, la signature électronique reçue comme une signature électronique avancée accompagnée d'un certificat qualifié. Les États membres notifient les informations concernant le prestataire de services de validation à la Commission, qui les met à la disposition du public sur l'internet ;

ii) lorsque l'offre est signée en recourant à un certificat qualifié figurant sur une liste de confiance, les entités adjudicatrices n'appliquent pas d'exigences supplémentaires susceptibles de faire obstacle à l'utilisation de ces signatures par les soumissionnaires.

En ce qui concerne les documents utilisés dans le cadre d'une procédure de passation de marchés qui sont signés par une autorité compétente d'un État membre ou une autre entité d'émission compétente, l'autorité ou l'entité d'émission compétente peut établir le format de signature avancé requis conformément aux exigences énoncées à l'article 1er, paragraphe 2, de la décision 2011/130/UE. Les pouvoirs adjudicateurs mettent en place les mesures nécessaires pour le traitement technique de ces formats en faisant figurer dans le document concerné les informations requises aux fins du traitement de la signature. Ces documents comportent, dans la signature électronique ou le support électronique du document, des informations concernant les possibilités de validation existantes qui permettent de valider la signature électronique reçue en ligne, gratuitement et d'une manière qui soit compréhensible pour les allophones.

7. La Commission est habilitée à adopter des actes délégués en conformité avec l'article 103 afin de modifier les modalités et caractéristiques techniques figurant à l'annexe V afin de tenir compte d'évolutions techniques.

La Commission est habilitée à adopter des actes délégués conformément à l'article 103 afin de modifier la liste prévue au paragraphe 1, deuxième alinéa, points a) à d), du présent article lorsque, en raison des progrès technologiques, il est devenu inapproprié de continuer à déroger à l'utilisation des moyens de communication électroniques ou, à titre exceptionnel, lorsque de nouvelles exceptions doivent être prévues en raison des progrès technologiques.

Afin d'assurer l'interopérabilité des formats techniques ainsi que des normes en matière de procédures et de messagerie, en particulier dans un contexte transnational, la Commission n'est habilitée à adopter des actes délégués en conformité avec l'article 103 afin de rendre obligatoire l'utilisation de ces normes techniques spécifiques, notamment en ce qui concerne l'utilisation de la soumission électronique, des catalogues électroniques et de moyens d'authentification électronique, que lorsque les normes techniques ont été testées de façon approfondie et ont fait preuve de leur utilité dans la pratique. Avant de rendre l'utilisation de toute norme technique obligatoire, la Commission examine aussi attentivement les coûts que cette obligation pourrait entraîner, notamment en termes d'adaptation aux solutions existantes en matière de passation de marchés en ligne, y compris en ce qui concerne les infrastructures, les procédures ou les logiciels.

Art. 41 *Nomenclatures.*

1. Les références aux nomenclatures utilisées dans le cadre de la passation des marchés publics renvoient au Vocabulaire commun pour les marchés publics (*Common Procurement Vocabulary*, CPV) prévu par le règlement (CE) n° 2195/2002. – *V. ce texte infra.*

2. La Commission est habilitée à adopter des actes délégués en conformité avec l'article 103 afin d'adapter les codes CPV visés dans la présente directive lorsqu'il est nécessaire de tenir compte des changements de la nomenclature CPV dans le cadre de la présente directive et pour autant que ces modifications n'impliquent pas une modification du champ d'application de la présente directive.

Art. 42 *Conflits d'intérêts.*

Les États membres veillent à ce que les pouvoirs adjudicateurs prennent les mesures appropriées permettant de prévenir, de détecter et de corriger de manière efficace des conflits d'intérêts survenant lors des procédures de passation de marché, afin d'éviter toute distorsion de concurrence et d'assurer l'égalité de traitement de tous les opérateurs économiques.

La notion de conflit d'intérêts vise au moins toute situation dans laquelle des membres du personnel du pouvoir adjudicateur ou d'un prestataire de services de passation de marché agissant au nom du pouvoir adjudicateur qui participent au déroulement de la procédure ou sont susceptibles d'en influencer l'issue ont, directement ou indirectement, un intérêt financier, économique ou un autre intérêt personnel qui pourrait être perçu comme compromettant leur impartialité ou leur indépendance dans le cadre de la procédure de passation de marché.

TITRE II RÈGLES APPLICABLES AUX MARCHÉS

CHAPITRE I *PROCÉDURES*

Art. 43 *Dispositions découlant de l'AMP et d'autres conventions internationales.*

Dans la mesure où les annexes 3, 4 et 5 et les notes générales relatives à l'Union européenne de l'appendice I de l'AMP ainsi que d'autres conventions internationales liant l'Union européenne le prévoient, les entités adjudicatrices au sens de l'article 4, paragraphe 1, point *a)*, accordent aux travaux, aux fournitures, aux services et aux opérateurs économiques des signataires de ces conventions un traitement non moins favorable que celui accordé aux travaux, aux fournitures, aux services et aux opérateurs économiques de l'Union.

Art. 44 *Choix de la procédure.*

1. Lorsqu'elles passent des marchés de fournitures, de travaux ou de services, les entités adjudicatrices mettent en œuvre des procédures adaptées de manière à être conformes à la présente directive, à condition que, sans préjudice de l'article 47, un appel à la concurrence ait été publié conformément à la présente directive.

2. Les États membres prévoient que les entités adjudicatrices peuvent mettre en œuvre des procédures ouvertes, restreintes ou négociées avec mise en concurrence préalable, régies par la présente directive.

3. Les États membres prévoient que les entités adjudicatrices peuvent mettre en œuvre des dialogues compétitifs et des partenariats d'innovation régis par la présente directive.

4. L'appel à la concurrence peut être effectué par l'un des moyens suivants :

a) un avis périodique indicatif, conformément à l'article 67, lorsque le marché est passé par une procédure restreinte ou négociée ;

b) un avis sur l'existence d'un système de qualification, conformément à l'article 68, lorsque le marché est passé selon une procédure restreinte ou négociée ou selon un dialogue compétitif ou un partenariat d'innovation ;

c) un avis de marché conformément à l'article 69.

Dans le cas visé au point a) du présent paragraphe, les opérateurs économiques qui ont manifesté leur intérêt à la suite de la publication de l'avis périodique indicatif sont ultérieurement invités à confirmer leur intérêt par écrit au moyen d'une invitation à confirmer l'intérêt, conformément à l'article 74.

5. Dans certains cas et circonstances expressément visés à l'article 50, les États membres peuvent prévoir que les entités adjudicatrices peuvent recourir à une procédure négociée sans mise en concurrence préalable. Les États membres n'autorisent pas l'application de cette procédure dans d'autres cas que ceux visés à l'article 50.

Art. 45 *Procédure ouverte.*

1. Dans une procédure ouverte, tout opérateur économique intéressé peut soumettre une offre en réponse à un appel à la concurrence.

Le délai minimal de réception des offres est de trente-cinq jours à compter de la date de l'envoi de l'avis de marché.

L'offre est assortie des informations aux fins de la sélection qualitative réclamées par l'entité adjudicatrice.

2. Lorsque les entités adjudicatrices publient un avis périodique indicatif qui n'est pas utilisé en tant que moyen d'appel à la concurrence, le délai minimal de réception des offres

visé au paragraphe 1, deuxième alinéa, peut être ramené à quinze jours, à condition que toutes les conditions suivantes soient réunies :

a) l'avis périodique indicatif contient, outre les informations exigées en vertu de l'annexe VI, partie A, section 1, toutes les informations requises en vertu de l'annexe VI, partie A, section 2, dans la mesure où celles-ci étaient disponibles au moment de la publication de l'avis ;

b) l'avis périodique indicatif a été envoyé pour publication de trente-cinq jours à douze mois avant la date d'envoi de l'avis de marché.

3. Lorsqu'une situation d'urgence, dûment justifiée par l'entité adjudicatrice, rend le délai minimal prévu au paragraphe 1, deuxième alinéa, impossible à respecter, elle peut fixer un délai qui ne peut être inférieur à quinze jours à compter de la date d'envoi de l'avis de marché.

4. L'entité adjudicatrice peut réduire de cinq jours le délai de réception des offres prévu au paragraphe 1, deuxième alinéa, si elle accepte que les offres soient soumises par voie électronique conformément à l'article 40, paragraphe 4, premier alinéa, et à l'article 40, paragraphes 5 et 6.

Art. 46 *Procédure restreinte.*

1. Dans une procédure restreinte, tout opérateur économique peut soumettre une demande de participation en réponse à un avis d'appel à la concurrence en fournissant les informations aux fins de la sélection qualitative qui sont réclamées par l'entité adjudicatrice.

Le délai minimal de réception des demandes de participation est, en règle générale, d'au moins trente jours à compter de la date d'envoi de l'avis de marché ou de l'invitation à confirmer l'intérêt ; il n'est en aucun cas inférieur à quinze jours.

2. Seuls les opérateurs économiques invités à le faire par l'entité adjudicatrice à la suite de l'évaluation par celle-ci des informations fournies peuvent soumettre une offre. Les entités adjudicatrices peuvent limiter le nombre de candidats admis à présenter une offre qui seront invités à participer à la procédure, conformément à l'article 78, paragraphe 2.

Le délai de réception des offres peut être fixé d'un commun accord entre l'entité adjudicatrice et les candidats sélectionnés, pour autant que tous les candidats sélectionnés disposent d'un délai identique pour préparer et soumettre leurs offres.

En l'absence d'un accord sur le délai de réception des offres, le délai n'est pas inférieur à dix jours à compter de la date d'envoi de l'invitation à soumissionner.

Art. 47 *Procédure négociée avec mise en concurrence préalable.*

1. Dans une procédure négociée avec mise en concurrence préalable, tout opérateur économique peut soumettre une demande de participation en réponse à un avis d'appel à la concurrence en fournissant les informations aux fins de la sélection qualitative qui sont réclamées par l'entité adjudicatrice.

Le délai minimal de réception des demandes de participation est, en règle générale, d'au moins trente jours à compter de la date d'envoi de l'avis de marché ou, lorsque l'appel à la concurrence est effectué au moyen d'un avis périodique indicatif, à compter de la date d'envoi de l'invitation à confirmer l'intérêt ; il n'est en aucun cas inférieur à quinze jours.

2. Seuls les opérateurs économiques ayant reçu une invitation de l'entité adjudicatrice à la suite de l'évaluation des informations fournies peuvent participer aux négociations. Les entités adjudicatrices peuvent limiter le nombre de candidats admis à présenter une offre qui seront invités à participer à la procédure, conformément à l'article 78, paragraphe 2.

Le délai de réception des offres peut être fixé d'un commun accord entre l'entité adjudicatrice et les candidats sélectionnés, pour autant qu'ils disposent tous d'un délai identique pour préparer et soumettre leurs offres.

En l'absence d'un accord sur le délai de réception des offres, le délai n'est pas inférieur à dix jours à compter de la date d'envoi de l'invitation à soumissionner.

Art. 48 *Dialogue compétitif.*

1. Dans un dialogue compétitif, tout opérateur économique peut soumettre une demande de participation en réponse à un avis d'appel à la concurrence conformément à l'article 44, paragraphe 4, points b) et c), en fournissant les informations aux fins de la sélection qualitative qui sont réclamées par l'entité adjudicatrice.

Le délai minimal de réception des demandes de participation est, en règle générale, d'au moins trente jours à compter de la date d'envoi de l'avis de marché ou, lorsque l'appel à la concurrence est effectué au moyen d'un avis périodique indicatif, à compter de la date d'envoi de l'invitation à confirmer l'intérêt ; il n'est en aucun cas inférieur à quinze jours.

Seuls les opérateurs économiques ayant reçu une invitation de l'entité adjudicatrice à la suite de l'évaluation des informations fournies peuvent participer au dialogue. Les entités adjudicatrices peuvent limiter le nombre de candidats admis à présenter une offre qui seront invités à participer à la procédure, conformément à l'article 78, paragraphe 2. Le marché est attribué sur la seule base du critère de l'offre présentant le meilleur rapport qualité/prix, conformément à l'article 82, paragraphe 2.

2. Les entités adjudicatrices indiquent et définissent leurs besoins et leurs exigences dans l'avis d'appel à la concurrence et/ou dans un document descriptif. À cette occasion, et dans les mêmes documents, elles indiquent et définissent également les critères d'attribution retenus et fixent un calendrier indicatif.

3. Les entités adjudicatrices ouvrent, avec les participants sélectionnés conformément aux dispositions pertinentes des articles 76 à 81, un dialogue dont l'objet est l'identification et la définition des moyens propres à satisfaire au mieux leurs besoins. Au cours de ce dialogue, elles peuvent discuter tous les aspects du marché avec les participants sélectionnés.

Au cours du dialogue, les entités adjudicatrices assurent l'égalité de traitement de tous les participants. A cette fin, elles ne donnent pas, de manière discriminatoire, d'information susceptible d'avantager certains participants par rapport à d'autres.

Conformément à l'article 39, les entités adjudicatrices ne révèlent pas aux autres participants les solutions proposées ou d'autres informations confidentielles communiquées par un candidat participant ou un soumissionnaire, dans le cadre du dialogue sans l'accord de celui-ci. Cet accord ne revêt pas la forme d'une renonciation générale mais vise des informations précises dont la communication est envisagée.

4. Les dialogues compétitifs peuvent se dérouler en phases successives de manière à réduire le nombre de solutions à discuter pendant la phase du dialogue en appliquant les critères d'attribution fixés dans l'avis d'appel à la concurrence ou dans le document descriptif. Dans l'avis d'appel à la concurrence ou le document descriptif, l'entité adjudicatrice indique si elle fera usage de cette possibilité.

5. L'entité adjudicatrice poursuit le dialogue jusqu'à ce qu'elle soit en mesure d'identifier la ou les solutions qui sont susceptibles de répondre à ses besoins.

6. Après avoir prononcé la clôture du dialogue et en avoir informé les participants restant en lice, les entités adjudicatrices les invitent à soumettre leur offre finale sur la base de la ou des solutions présentées et spécifiées au cours du dialogue. Ces offres comprennent tous les éléments requis et nécessaires pour la réalisation du projet.

Sur demande de l'entité adjudicatrice, ces offres peuvent être clarifiées, précisées et optimisées. Cependant, ces clarifications, précisions, optimisations ou informations complémentaires ne peuvent avoir pour effet de modifier les aspects essentiels de l'offre ou du marché, notamment les besoins et exigences indiqués dans l'avis d'appel à la concurrence ou dans le document descriptif, lorsque les modifications apportées à ces aspects, besoins ou exigences sont susceptibles de fausser la concurrence ou d'avoir un effet discriminatoire.

7. Les entités adjudicatrices évaluent les offres reçues en fonction des critères d'attribution fixés dans l'avis d'appel à la concurrence ou dans le document descriptif.

A la demande de l'entité adjudicatrice, des négociations peuvent être menées avec le soumissionnaire reconnu comme ayant remis l'offre présentant le meilleur rapport qualité/prix conformément à l'article 82, paragraphe 2, pour confirmer les engagements financiers ou d'autres conditions énoncés dans l'offre en arrêtant les clauses du marché, à condition que ces négociations n'aient pas pour effet de modifier sensiblement des aspects essentiels de l'offre ou du marché public, y compris les besoins et les exigences indiqués dans l'avis d'appel à la concurrence ou dans le document descriptif, et ne risquent pas de fausser la concurrence ou d'entraîner des discriminations.

8. Les entités adjudicatrices peuvent prévoir des primes ou des paiements au profit des participants au dialogue.

Art. 49 *Partenariats d'innovation.*

1. Dans un partenariat d'innovation, tout opérateur économique peut soumettre une demande de participation en réponse à un avis d'appel à la concurrence conformément à l'article 44, paragraphe 4, points b) et c), en fournissant les informations aux fins de la sélection qualitative qui sont réclamées par l'entité adjudicatrice.

Dans les documents de marché, l'entité adjudicatrice définit le besoin relatif à un produit, un service ou à des travaux innovants qui ne peut être satisfait par l'acquisition de produits, de services ou de travaux déjà disponibles sur le marché. Elle indique les éléments de cette définition qui fixent les exigences minimales que doivent respecter toutes les offres. Les indications sont suffisamment précises pour permettre aux opérateurs économiques de déterminer la nature et la portée de la solution requise et de décider de demander ou non à participer à la procédure.

L'entité adjudicatrice peut décider de mettre en place le partenariat d'innovation avec un ou plusieurs partenaires menant des activités de recherche et *[de]* développement séparées.

Le délai minimal de réception des demandes de participation est, en règle générale, d'au moins trente jours à compter de la date d'envoi de l'avis de marché ; il n'est en aucun cas inférieur à quinze jours. Seuls les opérateurs économiques ayant reçu une invitation de l'entité adjudicatrice à la suite de l'évaluation des informations fournies peuvent participer à la procédure. Les entités adjudicatrices peuvent limiter le nombre de candidats admis à présenter une offre qui seront invités à participer à la procédure, conformément à l'article 78, paragraphe 2. Le marché est attribué sur la seule base du critère de l'offre présentant le meilleur rapport qualité/prix, conformément à l'article 82, paragraphe 2.

2. Le partenariat d'innovation vise au développement d'un produit, d'un service ou de travaux innovants et à l'acquisition ultérieure des fournitures, services ou travaux en résultant, à condition qu'ils correspondent aux niveaux de performance et aux coûts maximum convenus entre les entités adjudicatrices et les participants.

Le partenariat d'innovation est structuré en phases successives qui suivent le déroulement des étapes du processus de recherche et d'innovation, qui peuvent comprendre le stade de la fabrication des produits, de la prestation des services ou de l'exécution des travaux. Le partenariat d'innovation établit des objectifs intermédiaires que les partenaires doivent atteindre et prévoit le paiement de la rémunération selon des tranches appropriées.

Sur la base de ces objectifs, l'entité adjudicatrice peut décider, après chaque phase, de résilier le partenariat d'innovation, ou, dans le cas d'un partenariat d'innovation associant plusieurs partenaires, de réduire le nombre de partenaires en mettant un terme aux contrats individuels, à condition que, dans les documents de marché, elle ait indiqué ces possibilités et les conditions dans lesquelles elle peut y avoir recours.

3. Sauf disposition contraire prévue au présent article, les entités adjudicatrices négocient avec les soumissionnaires l'offre initiale et toutes les offres ultérieures que ceux-ci ont présentées, à l'exception de l'offre finale, en vue d'en améliorer le contenu.

Les exigences minimales et les critères d'attribution ne font pas l'objet de négociations.

4. Au cours de la négociation, les entités adjudicatrices assurent l'égalité de traitement de tous les soumissionnaires. A cette fin, elles ne donnent pas, de manière discriminatoire, d'information susceptible d'avantager certains soumissionnaires par rapport à d'autres. Elles informent par écrit tous les soumissionnaires dont les offres n'ont pas été éliminées, en vertu du paragraphe 5, de tous les changements apportés aux spécifications techniques ou aux autres documents de marché, autres que ceux qui définissent les exigences minimales. A la suite de ces changements, les entités adjudicatrices prévoient suffisamment de temps pour permettre aux soumissionnaires de modifier leurs offres et de les présenter à nouveau s'il y a lieu.

Conformément à l'article 39, les entités adjudicatrices ne révèlent pas aux autres participants les informations confidentielles communiquées par un candidat ou un soumissionnaire participant aux négociations, sans l'accord de celui-ci. Cet accord ne revêt pas la forme d'une renonciation générale mais vise des informations précises qu'il est envisagé de communiquer.

5. Les négociations intervenant au cours des procédures de partenariat d'innovation peuvent se dérouler en phases successives de manière à réduire le nombre d'offres à négocier en appliquant les critères d'attribution précisés dans l'avis de marché, dans l'invitation à confirmer l'intérêt ou dans les documents de marché. L'entité adjudicatrice indique, dans l'avis de marché, l'invitation à confirmer l'intérêt ou les documents de marché, si elle fera usage de cette possibilité.

6. Lors de la sélection des candidats, les entités adjudicatrice appliquent en particulier les critères relatifs aux capacités des candidats dans le domaine de la recherche et du développement ainsi que de l'élaboration et de la mise en œuvre de solutions innovantes.

Seuls les opérateurs économiques ayant reçu une invitation de l'entité adjudicatrice à la suite de l'évaluation des informations requises peuvent soumettre des projets de recherche et d'innovation qui visent à répondre aux besoins définis par l'entité adjudicatrice et que les solutions existantes ne permettent pas de couvrir.

Dans les documents de marché, l'entité adjudicatrice définit les dispositions applicables aux droits de propriété intellectuelle. En cas de partenariat d'innovation associant plusieurs partenaires, conformément à l'article 39, l'entité adjudicatrice ne révèle pas aux autres partenaires les solutions proposées ou d'autres informations confidentielles communiquées par un partenaire dans le cadre du partenariat sans l'accord dudit partenaire. Cet accord ne revêt pas la forme d'une renonciation générale mais vise des informations précises qu'il est envisagé de communiquer.

7. L'entité adjudicatrice veille à ce que la structure du partenariat, et notamment la durée et la valeur de ses différentes phases, tiennent compte du degré d'innovation de la solution proposée et du déroulement des activités de recherche et d'innovation requises pour le développement d'une solution innovante non encore disponible sur le marché. La valeur estimée des fournitures, des services ou des travaux achetés n'est pas disproportionnée par rapport à l'investissement requis pour leur développement.

Art. 50 *Recours à la procédure négociée sans mise en concurrence préalable.*

Les entités adjudicatrices peuvent recourir à une procédure négociée sans mise en concurrence préalable dans les cas suivants :

a) lorsque aucune offre ou aucune offre appropriée ou aucune demande de participation ou aucune demande appropriée de participation n'a été déposée en réponse à une procédure avec mise en concurrence préalable, pour autant que les conditions initiales du marché ne soient pas substantiellement modifiées.

Une offre n'est pas considérée comme appropriée lorsqu'elle est sans rapport avec le marché parce qu'elle n'est manifestement pas en mesure, sans modifications substantielles, de répondre aux besoins et aux exigences de l'entité adjudicatrice spécifiés dans les documents de marché. Une demande participation n'est pas considérée comme appropriée lorsque l'opérateur économique concerné doit ou peut être exclu en vertu de l'article 78, paragraphe 1, ou de l'article 80, paragraphe 1, ou ne remplit pas les critères de sélection établis par l'entité adjudicatrice en vertu de l'article 78 ou de l'article 80 ;

b) lorsqu'un marché est passé uniquement à des fins de recherche, d'expérimentation, d'étude ou de développement et non dans le but d'assurer une rentabilité ou d'amortir les coûts de recherche et de développement et dans la mesure où la passation d'un tel marché ne porte pas préjudice à la mise en concurrence des marchés subséquents qui poursuivent notamment ces buts ;

c) lorsque les travaux, fournitures ou services ne peuvent être fournis que par un opérateur économique particulier, pour l'une quelconque des raisons suivantes :

i) l'objet du marché est la création ou l'acquisition d'une œuvre d'art ou d'une performance artistique unique ;

ii) l'absence de concurrence pour des raisons techniques ;

iii) la protection de droits d'exclusivité, notamment de droits de propriété intellectuelle.

Les exceptions indiquées aux points ii) et iii) ne s'appliquent que lorsqu'il n'existe aucune alternative ou de remplacement raisonnable et que l'absence de concurrence ne résulte pas d'une restriction artificielle des paramètres du marché ;

d) dans la mesure strictement nécessaire, lorsque l'urgence impérieuse résultant d'événements imprévisibles pour l'entité adjudicatrice ne permet pas de respecter les délais exigés par les procédures ouvertes, restreintes et négociées avec mise en concurrence préalable. Les circonstances invoquées pour justifier l'urgence impérieuse ne sont en aucun cas imputables à l'entité adjudicatrice ;

e) dans le cas de marchés de fournitures pour des livraisons complémentaires effectuées par le fournisseur initial et destinées soit au renouvellement partiel de fournitures ou d'installations, soit à l'extension de fournitures ou d'installations existantes, lorsque le changement de fournisseur obligerait l'entité adjudicatrice à acquérir des fournitures ayant des caractéristiques techniques différentes entraînant une incompatibilité ou des difficultés techniques d'utilisation et d'entretien disproportionnées ;

f) pour de nouveaux travaux ou services consistant dans la répétition de travaux ou services similaires confiés à un entrepreneur auquel les mêmes entités adjudicatrices ont attribué un précédent marché, à condition que ces travaux ou ces services soient conformes à un projet de base et que ce projet ait fait l'objet d'un premier marché passé selon la procédure visée à l'article 44, paragraphe 1.

Le projet de base précise l'étendue des travaux ou services supplémentaires possibles et les conditions de leur attribution. La possibilité de recourir à cette procédure est indiquée dès la mise en concurrence du premier projet, et le montant total envisagé pour la suite des travaux ou les services supplémentaires est pris en considération par les entités adjudicatrices pour l'application des articles 15 et 16 ;

g) lorsqu'il s'agit de fournitures cotées et achetées à une bourse de matières premières ;

h) pour les achats d'opportunité, lorsqu'il est possible d'acquérir des fournitures en profitant d'une occasion particulièrement avantageuse qui s'est présentée dans une période de temps très courte et pour lesquelles le prix à payer est considérablement plus bas que les prix normalement pratiqués sur le marché ;

i) pour l'achat de fournitures ou de services dans des conditions particulièrement avantageuses, soit auprès d'un fournisseur cessant définitivement ses activités commerciales, soit auprès du liquidateur dans le cadre d'une faillite, d'un concordat préventif ou d'une procédure de même nature prévue par les législations ou réglementations nationales ;

j) lorsque le marché de services considéré fait suite à un concours organisé conformément à la présente directive et est, en vertu des règles prévues dans le cadre du concours, attribué au lauréat ou à un des lauréats de ce concours ; dans ce dernier cas, tous les lauréats du concours sont invités à participer aux négociations.

CHAPITRE II *TECHNIQUES ET INSTRUMENTS POUR LES MARCHÉS ÉLECTRONIQUES ET AGRÉGÉS*

Art. 51 *Accords-cadres.*

1. Les entités adjudicatrices peuvent conclure des accords-cadres pour autant qu'elles appliquent les procédures prévues par la présente directive.

Un accord-cadre est un accord conclu entre une ou plusieurs entités adjudicatrices et un ou plusieurs opérateurs économiques ayant pour objet d'établir les conditions régissant les marchés à passer au cours d'une période donnée, notamment en ce qui concerne les prix et, le cas échéant, les quantités envisagées.

La durée d'un accord-cadre ne dépasse pas huit ans, sauf dans des cas exceptionnels dûment justifiés, notamment par l'objet de l'accord-cadre.

2. Les marchés fondés sur un accord-cadre sont passés sur la base de règles et de critères objectifs qui peuvent inclure la remise en concurrence des opérateurs économiques qui sont parties à l'accord-cadre conclu. Ces règles et critères sont énoncés dans les documents de marché relatifs à l'accord-cadre.

Les règles et critères objectifs visés au premier alinéa assurent l'égalité de traitement des opérateurs économiques qui sont parties à l'accord. Lorsque ceux-ci incluent une remise en concurrence, les entités adjudicatrices fixent un délai suffisamment long pour permettre la présentation des offres relatives à chaque marché spécifique et elles attribuent chaque marché au soumissionnaire ayant présenté la meilleure offre sur la base des critères d'attribution énoncés dans le cahier des charges de l'accord-cadre.

Les entités adjudicatrices ne recourent pas aux accords-cadres de façon abusive ou de manière à empêcher, à restreindre ou à fausser la concurrence.

Art. 52 *Systèmes d'acquisition dynamiques.*

1. Pour des achats d'usage courant dont les caractéristiques, tels qu'ils sont communément disponibles sur le marché, répondent aux besoins des entités adjudicatrices, celles-ci peuvent utiliser un système d'acquisition dynamique. Ce système fonctionne comme un processus entièrement électronique et est ouvert, pendant toute la période de validité du système d'acquisition, à tout opérateur économique satisfaisant aux critères de sélection. Il peut être subdivisé en catégories de produits, de travaux ou de services définies de manière objective sur la base des caractéristiques du marché à réaliser dans le cadre de la catégorie concernée. Ces caractéristiques peuvent notamment renvoyer à la taille maximale autorisée de certains marchés spécifiques ultérieurs ou à une zone géographique précise dans laquelle certains marchés ultérieurs seront exécutés.

2. Pour passer un marché dans le cadre d'un système d'acquisition dynamique, les entités adjudicatrices respectent les règles de la procédure restreinte. Tous les candidats satisfaisant aux critères de sélection sont admis dans le système et leur nombre n'est pas limité conformément à l'article 78, paragraphe 2. Lorsque les entités adjudicatrices ont subdivisé le système en catégories de produits, de travaux ou de services conformément au paragraphe 1 du présent article, elles précisent les critères de sélection applicables à chaque catégorie.

Nonobstant l'article 46, les délais suivants s'appliquent :

a) le délai minimal de réception des demandes de participation est, en règle générale, d'au moins trente jours à compter de la date d'envoi de l'avis de marché ou, lorsque l'appel à la concurrence est effectué au moyen d'un avis périodique indicatif, à compter de la date d'envoi de l'invitation à confirmer l'intérêt ; il n'est en aucun cas inférieur à quinze jours. Aucun délai supplémentaire de réception des demandes de participation n'est applicable après l'envoi de l'invitation à soumissionner pour le premier marché spécifique dans le cadre du système d'acquisition dynamique ;

b) le délai minimal de réception des offres est d'au moins dix jours à compter de la date d'envoi de l'invitation à soumissionner. L'article 46, paragraphe 2, deuxième et troisième alinéas, s'applique.

3. Dans le cadre d'un système d'acquisition dynamique, toutes les communications sont uniquement effectuées par des moyens électroniques conformément à l'article 40, paragraphes 1, 3, 5 et 6.

4. Pour passer des marchés dans le cadre d'un système d'acquisition dynamique, les entités adjudicatrices :

a) publient un avis d'appel à la concurrence en indiquant clairement qu'il s'agit d'un système d'acquisition dynamique ;

b) précisent dans les documents de marché au moins la nature des achats envisagés et leur quantité estimée, ainsi que toutes les informations nécessaires concernant le système d'acquisition dynamique, y compris la manière dont ce système fonctionne, l'équipement électronique utilisé et les arrangements et spécifications techniques de connexion ;

c) signalent toute subdivision en catégories de produits, de travaux ou de services et les caractéristiques définissant celles-ci ;

d) fournissent, pendant la durée de validité du système, un accès sans restriction, complet et direct aux documents de marché, conformément à l'article 73.

5. Les entités adjudicatrices accordent, pendant toute la période de validité du système d'acquisition dynamique, la possibilité à tout opérateur économique de demander à participer au système aux conditions visées au paragraphe 2. Les entités adjudicatrices achèvent l'évaluation de ces demandes conformément aux critères de sélection dans un délai de dix jours ouvrables après leur réception. Ce délai peut être porté à quinze jours ouvrables dans certains cas où cela se justifie, notamment parce qu'il est nécessaire d'examiner des documents complémentaires ou de vérifier d'une autre manière si les critères de sélection sont remplis.

Nonobstant le premier alinéa, tant que l'invitation à soumissionner pour le premier marché spécifique dans le cadre du système d'acquisition dynamique n'a pas été envoyée, les entités adjudicatrices peuvent prolonger la durée d'évaluation, à condition qu'aucune invitation à soumissionner ne soit émise au cours de cette prolongation. Les entités adjudicatrices indiquent dans les documents de marché la durée de la prolongation qu'elles comptent appliquer.

Les entités adjudicatrices indiquent aussi rapidement que possible à l'opérateur économique concerné s'il a été admis ou non dans le système d'acquisition dynamique.

6. Les entités adjudicatrices invitent tous les participants admis à présenter une offre pour chaque marché spécifique du système d'acquisition dynamique, conformément à l'article 74. Lorsque le système d'acquisition dynamique a été subdivisé en catégories de travaux, de produits ou de services, les entités adjudicatrices invitent tous les participants admis pour la catégorie correspondant au marché spécifique concerné à soumettre une offre.

Elles attribuent le marché au soumissionnaire qui a présenté la meilleure offre sur la base des critères d'attribution définis dans l'avis de marché du système d'acquisition dynamique, dans l'invitation à confirmer l'intérêt ou, lorsque l'appel à la concurrence a été réalisé au moyen d'un avis sur l'existence d'un système de qualification, dans l'invitation à soumissionner. Ces critères peuvent, le cas échéant, être précisés dans l'invitation à soumissionner.

7. A tout moment au cours de la période de validité du système d'acquisition dynamique, les entités adjudicatrices qui, en vertu de l'article 80, appliquent les motifs d'exclusion et les critères de sélection prévus dans la directive 2014/24/UE, peuvent demander aux participants admis de présenter une déclaration sur l'honneur renouvelée et actualisée, prévue à l'article 59, paragraphe 1, de ladite directive dans un délai de cinq jours ouvrables à compter de la date d'envoi de cette demande.

L'article 59, paragraphes 2 à 4, s'applique pendant toute la période de validité du système d'acquisition dynamique.

8. Les entités adjudicatrices précisent la durée de validité du système d'acquisition dynamique dans l'appel à la concurrence. Elles notifient à la Commission tout changement de cette période en utilisant les formulaires types suivants :

a) lorsque la durée de validité est modifiée sans qu'il soit mis un terme au système, le formulaire initialement utilisé pour l'appel à la concurrence pour le système d'acquisition dynamique ;

b) lorsqu'il est mis fin au système, l'avis d'attribution de marché visé à l'article 70.

9. Aucun frais ne peut être facturé avant ou pendant la période de validité du système d'acquisition dynamique aux opérateurs économiques intéressés ou participant au système d'acquisition dynamique.

Art. 53 *Enchères électroniques.*

1. Les entités adjudicatrices peuvent recourir à des enchères électroniques où sont présentés de nouveaux prix, révisés à la baisse, et/ou de nouvelles valeurs portant sur certains éléments des offres.

A cette fin, les entités adjudicatrices structurent l'enchère électronique comme un processus électronique itératif, qui intervient après une première évaluation complète des offres, ce qui permet de les classer au moyen de méthodes d'évaluation automatiques.

Étant donné que certains marchés de services ou de travaux ayant pour objet des prestations intellectuelles, telles que la conception de travaux, ne peuvent être classés au moyen de méthodes d'évaluation automatiques, ils ne font pas l'objet d'enchères électroniques.

2. Dans les procédures ouvertes, ou restreintes ou dans les procédures négociées avec mise en concurrence préalable, les entités adjudicatrices peuvent décider que l'attribution d'un marché est précédée d'une enchère électronique lorsque le contenu *[des]* documents de marché, en particulier les spécifications techniques, peuvent *[peut]* être établis *[établi]* de manière précise.

Dans les mêmes conditions, il est possible de recourir à l'enchère électronique lors de la remise en concurrence entre les parties à un accord-cadre visée à l'article 51, paragraphe 2, et de la mise en concurrence des marchés à passer dans le cadre du système d'acquisition dynamique visée à l'article 52.

3. L'enchère électronique porte sur l'un des éléments suivants des offres :

a) uniquement sur les prix lorsque le marché est attribué sur la seule base du prix ;

b) sur les prix et/ou sur les nouvelles valeurs des éléments des offres indiqués dans les documents de marché lorsque le marché est attribué sur la base du meilleur rapport qualité/prix ou au soumissionnaire ayant présenté l'offre au coût le plus bas selon une approche fondée sur le rapport coût/efficacité.

4. Les entités adjudicatrices qui décident de recourir à une enchère électronique en font mention dans l'avis de marché, dans l'invitation à confirmer l'intérêt ou, lorsque l'appel à la concurrence a été réalisé au moyen d'un avis sur l'existence d'un système de qualification, dans l'invitation à soumissionner. Les documents de marché comprennent au moins les informations mentionnées à l'annexe VII.

5. Avant de procéder à l'enchère électronique, les entités adjudicatrices effectuent une première évaluation complète des offres conformément aux critères d'attribution et à la pondération qui leur est associée.

Une offre est considérée comme recevable dès lors qu'elle a été présentée par un soumissionnaire qui n'a pas été exclu en vertu de l'article 78, paragraphe 1, ou de l'article 80, paragraphe 1, et qui remplit les critères de sélection énoncés aux articles 78 et 80 et dont l'offre est conforme aux spécifications techniques, tout en n'étant pas irrégulière ou inacceptable ou inappropriée.

Sont notamment considérées comme irrégulières les offres qui ne sont pas conformes aux documents de marché, qui sont parvenues tardivement, qui comportent des éléments manifestes de collusion ou de corruption ou que le pouvoir adjudicateur a jugées anormalement basses. Sont notamment considérées comme inacceptables les offres présentées par des soumissionnaires dépourvus des capacités requises ou dont le prix dépasse le budget du pouvoir adjudicateur tel qu'il a été déterminé et établi avant le lancement de la procédure de passation de marché.

Une offre n'est pas considérée comme appropriée lorsqu'elle est sans rapport avec le marché parce qu'elle n'est manifestement pas en mesure, sans modifications substantielles, de répondre aux besoins et aux exigences de l'entité adjudicatrice spécifiés dans les documents de marché. Une demande participation n'est pas considérée comme appropriée lorsque l'opérateur économique concerné doit ou peut être exclu en vertu de l'article 78, paragraphe 1, ou de l'article 80, paragraphe 1, ou ne remplit pas les critères de sélection établis par l'entité adjudicatrice en vertu de l'article 78 ou de l'article 80.

Tous les soumissionnaires qui ont présenté des offres recevables sont invités simultanément, par des moyens électroniques, à participer à l'enchère électronique en utilisant les connexions, à la date et à l'heure spécifiées, conformément aux instructions figurant dans l'invitation. L'enchère électronique peut se dérouler en plusieurs phases successives. Elle ne débute au plus tôt que deux jours ouvrables à compter de la date d'envoi des invitations.

6. L'invitation est accompagnée du résultat de l'évaluation complète du soumissionnaire concerné, effectuée conformément à la pondération prévue à l'article 82, paragraphe 5, premier alinéa.

L'invitation mentionne également la formule mathématique qui devra être utilisée, lors de l'enchère électronique, pour déterminer les reclassements automatiques en fonction des nouveaux prix ou des nouvelles valeurs présentés. Sauf lorsque l'offre économiquement la plus avantageuse est identifiée sur la base du prix uniquement, cette formule intègre la pondération de tous les critères fixés pour déterminer l'offre économiquement la plus avantageuse, indiquée dans l'avis servant d'appel à la concurrence ou dans d'autres documents de marché. A cette fin, les éventuelles fourchettes sont toutefois réduites au préalable à une valeur déterminée.

Dans le cas où des variantes sont autorisées, une formule distincte est fournie pour chaque variante.

7. Au cours de chaque phase de l'enchère électronique, les entités adjudicatrices communiquent instantanément à tous les soumissionnaires au moins les informations qui leur permettent de connaître à tout moment leur classement respectif. Elles peuvent également communiquer d'autres informations concernant d'autres prix ou valeurs présentés à condition que cela soit indiqué dans le cahier de *[des]* charges. Elles peuvent également, à tout moment, annoncer le nombre des participants à la phase de l'enchère. Cependant, en aucun cas, elles ne peuvent divulguer l'identité des soumissionnaires pendant le déroulement des phases de l'enchère électronique.

8. Les entités adjudicatrices clôturent l'enchère électronique selon une ou plusieurs des modalités suivantes :

a) à la date et à l'heure préalablement indiquées ;

b) lorsqu'elles ne reçoivent plus de nouveaux prix ou de nouvelles valeurs répondant aux exigences relatives aux écarts minimaux, à condition d'avoir préalablement précisé le délai qu'elles observeront à partir de la réception de la dernière offre avant de clore l'enchère électronique ; ou

c) lorsque le nombre de phases d'enchère préalablement indiqué a été réalisé.

Lorsque les entités adjudicatrices entendent clore l'enchère électronique conformément au premier alinéa, point c), le cas échéant en combinaison avec les modalités prévues au point b) dudit alinéa, l'invitation à participer à l'enchère indique le calendrier de chaque phase de l'enchère.

9. Après la clôture de l'enchère électronique, les entités adjudicatrices attribuent le marché conformément à l'article 82 en fonction des résultats de celle-ci.

Art. 54 *Catalogues électroniques.*

1. Lorsque l'utilisation de moyens de communication électroniques est requise, les entités adjudicatrices peuvent exiger que les offres soient présentées sous la forme d'un catalogue électronique ou qu'elles comportent un catalogue électronique.

Les États membres peuvent rendre obligatoire l'utilisation des catalogues électroniques pour certains types de marchés.

Les offres présentées sous la forme d'un catalogue électronique peuvent être accompagnées d'autres documents qui les complètent.

2. Les catalogues électroniques sont établis par les candidats ou les soumissionnaires en vue de participer à une procédure de passation de marché donnée conformément aux spécifications techniques et au format prévus par l'entité adjudicatrice.

En outre, les catalogues électroniques respectent les exigences applicables aux outils de communication électronique ainsi que toute exigence supplémentaire définie par l'entité adjudicatrice conformément à l'article 40.

3. Lorsque la présentation des offres sous la forme d'un catalogue électronique est acceptée ou exigée, les entités adjudicatrices :

a) le précisent dans l'avis de marché, dans l'invitation à confirmer l'intérêt ou, lorsque l'appel à la concurrence a été réalisé au moyen d'un avis sur l'existence d'un système de qualification, dans l'invitation à soumissionner ou à négocier ;

b) précisent dans les documents de marché toutes les informations requises en vertu de l'article 40, paragraphe 6, en ce qui concerne le format, l'équipement électronique utilisé ainsi que les modalités de connexion et les spécifications techniques du catalogue.

4. Lorsqu'un accord-cadre a été conclu avec plusieurs opérateurs économiques à la suite de la soumission d'offres sous la forme de catalogues électroniques, les entités adjudicatrices peuvent prévoir que la remise en concurrence pour des marchés spécifiques est effectuée sur la base de catalogues actualisés. Dans ce cas, les entités adjudicatrices utilisent l'une des méthodes suivantes :

a) elles invitent les soumissionnaires à présenter de nouveau leurs catalogues électroniques, adaptés aux exigences du marché en question ; ou

b) elles informent les soumissionnaires qu'elles entendent recueillir, à partir des catalogues électroniques déjà présentés, les informations nécessaires pour constituer des offres adaptées aux exigences du marché en question, pour autant que l'utilisation de cette méthode ait été annoncée dans les documents de marché de l'accord-cadre.

5. Lorsque des entités adjudicatrices remettent en concurrence des marchés spécifiques conformément au paragraphe 4, point *b)*, elles informent les soumissionnaires de la date et de l'heure à laquelle elles entendent recueillir les informations nécessaires pour constituer

des offres adaptées aux exigences du marché spécifique en question et donnent aux soumissionnaires la possibilité de refuser cette collecte d'informations.

Les entités adjudicatrices prévoient un délai adéquat entre la notification et la collecte effective des informations.

Avant d'attribuer le marché, les entités adjudicatrices transmettent les informations recueillies au soumissionnaire concerné afin de lui permettre de contester ou de confirmer que l'offre ainsi constituée ne comporte pas d'erreurs matérielles.

6. Les entités adjudicatrices peuvent attribuer des marchés fondés sur un système d'acquisition dynamique en exigeant que les offres relatives à un marché spécifique soient présentées sous la forme d'un catalogue électronique.

Les entités adjudicatrices peuvent également attribuer des marchés fondés sur un système d'acquisition dynamique conformément au paragraphe 4, point b), et au paragraphe 5 à condition que la demande de participation au système d'acquisition dynamique soit accompagnée d'un catalogue électronique conforme aux spécifications techniques et au format prévus par l'entité adjudicatrice. Ce catalogue est ensuite complété par les candidats lorsqu'ils sont informés de l'intention de l'entité adjudicatrice de constituer des offres par le biais de la procédure prévue au paragraphe 4, point b).

Art. 55 *Activités d'achat centralisées et centrales d'achat.*

1. Les États membres peuvent prévoir que les entités adjudicatrices peuvent acquérir des travaux, des fournitures et/ou des services auprès d'une centrale d'achat proposant les activités d'achat centralisées visées à l'article 2, point 10) *a)*.

Les États membres peuvent également prévoir que les entités adjudicatrices peuvent acquérir des travaux, des fournitures et des services par le biais de marchés attribués par une centrale d'achat, de systèmes d'acquisition dynamiques exploités par une centrale d'achat ou par le biais d'un accord-cadre conclu par une centrale d'achat proposant les activités d'achat centralisées visées à l'article 2, point 10) b). Lorsqu'un système d'acquisition dynamique mis en place par une centrale d'achat est susceptible d'être utilisé par d'autres entités adjudicatrices, ce fait est signalé dans l'appel à la concurrence mettant ledit système d'acquisition dynamique en place.

Eu égard aux premier et deuxième alinéas, les États membres peuvent prévoir que certains marchés doivent être passés en recourant à des centrales d'achat ou à une ou plusieurs centrales d'achat spécifiques.

2. Une entité adjudicatrice remplit ses obligations en vertu de la présente directive lorsqu'elle acquiert des fournitures ou des services auprès d'une centrale d'achat proposant les activités d'achat centralisées visées à l'article 2, point 10) *a)*.

En outre, une entité adjudicatrice remplit également ses obligations en vertu de la présente directive lorsqu'elle acquiert des travaux, des fournitures ou des services par le biais de marchés attribués par la centrale d'achat, de systèmes d'acquisition dynamiques exploités par la centrale d'achat ou par le biais d'un accord-cadre conclu par la centrale d'achat proposant les activités d'achat centralisées visées à l'article 2, point 10) b).

Toutefois, l'entité adjudicatrice concernée est responsable de l'exécution des obligations prévues par la présente directive pour les parties de la passation de marché dont elle se charge elle-même, telles que :

a) l'attribution d'un marché dans le cadre d'un système d'acquisition dynamique exploité par une centrale d'achat ;

b) la remise en concurrence en vertu d'un accord-cadre conclu par une centrale d'achat.

3. Dans le cadre de toutes les procédures de passation de marché menées par une centrale d'achat, il est fait usage de moyens de communication électroniques, conformément aux exigences énoncées à l'article 40.

4. Les entités adjudicatrices peuvent, sans appliquer les procédures prévues dans la présente directive, attribuer à une centrale d'achat un marché de services pour la fourniture d'activités d'achat centralisées.

Ces marchés de services peuvent également comprendre la fourniture d'activités d'achat auxiliaires.

Art. 56 *Marchés conjoints occasionnels.*

1. Deux entités adjudicatrices ou plus peuvent convenir de passer conjointement certains marchés spécifiques.

2. Lorsqu'une procédure de passation de marché est menée conjointement dans son intégralité au nom et pour le compte de toutes les entités adjudicatrices concernées, celles-ci sont solidairement responsables de l'exécution des obligations qui leur incombent en vertu de la présente directive. C'est également le cas lorsqu'une seule entité adjudicatrice gère la

procédure, en agissant pour son propre compte et pour le compte des autres entités adjudicatrices concernées.

Lorsqu'une procédure de passation de marché n'est pas menée dans son intégralité au nom et pour le compte des entités adjudicatrices concernées, celles-ci ne sont solidairement responsables que des parties de la procédure qui sont menées conjointement. Chaque entité adjudicatrice est seule responsable de l'exécution des obligations qui lui incombent en vertu de la présente directive pour les parties de la procédure dont elle se charge en son nom propre et pour son propre compte.

Art. 57 *Marchés auxquels participent des entités adjudicatrices de différents États membres.*

1. Sans préjudice des articles 28 à 31, les entités adjudicatrices de différents États membres peuvent agir conjointement pour passer des marchés en recourant à l'un des moyens prévus au présent article.

Les entités adjudicatrices ne recourent pas aux moyens prévus dans le présent article dans le but de se soustraire à l'application de dispositions obligatoires de droit public conformes au droit de l'Union auxquelles ils sont soumis dans leur État membre.

2. Un État membre n'interdit pas à ses entités adjudicatrices de recourir à des activités d'achat centralisées proposées par des centrales d'achat situées dans un autre État membre.

En ce qui concerne les activités d'achat centralisées proposées par une centrale d'achat située dans un autre État membre que celui de l'entité adjudicatrice, les États membres peuvent toutefois choisir de préciser que leurs entités adjudicatrices ne peuvent recourir qu'aux activités d'achat centralisées définies à l'article 2, point 10) a) ou b).

3. Les activités d'achat centralisées sont fournies par une centrale d'achat située dans un autre État membre conformément aux dispositions nationales de l'État membre dans lequel est située la centrale d'achat.

Les dispositions nationales de l'État membre dans lequel est située la centrale d'achat s'appliquent également :

a) à la passation d'un marché en vertu d'un système d'acquisition dynamique ;

b) à la remise en concurrence en application d'un accord-cadre.

4. Plusieurs entités adjudicatrices de différents États membres peuvent conjointement passer un marché, conclure un accord-cadre ou exploiter un système d'acquisition dynamique. Elles peuvent également passer des marchés sur la base d'un accord-cadre ou d'un système d'acquisition dynamique. A moins que les éléments nécessaires n'aient été prévus par un accord international conclu entre les États membres concernés, les entités adjudicatrices participantes concluent un accord qui détermine :

a) les responsabilités des parties et les dispositions nationales applicables pertinentes ;

b) l'organisation interne de la procédure de passation de marché, y compris la gestion de la procédure, la répartition des travaux, des fournitures ou des services à acheter, et la conclusion des marchés.

Une entité adjudicatrice participante remplit les obligations qui lui incombent en vertu de la présente directive lorsqu'elle acquiert des travaux, des fournitures ou des services d'une entité adjudicatrice qui est responsable de la procédure de passation de marché. Lorsqu'elles déterminent les responsabilités et le droit national applicables visés au point a), les entités adjudicatrices participantes peuvent se répartir des responsabilités spécifiques entre elles et déterminer les dispositions nationales applicables des droits nationaux de l'un quelconque de leurs États membres respectifs. Pour les marchés publics passés conjointement, les documents de marché visent l'attribution des responsabilités et le droit national applicable.

5. Lorsque plusieurs entités adjudicatrices de différents États membres ont établi une entité conjointe, notamment un groupement européen de coopération territoriale en vertu du règlement (CE) n° 1082/2006 du Parlement européen et du Conseil *[Règl. (CE) n° 1082/2006 du Parlement européen et du Conseil du 5 juill. 2006 relatif à un groupement européen de coopération territoriale (GECT) (JO L 210 du 31 juill. 2006, p. 19)]* ou d'autres entités en vertu du droit de l'Union, les entités adjudicatrices participantes conviennent, par une décision de l'organe compétent de l'entité conjointe, que les règles nationales en matière de passation de marchés qui s'appliquent sont celles de l'un des États membres suivants :

a) soit les dispositions nationales de l'État membre où se trouve le siège social de l'entité conjointe ;

b) soit les dispositions nationales de l'État membre où l'entité conjointe exerce ses activités.

L'accord visé au premier alinéa peut être valable soit pour une durée indéterminée, s'il est incorporé dans les statuts de l'entité conjointe, soit pour une période déterminée ou encore pour certains types de marchés ou pour un ou plusieurs marchés particuliers.

CHAPITRE III *DÉROULEMENT DE LA PROCÉDURE*

SECTION 1 *Préparation*

Art. 58 *Consultations préalables du marché.*

Avant d'entamer une procédure de passation de marché, les entités adjudicatrices peuvent réaliser des consultations du marché en vue de préparer la passation de marché et d'informer les opérateurs économiques de leurs projets et de leurs exigences en la matière.

A cette fin, les entités adjudicatrices peuvent, par exemple, demander ou accepter les avis d'autorités ou d'experts indépendants ou d'acteurs du marché. Ces avis peuvent être utilisés pour la planification et le déroulement de la procédure de passation de marché, à condition que ces avis n'aient pas pour effet de fausser la concurrence et n'entraînent pas une violation des principes de non-discrimination et de transparence.

Art. 59 *Participation préalable de candidats ou de soumissionnaires.*

Lorsqu'un candidat ou soumissionnaire, ou une entreprise liée à un candidat ou soumissionnaire, a donné son avis à l'entité adjudicatrice, que ce soit ou non dans le cadre de l'article 58, ou a participé d'une autre façon à la préparation de la procédure de passation de marché, l'entité adjudicatrice prend des mesures appropriées pour assurer que la concurrence ne soit pas faussée par la participation de ce candidat ou soumissionnaire.

Ces mesures consistent notamment à communiquer aux autres candidats et soumissionnaires des informations utiles échangées dans le contexte de la participation du candidat ou soumissionnaire susmentionné à la préparation de la procédure, ou résultant de cette participation et à fixer des délais adéquats pour la réception des offres. Le candidat ou soumissionnaire concerné n'est exclu de la procédure que s'il n'existe pas d'autre moyen d'assurer le respect du principe de l'égalité de traitement.

Avant qu'une telle exclusion ne soit prononcée, les candidats ou soumissionnaires se voient accorder la possibilité de prouver que leur participation à la préparation de la procédure n'est pas susceptible de fausser la concurrence. Les mesures prises seront consignées dans le rapport individuel prévu à l'article 100.

Art. 60 *Spécifications techniques.*

1. Les spécifications techniques, définies au point 1 de l'annexe VIII, figurent dans les documents de marché. Les spécifications techniques définissent les caractéristiques requises des travaux, des services ou des fournitures.

Ces caractéristiques peuvent également se référer au processus ou à la méthode spécifique de production ou de fourniture des travaux, des produits ou des services demandés ou à un processus propre à un autre stade de leur cycle de vie même lorsque ces facteurs ne font pas partie de leur contenu matériel, à condition qu'ils soient liés à l'objet du marché et proportionnés à sa valeur et à ses objectifs.

Les spécifications techniques peuvent aussi préciser si le transfert des droits de propriété intellectuelle sera exigé.

Pour tous les marchés destinés à être utilisés par des personnes physiques, qu'il s'agisse du grand public ou du personnel de l'entité adjudicatrice, les spécifications techniques sont élaborées, sauf dans des cas dûment justifiés, de façon à tenir compte des critères d'accessibilité pour les personnes handicapées ou de la notion de conception pour tous les utilisateurs.

Lorsque des exigences d'accessibilité contraignantes ont été arrêtées par un acte juridique de l'Union, les spécifications techniques sont définies par référence à ces normes en ce qui concerne les critères d'accessibilité pour les personnes handicapées ou la notion de conception pour tous les utilisateurs.

2. Les spécifications techniques donnent aux opérateurs économiques une égalité d'accès à la procédure de passation de marché et n'ont pas pour effet de créer des obstacles injustifiés à l'ouverture des marchés publics à la concurrence.

3. Sans préjudice des règles techniques nationales obligatoires, dans la mesure où elles sont compatibles avec le droit de l'Union, les spécifications techniques sont formulées de l'une des façons suivantes :

a) en termes de performances ou d'exigences fonctionnelles, y compris de caractéristiques environnementales, à condition que les paramètres soient suffisamment précis pour permettre aux soumissionnaires de déterminer l'objet du marché et aux entités adjudicatrices d'attribuer le marché ;

b) par référence à des spécifications techniques et, par ordre de préférence, aux normes nationales transposant des normes européennes, aux évaluations techniques européennes, aux spécifications techniques communes, aux normes internationales, aux autres référentiels techniques élaborés par les organismes européens de normalisation, ou, en leur absence, aux normes nationales, aux agréments techniques nationaux ou aux spécifications techniques nationales en matière de conception, de calcul et de réalisation des ouvrages et d'utilisation des fournitures ; chaque référence est accompagnée de la mention "ou équivalent" ;

c) en termes de performances ou d'exigences fonctionnelles visées au point a), en se référant, comme moyen de présumer la conformité à ces performances ou à ces exigences fonctionnelles, aux spécifications techniques visées au point b) ;

d) par référence aux spécifications visées au point b) pour certaines caractéristiques et aux performances ou exigences fonctionnelles visées au point a) pour d'autres caractéristiques.

4. A moins qu'elles ne soient justifiées par l'objet du marché, les spécifications techniques ne font pas référence à une fabrication ou une provenance déterminée ou à un procédé particulier, qui caractérise les produits ou les services fournis par un opérateur économique spécifique, ni à une marque, à un brevet, à un type, à une origine ou à une production déterminée qui auraient pour effet de favoriser ou d'éliminer certaines entreprises ou certains produits. Cette référence est autorisée, à titre exceptionnel, dans le cas où il n'est pas possible de fournir une description suffisamment précise et intelligible de l'objet du marché en application du paragraphe 3 ; une telle référence est accompagnée des termes "ou équivalent".

5. Lorsque les entités adjudicatrices font usage de la possibilité de se référer aux spécifications techniques visées au paragraphe 3, point *b)*, elles ne rejettent pas une offre au motif que les travaux, fournitures ou services offerts ne sont pas conformes aux spécifications techniques auxquelles elles ont fait référence dès lors que le soumissionnaire prouve dans son offre, par tout moyen approprié, y compris les moyens de preuve visés à l'article 62, que les solutions proposées satisfont de manière équivalente aux exigences définies par les spécifications techniques.

6. Lorsque les entités adjudicatrices font usage de la possibilité, prévue au paragraphe 3, point a), de formuler les exigences techniques en termes de performances ou d'exigences fonctionnelles, elles ne rejettent pas une offre de fournitures, de services ou de travaux conformes à une norme nationale transposant une norme européenne, à un agrément technique européen, à une spécification technique commune, à une norme internationale ou à un référentiel technique élaboré par un organisme européen de normalisation, si ces spécifications correspondent aux performances ou aux exigences fonctionnelles qu'elles ont fixées.

Dans son offre, le soumissionnaire prouve, par tout moyen approprié, y compris ceux visés à l'article 62, que les fournitures, services ou travaux, conformes à la norme, répondent aux conditions de performances ou aux exigences fonctionnelles imposées par l'entité adjudicatrice.

Art. 61 *Labels.*

1. Lorsque les entités adjudicatrices souhaitent acquérir des travaux, des fournitures ou des services présentant des caractéristiques spécifiques d'ordre environnemental, social ou autre, elles peuvent, dans les spécifications techniques, les critères d'attribution ou les conditions d'exécution du marché, exiger un label particulier en tant que moyen permettant de prouver que les travaux, services ou fournitures correspondent aux caractéristiques requises, à condition que l'ensemble des conditions suivantes soient respectées :

a) les exigences en matière de label ne concernent que des critères qui sont liés à l'objet du marché et sont propres à définir les caractéristiques des travaux, fournitures ou services qui font l'objet du marché ;

b) les exigences en matière de label sont fondées sur des critères vérifiables de façon objective et non discriminatoires ;

c) le label est établi par une procédure ouverte et transparente à laquelle toutes les parties prenantes, telles que les organismes publics, les consommateurs, les partenaires sociaux, les fabricants, les distributeurs ou les organisations non gouvernementales peuvent participer ;

d) le label est accessible à toutes les parties intéressées ;

e) les exigences en matière de label sont fixées par un tiers sur lequel l'opérateur économique qui demande l'obtention du label ne peut exercer d'influence décisive.

Lorsque les entités adjudicatrices n'exigent pas que les travaux, fournitures ou services remplissent toutes les exigences en matière de label, ils *[elles]* indiquent les exigences qui sont visées.

Les entités adjudicatrices qui exigent un label particulier acceptent tous les labels qui confirment que les travaux, fournitures ou services remplissent des exigences équivalentes en matière de label.

Lorsqu'un opérateur économique n'a manifestement pas la possibilité d'obtenir le label particulier spécifié par l'entité adjudicatrice ou un label équivalent dans les délais fixés pour des raisons qui ne lui sont pas imputables, l'entité adjudicatrice accepte d'autres moyens de preuve appropriés tels que, par exemple, un dossier technique du fabricant, pour autant que l'opérateur économique concerné établisse que les travaux, fournitures ou services qu'il doit fournir satisfont aux exigences concernant le label particulier ou aux exigences particulières indiquées par l'entité adjudicatrice.

2. Lorsqu'un label remplit les conditions prévues au paragraphe 1, points b), c), d) et e), mais fixe aussi des exigences qui ne sont pas liées à l'objet du marché, les entités adjudicatrices n'exigent pas le label en soi, mais elles peuvent définir la spécification technique par référence aux spécifications détaillées de ce label ou, si besoin est, aux parties de celles-ci qui sont liées à l'objet du marché et sont propres à définir les caractéristiques de cet objet.

Art. 62 *Rapports d'essai, certification et autres moyens de preuve.*

1. Les entités adjudicatrices peuvent exiger que les opérateurs économiques fournissent, comme moyen de preuve de la conformité aux exigences ou aux critères arrêtés dans les spécifications techniques, les critères d'attribution ou les conditions d'exécution du marché, un rapport d'essai d'un organisme d'évaluation de la conformité ou un certificat délivré par un tel organisme.

Lorsque les entités adjudicatrices demandent que des certificats établis par un organisme d'évaluation de la conformité particulier leur soient soumis, elles acceptent aussi des certificats d'autres organismes d'évaluation de la conformité équivalents.

Aux fins du présent paragraphe, on entend par "organisme d'évaluation de la conformité" un organisme exerçant des activités d'évaluation de la conformité telles que le calibrage, les essais, la certification et l'inspection, accrédité conformément au règlement (CE) n° 765/2008 du Parlement européen et du Conseil *[Règl. (CE) n° 765/2008 du Parlement européen et du Conseil du 9 juill. 2008 fixant les prescriptions relatives à l'accréditation et à la surveillance du marché pour la commercialisation des produits et abrogeant le règlement (CEE) n° 339/93 du Conseil (JO L 218 du 13 août 2008, p. 30)]*.

2. Les entités adjudicatrices acceptent d'autres moyens de preuve appropriés que ceux visés au paragraphe 1, comme un dossier technique du fabricant lorsque l'opérateur économique concerné n'avait pas accès aux certificats ou aux rapports d'essai visés au paragraphe 1 ni la possibilité de les obtenir dans les délais fixés, à condition que l'absence d'accès ne soit pas imputable à l'opérateur économique concerné et pour autant que celui-ci établisse ainsi que les travaux, fournitures ou services satisfont aux exigences ou aux critères énoncés dans les spécifications techniques, les critères d'attribution ou les conditions d'exécution du marché.

3. Les États membres mettent à la disposition des autres États membres, sur demande, toute information relative aux éléments de preuve et documents soumis conformément à l'article 60, paragraphe 6, à l'article 61 et aux paragraphes 1 et 2 du présent article. Les autorités compétentes de l'État membre d'établissement de l'opérateur économique communiquent ces informations conformément à l'article 102.

Art. 63 *Communication des spécifications techniques.*

1. A la demande des opérateurs économiques intéressés à l'obtention d'un marché, les entités adjudicatrices communiquent les spécifications techniques régulièrement visées dans leurs marchés de fournitures, de travaux ou de services, ou les spécifications techniques auxquelles elles entendent se référer pour les marchés pour lesquels la mise en concurrence est effectuée au moyen d'un avis périodique indicatif. Ces spécifications techniques sont mises à disposition par des moyens électroniques offrant un accès gratuit, sans restriction, direct et complet.

Toutefois, les spécifications techniques sont transmises par des moyens autres que des moyens électroniques lorsqu'il n'est pas possible d'offrir un accès gratuit, sans restriction, complet et direct par voie électronique à certains documents de marché pour une des raisons mentionnées à l'article 40, paragraphe 1, deuxième alinéa, ou lorsqu'il n'est pas possible d'offrir un accès gratuit, sans restriction, complet et direct par voie électronique à certains documents de marché parce que les entités adjudicatrices entendent appliquer l'article 39, paragraphe 2.

2. Lorsque les spécifications techniques sont fondées sur des documents disponibles par des moyens électroniques offrant aux opérateurs économiques intéressés un accès gratuit, sans restriction, direct et complet, l'indication de la référence de ces documents est considérée comme suffisante.

Art. 64 *Variantes.*

1. Les entités adjudicatrices peuvent autoriser les soumissionnaires à présenter des variantes qui répondent aux exigences minimales requises par ces entités adjudicatrices ou exiger une telle présentation.

Les entités adjudicatrices indiquent dans les documents de marché si elles autorisent ou exigent des variantes et, dans l'affirmative, mentionnent les exigences minimales que les variantes doivent respecter ainsi que toute condition particulière de leur soumission, en indiquant notamment si des variantes ne peuvent être soumises que si une offre, qui n'est pas une variante, a également été soumise. Dans le cas où des variantes sont autorisées ou exigées, les entités adjudicatrices s'assurent aussi que les critères d'attribution retenus puissent être appliqués tant aux variantes qui respectent ces exigences minimales qu'aux offres conformes qui ne sont pas des variantes.

2. Dans les procédures de passation de marchés de fournitures ou de services, les entités adjudicatrices qui ont autorisé ou exigé des variantes ne rejettent pas une variante au seul motif qu'elle aboutirait, si elle était retenue, soit à un marché de services au lieu d'un marché de fournitures, soit à un marché de fournitures au lieu d'un marché de services.

Art. 65 *Division des marchés en lots.*

1. Les entités adjudicatrices peuvent décider d'attribuer un marché sous la forme de lots distincts, dont elles peuvent déterminer la taille et l'objet.

Dans l'avis de marché, dans l'invitation à confirmer l'intérêt ou, si le moyen de mise en concurrence est un avis sur l'existence d'un système de qualification, dans l'invitation à soumissionner ou à négocier, les entités adjudicatrices indiquent s'il est possible de soumettre une offre pour un seul lot, pour plusieurs lots ou pour tous les lots.

2. Les entités adjudicatrices peuvent, même lorsqu'il est possible de soumettre une offre pour plusieurs lots ou tous les lots, limiter le nombre de lots qui peuvent être attribués à un seul soumissionnaire, à condition que le nombre maximal de lots par soumissionnaire soit inscrit dans l'avis de marché, ou dans l'invitation à confirmer l'intérêt, ou dans l'invitation à soumissionner ou à négocier. Les entités adjudicatrices indiquent dans les documents de marché les critères ou règles objectifs et non discriminatoires qu'elles entendent appliquer pour déterminer quels lots seront attribués lorsque l'application des critères d'attribution conduirait à attribuer à un soumissionnaire un nombre de lots supérieur au nombre maximal.

3. Les États membres peuvent prévoir que, lorsque plusieurs lots peuvent être attribués au même soumissionnaire, les entités adjudicatrices peuvent attribuer des marchés réunissant plusieurs lots ou tous les lots, si elles ont précisé dans l'avis de marché ou dans l'invitation à confirmer l'intérêt qu'elles se réservent la possibilité de le faire et indiquent les lots ou groupes de lots qui peuvent être réunis.

4. Les États membres peuvent rendre obligatoire la passation de marchés sous la forme de lots distincts dans des conditions qui seront définies conformément à leur droit national et dans le respect du droit de l'Union. Le paragraphe 1, deuxième alinéa, et, le cas échéant, le paragraphe 3 s'appliquent.

Art. 66 *Fixation des délais.*

1. En fixant les délais de réception des offres et des demandes de participation, les entités adjudicatrices tiennent compte en particulier de la complexité du marché et du temps nécessaire pour préparer les offres, sans préjudice des délais minimaux fixés par les articles 45 à 49.

2. Lorsque les offres ne peuvent être faites qu'à la suite d'une visite des lieux ou après consultation sur place de documents étayant les documents de marché, les délais de réception des offres, qui sont supérieurs aux délais minimaux fixés aux articles 45 à 49, sont arrêtés de manière que tous les opérateurs économiques concernés puissent prendre connaissance de toutes les informations nécessaires pour la formulation de leurs offres.

3. Les entités adjudicatrices prolongent les délais de réception des offres de manière que tous les opérateurs économiques concernés puissent prendre connaissance de toutes les informations nécessaires pour la formulation de leurs offres dans les cas suivants :

a) lorsque, pour quelque motif que ce soit, un complément d'informations, bien que demandé en temps utile par l'opérateur économique, n'est pas fourni au moins six jours avant l'expiration du délai fixé pour la réception des offres. Dans le cas d'une procédure ouverte accélérée visée à l'article 45, paragraphe 3, ce délai est de quatre jours ;

b) lorsque des modifications importantes sont apportées aux documents de marché.

La durée de la prolongation est proportionnée à l'importance des informations ou de la modification.

Lorsque le complément d'informations n'a pas été demandé en temps utile ou qu'il est d'une importance négligeable pour la préparation d'offres recevables, les entités adjudicatrices ne sont pas tenues d'étendre les délais.

SECTION 2 ***Publication et transparence***

Art. 67 *Avis périodiques indicatifs.*

1. Les entités adjudicatrices peuvent faire connaître leurs intentions en matière de passation de marchés par le biais de la publication d'un avis périodique indicatif. Ces avis contiennent les informations visées à l'annexe VI, partie A, section 1. Ils sont publiés soit par l'Office des publications de l'Union européenne, soit par les entités adjudicatrices sur leur profil d'acheteur conformément à l'annexe IX, point 2 b). Lorsque ce sont les entités adjudicatrices qui publient l'avis périodique indicatif sur leur profil d'acheteur, celles-ci envoient à l'Office des publications de l'Union européenne un avis de publication de l'avis périodique indicatif sur leur profil d'acheteur conformément à l'annexe IX, point 3. Ces avis contiennent les informations mentionnées à l'annexe VI, partie B.

2. Lorsque l'appel à la concurrence est effectué au moyen d'un avis périodique indicatif pour des procédures restreintes et des procédures négociées avec mise en concurrence préalable, l'avis répond aux exigences suivantes :

a) il fait référence spécifiquement aux fournitures, aux travaux ou aux services qui feront l'objet du marché à passer ;

b) il mentionne que ce marché sera passé selon une procédure restreinte ou négociée sans publication ultérieure d'un avis d'appel à la concurrence et invite les opérateurs économiques intéressés à manifester leur intérêt ;

c) il contient, outre les informations mentionnées à l'annexe VI, partie A, section 1, celles mentionnées à l'annexe VI, partie A, section 2 ;

d) il a été envoyé pour publication entre trente-cinq jours et douze mois avant la date d'envoi de l'invitation à confirmer l'intérêt.

De tels avis ne sont pas publiés sur un profil d'acheteur. Toutefois, l'éventuelle publication supplémentaire au niveau national conformément à l'article 72 peut être réalisée sur un profil d'acheteur.

La durée maximale de la période couverte par l'avis périodique indicatif est de douze mois à compter de la date de transmission de l'avis pour publication. Toutefois, dans le cas de marchés publics pour des services sociaux et d'autres services spécifiques, l'avis périodique indicatif visé à l'article 92, paragraphe 1, point *b)*, peut couvrir une période d'une durée supérieure à douze mois.

Art. 68 *Avis sur l'existence d'un système de qualification.*

1. Lorsque les entités adjudicatrices choisissent d'établir un système de qualification conformément à l'article 77, le système doit faire l'objet d'un avis visé à l'annexe X, indiquant le but du système de qualification et les modalités d'accès aux règles qui le gouvernent.

2. Les entités adjudicatrices précisent la durée de validité du système de qualification dans l'avis sur l'existence dudit système. Elles notifient à l'Office des publications de l'Union européenne tout changement de cette durée en utilisant les formulaires types suivants :

a) lorsque la durée de validité est modifiée sans qu'il soit mis un terme au système, le formulaire utilisé pour les avis sur l'existence d'un système de qualification ;

b) lorsqu'il est mis fin au système, l'avis d'attribution de marché visé à l'article 70.

Art. 69 *Avis de marché.*

Les avis de marché peuvent être utilisés comme moyen d'appel à la concurrence pour toutes les procédures. Ils contiennent les informations prévues dans la partie pertinente de l'annexe XI et sont publiés conformément à l'article 71.

Art. 70 *Avis d'attribution de marché.*

1. Au plus tard trente jours après la conclusion d'un marché ou d'un accord-cadre, faisant suite à la décision d'attribution ou de conclusion de celui-ci, les entités adjudicatrices envoient un avis d'attribution de marché relatif aux résultats de la procédure de passation de marché.

Cet avis contient les informations prévues à l'annexe XII et est publié conformément à l'article 71.

2. Lorsque l'appel à la concurrence pour le marché concerné a été effectué sous la forme d'un avis périodique indicatif et que l'entité adjudicatrice a décidé de ne pas attribuer de nouveaux marchés au cours de la période couverte par cet avis, l'avis d'attribution de marché le mentionne expressément.

Dans le cas d'accords-cadres conclus conformément à l'article 51, les entités adjudicatrices n'ont pas l'obligation d'envoyer un avis concernant les résultats de la procédure de passation de chaque marché fondé sur l'accord-cadre. Les États membres peuvent prévoir que les entités adjudicatrices regroupent sur une base trimestrielle les avis concernant les résultats de la procédure de passation des marchés fondés sur l'accord-cadre. Dans ce cas, les entités adjudicatrices envoient ces avis regroupés au plus tard trente jours après la fin de chaque trimestre.

Les entités adjudicatrices envoient un avis d'attribution de marché au plus tard trente jours après la passation de chaque marché fondé sur un système d'acquisition dynamique. Toutefois, elles peuvent regrouper ces avis sur une base trimestrielle. Dans ce cas, elles envoient ces avis regroupés au plus tard trente jours après la fin de chaque trimestre.

3. Les informations fournies conformément à l'annexe XII et destinées à la publication sont publiées conformément à l'annexe IX. Certaines informations relatives à l'attribution d'un marché ou à la conclusion d'un accord-cadre peuvent ne pas être publiées lorsque leur divulgation ferait obstacle à l'application des lois ou serait d'une autre manière contraire à l'intérêt public ou porterait préjudice aux intérêts commerciaux légitimes d'un opérateur économique en particulier, public ou privé, ou pourrait nuire à une concurrence loyale entre les opérateurs économiques.

Dans le cas de marchés de services de recherche et développement ("services de R&D"), les informations concernant la nature et la quantité des services peuvent être limitées :

a) à la mention "services de R&D" lorsque le marché a été passé par une procédure négociée sans appel à la concurrence conformément à l'article 50, point b) ;

b) à des informations au moins aussi détaillées que celles qui figuraient dans l'avis qui a été utilisé comme moyen de mise en concurrence.

4. Les informations fournies conformément à l'annexe XII et indiquées comme n'étant pas destinées à la publication ne sont publiées que sous forme simplifiée et conformément à l'annexe IX, pour des motifs statistiques.

Art. 71 *Rédaction et modalités de publication des avis.*

1. Les avis visés aux articles 67 à 70 incluent les informations mentionnées à l'annexe VI, parties A et B, et aux annexes X, XI et XII, sous la forme de formulaires types, y compris des formulaires types pour avis rectificatifs.

La Commission établit ces formulaires types au moyen d'actes d'exécution. Ces actes d'exécution sont adoptés en conformité avec la procédure consultative visée à l'article 105.

2. Les avis visés aux articles 67 à 70 sont rédigés, transmis par voie électronique à l'Office des publications de l'Union européenne et publiés conformément à l'annexe IX. Les avis sont publiés au plus tard cinq jours après leur envoi. Les frais de publication de ces avis par l'Office des publications de l'Union européenne sont à la charge de l'Union.

3. Les avis visés aux articles 67 à 70 sont publiés intégralement dans la ou les langues officielles des institutions de l'Union choisies par l'entité adjudicatrice. Cette ou ces versions linguistiques sont les seules faisant foi. Un résumé des éléments importants de chaque avis est publié dans les autres langues officielles des institutions de l'Union.

4. L'Office des publications de l'Union européenne veille à ce que le texte intégral et le résumé des avis périodiques indicatifs visés à l'article 67, paragraphe 2, des avis d'appel à la concurrence instaurant un système d'acquisition dynamique visés à l'article 52, paragraphe 4, point a), et des avis sur l'existence d'un système de qualification utilisés comme moyen de mise en concurrence conformément à l'article 44, paragraphe 4, point b), continuent à être publiés :

a) dans le cas des avis périodiques indicatifs, pendant douze mois ou jusqu'à réception d'un avis d'attribution de marché comme prévu à l'article 70, paragraphe 2, avec la mention qu'aucun autre marché ne sera attribué au cours de la période de douze mois couverte par l'avis d'appel à la concurrence. Toutefois, dans le cas des marchés pour des services sociaux et d'autres services spécifiques, l'avis périodique indicatif visé à l'article 92, paragraphe 1, point b), continue d'être publié jusqu'à la fin de sa période de validité indiquée initialement ou jusqu'à réception d'un avis d'attribution de marché, comme prévu à l'article 70, avec la mention qu'aucun autre marché ne sera attribué au cours de la période couverte par l'appel à la concurrence ;

b) dans le cas des avis d'appel à la concurrence instaurant un système d'acquisition dynamique, pour la durée de validité de ce système ;

c) dans le cas des avis sur l'existence d'un système de qualification, pour la période de validité de ce système.

5. Les entités adjudicatrices sont en mesure de faire la preuve de la date d'envoi des avis.

L'Office des publications de l'Union européenne délivre à l'entité adjudicatrice une confirmation de la réception de l'avis et de la publication des informations transmises, en mentionnant la date de cette publication. Cette confirmation tient lieu de preuve de la publication.

6. Les entités adjudicatrices peuvent publier des avis de marché de travaux, de fournitures ou de services qui ne sont pas soumis à l'exigence de publication prévue dans la présente directive, à condition que ces avis soient envoyés à l'Office des publications de l'Union européenne par voie électronique en respectant le format et les modalités de transmission indiqués à l'annexe IX.

Art. 72 *Publication au niveau national.*

1. Les avis visés aux articles 67 à 70 et les informations qui y figurent ne sont pas publiés au niveau national avant la publication prévue par l'article 71. Toutefois, la publication peut en tout état de cause avoir lieu au niveau national lorsque les entités adjudicatrices n'ont pas été avisées de la publication dans les quarante-huit heures suivant la confirmation de la réception de l'avis conformément à l'article 71.

2. Les avis publiés au niveau national ne comportent pas de renseignements autres que ceux contenus dans les avis envoyés à l'Office des publications de l'Union européenne ou publiés sur un profil d'acheteur, mais ils font mention de la date d'envoi de l'avis à l'Office des publications de l'Union européenne ou de sa publication sur le profil d'acheteur.

3. Les avis périodiques indicatifs ne sont pas publiés sur un profil d'acheteur avant l'envoi à l'Office des publications de l'Union européenne de l'avis annonçant leur publication sous cette forme. Ils font mention de la date de cet envoi.

Art. 73 *Mise à disposition des documents de marché par voie électronique.*

1. Les entités adjudicatrices offrent, par voie électronique, un accès gratuit, sans restriction, complet et direct aux documents de marché à partir de la date de publication d'un avis conformément à l'article 71 ou à partir de la date d'envoi de l'invitation à confirmer l'intérêt.

Lorsque l'appel à la concurrence est effectué au moyen d'un avis sur l'existence d'un système de qualification, cet accès est offert dès que possible, au plus tard à la date d'envoi de l'invitation à présenter une offre ou à négocier. Le texte de l'avis ou de l'invitation précise l'adresse Internet à laquelle les documents sont accessibles.

Lorsqu'il n'est pas possible d'offrir un accès gratuit, sans restriction, complet et direct par voie électronique à certains documents de marché pour une des raisons mentionnées à l'article 40, paragraphe 1, deuxième alinéa, les entités adjudicatrices peuvent indiquer, dans l'avis ou l'invitation à confirmer l'intérêt, que les documents de marché concernés seront transmis par d'autres moyens que des moyens électroniques, conformément au paragraphe 2. Dans un tel cas, le délai de présentation des offres est prolongé de cinq jours, sauf les cas d'urgence dûment motivée visés à l'article 45, paragraphe 3, et lorsque le délai est fixé d'un commun accord, conformément à l'article 46, paragraphe 2, deuxième alinéa, ou à l'article 47, paragraphe 2, deuxième alinéa.

Lorsqu'il n'est pas possible d'offrir un accès gratuit, sans restriction, complet et direct par voie électronique à certains documents de marché parce que les entités adjudicatrices entendent appliquer l'article 39, paragraphe 2, celles-ci indiquent, dans l'avis ou l'invitation à confirmer l'intérêt, ou lorsque l'appel à la concurrence est effectué au moyen d'un avis sur l'existence d'un système de qualification, dans les documents de marché, les mesures qu'elles imposent en vue de protéger la confidentialité des informations, ainsi que les modalités d'accès aux document concernés. Dans un tel cas, le délai de présentation des offres est prolongé de cinq jours, sauf dans les cas d'urgence dûment motivée visés à l'article 45, paragraphe 3, et lorsque le délai est fixé d'un commun accord conformément à l'article 46, paragraphe 2, deuxième alinéa, ou à l'article 47, paragraphe 2, deuxième alinéa.

2. Les entités adjudicatrices fournissent à tous les soumissionnaires participant à la procédure de passation de marché les renseignements complémentaires relatifs aux documents du marché et tout document justificatif six jours au plus tard avant la date limite fixée pour la réception des offres, pour autant que la demande en ait été faite en temps utile. Dans le cas d'une procédure ouverte accélérée visée à l'article 45, paragraphe 3, ce délai est de quatre jours.

Art. 74 *Invitations des candidats.*

1. Dans les procédures restreintes, les procédures de dialogue compétitif, les partenariats d'innovation et les procédures négociées avec mise en concurrence préalable, les entités adjudicatrices invitent simultanément et par écrit les candidats retenus à présenter leurs offres, à participer au dialogue ou à négocier.

Lorsqu'un avis périodique indicatif sert d'appel à la concurrence conformément à l'article 44, paragraphe 4, point a), les entités adjudicatrices invitent simultanément et par écrit les opérateurs économiques qui ont manifesté leur intérêt à confirmer leur intérêt.

2. Les invitations visées au paragraphe 1 du présent article mentionnent notamment l'adresse électronique à laquelle les documents de marché ont été mis directement à disposition par voie électronique. Les invitations sont accompagnées des documents de marché, lorsque ceux-ci n'ont pas fait l'objet d'un accès gratuit, sans restriction, complet et direct, pour les motifs énoncés à l'article 73, paragraphe 1, troisième ou quatrième alinéa, et qu'ils n'ont pas déjà été mis à disposition par d'autres moyens. Les invitations visées au paragraphe 1 du présent article comportent en outre les informations indiquées à l'annexe XIII.

Art. 75 *Information des candidats et des soumissionnaires.*

1. Les entités adjudicatrices informent dans les meilleurs délais chaque candidat et chaque soumissionnaire des décisions prises concernant la conclusion d'un accord-cadre, l'attribution du marché ou l'admission dans un système d'acquisition dynamique, y compris des motifs pour lesquels elles ont décidé de ne pas conclure un accord-cadre ou de ne pas passer un marché qui a fait l'objet d'un appel à la concurrence, de recommencer la procédure ou de renoncer à mettre en œuvre un système d'acquisition dynamique.

2. A la demande du candidat ou du soumissionnaire concerné, les entités adjudicatrices communiquent, dans les meilleurs délais et au plus tard quinze jours à compter de la réception d'une demande écrite :

a) à tout candidat écarté, les motifs du rejet de sa demande de participation ;

b) à tout soumissionnaire écarté, les motifs du rejet de son offre, y compris, dans les cas visés à l'article 60, paragraphes 5 et 6, les raisons pour lesquelles elles ont conclu à la non-équivalence ou décidé que les travaux, fournitures, ou services ne répondent pas aux performances ou aux exigences fonctionnelles ;

c) à tout soumissionnaire ayant fait une offre recevable, les caractéristiques et avantages relatifs de l'offre retenue ainsi que le nom du titulaire ou des parties à l'accord-cadre ;

d) à tout soumissionnaire ayant fait une offre recevable, des informations relatives au déroulement et à l'avancement des négociations et du dialogue avec les soumissionnaires.

3. Les entités adjudicatrices peuvent décider de ne pas communiquer certains renseignements visés aux paragraphes 1 et 2 concernant l'attribution du marché, la conclusion de l'accord-cadre ou l'admission dans un système d'acquisition dyna- mique, lorsque leur divulgation ferait obstacle à l'application des lois ou serait contraire à l'intérêt public, porterait préjudice aux intérêts commerciaux légitimes d'opérateurs économiques publics ou privés, ou pourrait nuire à une concurrence loyale entre ceux-ci.

4. Les entités adjudicatrices qui établissent et gèrent un système de qualification informent les demandeurs de leur décision quant à leur qualification dans un délai de six mois.

Si la décision de qualification doit prendre plus de quatre mois à partir du dépôt de la demande de qualification, l'entité adjudicatrice doit informer le demandeur, dans les deux mois suivant ce dépôt, des raisons justifiant un allongement du délai et de la date à laquelle sa demande sera acceptée ou refusée.

5. Les demandeurs dont la qualification est rejetée doivent être informés de la décision de refus ainsi que des raisons de ladite décision dans les meilleurs délais, qui ne peuvent en aucun cas dépasser quinze jours à partir de la date de la décision de refus. Ces raisons sont fondées sur les critères de qualification mentionnés à l'article 77, paragraphe 2.

6. Les entités adjudicatrices qui établissent et gèrent un système de qualification ne peuvent mettre fin à la qualification d'un opérateur économique que pour des raisons fondées sur les critères de qualification mentionnés à l'article 77, paragraphe 2. L'intention de mettre fin à la qualification est notifiée par écrit à l'opérateur économique au moins quinze jours avant la date prévue pour mettre fin à la qualification, en indiquant la ou les raisons justifiant cette intention.

SECTION 3 *Choix des participants et attribution des marchés*

Art. 76 *Principes généraux.*

1. Aux fins de la sélection de participants à des procédures de passation de marché, les règles suivantes s'appliquent :

a) les entités adjudicatrices ayant établi des règles et des critères d'exclusion des soumissionnaires ou des candidats conformément à l'article 78, paragraphe 1, ou à l'article 80, paragraphe 1, excluent les opérateurs économiques en fonction de ces règles et de ces critères ;

b) elles sélectionnent les soumissionnaires ou les candidats conformément aux règles et critères objectifs établis en vertu des articles 78 et 80 ;

c) dans les procédures restreintes, dans les procédures négociées avec appel à la concurrence, dans les dialogues compétitifs et dans les partenariats d'innovation, elles réduisent, le cas échéant, conformément à l'article 78, paragraphe 2, le nombre des candidats retenus en vertu des points a) et b) du présent paragraphe.

2. Lorsque l'appel à la concurrence s'effectue par un avis sur l'existence d'un système de qualification et aux fins de la sélection de participants à des procédures de passation de marchés spécifiques faisant l'objet de la mise en concurrence, les entités adjudicatrices :

a) qualifient les opérateurs économiques conformément à l'article 77 ;

b) appliquent à ces opérateurs économiques qualifiés les dispositions du paragraphe 1 qui se rapportent aux procédures restreintes, aux procédures négociées, aux dialogues compétitifs ou aux partenariats d'innovation.

3. Lorsqu'elles choisissent les participants à une procédure restreinte ou négociée, à un dialogue compétitif ou à un partenariat d'innovation, en prenant leur décision quant à la qualification ou lorsque les critères et règles sont mis à jour, les entités adjudicatrices ne peuvent :

a) imposer à certains opérateurs économiques des conditions administratives, techniques ou financières qui n'auraient pas été imposées à d'autres ;

b) exiger des essais ou des justifications qui feraient double emploi avec des preuves objectives déjà disponibles.

4. Lorsque les informations ou les documents qui doivent être soumis par les opérateurs économiques sont ou semblent incomplets ou erronés, ou lorsque certains documents sont manquants, les entités adjudicatrices peuvent, sauf disposition contraire du droit national mettant en œuvre la présente directive qui sont applicables, demander aux opérateurs économiques concernés de présenter, compléter, clarifier ou préciser les informations ou les documents concernés dans un délai approprié, à condition que ces demandes respectent pleinement les principes d'égalité de traitement et de transparence.

5. Les entités adjudicatrices vérifient la conformité des offres présentées par les soumissionnaires ainsi sélectionnés aux règles et exigences applicables aux offres et attribuent le marché en se basant sur les critères prévus aux articles 82 et 84, compte tenu de l'article 64.

6. Les entités adjudicatrices peuvent décider de ne pas attribuer un marché au soumissionnaire ayant remis la meilleure offre lorsqu'ils ont établi que cette offre ne respecte pas les obligations applicables visées à l'article 36, paragraphe 2.

7. Dans le cadre de procédures ouvertes, les entités adjudicatrices peuvent décider d'examiner les offres avant de vérifier l'aptitude des soumissionnaires, à condition que les dispositions pertinentes des articles 76 à 84 soient respectées, y compris la règle selon laquelle le marché n'est pas attribué à un soumissionnaire qui aurait dû être exclu conformément à l'article 80 ou qui ne remplit pas les critères de sélection établis par l'entité adjudicatrice conformément à l'article 78, paragraphe 1, et à l'article 80.

Les États membres peuvent interdire le recours à la procédure prévue au premier alinéa ou limiter le recours à cette procédure à certains types de marchés ou dans des circonstances particulières.

8. La Commission est habilitée à adopter des actes délégués en conformité avec l'article 103 afin de modifier la liste de l'annexe XIV, si nécessaire, pour ajouter de nouvelles conventions internationales qui ont été ratifiées par tous les États membres ou lorsque les conventions internationales existantes visées ne sont plus ratifiées par tous les États membres ou ont fait l'objet d'autres modifications portant, par exemple, sur leur champ d'application, leur contenu ou leur intitulé.

SOUS-SECTION 1 *Qualification et sélection qualitative*

Art. 77 *Systèmes de qualification.*

1. Les entités adjudicatrices peuvent, si elles le souhaitent, établir et gérer un système de qualification d'opérateurs économiques.

Les entités qui établissent ou gèrent un système de qualification veillent à ce que les opérateurs économiques puissent à tout moment demander à être qualifiés.

2. Le système prévu au paragraphe 1 peut comprendre plusieurs stades de qualification.

Les entités adjudicatrices établissent des règles et critères objectifs d'exclusion et de sélection des opérateurs économiques qui demandent à être qualifiés, et des critères et règles objectifs de fonctionnement du système de qualification, portant sur des aspects tels que l'inscription au système, la mise à jour périodique des qualifications, le cas échéant, et la durée du système.

Lorsque ces critères et règles comportent des spécifications techniques, les articles 60 à 62 s'appliquent. Ces critères et ces règles peuvent au besoin être mis à jour.

3. Les critères et les règles de qualification visés au paragraphe 2 sont fournis aux opérateurs économiques sur leur demande. Ces critères et ces règles mis à jour sont communiqués aux opérateurs économiques intéressés.

Si une entité adjudicatrice estime que le système de qualification de certaines entités ou organismes tiers répond à ses exigences, elle communique aux opérateurs économiques intéressés les noms de ces entités ou de ces organismes tiers.

4. Un relevé des opérateurs économiques qualifiés est conservé ; il peut être divisé en catégories par type de marchés pour la réalisation desquels la qualification est valable.

5. Lorsqu'une mise en concurrence est effectuée au moyen d'un avis sur l'existence d'un système de qualification, les marchés spécifiques de travaux, fournitures ou services couverts par le système de qualification sont attribués selon des procédures restreintes ou négociées, dans laquelle les participants sont sélectionnés parmi les candidats déjà qualifiés selon un tel système.

6. Si des frais sont facturés pour les demandes de qualification ou pour la mise à jour ou la conservation d'une qualification déjà obtenue en vertu du système, ils sont proportionnés aux coûts occasionnés.

Art. 78 *Critères de sélection qualitative.*

1. Les entités adjudicatrices peuvent établir des règles et critères objectifs d'exclusion et de sélection des soumissionnaires ou candidats ; ces règles et critères sont à la disposition des opérateurs économiques intéressés.

2. Lorsque les entités adjudicatrices doivent assurer un équilibre approprié entre les caractéristiques spécifiques de la procédure de passation de marché et les moyens que requiert son accomplissement, elles peuvent, dans le cadre de procédures restreintes ou négociées, de dialogues compétitifs ou de partenariats d'innovation, établir des règles et critères objectifs qui traduisent cette nécessité et permettent à l'entité adjudicatrice de réduire le nombre de candidats qui seront invités à présenter une offre ou à négocier. Le nombre des candidats retenus doit toutefois tenir compte du besoin d'assurer une concurrence suffisante.

Art. 79 *Recours aux capacités d'autres entités.*

1. Lorsque les règles et les critères objectifs d'exclusion et de sélection des opérateurs économiques qui demandent à être qualifiés dans le cadre d'un système de qualification comportent des exigences relatives à la capacité économique et financière de l'opérateur économique, ou à ses capacités techniques et professionnelles, celui-ci peut, le cas échéant, faire valoir les capacités d'autres entités, quelle que soit la nature juridique des liens existant entre lui-même et ces entités. En ce qui concerne les critères relatifs aux titres d'études et professionnels du prestataire de services ou du titulaire ou des cadres de l'entreprise, ou les critères relatifs à l'expérience professionnelle correspondante, les opérateurs économiques ne peuvent toutefois avoir recours aux capacités d'autres entités que lorsque ces dernières exécuteront les travaux ou fourniront les services pour lesquels ces capacités sont requises. Si un opérateur économique souhaite recourir aux capacités d'autres entités, il apporte à l'entité adjudicatrice la preuve qu'il disposera de ces moyens pendant toute la période de validité du système de qualification, par exemple, en produisant l'engagement de ces entités à cet effet.

Lorsque, conformément à l'article 80 de la présente directive, les entités adjudicatrices ont invoqué des critères d'exclusion ou de sélection prévus dans la directive 2014/24/UE, elles vérifient, conformément à l'article 80, paragraphe 3, de la présente directive, si les autres entités aux capacités desquelles l'opérateur économique entend avoir recours remplissent les critères de sélection applicables ou s'il existe des motifs d'exclusion qui ont été invoqués par les entités adjudicatrices, en vertu de l'article 57 de la directive 2014/24/UE. L'entité adjudicatrice exige que l'opérateur économique remplace une entité à l'encontre de laquelle il existe des motifs d'exclusion obligatoires invoqués par l'entité adjudicatrice. L'entité adjudicatrice peut exiger ou peut être obligé *[obligée]* par l'État membre à exiger que l'opérateur économique remplace une entité à l'encontre de laquelle il existe des motifs d'exclusion non obligatoires invoqués par l'entité adjudicatrice.

Lorsqu'un opérateur économique a recours aux capacités d'autres entités en ce qui concerne des critères ayant trait à la capacité économique et financière, l'entité adjudicatrice peut exiger que l'opérateur économique et les autres entités en question soient solidairement responsables de l'exécution du marché.

Dans les mêmes conditions, un groupement d'opérateurs économiques visé à l'article 37, paragraphe 2, peut faire valoir les capacités des participants au groupement ou d'autres entités.

2. Lorsque les règles et les critères objectifs d'exclusion et de sélection des candidats et des soumissionnaires dans des procédures ouvertes, restreintes ou négociées, dans des dialogues

compétitifs ou dans des partenariats d'innovation comportent des exigences relatives à la capacité économique et financière de l'opérateur économique, ou à ses capacités techniques et professionnelles, celui-ci peut, si nécessaire et pour un marché particulier, faire valoir les capacités d'autres entités, quelle que soit la nature juridique des liens existant entre lui-même et ces entités. En ce qui concerne les critères relatifs aux titres d'études et professionnels du prestataire de services ou du titulaire ou des cadres de l'entreprise, ou les critères relatifs à l'expérience professionnelle correspondante, les opérateurs économiques ne peuvent toutefois avoir recours aux capacités d'autres entités que lorsque ces dernières exécuteront les travaux ou fourniront les services pour lesquels ces capacités sont requises. Si un opérateur économique souhaite recourir aux capacités d'autres entités, il apporte à l'entité adjudicatrice la preuve qu'il disposera des moyens nécessaires, par exemple, en produisant l'engagement de ces entités à cet effet.

Lorsque, conformément à l'article 80 de la présente directive, les entités adjudicatrices ont invoqué des critères d'exclusion ou de sélection prévus dans la directive 2014/24/UE, elles vérifient, conformément à l'article 80, paragraphe 3, de la présente directive, si les autres entités aux capacités desquelles l'opérateur économique entend avoir recours remplissent les critères de sélection applicables ou s'il existe des motifs d'exclusion qui ont été invoqués par les entités adjudicatrices, en vertu de l'article 57 de la directive 2014/24/UE. L'entité adjudicatrice exige que l'opérateur économique remplace une entité qui ne remplit pas un critère de sélection applicable ou à l'encontre de laquelle il existe des motifs d'exclusion obligatoires invoqués par l'entité adjudicatrice. L'entité adjudicatrice peut exiger ou peut être obligé par l'État membre à exiger que l'opérateur économique remplace une entité à l'encontre de laquelle il existe des motifs d'exclusion non obligatoires invoqués par l'entité adjudicatrice.

Lorsqu'un opérateur économique a recours aux capacités d'autres entités en ce qui concerne des critères ayant trait à la capacité économique et financière, l'entité adjudicatrice peut exiger que l'opérateur économique et les autres entités en question soient solidairement responsables de l'exécution du marché.

Dans les mêmes conditions, un groupement d'opérateurs économiques visé à l'article 37 peut faire valoir les capacités de participants au groupement ou d'autres entités.

3. Pour les marchés de travaux, les marchés de services et les travaux de pose et d'installation dans le cadre d'un marché de fournitures, les entités adjudicatrices peuvent exiger que certaines tâches essentielles soient effectuées directement par le soumissionnaire lui-même ou, si l'offre est soumise par un groupement d'opérateurs économiques visé à l'article 37, paragraphe 2, par un participant dudit groupement.

Art. 80 *Utilisation des motifs d'exclusion et des critères de sélection prévus par la directive 2014/24/UE.*

1. Les règles et les critères objectifs d'exclusion et de sélection des opérateurs économiques qui demandent à être qualifiés dans le cadre d'un système de qualification et les règles et les critères objectifs d'exclusion et de sélection des candidats et des soumissionnaires dans des procédures ouvertes, restreintes ou négociées, dans des dialogues compétitifs ou dans des partenariats d'innovation peuvent inclure les motifs d'exclusion énumérés à l'article 57 de la directive 2014/24/UE, dans les conditions qui y sont exposées.

Lorsque l'entité adjudicatrice est un pouvoir adjudicateur, ces critères et règles incluent les critères d'exclusion énumérés à l'article 57, paragraphes 1 et 2, de la directive 2014/24/UE, dans les conditions qui y sont exposées.

Si les États membres le demandent, ces critères et règles incluent en outre les critères d'exclusion énumérés à l'article 57, paragraphe 4, de la directive 2014/24/UE, dans les conditions qui y sont exposées.

2. Les critères et les règles visés au paragraphe 1 du présent article peuvent inclure les critères de sélection établis à l'article 58 de la directive 2014/24/UE, dans les conditions qui y sont exposées, notamment ce qui concerne les limites des obligations relatives au chiffre d'affaires annuel visées au deuxième alinéa du paragraphe 3 dudit article.

3. Aux fins de l'application des paragraphes 1 et 2 du présent article, les articles 59 à 61 de la directive 2014/24/UE s'appliquent.

Art. 81 *Normes d'assurance de la qualité et normes de gestion environnementale.*

1. Lorsqu'elles demandent la production de certificats établis par des organismes indépendants, attestant que l'opérateur économique se conforme à certaines normes d'assurance de la qualité, y compris en ce qui concerne l'accessibilité pour les personnes handicapées, les entités adjudicatrices se reportent aux systèmes d'assurance de qualité basés sur les séries des normes européennes pertinentes en la matière et certifiés par des organismes accrédités. Elles reconnaissent les certificats équivalents d'organismes établis dans d'autres États membres. Elles acceptent également d'autres preuves de mesures équivalentes d'assurance de la

qualité lorsque l'opérateur économique concerné n'avait pas la possibilité d'obtenir ces certificats dans les délais fixés pour des motifs qui ne lui sont pas imputables, à condition que l'opérateur économique apporte la preuve que les mesures proposées en matière d'assurance de la qualité sont conformes aux normes d'assurance de la qualité requises.

2. Lorsque les entités adjudicatrices demandent la production de certificats établis par des organismes indépendants, attestant que l'opérateur économique se conforme à certains systèmes ou normes de gestion environnementale, elles se réfèrent au système de management environnemental et d'audit (EMAS) de l'Union ou à d'autres systèmes de gestion environnementale reconnus conformément à l'article 45 du règlement (CE) n° 1221/2009 ou à d'autres normes de gestion environnementale fondées sur les normes européennes ou internationales en la matière élaborées par des organismes accrédités. Elles reconnaissent les certificats équivalents d'organismes établis dans d'autres États membres.

Lorsqu'un opérateur économique n'avait manifestement pas accès à ces certificats ni la possibilité de les obtenir dans les délais fixés pour des motifs qui ne lui sont pas imputables, l'entité adjudicatrice accepte également d'autres moyens de preuve des mesures de gestion environnementale, pour autant que l'opérateur économique établisse que ces mesures sont équivalentes à celles requises en vertu du système ou de la norme de gestion environnementale applicable.

3. Les États membres mettent à la disposition des autres États membres, à leur demande, toute information relative aux documents produits pour prouver le respect des normes en matière de qualité et d'environnement visés aux paragraphes 1 et 2.

SOUS-SECTION 2 *Attribution du marché*

Art. 82 *Critères d'attribution du marché.*

1. Sans préjudice des dispositions législatives, réglementaires ou administratives nationales relatives au prix de certaines fournitures ou à la rémunération de certains services, les entités adjudicatrices se fondent, pour attribuer les marchés, sur l'offre économiquement la plus avantageuse.

2. L'offre économiquement la plus avantageuse du point de vue de l'entité adjudicatrice est déterminée sur la base du prix ou du coût, selon une approche fondée sur le rapport coût/efficacité, telle que le calcul du coût du cycle de vie, conformément à l'article 83, et peut tenir compte du meilleur rapport qualité/prix, qui est évalué sur la base de critères comprenant des aspects qualitatifs, environnementaux et/ou sociaux liés à l'objet du marché concerné. Il peut s'agir, par exemple, des critères suivants :

a) la qualité, y compris la valeur technique, les caractéristiques esthétiques et fonctionnelles, l'accessibilité, la conception pour tous les utilisateurs, les caractéristiques sociales, environnementales et innovantes et la commercialisation et ses conditions ;

b) l'organisation, les qualifications et l'expérience du personnel assigné à l'exécution du marché, lorsque la qualité du personnel assigné peut avoir une influence significative sur le niveau d'exécution du marché ; ou

c) le service après-vente et l'assistance technique, les conditions de livraison telles que la date de livraison, le mode de livraison et le délai de livraison ou d'exécution, l'engagement en matière de pièces de rechange et de sécurité d'approvisionnement.

Le facteur coût peut également prendre la forme d'un prix ou d'un coût fixe sur la base duquel les opérateurs économiques seront en concurrence sur les seuls critères de qualité.

Les États membres peuvent prévoir que les entités adjudicatrices ne peuvent pas uniquement utiliser le prix ou le coût comme seul critère d'attribution ou limiter cette utilisation à certaines catégories d'entités adjudicatrices ou certains types de marchés.

3. Les critères d'attribution sont réputés être liés à l'objet du marché public lorsqu'ils se rapportent aux travaux, produits ou services à fournir en vertu du marché à tous égards et à tous les stades de leur cycle de vie, y compris les facteurs intervenant dans :

a) le processus spécifique de production, de fourniture ou de commercialisation desdits travaux, produits ou services ; ou

b) un processus spécifique lié à un autre stade de leur cycle de vie, même lorsque ces facteurs ne font pas partie de leur contenu matériel.

4. Les critères d'attribution n'ont pas pour effet de conférer une liberté de choix illimitée à l'entité adjudicatrice. Ils garantissent la possibilité d'une véritable concurrence et sont assortis de précisions qui permettent de vérifier concrètement les informations fournies par les soumissionnaires pour évaluer dans quelle mesure les offres répondent aux critères d'attribution. En cas de doute, les entités adjudicatrices vérifient concrètement l'exactitude des informations et éléments de preuve fournis par les soumissionnaires.

5. L'entité adjudicatrice précise, dans les documents de marché, la pondération relative qu'elle attribue à chacun des critères choisis pour déterminer l'offre économiquement la plus avantageuse, sauf lorsqu'elle est déterminée sur la seule base du prix.

Cette pondération peut être exprimée en prévoyant une fourchette dont l'écart maximal doit être approprié.

Lorsque la pondération n'est pas possible pour des raisons objectives, l'entité adjudicatrice indique les critères par ordre décroissant d'importance.

Art. 83 *Coût du cycle de vie.*

1. Le coût du cycle de vie couvre, dans la mesure où ils sont pertinents, les coûts suivants, en tout ou en partie, du cycle de vie d'un produit, d'un service ou d'un ouvrage :

a) les coûts supportés par l'entité adjudicatrice ou d'autres utilisateurs, tels que :

i) les coûts liés à l'acquisition ;

ii) les coûts d'utilisation, tels que la consommation d'énergie et d'autres ressources ;

iii) les frais de maintenance ;

iv) les coûts liés à la fin de vie tels que les coûts de collecte et de recyclage ;

b) les coûts imputés aux externalités environnementales liés au produit, au service ou à l'ouvrage pendant son cycle de vie, à condition que leur valeur monétaire puisse être déterminée et vérifiée ; ces coûts peuvent inclure le coût des émissions de gaz à effet de serre et d'autres émissions polluantes ainsi que d'autres coûts d'atténuation du changement climatique.

2. Lorsque les entités adjudicatrices évaluent les coûts selon une méthode basée sur le cycle de vie, elles indiquent dans les documents de marché les données que doivent fournir les soumissionnaires et la méthode qu'utilisera l'entité adjudicatrice pour déterminer le coût du cycle de vie sur la base de ces données.

La méthode utilisée pour évaluer les coûts imputés aux externalités environnementales respecte l'ensemble des conditions suivantes :

a) elle se fonde sur des critères vérifiables de façon objective et non discriminatoires. En particulier, lorsqu'elle n'a pas été prévue pour une application répétée ou continue, elle ne favorise ni ne défavorise indûment certains opérateurs économiques ;

b) elle est accessible à toutes les parties intéressées ;

c) les données requises peuvent être fournies moyennant un effort raisonnable consenti par des opérateurs économiques normalement diligents, y compris des opérateurs économiques de pays tiers parties à l'AMP ou à d'autres accords internationaux par lesquels l'Union est liée.

3. Lorsqu'une méthode commune de calcul des coûts du cycle de vie est devenue obligatoire de par un acte législatif de l'Union, elle est appliquée pour l'évaluation des coûts du cycle de vie.

La liste de ces actes législatifs et, si nécessaire, des actes délégués les complétant figure à l'annexe XV.

La Commission est habilitée à adopter des actes délégués en conformité avec l'article 103 en ce qui concerne l'actualisation de cette liste, lorsque cette actualisation est nécessaire en raison de l'adoption de nouveaux actes législatifs rendant une méthode commune obligatoire ou de l'abrogation ou de la modification d'actes législatifs en vigueur.

Art. 84 *Offres anormalement basses.*

1. Les entités adjudicatrices demandent aux opérateurs économiques d'expliquer le prix ou les coûts proposés dans leurs offres lorsque celles-ci apparaissent anormalement basses en fonction des travaux, fournitures ou services.

2. Les explications visées au paragraphe 1 peuvent concerner notamment :

a) l'économie du procédé de fabrication des produits, de la prestation des services ou du procédé de fabrication des produits ;

b) les solutions techniques adoptées ou les conditions exceptionnellement favorables dont dispose le soumissionnaire pour fournir les produits, les services, ou pour exécuter les travaux ;

c) l'originalité des fournitures, des services ou des travaux proposés par le soumissionnaire ;

d) le respect des obligations visées à l'article 36, paragraphe 2 ;

e) le respect des obligations visées à l'article 88 ;

f) l'obtention éventuelle d'une aide d'État par le soumissionnaire.

3. L'entité adjudicatrice évalue les informations fournies, en consultant le soumissionnaire. Elle ne peut rejeter l'offre que si les éléments de preuve fournis n'expliquent pas de manière satisfaisante le bas niveau du prix ou des coûts proposés, compte tenu des éléments visés au paragraphe 2.

Les entités adjudicatrices rejettent l'offre si elles établissent que celle-ci est anormalement basse parce qu'elle contrevient aux obligations applicables visées à l'article 36, paragraphe 2.

4. L'entité adjudicatrice qui constate qu'une offre est anormalement basse du fait de l'obtention d'une aide d'État par le soumissionnaire ne peut rejeter cette offre pour ce seul motif que si elle consulte le soumissionnaire et que celui-ci n'est pas en mesure de démontrer, dans un délai suffisant fixé par l'entité adjudicatrice, que l'aide en question était compatible avec le marché intérieur au sens de l'article 107 du traité sur le fonctionnement de l'Union européenne. L'entité adjudicatrice qui rejette une offre dans ces conditions en informe la Commission.

5. Les États membres mettent à la disposition des autres États membres, à leur demande, au titre de la coopération administrative, toute information dont ils disposent, telles que les dispositions législatives ou réglementaires, les conventions collectives d'application générale ou les normes techniques nationales, relative aux preuves et documents produits en rapport avec les éléments énumérés au paragraphe 2.

SECTION 4 *Offres contenant des produits originaires des pays tiers et relations avec ceux-ci*

Art. 85 *Offres contenant des produits originaires des pays tiers.*

1. Le présent article s'applique aux offres contenant des produits originaires des pays tiers avec lesquels l'Union n'a pas conclu, dans un cadre multilatéral ou bilatéral, un accord assurant un accès comparable et effectif des entreprises de l'Union aux marchés de ces pays tiers. Il est sans préjudice des obligations de l'Union ou de ses États membres à l'égard des pays tiers.

2. Toute offre présentée pour l'attribution d'un marché de fournitures peut être rejetée lorsque la part des produits originaires des pays tiers, déterminés conformément au règlement (UE) n° 952/2013 du Parlement européen et du Conseil *[Règl. (UE) n° 952/2013 du Parlement européen et du Conseil du 9 oct. 2013 établissant le code des douanes de l'Union (JO L 269 du 10. oct. 2013, p. 1)]*, excède 50 % de la valeur totale des produits composant cette offre.

Aux fins du présent article, les logiciels utilisés dans les équipements de réseaux de télécommunications sont considérés comme des produits.

3. Sous réserve du deuxième alinéa du présent paragraphe, lorsque deux ou plusieurs offres sont équivalentes au regard des critères d'attribution définis à l'article 82, une préférence est accordée à celle des offres qui ne peut être rejetée en application du paragraphe 2 du présent article. Le montant de ces offres est considéré comme équivalent, aux fins du présent article, si leur écart de prix n'excède pas 3 %.

Toutefois, une offre ne sera pas préférée à une autre en vertu du premier alinéa lorsque son acceptation obligerait l'entité adjudicatrice à acquérir un matériel présentant des caractéristiques techniques différentes de celles du matériel déjà existant, entraînant une incompatibilité ou des difficultés techniques d'utilisation ou d'entretien ou des coûts disproportionnés.

4. Aux fins du présent article, pour la détermination des produits originaires des pays tiers prévue au paragraphe 2, ne sont pas pris en compte les pays tiers auxquels le bénéfice de la présente directive a été étendu par une décision du Conseil conformément au paragraphe 1.

5. Le 31 décembre 2015 au plus tard et ensuite chaque année, la Commission fait un rapport annuel au Conseil sur les progrès réalisés dans les négociations multilatérales ou bilatérales concernant l'accès des entreprises de l'Union aux marchés des pays tiers dans les domaines couverts par la présente directive, sur tout résultat que ces négociations ont permis d'atteindre, ainsi que sur l'application effective de tous les accords qui ont été conclus.

Art. 86 *Relations avec les pays tiers en matière de marchés de travaux, de fournitures et de services.*

1. Les États membres informent la Commission de toute difficulté d'ordre général rencontrée et signalée par leurs entreprises en fait ou en droit, lorsqu'elles ont cherché à remporter des marchés de services dans des pays tiers.

2. La Commission fait un rapport au Conseil le 18 avril 2019 au plus tard et ensuite de manière périodique, sur l'ouverture des marchés de services dans les pays tiers ainsi que sur l'état d'avancement des négociations à ce sujet avec ces pays, notamment dans le cadre de l'Organisation mondiale du commerce (OMC).

3. La Commission s'efforce, en intervenant auprès du pays tiers concerné, de remédier à une situation dans laquelle elle constate, soit sur la base des rapports visés au paragraphe 2, soit sur la base d'autres informations, qu'un pays tiers, en ce qui concerne l'attribution de marchés de services :

a) n'accorde pas aux entreprises de l'Union un accès effectif comparable à celui qu'accorde l'Union aux entreprises de ces *[ce]* pays tiers ;

b) n'accorde pas aux entreprises de l'Union le bénéfice du traitement national ou les mêmes possibilités de concurrence que celles offertes aux entreprises nationales ; ou

c) accorde aux entreprises d'autres pays tiers un traitement plus favorable qu'aux entreprises de l'Union.

4. Les États membres informent la Commission de toute difficulté d'ordre général rencontrée et signalée par leurs entreprises en fait ou en droit, et résultant du non-respect des dispositions internationales en matière de droit du travail visées à l'annexe XIV, lorsqu'elles ont cherché à remporter des marchés dans des pays tiers.

5. Dans les conditions indiquées aux paragraphes 3 et 4, la Commission peut, à tout moment, proposer au Conseil d'adopter un acte d'exécution visant à suspendre ou à restreindre, pendant une période à déterminer dans ledit acte d'exécution, l'attribution de marchés de services :

a) aux entreprises soumises à la législation du pays tiers concerné ;

b) aux entreprises liées aux entreprises visées au point *a)* dont le siège social se trouve dans l'Union, mais qui n'ont pas un lien direct et effectif avec l'économie d'un État membre ;

c) aux entreprises présentant des offres ayant pour objet des services originaires du pays tiers concerné.

Le Conseil statue à la majorité qualifiée dans les meilleurs délais.

La Commission peut proposer ces mesures de sa propre initiative ou à la demande d'un État membre.

6. Le présent article est sans préjudice des engagements de l'Union à l'égard des pays tiers découlant des conventions internationales sur les marchés publics, en particulier dans le cadre de l'OMC.

CHAPITRE IV *EXÉCUTION DU MARCHÉ*

Art. 87 *Conditions d'exécution du marché.*

Les entités adjudicatrices peuvent prévoir des conditions particulières concernant l'exécution d'un marché pour autant qu'elles soient liées à l'objet du marché au sens de l'article 82, paragraphe 3, et indiquées dans l'appel à la concurrence ou dans les documents de marché. Ces conditions peuvent prendre en compte des considérations relatives à l'économie, à l'innovation, à l'environnement, au domaine social ou à l'emploi.

Art. 88 *Sous-traitance.*

1. Le respect des obligations visées à l'article 36, paragraphe 2, par les sous-traitants est assuré grâce à des mesures appropriées adoptées par les autorités nationales compétentes agissant dans le cadre de leurs responsabilités et de leurs compétences.

2. Dans les documents de marché, l'entité adjudicatrice peut demander ou peut être obligée par un État membre de demander au soumissionnaire d'indiquer, dans son offre, toute part du marché qu'il a éventuellement l'intention de sous-traiter à des tiers ainsi que les sous-traitants proposés.

3. Les États membres peuvent prévoir que, à la demande du sous-traitant et si la nature du marché le permet, l'entité adjudicatrice effectue directement au sous-traitant les paiements dus pour les services, fournitures ou travaux qu'il a fournis à l'opérateur économique auquel le marché a été attribué (le contractant principal). Ces mesures peuvent comprendre des mécanismes appropriés permettant au contractant principal de s'opposer à des paiements indus. Les dispositions relatives à ce mode de paiement sont exposées dans les documents de marché.

4. Les paragraphes 1 à 3 s'entendent sans préjudice de la question de la responsabilité du contractant principal.

5. En ce qui concerne les marchés de travaux et les services qui doivent être fournis dans un local placé sous la surveillance directe de l'entité adjudicatrice sous sa surveillance directe, après l'attribution du marché et, au plus tard, au début de l'exécution du marché, l'entité adjudicatrice exige du contractant principal qu'il lui indique le nom, les coordonnées et les représentants légaux de ses sous-traitants participant à ces travaux ou à la prestation de ces services dans la mesure où ces informations sont connues à ce stade. L'entité adjudicatrice exige que le contractant principal lui fasse part de tout changement relatif à ces informations intervenant au cours du marché ainsi que des informations requises pour tout nouveau sous-traitant qui participe ultérieurement à ces travaux ou à la prestation de ces services.

Nonobstant le premier alinéa, les États membres peuvent imposer au contractant principal l'obligation de fournir les informations requises directement.

Au besoin, aux fins du paragraphe 6, point *b)*, du présent article, les informations requises sont assorties de déclarations sur l'honneur des sous-traitants visées à l'article 80, paragraphe 3. Les mesures d'exécution visées au paragraphe 8 du présent article peuvent prévoir que les sous-traitants qui sont présentés après l'attribution du marché fournissent des certificats et d'autres documents justificatifs en lieu et place d'une déclaration sur l'honneur.

Le premier alinéa ne s'applique pas aux fournisseurs.

Les autorités adjudicatrices peuvent étendre ou être contraintes par des États membres à étendre les obligations prévues au premier alinéa, par exemple :

a) aux marchés de fournitures, aux marchés de services autres que ceux concernant des services à fournir dans les locaux de l'entité adjudicatrice sous sa surveillance directe ou aux fournisseurs participant aux marchés de travaux ou de services ;

b) aux sous-traitants des sous-traitants du contractant principal ou se trouvant à des échelons inférieurs de la chaîne de sous-traitance.

6. Dans le but d'éviter les manquements aux obligations visées à l'article 36, paragraphe 2, des mesures appropriées peuvent être prises, telles que les mesures suivantes :

a) lorsque la législation d'un État membre prévoit un mécanisme de responsabilité solidaire entre les sous-traitants et le contractant principal, l'État membre concerné veille à ce que les règles correspondantes s'appliquent conformément aux conditions énoncées à l'article 36, paragraphe 2 ;

b) conformément à l'article 80, paragraphe 3, de la présente directive, les pouvoirs adjudicateurs peuvent vérifier ou être obligés par les États membres à vérifier s'il existe des motifs d'exclusion des sous-traitants en vertu de l'article 57 de la directive 2014/24/UE. Dans de tels cas, le pouvoir adjudicateur exige que l'opérateur économique remplace un sous-traitant à l'encontre duquel ladite vérification a montré qu'il existe des motifs d'exclusion obligatoires. Le pouvoir adjudicateur peut exiger ou être obligé par un État membre à exiger de l'opérateur économique qu'il remplace un sous-traitant à l'encontre duquel la vérification a montré qu'il existe des motifs d'exclusion non obligatoires.

7. Les États membres peuvent édicter des règles de responsabilité plus strictes en droit national ou des dispositions plus larges en matière de paiements directs aux sous-traitants dans la législation nationale, par exemple en prévoyant de tels paiements sans que les sous-traitants aient besoin d'en faire la demande.

8. Les États membres ayant décidé de prévoir des mesures en vertu des paragraphes 3, 5 ou 6 précisent les conditions de mise en œuvre de ces mesures, par des dispositions législatives, réglementaires ou administratives et dans le respect du droit de l'Union. Ce faisant, les États membres peuvent limiter leur applicabilité, notamment à l'égard de certains types de marchés, certaines catégories d'entités adjudicatrices ou d'opérateurs économiques ou à partir de certains montants.

Art. 89 *Modification de marchés en cours.*

1. Les marchés et les accords-cadres peuvent être modifiés sans nouvelle procédure de passation de marché conformément à la présente directive dans l'un des cas suivants :

a) lorsque les modifications, quelle qu'en soit la valeur monétaire, ont été prévues dans les documents de marché initiaux sous la forme de clauses de réexamen, dont des clauses de révision du prix ou d'options claires, précises et dénuées d'ambiguïté. Ces clauses indiquent le champ d'application et la nature des éventuelles modifications ou options ainsi que les conditions dans lesquelles il peut en être fait usage. Elles ne permettent pas de modifications ou d'options qui changeraient la nature globale du marché ou de l'accord-cadre ;

b) pour les travaux, services ou fournitures supplémentaires du contractant principal, quelle qu'en soit la valeur, qui sont devenus nécessaires et qui ne figuraient pas dans le marché initiale *[initial]*, lorsqu'un changement de contractant :

i) est impossible pour des raisons économiques ou techniques telles que l'obligation d'interchangeabilité ou d'interopérabilité avec les équipements, logiciels, services ou installations existants achetés dans le cadre du marché initial ; et

ii) présenterait un inconvénient majeur ou entraînerait une augmentation substantielle des coûts pour l'entité adjudicatrice ;

c) lorsque toutes les conditions suivantes sont réunies :

i) la modification est rendue nécessaire par des circonstances qu'une entité adjudicatrice diligente ne pouvait pas prévoir ;

ii) la modification ne change pas la nature globale du marché ;

d) lorsqu'un nouveau contractant remplace celui auquel l'entité adjudicatrice a initialement attribué le marché :

i) en application d'une clause de réexamen ou d'une option univoque conformément au point a) ;

ii) à la suite d'une succession universelle ou partielle du contractant initial, à la suite d'opérations de restructuration de société, notamment de rachat, de fusion, d'acquisition ou d'insolvabilité, assurée par un autre opérateur économique qui remplit les critères de sélection qualitative établis initialement, à condition que cela n'entraîne pas d'autres modifications substantielles du marché et ne vise pas à se soustraire à l'application de la présente directive ; ou

iii) dans le cas où l'entité adjudicatrice elle-même assume les obligations du contractant principal à l'égard de ses sous-traitants lorsque cette possibilité est prévue en vertu de la législation nationale conformément à l'article 88 ;

e) lorsque les modifications, quelle qu'en soit la valeur, ne sont pas substantielles au sens du paragraphe 4.

Les entités adjudicatrices qui ont modifié un marché dans les cas mentionnés aux points b) et c) du présent paragraphe publient un avis à cet effet au *Journal officiel de l'Union européenne*. Cet avis contient les informations prévues à l'annexe XVI et est publié conformément à l'article 71.

2. En outre, et sans qu'il soit besoin de vérifier si les conditions énoncées au paragraphe 4, points a) à d), sont remplies, les marchés peuvent également être modifiés sans qu'une nouvelle procédure de passation de marché conformément à la présente directive ne soit nécessaire lorsque la valeur de la modification est inférieure aux deux valeurs suivantes :

i) les seuils fixés à l'article 15 ; et

ii) 10 % de la valeur du marché initial pour les marchés de services et de fournitures et 15 % de la valeur du marché initial pour les marchés de travaux.

Toutefois, la modification ne peut pas changer la nature globale du marché ou de l'accord-cadre. Lorsque plusieurs modifications successives sont effectuées, la valeur est déterminée sur la base de la valeur cumulée nette des modifications successives.

3. Pour le calcul du prix visé au paragraphe 2, le prix actualisé est la valeur de référence lorsque le marché comporte une clause d'indexation.

4. Une modification d'un marché ou d'un accord-cadre en cours est considérée comme substantielle au sens du paragraphe 1, point e), lorsqu'elle rend le marché ou l'accord-cadre sensiblement différent par nature de celui conclu au départ. En tout état de cause, sans préjudice des paragraphes 1 et 2, une modification est considérée comme substantielle lorsqu'une des conditions suivantes est remplie :

a) elle introduit des conditions qui, si elles avaient été incluses dans la procédure initiale de passation de marché, auraient permis l'admission d'autres candidats que ceux retenus initialement ou l'acceptation d'une offre autre que celle initialement acceptée ou auraient attiré davantage de participants à la procédure de passation de marché ;

b) elle modifie l'équilibre économique du marché ou de l'accord-cadre en faveur du contractant d'une manière qui n'était pas prévue dans le marché ou l'accord-cadre initial ;

c) elle élargit considérablement le champ d'application du marché ou de l'accord-cadre ;

d) lorsqu'un nouveau contractant remplace celui auquel l'entité adjudicatrice a initialement attribué le marché dans d'autres cas que ceux prévus au paragraphe 1, point d).

5. Une nouvelle procédure de passation de marché conformément à la présente directive est requise pour des modifications des dispositions d'un marché de travaux, de fournitures ou de services ou d'un accord-cadre en cours autres que celles prévues aux paragraphes 1 et 2.

Art. 90 *Résiliation de marchés.*

Les États membres veillent à ce que les entités adjudicatrices aient la possibilité, au moins dans les circonstances ci-après et dans les conditions déterminées par le droit national applicable, de résilier un marché de travaux, de fournitures ou de services en cours lorsque :

a) le marché a fait l'objet d'une modification substantielle qui aurait requis une nouvelle procédure de passation de marché en vertu de l'article 89 ;

b) le contractant se trouvait, lors de l'attribution du marché, dans une des situations visées à l'article 57, paragraphe 1, de la directive 2014/24/UE et aurait dès lors dû être exclu de la procédure de passation de marché en vertu de l'article 80, paragraphe 1, deuxième alinéa, de la présente directive ;

c) le marché n'aurait pas dû être attribué au contractant en raison d'un manquement grave aux obligations prévues par les traités et la présente directive, qui a été établi par la Cour de justice de l'Union européenne dans le cadre d'une procédure au titre de l'article 258 du traité sur le fonctionnement de l'Union européenne.

TITRE III SYSTÈMES SPÉCIAUX DE PASSATION DE MARCHÉS

CHAPITRE I *SERVICES SOCIAUX ET AUTRES SERVICES SPÉCIFIQUES*

Art. 91 *Attribution de marchés pour des services sociaux et d'autres services spécifiques.*

Les marchés pour des services sociaux et d'autres services spécifiques énumérés à l'annexe XVII sont attribués conformément au présent chapitre lorsque la valeur des marchés est égale ou supérieure au seuil indiqué à l'article 15, point c).

Art. 92 *Publication des avis.*

1. Les entités adjudicatrices qui entendent passer un marché pour les services visés à l'article 91 font connaître leur intention par l'un des moyens suivants :

a) un avis de marché ; ou

b) un avis périodique indicatif, qui est publié de manière continue. L'avis périodique indicatif fait référence spécifiquement aux types de services qui feront l'objet des marchés à attribuer. Il indique que les marchés seront attribués sans publication ultérieure et invite les opérateurs économiques intéressés à manifester leur intérêt par écrit ; ou

c) un avis sur l'existence d'un système de qualification, qui est publié de manière continue.

Le premier alinéa ne s'applique toutefois pas lorsqu'il aurait été possible de recourir, conformément à l'article 50, à une procédure négociée sans mise en concurrence préalable pour l'attribution d'un marché de services.

2. Les entités adjudicatrices qui ont attribué un marché pour les services visés à l'article 91 font connaître les résultats au moyen d'un avis d'attribution de marché. Toutefois, elles peuvent regrouper ces avis sur une base trimestrielle. Dans ce cas, elles envoient ces avis regroupés au plus tard trente jours après la fin de chaque trimestre.

3. Les avis visés aux paragraphes 1 et 2 du présent article contiennent les informations visées à l'annexe XVIII, respectivement dans les parties A, B, C ou D, en respectant le format type. La Commission établit les formulaires types au moyen d'actes d'exécution. Ces actes d'exécution sont adoptés en conformité avec la procédure consultative visée à l'article 105.

4. Les avis visés au présent article sont publiés conformément à l'article 71.

Art. 93 *Principes d'attribution de marchés.*

1. Les États membres mettent en place, pour la passation des marchés relevant du présent chapitre, des règles nationales afin de garantir que les entités adjudicatrices respectent les principes de transparence et d'égalité de traitement des opérateurs économiques. Les États membres sont libres de déterminer les règles de procédure applicables, tant que celles-ci permettent aux entités adjudicatrices de prendre en compte les spécificités des services en question.

2. Les États membres veillent à ce que les entités adjudicatrices puissent prendre en compte la nécessité d'assurer la qualité, la continuité, l'accessibilité, le caractère abordable, la disponibilité et l'exhaustivité des services, les besoins spécifiques des différentes catégories d'usagers, y compris des catégories défavorisées et vulnérables, la participation et l'implication des utilisateurs ainsi que l'innovation. Les États membres peuvent également prévoir que le choix du prestataire de services est opéré sur la base de l'offre présentant le meilleur rapport qualité/prix, en tenant compte de critères de qualité et de durabilité en ce qui concerne les services à caractère social.

Art. 94 *Marchés réservés pour certains services.*

1. Les États membres peuvent prévoir que les entités adjudicatrices qui sont des pouvoirs adjudicateurs peuvent réserver aux organisations le droit de participer à des procédures de passation de marchés publics portant exclusivement sur les services de santé, sociaux ou culturels visés à l'article 91 relevant des codes CPV 75121000-0, 75122000-7, 75123000-4, 79622000-0, 79624000-4, 79625000-1, 80110000-8, 80300000-7, 80420000-4, 80430000-7, 80511000-9, 80520000-5, 80590000-6, de 85000000-9 à 85323000-9, 92500000-6, 92600000-7, 98133000-4 et 98133110-8.

2. Une organisation visée au paragraphe 1 doit remplir toutes les conditions suivantes :

a) elle a pour objectif d'assumer une mission de service public liée à la prestation des services visés au paragraphe 1 ;

b) ses bénéfices sont réinvestis en vue d'atteindre l'objectif de l'organisation. En cas de distribution ou de redistribution des bénéfices, celle-ci devrait être fondée sur des principes participatifs ;

c) les structures de gestion ou de propriété de l'organisation exécutant le marché sont fondées sur l'actionnariat des salariés ou des principes participatifs ou exigent la participation active des salariés, des utilisateurs ou des parties prenantes ; et

d) l'organisation ne s'est pas vu attribuer un marché par le pouvoir adjudicateur concerné pour les services visés par le présent article dans les trois années précédentes.

3. La durée maximale du marché n'est pas supérieure à trois ans.

4. L'appel à la concurrence renvoie au présent article.

5. Nonobstant l'article 108, la Commission évalue les effets du présent article et présente un rapport au Parlement européen et au Conseil au plus tard le 18 avril 2019.

CHAPITRE II ***RÈGLES APPLICABLES AUX CONCOURS***

Art. 95 *Champ d'application.*

1. Le présent chapitre s'applique aux concours organisés dans le cadre d'une procédure de passation de marché de services, à condition que la valeur estimée du marché hors TVA, y compris les éventuelles primes ou paiements aux participants, égale ou dépasse le montant prévu à l'article 15, point a).

2. Le présent chapitre s'applique à tous les concours lorsque le montant total des primes du concours et paiements aux participants, y compris la valeur estimée hors TVA du marché de services qui pourrait être conclu ultérieurement en vertu de l'article 50, point j), si l'entité adjudicatrice n'exclut pas cette attribution dans l'avis de concours, égale ou dépasse le montant prévu à l'article 15, point a).

Art. 96 *Avis.*

1. Les entités adjudicatrices qui entendent organiser un concours effectuent un appel à la concurrence au moyen d'un avis de concours.

Lorsqu'elles entendent attribuer un marché de services ultérieur en vertu de l'article 50, point j), elles l'indiquent dans l'avis de concours.

Les entités adjudicatrices qui ont organisé un concours en font connaître les résultats par un avis.

2. L'appel à la concurrence contient les informations prévues à l'annexe XIX et l'avis sur les résultats d'un concours contient les informations prévues à l'annexe XX qui sont présentées en suivant les formulaires types. La Commission élabore les formulaires types au moyen d'actes d'exécution. Ces actes d'exécution sont adoptés en conformité avec la procédure consultative visée à l'article 105.

L'avis sur les résultats d'un concours est communiqué à l'Office des publications de l'Union européenne dans un délai de trente jours suivant la clôture du concours.

Lorsque la divulgation d'informations sur l'issue du concours ferait obstacle à l'application des lois, serait contraire à l'intérêt public, porterait préjudice aux intérêts commerciaux légitimes d'un opérateur économique en particulier, public ou privé, ou pourrait nuire à une concurrence loyale entre les opérateurs économiques, de telles informations peuvent ne pas être publiées.

3. L'article 71, paragraphes 2 à 6, s'applique également aux avis relatifs aux concours.

Art. 97 *Règles concernant l'organisation des concours, la sélection des participants et le jury.*

1. Pour organiser des concours, les entités adjudicatrices appliquent des procédures qui sont adaptées aux dispositions du titre I et du présent chapitre.

2. L'accès à la participation aux concours n'est pas limité :

a) au territoire ou à une partie du territoire d'un État membre ;

b) au motif que les participants seraient tenus, en vertu de la législation de l'État membre où le concours est organisé, d'être soit des personnes physiques, soit des personnes morales.

3. Lorsque les concours sont limités à un nombre restreint de participants, les entités adjudicatrices établissent des critères de sélection clairs et non discriminatoires. Dans tous les cas, le nombre de candidats invités à participer aux concours est suffisant pour garantir une concurrence réelle.

4. Le jury est composé exclusivement de personnes physiques indépendantes des participants au concours. Lorsqu'une qualification professionnelle particulière est exigée pour participer à un concours, au moins un tiers des membres du jury doivent posséder cette qualification ou une qualification équivalente.

Art. 98 *Décisions du jury.*

1. Le jury dispose d'une autonomie de décision ou d'avis.

2. Le jury examine les plans et projets présentés par les candidats de manière anonyme et en se fondant exclusivement sur les critères indiqués dans l'avis de concours.

3. Le jury consigne, dans un rapport signé par ses membres, le classement des projets qu'il a effectué selon les mérites de chacun de ceux-ci, ainsi que ses observations et tout point nécessitant des éclaircissements.

4. L'anonymat est respecté jusqu'à l'avis ou la décision du jury.

5. Les candidats peuvent être invités, le cas échéant, à répondre aux questions que le jury a consignées dans le procès-verbal, afin de clarifier tel ou tel aspect d'un projet.

6. Un procès-verbal complet du dialogue entre les membres du jury et les candidats est établi.

TITRE IV GOUVERNANCE

Art. 99 *Suivi de l'application.*

1. Pour assurer effectivement la bonne application et la mise en œuvre efficace de la directive, les États membres veillent à ce que, pour le moins, les tâches énoncées dans le présent article soient accomplies par une ou plusieurs autorités, organismes ou structures. Ils indiquent à la Commission toutes les autorités ou structures qui sont compétentes pour ces tâches.

2. Les États membres veillent à ce que l'application des règles relatives à la passation des marchés publics soit contrôlée.

Lorsque les autorités ou structures de contrôle constatent, de leur propre initiative ou après en avoir été informées, des violations précises ou des problèmes systémiques, elles doivent être habilitées à les signaler aux autorités nationales d'audit, aux juridictions ou aux autres autorités ou structures compétentes telles que le médiateur, le parlement national ou les commissions de celui-ci.

3. Les résultats des opérations de contrôle réalisées conformément au paragraphe 2 sont rendus publics par des moyens d'information appropriés. Ces résultats sont également mis à la disposition de la Commission. Par exemple, ils peuvent être intégrés dans les rapports de contrôle visés au deuxième alinéa du présent paragraphe.

Le 18 avril 2017 au plus tard et tous les trois ans par la suite, les États membres présentent à la Commission un rapport de contrôle comportant, le cas échéant, des informations sur les causes les plus fréquentes de mauvaise application des règles ou d'insécurité juridique, y compris d'éventuels problèmes structurels ou récurrents dans l'application des règles, sur le niveau de participation des PME aux procédures de passation des marchés publics ainsi que sur la prévention, la détection et le signalement adéquat des cas de fraude, de corruption, de conflit d'intérêts et d'autres irrégularités graves dans le cadre de la passation de marchés.

La Commission peut, au plus tous les trois ans, demander aux États membres de fournir des informations sur la mise en œuvre pratique des politiques stratégiques nationales en matière de marchés.

Aux fins du présent paragraphe, on entend par "PME", l'entreprise qui est définie dans la recommandation 2003/361/CE de la Commission *[Recomm. de la Commission du 6 mai 2003 concernant la définition des micro, petites et moyennes entreprises (JO L 124 du 20 mai 2003, p. 36)]*.

A la lumière des informations reçues en vertu du présent paragraphe, la Commission publie à intervalles réguliers un rapport sur l'application des politiques nationales en matière de passation des marchés et les bonnes pratiques en la matière dans le marché intérieur.

4. Les États membres veillent à ce que :

a) des informations et des orientations concernant l'interprétation et l'application du droit de l'Union relatif aux marchés publics soient mises à disposition gratuitement pour aider les pouvoirs adjudicateurs et les opérateurs économiques, en particulier les PME, à appliquer correctement les règles de l'Union en la matière ; et

b) les pouvoirs adjudicateurs puissent bénéficier d'un soutien pour planifier et mener les procédures de passation de marché.

5. Sans préjudice des procédures générales et des méthodes de travail mises en place par la Commission pour ses communications et contacts avec les États membres, les États membres désignent un point de référence pour la coopération avec la Commission en ce qui concerne l'application de la législation relative aux marchés publics.

6. Les pouvoirs adjudicateurs conservent, au moins pendant la durée des marchés, des copies de tous les marchés conclus dont la valeur est égale ou supérieure à :

a) 1 000 000 EUR en ce qui concerne les marchés de fournitures ou de services ;

b) 10 000 000 EUR en ce qui concerne les marchés de travaux.

Les pouvoirs adjudicateurs donnent accès à ces marchés ; toutefois, l'accès à des documents ou à des éléments d'information particuliers peut être refusé dans la mesure et dans les conditions prévues par la législation de l'Union ou la réglementation nationale applicable en matière d'accès aux documents et de protection des données.

Art. 100 *Rapports individuels sur les procédures d'attribution de marchés.*

1. Les entités adjudicatrices conservent les informations appropriées concernant chaque marché ou chaque accord-cadre régi par la présente directive, et chaque fois qu'un système d'acquisition dynamique est mis en place. Ces informations sont suffisantes pour leur permettre de justifier ultérieurement des décisions prises en relation avec :

a) la qualification et la sélection des opérateurs économiques et l'attribution des marchés ;

b) l'utilisation de procédures négociées sans appel à la concurrence conformément à l'article 50 ;

c) la non-application des dispositions des chapitres II à IV du titre II en vertu des dérogations prévues aux chapitres II et III du titre I ;

d) le cas échéant, les raisons pour lesquelles des moyens de communication autres que les moyens électroniques ont été utilisés pour la soumission électronique.

Dans la mesure où l'avis d'attribution de marché établi conformément à l'article 70 ou à l'article 92, paragraphe 2, contient les informations exigées au présent paragraphe, les entités adjudicatrices peuvent se référer audit avis.

2. Les entités adjudicatrices gardent une trace du déroulement de toutes les procédures de passation de marchés, qu'elles soient menées ou non par des moyens électroniques. A cet effet, elles veillent à conserver des documents suffisants pour justifier les décisions prises à toutes les étapes de la procédure de passation de marché, notamment des documents concernant les échanges avec les opérateurs économiques et les délibérations internes, la préparation des documents de marché, le dialogue ou la négociation le cas échéant, la sélection et l'attribution du marché. Ces documents sont conservés au moins pendant une période de trois ans à compter de la date d'attribution du marché.

3. Les informations ou les documents, ou leurs principaux éléments, sont communiqués à la Commission ou aux autorités, organismes ou structures nationales visées à l'article 99 à leur demande.

Art. 101 *Rapports nationaux et informations statistiques.*

1. La Commission examine la qualité et l'exhaustivité des données pouvant être extraites des avis visés aux articles 67 à 71 et aux articles 92 et 96, qui sont publiés conformément à l'annexe IX.

Lorsque la qualité et l'exhaustivité des données visées au premier alinéa du présent paragraphe ne sont pas conformes aux obligations énoncées à l'article 67, paragraphe 1, à l'article 68, paragraphe 1, à l'article 69, à l'article 70, paragraphe 1, à l'article 92, paragraphe 3, et à l'article 96, paragraphe 2, la Commission demande des informations complémentaires à l'État membre concerné. Dans un délai raisonnable, l'État membre concerné fournit les informations statistiques manquantes demandées par la Commission.

2. Le 18 avril 2017 au plus tard et tous les trois ans par la suite, les États membres transmettent à la Commission, pour les marchés qui auraient relevé de la présente directive si leur valeur avait dépassé le seuil applicable fixé à l'article 15, un rapport statistique présentant une estimation de la valeur totale agrégée de ces marchés au cours de la période concernée. Cette estimation peut notamment être fondée sur des données disponibles en vertu des obligations nationales en matière de publication ou sur des estimations fondées sur un échantillonnage.

Ce rapport peut être inclus dans le rapport visé à l'article 99, paragraphe 3.

Art. 102 *Coopération administrative.*

1. Les États membres se prêtent une assistance mutuelle et mettent en place des mesures pour coopérer de manière efficace entre eux afin de garantir l'échange d'informations sur les sujets visés aux articles 62, 81 et 84. Ils assurent la confidentialité des informations qu'ils échangent.

2. Les autorités compétentes de tous les États membres concernés échangent des informations conformément aux règles relatives à la protection des données à caractère personnel prévues dans la directive 95/46/CE du Parlement européen et du Conseil *[Dir. 95/46/CE du Parlement européen et du Conseil du 24 oct. 1995 relative à la protection des personnes physiques à l'égard du traitement des données à caractère personnel et à la libre circulation de ces données (JO L 281 du 23 nov. 1995, p. 31)]* et dans la directive 2002/58/CE du Parlement européen et du Conseil *[Dir. 2002/58/CE du Parlement européen et du Conseil du 12 juill. 2002 concernant le traitement des données à caractère personnel et la protection de la vie privée dans le secteur des communications électroniques (Dir. vie privée et communications électroniques) (JO L 201 du 31 juill. 2002, p. 37)]*.

3. Afin de tester la validité du recours au système d'information du marché intérieur (IMI) mis en place par le règlement (UE) n° 1024/2012 aux fins de l'échange d'informations relevant de la présente directive, un projet pilote est lancé au plus tard le 18 avril 2015.

TITRE V POUVOIRS DÉLÉGUÉS, COMPÉTENCES D'EXÉCUTION ET DISPOSITIONS FINALES

Art. 103 *Exercice de la délégation.*

1. Le pouvoir d'adopter des actes délégués conféré à la Commission est soumis aux conditions fixées au présent article.

2. Le pouvoir d'adopter des actes délégués visé aux articles 4, 17, 40, 41, 76 et 83 est conféré à la Commission pour une durée indéterminée à compter du 17 avril 2014.

3. La délégation de pouvoir visée aux articles 4, 17, 40, 41, 76 et 83 peut être révoquée à tout moment par le Parlement européen ou le Conseil. La décision de révocation met fin à la délégation du pouvoir qui y est précisée. La révocation prend effet le jour suivant celui de la publication de ladite décision au *Journal officiel de l'Union européenne* ou à une date ultérieure précisée dans ladite décision. Elle ne porte pas atteinte à la validité des actes délégués déjà en vigueur.

4. Aussitôt qu'elle adopte un acte délégué, la Commission le notifie au Parlement européen et au Conseil simultanément.

5. Un acte délégué adopté en vertu des articles 4, 17, 40, 41, 76 et 83 n'entre en vigueur que si le Parlement européen ou le Conseil n'a pas exprimé d'objections dans un délai de deux mois à compter de la notification de cet acte au Parlement européen et au Conseil ou si, avant l'expiration de ce délai, le Parlement européen et le Conseil ont tous les deux informé la Commission de leur intention de ne pas exprimer d'objections. Ce délai est prolongé de deux mois à l'initiative du Parlement européen ou du Conseil.

Art. 104 *Procédure d'urgence.*

1. Les actes délégués adoptés en vertu du présent article entrent en vigueur sans délai et s'appliquent tant qu'aucune objection n'est exprimée conformément au paragraphe 2. La notification d'un acte délégué au Parlement européen et au Conseil expose les raisons du recours à la procédure d'urgence.

2. Le Parlement européen ou le Conseil peuvent exprimer des objections à l'égard d'un acte délégué, conformément à la procédure visée à l'article 103, paragraphe 5. En pareil cas, la Commission abroge l'acte concerné sans délai après que le Parlement européen ou le Conseil lui a notifié sa décision d'exprimer des objections.

Art. 105 *Procédure de comité.*

1. La Commission est assistée par le comité consultatif pour les marchés publics institué par la décision 71/306/CEE du Conseil *[Décis. 71/306/CEE du Conseil du 26 juill. 1971 instituant un comité consultatif pour les marchés publics de travaux (JO L 185 du 16 août 1971, p. 15)]*. Ledit comité est un comité au sens du règlement n° 182/2011.

2. Lorsqu'il est fait référence au présent paragraphe, l'article 4 du règlement (UE) n° 182/2011 s'applique.

3. Lorsqu'il est fait référence au présent paragraphe, l'article 5 du règlement (UE) n° 182/2011 s'applique.

Art. 106 *Transposition et dispositions transitoires.*

1. Les États membres mettent en vigueur les dispositions législatives, réglementaires et administratives nécessaires pour se conformer à la présente directive au plus tard le 18 avril 2016. Ils communiquent immédiatement à la Commission le texte de ces dispositions.

2. Nonobstant le paragraphe 1 du présent article, les États membres peuvent reporter l'application de l'article 40, paragraphe 1, jusqu'au 18 octobre 2018, hormis lorsque l'utilisation de moyens électroniques est obligatoire conformément aux articles 52, 53 et 54, à l'article 55, paragraphe 3, à l'article 71, paragraphe 2, ou à l'article 73.

Nonobstant le paragraphe 1 du présent article, les États membres peuvent reporter l'application de l'article 40, paragraphe 1, aux centrales d'achat jusqu'au 18 avril 2017 en vertu de l'article 55, paragraphe 3.

Lorsqu'un État membre choisit de reporter l'application de l'article 40, paragraphe 1, il prévoit que les entités adjudicatrices peuvent utiliser au choix les moyens de communication suivants pour toutes les communications et tous les échanges d'informations :

a) des moyens électroniques conformément à l'article 40 ;

b) la voie postale ou tout autre service de portage approprié ;

c) le télécopieur ;

d) une combinaison de ces moyens.

3. Lorsque les États membres adoptent les mesures visées aux paragraphes 1 et 2, celles-ci contiennent une référence à la présente directive ou sont accompagnées d'une telle référence lors de leur publication officielle. Les modalités de cette référence sont arrêtées par les États membres.

Les États membres communiquent à la Commission le texte des dispositions essentielles de droit interne qu'ils adoptent dans le domaine régi par la présente directive.

Art. 107 *Abrogation.*

La directive 2004/17/CE est abrogée avec effet à partir du 18 avril 2016.

Les références faites à la directive abrogée s'entendent comme faites à la présente directive et sont à lire selon le tableau de correspondance figurant à l'annexe XXI.

Art. 108 *Examen.*

La Commission examine les effets économiques sur le marché intérieur, en particulier eu égard aux éléments tels que l'attribution transnationale de marchés et les coûts de transaction, découlant de l'application des seuils fixés à l'article 15 et présente un rapport au Parlement européen et au Conseil au plus tard le 18 avril 2019.

La Commission envisage, dans la mesure du possible et s'il y a lieu, de suggérer une augmentation des montants des seuils applicables en vertu de l'AMP lors du prochain cycle de négociations. En cas de modification des montants des seuils applicables en vertu de l'AMP, le rapport est suivi, le cas échéant, d'une proposition législative modifiant les seuils établis dans la présente directive.

Art. 109 *Entrée en vigueur.*

La présente directive entre en vigueur le vingtième jour suivant celui de sa publication au *Journal officiel de l'Union européenne.*

Art. 110 *Destinataires.*

Les États membres sont destinataires de la présente directive.

ANNEXES

ANNEXE I

LISTE DES ACTIVITÉS VISÉES À L'ARTICLE 2, POINT 2 A)

En cas d'interprétation différente entre le CPV et la NACE, c'est la nomenclature CPV qui est applicable.

NACE (1)					
Section F			Construction		Code CPV
Division	Groupe	Classe	Description	Notes	
45			Construction	Cette division comprend : la construction de bâtiments et d'ouvrages neufs, la restauration et les réparations courantes	45000000
	45.1		Préparation des sites		45100000
		45.11	Démolition et terrassements	Cette classe comprend : – la démolition d'immeubles et d'autres constructions – le déblayage des chantiers – les travaux de terrassement : creusement, comblement, nivellement de chantiers de construction, ouverture de tranchées, dérochement, destruction à l'explosif, etc. – la préparation de sites pour l'exploitation minière : – l'enlèvement de déblais et autres travaux d'aménagement et de préparation des terrains et des sites miniers Cette classe comprend également : – le drainage des chantiers de construction – le drainage des terrains agricoles et sylvicoles	45110000

NACE [1]					Code CPV
Section F			Construction		
Division	Groupe	Classe	Description	Notes	
		45.12	Forages et sondages	Cette classe comprend : – les sondages d'essai, les forages d'essai et les carottages pour la construction ainsi que pour les études géophysiques, géologiques et similaires Cette classe ne comprend pas : – le forage de puits d'extraction de pétrole ou de gaz, voir 11.20 – le forage de puits d'eau, voir 45.25 – le fonçage de puits, voir 45.25 – la prospection de gisements de pétrole et de gaz ainsi que les études géophysiques, géologiques et sismiques, voir 74.20	45120000
	45.2		Construction d'ouvrages de bâtiment ou de génie civil		45200000
		45.21	Travaux de construction	Cette classe comprend : – la construction de bâtiments de tous types, la construction d'ouvrages de génie civil, – ponts (y compris ceux destinés à supporter des routes surélevées), viaducs, tunnels et passages souterrains – conduites de transport, lignes de communication et de transport d'énergie électrique à longue distance – conduites de transport, lignes de communication et de transport d'énergie électrique pour réseaux urbains – travaux annexes d'aménagement urbain – l'assemblage et la construction d'ouvrages préfabriqués sur les chantiers Cette classe ne comprend pas : – les services liés à l'extraction du pétrole et du gaz, voir 11.20 – la construction d'ouvrages entièrement préfabriqués au moyen d'éléments, autres qu'en béton, fabriqués par l'unité qui exécute les travaux, voir 20, 26 et 28 – la construction d'équipements (autres que les bâtiments) pour stades, piscines, gymnases, courts de tennis, parcours de golf et autres installations sportives, voir 45.23 – les travaux d'installation, voir 45.3 – les travaux de finition, voir 45.4 – les activités d'architecture et d'ingénierie, voir 74.20 – la gestion de projets de construction, voir 74.20	45210000 sauf : 45213316 45220000 45231000 45232000
		45.22	Réalisation de charpentes et de couvertures	Cette classe comprend : – le montage de charpentes – la pose de couvertures – les travaux d'étanchéification	45261000

NACE (1)					Code CPV
Section F			Construction		
Division	Groupe	Classe	Description	Notes	
		45.23	Construction de chaussées	Cette classe comprend : – la construction d'autoroutes, de routes, de chaussées et d'autres voies pour véhicules et piétons – la construction de voies ferrées – la construction de pistes d'atterrissage – la construction d'équipements (autres que les bâtiments) pour stades, piscines, gymnases, courts de tennis, parcours de golf et autres installations sportives – le marquage à la peinture des chaussées et des aires ou des parcs de stationnement Cette classe ne comprend pas : – les terrassements préalables, voir 45.11	45212212 et DA03 45230000 sauf : 45231000 45232000 45234115
		45.24	Travaux maritimes et fluviaux	Cette classe comprend : – la construction de : – voies navigables, ports, ouvrages fluviaux, ports de plaisance (marinas), écluses, etc. – barrages et digues – le dragage – les travaux sous-marins	45240000
		45.25	Autres travaux de construction	Cette classe comprend : – les activités de construction spécialisées qui concernent un aspect commun à différents ouvrages et requièrent des compétences ou du matériel spécialisés : – réalisation de fondations, y compris battage de pieux – forage et construction de puits d'eau, fonçage de puits – montage d'éléments de structures métalliques non fabriqués par l'unité qui exécute les travaux, – cintrage d'ossatures métalliques – maçonnerie et pavage – montage et démontage d'échafaudages et de plates-formes de travail propres ou loués – construction de cheminées et de fours industriels Cette classe ne comprend pas : – la location d'échafaudages sans montage ni démontage, voir 71.32	45250000 45262000
	45.3		Travaux d'installation		45300000
		45.31	Travaux d'installation électrique	Cette classe comprend : l'installation dans des bâtiments ou d'autres projets de construction des éléments suivants : – câbles et appareils électriques – systèmes de télécommunication – installations de chauffage électriques – antennes d'immeubles – systèmes d'alarme incendie – systèmes d'alarme contre les effractions – ascenseurs et escaliers mécaniques – paratonnerres, etc.	45213316 45310000 sauf : 45316000

NACE (1)					Code CPV
Section F			Construction		
Division	Groupe	Classe	Description	Notes	
		45.32	Travaux d'isolation	Cette classe comprend : – la mise en œuvre dans des bâtiments ou d'autres projets de construction de matériaux d'isolation thermique, acoustique et antivibratile Cette classe ne comprend pas : – les travaux d'étanchéification, voir 45.22	45320000
		45.33	Plomberie	Cette classe comprend : – l'installation dans des bâtiments ou d'autres projets de construction des éléments suivants : – plomberie et appareils sanitaires – appareils à gaz – équipements et conduites de chauffage, de ventilation, de réfrigération ou de climatisation – installation d'extinction automatique d'incendie Cette classe ne comprend pas : – la pose d'installations de chauffage électriques, voir 45.31	45330000
		45.34	Autres travaux d'installation	Cette classe comprend : – l'installation de systèmes d'éclairage et de signalisation pour chaussées, voies ferrées, aéroports et installations portuaires – l'installation dans des bâtiments ou d'autres projets de construction d'installations et d'appareils non classés ailleurs	45234115 45316000 45340000
	45.4		Travaux de finition		45400000
		45.41	Plâtrerie	Cette classe comprend : – la mise en œuvre dans des bâtiments ou d'autres projets de construction de plâtre ou de stuc pour enduits intérieurs et extérieurs, y compris les matériaux de lattage associés	45410000
		45.42	Menuiserie	Cette classe comprend : – l'installation de portes, de fenêtres, de dormants de portes et de fenêtres, de cuisines équipées, d'escaliers, d'équipements pour magasins et d'équipements similaires, en bois ou en d'autres matériaux, non fabriqués par l'unité qui exécute les travaux – les aménagements intérieurs tels que plafonds, revêtements muraux en bois, cloisons mobiles, etc. Cette classe ne comprend pas : – la pose de parquets et d'autres revêtements de sols en bois, voir 45.43	45420000

NACE (1)					Code CPV
Section F			Construction		
Division	Groupe	Classe	Description	Notes	
		45.43	Revêtement des sols et des murs	Cette classe comprend : – la pose dans des bâtiments ou d'autres projets de construction des éléments suivants : – revêtements muraux ou carrelages en céramique, en béton ou en pierre de taille – parquets et autres revêtements de sols en bois, – moquettes et revêtements de sol en linoléum – y compris en caoutchouc ou en matières plastiques – revêtements de sols et de murs en granito, en marbre, en granit ou en ardoise – papiers peints	45430000
		45.44	Peinture et vitrerie	Cette classe comprend : – la peinture intérieure et extérieure des bâtiments – la teinture des ouvrages de génie civil – la pose de vitres, de miroirs, etc. Cette classe ne comprend pas : – l'installation de fenêtres, voir 45.42	45440000
		45.45	Autres travaux de finition	Cette classe comprend : – l'installation de piscines privées – le nettoyage à la vapeur, le sablage et les activités analogues appliquées aux parties extérieures des bâtiments – les autres travaux d'achèvement et de finition des bâtiments non classés ailleurs Cette classe ne comprend pas : – le nettoyage des parties intérieures de bâtiments et d'autres constructions, voir 74.70	45212212 et DA04 45450000
	45.5		Location avec opérateur de matériel de construction		45500000
		45.50	Location avec opérateur de matériel de construction	Cette classe ne comprend pas : – la location de machines et de matériels de construction ou de démolition sans opérateur, voir 71.32	45500000

(1) Règlement (CEE) n° 3037/90 du Conseil du 9 octobre 1990 (JO L 293 du 24 oct. 1990, p. 1).

ANNEXE II

LISTE DES ACTES JURIDIQUES DE L'UNION VISÉS À L'ARTICLE 4, PARAGRAPHE 3

Les droits octroyés au moyen d'une procédure ayant fait l'objet d'une publicité appropriée et selon des critères objectifs ne constituent pas des "droits spéciaux ou exclusifs" au sens de l'article 4 de la présente directive. La présente annexe énumère les procédures qui garantissent une transparence préalable adéquate pour l'octroi d'autorisations sur la base d'autres actes juridiques de l'Union, et qui ne constituent pas des "droits spéciaux ou exclusifs" au sens de l'article 4 de la présente directive :

a) l'octroi d'une autorisation d'exploiter des installations de gaz naturel conformément aux procédures définies à l'article 4 de la directive 2009/73/CE ;

b) l'autorisation de soumissionner ou l'invitation à soumissionner aux fins de la construction de nouvelles installations de production d'électricité, conformément à la directive 2009/72/CE ;

c) l'octroi, conformément aux procédures définies à l'article 9 de la directive 97/67/CE, d'autorisations liées à un service postal qui n'est pas ou ne doit pas être réservé ;

d) les procédures d'octroi d'une autorisation de mener à bien une activité impliquant l'exploitation d'hydrocarbures conformément à la directive 94/22/CE ;

e) les contrats de service public au sens du règlement (CE) n° 1370/2007 pour la fourniture de services publics de transport de voyageurs par autobus, par tramway, par chemin de fer ou par métro attribués par voie de mise en concurrence, conformément à l'article 5, paragraphe 3, dudit règlement, à condition que leur durée soit conforme à l'article 4, paragraphe 3 ou 4, dudit règlement.

ANNEXE III

Liste des actes juridiques de l'Union visés à l'article 34, paragraphe 3

A. **Transport ou distribution de gaz ou de chaleur**

Directive 2009/73/CE

B. **Production, transport ou distribution d'électricité**

Directive 2009/72/CE

C. **Production, transport ou distribution d'eau potable**

[Pas d'entrée]

D. **Entités adjudicatrices dans le domaine des services de chemin de fer**

Transport ferroviaire de fret

Directive 2012/34/UE

Transport ferroviaire international de passagers

Directive 2012/34/UE

Transport ferroviaire national de passagers

[Pas d'entrée]

E. **Entités adjudicatrices dans le domaine des services de chemin de fer urbain, de tramway ou d'autobus**

[Pas d'entrée]

F. **Entités adjudicatrices dans le domaine des services postaux**

Directive 97/67/CE

G. **Extraction de pétrole ou de gaz**

Directive 94/22/CE

H. **Prospection et extraction de charbon ou d'autres combustibles solides**

[Pas d'entrée]

I. **Entités adjudicatrices dans le domaine des installations portuaires maritimes ou intérieures ou autres terminaux**

[Pas d'entrée]

J. **Entités adjudicatrices dans le domaine des installations aéroportuaires**

[Pas d'entrée]

ANNEXE IV

Délais d'adoption des actes d'exécution visés à l'article 35

1. Les délais pour l'adoption des actes d'exécution visés à l'article 35 sont les suivants :

a) quatre-vingt-dix jours ouvrables lorsque le libre accès à un marché donné est supposé exister sur la base de l'article 34, paragraphe 3, premier alinéa ;

b) cent trente jours ouvrables dans les cas autres que ceux visés au point a).

Les délais visés aux points a) et b) sont prorogés de quinze jours ouvrables lorsque la demande n'est pas assortie d'une position motivée et justifiée adoptée par une autorité nationale indépendante compétente pour l'action concernée, qui analyse de manière approfondie les conditions de l'éventuelle applicabilité de l'article 34, *paragraphe* 1, à l'activité concernée, conformément à l'article 34, paragraphes 2 et 3.

Ces délais courent à compter du jour ouvrable suivant la date à laquelle la Commission reçoit la demande visée à l'article 35, paragraphe 1, ou, si les informations devant être fournies avec la demande sont incomplètes, à compter du jour ouvrable suivant la réception des informations complètes.

Les délais prévus au premier alinéa peuvent être prolongés par la Commission avec l'accord de l'État membre ou de l'entité adjudicatrice qui a présenté la demande.

2. La Commission peut demander à l'État membre, à l'entité adjudicatrice concernée, à l'autorité nationale indépendante visée au point 1 ou à toute autre autorité nationale compétente, de fournir toutes les informations nécessaires ou de compléter ou de clarifier les informations fournies dans des délais appropriés. En cas de retard dans les réponses ou si celles-ci sont incomplètes, les délais prévus au point 1, premier alinéa, sont suspendus pour une durée égale à la période allant de

l'expiration du délai fixé dans la demande d'information à la réception des informations complètes et correctes.

ANNEXE V

Exigences relatives aux outils et dispositifs de réception électronique des offres, des demandes de participation, des demandes de qualification ainsi que des plans et projets dans le cadre des concours

Les outils et dispositifs de réception électronique des offres, des demandes de participation, des demandes de qualification ainsi que des plans et projets doivent au moins garantir, par les moyens techniques et procédures appropriés, que :

a) l'heure et la date exactes de la réception des offres, demandes de participation et demandes de qualification et de la soumission des plans et projets peuvent être déterminées avec précision ;

b) il peut être raisonnablement assuré que personne ne peut avoir accès aux données transmises en vertu des présentes exigences avant les dates limites spécifiées ;

c) seules les personnes autorisées peuvent fixer ou modifier les dates de l'ouverture des données reçues ;

d) lors des différents stades du processus de qualification, de la procédure de passation de marchés ou du concours, seules les personnes autorisées doivent pouvoir avoir accès à la totalité, ou à une partie, des données soumises ;

e) seules les personnes autorisées doivent donner accès aux données transmises et uniquement après la date spécifiée ;

f) les données reçues et ouvertes en application de ces exigences ne demeurent accessibles qu'aux personnes autorisées à en prendre connaissance ;

g) en cas de violation ou de tentative de violation des interdictions ou conditions d'accès visées aux points b) à f), il peut être raisonnablement assuré que les violations ou tentatives de violation sont clairement détectables.

ANNEXE VI

PARTIE A

Informations qui doivent figurer dans les avis périodiques indicatifs (visés à l'article 67)

I *Informations qui doivent figurer dans tous les cas.*

1. Nom, numéro d'identification (dans les cas où il est prévu dans la législation nationale), adresse, y compris code NUTS, numéro de téléphone, numéro de télécopieur, adresse électronique et adresse internet de l'entité adjudicatrice et, s'ils sont différents, du service à contacter pour tout complément d'information.

2. Principale activité exercée.

3. a) Pour les marchés de fournitures : nature et quantité ou valeur des prestations ou des produits à fournir (codes CPV).

b) Pour les marchés de travaux : nature et étendue des prestations, caractéristiques générales de l'ouvrage ou des lots se rapportant à l'ouvrage (codes CPV).

c) Pour les marchés de services : montant total des achats envisagés dans chacune des catégories de services envisagées (codes CPV).

4. Date d'envoi de l'avis ou d'envoi de l'avis annonçant la publication de cet avis sur le profil d'acheteur.

5. Toute autre information utile.

II *Informations supplémentaires à fournir lorsque l'avis sert de moyen d'appel à la concurrence ou qu'il permet de réduire les délais de réception des offres (article 67, paragraphe 2).*

6. Mention du fait que les opérateurs économiques intéressés doivent faire part à l'entité de leur intérêt pour le ou les marchés.

7. Adresse électronique ou internet sur laquelle les documents de marché seront mis à disposition en accès sans restriction, complet, direct et gratuit.

Lorsqu'un accès sans restriction, complet, direct et gratuit n'est pas possible pour les motifs énoncés à l'article 73, paragraphe 1, troisième et quatrième alinéas, indiquer les modalités d'accès aux documents de marché.

8. Le cas échéant, indiquer s'il s'agit d'un marché réservé à des ateliers protégés ou dont l'exécution est réservée dans le cadre de programmes d'emplois protégés.

9. Date limite de réception des demandes visant à obtenir une invitation à présenter une offre ou à négocier.

10. Nature et quantité des produits à fournir, caractéristiques générales de l'ouvrage ou catégorie de services, et description indiquant si un ou des accords-cadres sont envisagés. Indiquer notamment

les options concernant des achats complémentaires et le délai estimé pour l'exercice de ces options ainsi que le nombre de reconductions éventuelles. Dans le cas d'une série de marchés renouvelables, indiquer également le calendrier provisoire des appels à la concurrence ultérieurs. Indiquer s'il s'agit d'un achat, de la prise d'un crédit-bail, d'une location ou d'une location-vente ou d'une combinaison de ceux-ci.

11. Code NUTS du lieu principal d'exécution des travaux pour les marchés de travaux, ou code NUTS du lieu principal de livraison ou de réalisation pour les marchés de fournitures et de services. Si le marché est divisé en lots, indiquer cette information pour chaque lot.

12. Délai de livraison ou d'exécution ou durée du marché de services et, dans la mesure du possible, la date de démarrage.

13. Adresse à laquelle les entreprises intéressées doivent manifester leur intérêt par écrit.

14. Date limite de réception des manifestations d'intérêt.

15. Langue ou langues autorisées pour la présentation des candidatures ou des offres.

16. Conditions de caractère économique et technique, garanties financières et techniques exigées des fournisseurs.

17. a) Date provisoire, si elle est connue, du lancement des procédures de passation du ou des marchés.

b) Type de procédure de passation (procédures restreintes, avec recours ou non à un système d'acquisition dynamique, ou procédures négociées).

18. Le cas échéant, conditions particulières auxquelles est soumise l'exécution du marché.

19. Le cas échéant, indiquer si :

a) les offres ou les demandes de participation devront/pourront être présentées par voie électronique ;

b) la commande en ligne sera utilisée ;

c) la facturation en ligne sera utilisée ;

d) le paiement en ligne sera accepté.

20. Nom et adresse de l'instance compétente pour les procédures de recours et, le cas échéant, de médiation. Précisions concernant les délais d'introduction des recours ou, au besoin, nom, adresse, numéro de téléphone, numéro de télécopieur et adresse électronique du service à contacter pour tout complément d'information.

21. S'ils sont connus, les critères visés à l'article 82 qui seront utilisés lors de l'attribution du marché. Sauf lorsque l'offre économiquement la plus avantageuse est identifiée sur la base du prix uniquement, les critères constituant l'offre économiquement la plus avantageuse ainsi que leur pondération ou, le cas échéant, l'ordre d'importance de ces critères sont mentionnés lorsqu'ils ne figurent pas dans les cahiers des charges ou qu'ils ne seront pas indiqués soit dans l'invitation à confirmer l'intérêt visé *[visée]* à l'article 67, paragraphe 2, point b), soit dans l'invitation à présenter une offre ou à négocier.

PARTIE B

Informations qui doivent figurer dans les avis annonçant la publication d'un avis périodique indicatif sur un profil d'acheteur n'étant pas utilisé comme moyen d'appel à la concurrence (visés à l'article 67, paragraphe 1)

1. Nom, numéro d'identification (dans les cas où il est prévu dans la législation nationale), adresse, y compris code NUTS, numéro de téléphone, numéro de télécopieur, adresse électronique et adresse internet de l'entité adjudicatrice et, s'ils sont différents, du service à contacter pour tout complément d'information.

2. Principale activité exercée.

3. Code(s) CPV.

4. Adresse internet du "profil d'acheteur" (URL).

5. Date d'envoi de l'avis annonçant la publication d'un avis périodique indicatif sur le profil d'acheteur.

ANNEXE VII

Informations qui doivent figurer dans les documents de marché relatifs aux enchères électroniques (article 53, paragraphe 4)

Lorsque les entités adjudicatrices ont décidé de recourir à une enchère électronique, les documents de marché contiennent au moins les données suivantes :

a) les éléments dont les valeurs feront l'objet de l'enchère électronique, pour autant que ces éléments soient quantifiables et puissent être exprimés en chiffres ou en pourcentages ;

b) les limites éventuelles des valeurs qui pourront être présentées, telles qu'elles résultent du cahier des charges concernant l'objet du marché ;

c) les informations qui seront mises à la disposition des soumissionnaires au cours de l'enchère électronique et à quel moment elles seront, le cas échéant, mises à leur disposition ;

d) les informations pertinentes sur le déroulement de l'enchère électronique ;
e) les conditions dans lesquelles les soumissionnaires pourront enchérir et notamment les écarts minimaux qui, le cas échéant, seront exigés pour enchérir ;
f) les informations pertinentes sur le dispositif électronique utilisé et sur les modalités et spécifications techniques de connexion.

ANNEXE VIII

Définition de certaines spécifications techniques

Aux fins de la présente directive, on entend par :

1) "spécification technique" :

a) lorsqu'il s'agit de marchés de services ou de fournitures : une spécification figurant dans un document définissant les caractéristiques requises d'un produit ou d'un service, telles que les niveaux de qualité, les niveaux de performance environnementale et climatique, la conception pour tous les besoins (y compris l'accessibilité pour les personnes handicapées) et l'évaluation de la conformité, la propriété d'emploi, l'utilisation du produit, la sécurité ou les dimensions, y compris les prescriptions applicables au produit en ce qui concerne la dénomination de vente, la terminologie, les symboles, les essais et méthodes d'essais, l'emballage, le marquage et l'étiquetage, les instructions d'utilisation, les processus et méthodes de production à tout stade du cycle de vie de la fourniture ou du service, ainsi que les procédures d'évaluation de la conformité ;

b) lorsqu'il s'agit de marchés de travaux : l'ensemble des prescriptions techniques contenues notamment dans les documents de marché, définissant les caractéristiques requises d'un matériau, d'un produit ou d'une fourniture et permettant de les caractériser de manière telle qu'ils répondent à l'usage auquel ils sont destinés par l'entité adjudicatrice. Ces caractéristiques incluent les niveaux de performance environnementale et climatique, la conception pour tous les besoins (y compris l'accessibilité pour les personnes handicapées) et l'évaluation de la conformité, la propriété d'emploi, la sécurité ou les dimensions, y compris les procédures relatives à l'assurance de la qualité, la terminologie, les symboles, les essais et méthodes d'essai, l'emballage, le marquage et l'étiquetage, les instructions d'utilisation ainsi que les processus et méthodes de production à tout stade du cycle de vie des ouvrages. Elles incluent également les règles de conception et de calcul des ouvrages, les conditions d'essai, de contrôle et de réception des ouvrages, ainsi que les techniques ou méthodes de construction et toutes les autres conditions de caractère technique que l'entité adjudicatrice est à même de prescrire, par voie de réglementation générale ou particulière, en ce qui concerne les ouvrages terminés et en ce qui concerne les matériaux ou les éléments constituant ces ouvrages ;

2) "norme" : une spécification technique adoptée par un organisme de normalisation reconnu pour application répétée ou continue, dont l'observation n'est pas obligatoire et qui est l'une des normes suivantes :

a) "norme internationale" : norme qui est adoptée par une organisation internationale de normalisation et qui est mise à la disposition du public ;

b) "norme européenne" : norme qui est adoptée par un organisme européen de normalisation et qui est mise à la disposition du public ;

c) "norme nationale" : norme qui est adoptée par un organisme national de normalisation et qui est mise à la disposition du public ;

3) "évaluation technique européenne" : l'évaluation documentée de la performance d'un produit de construction en ce qui concerne ses caractéristiques essentielles, conformément au document d'évaluation européen pertinent, tel qu'il est défini à l'article 2, point 12), du règlement (UE) n° 305/2011 du Parlement européen et du Conseil [*Règlement (UE) n° 305/2011 du Parlement européen et du Conseil du 9 mars 2011 établissant des conditions harmonisées de commercialisation pour les produits de construction et abrogeant la directive 89/106/CEE du Conseil (JO L 88 du 4 avr. 2011, p. 5)*] ;

4) "spécification technique commune" : une spécification technique dans le domaine des TIC élaborée conformément aux articles 13 et 14 du règlement (UE) n° 1025/2012 ;

5) "référentiel technique" : tout produit élaboré par les organismes européens de normalisation, autre que les normes européennes, selon des procédures adaptées à l'évolution des besoins du marché.

ANNEXE IX

Caractéristiques concernant la publication

1. Publication des avis

Les avis visés aux articles 67, 68, 69, 70, 92 et 96 sont envoyés par les entités adjudicatrices à l'Office des publications de l'Union européenne et publiés conformément aux règles suivantes :

a) Les avis visés aux articles 67, 68, 69, 70, 92 et 96 sont publiés par l'Office des publications de l'Union européenne ou par les entités adjudicatrices dans le cas d'avis périodiques indicatifs publiés sur un profil d'acheteur conformément à l'article 67, paragraphe 1.

Les entités adjudicatrices peuvent, en plus, publier ces informations sur l'internet, sur un "profil d'acheteur" tel que visé au point 2 b) ci-dessous.

b) L'Office des publications de l'Union européenne délivre à l'entité adjudicatrice la confirmation visée à l'article 71, paragraphe 5, deuxième alinéa.

2. Publication d'informations complémentaires ou additionnelles

a) Sauf disposition contraire de l'article 73, paragraphe 1, troisième et quatrième alinéas, les entités adjudicatrices publient l'intégralité des documents de marché sur l'internet.

b) Le profil d'acheteur peut comprendre des avis périodiques indicatifs, visés à l'article 67, paragraphe 1, des informations sur les invitations à soumissionner en cours, les achats programmés, les marchés passés, les procédures annulées, ainsi que toute information générale utile, comme un point de contact, un numéro de téléphone et de télécopie, une adresse postale et une adresse électronique. Le profil d'acheteur peut également comprendre des avis périodiques indicatifs servant de moyens d'appel à la concurrence, qui sont publiés au niveau national conformément à l'article 72.

3. Format et modalités de transmission des avis par voie électronique

Le format et les modalités de transmission des avis par voie électronique tels qu'établis par la Commission sont accessibles à l'adresse internet http://simap.eu.int

ANNEXE X

Informations qui doivent figurer dans les avis sur l'existence d'un système de qualification (visés à l'article 44, paragraphe 4, point b) et à l'article 68)

1. Nom, numéro d'identification (dans les cas où il est prévu dans la législation nationale), adresse, y compris code NUTS, numéro de téléphone, numéro de télécopieur, adresse électronique et adresse internet de l'entité adjudicatrice et, s'ils sont différents, du service à contacter pour tout complément d'information.

2. Principale activité exercée.

3. Le cas échéant, indiquer s'il s'agit d'un marché réservé à des ateliers protégés ou dont l'exécution est réservée dans le cadre de programmes d'emplois protégés.

4. Objet du système de qualification (description des produits, services ou travaux ou catégories de ceux-ci devant être achetés au moyen de ce système – codes CPV). Code NUTS du lieu principal d'exécution des travaux pour les marchés de travaux, ou code NUTS du lieu principal de livraison ou de réalisation pour les marchés de fournitures et de services.

5. Conditions devant être remplies par les opérateurs économiques en vue de leur qualification conformément au système et méthodes par lesquelles chacune de ces conditions sera vérifiée. Si la description de ces conditions et de ces méthodes de vérification est volumineuse et repose sur des documents auxquels ont accès les opérateurs économiques intéressés, un résumé des principales conditions et méthodes et une référence à ces documents suffiront.

6. Durée de validité du système de qualification et formalités pour son renouvellement.

7. Mention du fait que l'avis sert de moyen d'appel à la concurrence.

8. Adresse à laquelle des renseignements complémentaires et la documentation concernant le système de qualification peuvent être obtenus (lorsque cette adresse est différente de celle indiquée au point 1).

9. Nom et adresse de l'instance compétente pour les procédures de recours et, le cas échéant, de médiation. Précisions concernant les délais d'introduction des recours ou, au besoin, nom, adresse, numéro de téléphone, numéro de télécopieur et adresse électronique du service à contacter pour tout complément d'information.

10. S'ils sont connus, les critères visés à l'article 82 qui seront utilisés lors de l'attribution du marché : "coût le plus bas" ou "offre économiquement la plus avantageuse". Sauf lorsque l'offre économiquement la plus avantageuse est identifiée sur la base du prix uniquement, les critères constituant l'offre économiquement la plus avantageuse ainsi que leur pondération ou, le cas échéant, l'ordre d'importance de ces critères sont mentionnés lorsqu'ils ne figurent pas dans les cahiers des charges ou qu'ils ne seront pas indiqués dans l'invitation à présenter une offre ou à négocier.

11. Le cas échéant, indiquer si :

a) les offres ou les demandes de participation devront/pourront être présentées par voie électronique ;

b) la commande en ligne sera utilisée ;

c) la facturation en ligne sera utilisée ;

d) le paiement en ligne sera accepté.

12. Toute autre information utile.

ANNEXE XI

Informations qui doivent figurer dans les avis de marché (visés à l'article 69)

A. PROCÉDURES OUVERTES

1. Nom, numéro d'identification (dans les cas où il est prévu dans la législation nationale), adresse, y compris code NUTS, numéro de téléphone, numéro de télécopieur, adresse électronique et adresse internet de l'entité adjudicatrice et, s'ils sont différents, du service à contacter pour tout complément d'information.

2. Principale activité exercée.

3. Le cas échéant, indiquer s'il s'agit d'un marché réservé à des ateliers protégés ou dont l'exécution est réservée dans le cadre de programmes d'emplois protégés.

4. Nature du marché (fournitures, travaux ou services ; indiquer, le cas échéant, s'il s'agit d'un accord-cadre ou d'un système d'acquisition dynamique) ; description (codes CPV). Le cas échéant, indiquer si les offres sont sollicitées en vue d'un achat, de la prise d'un crédit-bail, d'une location ou d'une location-vente ou d'une combinaison de ceux-ci.

5. Code NUTS du lieu principal d'exécution des travaux pour les travaux, ou code NUTS du lieu principal de livraison ou de réalisation pour les fournitures et les services.

6. Pour les fournitures et travaux :

a) Nature et quantité des produits à fournir (codes CPV). Indiquer notamment les options concernant des achats complémentaires et, si possible, le délai estimé pour l'exercice de ces options ainsi que le nombre de reconductions éventuelles. Dans le cas d'une série de marchés renouvelables, indiquer également, si possible, le calendrier provisoire des appels à la concurrence ultérieurs pour les produits requis ou la nature et l'étendue des prestations et les caractéristiques générales de l'ouvrage (codes CPV).

b) Indications relatives à la possibilité pour les fournisseurs de soumissionner pour des parties et/ou pour l'ensemble des produits requis.

Si, pour les marchés de travaux, l'ouvrage ou le marché est divisé en plusieurs lots, l'ordre de grandeur des différents lots et la possibilité de soumissionner pour un, pour plusieurs ou pour l'ensemble des lots.

c) Pour les marchés de travaux : indications relatives à l'objectif de l'ouvrage ou du marché lorsque celui-ci comporte également l'établissement de projets.

7. Pour les services :

a) Nature et quantité des produits à fournir. Indiquer notamment les options concernant des achats complémentaires et, si possible, le délai estimé pour l'exercice de ces options ainsi que le nombre de reconductions éventuelles. Dans le cas d'une série de marchés renouvelables, indiquer également, si possible, le calendrier provisoire des appels à la concurrence ultérieurs pour les services requis.

b) Indiquer si, en vertu de dispositions législatives, réglementaires ou administratives, l'exécution du service est réservée à une profession particulière.

c) Référence aux dispositions législatives, réglementaires et administratives.

d) Indiquer si les personnes morales sont tenues de mentionner les noms et les qualifications professionnelles du personnel chargé de l'exécution du service.

e) Indiquer si les prestataires de services peuvent soumissionner pour une partie des services.

8. Si cet élément est connu, indiquer si la présentation de variantes est autorisée ou pas.

9. Délai de livraison ou d'exécution ou durée du marché de services et, dans la mesure du possible, la date de démarrage.

10. Adresse électronique ou internet sur laquelle les documents de marché sont mis à disposition en accès sans restriction, complet, direct et gratuit.

Lorsqu'un accès sans restriction, complet, direct et gratuit n'est pas possible pour les motifs énoncés à l'article 73, paragraphe 1, troisième et quatrième alinéas, indiquer les modalités d'accès aux documents de marché.

11. a) Date limite de réception des offres ou des offres indicatives lorsqu'il s'agit de la mise en place d'un système d'acquisition dynamique.

b) Adresse à laquelle elles doivent être transmises.

c) La ou les langues dans lesquelles elles doivent être rédigées.

12. a) Le cas échéant, personnes admises à assister à l'ouverture des offres.

b) Date, heure et lieu de cette ouverture.

13. Le cas échéant, cautionnement et garanties demandés.

14. Modalités essentielles de financement et de paiement et/ou références aux textes qui les réglementent.

15. Le cas échéant, forme juridique que devra revêtir le groupement d'opérateurs économiques attributaire du marché.

16. Conditions minimales de caractère économique et technique à remplir par l'opérateur économique auquel le marché est attribué.

17. Délai pendant lequel le soumissionnaire est tenu de maintenir son offre.

18. Le cas échéant, conditions particulières auxquelles est soumise la réalisation du marché.

19. Critères visés à l'article 82 qui seront utilisés lors de l'attribution du marché : "coût le plus bas" ou "offre économiquement la plus avantageuse". Sauf lorsque l'offre économiquement la plus avantageuse est identifiée sur la base du prix uniquement, les critères de l'offre économiquement la plus avantageuse ainsi que leur pondération ou, le cas échéant, l'ordre d'importance de ces critères sont indiqués lorsqu'ils ne figurent pas dans les cahiers des charges.

20. Le cas échéant, date(s) et référence(s) de la publication au *Journal officiel de l'Union européenne* de l'avis périodique ou de l'envoi de l'avis annonçant la publication de cet avis sur le profil d'acheteur auquel le marché se rapporte.

21. Nom et adresse de l'instance compétente pour les procédures de recours et, le cas échéant, de médiation. Précisions concernant les délais d'introduction des recours ou, au besoin, nom, adresse, numéro de téléphone, numéro de télécopieur et adresse électronique du service à contacter pour tout complément d'information.

22. Date de l'envoi de l'avis par l'entité adjudicatrice.

23. Toute autre information utile.

B. PROCÉDURES RESTREINTES

1. Nom, numéro d'identification (dans les cas où il est prévu dans la législation nationale), adresse, y compris code NUTS, numéro de téléphone, numéro de télécopieur, adresse électronique et adresse internet de l'entité adjudicatrice et, s'ils sont différents, du service à contacter pour tout complément d'information.

2. Principale activité exercée.

3. Le cas échéant, indiquer s'il s'agit d'un marché réservé à des ateliers protégés ou dont l'exécution est réservée dans le cadre de programmes d'emplois protégés.

4. Nature du marché (fournitures, travaux ou services ; indiquer, le cas échéant, s'il s'agit d'un accord-cadre) ; description (codes CPV). Le cas échéant, indiquer si les offres sont sollicitées en vue d'un achat, de la prise d'un crédit-bail, d'une location ou d'une location-vente ou d'une combinaison de ceux-ci.

5. Code NUTS du lieu principal d'exécution des travaux pour les travaux, ou code NUTS du lieu principal de livraison ou de réalisation pour les fournitures et les services.

6. Pour les fournitures et travaux :

a) Nature et quantité des produits à fournir (codes CPV). Indiquer notamment les options concernant des achats complémentaires et, si possible, le délai estimé pour l'exercice de ces options ainsi que le nombre de reconductions éventuelles. Dans le cas d'une série de marchés renouvelables, indiquer également, si possible, le calendrier provisoire des appels à la concurrence ultérieurs pour les biens requis ou la nature et l'étendue des prestations et les caractéristiques générales de l'ouvrage (codes CPV).

b) Indications relatives à la possibilité pour les fournisseurs de soumissionner pour des parties et/ou pour l'ensemble des produits requis.

Si, pour les marchés de travaux, l'ouvrage ou le marché est divisé en plusieurs lots, l'ordre de grandeur des différents lots et la possibilité de soumissionner pour un, pour plusieurs lots ou pour l'ensemble des lots.

c) Indications relatives à l'objectif de l'ouvrage ou du marché lorsque celui-ci comporte également l'établissement de projets.

7. Pour les services :

a) Nature et quantité des produits à fournir. Indiquer notamment les options concernant des achats complémentaires et, si possible, le délai estimé pour l'exercice de ces options ainsi que le nombre de reconductions éventuelles. Dans le cas d'une série de marchés renouvelables, indiquer *également, si possible, le calendrier* provisoire des appels à la concurrence ultérieurs pour les services requis.

b) Indiquer si, en vertu de dispositions législatives, réglementaires ou administratives, l'exécution du service est réservée à une profession particulière.

c) Référence aux dispositions législatives, réglementaires ou administratives.

d) Indiquer si les personnes morales sont tenues de mentionner les noms et les qualifications professionnelles du personnel chargé de l'exécution du service.

e) Indiquer si les prestataires de services peuvent soumissionner pour une partie des services.

8. Si cet élément est connu, indiquer si la présentation de variantes est autorisée ou pas.

9. Délai de livraison ou d'exécution ou durée du marché et, dans la mesure du possible, la date de démarrage.

10. Le cas échéant, forme juridique que devra revêtir le groupement d'opérateurs économiques attributaire du marché.

11. a) Date limite de réception des demandes de participation.

b) Adresse à laquelle elles doivent être transmises.

c) La ou les langues dans lesquelles elles doivent être rédigées.

12. Date limite d'envoi des invitations à soumissionner.

13. Le cas échéant, cautionnement et garanties demandés.

14. Modalités essentielles de financement et de paiement et/ou références aux textes qui les réglementent.

15. Renseignements concernant la situation propre de l'opérateur économique et conditions minimales de caractère économique et technique à remplir par celui-ci.

16. Critères visés à l'article 82 qui seront utilisés lors de l'attribution du marché : "coût le plus bas" ou "offre économiquement la plus avantageuse". Sauf lorsque l'offre économiquement la plus avantageuse est identifiée sur la base du prix uniquement, les critères de l'offre économiquement la plus avantageuse ainsi que leur pondération ou, le cas échéant, l'ordre d'importance de ces critères sont indiqués lorsqu'ils ne figurent pas dans les cahiers des charges ou qu'ils ne seront pas indiqués dans l'invitation à présenter une offre.

17. Le cas échéant, conditions particulières auxquelles est soumise la réalisation du marché.

18. Le cas échéant, date(s) et référence(s) de la publication au *Journal officiel de l'Union européenne* de l'avis périodique ou de l'envoi de l'avis annonçant la publication de cet avis sur le profil d'acheteur auquel le marché se rapporte.

19. Nom et adresse de l'instance compétente pour les procédures de recours et, le cas échéant, de médiation. Précisions concernant les délais d'introduction des recours ou, au besoin, nom, adresse, numéro de téléphone, numéro de télécopieur et adresse électronique du service à contacter pour tout complément d'information.

20. Date d'envoi de l'avis par l'entité adjudicatrice.

21. Toute autre information utile.

C. PROCÉDURES NÉGOCIÉES

1. Nom, numéro d'identification (dans les cas où il est prévu dans la législation nationale), adresse, y compris code NUTS, numéro de téléphone, numéro de télécopieur, adresse électronique et adresse internet de l'entité adjudicatrice et, s'ils sont différents, du service à contacter pour tout complément d'information.

2. Principale activité exercée.

3. Le cas échéant, indiquer s'il s'agit d'un marché réservé à des ateliers protégés ou dont l'exécution est réservée dans le cadre de programmes d'emplois protégés.

4. Nature du marché (fournitures, travaux ou services ; indiquer, le cas échéant, s'il s'agit d'un accord-cadre) ; description (codes CPV). Le cas échéant, indiquer si les offres sont sollicitées en vue d'un achat, de la prise d'un crédit-bail, d'une location ou d'une location-vente ou d'une combinaison de ceux-ci.

5. Code NUTS du lieu principal d'exécution des travaux pour les travaux, ou code NUTS du lieu principal de livraison ou de réalisation pour les fournitures et les services.

6. Pour les fournitures et travaux :

a) Nature et quantité des produits à fournir (codes CPV). Indiquer notamment les options concernant des achats complémentaires et, si possible, le délai estimé pour l'exercice de ces options ainsi que le nombre de reconductions éventuelles. Dans le cas d'une série de marchés renouvelables, indiquer également, si possible, le calendrier provisoire des appels à la concurrence ultérieurs pour les biens requis ou la nature et l'étendue des prestations et les caractéristiques générales de l'ouvrage (codes CPV).

b) Indications relatives à la possibilité pour les fournisseurs de soumissionner pour des parties et/ou pour l'ensemble des produits requis.

Si, pour les marchés de travaux, l'ouvrage ou le marché est divisé en plusieurs lots, l'ordre de grandeur des différents lots et la possibilité de soumissionner pour un, pour plusieurs lots ou pour l'ensemble des lots.

c) Pour les marchés de travaux : indications relatives à l'objectif de l'ouvrage ou du marché lorsque celui-ci comporte également l'établissement de projets.

7. Pour les services :

a) Nature et quantité des services à fournir. Indiquer notamment les options concernant des achats complémentaires et, si possible, le délai estimé pour l'exercice de ces options ainsi que le nombre de *reconductions éventuelles. Dans* le cas d'une série de marchés renouvelables, indiquer également, si possible, le calendrier provisoire des appels à la concurrence ultérieurs pour les services requis.

b) Indiquer si, en vertu de dispositions législatives, réglementaires ou administratives, l'exécution du service est réservée à une profession particulière.

c) Référence aux dispositions législatives, réglementaires et administratives.

d) Indiquer si les personnes morales sont tenues de mentionner les noms et les qualifications professionnelles du personnel chargé de l'exécution du service.

e) Indiquer si les prestataires de services peuvent soumissionner pour une partie des services.

8. Si cet élément est connu, indiquer si la présentation de variantes est autorisée ou pas.

9. Délai de livraison ou d'exécution ou durée du marché et, dans la mesure du possible, la date de démarrage.

10. Le cas échéant, forme juridique que devra revêtir le groupement d'opérateurs économiques attributaire du marché.

11. a) Date limite de réception des demandes de participation.

b) Adresse à laquelle elles doivent être transmises.

c) La ou les langues dans lesquelles elles doivent être rédigées.

12. Le cas échéant, cautionnement ou autres garanties demandés.

13. Modalités essentielles de financement et de paiement et/ou références aux textes qui les réglementent.

14. Renseignements concernant la situation propre de l'opérateur économique et conditions minimales de caractère économique et technique à remplir par celui-ci.

15. Critères visés à l'article 82 qui seront utilisés lors de l'attribution du marché : "coût le plus bas" ou "offre économiquement la plus avantageuse". Sauf lorsque l'offre économiquement la plus avantageuse est identifiée sur la base du prix uniquement, les critères de l'offre économiquement la plus avantageuse ainsi que leur pondération ou, le cas échéant, l'ordre d'importance de ces critères sont indiqués lorsqu'ils ne figurent pas dans les cahiers des charges ou qu'ils ne seront pas indiqués dans l'invitation à négocier.

16. Le cas échéant, noms et adresses d'opérateurs économiques déjà sélectionnés par l'entité adjudicatrice.

17. Le cas échéant, conditions particulières auxquelles est soumise l'exécution du marché.

18. Le cas échéant, dates et référence(s) de la publication au *Journal officiel de l'Union européenne* de l'avis périodique ou de l'envoi de l'avis annonçant la publication de cet avis sur le profil d'acheteur auquel le marché se rapporte.

19. Nom et adresse de l'instance compétente pour les procédures de recours et, le cas échéant, de médiation. Précisions concernant les délais d'introduction des recours ou, au besoin, nom, adresse, numéro de téléphone, numéro de télécopieur et adresse électronique du service à contacter pour tout complément d'information.

20. Date de l'envoi de l'avis par l'entité adjudicatrice.

21. Toute autre information utile.

ANNEXE XII

INFORMATIONS QUI DOIVENT FIGURER DANS LES AVIS D'ATTRIBUTION DE MARCHÉ

(VISÉS À L'ARTICLE 70)

I. Informations pour la publication au *Journal officiel de l'Union européenne* [*Les informations des rubriques 6, 9 et 11 sont considérées comme des informations non destinées à être publiées lorsque l'entité adjudicatrice considère que leur publication porterait atteinte à un intérêt commercial sensible.*]

1. Nom, numéro d'identification (dans les cas où il est prévu dans la législation nationale), adresse, y compris code NUTS, numéro de téléphone, numéro de télécopieur, adresse électronique et adresse internet de l'entité adjudicatrice et, s'ils sont différents, du service à contacter pour tout complément d'information.

2. Principale activité exercée.

3. Nature du marché (fournitures, travaux ou services et codes CPV ; indiquer, le cas échéant, s'il s'agit d'un accord-cadre).

4. Au moins un résumé sur la nature et la quantité des produits, des travaux ou des services fournis.

5. a) Forme de l'appel à la concurrence (avis sur l'existence d'un système de qualification, avis *périodique, appel* d'offres).

b) Date(s) et référence(s) de la publication de l'avis au *Journal officiel de l'Union européenne*.

c) Dans le cas de marchés passés sans mise en concurrence préalable, indiquer la disposition concernée de l'article 50.

6. Procédure de passation du marché (procédure ouverte, restreinte ou négociée).

7. Nombre d'offres reçues, en précisant :

a) nombre d'offres reçues d'opérateurs économiques qui sont des PME ;

b) nombre d'offres reçues de l'étranger ;

c) nombre d'offres reçues par voie électronique.

En cas d'attributions multiples (lots, accords-cadres multiples), cette information est fournie pour chaque attribution.

8. Date de conclusion du ou des marché(s) ou de l'accord-cadre ou des accords-cadres à la suite de la décision d'attribution ou de conclusion.

9. Prix payé pour les achats d'opportunité réalisés en vertu de l'article 50, point h).

10. Pour chaque attribution, nom, adresse, y compris le code NUTS, numéro de téléphone, numéro de télécopieur, adresse électronique et adresse internet du ou des soumissionnaires retenus, et notamment :

a) indiquer si le soumissionnaire retenu est une PME ;

b) indiquer si le marché a été attribué à un consortium.

11. Indiquer, le cas échéant, si le marché a été ou est susceptible d'être sous-traité.

12. Prix payé ou prix de l'offre la plus élevée et la plus basse dont il a été tenu compte dans l'attribution du marché.

13. Nom et adresse de l'instance compétente pour les procédures de recours et, le cas échéant, de médiation. Précisions concernant les délais d'introduction des recours ou, au besoin, nom, adresse, numéro de téléphone, numéro de télécopieur et adresse électronique du service auprès duquel ces renseignements peuvent être obtenus.

14. Informations facultatives :

— valeur et part du marché qui a été ou qui est susceptible d'être sous-traitée à des tiers,

— critère d'attribution du marché.

II. Informations non destinées à être publiées

15. Nombre de marchés passés (quand un marché a été partagé entre plusieurs fournisseurs).

16. Valeur de chaque marché passé.

17. Pays d'origine du produit ou du service (origine communautaire ou origine non communautaire et, dans ce dernier cas, ventilation par pays tiers).

18. Critères d'attribution utilisés.

19. Le marché a-t-il été attribué à un soumissionnaire qui offrait une variante en vertu de l'article 64, paragraphe 1 ?

20. Y a-t-il eu des offres qui n'ont pas été retenues au motif qu'elles étaient anormalement basses, conformément à l'article 84 ?

21. Date d'envoi de l'avis par l'entité adjudicatrice.

ANNEXE XIII

Contenu des invitations à présenter une offre, à participer au dialogue, à négocier ou à confirmer l'intérêt prévues à l'article 74

1. L'invitation à présenter une offre, à participer au dialogue ou à négocier, prévue à l'article 74, comporte au moins :

a) la date limite de réception des offres, l'adresse à laquelle elles doivent être transmises et la ou les langues dans lesquelles elles doivent être rédigées.

Toutefois, dans le cas de marchés attribués par un dialogue compétitif ou un partenariat d'innovation, ces informations ne figurent pas dans l'invitation à négocier, mais dans l'invitation à présenter une offre ;

b) dans le cas du dialogue compétitif, la date fixée et l'adresse pour le début de la phase de consultation, ainsi que la ou les langues utilisées ;

c) une référence à tout appel à la concurrence publié ;

d) l'indication des documents à joindre éventuellement ;

e) les critères d'attribution du marché, lorsqu'ils ne figurent pas dans l'avis sur l'existence d'un système de qualification utilisé comme moyen d'appel à la concurrence ;

f) la pondération relative des critères d'attribution du marché ou, le cas échéant, l'ordre d'importance de ces critères, si ces renseignements ne figurent pas dans l'avis de marché, dans l'avis sur l'existence d'un système de qualification ou dans le cahier des charges.

2. Lorsqu'un appel à la concurrence est effectué au moyen d'un avis périodique indicatif, les entités adjudicatrices invitent ultérieurement tous les candidats à confirmer leur intérêt sur la base des informations détaillées relatives au marché en question avant de commencer la sélection de soumissionnaires ou de participants à une négociation.

L'invitation comprend au moins les renseignements suivants :

a) nature et quantité, y compris toutes les options concernant des marchés complémentaires et, si possible, délai estimé pour l'exercice de ces options ; dans le cas de marchés renouvelables, nature et quantité, et, si possible, délai estimé de publication des avis d'appel à la concurrence ultérieurs pour les travaux, fournitures ou services devant faire l'objet du marché ;

b) caractère de la procédure : restreinte ou négociée ;

c) le cas échéant, date à laquelle commencera ou s'achèvera la livraison des fournitures ou l'exécution des travaux ou des services ;

d) dans les cas où l'accès électronique ne peut pas être proposé, adresse et date limite pour le dépôt des demandes visant à obtenir les documents de marché ainsi que la ou les langues autorisées pour leur présentation ;

e) l'adresse de l'entité adjudicatrice ;

f) conditions de caractère économique et technique, garanties financières et renseignements exigés des opérateurs économiques ;

g) forme du marché faisant l'objet de l'invitation à soumissionner : achat, crédit-bail, location ou location-vente, ou plusieurs de ces formes ; et

h) les critères d'attribution, ainsi que leur pondération ou, le cas échéant, l'ordre d'importance de ces critères, si ces renseignements ne figurent pas dans l'avis indicatif ou dans le cahier des charges ou dans l'invitation à présenter une offre ou à négocier.

ANNEXE XIV

LISTE DES CONVENTIONS INTERNATIONALES DANS LE DOMAINE SOCIAL ET ENVIRONNEMENTAL VISÉES À L'ARTICLE 36, PARAGRAPHE 2

— Convention n° 87 de l'OIT sur la liberté syndicale et la protection du droit syndical

— Convention n° 98 de l'OIT sur le droit d'organisation et de négociation collective

— Convention n° 29 de l'OIT sur le travail forcé

— Convention n° 105 de l'OIT sur l'abolition du travail forcé

— Convention n° 138 de l'OIT sur l'âge minimum d'admission à l'emploi

— Convention n° 111 de l'OIT concernant la discrimination (emploi et profession)

— Convention n° 100 de l'OIT sur l'égalité de rémunération

— Convention n° 182 de l'OIT sur les pires formes de travail des enfants

— Convention de Vienne pour la protection de la couche d'ozone et son protocole de Montréal relatif à des substances qui appauvrissent la couche d'ozone

— Convention de Bâle sur le contrôle des mouvements transfrontières de déchets dangereux et de leur élimination (convention de Bâle)

— Convention de Stockholm sur les polluants organiques persistants

— Convention de Rotterdam du 10 septembre 1998 sur la procédure de consentement préalable en connaissance de cause applicable à certains produits chimiques et pesticides dangereux qui font l'objet du commerce international et ses trois protocoles régionaux

ANNEXE XV

LISTE DES ACTES JURIDIQUES DE L'UNION VISÉS À L'ARTICLE 83, PARAGRAPHE 3

Directive 2009/33/CE du Parlement européen et du Conseil

ANNEXE XVI

INFORMATIONS QUI DOIVENT FIGURER DANS LES AVIS DE MODIFICATION D'UN MARCHÉ EN COURS (VISÉS À L'ARTICLE 89, PARAGRAPHE 1)

1. Nom, numéro d'identification (dans les cas où il est prévu dans la législation nationale), adresse, y compris code NUTS, numéro de téléphone, numéro de télécopieur, adresse électronique et adresse internet de l'entité adjudicatrice et, s'ils sont différents, du service à contacter pour tout complément d'information.

2. Principale activité exercée.

3. Code(s) CPV.

4. Code NUTS du lieu principal d'exécution des travaux pour les marchés de travaux, ou code NUTS du lieu principal de livraison ou de réalisation pour les marchés de fournitures et de services.

5. *Description du marché* avant et après modification : nature et étendue des travaux, nature et quantité ou valeur des fournitures, nature et étendue des services.

6. Le cas échéant, augmentation du prix due à la modification.

7. Description des circonstances qui ont rendu la modification nécessaire.

8. Date de la décision d'attribution du marché.

9. Le cas échéant, nom, adresse, y compris le code NUTS, numéro de téléphone, numéro de télécopieur, adresse électronique et adresse internet du ou des nouveaux opérateurs économiques.

10. Préciser si le marché est lié à un projet et/ou un programme financé par des fonds de l'Union.

11. Nom et adresse de l'instance compétente pour les procédures de recours et, le cas échéant, de médiation. Précisions concernant le délai d'introduction des recours ou, au besoin, nom, adresse, numéro de téléphone, numéro de télécopieur et adresse électronique du service à contacter pour tout complément d'information.

ANNEXE XVII

Services visés à l'article 91

Code CPV	Désignation
75200000-8 ; 75231200-6 ; 75231240-8 ; 79611000-0 ; 79622000-0 [Services de mise à disposition de personnel d'aide à domicile] ; 79624000-4. [Services de mise à disposition de personnel infirmier] et 79625000-1 [Services de mise à disposition de personnel médical] de 85000000-9 à 85323000-9 ; 98133100-5, 98133000-4 ; 98200000-5 et 98500000-8 [Ménages privés employant du personnel] et 98513000-2 à 98514000-9 [Services de main-d'œuvre pour les particuliers, Service de personnel intérimaire pour les particuliers, Services de personnel de bureau pour les particuliers, Services de personnel temporaire pour les particuliers, Services d'aide à domicile et Services domestiques]	Services sanitaires et sociaux et services connexes
85321000-5 et 85322000-2, 75000000-6 [Services de l'administration publique, de la défense et de la sécurité sociale], 75121000-0, 75122000-7, 75124000-1 ; de 79995000-5 à 79995200-7 ; de 80000000-4 Services d'enseignement et de formation à 80660000-8 ; de 92000000-1 à 92700000-8 79950000-8 [Services d'organisation d'expositions, de foires et de congrès], 79951000-5 [Services d'organisation de séminaires], 79952000-2 [Services d'organisation d'événements], 79952100-3 [Services d'organisation d'événements culturels], 79953000-9 [Services d'organisation de festivals], 79954000-6 [Services d'organisation de fêtes], 79955000-3 [Services d'organisation de défilés de mode], 79956000-0 [Services d'organisation de foires et d'expositions]	Services administratifs, sociaux, éducatifs et culturels et soins de santé
75300000-9	Services de sécurité sociale obligatoire (1)
75310000-2, 75311000-9, 75312000-6, 75313000-3, 75313100-4, 75314000-0, 75320000-5, 75330000-8, 75340000-1	Services de prestations
98000000-3, 98120000-0 ; 98132000-7 ; 98133110-8 et 98130000-3	Autres services communautaires, sociaux et personnels y compris services fournis par les organisations syndicales, les organisations politiques, les associations de jeunes et autres services fournis par les organisations associatives
98131000-0	Services religieux

Code CPV	Désignation
55100000-1 à 55410000-7 ; 55521000-8 à 55521200-0 [55521000-8 Service traiteur pour ménages, 55521100-9 Services de repas livrés à domicile, 55521200-0 Services de livraison de repas] 55510000-8 Services de cantine, 55511000-5 Services de cantine et autres services de cafétéria pour clientèle restreinte, 55512000-2 Services de gestion de cantine, 55523100-3 Services de restauration scolaire 55520000-1 Services traiteur, 55522000-5 Service traiteur pour entreprises de transport, 55523000-2 Services traiteur pour autres entreprises ou autres institutions, 55524000-9 Service traiteur pour les écoles	Services d'hôtellerie et de restauration
79100000-5 à 79140000-7 ; 75231100-5	Services juridiques dans la mesure où ils ne sont pas exclus en vertu de l'article 21, point *c)*
75100000-7 à 75120000-3 ; 75123000-4 ; 75125000-8 à 75131000-3	Autres services administratifs et publics
75200000-8 à 75231000-4	Prestations de services pour la collectivité
75231210-9 à 75231230-5 ; 75240000-0 à 75252000-7 ; 794300000-7 ; 98113100-9	Services liés à l'administration pénitentiaire, services de sécurité publique et de secours dans la mesure où ils ne sont pas exclus en vertu de l'article 21, point *h)*
79700000-1 à 79721000-4 [Services d'enquête et de sécurité, Services de sécurité, Services de surveillance d'installations d'alarme, Services de gardiennage, Services de surveillance, Services de localisation, Services de recherche de fugitifs, Services de patrouille, Services de fourniture de badges d'identification, Services d'enquêtes et Services d'agences de détectives], 79722000-1 [Services de graphologie], 79723000-8 [Services d'analyse des déchets]	Services d'enquête et de sécurité
98900000-2 [Services prestés par des organisations et des organismes extraterritoriaux] et 98910000-5 [Services spécifiques aux organisations et aux organismes internationaux]	Services internationaux
64000000-6 [Services des postes et télécommunications], 64100000-7 [Services postaux et services de courrier], 64110000-0 [Services postaux], 64111000-7 [Services postaux relatifs aux journaux et aux périodiques], 64112000-4 [Services postaux relatifs aux lettres], 64113000-1 [Services postaux relatifs aux colis], 64114000-8 *[Services de guichets de bureaux* de poste], 64115000-5 [Location de boîtes aux lettres], 64116000-2 [Services de poste restante], 64122000-7 [Services de courrier et de messagerie interne des administrations]	Services postaux
50116510-9 [Services de rechapage de pneus], 71550000-8 [Services de travaux de forge]	Services divers
(1) Ces services ne relèvent pas de la présente directive lorsqu'ils sont organisés comme des services non économiques d'intérêt général. Les États membres ont la faculté d'organiser la fourniture de services sociaux obligatoires ou d'autres services tels que des services d'intérêt général ou des services non économiques d'intérêt général.	

ANNEXE XVIII

Informations qui doivent figurer dans les avis concernant des marchés pour des services sociaux et d'autres services spécifiques
(visés à l'article 92)

Partie A – Avis de marché

1. Nom, numéro d'identification (dans les cas où il est prévu dans la législation nationale), adresse, y compris code NUTS, numéro de téléphone, numéro de télécopieur, adresse électronique et adresse internet de l'entité adjudicatrice et, s'ils sont différents, du service à contacter pour tout complément d'information.
2. Principale activité exercée.
3. Description des services ou catégories de services et, le cas échéant, des travaux et fournitures accessoires faisant l'objet du marché. Indiquer notamment les quantités ou valeurs concernées et les codes CPV.
4. Code NUTS du lieu principal de fourniture des services.
5. Le cas échéant, indiquer s'il s'agit d'un marché réservé aux ateliers protégés ou dont l'exécution est réservée dans le cadre de programmes d'emplois protégés.
6. Principales conditions à respecter par les opérateurs économiques aux fins de leur participation ou, le cas échéant, adresse électronique à utiliser pour obtenir des informations détaillées à ce sujet.
7. Délai(s) pour contacter l'entité adjudicatrice en vue d'une participation.
8. Toute autre information utile.

Partie B – Avis périodique indicatif

1. Nom, numéro d'identification (dans les cas où il est prévu dans la législation nationale), adresse, y compris code NUTS, adresse électronique et adresse internet de l'entité adjudicatrice.
2. Brève description du marché en question comprenant les codes CPV.
3. Dans la mesure où elles sont connues :

a) Code NUTS du lieu principal d'exécution des travaux pour les travaux, ou code NUTS du lieu principal de livraison ou de réalisation pour les fournitures et les services ;

b) calendrier de la livraison ou de la fourniture des fournitures, travaux ou services et durée du marché ;

c) conditions de participation, notamment :

le cas échéant, indiquer s'il s'agit d'un marché réservé à des ateliers protégés ou dont l'exécution est réservée dans le cadre de programmes d'emplois protégés,

le cas échéant, indiquer si, en vertu de dispositions législatives, réglementaires ou administratives, l'exécution du service est réservée à une profession déterminée ;

d) brève description des principales caractéristiques de la procédure d'attribution à appliquer.

4. Mentionner le fait que les opérateurs économiques intéressés doivent faire part à l'entité adjudicatrice de leur intérêt pour le ou les marchés ainsi que les dates limites de réception des manifestations d'intérêt et l'adresse à laquelle les manifestations d'intérêt doivent être envoyées.

Partie C – Avis sur l'existence d'un système de qualification

1. Nom, numéro d'identification (dans les cas où il est prévu dans la législation nationale), adresse, y compris code NUTS, adresse électronique et adresse internet de l'entité adjudicatrice.
2. Brève description du marché en question comprenant les codes CPV.
3. Dans la mesure où elles sont connues :

a) code NUTS du lieu principal d'exécution des travaux pour les travaux, ou code NUTS du lieu principal de livraison ou de réalisation pour les fournitures et les services ;

b) calendrier de la livraison ou de la fourniture des fournitures, travaux ou services et durée du marché ;

c) conditions de participation, notamment :

le cas échéant, indiquer s'il s'agit d'un marché réservé à des ateliers protégés ou dont l'exécution est réservée dans le cadre de programmes d'emplois protégés,

le cas échéant, indiquer si, en vertu de dispositions législatives, réglementaires ou administratives, l'exécution du service est réservée à une profession déterminée ;

d) brève description des principales caractéristiques de la procédure d'attribution à appliquer.

4. Mentionner le fait que les opérateurs économiques intéressés doivent faire part à l'entité adjudicatrice de leur intérêt pour le ou les marchés ainsi que les dates limites de réception des manifestations d'intérêt et l'adresse à laquelle les manifestations d'intérêt doivent être envoyées.
5. Durée de validité du système de qualification et formalités pour son renouvellement.

Partie D – Avis d'attribution de marché

1. Nom, numéro d'identification (dans les cas où il est prévu dans la législation nationale), adresse, y compris code NUTS, numéro de téléphone, numéro de télécopieur, adresse électronique et adresse internet de l'entité adjudicatrice et, s'ils sont différents, du service à contacter pour tout complément d'information.

2. Principale activité exercée.
3. Au moins un résumé de la nature et la quantité des services et, le cas échéant, des travaux et fournitures accessoires fournis.
4. Référence de la publication de l'avis au *Journal officiel de l'Union européenne*.
5. Nombre d'offres reçues.
6. Nom et adresse du ou des opérateurs économiques retenus.
7. Toute autre information utile.

ANNEXE XIX

Informations qui doivent figurer dans les avis de concours (visés à l'article 96, paragraphe 1)

1. Nom, numéro d'identification (dans les cas où il est prévu dans la législation nationale), adresse, y compris code NUTS, numéro de téléphone, numéro de télécopieur, adresse électronique et adresse internet de l'entité adjudicatrice et, s'ils sont différents, du service à contacter pour tout complément d'information.
2. Principale activité exercée.
3. Description du projet (codes CPV).
4. Type de concours : ouvert ou restreint.
5. Dans le cas d'un concours ouvert : date limite pour le dépôt des projets.
6. Dans le cas d'un concours restreint :
a) nombre de participants envisagés, ou fourchette ;
b) le cas échéant, noms des participants déjà sélectionnés ;
c) critères de sélection des participants ;
d) date limite pour les demandes de participation.
7. Le cas échéant, indiquer si la participation est réservée à une profession particulière.
8. Critères qui seront appliqués lors de l'évaluation des projets.
9. Le cas échéant, nom des membres du jury qui ont été sélectionnés.
10. Indiquer si la décision du jury est contraignante pour l'entité adjudicatrice.
11. Le cas échéant, nombre et valeur des primes.
12. Le cas échéant, indiquer les paiements à verser à tous les participants.
13. Indiquer si les auteurs des projets primés sont autorisés à recevoir des marchés complémentaires.
14. Nom et adresse de l'instance compétente pour les procédures de recours et, le cas échéant, de médiation. Précisions concernant les délais d'introduction des recours ou, au besoin, nom, adresse, numéro de téléphone, numéro de télécopieur et adresse électronique du service à contacter pour tout complément d'information.
15. Date d'envoi de l'avis.
16. Toute autre information utile.

ANNEXE XX

Informations qui doivent figurer dans les avis sur les résultats des concours (visés à l'article 96, paragraphe 1)

1. Nom, numéro d'identification (dans les cas où il est prévu dans la législation nationale), adresse, y compris code NUTS, numéro de téléphone, numéro de télécopieur, adresse électronique et adresse internet de l'entité adjudicatrice et, s'ils sont différents, du service à contacter pour tout complément d'information.
2. Principale activité exercée.
3. Description du projet (codes CPV).
4. Nombre total des participants.
5. Nombre de participants étrangers.
6. Lauréat(s) du concours.
7. Le cas échéant, prime(s).
8. Autres renseignements.
9. Référence de l'avis de concours.
10. Nom et adresse de l'instance compétente pour les procédures de recours et, le cas échéant, de médiation. Précisions concernant les délais d'introduction des recours ou, au besoin, nom, adresse, numéro de téléphone, numéro de télécopieur et adresse électronique du service à contacter pour tout complément d'information.
11. Date d'envoi de l'avis.

ANNEXE XXI

Tableau de correspondance

Présente directive	Directive 2004/17/CE
Article 1er	—
Article 2, première phrase	Article 1er, paragraphe 1
Article 2, point 1	Article 1er, paragraphe 2, point *a)*
Article 2, point 2	Article 1er, paragraphe 2, point *b)*, première phrase
Article 2, point 3	Article 1er, paragraphe 2, point *b)*, deuxième phrase
Article 2, point 4	Article 1er, paragraphe 2, point *c)*
Article 2, point 5	Article 1er, paragraphe 2, point *d)*, premier alinéa
Article 2, point 6	Article 1er, paragraphe 7, premier et deuxième alinéas
Article 2, point 7	Article 1er, paragraphe 7, troisième alinéa
Article 2, point 8	Article 1er, paragraphe 7, troisième alinéa
Article 2, point 9	Article 34, paragraphe 1
Article 2, point 10	Article 1er, paragraphe 8
Article 2, point 11	
Article 2, point 12	Article 1er, paragraphe 8
Article 2, point 13	
Article 2, point 14	Article 1er, paragraphe 11
Article 2, point 15	Article 1er, paragraphe 12
Article 2, point 16	—
Article 2, point 17	Article 1er, paragraphe 10
Article 2, point 18	—
Article 2, point 19	—
Article 2, point 20	—
Article 3, paragraphe 1	Article 2, paragraphe 1, point *a)*, premier alinéa
Article 3, paragraphe 2	—
Article 3, paragraphe 3	—
Article 3, paragraphe 4	Article 2, paragraphe 1, point *a)*, deuxième alinéa
Article 4, paragraphe 1	Article 2, paragraphe 2
Article 4, paragraphe 2	Article 2, paragraphe 1, point *b)*
Article 4, paragraphe 3, premier alinéa	Article 2, paragraphe 3
Article 4, paragraphe 3, deuxième et troisième alinéas	—

Présente directive	Directive 2004/17/CE
Article 4, paragraphe 4	—
Article 5, paragraphe 1	—
Article 5, paragraphe 2, premier alinéa	—
Article 5, paragraphe 2, deuxième alinéa	Article 1er, paragraphe 2, point *d)*, deuxième et troisième alinéas
Article 5, paragraphe 3	—
Article 5, paragraphe 4, premier et deuxième alinéas	—
Article 5, paragraphe 4, troisième alinéa	—
Article 5, paragraphe 5	—
Article 6, paragraphe 1, premier et deuxième alinéas	—
Article 6, paragraphe 1, troisième alinéa	Article 9, paragraphe 1, deuxième alinéa
Article 6, paragraphe 2	Article 9, paragraphe 1, premier alinéa
Article 6, paragraphe 3, point *a)*	Article 9, paragraphe 2
Article 6, paragraphe 3, point *b)*	—
Article 6, paragraphe 3, point *c)*	Article 9, paragraphe 3
Article 7	Article 3, paragraphes 1 et 3 ; article 4, paragraphe 1 ; article 7, point *a)*
Article 8	Article 3, paragraphes 1 et 2
Article 9, paragraphe 1	Article 3, paragraphe 3
Article 9, paragraphe 2	Article 3, paragraphe 4
Article 10	Article 4
Article 11	Article 5, paragraphe 1
—	Article 5, paragraphe 2
Article 12	Article 7, point b)
Article 13, paragraphe 1	Article 6, paragraphe 1 et paragraphe 2, point *c)*, *in fine*
Article 13, paragraphe 2, point a)	Article 6, paragraphe 2, point *a)*
Article 13, paragraphe 2, point b)	Article 6, paragraphe 2, point *b)*

Présente directive	Directive 2004/17/CE
Article 13, paragraphe 2, point c), i) et ii)	Article 6, paragraphe 2, point *c)*, premier et troisième tirets
—	Article 6, paragraphe 2, point *c)*, deuxième, quatrième, cinquième et sixième tirets
Article 14, point a)	Article 7, point *a)*
Article 14, point b)	Article 7, point *a)*
—	Article 8
—	Annexes I à X
Article 15	Articles 16 et 61
Article 16, paragraphe 1	Article 17, paragraphe 1 ; article 17, paragraphe 8
Article 16, paragraphe 2	—
Article 16, paragraphe 3	Article 17, paragraphe 2 ; article 17, paragraphe 8
Article 16, paragraphe 4	—
Article 16, paragraphe 5	Article 17, paragraphe 3
Article 16, paragraphe 6	—
Article 16, paragraphe 7	Article 17, paragraphes 4 et 5
Article 16, paragraphe 8	Article 17, paragraphe 6, point *a)*, premier et deuxième alinéas
Article 16, paragraphe 9	Article 17, paragraphe 6, point *b)*, premier et deuxième alinéas
Article 16, paragraphe 10	Article 17, paragraphe 6, point *a)*, troisième alinéa, et paragraphe 6, point *b)*, troisième alinéa
Article 16, paragraphe 11	Article 17, paragraphe 7
Article 16, paragraphe 12	Article 17, paragraphe 9
Article 16, paragraphe 13	Article 17, paragraphe 10
Article 16, paragraphe 14	Article 17, paragraphe 11
Article 17	Article 69
Article 18, paragraphe 1	Article 19, paragraphe 1
Article 18, paragraphe 2	Article 19, paragraphe 2
Article 19, paragraphe 1	Article 20, paragraphe 1 ; article 62, point 1)
Article 19, paragraphe 2	Article 20, paragraphe 2
Article 20	Article 22 ; article 62, point 1)
Article 21, point a)	Article 24, point *a)*
Article 21, point b)	Article 24, point *b)*
Article 21, point c)	—
Article 21, point d)	Article 24, point *c)*

Présente directive	Directive 2004/17/CE
Article 21, point e)	—
Article 21, point f)	Article 24, point *d)*
Article 21, point g)	—
Article 21, point h)	—
Article 21, point i)	—
Article 22	Article 25
Article 23	Article 26
Article 24, paragraphe 1	Article 22 *bis*
Article 24, paragraphe 2	Article 21 ; article 62, point 1)
Article 24, paragraphe 3	Article 21 ; article 62, point 1)
Article 25	—
Article 26	—
Article 27, paragraphe 1	Article 22 *bis in fine* ; article 12 de la directive 2009/81/CE
Article 27, paragraphe 2	—
Article 28	—
Article 29, paragraphe 1	Article 23, paragraphe 1
Article 29, paragraphe 2	Article 23, paragraphe 1
Article 29, paragraphe 3	Article 23, paragraphe 2
Article 29, paragraphe 4	Article 23, paragraphe 3, points *a)* à *c)*
Article 29, paragraphe 5	Article 23, paragraphe 3, deuxième alinéa
Article 29, paragraphe 6	Article 23, paragraphe 3, troisième alinéa
Article 30	Article 23, paragraphe 4
Article 31	Article 23, paragraphe 5
Article 32	Article 24, point e)
Article 33, paragraphes 1 et 2	Article 27
Article 33, paragraphe 3	—
Article 34, paragraphe 1, première et deuxième phrases	Article 30, paragraphe 1 ; article 62, point 2)
Article 34, paragraphe 1, troisième phrase	—
Article 34, paragraphe 1, quatrième phrase	Article 30, paragraphe 2 ; considérant 41

Présente directive	Directive 2004/17/CE
Article 34, paragraphe 2, premier alinéa	Article 30, paragraphe 2
Article 34, paragraphe 2, deuxième alinéa	—
Article 34, paragraphe 3	Article 30, paragraphe 3
Article 35, paragraphe 1	Article 30, paragraphe 4, premier alinéa, et paragraphe 5, premier et deuxième alinéas
Article 35, paragraphe 2	Article 30, paragraphe 5, premier et deuxième alinéas
Article 35, paragraphe 3	Article 30, paragraphe 4, deuxième alinéa, et paragraphe 5, quatrième alinéa ; article 62, point 2)
—	Article 30, paragraphe 4, troisième alinéa
Article 35, paragraphe 4	—
Article 35, paragraphe 5	Article 30, paragraphe 6, deuxième alinéa
Article 35, paragraphe 6	Article 30, paragraphe 6, troisième et quatrième alinéas
Article 36, paragraphe 1	Article 10
Article 36, paragraphe 2	—
Article 37	Article 11
Article 38, paragraphe 1	Article 28, premier alinéa
Article 38, paragraphe 2	Article 28, deuxième alinéa
Article 39	Article 13
Article 40, paragraphe 1	Article 48, paragraphes 1, 2 et 4 ; article 64, paragraphe 1
Article 40, paragraphe 2	—
Article 40, paragraphe 3	Article 48, paragraphe 3 ; article 64, paragraphe 2
Article 40, paragraphe 4	—
Article 40, paragraphe 5	—
Article 40, paragraphe 6	Article 48, paragraphes 5 et 6 ; article 64, paragraphe 3
Article 40, paragraphe 7, premier alinéa	Article 70, paragraphe 2, point *f)* et deuxième alinéa
Article 40, paragraphe 7, deuxième et troisième alinéas	—
Article 41, paragraphe 1	Article 1, paragraphe 13
Article 41, paragraphe 2	*Article 70, paragraphe 2, points c) et d)* ; article 70, paragraphe 2, deuxième alinéa
Article 42	—
Article 43	Article 12

Présente directive	Directive 2004/17/CE
Article 44, paragraphe 1	Article 40, paragraphes 1 et 2
Article 44, paragraphe 2	Article 40, paragraphe 2
Article 44, paragraphe 3	—
Article 44, paragraphe 4	Article 42, paragraphe 1 et paragraphe 3, point *b)*
Article 44, paragraphe 5	Début de l'article 40, paragraphe 3
Article 45, paragraphe 1, premier alinéa	Article 1er, paragraphe 9, point *a)*
Article 45, paragraphe 1, deuxième et troisième alinéas	Article 45, paragraphe 2
Article 45, paragraphe 2	Article 45, paragraphe 4
Article 45, paragraphe 3	—
Article 45, paragraphe 4	—
Article 46	Article 1er, paragraphe 9, point *b)* ; article 45, paragraphe 3
Article 47	Article 1er, paragraphe 9, point *c)* ; article 45, paragraphe 3
Article 48	—
Article 49	—
Article 50, point *a)*	Article 40, paragraphe 3, point *a)*
Article 50, point *b)*	Article 40, paragraphe 3, point *b)*
Article 50, point *c)*	Article 40, paragraphe 3, point *c)*
Article 50, point *d)*	Article 40, paragraphe 3, point *d)*
Article 50, point *e)*	Article 40, paragraphe 3, point *e)*
Article 50, point *f)*	Article 40, paragraphe 3, point *g)*
Article 50, point *g)*	Article 40, paragraphe 3, point *h)*
Article 50, point *h)*	Article 40, paragraphe 3, point *j)*
Article 50, point *i)*	Article 40, paragraphe 3, point *k)*
Article 50, point *j)*	Article 40, paragraphe 3, point *l)*
Article 51, paragraphe 1, *premier et deuxième alinéas*	Article 14, paragraphe 1 ; article 1er, paragraphe 4
Article 51, paragraphe 1, troisième alinéa	—
Article 51, paragraphe 2, premier et deuxième alinéas	—
Article 51, paragraphe 2, troisième alinéa	Article 14, paragraphe 4
Article 52, paragraphe 1	Article 1er, paragraphe 5 ; article 15, paragraphe 1

Présente directive	Directive 2004/17/CE
Article 52, paragraphe 2	Article 15, paragraphe 2
Article 52, paragraphe 3	Article 15, paragraphe 2, dernière phrase
Article 52, paragraphe 4	Article 15, paragraphe 3
Article 52, paragraphe 5	Article 15, paragraphe 4
Article 52, paragraphe 6	Article 15, paragraphe 6
Article 52, paragraphe 7	—
Article 52, paragraphe 8	—
Article 52, paragraphe 9	Article 15, paragraphe 7, troisième alinéa
Article 53, paragraphe 1, premier alinéa	Article 1er, paragraphe 6 ; article 56, paragraphe 1
Article 53, paragraphe 1, deuxième et troisième alinéas	Article 1er, paragraphe 6
Article 53, paragraphe 2	Article 56, paragraphe 2
Article 53, paragraphe 3	Article 56, paragraphe 2, troisième alinéa
Article 53, paragraphe 4	Article 56, paragraphe 3
Article 53, paragraphe 5	Article 56, paragraphe 4
Article 53, paragraphe 6	Article 56, paragraphe 5
Article 53, paragraphe 7	Article 56, paragraphe 6
Article 53, paragraphe 8	Article 56, paragraphe 7
Article 53, paragraphe 9	Article 56, paragraphe 8
Article 54	—
Article 55, paragraphe 1	Article 29, paragraphe 1
Article 55, paragraphe 2	Article 29, paragraphe 2
Article 55, paragraphe 3	—
Article 55, paragraphe 4	Article 29, paragraphe 2
Article 56	—
Article 57	—
Article 58	Considérant 15
Article 59	—
Article 60, paragraphe 1	Article 34, paragraphe 1
Article 60, paragraphe 2	Article 34, paragraphe 2
Article 60, paragraphe 3	Article 34, paragraphe 3
Article 60, paragraphe 4	Article 34, paragraphe 8

Présente directive	Directive 2004/17/CE
Article 60, paragraphe 5	Article 34, paragraphe 4
Article 60, paragraphe 6	Article 34, paragraphe 5
Article 61, paragraphe 1	Article 34, paragraphe 6
Article 61, paragraphe 2	Article 34, paragraphe 6
Article 62, paragraphe 1	Article 34, paragraphe 4, deuxième alinéa, paragraphe 5, deuxième et troisième alinéas, paragraphe 6, deuxième alinéa, et paragraphe 7
Article 62, paragraphe 2	Article 34, paragraphe 4, premier alinéa, paragraphe 5, premier alinéa, et paragraphe 6, premier alinéa
Article 62, paragraphe 3	—
Article 63	Article 35
Article 64, paragraphe 1	Article 36, paragraphe 1
Article 64, paragraphe 2	Article 36, paragraphe 2
Article 65	—
Article 66, paragraphe 1	Article 45, paragraphe 1
Article 66, paragraphe 2	Article 45, paragraphe 9
—	Article 45, paragraphe 10
Article 66, paragraphe 3	Article 45, paragraphe 9
Article 67, paragraphe 1	Article 41, paragraphes 1 et 2
Article 67, paragraphe 2	Article 42, paragraphe 3 ; article 44, paragraphe 1
Article 68	Article 41, paragraphe 3
Article 69	Article 42, paragraphe 1, point *c)* ; article 44, paragraphe 1
Article 70, paragraphe 1	Article 43, paragraphe 1, premier alinéa ; article 44, paragraphe 1
Article 70, paragraphe 2	Article 43, paragraphe 1, deuxième et troisième alinéas
Article 70, paragraphe 3	Article 43, paragraphes 2 et 3
Article 70, paragraphe 4	Article 43, paragraphe 5
Article 71, paragraphe 1	Article 44, paragraphe 1 ; article 70, paragraphe 1, point *b)*
Article 71, paragraphe 2, première phrase	Article 44, paragraphes 2 et 3
Article 71, paragraphe 2, deuxième et troisième phrases	Article 44, paragraphe 4, deuxième alinéa
Article 71, paragraphe 3	Article 44, paragraphe 4, premier alinéa
Article 71, paragraphe 4	—

Présente directive	Directive 2004/17/CE
Article 71, paragraphe 5, premier alinéa	Article 44, paragraphe 6
Article 71, paragraphe 5, deuxième alinéa	Article 44, paragraphe 7
Article 71, paragraphe 6	Article 44, paragraphe 8
Article 72, paragraphe 1	Article 44, paragraphe 5, premier alinéa
Article 72, paragraphes 2 et 3	Article 44, paragraphe 5, deuxième et troisième alinéas
Article 73, paragraphe 1	Article 45, paragraphe 6
Article 73, paragraphe 2	Article 46, paragraphe 2
Article 74, paragraphe 1	Article 47, paragraphe 1, première phrase, et paragraphe 5, premier alinéa
Article 74, paragraphe 2	Article 47, paragraphe 1, deuxième phrase, et paragraphe 5, deuxième alinéa
Article 75, paragraphe 1	Article 49, paragraphe 1
Article 75, paragraphe 2	Article 49, paragraphe 2, premier et deuxième alinéas
Article 75, paragraphe 3	Article 49, paragraphe 2, troisième alinéa
Article 75, paragraphes 4, 5 et 6	Article 49, paragraphes 3, 4 et 5
Article 76, paragraphe 1	Article 51, paragraphe 1
Article 76, paragraphe 2	Article 51, paragraphe 2
Article 76, paragraphe 3	Article 52, paragraphe 1
Article 76, paragraphe 4	—
Article 76, paragraphe 5	Article 51, paragraphe 3
Article 76, paragraphe 6	—
Article 76, paragraphe 7	—
Article 76, paragraphe 8	—
Article 77, paragraphe 1	Article 53, paragraphe 1
Article 77, paragraphe 2	Article 53, paragraphe 2
Article 77, paragraphe 3	Article 53, paragraphe 6
Article 77, paragraphe 4	Article 53, paragraphe 7
Article 77, paragraphe 5	Article 53, paragraphe 9
Article 77, paragraphe 6	—
Article 78, paragraphe 1	Article 54, paragraphes 1 et 2
Article 78, paragraphe 2	Article 54, paragraphe 3

Présente directive	Directive 2004/17/CE
Article 79, paragraphe 1	Article 53, paragraphes 4 et 5
Article 79, paragraphe 2	Article 54, paragraphes 5 et 6
Article 79, paragraphe 3	—
Article 80, paragraphe 1	Article 53, paragraphe 3 ; article 54, paragraphe 4
Article 80, paragraphe 2	—
Article 80, paragraphe 3	Article 53, paragraphe 3 ; article 54, paragraphe 4
Article 81, paragraphe 1	Article 52, paragraphe 2
Article 81, paragraphe 2	Article 52, paragraphe 3
Article 81, paragraphe 3	—
Article 82, paragraphe 1	Article 55, paragraphe 1
Article 82, paragraphe 2	Article 55, paragraphe 1
Article 82, paragraphe 3	—
Article 82, paragraphe 4	Considérant 1 ; considérant 55, troisième alinéa
Article 82, paragraphe 5	Article 55, paragraphe 2
Article 83	—
Article 84, paragraphe 1	Article 57, paragraphe 1, premier alinéa
Article 84, paragraphe 2, point *a)*	Article 57, paragraphe 1, deuxième alinéa, point *a)*
Article 84, paragraphe 2, point *b)*	Article 57, paragraphe 1, deuxième alinéa, point *b)*
Article 84, paragraphe 2, point *c)*	Article 57, paragraphe 1, deuxième alinéa, point *c)*
Article 84, paragraphe 2, point *d)*	Article 57, paragraphe 1, deuxième alinéa, point *d)*
Article 84, paragraphe 2, point *e)*	—
Article 84, paragraphe 2, point *f)*	Article 57, paragraphe 1, deuxième alinéa, point *e)*
Article 84, paragraphe 3, premier alinéa	Article 57, paragraphe 2
Article 84, paragraphe 3, deuxième alinéa	—
Article 84, paragraphe 4	Article 57, paragraphe 3
Article 84, paragraphe 5	—
Article 85, paragraphes 1, 2, 3 et 4 ; article 86	Article 58, paragraphes 1 à 4 ; article 59

Présente directive	Directive 2004/17/CE
Article 85, paragraphe 5	Article 58, paragraphe 5
Article 87	Article 38
Article 88, paragraphe 1	—
Article 88, paragraphe 2	Article 37, première phrase
Article 88, paragraphe 3	—
Article 88, paragraphe 4	Article 37, deuxième phrase
Article 88, paragraphes 5 à 8	—
Article 89	—
Article 90	—
Article 91	—
Article 92	—
Article 93	—
Article 94	—
Article 95	Article 61
Article 96, paragraphe 1	Article 63, paragraphe 1, premier alinéa
Article 96, paragraphe 2, premier alinéa	Article 63, paragraphe 1, premier alinéa
Article 96, paragraphe 2, deuxième et troisième alinéas	Article 63, paragraphe 1, deuxième alinéa, première et deuxième phrases
Article 96, paragraphe 3	Article 63, paragraphe 2
Article 97, paragraphe 1	Article 65, paragraphe 1
Article 97, paragraphe 2	Article 60, paragraphe 2
Article 97, paragraphes 3 et 4	Article 65, paragraphes 2 et 3
Article 98	Article 66
Article 99, paragraphe 1	Article 72, premier alinéa
Article 99, paragraphes 2 à 6	—
Article 100	Article 50
Article 101	—
Article 102	—
Article 103	Article 68, paragraphes 3 et 4
Article 104	Article 68, paragraphe 5
Article 105, paragraphes 1 et 2	Article 68, paragraphes 1 et 2

Présente directive	Directive 2004/17/CE
Article 105, paragraphe 3	—
Article 106, paragraphe 1	Article 71, paragraphe 1, premier alinéa
Article 106, paragraphe 2	—
Article 106, paragraphe 3	Article 71, paragraphe 1, troisième alinéa
Article 107	Article 73
Article 108	—
Article 109	Article 74
Article 110	Article 75
—	Annexes I à X
Annexe I, excepté la première phrase	Annexe XII, excepté la note de bas de page 1
Annexe I, première phrase	Annexe XII, note de bas de page 1
Annexe II	—
Annexe III, points A, B, C, E, F, G, H, I et J	Annexe XI
Annexe III, point D	—
Annexe IV, point 1, premier à troisième alinéas	Article 30, paragraphe 6, premier alinéa
Annexe IV, point 1, quatrième alinéa	—
Annexe IV, point 2	Article 30, paragraphe 6, premier alinéa, deuxième phrase
Annexe V, points *a)* à *f)*	Annexe XXIV, points *b)* à *h)*
Annexe V, point *g)*	—
Annexe VI	Annexe XV
Annexe VII	Article 56, paragraphe 3, deuxième alinéa, points *a)* à *f)*
Annexe VIII, excepté le point 4	Annexe XXI, excepté le point 4
Annexe VIII, point 4	Annexe XXI, point 4
Annexe IX	Annexe XX
Annexe X	Annexe XIV
Annexe XI	Annexe XIII
Annexe XII	Annexe XVI
Annexe XIII, point 1	Article 47, paragraphe 4
Annexe XIII, point 2	Article 47, paragraphe 5
Annexe XIV	Annexe XXIII

Présente directive	Directive 2004/17/CE
Annexe XV	—
Annexe XVI	Annexe XVI
Annexe XVII	Annexe XVII
Annexe XVIII	—
Annexe XIX	Annexe XVIII
Annexe XX	Annexe XIX
Annexe XXI	Annexe XXVI
—	Annexe XXII
—	Annexe XXV

Directive 2009/81/CE du Parlement européen et du Conseil du 13 juillet 2009,

Relative à la coordination des procédures de passation de certains marchés de travaux, de fournitures et de services par des pouvoirs adjudicateurs ou entités adjudicatrices dans les domaines de la défense et de la sécurité, et modifiant les directives 2004/17/CE et 2004/18/CE.

Considérant ce qui suit :

(1) La sécurité nationale reste de la seule responsabilité de chaque État membre, tant dans le domaine de la sécurité que dans celui de la défense.

(2) L'établissement progressif d'un marché européen des équipements de défense est indispensable au renforcement de la base industrielle et technologique de défense européenne et au développement des capacités militaires nécessaires à la mise en œuvre de la politique européenne de sécurité et de défense.

(3) Les États membres reconnaissent la nécessité de promouvoir, de développer et de maintenir une base industrielle et technologique de défense européenne, axée sur les capacités, compétente et compétitive. Pour atteindre cet objectif, les États membres peuvent recourir à divers instruments, conformément au droit communautaire, afin de réaliser un véritable marché européen de l'équipement en matière de défense et des conditions égales tant au niveau européen qu'au niveau mondial. Ils devraient également contribuer à diversifier davantage la base de fournisseurs liés à la défense en Europe, en particulier en favorisant la participation pleine et entière des petites et moyennes entreprises (PME) et des fournisseurs non traditionnels de la base industrielle et technologique de défense européenne, en encourageant la coopération industrielle et en promouvant des fournisseurs secondaires efficaces et réactifs. Dans ce contexte, ils devraient tenir compte de la communication interprétative de la Commission du 7 décembre 2006 sur l'application de l'article 296 du traité dans le domaine des marchés publics de la défense ainsi que de la communication de la Commission du 5 décembre 2007 sur une stratégie pour une industrie européenne de la défense plus forte et plus compétitive.

(4) La création d'un marché européen des équipements de défense passe par l'établissement d'un cadre législatif adapté. Dans le domaine des marchés, ceci nécessite une coordination des procédures de passation des marchés satisfaisant aux impératifs de sécurité des États membres et aux obligations découlant du traité.

(5) Pour atteindre cet objectif, le Parlement européen a invité la Commission, dans sa résolution du 17 novembre 2005 sur le livre vert sur les marchés publics de défense *[JO C 280 E du 18 nov. 2006, p. 463]* à proposer une directive tenant plus particulièrement compte des intérêts de sécurité des États membres, développant davantage la politique étrangère et de sécurité commune, encourageant une plus grande cohésion européenne et préservant le caractère de "puissance civile" de l'Union.

(6) Une meilleure coordination des procédures de passation, par exemple des contrats de services logistiques ou de transport et d'entreposage, permettrait également de réduire les coûts dans le secteur de la défense et de diminuer considérablement l'impact du secteur sur l'environnement.

(7) Ces procédures devraient refléter l'approche globale de l'Union en matière de sécurité, qui répond aux évolutions de l'environnement stratégique. En effet, l'émergence de menaces asymétriques et transnationales a entraîné un effacement progressif de la frontière entre sécurité externe et interne, militaire et non militaire.

(8) Les équipements de défense et de sécurité sont cruciaux à la fois pour la sécurité et la souveraineté des États membres et pour l'autonomie de l'Union. En conséquence, les achats de biens et de services dans les secteurs de la défense et de la sécurité présentent souvent un caractère sensible.

(9) Il en résulte des exigences particulières, notamment dans les domaines de la sécurité de l'approvisionnement et de la sécurité de l'information. Ces exigences concernent surtout les achats d'armes, de munitions et de matériel de guerre, ainsi que les services et travaux directement liés, destinés aux forces armées, mais aussi certains achats particulièrement sensibles dans le domaine de la sécurité non militaire. Dans ces domaines, l'absence de régime à l'échelle de l'Union fait obstacle à l'ouverture des marchés de sécurité et de défense entre les États membres. Cette situation appelle une rapide amélioration. Un régime à l'échelle de l'Union concernant la sécurité de l'information, comportant la reconnaissance mutuelle des habilitations de sécurité nationales et autorisant l'échange d'informations classées entre les pouvoirs adjudicateurs ou les entités adjudicatrices et les entreprises européennes serait particulièrement utile. Parallèlement, les États membres devraient adopter des mesures concrètes pour améliorer la sécurité d'approvisionnement entre eux, visant à l'instauration progressive d'un système de garanties appropriées.

(10) Par "équipements militaires", au sens de la présente directive il faudrait entendre notamment les types de produits visés par la liste d'armes, de munitions et de matériel de guerre adoptée par la décision n° 255/58 du Conseil du 15 avril 1958 *[Décis. définissant la liste des produits (armes, munitions et matériel de guerre) auxquels s'appliquent les dispositions de l'art. 223, § 1, point b) - à présent art. 296, § 1, point b) - du traité]*, et les États membres peuvent se limiter à utiliser cette seule liste pour la transposition de la présente directive. Cette liste ne comprend que les équipements qui sont conçus, développés et produits à des fins spécifiquement militaires. Néanmoins, la liste est générique et est à interpréter au sens large à la lumière du caractère évolutif des technologies, des politiques d'acquisition et des besoins militaires conduisant au développement de nouveaux types d'équipements, par exemple sur la base de la Liste commune des équipements militaires de l'Union. Au sens de la présente directive, le terme "équipement militaire" devrait couvrir également les produits qui, bien qu'initialement conçus pour une utilisation civile, ont ensuite été adaptés à des fins militaires pour pouvoir être utilisés comme armes, munitions ou matériel de guerre.

(11) Dans le domaine spécifique de la sécurité non militaire, la présente directive devrait s'appliquer aux acquisitions qui ont des caractéristiques similaires à celles des acquisitions de la défense et sont également sensibles. Cela peut être le cas notamment dans des secteurs où des forces militaires et des forces non militaires coopèrent pour accomplir les mêmes missions et/ou lorsque le but de l'acquisition est de protéger la sécurité de l'Union et/ou des États membres, à l'intérieur ou en dehors de leur territoire, contre des menaces sérieuses provenant de sources non militaires et/ou non gouvernementales. Il peut s'agir, par exemple, de la protection des frontières, des activités de police et des missions de gestion de crise.

(12) La présente directive devrait prendre en compte les besoins du pouvoir adjudicateur ou de l'entité adjudicatrice sur la totalité du cycle de vie des produits, c'est-à-dire la recherche et développement, le développement industriel, la production, la réparation, la modernisation, la modification, l'entretien, la logistique, la formation, les essais, le retrait et l'élimination. Ces étapes comprennent, par exemple, les études, l'évaluation, le stockage, le transport, l'intégration, la maintenance, le démantèlement, la destruction et tous les autres services postérieurs à la conception initiale. Certains marchés peuvent comprendre la fourniture de parties, composants et/ou sous-assemblages destinés à être incorporés ou fixés aux produits, et/ou la fourniture d'outillages, de moyens d'essais ou de soutien spécifiques.

(13) Aux fins de la présente directive, le terme "recherche et développement" devrait couvrir la recherche fondamentale, la recherche appliquée et le développement expérimental. La recherche fondamentale consiste en des travaux expérimentaux ou théoriques entrepris

principalement en vue d'acquérir de nouvelles connaissances sur les fondements des phénomènes et des faits observables, sans envisager une application ou une utilisation particulière. La recherche appliquée consiste également en des travaux originaux entrepris en vue d'acquérir des connaissances nouvelles. Cependant elle est surtout dirigée vers un but ou un objectif pratique déterminé. Le développement expérimental consiste en des travaux fondés sur des connaissances existantes obtenues par la recherche et/ou l'expérience pratique, en vue de lancer la fabrication de nouveaux matériaux, produits ou dispositifs, d'établir de nouveaux procédés, systèmes et services ou d'améliorer considérablement ceux qui existent déjà. Le développement expérimental peut comprendre la réalisation de démonstrateurs technologiques, c'est-à-dire de dispositifs visant à démontrer les performances d'un nouveau concept ou d'une nouvelle technologie dans un environnement pertinent ou représentatif.

Les termes "recherche et développement" ne comprennent pas la réalisation et la qualification des prototypes de pré-production, l'outillage et l'ingénierie industrielle, la conception industrielle ou la fabrication.

(14) La présente directive devrait prendre en compte les besoins du pouvoir adjudicateur ou de l'entité adjudicatrice en matière de travaux et de services qui, bien que non liés directement à la fourniture d'équipements militaires ou d'équipements sensibles, sont nécessaires à la satisfaction de certains besoins militaires ou de sécurité.

(15) La passation de marchés conclus dans les États membres par les entités adjudicatrices visées dans la directive 2004/17/CE du Parlement européen et du Conseil du 31 mars 2004 portant coordination des procédures de passation des marchés dans les secteurs de l'eau, de l'énergie, des transports et des services postaux *[JO L 134 du 30 avr. 2004, p. 1]* et par les pouvoirs adjudicateurs visés dans la directive 2004/18/CE du Parlement européen et du Conseil du 31 mars 2004 relative à la coordination des procédures de passation des marchés publics de travaux, de fournitures et de services *[JO L 134 du 30 avr. 2004, p. 114]* doit respecter les principes du traité, notamment la libre circulation des marchandises, la liberté d'établissement et la libre prestation de services, ainsi que les principes qui en découlent, comme l'égalité de traitement, la non-discrimination, la reconnaissance mutuelle, la proportionnalité et la transparence.

Les obligations de transparence et de mise en concurrence pour les marchés inférieurs aux seuils d'application de la présente directive devraient être déterminées par les États membres, dans le respect de ces principes et notamment en tenant compte des cas pour lesquels il existe un intérêt transfrontalier. Il appartient notamment aux États membres de déterminer les modalités de passation qu'ils estiment adaptées à ces marchés.

En ce qui concerne les marchés dépassant un certain montant, il est recommandé d'élaborer des dispositions en matière de coordination communautaire des procédures nationales de passation de ces marchés qui soient fondées sur ces principes, de manière à garantir leurs effets et une mise en concurrence effective des marchés. Par conséquent, ces dispositions de coordination devraient être interprétées conformément aux règles et principes précités ainsi qu'aux autres règles du traité.

(16) Le traité, à ses articles 30, 45, 46, 55 et 296, prévoit des exceptions spécifiques à l'application des principes qu'il édicte et, par conséquent, à l'application du droit qui en est dérivé. Il s'ensuit qu'aucune disposition de la présente directive ne devrait interdire d'imposer ou d'appliquer les mesures qui se révéleraient nécessaires à la sauvegarde des intérêts reconnus comme légitimes par ces dispositions du traité.

Cela signifie notamment que la passation de marchés qui relèvent du champ d'application de la présente directive peut en être exemptée si cela est justifié pour des raisons de sécurité publique ou nécessaire pour la protection des intérêts essentiels de la sécurité d'un État membre. Cela peut être le cas pour des marchés relevant à la fois de la défense et de la sécurité qui requièrent un tel niveau d'exigence en matière de sécurité d'approvisionnement ou dont la confidentialité et/ou l'importance pour la souveraineté nationale sont telles que même les dispositions spécifiques de la présente directive ne seraient pas suffisantes pour sauvegarder des intérêts essentiels de sécurité des États membres, dont la définition relève *de la seule compétence des États membres.*

(17) Toutefois, conformément à la jurisprudence de la Cour de justice des Communautés européennes, il convient d'interpréter la possibilité de recourir à de telles dérogations de manière à ne pas étendre leurs effets au-delà de ce qui est strictement nécessaire pour la protection des intérêts légitimes que ces articles permettent de sauvegarder. La non-application de la présente directive doit donc à la fois être proportionnée aux buts poursui-

vis et perturber le moins possible la libre circulation des marchandises et la libre prestation de services.

(18) Les marchés d'armes, munitions et matériel de guerre qui sont passés par des pouvoirs adjudicateurs ou entités adjudicatrices opérant dans le domaine de la défense sont exclus du champ d'application de l'Accord sur les marchés publics (AMP) conclu dans le cadre de l'Organisation mondiale du commerce. Les autres marchés couverts par la présente directive sont également exemptés de l'application de l'AMP en vertu de son article XXIII. L'article 296 du traité et l'article XXIII, paragraphe 1, de l'AMP ont en effet une portée différente et sont soumis à des normes de contrôle juridictionnel différentes. Les États membres peuvent toujours recourir à l'article XXIII, paragraphe 1, de l'AMP dans les cas où l'article 296 du traité ne peut être invoqué. Les conditions d'application de ces deux dispositions sont donc différentes.

Cette exclusion signifie que dans le contexte spécifique des marchés de la défense et de la sécurité, les États membres conservent le pouvoir de décider si oui ou non leurs pouvoirs adjudicateurs ou entités adjudicatrices peuvent autoriser des agents économiques de pays tiers à participer aux procédures de passation des marchés. Ils devraient fonder cette décision sur des considérations de bon rapport qualité-prix, en reconnaissant la nécessité d'une base industrielle et technologique de défense européenne compétitive au niveau mondial, l'importance de marchés ouverts et équitables et l'obtention d'avantages mutuels. Les États membres devraient insister sur une ouverture de plus en plus grande des marchés. Les partenaires de l'Union européenne devraient également faire preuve d'ouverture, sur la base de règles internationalement reconnues, notamment en ce qui concerne une concurrence ouverte et loyale.

(19) Un contrat ne peut être considéré comme un marché de travaux que si son objet vise spécifiquement à réaliser des activités relevant de la division 45 du "Vocabulaire commun pour les marchés publics" prévu par le règlement (CE) n° 2195/2002 du Parlement européen et du Conseil du 5 novembre 2002 relatif au vocabulaire commun pour les marchés publics *[JO L 340 du 16 déc. 2002, p. 1]* (ci-après dénommé "CPV"), même si le contrat peut comprendre d'autres services nécessaires à la réalisation de ces activités. Les marchés de services peuvent, dans certains cas, inclure des travaux. Toutefois, ces travaux, pour autant qu'ils soient accessoires et ne constituent, donc, qu'une conséquence éventuelle ou un complément de l'objet principal du contrat, ne peuvent justifier la classification du contrat comme marché de travaux.

(20) Les marchés de défense et de sécurité contiennent souvent des informations classifiées que les dispositions législatives, réglementaires ou administratives en vigueur dans l'État membre concerné imposent, pour des raisons de sécurité, de protéger contre un accès non autorisé. Dans le domaine militaire, il existe dans les États membres des systèmes de classification de ces informations à des fins militaires. Cependant, dans le domaine de la sécurité non militaire, la pratique des États membres est plus variée lorsque d'autres informations doivent également être protégées. Il convient donc de recourir à un concept qui prenne en compte la diversité des pratiques des États membres et qui permette d'englober les domaines militaire et non militaire. En tout état de cause, la passation des marchés dans ces domaines ne devrait pas, le cas échéant, porter atteinte aux obligations découlant de la décision 2001/844/CE, CSCE, Euratom de la Commission du 29 novembre 2001 modifiant son règlement intérieur *[JO L 317 du 3 déc. 2001, p. 1]* ou de la décision 2001/264/CE du Conseil du 19 mars 2001 adoptant le règlement de sécurité du Conseil *[JO L 101 du 11 avr. 2001, p. 1]*.

En outre, l'article 296, paragraphe 1, point a), du traité donne aux États membres la possibilité d'exempter des dispositions de la présente directive des marchés dans les domaines de la défense et de la sécurité si l'application de ces dispositions les obligeait à fournir des renseignements dont ils estimeraient la divulgation contraire aux intérêts essentiels de leur sécurité. Cela peut être notamment le cas lorsque les marchés sont à ce point sensibles que leur existence même doit être tenue secrète.

(21) Il convient de permettre aux pouvoirs adjudicateurs ou aux entités adjudicatrices d'avoir recours à des accords-cadres. Il est donc nécessaire de prévoir une définition des accords-cadres et des règles spécifiques. Selon ces règles, lorsqu'un pouvoir adjudicateur ou une entité adjudicatrice concluent un accord-cadre conformément aux dispositions de la présente directive notamment concernant la publicité, les délais et les conditions de remise des offres, ils peuvent, pendant la durée de cet accord-cadre, conclure des marchés basés sur cet accord-cadre soit en appliquant les clauses fixées dans celui-ci, soit, lorsque toutes les clauses n'ont pas été fixées à l'avance, après avoir remis en concurrence les parties à l'accord-

cadre. La remise en concurrence devrait répondre à certaines règles visant à garantir la flexibilité nécessaire et le respect des principes généraux, notamment le principe d'égalité de traitement. Pour ces raisons, la durée des accords-cadres devrait être limitée et ne devrait pas pouvoir dépasser sept ans, sauf dans des cas dûment justifiés par les pouvoirs adjudicateurs ou les entités adjudicatrices.

(22) Il convient que les pouvoirs adjudicateurs ou entités adjudicatrices puissent utiliser des techniques d'achat électroniques, pour autant que leur utilisation soit faite dans le respect des règles établies par la présente directive et des principes d'égalité de traitement, de non-discrimination et de transparence. Les enchères électroniques constituant une technique appelée à se répandre, il convient d'en donner une définition communautaire et de les encadrer par des règles spécifiques afin d'assurer qu'elles se déroulent dans le plein respect de ces principes. A cet effet, il convient de prévoir que ces enchères électroniques ne portent que sur des marchés de travaux, fournitures et services pour lesquels les spécifications peuvent être établies de manière précise. Cela peut notamment être le cas en ce qui concerne les marchés de fournitures, de travaux et de services récurrents. Dans le même but, il faut également prévoir que le classement respectif des soumissionnaires puisse être établi à chaque moment de l'enchère électronique. Le recours aux enchères électroniques permet aux pouvoirs adjudicateurs ou entités adjudicatrices de demander aux soumissionnaires de présenter de nouveaux prix revus à la baisse et, lorsque le marché est attribué à l'offre économiquement la plus avantageuse, également d'améliorer des éléments des offres autres que le prix. Afin d'assurer le respect du principe de transparence, seuls les éléments susceptibles d'une évaluation automatique par des moyens électroniques, sans intervention ou appréciation de la part du pouvoir adjudicateur ou de l'entité adjudicatrice, peuvent faire l'objet d'enchères électroniques, c'est-à-dire seulement les éléments qui sont quantifiables de manière à pouvoir être exprimés en chiffres ou en pourcentages. En revanche, les aspects des offres qui impliquent l'appréciation d'éléments non quantifiables ne devraient pas faire l'objet d'enchères électroniques. Par conséquent, certains marchés de travaux et certains marchés de services portant sur des prestations intellectuelles, comme la conception d'ouvrage, ne devraient pas faire l'objet d'enchères électroniques.

(23) Les techniques de centralisation des achats permettent de renforcer la concurrence et de rationaliser les achats. Dès lors, les États membres devraient être autorisés à faire en sorte que les pouvoirs adjudicateurs ou les entités adjudicatrices puissent acquérir des marchandises, des travaux et/ou des services via une centrale d'achat. En conséquence, il y a lieu de donner une définition communautaire des centrales d'achat et de fixer les conditions que, dans le respect des principes de non-discrimination et d'égalité de traitement, les pouvoirs adjudicateurs ou entités adjudicatrices qui acquièrent des travaux, des fournitures et/ou des services par l'intermédiaire d'une centrale d'achat devraient respecter pour être réputés avoir respecté la présente directive. Un pouvoir adjudicateur ou une entité adjudicatrice qui sont tenus d'appliquer la présente directive devraient, en tout état de cause, être habilités à jouer le rôle de centrale d'achat. Parallèlement, les États membres devraient également être libres de désigner comme centrales d'achat des organismes publics européens non soumis à la présente directive, tels que l'Agence européenne de défense, pour autant que ces organismes appliquent à ces achats des règles de passation de marché qui respectent toutes les dispositions de la présente directive.

(24) Les pouvoirs adjudicateurs ou entités adjudicatrices peuvent se voir contraints de passer un marché unique pour des acquisitions partiellement couvert par la présente directive, le restant soit relevant du champ d'application de la directive 2004/17/CE ou de la directive 2004/18/CE, soit ne relevant ni de la présente directive, ni de la directive 2004/17/CE, ni de la directive 2004/18/CE. Tel est le cas lorsque des acquisitions ne peuvent, pour des raisons objectives, être dissociées et faire l'objet de marchés distincts. Dans ces cas, les pouvoirs adjudicateurs ou entités adjudicatrices devraient avoir la possibilité de passer un marché unique, sous réserve que leur décision ne soit pas prise dans le but de soustraire ces contrats à l'application de la présente directive, de la directive 2004/17/CE ou de la directive 2004/18/CE.

(25) Une multiplicité des seuils d'application des dispositions de coordination est source de complication pour les pouvoirs adjudicateurs ou les entités adjudicatrices. Compte tenu de la valeur moyenne des marchés dans les domaines de la défense et de la sécurité, il convient d'aligner les seuils d'application de la présente directive sur les seuils que les entités adjudicatrices doivent déjà respecter pour l'application de la directive 2004/17/CE. Les seuils de la présente directive devraient également être révisés en même temps que ceux de la directive 2004/17/CE à l'occasion de la modification de ces derniers.

(26) En outre, il convient de tenir compte des cas où la présente directive ne s'applique pas parce que des règles spécifiques de passation des marchés découlant d'accords internationaux ou d'arrangements conclus entre des États membres et des pays tiers s'appliquent. Les règles propres à certains accords concernant le stationnement de troupes d'un État membre dans un autre État membre ou dans un pays tiers, ou de troupes d'un pays tiers dans un État membre, devraient également faire obstacle à l'application des règles de passation de la présente directive. La présente directive ne devrait pas non plus s'appliquer aux marchés passés par des organisations internationales à leurs propres fins ou aux marchés qui doivent être passés par un État membre conformément aux règles spécifiques à ces organisations.

(27) Dans le domaine de la défense et de la sécurité, certains marchés sont à ce point sensibles qu'il serait inapproprié d'appliquer la présente directive, en dépit de sa spécificité. C'est le cas des marchés passés par les services de renseignement, ou des marchés destinés à tous les types d'activité de renseignement, y compris les activités de contre-espionnage, telles que définies par les États membres. C'est également le cas pour d'autres achats particulièrement sensibles, qui nécessitent une confidentialité extrêmement élevée, tels que certains achats destinés à la protection des frontières ou à la lutte contre le terrorisme ou la criminalité organisée, des achats liés au cryptage ou destinés spécifiquement à des activités secrètes ou à d'autres activités tout aussi sensibles menées par la police ou les forces de sécurité.

(28) Souvent, les États membres conduisent des programmes de coopération pour développer en commun un nouvel équipement de défense. Ces programmes sont particulièrement importants, parce qu'ils aident à développer des nouvelles technologies et à supporter les coûts élevés de recherche et de développement de systèmes complexes d'armement. Certains de ces programmes sont gérés par des organisations internationales, à savoir l'Organisation conjointe de coopération en matière d'armement (OCCAR) et l'OTAN (par le biais d'agences spécifiques), ou par des agences de l'Union européenne telle que l'Agence européenne de défense, qui passent alors des marchés au nom des États membres. La présente directive ne devrait pas s'appliquer à ces marchés. Pour certains autres de ces programmes de coopération, les marchés sont attribués par les pouvoirs adjudicateurs ou les entités adjudicatrices d'un seul État membre au nom et pour le compte également d'un ou de plusieurs autres États membres. Dans ces cas également, la présente directive ne devrait pas s'appliquer.

(29) Dans le cas où les forces armées ou les forces de sécurité des États membres conduisent des opérations en dehors des frontières de l'Union, et lorsque des nécessités opérationnelles l'imposent, il convient d'autoriser les pouvoirs adjudicateurs ou entités adjudicatrices qui sont déployés sur le terrain d'opérations à ne pas appliquer les règles de la présente directive lorsqu'ils y passent des marchés avec des opérateurs économiques établis sur le théâtre des opérations, y compris pour des achats civils se rattachant directement à la conduite de ces opérations.

(30) Compte tenu de la spécificité du secteur de la défense et de la sécurité, les achats d'équipements, de travaux et de services effectués par un gouvernement auprès d'un autre gouvernement devraient être exclus du champ d'application de la présente directive.

(31) Dans le cadre des services, les marchés relatifs à l'acquisition ou à la location de biens immeubles ou à des droits sur ces biens présentent des caractéristiques particulières qui rendent inadéquate l'application de règles de passation des marchés.

(32) Les services d'arbitrage et de conciliation sont habituellement fournis par des organismes ou des personnes qui sont désignés ou sélectionnés d'une manière qui ne peut être soumise à des règles de passation des marchés.

(33) Les services financiers sont également confiés à des personnes ou à des organismes *dans des conditions incompatibles* avec l'application des règles de passation des marchés.

(34) En vertu de l'article 163 du traité, l'encouragement de la recherche et du développement technologique constitue un des moyens de renforcer les bases scientifiques et technologiques de l'industrie de la Communauté, et l'ouverture des marchés de services aide à la réalisation de cet objectif. Le cofinancement de programmes de recherche et développement ne devrait pas être couvert par la présente directive. Ne sont dès lors pas couverts les marchés de services de recherche et développement autres que ceux dont les fruits appartiennent exclusivement au pouvoir adjudicateur ou à l'entité adjudicatrice pour leur usage dans l'exercice de leur propre activité, pour autant que la prestation de services soit entièrement rémunérée par le pouvoir adjudicateur ou l'entité adjudicatrice.

(35) L'emploi et le travail constituent des éléments essentiels pour garantir l'égalité des chances pour tous et contribuent à l'insertion dans la société. Dans ce cadre, les ateliers

protégés et les programmes d'emplois protégés contribuent de manière efficace à la promotion de l'insertion ou de la réinsertion des personnes handicapées dans le marché du travail. Toutefois, de tels ateliers pourraient ne pas être en mesure de remporter des marchés dans des conditions de concurrence normales. Dès lors il convient de prévoir que les États membres puissent réserver le droit de participer aux procédures de passation de marchés publics à de tels ateliers ou en réserver l'exécution dans le cadre de programmes d'emplois protégés.

(36) Aux fins de l'application de la présente directive aux marchés de services relevant de son champ d'application et à des fins de contrôle, les services devraient être divisés en catégories correspondant aux rubriques de la classification CPV et rassemblés dans deux annexes, en fonction du régime auquel ils sont soumis. Concernant les services figurant à l'annexe II, les dispositions de la présente directive devraient s'appliquer sans préjudice de l'application des règles communautaires propres aux services en question. Cependant, afin d'appliquer les dispositions de la présente directive au lieu de celles de la directive 2004/17/CE ou de la directive 2004/18/CE, il convient d'établir que les marchés de services concernés relèvent du champ d'application de la présente directive.

(37) En ce qui concerne les marchés de services, l'application intégrale de la présente directive devrait être limitée, pendant une période transitoire, aux marchés pour lesquels ses dispositions permettront la réalisation de toutes les possibilités d'accroissement des échanges transfrontaliers. Il est nécessaire de surveiller les marchés des autres services pendant cette période transitoire avant qu'une décision ne soit prise sur l'application intégrale de la présente directive.

(38) Les spécifications techniques établies par les pouvoirs adjudicateurs ou entités adjudicatrices devraient permettre l'ouverture des marchés à la concurrence. A cet effet, il doit être possible de présenter des offres reflétant la diversité des solutions techniques. Pour ce faire, il faudrait d'une part que les spécifications techniques soient établies en termes de performances et d'exigences fonctionnelles. D'autre part, en cas de référence à la norme européenne – ou aux normes internationales ou nationales, y compris aux normes propres au domaine de la défense –, des offres basées sur d'autres solutions équivalentes doivent être prises en compte par les pouvoirs adjudicateurs ou les entités adjudicatrices. Cette équivalence peut notamment être évaluée par rapport aux exigences d'interopérabilité et d'efficacité opérationnelle. Aux fins de démontrer l'équivalence, les soumissionnaires devraient pouvoir utiliser tout moyen de preuve. Les pouvoirs adjudicateurs ou entités adjudicatrices doivent pouvoir motiver toute décision concluant à l'absence d'équivalence. Par ailleurs, il existe des accords internationaux de normalisation qui visent à assurer l'interopérabilité des forces armées et qui peuvent avoir force de loi dans les États membres. Dans le cas où l'un de ces accords s'applique, les pouvoirs adjudicateurs ou entités adjudicatrices peuvent exiger que les offres soient conformes aux normes décrites dans cet accord. Les spécifications techniques devraient être mentionnées clairement, de façon à ce que tous les soumissionnaires sachent ce que recouvrent les critères établis par le pouvoir adjudicateur ou l'entité adjudicatrice.

(39) Les détails des spécifications techniques et les informations supplémentaires concernant les marchés doivent figurer, comme il est d'usage dans les États membres, dans le cahier des charges relatif à chaque marché ou dans tout document équivalent.

(40) Il ne devrait pas y avoir de discrimination à l'encontre de sous-traitants potentiels en raison de leur nationalité. Dans le cadre de la défense et de la sécurité, il peut s'avérer approprié que les pouvoirs adjudicateurs ou les entités adjudicatrices obligent l'adjudicataire à organiser une mise en concurrence transparente et non discriminatoire lors de l'attribution des contrats de sous-traitance à des tiers. Cette obligation peut s'appliquer à l'ensemble des sous-contractants ou seulement à certains sous-contractants choisis par le pouvoir adjudicateur ou l'entité adjudicatrice.

De plus, il serait opportun que la faculté de recourir à la sous-traitance, dont le soumissionnaire peut se prévaloir, soit accompagnée de la possibilité, pour l'État membre, de permettre ou d'imposer à ses pouvoirs adjudicateurs ou entités adjudicatrices qu'ils demandent *à ce que* des contrats de sous-traitance représentant au moins une certaine part de la valeur du marché soient attribués à des tiers, étant entendu que les entreprises liées ne sont pas considérées comme des tiers. Lorsqu'une telle part est imposée, l'adjudicataire retenu devrait passer les contrats de sous-traitance dans le cadre d'une concurrence transparente et non discriminatoire afin que toutes les entreprises intéressées aient les mêmes opportunités de profiter des avantages de la sous-traitance. D'autre part, il faudrait éviter de compromettre la bonne organisation de la chaîne d'approvisionnement de l'adjudicataire. En conséquence, le pourcentage pouvant être sous-traité à des tiers à la demande du pouvoir adjudicateur ou de l'entité adjudicatrice devrait refléter de manière appropriée l'objet et la valeur du marché.

Au cours d'une procédure négociée ou d'un dialogue compétitif assorti d'exigences de sous-traitance, le pouvoir adjudicateur ou l'entité adjudicatrice et les adjudicataires peuvent débattre des exigences ou recommandations en matière de sous-traitance en vue de garantir que le pouvoir adjudicateur ou l'entité adjudicatrice sont pleinement informés des conséquences des différentes options de sous-traitance, notamment en ce qui concerne les coûts, la qualité ou les risques. Dans tous les cas, les sous-traitants proposés à l'origine par le soumissionnaire retenu devraient être libres de participer aux mises en concurrence organisées pour l'attribution des contrats de sous-traitance.

Dans le cadre des marchés de la défense et de la sécurité, les États membres et la Commission devraient également encourager le développement et la diffusion des meilleures pratiques entre les États membres et l'industrie européenne en vue d'encourager la libre circulation et la compétitivité sur les marchés de la sous-traitance au sein de l'Union, ainsi qu'une gestion efficace des fournisseurs et des PME en vue d'obtenir le meilleur rapport qualité-prix. Les États membres devraient informer les adjudicataires choisis sur les avantages d'une mise en concurrence ouverte et transparente et sur la diversité des fournisseurs pour les contrats de sous-traitance, et développer et diffuser les meilleures pratiques concernant la gestion de la chaîne d'approvisionnement sur les marchés de la défense et de la sécurité.

(41) Les conditions d'exécution d'un marché sont compatibles avec la présente directive pour autant qu'elles ne soient pas directement ou indirectement discriminatoires et qu'elles soient annoncées dans l'avis de marché ou dans le cahier des charges.

(42) En particulier, les conditions d'exécution du marché peuvent contenir des exigences formulées par les pouvoirs adjudicateurs ou entités adjudicatrices en matière de sécurité de l'information et de sécurité de l'approvisionnement. Ces exigences sont particulièrement importantes compte tenu du caractère sensible des équipements couverts par la présente directive et concernent l'ensemble de la chaîne d'approvisionnement.

(43) Afin de garantir la sécurité des informations, le pouvoir adjudicateur ou l'entité adjudicatrice peuvent exiger, dans des engagements particuliers, que les contractants principaux et les sous-traitants protègent les informations classifiées contre tout accès non autorisé et qu'ils produisent des informations suffisantes quant à leur capacité d'agir en ce sens. En l'absence de régime communautaire sur la sécurité de l'information, il appartient au pouvoir adjudicateur ou à l'entité adjudicatrice ou aux États membres de définir ces exigences conformément à leur législation et réglementations nationales, et de déterminer s'ils jugent les habilitations de sécurité délivrées conformément au droit national d'un autre État membre équivalentes à celles délivrées par leurs propres autorités compétentes.

(44) La sécurité d'approvisionnement peut induire une grande diversité d'exigences, parmi lesquelles, par exemple, les règles internes entre filiales et société mère en matière de droits de propriété intellectuelle ou la fourniture de capacités critiques d'entretien et de révision afin d'assurer la maintenance des équipements achetés tout au long de leur cycle de vie.

(45) Dans tous les cas, aucune condition d'exécution du marché ne peut porter sur des exigences autres que celles liées à l'exécution du marché proprement dit.

(46) Les lois, réglementations et conventions collectives, tant nationales que communautaires, en vigueur en matière de conditions de travail et de sécurité du travail, s'appliquent durant l'exécution d'un marché, pourvu que de telles règles, ainsi que leur application, soient conformes au droit communautaire. Dans les situations transfrontalières, où des travailleurs d'un État membre fournissent des services dans un autre État membre pour la réalisation d'un marché, la directive 96/71/CE du Parlement européen et du Conseil du 16 décembre 1996 concernant le détachement de travailleurs effectué dans le cadre d'une prestation de services *[JO L 18 du 21 janv. 1997, p. 1]* énonce les conditions minimales qui doivent être respectées dans le pays d'accueil vis-à-vis de ces travailleurs détachés. Si le droit national contient des dispositions à cet effet, le non-respect de ces obligations peut être considéré comme une faute grave ou comme un délit affectant la moralité professionnelle de l'opérateur économique pouvant entraîner l'exclusion de cet opérateur économique de la procédure de passation d'un marché.

(47) Les marchés visés par la présente directive se caractérisent par des exigences particulières en termes de complexité, de sécurité de l'information ou de sécurité d'approvisionnement. Satisfaire à ces exigences nécessite souvent des négociations approfondies lors de la

passation du marché. En conséquence, les pouvoirs adjudicateurs ou entités adjudicatrices peuvent utiliser, outre la procédure restreinte, la procédure négociée avec publication d'un avis de marché pour les marchés visés par la présente directive.

(48) Les pouvoirs adjudicateurs ou entités adjudicatrices qui réalisent des projets particulièrement complexes peuvent, sans qu'aucune critique ne puisse leur être adressée à cet égard, être dans l'impossibilité objective de définir les moyens aptes à satisfaire leurs besoins ou d'évaluer ce que le marché peut offrir en termes de solutions techniques et/ou solutions financières ou juridiques. Cette situation peut se présenter notamment dans le cas de projets qui nécessitent l'intégration ou la combinaison de plusieurs capacités technologiques ou opérationnelles, ou pour des projets supposant un financement complexe et structuré, dont le montage financier et juridique ne peut être prescrit à l'avance. Dans ce cas, le recours à la procédure restreinte et à la procédure négociée avec publication d'un avis de marché ne serait pas praticable, car il ne serait pas possible de définir le marché avec suffisamment de précision pour permettre aux candidats de formuler leurs offres. Il convient donc de prévoir une procédure flexible assurant à la fois la concurrence entre opérateurs économiques et la nécessité pour les pouvoirs adjudicateurs ou entités adjudicatrices de discuter avec chaque candidat de tous les aspects du marché. Toutefois, cette procédure ne doit pas être utilisée de manière à restreindre ou fausser la concurrence, en particulier par des modifications d'éléments fondamentaux des offres ou en imposant des éléments substantiels au soumissionnaire retenu, ou en impliquant tout autre soumissionnaire que celui ayant remis l'offre économiquement la plus avantageuse.

(49) Avant le lancement d'une procédure de passation de marché, les pouvoirs adjudicateurs ou entités adjudicatrices peuvent, en recourant à un "dialogue technique", solliciter ou accepter un avis pouvant être utilisé pour l'établissement du cahier des charges, à condition que cet avis n'ait pas pour effet d'empêcher la concurrence.

(50) Certaines circonstances exceptionnelles pourraient rendre impossible ou totalement inapproprié le recours à une procédure négociée avec publication d'un avis de marché. Les pouvoirs adjudicateurs ou entités adjudicatrices devraient donc pouvoir avoir recours, dans certains cas et circonstances bien précis, à la procédure négociée sans publication d'un avis de marché.

(51) Certaines circonstances devraient être en partie les mêmes que celles qui sont prévues par la directive 2004/18/CE. A cet égard, il y a notamment lieu de tenir compte du fait que les équipements de défense et de sécurité sont souvent techniquement complexes. Par conséquent, l'incompatibilité et la disproportion des difficultés techniques d'utilisation et d'entretien susceptibles de justifier le recours à la procédure négociée sans publication d'un avis de marché dans le cas de marchés de fournitures pour des livraisons complémentaires devraient être appréciées à la lumière de cette complexité et des exigences d'interopérabilité et de standardisation des équipements qui y sont liées. Tel est le cas, par exemple, pour l'intégration de nouveaux composants dans des systèmes existants ou la modernisation de ces systèmes.

(52) Il peut arriver que, pour certains achats entrant dans le champ d'application de la présente directive, un seul opérateur économique soit en mesure d'exécuter le marché parce qu'il détient des droits exclusifs ou pour des raisons techniques. En pareil cas, le pouvoir adjudicateur ou l'entité adjudicatrice devraient être autorisés à attribuer des marchés ou des accords-cadres directement à cet opérateur. Toutefois, les raisons techniques qui justifient qu'un seul opérateur économique serait en mesure d'exécuter le contrat devraient être définies très précisément et justifiées au cas par cas. Parmi ces raisons pourraient par exemple figurer la stricte impossibilité technique, pour un candidat autre que l'opérateur économique retenu, de réaliser les objectifs requis, ou la nécessité de recourir à un savoir-faire, un outillage ou des moyens spécifiques dont ne dispose qu'un seul opérateur. Cela peut se produire par exemple en cas de modification ou de mise en conformité rétroactive d'un équipement particulièrement complexe. Des raisons techniques peuvent également découler d'exigences spécifiques d'interopérabilité ou de sécurité qui doivent être satisfaites pour garantir le fonctionnement des forces armées ou de sécurité.

(53) De plus, la spécificité des marchés soumis à la présente directive montre la nécessité de prévoir de nouvelles circonstances qui peuvent se présenter dans les domaines qu'elle couvre.

(54) Ainsi les forces armées des États membres peuvent être amenées à intervenir dans le cadre de crises à l'étranger, par exemple dans le cadre d'opérations de maintien de la paix. Lors du déclenchement ou au cours d'une telle intervention, la sécurité des États membres

et de leurs forces armées peut rendre nécessaire la passation de certains marchés avec une rapidité d'exécution incompatible avec les délais habituellement imposés par les procédures de passation prévues par la présente directive. De telles urgences pourraient également se produire pour les besoins des forces de sécurité, par exemple en cas d'attaque terroriste sur le territoire de l'Union.

(55) L'encouragement de la recherche et du développement constitue un moyen crucial de renforcer la Base industrielle et technologique de défense européenne, et l'ouverture des marchés aide à la réalisation de cet objectif. L'importance de la recherche et développement dans ce domaine spécifique justifie un maximum de flexibilité dans la passation des marchés de fournitures et de services liés à la recherche. Parallèlement cette flexibilité ne devrait cependant pas faire obstacle à la concurrence loyale au cours des phases ultérieures du cycle de vie d'un produit. Les marchés de recherche et développement ne devraient, dès lors, couvrir les activités que jusqu'à un stade auquel il est raisonnablement possible d'évaluer la maturité des nouvelles technologies et d'écarter tout risque. Les marchés liés à la recherche et au développement ne devraient pas être utilisés au-delà de ce stade comme moyen de se soustraire aux dispositions de la présente directive, y compris en prédéterminant le choix du soumissionnaire pour les phases ultérieures.

Par ailleurs, les pouvoirs adjudicateurs ou entités adjudicatrices ne devraient pas avoir à passer des marchés distincts pour les phases ultérieures si le marché qui couvre les activités de recherche comporte déjà une option pour ces phases et s'il a été attribué via une procédure restreinte ou une procédure négociée avec publication d'un avis de marché ou, le cas échéant, un dialogue compétitif.

(56) Pour garantir la transparence, des règles devraient être prévues concernant la publication, par les pouvoirs adjudicateurs ou les entités adjudicatrices, des informations appropriées avant et à la fin de la procédure d'attribution. De plus des informations spécifiques complémentaires devraient être fournies aux candidats et aux soumissionnaires sur les résultats de cette procédure. Toutefois les pouvoirs adjudicateurs ou les entités adjudicatrices devraient être autorisés à ne pas divulguer certaines des informations ainsi requises si, et dans la mesure où, leur divulgation fait obstacle à l'application des lois, est contraire à l'intérêt public, porte atteinte aux intérêts commerciaux légitimes d'opérateurs économiques ou peut nuire à une concurrence loyale entre ceux-ci. Compte tenu de la nature et des caractéristiques des travaux, fournitures et services couverts par la présente directive, les raisons d'intérêt public liées au respect de dispositions nationales obligatoires relevant de la politique publique nationale, notamment en ce qui concerne la défense et la sécurité, sont particulièrement pertinentes dans ce contexte.

(57) Compte tenu des nouvelles évolutions des technologies de l'information et des communications, et des simplifications qu'elles peuvent apporter, il convient de mettre les moyens électroniques sur un pied d'égalité avec les moyens classiques de communication et d'échange d'informations. Dans toute la mesure du possible, le moyen et la technologie choisis devraient être compatibles avec les technologies utilisées dans les autres États membres.

(58) Le développement d'une concurrence effective dans le domaine des marchés visés par la présente directive nécessite une publicité communautaire des avis de marché établis par les pouvoirs adjudicateurs ou les entités adjudicatrices des États membres. Les informations contenues dans ces avis doivent permettre aux opérateurs économiques de la Communauté d'apprécier si les marchés proposés les intéressent. A cet effet il convient de leur donner une information suffisante sur l'objet du marché et les conditions dont il est assorti. Il importe donc d'assurer une meilleure visibilité des avis publiés au moyen d'instruments appropriés, tels que les formulaires standard d'avis de marché et le CPV qui constitue la nomenclature de référence pour les marchés.

(59) La directive 1999/93/CE du Parlement européen et du Conseil du 13 décembre 1999 sur un cadre communautaire pour les signatures électroniques *[JO L 13 du 19 janv. 2000, p. 12]* et la directive 2000/31/CE du Parlement européen et du Conseil du 8 juin 2000 relative à certains aspects juridiques des services de la société de l'information, et notamment du commerce électronique, dans le marché intérieur ("directive sur le commerce électronique") *[JO L 178 du 17 juill. 2000, p. 1]* devraient, dans le cadre de la présente directive, s'appliquer à la transmission d'informations par voie électronique. Les procédures de passation des marchés requièrent un niveau de sécurité et de confidentialité supérieur à celui exigé par lesdites directives. Par conséquent les dispositifs de réception électronique des demandes de participation et des offres devraient répondre à des exigences supplémentaires spécifiques. A cette fin, l'utilisation des signatures électroniques, et notamment la signature

électronique avancée, devrait, dans toute la mesure du possible, être encouragée. Par ailleurs, l'existence de régimes volontaires d'accréditation pourrait constituer un cadre pour améliorer le niveau du service de certification fourni pour ces dispositifs.

(60) L'utilisation de moyens électroniques entraîne des économies de temps. Par conséquent, les délais minimaux pour la réception des offres et des demandes de participation devraient pouvoir être réduits en cas d'utilisation de ces moyens électroniques, à condition, toutefois, qu'ils soient compatibles avec les modalités de transmission spécifiques prévues au niveau communautaire.

(61) La vérification de l'aptitude des candidats et leur sélection devraient être effectuées dans des conditions de transparence. A cet effet, il convient d'indiquer les critères non discriminatoires que les pouvoirs adjudicateurs ou les entités adjudicatrices peuvent utiliser pour sélectionner les concurrents, ainsi que les moyens que les opérateurs économiques peuvent utiliser pour prouver qu'ils satisfont à ces critères. Dans cette perspective de transparence, le pouvoir adjudicateur ou l'entité adjudicatrice devraient êtrtenus d'indiquer, dès la mise en concurrence d'un marché, les critères de sélection qu'ils utiliseront pour la sélection ainsi que le niveau de capacités spécifiques qu'ils exigent éventuellement de la part des opérateurs économiques pour les admettre à la procédure de passation du marché.

(62) Un pouvoir adjudicateur ou une entité adjudicatrice peuvent limiter le nombre de candidats aux procédures restreintes, aux procédures négociées avec publication d'un avis de marché et au dialogue compétitif. Cette réduction du nombre de candidats devrait être opérée sur la base de critères objectifs indiqués dans l'avis de marché. Pour les critères concernant la situation personnelle de l'opérateur économique, une référence générale, dans l'avis de marché, aux hypothèses indiquées dans la présente directive peut être suffisante.

(63) Dans les procédures négociées avec publication d'un avis de marché et dans le dialogue compétitif, compte tenu de la flexibilité qui peut être nécessaire ainsi que des coûts élevés liés à ces méthodes de passation de marché, il convient de permettre aux pouvoirs adjudicateurs ou aux entités adjudicatrices de prévoir que la procédure peut se dérouler en phases successives de manière à réduire progressivement, sur la base des critères d'attribution préalablement indiqués, le nombre d'offres qu'ils continueront à discuter ou à négocier. Cette réduction devrait, pour autant que le nombre de solutions ou de candidats appropriés le permette, assurer une véritable concurrence.

(64) Les règles communautaires en matière de reconnaissance mutuelle des diplômes, certificats et autres preuves de qualification formelle sont applicables lorsqu'il est nécessaire de fournir les preuves d'une qualification donnée pour pouvoir participer à une procédure de passation de marché.

(65) Il convient d'éviter l'attribution de marchés à des opérateurs économiques qui ont participé à une organisation criminelle ou qui se sont rendus coupables de corruption, de fraude au détriment des intérêts financiers des Communautés européennes, de blanchiment de capitaux ou de financement du terrorisme ou d'infractions terroristes ou liées au terrorisme. Les pouvoirs adjudicateurs ou entités adjudicatrices devraient demander, le cas échéant, aux candidats/soumissionnaires les documents appropriés et pourraient, lorsqu'ils ont des doutes sur la situation personnelle de ces candidats/soumissionnaires, demander la coopération des autorités compétentes de l'État membre concerné. Ces opérateurs économiques devraient être exclus dès lors que le pouvoir adjudicateur ou l'entité adjudicatrice ont connaissance d'un jugement concernant de pareils délits rendu conformément au droit national et ayant un caractère définitif qui lui confère l'autorité de la chose jugée. Si le droit national contient des dispositions à cet effet, le non-respect de la législation des marchés en matière d'entente illicite, ayant fait l'objet d'un jugement à caractère définitif ou d'une décision ayant des effets équivalents, peut être considéré comme un délit affectant la moralité professionnelle de l'opérateur économique ou comme une faute grave. Les opérateurs économiques devraient également pouvoir être exclus lorsque le pouvoir adjudicateur ou l'entité adjudicatrice disposent d'informations, le cas échéant fournies par des sources protégées, établissant que ces opérateurs ne sont pas suffisamment fiables pour éviter des atteintes à la sécurité de l'État membre. De telles atteintes pourraient dériver de certaines caractéristiques *des produits fournis par le candidat* ou de la structure de l'actionnariat de ce dernier.

(66) Le non-respect des dispositions nationales transposant les directives 2000/78/CE du Conseil du 27 novembre 2000 portant création d'un cadre général en faveur de l'égalité de traitement en matière d'emploi et de travail *[JO L 303 du 2 déc. 2000, p. 16]* et 76/207/CEE du Conseil du 9 février 1976 relative à la mise en œuvre du principe de l'égalité de traitement entre hommes et femmes en ce qui concerne l'accès à l'emploi, à la formation et à la

promotion professionnelles, et les conditions de travail *[JO L 39 du 14 févr. 1976, p. 40]*, qui a fait l'objet d'un jugement à caractère définitif ou d'une décision ayant des effets équivalents, peut être considéré comme un délit affectant la moralité professionnelle de l'opérateur économique ou comme une faute grave.

(67) Étant donné la sensibilité des secteurs de la défense et de la sécurité, la fiabilité des opérateurs économiques qui obtiennent des marchés est cruciale. Cette fiabilité dépend notamment de leur capacité à répondre aux exigences imposées par le pouvoir adjudicateur ou l'entité adjudicatrice en matière de sécurité d'approvisionnement et de sécurité de l'information. En outre aucune disposition de la présente directive ne devrait empêcher un pouvoir adjudicateur ou une entité adjudicatrice d'exclure un opérateur économique à quelque stade que ce soit de la procédure d'attribution d'un marché si le pouvoir adjudicateur ou l'entité adjudicatrice disposent d'informations selon lesquelles l'attribution de tout ou partie du marché à l'opérateur économique en question pourrait menacer les intérêts essentiels de sécurité de l'État membre concerné.

(68) En l'absence d'un régime communautaire dans le domaine de la sécurité de l'information, il appartient aux pouvoirs adjudicateurs ou entités adjudicatrices ou aux États membres de définir le niveau de capacité technique exigé dans ce domaine pour pouvoir participer à un marché public spécifique et d'apprécier si ce niveau est assuré. Dans de nombreux cas, les États membres ont des accords de sécurité bilatéraux assortis de règles concernant la reconnaissance mutuelle des habilitations de sécurité nationale. Même lorsque de tels accords existent, la capacité des opérateurs économiques des autres États membres dans le domaine de la sécurité de l'information peut être vérifiée. Cette vérification devrait être effectuée conformément aux principes de non-discrimination, d'égalité de traitement et de proportionnalité.

(69) L'attribution du marché devrait être effectuée sur la base de critères objectifs qui assurent le respect des principes de transparence, de non-discrimination et d'égalité de traitement et qui garantissent que l'appréciation des offres se déroule de manière transparente et objective dans des conditions de concurrence effective. Par conséquent il convient de n'admettre que l'application de deux critères d'attribution : celui du "prix le plus bas" et celui de "l'offre économiquement la plus avantageuse".

(70) Afin de garantir le respect du principe d'égalité de traitement lors de l'attribution des marchés, il convient de prévoir l'obligation, qui a été consacrée par la jurisprudence, d'assurer la transparence nécessaire pour permettre à tout candidat d'être raisonnablement informé des critères et des modalités qui seront appliqués pour identifier l'offre économiquement la plus avantageuse. Il incombe, dès lors, aux pouvoirs adjudicateurs ou aux entités adjudicatrices d'indiquer les critères d'attribution ainsi que la pondération relative donnée à chacun de ces critères, et ce en temps utile afin que les candidats en aient connaissance pour établir leurs offres. Les pouvoirs adjudicateurs ou entités adjudicatrices peuvent déroger à l'indication de la pondération des critères d'attribution dans des cas dûment justifiés, qu'ils doivent être en mesure de motiver, lorsque cette pondération ne peut pas être établie au préalable, notamment en raison de la complexité du marché. Dans ces cas, ils doivent indiquer l'ordre d'importance décroissant de ces critères.

(71) Lorsque les pouvoirs adjudicateurs ou les entités adjudicatrices choisissent d'attribuer le marché à l'offre économiquement la plus avantageuse, ils évaluent les offres afin de déterminer celle qui présente le meilleur rapport qualité/prix. Pour ce faire, ils déterminent les critères économiques et qualitatifs qui, dans leur ensemble, doivent permettre de déterminer l'offre économiquement la plus avantageuse pour le pouvoir adjudicateur ou l'entité adjudicatrice. La détermination de ces critères est fonction de l'objet du marché dans la mesure où ils doivent permettre d'évaluer le niveau de performance présenté par chaque offre par rapport à l'objet du marché, tel que défini dans les spécifications techniques, ainsi que de mesurer le rapport qualité/prix de chaque offre.

(72) Le respect des obligations de transparence et de mise en concurrence devrait être garanti par un système de recours efficace, inspiré du système prévu par les directives 89/665/CEE *[Dir. 89/665/CEE du Conseil du 21 déc. 1989 portant coordination des dispositions législatives, réglementaires et administratives relatives à l'application des procédures de recours en matière de passation des marchés publics de fournitures et de travaux (JO L 395 du 30 déc. 1989, p. 33)]* et 92/13/CEE *[Dir. 92/13/CEE du Conseil du 25 févr. 1992 portant coordination des dispositions législatives, réglementaires et administratives relatives à l'application des règles communautaires sur les procédures de passation des marchés des entités opérant dans les secteurs de l'eau, de l'énergie, des transports et des télécommunications (JO L 76 du 23 mars 1992, p. 14)]*, telles que modifiées par la directive 2007/66/CE du Parlement européen et du Conseil *[Dir. 2007/66/CE du Parlement européen et*

du Conseil du 11 déc. 2007 modifiant les Dir. 89/665/CEE et 92/13/CEE du Conseil en ce qui concerne l'amélioration de l'efficacité des procédures de recours en matière de passation des marchés publics (JO L 335 du 20 déc. 2007, p. 31)], pour les marchés relevant des directives 2004/17/CE et 2004/18/CE. Il convient en particulier de prévoir la possibilité de contester la procédure de passation avant la signature du marché ainsi que les garanties nécessaires à l'efficacité du recours, comme le délai de suspension. Il convient également de donner la possibilité de contester les marchés de gré à gré illégaux ou conclus en violation de la présente directive.

(73) Les procédures de recours devraient toutefois tenir compte de la protection des intérêts de défense et de sécurité en ce qui concerne le fonctionnement des instances de recours, le choix des mesures intérimaires ou les sanctions prises pour réprimer les violations des obligations de transparence et de mise en concurrence. Les États membres devraient en particulier prévoir que l'instance de recours indépendante du pouvoir adjudicateur ou de l'entité adjudicatrice a la faculté de ne pas considérer un marché comme étant dépourvu d'effets, même s'il a été passé illégalement pour des motifs visés dans la présente directive, si elle constate, après avoir examiné tous les aspects pertinents, que les circonstances exceptionnelles du cas concerné imposent que certaines raisons impérieuses d'intérêt général soient respectées. Compte tenu de la nature et des caractéristiques des travaux, fournitures et services couverts par la présente directive, ces circonstances exceptionnelles sont d'abord et avant tout liées aux intérêts généraux de défense et de sécurité des États membres. Cela peut être le cas, par exemple, lorsque l'absence d'effets d'un marché pourrait sérieusement porter atteinte non seulement à la réalisation d'un projet spécifique faisant l'objet du marché mais également à l'existence même d'un programme de sécurité et/ou de défense plus vaste dont le projet fait partie.

(74) Certaines conditions techniques, et notamment celles relatives aux avis, aux états statistiques ainsi qu'à la nomenclature utilisée et aux conditions de référence à cette nomenclature, nécessitent d'être adoptées et modifiées en fonction de l'évolution des besoins techniques. Il convient donc de prévoir une procédure d'adoption souple et rapide à cet effet.

(75) Il y a lieu d'arrêter les mesures nécessaires pour la mise en œuvre de la présente directive en conformité avec la décision 1999/468/CE du Conseil du 28 juin 1999 fixant les modalités de l'exercice des compétences d'exécution conférées à la Commission *[JO L 184 du 17 juill. 1999, p. 23]*.

(76) Il convient, en particulier, d'habiliter la Commission à réviser le montant des seuils de marché en les alignant sur les seuils fixés dans la directive 2004/17/CE et à modifier certains numéros de référence à la nomenclature CPV et les procédures pour se référer, dans les avis, à certaines rubriques de la CPV, ainsi que les détails techniques et les caractéristiques des dispositifs de réception électronique.

Ces mesures ayant une portée générale et ayant pour objet de modifier des éléments non essentiels de la présente directive, elles doivent être arrêtées selon la procédure de réglementation avec contrôle prévue à l'article 5 *bis* de la décision 1999/468/CE.

(77) Lorsque, pour des raisons d'urgence impérieuses, les délais normalement applicables dans le cadre de la procédure de réglementation avec contrôle ne peuvent pas être respectés, la Commission devrait pouvoir appliquer la procédure d'urgence prévue à l'article 5 *bis*, paragraphe 6, de la décision 1999/468/CE pour l'adoption de ces mesures.

(78) Conformément au point 34 de l'accord interinstitutionnel "Mieux légiférer" *[JO C 321 du 31 déc. 2003, p. 1]*, les États membres sont encouragés à établir, pour eux-mêmes et dans l'intérêt de la Communauté, leurs propres tableaux, qui illustrent, dans la mesure du possible, la concordance entre la présente directive et les mesures de transposition, et à les rendre publics.

(79) La Commission devrait procéder à une évaluation périodique afin de déterminer si le marché des équipements de défense fonctionne de manière ouverte, transparente et compétitive, y compris en évaluant l'incidence de la présente directive sur le marché, notamment sur la participation des PME.

TITRE I DÉFINITIONS, CHAMP D'APPLICATION ET PRINCIPES GÉNÉRAUX

Art. 1er *Définitions.*

Aux fins de la présente directive, les présentes définitions s'appliquent :

1. "Vocabulaire commun pour les marchés publics" (Common Procurement Vocabulary, CPV) : la nomenclature de référence applicable aux marchés passés par des pouvoirs adjudicateurs ou des entités adjudicatrices, adoptée par le règlement (CE) n° 2195/2002 ;

2. "marchés" : contrats à titre onéreux conclus par écrit, visés à l'article 1er, paragraphe 2, point a) de la directive 2004/17/CE et à l'article 1, paragraphe 2, point a) de la directive 2004/18/CE ;

3. "marchés de travaux" : marchés ayant pour objet soit l'exécution, soit conjointement la conception et l'exécution des travaux relatifs à une des activités mentionnées à la division 45 du CPV ou d'un ouvrage, soit la réalisation, par quelque moyen que ce soit, d'un ouvrage répondant aux besoins précisés par le pouvoir adjudicateur ou l'entité adjudicatrice. Un "ouvrage" est le résultat d'un ensemble de travaux de bâtiment ou de génie civil destiné à remplir par lui-même une fonction économique ou technique ;

4. "marchés de fourniture" : marchés autres que des marchés de travaux ayant pour objet l'achat, le crédit-bail, la location ou la location-vente, avec ou sans option d'achat, de produits.

Un marché ayant pour objet la fourniture de produits et, à titre accessoire, des travaux de pose et d'installation est considéré comme un "marché de fourniture" ;

5. "marchés de services" : marchés autres que des marchés de travaux ou de fournitures portant sur la prestation de services.

Un marché ayant pour objet à la fois des produits et des services est considéré comme un "marché de services" lorsque la valeur des services en question dépasse celle des produits incorporés dans le marché.

Un marché, ayant pour objet des services et ne comportant des activités mentionnées à la division 45 du vocabulaire commun pour les marchés publics qu'à titre accessoire par rapport à l'objet principal du marché, est considéré comme un marché de services ;

6. "équipement militaire" : un équipement spécifiquement conçu ou adapté à des fins militaires, destiné à être utilisé comme arme, munitions ou matériel de guerre ;

7. "équipements sensibles", "travaux sensibles" et "services sensibles" : des équipements, travaux et services destinés à des fins de sécurité qui font intervenir, nécessitent et/ou comportent des informations classifiées ;

8. "informations classifiées" : toute information ou tout matériel, quel qu'en soit la forme, la nature ou le mode de transmission, auquel un certain niveau de classification de sécurité ou un niveau de protection a été attribué et qui, dans l'intérêt de la sécurité nationale et conformément aux dispositions législatives, réglementaires ou administratives en vigueur dans l'État membre considéré, requiert une protection contre tout détournement, toute destruction, suppression, divulgation, perte ou tout accès par des personnes non autorisées, ou tout autre type de compromission ;

9. "gouvernement" : un gouvernement national, régional ou local d'un État membre ou d'un pays tiers ;

10. "crise" : toute situation dans un État membre ou dans un pays tiers, dans laquelle des dommages ont été causés, dont les proportions dépassent clairement celles de dommages de la vie courante et qui compromettent substantiellement la vie et la santé de la population ou qui ont des effets substantiels sur la valeur des biens, ou qui nécessitent des mesures concernant l'approvisionnement de la population en produits de première nécessité ; il y a également crise lorsqu'on doit considérer comme imminente la survenue de tels dommages ; les conflits armés et les guerres sont des crises au sens de la présente directive ;

11. "accord-cadre" : un accord conclu entre un ou plusieurs pouvoirs adjudicateurs ou entités adjudicatrices et un ou plusieurs opérateurs économiques ayant pour objet d'établir les termes régissant les marchés à passer au cours d'une période donnée, notamment en ce qui concerne les prix et, le cas échéant, les quantités envisagées ;

12. "enchère électronique" : un processus itératif selon un dispositif électronique de présentation de nouveaux prix, revus à la baisse, et/ou de nouvelles valeurs portant sur certains éléments des offres, qui intervient après une première évaluation complète des offres, permettant que leur classement puisse être effectué sur la base d'un traitement automatique.

Par conséquent, certains marchés de services et de travaux portant sur des prestations intellectuelles, comme la conception d'ouvrages, ne peuvent pas faire l'objet d'enchères électroniques ;

13. "entrepreneur", "fournisseur" et "prestataire de services" : toute personne physique ou morale, entité publique ou groupement de ces personnes et/ou organismes qui propose sur le marché, respectivement, la réalisation de travaux et/ou d'ouvrages, la fourniture de produits ou la prestation de services ;

14. "opérateur économique" : un entrepreneur, fournisseur ou prestataire de services. Les termes "opérateur économique" sont utilisés uniquement dans un souci de simplification du texte ;

15. "candidat" : un opérateur économique qui a sollicité une invitation à participer à une procédure restreinte ou négociée ou à un dialogue compétitif ;

16. "soumissionnaire" : un opérateur économique qui a présenté une offre dans une procédure restreinte ou négociée ou dans un dialogue compétitif ;

17. "pouvoirs adjudicateurs ou entités adjudicatrices" : pouvoirs adjudicateurs au sens de l'article 1er, paragraphe 9, de la directive 2004/18/CE et entités adjudicatrices au sens de l'article 2 de la directive 2004/17/CE ;

18. "centrale d'achat" : un pouvoir adjudicateur ou une entité adjudicatrice au sens de l'article 1er, paragraphe 9, de la directive 2004/18/CE ou au sens de l'article 2, paragraphe 1, point a) de la directive 2004/17/CE ou un organisme public européen qui :

– acquiert des fournitures et/ou des services destinés à des pouvoirs adjudicateurs ou des entités adjudicatrices, ou

– passe des marchés ou conclut des accords-cadres de travaux, de fournitures ou de services destinés à des pouvoirs adjudicateurs ou des entités adjudicatrices ;

19. "procédures restreintes" : procédures auxquelles tout opérateur économique peut demander à participer et dans lesquelles seuls les opérateurs économiques invités par le pouvoir adjudicateur ou l'entité adjudicatrice peuvent présenter une offre ;

20. "procédure négociée" : une procédure dans laquelle le pouvoir adjudicateur ou l'entité adjudicatrice invitent les opérateurs économiques de leur choix et négocient les conditions du marché avec un ou plusieurs d'entre eux ;

21. "dialogue compétitif" : une procédure à laquelle tout opérateur économique peut demander à participer et dans laquelle le pouvoir adjudicateur ou l'entité adjudicatrice conduisent un dialogue avec les candidats admis à cette procédure, en vue de développer une ou plusieurs solutions aptes à répondre à leurs besoins et sur la base de laquelle ou desquelles les candidats sélectionnés sont invités à remettre une offre.

Aux fins du recours à la procédure visée au premier alinéa, un marché est considéré comme "particulièrement complexe" lorsque le pouvoir adjudicateur ou l'entité adjudicatrice ne sont objectivement pas en mesure :

– de définir, conformément à l'article 18, paragraphe 3, points b), c) ou d), les moyens techniques pouvant répondre à leurs besoins et à leurs objectifs, et/ou,

– d'établir le montage juridique et/ou financier d'un projet ;

22. "contrat de sous-traitance" : un contrat à titre onéreux conclu par écrit entre un adjudicataire d'un marché et un ou plusieurs opérateurs économiques tiers aux fins de la réalisation du marché en question et ayant pour objet des travaux, la fourniture de produits ou la prestation de services ;

23. "entreprise liée" : toute entreprise sur laquelle le concessionnaire peut exercer, directement ou indirectement, une influence dominante, ou toute entreprise qui peut exercer une influence dominante sur le concessionnaire ou qui, comme le concessionnaire, est soumise à l'influence dominante d'une autre entreprise du fait de la propriété, de la participation financière ou des règles qui la régissent. L'influence dominante est présumée lorsqu'une entreprise, directement ou indirectement, à l'égard d'une autre entreprise :

– détient la majorité du capital souscrit de l'entreprise, ou

– dispose de la majorité des voix attachées aux parts émises par l'entreprise, ou

– est en droit de nommer plus de la moitié des membres de l'organe d'administration, de direction ou de surveillance de l'entreprise ;

24. "écrit(e)" ou "par écrit" : tout ensemble de mots ou de chiffres qui peut être lu, reproduit, puis communiqué. Cet ensemble peut inclure des informations transmises et stockées par des moyens électroniques ;

25. "moyen électronique" : un moyen utilisant des équipements électroniques de traitement (y compris la compression numérique) et de stockage de données, et utilisant la diffusion, l'acheminement et la réception par fils, par radio, par moyens optiques ou par d'autres moyens électromagnétiques ;

26. "cycle de vie" : l'ensemble des états successifs que peut connaître un produit, c'est-à-dire la recherche et développement, le développement industriel, la production, la réparation, la modernisation, la modification, l'entretien, la logistique, la formation, les essais, le retrait et l'élimination ;

27. "recherche et développement" : l'ensemble des activités regroupant la recherche fondamentale, la recherche appliquée et le développement expérimental, ce dernier pouvant comprendre la réalisation de démonstrateurs technologiques, c'est-à-dire de dispositifs visant à démontrer les performances d'un nouveau concept ou d'une nouvelle technologie dans un environnement pertinent ou représentatif ;

28. "achats civils" : des marchés qui ne sont pas visés à l'article 2, ayant pour objet des achats de produits, travaux ou services logistiques de nature non militaire effectués dans les conditions visées à l'article 17.

Art. 2 *Champ d'application.*

Sous réserve des articles 30, 45, 46, 55 et 296 du traité, la présente directive s'applique aux marchés passés dans les domaines de la défense et de la sécurité ayant pour objet :

a) la fourniture d'équipements militaires, y compris de leurs pièces détachées, composants et/ou sous-assemblages ;

b) la fourniture d'équipements sensibles, y compris de leurs pièces détachées, composants et/ou sous-assemblages ;

c) des travaux, fournitures et services directement liés à un équipement visé aux points a) et b) pour tout ou partie de son cycle de vie ;

d) des travaux et services destinés à des fins spécifiquement militaires ou des travaux et services sensibles.

Art. 3 *Marchés mixtes.*

1. Un marché ayant pour objet des travaux, fournitures ou services entrant dans le champ d'application de la présente directive et en partie dans le champ d'application de la directive 2004/17/CE ou de la directive 2004/18/CE est passé conformément à la présente directive, sous réserve que la passation d'un marché unique soit justifiée par des raisons objectives.

2. Un marché ayant pour objets des travaux, fournitures ou services entrant pour partie dans le champ d'application de la présente directive et, pour l'autre partie, ne relevant ni de la présente directive, ni de la directive 2004/17/CE, ni de la directive 2004/18/CE, ne relève pas de l'application de la présente directive, sous réserve que l'attribution d'un marché unique soit justifiée par des raisons objectives.

3. Cependant, la décision de passer un marché unique ne peut être prise dans le but de soustraire des marchés à l'application de la présente directive, de la directive 2004/17/CE ou de la directive 2004/18/CE.

Art. 4 *Principes de passation des marchés.*

Les pouvoirs adjudicateurs ou les entités adjudicatrices traitent les opérateurs économiques sur un pied d'égalité, de manière non discriminatoire, et agissent avec transparence.

TITRE II RÈGLES APPLICABLES AUX MARCHÉS

CHAPITRE I *DISPOSITIONS GÉNÉRALES*

Art. 5 *Opérateurs économiques.*

1. Les candidats ou soumissionnaires qui, en vertu de la législation de l'État membre où ils sont établis, sont habilités à fournir la prestation en question ne peuvent être rejetés seulement du fait qu'ils auraient été tenus, en vertu de la législation de l'État membre où le marché est attribué, d'être soit des personnes physiques, soit des personnes morales.

Toutefois, pour les marchés de services et de travaux, ainsi que pour les marchés de fournitures comportant, en outre, des services et/ou des travaux de pose et d'installation, les personnes morales peuvent être obligées d'indiquer, dans leurs demandes de participation ou dans leurs offres, les noms et les qualifications professionnelles des personnes qui sont chargées de l'exécution de la prestation en question.

2. Les groupements d'opérateurs économiques sont autorisés à se porter candidats et à soumissionner. Pour la présentation d'une demande de participation ou d'une offre, les pouvoirs adjudicateurs ou entités adjudicatrices ne peuvent exiger que ces groupements aient une forme juridique déterminée, mais le groupement retenu peut être contraint de revêtir une forme juridique déterminée lorsque le marché lui a été attribué, dans la mesure où cette transformation est nécessaire pour la bonne exécution du marché.

Art. 6 *Obligations de confidentialité des pouvoirs adjudicateurs ou des entités adjudicatrices.*

Sans préjudice des dispositions de la présente directive, notamment celles relatives aux obligations en matière de publicité sur les marchés attribués et d'information des candidats et des soumissionnaires, figurant à l'article 30, paragraphe 3, et à l'article 35, et, conformément au droit national auquel sont soumis le pouvoir adjudicateur ou l'entité adjudicatrice, en particulier la législation relative à l'accès à l'information, ce dernier ou cette dernière ne divulguent pas, sous réserve des droits acquis par contrat, les renseignements que les opérateurs économiques leur ont communiqués à titre confidentiel ; ces renseignements comprennent notamment les secrets techniques ou commerciaux et les aspects confidentiels des offres.

Art. 7 *Protection des informations classifiées.*

Les pouvoirs adjudicateurs ou entités adjudicatrices peuvent imposer aux opérateurs économiques des exigences visant à protéger les informations classifiées qu'ils communiquent tout au long de la procédure d'appel d'offres et d'adjudication. Ils peuvent également demander à ces opérateurs économiques de veiller à ce que leurs sous-traitants respectent ces exigences.

CHAPITRE II *SEUILS, CENTRALES D'ACHAT ET EXCLUSIONS*

SECTION 1 *Seuils*

Art. 8 *Montant des seuils des marchés.*

La présente directive s'applique aux marchés dont la valeur estimée hors taxe sur la valeur ajoutée (TVA) est égale ou supérieure aux seuils suivants :

a) (Règl. délégué (UE) 2021/1950 du 10 nov. 2021, art. 1er et 2, en vigueur le 1er janv. 2022) « 431 000 EUR », pour les marchés de fournitures et de services ;

b) (Règl. délégué (UE) 2021/1950 du 10 nov. 2021, art. 1er et 2, en vigueur le 1er janv. 2022) « 5 382 000 EUR », pour les marchés de travaux.

Art. 9 *Méthodes de calcul de la valeur estimée des marchés et des accords-cadres.*

1. Le calcul de la valeur estimée d'un marché est fondé sur le montant total payable, hors TVA, estimé par le pouvoir adjudicateur ou l'entité adjudicatrice. Ce calcul tient compte du montant total estimé, y compris toute forme d'option éventuelle et les éventuelles reconductions du contrat.

Si le pouvoir adjudicateur ou l'entité adjudicatrice prévoit des primes ou des paiements au profit des candidats ou soumissionnaires, il en tient compte pour calculer la valeur estimée du marché.

2. Cette estimation doit valoir au moment de l'envoi de l'avis de marché, tel que prévu à l'article 32, paragraphe 2, ou, dans les cas où un tel avis n'est pas requis, au moment où le pouvoir adjudicateur ou l'entité adjudicatrice engage la procédure d'attribution du marché.

3. Aucun projet d'ouvrage ni aucun projet d'achat visant à obtenir une certaine quantité de fournitures et/ou de services ne peuvent être scindés en vue de créer des marchés partiels séparés très largement identiques, ou subdivisés d'une autre manière afin d'être soustraits à l'application de la présente directive.

4. Pour les marchés de travaux, le calcul de la valeur estimée prend en compte le montant des travaux ainsi que la valeur totale estimée des fournitures nécessaires à l'exécution des travaux et mises à la disposition de l'entrepreneur par les pouvoirs adjudicateurs ou entités adjudicatrices.

5. a) Lorsqu'un ouvrage envisagé ou un projet d'achat de services peut donner lieu à des marchés passés en même temps par lots séparés, la valeur globale estimée de la totalité de ces lots est prise en compte.

Lorsque la valeur cumulée des lots égale ou dépasse le seuil prévu à l'article 8, la présente directive s'applique à la passation de chaque lot.

Toutefois, les pouvoirs adjudicateurs ou les entités adjudicatrices peuvent déroger à l'application de la présente directive pour des lots dont la valeur estimée hors TVA est inférieure à 80 000 € pour les services et à 1 000 000 € pour les travaux, pour autant que le montant cumulé de ces lots n'excède pas 20 % de la valeur cumulée de la totalité des lots.

b) Lorsqu'un projet visant à obtenir des fournitures homogènes peut donner lieu à des marchés passés en même temps par lots séparés, la valeur estimée de la totalité de ces lots est prise en compte pour l'application de l'article 8, points a) et b).

Lorsque la valeur cumulée des lots égale ou dépasse le seuil prévu à l'article 8, la présente directive s'applique à la passation de chaque lot.

Toutefois, les pouvoirs adjudicateurs ou les entités adjudicatrices peuvent déroger à cette application pour des lots dont la valeur estimée hors TVA est inférieure à 80 000 €, pour autant que le montant cumulé de ces lots n'excède pas 20 % de la valeur cumulée de la totalité des lots.

6. Pour les marchés de fournitures ayant pour objet le crédit-bail, la location ou la location-vente de produits, la valeur à prendre comme base pour le calcul de la valeur estimée du marché est la suivante :

a) dans l'hypothèse de marchés ayant une durée déterminée, dans la mesure où celle-ci est égale ou inférieure à douze mois, la valeur totale estimée pour la durée du marché ou, dans la mesure où la durée du marché est supérieure à douze mois, la valeur totale incluant le montant estimé de la valeur résiduelle ;

b) dans l'hypothèse de marchés ayant une durée indéterminée ou dans le cas où la détermination de leur durée ne peut être définie, la valeur mensuelle multipliée par 48.

7. Lorsqu'il s'agit de marchés de fournitures ou de services présentant un caractère de régularité ou destinés à être renouvelés au cours d'une période donnée, est prise comme base pour le calcul de la valeur estimée du marché :

a) soit la valeur totale des contrats successifs analogues passés au cours des douze mois précédents ou de l'exercice précédent, corrigée, si possible, pour tenir compte des modifications en quantité ou en valeur qui surviendraient au cours des douze mois suivant le contrat initial ;

b) soit la valeur estimée totale des contrats successifs passés au cours des douze mois suivant la première livraison ou au cours de l'exercice dans la mesure où celui-ci est supérieur à douze mois.

Le choix de la méthode pour le calcul de la valeur estimée d'un marché ne peut être effectué avec l'intention de le soustraire à l'application de la présente directive.

8. Pour les marchés de services, la valeur à prendre comme base pour le calcul de la valeur estimée du marché est, le cas échéant, la suivante :

a) pour les services suivants :

i) services d'assurance : la prime payable et les autres modes de rémunération ;

ii) marchés impliquant la conception : honoraires, commissions payables et autres modes de rémunération ;

b) pour les marchés de services n'indiquant pas un prix total :

i) dans l'hypothèse de marchés ayant une durée déterminée, dans la mesure où celle-ci est égale ou inférieure à 48 mois : la valeur totale estimée pour toute leur durée ;

ii) dans l'hypothèse de marchés ayant une durée indéterminée ou supérieure à 48 mois : la valeur mensuelle multipliée par 48.

9. Pour les accords-cadres, la valeur à prendre en considération est la valeur maximale estimée hors TVA de l'ensemble des marchés envisagés pendant la durée totale de l'accord-cadre.

SECTION 2 *Centrales d'achat*

Art. 10 *Marchés et accords-cadres passés par les centrales d'achat.*

1. Les États membres peuvent prévoir la possibilité pour les pouvoirs adjudicateurs ou les entités adjudicatrices d'acquérir des travaux, des fournitures et/ou des services en recourant à des centrales d'achat.

2. Les pouvoirs adjudicateurs ou entités adjudicatrices qui acquièrent des travaux, des fournitures ou des services en recourant à une centrale d'achat dans les hypothèses visées à l'article 1, paragraphe 18, sont considérés comme ayant respecté la présente directive pour autant que :

– cette centrale d'achat l'ait respectée, ou

– lorsque la centrale d'achat n'est pas un pouvoir adjudicateur ni une entité adjudicatrice, les règles de passation de marché qu'elle applique soient conformes à l'ensemble des dispositions de la présente directive et les marchés attribués puissent faire l'objet de recours efficaces comparables à ceux qui sont prévus au titre IV.

SECTION 3 *Marchés exclus*

Art. 11 *Utilisation des exclusions.*

Aucune des règles, procédures, aucun des programmes, aucun des accords, aucune des dispositions et aucun des marchés visés dans la présente section ne peuvent être utilisés aux fins de se soustraire aux dispositions de la présente directive.

Art. 12 *Marchés passés en vertu de règles internationales.*

La présente directive ne s'applique pas aux marchés régis par :

a) des règles de procédure spécifiques en application d'un accord ou d'un arrangement international, conclus entre un ou plusieurs États membres et un ou plusieurs pays tiers ;

b) des règles de procédures spécifiques en application d'un accord ou d'un engagement international conclus, relatifs au stationnement de troupes et concernant les entreprises d'un État membre ou d'un pays tiers ;

c) les règles de procédures spécifiques d'une organisation internationale achetant pour l'accomplissement de ses missions, ou aux marchés qui doivent être attribués par un État membre conformément auxdites règles.

Art. 13 *Exclusions spécifiques.*

La présente directive ne s'applique pas aux cas suivants :

a) marchés pour lesquels l'application des règles de la présente directive obligerait un État membre à fournir des informations dont il estimerait la divulgation contraire aux intérêts essentiels de sa sécurité ;

b) marchés destinés aux activités de renseignement ;

c) marchés passés dans le cadre d'un programme de coopération fondé sur des activités de recherche et développement, mené conjointement par au moins deux États membres en vue du développement d'un nouveau produit et, le cas échéant, aux phases ultérieures de tout ou partie du cycle de vie de ce produit. Lors de la conclusion d'un tel programme de coopération entre des États membres uniquement, ces derniers notifient à la Commission la part des dépenses de recherche et développement par rapport au coût global du programme, l'accord relatif au partage des coûts ainsi que la part envisagée d'achat pour chaque État membre, le cas échéant ;

d) marchés passés dans un pays tiers, y compris pour des achats civils, réalisés lorsque des forces sont déployées hors du territoire de l'Union, lorsque les besoins opérationnels exigent qu'ils soient conclus avec des opérateurs économiques locaux implantés dans la zone des opérations ;

e) marchés de services ayant pour objet l'acquisition ou la location, quelles qu'en soient les modalités financières, de terrains, de bâtiments existants ou d'autres biens immeubles ou qui concernent des droits sur ces biens ;

f) marchés passés par un gouvernement à un autre gouvernement concernant :

i) la fourniture d'équipements militaires ou d'équipements sensibles ;

ii) des travaux et des services directement liés à de tels équipements ; ou

iii) des travaux et des services destinés à des fins spécifiquement militaires ou des travaux et services sensibles ;

g) marchés concernant les services d'arbitrage et de conciliation ;

h) marchés concernant des services financiers, à l'exception des services d'assurance ;

i) contrats d'emploi ;

j) services de recherche et de développement autres que ceux dont les fruits appartiennent exclusivement au pouvoir adjudicateur ou à l'entité adjudicatrice pour son usage dans l'exercice de sa propre activité, pour autant que la prestation du service soit entièrement rémunérée par le pouvoir adjudicateur ou l'entité adjudicatrice.

SECTION 4 *Dispositions particulières*

Art. 14 *Marchés réservés.*

Les États membres peuvent réserver la participation aux procédures de passation de marchés à des ateliers protégés ou en réserver l'exécution dans le cadre de programmes d'emplois protégés lorsque la majorité des travailleurs concernés sont des personnes handicapées qui, en raison de la nature ou de la gravité de leurs déficiences, ne peuvent exercer une activité professionnelle dans des conditions normales.

L'avis de marché fait mention de la présente disposition.

CHAPITRE III *DISPOSITIONS RELATIVES AUX MARCHÉS DE SERVICES*

Art. 15 *Marchés de services visés à l'annexe I.*

Les marchés portant sur des services couverts par l'article 2 qui sont visés à l'annexe I sont attribués conformément aux articles 18 à 54.

Art. 16 *Marchés de services visés à l'annexe II.*

Les marchés portant sur des services couverts par l'article 2 qui sont visés à l'annexe II sont attribués conformément à l'article 18 et à l'article 30, paragraphe 3.

Art. 17 *Marchés mixtes comportant des services visés aux annexes I et II.*

Les marchés portant sur des services couverts par l'article 2 qui sont visés à la fois à l'annexe I et à l'annexe II sont passés conformément aux articles 18 à 54 lorsque la valeur des services visés à l'annexe I est supérieure à la valeur des services visés à l'annexe II. Dans les autres cas les marchés sont attribués conformément à l'article 18 et à l'article 30, paragraphe 3.

CHAPITRE IV *RÈGLES SPÉCIFIQUES CONCERNANT LES DOCUMENTS DU MARCHÉ*

Art. 18 *Spécifications techniques.*

1. Les spécifications techniques telles que définies à l'annexe III, point 1, figurent dans les documents du marché (avis de marché, cahier des charges, documents descriptifs ou documents complémentaires).

2. Les spécifications techniques permettent l'accès égal des soumissionnaires et n'ont pas pour effet de créer des obstacles injustifiés à l'ouverture des marchés à la concurrence.

3. Sans préjudice ni des règles techniques nationales obligatoires (y compris celles relatives à la sécurité des produits) ni des exigences techniques auxquelles l'État membre, en vertu d'accords internationaux de normalisation, doit satisfaire afin de garantir l'interopérabilité requise par lesdits accords et, à condition qu'elles soient compatibles avec le droit communautaire, les spécifications techniques sont formulées :

a) soit par référence à des spécifications techniques définies à l'annexe III et, par ordre de préférence :

— aux normes civiles nationales transposant des normes européennes,

— aux agréments techniques européens,

— aux spécifications techniques civiles communes,

— aux normes civiles nationales transposant des normes internationales,

— aux autres normes civiles internationales,

— aux autres référentiels techniques élaborés par les organismes européens de normalisation, ou, lorsque ceux-ci n'existent pas, aux autres normes civiles nationales, aux agréments techniques nationaux, ou aux spécifications techniques nationales en matière de conception, de calcul et de réalisation des ouvrages et de mise en œuvre des produits,

— aux spécifications techniques civiles définies par les entreprises et largement reconnues par elles, ou

— aux "normes défense" nationales définies à l'annexe III, point 3), et aux spécifications relatives aux équipements militaires, qui sont similaires à ces normes.

Chaque référence est accompagnée de la mention "ou équivalent" ;

b) soit en termes de performances ou d'exigences fonctionnelles ; celles-ci peuvent inclure des caractéristiques environnementales.

Elles doivent cependant être suffisamment précises pour permettre aux soumissionnaires de déterminer l'objet du marché et aux pouvoirs adjudicateurs ou aux entités adjudicatrices d'attribuer le marché ;

c) soit en termes de performances ou d'exigences fonctionnelles visées au point b), en se référant, comme un moyen de présomption de conformité à ces performances ou à ces exigences fonctionnelles, aux spécifications citées au point a) ;

d) soit par une référence aux spécifications visées au point a) pour certaines caractéristiques et aux performances ou exigences fonctionnelles visées au point b) pour d'autres caractéristiques.

4. Lorsque les pouvoirs adjudicateurs ou les entités adjudicatrices font usage de la possibilité de se référer aux spécifications visées au paragraphe 3, point a), ils ne peuvent pas rejeter une offre au motif que les produits et services offerts ne sont pas conformes aux spécifications auxquelles ils ont fait référence, dès lors que le soumissionnaire prouve dans son offre, d'une manière jugée satisfaisante par le pouvoir adjudicateur ou l'entité adjudicatrice, par tout moyen approprié, que les solutions qu'il propose satisfont de manière équivalente aux exigences définies par les spécifications techniques.

Peut constituer un moyen approprié un dossier technique du fabricant ou un rapport d'essai d'un organisme reconnu.

5. Lorsque les pouvoirs adjudicateurs ou les entités adjudicatrices font usage de la possibilité, prévue au paragraphe 3, d'établir des prescriptions en termes de performances ou d'exigences fonctionnelles, ils ne peuvent rejeter une offre de travaux, de produits ou de services conformes à une norme nationale transposant une norme européenne, à un agrément technique européen, à une spécification technique commune, à une norme internationale, ou à un référentiel technique élaboré par un organisme européen de normalisation, si ces spécifications visent les performances ou les exigences fonctionnelles qu'ils ont requises.

Dans son offre, le soumissionnaire est tenu de prouver, d'une manière jugée satisfaisante par le pouvoir adjudicateur ou l'entité adjudicatrice et par tout moyen approprié, que les travaux, produits ou services conformes à la norme répondent aux performances ou exigences fonctionnelles du pouvoir adjudicateur ou de l'entité adjudicatrice.

Peut constituer un moyen approprié un dossier technique du fabricant ou un rapport d'essai d'un organisme reconnu.

6. Lorsque les pouvoirs adjudicateurs ou entités adjudicatrices prescrivent des caractéristiques environnementales en termes de performances ou d'exigences fonctionnelles, telles que visées au paragraphe 3, point b), ils peuvent utiliser les spécifications détaillées ou, si besoin est, des parties de celles-ci, telles que définies par les éco-labels européens ou (pluri)nationaux, ou par tout autre éco-label pour autant :

— que ces spécifications soient appropriées pour définir les caractéristiques des fournitures ou des prestations faisant l'objet du marché,

— que les exigences du label soient développées sur la base d'une information scientifique,

— que les éco-labels soient adoptés par un processus auquel toutes les parties concernées, telles que les organismes gouvernementaux, les consommateurs, les fabricants, les distributeurs et les organisations environnementales, peuvent participer, et

— qu'ils soient accessibles à toutes les parties intéressées.

Les pouvoirs adjudicateurs ou entités adjudicatrices peuvent indiquer que les produits ou services munis de l'éco-label sont présumés satisfaire aux spécifications techniques définies dans le cahier des charges ; ils doivent accepter tout autre moyen de preuve approprié, tel qu'un dossier technique du fabricant ou un rapport d'essai d'un organisme reconnu.

7. Par "organismes reconnus" au sens du présent article, on entend les laboratoires d'essai, de calibrage, les organismes d'inspection et de certification, conformes aux normes européennes applicables.

Les pouvoirs adjudicateurs ou entités adjudicatrices acceptent les certificats émanant d'organismes reconnus dans d'autres États membres.

8. A moins qu'elles ne soient justifiées par l'objet du marché, les spécifications techniques ne peuvent pas faire mention d'une fabrication ou d'une provenance déterminées ou d'un procédé particulier, ni faire référence à une marque, à un brevet ou à un type, à une origine ou à une production déterminées qui auraient pour effet de favoriser ou d'éliminer certaines entreprises ou certains produits. Cette mention ou référence est autorisée, à titre exceptionnel, dans le cas où une description suffisamment précise et intelligible de l'objet du marché n'est pas possible par application des paragraphes 3 et 4 ; une telle mention ou référence est accompagnée des termes "ou équivalent".

Art. 19 *Variantes.*

1. Lorsque le critère d'attribution est celui de l'offre économiquement la plus avantageuse, les pouvoirs adjudicateurs ou entités adjudicatrices peuvent autoriser les soumissionnaires à présenter des variantes.

2. Les pouvoirs adjudicateurs ou entités adjudicatrices indiquent dans l'avis de marché s'ils autorisent ou non les variantes ; à défaut d'indication, les variantes ne sont pas autorisées.

3. Les pouvoirs adjudicateurs ou entités adjudicatrices qui autorisent les variantes mentionnent dans le cahier des charges les exigences minimales que les variantes doivent respecter ainsi que les modalités de leur soumission.

Seules les variantes répondant aux exigences minimales fixées par les pouvoirs adjudicateurs ou entités adjudicatrices sont prises en considération.

4. Dans les procédures de passation de marchés de fournitures ou de services, les pouvoirs adjudicateurs ou les entités adjudicatrices qui ont autorisé des variantes ne peuvent rejeter une variante pour la seule raison qu'elle aboutirait, si elle était retenue, respectivement soit à un marché de services au lieu d'un marché de fournitures, soit à un marché de fournitures au lieu d'un marché de services.

Art. 20 *Conditions d'exécution du marché.*

Les pouvoirs adjudicateurs ou entités adjudicatrices peuvent exiger des conditions particulières concernant l'exécution du marché pour autant qu'elles soient compatibles avec le droit communautaire et qu'elles soient indiquées dans les documents du marché (avis de marché, cahier des charges, documents descriptifs ou documents complémentaires). Ces conditions peuvent notamment avoir pour objet la sous-traitance ou viser à assurer la sécurité des informations classifiées et la sécurité de l'approvisionnement que le pouvoir adjudicateur ou l'entité adjudicatrice exigent, conformément aux articles 21, 22 et 23, ou prendre en compte des considérations environnementales ou sociales.

Art. 21 *Sous-traitance.*

1. Le soumissionnaire retenu est libre de choisir ses sous-traitants pour tous les contrats de sous-traitance qui ne sont pas couverts par les exigences visées aux paragraphes 3 et 4 ; il ne peut pas, notamment, être exigé de lui qu'il se comporte de façon discriminatoire à l'égard de sous-traitants potentiels en raison de leur nationalité.

2. Le pouvoir adjudicateur ou l'entité adjudicatrice peuvent demander au soumissionnaire ou être invités par un État membre à demander au soumissionnaire :

— d'indiquer dans son offre toute partie du marché qu'il envisage de sous-traiter à des tiers et tout sous-traitant proposé ainsi que l'objet des contrats de sous-traitance pour lesquels ces derniers ont été proposés, et/ou

— d'indiquer tout changement intervenu au niveau des sous-traitants au cours de l'exécution du marché.

3. Le pouvoir adjudicateur ou l'entité adjudicatrice peuvent obliger le soumissionnaire retenu, ou être invités par l'État membre à obliger le soumissionnaire retenu, à appliquer les

dispositions du titre III à tous les contrats de sous-traitance ou à certains d'entre eux que le soumissionnaire retenu entend attribuer à des tiers.

4. Les États membres peuvent disposer que le pouvoir adjudicateur ou l'entité adjudicatrice puissent demander ou puissent être invités à demander au soumissionnaire retenu de sous-traiter à des tiers une partie du marché. Le pouvoir adjudicateur ou l'entité adjudicatrice qui imposent ce type de sous-traitance expriment ce pourcentage minimum sous la forme d'une fourchette, comportant un pourcentage minimum et un pourcentage maximum. Le pourcentage maximum ne peut être supérieur à 30 % de la valeur du marché. Cette fourchette est proportionnelle à l'objet et à la valeur du marché ainsi qu'à la nature du secteur industriel concerné, notamment le niveau de concurrence prévalant sur ce marché et les capacités techniques concernées de la base industrielle.

Tout pourcentage de sous-traitance compris dans la fourchette indiquée par le pouvoir adjudicateur ou l'entité adjudicatrice est considérée comme remplissant l'exigence de sous-traitance visée au présent paragraphe.

Les soumissionnaires peuvent proposer de sous-traiter une part de la valeur totale du marché supérieure à la limite exigée par le pouvoir adjudicateur ou l'entité adjudicatrice.

Le pouvoir adjudicateur ou l'entité adjudicatrice demandent aux soumissionnaires de spécifier la ou les parties de leur offre qu'ils comptent sous-traiter pour respecter l'exigence visée au premier alinéa.

Le pouvoir adjudicateur ou l'entité adjudicatrice peuvent demander, ou être obligés par un État membre de demander, aux soumissionnaires de spécifier également la ou les parties de leur offre qu'ils comptent sous-traiter au-delà du pourcentage imposé, ainsi que les sous-traitants qu'ils ont déjà identifiés.

Le soumissionnaire retenu attribue des contrats de sous-traitance correspondant au pourcentage que le pouvoir adjudicateur ou l'entité adjudicatrice lui imposent de sous-traiter conformément aux dispositions du titre III.

5. Dans tous les cas, lorsqu'un État membre prévoit la possibilité, pour les pouvoirs adjudicateurs ou les entités adjudicatrices, de rejeter les sous-traitants sélectionnés par le soumissionnaire au stade de la procédure d'attribution du marché principal ou par le soumissionnaire retenu lors de l'exécution du marché, ce rejet ne peut se fonder que sur les critères appliqués pour la sélection des soumissionnaires pour le marché principal. Si le pouvoir adjudicateur ou l'entité adjudicatrice rejettent un sous-traitant, ils doivent fournir au soumissionnaire ou au soumissionnaire retenu une justification écrite indiquant les raisons pour lesquelles ils estiment que le sous-traitant ne remplit pas les critères.

6. Les exigences visées aux paragraphes 2 à 5 sont indiquées dans les avis de marché.

7. Les paragraphes 1 à 5 ne préjugent pas la question de la responsabilité de l'opérateur économique principal.

Art. 22 *Sécurité de l'information.*

Lorsqu'il s'agit de marchés qui font intervenir, nécessitent et/ou comportent des informations classifiées, le pouvoir adjudicateur ou l'entité adjudicatrice précisent, dans les documents du marché (avis de marché, cahier des charges, documents descriptifs ou documents complémentaires), les mesures et les exigences nécessaires afin d'assurer la sécurité de ces informations au niveau requis.

A cet effet, le pouvoir adjudicateur ou l'entité adjudicatrice peuvent exiger que l'offre comporte notamment les éléments suivants :

a) l'engagement du soumissionnaire et des sous-traitants déjà identifiés à préserver de manière appropriée la confidentialité de toutes les informations classifiées en leur possession ou dont ils viendraient à prendre connaissance tout au long de l'exécution du marché et après résiliation ou expiration du contrat, conformément aux lois, règlements et dispositions administratives pertinents ;

b) l'engagement de la part du soumissionnaire d'obtenir l'engagement prévu au point a) de la part d'autres sous-traitants auxquels il fait appel au cours de l'exécution du marché ;

c) des informations au sujet des sous-traitants déjà identifiés, suffisantes pour permettre au pouvoir adjudicateur ou à l'entité adjudicatrice de déterminer si chacun d'entre eux possède les capacités requises pour préserver de manière appropriée la confidentialité des informations classifiées auxquelles il a accès ou qu'il sera amené à produire dans le cadre de la réalisation de ses activités de sous-traitance ;

d) l'engagement de la part du soumissionnaire d'apporter les informations requises au point c) au sujet de nouveaux sous-traitants avant de leur attribuer un marché de sous-traitance.

En l'absence d'harmonisation au niveau communautaire des systèmes nationaux d'habilitation de sécurité, les États membres peuvent prévoir que les mesures et les exigences visées au deuxième alinéa doivent être conformes à leurs dispositions nationales applicables en matière d'habilitation de sécurité. Les États membres reconnaissent les habilitations de sécurité qu'ils jugent équivalentes à celles qui sont délivrées conformément à leur législation nationale, sans préjudice de la possibilité de procéder à leurs propres enquêtes et d'en tenir compte si cela est jugé nécessaire.

Art. 23 *Sécurité d'approvisionnement.*

Le pouvoir adjudicateur ou l'entité adjudicatrice précisent dans les documents du marché (avis de marché, cahier des charges, documents descriptifs ou documents complémentaires) leurs exigences en matière de sécurité d'approvisionnement.

A cet effet, le pouvoir adjudicateur ou l'entité adjudicatrice peuvent exiger que l'offre comporte notamment les éléments suivants :

a) la certification ou des documents démontrant au pouvoir adjudicateur ou à l'entité adjudicatrice que le soumissionnaire sera à même de remplir les obligations en matière d'exportation, de transfert et de transit de marchandises liées au contrat, y compris tout document complémentaire émanant de l'État membre ou des États membres concernés ;

b) l'indication de toute restriction pesant sur le pouvoir adjudicateur ou l'entité adjudicatrice concernant la divulgation, le transfert ou l'utilisation des produits et services ou de tout résultat de ces produits et services, qui résulterait des régimes de contrôle d'exportations ou des régimes de sécurité ;

c) la certification ou des documents démontrant que l'organisation et la localisation de la chaîne d'approvisionnement du soumissionnaire lui permettront de respecter les exigences du pouvoir adjudicateur ou de l'entité adjudicatrice en matière de sécurité d'approvisionnement précisées dans les documents du marché, et l'engagement de veiller à ce que les éventuels changements survenus dans ladite chaîne d'approvisionnement pendant l'exécution du marché ne nuisent pas au respect de ces exigences ;

d) l'engagement du soumissionnaire à mettre en place et/ou à maintenir les capacités nécessaires pour faire face à une éventuelle augmentation des besoins du pouvoir adjudicateur ou de l'entité adjudicatrice par suite d'une situation de crise, selon des modalités et des conditions à convenir ;

e) tout document complémentaire émanant des autorités nationales du soumissionnaire concernant la satisfaction des besoins supplémentaires du pouvoir adjudicateur ou de l'entité adjudicatrice qui surgiraient par suite d'une situation de crise ;

f) l'engagement du soumissionnaire d'assurer la maintenance, la modernisation ou les adaptations des fournitures faisant l'objet du marché ;

g) l'engagement du soumissionnaire d'informer le pouvoir adjudicateur ou l'entité adjudicatrice, en temps utile, de tout changement survenu dans son organisation, sa chaîne d'approvisionnement ou sa stratégie industrielle susceptible d'affecter ses obligations envers eux ;

h) l'engagement du soumissionnaire à fournir au pouvoir adjudicateur ou à l'entité adjudicatrice, selon des modalités et conditions à arrêter, tous les moyens spécifiques nécessaires pour la production de pièces détachées, de composants, d'assemblages et d'équipements d'essais spéciaux, y compris les plans techniques, les autorisations et les instructions d'utilisation, au cas où il ne serait plus en mesure de les fournir.

Il ne peut être demandé à un soumissionnaire d'obtenir d'un État membre un engagement qui porterait atteinte à la liberté dudit État membre d'appliquer, conformément au droit international ou communautaire pertinent, ses critères nationaux en matière d'autorisation des exportations, transferts ou transits, dans les circonstances prévalant au moment de la décision d'autorisation.

Art. 24 *Obligations relatives à la fiscalité, à la protection de l'environnement, aux dispositions de protection de l'emploi et aux conditions de travail.*

1. Le pouvoir adjudicateur ou l'entité adjudicatrice peuvent indiquer ou peuvent être obligés par un État membre d'indiquer dans le cahier des charges l'organisme ou les organismes auprès desquels les candidats ou soumissionnaires peuvent obtenir les informations pertinentes concernant les obligations relatives à la fiscalité, à la protection de l'environnement, aux dispositions de protection de l'emploi et aux conditions de travail qui sont en vigueur dans l'État membre, la région, la localité ou le pays tiers, dans lesquels les travaux sont à effectuer ou les services à prester et qui seront applicables aux travaux effectués sur le chantier ou aux services prestés pendant l'exécution du marché.

2. Le pouvoir adjudicateur ou l'entité adjudicatrice qui fournissent les informations visées au paragraphe 1 demandent aux soumissionnaires d'indiquer qu'ils ont tenu compte, lors de l'établissement de leur offre, des obligations relatives aux dispositions concernant la protec-

tion de l'emploi et les conditions de travail en vigueur dans le lieu où les travaux sont à effectuer ou les services à prester.

Le premier alinéa ne fait pas obstacle à l'application des dispositions de l'article 49 relatives à la vérification des offres anormalement basses.

CHAPITRE V *PROCÉDURES*

Art. 25 *Procédures applicables.*

Pour passer des marchés, les pouvoirs adjudicateurs ou entités adjudicatrices appliquent les procédures nationales, adaptées aux fins de la présente directive.

Les pouvoirs adjudicateurs ou entités adjudicatrices peuvent choisir de passer les marchés en recourant à la procédure restreinte ou à la procédure négociée avec publication d'un avis de marché.

Dans les circonstances prévues à l'article 27, ils ou elles peuvent attribuer leurs marchés en recourant au dialogue compétitif.

Dans les cas et circonstances spécifiques expressément mentionnés à l'article 28, les pouvoirs adjudicateurs ou les entités adjudicatrices peuvent recourir à une procédure négociée sans publication d'un avis de marché.

Art. 26 *Procédure négociée avec publication d'un avis de marché.*

1. Dans les procédures négociées avec publication d'un avis de marché, les pouvoirs adjudicateurs ou les entités adjudicatrices négocient avec les soumissionnaires les offres soumises par ceux-ci afin de les adapter aux exigences qu'ils ont indiquées dans l'avis de marché, les documents du marché et les documents complémentaires éventuels et afin de rechercher la meilleure offre conformément à l'article 47.

2. Au cours de la négociation, les pouvoirs adjudicateurs ou les entités adjudicatrices assurent l'égalité de traitement de tous les soumissionnaires. En particulier, ils ne donnent pas, de manière discriminatoire, d'information susceptible d'avantager certains soumissionnaires par rapport à d'autres.

3. Les pouvoirs adjudicateurs ou les entités adjudicatrices peuvent prévoir que la procédure négociée se déroule en phases successives afin de réduire le nombre d'offres à négocier en appliquant les critères d'attribution indiqués dans l'avis de marché ou dans le cahier des charges. Le recours ou non à cette faculté est indiqué dans l'avis de marché ou dans le cahier des charges.

Art. 27 *Dialogue compétitif.*

1. Dans le cas de marchés particulièrement complexes, les États membres peuvent décider que lorsque les pouvoirs adjudicateurs ou les entités adjudicatrices estiment que le recours à la procédure restreinte ou à la procédure négociée avec publication d'un avis de marché ne permettra pas d'attribuer le marché, ces derniers puissent recourir au dialogue compétitif conformément au présent article.

L'attribution du marché est faite sur la seule base du critère d'attribution de l'offre économiquement la plus avantageuse.

2. Les pouvoirs adjudicateurs ou les entités adjudicatrices publient un avis de marché dans lequel ils font connaître leurs besoins et exigences, qu'ils définissent dans ce même avis et/ou dans un document descriptif.

3. Les pouvoirs adjudicateurs ou les entités adjudicatrices ouvrent, avec les candidats sélectionnés conformément aux dispositions pertinentes des articles 38 à 46, un dialogue dont l'objet est l'identification et la définition des moyens propres à satisfaire au mieux leurs besoins. Au cours de ce dialogue, ils peuvent discuter tous les aspects du marché avec les candidats sélectionnés.

Au cours du dialogue, les pouvoirs adjudicateurs ou les entités adjudicatrices assurent l'égalité de traitement de tous les soumissionnaires. En particulier, ils ne donnent pas, de manière discriminatoire, d'information susceptible d'avantager certains soumissionnaires par rapport à d'autres.

Les pouvoirs adjudicateurs ou les entités adjudicatrices ne peuvent révéler aux autres participants les solutions proposées ou d'autres informations confidentielles communiquées par un candidat participant au dialogue sans l'accord de celui-ci.

4. Les pouvoirs adjudicateurs ou les entités adjudicatrices peuvent prévoir que la procédure se déroule en phases successives de manière à réduire le nombre de solutions à discuter pendant la phase du dialogue en appliquant les critères d'attribution indiqués dans l'avis de marché ou dans le document descriptif. Le recours à cette faculté est indiqué dans l'avis de marché ou dans le document descriptif.

5. Le pouvoir adjudicateur ou l'entité adjudicatrice poursuivent le dialogue jusqu'à ce qu'ils soient en mesure d'identifier la ou les solutions, au besoin après les avoir comparées, qui sont susceptibles de répondre à leurs besoins.

6. Après avoir déclaré la conclusion du dialogue et en avoir informé les participants, les pouvoirs adjudicateurs ou les entités adjudicatrices les invitent à remettre leur offre finale sur la base de la ou des solutions présentées et spécifiées au cours du dialogue. Ces offres comprennent tous les éléments requis et nécessaires pour la réalisation du projet.

Sur demande du pouvoir adjudicateur ou de l'entité adjudicatrice, ces offres peuvent être clarifiées, précisées et améliorées. Cependant, ces précisions, clarifications, améliorations ou compléments d'information ne peuvent avoir pour effet de modifier des éléments fondamentaux de l'offre ou de l'appel d'offres, dont la variation est susceptible de fausser la concurrence ou d'avoir un effet discriminatoire.

7. Les pouvoirs adjudicateurs ou les entités adjudicatrices évaluent les offres reçues en fonction des critères d'attribution fixés dans l'avis de marché ou dans le document descriptif et choisissent l'offre économiquement la plus avantageuse conformément à l'article 47.

A la demande du pouvoir adjudicateur ou de l'entité adjudicatrice, le soumissionnaire identifié comme ayant remis l'offre économiquement la plus avantageuse peut être amené à clarifier des aspects de son offre ou à confirmer les engagements figurant dans celle-ci, à condition que cela n'ait pas pour effet de modifier des éléments substantiels de l'offre ou de l'appel d'offres, de fausser la concurrence ou d'entraîner des discriminations.

8. Les pouvoirs adjudicateurs ou les entités adjudicatrices peuvent prévoir des prix ou des paiements aux participants au dialogue.

Art. 28 *Cas justifiant le recours à la procédure négociée sans publication d'un avis de marché.*

Dans les cas suivants, les pouvoirs adjudicateurs ou les entités adjudicatrices peuvent passer leurs marchés en recourant à une procédure négociée sans publication préalable d'un avis de marché et justifient le recours à cette procédure dans l'avis d'attribution de marché conformément à l'article 30, paragraphe 3 :

1. dans le cas des marchés de travaux, de fournitures et de services :

a) lorsque aucune offre ou aucune offre appropriée ou aucune candidature n'a été déposée en réponse à une procédure restreinte, à une procédure négociée avec publication d'un avis de marché ou à un dialogue compétitif, pour autant que les conditions initiales du marché ne soient pas substantiellement modifiées et qu'un rapport soit communiqué à la Commission à sa demande ;

b) en présence d'offres irrégulières ou en cas de dépôt d'offres inacceptables au regard des dispositions nationales compatibles avec les prescriptions des articles 5, 19 et 21 à 24 et celles du chapitre VII du titre II, soumises en réponse à une procédure restreinte, à une procédure négociée avec publication ou à un dialogue compétitif, pour autant :

i) que les conditions initiales du marché ne soient pas substantiellement modifiées ; et

ii) qu'ils incluent dans la procédure négociée tous les soumissionnaires et les seuls soumissionnaires qui satisfont aux critères visés aux articles 39 à 46 et qui, lors de la procédure restreinte ou du dialogue compétitif antérieur, ont soumis des offres conformes aux exigences formelles de la procédure de passation ;

c) lorsque l'urgence résultant de situations de crise n'est pas compatible avec les délais exigés par les procédures restreintes et négociées avec publication d'un avis de marché, y compris les délais réduits visés à l'article 33, paragraphe 7. Ce peut être le cas, par exemple, dans les situations visées à l'article 23, alinéa 2, point d) ;

d) dans la mesure strictement nécessaire, lorsque l'urgence impérieuse, résultant d'événements imprévisibles pour les pouvoirs adjudicateurs ou les entités adjudicatrices en question, n'est pas compatible avec les délais exigés par les procédures restreintes ou négociées avec publication d'un avis de marché, y compris les délais réduits visés à l'article 33, paragraphe 7. Les circonstances invoquées pour justifier l'urgence impérieuse ne doivent en aucun cas être imputables aux pouvoirs adjudicateurs ou aux entités adjudicatrices ;

e) lorsque, pour des raisons techniques ou tenant à la protection de droits d'exclusivité, le marché ne peut être confié qu'à un opérateur économique déterminé ;

2. dans le cas des marchés de fournitures et de services :

a) pour les services de recherche et de développement, autres que ceux visés à l'article 13 ;

b) pour des produits fabriqués uniquement à des fins de recherche et de développement, à l'exception de la production en quantités visant à établir la viabilité commerciale du produit ou à amortir les frais de recherche et de développement ;

3. dans le cas des marchés de fournitures :

a) pour les livraisons complémentaires effectuées par le fournisseur initial et destinées soit au renouvellement partiel de fournitures ou d'installations d'usage courant, soit à l'extension de fournitures ou d'installations existantes, lorsque le changement de fournisseur obligerait le pouvoir adjudicateur ou l'entité adjudicatrice à acquérir un matériel de technique différente entraînant une incompatibilité ou des difficultés techniques d'utilisation et d'entretien disproportionnées.

La durée de ces marchés, ainsi que des marchés renouvelables, ne peut pas dépasser cinq ans, sauf dans des circonstances exceptionnelles déterminées en tenant compte de la durée de vie prévue des objets, installations ou systèmes livrés, ainsi que des difficultés techniques que peut occasionner un changement de fournisseur ;

b) pour les fournitures cotées et achetées à une bourse de matières premières ;

c) pour l'achat de fournitures à des conditions particulièrement avantageuses, soit auprès d'un fournisseur cessant définitivement ses activités commerciales, soit auprès des curateurs ou liquidateurs d'une faillite, d'un concordat judiciaire ou d'une procédure de même nature prévue par les législations ou réglementations nationales ;

4. dans le cas des marchés de travaux et de services :

a) pour les travaux ou services complémentaires qui ne figurent pas dans le projet initialement envisagé ni dans le contrat initial et qui sont devenus nécessaires, à la suite d'une circonstance imprévue, à l'exécution des travaux ou du service tel qu'il y est décrit, à condition que l'attribution soit faite à l'opérateur économique qui exécute ces travaux ou ce service :

i) lorsque ces travaux ou services complémentaires ne peuvent être techniquement ou économiquement séparés du marché initial sans inconvénient majeur pour les pouvoirs adjudicateurs ou les entités adjudicatrices ; ou

ii) lorsque ces travaux ou services, quoiqu'ils soient séparables de l'exécution du marché initial, sont strictement nécessaires à son achèvement.

Toutefois, le montant cumulé des marchés passés pour les travaux ou services complémentaires ne doit pas dépasser 50 % du montant du marché initial ;

b) pour de nouveaux travaux ou services consistant dans la répétition de travaux ou de services similaires confiés à l'opérateur économique adjudicataire du marché initial par les mêmes pouvoirs adjudicateurs ou entités adjudicatrices, à condition que ces travaux ou ces services soient conformes à un projet de base et que ce projet ait fait l'objet d'un marché initial passé selon la procédure restreinte, la procédure négociée avec publication d'un avis de marché ou un dialogue compétitif.

La possibilité de recourir à cette procédure est indiquée dès la mise en concurrence de la première opération et le montant total envisagé pour la suite des travaux ou des services est pris en considération par les pouvoirs adjudicateurs ou les entités adjudicatrices pour l'application de l'article 8.

Il ne peut être recouru à cette procédure que pendant une période de cinq ans suivant la conclusion du marché initial, sauf dans des circonstances exceptionnelles déterminées en tenant compte de la durée de vie prévue des objets, installations ou systèmes livrés, ainsi que des difficultés techniques que peut occasionner un changement de fournisseur ;

5. pour les marchés liés à la fourniture de services de transport maritime et aérien pour les forces armées ou les forces de sécurité d'un État membre, qui sont ou vont être déployées à l'étranger, lorsque le pouvoir adjudicateur ou l'entité adjudicatrice doivent obtenir ces services d'opérateurs économiques qui garantissent la validité de leur offre uniquement pour des périodes très brèves de sorte que les délais applicables à la procédure restreinte ou à la procédure négociée avec publication d'un avis de marché, y compris les délais réduits visés à l'article 33, paragraphe 7, ne peuvent être respectés.

Art. 29 *Accords-cadres.*

1. Les États membres peuvent prévoir la possibilité pour les pouvoirs adjudicateurs ou les entités adjudicatrices de conclure des accords-cadres.

2. Aux fins de la conclusion d'un accord-cadre, les pouvoirs adjudicateurs ou les entités adjudicatrices suivent les règles de procédure visées par la présente directive dans toutes les phases jusqu'à l'attribution des marchés fondés sur cet accord-cadre. Le choix des parties à l'accord-cadre se fait par application des critères d'attribution établis conformément à l'article 47.

Les marchés fondés sur un accord-cadre sont passés selon les procédures prévues aux paragraphes 3 et 4. Ces procédures ne sont applicables qu'entre les pouvoirs adjudicateurs ou les entités adjudicatrices, d'une part, et les opérateurs économiques originairement parties à l'accord-cadre, d'autre part.

Lors de la passation des marchés fondés sur l'accord-cadre, les parties ne peuvent en aucun cas apporter des modifications substantielles aux conditions fixées dans cet accord-cadre, notamment dans le cas visé au paragraphe 3.

La durée d'un accord-cadre ne peut pas dépasser sept ans, sauf dans des circonstances exceptionnelles déterminées en tenant compte de la durée de vie prévue des objets, installations ou systèmes livrés, ainsi que des difficultés techniques que peut occasionner un changement de fournisseur.

Dans de telles circonstances exceptionnelles, les pouvoirs adjudicateurs ou les entités adjudicatrices justifient de façon appropriée ces circonstances exceptionnelles dans l'avis visé à l'article 30, paragraphe 3.

Les pouvoirs adjudicateurs ou les entités adjudicatrices ne peuvent recourir aux accords-cadres de façon abusive ou de manière à empêcher, à restreindre ou à fausser la concurrence.

3. Lorsqu'un accord-cadre est conclu avec un seul opérateur économique, les marchés fondés sur cet accord-cadre sont attribués dans les limites des conditions fixées dans l'accord-cadre.

Pour la passation de ces marchés, les pouvoirs adjudicateurs ou les entités adjudicatrices peuvent consulter par écrit l'opérateur partie à l'accord-cadre, en lui demandant de compléter, si besoin est, son offre.

4. Lorsqu'un accord-cadre est conclu avec plusieurs opérateurs économiques, le nombre de ceux-ci doit être au moins égal à trois, dans la mesure où il y a un nombre suffisant d'opérateurs économiques satisfaisant aux critères de sélection et/ou d'offres recevables répondant aux critères d'attribution.

L'attribution des marchés fondés sur les accords-cadres conclus avec plusieurs opérateurs économiques peut se faire :

– soit par application des termes fixés dans l'accord-cadre, sans remise en concurrence,

– soit, lorsque tous les termes ne sont pas fixés dans l'accord-cadre, après avoir remis en concurrence les parties sur la base des mêmes conditions, si nécessaire en les précisant, et, le cas échéant, d'autres termes indiqués dans le cahier des charges de l'accord-cadre, selon la procédure suivante :

a) pour chaque marché à passer, les pouvoirs adjudicateurs ou les entités adjudicatrices consultent par écrit les opérateurs économiques qui sont capables de réaliser le marché ;

b) les pouvoirs adjudicateurs ou les entités adjudicatrices fixent un délai suffisant pour présenter les offres relatives à chaque marché spécifique en tenant compte d'éléments tels que la complexité de l'objet du marché et le temps nécessaire pour la transmission des offres ;

c) les offres sont soumises par écrit et leur contenu reste confidentiel jusqu'à l'expiration du délai de réponse prévu ;

d) les pouvoirs adjudicateurs ou les entités adjudicatrices attribuent chaque marché au soumissionnaire ayant présenté la meilleure offre sur la base des critères d'attribution énoncés dans le cahier des charges de l'accord-cadre.

CHAPITRE VI *RÈGLES DE PUBLICITÉ ET DE TRANSPARENCE*

SECTION 1 *Publication des avis*

Art. 30 *Avis.*

1. Les pouvoirs adjudicateurs ou les entités adjudicatrices peuvent faire connaître au moyen d'un avis de préinformation, publié par la Commission ou par eux-mêmes sur leur "profil d'acheteur" tel que visé à l'annexe VI, point 2 :

a) en ce qui concerne les fournitures, le montant total estimé des marchés ou des accords-cadres par groupes de produits qu'ils envisagent de passer au cours des douze mois suivants.

Les groupes de produits sont établis par les pouvoirs adjudicateurs ou les entités adjudicatrices par référence à la nomenclature CPV ;

b) en ce qui concerne les services, le montant total estimé des marchés ou des accords-cadres, pour chacune des catégories de services qu'ils envisagent de passer au cours des douze mois suivants ;

c) en ce qui concerne les travaux, les caractéristiques essentielles des marchés ou des accords-cadres qu'ils entendent passer.

Les avis visés au premier alinéa sont envoyés à la Commission ou publiés sur le profil d'acheteur le plus rapidement possible après la prise de décision autorisant le projet pour lequel les pouvoirs adjudicateurs ou entités adjudicatrices envisagent de passer des marchés ou accords-cadres.

Les pouvoirs adjudicateurs ou les entités adjudicatrices qui publient l'avis de préinformation sur leur profil d'acheteur envoient à la Commission, par voie électronique conformément au format et aux modalités de transmission indiqués à l'annexe VI, point 3, un avis annonçant la publication d'un avis de préinformation sur un profil d'acheteur.

La publication des avis visés au premier alinéa n'est obligatoire que lorsque les pouvoirs adjudicateurs ou les entités adjudicatrices ont recours à la faculté de réduire les délais de réception des offres conformément à l'article 33, paragraphe 3.

Le présent paragraphe ne s'applique pas aux procédures négociées sans publication préalable d'un avis de marché.

2. Les pouvoirs adjudicateurs ou entités adjudicatrices désireux de passer un marché ou un accord-cadre en recourant à une procédure restreinte, à une procédure négociée avec publication d'un avis ou à un dialogue compétitif, font connaître leur intention au moyen d'un avis de marché.

3. Les pouvoirs adjudicateurs ou entités adjudicatrices qui ont passé un marché ou conclu un accord-cadre envoient un avis concernant les résultats de la procédure de passation au plus tard 48 jours après la passation du marché ou la conclusion de l'accord-cadre.

Dans le cas d'accords-cadres conclus conformément à l'article 29, les pouvoirs adjudicateurs ou les entités adjudicatrices sont exonérés de l'envoi d'un avis sur les résultats de la passation de chaque marché fondé sur l'accord-cadre.

Certaines informations sur la passation du marché ou la conclusion de l'accord-cadre peuvent ne pas être publiées au cas où la divulgation desdites informations ferait obstacle à l'application des lois, serait contraire à l'intérêt public, en particulier aux intérêts de la défense et/ou de la sécurité, ou porterait préjudice aux intérêts commerciaux légitimes d'opérateurs économiques publics ou privés, ou nuirait à une concurrence loyale entre ceux-ci.

Art. 31 *Publication non obligatoire.*

Les pouvoirs adjudicateurs ou entités adjudicatrices peuvent publier, conformément à l'article 32, des avis concernant des marchés publics qui ne sont pas soumis à une publication obligatoire prévue par la présente directive.

Art. 32 *Rédaction et modalités de publication des avis.*

1. Les avis comportent les informations mentionnées à l'annexe IV et, le cas échéant, tout autre renseignement jugé utile par le pouvoir adjudicateur ou l'entité adjudicatrice selon le format des formulaires standard adoptés par la Commission conformément à la procédure visée à l'article 67, paragraphe 2.

2. Les avis envoyés par les pouvoirs adjudicateurs ou les entités adjudicatrices à la Commission sont transmis soit par des moyens électroniques conformément au format et aux modalités de transmission indiqués à l'annexe VI, point 3, soit par d'autres moyens. En cas de recours à la procédure accélérée prévue à l'article 33, paragraphe 7, les avis doivent être envoyés soit par télécopie, soit par des moyens électroniques, conformément au format et aux modalités de transmission indiqués à l'annexe VI, point 3.

Les avis sont publiés conformément aux caractéristiques techniques de publication indiquées à l'annexe VI, points 1 a) et 1 b).

3. Les avis préparés et envoyés par des moyens électroniques conformément au format et aux modalités de transmission indiqués à l'annexe VI, point 3, sont publiés au plus tard cinq jours après leur envoi.

Les avis qui ne sont pas envoyés par des moyens électroniques conformément au format et aux modalités de transmission indiqués à l'annexe VI, point 3, sont publiés au plus tard douze jours après leur envoi ou, en cas de procédure accélérée visée à l'article 33, paragraphe 7, au plus tard cinq jours après leur envoi.

4. Les avis de marché sont publiés *in extenso* dans une langue officielle de la Communauté, choisie par le pouvoir adjudicateur ou l'entité adjudicatrice, le texte publié dans cette langue originale étant le seul faisant foi. Un résumé des éléments importants de chaque avis est publié dans les autres langues officielles.

Les frais de publication de ces avis par la Commission sont à la charge de la Communauté.

5. Les avis et leur contenu ne peuvent être publiés au niveau national ou sur un profil d'acheteur avant la date de leur envoi à la Commission.

Les avis publiés au niveau national ne contiennent pas de renseignements autres que ceux qui figurent dans les avis envoyés à la Commission ou publiés sur un profil d'acheteur conformément à l'article 30, paragraphe 1, premier alinéa, mais ils font mention de la date d'envoi de l'avis à la Commission ou de sa publication sur un profil d'acheteur.

Les avis de préinformation ne peuvent être publiés sur un profil d'acheteur avant l'envoi à la Commission de l'avis annonçant leur publication sous cette forme et font mention de la date de cet envoi.

6. Le contenu des avis qui ne sont pas envoyés par moyens électroniques conformément au format et aux modalités de transmission indiqués à l'annexe VI, point 3, est limité à 650 mots environ.
7. Les pouvoirs adjudicateurs ou les entités adjudicatrices doivent être en mesure de faire la preuve de la date d'envoi des avis.
8. La Commission délivre au pouvoir adjudicateur ou à l'entité adjudicatrice une confirmation de la publication de l'information transmise mentionnant la date de cette publication. Cette confirmation tient lieu de preuve de la publication.

SECTION 2 *Délais*

Art. 33 *Délais de réception des demandes de participation et de réception des offres.*
1. En fixant les délais de réception des demandes de participation et des offres, les pouvoirs adjudicateurs ou les entités adjudicatrices tiennent compte en particulier de la complexité du marché et du temps nécessaire pour préparer les offres, sans préjudice des délais minima fixés par le présent article.
2. Dans les procédures restreintes, les procédures négociées avec publication d'un avis de marché et en cas de recours au dialogue compétitif, le délai minimal de réception des demandes de participation est de 37 jours à compter de la date de l'envoi de l'avis de marché.
Dans les procédures restreintes, le délai minimal de réception des offres est de 40 jours à compter de la date d'envoi de l'invitation.
3. Dans les cas où les pouvoirs adjudicateurs ou les entités adjudicatrices ont publié un avis de préinformation, le délai minimal pour la réception des offres visé au paragraphe 2, deuxième alinéa, peut être réduit, en règle générale, à 36 jours mais, en aucun cas, à moins de 22 jours.
Ce délai court à compter de la date d'envoi de l'invitation à soumissionner.
Le délai réduit visé au premier alinéa est admis à condition que l'avis de préinformation ait comporté toutes les informations requises pour l'avis de marché visé à l'annexe IV, pour autant que ces informations soient disponibles au moment de la publication de l'avis, et que cet avis de préinformation ait été envoyé pour sa publication entre un minimum de 52 jours et un maximum de 12 mois avant la date d'envoi de l'avis de marché.
4. Lorsque les avis sont préparés et envoyés par des moyens électroniques conformément au format et aux modalités de transmission indiqués à l'annexe VI, point 3, le délai de réception des demandes de participation visé au paragraphe 2, premier alinéa, peut être raccourci de sept jours.
5. Une réduction de cinq jours du délai de réception des offres visé au paragraphe 2, deuxième alinéa, est possible lorsque le pouvoir adjudicateur ou l'entité adjudicatrice offrent, par des moyens électroniques et à compter de la date de publication de l'avis conformément à l'annexe VI, l'accès libre, direct et complet au cahier des charges et à tout document complémentaire, en indiquant dans le texte de l'avis l'adresse internet à laquelle ces documents peuvent être consultés.
Cette réduction est cumulable avec celle prévue au paragraphe 4.
6. Lorsque, pour quelque raison que ce soit, le cahier des charges et les documents ou renseignements complémentaires, bien que demandés en temps utile, n'ont pas été fournis dans les délais fixés à l'article 34 ou lorsque les offres ne peuvent être faites qu'à la suite d'une visite des lieux ou après consultation sur place de documents annexés au cahier des charges, les délais de réception des offres sont prolongés de manière à ce que tous les opérateurs économiques concernés puissent prendre connaissance de toutes les informations nécessaires pour la formulation des offres.
7. Lorsque, dans les procédures restreintes et les procédures négociées avec publication d'un avis de marché, l'urgence rend impraticables les délais minimaux fixés au présent article, les pouvoirs adjudicateurs ou les entités adjudicatrices peuvent fixer :
— un délai pour la réception des demandes de participation qui ne peut être inférieur à quinze jours à compter de la date d'envoi de l'avis de marché ou à dix jours si l'avis est envoyé par moyens électroniques conformément au format et aux modalités de transmission indiqués à l'annexe VI, point 3, et
— dans le cas des procédures restreintes, un délai pour la réception des offres qui ne peut être inférieur à dix jours à compter de la date d'envoi de l'invitation à soumissionner.

SECTION 3 *Contenu et moyens de transmission des informations*

Art. 34 *Invitations à présenter des offres, à négocier ou à dialoguer.*
1. Dans les procédures restreintes, les procédures négociées avec publication d'un avis de marché et dans le dialogue compétitif, les pouvoirs adjudicateurs ou les entités adjudicatrices

invitent simultanément et par écrit les candidats retenus à présenter leurs offres, à négocier ou, dans le cas du dialogue compétitif, à participer au dialogue.

2. L'invitation aux candidats comprend :

– soit un exemplaire du cahier des charges ou du document descriptif et de tout document complémentaire,

– soit la mention de l'accès aux documents visés au premier tiret, lorsqu'ils sont mis à disposition directe par des moyens électroniques conformément à l'article 33, paragraphe 5.

3. Lorsqu'une entité autre que le pouvoir adjudicateur ou l'entité adjudicatrice responsable de la procédure d'adjudication dispose du cahier des charges, du document descriptif ou des documents complémentaires, l'invitation précise l'adresse du service auprès duquel cette documentation peut être demandée et, le cas échéant, la date limite pour effectuer cette demande ainsi que le montant et les modalités de paiement de la somme qui doit être versée pour obtenir ces documents. Les services compétents envoient sans délai cette documentation aux opérateurs économiques, après réception d'une demande.

4. Les renseignements complémentaires sur le cahier des charges, le document descriptif, et/ou les documents complémentaires sont communiqués par les pouvoirs adjudicateurs ou les entités adjudicatrices ou par les services compétents six jours au plus tard avant la date limite fixée pour la réception des offres pour autant qu'ils aient été demandés en temps utile. En cas de procédure restreinte ou négociée accélérée, ce délai est de quatre jours.

5. Outre les éléments prévus aux paragraphes 2, 3 et 4, l'invitation comporte au moins :

a) une référence à l'avis de marché publié ;

b) la date limite de réception des offres, l'adresse à laquelle les offres doivent être transmises et la ou les langues dans lesquelles les offres doivent être rédigées. En cas de dialogue compétitif, ces renseignements ne figurent pas dans l'invitation à participer au dialogue, mais ils sont indiqués dans l'invitation à présenter une offre ;

c) dans le cas du dialogue compétitif, la date fixée et l'adresse pour le début de la phase de consultation, ainsi que la ou les langues utilisées ;

d) l'indication des documents à joindre éventuellement, soit à l'appui des déclarations vérifiables fournies par le candidat conformément à l'article 38, soit en complément des renseignements prévus audit article et dans les mêmes conditions que celles prévues aux articles 41 et 42 ;

e) la pondération relative des critères d'attribution du marché ou, le cas échéant, l'ordre décroissant d'importance des critères utilisés pour définir l'offre économiquement la plus avantageuse, s'ils ne figurent pas dans l'avis de marché, dans le cahier des charges ou dans le document descriptif.

Art. 35 *Information des candidats et des soumissionnaires.*

1. Les pouvoirs adjudicateurs ou les entités adjudicatrices informent dans les meilleurs délais les candidats et les soumissionnaires des décisions prises concernant l'adjudication d'un marché ou la conclusion d'un accord-cadre, y compris des motifs pour lesquels ils ont décidé de renoncer à passer un marché ou à conclure un accord-cadre pour lequel il y a eu mise en concurrence ou de recommencer la procédure ; cette information est donnée par écrit si la demande en est faite aux pouvoirs adjudicateurs ou aux entités adjudicatrices.

2. Sur demande de la partie concernée, le pouvoir adjudicateur ou l'entité adjudicatrice, sous réserve du paragraphe 3, communiquent, dans les meilleurs délais et au plus tard quinze jours à compter de la réception d'une demande écrite, les éléments suivants :

a) à tout candidat écarté les motifs du rejet de sa candidature ;

b) à tout soumissionnaire écarté les motifs du rejet de son offre, en particulier, dans les cas visés à l'article 18, paragraphes 4 et 5, les motifs de leur décision de non-équivalence ou de leur décision selon laquelle les travaux, fournitures ou services ne répondent pas aux performances ou exigences fonctionnelles, et dans les cas visés aux articles 22 et 23, les motifs de leur décision selon laquelle les exigences relatives à la sécurité de l'information et à la sécurité d'approvisionnement ne sont pas satisfaites ;

c) à tout soumissionnaire ayant fait une offre recevable et ayant été écartée, les caractéristiques et les avantages relatifs de l'offre retenue ainsi que le nom de l'adjudicataire ou des parties à l'accord-cadre.

3. Les pouvoirs adjudicateurs ou les entités adjudicatrices peuvent décider de ne pas communiquer certains renseignements concernant l'adjudication des marchés ou la conclusion d'accords-cadres, visés au paragraphe 1, lorsque leur divulgation ferait obstacle à l'application des lois ou serait contraire à l'intérêt public, en particulier les intérêts en matière de défense et/ou de sécurité, ou porterait préjudice aux intérêts commerciaux légitimes d'opérateurs économiques publics ou privés ou pourrait nuire à une concurrence loyale entre ceux-ci.

SECTION 4 *Communication*

Art. 36 *Règles applicables aux communications.*

1. Toutes les communications ainsi que tous les échanges d'informations visés dans le présent titre peuvent, au choix du pouvoir adjudicateur ou de l'entité adjudicatrice, être faits par courrier, par télécopieur, par des moyens électroniques conformément aux paragraphes 4 et 5, par téléphone dans les cas et aux conditions visés au paragraphe 6, ou par une combinaison de ces moyens.

2. Les moyens de communication choisis doivent être généralement disponibles et ne peuvent donc avoir pour effet de restreindre l'accès des opérateurs économiques à la procédure d'attribution.

3. Les communications, les échanges et le stockage d'informations sont faits de manière à assurer que l'intégrité des données et la confidentialité des demandes de participation et des offres soient préservées et que les pouvoirs adjudicateurs ou les entités adjudicatrices ne prennent connaissance du contenu des demandes de participation et des offres qu'à l'expiration du délai prévu pour la présentation de celles-ci.

4. Les outils utilisés pour communiquer par des moyens électroniques, ainsi que leurs caractéristiques techniques, doivent avoir un caractère non discriminatoire, être couramment à la disposition du public et compatibles avec les technologies d'information et de communication généralement utilisées.

5. Les règles ci-après sont applicables aux dispositifs de transmission et de réception électronique des offres ainsi qu'aux dispositifs de réception électronique des demandes de participation :

a) les informations relatives aux spécifications nécessaires à la présentation des offres et des demandes de participation par voie électronique, y compris le cryptage, sont à la disposition des parties intéressées. En outre, les dispositifs de réception électronique des offres et des demandes de participation doivent être conformes aux exigences de l'annexe VIII ;

b) les États membres peuvent, dans le respect de l'article 5 de la directive 1999/93/CE, exiger que les offres électroniques soient assorties d'une signature électronique avancée conforme à son paragraphe 1 ;

c) les États membres peuvent instaurer ou maintenir des régimes volontaires d'accréditation visant à améliorer le niveau du service de certification fourni pour ces dispositifs ;

d) les candidats s'engagent à ce que les documents, certificats et déclarations visés aux articles 39 à 44 et à l'article 46, s'ils ne sont pas disponibles sous forme électronique, soient soumis avant l'expiration du délai prévu pour la présentation des offres ou des demandes de participation.

6. Les règles suivantes s'appliquent à la transmission des demandes de participation :

a) les demandes de participation aux procédures de passation des marchés peuvent être faites par écrit ou par téléphone ;

b) lorsqu'une demande de participation est faite par téléphone, une confirmation écrite doit être transmise avant l'expiration du délai fixé pour sa réception ;

c) les pouvoirs adjudicateurs ou les entités adjudicatrices peuvent exiger, si nécessaire pour des raisons de preuve juridique, que les demandes de participation faites par télécopie soient confirmées par courrier ou par des moyens électroniques. Dans ce cas, les pouvoirs adjudicateurs ou les entités adjudicatrices doivent indiquer dans l'avis de marché cette exigence et le délai dans lequel elle doit être satisfaite.

SECTION 5 *Rapports*

Art. 37 *Contenu des procès-verbaux.*

1. Pour tout marché et tout accord-cadre, les pouvoirs adjudicateurs ou entités adjudicatrices établissent un procès-verbal pour confirmer que la procédure de sélection s'est déroulée de manière transparente et non discriminatoire, procès-verbal comportant au moins :

a) le nom et l'adresse du pouvoir adjudicateur ou de l'entité adjudicatrice, et l'objet et la valeur du marché ou de l'accord-cadre ;

b) la procédure de passation choisie ;

c) en cas de dialogue compétitif, les circonstances qui justifient le recours à cette procédure ;

d) en cas de procédure négociée sans publication préalable d'un avis de marché, les circonstances visées à l'article 28 qui justifient le recours à cette procédure ; le cas échéant, la justification du dépassement des délais visés à l'article 28, paragraphe 3, point a), deuxième alinéa, et à l'article 28, paragraphe 4, point b) troisième alinéa, et de la limite de 50 % visée à l'article 28, point 4) a), deuxième alinéa ;

e) le cas échéant, les motifs justifiant une durée de l'accord-cadre dépassant sept ans ;
f) le nom des candidats retenus et la justification de ce choix ;
g) le nom des candidats exclus et les motifs de leur rejet ;
h) les motifs du rejet des offres ;
i) le nom de l'adjudicataire et la justification du choix de son offre, ainsi que, si elle est connue, la part du marché ou de l'accord-cadre que l'adjudicataire a l'intention ou sera tenu de sous-traiter à des tiers ;
j) le cas échéant, les raisons pour lesquelles le pouvoir adjudicateur ou l'entité adjudicatrice ont renoncé à passer un marché ou un accord-cadre.

2. Les pouvoirs adjudicateurs ou les entités adjudicatrices prennent les mesures appropriées pour documenter le déroulement des procédures d'attribution conduites par des moyens électroniques.

3. Le procès-verbal ou ses principaux éléments sont communiqués à la Commission à sa demande.

CHAPITRE VII *DÉROULEMENT DE LA PROCÉDURE*

SECTION 1 *Dispositions générales*

Art. 38 *Vérification de l'aptitude et choix des participants, attribution des marchés.*

1. L'attribution des marchés se fait sur la base des critères prévus aux articles 47 et 49, compte tenu de l'article 19, après vérification de l'aptitude des opérateurs économiques non exclus en vertu des articles 39 ou 40, effectuée par les pouvoirs adjudicateurs ou les entités adjudicatrices conformément aux critères relatifs à la capacité économique et financière, aux connaissances ou capacités professionnelles et techniques visés aux articles 41 à 46 et, le cas échéant, aux règles et critères non discriminatoires visés au paragraphe 3.

2. Les pouvoirs adjudicateurs ou les entités adjudicatrices peuvent exiger des niveaux minimaux de capacités, conformément aux articles 41 et 42, auxquels les candidats doivent satisfaire.

L'étendue des informations visées aux articles 41 et 42 ainsi que les niveaux minimaux de capacités exigés pour un marché déterminé doivent être liés et proportionnés à l'objet du marché.

Ces niveaux minimaux sont indiqués dans l'avis de marché.

3. Dans les procédures restreintes, les procédures négociées avec publication d'un avis de marché et dans le dialogue compétitif, les pouvoirs adjudicateurs ou les entités adjudicatrices peuvent restreindre le nombre de candidats appropriés qu'ils inviteront à présenter une offre ou à dialoguer. Dans ce cas :

— les pouvoirs adjudicateurs ou les entités adjudicatrices indiquent dans l'avis de marché les critères ou règles objectifs et non discriminatoires qu'ils prévoient d'utiliser, le nombre minimum de candidats qu'ils prévoient d'inviter et, le cas échéant, le nombre maximum. Le nombre minimum de candidats qu'ils prévoient d'inviter ne peut être inférieur à trois,

— ensuite, les pouvoirs adjudicateurs ou les entités adjudicatrices invitent un nombre de candidats au moins égal au nombre minimum prédéfini, à condition qu'un nombre suffisant de candidats appropriés soit disponible.

Lorsque le nombre de candidats satisfaisant aux critères de sélection et aux niveaux minimaux de capacité est inférieur au nombre minimal, le pouvoir adjudicateur ou l'entité adjudicatrice peuvent continuer la procédure en invitant le ou les candidats ayant les capacités requises.

Lorsque le pouvoir adjudicateur ou l'entité adjudicatrice estiment que le nombre de candidats appropriés est trop restreint pour assurer une véritable concurrence, ils peuvent suspendre la procédure et publier à nouveau, conformément à l'article 30, paragraphe 2, et à l'article 32, l'avis de marché initial en fixant un nouveau délai pour l'introduction des demandes de participation. Dans ce cas, les candidats sélectionnés à la suite de la première publication et ceux sélectionnés à la suite de la deuxième publication sont invités conformément à l'article 34. Cette option ne porte pas atteinte à la faculté du pouvoir adjudicateur ou de l'entité adjudicatrice d'annuler la procédure d'achat en cours et de lancer une nouvelle procédure.

4. Dans le cadre d'une procédure de passation, le pouvoir adjudicateur ou l'entité adjudicatrice ne peuvent pas inclure des opérateurs économiques autres que ceux qui ont introduit une demande de participation ou des candidats n'ayant pas les capacités requises.

5. Lorsque les pouvoirs adjudicateurs ou les entités adjudicatrices recourent à la faculté de réduire le nombre de solutions à discuter ou d'offres à négocier, prévue à l'article 26, paragraphe 3, et à l'article 27, paragraphe 4, ils effectuent cette réduction en appliquant les cri-

tères d'attribution qu'ils ont indiqués dans l'avis de marché ou dans le cahier des charges. Dans la phase finale, ce nombre doit permettre d'assurer une véritable concurrence, pour autant qu'il y ait un nombre suffisant de solutions ou de candidats appropriés.

SECTION 2 *Critères de sélection qualitative*

Art. 39 *Situation personnelle du candidat ou soumissionnaire.*

1. Est exclu de la participation à un marché public tout candidat ou soumissionnaire ayant fait l'objet d'une condamnation prononcée par un jugement définitif, dont le pouvoir adjudicateur ou l'entité adjudicatrice ont connaissance, pour une ou plusieurs des raisons énumérées ci-dessous :

a) participation à une organisation criminelle telle que définie à l'article 2, paragraphe 1, de l'action commune 98/733/JAI [*Action commune 98/733/JAI du 21 déc. 1998 adoptée par Conseil sur la base de l'art. K. 3 du traité sur l'Union européenne, relative à l'incrimination de la participation à une organisation criminelle dans les États membres de l'Union européenne (JO L 351 du 29 déc. 1998, p. 1)*] ;

b) corruption, telle que définie à l'article 3 de l'acte du 26 mai 1997 [*Acte du Conseil du 26 mai 1997 établissant la convention établie sur la base de l'art. K. 3, paragraphe 2, point c, du traité sur l'Union européenne, relative à la lutte contre la corruption impliquant des fonctionnaires des Communautés européennes ou des fonctionnaires des États membres de l'Union européenne (JO C 195 du 25 juin 1997, p. 1)*] et à l'article 2, paragraphe 1, de la décision-cadre 2003/568/JAI [*Décis.-cadre 2003/568/JAI du Conseil du 22 juill. 2003 relative à la lutte contre la corruption dans le secteur privé (JO L 192 du 31 juill. 2003, p. 54)*] ;

c) fraude au sens de l'article 1er de la convention relative à la protection des intérêts financiers des Communautés européennes [*JO C 316 du 27 nov. 1995, p. 49*] ;

d) infraction terroriste ou infraction liée aux activités terroristes, telles que définies respectivement à l'article 1er et à l'article 3 de la décision-cadre 2002/475/JAI [*Décision-cadre du Conseil 2002/475/JAI du 13 juin 2002 relative à la lutte contre le terrorisme (JO L 164 du 22 juin 2002, p. 3)*] ou incitation, aide, complicité ou tentative de commettre de tels actes, telles que visées à l'article 4 de ladite décision-cadre ;

e) blanchiment de capitaux et financement du terrorisme tels que définis à l'article 1er de la directive 2005/60/CE [*Dir. 2005/60/CE du Parlement européen et du Conseil du 26 oct. 2005 relative à la prévention de l'utilisation du système financier à des fins du blanchiment de capitaux et du financement du terrorisme (JO L 309 du 25 nov. 2005, p. 15)*].

Les États membres précisent, conformément à leur droit national et dans le respect du droit communautaire, les conditions d'application du présent paragraphe.

Ils peuvent prévoir une dérogation à l'obligation visée au premier alinéa pour des exigences impératives d'intérêt général.

Aux fins de l'application du présent paragraphe, les pouvoirs adjudicateurs ou les entités adjudicatrices demandent, le cas échéant, aux candidats ou soumissionnaires de fournir les documents visés au paragraphe 3 et peuvent, lorsqu'ils ont des doutes sur la situation personnelle de ces candidats ou soumissionnaires, s'adresser aux autorités compétentes pour obtenir les informations sur la situation personnelle de ces candidats ou soumissionnaires qu'ils estiment nécessaires. Lorsque les informations concernent un candidat ou soumissionnaire établi dans un autre État que celui du pouvoir adjudicateur ou de l'entité adjudicatrice, le pouvoir adjudicateur ou l'entité adjudicatrice peuvent demander la coopération des autorités compétentes. Suivant la législation nationale de l'État membre où les candidats ou soumissionnaires sont établis, ces demandes porteront sur les personnes morales et/ou sur les personnes physiques, y compris, le cas échéant, les chefs d'entreprise ou toute personne ayant le pouvoir de représentation, de décision ou de contrôle du candidat ou du soumissionnaire.

2. Peut être exclu de la participation à un marché, tout opérateur économique :

a) qui est en état de faillite, de liquidation, de règlement judiciaire, de concordat préventif ou de cessation d'activité, ou dans toute situation analogue résultant d'une procédure de même nature existant dans les législations et réglementations nationales ;

b) qui fait l'objet d'une procédure de déclaration de faillite, de règlement judiciaire, de liquidation, de concordat préventif ou de toute autre procédure de même nature existant dans les législations et réglementations nationales ;

c) qui a fait l'objet d'un jugement ayant autorité de chose jugée selon les dispositions légales du pays et constatant un délit affectant sa moralité professionnelle, tel que, par exemple, la violation de la législation en matière d'exportation d'équipements de défense et/ou de sécurité ;

d) qui, en matière professionnelle, a commis une faute grave constatée par tout moyen dont les pouvoirs adjudicateurs ou les entités adjudicatrices pourront justifier, telle que, par exemple, la violation de ses obligations en matière de sécurité de l'information ou de sécurité d'approvisionnement lors d'un marché précédent ;

e) au sujet duquel il est établi par tout moyen de preuve, le cas échéant par des sources de données protégées, qu'il ne possède pas la fiabilité nécessaire pour éviter des atteintes à la sécurité de l'État membre ;

f) qui n'est pas en règle avec ses obligations relatives au paiement des cotisations de sécurité sociale selon les dispositions légales du pays où il est établi ou celles du pays du pouvoir adjudicateur ou de l'entité adjudicatrice ;

g) qui n'est pas en règle avec ses obligations relatives au paiement de ses impôts et taxes selon les dispositions légales du pays où il est établi ou celles du pays du pouvoir adjudicateur ou de l'entité adjudicatrice ;

h) qui s'est rendu gravement coupable de fausses déclarations en fournissant les renseignements exigibles en application de la présente section ou qui n'a pas fourni ces renseignements.

Les États membres précisent, conformément à leur droit national et dans le respect du droit communautaire, les conditions d'application du présent paragraphe.

3. Les pouvoirs adjudicateurs ou les entités adjudicatrices acceptent comme preuve suffisante attestant que l'opérateur économique ne se trouve pas dans les cas visés au paragraphe 1 et au paragraphe 2, points a), b), c), f) et g) :

a) pour le paragraphe 1 et le paragraphe 2, points a), b) et c), la production d'un extrait du casier judiciaire ou, à défaut, d'un document équivalent délivré par l'autorité judiciaire ou administrative compétente du pays d'origine ou de provenance et dont il résulte que ces exigences sont satisfaites ;

b) pour le paragraphe 2, points f) et g), un certificat délivré par l'autorité compétente de l'État membre concerné.

Lorsque le pays concerné ne délivre pas les documents ou certificats en question, ou lorsque les documents ne couvrent pas tous les cas visés au paragraphe 1 et au paragraphe 2, points a), b) et c), ils peuvent être remplacés par une déclaration sous serment ou, dans les États membres où un tel serment n'existe pas, par une déclaration solennelle faite par l'intéressé devant l'autorité judiciaire ou administrative compétente, un notaire ou un organisme professionnel qualifié du pays d'origine ou de provenance.

4. Les États membres désignent les autorités et organismes compétents pour la délivrance des documents, certificats ou déclarations visés au paragraphe 3 et en informent la Commission. Cette communication ne porte pas préjudice au droit applicable en matière de protection des données.

Art. 40 *Aptitude à exercer l'activité professionnelle.*

Lorsque, pour exercer son activité, le candidat doit être inscrit, dans son pays d'origine ou dans son lieu d'établissement, à un registre de la profession ou à un registre du commerce, il peut être invité à justifier de son inscription à un tel registre ou à fournir une déclaration sous serment ou un certificat ainsi qu'il est indiqué à l'annexe VII, partie A pour les marchés de travaux, partie B pour les marchés de fournitures et partie C pour les marchés de services. Les listes qui figurent à l'annexe VII ont une valeur indicative. Les États membres notifient à la Commission et aux autres États membres les modifications qu'ils ont introduites au niveau des registres et des modalités de preuve qui figurent dans ces listes.

Dans les procédures de passation des marchés de services, lorsque les candidats ont besoin d'une autorisation spécifique ou doivent être membres d'une organisation spécifique pour pouvoir fournir dans leur pays d'origine le service concerné, le pouvoir adjudicateur ou l'entité adjudicatrice peuvent leur demander de prouver qu'ils possèdent cette autorisation ou qu'ils appartiennent à cette organisation.

Le présent article ne porte pas préjudice au droit communautaire applicable en matière de liberté d'établissement et de libre prestation de services.

Art. 41 *Capacité économique et financière.*

1. La justification de la capacité économique et financière d'un opérateur économique peut, en règle générale, être constituée par une ou plusieurs des références suivantes :

a) des déclarations appropriées de banques ou, le cas échéant, la preuve d'une assurance des risques professionnels ;

b) la présentation des bilans ou d'extraits des bilans, dans les cas où la publication des bilans est prescrite par la législation du pays où l'opérateur économique est établi ;

c) une déclaration concernant le chiffre d'affaires global et, le cas échéant, le chiffre d'affaires du domaine d'activité faisant l'objet du marché, pour au maximum les trois derniers exercices disponibles en fonction de la date de création ou du début d'activité de l'opérateur économique, dans la mesure où les informations sur ces chiffres d'affaires sont disponibles.

2. Un opérateur économique peut, le cas échéant et pour un marché déterminé, faire valoir les capacités d'autres entités, quelle que soit la nature juridique des liens existant entre lui-même et ces entités. Il doit, dans ce cas, prouver au pouvoir adjudicateur ou à l'entité adjudicatrice qu'il disposera des moyens nécessaires, par exemple, par la production de l'engagement de ces entités à cet effet.

3. Dans les mêmes conditions, un groupement d'opérateurs économiques visé à l'article 4 peut faire valoir les capacités des participants au groupement ou d'autres entités.

4. Les pouvoirs adjudicateurs ou les entités adjudicatrices précisent, dans l'avis de marché celle ou celles des références visées au paragraphe 1 qu'ils ont choisies ainsi que les autres références probantes qui doivent être produites.

5. Si, pour une raison justifiée, l'opérateur économique n'est pas en mesure de produire les références demandées par le pouvoir adjudicateur ou l'entité adjudicatrice, il est autorisé à prouver sa capacité économique et financière par tout autre document considéré comme approprié par le pouvoir adjudicateur ou l'entité adjudicatrice.

Art. 42 *Capacités techniques et/ou professionnelles.*

1. Les capacités techniques des opérateurs économiques peuvent, en règle générale, être prouvées d'une ou de plusieurs des façons suivantes, selon la nature, la quantité ou l'importance, et l'utilisation des travaux, des fournitures ou des services :

a) i) la présentation de la liste des travaux exécutés au cours des cinq dernières années, cette liste étant appuyée de certificats de bonne exécution pour les travaux les plus importants. Ces certificats indiquent le montant, l'époque et le lieu d'exécution des travaux et précisent s'ils ont été effectués selon les règles de l'art et menés régulièrement à bonne fin ; le cas échéant, ces certificats sont transmis directement par l'autorité compétente au pouvoir adjudicateur ou à l'entité adjudicatrice ;

ii) la présentation d'une liste des principales livraisons ou des principaux services effectués, en règle générale, au cours des cinq dernières années, indiquant le montant, la date et le destinataire public ou privé. Les livraisons et les prestations de services sont prouvées :

— lorsque le destinataire a été un pouvoir adjudicateur ou une entité adjudicatrice, par des certificats émis ou contresignés par l'autorité compétente,

— lorsque le destinataire a été un acheteur privé, par une certification de l'acheteur ou, à défaut, simplement par une déclaration de l'opérateur économique ;

b) l'indication des techniciens ou des organismes techniques, qu'ils soient ou non intégrés à l'entreprise de l'opérateur économique, en particulier de ceux qui sont responsables du contrôle de la qualité et, lorsqu'il s'agit de marchés de travaux, dont l'entrepreneur disposera pour l'exécution de l'ouvrage ;

c) une description de l'équipement technique, des mesures employées par l'opérateur économique pour s'assurer de la qualité et des moyens d'étude et de recherche de son entreprise ainsi que des règles internes en matière de propriété intellectuelle ;

d) un contrôle effectué par les pouvoirs adjudicateurs ou les entités adjudicatrices ou, au nom de ceux-ci, par un organisme officiel compétent du pays dans lequel l'opérateur économique est établi, sous réserve de l'accord de cet organisme ; ce contrôle porte sur les capacités de production du fournisseur ou sur la capacité technique de l'opérateur économique et, si nécessaire, sur les moyens d'étude et de recherche dont il dispose ainsi que sur les mesures qu'il prend pour contrôler la qualité ;

e) en cas de marchés de travaux, de services ou de fournitures comportant également des travaux de pose et d'installation ou des prestations de services, l'indication des diplômes et qualifications professionnelles de l'opérateur économique et/ou des cadres de l'entreprise et, en particulier, du ou des responsables de la prestation de services ou de la conduite des travaux ;

f) pour les marchés de travaux et de services et uniquement dans les cas appropriés, l'indication des mesures de gestion environnementale que l'opérateur économique pourra appliquer lors de la réalisation du marché ;

g) une déclaration indiquant les effectifs moyens annuels du prestataire de services ou de l'entrepreneur et les effectifs du personnel d'encadrement pendant les trois dernières années ;

h) une description de l'outillage, du matériel et de l'équipement technique, des effectifs du personnel et de son savoir-faire et/ou des sources d'approvisionnement avec une indication de l'implantation géographique lorsqu'elle se trouve hors du territoire de l'Union, dont l'opérateur économique dispose pour exécuter le marché, faire face à d'éventuelles augmentations des besoins du pouvoir adjudicateur ou de l'entité adjudicatrice par suite d'une crise ou assurer la maintenance, la modernisation ou les adaptations des fournitures faisant l'objet du marché ;

i) en ce qui concerne les produits à fournir, la présentation des éléments suivants :

i) des échantillons, descriptions et/ou photographies dont l'authenticité doit pouvoir être certifiée à la demande du pouvoir adjudicateur ou de l'entité adjudicatrice ;

ii) des certificats établis par des instituts ou services officiels chargés du contrôle de la qualité et dont la compétence est reconnue, attestant la conformité de produits bien identifiée par des références à certaines spécifications ou normes ;

j) lorsqu'il s'agit de marchés publics qui font intervenir, nécessitent ou comportent des informations classifiées, des preuves justifiant la capacité de traiter, stocker et transmettre ces informations au niveau de protection exigé par le pouvoir adjudicateur ou l'entité adjudicatrice.

En l'absence d'harmonisation au niveau communautaire des systèmes nationaux d'habilitation de sécurité, les États membres peuvent prévoir que ces justifications doivent être conformes à leurs dispositions nationales applicables en matière d'habilitation de sécurité. Les États membres reconnaissent les habilitations de sécurité qu'ils jugent équivalentes à celles qui sont délivrées conformément à leur législation nationale, sans préjudice de la possibilité de procéder à leurs propres enquêtes et d'en tenir compte si cela est jugé nécessaire.

Le pouvoir adjudicateur ou l'entité adjudicatrice peuvent, le cas échéant, accorder aux candidats qui ne sont pas encore habilités des délais supplémentaires pour obtenir une habilitation de sécurité. Dans ce cas, il indique cette possibilité ainsi que les délais dans l'avis de marché.

Le pouvoir adjudicateur ou l'entité adjudicatrice peuvent demander à l'autorité nationale de sécurité de l'État du candidat ou à l'autorité de sécurité désignée de cet État de vérifier la conformité des locaux et installations susceptibles d'être utilisés, les procédures industrielles et administratives qui seront suivies, les modalités de gestion de l'information et/ou la situation du personnel susceptible d'être employé pour l'exécution du marché.

2. Un opérateur économique peut, le cas échéant et pour un marché déterminé, faire valoir les capacités d'autres entités, quelle que soit la nature juridique des liens existant entre lui-même et ces entités. Il doit, dans ce cas, prouver au pouvoir adjudicateur ou à l'entité adjudicatrice que, pour l'exécution du marché, il disposera des moyens nécessaires, par exemple, par la production de l'engagement de ces entités de mettre à la disposition de l'opérateur économique les moyens nécessaires.

3. Dans les mêmes conditions, un groupement d'opérateurs économiques visé à l'article 5 peut faire valoir les capacités des participants au groupement ou d'autres entités.

4. Dans les procédures de passation des marchés ayant pour objet des fournitures nécessitant des travaux de pose ou d'installation, la prestation de services et/ou l'exécution de travaux, la capacité des opérateurs économiques de fournir les services ou d'exécuter l'installation ou les travaux peut être évaluée en vertu notamment de leur savoir-faire, de leur efficacité, de leur expérience et de leur fiabilité.

5. Le pouvoir adjudicateur ou l'entité adjudicatrice précisent dans l'avis celles des références visées au paragraphe 1 qu'ils ont choisies ainsi que les autres références qui doivent être fournies.

6. Si, pour une raison justifiée, l'opérateur économique n'est pas en mesure de produire les références demandées par le pouvoir adjudicateur ou l'entité adjudicatrice, il est autorisé à prouver ses capacités techniques et/ou professionnelles par tout autre moyen considéré comme approprié par le pouvoir adjudicateur ou l'entité adjudicatrice.

Art. 43 *Normes des systèmes de gestion de la qualité.*

Au cas où ils demandent la production de certificats établis par des organismes accrédités *indépendants, attestant que l'*opérateur économique se conforme à certaines normes des systèmes de gestion de la qualité, les pouvoirs adjudicateurs ou les entités adjudicatrices se reportent aux systèmes de gestion de la qualité fondés sur les normes européennes en la matière certifiées par des organismes accrédités indépendants conformes aux normes européennes en matière d'accréditation et de certification. Ils reconnaissent les certificats équivalents d'organismes accrédités indépendants établis dans d'autres États membres. Ils acceptent également d'autres preuves de systèmes équivalents de gestion de la qualité produites par les opérateurs économiques.

Art. 44 *Normes de gestion environnementale.*

Lorsque les pouvoirs adjudicateurs ou les entités adjudicatrices, dans les cas visés à l'article 42, paragraphe 1, point f), demandent la production de certificats établis par des organismes indépendants, attestant que l'opérateur économique se conforme à certaines normes de gestion environnementale, ils se reportent au système communautaire de management environnemental et d'audit (EMAS) ou aux normes de gestion environnementale fondées sur les normes européennes ou internationales en la matière et certifiées par des organismes conformes à la législation communautaire ou aux normes européennes ou internationales concernant la certification. Ils reconnaissent les certificats équivalents d'organismes établis dans d'autres États membres. Ils acceptent également d'autres preuves de mesures équivalentes de gestion environnementale produites par les opérateurs économiques.

Art. 45 *Documentation et renseignements complémentaires.*

Le pouvoir adjudicateur ou l'entité adjudicatrice peuvent inviter les opérateurs économiques à compléter ou à expliciter les certificats et documents présentés en application des articles 39 à 44.

Art. 46 *Listes officielles d'opérateurs économiques agréés et certification par des organismes de droit public ou privé.*

1. Les États membres peuvent instaurer soit des listes officielles d'entrepreneurs, de fournisseurs ou de prestataires de services agréés soit une certification par des organismes de certification publics ou privés.

Les États membres adaptent les conditions d'inscription sur ces listes ainsi que celles applicables à la délivrance de certificats par les organismes de certification aux dispositions de l'article 39, paragraphe 1, et paragraphe 2, points a) à d) et h), de l'article 40, de l'article 41, paragraphes 1, 4 et 5, de l'article 42, paragraphe 1, points a) à i), et paragraphes 2 et 4, de l'article 43 et, le cas échéant, de l'article 44.

Les États membres les adaptent également à l'article 41, paragraphe 2, et à l'article 42, paragraphe 2, pour les demandes d'inscription présentées par des opérateurs économiques faisant partie d'un groupe et faisant valoir des moyens mis à leur disposition par les autres sociétés du groupe. Ces opérateurs doivent prouver, dans ce cas, à l'autorité établissant la liste officielle qu'ils disposeront de ces moyens pendant toute la durée de validité du certificat attestant leur inscription à la liste officielle et que ces sociétés doivent continuer à remplir, pendant cette même durée, les exigences en matière de sélection qualitative prévues aux articles visés au deuxième alinéa dont ces opérateurs se prévalent pour leur inscription.

2. Les opérateurs économiques inscrits sur les listes officielles ou ayant un certificat peuvent présenter au pouvoir adjudicateur ou à l'entité adjudicatrice, à l'occasion de chaque marché, un certificat d'inscription délivré par l'autorité compétente ou le certificat délivré par l'organisme de certification compétent. Ces certificats indiquent les références qui ont permis leur inscription sur la liste ou l'obtention de la certification, ainsi que la classification que cette liste comporte.

3. L'inscription certifiée par les organismes compétents sur les listes officielles ou le certificat délivré par l'organisme de certification ne constituent une présomption d'aptitude, à l'égard des pouvoirs adjudicateurs ou des entités adjudicatrices des autres États membres, que par rapport à l'article 39, paragraphe 1 et paragraphe 2, points a) à d) et h), à l'article 40, à l'article 41, paragraphe 1, points b) et c), et à l'article 42, paragraphe 1, points a) i) et b) à g), pour les entrepreneurs, paragraphe 1, points a) ii), b) à e), et i), pour les fournisseurs, et paragraphe 1, points a) ii), b) à e) et g), pour les prestataires de services.

4. Les renseignements qui peuvent être déduits de l'inscription sur des listes officielles ou de la certification ne peuvent être mis en cause sans justification. En ce qui concerne le versement des cotisations de sécurité sociale et le paiement des impôts et taxes, une attestation supplémentaire peut être exigée, à l'occasion de chaque marché, de tout opérateur économique.

Le bénéfice du paragraphe 3 et du premier alinéa du présent paragraphe n'est accordé par les pouvoirs adjudicateurs ou les entités adjudicatrices des autres États membres qu'aux opérateurs économiques établis dans l'État membre qui a dressé la liste officielle.

5. Pour l'inscription des opérateurs économiques des autres États membres sur une liste officielle ou pour leur certification par les organismes visés au paragraphe 1, il ne peut être exigé d'autres preuves et déclarations que celles demandées aux opérateurs économiques nationaux et, en tout cas, pas d'autres que celles prévues aux articles 39 à 43 et, le cas échéant, à l'article 44.

Toutefois, une telle inscription ou certification ne peut pas être imposée aux opérateurs économiques des autres États membres en vue de leur participation à un marché. Les pouvoirs adjudicateurs ou les entités adjudicatrices reconnaissent les certificats équivalents des organismes établis dans d'autres États membres. Ils acceptent également d'autres moyens de preuve équivalents.

6. Les opérateurs économiques peuvent demander à tout moment leur inscription sur une liste officielle ou la délivrance d'un certificat. Ils doivent être informés dans un délai raison-

nablement court de la décision de l'autorité établissant la liste ou de l'organisme de certification compétent.

7. Les organismes de certification visés au paragraphe 1 sont des organismes qui satisfont aux normes européennes en matière de certification.

8. Les États membres qui ont des listes officielles ou des organismes de certification visés au paragraphe 1 sont tenus de communiquer à la Commission et aux autres États membres l'adresse de l'organisme auprès duquel les demandes peuvent être présentées.

SECTION 3 *Attribution des marchés*

Art. 47 *Critères d'attribution des marchés.*

1. Sans préjudice des dispositions législatives, réglementaires ou administratives nationales relatives à la rémunération de certains services, les critères sur lesquels les pouvoirs adjudicateurs ou les entités adjudicatrices se fondent pour attribuer les marchés sont :

a) soit, lorsque l'attribution se fait à l'offre économiquement la plus avantageuse du point de vue du pouvoir adjudicateur ou de l'entité adjudicatrice, divers critères liés à l'objet du marché en question : par exemple, la qualité, le prix, la valeur technique, les caractéristiques fonctionnelles ou environnementales, le coût d'utilisation, les coûts au long du cycle de vie, la rentabilité, le service après-vente et l'assistance technique, la date de livraison et le délai de livraison ou d'exécution, la sécurité d'approvisionnement, l'interopérabilité et les caractéristiques opérationnelles ;

b) soit uniquement le critère du prix le plus bas.

2. Sans préjudice du troisième alinéa, dans le cas prévu au paragraphe 1, point a), le pouvoir adjudicateur ou l'entité adjudicatrice précisent dans les documents du marché (avis de marché, cahier des charges, documents descriptifs ou documents complémentaires) la pondération relative qu'ils confèrent à chacun des critères choisis pour déterminer l'offre économiquement la plus avantageuse.

La pondération peut être exprimée en prévoyant une fourchette dont l'écart maximal doit être approprié.

Lorsque, d'après l'avis du pouvoir adjudicateur ou de l'entité adjudicatrice, la pondération n'est pas possible pour des raisons démontrables, ils indiquent dans les documents du marché (avis de marché, cahier des charges, documents descriptifs ou documents complémentaires) l'ordre décroissant d'importance des critères.

Art. 48 *Utilisation d'enchères électroniques.*

1. Les États membres peuvent prévoir la possibilité pour les pouvoirs adjudicateurs ou les entités adjudicatrices de recourir à des enchères électroniques.

2. Dans les procédures restreintes et les procédures négociées avec publication d'un avis de marché, les pouvoirs adjudicateurs ou les entités adjudicatrices peuvent décider que l'attribution d'un marché sera précédée d'une enchère électronique lorsque les spécifications du marché peuvent être établies de manière précise.

Dans les mêmes conditions, l'enchère électronique peut être utilisée lors de la remise en concurrence des parties à un accord-cadre visé à l'article 29, paragraphe 4, deuxième alinéa, deuxième tiret.

L'enchère électronique porte :

— sur les seuls prix lorsque le marché est attribué au prix le plus bas, ou

— sur les prix et/ou les nouvelles valeurs des éléments des offres indiqués dans le cahier des charges lorsque le marché est attribué à l'offre économiquement la plus avantageuse.

3. Les pouvoirs adjudicateurs ou les entités adjudicatrices qui décident de recourir à une enchère électronique en font mention dans l'avis de marché.

Les documents de marché comportent, entre autres, les informations suivantes :

a) les éléments dont les valeurs feront l'objet de l'enchère électronique, pour autant que ces éléments soient quantifiables de manière à être exprimés en chiffres ou en pourcentages ;

b) les limites éventuelles des valeurs qui pourront être présentées, telles qu'elles résultent des spécifications de l'objet du marché ;

c) les informations qui seront mises à la disposition des soumissionnaires au cours de l'enchère électronique et à quel moment elles seront, le cas échéant, mises à leur disposition ;

d) les informations pertinentes sur le déroulement de l'enchère électronique ;

e) les conditions dans lesquelles les soumissionnaires pourront enchérir et notamment les écarts minimaux qui, le cas échéant, seront exigés pour enchérir ;

f) les informations pertinentes sur le dispositif électronique utilisé et sur les modalités et spécifications techniques de connexion.

4. Avant de procéder à l'enchère électronique, les pouvoirs adjudicateurs ou les entités adjudicatrices effectuent une première évaluation complète des offres conformément aux critères d'attribution et à leur pondération tels qu'ils ont été fixés.

Tous les soumissionnaires ayant présenté des offres recevables sont invités simultanément par des moyens électroniques à présenter de nouveaux prix ou de nouvelles valeurs ; l'invitation contient toutes les informations pertinentes pour la connexion individuelle au dispositif électronique utilisé et précise la date et l'heure du début de l'enchère électronique. L'enchère électronique peut se dérouler en plusieurs phases successives. L'enchère électronique ne peut débuter au plus tôt que deux jours ouvrables à compter de la date d'envoi des invitations.

5. Lorsque l'attribution est faite sur la base de l'offre économiquement la plus avantageuse, l'invitation est accompagnée par le résultat de l'évaluation complète de l'offre du soumissionnaire concerné, effectuée conformément à la pondération prévue à l'article 47, paragraphe 2, premier alinéa.

L'invitation mentionne également la formule mathématique qui déterminera lors de l'enchère électronique les reclassements automatiques en fonction des nouveaux prix ou des nouvelles valeurs présentés. Cette formule intègre la pondération de tous les critères fixés pour déterminer l'offre économiquement la plus avantageuse, telle qu'indiquée dans l'avis de marché ou dans le cahier des charges ; à cette fin, les éventuelles fourchettes doivent être exprimées au préalable par une valeur déterminée.

Dans le cas où des variantes sont autorisées, des formules sont fournies séparément pour chaque variante.

6. Au cours de chaque phase de l'enchère électronique, les pouvoirs adjudicateurs ou les entités adjudicatrices communiquent instantanément à tous les soumissionnaires au moins les informations qui leur permettent de connaître à tout moment leur classement respectif. Ils peuvent également communiquer d'autres informations concernant d'autres prix ou valeurs présentés à condition que cela soit indiqué dans le cahier de charges. Ils peuvent également, à tout moment, annoncer le nombre des participants à la phase de l'enchère. Cependant, en aucun cas ils ne peuvent divulguer l'identité des soumissionnaires pendant le déroulement des phases de l'enchère électronique.

7. Les pouvoirs adjudicateurs ou les entités adjudicatrices clôturent l'enchère électronique selon une ou plusieurs des modalités suivantes :

a) aux date et heure fixées au préalable, indiquées dans l'invitation à participer à l'enchère ;

b) lorsqu'ils ne reçoivent plus de nouveaux prix ou de nouvelles valeurs répondant aux exigences relatives aux écarts minimaux. Dans ce cas, les pouvoirs adjudicateurs ou les entités adjudicatrices précisent dans l'invitation à participer à l'enchère le délai qu'ils laisseront s'écouler à partir de la réception de la dernière présentation avant de clôturer l'enchère électronique ;

c) lorsque les phases d'enchère, fixées dans l'invitation à participer à l'enchère, ont été réalisées.

Lorsque les pouvoirs adjudicateurs ou les entités adjudicatrices ont décidé de clôturer l'enchère électronique conformément au point c), le cas échéant en combinaison avec les modalités prévues au point b), l'invitation à participer à l'enchère indique les calendriers de chaque phase d'enchère.

8. Après avoir clôturé l'enchère électronique, les pouvoirs adjudicateurs ou les entités adjudicatrices attribuent le marché conformément à l'article 47, en fonction des résultats de l'enchère électronique.

Les pouvoirs adjudicateurs ou les entités adjudicatrices ne peuvent recourir aux enchères électroniques de façon abusive ou de manière à empêcher, restreindre ou fausser la concurrence ou de manière à modifier l'objet du marché, tel qu'il a été mis en concurrence par la publication de l'avis de marché et défini dans le cahier des charges.

Art. 49 *Offres anormalement basses.*

1. Si, pour un marché donné, des offres concernant des biens, des travaux ou services apparaissent *anormalement basses* par rapport à la prestation, le pouvoir adjudicateur ou l'entité adjudicatrice, avant de pouvoir rejeter ces offres, demandent, par écrit, les précisions sur la composition de l'offre qu'ils jugent opportunes.

Ces précisions peuvent concerner notamment :

a) l'économie du procédé de construction, du procédé de fabrication des produits ou de la prestation des services ;

b) les solutions techniques adoptées ou les conditions exceptionnellement favorables dont dispose le soumissionnaire pour exécuter les travaux, ou pour fournir les produits ou les services ;

c) l'originalité des travaux, des fournitures ou des services proposés par le soumissionnaire ;

d) le respect des dispositions concernant la protection de l'emploi et les conditions de travail en vigueur au lieu où la prestation est à réaliser ;

e) l'obtention éventuelle d'une aide d'État par le soumissionnaire.

2. Le pouvoir adjudicateur ou l'entité adjudicatrice vérifient, en consultant le soumissionnaire, cette composition en tenant compte des justifications fournies.

3. Le pouvoir adjudicateur ou l'entité adjudicatrice qui constatent qu'une offre est anormalement basse du fait de l'obtention d'une aide d'État par le soumissionnaire ne peuvent rejeter cette offre pour ce seul motif que s'ils consultent le soumissionnaire et si celui-ci n'est pas en mesure de démontrer, dans un délai suffisant fixé par le pouvoir adjudicateur ou l'entité adjudicatrice, que l'aide en question a été octroyée légalement. Le pouvoir adjudicateur ou l'entité adjudicatrice qui rejettent une offre dans ces conditions en informent la Commission.

TITRE III RÈGLES APPLICABLES AUX CONTRATS DE SOUS-TRAITANCE

CHAPITRE I *CONTRATS DE SOUS-TRAITANCE PASSÉS PAR LES ADJUDICATAIRES DE MARCHÉS PUBLICS QUI NE SONT PAS DES POUVOIRS ADJUDICATEURS OU DES ENTITÉS ADJUDICATRICES*

Art. 50 *Champ d'application.*

1. Lorsque le présent titre s'applique conformément à l'article 21, paragraphes 3 et 4, les États membres prennent les mesures nécessaires pour que les adjudicataires de marchés publics qui ne sont pas des pouvoirs adjudicateurs ni des entités adjudicatrices appliquent les règles figurant aux articles 51 à 53 lorsqu'ils sous-traitent des marchés à des tiers.

2. Aux fins du paragraphe 1, ne sont pas considérées comme des tiers les entreprises qui se sont groupées pour obtenir le marché ni les entreprises qui leur sont liées.

Le soumissionnaire joint à son offre pour le marché public la liste exhaustive de ces entreprises. Cette liste est mise à jour en fonction des modifications qui interviennent dans les relations entre les entreprises.

Art. 51 *Principes.*

Le soumissionnaire retenu agit dans la transparence et traite les sous-traitants potentiels sur un pied d'égalité et de manière non discriminatoire.

Art. 52 *Seuils et règles en matière de publicité.*

1. Lorsqu'un soumissionnaire retenu, qui n'est pas un pouvoir adjudicateur ni une entité adjudicatrice, passe un contrat de sous-traitance dont la valeur estimée hors TVA n'est pas inférieure aux seuils fixés à l'article 8, il fait connaître son intention au moyen d'un avis.

2. Les avis de sous-traitance comportent les informations mentionnées à l'annexe V et tout autre renseignement jugé utile par le soumissionnaire retenu, le cas échéant avec l'accord du pouvoir adjudicateur ou de l'entité adjudicatrice.

Les avis de sous-traitance sont rédigés selon le format des formulaires standard adoptés par la Commission conformément à la procédure consultative visée à l'article 67, paragraphe 2.

3. Les avis de sous-traitance sont publiés conformément à l'article 32, paragraphes 2 à 5.

4. Aucun avis de sous-traitance n'est toutefois nécessaire lorsqu'un contrat de sous-traitance remplit les conditions visées à l'article 28.

5. Les soumissionnaires retenus peuvent publier, conformément à l'article 32, des avis concernant des contrats de sous-traitance dont la publication n'est pas obligatoire.

6. Les États membres peuvent également disposer que le soumissionnaire retenu peut satisfaire aux exigences relatives à la sous-traitance visées à l'article 21, paragraphes 3 ou 4, en attribuant des contrats de sous-traitance sur la base d'un accord-cadre conclu conformément aux règles énoncées aux articles 51 et 53 et dans les paragraphes 1 à 5 du présent article.

Les contrats de sous-traitance basés sur un accord-cadre sont attribués dans les limites des conditions fixées dans l'accord-cadre. Ils ne peuvent être attribués qu'aux opérateurs économiques qui étaient parties, à l'origine, à l'accord-cadre. Lors de la passation des marchés, les parties proposent, en toutes circonstances, des conditions cohérentes avec celles de l'accord-cadre.

La durée d'un accord-cadre ne peut pas dépasser sept ans, sauf dans des circonstances exceptionnelles déterminées en tenant compte de la durée de vie prévue des objets, installations ou systèmes livrés, ainsi que des difficultés techniques que peut occasionner un changement de fournisseur.

Les accords-cadres ne peuvent être utilisés de façon abusive ou de manière à empêcher, à restreindre ou à fausser la concurrence.

7. Pour la passation des contrats de sous-traitance dont la valeur hors TVA est estimée inférieure aux seuils fixés à l'article 8, les soumissionnaires retenus appliquent les principes du traité relatifs à la transparence et à la concurrence.

8. L'article 9 s'applique au calcul de la valeur estimée des contrats de sous-traitance.

Art. 53 *Critères de sélection qualitative des sous-traitants.*

Dans l'avis de sous-traitance, le soumissionnaire retenu indique les critères de sélection qualitative établis par le pouvoir adjudicateur ou l'entité adjudicatrice ainsi que les autres critères éventuels qu'il applique lors de la sélection qualitative des sous-traitants. Tous ces critères sont objectifs, non discriminatoires et cohérents avec les critères appliqués par le pouvoir adjudicateur ou l'entité adjudicatrice pour la sélection des soumissionnaires pour le marché principal. Les capacités requises doivent être directement liées à l'objet du contrat de sous-traitance et les niveaux minimaux de capacités exigés doivent être proportionnés à cet objet.

Le soumissionnaire retenu n'est pas tenu de sous-traiter s'il apporte la preuve, à la satisfaction du pouvoir adjudicateur ou de l'entité adjudicatrice, qu'aucun des sous-traitants participant à la mise en concurrence ou qu'aucune des offres présentées ne satisfait aux critères figurant dans l'avis de sous-traitance, empêchant ainsi le soumissionnaire retenu de satisfaire aux exigences figurant dans le marché principal.

CHAPITRE II *CONTRATS DE SOUS-TRAITANCE PASSÉS PAR DES ADJUDICATAIRES RETENUS QUI SONT DES POUVOIRS ADJUDICATEURS OU DES ENTITÉS ADJUDICATRICES*

Art. 54 *Règles applicables.*

Lorsque les adjudicataires sont des pouvoirs adjudicateurs ou des entités adjudicatrices, ils passent leurs contrats de sous-traitance conformément aux dispositions prévues aux titres I et II pour la passation des marchés principaux.

TITRE IV RÈGLES APPLICABLES AUX RECOURS

Art. 55 *Champ d'application et accès aux procédures de recours.*

1. Les procédures de recours prévues par le présent titre s'appliquent aux marchés visés à l'article 2 de la présente directive sous réserve des exceptions prévues aux articles 12 et 13.

2. Les États membres prennent les mesures nécessaires pour garantir que les décisions prises par les pouvoirs adjudicateurs ou les entités adjudicatrices peuvent faire l'objet de recours efficaces et, en particulier, aussi rapides que possible, dans les conditions énoncées aux articles 56 à 62, au motif que ces décisions ont violé le droit communautaire en matière de marchés publics ou les règles nationales transposant ce droit.

3. Les États membres veillent à ce qu'il n'y ait, entre les entreprises susceptibles de faire valoir un préjudice dans le cadre d'une procédure d'attribution d'un marché, aucune discrimination du fait de la distinction opérée dans le présent titre entre les règles nationales transposant le droit communautaire et les autres règles nationales.

4. Les États membres s'assurent que les procédures de recours sont accessibles, selon des modalités que les États membres peuvent déterminer, au moins à toute personne ayant ou ayant eu un intérêt à obtenir un marché déterminé et ayant été ou risquant d'être lésée par une violation alléguée.

5. Les États membres peuvent exiger que la personne qui souhaite faire usage d'une procédure de recours ait informé le pouvoir adjudicateur ou l'entité adjudicatrice de la violation alléguée et de son intention d'introduire un recours, pour autant que cela n'ait pas d'incidence sur le délai de suspension visé à l'article 57, paragraphe 2, ou sur tout autre délai d'introduction d'un recours visé à l'article 59.

6. Les États membres peuvent exiger que la personne concernée introduise en premier lieu un recours auprès du pouvoir adjudicateur ou de l'entité adjudicatrice. Dans ce cas, les États membres veillent à ce que l'introduction dudit recours entraîne la suspension immédiate de la possibilité de conclure le marché.

Les États membres décident des moyens de communication adéquats, y compris les télécopieurs ou les moyens électroniques, qu'il convient d'utiliser pour introduire un recours conformément au premier alinéa.

La suspension visée au premier alinéa ne prend pas fin avant l'expiration d'un délai d'au moins dix jours calendaires à compter du lendemain du jour où le pouvoir adjudicateur ou l'entité adjudicatrice ont envoyé une réponse si un télécopieur ou un moyen électronique est utilisé, ou, si un autre moyen de communication est utilisé, avant l'expiration d'un délai d'au moins quinze jours calendaires à compter du lendemain du jour où le pouvoir adjudicateur ou l'entité adjudicatrice ont envoyé une réponse, ou d'au moins dix jours calendaires à compter du lendemain du jour de réception d'une réponse.

Art. 56 *Exigences en matière de procédure de recours.*

1. Les États membres veillent à ce que les mesures prises aux fins des procédures de recours visées à l'article 55 prévoient les pouvoirs permettant :

a) soit de prendre, dans les délais les plus brefs et par voie de référé, des mesures provisoires ayant pour but de corriger la violation alléguée ou d'empêcher qu'il soit encore porté atteinte aux intérêts concernés, y compris des mesures destinées à suspendre ou à faire suspendre la procédure de passation de marché en cause ou l'exécution de toute décision prise par le pouvoir adjudicateur ou l'entité adjudicatrice, et d'annuler ou de faire annuler les décisions illégales, y compris de supprimer les spécifications techniques, économiques ou financières discriminatoires figurant dans l'appel d'offres, le cahier des charges ou tout autre document se rapportant à la procédure de passation du marché en cause ;

b) soit de prendre, dans les délais les plus brefs, si possible par voie de référé et, si nécessaire, par une procédure définitive quant au fond, d'autres mesures que celles qui sont prévues au point a), ayant pour but de corriger la violation constatée et d'empêcher que des préjudices soient causés aux intérêts concernés, notamment d'émettre un ordre de paiement d'une somme déterminée dans le cas où l'infraction n'est pas corrigée ou évitée.

Dans les deux cas susmentionnés, les pouvoirs prévus incluent celui d'accorder des dommages et intérêts aux personnes lésées par la violation.

2. Les pouvoirs visés au paragraphe 1 et aux articles 60 et 61 peuvent être conférés à des instances distinctes responsables d'aspects différents des procédures de recours.

3. Lorsqu'une instance de premier ressort, indépendante du pouvoir adjudicateur ou de l'entité adjudicatrice, est saisie d'un recours portant sur la décision d'attribution du marché, les États membres s'assurent que le pouvoir adjudicateur ou l'entité adjudicatrice ne peuvent conclure le marché avant que l'instance de recours statue soit sur la demande de mesures provisoires soit sur le recours. La suspension prend fin au plus tôt à l'expiration du délai de suspension visé à l'article 57, paragraphe 2, et à l'article 60, paragraphes 4 et 5.

4. Sauf dans les cas prévus au paragraphe 3 du présent article et à l'article 55, paragraphe 6, les procédures de recours ne doivent pas nécessairement avoir des effets suspensifs automatiques sur les procédures de passation de marché auxquelles elles se rapportent.

5. Les États membres peuvent prévoir que l'instance responsable des procédures de recours peut tenir compte des conséquences probables des mesures provisoires pour tous les intérêts susceptibles d'être lésés, ainsi que de l'intérêt public, en particulier en matière de défense et/ou de sécurité, et décider de ne pas accorder ces mesures lorsque leurs conséquences négatives pourraient l'emporter sur leurs avantages.

La décision de ne pas accorder de mesures provisoires ne porte pas préjudice aux autres prétentions de la personne sollicitant ces mesures.

6. Les États membres peuvent prévoir que, lorsque des dommages et intérêts sont réclamés au motif que la décision a été prise illégalement, la décision contestée doit d'abord être annulée par une instance ayant la compétence nécessaire à cet effet.

7. Sauf dans les cas prévus aux articles 60 à 62, les effets de l'exercice des pouvoirs visés au paragraphe 1 du présent article sur le contrat conclu à la suite de l'attribution du marché sont déterminés par le droit national.

En outre, sauf si une décision doit être annulée préalablement à l'octroi de dommages et intérêts, un État membre peut prévoir que, après la conclusion d'un marché conformément à l'article 55, paragraphe 6, au paragraphe 3 du présent article ou aux articles 57 à 62, les pouvoirs de l'instance responsable des procédures de recours se limitent à l'octroi de dommages et intérêts à toute personne lésée par une violation.

8. Les États membres veillent à ce que les décisions prises par les instances responsables des procédures de recours puissent être exécutées de manière efficace.

9. Lorsque les instances responsables des procédures de recours ne sont pas de nature juridictionnelle, leurs décisions sont toujours motivées par écrit. En outre, dans ce cas, des dispositions doivent être prises pour garantir les procédures par lesquelles toute mesure

présumée illégale prise par l'instance de base ou tout manquement présumé dans l'exercice des pouvoirs qui lui sont conférés peuvent faire l'objet d'un recours juridictionnel ou d'un recours auprès d'une autre instance qui est une juridiction au sens de l'article 234 du traité et qui est indépendante par rapport au pouvoir adjudicateur ou à l'entité adjudicatrice, d'une part, et à l'instance de base, d'autre part.

La nomination des membres de cette instance indépendante et la cessation de leur mandat sont soumises aux mêmes conditions que celles qui sont applicables aux juges en ce qui concerne l'autorité responsable de leur nomination, la durée de leur mandat et leur révocabilité. Au moins le président de cette instance indépendante a les mêmes qualifications juridiques et professionnelles qu'un juge. Les décisions prises par l'instance indépendante ont, par les moyens déterminés par chaque État membre, des effets juridiques contraignants.

10. Les États membres veillent à ce que les instances responsables des procédures de recours garantissent un niveau de confidentialité approprié pour les informations classifiées ou autres informations contenues dans les dossiers communiqués par les parties et agissent dans le respect des intérêts en matière de défense et/ou de sécurité tout au long de la procédure.

A cette fin, les États membres peuvent décider qu'une instance particulière est seule compétente pour les recours applicables aux marchés dans les domaines de la sécurité et de la défense.

Dans tous les cas, les États membres peuvent prévoir que seuls les membres des instances de recours personnellement autorisés à traiter des informations classifiées peuvent connaître des recours impliquant de telles informations. Ils peuvent également imposer des mesures particulières de sécurité pour l'enregistrement des recours, la réception des pièces et le stockage des dossiers.

Les États membres définissent les modalités selon lesquelles les instances de recours doivent concilier la confidentialité des informations classifiées avec le respect des droits de la défense et, dans le cas d'un recours juridictionnel ou d'un recours auprès d'une instance qui est une juridiction au sens de l'article 234 du traité, afin que la procédure respecte, dans son ensemble, le droit à un procès équitable.

Art. 57 *Délai de suspension.*

1. Les États membres veillent à ce que les personnes visées à l'article 55, paragraphe 4, disposent de délais permettant des recours efficaces contre les décisions d'attribution de marché prises par les pouvoirs adjudicateurs ou les entités adjudicatrices, en adoptant les dispositions nécessaires qui respectent les conditions minimales énoncées au paragraphe 2 du présent article et à l'article 59.

2. La conclusion du marché qui suit la décision d'attribution d'un marché relevant du champ d'application de la présente directive ne peut avoir lieu avant l'expiration d'un délai d'au moins dix jours calendaires à compter du lendemain du jour où la décision d'attribution du marché a été envoyée aux soumissionnaires et candidats concernés si un télécopieur ou un moyen électronique est utilisé ou, si d'autres moyens de communication sont utilisés, avant l'expiration d'un délai d'au moins quinze jours calendaires à compter du lendemain du jour où la décision d'attribution du marché est envoyée aux soumissionnaires et candidats concernés, ou d'au moins dix jours calendaires à compter du lendemain du jour de réception de la décision d'attribution du marché.

Les soumissionnaires sont réputés concernés s'ils n'ont pas encore été définitivement exclus. Une exclusion est définitive si elle a été notifiée aux soumissionnaires concernés et a été jugée licite par une instance de recours indépendante ou ne peut plus faire l'objet d'un recours.

Les candidats sont réputés concernés si le pouvoir adjudicateur ou l'entité adjudicatrice n'ont pas communiqué les informations relatives au rejet de leur candidature avant que la décision d'attribution du marché soit notifiée aux soumissionnaires concernés.

La décision d'attribution est communiquée à chaque soumissionnaire et candidat concernés, accompagnée :

– d'un exposé synthétique des motifs pertinents visés à l'article 35, paragraphe 2, sous réserve de l'article 35, paragraphe 3, et

– d'une mention précise de la durée exacte du délai de suspension applicable en vertu des *dispositions nationales* transposant le présent paragraphe.

Art. 58 *Dérogations au délai de suspension.*

Les États membres peuvent prévoir que les délais visés à l'article 57, paragraphe 2, ne s'appliquent pas dans les cas suivants :

a) lorsque la présente directive n'impose pas la publication préalable d'un avis de marché au *Journal officiel de l'Union européenne* ;

b) lorsque le seul soumissionnaire concerné au sens de l'article 57, paragraphe 2, est celui auquel le marché est attribué et en l'absence de candidats concernés ;

c) lorsqu'il s'agit d'un marché fondé sur un accord-cadre au sens de l'article 29.

Lorsque la présente dérogation est invoquée, les États membres s'assurent de l'absence d'effets du marché conformément aux articles 60 et 62,

— s'il y a violation de l'article 29, paragraphe 4, second alinéa, second tiret, et

— si le montant estimé du marché est égal ou supérieur aux seuils fixés à l'article 8.

Art. 59 *Délais d'introduction d'un recours.*

Lorsqu'un État membre prévoit que tout recours contre une décision d'un pouvoir adjudicateur ou d'une entité adjudicatrice prise dans le cadre d'une procédure de passation de marché relevant du champ d'application de la présente directive, ou en liaison avec une telle procédure, doit être formé avant l'expiration d'un délai déterminé, ce délai est égal à dix jours calendaires au moins à compter du lendemain du jour où la décision du pouvoir adjudicateur ou de l'entité adjudicatrice est envoyée au soumissionnaire ou au candidat si un télécopieur ou un moyen électronique est utilisé ou, si d'autres moyens de communication sont utilisés, soit à quinze jours calendaires au moins à compter du lendemain du jour où la décision du pouvoir adjudicateur ou de l'entité adjudicatrice est envoyée au soumissionnaire ou au candidat, soit à dix jours calendaires au moins à compter du lendemain du jour de réception de la décision du pouvoir adjudicateur ou de l'entité adjudicatrice. La décision du pouvoir adjudicateur ou de l'entité adjudicatrice est communiquée à chaque soumissionnaire ou candidat, accompagnée d'un exposé synthétique des motifs pertinents. En cas d'introduction d'un recours concernant des décisions visées à l'article 56, paragraphe 1, point b), qui ne font pas l'objet d'une obligation de notification spécifique, le délai est de dix jours calendaires au moins à compter de la date de publication de la décision concernée.

Art. 60 *Absence d'effets.*

1. Les États membres veillent à ce qu'un marché soit déclaré dépourvu d'effets par une instance de recours indépendante du pouvoir adjudicateur ou de l'entité adjudicatrice ou à ce que l'absence d'effets dudit marché résulte d'une décision d'une telle instance dans chacun des cas suivants :

a) lorsque le pouvoir adjudicateur ou l'entité adjudicatrice ont passé un marché sans avoir préalablement publié d'avis de marché au *Journal officiel de l'Union européenne*, sans que cela soit autorisé en vertu des dispositions de la présente directive ;

b) en cas de violation de l'article 55, paragraphe 6, de l'article 56, paragraphe 3, ou de l'article 57, paragraphe 2, si cette violation a privé le soumissionnaire intentant un recours de la possibilité d'engager un recours précontractuel lorsqu'une telle violation est accompagnée d'une violation des dispositions du titre I ou du titre II, si cette violation a compromis les chances du soumissionnaire intentant un recours d'obtenir le marché ;

c) dans les cas visés à l'article 58, point c), deuxième alinéa, lorsque des États membres ont invoqué la dérogation au délai de suspension pour des marchés fondés sur un accord-cadre.

2. Les conséquences du constat de l'absence d'effets d'un marché sont déterminées par le droit national. Le droit national peut prévoir l'annulation rétroactive de toutes les obligations contractuelles ou limiter la portée de l'annulation aux obligations qui doivent encore être exécutées. Dans ce deuxième cas, les États membres prévoient l'application de sanctions de substitution au sens de l'article 61, paragraphe 2.

3. Les États membres peuvent prévoir que l'instance de recours indépendante du pouvoir adjudicateur ou de l'entité adjudicatrice a la faculté de ne pas considérer un marché comme étant dépourvu d'effets, même s'il a été passé illégalement pour des motifs visés au paragraphe 1, si elle constate, après avoir examiné tous les aspects pertinents, que des raisons impérieuses d'intérêt général, en tout premier lieu liées à des intérêts en matière de défense ou de sécurité, imposent que les effets du marché soient maintenus.

L'intérêt économique à ce que le marché produise ses effets ne peut être considéré comme une raison impérieuse d'intérêt général au sens du premier alinéa que dans le cas où l'absence d'effets aurait des conséquences disproportionnées.

Toutefois, l'intérêt économique directement lié au marché concerné ne constitue pas une raison impérieuse d'intérêt général au sens du premier alinéa. L'intérêt économique directement lié au marché comprend notamment les coûts découlant d'un retard dans l'exécution du contrat, du lancement d'une nouvelle procédure de passation de marché, du changement d'opérateur économique pour la réalisation du contrat et d'obligations légales résultant de l'absence d'effets.

Dans tous les cas, un marché ne peut être considéré comme ne produisant pas d'effet si les conséquences de cette absence d'effets peuvent sérieusement menacer l'existence même d'un programme de défense et de sécurité plus large qui est essentiel pour les intérêts d'un État membre en matière de sécurité.

Dans tous les cas énumérés ci-dessus, les États membres prévoient des sanctions au sens de l'article 61, paragraphe 2, qui s'appliquent à titre de substitution.

4. Les États membres prévoient que le paragraphe 1, point a), ne s'applique pas si :

– le pouvoir adjudicateur ou l'entité adjudicatrice estiment que la passation du marché sans publication préalable d'un avis de marché au *Journal officiel de l'Union européenne* est autorisée en vertu des dispositions de la présente directive,

– le pouvoir adjudicateur ou l'entité adjudicatrice ont publié au *Journal officiel de l'Union européenne* un avis exprimant leur intention de conclure le marché, tel que décrit à l'article 64, et

– le marché n'a pas été conclu avant l'expiration d'un délai d'au moins dix jours calendaires à compter du lendemain du jour de publication de cet avis.

5. Les États membres prévoient que le paragraphe 1, point c), ne s'applique pas si :

– le pouvoir adjudicateur ou l'entité adjudicatrice estiment que l'attribution du marché est conforme à l'article 29, paragraphe 4, deuxième alinéa, deuxième tiret,

– le pouvoir adjudicateur ou l'entité adjudicatrice ont envoyé aux soumissionnaires concernés une décision d'attribution du marché, accompagnée d'un exposé synthétique des motifs, conformément à l'article 57, paragraphe 2, quatrième alinéa, premier tiret, et

– la conclusion du contrat n'a pas pu avoir lieu avant l'expiration d'un délai d'au moins dix jours calendaires à compter du lendemain du jour où la décision d'attribution du marché est envoyée aux soumissionnaires concernés si un télécopieur ou un moyen électronique est utilisé ou, si d'autres moyens de communication sont utilisés, avant l'expiration d'un délai d'au moins quinze jours calendaires à compter du lendemain du jour où la décision d'attribution du marché est envoyée aux soumissionnaires concernés, ou d'au moins dix jours calendaires à compter du lendemain du jour de réception de la décision d'attribution du marché.

Art. 61 *Violation des dispositions du présent titre et sanctions de substitution.*

1. En cas de violation de l'article 55, paragraphe 6, de l'article 56, paragraphe 3, ou de l'article 57, paragraphe 2, ne relevant pas de l'article 60, paragraphe 1, point b), les États membres prévoient l'absence d'effets du marché conformément à l'article 60, paragraphes 1 à 3, ou des sanctions de substitution. Les États membres peuvent prévoir que l'instance de recours indépendante du pouvoir adjudicateur ou de l'entité adjudicatrice décide, après avoir apprécié tous les aspects pertinents, si le marché doit être considéré comme dépourvu d'effets ou s'il y a lieu d'appliquer des sanctions de substitution.

2. Les sanctions de substitution doivent être effectives, proportionnées et dissuasives. Elles consistent :

– à imposer des pénalités financières au pouvoir adjudicateur ou à l'entité adjudicatrice, ou

– à abréger la durée du marché.

Les États membres peuvent conférer à l'instance de recours un large pouvoir d'appréciation lui permettant de tenir compte de tous les facteurs pertinents, y compris la gravité de la violation, le comportement du pouvoir adjudicateur ou de l'entité adjudicatrice et, dans les cas visés à l'article 60, paragraphe 2, la mesure dans laquelle le marché continue à produire des effets.

L'octroi de dommages et intérêts ne constitue pas une sanction appropriée aux fins du présent paragraphe.

Art. 62 *Délais.*

1. Les États membres peuvent prévoir que l'introduction d'un recours en application de l'article 60, paragraphe 1, doit intervenir :

a) avant l'expiration d'un délai minimal de 30 jours calendaires à compter du lendemain du jour où :

– le pouvoir adjudicateur ou l'entité adjudicatrice ont publié l'avis d'attribution du marché conformément à l'article 30, paragraphe 3, et aux articles 31 et 32, à condition que cet avis contienne la justification de la décision du pouvoir adjudicateur ou de l'entité adjudicatrice d'attribuer le marché sans publication préalable d'un avis de marché au *Journal officiel de l'Union européenne*, ou

– le pouvoir adjudicateur ou l'entité adjudicatrice ont informé les soumissionnaires et les candidats concernés de la conclusion du contrat, pour autant que cette information soit accompagnée d'un exposé synthétique des motifs pertinents visés à l'article 35, paragraphe 2, sous réserve de l'article 35, paragraphe 3. Cette faculté s'applique également aux cas visés à l'article 58, point c) ; et

b) en tout état de cause avant l'expiration d'un délai minimal de six mois, à compter du lendemain du jour de la conclusion du contrat.

2. Dans tous les autres cas, y compris en ce qui concerne les recours formés conformément à l'article 61, paragraphe 1, les délais impartis pour l'introduction d'un recours sont déterminés par le droit national, sous réserve de l'article 59.

Art. 63 *Mécanisme correcteur.*

1. La Commission peut invoquer la procédure prévue aux paragraphes 2 à 5 lorsque, avant la conclusion d'un marché, elle considère qu'une violation grave du droit communautaire en matière de marchés a été commise au cours d'une procédure de passation de marché relevant du champ d'application de la présente directive.

2. La Commission notifie à l'État membre concerné les raisons pour lesquelles elle estime qu'une violation grave a été commise et en demande la correction par des moyens appropriés.

3. Dans les vingt et un jours calendaires qui suivent la réception de la notification visée au paragraphe 2, l'État membre concerné communique à la Commission :

a) la confirmation que la violation a été corrigée ;

b) des conclusions motivées expliquant pourquoi aucune correction n'a été effectuée ; ou

c) une notification indiquant que la procédure de passation de marché en cause a été suspendue, soit à l'initiative du pouvoir adjudicateur ou de l'entité adjudicatrice, soit dans le cadre de l'exercice des pouvoirs prévus à l'article 56, paragraphe 1, point a).

4. Des conclusions motivées communiquées conformément au sens du paragraphe 3, point b), peuvent notamment se fonder sur le fait que la violation alléguée fait déjà l'objet d'un recours juridictionnel ou d'une autre nature ou d'un recours tel que visé à l'article 56, paragraphe 9. Dans ce cas, l'État membre concerné informe la Commission du résultat de ces procédures dès que celui-ci est connu.

5. En cas de notification indiquant qu'une procédure de passation de marché a été suspendue conformément au paragraphe 3, point c), l'État membre concerné notifie à la Commission la levée de la suspension ou l'ouverture d'une autre procédure de passation de marché liée, entièrement ou partiellement, à la procédure précédente. Cette nouvelle notification confirme que la violation alléguée a été corrigée ou inclut une conclusion motivée expliquant pourquoi aucune correction n'a été effectuée.

Art. 64 *Contenu d'un avis en cas de transparence ex-ante volontaire.*

L'avis visé à l'article 60, paragraphe 4, deuxième tiret, dont le format est adopté par la Commission conformément à la procédure de consultation visée à l'article 67, paragraphe 2, contient les informations suivantes :

a) le nom et les coordonnées du pouvoir adjudicateur ou de l'entité adjudicatrice ;

b) une description de l'objet du marché ;

c) une justification de la décision du pouvoir adjudicateur ou de l'entité adjudicatrice d'attribuer le marché sans publication préalable d'un avis de marché au *Journal officiel de l'Union européenne* ;

d) le nom et les coordonnées de l'opérateur économique auquel il a été décidé d'attribuer le marché ; et

e) le cas échéant, toute autre information jugée utile par le pouvoir adjudicateur ou l'entité adjudicatrice.

TITRE V OBLIGATIONS STATISTIQUES, COMPÉTENCES D'EXÉCUTION ET DISPOSITIONS FINALES

Art. 65 *Obligations statistiques.*

En vue de permettre l'appréciation des résultats de l'application de la présente directive, les États membres communiquent à la Commission un état statistique rédigé conformément à l'article 66 et relatif aux marchés de fournitures, de services et de travaux passés pendant l'année précédente par les pouvoirs adjudicateurs et les entités adjudicatrices, au plus tard le 31 octobre de chaque année.

Art. 66 *Contenu de l'état statistique.*

L'état statistique précise le nombre et la valeur des marchés attribués par État membre ou pays tiers des soumissionnaires retenus. Il porte, séparément, sur les marchés de fournitures, de services et de travaux.

Les données visées au premier alinéa sont ventilées en précisant, suivant la procédure choisie, les fournitures, services et travaux identifiés par groupe de la nomenclature CPV.

Lorsque les marchés ont été passés selon une procédure négociée sans publication d'un avis de marché, les données visées au premier alinéa sont en outre ventilées suivant les conditions visées à l'article 28.

Le contenu de l'état statistique est fixé conformément à la procédure visée à l'article 67, paragraphe 2.

Art. 66 *bis* *Exercice de la délégation.*

(Règl. (UE) 2019/1243 du 20 juin 2019, art. 1er) 1. Le pouvoir d'adopter des actes délégués conféré à la Commission est soumis aux conditions fixées au présent article.

2. Le pouvoir d'adopter des actes délégués visé à l'article 68, paragraphe 1, et à l'article 69, paragraphe 2, est conféré à la Commission pour une période de cinq ans à compter du 26 juillet 2019. La Commission élabore un rapport relatif à la délégation de pouvoir au plus tard neuf mois avant la fin de la période de cinq ans. La délégation de pouvoir est tacitement prorogée pour des périodes d'une durée identique, sauf si le Parlement européen ou le Conseil s'oppose à cette prorogation trois mois au plus tard avant la fin de chaque période.

3. La délégation de pouvoir visée à l'article 68, paragraphe 1, et à l'article 69, paragraphe 2, peut être révoquée à tout moment par le Parlement européen ou le Conseil. La décision de révocation met fin à la délégation de pouvoir qui y est précisée. La révocation prend effet le jour suivant celui de la publication de ladite décision au Journal officiel de l'Union européenne ou à une date ultérieure qui est précisée dans ladite décision. Elle ne porte pas atteinte à la validité des actes délégués déjà en vigueur.

4. Avant l'adoption d'un acte délégué, la Commission consulte les experts désignés par chaque État membre, conformément aux principes définis dans l'accord interinstitutionnel du 13 avril 2016 "Mieux légiférer" *[JO L 123 du 12 mai 2016, p. 1]*.

5. Aussitôt qu'elle adopte un acte délégué, la Commission le notifie au Parlement européen et au Conseil simultanément.

6. Un acte délégué adopté en vertu de l'article 68, paragraphe 1, et de l'article 69, paragraphe 2, n'entre en vigueur que si le Parlement européen ou le Conseil n'a pas exprimé d'objections dans un délai de trois mois à compter de la notification de cet acte au Parlement européen et au Conseil, ou si, avant l'expiration de ce délai, le Parlement européen et le Conseil ont tous deux informé la Commission de leur intention de ne pas exprimer d'objections. Ce délai est prolongé de deux mois à l'initiative du Parlement européen ou du Conseil.

Art. 66 *ter* *Procédure d'urgence.*

(Règl. (UE) 2019/1243 du 20 juin 2019, art. 1er) 1. Les actes délégués adoptés en vertu du présent article entrent en vigueur sans tarder et s'appliquent tant qu'aucune objection n'est exprimée conformément au paragraphe 2. La notification d'un acte délégué au Parlement européen et au Conseil expose les raisons du recours à la procédure d'urgence.

2. Le Parlement européen ou le Conseil peut exprimer des objections à l'égard d'un acte délégué, conformément à la procédure visée à l'article 66 bis, paragraphe 6. En pareil cas, la Commission abroge l'acte concerné sans retard après que le Parlement européen ou le Conseil lui a notifié sa décision d'exprimer des objections.

Art. 67 *Procédure de comité.*

1. La Commission est assistée par le comité consultatif pour les marchés publics, institué par l'article 1er de la décision 71/306/CEE du Conseil *[JO L 185 du 16 août 1971, p. 15]* (ci-après dénommé "comité").

2. Dans le cas où il est fait référence au présent paragraphe, les articles 3 et 7 de la décision 1999/468/CE s'appliquent, dans le respect des dispositions de l'article 8 de celle-ci.

(Abrogé par Règl. (UE) 2019/1243 du 20 juin 2019, art. 1er) ***« 3. Dans le cas où il est fait référence au présent paragraphe, l'article 5 bis, paragraphes 1 à 4, et l'article 7 de la décision 1999/468/CE s'appliquent, dans le respect des dispositions de l'article 8 de celle-ci.***

« En ce qui concerne la révision des seuils prévus à l'article 8, les délais prévus à l'article 5 bis, paragraphe 3, point c), paragraphe 4, points b) et e), de la décision 1999/468/CE sont fixés à quatre, deux et six semaines, respectivement, en raison des contraintes de délais résultant des modalités de calcul et de publication prévues à l'article 69, paragraphe 1, deuxième alinéa, et paragraphe 3, de la directive 2004/17/CE.

« 4. Dans le cas où il est fait référence au présent paragraphe, l'article 5 bis, paragraphes 1, 2, 4 et 6, et l'article 7 de la décision 1999/468/CE s'appliquent, dans le respect des dispositions de l'article 8 de celle-ci. »

Art. 68 *Révision des seuils.*

1. A l'occasion de la révision des seuils de la directive 2004/17/CE, visée à son article 69, la Commission révise également les seuils prévus à l'article 8 de la présente directive, en alignant :

a) le seuil prévu à l'article 8, point a) de la présente directive, sur le seuil révisé prévu à l'article 16, point a), de la directive 2004/17/CE ;

b) le seuil prévu à l'article 8, point b) de la présente directive, sur le seuil révisé prévu à l'article 16, point b), de la directive 2004/17/CE.

(Règl. (UE) 2019/1243 du 20 juin 2019, art. 1er) « La Commission est habilitée à adopter des actes délégués conformément à l'article 66 bis modifiant les seuils prévus au premier alinéa.

« Lorsqu'il est nécessaire de réviser les seuils conformément au premier alinéa et que des contraintes de délais empêchent le recours à la procédure prévue à l'article 66 *bis*, et qu'en conséquence des raisons d'urgence impérieuses l'imposent, la procédure prévue à l'article 66 ter est applicable aux actes délégués adoptés en vertu du présent paragraphe. »

2. Les contre-valeurs des seuils fixés conformément au paragraphe 1 dans les monnaies nationales des États membres qui ne participent pas à l'euro sont alignées sur les contre-valeurs des seuils fixés dans la directive 2004/17/CE visés au paragraphe 1, calculées conformément à l'article 69, paragraphe 2, deuxième alinéa, de la directive 2004/17/CE.

3. Les seuils révisés visés au paragraphe 1 et leur contre-valeur dans les monnaies nationales sont publiés par la Commission au *Journal officiel de l'Union européenne* au début du mois de novembre qui suit leur révision.

Art. 69 *Modifications.*

1. La Commission peut modifier, conformément à la procédure consultative visée à l'article 67, paragraphe 2 :

a) les modalités d'élaboration, de transmission, de réception, de traduction, de collecte et de distribution des avis visés à l'article 30 ainsi que des états statistiques prévus à l'article 65 ;

b) les modalités de transmission et de publication des données visées à l'annexe VI, pour des raisons tenant au progrès technique ou d'ordre administratif ;

c) la liste des registres, des déclarations et des certificats visés à l'annexe VII, lorsque, sur la base des notifications effectuées par les États membres, cela s'avère nécessaire.

(Règl. (UE) 2019/1243 du 20 juin 2019, art. 1er) « 2. La Commission est habilitée à adopter des actes délégués conformément à l'article 66 *bis* modifiant :

« a) les numéros de référence à la nomenclature CPV prévus aux annexes I et II, dans la mesure où cela ne change pas le champ d'application matériel de la présente directive, et les modalités de référence dans les avis à des rubriques particulières de la nomenclature CPV à l'intérieur des catégories de services énumérées auxdites annexes ;

« b) les modalités et caractéristiques techniques des dispositifs de réception électronique visées à l'annexe VIII, points a), f) et g). »

Art. 70 *Mod. Dir. 2004/17/CE, art. 22 bis. — V. Dir. 2004/17/CE, art. 22 bis.*

Art. 71 *Mod. Dir. 2004/18/CE, art. 10. — V. Dir. 2004/18/CE, art. 10.*

Art. 72 *Transposition.*

1. Les États membres adoptent et publient avant le 21 août 2011 au plus tard les dispositions législatives, réglementaires et administratives nécessaires pour se conformer à la présente directive. Ils en informent immédiatement la Commission.

Lorsque les États membres adoptent ces dispositions, celles-ci contiennent une référence à la présente directive ou sont accompagnées d'une telle référence lors de leur publication officielle. Les modalités de cette référence sont arrêtées par les États membres.

2. Les États membres communiquent à la Commission le texte des dispositions essentielles de droit interne qu'ils adoptent dans le domaine régi par la présente directive.

Art. 73 *Réexamen et rapports.*

1. Le 21 août 2012 au plus tard, la Commission élabore un rapport sur les mesures arrêtées par les États membres aux fins de la transposition de la présente directive, et notamment de ses articles 21 et 50 à 54.

2. La Commission réexamine la mise en œuvre de la présente directive et remet un rapport à ce sujet au Parlement européen et au Conseil le 21 août 2016 au plus tard. Elle y évalue en particulier si et dans quelle mesure les objectifs de la présente directive ont été atteints en ce qui concerne le fonctionnement du marché intérieur et le développement d'un

marché européen des équipements de défense et d'une base industrielle et technologique de défense européenne, eu égard notamment à la situation des petites et moyennes entreprises. Le cas échéant, le rapport est accompagné d'une proposition législative.

3. La Commission procède également à l'examen de l'application de l'article 39, paragraphe 1, en examinant en particulier la faisabilité de l'harmonisation des conditions de réintégration des candidats ou des soumissionnaires avant les condamnations ayant entraîné l'exclusion de ces opérateurs des marchés publics et propose, le cas échéant, une proposition législative à cet effet.

Art. 74 ***Entrée en vigueur.***

La présente directive entre en vigueur le jour suivant celui de sa publication au *Journal officiel de l'Union européenne*.

Art. 75 ***Destinataires.***

Les États membres sont destinataires de la présente directive.

ANNEXE I

SERVICES VISÉS AUX ARTICLES 2 ET 15

Catégories	Objet	Numéros de référence CPV
1	Services d'entretien et de réparation	50000000-5, de 50100000-6 à 50884000-5 (sauf de 50310000-1 à 50324200-4 et 50116510-9, 50190000-3, 50229000-6, 50243000-0) et de 51000000-9 à 51900000-1
2	Services liés à l'aide militaire aux pays étrangers	75211300-1
3	Services de défense, services de défense militaires et services de défense civils	75220000-4, 75221000-1, 75222000-8
4	Services d'enquête et de sécurité	De 79700000-1 à 79720000-7
5	Services de transports terrestres	60000000-8, de 60100000-9 à 60183000-4 (sauf 60160000-7, 60161000-4), et de 64120000-3 à 64121200-2
6	Services de transports aériens : transports de voyageurs et de marchandises, à l'exclusion des transports de courrier	60400000-2, de 60410000-5 à 60424120-3 (sauf 60411000-2, 60421000-5), de 60440000-4 à 60445000-9 et 60500000-3
7	Transports de courrier par transport terrestre et par air	60160000-7, 60161000-4, 60411000-2, 60421000-5
8	Services de transports ferroviaires	De 60200000-0 à 60220000-6
9	Services de transport par eau	De 60600000-4 à 60653000-0, et de 63727000-1 à 63727200-3
10	Services annexes et auxiliaires des transports	De 63100000-0 à 63111000-0, de 63120000-6 à 63121100-4, 63122000-0, 63512000-1 et de 63520000-0 à 6370000-6
11	Services de télécommunications	De 64200000-8 à 64228200-2, 72318000-7, et de 72700000-7 à 72720000-3
12	Services financiers : services d'assurances	De 66500000-5 à 66720000-3
13	Services informatiques et services connexes	De 50310000-1 à 50324200-4, de 72000000-5 à 72920000-5 (sauf 72318000-7 et de 72700000-7 à -72720000-3), 79342410-4, 9342410-4

Catégories	Objet	Numéros de référence CPV
14	Services de recherche et de développement et tests d'évaluation (1)	De 73000000-2 à 73436000-7
15	Services comptables, d'audit et de tenue de livres	De 79210000-9 à 79212500-8
16	Services de conseil en gestion (2) et services connexes	De 73200000-4 à 73220000-0, de 79400000-8 à 79421200-3 et 79342000-3, 79342100-4, 79342300-6, 79342320-2, 79342321-9, 79910000-6, 79991000-7 98362000-8
17	Services d'architecture ; services d'ingénierie et services intégrés d'ingénierie ; services d'aménagement urbain et d'ingénierie paysagère ; services connexes de consultations scientifiques et techniques ; services d'essais et d'analyses techniques	De 71000000-8 à 71900000-7 (sauf 71550000-8) et 79994000-8
18	Services de nettoyage de bâtiments et services de gestion de propriétés	De 70300000-4 à 70340000-6 et de 90900000-6 à 90924000-0
19	Services de voirie et d'enlèvement des ordures : services d'assainissement et services analogues	De 90400000-1 à 90743200-9 (sauf 90712200-3), de 90910000-9 à 90920000-2 et 50190000-3, 50229000-6, 50243000-0
20	Services de simulation et de formation dans les domaines de la défense et de la sécurité	80330000-6, 80600000-0, 80610000-3, 80620000-6, 80630000-9, 80640000-2, 80650000-5, 80660000-8

(1) À l'exclusion des services de recherche et de développement visés à l'article 13, point j).
(2) À l'exclusion des services d'arbitrage et de conciliation

ANNEXE II

Services visés aux articles 2 et 16

Catégories	Objet	Numéros de référence CPV
21	Services d'hôtellerie et de restauration	De 55100000-1 à 55524000-9 et de 98340000-8 à 98341100-6
22	Services annexes et auxiliaires des transports	De 63000000-9 à 63734000-3 (sauf 63711200-8, 63712700-0, 63712710-3), de 63727000-1 à 63727200-3 et 98361000-1
23	Services juridiques	De 79100000-5 à 79140000-7
24	Services de fourniture et de placement de personnel (1)	De 79600000-0 à 79635000-4 (sauf 79611000-0, 79632000-3, 79633000-0), et de 98500000-8 à 98514000-9
25	Services sociaux et sanitaires	79611000-0 et de 85000000-9 à 85323000-9 (sauf 85321000-5 et 85322000-2)
26	Autres services	

(1) À l'exclusion des contrats de travail.

ANNEXE III

Définition de certaines spécifications techniques visées à l'article 18

Aux fins de la présente directive, il convient d'entendre par :

1. a) "spécifications techniques", lorsqu'il s'agit de marchés de travaux : l'ensemble des prescriptions techniques contenues notamment dans les cahiers des charges, définissant les caractéristiques requises d'un matériau, d'un produit ou d'une fourniture et permettant de les caractériser de manière telle qu'ils répondent à l'usage auquel ils sont destinés par le pouvoir adjudicateur ou l'entité adjudicatrice. Ces caractéristiques incluent les niveaux de la performance environnementale, la conception pour tous les usages (y compris l'accessibilité pour les personnes handicapées) et l'évaluation de la conformité, la propriété d'emploi, la sécurité ou les dimensions, y compris les procédures relatives à l'assurance de la qualité, la terminologie, les symboles, les essais et méthodes d'essai, l'emballage, le marquage et l'étiquetage, ainsi que les processus et méthodes de production. Elles incluent également les règles de conception et de calcul des ouvrages, les conditions d'essai, de contrôle et de réception des ouvrages, ainsi que les techniques ou méthodes de construction et toutes les autres conditions de caractère technique que le pouvoir adjudicateur ou l'entité adjudicatrice sont à même de prescrire, par voie de réglementation générale ou particulière, en ce qui concerne les ouvrages terminés et en ce qui concerne les matériaux ou les éléments constituant ces ouvrages ;

b) "spécification technique", lorsqu'il s'agit de marchés de fournitures ou de services : une spécification figurant dans un document définissant les caractéristiques requises d'un produit ou d'un service, telles que les niveaux de qualité, les niveaux de la performance environnementale, la conception pour tous les usages (y compris l'accessibilité pour les personnes handicapées) et l'évaluation de la conformité, de la propriété d'emploi, de l'utilisation du produit, sa sécurité ou ses dimensions, y compris les prescriptions applicables au produit en ce qui concerne la dénomination de vente, la terminologie, les symboles, les essais et méthodes d'essais, l'emballage, le marquage et l'étiquetage, les instructions d'utilisation, les processus et méthodes de production, ainsi que les procédures d'évaluation de la conformité ;

2. "norme" : une spécification technique approuvée par un organisme de normalisation reconnu pour une application répetée ou continue, dont l'observation n'est pas obligatoire et qui relève de l'une des catégories suivantes :

— norme internationale : une norme adoptée par un organisme international de normalisation et mise à la disposition du public,

— norme européenne : une norme adoptée par un organisme européen de normalisation et mise à la disposition du public,

— norme nationale : une norme adoptée par un organisme national de normalisation et mise à la disposition du public ;

3. "norme défense" : une spécification technique dont l'observation n'est pas obligatoire et qui est approuvée par un organisme de normalisation spécialisé dans l'élaboration de spécifications techniques pour une application répetée ou continue dans le domaine de la défense ;

4. "agrément technique européen" : l'appréciation technique favorable de l'aptitude à l'emploi d'un produit pour une fin déterminée, basée sur la satisfaction des exigences essentielles pour la construction, selon les caractéristiques intrinsèques de ce produit et les conditions établies de mise en œuvre et d'utilisation. L'agrément technique européen est délivré par un organisme agréé à cet effet par l'État membre ;

5. "spécification technique commune" : une spécification technique élaborée selon une procédure reconnue par les États membres et publiée au *Journal officiel de l'Union européenne* ;

6. "référentiel technique" : tout produit élaboré par les organismes européens de normalisation, autre que les normes officielles, selon des procédures adaptées à l'évolution des besoins du marché.

ANNEXE IV

Informations qui doivent figurer dans les avis visés à l'article 30

AVIS ANNONÇANT LA PUBLICATION D'UN AVIS DE PRÉINFORMATION SUR UN PROFIL D'ACHETEUR

1. Pays du pouvoir adjudicateur ou de l'entité adjudicatrice
2. Nom du pouvoir adjudicateur ou de l'entité adjudicatrice
3. Adresse internet du "profil d'acheteur" (URL)
4. Numéro(s) de référence à la nomenclature CPV

AVIS DE PRÉINFORMATION

1. Nom, adresse, numéro de télécopieur, adresse électronique du pouvoir adjudicateur ou de l'entité adjudicatrice et, s'ils sont différents, ceux du service auprès duquel des informations complémentaires peuvent être obtenues et, lorsqu'il s'agit de marchés publics de services et de travaux, des services, par exemple le site internet gouvernemental pertinent, auprès desquels peuvent être obtenues des informations sur le cadre réglementaire général qui, en matière de fiscalité, de protection

de l'environnement, de protection du travail et de conditions de travail, est applicable au lieu où la prestation doit être réalisée.

2. Le cas échéant, indiquer qu'il s'agit d'un marché réservé à des ateliers protégés ou dont l'exécution est réservée dans le cadre de programmes d'emplois protégés.

3. Pour les marchés de travaux : nature et étendue des travaux, lieu d'exécution ; dans le cas où l'ouvrage est divisé en plusieurs lots, caractéristiques essentielles de ces lots par référence à l'ouvrage ; si elle est disponible, estimation de la fourchette du coût des travaux envisagés ; numéro(s) de référence à la nomenclature CPV.

Pour les marchés de fournitures : nature et quantité ou valeur des produits à fournir ; numéro(s) de référence à la nomenclature CPV.

Pour les marchés de services : montant total envisagé des achats dans chacune des catégories de services ; numéro(s) de référence à la nomenclature CPV.

4. Dates provisoirement prévues pour le lancement des procédures de passation du ou des marchés, dans le cas de marchés de services par catégorie.

5. Le cas échéant, indiquer qu'il s'agit d'un accord-cadre.

6. Le cas échéant, autres renseignements.

7. Date d'envoi de l'avis ou d'envoi de l'avis annonçant la publication de l'avis de préinformation sur le profil d'acheteur.

AVIS DE MARCHÉ

Procédures restreintes, procédures négociées avec publication d'un avis et dialogues compétitifs

1. Nom, adresse, numéro de téléphone et de télécopieur, adresse électronique du pouvoir adjudicateur ou de l'entité adjudicatrice.

2. Le cas échéant, indiquer qu'il s'agit d'un marché réservé à des ateliers protégés ou dont l'exécution est réservée dans le cadre de programmes d'emplois protégés.

3. a) Mode de passation choisi ;

b) le cas échéant, justification du recours à la procédure accélérée (en cas de procédures restreintes et négociées) ;

c) le cas échéant, indiquer s'il s'agit d'un accord-cadre ;

d) le cas échéant, recours à une enchère électronique.

4. Forme du marché.

5. Lieu d'exécution/de réalisation des travaux, lieu de livraison des produits ou lieu de prestation des services.

6. a) "Marchés de travaux" :

— nature et étendue des travaux, caractéristiques générales de l'ouvrage. Indiquer notamment les options concernant des travaux complémentaires et, s'il est connu, le calendrier provisoire des recours à ces options ainsi que le nombre de reconductions éventuelles. Si l'ouvrage ou le marché est divisé en plusieurs lots, l'ordre de grandeur des différents lots ; numéro(s) de référence à la nomenclature CPV,

— indications relatives à l'objectif de l'ouvrage ou du marché lorsque celui-ci comporte également l'établissement de projets,

— dans le cas d'accords-cadres, indiquer également la durée prévue de l'accord-cadre, la valeur totale des travaux estimée pour toute la durée de l'accord-cadre ainsi que, dans toute la mesure du possible, la valeur et la fréquence des marchés à passer ;

b) "marchés de fournitures" :

— nature des produits à fournir, en indiquant, notamment, si les offres sont sollicitées en vue d'un achat, d'un crédit-bail, d'une location ou d'une location-vente ou d'une combinaison de ceux-ci, numéro(s) de référence à la nomenclature CPV. Quantité des produits à fournir, en indiquant notamment les options concernant des achats complémentaires et, s'il est connu, le calendrier provisoire des recours à ces options ainsi que le nombre de reconductions éventuelles ; numéro(s) de référence à la nomenclature CPV,

— dans le cas de marchés réguliers ou de marchés renouvelables au cours d'une période donnée, indiquer également, s'il est connu, le calendrier des marchés publics ultérieurs pour les achats de fournitures envisagés,

— dans le cas d'accords-cadres, indiquer également la durée prévue de l'accord-cadre, la valeur totale des fournitures estimée pour toute la durée de l'accord-cadre ainsi que, dans toute la mesure du possible, la valeur et la fréquence des marchés à passer ;

c) "marchés de services" :

— catégorie du service et description de celui-ci. Numéro(s) de référence à la nomenclature CPV. Quantité des services à fournir. Indiquer notamment les options concernant des achats complémentaires et, s'il est connu, le calendrier provisoire des recours à ces options ainsi que le nombre de reconductions éventuelles. Dans le cas de marchés renouvelables au cours d'une période donnée, une estimation du calendrier, s'il est connu, des marchés ultérieurs pour les achats de services envisagés.

Dans le cas d'accords-cadres, indiquer également la durée prévue de l'accord-cadre, la valeur totale des prestations estimée pour toute la durée de l'accord-cadre ainsi que, dans toute la mesure du possible, la valeur et la fréquence des marchés à passer,

— indiquer si, en vertu de dispositions législatives, réglementaires ou administratives, l'exécution du service est réservée à une profession déterminée.

Référence de la disposition législative, réglementaire ou administrative,

— indiquer si les personnes morales sont tenues de mentionner les noms et les qualifications professionnelles du personnel chargé de l'exécution du service.

7. Lorsque les marchés sont divisés en lots, indication de la possibilité, pour les opérateurs économiques, de soumissionner pour un, plusieurs et/ou la totalité de ces lots.

8. Admission ou interdiction des variantes.

9. Le cas échéant, indiquer le pourcentage de la valeur globale du contrat qui doit être sous-traité à des tiers avec mise en concurrence (article 21, paragraphe 4).

10. Le cas échéant, critères de sélection concernant la situation personnelle des sous-traitants qui peuvent entraîner l'exclusion de ces derniers et informations requises prouvant qu'ils ne relèvent pas des cas justifiant l'exclusion. Renseignements et formalités nécessaires pour l'évaluation des capacités minimales de caractère économique et technique à remplir par les sous-traitants. Niveau(x) spécifique(s) minimum(a) de capacités éventuellement exigé(s).

11. Date limite à laquelle s'achèveront les travaux/fournitures/services ou durée du marché de travaux/fournitures/services. Dans la mesure du possible, date limite à laquelle commenceront les travaux ou date limite à laquelle commenceront ou seront livrées les fournitures ou fournis les services.

12. Le cas échéant, les conditions particulières auxquelles est soumise la réalisation du marché.

13. a) Date limite de réception des demandes de participation ;

b) adresse où elles doivent être transmises ;

c) la ou les langues dans lesquelles elles doivent être rédigées.

14. Le cas échéant, cautionnement et garanties demandés.

15. Modalités essentielles de financement et de paiement et/ou références aux textes qui les réglementent.

16. Le cas échéant, forme juridique que devra revêtir le groupement d'opérateurs économiques adjudicataire du marché.

17. Critères de sélection concernant la situation personnelle des opérateurs économiques qui peuvent entraîner l'exclusion de ces derniers et informations requises prouvant qu'ils ne relèvent pas des cas justifiant l'exclusion. Critères de sélection et renseignements et formalités nécessaires pour l'évaluation des capacités minimales de caractère économique et technique à remplir par l'opérateur économique. Niveau(x) spécifique(s) minimum(a) de capacités éventuellement exigé(s).

18. Pour les accords-cadres : nombre et, le cas échéant, nombre maximal, envisagé d'opérateurs économiques qui en feront partie et durée de l'accord-cadre.

19. Pour le dialogue compétitif et les procédures négociées avec publication d'un avis de marché, indiquer, le cas échéant, le recours à une procédure se déroulant en phases successives afin de réduire progressivement le nombre des solutions à discuter ou des offres à négocier.

20. Pour les procédures restreintes, les procédures négociées et le dialogue compétitif, lorsqu'il est fait recours à la faculté de réduire le nombre de candidats à inviter à présenter une offre, à dialoguer ou à négocier : nombre minimal et, le cas échéant, maximal de candidats envisagé et critères objectifs à appliquer pour choisir ce nombre de candidats.

21. Critères visés à l'article 47 qui seront utilisés lors de l'attribution du marché : "prix le plus bas" ou "offre économiquement la plus avantageuse". Les critères constituant l'offre économiquement la plus avantageuse ainsi que leur pondération ou l'ordre décroissant de leur importance sont mentionnés lorsqu'ils ne figurent pas dans les cahiers des charges ou, en cas de dialogue compétitif, dans le document descriptif.

22. Le cas échéant, date(s) de publication de l'avis de préinformation conformément aux spécifications techniques de publication indiquées à l'annexe VI ou mention de sa non-publication.

23. Date d'envoi de l'avis.

AVIS SUR LES MARCHÉS PASSÉS

1. Nom et adresse du pouvoir adjudicateur ou de l'entité adjudicatrice.

2. Procédure de passation choisie. En cas de procédure négociée sans publication préalable d'un avis de marché (article 28), justification.

3. "*Marchés* de travaux" : nature et étendue des prestations ;

"marchés de fournitures" : nature et quantité des produits fournis, le cas échéant, par fournisseur ; numéro(s) de référence à la nomenclature CPV ;

"marchés de services" : catégorie du service et description ; numéro(s) de référence à la nomenclature CPV ; quantité de services achetés.

4. Date de passation du marché.

5. Critères d'attribution du marché.

6. Nombre d'offres reçues.

7. Nom et adresse du ou des adjudicataires.

8. Prix ou gamme des prix (minimum/maximum) payés.

9. Valeur de l'offre (des offres) retenue(s) ou offre la plus élevée et offre la moins élevée prises en considération pour l'attribution du marché.

10. Le cas échéant, part du contrat sous-traitée à des tiers et sa valeur.

11. Le cas échéant, les motifs justifiant une durée de l'accord-cadre dépassant sept ans.

12. Date de publication de l'avis de marché conformément aux spécifications techniques de publication visées à l'annexe VI.

13. Date d'envoi du présent avis.

ANNEXE V

Informations qui doivent figurer dans les avis de sous-traitance visés à l'article 52

1. Nom, adresse, numéro de télécopieur, adresse électronique de l'adjudicataire du marché public et, s'ils sont différents, ceux de l'organisme auprès duquel des informations complémentaires peuvent être obtenues.

2. a) Lieu d'exécution/réalisation des travaux, lieu de livraison des produits ou lieu de fourniture des services ;

b) nature et étendue et caractéristiques générales des travaux ; numéro(s) de référence à la nomenclature CPV ;

c) nature et quantité des produits à fournir, en indiquant si les offres sont sollicitées en vue d'un achat, d'un crédit-bail, d'une location ou d'une location-vente ou d'une combinaison de ceux-ci ; numéro(s) de référence à la nomenclature CPV ;

d) catégorie du service et description de celui-ci. Numéro(s) de référence à la nomenclature CPV.

3. Délai d'exécution éventuellement imposé.

4. Nom et adresse de l'organisme auprès duquel les cahiers des charges et les documents complémentaires peuvent être demandés.

5. a) Délais fixés pour la réception des demandes de participation et/ou la réception des offres ;

b) adresse où elles doivent être transmises ;

c) langue(s) dans laquelle/lesquelles elles doivent être rédigées.

6. Le cas échéant, cautionnement et garanties demandés.

7. Critères objectifs qui seront utilisés pour la sélection des sous-contractants concernant leur situation personnelle ou l'évaluation de leur offre.

8. Toute autre information.

9. Date d'envoi de l'avis.

ANNEXE VI

Caractéristiques concernant la publication

1. Publication des avis

a) Les avis visés aux articles 30 et 52 sont envoyés par les pouvoirs adjudicateurs ou les entités adjudicatrices ou les soumissionnaires retenus à l'Office des publications de l'Union européenne dans le format visé à l'article 32. Les avis de préinformation visés à l'article 30, paragraphe 1, premier alinéa, publiés sur un profil d'acheteur tel que visé au point 2, respectent également ce format, de même que l'avis annonçant cette publication.

Les avis visés aux articles 30 et 52 sont publiés par l'Office des publications de l'Union européenne ou par les pouvoirs adjudicateurs ou les entités adjudicatrices dans le cas d'avis de préinformation publiés sur un profil d'acheteur conformément à l'article 30, paragraphe 1, premier alinéa.

Les pouvoirs adjudicateurs ou les entités adjudicatrices peuvent, en outre, publier ces informations via le réseau internet sur un profil d'acheteur tel que visé au point 2 ;

b) l'Office des publications de l'Union européenne délivre au pouvoir adjudicateur ou à l'entité adjudicatrice la confirmation de publication visée à l'article 32, paragraphe 8.

2. Publication d'informations additionnelles

Le profil d'acheteur peut comprendre des avis de préinformation, visés à l'article 30, paragraphe 1, premier alinéa, des informations sur les appels d'offres en cours, les achats programmés, les contrats passés, les procédures annulées, ainsi que toute information générale utile, comme un point de contact, un numéro de téléphone et de télécopie, une adresse postale et une adresse électronique.

3. Format et modalités de transmission des avis par voie électronique

Le format et les modalités de transmission des avis par voie électronique sont accessibles à l'adresse Internet : "http://simap.europa.eu".

ANNEXE VII

Registres[1]

[1] Aux fins de l'article 40, on entend par "registres", ceux figurant dans la présente annexe et, dans la mesure où des modifications auraient été apportées au niveau national, les registres qui les auraient remplacés. La présente annexe est purement indicative et ne préjuge pas de la compatibilité de ces registres avec la législation communautaire sur la liberté d'établissement et la libre prestation de services.

PARTIE A Marchés de travaux

Concernant la Belgique, la Bulgarie, la République tchèque, le Danemark, l'Allemagne, l'Estonie, la Grèce, l'Espagne, la Croatie, l'Irlande, l'Italie, Chypre, la Lettonie, la Lituanie, le Luxembourg, la Hongrie, Malte, les Pays-Bas, l'Autriche, le Portugal, la Roumanie, la Slovénie, la Slovaquie, la Finlande, la Suède et le Royaume-Uni, V. l'Ann. VII au JOUE L 216 du 20 août 2009 ; mod. par Dir. 2013/16/UE du 13 mai 2013, art. 1er.

Les registres professionnels ainsi que les déclarations et certificats correspondant pour chaque État membre sont :

[...]

— pour la France, le "Registre du commerce et des sociétés" et le "Répertoire des métiers"

[...]

PARTIE B Marchés de fournitures

Concernant la Belgique, la Bulgarie, la République tchèque, le Danemark, l'Allemagne, l'Estonie, la Grèce, l'Espagne, la Croatie, l'Irlande, l'Italie, Chypre, la Lettonie, la Lituanie, le Luxembourg, la Hongrie, Malte, les Pays-Bas, l'Autriche, la Pologne, le Portugal, la Roumanie, la Slovénie, la Slovaquie, la Finlande, la Suède et le Royaume-Uni, V. l'Ann. VII au JOUE L 216 du 20 août 2009 ; mod. par Dir. 2013/16/UE du 13 mai 2013, art. 1er.

Les registres de la profession ou du commerce et les déclarations et certificats correspondants sont :

[...]

— pour la France, le "Registre du commerce et des sociétés" et le "Répertoire des métiers"

[...]

PARTIE C Marchés de services

Concernant la Belgique, la Bulgarie, la République tchèque, le Danemark, l'Allemagne, l'Estonie, la Grèce, l'Espagne, la Croatie, l'Irlande, l'Italie, Chypre, la Lettonie, la Lituanie, le Luxembourg, la Hongrie, Malte, les Pays-Bas, l'Autriche, le Portugal, la Roumanie, la Slovénie, la Slovaquie, la Finlande, la Suède et le Royaume-Uni, V. l'Ann. VII au JOUE L 216 du 20 août 2009 ; mod. par Dir. 2013/16/UE du 13 mai 2013, art. 1er.

Les registres de la profession ou du commerce et les déclarations et certificats correspondants sont :

[...]

— pour la France, le "Registre du commerce et des sociétés" et le "Répertoire des métiers"

[...]

ANNEXE VIII

Exigences relatives aux dispositifs de réception électronique des demandes de participation et des offres

Les dispositifs de réception électronique des demandes de participation et des offres doivent au moins garantir, par les moyens techniques et procédures appropriés, que :

a) les signatures électroniques relatives aux demandes de participation et aux offres sont conformes aux dispositions nationales en application de la directive 1999/93/CE ;

b) l'heure et la date exactes de la réception des demandes de participation et des offres peuvent être déterminées avec précision ;

c) il peut être raisonnablement assuré que personne ne peut avoir accès aux données transmises *en vertu* des présentes exigences avant les dates limites spécifiées ;

d) en cas de violation de cette interdiction d'accès, il peut être raisonnablement assuré que la violation est clairement détectable ;

e) seules les personnes autorisées peuvent fixer ou modifier les dates de l'ouverture des données reçues ;

f) lors des différents stades de la procédure d'attribution de marché, seule l'action simultanée des personnes autorisées peut permettre l'accès à la totalité, ou à une partie, des données soumises ;

g) l'action simultanée des personnes autorisées ne peut donner accès aux données transmises qu'après la date spécifiée ;

h) les données reçues et ouvertes en application des présentes exigences ne demeurent accessibles qu'aux personnes autorisées à en prendre connaissance.

Directive 2014/55/UE du Parlement européen et du Conseil du 16 avril 2014,

Relative à la facturation électronique dans le cadre des marchés publics (en vigueur le 26 mai 2014).

Art. 1er *Champ d'application.*

La présente directive s'applique aux factures électroniques émises à l'issue de l'exécution des marchés auxquels la directive 2009/81/CE, la directive 2014/23/UE, la directive 2014/24/UE ou la directive 2014/25/UE s'applique.

La présente directive ne s'applique pas aux factures électroniques émises à l'issue de l'exécution de marchés relevant du champ d'application de la directive 2009/81/CE, lorsque la passation et l'exécution du marché sont déclarées secrètes ou doivent s'accompagner de mesures particulières de sécurité, conformément aux dispositions législatives, réglementaires ou administratives en vigueur dans un État membre, et à condition que l'État membre en question ait déterminé que la protection des intérêts essentiels concernés ne peut être garantie par des mesures moins intrusives.

Art. 2 *Définitions.*

Aux fins de la présente directive, on entend par :

1) "facture électronique" : une facture qui a été émise, transmise et reçue sous une forme électronique structurée qui permet son traitement automatique et électronique ;

2) "éléments essentiels d'une facture électronique" : un ensemble d'informations essentielles qui doit figurer dans une facture électronique pour permettre l'interopérabilité transfrontière, y compris les informations nécessaires pour assurer le respect de la législation ;

3) "modèle sémantique de données" : un ensemble structuré de termes et de significations logiquement corrélés spécifiant les éléments essentiels d'une facture électronique ;

4) "syntaxe" : le langage ou le dialecte lisible par une machine qui est utilisé pour représenter les éléments de données contenus dans une facture électronique ;

5) "correspondances syntaxiques" : des lignes directrices sur la manière dont un modèle sémantique de données pour une facture électronique pourrait être représenté dans les différentes syntaxes ;

6) "pouvoirs adjudicateurs" : les pouvoirs adjudicateurs au sens de l'article 1er, point 17), de la directive 2009/81/CE, de l'article 6, paragraphe 1, de la directive 2014/23/UE et de l'article 2, paragraphe 1, point 1), de la directive 2014/24/UE ;

7) "pouvoirs adjudicateurs sous-centraux" : les pouvoirs adjudicateurs sous-centraux au sens de l'article 2, paragraphe 1, point 3), de la directive 2014/24/UE ;

8) "centrale d'achat" : une centrale d'achat au sens de l'article 2, paragraphe 1, point 16), de la directive 2014/24/UE ;

9) "entités adjudicatrices" : les entités adjudicatrices au sens de l'article 1er, point 17), de la directive 2009/81/CE, de l'article 7, paragraphes 1 et 2, de la directive 2014/23/UE et de l'article 4, paragraphe 1, de la directive 2014/25/UE ;

10) "norme internationale" : une norme internationale au sens de l'article 2, point 1) *a*), du règlement (UE) n° 1025/2012 ;

11) "norme européenne" : une norme européenne au sens de l'article 2, point 1) *b*), du règlement (UE) n° 1025/2012.

Art. 3 *Établissement d'une norme européenne.*

1. La Commission demande à l'organisation européenne de normalisation concernée d'élaborer une norme européenne pour le modèle sémantique de données des éléments essentiels d'une facture électronique (ci-après dénommée "norme européenne sur la facturation électronique").

La Commission exige que la norme européenne sur la facturation électronique remplisse au moins les critères suivants :

– être technologiquement neutre,

– être compatible avec les normes internationales applicables en matière de facturation électronique,

– tenir compte des besoins en termes de protection des données à caractère personnel conformément à la directive 95/46/CE, de l'approche consistant à prendre en compte la protection des données dès la conception, ainsi que des principes de proportionnalité, de minimisation des données et de limitation des finalités,

– être compatible avec les dispositions pertinentes de la directive 2006/112/CE,
– permettre l'établissement de systèmes de facturation électronique pratiques, conviviaux, flexibles et efficaces en termes de coûts,
– tenir compte des besoins particuliers des petites et moyennes entreprises ainsi que des pouvoirs adjudicateurs sous-centraux et des entités adjudicatrices,
– pouvoir être appliquée dans le cadre de transactions commerciales entre entreprises.

La Commission demande que l'organisation européenne de normalisation concernée communique une liste comportant un nombre limité de syntaxes qui sont conformes avec la norme européenne sur la facturation électronique, les correspondances syntaxiques appropriées et des lignes directrices sur l'interopérabilité de la transmission afin de faciliter l'utilisation de cette norme.

Les demandes sont adoptées conformément à la procédure prévue à l'article 10, paragraphes 1 à 5, du règlement (UE) n° 1025/2012.

Dans le cadre du travail d'élaboration de la norme mené par l'organisation européenne de normalisation concernée, et dans les délais indiqués au paragraphe 2, la norme fait l'objet de tests quant à son application pratique pour l'utilisateur final. La Commission a la responsabilité globale de ces tests et veille à ce que soit assuré, lors de leur réalisation, le respect des critères de fonctionnalité et de convivialité ainsi que des coûts de mise en œuvre éventuels conformément au paragraphe 1, deuxième alinéa. La Commission transmet un rapport sur les résultats des tests au Parlement européen et au Conseil.

2. Lorsque la norme européenne sur la facturation électronique établie conformément à la demande visée au paragraphe 1 satisfait aux exigences énoncées dans la demande, et après achèvement d'une phase de tests conformément au paragraphe 1, cinquième alinéa, la Commission publie la référence à la norme au *Journal officiel de l'Union européenne*, accompagnée de la liste d'un nombre limité de syntaxes, établie conformément à la demande visée au paragraphe 1. Cette publication est achevée au plus tard le 27 mai 2017.

Art. 4 *Objections formelles à l'encontre de la norme européenne.*

1. Lorsqu'un État membre ou le Parlement européen est d'avis que la norme européenne sur la facturation électronique et la liste de syntaxes ne satisfont pas entièrement aux exigences énoncées à l'article 3, paragraphe 1, il en informe la Commission, avec une explication détaillée, et la Commission décide :

a) de publier, de ne pas publier ou de publier partiellement les références à la norme européenne sur la facturation électronique et à la liste de syntaxes concernées au *Journal officiel de l'Union européenne* ;

b) de maintenir intégralement ou partiellement les références à la norme européenne sur la facturation électronique et à la liste de syntaxes concernées au *Journal officiel de l'Union européenne* ou de les en retirer.

2. La Commission publie sur son site internet des informations sur la norme européenne sur la facturation électronique et la liste de syntaxes ayant fait l'objet de la décision visée au paragraphe 1.

3. La Commission informe l'organisation européenne de normalisation concernée de la décision visée au paragraphe 1 et, si nécessaire, demande la révision de la norme européenne sur la facturation électronique ou de la liste de syntaxes en cause.

4. La décision visée au paragraphe 1, points *a)* et *b)*, est adoptée en conformité avec la procédure d'examen visée à l'article 10, paragraphe 2.

Art. 5 *Actualisation et développement de la norme européenne et de la liste de syntaxes.*

1. Afin de prendre en compte les évolutions technologiques et d'assurer l'interopérabilité complète et permanente de la facturation électronique dans le cadre des marchés publics, la Commission peut :

a) actualiser ou réviser la norme européenne sur la facturation électronique ;

b) actualiser ou réviser la liste des syntaxes publiée par la Commission au *Journal officiel de l'Union européenne.*

2. Lorsque la Commission décide d'entreprendre l'action visée au paragraphe 1, point *a)*, elle adresse une demande à l'organisation européenne de normalisation concernée. Cette demande est adressée conformément à la procédure prévue à l'article 3, paragraphe 1, sans application des délais qui y sont prévus.

3. L'article 4 s'applique en ce qui concerne toute actualisation ou révision effectuée conformément au paragraphe 1, point *a)*.

4. Lorsque la Commission décide d'entreprendre l'action visée au paragraphe 1, point *b)*, elle se conforme à la procédure d'examen visée à l'article 10, paragraphe 2, ou adresse une demande à l'organisation européenne de normalisation concernée. Cette demande est adres-

sée conformément à la procédure prévue à l'article 3, paragraphe 1, sans application des délais qui y sont prévus.

Art. 6 *Éléments essentiels d'une facture électronique.*

Les éléments essentiels d'une facture électronique sont, entre autres, les suivants :

a) identifiants de processus et de facture ;
b) période de facturation ;
c) renseignements concernant le vendeur ;
d) renseignements concernant l'acheteur ;
e) renseignements concernant le payeur ;
f) renseignements concernant le représentant fiscal du vendeur ;
g) référence du contrat ;
h) détails concernant la fourniture ;
i) instructions relatives au paiement ;
j) renseignements concernant les déductions ou frais supplémentaires ;
k) informations concernant les postes figurant sur la facture ;
l) montants totaux de la facture ;
m) répartition par taux de TVA.

Art. 7 *Réception et traitement des factures électroniques.*

Les États membres veillent à ce que les pouvoirs adjudicateurs et les entités adjudicatrices reçoivent et traitent des factures électroniques qui soient conformes à la norme européenne sur la facturation électronique dont la référence a été publiée en vertu de l'article 3, paragraphe 2, ainsi qu'à toute syntaxe figurant sur la liste publiée en vertu de l'article 3, paragraphe 2.

Art. 8 *Protection des données.*

1. La présente directive est sans préjudice de la législation de l'Union et la législation nationale applicables en matière de protection des données.

2. Sauf disposition contraire du droit de l'Union ou du droit national, et sans préjudice des exceptions et limitations prévues à l'article 13 de la directive 95/46/CE, les données à caractère personnel obtenues aux fins du traitement de factures électroniques ne peuvent être utilisées qu'à ces fins ou à d'autres fins compatibles avec celles-ci.

3. Sans préjudice des exceptions et limitations prévues à l'article 13 de la directive 95/46/CE, les États membres veillent à ce que, à des fins de transparence et de comptabilité, les conditions de la publication de données à caractère personnel collectées lors du traitement de factures électroniques soient conformes aux finalités de la publication ainsi qu'au principe de protection de la vie privée.

Art. 9 *Utilisation de factures électroniques aux fins de la TVA.*

La présente directive est sans préjudice des dispositions de la directive 2006/112/CE.

Art. 10 *Comité.*

1. La Commission est assistée par un comité. Ledit comité est un comité au sens du règlement (UE) n° 182/2011.

2. Lorsqu'il est fait référence au présent paragraphe, l'article 5 du règlement (UE) n° 182/2011 s'applique.

Art. 11 *Transposition.*

1. Les États membres adoptent, publient et appliquent les dispositions législatives, réglementaires et administratives nécessaires pour se conformer à la présente directive au plus tard le 27 novembre 2018. Ils communiquent immédiatement à la Commission le texte de ces dispositions.

2. Par dérogation au paragraphe 1, les États membres adoptent, publient et appliquent, au plus tard dix-huit mois après la publication de la référence de la norme européenne sur la facturation électronique au *Journal officiel de l'Union européenne*, les dispositions nécessaires pour se conformer à l'obligation énoncée à l'article 7 de recevoir et traiter les factures électroniques.

Les États membres peuvent reporter l'application visée au premier alinéa en ce qui concerne leurs pouvoirs adjudicateurs sous-centraux et leurs entités adjudicatrices sous-centrales de trente mois au maximum après la publication de la référence de la norme européenne sur la facturation électronique au *Journal officiel de l'Union européenne*.

Lors de la publication de la référence de la norme européenne sur la facturation électronique, la Commission publie au *Journal officiel de l'Union européenne* la date limite d'entrée en vigueur des mesures visées au premier alinéa.

3. Les États membres communiquent à la Commission le texte des dispositions essentielles de droit interne qu'ils adoptent dans le domaine régi par la présente directive.

Art. 12 *Réexamen.*

La Commission examine les effets de la présente directive sur le marché intérieur et sur l'adoption de la facturation électronique dans le cadre des marchés publics et fait rapport au Parlement européen et au Conseil dans les trois ans après l'échéance du report maximal fixé pour les autorités sous-centrales à l'article 11, paragraphe 2, deuxième alinéa. Le cas échéant, ce rapport est accompagné d'une analyse d'impact relative à la nécessité de prendre des mesures supplémentaires.

Art. 13 *Entrée en vigueur.*

La présente directive entre en vigueur le vingtième jour suivant celui de sa publication au *Journal officiel de l'Union européenne [JOUE L 133 du 6/05/2014].*

Art. 14 *Destinataires.*

Les États membres sont destinataires de la présente directive.

Règlement (CE) n° 2195/2002 du Parlement européen et du Conseil du 5 novembre 2002,

Relatif au vocabulaire commun pour les marchés publics (en vigueur le 16 déc. 2003).

Art. 1er 1. Il est établi un système de classification unique applicable aux marchés publics, le vocabulaire commun pour les marchés publics *[Common Procurement Vocabulary (CPV)].*

2. Le texte du CPV figure à l'annexe I. — *V. note ss. le présent règlement.*

3. Les tables de correspondance indicatives entre le CPV et les nomenclatures "classification des produits associée aux activités dans la Communauté économique européenne" (CPA), "classification centrale des produits" (CPC Prov.) des Nations unies, "nomenclature statistique des activités économiques dans la Communauté européenne" (NACE Rév. 1) et "nomenclature combinée" (NC) figurent respectivement aux annexes II, III, IV et V. — *V. note ss. le présent règlement.*

Art. 2 *(Règl. (CE) n° 596/2009 du 18 juin 2009, annexe, en vigueur le 7 août 2009)* La Commission arrête les mesures nécessaires pour la révision du CPV. Ces mesures, qui visent à modifier des éléments non essentiels du présent règlement, sont arrêtées en conformité avec la procédure de réglementation avec contrôle visée à l'article 3, paragraphe 2. Pour des raisons d'urgence impérieuses, la Commission peut avoir recours à la procédure d'urgence visée à l'article 3, paragraphe 3.

Art. 3 *(Règl. (CE) n° 596/2009 du 18 juin 2009, annexe, en vigueur le 7 août 2009)* 1. La Commission est assistée par le comité institué par la décision 71/306/CEE du Conseil *[JO L 185 du 16.8.1971, p. 15].*

2. Dans le cas où il est fait référence au présent paragraphe, l'article 5 *bis*, paragraphes 1 à 4, et l'article 7 de la décision 1999/468/CE s'appliquent, dans le respect des dispositions de l'article 8 de celle-ci.

3. Dans le cas où il est fait référence au présent paragraphe, l'article 5 *bis*, paragraphes 1, 2, 4 et 6, et l'article 7 de la décision 1999/468/CE s'appliquent, dans le respect des dispositions de l'article 8 de celle-ci.

Art. 4 Le présent règlement entre en vigueur le 16 décembre 2003.

Le présent règlement est obligatoire dans tous ses éléments et directement applicable dans tout État membre.

Nota : V. les annexes I à V au JO L 340 du 16 déc. 2002 ; mod. par Règl. (CE) n° 2151/2003 du 16 déc. 2003 (JO L 329 du 17 déc. 2003) ; mod. par Règl. (CE) n° 213/2008 du 28 nov. 2007 (JO L 74 du 13 mars 2008).

Règlement (CE) n° 1370/2007 du Parlement européen et du Conseil du 23 octobre 2007,

Relatif aux services publics de transport de voyageurs par chemin de fer et par route, et abrogeant les règlements (CEE) n° 1191/69 et (CEE) n° 1107/70 du Conseil (en vigueur le 3 déc. 2009).

Art. 1er *Objet et champ d'application.*

1. Le présent règlement a pour objet de définir comment, dans le respect des règles du droit communautaire, les autorités compétentes peuvent intervenir dans le domaine des transports publics de voyageurs pour garantir la fourniture de services d'intérêt général qui

soient notamment plus nombreux, plus sûrs, de meilleure qualité ou meilleur marché que ceux que le simple jeu du marché aurait permis de fournir.

A cette fin, le présent règlement définit les conditions dans lesquelles les autorités compétentes, lorsqu'elles imposent des obligations de service public ou qu'elles en confient l'exécution à une entreprise, octroient une compensation aux opérateurs de service public en contrepartie des coûts supportés et/ou leur accordent des droits exclusifs en contrepartie de l'exécution d'obligations de service public.

2. Le présent règlement s'applique à l'exploitation nationale et internationale de services publics de transport de voyageurs par chemin de fer et autres modes ferroviaires et par route, à l'exception des services qui sont essentiellement exploités pour leur intérêt historique ou leur vocation touristique. Les États membres peuvent appliquer le présent règlement au transport public de voyageurs par voie navigable et, sans préjudice du règlement (CEE) n° 3577/92 du Conseil du 7 décembre 1992 concernant l'application du principe de la libre circulation des services aux transports maritimes à l'intérieur des États membres (cabotage maritime) *[JO L 364 du 12.12.1992, p. 7]*, par voie maritime nationale.

(Règl. (UE) 2016/2338 du 14 déc. 2016, art. 1er-1, en vigueur le 24 déc. 2017) « Sous réserve de l'accord des autorités compétentes des États membres sur le territoire desquels les services sont fournis, les obligations de service public peuvent concerner des services publics de transport au niveau transfrontalier, y compris ceux qui couvrent des besoins de transport au niveau local et régional. »

3. Le présent règlement ne s'applique pas aux concessions de travaux publics au sens de l'article 1er, paragraphe 3, point *a)*, de la directive 2004/17/CE ou de l'article 1er, paragraphe 3, de la directive 2004/18/CE.

Art. 2 *Définitions.*

Aux fins du présent règlement, on entend par :

a) "transports publics de voyageurs", les services de transport de voyageurs d'intérêt économique général offerts au public sans discrimination et en permanence ;

(Règl. (UE) 2016/2338 du 14 déc. 2016, art. 1er-2, en vigueur le 24 déc. 2017) « *a bis)* "services publics de transport de voyageurs par chemin de fer", le transport public de voyageurs par chemin de fer, hormis le transport de voyageurs par d'autres modes ferroviaires, tels que les métros ou les tramways ; »

b) "autorité compétente", toute autorité publique, ou groupement d'autorités publiques, d'un ou de plusieurs États membres, qui a la faculté d'intervenir dans les transports publics de voyageurs dans une zone géographique donnée, ou tout organe investi d'un tel pouvoir ;

c) "autorité locale compétente", toute autorité compétente dont la zone géographique de compétence n'est pas nationale ;

d) "opérateur de service public", toute entreprise ou groupement d'entreprises de droit public ou privé qui exploite des services publics de transport de voyageurs ou tout organisme public qui fournit des services publics de transport de voyageurs ;

e) "obligation de service public", l'exigence définie ou déterminée par une autorité compétente en vue de garantir des services d'intérêt général de transports de voyageurs qu'un opérateur, s'il considérait son propre intérêt commercial, n'assumerait pas ou n'assumerait pas dans la même mesure ou dans les mêmes conditions sans contrepartie ;

f) "droit exclusif", droit habilitant un opérateur de service public à exploiter certains services publics de transport de voyageurs sur une ligne, un réseau ou dans une zone donnés, à l'exclusion de tout autre opérateur de service public ;

g) "compensation de service public", tout avantage, notamment financier, octroyé, sur fonds publics, directement ou indirectement par une autorité compétente pendant la période de mise en œuvre d'une obligation de service public ou lié à cette période ;

h) "attribution directe", attribution d'un contrat de service public à un opérateur de service public donné en l'absence de toute procédure de mise en concurrence préalable ;

i) "contrat de service public", un ou plusieurs actes juridiquement contraignants manifestant l'accord entre une autorité compétente et un opérateur de service public en vue de confier à l'opérateur de service public la gestion et l'exploitation des services publics de transport de voyageurs soumis aux obligations de service public. Selon le droit des États membres, le contrat peut également consister en une décision arrêtée par l'autorité compétente qui :

— prend la forme d'un acte individuel législatif ou réglementaire, ou

— contient les conditions dans lesquelles l'autorité compétente elle-même fournit les services ou confie la fourniture de ces services à un opérateur interne ;

j) "opérateur interne", une entité juridiquement distincte sur laquelle l'autorité locale compétente ou, dans le cas d'un groupement d'autorités, au moins une autorité locale compétente, exerce un contrôle analogue à celui qu'elle exerce sur ses propres services ;

k) "valeur", la valeur d'un service, d'une ligne, d'un contrat de service public ou d'un régime de compensation pour les transports publics de voyageurs, correspondant à la rémunération totale, hors TVA, du ou des opérateurs de services publics, y compris la compensation, quelle qu'en soit la nature, versée par les autorités publiques et les recettes provenant de la vente des titres de transport qui ne sont pas reversées à l'autorité compétente en question ;

l) "règle générale", mesure qui s'applique sans discrimination à tous les services publics de transport de voyageurs d'un même type dans une zone géographique donnée où une autorité compétente est responsable ;

m) "services intégrés de transports publics de voyageurs", des services de transport en correspondance dans une zone géographique déterminée comprenant un service unique d'information, de billetterie et d'horaires.

Art. 2 *bis* *Spécifications des obligations de service public.*

(Règl. (UE) 2016/2338 du 14 déc. 2016, art. 1er-3, en vigueur le 24 déc. 2017) 1. L'autorité compétente définit les spécifications des obligations de service public applicables à la fourniture de services publics de transport de voyageurs et leur champ d'application conformément à l'article 2, point *e)*. Cela inclut la possibilité de regrouper des services couvrant leurs coûts et des services ne couvrant pas ces coûts.

Lorsqu'elle définit ces spécifications et leur champ d'application, l'autorité compétente respecte dûment le principe de proportionnalité, conformément au droit de l'Union.

Les spécifications sont cohérentes avec les objectifs stratégiques fixés dans les documents exposant la politique en matière de transports publics des États membres.

Le contenu et le format des documents exposant la politique en matière de transports publics ainsi que les procédures régissant la consultation des parties prenantes concernées sont déterminés conformément au droit national.

2. Les spécifications des obligations de service public et la compensation correspondante liée à l'incidence financière nette permettent de :

a) atteindre les objectifs de la politique en matière de transports publics d'une manière efficace au regard des coûts ; et

b) soutenir financièrement la fourniture de services publics de transport de voyageurs conformément aux exigences fixées sur le long terme dans la politique en matière de transports publics.

Art. 3 *Contrats de service public et règles générales.*

1. Lorsqu'une autorité compétente décide d'octroyer à l'opérateur de son choix un droit exclusif et/ou une compensation, quelle qu'en soit la nature, en contrepartie de la réalisation d'obligations de service public, elle le fait dans le cadre d'un contrat de service public.

2. Par dérogation au paragraphe 1, les obligations de service public qui visent à établir des tarifs maximaux pour l'ensemble des voyageurs ou pour certaines catégories de voyageurs peuvent aussi faire l'objet de règles générales. Conformément aux principes énoncés à l'article 4, à l'article 6 et à l'annexe, l'autorité compétente octroie aux opérateurs de services publics une compensation pour l'incidence financière nette, positive ou négative, sur les coûts et les recettes occasionnés par le respect des obligations tarifaires établies au travers de règles générales, de manière à éviter toute surcompensation, et ce nonobstant le droit qu'ont les autorités compétentes d'intégrer des obligations de service public fixant des tarifs maximaux dans les contrats de service public.

3. Sans préjudice des dispositions des articles 73, 86, 87 et 88 du traité, les États membres peuvent exclure du champ d'application du présent règlement les règles générales relatives aux compensations financières accordées pour les obligations de service public qui établissent des tarifs maximaux pour les élèves, les étudiants, les apprentis et les personnes à mobilité réduite. Ces règles générales sont notifiées conformément à l'article 88 du traité. Une telle notification comporte des renseignements complets sur la mesure concernée et, notamment, des informations détaillées sur la méthode de calcul.

Art. 4 *Contenu obligatoire des contrats de service public et des règles générales.*

1. Les contrats de service public et les règles générales :

(Règl. (UE) 2016/2338 du 14 déc. 2016, art. 1er-4-a, en vigueur le 24 déc. 2017) « *a)* établissent clairement les obligations de service public, définies dans le présent règlement et spécifiées conformément à son article 2 *bis*, dont l'opérateur de service public doit s'acquitter, ainsi que les zones géographiques concernées ;

« *b)* établissent à l'avance, de façon objective et transparente :

« i) les paramètres sur la base desquels la compensation, s'il y a lieu, doit être calculée ; et

« ii) la nature et l'ampleur de tous droits exclusifs accordés, de manière à éviter toute surcompensation.

« Dans le cas de contrats de service public qui ne sont pas attribués conformément à l'article 5, paragraphe 1, 3 ou 3 *ter*, ces paramètres sont déterminés de façon à ce qu'aucune compensation ne puisse excéder le montant nécessaire pour couvrir l'incidence financière nette sur les coûts et les recettes occasionnés par l'exécution des obligations de service public, en tenant compte des recettes y relatives conservées par l'opérateur de service public ainsi que d'un bénéfice raisonnable ; »

c) définissent les modalités de répartition des coûts liés à la fourniture des services. Ces coûts peuvent comprendre notamment les coûts de personnel, d'énergie, d'infrastructure, de maintenance et de réparation des véhicules de transport public, du matériel roulant et des installations nécessaires au fonctionnement des services de transport de voyageurs, des coûts fixes et une rémunération appropriée du capital.

2. Les contrats de service public et les règles générales définissent les modalités de répartition des recettes liées à la vente des titres de transport, qui peuvent être conservées par l'opérateur de service public, reversées à l'autorité compétente ou partagées entre eux.

3. La durée des contrats de service public est limitée et ne dépasse pas dix ans pour les services d'autobus et d'autocar et quinze ans pour les services de transport de voyageurs par chemin de fer ou autres modes ferroviaires. La durée des contrats de service public portant sur plusieurs modes de transport est limitée à quinze ans si les transports par chemin de fer ou autres modes ferroviaires représentent plus de 50 % de la valeur des services en question.

4. Si nécessaire, compte tenu des conditions d'amortissement des actifs, la durée du contrat de service public peut être allongée de 50 % au maximum si l'opérateur de service public fournit des actifs à la fois significatifs au regard de l'ensemble des actifs nécessaires à la fourniture des services de transport de voyageurs qui font l'objet du contrat de service public et principalement liés aux services de transport de voyageurs objets de ce contrat.

Si les coûts engendrés par la situation géographique particulière le justifient, la durée des contrats de service public, précisée au paragraphe 3, dans les régions ultrapériphériques peut être allongée de 50 % au maximum.

Si l'amortissement du capital lié à un investissement exceptionnel dans des infrastructures, du matériel roulant ou des véhicules le justifie et si le contrat de service public est passé à la suite d'une procédure de mise en concurrence équitable, un contrat de service public peut avoir une durée plus longue. Afin de garantir la transparence en pareil cas, l'autorité compétente transmet à la Commission le contrat de service public et les éléments justifiant sa durée plus longue dans l'année qui suit sa conclusion.

(Règl. (UE) 2016/2338 du 14 déc. 2016, art. 1er-4-b, en vigueur le 24 déc. 2017) « 4 *bis*. Dans le cadre de l'exécution de contrats de service public, les opérateurs de services publics se conforment aux obligations applicables en matière de droit social et de droit du travail établies par le droit de l'Union, le droit national ou des conventions collectives.

« 4 *ter*. La directive 2001/23/CE s'applique à un changement d'opérateur de service public lorsque ce changement constitue un transfert d'entreprise au sens de ladite directive. »

5. Sans préjudice du droit national et du droit communautaire, y compris les conventions collectives conclues entre partenaires sociaux, les autorités compétentes peuvent exiger de l'opérateur de service public sélectionné qu'il offre au personnel préalablement engagé pour fournir les services les droits dont il aurait bénéficié s'il y avait eu transfert au sens de la directive 2001/23/CE. Lorsque les autorités compétentes exigent que les opérateurs de service public respectent certaines normes sociales, les documents de mise en concurrence et les contrats de service public recensent le personnel concerné et donnent des précisions claires sur ses droits contractuels ainsi que les conditions dans lesquelles les employés sont réputés liés aux services.

(Règl. (UE) 2016/2338 du 14 déc. 2016, art. 1er-4-c, en vigueur le 24 déc. 2017) « 6. Lorsque, conformément au droit national, les autorités compétentes exigent des opérateurs de service public qu'ils respectent certaines normes de qualité et normes sociales, ou qu'ils établissent des critères sociaux et qualitatifs, ces normes et critères figurent dans les documents de mise en concurrence et dans les contrats de service public. Dans le respect de la directive 2001/23/CE, ces documents de mise en concurrence et ces contrats de service public contiennent également, lorsque cela est pertinent, des informations sur les droits et les obligations ayant trait au transfert du personnel recruté par l'opérateur précédent. »

7. Les documents de mise en concurrence et les contrats de service public précisent de manière transparente si, et si oui dans quelle mesure, la sous-traitance peut être envisagée. En cas de sous-traitance, l'opérateur chargé de la gestion et de l'exécution du service public

de transport de voyageurs conformément au présent règlement est tenu d'exécuter lui-même une partie importante du service public de transport de voyageurs. Un contrat de service public couvrant en même temps la conception, l'établissement et le fonctionnement de services publics de transport de voyageurs peut autoriser la sous-traitance complète de l'exécution de ces services. Le contrat de service public fixe, conformément au droit national et au droit communautaire, les conditions applicables à la sous-traitance.

(Règl. (UE) 2016/2338 du 14 déc. 2016, art. 1er-4-d, en vigueur le 24 déc. 2017) « 8. Les contrats de service public exigent de l'opérateur qu'il fournisse à l'autorité compétente les informations essentielles pour l'attribution des contrats de service public, tout en garantissant la protection légitime des informations commerciales confidentielles. Les autorités compétentes mettent à la disposition de toutes les parties intéressées des informations utiles pour préparer une offre dans le cadre d'une procédure de mise en concurrence, tout en garantissant la protection légitime des informations commerciales confidentielles. Ces informations portent notamment sur le nombre de voyageurs, les tarifs, les coûts et les recettes liés au service public de transport de voyageurs couvert par la procédure de mise en concurrence, et des précisions sur les spécifications de l'infrastructure pertinentes pour l'exploitation des véhicules ou du matériel roulant requis, et permettent aux parties intéressées de préparer des plans d'exploitation bien étayés. Les gestionnaires de l'infrastructure ferroviaire assistent les autorités compétentes pour la fourniture de toutes les spécifications de l'infrastructure pertinentes. Le non-respect des dispositions énoncées ci-dessus est soumis au contrôle juridictionnel prévu à l'article 5, paragraphe 7. »

Art. 5 *Attribution des contrats de service public.*

1. Les contrats de service public sont attribués conformément aux règles établies dans le présent règlement. Toutefois, les marchés de services ou marchés publics de services, tels que définis par la directive 2004/17/CE ou par la directive 2004/18/CE, pour les services publics de transport de voyageurs par autobus ou par tramway sont attribués conformément aux procédures prévues par lesdites directives lorsque ces contrats ne revêtent pas la forme de contrats de concession de services tels que définis dans ces directives. Lorsque les contrats sont attribués conformément à la directive 2004/17/CE ou à la directive 2004/18/CE, les paragraphes 2 à 6 du présent article ne s'appliquent pas.

(Règl. (UE) 2016/2338 du 14 déc. 2016, art. 1er-5-a, en vigueur le 24 déc. 2017) « 2. Sauf interdiction en vertu du droit national, toute autorité locale compétente, qu'il s'agisse ou non d'une autorité individuelle ou d'un groupement d'autorités fournissant des services intégrés de transport public de voyageurs, peut décider de fournir elle-même des services publics de transport de voyageurs ou d'attribuer directement des contrats de service public à une entité juridiquement distincte sur laquelle l'autorité locale compétente ou, dans le cas d'un groupement d'autorités, au moins une autorité locale compétente exerce un contrôle analogue à celui qu'elle exerce sur ses propres services.

« Dans le cas de services publics de transport de voyageurs par chemin de fer, le groupement d'autorités visé au premier alinéa ne peut être composé que d'autorités compétentes locales dont la zone géographique de compétence n'est pas nationale. Le service public de transport de voyageurs ou le contrat de service public visé au premier à alinéa ne peut couvrir que les besoins en transports d'agglomérations urbaines ou de zones rurales, ou les deux.

« Lorsqu'une autorité compétente locale prend une telle décision, les dispositions suivantes s'appliquent : »

a) aux fins de déterminer si l'autorité locale compétente exerce un tel contrôle, il est tenu compte d'éléments tels que le niveau de représentation au sein des organes d'administration, de direction ou de surveillance, les précisions y relatives dans les statuts, la propriété ainsi que l'influence et le contrôle effectifs sur les décisions stratégiques et sur les décisions individuelles de gestion. Conformément au droit communautaire, la détention à 100 % du capital par l'autorité publique compétente, en particulier dans le cas de partenariats publics-privés, n'est pas une condition obligatoire pour établir un contrôle au sens du présent paragraphe, pour autant que le secteur public exerce une influence dominante et que le contrôle puisse être établi sur la base d'autres critères ;

b) le présent paragraphe est applicable à condition que l'opérateur interne et toute entité sur laquelle celui-ci a une influence, même minime, exercent leur activité de transport public de voyageurs sur le territoire de l'autorité locale compétente, nonobstant d'éventuelles lignes sortantes et autres éléments accessoires à cette activité se prolongeant sur le territoire d'autorités locales compétentes voisines, et ne participent pas à des mises en concurrence concernant la fourniture de services publics de transport de voyageurs organisés en dehors du territoire de l'autorité locale compétente ;

c) nonobstant le point b), un opérateur interne peut participer à des mises en concurrence équitables pendant les deux années qui précèdent le terme du contrat de service public qui lui a été attribué directement, à condition qu'ait été prise une décision définitive visant à soumettre les services de transport de voyageurs faisant l'objet du contrat de l'opérateur interne à une mise en concurrence équitable et que l'opérateur interne n'ait conclu aucun autre contrat de service public attribué directement ;

d) en l'absence d'autorité locale compétente, les points a), b) et c) s'appliquent à une autorité nationale agissant au bénéfice d'une zone géographique qui n'est pas nationale, à condition que l'opérateur interne ne participe pas à des mises en concurrence concernant la fourniture de services publics de transport de voyageurs organisés à l'extérieur de la zone pour laquelle le contrat de service public a été attribué ;

e) si la sous-traitance au titre de l'article 4, paragraphe 7, est envisagée, l'opérateur interne est tenu d'assurer lui-même la majeure partie du service public de transport de voyageurs.

(Règl. (UE) 2016/2338 du 14 déc. 2016, art. 1er-5-b à f, en vigueur le 24 déc. 2017) « 3. Toute autorité compétente qui recourt à un tiers autre qu'un opérateur interne attribue les contrats de service public par voie de procédure de mise en concurrence, sauf dans les cas visés aux paragraphes 3 bis, 4, 4 *bis*, 4 *ter*, 5 et 6. La procédure adoptée pour la mise en concurrence est ouverte à tout opérateur, est équitable et respecte les principes de transparence et de non-discrimination. Après la soumission des offres et une éventuelle présélection, la procédure peut donner lieu à des négociations dans le respect de ces principes, afin de préciser les éléments permettant de répondre au mieux à la spécificité ou à la complexité des besoins.

« 3 *bis*. Sauf interdiction en vertu du droit national, pour les contrats de service public relatifs à des services publics de transport de voyageurs par chemin de fer attribués dans le cadre d'une procédure de mise en concurrence, l'autorité compétente peut, pour une période de temps limitée, décider d'attribuer directement de nouveaux contrats lorsqu'elle considère que l'attribution directe est justifiée par des circonstances exceptionnelles. Ces circonstances exceptionnelles incluent les situations dans lesquelles :

« — un certain nombre de procédures de mise en concurrence organisées par l'autorité compétente ou d'autres autorités compétentes sont déjà en cours et pourraient affecter le nombre et la qualité des offres susceptibles d'être reçues si le contrat fait l'objet d'une mise en concurrence, ou

« — des modifications du champ d'application d'un ou de plusieurs contrats de service public sont nécessaires pour optimiser l'offre de services publics.

« L'autorité compétente rend une décision motivée et en informe la Commission sans retard indu.

« La durée des contrats attribués en application du présent paragraphe est proportionnée à la circonstance exceptionnelle concernée et ne dépasse en aucun cas cinq ans.

« L'autorité compétente publie ces contrats. Ce faisant, elle tient compte de la protection légitime des informations commerciales confidentielles et des intérêts commerciaux.

« Le contrat ultérieur qui porte sur les mêmes obligations de service public n'est pas attribué sur la base de la présente disposition.

« 3 *ter*. Conformément au paragraphe 3, les autorités compétentes peuvent décider d'appliquer la procédure suivante :

« Les autorités compétentes peuvent rendre publique leur intention d'attribuer un contrat de service public relatif à des services publics de transport de voyageurs par chemin de fer en publiant un avis d'information au *Journal officiel de l'Union européenne*.

« Cet avis d'information contient une description détaillée des services qui font l'objet du contrat à attribuer, ainsi que le type et la durée du contrat.

« Les opérateurs peuvent manifester leur intérêt dans un délai fixé par l'autorité compétente, celui-ci ne pouvant être inférieur à soixante jours à compter de la publication de l'avis d'information.

« Si, à l'expiration de ce délai :

« *a)* un seul opérateur a fait part de son intérêt à participer à la procédure d'attribution du contrat de service public ;

« *b)* cet opérateur a dûment prouvé qu'il sera effectivement en mesure d'offrir le service de transport en respectant les obligations prévues dans le contrat de service public ;

« *c)* l'absence de concurrence ne résulte pas d'une restriction artificielle des paramètres de la commande publique ; et

« *d)* il n'existe aucune alternative raisonnable ;

« les autorités compétentes peuvent entamer des négociations avec l'opérateur en question afin d'attribuer le contrat sans publication ultérieure d'une procédure d'appels d'offres ouverte.

« 4. Sauf interdiction en vertu du droit national, l'autorité compétente peut décider d'attribuer directement des contrats de service public :

« *a)* dont la valeur annuelle moyenne est estimée à moins de 1 000 000 EUR ou, dans le cas d'un contrat de service public incluant des services publics de transport de voyageurs par chemin de fer, moins de 7 500 000 EUR ; ou

« *b)* qui ont pour objet la fourniture annuelle de moins de 300 000 kilomètres de services publics de transport de voyageurs ou, dans le cas d'un contrat de service public incluant des services publics de transport de voyageurs par chemin de fer, moins de 500 000 kilomètres.

« Lorsqu'un contrat de service public est attribué directement à une petite ou moyenne entreprise n'exploitant pas plus de vingt-trois véhicules routiers, ces plafonds peuvent être relevés à une valeur annuelle moyenne estimée à moins de 2 000 000 EUR ou à une fourniture annuelle de moins de 600 000 kilomètres de services publics de transport de voyageurs.

« 4 *bis*. Sauf interdiction en vertu du droit national, l'autorité compétente peut décider d'attribuer directement des contrats de service public relatifs à des services publics de transport de voyageurs par chemin de fer :

« *a)* lorsqu'elle considère que l'attribution directe est justifiée par les caractéristiques structurelles et géographiques pertinentes du marché et du réseau concernés, et notamment leur taille, les caractéristiques de la demande, la complexité du réseau, son isolement technique et géographique et les services couverts par le contrat ; et

« *b)* lorsqu'un tel contrat aurait pour effet d'améliorer la qualité des services ou le rapport coût-efficacité, ou les deux, par rapport au précédent contrat de service public attribué.

« Sur cette base, l'autorité compétente publie une décision motivée et en informe la Commission dans le mois qui suit sa publication. L'autorité compétente peut procéder à l'attribution du contrat.

« Les États membres pour lesquels, au 24 décembre 2017, le volume maximal annuel du marché est inférieur à 23 millions de trains-km et qui disposent d'une seule autorité compétente au niveau national et d'un seul contrat de service public couvrant l'ensemble du réseau sont réputés remplir les conditions visées au point a). Lorsque l'autorité compétente de l'un de ces États membres décide d'attribuer directement un contrat de service public, l'État membre concerné en informe la Commission. Le Royaume-Uni peut décider d'appliquer le présent alinéa à l'Irlande du Nord.

« Lorsque l'autorité compétente décide d'attribuer directement un contrat de service public, elle définit des exigences en matière de performances mesurables, transparentes et vérifiables. Ces exigences sont stipulées dans le contrat.

« Les exigences en matière de performances portent en particulier sur la ponctualité des services, la fréquence des circulations ferroviaires, la qualité du matériel roulant et les capacités de transport pour les voyageurs.

« Le contrat contient des indicateurs de performance spécifiques permettant à l'autorité compétente de réaliser des évaluations périodiques. Le contrat précise également les mesures efficaces et dissuasives qui doivent être imposées si l'entreprise ferroviaire ne satisfait pas aux exigences en matière de performances.

« L'autorité compétente procède à des évaluations périodiques afin de déterminer si l'entreprise ferroviaire a atteint ses objectifs en ce qui concerne les exigences en matière de performances stipulées dans le contrat, et publie les résultats de son évaluation. Ces évaluations périodiques ont lieu au moins tous les cinq ans. L'autorité compétente prend des mesures appropriées en temps utile, y compris l'imposition de sanctions contractuelles efficaces et dissuasives, lorsque les améliorations requises sur le plan de la qualité des services ou du rapport coût-efficacité, ou des deux, ne sont pas apportées. L'autorité compétente peut, à tout moment, suspendre ou résilier, en tout ou partie, le contrat attribué en application de la présente disposition, lorsque l'opérateur ne parvient pas à se conformer aux exigences en matière de performances.

« 4 *ter*. Sauf interdiction en vertu du droit national, l'autorité compétente peut décider d'attribuer directement des contrats de service public relatifs à des services publics de transport de voyageurs par chemin de fer lorsqu'ils portent uniquement sur les services de transport ferroviaire de voyageurs par un opérateur qui gère simultanément la totalité ou la majeure partie de l'infrastructure ferroviaire sur laquelle les services sont fournis, lorsque cette infrastructure ferroviaire est exclue de l'application des articles 7, 7 *bis*, 7 *ter*, 7 *quater*, 7 *quinquies*, 8 et 13 ainsi que du chapitre IV de la directive 2012/34/UE du Parlement européen et du Conseil *[Dir. 2012/34/UE du Parlement européen et du Conseil du 21 nov. 2012 établissant un espace ferroviaire unique européen (JO L 343 du 14/12/2012, p. 32)]*, conformément à l'article 2, paragraphe 3, point a) ou b), de ladite directive.

« Par dérogation à l'article 4, paragraphe 3, la durée des contrats attribués directement en application du présent paragraphe et du paragraphe 4 *bis* du présent article ne dépasse pas dix ans, sauf lorsque l'article 4, paragraphe 4, s'applique.

« Les contrats attribués conformément au présent paragraphe et au paragraphe 4 *bis* font l'objet d'une publication, tout en tenant compte de la protection légitime des informations commerciales confidentielles et des intérêts commerciaux.

« 5. En cas d'interruption des services ou de risque imminent d'apparition d'une telle situation, l'autorité compétente peut prendre des mesures d'urgence.

« Les mesures d'urgence prennent la forme d'une attribution directe ou d'un accord formel de prorogation d'un contrat de service public ou de l'exigence de l'exécution de certaines obligations de service public. L'opérateur de service public a le droit de former un recours contre la décision lui imposant l'exécution de certaines obligations de service public. La période pour laquelle un contrat est, au titre de mesures d'urgence, attribué, prorogé ou imposé ne dépasse pas une durée de deux ans. »

6. Sauf interdiction en vertu du droit national, les autorités compétentes peuvent décider d'attribuer directement des contrats de service public de transport par chemin de fer, à l'exception d'autres modes ferroviaires tels que le métro ou le tramway. Par dérogation à l'article 4, paragraphe 3, la durée de tels contrats ne dépasse pas dix ans, sauf lorsque l'article 4, paragraphe 4, s'applique.

(Règl. (UE) 2016/2338 du 14 déc. 2016, art. 1er-5-g, en vigueur le 24 déc. 2017) « 6 *bis*. Les autorités compétentes peuvent, pour accroître la concurrence entre entreprises ferroviaires, décider que les contrats relatifs à des services publics de transport de voyageurs par chemin de fer couvrant les différentes parties d'un même réseau ou ensemble de lignes doivent être attribués à des entreprises ferroviaires différentes. A cette fin, les autorités compétentes peuvent décider, avant de lancer la procédure de mise en concurrence, de limiter le nombre de contrats pouvant être attribués à une même entreprise ferroviaire. »

7. Les États membres prennent les mesures nécessaires pour que les décisions prises en application des paragraphes 2 à 6 puissent être réexaminées efficacement et rapidement, sur demande de toute personne ayant ou ayant eu intérêt à obtenir un contrat particulier et ayant été lésée par une infraction alléguée ou risquant de l'être, au motif que lesdites décisions sont contraires au droit communautaire ou aux règles nationales d'exécution de celui-ci.

(Règl. (UE) 2016/2338 du 14 déc. 2016, art. 1er-5-h, en vigueur le 24 déc. 2017) « Dans les cas visés aux paragraphes 4 *bis* et 4 *ter*, ces mesures comportent la possibilité de demander que la décision motivée prise par l'autorité compétente fasse l'objet d'une évaluation par un organisme indépendant désigné par l'État membre concerné. Les résultats de cette évaluation sont mis à la disposition du public conformément au droit national. »

Si les organes chargés des procédures de réexamen n'ont pas un caractère judiciaire, leurs décisions sont toujours motivées par écrit. En outre, dans ce cas, des mesures sont prises pour que toute mesure illégale alléguée émanant de l'organe de réexamen ou toute allégation d'irrégularité dans l'exercice des compétences qui lui sont conférées puissent faire l'objet d'un contrôle judiciaire ou d'un contrôle par un autre organe, celui-ci devant être une juridiction au sens de l'article 234 du traité et indépendant à la fois de l'autorité contractante et de l'organe de réexamen.

Art. 5 *bis* *Matériel roulant ferroviaire.*

(Règl. (UE) 2016/2338 du 14 déc. 2016, art. 1er-6, en vigueur le 24 déc. 2017) 1. En prévision du lancement d'une procédure de mise en concurrence, les autorités compétentes évaluent s'il convient de prendre des mesures pour garantir un accès effectif et non discriminatoire à du matériel roulant adapté. Cette évaluation tient compte de la présence, sur le marché concerné, de sociétés de location de matériel roulant ou d'autres acteurs du marché proposant la location de matériel roulant. Le rapport d'évaluation est rendu public.

2. Les autorités compétentes peuvent décider, conformément à leur droit national et dans le respect des règles relatives aux aides d'État, de prendre des mesures appropriées pour garantir un accès effectif et non discriminatoire à du matériel roulant adapté. Parmi ces mesures peuvent figurer :

a) l'acquisition par l'autorité compétente de matériel roulant utilisé aux fins de l'exécution du contrat de service public en vue de le mettre à la disposition de l'opérateur de service public retenu au prix du marché ou dans le cadre du contrat de service public en application de l'article 4, paragraphe 1, point *b)*, de l'article 6 et, le cas échéant, de l'annexe ;

b) la fourniture par l'autorité compétente d'une garantie pour le financement du matériel roulant utilisé pour l'exécution du contrat de service public au prix du marché ou dans le cadre du contrat de service public en application de l'article 4, paragraphe 1, point *b)*, de l'article 6 et, le cas échéant, de l'annexe, y compris une garantie couvrant le risque lié à la valeur résiduelle ;

c) un engagement pris par l'autorité compétente dans le contrat de service public de reprendre le matériel roulant au prix du marché et à des conditions financières prédéfinies à la fin du contrat ; ou

d) une coopération avec d'autres autorités compétentes afin de disposer d'un plus large parc de matériel roulant.

3. Si le matériel roulant est mis à la disposition d'un nouvel opérateur de transport public, l'autorité compétente inclut dans les documents de mise en concurrence toutes les informations dont elle dispose sur le coût de l'entretien du matériel roulant et sur l'état matériel de ce dernier.

Art. 6 *Compensation de service public.*

(Règl. (UE) 2016/2338 du 14 déc. 2016, art. 1er-7, en vigueur le 24 déc. 2017) « 1. Toute compensation liée à une règle générale ou à un contrat de service public respecte l'article 4, quelles que soient les modalités d'attribution du contrat. Toute compensation, quelle qu'en soit la nature, liée à un contrat de service public qui n'a pas été attribué conformément à l'article 5, paragraphe 1, 3 ou 3 *ter*, ou liée à une règle générale est en outre conforme aux dispositions de l'annexe. »

2. Sur demande écrite de la Commission, les États membres lui communiquent, dans un délai de trois mois ou tout autre délai plus long fixé dans cette demande, toutes les informations que la Commission estime nécessaires pour déterminer si la compensation attribuée est compatible avec le présent règlement.

Art. 7 *Publication.*

(Règl. (UE) 2016/2338 du 14 déc. 2016, art. 1er-8-a, en vigueur le 24 déc. 2017) « 1. Chaque autorité compétente publie, une fois par an, un rapport global sur les obligations de service public relevant de sa compétence. Ledit rapport précise la date de début et la durée des contrats de service public, les opérateurs de service public retenus ainsi que les compensations et les droits exclusifs qui leur sont octroyés en contrepartie. Le rapport fait une distinction entre le transport par autobus et le transport par chemin de fer, il permet le contrôle et l'évaluation de l'efficacité, de la qualité et du financement du réseau de transport public et donne, le cas échéant, des informations sur la nature et l'ampleur de tous les droits exclusifs accordés. Le rapport prend également en compte les objectifs stratégiques fixés dans les documents exposant la politique en matière de transports publics dans l'État membre concerné. Les États membres facilitent l'accès centralisé à ces rapports, par exemple au moyen d'un portail internet commun. »

2. Chaque autorité compétente prend les mesures nécessaires afin que, au plus tard un an avant le lancement de la procédure de mise en concurrence ou un an avant l'attribution directe, soient publiées au *Journal officiel de l'Union européenne* au minimum les informations suivantes :

a) le nom et les coordonnées de l'autorité compétente ;

b) le type d'attribution envisagée ;

c) les services et les territoires susceptibles d'être concernés par l'attribution ;

(Règl. (UE) 2016/2338 du 14 déc. 2016, art. 1er-8-b, en vigueur le 24 déc. 2017) « *d)* la date de début et la durée prévues du contrat de service public. »

Les autorités compétentes peuvent décider de ne pas publier ces informations lorsqu'un contrat de service public porte sur la fourniture annuelle de moins de 50 000 kilomètres de services publics de transport de voyageurs.

En cas de modification de ces informations après leur publication, l'autorité compétente publie un rectificatif dans les meilleurs délais. Ce rectificatif est sans préjudice de la date de lancement de l'attribution directe ou de la mise en concurrence.

Le présent paragraphe ne s'applique pas à l'article 5, paragraphe 5.

3. En cas d'attribution directe de contrats de service public de transport par chemin de fer telle que prévue à l'article 5, paragraphe 6, l'autorité compétente rend publiques les informations ci-après dans un délai d'un an à compter de cette attribution :

a) nom de la partie contractante, structure de son capital et, le cas échéant, nom de l'organe ou des organes de contrôle légal ;

b) durée du contrat de service public ;

c) description des services de transport de voyageurs à exécuter ;

d) description des paramètres de calcul de la compensation financière ;

e) objectifs de qualité, tels que la ponctualité et la fiabilité, ainsi que primes et pénalités applicables ;

f) conditions relatives aux actifs essentiels.

4. A la demande de toute partie intéressée, l'autorité compétente lui communique les motifs de sa décision relative à l'attribution directe d'un contrat de service public.

Art. 8 *Transition.*

1. Les contrats de service public sont attribués conformément aux règles établies dans le présent règlement. Toutefois, les marchés de services ou marchés publics de services, tels que définis par la directive 2004/17/CE ou par la directive 2004/18/CE, pour les services publics de transport de voyageurs par autobus ou par tramway sont attribués conformément aux procédures prévues par lesdites directives lorsque ces contrats ne revêtent pas la forme de contrats de concession de services tels que définis dans ces directives. Lorsque les contrats sont attribués conformément à la directive 2004/17/CE ou à la directive 2004/18/CE, les dispositions des paragraphes 2 à 4 du présent article ne s'appliquent pas.

(Règl. (UE) 2016/2338 du 14 déc. 2016, art. 1er-9-a et b, en vigueur le 24 déc. 2017) « 2. Sans préjudice du paragraphe 3 :

« i) l'article 5 s'applique à l'attribution de contrats de service public relatifs à des services de transport de voyageurs par route et par des modes de transport ferroviaire autres que le chemin de fer, tels que le métro ou le tramway, à partir du 3 décembre 2019 ;

« ii) l'article 5 s'applique aux services publics de transport de voyageurs par chemin de fer à partir du 3 décembre 2019 ;

« iii) l'article 5, paragraphe 6, et l'article 7, paragraphe 3, cessent de s'appliquer à partir du 25 décembre 2023.

« La durée des contrats attribués conformément à l'article 5, paragraphe 6, entre le 3 décembre 2019 et le 24 décembre 2023 ne dépasse pas dix ans.

« Jusqu'au 2 décembre 2019, les États membres prennent des mesures pour se conformer progressivement à l'article 5 afin d'éviter de graves problèmes structurels concernant notamment les capacités de transport.

« Dans un délai de six mois à compter du 25 décembre 2020, les États membres fournissent à la Commission un rapport d'avancement mettant l'accent sur la mise en œuvre de l'attribution des contrats de service public qui sont conformes à l'article 5. Sur la base des rapports d'avancement des États membres, la Commission procède à un réexamen et, le cas échéant, soumet des propositions législatives.

« 2 *bis*. Les contrats de service public relatifs à des services publics de transport de voyageurs par chemin de fer qui ont été attribués directement sur la base d'une procédure autre qu'une procédure de mise en concurrence équitable pendant une période allant du 24 décembre 2017 au 2 décembre 2019 peuvent se poursuivre jusqu'à leur date d'expiration. Par dérogation à l'article 4, paragraphe 3, la durée de tels contrats ne dépasse pas dix ans, sauf lorsque l'article 4, paragraphe 4, est applicable. »

3. Pour l'application du paragraphe 2, il n'est pas tenu compte des contrats de service public attribués conformément au droit communautaire et au droit national :

a) avant le 26 juillet 2000, sur la base d'une procédure de mise en concurrence équitable ;

b) avant le 26 juillet 2000, sur la base d'une procédure autre qu'une procédure de mise en concurrence équitable ;

c) à partir du 26 juillet 2000 et avant le 3 décembre 2009, sur la base d'une procédure de mise en concurrence équitable ;

(Règl. (UE) 2016/2338 du 14 déc. 2016, art. 1er-9-c, en vigueur le 24 déc. 2017) « *d)* à partir du 26 juillet 2000 et avant le 24 décembre 2017, sur la base d'une procédure autre qu'une procédure de mise en concurrence équitable. »

Les contrats visés au point *a)* peuvent se poursuivre jusqu'à leur expiration. Les contrats visés aux points *b)* et *c)* peuvent se poursuivre jusqu'à leur expiration, mais pas au-delà de trente ans. Les contrats visés au point *d)* peuvent se poursuivre jusqu'à leur expiration, pour autant qu'ils aient une durée limitée et comparable aux durées prévues à l'article 4.

Les contrats de service public peuvent se poursuivre jusqu'à leur expiration au cas où leur résiliation aurait des conséquences juridiques ou économiques excessives et à condition que la Commission ait donné son autorisation.

4. Sans préjudice du paragraphe 3, les autorités compétentes peuvent, durant la seconde moitié de la période transitoire visée au paragraphe 2, exclure de la participation aux attributions de contrats par mise en concurrence les opérateurs de service public qui ne peuvent pas apporter la preuve que la valeur des services publics de transports pour lesquels ils bénéficient d'une compensation ou d'un droit exclusif octroyés conformément au présent règlement représente au moins la moitié de la valeur de l'ensemble des services publics de transports pour lesquels ils bénéficient d'une compensation ou d'un droit exclusif. Cette exclusion ne s'applique pas aux opérateurs de service public assurant les services qui doivent

faire l'objet de la mise en concurrence. Pour l'application de ce critère, il n'est pas tenu compte des contrats attribués par une mesure d'urgence telle que visée à l'article 5, paragraphe 5.

Lorsque les autorités compétentes recourent à l'option visée au premier alinéa, elles le font sans discrimination, elles excluent tous les opérateurs potentiels de service public répondant à ce critère et elles informent les opérateurs potentiels de leur décision au début de la procédure d'attribution des contrats de service public.

Les autorités compétentes concernées informent la Commission de leur intention d'appliquer cette disposition deux mois au moins avant la publication de l'avis de la mise en concurrence.

Art. 9 *Compatibilité avec le traité.*

1. La compensation de service public au titre de l'exploitation de services publics de transport de voyageurs ou du respect des obligations tarifaires établies au travers de règles générales versée conformément au présent règlement est compatible avec le marché commun. Cette compensation est exonérée de l'obligation de la notification préalable visée à l'article 88, paragraphe 3, du traité.

2. Sans préjudice des articles 73, 86, 87 et 88 du traité, les États membres peuvent continuer d'octroyer des aides en faveur du secteur des transports conformément à l'article 73 du traité, qui répondent aux besoins de la coordination des transports ou qui correspondent au remboursement de certaines servitudes inhérentes à la notion de service public, autres que celles relevant du présent règlement, et notamment :

a) jusqu'à l'entrée en vigueur de règles communes sur la répartition des coûts d'infrastructure, lorsque l'aide est octroyée à des entreprises qui doivent supporter les dépenses liées aux infrastructures qu'elles utilisent, alors que d'autres entreprises ne sont pas soumises à une charge analogue. Pour déterminer le montant de l'aide ainsi octroyée, il est tenu compte des coûts d'infrastructure que n'ont pas à supporter des modes de transport concurrents ;

b) lorsque l'aide vise à promouvoir la recherche dans des systèmes et technologies de transport, ou leur développement, plus économiques pour la Communauté en général.

Une telle aide est limitée au stade de la recherche et du développement et ne peut pas couvrir l'exploitation commerciale des systèmes et technologies de transport en question.

Art. 10 *Abrogation.*

1. Le règlement (CEE) n° 1191/69 est abrogé. Ses dispositions restent, toutefois, applicables aux services de transport de marchandises pendant une période de trois ans à compter de l'entrée en vigueur du présent règlement.

2. Le règlement (CEE) n° 1107/70 est abrogé.

Art. 11 *Rapports.*

A la fin de la période transitoire prévue à l'article 8, paragraphe 2, la Commission présente un rapport sur la mise en œuvre du présent règlement et sur l'évolution de la fourniture de services publics de transport de voyageurs dans la Communauté, évaluant en particulier l'évolution de la qualité des services publics de transport de voyageurs et les effets des attributions directes, accompagné, le cas échéant, de propositions appropriées en vue de modifier le présent règlement.

Art. 12 *Entrée en vigueur.*

Le présent règlement entre en vigueur le 3 décembre 2009.

Le présent règlement est obligatoire dans tous ses éléments et directement applicable dans tout État membre.

ANNEXE

Règles applicables à la compensation dans les cas évoqués à l'article 6, paragraphe 1

1. La compensation liée à des contrats de service public attribués directement conformément à l'article 5, paragraphes 2, 4, 5 ou 6, ou celle liée à une règle générale doit être calculée conformément aux règles établies dans la présente annexe.

2. La compensation ne peut pas excéder un montant correspondant à l'incidence financière nette, équivalant à la somme des incidences, positives ou négatives, dues au respect de l'obligation de service public sur les coûts et les recettes de l'opérateur de service public. Les incidences sont évaluées en comparant la situation où l'obligation de service public est remplie avec la situation qui aurait existé si l'obligation n'avait pas été remplie. Pour calculer l'incidence financière nette, l'autorité compétente s'inspire de la formule suivante :

Coûts occasionnés par une obligation de service public ou un ensemble d'obligations de service public imposées par la ou les autorités compétentes et figurant dans un contrat de service public et/ou dans une règle générale, moins toute incidence financière positive générée au sein du réseau exploité au titre de l'obligation ou des obligations de service public en question,

moins les recettes tarifaires ou toute autre recette générée lors de l'exécution de l'obligation ou des obligations de service public en question,

plus un bénéfice raisonnable,

égal à une incidence financière nette.

3. Le respect de l'obligation de service public peut avoir un impact sur les éventuelles activités de transport d'un opérateur dépassant le cadre de l'obligation ou des obligations de service public en question. Afin d'éviter toute surcompensation ou absence de compensation, le calcul de l'incidence financière nette tient par conséquent compte des incidences financières quantifiables sur les réseaux concernés de l'opérateur.

4. Le calcul des coûts et des recettes doit être effectué en conformité avec les règles comptables et fiscales en vigueur.

5. Afin d'augmenter la transparence et d'éviter les subventions croisées, lorsqu'un opérateur de service public non seulement exploite des services compensés soumis à des obligations de service de transports publics, mais exerce également d'autres activités, la comptabilité desdits services publics doit être séparée, de façon à satisfaire au moins aux conditions suivantes :

— les comptes d'exploitation correspondant à chacune de ces activités doivent être séparés et la part des actifs correspondants et les coûts fixes doivent être affectés selon les règles comptables et fiscales en vigueur,

— tous les coûts variables, une contribution adéquate aux coûts fixes et un bénéfice raisonnable liés à toute autre activité de l'opérateur de service public ne peuvent en aucun cas être imputés au service public en question,

— les coûts du service public doivent être équilibrés par les recettes d'exploitation et les versements des autorités publiques, sans transfert possible des recettes vers un autre secteur d'activité de l'opérateur de service public.

6. Par "bénéfice raisonnable", on entend un taux de rémunération du capital habituel pour le secteur dans un État membre donné, et qui prend en compte le risque ou l'absence de risque encouru par l'opérateur de service public du fait de l'intervention de l'autorité publique.

7. La méthode de compensation doit inciter au maintien ou au développement :

— d'une gestion efficace par l'opérateur de service public, qui puisse être objectivement appréciée, et

— de la fourniture de services de transport de voyageurs d'un niveau de qualité suffisant.

II AUTRES CODES

Code général des collectivités territoriales

Baux emphytéotiques administratifs

Art. L. 1311-2 *(Ord. nº 2015-899 du 23 juill. 2015, art. 101 et 103, en vigueur le 1er avr. 2016)* **Un bien immobilier appartenant à une collectivité territoriale peut faire l'objet d'un bail emphytéotique prévu à l'article L. 451-1 du code rural et de la pêche maritime en vue de la réalisation d'une opération d'intérêt général relevant de sa compétence ou en vue de l'affectation à une association cultuelle d'un édifice du culte ouvert au public. Ce bail emphytéotique est dénommé bail emphytéotique administratif.**

Un tel bail peut être conclu même si le bien sur lequel il porte, en raison notamment de l'affectation du bien résultant soit du bail ou d'une convention non détachable de ce bail, soit des conditions de la gestion du bien ou du contrôle par la personne publique de cette gestion, constitue une dépendance du domaine public, sous réserve que cette dépendance demeure hors du champ d'application de la contravention de voirie.

Un tel bail ne peut avoir pour objet l'exécution de travaux, la livraison de fournitures, la prestation de services, ou la gestion d'une mission de service public, avec une contrepartie économique constituée par un prix ou un droit d'exploitation, pour le compte ou pour les besoins *(Ord. nº 2018-1074 du 26 nov. 2018, art. 6 et 20, en vigueur le 1er avr. 2019)* **« d'un acheteur ou d'une autorité concédante soumis au code de la commande publique ».**

Dans le cas où un tel bail serait nécessaire à l'exécution d'un contrat de la commande publique, ce contrat prévoit, dans le respect des dispositions du présent code, les conditions de l'occupation du domaine.

(L. nº 2021-1109 du 24 août 2021, art. 70) **« Lorsque le bail a pour objet l'affectation à une association cultuelle d'un édifice du culte ouvert au public, la collectivité territoriale informe le représentant de l'État dans le département de son intention de conclure un tel bail au moins trois mois avant sa conclusion. »**

Les dispositions issues de l'Ord. nº 2018-1074 du 26 nov. 2018 s'appliquent aux marchés publics ainsi qu'aux contrats relevant de l'Ord. nº 2015-899 du 23 juill. 2015 relative aux marchés publics pour lesquels une consultation est engagée ou un avis d'appel à la concurrence est envoyé à la publication à compter du 1er avr. 2019. Ces dispositions s'appliquent également aux contrats de concession pour lesquels une consultation est engagée ou un avis de concession est envoyé à la publication à compter du 1er avr. 2019 (Ord. nº 2018-1074 préc., art. 20).

COMMENTAIRE

On sera notamment attentif au 3e paragraphe, qui marque la fin des « montages contractuels domaniaux » qui étaient en réalité des contrats de la commande publique. ❑

Constructions pour l'État

Art. L. 1311-4-1 *(Abrogé par L. nº 2020-1721 du 29 déc. 2020, art. 259) (L. nº 2002-1094 du 29 août 2002, art. 3)* ***Jusqu'au 31 décembre*** *(L. nº 2017-1837 du 30 déc. 2017, art. 170)* ***« 2020 », les collectivités territoriales et les établissements publics de coopération intercommunale peuvent construire, y compris sur les dépendances de leur domaine public, acquérir ou rénover des bâtiments destinés à être mis à la disposition de l'État pour les besoins de la justice, de la police ou de la gendarmerie nationales*** *(Abrogé par L. nº 2011-267 du 14 mars 2011, art. 96) (Ord. nº 2003-850 du 4 sept. 2003, art. 21)* ***« ou d'un établissement public de santé ou d'une structure de coopération sanitaire dotée de la personnalité morale publique ».***

(L. nº 2005-1720 du 30 déc. 2005, art. 125) ***« Jusqu'au 31 décembre*** *(L. nº 2017-1837 du 30 déc. 2017, art. 170)* ***« 2020 », les conseils départementaux peuvent construire, y compris sur les dépendances de leur domaine public, acquérir ou rénover des bâtiments destinés à être mis à la disposition des services départementaux d'incendie et de secours. »***

Une convention entre l'État *(Abrogé par L. nº 2011-267 du 14 mars 2011, art. 96) (Ord. nº 2003-850 du 4 sept. 2003, art. 21)* ***« ou l'établissement public de santé ou la structure de coopération sanitaire mentionnée au premier alinéa » et la collectivité ou l'établissement propriétaire précise notamment les engagements financiers des parties, le lieu d'implantation de la ou des***

constructions projetées et le programme technique de construction. Elle fixe également la durée et les modalités de la mise à disposition des constructions.

Les constructions mentionnées au présent article (Ord. nº 2004-559 du 17 juin 2004, art. 14) *« ainsi que celles qui sont réalisées dans le cadre de* (Ord. nº 2018-1074 du 26 nov. 2018, art. 6 et 20, en vigueur le 1er avr. 2019) *« marchés de partenariat* [ancienne rédaction : contrats de partenariat] *» peuvent donner lieu à la conclusion de contrats de crédit-bail. Dans ce cas, le contrat comporte des clauses permettant de préserver les exigences du service public.*

(Abrogé par L. nº 2011-267 du 14 mars 2011, art. 96) (Ord. nº 2003-850 du 4 sept. 2003, art. 21) *« Les opérations mentionnées aux alinéas précédents respectent, lorsqu'elles répondent aux besoins d'un établissement public de santé ou d'une structure de coopération sanitaire dotée de la personnalité morale publique, les dispositions* (Ord. nº 2006-406 du 21 avr. 2006, art. 3) *« de l'article L. 6148-4 » du code de la santé publique. »*

Les dispositions de la L. nº 2011-267 du 14 mars 2011 ne sont pas applicables dans les îles Wallis-et-Futuna, ni en Polynésie française et en Nouvelle-Calédonie (L. préc., art. 125).

Sur l'entrée en vigueur des dispositions issues de l'Ord. nº 2018-1074 du 26 nov. 2018, V. note ss. art. L. 1311-2.

Autorisation d'occupation temporaire

Art. L. 1311-5 I. — Les collectivités territoriales peuvent délivrer sur leur domaine public des autorisations d'occupation temporaire constitutives de droits réels *(Abrogé par Ord. nº 2015-899 du 23 juill. 2015, art. 101-II-2°-a et 103, à compter du 1er avr. 2016) « , en vue de l'accomplissement, pour leur compte, d'une mission de service public »* (Abrogé par Ord. nº 2018-1074 du 26 nov. 2018, art. 6 et 20, à compter du 1er avr. 2019) *« ou »* en vue de la réalisation d'une opération d'intérêt général relevant de leur compétence. Le titulaire de ce titre possède un droit réel sur les ouvrages, constructions et installations de caractère immobilier qu'il réalise pour l'exercice de cette activité.

Ce droit réel confère à son titulaire, pour la durée de l'autorisation et dans les conditions et les limites précisées dans la présente section, les prérogatives et obligations du propriétaire.

Le titre fixe la durée de l'autorisation, en fonction de la nature de l'activité et de celle des ouvrages autorisés, et compte tenu de l'importance de ces derniers, sans pouvoir excéder soixante-dix ans.

Ces dispositions sont applicables aux groupements et aux établissements publics des collectivités territoriales, tant pour leur propre domaine public que pour celui mis à leur disposition.

II. — Dans les ports et les aéroports, sont considérées comme satisfaisant à la condition d'intérêt public local mentionnée au premier alinéa du I les activités ayant trait à l'exploitation du port ou de l'aéroport ou qui sont de nature à contribuer à leur animation ou à leur développement.

(Ord. nº 2015-899 du 23 juill. 2015, art. 101-II-2°-b et 103, en vigueur le 1er avr. 2016) « III. — Les collectivités territoriales ne peuvent utiliser ces autorisations d'occupation temporaire constitutives de droits réels pour l'exécution de travaux, la livraison de fournitures, la prestation de services, ou la gestion d'une mission de service public, avec une contrepartie économique constituée par un prix ou un droit d'exploitation, pour leur compte ou pour leurs besoins.

« Dans le cas où une autorisation d'occupation temporaire constitutive de droits réels *serait nécessaire à l'exécution* d'un contrat de la commande publique, ce contrat prévoit, dans le respect des dispositions du I et du code général de la propriété des personnes publiques, les conditions de l'occupation du domaine. »

IV. — Les constructions mentionnées au présent article peuvent donner lieu à la conclusion de contrats de crédit-bail. Dans ce cas, le contrat comporte des clauses permettant de préserver les exigences du service public.

Les dispositions issues de l'Ord. nº 2015-899 du 23 juill. 2015 entrent en vigueur à une date fixée par voie réglementaire et au plus tard le 1er avr. 2016. Le Décr. nº 2016-360 du 25 mars 2016 a fixé cette date au 1er avr. 2016. L'Ord. préc. s'applique aux marchés publics ainsi qu'aux contrats qui relèvent de cette Ord. pour lesquels une consultation est engagée ou un avis d'appel public à la concurrence a été envoyé à la publication à compter du 1er janv. 2016 (Ord. préc., art. 103, et Décr. préc., art. 188).

Sur l'entrée en vigueur des dispositions issues de l'Ord. n° 2018-1074 du 26 nov. 2018, V. note ss. art. L. 1311-2.

COMMENTAIRE

Sur le premier paragraphe du III, on se reportera au commentaire sous l'article L. 1311-2.

Le second paragraphe du même III permet d'éviter de superposer les procédures d'attribution. ❑

Renvoi au code de la commande publique

Art. L. 1414-1 **Les marchés publics des collectivités territoriales, de leurs établissements publics et de leurs groupements sont passés et exécutés conformément** *(Ord. n° 2018-1074 du 26 nov. 2018, art. 6 et 20, en vigueur le 1er avr. 2019)* **« aux dispositions du code de la commande publique ».**

Sur l'entrée en vigueur des dispositions issues de l'Ord. n° 2018-1074 du 26 nov. 2018, V. note ss. art. L. 1311-2.

Commission d'appel d'offres

Art. L. 1414-2 **Pour les marchés publics** *(L. n° 2018-1021 du 23 nov. 2018, art. 69)* **« passés selon une procédure formalisée » dont la valeur estimée hors taxe** *(L. n° 2018-1021 du 23 nov. 2018, art. 69)* **« prise individuellement » est égale ou supérieure aux seuils européens** *(Ord. n° 2018-1074 du 26 nov. 2018, art. 6 et 20, en vigueur le 1er avr. 2019)* **« qui figurent en annexe du code de la commande publique », à l'exception des marchés publics passés par** *(Abrogé par L. n° 2018-1021 du 23 nov. 2018, art. 69) (L. n° 2016-1691 du 9 déc. 2016, art. 39) « les offices publics de l'habitat, pour lesquels la composition, les modalités de fonctionnement et les pouvoirs de la commission d'appel d'offres sont fixés par décret en Conseil d'État, et par »* **les établissements publics sociaux ou médico-sociaux, le titulaire est choisi par une commission d'appel d'offres composée conformément aux dispositions de l'article L. 1411-5.** *(L. n° 2018-1021 du 23 nov. 2018, art. 69)* **« Toutefois, pour les marchés publics passés par les offices publics de l'habitat, la commission d'appel d'offres est régie par les dispositions du code de la construction et de l'habitation applicables aux commissions d'appel d'offres des organismes privés d'habitations à loyer modéré. »**

(L. n° 2018-1021 du 23 nov. 2018, art. 69) **« En cas d'urgence impérieuse, le marché public peut être attribué sans réunion préalable de la commission d'appel d'offres. »**

Les délibérations de la commission d'appel d'offres peuvent être organisées à distance dans les conditions *(Ord. n° 2018-1074 du 26 nov. 2018, art. 6 et 20, en vigueur le 1er avr. 2019)* **« de l'ordonnance n° 2014-1329 du 6 novembre 2014 relative aux délibérations à distance des instances administratives à caractère collégial. »**

Les dispositions issues du c du 1° du III de l'art. 69 de la L. n° 2018-1021 du 23 nov. 2018 sont applicables aux marchés publics passés par les offices publics de l'habitat pour lesquels une consultation est engagée ou un avis d'appel à la concurrence est envoyé à la publication postérieurement à la publication de ladite loi (L. préc., art. 69-IV, JO 24 nov.).

Sur l'entrée en vigueur des dispositions issues de l'Ord. n° 2018-1074 du 26 nov. 2018, V. note ss. art. L. 1311-2.

COMMENTAIRE

On se reportera à l'article L. 1411-5 cité au II de la deuxième partie du présent Appendice. ❑

1. Élection des représentants de la collectivité territoriale. Contentieux électoral. Les contestations relatives à l'élection des représentants de la collectivité territoriale au sein de la commission d'appel d'offres relèvent du contentieux électoral. Lorsque, après l'introduction de la protestation, l'assemblée délibérante est intégralement renouvelée, la protestation n'a plus d'objet. • CE 17 mars 1999, ♖ *M. Michel Moynier c/ Président du conseil régional du Languedoc-Roussillon*, n° 196857 B • 28 sept. 2001, ♖ *Dabin et a.*, n° 231256 A : *BJCP 2002. 75.*

2. Le délai de dix jours applicable à la contestation des résultats des élections (au conseil régional en l'espèce) vaut pour la contestation de l'élection par l'assemblée délibérante des membres de la CAO. • CE 17 mars 1999, ♖ *Moynier*, n° 196857 B.

3. Les dispositions de l'art. R. 119 C. élect., aux termes desquelles : « Les réclamations contre les opérations électorales doivent être consignées au procès verbal, sinon être déposées, à peine de nullité, dans les cinq jours qui suivent le jour de l'élection, au secrétariat de la mairie, ou à la sous-préfecture, ou à la préfecture. Elles sont immédiatement adressées au préfet qui les fait enregistrer au greffe [...] du tribunal administratif », sont applicables aux protestations dirigées contre l'élection des membres de la commission d'ouverture des plis. • CE 8 avr. 2009, *Sté SOGEDO, Cne de Brantôme*, n° 301153 B : *Rev. CMP 2009, n° 204, note Eckert.*

4. Il n'est pas possible d'élire les membres de la commission au scrutin majoritaire uninominal dès lors que la loi prévoit une élection à la proportionnelle. • CAA Bordeaux, 5 déc. 2006, *Dumoulin de Laplante*, n° 03BX00118.

5. Le fait que le scrutin se soit déroulé sur la base d'une liste unique, ce qui rendait impossible l'organisation d'un vote à la représentation proportionnelle, n'est pas de nature à vicier les opérations de désignation des membres de la commission dès lors qu'il n'est pas établi que la constitution d'une autre liste aurait été empêchée. • CAA Marseille, 13 mars 2006, *Cie générale des eaux*, n° 03MA02259 : *AJDA 2006. 1404*.

6. Renouvellement intégral de la CAO. Une collectivité territoriale n'est tenue de procéder au renouvellement intégral de la commission d'appel d'offres que dans l'hypothèse où une liste de candidats ayant obtenu des sièges au sein de la commission et devant pourvoir au remplacement d'un membre titulaire définitivement empêché se trouve effectivement, du fait de l'inexistence de membres suppléants, dans l'impossibilité de pourvoir au remplacement d'un membre titulaire ; en revanche, la démission d'un membre suppléant, alors même que la liste sur laquelle il a été élu ne comprendrait plus d'autres membres de l'assemblée délibérante suppléants susceptibles de le remplacer, n'entraîne pas de renouvellement intégral de la commission, dès lors que le membre titulaire conserve son siège. • CE 30 mars 2007, *Techer*, n° 298103 B : *BJCP 2007. 280, concl. Vérot, obs. RS ; Rev. CMP 2007, n° 138, obs. Zimmer.*

7. CAO d'un syndicat intercommunal. Il résulte des art. L. 5211-7, L. 5212-6 et L. 5212-7 CGCT et de l'art. L. 44 C. élect. que, lorsqu'il est prévu qu'une commune soit représentée au sein du comité syndical d'un syndicat de communes dont elle est membre à la fois par des délégués titulaires et par des délégués suppléants, ces délégués titulaires et suppléants sont élus dans les mêmes conditions au comité syndical et, lorsqu'ils sont appelés à y siéger, participent de la même façon, avec une voix également délibérative, à ses délibérations. Par suite, les délégués suppléants au comité syndical sont éligibles, en qualité de membres de l'assemblée délibérante élus en son sein, au sens du *a)* du II de l'art. L. 1411-5 CGCT, pour être désignés en qualité de membres titulaires ou suppléants de la CAO prévue par l'art. L. 1414-2 du même code.

De même, les délégués suppléants au comité syndical sont éligibles, en qualité de membres de l'assemblée délibérante élus en son sein, au sens du *a)* du II de l'art. L. 1411-5 CGCT, pour être désignés en qualité de membres titulaires ou suppléants de la CDSP prévue par ces dispositions. • CE 12 juill. 2021, *Préfet du Var, élections au sein du syndicat intercommunal d'assainissement de Cogolin-Gassin*, n°s 448741 et 448742 T : *Rev. CMP 2021. Chron. 305, Zimmer ; AJDA 2022. 294, note Lachaume*.

8. CAO d'un syndicat intercommunal. Il résulte des art. L. 5211-7, L. 5212-6 et L. 5212-7 CGCT et de l'art. L. 44 C. élect. que, lorsqu'il est prévu qu'une commune soit représentée au sein du comité syndical d'un syndicat de communes dont elle est membre à la fois par des délégués titulaires et des délégués suppléants, ces délégués titulaires et suppléants sont élus dans les mêmes conditions au comité syndical et, lorsqu'ils sont appelés à y siéger, participent de la même façon, avec une voix également délibérative, à ses délibérations.

Par suite, les délégués suppléants au comité syndical sont éligibles, en qualité de membres de l'assemblée délibérante élus en son sein, au sens du *a)* de II de l'art. L. 1411-5 CGCT, pour être désignés en qualité de membres titulaires ou suppléants de la CAO prévue par l'art. L. 1414-2 CGCT.

De même, les délégués suppléants au comité syndical sont éligibles, en qualité de membres de l'assemblée délibérante élus en son sein, au sens du *a)* du II de l'art. L. 14115-5 CGCT, pour être désignés en qualité de membres titulaires ou suppléants de la commission de délégation de service public prévue par ces dispositions. • CE 12 juill. 2021, *Préfet du Var*, n° 448741 : *Rev. CMP 2021, comm. 305, Zimmer.*

9. Représentation du président de la CAO. La distinction faite par les textes entre le président de la CAO, président de l'exécutif départemental, et les membres de la commission, élus par l'assemblée délibérante, interdit au président de se faire représenter par l'un des membres élus de la commission. • CAA Lyon, 20 nov. 2003, *Dpt du Rhône*, n° 98LY00752 : *BJCP 2004. 198, concl. Richer*

10. Défaut de convocation d'un membre. Le défaut de convocation d'un membre de la CAO à une séance entache d'irrégularité le marché attribué à l'opérateur au cours de cette séance. • CE 2 avr. 1993, *Préfet de l'Aveyron*, n° 85797 • CE 16 oct. 1995, *Sté SCREG Île-de-France*, n° 129236.

11. Participation à la CAO d'une personne intéressée. Une personne qui a déposé une offre dans le cadre d'un appel d'offres lancé par une commune ne peut participer à la CAO ni pour l'ouverture des plis, ni pour le choix de l'attributaire, alors même que sa candidature a été écartée dès l'ouverture des plis. • CE 6 juin 1997, *Marcilly*, n° 147524.

12. M. Antoine X. a siégé en qualité de conseiller municipal à la commission d'appel d'offres au cours de laquelle ont été examinées les offres relatives aux marchés que la commune de Francheville se proposait de passer en vue de la construction de locaux de secours et d'incendie ; M. Marcel X., entrepreneur, père de M. Antoine X. et son employeur, avait soumissionné pour les lots 1, 2, 3, 4 et 11 ; dans ces conditions, et alors même que seul le lot n° 1 a été attribué à l'entreprise de M. Marcel X., la présence de M. Antoine X. au sein de la commission d'appel d'offres lorsque celle-ci a examiné les offres relatives aux lots 1, 2, 3, 4 et 11 a vicié la procédure relative à ces lots. • CE 3 nov. 1997, *Préfet de la Marne c/ Cne de Francheville*, n° 148150 A.

13. La participation à la CAO en qualité d'élu local d'un ancien salarié d'une des entreprises candidates, qui avait été licencié plusieurs années auparavant par celle-ci, ne constitue pas un manquement aux obligations de publicité et de mise en concurrence en l'absence d'allégation précise permettant de mettre en doute son impartialité. • CE 27 juill. 2001, *Sté Degrémont et Synd. intercommunal d'assainissement et de protection de l'environnement de Toulon, La Valette, La Garde, Le Pradet*, n° 232820 A.

14. La présence en tant que membre avec voix consultative à la réunion de la commission d'un ancien directeur commercial d'une des entreprises candidates, qui a été licencié plus de deux ans et demi auparavant et qui a mis fin trois ans auparavant à sa participation comme actionnaire d'une autre société aux côtés du directeur régional de cette entreprise, ne vicie pas la procédure en l'absence de tout autre élément susceptible d'établir l'existence d'un lien, à la date des faits, entre cette personne et son ancien employeur. • CAA Marseille, 7 janv. 2008, *CH de Grasse*, n° 05MA03107.

15. Participation à la CAO de personnes non prévues par les textes. La participation à la délibération de la CAO d'une collectivité ou d'un établissement public de coopération intercommunale de personnes non prévues par les textes entache d'irrégularité la procédure de passation. C'est le cas, par exemple, quand la CAO comprend un membre de trop. • CE 8 déc. 1997, *Sté Ricard*, n° 162116. ♦ Ou encore quand des membres suppléants participent à la réunion et prennent part au vote alors que les titulaires sont présents. • CE 13 mars 1998, *Synd. intercommunal d'adduction d'eau potable du Pont du Gard*, n° 173325.

16. Réunions. Irrégularités. Dès lors qu'ont assisté aux réunions de la commission, outre les membres avec voix délibérative et les membres avec voix consultative, plusieurs fonctionnaires territoriaux appartenant aux services de la commune, dont trois directeurs et trois chefs de service et qu'il ne ressort pas des pièces du dossier que ces personnes n'étaient pas présentes pendant toute la durée des réunions, ni qu'elles n'ont pas participé aux débats ni pris part à l'adoption de la décision arrêtée par la commission, leur présence ainsi que celle de l'expert comptable, chargé d'élaborer le rapport d'analyse des offres, lors de la réunion au cours de laquelle a été rendu l'avis sur le choix du candidat, ont entaché la procédure d'une irrégularité substantielle. • CAA Marseille, 9 juill. 2007, *Cne d'Aix-en-Provence*, n° 04MA00475. ♦ Même solution : • CAA Bordeaux, 24 mars 2009, *Sté Groupe Partouche, Assoc. « Casino à Toulouse non merci » et a. et Sté Omnium Casinos*, n° 06BX01853.

17. Toutefois, la présence, lors de la séance de la CAO réunie pour examiner les offres de deux personnes appartenant au service des marchés publics de la collectivité, est conforme aux dispositions du code (de 2004 en l'espèce). Celle de deux autres personnes qui relèvent du service pour le compte duquel est passé le marché et sont à ce titre compétentes pour en suivre l'exécution n'est pas davantage entachée d'illégalité. Si un représentant du cabinet auquel a été confiée une mission d'assistance à maîtrise d'ouvrage était présent à la réunion et y a présenté les offres, il n'a pas outrepassé les termes de sa mission. Par suite, la présence de ces personnes n'a pas constitué une irrégularité affectant la passation du marché. • CAA Nancy, 30 avr. 2009, *Cté urb. du Grand Nancy (CUGN)*, n° 07NC01805.

Commission d'appel d'offre d'un groupement de commande

Art. L. 1414-3 I. — Lorsqu'un groupement de commandes est composé en majorité de collectivités territoriales ou d'établissements publics locaux autres qu'un établissement public social ou médico-social *(L. n° 2016-1691 du 9 déc. 2016, art. 39-III)* « ou qu'un office public de l'habitat », il est institué une commission d'appel d'offres composée des membres suivants :

1° Un représentant élu parmi les membres ayant voix délibérative de la commission d'appel d'offres de chaque membre du groupement qui dispose d'une commission d'appel d'offres ;

2° Un représentant pour chacun des autres membres du groupement désigné selon les modalités qui leur sont propres.

La commission d'appel d'offres est présidée par le représentant du coordonnateur du groupement. Pour chaque membre titulaire peut être prévu un suppléant.

(L. nº 2016-1691 du 9 déc. 2016, art. 39-III) « I *bis*. — Lorsqu'un groupement de commandes est composé en majorité d'offices publics de l'habitat, il est institué une commission d'appel d'offres selon des modalités fixées par décret en Conseil d'État. »

II. — La convention constitutive d'un groupement de commandes peut prévoir que la commission d'appel d'offre compétente est celle du coordonnateur du groupement si celui-ci en est doté.

III. — Le président de la commission peut désigner des personnalités compétentes dans la matière qui fait l'objet de la consultation. Celles-ci sont convoquées et peuvent participer, avec voix consultative, aux réunions de la commission d'appel d'offres.

La commission d'appel d'offres peut également être assistée par des agents des membres du groupement, compétents dans la matière qui fait l'objet de la consultation ou en matière de marchés publics.

Le comptable du coordonnateur du groupement, si celui-ci est un comptable public, et un représentant du ministre chargé de la concurrence peuvent participer, avec voix consultative, aux réunions de la commission d'appel d'offres, lorsqu'ils y sont invités. Leurs observations sont consignées au procès-verbal.

Sur les modalités d'application des dispositions issues du III de l'art. 39 de la L. nº 2016-1691 du 9 déc. 2016, V. note ss. art. L. 1414-2.

Avenants

Art. L. 1414-4 *(Ord. nº 2015-899 du 23 juill. 2015, art. 101-II-3º et 103, en vigueur le 1er avr. 2016)* Tout projet d'avenant à un marché public entraînant une augmentation du montant global supérieure à 5 % est soumis pour avis à la commission d'appel d'offres. Lorsque l'assemblée délibérante est appelée à statuer sur un projet d'avenant, l'avis de la commission d'appel d'offres lui est préalablement transmis.

Toutefois, ces dispositions ne sont pas applicables lorsque ces avenants concernent des marchés publics qui ne sont pas soumis à la commission d'appel d'offres.

Prestations du département pour le compte du SDIS

Art. L. 1424-35-1 *(Ord. nº 2018-1074 du 26 nov. 2018, art. 6 et 20, en vigueur le 1er avr. 2019)* « Dans le respect des règles prévues par le code de la commande publique », le département peut effectuer, pour le compte et à la demande de l'établissement public visé au premier alinéa de l'article L. 1424-1 du présent code, l'entretien de l'ensemble de ses moyens matériels.

Sur l'entrée en vigueur des dispositions issues de l'Ord. nº 2018-1074 du 26 nov. 2018, V. note ss. art. L. 1311-2.

Société d'économie mixte

Art. L. 1524-5 [...] *(L. nº 2002-1 du 2 janv. 2002, art. 5)* « Les élus locaux agissant en tant que mandataires des collectivités territoriales ou de leurs groupements au sein du conseil d'administration ou du conseil de surveillance des sociétés d'économie mixte locales et exerçant, à l'exclusion de toute autre fonction dans la société, les fonctions de membre, de président du conseil d'administration ou du conseil de surveillance et de président assurant les fonctions de directeur général d'une société d'économie mixte locale ne sont pas considérés comme entrepreneurs de services municipaux, départementaux ou régionaux au sens des articles L. 207, L. 231 et L. 343 du code électoral. »

[...]

(L. nº 2022-217 du 21 févr. 2022, art. 217) « Toutefois, lorsque la société d'économie mixte locale est candidate à l'attribution d'un contrat de la commande publique, ils ne peuvent participer aux commissions d'appel d'offres, ni aux commissions mentionnées à l'article L. 1411-5, ni à la délibération attribuant le contrat. De la même façon, ils ne peuvent participer aux délibérations accordant à cette société une aide régie par le titre I du présent livre ou une garantie d'emprunt prévue aux articles L. 2252-1, L. 3231-4 ou L. 4253-1, ni aux délibérations mentionnées aux premier, troisième et dixième alinéas du présent article. »

Société d'économie mixte à opération unique

Art. L. 1541-2 I. — **Sous réserve du présent article, la sélection du ou des actionnaires opérateurs économiques et l'attribution du contrat à la société d'économie mixte à opération unique mise en place sont effectuées par un unique appel public à la concurrence respectant les procédures applicables aux** *(Ord. n° 2016-65 du 29 janv. 2016, art. 60, en vigueur le 1er avr. 2016)* **« contrats de concession » ou aux marchés publics** *(Ord. n° 2018-1074 du 26 nov. 2018, art. 6 et 20, en vigueur le 1er avr. 2019)* **« définies par le code de la commande publique », selon la nature du contrat destiné à être conclu entre la collectivité territoriale ou le groupement de collectivités territoriales et la société d'économie mixte à opération unique.**

Sont applicables les procédures subséquentes pouvant être mises en œuvre lorsque *(Ord. n° 2018-1074 du 26 nov. 2018, art. 6 et 20, en vigueur le 1er avr. 2019)* **« la procédure de mise en concurrence est infructueuse ».**

II. — Les candidats susceptibles d'être sélectionnés pour être actionnaires opérateurs économiques de la société d'économie mixte à opération unique doivent respecter les conditions de recevabilité des candidatures propres à la procédure applicable au contrat destiné à être conclu.

III. — En complément des informations obligatoires selon la nature du contrat destiné à être conclu, *(Ord. n° 2018-1074 du 26 nov. 2018, art. 6 et 20, en vigueur le 1er avr. 2019)* **« l'avis d'appel à la concurrence » comporte un document de préfiguration, précisant la volonté de la collectivité territoriale ou du groupement de collectivités territoriales de confier l'opération projetée à une société d'économie mixte à opération unique à constituer avec le candidat sélectionné.**

Ce document de préfiguration de la société d'économie mixte à opération unique comporte notamment :

1° Les principales caractéristiques de la société d'économie mixte à opération unique : la part de capital que la collectivité territoriale ou le groupement de collectivités territoriales souhaite détenir ; les règles de gouvernance et les modalités de contrôle dont la collectivité ou le groupement de collectivités souhaite disposer sur l'activité de la société définies, le cas échéant, dans un pacte d'actionnaires ; les règles de dévolution des actif et passif de la société lors de sa dissolution ;

2° Le coût prévisionnel global de l'opération pour la collectivité territoriale ou le groupement de collectivités territoriales et sa décomposition.

IV. — Les critères de sélection des candidats sont définis et appréciés par la collectivité territoriale ou le groupement de collectivités territoriales conformément aux règles applicables selon la nature du contrat destiné à être conclu avec la société d'économie mixte à opération unique. Le coût global de l'opération est apprécié en tenant compte de la souscription au capital et au financement de la société d'économie mixte à opération unique.

V. — A l'issue de la mise en concurrence et de la sélection du candidat, sont arrêtés et publiés les statuts de la société d'économie mixte à opération unique ainsi que, le cas échéant, le pacte d'actionnaires conclu.

VI. — Le contrat, comportant les éléments prévus par *(Ord. n° 2018-1074 du 26 nov. 2018, art. 6 et 20, en vigueur le 1er avr. 2019)* **« la procédure de mise en concurrence », est conclu entre la collectivité territoriale ou le groupement de collectivités territoriales et la société d'économie mixte à opération unique, qui est substituée au candidat sélectionné pour l'application des modalités de passation prévues selon la nature du contrat.**

Sur l'entrée en vigueur des dispositions issues de l'Ord. n° 2018-1074 du 26 nov. 2018, V. note ss. art. L. 1311-2.

....

Art. L. 1612-8 Le budget primitif de la collectivité territoriale est transmis au représentant de l'État dans le département au plus tard quinze jours après le délai limite fixé pour son adoption par les articles L. 1612-2 et L. 1612-9. A défaut, il est fait application des dispositions de l'article L. 1612-2. — *[L. n° 96-142 du 21 févr. 1996, art. 4-I ; CJF, art. L. 232-7, L. 232-20 et L. 232-26.]*

Dans un délai de cinq ans suivant la promulgation de la L. n° 2015-991 du 7 août 2015, les collectivités territoriales et les EPCI à fiscalité propre de plus de 50 000 habitants transmettent au représentant de l'État leurs documents budgétaires par voie numérique, selon des modalités fixées par décret (L. préc., art. 107-III). — V. art. D. 1612-15-1.

Transmission au contrôle de légalité

Art. R. 2131-5 *(Décr. n° 2018-1075 du 3 déc. 2018, art. 6 et 16, en vigueur le 1er avr. 2019)* **La transmission au préfet ou au sous-préfet des marchés publics des communes et de leurs établissements publics autres que les établissements publics de santé comporte les pièces suivantes :**

1° La copie des pièces constitutives du marché public, à l'exception des plans ;

2° La délibération autorisant le représentant légal de la commune ou de l'établissement à passer le marché public ;

3° La copie de l'avis d'appel à la concurrence et de l'invitation des candidats sélectionnés ;

4° Le règlement de la consultation, si celui-ci figure parmi les documents de consultation ;

5° Les procès-verbaux et rapports de la commission d'appel d'offres et les avis du jury de concours, avec les noms et qualités des personnes qui y ont siégé, ainsi que le rapport de présentation de l'acheteur prévu par les articles R. 2184-1 à R. 2184-6 du code de la commande publique ou les informations prévues par les articles R. 2184-7 à R. 2184-11 de ce même code ;

6° Les renseignements, attestations et déclarations fournis en vertu des articles R. 2143-6 à R. 2143-12 et R. 2143-16 du code de la commande publique.

Sur l'entrée en vigueur des dispositions issues du Décr. n° 2018-1075 du 3 déc. 2018, V. note ss. art. R. 1410-1.

....

Art. R. 2131-6 *(Décr. n° 2011-1000 du 25 août 2011, art. 50-I-2°) (Décr. n° 2016-360 du 25 mars 2016, art. 179 et 188, en vigueur le 1er avr. 2016)* **« Les modifications des marchés publics » sont transmis** *[transmises]* **au préfet ou au sous-préfet accompagnés** *[accompagnées]*, **le cas échéant, des délibérations qui les autorisent.**

Art. R. 2131-7 Le préfet ou le sous-préfet peut demander, pour exercer le contrôle de légalité, que des pièces complémentaires lui soient fournies. – *[C. communes, art. R. 314-4.]*

L'art. R. 2131-3 devient l'art. R. 2131-7 (Décr. n° 2005-324 du 7 avr. 2005, art. 1er-I).

....

Art. R. 3132-2 Les dispositions des articles *(Décr. n° 2005-324 du 7 avr. 2005, art. 2-I)* **« R. 2131-5 à R. 2131-7 » sont applicables aux marchés** *(Décr. n° 2018-1075 du 3 déc. 2018, art. 6 et 16, en vigueur le 1er avr. 2019)* **« publics » passés par les départements et leurs établissements publics.** – *[Décr. n° 93-1080 du 9 sept. 1993, art. 3.]*

L'art. R. 3132-1 devient l'art. R. 3132-2 (Décr. n° 2005-324 du 7 avr. 2005, art. 2-I).

Sur l'entrée en vigueur des dispositions issues du Décr. n° 2018-1075 du 3 déc. 2018, V. note ss. art. R. 1410-1.

....

Art. R. 4142-2 Les dispositions des articles *(Décr. n° 2005-324 du 7 avr. 2005, art. 3-I)* **« R. 2131-5 à R. 2131-7 » sont applicables aux marchés** *(Décr. n° 2018-1075 du 3 déc. 2018, art. 6 et 16, en vigueur le 1er avr. 2019)* **« publics » passés par les régions et leurs établissements publics.** – *[Décr. n° 93-1080 du 9 sept. 1993, art. 3.]. – Anc. art. R. 4142-1.*

Sur l'entrée en vigueur des dispositions issues du Décr. n° 2018-1075 du 3 déc. 2018, V. note ss. art. R. 1410-1.

Code de la construction et de l'habitation

Renvoi aux dispositions du code de la commande publique

Art. L. 421-26 Les marchés *(Ord. n° 2018-1074 du 26 nov. 2018, art. 4)* **« publics » des offices publics de l'habitat sont régis par les dispositions** *(Ord. n° 2018-1074 du 26 nov. 2018, art. 4)* **« du code de la commande publique ».**

V. Instr. n° 12-007-M0 du 10 févr. 2012 relative aux marchés des OPH (NOR : BCRZ1200016J).

Sur l'entrée en vigueur des dispositions issues de l'Ord. n° 2018-1074 du 26 nov. 2018, V. art. 20 de ladite ordonnance.

....

Art. L. 433-1 *(Ord. n° 2005-649 du 6 juin 2005, art. 41-I)* **Les marchés** *(Ord. n° 2018-1074 du 26 nov. 2018, art. 4)* **« publics » conclus par les organismes privés d'habitation à loyer modéré sont soumis aux dispositions** *(Ord. n° 2018-1074 du 26 nov. 2018, art. 4)* **« du code de la commande publique ».**

Les organismes privés d'habitation à loyer modéré ont été transformés de plein droit en offices publics de l'habitat (Ord. n° 2007-137 du 1er févr. 2007, art. 6).

Sur l'entrée en vigueur des dispositions issues de l'Ord. n° 2018-1074 du 26 nov. 2018, V. art. 20 de ladite ordonnance.

....

Art. L. 481-4 Les marchés *(Ord. n° 2018-1074 du 26 nov. 2018, art. 4)* **« publics » conclus par les sociétés d'économie mixte exerçant une activité de construction ou de gestion de logements sociaux sont soumis aux dispositions** *(Ord. n° 2018-1074 du 26 nov. 2018, art. 4)* **« du code de la commande publique ».**

Sur l'entrée en vigueur des dispositions issues de l'Ord. n° 2018-1074 du 26 nov. 2018, V. art. 20 de ladite ordonnance.

....

Art. R. 433-1 Les marchés publics des offices publics de l'habitat sont soumis aux dispositions *(Décr. n° 2018-1075 du 3 déc. 2018, art. 4)* **« du code de la commande publique ».**

Les dispositions du Décr. n° 2018-1075 du 3 déc. 2018 s'appliquent :

1° Aux marchés publics pour lesquels une consultation a été engagée ou un avis d'appel à la concurrence a été envoyé à la publication depuis le 1er avr. 2019. Elles ne s'appliquent pas aux marchés publics passés sur le fondement d'un accord-cadre ou dans le cadre d'un système d'acquisition dynamique lorsque la procédure en vue de la passation de cet accord ou de la mise en place de ce système d'acquisition dynamique a été engagée avant cette date ;

2° Aux contrats de concession pour lesquels une consultation a été engagée ou un avis de concession a été envoyé à la publication depuis le 1er avr. 2019 (Décr. préc., art. 16).

Commission d'appel d'offres

Art. R. 433-2 Chaque office public de l'habitat constitue une commission d'appel d'offres, composée de trois membres du conseil d'administration de l'office, qu'il désigne. Pour chaque membre titulaire, y compris son président, est prévu un suppléant.

Le quorum est atteint lorsque deux membres au moins sont présents. Si, après une première convocation, ce quorum n'est pas atteint, la commission est à nouveau convoquée. Elle se réunit alors valablement sans condition de quorum.

La commission établit son règlement intérieur.

La commission d'appel d'offres procède à l'ouverture des plis contenant les candidatures et les offres dont la valeur estimée hors taxe est égale ou supérieure aux seuils européens mentionnés à *(Décr. n° 2018-1075 du 3 déc. 2018, art. 4)* **« l'article L. 2124-1 du code de la commande publique », sauf en cas d'urgence impérieuse. Elle émet un avis sur ces candidatures et offres.**

Le directeur général de l'office prend les décisions relatives aux marchés de l'office au vu, le cas échéant, de l'avis de la commission.

V. notes ss. art. R. 433-1.

Art. R. 433-3 Lorsqu'un groupement de commandes est composé en majorité d'offices publics de l'habitat, il est institué une commission d'appel d'offres composée d'un représentant pour chacun des membres du groupement désigné selon les modalités qui leur sont propres.

La commission d'appel d'offres est présidée par le représentant du coordonnateur du groupement. Pour chaque membre titulaire est prévu un suppléant.

Dispositions particulières pour les organismes privés d'habitations à loyer modéré et pour les sociétés d'économie mixte exerçant une activité de construction ou de gestion de logements sociaux

Art. R. 433-5 *(Décr. n° 2005-1742 du 30 déc. 2005, art. 50-2°)* **Les marchés** *(Décr. n° 2018-1075 du 3 déc. 2018, art. 4)* **« publics » définis aux articles L. 433-1 et L. 481-4 passés par**

les organismes privés d'habitations à loyer modéré et par les sociétés d'économie mixte exerçant une activité de construction ou de gestion de logements sociaux sont soumis aux dispositions *(Décr. nº 2018-1075 du 3 déc. 2018, art. 4)* **« du code de la commande publique », sous réserve des dispositions prévues aux articles R. 433-6, R. 433-10, R. 433-18 et R. 433-20 à R. 433-23.**

V. notes ss. art. R. 433-1.

Art. R. 433-6 *(Décr. nº 2005-1742 du 30 déc. 2005, art. 50-3º)* **Les organismes privés d'habitation à loyer modéré et les sociétés d'économie mixte exerçant une activité de construction ou de gestion de logements sociaux constituent une commission d'appel d'offres dont ils déterminent la composition, les modalités de fonctionnement et les pouvoirs. La commission examine les candidatures et les offres reçues lors de la passation des marchés dont le montant est supérieur aux seuils mentionnés à** *(Décr. nº 2018-1075 du 3 déc. 2018, art. 4)* **« l'article L. 2124-1 du code de la commande publique ».**

Ces mêmes marchés font en outre l'objet d'un rapport annuel sur leur exécution transmis au conseil d'administration ou de surveillance de l'organisme ou de la société d'économie mixte. Ce rapport comporte pour chaque marché le montant initial du contrat, le montant total des sommes effectivement versées et, le cas échéant, les raisons de l'écart constaté.

V. notes ss. art. R. 433-1.

....

Art. R. 433-10 *(Décr. nº 2005-1742 du 30 déc. 2005, art. 50-4º)* **Pour les marchés ayant à la fois pour objet la construction et l'exploitation ou la maintenance d'un ouvrage, si l'organisme choisit de recourir à un marché alloti, la construction fait obligatoirement l'objet d'un lot séparé. S'il choisit de recourir à un marché global, celui-ci fait obligatoirement apparaître de manière séparée les prix respectifs de la construction et de l'exploitation ou de la maintenance.**

....

Art. R. 433-18 *(Décr. nº 93-746 du 27 mars 1993, art. 3)* **Les contrats entrant dans le champ d'application défini à l'article R. 433-5 donnent lieu à des versements à titre d'avances, d'acomptes ou pour solde dans les conditions fixées ci-après :**

— avances : une avance forfaitaire peut être accordée ; ses modalités de versement et de remboursement sont précisées dans le cahier des charges du contrat ;

— acomptes : les prestations qui ont donné lieu à un commencement d'exécution du contrat ouvrent droit à des acomptes. Les modalités de versement des acomptes sont précisées dans le cahier des charges du contrat.

Les règlements d'avances et d'acomptes n'ont pas le caractère de paiements définitifs, leur bénéficiaire en est débiteur jusqu'au paiement du solde du contrat.

Quand le contrat comporte une clause de variation de prix, il fixe la périodicité de mise en œuvre de cette clause, et l'ensemble des modalités relatives à celle-ci.

....

Art. R. 433-20 *(Décr. nº 93-746 du 27 mars 1993, art. 6)* **Les contrats de maîtrise d'œuvre des organismes privés d'habitations à loyer modéré et les sociétés d'économie mixte portant sur la réalisation de logements locatifs aidés par l'État à l'aide des prêts mentionnés à l'article D. 331-1 sont passés conformément aux règles prévues par** *(Décr. nº 2018-1075 du 3 déc. 2018, art. 4)* **« les dispositions du titre III du livre IV de la deuxième partie du code de la commande publique »**

V. notes ss. art. R. 433-1.

Art. R. 433-21 *(Décr. nº 93-746 du 27 mars 1993, art. 7)* **Les concours d'architecture et d'ingénierie organisés par les organismes privés d'habitations à loyer modéré et les sociétés d'économie mixte pour la réalisation de logements locatifs aidés par l'État financés à l'aide des prêts mentionnés à l'article D. 331-1 sont organisés conformément aux règles prévues par** *(Décr. nº 2018-1075 du 3 déc. 2018, art. 4)* **« les dispositions de la section 2 du chapitre II du titre VI du livre I de la deuxième partie du code de la commande publique ».**

V. notes ss. art. R. 433-1.

Art. R. 433-22 *(Décr. nº 93-746 du 27 mars 1993, art. 8)* **Pour la réalisation de logements locatifs aidés par l'État financés à l'aide des prêts mentionnés à l'article R. 331-1, soumis aux dispositions** *(Décr. nº 2018-1075 du 3 déc. 2018, art. 4)* **« du livre IV de la deuxième**

partie du code de la commande publique », les organismes privés d'habitations à loyer modéré et les sociétés d'économie mixte *(Décr. n° 2016-751 du 6 juin 2016, art. 2-2°)* « agréées en application de l'article L. 481-1 » peuvent passer des contrats portant à la fois sur l'établissement des études et l'exécution des travaux dans les conditions prévues par *(Décr. n° 2018-1075 du 3 déc. 2018, art. 4)* « les dispositions du chapitre I du titre VII du livre I de la deuxième partie du code de la commande publique ».

V. notes ss. art. R. 433-1.

Art. R. 433-23 *(Décr. n° 93-746 du 27 mars 1993, art. 9)* Les contrats passés par les organismes privés d'habitations à loyer modéré et les sociétés d'économie mixte pour la réalisation de logements locatifs aidés par l'État financés à l'aide des prêts mentionnés à l'article D. 331-1, qui ont pour objet la réalisation d'un ouvrage à titre de recherche, d'essais ou d'expérimentation doivent respecter les règles prévues par *(Décr. n° 2018-1075 du 3 déc. 2018, art. 4)* « les dispositions des articles R. 2431-36 et R. 2431-37 du code de la commande publique ».

V. notes ss. art. R. 433-1.

Code de l'énergie

Achat de produits à haute performance énergétique

Art. R. 234-1 *(Décr. n° 2016-412 du 7 avr. 2016, en vigueur le 15 avr. 2016)* L'État ainsi que ses établissements publics n'ayant pas un caractère industriel et commercial et dont les compétences ou la vocation ont un caractère national sont tenus :

1° De n'acheter que des produits à haute performance énergétique tels que définis à l'article R. 234-4 ;

2° D'imposer à leurs prestataires de ne recourir qu'à des produits à haute performance énergétique tels que définis à l'article R. 234-4 pour l'exécution, partielle ou complète, des services résultant des marchés publics dont ils sont titulaires. Cette obligation est sans préjudice de la possibilité pour ces prestataires d'utiliser des produits ne présentant pas cette performance à condition qu'ils aient été achetés avant la remise de leur offre et qu'ils soient mentionnés dans celle-ci de manière détaillée ;

3° De n'acheter ou de ne prendre à bail que des bâtiments à haute performance énergétique tels que définis à l'article R. 234-5.

Art. R. 234-2 *(Décr. n° 2016-412 du 7 avr. 2016, en vigueur le 15 avr. 2016)* Les personnes morales mentionnées à l'article R. 234-1 ne sont pas tenues aux obligations définies au même article lorsque :

1° Le rapport entre l'efficacité énergétique attendue et le coût est très nettement défavorable au produit à haute performance énergétique, au service recourant à un tel produit ou au bâtiment à haute performance énergétique ; le rapport entre l'efficacité et le coût s'apprécie en comparant le coût du cycle de vie de tous les produits ou bâtiments appartenant à une catégorie d'efficacité relevant de l'article R. 234-1 avec le coût du cycle de vie du produit ou bâtiment équivalent envisagé ; le coût du cycle de vie est défini à l'article 68 de la directive 2014/24/UE du Parlement européen et du Conseil du 26 février 2014 ;

2° L'analyse budgétaire conclut à l'absence de faisabilité économique du recours au produit à haute performance énergétique, au service utilisant un tel produit ou au bâtiment à haute performance énergétique ; l'absence de faisabilité est caractérisée par l'incapacité d'acquitter le prix initial et de supporter, au moins et selon le cas, le coût de la maintenance ou des pièces détachées, pendant la durée de l'exploitation ou de l'utilisation ;

3° La durabilité au sens large du recours au bâtiment, au produit à haute performance énergétique ou au service utilisant un tel produit est moindre que celle du recours aux autres produits, services ou bâtiments ; la durabilité est appréciée, de manière objective et mesurable, au regard de la réduction de l'impact sur l'environnement ;

4° L'inadéquation technique est établie ; elle consiste en l'absence de correspondance du produit, service ou bâtiment avec le ou les besoins à satisfaire ;

5° Le niveau de concurrence est insuffisant ; ce niveau est considéré comme suffisant même lorsqu'il est limité à quelques produits, services ou bâtiments ou qu'il n'est pas équivalent à celui résultant de l'offre de produits, services ou bâtiments dont l'efficacité énergétique est moindre.

Lorsque qu'elles *[Lorsqu'elles]* estiment relever des dispositions du présent article, les personnes morales mentionnées à l'article R. 234-1 le justifient avec des éléments vérifiables.

Lorsque les obligations qui leur incombent à la fin d'une procédure de passation comportent l'élaboration d'un rapport de présentation, elles y font figurer la justification prévue à l'alinéa précédent. Dans les cas où elles ne sont pas tenues à une telle obligation, les personnes morales mentionnées à l'article R. 234-1 conservent cette justification au titre de la traçabilité de la procédure de passation.

Art. R. 234-3 *(Décr. nº 2016-412 du 7 avr. 2016, en vigueur le 15 avr. 2016)* Les obligations prévues aux 1° et 2° de l'article R. 234-1 s'appliquent aux marchés publics et contrats dont le montant estimé est égal ou supérieur aux seuils européens *(Décr. nº 2018-1075 du 3 déc. 2018, art. 5)* « qui figurent en annexe au code de la commande publique ». Les dispositions du 3° du même article s'appliquent aux achats de bâtiments et aux prises à bail quel qu'en soit le montant.

L'obligation d'achat de produits et de recours à des services à haute performance énergétique s'applique aux marchés publics de défense ou de sécurité *(Décr. nº 2018-1075 du 3 déc. 2018, art. 5)* « définis à l'article L. 1113-1 du code de la commande publique », dans la mesure où cette obligation n'est pas incompatible avec la nature et l'objectif premier des activités des forces armées. Elle ne s'applique pas aux marchés publics ayant pour objet la fourniture d'équipements, y compris leurs pièces détachées, composants ou sous-assemblages, destinés à être utilisés comme armes, munitions ou matériels de guerre.

L'exigence d'achat ou de prise à bail de bâtiments répondant à la définition donnée à l'article R. 234-5 ne s'applique pas aux :

1° Bâtiments et parties de bâtiments ayant fait l'objet d'une demande de permis de construire déposée à compter du 1er janvier 2013 ;

2° Bâtiments et parties de bâtiments destinés à être revendus, sans qu'ils soient utilisés, dans l'intervalle, aux propres fins de leurs propriétaires ;

3° Bâtiments et parties de bâtiments destinés à être démolis, sans qu'ils soient utilisés, dans l'intervalle, aux propres fins de leurs propriétaires ;

4° Bâtiments et parties de bâtiments destinés à être rénovés pour répondre aux exigences de l'article R. 234-5, sans qu'ils soient utilisés, avant l'achèvement de la rénovation, aux propres fins de leurs propriétaires ;

5° Bâtiments et parties de bâtiments dans lesquels il n'est pas utilisé d'énergie pour réguler la température intérieure ;

6° Constructions provisoires prévues pour une durée d'utilisation égale ou inférieure à deux ans ;

7° Bâtiments et parties de bâtiments à usage agricole, artisanal ou industriel, autres que les locaux servant à l'habitation, dans lesquels le système de chauffage, de refroidissement ou de production d'eau chaude pour l'occupation humaine produit une faible quantité d'énergie au regard de celle nécessaire aux activités économiques ;

8° Bâtiments servant de lieux de culte et utilisés pour des activités religieuses ;

9° Immeubles classés ou inscrits au titre des monuments historiques définis par les articles L. 621-1, L. 621-3, L. 621-5 et L. 621-6 du code du patrimoine ;

10° Bâtiments et parties de bâtiments qui, pour des raisons de protection du secret de la défense nationale, ne peuvent respecter les exigences de performance énergétique mentionnées à l'article R. 234-5.

Art. R. 234-4 *(Décr. nº 2016-412 du 7 avr. 2016, en vigueur le 15 avr. 2016)* Au sens du présent chapitre, un produit à haute performance énergétique est :

1° Soit un produit régi par un acte délégué adopté en application de la directive 2010/30/UE du Parlement et du Conseil du 19 mai 2010 ou par une directive d'exécution de la Commission connexe à cette directive, qui est conforme au critère conditionnant l'appartenance à la classe d'efficacité énergétique la plus élevée ; par dérogation, en cas d'achat d'un ensemble de produits régis par un acte délégué mentionné ci-dessus et répondant au critère d'appartenance à la classe d'efficacité énergétique la plus élevée, l'efficacité énergétique cumulée prévaut sur l'efficacité énergétique de chaque produit individuel de l'ensemble ; — *La Dir. 2010/30/UE du Parlement européen et du Conseil du 19 mai 2010 concernant l'indication, par voie d'étiquetage et d'informations uniformes relatives aux produits, de la consommation en énergie et en autres ressources des produits liés à l'énergie est abrogée et remplacée, à compter du 1er août 2017, par le Règl. (UE) 2017/1369 du Parlement européen et du Conseil du 4 juill. 2017 établissant un cadre pour l'étiquetage énergétique (JOUE nº L 198 du 28 juill.).*

2° Soit un produit ne relevant pas du 1°, régi par une mesure d'exécution adoptée après le 4 décembre 2012 en application de l'article 15 de la directive 2009/125/CE du Parlement européen et du Conseil du 21 octobre 2009, qui est conforme aux valeurs de référence de l'efficacité énergétique établies dans cette mesure d'exécution ;

3° Soit un équipement de bureau satisfaisant au moins aux spécifications techniques relatives à l'efficacité énergétique fixées à l'annexe C de l'accord entre le Gouvernement des États-Unis d'Amérique et la Communauté européenne concernant la coordination des programmes d'étiquetage relatifs à l'efficacité énergétique des équipements de bureau, approuvé par la décision 2006/1005/CE du Conseil du 18 décembre 2006 ;

4° Soit un pneumatique conforme au critère conditionnant l'appartenance à la classe d'efficacité énergétique en carburant la plus élevée définie par l'annexe I du règlement (CE) n° 1222/2009 du Parlement européen et du Conseil du 25 novembre 2009 ; par dérogation, pour un motif de sécurité ou de santé publique, peut lui être substitué un pneumatique relevant de la classe d'adhérence la plus élevée relative au sol mouillé ou au bruit de roulement externe prévue par la même annexe.

Les actes délégués et les mesures d'exécution mentionnés au présent article sont publiés sur le site internet du ministère chargé du développement durable.

Bâtiments. Exigences minimales de performance énergétique

Art. R. 234-5 *(Décr. n° 2016-412 du 7 avr. 2016, en vigueur le 15 avr. 2016)* Les bâtiments ou parties de bâtiments satisfaisant à des exigences minimales de performance énergétique s'entendent de ceux qui respectent l'un des critères suivants :

1° Ils ont obtenu le label "haute performance énergétique rénovation" prévu à l'article *(Décr. n° 2021-872 du 30 juin 2021, art. 7)* « R. 171-7 *[ancienne rédaction : R. 131-28-1]* » du code de la construction et de l'habitation ;

2° Ils sont classés dans l'un des quatre meilleurs niveaux de l'échelle de référence du diagnostic de performance énergétique défini par l'article *(Décr. n° 2021-872 du 30 juin 2021, art. 7)* « L. 126-26 *[ancienne rédaction : L. 134-1]* » du code de la construction et de l'habitation ;

3° Ils sont conformes aux critères de performance énergétique fixés en application de l'article *(Décr. n° 2021-872 du 30 juin 2021, art. 7)* « R. 173-3 *[ancienne rédaction : R. 131-28]* » du code de la construction et de l'habitation dans au moins trois des six domaines suivants :

a) Chauffage ;
b) Eau chaude et sanitaire ;
c) Refroidissement ;
d) Éclairage ;
e) Toiture ;
f) Baies.

Code de la voirie routière

Marchés passés par un concessionnaire d'autoroute

Art. L. 122-12 *(L. n° 2015-990 du 6 août 2015, art. 13) (Abrogé par Ord. n° 2016-65 du 29 janv. 2016, art. 76-2°-a, à compter du 1er avr. 2016)* « *Par dérogation au 3° du II de l'article 12 de l'ordonnance n° 2009-864 du 15 juillet 2009 relative aux contrats de concession de travaux publics,* » Tout marché de travaux, fournitures ou services passé par un concessionnaire d'autoroute pour les besoins de la concession est régi par la présente section, à l'exception des marchés :

1° Régis par *(Ord. n° 2018-1074 du 26 nov. 2018, art. 11)* « le titre préliminaire, la première partie et les livres I et II de la deuxième partie du code de la commande publique » sous réserve de l'article L. 122-13 ;

2° Conclus avant la date de mise en service complète des ouvrages ou aménagements prévus au cahier des charges initial *(Ord. n° 2018-1074 du 26 nov. 2018, art. 11)* « du contrat de concession » ;

(L. n° 2019-1428 du 24 déc. 2019, art. 163) « 2° *bis* De fournitures ou de services ne présentant pas un lien direct et spécifique avec les missions qui ont été déléguées au concessionnaire conformément à l'article L. 122-4. Un arrêté conjoint des ministres chargés de l'économie et des transports, pris sur proposition de l'Autorité de régulation des activités ferroviaires et routières, après avis de l'Autorité de la concurrence, fixe la liste de ces marchés en prenant en compte leur impact sur le bon fonctionnement concurrentiel des secteurs concernés ; »

3° *(Ord. n° 2016-65 du 29 janv. 2016, art. 76-2°-b, en vigueur le 1er avr. 2016)* « Ou présentant les caractéristiques des contrats mentionnés *(Ord. n° 2018-1074 du 26 nov. 2018, art. 11)* « aux articles L. 2512-1 à L. 2513-5 du code de la commande publique ». »

Les dispositions issues de l'Ord. n° 2018-1074 du 26 nov. 2018 s'appliquent aux marchés publics ainsi qu'aux contrats relevant de l'Ord. n° 2015-899 du 23 juill. 2015 relative aux marchés publics pour lesquels une consultation est engagée ou un avis d'appel à la concurrence est envoyé à la publication à compter du 1er avr. 2019 (Ord. n° 2018-1074 du 26 nov. 2018, art. 20-I).

Elles s'appliquent également aux contrats de concession pour lesquels une consultation est engagée ou un avis de concession est envoyé à la publication à compter du 1er avr. 2019 (Ord. préc., art. 20-II).

Art. L. 122-13 *(L. n° 2015-990 du 6 août 2015, art. 13)* **Les marchés de travaux, fournitures ou services régis par** *(Ord. n° 2018-1074 du 26 nov. 2018, art. 11)* **« le titre préliminaire, la première partie et les livres I et II de la deuxième partie du code de la commande publique », lorsqu'ils sont passés par un concessionnaire d'autoroute pour les besoins de la concession, sont également régis par les articles L. 122-14, L. 122-17, L. 122-20 et L. 122-21.**

(L. n° 2016-1691 du 9 déc. 2016, art. 41-I-2°-b) **« Des seuils inférieurs** *(Ord. n° 2018-1074 du 26 nov. 2018, art. 11)* **« aux seuils européens mentionnés à l'article L. 2124-1 du code de la commande publique » peuvent être prévus par voie réglementaire pour la passation des marchés relevant du premier alinéa du présent article.**

« Pour l'application du premier alinéa de l'article L. 122-17 du présent code, un seuil spécifique peut être prévu pour les *(Ord. n° 2018-1074 du 26 nov. 2018, art. 11)* **« contrats de concession » pour les besoins desquelles les marchés relèvent du premier alinéa du présent article. »**

V. notes ss. art. L. 122-12.

Art. L. 122-14 *(L. n° 2015-990 du 6 août 2015, art. 13)* **L'Autorité de régulation des transports veille à l'exercice d'une concurrence effective et loyale lors de la passation des marchés définis à l'article L. 122-12.**

Art. L. 122-15 *(L. n° 2015-990 du 6 août 2015, art. 13) (Ord. n° 2016-65 du 29 janv. 2016, art. 76-3°, en vigueur le 1er avr. 2016)* **« Les** *(Ord. n° 2018-1074 du 26 nov. 2018, art. 11)* **« articles L. 2141-1 à L. 2141-13 du code de la commande publique » sont applicables » aux marchés régis par la présente section.**

V. notes ss. art. L. 122-12.

Art. L. 122-16 *(L. n° 2015-990 du 6 août 2015, art. 13)* **Pour les marchés de travaux, fournitures ou services** *(L. n° 2016-1691 du 9 déc. 2016, art. 41-I-3°-a)* **« dont la valeur estimée hors taxe du besoin est égale ou supérieure aux seuils définis par voie réglementaire », le concessionnaire d'autoroute procède à une publicité permettant la présentation de plusieurs offres concurrentes, dans des conditions et sous réserve des exceptions définies par voie réglementaire.** *(L. n° 2016-1691 du 9 déc. 2016, art. 41-I-3°-b et c)* **« Pour les marchés de travaux, le seuil ne peut être supérieur à 500 000 €. »**

Art. L. 122-17 *(L. n° 2015-990 du 6 août 2015, art. 13)* **Pour toute concession d'autoroute dont la longueur du réseau concédé excède un seuil défini par voie réglementaire, le concessionnaire institue une commission des marchés, composée en majorité de personnalités indépendantes et n'ayant aucun lien direct ou indirect avec les soumissionnaires. Elle inclut au moins un représentant de la direction générale de la concurrence, de la consommation et de la répression des fraudes.**

La commission des marchés est chargée de définir les règles internes pour la passation et l'exécution des marchés de travaux, fournitures et services et de veiller au respect des procédures de passation et d'exécution de ces marchés en application de la présente section. Ces règles, ainsi que la composition de la commission des marchés, sont soumises pour avis conforme à l'Autorité de régulation des transports.

L'attribution des marchés *(L. n° 2016-1691 du 9 déc. 2016, art. 41-I-4°-a)* **« dont la liste est fixée par voie réglementaire en fonction de la procédure de publicité et de mise en concurrence au terme de laquelle ils sont conclus » est soumise à l'avis préalable de la commission des marchés. La commission des marchés transmet cet avis à l'Autorité de régulation des transports et l'informe de tout manquement qu'elle constate, dans des délais permettant à l'autorité d'engager le recours mentionné à l'article L. 122-20. Le concessionnaire ne peut refuser de suivre l'avis de la commission des marchés que par une décision de son conseil d'administration ou de son conseil de surveillance, soumise à l'ensemble des conditions définies par le code de commerce pour les conventions réglementées.**

La commission des marchés est informée des avenants aux marchés mentionnés au troisième alinéa du présent article. Tout projet d'avenant à un marché de travaux, fournitures

ou services entraînant une augmentation du montant global supérieure à *(L. nº 2016-1691 du 9 déc. 2016, art. 41-I-4º-b)* « des seuils définis » par voie réglementaire est soumis pour avis à la commission des marchés. Le concessionnaire communique à la commission des marchés la liste des entreprises avec lesquelles il conclut des marchés qui *(L. nº 2016-1691 du 9 déc. 2016, art. 41-I-4º-b)* « ne sont pas soumis à l'avis de la commission. Lorsque le » concessionnaire d'autoroute ne respecte pas la communication des informations prévues au présent alinéa, elle en informe l'Autorité de régulation des transports *(Abrogé par Ord. nº 2016-79 du 29 janv. 2016, art. 5-1º)* « *, qui peut prononcer une sanction en application de l'article L. 2135-7 du code des transports* ».

Art. L. 122-18 *(L. nº 2015-990 du 6 août 2015, art. 13)* Les procédures de passation des marchés définis à l'article L. 122-12 sont celles prévues *(Ord. nº 2016-65 du 29 janv. 2016, art. 76-4º, en vigueur le 1er avr. 2016)* « par » *(Ord. nº 2018-1074 du 26 nov. 2018, art. 11)* « la première partie et les livres I et II de la deuxième partie du code de la commande publique ».

V. notes ss. art. L. 122-12.

Art. L. 122-19 *(L. nº 2015-990 du 6 août 2015, art. 13)* Les conditions dans lesquelles le concessionnaire d'autoroute, à l'issue de la procédure de passation, rend public son choix et le fait connaître aux candidats dont l'offre n'a pas été retenue *(L. nº 2016-1691 du 9 déc. 2016, art. 41-I-5º)* « , celles dans lesquelles l'exécution du marché peut commencer, celles dans lesquelles il est exécuté et peut être modifié et celles dans lesquelles sa durée est fixée » sont précisées par voie réglementaire.

Les art. L. 122-19 et L. 122-26 C. voirie rout., dans leur rédaction résultant, respectivement, des 5º et 7º du I de l'art. 41 de la L. nº 2016-1691 du 9 déc. 2016, s'appliquent aux marchés et aux contrats passés par les concessionnaires d'autoroutes pour lesquels une procédure de publicité est engagée à compter du premier jour du troisième mois suivant la promulgation de ladite loi, même en cas de clause contraire de la convention de délégation ou du cahier des charges annexé (L. préc., art. 41-III).

Art. L. 122-20 *(L. nº 2015-990 du 6 août 2015, art. 13)* En cas de manquement aux obligations de publicité et de mise en concurrence auxquelles est soumise la passation des marchés de travaux, fournitures ou services *(Abrogé par L. nº 2016-1691 du 9 déc. 2016, art. 41-I-6º-a)* « *définis à l'article L. 122-12* », il est fait application :

1º Pour les marchés soumis aux règles du droit public, des sous-sections 1 et 3 de la section 1 et de la section 2 du chapitre I du titre V du livre V du code de justice administrative ;

2º Pour les marchés relevant du droit privé, des articles 2 à 4 et 11 à 14 de l'ordonnance nº 2009-515 du 7 mai 2009 relative aux procédures de recours applicables aux contrats de la commande publique.

L'Autorité de régulation des transports est habilitée à engager les recours prévus aux articles L. 551-1 et L. 551-13 du code de justice administrative ou, le cas échéant, les saisines mentionnées aux articles 2 et 11 de l'ordonnance nº 2009-515 du 7 mai 2009 précitée lorsqu'est en cause un marché *(L. nº 2016-1691 du 9 déc. 2016, art. 41-I-6º-b)* « passé par un concessionnaire d'autoroute pour les besoins de la concession ».

Art. L. 122-21 *(L. nº 2015-990 du 6 août 2015, art. 13)* L'Autorité de régulation des transports établit chaque année un rapport sur les marchés définis à l'article L. 122-12 et les travaux réalisés en exécution de ces marchés.

Art. L. 122-22 *(L. nº 2015-990 du 6 août 2015, art. 13)* Les modalités d'application de la présente section sont précisées par décret en Conseil d'État, pris après avis de l'Autorité de régulation des transports.

Art. L. 122-23 *(L. nº 2015-990 du 6 août 2015, art. 13)* Les contrats passés par le concessionnaire d'autoroute en vue de faire assurer par un tiers la construction, l'exploitation et l'entretien des installations annexes à caractère commercial situées sur le réseau autoroutier concédé sont régis par la présente section *(Ord. nº 2016-65 du 29 janv. 2016, art. 76-5º, en vigueur le 1er avr. 2016)* « , sans préjudice de l'application *(Ord. nº 2018-1074 du 26 nov. 2018, art. 11)* « du titre préliminaire et du livre I de la troisième partie du code de la commande publique » pour les concessionnaires qui en relèvent ».

V. notes ss. art. L. 122-12.

Art. L. 122-24 *(L. nº 2015-990 du 6 août 2015, art. 13)* Pour la passation des contrats définis à l'article L. 122-23, le concessionnaire d'autoroute procède à une publicité permet-

tant la présentation de plusieurs offres concurrentes, dans des conditions et sous réserve des exceptions définies par voie réglementaire.

Art. L. 122-25 *(L. nº 2015-990 du 6 août 2015, art. 13)* **Les procédures de passation des contrats définis à l'article L. 122-23 sont définies par voie réglementaire.**

Art. L. 122-26 *(L. nº 2015-990 du 6 août 2015, art. 13)* **Les conditions dans lesquelles le concessionnaire d'autoroute rend public son choix et le fait connaître aux candidats dont l'offre n'a pas été retenue à l'issue de la procédure de passation** *(L. nº 2016-1691 du 9 déc. 2016, art. 41-I-7º)* **« , celles dans lesquelles l'exécution du contrat peut commencer, celles dans lesquelles il est exécuté et peut être modifié et celles dans lesquelles sa durée est fixée » sont précisées par voie réglementaire.**

V. note ss. art. L. 122-19.

Art. L. 122-27 *(L. nº 2015-990 du 6 août 2015, art. 13)* **L'attributaire est agréé, préalablement à la conclusion du contrat mentionné à l'article L. 122-23, par l'autorité administrative, après avis de l'Autorité de régulation des transports. Cet avis porte sur le respect des règles mentionnées aux articles L. 122-24 et L. 122-25. L'autorité de régulation se prononce dans un délai d'un mois à compter de la date de la saisine.** *(L. nº 2019-1428 du 24 déc. 2019, art. 164)* **« En cas d'avis défavorable, la délivrance de l'agrément à l'attributaire est motivée par l'autorité administrative. »**

Art. L. 122-28 *(L. nº 2015-990 du 6 août 2015, art. 13)* **Les modalités d'application des articles L. 122-23 à L. 122-27 sont précisées par décret en Conseil d'État, pris après avis de l'Autorité de régulation des transports.**

Art. L. 122-29 *(L. nº 2015-990 du 6 août 2015, art. 13)* **L'autorité administrative arrête les conditions d'organisation du service public sur les installations annexes situées sur le réseau autoroutier concédé.**

....

Art. L. 122-33 *(L. nº 2016-1691 du 9 déc. 2016, art. 41-I-8º)* **L'Autorité de régulation des transports définit :**

1º Les informations qui lui sont transmises préalablement à la signature des marchés soumis à une obligation de publicité et de mise en concurrence afin de lui permettre d'engager les recours mentionnés à l'article L. 122-20 ;

2º Les conditions dans lesquelles les commissions des marchés mentionnés *[mentionnées]* **à l'article L. 122-17 l'informent de leur activité et des manquements qu'elles constatent.**

Abrogé par l'Ord. nº 2016-79 du 29 janv. 2016, l'art. L. 122-33 a été rétabli par la L. nº 2016-1691 du 9 déc. 2016 (L. préc., art. 41-I-8º).

....

Art. R. 122-28 *(Décr. nº 2016-552 du 3 mai 2016, art. 1er-1º)* **La présente sous-section est applicable aux marchés mentionnés à l'article L. 122-12, y compris lorsque ces marchés sont passés avec des opérateurs économiques avec lesquels le concessionnaire s'est groupé pour obtenir le contrat de concession ou avec des entreprises qui leur sont liées au sens** *(Décr. nº 2018-1075 du 3 déc. 2018, art. 9)* **« de l'article L. 2511-8 du code de la commande publique ».**

Les dispositions du Décr. nº 2018-1075 du 3 déc. 2018 s'appliquent :

1º Aux marchés publics pour lesquels une consultation a été engagée ou un avis d'appel à la concurrence a été envoyé à la publication depuis le 1er avr. 2019. Elles ne s'appliquent pas aux marchés publics passés sur le fondement d'un accord-cadre ou dans le cadre d'un système d'acquisition dynamique lorsque la procédure en vue de la passation de cet accord ou de la mise en place de ce système d'acquisition dynamique a été engagée avant cette date ;

2º Aux contrats de concession pour lesquels une consultation a été engagée ou un avis de concession a été envoyé à la publication depuis le 1er avr. 2019 (Décr. préc., art. 16).

Art. R. 122-29 *(Décr. nº 2016-552 du 3 mai 2016, art. 1er-1º)* **Pour l'application des articles R. 122-30 et R. 122-31, la valeur estimée du besoin des marchés est calculée conformément** *(Décr. nº 2018-1075 du 3 déc. 2018, art. 9)* **« aux articles R. 2121-1 à R. 2121-9 et au 2º de l'article R. 2123-1 du code de la commande publique ».**

V. notes ss. art. R. 122-28.

Art. R. 122-30 *(Décr. n° 2016-552 du 3 mai 2016, art. 1er-1°)* **Ne sont pas soumis à l'obligation de publicité et de mise en concurrence prévue à l'article L. 122-16 les marchés suivants :**

1° Marchés *(Abrogé par Décr. n° 2017-1816 du 28 déc. 2017, art. 1er)* *« de fournitures ou services »* **répondant aux caractéristiques énumérées** *(Décr. n° 2018-1075 du 3 déc. 2018, art. 9)* **« aux articles R. 2122-1 à R. 2122-11 et au 4° de l'article R. 2123-1 du code de la commande publique » ;**

2° Marchés de fournitures ou services autres que ceux mentionnés au 1° dont la valeur estimée du besoin est inférieure à 240 000 € HT ;

3° Marchés de travaux *(Décr. n° 2017-1816 du 28 déc. 2017, art. 1er)* **« autres que ceux mentionnés au 1° » dont la valeur estimée du besoin est inférieure à 500 000 € HT, sans préjudice de l'obligation de publication prévue au 1° du IV de l'article R. 122-31.**

V. notes ss. art. R. 122-28.

Les dispositions issues des art. 1er et 2 du Décr. n° 2017-1816 du 28 déc. 2017 sont applicables aux marchés et aux contrats passés par les concessionnaires d'autoroutes pour lesquels une consultation est engagée ou un avis d'appel à la concurrence est envoyé à la publication à compter de la date de publication dudit Décr. (Décr. préc., art. 4-I-A).

Art. R. 122-31 *(Décr. n° 2016-552 du 3 mai 2016, art. 1er-1° ; Décr. n° 2018-1075 du 3 déc. 2018, art. 9, en vigueur le 1er avr. 2019)* **I. — Les marchés ne relevant pas de l'article R. 122-30 font l'objet d'une publicité permettant la présentation de plusieurs offres concurrentes dans les conditions prévues aux II à VI.**

Pour l'application des dispositions des livres I et II de la deuxième partie du code de la commande publique, les marchés mentionnés au premier alinéa sont assimilés à des marchés publics, le concessionnaire d'autoroute est assimilé à un pouvoir adjudicateur et les références aux seuils de procédures formalisées renvoient aux seuils définis aux 2° et 3° de l'article R. 122-30.

II. — Le marché est préparé dans les conditions prévues au titre I du livre I de la deuxième partie du même code.

III. — Le concessionnaire passe ses marchés selon l'une des procédures formalisées prévues au chapitre IV du titre II du livre I de la deuxième partie du même code.

Le concessionnaire d'autoroute peut utiliser la procédure concurrentielle avec négociation ou le dialogue compétitif dans les cas suivants :

1° Pour les marchés de travaux, de fournitures ou services, dans les cas énumérés à l'article R. 2124-3 du même code ;

2° Pour les autres marchés de travaux, lorsque la valeur estimée du besoin est inférieure à 2 millions d'euros HT.

IV. — La publicité préalable est organisée dans les conditions prévues aux articles R. 2131-1, R. 2131-2, R. 2131-4 à R. 2131-6, R. 2131-10, R. 2131-11 et R. 2131-16 à R. 2131-20 du même code, sous réserve des adaptations suivantes :

1° La programmation de l'ensemble des investissements prévus par le contrat de concession pour les cinq années à venir est publiée sur le profil d'acheteur défini à l'article R. 2132-3 du même code ;

2° Pour les marchés de travaux dont la valeur estimée du besoin est supérieure ou égale à 2 millions d'euros HT :

***a)* L'avis de préinformation prévu à l'article R. 2131-1 du même code est obligatoire. Cet avis est envoyé à la publication au moins trois mois et au plus tôt douze mois avant la date d'envoi de l'avis d'appel à la concurrence ;**

***b)* Les articles R. 2131-4 à R. 2131-6, R. 2131-10 et R. 2131-11 du même code ne sont pas applicables.**

V. — Les procédures de passation sont régies par le chapitre II du titre III, les titres IV à VII du livre I de la deuxième partie du code de la commande publique à l'exception des articles R. 2172-7 à R. 2172-19.

Toutefois, pour les marchés de travaux passés par le concessionnaire relevant du 1° de l'article R. 122-33, *(Décr. n° 2017-1816 du 28 déc. 2017, art. 1er-3°-c)* **« le recours à la possibilité de restreindre le nombre de candidats prévue à » l'article R. 2142-15 du même code** *(Décr. n° 2017-1816 du 28 déc. 2017, art. 1er-3°-c)* **« est encadré » par les règles internes de sa commission des marchés.**

VI. — Les conditions d'achèvement de la procédure sont régies par le titre VIII du livre I de la deuxième partie du code de la commande publique sous réserve des adaptations suivantes :

1° Sans préjudice des articles R. 2182-1 et R. 2182-2 du même code, la signature du marché intervient dans les conditions prévues à l'article R. 122-39-1 ;

2° L'article R. 2196-1 du même code n'est pas applicable.

(Décr. n° 2017-1816 du 28 déc. 2017, art. 1er) « VII. — Les conditions dans lesquelles le marché peut être modifié sont régies par » le chapitre IV du titre IX du livre I de la deuxième partie du même code. »

V. notes ss. art. R. 122-28.

Art. R. 122-32 *(Décr. n° 2017-1816 du 28 déc. 2017, art. 1er-4°)* Le concessionnaire publie, sur son profil d'acheteur, les données essentielles, à l'exception des informations dont la divulgation serait contraire à l'ordre public, des marchés répondant à un besoin dont la valeur estimée est :

1° Pour les marchés de travaux, supérieure ou égale à 90 000 € HT ;

2° Pour les marchés de fournitures et services, supérieure ou égale au seuil mentionné au 2° de l'article R. 122-30.

Ces données comprennent les informations énumérées *(Décr. n° 2018-1075 du 3 déc. 2018, art. 9)* « dans l'arrêté du ministre chargé de l'économie prévu à l'article R. 2196-1 du code de la commande publique ».

Par dérogation à l'art. 4-I-A, les dispositions issues du 4° de l'art. 1er du Décr. n° 2017-1816 du 28 déc. 2017 sont applicables pour les marchés et contrats notifiés à compter du 1er janv. 2018 (Décr. préc., art. 4-I-B-1°).

V. notes ss. art. R. 122-28 et R. 122-30.

Art. R. 122-32-1 *(Décr. n° 2017-1816 du 28 déc. 2017, art. 1er)* Pour les marchés de travaux relevant de l'article L. 122-13, le seuil de procédure formalisée est fixé à 2 000 000 € HT. Pour l'application à ces marchés des *(Décr. n° 2018-1075 du 3 déc. 2018, art. 9)* « livres I et II de la deuxième partie du code de la commande publique », les références au seuil de procédure formalisée renvoient à ce seuil.

Pour les marchés de fournitures et services, les seuils de procédure formalisée sont les seuils européens *(Décr. n° 2018-1075 du 3 déc. 2018, art. 9)* « mentionnés à l'article L. 2124-1 du code de la commande publique ».

V. notes ss. art. R. 122-28 et R. 122-30.

Art. R. 122-33 *(Décr. n° 2016-234 du 1er mars 2016, art. 1er-4°)* Le concessionnaire d'autoroutes institue une commission des marchés :

1° S'il relève de l'article L. 122-12, dès lors que la longueur contractuelle des ouvrages de la concession est supérieure à 200 km ;

2° S'il relève de l'article L. 122-13, dès lors que la longueur contractuelle des ouvrages de la concession est supérieure à 50 km.

Art. R. 122-34 *(Décr. n° 2016-234 du 1er mars 2016, art. 1er-4°)* I. — Pour l'application des dispositions du deuxième alinéa de l'article L. 122-17, le concessionnaire d'autoroutes saisit l'Autorité de régulation des transports préalablement à toute décision de nomination ou de reconduction dans ses fonctions d'un membre de la commission des marchés.

Cette saisine comprend, outre l'identité de la personne concernée, la nature des fonctions exercées, celles précédemment exercées, une déclaration d'intérêts ainsi que les conditions, notamment financières et de durée, régissant son mandat. Il est précisé si la personne pressentie est au nombre des membres indépendants de la commission.

L'indépendance est appréciée à l'égard de l'ensemble des opérateurs économiques suivants :

1° Le concessionnaire ;

2° Les entreprises qui y sont liées, au sens *(Décr. n° 2018-1075 du 3 déc. 2018, art. 9)* « de l'article L. 2511-8 du code de la commande publique » ;

3° Les attributaires passés ;

4° Les soumissionnaires potentiels.

L'Autorité de régulation des transports transmet son avis au concessionnaire d'autoroutes dans un délai d'un mois à compter de la saisine. Passé ce délai, l'avis est réputé favorable.

II. — La commission des marchés est présidée par l'un de ses membres. Il est nommé par le concessionnaire d'autoroutes.

Le concessionnaire d'autoroutes informe l'Autorité de régulation des transports dans un délai de quinze jours de toute décision de désignation, reconduction ou révocation du président de la commission des marchés.

III. — Le ou les représentants de la direction générale de la concurrence, de la consommation et de la répression des fraudes n'ont pas voix délibérative et ne sont pas pris en compte pour l'application de la règle de majorité mentionnée au premier alinéa de l'article L. 122-17. Ils sont invités à chaque séance de la commission et sont destinataires de l'ensemble des documents communiqués par cette dernière. Ils sont mis en copie des communications adressées à l'Autorité de régulation des transports.

La représentation à la commission des marchés de la direction générale de la concurrence, de la consommation et de la répression des fraudes est assurée dans les conditions décidées par le directeur général de la concurrence, de la consommation et de la répression des fraudes.

Par dérogation aux dispositions du présent art., jusqu'à l'institution de commissions des marchés conformes à ces dispositions et au plus tard le 1er juill. 2016, les marchés et avenants relevant de l'art. R. 122-36 du même code sont soumis à l'avis des commissions de marchés existantes à la date de publication du Décr. no 2016-234 du 1er mars 2016, soit le 2 mars 2016. Les obligations prévues à l'art. R. 122-37 de ce code sont remplies par le président de ces commissions (Décr. préc., art. 4-II).

V. notes ss. art. R. 122-28.

Art. R. 122-35 *(Décr. no 2016-234 du 1er mars 2016, art. 1er-4o)* I. — Les règles internes prévues au deuxième alinéa de l'article L. 122-17 comprennent notamment :

1° Les conditions dans lesquelles la commission se réunit et dans lesquelles elle statue ;

(Décr. no 2017-1816 du 28 déc. 2017, art. 1er-6o) « 2° Les conditions dans lesquelles un concessionnaire relevant de l'article L. 122-12 peut restreindre le nombre de candidats admis à soumissionner ou à participer au dialogue compétitif en application du second alinéa du V de l'article R. 122-31 ; »

3° Les conditions dans lesquelles la commission est consultée pour avis sur la passation des marchés ou la conclusion des avenants ;

4° Les conditions dans lesquelles la commission est informée de la décision du conseil d'administration ou du conseil de surveillance autorisant le concessionnaire d'autoroutes à ne pas suivre son avis ;

5° Les conditions dans lesquelles la commission est informée de la passation des marchés et de la conclusion des avenants lorsque son avis n'est pas requis ;

6° Les conditions d'accès de la commission aux informations nécessaires à l'exécution de ses missions ;

7° Sans préjudice des articles R. 122-37 et R. 122-38, les conditions dans lesquelles la commission informe l'Autorité de régulation des transports des conditions de passation et d'exécution des marchés ;

8° La durée limitée pendant laquelle ces règles sont applicables.

II. — Le concessionnaire d'autoroutes saisit l'Autorité de régulation des transports du projet de règles internes établi par la commission des marchés.

L'autorité transmet au concessionnaire d'autoroutes son avis dans un délai de deux mois à compter de la saisine. Passé ce délai, l'avis est réputé favorable.

Les règles définitives établies par la commission sont transmises à l'autorité avant leur entrée en vigueur.

V. notes ss. art. R. 122-28.

Par dérogation à l'art. 4-I-A, les règles des commissions des marchés sont modifiées au plus tard le premier jour du cinquième mois suivant la date de publication du Décr. no 2017-1816 du 28 déc. 2017, soit le 1er mai 2018, afin d'assurer leur conformité aux dispositions du 6o de l'art. 1er dudit Décr. (Décr. préc., art. 4-I-B-2o).

Art. R. 122-36 *(Décr. no 2016-552 du 3 mai 2016, art. 1er-2o)* Sont soumis à l'avis de la commission des marchés les marchés *(Décr. no 2017-1816 du 28 déc. 2017, art. 1er)* « dont la passation est effectuée selon l'une des procédures formalisées » *(Décr. no 2018-1075 du 3 déc. 2018, art. 9)* « prévues au chapitre IV du titre II du livre I de la deuxième partie du code de la commande publique » et les avenants définis au I de l'article R. 122-39.

V. notes ss. art. R. 122-28 et R. 122-30.

Art. R. 122-37 *(Décr. no 2016-234 du 1er mars 2016, art. 1er-4o)* Le président de la commission transmet sans délai à l'Autorité de régulation des transports les avis rendus par la commission.

Il informe également sans délai l'autorité de tout manquement constaté par la commission.

Art. R. 122-38 *(Décr. no 2017-1816 du 28 déc. 2017, art. 1er-8o)* « La commission des marchés établit un rapport d'activité annuel qui comprend les éléments définis par l'Autorité de régulation des activités ferroviaires en application du 2° de l'article L. 122-33. »

Le président de la commission transmet ce rapport, avant le 31 mars de chaque année, à l'Autorité de régulation des transports, au ministre chargé de la voirie routière nationale et au ministre chargé de l'économie.

Par dérogation à l'art. 4-I-A, les dispositions issues du 8° de l'art. 1er du Décr. n° 2017-1816 du 28 déc. 2017 sont applicables à compter du rapport établi au titre de l'année 2017 (Décr. préc., art. 4-I-B-4°).

....

SECTION 5 *Installations annexes sur les autoroutes concédées*

SOUS-SECTION 1 *Passation des contrats*

Art. R. 122-40 **La présente sous-section est applicable aux contrats d'exploitation mentionnés à l'article L. 122-23, à l'exception des contrats suivants :**

1° Les marchés relevant de l'article L. 122-12 ou de l'article L. 122-13 ;

2° Les contrats de concession passés par le concessionnaire d'autoroutes lorsqu'il est une autorité concédante au sens de *(Décr. n° 2018-1075 du 3 déc. 2018, art. 9)* **« l'article L. 1210-1 du code de la commande publique ».**

Toutefois, le 4° de l'article R. 122-41 est applicable aux contrats mentionnés au 2°.

Cet art. s'applique aux contrats passés par les concessionnaires d'autoroutes pour lesquels une publicité est engagée à compter du 1er avr. 2016 (Décr. n° 2016-234 du 1er mars 2016, art. 4-I).

V. notes ss. art. R. 122-28.

Art. R. 122-40-1 *(Décr. n° 2017-1816 du 28 déc. 2017, art. 2)* **Les contrats d'exploitation ont une durée limitée déterminée en fonction de la nature et du montant des prestations ou des investissements demandés à l'exploitant.**

Pour les contrats d'une durée supérieure à cinq ans, la durée totale n'excède pas le temps raisonnablement escompté par l'exploitant pour qu'il amortisse les investissements réalisés pour l'exploitation des ouvrages ou services avec un retour sur les capitaux investis, compte tenu des investissements nécessaires à l'exécution du contrat.

V. note ss. art. R. 122-30.

Art. R. 122-41 *(Décr. n° 2017-1816 du 28 déc. 2017, art. 2)* **« La passation et l'exécution des contrats d'exploitation sont régies par les titres II et III »** *(Décr. n° 2018-1075 du 3 déc. 2018, art. 9)* **« du livre I de la troisième partie du code de la commande publique », sous réserve des adaptations suivantes :**

(Décr. n° 2018-1075 du 3 déc. 2018, art. 9) **« 1° Pour l'application des dispositions du code de la commande publique mentionnées au premier alinéa, les contrats d'exploitation sont assimilés à des contrats de concession ne relevant pas du chapitre VI du titre II du livre I de la troisième partie de ce code, le concessionnaire d'autoroutes est assimilé à un pouvoir adjudicateur et l'exploitant des installations annexes est assimilé au concessionnaire ;**

« 2° Les dispositions des articles R. 3113-1, R. 3114-1 à R. 3114-4, R. 3131-1 à R. 3131-4, R. 3134-1 à R. 3134-3 du même code ne sont pas applicables ;

« 3° La publication au *Journal officiel de l'Union européenne* prévue à l'article R. 3122-2 du même code n'est pas requise et le concessionnaire ne peut pas recourir à la faculté de publication au *Bulletin officiel des annonces des marchés publics* ; »

4° Les critères mentionnés *(Décr. n° 2018-1075 du 3 déc. 2018, art. 9)* **« aux articles R. 3124-1 et R. 3124-4 du même code » sont pondérés et comprennent au moins les critères relatifs aux éléments suivants :**

***a)* La qualité des services rendus aux usagers ;**

***b)* La qualité technique et environnementale ;**

***c)* L'ensemble des rémunérations versées par l'exploitant au concessionnaire ;**

***d)* Si le contrat d'exploitation porte sur la distribution de** *(Décr. n° 2021-1177 du 10 sept. 2021, art. 1er)* **« sources d'énergie usuelles, au sens de l'article D. 122-46-1** *[ancienne rédaction : carburants]* **», la politique de modération tarifaire pratiquée par l'exploitant, la pondération de ce critère étant au moins égale à celle du critère relatif aux rémunérations ;**

5° *(Décr. n° 2018-1075 du 3 déc. 2018, art. 9)* **« A l'article R. 3125-6 du même code », la publication au *Journal officiel de l'Union européenne* est remplacée par une publication dans un journal d'annonces légales et dans une publication spécialisée correspondant au secteur économique concerné.**

Cet art. s'applique aux contrats passés par les concessionnaires d'autoroutes pour lesquels une publicité est engagée à compter du 1er avr. 2016 (Décr. nº 2016-234 du 1er mars 2016, art. 4-I).

V. notes ss. art. R. 122-28 et R. 122-30.

Les dispositions issues du Décr. nº 2021-1177 du 10 sept. 2021 s'appliquent, s'agissant de la distribution d'énergie électrique pour la recharge des véhicules, aux consultations lancées à compter du 1er sept. 2022 (Décr. préc., art. 3).

Art. R. 122-41-1 *(Décr. nº 2017-1816 du 28 déc. 2017, art. 2)* **Le concessionnaire publie, sur son profil d'acheteur, les données essentielles, à l'exception des informations dont la divulgation serait contraire à l'ordre public, des contrats d'exploitation.**

(Décr. nº 2018-1075 du 3 déc. 2018, art. 9) **« Ces données comprennent les données essentielles énumérées dans l'arrêté du ministre chargé de l'économie prévu à l'article R. 3131-1 du code de la commande publique, à l'exception des données relatives à la modification des contrats de concession. »**

Par dérogation à l'art. 4-I-A, les dispositions issues du 3º de l'art. 2 du Décr. nº 2017-1816 du 28 déc. 2017 sont applicables aux marchés et contrats notifiés à compter du 1er janv. 2018 (Décr. préc., art. 4-I-B-1º).

V. notes ss. art. R. 122-28.

Art. R. 122-41-2 *(Décr. nº 2021-1177 du 10 sept. 2021, art. 1er)* **Par dérogation aux dispositions des articles R. 122-41 et R. 122-41-1, la passation des contrats portant exclusivement sur l'installation et l'exploitation de points de recharge pour véhicules électriques sur le réseau autoroutier, dont la valeur estimée, telle que définie dans les conditions des articles R. 3121-1 à R. 3121-4 du code de la commande publique, est inférieure au seuil applicable aux contrats de concession mentionné au II de l'annexe 2 du même code, est précédée d'une procédure de sélection adaptée présentant toutes les garanties d'impartialité et de transparence, assurant une publicité suffisante auprès de l'ensemble des opérateurs ayant vocation à se porter candidats et comportant au minimum la publication, dans un journal spécialisé correspondant au secteur économique concerné, d'un avis d'appel à la concurrence ainsi que d'un avis d'attribution après notification du contrat.**

III DISPOSITIONS LÉGISLATIVES

Loi n° 77-2 du 3 janvier 1977,

Sur l'architecture.

Concours d'architecture

Art. 5-1 *(L. n° 2016-925 du 7 juill. 2016, art. 83)* **Les maîtres d'ouvrage publics et privés favorisent, pour la passation des marchés de maîtrise d'œuvre ayant pour objet la réalisation d'un ouvrage de bâtiment, l'organisation de concours d'architecture, procédure de mise en concurrence qui participe à la création, à la qualité et à l'innovation architecturales et à l'insertion harmonieuse des constructions dans leur milieu environnant.**

Le concours d'architecture peut comporter une phase de dialogue entre le jury et les candidats permettant de vérifier l'adéquation des projets présentés aux besoins du maître d'ouvrage.

(Abrogé par Ord. n° 2018-1074 du 26 nov. 2018, art. 18 et 20, à compter du 1er avr. 2019) ***« Les maîtres d'ouvrage soumis à la loi n° 85-704 du 12 juillet 1985 relative à la maîtrise d'ouvrage publique et à ses rapports avec la maîtrise d'œuvre privée*** *(L. n° 2018-1021 du 23 nov. 2018, art. 88)* ***« , à l'exception des organismes d'habitations à loyer modéré mentionnés à l'article L. 411-2 du code de la construction et de l'habitation, des sociétés d'économie mixte mentionnées à l'article L. 481-1 du même code pour leur activité agréée ainsi que des centres régionaux des œuvres universitaires et scolaires définis à l'article L. 822-3 du code de l'éducation, » y recourent pour la passation des marchés de maîtrise d'œuvre ayant pour objet la réalisation d'un ouvrage de bâtiment, dans des conditions fixées par décret. »*** — *[V. désormais CCP, art. L. 2172-2.]*

Les dispositions issues de l'Ord. n° 2018-1074 du 26 nov. 2018 s'appliquent aux marchés publics ainsi qu'aux contrats relevant de l'Ord. n° 2015-899 du 23 juill. 2015 relative aux marchés publics pour lesquels une consultation est engagée ou un avis d'appel à la concurrence est envoyé à la publication à compter du 1er avr. 2019. Ces dispositions s'appliquent également aux contrats de concession pour lesquels une consultation est engagée ou un avis de concession est envoyé à la publication à compter du 1er avr. 2019 (Ord. n° 2018-1074 préc., art. 20).

BIBL. ▶ Clamour, *Rev. CMP 2016, n° 10.*

Loi n° 83-8 du 7 janvier 1983,

Relative à la répartition de compétences entre les communes, les départements, les régions et l'État, « loi Defferre ».

Concours techniques

Art. 12 *(L. n° 2001-1168 du 11 déc. 2001, art. 1er-I)* **Les services de l'État, des régions et des départements peuvent, dans les conditions prévues par le code des marchés publics, apporter leur concours technique aux communes, à leurs établissements publics et aux établissements publics de coopération intercommunale ainsi qu'aux établissements publics associant exclusivement des collectivités territoriales et des établissements publics de coopération intercommunale pour l'exercice de leurs compétences.**

COMMENTAIRE

Cette disposition, introduite par l'article 1er de la loi MURCEF, est venue mettre un terme à une pratique ancienne consistant pour des services extérieurs de l'État à fournir des prestations de services à titre onéreux à des communes ou des établissements de coopération intercommunale, sans mise en concurrence préalable.

L'article 12 ainsi modifié a un double objet.

En premier lieu, il autorise l'État, les régions et les départements à apporter un concours technique aux communes ou aux établissements de coopération intercommunale. La compétence de ces collectivités pour agir au profit des communes est ainsi confortée. Inversement, cet article ôte toute possibilité pour une commune d'apporter son concours à une autre collectivité.

En second lieu, il soumet ces prestations aux procédures préalables de publicité et de mise en concurrence prévues par le code des marchés publics. Le présent article ne fait d'ailleurs que rappeler au respect du droit commun, puisque le code des marchés publics s'applique aux marchés passés entre personnes publiques. Toutefois, ce rappel n'allait pas forcément de soi à l'époque. Il a été à l'origine d'un changement important dans le comportement des services techniques de l'État, qui ont été conduits à mettre au point des offres de prix dans les mêmes conditions que les entreprises concurrentes.

Les contrats ainsi conclus sont des contrats administratifs puisqu'ils entrent dans le champ du code des marchés publics. ❑

Loi n° 92-125 du 6 février 1992,

Relative à l'administration territoriale de la République.

Art. 7 *(L. n° 2001-1168 du 11 déc. 2001, art. 1er-II)* **Les services déconcentrés et les services à compétence nationale de l'État peuvent, dans les conditions prévues par le code de la commande publique, concourir par leur appui technique aux projets de développement économique, social et culturel des collectivités territoriales et des établissements publics.**

COMMENTAIRE

L'article 7 modifié de la loi du 6 février 1992 confirme la compétence de l'État pour apporter son soutien technique à des projets de développement économique, social et culturel des collectivités territoriales et des établissements publics.

La portée de cet article est assez vaste, puisque la compétence de l'État s'étend à des projets de développement dont l'article ne donne pas la définition. Elle va au-delà du simple concours technique visé par l'article 12 de la loi du 7 janvier 1983, mais, tout comme cette loi, le présent article rappelle la nécessité pour les collectivités de faire application des dispositions du code des marchés publics (V. nos comm. ss. l'art. 12 de la loi du 7 janv. 1983, ci-dessus). ❑

Loi n° 2018-1021 du 23 novembre 2018,

Portant évolution du logement, de l'aménagement et du numérique.

Art. 230 **Les conditions mentionnées au** *(Ord. n° 2018-1074 du 26 nov. 2018, art. 16 et 20, en vigueur le 1er avr. 2019)* **« deuxième alinéa de l'article L. 2171-2 du code de la commande publique » ne sont pas applicables aux marchés publics de conception-réalisation conclus en vue de l'établissement d'infrastructures et de réseaux de communications électroniques en application de l'article L. 1425-1 du code général des collectivités territoriales.**

Les acheteurs peuvent confier à un opérateur économique une mission globale portant sur la conception, la construction, la maintenance et l'exploitation d'infrastructures et de réseaux de communications électroniques en application du même article L. 1425-1.

Ces dispositions sont applicables aux contrats conclus entre la publication de la présente loi et le 31 décembre 2022.

IV AUTRES TEXTES

Loi nº 52-401 du 14 avril 1952,

De finances pour l'exercice 1952.

Interdiction d'obtenir des commandes

Art. 50 *(L. nº 78-753 du 17 juill. 1978, art. 56-I)* I. — Lorsqu'une personne est condamnée pour infraction à une disposition du code général des impôts prévoyant des sanctions pénales, l'interdiction d'obtenir des commandes de l'État, des départements, des communes, des établissements publics ainsi que des entreprises concédées ou contrôlées par l'État, les départements et les communes peut être prononcée à son encontre par le tribunal pour une durée maximale de dix ans à compter de la date où la condamnation est devenue définitive. Cette sanction frappe également les personnes morales sous le couvert desquelles le condamné agirait pour se soustraire à l'interdiction ci-dessus.

Lorsque la personne condamnée est un dirigeant de droit ou de fait d'une entreprise redevable de l'impôt fraudé, cette entreprise ne peut obtenir de commandes de l'État, des départements, des communes et des établissements publics ainsi que des entreprises concédées ou contrôlées par l'État, les départements et les communes, pendant une durée égale à celle de l'interdiction prononcée en application de l'alinéa précédent. Cette exclusion cesse si le dirigeant est relevé de l'interdiction dans les conditions prévues à l'alinéa 55-1 du code pénal.

L'exclusion prononcée en application du présent paragraphe cesse de plein droit lorsque l'entreprise apporte la preuve qu'elle n'emploie plus la personne condamnée. — *V. note, infra.*

II. — Les dispositions du paragraphe I sont applicables aux entreprises qui exécutent en qualité de sous-traitant une partie des commandes susvisées.

III. — En cas d'inobservation des dispositions prévues par le présent article, le marché peut, aux torts exclusifs du titulaire, être résilié ou mis en régie.

Les dispositions du § I de l'art. 50 sont immédiatement applicables quelle que soit la date des faits délictueux. Les interdictions en cours à la date d'application de la présente loi cessent de s'appliquer au terme d'une période de dix ans à compter de la date de la condamnation définitive les ayant entraînées. Un décret en Conseil d'État déterminera, en tant que de besoin, les modalités d'application du présent article (L. nº 78-753 du 17 juill. 1978, art. 56-II et III).

Code du travail

Obligations et solidarité financière des maîtres d'ouvrage

Art. L. 8222-1 Toute personne vérifie lors de la conclusion d'un contrat dont l'objet porte sur une obligation d'un montant minimum en vue de l'exécution d'un travail, de la fourniture d'une prestation de services ou de l'accomplissement d'un acte de commerce, et périodiquement jusqu'à la fin de l'exécution du contrat, que son cocontractant *(L. nº 2011-672 du 16 juin 2011, art. 73-II)* « s'acquitte » :

1° des formalités mentionnées aux articles L. 8221-3 et L. 8221-5 ;

(Abrogé par L. nº 2011-672 du 16 juin 2011, art. 73-II) (L. nº 2010-1594 du 20 déc. 2010, art. 40-II) ***« 1° bis est à jour de ses obligations de déclaration et de paiement auprès des organismes de recouvrement mentionnés aux articles L. 213-1 et L. 752-1 du code de la sécurité sociale et L. 723-3 du code rural et de la pêche maritime dans les conditions définies à l'article L. 243-15 du code de la sécurité sociale ; »***

2° de l'une seulement des formalités mentionnées au 1°, dans le cas d'un contrat conclu par un particulier pour son usage personnel, celui de son conjoint, partenaire lié par un pacte civil de solidarité, concubin, de ses ascendants ou descendants.

Les modalités selon lesquelles sont opérées les vérifications imposées par le présent article sont précisées par décret. — *[Anc. art. L. 324-14, al. 1 début et al. 6.]*

V. CSS, art. L. 133-4-5.

Art. L. 8222-2 Toute personne qui méconnaît les dispositions de l'article L. 8222-1, ainsi que toute personne condamnée pour avoir recouru directement ou par personne interposée aux services de celui qui exerce un travail dissimulé, est tenue solidairement avec celui qui a fait l'objet d'un procès-verbal pour délit de travail dissimulé :

1° Au paiement des impôts, taxes et cotisations obligatoires ainsi que des pénalités et majorations dus par celui-ci au Trésor ou aux organismes de protection sociale ;

2° Le cas échéant, au remboursement des sommes correspondant au montant des aides publiques dont il a bénéficié ;

3° Au paiement des rémunérations, indemnités et charges dues par lui à raison de l'emploi de salariés n'ayant pas fait l'objet de l'une des formalités prévues aux articles L. 1221-10, relatif à la déclaration préalable à l'embauche et L. 3243-2, relatif à la délivrance du bulletin de paie. — *[Anc. art. L. 324-14, al. 1er fin et 2 à 4, et L. 324-13-1, al. 1 à 4.]*

Art. L. 8222-3 Les sommes dont le paiement est exigible en application de l'article L. 8222-2 sont déterminées à due proportion de la valeur des travaux réalisés, des services fournis, du bien vendu et de la rémunération en vigueur dans la profession. — *[Anc. art. L. 324-14, al. 5, et L. 324-13-1, al. 5.]*

Art. L. 8222-4 Lorsque le cocontractant intervenant sur le territoire national est établi ou domicilié à l'étranger, les obligations dont le respect fait l'objet de vérifications sont celles qui résultent de la réglementation d'effet équivalent de son pays d'origine et celles qui lui sont applicables au titre de son activité en France. — *[Anc. art. L. 324-14-2.]*

Art. L. 8222-5 Le maître de l'ouvrage ou le donneur d'ordre, informé par écrit par un agent de contrôle mentionné à l'article L. 8271-7 ou par un syndicat ou une association professionnels ou une institution représentative du personnel, de l'intervention *(L. no 2014-790 du 10 juill. 2014, art. 6)* « du cocontractant, » d'un sous-traitant ou d'un subdélégataire en situation irrégulière au regard des formalités mentionnées aux articles L. 8221-3 et L. 8221-5 enjoint aussitôt à son cocontractant de faire cesser sans délai cette situation.

A défaut, il est tenu solidairement avec son cocontractant au paiement des impôts, taxes, cotisations, rémunérations et charges mentionnés aux 1° à 3° de l'article L. 8222-2, dans les conditions fixées à l'article L. 8222-3.

Les dispositions du présent article ne s'appliquent pas au particulier qui contracte pour son usage personnel, celui de son conjoint, partenaire lié par un pacte civil de solidarité, concubin, de ses ascendants ou descendants. — *[Anc. art. L. 324-14-1, al. 1 et 2.]*

Art. L. 8222-6 *(L. no 2013-1203 du 23 déc. 2013, art. 83-I)* Sans préjudice des articles L. 8222-1 à L. 8222-3, toute personne morale de droit public ayant contracté avec une entreprise, informée par écrit par un agent de contrôle de la situation irrégulière de cette entreprise au regard des formalités mentionnées aux articles L. 8221-3 et L. 8221-5, enjoint aussitôt à cette entreprise de faire cesser sans délai cette situation.

L'entreprise ainsi mise en demeure apporte à la personne publique, dans un délai de deux mois, la preuve qu'elle a mis fin à la situation délictuelle. A défaut, le contrat peut être rompu sans indemnité, aux frais et risques de l'entrepreneur.

La personne morale de droit public informe l'agent auteur du signalement des suites données par l'entreprise à son injonction.

A défaut de respecter les obligations qui découlent des premier et troisième alinéas du présent article ou, en cas de poursuite du contrat, si la preuve de la fin de la situation délictuelle ne lui a pas été apportée dans un délai de six mois suivant la mise en demeure, la personne morale de droit public est tenue solidairement avec son cocontractant au paiement des sommes mentionnées aux 1° à 3° de l'article L. 8222-2, dans les conditions fixées à l'article L. 8222-3.

Art. L. 8222-7 Un décret en Conseil d'État détermine les conditions d'application des dispositions du présent chapitre. — *[Anc. art. L. 324-15.]*

Code des relations entre le public et l'administration

Simplification des formalités

Art. L. 113-13 *(L. no 2016-1321 du 7 oct. 2016, art. 90)* Lorsque les informations ou données nécessaires pour traiter la demande présentée par une personne ou la déclaration transmise par celle-ci peuvent être obtenues directement auprès d'une autre administration, dans les conditions prévues aux articles L. 114-8 et L. 114-9, la personne ou son représentant atteste sur l'honneur de l'exactitude des informations déclarées. *(Abrogé par L. no 2022-217 du 21 févr. 2022, art. 162)* « *Cette attestation* se substitue à la production de pièces *justificatives.*

« *Un décret fixe la liste des pièces que les personnes n'ont plus à produire.* » — *[L. no 2000-321 du 12 avr. 2000, art. 16 A, al. 6]. — V. art. D. 113-14, infra.*

Art. D. 113-14 *(Décr. no 2019-33 du 18 janv. 2019, art. 1er)* I. — Dans les cas prévus par l'article L. 113-13, les entreprises et les organismes à but non lucratif ne sont pas tenus de produire à l'appui des procédures relatives aux marchés publics, pour ce qui concerne la constitution du dossier de candidature, et aux aides publiques :

1° L'attestation de régularité fiscale émanant de la direction générale des finances publiques ;

2° Les déclarations de résultats soumis aux bénéfices industriels et commerciaux selon les régimes réels normal ou simplifié d'imposition et leurs annexes prévues aux articles 53 A, 302 *septies* A *bis* du code général des impôts, 38 à 38 B, 38 *ter* à 38 *quaterdecies* de l'annexe III du même code. Sont concernées pour le régime simplifié d'imposition les annexes n° 2033-A du bilan simplifié, n° 2033-B du compte de résultats simplifié, n° 2033-C relatif aux immobilisations, amortissements, plus ou moins-values, n° 2033-D portant relevé des provisions, des amortissements dérogatoires, des déficits reportables et divers, n° 2033-F sur la composition du capital social et n° 2033-G sur les filiales et participations. Sont concernées pour le régime normal les annexes n° 2050 relative à l'actif du bilan, n° 2051 sur le passif du bilan, n° 2052 et n° 2053 sur le compte de résultats, n° 2054 sur les immobilisations, n° 2055 sur les amortissements, n° 2056 sur les provisions, n° 2057 portant l'état des échéances et des dettes à la clôture de l'exercice, n° 2058-C relatif au tableau d'affectation du résultat et renseignements divers, n° 2059-F sur la composition du capital social et n° 2059-G sur les filiales et participations ;

3° Les déclarations de bénéfices non commerciaux soumises au régime de la déclaration contrôlée prévues aux articles 97 du code général des impôts et 40 A et 41-O-*bis* de l'annexe III du même code pour ce qui concerne les annexes n° 2035-A relative au compte de résultat fiscal, n° 2035-F relative à la composition du capital social et n° 2035-G concernant les filiales et participations ;

4° Les déclarations de résultats soumis aux bénéfices agricoles selon les régimes réels normal ou simplifié d'imposition et leurs annexes prévues aux articles 53 A, 74 A du code général des impôts, 38 *sexdecies* Q, et 38 *sexdecies* R de l'annexe III du même code. Sont concernées pour le régime simplifié d'imposition les annexes n° 2139-A relative au bilan simplifié, n° 2139-B relative au compte de résultat simplifié, n° 2139-C concernant la composition du capital social, n° 2139-D sur les filiales et participations et n° 2139-E portant relevé des provisions. Pour le régime réel normal, sont concernées les annexes n° 2144 relative à l'actif du bilan, n° 2145 sur le passif du bilan, n° 2146 sur le compte de résultat, n° 2147 relative aux immobilisations, n° 2148 relative aux amortissements, n° 2149 concernant les provisions inscrites au bilan, n° 2150 portant l'état des échéances, des créances et des dettes à la clôture de l'exercice, n° 2151 *ter* relative aux renseignements divers, n° 2153 concernant la composition du capital social et n° 2154 sur les filiales et participations ;

5° Les déclarations de résultats soumis à l'impôt sur les sociétés selon les régimes réels normal ou simplifié prévues aux articles 53 A, 223, 302 *septies* A *bis* du même code et 38 de l'annexe III du même code. Les annexes concernées sont les mêmes que celles prévues pour les déclarations de résultats soumis aux bénéfices industriels et commerciaux selon les régimes réels normal ou simplifié d'imposition ;

6° Les déclarations prévues à l'article 223 U du même code pour les sociétés mères et les filiales de groupe. Sont concernées les annexes n° 2058-A *bis* concernant la détermination du résultat de la société comme si elle était imposée séparément, n° 2058-B *bis* portant état de suivi des déficits et affectation des moins-values à long terme comme si la société était imposée séparément et n° 2058-RG concernant la détermination du résultat fiscal et des plus-values d'ensemble ;

7° L'extrait d'immatriculation au registre du commerce et des sociétés et les statuts de la personne morale ;

8° Les attestations de régularité sociale et de vigilance délivrées par les organismes chargés du recouvrement des cotisations sociales ;

9° La carte professionnelle d'entrepreneur de travaux publics délivrée par la fédération nationale des travaux publics ;

10° Le certificat attestant la régularité de la situation de l'employeur au regard de l'obligation d'emploi des travailleurs handicapés prévue aux articles L. 5212-2 à L. 5212-5 du code du travail délivrée par l'association de gestion du fonds de développement pour l'insertion professionnelle des handicapés.

II. — Dans les cas prévus par l'article L. 113-13, les personnes physiques ne sont pas tenues de produire à l'appui de leurs démarches administratives :

1° L'avis d'imposition à l'impôt sur le revenu ou l'avis de situation déclarative à l'impôt sur le revenu émanant de la direction générale des finances publiques ;

2° L'attestation de droit aux prestations délivrées aux bénéficiaires par les organismes de sécurité sociale ;

3° Le justificatif d'identité, lorsque le téléservice de l'administration propose le dispositif "FranceConnect" mis en œuvre par l'administration chargée du numérique et du système d'information et de communication de l'État sous réserve des dispositions de l'article R. 113-9.

Les dispositions introduites par le Décr. nº 2019-33 du 18 janv. 2019 s'appliquent aux procédures engagées postérieurement au 21 janv., date de son entrée en vigueur (Décr. préc., art. 2).

Loi nº 2011-12 du 5 janvier 2011,

Portant diverses dispositions d'adaptation de la législation au droit de l'Union européenne.

Achat de véhicules à moteur

Art. 12 (*Abrogé par Ord. nº 2021-1490 du 17 nov. 2021, art. 3*) ***« I. — Dans les conditions et sous réserve des exceptions prévues par décret en Conseil d'État, la personne à laquelle ont été confiées, par acte unilatéral ou par contrat, la gestion et l'exploitation d'un service public de transport de personnes tient compte, lorsqu'elle achète pour l'exécution de ce service un véhicule à moteur au sens du 1º de l'article L. 110-1 du code de la route, des incidences énergétiques et environnementales de ce véhicule sur toute sa durée de vie. Un arrêté conjoint des ministres chargés de l'écologie et de l'économie détermine les incidences énergétiques et environnementales liées à l'utilisation du véhicule à moteur qu'il convient de prendre en compte ainsi que la méthodologie à appliquer s'il est envisagé de traduire ces incidences en valeur monétaire. »***

II. — Après l'article 37 de l'ordonnance nº 2005-649 du 6 juin 2005 relative aux marchés passés par certaines personnes publiques ou privées non soumises au code des marchés publics, il est inséré un article 37-1 ainsi rédigé :

Art. 37-1 Dans les conditions et sous réserve des exceptions prévues par décret en Conseil d'État, lorsqu'ils achètent un véhicule à moteur au sens du 1º de l'article L. 110-1 du code de la route, les pouvoirs adjudicateurs et les entités adjudicatrices tiennent compte des incidences énergétiques et environnementales de ce véhicule sur toute sa durée de vie.

Un arrêté conjoint des ministres chargés de l'écologie et de l'économie détermine les incidences énergétiques et environnementales liées à l'utilisation du véhicule à moteur qu'il convient de prendre en compte ainsi que la méthodologie à appliquer s'il est envisagé de traduire ces incidences en valeur monétaire.

Le I de l'art. 12 demeure applicable à Saint-Barthélemy (Ord. nº 2021-1490 du 17 nov. 2021, art. 3).

Décret nº 2011-493 du 5 mai 2011 *[Abrogé]*,

Relatif à la prise en compte des incidences énergétiques et environnementales des véhicules à moteur dans les procédures de commande publique (en vigueur le 1er juin 2011, Décr. préc., art. 6-I).

(Abrogé par Décr. nº 2021-1491 du 17 nov. 2021, art. 14)

Le présent décret est abrogé par l'Ord. nº 2021-1491 du 17 nov. 2021, art. 14. Toutefois, les art. 1er et 2 demeurent applicables à Saint-Barthélemy (Décr. préc., art. 14).

CHAPITRE I ***DISPOSITIONS RELATIVES AUX ACHATS DE VÉHICULES À MOTEUR PAR LES PERSONNES CHARGÉES DE LA GESTION ET DE L'EXPLOITATION D'UN SERVICE PUBLIC DE TRANSPORT DE PERSONNES***

Art. 1er ***La personne à laquelle, par contrat ou par acte unilatéral, ont été confiées la gestion et l'exploitation d'un service public de transport de personnes est tenue de se conformer à l'obligation prévue au premier alinéa du I de l'article 12 de la loi du 5 janvier 2011 susvisée lorsque les produits de la gestion et de l'exploitation, sur toute leur durée, sont d'un montant égal ou supérieur au seuil à partir duquel l'autorité responsable du transport doit recourir aux procédures formalisées pour la passation de ses propres marchés de fournitures.***

L'obligation est applicable à l'achat de véhicules à moteur relevant des catégories M et N définies à l'article R. 311-1 du code de la route, à l'exception :

1º Des véhicules conçus et construits pour être utilisés principalement sur les chantiers de construction, dans les carrières ou dans les installations portuaires ou aéroportuaires ;

2º Des véhicules conçus et construits pour être utilisés par les forces armées, la protection civile, les services de lutte contre l'incendie et les services responsables du maintien de l'ordre ;

3° Des machines mobiles.

Art. 2 *I. — Il peut être satisfait à l'obligation mentionnée à l'article 1er par la fixation de spécifications techniques relatives aux performances énergétiques et environnementales du véhicule.*

II. — Il peut également être satisfait à la même obligation par l'utilisation de critères d'attribution liés aux incidences énergétiques et environnementales du véhicule sur toute sa durée de vie. Dans ce cas, ces incidences peuvent être traduites en valeur monétaire aux fins de leur prise en compte dans la décision d'achat.

Un arrêté conjoint des ministres chargés de l'écologie et de l'économie détermine les incidences énergétiques et environnementales liées à l'utilisation du véhicule à moteur qu'il convient de prendre en compte, comportant notamment la consommation d'énergie, les émissions de CO_2 et celles de particules, de composés d'azote et d'oxygène (NO_x) et de composés hydrocarbonés non méthaniques (HCNM), ainsi que la méthodologie à appliquer s'il est envisagé de traduire ces incidences en valeur monétaire.

....

Loi n° 2015-992 du 17 août 2015,

Relative à la transition énergétique pour la croissance verte.

Déchets de chantiers de construction ou d'entretien routiers

Art. 79 *[...]* III. — *[...]* **Tout appel d'offres que l'État ou les collectivités territoriales publient pour la construction ou l'entretien routier intègre une exigence de priorité à l'utilisation des matériaux issus du réemploi, de la réutilisation ou du recyclage de déchets.**

[...]

Décret n° 2009-697 du 16 juin 2009,

Relatif à la normalisation.

CHAPITRE I *LE SYSTÈME FRANÇAIS DE NORMALISATION*

Art. 1er **La normalisation est une activité d'intérêt général qui a pour objet de fournir des documents de référence élaborés de manière consensuelle par toutes les parties intéressées, portant sur des règles, des caractéristiques, des recommandations ou des exemples de bonnes pratiques, relatives à des produits, à des services, à des méthodes, à des processus ou à des organisations.**

(Décr. n° 2021-1473 du 10 nov. 2021, art. 2) **« Elle vise à encourager le développement économique, l'innovation et le développement durable. »**

Art. 2 **La normalisation et sa promotion sont assurées par l'Association française de normalisation et les organismes agréés par le ministre chargé de l'industrie comme bureaux de normalisation sectoriels afin d'organiser ou de participer à l'élaboration de normes françaises, européennes ou internationales** *(Décr. n° 2021-1473 du 10 nov. 2021, art. 3)* **« , suivant les dispositions en vigueur dans les organisations non gouvernementales de normalisation internationales et européennes ».**

Art. 3 **Un délégué interministériel aux normes désigné par décret assure, sous l'autorité du ministre chargé de l'industrie, la définition et la mise en œuvre de la politique française des normes. Il peut, à compter de la publication au *Journal officiel* de la République française du décret de nomination ou à compter du jour où cet acte prend effet, si ce jour est postérieur, signer, au nom du ministre ou du secrétaire d'État, par délégation, l'ensemble des actes, à l'exception des décrets, relatifs à la définition et à la mise en œuvre de la politique française des normes.**

Art. 4 *(Abrogé par Décr. n° 2018-785 du 12 sept. 2018, art. 16)* « I. — » *(Décr. n° 2018-785 du 12 sept. 2018, art. 16)* **« Des responsables ministériels aux normes sont désignés, après avis des ministres concernés, par un arrêté du ministre chargé de l'industrie ». La liste des**

responsables ministériels est publiée au *Journal officiel* de la République française. *(Abrogé par Décr. nº 2018-785 du 12 sept. 2018, art. 16) « Le groupe interministériel des normes est présidé par le délégué interministériel aux normes.*

« II. — » Le responsable ministériel aux normes coordonne dans son département ministériel le suivi des travaux de normalisation, la promotion de la normalisation *(Décr. nº 2021-1473 du 10 nov. 2021, art. 4)* « au service des politiques publiques » et la vérification de la cohérence des projets de normes en cours d'élaboration avec les objectifs de la réglementation. *(Décr. nº 2021-1473 du 10 nov. 2021, art. 4)* « Enfin, il assure la liaison entre son département ministériel et le délégué interministériel aux normes, l'Association française de normalisation et les bureaux de normalisation sectoriels agréés. »

(Abrogé par Décr. nº 2018-785 du 12 sept. 2018, art. 16) « III. — Le groupe interministériel des normes propose au ministre les orientations de la politique française des normes et, sur saisine du ministre, rend des avis sur toute question relative aux normes et à la normalisation. »

CHAPITRE II *LA MISSION D'INTÉRÊT GÉNÉRAL CONFIÉE À L'ASSOCIATION FRANÇAISE DE NORMALISATION*

Art. 5 L'Association française de normalisation oriente et coordonne l'élaboration des normes nationales et la participation à l'élaboration des normes européennes et internationales.

Elle est *(Décr. nº 2021-1473 du 10 nov. 2021, art. 5)* « l'organisme national de normalisation membre, pour la France, » des organisations non gouvernementales de normalisation européennes et internationales. Elle peut se faire représenter au sein de leurs organes délibérants par les bureaux de normalisation sectoriels *(Décr. nº 2021-1473 du 10 nov. 2021, art. 5)* « agréés ».

(Décr. nº 2021-1473 du 10 nov. 2021, art. 5) « Un comité, créé auprès de l'Association française de normalisation et aux travaux duquel le délégué interministériel aux normes ou son représentant participe, définit les orientations stratégiques de la normalisation et arrête, sur la base des positions du plus grand nombre possible de parties intéressées, les positions exprimées par le représentant français au sein des organisations non gouvernementales de normalisation européennes et internationales. »

Art. 6 L'Association française de normalisation assure :

1º La programmation des travaux de normalisation*[,]* laquelle vise :

a) A identifier, sur la base des besoins recensés auprès des *(Décr. nº 2021-1473 du 10 nov. 2021, art. 6)* « partenaires économiques, sociaux et environnementaux » et des contributions des bureaux de normalisation, les normes à élaborer en France ou au sein des organisations non gouvernementales de normalisation européennes et internationales ;

b) A sélectionner les travaux d'élaboration de normes européens et internationaux justifiant une participation française ;

c) A réaliser des études d'impact *(Abrogé par Décr. nº 2021-1473 du 10 nov. 2021, art. 6) « économique »* ;

2º L'organisation des enquêtes publiques sur les projets de normes *(Abrogé par Décr. nº 2021-1473 du 10 nov. 2021, art. 6) « élaborés par les bureaux de normalisation en application de l'article 15 »* ;

3º L'homologation et la publication des normes.

Art. 7 *(Décr. nº 2021-1473 du 10 nov. 2021, art. 7)* L'Association française de normalisation est destinataire des documents relatifs à la normalisation adressés, dans le cadre des travaux qui leur sont délégués, aux organes délibérants des bureaux de normalisation sectoriels agréés. Elle peut, à la demande de ces bureaux ou à son initiative, participer aux travaux de ces organes délibérants.

Art. 8 Un comité d'audit et d'évaluation auprès de l'Association française de normalisation est chargé d'organiser l'évaluation de l'activité des bureaux de normalisation prévue à l'article 11 et de contrôler la conformité et l'efficacité de l'activité de l'Association française de normalisation prévue à l'article 6. Il vérifie en particulier la bonne association de toutes les *parties intéressées dans les travaux* des bureaux de normalisation, notamment les associations de consommateurs, *(Décr. nº 2021-1473 du 10 nov. 2021, art. 8)* « les associations de protection de l'environnement, » les syndicats représentatifs de salariés et les petites et moyennes entreprises.

Art. 9 La mission d'intérêt général confiée par le présent décret à l'Association française de normalisation fait l'objet d'une comptabilité distincte de celle de ses autres activités.

Cette comptabilité distingue en outre en son sein les comptes de l'activité d'orientation et de coordination de l'élaboration des normes de ceux de l'activité de bureau de normalisation prévue au IV de l'article 11.

L'Association française de normalisation tient une comptabilité analytique permettant de retracer la décomposition des coûts et de l'affectation des différentes ressources des activités d'intérêt général.

Art. 10 I. — Le délégué interministériel aux normes exerce les fonctions de commissaire du Gouvernement auprès de l'Association française de normalisation.

L'inscription d'un point à l'ordre du jour du conseil d'administration de l'Association française de normalisation est de droit lorsque le délégué interministériel aux normes le demande.

Il peut s'opposer aux délibérations du conseil d'administration de l'Association française de normalisation dans un délai de huit jours ouvrés si elles sont contraires à des dispositions législatives, réglementaires, aux orientations de la politique française des normes ou lorsqu'elles sont de nature à compromettre l'exercice de la mission d'intérêt général qui lui est confiée.

En cas d'empêchement, le commissaire du gouvernement peut se faire représenter aux séances du conseil d'administration par un agent placé sous son autorité.

II. — L'Association française de normalisation est soumise au contrôle budgétaire de l'État prévu par le décret n° 2012-1246 du 7 novembre 2012 susvisé.

CHAPITRE III *L'ÉLABORATION ET L'HOMOLOGATION DES PROJETS DE NORMES*

Art. 11 I. — L'élaboration des projets de normes est assurée, par délégation de l'Association française de normalisation, par les bureaux de normalisation sectoriels agréés dans les conditions prévues au présent article.

II. — L'agrément des bureaux de normalisation sectoriels est accordé, par délégation du ministre chargé de l'industrie, par le délégué interministériel aux normes pour une durée maximale de *(Décr. n° 2021-1473 du 10 nov. 2021, art. 9)* « quatre » ans au vu d'une évaluation de leurs activités organisée conformément à l'article 8.

L'agrément précise le champ d'intervention du bureau de normalisation sectoriel et ses obligations, lesquelles peuvent être modifiées après le recueil des observations du bureau.

III. — Le délégué interministériel aux normes est habilité, par délégation du ministre chargé de l'industrie, à suspendre ou retirer l'agrément prévu au II.

Si un bureau de normalisation sectoriel *(Décr. n° 2021-1473 du 10 nov. 2021, art. 9)* « agréé » ne respecte pas ses obligations, le délégué interministériel aux normes l'informe que l'agrément peut être suspendu ou retiré. L'agrément ne peut être suspendu ou retiré qu'après avoir mis à même le bureau de présenter ses observations sur la mesure envisagée et ses motifs.

IV. — Dans les domaines communs à un grand nombre de secteurs et dans les secteurs pour lesquels il n'existe pas de bureau de normalisation sectoriel agréé, l'élaboration des projets de normes est effectuée par l'Association française de normalisation dans les conditions prévues au deuxième alinéa de l'article 9. Dans l'exercice du rôle de bureau de normalisation l'Association française de normalisation est soumise aux mêmes obligations que les bureaux de normalisation sectoriels *(Décr. n° 2021-1473 du 10 nov. 2021, art. 9)* « agréés » à l'exception de celle d'agrément prévue au II.

(Décr. n° 2021-1473 du 10 nov. 2021, art. 9) « V. — Dans le présent décret, les mots : "bureaux de normalisation" désignent indistinctement les bureaux de normalisation sectoriels agréés ou l'Association française de normalisation dans l'exercice du rôle de bureau de normalisation. Les mots : "bureaux de normalisation sectoriels agréés" désignent les seuls bureaux de normalisation agréés par le ministre chargé de l'industrie, à l'exclusion de l'Association française de normalisation.

« VI. — Dans les cas où l'affectation d'une activité de normalisation entre les bureaux de normalisation ne fait pas consensus, le comité prévu au troisième alinéa de l'article 5 détermine, sur la base des positions du plus grand nombre possible de parties intéressées, le ou les bureaux de normalisation qui prennent en charge les travaux. En cas d'urgence rendant impossible la consultation de ce comité, l'Association française de normalisation détermine temporairement le ou les bureaux de normalisation qui prennent en charge les travaux. »

Art. 12 I. — Pour l'élaboration des projets de normes nationales, européennes et internationales, l'Association française de normalisation délègue sa mission aux organismes bénéficiant de l'agrément du ministre chargé de l'industrie prévu à l'article 11 qui l'exercent au nom et pour le compte de l'Association française de normalisation.

(Décr. nº 2021-1473 du 10 nov. 2021, art. 10) « II. — Les bureaux de normalisation s'appuient, pour élaborer les projets de normes, sur des commissions de normalisation regroupant toutes les parties intéressées qui souhaitent participer à cette élaboration. »

(Abrogé par Décr. nº 2021-1473 du 10 nov. 2021, art. 10) « *III. — Lorsque les travaux de normalisation relèvent de plusieurs bureaux de normalisation, l'Association française de normalisation, en concertation avec les parties concernées, détermine le bureau de normalisation assurant la coordination des travaux.* »

Art. 13 I. — La délégation de mission fait l'objet d'une convention entre l'Association française de normalisation et le bureau de normalisation *(Décr. nº 2021-1473 du 10 nov. 2021, art. 11)* « sectoriel agréé » concerné approuvée par le délégué interministériel aux normes.

La convention prévoit, pour les bureaux de normalisation *(Décr. nº 2021-1473 du 10 nov. 2021, art. 11)* « sectoriels agréés » qui disposent des capacités pour exercer ces missions, la délégation de la conduite et de l'animation, confiées à la France, des travaux d'élaboration de normes européennes ou internationales.

II. — La convention prévoit les conditions dans lesquelles l'Association française de normalisation rémunère le bureau de normalisation *(Décr. nº 2021-1473 du 10 nov. 2021, art. 11)* « sectoriel agréé » au titre de la participation de ce dernier à l'élaboration de normes.

Art. 14 *(Décr. nº 2021-1473 du 10 nov. 2021, art. 12)* « Il peut être demandé aux participants aux travaux de normalisation une contribution financière. »

Toutefois, il ne peut être demandé *(Décr. nº 2021-1473 du 10 nov. 2021, art. 12)* « aucune contribution financière pour participer à l'ensemble des travaux de normalisation » aux associations de consommateurs et aux associations de protection de l'environnement agréées compte tenu de leur représentativité sur le plan national, aux syndicats représentatifs de salariés, aux petites et moyennes entreprises de moins de 250 salariés ne dépendant pas à plus de 25 % d'un groupe de plus de 250 salariés, aux établissements publics d'enseignement et aux établissements publics à caractère scientifique et technologique, ainsi qu'aux départements ministériels au titre de la participation de leur responsable ministériel aux normes et de leur suppléant.

Art. 15 L'homologation d'une norme par l'Association française de normalisation est précédée d'une enquête publique. Celle-ci consiste en la mise à disposition gratuite du projet de norme, comprenant au moins une version française, sur le site internet de l'Association française de normalisation pendant la durée de celle-ci, qui ne peut être inférieure à quinze jours, afin de permettre à toutes les parties intéressées de faire valoir leurs observations. L'organisation des enquêtes publiques est précédée d'une publicité suffisante. *(Décr. nº 2021-1473 du 10 nov. 2021, art. 13)* « Il revient ensuite au bureau de normalisation concerné d'établir la position consolidée tenant compte des contributions reçues.

« Dans la mesure du possible, pour les normes européennes et internationales ayant vocation à être homologuées, l'enquête publique est réalisée concomitamment à l'enquête organisée auprès des organismes nationaux de normalisation par les organismes européens et internationaux de normalisation. »

Art. 16 *(Décr. nº 2021-1473 du 10 nov. 2021, art. 14)* Le délégué interministériel aux normes peut s'opposer à l'homologation d'une norme, ou demander le retrait de l'homologation de celle-ci, si elle est contraire à des dispositions législatives ou réglementaires, aux règles européennes, à l'intérêt général ou pour défaut de version française. Il veille à l'emploi de la langue française.

CHAPITRE IV *L'APPLICATION DES NORMES*

Art. 17 Les normes sont d'application volontaire.

Toutefois, les normes peuvent être rendues d'application obligatoire par arrêté signé du ministre chargé de l'industrie et du ou des ministres intéressés.

(Décr. nº 2021-1473 du 10 nov. 2021, art. 15) « Les normes rendues d'application obligatoire sont consultables gratuitement sur le site internet de l'Association française de normalisation. L'Association française de normalisation rend ces normes téléchargeables et *imprimables gratuitement, sauf en cas* d'opposition dûment justifiée d'un tiers détenteur de droits de propriété intellectuelle sur celles-ci. »

CHAPITRE V *DISPOSITIONS FINALES*

Art. 18 Le décret nº 84-74 du 26 janvier 1984 fixant le statut de la normalisation est abrogé.

Art. 19 Les agréments délivrés antérieurement à l'entrée en vigueur du décret restent valables jusqu'au 1er janvier 2010.

Décret n° 2018-1225 du 24 décembre 2018,

Portant diverses mesures relatives aux contrats de la commande publique.

V. Décr. ss. art. R. 2122-9.

Loi n° 2020-105 du 10 février 2020,

Relative à la lutte contre le gaspillage et à l'économie circulaire.

Art. 58 I. – A compter du 1er janvier 2021, les biens acquis annuellement par les services de l'État ainsi que par les collectivités territoriales et leurs groupements sont issus du réemploi ou de la réutilisation ou intègrent des matières recyclées dans des proportions de 20 % à 100 % selon le type de produit.

II. – En cas de contrainte opérationnelle liée à la défense nationale ou de contrainte technique significative liée à la nature de la commande publique, le pouvoir adjudicateur n'est pas soumis à l'obligation prévue au I.

III. – Un décret en Conseil d'État fixe la liste des produits concernés et, pour chaque produit, les taux pouvant être issus du réemploi, de la réutilisation ou du recyclage correspondant à ces produits.

Décret n° 2021-254 du 9 mars 2021,

Relatif à l'obligation d'acquisition par la commande publique de biens issus du réemploi ou de la réutilisation ou intégrant des matières recyclées.

Art. 1er La liste et les proportions minimales des produits ou catégories de produits acquis par l'État et par les collectivités territoriales et leurs groupements au titre de marchés de fournitures devant être issus du réemploi ou de la réutilisation ou intégrant des matières recyclées, au sens de l'article L. 541-1-1 du code de l'environnement, sont fixées en annexe *[V. l'Ann. au JO du 10 mars 2021]* du présent décret.

Art. 2 Les proportions minimales fixées par produits ou catégories de produits acquis sont exprimées en pourcentage du montant total hors taxes de la dépense consacrée à l'achat de chaque produit ou catégorie de produits au cours de l'année civile.

Art. 3 Les pouvoirs adjudicateurs et les entités adjudicatrices de l'État et des collectivités territoriales et leurs groupements déclarent, auprès de l'Observatoire économique de la commande publique, la part de leur dépense annuelle consacrée à l'achat des produits ou catégories de produits énumérés en annexe. Les modalités de déclaration sont fixées par arrêté du ministre chargé de l'économie.

Art. 4 Au plus tard le 31 décembre 2022, les ministres chargés de l'environnement et de l'économie établissent le bilan de la mise en œuvre des dispositions du présent décret au regard de leur impact sur l'environnement, sur l'évolution des pratiques des acheteurs et des fournisseurs en matière de commande publique et sur la situation économique des différentes filières productrices des biens mentionnés en annexe. Ce bilan est transmis au Parlement et rendu public.

Prenant en compte ces différents impacts et l'objectif de transition vers une économie circulaire mentionné à l'article L. 541-1 du code de l'environnement, ce bilan analyse l'opportunité d'une évolution de la liste des produits ou des catégories de produits et des proportions minimales fixés en annexe du présent décret.

Art. 5 Pour l'année 2021, les marchés publics de fournitures pour lesquels une consultation a été engagée ou un avis d'appel à la concurrence a été envoyé à la publication avant la date de publication du présent décret sont exclus du décompte de la dépense calculée en application de l'article 2.

Arrêté du 3 décembre 2021,

Fixant les modalités de déclaration de la part des dépenses relatives à l'acquisition de biens issus du réemploi ou de la réutilisation ou intégrant des matières recyclées.

Art. 1er Les pouvoirs adjudicateurs et les entités adjudicatrices de l'État, des collectivités territoriales et leurs groupements, déclarent sur l'application mise à disposition par l'Observatoire économique de la commande publique[,] et nommée "recensement économique des achats publics" (REAP), la part de leur dépense annuelle consacrée à l'achat de produits et catégories de produits mentionnés en annexe du décret *[nº 2021-254]* du 9 mars 2021 susvisé.

Art. 2 La déclaration est réalisée au moyen d'un fichier sous forme de tableur dont le modèle obligatoire est annexé au présent arrêté. La part en pourcentage de la dépense annuelle consacrée à l'achat de ces produits ou catégories de produits est calculée à partir des données contenues dans ce fichier.

Les données à déclarer sont les suivantes :

1° L'année civile des dépenses ;

2° Le numéro SIRET de l'acheteur ;

3° La raison sociale de l'acheteur ;

4° Le montant total HT des dépenses concernées ;

5° Le montant HT des dépenses concernées aussi bien issues du réemploi ou de la réutilisation ou intégrant des matières recyclées ;

6° Le montant HT des dépenses concernées uniquement issues du réemploi ou de la réutilisation.

Pour l'annexe mentionnée au présent art., V. JO 11 déc. 2021.

Art. 3 La déclaration est effectuée une fois par an dans les six mois suivant l'année civile concernée.

Art. 4 Le présent arrêté entre en vigueur le 1er janvier 2022.

V CCAG

Arrêté du 30 mars 2021,

Portant approbation du cahier des clauses administratives générales des marchés publics de fournitures courantes et de services.

Nota : *Le présent arrêté entre en vigueur le 1er avr. 2021 (Arr. du 30 mars 2021, art. 3). Il s'applique aux marchés publics pour lesquels une consultation est engagée ou un avis d'appel à la concurrence envoyé à la publication à compter de cette date. Toutefois, jusqu'au 1er oct. 2021, les acheteurs publics peuvent faire référence au cahier des clauses administratives générales des marchés publics de fournitures courantes et de services dans sa rédaction antérieure au présent arrêté (Arr. du 19 janv. 2009, V. App., Partie I. V bis. CCAG [anciens]* 🏛*).*

Art. 1er Est approuvé le cahier des clauses administratives générales des marchés publics de fournitures courantes et de services dont le texte est annexé au présent arrêté.

Ce cahier des clauses administratives générales n'est applicable qu'aux marchés qui s'y réfèrent.

Art. 2 L'arrêté du 19 janvier 2009 portant approbation du cahier des clauses administratives générales des marchés publics de fournitures courantes et de services est abrogé à compter du 1er octobre 2021.

Art. 3 Les dispositions du présent arrêté entrent en vigueur le 1er avril 2021. Elles sont applicables aux marchés publics pour lesquels une consultation est engagée ou un avis d'appel à la concurrence envoyé à la publication à compter de cette date.

Toutefois, les marchés publics qui se réfèrent au cahier des clauses administratives générales des marchés publics de fournitures courantes et de services, pour lesquels une consultation est engagée ou un avis d'appel à la concurrence envoyé à la publication entre 1er avril 2021 et le 30 septembre 2021, sont réputés faire référence au cahier des clauses administratives générales dans sa rédaction antérieure au présent arrêté, sauf s'ils font expressément référence au présent arrêté.

Les marchés publics qui se réfèrent au cahier des clauses administratives générales des marchés publics de fournitures courantes et de services, pour lesquels une consultation a été engagée ou un avis d'appel à la concurrence envoyé à la publication avant le 1er avril 2021, demeurent régis, pour leur exécution, par les stipulations du cahier des clauses administratives générale dans sa rédaction antérieure au présent arrêté.

Art. 4 *(Arr. du 21 avr. 2021, art. 1er)* I. — Pour l'application du présent arrêté à Saint-Barthélemy et à Saint-Pierre-et-Miquelon, les références au règlement (UE) 2016/679 du 27 avril 2016 relatif à la protection des personnes physiques à l'égard du traitement des données à caractère personnel et à la libre circulation de ces données, et abrogeant la directive 95/46/CE ("RGPD") sont remplacées par la référence aux règles applicables en métropole en vertu de ce règlement ;

II. — Les dispositions du présent arrêté sont applicables dans les îles Wallis-et-Futuna, en Polynésie française, en Nouvelle-Calédonie et dans les Terres australes et antarctiques françaises.

Pour l'application, dans ces mêmes collectivités, du cahier des clauses administratives générales des marchés publics de fournitures courantes et de services dont le texte est annexé au présent arrêté :

1° Les références au règlement (UE) 2016/679 du 27 avril 2016 relatif à la protection des personnes physiques à l'égard du traitement des données à caractère personnel et à la libre circulation de ces données, et abrogeant la directive 95/46/CE ("RGPD") sont remplacées par la référence aux règles applicables en métropole en vertu de ce règlement ;

2° Les références au code du travail et au code de la sécurité sociale sont remplacées par la référence aux dispositions applicables localement ayant le même objet ;

3° Les références aux prestations perçues par les bénéficiaires de la clause d'insertion sociale sont remplacées, en tant que de besoin, par la référence aux dispositions applicables localement ayant le même objet ;

4° Les références au code de commerce sont remplacées, en tant que de besoin, par la référence aux dispositions applicables localement ayant le même objet et permettant les mêmes effets ;

5° En Polynésie française et en Nouvelle-Calédonie, les références au code de la propriété intellectuelle sont remplacées par la référence aux dispositions applicables localement ayant le même objet ;

6° Dans les îles Wallis-et-Futuna, en Polynésie française et en Nouvelle-Calédonie, les références aux assurances sont remplacées, en tant que de besoin, par la référence aux dispositions applicables localement ayant le même objet.

Art. 5 Le présent arrêté sera publié au *Journal officiel* de la République française.

ANNEXE

CAHIER DES CLAUSES ADMINISTRATIVES GÉNÉRALES DES MARCHÉS PUBLICS DE FOURNITURES COURANTES ET DE SERVICES

Préambule

Il appartient à l'acheteur qui souhaite faire référence à un cahier des clauses administratives générales (CCAG) de choisir celui qui est le mieux adapté aux prestations objet de son marché, et de faire expressément référence à ce CCAG dans les documents particuliers de son marché.

Le présent CCAG s'applique aux marchés publics de fournitures courantes ou de services. Il n'est pas adapté aux marchés de fournitures courantes et de services des acheteurs privés. On entend par fournitures courantes celles "pour lesquelles l'acheteur n'impose pas de spécifications techniques propres au marché" (art. R. 2112-10 du code de la commande publique). Entrent notamment dans cette catégorie les fournitures standards, normalisées ou achetées sur catalogue.

Par principe, un marché ne peut se référer qu'à un seul CCAG. Toutefois, par dérogation à ce principe, en cas de marché global au sens de l'article L. 2171-1 du code de la commande publique, l'acheteur peut faire référence à plusieurs CCAG. Dans ce cas, il devra veiller à assurer la parfaite cohérence entre les différentes clauses auxquelles il se réfère.

Dans le cas où certaines prestations secondaires doivent être régies par des stipulations figurant dans un autre CCAG que celui désigné dans le marché, ce dernier doit reproduire, dans le cahier des clauses administratives particulières ou dans tout autre document qui en tient lieu, les stipulations retenues ou tout autre document qui en tient lieu, sans référence au CCAG dont elles émanent.

Les commentaires figurant dans le présent CCAG n'ont pas valeur contractuelle.

CHAPITRE I GÉNÉRALITÉS

Art. 1er *Champ d'application.*

1.1. Les stipulations du présent cahier des clauses administratives générales (CCAG) s'appliquent aux marchés qui s'y réfèrent expressément.

1.2. Ces marchés peuvent prévoir de déroger à certaines de ces stipulations.

Ces dérogations doivent figurer dans le cahier des clauses administratives particulières (CCAP), ou dans tout autre document qui en tient lieu, et préciser à quels articles du présent CCAG elles dérogent.

Le dernier article du CCAP, ou de tout autre document qui en tient lieu, contient la liste récapitulative des articles du présent CCAG auxquels il est dérogé.

Art. 2 *Définitions.*

Au sens du présent document :

— l'"acheteur" est le pouvoir adjudicateur ou l'entité adjudicatrice qui conclut le marché avec le titulaire ;

— le "titulaire" est l'opérateur économique qui conclut le marché avec l'acheteur. En cas de groupement d'opérateurs économiques, le "titulaire" désigne le groupement représenté par son mandataire ;

— la "notification" est l'action consistant à porter une information ou une décision à la connaissance de la ou des parties contractantes par tout moyen matériel ou dématérialisé, par le biais d'un profil d'acheteur ou par tout autre moyen de communication électronique permettant de déterminer de façon certaine la date et, le cas échéant, l'heure de sa réception ;

— les "prestations" désignent les fournitures courantes ou les services objet du marché ;

— l'"ordre de service" est la décision de l'acheteur qui précise les modalités d'exécution des prestations prévues par le marché ;

— l'"admission" est la décision, prise après vérifications, par laquelle l'acheteur reconnaît la conformité des prestations aux stipulations du marché. La décision d'admission vaut constatation de service fait et constitue le point de départ des délais de garantie ;

— l'"ajournement" est la décision prise par l'acheteur qui estime que les prestations pourraient être admises moyennant des corrections à opérer par le titulaire ;

— la "réfaction" est la décision prise par l'acheteur de réduire le montant des prestations à verser au titulaire, lorsque les prestations ne satisfont pas entièrement aux prescriptions du marché, mais qu'elles peuvent être admises en l'état ;

— le "rejet" est la décision prise par l'acheteur qui estime que les prestations ne peuvent être admises, même après ajournement ou avec réfaction ;

— le "cahier des clauses administratives particulières" ("CCAP") est un document contractuel qui fixe les clauses administratives propres au marché. Ces clauses peuvent également être fixées dans tout autre document particulier du marché ayant le même objet, tel un cahier des clauses particulières (CCP) ;

— le "cahier des clauses techniques particulières" ("CCTP") est un document contractuel qui fixe les clauses techniques nécessaires à l'exécution des prestations du marché. Ces clauses peuvent également être fixées dans tout autre document particulier du marché ayant le même objet, tel un cahier des clauses particulières (CCP).

Art. 3 *Obligations générales des parties.*

3.1. Forme des notifications et informations :

3.1.1. La notification des décisions, observations, ou informations qui font courir un délai est faite par tout moyen matériel ou dématérialisé permettant de déterminer de façon certaine la date et, le cas échéant, l'heure de sa réception.

Cette notification peut être faite par le biais du profil d'acheteur ou à l'adresse postale ou électronique des parties mentionnée dans les documents particuliers du marché ou, à défaut, à leur siège social, sauf si ces documents leur font obligation de domicile en un autre lieu.

En cas de groupement, la notification se fait au mandataire pour l'ensemble du groupement.

3.1.2. La date et, le cas échéant, l'heure de réception mentionnées sur un récépissé sont considérées comme celles de la notification.

Lorsque la notification est effectuée par le biais du profil d'acheteur, les parties sont réputées avoir reçu cette notification à la date de la première consultation du document qui leur a ainsi été adressé, certifiée par l'accusé de réception délivré par l'application informatique, ou, à défaut de consultation dans un délai de huit jours à compter de la date de mise à disposition du document sur le profil d'acheteur, à l'issue de ce délai.

3.2. Modalités de computation des délais d'exécution des prestations :

3.2.1. Tout délai mentionné au marché commence à courir à 0 heure, le lendemain du jour où s'est produit le fait qui sert de point de départ à ce délai. Toutefois, lorsque le délai est exprimé en heures, il commence à courir à compter de l'heure suivant celle où s'est produit le fait qui sert de point de départ à ce délai.

Les dates et heures applicables sont celles utilisées par les documents particuliers du marché pour les livraisons ou l'exécution des prestations.

3.2.2. Lorsque le délai est fixé en jours, il s'entend en jours calendaires et il expire à minuit le dernier jour du délai.

Commentaires.

Le fuseau horaire utilisé est celui de la livraison ou de l'exécution du service.

Un délai fixé en jours calendaires inclut les samedis, dimanches et jours fériés.

3.2.3. Lorsque le délai est fixé en mois, il est compté de quantième en quantième. S'il n'existe pas de quantième correspondant dans le mois où se termine le délai, celui-ci expire le dernier jour de ce mois, à minuit.

3.2.4. Lorsque le dernier jour du délai est un samedi, un dimanche ou un jour férié, le délai est prolongé jusqu'à la fin du premier jour ouvrable qui suit, à minuit.

3.2.5. Lorsque le délai est fixé en jours ouvrés, il s'entend hors samedis, dimanches et jours fériés.

3.2.6. Le délai s'appliquant au titulaire n'inclut pas le délai nécessaire à l'acheteur pour effectuer ses opérations de vérification et prendre sa décision conformément au chapitre V.

3.3. Représentation de l'acheteur :

Dès la notification du marché, l'acheteur désigne une ou plusieurs personnes physiques, habilitées à le représenter auprès du titulaire, pour les besoins de l'exécution du marché. D'autres personnes physiques peuvent être habilitées par l'acheteur en cours d'exécution du marché.

Ce ou ces représentants sont réputés disposer des pouvoirs suffisants pour prendre, dès notification de leur nom au titulaire dans les délais requis ou impartis par le marché, les décisions nécessaires engageant l'acheteur.

3.4. Représentation du titulaire et obligations d'information relative au titulaire :

3.4.1. Représentation du titulaire :

Dès la notification du marché, le titulaire désigne une ou plusieurs personnes physiques, habilitées à le représenter auprès de l'acheteur, pour les besoins de l'exécution du marché. D'autres personnes physiques peuvent être habilitées par le titulaire en cours d'exécution du marché.

Ce ou ces représentants sont réputés disposer des pouvoirs suffisants pour prendre, dès notification de leur nom à l'acheteur dans les délais requis ou impartis par le marché, les décisions nécessaires engageant le titulaire.

3.4.2. Notification des modifications portant sur la situation juridique ou économique du titulaire :

Le titulaire est tenu de notifier sans délai à l'acheteur les modifications survenant au cours de l'exécution du marché et qui se rapportent :

— aux personnes ayant le pouvoir de l'engager ;

— à la forme juridique sous laquelle il exerce son activité ;

— à sa raison sociale ou à sa dénomination ;

— à son adresse ou à son siège social ;

— à ses coordonnées bancaires ;

— aux renseignements qu'il a fournis pour l'acceptation d'un sous-traitant et l'agrément de ses conditions de paiement.

De façon générale, le titulaire est tenu de notifier sans délai à l'acheteur toutes les modifications importantes concernant le fonctionnement de l'entreprise pouvant influer sur le déroulement du marché.

Commentaires.

Des rubriques sur la répartition du capital, sur les personnes ou groupes qui contrôlent l'entreprise, sur les groupements dont elle fait partie peuvent être prévues par le CCAP ou tout autre document qui en tient lieu, notamment pour certains marchés de défense ou de sécurité concernés par des dispositions restrictives en matière d'intervention d'entreprises étrangères ou détenues par des groupes étrangers.

3.4.3. Conduite des prestations par une personne nommément désignée :

Lorsqu'il est prévu dans le marché que tout ou partie des prestations doit être exécutée par une personne nommément désignée et que cette personne n'est plus en mesure d'accomplir cette tâche, le titulaire doit :

— en informer sans délai l'acheteur et prendre toutes dispositions nécessaires afin d'assurer la poursuite de l'exécution des prestations ;

— proposer à l'acheteur un remplaçant disposant de compétences au moins équivalentes et dont il lui communique le nom et le curriculum vitae dans un délai de trente jours à compter de la date d'envoi de l'*(Arr. du 30 sept. 2021, art. 2)* « information mentionnée » à l'alinéa précédent.

Le remplaçant proposé par le titulaire est considéré comme accepté par l'acheteur, si celui-ci ne le récuse pas dans le délai de trente jours courant à compter de la réception de la communication mentionnée à l'alinéa précédent. Si l'acheteur récuse le remplaçant, le titulaire dispose de trente jours pour proposer un autre remplaçant.

La décision de récusation prise par l'acheteur est motivée.

Les informations, propositions et décisions de l'acheteur sont notifiés selon les modalités fixées à l'article 3.1.

A défaut de proposition de remplaçant par le titulaire ou en cas de récusation des remplaçants par l'acheteur, le marché peut être résilié dans les conditions prévues à l'article 41.

3.5. Groupement d'opérateurs économiques :

3.5.1. Le membre du groupement d'opérateurs économiques, désigné dans le marché comme mandataire, représente l'ensemble des membres du groupement, vis-à-vis de l'acheteur, pour l'exécution du marché.

3.5.2. En cas de groupement conjoint, le mandataire est solidaire, si les documents particuliers du marché le prévoient, de chacun des autres membres du groupement dans les obligations contractuelles de celui-ci à l'égard de l'acheteur jusqu'à la date à laquelle ses obligations prennent fin.

3.5.3. En cas de groupement solidaire, chacun des membres du groupement est engagé financièrement pour la totalité du marché et doit pallier une éventuelle défaillance des autres membres du groupement.

3.5.4. En cas de défaillance du mandataire du groupement, les membres du groupement sont tenus de lui désigner un remplaçant. A défaut, et à l'issue d'un délai de huit jours à compter de la notification de la mise en demeure par l'acheteur d'y procéder, le cocontractant exécutant la part financière la plus importante restant à réaliser à la date de cette modification devient le nouveau mandataire du groupement.

3.6. Sous-traitance :

Commentaires.

Ne peuvent être sous-traités que les prestations de services et les travaux de pose ou d'installation des marchés de fournitures.

3.6.1. Le titulaire qui envisage d'en sous-traiter une partie demande à l'acheteur d'accepter chaque sous-traitant et d'agréer ses conditions de paiement.

3.6.2. Dès la signature de l'acte spécial constatant l'acceptation du sous-traitant et l'agrément de ses conditions de paiement, l'acheteur notifie au titulaire et à chacun des sous-traitants concernés l'exemplaire de l'acte spécial qui leur revient. Dès réception de cette notification, le titulaire fait connaître à l'acheteur le nom de la personne physique habilitée à représenter le sous-traitant.

3.6.3. Le titulaire est tenu de communiquer le contrat de sous-traitance et ses éventuels avenants à l'acheteur lorsque celui-ci en fait la demande. A défaut de l'avoir produit à l'échéance d'un délai de quinze jours courant à compter de la réception d'une mise en demeure de le faire par l'acheteur, le titulaire encourt une pénalité égale à 1/3 000 du montant hors TVA du marché ou de la tranche concernée, éventuellement modifiés, ou, à défaut, du montant du bon de commande concerné. Cette pénalité s'applique pour chaque jour de retard.

3.7. Bons de commande :

3.7.1. Les bons de commande sont notifiés par l'acheteur au titulaire.

3.7.2. Lorsque le titulaire estime que les prescriptions d'un bon de commande qui lui est notifié appellent des observations de sa part, il doit les notifier à l'acheteur dans un délai de quinze jours à compter de la date de réception du bon de commande, sous peine de forclusion.

3.7.3. Le titulaire se conforme aux bons de commande qui lui sont notifiés, que ceux-ci aient ou non fait l'objet d'observations de sa part.

3.7.4. En cas de groupement d'opérateurs économiques, les bons de commande sont adressés au mandataire du groupement, qui a seul qualité pour formuler des observations à l'acheteur.

3.7.5. Lorsqu'au terme de l'exécution d'un accord-cadre à bons de commande attribué à un seul titulaire le total des commandes de l'acheteur n'a pas atteint le minimum fixé par l'accord-cadre, en valeur ou en quantités, le titulaire a droit à une indemnité, égale à la marge nette qu'il aurait réalisée sur les prestations qui restaient à exécuter pour atteindre ce minimum. Il lui incombe d'apporter à l'acheteur les justificatifs, notamment comptables, permettant de déterminer cette marge nette.

Le titulaire a droit, en outre, à être indemnisé de la part des frais et investissements, éventuellement engagés pour l'accord-cadre et strictement nécessaires à son exécution, qui n'aurait pas été prise en compte dans le montant des prestations payées. Il lui incombe d'apporter à l'acheteur toutes les justifications nécessaires à la fixation de cette partie de l'indemnité dans un délai de quinze jours à compter du terme de l'accord-cadre.

3.8. Ordres de service :

3.8.1. Les ordres de service sont notifiés par l'acheteur au titulaire.

3.8.2. Lorsque le titulaire estime que les prescriptions d'un ordre de service qui lui est notifié appellent des observations de sa part, il doit les notifier à l'acheteur, dans un délai de quinze jours à compter de la date de réception de l'ordre de service, sous peine de forclusion.

3.8.3. Sous réserve de l'article 23.4, le titulaire se conforme aux ordres de service qui lui sont notifiés, que ceux-ci aient ou non fait l'objet d'observations de sa part.

Toutefois, sauf si le marché prévoit que le démarrage des prestations peut être ordonné dans un délai supérieur à six mois à compter de sa notification, le titulaire peut refuser d'exécuter cet ordre de service, s'il lui est notifié plus de six mois après la notification du marché. Le titulaire dispose alors d'un délai de quinze jours courant à compter de la date d'envoi de sa décision de refus à l'acheteur pour proposer une nouvelle date de démarrage des prestations. A l'expiration de ce délai, *s'il n'a proposé aucune autre date*, il doit exécuter les prestations à la date demandée. En cas de refus de l'acheteur de la proposition qui lui aura été faite, le titulaire peut demander la résiliation du marché, dans les conditions mentionnées à l'article 40.2. Cette résiliation ne peut lui être refusée.

3.8.4. En cas de groupement d'opérateurs économiques, les ordres de service sont adressés au mandataire du groupement, qui a seul qualité pour formuler des observations à l'acheteur.

Art. 4 *Pièces contractuelles.*

4.1. Ordre de priorité :

En cas de contradiction entre les stipulations des pièces contractuelles du marché, elles prévalent dans l'ordre de priorité suivant :

— l'acte d'engagement et ses éventuelles annexes financières ;

— le cahier des clauses administratives particulières (CCAP) ou tout autre document qui en tient lieu et ses éventuelles annexes ;

— le cahier des clauses techniques particulières (CCTP) ou tout autre document qui en tient lieu et ses éventuelles annexes ;

— le présent cahier des clauses administratives générales (CCAG) ;

— le cahier des clauses techniques générales (CCTG) applicable aux prestations objet du marché, si celui-ci s'y réfère ;

— l'offre technique du titulaire ;

— les actes spéciaux de sous-traitance et leurs éventuels actes modificatifs, postérieurs à la notification du marché.

4.2. Pièces à remettre au titulaire. Cession ou nantissement des créances :

4.2.1. La notification du marché comprend une copie, délivrée sans frais par l'acheteur au titulaire, de l'acte d'engagement et des autres pièces constitutives du marché, à l'exception du CCAG, des CCTG et, plus généralement, de toute pièce ayant fait l'objet d'une publication officielle.

4.2.2. L'acheteur remet également au titulaire, à sa demande et sans frais, l'exemplaire unique ou le certificat de cessibilité nécessaire à la cession ou au nantissement du marché.

Art. 5 *Confidentialité – Protection des données personnelles – Mesures de sécurité.*

5.1. Obligation de confidentialité :

5.1.1. Le titulaire et l'acheteur qui, à l'occasion de l'exécution du marché, ont connaissance d'informations ou reçoivent communication de documents ou d'éléments de toute nature, présentant un caractère confidentiel, sont tenus de prendre toutes mesures nécessaires, afin d'éviter que ces informations, documents ou éléments ne soient divulgués à un tiers qui n'a pas à en connaître. Une partie ne peut demander la confidentialité d'informations, de documents ou d'éléments qu'elle a elle-même rendus publics.

5.1.2. Une information confidentielle désigne toute information de quelque nature (y inclus la méthodologie, la documentation, les informations ou le savoir-faire), sous quelque forme que ce soit (y inclus sous forme orale, écrite, magnétique ou électronique), sur tout support dont l'acheteur est propriétaire ou titulaire, et qui est communiquée au titulaire, ou obtenue de toute autre façon par ce dernier dans le cadre de ses relations avec l'acheteur. Le titulaire et son personnel, et le cas échéant ses sous-traitants, ne peuvent l'utiliser que pour l'accomplissement des prestations prévues au marché.

5.1.3. Le titulaire doit informer ses sous-traitants des obligations de confidentialité et des mesures de sécurité qui s'imposent à lui pour l'exécution du marché. Il doit s'assurer du respect de ces obligations par ses sous-traitants.

5.1.4. Ne sont pas couverts par cette obligation de confidentialité les informations, documents ou éléments :

— qui étaient dans le domaine public au moment de leur divulgation ou que l'acheteur aurait lui-même rendus publics pendant l'exécution du marché ;

— signalés comme présentant un caractère non confidentiel et relatifs aux prestations du marché ;

— qui ont été communiqués au titulaire par un tiers ayant légalement le droit de diffuser ces informations, documents ou éléments, comme le prouvent des documents existant antérieurement à leur divulgation.

5.2. Protection des données à caractère personnel :

5.2.1 Chaque partie au marché est tenue au respect des règles, européennes et françaises, applicables au traitement des données à caractère personnel éventuellement mis en œuvre aux fins de l'exécution du marché. A ce titre, toute transmission de données à des tiers, y compris au bénéfice d'entités établies hors de l'Union européenne, qui ne serait pas strictement conforme à la réglementation en vigueur est formellement prohibée.

5.2.2. En cas d'évolution de la réglementation sur la protection des données à caractère personnel en cours d'exécution du marché, les modifications nécessaires pour se conformer aux règles nouvelles, donnent lieu à la signature d'un avenant par les parties au marché ou, en l'absence d'accord entre les parties, à une modification unilatérale par l'acheteur.

5.2.3. Lorsque le titulaire met en œuvre un traitement de données à caractère personnel pour le compte de l'acheteur, pour que ce traitement réponde aux exigences de la réglementation, et garantisse en particulier la protection des droits des personnes physiques identifiées ou identifiables qu'il concerne, les documents particuliers du marché précisent notamment :

— la *finalité,* la description et la durée du traitement dans le strict respect des instructions documentées de l'acheteur ;

— les obligations de l'acheteur et celles du titulaire vis-à-vis de ce dernier, en particulier, l'obligation de l'informer de toute difficulté dans l'application de la réglementation, de tout projet de recours à un tiers pour la mise en œuvre du traitement, ou encore de toute demande de communication de données qui lui serait adressée, ainsi que, lorsque celle-ci serait contraire à la règlementation française et européenne, des mesures adoptées pour s'y opposer ;

— les modalités de prise en compte du droit à l'information et des autres droits des personnes concernées, dont l'exercice doit être garanti ;

— les mesures de sécurité mises en œuvre pour garantir l'intégrité, la confidentialité et la disponibilité des données, ainsi que les conditions de notification des violations de données à caractère personnel ;

— la durée et les modalités de conservation des données et le sort de celles-ci au terme de l'exécution du marché.

Les documents particuliers du marché précisent également les pénalités applicables au titulaire en cas de méconnaissance de la réglementation.

En cas de manquement par le titulaire ou son sous-traitant à ses obligations légales et contractuelles relatives à la protection des données personnelles, le marché peut être résilié pour faute en application de l'article 41.

Commentaires.

L'acheteur est considéré comme le "responsable du traitement" au sens du Règlement général sur la protection des données (RGPD) en tant qu'autorité publique déterminant les finalités et les moyens du traitement des données.

Le titulaire est généralement considéré comme le "sous-traitant" au sens du RGPD en tant que personne traitant des données à caractère personnel pour le compte de l'acheteur.

Le sous-traitant du marché est considéré comme le "sous-traitant ultérieur" au sens du RGPD en tant que personne à qui le titulaire peut faire appel pour mener des activités de traitement spécifiques.

Les acheteurs sont invités, pour rédiger les documents particuliers du marché, à consulter le Guide du sous-traitant élaboré par la CNIL et disponible sur son site Internet : https://www.cnil.fr/

5.3. Mesures de sécurité :

Lorsque les prestations sont à exécuter dans un lieu où des mesures de sécurité s'appliquent, notamment dans les zones protégées en vertu des dispositions législatives ou réglementaires prises pour la protection du secret de la défense nationale, ces dispositions particulières sont indiquées par l'acheteur dans les documents particuliers du marché. Le titulaire est tenu de les respecter.

Le titulaire ne peut prétendre, de ce fait, ni à prolongation du délai d'exécution, ni à indemnité, ni à supplément de prix, à moins que les deux conditions suivantes soient remplies :

— les informations ne lui ont été communiquées que postérieurement au dépôt de son offre ;

— il peut établir que les obligations qui lui sont ainsi imposées nécessitent un délai supplémentaire pour l'exécution des prestations prévues par le marché ou rendent plus difficile ou plus onéreuse pour lui l'exécution de son contrat.

Commentaires.

Une zone protégée est une zone créée par arrêté des ministres compétents et faisant l'objet d'une interdiction de pénétration sans autorisation, sanctionnée pénalement en cas d'infraction (articles *(Arr. du 30 sept. 2021, art. 2)* « 413-7 et R. 413-1 à R. 413-5 » du code pénal).

5.4. Information des sous-traitants :

Le titulaire informe ses sous-traitants de leur soumission aux obligations énoncées au présent article 5. Il reste responsable du respect de celles-ci.

Art. 6 *Protection de la main-d'œuvre et conditions de travail.*

6.1. Les obligations qui s'imposent au titulaire sont celles prévues par les lois, règlements et conventions collectives relatifs à la protection de la main-d'œuvre et aux conditions de travail du pays où cette main-d'œuvre est employée.

Le titulaire est également tenu au respect des stipulations des huit conventions fondamentales de l'Organisation internationale du travail, lorsque celles-ci ne sont pas intégrées dans les lois et règlements du pays où cette main-d'œuvre est employée. Il doit être en mesure de justifier du respect de ces obligations, en cours d'exécution du marché et pendant la période de garantie des prestations, sur simple demande de l'acheteur. Les modalités d'application de ces textes sont prévues par le CCAP ou tout autre document qui en tient lieu.

Commentaires.

Les salariés détachés, définis à l'article L. 1261-3 du code du travail, exerçant une activité professionnelle temporaire en France sont soumis aux dispositions de l'article L. 1262-4 du code du travail ainsi qu'à celles du second alinéa de l'article L. 512-1 du code de la sécurité sociale.

Les huit conventions fondamentales de l'OIT, ratifiées par la France, sont :

— la convention sur le travail forcé (C29, 1930) ;

— la convention sur la liberté syndicale et la protection du droit syndical (C87, 1948) ;
— la convention sur le droit d'organisation et de négociation collective (C98, 1949) ;
— la convention sur l'égalité de rémunération (C100, 1951) ;
— la convention sur l'abolition du travail forcé (C105, 1957) ;
— la convention concernant la discrimination (emploi et profession, C111, 1958) ;
— la convention sur l'âge minimum (C138, 1973) ;
— la convention sur les pires formes de travail des enfants (C182, 1999).

6.2. En cas d'évolution de la réglementation sur la protection de la main-d'œuvre et des conditions de travail en cours d'exécution du marché, les modifications éventuelles demandées par l'acheteur, afin de se conformer aux règles nouvelles, donnent lieu à la signature d'un avenant par les parties au marché ou, en l'absence d'accord entre les parties, à une modification unilatérale par l'acheteur.

6.3. Le titulaire peut demander à l'acheteur, du fait des conditions particulières d'exécution du marché, de transmettre, avec son avis, à l'autorité compétente, les demandes de dérogations prévues par les lois et règlements mentionnés ci-dessus.

6.4. Le titulaire informe ses sous-traitants de leur soumission aux obligations énoncées au présent article. Il reste responsable du respect de ces obligations.

Art. 7 *Protection de l'environnement, sécurité et santé.*

7.1. Le titulaire veille à ce que les prestations qu'il effectue respectent les prescriptions législatives et réglementaires en vigueur en matière d'environnement, de sécurité et de santé des personnes, et de préservation du voisinage. Il doit être en mesure d'en justifier le respect, en cours d'exécution du marché et pendant la période de garantie des prestations, sur simple demande de l'acheteur.

7.2. En cas d'évolution de la réglementation dans ces domaines en cours d'exécution du marché, les modifications éventuelles, demandées par l'acheteur afin de se conformer aux règles nouvelles, donnent lieu à la signature d'un avenant par les parties au marché ou, en l'absence d'accord entre les parties, à une modification unilatérale par l'acheteur.

Art. 8 *Réparation des dommages.*

8.1. Les dommages de toute nature causés au personnel ou aux biens de l'acheteur par le titulaire, du fait de l'exécution du marché, sont à la charge du titulaire.

Les dommages de toute nature causés au personnel ou aux biens du titulaire par l'acheteur, du fait de l'exécution du marché, sont à la charge de l'acheteur.

8.2. Tant que les fournitures restent la propriété du titulaire, celui-ci est, sauf faute de l'acheteur, seul responsable des dommages subis par ces fournitures du fait de toute cause autre que l'exposition à la radioactivité artificielle ou les catastrophes naturelles dûment reconnues. Cette stipulation ne s'applique pas en cas d'adjonction d'équipements fournis par l'acheteur au matériel du titulaire et causant des dommages à celui-ci.

8.3. Le titulaire garantit l'acheteur contre les sinistres ayant leur origine dans le matériel qu'il fournit ou dans les agissements de ses préposés et qui affectent les locaux où ce matériel est exploité, y compris contre le recours des voisins.

Commentaires.

En cas de risque hors de proportion avec le montant du marché, l'acheteur peut prévoir dans les documents particuliers du marché des stipulations particulières pour un plafonnement éventuel des garanties en fonction de l'objet et des caractéristiques du marché.

Art. 9 *Assurances.*

9.1. Le titulaire doit contracter les assurances permettant de garantir sa responsabilité à l'égard de l'acheteur et des tiers, victimes d'accidents ou de dommages causés par l'exécution des prestations.

9.2. Il doit justifier, dans un délai de quinze jours à compter de la notification du marché et avant tout début d'exécution de celui-ci, qu'il est titulaire de ces contrats d'assurances, au moyen d'une attestation établissant l'étendue de la responsabilité garantie.

A tout moment durant l'exécution du marché, le titulaire doit être en mesure de produire cette attestation, sur demande de l'acheteur et dans un délai de quinze jours à compter de la réception de la demande.

CHAPITRE II PRIX ET RÈGLEMENT

Art. 10 *Prix.*

10.1. Règles générales :

10.1.1. Les prix sont réputés fermes.

10.1.2. Le cas échéant, les prix fermes sont actualisés dans les conditions prévues par la réglementation en vigueur à la date à laquelle le candidat a fixé son prix dans l'offre. Cette date correspond à la date de remise de l'offre par le titulaire. Lorsque la procédure de passation a donné lieu à une négociation ou un dialogue compétitif, la date à prendre en compte est la date de remise de l'offre finale par le titulaire.

Les prix de chaque tranche optionnelle sont actualisés dans les mêmes conditions.

Le coefficient d'actualisation est arrondi au millième supérieur.

> *Commentaires.*
>
> Le code de la commande publique impose que certains marchés prévoient l'actualisation du prix.

10.1.3. Les prix sont réputés comprendre toutes les charges fiscales ou autres frappant obligatoirement les prestations, les frais afférents au conditionnement, au stockage, à l'emballage, à l'assurance et au transport jusqu'au lieu de livraison, les frais afférents à l'application de l'article 18.2, ainsi que toutes les autres dépenses nécessaires à l'exécution des prestations, les marges pour risque et les marges bénéficiaires.

Toutefois, les frais engendrés par l'absence de demande du titre de transport administratif par le titulaire ou par le retard du titulaire à présenter cette demande restent à sa charge.

Les frais de manutention et de transport, qui naîtraient de l'ajournement ou du rejet des prestations, sont à la charge du titulaire.

10.1.4. Marchés comportant des prestations de maintenance :

La rémunération du titulaire au titre de la maintenance couvre notamment la valeur des pièces ou éléments, outillages ou ingrédients nécessaires, ainsi que les frais de la main-d'œuvre qui leur est affectée, y compris les indemnités de déplacement et les frais nécessités par les modifications mentionnées à l'article 32.1.

La rémunération de la maintenance ne couvre pas les prestations suivantes, qui restent à la charge de l'acheteur :

— la livraison ou l'échange des fournitures consommables ou d'accessoires, la peinture et le nettoyage extérieur du matériel ;

— les modifications demandées par l'acheteur aux spécifications du matériel prévues par le marché ;

— la réparation des défauts de fonctionnement dus à une faute de l'acheteur ou causées par un emploi du matériel non conforme aux règles figurant dans les documents fournis par le titulaire ;

— la réparation des défauts de fonctionnement causés par les défectuosités de l'installation incombant à l'acheteur ;

— la réparation des défauts de fonctionnement causés par une adjonction de matériel d'autre origine, par une personne autre que le titulaire ou une personne désignée par lui, pour effectuer cette adjonction.

10.2. Détermination des prix de règlement :

10.2.1. Lorsque le marché prévoit que le prix à payer résulte de l'application d'une disposition réglementaire, d'un barème, d'un tarif, d'un cours, d'une mercuriale, d'un indice, d'un index ou de tout autre élément établi en dehors du marché, sans précision de date, l'élément à prendre en considération est celui qui est en vigueur :

— le jour de la livraison ou de la fin d'exécution de la prestation, si celles-ci sont effectuées dans le délai prévu par l'acheteur ou si l'acheteur n'a pas fixé de délai ;

— à la date limite prévue par l'acheteur pour la livraison ou la fin d'exécution de la prestation, lorsque le délai prévu est dépassé.

10.2.2. Lorsque le marché prévoit une révision des prix, ceux-ci sont révisés à la date ou selon la périodicité prévue par les documents particuliers du marché.

Toutefois, lorsque le marché a pour objet l'achat de matières premières agricoles et alimentaires ou nécessite pour sa réalisation le recours à une part importante de fournitures, notamment de matières premières, dont le prix est directement affecté par les fluctuations de cours mondiaux, il est procédé à une révision des prix au minimum tous les trois mois à compter de la date de notification du marché. Les conditions de révision des prix sont fixées par les documents particuliers du marché.

Les prix à payer sont ceux applicables à la date de la livraison ou de la fin d'exécution des prestations.

10.2.3. Lorsque les prix sont révisables, le coefficient de révision est arrondi au millième supérieur.

> *Commentaires.*
>
> Le code de la commande publique impose que certains marchés fixent une formule de révision des prix.

10.2.4. Sauf stipulation contraire dans les documents particuliers du marché, la date d'établissement du prix initial correspond à la date de remise de l'offre par le titulaire. Lorsque la procédure de passation a donné lieu à une négociation ou un dialogue compétitif, la date à prendre en compte est la date de remise de l'offre finale par le titulaire.

Art. 11 *Précisions sur les modalités de règlement.*

11.1. Avances :

Le présent article comprend deux options alternatives, A et B.

Les documents particuliers du marché précisent l'option retenue ; à défaut l'option A s'applique.

Option A

A. 11.1. Le titulaire ou son sous-traitant admis au paiement direct bénéficient d'une avance calculée en application du code de la commande publique dès lors que le marché respecte les conditions mentionnées à l'article R. 2191-3 ou que le marché de défense ou de sécurité respecte les conditions mentionnées à l'article R. 2391-1.

Lorsque le titulaire ou le sous-traitant est une petite ou moyenne entreprise au sens du code de la commande publique, le taux de l'avance mentionné à l'article R. 2191-10 est fixé à 20 % ou à un taux supérieur fixé par les documents particuliers du marché.

Lorsque le titulaire ou le sous-traitant n'est pas une petite ou moyenne entreprise au sens du code de la commande publique, le taux de l'avance est fixé par les documents particuliers du marché et, à défaut, au taux minimal prévu à l'article R. 2191-7 du code de la commande publique pour les marchés ou par l'article R. 2391-4 pour les marchés de défense ou de sécurité.

L'avance est versée et remboursée selon les dispositions du code de la commande publique.

Option B

B.11.1. Lorsqu'en application du code de la commande publique, le titulaire ou son sous-traitant admis au paiement direct bénéficie d'une avance, le taux de l'avance correspond aux taux minimums prévus à l'article R. 2191-7 du code de la commande publique pour les marchés ou à l'article R. 2391-4 pour les marchés de défense ou de sécurité, ou à un taux supérieur prévu par les documents particuliers du marché.

L'avance est versée et remboursée selon les dispositions du code de la commande publique.

11.2. Acomptes :

Lorsque le marché fixe uniquement la périodicité des acomptes, le montant de chacun d'eux est déterminé par l'acheteur, sur la base du descriptif des prestations effectuées et de leur montant produit par le titulaire. Chaque acompte fait l'objet d'une demande de paiement.

11.3. Contenu de la demande de paiement :

11.3.1. Lorsque le titulaire remet à l'acheteur une demande de paiement, il y joint les pièces nécessaires à la justification du paiement prévues par les documents particuliers du marché.

11.3.2. La demande de paiement est datée. Elle mentionne les références du marché ainsi que, selon le cas :

— le montant des prestations admises, établi conformément aux stipulations du marché, hors TVA et, le cas échéant, diminué des réfactions fixées conformément aux stipulations de l'article 30.3 ;

— la décomposition des prix forfaitaires et le détail des prix unitaires, lorsque l'indication de ces précisions est prévue par les documents particuliers du marché ou que, eu égard aux prescriptions du marché, les prestations ont été effectuées de manière incomplète ou non conforme ;

— lorsqu'un paiement est prévu à l'issue de certaines étapes de l'exécution du marché, le montant correspondant à la période en cause ;

— le détail des calculs, avec justifications à l'appui, de l'application des coefficients d'actualisation ou de révision des prix ;

— en cas de groupement conjoint, pour chaque membre du groupement, le montant des prestations effectuées par celui-ci ;

— en cas de sous-traitance, la nature des prestations exécutées par le sous-traitant, leur montant total hors TVA, leur montant toutes taxes comprises ainsi que, le cas échéant, les variations de prix établies hors TVA et toutes taxes comprises ;

— le cas échéant, les indemnités, primes et retenues autres que la retenue de garantie, établies conformément aux stipulations du marché.

11.3.3. La demande de paiement précise les éléments assujettis à la TVA, en les distinguant selon le taux applicable.

11.3.4. Les prix unitaires peuvent être fractionnés pour tenir compte des prestations en cours d'exécution.

11.3.5. Les prix forfaitaires peuvent être fractionnés, si la prestation ou la partie de prestation à laquelle le prix se rapporte n'est pas achevée. Une fraction du prix, qui est égale au pourcentage d'exécution de la prestation, est dans ce cas déterminée en faisant application, si l'acheteur le demande, de la décomposition des prix mentionnée à l'article 11.3.2.

11.3.6. Le titulaire établit sa demande de paiement suivant le modèle ou selon les modalités fixés par les documents particuliers du marché.

11.3.7. En cas d'exécution de prestations aux frais et risques du titulaire défaillant, le surcoût supporté par l'acheteur est déduit des sommes dues au titulaire au titre des prestations admises. Ce surcoût correspond à la différence entre le prix que l'acheteur aurait dû régler au titulaire pour la réalisation des prestations et le prix effectivement payé pour l'exécution de celles-ci à la place du titulaire défaillant.

11.4. Calcul du montant dû par l'acheteur au titre des prestations fournies :

11.4.1. Le montant des sommes dues peut être établi sur la base de constats contradictoires, lorsque le CCAP ou tout autre document qui en tient lieu le prévoit.

11.4.2. Lorsque le marché prévoit le versement d'acomptes, à l'achèvement de certaines étapes de l'exécution des prestations, et qu'il indique la quotité du prix à régler à l'achèvement de chacune d'elles, la demande de paiement comprend :

— pour chaque partie du marché exécutée, la quotité correspondante ;

— pour chaque partie du marché entreprise, après accord de l'acheteur, une fraction de la quotité correspondante, égale au pourcentage d'exécution des prestations de la partie en cause.

11.5. Remise de la demande de paiement :

11.5.1. La remise d'une demande de paiement intervient :

— soit aux dates prévues par le marché ;

— soit après l'admission des prestations, conformément aux stipulations du marché ;

— soit au début de chaque mois pour les prestations effectuées le mois précédent, dans le cas des prestations qui s'effectuent de façon continue. Le titulaire notifie alors à l'acheteur une demande de paiement mensuelle établissant le montant total, arrêté à la fin du mois précédent, des sommes auxquelles il peut prétendre du fait de l'exécution du marché depuis le début de celui-ci ;

— soit aux dates prévues pour le versement d'acomptes.

11.5.2. La demande de paiement peut indiquer les fournitures qui, en application des stipulations du marché ou d'un commun accord entre les parties, sont payées, alors même qu'elles restent en stockage chez le titulaire.

11.6. Acceptation de la demande de paiement par l'acheteur :

L'acheteur accepte ou rectifie la demande de paiement. Il la complète, éventuellement, en faisant apparaître notamment les avances à rembourser, les primes et les réfactions imposées.

Il arrête le montant de la somme à régler. Si ce montant est différent de celui figurant dans la demande de paiement, il notifie le montant qu'il a ainsi arrêté au titulaire.

11.7. Paiement pour solde et règlements partiels définitifs :

11.7.1 La demande de paiement est adressée à l'acheteur après la décision d'admission.

La demande de paiement peut également donner lieu à un règlement partiel définitif des prestations exécutées, dans le cas où les documents particuliers du marché ont prévu des paiements à l'issue de l'exécution de certaines parties des prestations prévues par le marché.

11.7.2. Si, après avoir été mis en demeure de le faire, le titulaire ne produit pas sa demande de paiement, dans un délai de quarante-cinq jours courant à compter de l'admission des prestations, l'acheteur peut procéder d'office à la liquidation, sur la base d'un décompte établi par ses soins. Ce décompte est notifié au titulaire.

11.7.3 En cas de contestation sur le montant des sommes dues, l'acheteur règle les sommes qu'il a admises. Après résolution du désaccord, il procède, le cas échéant, au paiement d'un complément, majoré, s'il y a lieu, des intérêts moratoires.

11.8. Facturation électronique :

11.8.1. Lorsque le titulaire ou son sous-traitant admis au paiement direct est tenu, en application *du code de la commande publique*, de transmettre les demandes de paiement sous forme électronique, il les transmet selon les modalités prévues par ce même code. Les modalités pratiques d'exécution sont prévues dans les documents particuliers du marché.

La demande de paiement peut être refusée par l'acheteur lorsque celle-ci méconnait les obligations de dématérialisation des factures à la charge du titulaire et de ses sous-traitants admis au paiement direct. Au préalable, l'acheteur doit avoir informé le titulaire et les sous-traitants admis au paiement direct, dans les conditions prévues à l'article 3.1, de l'obligation à sa charge de transmission des factures sous forme électronique et l'avoir invité à s'y conformer.

11.8.2. Lorsqu'un tiers au titulaire est habilité à recevoir des demandes de paiement, il est tenu, pour l'exercice de cette mission, de s'intégrer et de se conformer au portail de facturation utilisé par l'acheteur lorsque ce portail le permet. Les modalités pratiques d'habilitation des tiers pour accéder aux outils ministériels sécurisés sont prévues dans les documents particuliers du marché.

Art. 12 *Règlement en cas de groupement d'opérateurs économiques ou de sous-traitance.*

12.1. Groupements d'opérateurs économiques :

12.1.1. En cas de groupement conjoint, chaque membre du groupement perçoit directement les sommes se rapportant à l'exécution de ses propres prestations.

12.1.2. En cas de groupement solidaire, le paiement est effectué sur un compte unique, ouvert au nom des membres du groupement ou du mandataire, sauf si le marché prévoit une répartition des paiements entre les membres du groupement et indique les modalités de cette répartition.

12.1.3. Quelle que soit la forme du groupement, le mandataire est seul habilité à présenter à l'acheteur la demande de paiement. En cas de groupement conjoint, la demande de paiement présentée par le mandataire est décomposée en autant de parties qu'il y a de membres du groupement à payer séparément. Chaque partie fait apparaître les renseignements nécessaires au paiement du membre du groupement concerné.

12.1.4. Le mandataire est seul habilité à formuler ou à transmettre les réclamations de membres du groupement.

12.2. Sous-traitants :

Les prestations exécutées par les sous-traitants, dont les conditions de paiement ont été agréées par l'acheteur, sont payées dans les conditions financières prévues par le marché ou par un acte spécial.

CHAPITRE III DÉLAIS

Art. 13 *Délai d'exécution.*

> *Commentaires.*
>
> Tous les délais inscrits au marché pour un lot, une tranche, un bon de commande ou un ordre de service identifié bénéficient des règles énoncées ci-dessous.

13.1. Début du délai d'exécution :

13.1.1. Sauf stipulation contraire dans les documents particuliers du marché, le délai d'exécution du marché part de la date de sa notification.

13.1.2. Le délai d'exécution du bon de commande part de la date de sa notification sauf si le bon de commande prévoit une date différente.

13.1.3. Le délai d'exécution d'une tranche optionnelle part de la date de notification de la décision de son affermissement sauf si cette décision prévoit une date différente.

13.2. Expiration du délai d'exécution :

13.2.1. En cas de livraison ou d'exécution des prestations dans les locaux de l'acheteur, la date d'expiration du délai d'exécution est la date de livraison ou de l'achèvement des prestations.

13.2.2. Lorsque le marché a prévu que l'admission se fera dans les locaux du prestataire, la date d'expiration du délai d'exécution est celle prévue pour l'admission.

13.2.3. En cas de prestations d'études, la date d'expiration du délai d'exécution est la date de présentation des études à l'acheteur, en vue de l'engagement des opérations de vérification.

13.2.4. En cas d'inachèvement des prestations à la date limite de validité du marché ou du bon de commande, le délai d'exécution des prestations expire à la date limite de validité du marché ou du bon de commande.

13.3. Prolongation du délai d'exécution :

13.3.1. Lorsque le titulaire est dans l'impossibilité de respecter les délais d'exécution, du fait de l'acheteur ou du fait d'un évènement ayant le caractère de force majeure, l'acheteur prolonge le délai d'exécution. Le délai ainsi prolongé a les mêmes effets que le délai contractuel.

13.3.2. Pour bénéficier de cette prolongation, le titulaire signale à l'acheteur les causes faisant obstacle à l'exécution du marché dans le délai contractuel. Il dispose, à cet effet, d'un délai de quinze jours à compter de la date à laquelle ces causes sont apparues ou d'un délai courant jusqu'à la fin du marché, dans le cas où le marché arrive à échéance dans un délai inférieur à quinze jours. Il indique, par la même demande, à l'acheteur la durée de la prolongation demandée.

13.3.3. L'acheteur dispose d'un délai de quinze jours, à compter de la date de réception de la demande du titulaire pour lui notifier sa décision, sous réserve que le marché n'arrive pas à son terme avant la fin de ce délai.

La demande de prolongation ne peut être refusée lorsque le retard est dû à l'intervention du prestataire dans le cadre d'un ordre de réquisition.

Sous réserve que le marché n'ait pas lui-même pour objet de répondre à une situation d'urgence impérieuse résultant de circonstances imprévisibles, la demande de prolongation ne peut être refusée, lorsque le retard est dû à l'intervention du prestataire dans le cadre d'un autre marché passé en urgence impérieuse résultant de circonstances imprévisibles.

La durée d'exécution du marché est prolongée de la durée nécessaire à la réalisation des prestations réalisées sur réquisition ou pour les besoins du marché passé en urgence impérieuse.

13.3.4. Aucune demande de prolongation du délai d'exécution ne peut être présentée après l'expiration du délai contractuel d'exécution de la prestation.

Art. 14 *Pénalités.*

14.1. Pénalités pour retard :

14.1.1. Sous réserve des stipulations des articles 13.3 et 21.5, en cas de retard dans l'exécution des prestations par le titulaire, l'acheteur applique des pénalités.

Lorsque l'acheteur envisage d'appliquer des pénalités de retard, il invite, par écrit, le titulaire à présenter ses observations dans un délai de quinze jours. Cette invitation précise le montant des pénalités susceptibles d'être appliquées, le ou les retards concernés ainsi que le délai imparti au titulaire pour présenter ses observations.

A défaut de réponse du titulaire dans ce délai ou si l'acheteur considère que les observations formulées par le titulaire en application du premier alinéa ne permettent pas de démontrer que le retard n'est pas imputable à celui-ci ou à ses sous-traitants, les pénalités pour retard s'appliquent et sont calculées à compter du lendemain du jour où le délai contractuel d'exécution des prestations est expiré.

Cette pénalité est calculée par application de la formule suivante :

P = V * R / 1 000

dans laquelle :

P = le montant de la pénalité ;

V = la valeur des prestations sur laquelle est calculée la pénalité, cette valeur étant égale au montant en prix de base, hors variations de prix et hors du champ d'application de la TVA, de la partie des prestations en retard, ou de l'ensemble des prestations si le retard d'exécution d'une partie rend l'ensemble inutilisable ;

R = le nombre de jours de retard.

14.1.2. Le montant total des pénalités de retard ne peut excéder 10 % du montant total hors taxes du marché, de la tranche considérée ou du bon de commande.

14.1.3 Le titulaire est exonéré des pénalités dont le montant total ne dépasse pas 1 000 € pour l'ensemble du marché.

14.2. Pénalités pour indisponibilité dans les marchés de maintenance :

14.2.1. Un matériel est indisponible lorsque, indépendamment de l'acheteur et en dehors des travaux d'entretien préventif, son usage est rendu impossible soit par le fonctionnement défectueux d'un organe ou dispositif ou d'une fonctionnalité qui y est inclus, soit en raison de l'indisponibilité d'un autre élément du matériel auquel il est lié par des connexions fournies et entretenues par le titulaire et auquel il est soumis pour l'exécution du travail en cours, au moment de l'incident.

14.2.2. L'indisponibilité débute :

— dans le cas d'une maintenance sur le site, au moment de l'arrivée de la demande d'intervention au titulaire. Lorsque l'accès des préposés du titulaire au matériel défaillant est retardé du fait de l'acheteur, l'indisponibilité est suspendue jusqu'au moment où cet accès devient effectif ;

— dans le cas d'une maintenance chez le titulaire, au moment de la remise de l'élément défaillant au titulaire ou à son représentant qualifié, dans un lieu prévu par le marché.

14.2.3. L'indisponibilité s'achève par la remise à disposition de l'acheteur des éléments en état de marche. Toutefois, lorsque les éléments réparés sont à nouveau indisponibles, pour les mêmes causes, dans les huit heures d'utilisation après leur remise en état, la durée d'indisponibilité est décomptée à partir de la constatation de l'indisponibilité initiale.

14.2.4. Le titulaire est tenu de faire connaître à l'acheteur la durée prévisible de l'indisponibilité lorsque celle-ci excède les seuils fixés à l'article 14.2.5.

14.2.5. Sauf cas de force majeure, lorsque la durée d'indisponibilité observée dépasse les seuils ci-après, le titulaire est soumis à des pénalités.

Ces seuils sont fixés à :

— huit heures ouvrées pour une maintenance sur le site ;

— quinze jours consécutifs pour une maintenance chez le titulaire.

La pénalité est calculée par application de la formule suivante :

P = (V * R) / 30 ;

dans laquelle :

P = le montant de la pénalité ;

V = la valeur de la rémunération mensuelle versée au titre de la maintenance ;

R = le nombre de jours de retard.

Art. 15 *Primes.*

15.1. Si les documents particuliers du marché prévoient le versement de primes, ils en précisent les conditions d'attribution ainsi que les modalités de calcul et de versement.

15.2. Le marché peut prévoir des primes pour réalisation anticipée, soit de l'ensemble des prestations, soit de certaines parties des prestations faisant l'objet de délais particuliers ou de dates limites fixés dans le marché calculés conformément à l'article 3.2. Les samedis, les dimanches et les jours fériés ou chômés ne sont pas déduits pour le calcul des primes.

15.3. Une fois le montant des primes déterminé, elles sont versées toutes taxes comprises sans que le titulaire soit tenu de les demander. Elles sont prises en compte et révisées dans les conditions prévues par les règles de paiement et de révision applicables au règlement de la prestation correspondante.

Le montant des primes n'est pas plafonné.

Dans le cas d'un groupement d'opérateurs économiques pour lesquels le paiement est effectué sur des comptes séparés, les primes sont réparties entre les membres du groupement conformément aux indications données par le mandataire.

CHAPITRE IV EXÉCUTION

Art. 16 *Développement durable.*

16.1. Clause d'insertion sociale :

Lorsque les documents particuliers du marché prévoient que le titulaire réalise une action d'insertion permettant l'accès ou le retour à l'emploi de personnes rencontrant des difficultés sociale et/ou professionnelles, leur mise en œuvre s'effectue dans les conditions prévues au présent article, ils précisent *a minima* :

— le périmètre de l'action à réaliser ;

— les coordonnées du facilitateur le cas échéant ;

— les profils de publics éligibles à la clause d'insertion ;

— le volume horaire d'insertion à la charge du titulaire.

L'action d'insertion définie dans les documents particuliers du marché est mise en œuvre dans les conditions prévues par le présent article.

16.1.1. Publics éligibles :

Les personnes visées par l'action d'insertion professionnelle relèvent notamment de l'une des catégories suivantes :

16.1.1.1. Personnes recrutées et accompagnées dans une structure reconnue par l'État :

a) personnes prises en charge dans le secteur adapté ou protégé : salariés des entreprises adaptées, des entreprises adaptées de travail temporaire ou usagers des ESAT ;

b) personnes prises en charge dans les structures d'insertion par l'activité économique (IAE) mentionnée à l'article L. 5132-4 du code du travail, c'est-à-dire :

— mises à disposition par une association intermédiaire (AI) ou une entreprise de travail temporaire d'insertion (ETTI) ;

— salariées d'une entreprise d'insertion (EI), d'un atelier chantier d'insertion (ACI) ;

c) personnes employées par une régie de quartier ou de territoire agréée ;

d) personnes prises en charge dans des dispositifs particuliers, notamment les Établissements Publics d'Insertion de la Défense (EPIDE) et les Écoles de la deuxième Chance (E2C) ;

e) personnes en parcours d'insertion au sein des groupements d'employeurs pour l'insertion et la qualification (GEIQ) ;

f) personnes sous-main de justice employées en régie, dans le cadre du service de l'emploi pénitentiaire de l'agence du travail d'intérêt général et de l'insertion professionnelle (ATIGIP) ou affectées à un emploi auprès d'un concessionnaire de l'administration pénitentiaire.

16.1.1.2. Personnes répondant à des critères d'éloignement du marché du travail :

a) demandeurs d'emploi de longue durée (plus de 12 mois d'inscription au chômage) sans activité ou en activité partielle (moins de 6 mois dans les 12 derniers mois) ;

b) bénéficiaires du RSA en recherche d'emploi ;

c) personnes ayant obtenu la reconnaissance de travailleurs handicapés au sens de l'article L. 5212-13 du code du travail orientés en milieu ordinaire et demandeurs d'emploi fixant la liste des bénéficiaires de l'obligation d'emploi ;

d) bénéficiaires de l'allocation spécifique de solidarité (ASS), de l'allocation adulte handicapé (AAH), de l'allocation d'Insertion (AI), de l'allocation veuvage, ou de l'allocation d'invalidité ;

e) jeunes de moins de 26 ans en recherche d'emploi :

— sans qualification (infra niveau 3, soit niveau inférieur au CAP/BEP) et sortis du système scolaire depuis au moins 6 mois ;

— diplômés, justifiant d'une période d'inactivité de 6 mois depuis leur sortie du système scolaire ou de l'enseignement supérieur ;

f) demandeurs d'emploi seniors (plus de 50 ans) ;

g) jeunes en suivi renforcé de type PACEA, SMA, SMV, en sortie de dispositif Garantie Jeunes ;

h) habitants des quartiers prioritaires de la politique de la ville éloignés de l'emploi ;

i) personnes ayant le statut de réfugié ou bénéficiaires de la protection subsidiaire ;

j) personnes rencontrant des difficultés particulières sur proposition motivée de Pôle emploi, des maisons de l'emploi, des plans locaux pour l'insertion et l'emploi (PLIE), des missions locales, de Cap emploi ou des maisons départementales des personnes handicapées (MDPH).

L'éligibilité des publics doit être établie préalablement à la mise en œuvre du dispositif et à la réalisation des heures d'insertion.

16.1.2. Modalités de mise en œuvre de l'action d'insertion professionnelle du titulaire :

Le titulaire s'engage à réaliser une action d'insertion, au minimum à hauteur des objectifs horaires d'insertion fixés dans les documents particuliers du marché. L'ensemble des actions mises en œuvre doivent intervenir durant la période d'exécution du marché.

Si la formation fait partie du contrat de travail (contrat de professionnalisation, contrat d'apprentissage, etc.), les heures de formation sont comptabilisées au titre des heures d'insertion.

(Arr. du 30 sept. 2021, art. 2) « L'action d'insertion professionnelle peut être mise en œuvre par le titulaire selon une ou plusieurs des modalités suivantes :

« — par une embauche directe en contrat à durée indéterminée (CDI), en contrat à durée déterminée (CDD) par l'entreprise titulaire, ou en contrats en alternance (contrat de professionnalisation ou contrat d'apprentissage). Les heures effectuées par les personnes en insertion via l'embauche directe sont comptabilisées durant l'exécution du marché à compter de la date d'embauche et pour une période maximale de deux ans ;

« — par la mise à disposition de salariés en insertion via le recours à une association intermédiaire (AI), ou à une entreprise de travail temporaire d'insertion (ETTI), ou à une entreprise de travail temporaire adapté (ETTA), ou à un groupement d'employeurs pour l'insertion et la qualification (GEIQ), ou à une entreprise de travail temporaire (ETT) ;

« — par le recours à la sous-traitance ou au groupement d'opérateurs économiques avec une entreprise d'insertion (EI), un atelier chantier d'insertion (ACI) ou une entreprise adaptée (EA), un établissement et service d'aide par le travail (ESAT), une entreprise d'insertion par le travail indépendant (EITI), ou un travailleur indépendant handicapé (TIH).

« En cas de groupement d'opérateurs économiques, le mandataire du groupement est l'interlocuteur unique de l'acheteur pour le suivi d'exécution de la clause d'insertion. Cette mission peut également être confiée, le cas échéant, à un facilitateur identifié dans les documents particuliers du marché.

« A l'issue du marché, le titulaire s'engage à étudier toutes les possibilités d'embauche ultérieure des personnes en insertion. »

16.1.3. Globalisation des heures d'insertion :

Si, dans un même bassin d'emploi, le titulaire est attributaire d'un ou plusieurs autres marchés comportant une clause d'insertion sociale, le titulaire peut solliciter auprès de l'acheteur la globalisation des heures d'insertion, afin de favoriser le parcours d'insertion des personnes éloignées de l'emploi. Celle-ci doit être définie dans les documents particuliers du marché.

16.1.4. Intervention d'un facilitateur :

Afin de faciliter la mise en œuvre de la démarche d'insertion, le titulaire peut bénéficier de l'accompagnement d'un facilitateur dont les coordonnées sont précisées dans les documents particuliers du marché.

16.1.4.1. Dans le cadre du marché, le facilitateur a pour mission notamment :

— d'accompagner le titulaire dans la définition du besoin de recrutement (nature du poste, compétence...) et de lui proposer les modalités les plus appropriées de mise en œuvre de la clause d'insertion (embauche directe, mise à disposition, etc.) ;

— d'identifier les publics susceptibles de répondre au besoin du titulaire ;

— d'organiser le suivi des publics ;

— de mesurer et de communiquer auprès de l'acheteur et du titulaire sur les réalisations obtenues dans le cadre du marché.

16.1.4.2. Le titulaire désigne un correspondant opérationnel pour le suivi des actions d'insertion professionnelle, interlocuteur privilégié de l'acheteur et du facilitateur.

Le titulaire transmet à l'acheteur, et le cas échéant au facilitateur, dès lors que l'acheteur lui a communiqué les coordonnées du facilitateur, tous renseignements utiles permettant le contrôle et le suivi de l'exécution de la clause d'insertion sociale.

Ces informations, ainsi que la fréquence de leur transmission, sont précisées dans les documents particuliers du marché.

16.1.4.3. A l'initiative de l'acheteur, une réunion de mise au point de l'action d'insertion est organisée avec le titulaire et, le cas échéant, le facilitateur.

Elle est mise en place après notification du marché selon un délai précisé dans les documents particuliers du marché.

Durant toute la période d'exécution du marché, l'acheteur peut organiser avec le titulaire et, le cas échéant le facilitateur, des réunions de suivi de la clause d'insertion.

> *Commentaires.*
> Les renseignements utiles détaillés dans les documents particuliers du marché par le titulaire sont notamment : date d'embauche, type de contrat, poste occupé, justificatif de l'éligibilité des personnes recrutées, attestation trimestrielle d'heures d'insertion adressée au facilitateur, récapitulatif des factures, etc.

16.1.4.4. Le titulaire notifie à l'acheteur toute difficulté pour assurer son engagement. Dans ce cas, l'acheteur, et le cas échéant le facilitateur, étudie avec le titulaire les moyens à mettre en œuvre pour atteindre les objectifs d'insertion.

En cas de difficultés économiques, établies par un faisceau d'indices, l'entreprise attributaire peut demander à l'acheteur la suspension ou la suppression de la clause d'insertion sociale.

En cas de difficultés économiques qui se traduisent par le recours à de l'activité partielle, à l'engagement d'une procédure de licenciement pour motif économique ou à l'ouverture d'une procédure de redressement judiciaire, l'acheteur annule la clause d'insertion sociale. Cette annulation est subordonnée à la communication d'une copie des documents afférents à ces difficultés, transmis à la DIRECCTE ou au juge.

16.1.4.5. Il est procédé au contrôle de l'exécution de l'action d'insertion pour laquelle le titulaire s'est engagé, tout au long de l'exécution des prestations :

— le titulaire, ou le cas échéant le facilitateur, établit pendant toute la durée du marché un bilan annuel sur la base des bilans transmis à l'acheteur ;

— le titulaire, ou le cas échéant le facilitateur, rédige un bilan final dans le mois précédant la fin de l'exécution du marché transmis à l'acheteur.

Ces bilans portent sur les aspects quantitatif et qualitatif de l'action d'insertion.

16.1.5. Pénalités pour non-respect de la clause d'insertion sociale :

Le titulaire se voit appliquer une pénalité forfaitaire dont le montant est fixé par les documents particuliers du marché après mise en demeure restée infructueuse. Lorsque le titulaire a informé l'acheteur de difficultés dans la mise en œuvre du présent article 16, la pénalité ne s'applique pas à la part des heures d'insertion initialement prévues pour lesquelles l'acheteur ou le facilitateur ne sont pas parvenus à trouver un moyen pour le titulaire d'y recourir.

En cas d'absence injustifiée à une réunion de suivi de l'exécution de la clause d'insertion sociale, le titulaire se voit appliquer, après mise en demeure restée infructueuse de justifier son absence, une pénalité forfaitaire dont le montant est fixé par les documents particuliers du marché.

En cas de non-transmission, ou transmission partielle, ou retard de transmission des documents et attestations propres à permettre le contrôle de l'exécution de l'action d'insertion professionnelle (notamment justificatifs d'éligibilité des publics et justificatifs des missions confiées et heures réalisées), le titulaire se voit appliquer, pour chaque manquement, et après avoir été mis en demeure d'y remédier, une pénalité forfaitaire dont le montant est fixé par les documents particuliers du marché.

> *Commentaires.*
> Le recours à la sous-traitance n'exonère pas le titulaire de ses obligations en matière de clause d'insertion. S'il peut partager une partie de l'effort d'insertion, il restera responsable de leur bonne exécution et de la bonne remontée d'information. Les pénalités sont supportées par le titulaire. Il appartient à ce dernier de prévoir dans le contrat de sous-traitance les stipulations qui permettront de responsabiliser son sous-traitant.

16.2. Clause environnementale générale :

16.2.1. Les documents particuliers du marché précisent les obligations environnementales du titulaire dans l'exécution du marché. Ces obligations doivent être vérifiables selon des méthodes objectives, et faire l'objet d'un contrôle effectif.

> *Commentaires.*
> Les documents particuliers du marché peuvent notamment prendre en compte, sur l'ensemble du cycle de vie des produits ou services acquis, selon la nature de l'achat :
> — la réduction des prélèvements des ressources ;
> — *la composition des produits* et notamment leur caractère écologique / polluant / toxique ;
> — les actions en faveur du réemploi, de la réutilisation, du reconditionnement, de l'intégration de matières recyclées et du recyclage ;
> — les économies d'énergie et le développement des énergies renouvelables ;
> — la prévention de la production des déchets et leur orientation vers des filières de valorisation ;

— les pratiques environnementales appliquées aux modalités d'exécution des prestations et notamment les politiques de réduction des émissions de gaz à effet de serre et d'amélioration de la qualité de l'air ;
— la réduction des impacts sur la biodiversité ;
— la sensibilisation des intervenants aux problématiques environnementales liées à l'exécution du marché.

16.2.2. Le titulaire s'assure du respect par ses sous-traitants des obligations environnementales fixées par le marché.

16.2.3. En cas de non-respect des obligations prévues au présent 16.2, le titulaire se voit appliquer pour chaque manquement, après mise en demeure restée infructueuse, une pénalité dont le montant est fixé par les documents particuliers du marché.

Art. 17 *Lieux d'exécution.*

17.1. Le titulaire doit faire connaître à l'acheteur, sur sa demande, le lieu d'exécution des prestations. L'acheteur peut en suivre sur place le déroulement. L'accès aux lieux d'exécution est réservé aux seuls représentants de l'acheteur.

Les personnes qu'il désigne à cet effet ont libre accès aux seules zones concernées par l'exécution des prestations prévues par le marché, dans le respect des consignes de sécurité prévues pour le site. Elles sont tenues aux obligations de confidentialité prévues à l'article 5.1.

17.2. Si le titulaire entrave l'exercice du droit de contrôle de l'acheteur en cours d'exécution du marché, il encourt les sanctions prévues à l'article 41.

Art. 18 *Matériels, objets et approvisionnements confiés au titulaire.*

18.1. Lorsque les documents particuliers du marché prévoient la remise au titulaire de matériels ou d'objets à réparer, à modifier ou à entretenir ainsi que d'approvisionnements, c'est-à-dire de produits finis ou semi-finis ou de matières premières, les matériels, objets et les approvisionnements non consommés sont restitués au lieu et à la date fixés par les documents particuliers du marché.

Un constat contradictoire est établi pour contrôler l'état du matériel, de l'objet ou de l'approvisionnement, au moment de leur mise à disposition du titulaire. Ce constat est signé par les deux parties. Il mentionne la valeur du matériel.

La date effective de la mise à disposition est celle du constat contradictoire.

18.2. Le titulaire est responsable de la conservation, de l'entretien et de l'emploi de tout matériel, objet ou approvisionnement qui lui est confié dès que ce matériel, objet ou approvisionnement est mis effectivement à sa disposition. Il ne peut en disposer qu'aux fins prévues par le marché.

Les documents et la formation éventuellement nécessaires pour l'emploi de tout matériel, objet ou approvisionnement qui est confié au titulaire sont fournis dès leur mise à sa disposition par l'acheteur.

18.3. Le titulaire est tenu de faire assurer, à ses frais, préalablement à leur mise à sa disposition et tant qu'il en dispose, les matériels, les objets et les approvisionnements qui lui ont été confiés et d'être en mesure, à tout moment de l'exécution du marché, de justifier qu'il s'est acquitté de cette obligation d'assurance.

18.4. Les frais et risques de transport des matériels, objets et approvisionnements qui doivent être restitués à l'acheteur sont à la charge du titulaire.

18.5. Un constat contradictoire est établi lors de la restitution du matériel, objet ou approvisionnement à l'acheteur. Si le titulaire ne peut restituer en bon état un matériel, un objet ou un approvisionnement non consommé, pour quelque motif que ce soit, l'acheteur décide, après s'être informé des possibilités du titulaire, de la mesure de réparation à appliquer : remplacement, remise en état ou remboursement.

Dans le cas d'un remboursement, la valeur prise en compte sera la valeur résiduelle à la date de la disparition du bien ou du sinistre.

18.6. A défaut de restitution, de remplacement, de remise en état ou de remboursement dans les délais prévus aux documents particuliers du marché, l'acheteur peut suspendre le paiement des sommes dues au titre des prestations en cause, dans la limite de la valeur résiduelle des biens concernés, jusqu'à ce que la restitution, le remplacement, la remise en état ou le remboursement soient effectivement opérés.

18.7. Outre les mesures de réparation mentionnées ci-dessus, le marché peut être résilié dans les conditions prévues à l'article 41, en cas de non-restitution, de détérioration ou d'utilisation abusive du matériel, de non-remplacement, de non-réparation ou de non-remboursement des objets confiés ou des approvisionnements non consommés.

Art. 19 *Aménagement des locaux destinés à l'installation du matériel objet du marché.*

L'acheteur aménage, à ses frais, les locaux destinés à l'installation du matériel et, le cas échéant, après consultation du titulaire, pourvoit à leur maintenance et à leur approvisionnement en fluides.

L'acheteur informe le titulaire de la disponibilité des locaux. Cette information doit être faite quinze jours, au moins, avant la livraison du matériel.

Ces aménagements doivent être terminés avant la date prévue pour la livraison.

Art. 20 *Stockage, emballage, transport et gestion des déchets.*

20.1. Stockage :

20.1.1. Si les documents particuliers du marché prévoient l'obligation pour le titulaire de stocker des matériels dans ses locaux, celui-ci assume à leur égard la responsabilité du dépositaire durant un délai précisé par les documents particuliers du marché et courant à compter de leur admission.

20.1.2. Lorsque le stockage est effectué dans les locaux de l'acheteur, celui-ci assume la responsabilité du dépositaire jusqu'à la décision d'admission.

20.2. Emballage :

20.2.1. La qualité des emballages doit être appropriée aux conditions et modalités de transport prévues par les documents particuliers du marché. Elle est de la responsabilité du titulaire.

Lorsque cela n'est pas de nature à contrevenir aux règles sanitaires et d'hygiène, le titulaire utilise des contenants réutilisables, recyclés, recyclables ou réemployés. Il veille également, dans la mesure du possible, à en réduire les quantités, en volume et en poids. Le titulaire s'engage, lorsque cela est compatible avec les besoins de l'acheteur et les spécificités des produits, à privilégier la livraison en vrac plutôt que par unité distincte.

20.2.2. Sauf stipulation contraire dans les documents particuliers du marché, et lorsque cela n'est pas de nature à contrevenir aux règles sanitaires et d'hygiène, les emballages restent la propriété du titulaire. Celui-ci les collecte en vue de leur recyclage ou de leur réutilisation.

20.3. Transport :

Le transport s'effectue, sous la responsabilité du titulaire, jusqu'au lieu de livraison. Le conditionnement, le chargement, l'arrimage et le déchargement sont effectués sous sa responsabilité.

20.4. Gestion des déchets :

La valorisation ou l'élimination des déchets créés lors de l'exécution des prestations est de la responsabilité du titulaire pendant la durée du marché.

Le titulaire veille à ce que soient effectuées les opérations, de collecte, transport, entreposage, tris éventuels et de l'évacuation des déchets créés par les prestations objet du marché vers les sites susceptibles de les recevoir, conformément à la réglementation en vigueur.

Le titulaire est tenu de produire, à la demande de l'acheteur, tout justificatif de traçabilité du traitement des déchets issus de l'exécution de la prestation, qui fasse apparaître une gestion des déchets conforme aux exigences réglementaires, notamment en ce qui concerne les déchets dangereux.

En cas d'absence de production des éléments attestant la traçabilité des déchets, le titulaire se voit appliquer, après mise en demeure restée infructueuse, une pénalité dont le montant est fixé par les documents particuliers du marché.

Art. 21 *Livraison.*

21.1. Le titulaire veille à limiter l'impact environnemental des livraisons et du transport des produits proposés. La planification du transport de ces marchandises doit permettre, lorsque cela est compatible avec les besoins de l'acheteur, d'éviter la circulation pendant les heures de pointe. Le titulaire privilégie le transport groupé des marchandises objets du marché afin de réduire les déplacements des véhicules de livraison. Il favorise les modes de transports les plus respectueux de l'environnement, notamment les véhicules à faibles émissions, les modes de transports doux ou alternatifs à la route.

21.2. Les fournitures livrées par le titulaire doivent être accompagnées d'un bon de livraison ou d'un état, dressé distinctement pour chaque destinataire, et comportant notamment :

— la date d'expédition ;

— la référence à la commande ou au marché ;

— l'identification du titulaire ;

— l'identification des fournitures livrées et, quand il y a lieu, leur répartition par colis ;

— le numéro du ou des lots de fabrication, dans le cas où la réglementation l'impose en matière d'étiquetage.

Chaque colis doit porter de façon apparente son numéro d'ordre, tel qu'il figure sur le bon de livraison ou l'état. Il renferme l'inventaire de son contenu.

21.3. La livraison des fournitures est constatée par la délivrance d'un récépissé au titulaire ou par la signature du bon de livraison ou de l'état, dont chaque partie conserve un exemplaire. En cas d'impossibilité de livrer, celle-ci doit être mentionnée sur l'un de ces documents.

21.4. Si la disposition des locaux désignés entraîne des difficultés exceptionnelles de manutention, non prévues par les documents particuliers du marché, les frais supplémentaires de livraison qui en résultent sont rémunérés distinctement. Ces prestations de manutention donnent lieu à l'établissement d'un avenant.

21.5. Un sursis de livraison peut être accordé au titulaire lorsque, en dehors des cas prévus pour la prolongation du délai à l'article 13.3, une cause qui n'est pas de son fait met obstacle à l'exécution du marché dans le délai contractuel.

Un sursis de livraison peut être également accordé au titulaire s'il justifie de mesures et précautions particulières pour réduire les impacts environnementaux liés aux transports et aux modalités de livraison.

Le sursis de livraison suspend pour un temps égal à sa durée l'application des pénalités pour retard.

Les formalités d'octroi du sursis de livraison sont les mêmes que celles de la prolongation de délai mentionnées à l'article 13.3.

Aucun sursis de livraison ne peut être demandé par le titulaire pour des événements survenus après l'expiration du délai d'exécution du marché, éventuellement déjà prolongé.

Art. 22 *Surveillance en usine.*

22.1. Lorsque les documents particuliers du marché prévoient une surveillance en usine de l'exécution des prestations, le titulaire est tenu de se conformer aux stipulations du présent article.

Il doit faire connaître à l'acheteur les usines ou ateliers dans lesquels se dérouleront les différentes phases d'exécution des prestations. Il s'engage à procurer le libre accès de ces usines ou ateliers à l'acheteur et à mettre gratuitement à sa disposition les moyens nécessaires à l'accomplissement de sa mission.

22.2. Le titulaire doit prévenir, en temps utile, l'acheteur de toutes les opérations auxquelles ce dernier a déclaré vouloir assister ; à défaut, l'acheteur peut soit les faire recommencer, soit refuser les prestations soumises à ces opérations, en dehors de son contrôle.

L'acheteur doit être avisé immédiatement de tous événements de nature à modifier le déroulement prévu des opérations.

22.3. Au cours de l'exécution des prestations, l'acheteur signale au titulaire tout élément de la prestation qui n'est pas satisfaisant. L'acheteur peut se faire communiquer tout renseignement et opérer les vérifications qu'il juge nécessaires pour s'assurer que les clauses techniques prévues par le marché sont respectées.

22.4. L'exercice de la surveillance laisse entière la responsabilité du titulaire et ne limite pas le droit de l'acheteur de refuser les prestations reconnues défectueuses au moment des opérations de vérification.

22.5. Les agents de l'acheteur et les personnes mandatées par lui, qui ont, du fait de leurs fonctions, connaissance des moyens de fabrication ou de toute autre information relative au titulaire, sont soumis à l'obligation de confidentialité mentionnée à l'article 5.1

Leurs frais de déplacement et leur rémunération, exposés dans le cadre de ces opérations de surveillance, sont en totalité à la charge de l'acheteur.

Commentaires.

Pour des raisons déontologiques, l'acheteur veille à ne pas mandater un concurrent du titulaire pour auditer ce dernier pour l'application du présent article.

Art. 23 *Prestations supplémentaires ou modificatives.*

23.1. Pendant l'exécution du marché, l'acheteur peut prescrire au titulaire, par ordre de service, des prestations supplémentaires ou modificatives après consultation de ce dernier ou accepter les modifications qu'il propose.

Le titulaire ne doit apporter aucune modification aux spécifications techniques sans autorisation préalable de l'acheteur.

Commentaires.

Ces modifications ne peuvent changer l'objet du marché ou modifier substantiellement les caractéristiques techniques de l'offre présentée par le titulaire lors de la mise en concurrence.

23.2. Lorsque le marché n'a pas prévu de prix pour les prestations supplémentaires ou modificatives demandées par l'acheteur au titulaire, l'ordre de service mentionné à l'article 23.1 fixe provisoirement les prix nouveaux retenus pour le règlement des prestations supplémentaires ou modificatives.

23.3. Ces prix provisoires, permettant une juste rémunération du titulaire, sont arrêtés par l'acheteur après consultation du titulaire. Ils sont utilisés pour le règlement des acomptes jusqu'à la fixation du prix définitif. Le titulaire est réputé avoir accepté les prix provisoires si, dans le délai de trente jours suivant l'ordre de service qui lui a notifié ces prix, il n'a pas présenté d'observation à l'acheteur en indiquant, avec toutes justifications utiles, les prix qu'il propose. En cas de désaccord, l'acheteur règle provisoirement les sommes qu'il admet.

Lorsque l'acheteur et le titulaire sont d'accord pour arrêter les prix définitifs, ceux-ci font l'objet d'un avenant, sauf si les prix sont devenus définitifs dans le silence du titulaire en application de l'alinéa précédent.

23.4. Le titulaire n'est pas tenu de se conformer à un ordre de service mentionné à l'article 23.2 lorsque cet ordre de service n'a fait l'objet d'aucune valorisation financière.

Un tel refus d'exécuter opposé par le titulaire n'est toutefois recevable que s'il est notifié par écrit, avec les justifications nécessaires, à l'acheteur, dans le délai de quinze jours suivant la notification de l'ordre de service prescrivant les prestations.

Art. 24 *Suspension des prestations en cas de circonstances imprévisibles.*

24.1. Lorsque la poursuite de l'exécution du marché est rendue temporairement impossible du fait d'une circonstance que des parties diligentes ne pouvaient prévoir dans sa nature ou dans son ampleur ou du fait de l'édiction par une autorité publique de mesures venant restreindre, interdire, ou modifier de manière importante l'exercice de certaines activités en raison d'une telle circonstance, la suspension de tout ou partie des prestations est prononcée par l'acheteur. Lorsque la suspension est demandée par le titulaire, l'acheteur se prononce sur le bien-fondé de cette demande dans les meilleurs délais.

24.2. Dans un délai adapté aux circonstances et qui ne saurait excéder quinze jours à compter de la décision de suspension des prestations, les parties conviennent des modalités de constatation des prestations exécutées et, le cas échéant, du maintien d'une partie des obligations contractuelles restant à la charge du titulaire pendant la suspension. Dans un délai raisonnable, les parties conviennent également des modalités de reprise de l'exécution et, le cas échéant, des modifications à apporter au marché et des modalités de répartition des surcoûts directement induits par ces événements.

A défaut d'accord entre les parties, le titulaire est tenu, à l'issue de la suspension, de reprendre l'exécution des prestations dans les conditions prévues par le marché et le désaccord est réglé dans les conditions mentionnées à l'article 46.

Art. 25 *Clause de réexamen.*

En cas de circonstance que des parties diligentes ne pouvaient prévoir dans sa nature ou dans son ampleur et modifiant de manière significative les conditions d'exécution du marché, les parties examinent de bonne foi les conséquences, notamment financières, de cette circonstance.

Le cas échéant, les parties conviennent, par avenant, des modalités de prise en charge, totale ou partielle, des surcoûts directement induits par cette circonstance sur la base de justificatifs fournis par le titulaire. Il est tenu compte, notamment :

— des surcoûts liés aux modifications d'exécution des prestations ;

— des conséquences liées à la prolongation des délais d'exécution du marché.

Le titulaire est tenu de demander, en temps utile, qu'il soit procédé à des constatations contradictoires pour permettre à l'acheteur d'évaluer les moyens supplémentaires effectivement mis en œuvre.

Sont exclues de cette évaluation, les augmentations de prix prises en compte dans les index ou indices utilisés pour la révision des prix du marché.

Les surcoûts pris en charge par l'acheteur peuvent faire l'objet d'une avance dans les conditions fixées par les documents particuliers du marché ou dans l'avenant conclu en application du présent article.

Art. 26 *Données indispensables à l'exécution d'une mission de service public.*

Lorsque le marché public a pour objet la gestion d'un service public, le titulaire fournit à l'acheteur sous format électronique, dans un standard ouvert librement réutilisable et exploitable par un système de traitement automatisé, et dans le respect du secret des affaires et des droits de propriété intellectuelle détenus par des tiers, les données et les bases de données collectées ou produites à l'occasion de la gestion du service public faisant l'objet du contrat et qui sont indispensables à son exécution. Les documents particuliers du marché définissent notamment les données, le calendrier de transmission des données à l'acheteur ainsi que les pénalités en cas de non-respect de ces délais.

CHAPITRE V CONSTATATION DE L'EXÉCUTION DES PRESTATIONS – GARANTIE – MAINTENANCE

Art. 27 *Opérations de vérification.*

27.1. Nature des opérations :

Les prestations faisant l'objet du marché sont soumises à des vérifications quantitatives et qualitatives, destinées à constater qu'elles répondent aux stipulations du marché.

Les opérations de vérification sont effectuées dans les conditions prévues par les documents particuliers du marché. A défaut d'indication dans le marché, les opérations de vérification sont effectuées selon les usages de la profession pour les fournitures courantes ou services en cause.

Les matières et objets nécessaires aux essais sont prélevés par l'acheteur sur les prestations livrées au titre du marché.

27.2. Frais de vérification :

27.2.1. Quels que soient les résultats des vérifications, les frais qu'elles entraînent sont à la charge de l'acheteur pour les opérations qui, conformément aux stipulations du marché, doivent être exécutées dans ses propres locaux. Ils sont à la charge du titulaire dans les autres cas.

Toutefois, lorsqu'une des parties a accepté de faire exécuter dans ses propres locaux des essais qui, conformément aux documents particuliers du marché, auraient dû être effectués dans ceux de l'autre partie, les frais correspondants sont à la charge de cette dernière.

27.2.2. Le titulaire avise l'acheteur de la date à partir de laquelle les prestations pourront être présentées en vue de ces vérifications.

27.3. Présence du titulaire :

L'acheteur avise le titulaire des jours et heures fixés pour les vérifications, afin de lui permettre d'y assister ou de se faire représenter.

L'absence du titulaire dûment avisé, ou de son représentant, ne fait pas obstacle au déroulement ou à la validité des opérations de vérification.

Art. 28 *Déroulement des opérations de vérification.*

28.1. L'acheteur effectue, au moment même de la livraison des fournitures ou de l'exécution des services, les opérations de vérification quantitative et qualitative simples qui ne nécessitent qu'un examen sommaire et ne demandent que peu de temps.

Il peut notifier au titulaire sur-le-champ sa décision, qui est arrêtée suivant les modalités précisées à l'article 30.

Il doit le faire sans délai dans le cas de fournitures rapidement altérables. Si aucune décision n'est notifiée, ces fournitures sont réputées admises le jour de leur livraison.

28.2. Les opérations de vérification autres que celles qui sont mentionnées au 1 ci-dessus sont exécutées par l'acheteur, dans les conditions prévues à l'article 29.

Le délai qui lui est imparti pour y procéder et notifier sa décision est de quinze jours. Passé ce délai, la décision d'admission des fournitures ou des services est réputée acquise.

Pour les vérifications effectuées dans les locaux de l'acheteur ou dans tout autre lieu désigné par lui, le point de départ du délai est la date de la livraison ou de mise en service, le cas échéant, en ce lieu.

Pour les vérifications qui, aux termes du marché, sont effectuées dans les locaux du titulaire ou dans tout autre lieu désigné par lui, le point de départ du délai est la date à laquelle le titulaire signale que, sous réserve des stipulations du 3 ci-dessous, la totalité des fournitures ou des services est prête à être vérifiée.

28.3. Dans le cas d'un marché comportant des parties distinctes à livrer, la livraison de chaque partie fait l'objet de vérifications et de décisions distinctes.

Art. 29 *Décisions après vérification.*

29.1. Vérifications quantitatives :

A l'issue des opérations de vérification quantitative, si la quantité fournie ou les prestations de services effectuées ne sont pas conformes aux stipulations du marché, l'acheteur peut décider de les accepter en l'état ou de mettre le titulaire en demeure, dans un délai qu'il prescrit :

— soit de reprendre l'excédent fourni ;

— soit de compléter la livraison ou d'achever la prestation.

La mise en conformité quantitative des prestations ne fait pas obstacle à l'exécution des opérations de vérification qualitatives.

29.2. Vérifications qualitatives :

A l'issue des opérations de vérification qualitative, l'acheteur prend une décision d'admission, d'ajournement, de réfaction ou de rejet dans les conditions prévues à l'article 30.

Art. 30 *Admission, ajournement, réfaction et rejet.*

30.1. Admission :

L'acheteur prononce l'admission des prestations, sous réserve des vices cachés, si elles répondent aux stipulations du marché. L'admission prend effet à la date de notification au titulaire de la décision d'admission ou en l'absence de décision, dans un délai de quinze jours à dater de la livraison ou de l'achèvement de l'exécution du service.

30.2. Ajournement :

30.2.1. Lorsque l'acheteur estime que des prestations ne peuvent être admises que moyennant certaines mises au point, il peut décider d'ajourner l'admission des prestations par une décision motivée. Cette décision invite le titulaire à présenter à nouveau à l'acheteur les prestations mises au point, dans un délai de quinze jours.

Le titulaire doit faire connaître son acceptation dans un délai de dix jours à compter de la notification de la décision d'ajournement. En cas de refus du titulaire ou de silence gardé par lui durant ce délai, l'acheteur a le choix d'admettre les prestations avec réfaction ou de les rejeter, dans les conditions fixées aux 3 et 4 du présent article, dans un délai de quinze jours courant de la notification du refus du titulaire ou de l'expiration du délai de dix jours ci-dessus mentionné.

Le silence gardé par l'acheteur au-delà de ce délai de quinze jours vaut décision de rejet des prestations.

30.2.2. Si le titulaire présente à nouveau les prestations mises au point, après la décision d'ajournement des prestations, l'acheteur dispose à nouveau de la totalité du délai prévu pour procéder aux vérifications des prestations, à compter de leur nouvelle présentation par le titulaire.

30.2.3. Dans le cas où les opérations de vérification ont été effectuées dans les locaux de l'acheteur, le titulaire dispose d'un délai de quinze jours, à compter de la notification de la décision d'ajournement, pour enlever les biens ayant fait l'objet de la décision d'ajournement.

Passé ce délai, les biens vérifiés peuvent être évacués ou détruits par l'acheteur, aux frais du titulaire.

Les prestations ajournées, dont la garde dans les locaux de l'acheteur présente un danger ou une gêne insupportable, peuvent être immédiatement évacuées ou détruites, aux frais du titulaire, après que celui-ci en a été informé.

30.3. Réfaction :

Lorsque l'acheteur estime que des prestations, sans être entièrement conformes aux stipulations du marché, peuvent néanmoins être admises en l'état, il peut les admettre avec réfaction de prix proportionnelle à l'importance des imperfections constatées. Cette décision doit être motivée. Elle ne peut être notifiée au titulaire qu'après qu'il a été mis à même de présenter ses observations.

Si le titulaire ne présente pas d'observations dans les quinze jours suivant la décision d'admission avec réfaction, il est réputé l'avoir acceptée. Si le titulaire formule des observations dans ce délai, l'acheteur dispose ensuite de quinze jours pour lui notifier une nouvelle décision.

A défaut d'une telle notification, l'acheteur est réputé avoir accepté les observations du titulaire et l'admission est réputée sans réfaction.

30.4. Rejet :

30.4.1. Lorsque l'acheteur estime que les prestations ne peuvent être admises en l'état, il en prononce le rejet partiel ou total.

La décision de rejet doit être motivée. Elle ne peut être prise qu'après que le titulaire a été mis à même de présenter ses observations.

30.4.2. En cas de rejet, le titulaire est tenu d'exécuter à nouveau la prestation prévue par le marché.

30.4.3. Le titulaire dispose d'un délai de trente jours à compter de la notification de la décision de rejet pour enlever les prestations rejetées. Lorsque ce délai est écoulé, elles peuvent être détruites ou évacuées par l'acheteur, aux frais du titulaire.

Les prestations rejetées, dont la garde dans les locaux de l'acheteur présente un danger ou une gêne insupportable, peuvent être immédiatement évacuées ou détruites, aux frais du titulaire, après que celui-ci en a été informé.

30.5. Mauvaise qualité ou défectuosité des fournitures ou matériaux :

Lorsque la mauvaise qualité ou la défectuosité des fournitures ou matériaux remis par l'acheteur, et entrant dans la composition des prestations, est à l'origine du défaut de conformité des prestations aux stipulations du marché, l'acheteur ne peut prendre une décision d'ajournement, d'admission avec réfaction ou de rejet :

— si le titulaire a, dans un délai de quinze jours à partir de la date à laquelle il a eu la possibilité de les constater, informé l'acheteur des défauts des approvisionnements, matériels ou équipements remis, réserve faite des vices cachés ne pouvant être décelés avec les moyens dont il dispose ;

— et que l'acheteur a décidé que les approvisionnements, matériels ou équipements devaient néanmoins être utilisés et notifié sa décision au titulaire.

Art. 31 *Transfert de propriété.*

L'admission des prestations entraîne le transfert de propriété.

Si la remise des prestations à l'acheteur est postérieure à leur admission, le titulaire assume, jusqu'à leur remise effective, les obligations du dépositaire.

Art. 32 *Maintenance des prestations.*

32.1. Conditions et modalités de la maintenance :

Si le marché prévoit la maintenance des prestations livrées, celle-ci comprend les interventions demandées par l'acheteur, en cas de fonctionnement défectueux de l'un des éléments faisant l'objet du marché, ainsi que l'entretien préventif.

La maintenance porte également sur les modifications apportées au matériel à l'initiative du titulaire. L'acheteur est préalablement avisé de ces modifications ; il peut s'y opposer, lorsqu'elles rendent nécessaires des changements dans ses processus de fonctionnement, à moins que le titulaire n'assume les frais de ces changements.

L'acheteur s'interdit d'exécuter ou de faire exécuter, sans l'accord du titulaire, toute opération de maintenance autre que celles dont l'exécution lui incombe conformément aux documents particuliers du marché.

Le titulaire garantit que le matériel dont il assure la maintenance reste apte à remplir les fonctions définies dans les documents particuliers du marché.

32.2. Accès aux locaux de l'acheteur pour les opérations de maintenance :

32.2.1. Lorsque la maintenance est effectuée dans les locaux de l'acheteur, les interventions s'effectuent à l'intérieur d'une plage horaire mentionnée dans les documents particuliers du marché et appelée période d'intervention. Le décompte du délai imparti au titulaire pour répondre à une demande d'intervention ne court que pendant la période d'intervention définie dans les documents particuliers du marché.

32.2.2. L'acheteur assure aux préposés du titulaire chargés de la maintenance, et qu'il a agréés, l'accès de ses locaux dans les conditions prévues par ses règlements.

Il peut retirer son agrément par une décision motivée, dont il informe sans délai le titulaire. Pendant leur séjour dans les locaux de l'acheteur, les préposés du titulaire sont assujettis aux règles d'accès et de sécurité, établies et communiquées au titulaire par l'acheteur.

32.3. Maintenance dans les locaux du titulaire :

Lorsque le marché prévoit que la maintenance est effectuée dans les locaux du titulaire, le délai de restitution du matériel est de quinze jours.

Ce délai court de la date d'arrivée de l'élément en panne dans les locaux du titulaire jusqu'à la date d'arrivée de l'élément réparé, ou de l'élément de remplacement, dans les locaux de l'acheteur.

Art. 33 *Garantie.*

33.1. Les prestations font l'objet d'une garantie minimale d'un an. Le point de départ du délai de garantie est la date de notification de la décision d'admission.

33.2. Au titre de cette garantie, le titulaire s'oblige à remettre en état ou à remplacer à ses frais la partie de la prestation qui serait reconnue défectueuse, exception faite du cas où la défectuosité serait imputable à l'acheteur.

Cette garantie couvre également les frais de déplacement de personnel, de conditionnement, d'emballage et de transport de matériel nécessités par la remise en état ou le remplacement, qu'il soit procédé à ces opérations au lieu d'utilisation de la prestation ou que le titulaire ait obtenu que la fourniture soit renvoyée à cette fin dans ses locaux.

Lorsque, pendant la remise en état, la privation de jouissance entraîne pour l'acheteur un préjudice, celui-ci peut exiger un matériel de remplacement équivalent.

33.3. Le délai dont dispose le titulaire pour effectuer une mise au point ou une réparation qui lui est demandée est fixé par les documents particuliers du marché ou, à défaut, par décision de l'acheteur après consultation du titulaire.

33.4. Pendant le délai de garantie, le titulaire doit exécuter les réparations qui lui sont prescrites par l'acheteur. Il peut en demander le règlement s'il justifie que la mise en jeu de la garantie n'est pas fondée.

33.5. Si, à l'expiration du délai de garantie, le titulaire n'a pas procédé aux remises en état prescrites, ce délai est prolongé jusqu'à l'exécution complète des remises en état.

Commentaires.

Les stipulations qui précèdent ne font pas obstacle à ce que les documents particuliers du marché définissent, pour certaines catégories de prestations, des garanties particulières. Dans ce cas, le marché fixe les conditions, modalités et les effets de ces garanties sur les obligations respectives des parties.

CHAPITRE VI PROPRIÉTÉ INTELLECTUELLE

Art. 34 *Définition des résultats.*

Au sens du présent chapitre :

34.1. Les résultats désignent tous les éléments, quels qu'en soient la forme, la nature et le support, qui sont réalisés dans le cadre des prestations du marché, tels que, notamment, les œuvres de l'esprit (en ce compris les logiciels et leur documentation), les bases de données, les marques dessins ou modèles, noms de domaine et autres signes distinctifs, les inventions brevetables ou non au sens du code de la propriété intellectuelle, les données et les informations, et plus généralement tous les éléments protégés ou non par des droits de propriété intellectuelle ou par tout autre mode de protection, tels que le savoir-faire, le secret des affaires, le droit à l'image ou à la voix des personnes ou le droit à l'image des biens.

Les résultats comprennent les éléments réalisés par le titulaire dès l'appel à la concurrence ou toute consultation écrite de l'acheteur en vue de la remise d'une offre et qui sont liés directement à l'objet du présent marché.

Commentaires.

Les résultats couvrent ce qui est élaboré dans le cadre du marché, c'est-à-dire tout ce qui est livré dans le cadre du marché sauf les connaissances antérieures (standards ou non – définies aux articles 34.2 et 34.3). Il peut s'agir des paramétrages d'un logiciel, de développements spécifiques, d'un nouveau logo, d'une formation sur-mesure, d'un procédé nouveau issu d'une prestation de R&D etc. Les notions d'œuvre de l'esprit, de marque, de brevet et de dessins et modèles etc., sont définies par le code de la propriété intellectuelle.

Un logo proposé par le soumissionnaire dans son offre peut être considéré comme un résultat, dès lors qu'il a été conçu pour répondre aux besoins de l'acheteur et que le marché est attribué à ce soumissionnaire.

34.2. Les connaissances antérieures désignent tous les éléments, quels qu'en soient la forme, la nature et le support, qui sont incorporés aux résultats et/ou sont utilisés dans le cadre du marché et qui appartiennent à l'acheteur, au titulaire ou à des tiers, ou qui leurs sont concédés en licence, mais qui ont été réalisés dans un cadre extérieur et indépendamment du marché, tels que notamment les œuvres de l'esprit (en ce compris les logiciels et leur documentation), les bases de données, les marques, noms de domaine et autres signes distinctifs, les dessins ou modèles, les inventions brevetables ou non au sens du code de la propriété intellectuelle, les données et les informations, et plus généralement tous les éléments protégés ou non par des droits de propriété intellectuelle ou par tout autre mode de protection, tels que le savoir-faire, le secret des affaires, le droit à l'image ou à la voix des personnes ou le droit à l'image des biens.

Commentaires.

Des connaissances antérieures sont susceptibles d'être utilisées pour répondre aux besoins de l'acheteur (ex. code source préexistant utilisé pour réaliser une fonctionnalité sans tout redévelopper).

34.3. Les connaissances antérieures standards désignent les connaissances antérieures conçues pour être fournies à plusieurs clients en vue de l'exécution d'une même fonction, tels que les logiciels standards et les autres contenus proposés sous licence standard.

Commentaires.

Il peut s'agir de logiciels standards ou progiciels sur étagère (sous licence dite "propriétaire" ou sous licence libre), d'accès à des bases de données, d'images provenant de banque d'images, etc.

Art. 35 *Régime général des connaissances antérieures et des connaissances antérieures standards.*

La conclusion du marché n'emporte pas transfert des droits de propriété intellectuelle ou des droits de toute autre nature afférents aux connaissances antérieures et aux connaissances antérieures standards.

L'acheteur et le titulaire restent titulaires, chacun en ce qui les concerne, des droits de propriété intellectuelle ou des droits de toute autre nature portant sur les connaissances antérieures. Ils conservent leurs droits propres, dont ceux d'exploitation, portant sur les connaissances antérieures et les connaissances antérieures standards incorporées dans les résultats, en ce compris leur savoir-faire.

Dès lors que le titulaire envisage d'utiliser des connaissances antérieures ou des connaissances antérieures standards, il s'engage à ce qu'elles soient identifiées dans son offre ou en toute hypothèse au fur et à mesure de l'exécution du marché, avant toute intégration et/ou utilisation d'une connaissance antérieure ou d'une connaissance antérieure standard non prévue dans l'offre.

Le titulaire précise l'ensemble des éléments nécessaires à l'utilisation des connaissances antérieures et connaissances antérieures standards par l'acheteur. Pour les connaissances antérieures standards, il précise en outre :

— les informations relatives au donneur de licence ;

— les conditions de la licence ;

— pour les connaissances antérieures standards logicielles sous licence propriétaire, les conditions de maintenance corrective, adaptative et évolutive ;

— pour les logiciels standards sous licence propriétaire qui seraient difficilement remplaçables, les mesures le cas échéant mises en place pour préserver les droits de l'acheteur (séquestre des codes sources par exemple).

A défaut d'identification expresse en tant que connaissance antérieure (standard ou non) dans l'offre ou en cours d'exécution, tout élément livré en exécution du marché est réputé être un résultat. Dans cette hypothèse, le titulaire peut choisir de remplacer l'élément concerné à ses frais afin qu'il soit compatible avec le régime des résultats.

Le titulaire, en sa qualité de professionnel, est seul responsable de l'analyse et du respect du régime juridique des connaissances antérieures et des connaissances antérieures standards qu'il intègre dans le cadre du marché.

Commentaires.

L'opportunité de prévoir, dans les documents particuliers du marché, une clause prévoyant la fourniture des codes sources de logiciels standards propriétaires doit s'apprécier au cas par cas, en fonction du ou des logiciels potentiellement utilisés dans le cadre du marché. La possibilité technique, pour le titulaire, de fournir les codes sources peut en effet dépendre des conditions édictées par l'éditeur du logiciel concerné. L'acheteur est donc invité à adapter le niveau d'exigence des documents du marché avec l'offre technique disponible sur le marché économique.

Art. 36 *Stipulations spécifiques aux connaissances antérieures et connaissances antérieures standards.*

36.1. Connaissances antérieures (hors standards) du titulaire, de tiers et de l'acheteur :

Lorsque le titulaire incorpore des connaissances antérieures dans les résultats ou fournit des connaissances antérieures dans le cadre de l'exécution du marché ou que des connaissances antérieures, sans être incorporées aux résultats, sont strictement nécessaires pour la mise en œuvre des résultats, le titulaire autorise l'acheteur à utiliser les connaissances antérieures pour les mêmes droits, durée, territoire et finalités d'utilisation que ceux prévus dans le régime applicable aux résultats. L'acheteur n'est pas autorisé à utiliser les connaissances antérieures indépendamment de l'utilisation des résultats, sauf si elles sont placées sous un régime d'utilisation qui le permet.

Pour les logiciels, le droit de pouvoir les rétrocéder à tout tiers et de pouvoir les diffuser sous licence libre prévu au bénéfice de l'acheteur sur les résultats ne s'applique pas aux connaissances antérieures, sauf stipulations contraires dans le marché ou si elles sont placées sous un régime d'utilisation qui le permet.

Dans l'hypothèse où une cession à titre exclusif des résultats au profit de l'acheteur est prévue dans le marché, l'exclusivité ne concerne pas les connaissances antérieures, sauf stipulations expresses dans les documents du marché.

L'autorisation d'utiliser les connaissances antérieures est comprise dans le prix du marché.

Au cours de l'exécution du marché, le titulaire ne peut utiliser ou incorporer, sans l'accord préalable de l'acheteur, des connaissances antérieures nécessaires à la réalisation de l'objet du marché qui seraient de nature à limiter ou à rendre plus coûteux l'exercice des droits afférents aux résultats.

Le titulaire ne peut utiliser les connaissances antérieures de l'acheteur que dans le cadre de l'exécution du marché et s'engage à ne pas divulguer les informations confidentielles contenues dans ces connaissances antérieures.

36.2. Connaissances antérieures standards :

Si le titulaire envisage au cours de l'exécution du marché d'utiliser une connaissance antérieure standard non listée dans son offre, il doit obtenir l'accord préalable de l'acheteur.

Les droits d'utilisation sur les connaissances antérieures standards s'appliquent dans les conditions de leur licence, telle qu'acceptée par l'acheteur.

Le prix de cette licence est compris dans le montant du marché pour les utilisations prévues dans le cadre du marché et pour la durée du marché.

Commentaires.

L'utilisation d'une connaissance antérieure standard suppose l'acceptation de sa licence. Le titulaire doit veiller à n'utiliser dans le cadre du marché que des connaissances antérieures standards compatibles avec les besoins de l'acheteur (par exemple : le nombre d'utilisateurs).

Les droits d'adaptation, modification, évolution ainsi que les éventuelles transmissions des droits à des tiers de ces connaissances antérieures standards s'appliquent dans les conditions de leur licence telle qu'acceptée par l'acheteur.

Art. 37 *Régime des résultats.*

37.1. Finalités et besoins d'utilisation des résultats :

37.1.1. Le titulaire accorde au titre du présent article à l'acheteur, les droits nécessaires pour utiliser ou faire utiliser les résultats, en l'état ou modifiés, de façon permanente ou temporaire, en tout ou partie, par tout moyen et sous toutes formes, pour les besoins et finalités d'utilisation exprimés dans les documents particuliers du marché et en toute hypothèse pour les besoins d'utilisation découlant de l'objet des prestations commandées dans le cadre du marché.

Les besoins d'utilisation de l'acheteur comprennent le droit de :

— publier et utiliser les résultats consistant en des documents préparatoires, tels que plans, études préalables ou spécifications, pour la mise en œuvre des besoins auxquels ils répondent ;

— évaluer ou faire évaluer par tout tiers à tout moment les résultats ;

— pouvoir procéder aux opérations d'archivage public ;

— permettre à tout service au sein de la même personne morale que l'acheteur de pouvoir utiliser les résultats dans les mêmes conditions et finalités d'utilisation ;

— assurer ou faire assurer par tout tiers l'évolution de tous résultats, en ce compris réaliser ou faire réaliser par tout tiers, la maintenance (corrective, préventive, adaptative et évolutive) des résultats consistant en des logiciels ;

— transférer les droits sur les résultats à tout tiers bénéficiaire d'un transfert de compétences de l'acheteur.

Pour les résultats qui sont des logiciels, les besoins d'utilisation comprennent en outre, la possibilité de rétrocéder tout droit à tout tiers à quelque titre que ce soit, et à quelques conditions que soit, ainsi que la possibilité de pouvoir les diffuser sous une licence libre/open source.

37.1.2. Le régime de confidentialité des résultats est défini le cas échéant dans les documents particuliers du marché.

37.2. Droits de l'acheteur :

37.2.1. Résultats protégés par un droit de propriété littéraire et artistique.

Le titulaire cède à l'acheteur les droits patrimoniaux des droits d'auteur ou des droits voisins des droits d'auteur afférents aux résultats, pour les finalités et besoins d'utilisation mentionnés au présent article tels qu'applicables au marché.

Cette cession des droits couvre les résultats, à compter de leur livraison et sous condition résolutoire de la réception des prestations, pour le monde entier et pour la durée légale des droits d'auteur ou des droits voisins du droit d'auteur.

Ces droits comprennent, dans le respect des droits moraux, l'ensemble des droits patrimoniaux de reproduction, de représentation et de distribution, et notamment les droits d'utiliser, d'incorporer, d'intégrer, d'adapter, de modifier, d'arranger, de corriger, de traduire les résultats en toutes langues, en tout ou en partie, en l'état ou modifiés pour les finalités et besoins d'utilisation mentionnés au présent article, tels qu'applicables au marché.

Commentaires.

L'exercice des droits patrimoniaux, objet de la cession pour les besoins découlant de l'objet du marché, doit se faire dans le respect des droits moraux de l'auteur.

L'article L. 121-1 du code de la propriété intellectuelle dispose que "l'auteur jouit du droit au respect de son nom, de sa qualité et de son œuvre. Ce droit est attaché à la personne. Il est perpétuel, inaliénable et imprescriptible (...)".

En application de cet article, l'auteur a droit tout particulièrement :

(i) au respect de son nom et de sa qualité. Ce "droit à la paternité" se traduit par l'obligation d'apposer le nom et la qualité de l'auteur sur son œuvre et sur toute reproduction de celle-ci (ex. : apposition du nom de l'architecte sur l'immeuble qu'il a réalisé) ;

(ii) au respect de son œuvre. Ce droit autorise l'auteur à faire sanctionner toute altération, dénaturation de son œuvre. L'adaptation, l'arrangement, la modification sont susceptibles de porter atteinte à l'intégrité de l'œuvre et d'engager la responsabilité de l'acheteur. L'appréciation des éventuelles atteintes au droit au respect de l'œuvre se fait au cas par cas par les juges du fond en fonction de la nature des œuvres et des exploitations réalisées.

Il est recommandé, préalablement aux adaptations, modifications ou arrangements de l'œuvre qui n'auraient pas fait l'objet d'une autorisation spécifique dans les documents particuliers du marché et qui seraient susceptibles d'altérer ou de dénaturer l'œuvre, d'informer le titulaire ou les auteurs des aménagements envisagés.

Le droit de reproduction comporte, dans le respect des droits moraux, notamment le droit de reproduire les résultats, pour quelque usage que ce soit, par quelque procédé que ce soit, connu ou inconnu y compris non prévisible, sur tout support actuel ou futur et sans limitation de nombre tel que papier, électronique, numérique, analogique, magnétique, optique, vidéographique, pour toute exploitation, y compris en réseau sans limitation de nombre, en tout ou partie, en l'état ou modifiés, par tous procédés et sur tous supports.

Le droit de représentation et de distribution comporte, dans le respect des droits moraux, notamment le droit de communication au public et de mise à disposition du public des résultats, en tout ou partie, directement ou indirectement, en l'état ou modifiés, par tous moyens, modes et procédés, connus ou inconnus, sous toute forme, et auprès du public en général ou de catégories de public en particulier, de manière que chacun puisse y avoir accès de l'endroit et au moment qu'il choisit individuellement.

Les droits portant sur les résultats qui ont la forme de logiciels comportent, en outre, notamment les droits d'évaluer, d'observer, de tester, de dupliquer, de charger, d'afficher, de stocker, d'exécuter, de modifier, d'arranger, décompiler, assembler, transcrire tout ou partie des résultats, d'en faire la maintenance préventive, corrective, adaptative et évolutive, d'en réaliser de nouvelles versions ou de nouveaux développements, de le traduire en toute langue, transcrire dans tout langage de programmation, configurer, interfacer avec tout logiciel, base de données, produit informatique, d'en réutiliser les algorithmes à toutes fins, d'en intégrer tout ou partie vers ou dans des œuvres existantes ou à venir, faire tous actes aux fins d'interopérabilité avec d'autres systèmes crées de manière indépendante.

La présente cession est consentie à l'acheteur à titre non exclusif, afin d'accorder au titulaire le droit d'exploiter les résultats conformément à l'article 37.3.

Compte tenu de leur nature, les résultats suivants font l'objet d'une cession à titre exclusif :

1° Les résultats ayant pour objet de distinguer l'identité propre de l'acheteur et/ou de ses services ou produits par rapport aux autres entités, services ou produits (tels que dénominations, logos, slogans, chartes graphiques). La cession comporte pour ces résultats le droit pour l'acheteur, de procéder à tous dépôt ou réservation en tant que marque, nom de domaine, comptes de réseaux sociaux et plus généralement signe distinctif, et/ou de dessin et modèle quels que soient les territoires et les classes de dépôt, ainsi que le droit de distribuer ou commercialiser directement ou indirectement auprès de tout public, sans limite de nombre, tout produit ou service portant les résultats et plus généralement de les utiliser à titre de marque et/ou signes distinctifs ;

2° Les résultats ayant pour objet de promouvoir l'acheteur ses produits et services et plus généralement ses missions de service public (telles que campagnes de promotion, ou de communication) ;

3° Les résultats qualifiés de confidentiels.

Le titulaire s'interdit de déposer ou de réserver notamment à titre de marque ou de signes distinctifs (y compris noms de domaine ou comptes de réseaux sociaux) les résultats mentionnés aux 1° et 2°.

Plus généralement, le titulaire s'interdit de procéder à tout dépôt ou réservation de marque ou de signes distinctifs (y compris noms de domaine ou comptes de réseaux sociaux) pouvant générer un risque de confusion avec l'acheteur, ses services ou produits et s'interdit de déposer ou réserver sur les résultats mentionnés aux 1° et 2° tout droit ou titre de propriété industrielle, en France ou à l'étranger, de nature à limiter ou rendre plus onéreux l'exercice des droits de l'acheteur.

Le prix de cette cession est forfaitairement compris dans le montant du marché.

Commentaires.

La cession à titre non exclusif permet au titulaire d'utiliser les résultats pour ses propres besoins, y compris commercialement.

Compte tenu de leurs spécificités, les résultats ayant pour objet d'identifier l'acheteur, de promouvoir ses produits ou services et ceux qui ne peuvent pas être réutilisés en raison de leur confidentialité sont cédés à titre exclusif.

Le prix prend en compte l'étendue de la cession (durée, territoire...), son caractère exclusif ou non ainsi que l'étendue des exploitations applicables au marché.

37.2.2. Résultats protégés par un droit de propriété industrielle relatif à des inventions et connaissances techniques

Le titulaire informe l'acheteur de tout résultat qui aurait été identifié comme étant raisonnablement susceptible de faire l'objet d'une protection par un titre de propriété industrielle relatif à des inventions et connaissances techniques.

Le titulaire concède à l'acheteur une licence d'utilisation non exclusive des droits de propriété intellectuelle afférents à ces résultats, pour les finalités et besoins d'utilisation mentionnés au présent article tels qu'applicables au marché, comprenant le fait de pouvoir utiliser les résultats pour continuer les recherches.

Cette licence couvre les résultats à compter de leur livraison et sous condition résolutoire de la réception des prestations, pour le monde entier et pour la durée de validité de la protection.

Le prix de cette licence est compris dans le montant du marché.

Le titulaire accomplit toutes les formalités requises pour rendre la licence d'exploitation opposable aux tiers, dans tous les territoires où les droits sont concédés. Le coût de ces formalités est compris dans le montant du marché.

Dans l'hypothèse où le résultat consiste totalement ou partiellement en un nouveau savoir-faire, le titulaire concède une licence sur ce savoir-faire à l'acheteur, pour les finalités et besoins d'utilisation mentionnés au présent article, tels qu'applicables au marché, sous réserve d'en préserver la confidentialité.

Commentaires.

Compte tenu de la spécificité des prestations donnant lieu à des résultats susceptibles de protection par des droits de propriété industrielle relatif à des inventions et connaissances techniques au sens du Code de la propriété intellectuelle, et/ou susceptibles d'être couverts par du savoir-faire, il est recommandé de prévoir dans les documents particuliers du marché les modalités de répartition des droits qui peuvent déroger au régime proposé par défaut. Cela peut être le cas par exemple lorsque la prestation a pour objet l'amélioration d'une innovation technique de l'acheteur, qui peut avoir vocation à détenir par exemple le brevet portant sur les résultats.

37.2.3. Régime des données :

Les données intégrées ou générées dans le cadre du présent marché sont confidentielles et appartiennent exclusivement à l'acheteur.

Le titulaire dispose d'un accès aux données dans le cadre de l'exécution du présent marché aux seules fins de son exécution.

Le titulaire s'interdit d'en faire un quelconque usage, direct ou indirect, en dehors des prestations du présent marché, sauf autorisation préalable et expresse de l'acheteur.

37.3. Droits du titulaire :

37.3.1. Le titulaire conserve la propriété de ses savoir-faire et méthodes utilisés pour réaliser les résultats.

L'acheteur autorise le titulaire à exploiter, y compris à titre commercial, les résultats créés dans le cadre du marché et non soumis à cession exclusive au profit de l'acheteur, pour les mêmes droits que ceux prévus à l'article 37.2.1, sous réserve de la confidentialité d'informations intégrées dans les résultats en vertu de l'article 5. Pour les connaissances antérieures mises à disposition du titulaire par l'acheteur pour l'exécution du marché, le titulaire sollicite l'accord de l'acheteur.

Le titulaire verse à l'acheteur, dans l'hypothèse de l'exploitation commerciale de tout ou partie des résultats, seuls ou incorporés dans des produits ou services, ou en cas de concession totale ou partielle de droits d'exploitation portant sur les résultats, une redevance.

Les documents particuliers du marché déterminent les modalités de calcul de la redevance.

Commentaires.

Dès lors que le titulaire peut exploiter à titre commercial un résultat dont le développement a été financé par l'acheteur, ce dernier peut prévoir lorsque c'est pertinent une redevance qui tienne compte de cette participation.

37.3.2. Le titulaire s'engage à ce que l'exploitation des résultats ne porte pas atteinte aux droits ou à l'image de l'acheteur.

Le titulaire peut publier les résultats sous réserve du respect des obligations de confidentialité fixées à l'article 5.1 et du régime de confidentialité des résultats, complétés le cas échéant par les documents particuliers du marché, et de l'accord préalable de l'acheteur si les résultats comprennent des connaissances antérieures mises à sa disposition par ces derniers pour l'exécution du marché.

La publication mentionne que les résultats ont été financés par l'acheteur.

37.4. Stipulations communes :

37.4.1. Exercice des droits :

Pour permettre à l'acheteur d'exercer les droits qui lui sont accordés au titre du marché, le titulaire livre spontanément et au fur et à mesure de l'exécution des prestations, l'ensemble des éléments nécessaires à cet exercice, ainsi que leurs mises à jour ou évolutions au cours du marché, tels que :

37.4.1.1 Pour les logiciels :

— les codes exécutables ;

— la documentation, les documents de cadrage et suivis de projet sous format numérique (support magnétique, optique ou supports de stockage électronique) ;

— les codes sources et la documentation associée des résultats, connaissances antérieures et connaissances antérieures standards lorsque ces connaissances antérieures standards sont placées sous une licence le permettant telle qu'une licence libre/open-source, sont livrés simultanément à la remise du code objet sous la forme d'un ou plusieurs supports électroniques contenant le code générateur, ainsi que l'ensemble des informations nécessaires à toute prestation ultérieure destinée à assurer la maintenance, y compris évolutive de ces éléments.

37.4.1.2. Pour les autres œuvres (créations graphiques, images, films, musique, etc.) : les fichiers sources et natifs dans un format ouvert.

Le titulaire ne peut imposer la confidentialité notamment des codes sources livrés.

La propriété matérielle de ces éléments est transférée à l'acheteur. Elle est comprise dans le prix du marché.

37.4.2. Garanties des droits :

Le titulaire garantit à l'acheteur la jouissance pleine et entière, libre de toute servitude, des droits cédés ou licenciés aux termes du marché sur les résultats et les connaissances antérieures standards ou non.

A ce titre, il garantit :
— qu'il est titulaire ou détient les droits cédés ou licenciés ;
— qu'il dispose des autorisations relatives aux droits de la personnalité et plus généralement dispose de toutes les autorisations nécessaires pour les finalités et besoins d'utilisation applicables au marché ;
— qu'il indemnise l'acheteur, en l'absence de faute qui lui serait directement imputable, sans bénéfice de discussion ni de division, contre toute action, réclamation, revendication ou opposition de la part de toute personne invoquant un droit auquel l'utilisation des résultats et des connaissances antérieures standards ou non conforme aux stipulations des articles 35 à 37 aurait porté atteinte. Si l'acheteur est poursuivi pour contrefaçon, concurrence déloyale ou parasitisme sans faute de sa part du fait de l'utilisation des résultats et des connaissances antérieures ou non conforme aux stipulations des articles 35 à 37, ils en informent sans délai le titulaire qui pourra alors intervenir à l'action judiciaire ;
— dans ces hypothèses, qu'il apporte à l'acheteur toute l'assistance nécessaire à ses frais ;
— qu'il s'engage à son choix, (i) à modifier ou de remplacer les éléments objets du litige ou d'un risque sérieux de litige, de manière qu'ils cessent de tomber sous le coup de la réclamation, tout en restant conformes aux spécifications du marché, (ii) à faire en sorte que l'acheteur puisse utiliser les éléments en litige sans limitation ni frais supplémentaires, ou, (iii) dans le cas où l'une de ces solutions ne peut être raisonnablement mise en œuvre, à rembourser à l'acheteur les sommes payées au titre des éléments objet du litige et à l'indemniser du préjudice subi.

Dans ces hypothèses, le titulaire prend à sa charge tous dommages et intérêts auxquels l'acheteur, en l'absence de faute qui lui serait directement imputable, serait condamné à raison d'un acte de contrefaçon, concurrence déloyale ou parasitisme, du fait de l'utilisation des résultats et des connaissances antérieures standards ou non conforme aux stipulations des articles 35 à 37, dès lors que la condamnation les prononçant devient exécutoire.

Le titulaire garantit les droits cédés ou licenciés afférents aux résultats ou aux connaissances antérieures standards ou non, à l'acheteur, lors de toute cession ou licence de droits portant sur les résultats ou les connaissances antérieures standards ou non.

Le titulaire garantit que les résultats, les connaissances antérieures et les connaissances antérieures standards utilisés suivent le régime des droits d'utilisation applicables au marché.

Sur simple demande, le titulaire s'engage, à ses frais, à remplacer les résultats, les connaissances antérieures standards ou non qui ne permettraient pas à l'acheteur de les exploiter dans les conditions prévues dans le cadre du marché.

La responsabilité du titulaire n'est pas engagée pour toute allégation concernant :
— les connaissances antérieures standards ou non que l'acheteur a fournies au titulaire pour l'exécution du marché ;
— les éléments incorporés dans les résultats à la demande expresse de l'acheteur ;
— les modifications, adaptations apportées aux résultats, si la cause de l'allégation trouve son fondement dans une modification ou une adaptation apportées par l'acheteur ou à sa demande expresse.

Le titulaire dégage l'acheteur de toutes les obligations légales et conventionnelles vis-à-vis des salariés ou commettants du titulaire.

37.4.3. Stipulations finales :

De manière générale, le titulaire ne peut opposer ses droits ou titres de propriété intellectuelle ou ses droits de toute autre nature à l'utilisation des résultats et des connaissances antérieures, lorsque celle-ci est conforme aux besoins d'utilisation applicables au marché.

Le titulaire ne peut notamment opposer aucun droit portant sur l'apparence graphique, les enchaînements et intitulés de menus ou de commandes qui seraient de nature à limiter les besoins d'évolution, d'adaptation, de traduction ou d'incorporation des résultats à des fins notamment d'interopérabilité avec d'autres systèmes et logiciels.

Le titulaire autorise l'acheteur à extraire et réutiliser librement les bases de données incluses dans les résultats, notamment en vue de la mise à disposition des informations publiques à des fins de réutilisation à titre gratuit ou onéreux.

En cas de cessation du marché pour quelque cause que ce soit, l'acheteur conserve les droits d'utilisation applicables au marché.

L'acheteur a la possibilité de sous-céder, sous-licencier ou de sous-traiter la mise en œuvre des résultats, connaissances antérieures et connaissances antérieures standards pour son propre compte, dans les limites de l'objet du marché.

L'acheteur peut librement publier les résultats sous réserve des éventuelles obligations de confidentialité fixées par les documents particuliers du marché et que cette publication ne constitue pas une divulgation au sens du droit de la propriété industrielle.

L'existence de restrictions au droit de publier les résultats ne fait pas obstacle à la publication d'informations générales sur l'existence du marché et la nature des résultats.

Les limites au pouvoir de publication ne s'opposent pas à la possibilité, pour l'acheteur, pour la mise en œuvre de leurs droits, de communiquer à un tiers ces résultats, en tout ou partie, dans le respect de l'article 5.1.

Toute publication doit mentionner le nom du titulaire et des auteurs.

Les parties s'informent mutuellement des modifications qu'elles souhaitent opérer sur les résultats afin de recueillir les observations utiles de l'autre partie. Elles s'accordent la libre disposition des modifications mineures et des corrections apportées aux résultats.

CHAPITRE VII RÉSILIATION

Art. 38 *Principes généraux.*

L'acheteur peut mettre fin à l'exécution des prestations faisant l'objet du marché avant l'achèvement de celles-ci, soit à la demande du titulaire dans les conditions prévues à l'article 40, soit pour faute du titulaire dans les conditions prévues à l'article 41, soit dans le cas des circonstances particulières mentionnées à l'article 39.

L'acheteur peut également mettre fin, à tout moment, à l'exécution des prestations pour un motif d'intérêt général. Dans ce cas, le titulaire a droit à être indemnisé du préjudice qu'il subit du fait de cette décision, selon les modalités prévues à l'article 42.

La décision de résiliation du marché est notifiée au titulaire. Sous réserve des stipulations particulières mentionnées ci-après, la résiliation prend effet à la date fixée dans la décision de résiliation ou, à défaut, à la date de sa notification.

Art. 39 *Résiliation pour événements extérieurs au marché.*

39.1. Décès ou incapacité civile du titulaire :

En cas de décès ou d'incapacité civile du titulaire, l'acheteur peut résilier le marché ou accepter sa continuation par les ayants droit ou le curateur. Un avenant de transfert est établi à cette fin.

La résiliation, si elle est prononcée, prend effet à la date du décès ou de l'incapacité civile. Elle n'ouvre droit pour le titulaire ou ses ayants droit à aucune indemnité.

39.2. Sauvegarde, redressement judiciaire ou liquidation judiciaire :

En cas de sauvegarde ou de redressement judiciaire, le marché est résilié, si après mise en demeure de l'administrateur judiciaire, dans les conditions prévues à l'article L. 622-13 du code de commerce, ce dernier indique ne pas reprendre les obligations du titulaire.

En cas de liquidation judiciaire du titulaire, le marché est résilié, si, après mise en demeure du liquidateur, dans les conditions prévues à l'article L. 641-11-1 du code de commerce, ce dernier indique ne pas reprendre les obligations du titulaire.

La résiliation, si elle est prononcée, prend effet à la date de l'évènement. Elle n'ouvre droit, pour le titulaire, à aucune indemnité.

39.3. Incapacité physique du titulaire :

En cas d'incapacité physique manifeste et durable du titulaire compromettant la bonne exécution du marché, l'acheteur peut résilier le marché.

La résiliation n'ouvre droit pour le titulaire à aucune indemnité.

Art. 40 *Résiliation pour événements liés au marché.*

40.1. Difficulté d'exécution du marché :

Lorsque le titulaire rencontre, au cours de l'exécution des prestations, des difficultés techniques particulières dont la solution nécessiterait la mise en œuvre de moyens hors de proportion avec le montant du marché, l'acheteur peut résilier le marché, de sa propre initiative ou à la demande du titulaire.

Lorsque le titulaire est mis dans l'impossibilité d'exécuter le marché du fait d'un événement ayant le caractère de force majeure, l'acheteur résilie le marché.

40.2. Ordre de service tardif :

Lorsque la résiliation est prononcée à la demande du titulaire par application de l'article 3.8.3, celui-ci est indemnisé des frais et investissements éventuellement engagés pour le marché et strictement nécessaires à son exécution.

Il lui incombe d'apporter toutes les justifications nécessaires à la fixation de cette partie de l'indemnité dans un délai de quinze jours après la notification de la résiliation du marché.

Art. 41 *Résiliation pour faute du titulaire.*

41.1. L'acheteur peut résilier le marché pour faute du titulaire dans les cas suivants :

a) Le titulaire contrevient aux obligations légales ou réglementaires relatives au travail, à la protection de l'environnement, à la sécurité et la santé des personnes ou à la préservation du voisinage ;

b) Des matériels, moyens, objets et approvisionnements ont été confiés au titulaire ou des bâtiments et terrains ont été mis à sa disposition, et il se trouve dans un des cas prévus à l'article 18.7 ;

c) Le titulaire ne s'est pas acquitté de ses obligations dans les délais contractuels ;

d) Le titulaire a fait obstacle à l'exercice d'un contrôle par l'acheteur dans le cadre des articles 17 et 22 ;

e) Le titulaire a sous-traité en contrevenant aux dispositions législatives et réglementaires relatives à la sous-traitance, ou s'il ne respecte pas les obligations relatives aux sous-traitants mentionnées à l'article 3.6 ;

f) Le titulaire n'a pas produit les attestations d'assurances dans les conditions prévues à l'article 9 ;

g) Le titulaire déclare, indépendamment des cas prévus à l'article 39.1, ne pas pouvoir exécuter ses engagements ;

h) Le titulaire n'a pas communiqué les modifications mentionnées à l'article 3.4.2 et ces modifications sont de nature à compromettre la bonne exécution du marché ;

i) Le titulaire s'est livré, à l'occasion de l'exécution du marché, à des actes frauduleux ;

j) Le titulaire ou le sous-traitant ne respecte pas les obligations relatives à la confidentialité, à la protection des données à caractère personnel et à la sécurité, conformément à l'article 5 ;

k) Dans le cas de prestations de maintenance, l'indisponibilité est constatée pendant trente jours consécutifs ;

l) L'utilisation des résultats par l'acheteur est gravement compromise, en raison du retard pris par le titulaire dans l'exécution du marché ;

m) Postérieurement à la signature du marché, le titulaire a fait l'objet d'une interdiction d'exercer toute profession industrielle ou commerciale ;

n) Postérieurement à la signature du marché, les renseignements ou documents produits par le titulaire, à l'appui de sa candidature ou exigés préalablement à l'attribution du marché, s'avèrent inexacts ;

o) Lorsque le remplaçant de la personne désignée pour assurer la conduite des prestations est récusé en application de l'article 3.4.3., à défaut de désignation d'un nouveau remplaçant dans un délai de trente jours, ou de récusation de celui-ci dans un délai de trente jours.

41.2. Sauf dans les cas prévus aux *g, i, m* et *n* du 41.1 ci-dessus, une mise en demeure, assortie d'un délai d'exécution, doit avoir été préalablement notifiée au titulaire et être restée infructueuse.

Dans le cadre de la mise en demeure, l'acheteur informe le titulaire de la sanction envisagée et l'invite à présenter ses observations.

41.3. La résiliation du marché ne fait pas obstacle à l'exercice des actions civiles ou pénales qui pourraient être intentées contre le titulaire.

Art. 42 *Résiliation pour motif d'intérêt général.*

Lorsque l'acheteur résilie le marché pour motif d'intérêt général, le titulaire a droit à une indemnité de résiliation, obtenue en appliquant au montant initial hors TVA du marché, diminué du montant hors TVA non révisé des prestations admises, un pourcentage fixé par les documents particuliers du marché ou, à défaut, de 5 %.

Le titulaire a droit, en outre, à être indemnisé de la part des frais et investissements, éventuellement engagés pour le marché et strictement nécessaires à son exécution, qui n'aurait pas été prise en compte dans le montant des prestations payées. Il lui incombe d'apporter toutes les justifications nécessaires à la fixation de cette partie de l'indemnité dans un délai de quinze jours après la notification de la résiliation du marché.

Ces indemnités sont portées au décompte de résiliation, sans que le titulaire ait à présenter une demande particulière à ce titre.

Art. 43 *Décompte de résiliation.*

43.1. La résiliation fait l'objet d'un décompte de résiliation, qui est arrêté par l'acheteur et notifié au titulaire.

43.2. Le décompte de résiliation qui fait suite à une décision de résiliation prise en application des articles 40 et 42 comprend :

43.2.1. Au débit du titulaire :

— le montant des sommes versées à titre d'avance, d'acompte, de règlement partiel définitif et de solde ;

— la valeur, fixée par le marché et ses modifications éventuelles, des moyens confiés au titulaire que celui-ci ne peut restituer, ainsi que la valeur de reprise des moyens que l'acheteur cède à l'amiable au titulaire ;

— le montant des pénalités.

43.2.2. Au crédit du titulaire :

43.2.2.1. La valeur des prestations fournies à l'acheteur, à savoir :

— la valeur contractuelle des prestations admises, y compris, s'il y a lieu, les intérêts moratoires ;

— la valeur des prestations fournies éventuellement à la demande de l'acheteur telles que le stockage des fournitures ;

43.2.2.2. Les dépenses engagées par le titulaire en vue de l'exécution des prestations qui n'ont pas été fournies à l'acheteur, dans la mesure où ces dépenses n'ont pas été amorties antérieurement ou ne peuvent pas l'être ultérieurement, à savoir :

— le coût des matières et objets approvisionnés en vue de l'exécution du marché ;

— le coût des installations, matériels et outillages réalisés en vue de l'exécution du marché ;

— les autres frais du titulaire se rapportant directement à l'exécution du marché ;

43.2.2.3. Les dépenses de personnel dont le titulaire apporte la preuve qu'elles résultent directement et nécessairement de la résiliation du marché ;

43.2.2.4. Si la résiliation est prise en application de l'article *(Arr. du 30 sept. 2021, art. 2)* « 42 », une somme forfaitaire calculée en appliquant un pourcentage à la différence entre le montant hors TVA non révisé du marché et le montant hors TVA non révisé des prestations admises. Dans le silence du marché, ce pourcentage est de 5 %. Le montant ainsi calculé sera révisé à la date d'effet de la résiliation conformément aux stipulations du marché ;

43.2.2.5. Plus généralement, tous préjudices subis du fait de la résiliation par le titulaire et éventuellement ses sous-traitants et fournisseurs.

43.3. Le décompte de résiliation à la suite d'une décision de résiliation prise en application de l'article 41 comprend :

43.3.1. Au débit du titulaire :

— le montant des sommes versées à titre d'avance, d'acompte, de règlement partiel définitif et de solde ;

— la valeur, fixée par le marché et ses modifications éventuelles, des moyens confiés au titulaire que celui-ci ne peut restituer, ainsi que la valeur de reprise des moyens que l'acheteur cède à l'amiable au titulaire ;

— le montant des pénalités ;

— le cas échéant, le supplément des dépenses résultant de la passation d'un marché aux frais et risques du titulaire dans les conditions fixées à l'article *(Arr. du 30 sept. 2021, art. 2)* « 45 ».

43.3.2. Au crédit du titulaire :

— la valeur contractuelle des prestations admises y compris, s'il y a lieu, les intérêts moratoires ;

— la valeur des prestations fournies éventuellement à la demande de l'acheteur telles que le stockage des fournitures.

43.4. Le décompte de résiliation à la suite d'une décision de résiliation prise en application de l'article 39 ou à la suite d'une demande du titulaire comprend :

43.4.1. Au débit du titulaire :

— le montant des sommes versées à titre d'avance, d'acompte, de règlement partiel définitif et de solde ;

— la valeur, fixée par le marché et ses modifications éventuelles, des moyens confiés au titulaire que celui-ci ne peut restituer, ainsi que la valeur de reprise des moyens que l'acheteur cède à l'amiable au titulaire ;

— le montant des pénalités.

43.4.2. Au crédit du titulaire :

— la valeur contractuelle des prestations admises y compris, s'il y a lieu, les intérêts moratoires ;

— la valeur des prestations fournies éventuellement à la demande de l'acheteur telles que le stockage des fournitures.

43.5. La notification du décompte par l'acheteur au titulaire doit être faite au plus tard deux mois après la date d'effet de la résiliation du marché. Le défaut de notification du décompte de résiliation dans ce délai constitue un différend au sens de l'article 46.1.

Le cas échéant, les pénalités pour retard sont appliquées jusqu'à la veille incluse du jour de la date d'effet de la résiliation.

Art. 44 *Remise des prestations et des moyens matériels permettant l'exécution du marché.*

En cas de résiliation, l'acheteur peut exiger du titulaire :

— la remise des prestations en cours d'exécution, ainsi que des matières et des objets détenus en vue de l'exécution d'un marché ;

— la remise des moyens matériels d'exécution spécialement destinés au marché ;

— l'exécution de mesures conservatoires, notamment d'opérations de stockage ou de gardiennage.

L'acheteur en informe le titulaire ou ses ayants droit, lors de la notification de la résiliation en *indiquant le délai de remise de ces biens* par le titulaire et les conditions de leur conservation dans l'attente de cette remise.

En cas de résiliation pour faute du titulaire, le présent article est appliqué aux frais de celui-ci.

Art. 45 *Exécution de la prestation aux frais et risques du titulaire.*

45.1. L'acheteur peut faire procéder par un tiers à l'exécution de tout ou partie des prestations prévues par le marché, aux frais et risques du titulaire :

— soit lorsque le titulaire n'a pas déféré à une mise en demeure de se conformer aux stipulations du marché ou aux ordres de service, ou en cas d'inexécution par ce dernier d'une prestation qui, par sa nature, ne peut souffrir aucun retard. La décision de faire exécuter les prestations par un tiers, en lieu et place du titulaire, est notifiée au titulaire par l'acheteur. Sous réserve qu'elles ne soient pas entièrement exécutées, le titulaire peut être autorisé par ordre de service à reprendre l'exécution des prestations s'il justifie des moyens nécessaires à cette fin dans le délai prévu par les documents particuliers du marché ou, à défaut, dans le délai de trois mois suivant la notification de la décision d'exécution aux frais et risques. S'il n'a pas été autorisé à reprendre l'exécution du marché dans ce délai, le marché est résilié pour faute du titulaire ;

— soit en cas de résiliation du marché pour faute du titulaire, à la condition que la décision de résiliation le mentionne expressément.

45.2. S'il n'est pas possible à l'acheteur de se procurer, dans des conditions acceptables, des prestations exactement conformes à celles dont l'exécution est prévue dans les documents particuliers du marché, il peut y substituer des prestations équivalentes.

45.3. Le titulaire du marché résilié n'est pas admis à prendre part, ni directement ni indirectement, à l'exécution des prestations effectuées à ses frais et risques. Il doit cependant fournir toutes les informations recueillies et les moyens mis en œuvre dans le cadre de l'exécution du marché initial et qui seraient nécessaires à l'exécution du marché de substitution. Ce marché de substitution est transmis pour information au titulaire défaillant.

45.4. L'augmentation des dépenses, par rapport aux prix du marché, résultant de l'exécution des prestations aux frais et risques du titulaire, est à la charge du titulaire. La diminution des dépenses ne lui profite pas.

CHAPITRE VIII DIFFÉRENDS

Art. 46 *Règlement des différends entre les parties.*

46.1. L'acheteur et le titulaire s'efforceront de régler à l'amiable tout différend éventuel relatif à l'interprétation des stipulations du marché ou à l'exécution des prestations objet du marché.

Au sens du présent article, l'apparition du différend résulte :

— soit d'une prise de position écrite, explicite et non équivoque émanant de l'acheteur et faisant apparaître le désaccord ;

— soit du silence gardé par l'acheteur à la suite d'une mise en demeure adressée par le titulaire l'invitant à prendre position sur le désaccord dans un délai qui ne saurait être inférieur à quinze jours ;

— soit de l'absence de notification du décompte de résiliation dans le délai mentionné à l'article 43.5.

Commentaires.

En l'absence de mise en demeure, la seule circonstance que l'acheteur ne s'acquitte pas, en temps utile, des factures qui lui sont adressées, sans refuser explicitement de les honorer, ne suffit pas à caractériser l'existence d'un différend au sens du présent article.

46.2. Tout différend entre le titulaire et l'acheteur doit faire l'objet, de la part du titulaire, d'un mémoire en réclamation exposant précisément les motifs de ce différend et indiquant, le cas échéant, pour chaque chef de contestation, le montant des sommes réclamées et leur justification.

Ce mémoire doit être communiqué à l'acheteur dans le délai de deux mois courant à compter du jour où le différend est apparu.

Le délai de communication du mémoire en réclamation est prescrit à peine de forclusion.

46.3. L'acheteur dispose d'un délai de deux mois courant à compter de la réception du mémoire en réclamation, pour notifier sa décision. L'absence de décision dans ce délai vaut rejet de la réclamation.

46.4. Lorsque l'acheteur et le titulaire ne parviennent pas à régler le différend à l'issue de la procédure décrite aux 1 à 3 du présent article, ils privilégient le recours à un comité consultatif de règlement à l'amiable, à la conciliation, à la médiation, notamment auprès du médiateur des entreprises, ou à l'arbitrage, dans les hypothèses et les conditions prévues par le code de la commande publique. La partie qui saisit d'un différend le comité consultatif de règlement amiable compétent supporte les frais de l'expertise, s'il en est décidé une, dans l'attente du règlement amiable définitif du différend.

La partie qui saisit d'un différend le comité consultatif de règlement amiable compétent supporte les frais de l'expertise, s'il en est décidé une, dans l'attente du règlement amiable définitif du différend.

La saisine d'un comité consultatif de règlement amiable des différends interrompt les délais de recours contentieux jusqu'à la notification de la décision prise par l'acheteur sur l'avis du comité.

La saisine d'un conciliateur ou d'un médiateur interrompt les délais de recours contentieux jusqu'à la notification de la décision prise après conciliation ou médiation ou de la constatation par le conciliateur ou le médiateur de l'échec de sa mission.

46.5. Pour les réclamations auxquelles a donné lieu le solde du marché, le titulaire dispose d'un délai de deux mois, à compter de la notification de la décision prise par l'acheteur ou de la naissance de la décision implicite de rejet mentionnées au 3 du présent article, pour porter ses réclamations devant le tribunal administratif compétent. Passé ce délai, le titulaire est réputé avoir accepté cette décision.

Les litiges portant sur des actions civiles relatives à la propriété littéraire et artistique relevant de l'article L. 331-1 du code de la propriété intellectuelle sont portés devant la juridiction judiciaire compétente.

Arrêté du 30 mars 2021,

Portant approbation du cahier des clauses administratives générales des marchés publics de travaux.

Nota : *Le présent arrêté entre en vigueur le 1er avr. 2021 (Arr. du 30 mars 2021, art. 3). Il s'applique aux marchés publics pour lesquels une consultation est engagée ou un avis d'appel à la concurrence envoyé à la publication à compter de cette date. Toutefois, jusqu'au 1er oct. 2021, les acheteurs publics peuvent faire référence au cahier des clauses administratives générales applicables aux marchés publics de travaux dans sa rédaction antérieure au présent arrêté (Arr. du 8 sept. 2009, V. App. Partie I. V. CCAG).*

Art. 1er Est approuvé le cahier des clauses administratives générales des marchés publics de travaux dont le texte est annexé au présent arrêté.

Ce cahier des clauses administratives générales n'est applicable qu'aux marchés qui s'y réfèrent.

Art. 2 L'arrêté du 8 septembre 2009 modifié portant approbation du cahier des clauses administratives générales applicables aux marchés publics de travaux est abrogé à compter du 1er octobre 2021.

Art. 3 Les dispositions du présent arrêté entrent en vigueur le 1er avril 2021. Elles sont applicables aux marchés pour lesquels une consultation est engagée ou un avis d'appel à la concurrence envoyé à la publication à compter de cette date.

Toutefois, les marchés publics qui se réfèrent au cahier des clauses administratives générales des marchés publics de travaux, pour lesquels une consultation est engagée ou un avis d'appel à la concurrence envoyé à la publication entre 1er avril 2021 et le 30 septembre 2021, sont réputés faire référence au cahier des clauses administratives générales dans sa rédaction antérieure au présent arrêté, sauf s'ils font expressément référence au présent arrêté.

Les marchés publics qui se réfèrent au cahier des clauses administratives générales applicables aux marchés publics de travaux, pour lesquels une consultation a été engagée ou un avis d'appel public à la concurrence envoyé à la publication avant le 1er avril 2021, demeurent régis, pour leur exécution, par les stipulations du cahier des clauses administratives générale dans sa rédaction antérieure au présent arrêté.

Art. 4 *(Arr. du 21 avr. 2021, art. 6)* I. — Pour l'application du présent arrêté à Saint-Barthélemy et à Saint-Pierre-et-Miquelon, les références au règlement (UE) 2016/679 du 27 avril 2016 relatif à la protection des personnes physiques à l'égard du traitement des données à caractère personnel et à la libre circulation de ces données, et abrogeant la directive 95/46/CE ("RGPD") sont remplacées par la référence aux règles applicables en métropole en vertu de ce règlement ;

II. — Les dispositions du présent arrêté sont applicables dans les îles Wallis-et-Futuna, en Polynésie française, en Nouvelle-Calédonie et dans les Terres australes et antarctiques françaises.

Pour l'application, dans ces mêmes collectivités, du cahier des clauses administratives générales des marchés publics de travaux dont le texte est annexé au présent arrêté :

1° Les références au règlement (UE) 2016/679 du 27 avril 2016 relatif à la protection des personnes physiques à l'égard du traitement des données à caractère personnel et à la libre circulation de ces données, et abrogeant la directive 95/46/CE ("RGPD") sont remplacées par la référence aux règles applicables en métropole en vertu de ce règlement ;

2° Les références au code du travail et au code de la sécurité sociale sont remplacées par la référence aux dispositions applicables localement ayant le même objet ;

3° Les références aux prestations perçues par les bénéficiaires de la clause d'insertion sociale sont remplacées, en tant que de besoin, par la référence aux dispositions applicables localement ayant le même objet ;

4° Les références au code de commerce sont remplacées, en tant que de besoin, par la référence aux dispositions applicables localement ayant le même objet et permettant les mêmes effets ;

5° En Polynésie française et en Nouvelle-Calédonie, les références au code de la propriété intellectuelle sont remplacées par la référence aux dispositions applicables localement ayant le même objet ;

6° En Polynésie française et en Nouvelle-Calédonie, la référence à l'article 1792-6 du code civil est remplacée par la référence aux dispositions applicables localement ayant le même objet ;

7° Dans les îles Wallis-et-Futuna, en Polynésie française et en Nouvelle-Calédonie, les références aux assurances sont remplacées, en tant que de besoin, par la référence aux dispositions applicables localement ayant le même objet :

8° Les références à l'article L. 112-7 du code de la construction et de l'habitation et à l'article L. 531-14 du code du patrimoine sont remplacées par la référence aux dispositions applicables localement ayant le même objet.

Art. 5 Le présent arrêté sera publié au *Journal officiel* de la République française.

ANNEXE

Cahier des clauses administratives générales des marchés publics de travaux

Préambule

Il appartient au maître d'ouvrage qui souhaite faire référence à un cahier des clauses administratives générales (CCAG) de choisir celui qui est le mieux adapté aux prestations objet de son marché, et de faire expressément référence à ce CCAG dans les documents particuliers de son marché.

Le présent CCAG s'applique aux marchés publics de travaux au sens de l'article L. 1111-2 du code de la commande publique. Il n'est pas adapté aux marchés privés de travaux.

Par principe, un marché ne peut se référer qu'à un seul CCAG. Toutefois, par dérogation à ce principe, en cas de marché global au sens de l'article L. 2171-1 du code de la commande publique, le maître d'ouvrage peut faire référence à plusieurs CCAG. Dans ce cas, il devra veiller à assurer la parfaite cohérence entre les différentes clauses auxquelles il se réfère.

Dans le cas où certaines prestations secondaires doivent être régies par des stipulations figurant dans un autre CCAG que celui désigné dans le marché, ce dernier doit reproduire, dans le cahier des clauses administratives particulières (CCAP) ou dans tout autre document qui en tient lieu, les stipulations retenues, sans référence au CCAG dont elles émanent.

Les commentaires figurant dans le présent CCAG n'ont pas valeur contractuelle.

CHAPITRE I GÉNÉRALITÉS

Art. 1er *Champ d'application.*

1.1. Les stipulations du présent cahier des clauses administratives générales (CCAG) s'appliquent aux marchés qui s'y réfèrent expressément.

1.2. Ces marchés peuvent prévoir de déroger à certaines de ces stipulations.

Ces dérogations doivent figurer dans le cahier des clauses administratives particulières (CCAP), ou dans tout autre document qui en tient lieu, et préciser à quels articles du présent CCAG elles dérogent.

Le dernier article du CCAP, ou de tout autre document qui en tient lieu, contient la liste récapitulative des articles du présent CCAG auxquels il est dérogé.

Art. 2 *Définitions.*

Au *sens du présent document* :

— le "maître d'ouvrage" est l'acheteur pour le compte duquel les travaux sont exécutés dans le cadre d'un marché de travaux ;

— le "maître d'œuvre" est la personne physique ou morale, publique ou privée, qui, en raison de sa compétence technique, est chargée par le maître d'ouvrage ou son mandataire d'une mission globale visant à apporter une réponse architecturale, technique et économique au programme défini par le maître d'ouvrage pour la réalisation d'une opération objet du marché. A ce titre, le maître d'œuvre est notamment chargé de diriger l'exécution des marchés de travaux, de lui proposer leur règlement ou de l'assister lors des opérations de réception ainsi que pendant la période de garantie de parfait achèvement. Le CCAP, ou tout autre document en tenant lieu, mentionne le nom et les coordonnées du maître d'œuvre. Si le maître d'œuvre est une personne morale, il désigne la personne physique qui a seule qualité pour le représenter, notamment pour notifier les ordres de service ;

— le "titulaire" est l'opérateur économique qui conclut le marché avec le maître d'ouvrage. En cas de groupement d'opérateurs économiques, le "titulaire" désigne le groupement, représenté par son mandataire ;

— la "notification" est l'action consistant à porter une information ou une décision à la connaissance de la ou des parties contractantes par tout moyen matériel ou dématérialisé, par le biais d'un profil d'acheteur ou par tout autre moyen de communication électronique permettant de déterminer de façon certaine la date et, le cas échéant, l'heure de sa réception ;

— l'"ordre de service" est la décision du maître d'œuvre ou du maître d'ouvrage qui précise les modalités d'exécution de tout ou partie des prestations qui constituent l'objet du marché ;

— la "réception" est l'acte par lequel le maître d'ouvrage déclare accepter l'ouvrage avec ou sans réserve. Cet acte est le point de départ des délais de garantie dans les conditions fixées au chapitre V du présent CCAG ;

— le "cahier des clauses administratives particulières" ("CCAP") est un document contractuel qui fixe les clauses administratives propres au marché. Ces clauses peuvent également être fixées dans tout autre document particulier du marché ayant le même objet, tel un cahier des clauses particulières (CCP) ;

— le "cahier des clauses techniques particulières" ("CCTP") est un document contractuel qui fixe les clauses techniques nécessaires à l'exécution des prestations du marché. Ces clauses peuvent également être fixées dans tout autre document particulier du marché ayant le même objet, tel un cahier des clauses particulières (CCP) ;

(Arr. du 30 sept. 2021, art. 1er) « — le BIM (*"Business Information Modelling"* ou "Modélisation d'informations de la construction") est un outil de représentation numérique partagée permettant de faciliter les processus de conception, de construction et d'exploitation et de former une base fiable permettant les prises de décision ; »

— le "cahier des charges BIM" est le document élaboré par le maître d'ouvrage précisant les exigences et les objectifs des intervenants successifs du projet. Il constitue le volet BIM du programme du maître d'ouvrage ;

— la "convention BIM" de l'opération est le document décrivant les méthodes organisationnelles, de représentation graphique, la gestion et le transfert des données du projet, ainsi que les processus, les modèles, les utilisations, le rôle de chaque intervenant et l'environnement collaboratif du BIM. A chaque étape du cycle de vie du projet, la convention évolue et s'adapte aux nouveaux acteurs, à des usages nouveaux ou à des nécessités du projet.

Art. 3 *Obligations générales des parties.*

3.1. Forme des notifications et informations :

3.1.1. La notification des décisions, observations, ou informations qui font courir un délai est faite par tout moyen matériel ou dématérialisé permettant de déterminer de façon certaine la date et, le cas échéant, l'heure de sa réception.

Cette notification peut être faite par le biais du profil d'acheteur ou à l'adresse postale ou électronique des parties mentionnée dans les documents particuliers du marché ou, à défaut, à leur siège social, sauf si ces documents leur font obligation de domicile en un autre lieu.

En cas de groupement, la notification se fait au mandataire pour l'ensemble du groupement.

3.1.2. La date et, le cas échéant, l'heure de réception mentionnées sur un récépissé sont considérées comme celles de la notification.

Lorsque la notification est effectuée par le biais du profil d'acheteur, les parties sont réputées avoir reçu cette notification à la date de la première consultation du document qui leur a ainsi été adressé, certifiée par l'accusé de réception délivré par l'application informatique, ou, à défaut de consultation dans un délai de huit jours à compter de la date de mise à disposition du document sur le profil d'acheteur, à l'issue de ce délai.

3.2. Modalités de computation des délais d'exécution des prestations :

3.2.1. Tout délai mentionné au marché commence à courir à 0 heure, le lendemain du jour où s'est produit le fait qui sert de point de départ à ce délai. Toutefois, lorsque le délai est exprimé en heures, il commence à courir à compter de l'heure suivant celle où s'est produit le fait qui sert de point de départ à ce délai.

Les dates et heures applicables sont celles utilisées par les documents particuliers du marché pour les livraisons ou l'exécution des prestations.

3.2.2. Lorsque le délai est fixé en jours, il s'entend en jours calendaires et il expire à minuit le dernier jour du délai.

Commentaires.

Le fuseau horaire utilisé est celui de la livraison ou de l'exécution des travaux ou services.

Un délai fixé en jours calendaires inclut les samedis, dimanches et jours fériés.

3.2.3. Lorsque le délai est fixé en mois, il est compté de quantième en quantième. S'il n'existe pas de quantième correspondant dans le mois où se termine le délai, celui-ci expire le dernier jour de ce mois, à minuit.

3.2.4. Lorsque le dernier jour du délai est un samedi, un dimanche ou un jour férié, le délai est prolongé jusqu'à la fin du premier jour ouvrable qui suit, à minuit.

3.2.5. Lorsque le délai est fixé en jours ouvrés, il s'entend hors samedis, dimanches et jours fériés.

3.3. Représentation du maître d'ouvrage :

Dès la notification du marché, le maître d'ouvrage désigne une ou plusieurs personnes physiques, habilitées à le représenter auprès du titulaire, pour les besoins de l'exécution du marché. D'autres personnes physiques peuvent être habilitées par le maître d'ouvrage en cours d'exécution du marché.

Ce ou ces représentants sont réputés disposer des pouvoirs suffisants pour prendre, dès notification de leur nom au titulaire dans les délais requis ou impartis par le marché, les décisions nécessaires engageant le maître d'ouvrage.

3.4. Représentation du titulaire et obligations d'information relatives au titulaire :

3.4.1. Représentation du titulaire :

Dès la notification du marché, le titulaire désigne une ou plusieurs personnes physiques, habilitées à le représenter auprès du maître d'ouvrage, pour les besoins de l'exécution du marché. D'autres personnes physiques peuvent être habilitées par le titulaire en cours d'exécution du marché.

Ce ou ces représentants sont réputés disposer des pouvoirs suffisants pour prendre, dès notification de leur nom au maître d'ouvrage dans les délais requis ou impartis par le marché, les décisions nécessaires engageant le titulaire.

3.4.2. Notification des modifications portant sur la situation juridique ou économique du titulaire :

Le titulaire est tenu de notifier sans délai au maître d'ouvrage les modifications survenant au cours de l'exécution du marché et qui se rapportent :

— aux personnes ayant le pouvoir de l'engager ;

— à la forme juridique sous laquelle il exerce son activité ;

— à sa raison sociale ou à sa dénomination ;

— à son adresse ou à son siège social ;

— à ses coordonnées bancaires ;

— aux renseignements qu'il a fournis pour l'acceptation d'un sous-traitant et l'agrément de ses conditions de paiement ;

De façon générale, le titulaire est tenu de notifier sans délai au maître d'ouvrage toutes les modifications importantes concernant le fonctionnement de l'entreprise pouvant influer sur le déroulement du marché.

> *Commentaires.*
>
> Des rubriques sur la répartition du capital, sur les personnes ou groupes qui contrôlent l'entreprise, sur les groupements dont elle fait partie peuvent être prévues par le CCAP ou tout autre document qui en tient lieu, notamment pour certains marchés de défense ou de sécurité concernés par des dispositions restrictives en matière d'intervention d'entreprises étrangères ou détenues par des groupes étrangers.

3.5. Groupement d'opérateurs économiques :

3.5.1. Le membre du groupement d'opérateurs économiques désigné dans le marché comme mandataire, représente l'ensemble des membres du groupement, vis-à-vis du maître d'ouvrage et du maître d'œuvre, pour l'exécution du marché.

3.5.2. En cas de groupement conjoint, le mandataire est solidaire, si les documents particuliers du marché le prévoient, de chacun des autres membres du groupement dans les obligations contractuelles de celui-ci à l'égard du maître d'ouvrage jusqu'à la date, définie à l'article 44.1, à laquelle *ces obligations prennent fin.*

3.5.3. En cas de groupement solidaire, chacun des membres du groupement est engagé financièrement pour la totalité du marché et doit pallier une éventuelle défaillance des autres opérateurs du groupement.

3.6. Sous-traitance :

> *Commentaires.*
>
> Un sous-traitant ne peut exercer ses missions que sous réserve, d'une part, que le maître d'ouvrage l'ait accepté et ait agréé ses conditions de paiement et, d'autre part, s'il intervient sur le chantier, qu'il ait adressé au coordonnateur de sécurité et protection de la santé des travailleurs, lorsque cela est exigé par la loi, un plan particulier de sécurité et de protection de la santé, conformément à l'article L. 4532-9 du code du travail.

3.6.1. Sous-traitance directe :

3.6.1.1. Le sous-traitant direct est le sous-traitant du titulaire ou, dans le cas d'un groupement d'opérateurs économiques, le sous-traitant de l'un des membres du groupement.

3.6.1.2. Dès la signature de l'acte spécial constatant l'acceptation du sous-traitant et l'agrément des conditions de paiement, le maître d'ouvrage notifie au titulaire et à chacun des sous-traitants concernés l'exemplaire de l'acte spécial qui leur revient. Dès réception de cette notification, le titulaire fait connaître au maître d'ouvrage le nom de la personne physique habilitée à représenter le sous-traitant.

La notification portant acceptation d'un sous-traitant et agrément des conditions de son paiement précise qu'il doit adresser ses demandes de paiement au titulaire ainsi qu'au maître d'œuvre désigné par le marché.

Le maître d'ouvrage peut demander que le montant des prestations du sous-traitant soit présenté selon une décomposition en correspondance avec celle du marché du titulaire.

3.6.1.3. Dès que l'acceptation et l'agrément des conditions de paiement ont été obtenus, le titulaire fait connaître au maître d'œuvre le nom de la personne physique qui le représente pour l'exécution des prestations sous-traitées.

3.6.1.4. Le recours à la sous-traitance, sans acceptation préalable du sous-traitant et sans agrément préalable des conditions de paiement, expose le titulaire à l'application des mesures prévues à l'article 50.3. Il en est de même si le titulaire a fourni, en connaissance de cause, des renseignements inexacts à l'appui de sa demande de sous-traitance.

3.6.1.5. Le titulaire est tenu de communiquer le contrat de sous-traitance et ses éventuels avenants au maître d'ouvrage, lorsque celui-ci en fait la demande. A défaut de l'avoir produit à l'échéance d'un délai de quinze jours courant à compter de la réception d'une mise en demeure de le faire par le maître d'ouvrage, le titulaire encourt une pénalité journalière égale à 1/1000 du montant hors taxes du marché, ou de la tranche concernée, éventuellement modifié, ou, à défaut, du montant du bon de commande concerné.

En outre, le défaut de communication du contrat de sous-traitance trente jours après cette mise en demeure expose le titulaire à l'application des mesures prévues à l'article 50.3.

3.6.2. Sous-traitance indirecte :

3.6.2.1. Le sous-traitant indirect est le sous-traitant d'un sous-traitant, dénommé entrepreneur principal du sous-traitant indirect.

3.6.2.2. Un sous-traitant ne peut sous-traiter l'exécution de la partie du marché qui lui a été sous-traitée qu'à la condition d'avoir obtenu du maître d'ouvrage l'acceptation du sous-traitant indirect et l'agrément de ses conditions de paiement.

3.6.2.3. En vue d'obtenir cette acceptation et cet agrément, l'entrepreneur principal du sous-traitant indirect transmet au titulaire une déclaration comportant l'ensemble des informations exigées pour la déclaration d'un sous-traitant direct.

3.6.2.4. L'exécution des travaux par le sous-traitant indirect ne peut intervenir avant que le maître d'ouvrage ait accusé réception au titulaire d'une copie de la caution personnelle et solidaire mentionnée à l'article L. 2193-14 du code de la commande publique ou avant la signature par le maître d'ouvrage de l'acte par lequel l'entrepreneur principal donne délégation au maître d'ouvrage pour paiement à son sous-traitant à concurrence du montant des prestations exécutées par ce dernier.

3.6.2.5. Si le paiement du sous-traitant indirect est garanti par une caution personnelle et solidaire, une attestation du titulaire, indiquant qu'il en a reçu copie, est jointe à l'envoi de la caution.

3.6.2.6. En cas de délégation de paiement, l'entrepreneur principal du sous-traitant indirect transmet au titulaire, aux fins de remise au maître d'ouvrage, l'acte par lequel l'entrepreneur principal donne délégation au maître d'ouvrage pour paiement à son sous-traitant à concurrence du montant des prestations exécutées par ce dernier. Cet acte, qui doit être notifié au maître d'ouvrage, comporte l'ensemble des informations mentionnées à l'article R. 2193-1 du code de la commande publique.

3.6.2.7. Les transmissions mentionnées aux articles 3.6.2.3 et 3.6.2.6 sont effectuées par l'intermédiaire de tous les entrepreneurs principaux successifs éventuels jusqu'au sous-traitant direct concerné.

3.7. Bons de commande :

3.7.1. Les bons de commande sont notifiés par le maître d'ouvrage au titulaire.

3.7.2. Lorsque le titulaire estime que les prescriptions d'un bon de commande qui lui est notifié appellent des observations de sa part, il doit les notifier au maître d'ouvrage dans un délai de quinze jours à compter de la date de réception du bon de commande, sous peine de forclusion.

3.7.3. Le titulaire se conforme aux bons de commande qui lui sont notifiés, que ceux-ci aient ou non fait l'objet d'observations de sa part.

3.7.4. En cas de groupement d'opérateurs économiques, les bons de commande sont adressés au mandataire du groupement, qui a seul qualité pour formuler des observations au maître d'ouvrage.

3.8. Ordres de service :

3.8.1. Les ordres de service sont écrits. Ils sont datés, numérotés et notifiés par le maître d'œuvre ou le maître d'ouvrage. Le titulaire en accuse réception datée.

(Arr. du 30 sept. 2021, art. 1er) « Les ordres de service émis par le maître d'œuvre entraînant une modification du marché en termes de délai d'exécution, de durée ou de montant font l'objet d'une validation préalable par le maître d'ouvrage. La justification de la validation est jointe à l'ordre de service notifié par le maître d'œuvre. A défaut, le titulaire n'est pas tenu de l'exécuter. »

3.8.2. Lorsque le titulaire estime que les prescriptions d'un ordre de service appellent des observations de sa part, il doit les notifier au maître d'œuvre et au maître d'ouvrage, dans un délai de quinze jours, à compter de la réception de l'ordre de service, sous peine de forclusion.

Si les observations, dûment motivées, notifiées par le titulaire visent à informer le maître d'ouvrage et le maître d'œuvre qu'un ordre de service présente un risque en termes de sécurité, de santé ou qu'il contrevient à une disposition législative ou réglementaire à laquelle le titulaire est soumis dans l'exécution des prestations objet du marché, le délai d'exécution de l'ordre de service est suspendu jusqu'à la notification de la réponse du maître d'ouvrage. En l'absence de réponse de ce dernier dans un délai de quinze jours, le titulaire n'est pas tenu d'exécuter l'ordre de service.

Les observations sont notifiées :

— au maître d'ouvrage, copie faite au maître d'œuvre, si l'ordre de service est émis par le maître d'ouvrage ;

— au maître d'œuvre, copie faite au maître d'ouvrage, si l'ordre de service est émis par le maître d'œuvre.

3.8.3. Sous réserve des articles *(Arr. du 30 sept. 2021, art. 1er)* « 3.8.1, 3.8.2, 13.6, 14.2.2 et 50.2.1 », le titulaire se conforme aux ordres de service qui lui sont notifiés, que ceux-ci aient ou non fait l'objet d'observations de sa part.

3.8.4. Les ordres de service relatifs à des prestations sous-traitées sont adressés au titulaire, qui a seul qualité pour formuler des observations.

3.8.5. En cas de groupement d'opérateurs économiques, les ordres de service sont adressés au mandataire du groupement, qui a seul qualité pour formuler des observations.

3.8.6. Les ordres de service prescrivant des prestations supplémentaires ou modificatives qui ont une incidence financière sur le marché donnent lieu à une juste rémunération dans les conditions de l'article 13.

3.9. Convocations du titulaire – Rendez-vous de chantier :

Le titulaire se rend sur les chantiers toutes les fois qu'il en est requis lors de l'exécution de ses travaux. Lorsque le titulaire a achevé ses travaux, il est convoqué uniquement lorsque sa présence est nécessaire pour la bonne exécution de l'ouvrage. Il est accompagné, à la demande du maître d'œuvre ou du maître d'ouvrage, de ses sous-traitants.

En cas de groupement d'opérateurs économiques, l'obligation définie à l'alinéa qui précède s'applique à tous ses membres.

3.10. Autres intervenants :

Les documents particuliers du marché précisent les missions des autres intervenants de l'opération. Les documents particuliers du marché précisent notamment celui d'entre eux chargé de la coordination.

> *Commentaires.*
>
> Les autres intervenants de l'opération désignent notamment les personnes chargées des missions de maîtrise d'œuvre, d'assistance à maîtrise d'ouvrage, de la conduite d'opération, de la coordination sécurité et protection de la santé, du contrôle technique, etc.

Art. 4 *Pièces contractuelles.*

4.1. Ordre de priorité :

En cas de contradiction entre les stipulations des pièces contractuelles du marché, elles prévalent dans l'ordre de priorité suivant :

— l'acte d'engagement (AE) et ses éventuelles annexes financières ;

— le cahier des clauses administratives particulières (CCAP) ou tout autre document qui en tient lieu et ses éventuelles annexes ;

— le programme ou le calendrier détaillé d'exécution des travaux établi conformément aux stipulations de l'article 28.2 et comportant les dates de début et de fin des travaux ;

— le cahier des clauses techniques particulières (CCTP) ou tout autre document qui en tient lieu et ses éventuelles annexes ;

— le présent cahier des clauses administratives générales (CCAG) ;

— le cahier des clauses techniques générales (CCTG) applicable aux prestations, objet du marché, si celui-ci s'y réfère ;

— l'offre technique du titulaire ;

— les actes spéciaux de sous-traitance et leurs éventuels actes modificatifs, postérieurs à la notification du marché ;

— les éléments de décomposition de l'offre financière du titulaire ;

— le cas échéant, si l'opération fait l'objet d'une démarche BIM, le cahier des charges BIM du maître d'ouvrage ;

— le cas échéant, si l'opération fait l'objet d'une démarche BIM, la convention BIM et ses évolutions successives.

Commentaires.

Les éléments de décomposition de l'offre financière du titulaire peuvent notamment comprendre :

— l'état des prix forfaitaires, le bordereau des prix unitaires ou la série de prix qui en tient lieu sauf si le marché prévoit le règlement de la totalité des prestations par un prix forfaitaire unique ;

— sous réserve de la même exception, le détail estimatif ;

— les décompositions de prix forfaitaires et les sous-détails de prix unitaires.

4.2. Pièces à remettre au titulaire – Cession ou nantissement des créances :

La notification du marché comprend une copie, délivrée sans frais par le maître d'ouvrage au titulaire, de l'acte d'engagement et des autres pièces constitutives du marché, à l'exception du CCAG, du CCTG et, plus généralement, de toutes pièces ayant fait l'objet d'une publication officielle.

Le maître d'ouvrage remet également au titulaire, à sa demande et sans frais, l'exemplaire unique ou le certificat de cessibilité nécessaire à la cession ou au nantissement du marché.

Art. 5 *Confidentialité – Protection des données personnelles – Mesures de sécurité.*

5.1. Obligation de confidentialité :

5.1.1. Le titulaire et le maître d'ouvrage qui, à l'occasion de l'exécution du marché, ont connaissance d'informations ou reçoivent communication de documents ou d'éléments de toute nature, présentant un caractère confidentiel, sont tenus de prendre toutes mesures nécessaires, afin d'éviter que ces informations, documents ou éléments ne soient divulgués à un tiers qui n'a pas à en connaître. Une partie ne peut demander la confidentialité d'informations, de documents ou d'éléments qu'elle a elle-même rendus publics.

5.1.2. Une information confidentielle désigne toute information de quelque nature (y inclus la méthodologie, la documentation, les informations ou le savoir-faire), sous quelque forme que ce soit (y inclus sous forme orale, écrite, magnétique ou électronique), sur tout support dont le maître d'ouvrage est propriétaire ou titulaire, et qui est communiquée au titulaire, ou obtenue de toute autre façon par ce dernier dans le cadre de ses relations avec le maître d'ouvrage. Le titulaire et son personnel, et le cas échéant ses sous-traitants, ne peuvent l'utiliser que pour l'accomplissement des prestations prévues au marché.

5.1.3. Le titulaire doit informer ses sous-traitants des obligations de confidentialité et des mesures de sécurité qui s'imposent à lui pour l'exécution du marché. Il doit s'assurer du respect de ces obligations par ses sous-traitants.

5.1.4. Ne sont pas couverts par cette obligation de confidentialité les informations, documents ou éléments :

— qui étaient dans le domaine public au moment de leur divulgation ou que le maître d'ouvrage aurait lui-même rendus publics pendant l'exécution du marché ;

— signalés comme présentant un caractère non confidentiel et relatifs aux prestations du marché ;

— qui ont été communiqués au titulaire par un tiers ayant légalement le droit de diffuser ces informations, documents ou éléments, comme le prouvent des documents existant antérieurement à leur divulgation.

5.2. Protection des données à caractère personnel :

5.2.1. Chaque partie au marché est tenue au respect des règles, européennes et françaises, applicables au traitement des données à caractère personnel éventuellement mis en œuvre aux fins de l'exécution du marché. A ce titre, toute transmission de données à des tiers, y compris au bénéfice d'entités établies hors de l'Union européenne, qui ne serait pas strictement conforme à la réglementation en vigueur est formellement prohibée.

5.2.2. En cas d'évolution de la réglementation sur la protection des données à caractère personnel en cours d'exécution du marché, les modifications éventuelles demandées par le maître d'ouvrage afin de se conformer aux règles nouvelles, donnent lieu à la signature d'un avenant par les parties au marché ou, en l'absence d'accord entre les parties, à une modification unilatérale par le maître d'ouvrage.

5.2.3. Lorsque le titulaire met en œuvre un traitement pour le compte du maître d'ouvrage, pour que le traitement des données réponde aux exigences de la réglementation et garantisse en particulier la protection des droits des personnes physiques identifiées ou identifiables qu'il concerne, les documents particuliers du marché précisent notamment :

— la finalité, la description et la durée du traitement dans le strict respect des instructions documentées du maître d'ouvrage ;

— les obligations du maître d'ouvrage et celles du titulaire vis-à-vis de ce dernier, en particulier l'obligation de l'informer de toute difficulté dans l'application de la réglementation, de tout projet de recours à un tiers pour la mise en œuvre du traitement, ou encore de toute demande de communication de données qui lui serait adressée, ainsi que, lorsque celle-ci serait contraire à la réglementation française et européenne, des mesures adoptées pour s'y opposer ;

— les modalités de prise en compte du droit à l'information et des autres droits des personnes concernées, dont l'exercice doit être garanti ;

— les mesures de sécurité mises en œuvre pour garantir l'intégrité, la confidentialité et la disponibilité des données, ainsi que les conditions de notification des violations de données à caractère personnel ;

— la durée et les modalités de conservation des données et le sort de celles-ci au terme de l'exécution du marché.

Les documents particuliers du marché précisent également les pénalités applicables au titulaire en cas de méconnaissance de la réglementation.

En cas de manquement, par le titulaire ou son sous-traitant, à ses obligations légales et contractuelles relatives à la protection des données personnelles, le marché peut être résilié pour faute en application de l'article 50.

Commentaires.

Le maître d'ouvrage est considéré comme le "responsable du traitement" au sens du Règlement général sur la protection des données (RGPD) en tant qu'autorité publique déterminant les finalités et les moyens du traitement des données.

Le titulaire est généralement considéré comme le "sous-traitant" au sens du RGPD en tant que personne traitant des données à caractère personnel pour le compte du maître d'ouvrage.

Le sous-traitant du marché est considéré comme le "sous-traitant ultérieur" au sens du RGPD en tant que personne à qui le titulaire peut faire appel pour mener des activités de traitement spécifiques.

Les maîtres d'ouvrage sont invités, pour rédiger les documents particuliers du marché, à consulter le Guide du sous-traitant élaboré par la CNIL, disponible sur son site Internet : https://www.cnil.fr/.

5.3. Mesures de sécurité :

Lorsque les prestations sont à exécuter dans un lieu où des mesures de sécurité s'appliquent, notamment dans les zones protégées en vertu des dispositions législatives ou réglementaires prises pour la protection du secret de la défense nationale, ces dispositions particulières sont indiquées par le maître d'ouvrage dans les documents particuliers du marché. Le titulaire est tenu de les respecter.

Le titulaire ne peut prétendre, de ce fait, ni à prolongation du délai d'exécution, ni à indemnité, ni à supplément de prix, à moins que les deux conditions suivantes soient remplies :

— les informations ne lui ont été communiquées que postérieurement au dépôt de son offre ;

— il peut établir que les obligations qui lui sont ainsi imposées nécessitent un délai supplémentaire pour l'exécution des prestations prévues par le marché ou rendent plus difficile ou plus onéreuse pour lui l'exécution de son contrat.

Commentaires.

Une zone protégée est une zone créée par arrêté des ministres compétents et faisant l'objet d'une interdiction de pénétration sans autorisation, sanctionnée pénalement en cas d'infraction (articles *(Arr. du 30 sept. 2021, art. 1er)* « 413-7 et R. 413-1 à R. 413-5 » du code pénal).

5.4. Information des sous-traitants

Le titulaire informe ses sous-traitants de leur soumission aux obligations énoncées à l'article 5. Il reste responsable du respect de celles-ci.

Art. 6 *Protection de la main-d'œuvre et conditions de travail.*

6.1. Les obligations qui s'imposent au titulaire sont celles prévues par les lois, règlements et conventions collectives, relatifs à la protection de la main-d'œuvre et aux conditions de travail du pays, où cette main-d'œuvre est employée.

Le titulaire est également tenu au respect des stipulations des huit conventions fondamentales de l'Organisation internationale du travail, lorsque celles-ci ne sont pas intégrées dans les lois et règlements du pays où cette main-d'œuvre est employée. Il doit être en mesure de justifier du respect de ces obligations, en cours d'exécution du marché et pendant la période de garantie des prestations, sur simple demande du maître d'ouvrage. Les modalités d'application de ces textes sont prévues par le CCAP ou tout autre document qui en tient lieu.

Commentaires.

Les salariés détachés, définis à l'article L. 1261-3 du code du travail, exerçant une activité professionnelle temporaire en France sont soumis aux dispositions de l'article L. 1262-4 du code du travail ainsi qu'à celles du second alinéa de l'article L. 512-1 du code de la sécurité sociale.

Les huit conventions fondamentales de l'OIT, ratifiées par la France, sont :

— la convention sur le travail forcé (C29, 1930) ;
— la convention sur la liberté syndicale et la protection du droit syndical (C87, 1948) ;
— la convention sur le droit d'organisation et de négociation collective (C98, 1949) ;
— la convention sur l'égalité de rémunération (C100, 1951) ;
— la convention sur l'abolition du travail forcé (C105, 1957) ;
— la convention concernant la discrimination (emploi et profession, C111, 1958) ;
— la convention sur l'âge minimum (C138, 1973) ;
— la convention sur les pires formes de travail des enfants (C182, 1999).

6.2. En cas d'évolution de la réglementation sur la protection de la main-d'œuvre et des conditions de travail en cours d'exécution du marché, les modifications éventuelles demandées par le maître d'ouvrage, afin de se conformer aux règles nouvelles, donnent lieu à la signature d'un avenant par les parties au marché ou, en l'absence d'accord entre les parties, à une modification unilatérale par le maître d'ouvrage.

6.3. Le titulaire peut demander au maître d'ouvrage, du fait des conditions particulières d'exécution du marché, de transmettre, avec son avis, à l'autorité compétente, les demandes de dérogations prévues par les lois et règlements mentionnés ci-dessus.

6.4. Le titulaire informe ses sous-traitants de leur soumission aux obligations énoncées au présent article. Il reste responsable du respect de ces obligations.

Art. 7 *Protection de l'environnement, sécurité et santé.*

7.1. Le titulaire veille à ce que les prestations qu'il effectue respectent les prescriptions législatives et réglementaires en vigueur en matière d'environnement, de sécurité et de santé des personnes, et de préservation du voisinage. Il doit être en mesure d'en justifier le respect, en cours d'exécution du marché et pendant la période de garantie des prestations, sur simple demande du maître d'ouvrage.

7.2. En cas d'évolution de la réglementation dans ces domaines en cours d'exécution du marché, les modifications éventuelles, demandées par le maître d'ouvrage afin de se conformer aux règles nouvelles, donnent lieu à la signature d'un avenant par les parties au marché ou, en l'absence d'accord entre les parties, à une modification unilatérale par le maître d'ouvrage.

Art. 8 *Assurances.*

8.1. Assurances du titulaire :

8.1.1. Assurance de responsabilité civile professionnelle :

Le titulaire souscrit une assurance de responsabilité civile professionnelle permettant de garantir sa responsabilité à l'égard du maître d'ouvrage et des tiers, victimes d'accidents ou de dommages, causés par l'exécution des prestations.

Le niveau des garanties exigées par le maître d'ouvrage est adapté aux risques relatifs à l'opération de construction objet du marché.

8.1.2. Assurance de responsabilité civile décennale :

Pour les ouvrages autres que ceux mentionnés à l'article L. 243-1-1 du code des assurances, le titulaire souscrit l'assurance décennale obligatoire visée à l'article L. 241-1 du code des assurances.

Le contrat d'assurance est conforme à l'obligation d'assurance prévue par l'article L. 241-1 du code des assurances ainsi qu'aux clauses types énoncées à l'annexe 1 de l'article A 243-1 du même code.

Pour les ouvrages de construction non soumis à l'obligation légale d'assurance, mentionnés à l'article L. 243-1-1 du code des assurances, lorsque le CCAP ou tout autre document en tenant lieu le prévoit, le titulaire doit contracter une assurance de responsabilité décennale.

Les montants de garantie, s'ils sont fixés, sont adaptés aux limites du marché de l'assurance. A la notification du marché, le maître d'ouvrage communique au titulaire le coût prévisionnel total de l'opération de construction, honoraires compris.

8.1.3. Attestations d'assurance :

Le titulaire doit justifier dans un délai de quinze jours à compter de la notification du marché et avant tout début d'exécution de celui-ci qu'il est titulaire de ces contrats d'assurances au moyen d'une attestation établissant l'étendue de la responsabilité garantie. Celle-ci précise la nature des risques couverts et les montants de garantie.

A tout moment durant l'exécution du marché, le titulaire doit être en mesure de produire cette attestation, sur demande du maître d'ouvrage et dans un délai de quinze jours à compter de la réception de la demande.

En cas d'assurance de responsabilité décennale obligatoire au titre de la garantie décennale, le titulaire doit justifier qu'il satisfait à cette obligation, dans les conditions prévues par les articles L. 241-1 et L. 243-2 du code des assurances, par la remise d'une attestation conforme aux dispositions des articles A. 243-2 et suivants du code des assurances. L'attestation doit être valable à la date de l'ouverture du chantier sur lequel le titulaire intervient et pour les activités objets de son marché.

> *Commentaires.*
>
> Le délai de quinze jours peut être réduit ou prolongé. En outre, l'absence de production des attestations d'assurance pertinentes n'exempte pas le titulaire de sa responsabilité et peut justifier la résiliation pour faute du marché en application de l'article 50.3.1 (f).

8.2. Assurances du maître d'ouvrage :

Le maître d'ouvrage précise, dans les documents particuliers du marché, les assurances obligatoires ou facultatives qu'il a contractées ou contractera lui-même, notamment les assurances *"Tous risques chantiers"*, *"Dommages-ouvrages"*, *"Responsabilité civile"* ou un *"Contrat collectif de responsabilité décennale"* (CCRD).

> *Commentaires.*
>
> Compte-tenu du coût total de l'opération de construction, le recours à un CCRD peut être prévu par le maître d'ouvrage, notamment dans le cadre de travaux allotis.
>
> Le maître d'ouvrage doit préciser, dans le CCAP ou tout document qui en tient lieu, qui doit être le souscripteur de la police collective, les modalités de souscription du contrat, le montant de la franchise absolue qui sera applicable au titulaire et qui constituera le plafond de garantie de son contrat individuel. Les sous-traitants du titulaire, quel que soit leur rang, ont la qualité d'assuré au titre du CCRD ou bénéficient, ainsi que leur assureur, d'une clause de renonciation à recours au-delà du montant de la franchise absolue applicable au titulaire.

CHAPITRE II PRIX ET RÈGLEMENT

Art. 9 *Contenu et caractère des prix.*

9.1. Contenu des prix :

9.1.1. Les prix sont réputés comprendre toutes les dépenses résultant de l'exécution des travaux et prestations, y compris les frais généraux, impôts et taxes, et assurer au titulaire une marge pour risques et bénéfice. Toutefois, les prix sont indiqués dans le marché hors taxe sur la valeur ajoutée.

A l'exception des seules sujétions mentionnées dans le marché comme n'étant pas couvertes par les prix, ceux-ci sont réputés tenir compte de toutes les sujétions d'exécution des travaux et prestations qui sont normalement prévisibles dans les conditions de temps et de lieu où s'exécutent ces travaux et prestations, que ces sujétions résultent notamment :

— de l'utilisation du domaine public et du fonctionnement des services publics ;

— de phénomènes naturels ;

— de la présence de canalisations, conduites et câbles de toute nature, ainsi que des chantiers nécessaires au déplacement ou à la transformation de ces installations ;

— des coûts résultant de l'élimination des déchets de chantier ;

— de la réalisation simultanée d'autres ouvrages.

Les prix sont réputés avoir été établis en considérant qu'aucune prestation n'est à fournir par le maître d'ouvrage.

En cas de modification imprévisible de la législation ou réglementation applicables en cours d'exécution du marché ayant un impact sur les coûts, les parties conviennent de se rencontrer pour évaluer l'impact financier de cette modification et le cas échéant formaliser par voie d'avenant la modification rendue nécessaire.

9.1.2. Dans le cas d'un marché passé avec les membres d'un groupement conjoint d'opérateurs économiques, les prix des prestations attribuées à chaque membre du groupement dans l'acte d'engagement sont réputés comprendre les dépenses et marge correspondantes, y compris les charges que chaque membre du groupement peut être appelé à rembourser au mandataire.

Dans ce cas, les prix des travaux attribués au mandataire sont réputés comprendre, en sus, les dépenses et marge touchant les prestations complémentaires suivantes :

— la construction et l'entretien des moyens d'accès et des chemins de service nécessaires pour les parties communes du chantier ;

— l'établissement, le fonctionnement et l'entretien des clôtures, les dispositifs de sécurité et installation d'hygiène intéressant les parties communes du chantier ;

— le gardiennage, l'éclairage et le nettoyage des parties communes du chantier, ainsi que leur signalisation extérieure ;

— l'installation et l'entretien du bureau mis à la disposition du maître d'œuvre, si les documents particuliers du marché le prévoient ;

— les mesures propres à pallier d'éventuelles défaillances des autres membres du groupement et les conséquences de ces défaillances.

Si le marché ne prévoit pas de disposition particulière pour rémunérer le mandataire des dépenses résultant de son action de coordination des membres du groupement conjoint, ces dépenses sont réputées couvertes par les prix des travaux qui lui sont attribués. Si le marché prévoit une telle disposition particulière et si celle-ci consiste dans le paiement au mandataire d'un pourcentage déterminé du montant des travaux attribués aux autres membres du groupement, ce montant s'entend des sommes effectivement réglées auxdits membres.

9.1.3. En cas de sous-traitance, les prix du marché sont réputés couvrir les frais de coordination et de contrôle, par le titulaire, de ses sous-traitants ainsi que les conséquences de leurs défaillances éventuelles.

9.2. Distinction entre prix forfaitaires et prix unitaires :

Les prix sont soit des prix forfaitaires soit des prix unitaires.

Est un prix forfaitaire tout prix qui rémunère le titulaire pour un ouvrage, une partie d'ouvrage ou un ensemble déterminé de prestations défini par le marché et qui soit est mentionné explicitement dans le marché comme étant forfaitaire, soit ne s'applique dans le marché qu'à un ensemble de prestations qui n'est pas de nature à être répété.

Est un prix unitaire tout prix qui n'est pas forfaitaire au sens défini à l'alinéa précédent, notamment tout prix qui s'applique à une nature d'ouvrage ou à un élément d'ouvrage dont les quantités ne sont indiquées dans le marché qu'à titre évaluatif.

Commentaires.

L'expression nature d'ouvrage est entendue au sens défini à l'article 16.1 ci-après.

9.3. Décomposition et sous-détails des prix :

9.3.1. Les prix sont détaillés au moyen de décompositions de prix forfaitaires et de sous-détails de prix unitaires.

9.3.2. La décomposition d'un prix forfaitaire est présentée sous la forme d'un détail évaluatif comprenant, pour chaque nature d'ouvrage ou chaque élément d'ouvrage, la quantité à exécuter et le prix de l'unité correspondant et indiquant quels sont, pour les prix d'unité en question, les pourcentages de ces prix correspondant aux frais généraux, aux impôts et taxes et à la marge pour risques et bénéfices, ce dernier pourcentage s'appliquant au total des frais directs, des frais généraux et des impôts et taxes.

Commentaires.

L'expression nature d'ouvrage est entendue au sens défini à l'article 16.1 ci-après.

9.3.3. Le sous-détail d'un prix unitaire donne le contenu du prix en indiquant :

1° Les déboursés ou frais directs, décomposés en dépenses de salaires et indemnités du personnel, charges salariales, dépenses de matériaux et de matières consommables, dépenses de matériel ;

2° Les frais généraux, d'une part, les impôts et taxes, d'autre part, exprimés par des pourcentages des déboursés 1° ci-dessus ;

3° La marge pour risques et bénéfices, exprimés par un pourcentage de l'ensemble des deux postes précédents.

9.3.4. Si la décomposition d'un prix forfaitaire ou le sous-détail d'un prix unitaire ne figure pas parmi les pièces contractuelles et si sa production n'est pas prévue par les documents particuliers du marché dans un certain délai, un ordre de service peut ordonner cette production et, dans ce cas, le délai accordé au titulaire ne peut être inférieur à vingt jours.

L'absence de production de la décomposition d'un prix forfaitaire ou du sous-détail d'un prix unitaire, quand cette pièce est à produire dans un délai déterminé, fait obstacle à la mise en œuvre de la procédure de règlement du premier acompte qui suit la date d'exigibilité de ladite pièce.

9.4. Variation dans les prix

9.4.1. Les prix sont réputés fermes, sauf dans les cas où la réglementation prévoit des prix révisables ou si les documents particuliers du marché prévoient de tels prix et qu'ils comportent une formule de révision des prix.

9.4.2. Lorsque les prix sont fermes, ils sont actualisés dans les conditions prévues par la réglementation en vigueur à la date à laquelle le candidat a fixé son prix dans l'offre. Cette date correspond à la date de remise de l'offre par le titulaire. Lorsque la procédure de passation a donné lieu à une négociation ou un dialogue compétitif, la date à prendre en compte est la date de remise de l'offre finale par le titulaire.

Les prix de chaque tranche optionnelle sont actualisés dans les mêmes conditions.

Commentaires.

Lorsque les travaux sont allotis, le maître d'ouvrage doit tenir compte du calendrier d'exécution fixé pour l'intervention de chacun des corps de métiers, dans le cadre d'une opération, pour la mise en œuvre de l'actualisation de chacun des marchés correspondants.

9.4.3. L'actualisation se fait en appliquant des coefficients établis à partir d'un index, d'un indice ou d'une combinaison d'entre eux correspondant à l'objet du marché. Ils sont définis dans les documents particuliers du marché.

A défaut, le coefficient d'actualisation est fixé par avenant à partir de l'index BT ou TP, diffusé par l'INSEE, correspondant à la nature des travaux qui font l'objet du marché.

La formule mise en œuvre est la suivante : Prix actualisé = prix initial x (indices ou index à la date de début d'exécution des prestations – 3 mois) / (indices ou index de la date de fixation du prix dans l'offre).

En cas de disparition de l'indice ou index de référence, celui-ci peut être remplacé par un autre indice ou index équivalent par voie d'avenant.

9.4.4. Lorsque les prix sont révisables, ils sont révisés selon la formule et les coefficients fixés par les documents particuliers du marché.

La valeur initiale du ou des indices ou index à prendre en compte est celle correspondant à la date de remise de l'offre par le titulaire. Lorsque la procédure de passation a donné lieu à une négociation ou un dialogue compétitif, la date à prendre en compte est la date de remise de l'offre finale par le titulaire.

La valeur finale des références utilisées pour l'application de cette clause doit être appréciée au plus tard à la date de réalisation des prestations concernées telle que prévue par les documents particuliers du marché, ou à la date de leur réalisation réelle si celle-ci est antérieure.

La date de réalisation des prestations prévue par le marché est celle prévue initialement, éventuellement modifiée dans les conditions prévues aux articles 18.2.1 et 18.2.2.

En outre, si les travaux ne sont pas achevés à l'issue du délai de réalisation des prestations, et si ce délai n'a pas fait l'objet d'une prolongation dans les conditions prévues à l'article 18.2, la révision des règlements ultérieurs à la date contractuelle de fin d'exécution se fait sur la base de la valeur des indices ou index de référence à la date d'achèvement contractuelle.

Art. 10 *Rémunération du titulaire et des sous-traitants.*

10.1. Avances :

Le présent article comprend deux options alternatives, A et B.

Les documents particuliers du marché précisent l'option retenue ; à défaut l'option A s'applique.

Option A

A. 10.1. Le titulaire ou son sous-traitant admis au paiement direct bénéficient d'une avance calculée en application du code de la commande publique dès lors que le marché respecte les conditions mentionnées à l'article R. 2191-3 ou que le marché de défense ou de sécurité respecte les conditions mentionnées à l'article R. 2391-1.

Lorsque le titulaire ou le sous-traitant est une petite ou moyenne entreprise au sens du code de la commande publique, le taux de l'avance mentionné à l'article R. 2191-10 est fixé à 20 % ou à un taux supérieur fixé par les documents particuliers du marché.

Lorsque le titulaire ou le sous-traitant n'est pas une petite ou moyenne entreprise au sens du code de la commande publique, le taux de l'avance est fixé par les documents particuliers du marché et, à défaut, au taux minimal prévu à l'article R. 2191-7 du code de la commande publique pour les marchés ou par l'article R. 2391-4 pour les marchés de défense ou de sécurité.

L'avance est versée et remboursée selon les dispositions du code de la commande publique.

Option B

B.10.1. Lorsqu'en application du code de la commande publique, le titulaire ou son sous-traitant admis au paiement direct bénéficie d'une avance, le taux de l'avance correspond aux taux minimums prévus par l'article R. 2191-7 du code de la commande publique pour les marchés ou par l'article R. 2391-4 pour les marchés de défense ou de sécurité, ou à un taux supérieur prévu par les documents particuliers du marché.

L'avance est versée et remboursée selon les dispositions du code de la commande publique.

10.2. Règlement des comptes :

Le règlement des comptes du marché se fait par des acomptes mensuels et un solde établis et réglés comme il est indiqué à l'article 12.

10.3. Prix des travaux :

10.3.1. Dans le cas d'application d'un prix forfaitaire, le prix est dû dès lors que l'ouvrage, la partie d'ouvrage ou l'ensemble de prestations auquel il se rapporte a été exécuté. Les différences éventuellement constatées, pour chaque nature d'ouvrage, ou chaque élément d'ouvrage entre les quantités réellement exécutées et les quantités indiquées dans la décomposition de ce prix, établie conformément à l'article 9.3.2, même si celle-ci a valeur contractuelle, ne peuvent conduire à une modification de ce prix. Il en est de même pour les erreurs que pourrait comporter cette décomposition.

Commentaires.
L'expression nature d'ouvrage est entendue au sens défini à l'article 16.1 ci-après.

10.3.2. Dans le cas d'application d'un prix unitaire, la détermination de la somme due s'obtient en multipliant ce prix par la quantité de natures d'ouvrages exécutée ou par le nombre d'éléments d'ouvrage mis en œuvre.

Commentaires.
L'expression nature d'ouvrage est entendue au sens défini à l'article 16.1 ci-après.

10.3.3. Dans le cas d'une formule mixte faisant intervenir des prix forfaitaires et des prix unitaires, les prescriptions relatives à chacun de ces modes sont applicables pour le calcul de la somme due au titulaire.

10.4. Approvisionnements :

Chaque acompte reçu dans les conditions de l'article 10.2 comprend, s'il y a lieu, une part correspondant aux approvisionnements constitués en vue de travaux.

Les approvisionnements désignent les matériaux, produits ou composants de construction constitués par le titulaire pour l'exécution des travaux objet du marché et dont la date de commande est postérieure à la notification du marché.

Le montant correspondant s'obtient en appliquant aux quantités à prendre en compte les prix du bordereau de prix inséré dans le marché et les sous-détails de ces prix, relatifs aux matériaux, produits ou composants de construction à mettre en œuvre.

A l'appui de tout projet de décompte mensuel comportant des approvisionnements, le titulaire produit :

— tout document justificatif mentionnant au minimum la date de la commande, la description précise des approvisionnements, les quantités livrées ;

— les références des prix unitaires ou des prix forfaitaires concernés.

Les matériaux, produits ou composants de construction ayant fait l'objet d'un acompte pour approvisionnement restent la propriété du titulaire. Ils ne peuvent toutefois être enlevés du chantier sans autorisation écrite du maître d'œuvre.

Le titulaire est responsable de leur bonne garde, quel que soit le lieu de stockage, et prend les mesures adéquates pour s'assurer qu'ils ne seront pas endommagés, ni affectés à un autre usage. A défaut, il s'engage à constituer de nouveaux approvisionnements équivalents à ses frais et risques.

10.5. Actualisation ou révision des prix :

Lorsque, dans les conditions précisées à l'article 9.4, il y a lieu à actualisation ou révision des prix, le coefficient d'actualisation s'applique à tous les prix du marché et le coefficient de révision des prix s'applique :

— aux travaux exécutés pendant le mois ;

— à la variation, en plus ou en moins, à la fin du mois, par rapport au mois précédent, des sommes décomptées pour approvisionnement à la fin de ce mois.

Ce coefficient est arrondi au millième supérieur.

10.6. Rémunération en cas de tranches optionnelles :

Si le marché fixe un rabais pour une tranche optionnelle, le montant des sommes dues au titulaire pour les travaux de cette tranche est calculé en appliquant ce rabais à l'ensemble des prix applicables aux travaux de cette tranche optionnelle.

Si le marché fixe une indemnité de dédit en cas de non-exécution d'une tranche optionnelle, cette indemnité est due au titulaire, en tenant compte des stipulations prévues à l'article 18 en cas de prolongation ou de report des délais de réalisation des travaux, dès que lui est notifiée la décision de renoncer à l'exécution de cette tranche. Si le délai imparti par les documents particuliers du marché pour la notification de l'ordre de service prescrivant cette exécution est expiré, l'indemnité est due quinze jours après que le titulaire a mis le maître d'ouvrage en demeure de prendre une décision.

Si les documents particuliers du marché prévoient que, pour une tranche optionnelle, le titulaire a droit, à l'expiration d'un certain délai, à une indemnité d'attente, cette indemnité est due au titulaire, en tenant compte des stipulations prévues à l'article 18 en cas de prolongation ou de report des délais de réalisation, depuis l'expiration de ce délai jusqu'à la date fixée pour le démarrage des travaux dans l'ordre de service prescrivant l'exécution de la tranche optionnelle ou la date de la notification de l'ordre de service faisant connaître la décision de renoncer à cette exécution, ou bien, en l'absence d'une telle notification, dans le délai imparti par les documents particuliers du marché jusqu'à expiration de ce délai.

Si l'indemnité d'attente prévue par les documents particuliers du marché est mensuelle, il est néanmoins tenu compte des fractions de mois, chaque jour étant compté pour un trentième.

Les indemnités de dédit et d'attente éventuellement prévues par les documents particuliers du marché se cumulent. Elles sont toutes deux révisables ou actualisables, selon les mêmes modalités que les prix du marché.

10.7. Rémunération en cas de groupement d'opérateurs économiques :

10.7.1. En cas de groupement d'opérateurs économiques conjoint ou solidaire, chaque membre du groupement perçoit directement les sommes se rapportant à l'exécution de ses propres prestations.

10.7.2. Toutefois, les documents particuliers du marché peuvent prévoir, en cas de groupement solidaire, que le paiement est effectué sur un compte unique ouvert au nom des membres du groupement ou du mandataire.

10.7.3. Dans tous les cas où les travaux exécutés ne font pas l'objet d'un paiement à un compte unique, le calcul du montant des avances prévues par la réglementation est fait pour chaque part du marché faisant l'objet d'un paiement individualisé.

10.8. Rémunération de sous-traitants payés directement :

Les travaux exécutés par des sous-traitants ayant droit au paiement direct sont payés dans les conditions stipulées par l'acte spécial de sous-traitance.

Art. 11 *Constatations et constats contradictoires.*

11.1. Au sens du présent article, la constatation est une opération matérielle, le constat est le document qui en résulte.

11.2. Des constatations contradictoires concernant les prestations exécutées ou les circonstances de leur exécution sont faites sur la demande, soit du titulaire, soit du maître d'œuvre.

Les constatations concernant les prestations exécutées, quand il s'agit de travaux réglés sur prix unitaires, portent sur les éléments nécessaires au calcul des quantités à prendre en compte, tels que résultats de mesurages, jaugeages, pesages, comptages, et sur les éléments caractéristiques nécessaires à la détermination du prix unitaire à appliquer.

11.3. Les constatations contradictoires faites pour la sauvegarde des droits éventuels de l'une ou de l'autre des parties ne préjugent pas l'existence de ces droits ; elles ne peuvent porter sur l'appréciation de responsabilités.

Si la demande de constat émane du titulaire, elle est adressée concomitamment au maître d'œuvre et au maître d'ouvrage.

11.4. Le maître d'œuvre fixe la date des constatations lorsque la demande est présentée par le titulaire. Cette date ne peut être postérieure de plus de huit jours à celle de la demande. Les constatations donnent lieu à la rédaction d'un constat dressé sur-le-champ par le maître d'œuvre contradictoirement avec le titulaire.

Si le titulaire refuse de signer ce constat ou ne le signe qu'avec réserves, il doit, dans les quinze jours qui suivent, préciser par écrit ses réserves concomitamment au maître d'œuvre et au maître d'ouvrage.

Si le titulaire, dûment convoqué en temps utile, n'est pas présent ou représenté aux constatations, il est réputé accepter sans réserve le constat qui en résulte.

11.5. Le titulaire est tenu de demander, en temps utile, qu'il soit procédé à des constatations contradictoires pour les prestations qui ne pourraient faire l'objet de constatations ultérieures, notamment lorsque les ouvrages doivent se trouver par la suite cachés ou inaccessibles. A défaut et sauf preuve contraire fournie par lui et à ses frais, il n'est pas fondé à contester la décision du maître d'œuvre relative à ces prestations.

11.6. Dans le cas où le maître d'œuvre n'a pas opéré les constatations contradictoires prévues aux articles 11.4 et 11.5 dans les huit jours de la demande qui lui a été faite, le titulaire en informe le maître d'ouvrage. Celui-ci fixe dans un délai de huit jours à compter de la notification de cette information, dans les conditions prévues à l'article 3.1, la date des constatations. Il en informe le titulaire et le maître d'œuvre. Il les informe également qu'il sera présent ou représenté à la date des constatations, et assisté, s'il le juge utile, d'un expert, afin que puissent être mises en application les stipulations particulières suivantes :

— si le maître d'œuvre dûment convoqué n'est pas présent ou représenté à la date fixée, cette absence est constatée et les constatations sont effectuées par le maître d'ouvrage et son assistant éventuel. Le constat est alors réputé contradictoire et il est fait application des stipulations de l'article 11.4 ;

— il en est de même si le maître d'œuvre présent ou représenté refuse de procéder aux constatations.

Art. 12 *Modalités de règlement des comptes.*

12.1. Demandes de paiement mensuelles :

12.1.1. Avant la fin de chaque mois, le titulaire remet sa demande de paiement mensuelle au maître d'œuvre, sous la forme d'un projet de décompte.

Ce projet de décompte établit le montant total des sommes auxquelles il peut prétendre du fait de l'exécution du marché depuis sa notification.

Ce montant est établi à partir des prix initiaux du marché, mais sans actualisation ni révision des prix et hors TVA.

Si des prestations supplémentaires ou modificatives ont été exécutées, les prix mentionnés sur l'ordre de service prévu à l'article 13.1 s'appliquent tant que les prix définitifs ne sont pas arrêtés.

Lorsque des réfactions ont été fixées par application du présent CCAG, elles s'appliquent à chaque projet de décompte mensuel concerné.

12.1.2. Le projet de décompte mensuel comprend, en tant que de besoin, les différentes parties suivantes :

1° Travaux et autres prestations du marché ;

2° Approvisionnements ;

3° Primes ;

4° Remboursement des débours incombant au maître d'ouvrage dont le titulaire a fait l'avance, le cas échéant, au titre de l'article 26.4.

12.1.3. Le montant des travaux est établi de la façon suivante :

Si le marché définit des phases d'exécution des travaux et s'il indique le montant du prix à régler à l'achèvement de chaque phase, le projet de décompte comprend :

— pour chaque phase exécutée, le montant correspondant ;

— pour chaque phase entreprise, une fraction du montant correspondant égale au pourcentage d'exécution des travaux de la phase, ce pourcentage résultant simplement d'une appréciation.

En dehors de ce cas, le projet de décompte mensuel comporte le relevé des travaux exécutés, tels qu'ils résultent des constatations contradictoires ou, à défaut, de simples appréciations. Les prix unitaires ne sont jamais fractionnés pour tenir compte des travaux en cours d'exécution. Les prix forfaitaires peuvent être fractionnés si l'ouvrage ou la partie d'ouvrage auquel le prix se rapporte n'est pas terminé : il est alors compté une fraction du prix égale au pourcentage d'exécution de l'ouvrage ou de la partie d'ouvrage ; pour déterminer ce pourcentage, il est fait usage, si le maître d'œuvre l'exige, de la décomposition de prix définie à l'article 9.3.

12.1.4. Le montant des approvisionnements est établi en prenant en compte ceux qui sont constitués et non encore utilisés.

12.1.5. Le projet de décompte mensuel précise les éléments passibles de la TVA en les distinguant éventuellement suivant les taux de TVA applicables.

12.1.6. Le maître d'ouvrage peut demander au titulaire d'établir le projet de décompte mensuel suivant un modèle qu'il lui communique.

12.1.7. Le titulaire joint au projet de décompte mensuel les pièces suivantes, s'il ne les a pas déjà fournies :

— les calculs des quantités prises en compte, effectués à partir des éléments contenus dans les constats contradictoires ;

— le calcul, avec justifications à l'appui, des coefficients d'actualisation ou de révision des prix ;

— le cas échéant, les pièces justifiant les débours, effectués au titre de l'article 26.4, dont il demande le remboursement ;

— les copies des demandes de paiement des sous-traitants acceptées par le titulaire.

12.1.8. Le projet de décompte mensuel établi par le titulaire constitue la demande de paiement. Cette demande est datée et mentionne les références du marché.

Le titulaire envoie cette demande de paiement mensuelle au maître d'œuvre par tout moyen permettant de donner une date certaine.

12.1.9. Le maître d'œuvre accepte ou rectifie le projet de décompte mensuel établi par le titulaire. Le projet accepté ou rectifié devient alors le décompte mensuel.

12.1.10. Les éléments figurant dans les décomptes mensuels n'ont pas un caractère définitif et ne lient pas les parties contractantes.

12.2. Acomptes mensuels :

12.2.1. A partir du décompte mensuel, le maître d'œuvre détermine le montant de l'acompte mensuel à régler au titulaire. Le maître d'œuvre dresse à cet effet un état d'acompte mensuel faisant ressortir :

a) Le montant de l'acompte mensuel établi à partir des prix initiaux du marché : ce montant est la différence entre le montant du décompte mensuel dont il s'agit et celui du décompte mensuel précédent ;

b) Le montant des primes, le cas échéant ;

c) Le montant de la TVA ;

d) Le montant des pénalités, le cas échéant ;

e) L'effet de l'actualisation ou de la révision des prix ; les parties de l'acompte actualisables ou révisables sont majorées ou minorées en appliquant les coefficients prévus. Si, lors de l'établissement de l'état d'acompte, les index de référence ne sont pas tous connus, cet effet est déterminé provisoirement à l'aide des derniers coefficients calculés et il est fait mention de cette circonstance dans l'état d'acompte ;

f) Le cas échéant, le montant de l'avance à attribuer au titulaire ;

g) Le cas échéant, le montant de l'avance à rembourser par le titulaire ;

h) Le montant de la retenue de garantie s'il en est prévu une par les documents particuliers du marché et qu'elle n'a pas été remplacée par une autre garantie.

Le montant de l'acompte mensuel total à régler au titulaire est la somme des postes a et c ci-dessus, augmentée, le cas échéant, du montant des postes *b* (en cas de primes), *e* et *f* et diminuée, le cas échéant, de la somme des montants des postes *d* (en cas de pénalités), *e*, *g* et *h*.

12.2.2. Le maître d'œuvre notifie au titulaire l'état d'acompte mensuel et propose au maître d'ouvrage de régler les sommes qu'il admet. Cette notification intervient dans les sept jours à compter de la date de réception de la demande de paiement mensuelle du titulaire.

Si cette notification n'intervient pas dans un délai de sept jours à compter de la réception de la demande du titulaire, celui-ci en informe le maître d'ouvrage qui procède au paiement sur la base des sommes qu'il admet.

En cas de contestation sur le montant de l'acompte, le maître d'ouvrage règle les sommes qu'il admet. Après résolution du désaccord, il procède, le cas échéant, au paiement d'un complément, majoré, s'il y a lieu, des intérêts moratoires.

12.2.3. Les montants figurant dans les états d'acomptes mensuels n'ont pas un caractère définitif et ne lient pas les parties contractantes.

12.3. Demande de paiement finale :

12.3.1. Après l'achèvement des travaux, le titulaire établit le projet de décompte final, concurremment avec le projet de décompte mensuel afférent au dernier mois d'exécution des prestations ou à la place de ce dernier.

Ce projet de décompte final est la demande de paiement finale du titulaire, établissant le montant total des sommes auquel le titulaire prétend du fait de l'exécution du marché dans son ensemble, son évaluation étant faite en tenant compte des prestations réellement exécutées.

Le projet de décompte final est établi à partir des prix initiaux du marché, comme les projets de décomptes mensuels, et comporte les mêmes parties que ceux-ci, à l'exception des approvisionnements et des avances. Ce projet est accompagné des éléments et pièces mentionnés à l'article 12.1.7 s'ils n'ont pas été précédemment fournis.

Le titulaire est lié par les indications figurant au projet de décompte final.

Commentaires.

Dans le projet de décompte final, le titulaire doit récapituler les observations qu'il a émises et qui n'ont pas été acceptées par le maître d'œuvre ou le maître d'ouvrage, sous peine de les voir abandonnées.

12.3.2. Le titulaire notifie son projet de décompte final, simultanément au maître d'œuvre et au maître d'ouvrage, dans un délai de trente jours à compter de la date de notification de la décision de réception des travaux telle qu'elle est prévue à l'article 41.3 ou, en l'absence d'une telle notification, à la fin de l'un des délais de trente jours fixés aux articles 41.1.3 et 41.3.

Toutefois, s'il est fait application des stipulations de l'article 41.5, la date du procès-verbal constatant l'exécution des travaux visés à cet article est substituée à la date de notification de la décision de réception des travaux comme point de départ des délais ci-dessus.

S'il est fait application des stipulations de l'article 41.6, la date de notification de la décision de réception des travaux est la date retenue comme point de départ des délais ci-dessus.

12.3.3. Le maître d'œuvre accepte ou rectifie le projet de décompte final établi par le titulaire. Le projet accepté ou rectifié devient alors le décompte final.

En cas de rectification du projet de décompte final, le paiement est effectué sur la base provisoire des sommes admises par le maître d'œuvre ou, en cas de désaccord entre le maître d'œuvre et le maître d'ouvrage, par le maître d'ouvrage.

12.3.4. En cas de retard dans la transmission du projet de décompte final, le maître d'ouvrage met en demeure le titulaire de transmettre son projet dans un délai de quinze jours à compter de la réception de cette mise en demeure. Le maître d'œuvre est destinataire en copie de la mise en demeure. Si cette dernière reste sans effet, le maître d'œuvre établit d'office le décompte final aux frais du titulaire. Ce décompte final est alors notifié au titulaire avec le décompte général tel que défini à l'article 12.4.

12.4. Décompte général définitif – Solde :

12.4.1. Le maître d'œuvre établit le projet de décompte général, qui comprend :

— le décompte final ;

— l'état du solde, établi à partir du décompte final et du dernier décompte mensuel, dans les mêmes conditions que celles qui sont définies à l'article 12.2.1 pour les acomptes mensuels ;

— la récapitulation des acomptes mensuels et du solde selon les éléments communiqués par le maître d'ouvrage.

Le montant du projet de décompte général est égal au résultat de cette dernière récapitulation.

Le maître d'œuvre transmet le projet de décompte général au maître d'ouvrage dans un délai compatible avec les délais de l'article 12.4.2.

12.4.2. Le maître d'ouvrage valide, le cas échéant rectifie, et signe le projet de décompte général. Celui-ci devient alors le décompte général.

Si des réserves émises à la réception des travaux ne sont pas levées ou si le maître d'ouvrage a connaissance d'un litige ou d'une réclamation susceptible de concerner le titulaire au moment de la signature du décompte général, celui-ci est assorti d'une mention indiquant expressément l'objet des réserves, du litige ou de la réclamation. Cette mention n'est pas nécessairement chiffrée et est sans incidence sur les éléments composant le décompte général. A défaut, lorsque le décompte général sera devenu définitif, le maître d'ouvrage ne pourra réclamer au titulaire les sommes nécessaires à la levée des réserves ni appeler ce dernier à le garantir des condamnations qui pourraient être prononcées à son encontre dans le cadre d'une procédure contentieuse au titre des litiges ou réclamations dont il avait connaissance au moment de l'établissement du décompte.

Le maître d'ouvrage notifie au titulaire le décompte général à la plus tardive des deux dates ci-après :

— trente jours à compter de la réception par le maître d'œuvre de la demande de paiement finale transmise par le titulaire ;

— trente jours à compter de la réception par le maître d'ouvrage de la demande de paiement finale transmise par le titulaire.

Si, lors de l'établissement du décompte général, les valeurs finales des indices ou index ne sont pas connues, le maître d'ouvrage mentionne la dernière valeur connue et notifie au titulaire la révision de prix afférente au solde dans les dix jours qui suivent leur publication. La date de cette notification constitue le point de départ du délai de paiement des sommes restant dues après révision définitive des prix.

12.4.3. Dans un délai de trente jours à compter de la date à laquelle ce décompte général lui a été notifié, le titulaire envoie au maître d'ouvrage, avec copie au maître d'œuvre, ce décompte revêtu de sa signature, avec ou sans réserves, ou fait connaître les motifs pour lesquels il refuse de le signer.

Si la signature du décompte général est donnée sans réserve par le titulaire, il devient le décompte général et définitif du marché. La date de sa notification au maître d'ouvrage constitue le départ du délai de paiement.

Ce décompte lie définitivement les parties, sauf en ce qui concerne la mention prévue à l'article 12.4.2, les montants des révisions de prix et des intérêts moratoires afférents au solde.

En cas de contestation sur le montant des sommes dues, le *(Arr. du 30 sept. 2021, art. 1er)* « maître d'ouvrage » règle, dans un délai de trente jours à compter de la date de réception de la notification du décompte général assorti des réserves émises par le titulaire ou de la date de réception des motifs pour lesquels le titulaire refuse de signer, les sommes admises dans le décompte final. Après résolution du désaccord, il procède, le cas échéant, au paiement d'un complément, majoré, s'il y a lieu, des intérêts moratoires.

Ce désaccord est réglé dans les conditions mentionnées à l'article 55 du présent CCAG

Si les réserves sont partielles, le titulaire est lié par son acceptation implicite des éléments du décompte général sur lesquels ses réserves ne portent pas.

12.4.4. Si le maître d'ouvrage ne notifie pas au titulaire le décompte général dans les délais stipulés à l'article 12.4.2, le titulaire notifie au maître d'ouvrage, avec copie au maître d'œuvre, un projet de décompte général signé, composé :

— du projet de décompte final tel que transmis en application de l'article 12.3.1 ;

— du projet d'état du solde hors révision de prix définitive, établi à partir du projet de décompte final et du dernier projet de décompte mensuel, faisant ressortir les éléments définis à l'article 12.2.1 pour les acomptes mensuels ;

— du projet de récapitulation des acomptes mensuels et du solde hors révision de prix définitive.

Dans un délai de dix jours à compter de la réception de ces documents, le maître d'ouvrage notifie le décompte général au titulaire. Le décompte général et définitif est alors établi dans les conditions fixées à l'article 12.4.3.

Si, dans ce délai de dix jours, le maître d'ouvrage n'a pas notifié au titulaire le décompte général, le projet de décompte général transmis par le titulaire devient le décompte général et définitif.

Le délai de paiement du solde, hors révisions de prix définitives, court à compter du lendemain de l'expiration de ce délai.

Ce décompte lie définitivement les parties, sauf en ce qui concerne les montants des révisions de prix et des intérêts moratoires afférents au solde. Le cas échéant, les révisions de prix sont calculées dans les conditions prévues à l'article 12.4.2.

Le *(Arr. du 30 sept. 2021, art. 1er)* « maître d'ouvrage » notifie au titulaire le montant des révisions de prix au plus tard dix jours après la publication de l'index de référence permettant la révision du solde. La date de cette notification constitue le point de départ du délai de paiement de ce montant.

12.4.5. Dans le cas où le titulaire n'a pas renvoyé le décompte général signé au maître d'ouvrage dans le délai de trente jours fixé à l'article 12.4.3, ou encore dans le cas où, l'ayant renvoyé dans ce délai, il n'a pas motivé son refus ou n'a pas exposé en détail les motifs de ses réserves, en précisant le montant de ses réclamations comme indiqué à l'article 55.1, le décompte général notifié par le maître d'ouvrage est réputé être accepté par lui. Il devient alors le décompte général et définitif du marché.

12.5. Règlement en cas de groupement d'opérateurs économiques :

12.5.1. Lorsque les membres du groupement sont payés de manière individualisée, les décomptes sont décomposés en autant de parties qu'il y a de membres à payer séparément, à concurrence du montant dû à chacun.

Lorsqu'un sous-traitant est payé directement, le membre du groupement ou le mandataire :

— indique, dans le projet de décompte, la somme à prélever sur celles qui lui sont dues, ou qui sont dues au membre du groupement concerné par la partie de la prestation exécutée, et que le maître d'ouvrage doit régler à ce sous-traitant ;

— joint la copie des factures de ce sous-traitant acceptées ou rectifiées par ses soins.

Commentaires.

Dans le cas d'un groupement d'opérateurs économiques et de paiement direct à un sous-traitant, ce dernier libelle ses demandes de paiement au nom du maître d'ouvrage et les envoie conformément aux dispositions des articles R. 2193-11 à R. 2193-16 du code de la commande publique.

12.5.2. Le titulaire ou son mandataire est seul habilité à présenter les projets de décomptes et à accepter le décompte général. Sont seules recevables les réclamations formulées ou transmises par ses soins.

12.5.3. Dans le cas d'un marché passé avec un groupement d'opérateurs économiques solidaire et sauf dans l'hypothèse où les paiements sont effectuées sur des comptes séparées, le comptable assignataire du marché, auprès duquel est pratiquée une saisie-attribution contre un des membres du groupement d'opérateurs économiques, retient, sur les plus prochains mandats de paiement émis au titre du marché, l'intégralité de la somme pour sûreté de laquelle cette saisie-attribution a été faite.

Si l'éventualité ci-dessus survient ou si l'un des membres du groupement est défaillant, le membre du groupement en cause ne peut s'opposer à ce que les autres membres du groupement demandent au maître d'ouvrage que les paiements relatifs aux travaux qu'ils exécuteront postérieurement à ces demandes soient faits, en cas de compte unique, à un nouveau compte unique ouvert à leurs seuls noms.

12.6. Facturation électronique :

Lorsque le titulaire ou son sous-traitant admis au paiement direct est tenu, en application du code de la commande publique, de transmettre les demandes de paiement sous forme électronique il les transmet selon les modalités prévues par ce même code. Les modalités pratiques d'exécution sont prévues dans les documents particuliers du marché.

La demande de paiement peut être refusée par le maître d'ouvrage lorsque celle-ci méconnait les *obligations de dématérialisation* des demandes de paiement à la charge du titulaire et de ses sous-traitants admis au paiement direct. Au préalable, le maître d'ouvrage doit avoir informé le titulaire et les sous-traitants admis au paiement direct, dans les conditions prévues à l'article 3.1, de l'obligation à sa charge de transmission des demandes de paiement sous forme électronique et l'avoir invité à s'y conformer.

Lorsqu'un tiers au titulaire est habilité à recevoir des demandes de paiement, il est tenu, pour l'exercice de cette mission, de s'intégrer et de se conformer au portail de facturation utilisé par le maître d'ouvrage lorsque ce portail le permet. Les modalités pratiques d'habilitation des tiers pour accéder aux outils ministériels sécurisés sont prévues dans les documents particuliers du marché.

Art. 13 *Modalités de fixation des prix des prestations supplémentaires ou modificatives.*

13.1. Le présent article concerne les prestations supplémentaires ou modificatives qui sont notifiées par ordre de service et pour lesquelles le marché n'a pas prévu de prix.

13.2. Les prix nouveaux peuvent être soit des prix unitaires, soit des prix forfaitaires.

13.3. Dans le cas de travaux réglés sur prix forfaitaires, lorsque des changements sont ordonnés par le maître d'œuvre dans la consistance des travaux, le prix nouveau est réputé tenir compte des charges supplémentaires éventuellement supportées par le titulaire du fait de ces changements, à l'exclusion du préjudice indemnisé, s'il y a lieu, par application de l'article 14.3 ou de l'article 15.1.

S'il existe des décompositions de prix forfaitaires ou des sous-détails de prix unitaires, leurs éléments, notamment les prix d'unité contenus dans les décompositions, sont utilisés pour l'établissement des prix nouveaux.

13.4. L'ordre de service mentionné à l'article 13.1 fixe provisoirement les prix nouveaux retenus pour le règlement des travaux supplémentaires ou modificatifs.

Ces prix provisoires, permettant une juste rémunération du titulaire, sont arrêtés par le maître d'œuvre avec l'accord du maître d'ouvrage, après consultation du titulaire. Ils sont obligatoirement assortis d'un sous-détail, s'il s'agit de prix unitaires, ou d'une décomposition, s'il s'agit de prix forfaitaires, cette décomposition ne comprenant aucun prix d'unité nouveau dans le cas d'un prix forfaitaire pour lequel les changements présents ne portent que sur les quantités de natures d'ouvrage ou d'éléments d'ouvrage.

Commentaires.

L'expression nature d'ouvrage est entendue au sens défini à l'article 16.1 ci-après.

Ces prix sont des prix d'attente qui sont appliqués pour l'établissement des décomptes.

13.5. Pour l'établissement des décomptes concernés, le titulaire est réputé avoir accepté les prix qui ont été fixés par l'ordre de service prévu à l'article 13.1, si, dans le délai de trente jours suivant l'ordre de service qui lui a notifié ces prix, il n'a pas présenté d'observation au maître d'œuvre en indiquant, avec toutes justifications utiles, les prix qu'il propose. En cas de désaccord, le maître d'ouvrage règle provisoirement les sommes qu'il admet.

Lorsque le maître d'ouvrage et le titulaire sont d'accord pour arrêter les prix définitifs, ceux-ci font l'objet d'un avenant, sauf si les prix sont devenus définitifs dans le silence du titulaire en application de l'alinéa précédent.

13.6. Le titulaire n'est pas tenu de se conformer à un ordre de service mentionné à l'article 13.1 lorsque cet ordre de service n'a fait l'objet d'aucune valorisation financière.

Un tel refus d'exécuter opposé par le titulaire n'est toutefois recevable que s'il est notifié par écrit, avec les justifications nécessaires, au maître d'œuvre, dans le délai de quinze jours suivant la notification de l'ordre de service prescrivant les prestations. Une copie de la lettre de refus est adressée au maître d'ouvrage.

Art. 14 *Augmentation du montant des travaux.*

14.1. Le montant des travaux s'entend du montant des travaux évalués, au moment de la décision d'augmentation ou de diminution du montant des travaux, à partir des prix initiaux du marché définis à l'article 12.1.1, en tenant compte éventuellement des prix nouveaux, fixés en application des articles 13.2 et 13.3 ou devenus définitifs en application de l'article 13.5.

Le montant contractuel des travaux est le montant des travaux résultant des prévisions du marché, c'est-à-dire du marché initial éventuellement modifié par les avenants intervenus.

14.2. Dans le cas d'un marché à tranches optionnelles, le montant des travaux et le montant contractuel des travaux définis ci-dessus comprennent, outre le montant de la tranche ferme, celui des tranches optionnelles dont l'exécution a été décidée.

14.2.1. Sous réserve de l'application des stipulations de l'article 14.4, le titulaire est tenu de mener à son terme la réalisation des ouvrages faisant l'objet du marché, quelle que soit l'importance de l'augmentation du montant des travaux, par rapport au montant contractuel. Cette augmentation peut résulter de sujétions techniques imprévues ou d'insuffisance des quantités prévues dans le marché ou encore de toute cause de dépassement autre que celles qui sont énoncées à l'article 14.2.2.

14.2.2. Le titulaire n'est tenu d'exécuter des travaux qui correspondent à des changements dans les besoins ou les conditions d'utilisation auxquels les ouvrages faisant l'objet du marché doivent satisfaire que si le montant des travaux de cette espèce n'excède pas le dixième du montant contractuel des travaux.

Dès lors, le titulaire peut refuser de se conformer à un ordre de service l'invitant à exécuter des travaux de l'espèce définie à l'alinéa précédent s'il établit que le montant cumulé de ces travaux prescrits par ordre de service depuis la notification du marché ou depuis celle du dernier avenant intervenu, y compris l'ordre de service dont l'exécution est refusée, excède le dixième du montant contractuel des travaux.

Un tel refus d'exécuter opposé par le titulaire n'est toutefois recevable que s'il est notifié par écrit, avec les justifications nécessaires, au maître d'ouvrage, dans le délai de quinze jours suivant la notification de l'ordre de service prescrivant les travaux. Une copie de la lettre de refus est adressée au maître d'œuvre.

14.3. Si l'augmentation du montant des travaux, par rapport au montant contractuel, est supérieure à l'augmentation limite définie à l'alinéa suivant, le titulaire a droit à être indemnisé en fin de compte du préjudice qu'il a éventuellement subi du fait de cette augmentation au-delà de l'augmentation limite.

L'augmentation limite est fixée :

— pour un marché à prix forfaitaires, à 5 % du montant contractuel ;

— pour un marché sur prix unitaires, à 25 % du montant contractuel ;

— pour un marché dont l'ensemble des prestations est rémunéré suivant une formule mixte dans les conditions définies à l'article 10.3.3, à la moyenne des augmentations limites correspondant aux divers modes de rémunération intervenant dans la formule, cette moyenne étant pondérée au prorata de l'importance respective de l'intervention de chacun de ces modes.

Si le marché comporte, suivant les travaux, plusieurs des modes de rémunération ci-dessus, l'augmentation limite est fixée à la somme des augmentations limites afférentes respectivement à chacun des montants contractuels partiels de travaux relevant des modes dont il s'agit.

14.4. Le titulaire est tenu d'aviser le maître d'ouvrage et le maître d'œuvre, trente jours au moins à l'avance, de la date probable à laquelle le montant des travaux atteindra leur montant contractuel.

14.4.1. Si le titulaire n'avise pas le maître d'ouvrage et le maître d'œuvre dans le délai fixé à l'alinéa précédent, il est tenu d'arrêter les travaux à la date où le montant exécuté atteint le montant contractuel. Les travaux qui sont exécutés au-delà du montant contractuel ne sont pas payés.

14.4.2. Dix jours au moins avant la date probable mentionnée à l'article 14.4, le maître d'œuvre notifie au titulaire, s'il y a lieu, par ordre de service, la décision d'arrêter les travaux prise par le maître d'ouvrage.

14.4.3. Lorsque les travaux exécutés atteignent leur montant contractuel, si l'ordre de service du maître d'œuvre n'a pas été notifié dans le délai mentionné à l'alinéa précédent, le titulaire poursuit les travaux, dans la limite des plafonds fixés à l'article 14.3. Lorsque les travaux exécutés atteignent ces plafonds, le titulaire en arrête l'exécution. Les travaux qui sont exécutés au-delà des plafonds ne sont pas payés.

14.4.4. Les mesures conservatoires à prendre à l'arrêt du chantier, décidées par le maître d'œuvre, sont à la charge du maître d'ouvrage.

Commentaires.

Dans les cas où la durée du marché n'est pas compatible avec la contrainte de préavis, les documents particuliers du marché peuvent indiquer que cette obligation ne s'applique pas.

14.5. Dans les quinze jours qui suivent tout ordre de service ayant pour effet d'entraîner une modification du montant des travaux, le maître d'œuvre fait part au titulaire de l'estimation prévisionnelle qu'il fait de cette modification et des conséquences éventuelles sur le délai d'exécution du marché. Si l'ordre de service prescrit des travaux de l'espèce définie au premier alinéa de l'article 14.2.2, l'estimation précédente indique la part correspondant à ces travaux.

14.6. Les stipulations qui précèdent ne concernent pas les accords-cadres à bons de commande pour lesquels le titulaire n'est engagé que dans la limite du montant maximal des travaux qui y est spécifié.

Art. 15 *Diminution du montant des travaux.*

15.1. Si la diminution du montant des travaux, par rapport au montant contractuel, est supérieure à la diminution limite définie à l'alinéa suivant, le titulaire a droit à être indemnisé en fin de compte du préjudice qu'il a éventuellement subi du fait de cette diminution au-delà de la diminution limite.

La diminution limite est fixée :

— pour un marché à prix forfaitaires, à 5 % du montant contractuel ;

— pour un marché sur prix unitaires, à 20 % du montant contractuel ;

— pour un marché dont l'ensemble des prestations est rémunéré suivant une formule mixte dans les conditions définies à l'article 10.3.3, à la moyenne des diminutions limites correspondant aux divers modes de rémunération intervenant dans la formule, cette moyenne étant pondérée au prorata de l'importance respective de l'intervention de chacun de ces modes.

Si le marché comporte, suivant les travaux, plusieurs des modes de rémunération ci-dessus, la diminution limite est fixée à la somme des diminutions limites afférentes respectivement à chacun des montants contractuels partiels de travaux relevant des modes dont il s'agit.

15.2. Les stipulations qui précèdent ne concernent pas les accords-cadres à bons de commande comportant un minimum, pour lesquels les stipulations suivantes s'appliquent.

Lorsqu'au terme de l'exécution d'un accord-cadre à bons de commande, attribué à un seul titulaire le total des commandes du maître d'ouvrage n'a pas atteint le minimum fixé par l'accord-cadre, en valeur ou en quantités, le titulaire a droit à une indemnité égale à la marge nette qu'il aurait réalisée sur les prestations qui restaient à exécuter pour atteindre ce minimum. Il lui incombe d'apporter au maître d'ouvrage les justificatifs, notamment comptables, permettant de déterminer cette marge nette.

Le titulaire a droit, en outre, à être indemnisé de la part des frais et investissements éventuellement engagés pour l'accord-cadre et strictement nécessaires à son exécution qui n'aurait pas été prise en compte dans le montant des prestations payées. Il lui incombe, dans sa demande d'indemnisation, d'apporter au maître d'ouvrage toutes les justifications nécessaires à la détermination du montant des indemnités dans un délai de trente jours à compter du terme de l'accord-cadre.

Art. 16 *Changement dans l'importance des diverses natures d'ouvrage.*

16.1. Au sens du présent CCAG :

— les ouvrages ou équipements réglés par application d'un même prix forfaitaire dans la décomposition du montant du marché constituent une même nature d'ouvrage ;

— les ouvrages ou équipements réglés par application d'un même prix unitaire dans le détail estimatif constituent une même nature d'ouvrage.

16.2. Dans le cas de travaux réglés sur prix unitaires, lorsque, par suite d'ordres de service ou de circonstances qui ne sont ni de la faute ni du fait du titulaire, l'importance de certaines natures d'ouvrages est modifiée de telle sorte que les quantités exécutées augmentent de plus d'un tiers ou diminuent de plus d'un quart par rapport aux quantités portées au détail estimatif du marché, le titulaire a droit à être indemnisé en fin de compte du préjudice que lui ont éventuellement causé ces changements.

Dans le cas d'un marché à tranches optionnelles, les quantités à prendre en compte ne comprennent que celles qui sont afférentes aux tranches dont l'exécution a été décidée.

L'indemnité à accorder s'il y a lieu est calculée d'après la différence entre les quantités réellement exécutées et les quantités prévues augmentées d'un tiers ou diminuées d'un quart.

Les stipulations qui précèdent ne sont pas applicables aux natures d'ouvrages pour lesquelles les montants des travaux figurant, d'une part, au détail estimatif du marché et, d'autre part, au décompte final des travaux sont l'un et l'autre inférieurs à 5 % du montant du marché.

Le titulaire ne peut prétendre à aucune indemnité à l'occasion de l'exécution de natures d'ouvrages dont les prix unitaires figurent au bordereau mais pour lesquels le détail estimatif ne comporte pas explicitement des quantités, sauf toutefois si le montant total des travaux exécutés auxquels s'appliquent de tels prix excède 5 % du montant du marché.

16.3. Dans le cas de travaux réglés sur prix forfaitaires, lorsque des changements sont notifiés par ordre de service du maître d'œuvre dans la consistance des travaux, le prix nouveau fixé suivant les modalités prévues à l'article 13 tient compte des charges supplémentaires éventuellement supportées par le titulaire du fait de ces changements, à l'exclusion du préjudice indemnisé, s'il y a lieu, par application des articles 14.3 ou 15.1.

16.4. Les stipulations du présent article 16 ne concernent pas les accords-cadres à bons de commande.

Art. 17 *Pertes et avaries.*

17.1. Il n'est alloué au titulaire aucune indemnité au titre des pertes, avaries ou dommages causés par sa négligence, son imprévoyance, son défaut de moyens ou ses fausses manœuvres.

17.2. Le titulaire doit prendre à ses frais, risques et périls les dispositions nécessaires pour que les approvisionnements et les matériels et installations de chantier ainsi que les ouvrages en construction ne puissent être enlevés ou endommagés par les tempêtes, les crues, la houle et tous autres phénomènes naturels qui sont normalement prévisibles dans les conditions de temps et de lieu où s'exécutent les travaux.

17.3. En cas de pertes, avaries ou dommages provoqués sur ses chantiers par un phénomène naturel qui n'était pas normalement prévisible, ou en cas de force majeure, le titulaire est indemnisé pour le préjudice subi, à condition :

— qu'il ait pris, en cas de phénomène naturel, toutes les dispositions découlant de l'article 17.2 ;

— qu'il ait signalé immédiatement les faits par écrit au maître d'ouvrage.

Aucune indemnité ne peut néanmoins être accordée au titulaire pour perte totale ou partielle de son matériel flottant, les frais d'assurance de ce matériel étant réputés compris dans les prix du marché.

CHAPITRE III DÉLAIS

Art. 18 *Fixation et prolongation des délais.*

18.1. Délais d'exécution :

18.1.1. Le délai d'exécution du marché comprend la période de préparation définie à l'article 28.1 et le délai d'exécution des travaux défini ci-dessous.

Un ordre de service précise la date de démarrage de la période de préparation. Lorsque le niveau de préparation des travaux atteint est conforme aux exigences fixées dans les documents particuliers du marché, un ordre de service précise la date de démarrage de l'exécution des travaux.

Le délai d'exécution des travaux est celui imparti pour la réalisation des travaux incombant au titulaire, y compris le repliement des installations de chantier et la remise en état des terrains et des lieux.

En dehors des cas de marchés à tranches optionnelles, le titulaire ne peut se prévaloir d'aucun préjudice si la date, fixée par ordre de service, pour le début de la période de préparation ou le début d'exécution des travaux n'est pas postérieure de plus de six mois à celle de la notification du marché.

18.1.2. Les stipulations de l'article 18.1.1 s'appliquent aux délais, distincts du délai d'exécution de l'ensemble des travaux, qui peuvent être fixés par le marché pour l'exécution de certaines tranches de travaux, ou de certains ouvrages, parties d'ouvrages ou ensembles de prestations.

18.1.3. Si les documents particuliers du marché fixent, au lieu d'un délai d'exécution des travaux, une date limite pour l'achèvement des travaux, cette date n'a de valeur contractuelle que si les documents particuliers du marché fixent en même temps une date limite pour le commencement des travaux. En ce cas, la date fixée par ordre de service pour commencer les travaux doit être antérieure à cette dernière date limite.

18.1.4. Dans le cas de travaux allotis, le délai d'exécution des travaux incombant au titulaire est fixé par le maître d'ouvrage au sein du délai global d'exécution de l'ensemble des travaux allotis tous corps d'état confondus et en tenant compte d'un calendrier prévisionnel d'exécution qui précise les dates d'intervention relatives à chaque lot et figure dans les documents particuliers du marché.

Ce délai d'exécution est confirmé ou modifié pendant la période de préparation du chantier dans les conditions prévues à l'article 28.2.

18.2. Prolongation des délais d'exécution :

18.2.1. En dehors des cas prévus aux articles 18.2.2 et 18.2.3, la prolongation du délai d'exécution ne peut résulter que d'un avenant.

18.2.2. Une prolongation du délai de réalisation de l'ensemble des travaux ou d'une ou plusieurs tranches de travaux ou le report du début des travaux peut être justifié par :

— un changement du montant des travaux ou une modification de l'importance de certaines natures d'ouvrages ;

— une substitution d'ouvrages différents aux ouvrages initialement prévus ;

— la survenance de difficultés ou de circonstances imprévues au cours du chantier ;

— un ajournement de travaux décidé par le maître d'ouvrage ;

— un retard dans l'exécution d'opérations préliminaires, y compris en ce qui concerne les autorisations administratives liées à l'exécution du marché, qui sont à la charge du maître d'ouvrage, ou de travaux préalables qui font l'objet d'un autre marché.

L'importance de la prolongation ou du report est décidée par le maître d'ouvrage, sur proposition du maître d'œuvre, après consultation du titulaire. Un ordre de service notifie au titulaire la durée de la prolongation.

Commentaires.

L'expression nature d'ouvrage est entendue au sens défini à l'article 16.1.

L'arrêt des travaux en raison d'une décision des services des affaires culturelles consécutive à la mise à jour d'objets ou de vestiges relève des stipulations de l'article 33.2 et donne lieu à l'application des stipulations de l'article 53. Il en est de même de l'arrêt des travaux en raison d'un ordre de réquisition du titulaire.

18.2.3. Dans le cas d'intempéries au sens des dispositions législatives ou réglementaires en vigueur, entraînant un arrêt de travail sur les chantiers, les délais d'exécution des travaux sont prolongés. Cette prolongation est notifiée au titulaire par un ordre de service qui en précise la durée. Cette durée est égale au nombre de journées réellement constaté au cours desquelles le travail a été arrêté du fait des intempéries conformément auxdites dispositions, en défalquant, s'il y a lieu, le nombre de journées d'intempéries prévisibles indiqué dans les documents particuliers du marché.

Les samedis, dimanches et jours fériés ou chômés compris dans la période d'intempéries sont ajoutés pour le calcul de la prolongation du délai d'exécution.

Dans le cas d'intempéries non visées par une disposition légale ou réglementaire ainsi que dans le cas d'autres phénomènes naturels entravant l'exécution des travaux, si les documents particuliers du marché prévoient la prolongation du délai d'exécution en fonction de critères qu'il définit, cette prolongation de délai est notifiée au titulaire en récapitulant les constatations faites.

18.3. Prolongation ou report des délais en matière de tranches optionnelles :
Lorsque le délai imparti par les documents particuliers du marché pour la notification de l'ordre de service d'exécuter une tranche optionnelle est défini par rapport à l'origine du délai d'exécution d'une autre tranche, il est, en cas de prolongation de ce délai ou de retard du fait du titulaire constaté dans cette exécution, prolongé d'une durée égale à celle de cette prolongation ou de ce retard.

Lorsque les documents particuliers du marché prévoient, pour une tranche optionnelle, une indemnité d'attente et définissent, par rapport à l'origine du délai d'exécution d'une autre tranche, le point de départ du droit du titulaire à cette indemnité, la prolongation de délai ou le retard du fait du titulaire constaté dans cette exécution entraîne un report de l'ouverture du droit à indemnité égal à la prolongation ou au retard.

18.4. Prolongation ou report des délais en cas de réquisition :
Lorsque le titulaire est amené à intervenir dans le cadre d'un ordre de réquisition, le délai d'exécution du marché en cours est prolongé de la durée d'intervention nécessitée par cette situation d'urgence.

Art. 19 *Pénalités, primes et retenues.*

19.1. Généralités sur les pénalités :

19.1.1. Les samedis, les dimanches et les jours fériés ou chômés ne sont pas déduits pour le calcul des pénalités.

19.1.2. Dans le cas d'un groupement d'opérateurs économiques pour lesquels le paiement est effectué sur des comptes séparés, les pénalités sont réparties entre les membres du groupement conformément aux indications données par le mandataire.

Dans l'attente de ces indications, les pénalités sont retenues en totalité sur les sommes dues au mandataire, sans que cette opération engage la responsabilité du maître d'ouvrage à l'égard des autres membres du groupement.

Les stipulations des deux alinéas précédents s'appliquent aux retenues provisoires mentionnées à l'article 19.3.

19.1.3. En cas de résiliation, les pénalités sont appliquées jusqu'au jour inclus de la date de prise d'effet de la décision de résiliation ou jusqu'au jour d'arrêt de l'exploitation du titulaire, si la résiliation résulte d'un des cas prévus à l'article 50.1.

19.2. Pénalités de retard et retenues

19.2.1. Le titulaire est exonéré des pénalités dont le montant total ne dépasse pas 1 000 euros pour l'ensemble du marché.

19.2.2 Le montant total des pénalités de retard appliquées au titulaire ne peut excéder 10 % du montant total hors taxes du marché, de la tranche considérée ou du bon de commande.

Le montant hors taxes de l'ensemble du marché, de la tranche considérée ou du bon de commande est celui qui résulte des prévisions du marché ou de l'accord cadre, c'est-à-dire du marché ou de l'accord cadre initial éventuellement modifié. Il est évalué à partir des prix initiaux du marché ou de l'accord cadre hors taxes définis à l'article 12.1.1.

19.2.3 En cas de retard imputable au titulaire dans l'exécution des travaux, qu'il s'agisse de l'ensemble du marché, d'une tranche ou d'un bon de commande pour lequel un délai d'exécution partiel ou une date limite a été fixé, il est appliqué une pénalité journalière de 1/3 000 du montant hors taxes de l'ensemble du marché, de la tranche considérée ou du bon de commande.

19.2.4. Lorsque le maître d'ouvrage envisage d'appliquer les pénalités de retard, constatées par le maître d'œuvre, il invite, par écrit, le titulaire à présenter ses observations dans un délai qui ne peut être inférieur à quinze jours. Le maître d'ouvrage précise le montant des pénalités susceptibles d'être appliquées, le ou les retards concernés ainsi que le délai imparti au titulaire pour présenter ses observations. A défaut de réponse du titulaire, le maître d'ouvrage applique les pénalités de retard.

Si le maître d'ouvrage considère que les observations formulées par le titulaire en application du premier alinéa ne permettent pas de démontrer que le retard n'est pas imputable à celui-ci, les pénalités pour retard s'appliquent et sont calculées à compter du lendemain du jour où le délai contractuel d'exécution des prestations est expiré.

19.2.5. Les stipulations du présent article sont applicables aux pénalités éventuellement prévues par les documents particuliers du marché pour le cas de retard dans la réalisation de certains ouvrages, *parties* d'ouvrages ou ensembles de prestations faisant l'objet de délais partiels ou particuliers ou de dates limites fixés dans le marché.

En cas de retard sur un délai partiel prévu au marché, si le délai global est respecté, le maître d'ouvrage rembourse au titulaire les pénalités provisoires appliquées, à la condition que le retard partiel n'ait pas eu d'impact sur les autres travaux de l'ouvrage.

19.3. En cas de retard du titulaire dans la remise des documents conformes à l'exécution, dans les conditions précisées à l'article 40, le maître d'ouvrage met en œuvre une pénalité forfaitaire ou une retenue dont les montants et les modalités d'application sont fixées par les documents particuliers du marché.

La pénalité forfaitaire est appliquée après mise en demeure du titulaire restée sans effet.

Les retenues provisoires sont opérées sur le dernier décompte mensuel. Elles sont appliquées sans mise en demeure préalable et sont payées après la remise complète des documents.

19.4. Primes

19.4.1. Si les documents particuliers du marché prévoient le versement de primes, ils en précisent les conditions d'attribution ainsi que les modalités de calcul et de versement.

19.4.2. Le marché peut prévoir des primes pour réalisation anticipée, soit de l'ensemble des prestations, soit de certaines parties des prestations ou d'ouvrages faisant l'objet de délais particuliers ou de dates limites fixés dans le marché calculés conformément à l'article 3.2. Les samedis, les dimanches et les jours fériés ou chômés ne sont pas déduits pour le calcul des primes.

19.4.3. Une fois le montant des primes déterminé, elles sont versées toutes taxes comprises sans que le titulaire soit tenu de les demander. Le montant des primes n'est pas plafonné.

19.4.4 Dans le cas d'un groupement d'opérateurs économiques pour lesquels le paiement est effectué sur des comptes séparés, les primes sont réparties entre les membres du groupement conformément aux indications données par le mandataire.

CHAPITRE IV RÉALISATION DES OUVRAGES

Art. 20 *Développement durable.*

20.1. Clause d'insertion sociale

Lorsque les documents particuliers du marché prévoient que le titulaire réalise une action d'insertion permettant l'accès ou le retour à l'emploi de personnes rencontrant des difficultés sociales et/ou professionnelles, leur mise en œuvre s'effectue dans les conditions prévues au présent article, ils précisent *a minima* :

— le périmètre de l'action à réaliser ;
— les coordonnées du facilitateur le cas échéant ;
— les profils de publics éligibles à la clause d'insertion ;
— le volume horaire d'insertion à la charge du titulaire.

L'action d'insertion définie dans les documents particuliers du marché est mise en œuvre dans les conditions prévues par le présent article.

20.1.1. Publics éligibles :

Les personnes visées par l'action d'insertion professionnelle relèvent notamment de l'une des catégories suivantes :

20.1.1.1. Personnes recrutées et accompagnées dans une structure reconnue par l'État :

a) personnes prises en charge dans le secteur adapté ou protégé : salariés des entreprises adaptées, des entreprises adaptées de travail temporaire ou usagers des ESAT ;

b) personnes prises en charge dans les structures d'insertion par l'activité économique (IAE) mentionnée à l'article L. 5132-4 du code du travail, c'est-à-dire :

— mises à disposition par une association intermédiaire (AI) ou une entreprise de travail temporaire d'insertion (ETTI),
— salariées d'une entreprise d'insertion (EI), d'un atelier chantier d'insertion (ACI) ;

c) personnes employées par une régie de quartier ou de territoire agréée ;

d) personnes prises en charge dans des dispositifs particuliers, notamment les Établissements Publics d'Insertion de la Défense (EPIDE) et les Écoles de la deuxième Chance (E2C) ;

e) personnes en parcours d'insertion au sein des groupements d'employeurs pour l'insertion et la qualification (GEIQ) ;

f) personnes sous-main de justice employées en régie, dans le cadre du service de l'emploi pénitentiaire de l'agence du travail d'intérêt général et de l'insertion professionnelle (ATIGIP) ou affectées à un emploi auprès d'un concessionnaire de l'administration pénitentiaire.

20.1.1.2. Personnes répondant à des critères d'éloignement du marché du travail :

a) demandeurs d'emploi de longue durée (plus de 12 mois d'inscription au chômage) sans activité ou en activité partielle (moins de 6 mois dans les 12 derniers mois) ;

b) bénéficiaires du RSA en recherche d'emploi ;

c) personnes ayant obtenu la reconnaissance de travailleurs handicapés au sens de l'article L. 5212-13 du code du travail orientés en milieu ordinaire et demandeurs d'emploi fixant la liste des bénéficiaires de l'obligation d'emploi ;

d) bénéficiaires de l'allocation spécifique de solidarité (ASS), de l'allocation adulte handicapé (AAH), de l'allocation d'insertion (AI), de l'allocation veuvage, ou de l'allocation d'invalidité ;

e) jeunes de moins de 26 ans en recherche d'emploi :

— sans qualification (infra niveau 3, soit niveau inférieur au CAP/BEP) et sortis du système scolaire depuis au moins 6 mois ;

— diplômés, justifiant d'une période d'inactivité de 6 mois depuis leur sortie du système scolaire ou de l'enseignement supérieur ;

f) demandeurs d'emploi seniors (plus de 50 ans) ;

g) jeunes en suivi renforcé de type PACEA, SMA, SMV, en sortie de dispositif Garantie Jeunes ;

h) habitants des quartiers prioritaires de la politique de la ville éloignés de l'emploi ;

i) personnes ayant le statut de réfugié ou bénéficiaires de la protection subsidiaire ;

j) personnes rencontrant des difficultés particulières sur proposition motivée de Pôle emploi, des maisons de l'emploi, des plans locaux pour l'insertion et l'emploi (PLIE), des missions locales, de Cap emploi ou des maisons départementales des personnes handicapées (MDPH).

L'éligibilité des publics doit être établie préalablement à la mise en œuvre du dispositif et à la réalisation des heures d'insertion.

20.1.2. Modalités de mise en œuvre de l'action d'insertion professionnelle du titulaire :

Le titulaire s'engage à réaliser une action d'insertion, au minimum à hauteur des objectifs horaires d'insertion fixés dans les documents particuliers du marché. L'ensemble des actions mises en œuvre doivent intervenir durant la période d'exécution du marché.

Si la formation fait partie du contrat de travail (contrat de professionnalisation, contrat d'apprentissage, etc.), les heures de formation sont comptabilisées au titre des heures d'insertion.

(Arr. du 30 sept. 2021, art. 1er) « L'action d'insertion professionnelle peut être mise en œuvre par le titulaire selon une ou plusieurs des modalités suivantes :

« — par une embauche directe en contrat à durée indéterminée (CDI), en contrat à durée déterminée (CDD) par l'entreprise titulaire, ou en contrats en alternance (contrat de professionnalisation ou contrat d'apprentissage). Les heures effectuées par les personnes en insertion via l'embauche directe sont comptabilisées durant l'exécution du marché à compter de la date d'embauche et pour une période maximale de deux ans ;

« — par la mise à disposition de salariés en insertion via le recours à une association intermédiaire (AI), ou à une entreprise de travail temporaire d'insertion (ETTI), ou à une entreprise de travail temporaire adapté (ETTA), ou à un groupement d'employeurs pour l'insertion et la qualification (GEIQ), ou à une entreprise de travail temporaire (ETT) ;

« — par le recours à la sous-traitance ou au groupement d'opérateurs économiques avec une entreprise d'insertion (EI), un atelier chantier d'insertion (ACI) ou une entreprise adaptée (EA), un établissement et service d'aide par le travail (ESAT), une entreprise d'insertion par le travail indépendant (EITI), ou un travailleur indépendant handicapé (TIH).

« En cas de groupement d'opérateurs économiques, le mandataire du groupement est l'interlocuteur unique du le maître d'ouvrage pour le suivi d'exécution de la clause d'insertion. Cette mission peut également être confiée, le cas échéant, à un facilitateur identifié dans les documents particuliers du marché.

« A l'issue du marché, le titulaire s'engage à étudier toutes les possibilités d'embauche ultérieure des personnes en insertion. »

20.1.3. Globalisation des heures d'insertion :

Si, dans un même bassin d'emploi, le titulaire est attributaire d'un ou plusieurs autres marchés comportant une clause d'insertion sociale, le titulaire peut solliciter auprès du maître d'ouvrage la globalisation des heures d'insertion, afin de favoriser le parcours d'insertion des personnes éloignées de l'emploi. Celle-ci doit être définie dans les documents particuliers du marché.

20.1.4. Intervention d'un facilitateur :

Afin de faciliter la mise en œuvre de la démarche d'insertion, le titulaire peut bénéficier de l'accompagnement d'un facilitateur dont les coordonnées sont précisées dans les documents particuliers du marché.

20.1.4.1. Dans le cadre du marché, le facilitateur a pour mission notamment :

— d'accompagner le titulaire dans la définition du besoin de recrutement (nature du poste, compétence...) et de lui proposer les modalités les plus appropriées de mise en œuvre de la clause d'insertion (embauche directe, mise à disposition, etc.) ;

— d'identifier les publics susceptibles de répondre au besoin du titulaire ;

— d'organiser le suivi des publics ;

— de mesurer et de communiquer auprès du le maître d'ouvrage et du titulaire sur les réalisations obtenues dans le cadre du marché.

20.1.4.2. Le titulaire désigne un correspondant opérationnel pour le suivi des actions d'insertion professionnelle, interlocuteur privilégié du le maître d'ouvrage et du facilitateur.

Le titulaire transmet au maître d'ouvrage, et le cas échéant au facilitateur, dès lors que le maître d'ouvrage lui a communiqué les coordonnées du facilitateur, tous renseignements utiles permettant le contrôle et le suivi de l'exécution de la clause d'insertion sociale.

Ces informations, ainsi que la fréquence de leur transmission, sont précisées dans les documents particuliers du marché.

20.1.4.3. A l'initiative du maître d'ouvrage, une réunion de mise au point de l'action d'insertion est organisée avec le titulaire et, le cas échéant, le facilitateur.

Elle est mise en place après notification du marché selon un délai précisé dans les documents particuliers du marché.

Durant toute la période d'exécution du marché, le maître d'ouvrage peut organiser avec le titulaire et, le cas échéant le facilitateur, des réunions de suivi de la clause d'insertion.

Commentaires.

Les renseignements utiles détaillés dans les documents particuliers du marché par le titulaire sont notamment : date d'embauche, type de contrat, poste occupé, justificatif de l'éligibilité des personnes recrutées, attestation trimestrielle d'heures d'insertion adressée au facilitateur, récapitulatif des factures, etc.

20.1.4.4. Le titulaire notifie au maître d'ouvrage toute difficulté pour assurer son engagement. Dans ce cas, le maître d'ouvrage, et le cas échéant le facilitateur, étudie avec le titulaire les moyens à mettre en œuvre pour atteindre les objectifs d'insertion.

En cas de difficultés économiques, établies par un faisceau d'indices, l'entreprise attributaire peut demander au maître d'ouvrage la suspension ou la suppression de la clause d'insertion sociale.

En cas de difficultés économiques qui se traduisent par le recours à de l'activité partielle, à l'engagement d'une procédure de licenciement pour motif économique ou à l'ouverture d'une procédure de redressement judiciaire, le maître d'ouvrage annule la clause d'insertion sociale. Cette annulation est subordonnée à la communication d'une copie des documents afférents à ces difficultés, transmis à la DIRECCTE ou au juge.

20.1.4.5. Il est procédé au contrôle de l'exécution de l'action d'insertion pour laquelle le titulaire s'est engagé, tout au long de l'exécution des prestations :

— le titulaire, ou le cas échéant le facilitateur, établit pendant toute la durée du marché un bilan annuel sur la base des bilans transmis au maître d'ouvrage ;

— le titulaire, ou le cas échéant le facilitateur, rédige un bilan final dans le mois précédant la fin de l'exécution du marché transmis au maître d'ouvrage.

Ces bilans portent sur les aspects quantitatif et qualitatif de l'action d'insertion.

20.1.5. Pénalités pour non-respect de la clause d'insertion sociale :

Le titulaire se voit appliquer une pénalité forfaitaire dont le montant est fixé par les documents particuliers du marché après mise en demeure restée infructueuse. Lorsque le titulaire a informé le maître d'ouvrage de difficultés dans la mise en œuvre du présent article 20, la pénalité ne s'applique pas à la part des heures d'insertion initialement prévues pour lesquelles le maître d'ouvrage ou le facilitateur ne sont pas parvenus à trouver un moyen pour le titulaire d'y recourir.

En cas d'absence injustifiée à une réunion de suivi de l'exécution de la clause d'insertion sociale, le titulaire se voit appliquer, après mise en demeure restée infructueuse de justifier son absence, une pénalité forfaitaire dont le montant est fixé par les documents particuliers du marché.

En cas de non-transmission, ou transmission partielle, ou retard de transmission des documents et attestations propres à permettre le contrôle de l'exécution de l'action d'insertion professionnelle (notamment justificatifs d'éligibilité des publics et justificatifs des missions confiées et heures réalisées), le titulaire se voit appliquer, pour chaque manquement, et après avoir été mis en demeure d'y remédier, une pénalité forfaitaire dont le montant est fixé par les documents particuliers du marché.

Commentaires.

Le recours à la sous-traitance n'exonère pas le titulaire de ses obligations en matière de clause d'insertion. S'il peut partager une partie de l'effort d'insertion, il restera responsable de leur bonne exécution et de la bonne remontée d'information. Les pénalités sont supportées par le titulaire. Il appartient à ce dernier de prévoir dans le contrat de sous-traitance les stipulations qui permettront de responsabiliser son sous-traitant.

20.2. Clause environnementale générale

20.2.1. Les documents particuliers du marché précisent les obligations environnementales du titulaire dans l'exécution du marché. Ces obligations doivent être vérifiables, selon des méthodes objectives, et faire l'objet d'un contrôle effectif.

Commentaires.

Les documents particuliers du marché peuvent notamment prendre en compte, sur l'ensemble du cycle de vie des produits, ouvrages ou services acquis, selon la nature de l'achat :

— la réduction des prélèvements des ressources ;

— la composition des produits et notamment leur caractère écologique, polluant ou toxique ;

— les actions en faveur du réemploi, de la réutilisation, du reconditionnement, de l'intégration de matières recyclées et du recyclage ;
— les économies d'énergie et le développement des énergies renouvelables ;
— la prévention de la production des déchets et leur orientation vers des filières de valorisation ;
— les pratiques environnementales appliquées aux modalités d'exécution des prestations et notamment les politiques de réduction des émissions de gaz à effet de serre et d'amélioration de la qualité de l'air ;
— la réduction des impacts sur la biodiversité ;
— la sensibilisation des intervenants aux problématiques environnementales liées à l'exécution du marché.

20.2.2. Le titulaire s'assure du respect par ses sous-traitants des obligations environnementales fixées par le marché.

20.2.3. En cas de non-respect des obligations prévues au présent article 20.2, le titulaire se voit appliquer pour chaque manquement, après mise en demeure restée infructueuse, une pénalité dont le montant est fixé par les documents particuliers du marché.

Art. 21 *Provenance des matériaux et produits.*

21.1. Le titulaire a le choix de la provenance des matériaux, produits ou composants de construction, sous réserve de pouvoir justifier que ceux-ci satisfont aux conditions fixées par le marché.

Le titulaire est tenu de mettre à la disposition du maître d'œuvre les documents qui assurent la traçabilité des produits et matériaux mis en œuvre.

21.2. Lorsque la provenance de matériaux, produits ou composants de construction est fixée dans le marché, le titulaire ne peut la modifier que si le maître d'œuvre l'y autorise par écrit. Les prix correspondants ne sont modifiés que si l'autorisation accordée précise que la substitution donne lieu à l'application de nouveaux prix. Ces prix sont établis suivant les modalités prévues à l'article 13, le maître d'œuvre notifiant par ordre de service les prix provisoires dans les quinze jours qui suivent l'autorisation donnée.

Si le maître d'œuvre subordonne son autorisation à l'acceptation par le titulaire d'une réfaction déterminée sur les prix, le titulaire ne peut contester les prix traduisant cette réfaction.

Art. 22 *Lieux d'extraction ou d'emprunt des matériaux.*

22.1. Lorsque le marché fixe les lieux d'extraction ou d'emprunt des matériaux et qu'au cours des travaux les gisements se révèlent insuffisants en qualité ou en quantité, le titulaire doit en aviser à temps le maître d'œuvre ; ce dernier désigne alors, sur proposition éventuelle du titulaire, de nouveaux lieux d'extraction ou d'emprunt. La substitution peut donner lieu à l'application d'un nouveau prix établi suivant les modalités prévues à l'article 13.

22.2. Sauf dans l'hypothèse où les lieux d'extraction ou d'emprunt sont mis à la disposition du titulaire par le maître d'ouvrage, le titulaire est tenu d'obtenir, en tant que de besoin, les autorisations administratives nécessaires pour les extractions et emprunts de matériaux. Les indemnités d'occupation ou les redevances à la collectivité publique concernée éventuellement dues pour ces extractions ou emprunts sont à la charge du titulaire.

22.3. Le titulaire supporte dans tous les cas les charges d'exploitation des lieux d'extraction ou d'emprunt et, le cas échéant, les frais d'ouverture.

Il supporte également, sans recours contre le maître d'ouvrage, la charge des dommages entraînés par l'extraction des matériaux, par l'établissement des chemins de desserte et, d'une façon générale, par les travaux d'aménagement nécessaires à l'exploitation des lieux d'extraction ou d'emprunt. Il garantit le maître d'ouvrage au cas où la réparation de tels dommages serait mise à la charge de celui-ci.

Art. 23 *Qualité des matériaux et produits. – Application des normes.*

23.1. Les matériaux, produits et composants de construction doivent être conformes aux stipulations du marché et présenter les caractéristiques spécifiées, notamment les catégories, classes et niveaux de performances spécifiés par référence aux normes.

Les normes visées par le marché sont celles dont la date de prise d'effet est antérieure de trois mois à la date d'établissement des prix défini à l'article 9.4.2, sauf pour celles dont l'application immédiate est rendue obligatoire par la règlementation française.

23.2. Dans le cas où le marché se réfère à des normes françaises non issues de normes européennes, des matériaux ou produits dont les caractéristiques sont établies par référence à des normes en vigueur dans d'autres États parties à l'Accord sur les marchés publics de l'Organisation mondiale du commerce peuvent être admis si ces caractéristiques sont reconnues comme équivalentes à celles spécifiées.

Toute demande formulée par le titulaire et demandant de faire reconnaître une telle équivalence doit être présentée au maître d'œuvre avec tous les documents justificatifs, au moins trente jours avant tout acte qui pourrait constituer un début d'approvisionnement.

Les documents justificatifs doivent être rédigés en français ou être accompagnés de leur traduction en français s'il s'agit de documents originaux établis dans une autre langue.

Le maître d'œuvre dispose d'un délai de trente jours calendaires pour accepter ou refuser le produit proposé.

23.3. Le titulaire ne peut utiliser des matériaux, produits ou composants de construction d'une qualité différente de celle qui est fixée par le marché que si le maître d'œuvre l'y autorise par écrit. Les prix correspondants ne sont modifiés que si l'autorisation accordée précise que la substitution donne lieu à l'application de nouveaux prix. Ces prix sont établis suivant les modalités prévues à l'article 13, le maître d'œuvre devant notifier par ordre de service les prix provisoires dans les quinze jours qui suivent l'autorisation donnée.

Si le maître d'œuvre subordonne son autorisation à l'acceptation par le titulaire d'une réfaction déterminée sur les prix, le titulaire ne peut contester les prix traduisant cette réfaction.

23.4. Si le marché énumère les supports de données et autres fournitures qui sont nécessaires au bon fonctionnement de matériels, ces supports et fournitures sont conformes aux normes homologuées en vigueur ou à d'autres normes applicables en France en vertu d'accords internationaux.

A défaut de telles normes ou s'il a obtenu les dérogations nécessaires pour des motifs spécifiques aux équipements, le titulaire fournit, sur demande du maître d'ouvrage ou du maître d'œuvre, les spécifications techniques nécessaires à l'utilisation de ces fournitures.

Art. 24 *Vérification qualitative des matériaux et produits – Essais et épreuves.*

24.1. La conformité des matériaux, produits et composants de construction aux spécifications du marché peut être établie :

— par une attestation délivrée par un organisme établi dans l'Espace économique européen et accrédité selon les normes NF EN ISO/CEI 17025 et NF EN ISO/CEI 17065 par le Comité français d'accréditation (COFRAC) ou tout autre organisme d'accréditation signataire de l'accord européen multilatéral pertinent pris dans le cadre de *European co-operation for Accreditation* (EA), coordination européenne des organismes d'accréditation ;

— par les essais et épreuves que définit le marché, notamment par référence aux normes, tant en ce qui concerne la nature des essais que leur fréquence et les résultats exigés.

Commentaires.

La liste des organismes d'accréditation mentionnés au présent article peut être consultée sur le site : www.european-accreditation.org. A défaut d'indication, dans le marché ou dans les normes, des modes opératoires à utiliser, ceux-ci font l'objet de propositions écrites du titulaire soumises à l'acceptation du maître d'œuvre.

24.2. Si le marché fait référence à des marques de qualité particulières comme valant preuve de conformité, des attestations délivrées par d'autres organismes remplissant les conditions de l'article 24.1 peuvent également être admises comme preuve de conformité si elles sont reconnues équivalentes.

Les stipulations de l'article 23.2 sont applicables aux demandes portant sur une telle équivalence.

24.3. Le titulaire entrepose les matériaux, produits et composants de construction de manière à faciliter les vérifications prévues. Il prend toutes mesures utiles pour que les matériaux, produits et composants puissent être facilement distingués, selon qu'ils sont en attente de vérification ou acceptés ou refusés. Les matériaux, produits et composants refusés doivent être enlevés rapidement du chantier, les stipulations de l'article 37 étant appliquées s'il y a lieu.

24.4. Les vérifications sont faites selon les indications stipulées dans les documents particuliers du marché ; le maître d'œuvre indique, s'il y est procédé sur le chantier, dans les usines, magasins ou carrières du titulaire et des sous-traitants ou fournisseurs. Elles sont exécutées par le maître d'œuvre. Les documents particuliers du marché peuvent prévoir de lui substituer un laboratoire ou un organisme de contrôle.

Dans le cas où le maître d'œuvre ou son préposé effectue personnellement les essais, le titulaire met à sa disposition le matériel nécessaire mais il n'a la charge d'aucune rémunération du maître d'œuvre ou de son préposé.

Le titulaire adresse au maître d'œuvre les certificats constatant les résultats des vérifications faites. Au vu de ces certificats, le maître d'œuvre décide si les matériaux, produits ou composants de construction peuvent ou non être utilisés.

24.5. Le titulaire est tenu de fournir à ses frais tous les échantillons nécessaires pour les vérifications.

Le titulaire équipe, s'il y a lieu, les matériels de fabrication des dispositifs permettant d'opérer le prélèvement des matériaux aux différents stades de l'élaboration des produits fabriqués.

24.6. Si les résultats de vérifications prévues dans le marché ou par les normes pour une fourniture de matériaux, produits ou composants de construction ne permettent pas l'acceptation de cette fourniture, le maître d'œuvre peut prescrire, en accord avec le titulaire, des vérifications supplémentaires pour permettre d'accepter éventuellement tout ou partie de la fourniture, avec ou sans réfaction sur les prix. Les dépenses correspondant à ces dernières vérifications sont à la charge du titulaire.

24.7. Les vérifications effectuées par un laboratoire ou organisme de contrôle sont faites à la diligence et à la charge du titulaire. Ne sont pas à la charge du titulaire les essais et épreuves que le maître d'œuvre exécute ou fait exécuter et qui ne sont pas prévus au marché.

24.8. Le titulaire ne supporte pas la charge des frais de déplacement et de séjour que les vérifications entraînent pour le maître d'ouvrage, le maître d'œuvre ou leurs préposés.

Art. 25 *Vérification quantitative des matériaux et produits.*

25.1. La détermination des quantités de matériaux et produits est effectuée contradictoirement.

Pour les matériaux et produits faisant l'objet de lettres de voiture, les indications de masse portées sur celles-ci sont présumées exactes. Toutefois, le maître d'œuvre a toujours le droit de faire procéder, pour chaque livraison, à une vérification contradictoire sur bascule. Les frais de cette vérification sont :

— à la charge du titulaire si la pesée révèle qu'il existe, au préjudice du maître d'ouvrage, un écart de masse supérieur à la freinte normale de transport ;

— à la charge du maître d'ouvrage dans le cas contraire.

25.2. S'il est établi que les transports de matériaux, produits ou composants de construction sont effectués dans des véhicules routiers en surcharge, les dépenses afférentes à ces transports ne sont pas prises en compte dans le règlement du marché.

Lorsque ces dépenses ne font pas l'objet d'un règlement distinct, les prix des ouvrages qui comprennent la rémunération de ces transports subissent une réfaction fixée par ordre de service en se référant, s'il y a lieu, aux sous-détails des prix unitaires et aux décompositions des prix forfaitaires.

Art. 26 *Prise en charge, manutention et conservation par le titulaire des matériaux et produits fournis par le maître d'ouvrage dans le cadre du marché.*

26.1. Lorsque le marché prévoit la fourniture par le maître d'ouvrage de certains matériaux, produits ou composants de construction, le titulaire, avisé en temps utile, les prend en charge à leur arrivée sur le chantier.

Les documents qui assurent la traçabilité de ces matériaux et produits sont mis à la disposition du titulaire par le maître d'ouvrage.

Si le titulaire constate la défectuosité des matériaux ou produits fournis par le maître d'ouvrage, il doit présenter ses observations par écrit au maître d'œuvre dans le délai de quinze jours à partir du moment où il a eu la possibilité de faire cette constatation, et, en tout état de cause, avant la mise en œuvre effective de ces matériaux ou produits. A défaut, il ne pourra s'en prévaloir pour écarter sa responsabilité en cas de non-conformité de l'ouvrage aux spécifications du marché.

26.2. Si la prise en charge a lieu en présence du maître d'ouvrage, elle fait l'objet d'un procès-verbal contradictoire portant sur les quantités prises en charge.

26.3. Si la prise en charge a lieu en l'absence du maître d'ouvrage, les quantités prises en charge par le titulaire sont réputées être celles pour lesquelles il a donné décharge écrite au transporteur ou au fournisseur qui a effectué la livraison.

Dans ce cas, le titulaire doit s'assurer, compte tenu des indications de la lettre de voiture ou de l'avis de livraison porté à sa connaissance, qu'il n'y a ni omission, ni erreur, ni avarie ou défectuosité normalement décelables. S'il constate une omission, une erreur, une avarie ou une défectuosité, il doit faire à l'égard du transporteur ou du fournisseur les réserves d'usage et en informer aussitôt le maître d'œuvre.

26.4. Quel que soit le mode de transport et de livraison des matériaux, produits ou composants, et même en cas de prise sur stock, le titulaire est tenu de procéder aux opérations nécessaires de déchargement, de débarquement, de manutention, de rechargement et de transport, jusque et y compris la mise en dépôt ou à pied d'œuvre des matériaux, produits ou composants.

Commentaires.

Le marché peut utilement préciser les conditions et les délais d'exécution des opérations qui font l'objet de cet article 26.4.

Le titulaire acquitte tous les frais de location, de surestaries ou de dépassement de délais de planche, toutes redevances pour dépassement de délais tarifaires de déchargement et, d'une façon générale, toutes pénalités et tous frais tels qu'ils résultent des règlements, des tarifs homologués ou des contrats, mais il ne conserve définitivement la charge de ces frais et pénalités que dans la mesure où le retard résulte de son fait.

26.5. Si le marché stipule que la conservation qualitative ou quantitative de certains matériaux, produits ou composants, nécessite leur mise en magasin, le titulaire est tenu de construire ou de se procurer les magasins nécessaires, même en dehors du chantier.

Il supporte les frais de magasinage, de manutention, d'arrimage, de conservation et de transport entre les magasins et le chantier.

Commentaires.

Le marché peut utilement préciser les conditions et les limites territoriales pour le choix des magasins qui font l'objet de cet article 26.5.

26.6. Dans tous les cas, le titulaire a la garde des matériaux, produits et composants à partir de leur prise en charge. Il assume la responsabilité légale du dépositaire.

Commentaires.

Le marché peut, si nécessaire, imposer les conditions particulières de conservation des matériaux, produits et composants pris en charge par le titulaire.

26.7. Le titulaire ne peut être chargé de procéder en tout ou partie à la réception des matériaux, produits ou composants fournis par le maître d'ouvrage que si les documents particuliers du marché précisent :

— le contenu du mandat correspondant ;
— la nature, la provenance et les caractéristiques de ces matériaux, produits ou composants ;
— les vérifications à effectuer ;
— les moyens de contrôle à employer, ceux-ci devant être mis à la disposition du titulaire.

26.8. La charge des frais résultant des prestations prévues au présent article 26 est réputée incluse dans les prix.

Art. 27 *Plan d'implantation des ouvrages et piquetages.*

27.1. Plan général d'implantation des ouvrages :

Le plan général d'implantation des ouvrages est un plan orienté qui précise la position des ouvrages, en planimétrie et en altimétrie, s'il y a lieu, par rapport à des repères fixes. Ce plan est notifié au titulaire, par ordre de service, dans les huit jours suivant la notification du marché, ou, si l'ordre de service prescrivant de commencer les travaux est postérieur à celle-ci, au plus tard en même temps que cet ordre.

27.2. Piquetage général :

27.2.1. Le piquetage général consiste à reporter sur le terrain la position des ouvrages définie par le plan général d'implantation, au moyen de piquets numérotés solidement fixés au sol, dont les têtes sont raccordées en plan et en altitude aux repères fixes mentionnés à l'article 27.1. La position des piquets est notée sur un plan de piquetage général ou reportée sur le plan général d'implantation des ouvrages, qui se substitue alors au plan de piquetage général.

27.2.2. Si le piquetage général a été exécuté avant la notification du marché, le plan général d'implantation des ouvrages notifié au titulaire comporte l'indication de la position des piquets.

27.2.3. Si le piquetage général n'a pas été exécuté avant la notification du marché, il est effectué par le titulaire, contradictoirement avec le maître d'œuvre.

27.3. Piquetage spécial des ouvrages souterrains, enterrés, subaquatiques ou aériens :

27.3.1. Lorsque les travaux doivent être exécutés au droit ou au voisinage d'ouvrages souterrains, enterrés, subaquatiques ou aériens, tels que canalisations et câbles ou autres réseaux, dépendant du maître d'ouvrage ou de tierces personnes, le maître d'ouvrage prend à sa charge les sondages préalables en trois dimensions des ouvrages souterrains et communique les résultats au titulaire et au maître d'œuvre en vue de leur report exact sur le terrain par un piquetage spécial, lui-même reporté sur le plan de piquetage général mentionné à l'article 27.2.1.

Il appartient également au maître d'ouvrage et au maître d'œuvre de recueillir auprès des exploitants des ouvrages repérés les mesures de prévention à appliquer pendant l'exécution des travaux et de les notifier au titulaire.

27.3.2. Les travaux de piquetages sont payés et effectués sous la responsabilité du maître d'ouvrage conformément à la réglementation applicable.

S'ils n'ont pas été réalisés préalablement par le maître d'ouvrage, les documents particuliers du marché prévoient explicitement leur exécution par le titulaire sous la responsabilité du maître d'ouvrage, ainsi que la rémunération associée. Dans le silence des documents particuliers du marché, les modalités techniques et financières d'exécution par le titulaire de ces travaux de piquetage sont prévues par voie d'avenant.

27.3.3. Si des ouvrages souterrains, enterrés, subaquatiques ou aériens, non repérés par le piquetage spécial sont découverts après la notification du marché, le titulaire en informe par écrit le maître d'ouvrage et le maître d'œuvre. Il est alors procédé contradictoirement à leur relevé puis au recueil des mesures de prévention à appliquer lors des travaux.

Les investigations complémentaires éventuellement rendues nécessaires ainsi que les mesures de prévention afférentes font l'objet d'un avenant au marché à la charge du maître d'ouvrage, et donnent lieu à une prolongation de délai dans les conditions prévues à l'article 18.2.

Le titulaire doit, en outre, surseoir aux travaux adjacents jusqu'à décision du maître d'œuvre, prise par ordre de service, sur les mesures à prendre.

> *Commentaires.*
>
> Les travaux de piquetages sont toujours payés par le maître d'ouvrage et, s'ils n'ont pas été réalisés préalablement, entrent dans le marché soit sous forme d'une tranche optionnelle, soit dans le bordereau de prix unitaires. Dans le cas contraire, un avenant doit les inclure dans le marché.

27.4. Procès-verbaux de piquetage – Conservation des piquets :

Si le piquetage général et le piquetage spécial sont effectués après la notification du marché, un procès-verbal de l'opération est dressé par le maître d'œuvre et notifié par ordre de service au titulaire.

Le titulaire est tenu de veiller à la conservation des piquets et de les rétablir ou de les remplacer en cas de besoin.

27.5. Piquetages complémentaires :

27.5.1. Lors de l'exécution des travaux, le titulaire est tenu de compléter le piquetage général et, éventuellement, le piquetage spécial par autant de piquets qu'il est nécessaire.

En cas de piquetages complémentaires aux piquetages spéciaux prévus à l'article 27.3, ces prestations sont à la charge du maître d'ouvrage conformément à l'article 27.3.3.

27.5.2. Les piquets placés au titre d'un piquetage complémentaire doivent pouvoir être distingués de ceux qui ont été placés au titre du piquetage général.

27.5.3. Le titulaire est seul responsable des piquetages complémentaires au piquetage général, même s'il y a eu des vérifications faites par le maître d'œuvre.

Les piquetages complémentaires aux piquetages spéciaux prévus à l'article 27.3 sont réalisés sous la responsabilité du maître d'ouvrage.

Art. 28 *Préparation des travaux.*

28.1. Période de préparation :

La période de préparation est la période durant laquelle, avant l'exécution des travaux, certaines dispositions préparatoires doivent être prises et certains documents nécessaires à la réalisation des ouvrages doivent être établis. Cette période est incluse dans le délai d'exécution du marché. Elle est, sauf stipulation contraire dans les documents particuliers du marché, fixée à une durée de deux mois.

Les documents particuliers du marché précisent les tâches à réaliser par le titulaire pendant la période de préparation.

Le démarrage des travaux mentionné dans l'ordre de service prévu à l'alinéa 2 de l'article 18.1.1 ne peut intervenir que lorsque les tâches préparatoires sont achevées.

La durée de la période de préparation peut être prolongée par ordre de service, sauf si la raison du retard éventuel est imputable au titulaire ; l'ordre de service prolonge le délai d'exécution du marché de la même durée.

28.2. Programme d'exécution – Calendrier d'exécution :

28.2.1. Le programme d'exécution des travaux précise notamment les matériels et les méthodes qui seront utilisés et le calendrier d'exécution des travaux précisant la date de démarrage des travaux et leur durée d'exécution. Le projet des installations de chantier et des ouvrages provisoires est annexé à ce programme.

Si les documents particuliers du marché le prévoient, le titulaire établit un plan d'assurance qualité du chantier décrivant les dispositions relatives à la gestion de la qualité et le porte à la connaissance du maître d'œuvre, qui le vise.

Les dispositions de ce plan, dont le marché peut indiquer le cadre, sont de la responsabilité du titulaire. Celui-ci est libre de les modifier, à l'exception de celles rendues contractuelles par le marché. Les modifications sont portées à la connaissance du maître d'œuvre comme le plan initial.

28.2.2. Cas des travaux exécutés dans le cadre d'un marché unique.

Dans le cas d'un groupement d'opérateurs économiques, le programme d'exécution indique les dispositions prévues par le mandataire pour assurer la coordination des tâches incombant aux autres membres du groupement.

Le programme d'exécution des travaux est notifié pour visa du maître d'œuvre, et copie en est adressée au maître d'ouvrage, quinze jours au moins avant l'expiration de la période de préparation. Si une telle période n'est pas prévue par les documents particuliers du marché, ce programme est notifié trente jours au plus tard après la notification du marché.

Passé le délai de trente jours à compter de la date de notification pour visa, l'absence de visa ne fait pas obstacle à l'exécution des travaux.

28.2.3. Cas des travaux allotis.

Dans le cas de travaux allotis, le calendrier détaillé d'exécution est élaboré par le responsable de la mission d'ordonnancement-pilotage-coordination (OPC) du chantier, en concertation avec les titulaires des différents lots, puis il est soumis par l'OPC à l'approbation du maître d'ouvrage et adressé pour avis au maître d'œuvre, au plus tard quinze jours avant l'expiration de la période de préparation. Ce calendrier est ensuite notifié par ordre de service aux titulaires de chacun des lots. Jusqu'à l'intervention d'un accord entre les titulaires concernés, le calendrier prévisionnel mentionné à l'article 18.1.4 s'applique.

28.3. Sécurité et protection de la santé des travailleurs :

Les mesures et dispositions fixées par le code du travail en matière de sécurité et de protection de la santé font l'objet des plans qui y sont énoncés, notamment en application du chapitre II du titre III du livre V de la partie 4 de ce code, ainsi que des dispositions de prévention des risques dus à l'amiante.

Ces plans, lorsque leur établissement est de la responsabilité du titulaire, sont communiqués au coordonnateur en matière de sécurité et de protection de la santé ainsi que, lorsque la réglementation l'exige, au maître d'ouvrage. L'absence de remise de ces plans fait obstacle au commencement de la réalisation des travaux.

Les stipulations du présent article 28.3 s'imposent à chacun des membres d'un groupement ainsi qu'à l'ensemble de leurs sous-traitants.

Commentaires.

Lorsque les documents particuliers du marché stipulent l'établissement d'autres plans de prévention en matière de sécurité et de protection des travailleurs, ces plans sont élaborés par le titulaire au cours de la période de préparation des travaux dans les conditions fixées par le marché.

28.4. Gestion de la qualité :

28.4.1. Pour obtenir la qualité requise des ouvrages, dans le cadre éventuel du programme d'exécution prévu à l'article 28.2, le titulaire prend les dispositions utiles en matière notamment :

— d'organisation ;

— de contrôles exercés par le titulaire ou pour son compte, sur ses propres actions, ou celles de ses sous-traitants. L'ensemble de ces contrôles est désigné par l'expression de contrôle intérieur ;

— de traçabilité du suivi des travaux et de traçabilité des matériaux dont il a la charge et des résultats du contrôle intérieur ;

— de modes de communication avec les autres acteurs du chantier.

28.4.2. Le marché ou le plan qualité peuvent identifier certaines étapes des travaux comme des étapes sensibles, où des vérifications particulières sont utiles. On distingue en la matière :

— les points critiques, étapes dont le titulaire prévient à l'avance le maître d'œuvre pour qu'il puisse, s'il le juge utile, y assister et en vérifier les conditions d'exécution ;

— les points d'arrêt, étapes dont le titulaire ne peut engager l'exécution qu'avec l'accord exprès du maître d'œuvre.

28.4.3. *Les résultats du contrôle intérieur* sont adressés par le titulaire au maître d'œuvre ou tenus à la disposition de celui-ci, dans les conditions précisées par le marché.

28.4.4. Lorsque l'exécution du marché comporte la mise en œuvre d'équipements ou de produits comportant des spécifications de pose, d'entretien ou d'usage, ces spécifications figurent au programme d'exécution des travaux.

28.5. Registre de chantier :

L'ensemble des documents émis ou reçus par le maître d'œuvre, concernant le déroulement du chantier, est répertorié historiquement par le maître d'œuvre dans un registre de chantier signé contradictoirement par lui, et le titulaire ou chacun des membres, en cas de groupement d'opérateurs économiques.

Ce registre est tenu à la disposition du maître d'ouvrage comme de tous les intervenants autorisés et est remis au maître d'ouvrage dans le cadre des opérations préalables à la décision de réception définitive de l'ouvrage.

Lorsque les documents particuliers du marché le prévoient, le registre de chantier peut prendre la forme d'une plateforme numérique commune, administrée par le maître d'ouvrage ou le maître d'œuvre, sur laquelle chaque acteur du chantier dépose les documents qu'il émet. Les documents particuliers du marché précisent les modalités de mise en œuvre et d'utilisation de cette plateforme.

Commentaires.

Le maître d'ouvrage peut choisir de ne pas imposer la tenue d'un registre de chantier lorsqu'il estime que la taille du chantier ne le justifie pas. Cette dérogation figure alors dans les documents particuliers du marché.

Art. 29 *Études d'exécution.*

29.1. Documents fournis par le titulaire :

29.1.1. Le titulaire établit, d'après les documents particuliers du marché, notamment d'après les éléments de définition du projet, les documents nécessaires à la réalisation des ouvrages, tels que les plans d'exécution, notes de calculs et études de détail.

Commentaires.

Si les études d'exécution sont mises à la charge du maître d'œuvre dans les conditions prévues à l'article 29.2, il convient de le préciser dans les documents particuliers du marché et d'y indiquer les modalités détaillées y afférentes.

A cet effet, le titulaire fait sur place tous les relevés nécessaires et demeure responsable des conséquences de toute erreur de mesure. Il doit, suivant le cas, établir, vérifier ou compléter les calculs de stabilité et de résistance.

S'il reconnaît une erreur dans les documents particuliers du marché fournis par le maître d'ouvrage, il doit le signaler immédiatement par écrit au maître d'œuvre.

Le titulaire est tenu de transmettre au maître d'œuvre et au coordonnateur en matière de sécurité et de protection de la santé les éléments que celui-ci demande pour l'établissement du dossier des interventions ultérieures sur l'ouvrage (DIUO).

29.1.2. Les plans d'exécution sont cotés et doivent nettement distinguer les diverses natures d'ouvrages et les qualités de matériaux à mettre en œuvre.

Commentaires.

L'expression nature d'ouvrage est entendue au sens défini à l'article 16.1. Ils doivent définir complètement, en conformité avec les spécifications techniques figurant au marché, les formes des ouvrages, la nature des parements, les formes des pièces dans tous les éléments et assemblages, les armatures et leur disposition.

29.1.3. Les plans, notes de calculs, études de détail et autres documents établis par les soins ou à la diligence du titulaire sont soumis au visa du maître d'œuvre, celui-ci pouvant demander également la présentation des avant-métrés. La délivrance ne dégage pas le titulaire de sa propre responsabilité.

29.1.4. Le titulaire fournit au maître d'œuvre l'ensemble des documents nécessaires à l'exécution du ou des ouvrages qu'il doit réaliser.

Tous ces documents sont datés, identifiés et authentifiés par le titulaire ou par son représentant au sens de l'article 3.4.1.

S'ils sont transmis par voie électronique, tous ces documents doivent être sécurisés, identifiables et interopérables avec les logiciels spécifiés dans le marché.

Commentaires.

Il est recommandé de préciser dans le dossier de consultation des entreprises que le titulaire devra disposer des matériels informatiques et des outils logiciels permettant de garantir l'interopérabilité des documents électroniques qu'il aura à produire avec les logiciels dont dispose le maître d'ouvrage et tels qu'ils sont indiqués dans le marché.

S'ils sont transmis sous forme papier, tous les documents doivent être fournis au maître d'œuvre en trois exemplaires, dont un sur support en permettant la reproduction.

29.1.5. Le titulaire s'engage à réaliser l'ouvrage conformément aux documents nécessaires à l'exécution qu'il a fait viser par le maître d'œuvre.

Il ne peut, sauf accord exprès du maître d'œuvre notifié par ordre de service, commencer l'exécution d'un ouvrage qu'après avoir reçu le visa favorable du maître d'œuvre sur l'ensemble des documents nécessaires à cette exécution.

Le délai de délivrance du visa du maître d'œuvre est fixé à quinze jours. Si, dans ce délai, le maître d'œuvre constate que les documents fournis par le titulaire ne lui permettent pas de délivrer son visa, il en informe le titulaire qui doit, dans le même délai, fournir l'ensemble des documents qu'il lui a été demandé de corriger ou de compléter.

29.2. Documents fournis par le maître d'œuvre :

Lorsque la mission confiée au maître d'œuvre inclut la production de tout ou partie des documents nécessaires à la réalisation des ouvrages, le marché est réputé comporter l'ensemble de ces documents.

Si le maître d'œuvre est conduit, en cours d'exécution du marché, à fournir au titulaire des documents nécessaires à la réalisation des ouvrages, la responsabilité du titulaire n'est pas engagée sur la teneur de ces documents. Toutefois, le titulaire a l'obligation de vérifier, avant toute exécution, que ces documents ne contiennent pas d'erreurs, omissions ou contradictions normalement décelables par un homme de l'art. Dans le cas contraire, il doit les signaler immédiatement au maître d'œuvre et au maître d'ouvrage par écrit.

Art. 30 *Modifications apportées aux stipulations contractuelles.*

Le titulaire ne peut, de lui-même, apporter de changement aux stipulations techniques prévues par le marché.

Le maître d'œuvre peut accepter, après accord du maître d'ouvrage, les changements proposés par le titulaire. Les stipulations suivantes sont alors appliquées pour le règlement des comptes :

— si les dimensions ou les caractéristiques des ouvrages sont supérieures à celles que prévoit le marché, les métrés restent fondés sur les dimensions et caractéristiques prescrites par le marché et le titulaire n'a droit à aucune augmentation de prix ;

— si elles sont inférieures, les métrés sont fondés sur les dimensions constatées des ouvrages, et les prix font l'objet d'une nouvelle détermination suivant les modalités prévues à l'article 13.

Sur injonction du maître d'œuvre par ordre de service, et dans le délai fixé par cet ordre, le titulaire est tenu de reconstruire les ouvrages qui ne sont pas conformes aux stipulations contractuelles pour les mettre en conformité.

Art. 31 *Installation, organisation, sécurité et hygiène du chantier.*

31.1. Installations de chantier :

31.1.1. Le titulaire se procure, à ses frais et risques, les terrains dont il peut avoir besoin pour ses installations de chantier dans la mesure où ceux que le maître d'ouvrage a mis éventuellement à sa disposition ne sont pas suffisants.

31.1.2. Le titulaire supporte toutes les charges relatives à l'établissement et à l'entretien de ses installations de chantier, y compris les chemins de service et les voies de desserte du chantier qui ne sont pas ouvertes à la circulation publique.

31.1.3. Si le chantier n'est d'un accès facile que par voie d'eau, notamment lorsqu'il s'agit de travaux de dragage, d'endiguement ou de pose de blocs, le titulaire doit mettre gratuitement une embarcation armée à la disposition du maître d'œuvre et de ses agents, chaque fois que celui-ci le lui demande.

31.1.4. Le titulaire doit faire apposer dans les chantiers une affiche indiquant le maître d'ouvrage pour le compte de qui les travaux sont exécutés et, si ce dernier n'est pas le maître d'ouvrage, l'organisme signataire du marché, les nom, qualité et adresse du maître d'œuvre.

Commentaires.

L'article R. 8221-1 du code du travail impose que figurent, sur des panneaux lisibles depuis la voie publique, le nom, la raison ou dénomination sociale et l'adresse de tout entrepreneur travaillant sur le chantier, dès lors que le chantier concerné a donné lieu à la délivrance d'un permis de construire. En application de l'article D. 4711-1 du même code, l'adresse et le numéro d'appel de l'inspection du travail compétente et le nom de l'inspecteur compétent doivent être affichés dans les locaux normalement accessibles aux salariés travaillant sur le chantier. Ces dispositions s'appliquent également à tous les sous-traitants.

31.2. Lieux de dépôt des déblais en excédent :

Le titulaire se procure, à ses frais et risques, les terrains dont il peut avoir besoin comme lieu de dépôt temporaire des déblais en excédent, en sus des emplacements que le maître d'ouvrage met éventuellement à sa disposition comme lieux de dépôt définitifs ou provisoires. Il doit soumettre le choix de ces terrains à l'accord préalable du maître d'œuvre, qui peut refuser l'autorisation ou la subordonner à des dispositions spéciales à prendre, notamment pour l'aménagement des dépôts à y constituer, si des motifs d'intérêt général, comme la sauvegarde de l'environnement, le justifient.

Commentaires.

Les déblais en excédent ont vocation finale soit à être réemployés pour les besoins du chantier, soit à être éliminés dans les conditions prévues à l'article 36.

31.3. Autorisations administratives :

Le maître d'ouvrage fait son affaire de la délivrance au titulaire des autorisations administratives liées à l'exécution du marché, notamment les autorisations d'occupation temporaire du domaine public ou privé et les frais associés, les autorisations environnementales, les permissions de voirie, les autorisations de survol par grue de propriétés voisines, les ancrages, les permis de construire et de démolir nécessaires à la réalisation des ouvrages faisant l'objet du marché.

Le maître d'ouvrage apporte son concours au titulaire pour lui faciliter l'obtention des autres autorisations administratives dont il aurait besoin, notamment pour disposer des emplacements nécessaires à l'installation des chantiers et au dépôt temporaire des déblais.

Les éventuelles difficultés dans l'obtention de ces autorisations, non imputables au titulaire, ouvrent droit à prolongation de délais dans les conditions de l'article 18.2.

31.4. Sécurité et hygiène du chantier et mesures d'ordre :

31.4.1. Le titulaire prend sur son chantier toutes les mesures d'ordre et de sécurité propres à éviter des accidents, tant à l'égard du personnel qu'à l'égard des tiers. Il est tenu d'observer tous les règlements et consignes de l'autorité compétente, et, le cas échéant, du coordonnateur en matière de sécurité et de protection de la santé.

Il assure notamment l'éclairage et le gardiennage de son chantier ainsi que sa signalisation tant intérieure qu'extérieure. Il assure également, en tant que de besoin, la clôture de ses chantiers.

Il prend toutes les précautions nécessaires pour éviter que les travaux ne causent un danger aux tiers, notamment pour la circulation publique si celle-ci n'a pas été déviée.

Les points de passage dangereux, le long et à la traversée des voies de communication, doivent être protégés par des garde-corps provisoires ou par tout autre dispositif approprié. Ils doivent également être éclairés et, au besoin, gardés.

31.4.2. Le titulaire prend les dispositions utiles pour assurer l'hygiène des installations de chantier destinées au personnel, notamment par l'établissement des réseaux de voirie, d'alimentation en eau potable et d'assainissement, si l'importance des chantiers le justifie.

31.4.3. Toutes les mesures d'ordre, de sécurité et d'hygiène prescrites ci-dessus sont à la charge du titulaire.

31.4.4. En cas d'inobservation par le titulaire des prescriptions ci-dessus et sans préjudice des pouvoirs des autorités compétentes, le maître d'œuvre peut prendre aux frais du titulaire les mesures nécessaires après mise en demeure restée sans effet.

En cas d'urgence ou de danger, ces mesures sont prises sans mise en demeure préalable.

Le maître d'œuvre en informe le coordonnateur en matière de sécurité et de protection de la santé.

L'intervention des autorités compétentes ou du maître d'œuvre ne dégage pas la responsabilité du titulaire.

31.4.5. Le maître d'œuvre informe le titulaire de tout dysfonctionnement occasionné par le personnel intervenant sur le chantier et entravant le bon déroulement de celui-ci.

Il appartient au titulaire de prendre toute disposition utile pour remédier au dysfonctionnement constaté.

31.5. Lutte contre le travail dissimulé :

31.5.1. Le titulaire, ou chacun des membres du groupement le cas échéant, est tenu de faire porter par le personnel accomplissant, dirigeant ou organisant les travaux sous sa direction ou dans le cadre d'un contrat de sous-traitance, dans l'enceinte du chantier et en permanence, sa carte d'identité professionnelle sécurisée.

Commentaires.

Bien qu'ils soient présents sur les chantiers, cette obligation ne concerne pas les architectes, maîtres d'œuvre, métreurs, diagnostiqueurs immobiliers, CSPS, chauffeurs et livreurs, les salariés commerciaux et des services supports des entreprises, les stagiaires à condition que leur tuteur soit en capacité de présenter tout document attestant de leur qualité de stagiaire.

31.5.2. Le titulaire, ou chacun des membres du groupement le cas échéant, est tenu d'établir un enregistrement exhaustif de toutes les personnes qu'il emploie sur le chantier.

31.5.3. Cet enregistrement est tenu à jour et mis à disposition du maître d'œuvre et de toute autre autorité compétente. Le maître d'ouvrage peut en solliciter la production à tout moment.

31.5.4. Le titulaire avise ses sous-traitants de ce que les obligations énoncées au présent article leur sont applicables. Il reste responsable du respect de celles-ci pendant toute la durée du marché.

31.6. Signalisation des chantiers à l'égard de la circulation publique :

Lorsque les travaux intéressent la circulation publique, la signalisation à l'usage du public doit être conforme aux instructions réglementaires en la matière. Elle est réalisée, sous le contrôle des services compétents, par le titulaire, ce dernier ayant à sa charge la fourniture et la mise en place des panneaux et des dispositifs de signalisation, et sans préjudice de l'application de l'article 31.4.4.

Si l'exécution des travaux entraîne la déviation de la circulation, le titulaire a la charge, dans les mêmes conditions, de la mise en place et de l'entretien de la signalisation aux extrémités des sections où la circulation est interrompue et de la signalisation des itinéraires déviés.

La police de la circulation aux abords des chantiers ou aux extrémités des sections où la circulation est interrompue et le long des itinéraires déviés incombe aux services compétents.

Commentaires.

Sous réserve que les frais correspondants soient prévus dans le bordereau des prix du marché, les documents particuliers du marché peuvent stipuler que le titulaire mettra, sur demande du maître d'œuvre, le personnel nécessaire à la disposition des services compétents.

Le titulaire doit informer par écrit les services compétents, au moins cinq jours à l'avance, de la date de commencement des travaux en mentionnant, s'il y a lieu, le caractère mobile du chantier.

Le titulaire doit, dans les mêmes formes et délai, informer les services compétents du repliement ou du déplacement du chantier.

31.7. Maintien des communications et de l'écoulement des eaux :

31.7.1. Le titulaire doit conduire les travaux de manière à maintenir dans les conditions convenables les communications de toute nature traversant le site des travaux, notamment celles qui intéressent la circulation des personnes, ainsi que l'écoulement des eaux, sous réserve des précisions données, le cas échéant, par les documents particuliers du marché sur les conditions dans lesquelles des restrictions peuvent être apportées à ces communications et à l'écoulement des eaux.

31.7.2. En cas d'inobservation par le titulaire des prescriptions ci-dessus et sans préjudice des pouvoirs des autorités compétentes, le maître d'œuvre peut prendre aux frais du titulaire les mesures nécessaires, après mise en demeure restée sans effet.

En cas d'urgence ou de danger, ces mesures peuvent être prises sans mise en demeure préalable.

31.8. Sujétions spéciales pour les travaux exécutés à proximité de lieux habités, fréquentés ou protégés :

Lorsque les travaux sont exécutés à proximité de lieux habités ou fréquentés, ou méritant une protection au titre de la sauvegarde de l'environnement, le titulaire doit prendre, à ses frais et risques, les dispositions nécessaires pour réduire, dans toute la mesure du possible, les gênes imposées aux usagers et aux voisins, notamment celles qui peuvent être causées par les difficultés d'accès, le bruit des engins, les vibrations, les fumées et les poussières.

31.9. Sujétions spéciales pour les travaux exécutés à proximité d'ouvrages souterrains, enterrés, subaquatiques ou aériens :

Lorsqu'un piquetage spécial a été effectué par le titulaire en application de l'article 27.3.2, le titulaire doit, dix jours au moins avant le début des travaux au droit ou au voisinage immédiat des ouvrages concernés, prévenir les exploitants des ouvrages repérés qui lui ont été notifiés par le maître d'ouvrage en application de l'article 27.3.1.

31.10. Démolition de constructions :

31.10.1. Le titulaire ne peut démolir les constructions situées dans les emprises des chantiers qu'après en avoir fait la demande au maître d'œuvre huit jours à l'avance. Le défaut de réponse dans ce délai vaut autorisation.

31.10.2. En matière de tri ou de précautions de mise en dépôt, le titulaire se conforme aux prescriptions de l'article 36 et aux stipulations particulières du marché, lorsqu'il en existe, en vue du réemploi ou d'une autre forme de valorisation des matériaux et produits provenant de démolition ou de démontage.

31.11. Emploi des explosifs

31.11.1. Le titulaire prend, à ses frais et risques, toutes les précautions nécessaires pour que l'emploi des explosifs ne présente aucun danger pour le personnel et pour les tiers ni ne cause aucun dommage aux propriétés et ouvrages voisins ainsi qu'aux ouvrages faisant l'objet du marché.

31.11.2. Pendant toute la durée du travail, et notamment après le tir des mines, le titulaire, sans être pour autant dégagé de la responsabilité prévue à l'article 31.11.1, doit examiner fréquemment les talus des déblais et les terrains supérieurs, afin de faire tomber les parties de rochers ou autres qui pourraient avoir été ébranlées, directement ou indirectement, par le tir des mines.

Il doit aussi s'assurer qu'aucune matière susceptible d'exploser ne demeure sur le chantier et, dans le cas où il en resterait, procéder à son traitement.

31.12. Cas des travaux allotis :

Dans le cas de travaux allotis nécessitant coordination, les obligations énumérées au présent article 31 sont réparties entre les titulaires des différents marchés conformément aux stipulations prévues par les documents particuliers du marché, notamment le plan général de coordination du coordonnateur de sécurité et protection de la santé des travailleurs, lorsque celui-ci est exigé par la loi.

Art. 32 *Engins explosifs de guerre ou matériaux dangereux.*

32.1. Si les documents particuliers du marché indiquent que le lieu des travaux peut contenir des engins de guerre non explosés ou des matériaux pollués ou polluants, notamment des matériaux amiantés ou contenant du plomb, ou qu'il existe pour certains matériaux découverts une suspicion de toxicité ou de dangerosité, le titulaire applique les mesures spéciales de prospection et de sécurité édictées par l'autorité compétente.

En tout état de cause, si un engin de guerre est découvert ou repéré, le titulaire doit :

a) Suspendre le travail dans le voisinage et y interdire toute circulation au moyen de clôtures, panneaux de signalisations, balises, etc. ;

b) Informer immédiatement le maître d'œuvre, le maître d'ouvrage et l'autorité chargée de faire procéder à l'enlèvement des engins non explosés ;

c) Ne reprendre les travaux qu'après en avoir reçu l'autorisation par ordre de service.

Si des matériaux pollués ou polluants, notamment des matériaux amiantés ou contenant du plomb, ou qu'il existe pour certains matériaux découverts une suspicion de toxicité ou de dangerosité, le titulaire doit :

a) Suspendre le travail dans le secteur concerné et y interdire toute circulation au moyen de clôtures, panneaux de signalisations, balises, etc. ;

b) Informer immédiatement le maître d'œuvre et le maître d'ouvrage en vue de faire procéder à l'enlèvement des matériaux amiantés ou pollués ;

c) Ne reprendre les travaux qu'après en avoir reçu l'autorisation par ordre de service.

Le délai de réalisation des travaux est prolongé d'une durée correspondant au retard induit par l'application des stipulations du présent article dans les conditions de l'article 18.2.

32.2. En cas d'explosion fortuite d'un engin de guerre, le titulaire doit en informer immédiatement le maître d'œuvre, le maître d'ouvrage ainsi que les autorités administratives compétentes et prendre les mesures définies à l'alinéa 2 l'article 32.1.

32.3. Les dépenses justifiées entraînées par les stipulations du présent article 32 ne sont pas à la charge du titulaire.

Art. 33 *Matériaux, objets et vestiges trouvés sur le chantier.*

33.1. En cas de découverte de matériaux, objets et vestiges sur le chantier en cours de travaux, notamment dans les fouilles ou dans les démolitions, le titulaire a droit à être indemnisé, si le maître d'œuvre lui demande de les extraire ou de les conserver avec des soins particuliers.

33.2. Lorsque les travaux mettent au jour des objets ou des vestiges pouvant avoir un caractère artistique, archéologique ou historique, le titulaire doit le signaler au maître d'œuvre et faire conjointement avec le maître d'ouvrage la déclaration réglementaire au maire de la commune sur le territoire de laquelle cette découverte a été faite.

Commentaires.

L'article L. 112-7 du code de la construction et de l'habitation et l'article L. 531-14 du code du patrimoine font obligation de la déclaration, au maire de la commune, des mises à jour visées par le présent article.

Le titulaire ne doit pas déplacer ces objets ou vestiges sans autorisation du maître d'ouvrage. Il doit mettre en lieu sûr ceux qui auraient été détachés fortuitement du sol.

33.3. Lorsque les travaux mettent au jour des restes humains, le titulaire en informe immédiatement le maire de la commune sur le territoire de laquelle cette découverte a été faite et en rend compte au maître d'œuvre.

33.4. Dans les cas prévus aux articles 33.2 et 33.3, le titulaire a droit à être indemnisé des dépenses justifiées entraînées par ces découvertes et a droit à une prolongation de délais dans les conditions prévues à l'article 18.2.2.

Commentaires.

L'arrêt des travaux sur décision des services des affaires culturelles, après mise au jour d'objets ou de vestiges, est un cas d'ajournement des prestations selon les stipulations de l'article 53.1.

Art. 34 *Dégradations causées aux voies publiques.*

34.1. Si, à l'occasion des travaux, des contributions ou réparations sont dues pour des dégradations causées aux voies publiques par des transports routiers ou des circulations d'engins exceptionnels, la charge en est partagée par moitié entre le titulaire et le maître d'ouvrage.

34.2. Toutefois, si le marché prévoit pour ces transports ou ces circulations des stipulations telles que des itinéraires obligatoires, des limitations de charge ou de vitesse, des périodes d'interdiction, et si le titulaire ne se conforme pas à ces stipulations, il supporte seul la charge des contributions ou réparations.

34.3. De même, si ces transports ou ces circulations sont faits en infraction aux prescriptions du code de la route ou des arrêtés ou décisions pris par les autorités compétentes intéressant la conservation des voies publiques, le titulaire supporte seul la charge des contributions ou réparations.

Si, postérieurement au premier jour du mois au cours duquel les prix sont réputés avoir été établis, les conditions d'usage des voies publiques intéressées par ce transport ou ces circulations sont modifiées par un acte réglementaire, et si le titulaire estime que ces modifications lui portent un préjudice imprévu, il doit, sans délai, sous peine de ne pouvoir, s'il y a lieu, obtenir réparation de ce préjudice, en présenter l'observation écrite et motivée au maître d'œuvre.

Pour l'application des deux précédents alinéas, les arrêtés prescrivant la mise en place de barrières de dégel ne peuvent être invoqués.

Art. 35 *Dommages divers causés par la conduite des travaux ou les modalités de leur exécution.*

35.1. Les dommages de toute nature, causés par le titulaire au personnel ou aux biens du maître d'ouvrage, du fait de la conduite des travaux ou des modalités de leur exécution, sont à la charge du titulaire, sauf si celui-ci établit que cette conduite ou ces modalités résultent nécessairement de stipulations du marché ou de prescriptions d'ordre de service.

Les dommages de toute nature, causés par le maître d'ouvrage, au personnel ou aux biens du titulaire, du fait de l'exécution du marché, sont à la charge du maître d'ouvrage.

Commentaires.

En cas de risque disproportionné par rapport au montant du marché, le maître d'ouvrage peut prévoir dans les documents particuliers du marché des stipulations spécifiques pour un plafonnement éventuel des responsabilités et garanties en fonction de l'objet et des caractéristiques du marché.

35.2. Les stipulations de l'article 35.1 ne font pas obstacle à l'application des stipulations de l'article 34.

Art. 36 *Gestion des déchets de chantier.*

36.1. Principes généraux :

La valorisation ou l'élimination des déchets créés par les travaux, objet du marché, est de la responsabilité du maître d'ouvrage en tant que producteur de déchets et du titulaire en tant que détenteur de déchets, pendant la durée du chantier.

Toutefois, le titulaire reste producteur de ses déchets en ce qui concerne les emballages des produits qu'il met en œuvre et les chutes résultant de ses interventions.

Le titulaire effectue les opérations, prévues dans les documents particuliers du marché, de collecte, transport, entreposage, tris éventuels et de l'évacuation des déchets créés par les travaux objet du marché vers les sites susceptibles de les recevoir, conformément à la réglementation en vigueur.

Le maître d'ouvrage transmet au titulaire, avant l'exécution des travaux, toute information nécessaire pour permettre à celui-ci de valoriser ou d'éliminer les déchets conformément à la réglementation en vigueur.

Dans le cas de travaux allotis, les documents particuliers du marché peuvent prévoir, dans un souci d'économie d'échelle, la mise en place d'une organisation commune pour la gestion et l'élimination des déchets. Dans ce cas, le coût de cette organisation peut faire l'objet d'un compte particulier prévu par ces documents. La répartition de ce coût doit donc alors être négociée entre les différents titulaires concernées.

En complément de ceux fixés par la réglementation en vigueur, les documents particuliers du marché peuvent utilement imposer un modèle de suivi des déchets du chantier.

36.2. Contrôle et suivi des déchets de chantier :

36.2.1. Le titulaire communique au maître d'ouvrage, pendant la période de préparation du marché ou à défaut dans un délai de deux mois à compter de sa notification, un schéma d'organisation et de gestion des déchets précisant notamment la méthode de prévention de la production des déchets, la méthode de tri, les installations de valorisation, de traitement et d'élimination des déchets, la traçabilité des déchets, les moyens humains mobilisés sur la thématique des déchets et notamment la personne qui sera désignée responsable des déchets ainsi que les mesures de sensibilisation du personnel.

36.2.2. Afin que le maître d'ouvrage puisse s'assurer de la traçabilité des déchets et matériaux issus du chantier, le titulaire lui fournit les éléments de cette traçabilité, notamment grâce à l'usage de bordereaux de suivi ou de dépôt des déchets de chantier. Ainsi, le titulaire remet au maître d'ouvrage, avec copie au maître d'œuvre, les constats d'évacuation des déchets signés contradictoirement par le titulaire et les gestionnaires des installations autorisées ou agréées de valorisation ou d'élimination des déchets.

Pour les déchets dangereux, l'usage d'un bordereau de suivi conforme à la réglementation en vigueur est obligatoire.

36.2.3. En cas d'absence de production des éléments mentionnés aux articles 36.2.1 et 36.2.2, le titulaire se voit appliquer, après mis en demeure restée infructueuse, une pénalité dont le montant est fixé par les documents particuliers du marché.

Lorsqu'il aura été constaté que le titulaire n'a pas procédé à l'évacuation des déchets provenant de la démolition ou de la construction, il sera fait application de l'article 37.2.

Art. 37 *Enlèvement du matériel et des matériaux sans emploi.*

37.1. Au fur et à mesure de l'avancement des travaux, le titulaire procède au dégagement, au nettoiement et à la remise en état des emplacements mis à sa disposition par le maître d'ouvrage pour l'exécution des travaux.

37.2. A défaut d'exécution de tout ou partie de ces prescriptions, après mise en demeure adressée au titulaire par le maître d'ouvrage et restée sans effet, les matériels, installations, matériaux, décombres et déchets non enlevés peuvent, à l'expiration d'un délai de trente jours après la mise en demeure, être transportés d'office, suivant leur nature, soit en dépôt, soit dans des sites susceptibles de les recevoir en fonction de leur classe, aux frais et risques du titulaire, ou être vendus aux enchères publiques.

37.3. Les mesures définies à l'article 37.2 sont appliquées sans préjudice des pénalités particulières qui peuvent avoir été stipulées dans le marché à l'encontre du titulaire.

Art. 38 *Essais et contrôle des ouvrages.*

Les essais et contrôles des ouvrages, lorsqu'ils sont définis dans les documents particuliers du marché, sont à la charge du titulaire.

Si le maître d'œuvre prescrit, pour les ouvrages, d'autres essais ou contrôles, ils sont à la charge du maître d'ouvrage.

Art. 39 *Vices de construction.*

39.1. Lorsque le maître d'œuvre présume qu'il existe un vice de construction dans un ouvrage, il peut, jusqu'à l'expiration du délai de garantie et après avoir recueilli l'accord du maître d'ouvrage, prescrire par ordre de service les mesures de nature à permettre de déceler ce vice. Ces mesures peuvent comprendre, le cas échéant, la démolition partielle ou totale de l'ouvrage.

Le maître d'œuvre peut également exécuter ces mesures lui-même ou les faire exécuter par un tiers, mais les opérations doivent être effectuées en présence du titulaire ou celui-ci ayant été dûment convoqué.

39.2. Si un vice de construction est constaté, les dépenses correspondant au rétablissement de l'intégralité de l'ouvrage ou à sa mise en conformité avec les règles de l'art et les spécifications du marché, ainsi que les dépenses résultant des opérations éventuelles ayant permis de mettre le vice en évidence, sont à la charge du titulaire, sans préjudice de l'indemnité à laquelle le maître d'ouvrage peut alors prétendre.

39.3. Si aucun vice de construction n'est constaté, le titulaire est remboursé par le maître d'ouvrage des dépenses définies à l'article 39.1, s'il les a supportées.

Art. 40 *Documents fournis après exécution.*

40.1. Outre les documents qu'il est tenu de fournir avant ou pendant l'exécution des travaux en application de l'article 29.1, le titulaire remet au maître d'œuvre, lorsqu'il demande la réception des travaux conformément à l'article 41.1, l'ensemble des dossiers des ouvrages exécutés comprenant notamment : les plans d'exécution conformes à la réalisation, les fiches techniques des matériaux et produits mis en œuvre, les spécifications de pose, les notices de fonctionnement, les prescriptions de maintenance des éléments d'équipement mis en œuvre, les conditions de garantie des fabricants attachées à ces équipements, ainsi que les constats d'évacuation des déchets et les documents nécessaires à l'établissement du dossier d'intervention ultérieure sur l'ouvrage (DIUO) préalablement validés par le maître d'œuvre.

Un exemplaire des documents nécessaires à l'établissement du DIUO est également transmis au coordonnateur en matière de sécurité et de protection de la santé.

Le défaut de remise de ces documents à la date de demande de réception par le titulaire entraîne l'application de pénalités, ou d'une retenue dans les conditions fixées à l'article 19.3, dont le montant est prévu par les documents particuliers du marché.

En cas d'allotissement, le DOE de chaque lot est fourni par le titulaire de ce lot dès que celui-ci a achevé ses ouvrages.

Ces documents sont remis sous un format numérique conforme au format et aux caractéristiques définis par les documents particuliers du marché. Les documents particuliers du marché précisent si des exemplaires sur support papier ou physique numérique sont exigés.

40.2. Le contenu du dossier des ouvrages exécutés (DOE) est fixé dans les documents particuliers du marché. Il comporte, au moins, les plans d'exécution conformes aux ouvrages exécutés établis par le titulaire, les notices de fonctionnement et les prescriptions de maintenance.

Le dossier d'intervention ultérieure sur l'ouvrage (DIUO) rassemble les données de nature à faciliter la prévention des risques professionnels lors des interventions ultérieures et, notamment, lors de l'entretien de l'ouvrage.

S'ils sont transmis sous forme électronique, tous les documents du DOE et ceux nécessaires à l'établissement du DIUO doivent être sécurisés, identifiables et interopérables avec les logiciels de dessin et de calcul du maître d'œuvre et du maître d'ouvrage spécifiés dans les documents particuliers du marché.

CHAPITRE V RÉCEPTION ET GARANTIES

Art. 41 *Réception.*

41.1. Le titulaire avise, à la fois, le maître d'ouvrage et le maître d'œuvre, par écrit, de la date à laquelle il estime que les travaux ont été achevés ou le seront.

Le maître d'œuvre procède, le titulaire ayant été convoqué, aux opérations préalables à la réception des ouvrages dans un délai qui est de vingt jours à compter de la date de réception de l'avis mentionné ci-dessus ou de la date indiquée dans cet avis pour l'achèvement des travaux, si cette dernière date est postérieure.

41.1.1. Le maître d'ouvrage, avisé par le maître d'œuvre de la date de ces opérations, peut y assister ou s'y faire représenter. Le procès-verbal prévu à l'article 41.2 mentionne soit la présence du maître d'ouvrage, soit, en son absence, le fait que le maître d'œuvre l'avait avisé.

En cas d'absence du titulaire à ces opérations, il en est fait mention au procès-verbal qui lui est notifié.

41.1.2. Dans le cas où le maître d'œuvre n'a pas arrêté la date de ces opérations dans le délai fixé, le titulaire notifie cette information au maître d'ouvrage. Celui-ci fixe la date des opérations préalables à la réception, au plus tard, dans les trente jours qui suivent la réception de cette information, et la notifie au titulaire et au maître d'œuvre.

Il les informe également qu'il sera présent ou représenté à la date des constatations et assisté, s'il le juge utile, d'un expert, afin que puissent être mises en application les stipulations particulières suivantes :

— si le maître d'œuvre dûment convoqué n'est pas présent ou représenté à la date fixée, cette absence est constatée et les opérations préalables à la réception sont effectuées par le maître d'ouvrage et son assistant éventuel ;

— il en est de même si le maître d'œuvre présent ou représenté refuse de procéder à ces opérations.

41.1.3. A défaut de la fixation de cette date par le maître d'ouvrage, la réception des travaux est réputée acquise à l'expiration du délai de trente jours mentionné à l'article 41.1.2.

Commentaires.

L'entrepreneur a un droit acquis à la réception, si les travaux achevés sont en état d'être reçus. Au surplus, l'article 1792-6 alinéa 1 du code civil dispose que la réception est prononcée à la demande de la partie la plus diligente, soit à l'amiable, soit à défaut judiciairement. L'inertie d'une des parties justifierait donc le recours au juge administratif, juge du contrat (Conseil d'État, *SA Entreprises industrielles et de travaux publics*, 31 mars 1954).

41.2. Les opérations préalables à la décision de réception comportent, en tant que de besoin :

— la reconnaissance des ouvrages exécutés ;

— les épreuves éventuellement prévues par le marché ;

— la constatation éventuelle de l'inexécution des prestations prévues au marché ;

— la vérification de la conformité des conditions de pose des équipements aux spécifications des fournisseurs conditionnant leur garantie ;

— la constatation éventuelle d'imperfections ou malfaçons ;

— la constatation du repliement des installations de chantier et de la remise en état des terrains et des lieux ;

— les constatations relatives à l'achèvement des travaux.

Ces opérations font l'objet d'un procès-verbal dressé sur-le-champ par le maître d'œuvre et signé par lui et par le titulaire. Si le titulaire refuse de signer le procès-verbal, il en est fait mention. Un exemplaire est remis au titulaire.

Dans le délai de cinq jours suivant la date du procès-verbal, le maître d'œuvre fait connaître au titulaire s'il a ou non proposé au maître d'ouvrage de prononcer la réception des ouvrages et, dans l'affirmative, la date d'achèvement des travaux qu'il a proposé de retenir, ainsi que les réserves dont il a éventuellement proposé d'assortir la réception.

Dans le cas où le maître d'œuvre ne respecte pas le délai de cinq jours mentionné à l'alinéa précédent, le titulaire peut transmettre un exemplaire du procès-verbal au maître d'ouvrage, afin de lui permettre de prononcer la réception des travaux, le cas échéant.

En cas d'application de l'article 41.1.2, le procès-verbal est établi et signé par le maître d'ouvrage qui le notifie au maître d'œuvre. Un exemplaire est remis au titulaire.

41.3. Au vu du procès-verbal des opérations préalables à la réception et des propositions du maître d'œuvre, le maître d'ouvrage décide si la réception est ou non prononcée ou si elle est prononcée avec réserves. S'il prononce la réception, il fixe la date qu'il retient pour l'achèvement des travaux. La décision ainsi prise est notifiée au titulaire dans les trente jours suivant la date du procès-verbal.

La réception prend effet à la date fixée pour l'achèvement des travaux.

Sauf le cas prévu à l'article 41.1.3, à défaut de décision du maître d'ouvrage notifiée dans le délai précisé ci-dessus, les propositions du maître d'œuvre s'imposent au maître d'ouvrage et au titulaire.

41.4. Dans le cas où certaines épreuves doivent, conformément aux stipulations prévues par les documents particuliers du marché, être exécutées après une durée déterminée de service des ouvrages ou certaines périodes de l'année, la réception ne peut être prononcée que sous réserve de l'exécution concluante de ces épreuves.

Si de telles épreuves, exécutées pendant le délai de garantie défini à l'article 44. 1, ne sont pas concluantes, la réception est retirée.

41.5. S'il apparaît que certaines prestations prévues par les documents particuliers du marché et devant encore donner lieu à règlement n'ont pas été exécutées, le maître d'ouvrage peut décider de prononcer la réception, sous réserve que le titulaire s'engage à exécuter ces prestations dans le délai précisé dans la décision de réception, ce délai ne pouvant excéder trois mois. La constatation de l'exécution de ces prestations doit donner lieu à un procès-verbal dressé dans les mêmes conditions que le procès-verbal des opérations préalables à la réception prévu à l'article 41.2.

41.6. Lorsque la réception est assortie de réserves, le titulaire doit remédier aux imperfections et malfaçons correspondantes dans le délai fixé par le maître d'ouvrage dans la décision de réception ou, en l'absence d'un tel délai, trois mois avant l'expiration du délai de garantie défini à l'article 44.1.

Au cas où ces travaux ne seraient pas faits dans le délai prescrit, le maître d'ouvrage peut les faire exécuter aux frais et risques du titulaire, après mise en demeure restée sans effet.

41.7. Si certains ouvrages ou certaines parties d'ouvrages ne sont pas entièrement conformes aux spécifications du marché, sans que les imperfections constatées soient de nature à porter atteinte à la sécurité, au comportement ou à l'utilisation des ouvrages, le maître d'ouvrage peut, eu égard à la faible importance des imperfections et aux difficultés que présenterait la mise en conformité, renoncer à ordonner la réfection des ouvrages estimés défectueux et proposer au titulaire une réfaction sur les prix.

Si le titulaire accepte la réfaction, les imperfections qui l'ont motivée se trouvent couvertes de ce fait et la réception est prononcée sans réserve.

Dans le cas contraire, le titulaire demeure tenu de réparer ces imperfections, la réception étant prononcée sous réserve de leur réparation.

41.8. Toute prise de possession des ouvrages par le maître d'ouvrage doit être précédée de leur réception.

Toutefois, s'il y a urgence, la prise de possession peut intervenir antérieurement à la réception, sous réserve de l'établissement préalable d'un état des lieux contradictoire.

Art. 42 *Réceptions partielles.*

42.1. La fixation par le marché pour une tranche de travaux, un ouvrage ou une partie d'ouvrage, d'un délai d'exécution distinct du délai d'exécution de l'ensemble des travaux implique une réception partielle de cette tranche de travaux ou de cet ouvrage ou de cette partie d'ouvrage.

Les stipulations de l'article 41 s'appliquent aux réceptions partielles, sous réserve des articles 42.3 et 42.4.

42.2. La prise de possession par le maître d'ouvrage, avant l'achèvement de l'ensemble des travaux, de certains ouvrages ou parties d'ouvrages, entraîne le transfert de la garde des ouvrages et doit être précédée d'une réception partielle dont les conditions sont fixées par les documents particuliers du marché et notifiées par ordre de service. Ces conditions doivent au moins comporter l'établissement d'un état des lieux contradictoire.

42.3. Pour les tranches de travaux, ouvrages ou parties d'ouvrages ayant donné lieu à une réception partielle, le délai de garantie court à compter de la date d'effet de cette réception partielle.

42.4. Dans tous les cas, le décompte général est unique pour l'ensemble des travaux, la notification de la dernière décision de réception partielle faisant courir le délai prévu à l'article 12.3.2.

42.5. Dans tous les cas également, les stipulations générales relatives à la libération des sûretés ne sont applicables qu'à l'expiration du délai de garantie de l'ensemble des travaux.

Art. 43 *Mise à disposition de certains ouvrages ou parties d'ouvrages.*

43.1. Le présent article s'applique lorsque le marché, ou un ordre de service, prescrit au titulaire de mettre, pendant une certaine période, certains ouvrages ou certaines parties d'ouvrages, non encore achevés, à la disposition du maître d'ouvrage et sans que celui-ci en prenne possession, afin notamment de lui permettre d'exécuter, ou de faire exécuter par d'autres entrepreneurs, des travaux autres que ceux qui font l'objet du marché.

43.2. Avant la mise à disposition de ces ouvrages ou parties d'ouvrages, un état des lieux est dressé contradictoirement entre le maître d'œuvre et le titulaire.

Le titulaire a le droit de suivre les travaux non compris dans son marché qui intéressent les ouvrages ou parties d'ouvrages ainsi mis à la disposition du maître d'ouvrage. Il peut faire des réserves, s'il estime que les caractéristiques des ouvrages ne permettent pas ces travaux ou que ces travaux risquent de les détériorer. Ces réserves doivent être motivées par écrit et adressées au maître d'œuvre.

Lorsque la période de mise à disposition est terminée, un nouvel état des lieux contradictoire est dressé.

43.3. Sous réserve des conséquences des malfaçons qui lui sont imputables, le titulaire n'est pas responsable de la garde des ouvrages ou parties d'ouvrages pendant toute la durée où ils sont mis à la disposition du maître d'ouvrage.

Art. 44 *Garanties contractuelles.*

44.1. Délai de garantie :

Le délai de garantie est, sauf prolongation décidée conformément à l'article 44.2, d'un an à compter de la date d'effet de la réception.

Pendant le délai de garantie, outre les obligations qui peuvent résulter pour lui de l'application de l'article 41.4, le titulaire est tenu à une obligation appelée obligation de parfait achèvement, au titre de laquelle il doit :

a) Exécuter les travaux ou prestations éventuels de finition ou de reprise prévus aux articles 41.5 et 41.6 ;

b) Remédier à tous les désordres signalés par le maître d'ouvrage ou le maître d'œuvre, de telle sorte que l'ouvrage soit conforme à l'état où il était lors de la réception ou après correction des imperfections constatées lors de celle-ci ;

c) Procéder, le cas échéant, aux travaux confortatifs ou modificatifs, dont la nécessité serait apparue à l'issue des épreuves effectuées conformément aux stipulations prévues par les documents particuliers du marché.

Les dépenses correspondant aux travaux complémentaires prescrits par le maître d'ouvrage ou le maître d'œuvre ayant pour objet de remédier aux déficiences énoncées aux *b* et *c* ci-dessus ne sont à la charge du titulaire que si la cause de ces déficiences lui est imputable.

L'obligation de parfait achèvement ne s'étend pas aux travaux nécessaires pour remédier aux effets de l'usage ou de l'usure normale.

A l'expiration du délai de garantie, le titulaire est dégagé de ses obligations contractuelles, à l'exception des garanties particulières éventuellement prévues par les documents particuliers du marché.

Les sûretés éventuellement constituées sont libérées dans les conditions réglementaires.

Si le maître d'ouvrage fait obstacle à la libération des sûretés, il en informe, en même temps, le titulaire par tout moyen permettant de donner une date certaine.

44.2. Prolongation du délai de garantie :

Si, à l'expiration du délai de garantie, le titulaire n'a pas procédé à l'exécution des travaux et prestations énoncés à l'article 44.1 ainsi qu'à l'exécution de ceux qui sont exigés, le cas échéant, en application de l'article 39, le délai de garantie peut être prolongé par décision du maître d'ouvrage jusqu'à l'exécution complète des travaux et prestations, que celle-ci soit assurée par le titulaire ou qu'elle le soit d'office conformément aux stipulations de l'article 41.6.

Commentaires.

Les stipulations qui précèdent ne font pas obstacle à ce que les documents particuliers du marché définissent, pour certains ouvrages ou certaines catégories de travaux, des garanties particulières s'étendant au-delà du délai de garantie fixé à l'article 44.1.

L'existence de ces garanties particulières n'a pas pour effet de retarder la libération des sûretés au-delà de l'expiration du délai de garantie.

Les principes régissant la garantie décennale des constructeurs sont applicables aux marchés de travaux. Les constructeurs sont présumés responsables des désordres constatés dans l'ouvrage durant le délai décennal (CE, 15 avril 2015, *Commune de Saint-Michel-sur-Orge*, n° 376229).

Le point de départ des responsabilités résultant de ces principes est fixé à la date d'effet de la réception, ou, pour les ouvrages ou parties d'ouvrages ayant fait l'objet d'une réception partielle en application de l'article 42, à la date d'effet de cette réception partielle.

CHAPITRE VI PROPRIÉTÉ INTELLECTUELLE

Art. 45 *Définition des résultats.*

45.1. Les résultats désignent tous les éléments, quels qu'en soient la forme, la nature et le support, qui sont réalisés dans le cadre des prestations du marché, tels que, notamment, les œuvres de l'esprit (en ce compris les logiciels et leur documentation), les bases de données, les marques dessins ou modèles, noms de domaine et autres signes distinctifs, les inventions brevetables ou non au sens du code de la propriété intellectuelle, les données et les informations, et plus généralement tous les éléments protégés ou non par des droits de propriété intellectuelle ou par tout autre mode de protection, tels que le savoir-faire, le secret des affaires, le droit à l'image ou à la voix des personnes ou le droit à l'image des biens.

Les résultats comprennent les éléments réalisés par le titulaire dès l'appel à la concurrence ou toute consultation écrite du maître d'ouvrage en vue de la remise d'une offre et qui sont liés directement à l'objet du présent marché.

Commentaires.

Les résultats couvrent ce qui est élaboré dans le cadre du marché, c'est-à-dire tout ce qui est livré dans le cadre du marché sauf les connaissances antérieures (standards ou non – définies aux articles 45.2 et 45.3). Il peut s'agir des paramétrages d'un logiciel, de développements spécifiques, d'un nouveau logo, d'une formation sur-mesure, d'un procédé nouveau issu d'une prestation de R&D etc. Les notions d'œuvre de l'esprit, de marque, de brevet et de dessins et modèles etc., sont définies par le Code de la propriété intellectuelle.

Un logo proposé par le soumissionnaire dans son offre peut être considéré comme un résultat, dès lors qu'il a été conçu pour répondre aux besoins du maître d'ouvrage et que le marché est attribué à ce soumissionnaire.

45.2. Les connaissances antérieures désignent tous les éléments, quels qu'en soient la forme, la nature et le support, qui sont incorporés aux résultats et/ou sont fournies pour répondre aux besoins du maître d'ouvrage dans le cadre d'une prestation intellectuelle et qui appartiennent au maître d'ouvrage, au titulaire ou à des tiers, ou qui leurs sont concédés en licence, mais qui ont été réalisés dans un cadre extérieur et indépendamment du marché, tels que notamment les œuvres de l'esprit (en ce compris les logiciels et leur documentation), les bases de données, les marques, noms de domaine et autres signes distinctifs, les dessins ou modèles, les inventions brevetables ou non au sens du code de la propriété intellectuelle, les données et les informations, et plus généralement tous les éléments protégés ou non par des droits de propriété intellectuelle ou par tout autre mode de protection, tels que le savoir-faire, le secret des affaires, le droit à l'image ou à la voix des personnes ou le droit à l'image des biens.

Commentaires.

Des connaissances antérieures sont susceptibles d'être utilisées pour répondre aux besoins du maître d'ouvrage (ex. code source préexistant utilisé pour réaliser une fonctionnalité sans tout redévelopper).

45.3. Les connaissances antérieures standards désignent les connaissances antérieures conçues pour être fournies à plusieurs clients en vue de l'exécution d'une même fonction, tels que les logiciels standards et les autres contenus proposés sous licence standard.

> *Commentaires.*
> Il peut s'agir de logiciels standards ou progiciels sur étagère (sous licence dite "propriétaire" ou sous licence libre), d'accès à des bases de données, d'images provenant de banque d'images, etc.).

Art. 46 *Régime général des connaissances antérieures et des connaissances antérieures standards.*
La conclusion du marché n'emporte pas transfert des droits de propriété intellectuelle ou des droits de toute autre nature afférents aux connaissances antérieures et aux connaissances antérieures standards.

Le maître d'ouvrage et le titulaire du marché restent titulaires, chacun en ce qui les concerne, des droits de propriété intellectuelle ou des droits de toute autre nature portant sur les connaissances antérieures. Ils conservent leurs droits propres, dont ceux d'exploitation, portant sur les connaissances antérieures et les connaissances antérieures standards incorporées dans les résultats, en ce compris leur savoir-faire.

Dès lors que le titulaire envisage d'utiliser des connaissances antérieures ou des connaissances antérieures standards, il s'engage à ce qu'elles soient identifiées dans son offre ou en toute hypothèse au fur et à mesure de l'exécution du marché, avant toute intégration et/ou utilisation d'une connaissance antérieure ou d'une connaissance antérieure standard non prévue dans l'offre.

Le titulaire précise l'ensemble des éléments nécessaires à l'utilisation des connaissances antérieures et connaissances antérieures standards parle maître d'ouvrage. Pour les connaissances antérieures standards, il précise en outre :

— les informations relatives au donneur de licence ;

— les conditions de la licence ;

— pour les connaissances antérieures standards logicielles sous licence propriétaire, les conditions de maintenance corrective, adaptative et évolutive ;

— pour les logiciels standards sous licence propriétaire qui seraient difficilement remplaçables, les mesures le cas échéant mises en place pour préserver les droits du maître d'ouvrage (séquestre des codes sources par exemple).

A défaut d'identification expresse en tant que connaissance antérieure (standard ou non) dans l'offre ou en cours d'exécution, tout élément livré en exécution du marché est réputé être un résultat. Dans cette hypothèse, le titulaire peut choisir de remplacer l'élément concerné à ses frais afin qu'il soit compatible avec le régime des résultats. Le titulaire, en sa qualité de professionnel, est seul responsable de l'analyse et du respect du régime juridique des connaissances antérieures et des connaissances antérieures standards qu'il intègre dans le cadre du marché.

> *Commentaires.*
> L'opportunité de prévoir, dans les documents particuliers du marché, une clause prévoyant la fourniture des codes sources de logiciels standards propriétaires doit s'apprécier au cas par cas, en fonction du ou des logiciels potentiellement utilisés dans le cadre du marché. La possibilité technique, pour le titulaire, de fournir les codes sources peut en effet dépendre des conditions édictées par l'éditeur du logiciel concerné. Le maître d'ouvrage est donc invité à adapter le niveau d'exigence des documents du marché avec l'offre technique disponible sur le marché économique.

Art. 47 *Stipulations spécifiques aux connaissances antérieures et connaissances antérieures standards.*

47.1. Connaissances antérieures (hors standards) du titulaire, de tiers et du maître d'ouvrage :
Lorsque le titulaire incorpore des connaissances antérieures dans les résultats ou fournit des connaissances antérieures dans le cadre de l'exécution du marché ou que des connaissances antérieures, sans être incorporées aux résultats, sont strictement nécessaires pour la mise en œuvre des résultats, le titulaire autorise le maître d'ouvrage à utiliser les connaissances antérieures pour les mêmes droits, durée, territoire et finalités d'utilisation que ceux prévus dans le régime applicable aux résultats. Le maître d'ouvrage n'est pas autorisé à utiliser les connaissances antérieures indépendamment de l'utilisation des résultats, sauf si elles sont placées sous un régime d'utilisation qui le permet.

Pour les logiciels, le droit de pouvoir les rétrocéder à tout tiers et de pouvoir les diffuser sous licence libre prévu au bénéfice du maître d'ouvrage sur les résultats ne s'applique pas aux connaissances antérieures, sauf stipulations contraires dans le marché ou si elles sont placées sous un régime d'utilisation qui le permet.

Dans l'hypothèse où une cession à titre exclusif des résultats au profit du maître d'ouvrage est prévue dans le marché, l'exclusivité ne concerne pas les connaissances antérieures, sauf stipulations expresses dans les documents du marché.

L'autorisation d'utiliser les connaissances antérieures est comprise dans le prix du marché.

Au cours de l'exécution du marché, le titulaire ne peut utiliser ou incorporer, sans l'accord préalable du maître d'ouvrage, des connaissances antérieures nécessaires à la réalisation de l'objet du marché qui seraient de nature à limiter ou à rendre plus coûteux l'exercice des droits afférents aux résultats.

Le titulaire ne peut utiliser les connaissances antérieures du maître d'ouvrage que dans le cadre de l'exécution du marché et s'engage à ne pas divulguer les informations confidentielles contenues dans ces connaissances antérieures.

47.2. Connaissances antérieures standards :

Si le titulaire envisage au cours de l'exécution du marché d'utiliser une connaissance antérieure standard non listée dans son offre, il doit obtenir l'accord préalable du maître d'ouvrage.

Les droits d'utilisation sur les connaissances antérieures standards s'appliquent dans les conditions de leur licence, telle qu'acceptée par le maître d'ouvrage.

Le prix de cette licence est compris dans le montant du marché pour les utilisations prévues dans le cadre du marché et pour la durée du marché.

Commentaires.

L'utilisation d'une connaissance antérieure standard suppose l'acceptation de sa licence. Le titulaire doit veiller à n'utiliser dans le cadre du marché que des connaissances antérieures standards compatibles avec les besoins du maître d'ouvrage (par exemple : le nombre d'utilisateurs).

Les droits d'adaptation, modification, évolution ainsi que les éventuelles transmissions des droits à des tiers de ces connaissances antérieures standards s'appliquent dans les conditions de leur licence telle qu'acceptée par le maître d'ouvrage.

Art. 48 *Régime des résultats.*

48.1. Finalités et besoins d'utilisation des résultats :

Le titulaire accorde au titre du présent article au maître d'ouvrage, les droits nécessaires pour utiliser ou faire utiliser les résultats, en l'état ou modifiés, de façon permanente ou temporaire, en tout ou partie, par tout moyen et sous toutes formes, pour les besoins et finalités d'utilisation exprimés dans les documents particuliers du marché et en toute hypothèse pour les besoins d'utilisation découlant de l'objet des prestations commandées dans le cadre du marché.

Les besoins d'utilisation du maître d'ouvrage comprennent le droit de :

— publier et utiliser les résultats consistant en des documents préparatoires, tels que plans, études préalables ou spécifications, pour la mise en œuvre des besoins auxquels ils répondent ;

— évaluer ou faire évaluer par tout tiers à tout moment les résultats ;

— pouvoir procéder aux opérations d'archivage public ;

— permettre à tout service au sein de la même personne morale que le maître d'ouvrage de pouvoir utiliser les résultats dans les mêmes conditions et finalités d'utilisation ;

— assurer ou faire assurer par tout tiers l'évolution de tous résultats, en ce compris réaliser ou faire réaliser par tout tiers, la maintenance (corrective, préventive, adaptative et évolutive) des résultats consistant en des logiciels ;

— transférer les droits sur les résultats à tout tiers bénéficiaire d'un transfert de compétences du maître d'ouvrage.

Pour les résultats qui sont des logiciels, les besoins d'utilisation comprennent en outre, la possibilité de rétrocéder tout droit à tout tiers à quelque titre que ce soit, et à quelques conditions que soit, ainsi que la possibilité de pouvoir les diffuser sous une licence libre/open source.

Le régime de confidentialité des résultats est défini le cas échéant dans les documents particuliers du marché.

48.2. Droits du maître d'ouvrage :

48.2.1. Résultats protégés par un droit de propriété littéraire et artistique :

Le titulaire cède au maître d'ouvrage les droits patrimoniaux des droits d'auteur ou des droits voisins des droits d'auteur afférents aux résultats, pour les finalités et besoins d'utilisation mentionnés au présent article tels qu'applicables au marché.

Cette cession des droits couvre les résultats, à compter de leur livraison et sous condition résolutoire de la réception des prestations, pour le monde entier et pour la durée légale des droits d'auteur ou des droits voisins du droit d'auteur.

Ces droits comprennent, dans le respect des droits moraux, l'ensemble des droits patrimoniaux de reproduction, de représentation et de distribution, et notamment les droits d'utiliser, d'incorporer, d'intégrer, d'adapter, de modifier, d'arranger, de corriger, de traduire les résultats en toutes langues, en tout ou en partie, en l'état ou modifiés pour les finalités et besoins d'utilisation mentionnés au présent article, tels qu'applicables au marché.

Commentaires.

L'exercice des droits patrimoniaux, objet de la cession pour les besoins découlant de l'objet du marché, doit se faire dans le respect des droits moraux de l'auteur.

L'article L. 121-1 du code de la propriété intellectuelle dispose que "l'auteur jouit du droit au respect de son nom, de sa qualité et de son œuvre. Ce droit est attaché à la personne. Il est perpétuel, inaliénable et imprescriptible (...)".

En application de cet article, l'auteur a droit tout particulièrement :

(i) au respect de son nom et de sa qualité. Ce "droit à la paternité" se traduit par l'obligation d'apposer le nom et la qualité de l'auteur sur son œuvre et sur toute reproduction de celle-ci (ex. : apposition du nom de l'architecte sur l'immeuble qu'il a réalisé) ;

(ii) au respect de son œuvre. Ce droit autorise l'auteur à faire sanctionner toute altération, dénaturation de son œuvre. L'adaptation, l'arrangement, la modification sont susceptibles de porter atteinte à l'intégrité de l'œuvre et d'engager la responsabilité du maître d'ouvrage. L'appréciation des éventuelles atteintes au droit au respect de l'œuvre se fait au cas par cas par les juges du fond en fonction de la nature des œuvres et des exploitations réalisées.

Il est recommandé, préalablement aux adaptations, modifications ou arrangements de l'œuvre qui n'auraient pas fait l'objet d'une autorisation spécifique dans les documents particuliers du marché et qui seraient susceptibles d'altérer ou de dénaturer l'œuvre, d'informer le titulaire ou les auteurs des aménagements envisagés.

Le droit de reproduction comporte, dans le respect des droits moraux, notamment le droit de reproduire les résultats, pour quelque usage que ce soit, par quelque procédé que ce soit, connu ou inconnu y compris non prévisible, sur tout support actuel ou futur et sans limitation de nombre tel que papier, électronique, numérique, analogique, magnétique, optique, vidéographique, pour toute exploitation, y compris en réseau sans limitation de nombre, en tout ou partie, en l'état ou modifiés, par tous procédés et sur tous supports.

Le droit de représentation et de distribution comporte, dans le respect des droits moraux, notamment le droit de communication au public et de mise à disposition du public des résultats, en tout ou partie, directement ou indirectement, en l'état ou modifiés, par tous moyens, modes et procédés, connus ou inconnus, sous toute forme, et auprès du public en général ou de catégories de public en particulier, de manière que chacun puisse y avoir accès de l'endroit et au moment qu'il choisit individuellement.

Les droits portant sur les résultats qui ont la forme de logiciels comportent, en outre, notamment les droits d'évaluer, d'observer, de tester, de dupliquer, de charger, d'afficher, de stocker, d'exécuter, de modifier, d'arranger, décompiler, assembler, transcrire tout ou partie des résultats, d'en faire la maintenance préventive, corrective, adaptative et évolutive, d'en réaliser de nouvelles versions ou de nouveaux développements, de le traduire en toute langue, transcrire dans tout langage de programmation, configurer, interfacer avec tout logiciel, base de données, produit informatique, d'en réutiliser les algorithmes à toutes fins, d'en intégrer tout ou partie vers ou dans des œuvres existantes ou à venir, faire tous actes aux fins d'interopérabilité avec d'autres systèmes crées de manière indépendante.

La présente cession est consentie au maître d'ouvrage à titre non exclusif, afin d'accorder au titulaire le droit d'exploiter les résultats conformément à l'article 48.3.

Compte tenu de leur nature, les résultats suivants font l'objet d'une cession à titre exclusif :

1° les résultats ayant pour objet de distinguer l'identité propre du maître d'ouvrage et/ou de ses services ou produits par rapport aux autres entités, services ou produits (tels que dénominations, logos, slogans, chartes graphiques). La cession comporte pour ces résultats le droit pour le maître d'ouvrage, de procéder à tous dépôt ou réservation en tant que marque, nom de domaine, comptes de réseaux sociaux et plus généralement signe distinctif, et/ou de dessin et modèle quels que soient les territoires et les classes de dépôt, ainsi que le droit de distribuer ou commercialiser directement ou indirectement auprès de tout public, sans limite de nombre, tout produit ou service portant les résultats et plus généralement de les utiliser à titre de marque et/ou signes distinctifs ;

2° les résultats ayant pour objet de promouvoir le maître d'ouvrage, ses produits et services et plus généralement ses missions de service public (telles que campagnes de promotion, ou de communication) ;

3° les résultats qualifiés de confidentiels.

Le titulaire s'interdit de déposer ou de réserver notamment à titre de marque ou de signes distinctifs (y compris noms de domaine ou comptes de réseaux sociaux) les résultats mentionnés aux 1° et 2°.

Plus généralement, le titulaire s'interdit de procéder à tout dépôt ou réservation de marque ou de signes distinctifs (y compris noms de domaine ou comptes de réseaux sociaux) pouvant générer un risque de confusion avec le maître d'ouvrage, ses services ou produits et s'interdit de déposer ou réserver sur les résultats mentionnés aux 1° et 2° tout droit ou titre de propriété industrielle, en France ou à l'étranger, de nature à limiter ou rendre plus onéreux l'exercice des droits du maître d'ouvrage.

Le prix de cette cession est forfaitairement compris dans le montant du marché.

Commentaires.

La cession à titre non exclusif permet au titulaire d'utiliser les résultats pour ses propres besoins, y compris commercialement.

Compte tenu de leurs spécificités, les résultats ayant pour objet d'identifier le maître d'ouvrage, de promouvoir ses produits ou services et ceux qui ne peuvent pas être réutilisés en raison de leur confidentialité sont cédés à titre exclusif.

Le prix prend en compte l'étendue de la cession (durée, territoire...), son caractère exclusif ou non ainsi que l'étendue des exploitations applicables au marché.

48.2.2. Résultats protégés par un droit de propriété industrielle relatif à des inventions et connaissances techniques

Le titulaire informe le maître d'ouvrage de tout résultat qui aurait été identifié comme étant raisonnablement susceptible de faire l'objet d'une protection par un titre de propriété industrielle relatif à des inventions et connaissances techniques.

Le titulaire concède au maître d'ouvrage une licence d'utilisation non exclusive des droits de propriété intellectuelle afférents à ces résultats, pour les finalités et besoins d'utilisation mentionnés au présent article tels qu'applicables au marché, comprenant le fait de pouvoir utiliser les résultats pour continuer les recherches.

Cette licence couvre les résultats à compter de leur livraison et sous condition résolutoire de la réception des prestations, pour le monde entier et pour la durée de validité de la protection.

Le prix de cette licence est compris dans le montant du marché.

Le titulaire accomplit toutes les formalités requises pour rendre la licence d'exploitation opposable aux tiers, dans tous les territoires où les droits sont concédés. Le coût de ces formalités est compris dans le montant du marché.

Dans l'hypothèse où le résultat consiste totalement ou partiellement en un nouveau savoir-faire, le titulaire concède une licence sur ce savoir-faire au maître d'ouvrage, pour les finalités et besoins d'utilisation mentionnés au présent article, tels qu'applicables au marché, sous réserve d'en préserver la confidentialité.

Commentaires.

Compte tenu de la spécificité des prestations donnant lieu à des résultats susceptibles de protection par des droits de propriété industrielle relatif à des inventions et connaissances techniques au sens du Code de la propriété intellectuelle, et/ou susceptibles d'être couverts par du savoir-faire, il est recommandé de prévoir dans les documents particuliers du marché les modalités de répartition des droits qui peuvent déroger au régime proposé par défaut. Cela peut être le cas par exemple lorsque la prestation a pour objet l'amélioration d'une innovation technique du maître d'ouvrage, qui peut avoir vocation à détenir par exemple le brevet portant sur les résultats.

48.2.3. Régime des données :

Les données intégrées ou générées dans le cadre du présent marché sont confidentielles et appartiennent exclusivement au maître d'ouvrage.

Le titulaire dispose d'un accès aux données dans le cadre de l'exécution du présent marché aux seules fins de son exécution.

Le titulaire s'interdit d'en faire un quelconque usage, direct ou indirect, en dehors des prestations du présent marché, sauf autorisation préalable et expresse du maître d'ouvrage.

48.3. Droits du titulaire :

Le titulaire conserve la propriété de ses savoirs faire et méthodes utilisés pour réaliser les résultats.

Le maître d'ouvrage autorise le titulaire à exploiter, y compris à titre commercial, les résultats créés dans le cadre du marché et non soumis à cession exclusive au profit du maître d'ouvrage, pour les mêmes droits que ceux prévus à l'article 48.2.1, sous réserve de la confidentialité d'informations intégrées dans les résultats en vertu de l'article 5. Pour les connaissances antérieures mises à disposition du titulaire par le maître d'ouvrage pour l'exécution du marché, le titulaire sollicite l'accord du maître d'ouvrage.

Le titulaire verse au maître d'ouvrage, dans l'hypothèse de l'exploitation commerciale de tout ou partie des résultats, seuls ou incorporés dans des produits ou services, ou en cas de concession totale ou partielle de droits d'exploitation portant sur les résultats, une redevance.

Les documents particuliers du marché déterminent les modalités de calcul de la redevance.

Commentaires.
Dès lors que le titulaire peut exploiter à titre commercial un résultat dont le développement a été financé par le maître d'ouvrage, ce dernier peut prévoir lorsque c'est pertinent une redevance qui tienne compte de cette participation.

Le titulaire s'engage à ce que l'exploitation des résultats ne porte pas atteinte aux droits ou à l'image du maître d'ouvrage.

Le titulaire peut publier les résultats sous réserve du respect des obligations de confidentialité fixées à l'article 5.1 et du régime de confidentialité des résultats, complétés le cas échéant par les documents particuliers du marché, et de l'accord préalable du maître d'ouvrage si les résultats comprennent des connaissances antérieures mises à sa disposition par ces derniers pour l'exécution du marché.

La publication mentionne que les résultats ont été financés par le maître d'ouvrage.

48.4. Stipulations communes :

48.4.1. Exercice des droits :

Pour permettre au maître d'ouvrage d'exercer les droits qui lui sont accordés au titre du marché, le titulaire livre spontanément et au fur et à mesure de l'exécution des prestations, l'ensemble des éléments nécessaires à cet exercice, ainsi que leurs mises à jour ou évolutions au cours du marché, tels que :

48.4.1.1 Pour les logiciels :

— les codes exécutables ;

— la documentation, les documents de cadrage et suivis de projet sous format numérique (support magnétique, optique ou supports de stockage électronique) ;

— les codes sources et la documentation associée des résultats, connaissances antérieures et connaissances antérieures standards lorsque ces connaissances antérieures standards sont placées sous une licence le permettant telle qu'une licence libre/open source, sont livrés simultanément à la remise du code objet sous la forme d'un ou plusieurs supports électroniques contenant le code générateur ; ainsi que l'ensemble des informations nécessaires à toute prestation ultérieure destinée à assurer la maintenance, y compris évolutive de ces éléments.

48.4.1.2. Pour les autres œuvres (créations graphiques, images, films, musique, etc.) : les fichiers sources et natifs dans un format ouvert.

Le titulaire ne peut imposer la confidentialité notamment des codes sources livrés.

La propriété matérielle de ces éléments est transférée au maître d'ouvrage. Elle est comprise dans le prix du marché.

48.4.2. Garanties des droits :

Le titulaire garantit au maître d'ouvrage, la jouissance pleine et entière, libre de toute servitude, des droits cédés ou licenciés aux termes du marché sur les résultats et les connaissances antérieures standards ou non.

A ce titre, il garantit :

— qu'il est titulaire ou détient les droits cédés ou licenciés ;

— qu'il dispose des autorisations relatives aux droits de la personnalité et plus généralement dispose de toutes les autorisations nécessaires pour les finalités et besoins d'utilisation applicables au marché ;

— qu'il indemnise le maître d'ouvrage, en l'absence de faute qui lui serait directement imputable, sans bénéfice de discussion ni de division, contre toute action, réclamation, revendication ou opposition de la part de toute personne invoquant un droit auquel l'utilisation des résultats et des connaissances antérieures standards ou non conforme aux stipulations des articles 46 à 48 aurait porté atteinte. Si le maître d'ouvrage est poursuivi pour contrefaçon, concurrence déloyale ou parasitisme sans faute de sa part du fait de l'utilisation des résultats et des connaissances antérieures ou non conforme aux stipulations des articles 46 à 48, ils en informent sans délai le titulaire qui pourra *alors intervenir* à l'action judiciaire ;

— dans ces hypothèses, qu'il apporte au maître d'ouvrage toute l'assistance nécessaire à ses frais ;

— qu'il s'engage à son choix, (i) à modifier ou de remplacer les éléments objets du litige ou d'un risque sérieux de litige, de manière qu'ils cessent de tomber sous le coup de la réclamation, tout en restant conformes aux spécifications du marché, (ii) à faire en sorte que le maître d'ouvrage puisse utiliser les éléments en litige sans limitation ni frais supplémentaires, ou, (iii) dans le cas où l'une de ces solutions ne peut être raisonnablement mise en œuvre, à rembourser au maître d'ouvrage les sommes payées au titre des éléments objet du litige et à l' indemniser du préjudice subi.

Dans ces hypothèses, le titulaire prend à sa charge tous dommages et intérêts auxquels le maître d'ouvrage, en l'absence de faute qui lui serait directement imputable, serait condamné à raison d'un acte de contrefaçon, concurrence déloyale ou parasitisme, du fait de l'utilisation des résultats et des connaissances antérieures standards ou non conforme aux stipulations des articles 46 à 48, dès lors que la condamnation les prononçant devient exécutoire.

Le titulaire garantit les droits cédés ou licenciés afférents aux résultats ou aux connaissances antérieures standards ou non, au maître d'ouvrage, lors de toute cession ou licence de droits portant sur les résultats ou les connaissances antérieures standards ou non.

Le titulaire garantit que les résultats, les connaissances antérieures et les connaissances antérieures standards utilisés suivent le régime des droits d'utilisation applicables au marché.

Sur simple demande, le titulaire s'engage, à ses frais, à remplacer les résultats, les connaissances antérieures standards ou non qui ne permettraient pas au maître d'ouvrage de les exploiter dans les conditions prévues dans le cadre du marché.

La responsabilité du titulaire n'est pas engagée pour toute allégation concernant :

— les connaissances antérieures standards ou non que le maître d'ouvrage a fournies au titulaire pour l'exécution du marché ;

— les éléments incorporés dans les résultats à la demande expresse du maître d'ouvrage ;

— les modifications, adaptations apportées aux résultats, si la cause de l'allégation trouve son fondement dans une modification ou une adaptation apportées par le maître d'ouvrage ou à sa demande expresse.

Le titulaire dégage le maître d'ouvrage de toutes les obligations légales et conventionnelles vis-à-vis des salariés ou commettants du titulaire.

48.4.3. Stipulations finales :

De manière générale, le titulaire ne peut opposer ses droits ou titres de propriété intellectuelle ou ses droits de toute autre nature à l'utilisation des résultats et des connaissances antérieures, lorsque celle-ci est conforme aux besoins d'utilisation applicables au marché.

Le titulaire ne peut notamment opposer aucun droit portant sur l'apparence graphique, les enchaînements et intitulés de menus ou de commandes qui seraient de nature à limiter les besoins d'évolution, d'adaptation, de traduction ou d'incorporation des résultats à des fins notamment d'interopérabilité avec d'autres systèmes et logiciels.

Le titulaire autorise le maître d'ouvrage à extraire et réutiliser librement les bases de données incluses dans les résultats, notamment en vue de la mise à disposition des informations publiques à des fins de réutilisation à titre gratuit ou onéreux.

En cas de cessation du marché pour quelque cause que ce soit, le maître d'ouvrage conserve les droits d'utilisation applicables au marché.

Le maître d'ouvrage a la possibilité de sous-céder, sous-licencier ou de sous-traiter la mise en œuvre des résultats, connaissances antérieures et connaissances antérieures standards pour son propre compte, dans les limites de l'objet du marché.

Le maître d'ouvrage peut librement publier les résultats sous réserve des éventuelles obligations de confidentialité fixées par les documents particuliers du marché et que cette publication ne constitue pas une divulgation au sens du droit de la propriété industrielle.

L'existence de restrictions au droit de publier les résultats ne fait pas obstacle à la publication d'informations générales sur l'existence du marché et la nature des résultats.

Les limites au pouvoir de publication ne s'opposent pas à la possibilité, pour le maître d'ouvrage, pour la mise en œuvre de leurs droits, de communiquer à un tiers ces résultats, en tout ou partie, dans le respect de l'article 5. 1.

Toute publication doit mentionner le nom du titulaire et des auteurs.

Les parties s'informent mutuellement des modifications qu'elles souhaitent opérer sur les résultats afin de recueillir les observations utiles de l'autre partie. Elles s'accordent la libre disposition des modifications mineures et des corrections apportées aux résultats.

CHAPITRE VII RÉSILIATION DU MARCHÉ – INTERRUPTION DES TRAVAUX

Art. 49 *Principes généraux.*

49.1. Le maître d'ouvrage peut mettre fin à l'exécution des prestations faisant l'objet du marché avant l'achèvement de celles-ci, soit de son fait ou de celui de son mandataire dans les conditions prévues à l'article 50.2, soit pour faute du titulaire dans les conditions prévues à l'article 50.3, soit dans le cas des circonstances particulières mentionnées à l'article 50.1.

Le maître d'ouvrage peut également mettre fin, à tout moment, à l'exécution des prestations pour un motif d'intérêt général. Dans ce cas, le titulaire a droit à être indemnisé du préjudice qu'il subit du fait de cette décision, selon les modalités prévues à l'article 50.4.

La décision de résiliation du marché est notifiée au titulaire. Sous réserve des stipulations particulières mentionnées à l'article 50, la résiliation prend effet à la date fixée dans la décision de résiliation ou, à défaut, à la date de sa notification.

49.2. Le règlement du marché est alors effectué selon les modalités prévues aux articles 12.3 et 12.4, sous réserve des stipulations de l'article 51.

L'article 50 précise, selon les cas, si le titulaire a droit à être indemnisé du fait de la décision de résiliation.

Art. 50 *Cas de résiliation du marché.*

50. 1. Résiliation pour événements extérieurs au marché :

50.1.1. Décès ou incapacité civile du titulaire :

En cas de décès ou d'incapacité civile du titulaire, le maître d'ouvrage peut résilier le marché ou accepter sa continuation par les ayants droit ou le curateur. Un avenant de transfert est établi à cette fin.

La résiliation, si elle est prononcée, prend effet à la date du décès ou de l'incapacité civile. Elle n'ouvre droit pour le titulaire ou ses ayants droit à aucune indemnité.

50.1.2. Sauvegarde, redressement judiciaire ou liquidation judiciaire :

En cas de sauvegarde ou de redressement judiciaire, le marché est résilié, si après mise en demeure de l'administrateur judiciaire, dans les conditions prévues à l'article L. 622-13 du code de commerce, ce dernier indique ne pas reprendre les obligations du titulaire.

En cas de liquidation judiciaire du titulaire, le marché est résilié si, après mise en demeure du liquidateur, dans les conditions prévues à l'article L. 641-11-1 du code de commerce, ce dernier indique ne pas reprendre les obligations du titulaire.

La résiliation, si elle est prononcée, prend effet à la date de l'événement. Elle n'ouvre droit, pour le titulaire, à aucune indemnité.

50.1. 3. Incapacité physique du titulaire :

En cas d'incapacité physique manifeste et durable du titulaire, compromettant la bonne exécution du marché, le maître d'ouvrage peut résilier le marché.

La résiliation n'ouvre droit pour le titulaire à aucune indemnité.

50.2. Résiliation du fait du représentant du maître d'ouvrage ou de son mandataire :

50.2.1. Pour ordre de service tardif :

Dans le cas où le marché prévoit que son exécution doit commencer sur un ordre de service intervenant après la notification du marché, si cet ordre de service n'a pas été notifié dans le délai fixé par le marché ou, à défaut d'un tel délai, dans les six mois suivant la notification du marché, le titulaire peut :

— soit proposer au maître d'ouvrage une nouvelle date de commencement d'exécution. Les prestations sont alors exécutées aux conditions économiques du marché tel qu'il a été notifié. Si le maître d'ouvrage refuse la proposition du titulaire, celui-ci peut demander par écrit la résiliation du marché ;

— soit demander, par écrit, la résiliation du marché.

Lorsque la résiliation est demandée par le titulaire en application du présent article, elle ne peut lui être refusée.

Si, ayant reçu l'ordre de commencer l'exécution du marché, le titulaire n'a pas, dans un délai de quinze jours suivant la date de réception, refusé d'exécuter cet ordre et proposé une nouvelle date de commencement ou demandé la résiliation du marché, il est réputé, par son silence, avoir accepté d'exécuter les prestations aux conditions initiales du marché.

Lorsque la résiliation est prononcée à la demande du titulaire en application du présent article, celui-ci est indemnisé des frais et investissements éventuellement engagés pour le marché et nécessaires à son exécution. Il doit, à cet effet, présenter une demande écrite, dûment justifiée, dans le délai de deux mois, à compter de la notification de la décision de résiliation.

50.2.2. Après ajournement ou interruption des travaux :

En application de l'article 53, le marché peut être résilié.

Cette résiliation ouvre droit pour le titulaire à indemnité dont les modalités sont fixées par l'article 53.

50.3. Résiliation pour faute du titulaire :

50.3.1. Le maître d'ouvrage peut résilier le marché pour faute du titulaire dans les cas suivants :

a) Le titulaire contrevient aux obligations légales ou réglementaires, relatives au travail, à la protection de l'environnement, à la sécurité et la santé des personnes ou à la préservation du voisinage ;

b) Le titulaire a refusé de représenter ou de restituer des bâtiments, terrains, matériels, produits de construction, équipements et approvisionnements qui lui ont été confiés, ou il a dégradé ou utilisé de manière abusive ces bâtiments, terrains, matériels, objets et approvisionnements ;

c) Le titulaire, dans les conditions prévues à l'article 52, ne s'est pas acquitté de ses obligations dans les délais contractuels, après que le manquement a fait l'objet d'une constatation contradictoire et d'un avis du maître d'œuvre, et si le titulaire n'a pas été autorisé par ordre de service à reprendre l'exécution des travaux. Dans ce cas, la résiliation du marché décidée peut être soit simple, soit aux frais et risques du titulaire et, dans ce dernier cas, les stipulations des articles 52.4 à 52.7 s'appliquent ;

d) Dans le cas où le marché prévoit un contrôle de coût de revient, le titulaire a contrevenu à ses obligations ;

e) Le titulaire a sous-traité en contrevenant aux dispositions législatives et réglementaires relatives à la sous-traitance, ou il ne respecte pas les obligations relatives aux sous-traitants mentionnées à l'article 3.6 ;

f) Le titulaire n'a pas produit les attestations d'assurances dans les conditions prévues à l'article 8 ;

g) Le titulaire déclare, indépendamment des cas prévus à l'article 50.1.1, ne pas pouvoir exécuter ses engagements ;

h) Le titulaire n'a pas communiqué les modifications mentionnées à l'article 3.4.2 et ces modifications sont de nature à compromettre la bonne exécution du marché ;

i) Le titulaire s'est livré, à l'occasion de l'exécution du marché, à des actes frauduleux ;

j) Le titulaire ou le sous-traitant ne respecte pas les obligations relatives à la confidentialité, à la protection des données à caractère personnel, et à la sécurité, conformément à l'article 5 ;

k) Postérieurement à la signature du marché, le titulaire a fait l'objet d'une interdiction d'exercer toute profession industrielle ou commerciale ;

l) Postérieurement à la signature du marché, les renseignements ou documents produits par le titulaire, à l'appui de sa candidature ou exigés préalablement à l'attribution du marché, s'avèrent inexacts.

50.3.2. Sauf dans les cas prévus aux *g, i, k* et *l* de l'article 50.3.1, une mise en demeure, assortie d'un délai d'exécution, doit avoir été préalablement notifiée au titulaire et être restée sans effet.

Dans le cadre de la mise en demeure, le maître d'ouvrage informe le titulaire de la sanction envisagée et l'invite à présenter ses observations.

50.3.3. La résiliation du marché ne fait pas obstacle à l'exercice des actions civiles ou pénales qui pourraient être intentées contre le titulaire.

50.4. Résiliation pour motif d'intérêt général :

Lorsque le maître d'ouvrage résilie le marché pour motif d'intérêt général, le titulaire a droit à une indemnité de résiliation, obtenue en appliquant au montant initial hors taxes du marché, diminué du montant hors taxes non révisé des prestations reçues, un pourcentage fixé par les documents particuliers du marché ou, à défaut, de 5 %.

Le titulaire a droit, en outre, à être indemnisé de la part des frais et investissements, éventuellement engagés pour le marché et strictement nécessaires à son exécution, qui n'aurait pas été prise en compte dans le montant des prestations payées. Il lui incombe d'apporter toutes les justifications nécessaires à la fixation de cette partie de l'indemnité.

Le titulaire doit, à cet effet, présenter une demande écrite, dûment justifiée, dans le délai de deux mois à compter de la notification de la décision de résiliation.

Art. 51 *Opérations de liquidation.*

51.1. Modalités d'exécution :

51.1.1. En cas de résiliation, il est procédé, le titulaire ou ses ayants droit, tuteur, administrateur ou liquidateur, dûment convoqués dans les conditions prévues par les documents particuliers du marché, aux constatations relatives aux ouvrages et parties d'ouvrages exécutés, à l'inventaire des matériaux approvisionnés ainsi qu'à l'inventaire descriptif du matériel et des installations de chantier. Il est dressé procès-verbal de ces opérations dans les conditions prévues à l'article 11. Ce procès-verbal comporte l'avis du maître d'œuvre sur la conformité aux stipulations du marché des ouvrages ou parties d'ouvrages exécutés.

Ce procès-verbal est signé par le maître d'ouvrage. Il emporte réception des ouvrages et parties d'ouvrages exécutés, avec effet de la date d'effet de la résiliation, tant pour le point de départ du délai de garantie défini à l'article 44 que pour le point de départ du délai prévu pour le règlement final du marché à l'article 12.3.2.

51.1.2. Dans les dix jours suivant la date de signature de ce procès-verbal, le maître d'ouvrage fixe les mesures qui doivent être prises avant la fermeture du chantier pour assurer la conservation et la sécurité des ouvrages ou parties d'ouvrages exécutés. Ces mesures peuvent comporter la démolition de certaines parties d'ouvrages.

A défaut d'exécution de ces mesures par le titulaire dans le délai imparti par le maître d'ouvrage, le maître d'œuvre les fait exécuter d'office.

Sauf dans les cas de résiliation ouvrant droit à indemnité, ces mesures sont à la charge du titulaire.

51.1.3. Le maître d'ouvrage dispose du droit de racheter, en totalité ou en partie :

— les ouvrages provisoires réalisés dans le cadre du marché et utiles à l'exécution du marché ;

— les matériaux, produits de construction, équipements, progiciels, logiciels et outillages approvisionnés, acquis ou réalisés pour les besoins du marché, dans la limite où il en a besoin pour le chantier.

Il dispose, en outre, pour la poursuite des travaux, du droit, soit de racheter, soit de conserver à sa disposition le matériel spécialement construit pour l'exécution du marché.

En cas d'application des deux alinéas précédents, le prix de rachat des ouvrages provisoires et du matériel est égal à la partie non amortie de leur valeur. Si le matériel est maintenu à disposition, son prix de location est déterminé en fonction de la partie non amortie de sa valeur.

Les matériaux, produits de construction, équipements, progiciels, logiciels et outillages approvisionnés, acquis ou réalisés, sont rachetés aux prix du marché ou, à défaut, à ceux qui résultent de l'application de l'article 13.

51.1.4. Le titulaire est tenu d'évacuer les lieux dans le délai qui est fixé par le maître d'œuvre.

51.2. Décompte de résiliation :

51.2.1. En cas de résiliation du marché, une liquidation des comptes est effectuée. Le décompte de résiliation du marché, qui se substitue au décompte général prévu à l'article 12.4.2, est arrêté par décision du maître d'ouvrage et notifié au titulaire.

51.2.2. Le décompte de résiliation comprend :

a) Au débit du titulaire :

— le montant des sommes versées à titre d'avance et d'acompte ;

— la valeur, fixée par le marché et ses modifications éventuelles, des moyens confiés au titulaire que celui-ci ne peut restituer, ainsi que la valeur de reprise des moyens que le maître d'ouvrage cède à l'amiable au titulaire ;

— le montant des pénalités ;

— le cas échéant, le supplément des dépenses résultant de la passation d'un marché aux frais et risques du titulaire dans les conditions fixées à l'article 52.

b) Au crédit du titulaire :

— la valeur contractuelle des travaux exécutés, y compris, s'il y a lieu, les intérêts moratoires ;

— le montant des rachats ou locations résultant de l'application de l'article 51.1.3 ;

— le cas échéant, le montant des indemnités résultant de l'application des articles 50.2 et 50.4.

51.2.3. Le décompte de résiliation est notifié au titulaire par le maître d'ouvrage, au plus tard deux mois suivant la date de signature du procès-verbal prévu à l'article 51.1.1. Cependant, lorsque le marché est résilié aux frais et risques du titulaire, le décompte de résiliation ne sera notifié au titulaire qu'après règlement définitif du nouveau marché passé pour l'achèvement des travaux. Dans ce cas, il peut être procédé à une liquidation provisoire du marché, dans le respect de la règlementation en vigueur.

Art. 52 *Mesures coercitives.*

52.1. A l'exception des cas prévus aux articles 13.6, 14.2.2, 14.4 et 50.2.1, lorsque le titulaire ne se conforme pas aux stipulations du marché ou aux ordres de service, le maître d'ouvrage le met en demeure d'y satisfaire, dans un délai déterminé, par une décision qui lui est notifiée par écrit.

Ce délai, sauf pour les marchés intéressant la défense ou en cas d'urgence, n'est pas inférieur à quinze jours à compter de la date de notification de la mise en demeure.

52.2. Si le titulaire n'a pas déféré à la mise en demeure, la poursuite des travaux par un tiers peut être ordonnée, aux frais et risques du titulaire, ou la résiliation du marché peut être décidée. La décision de poursuite des travaux par un tiers, en lieu et place du titulaire, est notifiée au titulaire par le maître d'ouvrage.

52.3. Pour assurer la poursuite des travaux par un tiers, en lieu et place du titulaire, il est procédé, le titulaire étant présent ou ayant été dûment convoqué, à la constatation des travaux exécutés et des approvisionnements existants ainsi qu'à l'inventaire descriptif du matériel du titulaire et à la remise à celui-ci de la partie de ce matériel qui n'est pas utile à l'achèvement des travaux.

Dans le délai de trente jours suivant la notification de la décision de poursuite des travaux par un tiers, le titulaire peut être autorisé par ordre de service à reprendre l'exécution des travaux s'il justifie des moyens nécessaires pour les mener à bonne fin.

Après l'expiration de ce délai, la résiliation du marché est prononcée par le maître d'ouvrage.

52.4. En cas de résiliation aux frais et risques du titulaire, les mesures prises en application de *l'article* 52.3 sont à la charge de celui-ci. Pour l'achèvement des travaux, il est passé, conformément à la réglementation en vigueur, un marché avec un autre opérateur économique. Ce marché de substitution est transmis pour information au titulaire défaillant. Par exception aux stipulations de l'article 12.4.2, le décompte général du marché résilié ne sera notifié au titulaire qu'après règlement définitif du nouveau marché.

52.5. Le titulaire, dont les travaux font l'objet des stipulations des articles 52.2 et 52.3, est autorisé à en suivre l'exécution sans pouvoir entraver les ordres du maître d'œuvre et de ses représentants.

Il en est de même en cas de nouveau marché passé à ses frais et risques.

52.6. Les excédents de dépenses qui résultent du nouveau marché, passé après la décision de résiliation prévue aux articles 52.2 ou 52.3, sont à la charge du titulaire. Ils sont prélevés sur les sommes qui peuvent lui être dues ou, à défaut, sur ses sûretés éventuelles, sans préjudice des droits à exercer contre lui en cas d'insuffisance.

Dans le cas d'une diminution des dépenses, le titulaire ne peut en bénéficier, même partiellement.

52.7. Dans le cas d'un marché passé avec un groupement conjoint dont le mandataire est solidaire de chacun des membres, les stipulations particulières ci-après sont applicables :

52.7.1. Si l'un des membres du groupement ne se conforme pas aux obligations définies à l'article 52.1 qui lui incombent pour l'exécution des prestations qui lui sont attribuées dans l'acte d'engagement, le maître d'ouvrage le met en demeure d'y satisfaire suivant les modalités définies à l'article 52.1, la décision étant adressée au mandataire.

La mise en demeure produit ses effets sans qu'il soit besoin d'une mention expresse à l'égard du mandataire. Si le membre du groupement défaillant n'a pas déféré à la mise en demeure dans le délai imparti, le mandataire est tenu de se substituer à lui dans le mois qui suit l'expiration de ce délai.

A défaut, les mesures coercitives prévues à l'article 52.2 peuvent être appliquées au membre du groupement défaillant comme au mandataire.

52.7.2. Si le mandataire ne se conforme pas aux obligations qui lui incombent en tant que représentant et coordonnateur des autres membres du groupement, il est mis en demeure d'y satisfaire suivant les modalités définies à l'article 52.1.

Si cette mise en demeure reste sans effet, le maître d'ouvrage invite les membres du groupement à désigner un autre mandataire parmi les autres membres du groupement, dans le délai de trente jours.

En l'absence de désignation dans ce délai, le cocontractant exécutant la part financière la plus importante à réaliser d'ici la fin du marché à la date de cette modification devient le nouveau mandataire du groupement.

Le nouveau mandataire, une fois désigné, est substitué par avenant à l'ancien dans tous ses droits et obligations.

52.7.3. Lorsque le mandataire est défaillant, non seulement dans son rôle de mandataire, mais aussi dans l'exécution des travaux qui lui sont attribués dans l'acte d'engagement, les stipulations suivantes s'appliquent.

Si les autres membres du groupement l'acceptent expressément, un des membres du groupement peut être substitué au mandataire dans l'exécution des prestations qui lui sont attribuées dans l'acte d'engagement. Un nouveau mandataire est alors désigné selon les modalités fixées à l'article 52.7.2.

Faute de l'accord des autres membres du groupement, le maître d'ouvrage est tenu de passer un nouveau marché pour la réalisation de la part des travaux non exécutée par le mandataire. Dans ce cas :

— si les autres membres du groupement en expriment le souhait, ils peuvent poursuivre leurs travaux dans le cadre d'un groupement réduit à eux seuls. Un nouveau mandataire est alors désigné selon les modalités fixées à l'article 52.7.2.

Le marché est alors modifié par avenant pour désigner la part des prestations exclues du marché, celles restant à fournir par chacun des membres du groupement ainsi réduit, et le nouveau mandataire de ce groupement ;

— si les membres du groupement ne souhaitent pas poursuivre l'exécution des travaux, le maître d'ouvrage résilie la totalité du marché.

Art. 53 *Ajournement et interruption des travaux.*

53.1. Ajournement des travaux :

53.1.1. L'ajournement des travaux peut être décidé par le maître d'ouvrage. Cette décision a pour objet de différer le début des travaux ou d'en suspendre l'exécution. Il est alors procédé, suivant les modalités indiquées à l'article 11, à la constatation des ouvrages et parties d'ouvrages exécutés et des matériaux approvisionnés.

Le titulaire, qui conserve la garde du chantier, a droit à être indemnisé des frais que lui impose cette garde et du préjudice qu'il aura éventuellement subi du fait de l'ajournement.

Une indemnité d'attente de reprise des travaux peut être fixée suivant les modalités prévues aux articles 13.3 et 13.4.

53.1.2. Si, par suite d'un ajournement ou de plusieurs ajournements successifs, les travaux ont été interrompus pendant plus d'une année, le titulaire a le droit d'obtenir la résiliation du marché, sauf si, informé par écrit d'une durée d'ajournement conduisant au dépassement de la durée d'un an indiquée ci-dessus, il n'a pas, dans un délai de quinze jours, demandé la résiliation.

53.2. Interruption des travaux pour retard de paiement :

53.2.1. Au cas où deux acomptes successifs n'auraient pas été payés, le titulaire peut, trente jours après la date de remise du projet de décompte pour le paiement du deuxième de ces acomptes, notifier au maître d'ouvrage, son intention d'interrompre les travaux au terme d'un délai de trente jours.

Si, dans ce délai, il n'a pas été notifié au titulaire une décision du maître d'ouvrage ordonnant la poursuite des travaux, le titulaire peut les interrompre.

53.2.2. Au cas où la poursuite des travaux a été ordonnée et sans préjudice du droit éventuel du titulaire à indemnité compensatoire, les intérêts qui lui sont dus par suite du retard dans le paiement des acomptes mensuels sont majorés de 50 % à compter de la notification de la décision mentionnée au second alinéa de l'article 53.2.1.

53.2.3. Au cas où le titulaire a régulièrement interrompu les travaux en application de l'article 53.2.1, les délais d'exécution des prestations sont de plein droit prolongés du nombre de jours compris entre la date de l'interruption des travaux et celle du paiement des acomptes en retard. Si le paiement du premier au moins des acomptes en retard n'est pas intervenu dans le délai de six mois après l'interruption effective des travaux, le titulaire a le droit de ne pas les reprendre et de demander par écrit la résiliation du marché.

53.3. Suspension des travaux en cas de circonstances imprévisibles :

53.3.1. Lorsque la poursuite de l'exécution du marché est rendue temporairement impossible du fait d'une circonstance que des parties diligentes ne pouvaient prévoir dans sa nature ou dans son ampleur ou du fait de l'édiction par une autorité publique de mesures venant restreindre, interdire, ou modifier de manière importante l'exercice de certaines activités en raison d'une telle circonstance, la suspension de tout ou partie des travaux ou des prestations est prononcée par le maître d'ouvrage. Lorsque la suspension est demandée par le titulaire, le maître d'ouvrage se prononce sur le bien-fondé de cette demande dans les meilleurs délais.

53.3.2. Dans un délai adapté aux circonstances et qui ne saurait excéder quinze jours à compter de la décision de suspension des travaux ou des prestations, les parties conviennent des modalités de constatation des ouvrages, des parties d'ouvrages exécutées, des matériaux approvisionnés et des immobilisations de matériels et de personnels ainsi que, le cas échéant, du maintien d'une partie des obligations contractuelles restant à la charge du titulaire pendant la suspension. Dans un délai raisonnable, les parties conviennent également des modalités de reprise de l'exécution et, le cas échéant, des modifications à apporter au marché du fait de la suspension et des modalités de répartition des surcoûts directement induits par cette suspension.

A défaut d'accord entre les parties, le titulaire est tenu, à l'issue de la suspension, de reprendre l'exécution des prestations dans les conditions prévues par le marché et le désaccord est réglé dans les conditions mentionnées à l'article 55.

Art. 54 *Clause de réexamen.*

En cas de circonstance que des parties diligentes ne pouvaient prévoir dans sa nature ou dans son ampleur et modifiant de manière significative les conditions d'exécution du marché, les parties examinent de bonne foi les conséquences, notamment financières, de cette circonstance.

Le cas échéant, les parties conviennent, par avenant, des modalités de prise en charge, totale ou partielle, des surcoûts directement induits par cette circonstance sur la base de justificatifs fournis par le titulaire. Il est tenu compte, notamment :

— des surcoûts liés aux modifications d'exécution des prestations ;

— des conséquences liées à la prolongation des délais d'exécution du marché.

Le titulaire est tenu de demander en temps utile qu'il soit procédé à des constatations contradictoires pour permettre au maître d'ouvrage d'évaluer les moyens supplémentaires effectivement mis en œuvre.

Sont exclues de cette évaluation, les augmentations de prix prises en compte dans les index ou indices utilisés pour la révision des prix du marché.

Les surcoûts pris en charge par le maître d'ouvrage peuvent faire l'objet d'une avance dans les conditions fixées par les documents particuliers du marché ou dans l'avenant conclu en application du présent article.

CHAPITRE VIII DIFFÉRENDS

Art. 55 *Règlement des différends entre les parties.*

Le maître d'ouvrage et le titulaire s'efforceront de régler à l'amiable tout différend éventuel relatif à l'interprétation des stipulations du marché ou à l'exécution des prestations objet du marché.

55.1. Mémoire en réclamation :

55.1.1. Tout différend entre le titulaire et le maître d'œuvre ou entre le titulaire et le maître d'ouvrage doit faire l'objet, de la part du titulaire, d'un mémoire en réclamation exposant les motifs du différend et indiquant, le cas échéant, pour chaque chef de contestation, le montant des sommes réclamées et leur justification. Ce mémoire est notifié au maître d'ouvrage et adressé en copie au maître d'œuvre.

Si la réclamation porte sur le décompte général du marché, ce mémoire est transmis dans le délai de trente jours à compter de la notification du décompte général.

Le mémoire reprend, sous peine de forclusion, les réclamations formulées antérieurement à la notification du décompte général et qui n'ont pas fait l'objet d'un règlement définitif.

55.1.2. Après avis du maître d'œuvre, le maître d'ouvrage notifie au titulaire sa décision motivée dans un délai de trente jours à compter de la date de réception du mémoire en réclamation.

55.1.3. L'absence de notification d'une décision dans ces délais équivaut à un rejet de la demande du titulaire.

55.1.4. Lorsque le maître d'ouvrage n'a pas donné suite ou n'a pas donné une suite favorable à une demande du titulaire, le règlement définitif du différend relève des procédures fixées aux articles 55.2 à 55.4.

55.2. Modes alternatifs de règlement des différends :

55.2.1. Lorsque le maître d'ouvrage et le titulaire ne parviennent pas à régler le différend à l'issue de la procédure décrite à l'article 55.1, ils privilégient le recours à un comité consultatif de règlement à l'amiable, à la conciliation, à la médiation, notamment auprès du médiateur des entreprises, ou à l'arbitrage, dans les hypothèses et les conditions prévues par le code de la commande publique.

55.2.2. La partie qui saisit d'un différend le comité consultatif de règlement amiable compétent supporte les frais de l'expertise, s'il en est décidé une, dans l'attente du règlement amiable définitif du différend.

55.2.3. La saisine d'un comité consultatif de règlement amiable des différends interrompt les délais de recours contentieux jusqu'à la notification de la décision prise par le maître d'ouvrage sur l'avis du comité.

La saisine d'un conciliateur ou d'un médiateur interrompt les délais de recours contentieux jusqu'à la notification de la décision prise après conciliation ou médiation ou de la constatation par le conciliateur ou le médiateur de l'échec de sa mission.

55.3. Procédure contentieuse :

55.3.1. Si le titulaire saisit le tribunal administratif compétent, il ne peut porter devant cette juridiction que les chefs et motifs énoncés dans les mémoires en réclamation.

55.3.2. Pour les réclamations auxquelles a donné lieu le décompte général du marché, le titulaire dispose d'un délai de six mois, à compter de la notification de la décision prise par le maître d'ouvrage en application de l'article 55.1.2, ou de la décision implicite de rejet conformément à l'article 55.1.3, pour porter ses réclamations devant le tribunal administratif compétent.

55.3.3. Passé ce délai, il est considéré comme ayant accepté cette décision et toute réclamation est irrecevable.

55.3.4. Les litiges portant sur des actions civiles relatives à la propriété littéraire et artistique relevant de l'article L. 331-1 du code de la propriété intellectuelle sont de la compétence exclusive du juge judiciaire.

55.4. Règlement des différends en cas d'entrepreneurs groupés conjoints :

Lorsque le marché est passé avec des groupements d'opérateurs économiques conjoints, le mandataire représente chacun d'eux, envers le maître d'ouvrage, pour l'application des stipulations du présent article jusqu'à la date, définie à l'article 44.1, à laquelle prennent fin les obligations contractuelles, chaque membre du groupement étant ensuite seul habilité à poursuivre les litiges qui le concernent à l'exception des stipulations de l'article 12.5.2.

Arrêté du 30 mars 2021,

Portant approbation du cahier des clauses administratives générales des marchés publics industriels.

Nota : *Le présent arrêté entre en vigueur le 1er avr. 2021 (Arr. du 30 mars 2021, art. 3). Il s'applique aux marchés publics pour lesquels une consultation est engagée ou un avis d'appel à la concurrence envoyé à la publication à compter de cette date. Toutefois, jusqu'au 1er oct. 2021, les acheteurs publics peuvent faire référence au cahier des clauses administratives générales applicables aux marchés publics industriels dans sa rédaction antérieure au présent arrêté (Arr. du 16 sept. 2009, V. App., Partie I. V bis. CCAG [anciens]).*

Art. 1er Est approuvé le cahier des clauses administratives générales des marchés publics industriels dont le texte est annexé au présent arrêté.

Ce cahier des clauses administratives générales n'est applicable qu'aux marchés qui s'y réfèrent.

Art. 2 L'arrêté du 16 septembre 2009 **portant approbation du cahier des clauses administratives générales applicables aux marchés publics industriels est abrogé à compter du 1er octobre 2021.**

Art. 3 Les dispositions du présent arrêté entrent en vigueur le 1er avril 2021. Elles sont applicables aux marchés pour lesquels une consultation a été engagée ou un avis d'appel à la concurrence envoyé à la publication à compter de cette date.

Toutefois, les marchés publics qui se réfèrent au cahier des clauses administratives générales des marchés publics industriels, pour lesquels une consultation est engagée ou un avis d'appel à la concurrence envoyé à la publication entre 1er avril 2021 et le 30 septembre 2021, sont réputés faire référence au cahier des clauses administratives générales dans sa rédaction antérieure au présent arrêté, sauf s'ils font expressément référence au présent arrêté.

Les marchés publics qui se réfèrent au cahier des clauses administratives générales applicables aux marchés publics industriels, pour lesquels une consultation a été engagée ou un avis d'appel public à la concurrence envoyé à la publication avant le 1er avril 2021, demeurent régis, pour leur exécution, par les stipulations du cahier des clauses administratives générale dans sa rédaction antérieure au présent arrêté.

Art. 4 *(Arr. du 21 avr. 2021, art. 2)* I. — Pour l'application du présent arrêté à Saint-Barthélemy et à Saint-Pierre-et-Miquelon, les références au règlement (UE) 2016/679 du 27 avril 2016 relatif à la protection des personnes physiques à l'égard du traitement des données à caractère personnel et à la libre circulation de ces données, et abrogeant la directive 95/46/CE ("RGPD") sont remplacées par la référence aux règles applicables en métropole en vertu de ce règlement ;

II. — Les dispositions du présent arrêté sont applicables dans les îles Wallis-et-Futuna, en Polynésie française, en Nouvelle-Calédonie et dans les Terres australes et antarctiques françaises.

Pour l'application, dans ces mêmes collectivités, du cahier des clauses administratives générales des marchés publics industriels dont le texte est annexé au présent arrêté :

1° Les références au règlement (UE) 2016/679 du 27 avril 2016 relatif à la protection des personnes physiques à l'égard du traitement des données à caractère personnel et à la libre circulation de ces données, et abrogeant la directive 95/46/CE ("RGPD") sont remplacées par la référence aux règles applicables en métropole en vertu de ce règlement ;

2° Les références au code du travail et au code de la sécurité sociale sont remplacées par la référence aux dispositions applicables localement ayant le même objet ;

3° Les références aux prestations perçues par les bénéficiaires de la clause d'insertion sociale sont remplacées, en tant que de besoin, par la référence aux dispositions applicables localement ayant le même objet ;

4° Les références au code de commerce sont remplacées, en tant que de besoin, par la référence aux dispositions applicables localement ayant le même objet et permettant les mêmes effets ;

5° En Polynésie française et en Nouvelle-Calédonie, les références au code de la propriété intellectuelle sont remplacées par la références aux dispositions applicables localement ayant le même objet ;

6° Dans les îles Wallis-et-Futuna, en Polynésie française et en Nouvelle-Calédonie, les références aux assurances sont remplacées, en tant que de besoin, par la référence aux dispositions applicables localement ayant le même objet.

Art. 5 Le présent arrêté sera publié au *Journal officiel* de la République française.

ANNEXE

Cahier des clauses administratives générales applicables aux marchés publics industriels

Préambule

Il appartient à l'acheteur qui souhaite faire référence à un cahier des clauses administratives générales (CCAG) de choisir celui qui est le mieux adapté aux prestations objet de son marché, et de faire expressément référence à ce CCAG dans les documents particuliers de son marché.

Le présent CCAG s'applique aux marchés publics industriels présentant une ou plusieurs des caractéristiques suivantes : les prestations sont exécutées suivant les spécifications propres à l'acheteur public, leurs prix sont déterminés sur devis, une surveillance de la fabrication dans les établissements du titulaire est prévue. Un marché industriel est un marché ayant pour objet la fourniture d'équipements ou de prototypes conçus et réalisés spécialement pour répondre aux besoins de l'acheteur.

Ce CCAG n'est pas adapté aux marchés industriels des acheteurs privés.

Par principe, un marché ne peut se référer qu'à un seul CCAG. Toutefois, par dérogation à ce principe, en cas de marché global au sens de l'article L. 2171-1 du code de la commande publique, l'acheteur peut faire référence à plusieurs CCAG. Dans ce cas, il devra veiller à assurer la parfaite cohérence entre les différentes clauses auxquelles il se réfère.

Dans le cas où certaines prestations secondaires doivent être régies par des stipulations figurant dans un autre CCAG que celui désigné dans le marché, ce dernier doit reproduire, dans le cahier des clauses administratives particulières, ou tout autre document qui en tient lieu, les stipulations retenues, sans référence au CCAG dont elles émanent.

Un marché industriel peut comporter une part notable d'études et être susceptible de donner naissance à des droits de propriété intellectuelle. La frontière entre le champ d'application du CCAG-MI et celui du CCAG-PI (prestations intellectuelles) peut donc s'avérer délicate à appréhender, notamment lorsque plusieurs marchés se succèdent sur un même projet. On considère généralement que les études industrielles, jusqu'à la maquette ou jusqu'au prototype de laboratoire inclus, relèvent du CCAG-PI, tandis que le prototype industriel ainsi que le développement relèvent du CCAG-MI.

Le chapitre IX du présent CCAG ("Stipulations spéciales aux marchés de réparation et de modification") n'est applicable que si le marché s'y réfère expressément. Un renvoi général au CCAG-MI ne suffit pas.

Les commentaires figurant dans le présent CCAG n'ont pas valeur contractuelle.

CHAPITRE I GÉNÉRALITÉS

Art. 1er *Champ d'application.*

1.1. Les stipulations du présent cahier des clauses administratives générales (CCAG) s'appliquent aux marchés qui s'y réfèrent expressément.

1.2. Ces marchés peuvent prévoir de déroger à certaines de ces stipulations.

Ces dérogations doivent figurer dans le cahier des clauses administratives particulières (CCAP), ou dans tout autre document qui en tient lieu, et préciser à quels articles du présent CCAG elles dérogent.

Le dernier article du CCAP, ou de tout autre document qui en tient lieu, contient la liste récapitulative des articles du présent CCAG auxquels il est dérogé.

Art. 2 *Définitions.*

Au sens du présent document :

— l'"acheteur" est le pouvoir adjudicateur ou l'entité adjudicatrice qui conclut le marché avec le titulaire ;

— le "titulaire" est l'opérateur économique qui conclut le marché avec l'acheteur. En cas de groupement d'opérateurs économiques, le "titulaire" désigne le groupement, représenté par son mandataire ;

— la "notification" est l'action consistant à porter une information ou une décision à la connaissance de la ou des parties contractantes par tout moyen matériel ou dématérialisé, par le biais d'un profil d'acheteur ou par tout autre moyen de communication électronique, permettant de déterminer de façon certaine la date et, le cas échéant, l'heure de sa réception ;

— les "prestations" désignent, selon l'objet du marché, la fourniture d'équipements ou de prototypes ou de services, conçus et réalisés spécialement pour répondre aux besoins de l'acheteur. Les prestations objet du marché peuvent comporter une part d'études ;

— l'"ordre de service" est la décision de l'acheteur qui précise les modalités d'exécution des prestations prévues par le marché ;

— les "moyens de production" sont les outillages, matériels, installations, éléments incorporels, bâtiments et terrains nécessaires à l'exécution des prestations objet du marché et mis à disposition par l'acheteur ;

— l'"admission" est la décision, prise après vérifications, par laquelle l'acheteur reconnaît la conformité des prestations aux stipulations du marché. La décision d'admission vaut constatation de service fait et constitue le point de départ des délais de garantie ;

— l'"ajournement" est la décision prise par l'acheteur qui estime que les prestations pourraient être admises, moyennant des corrections à opérer par le titulaire ;

— la "réfaction" est la décision prise par l'acheteur de réduire le montant des prestations à verser au titulaire, lorsque les prestations ne satisfont pas entièrement aux prescriptions du marché, mais qu'elles peuvent être admises en l'état ;

— le "rejet" est la décision prise par l'acheteur qui estime que les prestations ne peuvent être admises, même après ajournement ou avec réfaction ;

— le "cahier des clauses administratives particulières" ("CCAP") est un document contractuel qui fixe les clauses administratives propres au marché. Ces clauses peuvent également être fixées dans tout autre document particulier du marché ayant le même objet, tel un cahier des clauses particulières (CCP) ;

— le "cahier des clauses techniques particulières" ("CCTP") est un document contractuel qui fixe les clauses techniques nécessaires à l'exécution des prestations du marché. Ces clauses peuvent également être fixées dans tout autre document particulier du marché ayant le même objet, tel un cahier des clauses particulières (CCP).

Art. 3 *Obligations générales des parties.*

3.1. Forme des notifications et informations :

3.1.1. La notification des décisions, observations ou informations qui font courir un délai est faite par tout moyen matériel ou dématérialisé permettant de déterminer de façon certaine la date et, le cas échéant, l'heure de sa réception.

Cette notification peut être faite par le biais du profil d'acheteur ou à l'adresse postale ou électronique des parties mentionnée dans les documents particuliers du marché ou, à défaut, à leur siège social, sauf si ces documents leur font obligation de domicile en un autre lieu.

En cas de groupement, la notification se fait au mandataire pour l'ensemble du groupement.

3.1.2. La date et, le cas échéant, l'heure de réception mentionnées sur un récépissé sont considérées comme celles de la notification.

Lorsque la notification est effectuée par le biais du profil d'acheteur, les parties sont réputées avoir reçu cette notification à la date de la première consultation du document qui leur a ainsi été adressé, certifiée par l'accusé de réception délivré par l'application informatique ou à défaut de consultation dans un délai de huit jours à compter de la date de mise à disposition du document sur le profil d'acheteur, à l'issue de ce délai.

3.2. Modalités de computation des délais d'exécution des prestations :

3.2.1. Tout délai mentionné au marché commence à courir à 0 heure, le lendemain du jour où s'est produit le fait qui sert de point de départ à ce délai. Toutefois, lorsque le délai est exprimé en heures, il commence à courir à compter de l'heure suivant celle où s'est produit le fait qui sert de point de départ à ce délai.

Les dates et heures applicables sont celles utilisées par les documents particuliers du marché pour les livraisons ou l'exécution des prestations.

3.2.2. Lorsque le délai est fixé en jours, il s'entend en jours calendaires et il expire à minuit le dernier jour du délai.

Commentaires.

Le fuseau horaire utilisé est celui de la livraison ou de l'exécution du service.

Un délai fixé en jours calendaires inclut les samedis, dimanches et jours fériés.

3.2.3. Lorsque le délai est fixé en mois, il est compté de quantième en quantième. S'il n'existe pas de quantième correspondant dans le mois où se termine le délai, celui-ci expire le dernier jour de ce mois, à minuit.

3.2.4. Lorsque le dernier jour du délai est un samedi, un dimanche ou un jour férié, le délai est prolongé jusqu'à la fin du premier jour ouvrable qui suit, à minuit.

3.2.5. Lorsque le délai est fixé en jours ouvrés, il s'entend hors samedis, dimanches et jours fériés.

3.2.6. Le délai s'appliquant au titulaire n'inclut pas le délai nécessaire à l'acheteur pour effectuer ses opérations de vérification et prendre sa décision conformément au chapitre V.

3.3. Représentation de l'acheteur :

Dès la notification du marché, l'acheteur désigne une ou plusieurs personnes physiques, habilitées à le représenter auprès du titulaire, pour les besoins de l'exécution du marché. D'autres personnes physiques peuvent être habilitées par l'acheteur en cours d'exécution du marché.

Ce ou ces représentants sont réputés disposer des pouvoirs suffisants pour prendre, dès notification de leur nom au titulaire dans les délais requis ou impartis par le marché, les décisions nécessaires engageant l'acheteur.

3.4. Représentation du titulaire et obligations d'information relative au titulaire :

3.4.1. Représentation du titulaire :

Dès la notification du marché, le titulaire désigne une ou plusieurs personnes physiques, habilitées à le représenter auprès de l'acheteur, pour les besoins de l'exécution du marché. D'autres personnes physiques peuvent être habilitées par le titulaire en cours d'exécution du marché.

Ce ou ces représentants sont réputés disposer des pouvoirs suffisants pour prendre, dès notification de leur nom à l'acheteur dans les délais requis ou impartis par le marché, les décisions nécessaires engageant le titulaire.

3.4.2. Notification des modifications portant sur la situation juridique ou économique du titulaire :

Le titulaire est tenu de notifier sans délai à l'acheteur les modifications survenant au cours de l'exécution du marché et qui se rapportent :

— aux personnes ayant le pouvoir de l'engager ;

— à la forme juridique sous laquelle il exerce son activité ;

— à sa raison sociale ou à sa dénomination ;

— à son adresse ou à son siège social ;

— à ses coordonnées bancaires ;

— aux renseignements qu'il a fournis pour l'acceptation d'un sous-traitant et l'agrément de ses conditions de paiement.

De façon générale, le titulaire est tenu de notifier sans délai à l'acheteur toutes les modifications importantes concernant le fonctionnement de l'entreprise pouvant influer sur le déroulement du marché.

> *Commentaires.*
> Des rubriques sur la répartition du capital, sur les personnes ou groupes qui contrôlent l'entreprise, sur les groupements dont elle fait partie peuvent être prévues par le CCAP ou tout autre document qui en tient lieu, notamment pour certains marchés de défense ou de sécurité concernés par des dispositions restrictives en matière d'intervention d'entreprises étrangères ou détenues par des groupes étrangers.

3.4.3. Conduite des prestations par une personne nommément désignée :

Lorsqu'il est prévu dans le marché que tout ou partie des prestations doit être exécutée par une personne nommément désignée et que cette personne n'est plus en mesure d'accomplir cette tâche, le titulaire doit :

— en informer sans délai l'acheteur et prendre toutes dispositions nécessaires afin d'assurer la poursuite de l'exécution des prestations ;

— proposer à l'acheteur un remplaçant disposant de compétences au moins équivalentes et dont il lui communique le nom et le curriculum vitae dans un délai de trente jours à compter de la date d'envoi de l'*(Arr. du 30 sept. 2021, art. 5)* « information mentionnée » à l'alinéa précédent.

Le remplaçant proposé par le titulaire est considéré comme accepté par l'acheteur, si celui-ci ne le récuse pas dans le délai de trente jours courant à compter de la réception de la communication mentionnée à l'alinéa précédent. Si l'acheteur récuse le remplaçant, le titulaire dispose d'un délai de trente jours pour proposer un autre remplaçant.

La décision de récusation prise par l'acheteur est motivée.

Les informations, avis, propositions et décisions de l'acheteur sont notifiés selon les modalités fixées à l'article 3.1.

A défaut de proposition de remplaçant par le titulaire ou en cas de récusation des remplaçants par l'acheteur, le marché peut être résilié dans les conditions prévues à l'article 44.

3.5. Groupement d'opérateurs économiques :

3.5.1. Le membre du groupement d'opérateurs économiques, désigné dans le marché comme mandataire, représente l'ensemble des membres du groupement, vis-à-vis de l'acheteur, pour l'exécution du marché.

3.5.2. En cas de groupement conjoint, le mandataire est solidaire, si les documents particuliers du marché le prévoient, de chacun des autres membres du groupement dans les obligations contractuelles de celui-ci à l'égard de l'acheteur jusqu'à la date à laquelle ses obligations prennent fin.

3.5.3. En cas de groupement solidaire, chacun des membres du groupement est engagé financièrement pour la totalité du marché et doit pallier une éventuelle défaillance des autres membres du groupement.

3.5.4. En cas de défaillance du mandataire du groupement, les membres du groupement sont tenus de lui désigner un remplaçant. A défaut, et à l'issue d'un délai de huit jours à compter de la notification de la mise en demeure par l'acheteur d'y procéder, le cocontractant exécutant la part financière la plus importante restant à réaliser à la date de cette modification devient le nouveau mandataire du groupement.

3.6. Sous-traitance :

3.6.1. Le titulaire qui envisage d'en sous-traiter une partie demande à l'acheteur d'accepter chaque sous-traitant et d'agréer ses conditions de paiement.

3.6.2. Dès la signature de l'acte spécial constatant l'acceptation du sous-traitant et l'agrément de ses conditions de paiement, l'acheteur notifie au titulaire et à chacun des sous-traitants concernés l'exemplaire de l'acte spécial qui leur revient. Dès réception de cette notification, le titulaire fait connaître à l'acheteur le nom de la personne physique habilitée à représenter le sous-traitant.

3.6.3. Le titulaire est tenu de communiquer le contrat de sous-traitance et ses éventuels avenants à l'acheteur, lorsque celui-ci en fait la demande. A défaut de l'avoir produit à l'échéance d'un délai de quinze jours courant à compter de la réception d'une mise en demeure de le faire par l'acheteur, le titulaire encourt une pénalité égale à 1/3 000 du montant hors TVA du marché ou de la tranche concernée, éventuellement modifiés, ou, à défaut, du montant du bon de commande concerné. Cette pénalité s'applique pour chaque jour de retard.

3.7. Bons de commande :

3.7.1. Les bons de commande sont notifiés par l'acheteur au titulaire.

3.7.2. Lorsque le titulaire estime que les prescriptions d'un bon de commande qui lui est notifié appellent des observations de sa part, il doit les notifier à l'acheteur dans un délai de quinze jours à compter de la date de réception du bon de commande, sous peine de forclusion.

3.7.3. Le titulaire se conforme aux bons de commande qui lui sont notifiés, que ceux-ci aient ou non fait l'objet d'observations de sa part.

3.7.4. En cas de groupement d'opérateurs économiques, les bons de commande sont adressés au mandataire du groupement, qui a seul qualité pour formuler des observations à l'acheteur.

3.7.5. Lorsqu'au terme de l'exécution d'un accord-cadre à bons de commande attribué à un seul titulaire, le total des commandes de l'acheteur n'a pas atteint le minimum fixé par l'accord-cadre, en valeur ou en quantités, le titulaire a droit à une indemnité, égale à la marge nette qu'il aurait réalisée sur les prestations qui restaient à exécuter pour atteindre ce minimum. Il lui incombe d'apporter à l'acheteur les justificatifs, notamment comptables, permettant de déterminer cette marge nette.

Le titulaire a droit, en outre, à être indemnisé de la part des frais et investissements, éventuellement engagés pour l'accord-cadre et strictement nécessaires à son exécution, qui n'aurait pas été prise en compte dans le montant des prestations payées. Il lui incombe d'apporter à l'acheteur toutes les justifications nécessaires à la fixation de cette partie de l'indemnité dans un délai de quinze jours à compter du terme de l'accord-cadre.

3.8. Ordres de service :

3.8.1. Les ordres de service sont notifiés par l'acheteur au titulaire.

3.8.2. Lorsque le titulaire estime que les prescriptions d'un ordre de service qui lui est notifié appellent des observations de sa part, il doit les notifier à l'acheteur, dans un délai de quinze jours à compter de la date de réception de l'ordre de service, sous peine de forclusion.

3.8.3. Sous réserve de l'article 23.4, le titulaire se conforme aux ordres de service qui lui sont notifiés, que ceux-ci aient ou non fait l'objet d'observations de sa part.

Toutefois, sauf si le marché prévoit que le démarrage des prestations peut être ordonné dans un délai supérieur à six mois à compter de sa notification, le titulaire peut refuser d'exécuter cet ordre, s'il lui est notifié plus de six mois après la notification du marché. Le titulaire dispose alors d'un délai de quinze jours, courant à compter de la date d'envoi de sa décision de refus à l'acheteur, pour proposer une nouvelle date de démarrage des prestations. A l'expiration de ce délai, s'il n'a proposé aucune autre date, il doit exécuter les prestations à la date demandée. En cas de refus opposé par l'acheteur à la proposition qui lui aura été faite, le titulaire peut demander la résiliation du marché, dans les conditions mentionnées à l'article 43.2. Cette résiliation ne peut lui être refusée.

3.8.4. En cas de groupement d'opérateurs économiques, les ordres de service sont adressés au mandataire du groupement, qui a seul qualité pour formuler des observations à l'acheteur.

Art. 4 *Pièces contractuelles.*

4.1. Ordre de priorité :

En cas de contradiction entre les stipulations des pièces contractuelles du marché, elles prévalent dans l'ordre de priorité suivant :

— l'acte d'engagement et ses éventuelles annexes financières ;

— le cahier des clauses administratives particulières (CCAP) ou tout autre document qui en tient lieu et ses éventuelles annexes ;

— le cahier des clauses techniques particulières (CCTP) ou tout autre document qui en tient lieu et ses éventuelles annexes ;

— le présent cahier des clauses administratives générales (CCAG) ;

— le cahier des clauses techniques générales (CCTG) applicable aux prestations, objet du marché, si celui-ci s'y réfère ;

— l'offre technique du titulaire ;

— les actes spéciaux de sous-traitance et leurs éventuels actes modificatifs, postérieurs à la notification du marché.

4.2. Pièces à remettre au titulaire. Cession ou nantissement des créances :

4.2.1. La notification du marché comprend une copie, délivrée sans frais par l'acheteur au titulaire, de l'acte d'engagement et des autres pièces constitutives du marché, à l'exception du CCAG, des CCTG et, plus généralement, de toute pièce ayant fait l'objet d'une publication officielle.

4.2.2. L'acheteur remet également au titulaire, à sa demande et sans frais, l'exemplaire unique ou le certificat de cessibilité nécessaire à la cession ou au nantissement du marché.

Art. 5 *Confidentialité – Protection des données personnelles – Mesures de sécurité.*

5.1. Obligation de confidentialité :

5.1.1. Le titulaire et l'acheteur qui, à l'occasion de l'exécution du marché, ont connaissance d'informations ou reçoivent communication de documents ou d'éléments de toute nature, présentant un caractère confidentiel, sont tenus de prendre toutes mesures nécessaires, afin d'éviter que ces informations, documents ou éléments ne soient divulgués à un tiers qui n'a pas à en connaître. Une partie ne peut demander la confidentialité d'informations, de documents ou d'éléments qu'elle a elle-même rendus publics.

5.1.2. Une information confidentielle désigne toute information de quelque nature (y inclus la méthodologie, la documentation, les informations ou le savoir-faire), sous quelque forme que ce soit (y inclus sous forme orale, écrite, magnétique ou électronique), sur tout support dont l'acheteur est propriétaire ou titulaire, et qui est communiquée au titulaire, ou obtenue de toute autre façon par ce dernier dans le cadre de ses relations avec l'acheteur. Le titulaire et son personnel, et le cas échéant ses sous-traitants, ne peuvent l'utiliser que pour l'accomplissement des prestations prévues au marché.

5.1.3. Le titulaire doit informer ses sous-traitants des obligations de confidentialité et des mesures de sécurité qui s'imposent à lui pour l'exécution du marché. Il doit s'assurer du respect de ces obligations par ses sous-traitants.

5.1.4. Ne sont pas couverts par cette obligation de confidentialité les informations, documents ou éléments :

— qui étaient dans le domaine public au moment de leur divulgation ou que l'acheteur aurait lui-même rendus publics pendant l'exécution du marché ;

— signalés comme présentant un caractère non confidentiel et relatifs aux prestations du marché ;

— qui ont été communiqués au titulaire par un tiers ayant légalement le droit de diffuser ces informations, documents ou éléments, comme le prouvent des documents existant antérieurement à leur divulgation.

5.2. Protection des données à caractère personnel :

5.2.1 Chaque partie au marché est tenue au respect des règles, européennes et françaises, applicables au traitement des données à caractère personnel éventuellement mis en œuvre aux fins de l'exécution du marché. A ce titre, toute transmission de données à des tiers, y compris au bénéfice d'entités établies hors de l'Union européenne, qui ne serait pas strictement conforme à la réglementation en vigueur est formellement prohibée.

5.2.2. En cas d'évolution de la réglementation sur la protection des données à caractère personnel en cours d'exécution du marché, les modifications nécessaires pour se conformer aux règles nouvelles, donnent lieu à la signature d'un avenant par les parties au marché ou, en l'absence d'accord entre les parties, à une modification unilatérale par l'acheteur.

5.2.3. Lorsque le titulaire met en œuvre un traitement de données à caractère personnel pour le compte de l'acheteur, pour que ce traitement réponde aux exigences de la réglementation et garantisse en particulier la protection des droits des personnes physiques identifiées ou identifiables qu'il concerne, les documents particuliers du marché précisent notamment :

— la finalité, la description et la durée du traitement dans le strict respect des instructions documentées de l'acheteur ;

— les obligations de l'acheteur et celles du titulaire vis-à-vis de ce dernier, en particulier l'obligation de l'informer de toute difficulté dans l'application de la réglementation, de tout projet de recours à un tiers pour la mise en œuvre du traitement, ou encore de toute demande de communication de données qui lui serait adressée, ainsi que, lorsque celle-ci serait contraire à la règlementation française et européenne, des mesures adoptées pour s'y opposer ;

— les modalités de prise en compte du droit à l'information et des autres droits des personnes concernées, dont l'exercice doit être garanti ;

— les mesures de sécurité mises en œuvre pour garantir l'intégrité, la confidentialité et la disponibilité des données, ainsi que les conditions de notification des violations de données à caractère personnel ;

— la durée et les modalités de conservation des données et le sort de celles-ci au terme de l'exécution du marché.

Les documents particuliers du marché précisent également les pénalités applicables au titulaire en cas de méconnaissance de la réglementation.

En cas de manquement par le titulaire ou son sous-traitant à ses obligations légales et contractuelles relatives à la protection des données personnelles, le marché peut être résilié pour faute en application de l'article 44.

Commentaires.

L'acheteur est considéré comme le "responsable du traitement" au sens du Règlement général sur la protection des données (RGPD) en tant qu'autorité publique déterminant les finalités et les moyens du traitement des données.

Le titulaire est considéré comme le "sous-traitant" au sens du RGPD en tant que personne traitant des données à caractère personnel pour le compte de l'acheteur.

Le sous-traitant du marché est considéré comme le "sous-traitant ultérieur" au sens du RGPD en tant que personne à qui le titulaire peut faire appel pour mener des activités de traitement spécifiques.

Les acheteurs sont invités, pour rédiger les documents particuliers du marché, à consulter le Guide du sous-traitant élaboré par la CNIL et disponible sur son site internet : https://www.cnil.fr/.

5.3. Mesures de sécurité :
Lorsque les prestations sont à exécuter dans un lieu où des mesures de sécurité s'appliquent, notamment dans les zones protégées en vertu des dispositions législatives ou réglementaires prises pour la protection du secret de la défense nationale, ces dispositions particulières sont indiquées par l'acheteur dans les documents particuliers du marché. Le titulaire est tenu de les respecter.

Le titulaire ne peut prétendre, de ce fait, ni à prolongation du délai d'exécution, ni à indemnité, ni à supplément de prix, à moins que les deux conditions suivantes soient remplies :

— les informations ne lui ont été communiquées que postérieurement au dépôt de son offre ;

— il peut établir que les obligations qui lui sont ainsi imposées nécessitent un délai supplémentaire pour l'exécution des prestations prévues par le marché ou rendent plus difficile ou plus onéreuse pour lui l'exécution de son contrat.

Commentaires.
Une zone protégée est une zone créée par arrêté des ministres compétents et faisant l'objet d'une interdiction de pénétration sans autorisation, sanctionnée pénalement en cas d'infraction (articles *(Arr. du 30 sept. 2021, art. 1er)* « 413-7 et R. 413-1 à R. 413-5 » du code pénal).

5.4. Information des sous-traitants :
Le titulaire informe ses sous-traitants de leur soumission aux obligations énoncées au présent article 5. Il reste responsable du respect de celles-ci.

Art. 6 *Protection de la main-d'œuvre et conditions de travail.*

6.1. Les obligations qui s'imposent au titulaire sont celles prévues par les lois, règlements et conventions collectives, relatifs à la protection de la main-d'œuvre et aux conditions de travail du pays, où cette main-d'œuvre est employée.

Le titulaire est également tenu au respect des stipulations des huit conventions fondamentales de l'Organisation internationale du travail, lorsque celles-ci ne sont pas intégrées dans les lois et règlements du pays où cette main-d'œuvre est employée. Il doit être en mesure de justifier du respect de ces obligations, en cours d'exécution du marché et pendant la période de garantie des prestations, sur simple demande de l'acheteur. Les modalités d'application de ces textes sont prévues par le CCAP ou tout autre document qui en tient lieu.

Commentaires.
Les salariés détachés, définis à l'article L. 1261-3 du code du travail, exerçant une activité professionnelle temporaire en France sont soumis aux dispositions de l'article L. 1262-4 du code du travail ainsi qu'à celles du second alinéa de l'article L. 512-1 du code de la sécurité sociale.

Les huit conventions fondamentales de l'OIT, ratifiées par la France, sont :

— la convention sur le travail forcé (C29, 1930) ;

— la convention sur la liberté syndicale et la protection du droit syndical (C87, 1948) ;

— la convention sur le droit d'organisation et de négociation collective (C98, 1949) ;

— la convention sur l'égalité de rémunération (C100, 1951) ;

— la convention sur l'abolition du travail forcé (C105, 1957) ;

— la convention concernant la discrimination (emploi et profession, C111, 1958) ;

— la convention sur l'âge minimum (C138, 1973) ;

— la convention sur les pires formes de travail des enfants (C182, 1999).

6.2. En cas d'évolution de la réglementation sur la protection de la main-d'œuvre et des conditions de travail en cours d'exécution du marché, les modifications éventuelles demandées par l'acheteur, afin de se conformer aux règles nouvelles, donnent lieu à la signature d'un avenant par les parties au marché ou, en l'absence d'accord entre les parties, à une modification unilatérale par l'acheteur.

6.3. Le titulaire peut demander à l'acheteur, du fait des conditions particulières d'exécution du marché, de transmettre, avec son avis, à l'autorité compétente, les demandes de dérogations prévues par les lois et règlements mentionnés ci-dessus.

6.4. Le titulaire informe ses sous-traitants de leur soumission aux obligations énoncées au présent article. Il reste responsable du respect de ces obligations.

Art. 7 *Protection de l'environnement, sécurité et santé.*

7.1. Le titulaire veille à ce que les prestations qu'il effectue respectent les prescriptions législatives et réglementaires en vigueur en matière d'environnement, de sécurité et de santé des personnes, et de préservation du voisinage. Il doit être en mesure d'en justifier le respect, en cours d'exécution du marché et pendant la période de garantie des prestations, sur simple demande de l'acheteur.

7.2. En cas d'évolution de la réglementation dans ces domaines en cours d'exécution du marché, les modifications éventuelles, demandées par l'acheteur afin de se conformer aux règles nouvelles, donnent lieu à la signature d'un avenant par les parties au marché ou, en l'absence d'accord entre les parties, à une modification unilatérale par l'acheteur.

Art. 8 *Marchés de matériels de guerre.*

Si le titulaire d'un marché portant sur des matériels de guerre ne détient pas de licence de fabrication ou d'autorisation de vente pour les matériels en cause, la notification du marché faite à ce titulaire tient lieu pour lui, s'agissant des matériels considérés, de licence de fabrication ou d'autorisation de vente.

Le titulaire est assujetti, pendant toute la durée de l'exécution du marché, à toutes les obligations imposées aux titulaires de licence.

Il doit, au plus tard un mois après la notification de ce marché, déposer auprès de l'autorité compétente un dossier comportant les pièces prévues pour toute demande de licence de fabrication ou d'autorisation de vente des matériels objets du marché.

En cas d'inexécution dans ce délai, le titulaire est passible de pénalités calculées au taux de 1/2 000 du montant hors TVA du marché par jour de retard.

Art. 9 *Réparation des dommages.*

9.1. Les dommages de toute nature causés au personnel ou aux biens de l'acheteur par le titulaire, du fait de l'exécution du marché, sont à la charge du titulaire.

Les dommages de toute nature causés au personnel ou aux biens du titulaire par l'acheteur, du fait de l'exécution du marché, sont à la charge de l'acheteur.

9.2. Tant que les fournitures restent la propriété du titulaire, celui-ci est, sauf faute de l'acheteur, seul responsable des dommages subis par ces fournitures du fait de toute cause autre que l'exposition à la radioactivité artificielle ou les catastrophes naturelles dûment reconnues. Cette stipulation ne s'applique pas en cas d'adjonction d'équipements fournis par l'acheteur au matériel du titulaire et causant des dommages à celui-ci.

9.3. Le titulaire garantit l'acheteur contre les sinistres ayant leur origine dans le matériel qu'il fournit ou dans les agissements de ses préposés et qui affectent les locaux où ce matériel est exploité, y compris contre le recours des voisins.

Commentaires.

En cas de risque hors de proportion avec le montant du marché, l'acheteur peut prévoir dans les documents particuliers du marché des stipulations particulières pour un plafonnement éventuel des garanties en fonction de l'objet et des caractéristiques du marché.

Art. 10 *Assurances.*

10.1. Le titulaire doit contracter les assurances permettant de garantir sa responsabilité à l'égard de l'acheteur et des tiers, victimes d'accidents ou de dommages causés par l'exécution des prestations.

10.2. Le titulaire doit justifier, dans un délai de quinze jours à compter de la notification du marché et avant tout début d'exécution de celui-ci, qu'il est titulaire de ces contrats d'assurances, au moyen d'une attestation établissant l'étendue de la responsabilité garantie.

A tout moment durant l'exécution du marché, le titulaire doit être en mesure de produire cette attestation, sur demande de l'acheteur et dans un délai de quinze jours à compter de la réception de la demande.

CHAPITRE II PRIX ET RÈGLEMENT

Art. 11 *Prix.*

11.1. Règles générales :

11.1.1. Les prix sont réputés fermes.

11.1.2. Le cas échéant, les prix fermes sont actualisés dans les conditions prévues par la réglementation en vigueur à la date à laquelle le candidat a fixé son prix dans l'offre. Cette date correspond à la date de remise de l'offre par le titulaire. Lorsque la procédure de passation a donné lieu à une négociation ou un dialogue compétitif, la date à prendre en compte est la date de remise de l'offre finale par le titulaire.

Les prix de chaque tranche optionnelle sont actualisés dans les mêmes conditions.

Le coefficient d'actualisation est arrondi au millième supérieur.

Commentaires.

Le code de la commande publique impose que certains marchés prévoient l'actualisation du prix.

11.1.3. Les prix sont réputés comprendre toutes les charges fiscales ou autres frappant obligatoirement les prestations, les frais afférents au conditionnement, au stockage, à l'emballage, à l'assurance et au transport jusqu'au lieu de livraison, les frais afférents à l'application de l'article 19.4, ainsi que toutes les autres dépenses nécessaires à l'exécution des prestations, les marges pour risque et les marges bénéficiaires.

Toutefois, les frais engendrés par l'absence de demande du titre de transport administratif par le titulaire ou par le retard du titulaire à présenter cette demande restent à sa charge.

Les frais de manutention et de transport, qui naîtraient de l'ajournement ou du rejet des prestations, sont à la charge du titulaire.

11.2. Détermination des prix de règlement :

11.2.1. Lorsque le marché prévoit que le prix à payer résulte de l'application d'une disposition réglementaire, d'un barème, d'un tarif, d'un cours, d'une mercuriale, d'un indice, d'un index ou de tout autre élément établi en dehors du marché, sans précision de date, l'élément à prendre en considération est celui qui est en vigueur :

— le jour de la livraison ou de la fin d'exécution de la prestation, si celles-ci sont effectuées dans le délai prévu par l'acheteur ou si l'acheteur n'a pas fixé de délai ;

— à la date limite prévue par l'acheteur pour la livraison ou la fin d'exécution de la prestation, lorsque le délai prévu est dépassé.

11.2.2. Lorsque le marché prévoit une révision des prix, ceux-ci sont révisés à la date ou selon la périodicité prévue par les documents particuliers du marché.

Toutefois, lorsque le marché a pour objet l'achat de matières premières agricoles et alimentaires ou nécessite pour sa réalisation le recours à une part importante de fournitures, notamment de matières premières, dont le prix est directement affecté par les fluctuations de cours mondiaux, il est procédé à une révision des prix au minimum tous les trois mois à compter de la date de notification du marché. Les conditions de révision des prix sont fixées par les documents particuliers du marché.

Les prix à payer sont ceux applicables à la date de la livraison ou de la fin d'exécution des prestations.

11.2.3. Lorsque les prix sont révisables, le coefficient de révision est arrondi au millième supérieur.

Commentaires.

Le code de la commande publique impose que certains marchés fixent une formule de révision des prix.

11.2.4. Sauf stipulation contraire dans les documents particuliers du marché, la date d'établissement du prix initial correspond à la date de remise de l'offre par le titulaire. Lorsque la procédure de passation a donné lieu à une négociation ou un dialogue compétitif, la date à prendre en compte est la date de remise de l'offre finale par le titulaire.

Art. 12 *Précisions sur les modalités de règlement.*

12.1. Avances :

Le présent article comprend deux options alternatives, A et B.

Les documents particuliers du marché précisent l'option retenue ; à défaut l'option A s'applique.

Option A

A. 12.1. Le titulaire ou son sous-traitant admis au paiement direct bénéficient d'une avance calculée en application du code de la commande publique dès lors que le marché respecte les conditions mentionnées à l'article R. 2191-3 ou que le marché de défense ou de sécurité respecte les conditions mentionnées à l'article R. 2391-1.

Lorsque le titulaire ou le sous-traitant est une petite ou moyenne entreprise au sens du code de la commande publique, le taux de l'avance mentionné à l'article R. 2191-10 est fixé à 20 % ou à un taux supérieur fixé par les documents particuliers du marché.

Lorsque le titulaire ou le sous-traitant n'est pas une petite ou moyenne entreprise au sens du code de la commande publique, le taux de l'avance est fixé par les documents particuliers du marché et, à défaut, au taux minimal prévu à l'article R. 2191-7 du code de la commande publique pour les marchés ou par l'article R. 2391-4 pour les marchés de défense ou de sécurité.

L'avance est versée et remboursée selon les dispositions du code de la commande publique.

Option B

B.12.1. Lorsqu'en application du code de la commande publique, le titulaire ou son sous-traitant admis au paiement direct bénéficie d'une avance, le taux de l'avance correspond aux taux minimums prévus à l'article R. 2191-7 du code de la commande publique pour les marchés ou à l'article R. 2391-4 pour les marchés de défense ou de sécurité, ou à un taux supérieur prévu par les documents particuliers du marché.

L'avance est versée et remboursée selon les dispositions du code de la commande publique.

12.2. Acomptes :

Lorsque le marché fixe uniquement la périodicité des acomptes, le montant de chacun d'eux est déterminé par l'acheteur, sur la base du descriptif des prestations effectuées et de leur montant produit par le titulaire. Chaque acompte fait l'objet d'une demande de paiement.

12.3. Contenu de la demande de paiement :

12.3.1. Lorsque le titulaire remet à l'acheteur une demande de paiement, il y joint les pièces nécessaires à la justification du paiement prévues par les documents particuliers du marché.

12.3.2. La demande de paiement est datée. Elle mentionne les références du marché ainsi que, selon le cas :

— le montant des prestations admises, établi conformément aux stipulations du marché, hors TVA et, le cas échéant, diminué des réfactions fixées conformément aux stipulations de l'article 34.3 ;

— la décomposition des prix forfaitaires et le détail des prix unitaires, lorsque l'indication de ces précisions est prévue par les documents particuliers du marché ou que, eu égard aux prescriptions du marché, les prestations ont été effectuées de manière incomplète ou non conforme ;

— lorsqu'un paiement est prévu à l'issue de certaines étapes de l'exécution du marché, le montant correspondant à la période en cause ;

— le détail des calculs, avec justifications à l'appui, de l'application des coefficients d'actualisation ou de révision des prix ;

— en cas de groupement conjoint, pour chaque membre du groupement, le montant des prestations effectuées par celui-ci ;

— en cas de sous-traitance, la nature des prestations exécutées par le sous-traitant, leur montant total hors TVA, leur montant toutes taxes comprises ainsi que, le cas échéant, les variations de prix établies hors TVA et toutes taxes comprises ;

— le cas échéant, les indemnités, primes et retenues autres que la retenue de garantie, établies conformément aux stipulations du marché.

12.3.3. La demande de paiement précise les éléments assujettis à la TVA, en les distinguant selon le taux applicable.

12.3.4. Les prix unitaires peuvent être fractionnés pour tenir compte des prestations en cours d'exécution.

12.3.5. Les prix forfaitaires peuvent être fractionnés, si la prestation ou la partie de prestation à laquelle le prix se rapporte n'est pas achevée. Une fraction du prix, qui est égale au pourcentage d'exécution de la prestation, est dans ce cas déterminée en faisant application, si l'acheteur le demande, de la décomposition des prix mentionnée à l'article *(Arr. du 30 sept. 2021, art. 5)* « 12.3.2 ».

12.3.6. Le titulaire établit sa demande de paiement suivant le modèle ou selon les modalités fixés par les documents particuliers du marché.

12.3.7. En cas d'exécution de prestations aux frais et risques du titulaire défaillant, le surcoût supporté par l'acheteur est déduit des sommes dues au titulaire au titre des prestations admises. Ce surcoût correspond à la différence entre le prix que l'acheteur aurait dû régler au titulaire pour la réalisation des prestations et le prix effectivement payé pour l'exécution de celles-ci à la place du titulaire défaillant.

12.4. Calcul du montant dû par l'acheteur au titre des prestations fournies :

12.4.1. Le montant des sommes dues peut être établi sur la base de constats contradictoires, lorsque le CCAP ou tout autre document qui en tient lieu le prévoit.

12.4.2. Lorsque le marché prévoit le versement d'acomptes, à l'achèvement de certaines étapes de l'exécution des prestations, et qu'il indique la quotité du prix à régler à l'achèvement de chacune d'elles, la demande de paiement comprend :

— pour chaque partie du marché exécutée, la quotité correspondante ;

— pour chaque partie du marché entreprise, après accord de l'acheteur, une fraction de la quotité correspondante, égale au pourcentage d'exécution des prestations de la partie en cause.

12.5. Remise de la demande de paiement :

12.5.1. La remise d'une demande de paiement intervient :

— soit aux dates prévues par le marché ;

— soit après l'admission des prestations, conformément aux stipulations du marché ;

— soit au début de chaque mois pour les prestations effectuées le mois précédent, dans le cas des prestations qui s'effectuent de façon continue. Le titulaire notifie alors à l'acheteur une demande de paiement mensuelle établissant le montant total, arrêté à la fin du mois précédent, des sommes auxquelles il peut prétendre du fait de l'exécution du marché depuis le début de celui-ci ;

— soit aux dates prévues pour le versement d'acomptes.

12.5.2. La demande de paiement peut indiquer les fournitures qui, en application des stipulations du marché ou d'un commun accord entre les parties, sont payées, alors même qu'elles restent en stockage chez le titulaire.

12.6. Acceptation de la demande de paiement par l'acheteur :
L'acheteur accepte ou rectifie la demande de paiement. Il la complète, éventuellement, en faisant apparaître notamment les avances à rembourser, les primes et les réfactions imposées.
Il arrête le montant de la somme à régler. Si ce montant est différent de celui figurant dans la demande de paiement, il notifie le montant qu'il a ainsi arrêté au titulaire.
12.7. Paiement pour solde et règlements partiels définitifs :
12.7.1. La demande de paiement est adressée à l'acheteur après la décision d'admission.
La demande de paiement peut, également, donner lieu à un règlement partiel définitif des prestations exécutées, dans le cas où les documents particuliers du marché ont prévu des paiements à l'issue de l'exécution de certaines parties des prestations prévues par le marché.
12.7.2. Si, après avoir été mis en demeure de le faire, le titulaire ne produit pas sa demande de paiement dans un délai de quarante-cinq jours courant à compter de l'admission des prestations, l'acheteur peut procéder d'office à la liquidation, sur la base d'un décompte établi par ses soins. Ce décompte est notifié au titulaire.
12.7.3. En cas de contestation sur le montant des sommes dues, l'acheteur règle les sommes qu'il a admises. Après résolution du désaccord, il procède, le cas échéant, au paiement d'un complément, majoré, s'il y a lieu, des intérêts moratoires.
12.8. Facturation électronique :
12.8.1. Lorsque le titulaire ou son sous-traitant admis au paiement direct est tenu, en application du code de la commande publique, de transmettre les demandes de paiement sous forme électronique, il les transmet selon les modalités prévues par ce même code. Les modalités pratiques d'exécution sont prévues dans les documents particuliers du marché.
La demande de paiement peut être refusée par l'acheteur lorsque celle-ci méconnait les obligations de dématérialisation des factures à la charge du titulaire et de ses sous-traitants admis au paiement direct. Au préalable, l'acheteur doit avoir informé le titulaire et les sous-traitants admis au paiement direct, dans les conditions prévues à l'article 3.1, de l'obligation à sa charge de transmission des factures sous forme électronique et l'avoir invité à s'y conformer.
12.8.2. Lorsqu'un tiers au titulaire est habilité à recevoir des demandes de paiement il est tenu, pour l'exercice de cette mission, de s'intégrer et de se conformer au portail de facturation utilisé par l'acheteur lorsque ce portail le permet. Les modalités pratiques d'habilitation des tiers pour accéder aux outils ministériels sécurisés sont prévues dans les documents particuliers du marché.

Art. 13 *Règlement en cas de groupement d'opérateurs économiques ou de sous-traitance.*
13.1. Groupements d'opérateurs économiques :
13.1.1. En cas de groupement conjoint, chaque membre du groupement perçoit directement les sommes se rapportant à l'exécution de ses propres prestations.
13.1.2. En cas de groupement solidaire, le paiement est effectué sur un compte unique, ouvert au nom des membres du groupement ou du mandataire, sauf si le marché prévoit une répartition des paiements entre les membres du groupement et indique les modalités de cette répartition.
13.1.3. Quelle que soit la forme du groupement, le mandataire est seul habilité à présenter à l'acheteur la demande de paiement. En cas de groupement conjoint, la demande de paiement présentée par le mandataire est décomposée en autant de parties qu'il y a de membres du groupement à payer séparément. Chaque partie fait apparaître les renseignements nécessaires au paiement du membre du groupement concerné.
13.1.4. Le mandataire est seul habilité à formuler ou à transmettre les réclamations de membres du groupement.
13.2. Sous-traitants :
Les prestations exécutées par les sous-traitants, dont les conditions de paiement ont été agréées par l'acheteur, sont payées dans les conditions financières prévues par le marché ou par un acte spécial.

CHAPITRE III DÉLAIS

Art. 14 *Délai d'exécution.*

Commentaires.
Tous les délais inscrits au marché pour un lot, une tranche, un bon de commande ou un ordre de service identifié bénéficient des règles énoncées ci-dessous.

14.1. Début du délai d'exécution :
14.1.1. Sauf stipulation contraire dans les documents particuliers du marché, le délai d'exécution du marché part de la date de sa notification.
14.1.2. Le délai d'exécution du bon de commande part de la date de sa notification sauf si le bon de commande prévoit une date différente.

14.1.3. Le délai d'exécution d'une tranche optionnelle part de la date de notification de la décision de son affermissement sauf si cette décision prévoit une date différente.

14.2. Expiration du délai d'exécution :

14.2.1. En cas de livraison ou d'exécution des prestations dans les locaux de l'acheteur, la date d'expiration du délai d'exécution est la date de livraison ou de l'achèvement des prestations.

14.2.2. Lorsque le marché a prévu que l'admission se fera dans les locaux du prestataire, la date d'expiration du délai d'exécution est celle prévue pour l'admission.

14.2.3. En cas de prestations d'études, la date d'expiration du délai d'exécution est la date de présentation des études à l'acheteur, en vue de l'engagement des opérations de vérification.

14.2.4. En cas d'inachèvement des prestations à la date limite de validité du marché ou du bon de commande, le délai d'exécution des prestations expire à la date limite de validité du marché ou du bon de commande.

14.3. Prolongation du délai d'exécution :

14.3.1. Lorsque le titulaire est dans l'impossibilité de respecter les délais d'exécution, du fait de l'acheteur ou du fait d'un évènement ayant le caractère de force majeure, l'acheteur prolonge le délai d'exécution. Le délai ainsi prolongé a les mêmes effets que le délai contractuel.

14.3.2. Pour bénéficier de cette prolongation, le titulaire signale à l'acheteur les causes faisant obstacle à l'exécution du marché dans le délai contractuel. Il dispose, à cet effet, d'un délai de quinze jours à compter de la date à laquelle ces causes sont apparues ou d'un délai courant jusqu'à la fin du marché, dans le cas où le marché arrive à échéance dans un délai inférieur à quinze jours. Il indique, par la même demande, à l'acheteur la durée de la prolongation demandée.

14.3.3. L'acheteur dispose d'un délai de quinze jours, à compter de la date de réception de la demande du titulaire pour lui notifier sa décision, sous réserve que le marché n'arrive pas à son terme avant la fin de ce délai.

La demande de prolongation ne peut être refusée lorsque le retard est dû à l'intervention du prestataire dans le cadre d'un ordre de réquisition.

Sous réserve que le marché n'ait pas lui-même pour objet de répondre à une situation d'urgence impérieuse résultant de circonstances imprévisibles, la demande de prolongation ne peut être refusée, lorsque le retard est dû à l'intervention du prestataire dans le cadre d'un autre marché passé en urgence impérieuse résultant de circonstances imprévisibles.

La durée d'exécution du marché est prolongée de la durée nécessaire à la réalisation des prestations réalisées sur réquisition ou pour les besoins du marché passé en urgence impérieuse.

14.3.4. Aucune demande de prolongation du délai d'exécution ne peut être présentée après l'expiration du délai contractuel d'exécution de la prestation.

Art. 15 *Pénalités.*

15.1. Sous réserve des stipulations des articles 14.3 et 30.5, en cas de retard dans l'exécution des prestations par le titulaire, l'acheteur applique des pénalités.

Lorsque l'acheteur envisage d'appliquer des pénalités de retard, il invite, par écrit, le titulaire à présenter ses observations dans un délai de quinze jours. Cette invitation précise le montant des pénalités susceptibles d'être appliquées, le ou les retards concernés ainsi que le délai imparti au titulaire pour présenter ses observations.

A défaut de réponse du titulaire dans ce délai ou si l'acheteur considère que les observations formulées par le titulaire en application du premier alinéa ne permettent pas de démontrer que le retard n'est pas imputable à celui-ci ou à ses sous-traitants, les pénalités pour retard s'appliquent et sont calculées à compter du lendemain du jour où le délai contractuel d'exécution des prestations est expiré.

Cette pénalité est calculée par application de la formule suivante :

P = V * R / 3 000

dans laquelle :

P = le montant de la pénalité ;

V = la valeur des prestations sur laquelle est calculée la pénalité, cette valeur étant égale au montant en prix de base, hors variations de prix et hors du champ d'application de la TVA, de la partie des prestations en retard ou de l'ensemble des prestations, si le retard d'exécution d'une partie rend l'ensemble inutilisable ;

R = le nombre de jours de retard.

15.2. Le montant total des pénalités de retard ne peut excéder 10% du montant total hors taxes *du marché, de la tranche considérée ou du bon* de commande.

15.3. Le titulaire est exonéré des pénalités dont le montant total ne dépasse pas 1 000 € pour l'ensemble du marché.

Art. 16 *Primes.*

16.1. Si les documents particuliers du marché prévoient le versement de primes, ils en précisent les conditions d'attribution ainsi que les modalités de calcul et de versement.

16.2. Le marché peut prévoir des primes pour réalisation anticipée, soit de l'ensemble des prestations, soit de certaines parties des prestations faisant l'objet de délais particuliers ou de dates limites fixés dans le marché calculés conformément à l'article 3.2. Les samedis, les dimanches et les jours fériés ou chômés ne sont pas déduits pour le calcul des primes.

16.3. Une fois le montant des primes déterminé, elles sont versées toutes taxes comprises sans que le titulaire soit tenu de les demander. Elles sont prises en compte et révisées dans les conditions prévues par les règles de paiement et de révision applicables au règlement de la prestation correspondante. Le montant des primes n'est pas plafonné.

Dans le cas d'un groupement d'opérateurs économiques pour lesquels le paiement est effectué sur des comptes séparés, les primes sont réparties entre les membres du groupement conformément aux indications données par le mandataire.

CHAPITRE IV EXÉCUTION

Art. 17 *Développement durable.*

17.1. Clause d'insertion sociale :

Lorsque les documents particuliers du marché prévoient que le titulaire réalise une action d'insertion permettant l'accès ou le retour à l'emploi de personnes rencontrant des difficultés sociale et/ou professionnelles, leur mise en œuvre s'effectue dans les conditions prévues au présent article, ils précisent *a minima* :

— le périmètre de l'action à réaliser ;
— les coordonnées du facilitateur le cas échéant ;
— les profils de publics éligibles à la clause d'insertion ;
— le volume horaire d'insertion à la charge du titulaire.

L'action d'insertion définie dans les documents particuliers du marché est mise en œuvre dans les conditions prévues par le présent article.

17.1.1. Publics éligibles :

Les personnes visées par l'action d'insertion professionnelle relèvent notamment de l'une des catégories suivantes :

17.1.1.1. Personnes recrutées et accompagnées dans une structure reconnue par l'État :

a) Personnes prises en charge dans le secteur adapté ou protégé : salariés des entreprises adaptées, des entreprises adaptées de travail temporaire ou usagers des ESAT ;

b) Personnes prises en charge dans les structures d'insertion par l'activité économique (IAE) mentionnée à l'article L. 5132-4 du code du travail, c'est-à-dire :

— mises à disposition par une association intermédiaire (AI) ou une entreprise de travail temporaire d'insertion (ETTI) ;
— salariées d'une entreprise d'insertion (EI), d'un atelier chantier d'insertion (ACI) ;

c) Personnes employées par une régie de quartier ou de territoire agréée ;

d) Personnes prises en charge dans des dispositifs particuliers, notamment les Établissements Publics d'Insertion de la Défense (EPIDE) et les Écoles de la deuxième Chance (E2C) ;

e) Personnes en parcours d'insertion au sein des groupements d'employeurs pour l'insertion et la qualification (GEIQ) ;

f) Personnes sous-main de justice employées en régie, dans le cadre du service de l'emploi pénitentiaire de l'agence du travail d'intérêt général et de l'insertion professionnelle (ATIGIP) ou affectées à un emploi auprès d'un concessionnaire de l'administration pénitentiaire.

17.1.1.2. Personnes répondant à des critères d'éloignement du marché du travail :

a) Demandeurs d'emploi de longue durée (plus de douze mois d'inscription au chômage) sans activité ou en activité partielle (moins de six mois dans les douze derniers mois) ;

b) Bénéficiaires du RSA en recherche d'emploi ;

c) Personnes ayant obtenu la reconnaissance de travailleurs handicapés au sens de l'article L. 5212-13 du code du travail orientés en milieu ordinaire et demandeurs d'emploi fixant la liste des bénéficiaires de l'obligation d'emploi ;

d) Bénéficiaires de l'allocation spécifique de solidarité (ASS), de l'allocation adulte handicapé (AAH), de l'allocation d'Insertion (AI), de l'allocation veuvage, ou de l'allocation d'invalidité ;

e) Jeunes de moins de 26 ans en recherche d'emploi :

— sans qualification (infra niveau 3, soit niveau inférieur au CAP/BEP) et sortis du système scolaire depuis au moins six mois ;
— diplômés, justifiant d'une période d'inactivité de six mois depuis leur sortie du système scolaire ou de l'enseignement supérieur ;

f) Demandeurs d'emploi seniors (plus de 50 ans) ;

g) Jeunes en suivi renforcé de type PACEA, SMA, SMV, en sortie de dispositif Garantie Jeunes ;

h) Habitants des quartiers prioritaires de la politique de la ville éloignés de l'emploi ;

i) Personnes ayant le statut de réfugié ou bénéficiaires de la protection subsidiaire ;

j) Personnes rencontrant des difficultés particulières sur proposition motivée de Pôle emploi, des maisons de l'emploi, des plans locaux pour l'insertion et l'emploi (PLIE), des missions locales, de Cap emploi ou des maisons départementales des personnes handicapées (MDPH).

L'éligibilité des publics doit être établie préalablement à la mise en œuvre du dispositif et à la réalisation des heures d'insertion.

17.1.2. Modalités de mise en œuvre de l'action d'insertion professionnelle du titulaire :

Le titulaire s'engage à réaliser une action d'insertion, au minimum à hauteur des objectifs horaires d'insertion fixés dans les documents particuliers du marché. L'ensemble des actions mises en œuvre doivent intervenir durant la période d'exécution du marché.

Si la formation fait partie du contrat de travail (contrat de professionnalisation, contrat d'apprentissage, etc.), les heures de formation sont comptabilisées au titre des heures d'insertion.

(Arr. du 30 sept. 2021, art. 5) « L'action d'insertion professionnelle peut être mise en œuvre par le titulaire selon une ou plusieurs des modalités suivantes :

« — par une embauche directe en contrat à durée indéterminée (CDI), en contrat à durée déterminée (CDD) par l'entreprise titulaire, ou en contrats en alternance (contrat de professionnalisation ou contrat d'apprentissage). Les heures effectuées par les personnes en insertion via l'embauche directe sont comptabilisées durant l'exécution du marché à compter de la date d'embauche et pour une période maximale de deux ans ;

« — par la mise à disposition de salariés en insertion via le recours à une association intermédiaire (AI), ou à une entreprise de travail temporaire d'insertion (ETTI), ou à une entreprise de travail temporaire adapté (ETTA), ou à un groupement d'employeurs pour l'insertion et la qualification (GEIQ), ou à une entreprise de travail temporaire (ETT) ;

« — par le recours à la sous-traitance ou au groupement d'opérateurs économiques avec une entreprise d'insertion (EI), un atelier chantier d'insertion (ACI) ou une entreprise adaptée (EA), un établissement et service d'aide par le travail (ESAT), une entreprise d'insertion par le travail indépendant (EITI), ou un travailleur indépendant handicapé (TIH).

« En cas de groupement d'opérateurs économiques, le mandataire du groupement est l'interlocuteur unique de l'acheteur pour le suivi d'exécution de la clause d'insertion. Cette mission peut également être confiée, le cas échéant, à un facilitateur identifié dans les documents particuliers du marché.

« A l'issue du marché, le titulaire s'engage à étudier toutes les possibilités d'embauche ultérieure des personnes en insertion. »

17.1.3. Globalisation des heures d'insertion :

Si, dans un même bassin d'emploi, le titulaire est attributaire d'un ou plusieurs autres marchés comportant une clause d'insertion sociale, le titulaire peut solliciter auprès de l'acheteur la globalisation des heures d'insertion, afin de favoriser le parcours d'insertion des personnes éloignées de l'emploi. Celle-ci doit être définie dans les documents particuliers du marché.

17.1.4. Intervention d'un facilitateur :

Afin de faciliter la mise en œuvre de la démarche d'insertion, le titulaire peut bénéficier de l'accompagnement d'un facilitateur dont les coordonnées sont précisées dans les documents particuliers du marché.

17.1.4.1. Dans le cadre du marché, le facilitateur a pour mission notamment :

— d'accompagner le titulaire dans la définition du besoin de recrutement (nature du poste, compétence...) et de lui proposer les modalités les plus appropriées de mise en œuvre de la clause d'insertion (embauche directe, mise à disposition, etc.) ;

— d'identifier les publics susceptibles de répondre au besoin du titulaire ;

— d'organiser le suivi des publics ;

— de mesurer et de communiquer auprès de l'acheteur et du titulaire sur les réalisations obtenues dans le cadre du marché.

17.1.4.2. Le titulaire désigne un correspondant opérationnel pour le suivi des actions d'insertion professionnelle, interlocuteur privilégié de l'acheteur et du facilitateur.

Le titulaire transmet à l'acheteur, et le cas échéant au facilitateur, dès lors que l'acheteur lui a communiqué les coordonnées du facilitateur, tous renseignements utiles permettant le contrôle et le suivi de l'exécution de la clause d'insertion sociale.

Ces informations, ainsi que la fréquence de leur transmission, sont précisées dans les documents particuliers du marché.

17.1.4.3. A l'initiative de l'acheteur, une réunion de mise au point de l'action d'insertion est organisée avec le titulaire et, le cas échéant, le facilitateur.

Elle est mise en place après notification du marché selon un délai précisé dans les documents particuliers du marché.

Durant toute la période d'exécution du marché, l'acheteur peut organiser avec le titulaire et, le cas échéant le facilitateur, des réunions de suivi de la clause d'insertion.

> *Commentaires.*
> Les renseignements utiles détaillés dans les documents particuliers du marché par le titulaire sont notamment : date d'embauche, type de contrat, poste occupé, justificatif de l'éligibilité des personnes recrutées, attestation trimestrielle d'heures d'insertion adressée au facilitateur, récapitulatif des factures, etc.

17.1.4.4. Le titulaire notifie à l'acheteur toute difficulté pour assurer son engagement. Dans ce cas, l'acheteur, et le cas échéant le facilitateur, étudie avec le titulaire les moyens à mettre en œuvre pour atteindre les objectifs d'insertion.

En cas de difficultés économiques, établies par un faisceau d'indices, l'entreprise attributaire peut demander à l'acheteur la suspension ou la suppression de la clause d'insertion sociale.

En cas de difficultés économiques qui se traduisent par le recours à de l'activité partielle, à l'engagement d'une procédure de licenciement pour motif économique ou à l'ouverture d'une procédure de redressement judiciaire, l'acheteur annule la clause d'insertion sociale. Cette annulation est subordonnée à la communication d'une copie des documents afférents à ces difficultés, transmis à la DIRECCTE ou au juge.

17.1.4.5. Il est procédé au contrôle de l'exécution de l'action d'insertion pour laquelle le titulaire s'est engagé, tout au long de l'exécution des prestations :

— le titulaire, ou le cas échéant le facilitateur, établit pendant toute la durée du marché un bilan annuel sur la base des bilans transmis à l'acheteur ;

— le titulaire, ou le cas échéant le facilitateur, rédige un bilan final dans le mois précédant la fin de l'exécution du marché transmis à l'acheteur.

Ces bilans portent sur les aspects quantitatif et qualitatif de l'action d'insertion.

17.1.5. Pénalités pour non-respect de la clause d'insertion sociale :

Le titulaire se voit appliquer une pénalité forfaitaire dont le montant est fixé par les documents particuliers du marché après mise en demeure restée infructueuse. Lorsque le titulaire a informé l'acheteur de difficultés dans la mise en œuvre du présent article 17, la pénalité ne s'applique pas à la part des heures d'insertion initialement prévues pour lesquelles l'acheteur ou le facilitateur ne sont pas parvenus à trouver un moyen pour le titulaire d'y recourir.

En cas d'absence injustifiée à une réunion de suivi de l'exécution de la clause d'insertion sociale, le titulaire se voit appliquer, après mise en demeure restée infructueuse de justifier son absence, une pénalité forfaitaire dont le montant est fixé par les documents particuliers du marché.

En cas de non-transmission, ou transmission partielle, ou retard de transmission des documents et attestations propres à permettre le contrôle de l'exécution de l'action d'insertion professionnelle (notamment justificatifs d'éligibilité des publics et justificatifs des missions confiées et heures réalisées), le titulaire se voit appliquer, pour chaque manquement, et après avoir été mis en demeure d'y remédier, une pénalité forfaitaire dont le montant est fixé par les documents particuliers du marché.

> *Commentaires.*
> Le recours à la sous-traitance n'exonère pas le titulaire de ses obligations en matière de clause d'insertion. S'il peut partager une partie de l'effort d'insertion, il restera responsable de leur bonne exécution et de la bonne remontée d'information. Les pénalités sont supportées par le titulaire. Il appartient à ce dernier de prévoir dans le contrat de sous-traitance les stipulations qui permettront de responsabiliser son sous-traitant.

17.2. Clause environnementale générale :

17.2.1. Les documents particuliers du marché précisent les obligations environnementales du titulaire dans l'exécution du marché. Ces obligations doivent être vérifiables selon des méthodes objectives, et faire l'objet d'un contrôle effectif.

> *Commentaires.*
> Les documents particuliers du marché peuvent notamment prendre en compte, sur l'ensemble du cycle de vie des produits ou services acquis, selon la nature de l'achat :
> — la réduction des prélèvements des ressources ;
> — la composition des produits et notamment leur caractère écologique, polluant ou toxique ;
> — les actions en faveur du réemploi, de la réutilisation, du reconditionnement, de l'intégration de matières recyclées et du recyclage ;
> — les économies d'énergie et le développement des énergies renouvelables ;
> — la prévention de la production des déchets et leur orientation vers des filières de valorisation ;
> — les pratiques environnementales appliquées aux modalités d'exécution des prestations et notamment les politiques de réduction des émissions de gaz à effet de serre et d'amélioration de la qualité de l'air ;

— la réduction des impacts sur la biodiversité ;
— la sensibilisation des intervenants aux problématiques environnementales liées à l'exécution du marché.

17.2.2. Le titulaire s'assure du respect par ses sous-traitants des obligations environnementales fixées par le marché.

17.2.3. En cas de non-respect des obligations prévues au présent 17.2, le titulaire se voit appliquer pour chaque manquement, après mise en demeure restée infructueuse, une pénalité dont le montant est fixé par les documents particuliers du marché.

Art. 18 *Documentation technique mise à la disposition du titulaire.*

18.1. Si la documentation technique mise à la disposition du titulaire comprend, outre les spécifications techniques prévues dans les documents particuliers du marché, des documents, des échantillons ou des modèles, et que ceux-ci diffèrent des spécifications techniques, ce sont les spécifications techniques prévues dans les documents particuliers du marché qui prévalent :

Le titulaire a l'obligation de vérifier la documentation technique mise à sa disposition et de signaler à l'acheteur, dès qu'il en a connaissance, les erreurs, omissions ou contradictions normalement décelables par un homme de l'Art.

Si les erreurs, les omissions ou les contradictions mentionnées à l'alinéa précédent ont pour effet d'allonger la durée d'exécution des prestations prévues par le marché, le délai d'exécution du marché pourra être prolongé dans les conditions prévues à l'article 14.3.

18.2. La documentation technique est mise à la disposition du titulaire à titre gratuit.

Art. 19 *Moyens mis à la disposition du titulaire.*

19.1. Les stipulations du présent article s'appliquent lorsque l'acheteur met à la disposition du titulaire des moyens nécessaires à l'exécution de la prestation, tels que :

a) Des moyens de production ;
b) Des matériels à réparer, à modifier, à transformer ou destinés à des études ou des essais ;
c) Des approvisionnements, c'est-à-dire des produits finis, semi-finis ou des matières premières.

19.2. Lorsque ces moyens sont la propriété de l'acheteur, ils sont laissés gratuitement à la disposition du titulaire pour l'exécution du marché.

19.3. Un constat contradictoire est établi pour contrôler l'état de ces moyens au moment de leur mise à la disposition du titulaire. Ce constat est signé par les deux parties. Il mentionne la valeur de ces moyens.

La date effective de la mise à disposition est celle du constat contradictoire.

19.4. Le titulaire est responsable du gardiennage, de la conservation, de l'entretien et de l'emploi des moyens de production, des matériels ou des approvisionnements qui lui sont confiés, dès que ceux-ci ont été mis effectivement à sa disposition. Il ne peut en disposer qu'aux fins prévues par le marché.

A cet effet, le titulaire doit :
— en tenir un inventaire permanent ;
— identifier les approvisionnements appartenant à l'acheteur ;
— apposer sur les machines et outillages tout dispositif permettant l'identification du propriétaire.

19.5. Lorsque l'un de ces moyens est endommagé, détruit ou perdu, le titulaire est tenu de le remettre en état, de le remplacer ou d'en rembourser la valeur résiduelle à la date de disparition, ou du sinistre.

19.6. Le titulaire assure l'entretien courant et normal des bâtiments mis à sa disposition.

19.7. Le titulaire assure la remise en l'état des terrains mis à sa disposition.

19.8. Au terme de l'exécution ou après résiliation du marché, ou au terme fixé par celui-ci, les moyens mis à disposition sont restitués à l'acheteur.

19.9. Un constat contradictoire est établi lors de la restitution de ces moyens à l'acheteur. Le cas échéant, les frais relatifs à cette restitution incombent au titulaire.

19.10. Si le titulaire ne respecte pas les obligations des 4, 5, 6, 7 et 8 du présent article, l'acheteur peut suspendre le paiement des sommes dues au titre du marché, à concurrence du préjudice estimé, jusqu'à l'exécution de ces obligations.

Indépendamment des sanctions mentionnées ci-dessus, le marché peut être résilié, dans les conditions de l'article 44, en cas de défaut de présentation, de mauvais emploi ou d'utilisation abusive des moyens mis à la disposition du titulaire.

Art. 20 *Assurance des moyens mis à la disposition du titulaire.*

20.1. Le titulaire est tenu, préalablement à leur mise à sa disposition et tant qu'il en dispose, de faire assurer à ses frais, l'ensemble des moyens de production qui sont la propriété de l'acheteur.

20.2. Il doit justifier, dans un délai de quinze jours à compter de la notification du marché et avant tout début d'exécution de celui-ci, qu'il est titulaire de ces contrats d'assurances, au moyen d'une attestation établissant l'étendue de la responsabilité garantie.

A tout moment durant l'exécution du marché, le titulaire doit être en mesure de produire cette attestation, sur demande de l'acheteur et dans un délai de quinze jours à compter de la réception de la demande.

20.3. Si le titulaire contrevient à ces prescriptions, l'acheteur peut contracter à sa place, cinq jours après une mise en demeure restée sans effet, la ou les polices d'assurance nécessaires.

Le montant des primes d'assurances est alors retenu sur les sommes dues au titulaire au titre du marché.

Art. 21 *Lieux d'exécution.*

21.1. Le titulaire doit faire connaître à l'acheteur, sur sa demande, le lieu d'exécution des prestations. L'acheteur peut en suivre sur place le déroulement. L'accès aux lieux d'exécution est réservé aux seuls représentants de l'acheteur.

Les personnes qu'il désigne à cet effet ont libre accès aux seules zones concernées par l'exécution des prestations prévues par le marché, dans le respect des consignes de sécurité prévues pour le site. Elles sont tenues aux obligations de confidentialité prévues à l'article 5.1.

> *Commentaires.*
>
> Pour des raisons déontologiques, l'acheteur ne devra en aucun cas désigner un concurrent du titulaire pour contrôler ce dernier dans le cadre du présent article.

21.2. Si le titulaire entrave l'exercice du droit de contrôle de l'acheteur en cours d'exécution du marché, il encourt les sanctions prévues à l'article 44.

Art. 22 *Surveillance de l'exécution des prestations.*

22.1. Le titulaire assure à l'acheteur le libre accès à tous les lieux d'exécution des prestations qu'il a précisés dans les documents particuliers du marché.

Il est responsable de toute entrave apportée au libre exercice de la surveillance. En tout lieu d'exécution des prestations, y compris chez ses sous-traitants.

22.2. Le titulaire s'engage à mettre gratuitement à la disposition de l'acheteur les moyens nécessaires à l'accomplissement de sa mission, notamment :

— les bureaux nécessaires au personnel de surveillance ;

— le personnel, le matériel et les locaux nécessaires aux opérations d'essais et de vérification prévues par le marché.

22.3. Les dossiers d'exécution sont tenus par le titulaire à la disposition de l'acheteur. Celui-ci peut se faire communiquer tout renseignement et opérer les vérifications qu'il juge nécessaires pour s'assurer que les clauses techniques prévues par le marché sont respectées.

Le titulaire doit prévenir, en temps utile, l'acheteur de toutes les opérations auxquelles ce dernier a déclaré vouloir assister. A défaut, l'acheteur pourra, soit les faire recommencer, soit refuser les prestations soumises à ces opérations, en dehors de son contrôle.

L'acheteur doit être avisé immédiatement de tous événements de nature à modifier le déroulement prévu des opérations.

22.4. L'exercice de la surveillance de l'exécution des prestations laisse entière la responsabilité du titulaire et ne limite pas le droit de l'acheteur de refuser des prestations reconnues défectueuses au moment des opérations de vérification.

22.5. Les agents de l'acheteur et les personnes mandatées par lui, qui ont, du fait de leurs fonctions, connaissance des moyens de fabrication ou de toute autre information relative au titulaire, sont soumis à l'obligation de confidentialité mentionnée à l'article 5.1.

Leurs frais de déplacement et leur rémunération, exposés dans le cadre de ces opérations de surveillance, sont, en totalité, à la charge de l'acheteur.

> *Commentaires.*
>
> Pour des raisons déontologiques, l'acheteur veille à ne pas mandater un concurrent du titulaire pour auditer ce dernier pour l'application du présent article.

Art. 23 *Prestations supplémentaires et modificatives.*

23.1. Pendant l'exécution du marché, l'acheteur peut prescrire au titulaire, par ordre de service, des prestations supplémentaires ou modificatives après consultation de ce dernier ou accepter les modifications qu'il propose.

Le titulaire ne doit apporter aucune modification aux spécifications techniques sans autorisation préalable de l'acheteur.

Commentaires.

Ces modifications ne peuvent changer l'objet du marché ou modifier substantiellement les caractéristiques techniques de l'offre présentée par le titulaire lors de la mise en concurrence.

23.2. Lorsque le marché n'a pas prévu de prix pour les prestations supplémentaires ou modificatives demandées par l'acheteur au titulaire, l'ordre de service mentionné à l'article 23.1 fixe provisoirement les prix nouveaux retenus pour le règlement des prestations supplémentaires ou modificatives.

23.3. Ces prix provisoires, permettant une juste rémunération du titulaire, sont arrêtés par l'acheteur après consultation du titulaire. Ils sont utilisés pour le règlement des acomptes jusqu'à la fixation du prix définitif. Le titulaire est réputé avoir accepté les prix provisoires si, dans le délai de trente jours suivant l'ordre de service qui lui a notifié ces prix, il n'a pas présenté d'observation à l'acheteur en indiquant, avec toutes justifications utiles, les prix qu'il propose. En cas de désaccord, l'acheteur règle provisoirement les sommes qu'il admet.

Lorsque l'acheteur et le titulaire sont d'accord pour arrêter les prix définitifs, ceux-ci font l'objet d'un avenant, sauf si les prix sont devenus définitifs dans le silence du titulaire en application de l'alinéa précédent.

23.4. Le titulaire n'est pas tenu de se conformer à un ordre de service mentionné à l'article 23.2 lorsque cet ordre de service n'a fait l'objet d'aucune valorisation financière.

Un tel refus d'exécuter opposé par le titulaire n'est toutefois recevable que s'il est notifié par écrit, avec les justifications nécessaires, à l'acheteur, dans le délai de quinze jours suivant la notification de l'ordre de service prescrivant les prestations.

Art. 24 *Suspension des prestations en cas de circonstances imprévisibles.*

24.1. Lorsque la poursuite de l'exécution du marché est rendue temporairement impossible du fait d'une circonstance que des parties diligentes ne pouvaient prévoir dans sa nature ou dans son ampleur ou du fait de l'édiction par une autorité publique de mesures venant restreindre, interdire, ou modifier de manière importante l'exercice de certaines activités en raison d'une telle circonstance, la suspension de tout ou partie des prestations est prononcée par l'acheteur. Lorsque la suspension est demandée par le titulaire, l'acheteur se prononce sur le bien-fondé de cette demande dans les meilleurs délais.

24.2. Dans un délai adapté aux circonstances et qui ne saurait excéder quinze jours à compter de la décision de suspension des prestations, les parties conviennent des modalités de constatation des prestations exécutées et, le cas échéant, du maintien d'une partie des obligations contractuelles restant à la charge du titulaire pendant la suspension. Dans un délai raisonnable, les parties conviennent également des modalités de reprise de l'exécution et, le cas échéant, des modifications à apporter au marché et des modalités de répartition des surcoûts directement induits par ces événements.

A défaut d'accord entre les parties, le titulaire est tenu, à l'issue de la suspension, de reprendre l'exécution des prestations dans les conditions prévues par le marché et le désaccord est réglé dans les conditions mentionnées à l'article 48.

Art. 25 *Clause de réexamen.*

En cas de circonstance que des parties diligentes ne pouvaient prévoir dans sa nature ou dans son ampleur et modifiant de manière significative les conditions d'exécution du marché, les parties examinent de bonne foi les conséquences, notamment financières, de cette circonstance.

Le cas échéant, les parties conviennent, par avenant, des modalités de prise en charge, totale ou partielle, des surcoûts directement induits par cette circonstance sur la base de justificatifs fournis par le titulaire. Il est tenu compte, notamment :

— des surcoûts liés aux modifications d'exécution des prestations ;
— des conséquences liées à la prolongation des délais d'exécution du marché.

Le titulaire est tenu de demander, en temps utile, qu'il soit procédé à des constatations contradictoires pour permettre à l'acheteur d'évaluer les moyens supplémentaires effectivement mis en œuvre.

Sont exclues de cette évaluation, les augmentations de prix prises en compte dans les index ou indices utilisés pour la révision des prix du marché.

Les surcoûts pris en charge par l'acheteur peuvent faire l'objet d'une avance dans les conditions fixées par les documents particuliers du marché ou dans l'avenant conclu en application du présent *article.*

Art. 26 *Arrêt de l'exécution des prestations.*

Lorsque les prestations sont scindées en plusieurs parties techniques à exécuter distinctement, l'acheteur peut décider, au terme de chacune de ces parties, soit de sa propre initiative, soit à la demande du titulaire, de ne pas poursuivre l'exécution des prestations, si les deux conditions suivantes sont remplies :

— les documents particuliers du marché prévoient expressément cette possibilité ;
— chacune de ces parties techniques est identifiée et assortie d'un montant.

La décision d'arrêter l'exécution des prestations ne donne lieu à aucune indemnité.

L'arrêt de l'exécution des prestations entraîne la résiliation du marché.

Art. 27 *Aménagement des locaux destinés à l'installation de matériel.*

Lorsque l'exécution des prestations doit avoir lieu dans des locaux appartenant à l'acheteur, celui-ci aménage, à ses frais, les locaux destinés à l'installation du matériel et, le cas échéant, après consultation du titulaire, pourvoit à leur maintenance et à leur approvisionnement en fluides.

L'acheteur informe le titulaire de la disponibilité des locaux. Cette information doit être communiquée quinze jours, au moins, avant la livraison du matériel.

Ces aménagements doivent être terminés avant la date prévue pour l'installation du matériel nécessaire à la réalisation des prestations.

Art. 28 *Installation.*

28.1. Si les documents particuliers du marché prévoient l'installation de matériel par le titulaire, celui-ci est tenu :

— de transmettre à l'acheteur, avant de commencer l'installation, un dossier complet comportant les plans et les programmes d'exécution de l'installation ;
— d'appeler, dès qu'il en a connaissance, l'attention de l'acheteur sur les caractéristiques des terrains, ouvrages et équipements mis à sa disposition qui feraient obstacle à une installation correcte du matériel.

28.2. L'installation n'est considérée comme achevée qu'après l'enlèvement des matériels et outillages ayant servi au montage et à la remise en l'état des bâtiments, terrains, et équipements accueillant l'installation.

Art. 29 *Stockage, emballage, transport et gestion des déchets.*

29.1. Stockage :

29.1.1. Si les documents particuliers du marché prévoient une obligation de stockage dans les locaux du titulaire, celui-ci assume la responsabilité du dépositaire, durant un délai précisé par les documents particuliers du marché et courant à compter de leur réception.

29.1.2. Lorsque le stockage est effectué dans les locaux de l'acheteur, celui-ci assume la responsabilité du dépositaire jusqu'à la décision d'admission.

29.2. Emballage :

29.2.1. La qualité des emballages doit être appropriée aux conditions et modalités de transport prévues par les documents particuliers du marché. Elle est de la responsabilité du titulaire.

Lorsque cela n'est pas de nature à contrevenir aux règles sanitaires et d'hygiène, le titulaire utilise des contenants réutilisables, recyclés, recyclables ou réemployés. Il veille également, dans la mesure du possible, à en réduire les quantités, en volume et en poids.

29.2.2. Sauf stipulation contraire dans les documents particuliers du marché, et lorsque cela n'est pas de nature à contrevenir aux règles sanitaires et d'hygiène, les emballages restent la propriété du titulaire. Celui-ci les collecte en vue de leur recyclage ou de leur réutilisation.

29.3. Transport :

Le transport s'effectue, sous la responsabilité du titulaire, jusqu'au lieu de livraison. Le conditionnement, le chargement, l'arrimage et le déchargement sont effectués sous sa responsabilité.

29.4. Gestion des déchets :

La valorisation ou l'élimination des déchets créés lors de l'exécution des prestations est de la responsabilité du titulaire pendant la durée du marché.

Le titulaire veille à ce que soient effectuées les opérations, de collecte, transport, entreposage, tris éventuels et de l'évacuation des déchets créés par les prestations objet du marché public vers les sites susceptibles de les recevoir, conformément à la réglementation en vigueur.

Le titulaire est tenu de produire, à la demande de l'acheteur, tout justificatif de traçabilité du traitement des déchets issus de l'exécution de la prestation, qui fasse apparaître une gestion des déchets conforme aux exigences réglementaires, notamment en ce qui concerne les déchets dangereux.

En cas d'absence de production des éléments attestant la traçabilité des déchets, le titulaire se voit appliquer, après mise en demeure restée infructueuse, une pénalité dont le montant est fixé par les documents particuliers du marché.

Art. 30 *Livraison.*

30.1. Le titulaire veille à limiter l'impact environnemental des livraisons et du transport des produits proposés. La planification du transport de ces marchandises doit permettre, lorsque cela est compatible avec les besoins de l'acheteur, d'éviter la circulation pendant les heures de pointe. Le titulaire privilégie le transport groupé des marchandises objets du marché afin de réduire les déplacements des véhicules de livraison. Il favorise les modes de transports les plus respectueux de l'environnement, notamment les véhicules à faibles émissions, les modes de transports doux ou alternatifs à la route.

30.2. Toute livraison effectuée par le titulaire est accompagnée d'un bon de livraison ou d'un état, dressé distinctement pour chaque destinataire, et comportant notamment :

— la date d'expédition ;

— la référence à la commande ou au marché ;

— l'identification du titulaire ;

— l'identification de ce qui est livré et, quand il y a lieu, la répartition par colis ;

— le numéro du ou des lots de fabrication, dans le cas où la réglementation l'impose en matière d'étiquetage.

Chaque colis doit porter de façon apparente son numéro d'ordre, tel qu'il figure sur le bon de livraison ou l'état. Il renferme l'inventaire de son contenu.

30.3. La livraison est constatée par la délivrance d'un récépissé au titulaire ou par la signature du bon de livraison ou de l'état, dont chaque partie conserve un exemplaire. En cas d'impossibilité de livrer, celle-ci doit être mentionnée sur l'un de ces documents.

30.4. Si la disposition des locaux désignés pour la réalisation des livraisons entraîne des difficultés exceptionnelles de manutention, non prévues par le marché, les frais supplémentaires de livraison qui en résultent sont rémunérés distinctement. Ils font l'objet d'un avenant.

30.5. Un sursis de livraison peut être accordé par l'acheteur au titulaire lorsque, en dehors des cas prévus pour la prolongation du délai à l'article 14.3, une cause qui n'est pas de son fait met obstacle à la livraison dans le délai contractuel.

30.6. Le sursis de livraison suspend, pour un temps égal à sa durée, l'application des pénalités pour retard.

Les formalités d'octroi du sursis de livraison sont les mêmes que celles de la prolongation de délai mentionnées à l'article 14.3.

Aucun sursis de livraison ne peut être demandé par le titulaire pour des événements survenus après l'expiration du délai d'exécution du marché, éventuellement déjà prolongé.

Art. 31 *Maintien en l'état des moyens de production.*

Si les documents particuliers du marché prévoient l'obligation, pour le titulaire, d'entretenir et de conserver en état, pendant un délai déterminé, après achèvement des prestations, tout ou partie des moyens de production utilisés pour l'exécution du marché, les stipulations suivantes sont applicables :

a) L'acheteur peut, à tout moment, moyennant préavis, réduire ce délai pour tout ou partie des moyens en cause ;

b) Le titulaire ne peut utiliser ces moyens pour la réalisation d'autres prestations sans y être autorisé par l'acheteur.

Au terme de ce délai, le titulaire reprend la libre disposition des biens qui lui appartiennent.

En cas de cession de ces biens, l'acheteur possède, à égalité de prix, un droit de préférence.

CHAPITRE V CONSTATATION DE L'EXÉCUTION DES PRESTATIONS ET GARANTIE

Art. 32 *Opérations de vérification.*

32.1. Nature des opérations :

Les opérations de vérification quantitative et qualitative ont pour objet de permettre à l'acheteur de contrôler notamment que le titulaire :

— a mis en œuvre les moyens définis dans le marché, conformément aux prescriptions qui y sont fixées ;

— a effectué les prestations définies dans le marché comme étant à sa charge, conformément aux stipulations contractuelles.

Les matières et objets nécessaires aux essais sont prélevés par l'acheteur sur les livraisons réalisées au titre du marché.

32.2. Frais de vérification :

32.2.1. Quels que soient les résultats des vérifications, les frais qu'elles entraînent sont à la charge de l'acheteur pour les opérations qui, conformément aux stipulations du marché, doivent être exécutées dans ses propres locaux. Ils sont à la charge du titulaire dans les autres cas.

Toutefois, lorsqu'une des parties a accepté de faire exécuter dans ses propres locaux des essais qui, conformément aux documents particuliers du marché, auraient dû être effectués dans ceux de l'autre partie, les frais correspondants sont à la charge de cette dernière.

32.2.2. Le titulaire avise l'acheteur de la date à partir de laquelle les prestations pourront être présentées en vue de ces vérifications.

32.3. Présence du titulaire :

L'acheteur avise le titulaire des jours et heures fixés pour les vérifications, afin de lui permettre d'y assister ou de se faire représenter.

L'absence du titulaire dûment avisé, ou de son représentant, ne fait pas obstacle au déroulement ou à la validité des opérations de vérification.

Art. 33 *Délais et procès-verbaux de constatation.*

33.1. Les délais de constatation dont dispose l'acheteur sont les suivants :

— pour débuter en usine les vérifications ouvrant droit à paiement pour solde ou règlement partiel définitif, le délai est de sept jours à partir de la réception, par l'acheteur, de l'avis de présentation adressé par le titulaire ou à compter de la date de présentation fixée par cet avis, si elle est postérieure ;

— pour effectuer les opérations de vérification en usine et pour notifier sa décision, l'acheteur dispose de trente jours ;

— pour effectuer les opérations de vérification dans les lieux de livraison prévus dans les documents particuliers du marché et notifier sa décision, l'acheteur dispose de sept jours à compter de l'arrivée des prestations à destination. Lorsqu'une épreuve technique est imposée après la livraison, ce délai est alors de trente jours à compter de l'arrivée des prestations à destination.

33.2. Les constatations réalisées par l'acheteur sont consignées dans un procès-verbal mentionnant, s'il y a lieu, les réserves du titulaire.

Art. 34 *Admission, ajournement, réfaction et rejet.*

A l'issue des opérations de vérification, l'acheteur prend une décision d'admission, d'ajournement, de réfaction ou de rejet dans les conditions prévues au présent article.

Si l'acheteur ne notifie pas sa décision dans les délais de constatation prévus à l'article 33.1, les prestations sont réputées admises.

Dans le cas d'un marché comportant des prestations distinctes à exécuter, chaque prestation fait l'objet de vérifications et de décisions distinctes.

34.1 Admission :

L'acheteur prononce l'admission des prestations, si elles répondent aux stipulations du marché. L'admission prend effet à la date de notification au titulaire de la décision d'admission. En cas d'admission tacite, la date d'effet est la date d'expiration des délais de constatation prévus à l'article 33.1.

34.2. Ajournement :

34.2.1. Lorsque l'acheteur estime que des prestations ne peuvent être admises que moyennant certaines mises au point, il peut décider d'ajourner l'admission des prestations par une décision motivée. Cette décision invite le titulaire à présenter, à nouveau, à l'acheteur, les prestations mises au point, dans un délai de quinze jours.

Le titulaire doit faire connaître son acceptation dans un délai de dix jours, à compter de la notification de la décision d'ajournement. En cas de refus du titulaire ou de silence gardé par lui durant ce délai, l'acheteur a le choix de prononcer l'admission des prestations avec réfaction ou de les rejeter, dans les conditions fixées aux 3 et 4 du présent article dans un délai de quinze jours, courant de la notification du refus du titulaire ou de l'expiration du délai de dix jours ci-dessus mentionné.

Le silence gardé par l'acheteur au-delà de ce délai de quinze jours vaut décision de rejet des prestations

34.2.2. Si le titulaire présente, à nouveau, les prestations mises au point, après la décision d'ajournement des prestations, l'acheteur dispose, à nouveau, de la totalité du délai prévu pour procéder aux vérifications des prestations, à compter de leur nouvelle présentation par le titulaire.

34.2.3. Dans le cas où les opérations de vérification ont été effectuées dans les locaux de l'acheteur, le titulaire dispose d'un délai de quinze jours, à compter de la notification de la décision d'ajournement, pour enlever les prestations ayant fait l'objet de la décision d'ajournement.

Passé ce délai, les prestations vérifiées peuvent être évacuées ou détruites par l'acheteur, aux frais du titulaire.

Les prestations ajournées, dont la garde dans les locaux de l'acheteur présente un danger ou une gêne insupportable, peuvent être immédiatement évacuées ou détruites, aux frais du titulaire, après que celui-ci en a été informé.

34.3. Réfaction :

Lorsque l'acheteur estime que des prestations, sans être entièrement conformes aux stipulations du marché, peuvent néanmoins être admises en l'état, il en prononce l'admission avec réfaction de prix proportionnelle à l'importance des imperfections constatées. Cette décision doit être motivée. Elle ne peut être notifiée au titulaire qu'après qu'il a été mis à même de présenter ses observations.

Si le titulaire ne présente pas d'observations dans les quinze jours suivant la décision d'admission avec réfaction, il est réputé l'avoir acceptée. Si le titulaire formule des observations dans ce délai, l'acheteur dispose ensuite de quinze jours pour lui notifier une nouvelle décision.

A défaut d'une telle notification, l'acheteur est réputé avoir accepté les observations du titulaire et l'admission est réputée sans réfaction.

34.4. Rejet :

34.4.1. Lorsque l'acheteur estime que les prestations sont non conformes aux stipulations du marché et ne peuvent être admises en l'état, il en prononce le rejet partiel ou total.

La décision de rejet doit être motivée. Elle ne peut être prise qu'après que le titulaire a été mis à même de présenter ses observations.

34.4.2. En cas de rejet, le titulaire est tenu d'exécuter à nouveau la prestation prévue par le marché.

34.4.3. Le titulaire dispose d'un délai de trente jours à compter de la notification de la décision de rejet pour enlever les prestations rejetées. Lorsque ce délai est écoulé, elles peuvent être détruites ou évacuées par l'acheteur, aux frais du titulaire.

Les prestations rejetées, dont la garde dans les locaux de l'acheteur présente un danger ou une gêne insupportable, peuvent être immédiatement évacuées ou détruites, aux frais du titulaire, après que celui-ci en a été informé.

34.5. Mauvaise qualité ou défectuosité des fournitures ou matériaux :

Lorsque la mauvaise qualité ou la défectuosité des fournitures ou matériaux remis par l'acheteur et entrant dans la composition des prestations est à l'origine du défaut de conformité des prestations aux stipulations du marché, l'acheteur ne peut prendre une décision d'ajournement, d'admission avec réfaction ou de rejet :

— si le titulaire a, dans un délai de quinze jours à partir de la date à laquelle il a eu la possibilité de les constater, informé l'acheteur des défauts des approvisionnements, matériels ou équipements remis, réserve faite des vices cachés ne pouvant être décelés avec les moyens dont il dispose ;

— et que l'acheteur a décidé que les approvisionnements, matériels ou équipements devaient néanmoins être utilisés et notifié sa décision au titulaire.

Art. 35 *Transfert de propriété.*

L'admission des prestations entraîne le transfert de propriété.

Si la remise des prestations à l'acheteur est postérieure à leur admission, le titulaire assume, jusqu'à leur remise effective, les obligations du dépositaire.

Art. 36 *Garantie.*

36.1. Les prestations font l'objet d'une garantie minimale d'un an. Le point de départ du délai de garantie est la date de notification de la décision d'admission.

36.2. Lorsque la réparation d'une défectuosité incombe au titulaire, la demande de remise en état correspondante doit lui être notifiée sans retard par ordre de service.

Lorsque les délais dont dispose le titulaire pour effectuer les réparations ne sont pas fixés dans les documents particuliers du marché, ils sont déterminés par ordre de service, après consultation du titulaire.

Le titulaire doit exécuter immédiatement l'ordre de service, même s'il fait des réserves sur la mise en jeu de la garantie technique ou sur les délais dans le cas où ceux-ci sont fixés par ordre de service.

Le dépassement du délai de réparation est sanctionné par des pénalités dans les conditions de l'article 15. L'assiette de calcul de la pénalité porte sur la valeur, hors taxes, de la prestation dont l'utilisation est subordonnée à l'exécution des réparations.

Le délai de garantie est prolongé du délai de privation de jouissance.

36.3. La garantie porte sur les prestations fournies, ainsi que sur tous ses composants et sous-ensembles :

Le titulaire reprend les prestations défaillantes et assure, à ses frais, la totalité des prestations nécessaires pour rendre les prestations conformes aux clauses techniques du contrat.

Cette garantie couvre les frais de déplacement de personnel, de conditionnement, d'emballage et de transport des prestations, nécessités par la remise en état ou le remplacement, qu'il soit procédé à ces opérations au lieu d'utilisation de la prestation ou que le titulaire ait obtenu que la fourniture soit renvoyée à cette fin dans ses locaux.

36.4. Si, à l'expiration du délai de garantie, le titulaire n'a pas procédé aux réparations prescrites, le délai de garantie est prolongé jusqu'à l'exécution complète des réparations.

36.5. Cas particuliers :

Lorsque les prestations défaillantes ne sont pas réparables, le titulaire remplace les prestations défaillantes ou rembourse à l'acheteur la valeur à neuf de la prestation.

Lorsque l'acheteur considère que l'intervention du titulaire pour mettre un terme à des anomalies est de nature à entraver le bon fonctionnement du service, il peut, après l'en avoir informé, exécuter lui-même certaines des prestations prévues par le marché. Celles-ci sont effectuées aux frais du titulaire et donnent lieu au versement d'une indemnité représentative des coûts de remise en état par l'acheteur. La responsabilité du titulaire est alors dégagée, sauf en ce qui concerne les conséquences des renseignements ou consignes qu'il pourrait être amené à donner. Le titulaire est informé, par écrit, de la date de fin d'intervention de l'acheteur.

36.6. Prolongation du délai de garantie :

Après admission des prestations remises en état, le délai de garantie est prolongé d'une durée égale à la durée de l'indisponibilité de la prestation concernée. Ce délai court de la date de la notification du constat d'indisponibilité au titulaire jusqu'à la date de notification de la décision prise à l'issue des opérations de vérifications après remise en état.

36.7. Limites à l'obligation de garantie :

En ce qui concerne les pièces détachées non fabriquées par le titulaire et confiées à celui-ci par l'acheteur pour réparation d'une prestation défaillante, la garantie du titulaire est limitée au montage correct et à l'exécution normale de ses obligations de dépositaire.

Le titulaire est exonéré de son obligation de garantie si l'avarie est causée :

— par des modifications ou des réparations effectuées sur la prestation par l'acheteur ou un tiers, sans l'accord préalable du titulaire ;

— par une faute de l'acheteur dans l'utilisation, l'entretien ou le stockage de la prestation ;

— par la force majeure.

Commentaires.

Les stipulations qui précèdent ne font pas obstacle à ce que les documents particuliers du marché définissent, pour certaines catégories de prestations, des garanties particulières. Dans ce cas, le marché fixe les conditions, modalités et les effets de ces garanties sur les obligations respectives des parties.

CHAPITRE VI UTILISATION DES RÉSULTATS

Art. 37 *Définition des résultats.*

Au sens du présent chapitre :

37.1. Les résultats désignent tous les éléments, quels qu'en soient la forme, la nature et le support, qui sont réalisés dans le cadre des prestations du marché, tels que, notamment, les œuvres de l'esprit (en ce compris les logiciels et leur documentation), les bases de données, les marques dessins ou modèles, noms de domaine et autres signes distinctifs, les inventions brevetables ou non au sens du code de la propriété intellectuelle, les données et les informations, et plus généralement tous les éléments protégés ou non par des droits de propriété intellectuelle ou par tout autre mode de protection, tels que le savoir-faire, le secret des affaires, le droit à l'image ou à la voix des personnes ou le droit à l'image des biens.

Les résultats comprennent les éléments réalisés par le titulaire dès l'appel à la concurrence ou toute consultation écrite de l'acheteur en vue de la remise d'une offre et qui sont liés directement à l'objet du présent marché.

Commentaires.

Les résultats couvrent ce qui est élaboré dans le cadre du marché, c'est-à-dire tout ce qui est livré dans le cadre du marché sauf les connaissances antérieures (standards ou non – définies au 37.2 et 37.3). Il peut s'agir des paramétrages d'un logiciel, de développements spécifiques, d'un nouveau logo, d'une formation sur-mesure, d'un procédé nouveau issu d'une prestation de R&D etc. Les notions d'œuvre de l'esprit, de marque, de brevet et de dessins et modèles etc., sont définies par le Code de la propriété intellectuelle.

Un logo proposé par le soumissionnaire dans son offre peut être considéré comme un résultat, dès lors qu'il a été conçu pour répondre aux besoins de l'acheteur et que le marché est attribué à ce soumissionnaire.

37.2. Les connaissances antérieures désignent tous les éléments, quels qu'en soient la forme, la nature et le support, qui sont incorporés aux résultats et/ou sont utilisés dans le cadre du marché et qui appartiennent à l'acheteur, au titulaire ou à des tiers, ou qui leurs sont concédés en licence, mais qui ont été réalisés dans un cadre extérieur et indépendamment du marché, tels que notamment les œuvres de l'esprit (en ce compris les logiciels et leur documentation), les bases de données, les marques, noms de domaine et autres signes distinctifs, les dessins ou modèles, les inventions brevetables ou non au sens du code de la propriété intellectuelle, les données et les informations, et plus généralement tous les éléments protégés ou non par des droits de propriété intellectuelle ou par tout autre mode de protection, tels que le savoir-faire, le secret des affaires, le droit à l'image ou à la voix des personnes ou le droit à l'image des biens.

> *Commentaires.*
> Des connaissances antérieures sont susceptibles d'être utilisées pour répondre aux besoins de l'acheteur (ex. code source préexistant utilisé pour réaliser une fonctionnalité sans tout redévelopper).

37.3. Les connaissances antérieures standards désignent les connaissances antérieures conçues pour être fournies à plusieurs clients en vue de l'exécution d'une même fonction, tels que les logiciels standards et les autres contenus proposés sous licence standard.

> *Commentaires.*
> Il peut s'agir de logiciels standards ou progiciels sur étagère (sous licence dite "propriétaire" ou sous licence libre), d'accès à des bases de données, d'images provenant de banque d'images, etc.).

Art. 38 *Régime général des connaissances antérieures et des connaissances antérieures standards.*

La conclusion du marché n'emporte pas transfert des droits de propriété intellectuelle ou des droits de toute autre nature afférents aux connaissances antérieures et aux connaissances antérieures standards.

L'acheteur et le titulaire restent titulaires, chacun en ce qui les concerne, des droits de propriété intellectuelle ou des droits de toute autre nature portant sur les connaissances antérieures. Ils conservent leurs droits propres, dont ceux d'exploitation, portant sur les connaissances antérieures et les connaissances antérieures standards incorporées dans les résultats, en ce compris leur savoir-faire.

Dès lors que le titulaire envisage d'utiliser des connaissances antérieures ou des connaissances antérieures standards, il s'engage à ce qu'elles soient identifiées dans son offre ou en toute hypothèse au fur et à mesure de l'exécution du marché, avant toute intégration et/ou utilisation d'une connaissance antérieure ou d'une connaissance antérieure standard non prévue dans l'offre.

Le titulaire précise l'ensemble des éléments nécessaires à l'utilisation des connaissances antérieures et connaissances antérieures standards par l'acheteur. Pour les connaissances antérieures standards, il précise en outre :

— les informations relatives au donneur de licence ;

— les conditions de la licence ;

— pour les connaissances antérieures standards logicielles sous licence propriétaire, les conditions de maintenance corrective, adaptative et évolutive ;

— pour les logiciels standards sous licence propriétaire qui seraient difficilement remplaçables, les mesures le cas échéant mises en place pour préserver les droits de l'acheteur (séquestre des codes sources par exemple).

A défaut d'identification expresse en tant que connaissance antérieure (standard ou non) dans l'offre ou en cours d'exécution, tout élément livré en exécution du marché est réputé être un résultat. Dans cette hypothèse, le titulaire peut choisir de remplacer l'élément concerné à ses frais afin qu'il soit compatible avec le régime des résultats.

Le titulaire, en sa qualité de professionnel, est seul responsable de l'analyse et du respect du régime juridique des connaissances antérieures et des connaissances antérieures standards qu'il intègre dans le cadre du marché.

> *Commentaires.*
> L'opportunité de prévoir, dans les documents particuliers du marché, une clause prévoyant la fourniture des codes sources de logiciels standards propriétaires doit s'apprécier au cas par cas, en fonction du ou des logiciels potentiellement utilisés dans le cadre du marché. La possibilité technique, pour le titulaire, de fournir les codes sources peut en effet dépendre des conditions édictées par l'éditeur du logiciel concerné. L'acheteur est donc invité à adapter le niveau d'exigence des documents du marché avec l'offre technique disponible sur le marché économique.

Art. 39 *Stipulations spécifiques aux connaissances antérieures et connaissances antérieures standards.*

39.1. Connaissances antérieures (hors standards) du titulaire, de tiers et de l'acheteur :

Lorsque le titulaire incorpore des connaissances antérieures dans les résultats ou fournit des connaissances antérieures dans le cadre de l'exécution du marché ou que des connaissances antérieures, sans être incorporées aux résultats, sont strictement nécessaires pour la mise en œuvre des résultats, le titulaire autorise l'acheteur à utiliser les connaissances antérieures pour les mêmes droits, durée, territoire et finalités d'utilisation que ceux prévus dans le régime applicable aux résultats. L'acheteur n'est pas autorisé à utiliser les connaissances antérieures indépendamment de l'utilisation des résultats, sauf si elles sont placées sous un régime d'utilisation qui le permet.

Pour les logiciels, le droit de pouvoir les rétrocéder à tout tiers et de pouvoir les diffuser sous licence libre prévu au bénéfice de l'acheteur sur les résultats ne s'applique pas aux connaissances antérieures, sauf stipulations contraires dans le marché ou si elles sont placées sous un régime d'utilisation qui le permet.

Dans l'hypothèse où une cession à titre exclusif des résultats au profit de l'acheteur est prévue dans le marché, l'exclusivité ne concerne pas les connaissances antérieures, sauf stipulations expresses dans les documents du marché.

L'autorisation d'utiliser les connaissances antérieures est comprise dans le prix du marché.

Au cours de l'exécution du marché, le titulaire ne peut utiliser ou incorporer, sans l'accord préalable de l'acheteur, des connaissances antérieures nécessaires à la réalisation de l'objet du marché qui seraient de nature à limiter ou à rendre plus coûteux l'exercice des droits afférents aux résultats.

Le titulaire ne peut utiliser les connaissances antérieures de l'acheteur que dans le cadre de l'exécution du marché et s'engage à ne pas divulguer les informations confidentielles contenues dans ces connaissances antérieures.

39.2. Connaissances antérieures standards :

Si le titulaire envisage au cours de l'exécution du marché d'utiliser une connaissance antérieure standard non listée dans son offre, il doit obtenir l'accord préalable de l'acheteur.

Les droits d'utilisation sur les connaissances antérieures standards s'appliquent dans les conditions de leur licence, telle qu'acceptée par l'acheteur.

Le prix de cette licence est compris dans le montant du marché pour les utilisations prévues dans le cadre du marché et pour la durée du marché.

Commentaires.

L'utilisation d'une connaissance antérieure standard suppose l'acceptation de sa licence. Le titulaire doit veiller à n'utiliser dans le cadre du marché que des connaissances antérieures standards compatibles avec les besoins de l'acheteur (par exemple : le nombre d'utilisateurs).

Les droits d'adaptation, modification, évolution ainsi que les éventuelles transmissions des droits à des tiers de ces connaissances antérieures standards s'appliquent dans les conditions de leur licence telle qu'acceptée par l'acheteur.

Art. 40 *Régime des résultats.*

40.1. Finalités et besoins d'utilisation des résultats :

40.1.1. Le titulaire accorde au titre du présent article à l'acheteur, les droits nécessaires pour utiliser ou faire utiliser les résultats, en l'état ou modifiés, de façon permanente ou temporaire, en tout ou partie, par tout moyen et sous toutes formes, pour les besoins et finalités d'utilisation exprimés dans les documents particuliers du marché et en toute hypothèse pour les besoins d'utilisation découlant de l'objet des prestations commandées dans le cadre du marché.

Les besoins d'utilisation de l'acheteur comprennent le droit de :

— publier et utiliser les résultats consistant en des documents préparatoires, tels que plans, études préalables ou spécifications, pour la mise en œuvre des besoins auxquels ils répondent ;

— évaluer ou faire évaluer par tout tiers à tout moment les résultats ;

— pouvoir procéder aux opérations d'archivage public ;

— permettre à tout service au sein de la même personne morale que l'acheteur de pouvoir utiliser les résultats dans les mêmes conditions et finalités d'utilisation ;

— assurer ou faire assurer par tout tiers l'évolution de tous résultats, en ce compris réaliser ou faire réaliser par tout tiers, la maintenance (corrective, préventive, adaptative et évolutive) des résultats consistant en des logiciels ;

— transférer les droits sur les résultats à tout tiers bénéficiaire d'un transfert de compétences de l'acheteur.

Pour les résultats qui sont des logiciels, les besoins d'utilisation comprennent en outre, la possibilité de rétrocéder tout droit à tout tiers à quelque titre que ce soit, et à quelques conditions que soit, ainsi que la possibilité de pouvoir les diffuser sous une licence libre/open source.

40.1.2. Le régime de confidentialité des résultats est défini le cas échéant dans les documents particuliers du marché.

40.2. Droits de l'acheteur :

40.2.1. Résultats protégés par un droit de propriété littéraire et artistique :

Le titulaire cède à l'acheteur les droits patrimoniaux des droits d'auteur ou des droits voisins des droits d'auteur afférents aux résultats, pour les finalités et besoins d'utilisation mentionnés au présent article tels qu'applicables au marché.

Cette cession des droits couvre les résultats, à compter de leur livraison et sous condition résolutoire de la réception des prestations, pour le monde entier et pour la durée légale des droits d'auteur ou des droits voisins du droit d'auteur.

Ces droits comprennent, dans le respect des droits moraux, l'ensemble des droits patrimoniaux de reproduction, de représentation et de distribution, et notamment les droits d'utiliser, d'incorporer, d'intégrer, d'adapter, de modifier, d'arranger, de corriger, de traduire les résultats en toutes langues, en tout ou en partie, en l'état ou modifiés pour les finalités et besoins d'utilisation mentionnés au présent article, tels qu'applicables au marché.

Commentaires.

L'exercice des droits patrimoniaux, objet de la concession pour les besoins découlant de l'objet du marché, doit se faire dans le respect des droits moraux de l'auteur.

L'article L. 121-1 du code de la propriété intellectuelle dispose que "l'auteur jouit du droit au respect de son nom, de sa qualité et de son œuvre. Ce droit est attaché à la personne. Il est perpétuel, inaliénable et imprescriptible (...)".

En application de cet article, l'auteur a droit tout particulièrement :

(i) au respect de son nom et de sa qualité. Ce "droit à la paternité" se traduit par l'obligation d'apposer le nom et la qualité de l'auteur sur son œuvre et sur toute reproduction de celle-ci (ex. : apposition du nom de l'architecte sur l'immeuble qu'il a réalisé) ;

(ii) au respect de son œuvre. Ce droit autorise l'auteur à faire sanctionner toute altération, dénaturation de son œuvre. L'adaptation, l'arrangement, la modification sont susceptibles de porter atteinte à l'intégrité de l'œuvre et d'engager la responsabilité de l'acheteur. L'appréciation des éventuelles atteintes au droit au respect de l'œuvre se fait au cas par cas par les juges du fond en fonction de la nature des œuvres et des exploitations réalisées.

Il est recommandé, préalablement aux adaptations, modifications ou arrangements de l'œuvre qui n'auraient pas fait l'objet d'une autorisation spécifique dans les documents particuliers du marché et qui seraient susceptibles d'altérer ou de dénaturer l'œuvre, d'informer le titulaire ou les auteurs des aménagements envisagés.

Le droit de reproduction comporte, dans le respect des droits moraux, notamment le droit de reproduire les résultats, pour quelque usage que ce soit, par quelque procédé que ce soit, connu ou inconnu y compris non prévisible, sur tout support actuel ou futur et sans limitation de nombre tel que papier, électronique, numérique, analogique, magnétique, optique, vidéographique, pour toute exploitation, y compris en réseau sans limitation de nombre, en tout ou partie, en l'état ou modifiés, par tous procédés et sur tous supports.

Le droit de représentation et de distribution comporte, dans le respect des droits moraux, notamment le droit de communication au public et de mise à disposition du public des résultats, en tout ou partie, directement ou indirectement, en l'état ou modifiés, par tous moyens, modes et procédés, connus ou inconnus, sous toute forme, et auprès du public en général ou de catégories de public en particulier, de manière que chacun puisse y avoir accès de l'endroit et au moment qu'il choisit individuellement.

Les droits portant sur les résultats qui ont la forme de logiciels comportent, en outre, notamment les droits d'évaluer, d'observer, de tester, de dupliquer, de charger, d'afficher, de stocker, d'exécuter, de modifier, d'arranger, décompiler, assembler, transcrire tout ou partie des résultats, d'en faire la maintenance préventive, corrective, adaptative et évolutive, d'en réaliser de nouvelles versions ou de nouveaux développements, de le traduire en toute langue, transcrire dans tout langage de programmation, configurer, interfacer avec tout logiciel, base de données, produit informatique, d'en réutiliser les algorithmes à toutes fins, d'en intégrer tout ou partie vers ou dans des œuvres existantes ou à venir, faire tous actes aux fins d'interopérabilité avec d'autres systèmes crées de manière indépendante.

La présente cession est consentie à l'acheteur à titre non exclusif, afin d'accorder au titulaire le droit d'exploiter les résultats conformément à l'article 40.3.

Compte tenu de leur nature, les résultats suivants font l'objet d'une cession à titre exclusif :

1° Les résultats ayant pour objet de distinguer l'identité propre de l'acheteur et/ou de ses services ou produits par rapport aux autres entités, services ou produits (tels que dénominations, logos, slogans, chartes graphiques). La cession comporte pour ces résultats le droit pour l'acheteur, de procéder à tous dépôt ou réservation en tant que marque, nom de domaine, comptes de réseaux sociaux et *plus généralement* signe distinctif, et/ou de dessin et modèle quels que soient les territoires et les classes de dépôt, ainsi que le droit de distribuer ou commercialiser directement ou indirectement auprès de tout public, sans limite de nombre, tout produit ou service portant les résultats et plus généralement de les utiliser à titre de marque et/ou signes distinctifs ;

2° Les résultats ayant pour objet de promouvoir l'acheteur ses produits et services et plus généralement ses missions de service public (telles que campagnes de promotion, ou de communication) ;

3° Les résultats qualifiés de confidentiels.

Le titulaire s'interdit de déposer ou de réserver notamment à titre de marque ou de signes distinctifs (y compris noms de domaine ou comptes de réseaux sociaux) les résultats mentionnés aux 1° et 2°.

Plus généralement, le titulaire s'interdit de procéder à tout dépôt ou réservation de marque ou de signes distinctifs (y compris noms de domaine ou comptes de réseaux sociaux) pouvant générer un risque de confusion avec l'acheteur, ses services ou produits et s'interdit de déposer ou réserver sur les résultats mentionnés aux 1° et 2° tout droit ou titre de propriété industrielle, en France ou à l'étranger, de nature à limiter ou rendre plus onéreux l'exercice des droits de l'acheteur.

Le prix de cette cession est forfaitairement compris dans le montant du marché.

Commentaires.

La cession à titre non exclusif permet au titulaire d'utiliser les résultats pour ses propres besoins, y compris commercialement.

Compte tenu de leurs spécificités, les résultats ayant pour objet d'identifier l'acheteur, de promouvoir ses produits ou services et ceux qui ne peuvent pas être réutilisés en raison de leur confidentialité sont cédés à titre exclusif.

Le prix prend en compte l'étendue de la cession (durée, territoire...), son caractère exclusif ou non ainsi que l'étendue des exploitations applicables au marché.

40.2.2. Résultats protégés par un droit de propriété industrielle relatif à des inventions et connaissances techniques :

Le titulaire informe l'acheteur de tout résultat qui aurait été identifié comme étant raisonnablement susceptible de faire l'objet d'une protection par un titre de propriété industrielle relatif à des inventions et connaissances techniques.

Le titulaire concède à l'acheteur une licence d'utilisation non exclusive des droits de propriété intellectuelle afférents à ces résultats, pour les finalités et besoins d'utilisation mentionnés au présent article tels qu'applicables au marché, comprenant le fait de pouvoir utiliser les résultats pour continuer les recherches.

Cette licence couvre les résultats à compter de leur livraison et sous condition résolutoire de la réception des prestations, pour le monde entier et pour la durée de validité de la protection.

Le prix de cette licence est compris dans le montant du marché.

Le titulaire accomplit toutes les formalités requises pour rendre la licence d'exploitation opposable aux tiers, dans tous les territoires où les droits sont concédés. Le coût de ces formalités est compris dans le montant du marché.

Dans l'hypothèse où le résultat consiste totalement ou partiellement en un nouveau savoir-faire, le titulaire concède une licence sur ce savoir-faire à l'acheteur, pour les finalités et besoins d'utilisation mentionnés au présent article, tels qu'applicables au marché, sous réserve d'en préserver la confidentialité.

Commentaires.

Compte tenu de la spécificité des prestations donnant lieu à des résultats susceptibles de protection par des droits de propriété industrielle relatif à des inventions et connaissances techniques au sens du Code de la propriété intellectuelle, et/ou susceptibles d'être couverts par du savoir-faire, il est recommandé de prévoir dans les documents particuliers du marché les modalités de répartition des droits qui peuvent déroger au régime proposé par défaut. Cela peut être le cas par exemple lorsque la prestation a pour objet l'amélioration d'une innovation technique de l'acheteur, qui peut avoir vocation à détenir par exemple le brevet portant sur les résultats.

40.2.3. Régime des données :

Les données intégrées ou générées dans le cadre du présent marché sont confidentielles et appartiennent exclusivement à l'acheteur.

Le titulaire dispose d'un accès aux données dans le cadre de l'exécution du présent marché aux seules fins de son exécution.

Le titulaire s'interdit d'en faire un quelconque usage, direct ou indirect, en dehors des prestations du présent marché, sauf autorisation préalable et expresse de l'acheteur.

40.3. Droits du titulaire :

40.3.1. Le titulaire conserve la propriété de ses savoir-faire et méthodes utilisés pour réaliser les résultats.

L'acheteur autorise le titulaire à exploiter, y compris à titre commercial, les résultats créés dans le cadre du marché et non soumis à cession exclusive au profit de l'acheteur, pour les mêmes droits que ceux prévus à l'article 40.2.1, sous réserve de la confidentialité d'informations intégrées dans les résultats en vertu de l'article 5. Pour les connaissances antérieures mises à disposition du titulaire par l'acheteur pour l'exécution du marché, le titulaire sollicite l'accord de l'acheteur.

Le titulaire verse à l'acheteur, dans l'hypothèse de l'exploitation commerciale de tout ou partie des résultats, seuls ou incorporés dans des produits ou services, ou en cas de concession totale ou partielle de droits d'exploitation portant sur les résultats, une redevance.

Les documents particuliers du marché déterminent les modalités de calcul de la redevance.

> *Commentaires.*
>
> Dès lors que le titulaire peut exploiter à titre commercial un résultat dont le développement a été financé par l'acheteur, ce dernier peut prévoir lorsque c'est pertinent une redevance qui tienne compte de cette participation.

40.3.2. Le titulaire s'engage à ce que l'exploitation des résultats ne porte pas atteinte aux droits ou à l'image de l'acheteur.

Le titulaire peut publier les résultats sous réserve du respect des obligations de confidentialité fixées à l'article 5.1 et du régime de confidentialité des résultats, complétés le cas échéant par les documents particuliers du marché, et de l'accord préalable de l'acheteur si les résultats comprennent des connaissances antérieures mises à sa disposition par ces derniers pour l'exécution du marché.

La publication mentionne que les résultats ont été financés par l'acheteur.

40.4. Stipulations communes :

40.4.1. Exercice des droits :

Pour permettre à l'acheteur d'exercer les droits qui lui sont accordés au titre du marché, le titulaire livre spontanément et au fur et à mesure de l'exécution des prestations, l'ensemble des éléments nécessaires à cet exercice, ainsi que leurs mises à jour ou évolutions au cours du marché, tels que :

40.4.1.1 Pour les logiciels :

— les codes exécutables ;

— la documentation, les documents de cadrage et suivis de projet sous format numérique (support magnétique, optique ou supports de stockage électronique) ;

— les codes sources et la documentation associée des résultats, connaissances antérieures et connaissances antérieures standards lorsque ces connaissances antérieures standards sont placées sous une licence le permettant telle qu'une licence libre/open source, sont livrés simultanément à la remise du code objet sous la forme d'un ou plusieurs supports électroniques contenant le code générateur, ainsi que l'ensemble des informations nécessaires à toute prestation ultérieure destinée à assurer la maintenance, y compris évolutive de ces éléments.

40.4.1.2. Pour les autres œuvres (créations graphiques, images, films, musique, etc.) : les fichiers sources et natifs dans un format ouvert.

Le titulaire ne peut imposer la confidentialité notamment des codes sources livrés.

La propriété matérielle de ces éléments est transférée à l'acheteur. Elle est comprise dans le prix du marché.

40.4.2. Garanties des droits :

Le titulaire garantit à l'acheteur la jouissance pleine et entière, libre de toute servitude, des droits cédés ou licenciés aux termes du marché sur les résultats et les connaissances antérieures standards ou non.

A ce titre, il garantit :

— qu'il est titulaire ou détient les droits cédés ou licenciés ;

— qu'il dispose des autorisations relatives aux droits de la personnalité et plus généralement dispose de toutes les autorisations nécessaires pour les finalités et besoins d'utilisation applicables au marché ;

— qu'il indemnise l'acheteur, en l'absence de faute qui lui serait directement imputable, sans bénéfice de discussion ni de division, contre toute action, réclamation, revendication ou opposition de la part de toute personne invoquant un droit auquel l'utilisation des résultats et des connaissances antérieures standards ou non conforme aux stipulations des articles 38 à 40 aurait porté atteinte. Si l'acheteur est poursuivi pour contrefaçon, concurrence déloyale ou parasitisme sans faute de sa part du fait de l'utilisation des résultats et des connaissances antérieures ou non conforme aux *stipulations des articles* 38 à 40, ils en informent sans délai le titulaire qui pourra alors intervenir à *l'action judiciaire* ;

— dans ces hypothèses, qu'il apporte à l'acheteur toute l'assistance nécessaire à ses frais ;

— qu'il s'engage à son choix, (i) à modifier ou de remplacer les éléments objets du litige ou d'un risque sérieux de litige, de manière qu'ils cessent de tomber sous le coup de la réclamation, tout en restant conformes aux spécifications du marché, (ii) à faire en sorte que l'acheteur puisse utiliser les éléments en litige sans limitation ni frais supplémentaires, ou, (iii) dans le cas où l'une de ces solutions ne peut être raisonnablement mise en œuvre, à rembourser à l'acheteur les sommes payées au titre des éléments objet du litige et à l'indemniser du préjudice subi.

Dans ces hypothèses, le titulaire prend à sa charge tous dommages et intérêts auxquels l'acheteur, en l'absence de faute qui lui serait directement imputable, serait condamné à raison d'un acte de contrefaçon, concurrence déloyale ou parasitisme, du fait de l'utilisation des résultats et des connaissances antérieures standards ou non conforme aux stipulations des articles 38 à 40, dès lors que la condamnation les prononçant devient exécutoire.

Le titulaire garantit les droits cédés ou licenciés afférents aux résultats ou aux connaissances antérieures standards ou non, à l'acheteur, lors de toute cession ou licence de droits portant sur les résultats ou les connaissances antérieures standards ou non.

Le titulaire garantit que les résultats, les connaissances antérieures et les connaissances antérieures standards utilisés suivent le régime des droits d'utilisation applicables au marché.

Sur simple demande, le titulaire s'engage, à ses frais, à remplacer les résultats, les connaissances antérieures standards ou non qui ne permettraient pas à l'acheteur de les exploiter dans les conditions prévues dans le cadre du marché.

La responsabilité du titulaire n'est pas engagée pour toute allégation concernant :

— les connaissances antérieures standards ou non que l'acheteur a fournies au titulaire pour l'exécution du marché ;

— les éléments incorporés dans les résultats à la demande expresse de l'acheteur ;

— les modifications, adaptations apportées aux résultats, si la cause de l'allégation trouve son fondement dans une modification ou une adaptation apportées par l'acheteur ou à sa demande expresse.

Le titulaire dégage l'acheteur de toutes les obligations légales et conventionnelles vis-à-vis des salariés ou commettants du titulaire.

40.4.3. Stipulations finales :

De manière générale, le titulaire ne peut opposer ses droits ou titres de propriété intellectuelle ou ses droits de toute autre nature à l'utilisation des résultats et des connaissances antérieures, lorsque celle-ci est conforme aux besoins d'utilisation applicables au marché.

Le titulaire ne peut notamment opposer aucun droit portant sur l'apparence graphique, les enchaînements et intitulés de menus ou de commandes qui seraient de nature à limiter les besoins d'évolution, d'adaptation, de traduction ou d'incorporation des résultats à des fins notamment d'interopérabilité avec d'autres systèmes et logiciels.

Le titulaire autorise l'acheteur à extraire et réutiliser librement les bases de données incluses dans les résultats, notamment en vue de la mise à disposition des informations publiques à des fins de réutilisation à titre gratuit ou onéreux.

En cas de cessation du marché pour quelque cause que ce soit, l'acheteur conserve les droits d'utilisation applicables au marché.

L'acheteur a la possibilité de sous-céder, sous-licencier ou de sous-traiter la mise en œuvre des résultats, connaissances antérieures et connaissances antérieures standards pour son propre compte, dans les limites de l'objet du marché.

L'acheteur peut librement publier les résultats sous réserve des éventuelles obligations de confidentialité fixées par les documents particuliers du marché et que cette publication ne constitue pas une divulgation au sens du droit de la propriété industrielle.

L'existence de restrictions au droit de publier les résultats ne fait pas obstacle à la publication d'informations générales sur l'existence du marché et la nature des résultats.

Les limites au pouvoir de publication ne s'opposent pas à la possibilité, pour l'acheteur, pour la mise en œuvre de leurs droits, de communiquer à un tiers ces résultats, en tout ou partie, dans le respect de l'article 5.1.

Toute publication doit mentionner le nom du titulaire et des auteurs.

Les parties s'informent mutuellement des modifications qu'elles souhaitent opérer sur les résultats afin de recueillir les observations utiles de l'autre partie. Elles s'accordent la libre disposition des modifications mineures et des corrections apportées aux résultats.

CHAPITRE VII RÉSILIATION

Art. 41 *Principes généraux.*

L'acheteur peut mettre fin à l'exécution des prestations faisant l'objet du marché avant l'achèvement de celles-ci, soit à la demande du titulaire dans les conditions prévues à l'article 43, soit pour faute du titulaire dans les conditions prévues à l'article 44, soit dans le cas des circonstances particulières mentionnées à l'article 42.

L'acheteur peut également mettre fin, à tout moment, à l'exécution des prestations pour un motif d'intérêt général. Dans ce cas, le titulaire a droit à être indemnisé du préjudice qu'il subit du fait de cette décision, selon les modalités prévues à l'article 46.

La décision de résiliation du marché est notifiée au titulaire. Sous réserve des stipulations particulières mentionnées ci-après, la résiliation prend effet à la date fixée dans la décision de résiliation ou, à défaut, à la date de sa notification.

Art. 42 *Résiliation pour événements extérieurs au marché.*

42.1. Décès ou incapacité civile du titulaire :

En cas de décès ou d'incapacité civile du titulaire, l'acheteur peut résilier le marché ou accepter sa continuation par les ayants droit ou le curateur. Un avenant de transfert est établi à cette fin.

La résiliation, si elle est prononcée, prend effet à la date du décès ou de l'incapacité civile. Elle n'ouvre droit pour le titulaire ou ses ayants droit à aucune indemnité.

42.2. Sauvegarde, redressement judiciaire ou liquidation judiciaire :

En cas de sauvegarde ou de redressement judiciaire, le marché est résilié, si après mise en demeure de l'administrateur judiciaire, dans les conditions prévues à l'article L. 622-13 du code de commerce, ce dernier indique ne pas reprendre les obligations du titulaire.

En cas de liquidation judiciaire du titulaire, le marché est résilié, si, après mise en demeure du liquidateur, dans les conditions prévues à l'article L. 641-11-1 du code de commerce, ce dernier indique ne pas reprendre les obligations du titulaire.

La résiliation, si elle est prononcée, prend effet à la date de l'évènement. Elle n'ouvre droit, pour le titulaire, à aucune indemnité.

42.3. Incapacité physique du titulaire :

En cas d'incapacité physique manifeste et durable du titulaire, compromettant la bonne exécution du marché, l'acheteur peut résilier le marché.

La résiliation n'ouvre droit pour le titulaire à aucune indemnité.

Art. 43 *Résiliation pour événements liés au marché.*

43.1. Difficulté d'exécution du marché :

Lorsque le titulaire rencontre, au cours de l'exécution des prestations, des difficultés techniques particulières, dont la solution nécessiterait la mise en œuvre de moyens hors de proportion avec le montant du marché, l'acheteur peut résilier le marché, de sa propre initiative ou à la demande du titulaire.

Lorsque le titulaire est mis dans l'impossibilité d'exécuter le marché, du fait d'un événement ayant le caractère de force majeure, l'acheteur résilie le marché.

43.2. Ordre de service tardif :

Lorsque la résiliation est prononcée à la demande du titulaire par application de l'article 3.8.3, celui-ci est indemnisé des frais et investissements éventuellement engagés pour le marché et strictement nécessaires à son exécution.

Il lui incombe d'apporter toutes les justifications nécessaires à la fixation de cette partie de l'indemnité dans un délai de quinze jours après la notification de la résiliation du marché.

43.3. Arrêt de l'exécution des prestations :

Lorsque l'arrêt de l'exécution des prestations est prononcé en application de l'article 26, l'acheteur résilie le marché.

La résiliation n'ouvre droit pour le titulaire à aucune indemnité.

Art. 44 *Résiliation pour faute du titulaire.*

44.1. L'acheteur peut résilier le marché pour faute du titulaire dans les cas suivants :

a) Le titulaire contrevient aux obligations légales ou réglementaires relatives au travail, à la protection de l'environnement, à la sécurité et à la santé des personnes ou à la préservation du voisinage ;

b) Des moyens des bâtiments ou des terrains ont été mis à la disposition du titulaire et celui-ci se trouve dans un des cas prévus à l'article 19.10 ;

c) Le titulaire ne s'est pas acquitté de ses obligations dans les délais contractuels ;

d) Le titulaire a fait obstacle à l'exercice d'un contrôle par l'acheteur, dans le cadre des articles 21 et 22 ;

e) Le titulaire a sous-traité en contrevenant aux dispositions législatives et réglementaires relatives à la sous-traitance ou il ne respecte pas les obligations relatives aux sous-traitants, mentionnées à l'article 3.6 ;

f) Le titulaire n'a pas produit les attestations d'assurances dans les conditions prévues à l'article 10 ;

g) Le titulaire déclare, indépendamment des cas prévus à l'article 42.1, ne pas pouvoir exécuter ses engagements ;

h) Le titulaire n'a pas communiqué les modifications mentionnées à l'article 3.4.2 et ces modifications sont de nature à compromettre la bonne exécution du marché ;

i) Le titulaire s'est livré, à l'occasion de l'exécution du marché, à des actes frauduleux ;

j) Le titulaire ou le sous-traitant ne respecte pas les obligations relatives à la confidentialité, à la protection des données à caractère personnel, et à la sécurité, mentionnées à l'article 5 ;

k) L'utilisation des résultats par l'acheteur est gravement compromise, en raison du retard pris par le titulaire dans l'exécution du marché ;

l) Postérieurement à la signature du marché, le titulaire a fait l'objet d'une interdiction d'exercer toute profession industrielle ou commerciale ;

m) Postérieurement à la signature du marché, les renseignements ou documents produits par le titulaire, à l'appui de sa candidature ou exigés préalablement à l'attribution du marché, s'avèrent inexacts ;

n) Lorsque le remplaçant de la personne désignée pour assurer la conduite des prestations est récusé en application de l'article 3.4.3., à défaut de désignation d'un nouveau remplaçant dans un délai de trente jours, ou de récusation de celui-ci dans un délai de trente jours.

44.2. Sauf dans les cas prévus aux *g, i, l* et *m* du 44.1 ci-dessus, une mise en demeure, assortie d'un délai d'exécution, doit avoir été préalablement notifiée au titulaire et être restée infructueuse :

Dans le cadre de la mise en demeure, l'acheteur informe le titulaire de la sanction envisagée et l'invite à présenter ses observations.

44.3. La résiliation du marché ne fait pas obstacle à l'exercice des actions civiles ou pénales, qui pourraient être intentées contre le titulaire.

Art. 45 *Résiliation pour motif d'intérêt général.*

Lorsque l'acheteur résilie le marché pour un motif d'intérêt général, le titulaire a droit à une indemnité de résiliation, obtenue en appliquant au montant initial hors TVA du marché, diminué du montant hors TVA non révisé des prestations admises, un pourcentage fixé par les documents particuliers du marché ou, à défaut, de 5 %.

Le titulaire a droit, en outre, à être indemnisé de la part des frais et investissements, éventuellement engagés pour le marché et strictement nécessaires à son exécution, qui n'aurait pas été prise en compte dans le montant des prestations payées. Il lui incombe d'apporter toutes les justifications nécessaires à la fixation de cette partie de l'indemnité, dans un délai de quinze jours après la notification de la résiliation du marché.

Ces indemnités sont portées au décompte de résiliation, sans que le titulaire ait à présenter une demande particulière à ce titre.

Art. 46 *Décompte de résiliation.*

46.1. La résiliation fait l'objet d'un décompte de résiliation, qui est arrêté par l'acheteur et notifié au titulaire.

46.2. Le décompte de résiliation, qui fait suite à une décision de résiliation prise en application des articles 43 et 45, comprend :

46.2.1. Au débit du titulaire :

— le montant des sommes versées à titre d'avance, d'acompte, de règlement partiel définitif et de solde ;

— la valeur, fixée par le marché et ses modifications éventuelles, des moyens confiés au titulaire que celui-ci ne peut restituer, ainsi que la valeur de reprise des moyens que l'acheteur cède à l'amiable au titulaire ;

— le montant des pénalités.

46.2.2. Au crédit du titulaire :

46.2.2.1. La valeur des prestations fournies à l'acheteur, à savoir :

— la valeur contractuelle des prestations admises, y compris, s'il y a lieu, les intérêts moratoires ;

— la valeur des prestations fournies éventuellement à la demande de l'acheteur, telles que le stockage des fournitures ;

46.2.2.2. Les dépenses engagées par le titulaire en vue de l'exécution des prestations qui n'ont pas été fournies à l'acheteur, dans la mesure où ces dépenses n'ont pas été amorties antérieurement ou ne peuvent pas l'être ultérieurement, à savoir :

— le coût des matières et objets approvisionnés en vue de l'exécution du marché ;

— *le coût des installations*, matériels et outillages, réalisés en vue de l'exécution du marché ;

— les autres frais du titulaire se rapportant directement à l'exécution du marché ;

46.2.2.3. Les dépenses de personnel, dont le titulaire apporte la preuve qu'elles résultent directement et nécessairement de la résiliation du marché ;

46.2.2.4. Si la résiliation est prise en application de l'article 45, une somme forfaitaire calculée en appliquant un pourcentage à la différence entre le montant hors TVA non révisé du marché et le montant hors TVA non révisé des prestations admises. Dans le silence du marché, ce pourcentage est de 5 %. Le montant ainsi calculé sera révisé à la date d'effet de la résiliation, conformément aux stipulations du marché ;

46.2.2.5. Plus généralement, tous préjudices subis du fait de la résiliation par le titulaire et éventuellement ses sous-traitants et fournisseurs.

46.3. Le décompte de résiliation à la suite d'une décision de résiliation prise en application de l'article 44 comprend :

46.3.1. Au débit du titulaire :

— le montant des sommes versées à titre d'avance, d'acompte, de règlement partiel définitif et de solde ;

— la valeur, fixée par le marché et ses modifications éventuelles, des moyens confiés au titulaire que celui-ci ne peut restituer, ainsi que la valeur de reprise des moyens que l'acheteur cède à l'amiable au titulaire ;

— le montant des pénalités ;

— le cas échéant, le supplément des dépenses résultant de la passation d'un marché aux frais et risques du titulaire dans les conditions fixées à l'article 48 ;

46.3.2. Au crédit du titulaire :

— la valeur contractuelle des prestations admises y compris, s'il y a lieu, les intérêts moratoires ;

— la valeur des prestations fournies éventuellement à la demande de l'acheteur telles que le stockage des fournitures.

46.4. Le décompte de résiliation à la suite d'une décision de résiliation prise en application de l'article 42 ou à la suite d'une demande du titulaire comprend :

46.4.1. Au débit du titulaire :

— le montant des sommes versées à titre d'avance, d'acompte, de règlement partiel définitif et de solde ;

— la valeur, fixée par le marché et ses modifications éventuelles, des moyens confiés au titulaire que celui-ci ne peut restituer, ainsi que la valeur de reprise des moyens que l'acheteur cède à l'amiable au titulaire ;

— le montant des pénalités.

46.4.2. Au crédit du titulaire :

— la valeur contractuelle des prestations admises, y compris, s'il y a lieu, les intérêts moratoires ;

— la valeur des prestations fournies éventuellement à la demande de l'acheteur telles que le stockage des fournitures.

46.5. La notification du décompte par l'acheteur au titulaire doit être faite, au plus tard, deux mois après la date d'effet de la résiliation du marché. Le défaut de notification du décompte de résiliation dans ce délai constitue un différend au sens de l'article 49.1.

Le cas échéant, les pénalités pour retard sont appliquées jusqu'à la veille incluse du jour de la date d'effet de la résiliation.

Art. 47 *Remise des prestations et des moyens matériels permettant l'exécution du marché.*

En cas de résiliation, l'acheteur peut exiger du titulaire :

— la remise des prestations en cours d'exécution, ainsi que des matières et des objets détenus en vue de l'exécution d'un marché ;

— la remise des moyens matériels d'exécution spécialement destinés au marché ;

— l'exécution de mesures conservatoires, notamment d'opérations de stockage ou de gardiennage.

L'acheteur en informe le titulaire ou ses ayants droit, lors de la notification de la résiliation, en indiquant le délai de remise de ces biens par le titulaire et les conditions de leur conservation dans l'attente de cette remise.

En cas de résiliation pour faute du titulaire, le présent article est appliqué aux frais de celui-ci.

Art. 48 *Exécution de la prestation aux frais et risques du titulaire.*

48.1. L'acheteur peut faire procéder par un tiers à l'exécution de tout ou partie des prestations prévues par le marché, aux frais et risques du titulaire :

— soit lorsque le titulaire n'a pas déféré à une mise en demeure de se conformer aux stipulations du marché ou aux ordres de service, ou en cas d'inexécution par ce dernier d'une prestation qui, par sa nature, ne peut souffrir aucun retard. La décision de faire exécuter les prestations par un tiers, en lieu et place du titulaire, est notifiée au titulaire par l'acheteur. Sous réserve qu'elles ne soient pas entièrement exécutées, le titulaire peut être autorisé par ordre de service à reprendre l'exécution des prestations s'il justifie des moyens nécessaires à cette fin dans le délai prévu par les documents particuliers du marché ou, à défaut, dans le délai de trois mois suivant la notification de la décision d'exécution aux frais et risques. S'il n'a pas été autorisé à reprendre l'exécution du marché dans ce délai, le marché est résilié pour faute du titulaire ;

— soit en cas de résiliation du marché pour faute du titulaire, à la condition que la décision de *résiliation le mentionne expressément.*

48.2. S'il n'est pas possible à l'acheteur de se procurer, dans des conditions acceptables, des prestations exactement conformes à celles dont l'exécution est prévue dans les documents particuliers du marché, il peut y substituer des prestations équivalentes.

48.3. Le titulaire du marché résilié n'est pas admis à prendre part, ni directement ni indirectement, à l'exécution des prestations effectuées à ses frais et risques. Il doit cependant fournir toutes les informations recueillies et les moyens mis en œuvre dans le cadre de l'exécution du marché initial et qui seraient nécessaires à l'exécution du marché de substitution. Ce marché de substitution est transmis pour information au titulaire défaillant.

48.4. L'augmentation des dépenses, par rapport aux prix du marché, résultant de l'exécution des prestations aux frais et risques du titulaire est à la charge du titulaire. La diminution des dépenses ne lui profite pas.

CHAPITRE VIII DIFFÉRENDS

Art. 49 *Règlement des différends entre les parties.*

49.1. L'acheteur et le titulaire s'efforceront de régler à l'amiable tout différend éventuel relatif à l'interprétation des stipulations du marché ou à l'exécution des prestations objet du marché.

Au sens du présent article, l'apparition du différend résulte :

— soit d'une prise de position écrite, explicite et non équivoque émanant de l'acheteur et faisant apparaître le désaccord ;

— soit du silence gardé par l'acheteur à la suite d'une mise en demeure adressée par le titulaire l'invitant à prendre position sur le désaccord dans un délai qui ne saurait être inférieur à quinze jours ;

— soit de l'absence de notification du décompte de résiliation dans le délai mentionné à l'article 46.

Commentaires.

En l'absence de mise en demeure, la seule circonstance que l'acheteur ne s'acquitte pas, en temps utile, des factures qui lui sont adressées, sans refuser explicitement de les honorer, ne suffit pas à caractériser l'existence d'un différend au sens du présent article.

49.2. Tout différend entre le titulaire et l'acheteur doit faire l'objet, de la part du titulaire, d'un mémoire en réclamation exposant précisément les motifs de ce différend et indiquant, le cas échéant, pour chaque chef de contestation, le montant des sommes réclamées et leur justification.

Ce mémoire doit être communiqué à l'acheteur dans le délai de deux mois courant à compter du jour où le différend est apparu.

Le délai de communication du mémoire en réclamation est prescrit à peine de forclusion.

49.3. L'acheteur dispose d'un délai de deux mois courant à compter de la réception du mémoire en réclamation pour notifier sa décision. L'absence de décision dans ce délai vaut rejet de la réclamation.

49.4. Lorsque l'acheteur et le titulaire ne parviennent pas à régler le différend à l'issue de la procédure décrite aux 1 à 3 du présent article, ils privilégient le recours à un comité consultatif de règlement à l'amiable, à la conciliation, à la médiation, notamment auprès du médiateur des entreprises, ou à l'arbitrage, dans les hypothèses et les conditions prévues par le code de la commande publique.

La partie qui saisit d'un différend le comité consultatif de règlement amiable compétent supporte les frais de l'expertise, s'il en est décidé une, dans l'attente du règlement amiable définitif du différend.

La saisine d'un comité consultatif de règlement amiable des différends interrompt les délais de recours contentieux jusqu'à la notification de la décision prise par l'acheteur sur l'avis du comité.

La saisine d'un conciliateur ou d'un médiateur interrompt les délais de recours contentieux jusqu'à la notification de la décision prise après conciliation ou médiation ou de la constatation par le conciliateur ou le médiateur de l'échec de sa mission

49.5. Pour les réclamations auxquelles a donné lieu le solde du marché, le titulaire dispose d'un délai de deux mois, à compter de la notification de la décision prise par l'acheteur ou de la naissance de la décision implicite de rejet mentionnées au 3 du présent article, pour porter ses réclamations devant le tribunal administratif compétent. Passé ce délai, le titulaire est réputé avoir accepté cette décision.

Les litiges portant sur des actions civiles relatives à la propriété littéraire et artistique relevant de l'article L. 331-1 du code de la propriété intellectuelle sont portés devant la juridiction judiciaire compétente.

CHAPITRE IX STIPULATIONS SPÉCIALES AUX MARCHÉS DE RÉPARATION ET DE MODIFICATION

Art. 50 *Marchés intéressés par les stipulations du chapitre IX.*

Les stipulations du présent chapitre ne sont applicables à un marché que si celui-ci s'y réfère expressément.

Art. 51 *Examen préalable et responsabilité du titulaire.*

51.1. Un constat contradictoire est établi, pour constater l'état du matériel à réparer ou à modifier, au moment où l'acheteur le confie au titulaire. Ce constat est signé par les deux parties.

51.2. Le titulaire est responsable, dans les conditions prévues à l'article *(Arr. du 30 sept. 2021, art. 5)* « 19 », du matériel qui lui est confié.

51.3. Il est tenu de l'assurer dans les conditions de l'article 20.

51.4. A cet effet, la valeur des matériels confiés au titulaire est fixée forfaitairement à :

— la moitié du prix du matériel neuf, pour les matériels susceptibles d'être classés à réparer ou déjà classés dans cette catégorie ;

— les deux tiers de ce prix, pour les matériels réparés ;

— 5 % de ce prix, pour les matériels proposés à la réforme.

La valeur des matériels est indiquée dans les documents particuliers du marché ou, à défaut, figure sur le constat contradictoire mentionné à l'article 51.1.

51.5. Le titulaire peut demander à être dispensé de l'obligation d'assurance, jusqu'à concurrence de 90 % de la valeur des matériels en dépôt, dans les deux cas suivants :

— lorsque le montant de la réparation, de la transformation ou de la modification est particulièrement faible par rapport à la valeur résiduelle du matériel confié ;

— ou lorsque l'accumulation des matériels appartenant à l'acheteur et des stocks constitue une charge d'assurance disproportionnée par rapport au montant du marché.

51.6. Cette dispense pourra lui être accordée par une décision de l'acheteur, dans les conditions suivantes :

a) Cette dispense ne s'applique qu'aux matériels de l'acheteur stockés soit en vue de leur réparation, soit en attente de livraison, après prise en charge régulière par l'acheteur ;

b) Elle ne dispense pas le titulaire de l'obligation de prendre toutes les mesures de sécurité contre l'incendie requises habituellement par les compagnies d'assurances ;

c) Le titulaire devra justifier d'une assurance couvrant le complément de la valeur du matériel entreposé, soit au moins 10% de cette valeur ;

d) La part des dommages éventuels mis à la charge du titulaire est limitée, en proportion de la valeur des matériels sinistrés pour lesquels il est tenu de se couvrir en assurance.

Art. 52 *Proposition de travaux et état récapitulatif de prix.*

La proposition de travaux indique les ensembles ou pièces à remplacer. Les pièces à fournir par le titulaire et les pièces à fournir par l'acheteur font l'objet de listes distinctes.

Un état récapitulatif de prix accompagne chaque proposition de travaux.

Dans un délai de trente jours à compter du constat contradictoire mentionné à l'article *(Arr. du 30 sept. 2021, art. 5)* « 51.1 », le titulaire doit soumettre à l'acheteur les propositions de travaux et les états récapitulatifs de prix.

Au vu de la proposition de travaux et de l'état récapitulatif de prix, l'acheteur notifie l'ordre de service pour l'exécution ou l'abandon de la réparation ou de la modification. En l'absence d'ordre de service notifié dans un délai de trente jours après la présentation de la proposition et de l'état récapitulatif, le titulaire exécute les travaux.

Lorsqu'une proposition de travaux n'a pas été acceptée, il n'est réglé au titulaire que les frais des opérations préalables et accessoires : examen, dépose, démontage, nettoyage, vérifications, transport, réellement effectuées, ainsi que les frais d'établissement de la proposition.

Art. 53 *Modification des travaux en cours d'exécution.*

Lorsqu'en cours d'exécution, le titulaire constate que des travaux supplémentaires sont à exécuter ou, au contraire, que des travaux prévus se révèlent inutiles, il soumet à l'acheteur une nouvelle proposition de travaux, assortie d'un nouvel état récapitulatif des prix, avant toute modification dans l'exécution de la prestation.

Art. 54 *Récupération.*

S'il y a lieu, et sur invitation de l'acheteur, les pièces irréparables et résidus, les pièces remplacées en bon état ou réparables, ainsi que les matières et pièces fournies par l'acheteur qui n'ont pas été utilisées sont regroupées par catégories par les soins du titulaire. Elles sont alors restituées à l'acheteur, aux frais de ce dernier.

Art. 55 *Inventaire.*

Le titulaire tient un inventaire conformément aux stipulations de l'article 19.4. Cet inventaire retrace chaque entrée ou sortie et distingue notamment :

— le matériel à réparer ;

— les pièces neuves perçues dans les établissements de l'acheteur ;

— les pièces en bon état récupérées sur l'ensemble à ne pas réparer ;

— les pièces en mauvais état, les matières récupérées et les résidus.

Cet inventaire est contrôlé par l'acheteur.

Arrêté du 30 mars 2021,

Portant approbation du cahier des clauses administratives générales des marchés publics de prestations intellectuelles.

***Nota :** Le présent arrêté entre en vigueur le 1er avr. 2021 (Arr. du 30 mars 2021, art. 3). Il s'applique aux marchés publics pour lesquels une consultation est engagée ou un avis d'appel à la concurrence envoyé à la publication à compter de cette date. Toutefois, jusqu'au 1er oct. 2021, les acheteurs publics peuvent faire référence au cahier des clauses administratives générales applicables aux marchés publics de prestations intellectuelles dans sa rédaction antérieure au présent arrêté (Arr. du 16 sept. 2009, V. App., Partie I. V bis. CCAG [anciens] 🏛).*

Art. 1er Est approuvé le cahier des clauses administratives générales des marchés publics de prestations intellectuelles dont le texte est annexé au présent arrêté.

Ce cahier des clauses administratives générales n'est applicable qu'aux marchés qui s'y réfèrent.

Art. 2 L'arrêté du 16 septembre 2009 portant approbation du cahier des clauses administratives générales applicables aux marchés publics de prestations intellectuelles est abrogé à compter du 1er octobre 2021.

Art. 3 Les dispositions du présent arrêté entrent en vigueur le 1er avril 2021. Elles sont applicables aux marchés pour lesquels une consultation a été engagée ou un avis d'appel à la concurrence envoyé à la publication à compter de cette date.

Toutefois, les marchés publics qui se réfèrent au cahier des clauses administratives générales des marchés publics de prestations intellectuelles, pour lesquels une consultation est engagée ou un avis d'appel à la concurrence envoyé à la publication entre 1er avril 2021 et le 30 septembre 2021, sont réputés faire référence au cahier des clauses administratives générales dans sa rédaction antérieure au présent arrêté, sauf s'ils font expressément référence au présent arrêté.

Les marchés publics qui se réfèrent au cahier des clauses administratives générales applicables aux marchés publics de prestations intellectuelles, pour lesquels une consultation a été engagée ou un avis d'appel public à la concurrence envoyé à la publication avant le 1er avril 2021, demeurent régis, pour leur exécution, par les stipulations du cahier des clauses administratives générale dans sa rédaction antérieure au présent arrêté.

Art. 4 *(Arr. du 21 avr. 2021, art. 4)* I. — Pour l'application du présent arrêté à Saint-Barthélemy et à Saint-Pierre-et-Miquelon, les références au règlement (UE) 2016/679 du 27 avril 2016 relatif à la protection des personnes physiques à l'égard du traitement des données à caractère personnel et à la libre circulation de ces données, et abrogeant la directive 95/46/CE ("RGPD") sont remplacées par la référence aux règles applicables en métropole en vertu de ce règlement ;

II. — Les dispositions du présent arrêté sont applicables dans les îles Wallis-et-Futuna, en Polynésie française, en Nouvelle-Calédonie et dans les Terres australes et antarctiques françaises.

Pour l'application, dans ces mêmes collectivités, du cahier des clauses administratives générales des marchés publics de prestations intellectuelles dont le texte est annexé au présent arrêté :

1° Les références au règlement (UE) 2016/679 du 27 avril 2016 relatif à la protection des personnes physiques à l'égard du traitement des données à caractère personnel et à la libre circulation de ces données, et abrogeant la directive 95/46/CE ("RGPD") sont remplacées par la référence aux règles applicables en métropole en vertu de ce règlement ;

2° Les références au code du travail et au code de la sécurité sociale sont remplacées par la référence aux dispositions applicables localement ayant le même objet ;

3° Les références aux prestations perçues par les bénéficiaires de la clause d'insertion sociale sont remplacées, en tant que de besoin, par la référence aux dispositions applicables localement ayant le même objet ;

4° Les références au code de commerce sont remplacées, en tant que de besoin, par la référence aux dispositions applicables localement ayant le même objet et permettant les mêmes effets ;

5° En Polynésie française et en Nouvelle-Calédonie, les références au code de la propriété intellectuelle sont remplacées par la référence aux dispositions applicables localement ayant le même objet ;

6° Dans les îles Wallis-et-Futuna et en Polynésie française et en Nouvelle-Calédonie, les références aux assurances sont remplacées, en tant que de besoin, par la référence aux dispositions applicables localement ayant le même objet.

Art. 5 Le présent arrêté sera publié au *Journal officiel* de la République française.

ANNEXE

CAHIER DES CLAUSES ADMINISTRATIVES GÉNÉRALES DES MARCHÉS PUBLICS DE PRESTATIONS INTELLECTUELLES

Préambule

Il appartient à l'acheteur, qui souhaite faire référence à un cahier des clauses administratives générales (CCAG), de choisir celui qui est le mieux adapté aux prestations objet de son marché, et de faire expressément référence à ce CCAG dans les documents particuliers de son marché.

Le présent CCAG s'applique aux marchés publics comportant une part importante de services faisant appel exclusivement à des activités de l'esprit. Il peut s'agir notamment de prestations d'étude, de réflexion, de conseil ou d'expertise. Toutefois, il ne s'applique pas aux prestations de maîtrise d'œuvre, pour lesquelles il convient de se référer au CCAG applicable aux marchés publics de maîtrise d'œuvre. Il n'est pas adapté aux marchés de prestations intellectuelles conclus par les acheteurs privés.

Par principe, un marché ne peut se référer qu'à un seul CCAG. Toutefois, par dérogation à ce principe, en cas de marché global, au sens de l'article L. 2171-1 du code de la commande, l'acheteur peut faire référence à plusieurs CCAG. Dans ce cas, il devra veiller à assurer la parfaite cohérence entre les différentes clauses auxquelles il se réfère.

Dans le cas où certaines prestations secondaires doivent être régies par des stipulations figurant dans un autre CCAG que celui désigné dans le marché, ce dernier doit reproduire, dans le cahier des clauses administratives particulières (CCAP) ou tout autre document qui en tient lieu, les stipulations retenues sans référence au CCAG dont elles émanent.

Les services dits courants, comportant des prestations standards, normalisées ou achetées sur catalogue, relèvent du CCAG de fournitures courantes et de services. Les marchés relevant du CCAG-PI peuvent comporter à titre accessoire une part de services dits courants ou de fournitures.

Les marchés relevant du CCAG-PI donnent généralement naissance à des droits de propriété intellectuelle tels que les droits de propriété industrielle, littéraire ou artistique. Ils comportent éventuellement des transferts de connaissances ou de savoir-faire. L'existence de ces droits ou de ces transferts peut servir de critère pour retenir l'application du CCAG-PI. Un marché industriel comportant une part non prépondérante de prestations intellectuelles relève du CCAG des marchés publics industriels (CCAG-MI).

Les commentaires figurant dans le présent CCAG n'ont pas valeur contractuelle.

CHAPITRE I GÉNÉRALITÉS

Art. 1er *Champ d'application.*

1.1. Les stipulations du présent cahier des clauses administratives générales (CCAG) s'appliquent aux marchés qui s'y réfèrent expressément.

1.2. Ces marchés peuvent prévoir de déroger à certaines de ces stipulations.

Ces dérogations doivent figurer dans le cahier des clauses administratives particulières (CCAP), ou dans tout autre document qui en tient lieu, et préciser à quels articles du présent CCAG elles dérogent.

Le dernier article du CCAP, ou de tout autre document qui en tient lieu, contient la liste récapitulative des articles du présent CCAG auxquels il est dérogé.

Art. 2 *Définitions.*

Au sens du présent document :

— l'"acheteur" est le pouvoir adjudicateur ou l'entité adjudicatrice qui conclut le marché avec le titulaire ;

— le "titulaire" est l'opérateur économique qui conclut le marché avec l'acheteur. En cas de groupement d'opérateurs économiques, le "titulaire" désigne le groupement, représenté par son mandataire ;

— la "notification" est l'action consistant à porter une information ou une décision à la connaissance de la ou des parties contractantes par tout moyen matériel ou dématérialisé, par le biais d'un profil d'acheteur ou par tout autre moyen de communication électronique, permettant de déterminer de façon certaine la date et, le cas échéant, l'heure de sa réception ;

— les "prestations" désignent les services de prestations intellectuelles objet du marché ;

— l'"*ordre de service*" est la décision de l'acheteur qui précise les modalités d'exécution des prestations prévues par le marché ;

— l'"admission" est la décision, prise après vérifications, par laquelle l'acheteur reconnaît la conformité des prestations aux stipulations du marché. La décision d'admission vaut constatation de service fait et constitue le point de départ des délais de garantie ;

— l'"ajournement" est la décision prise par l'acheteur qui estime que les prestations pourraient être admises moyennant des corrections à opérer par le titulaire ;

— la "réfaction" est la décision prise par l'acheteur de réduire le montant des prestations à verser au titulaire, lorsque les prestations ne satisfont pas entièrement aux prescriptions du marché, mais qu'elles peuvent être admises en l'état ;

— le "rejet" est la décision prise par l'acheteur qui estime que les prestations ne peuvent être admises, même après ajournement ou avec réfaction ;

— le "cahier des clauses administratives particulières" (CCAP) est un document contractuel qui fixe les clauses administratives propres au marché. Ces clauses peuvent également être fixées dans tout autre document particulier du marché ayant le même objet, tel un cahier des clauses particulières (CCP) ;

— le "cahier des clauses techniques particulières" (CCTP) est un document contractuel qui fixe les clauses techniques nécessaires à l'exécution des prestations du marché. Ces clauses peuvent également être fixées dans tout autre document particulier du marché ayant le même objet, tel un cahier des clauses particulières (CCP).

Art. 3 *Obligations générales des parties.*

3.1. Forme des notifications et informations :

3.1.1. La notification des décisions, observations ou informations qui font courir un délai est faite par tout moyen matériel ou dématérialisé permettant de déterminer de façon certaine la date et, le cas échéant, l'heure de sa réception.

Cette notification peut être faite par le biais du profil d'acheteur ou à l'adresse postale ou électronique des parties mentionnée dans les documents particuliers du marché ou, à défaut, à leur siège social, sauf si ces documents leur font obligation de domicile en un autre lieu.

En cas de groupement, la notification se fait au mandataire pour l'ensemble du groupement.

3.1.2. La date et, le cas échéant, l'heure de réception mentionnées sur un récépissé sont considérées comme celles de la notification.

Lorsque la notification est effectuée par le biais du profil d'acheteur, les parties sont réputées avoir reçu cette notification à la date de la première consultation du document qui leur a ainsi été adressé, certifiée par l'accusé de réception délivré par l'application informatique, ou, à défaut de consultation dans un délai de huit jours à compter de la date de mise à disposition du document sur le profil d'acheteur, à l'issue de ce délai.

3.2. Modalités de computation des délais d'exécution des prestations :

3.2.1. Tout délai mentionné au marché commence à courir à 0 heure, le lendemain du jour où s'est produit le fait qui sert de point de départ à ce délai. Toutefois, lorsque le délai est exprimé en heures, il commence à courir à compter de l'heure suivant celle où s'est produit le fait qui sert de point de départ à ce délai.

Les dates et heures applicables sont celles utilisées par les documents particuliers du marché pour les livraisons ou l'exécution des prestations.

3.2.2. Lorsque le délai est fixé en jours, il s'entend en jours calendaires et il expire à minuit le dernier jour du délai.

Commentaires.

Le fuseau horaire utilisé est celui de la livraison ou de l'exécution du service.

Un délai fixé en jours calendaires inclut les samedis, dimanches et jours fériés.

3.2.3. Lorsque le délai est fixé en mois, il est compté de quantième en quantième. S'il n'existe pas de quantième correspondant dans le mois où se termine le délai, celui-ci expire le dernier jour de ce mois, à minuit.

3.2.4. Lorsque le dernier jour du délai est un samedi, un dimanche ou un jour férié, le délai est prolongé jusqu'à la fin du premier jour ouvrable qui suit, à minuit.

3.2.5. Lorsque le délai est fixé en jours ouvrés, il s'entend hors samedis, dimanches et jours fériés.

3.2.6. Le délai s'appliquant au titulaire n'inclut pas le délai nécessaire à l'acheteur pour effectuer ses opérations de vérification et prendre sa décision conformément au chapitre V.

3.3. Représentation de l'acheteur :

Dès la notification du marché, l'acheteur désigne une ou plusieurs personnes physiques, habilitées à le représenter auprès du titulaire, pour les besoins de l'exécution du marché. D'autres personnes physiques peuvent être habilitées par l'acheteur en cours d'exécution du marché.

Ce ou ces représentants sont réputés disposer des pouvoirs suffisants pour prendre, dès notification de leur nom au titulaire dans les délais requis ou impartis par le marché, les décisions nécessaires engageant l'acheteur.

3.4. Représentation du titulaire et obligations d'information relative au titulaire :

3.4.1. Représentation du titulaire

Dès la notification du marché, le titulaire désigne une ou plusieurs personnes physiques, habilitées à le représenter auprès de l'acheteur, pour les besoins de l'exécution du marché. D'autres personnes physiques peuvent être habilitées par le titulaire en cours d'exécution du marché.

Ce ou ces représentants sont réputés disposer des pouvoirs suffisants pour prendre, dès notification de leur nom à l'acheteur dans les délais requis ou impartis par le marché, les décisions nécessaires engageant le titulaire.

3.4.2. Notification des modifications portant sur la situation juridique ou économique du titulaire

Le titulaire est tenu de notifier sans délai à l'acheteur les modifications survenant au cours de l'exécution du marché et qui se rapportent :

— aux personnes ayant le pouvoir de l'engager ;

— à la forme juridique sous laquelle il exerce son activité ;

— à sa raison sociale ou à sa dénomination ;

— à son adresse ou à son siège social ;

— à ses coordonnées bancaires ;

— aux renseignements qu'il a fournis pour l'acceptation d'un sous-traitant et l'agrément de ses conditions de paiement.

De façon générale, le titulaire est tenu de notifier sans délai à l'acheteur toutes les modifications importantes concernant le fonctionnement de l'entreprise pouvant influer sur le déroulement du marché.

Commentaires.

Des rubriques sur la répartition du capital, sur les personnes ou groupes qui contrôlent l'entreprise, sur les groupements dont elle fait partie peuvent être prévues par le CCAP ou tout autre document qui en tient lieu, notamment pour certains marchés de défense ou de sécurité concernés par des dispositions restrictives en matière d'intervention d'entreprises étrangères ou détenues par des groupes étrangers.

3.4.3. Conduite des prestations par une personne nommément désignée :

Lorsqu'il est prévu dans le marché que tout ou partie des prestations doit être exécutée par une personne nommément désignée et que cette personne n'est plus en mesure d'accomplir cette tâche, le titulaire doit :

— en informer sans délai l'acheteur et prendre toutes dispositions nécessaires afin d'assurer la poursuite de l'exécution des prestations ;

— proposer à l'acheteur un remplaçant disposant de compétences au moins équivalentes et dont il lui communique le nom et le *curriculum vitae* dans un délai de trente jours à compter de la date d'envoi de l'*(Arr. du 30 sept. 2021, art. 3)* « information mentionnée » à l'alinéa précédent.

Le remplaçant proposé par le titulaire est considéré comme accepté par l'acheteur, si celui-ci ne le récuse pas dans le délai de trente jours courant à compter de la réception de la communication mentionnée à l'alinéa précédent. Si l'acheteur récuse le remplaçant, le titulaire dispose d'un délai de trente jours pour proposer un autre remplaçant.

La décision de récusation prise par l'acheteur est motivée.

Les informations, avis, propositions et décisions de l'acheteur sont notifiés selon les modalités fixées à l'article 3.1.

A défaut de proposition de remplaçant par le titulaire ou en cas de récusation des remplaçants par l'acheteur, le marché peut être résilié dans les conditions prévues à l'article 39.

3.5. Groupement d'opérateurs économiques :

3.5.1. Le membre du groupement d'opérateurs économiques, désigné dans le marché comme mandataire, représente l'ensemble des membres du groupement, vis-à-vis de l'acheteur, pour l'exécution du marché.

3.5.2. En cas de groupement conjoint, le mandataire est solidaire, si les documents particuliers du marché le prévoient, de chacun des autres membres du groupement dans les obligations contractuelles de celui-ci à l'égard de l'acheteur jusqu'à la date à laquelle ses obligations prennent fin.

3.5.3. En cas de groupement solidaire, chacun des membres du groupement est engagé financièrement pour la totalité du marché et doit pallier une éventuelle défaillance des autres membres du groupement.

3.5.4. En cas de défaillance du mandataire du groupement, les membres du groupement sont tenus de lui désigner un remplaçant. A défaut, et à l'issue d'un délai de huit jours à compter de la notification de la mise en demeure par l'acheteur d'y procéder, le cocontractant exécutant la part financière la plus importante restant à réaliser à la date de cette modification devient le nouveau mandataire du groupement.

3.6. Sous-traitance :

3.6.1. Le titulaire, qui envisage d'en sous-traiter une partie, demande à l'acheteur d'accepter chaque sous-traitant et d'agréer ses conditions de paiement.

3.6.2. Dès la signature de l'acte spécial constatant l'acceptation du sous-traitant et l'agrément des conditions de paiement, l'acheteur notifie au titulaire et à chacun des sous-traitants concernés l'exemplaire de l'acte spécial qui leur revient. Dès réception de cette notification, le titulaire fait connaître à l'acheteur le nom de la personne physique habilitée à représenter le sous-traitant.

3.6.3. Le titulaire est tenu de communiquer le contrat de sous-traitance et ses éventuels avenants à l'acheteur, lorsque celui-ci en fait la demande. A défaut de l'avoir produit à l'échéance d'un délai de quinze jours courant à compter de la réception d'une mise en demeure de le faire par l'acheteur, le titulaire encourt une pénalité égale à 1 / 3 000 du montant hors TVA du marché ou de la tranche concernée, éventuellement modifiés ou, à défaut du montant du bon de commande concerné. Cette pénalité s'applique pour chaque jour de retard.

3.7. Bons de commande :

3.7.1. Les bons de commande sont notifiés par l'acheteur au titulaire.

3.7.2. Lorsque le titulaire estime que les prescriptions d'un bon de commande qui lui est notifié appellent des observations de sa part, il doit les notifier à l'acheteur dans un délai de quinze jours à compter de la date de réception du bon de commande, sous peine de forclusion.

3.7.3. Le titulaire se conforme aux bons de commande qui lui sont notifiés, que ceux-ci aient ou non fait l'objet d'observations de sa part.

3.7.4. En cas de groupement d'opérateurs économiques, les bons de commande sont adressés au mandataire du groupement, qui a seul qualité pour formuler des observations à l'acheteur.

3.7.5. Lorsqu'au terme de l'exécution d'un accord-cadre à bons de commande attribué à un seul titulaire, le total des commandes de l'acheteur n'a pas atteint le minimum fixé par l'accord-cadre, en valeur ou en quantités, le titulaire a droit à une indemnité égale à la marge nette qu'il aurait réalisée sur les prestations qui restaient à exécuter pour atteindre ce minimum. Il lui incombe d'apporter à l'acheteur les justificatifs, notamment comptables, permettant de déterminer cette marge nette.

Le titulaire a droit, en outre, à être indemnisé de la part des frais et investissements, éventuellement engagés pour l'accord-cadre et strictement nécessaires à son exécution, qui n'aurait pas été prise en compte dans le montant des prestations payées. Il lui incombe d'apporter à l'acheteur toutes les justifications nécessaires à la fixation de cette partie de l'indemnité dans un délai de quinze jours à compter du terme de l'accord-cadre.

3.8. Ordres de service :

3.8.1. Les ordres de service sont notifiés par l'acheteur au titulaire.

3.8.2. Lorsque le titulaire estime que les prescriptions d'un ordre de service qui lui est notifié appellent des observations de sa part, il doit les notifier à l'acheteur, dans un délai de quinze jours à compter de la date de réception de l'ordre de service, sous peine de forclusion.

3.8.3. Sous réserve de l'article 23.4, le titulaire se conforme aux ordres de service qui lui sont notifiés, que ceux-ci aient ou non fait l'objet d'observations de sa part.

Toutefois, sauf si le marché prévoit que le démarrage des prestations peut être ordonné dans un délai supérieur à six mois à compter de sa notification, le titulaire peut refuser d'exécuter cet ordre, s'il lui est notifié plus de six mois après la notification du marché. Le titulaire dispose alors d'un délai de quinze jours, courant à compter de la date d'envoi de sa décision de refus à l'acheteur, pour proposer une nouvelle date de démarrage des prestations. A l'expiration de ce délai, s'il n'a proposé aucune autre date, il doit exécuter les prestations à la date demandée. En cas de refus opposé par l'acheteur à la proposition qui lui aura été faite, le titulaire peut demander la résiliation du marché, dans les conditions mentionnées à l'article 38.2. Cette résiliation ne peut lui être refusée.

3.8.4. En cas de groupement d'opérateurs économiques, les ordres de service sont adressés au mandataire du groupement, qui a seul qualité pour formuler des observations à l'acheteur.

Art. 4 *Pièces contractuelles.*

4.1. Ordre de priorité :

En cas de contradiction entre les stipulations des pièces contractuelles du marché, elles prévalent dans l'ordre de priorité suivant :

— l'acte d'engagement et ses éventuelles annexes financières ;

— le cahier des clauses administratives particulières (CCAP) ou tout autre document qui en tient lieu et ses éventuelles annexes ;

— le cahier des clauses techniques particulières (CCTP) ou tout autre document qui en tient lieu et ses éventuelles annexes ;

— le présent cahier des clauses administratives générales (CCAG) ;

— le cahier des clauses techniques générales (CCTG) applicable aux prestations, objet du marché, si celui-ci s'y réfère ;

— l'offre technique du titulaire ;

— les actes spéciaux de sous-traitance et leurs éventuels actes modificatifs, postérieurs à la notification du marché ;

4.2. Pièces à remettre au titulaire. Cession ou nantissement des créances :

4.2.1. La notification du marché comprend une copie, délivrée sans frais par l'acheteur au titulaire, de l'acte d'engagement et des autres pièces constitutives du marché, à l'exception du CCAG, des CCTG et, plus généralement, de toute pièce ayant fait l'objet d'une publication officielle.

4.2.2. L'acheteur remet également au titulaire, à sa demande et sans frais, l'exemplaire unique ou le certificat de cessibilité nécessaire à la cession ou au nantissement du marché.

Art. 5 *Confidentialité – Protection des données personnelles – Mesures de sécurité.*

5.1. Obligation de confidentialité :

5.1.1. Le titulaire et l'acheteur qui, à l'occasion de l'exécution du marché, ont connaissance d'informations ou reçoivent communication de documents ou d'éléments de toute nature, présentant un caractère confidentiel, sont tenus de prendre toutes mesures nécessaires, afin d'éviter que ces informations, documents ou éléments ne soient divulgués à un tiers qui n'a pas à en connaître. Une partie ne peut demander la confidentialité d'informations, de documents ou d'éléments qu'elle a elle-même rendus publics.

5.1.2. Une information confidentielle désigne toute information de quelque nature (y inclus la méthodologie, la documentation, les informations ou le savoir-faire), sous quelque forme que ce soit (y inclus sous forme orale, écrite, magnétique ou électronique), sur tout support dont l'acheteur est propriétaire ou titulaire, et qui est communiquée au titulaire, ou obtenue de toute autre façon par ce dernier dans le cadre de ses relations avec l'acheteur. Le titulaire et son personnel, et le cas échéant ses sous-traitants, ne peuvent l'utiliser que pour l'accomplissement des prestations prévues au marché.

5.1.3. Le titulaire doit informer ses sous-traitants des obligations de confidentialité et des mesures de sécurité qui s'imposent à lui pour l'exécution du marché. Il doit s'assurer du respect de ces obligations par ses sous-traitants.

5.1.4. Ne sont pas couverts par cette obligation de confidentialité les informations, documents ou éléments :

— qui étaient dans le domaine public au moment de leur divulgation ou que l'acheteur aurait lui-même rendus publics pendant l'exécution du marché ;

— signalés comme présentant un caractère non confidentiel et relatifs aux prestations du marché ;

— qui ont été communiqués au titulaire par un tiers ayant légalement le droit de diffuser ces informations, documents ou éléments, comme le prouvent des documents existant antérieurement à leur divulgation.

5.2. Protection des données à caractère personnel :

5.2.1. Chaque partie au marché est tenue au respect des règles, européennes et françaises, applicables au traitement des données à caractère personnel éventuellement mis en œuvre aux fins de l'exécution du marché. A ce titre, toute transmission de données à des tiers, y compris au bénéfice d'entités établies hors de l'Union européenne, qui ne serait pas strictement conforme à la réglementation en vigueur est formellement prohibée.

5.2.2. En cas d'évolution de la réglementation sur la protection des données à caractère personnel en cours d'exécution du marché, les modifications nécessaires pour se conformer aux règles nouvelles, donnent lieu à la signature d'un avenant par les parties au marché ou, en l'absence d'accord entre les parties, à une modification unilatérale par l'acheteur.

5.2.3. Lorsque le titulaire met en œuvre un traitement de données personnelles pour le compte de l'acheteur, pour que ce traitement réponde aux exigences de la réglementation et garantisse en particulier la protection des droits des personnes physiques identifiées ou identifiables qu'il concerne, les documents particuliers du marché précisent notamment :

— la finalité, la description et la durée du traitement dans le strict respect des instructions documentées de l'acheteur ;

— les obligations de l'acheteur et celles du titulaire vis-à-vis de ce dernier, en particulier l'obligation de l'informer de toute difficulté dans l'application de la réglementation, de tout projet de recours à un tiers pour la mise en œuvre du traitement, ou encore de toute demande de communication de données qui lui serait adressée, ainsi que, lorsque celle-ci serait contraire à la règlementation française et européenne, des mesures adoptées pour s'y opposer ;

— les modalités de prise en compte du droit à l'information et des autres droits des personnes concernées, dont l'exercice doit être garanti ;

— les mesures de sécurité mises en œuvre pour garantir l'intégrité, la confidentialité et la disponibilité des données, ainsi que les conditions de notification des violations de données à caractère personnel ;

— la durée et les modalités de conservation des données et le sort de celles-ci au terme de l'exécution du marché.

Les documents particuliers du marché précisent également les pénalités applicables au titulaire en cas de méconnaissance de la réglementation.

En cas de manquement par le titulaire ou son sous-traitant à ses obligations légales et contractuelles relatives à la protection des données personnelles, le marché peut être résilié pour faute en application de l'article 39.

Commentaires.

L'acheteur est considéré comme le "responsable du traitement" au sens du Règlement général sur la protection des données (RGPD) en tant qu'autorité publique déterminant les finalités et les moyens du traitement des données.

Le titulaire est généralement considéré comme le "sous-traitant" au sens du RGPD en tant que personne traitant des données à caractère personnel pour le compte de l'acheteur.

Le sous-traitant du marché est considéré comme le "sous-traitant ultérieur" au sens du RGPD en tant que personne à qui le titulaire peut faire appel pour mener des activités de traitement spécifiques.

Les acheteurs sont invités, pour rédiger les documents particuliers du marché, à consulter le Guide du sous-traitant élaboré par la CNIL et disponible sur son site Internet : https://www.cnil.fr/.

5.3. Mesures de sécurité :

Lorsque les prestations sont à exécuter dans un lieu où des mesures de sécurité s'appliquent, notamment dans les zones protégées en vertu des dispositions législatives ou réglementaires prises pour la protection du secret de la défense nationale, ces dispositions particulières sont indiquées par l'acheteur dans les documents particuliers du marché. Le titulaire est tenu de les respecter.

Le titulaire ne peut prétendre, de ce fait, ni à prolongation du délai d'exécution, ni à indemnité, ni à supplément de prix, à moins que les deux conditions suivantes soient remplies :

— les informations ne lui ont été communiquées que postérieurement au dépôt de son offre ;

— il peut établir que les obligations qui lui sont ainsi imposées nécessitent un délai supplémentaire pour l'exécution des prestations prévues par le marché ou rendent plus difficile ou plus onéreuse pour lui l'exécution de son contrat.

Commentaires.

Une zone protégée est une zone créée par arrêté des ministres compétents et faisant l'objet d'une interdiction de pénétration sans autorisation, sanctionnée pénalement en cas d'infraction (articles *(Arr. du 30 sept. 2021, art. 3)* « 413-7 et R. 413-1 à R. 413-5 » du code pénal).

5.4. Information des sous-traitants

Le titulaire informe ses sous-traitants de leur soumission aux obligations énoncées au présent article 5. Il reste responsable du respect de celles-ci.

Art. 6 *Protection de la main-d'œuvre et conditions de travail.*

6.1. Les obligations qui s'imposent au titulaire sont celles prévues par les lois, règlements et conventions collectives, relatifs à la protection de la main-d'œuvre et aux conditions de travail du pays, où cette main-d'œuvre est employée.

Le titulaire est également tenu au respect des stipulations des huit conventions fondamentales de l'Organisation internationale du travail, lorsque celles-ci ne sont pas intégrées dans les lois et règlements du pays où cette main-d'œuvre est employée. Il doit être en mesure de justifier du respect de ces obligations, en cours d'exécution du marché et pendant la période de garantie des prestations, sur simple demande de l'acheteur. Les modalités d'application de ces textes sont prévues par le CCAP ou tout autre document qui en tient lieu.

Commentaires.

Les salariés détachés, définis à l'article L. 1261-3 du code du travail, exerçant une activité professionnelle temporaire en France sont soumis aux dispositions de l'article L. 1262-4 du code du travail ainsi qu'à celles du second alinéa de l'article L. 512-1 du code de la sécurité sociale.

Les huit conventions fondamentales de l'OIT, ratifiées par la France, sont :

— la convention sur le travail forcé (C29, 1930) ;

— la convention sur la liberté syndicale et la protection du droit syndical (C87, 1948) ;

— la convention sur le droit d'organisation et de négociation collective (C98, 1949) ;

— la convention sur l'égalité de rémunération (C100, 1951) ;

— la convention sur l'abolition du travail forcé (C105, 1957) ;

— la convention concernant la discrimination (emploi et profession, C111, 1958) ;
— la convention sur l'âge minimum (C138, 1973) ;
— la convention sur les pires formes de travail des enfants (C182, 1999).

6.2. En cas d'évolution de la réglementation sur la protection de la main-d'œuvre et des conditions de travail en cours d'exécution du marché, les modifications éventuelles demandées par l'acheteur, afin de se conformer aux règles nouvelles, donnent lieu à la signature d'un avenant par les parties au marché ou, en l'absence d'accord entre les parties, à une modification unilatérale par l'acheteur.

6.3. Le titulaire peut demander à l'acheteur, du fait des conditions particulières d'exécution du marché, de transmettre, avec son avis, à l'autorité compétente, les demandes de dérogations prévues par les lois et règlements mentionnés ci-dessus.

6.4. Le titulaire informe ses sous-traitants de leur soumission aux obligations énoncées au présent article. Il reste responsable du respect de ces obligations.

Art. 7 *Protection de l'environnement, sécurité et santé.*

7.1. Le titulaire veille à ce que les prestations qu'il effectue respectent les prescriptions législatives et réglementaires en vigueur en matière d'environnement, de sécurité et de santé des personnes, et de préservation du voisinage. Il doit être en mesure d'en justifier le respect, en cours d'exécution du marché et pendant la période de garantie des prestations, sur simple demande de l'acheteur.

7.2. En cas d'évolution de la réglementation dans ces domaines en cours d'exécution du marché, les modifications éventuelles, demandées par l'acheteur afin de se conformer aux règles nouvelles, donnent lieu à la signature d'un avenant par les parties au marché ou, en l'absence d'accord entre les parties, à une modification unilatérale par l'acheteur.

Art. 8 *Réparation des dommages.*

8.1. Les dommages de toute nature causés au personnel ou aux biens de l'acheteur par le titulaire, du fait de l'exécution du marché, sont à la charge du titulaire.

Les dommages de toute nature causés au personnel ou aux biens du titulaire par l'acheteur, du fait de l'exécution du marché, sont à la charge de l'acheteur.

8.2. Tant que les fournitures restent la propriété du titulaire, celui-ci est, sauf faute de l'acheteur, seul responsable des dommages subis par ces fournitures du fait de toute cause autre que l'exposition à la radioactivité artificielle ou les catastrophes naturelles dûment reconnues. Cette stipulation ne s'applique pas en cas d'adjonction d'équipements fournis par l'acheteur au matériel du titulaire et causant des dommages à celui-ci.

8.3. Le titulaire garantit l'acheteur contre les sinistres ayant leur origine dans le matériel qu'il fournit ou dans les agissements de ses préposés et qui affectent les locaux où ce matériel est exploité, y compris contre le recours des voisins.

Commentaires.

En cas de risque hors de proportion avec le montant du marché, l'acheteur peut prévoir dans les documents particuliers du marché des stipulations particulières pour un plafonnement éventuel des garanties en fonction de l'objet et des caractéristiques du marché.

Art. 9 *Assurances.*

9.1. Le titulaire doit contracter les assurances permettant de garantir sa responsabilité à l'égard de l'acheteur et des tiers, victimes d'accidents ou de dommages causés par l'exécution des prestations

9.2. Le titulaire doit justifier, dans un délai de quinze jours à compter de la notification du marché et avant tout début d'exécution de celui-ci, qu'il est titulaire de ces contrats d'assurances, au moyen d'une attestation établissant l'étendue de la responsabilité garantie.

A tout moment durant l'exécution du marché, le titulaire doit être en mesure de produire cette attestation, sur demande de l'acheteur et dans un délai de quinze jours à compter de la réception de la demande.

CHAPITRE II PRIX ET RÈGLEMENT

Art. 10 *Prix.*

10.1. Règles générales :

10.1.1. Les prix sont réputés fermes.

10.1.2. Le cas échéant, les prix fermes sont actualisés dans les conditions prévues par la réglementation en vigueur à la date à laquelle le candidat a fixé son prix dans l'offre. Cette date correspond à la date de remise de l'offre par le titulaire. Lorsque la procédure de passation a donné lieu à une négociation ou un dialogue compétitif, la date à prendre en compte est la date de remise de l'offre finale par le titulaire.

Les prix de chaque tranche optionnelle sont actualisés dans les mêmes conditions.

Le coefficient d'actualisation est arrondi au millième supérieur.

Commentaires.

Le code de la commande publique impose que certains marchés prévoient l'actualisation du prix.

10.1.3. Les prix sont réputés comprendre toutes les charges fiscales ou autres, frappant obligatoirement les prestations, les frais afférents au conditionnement, au stockage, à l'emballage, à l'assurance et au transport jusqu'au lieu de livraison, les frais afférents à l'application de l'article 17.4, ainsi que toutes les autres dépenses nécessaires à l'exécution des prestations, les marges pour risque et les marges bénéficiaires.

Toutefois, les frais engendrés par l'absence de demande du titre de transport administratif par le titulaire ou par le retard du titulaire à présenter cette demande restent à sa charge.

Les frais de manutention et de transport qui naîtraient de l'ajournement ou du rejet des prestations sont à la charge du titulaire.

10.2. Détermination des prix de règlement :

10.2.1. Lorsque le marché prévoit que le prix à payer résulte de l'application d'une disposition réglementaire, d'un barème, d'un tarif, d'un cours, d'une mercuriale, d'un indice, d'un index ou de tout autre élément établi en dehors du marché, sans précision de date, l'élément à prendre en considération est celui qui est en vigueur :

— le jour de la livraison ou de la fin d'exécution du service, si celles-ci sont effectuées dans le délai prévu par l'acheteur ou si l'acheteur n'a pas fixé de délai ;

— à la date limite prévue par l'acheteur pour la livraison ou la fin d'exécution du service, lorsque le délai prévu est dépassé.

10.2.2. Lorsque le marché prévoit une révision des prix, ceux-ci sont révisés à la date ou selon la périodicité prévue par les documents particuliers du marché.

(Abrogé par Arr. du 30 sept. 2021, art. 3) « Toutefois, lorsque le marché a pour objet l'achat de matières premières agricoles et alimentaires ou nécessite pour sa réalisation le recours à une part importante de fournitures, notamment de matières premières, dont le prix est directement affecté par les fluctuations de cours mondiaux, il est procédé à une révision des prix au minimum tous les trois mois à compter de la date de notification du marché. » Les conditions de révision des prix sont fixées par les documents particuliers du marché.

Les prix à payer sont ceux applicables à la date de la livraison ou de la fin d'exécution des prestations.

10.2.3. Lorsque les prix sont révisables, le coefficient de révision est arrondi au millième supérieur.

Commentaires.

Le code de la commande publique impose que certains marchés fixent une formule de révision des prix.

10.2.4. Sauf stipulation contraire dans les documents particuliers du marché, la date d'établissement du prix initial correspond à la date de remise de l'offre par le titulaire. Lorsque la procédure de passation a donné lieu à une négociation ou un dialogue compétitif, la date à prendre en compte est la date de remise de l'offre finale par le titulaire.

Art. 11 *Précisions sur les modalités de règlement.*

11.1. Avances :

Le présent article comprend deux options alternatives, A et B.

Les documents particuliers du marché précisent l'option retenue ; à défaut l'option A s'applique.

Option A

A.11.1. Le titulaire ou son sous-traitant admis au paiement direct bénéficient d'une avance calculée en application du code de la commande publique dès lors que le marché respecte les conditions mentionnées à l'article R. 2191-3 ou que le marché de défense ou de sécurité respecte les conditions mentionnées à l'article R. 2391-1.

Lorsque le titulaire ou le sous-traitant est une petite ou moyenne entreprise au sens du code de la commande publique, le taux de l'avance mentionné à l'article R. 2191-10 est fixé à 20% ou à un taux supérieur fixé par les documents particuliers du marché.

Lorsque le titulaire ou le sous-traitant n'est pas une petite ou moyenne entreprise au sens du code de la commande publique, le taux de l'avance est fixé par les documents particuliers du marché et, à défaut, au taux minimal prévu à l'article R. 2191-7 du code de la commande publique pour les marchés ou par l'article R. 2391-4 pour les marchés de défense ou de sécurité.

L'avance est versée et remboursée selon les dispositions du code de la commande publique.

Option B

B.11.1. Lorsqu'en application du code de la commande publique, le titulaire ou son sous-traitant admis au paiement direct bénéficie d'une avance, le taux de l'avance correspond aux taux minimums prévus à l'article R. 2191-7 du code de la commande publique pour les marchés ou à l'article R. 2391-4 pour les marchés de défense ou de sécurité, ou à un taux supérieur prévu par les documents particuliers du marché.

L'avance est versée et remboursée selon les dispositions du code de la commande publique.

11.2. Acomptes :

Lorsque le marché fixe uniquement la périodicité des acomptes, le montant de chacun d'eux est déterminé par l'acheteur, sur la base du descriptif des prestations effectuées et de leur montant produit par le titulaire. Chaque acompte fait l'objet d'une demande de paiement.

11.3. Contenu de la demande de paiement :

11.3.1. Lorsque le titulaire remet à l'acheteur une demande de paiement, il y joint les pièces nécessaires à la justification du paiement prévues par les documents particuliers du marché.

11.3.2. La demande de paiement est datée. Elle mentionne les références du marché ainsi que, selon le cas :

— le montant des prestations admises, établi conformément aux stipulations du marché, hors TVA et, le cas échéant, diminué des réfactions fixées conformément aux stipulations de l'article 29.3 ;

— la décomposition des prix forfaitaires et le détail des prix unitaires, lorsque l'indication de ces précisions est prévue par les documents particuliers du marché ou que, eu égard aux prescriptions du marché, les prestations ont été effectuées de manière incomplète ou non conforme ;

— lorsqu'un paiement est prévu à l'issue de certaines étapes de l'exécution du marché, le montant correspondant à la période en cause ;

— le détail des calculs, avec justifications à l'appui, des coefficients d'actualisation ou de révision des prix ;

— en cas de groupement conjoint, pour chaque membre du groupement, le montant des prestations effectuées par celui-ci ;

— en cas de sous-traitance, la nature des prestations exécutées par le sous-traitant, leur montant total hors TVA, leur montant toutes taxes comprises ainsi que, le cas échéant, les variations de prix établies hors TVA et toutes taxes comprises ;

— le cas échéant, les indemnités, primes et retenues autres que la retenue de garantie, établies conformément aux stipulations du marché.

11.3.3. La demande de paiement précise les éléments assujettis à la TVA, en les distinguant selon le taux applicable.

11.3.4. Les prix unitaires peuvent être fractionnés pour tenir compte des prestations en cours d'exécution.

11.3.5. Les prix forfaitaires peuvent être fractionnés, si la prestation ou la partie de prestation à laquelle le prix se rapporte n'est pas achevée. Une fraction du prix, qui est égale au pourcentage d'exécution de la prestation, est dans ce cas déterminée en faisant application, si l'acheteur le demande, de la décomposition des prix mentionnée à l'article 11.3.2.

11.3.6. Le titulaire établit sa demande de paiement suivant le modèle ou selon les modalités fixées par les documents particuliers du marché.

11.3.7. En cas d'exécution de prestations aux frais et risques du titulaire défaillant, le surcoût supporté par l'acheteur est déduit des sommes dues au titulaire au titre des prestations admises. Ce surcoût correspond à la différence entre le prix que l'acheteur aurait dû régler au titulaire pour la réalisation des prestations et le prix effectivement payé pour l'exécution de celles-ci à la place du titulaire défaillant.

11.4. Calcul du montant dû par l'acheteur au titre des prestations fournies :

11.4.1. Le montant des sommes dues peut être établi sur la base de constats contradictoires, lorsque le CCAP ou tout autre document qui en tient lieu le prévoit.

11.4.2. Lorsque le marché prévoit le versement d'acomptes, à l'achèvement de certaines étapes de l'exécution des prestations, et qu'il indique la quotité du prix à régler à l'achèvement de chacune d'elles, la demande de paiement comprend :

— pour chaque partie du marché exécutée, la quotité correspondante ;

— pour chaque partie du marché entreprise, après accord de l'acheteur, une fraction de la quotité correspondante, égale au pourcentage d'exécution des prestations de la partie en cause.

11.5. Remise de la demande de paiement :

11.5.1. *La remise* d'une demande de paiement intervient :

— soit aux dates prévues par le marché ;

— soit après l'admission des prestations, conformément aux stipulations du marché ;

— soit au début de chaque mois pour les prestations effectuées le mois précédent, dans le cas des prestations qui s'effectuent de façon continue. Le titulaire notifie alors à l'acheteur une demande de paiement mensuelle établissant le montant total, arrêté à la fin du mois précédent, des sommes auxquelles il peut prétendre du fait de l'exécution du marché depuis le début de celui-ci ;

— soit aux dates prévues pour le versement d'acomptes.

11.5.2. La demande de paiement peut indiquer les fournitures qui, en application des stipulations du marché ou d'un commun accord entre les parties, sont payées, alors même qu'elles restent en stockage chez le titulaire.

11.6. Acceptation de la demande de paiement par l'acheteur :

L'acheteur accepte ou rectifie la demande de paiement. Il la complète, éventuellement, en faisant apparaître notamment les avances à rembourser, les primes et les réfactions imposées.

Il arrête le montant de la somme à régler. Si ce montant est différent de celui figurant dans la demande de paiement, il notifie le montant qu'il a ainsi arrêté au titulaire.

11.7. Paiement pour solde et règlements partiels définitifs

11.7.1. La demande de paiement est adressée à l'acheteur après la décision d'admission.

La demande de paiement peut, également, donner lieu à un règlement partiel définitif des prestations exécutées, dans le cas où les documents particuliers du marché ont prévu des paiements à l'issue de l'exécution de certaines parties des prestations prévues par le marché.

11.7.2. Si, après avoir été mis en demeure de le faire, le titulaire ne produit pas sa demande de paiement, dans un délai de quarante-cinq jours courant à compter de l'admission des prestations, l'acheteur peut procéder d'office à la liquidation, sur la base d'un décompte établi par ses soins. Ce décompte est notifié au titulaire.

11.7.3. En cas de contestation sur le montant des sommes dues, l'acheteur règle les sommes qu'il a admises. Après résolution du désaccord, il procède, le cas échéant, au paiement d'un complément, majoré, s'il y a lieu, des intérêts moratoires.

11.8. Facturation électronique

11.8.1. Lorsque le titulaire ou son sous-traitant admis au paiement direct est tenu, en application du code de la commande publique, de transmettre les demandes de paiement sous forme électronique, il les transmet selon les modalités prévues par ce même code. Les modalités pratiques d'exécution sont prévues dans les documents particuliers du marché.

La demande de paiement peut être refusée par l'acheteur lorsque celle-ci méconnait les obligations de dématérialisation des factures à la charge du titulaire et de ses sous-traitants admis au paiement direct. Au préalable, l'acheteur doit avoir informé le titulaire et les sous-traitants admis au paiement direct, dans les conditions prévues à l'article 3.1, de l'obligation à sa charge de transmission des factures sous forme électronique et l'avoir invité à s'y conformer.

11.8.2. Lorsqu'un tiers au titulaire est habilité à recevoir des demandes de paiement, il est tenu, pour l'exercice de cette mission, de s'intégrer et de se conformer au portail de facturation utilisé par l'acheteur lorsque ce portail le permet. Les modalités pratiques d'habilitation des tiers pour accéder aux outils ministériels sécurisés sont prévues dans les documents particuliers du marché.

Art. 12 *Règlement en cas de groupement d'opérateurs économiques ou de sous-traitance.*

12.1. Groupements d'opérateurs économiques :

12.1.1. En cas de groupement conjoint, chaque membre du groupement perçoit directement les sommes se rapportant à l'exécution de ses propres prestations.

12.1.2. En cas de groupement solidaire, le paiement est effectué sur un compte unique, ouvert au nom des membres du groupement ou du mandataire, sauf si le marché prévoit une répartition des paiements entre les membres du groupement et indique les modalités de cette répartition.

12.1.3. Quelle que soit la forme du groupement, le mandataire est seul habilité à présenter à l'acheteur la demande de paiement. En cas de groupement conjoint, la demande de paiement présentée par le mandataire est décomposée en autant de parties qu'il y a de membres du groupement à payer séparément. Chaque partie fait apparaître les renseignements nécessaires au paiement du membre du groupement concerné.

12.1.4. Le mandataire est seul habilité à formuler ou à transmettre les réclamations de membres du groupement.

12.2. Sous-traitants :

Les prestations exécutées par les sous-traitants, dont les conditions de paiement ont été agréées par l'acheteur, sont payées dans les conditions financières prévues par le marché ou par un acte spécial.

CHAPITRE III DÉLAIS

Art. 13 *Délai d'exécution.*

Commentaires.

Tous les délais inscrits au marché pour un lot, une tranche, un bon de commande ou un ordre de service identifié bénéficient des règles énoncées ci-dessous.

13.1. Début du délai d'exécution :

13.1.1. Sauf stipulation contraire dans les documents particuliers du marché, le délai d'exécution du marché part de la date de sa notification.

13.1.2. Le délai d'exécution du bon de commande part de la date de sa notification sauf si le bon de commande prévoit une date différente.

13.1.3. Le délai d'exécution d'une tranche optionnelle part de la date de notification de la décision de son affermissement sauf si cette décision prévoit une date différente.

13.2. Expiration du délai d'exécution

13.2.1. En cas de livraison ou d'exécution des prestations dans les locaux de l'acheteur, la date d'expiration du délai d'exécution est la date de livraison ou de l'achèvement des prestations.

13.2.2. En cas de prestations d'études, la date d'expiration du délai d'exécution est la date de présentation des études à l'acheteur, en vue de l'engagement des opérations de vérification.

13.2.3. En cas d'inachèvement des prestations à la date limite de validité du marché ou du bon de commande, le délai d'exécution des prestations expire à la date limite de validité du marché ou du bon de commande.

13.3. Prolongation du délai d'exécution :

13.3.1. Lorsque le titulaire est dans l'impossibilité de respecter les délais d'exécution, du fait de l'acheteur ou du fait d'un évènement ayant le caractère de force majeure, l'acheteur prolonge le délai d'exécution. Le délai ainsi prolongé a les mêmes effets que le délai contractuel.

13.3.2. Pour bénéficier de cette prolongation, le titulaire signale à l'acheteur les causes faisant obstacle à l'exécution du marché dans le délai contractuel. Il dispose, à cet effet, d'un délai de quinze jours à compter de la date à laquelle ces causes sont apparues ou d'un délai courant jusqu'à la fin du marché, dans le cas où le marché arrive à échéance dans un délai inférieur à quinze jours. Il indique, par la même demande, à l'acheteur la durée de la prolongation demandée.

13.3.3. L'acheteur dispose d'un délai de quinze jours, à compter de la date de réception de la demande du titulaire pour lui notifier sa décision, sous réserve que le marché n'arrive pas à son terme avant la fin de ce délai.

La demande de prolongation ne peut être refusée lorsque le retard est dû à l'intervention du prestataire dans le cadre d'un ordre de réquisition.

Sous réserve que le marché n'ait pas lui-même pour objet de répondre à une situation d'urgence impérieuse résultant de circonstances imprévisibles, la demande de prolongation ne peut être refusée, lorsque le retard est dû à l'intervention du prestataire dans le cadre d'un autre marché passé en urgence impérieuse résultant de circonstances imprévisibles.

La durée d'exécution du marché est prolongée de la durée nécessaire à la réalisation des prestations réalisées sur réquisition ou pour les besoins du marché passé en urgence impérieuse.

13.3.4. Aucune demande de prolongation du délai d'exécution ne peut être présentée après l'expiration du délai contractuel d'exécution de la prestation.

Art. 14 *Pénalités.*

14.1. Pénalités pour retard :

14.1.1. Sous réserve des stipulations des articles 13.3 et 21.5, en cas de retard dans l'exécution des prestations par le titulaire, l'acheteur applique des pénalités.

Lorsque l'acheteur envisage d'appliquer des pénalités de retard, il invite, par écrit, le titulaire à présenter ses observations dans un délai de quinze jours. Cette invitation précise le montant des pénalités susceptibles d'être appliquées, le ou les retards concernés ainsi que le délai imparti au titulaire pour présenter ses observations.

A défaut de réponse du titulaire dans ce délai ou si l'acheteur considère que les observations formulées par le titulaire en application du premier alinéa ne permettent pas de démontrer que le retard n'est pas imputable à celui-ci ou à ses sous-traitants, les pénalités pour retard s'appliquent et sont calculées à compter du lendemain du jour où le délai contractuel d'exécution des prestations est expiré.

Cette pénalité est calculée par application de la formule suivante :

$P = V * R / 3\,000$

dans laquelle :

P = le montant de la pénalité ;

V = la valeur des prestations sur laquelle est calculée la pénalité, cette valeur étant égale au montant en prix de base, hors variations de prix et hors du champ d'application de la TVA, de la partie des prestations en retard ou de l'ensemble des prestations, si le retard d'exécution d'une partie rend l'ensemble inutilisable ;

R = le nombre de jours de retard.

14.1.2. Le montant total des pénalités de retard ne peut excéder 10% du montant total hors taxes du marché, de la tranche considérée ou du bon de commande.

14.1.3 Le titulaire est exonéré des pénalités dont le montant total ne dépasse pas 1 000 € pour l'ensemble du marché.

14.2. Pénalités pour violation des obligations de sécurité ou de confidentialité :

En cas de violation des mesures de sécurité ou de l'obligation de confidentialité énoncées à l'article 5.1, le titulaire s'expose aux pénalités suivantes, appliquées dans les conditions prévues à l'article *(Arr. du 30 sept. 2021, art. 3)* « 14.1.1 » :

— en cas de non-respect des règles de sécurité et de protection des informations confidentielles n'impliquant pas des données à caractère personnel : application d'une pénalité égale à 0,5 % du montant exécuté du marché public à la date de constatation du fait générateur ;

— en cas de non-respect des règles de sécurité et de protection des informations confidentielles impliquant des données à caractère personnel : application d'une pénalité égale à 2 % du montant exécuté du marché public à la date de constatation du fait générateur.

En cas de constatation de plusieurs faits générateurs, les pénalités ainsi établies sont appliquées de façon cumulative.

Art. 15 *Primes.*

15.1. Si les documents particuliers du marché prévoient le versement de primes, ils en précisent les conditions d'attribution ainsi que les modalités de calcul et de versement.

15.2. Le marché peut prévoir des primes pour réalisation anticipée, soit de l'ensemble des prestations, soit de certaines parties des prestations faisant l'objet de délais particuliers ou de dates limites fixés dans le marché calculés conformément à l'article 3.2. Les samedis, les dimanches et les jours fériés ou chômés ne sont pas déduits pour le calcul des primes.

15.3. Une fois le montant des primes déterminé, elles sont versées toutes taxes comprises sans que le titulaire soit tenu de les demander. Elles sont prises en compte et révisées dans les conditions prévues par les règles de paiement et de révision applicables au règlement de la prestation correspondante. Le montant des primes n'est pas plafonné.

Dans le cas d'un groupement d'opérateurs économiques pour lesquels le paiement est effectué sur des comptes séparés, les primes sont réparties entre les membres du groupement conformément aux indications données par le mandataire.

CHAPITRE IV EXÉCUTION

Art. 16 *Développement durable.*

16.1. Clause d'insertion sociale

Lorsque les documents particuliers du marché prévoient que le titulaire réalise une action d'insertion permettant l'accès ou le retour à l'emploi de personnes rencontrant des difficultés sociale et/ou professionnelles, leur mise en œuvre s'effectue dans les conditions prévues au présent article, ils précisent *a minima* :

— le périmètre de l'action à réaliser ;

— les coordonnées du facilitateur le cas échéant ;

— les profils de publics éligibles à la clause d'insertion ;

— le volume horaire d'insertion à la charge du titulaire.

L'action d'insertion définie dans les documents particuliers du marché est mise en œuvre dans les conditions prévues par le présent article.

16.1.1. Publics éligibles :

Les personnes visées par l'action d'insertion professionnelle relèvent notamment de l'une des catégories suivantes :

16.1.1.1. Personnes recrutées et accompagnées dans une structure reconnue par l'État :

a) Personnes prises en charge dans le secteur adapté ou protégé : salariés des entreprises adaptées, des entreprises adaptées de travail temporaire ou usagers des ESAT ;

b) Personnes prises en charge dans les structures d'insertion par l'activité économique (IAE) mentionnée à l'article L. 5132-4 du code du travail, c'est-à-dire :

— mises à disposition par une association intermédiaire (AI) ou une entreprise de travail temporaire d'insertion (ETTI) ;

— salariées d'une entreprise d'insertion (EI), d'un atelier chantier d'insertion (ACI) ;

c) Personnes employées par une régie de quartier ou de territoire agréée ;

d) Personnes prises en charge dans des dispositifs particuliers, notamment les Établissements Publics d'Insertion de la Défense (EPIDE) et les Écoles de la deuxième Chance (E2C) ;

e) Personnes en parcours d'insertion au sein des groupements d'employeurs pour l'insertion et la qualification (GEIQ) ;

f) Personnes sous-main de justice employées en régie, dans le cadre du service de l'emploi pénitentiaire de l'agence du travail d'intérêt général et de l'insertion professionnelle (ATIGIP) ou affectées à un emploi auprès d'un concessionnaire de l'administration pénitentiaire.

16.1.1.2. Personnes répondant à des critères d'éloignement du marché du travail :

a) Demandeurs d'emploi de longue durée (plus de 12 mois d'inscription au chômage) sans activité ou en activité partielle (moins de 6 mois dans les 12 derniers mois) ;

b) Bénéficiaires du RSA en recherche d'emploi ;

c) Personnes ayant obtenu la reconnaissance de travailleurs handicapés au sens de l'article L. 5212-13 du code du travail orientés en milieu ordinaire et demandeurs d'emploi fixant la liste des bénéficiaires de l'obligation d'emploi ;

d) Bénéficiaires de l'allocation spécifique de solidarité (ASS), de l'allocation adulte handicapé (AAH), de l'allocation d'insertion (AI), de l'allocation veuvage, ou de l'allocation d'invalidité ;

e) Jeunes de moins de 26 ans en recherche d'emploi :

— sans qualification (infra niveau 3, soit niveau inférieur au CAP/BEP) et sortis du système scolaire depuis au moins 6 mois ;

— diplômés, justifiant d'une période d'inactivité de 6 mois depuis leur sortie du système scolaire ou de l'enseignement supérieur ;

f) Demandeurs d'emploi seniors (plus de 50 ans) ;

g) Jeunes en suivi renforcé de type PACEA, SMA, SMV, en sortie de dispositif Garantie Jeunes ;

h) Habitants des quartiers prioritaires de la politique de la ville éloignés de l'emploi ;

i) Personnes ayant le statut de réfugié ou bénéficiaires de la protection subsidiaire ;

j) Personnes rencontrant des difficultés particulières sur proposition motivée de Pôle emploi, des maisons de l'emploi, des plans locaux pour l'insertion et l'emploi (PLIE), des missions locales, de Cap emploi ou des maisons départementales des personnes handicapées (MDPH).

L'éligibilité des publics doit être établie préalablement à la mise en œuvre du dispositif et à la réalisation des heures d'insertion.

16.1.2. Modalités de mise en œuvre de l'action d'insertion professionnelle du titulaire :

Le titulaire s'engage à réaliser une action d'insertion, au minimum à hauteur des objectifs horaires d'insertion fixés dans les documents particuliers du marché. L'ensemble des actions mises en œuvre doivent intervenir durant la période d'exécution du marché.

Si la formation fait partie du contrat de travail (contrat de professionnalisation, contrat d'apprentissage, etc.), les heures de formation sont comptabilisées au titre des heures d'insertion.

(Arr. du 30 sept. 2021, art. 3) « L'action d'insertion professionnelle peut être mise en œuvre par le titulaire selon une ou plusieurs des modalités suivantes :

« — par une embauche directe en contrat à durée indéterminée (CDI), en contrat à durée déterminée (CDD) par l'entreprise titulaire, ou en contrats en alternance (contrat de professionnalisation ou contrat d'apprentissage). Les heures effectuées par les personnes en insertion via l'embauche directe sont comptabilisées durant l'exécution du marché à compter de la date d'embauche et pour une période maximale de deux ans ;

« — par la mise à disposition de salariés en insertion via le recours à une association intermédiaire (AI), ou à une entreprise de travail temporaire d'insertion (ETTI), ou à une entreprise de travail temporaire adapté (ETTA), ou à un groupement d'employeurs pour l'insertion et la qualification (GEIQ), ou à une entreprise de travail temporaire (ETT) ;

« — par le recours à la sous-traitance ou au groupement d'opérateurs économiques avec une entreprise d'insertion (EI), un atelier chantier d'insertion (ACI) ou une entreprise adaptée (EA), un établissement et service d'aide par le travail (ESAT), une entreprise d'insertion par le travail indépendant (EITI), ou un travailleur indépendant handicapé (TIH).

« En cas de groupement d'opérateurs économiques, le mandataire du groupement est l'interlocuteur unique de l'acheteur pour le suivi d'exécution de la clause d'insertion. Cette mission peut également être confiée, le cas échéant, à un facilitateur identifié dans les documents particuliers du marché.

« A l'issue du marché, le titulaire s'engage à étudier toutes les possibilités d'embauche ultérieure des personnes en insertion. »

16.1.3. Globalisation des heures d'insertion :

Si, dans un même bassin d'emploi, le titulaire est attributaire d'un ou plusieurs autres marchés comportant une clause d'insertion sociale, le titulaire peut solliciter auprès de l'acheteur la globalisation des heures d'insertion, afin de favoriser le parcours d'insertion des personnes éloignées de l'emploi. Celle-ci doit être définie dans les documents particuliers du marché.

16.1.4. Intervention d'un facilitateur :

Afin de faciliter la mise en œuvre de la démarche d'insertion, le titulaire peut bénéficier de *l'accompagnement* d'un facilitateur dont les coordonnées sont précisées dans les documents particuliers du marché.

16.1.4.1. Dans le cadre du marché, le facilitateur a pour mission notamment :

— d'accompagner le titulaire dans la définition du besoin de recrutement (nature du poste, compétence...) et de lui proposer les modalités les plus appropriées de mise en œuvre de la clause d'insertion (embauche directe, mise à disposition, etc.) ;

— d'identifier les publics susceptibles de répondre au besoin du titulaire ;

— d'organiser le suivi des publics ;

— de mesurer et de communiquer auprès de l'acheteur et du titulaire sur les réalisations obtenues dans le cadre du marché.

16.1.4.2. Le titulaire désigne un correspondant opérationnel pour le suivi des actions d'insertion professionnelle, interlocuteur privilégié de l'acheteur et du facilitateur.

Le titulaire transmet à l'acheteur, et le cas échéant au facilitateur, dès lors que l'acheteur lui a communiqué les coordonnées du facilitateur, tous renseignements utiles permettant le contrôle et le suivi de l'exécution de la clause d'insertion sociale.

Ces informations, ainsi que la fréquence de leur transmission, sont précisées dans les documents particuliers du marché.

16.1.4.3. A l'initiative de l'acheteur, une réunion de mise au point de l'action d'insertion est organisée avec le titulaire et, le cas échéant, le facilitateur.

Elle est mise en place après notification du marché selon un délai précisé dans les documents particuliers du marché.

Durant toute la période d'exécution du marché, l'acheteur peut organiser avec le titulaire et, le cas échéant le facilitateur, des réunions de suivi de la clause d'insertion.

Commentaires.

Les renseignements utiles détaillés dans les documents particuliers du marché par le titulaire sont notamment : date d'embauche, type de contrat, poste occupé, justificatif de l'éligibilité des personnes recrutées, attestation trimestrielle d'heures d'insertion adressée au facilitateur, récapitulatif des factures, etc.

16.1.4.4. Le titulaire notifie à l'acheteur toute difficulté pour assurer son engagement. Dans ce cas, l'acheteur, et le cas échéant le facilitateur, étudie avec le titulaire les moyens à mettre en œuvre pour atteindre les objectifs d'insertion.

En cas de difficultés économiques, établies par un faisceau d'indices, l'entreprise attributaire peut demander à l'acheteur la suspension ou la suppression de la clause d'insertion sociale.

En cas de difficultés économiques qui se traduisent par le recours à de l'activité partielle, à l'engagement d'une procédure de licenciement pour motif économique ou à l'ouverture d'une procédure de redressement judiciaire, l'acheteur annule la clause d'insertion sociale. Cette annulation est subordonnée à la communication d'une copie des documents afférents à ces difficultés, transmis à la DIRECCTE ou au juge.

16.1.4.5. Il est procédé au contrôle de l'exécution de l'action d'insertion pour laquelle le titulaire s'est engagé, tout au long de l'exécution des prestations :

— le titulaire, ou le cas échéant le facilitateur, établit pendant toute la durée du marché un bilan annuel sur la base des bilans transmis à l'acheteur ;

— le titulaire, ou le cas échéant le facilitateur, rédige un bilan final dans le mois précédant la fin de l'exécution du marché transmis à l'acheteur.

Ces bilans portent sur les aspects quantitatif et qualitatif de l'action d'insertion.

16.1.5. Pénalités pour non-respect de la clause d'insertion sociale :

Le titulaire se voit appliquer une pénalité forfaitaire dont le montant est fixé par les documents particuliers du marché après mise en demeure restée infructueuse. Lorsque le titulaire a informé l'acheteur de difficultés dans la mise en œuvre du présent article 16, la pénalité ne s'applique pas à la part des heures d'insertion initialement prévues pour lesquelles l'acheteur ou le facilitateur ne sont pas parvenus à trouver un moyen pour le titulaire d'y recourir.

En cas d'absence injustifiée à une réunion de suivi de l'exécution de la clause d'insertion sociale, le titulaire se voit appliquer, après mise en demeure restée infructueuse de justifier son absence, une pénalité forfaitaire dont le montant est fixé par les documents particuliers du marché.

En cas de non-transmission, ou transmission partielle, ou retard de transmission des documents et attestations propres à permettre le contrôle de l'exécution de l'action d'insertion professionnelle (notamment justificatifs d'éligibilité des publics et justificatifs des missions confiées et heures réalisées), le titulaire se voit appliquer, pour chaque manquement, et après avoir été mis en demeure d'y remédier, une pénalité forfaitaire dont le montant est fixé par les documents particuliers du marché.

Commentaires.

Le recours à la sous-traitance n'exonère pas le titulaire de ses obligations en matière de clause d'insertion. S'il peut partager une partie de l'effort d'insertion, il restera responsable de leur bonne exécution et de la bonne remontée d'information. Les pénalités sont supportées par le titulaire. Il appartient à ce dernier de prévoir dans le contrat de sous-traitance les stipulations qui permettront de responsabiliser son sous-traitant.

16.2. Clause environnementale générale

16.2.1. Les documents particuliers du marché précisent les obligations environnementales du titulaire dans l'exécution du marché. Ces obligations doivent être vérifiables selon des méthodes objectives, et faire l'objet d'un contrôle effectif.

Commentaires.

Les documents particuliers du marché peuvent notamment prendre en compte, sur l'ensemble du cycle de vie des produits ou services acquis, selon la nature de l'achat :

— la réduction des prélèvements des ressources ;

— la composition des produits et notamment leur caractère écologique, polluant ou toxique ;

— les actions en faveur du réemploi, de la réutilisation, du reconditionnement, de l'intégration de matières recyclées et du recyclage ;

— les économies d'énergie et le développement des énergies renouvelables ;

— la prévention de la production des déchets et leur orientation vers des filières de valorisation ;

— les pratiques environnementales appliquées aux modalités d'exécution des prestations et notamment les politiques de réduction des émissions de gaz à effet de serre et d'amélioration de la qualité de l'air ;

— la réduction des impacts sur la biodiversité ;

— la sensibilisation des intervenants aux problématiques environnementales liées à l'exécution du marché.

16.2.2. Le titulaire s'assure du respect par ses sous-traitants des obligations environnementales fixées par le marché.

16.2.3. En cas de non-respect des obligations prévues au présent 16.2, le titulaire se voit appliquer pour chaque manquement, après mise en demeure restée infructueuse, une pénalité dont le montant est fixé par les documents particuliers du marché.

Art. 17 *Moyens mis à la disposition du titulaire.*

17.1. Les stipulations du présent article s'appliquent lorsque l'acheteur met à la disposition du titulaire des moyens nécessaires à l'exécution de la prestation.

17.2 Lorsque ces moyens sont la propriété de l'acheteur, ils sont laissés gratuitement à la disposition du titulaire pour l'exécution du marché.

17.3. Un constat contradictoire est établi, pour contrôler l'état de ces moyens au moment de leur mise à la disposition du titulaire. Ce constat est signé par les deux parties. Il mentionne la valeur de ces moyens.

La date effective de la mise à disposition est celle du constat contradictoire.

17.4. Le titulaire est responsable du gardiennage, de la conservation, de l'entretien et de l'emploi des moyens qui lui sont confiés, dès que ceux-ci ont été mis effectivement à sa disposition. Il ne peut en user qu'aux fins prévues par le marché.

A cet effet, le titulaire doit :

— en tenir un inventaire permanent ;

— apposer sur les moyens tout dispositif permettant l'identification du propriétaire.

17.5. Lorsque l'un de ces moyens mis à disposition est endommagé, détruit ou perdu, le titulaire est tenu de le remettre en état, de le remplacer ou d'en rembourser la valeur résiduelle à la date de disparition ou du sinistre.

17.6. Au terme de l'exécution ou après résiliation du marché, ou au terme fixé par celui-ci, les moyens mis à disposition sont restitués à l'acheteur.

17.7. Un constat contradictoire est établi lors de la restitution de ces moyens à l'acheteur. Le cas échéant, les frais relatifs à cette restitution incombent au titulaire.

17.8. Si le titulaire ne respecte pas les obligations des 4, 5 et 6 du présent article, l'acheteur peut suspendre le paiement des sommes dues au titre du marché, à concurrence du préjudice estimé, jusqu'à l'exécution de ces obligations.

Indépendamment des sanctions mentionnées ci-dessus, le marché peut être résilié, dans les conditions de l'article 39, en cas de défaut de présentation, de mauvais emploi ou d'utilisation abusive des moyens mis à la disposition du titulaire.

Art. 18 *Assurance des moyens mis à la disposition du titulaire.*

18.1. Le titulaire est tenu, préalablement à leur mise à sa disposition et tant qu'il en dispose, de faire assurer à ses frais l'ensemble des moyens qui sont la propriété de l'acheteur.

18.2. Il doit justifier dans un délai de quinze jours à compter de la notification du marché et avant tout début d'exécution de celui-ci qu'il est titulaire de ces contrats d'assurances, au moyen d'une attestation établissant l'étendue de la responsabilité garantie.

18.3. Si le titulaire contrevient à ces prescriptions, l'acheteur peut contracter à sa place, cinq jours après une mise en demeure restée sans effet, la ou les polices d'assurance nécessaires.

Le montant des primes d'assurances est alors retenu sur les sommes dues au titulaire au titre du marché.

Art. 19 *Lieux d'exécution.*

19.1. Le titulaire doit faire connaître à l'acheteur, sur sa demande, le lieu d'exécution des prestations. L'acheteur peut en suivre sur place le déroulement. L'accès aux lieux d'exécution est réservé aux seuls représentants de l'acheteur.

Les personnes qu'il désigne à cet effet ont libre accès aux seules zones concernées par l'exécution des prestations prévues par le marché, dans le respect des consignes de sécurité prévues pour le site. Elles sont tenues aux obligations de confidentialité prévues à l'article 5.1.

Commentaires.

Pour des raisons déontologiques, l'acheteur ne devra en aucun cas désigner un concurrent du titulaire pour contrôler ce dernier dans le cadre du présent article.

19.2. Si le titulaire entrave l'exercice du droit de contrôle de l'acheteur en cours d'exécution du marché, il encourt les sanctions prévues à l'article 39.

19.3. L'acheteur peut effectuer ou de faire effectuer un audit de sécurité auprès du titulaire ou le cas échéant de ses sous-traitants afin de s'assurer de la prise en compte effective du niveau de sécurité requis par l'acheteur.

Le titulaire est informé quinze jours à l'avance (date de l'audit, modalités financières pour l'acheteur et le titulaire, etc.).

L'acheteur, ou l'organisme mandaté à cette fin, peut, pendant une période de six mois à compter de la fin ou de la résiliation du marché, exercer un contrôle dans les locaux du titulaire et, le cas échéant, dans ceux de ses sous-traitants afin de vérifier que les dispositions en matière de destruction des données ont été effectivement appliquées

Art. 20 *Stockage, emballage, transport et gestion des déchets.*

20.1. Stockage :

20.1.1. Si les documents particuliers du marché prévoient l'obligation pour le titulaire de stocker des matériels dans ses locaux, celui-ci assume à leur égard la responsabilité du dépositaire durant un délai précisé par les documents particuliers du marché et courant à compter de leur admission.

20.1.2. Lorsque le stockage est effectué dans les locaux de l'acheteur, celui-ci assume la responsabilité du dépositaire jusqu'à la décision d'admission.

20.2. Emballage :

20.2.1. La qualité des emballages doit être appropriée aux conditions et modalités de transport prévues par les documents particuliers du marché. Elle est de la responsabilité du titulaire.

Lorsque cela n'est pas de nature à contrevenir aux règles sanitaires et d'hygiène, le titulaire utilise des contenants réutilisables, recyclés, recyclables, ou réemployés. Il veille également, dans la mesure du possible, à en réduire les quantités, en volume et en poids.

20.2.2. Sauf stipulation contraire dans les documents particuliers du marché, et lorsque cela n'est pas de nature à contrevenir aux règles sanitaires et d'hygiène, les emballages restent la propriété du titulaire. Celui-ci les collecte en vue de leur recyclage ou de leur réutilisation.

20.3. Transport :

Le transport s'effectue, sous la responsabilité du titulaire, jusqu'au lieu de livraison. Le conditionnement, le chargement, l'arrimage et le déchargement sont effectués sous sa responsabilité.

20.4. Gestion des déchets :

La valorisation ou l'élimination des déchets créés lors de l'exécution des prestations est de la responsabilité du titulaire pendant la durée du marché.

Le titulaire veille à ce que soient effectuées les opérations, de collecte, transport, entreposage, tris éventuels et de l'évacuation des déchets créés par les prestations objet du marché public vers les sites susceptibles de les recevoir, conformément à la réglementation en vigueur.

Le titulaire est tenu de produire, à la demande de l'acheteur, tout justificatif de traçabilité du traitement des déchets issus de l'exécution de la prestation, qui fasse apparaître une gestion des déchets conforme aux exigences réglementaires, notamment en ce qui concerne les déchets dangereux.

En cas d'absence de production des éléments attestant la traçabilité des déchets, le titulaire se voit appliquer, après mise en demeure restée infructueuse, une pénalité dont le montant est fixé par les documents particuliers du marché.

Art. 21 *Livraison.*

21.1. Le titulaire veille à limiter l'impact environnemental des livraisons et du transport des produits proposés. La planification du transport de ces marchandises doit permettre, lorsque cela est compatible avec les besoins de l'acheteur, d'éviter la circulation pendant les heures de pointe. Le titulaire privilégie le transport groupé des marchandises objets du marché afin de réduire les déplacements des véhicules de livraison. Il favorise les modes de transports les plus respectueux de l'environnement, notamment les véhicules à faibles émissions, les modes de transports doux ou alternatifs à la route.

21.2. Toute livraison réalisée par le titulaire est accompagnée d'un bon de livraison ou d'un état, dressé distinctement pour chaque destinataire, et comportant notamment :

— la date d'expédition ;

— la référence à la commande ou au marché ;

— l'identification du titulaire ;

— l'identification des fournitures livrées et, quand il y a lieu, leur répartition par colis ;

— le numéro du ou des lots de fabrication, dans le cas où la réglementation l'impose en matière d'étiquetage.

Chaque colis doit porter de façon apparente son numéro d'ordre, tel qu'il figure sur le bon de livraison ou l'état. Il renferme l'inventaire de son contenu.

21.3. La livraison des fournitures est constatée par la délivrance d'un récépissé au titulaire ou par la signature du bon de livraison ou de l'état, dont chaque partie conserve un exemplaire. En cas d'impossibilité de livrer, celle-ci doit être mentionnée sur l'un de ces documents.

21.4. Si la disposition des locaux désignés pour la réalisation des livraisons entraîne des difficultés exceptionnelles de manutention, non prévues par le marché, les frais supplémentaires de livraison qui en résultent sont rémunérés distinctement. Ils font l'objet d'un avenant.

21.5. Un sursis de livraison peut être également accordé au titulaire s'il justifie de mesures et précautions particulières pour réduire les impacts environnementaux liés aux transports et aux modalités de livraison.

Le sursis de livraison suspend pour un temps égal à sa durée l'application des pénalités pour retard.

Les formalités d'octroi du sursis de livraison sont les mêmes que celles de la prolongation de délai mentionnées à l'article 13.3.

Aucun sursis de livraison ne peut être demandé par le titulaire pour des événements survenus après l'expiration du délai d'exécution du marché, éventuellement déjà prolongé.

Art. 22 *Arrêt de l'exécution des prestations.*

Lorsque les prestations sont scindées en plusieurs parties techniques à exécuter distinctement, l'acheteur peut décider, au terme de chacune de ces parties, soit de sa propre initiative, soit à la demande du titulaire, de ne pas poursuivre l'exécution des prestations, dès lors que les deux conditions suivantes sont remplies :

— les documents particuliers du marché prévoient expressément cette possibilité ;

— chacune de ces parties techniques est clairement identifiée et assortie d'un montant.

La décision d'arrêter l'exécution des prestations ne donne lieu à aucune indemnité.

L'arrêt de l'exécution des prestations entraîne la résiliation du marché.

Art. 23 *Prestations supplémentaires ou modificatives.*

23.1. Pendant l'exécution du marché, l'acheteur peut prescrire au titulaire, par ordre de service, des prestations supplémentaires ou modificatives après consultation de ce dernier ou accepter les modifications qu'il propose.

Le titulaire ne doit apporter aucune modification aux spécifications techniques sans autorisation préalable de l'acheteur.

Commentaires.

Ces modifications ne peuvent changer l'objet du marché ou modifier substantiellement les caractéristiques techniques de l'offre présentée par le titulaire lors de la mise en concurrence.

23.2. Lorsque le marché n'a pas prévu de prix pour les prestations supplémentaires ou modificatives demandées par l'acheteur au titulaire, l'ordre de service mentionné à l'article 23.1 fixe provisoirement les prix nouveaux retenus pour le règlement des prestations supplémentaires ou modificatives.

23.3. Ces prix provisoires, permettant une juste rémunération du titulaire, sont arrêtés par l'acheteur après consultation du titulaire. Ils sont utilisés pour le règlement des acomptes jusqu'à la fixation du prix définitif. Le titulaire est réputé avoir accepté les prix provisoires si, dans le délai de trente jours suivant l'ordre de service qui lui a notifié ces prix, il n'a pas présenté d'observation à l'acheteur en indiquant, avec toutes justifications utiles, les prix qu'il propose. En cas de désaccord, l'acheteur règle provisoirement les sommes qu'il admet.

Lorsque l'acheteur et le titulaire sont d'accord pour arrêter les prix définitifs, ceux-ci font l'objet d'un avenant, sauf si les prix sont devenus définitifs dans le silence du titulaire en application de l'alinéa précédent.

23.4. Le titulaire n'est pas tenu de se conformer à un ordre de service mentionné à l'article 23.2 lorsque cet ordre de service n'a fait l'objet d'aucune valorisation financière.

Un tel refus d'exécuter opposé par le titulaire n'est toutefois recevable que s'il est notifié par écrit, avec les justifications nécessaires, à l'acheteur, dans le délai de quinze jours suivant la notification de l'ordre de service prescrivant les prestations.

Art. 24 *Suspension des prestations en cas de circonstances imprévisibles.*

24.1. Lorsque la poursuite de l'exécution du marché est rendue temporairement impossible du fait d'une circonstance que des parties diligentes ne pouvaient prévoir dans sa nature ou dans son ampleur ou du fait de l'édiction par une autorité publique de mesures venant restreindre, interdire, ou modifier de manière importante l'exercice de certaines activités en raison d'une telle circonstance, la suspension de tout ou partie des prestations est prononcée par l'acheteur. Lorsque la suspension est demandée par le titulaire, l'acheteur se prononce sur le bien-fondé de cette demande dans les meilleurs délais.

24.2. Dans un délai adapté aux circonstances et qui ne saurait excéder quinze jours à compter de la décision de suspension des prestations, les parties conviennent des modalités de constatation des prestations exécutées et, le cas échéant, du maintien d'une partie des obligations contractuelles restant à la charge du titulaire pendant la suspension. Dans un délai raisonnable, les parties conviennent également des modalités de reprise de l'exécution et, le cas échéant, des modifications à apporter au marché et des modalités de répartition des surcoûts directement induits par ces événements.

A défaut d'accord entre les parties, le titulaire est tenu, à l'issue de la suspension, de reprendre l'exécution des prestations dans les conditions prévues par le marché et le désaccord est réglé dans les conditions mentionnées à l'article 43.

Art. 25 *Clause de réexamen.*

En cas de circonstance que des parties diligentes ne pouvaient prévoir dans sa nature ou dans son ampleur et modifiant de manière significative les conditions d'exécution du marché, les parties examinent de bonne foi les conséquences, notamment financières, de cette circonstance.

Le cas échéant, les parties conviennent, par avenant, des modalités de prise en charge, totale ou partielle, des surcoûts directement induits par cette circonstance sur la base de justificatifs fournis par le titulaire. Il est tenu compte, notamment :

— des surcoûts liés aux modifications d'exécution des prestations ;

— des conséquences liées à la prolongation des délais d'exécution du marché.

Le titulaire est tenu de demander, en temps utile, qu'il soit procédé à des constatations contradictoires pour permettre à l'acheteur d'évaluer les moyens supplémentaires effectivement mis en œuvre.

Sont exclues de cette évaluation, les augmentations de prix prises en compte dans les index ou indices utilisés pour la révision des prix du marché.

Les surcoûts pris en charge par l'acheteur peuvent faire l'objet d'une avance dans les conditions fixées par les documents particuliers du marché ou dans l'avenant conclu en application du présent article.

Art. 26 *Données indispensables à l'exécution d'une mission de service public.*

Lorsque le marché public a pour objet la gestion d'un service public, le titulaire fournit à l'acheteur sous format électronique, dans un standard ouvert librement réutilisable et exploitable par un système de traitement automatisé, et dans le respect du secret des affaires et des droits de propriété intellectuelle détenus par des tiers, les données et les bases de données collectées ou produites à l'occasion de la gestion du service public faisant l'objet du contrat et qui sont indispensables à son exécution. Les documents particuliers du marché définissent notamment les données, le calendrier de transmission des données à l'acheteur ainsi que les pénalités en cas de non-respect de ces délais.

Art. 27 *Exécution de la prestation aux frais et risques du titulaire.*

27.1. L'acheteur peut faire procéder par un tiers à l'exécution de tout ou partie des prestations prévues par le marché, aux frais et risques du titulaire :

— soit lorsque le titulaire n'a pas déféré à une mise en demeure de se conformer aux stipulations du marché ou aux ordres de service, ou en cas d'inexécution par ce dernier d'une prestation qui, par sa nature, ne peut souffrir aucun retard. La décision de faire exécuter les prestations par un tiers, en lieu et place du titulaire, est notifiée au titulaire par l'acheteur. Sous réserve qu'elles ne soient pas entièrement exécutées, le titulaire peut être autorisé par ordre de service à reprendre l'exécution des prestations s'il justifie des moyens nécessaires à cette fin dans le délai prévu par les documents particuliers du marché ou, à défaut, dans le délai de trois mois suivant la notification de la décision d'exécution aux frais et risques. S'il n'a pas été autorisé à reprendre l'exécution du marché dans ce délai, le marché est résilié pour faute du titulaire ;

— soit en cas de résiliation du marché pour faute du titulaire, à la condition que la décision de résiliation le mentionne expressément.

27.2. S'il n'est pas possible à l'acheteur de se procurer, dans des conditions acceptables, des prestations exactement conformes à celles dont l'exécution est prévue dans les documents particuliers du marché, il peut y substituer des prestations équivalentes.

27.3. Le titulaire du marché résilié n'est pas admis à prendre part, ni directement ni indirectement, à l'exécution des prestations effectuées à ses frais et risques. Il doit cependant fournir toutes les informations recueillies et tous les moyens mis en œuvre dans le cadre de l'exécution du marché initial et qui seraient nécessaires à l'exécution du marché de substitution. Ce marché de substitution est transmis pour information au titulaire défaillant.

27.4. L'augmentation des dépenses, par rapport aux prix du marché, résultant de l'exécution des prestations aux frais et risques du titulaire est à la charge du titulaire. La diminution des dépenses ne lui profite pas.

CHAPITRE V CONSTATATION DE L'EXÉCUTION DES PRESTATIONS – GARANTIE

Art. 28 *Opérations de vérification.*

28.1. Nature des opérations de vérifications :

Les opérations de vérification quantitative et qualitative ont pour objet de permettre à l'acheteur de contrôler notamment que le titulaire :

— a mis en œuvre les moyens définis dans le marché, conformément aux prescriptions qui y sont fixées ;

— a réalisé les prestations définies dans le marché comme étant à sa charge, conformément aux stipulations contractuelles.

Les matières et objets nécessaires aux essais sont prélevés par l'acheteur sur les livraisons réalisées au titre du marché.

28.2. Délai de vérification :

L'acheteur dispose d'un délai de deux mois pour procéder aux vérifications et notifier sa décision d'admission, d'ajournement, d'admission avec réfaction ou de rejet.

28.3. Point de départ du délai pour les opérations de vérification :

28.3.1. Pour les vérifications effectuées dans les établissements de l'acheteur, le point de départ du délai est la date de remise par le titulaire, ou de livraison, des prestations à l'acheteur.

28.3.2. Pour les vérifications effectuées dans les établissements du titulaire ou tout autre lieu désigné dans les documents particuliers du marché, le point de départ du délai est la date à laquelle le titulaire notifie à l'acheteur que les prestations sont prêtes à être vérifiées.

28.4. Frais de vérification :

28.4.1. Quels que soient les résultats des vérifications, les frais qu'elles entraînent sont à la charge de l'acheteur pour les opérations qui, conformément aux stipulations du marché, doivent être exécutées dans ses propres locaux. Ils sont à la charge du titulaire dans les autres cas.

Toutefois, lorsqu'une des parties a accepté de faire exécuter dans ses propres locaux des essais qui, conformément aux documents particuliers du marché, auraient dû être effectués dans ceux de l'autre partie, les frais correspondants sont à la charge de cette dernière.

28.4.2. Le titulaire avise l'acheteur de la date à partir de laquelle les prestations pourront être présentées en vue de ces vérifications.

28.5. Présence du titulaire :

L'acheteur informe le titulaire, au minimum huit jours avant la date prévue, des jours et heures fixés pour les vérifications, afin de lui permettre d'y assister ou de se faire représenter.

L'absence du titulaire dûment avisé, ou de son représentant, ne fait pas obstacle au déroulement ou à la validité des opérations de vérification.

Art. 29 *Admission, ajournement, réfaction et rejet.*

A l'issue des opérations de vérification, l'acheteur prend, dans le délai prévu à l'article 28.2, une décision d'admission, d'ajournement, de réfaction ou de rejet.

Si l'acheteur ne notifie pas sa décision dans le délai mentionné à l'article 28.2, les prestations sont considérées comme admises, avec effet à compter de l'expiration du délai.

Dans le cas d'un marché comportant des prestations distinctes à exécuter, chaque prestation fait l'objet de vérifications et de décisions distinctes.

29.1. Admission :

L'acheteur prononce l'admission des prestations, si elles répondent aux stipulations du marché. L'admission prend effet à la date de notification au titulaire de la décision d'admission.

En cas d'admission tacite, l'admission prend effet au terme du délai mentionné au premier alinéa de l'article 28.2.

29.2. Ajournement :

29.2.1. Lorsque l'acheteur estime que des prestations ne peuvent être admises que moyennant certaines mises au point, il peut décider d'ajourner l'admission des prestations par une décision motivée. Cette décision invite le titulaire à présenter à nouveau à l'acheteur, les prestations mises au point, dans un délai de quinze jours.

Le titulaire doit faire connaître son acceptation dans un délai de dix jours, à compter de la notification de la décision d'ajournement. En cas de refus du titulaire ou de silence gardé par lui durant ce délai, l'acheteur a le choix de prononcer l'admission des prestations avec réfaction ou de les rejeter, dans les conditions fixées aux 3 et 4 du présent article, dans un délai de quinze jours courant de la notification du refus du titulaire ou de l'expiration du délai de dix jours ci-dessus mentionné.

Le silence gardé par l'acheteur au-delà de ce délai de quinze jours vaut décision de rejet des prestations.

29.2.2. Si le titulaire présente à nouveau les prestations mises au point, après la décision d'ajournement des prestations, l'acheteur dispose à nouveau de la totalité du délai prévu pour procéder aux vérifications des prestations, à compter de leur nouvelle présentation par le titulaire.

29.2.3. Dans le cas où les opérations de vérification ont été effectuées dans les locaux de l'acheteur, le titulaire dispose d'un délai de quinze jours, à compter de la notification de la décision d'ajournement, pour enlever les biens ayant fait l'objet de la décision d'ajournement.

Passé ce délai, les biens vérifiés peuvent être évacués ou détruits par l'acheteur, aux frais du titulaire.

29.3. Réfaction :

Lorsque l'acheteur estime que des prestations, sans être entièrement conformes aux stipulations du marché, peuvent néanmoins être admises en l'état, il peut les admettre avec réfaction de prix proportionnelle à l'importance des imperfections constatées. Cette décision doit être motivée. Elle ne peut être notifiée au titulaire qu'après qu'il a été mis à même de présenter ses observations.

Si le titulaire ne présente pas d'observations dans les quinze jours suivant la décision d'admission avec réfaction, il est réputé l'avoir acceptée. Si le titulaire formule des observations dans ce délai, l'acheteur dispose ensuite de quinze jours pour lui notifier une nouvelle décision.

A défaut d'une telle notification, l'acheteur est réputé avoir accepté les observations du titulaire et l'admission est réputée sans réfaction.

29.4. Rejet :

29.4.1. Lorsque l'acheteur estime que les prestations ne peuvent être admises en l'état, il en prononce le rejet partiel ou total.

La décision de rejet doit être motivée. Elle ne peut être prise qu'après que le titulaire a été mis à même de présenter ses observations.

29.4.2. En cas de rejet, le titulaire est tenu d'exécuter à nouveau la prestation prévue par le marché.

29.4.3. Le titulaire dispose d'un délai de trente jours à compter de la notification de la décision de rejet pour enlever les prestations rejetées. Lorsque ce délai est écoulé, elles peuvent être détruites ou évacuées par l'acheteur, aux frais du titulaire.

29.5. Mauvaise qualité ou défectuosité des fournitures ou matériaux

Lorsque la mauvaise qualité ou la défectuosité des fournitures ou matériaux remis par l'acheteur, et entrant dans la composition des prestations, est à l'origine du défaut de conformité des prestations aux stipulations du marché, l'acheteur ne peut prendre une décision d'ajournement, d'admission avec réfaction ou de rejet :

— si le titulaire a, dans un délai de quinze jours à partir de la date à laquelle il a eu la possibilité de les constater, informé l'acheteur des défauts des approvisionnements, matériels ou équipements remis, réserve faite des vices cachés ne pouvant être décelés avec les moyens dont il dispose ;

— et que l'acheteur a décidé que les approvisionnements, matériels ou équipements devaient néanmoins être utilisés et notifié sa décision au titulaire.

Art. 30 *Garantie technique.*

Les prestations font l'objet d'une garantie minimale d'un an. Le point de départ du délai de garantie est la date de notification de la décision d'admission.

Les stipulations qui précèdent ne font pas obstacle à ce que les documents particuliers du marché définissent, pour certaines catégories de prestations, des garanties particulières. Dans ce cas, le marché fixe les conditions, modalités et les effets de ces garanties sur les obligations respectives des parties.

En matière *(Abrogé par Arr. du 30 sept. 2021, art. 3)* « *de maîtrise d'œuvre et* » de contrôle technique, la garantie évoquée n'est pas la garantie légale de parfait achèvement.

Art. 31 *Destruction des données.*

Au terme de l'exécution du marché ou en cas de résiliation, le titulaire restitue sans délai à l'acheteur une copie de l'intégralité des données confiées par lui dans le cadre de la prestation. Une fois la restitution effectuée, le titulaire détruit, dans un délai de trois mois, les éventuelles copies de données détenues dans son système d'information, y compris les données ayant fait l'objet de sauvegardes ou d'un archivage. La restitution et la destruction des données sont constatées par un procès-verbal daté et signé par le titulaire. Les procédés de destruction sont conformes aux réglementations en vigueur.

CHAPITRE VI UTILISATION DES RÉSULTATS

Art. 32 *Définition des résultats.*

Au sens du présent chapitre :

32.1. Les résultats désignent tous les éléments, quels qu'en soient la forme, la nature et le support, qui sont réalisés dans le cadre des prestations du marché, tels que, notamment, les œuvres de l'esprit (en ce compris les logiciels et leur documentation), les bases de données, les marques dessins ou modèles, noms de domaine et autres signes distinctifs, les inventions brevetables ou non au sens du code de la propriété intellectuelle, les données et les informations, et plus généralement tous les éléments protégés ou non par des droits de propriété intellectuelle ou par tout autre mode de protection, tels que le savoir-faire, le secret des affaires, le droit à l'image ou à la voix des personnes ou le droit à l'image des biens.

Les résultats comprennent les éléments réalisés par le titulaire dès l'appel à la concurrence ou toute consultation écrite de l'acheteur en vue de la remise d'une offre et qui sont liés directement à l'objet du présent marché.

Commentaires.

Les résultats couvrent ce qui est élaboré dans le cadre du marché, c'est-à-dire tout ce qui est livré dans le cadre du marché sauf les connaissances antérieures (standards ou non – définies au 32.2 et 32.3). Il peut s'agir des paramétrages d'un logiciel, de développements spécifiques, d'un nouveau logo, d'une formation sur-mesure, d'un procédé nouveau issu d'une prestation de R&D etc. Les notions d'œuvre de l'esprit, de marque, de brevet et de dessins et modèles etc., sont définies par le code de la propriété intellectuelle.

Un logo proposé par le soumissionnaire dans son offre peut être considéré comme un résultat, dès lors qu'il a été conçu pour répondre aux besoins de l'acheteur et que le marché est attribué à ce soumissionnaire.

32.2. Les connaissances antérieures désignent tous les éléments, quels qu'en soient la forme, la nature et le support, qui sont incorporés aux résultats et/ou sont fournis pour répondre aux besoins de l'acheteur dans le cadre d'une prestation intellectuelle et qui appartiennent à l'acheteur, au titulaire ou à des tiers, ou qui leurs sont concédés en licence, mais qui ont été réalisés dans un cadre extérieur et indépendamment du marché, tels que notamment les œuvres de l'esprit (en ce compris les logiciels et leur documentation), les bases de données, les marques, noms de domaine et autres signes distinctifs, les dessins ou modèles, les inventions brevetables ou non au sens du code de la propriété intellectuelle, les données et les informations, et plus généralement tous les éléments protégés ou non par des droits de propriété intellectuelle ou par tout autre mode de protection, tels que le savoir-faire, le secret des affaires, le droit à l'image ou à la voix des personnes ou le droit à l'image des biens.

Commentaires.

Des connaissances antérieures sont susceptibles d'être utilisées pour répondre aux besoins de l'acheteur (ex. code source préexistant utilisé pour réaliser une fonctionnalité sans tout redévelopper).

32.3. Les connaissances antérieures standards désignent les connaissances antérieures conçues pour être fournies à plusieurs clients en vue de l'exécution d'une même fonction, tels que les logiciels standards et les autres contenus proposés sous licence standard.

Commentaires.

Il peut s'agir de logiciels standards ou progiciels sur étagère (sous licence dite "propriétaire" ou sous licence libre), d'accès à des bases de données, d'images provenant de banque d'images, etc.).

Art. 33 *Régime général des connaissances antérieures et des connaissances antérieures standards.*

33.1. La conclusion du marché n'emporte pas transfert des droits de propriété intellectuelle ou des droits de toute autre nature afférents aux connaissances antérieures et aux connaissances antérieures standards.

L'acheteur et le titulaire restent titulaires, chacun en ce qui les concerne, des droits de propriété intellectuelle ou des droits de toute autre nature portant sur les connaissances antérieures. Ils conservent leurs droits propres, dont ceux d'exploitation, portant sur les connaissances antérieures et les connaissances antérieures standards incorporées dans les résultats, en ce compris leur savoir-faire.

33.2. Dès lors que le titulaire envisage d'utiliser des connaissances antérieures ou des connaissances antérieures standards, il s'engage à ce qu'elles soient identifiées dans son offre ou en toute hypothèse au fur et à mesure de l'exécution du marché, avant toute intégration et/ou utilisation d'une connaissance antérieure ou d'une connaissance antérieure standard non prévue dans l'offre.

Le titulaire précise l'ensemble des éléments nécessaires à l'utilisation des connaissances antérieures et connaissances antérieures standards par l'acheteur. Pour les connaissances antérieures standards, il précise en outre :

— les informations relatives au donneur de licence ;

(Arr. du 30 sept. 2021, art. 3) « — les conditions de la licence ; »

— pour les connaissances antérieures standards logicielles sous licence propriétaire, les conditions de maintenance corrective, adaptative et évolutive ;

— pour les logiciels standards sous licence propriétaire qui seraient difficilement remplaçables, les mesures le cas échéant mises en place pour préserver les droits de l'acheteur (séquestre des codes sources par exemple).

A défaut d'identification expresse en tant que connaissance antérieure (standard ou non) dans l'offre ou en cours d'exécution, tout élément livré en exécution du marché est réputé être un résultat. Dans cette hypothèse, le titulaire peut choisir de remplacer l'élément concerné à ses frais afin qu'il soit compatible avec le régime des résultats.

Le titulaire, en sa qualité de professionnel, est seul responsable de l'analyse et du respect du régime juridique des connaissances antérieures et des connaissances antérieures standards qu'il intègre dans le cadre du marché.

Commentaires.

L'opportunité de prévoir, dans les documents particuliers du marché, une clause prévoyant la fourniture des codes sources de logiciels standards propriétaires doit s'apprécier au cas par cas, en fonction du ou des logiciels potentiellement utilisés dans le cadre du marché. La possibilité technique, pour le titulaire, de fournir les codes sources peut en effet dépendre des conditions édictées par l'éditeur du logiciel concerné. L'acheteur est donc invité à adapter le niveau d'exigence des documents du marché avec l'offre technique disponible sur le marché économique.

Art. 34 *Stipulations spécifiques aux connaissances antérieures et connaissances antérieures standards.*

34.1. Connaissances antérieures (hors standards) du titulaire, de tiers et de l'acheteur

Lorsque le titulaire incorpore des connaissances antérieures dans les résultats ou fournit des connaissances antérieures dans le cadre de l'exécution du marché ou que des connaissances antérieures, sans être incorporées aux résultats, sont strictement nécessaires pour la mise en œuvre des résultats, le titulaire autorise l'acheteur à utiliser les connaissances antérieures pour les mêmes droits, durée, territoire et finalités d'utilisation que ceux prévus dans le régime applicable aux résultats. L'acheteur n'est pas autorisé à utiliser les connaissances antérieures indépendamment de l'utilisation des résultats, sauf si elles sont placées sous un régime d'utilisation qui le permet.

Pour les logiciels, le droit de pouvoir les rétrocéder à tout tiers et de pouvoir les diffuser sous licence libre prévu au bénéfice de l'acheteur sur les résultats ne s'applique pas aux connaissances antérieures, sauf stipulations contraires dans le marché ou si elles sont placées sous un régime d'utilisation qui le permet.

Dans l'hypothèse où une cession à titre exclusif des résultats au profit de l'acheteur est prévue dans le marché, l'exclusivité ne concerne pas les connaissances antérieures, sauf stipulations expresses dans les documents du marché.

L'autorisation d'utiliser les connaissances antérieures est comprise dans le prix du marché.

Au cours de l'exécution du marché, le titulaire ne peut utiliser ou incorporer, sans l'accord préalable de l'acheteur, des connaissances antérieures nécessaires à la réalisation de l'objet du marché qui seraient de nature à limiter ou à rendre plus coûteux l'exercice des droits afférents aux résultats.

Le titulaire ne peut utiliser les connaissances antérieures de l'acheteur que dans le cadre de l'exécution du marché et s'engage à ne pas divulguer les informations confidentielles contenues dans ces connaissances antérieures.

34.2. Connaissances antérieures standards

Si le titulaire envisage au cours de l'exécution du marché d'utiliser une connaissance antérieure standard non listée dans son offre, il doit obtenir l'accord préalable de l'acheteur.

Les droits d'utilisation sur les connaissances antérieures standards s'appliquent dans les conditions de leur licence, telle qu'acceptée par l'acheteur.

Le prix de cette licence est compris dans le montant du marché pour les utilisations prévues dans le cadre du marché et pour la durée du marché.

> *Commentaires.*
>
> L'utilisation d'une connaissance antérieure standard suppose l'acceptation de sa licence. Le titulaire doit veiller à n'utiliser dans le cadre du marché que des connaissances antérieures standards compatibles avec les besoins de l'acheteur (par exemple : le nombre d'utilisateurs).
>
> Les droits d'adaptation, modification, évolution ainsi que les éventuelles transmissions des droits à des tiers de ces connaissances antérieures standards s'appliquent dans les conditions de leur licence telle qu'acceptée par l'acheteur.

Art. 35 *Régime des résultats.*

35.1. Finalités et besoins d'utilisation des résultats :

35.1.1. Le titulaire accorde au titre du présent article à l'acheteur, les droits nécessaires pour utiliser ou faire utiliser les résultats, en l'état ou modifiés, de façon permanente ou temporaire, en tout ou partie, par tout moyen et sous toutes formes, pour les besoins et finalités d'utilisation exprimés dans les documents particuliers du marché et en toute hypothèse pour les besoins d'utilisation découlant de l'objet des prestations commandées dans le cadre du marché.

Les besoins d'utilisation de l'acheteur comprennent le droit de :

— publier et utiliser les résultats consistant en des documents préparatoires, tels que plans, études préalables ou spécifications, pour la mise en œuvre des besoins auxquels ils répondent ;

— évaluer ou faire évaluer par tout tiers à tout moment les résultats ;

— pouvoir procéder aux opérations d'archivage public ;

— permettre à tout service au sein de la même personne morale que l'acheteur de pouvoir utiliser les résultats dans les mêmes conditions et finalités d'utilisation ;

— assurer ou faire assurer par tout tiers l'évolution de tous résultats, en ce compris réaliser ou faire réaliser par tout tiers, la maintenance (corrective, préventive, adaptative et évolutive) des résultats consistant en des logiciels ;

— transférer les droits sur les résultats à tout tiers bénéficiaire d'un transfert de compétences de l'acheteur.

Pour les résultats qui sont des logiciels, les besoins d'utilisation comprennent en outre, la possibilité de rétrocéder tout droit à tout tiers à quelque titre que ce soit, et à quelques conditions que soit, ainsi que la possibilité de pouvoir les diffuser sous une licence libre/open source.

35.1.2. Le régime de confidentialité des résultats est défini le cas échéant dans les documents particuliers du marché.

35.2. Droits de l'acheteur :

35.2.1. Résultats protégés par un droit de propriété littéraire et artistique :

Le titulaire cède à l'acheteur les droits patrimoniaux des droits d'auteur ou des droits voisins des droits d'auteur afférents aux résultats, pour les finalités et besoins d'utilisation mentionnés au présent article tels qu'applicables au marché.

Cette cession des droits couvre les résultats, à compter de leur livraison et sous condition résolutoire de la réception des prestations, pour le monde entier et pour la durée légale des droits d'auteur ou des droits voisins du droit d'auteur.

Ces droits comprennent, dans le respect des droits moraux, l'ensemble des droits patrimoniaux de reproduction, de représentation et de distribution, et notamment les droits d'utiliser, d'incorporer, d'intégrer, d'adapter, de modifier, d'arranger, de corriger, de traduire les résultats en toutes langues, en tout ou en partie, en l'état ou modifiés pour les finalités et besoins d'utilisation mentionnés au présent article, tels qu'applicables au marché.

> *Commentaires.*
>
> L'exercice des droits patrimoniaux, objet de la cession pour les besoins découlant de l'objet du marché, doit se faire dans le respect des droits moraux de l'auteur.
>
> L'article L. 121-1 du code de la propriété intellectuelle dispose que "l'auteur jouit du droit au respect de son nom, de sa qualité et de son œuvre. Ce droit est attaché à la personne. Il est perpétuel, inaliénable et imprescriptible (...)".
>
> En application de cet article, l'auteur a droit tout particulièrement :
>
> (i) au respect de son nom et de sa qualité. Ce "droit à la paternité" se traduit par l'obligation d'apposer le nom et la qualité de l'auteur sur son œuvre et sur toute reproduction de celle-ci (ex. : apposition du nom de l'architecte sur l'immeuble qu'il a réalisé) ;

(ii) au respect de son œuvre. Ce droit autorise l'auteur à faire sanctionner toute altération, dénaturation de son œuvre. L'adaptation, l'arrangement, la modification sont susceptibles de porter atteinte à l'intégrité de l'œuvre et d'engager la responsabilité de l'acheteur. L'appréciation des éventuelles atteintes au droit au respect de l'œuvre se fait au cas par cas par les juges du fond en fonction de la nature des œuvres et des exploitations réalisées.

Il est recommandé, préalablement aux adaptations, modifications ou arrangements de l'œuvre qui n'auraient pas fait l'objet d'une autorisation spécifique dans les documents particuliers du marché et qui seraient susceptibles d'altérer ou de dénaturer l'œuvre, d'informer le titulaire ou les auteurs des aménagements envisagés.

Le droit de reproduction comporte, dans le respect des droits moraux, notamment le droit de reproduire les résultats, pour quelque usage que ce soit, par quelque procédé que ce soit, connu ou inconnu y compris non prévisible, sur tout support actuel ou futur et sans limitation de nombre tel que papier, électronique, numérique, analogique, magnétique, optique, vidéographique, pour toute exploitation, y compris en réseau sans limitation de nombre, en tout ou partie, en l'état ou modifiés, par tous procédés et sur tous supports.

Le droit de représentation et de distribution comporte, dans le respect des droits moraux, notamment le droit de communication au public et de mise à disposition du public des résultats, en tout ou partie, directement ou indirectement, en l'état ou modifiés, par tous moyens, modes et procédés, connus ou inconnus, sous toute forme, et auprès du public en général ou de catégories de public en particulier, de manière que chacun puisse y avoir accès de l'endroit et au moment qu'il choisit individuellement.

Les droits portant sur les résultats qui ont la forme de logiciels comportent, en outre, notamment les droits d'évaluer, d'observer, de tester, de dupliquer, de charger, d'afficher, de stocker, d'exécuter, de modifier, d'arranger, décompiler, assembler, transcrire tout ou partie des résultats, d'en faire la maintenance préventive, corrective, adaptative et évolutive, d'en réaliser de nouvelles versions ou de nouveaux développements, de le traduire en toute langue, transcrire dans tout langage de programmation, configurer, interfacer avec tout logiciel, base de données, produit informatique, d'en réutiliser les algorithmes à toutes fins, d'en intégrer tout ou partie vers ou dans des œuvres existantes ou à venir, faire tous actes aux fins d'interopérabilité avec d'autres systèmes crées de manière indépendante.

La présente cession est consentie à l'acheteur à titre non exclusif, afin d'accorder au titulaire le droit d'exploiter les résultats conformément à l'article 35.3.

Compte tenu de leur nature, les résultats suivants font l'objet d'une cession à titre exclusif :

1° Les résultats ayant pour objet de distinguer l'identité propre de l'acheteur et/ou de ses services ou produits par rapport aux autres entités, services ou produits (tels que dénominations, logos, slogans, chartes graphiques). La cession comporte pour ces résultats le droit pour l'acheteur, de procéder à tous dépôt ou réservation en tant que marque, nom de domaine, comptes de réseaux sociaux et plus généralement signe distinctif, et/ou de dessin et modèle quels que soient les territoires et les classes de dépôt, ainsi que le droit de distribuer ou commercialiser directement ou indirectement auprès de tout public, sans limite de nombre, tout produit ou service portant les résultats et plus généralement de les utiliser à titre de marque et/ou signes distinctifs ;

2° Les résultats ayant pour objet de promouvoir l'acheteur ses produits et services et plus généralement ses missions de service public (telles que campagnes de promotion, ou de communication) ;

3° Les résultats qualifiés de confidentiels.

Le titulaire s'interdit de déposer ou de réserver notamment à titre de marque ou de signes distinctifs (y compris noms de domaine ou comptes de réseaux sociaux) les résultats mentionnés aux 1° et 2°.

Plus généralement, le titulaire s'interdit de procéder à tout dépôt ou réservation de marque ou de signes distinctifs (y compris noms de domaine ou comptes de réseaux sociaux) pouvant générer un risque de confusion avec l'acheteur, ses services ou produits et s'interdit de déposer ou réserver sur les résultats mentionnés aux 1° et 2° tout droit ou titre de propriété industrielle, en France ou à l'étranger, de nature à limiter ou rendre plus onéreux l'exercice des droits de l'acheteur.

Le prix de cette cession est forfaitairement compris dans le montant du marché.

Commentaires.

La cession à titre non exclusif permet au titulaire d'utiliser les résultats pour ses propres besoins, y compris commercialement.

Compte tenu de leurs spécificités, les résultats ayant pour objet d'identifier l'acheteur, de promouvoir ses produits ou services et ceux qui ne peuvent pas être réutilisés en raison de leur confidentialité sont cédés à titre exclusif.

Le prix prend en compte l'étendue de la cession (durée, territoire...), son caractère exclusif ou non ainsi que l'étendue des exploitations applicables au marché.

35.2.2. Résultats protégés par un droit de propriété industrielle relatif à des inventions et connaissances techniques :

Le titulaire informe l'acheteur de tout résultat qui aurait été identifié comme étant raisonnablement susceptible de faire l'objet d'une protection par un titre de propriété industrielle relatif à des inventions et connaissances techniques.

Le titulaire concède à l'acheteur une licence d'utilisation non exclusive des droits de propriété intellectuelle afférents à ces résultats, pour les finalités et besoins d'utilisation mentionnés au présent article tels qu'applicables au marché, comprenant le fait de pouvoir utiliser les résultats pour continuer les recherches.

Cette licence couvre les résultats à compter de leur livraison et sous condition résolutoire de la réception des prestations, pour le monde entier et pour la durée de validité de la protection.

Le prix de cette licence est compris dans le montant du marché.

Le titulaire accomplit toutes les formalités requises pour rendre la licence d'exploitation opposable aux tiers, dans tous les territoires où les droits sont concédés. Le coût de ces formalités est compris dans le montant du marché.

Dans l'hypothèse où le résultat consiste totalement ou partiellement en un nouveau savoir-faire, le titulaire concède une licence sur ce savoir-faire à l'acheteur, pour les finalités et besoins d'utilisation mentionnés au présent l'article 35, tels qu'applicables au marché, sous réserve d'en préserver la confidentialité.

Commentaires.

Compte tenu de la spécificité des prestations donnant lieu à des résultats susceptibles de protection par des droits de propriété industrielle relatif à des inventions et connaissances techniques au sens du code de la propriété intellectuelle, et/ou susceptibles d'être couverts par du savoir-faire, il est recommandé de prévoir dans les documents particuliers du marché les modalités de répartition des droits qui peuvent déroger au régime proposé par défaut. Cela peut être le cas par exemple lorsque la prestation a pour objet l'amélioration d'une innovation technique de l'acheteur, qui peut avoir vocation à détenir par exemple le brevet portant sur les résultats.

35.2.3. Régime des données :

Les données intégrées ou générées dans le cadre du présent marché sont confidentielles et appartiennent exclusivement à l'acheteur.

Le titulaire dispose d'un accès aux données dans le cadre de l'exécution du présent marché aux seules fins de son exécution.

Le titulaire s'interdit d'en faire un quelconque usage, direct ou indirect, en dehors des prestations du présent marché, sauf autorisation préalable et expresse de l'acheteur.

35.3. Droits du titulaire :

35.3.1. Le titulaire conserve la propriété de ses savoir-faire et méthodes utilisés pour réaliser les résultats.

L'acheteur autorise le titulaire à exploiter, y compris à titre commercial, les résultats créés dans le cadre du marché et non soumis à cession exclusive au profit de l'acheteur, pour les mêmes droits que ceux prévus à l'article 35.2.1, sous réserve de la confidentialité d'informations intégrées dans les résultats en vertu de l'article 5. Pour les connaissances antérieures mises à disposition du titulaire par l'acheteur pour l'exécution du marché, le titulaire sollicite l'accord de l'acheteur.

Le titulaire verse à l'acheteur, dans l'hypothèse de l'exploitation commerciale de tout ou partie des résultats, seuls ou incorporés dans des produits ou services, ou en cas de concession totale ou partielle de droits d'exploitation portant sur les résultats, une redevance.

Les documents particuliers du marché déterminent les modalités de calcul de la redevance.

Commentaires.

Dès lors que le titulaire peut exploiter à titre commercial un résultat dont le développement a été financé par l'acheteur, ce dernier peut prévoir lorsque c'est pertinent une redevance qui tienne compte de cette participation.

35.3.2. Le titulaire s'engage à ce que l'exploitation des résultats ne porte pas atteinte aux droits ou à l'image de l'acheteur.

Le titulaire peut publier les résultats sous réserve du respect des obligations de confidentialité fixées à l'article 5 et du régime de confidentialité des résultats, complétés le cas échéant par les documents particuliers du marché, et de l'accord préalable de l'acheteur si les résultats comprennent des connaissances antérieures mises à sa disposition par ces derniers pour l'exécution du marché.

La publication mentionne que les résultats ont été financés par l'acheteur.

35.4. Stipulations communes

35.4.1. Exercice des droits :

Pour permettre à l'acheteur d'exercer les droits qui lui sont accordés au titre du marché, le titulaire livre spontanément et au fur et à mesure de l'exécution des prestations, l'ensemble des éléments nécessaires à cet exercice, ainsi que leurs mises à jour ou évolutions au cours du marché, tels que :

35.4.1.1. Pour les logiciels :

— les codes exécutables ;

— la documentation, les documents de cadrage et suivis de projet sous format numérique (support magnétique, optique ou supports de stockage électronique) ;

— les codes sources et la documentation associée des résultats, connaissances antérieures et connaissances antérieures standards lorsque ces connaissances antérieures standards sont placées sous une licence le permettant telle qu'une licence libre/open source, sont livrés simultanément à la remise du code objet sous la forme d'un ou plusieurs supports électroniques contenant le code générateur ; ainsi que l'ensemble des informations nécessaires à toute prestation ultérieure destinée à assurer la maintenance, y compris évolutive de ces éléments.

35.4.1.2. Pour les autres œuvres (créations graphiques, images, films, musique, etc.) : les fichiers sources et natifs dans un format ouvert.

Le titulaire ne peut imposer la confidentialité notamment des codes sources livrés.

La propriété matérielle de ces éléments est transférée à l'acheteur. Elle est comprise dans le prix du marché.

35.4.2. Garanties des droits :

Le titulaire garantit à l'acheteur, la jouissance pleine et entière, libre de toute servitude, des droits cédés ou licenciés aux termes du marché sur les résultats et les connaissances antérieures standards ou non.

A ce titre, il garantit :

— qu'il est titulaire ou détient les droits cédés ou licenciés ;

— qu'il dispose des autorisations relatives aux droits de la personnalité et plus généralement dispose de toutes les autorisations nécessaires pour les finalités et besoins d'utilisation applicables au marché ;

— qu'il indemnise l'acheteur, en l'absence de faute qui lui serait directement imputable, sans bénéfice de discussion ni de division, contre toute action, réclamation, revendication ou opposition de la part de toute personne invoquant un droit auquel l'utilisation des résultats et des connaissances antérieures standards ou non conforme aux stipulations des articles 33 et 35 aurait porté atteinte. Si l'acheteur est poursuivi pour contrefaçon, concurrence déloyale ou parasitisme sans faute de sa part du fait de l'utilisation des résultats et des connaissances antérieures ou non conforme aux stipulations des articles 33 et 35, ils en informent sans délai le titulaire qui pourra alors intervenir à l'action judiciaire ;

— dans ces hypothèses, qu'il apporte à l'acheteur toute l'assistance nécessaire à ses frais ;

— qu'il s'engage à son choix, (i) à modifier ou de remplacer les éléments objets du litige ou d'un risque sérieux de litige, de manière qu'ils cessent de tomber sous le coup de la réclamation, tout en restant conformes aux spécifications du marché, (ii) à faire en sorte que l'acheteur puisse utiliser les éléments en litige sans limitation ni frais supplémentaires, ou, (iii) dans le cas où l'une de ces solutions ne peut être raisonnablement mise en œuvre, à rembourser à l'acheteur les sommes payées au titre des éléments objet du litige et à l'indemniser du préjudice subi.

Dans ces hypothèses, le titulaire prend à sa charge tous dommages et intérêts auxquels l'acheteur, en l'absence de faute qui lui serait directement imputable, serait condamné à raison d'un acte de contrefaçon, concurrence déloyale ou parasitisme, du fait de l'utilisation des résultats et des connaissances antérieures standards ou non conforme aux stipulations des articles 33 et 35, dès lors que la condamnation les prononçant devient exécutoire.

Le titulaire garantit les droits cédés ou licenciés afférents aux résultats ou aux connaissances antérieures standards ou non, à l'acheteur, lors de toute cession ou licence de droits portant sur les résultats ou les connaissances antérieures standards ou non.

Le titulaire garantit que les résultats, les connaissances antérieures et les connaissances antérieures standards utilisés suivent le régime des droits d'utilisation applicables au marché.

Sur simple demande, le titulaire s'engage, à ses frais, à remplacer les résultats, les connaissances antérieures standards ou non qui ne permettraient pas à l'acheteur de les exploiter dans les conditions prévues dans le cadre du marché.

La responsabilité du titulaire n'est pas engagée pour toute allégation concernant :

— les connaissances antérieures standards ou non que l'acheteur a fournies au titulaire pour l'exécution du marché ;

— les éléments incorporés dans les résultats à la demande expresse de l'acheteur ;

— les modifications, adaptations apportées aux résultats, si la cause de l'allégation trouve son fondement dans une modification ou une adaptation apportées par l'acheteur ou à sa demande expresse.

Le titulaire dégage l'acheteur de toutes les obligations légales et conventionnelles vis-à-vis des salariés ou commettants du titulaire.

35.4.3. Stipulations finales :

De manière générale, le titulaire ne peut opposer ses droits ou titres de propriété intellectuelle ou ses droits de toute autre nature à l'utilisation des résultats et des connaissances antérieures, lorsque celle-ci est conforme aux besoins d'utilisation applicables au marché.

Le titulaire ne peut notamment opposer aucun droit portant sur l'apparence graphique, les enchaînements et intitulés de menus ou de commandes qui seraient de nature à limiter les besoins d'évolution, d'adaptation, de traduction ou d'incorporation des résultats à des fins notamment d'interopérabilité avec d'autres systèmes et logiciels.

Le titulaire autorise l'acheteur à extraire et réutiliser librement les bases de données incluses dans les résultats, notamment en vue de la mise à disposition des informations publiques à des fins de réutilisation à titre gratuit ou onéreux.

En cas de cessation du marché pour quelque cause que ce soit, l'acheteur conserve les droits d'utilisation applicables au marché.

L'acheteur a la possibilité de sous-céder, sous-licencier ou de sous-traiter la mise en œuvre des résultats, connaissances antérieures et connaissances antérieures standards pour son propre compte, dans les limites de l'objet du marché.

L'acheteur peut librement publier les résultats sous réserve des éventuelles obligations de confidentialité fixées par les documents particuliers du marché et que cette publication ne constitue pas une divulgation au sens du droit de la propriété industrielle.

L'existence de restrictions au droit de publier les résultats ne fait pas obstacle à la publication d'informations générales sur l'existence du marché et la nature des résultats.

Les limites au pouvoir de publication ne s'opposent pas à la possibilité, pour l'acheteur, pour la mise en œuvre de leurs droits, de communiquer à un tiers ces résultats, en tout ou partie, dans le respect de l'article 5.1.

Toute publication doit mentionner le nom du titulaire et des auteurs.

Les parties s'informent mutuellement des modifications qu'elles souhaitent opérer sur les résultats afin de recueillir les observations utiles de l'autre partie. Elles s'accordent la libre disposition des modifications mineures et des corrections apportées aux résultats.

CHAPITRE VII RÉSILIATION

Art. 36 *Principes généraux.*

L'acheteur peut mettre fin à l'exécution des prestations faisant l'objet du marché avant l'achèvement de celles-ci, soit à la demande du titulaire dans les conditions prévues à l'article 38, soit pour faute du titulaire dans les conditions prévues à l'article 39, soit dans le cas des circonstances particulières mentionnées à l'article 37.

L'acheteur peut également mettre fin, à tout moment, à l'exécution des prestations pour un motif d'intérêt général. Dans ce cas, le titulaire a droit à être indemnisé du préjudice qu'il subit du fait de cette décision, selon les modalités prévues à l'article 40.

La décision de résiliation du marché est notifiée au titulaire. Sous réserve des stipulations particulières mentionnées ci-après, la résiliation prend effet à la date fixée dans la décision de résiliation ou, à défaut, à la date de sa notification.

Art. 37 *Résiliation pour événements extérieurs au marché.*

37.1. Décès ou incapacité civile du titulaire :

En cas de décès ou d'incapacité civile du titulaire, l'acheteur peut résilier le marché ou accepter sa continuation par les ayants droit ou le curateur. Un avenant de transfert est établi à cette fin.

La résiliation, si elle est prononcée, prend effet à la date du décès ou de l'incapacité civile. Elle n'ouvre droit pour le titulaire ou ses ayants droit à aucune indemnité

37.2. Sauvegarde, redressement judiciaire ou liquidation judiciaire :

En cas de sauvegarde ou de redressement judiciaire, le marché est résilié, si après mise en *demeure* de l'administrateur judiciaire, dans les conditions prévues à l'article L. 622-13 du code de commerce, ce dernier indique ne pas reprendre les obligations du titulaire.

En cas de liquidation judiciaire du titulaire, le marché est résilié, si, après mise en demeure du liquidateur, dans les conditions prévues à l'article L. 641-11-1 du code de commerce, ce dernier indique ne pas reprendre les obligations du titulaire.

La résiliation, si elle est prononcée, prend effet à la date de l'évènement. Elle n'ouvre droit, pour le titulaire, à aucune indemnité.

37.3. Incapacité physique du titulaire :

En cas d'incapacité physique manifeste et durable du titulaire compromettant la bonne exécution du marché, l'acheteur peut résilier le marché.

La résiliation n'ouvre droit pour le titulaire à aucune indemnité.

Art. 38 *Résiliation pour événements liés au marché.*

38.1. Difficulté d'exécution du marché :

Lorsque le titulaire rencontre, au cours de l'exécution des prestations, des difficultés techniques particulières dont la solution nécessiterait la mise en œuvre de moyens hors de proportion avec le montant du marché, l'acheteur peut résilier le marché, de sa propre initiative ou à la demande du titulaire.

Lorsque le titulaire est mis dans l'impossibilité d'exécuter le marché du fait d'un événement ayant le caractère de force majeure, l'acheteur résilie le marché.

38.2. Ordre de service tardif :

Lorsque la résiliation est prononcée à la demande du titulaire par application de l'article 3.8.3, celui-ci est indemnisé des frais et investissements éventuellement engagés pour le marché et strictement nécessaires à son exécution.

Il lui incombe d'apporter toutes les justifications nécessaires à la fixation de cette partie de l'indemnité dans un délai de quinze jours après la notification de la résiliation du marché.

38.3. Arrêt de l'exécution des prestations

Lorsque l'arrêt de l'exécution des prestations est prononcé en application de l'article 22, l'acheteur résilie le marché.

La résiliation n'ouvre droit pour le titulaire à aucune indemnité.

Art. 39 *Résiliation pour faute du titulaire.*

39.1. L'acheteur peut résilier le marché pour faute du titulaire dans les cas suivants :

a) Le titulaire contrevient aux obligations légales ou réglementaires relatives au travail, ou à la protection de l'environnement, à la sécurité et à la santé des personnes, ou à la préservation du voisinage ;

b) Des moyens ont été mis à la disposition du titulaire, et celui-ci se trouve dans un des cas prévus à l'article 17.8 ;

c) Le titulaire ne s'est pas acquitté de ses obligations dans les délais contractuels ;

d) Le titulaire a fait obstacle à l'exercice d'un contrôle par l'acheteur dans le cadre de l'article 19 ;

e) Lorsque le remplaçant de la personne désignée pour assurer la conduite des prestations est récusé en application de l'article 3.4.3, à défaut de désignation d'un nouveau remplaçant dans un délai de trente jours, ou de récusation de celui-ci dans un délai de trente jours ;

f) Le titulaire a sous-traité en contrevenant aux dispositions législatives et réglementaires relatives à la sous-traitance, ou il n'a pas respecté les obligations relatives aux sous-traitants mentionnées à l'article 3.6 ;

g) Le titulaire n'a pas produit les attestations d'assurance dans les conditions prévues à l'article 9 ;

h) Le titulaire déclare, indépendamment des cas prévus à l'article 37.1, ne pas pouvoir exécuter ses engagements ;

i) Le titulaire n'a pas communiqué les modifications mentionnées à l'article 3.4.2 et ces modifications sont de nature à compromettre la bonne exécution du marché ;

j) Le titulaire s'est livré, à l'occasion de l'exécution du marché, à des actes frauduleux ;

k) Le titulaire ou le sous-traitant ne respecte pas les obligations relatives à la confidentialité, à la protection des données à caractère personnel et à la sécurité, conformément à l'article 5 ;

l) L'utilisation des résultats par l'acheteur est gravement compromise, en raison du retard pris par le titulaire dans l'exécution du marché ;

m) Postérieurement à la signature du marché, le titulaire a fait l'objet d'une interdiction d'exercer toute profession industrielle ou commerciale ;

n) Postérieurement à la signature du marché, les renseignements ou documents produits par le titulaire, à l'appui de sa candidature ou exigés préalablement à l'attribution du marché s'avèrent inexacts.

39.2. Sauf dans les cas prévus aux *h*, *j*, *m*, et *n* du 39.1 ci-dessus, une mise en demeure, assortie d'un délai d'exécution, doit avoir été préalablement notifiée au titulaire et être restée infructueuse.

Dans le cadre de la mise en demeure, l'acheteur informe le titulaire de la sanction envisagée et l'invite à présenter ses observations.

39.3. La résiliation du marché ne fait pas obstacle à l'exercice des actions civiles ou pénales qui pourraient être intentées contre le titulaire.

Art. 40 *Résiliation pour motif d'intérêt général.*

Lorsque l'acheteur résilie le marché pour motif d'intérêt général, le titulaire a droit à une indemnité de résiliation, obtenue en appliquant au montant initial hors TVA du marché, diminué du montant hors TVA non révisé des prestations admises, un pourcentage fixé par les documents particuliers du marché ou, à défaut, de 5 %.

Le titulaire a droit, en outre, à être indemnisé de la part des frais et investissements, éventuellement engagés pour le marché et strictement nécessaires à son exécution, qui n'aurait pas été prise en compte dans le montant des prestations payées. Il lui incombe d'apporter toutes les justifications nécessaires à la fixation de cette partie de l'indemnité dans un délai de quinze jours après la notification de la résiliation du marché.

Ces indemnités sont portées au décompte de résiliation, sans que le titulaire ait à présenter une demande particulière à ce titre.

Art. 41 *Décompte de résiliation.*

41.1. La résiliation fait l'objet d'un décompte de résiliation, qui est arrêté par l'acheteur et notifié au titulaire

41.2. Le décompte de résiliation qui fait suite à une décision de résiliation prise en application des articles 38 et 40 comprend :

41.2.1. Au débit du titulaire :

— le montant des sommes versées à titre d'avance, d'acompte, de règlement partiel définitif et de solde ;

— la valeur, fixée par le marché et ses modifications éventuelles, des moyens confiés au titulaire que celui-ci ne peut restituer, ainsi que la valeur de reprise des moyens que l'acheteur cède à l'amiable au titulaire ;

— le montant des pénalités.

41.2.2. Au crédit du titulaire :

41.2.2.1. La valeur des prestations fournies à l'acheteur, à savoir :

— la valeur contractuelle des prestations admises, y compris, s'il y a lieu, les intérêts moratoires ;

— la valeur des prestations fournies éventuellement à la demande de l'acheteur telles que le stockage des fournitures.

41.2.2.2. Les dépenses engagées par le titulaire en vue de l'exécution des prestations qui n'ont pas été fournies à l'acheteur, dans la mesure où ces dépenses n'ont pas été amorties antérieurement ou ne peuvent pas l'être ultérieurement, à savoir :

— le coût des matières et objets approvisionnés en vue de l'exécution du marché ;

— le coût des installations, matériels et outillages réalisés en vue de l'exécution du marché ;

— les autres frais du titulaire se rapportant directement à l'exécution du marché ;

41.2.2.3. Les dépenses de personnel dont le titulaire apporte la preuve qu'elles résultent directement et nécessairement de la résiliation du marché.

41.2.2.4. Si la résiliation est prise en application de l'article 40, une somme forfaitaire calculée en appliquant un pourcentage à la différence entre le montant hors TVA non révisé du marché et le montant hors TVA non révisé des prestations admises. Dans le silence du marché, ce pourcentage est de 5 %. Le montant ainsi calculé sera révisé à la date d'effet de la résiliation conformément aux stipulations du marché.

41.2.2.5. Plus généralement, tous préjudices subis du fait de la résiliation par le titulaire et éventuellement ses sous-traitants et fournisseurs.

41.3. Le décompte de résiliation à la suite d'une décision de résiliation prise en application de l'article 39 comprend :

41.3.1. Au débit du titulaire :

— le montant des sommes versées à titre d'avance, d'acompte, de règlement partiel définitif et de solde ;

— la valeur, fixée par le marché et ses modifications éventuelles, des moyens confiés au titulaire que celui-ci ne peut restituer, ainsi que la valeur de reprise des moyens que l'acheteur cède à l'amiable au titulaire ;

— le montant des pénalités ;

— le cas échéant, le supplément des dépenses résultant de la passation d'un marché aux frais et risques du titulaire dans les conditions fixées à l'article 27.

41.3.2. Au crédit du titulaire :

— la valeur contractuelle des prestations reçues y compris, s'il y a lieu, les intérêts moratoires ;

— la valeur des prestations fournies éventuellement à la demande de l'acheteur telles que le stockage des fournitures.

41.4. Le décompte de résiliation à la suite d'une décision de résiliation prise en application de l'article 37 ou à la suite d'une demande du titulaire comprend :

41.4.1. Au débit du titulaire :

— le montant des sommes versées à titre d'avance, d'acompte, de règlement partiel définitif et de solde ;

— la valeur, fixée par le marché et ses modifications éventuelles, des moyens confiés au titulaire que celui-ci ne peut restituer, ainsi que la valeur de reprise des moyens que l'acheteur cède à l'amiable au titulaire ;

— le montant des pénalités.

41.4.2. Au crédit du titulaire :

— la valeur contractuelle des prestations admises y compris, s'il y a lieu, les intérêts moratoires ;

— la valeur des prestations fournies éventuellement à la demande de l'acheteur telles que le stockage des fournitures.

41.5. La notification du décompte par l'acheteur au titulaire doit être faite au plus tard deux mois après la date d'effet de la résiliation du marché. Le défaut de notification du décompte de résiliation dans ce délai constitue un différend au sens de l'article 43.

Le cas échéant, les pénalités pour retard sont appliquées jusqu'à la veille incluse du jour de la date d'effet de la résiliation.

Art. 42 *Remise des prestations et des moyens matériels permettant l'exécution du marché.*

En cas de résiliation, l'acheteur peut exiger du titulaire :

— la remise des prestations en cours d'exécution, ainsi que des matières et des objets détenus en vue de l'exécution d'un marché ;

— la remise des moyens matériels d'exécution spécialement destinés au marché ;

— l'exécution de mesures conservatoires, notamment d'opérations de stockage ou de gardiennage.

L'acheteur en informe le titulaire ou ses ayants droit, lors de la notification de la résiliation en indiquant le délai de remise de ces biens par le titulaire et les conditions de leur conservation dans l'attente de cette remise.

En cas de résiliation pour faute du titulaire, le présent article est appliqué aux frais de celui-ci.

CHAPITRE VIII DIFFÉRENDS

Art. 43 *Règlement des différends entre les parties.*

43.1. L'acheteur et le titulaire s'efforceront de régler à l'amiable tout différend éventuel relatif à l'interprétation des stipulations du marché ou à l'exécution des prestations objet du marché.

Au sens du présent article, l'apparition du différend résulte :

— soit d'une prise de position écrite, explicite et non équivoque émanant de l'acheteur et faisant apparaître le désaccord ;

— soit du silence gardé par l'acheteur à la suite d'une mise en demeure adressée par le titulaire l'invitant à prendre position sur le désaccord dans un délai qui ne saurait être inférieur à quinze jours ;

— soit de l'absence de notification du décompte de résiliation dans le délai mentionné à l'article 41.5.

Commentaires.

En l'absence de mise en demeure, la seule circonstance que l'acheteur ne s'acquitte pas, en temps utile, des factures qui lui sont adressées, sans refuser explicitement de les honorer, ne suffit pas à caractériser l'existence d'un différend au sens du présent article.

43.2. Tout différend entre le titulaire et l'acheteur doit faire l'objet, de la part du titulaire, d'un mémoire en réclamation exposant précisément les motifs de ce différend et indiquant, le cas échéant, pour chaque chef de contestation, le montant des sommes réclamées et leur justification.

Ce mémoire doit être communiqué à l'acheteur dans le délai de deux mois, courant à compter du jour où le différend est apparu.

Le délai de communication du mémoire en réclamation est prescrit à peine de forclusion.

43.3. L'acheteur dispose d'un délai de deux mois, courant à compter de la réception du mémoire en réclamation, pour notifier sa décision. L'absence de décision dans ce délai vaut rejet de la réclamation.

43.4. Lorsque l'acheteur et le titulaire ne parviennent pas à régler le différend à l'issue de la procédure décrite aux 1 à 3 du présent article, ils privilégient le recours à un comité consultatif de règlement à l'amiable, à la conciliation, à la médiation, notamment auprès du médiateur des entreprises, ou à l'arbitrage, dans les hypothèses et les conditions prévues par le code de la commande publique.

La partie qui saisit d'un différend le comité consultatif de règlement amiable compétent supporte les frais de l'expertise, s'il en est décidé une, dans l'attente du règlement amiable définitif du différend.

La saisine d'un comité consultatif de règlement amiable des différends interrompt les délais de recours contentieux jusqu'à la notification de la décision prise par l'acheteur sur l'avis du comité.

La saisine d'un conciliateur ou d'un médiateur interrompt les délais de recours contentieux jusqu'à la notification de la décision prise après conciliation ou médiation ou de la constatation par le conciliateur ou le médiateur de l'échec de sa mission.

43.5. Pour les réclamations auxquelles a donné lieu le solde du marché, le titulaire dispose d'un délai de deux mois, à compter de la notification de la décision prise par l'acheteur ou de la naissance de la décision implicite de rejet mentionnée au 3 du présent article, pour porter ses réclamations devant le tribunal administratif compétent. Passé ce délai, le titulaire est réputé avoir accepté cette décision.

Les litiges portant sur des actions civiles relatives à la propriété littéraire et artistique relevant de l'article L. 331-1 du code de la propriété intellectuelle sont portés devant la juridiction judiciaire compétente.

Arrêté du 30 mars 2021,

Portant approbation du cahier des clauses administratives générales des marchés publics de techniques de l'information et de la communication.

Nota : *Le présent arrêté entre en vigueur le 1er avr. 2021 (Arr. du 30 mars 2021, art. 3). Il s'applique aux marchés publics pour lesquels une consultation est engagée ou un avis d'appel à la concurrence envoyé à la publication à compter de cette date. Toutefois, jusqu'au 1er oct. 2021, les acheteurs publics peuvent faire référence au cahier des clauses administratives générales applicables aux marchés publics de techniques de l'information et de la communication dans sa rédaction antérieure au présent arrêté (Arr. du 16 sept. 2009, V. App., Partie I. V bis. CCAG [anciens]* 🏛*).*

Art. 1er **Est approuvé le cahier des clauses administratives générales des marchés publics de techniques de l'information et de la communication dont le texte est annexé au présent arrêté.**

Ce cahier des clauses administratives générales n'est applicable qu'aux marchés qui s'y réfèrent.

Art. 2 **L'arrêté du 16 septembre 2009 portant approbation du cahier des clauses administratives générales applicables aux marchés publics de techniques de l'information et de la communication est abrogé à compter du 1er octobre 2021.**

Art. 3 **Les dispositions du présent arrêté entrent en vigueur le 1er avril 2021. Elles sont applicables aux marchés pour lesquels une consultation a été engagée ou un avis d'appel à la concurrence envoyé à la publication à compter de cette date.**

Toutefois, les marchés publics qui se réfèrent au cahier des clauses administratives générales des marchés publics de techniques de l'information et de la communication, pour lesquels une consultation est engagée ou un avis d'appel à la concurrence envoyé à la publication entre 1er avril 2021 et le 30 septembre 2021, sont réputés faire référence au cahier des clauses administratives générales dans sa rédaction antérieure au présent arrêté, sauf s'ils font expressément référence au présent arrêté.

Les marchés publics qui se réfèrent au cahier des clauses administratives générales applicables aux marchés publics de techniques de l'information et de la communication, pour lesquels une consultation a été engagée ou un avis d'appel public à la concurrence envoyé à la publication avant le 1er avril 2021, demeurent régis, pour leur exécution, par les stipulations du cahier des clauses administratives générale dans sa rédaction antérieure au présent arrêté.

Art. 4 *(Arr. du 21 avr. 2021, art. 5)* **I. — Pour l'application du présent arrêté à Saint-Barthélemy et à Saint-Pierre-et-Miquelon, les références au règlement (UE) 2016/679 du 27 avril 2016 relatif à la protection des personnes physiques à l'égard du traitement des données à caractère personnel et à la libre circulation de ces données, et abrogeant la directive 95/46/CE ("RGPD") sont remplacées par la référence aux règles applicables en métropole en vertu de ce règlement ;**

II. — Les dispositions du présent arrêté sont applicables dans les îles Wallis-et-Futuna, en Polynésie française, en Nouvelle-Calédonie et dans les Terres australes et antarctiques françaises.

Pour l'application, dans ces mêmes collectivités, du cahier des clauses administratives générales des marchés publics de techniques de l'information et de la communication dont le texte est annexé au présent arrêté :

1° Les références au règlement (UE) 2016/679 du 27 avril 2016 relatif à la protection des personnes physiques à l'égard du traitement des données à caractère personnel et à la libre circulation de ces données, et abrogeant la directive 95/46/CE ("RGPD") sont remplacées par la référence aux règles applicables en métropole en vertu de ce règlement ;

2° Les références au code du travail et au code de la sécurité sociale sont remplacées par la référence aux dispositions applicables localement ayant le même objet ;

3° Les références aux prestations perçues par les bénéficiaires de la clause d'insertion sociale sont remplacées, en tant que de besoin, par la référence aux dispositions applicables localement ayant le même objet ;

4° Les références au code de commerce sont remplacées, en tant que de besoin, par la référence aux dispositions applicables localement ayant le même objet et permettant les mêmes effets ;

5° En Polynésie française et en Nouvelle-Calédonie, les références au code de la propriété intellectuelle sont remplacées par la référence aux dispositions applicables localement ayant le même objet ;

6° Dans les îles Wallis-et-Futuna*[,]* et en Polynésie française et en Nouvelle-Calédonie, les références aux assurances sont remplacées, en tant que de besoin, par la référence aux dispositions applicables localement ayant le même objet.

Art. 5 **Le présent arrêté sera publié au *Journal officiel* de la République française.**

ANNEXE

CAHIER DES CLAUSES ADMINISTRATIVES GÉNÉRALES DES MARCHÉS PUBLICS DE TECHNIQUES DE L'INFORMATION ET DE LA COMMUNICATION

Préambule

Il appartient à l'acheteur, qui souhaite faire référence à un cahier des clauses administratives générales (CCAG), de choisir celui qui est le mieux adapté aux prestations objet de son marché, et de faire expressément référence à ce CCAG dans les documents particuliers de son marché.

Le présent CCAG s'applique aux marchés publics qui ont un objet entrant dans le champ des techniques de l'information et de la communication (TIC). Il peut concerner notamment des marchés :

— de fourniture de matériel informatique ou de télécommunication ;

— de fourniture de logiciels commerciaux ;

— d'études et de mise au point de logiciels spécifiquement conçus et produits pour répondre aux besoins particuliers d'un acheteur public ;

— d'élaboration de systèmes d'information ;

— de prestations de maintenance, de tierce maintenance applicative ou d'infogérance.

Il n'est pas adapté aux marchés des techniques de l'information et de communication conclus par les acheteurs privés.

Par principe, un marché ne peut se référer qu'à un seul CCAG. Toutefois, par dérogation à ce principe, en cas de marché global au sens de l'article L. 2171-1 du code de la commande publique, l'acheteur peut faire référence à plusieurs CCAG. Dans ce cas, il devra veiller à assurer la parfaite cohérence entre les différentes clauses auxquelles il se réfère.

Par ailleurs, dans le cas où certaines prestations secondaires doivent être régies par des stipulations figurant dans un autre CCAG que celui désigné dans le marché, ce dernier doit reproduire dans le cahier des clauses administratives particulières (CCAP), ou tout autre document qui en tient lieu, les stipulations retenues, sans référence au CCAG dont elles émanent.

Un marché de techniques de l'information et de la communication peut comporter une part notable d'études et être susceptible de donner naissance à des droits de propriété intellectuelle. Le CCAG-TIC est doté, à cet effet, d'un chapitre VII "Utilisation des résultats", spécifiquement dédié à la gestion des droits de propriété intellectuels relatifs aux techniques de l'information et de la communication.

Il convient toutefois de préciser que les marchés publics de fourniture de matériels informatiques spécialement fabriqués sur spécifications de l'acheteur relèvent davantage du champ d'application du CCAG – Marchés industriels (MI).

Les commentaires figurant dans le présent CCAG n'ont pas valeur contractuelle.

CHAPITRE I GÉNÉRALITÉS

Art. 1er *Champ d'application.*

1.1. Les stipulations du présent cahier des clauses administratives générales (CCAG) s'appliquent aux marchés qui s'y réfèrent expressément.

1.2. Ces marchés peuvent prévoir de déroger à certaines de ces stipulations.

Ces dérogations doivent figurer dans le cahier des clauses administratives particulières (CCAP), ou dans tout autre document qui en tient lieu, et préciser à quels articles du présent CCAG elles dérogent.

Le dernier article du CCAP, ou de tout autre document qui en tient lieu, contient la liste récapitulative des articles du présent CCAG auxquels il est dérogé.

Art. 2 *Définitions.*

Au sens du présent document :

— l'"acheteur" est le pouvoir adjudicateur ou l'entité adjudicatrice qui conclut le marché avec le titulaire ;

— le "titulaire" est l'opérateur économique qui conclut le marché avec l'acheteur. En cas de groupement d'opérateurs économiques, le "titulaire" désigne le groupement représenté par son mandataire ;

— la "notification" est l'action consistant à porter une information ou une décision à la connaissance de la ou des parties contractantes par tout moyen matériel ou dématérialisé, par le biais d'un profil d'acheteur ou par tout autre moyen de communication électronique, permettant de déterminer de façon certaine la date et, le cas échéant, l'heure de sa réception ;

— les "prestations" désignent les fournitures ou les services, notamment informatiques ou de télécommunication, qui font l'objet du marché ;

— l'"ordre de service" est la décision de l'acheteur qui précise les modalités d'exécution des prestations prévues par le marché ;

— l'"admission" est la décision, prise après vérifications, par laquelle l'acheteur reconnaît la conformité des prestations aux stipulations du marché. La décision d'admission vaut constatation de service fait et constitue le point de départ des délais de garantie ;

— l'"ajournement" est la décision prise par l'acheteur qui estime que les prestations pourraient être admises moyennant des corrections à opérer par le titulaire ;

— la "réfaction" est la décision prise par l'acheteur de réduire le montant des prestations à verser au titulaire, lorsque les prestations ne satisfont pas entièrement aux prescriptions du marché, mais qu'elles peuvent être admises en l'état ;

— le "rejet" est la décision prise par l'acheteur qui estime que les prestations ne peuvent être admises, même après ajournement ou avec réfaction ;

— le "logiciel" est une œuvre constituée d'un ensemble de programmes, procédés et règles, relatifs au fonctionnement d'un ensemble de traitement de données et la documentation afférente. Le terme logiciel employé seul dans le présent document désigne indifféremment des logiciels standards ou des logiciels spécifiques ;

— le "logiciel standard" est un logiciel conçu par le titulaire ou un éditeur tiers, pour être fourni à plusieurs utilisateurs en vue de l'exécution d'une même fonction ;

— le "logiciel spécifique" est un logiciel spécialement développé par le titulaire pour apporter une solution sur mesure aux besoins propres de l'acheteur. Il peut s'agir d'une œuvre originale créée ex nihilo, ou de l'adaptation, au moyen de développements spécifiques, d'œuvres préexistantes (logiciels standards ou logiciels spécifiques) ;

— l'"application" est un ensemble de logiciels nécessaires pour l'exécution d'une tâche donnée ;

— le "cahier des clauses administratives particulières" ("CCAP") est un document contractuel qui fixe les clauses administratives propres au marché. Ces clauses peuvent également être fixées dans tout autre document particulier du marché ayant le même objet, tel un cahier des clauses particulières (CCP) ;

— le "cahier des clauses techniques particulières" ("CCTP") est un document contractuel qui fixe les clauses techniques nécessaires à l'exécution des prestations du marché. Ces clauses peuvent également être fixées dans tout autre document particulier du marché ayant le même objet, tel un cahier des clauses particulières (CCP).

Art. 3 *Obligations générales des parties.*

3.1. Forme des notifications et informations :

3.1.1. La notification des décisions, observations ou informations qui font courir un délai est faite par tout moyen matériel ou dématérialisé permettant de déterminer de façon certaine la date et, le cas échéant, l'heure de sa réception.

Cette notification peut être faite par le biais du profil d'acheteur ou à l'adresse postale ou électronique des parties mentionnée dans les documents particuliers du marché ou, à défaut, à leur siège social, sauf si ces documents leur font obligation de domicile en un autre lieu.

En cas de groupement, la notification se fait au mandataire pour l'ensemble du groupement.

3.1.2. La date et, le cas échéant, l'heure de réception mentionnées sur un récépissé sont considérées comme celles de la notification.

Lorsque la notification est effectuée par le biais du profil d'acheteur, les parties sont réputées avoir reçu cette notification à la date de la première consultation du document qui leur a ainsi été adressé, certifiée par l'accusé de réception délivré par l'application informatique, ou, à défaut de consultation dans un délai de huit jours à compter de la date de mise à disposition du document sur le profil d'acheteur, à l'issue de ce délai.

3.2. Modalités de computation des délais d'exécution des prestations :

3.2.1. Tout délai mentionné au marché commence à courir à 0 heure, le lendemain du jour où s'est produit le fait qui sert de point de départ à ce délai. Toutefois, lorsque le délai est exprimé en heures, il commence à courir à compter de l'heure suivant celle où s'est produit le fait qui sert de point de départ à ce délai.

Les dates et heures applicables sont celles utilisées par les documents particuliers du marché pour les livraisons ou l'exécution des prestations.

3.2.2. Lorsque le délai est fixé en jours, il s'entend en jours calendaires et il expire à minuit le dernier jour du délai.

> *Commentaires.*
> Le fuseau horaire utilisé est celui de la livraison ou de l'exécution du service.
> Un délai fixé en jours calendaires inclut les samedis, dimanches et jours fériés.

3.2.3. Lorsque le délai est fixé en mois, il est compté de quantième en quantième. S'il n'existe pas de quantième correspondant dans le mois où se termine le délai, celui-ci expire le dernier jour de ce mois, à minuit.

3.2.4. Lorsque le dernier jour du délai est un samedi, un dimanche ou un jour férié, le délai est prolongé jusqu'à la fin du premier jour ouvrable qui suit, à minuit.

3.2.5. Lorsque le délai est fixé en jours ouvrés, il s'entend hors samedis, dimanches et jours fériés.

3.2.6. Le délai s'appliquant au titulaire n'inclut pas le délai nécessaire à l'acheteur pour effectuer ses opérations de vérification et prendre sa décision conformément au chapitre V.

3.3. Représentation de l'acheteur :

Dès la notification du marché, l'acheteur désigne une ou plusieurs personnes physiques, habilitées à le représenter auprès du titulaire, pour les besoins de l'exécution du marché. D'autres personnes physiques peuvent être habilitées par l'acheteur en cours d'exécution du marché.

Ce ou ces représentants sont réputés disposer des pouvoirs suffisants pour prendre, dès notification de leur nom au titulaire dans les délais requis ou impartis par le marché, les décisions nécessaires engageant l'acheteur.

3.4. Représentation du titulaire et obligations d'information relative au titulaire :

3.4.1. Représentation du titulaire :

Dès la notification du marché, le titulaire désigne une ou plusieurs personnes physiques, habilitées à le représenter auprès de l'acheteur, pour les besoins de l'exécution du marché. D'autres personnes physiques peuvent être habilitées par le titulaire en cours d'exécution du marché.

Ce ou ces représentants sont réputés disposer des pouvoirs suffisants pour prendre, dès notification de leur nom à l'acheteur dans les délais requis ou impartis par le marché, les décisions nécessaires engageant le titulaire.

3.4.2. Notification des modifications portant sur la situation juridique ou économique du titulaire :

Le titulaire est tenu de notifier sans délai à l'acheteur les modifications survenant au cours de l'exécution du marché et qui se rapportent :

— aux personnes ayant le pouvoir de l'engager ;
— à la forme juridique sous laquelle il exerce son activité ;
— à sa raison sociale ou à sa dénomination ;
— à son adresse ou à son siège social ;
— à ses coordonnées bancaires ;
— aux renseignements qu'il a fournis pour l'acceptation d'un sous-traitant et l'agrément de ses conditions de paiement.

De façon générale, le titulaire est tenu de notifier sans délai à l'acheteur toutes les modifications importantes concernant le fonctionnement de l'entreprise pouvant influer sur le déroulement du marché.

> *Commentaires.*
> Des rubriques sur la répartition du capital, sur les personnes ou groupes qui contrôlent l'entreprise, sur les groupements dont elle fait partie peuvent être prévues par le CCAP ou tout autre document qui en tient lieu, notamment pour certains marchés de défense ou de sécurité concernés par des dispositions restrictives en matière d'intervention d'entreprises étrangères ou détenues par des groupes étrangers.

3.4.3. Conduite des prestations par une personne nommément désignée :

Lorsqu'il est prévu dans le marché que tout ou partie des prestations doit être exécutée par une personne nommément désignée et que cette personne n'est plus en mesure d'accomplir cette tâche, le titulaire doit :

— en informer sans délai l'acheteur et prendre toutes dispositions nécessaires afin d'assurer la poursuite de l'exécution des prestations ;

— proposer à l'acheteur un remplaçant disposant de compétences au moins équivalentes et dont il lui communique le nom et le *curriculum vitae* dans un délai de trente jours à compter de la date d'envoi de l'*(Arr. du 30 sept. 2021, art. 4)* « information mentionnée » à l'alinéa précédent.

Le remplaçant proposé par le titulaire est considéré comme accepté par l'acheteur, si celui-ci ne le récuse pas dans le délai de trente jours courant à compter de la réception de la communication mentionnée à l'alinéa précédent. Si l'acheteur récuse le remplaçant, le titulaire dispose de trente jours pour proposer un autre remplaçant.

La décision de récusation prise par l'acheteur est motivée.

Les informations, propositions et décisions de l'acheteur sont notifiés selon les modalités fixées à l'article 3.1.

A défaut de proposition de remplaçant par le titulaire ou en cas de récusation des remplaçants par l'acheteur, le marché peut être résilié dans les conditions prévues à l'article 50.

3.5. Groupement d'opérateurs économiques :

3.5.1. Le membre du groupement d'opérateurs économiques, désigné dans le marché comme mandataire, représente l'ensemble des membres du groupement, vis-à-vis de l'acheteur, pour l'exécution du marché.

3.5.2. En cas de groupement conjoint, le mandataire est solidaire, si les documents particuliers du marché le prévoient, de chacun des autres membres du groupement dans les obligations contractuelles de celui-ci à l'égard de l'acheteur jusqu'à la date à laquelle ses obligations prennent fin.

3.5.3. En cas de groupement solidaire, chacun des membres du groupement est engagé financièrement pour la totalité du marché et doit pallier une éventuelle défaillance des autres membres du groupement.

3.5.4. En cas de défaillance du mandataire du groupement, les membres du groupement sont tenus de lui désigner un remplaçant. A défaut, et à l'issue d'un délai de huit jours à compter de la notification de la mise en demeure par l'acheteur d'y procéder, le cocontractant exécutant la part financière la plus importante restant à réaliser à la date de cette modification devient le nouveau mandataire du groupement.

3.6. Sous-traitance :

3.6.1. Le titulaire, qui envisage d'en sous-traiter une partie, demande à l'acheteur d'accepter chaque sous-traitant et d'agréer ses conditions de paiement.

3.6.2. Dès la signature de l'acte spécial constatant l'acceptation du sous-traitant et l'agrément de ses conditions de paiement, l'acheteur notifie au titulaire et à chacun des sous-traitants concernés l'exemplaire de l'acte spécial qui leur revient. Dès réception de cette notification, le titulaire fait connaître à l'acheteur le nom de la personne physique habilitée à représenter le sous-traitant.

3.6.3. Le titulaire est tenu de communiquer le contrat de sous-traitance et ses éventuels avenants à l'acheteur, lorsque celui-ci en fait la demande. A défaut de l'avoir produit à l'échéance d'un délai de quinze jours courant à compter de la réception d'une mise en demeure de le faire par l'acheteur, le titulaire encourt une pénalité égale à 1/3 000 du montant hors TVA du marché ou de la tranche concernée, éventuellement modifiés, ou, à défaut, du montant du bon de commande concerné. Cette pénalité s'applique pour chaque jour de retard.

3.7. Bons de commande :

3.7.1. Les bons de commande sont notifiés par l'acheteur au titulaire.

3.7.2. Lorsque le titulaire estime que les prescriptions d'un bon de commande qui lui est notifié appellent des observations de sa part, il doit les notifier à l'acheteur dans un délai de quinze jours à compter de la date de réception du bon de commande, sous peine de forclusion.

3.7.3. Le titulaire se conforme aux bons de commande qui lui sont notifiés, que ceux-ci aient ou non fait l'objet d'observations de sa part.

3.7.4. En cas de groupement d'opérateurs économiques, les bons de commande sont adressés au mandataire du groupement, qui a seul qualité pour formuler des observations à l'acheteur.

3.7.5. Lorsqu'au terme de l'exécution d'un accord-cadre à bons de commande attribué à un seul titulaire, le total des commandes de l'acheteur n'a pas atteint le minimum fixé par l'accord-cadre, en valeur ou en quantités, le titulaire a droit à une indemnité égale à la marge nette qu'il aurait réalisée sur les prestations qui restaient à exécuter pour atteindre ce minimum. Il lui incombe d'apporter à l'acheteur les justificatifs, notamment comptables, permettant de déterminer cette marge nette.

Le titulaire a droit, en outre, à être indemnisé de la part des frais et investissements, éventuellement engagés pour l'accord-cadre et strictement nécessaires à son exécution, qui n'aurait pas été prise en compte dans le montant des prestations payées. Il lui incombe d'apporter à l'acheteur toutes les justifications nécessaires à la fixation de cette partie de l'indemnité dans un délai de quinze jours à compter du terme de l'accord-cadre.

3.8. Ordres de service :

3.8.1. Les ordres de service sont notifiés par l'acheteur au titulaire.

3.8.2. Lorsque le titulaire estime que les prescriptions d'un ordre de service qui lui est notifié appellent des observations de sa part, il doit les notifier à l'acheteur, dans un délai de quinze jours à compter de la date de réception de l'ordre de service, sous peine de forclusion.

3.8.3. Sous réserve de l'article 25.4, le titulaire se conforme aux ordres de service qui lui sont notifiés, que ceux-ci aient ou non fait l'objet d'observations de sa part.

Toutefois, sauf si le marché prévoit que le démarrage des prestations peut être ordonné dans un délai supérieur à six mois à compter de sa notification, le titulaire peut refuser d'exécuter cet ordre de service, s'il lui est notifié plus de six mois après la notification du marché. Le titulaire dispose alors d'un délai de quinze jours, courant à compter de la date d'envoi de sa décision de refus à l'acheteur, pour proposer une nouvelle date de démarrage des prestations. A l'expiration de ce délai, s'il n'a proposé aucune autre date, il doit exécuter les prestations à la date demandée. En cas de refus de l'acheteur de la proposition qui lui aura été faite, le titulaire peut demander la résiliation du marché, dans les conditions mentionnées à l'article 49.2. Cette résiliation ne peut lui être refusée.

3.8.4. En cas de groupement d'opérateurs économiques, les ordres de service sont adressés au mandataire du groupement, qui a seul qualité pour formuler des observations à l'acheteur.

3.9. Devoir de conseil :

Le titulaire est tenu à une obligation permanente de conseil et de mise en garde, relative aux matériels, logiciels et prestations fournies à l'acheteur. Dans ce cadre, le titulaire communique notamment à l'acheteur toute information permettant d'améliorer le niveau de sécurité du système d'information et signale les difficultés et risques que certains choix peuvent entraîner dès lors que cette information relève des prestations objet du marché. Dans l'hypothèse où le titulaire ne respecte pas cette obligation, il ne peut se prévaloir d'une incohérence dans le marché pour s'exonérer de sa responsabilité.

Art. 4 *Pièces contractuelles.*

4.1. Ordre de priorité :

En cas de contradiction entre les stipulations des pièces contractuelles du marché, elles prévalent dans l'ordre de priorité suivant :

— l'acte d'engagement et ses éventuelles annexes financières ;

— le cahier des clauses administratives particulières (CCAP) ou tout autre document qui en tient lieu et ses éventuelles annexes ;

— le cahier des clauses techniques particulières (CCTP) ou tout autre document qui en tient lieu et ses éventuelles annexes ;

— le présent cahier des clauses administratives générales (CCAG) ;

— le cahier des clauses techniques générales (CCTG) applicable aux prestations, objet du marché, si celui-ci s'y réfère ;

— l'offre technique du titulaire et ses éventuelles annexes dont, le cas échéant, le plan d'assurance sécurité (PAS), le plan d'assurance qualité et/ou le plan de prévention des risques (PPR) ;

— les actes spéciaux de sous-traitance et leurs éventuels actes modificatifs, postérieurs à la notification du marché ;

— le cas échéant, le plan de sécurité des systèmes d'information (PSSI).

4.2. Pièces à remettre au titulaire. Cession ou nantissement des créances :

4.2.1. La notification du marché comprend une copie, délivrée sans frais par l'acheteur au titulaire, de l'acte d'engagement et des autres pièces constitutives du marché, à l'exception du CCAG, des CCTG et, plus généralement, de toutes pièces ayant fait l'objet d'une publication officielle.

4.2.2. L'acheteur remet également au titulaire, à sa demande et sans frais, l'exemplaire unique ou le certificat de cessibilité nécessaire à la cession ou au nantissement du marché.

Art. 5 *Confidentialité – Protection des données personnelles – Mesures de sécurité.*

5.1. Obligation de confidentialité :

5.1.1. Le titulaire et l'acheteur qui, à l'occasion de l'exécution du marché, ont connaissance d'informations ou reçoivent communication de documents ou d'éléments de toute nature, présentant un caractère confidentiel, sont tenus de prendre toutes mesures nécessaires, afin d'éviter que ces informations, documents ou éléments ne soient divulgués à un tiers qui n'a pas à en connaître. Une partie ne peut demander la confidentialité d'informations, de documents ou d'éléments qu'elle a elle-même rendus publics.

5.1.2. Une information confidentielle désigne toute information de quelque nature (y inclus la méthodologie, la documentation, les informations ou le savoir-faire), sous quelque forme que ce soit (y inclus sous forme orale, écrite, magnétique ou électronique), sur tout support dont l'acheteur est propriétaire ou titulaire, et qui est communiquée au titulaire, ou obtenue de toute autre façon par ce dernier dans le cadre de ses relations avec l'acheteur. Le titulaire et son personnel, et le cas échéant ses sous-traitants, ne peuvent l'utiliser que pour l'accomplissement des prestations prévues au marché.

5.1.3. Le titulaire doit informer ses sous-traitants des obligations de confidentialité et des mesures de sécurité qui s'imposent à lui pour l'exécution du marché. Il doit s'assurer du respect de ces obligations par ses sous-traitants.

5.1.4. Ne sont pas couverts par cette obligation de confidentialité les informations, documents ou éléments :

— qui étaient dans le domaine public au moment de leur divulgation ou que l'acheteur aurait lui-même rendus publics pendant l'exécution du marché ;

— signalés comme présentant un caractère non confidentiel et relatifs aux prestations du marché ;

— qui ont été communiqués au titulaire par un tiers ayant légalement le droit de diffuser ces informations, documents ou éléments, comme le prouvent des documents existant antérieurement à leur divulgation.

5.2. Protection des données à caractère personnel :

5.2.1. Chaque partie au marché est tenue au respect des règles, européennes et françaises, applicables au traitement des données à caractère personnel éventuellement mis en œuvre aux fins de l'exécution du marché. A ce titre, toute transmission de données à des tiers, y compris au bénéfice d'entités établies hors de l'Union européenne, qui ne serait pas strictement conforme à la réglementation en vigueur est formellement prohibée.

5.2.2. En cas d'évolution de la réglementation sur la protection des données à caractère personnel en cours d'exécution du marché, les modifications nécessaires pour se conformer aux règles nouvelles, donnent lieu à la signature d'un avenant par les parties au marché ou, en l'absence d'accord entre les parties, à une modification unilatérale par l'acheteur.

5.2.3. Lorsque le titulaire met en œuvre un traitement de données à caractère personnel pour le compte de l'acheteur, pour que ce traitement réponde aux exigences de la réglementation et garantisse en particulier la protection des droits des personnes physiques identifiées ou identifiables qu'il concerne, les documents particuliers du marché précisent notamment :

— la finalité, la description et la durée du traitement dans le strict respect des instructions documentées de l'acheteur ;

— les obligations de l'acheteur et celles du titulaire vis-à-vis de ce dernier, en particulier l'obligation de l'informer de toute difficulté dans l'application de la réglementation, de tout projet de recours à un tiers pour la mise en œuvre du traitement, ou encore de toute demande de communication de données qui lui serait adressée, ainsi que, lorsque celle-ci serait contraire à la règlementation française et européenne, des mesures adoptées pour s'y opposer ;

— les modalités de prise en compte du droit à l'information et des autres droits des personnes concernées, dont l'exercice doit être garanti ;

— les mesures de sécurité mises en œuvre pour garantir l'intégrité, la confidentialité et la disponibilité des données, ainsi que les conditions de notification des violations de données à caractère personnel ;

— la durée et les modalités de conservation des données et le sort de celles-ci au terme de l'exécution du marché.

Les documents particuliers du marché précisent également les pénalités applicables au titulaire en cas de méconnaissance de la réglementation.

En cas de manquement par le titulaire ou son sous-traitant à ses obligations légales et contractuelles relatives à la protection des données personnelles, le marché peut être résilié pour faute en application de l'article 50.

Commentaires.

L'acheteur est considéré comme le "responsable du traitement" au sens du Règlement général sur la protection des données (RGPD) en tant qu'autorité publique déterminant les finalités et les moyens du traitement des données.

Le titulaire est généralement considéré comme le "sous-traitant" au sens du RGPD en tant que personne traitant des données à caractère personnel pour le compte de l'acheteur.

Le sous-traitant du marché est considéré comme le "sous-traitant ultérieur" au sens du RGPD en tant que personne à qui le titulaire peut faire appel pour mener des activités de traitement *spécifiques.*

Les acheteurs sont invités, pour rédiger les documents particuliers du marché, à consulter le Guide du sous-traitant élaboré par la CNIL et disponible sur son site Internet : https://www.cnil.fr/.

5.3. Mesures de sécurité :

5.3.1 Lorsque les prestations sont à exécuter dans un lieu où des mesures de sécurité s'appliquent, notamment dans les zones protégées en vertu des dispositions législatives ou réglementaires prises pour la protection du secret de la défense nationale, ces dispositions particulières sont indiquées par l'acheteur dans les documents particuliers du marché. Le titulaire est tenu de les respecter.

Le titulaire ne peut prétendre, de ce fait, ni à prolongation du délai d'exécution, ni à indemnité, ni à supplément de prix, à moins que les deux conditions suivantes soient remplies :

— les informations ne lui ont été communiquées que postérieurement au dépôt de son offre ;

— il peut établir que les obligations qui lui sont ainsi imposées nécessitent un délai supplémentaire pour l'exécution des prestations prévues par le marché ou rendent plus difficile ou plus onéreuse pour lui l'exécution de son contrat.

Commentaires.

Une zone protégée est une zone créée par arrêté des ministres compétents et faisant l'objet d'une interdiction de pénétration sans autorisation, sanctionnée pénalement en cas d'infraction (articles *(Arr. du 30 sept. 2021, art. 4)* « 413-7 et R. 413-1 à R. 413-5 » du code pénal).

5.3.2 Le titulaire sensibilise son personnel, intervenant dans le cadre des prestations, à la sécurité de l'information, des systèmes d'information et à l'ensemble des mesures de sécurité définies par l'acheteur ou s'imposant à ce dernier.

Le titulaire veille notamment à ce que son personnel intervenant dans le cadre des prestations respecte les stipulations du présent marché concernant la sécurité.

5.4. Information sur les vulnérabilités et les incidents de sécurité détectés sur le système d'information du titulaire

Pour les prestations, produits et services fournis dans le cadre du marché, le titulaire met à disposition un dispositif d'information dédié à la sécurité informatique (notamment flux RSS/ATOM, liste de diffusion par courriel ou autre).

Ce dispositif vise à tenir l'acheteur informé des événements et changements impactant la sécurité, notamment liés à la connaissance d'une vulnérabilité impactant le système (annonce de correctif, attaque en cours, violation de données à caractère personnel si le traitement de données est sous-traité au titulaire), et des mesures correctives ou conservatoires à appliquer.

5.5. Information des sous-traitants

Le titulaire informe ses sous-traitants de leur soumission aux obligations énoncées au présent article 5. Il reste responsable du respect de celles-ci.

Art. 6 *Protection de la main-d'œuvre et conditions de travail.*

6.1. Les obligations qui s'imposent au titulaire sont celles prévues par les lois, règlements et conventions collectives, relatifs à la protection de la main-d'œuvre et aux conditions de travail du pays, où cette main-d'œuvre est employée.

Le titulaire est également tenu au respect des stipulations des huit conventions fondamentales de l'Organisation internationale du travail, lorsque celles-ci ne sont pas intégrées dans les lois et règlements du pays où cette main-d'œuvre est employée. Il doit être en mesure de justifier du respect de ces obligations, en cours d'exécution du marché et pendant la période de garantie des prestations, sur simple demande de l'acheteur. Les modalités d'application de ces textes sont prévues par le CCAP ou tout autre document qui en tient lieu.

Commentaires.

Les salariés détachés, définis à l'article L. 1261-3 du code du travail, exerçant une activité professionnelle temporaire en France sont soumis aux dispositions de l'article L. 1262-4 du code du travail ainsi qu'à celles du second alinéa de l'article L. 512-1 du code de la sécurité sociale.

Les huit conventions fondamentales de l'OIT, ratifiées par la France, sont :

— la convention sur le travail forcé (C29, 1930) ;

— la convention sur la liberté syndicale et la protection du droit syndical (C87, 1948) ;

— la convention sur le droit d'organisation et de négociation collective (C98, 1949) ;

— la convention sur l'égalité de rémunération (C100, 1951) ;

— la convention sur l'abolition du travail forcé (C105, 1957) ;

— la convention concernant la discrimination (emploi et profession, C111, 1958) ;

— la convention sur l'âge minimum (C138, 1973) ;

— la convention sur les pires formes de travail des enfants (C182, 1999).

6.2. En cas d'évolution de la réglementation sur la protection de la main-d'œuvre et des conditions de travail en cours d'exécution du marché, les modifications éventuelles demandées par l'acheteur, afin de se conformer aux règles nouvelles, donnent lieu à la signature d'un avenant par les parties au marché ou, en l'absence d'accord entre les parties, à une modification unilatérale par l'acheteur.

6.3. Le titulaire peut demander à l'acheteur, du fait des conditions particulières d'exécution du marché, de transmettre, avec son avis, à l'autorité compétente, les demandes de dérogations prévues par les lois et règlements mentionnés ci-dessus.

6.4. Le titulaire informe ses sous-traitants de leur soumission aux obligations énoncées au présent article. Il reste responsable du respect de ces obligations.

Art. 7 *Protection de l'environnement, sécurité et santé.*

7.1. Le titulaire veille à ce que les prestations qu'il effectue respectent les prescriptions législatives et réglementaires en vigueur en matière d'environnement, de sécurité et de santé des personnes, et de préservation du voisinage. Il doit être en mesure d'en justifier le respect, en cours d'exécution du marché et pendant la période de garantie des prestations, sur simple demande de l'acheteur.

7.2. En cas d'évolution de la réglementation dans ces domaines en cours d'exécution du marché, les modifications éventuelles, demandées par l'acheteur afin de se conformer aux règles nouvelles, donnent lieu à la signature d'un avenant par les parties au marché ou, en l'absence d'accord entre les parties, à une modification unilatérale par l'acheteur.

Art. 8 *Réparation des dommages.*

8.1. Les dommages de toute nature causés au personnel ou aux biens de l'acheteur par le titulaire, du fait de l'exécution du marché, sont à la charge du titulaire.

Les dommages de toute nature causés au personnel ou aux biens du titulaire par l'acheteur, du fait de l'exécution du marché, sont à la charge de l'acheteur.

8.2. Tant que les fournitures restent la propriété du titulaire, celui-ci est, sauf faute de l'acheteur, seul responsable des dommages subis par ces fournitures du fait de toute cause autre que l'exposition à la radioactivité artificielle ou les catastrophes naturelles dûment reconnues. Cette stipulation ne s'applique pas en cas d'adjonction d'équipements fournis par l'acheteur au matériel du titulaire et causant des dommages à celui-ci.

8.3. Le titulaire garantit l'acheteur contre les sinistres ayant leur origine dans le matériel qu'il fournit ou dans les agissements de ses préposés et qui affectent les locaux où ce matériel est exploité, y compris contre le recours des voisins.

> *Commentaires.*
>
> En cas de risque hors de proportion avec le montant du marché, l'acheteur peut prévoir dans les documents particuliers du marché des stipulations particulières pour un plafonnement éventuel des garanties en fonction de l'objet et des caractéristiques du marché.

Art. 9 *Assurances.*

9.1. Le titulaire doit contracter les assurances permettant de garantir sa responsabilité à l'égard de l'acheteur et des tiers, victimes d'accidents ou de dommages causés par l'exécution des prestations.

9.2. Il doit justifier, dans un délai de quinze jours à compter de la notification du marché et avant tout début d'exécution de celui-ci, qu'il est titulaire de ces contrats d'assurances, au moyen d'une attestation établissant l'étendue de la responsabilité garantie.

A tout moment durant l'exécution du marché, le titulaire doit être en mesure de produire cette attestation, sur demande de l'acheteur et dans un délai de quinze jours à compter de la réception de la demande.

CHAPITRE II PRIX ET RÈGLEMENT

Art. 10 *Prix.*

10.1. Règles générales :

10.1.1. Les prix sont réputés fermes.

10.1.2. Le cas échéant, les prix fermes sont actualisés dans les conditions prévues par la réglementation en vigueur à la date à laquelle le candidat a fixé son prix dans l'offre. Cette date correspond à la date de remise de l'offre par le titulaire. Lorsque la procédure de passation a donné lieu à une négociation ou un dialogue compétitif, la date à prendre en compte est la date de remise de l'offre finale par le titulaire.

Les prix de chaque tranche optionnelle sont actualisés dans les mêmes conditions.

Le coefficient d'actualisation est arrondi au millième supérieur.

> *Commentaires.*
>
> Le code de la commande publique impose que certains marchés prévoient l'actualisation du prix.

10.1.3. Les prix sont réputés comprendre toutes les charges fiscales ou autres, frappant obligatoirement les prestations, les frais afférents au conditionnement, au stockage, à l'emballage, à l'assurance et au transport jusqu'au lieu de livraison, les frais afférents à l'application de l'article *(Arr. du 30 sept. 2021, art. 4)* « 18.1.2 », ainsi que toutes les autres dépenses nécessaires à l'exécution des prestations, les marges pour risque et les marges bénéficiaires.

Toutefois, les frais engendrés par l'absence de demande du titre de transport administratif par le titulaire ou par le retard du titulaire à présenter cette demande restent à sa charge.

Les frais de manutention et de transport qui naîtraient de l'ajournement ou du rejet des prestations sont à la charge du titulaire.

10.1.4. Marchés comportant des prestations de maintenance :

La rémunération du titulaire au titre de la maintenance couvre notamment la valeur des pièces ou éléments, outillages ou ingrédients nécessaires, ainsi que les frais de la main-d'œuvre qui leur est affectée, y compris les indemnités de déplacement et les frais nécessités par les modifications mentionnées à l'article 39.1.

La rémunération de la maintenance ne couvre pas les prestations suivantes, qui restent à la charge de l'acheteur :

— la livraison ou l'échange des fournitures consommables ou d'accessoires, la peinture et le nettoyage extérieur du matériel ;

— les modifications demandées par l'acheteur aux spécifications du matériel prévues par le marché ;

— la réparation des défauts de fonctionnement dus à une faute de l'acheteur ou causées par un emploi du matériel non conforme aux règles figurant dans les documents fournis par le titulaire ;

— la réparation des défauts de fonctionnement causés par les défectuosités de l'installation incombant à l'acheteur ;

— la réparation des défauts de fonctionnement causés par une adjonction de matériel d'autre origine, par une personne autre que le titulaire ou une personne désignée par lui, pour effectuer cette adjonction.

10.2. Détermination des prix de règlement :

10.2.1. Lorsque le marché prévoit que le prix à payer résulte de l'application d'une disposition réglementaire, d'un barème, d'un tarif, d'un cours, d'une mercuriale, d'un indice, d'un index ou de tout autre élément établi en dehors du marché, sans précision de date, l'élément à prendre en considération est celui qui est en vigueur :

— le jour de la livraison ou de la fin d'exécution de la prestation, si celles-ci sont effectuées dans le délai prévu par l'acheteur ou si l'acheteur n'a pas fixé de délai ;

— à la date limite prévue par l'acheteur pour la livraison ou la fin d'exécution de la prestation, lorsque le délai prévu est dépassé.

10.2.2. Lorsque le marché prévoit une révision des prix, ceux-ci sont révisés à la date ou selon la périodicité prévue par les documents particuliers du marché.

Toutefois, lorsque le marché a pour objet l'achat de matières premières agricoles et alimentaires ou nécessite pour sa réalisation le recours à une part importante de fournitures, notamment de matières premières, dont le prix est directement affecté par les fluctuations de cours mondiaux, il est procédé à une révision des prix au minimum tous les trois mois à compter de la date de notification du marché. Les conditions de révision des prix sont fixées par les documents particuliers du marché.

Les prix à payer sont ceux applicables à la date de la livraison ou de la fin d'exécution des prestations.

10.2.3. Lorsque les prix sont révisables, le coefficient de révision est arrondi au millième supérieur.

> *Commentaires.*
>
> Le code de la commande publique impose que certains marchés fixent une formule de révision des prix.

10.2.4. Sauf stipulation contraire dans les documents particuliers du marché, la date d'établissement du prix initial correspond à la date de remise de l'offre par le titulaire. Lorsque la procédure de passation a donné lieu à une négociation ou un dialogue compétitif, la date à prendre en compte est la date de remise de l'offre finale par le titulaire.

Art. 11 *Précisions sur les modalités de règlement.*

11.1. Avances :

Le présent article comprend deux options alternatives, A et B.

Les documents particuliers du marché précisent l'option retenue ; à défaut l'option A s'applique.

Option A

A.11.1. Le titulaire ou son sous-traitant admis au paiement direct bénéficient d'une avance calculée en application du code de la commande publique dès lors que le marché respecte les conditions mentionnées à l'article R. 2191-3 ou que le marché de défense ou de sécurité respecte les conditions mentionnées à l'article R. 2391-1.

Lorsque le titulaire ou le sous-traitant est une petite ou moyenne entreprise au sens du code de la commande publique, le taux de l'avance mentionné à l'article R. 2191-10 est fixé à 20% ou à un taux supérieur fixé par les documents particuliers du marché.

Lorsque le titulaire ou le sous-traitant n'est pas une petite ou moyenne entreprise au sens du code de la commande publique, le taux de l'avance est fixé par les documents particuliers du marché et, à défaut, au taux minimal prévu à l'article R. 2191-7 du code de la commande publique pour les marchés ou par l'article R. 2391-4 pour les marchés de défense ou de sécurité.

L'avance est versée et remboursée selon les dispositions du code de la commande publique.

Option B

B.11.1. Lorsqu'en application du code de la commande publique, le titulaire ou son sous-traitant admis au paiement direct bénéficie d'une avance, le taux de l'avance correspond aux taux minimums prévus à l'article R. 2191-7 du code de la commande publique pour les marchés ou à l'article R. 2391-4 pour les marchés de défense ou de sécurité, ou à un taux supérieur prévu par les documents particuliers du marché.

L'avance est versée et remboursée selon les dispositions du code de la commande publique.

11.2. Acomptes :

Lorsque le marché fixe uniquement la périodicité des acomptes, le montant de chacun d'eux est déterminé par l'acheteur, sur la base du descriptif des prestations effectuées et de leur montant produit par le titulaire. Chaque acompte fait l'objet d'une demande de paiement.

11.3. Contenu de la demande de paiement :

11.3.1. Lorsque le titulaire remet à l'acheteur une demande de paiement, il y joint les pièces nécessaires à la justification du paiement prévues par les documents particuliers du marché.

11.3.2. La demande de paiement est datée. Elle mentionne les références du marché ainsi que, selon le cas :

— le montant des prestations admises, établi conformément aux stipulations du marché, hors TVA et, le cas échéant, diminué des réfactions fixées conformément aux stipulations de l'article 34.3 ;

— la décomposition des prix forfaitaires et le détail des prix unitaires, lorsque l'indication de ces précisions est prévue par les documents particuliers du marché ou que, eu égard aux prescriptions du marché, les prestations ont été effectuées de manière incomplète ou non conforme ;

— lorsqu'un paiement est prévu à l'issue de certaines étapes de l'exécution du marché, le montant correspondant à la période en cause ;

— le détail des calculs, avec justifications à l'appui, des coefficients d'actualisation ou de révision des prix ;

— en cas de groupement conjoint, pour chaque membre du groupement, le montant des prestations effectuées par celui-ci ;

— en cas de sous-traitance, la nature des prestations exécutées par le sous-traitant, leur montant total hors TVA, leur montant toutes taxes comprises ainsi que, le cas échéant, les variations de prix établies hors TVA et toutes taxes comprises ;

— le cas échéant, les indemnités, primes et retenues autres que la retenue de garantie, établies conformément aux stipulations du marché.

11.3.3. La demande de paiement précise les éléments assujettis à la TVA, en les distinguant selon le taux applicable.

11.3.4. Les prix unitaires peuvent être fractionnés pour tenir compte des prestations en cours d'exécution.

11.3.5. Les prix forfaitaires peuvent être fractionnés, si la prestation ou la partie de prestation à laquelle le prix se rapporte n'est pas achevée. Une fraction du prix, qui est égale au pourcentage d'exécution de la prestation, est dans ce cas déterminée en faisant application, si l'acheteur le demande, de la décomposition des prix mentionnée à l'article *(Arr. du 30 sept. 2021, art. 4)* « 11.3.2 ».

11.3.6. Le titulaire établit sa demande de paiement suivant le modèle ou selon les modalités fixés par les documents particuliers du marché.

11.3.7. En cas d'exécution de prestations aux frais et risques du titulaire défaillant, le surcoût supporté par l'acheteur est déduit des sommes dues au titulaire au titre des prestations admises. Ce surcoût correspond à la différence entre le prix que l'acheteur aurait dû régler au titulaire pour la réalisation des prestations et le prix effectivement payé pour l'exécution de celles-ci à la place du titulaire défaillant.

11.4. Calcul du montant dû par l'acheteur au titre des prestations fournies :

11.4.1. Le montant des sommes dues peut être établi sur la base de constats contradictoires, lorsque le CCAP ou tout autre document qui en tient lieu le prévoit.

11.4.2. Lorsque le marché prévoit le versement d'acomptes, à l'achèvement de certaines étapes de l'exécution des prestations, et qu'il indique la quotité du prix à régler à l'achèvement de chacune d'elles, la demande de paiement comprend :

— pour chaque partie du marché exécutée, la quotité correspondante ;

— pour chaque partie du marché entreprise, après accord de l'acheteur, une fraction de la quotité correspondante, égale au pourcentage d'exécution des prestations de la partie en cause.

11.5. Remise de la demande de paiement :

11.5.1. La remise d'une demande de paiement intervient :

— soit aux dates prévues par le marché ;

— soit après l'admission des prestations, conformément aux stipulations du marché ;

— soit au début de chaque mois pour les prestations effectuées le mois précédent, dans le cas des prestations qui s'effectuent de façon continue. Le titulaire notifie alors à l'acheteur une demande de paiement mensuelle établissant le montant total, arrêté à la fin du mois précédent, des sommes auxquelles il peut prétendre du fait de l'exécution du marché depuis le début de celui-ci ;

— soit aux dates prévues pour le versement d'acomptes.

11.5.2. La demande de paiement peut indiquer les fournitures qui, en application des stipulations du marché ou d'un commun accord entre les parties, sont payées, alors même qu'elles restent en stockage chez le titulaire.

11.6. Acceptation de la demande de paiement par l'acheteur :

L'acheteur accepte ou rectifie la demande de paiement. Il la complète, éventuellement, en faisant apparaître notamment les avances à rembourser, les primes et les réfactions imposées.

Il arrête le montant de la somme à régler. Si ce montant est différent de celui figurant dans la demande de paiement, il notifie le montant qu'il a ainsi arrêté au titulaire.

11.7. Paiement pour solde et règlements partiels définitifs :

11.7.1. La demande de paiement est adressée à l'acheteur après la décision d'admission.

La demande de paiement peut, également, donner lieu à un règlement partiel définitif des prestations exécutées, dans le cas où les documents particuliers du marché ont prévu des paiements à l'issue de l'exécution de certaines parties des prestations prévues par le marché.

11.7.2. Si, après avoir été mis en demeure de le faire, le titulaire ne produit pas sa demande de paiement, dans un délai de quarante-cinq jours courant à compter de l'admission des prestations, l'acheteur peut procéder d'office à la liquidation, sur la base d'un décompte établi par ses soins. Ce décompte est notifié au titulaire.

11.7.3. En cas de contestation sur le montant des sommes dues, l'acheteur règle les sommes qu'il a admises. Après résolution du désaccord, il procède, le cas échéant, au paiement d'un complément, majoré, s'il y a lieu, des intérêts moratoires.

11.8 : Facturation électronique :

11.8.1. Lorsque le titulaire ou son sous-traitant admis au paiement direct est tenu, en application du code de la commande publique, de transmettre les demandes de paiement sous forme électronique, il les transmet selon les modalités prévues par ce même code. Les modalités pratiques d'exécution sont prévues dans les documents particuliers du marché.

La demande de paiement peut être refusée par l'acheteur lorsque celle-ci méconnait les obligations de dématérialisation des factures à la charge du titulaire et de ses sous-traitants admis au paiement direct. Au préalable, l'acheteur doit avoir informé le titulaire et les sous-traitants admis au paiement direct, dans les conditions prévues à l'article 3.1, de l'obligation à sa charge de transmission des factures sous forme électronique et l'avoir invité à s'y conformer.

11.8.2. Lorsqu'un tiers au titulaire est habilité à recevoir des demandes de paiement il est tenu, pour l'exercice de ces missions, de s'intégrer et de se conformer au portail de facturation utilisé par l'acheteur lorsque ce portail le permet. Les modalités pratiques d'habilitation des tiers pour accéder aux outils ministériels sécurisés sont prévues dans les documents particuliers du marché.

Art. 12 *Règlement en cas de groupement d'opérateurs économiques ou de sous-traitance.*

12.1. Groupements d'opérateurs économiques :

12.1.1. En cas de groupement conjoint, chaque membre du groupement perçoit directement les sommes se rapportant à l'exécution de ses propres prestations.

12.1.2. En cas de groupement solidaire, le paiement est effectué sur un compte unique, ouvert au nom des membres du groupement ou du mandataire, sauf si le marché prévoit une répartition des paiements entre les membres du groupement et indique les modalités de cette répartition.

12.1.3. Quelle que soit la forme du groupement, le mandataire est seul habilité à présenter à l'acheteur la demande de paiement. En cas de groupement conjoint, la demande de paiement présentée par le mandataire est décomposée en autant de parties qu'il y a de membres du groupement à payer séparément. Chaque partie fait apparaître les renseignements nécessaires au paiement du membre du groupement concerné.

12.1.4. Le mandataire est seul habilité à formuler ou à transmettre les réclamations de membres du groupement.

12.2. Sous-traitants :

Les prestations exécutées par les sous-traitants, dont les conditions de paiement ont été agréées par l'acheteur, sont payées dans les conditions financières prévues par le marché ou par un acte spécial.

CHAPITRE III DÉLAIS

Art. 13 *Délai d'exécution.*

> *Commentaires.*
> Tous les délais inscrits au marché pour un lot, une tranche, un bon de commande ou un ordre de service identifié bénéficient des règles énoncées ci-dessous.

13.1. Début du délai d'exécution :

13.1.1. Sauf stipulation contraire dans les documents particuliers du marché, le délai d'exécution du marché part de la date de sa notification.

13.1.2. Le délai d'exécution du bon de commande part de la date de sa notification sauf si le bon de commande prévoit une date différente.

13.1.3. Le délai d'exécution d'une tranche optionnelle part de la date de notification de la décision de son affermissement sauf si cette décision prévoit une date différente.

13.2. Expiration du délai d'exécution :

13.2.1. En cas de livraison ou d'exécution des prestations dans les locaux de l'acheteur, la date d'expiration du délai d'exécution est la date de livraison ou de l'achèvement des prestations.

13.2.2. Lorsque le marché a prévu que l'admission se fera dans les locaux du prestataire, la date d'expiration du délai d'exécution est celle prévue pour l'admission.

13.2.3. En cas de prestations d'études, la date d'expiration du délai d'exécution est la date de présentation des études à l'acheteur, en vue de l'engagement des opérations de vérification.

13.2.4. En cas d'inachèvement des prestations à la date limite de validité du marché ou du bon de commande, le délai d'exécution des prestations expire à la date limite de validité du marché ou du bon de commande.

13.3. Prolongation du délai d'exécution :

13.3.1. Lorsque le titulaire est dans l'impossibilité de respecter les délais d'exécution, du fait de l'acheteur ou du fait d'un évènement ayant le caractère de force majeure, l'acheteur prolonge le délai d'exécution. Le délai ainsi prolongé a les mêmes effets que le délai contractuel.

13.3.2. Pour bénéficier de cette prolongation, le titulaire signale à l'acheteur les causes faisant obstacle à l'exécution du marché dans le délai contractuel. Il dispose, à cet effet, d'un délai de quinze jours à compter de la date à laquelle ces causes sont apparues ou d'un délai courant jusqu'à la fin du marché, dans le cas où le marché arrive à échéance dans un délai inférieur à quinze jours. Il indique, par la même demande, à l'acheteur la durée de la prolongation demandée.

13.3.3. L'acheteur dispose d'un délai de quinze jours, à compter de la date de réception de la demande du titulaire pour lui notifier sa décision, sous réserve que le marché n'arrive pas à son terme avant la fin de ce délai.

La demande de prolongation ne peut être refusée lorsque le retard est dû à l'intervention du prestataire dans le cadre d'un ordre de réquisition.

Sous réserve que le marché n'ait pas lui-même pour objet de répondre à une situation d'urgence impérieuse résultant de circonstances imprévisibles, la demande de prolongation ne peut être refusée lorsque le retard est dû à l'intervention du prestataire dans le cadre d'un autre marché passé en urgence impérieuse résultant de circonstances imprévisibles.

La durée d'exécution du marché est prolongée de la durée nécessaire à la réalisation des prestations réalisées sur réquisition ou pour les besoins du marché passé en urgence impérieuse.

13.3.4. Aucune demande de prolongation du délai d'exécution ne peut être présentée après l'expiration du délai contractuel d'exécution de la prestation.

Art. 14 *Pénalités.*

14.1. Pénalités pour retard :

14.1.1. Sous réserve des stipulations des articles 13.3 et 21.5, en cas de retard dans l'exécution des prestations par le titulaire, l'acheteur applique des pénalités.

Lorsque l'acheteur envisage d'appliquer des pénalités de retard, il invite, par écrit, le titulaire à présenter ses observations dans un délai de quinze jours. Cette invitation précise le montant des pénalités susceptibles d'être appliquées, le ou les retards concernés ainsi que le délai imparti au titulaire pour présenter ses observations.

A défaut de réponse du titulaire dans ce délai ou si l'acheteur considère que les observations formulées par le titulaire en application du premier alinéa ne permettent pas de démontrer que le retard n'est pas imputable à celui-ci ou à ses sous-traitants, les pénalités pour retard s'appliquent et sont calculées à compter du lendemain du jour où le délai contractuel d'exécution des prestations est expiré.

Cette pénalité est calculée par application de la formule suivante :

P = V * R / 1 000

dans laquelle :

P = le montant de la pénalité ;

V = la valeur des prestations sur laquelle est calculée la pénalité, cette valeur étant égale au montant en prix de base, hors variations de prix et hors du champ d'application de la TVA, de la partie des prestations en retard ou de l'ensemble des prestations, si le retard d'exécution d'une partie rend l'ensemble inutilisable ;

R = le nombre de jours de retard.

14.1.2. Le montant total des pénalités de retard ne peut excéder 10 % du montant total hors taxes du marché, de la tranche considérée ou du bon de commande.

14.1.3. Le titulaire est exonéré des pénalités dont le montant total ne dépasse pas 1 000 € pour l'ensemble du marché.

14.2. Pénalités pour indisponibilité dans les marchés de maintenance :

14.2.1. Un matériel est indisponible lorsque, indépendamment de l'acheteur et en dehors des travaux d'entretien préventif, son usage est rendu impossible soit par le fonctionnement défectueux d'un organe ou dispositif ou d'une fonctionnalité qui y est inclus, soit en raison de l'indisponibilité d'un autre élément du matériel auquel il est lié par des connexions fournies et entretenues par le titulaire et auquel il est soumis pour l'exécution du travail en cours, au moment de l'incident.

14.2.2. L'indisponibilité débute :

— dans le cas d'une maintenance sur le site, au moment de l'arrivée de la demande d'intervention au titulaire. Lorsque l'accès des préposés du titulaire au matériel défaillant est retardé du fait de l'acheteur, l'indisponibilité est suspendue jusqu'au moment où cet accès devient effectif ;

— dans le cas d'une maintenance chez le titulaire, au moment de la remise de l'élément défaillant au titulaire ou à son représentant qualifié, dans un lieu prévu par le marché.

14.2.3. Tout logiciel figurant au marché est tenu pour indisponible lorsque l'usage en est rendu impossible, en raison d'un défaut de fonctionnement constaté par l'acheteur. L'indisponibilité s'applique à la dernière version mise en œuvre par l'acheteur.

Le titulaire s'engage à rendre à l'acheteur l'usage du logiciel défectueux, au terme d'un délai de vingt-quatre heures décomptées suivant les stipulations de l'article 14.2.2, ou, à défaut, à lui mettre à disposition une solution aux fonctionnalités équivalentes.

En cas de constatation de nouveaux défauts sur le logiciel en cause, le titulaire est tenu d'y apporter de nouvelles corrections aux mêmes conditions.

Pendant ce délai, et jusqu'à ce que l'usage du logiciel redevienne possible, les matériels dont l'acheteur ne peut faire usage, par suite d'indisponibilité d'un logiciel, sont réputés indisponibles. Les pénalités sont alors calculées conformément au dernier alinéa de l'article 14.2.6.

La rémunération du droit d'utilisation des logiciels indisponibles est suspendue.

14.2.4. L'indisponibilité s'achève par la remise à disposition de l'acheteur des éléments, en état de marche. Toutefois, lorsque les éléments réparés sont à nouveau indisponibles, pour les mêmes causes, dans les huit heures d'utilisation après leur remise en état, la durée d'indisponibilité est décomptée à partir de la constatation de l'indisponibilité initiale.

14.2.5. Le titulaire est tenu de faire connaître à l'acheteur la durée prévisible de l'indisponibilité lorsque celle-ci excède les seuils fixés à l'article 14.2.6.

14.2.6. Sauf cas de force majeure, lorsque la durée d'indisponibilité observée dépasse les seuils ci-après, le titulaire est soumis à des pénalités.

Ces seuils sont fixés à :

— huit heures ouvrées pour une maintenance sur le site ;

— quinze jours consécutifs pour une maintenance chez le titulaire.

La pénalité est calculée par application de la formule suivante :

P = (V*R) / 30 ;

dans laquelle :

P = le montant de la pénalité ;

V = la valeur de la rémunération mensuelle versée au titre de la maintenance ;

R = le nombre de jours de retard.

14.3. Pénalités pour violation des obligations de sécurité ou de confidentialité :

En cas de violation des mesures de sécurité ou de l'obligation de confidentialité énoncées à l'article 5.1, le titulaire s'expose aux pénalités suivantes, appliquées dans les conditions prévues à l'article 14.1.1 :

— en cas de non-respect des règles de sécurité et de protection des informations confidentielles n'impliquant pas des données à caractère personnel : application d'une pénalité égale à 0,5 % du montant exécuté du marché public à la date de constatation du fait générateur ;

— en cas de non-respect des règles de sécurité et de protection des informations confidentielles impliquant des données à caractère personnel : application d'une pénalité égale à 2 % du montant exécuté du marché public à la date de constatation du fait générateur.

En cas de constatation de plusieurs faits générateurs, les pénalités ainsi établies sont appliquées de façon cumulative.

Art. 15 *Primes.*

15.1. Si les documents particuliers du marché prévoient le versement de primes, ils en précisent les conditions d'attribution ainsi que les modalités de calcul et de versement.

15.2. Le marché peut prévoir des primes pour réalisation anticipée, soit de l'ensemble des prestations, soit de certaines parties des prestations faisant l'objet de délais particuliers ou de dates limites fixés dans le marché calculés conformément à l'article 3.2. Les samedis, les dimanches et les jours fériés ou chômés ne sont pas déduits pour le calcul des primes.

15.3. Une fois le montant des primes déterminé, elles sont versées toutes taxes comprises sans que le titulaire soit tenu de les demander. Elles sont prises en compte et révisées dans les conditions prévues par les règles de paiement et de révision applicables au règlement de la prestation correspondante. Le montant des primes n'est pas plafonné.

Dans le cas d'un groupement d'opérateurs économiques pour lesquels le paiement est effectué sur des comptes séparés, les primes sont réparties entre les membres du groupement conformément aux indications données par le mandataire.

CHAPITRE IV EXÉCUTION

Art. 16 *Développement durable.*

16.1. Clause d'insertion sociale :

Lorsque les documents particuliers du marché prévoient que le titulaire réalise une action d'insertion permettant l'accès ou le retour à l'emploi de personnes rencontrant des difficultés sociales et/ou professionnelles, leur mise en œuvre s'effectue dans les conditions prévues au présent article, ils précisent *a minima* :

— le périmètre de l'action à réaliser ;

— les coordonnées du facilitateur le cas échéant ;

— les profils de publics éligibles à la clause d'insertion ;

— le volume horaire d'insertion à la charge du titulaire.

L'action d'insertion définie dans les documents particuliers du marché est mise en œuvre dans les conditions prévues par le présent article.

16.1.1. Publics éligibles :

Les personnes visées par l'action d'insertion professionnelle relèvent notamment de l'une des catégories suivantes :

16.1.1.1. Personnes recrutées et accompagnées dans une structure reconnue par l'État :

a) personnes prises en charge dans le secteur adapté ou protégé : salariés des entreprises adaptées, des entreprises adaptées de travail temporaire ou usagers des ESAT ;

b) personnes prises en charge dans les structures d'insertion par l'activité économique (IAE) mentionnée à l'article L. 5132-4 du code du travail, c'est-à-dire :

— mises à disposition par une association intermédiaire (AI) ou une entreprise de travail temporaire d'insertion (ETTI) ;

— salariées d'une entreprise d'insertion (EI), d'un atelier chantier d'insertion (ACI) ;

c) personnes employées par une régie de quartier ou de territoire agréée ;

d) personnes prises en charge dans des dispositifs particuliers, notamment les Établissements Publics d'Insertion de la Défense (EPIDE) et les Écoles de la deuxième Chance (E2C) ;

e) personnes en parcours d'insertion au sein des groupements d'employeurs pour l'insertion et la qualification (GEIQ) ;

f) personnes sous-main de justice employées en régie, dans le cadre du service de l'emploi pénitentiaire de l'agence du travail d'intérêt général et de l'insertion professionnelle (ATIGIP) ou affectées à un emploi auprès d'un concessionnaire de l'administration pénitentiaire.

16.1.1.2. Personnes répondant à des critères d'éloignement du marché du travail :

a) demandeurs d'emploi de longue durée (plus de 12 mois d'inscription au chômage) sans activité ou en activité partielle (moins de 6 mois dans les 12 derniers mois) ;

b) bénéficiaires du RSA en recherche d'emploi ;

c) personnes ayant obtenu la reconnaissance de travailleurs handicapés au sens de l'article L. 5212-13 du code du travail orientés en milieu ordinaire et demandeurs d'emploi fixant la liste des bénéficiaires de l'obligation d'emploi ;

d) bénéficiaires de l'allocation spécifique de solidarité (ASS), de l'allocation adulte handicapé (AAH), de l'allocation d'Insertion (AI), de l'allocation veuvage, ou de l'allocation d'invalidité ;

e) jeunes de moins de 26 ans en recherche d'emploi :

— sans qualification (infra niveau 3, soit niveau inférieur au CAP/BEP) et sortis du système scolaire depuis au moins 6 mois ;

— diplômés, justifiant d'une période d'inactivité de 6 mois depuis leur sortie du système scolaire ou de l'enseignement supérieur ;

f) demandeurs d'emploi seniors (plus de 50 ans) ;

g) jeunes en suivi renforcé de type PACEA, SMA, SMV, en sortie de dispositif Garantie Jeunes ;

h) habitants des quartiers prioritaires de la politique de la ville éloignés de l'emploi ;

i) personnes ayant le statut de réfugié ou bénéficiaires de la protection subsidiaire ;

j) personnes rencontrant des difficultés particulières sur proposition motivée de Pôle emploi, des maisons de l'emploi, des plans locaux pour l'insertion et l'emploi (PLIE), des missions locales, de Cap emploi ou des maisons départementales des personnes handicapées (MDPH).

L'éligibilité des publics doit être établie préalablement à la mise en œuvre du dispositif et à la réalisation des heures d'insertion.

16.1.2. Modalités de mise en œuvre de l'action d'insertion professionnelle du titulaire :

Le titulaire s'engage à réaliser une action d'insertion, au minimum à hauteur des objectifs horaires d'insertion fixés dans les documents particuliers du marché. L'ensemble des actions mises en œuvre doivent intervenir durant la période d'exécution du marché.

Si la formation fait partie du contrat de travail (contrat de professionnalisation, contrat d'apprentissage, etc.), les heures de formation sont comptabilisées au titre des heures d'insertion.

(Arr. du 30 sept. 2021, art. 4) « L'action d'insertion professionnelle peut être mise en œuvre par le titulaire selon une ou plusieurs des modalités suivantes :

« — par une embauche directe en contrat à durée indéterminée (CDI), en contrat à durée déterminée (CDD) par l'entreprise titulaire, ou en contrats en alternance (contrat de professionnalisation ou contrat d'apprentissage). Les heures effectuées par les personnes en insertion via l'embauche directe sont comptabilisées durant l'exécution du marché à compter de la date d'embauche et pour une période maximale de deux ans ;

« — par la mise à disposition de salariés en insertion via le recours à une association intermédiaire (AI), ou à une entreprise de travail temporaire d'insertion (ETTI), ou à une entreprise de travail temporaire adapté (ETTA), ou à un groupement d'employeurs pour l'insertion et la qualification (GEIQ), ou à une entreprise de travail temporaire (ETT) ;

« — par le recours à la sous-traitance ou au groupement d'opérateurs économiques avec une entreprise d'insertion (EI), un atelier chantier d'insertion (ACI) ou une entreprise adaptée (EA), un établissement et service d'aide par le travail (ESAT), une entreprise d'insertion par le travail indépendant (EITI), ou un travailleur indépendant handicapé (TIH).

« En cas de groupement d'opérateurs économiques, le mandataire du groupement est l'interlocuteur unique de l'acheteur pour le suivi d'exécution de la clause d'insertion. Cette mission peut également être confiée, le cas échéant, à un facilitateur identifié dans les documents particuliers du marché.

« A l'issue du marché, le titulaire s'engage à étudier toutes les possibilités d'embauche ultérieure des personnes en insertion. »

16.1.3. Globalisation des heures d'insertion :

Si, dans un même bassin d'emploi, le titulaire est attributaire d'un ou plusieurs autres marchés comportant une clause d'insertion sociale, le titulaire peut solliciter auprès de l'acheteur la globalisation des heures d'insertion, afin de favoriser le parcours d'insertion des personnes éloignées de l'emploi. Celle-ci doit être définie dans les documents particuliers du marché.

16.1.4. Intervention d'un facilitateur :

Afin de faciliter la mise en œuvre de la démarche d'insertion, le titulaire peut bénéficier de l'accompagnement d'un facilitateur dont les coordonnées sont précisées dans les documents particuliers du marché.

16.1.4.1. Dans le cadre du marché, le facilitateur a pour mission notamment :

— d'accompagner le titulaire dans la définition du besoin de recrutement (nature du poste, compétence...) et de lui proposer les modalités les plus appropriées de mise en œuvre de la clause d'insertion (embauche directe, mise à disposition, etc.) ;

— d'identifier les publics susceptibles de répondre au besoin du titulaire ;

— d'organiser le suivi des publics ;

— de mesurer et de communiquer auprès de l'acheteur et du titulaire sur les réalisations obtenues dans le cadre du marché.

16.1.4.2. Le titulaire désigne un correspondant opérationnel pour le suivi des actions d'insertion professionnelle, interlocuteur privilégié de l'acheteur et du facilitateur.

Le titulaire transmet à l'acheteur, et le cas échéant au facilitateur, dès lors que l'acheteur lui a communiqué les coordonnées du facilitateur, tous renseignements utiles permettant le contrôle et le suivi de l'exécution de la clause d'insertion sociale.

Ces informations, ainsi que la fréquence de leur transmission, sont précisées dans les documents particuliers du marché.

16.1.4.3. A l'initiative de l'acheteur, une réunion de mise au point de l'action d'insertion est organisée avec le titulaire et, le cas échéant, le facilitateur.

Elle est mise en place après notification du marché selon un délai précisé dans les documents particuliers du marché.

Durant toute la période d'exécution du marché, l'acheteur peut organiser avec le titulaire et, le cas échéant le facilitateur, des réunions de suivi de la clause d'insertion.

Commentaires.

Les renseignements utiles détaillés dans les documents particuliers du marché par le titulaire sont notamment : date d'embauche, type de contrat, poste occupé, justificatif de l'éligibilité des personnes recrutées, attestation trimestrielle d'heures d'insertion adressée au facilitateur, récapitulatif des factures, etc.

16.1.4.4. Le titulaire notifie à l'acheteur toute difficulté pour assurer son engagement. Dans ce cas, l'acheteur, et le cas échéant le facilitateur, étudie avec le titulaire les moyens à mettre en œuvre pour atteindre les objectifs d'insertion.

En cas de difficultés économiques, établies par un faisceau d'indices, l'entreprise attributaire peut demander à l'acheteur la suspension ou la suppression de la clause d'insertion sociale.

En cas de difficultés économiques qui se traduisent par le recours à de l'activité partielle, à l'engagement d'une procédure de licenciement pour motif économique ou à l'ouverture d'une procédure de redressement judiciaire, l'acheteur annule la clause d'insertion sociale. Cette annulation est subordonnée à la communication d'une copie des documents afférents à ces difficultés, transmis à la DIRECCTE ou au juge.

16.1.4.5. Il est procédé au contrôle de l'exécution de l'action d'insertion pour laquelle le titulaire s'est engagé, tout au long de l'exécution des prestations :

— le titulaire, ou le cas échéant le facilitateur, établit pendant toute la durée du marché un bilan annuel sur la base des bilans transmis à l'acheteur ;

— le titulaire, ou le cas échéant le facilitateur, rédige un bilan final dans le mois précédant la fin de l'exécution du marché transmis à l'acheteur.

Ces bilans portent sur les aspects quantitatif et qualitatif de l'action d'insertion.

16.1.5. Pénalités pour non-respect de la clause d'insertion sociale :

Le titulaire se voit appliquer une pénalité forfaitaire dont le montant est fixé par les documents particuliers du marché après mise en demeure restée infructueuse. Lorsque le titulaire a informé l'acheteur de difficultés dans la mise en œuvre du présent article 16, la pénalité ne s'applique pas à la part des heures d'insertion initialement prévues pour lesquelles l'acheteur ou le facilitateur ne sont pas parvenus à trouver un moyen pour le titulaire d'y recourir.

En cas d'absence injustifiée à une réunion de suivi de l'exécution de la clause d'insertion sociale, le titulaire se voit appliquer, après mise en demeure restée infructueuse de justifier son absence, une pénalité forfaitaire dont le montant est fixé par les documents particuliers du marché.

En cas de non-transmission, ou transmission partielle, ou retard de transmission des documents et attestations propres à permettre le contrôle de l'exécution de l'action d'insertion professionnelle (notamment justificatifs d'éligibilité des publics et justificatifs des missions confiées et heures réalisées), le titulaire se voit appliquer, pour chaque manquement, et après avoir été mis en demeure d'y remédier, une pénalité forfaitaire dont le montant est fixé par les documents particuliers du marché.

Commentaires.

Le recours à la sous-traitance n'exonère pas le titulaire de ses obligations en matière de clause d'insertion. S'il peut partager une partie de l'effort d'insertion, il restera responsable de leur bonne exécution et de la bonne remontée d'information. Les pénalités sont supportées par le titulaire. Il appartient à ce dernier de prévoir dans le contrat de sous-traitance les dispositions qui permettront de responsabiliser son sous-traitant.

16.2. Clause environnementale générale :

16.2.1. Les documents particuliers du marché précisent les obligations environnementales du titulaire dans l'exécution du marché. Ces obligations doivent être vérifiables selon des méthodes objectives, et faire l'objet d'un contrôle effectif.

Commentaires.

Les documents particuliers du marché peuvent notamment prendre en compte, sur l'ensemble du cycle de vie des produits ou services acquis, selon la nature de l'achat :

— la réduction des prélèvements des ressources ;

— la composition des produits et notamment leur caractère écologique / polluant / toxique ;

— les actions en faveur du réemploi, de la réutilisation, du reconditionnement, de l'intégration de matières recyclées et du recyclage ;

— les économies d'énergie et le développement des énergies renouvelables ;

— la prévention de la production des déchets et leur orientation vers des filières de valorisation ;

— les pratiques environnementales appliquées aux modalités d'exécution des prestations et notamment les politiques de réduction des émissions de gaz à effet de serre et d'amélioration de la qualité de l'air ;

— la réduction des impacts sur la biodiversité ;

— la sensibilisation des intervenants aux problématiques environnementales liées à l'exécution du marché.

16.2.2. Le titulaire s'assure du respect par ses sous-traitants des obligations environnementales fixées par le marché.

16.2.3. En cas de non-respect des obligations prévues au présent 16.2, le titulaire se voit appliquer pour chaque manquement, après mise en demeure restée infructueuse, une pénalité dont le montant est fixé par les documents particuliers du marché.

Art. 17 *Lieux d'exécution.*

17.1. Le titulaire doit faire connaître à l'acheteur, sur sa demande, le lieu d'exécution des prestations. L'acheteur peut en suivre sur place le déroulement. L'accès aux lieux d'exécution est réservé aux seuls représentants de l'acheteur.

Les personnes qu'il désigne à cet effet ont libre accès aux seules zones concernées par l'exécution des prestations prévues par le marché, dans le respect des consignes de sécurité prévues pour le site. Elles sont tenues aux obligations de confidentialité prévues à l'article 5.1.

17.2. Si le titulaire entrave l'exercice du droit de contrôle de l'acheteur en cours d'exécution du marché, il encourt les sanctions prévues à l'article 50.

Art. 18 *Moyens mis à disposition du titulaire.*

18.1. Les dispositions du présent article s'appliquent lorsque l'acheteur met à la disposition du titulaire des moyens nécessaires à l'exécution de la prestation.

Lorsque ces moyens sont la propriété de l'acheteur, ils sont laissés gratuitement à la disposition du titulaire pour l'exécution du marché.

18.1.1. Un constat contradictoire est établi, pour contrôler l'état de ces moyens au moment de leur mise à disposition du titulaire. Ce constat est signé par les deux parties. Il mentionne la valeur de ces moyens.

La date effective de la mise à disposition est celle du constat contradictoire.

18.1.2. Le titulaire est responsable de la conservation, de l'entretien et de l'emploi de tout moyen, qui lui est confié, dès que ce moyen est mis effectivement à sa disposition. Il ne peut en user qu'aux fins prévues par le marché.

Les documents et la formation éventuellement nécessaires pour l'emploi de tout moyen qui est confié au titulaire sont fournis dès sa mise à sa disposition par l'acheteur.

18.1.3. Au terme de l'exécution ou après résiliation du marché, ou au terme fixé par celui-ci, les moyens mis à disposition sont restitués à l'acheteur. Un constat contradictoire est établi lors de la restitution de ces moyens à l'acheteur. Le cas échéant, les frais relatifs à cette restitution incombent au titulaire.

18.1.4. Lorsque l'un de ces moyens mis à disposition est endommagé, détruit ou perdu, le titulaire est tenu de le remettre en état, de le remplacer ou d'en rembourser la valeur résiduelle à la date de disparition, ou du sinistre.

18.1.5. Si le titulaire ne respecte pas les obligations des points 2 à 4 ci-dessus, l'acheteur peut suspendre le paiement des sommes dues au titre du marché, à concurrence du préjudice estimé, jusqu'à l'exécution de ces obligations.

18.2. Le titulaire est tenu de faire assurer, à ses frais, préalablement à leur mise à disposition et tant qu'il en dispose, les moyens qui lui ont été confiés et d'être en mesure, à tout moment de l'exécution du marché, de justifier qu'il s'est acquitté de cette obligation d'assurance. Si le titulaire contrevient à ces prescriptions, l'acheteur peut contracter à sa place, cinq jours après une mise en demeure restée sans effet, la ou les polices d'assurance nécessaires. Le montant des primes d'assurances est alors retenu sur les sommes dues au titulaire au titre du marché.

18.3. Indépendamment des sanctions mentionnées ci-dessus, le marché peut être résilié, dans les conditions de l'article 50, en cas de défaut de présentation, de mauvais emploi ou d'utilisation abusive des moyens mis à la disposition du titulaire.

Art. 19 *Aménagement des locaux destinés à l'installation du matériel objet du marché.*

L'acheteur aménage, à ses frais, les locaux destinés à l'installation du matériel et, le cas échéant, après consultation du titulaire, pourvoit à leur maintenance et à leur approvisionnement en fluides.

L'acheteur informe le titulaire de la disponibilité des locaux. Cette information doit être faite quinze jours, au moins, avant la livraison du matériel.

Ces aménagements doivent être terminés avant la date prévue pour la livraison.

Art. 20 *Stockage, emballage, transport et gestion des déchets.*

20.1. Stockage :

20.1.1. Si les documents particuliers du marché prévoient l'obligation pour le titulaire de stocker des matériels dans ses locaux, celui-ci assume à leur égard la responsabilité du dépositaire durant un délai précisé par les documents particuliers du marché et courant à compter de leur admission.

20.1.2. Lorsque le stockage est effectué dans les locaux de l'acheteur, celui-ci assume la responsabilité du dépositaire jusqu'à la décision d'admission.

20.2. Emballage :

20.2.1. La qualité des emballages doit être appropriée aux conditions et modalités de transport prévues par les documents particuliers du marché. Elle est de la responsabilité du titulaire.

Lorsque cela n'est pas de nature à contrevenir aux règles sanitaires et d'hygiène, le titulaire utilise des contenants réutilisables, recyclés, recyclables, ou réemployés. Il veille également, dans la mesure du possible, à en réduire les quantités, en volume et en poids.

20.2.2. Sauf stipulation contraire dans les documents particuliers du marché, et lorsque cela n'est pas de nature à contrevenir aux règles sanitaires et d'hygiène, les emballages restent la propriété du titulaire. Celui-ci les collecte en vue de leur recyclage ou de leur réutilisation.

20.3. Transport :

Le transport s'effectue, sous la responsabilité du titulaire, jusqu'au lieu de livraison. Le conditionnement, le chargement, l'arrimage et le déchargement sont effectués sous sa responsabilité.

20.4. Gestion des déchets :

La valorisation ou l'élimination des déchets créés lors de l'exécution des prestations est de la responsabilité du titulaire pendant la durée du marché.

Le titulaire veille à ce que soient effectuées les opérations de collecte, transport, entreposage, tris éventuels et de l'évacuation des déchets créés par les prestations objet du marché vers les sites susceptibles de les recevoir, conformément à la réglementation en vigueur.

Le titulaire est tenu de produire, à la demande de l'acheteur, tout justificatif de traçabilité du traitement des déchets issus de l'exécution de la prestation, qui fasse apparaître une gestion des déchets conforme aux exigences réglementaires, notamment en ce qui concerne les déchets dangereux.

En cas d'absence de production des éléments attestant la traçabilité des déchets, le titulaire se voit appliquer, après mise en demeure restée infructueuse, une pénalité dont le montant est fixé par les documents particuliers du marché.

Art. 21 *Livraison.*

21.1. Le titulaire veille à limiter l'impact environnemental des livraisons et du transport des produits proposés. La planification du transport de ces marchandises doit permettre, lorsque cela est compatible avec les besoins de l'acheteur, d'éviter la circulation pendant les heures de pointe. Le titulaire privilégie le transport groupé des marchandises objet du marché afin de réduire les déplacements des véhicules de livraison. Il favorise les modes de transports les plus respectueux de l'environnement, notamment les véhicules à faibles émissions, les modes de transports doux ou alternatifs à la route.

21.2. Toute livraison réalisée par le titulaire est accompagnée d'un bon de livraison ou d'un état, dressé distinctement pour chaque destinataire, et comportant notamment :

— la date d'expédition ;

— la référence à la commande ou au marché ;

— l'identification du titulaire ;

— l'identification des fournitures livrées et, quand il y a lieu, leur répartition par colis ;

— le numéro du ou des lots de fabrication, dans le cas où la réglementation l'impose en matière d'étiquetage.

Chaque colis doit porter de façon apparente son numéro d'ordre, tel qu'il figure sur le bon de livraison ou l'état. Il renferme l'inventaire de son contenu.

21.3. La livraison des fournitures est constatée par la délivrance d'un récépissé au titulaire ou par la signature du bon de livraison ou de l'état, dont chaque partie conserve un exemplaire. En cas d'impossibilité de livrer, celle-ci doit être mentionnée sur l'un de ces documents.

21.4. Si la disposition des locaux désignés pour la réalisation des livraisons entraîne des difficultés exceptionnelles de manutention, non prévues par le marché, les frais supplémentaires de livraison qui en résultent sont rémunérés distinctement. Ils font l'objet d'un avenant.

21.5. Un sursis de livraison peut être également accordé au titulaire s'il justifie de mesures et précautions particulières pour réduire les impacts environnementaux liés aux transports et aux modalités de livraison.

Le sursis de livraison suspend pour un temps égal à sa durée l'application des pénalités pour retard.

Les formalités d'octroi du sursis de livraison sont les mêmes que celles de la prolongation de délai mentionnées à l'article 13.3.

Aucun sursis de livraison ne peut être demandé par le titulaire pour des événements survenus après l'expiration du délai d'exécution du marché, éventuellement déjà prolongé.

Art. 22 *Mise à jour et nouvelles versions de logiciels – Documentation technique.*

22.1. Mises à jour et nouvelles versions de logiciels :

Lorsque les prestations comprennent la livraison de logiciels standards ou de logiciels spécifiques, elles comprennent également, pendant la durée du marché, la livraison des mises à jour qui leur sont apportées ainsi que la livraison des nouvelles versions.

Le prix de ces mises à jour ou de ces nouvelles versions est inclus dans le prix du marché.

22.2. Documentation technique :

Le titulaire livre, avec chaque matériel ou chaque logiciel, une documentation technique en langue française indiquant les modalités de leur mise en fonction. Il en est de même à chaque livraison de mise à jour ou de nouvelle version de logiciel.

La documentation est un ensemble d'informations relatives au logiciel, qui peut être, en tout ou partie, une connaissance antérieure qu'il s'agisse d'un logiciel diffusé sous une licence éditeur propriétaire ou publié sous le régime de la licence libre, et qui contient tout ou partie des éléments suivants :

— le descriptif détaillé des environnements techniques matériels et logiciels de développement, d'intégration et, le cas échéant, de fonctionnement ainsi que les documentations techniques de développement et de maintenance correspondantes ;

— les procédures de fabrication/intégration du résultat depuis l'installation de l'environnement de développement et d'intégration, la lecture, le chargement, les opérations de compression/décompression des supports fournis ainsi que la compilation des sources déposées, l'intégration, jusqu'à la production d'une version livrable ;

— le cas échéant, les outils nécessaires au développement et à la compilation ainsi que le système d'exploitation compatible avec les codes sources du résultat ;

— la documentation de conception et les documentations techniques associées telles que les dossiers techniques de conception, les dossiers d'études techniques, les dossiers de spécifications les schémas de base de données, modèles conceptuels et physiques de données ;

— les dossiers d'études techniques, de paramétrage, d'installation, de configuration, d'exploitation et de maintenance ;

— les standards de programmation et de documentation, les dossiers et plans de test ;

— la documentation préalable à la conception des logiciels telle que notamment le cahier des charges et le document de présentation des besoins standards liés à l'utilisation des logiciels ;

— la documentation d'utilisation (manuel de l'utilisateur, aide en ligne) ;

— la documentation d'installation, d'exploitation, de maintenance et de manière générale tout élément permettant à la personne publique d'utiliser, d'exploiter le résultat ainsi que de maintenir le résultat, seul ou par le biais d'un tiers prestataire.

Le prix de cette documentation technique est inclus dans le prix du marché.

La documentation doit être transmise au plus tard à la livraison du matériel, du logiciel, de chaque mise à jour ou nouvelle version le cas échéant.

Art. 23 *Surveillance en usine.*

23.1. Lorsque les documents particuliers du marché prévoient une surveillance en usine de l'exécution des prestations, le titulaire est tenu de se conformer aux stipulations du présent article.

Il doit faire connaître à l'acheteur les usines ou ateliers dans lesquels se dérouleront les différentes phases d'exécution des prestations. Il s'engage à procurer le libre accès de ces usines ou ateliers à l'acheteur et à mettre gratuitement à sa disposition les moyens nécessaires à l'accomplissement de sa mission.

23.2. Le titulaire doit prévenir, en temps utile, l'acheteur de toutes les opérations auxquelles ce dernier a déclaré vouloir assister ; à défaut, l'acheteur peut soit les faire recommencer, soit refuser les prestations soumises à ces opérations, en dehors de son contrôle.

L'acheteur doit être avisé immédiatement de tous événements de nature à modifier le déroulement prévu des opérations.

23.3. Au cours de l'exécution des prestations, l'acheteur signale au titulaire tout élément de la prestation qui n'est pas satisfaisant. L'acheteur peut se faire communiquer tout renseignement et opérer les vérifications qu'il juge nécessaires pour s'assurer que les clauses techniques prévues par le marché sont respectées.

23.4. L'exercice de la surveillance laisse entière la responsabilité du titulaire et ne limite pas le droit de l'acheteur de refuser les prestations reconnues défectueuses au moment des opérations de vérification.

23.5. Les agents de l'acheteur et les personnes mandatées par lui, qui ont, du fait de leurs fonctions, connaissance des moyens de fabrication ou de toute autre information relative au titulaire, sont soumis à l'obligation de confidentialité mentionnée à l'article 5.1.

Leurs frais de déplacement et leur rémunération, exposés dans le cadre de ces opérations de surveillance, sont en totalité à la charge de l'acheteur.

Commentaires.

Pour des raisons déontologiques, l'acheteur veille à ne pas mandater un concurrent du titulaire pour auditer ce dernier pour l'application du présent article.

Art. 24 *Audit de sécurité.*

L'acheteur peut effectuer ou faire effectuer un audit de sécurité auprès du titulaire ou le cas échéant de ses sous-traitants afin de s'assurer de la prise en compte effective du niveau de sécurité requis par l'acheteur.

Le titulaire est informé quinze jours à l'avance (date de l'audit, modalités financières pour l'acheteur et le titulaire, etc.).

L'acheteur, ou l'organisme mandaté à cette fin, peut, pendant une période de six mois à compter du terme de l'exécution du marché ou de sa résiliation, exercer un contrôle dans les locaux du titulaire et, le cas échéant, dans ceux de ses sous-traitants afin de vérifier que les dispositions en matière de destruction des données ont été effectivement appliquées.

Art. 25 *Prestations supplémentaires ou modificatives.*

25.1. Pendant l'exécution du marché, l'acheteur peut prescrire au titulaire, par ordre de service, des prestations supplémentaires ou modificatives après consultation de ce dernier ou accepter les modifications qu'il propose.

Le titulaire ne doit apporter aucune modification aux spécifications techniques sans autorisation préalable de l'acheteur.

Commentaires.

Ces modifications ne peuvent changer l'objet du marché ou modifier substantiellement les caractéristiques techniques de l'offre présentée par le titulaire lors de la mise en concurrence.

25.2. Lorsque le marché n'a pas prévu de prix pour les prestations supplémentaires ou modificatives demandées par l'acheteur au titulaire, l'ordre de service mentionné à l'article 25.1 fixe provisoirement les prix nouveaux retenus pour le règlement des prestations supplémentaires ou modificatives.

25.3. Ces prix provisoires, permettant une juste rémunération du titulaire, sont arrêtés par l'acheteur après consultation du titulaire. Ils sont utilisés pour le règlement des acomptes jusqu'à la fixation du prix définitif. Le titulaire est réputé avoir accepté les prix provisoires si, dans le délai de trente jours suivant l'ordre de service qui lui a notifié ces prix, il n'a pas présenté d'observation à l'acheteur en indiquant, avec toutes justifications utiles, les prix qu'il propose. En cas de désaccord, l'acheteur règle provisoirement les sommes qu'il admet.

Lorsque l'acheteur et le titulaire sont d'accord pour arrêter les prix définitifs, ceux-ci font l'objet d'un avenant, sauf si les prix sont devenus définitifs dans le silence du titulaire en application de l'alinéa précédent.

25.4. Le titulaire n'est pas tenu de se conformer à un ordre de service mentionné à l'article 25.2 lorsque cet ordre de service n'a fait l'objet d'aucune valorisation financière.

Un tel refus d'exécuter opposé par le titulaire n'est toutefois recevable que s'il est notifié par écrit, avec les justifications nécessaires, à l'acheteur, dans le délai de quinze jours suivant la notification de l'ordre de service prescrivant les prestations.

Art. 26 *Suspension des prestations en cas de circonstances imprévisibles.*

26.1. Lorsque la poursuite de l'exécution du marché est rendue temporairement impossible du fait d'une circonstance que des parties diligentes ne pouvaient prévoir dans sa nature ou dans son ampleur ou du fait de l'édiction par une autorité publique de mesures venant restreindre, interdire, ou modifier de manière importante l'exercice de certaines activités en raison d'une telle circonstance, la suspension de tout ou partie des prestations est prononcée par l'acheteur. Lorsque la suspension est demandée par le titulaire, l'acheteur se prononce sur le bien-fondé de cette demande dans les meilleurs délais.

26.2. Dans un délai adapté aux circonstances et qui ne saurait excéder quinze jours à compter de la décision de suspension des prestations, les parties conviennent des modalités de constatation des prestations exécutées et, le cas échéant, du maintien d'une partie des obligations contractuelles restant à la charge du titulaire pendant la suspension. Dans un délai raisonnable, les parties conviennent également des modalités de reprise de l'exécution et, le cas échéant, des modifications à apporter au marché et des modalités de répartition des surcoûts directement induits par ces événements.

A défaut d'accord entre les parties, le titulaire est tenu, à l'issue de la suspension, de reprendre l'exécution des prestations dans les conditions prévues par le marché et le désaccord est réglé dans les conditions mentionnées à l'article 55.

Art. 27 *Clause de réexamen.*

En cas de circonstance que des parties diligentes ne pouvaient prévoir dans sa nature ou dans son ampleur et modifiant de manière significative les conditions d'exécution du marché, les parties examinent de bonne foi les conséquences, notamment financières, de cette circonstance.

Le cas échéant, les parties conviennent, par avenant, des modalités de prise en charge, totale ou partielle, des surcoûts directement induits par cette circonstance sur la base de justificatifs fournis par le titulaire. Il est tenu compte, notamment :

— des surcoûts liés aux modifications d'exécution des prestations ;

— des conséquences liées à la prolongation des délais d'exécution du marché.

Le titulaire est tenu de demander, en temps utile, qu'il soit procédé à des constatations contradictoires pour permettre à l'acheteur d'évaluer les moyens supplémentaires effectivement mis en œuvre.

Sont exclues de cette évaluation, les augmentations de prix prises en compte dans les index ou indices utilisés pour la révision des prix du marché.

Les surcoûts pris en charge par l'acheteur peuvent faire l'objet d'une avance dans les conditions fixées par les documents particuliers du marché ou dans l'avenant conclu en application du présent article.

Art. 28 *Données indispensables à l'exécution d'une mission de service public.*

Lorsque le marché public a pour objet la gestion d'un service public, le titulaire fournit à l'acheteur sous format électronique, dans un standard ouvert librement réutilisable et exploitable par un système de traitement automatisé, et dans le respect du secret des affaires et des droits de propriété intellectuelle détenus par des tiers, les données et les bases de données collectées ou produites à l'occasion de la gestion du service public faisant l'objet du contrat et qui sont indispensables à son exécution. Les documents particuliers du marché définissent notamment les données, le calendrier de transmission des données à l'acheteur ainsi que les pénalités en cas de non-respect de ces délais.

CHAPITRE V CONSTATATION DE L'EXÉCUTION DES PRESTATIONS — GARANTIE

Art. 29 *Installation et mise en ordre de marche.*

L'installation et la mise en ordre de marche du matériel et des logiciels sont réalisées par le titulaire.

A cet effet, il dispose de trente jours à compter de la date contractuelle de livraison pour effectuer la mise en ordre de marche. Il remet un procès-verbal de mise en ordre de marche à l'acheteur et lui indique s'il sera présent aux opérations de vérification.

Le délai initialement prévu pour la mise en ordre de marche peut faire l'objet d'un sursis ou d'une prolongation de délai dans les conditions prévues à l'article 13.3.

Art. 30 *Opérations de vérification.*

30.1. Point de départ du délai pour les opérations de vérifications :

Pour les vérifications effectuées dans les établissements du titulaire, le point de départ du délai est la date à laquelle le titulaire notifie à l'acheteur que les prestations sont prêtes à être vérifiées.

Pour les vérifications effectuées dans les établissements de l'acheteur, le point de départ du délai est la date de notification, par le titulaire, du procès-verbal de mise en ordre de marche à l'acheteur.

30.2. Frais de vérification :

30.2.1. Quels que soient les résultats des vérifications, les frais qu'elles entraînent sont à la charge de l'acheteur pour les opérations qui, conformément aux stipulations du marché, doivent être exécutées dans ses propres locaux. Ils sont à la charge du titulaire dans les autres cas.

Toutefois, lorsqu'une des parties a accepté de faire exécuter dans ses propres locaux des essais qui, conformément aux documents particuliers du marché, auraient dû être effectués dans ceux de l'autre partie, les frais correspondants sont à la charge de cette dernière.

30.2.2. Le titulaire avise l'acheteur de la date à partir de laquelle les prestations pourront être présentées en vue de ces vérifications.

30.3. Présence du titulaire :

L'acheteur avise le titulaire des jours et heures fixés pour les vérifications, afin de lui permettre d'y assister ou de se faire représenter.

L'absence du titulaire dûment avisé, ou de son représentant, ne fait pas obstacle au déroulement ou à la validité des opérations de vérification.

30.4. Essais et bancs d'essais :

Les matériels et les logiciels nécessaires aux essais ou bancs d'essais peuvent être prélevés par l'acheteur sur les fournitures livrées au titre du marché, afin de vérifier, par exemple, que les essais ou bancs d'essais effectués lors de la sélection des offres ont porté sur les mêmes fournitures que celles qui sont effectivement livrées.

Art. 31 *Vérifications quantitatives.*

Les opérations de vérification quantitative ont pour objet de contrôler la conformité entre la quantité livrée ou le travail fait et la quantité ou le travail commandé par l'acheteur.

Art. 32 *Vérifications qualitatives.*

32.1. Les opérations de vérification qualitatives ont pour objet de permettre à l'acheteur de contrôler notamment que le titulaire :

— a mis en œuvre les moyens définis dans le marché, conformément aux prescriptions qui y sont fixées ;

— a réalisé les prestations définies dans le marché comme étant à sa charge, conformément aux dispositions contractuelles.

Les opérations de vérifications qualitatives ont également pour objet de contrôler les conformités à la politique de sécurité. L'acheteur apprécie l'enjeu de la non-conformité à la politique de sécurité eu égard à la sensibilité des données manipulées, leurs volumes et les conséquences prévisibles si la non-conformité persiste. En fonction de cette analyse, ces non conformités peuvent avoir pour conséquence l'ajournement, le rejet ou l'admission des prestations avec réfaction.

Pour les matériels et les logiciels, l'acheteur vérifie que les prestations sont conformes aux stipulations du marché et aux bancs d'essais lorsque l'acheteur a choisi d'y recourir.

32.2. Les opérations de vérifications qualitatives comprennent deux étapes : la vérification d'aptitude et la vérification de service régulier.

32.3. La vérification d'aptitude intervient après la mise en ordre de marche. Elle a pour objet de constater que les prestations, livrées ou exécutées, présentent les caractéristiques techniques qui les rendent aptes à remplir les fonctions précisées dans les documents particuliers du marché.

Cette constatation peut aussi résulter de l'exécution, dans les conditions fixées par le marché, d'un ou de plusieurs programmes ou bancs d'essais.

L'acheteur arrête sa décision selon les modalités précisées à l'article 33.2 ci-après. Si la décision de vérification d'aptitude est positive, la vérification de service régulier débute.

32.4. La vérification de service régulier a pour objet de constater que les prestations fournies sont capables d'assurer un service régulier dans les conditions normales d'exploitation prévues dans les documents particuliers du marché.

La régularité du service s'observe pendant trente jours, à partir du jour de la décision positive de vérification d'aptitude prise par l'acheteur.

Le service est réputé régulier si la durée cumulée, sur le mois, des indisponibilités imputables à chaque élément de matériel ne dépasse pas 2 % de la durée d'utilisation effective qui s'étend de 8 heures à 18 heures, du lundi au vendredi, jours fériés exclus.

L'acheteur arrête sa décision selon les modalités précisées à l'article 33.2 ci-après.

Art. 33 *Décisions après vérification.*

Dans le cas d'un marché comportant des prestations distinctes, la livraison de chaque prestation fait l'objet de vérifications et de décisions distinctes.

33.1. A l'issue des vérifications quantitatives :

A l'issue des opérations de vérification quantitative, si la quantité fournie ou les prestations de services effectuées ne sont pas conformes aux stipulations du marché, l'acheteur peut décider de les accepter en l'état ou de mettre le titulaire en demeure, dans un délai qu'il prescrit :

— soit de reprendre l'excédent fourni ;

— soit de compléter la livraison ou d'achever la prestation.

La mise en conformité quantitative des prestations ne fait pas obstacle à l'exécution des opérations de vérification qualitatives.

33.2. A l'issue des vérifications qualitatives :

33.2.1. A l'issue de la vérification d'aptitude, le délai imparti à l'acheteur pour procéder à la vérification d'aptitude et notifier sa décision est de trente jours à compter de la date de notification de l'écrit par lequel le titulaire informe l'acheteur que les prestations sont prêtes à être vérifiées ou, à défaut, de la date de notification par le titulaire du procès-verbal de mise en ordre de marche à l'acheteur.

Si l'acheteur n'est pas en mesure de prendre une décision positive de vérification d'aptitude, il prend une décision d'ajournement ou de rejet, selon les modalités fixées à l'article 34 ci-après.

En cas d'ajournement, une nouvelle mise en ordre de marche peut être exécutée à la demande de l'acheteur.

33.2.2. A l'issue de la vérification de service régulier, l'acheteur dispose d'un délai maximal de sept jours pour notifier par écrit au titulaire sa décision de vérification de service régulier.

Si le résultat de la vérification de service régulier est positif, l'acheteur prend une décision d'admission des prestations.

L'admission peut être limitée aux seuls éléments dont la régularité de service a été vérifiée, pourvu qu'ils permettent l'utilisation dans des conditions jugées acceptables par l'acheteur.

Si le résultat de la vérification de service régulier est négatif, l'acheteur prend une décision écrite qu'il notifie au titulaire, soit :

— d'ajournement avec vérification de la régularité de service pendant une période supplémentaire maximale de trente jours ;

— d'admission avec réfaction ;

— de rejet.

Si l'acheteur ne notifie pas sa décision dans le délai de sept jours mentionné au premier alinéa du présent article, le résultat de la vérification de service régulier est considéré comme positif et les prestations sont réputées admises.

Art. 34 *Admission, ajournement, réfaction et rejet.*

34.1. Admission :

L'acheteur prononce l'admission des prestations, si elles répondent aux stipulations du marché. L'admission prend effet à la date de notification au titulaire de la décision d'admission. En cas d'admission tacite, l'admission prend effet au terme du délai de sept jours mentionné au premier alinéa de l'article 33.2.2

34.2. Ajournement :

34.2.1. Lorsque l'acheteur estime que des prestations ne peuvent être admises que moyennant certaines mises au point, il peut décider d'ajourner l'admission des prestations par une décision motivée. Cette décision invite le titulaire à présenter à nouveau à l'acheteur, les prestations mises au point, dans un délai de quinze jours.

Le titulaire doit faire connaître son acceptation dans un délai de dix jours, à compter de la notification de la décision d'ajournement. En cas de refus du titulaire ou de silence gardé par lui durant ce délai, l'acheteur a le choix de prononcer l'admission des prestations avec réfaction ou de les rejeter, dans les conditions fixées aux 3 et 4 du présent article, dans un délai de quinze jours courant de la notification du refus du titulaire ou de l'expiration du délai de dix jours ci-dessus mentionné.

Le silence gardé par l'acheteur au-delà de ce délai de quinze jours vaut décision de rejet des prestations.

34.2.2. Si le titulaire présente à nouveau les prestations mises au point, après la décision d'ajournement des prestations, l'acheteur dispose à nouveau de la totalité du délai prévu pour procéder aux vérifications des prestations, à compter de leur nouvelle présentation par le titulaire.

34.2.3. Dans le cas où les opérations de vérification ont été effectuées dans les locaux de l'acheteur, le titulaire dispose d'un délai de quinze jours, à compter de la notification de la décision d'ajournement, pour enlever les biens ayant fait l'objet de la décision d'ajournement.

Passé ce délai, les biens vérifiés peuvent être évacués ou détruits par l'acheteur, aux frais du titulaire.

Les prestations ajournées, dont la garde dans les locaux de l'acheteur présente un danger ou une gêne insupportable, peuvent être immédiatement évacuées ou détruites, aux frais du titulaire, après que celui-ci en a été informé.

34.3. Réfaction :

Lorsque l'acheteur estime que des prestations, sans être entièrement conformes aux stipulations du marché, peuvent néanmoins être admises en l'état, il peut les admettre avec réfaction de prix proportionnelle à l'importance des imperfections constatées. Cette décision doit être motivée. Elle ne peut être notifiée au titulaire qu'après qu'il a été mis à même de présenter ses observations.

Si le titulaire ne présente pas d'observations dans les quinze jours suivant la décision d'admission avec réfaction, il est réputé l'avoir acceptée. Si le titulaire formule des observations dans ce délai, l'acheteur dispose ensuite de quinze jours pour lui notifier une nouvelle décision.

A défaut d'une telle notification, l'acheteur est réputé avoir accepté les observations du titulaire et l'admission est réputée sans réfaction.

34.4. Rejet :

34.4.1. Lorsque l'acheteur estime que les prestations ne peuvent être admises en l'état, il en prononce le rejet partiel ou total.

La décision de rejet doit être motivée. Elle ne peut être prise qu'après que le titulaire a été mis à même de présenter ses observations.

34.4.2. En cas de rejet, le titulaire est tenu d'exécuter à nouveau la prestation prévue par le marché.

34.4.3. Le titulaire dispose d'un délai de trente jours à compter de la notification de la décision de rejet pour enlever les prestations rejetées. Lorsque ce délai est écoulé, elles peuvent être détruites ou évacuées par l'acheteur, aux frais du titulaire.

Les prestations rejetées, dont la garde dans les locaux de l'acheteur présente un danger ou une gêne insupportable, peuvent être immédiatement évacuées ou détruites, aux frais du titulaire, après que celui-ci en a été informé.

34.5. Mauvaise qualité ou défectuosité des fournitures ou matériaux :

Lorsque la mauvaise qualité ou la défectuosité des fournitures ou matériaux remis par l'acheteur, et entrant dans la composition des prestations, est à l'origine du défaut de conformité des prestations aux stipulations du marché, l'acheteur ne peut prendre une décision d'ajournement, d'admission avec réfaction ou de rejet :

— si le titulaire a, dans un délai de quinze jours à partir de la date à laquelle il a eu la possibilité de les constater, informé l'acheteur des défauts des approvisionnements, matériels ou équipements remis, réserve faite des vices cachés ne pouvant être décelés avec les moyens dont il dispose ;

— et que l'acheteur a décidé que les approvisionnements, matériels ou équipements devaient néanmoins être utilisés et notifié sa décision au titulaire.

Art. 35 *Transfert de propriété.*

L'admission des fournitures ou des matériels acquis par l'acheteur entraîne le transfert de leur propriété.

Le transfert de propriété des prestations soumises au droit de la propriété intellectuelle est effectué, le cas échéant, en application de l'article 46.

Art. 36 *Garantie.*

36.1. Les prestations font l'objet d'une garantie minimale d'un an. Le point de départ du délai de garantie est la date de notification de la décision d'admission.

36.2. Au titre de cette garantie, le titulaire s'oblige à remettre en état ou à remplacer à ses frais la partie de la prestation qui serait reconnue défectueuse, exception faite du cas où la défectuosité serait imputable à l'acheteur.

Cette garantie couvre également les frais de déplacement de personnel, de conditionnement, d'emballage et de transport de matériel nécessités par la remise en état ou le remplacement, qu'il soit procédé à ces opérations au lieu d'utilisation de la prestation ou que le titulaire ait obtenu que la fourniture soit renvoyée à cette fin dans ses locaux.

Lorsque, pendant la remise en état, la privation de jouissance entraîne pour l'acheteur un préjudice, celui-ci peut exiger un matériel de remplacement équivalent.

Le délai de garantie est prolongé du délai de privation de jouissance.

36.3. Le délai dont dispose le titulaire pour effectuer une mise au point ou une réparation qui lui est demandée est fixé par les documents particuliers du marché ou, à défaut, par décision de l'acheteur après consultation du titulaire.

36.4. Pendant le délai de garantie, le titulaire doit exécuter les réparations qui lui sont prescrites par l'acheteur. Il peut en demander le règlement, s'il justifie que la mise en jeu de la garantie n'est pas fondée.

36.5. Prolongation du délai de garantie :

Si, à l'expiration du délai de garantie, le titulaire n'a pas procédé aux remises en état prescrites, ce délai est prolongé jusqu'à l'exécution complète des remises en état.

Commentaires.

Les stipulations qui précèdent ne font pas obstacle à ce que les documents particuliers du marché définissent, pour certaines catégories de prestations, des garanties particulières. Dans ce cas, le marché fixe les conditions, modalités et les effets de ces garanties sur les obligations respectives des parties.

36.6. Garantie de conformité des logiciels standards :

Le titulaire garantit la conformité des logiciels standards aux spécifications prévues par les documents particuliers du marché.

A ce titre, pendant la durée de garantie, le titulaire corrige gratuitement toute anomalie de fonctionnement de son logiciel par rapport à aux spécifications du marché.

Lorsque l'anomalie est constatée sur un logiciel standard dont le titulaire n'est pas l'éditeur, le titulaire met en œuvre les clauses de garantie prévues par l'éditeur du logiciel standard concerné qui sont préalablement portées à la connaissance de l'acheteur. La correction est effectuée gratuitement.

Pour l'application du présent article, l'acheteur établit un compte rendu écrit de ces anomalies en donnant tous les éléments nécessaires à leur identification par le titulaire. Ce compte rendu doit être porté à la connaissance du titulaire dès la constatation de l'anomalie par l'acheteur.

36.7. Logiciels libres :

Les logiciels libres sont utilisés en l'état.

Le titulaire n'est pas responsable des dommages qui pourraient être causés par l'utilisation, par l'acheteur, de logiciels libres dont il n'est pas l'éditeur.

Art. 37 *Destruction des données.*

Au terme de l'exécution du marché ou en cas de résiliation, le titulaire restitue sans délai à l'acheteur une copie de l'intégralité des données confiées par lui dans le cadre de la prestation. Une fois la restitution effectuée, le titulaire détruit, dans un délai de trois mois, les éventuelles copies de données détenues dans son système d'information, y compris les données ayant fait l'objet de sauvegardes ou d'un archivage. La restitution et la destruction des données sont constatées par un procès-verbal daté et signé par le titulaire. Les procédés de destruction sont conformes aux réglementations en vigueur.

CHAPITRE VI MAINTENANCE, TIERCE MAINTENANCE APPLICATIVE ET INFOGÉRANCE

Art. 38 *Définitions.*

38.1. Maintenance et tierce maintenance applicative

Par "maintenance", on désigne les prestations permettant le maintien en condition opérationnelle et le maintien en condition de sécurité des matériels à titre préventif, ou correctif.

Par "tierce maintenance applicative", on désigne les prestations qui consistent à conserver un système d'information dans un état lui permettant de remplir sa fonction. Ces prestations de maintien en condition opérationnelle et de maintien en condition de sécurité s'exécutent à titre préventif ou correctif. Elles peuvent également concerner des prestations d'évolution ou d'adaptation des logiciels.

Ces services peuvent être rendus sur le site de l'acheteur ou à distance dans les locaux du titulaire.

Des prestations de maintenance de matériel peuvent être incluses dans un marché de tierce maintenance applicative.

Par "préventif", on entend les mesures d'entretien exécutées pour éviter la survenance d'anomalies.

Par "correctif", on entend les mesures consistant à corriger les anomalies.

Par "évolutif", on entend les mesures de maintenance visant à faire évoluer une ou plusieurs applications, afin d'intégrer de nouvelles fonctions, d'en améliorer le fonctionnement et l'ergonomie ou de prendre en compte de nouvelles dispositions législatives ou règlementaires.

Par "adaptatif", on entend les mesures d'entretien et de maintenance permettant d'absorber des modifications de l'environnement technique d'exécution, comme les mises à jour ou les changements de systèmes d'exploitation, de bases de données, d'interfaces d'échange ou plus généralement des composants techniques et bibliothèques logicielles.

38.2. Infogérance

38.2.1. "L'infogérance" désigne l'externalisation des prestations de gestion ou d'exploitation de tout ou partie du système informatique de l'acheteur.

L'infogérance peut porter sur des prestations de tierce maintenance applicative ou d'hébergement des infrastructures.

Par "infogérance à distance", on entend l'ensemble des prestations effectuées sur le site du titulaire.

Par "infogérance sur site", on entend l'ensemble des prestations effectuées par le titulaire sur le site de l'acheteur.

Les documents particuliers du marché définissent :

— les niveaux de services, c'est-à-dire les niveaux convenus pour les indicateurs de qualité afférents aux prestations, que le titulaire s'engage à atteindre ;

— les moyens mis en œuvre à cette fin, les conditions d'exécution et les moyens permettant de mesurer le niveau de service atteint ;

— les sanctions applicables en cas de non-respect des niveaux prévus.

38.2.2. Un service d'infogérance peut être global ou partiel.

Le service global d'infogérance concerne la prise en charge complète des fonctions suivantes :

— le développement ou l'exploitation de tout ou partie des applications ;

— l'exploitation de centres de traitement informatique.

Le service partiel d'infogérance peut porter sur l'exploitation informatique ou sur la gestion d'applications.

Commentaires.

On distingue :

1° L'infogérance d'exploitation qui consiste en la prise en charge totale ou partielle, par le titulaire, de la fonction "exploitation informatique" de l'acheteur. Les documents particuliers du marché précisent dans ce cas si le titulaire prend en charge l'hébergement, l'administration ou l'évolution :

— du parc micro-informatique ;
— du parc de serveurs ;
— des logiciels d'exploitation ;
— du réseau.

2° L'infogérance d'applications qui consiste en la prise en charge par le titulaire de l'exploitation et des évolutions (et éventuellement du développement) d'une ou de plusieurs applications de l'acheteur. Elle est également appelée infogérance de systèmes d'informations.

38.3. La période de transition :

La période de transition est la période pendant laquelle l'acheteur procède au transfert de la responsabilité technique des fonctions exécutées par lui ou par un tiers prestataire dont le marché arrive à échéance, au titulaire du nouveau marché d'infogérance.

La période de transition a une durée maximale de six mois. Cette période débute à la date de notification du marché. Pendant la période de transition, le titulaire procède à la migration des services en cours d'exécution par ou pour l'acheteur vers des services rendus par lui.

38.4. Réversibilité et transférabilité :

La "réversibilité" désigne les opérations de retour de responsabilité, par lesquelles l'acheteur ou un tiers désigné reprend les prestations qu'il avait confiées au titulaire arrivant à terme.

Les modalités organisationnelles et techniques de la réversibilité figurent dans le plan de réversibilité. De manière non limitative, la réversibilité comprendra la fourniture des logiciels exécutables, le cas échéant, les codes sources, la documentation associée, les fichiers de paramétrage, scripts d'exploitation, la documentation technique et fonctionnelle, les éventuels supports de formation ainsi que :

— la mise à disposition de fichiers suivant un ou plusieurs formats documentés et exploitables en dehors du service fourni par le prestataire ;

— la mise en place d'interfaces techniques permettant l'accès aux données suivant un schéma documenté et exploitable (API, format pivot, etc.).

La "transférabilité" désigne l'opération de transfert de responsabilité, par lequel l'acheteur fait reprendre par un nouveau titulaire les prestations qu'il avait confiées au titulaire arrivant à terme.

La période de réversibilité ou de transférabilité est la période couvrant le retour ou le transfert de responsabilité précédemment définis.

Le "plan de réversibilité" ou "de transférabilité" est le document annexé au CCAP qui décrit la durée et les conditions de mise en œuvre de la réversibilité ou de la transférabilité.

Art. 39 *Maintenance des prestations.*

39.1. Conditions de la maintenance :

Si les documents particuliers du marché prévoient la maintenance des prestations livrées, celle-ci comprend les interventions demandées par l'acheteur, en cas de fonctionnement défectueux de l'un des éléments faisant l'objet du marché, ainsi que l'entretien préventif.

La maintenance porte également sur les modifications apportées aux prestations livrées sur l'initiative du titulaire. L'acheteur est préalablement informé de ces modifications ; il peut s'y opposer.

L'acheteur ne peut faire effectuer les opérations de maintenance non prévues au marché qu'après accord du titulaire.

39.2. Maintenance dans les locaux du titulaire :

39.2.1. Lorsque la maintenance est effectuée dans les locaux de l'acheteur, les interventions s'effectuent à l'intérieur d'une plage horaire mentionnée dans les documents particuliers du marché et appelée période d'intervention.

Le décompte du délai imparti au titulaire pour répondre à une demande d'intervention ne court que pendant la période d'intervention définie dans les documents particuliers du marché.

39.2.2. L'acheteur assure aux préposés du titulaire chargés de la maintenance, qu'il a agréés, l'accès de ses locaux.

Il peut retirer son agrément, par une décision motivée dont il informe le titulaire. Pendant leur *présence dans les locaux de l'acheteur,* les préposés du titulaire sont assujettis aux règles d'accès et de sécurité, établies et communiquées au titulaire par l'acheteur.

Art. 40 *Maintenance en condition de sécurité.*

40.1. Traitement des obsolescences :

Le titulaire n'utilise que des composants logiciels que l'éditeur s'engage à maintenir pendant la durée du marché. Si la durée du marché dépasse la durée pendant laquelle un éditeur s'engage à maintenir un composant logiciel, le titulaire maintient, livre et respecte une feuille de route de migration vers des systèmes maintenus.

Le titulaire élabore, tient à jour et met en œuvre une procédure de maintien en condition de sécurité de toutes les ressources dont il a la charge. Cette procédure prévoit :

— les délais d'application des mises à jour de sécurité en fonction du niveau de risque associé ;

— une définition des cas d'urgence précisant explicitement les motifs de déclenchement et les exceptions au cas nominal qui sont induites ;

— la marche à suivre dans le cas où l'application d'une mise à jour de sécurité échoue.

Le titulaire tient à jour l'inventaire de l'ensemble des logiciels et micrologiciels mettant en œuvre le service. Cet inventaire doit identifier pour chaque logiciel, sa version et les équipements sur lesquels le logiciel est installé.

A cette fin, le titulaire élabore, tient à jour et met en œuvre une procédure de maintien en condition de sécurité de toutes les ressources dont il a la charge. Cette procédure prévoit :

— les délais d'application des mises à jour de sécurité en fonction du niveau de risque associé ;

— une définition des cas d'urgence précisant explicitement les motifs de déclenchement et les exceptions au cas nominal qui sont induites ;

— la marche à suivre dans le cas où l'application d'une mise à jour de sécurité échoue.

Le titulaire installe et maintient les dispositifs du service dans des versions stables et à jour de leurs correctifs de sécurité et conformément à la procédure de maintien en condition de sécurité. Les versions installées doivent être des versions supportées sauf si celles-ci empêchent la réalisation du service. Il vérifie l'impact de l'installation des mises à jour sur le système d'information du service. Dans le cas où l'impact de l'installation ne permet pas la réalisation du service, le titulaire en documente les raisons, et définit et met en œuvre des mesures de réduction des risques.

Le titulaire devra s'assurer de l'authenticité et de l'intégrité des mises à jour téléchargées auprès des sources de mise à jour de confiance.

40.2. Correctifs de sécurité :

Une vérification d'aptitude (VA) ou une vérification de service régulier (VSR) peut être refusée si des composants ne sont pas à jour des correctifs de failles de sécurité publiés par l'éditeur depuis un délai supérieur à trois mois. L'acheteur définit les fréquences des livraisons en coordination avec les équipes d'exploitation, en fonction des différentes criticités des vulnérabilités concernées.

Le titulaire s'assure que l'application des correctifs de sécurité ne modifie pas les performances du système, en modifiant si besoin et à ses frais le système pour maintenir le niveau de performance malgré l'application du correctif.

Art. 41 *Arrêt de l'exécution des prestations.*

A la fin de la période de transition, l'arrêt de l'exécution des prestations peut être décidé par l'acheteur, soit de sa propre initiative, soit à la demande du titulaire, à la condition que la prestation couvrant la période de transition soit identifiée dans les documents particuliers du marché et assortie d'un montant.

L'arrêt de l'exécution des prestations entraîne la résiliation du marché.

Art. 42 *Réversibilité et transférabilité.*

Pendant la période de mise en œuvre de la réversibilité ou de la transférabilité, le titulaire arrivant à échéance fournit, selon le cas, à l'acheteur ou au nouveau titulaire, dans la mesure du besoin, un accès aux matériels et aux logiciels, sous réserve que cet accès n'affecte pas l'aptitude du titulaire prenant fin à fournir les services objet du marché.

Le titulaire met en œuvre des mesures techniques et organisationnelles pour garantir la sécurité des données et des applications qui lui sont confiées, lors du transfert des prestations de la part du précédent titulaire en conformité avec les réglementations applicables.

CHAPITRE VII UTILISATION DES RÉSULTATS

Art. 43 *Définition des résultats.*

Au sens du présent chapitre :

43.1. Les résultats désignent tous les éléments, quels qu'en soient la forme, la nature et le support, qui sont réalisés dans le cadre des prestations du marché, tels que, notamment, les œuvres de l'esprit (en ce compris les logiciels et leur documentation), les bases de données, les marques dessins ou modèles, noms de domaine et autres signes distinctifs, les inventions brevetables ou non au sens du code de la propriété intellectuelle, les données et les informations, et plus généralement tous les éléments protégés ou non par des droits de propriété intellectuelle ou par tout autre mode de protection, tels que le savoir-faire, le secret des affaires, le droit à l'image ou à la voix des personnes ou le droit à l'image des biens.

Les résultats comprennent les éléments réalisés par le titulaire dès l'appel à la concurrence ou toute consultation écrite de l'acheteur en vue de la remise d'une offre et qui sont liés directement à l'objet du présent marché.

Commentaires.

Les résultats couvrent ce qui est élaboré dans le cadre du marché, c'est-à-dire tout ce qui est livré dans le cadre du marché sauf les connaissances antérieures (standards ou non – définies au 43.2 et 43.3). Il peut s'agir des paramétrages d'un logiciel, de développements spécifiques, d'un nouveau logo, d'une formation sur-mesure, d'un procédé nouveau issu d'une prestation de R&D etc. Les notions d'œuvre de l'esprit, de marque, de brevet et de dessins et modèles etc., sont définies par le code de la propriété intellectuelle.

Un logo proposé par le soumissionnaire dans son offre peut être considéré comme un résultat, dès lors qu'il a été conçu pour répondre aux besoins de l'acheteur et que le marché est attribué à ce soumissionnaire.

43.2. Les connaissances antérieures désignent tous les éléments, quels qu'en soient la forme, la nature et le support, qui sont incorporés aux résultats et/ou sont fournis pour répondre aux besoins de l'acheteur dans le cadre d'une prestation intellectuelle et qui appartiennent à l'acheteur, au titulaire ou à des tiers, ou qui leurs sont concédés en licence, mais qui ont été réalisés dans un cadre extérieur et indépendamment du marché, tels que notamment les œuvres de l'esprit (en ce compris les logiciels et leur documentation), les bases de données, les marques, noms de domaine et autres signes distinctifs, les dessins ou modèles, les inventions brevetables ou non au sens du code de la propriété intellectuelle, les données et les informations, et plus généralement tous les éléments protégés ou non par des droits de propriété intellectuelle ou par tout autre mode de protection, tels que le savoir-faire, le secret des affaires, le droit à l'image ou à la voix des personnes ou le droit à l'image des biens.

Commentaires.

Des connaissances antérieures sont susceptibles d'être utilisées pour répondre aux besoins de l'acheteur (ex. code source préexistant utilisé pour réaliser une fonctionnalité sans tout redévelopper).

43.3. Les connaissances antérieures standards désignent les connaissances antérieures conçues pour être fournies à plusieurs clients en vue de l'exécution d'une même fonction, tels que les logiciels standards et les autres contenus proposés sous licence standard.

Commentaires.

Il peut s'agir de logiciels standards ou progiciels sur étagère (sous licence dite "propriétaire" ou sous licence libre), d'accès à des bases de données, d'images provenant de banque d'images, etc.

Art. 44 *Régime général des connaissances antérieures et des connaissances antérieures standards.*

44.1. La conclusion du marché n'emporte pas transfert des droits de propriété intellectuelle ou des droits de toute autre nature afférents aux connaissances antérieures et aux connaissances antérieures standards.

L'acheteur et le titulaire restent titulaires, chacun en ce qui les concerne, des droits de propriété intellectuelle ou des droits de toute autre nature portant sur les connaissances antérieures. Ils conservent leurs droits propres, dont ceux d'exploitation, portant sur les connaissances antérieures et les connaissances antérieures standards incorporées dans les résultats, en ce compris leur savoir-faire.

44.2. Dès lors que le titulaire envisage d'utiliser des connaissances antérieures ou des connaissances antérieures standards, il s'engage à ce qu'elles soient identifiées dans son offre ou en toute hypothèse au fur et à mesure de l'exécution du marché, avant toute intégration et/ou utilisation d'une connaissance antérieure ou d'une connaissance antérieure standard non prévue dans l'offre.

Le titulaire précise l'ensemble des éléments nécessaires à l'utilisation des connaissances antérieures et connaissances antérieures standards par l'acheteur. Pour les connaissances antérieures standards, il précise en outre :

— les informations relatives au donneur de licence ;

— les conditions de la licence ;

— pour les connaissances antérieures standards logicielles sous licence propriétaire, les conditions de maintenance corrective, adaptative et évolutive ;

— pour les logiciels standards sous licence propriétaire qui seraient difficilement remplaçables, les mesures le cas échéant mises en place pour préserver les droits de l'acheteur (séquestre des codes sources par exemple).

A défaut d'identification expresse en tant que connaissance antérieure (standard ou non) dans l'offre ou en cours d'exécution, tout élément livré en exécution du marché est réputé être un résultat. Dans cette hypothèse, le titulaire peut choisir de remplacer l'élément concerné à ses frais afin qu'il soit compatible avec le régime des résultats.

Le titulaire, en sa qualité de professionnel, est seul responsable de l'analyse et du respect du régime juridique des connaissances antérieures et des connaissances antérieures standards qu'il intègre dans le cadre du marché.

Commentaires.

L'opportunité de prévoir, dans les documents particuliers du marché, une clause prévoyant la fourniture des codes sources de logiciels standards propriétaires doit s'apprécier au cas par cas, en fonction du ou des logiciels potentiellement utilisés dans le cadre du marché. La possibilité technique, pour le titulaire, de fournir les codes sources peut en effet dépendre des conditions édictées par l'éditeur du logiciel concerné. L'acheteur est donc invité à adapter le niveau d'exigence des documents du marché avec l'offre technique disponible sur le marché économique.

Art. 45 *Stipulations spécifiques aux connaissances antérieures et connaissances antérieures standards.*

45.1. Connaissances antérieures (hors standards) du titulaire, de tiers et de l'acheteur

Lorsque le titulaire incorpore des connaissances antérieures dans les résultats ou fournit des connaissances antérieures dans le cadre de l'exécution du marché ou que des connaissances antérieures, sans être incorporées aux résultats, sont strictement nécessaires pour la mise en œuvre des résultats, le titulaire autorise l'acheteur à utiliser les connaissances antérieures pour les mêmes droits, durée, territoire et finalités d'utilisation que ceux prévus dans le régime applicable aux résultats. L'acheteur n'est pas autorisé à utiliser les connaissances antérieures indépendamment de l'utilisation des résultats, sauf si elles sont placées sous un régime d'utilisation qui le permet.

Pour les logiciels, le droit de pouvoir les rétrocéder à tout tiers et de pouvoir les diffuser sous licence libre prévu au bénéfice de l'acheteur sur les résultats ne s'applique pas aux connaissances antérieures, sauf stipulations contraires dans le marché ou si elles sont placées sous un régime d'utilisation qui le permet.

Dans l'hypothèse où une cession à titre exclusif des résultats au profit de l'acheteur est prévue dans le marché, l'exclusivité ne concerne pas les connaissances antérieures, sauf stipulations expresses dans les documents du marché.

L'autorisation d'utiliser les connaissances antérieures est comprise dans le prix du marché.

Au cours de l'exécution du marché, le titulaire ne peut utiliser ou incorporer, sans l'accord préalable de l'acheteur, des connaissances antérieures nécessaires à la réalisation de l'objet du marché qui seraient de nature à limiter ou à rendre plus coûteux l'exercice des droits afférents aux résultats.

Le titulaire ne peut utiliser les connaissances antérieures de l'acheteur que dans le cadre de l'exécution du marché et s'engage à ne pas divulguer les informations confidentielles contenues dans ces connaissances antérieures.

45.2. Connaissances antérieures standards

Si le titulaire envisage au cours de l'exécution du marché d'utiliser une connaissance antérieure standard non listée dans son offre, il doit obtenir l'accord préalable de l'acheteur.

Les droits d'utilisation sur les connaissances antérieures standards s'appliquent dans les conditions de leur licence, telle qu'acceptée par l'acheteur.

Le prix de cette licence est compris dans le montant du marché pour les utilisations prévues dans le cadre du marché et pour la durée du marché.

Commentaires.

L'utilisation d'une connaissance antérieure standard suppose l'acceptation de sa licence. Le titulaire doit veiller à n'utiliser dans le cadre du marché que des connaissances antérieures standards compatibles avec les besoins de l'acheteur (par exemple : le nombre d'utilisateurs).

Les droits d'adaptation, modification, évolution ainsi que les éventuelles transmissions des droits à des tiers de ces connaissances antérieures standards s'appliquent dans les conditions de leur licence telle qu'acceptée par l'acheteur.

Art. 46 *Régime des résultats.*

46.1. Finalités et besoins d'utilisation des résultats :

46.1.1. Le titulaire accorde au titre du présent article à l'acheteur, les droits nécessaires pour utiliser ou faire utiliser les résultats, en l'état ou modifiés, de façon permanente ou temporaire, en tout ou partie, par tout moyen et sous toutes formes, pour les besoins et finalités d'utilisation exprimés dans les documents particuliers du marché et en toute hypothèse pour les besoins d'utilisation découlant de l'objet des prestations commandées dans le cadre du marché.

Les besoins d'utilisation de l'acheteur comprennent le droit de :

— publier et utiliser les résultats consistant en des documents préparatoires, tels que plans, études préalables ou spécifications, pour la mise en œuvre des besoins auxquels ils répondent ;

— évaluer ou faire évaluer par tout tiers à tout moment les résultats ;
— pouvoir procéder aux opérations d'archivage public ;
— permettre à tout service au sein de la même personne morale que l'acheteur de pouvoir utiliser les résultats dans les mêmes conditions et finalités d'utilisation ;
— assurer ou faire assurer par tout tiers l'évolution de tous résultats, en ce compris réaliser ou faire réaliser par tout tiers, la maintenance (corrective, préventive, adaptative et évolutive) des résultats consistant en des logiciels ;
— transférer les droits sur les résultats à tout tiers bénéficiaire d'un transfert de compétences de l'acheteur.

Pour les résultats qui sont des logiciels, les besoins d'utilisation comprennent en outre, la possibilité de rétrocéder tout droit à tout tiers à quelque titre que ce soit, et à quelques conditions que soit, ainsi que la possibilité de pouvoir les diffuser sous une licence libre/open source.

46.1.2. Le régime de confidentialité des résultats est défini le cas échéant dans les documents particuliers du marché.

46.2. Droits de l'acheteur :

46.2.1. Résultats protégés par un droit de propriété littéraire et artistique :

Le titulaire cède à l'acheteur les droits patrimoniaux des droits d'auteur ou des droits voisins des droits d'auteur afférents aux résultats, pour les finalités et besoins d'utilisation mentionnés au présent article tels qu'applicables au marché.

Cette cession des droits couvre les résultats, à compter de leur livraison et sous condition résolutoire de la réception des prestations, pour le monde entier et pour la durée légale des droits d'auteur ou des droits voisins du droit d'auteur.

Ces droits comprennent, dans le respect des droits moraux, l'ensemble des droits patrimoniaux de reproduction, de représentation et de distribution, et notamment les droits d'utiliser, d'incorporer, d'intégrer, d'adapter, de modifier, d'arranger, de corriger, de traduire les résultats en toutes langues, en tout ou en partie, en l'état ou modifiés pour les finalités et besoins d'utilisation mentionnés au présent article, tels qu'applicables au marché.

Commentaires.

L'exercice des droits patrimoniaux, objet de la cession pour les besoins découlant de l'objet du marché, doit se faire dans le respect des droits moraux de l'auteur.

L'article L. 121-1 du code de la propriété intellectuelle dispose que "l'auteur jouit du droit au respect de son nom, de sa qualité et de son œuvre. Ce droit est attaché à la personne. Il est perpétuel, inaliénable et imprescriptible (...)".

En application de cet article, l'auteur a droit tout particulièrement :

(i) au respect de son nom et de sa qualité. Ce "droit à la paternité" se traduit par l'obligation d'apposer le nom et la qualité de l'auteur sur son œuvre et sur toute reproduction de celle-ci (ex. : apposition du nom de l'architecte sur l'immeuble qu'il a réalisé) ;

(ii) au respect de son œuvre. Ce droit autorise l'auteur à faire sanctionner toute altération, dénaturation de son œuvre. L'adaptation, l'arrangement, la modification sont susceptibles de porter atteinte à l'intégrité de l'œuvre et d'engager la responsabilité de l'acheteur. L'appréciation des éventuelles atteintes au droit au respect de l'œuvre se fait au cas par cas par les juges du fond en fonction de la nature des œuvres et des exploitations réalisées.

Il est recommandé, préalablement aux adaptations, modifications ou arrangements de l'œuvre qui n'auraient pas fait l'objet d'une autorisation spécifique dans les documents particuliers du marché et qui seraient susceptibles d'altérer ou de dénaturer l'œuvre, d'informer le titulaire ou les auteurs des aménagements envisagés.

Le droit de reproduction comporte, dans le respect des droits moraux, notamment le droit de reproduire les résultats, pour quelque usage que ce soit, par quelque procédé que ce soit, connu ou inconnu y compris non prévisible, sur tout support actuel ou futur et sans limitation de nombre tel que papier, électronique, numérique, analogique, magnétique, optique, vidéographique, pour toute exploitation, y compris en réseau sans limitation de nombre, en tout ou partie, en l'état ou modifiés, par tous procédés et sur tous supports.

Le droit de représentation et de distribution comporte, dans le respect des droits moraux, notamment le droit de communication au public et de mise à disposition du public des résultats, en tout ou partie, directement ou indirectement, en l'état ou modifiés, par tous moyens, modes et procédés, connus ou inconnus, sous toute forme, et auprès du public en général ou de catégories de public en particulier, de manière que chacun puisse y avoir accès de l'endroit et au moment qu'il choisit individuellement.

Les droits portant sur les résultats qui ont la forme de logiciels comportent, en outre, notamment les droits d'évaluer, d'observer, de tester, de dupliquer, de charger, d'afficher, de stocker, d'exécuter, de modifier, d'arranger, décompiler, assembler, transcrire tout ou partie des résultats, d'en faire la maintenance préventive, corrective, adaptative et évolutive, d'en réaliser de nouvelles versions ou de nouveaux développements, de le traduire en toute langue, transcrire dans tout langage de programmation, configurer, interfacer avec tout logiciel, base de données, produit informatique, d'en réutiliser les algorithmes à toutes fins, d'en intégrer tout ou partie vers ou dans des œuvres existantes ou à venir, faire tous actes aux fins d'interopérabilité avec d'autres systèmes crées de manière indépendante.

La présente cession est consentie à l'acheteur à titre non exclusif, afin d'accorder au titulaire le droit d'exploiter les résultats conformément à l'article 46.3.

Compte tenu de leur nature, les résultats suivants font l'objet d'une cession à titre exclusif :

1° les résultats ayant pour objet de distinguer l'identité propre de l'acheteur et/ou de ses services ou produits par rapport aux autres entités, services ou produits (tels que dénominations, logos, slogans, chartes graphiques). La cession comporte pour ces résultats le droit pour l'acheteur, de procéder à tous dépôt ou réservation en tant que marque, nom de domaine, comptes de réseaux sociaux et plus généralement signe distinctif, et/ou de dessin et modèle quels que soient les territoires et les classes de dépôt, ainsi que le droit de distribuer ou commercialiser directement ou indirectement auprès de tout public, sans limite de nombre, tout produit ou service portant les résultats et plus généralement de les utiliser à titre de marque et/ou signes distinctifs ;

2° les résultats ayant pour objet de promouvoir l'acheteur ses produits et services et plus généralement ses missions de service public (telles que campagnes de promotion, ou de communication) ;

3° les résultats qualifiés de confidentiels.

Le titulaire s'interdit de déposer ou de réserver notamment à titre de marque ou de signes distinctifs (y compris noms de domaine ou comptes de réseaux sociaux) les résultats mentionnés aux 1° et 2°.

Plus généralement, le titulaire s'interdit de procéder à tout dépôt ou réservation de marque ou de signes distinctifs (y compris noms de domaine ou comptes de réseaux sociaux) pouvant générer un risque de confusion avec l'acheteur, ses services ou produits et s'interdit de déposer ou réserver sur les résultats mentionnés aux 1° et 2° tout droit ou titre de propriété industrielle, en France ou à l'étranger, de nature à limiter ou rendre plus onéreux l'exercice des droits de l'acheteur.

Le prix de cette cession est forfaitairement compris dans le montant du marché.

Commentaires.

La cession à titre non exclusif permet au titulaire d'utiliser les résultats pour ses propres besoins, y compris commercialement.

Compte tenu de leurs spécificités, les résultats ayant pour objet d'identifier l'acheteur, de promouvoir ses produits ou services et ceux qui ne peuvent pas être réutilisés en raison de leur confidentialité sont cédés à titre exclusif.

Le prix prend en compte l'étendue de la cession (durée, territoire...), son caractère exclusif ou non ainsi que l'étendue des exploitations applicables au marché.

46.2.2. Résultats protégés par un droit de propriété industrielle relatif à des inventions et connaissances techniques :

Le titulaire informe l'acheteur de tout résultat qui aurait été identifié comme étant raisonnablement susceptible de faire l'objet d'une protection par un titre de propriété industrielle relatif à des inventions et connaissances techniques.

Le titulaire concède à l'acheteur une licence d'utilisation non exclusive des droits de propriété intellectuelle afférents à ces résultats, pour les finalités et besoins d'utilisation mentionnés au présent article tels qu'applicables au marché, comprenant le fait de pouvoir utiliser les résultats pour continuer les recherches.

Cette licence couvre les résultats à compter de leur livraison et sous condition résolutoire de la réception des prestations, pour le monde entier et pour la durée de validité de la protection.

Le *prix* de cette licence est compris dans le montant du marché.

Le titulaire accomplit toutes les formalités requises pour rendre la licence d'exploitation opposable aux tiers, dans tous les territoires où les droits sont concédés. Le coût de ces formalités est compris dans le montant du marché.

Dans l'hypothèse où le résultat consiste totalement ou partiellement en un nouveau savoir-faire, le titulaire concède une licence sur ce savoir-faire à l'acheteur, pour les finalités et besoins d'utilisation mentionnés au présent article, tels qu'applicables au marché, sous réserve d'en préserver la confidentialité.

Commentaires.

Compte tenu de la spécificité des prestations donnant lieu à des résultats susceptibles de protection par des droits de propriété industrielle relatif à des inventions et connaissances techniques au sens du code de la propriété intellectuelle, et/ou susceptibles d'être couverts par du savoir-faire, il est recommandé de prévoir dans les documents particuliers du marché les modalités de répartition des droits qui peuvent déroger au régime proposé par défaut. Cela peut être le cas par exemple lorsque la prestation a pour objet l'amélioration d'une innovation technique de l'acheteur, qui peut avoir vocation à détenir par exemple le brevet portant sur les résultats.

46.2.3. Régime des données :

Les données intégrées ou générées dans le cadre du présent marché sont confidentielles et appartiennent exclusivement à l'acheteur.

Le titulaire dispose d'un accès aux données dans le cadre de l'exécution du présent marché aux seules fins de son exécution.

Le titulaire s'interdit d'en faire un quelconque usage, direct ou indirect, en dehors des prestations du présent marché, sauf autorisation préalable et expresse de l'acheteur.

46.3. Droits du titulaire :

46.3.1. Le titulaire conserve la propriété de ses savoir-faire et méthodes utilisés pour réaliser les résultats.

L'acheteur autorise le titulaire à exploiter, y compris à titre commercial, les résultats créés dans le cadre du marché et non soumis à cession exclusive au profit de l'acheteur, pour les mêmes droits que ceux prévus à l'article 46.2.1, sous réserve de la confidentialité d'informations intégrées dans les résultats en vertu de l'article 5. Pour les connaissances antérieures mises à disposition du titulaire par l'acheteur pour l'exécution du marché, le titulaire sollicite l'accord de l'acheteur.

Le titulaire verse à l'acheteur, dans l'hypothèse de l'exploitation commerciale de tout ou partie des résultats, seuls ou incorporés dans des produits ou services, ou en cas de concession totale ou partielle de droits d'exploitation portant sur les résultats, une redevance.

Les documents particuliers du marché déterminent les modalités de calcul de la redevance.

Commentaires.

Dès lors que le titulaire peut exploiter à titre commercial un résultat dont le développement a été financé par l'acheteur, ce dernier peut prévoir, lorsque c'est pertinent, une redevance qui tienne compte de cette participation.

46.3.2. Le titulaire s'engage à ce que l'exploitation des résultats ne porte pas atteinte aux droits ou à l'image de l'acheteur.

Le titulaire peut publier les résultats sous réserve du respect des obligations de confidentialité fixées à l'article 5.1. et du régime de confidentialité des résultats, complétés le cas échéant par les documents particuliers du marché, et de l'accord préalable de l'acheteur si les résultats comprennent des connaissances antérieures mises à sa disposition par ces derniers pour l'exécution du marché.

La publication mentionne que les résultats ont été financés par l'acheteur.

46.4. Stipulations communes :

46.4.1. Exercice des droits :

Pour permettre à l'acheteur d'exercer les droits qui lui sont accordés au titre du marché, le titulaire livre spontanément et au fur et à mesure de l'exécution des prestations, l'ensemble des éléments nécessaires à cet exercice, ainsi que leurs mises à jour ou évolutions au cours du marché, tels que :

46.4.1.1 Pour les logiciels :

— les codes exécutables ;

— la documentation, les documents de cadrage et suivis de projet sous format numérique (support magnétique, optique ou supports de stockage électronique) ;

— les codes sources et la documentation associée des résultats, connaissances antérieures et connaissances antérieures standards lorsque ces connaissances antérieures standards sont placées sous une licence le permettant telle qu'une licence libre/open source, sont livrés simultanément à la remise du code objet sous la forme d'un ou plusieurs supports électroniques contenant le code générateur, ainsi que l'ensemble des informations nécessaires à toute prestation ultérieure destinée à assurer la maintenance, y compris évolutive de ces éléments.

46.4.1.2. Pour les autres œuvres (créations graphiques, images, films, musique, etc.) : les fichiers sources et natifs dans un format ouvert.

Le titulaire ne peut imposer la confidentialité notamment des codes sources livrés.

La propriété matérielle de ces éléments est transférée à l'acheteur. Elle est comprise dans le prix du marché.

46.4.2. Garanties des droits :

Le titulaire garantit à l'acheteur la jouissance pleine et entière, libre de toute servitude, des droits cédés ou licenciés aux termes du marché sur les résultats et les connaissances antérieures standards ou non.

A ce titre, il garantit :
— qu'il est titulaire ou détient les droits cédés ou licenciés ;
— qu'il dispose des autorisations relatives aux droits de la personnalité et plus généralement dispose de toutes les autorisations nécessaires pour les finalités et besoins d'utilisation applicables au marché ;
— qu'il indemnise l'acheteur, en l'absence de faute qui lui serait directement imputable, sans bénéfice de discussion ni de division, contre toute action, réclamation, revendication ou opposition de la part de toute personne invoquant un droit auquel l'utilisation des résultats et des connaissances antérieures standards ou non conforme aux stipulations des articles 44 à 46 aurait porté atteinte. Si l'acheteur est poursuivi pour contrefaçon, concurrence déloyale ou parasitisme sans faute de sa part du fait de l'utilisation des résultats et des connaissances antérieures ou non conforme aux stipulations des articles 44 à 46, ils en informent sans délai le titulaire qui pourra alors intervenir à l'action judiciaire ;
— dans ces hypothèses, qu'il apporte à l'acheteur toute l'assistance nécessaire à ses frais ;
— qu'il s'engage à son choix, (i) à modifier ou de remplacer les éléments objet du litige ou d'un risque sérieux de litige, de manière qu'ils cessent de tomber sous le coup de la réclamation, tout en restant conformes aux spécifications du marché, (ii) à faire en sorte que l'acheteur puisse utiliser les éléments en litige sans limitation ni frais supplémentaires, ou, (iii) dans le cas où l'une de ces solutions ne peut être raisonnablement mise en œuvre, à rembourser à l'acheteur les sommes payées au titre des éléments objet du litige et à l'indemniser du préjudice subi.

Dans ces hypothèses, le titulaire prend à sa charge tous dommages et intérêts auxquels l'acheteur, en l'absence de faute qui lui serait directement imputable, serait condamné à raison d'un acte de contrefaçon, concurrence déloyale ou parasitisme, du fait de l'utilisation des résultats et des connaissances antérieures standards ou non conforme aux stipulations des articles 44 à 46, dès lors que la condamnation les prononçant devient exécutoire.

Le titulaire garantit les droits cédés ou licenciés afférents aux résultats ou aux connaissances antérieures standards ou non, à l'acheteur, lors de toute cession ou licence de droits portant sur les résultats ou les connaissances antérieures standards ou non.

Le titulaire garantit que les résultats, les connaissances antérieures et les connaissances antérieures standards utilisés suivent le régime des droits d'utilisation applicables au marché.

Sur simple demande, le titulaire s'engage, à ses frais, à remplacer les résultats, les connaissances antérieures standards ou non qui ne permettraient pas à l'acheteur de les exploiter dans les conditions prévues dans le cadre du marché.

La responsabilité du titulaire n'est pas engagée pour toute allégation concernant :
— les connaissances antérieures standards ou non que l'acheteur a fournies au titulaire pour l'exécution du marché ;
— les éléments incorporés dans les résultats à la demande expresse de l'acheteur ;
— les modifications, adaptations apportées aux résultats, si la cause de l'allégation trouve son fondement dans une modification ou une adaptation apportées par l'acheteur ou à sa demande expresse.

Le titulaire dégage l'acheteur de toutes les obligations légales et conventionnelles vis-à-vis des salariés ou commettants du titulaire.

46.4.3. Stipulations finales :

De manière générale, le titulaire ne peut opposer ses droits ou titres de propriété intellectuelle ou ses droits de toute autre nature à l'utilisation des résultats et des connaissances antérieures, lorsque celle-ci est conforme aux besoins d'utilisation applicables au marché.

Le titulaire ne peut notamment opposer aucun droit portant sur l'apparence graphique, les enchaînements et intitulés de menus ou de commandes qui seraient de nature à limiter les besoins d'évolution, d'adaptation, de traduction ou d'incorporation des résultats à des fins notamment d'interopérabilité avec d'autres systèmes et logiciels.

Le titulaire autorise l'acheteur à extraire et réutiliser librement les bases de données incluses dans les résultats, notamment en vue de la mise à disposition des informations publiques à des fins de réutilisation à titre gratuit ou onéreux.

En cas de cessation du marché pour quelque cause que ce soit, l'acheteur conserve les droits d'utilisation applicables au marché.

L'acheteur a la possibilité de sous-céder, sous-licencier ou de sous-traiter la mise en œuvre des résultats, connaissances antérieures et connaissances antérieures standards pour son propre compte, dans les limites de l'objet du marché.

L'acheteur peut librement publier les résultats sous réserve des éventuelles obligations de confidentialité fixées par les documents particuliers du marché et que cette publication ne constitue pas une divulgation au sens du droit de la propriété industrielle.

L'existence de restrictions au droit de publier les résultats ne fait pas obstacle à la publication d'informations générales sur l'existence du marché et la nature des résultats.

Les limites au pouvoir de publication ne s'opposent pas à la possibilité, pour l'acheteur, pour la mise en œuvre de leurs droits, de communiquer à un tiers ces résultats, en tout ou partie, dans le respect de l'article 5.1.

Toute publication doit mentionner le nom du titulaire et des auteurs.

Les parties s'informent mutuellement des modifications qu'elles souhaitent opérer sur les résultats afin de recueillir les observations utiles de l'autre partie. Elles s'accordent la libre disposition des modifications mineures et des corrections apportées aux résultats.

CHAPITRE VIII RÉSILIATION

Art. 47 *Principes généraux.*

L'acheteur peut mettre fin à l'exécution des prestations faisant l'objet du marché avant l'achèvement de celles-ci, soit à la demande du titulaire dans les conditions prévues à l'article 49, soit pour faute du titulaire dans les conditions prévues à l'article 50, soit dans le cas des circonstances particulières mentionnées à l'article 48.

L'acheteur peut également mettre fin, à tout moment, à l'exécution des prestations pour un motif d'intérêt général. Dans ce cas, le titulaire a droit à être indemnisé du préjudice qu'il subit du fait de cette décision, selon les modalités prévues à l'article 51.

La décision de résiliation du marché est notifiée au titulaire. Sous réserve des stipulations particulières mentionnées ci-après, la résiliation prend effet à la date fixée dans la décision de résiliation ou, à défaut, à la date de sa notification.

Art. 48 *Résiliation pour événements extérieurs au marché.*

48.1. Décès ou incapacité civile du titulaire :

En cas de décès ou d'incapacité civile du titulaire, l'acheteur peut résilier le marché ou accepter sa continuation par les ayants droit ou le curateur. Un avenant de transfert est établi à cette fin.

La résiliation, si elle est prononcée, prend effet à la date du décès ou de l'incapacité civile. Elle n'ouvre droit pour le titulaire ou ses ayants droit à aucune indemnité.

48.2. Sauvegarde, redressement judiciaire ou liquidation judiciaire :

En cas de sauvegarde ou de redressement judiciaire, le marché est résilié, si après mise en demeure de l'administrateur judiciaire, dans les conditions prévues à l'article L. 622-13 du code de commerce, ce dernier indique ne pas reprendre les obligations du titulaire.

En cas de liquidation judiciaire du titulaire, le marché est résilié, si, après mise en demeure du liquidateur, dans les conditions prévues à l'article L. 641-11-1 du code de commerce, ce dernier indique ne pas reprendre les obligations du titulaire.

La résiliation, si elle est prononcée, prend effet à la date de l'événement. Elle n'ouvre droit, pour le titulaire, à aucune indemnité.

48.3. Incapacité physique du titulaire :

En cas d'incapacité physique manifeste et durable du titulaire compromettant la bonne exécution du marché, l'acheteur peut résilier le marché.

La résiliation n'ouvre droit pour le titulaire à aucune indemnité.

Art. 49 *Résiliation pour événements liés au marché.*

49.1. Difficulté d'exécution du marché :

Lorsque le titulaire rencontre, au cours de l'exécution des prestations, des difficultés techniques particulières dont la solution nécessiterait la mise en œuvre de moyens hors de proportion avec le montant du marché, l'acheteur peut résilier le marché, de sa propre initiative ou à la demande du titulaire.

Lorsque le titulaire est mis dans l'impossibilité d'exécuter le marché du fait d'un événement ayant le caractère de force majeure, l'acheteur résilie le marché.

49.2. Ordre de service tardif :

Lorsque la résiliation est prononcée à la demande du titulaire par application de l'article 3.8.3, celui-ci est indemnisé des frais et investissements éventuellement engagés pour le marché et strictement nécessaires à son exécution.

Il lui incombe d'apporter toutes les justifications nécessaires à la fixation de cette partie de l'indemnité dans un délai de quinze jours après la notification de la résiliation du marché.

49.3. Arrêt de l'exécution des prestations :

Lorsque l'arrêt de l'exécution des prestations est prononcé en application de l'article 41, l'acheteur résilie le marché.

La résiliation n'ouvre droit pour le titulaire à aucune indemnité.

Art. 50 *Résiliation pour faute du titulaire.*

50.1. L'acheteur peut résilier le marché pour faute du titulaire dans les cas suivants :

a) Le titulaire contrevient aux obligations légales ou réglementaires relatives au travail, à la protection de l'environnement, à la sécurité et la santé des personnes ou à la préservation du voisinage ;

b) Des moyens ont été mis à la disposition du titulaire et celui-ci se trouve dans un des cas prévus à l'article 18.3 ;

c) Le titulaire ne s'est pas acquitté de ses obligations dans les délais contractuels ;

d) Le titulaire a fait obstacle à l'exercice d'un contrôle par l'acheteur dans le cadre des articles 17 et 23 ;

e) Le titulaire a sous-traité en contrevenant aux dispositions législatives et réglementaires relatives à la sous-traitance, ou s'il ne respecte pas les obligations relatives aux sous-traitants mentionnées à l'article 3.6 ;

f) Le titulaire n'a pas produit les attestations d'assurances dans les conditions prévues à l'article 9 ;

g) Le titulaire déclare, indépendamment des cas prévus à l'article 48.1, ne pas pouvoir exécuter ses engagements ;

h) Le titulaire n'a pas communiqué les modifications mentionnées à l'article 3.4.2 et ces modifications sont de nature à compromettre la bonne exécution du marché ;

i) Le titulaire s'est livré, à l'occasion de l'exécution du marché, à des actes frauduleux ;

j) Le titulaire ou le sous-traitant ne respecte pas les obligations relatives à la confidentialité, à la protection des données à caractère personnel et à la sécurité, conformément à l'article 5 ;

k) Dans le cas de prestations de maintenance, l'indisponibilité est constatée pendant trente jours consécutifs ;

l) L'utilisation des résultats par l'acheteur est gravement compromise, en raison du retard pris par le titulaire dans l'exécution du marché ;

m) Postérieurement à la signature du marché, le titulaire a fait l'objet d'une interdiction d'exercer toute profession industrielle ou commerciale ;

n) Postérieurement à la signature du marché, les renseignements ou documents produits par le titulaire, à l'appui de sa candidature ou exigés préalablement à l'attribution du marché, s'avèrent inexacts ;

o) Lorsque le remplaçant de la personne désignée pour assurer la conduite des prestations est récusé en application de l'article 3.4.3, à défaut de désignation d'un nouveau remplaçant dans un délai de trente jours, ou de récusation de celui-ci dans un délai de trente jours.

50.2. Sauf dans les cas prévus aux *g*, *i*, *m* et *n* du 50.1 ci-dessus, une mise en demeure, assortie d'un délai d'exécution, doit avoir été préalablement notifiée au titulaire et être restée infructueuse. Dans le cadre de la mise en demeure, l'acheteur informe le titulaire de la sanction envisagée et l'invite à présenter ses observations.

50.3. La résiliation du marché ne fait pas obstacle à l'exercice des actions civiles ou pénales qui pourraient être intentées contre le titulaire.

Art. 51 *Résiliation pour motif d'intérêt général.*

Lorsque l'acheteur résilie le marché pour motif d'intérêt général, le titulaire a droit à une indemnité de résiliation, obtenue en appliquant au montant initial hors TVA du marché, diminué du montant hors TVA non révisé des prestations admises, un pourcentage fixé par les documents particuliers du marché ou, à défaut, de 5%.

Le titulaire a droit, en outre, à être indemnisé de la part des frais et investissements, éventuellement engagés pour le marché et strictement nécessaires à son exécution, qui n'aurait pas été prise en compte dans le montant des prestations payées. Il lui incombe d'apporter toutes les justifications nécessaires à la fixation de cette partie de l'indemnité dans un délai de quinze jours après la notification de la résiliation du marché.

Ces indemnités sont portées au décompte de résiliation, sans que le titulaire ait à présenter une demande particulière à ce titre.

Art. 52 *Décompte de résiliation.*

52.1. La résiliation fait l'objet d'un décompte de résiliation, qui est arrêté par l'acheteur et notifié au titulaire.

52.2. Le décompte de résiliation qui fait suite à une décision de résiliation prise en application des articles 49 et 51 comprend :

52.2.1. Au débit du titulaire :

— le montant des sommes versées à titre d'avance, d'acompte, de règlement partiel définitif et de solde ;

— la valeur, fixée par le marché et ses modifications éventuelles, des moyens confiés au titulaire que celui-ci ne peut restituer, ainsi que la valeur de reprise des moyens que l'acheteur cède à l'amiable au titulaire ;

— le montant des pénalités.

52.2.2. Au crédit du titulaire :

52.2.2.1. La valeur des prestations fournies à l'acheteur, à savoir :

— la valeur contractuelle des prestations admises, y compris, s'il y a lieu, les intérêts moratoires ;

— la valeur des prestations fournies éventuellement à la demande de l'acheteur telles que le stockage des fournitures.

52.2.2.2. Les dépenses engagées par le titulaire en vue de l'exécution des prestations qui n'ont pas été fournies à l'acheteur, dans la mesure où ces dépenses n'ont pas été amorties antérieurement ou ne peuvent pas l'être ultérieurement, à savoir :

— le coût des matières et objets approvisionnés en vue de l'exécution du marché ;

— le coût des installations, matériels et outillages réalisés en vue de l'exécution du marché ;

— les autres frais du titulaire se rapportant directement à l'exécution du marché ;

52.2.2.3. Les dépenses de personnel dont le titulaire apporte la preuve qu'elles résultent directement et nécessairement de la résiliation du marché.

52.2.2.4. Si la résiliation est prise en application de l'article 51, une somme forfaitaire calculée en appliquant un pourcentage à la différence entre le montant hors TVA non révisé du marché et le montant hors TVA non révisé des prestations admises. Dans le silence du marché, ce pourcentage est de 5%. Le montant ainsi calculé sera révisé à la date d'effet de la résiliation conformément aux stipulations du marché.

52.2.2.5. Plus généralement, tous préjudices subis du fait de la résiliation par le titulaire et éventuellement ses sous-traitants et fournisseurs.

52.3. Le décompte de résiliation à la suite d'une décision de résiliation prise en application de l'article 50 comprend :

52.3.1. Au débit du titulaire :

— le montant des sommes versées à titre d'avance, d'acompte, de règlement partiel définitif et de solde ;

— la valeur, fixée par le marché et ses modifications éventuelles, des moyens confiés au titulaire que celui-ci ne peut restituer, ainsi que la valeur de reprise des moyens que l'acheteur cède à l'amiable au titulaire ;

— le montant des pénalités ;

— le cas échéant, le supplément des dépenses résultant de la passation d'un marché aux frais et risques du titulaire dans les conditions fixées à l'article 54.

52.3.2. Au crédit du titulaire :

— la valeur contractuelle des prestations admises y compris, s'il y a lieu, les intérêts moratoires ;

— la valeur des prestations fournies éventuellement à la demande de l'acheteur telles que le stockage des fournitures.

52.4. Le décompte de résiliation à la suite d'une décision de résiliation prise en application de l'article 48 ou à la suite d'une demande du titulaire comprend :

52.4.1. Au débit du titulaire :

— le montant des sommes versées à titre d'avance, d'acompte, de règlement partiel définitif et de solde ;

— la valeur, fixée par le marché et ses modifications éventuelles, des moyens confiés au titulaire que celui-ci ne peut restituer, ainsi que la valeur de reprise des moyens que l'acheteur cède à l'amiable au titulaire ;

— le montant des pénalités.

52.4.2. Au crédit du titulaire :

— la valeur contractuelle des prestations admises y compris, s'il y a lieu, les intérêts moratoires ;

— la valeur des prestations fournies éventuellement à la demande de l'acheteur telles que le stockage des fournitures.

52.5. La notification du décompte par l'acheteur au titulaire doit être faite au plus tard deux mois après la date d'effet de la résiliation du marché. Le défaut de notification du décompte de résiliation dans ce délai constitue un différend au sens de l'article 55.1.

Le cas échéant, les pénalités pour retard sont appliquées jusqu'à la veille incluse du jour de la date d'effet de la résiliation.

Art. 53 *Remise des prestations et des moyens matériels permettant l'exécution du marché.*

En cas de résiliation, l'acheteur peut exiger du titulaire :

— la remise des prestations en cours d'exécution, ainsi que des matières et des objets détenus en vue de l'exécution d'un marché ;

— la remise des moyens matériels d'exécution spécialement destinés au marché ;

— l'exécution de mesures conservatoires, notamment d'opérations de stockage ou de gardiennage.

L'acheteur en informe le titulaire ou ses ayants droit, lors de la notification de la résiliation en indiquant le délai de remise de ces biens par le titulaire et les conditions de leur conservation dans l'attente de cette remise.

En cas de résiliation pour faute du titulaire, le présent article est appliqué aux frais de celui-ci.

Art. 54 *Exécution de la prestation aux frais et risques du titulaire.*

54.1. L'acheteur peut faire procéder par un tiers à l'exécution de tout ou partie des prestations prévues par le marché, aux frais et risques du titulaire :

— soit lorsque le titulaire n'a pas déféré à une mise en demeure de se conformer aux stipulations du marché ou aux ordres de service, ou en cas d'inexécution par ce dernier d'une prestation qui, par sa nature, ne peut souffrir aucun retard. La décision de faire exécuter les prestations par un tiers, en lieu et place du titulaire, est notifiée au titulaire par l'acheteur. Sous réserve qu'elles ne soient pas entièrement exécutées, le titulaire peut être autorisé par ordre de service à reprendre l'exécution des prestations s'il justifie des moyens nécessaires à cette fin dans le délai prévu par les documents particuliers du marché ou, à défaut, dans le délai de trois mois suivant la notification de la décision d'exécution aux frais et risques. S'il n'a pas été autorisé à reprendre l'exécution du marché dans ce délai, le marché est résilié pour faute du titulaire ;

— soit en cas de résiliation du marché pour faute du titulaire, à la condition que la décision de résiliation le mentionne expressément.

54.2. S'il n'est pas possible à l'acheteur de se procurer, dans des conditions acceptables, des prestations exactement conformes à celles dont l'exécution est prévue dans les documents particuliers du marché, il peut y substituer des prestations équivalentes.

54.3. Le titulaire du marché résilié n'est pas admis à prendre part, ni directement ni indirectement, à l'exécution des prestations effectuées à ses frais et risques. Il doit cependant fournir toutes les informations recueillies et les moyens mis en œuvre dans le cadre de l'exécution du marché initial et qui seraient nécessaires à l'exécution du marché de substitution. Ce marché de substitution est transmis pour information au titulaire défaillant.

54.4. L'augmentation des dépenses, par rapport aux prix du marché, résultant de l'exécution des prestations aux frais et risques du titulaire est à la charge du titulaire. La diminution des dépenses ne lui profite pas.

CHAPITRE IX DIFFÉRENDS

Art. 55 *Règlement des différends entre les parties.*

55.1. L'acheteur et le titulaire s'efforceront de régler à l'amiable tout différend éventuel relatif à l'interprétation des stipulations du marché ou à l'exécution des prestations objet du marché.

Au sens du présent article, l'apparition du différend résulte :

— soit d'une prise de position écrite, explicite et non équivoque émanant de l'acheteur et faisant apparaître le désaccord ;

— soit du silence gardé par l'acheteur à la suite d'une mise en demeure adressée par le titulaire l'invitant à prendre position sur le désaccord dans un délai qui ne saurait être inférieur à quinze jours ;

— soit de l'absence de notification du décompte de résiliation dans le délai mentionné à l'article 52.5.

> *Commentaires.*
>
> En l'absence de mise en demeure, la seule circonstance que l'acheteur ne s'acquitte pas, en temps utile, des factures qui lui sont adressées, sans refuser explicitement de les honorer, ne suffit pas à caractériser l'existence d'un différend au sens du présent article.

55.2. Tout différend entre le titulaire et l'acheteur doit faire l'objet, de la part du titulaire, d'un mémoire en réclamation exposant précisément les motifs de ce différend et indiquant, le cas échéant, pour chaque chef de contestation, le montant des sommes réclamées et leur justification.

Ce mémoire doit être communiqué à l'acheteur dans le délai de deux mois, courant à compter du jour où le différend est apparu.

Le délai de communication du mémoire en réclamation est prescrit à peine de forclusion.

55.3. L'acheteur dispose d'un délai de deux mois, courant à compter de la réception du mémoire en réclamation, pour notifier sa décision. L'absence de décision dans ce délai vaut rejet de la réclamation.

55.4. Lorsque l'acheteur et le titulaire ne parviennent pas à régler le différend à l'issue de la procédure décrite aux 1 à 3 du présent article, ils privilégient le recours à un comité consultatif de règlement à l'amiable, à la conciliation, à la médiation, notamment auprès du médiateur des entreprises, ou à l'arbitrage, dans les hypothèses et les conditions prévues par le code de la commande publique.

La partie qui saisit d'un différend le comité consultatif de règlement amiable compétent supporte les frais de l'expertise, s'il en est décidé une, dans l'attente du règlement amiable définitif du différend.

La saisine d'un comité consultatif de règlement amiable des différends interrompt les délais de recours contentieux jusqu'à la notification de la décision prise par l'acheteur sur l'avis du comité.

La saisine d'un conciliateur ou d'un médiateur interrompt les délais de recours contentieux jusqu'à la notification de la décision prise après conciliation ou médiation ou de la constatation par le conciliateur ou le médiateur de l'échec de sa mission.

55.5. Pour les réclamations auxquelles a donné lieu le solde du marché, le titulaire dispose d'un délai de deux mois, à compter de la notification de la décision prise par l'acheteur ou de la naissance de la décision implicite de rejet mentionnées au 3 du présent article, pour porter ses réclamations devant le tribunal administratif compétent. Passé ce délai, le titulaire est réputé avoir accepté cette décision.

Les litiges portant sur des actions civiles relatives à la propriété littéraire et artistique relevant de l'article L. 331-1 du code de la propriété intellectuelle sont portés devant la juridiction judiciaire compétente.

Arrêté du 30 mars 2021,

Portant approbation du cahier des clauses administratives générales des marchés publics de maîtrise d'œuvre.

***Nota :** Le présent arrêté entre en vigueur le 1er avr. 2021 (Arr. du 30 mars 2021, art. 2). Il s'applique aux marchés publics pour lesquels une consultation est engagée ou un avis d'appel à la concurrence envoyé à la publication à compter de cette date.*

Art. 1er Est approuvé le cahier des clauses administratives générales des marchés publics de maîtrise d'œuvre dont le texte est annexé au présent arrêté.

Ce cahier des clauses administratives générales n'est applicable qu'aux marchés qui s'y réfèrent.

Art. 2 Les dispositions du présent arrêté entrent en vigueur le 1er avril 2021. Elles sont applicables aux marchés pour lesquels une consultation a été engagée ou un avis d'appel à la concurrence envoyé à la publication à compter de cette date.

Art. 3 *(Arr. du 21 avr. 2021, art. 3)* I. — Pour l'application du présent arrêté à Saint-Barthélemy et à Saint-Pierre-et-Miquelon :

1° Les références au règlement (UE) 2016/679 du 27 avril 2016 relatif à la protection des personnes physiques à l'égard du traitement des données à caractère personnel et à la libre circulation de ces données, et abrogeant la directive 95/46/CE ("RGPD") sont remplacées par la référence aux règles applicables en métropole en vertu de ce règlement ;

2° La référence au règlement (UE) n° 316/2014 de la Commission du 21 mars 2014 est remplacée par la référence aux règles applicables en métropole en vertu de ce règlement ;

3° La référence à la loi n° 77-2 du 3 janvier 1977 sur l'architecture est remplacée par la référence aux dispositions applicables localement ayant le même objet ;

II. — Pour l'application du présent arrêté à Saint-Martin, la référence à la loi n° 77-2 du 3 janvier 1977 sur l'architecture est remplacée par la référence aux dispositions applicables localement ayant le même objet ;

III. — Les dispositions du présent arrêté sont applicables dans les îles Wallis-et-Futuna, en Polynésie française, en Nouvelle-Calédonie et dans les Terres australes et antarctiques françaises.

Pour l'application, dans ces mêmes collectivités, du cahier des clauses administratives générales des marchés publics de maîtrise d'œuvre dont le texte est annexé au présent arrêté :

1° Les références au règlement (UE) 2016/679 du 27 avril 2016 relatif à la protection des personnes physiques à l'égard du traitement des données à caractère personnel et à la libre circulation de ces données, et abrogeant la directive 95/46/CE ("RGPD") sont remplacées par la référence aux règles applicables en métropole en vertu de ce règlement ;

2° Les références au code du travail et au code de la sécurité sociale sont remplacées par la référence aux dispositions applicables localement ayant le même objet ;

3° Les références aux prestations perçues par les bénéficiaires de la clause d'insertion sociale sont remplacées, en tant que de besoin, par la référence aux dispositions applicables localement ayant le même objet ;

4° Les références au code de commerce sont remplacées, en tant que de besoin, par la référence aux dispositions applicables localement ayant le même objet et permettant les mêmes effets ;

5° En Polynésie française et en Nouvelle-Calédonie, les références au code de la propriété intellectuelle sont remplacées par les dispositions applicables localement ayant le même objet ;

6° Dans les îles Wallis-et-Futuna, en Polynésie française et en Nouvelle-Calédonie, la référence au règlement (UE) n° 316/2014 de la Commission du 21 mars 2014 est remplacée par la référence aux règles applicables en métropole en vertu de ce règlement ;

7° Dans les îles Wallis-et-Futuna, en Polynésie française et en Nouvelle-Calédonie, les références aux assurances sont remplacées, en tant que de besoin, par la référence aux dispositions applicables localement ;

8° La référence à la loi n° 77-2 du 3 janvier 1977 sur l'architecture est remplacée par la référence aux dispositions applicables localement ayant le même objet.

Art. 4 Le présent arrêté sera publié au *Journal officiel* de la République française.

ANNEXE

Cahier des clauses administratives générales des marchés publics de maîtrise d'œuvre

Préambule

Il appartient au maître d'ouvrage qui souhaite faire référence à un cahier des clauses administratives générales (CCAG) de choisir celui qui est le mieux adapté aux prestations objet de son marché, et de faire expressément référence à ce CCAG dans les documents particuliers de son marché.

Le présent CCAG s'applique aux marchés publics de maîtrise d'œuvre apportant une réponse architecturale, technique et économique au programme élaboré par un maître d'ouvrage dans le cadre d'une opération de construction neuve ou de réhabilitation pour la réalisation d'un ouvrage de bâtiment ou d'infrastructure.

Il n'est pas adapté aux marchés de maîtrise d'œuvre de droit privé.

Par principe, un marché ne peut se référer qu'à un seul CCAG. Toutefois, par dérogation à ce principe, en cas de marché global au sens de l'article L. 2171-1 du code de la commande publique, le maître d'ouvrage peut faire référence à plusieurs CCAG. Dans ce cas, il devra veiller à assurer la parfaite cohérence entre les différentes clauses auxquelles il se réfère.

Dans le cas où certaines prestations secondaires doivent être régies par des stipulations figurant dans un autre CCAG que celui désigné dans le marché, ce dernier doit reproduire, dans le cahier des clauses administratives particulières (CCAP) ou dans tout autre document qui en tient lieu, les stipulations retenues, sans référence au CCAG dont elles émanent.

Les commentaires figurant dans le présent CCAG n'ont pas valeur contractuelle.

CHAPITRE I GÉNÉRALITÉS

Art. 1er *Champ d'application.*

1.1. Les stipulations du présent cahier des clauses administratives générales (CCAG) s'appliquent aux marchés qui s'y réfèrent expressément.

1.2. Ces marchés peuvent prévoir de déroger à certaines de ces stipulations.

Ces dérogations doivent figurer dans le cahier des clauses administratives particulières (CCAP), ou dans tout autre document qui en tient lieu, et préciser à quels articles du présent CCAG elles dérogent.

Le dernier article du CCAP, ou de tout autre document qui en tient lieu, contient la liste récapitulative des articles du présent CCAG auxquels il est dérogé.

Art. 2 *Définitions.*

Au sens du présent document :

— le "maître d'ouvrage", responsable principal de l'ouvrage, est l'acheteur pour le compte duquel les prestations objet du marché sont réalisées par le maître d'œuvre et les travaux objet de l'opération sont exécutés par les opérateurs économiques chargés des travaux ;

— le "maître d'œuvre" est l'opérateur économique, titulaire du marché de maîtrise d'œuvre conclu avec le maître d'ouvrage. Il correspond à la ou les personnes physiques ou morales, publiques ou privées, qui, en raison de leur compétence technique, sont chargées seule ou en groupement d'opérateurs économiques par le maître d'ouvrage ou son mandataire d'une mission globale visant à apporter une réponse architecturale, technique et économique au programme élaboré par ce dernier pour la réalisation d'une opération objet du marché, et notamment de diriger l'exécution des marchés de travaux, de lui proposer leur règlement ou de l'assister lors des opérations de réception des travaux ainsi que pendant la période de garantie de parfait achèvement. En cas de groupement d'opérateurs économiques, le "maître d'œuvre" désigne le groupement, représenté par son mandataire ;

— la "notification" est l'action consistant à porter une information ou une décision à la connaissance de la ou des parties contractantes par tout moyen matériel ou dématérialisé, par le biais d'un profil d'acheteur ou par tout autre moyen de communication électronique, permettant de déterminer de façon certaine la date et, le cas échéant, l'heure de sa réception ;

— les "prestations" désignent les missions de maîtrise d'œuvre objet du marché, comprenant tout ou partie des éléments de conception, d'assistance, de direction et de contrôle ainsi que les éventuelles missions complémentaires, définies dans les documents particuliers du marché ;

— l'"ordre de service" est la décision du maître d'ouvrage qui précise les modalités d'exécution de tout ou partie des prestations qui constituent l'objet du marché ;

— l'"admission" est la décision, prise après vérifications, par laquelle le maître d'ouvrage reconnaît la conformité des prestations aux stipulations du marché. La décision d'admission vaut constatation de service fait et constitue le point de départ des délais de garantie ;

— l'"ajournement" est la décision prise par le maître d'ouvrage qui estime que les prestations pourraient être admises moyennant des corrections à opérer par le maître d'œuvre ;

— la "réfaction" est la décision prise par le maître d'ouvrage de réduire le montant des prestations à verser au maître d'œuvre lorsque les prestations ne satisfont pas entièrement aux prescriptions du marché mais qu'elles peuvent être admises en l'état ;

— le "rejet" est la décision prise par le maître d'ouvrage qui estime que les prestations ne peuvent être admises, même après ajournement ou avec réfaction ;

— la "réception" ou "réception des travaux" est l'acte par lequel le maître d'ouvrage déclare accepter l'ouvrage avec ou sans réserves dans le cadre des marchés de travaux. Cet acte est le point de départ des délais de garantie (garanties légales et, le cas échéant, contractuelles) ;

— le "cahier des clauses administratives particulières" ("CCAP") est un document contractuel qui fixe les clauses administratives propres au marché. Ces clauses peuvent également être fixées dans tout autre document particulier du marché ayant le même objet, tel un cahier des clauses particulières (CCP) ;

— le "cahier des clauses techniques particulières" ("CCTP") est un document contractuel qui fixe les clauses techniques nécessaires à l'exécution des prestations du marché. Ces clauses peuvent également être fixées dans tout autre document particulier du marché ayant le même objet, tel un cahier des clauses particulières (CCP) ;

— le "programme" est le document élaboré par le maître d'ouvrage qui comporte les éléments suivants relatifs à la réalisation et à l'utilisation de l'ouvrage : les objectifs que l'opération doit permettre d'atteindre, les besoins que celle-ci doit satisfaire ainsi que les contraintes et exigences de qualité sociale, urbanistique, architecturale, fonctionnelle, technique et économique, d'insertion dans le paysage et de protection de l'environnement ;

(Arr. du 30 sept. 2021, art. 6) « — le BIM ("*Business Information Modelling*" ou "Modélisation d'informations de la construction") est un outil de représentation numérique partagée permettant de faciliter les processus de conception, de construction et d'exploitation et de former une base fiable permettant les prises de décision ; »

— le "cahier des charges BIM" est le document élaboré par le maître d'ouvrage précisant les exigences et les objectifs des intervenants successifs du projet. Il constitue le volet BIM du programme du maître d'ouvrage ;

— la "convention BIM" de l'opération est le document décrivant les méthodes organisationnelles, de représentation graphique, la gestion et le transfert des données du projet, ainsi que les processus, les modèles, les utilisations, le rôle de chaque intervenant et l'environnement collaboratif du BIM. A chaque étape du cycle de vie du projet, la convention évolue et s'adapte aux nouveaux acteurs, à des usages nouveaux ou à des nécessités du projet.

Art. 3 *Obligations générales des parties.*

3.1. Forme des notifications et informations :

3.1.1. La notification des décisions, observations ou informations qui font courir un délai est faite par tout moyen matériel ou dématérialisé permettant de déterminer de façon certaine la date et, le cas échéant, l'heure de sa réception.

Cette notification peut être faite par le biais du profil d'acheteur ou à l'adresse postale ou électronique des parties mentionnée dans les documents particuliers du marché ou, à défaut, à leur siège social, sauf si ces documents leur font obligation de domicile en un autre lieu.

En cas de groupement, la notification se fait au mandataire pour l'ensemble du groupement.

3.1.2. La date et, le cas échéant, l'heure de réception mentionnées sur un récépissé sont considérées comme celles de la notification.

Lorsque la notification est effectuée par le biais du profil d'acheteur, les parties sont réputées avoir reçu cette notification à la date de la première consultation du document qui leur a ainsi été adressé, certifiée par l'accusé de réception délivré par l'application informatique, ou, à défaut de consultation dans un délai de huit jours à compter de la date de mise à disposition du document sur le profil d'acheteur, à l'issue de ce délai.

3.2. Modalités de computation des délais d'exécution des prestations :

3.2.1. Tout délai mentionné au marché commence à courir à 0 heure, le lendemain du jour où s'est produit le fait qui sert de point de départ à ce délai. Toutefois, lorsque le délai est exprimé en heures, il commence à courir à compter de l'heure suivant celle où s'est produit le fait qui sert de point de départ à ce délai.

Les dates et heures applicables sont celles utilisées par les documents particuliers du marché pour les livraisons ou l'exécution des prestations.

3.2.2. Lorsque le délai est fixé en jours, il s'entend en jours calendaires et il expire à minuit le dernier jour du délai.

Commentaires.

Le fuseau horaire utilisé est celui de la livraison ou de l'exécution du service.

Un délai fixé en jours calendaires inclut les samedis, dimanches et jours fériés.

3.2.3. Lorsque le délai est fixé en mois, il est compté de quantième en quantième. S'il n'existe pas de quantième correspondant dans le mois où se termine le délai, celui-ci expire le dernier jour de ce mois, à minuit.

3.2.4. Lorsque le dernier jour du délai est un samedi, un dimanche ou un jour férié, le délai est prolongé jusqu'à la fin du premier jour ouvrable qui suit, à minuit.

3.2.5. Lorsque le délai est fixé en jours ouvrés, il s'entend hors samedis, dimanches et jours fériés.

3.2.6. Le délai s'appliquant au maître d'œuvre n'inclut pas le délai nécessaire au maître d'ouvrage pour effectuer ses opérations de vérification et prendre sa décision conformément au chapitre IV.

3.3. Représentation du maître d'ouvrage :

Dès la notification du marché, le maître d'ouvrage désigne une ou plusieurs personnes physiques, habilitées à le représenter auprès du maître d'œuvre, pour les besoins de l'exécution du marché. D'autres personnes physiques peuvent être habilitées par le maître d'ouvrage en cours d'exécution du marché.

Ce ou ces représentants sont réputés disposer des pouvoirs suffisants pour prendre, dès notification de leur nom au maître d'œuvre dans les délais requis ou impartis par le marché, les décisions nécessaires engageant le maître d'ouvrage.

3.4. Représentation du maître d'œuvre et obligations d'information relatives au maître d'œuvre :

3.4.1. Représentation du maître d'œuvre :

Dès la notification du marché, le maître d'œuvre désigne une ou plusieurs personnes physiques, habilitées à le représenter auprès du maître d'ouvrage, pour les besoins de l'exécution du marché. D'autres personnes physiques peuvent être habilitées par le maître d'œuvre en cours d'exécution du marché.

Ce ou ces représentants sont réputés disposer des pouvoirs suffisants pour prendre, dès notification de leur nom au maître d'ouvrage dans les délais requis ou impartis par le marché, les décisions nécessaires engageant le maître d'œuvre.

3.4.2. Notification des modifications portant sur la situation juridique ou économique du maître d'œuvre :

Le maître d'œuvre est tenu de notifier sans délai au maître d'ouvrage les modifications survenant au cours de l'exécution du marché et qui se rapportent :

— aux personnes ayant le pouvoir de l'engager ;

— à la forme juridique sous laquelle il exerce son activité ;

— à sa raison sociale ou à sa dénomination ;

— à son adresse ou à son siège social ;

— à ses coordonnées bancaires ;

— aux renseignements qu'il a fournis pour l'acceptation d'un sous-traitant et l'agrément de ses conditions de paiement.

De façon générale, le maître d'œuvre est tenu de notifier sans délai au maître d'ouvrage toutes les modifications importantes concernant le fonctionnement de l'entreprise pouvant influer sur le déroulement du marché.

Commentaires.

Des rubriques sur la répartition du capital, sur les personnes ou groupes qui contrôlent l'entreprise, sur les groupements dont elle fait partie peuvent être prévues par le CCAP ou tout autre document qui en tient lieu, notamment pour certains marchés de défense ou de sécurité concernés par des dispositions restrictives en matière d'intervention d'entreprises étrangères ou détenues par des groupes étrangers.

3.4.3. Conduite des prestations par une personne nommément désignée :

Lorsqu'il est prévu dans le marché que tout ou partie des prestations doit être exécutée par une personne nommément désignée et que cette personne n'est plus en mesure d'accomplir cette tâche, le maître d'œuvre doit :

— en informer sans délai le maître d'ouvrage et prendre toutes dispositions nécessaires afin d'assurer la poursuite de l'exécution des prestations ;

— proposer au maître d'ouvrage un remplaçant disposant de compétences au moins équivalentes et dont il lui communique le nom et le *curriculum vitae* dans un délai de trente jours à compter de la date d'envoi de l'information mentionnée à l'alinéa précédent.

Le remplaçant proposé par le maître d'œuvre est considéré comme accepté par le maître d'ouvrage, si celui-ci ne le récuse pas dans le délai de trente jours courant à compter de la réception de la communication mentionnée à l'alinéa précédent. Si le maître d'ouvrage récuse le remplaçant, le maître d'œuvre dispose de trente jours pour proposer un autre remplaçant.

La décision de récusation prise par le maître d'ouvrage est motivée.

Les informations, propositions et décisions du maître d'ouvrage sont notifiées selon les modalités fixées à l'article 3.1.

A défaut de proposition de remplaçant par le maître d'œuvre ou en cas de récusation des remplaçants par le maître d'ouvrage, le marché peut être résilié pour faute dans les conditions prévues à l'article 30.

3.5. Groupement d'opérateurs économiques :

3.5.1. Le membre du groupement d'opérateurs économiques, désigné dans le marché comme mandataire, représente l'ensemble des membres du groupement, vis-à-vis du maître d'ouvrage, pour l'exécution du marché.

3.5.2. En cas de groupement conjoint, le mandataire est solidaire, si les documents particuliers du marché le prévoient, de chacun des autres membres du groupement dans les obligations contractuelles de celui-ci à l'égard du maître d'ouvrage jusqu'à la date à laquelle ses obligations prennent fin.

3.5.3. En cas de groupement solidaire, chacun des membres du groupement est engagé financièrement pour la totalité du marché et doit pallier une éventuelle défaillance des autres membres du groupement.

3.5.4. Défaillance du mandataire dans ses obligations de représentation et de coordination ou dans la réalisation de ses prestations :

Dans le cas particulier où le mandataire du groupement ne se conforme pas à ses obligations, le maître d'ouvrage le met en demeure d'y satisfaire.

Si cette mise en demeure reste sans effet, le maître d'ouvrage invite les membres du groupement à désigner, dans un délai de trente jours, un autre mandataire parmi eux. A défaut, et à l'issue du délai de trente jours courant à compter de la notification de l'invitation du maître d'ouvrage d'y procéder, le cocontractant exécutant la part financière la plus importante à réaliser d'ici la fin du marché à la date de cette modification devient le nouveau mandataire.

Cette substitution fait l'objet d'un avenant précisant notamment la nouvelle organisation du groupement ainsi que la nouvelle répartition des prestations et la rémunération afférente.

3.6. Sous-traitance :

> *Commentaires.*
>
> L'architecte ne peut ni prendre ni donner en sous-traitance la mission définie à l'alinéa 2 de l'article 3 de la loi n° 77-2 du 3 janvier 1977 sur l'architecture, conformément à l'article 37 du code de déontologie des architectes.

3.6.1. Le maître d'œuvre, qui envisage de sous-traiter une partie du marché, à l'exception des tâches essentielles identifiées dans les documents particuliers du marché, demande au maître d'ouvrage d'accepter chaque sous-traitant et d'agréer ses conditions de paiement.

3.6.2. Dès la signature de l'acte spécial constatant l'acceptation du sous-traitant et l'agrément de ses conditions de paiement, le maître d'ouvrage notifie au maître d'œuvre et à chacun des sous-traitants concernés l'exemplaire de l'acte spécial qui leur revient. Dès réception de cette notification, le maître d'œuvre fait connaître au maître d'ouvrage le nom de la personne physique habilitée à représenter le sous-traitant.

3.6.3. Le maître d'œuvre est tenu de communiquer le contrat de sous-traitance et ses modifications éventuelles au maître d'ouvrage lorsque celui-ci en fait la demande. A défaut de l'avoir produit à l'échéance d'un délai de quinze jours courant à compter de la réception d'une mise en demeure de le faire par le maître d'ouvrage, le maître d'œuvre encourt une pénalité égale à 1 / 3 000 du montant hors taxes du forfait définitif de l'élément de mission concerné, éventuellement modifié, ou, à défaut, du montant du bon de commande concerné. Cette pénalité s'applique pour chaque jour de retard.

3.7. Bons de commande :

3.7.1. Les bons de commande sont notifiés par le maître d'ouvrage au maître d'œuvre.

3.7.2. Lorsque le maître d'œuvre estime que les prescriptions d'un bon de commande qui lui est notifié appellent des observations de sa part, il doit les notifier au maître d'ouvrage dans un délai de quinze jours à compter de la date de réception du bon de commande, sous peine de forclusion.

3.7.3. Le maître d'œuvre se conforme aux bons de commande qui lui sont notifiés, que ceux-ci aient ou non fait l'objet d'observations de sa part.

3.7.4. En cas de groupement d'opérateurs économiques, les bons de commande sont adressés au mandataire du groupement, qui a seul qualité pour formuler des observations au maître d'ouvrage.

3.7.5. Lorsqu'au terme de l'exécution d'un accord-cadre à bons de commande attribué à un seul titulaire, le total des commandes du maître d'ouvrage n'a pas atteint le minimum fixé par l'accord-cadre, en valeur ou en quantités, le maître d'œuvre a droit à une indemnité, égale à la marge nette qu'il aurait réalisée sur les prestations qui restaient à exécuter pour atteindre ce minimum. Il lui incombe d'apporter au maître d'ouvrage les justificatifs, notamment comptables, permettant de déterminer cette marge nette.

Le maître d'œuvre a droit, en outre, à être indemnisé de la part des frais et investissements, éventuellement engagés pour l'accord-cadre et strictement nécessaires à son exécution, qui n'aurait pas été prise en compte dans le montant des prestations payées. Il lui incombe d'inclure le montant correspondant dans sa demande de paiement finale et d'apporter au maître d'ouvrage toutes les justifications y afférentes.

3.8. Ordres de service :

3.8.1. Les ordres de service sont écrits. Ils sont datés, numérotés et notifiés par le maître d'ouvrage. Le maître d'œuvre en accuse réception datée.

Les ordres de service prescrivant des prestations supplémentaires ou modificatives qui ont une incidence financière sur le marché donnent lieu à une juste rémunération dans les conditions de l'article 14.

3.8.2. Lorsque le maître d'œuvre estime que les prescriptions d'un ordre de service qui lui est notifié appellent des observations de sa part, il doit les notifier au maître d'ouvrage, dans un délai de quinze jours à compter de la date de réception de l'ordre de service, sous peine de forclusion.

Si les observations, dûment motivées, notifiées par le maître d'œuvre visent à informer le maître d'ouvrage qu'un ordre de service présente un risque en termes de sécurité, de santé ou qu'il contrevient à une disposition législative ou réglementaire à laquelle le maître d'œuvre est soumis dans l'exécution des prestations objet du marché, le délai d'exécution de l'ordre de service est suspendu jusqu'à la notification de la réponse du maître d'ouvrage. En l'absence de réponse de ce dernier dans un délai de quinze jours, le maître d'œuvre n'est pas tenu d'exécuter l'ordre de service.

3.8.3. Sous réserve des articles *(Arr. du 30 sept. 2021, art. 6)* « 3.8.2, 14.2 et 14.3 », le maître d'œuvre se conforme aux ordres de service qui lui sont notifiés, que ceux-ci aient ou non fait l'objet d'observations de sa part.

Toutefois, sauf si le marché prévoit que le démarrage des prestations peut être ordonné dans un délai supérieur à six mois à compter de la notification du marché, le maître d'œuvre peut refuser d'exécuter l'ordre de service de démarrage des prestations, s'il lui est notifié plus de six mois après la notification du marché. Le maître d'œuvre dispose alors d'un délai de quinze jours courant à compter de la date d'envoi de sa décision de refus au maître d'ouvrage pour proposer une nouvelle date de démarrage des prestations. A l'expiration de ce délai, s'il n'a proposé aucune autre date, il doit exécuter les prestations à la date demandée. En cas de refus du maître d'ouvrage de la proposition de nouvelle date qui lui aura été faite, le maître d'œuvre peut demander la résiliation du marché, dans les conditions mentionnées à l'article 29.2. Cette résiliation ne peut lui être refusée.

3.8.4. En cas de groupement d'opérateurs économiques, les ordres de service sont adressés au mandataire du groupement, qui a seul qualité pour formuler des observations.

3.9. Autres intervenants :

Les documents particuliers du marché précisent les missions et les modalités de collaboration du maître d'œuvre avec les autres intervenants de l'opération.

Si l'organisation d'une mission de coordination en matière de sécurité et de protection de la santé des travailleurs est imposée au maître d'ouvrage, les documents particuliers du marché précisent les modalités pratiques de coopération du maître d'œuvre avec le coordonnateur dès les études d'avant-projet.

Commentaires.

Les autres intervenants de l'opération désignent notamment les personnes chargées des missions d'assistance à maîtrise d'ouvrage, de la conduite d'opération, de la coordination de la sécurité et de la protection de la santé, du contrôle technique, un autre maître d'œuvre, etc.

Art. 4 *Pièces contractuelles.*

4.1. Ordre de priorité :

En cas de contradiction entre les stipulations des pièces contractuelles du marché, elles prévalent dans l'ordre de priorité suivant :

— l'acte d'engagement (AE) et ses éventuelles annexes financières ;

— le cahier des clauses administratives particulières (CCAP) ou tout autre document qui en tient lieu et ses éventuelles annexes ;

— le cahier des clauses techniques particulières (CCTP) ou tout autre document qui en tient lieu et ses éventuelles annexes ;

— le programme incluant le détail de l'enveloppe financière prévisionnelle retenue par le maître d'ouvrage et affectée aux travaux, ainsi que ses éventuelles annexes ;

— le présent cahier des clauses administratives générales (CCAG) ;

— le cas échéant, si l'opération fait l'objet d'une démarche BIM, le cahier des charges BIM du maître d'ouvrage ;

— les éventuelles pièces écrites et graphiques remises par le maître d'ouvrage lors de la consultation ;

— les clauses du cahier des clauses administratives générales applicables aux marchés publics de travaux (CCAG Travaux) précisant le rôle du maître d'œuvre dans le cadre de l'exécution des marchés de travaux ;

— l'offre technique du maître d'œuvre, composée de pièces écrites et éventuellement graphiques ;

— les actes spéciaux de sous-traitance et leurs éventuels actes modificatifs, postérieurs à la notification du marché ;

— les éléments de décomposition de l'offre financière du maître d'œuvre ;

— le cas échéant, si l'opération fait l'objet d'une démarche BIM, la convention BIM et ses évolutions successives.

Commentaires.

Les éventuelles dérogations aux clauses du CCAG Travaux précisant le rôle du maître d'œuvre dans le cadre de l'exécution des marchés de travaux doivent être mentionnées dans les documents particuliers du marché de maîtrise d'œuvre.

4.2. Pièces à remettre au maître d'œuvre. Cession ou nantissement des créances :

4.2.1. La notification du marché comprend une copie, délivrée sans frais par le maître d'ouvrage au maître d'œuvre, de l'acte d'engagement et des autres pièces constitutives du marché, à l'exception du CCAG, des CCTG et, plus généralement, de toutes pièces ayant fait l'objet d'une publication officielle.

4.2.2. Le maître d'ouvrage remet également au maître d'œuvre, à sa demande et sans frais, l'exemplaire unique ou le certificat de cessibilité nécessaire à la cession ou au nantissement du marché.

Art. 5 *Confidentialité – Protection des données personnelles – Mesures de sécurité.*

5.1. Obligation de confidentialité :

5.1.1. Le maître d'œuvre et le maître d'ouvrage qui, à l'occasion de l'exécution du marché, ont connaissance d'informations ou reçoivent communication de documents ou d'éléments de toute nature, présentant un caractère confidentiel, sont tenus de prendre toutes mesures nécessaires, afin d'éviter que ces informations, documents ou éléments ne soient divulgués à un tiers qui n'a pas à en connaître. Une partie ne peut demander la confidentialité d'informations, de documents ou d'éléments qu'elle a elle-même rendus publics.

5.1.2. Une information confidentielle désigne toute information de quelque nature (y inclus la méthodologie, la documentation, les informations ou le savoir-faire), sous quelque forme que ce soit (y inclus sous forme orale, écrite, magnétique ou électronique), sur tout support dont le maître d'ouvrage est propriétaire ou titulaire, et qui est communiquée au maître d'œuvre, ou obtenue de toute autre façon par ce dernier dans le cadre de ses relations avec le maître d'ouvrage. Le maître d'œuvre et son personnel, et le cas échéant ses sous-traitants, ne peuvent l'utiliser que pour l'accomplissement des prestations prévues au marché.

5.1.3. Le maître d'œuvre doit informer ses sous-traitants des obligations de confidentialité et des mesures de sécurité qui s'imposent à lui pour l'exécution du marché. Il doit s'assurer du respect de ces obligations par ses sous-traitants.

5.1.4. Ne sont pas couverts par cette obligation de confidentialité les informations, documents ou éléments :

— qui étaient dans le domaine public au moment de leur divulgation ou que le maître d'ouvrage aurait lui-même rendus publics pendant l'exécution du marché ;

— signalés comme présentant un caractère non confidentiel et relatifs aux prestations du marché ;

— qui ont été communiqués au maître d'œuvre par un tiers ayant légalement le droit de diffuser ces informations, documents ou éléments, comme le prouvent des documents existant antérieurement à leur divulgation.

5.2. Protection des données à caractère personnel :

5.2.1. Chaque partie au marché est tenue au respect des règles, européennes et françaises, applicables au traitement des données à caractère personnel éventuellement mis en œuvre aux fins de l'exécution du marché. A ce titre, toute transmission de données à des tiers, y compris au bénéfice d'entités établies hors de l'Union européenne, qui ne serait pas strictement conforme à la réglementation en vigueur est formellement prohibée.

5.2.2. En cas d'évolution de la réglementation sur la protection des données à caractère personnel en cours d'exécution du marché, les modifications éventuelles demandées par le maître d'ouvrage, afin de se conformer aux règles nouvelles, donnent lieu à la signature d'un avenant par les parties au marché ou, en l'absence d'accord entre les parties, à une modification unilatérale par le maître d'ouvrage.

5.2.3. Lorsque le maître d'œuvre met en œuvre un traitement pour le compte du maître d'ouvrage, pour que le traitement des données réponde aux exigences de la réglementation et garantisse en particulier la protection des droits des personnes physiques identifiées ou identifiables qu'il concerne, les documents particuliers du marché précisent notamment :

— la finalité, la description et la durée du traitement dans le strict respect des instructions documentées du maître d'ouvrage ;

— les obligations du maître d'ouvrage et celles du maître d'œuvre vis-à-vis de ce dernier, en particulier l'obligation de l'informer de toute difficulté dans l'application de la réglementation, de tout projet de recours à un tiers pour la mise en œuvre du traitement, ou encore de toute demande de communication de données qui lui serait adressée, ainsi que, lorsque celle-ci serait contraire à la réglementation française et européenne, des mesures adoptées pour s'y opposer ;

— les modalités de prise en compte du droit à l'information et des autres droits des personnes concernées, dont l'exercice doit être garanti ;

— les mesures de sécurité mises en œuvre pour garantir l'intégrité, la confidentialité et la disponibilité des données, ainsi que les conditions de notification des violations de données à caractère personnel ;

— la durée et les modalités de conservation des données et le sort de celles-ci au terme de l'exécution du marché.

Les documents particuliers du marché précisent également les pénalités applicables au maître d'œuvre en cas de méconnaissance de la réglementation.

En cas de manquement, par le maître d'œuvre ou son sous-traitant, à ses obligations légales et contractuelles relatives à la protection des données personnelles, le marché peut être résilié pour faute en application de l'article 30.

Commentaires.

Le maître d'ouvrage est considéré comme le "responsable du traitement" au sens du Règlement général sur la protection des données (RGPD) en tant qu'autorité publique déterminant les finalités et les moyens du traitement des données.

Le maître d'œuvre est généralement considéré comme le "sous-traitant" au sens du RGPD en tant que personne traitant des données à caractère personnel pour le compte du maître d'ouvrage.

Le sous-traitant du marché est considéré comme le "sous-traitant ultérieur" au sens du RGPD en tant que personne à qui le maître d'œuvre peut faire appel pour mener des activités de traitement spécifiques.

Les maîtres d'ouvrage sont invités, pour rédiger les documents particuliers du marché, à consulter le Guide du sous-traitant élaboré par la CNIL et disponible sur son site Internet : https://www.cnil.fr/.

5.3. Mesures de sécurité :

Lorsque les prestations sont à exécuter dans un lieu où des mesures de sécurité s'appliquent, notamment dans les zones protégées en vertu des dispositions législatives ou réglementaires prises pour la protection du secret de la défense nationale, ces dispositions particulières sont indiquées par le maître d'ouvrage dans les documents particuliers du marché. Le maître d'œuvre est tenu de les respecter.

Le maître d'œuvre ne peut prétendre, de ce fait, ni à prolongation du délai d'exécution, ni à indemnité, ni à supplément de prix, à moins que les deux conditions suivantes soient remplies :

— les informations ne lui ont été communiquées que postérieurement au dépôt de son offre ;

— il peut établir que les obligations qui lui sont ainsi imposées nécessitent un délai supplémentaire pour l'exécution des prestations prévues par le marché ou rendent plus difficile ou plus onéreuse pour lui l'exécution de son contrat.

Commentaires.

Une zone protégée est une zone créée par arrêté des ministres compétents et faisant l'objet d'une interdiction de pénétration sans autorisation, sanctionnée pénalement en cas d'infraction (articles *(Arr. du 30 sept. 2021, art. 6)* « 413-7 et R. 413-1 à R. 413-5 » du code pénal).

5.4. Information des sous-traitants :

Le maître d'œuvre informe ses sous-traitants de leur soumission aux obligations énoncées à l'article 5. Il reste responsable du respect de celles-ci.

Art. 6 *Protection de la main-d'œuvre et conditions de travail.*

6.1. Les obligations qui s'imposent au maître d'œuvre sont celles prévues par les lois, règlements et conventions collectives relatifs à la protection de la main-d'œuvre et aux conditions de travail du pays où cette main-d'œuvre est employée.

Le maître d'œuvre est également tenu au respect des stipulations des huit conventions fondamentales de l'Organisation internationale du travail, lorsque celles-ci ne sont pas intégrées dans les lois et règlements du pays où cette main-d'œuvre est employée. Il doit être en mesure de justifier du respect de ces obligations, en cours d'exécution du marché et pendant la période de garantie des prestations, sur simple demande du maître d'ouvrage. Les modalités d'application de ces textes sont prévues par le CCAP ou tout autre document qui en tient lieu.

Commentaires.

Les salariés détachés, définis à l'article L. 1261-3 du code du travail, exerçant une activité professionnelle temporaire en France sont soumis aux dispositions de l'article L. 1262-4 du code du travail ainsi qu'à celles du second alinéa de l'article L. 512-1 du code de la sécurité sociale.

Les huit conventions fondamentales de l'OIT, ratifiées par la France, sont :

— la convention sur le travail forcé (C29, 1930) ;
— la convention sur la liberté syndicale et la protection du droit syndical (C87, 1948) ;
— la convention sur le droit d'organisation et de négociation collective (C98, 1949) ;
— la convention sur l'égalité de rémunération (C100, 1951) ;
— la convention sur l'abolition du travail forcé (C105, 1957) ;
— la convention concernant la discrimination (emploi et profession, C111, 1958) ;
— la convention sur l'âge minimum (C138, 1973) ;
— la convention sur les pires formes de travail des enfants (C182, 1999).

6.2. En cas d'évolution de la réglementation sur la protection de la main-d'œuvre et les conditions de travail en cours d'exécution du marché, les modifications éventuelles demandées par le maître d'ouvrage, afin de se conformer aux règles nouvelles, donnent lieu à la signature d'un avenant par les parties au marché ou, en l'absence d'accord entre les parties, à une modification unilatérale par le maître d'ouvrage.

6.3. Le maître d'œuvre peut demander au maître d'ouvrage, du fait des conditions particulières d'exécution du marché, de transmettre, avec son avis, à l'autorité compétente, les demandes de dérogations prévues par les lois et règlements mentionnés ci-dessus.

6.4. Le maître d'œuvre informe ses sous-traitants de leur soumission aux obligations énoncées au présent article. Il reste responsable du respect de ces obligations.

Art. 7 *Protection de l'environnement, sécurité et santé.*

7.1. Le maître d'œuvre veille à ce que les prestations qu'il effectue respectent les prescriptions législatives et réglementaires en vigueur en matière d'environnement, de sécurité et de santé des personnes et de préservation du voisinage. Il doit être en mesure d'en justifier le respect, en cours d'exécution du marché et pendant la période de garantie des prestations, sur simple demande du maître d'ouvrage.

7.2. En cas d'évolution de la réglementation dans ces domaines en cours d'exécution du marché, les modifications éventuelles, demandées par le maître d'ouvrage afin de se conformer aux règles nouvelles, donnent lieu à la signature d'un avenant par les parties au marché ou, en l'absence d'accord entre les parties, à une modification unilatérale par le maître d'ouvrage.

Art. 8 *Réparation des dommages.*

Les dommages de toute nature causés au personnel ou aux biens du maître d'ouvrage par le maître d'œuvre, du fait de l'exécution du marché, sont à la charge du maître d'œuvre.

Les dommages de toute nature causés au personnel ou aux biens du maître d'œuvre par le maître d'ouvrage, du fait de l'exécution du marché, sont à la charge du maître d'ouvrage.

Commentaires.

En cas de risque hors de proportion avec le montant du marché, le maître d'ouvrage peut prévoir dans les documents particuliers du marché des stipulations particulières pour un plafonnement éventuel des garanties en fonction de l'objet et des caractéristiques du marché.

Art. 9 *Assurances.*

9.1. Assurances du maître d'œuvre :

9.1.1. Assurance de responsabilité civile professionnelle :

Le maître d'œuvre souscrit une assurance de responsabilité civile professionnelle permettant de garantir sa responsabilité à l'égard du maître d'ouvrage et des tiers, victimes d'accidents ou de dommages, causés par l'exécution des prestations.

Le niveau des garanties exigées par le maître d'ouvrage est adapté aux risques relatifs à l'opération de construction objet du marché.

9.1.2. Assurance de responsabilité civile décennale :

Pour les ouvrages autres que ceux mentionnés à l'article L. 243-1-1 du code des assurances, le maître d'œuvre souscrit l'assurance décennale obligatoire visée à l'article L. 241-1 du code des assurances.

Le contrat d'assurance est conforme à l'obligation d'assurance prévue par l'article L. 241-1 du code des assurances ainsi qu'aux clauses types énoncées à l'annexe 1 de l'article A. 243-1 du même code. Pour les architectes, il est conforme aux exigences de l'article 16 de la loi n° 77-2 du 3 janvier 1977 sur l'architecture.

Pour les ouvrages de construction non soumis à l'obligation légale d'assurance, mentionnés à l'article L. 243-1-1 du code des assurances, lorsque le CCAP ou tout autre document qui en tient lieu le prévoit, le maître d'œuvre doit contracter une assurance de responsabilité décennale.

Les montants de garantie, s'ils sont fixés, sont adaptés aux limites du marché de l'assurance. A la notification du marché, le maître d'ouvrage communique au maître d'œuvre le coût prévisionnel total de l'opération de construction, honoraires compris.

9.1.3. Attestations d'assurance :

Le maître d'œuvre doit justifier dans un délai de quinze jours à compter de la notification du marché et avant tout début d'exécution de celui-ci, qu'il est titulaire de ces contrats d'assurances, au moyen d'une attestation établissant l'étendue de la responsabilité garantie. Celle-ci précise la nature des risques couverts et les montants de garantie.

A tout moment durant l'exécution du marché, le maître d'œuvre doit être en mesure de produire cette attestation, sur demande du maître d'ouvrage et dans un délai de quinze jours à compter de la réception de la demande.

En cas d'assurance de responsabilité décennale obligatoire au titre de la garantie décennale, le maître d'œuvre doit justifier qu'il satisfait à cette obligation, dans les conditions prévues par les articles L. 241-1 et L. 243-2 du code des assurances, par la remise d'une attestation conforme aux dispositions des articles A. 243-2 et suivants du code des assurances. L'attestation doit être valable à la date de l'ouverture du chantier sur lequel le maître d'œuvre intervient et pour les activités objet de son marché.

Commentaires.

Le délai de quinze jours peut être réduit ou prolongé. En outre, l'absence de production des attestations d'assurance pertinentes n'exempte pas le maître d'œuvre de sa responsabilité et peut justifier la résiliation du marché pour faute en application de l'article 30.1.e).

9.2. Assurances du maître d'ouvrage :

Le maître d'ouvrage précise, dans les documents particuliers du marché, les assurances obligatoires ou facultatives qu'il a contractées ou contractera lui-même, notamment les assurances "Tous risques chantiers", "Dommages-ouvrages", "Responsabilité civile" ou un "Contrat collectif de responsabilité décennale" (CCRD).

Commentaires.

Compte tenu du coût total de l'opération de construction, le recours à un CCRD peut être prévu par le maître d'ouvrage, notamment dans le cadre de travaux allotis.

Le maître d'ouvrage doit préciser, dans le CCAP ou tout document qui en tient lieu, qui doit être le souscripteur de la police collective, les modalités de souscription du contrat, le montant de la franchise absolue qui sera applicable au maître d'œuvre et qui constituera le plafond de garantie de son contrat individuel. Les sous-traitants du maître d'œuvre, quel que soit leur rang, ont la qualité d'assuré au titre du CCRD ou bénéficient, ainsi que leur assureur, d'une clause de renonciation à recours au-delà du montant de la franchise absolue applicable au maître d'œuvre.

CHAPITRE II PRIX ET RÈGLEMENT

Art. 10 *Prix.*

10.1. Règles générales :

10.1.1. Lorsque la durée d'exécution du marché est supérieure à trois mois, les prix sont réputés révisables.

Le prix du marché est réputé établi sur la base des conditions économiques en vigueur au mois m0 du marché de maîtrise d'œuvre.

Dans le silence des documents particuliers du marché, la révision est effectuée par application au prix du marché d'un coefficient C de révision, donné par la formule :

C = 0,15 + 0,85 Im/Io

dans laquelle Io et Im sont les valeurs prises par l'index ING diffusé par l'INSEE respectivement au mois m0 et au mois m au cours duquel l'acompte ou l'élément de mission doit être remis conformément aux échéances prévues par le marché.

La date d'établissement du prix initial correspond à la date de remise de l'offre par le maître d'œuvre. Lorsque la procédure de passation a donné lieu à une négociation ou un dialogue compétitif, la date à prendre en compte est la date de remise de l'offre finale par le maître d'œuvre.

Les coefficients de révision sont arrondis au millième supérieur.

10.1.2. Lorsque les prix sont fermes, ils sont actualisés dans les conditions prévues par la réglementation en vigueur à la date à laquelle le candidat a fixé son prix dans l'offre. Cette date correspond à la date de remise de l'offre par le maître d'œuvre. Lorsque la procédure de passation a donné lieu à une négociation ou un dialogue compétitif, la date à prendre en compte est la date de remise de l'offre finale par le maître d'œuvre.

Les prix de chaque tranche optionnelle sont actualisés dans les mêmes conditions. L'actualisation se fait en appliquant des coefficients établis à partir d'un index, d'un indice ou d'une combinaison d'entre eux correspondant à l'objet du marché. Ils sont définis dans les documents particuliers du marché. A défaut, l'actualisation se fait sur la base de l'index ING.

La formule mise en œuvre est la suivante : Prix actualisé = prix initial x (indices à la date de début d'exécution des prestations – 3 mois) / indices de la date de fixation du prix dans l'offre).

Les coefficients d'actualisation sont arrondis au millième supérieur.

10.1.3. Les prix sont réputés comprendre toutes les charges fiscales ou autres, frappant obligatoirement les prestations, les frais afférents à l'assurance ainsi que toutes les autres dépenses nécessaires à l'exécution des prestations, les marges pour risque et les marges bénéficiaires.

Commentaires.

Dans le cadre des opérations soumises au livre IV de la deuxième partie du code de la commande publique, et à l'exception des missions commandées par les organismes HLM et les sociétés d'économies mixtes immobilières, les modalités de rémunération du maître d'œuvre sont encadrées notamment par les articles L. 2432-1, L. 2432-2 et R. 2432-1 à R. 2432-7 dudit code.

10.2. Détermination des prix de règlement :

10.2.1. Passage des prix provisoires aux prix définitifs :

Lorsque le marché est passé à prix provisoires, les modalités de fixation des prix de règlement et du montant de la rémunération définitive du maître d'œuvre sont définies dans les documents particuliers du marché.

Commentaires.

Pour la réalisation des ouvrages mentionnés à l'article L. 2412-1 du code de la commande publique, les marchés de maîtrise d'œuvre sont passés à prix provisoires conformément aux dispositions du titre III du livre IV de la deuxième partie de ce même code. Dans ce cadre, le passage à la rémunération définitive s'opère par une clause de réexamen en application de l'article R. 2194-1 du code de la commande publique.

10.2.2. Lorsque les prix sont révisables, ils sont révisés à la date ou selon la périodicité prévue par les documents particuliers du marché.

Les prix à payer sont ceux applicables à la remise des prestations.

Art. 11 *Précisions sur les modalités de règlement.*

11.1. Avances :

Le présent article comprend deux options alternatives, A et B.

Les documents particuliers du marché précisent l'option retenue ; à défaut l'option A s'applique.

Option A

A.11.1. Le maître d'œuvre ou son sous-traitant admis au paiement direct bénéficient d'une avance calculée en application du code de la commande publique dès lors que le marché respecte les conditions mentionnées à l'article R. 2191-3 ou que le marché de défense ou de sécurité respecte les conditions mentionnées à l'article R. 2391-1.

Lorsque le maître d'œuvre ou le sous-traitant est une petite ou moyenne entreprise au sens du code de la commande publique, le taux de l'avance mentionné à l'article R. 2191-10 est fixé à 20% ou à un taux supérieur fixé par les documents particuliers du marché.

Lorsque le maître d'œuvre ou le sous-traitant n'est pas une petite ou moyenne entreprise au sens du code de la commande publique, le taux de l'avance est fixé par les documents particuliers du marché et, à défaut, au taux minimal prévu à l'article R. 2191-7 du code de la commande publique pour les marchés ou par l'article R. 2391-4 pour les marchés de défense ou de sécurité, ou à un taux supérieur prévu par les documents particuliers du marché.

L'avance est versée et remboursée selon les dispositions du code de la commande publique.

Option B

B.11.1. Lorsqu'en application du code de la commande publique, le maître d'œuvre ou son sous-traitant admis au paiement direct bénéficie d'une avance, le taux de l'avance correspond aux taux minimums prévus à l'article R. 2191-7 du code de la commande publique pour les marchés ou à l'article R. 2391-4 pour les marchés de défense ou de sécurité, ou à un taux supérieur prévu par les documents particuliers du marché.

L'avance est versée et remboursée selon les dispositions du code de la commande publique.

11.2. Acomptes :

Le règlement des comptes du marché se fait par des acomptes mensuels et un solde établis et réglés comme il est indiqué à l'article 11.8.

Le montant de chaque acompte est déterminé par le maître d'ouvrage, sur la base du descriptif des prestations effectuées et de leur montant, produit par le maître d'œuvre. Chaque acompte fait l'objet d'une demande de paiement.

11.3. Contenu de la demande de paiement :

11.3.1. Lorsque le maître d'œuvre remet au maître d'ouvrage une demande de paiement, il y joint les pièces nécessaires à la justification du paiement prévues par les documents particuliers du marché.

11.3.2. La demande de paiement est datée. Elle mentionne les références du marché ainsi que, selon le cas :

— le montant des prestations exécutées, établi conformément aux stipulations du marché, hors TVA et, le cas échéant, diminué des réfactions fixées conformément aux stipulations de l'article 21.3 ;

— la décomposition des prix forfaitaires ou le détail des prix unitaires, lorsque l'indication de ces précisions est prévue par les documents particuliers du marché ou que, eu égard aux prescriptions du marché, les prestations ont été effectuées de manière incomplète ou non conforme ;

— le détail des calculs, avec justifications à l'appui, des coefficients d'actualisation ou de révision des prix ;

— en cas de groupement conjoint ou solidaire, pour chaque membre du groupement, le montant des prestations effectuées par celui-ci ;

— en cas de sous-traitance, la nature des prestations exécutées par le sous-traitant, leur montant total hors TVA, leur montant toutes taxes comprises ainsi que, le cas échéant, les variations de prix établies hors TVA et toutes taxes comprises ;

— le cas échéant, les indemnités, primes et retenues autres que la retenue de garantie, établies conformément aux stipulations du marché.

11.3.3. La demande de paiement précise les éléments assujettis à la TVA, en les distinguant selon le taux applicable.

11.3.4. Les prix unitaires peuvent être fractionnés pour tenir compte des prestations en cours d'exécution.

11.3.5. Les prix forfaitaires peuvent être fractionnés, si la prestation ou la partie de prestation à laquelle le prix se rapporte n'est pas achevée. Une fraction du prix, qui est égale au pourcentage d'exécution de la prestation, est dans ce cas déterminée en faisant application, si le maître d'ouvrage le demande, de la décomposition des prix mentionnée à l'article 11.3.2.

11.3.6. Le maître d'œuvre établit sa demande de paiement suivant le modèle ou selon les modalités fixés dans les documents particuliers du marché.

11.3.7. En cas d'exécution de prestations aux frais et risques du maître d'œuvre défaillant, le surcoût supporté par le maître d'ouvrage est déduit des sommes dues au maître d'œuvre au titre des prestations admises. Ce surcoût correspond à la différence entre le prix que le maître d'ouvrage aurait dû régler au maître d'œuvre pour la réalisation des prestations et le prix effectivement payé pour l'exécution de celles-ci à la place du maître d'œuvre défaillant.

11.4. Calcul du montant dû par le maître d'ouvrage au titre des prestations fournies :

11.4.1. Le montant des sommes dues peut être établi sur la base de constats contradictoires lorsque le CCAP ou tout autre document qui en tient lieu le prévoit.

11.4.2. Lorsque le marché prévoit le versement d'acomptes à l'achèvement de certaines étapes de l'exécution des prestations, et qu'il indique la quotité du prix à régler à l'achèvement de chacune d'elles, la demande de paiement comprend :

— pour chaque partie du marché exécutée, la quotité correspondante ;

— pour chaque partie du marché entreprise, après accord du maître d'ouvrage, une fraction de la quotité correspondante, égale au pourcentage d'exécution des prestations de la partie en cause.

11.5. Remise de la demande de paiement :

La remise d'une demande de paiement intervient au début de chaque mois pour les prestations effectuées le mois précédent. Le maître d'œuvre transmet alors au maître d'ouvrage une demande de paiement mensuelle établissant le montant total, arrêté à la fin du mois précédent, des sommes auxquelles il peut prétendre du fait de l'exécution du marché depuis le début de celui-ci.

11.6. Acceptation de la demande de paiement par le maître d'ouvrage :

Le maître d'ouvrage accepte ou rectifie la demande de paiement. Il la complète, éventuellement, en faisant apparaître notamment les avances à rembourser, les primes et les réfactions imposées.

Il arrête le montant de la somme à régler. Si ce montant est différent de celui figurant dans la demande de paiement, il notifie le montant qu'il a ainsi arrêté au maître d'œuvre.

11.7. Demande de paiement finale :

11.7.1. Le maître d'œuvre transmet sa demande de paiement finale au maître d'ouvrage après l'achèvement du marché de maîtrise d'œuvre.

Cette demande de paiement finale est le *(Arr. du 30 sept. 2021, art. 6)* « projet de décompte final » établissant le montant total des sommes auquel le maître d'œuvre prétend du fait de l'exécution du marché dans son ensemble, son évaluation étant faite en tenant compte des prestations réellement exécutées.

Le *(Arr. du 30 sept. 2021, art. 6)* « projet de décompte final » est établi à partir des prix initiaux du marché.

Le maître d'œuvre est lié par les indications figurant sur le *(Arr. du 30 sept. 2021, art. 6)* « projet de décompte final ».

11.7.2. *(Arr. du 30 sept. 2021, art. 6)* Le maître d'œuvre notifie son projet de décompte final au maître d'ouvrage dans un délai de trente jours à compter de la notification de la dernière décision d'admission des prestations ou, en l'absence d'une telle notification, à la fin du délai fixé à l'article 20.2. Si la mission du maître d'œuvre s'achève à l'issue de la période de garantie de parfait achèvement, il notifie son projet de décompte final dans un délai de trente jours à compter de la date de fin de cette garantie.

Le maître d'ouvrage accepte ou rectifie le projet de décompte final établi par le maître d'œuvre. Le projet accepté ou rectifié devient alors le décompte final.

11.7.3. Si, après avoir été mis en demeure de le faire, le maître d'œuvre ne produit pas son *(Arr. du 30 sept. 2021, art. 6)* « projet de décompte final » dans un délai de quinze jours à compter de la réception de la mise en demeure, le maître d'ouvrage établit d'office le décompte final aux frais du maître d'œuvre. Ce décompte final est notifié au maître d'œuvre avec le décompte général tel que défini à l'article 11.8.1.

11.8. Décompte général définitif :

11.8.1. Le maître d'ouvrage établit le décompte général qui comprend :

— le décompte final *(Abrogé par Arr. du 30 sept. 2021, art. 6) « tel que transmis en application de l'article 11.7 »* ;

— l'état du solde hors révision de prix définitive, établi à partir du décompte final ;

— l'état récapitulatif des acomptes perçus et du solde hors révision de prix définitive.

Le montant du décompte général est égal au résultat de cette dernière récapitulation.

Lorsque la valeur finale des indices ou index de référence n'est pas connue au moment de l'établissement du décompte général, ce dernier est établi en prenant en compte la dernière valeur de référence connue.

Si le maître d'ouvrage a connaissance d'un litige ou d'une réclamation susceptible de concerner le maître d'œuvre au moment de la signature du décompte général, celui-ci est assorti d'une mention indiquant expressément l'objet du litige ou de la réclamation. A défaut, lorsque le décompte général sera devenu définitif, le maître d'ouvrage ne pourra appeler le maître d'œuvre à le garantir des condamnations qui pourraient être prononcées à son encontre dans le cadre d'une procédure contentieuse au titre des litiges ou réclamations dont il avait connaissance au moment de l'établissement du décompte.

11.8.2. Le maître d'ouvrage notifie au maître d'œuvre le décompte général dans un délai de trente jours à compter de la date de réception par le maître d'ouvrage du *(Arr. du 30 sept. 2021, art. 6)* « projet de décompte final » transmis par le maître d'œuvre.

11.8.3. Dans un délai de trente jours courant à compter de la date à laquelle le décompte général lui a été notifié, le maître d'œuvre envoie au maître d'ouvrage ce décompte revêtu de sa signature, avec ou sans réserves, ou fait connaître les motifs pour lesquels il refuse de le signer.

Si la signature du décompte général est donnée sans réserve par le maître d'œuvre, il devient le décompte général et définitif. La date de sa notification au maître d'ouvrage constitue le point de départ du délai de paiement.

11.8.4. Dans le cas où le maître d'œuvre n'a pas renvoyé le décompte général signé au maître d'ouvrage dans le délai de trente jours fixé à l'article 11.8.3, ou encore dans le cas où, l'ayant renvoyé dans ce délai, il n'a pas motivé son refus ou n'a pas exposé en détail les motifs de ses réserves, en précisant le montant de ses réclamations comme indiqué à l'article 35, le décompte général notifié par le maître d'ouvrage est réputé être accepté par lui. Il devient alors le décompte général et définitif du marché.

11.8.5. Si le maître d'ouvrage ne notifie pas au maître d'œuvre le décompte général dans les délais stipulés à l'article 11.8.2, le maître d'œuvre notifie au maître d'ouvrage un projet de décompte général signé, composé :

(Arr. du 30 sept. 2021, art. 6) « — du projet de décompte final tel que transmis en application de l'article 11.7 ;

« — du projet d'état du solde hors révision de prix définitive, établi à partir du projet de décompte final ;

« — du projet de récapitulation des acomptes perçus et du solde hors révision de prix définitive. »

Dans un délai de dix jours à compter de la réception de ces documents, le maître d'ouvrage notifie le décompte général au maître d'œuvre. Le décompte général et définitif est alors établi dans les conditions fixées à l'article *(Arr. du 30 sept. 2021, art. 6)* « 11.8.3 ».

Si, dans ce délai de dix jours, le maître d'ouvrage n'a pas notifié au maître d'œuvre le décompte général, le projet de décompte général transmis par le maître d'œuvre devient le décompte général et définitif. Le délai de paiement du solde, hors révisions de prix définitives, court à compter du lendemain de l'expiration de ce délai.

11.8.6. Le décompte général et définitif lie définitivement les parties, sauf en ce qui concerne la mention prévue à l'article 11.8.1, les montants des révisions de prix et des intérêts moratoires afférents au solde. Le cas échéant, les révisions de prix sont calculées dans les conditions prévues à l'article 11.8.1.

Le maître d'ouvrage notifie au maître d'œuvre le montant des révisions de prix au plus tard dix jours après la publication des indices ou index de référence permettant la révision du solde. La date de cette notification constitue le point de départ du délai de paiement de ce montant.

En cas de contestation sur le montant des sommes dues, le maître d'ouvrage règle, dans un délai de trente jours à compter de la date de réception de la notification du décompte général assorti des réserves émises par le maître d'œuvre ou de la date de réception des motifs pour lesquels le maître d'œuvre refuse de signer, les sommes admises dans le décompte final. Après résolution du désaccord, il procède, le cas échéant, au paiement d'un complément, majoré, s'il y a lieu, des intérêts moratoires. Ce désaccord est réglé dans les conditions mentionnées à l'article 35.

Si les réserves sont partielles, le maître d'œuvre est lié par son acceptation implicite des éléments du décompte général sur lesquels ses réserves ne portent pas.

11.9. Indemnités de dédit et d'attente en cas de tranches optionnelles :

11.9.1. Indemnités de dédit :

Si les documents particuliers le prévoient, en cas de non-affermissement d'une tranche optionnelle, une indemnité de dédit est due au maître d'œuvre. Celle-ci est due à compter de la notification, par ordre de service, au maître d'œuvre de la décision de renoncer à l'affermissement de la tranche optionnelle considérée. A défaut de décision du maître d'ouvrage dans les délais fixés par les documents particuliers du marché, l'indemnité de dédit est due quinze jours après que le maître d'œuvre ait mis en demeure le maître d'ouvrage de prendre cette décision.

11.9.2. Indemnités d'attente :

Si les documents particuliers du marché prévoient que, pour une tranche optionnelle, le maître d'œuvre a droit, à l'expiration d'un certain délai, à une indemnité d'attente, cette indemnité est due au maître d'œuvre, en tenant compte des stipulations prévues à l'article 15 en cas de prolongation ou de report des délais de réalisation, pour la période s'étendant de l'expiration de ce délai jusqu'à la date fixée pour le démarrage des prestations dans l'ordre de service prescrivant l'exécution de la tranche optionnelle ou la date de la notification de l'ordre de service faisant connaître la décision de renoncer à cette exécution, ou bien, en l'absence d'une telle notification, dans le délai imparti par les documents particuliers du marché jusqu'à expiration de ce délai.

Si l'indemnité d'attente prévue par les documents particuliers du marché est mensuelle, il est néanmoins tenu compte des fractions de mois, chaque jour étant compté pour un trentième.

11.9.3. Les indemnités de dédit et d'attente éventuellement prévues par les documents particuliers du marché se cumulent. Elles sont toutes deux révisables ou actualisables, selon les mêmes modalités que les prix du marché.

11.10. Facturation électronique :

11.10.1. Lorsque le maître d'œuvre ou son sous-traitant admis au paiement direct est tenu, en application du code de la commande publique, de transmettre les demandes de paiement sous forme électronique, il les transmet selon les modalités prévues par ce même code. Les modalités pratiques d'exécution sont prévues dans les documents particuliers du marché.

La demande de paiement peut être refusée par le maître d'ouvrage lorsque celle-ci méconnaît les obligations de dématérialisation des factures à la charge du maître d'œuvre et de ses sous-traitants admis au paiement direct. Au préalable, le maître d'ouvrage doit avoir informé le maître d'œuvre et les sous-traitants admis au paiement direct, dans les conditions prévues à l'article 3.1, de l'obligation à sa charge de transmission des demandes de paiement sous forme électronique et l'avoir invité à s'y conformer.

11.10.2. Lorsque le maître d'œuvre est habilité à recevoir des demandes de paiement, il est tenu, pour l'exercice de cette mission, de s'intégrer et de se conformer au portail de facturation utilisé par le maître d'ouvrage lorsque ce portail le permet. Les modalités pratiques d'habilitation du maître d'œuvre pour accéder aux outils ministériels sécurisés sont prévues dans les documents particuliers du marché.

Art. 12 *Règlement en cas de groupement d'opérateurs économiques ou de sous-traitance.*

12.1. Groupements d'opérateurs économiques :

12.1.1. En cas de groupement conjoint ou solidaire, chaque membre du groupement perçoit directement les sommes se rapportant à l'exécution de ses propres prestations.

12.1.2. Toutefois, les documents particuliers du marché peuvent prévoir, en cas de groupement solidaire, que le paiement est effectué sur un compte unique ouvert au nom des membres du groupement ou du mandataire.

12.1.3. Quelle que soit la forme du groupement, le mandataire est seul habilité à présenter au maître d'ouvrage la demande de paiement. La demande de paiement présentée par le mandataire est décomposée en autant de parties qu'il y a de membres du groupement à payer séparément. Chaque partie fait apparaître les renseignements nécessaires au paiement du membre du groupement concerné.

12.1.4. Le mandataire est seul habilité à formuler ou à transmettre les réclamations des membres du groupement.

12.2. Sous-traitants :

Les prestations exécutées par les sous-traitants, dont les conditions de paiement ont été agréées par le maître d'ouvrage, sont payées dans les conditions financières prévues par le marché ou par un acte spécial.

CHAPITRE III EXÉCUTION ET PÉRIMÈTRE DES PRESTATIONS

Art. 13 *Engagements du maître d'œuvre.*

13.1. Pour les marchés de maîtrise d'œuvre réunissant les conditions d'application des articles R. 2432-3 ou R. 2432-4 du code de la commande publique, le formalisme des engagements, les modalités de contrôle et de prise en compte des variations économiques, ainsi que les seuils de tolérance, sont fixés dans les documents particuliers du marché.

13.2. A défaut de mention dans les documents particuliers du marché, le seuil de tolérance attaché à l'engagement du maître d'œuvre sur le coût prévisionnel des travaux est calculé en application des formules suivantes :

— pour les opérations de construction neuve : coût prévisionnel des travaux en euros hors taxes x 1,05 ;

— pour les opérations de réhabilitation : coût prévisionnel des travaux en euros hors taxes x 1,1.

Le seuil de tolérance attaché à l'engagement du maître d'œuvre sur le coût total définitif des marchés de travaux est calculé en application des formules suivantes :

— pour les opérations de construction neuve : coût résultant des marchés de travaux en euros hors taxes x 1,03 ;

— pour les opérations de réhabilitation : coût résultant des marchés de travaux en euros hors taxes x 1,05.

Art. 14 *Prestations supplémentaires ou modificatives.*

14.1. Le maître d'ouvrage peut prescrire au maître d'œuvre, par ordre de service, l'exécution de prestations modificatives ou supplémentaires après consultation de ce dernier ou accepter les modifications qu'il propose.

Le maître d'œuvre ne doit apporter aucune modification aux spécifications techniques sans autorisation préalable du maître d'ouvrage.

Commentaires.

Ces modifications ne peuvent changer l'objet du marché ou modifier substantiellement les caractéristiques techniques de l'offre présentée par le maître d'œuvre lors de la mise en concurrence.

14.2. Lorsque le marché n'a pas prévu de prix pour les prestations supplémentaires ou modificatives demandées par le maître d'ouvrage au maître d'œuvre, l'ordre de service mentionné à l'article 14.1 fixe provisoirement le prix nouveau retenu par le maître d'ouvrage pour leur rémunération après consultation du maître d'œuvre.

Ce prix provisoire, permettant une juste rémunération du maître d'œuvre, est utilisé pour le règlement des acomptes jusqu'à la fixation du prix définitif. Le maître d'œuvre est réputé avoir accepté le prix provisoire fixé par l'ordre de service si, dans le délai de trente jours suivant l'ordre de service qui lui a notifié ce prix, il n'a pas présenté d'observation au maître d'ouvrage en indiquant, avec toutes justifications utiles, le prix qu'il propose. En cas de désaccord, le maître d'ouvrage règle provisoirement les sommes qu'il admet.

Lorsque le maître d'ouvrage et le maître d'œuvre sont d'accord pour arrêter le prix définitif, celui-ci fait l'objet d'un avenant, sauf si le prix est devenu définitif dans le silence du maître d'œuvre en application de l'alinéa ci-dessus.

Le maître d'ouvrage ne peut émettre d'ordres de service prescrivant des prestations supplémentaires ou modificatives que dans la mesure où le montant cumulé des ordres de service qui n'ont pas donné lieu à la signature d'un avenant est inférieur à 10 % du montant hors taxes du marché. Au-delà de ce seuil, le maître d'œuvre peut refuser d'exécuter le ou les ordres de service tant qu'ils n'ont pas fait l'objet d'un avenant.

14.3. Le maître d'œuvre n'est pas tenu de se conformer à un ordre de service mentionné à l'article 14.2 lorsque cet ordre de service n'a fait l'objet d'aucune valorisation financière.

Un tel refus d'exécuter opposé par le maître d'œuvre n'est toutefois recevable que s'il est notifié par écrit, avec les justifications nécessaires, au maître d'ouvrage, dans le délai de quinze jours suivant la notification de l'ordre de service prescrivant les prestations.

Art. 15 *Délai d'exécution.*

15.1. Début du délai d'exécution :

15.1.1. Le délai d'exécution du marché ou, lorsque le marché comporte plusieurs éléments de mission, le délai d'exécution du premier élément de mission, court à compter de la date précisée dans l'ordre de service de démarrage des prestations, sauf si les documents particuliers du marché précisent qu'il court à compter de la date de la notification du marché.

15.1.2. Le délai d'exécution du bon de commande part de la date de sa notification sauf si le bon de commande prévoit une date différente.

15.1.3. Le délai d'exécution d'une tranche optionnelle part de la date de notification de la décision de son affermissement sauf si cette décision prévoit une date différente.

15.1.4. Lorsque le marché comporte plusieurs éléments de mission, le point de départ du délai d'exécution des éléments de mission suivant le premier élément de mission part à la date précisée dans l'ordre de service de démarrage de l'élément de mission concerné.

15.2. Expiration du délai d'exécution :

15.2.1. En cas de livraison ou d'exécution des prestations dans les locaux du maître d'ouvrage, la date d'expiration du délai d'exécution est la date de livraison ou de l'achèvement des prestations.

15.2.2. Pour les éléments de mission comportant des prestations d'études, la date d'expiration du délai d'exécution est la date de présentation des études au maître d'ouvrage selon les modalités prévues par les documents particuliers du marché, en vue de l'engagement des opérations de vérification.

15.2.3. En cas d'inachèvement des prestations à la date limite de validité du marché ou du bon de *commande,* le délai d'exécution des prestations expire à la date limite de validité du marché ou du bon de commande.

15.3. Prolongation du délai d'exécution :

15.3.1. Lorsque le maître d'œuvre est dans l'impossibilité de respecter les délais d'exécution du fait du maître d'ouvrage, du fait d'un événement ayant le caractère de force majeure, ou lorsqu'une toute autre cause n'engageant pas la responsabilité du maître d'œuvre fait obstacle à l'exécution du marché dans le délai contractuel, le maître d'ouvrage prolonge le délai d'exécution. Le délai ainsi prolongé a, pour l'exécution du marché, les mêmes effets que le délai contractuel.

15.3.2. Pour bénéficier des stipulations du premier alinéa, le maître d'œuvre signale au maître d'ouvrage les causes qui font obstacle à l'exécution du marché dans le délai contractuel. Il dispose, à cet effet, d'un délai de trente jours à compter de la date à laquelle ces causes sont apparues ou d'un délai courant jusqu'à la fin du marché, dans le cas où le marché arrive à échéance dans un délai inférieur à trente jours.

Il formule en même temps une demande de prolongation du délai d'exécution. Il indique la durée de la prolongation demandée, dès que le retard peut être déterminé avec précision.

Lorsque le délai imparti par les documents particuliers du marché pour la notification de l'ordre de service d'exécuter une tranche optionnelle est défini par rapport à l'origine du délai d'exécution d'une autre tranche, il est, en cas de prolongation de ce délai ou de retard du fait du maître d'œuvre constaté dans cette exécution, prolongé d'une durée égale à celle de cette prolongation ou de ce retard. Lorsque les documents particuliers du marché prévoient, pour une tranche optionnelle, une indemnité d'attente et définissent, par rapport à l'origine du délai d'exécution d'une autre tranche, le point de départ du droit du maître d'œuvre à cette indemnité, la prolongation de délai ou le retard du fait du maître d'œuvre constaté dans cette exécution entraîne un report de l'ouverture du droit à indemnité égal à la prolongation ou au retard.

15.3.3. Le maître d'ouvrage dispose d'un délai de quinze jours, à compter de la date de réception de la demande du maître d'œuvre, pour lui notifier sa décision, sous réserve que le marché n'arrive pas à son terme avant la fin de ce délai. Passé ce délai, le maître d'ouvrage est réputé, par son silence, avoir accepté la demande du maître d'œuvre.

La demande de prolongation ne peut pas être refusée lorsque le retard est dû à l'intervention du maître d'œuvre, dans le cadre d'un ordre de réquisition.

Sous réserve que le marché n'ait pas lui-même pour objet de répondre à une situation d'urgence impérieuse résultant de circonstances imprévisibles, la demande de prolongation ne peut, pas davantage, être refusée lorsque le retard est dû à l'intervention du prestataire, dans le cadre d'un marché passé en urgence impérieuse résultant de circonstances imprévisibles.

La durée d'exécution du marché est prolongée de la durée nécessaire à la réalisation des prestations réalisées sur réquisition ou pour les besoins du marché passé en urgence impérieuse.

15.3.4. Aucune demande de prolongation du délai d'exécution ne peut être présentée après l'expiration du délai contractuel d'exécution de la prestation.

15.3.5. En cas de prolongation de la durée du chantier ayant pour conséquence une augmentation de plus de 10% par rapport à celle prévue dans les documents particuliers du marché ou, à défaut, par rapport à celle résultant initialement des marchés de travaux, les parties se rapprochent afin, d'une part, d'examiner les causes de ce retard, et, d'autre part, de déterminer si ce retard ouvre droit à rémunération complémentaire.

Art. 16 *Pénalités.*

16.1. Généralités :

16.1.1. Les samedis, les dimanches et les jours fériés ou chômés ne sont pas déduits pour le calcul des pénalités.

16.1.2. Dans le cas d'un groupement d'opérateurs économiques pour lesquels le paiement est effectué sur des comptes séparés, les pénalités sont réparties entre les membres du groupement conformément aux indications données par le mandataire.

Dans l'attente de ces indications, les pénalités sont retenues en totalité sur les sommes dues au mandataire, sans que cette opération engage la responsabilité du maître d'ouvrage à l'égard des autres membres du groupement.

16.1.3. En cas de résiliation, les pénalités sont appliquées jusqu'au jour inclus de la date de prise d'effet de la décision de résiliation ou jusqu'au jour d'arrêt de l'exploitation du maître d'œuvre si la résiliation résulte d'un des cas prévus à l'article 28.

16.2. Pénalités de retard :

16.2.1. Le maître d'œuvre est exonéré des pénalités de retard dont le montant total ne dépasse pas 1 000 euros pour l'ensemble du marché.

16.2.2. Le montant total des pénalités de retard appliquées au maître d'œuvre ne peut excéder 10% du montant total hors taxes du marché, de la tranche considérée ou du bon de commande.

Le montant hors taxes de l'ensemble du marché, de la tranche considérée ou du bon de commande est celui qui résulte des prévisions du marché ou de l'accord-cadre, c'est-à-dire du marché ou de l'accord-cadre initial éventuellement modifié. Il est évalué à partir des prix initiaux hors taxes du marché ou de l'accord-cadre.

16.2.3. Sous réserve des stipulations des articles 15.3, en cas de retard dans l'exécution des prestations par le maître d'œuvre, le maître d'ouvrage applique des pénalités.

Cette pénalité est calculée par application de la formule suivante :

$P = V \times R / 3000$

dans laquelle :

P = le montant de la pénalité ;

V = la valeur de l'élément de mission auquel se rattache la prestation en retard et sur lequel est calculée la pénalité, cette valeur étant égale au montant en prix de base, hors variations de prix et hors du champ d'application de la TVA, dudit élément de mission ;

R = le nombre de jours de retard.

16.2.4. Lorsque le maître d'ouvrage envisage d'appliquer les pénalités de retard, il invite, par écrit, le maître d'œuvre à présenter ses observations dans un délai qui ne peut être inférieur à quinze jours. Le maître d'ouvrage précise le montant des pénalités susceptibles d'être appliquées, le ou les retards concernés ainsi que le délai imparti au maître d'œuvre pour présenter ses observations. A défaut de réponse du maître d'œuvre, le maître d'ouvrage applique les pénalités de retard.

Si le maître d'ouvrage considère que les observations formulées par le maître d'œuvre en application du premier alinéa ne permettent pas de démontrer que le retard n'est pas imputable à celui-ci, les pénalités pour retard s'appliquent et sont calculées à compter du lendemain du jour où le délai contractuel d'exécution des prestations est expiré.

Art. 17 *Primes.*

17.1. Si les documents particuliers du marché prévoient le versement de primes, ils en précisent les conditions d'attribution ainsi que les modalités de calcul et de versement.

17.2. Le marché peut prévoir des primes pour réalisation anticipée, soit de l'ensemble des prestations, soit de certaines parties des prestations ou d'ouvrages faisant l'objet de délais particuliers ou de dates limites fixés dans le marché calculés conformément à l'article 3.2. Les samedis, les dimanches et les jours fériés ou chômés ne sont pas déduits pour le calcul des primes.

Le marché peut également prévoir des primes de performance financière intégrées au calcul de la rémunération définitive ou associées au contrôle des engagements du maître d'œuvre, fixées par une clause de réexamen dans les documents particuliers du marché.

17.3. Une fois le montant des primes déterminé, elles sont versées toutes taxes comprises sans que le maître d'œuvre soit tenu de les demander. Le montant des primes n'est pas plafonné.

17.4. Dans le cas d'un groupement d'opérateurs économiques pour lesquels le paiement est effectué sur des comptes séparés, les primes sont réparties entre les membres du groupement conformément aux indications données par le mandataire.

Art. 18 *Développement durable.*

18.1. Clause d'insertion sociale :

Lorsque les documents particuliers du marché prévoient que le maître d'œuvre réalise une action d'insertion permettant l'accès ou le retour à l'emploi de personnes rencontrant des difficultés sociales et/ou professionnelles, leur mise en œuvre s'effectue dans les conditions prévues au présent article, ils précisent *a minima* :

— le périmètre de l'action à réaliser ;

— les coordonnées du facilitateur le cas échéant ;

— les profils de publics éligibles à la clause d'insertion ;

— le volume horaire d'insertion à la charge du maître d'œuvre.

L'action d'insertion définie dans les documents particuliers du marché est mise en œuvre dans les conditions prévues par le présent article.

18.1.1. Publics éligibles :

Les personnes visées par l'action d'insertion professionnelle relèvent notamment de l'une des catégories suivantes :

18.1.1.1. Personnes recrutées et accompagnées dans une structure reconnue par l'État :

a) personnes prises en charge dans le secteur adapté ou protégé : salariés des entreprises adaptées, des entreprises adaptées de travail temporaire ou usagers des ESAT ;

b) personnes prises en charge dans les structures d'insertion par l'activité économique (IAE) mentionnée à l'article L. 5132-4 du code du travail, c'est-à-dire :

— mises à disposition par une association intermédiaire (AI) ou une entreprise de travail temporaire d'insertion (ETTI) ;

— salariées d'une entreprise d'insertion (EI), d'un atelier chantier d'insertion (ACI) ;

c) personnes employées par une régie de quartier ou de territoire agréée ;

d) personnes prises en charge dans des dispositifs particuliers, notamment les Établissements Publics d'Insertion de la Défense (EPIDE) et les Écoles de la deuxième Chance (E2C) ;

e) personnes en parcours d'insertion au sein des groupements d'employeurs pour l'insertion et la qualification (GEIQ) ;

f) personnes sous-main de justice employées en régie, dans le cadre du service de l'emploi pénitentiaire de l'agence du travail d'intérêt général et de l'insertion professionnelle (ATIGIP) ou affectées à un emploi auprès d'un concessionnaire de l'administration pénitentiaire.

18.1.1.2. Personnes répondant à des critères d'éloignement du marché du travail :

a) demandeurs d'emploi de longue durée (plus de 12 mois d'inscription au chômage) sans activité ou en activité partielle (moins de 6 mois dans les 12 derniers mois) ;

b) bénéficiaires du RSA en recherche d'emploi ;

c) personnes ayant obtenu la reconnaissance de travailleurs handicapés au sens de l'article L. 5212-13 du code du travail orientés en milieu ordinaire et demandeurs d'emploi fixant la liste des bénéficiaires de l'obligation d'emploi ;

d) bénéficiaires de l'allocation spécifique de solidarité (ASS), de l'allocation adulte handicapé (AAH), de l'allocation d'Insertion (AI), de l'allocation veuvage, ou de l'allocation d'invalidité ;

e) jeunes de moins de 26 ans en recherche d'emploi :

— sans qualification (infra niveau 3, soit niveau inférieur au CAP/BEP) et sortis du système scolaire depuis au moins 6 mois ;

— diplômés, justifiant d'une période d'inactivité de 6 mois depuis leur sortie du système scolaire ou de l'enseignement supérieur ;

f) demandeurs d'emploi seniors (plus de 50 ans) ;

g) jeunes en suivi renforcé de type PACEA, SMA, SMV, en sortie de dispositif Garantie Jeunes ;

h) habitants des quartiers prioritaires de la politique de la ville éloignés de l'emploi ;

i) personnes ayant le statut de réfugié ou bénéficiaires de la protection subsidiaire ;

j) personnes rencontrant des difficultés particulières sur proposition motivée de Pôle emploi, des maisons de l'emploi, des plans locaux pour l'insertion et l'emploi (PLIE), des missions locales, de Cap emploi ou des maisons départementales des personnes handicapées (MDPH).

L'éligibilité des publics doit être établie préalablement à la mise en œuvre du dispositif et à la réalisation des heures d'insertion.

18.1.2. Modalités de mise en œuvre de l'action d'insertion professionnelle du maître d'œuvre :

Le maître d'œuvre s'engage à réaliser une action d'insertion, au minimum à hauteur des objectifs horaires d'insertion fixés dans les documents particuliers du marché. L'ensemble des actions mises en œuvre doivent intervenir durant la période d'exécution du marché.

Si la formation fait partie du contrat de travail (contrat de professionnalisation, contrat d'apprentissage, etc.), les heures de formation sont comptabilisées au titre des heures d'insertion.

(Arr. du 30 sept. 2021, art. 6) « L'action d'insertion professionnelle peut être mise en œuvre par le maître d'œuvre selon une ou plusieurs des modalités suivantes :

« — par une embauche directe en contrat à durée indéterminée (CDI), en contrat à durée déterminée (CDD) par le maître d'œuvre, ou en contrats en alternance (contrat de professionnalisation ou contrat d'apprentissage). Les heures effectuées par les personnes en insertion via l'embauche directe sont comptabilisées durant l'exécution du marché à compter de la date d'embauche et pour une période maximale de deux ans ;

« — par la mise à disposition de salariés en insertion via le recours à une association intermédiaire (AI), ou à une entreprise de travail temporaire d'insertion (ETTI), ou à une entreprise de travail temporaire adapté (ETTA), ou à un groupement d'employeurs pour l'insertion et la qualification (GEIQ), ou à une entreprise de travail temporaire (ETT) ;

« — par le recours à la sous-traitance ou au groupement d'opérateurs économiques avec une entreprise d'insertion (EI), un atelier chantier d'insertion (ACI) ou une entreprise adaptée (EA), un établissement et service d'aide par le travail (ESAT), une entreprise d'insertion par le travail indépendant (EITI), ou un travailleur indépendant handicapé (TIH).

« En cas de groupement d'opérateurs économiques, le mandataire du groupement est l'interlocuteur unique du maître d'ouvrage pour le suivi d'exécution de la clause d'insertion. Cette mission peut également être confiée, le cas échéant, à un facilitateur identifié dans les documents particuliers du marché.

« A l'issue du marché, le maître d'œuvre s'engage à étudier toutes les possibilités d'embauche ultérieure des personnes en insertion. »

18.1.3. Globalisation des heures d'insertion :

Si, dans un même bassin d'emploi, le maître d'œuvre est attributaire d'un ou plusieurs autres marchés comportant une clause d'insertion sociale, le maître d'œuvre peut solliciter auprès du maître d'ouvrage la globalisation des heures d'insertion, afin de favoriser le parcours d'insertion des personnes éloignées de l'emploi. Celle-ci doit être définie dans les documents particuliers du marché.

18.1.4. Intervention d'un facilitateur :

Afin de faciliter la mise en œuvre de la démarche d'insertion, le maître d'œuvre peut bénéficier de l'accompagnement d'un facilitateur dont les coordonnées sont précisées dans les documents particuliers du marché.

18.1.4.1. Dans le cadre du marché, le facilitateur a pour mission notamment :

— d'accompagner le maître d'œuvre dans la définition du besoin de recrutement (nature du poste, compétence...) et de lui proposer les modalités les plus appropriées de mise en œuvre de la clause d'insertion (embauche directe, mise à disposition, etc.) ;

— *d'identifier les publics* susceptibles de répondre au besoin du maître d'œuvre ;

— d'organiser le suivi des publics ;

— de mesurer et de communiquer auprès de du maître d'ouvrage et du maître d'œuvre sur les réalisations obtenues dans le cadre du marché.

18.1.4.2. Le maître d'œuvre désigne un correspondant opérationnel pour le suivi des actions d'insertion professionnelle, interlocuteur privilégié du maître d'ouvrage et du facilitateur.

Le maître d'œuvre transmet au maître d'ouvrage, et le cas échéant au facilitateur, dès lors que le maître d'ouvrage lui a communiqué les coordonnées du facilitateur, tous renseignements utiles permettant le contrôle et le suivi de l'exécution de la clause d'insertion sociale.

Ces informations, ainsi que la fréquence de leur transmission, sont précisées dans les documents particuliers du marché.

18.1.4.3. A l'initiative du maître d'ouvrage, une réunion de mise au point de l'action d'insertion est organisée avec le maître d'œuvre et, le cas échéant, le facilitateur.

Elle est mise en place après notification du marché selon un délai précisé dans les documents particuliers du marché.

Durant toute la période d'exécution du marché, le maître d'ouvrage peut organiser avec le maître d'œuvre et, le cas échéant le facilitateur, des réunions de suivi de la clause d'insertion.

Commentaires.

Les renseignements utiles détaillés dans les documents particuliers du marché par le maître d'œuvre sont notamment : date d'embauche, type de contrat, poste occupé, justificatif de l'éligibilité des personnes recrutées, attestation trimestrielle d'heures d'insertion adressée au facilitateur, récapitulatif des factures, etc.

18.1.4.4. Le maître d'œuvre notifie au maître d'ouvrage toute difficulté pour assurer son engagement. Dans ce cas, le maître d'ouvrage, et le cas échéant le facilitateur, étudie avec le maître d'œuvre les moyens à mettre en œuvre pour atteindre les objectifs d'insertion.

En cas de difficultés économiques, établies par un faisceau d'indices, le maître d'œuvre peut demander au maître d'ouvrage la suspension ou la suppression de la clause d'insertion sociale.

En cas de difficultés économiques qui se traduisent par le recours à de l'activité partielle, à l'engagement d'une procédure de licenciement pour motif économique ou à l'ouverture d'une procédure de redressement judiciaire, le maître d'ouvrage annule la clause d'insertion sociale. Cette annulation est subordonnée à la communication d'une copie des documents afférents à ces difficultés, transmis à la DIRECCTE ou au juge.

18.1.4.5. Il est procédé au contrôle de l'exécution de l'action d'insertion pour laquelle le maître d'œuvre s'est engagé, tout au long de l'exécution des prestations :

— le maître d'œuvre, ou le cas échéant le facilitateur, établit pendant toute la durée du marché un bilan annuel sur la base des bilans transmis au maître d'ouvrage ;

— le maître d'œuvre, ou le cas échéant le facilitateur, rédige un bilan final dans le mois précédant la fin de l'exécution du marché transmis au maître d'ouvrage.

Ces bilans portent sur les aspects quantitatif et qualitatif de l'action d'insertion.

18.1.5. Pénalités pour non-respect de la clause d'insertion sociale :

Le maître d'œuvre se voit appliquer une pénalité forfaitaire dont le montant est fixé par les documents particuliers du marché après mise en demeure restée infructueuse. Lorsque le maître d'œuvre a informé le maître d'ouvrage de difficultés dans la mise en œuvre du présent article 18, la pénalité ne s'applique pas à la part des heures d'insertion initialement prévues pour lesquelles le maître d'ouvrage ou le facilitateur ne sont pas parvenus à trouver un moyen pour le maître d'œuvre d'y recourir.

En cas d'absence injustifiée à une réunion de suivi de l'exécution de la clause sociale d'insertion, le maître d'œuvre se voit appliquer, après mise en demeure restée infructueuse de justifier son absence, une pénalité forfaitaire dont le montant est fixé par les documents particuliers du marché.

En cas de non-transmission, ou transmission partielle, ou retard de transmission des documents et attestations propres à permettre le contrôle de l'exécution de l'action d'insertion professionnelle (notamment justificatifs d'éligibilité des publics et justificatifs des missions confiées et heures réalisées), le maître d'œuvre se voit appliquer, pour chaque manquement, et après avoir été mis en demeure d'y remédier, une pénalité forfaitaire dont le montant est fixé par les documents particuliers du marché.

Commentaires.

Le recours à la sous-traitance n'exonère pas le maître d'œuvre de ses obligations en matière de clause d'insertion. S'il peut partager une partie de l'effort d'insertion, il restera responsable de leur bonne exécution et de la bonne remontée d'information. Les pénalités sont supportées par le maître d'œuvre. Il appartient à ce dernier de prévoir dans le contrat de sous-traitance les stipulations qui permettront de responsabiliser son sous-traitant.

18.2. Clause environnementale générale :

18.2.1. Les documents particuliers du marché précisent les obligations environnementales du maître d'œuvre dans l'exécution du marché. Ces obligations doivent être vérifiables, selon des méthodes objectives, et faire l'objet d'un contrôle effectif.

Commentaires.

Les documents particuliers du marché peuvent notamment prendre en compte, sur l'ensemble du cycle de vie des produits, ouvrages ou services acquis, selon la nature de l'achat :

— la réduction des prélèvements des ressources ;

— la composition des produits et notamment leur caractère écologique, polluant ou toxique ;

— les actions en faveur du réemploi, de la réutilisation, du reconditionnement, de l'intégration de matières recyclées et du recyclage ;

— les économies d'énergie et le développement des énergies renouvelables ;

— la prévention de la production des déchets et leur orientation vers des filières de valorisation ;

— les pratiques environnementales appliquées aux modalités d'exécution des prestations et notamment les politiques de réduction des émissions de gaz à effet de serre et d'amélioration de la qualité de l'air ;

— la réduction des impacts sur la biodiversité ;

— la sensibilisation des intervenants aux problématiques environnementales liées à l'exécution du marché.

18.2.2. Le maître d'œuvre s'assure du respect par ses sous-traitants des obligations environnementales fixées par le marché.

18.2.3. En cas de non-respect des obligations prévues au présent 18.2, le maître d'œuvre se voit appliquer pour chaque manquement, après mise en demeure restée infructueuse, une pénalité dont le montant est fixé par les documents particuliers du marché.

Art. 19 *Moyens mis à la disposition du maître d'œuvre.*

Si le maître d'ouvrage met à la disposition du maître d'œuvre des moyens nécessaires à l'exécution de la prestation, les documents particuliers du marché précisent les conditions particulières d'utilisation, de conservation et de restitution de ces moyens. Avant toute mise à disposition de ces moyens, le maître d'œuvre justifie auprès du maître d'ouvrage des assurances adaptées à leur utilisation.

CHAPITRE IV CONSTATATION DE L'EXÉCUTION DES PRESTATIONS

Art. 20 *Opérations de vérification.*

20.1. Nature des opérations :

Les opérations de vérification quantitative et qualitative ont pour objet de permettre au maître d'ouvrage de contrôler notamment que le maître d'œuvre :

— a mis en œuvre les moyens définis dans le marché, conformément aux prescriptions qui y sont fixées ;

— a réalisé les prestations définies dans le marché comme étant à sa charge, conformément aux stipulations contractuelles.

20.2. Délai de vérifications :

Pour procéder aux vérifications et notifier sa décision d'admission en l'état, d'admission avec observations, d'ajournement, de réfaction ou de rejet, le maître d'ouvrage dispose de délais différenciés selon les éléments de mission de la prestation de maîtrise d'œuvre. Ces délais sont fixés dans les documents particuliers du marché.

Dans le silence du marché, le maître d'ouvrage bénéficie d'un délai de deux mois pour procéder aux vérifications et notifier sa décision d'admission en l'état, d'admission avec observations, d'ajournement, de réfaction ou de rejet pour chacun des éléments de mission de maîtrise d'œuvre.

20.3. Point de départ du délai pour les opérations de vérification :

20.3.1. Pour les vérifications effectuées dans les établissements du maître d'ouvrage, le point de départ du délai est la date de remise par le maître d'œuvre, ou de livraison, des prestations au maître d'ouvrage.

20.3.2. Pour les vérifications qui sont effectuées dans les établissements du maître d'œuvre ou tout autre lieu désigné dans les documents particuliers du marché, le point de départ du délai est la date à laquelle le maître d'œuvre notifie au maître d'ouvrage que les prestations sont prêtes à être *vérifiées.*

20.4. Frais de vérification :

20.4.1. Quels que soient les résultats des vérifications, les frais qu'elles entraînent sont à la charge du maître d'ouvrage.

20.4.2. Le maître d'œuvre avise le maître d'ouvrage par écrit de la date à partir de laquelle les prestations pourront être présentées en vue de ces vérifications.

20.5. Présence du maître d'œuvre :

Le maître d'ouvrage avise le maître d'œuvre, au minimum huit jours avant la date prévue, des jours et heures fixés pour les vérifications, afin de lui permettre d'y assister ou de se faire représenter.

L'absence du maître d'œuvre dûment avisé, ou de son représentant, ne fait pas obstacle au déroulement ou à la validité des opérations de vérification.

Art. 21 *Admission en l'état ou avec observations, ajournement, réfaction et rejet.*

A l'issue des opérations de vérification, le maître d'ouvrage prend, dans le délai prévu à l'article 20.2, une décision d'admission en l'état, d'admission avec observations, d'ajournement, de réfaction ou de rejet. La décision d'admission avec observations peut consister à la formulation d'observations à prendre en compte pour la réalisation des éléments de mission suivants.

Si le maître d'ouvrage ne notifie pas sa décision dans le délai précité, les prestations sont considérées comme admises, avec effet à compter de l'expiration du délai. La décision du maître d'ouvrage d'ordonner le démarrage d'un élément de mission de maîtrise d'œuvre vaut en tout état de cause admission tacite de l'élément de mission précédent.

Dans le cas d'un marché comportant des prestations distinctes à exécuter, chaque prestation fait l'objet de vérifications et de décisions distinctes.

21.1. Admission en l'état ou avec observations :

Le maître d'ouvrage prononce l'admission des prestations en l'état ou avec observations si celles-ci répondent aux stipulations du marché. L'admission prend effet à la date de notification au maître d'œuvre de la décision d'admission en l'état ou d'admission avec observations.

En cas d'admission tacite, la date d'effet est l'expiration du délai mentionné à l'article 20.2.

21.2. Ajournement :

21.2.1. Le maître d'ouvrage, lorsqu'il estime que des prestations ne peuvent être admises que moyennant certaines mises au point, peut décider d'ajourner l'admission des prestations par une décision motivée. Cette décision invite le maître d'œuvre à présenter à nouveau au maître d'ouvrage, les prestations mises au point, dans un délai de trente jours.

Le maître d'œuvre doit faire connaître son acceptation dans un délai de quinze jours à compter de la notification de la décision d'ajournement. En cas de refus du maître d'œuvre ou de silence gardé par lui durant ce délai, le maître d'ouvrage a le choix de prononcer l'admission des prestations avec réfaction ou de les rejeter, dans les conditions fixées aux 3 et 4 du présent article, dans un délai de quinze jours courant à partir de la notification du refus du maître d'œuvre ou à partir de l'expiration du délai de quinze jours ci-dessus mentionné.

21.2.2. Si le maître d'œuvre présente à nouveau les prestations mises au point, après la décision d'ajournement des prestations, le maître d'ouvrage dispose à nouveau de la totalité du délai prévu pour procéder aux vérifications des prestations, à compter de leur nouvelle présentation par le maître d'œuvre.

21.3. Réfaction :

Lorsque le maître d'ouvrage estime que des prestations ne satisfont pas entièrement aux conditions du marché, mais qu'elles présentent des possibilités d'admission en l'état, il notifie au maître d'œuvre une décision motivée de les admettre avec réfaction, c'est-à-dire entraînant une réduction de prix selon l'étendue des imperfections constatées.

Le maître d'œuvre dispose de trente jours pour présenter ses observations. Passé ce délai, il est réputé avoir accepté la décision du maître d'ouvrage.

Si le maître d'œuvre formule des observations, le maître d'ouvrage dispose ensuite de trente jours pour confirmer sa décision ou pour notifier une nouvelle décision. A défaut d'une telle notification dans ce délai, le maître d'ouvrage est réputé avoir accepté les observations du maître d'œuvre et l'admission est réputée sans réfaction.

21.4. Rejet :

21.4.1. Lorsque le maître d'ouvrage estime que des prestations ne sont pas conformes aux stipulations du marché, telles qu'elles ne peuvent être admises en l'état et qu'il n'apparaît pas possible d'en prononcer l'ajournement ou la réfaction, il prononce une décision motivée de rejet des prestations concernées qui est notifiée au maître d'œuvre. La décision de rejet ne peut être prise qu'après que le maître d'œuvre ou son représentant ait été convoqué pour être entendu. Le maître d'œuvre dispose de trente jours à compter de la notification de la décision de rejet pour présenter ses observations par écrit ou adresser un mémoire en réclamation au sens de l'article 35. Passé ce délai, il est réputé avoir accepté la décision de rejet du maître d'ouvrage. Si le maître d'œuvre formule des observations, le maître d'ouvrage dispose ensuite de trente jours pour confirmer sa décision de rejet motivée notifiée au maître d'œuvre ou pour lui notifier une nouvelle décision. A défaut d'une telle notification dans ce délai, le maître d'ouvrage est réputé avoir accepté les observations du maître d'œuvre.

21.4.2. En cas de rejet des prestations, le maître d'œuvre est tenu d'exécuter à nouveau la prestation prévue par le marché.

Si les nouvelles prestations présentées par le maître d'œuvre sont à nouveau rejetées par le maître d'ouvrage, le contrat est résilié pour faute du maître d'œuvre dans les conditions prévues à l'article 30.

CHAPITRE V UTILISATION DES RÉSULTATS

Art. 22 *Définitions.*

22.1. Les "résultats" désignent tous les éléments, quels qu'en soient la forme, la nature et le support, qui résultent de l'exécution des prestations objet du marché, tels que notamment les œuvres de l'esprit, les bases de données, les inventions brevetables ou non au sens du code de la propriété intellectuelle, les études, inventions, dessins, maquettes, logiciels, documents écrits ou graphiques, sur supports matériels ou électroniques, ainsi que les prestations de direction, d'examen, de vérification et de gestion utiles à la réalisation et à l'exploitation, par d'autres opérateurs économiques, des ouvrages ou équipements visés par le marché, et, plus généralement, tous les éléments susceptibles de protection ou non par des droits de propriété intellectuelle ou par tout autre mode de protection, tels que le savoir-faire, le secret des affaires, les droits de la personnalité.

22.2. Le "savoir-faire" est un ensemble d'informations pratiques non brevetées, résultant de l'expérience et testées, qui est :

— secret, c'est-à-dire qu'il n'est pas généralement connu ou facilement accessible ;

— substantiel, c'est-à-dire important et utile pour la production des résultats et ;

— identifié, c'est-à-dire décrit d'une façon suffisamment complète pour permettre de vérifier qu'il remplit les conditions de secret et de substantialité.

Commentaires.

La définition du savoir-faire est issue du règlement (UE) n° 316/2014 de la Commission du 21 mars 2014 relatif à l'application de l'article 101, paragraphe 3, du traité sur le fonctionnement de l'Union européenne à des catégories d'accords de transfert de technologie.

22.3. Les "droits de propriété intellectuelle" désignent les droits de propriété industrielle et les droits de propriété littéraire et artistique.

22.4. Les droits de propriété littéraire et artistique désignent les droits d'auteur et les droits voisins du droit d'auteur régis par le code de la propriété intellectuelle ainsi que les droits de même nature reconnus à l'étranger ou en application d'accords, conventions et traités internationaux.

Commentaires.

Est susceptible d'être protégée par le droit d'auteur toute création de forme originale et notamment les œuvres de dessin, de peinture, d'architecture, de sculpture, de gravure, de lithographies, les œuvres graphiques et typographiques, les œuvres photographiques et celles réalisées à l'aide de techniques analogues à la photographie, les plans, croquis et ouvrages plastiques relatifs à la géographie, à la topographie, à l'architecture et aux sciences, les logiciels, y compris le matériel de conception préparatoire.

22.5. Les "titres de propriété industrielle" désignent les titres de propriété industrielle et les demandes de titres régis par le code de la propriété intellectuelle tels que notamment les brevets, les marques, les dessins et modèles, les topographies de semi-conducteurs, les certificats d'utilité, les certificats complémentaires de protection ainsi que les titres ou demandes de titres délivrés à l'étranger ou en application d'accords, conventions et traités internationaux.

La liste des titres de propriété industrielle afférents aux résultats est annexée au marché et complétée au fur et à mesure de l'exécution du marché.

22.6. Les "connaissances antérieures" désignent tous les éléments, quels qu'en soient la forme, la nature et le support, qui sont incorporés aux résultats et/ou sont utilisés dans le cadre du marché mais qui ont été réalisés dans un cadre extérieur et indépendamment du marché, tels que, notamment, les œuvres de l'esprit, les bases de données, les inventions brevetables ou non au sens du code de la propriété intellectuelle, les études, inventions, dessins, maquettes, logiciels, documents écrits ou graphiques, sur supports matériels ou électroniques, ainsi que les prestations de direction, d'examen, de vérification et de gestion utiles à la réalisation et à l'exploitation, par d'autres opérateurs économiques, des ouvrages ou équipements visés par le marché, et, plus généralement, tous les éléments susceptibles de protection ou non par des droits de propriété intellectuelle ou par tout autre mode de protection, tels que le savoir-faire, le secret des affaires, les droits de la personnalité, et qui appartiennent au maître d'ouvrage, au maître d'œuvre ou à des tiers, ou qui leurs sont concédés en licence.

22.7. Les "tiers désignés dans le marché" désignent les personnes désignées dans les documents particuliers du marché qui bénéficient des mêmes droits et qui sont soumises aux mêmes obligations que le maître d'ouvrage pour l'utilisation des résultats.

La liste de ces tiers désignés figure dans les documents particuliers du marché.

Art. 23 *Régime des connaissances antérieures.*

23.1. La conclusion du marché n'emporte pas transfert des droits de propriété intellectuelle ou des droits de toute autre nature afférents aux connaissances antérieures. Le maître d'ouvrage, le maître d'œuvre et les tiers désignés dans le marché restent titulaires, chacun en ce qui le concerne, des droits de propriété intellectuelle ou des droits de toute autre nature portant sur les connaissances antérieures.

23.2. Lorsque le maître d'œuvre incorpore des connaissances antérieures dans les résultats ou utilise des connaissances antérieures qui sont disponibles sous un régime de licence libre ou que des connaissances antérieures, sans être incorporées aux résultats, sont strictement nécessaires pour la mise en œuvre des résultats, le maître d'œuvre concède, à titre non exclusif, au maître d'ouvrage et aux tiers désignés dans le marché le droit d'utiliser de façon permanente ou temporaire, en tout ou partie, par tout moyen et sous toutes formes, les connaissances antérieures strictement nécessaires pour utiliser les résultats, pour les besoins découlant de l'objet du marché. Ce droit comprend le droit de reproduire, de dupliquer, de charger, d'afficher, de stocker, d'exécuter, de représenter les connaissances antérieures pour utiliser les résultats.

La concession des droits sur les connaissances antérieures est comprise dans le prix du marché. Les droits sont concédés pour la durée des droits d'utilisation portant sur les résultats.

Les droits de modification, d'adaptation, de traduction s'exercent le cas échéant dans les conditions prévues par les documents particuliers du marché.

23.3. Au cours de l'exécution du marché, le maître d'œuvre ne peut utiliser ou incorporer, sans l'accord préalable du maître d'ouvrage, des connaissances antérieures nécessaires à la réalisation de l'objet du marché qui seraient de nature à limiter ou à rendre plus coûteux l'exercice des droits afférents aux résultats.

Art. 24 *Régime des droits de propriété intellectuelle ou des droits de toute autre nature relatifs aux résultats.*

24.1. Concession de droits d'utilisation sur les résultats :

Le maître d'œuvre concède, à titre non exclusif, au maître d'ouvrage et aux tiers désignés dans le marché le droit d'utiliser ou de faire utiliser les résultats, en l'état ou modifiés, de façon permanente ou temporaire, en tout ou partie, par tout moyen et sous toutes formes, dans le respect du droit moral du maître d'œuvre. Cette concession ne vaut que pour les besoins découlant de l'objet du marché et vaut pour le monde entier.

Cette concession des droits couvre les résultats à compter de leur livraison et sous condition résolutoire de l'admission des prestations.

Le droit d'utiliser les résultats ne couvre pas les exploitations commerciales des résultats.

Le maître d'ouvrage et les tiers désignés dans le marché ne deviennent pas, du fait du marché, titulaires des droits afférents aux résultats, dont la propriété des inventions nées, mises au point ou utilisées à l'occasion de l'exécution du marché.

Le prix de cette concession est forfaitairement compris dans le montant du marché.

> *Commentaires.*
>
> L'objet du marché doit être clairement rédigé de manière à ce que les différents modes d'exploitation envisagés des résultats soient identifiés ou identifiables. Les droits afférents aux résultats sont en effet concédés pour les seuls besoins découlant de l'objet du marché.
>
> Les documents particuliers du marché dissocient le prix de cette concession de celui des prestations. A défaut, le montant du marché tient compte du prix de la concession.

24.2. Droits du maître d'ouvrage et des tiers désignés dans le marché :

24.2.1. Résultats protégés par un droit de propriété littéraire et artistique :

L'auteur d'une œuvre de l'esprit jouit sur cette œuvre, du seul fait de sa création, d'un droit de propriété incorporelle exclusif et opposable à tous. Ce droit comporte des attributs d'ordre moral ainsi que des attributs d'ordre patrimonial.

Le droit moral de l'auteur est attaché à sa personne, il est perpétuel, inaliénable et imprescriptible.

Seuls les droits patrimoniaux de l'auteur, qui comprennent le droit de reproduction et le droit de représentation sont librement cessibles.

24.2.1.1. La reproduction consiste dans la fixation matérielle de l'œuvre.

Le droit de reproduction comporte en particulier, dans le respect des droits moraux, le droit de reproduire les résultats, en tout ou partie, en l'état ou modifiés, dans le respect du droit moral du maître d'œuvre, c'est-à-dire de réaliser ou de faire réaliser les ouvrages objet du marché, ainsi que leur maintenance, par tous procédés et sur tous supports, pour les besoins découlant de l'objet du marché. Il s'agit de l'utilisation des résultats pour la réalisation des ouvrages ou équipements objet du marché.

Le maître d'ouvrage peut diffuser les plans, avec mention du nom de l'auteur, à l'ensemble des intervenants qui concourent à la réalisation de l'ouvrage.

L'exécution répétée des résultats fait l'objet d'une convention et d'une rémunération spécifique.

24.2.1.2. Le droit de représentation comporte, dans le respect des droits moraux, le droit de communication au public et de mise à disposition du public des résultats, en tout ou partie et en l'état, par tous moyens, modes et procédés, en vue d'une exploitation à titre non commercial, pour les besoins découlant de l'objet du marché, et notamment à des fins d'information et de communication du maître d'ouvrage.

La représentation est la communication au public de l'œuvre, en projet ou réalisée, à des fins autres que la réalisation des ouvrages ou équipements objet du marché, telle que, par exemple, l'exposition des œuvres après un concours.

24.2.1.3. L'exercice de ces droits patrimoniaux se fait dans le respect des droits moraux de l'auteur.

Au titre de son droit moral, l'auteur jouit du droit au respect de son nom et de sa qualité. Ce "droit à la paternité" se traduit par l'obligation d'apposer le nom et la qualité de l'auteur sur l'immeuble réalisé ainsi que sur toutes les publications des plans ou photos de l'immeuble.

L'auteur jouit également du droit au respect de son œuvre. Ce droit autorise l'auteur à faire sanctionner toute altération ou dénaturation de son œuvre, à l'exception de celles qui sont rendues strictement indispensables par des impératifs esthétiques, techniques ou de sécurité publique, légitimés par les nécessités du service public et notamment la destination de l'ouvrage ou son adaptation à des besoins nouveaux.

Le maître d'ouvrage s'engage à informer le maître d'œuvre préalablement aux adaptations ou modifications ultérieures de l'œuvre qui n'auraient pas fait l'objet d'une autorisation spécifique dans les documents particuliers du marché et qui seraient susceptibles de l'altérer ou de la dénaturer.

En cas de réutilisation ou de réhabilitation susceptibles d'altérer ou de dénaturer l'œuvre, le maître d'ouvrage respecte le droit moral du concepteur initial et lui donne les moyens de s'assurer du respect de son œuvre. Il l'informe avant toute intervention de cette nature sur son œuvre.

24.2.1.4. Le maître d'œuvre concède, à titre non exclusif, au maître d'ouvrage et aux tiers désignés dans le marché, les droits patrimoniaux de propriété littéraire et artistique afférents aux résultats, pour les besoins découlant de l'objet du marché.

Cette concession des droits couvre les résultats à compter de leur livraison et sous condition résolutoire de l'admission des prestations, pour le monde entier et pour la durée légale des droits d'auteur ou des droits voisins du droit d'auteur.

Le droit d'utiliser les résultats ne couvre pas les exploitations commerciales des résultats.

Ces droits comprennent les droits patrimoniaux de reproduction et de représentation des résultats, en l'état, pour les besoins découlant de l'objet du marché, conformément aux dispositions du code de la propriété intellectuelle.

Les documents particuliers dissocient le prix de cette concession de celui des prestations. A défaut, le montant du marché tient compte du prix de la concession.

Tout acte d'exploitation des résultats mentionnera le nom du maître d'œuvre ou de tout autre auteur dont l'identité aura été portée à sa connaissance.

24.2.2. Résultats protégés par un droit de propriété industrielle :

24.2.2.1. Le maître d'œuvre concède, à titre non exclusif, au maître d'ouvrage et aux tiers désignés dans le marché une licence d'utilisation des droits de propriété industrielle afférents aux résultats, pour les besoins découlant de l'objet du marché.

Cette concession des droits couvre les résultats à compter de leur livraison et sous condition résolutoire de l'admission des prestations, pour la France et pour la durée de validité de la protection.

24.2.2.2. La licence d'utilisation confère au maître d'ouvrage et aux tiers désignés dans le marché le droit d'importer, de détenir, de fabriquer, de reproduire, d'utiliser, de mettre en œuvre et de modifier les résultats, en tout ou en partie, en l'état ou modifiés pour les besoins découlant de l'objet du marché, sous réserve de la confidentialité attachée aux résultats.

24.2.2.3. Le prix de cette licence est compris dans le montant du marché pour les titres ou demandes de titres qui ont fait l'objet d'un dépôt après la notification du marché, et pour ceux qui ont fait l'objet d'un dépôt pendant la période comprise entre la première consultation écrite du maître d'ouvrage et la notification du marché. Il en est de même pour les droits d'utilisation afférents aux résultats qui ne font pas l'objet d'une protection par des titres de propriété industrielle ou des demandes de titres.

24.2.2.4. Le maître d'œuvre accomplit toutes les formalités requises pour rendre la licence d'exploitation opposable aux tiers dans tous les territoires où les droits sont concédés. Le coût de ces formalités est compris dans le montant du marché.

24.2.3. Résultats relevant d'autres régimes de protection :

24.2.3.1. Le maître d'œuvre autorise le maître d'ouvrage et les tiers désignés dans le marché à mettre en œuvre le savoir-faire nécessaire à l'utilisation des résultats ou à utiliser les résultats couverts par le savoir-faire et le secret des affaires, sous réserve d'en préserver la confidentialité.

24.2.3.2. Le maître d'œuvre autorise le maître d'ouvrage et les tiers désignés dans le marché à extraire et réutiliser librement les bases de données incluses dans les résultats, notamment en vue de la mise à disposition des informations publiques à des fins de réutilisation, à titre gracieux ou onéreux.

24.2.3.3 Le maître d'œuvre autorise le maître d'ouvrage et les tiers désignés dans le marché à exploiter les noms de domaine qui font partie des résultats, ainsi que l'image des biens ou des personnes intégrée aux résultats.

24.3. Titres de propriété industrielle :

24.3.1 La protection des résultats par un titre de propriété industrielle incombe au maître d'œuvre. Les frais relatifs au dépôt, à l'enregistrement, à l'entretien et à la défense des titres de propriété industrielle lui incombent également.

24.3.2. Le maître d'œuvre est tenu de communiquer au maître d'ouvrage et aux tiers désignés dans le marché une copie des demandes de titres de protection qu'il effectue en France, dans un délai de deux mois à compter de la date de leur dépôt. Le maître d'œuvre est tenu d'informer le maître d'ouvrage et les tiers désignés dans le marché du sort des demandes de titres de protection qu'il effectue, ainsi que de tout acte ou fait susceptible d'affecter leur portée.

24.3.3. Si, pendant la période comprise entre la première consultation écrite faite au maître d'ouvrage et la notification du marché, le maître d'œuvre a déposé des demandes de titres de protection se rapportant directement à l'objet du marché, il doit en communiquer copie au maître d'ouvrage et aux tiers désignés dans le marché dans un délai de deux mois à partir de la notification du marché.

24.3.4. Si le maître d'ouvrage estime, contrairement au maître d'œuvre, que certains résultats méritent d'être protégés, il peut inviter le maître d'œuvre à déposer la demande dans un délai qu'il fixe. Si le maître d'œuvre n'a pas déposé la demande dans le délai imparti, le maître d'ouvrage peut procéder au dépôt de la demande, en son nom, après en avoir informé le maître d'œuvre, sauf en cas de décision motivée du maître d'œuvre.

24.3.5 Si le maître d'œuvre désire cesser l'entretien de l'un de ses titres, l'abandonner ou retirer une demande, il doit en informer au préalable le maître d'ouvrage et les tiers désignés dans le marché dans les conditions de l'article 3.1 et, à sa requête, lui céder gratuitement ses droits.

Après en avoir averti le maître d'ouvrage dans les conditions de l'article 3.1, le maître d'œuvre peut, en cas d'absence de réponse dans un délai de deux mois, céder ses droits à un tiers, sous réserve que celui-ci s'engage à garantir les droits que le maître d'ouvrage tire du marché.

24.3.6. Pendant une période de vingt ans à compter de l'admission des prestations, le maître d'œuvre s'engage à informer le maître d'ouvrage et les tiers désignés dans le marché des perfectionnements apportés aux résultats, faisant notamment l'objet d'un titre de protection, accompagnés de toute la documentation y afférente.

24.4. Stipulations communes :

24.4.1 De manière générale, le maître d'œuvre ne peut opposer ses droits ou titres de propriété intellectuelle ou ses droits de toute autre nature à l'utilisation des résultats, lorsque celle-ci est conforme aux besoins découlant de l'objet du marché.

24.4.2. En cas de cessation du marché pour quelque cause que ce soit, le maître d'ouvrage et les tiers désignés dans le marché demeurent licenciés, dans le respect du droit moral du concepteur initial, de l'ensemble des droits d'utilisation portant sur les résultats qui sont nécessaires pour les besoins découlant de l'objet du marché.

24.4.3. Le maître d'ouvrage et les tiers désignés dans le marché ont la possibilité de sous-licencier ou de sous-traiter la mise en œuvre des résultats pour leur propre compte, dans les limites de l'objet du marché.

24.4.4. Le maître d'ouvrage et les tiers désignés dans le marché peuvent librement publier les résultats sous réserve des éventuelles obligations de confidentialité fixées dans les documents particuliers du marché et que cette publication ne constitue pas une divulgation au sens du code de la propriété intellectuelle.

L'existence de restrictions au droit de publier les résultats ne fait pas obstacle à la publication d'informations générales sur l'existence du marché et la nature des résultats.

Les limites au pouvoir de publication ne s'opposent pas à la possibilité pour le maître d'ouvrage et les tiers désignés dans le marché de communiquer à un tiers ces résultats, en tout ou partie, pour la mise en œuvre de leurs droits dans le respect de l'article 5.

Toute publication doit mentionner le nom du maître d'œuvre et des auteurs.

24.4.5. Les parties s'engagent mutuellement à s'informer des modifications qu'elles souhaitent opérer sur les résultats, afin de recueillir les observations utiles de l'autre partie. Elles s'accordent la libre disposition des modifications mineures apportées aux résultats.

24.5. Garanties des droits :

24.5.1. Le maître d'œuvre garantit au maître d'ouvrage et aux tiers désignés dans le marché la jouissance pleine et entière, et libre de toute servitude, des droits concédés aux termes du marché. A ce titre, il garantit :

— qu'il est titulaire ou détient les droits concédés sur les résultats et les connaissances antérieures ;

— qu'il indemnise le maître d'ouvrage et tout tiers désigné dans le marché, en l'absence de faute qui leur serait directement imputable, sans bénéfice de discussion ni de division, de toute action, réclamation, revendication ou opposition de la part de toute personne invoquant un droit de propriété intellectuelle auquel le maître d'œuvre aurait porté atteinte. Si le maître d'ouvrage ou les tiers désignés dans le marché sont poursuivis pour contrefaçon, concurrence déloyale ou parasitisme sans faute de leur part, du fait de l'utilisation des résultats et des connaissances antérieures du maître d'œuvre conforme aux stipulations des articles 23 et 24, ils en informent sans délai le maître d'œuvre qui pourra alors intervenir à l'action judiciaire ;

— dans ces hypothèses, qu'il apporte au maître d'ouvrage et aux tiers désignés dans le marché toute l'assistance nécessaire à ses frais ;

— qu'il s'engage, à son choix, soit (i) à modifier ou à remplacer les éléments objet du litige, de manière qu'ils cessent de tomber sous le coup de la réclamation, tout en restant conformes aux spécifications du marché, soit (ii), à faire en sorte que le maître d'ouvrage et tout tiers désigné dans le marché puissent utiliser les éléments en litige sans limitation ni frais supplémentaires, soit (iii) dans le cas où l'une de ces solutions ne peut être raisonnablement mise en œuvre, à rembourser au maître d'ouvrage et aux tiers désignés dans le marché les sommes payées au titre des éléments objet du litige et à les indemniser du préjudice subi.

Dans ces hypothèses, le maître d'œuvre prendra à sa charge tous dommages et intérêts auxquels le maître d'ouvrage ou les tiers désignés dans le marché, en l'absence de faute qui leur serait directement imputable, seraient condamnés à raison d'un acte de contrefaçon, de concurrence déloyale ou de parasitisme, du fait de l'utilisation des résultats et des connaissances antérieures conforme aux stipulations des articles 23 et 24 dès lors que la condamnation les prononçant devient exécutoire.

Le maître d'œuvre s'engage à garantir les droits concédés afférents aux résultats ou aux connaissances antérieures au maître d'ouvrage et aux tiers désignés dans les documents particuliers du marché, lors de toute cession ou concession de droits portant sur les résultats ou les connaissances antérieures.

24.5.2. La responsabilité du maître d'œuvre ne sera pas engagée pour toute réclamation concernant :

— les connaissances antérieures que le maître d'ouvrage et les tiers désignés dans le marché ont fournies au maître d'œuvre pour l'exécution du marché ;

— les éléments incorporés dans les résultats à la demande expresse du maître d'ouvrage ou des tiers désignés dans le marché ;

— les modifications ou adaptations apportées aux résultats, si la cause de la réclamation trouve son fondement dans une modification ou une adaptation apportée par le maître d'ouvrage ou les tiers désignés dans le marché ou à leur demande expresse.

24.6. Droits du maître d'œuvre :

24.6.1. Le maître d'œuvre détient la propriété des droits et titres afférents aux résultats. Il conserve la propriété des droits et connaissances acquis antérieurement à la passation du marché.

Le maître d'œuvre peut exploiter, y compris à titre commercial, les résultats, sous réserve de l'accord du maître d'ouvrage ou des tiers désignés dans le marché, pour les connaissances antérieures mises à sa disposition par ces derniers pour l'exécution du marché. Il peut également exploiter, y compris à titre commercial, les résultats qu'il a générés.

24.6.2. Le maître d'œuvre s'engage à ce que l'exploitation des résultats ne porte pas atteinte aux droits ou à l'image du maître d'ouvrage.

24.6.3. Le maître d'œuvre peut librement publier les résultats, sauf stipulation contraire du marché et sous réserve des éventuelles obligations de confidentialité fixées à l'article 5, complétés le cas échéant par les documents particuliers du marché.

Toute publication doit mentionner le nom du maître d'ouvrage.

24.7. *Exploitation à des fins commerciales des résultats par le maître d'ouvrage ou les tiers désignés dans le marché :*

Les documents particuliers du marché précisent, en cas d'exploitation commerciale des résultats par le maître d'ouvrage ou les tiers désignés dans le marché, les modalités de cette exploitation commerciale, et notamment :

— la durée de l'exploitation ;

— les finalités de l'exploitation commerciale ;

— les supports de reproduction ;
— le montant de la rémunération ;
— les modalités de contrôle des versements effectués.

CHAPITRE VI INTERRUPTION ET SUSPENSION DES PRESTATIONS – RÉSILIATION

Art. 25 *Interruption et suspension des prestations.*

25.1. Interruption des prestations pour retard de paiement :

Lorsque le versement d'un acompte n'intervient pas dans un délai de trois mois à compter du point de départ du délai de paiement, le maître d'œuvre peut notifier au maître d'ouvrage son intention d'interrompre les prestations au terme d'un délai de trente jours. Lorsque les prestations sont interrompues dans ces conditions, les délais d'exécution des prestations sont prolongés de plein droit du nombre de jours compris entre la date d'interruption des prestations et celle du paiement des acomptes en retard.

Si le versement de l'acompte n'est pas intervenu dans le délai de six mois suivant l'interruption effective des prestations, le maître d'œuvre est en droit de ne pas les reprendre et de demander par écrit la résiliation du marché.

25.2. Suspension des prestations en cas de circonstances imprévisibles :

25.2.1. Lorsque la poursuite de l'exécution du marché est rendue temporairement impossible du fait d'une circonstance que des parties diligentes ne pouvaient prévoir dans sa nature ou dans son ampleur ou du fait de l'édiction par une autorité publique de mesures venant restreindre, interdire, ou modifier de manière importante l'exercice de certaines activités en raison d'une telle circonstance, la suspension de tout ou partie des prestations est prononcée par le maître d'ouvrage. Lorsque la suspension est demandée par le maître d'œuvre, le maître d'ouvrage se prononce sur le bien-fondé de cette demande dans les meilleurs délais.

25.2.2. Dans un délai adapté aux circonstances et qui ne saurait excéder quinze jours à compter de la décision de suspension des prestations, les parties conviennent des modalités de constatation des prestations exécutées et, le cas échéant, du maintien d'une partie des obligations contractuelles restant à la charge du maître d'œuvre pendant la suspension. Dans un délai raisonnable, les parties conviennent également des modalités de reprise de l'exécution et, le cas échéant, des modifications à apporter au marché et des modalités de répartition des surcoûts directement induits par ces événements.

A défaut d'accord entre les parties, le maître d'œuvre est tenu, à l'issue de la suspension, de reprendre l'exécution des prestations dans les conditions prévues par le marché et le désaccord est réglé dans les conditions mentionnées à l'article 35.

Art. 26 *Clause de réexamen.*

En cas de circonstance que des parties diligentes ne pouvaient prévoir dans sa nature ou dans son ampleur et modifiant de manière significative les conditions d'exécution du marché, les parties examinent de bonne foi les conséquences, notamment financières, de cette circonstance.

Le cas échéant, les parties conviennent, par avenant, des modalités de prise en charge, totale ou partielle, des surcoûts directement induits par cette circonstance. Il est tenu compte, notamment :
— des surcoûts liés aux modifications d'exécution des prestations ;
— des conséquences liées à la prolongation des délais d'exécution du marché.

Le maître d'œuvre est tenu de demander, en temps utile, qu'il soit procédé à des constatations contradictoires pour permettre au maître d'ouvrage d'évaluer les moyens supplémentaires effectivement mis en œuvre.

Sont exclues de cette évaluation, les augmentations de prix prises en compte dans les index ou indices utilisés pour la révision des prix du marché.

Les surcoûts pris en charge par le maître d'ouvrage peuvent faire l'objet d'une avance dans les conditions fixées par les documents particuliers du marché ou dans l'avenant conclu en application du présent article.

Art. 27 *Résiliation – Principes généraux.*

Le maître d'ouvrage peut mettre fin à l'exécution des prestations faisant l'objet du marché avant l'achèvement de celles-ci, soit à la demande du maître d'œuvre dans les conditions prévues aux articles 25.1 et 29, soit pour faute du maître d'œuvre dans les conditions prévues à l'article 30, soit dans le cas des circonstances particulières mentionnées à l'article 28.

Le maître d'ouvrage peut également mettre fin, à tout moment, à l'exécution des prestations pour un motif d'intérêt général. Dans ce cas, le maître d'œuvre a droit à être indemnisé du préjudice qu'il subit du fait de cette décision, selon les modalités prévues à l'article 31.

La décision de résiliation du marché est notifiée au maître d'œuvre. Sous réserve des stipulations particulières mentionnées ci-après, la résiliation prend effet à la date fixée dans la décision de résiliation ou, à défaut, à la date de sa notification.

Art. 28 *Résiliation pour événements extérieurs au marché.*

28.1. Décès ou incapacité civile du maître d'œuvre :

En cas de décès ou d'incapacité civile du maître d'œuvre, le maître d'ouvrage peut résilier le marché ou accepter sa continuation par les ayants droit ou le curateur. Un avenant de transfert est établi à cette fin.

La résiliation, si elle est prononcée, prend effet à la date du décès ou de l'incapacité civile. Elle n'ouvre droit pour le maître d'œuvre ou ses ayants droit à aucune indemnité.

28.2. Sauvegarde, redressement judiciaire ou liquidation judiciaire :

En cas de sauvegarde ou de redressement judiciaire, le marché est résilié si, après mise en demeure de l'administrateur judiciaire, dans les conditions prévues à l'article L. 622-13 du code de commerce, ce dernier indique ne pas reprendre les obligations du maître d'œuvre.

En cas de liquidation judiciaire, le marché est résilié, si après mise en demeure du liquidateur, dans les conditions prévues à l'article L. 641-11-1 du code de commerce, ce dernier indique ne pas reprendre les obligations du maître d'œuvre.

La résiliation, si elle est prononcée, prend effet à la date de l'événement. Elle n'ouvre droit, pour le maître d'œuvre, à aucune indemnité.

28.3. Incapacité physique du maître d'œuvre :

En cas d'incapacité physique manifeste et durable du maître d'œuvre compromettant la bonne exécution du marché, le maître d'ouvrage peut résilier le marché.

La résiliation n'ouvre droit pour le maître d'œuvre à aucune indemnité.

Art. 29 *Résiliation pour événements liés au marché.*

29.1. Difficultés d'exécution du marché :

Lorsque le maître d'œuvre rencontre, au cours de l'exécution des prestations, des difficultés techniques particulières, dont la solution nécessiterait la mise en œuvre de moyens hors de proportion avec le montant du marché, le maître d'ouvrage peut résilier le marché, de sa propre initiative ou à la demande du maître d'œuvre.

Lorsque le maître d'œuvre est mis dans l'impossibilité d'exécuter le marché du fait d'un événement ayant le caractère de force majeure, le maître d'ouvrage résilie le marché.

29.2. Ordre de service tardif :

Lorsque la résiliation est prononcée à la demande du maître d'œuvre par application de l'article 3.8.3, celui-ci est indemnisé des frais et investissements éventuellement engagés pour le marché et strictement nécessaires à son exécution.

Il lui incombe d'apporter toutes les justifications nécessaires à la fixation de cette partie de l'indemnité dans un délai de quinze jours après la notification de la résiliation du marché.

Art. 30 *Résiliation pour faute du maître d'œuvre.*

30.1. Le maître d'ouvrage peut résilier le marché pour faute du maître d'œuvre dans les cas suivants :

a) Le maître d'œuvre contrevient aux obligations légales ou réglementaires relatives au travail, à la protection de l'environnement, à la sécurité et la santé des personnes ou à la préservation du voisinage ;

b) Le maître d'œuvre ne s'est pas acquitté de ses obligations dans les délais contractuels ;

c) Lorsque le remplaçant de la personne désignée pour assurer la conduite des prestations est récusé en application de l'article 3.4.3, à défaut de désignation d'un nouveau remplaçant dans un délai de trente jours, ou de récusation de celui-ci dans un délai de trente jours ;

d) Le maître d'œuvre a sous-traité en contrevenant aux dispositions législatives et réglementaires relatives à la sous-traitance, ou il n'a pas respecté les obligations relatives aux sous-traitants mentionnées à l'article 3.6 ;

e) Le maître d'œuvre n'a pas produit les attestations d'assurance dans les conditions prévues à l'article 9.1.3 ;

f) Le maître d'œuvre déclare, indépendamment des cas prévus à l'article 28.1, ne pas pouvoir exécuter ses engagements ;

g) Le maître d'œuvre n'a pas communiqué les modifications mentionnées à l'article 3.4.2 et ces modifications sont de nature à compromettre la bonne exécution du marché ;

h) Le maître d'œuvre s'est livré, à l'occasion de l'exécution du marché, à des actes frauduleux ;

i) Le maître d'œuvre ou le sous-traitant ne respecte pas les obligations relatives à la confidentialité, à la protection des données à caractère personnel et à la sécurité, conformément à l'article 5 ;

j) L'utilisation des résultats par le maître d'ouvrage est gravement compromise, en raison du retard pris par le maître d'œuvre dans l'exécution du marché ;

k) Postérieurement à la signature du marché, le maître d'œuvre a fait l'objet d'une interdiction d'exercer toute profession industrielle ou commerciale ;

l) Postérieurement à la signature du marché, les renseignements ou documents produits par le maître d'œuvre, à l'appui de sa candidature ou exigés préalablement à l'attribution du marché s'avèrent inexacts ;

m) Les prestations du maître d'œuvre ont fait l'objet de deux rejets successifs des prestations par le maître d'ouvrage.

30.2. Sauf dans les cas prévus aux *f), h), k), l)* et *m)* de l'article 30.1, une mise en demeure, assortie d'un délai d'exécution, doit avoir été préalablement notifiée au maître d'œuvre et être restée infructueuse.

Dans le cadre de la mise en demeure, le maître d'ouvrage informe le maître d'œuvre de la sanction envisagée et l'invite à présenter, par écrit, ses observations.

30.3. La résiliation du marché ne fait pas obstacle à l'exercice des actions civiles ou pénales qui pourraient être intentées contre le maître d'œuvre.

Art. 31 *Résiliation pour motif d'intérêt général.*

Lorsque le maître d'ouvrage résilie le marché pour motif d'intérêt général, le maître d'œuvre a droit à une indemnité de résiliation, obtenue en appliquant au montant initial hors TVA du marché, diminué du montant hors TVA non révisé des prestations admises, un pourcentage fixé par les documents particuliers du marché ou, à défaut, de 5%.

Le maître d'œuvre a droit, en outre, à être indemnisé de la part des frais et investissements, éventuellement engagés pour le marché et strictement nécessaires à son exécution, qui n'aurait pas été prise en compte dans le montant des prestations payées. Il lui incombe d'apporter toutes les justifications nécessaires à la fixation de cette partie de l'indemnité dans un délai de quinze jours après la notification de la résiliation du marché.

Ces indemnités sont portées au décompte de résiliation, sans que le maître d'œuvre ait à présenter une demande particulière à ce titre.

Art. 32 *Décompte de résiliation.*

32.1. La résiliation fait l'objet d'un décompte de résiliation, qui est arrêté par le maître d'ouvrage et notifié au maître d'œuvre. Ce décompte se substitue au décompte général prévu à l'article 11.8.1.

32.2. Le décompte de résiliation qui fait suite à une décision de résiliation prise en application des articles 29 et 31 comprend :

32.2.1. Au débit du maître d'œuvre :

— le montant des sommes versées à titre d'avance, d'acompte et de solde ;

— la valeur, fixée par le marché et ses modifications éventuelles, des moyens confiés au maître d'œuvre que celui-ci ne peut restituer, ainsi que la valeur de reprise des moyens que le maître d'ouvrage cède à l'amiable au maître d'œuvre ;

— le montant des pénalités ;

32.2.2. Au crédit du maître d'œuvre :

32.2.2.1. La valeur des prestations fournies au maître d'ouvrage, à savoir :

— la valeur contractuelle des prestations admises, y compris, s'il y a lieu, les intérêts moratoires ;

— la valeur des prestations fournies éventuellement à la demande du maître d'ouvrage ;

32.2.2.2. Les dépenses engagées par le maître d'œuvre en vue de l'exécution des prestations qui n'ont pas été fournies au maître d'ouvrage, dans la mesure où ces dépenses n'ont pas été amorties antérieurement ou ne peuvent pas l'être ultérieurement, à savoir :

— le coût des matières et objets approvisionnés en vue de l'exécution du marché ;

— le coût des installations, matériels et outillages réalisés en vue de l'exécution du marché ;

— les autres frais du maître d'œuvre se rapportant directement à l'exécution du marché ;

32.2.2.3. Les dépenses de personnel dont le maître d'œuvre apporte la preuve qu'elles résultent directement et nécessairement de la résiliation du marché ;

32.2.2.4. Si la résiliation est prise en application de l'article 31, une somme forfaitaire est calculée en appliquant un pourcentage à la différence entre le montant hors TVA non révisé du marché et le montant hors TVA non révisé des prestations admises. Dans le silence du marché, ce pourcentage est de 5%. Le montant ainsi calculé sera révisé à la date d'effet de la résiliation conformément aux stipulations du marché ;

32.2.2.5. Plus généralement tous préjudices subis du fait de la résiliation par le maître d'œuvre et éventuellement ses sous-traitants et fournisseurs.

32.3. Le décompte de résiliation à la suite d'une décision de résiliation prise en application de l'article 30 comprend :

32.3.1. Au débit du maître d'œuvre :

— le montant des sommes versées à titre d'avance, d'acompte et de solde ;

— la valeur, fixée par le marché et ses modifications éventuelles, des moyens confiés au maître d'œuvre que celui-ci ne peut restituer, ainsi que la valeur de reprise des moyens que le maître d'ouvrage cède à l'amiable au maître d'œuvre ;

— le montant des pénalités ;

— le cas échéant, le supplément des dépenses résultant de la passation d'un marché aux frais et risques du maître d'œuvre dans les conditions fixées à l'article 34 ;

32.3.2. Au crédit du maître d'œuvre :

— la valeur contractuelle des prestations admises y compris, s'il y a lieu, les intérêts moratoires ;

— la valeur des prestations fournies éventuellement à la demande du maître d'ouvrage.

32.4. Le décompte de résiliation à la suite d'une décision de résiliation prise en application de l'article 28 ou à la suite d'une demande du maître d'œuvre comprend :

32.4.1. Au débit du maître d'œuvre :

— le montant des sommes versées à titre d'avance, d'acompte et de solde ;

— la valeur, fixée par le marché et ses modifications éventuelles, des moyens confiés au maître d'œuvre que celui-ci ne peut restituer, ainsi que la valeur de reprise des moyens que le maître d'ouvrage cède à l'amiable au maître d'œuvre ;

— le montant des pénalités ;

32.4.2. Au crédit du maître d'œuvre :

— la valeur contractuelle des prestations admises y compris, s'il y a lieu, les intérêts moratoires ;

— la valeur des prestations fournies éventuellement à la demande du maître d'ouvrage.

32.5. La notification du décompte de résiliation au maître d'œuvre par le maître d'ouvrage doit être faite au plus tard deux mois après la date d'effet de la résiliation du marché.

(Abrogé par Arr. du 30 sept. 2021, art. 6) « Le défaut de notification du décompte de résiliation dans ce délai constitue un différend au sens de l'article 35.2. »

Le cas échéant, les pénalités pour retard sont appliquées jusqu'à la veille incluse du jour de la date d'effet de la résiliation.

Art. 33 *Remise des prestations et des moyens matériels permettant l'exécution du marché.*

En cas de résiliation, le maître d'ouvrage peut exiger du maître d'œuvre :

— la remise des prestations en cours d'exécution ;

— l'exécution de mesures conservatoires.

Le maître d'ouvrage en informe le maître d'œuvre ou ses ayants droit, lors de la notification de la résiliation en indiquant le délai de remise de ces biens par le maître d'œuvre et les conditions de leur conservation dans l'attente de cette remise.

En cas de résiliation pour faute du maître d'œuvre en application de l'article 30, l'application du présent article se fait aux frais du maître d'œuvre.

Art. 34 *Exécution des prestations aux frais et risques du maître d'œuvre.*

34.1. Le maître d'ouvrage peut faire procéder par un tiers à l'exécution de tout ou partie des prestations prévues par le marché, aux frais et risques du maître d'œuvre :

— soit lorsque le maître d'œuvre n'a pas déféré à une mise en demeure de se conformer aux stipulations du marché ou aux ordres de service, ou en cas d'inexécution par ce dernier d'une prestation qui, par sa nature, ne peut souffrir aucun retard. La décision de faire exécuter les prestations par un tiers, en lieu et place du maître d'œuvre, est notifiée au maître d'œuvre par le maître d'ouvrage. Sous réserve qu'elles ne soient pas entièrement exécutées, le maître d'œuvre peut être autorisé par ordre de service à reprendre l'exécution des prestations s'il justifie des moyens nécessaires à cette fin dans le délai prévu par les documents particuliers du marché ou, à défaut, dans le délai de trois mois suivant la notification de la décision d'exécution aux frais et risques. S'il n'a pas été autorisé à reprendre l'exécution du marché dans ce délai, le marché est résilié pour faute du maître d'œuvre dans les conditions prévues à l'article 30 ;

— soit en cas de résiliation du marché pour faute du maître d'œuvre à la condition que la décision de résiliation le mentionne expressément.

34.2. S'il n'est pas possible au maître d'ouvrage de se procurer, dans des conditions acceptables, des prestations exactement conformes à celles dont l'exécution est prévue dans les documents particuliers du marché, il peut y substituer des prestations équivalentes.

34.3. Le maître d'œuvre titulaire du marché résilié n'est pas admis à prendre part, ni directement ni indirectement, à l'exécution des prestations effectuées à ses frais et risques. Il doit cependant *fournir toutes les informations recueillies* et tous les moyens mis en œuvre dans le cadre de l'exécution du marché initial et qui seraient nécessaires à l'exécution du marché de substitution.

Ce marché de substitution est transmis pour information au maître d'œuvre défaillant.

34.4. L'augmentation des dépenses, par rapport aux prix du marché, résultant de l'exécution des prestations aux frais et risques du maître d'œuvre est à la charge de celui-ci. La diminution des dépenses ne lui profite pas.

CHAPITRE VII DIFFÉRENDS

Art. 35 *Règlement des différends entre les parties.*

35.1. Le maître d'ouvrage et le maître d'œuvre s'efforceront de régler à l'amiable tout différend éventuel relatif à l'interprétation des stipulations du marché ou à l'exécution des prestations objet du marché.

(*Abrogé par Arr. du 30 sept. 2021, art. 6*) « *Au sens du présent article, l'apparition du différend résulte :*

« *— soit d'une prise de position écrite, explicite et non équivoque émanant du maître d'ouvrage et faisant apparaître le désaccord ;*

« *— soit du silence gardé par le maître d'ouvrage à la suite d'une mise en demeure adressée par le maître d'œuvre l'invitant à prendre position sur le désaccord dans un délai qui ne saurait être inférieur à quinze jours ;*

« *— soit de l'absence de notification du décompte de résiliation dans le délai mentionné à l'article 32.5.* »

35.2. Tout différend entre le maître d'œuvre et le maître d'ouvrage doit faire l'objet, de la part du maître d'œuvre, d'un mémoire en réclamation exposant les motifs de ce différend et indiquant, le cas échéant, pour chaque chef de contestation, le montant des sommes réclamées et leur justification.

(*Arr. du 30 sept. 2021, art. 6*) « Ce mémoire est notifié au maître d'ouvrage.

« Si la réclamation porte sur le décompte général du marché, ce mémoire est transmis dans le délai de trente jours à compter de la notification du décompte général.

« Le mémoire reprend, sous peine de forclusion, les réclamations formulées antérieurement à la notification du décompte général et qui n'ont pas fait l'objet d'un règlement définitif. »

35.3. Le maître d'ouvrage dispose d'un délai de deux mois courant à compter de la réception du mémoire en réclamation, pour notifier sa décision. L'absence de décision dans ce délai vaut rejet de la réclamation.

35.4. Lorsque le maître d'ouvrage et le maître d'œuvre ne parviennent pas à régler le différend à l'issue de la procédure décrite aux 1 à 3 du présent article, ils privilégient le recours à un comité consultatif de règlement à l'amiable, à la conciliation, à la médiation, notamment auprès du médiateur des entreprises, ou à l'arbitrage, dans les hypothèses et les conditions prévues par le code de la commande publique.

La partie qui saisit d'un différend le comité consultatif de règlement amiable compétent supporte les frais de l'expertise, s'il en est décidé une, dans l'attente du règlement amiable définitif du différend.

La saisine d'un comité consultatif de règlement amiable des différends interrompt les délais de recours contentieux jusqu'à la notification de la décision prise par le maître d'ouvrage sur l'avis du comité.

La saisine d'un conciliateur ou d'un médiateur interrompt les délais de recours contentieux jusqu'à la notification de la décision prise après conciliation ou médiation ou de la constatation par le conciliateur ou le médiateur de l'échec de sa mission.

35.5. Pour les réclamations auxquelles a donné lieu le décompte général, le maître d'œuvre dispose d'un délai de six mois, à compter de la notification de la décision prise par le maître d'ouvrage ou de la naissance de la décision implicite de rejet mentionnée au 3 du présent article, pour porter ses réclamations devant le tribunal administratif compétent. Passé ce délai, le maître d'œuvre est réputé avoir accepté cette décision.

Les litiges portant sur des actions civiles relatives à la propriété littéraire et artistique relevant de l'article L. 331-1 du code de la propriété intellectuelle sont portés devant la juridiction judiciaire compétente.

VI FORMULAIRES

*Nota : Sont reproduits sous cette section les **formulaires non obligatoires d'aide à la passation et à l'exécution des marchés**, à l'exception du document unique de marché européen (V. Règl. d'ex. (UE) 2016/7 de la Commission du 5 janv. 2016 établissant le formulaire type pour le document unique de marché européen, infra).*

*Sur les **modèles européens obligatoires pour l'envoi d'avis de publicité**, V. Règl. d'ex. (UE) 2015/1986 de la Commission du 11 nov. 2015 établissant les formulaires standard pour la publication d'avis dans le cadre de la passation de marchés publics et abrogeant le Règl. d'ex. (UE) n° 842/2011, infra.*

Règlement d'exécution (UE) 2015/1986 de la Commission du 11 novembre 2015 *[Abrogé]*,

Établissant les formulaires standard pour la publication d'avis dans le cadre de la passation de marchés publics et abrogeant le règlement d'exécution (UE) n° 842/2011 (en vigueur le 2 déc. 2015).

(Abrogé par Règl. d'exéc. (UE) 2019/1780 du 23 sept. 2019, art. 3, à compter du 25 oct. 2023)

Art. 1er *Les pouvoirs adjudicateurs utilisent, pour la publication au Journal officiel de l'Union européenne des avis visés aux articles 48, 49, 50, 72, 75 et 79 de la directive 2014/24/UE, les formulaires standard figurant aux annexes I, II, III, aux annexes VIII à XI et aux annexes XVII et XVIII du présent règlement.*

Art. 2 *Les entités adjudicatrices utilisent, pour la publication au Journal officiel de l'Union européenne des avis visés aux articles 67 à 70 et aux articles 89, 92 et 96 de la directive 2014/25/UE, les formulaires standard figurant aux annexes IV à XI et aux annexes XVII et XIX du présent règlement.*

Art. 3 *Les pouvoirs adjudicateurs et les entités adjudicatrices utilisent, pour la publication au Journal officiel de l'Union européenne des avis visés aux articles 30 et 52 et à l'article 60, paragraphe 4, deuxième alinéa, de la directive 2009/81/CE, les formulaires standard figurant aux annexes XIII à XVI du présent règlement.*

Art. 4 Les pouvoirs adjudicateurs et les entités adjudicatrices utilisent, pour la publication au *Journal officiel de l'Union européenne* des avis visés aux articles 31, 32 et 43 de la directive 2014/23/UE, les formulaires standard figurant aux annexes XI, *(Rect. JOUE n° L 172 du 5 juill. 2017)* « XVII », XX, XXI et XXII du présent règlement.

Art. 5 *Les pouvoirs adjudicateurs et les entités adjudicatrices utilisent, pour la publication au Journal officiel de l'Union européenne des avis visés à l'article 2 quinquies, paragraphe 4, deuxième alinéa, des directives 89/665/CEE et 92/13/CEE, le formulaire standard figurant à l'annexe XII du présent règlement.*

Art. 6 *Les pouvoirs adjudicateurs et les entités adjudicatrices transmettent les formulaires à l'Office des publications de l'Union européenne par voie électronique, au moyen de l'application en ligne eNotices ou du système TED eSender.*

Art. 7 *Les formulaires standard suivants sont établis :*

Liste des formulaires standard — V. ci-dessous.

Art. 8 *Le règlement d'exécution (UE) n° 842/2011 est abrogé avec effet au 18 avril 2016.*

Art. 9 *Le présent règlement entre en vigueur le vingtième jour suivant celui de sa publication au Journal officiel de l'Union européenne.*

L'article 3 s'applique à compter du 18 avril 2016.

Le présent règlement est obligatoire dans tous ses éléments et directement applicable dans tout État membre.

Liste des annexes

Règlement d'exécution (UE) 2019/1780 de la Commission du 23 septembre 2019

Établissant les formulaires types pour la publication d'avis dans le cadre de la passation de marchés publics et abrogeant le règlement d'exécution (UE) 2015/1986 (« formulaires électroniques »).

Art. 1er *Objet.*

1. Le présent règlement établit les formulaires types suivants :

1) "Planification"

2) "Mise en concurrence"
3) "Notification préalable d'attribution directe"
4) "Résultats"
5) "Modification du marché"
6) "Changement"

2. Les formulaires types visés au paragraphe 1 comprennent les champs figurant en annexe.

Art. 2 *Utilisation.*

Les formulaires types visés à l'article 1er sont utilisés pour la publication des avis suivants au Journal officiel de l'Union européenne :

1) un "formulaire de planification" : pour des avis visés à l'article 27, paragraphe 2, à l'article 28, paragraphe 3, et à l'article 48, paragraphe 1, de la directive 2014/24/UE, à l'article 45, paragraphe 2, et à l'article 67, paragraphe 1, de la directive 2014/25/UE et à l'article 30, paragraphe 1, et à l'article 33, paragraphe 3, de la directive 2009/81/CE ;

2) un "formulaire de mise en concurrence" : pour des avis visés à l'article 48, paragraphe 2, à l'article 49, à l'article 75, paragraphe 1, points a) et b), et à l'article 79, paragraphe 1, de la directive 2014/24/UE, à l'article 67, paragraphe 2, aux articles 68 et 69, à l'article 92, paragraphe 1, points a), b) et c), et à l'article 96, paragraphe 1, premier alinéa, de la directive 2014/25/UE, à l'article 31, paragraphes 1 et 3, de la directive 2014/23/UE et à l'article 30, paragraphe 2, et à l'article 52, paragraphe 1, de la directive 2009/81/CE ;

3) un "formulaire de notification préalable d'attribution directe" : pour des avis visés à l'article 3 bis de la directive 89/665/CEE et de la directive 92/13/CEE ;

4) un "formulaire de résultats" : pour des avis visés à l'article 50, à l'article 75, paragraphe 2, et à l'article 79, paragraphe 2, de la directive 2014/24/UE, à l'article 70, à l'article 92, paragraphe 2, et à l'article 96, paragraphe 1, troisième alinéa, de la directive 2014/25/UE, à l'article 32 de la directive 2014/23/UE et à l'article 30, paragraphe 3, de la directive 2009/81/CE ;

5) un "formulaire de modification du marché" : pour des avis visés à l'article 72, paragraphe 1, de la directive 2014/24/UE, à l'article 89, paragraphe 1, de la directive 2014/25/UE et à l'article 43, paragraphe 1, de la directive 2014/23/UE ;

6) un "formulaire de changement" : pour changer ou annuler les avis susvisés.

Art. 3 *Abrogation.*

Le règlement d'exécution (UE) 2015/1986 est abrogé avec effet au 25 octobre 2023.

Art. 4 *Entrée en vigueur.*

Le présent règlement entre en vigueur le vingtième jour suivant celui de sa publication au *Journal officiel de l'Union européenne.*

Il est applicable à partir du 14 novembre 2022.

ANNEXES

V. sur le code en ligne 🏛.

Règlement d'exécution (UE) 2016/7 de la Commission du 5 janvier 2016,

Établissant le formulaire type pour le document unique de marché européen (Texte présentant de l'intérêt pour l'EEE) (en vigueur le 26 janv. 2016).

Art. 1er A compter de l'entrée en vigueur des mesures nationales transposant la directive 2014/24/UE, et au plus tard à partir du 18 avril 2016, le formulaire type figurant à l'annexe 2 du présent règlement est utilisé aux fins de l'établissement du document unique de marché européen visé à *l'article 59 de la directive 2014/24/UE*. Les instructions pour son utilisation figurent à l'annexe 1 du présent règlement.

Art. 2 Le présent règlement entre en vigueur le vingtième jour suivant celui de sa publication au *Journal officiel de l'Union européenne.*

Le présent règlement est obligatoire dans tous ses éléments et directement applicable dans tout État membre.

ANNEXE I

INSTRUCTIONS

Le document unique de marché européen (DUME) est une déclaration sur l'honneur des opérateurs économiques servant de preuve *a priori* en lieu et place des certificats délivrés par des autorités publiques ou des tiers. Comme le dispose l'article 59 de la directive 2014/24/UE, il s'agit d'une déclaration officielle par laquelle l'opérateur économique affirme qu'il ne se trouve pas dans l'une des situations qui doivent ou peuvent entraîner l'exclusion d'un opérateur, qu'il répond aux critères de sélection applicables et que, le cas échéant, il respecte les règles et critères objectifs qui ont été établis dans le but de limiter le nombre de candidats remplissant par ailleurs les conditions requises qui seront invités à participer. Il vise à atténuer les lourdeurs administratives découlant de l'obligation de produire un nombre important de certificats ou d'autres documents en rapport avec les critères d'exclusion et de sélection.

Pour faciliter la tâche des opérateurs économiques lorsqu'ils remplissent un DUME, les États membres peuvent fournir des lignes directrices relatives à son utilisation, par exemple pour expliquer quelles dispositions du droit national sont pertinentes en ce qui concerne la partie III, section A *[par exemple, que les opérateurs économiques qui ont été condamnés en vertu des art. x, y et z du code pénal national doivent l'indiquer lorsqu'ils introduisent les informations relatives aux condamnations pour participation à une organisation criminelle ou pour blanchiment d'argent, etc.]*, que dans un État membre donné, les listes officielles d'opérateurs économiques agréés peuvent ne pas être établies ou les certificats équivalents ne pas être délivrés, ou pour préciser les informations et références à fournir pour permettre aux pouvoirs adjudicateurs ou aux entités adjudicatrices d'obtenir par voie électronique un certificat donné.

Lorsqu'ils préparent les documents de marché pour une procédure de passation de marché donnée, les pouvoirs adjudicateurs et les entités adjudicatrices doivent indiquer dans l'avis d'appel à la concurrence, dans les documents de marché auxquels l'avis d'appel à la concurrence fait référence ou dans les invitations à confirmer l'intérêt, quelles informations ils exigeront de la part des opérateurs économiques, et notamment déclarer expressément si les informations visées dans les parties II et III *[les informations relatives aux motifs d'exclusion]* doivent ou non être fournies en ce qui concerne les sous-traitants aux capacités desquels l'opérateur économique n'a pas recours *[V. l'art. 71, § 5, troisième al., de la Dir. 2014/24/UE et l'art. 88, § 5, troisième al., de la Dir. 2014/25/UE]*. Ils peuvent également faciliter la tâche des opérateurs économiques en indiquant ces informations directement dans une version électronique du DUME, par exemple en utilisant le service DUME (https://webgate.acceptance.ec.europa.eu/growth/tools-databases/ecertis2/resources/espd/index.html *[ceci est le lien vers la version préliminaire en cours d'élaboration. Une fois disponible, le lien vers la version achevée sera inséré ou mis à disposition d'une autre manière]*) que les services de la Commission mettront gratuitement à la disposition des pouvoirs adjudicateurs, des entités adjudicatrices, des opérateurs économiques, des prestataires de services électroniques et des autres parties intéressées.

Les offres dans les procédures ouvertes ainsi que les demandes de participation aux procédures restreintes, aux procédures concurrentielles avec négociation, aux dialogues compétitifs ou aux partenariats d'innovation doivent être accompagnées du DUME, que les opérateurs économiques auront rempli pour fournir les informations requises *[la situation est plus complexe en ce qui concerne les procédures négociées sans publication préalable, prévues par l'art. 32 de la Dir. 2014/24/UE et l'art. 50 de la Dir. 2014/25/UE, étant donné que ces dispositions s'appliquent à des réalités très différentes. Exiger un DUME représenterait une charge administrative inutile ou serait inapproprié : 1) lorsque seul un participant prédéterminé est possible [pour les deux directives, respectivement art. 32, § 2, point b), § 3, point b), § 3, point d), et § 5, de la Dir. 2014/24/UE et art. 50, points c), e), f) et i), de la Dir. 2014/25/UE], et 2) en cas d'urgence [respectivement art. 32, § 2, point c), de la Dir. 2014/24/UE et art. 50, points d) et h), de la Dir. 2014/25/UE] ou du fait des caractéristiques particulières de la transaction lorsqu'il s'agit de fournitures cotées et achetées à une bourse de matières premières [art. 32, § 3, point c), de la Dir. 2014/24/UE et art. 50, point g), de la Dir. 2014/25/UE]. En revanche, le DUME jouerait pleinement son rôle et devrait être exigé dans les autres cas, qui se caractérisent par la participation possible de plusieurs participants et par l'absence d'urgence ou de caractéristiques particulières de la transaction ; c'est le cas par exemple en ce qui concerne l'art. 32, § 2, point a), § 3, point a), et § 4, de la Dir. 2014/24/UE et l'art. 50, points a), b) et j), de la Dir. 2014/25/UE]*. Sauf pour certains marchés fondés sur des accords-cadres, le soumissionnaire auquel il est prévu d'attribuer le marché devra fournir des certificats et des documents justificatifs à jour.

Les États membres peuvent décider ou laisser les pouvoirs adjudicateurs et les entités adjudicatrices décider si le DUME doit également être utilisé dans le cadre des procédures de passation de marché qui ne sont pas ou pas entièrement soumises aux règles de procédure détaillées des directives 2014/24/UE ou 2014/25/UE, par exemple pour les marchés dont le montant est inférieur aux seuils pertinents ou pour les marchés soumis aux règles particulières applicables aux services sociaux et autres services spécifiques (le « régime assoupli ») *[art. 74 à 77 de la Dir. 2014/24/UE et art. 91 à 94 de la Dir. 2014/25/UE]*. De même, les États membres peuvent décider ou laisser les pouvoirs adjudicateurs et les entités adjudicatrices décider si le DUME doit également être utilisé dans le cadre de l'attribution de contrats de concession, qu'ils soient ou non soumis aux dispositions de la directive 2014/23/UE *[Dir. 2014/23/UE du Parlement européen et du Conseil du 26 févr. 2014 sur l'attribution de contrats de concession (JO L 94 du 28.3.2014, p. 1)]*.

Lorsque cela est nécessaire pour assurer le bon déroulement de la procédure, le pouvoir adjudicateur ou l'entité adjudicatrice peut à tout moment de la procédure demander à un soumissionnaire de fournir tout ou partie des certificats et documents justificatifs requis.

Un opérateur économique peut être exclu de la procédure de passation de marché ou faire l'objet de poursuites en vertu de la législation nationale s'il se rend coupable de fausses déclarations en remplissant le DUME ou, de manière générale, en fournissant les informations exigées pour la vérification de l'absence de motifs d'exclusion ou de la satisfaction des critères de sélection, ou s'il a caché ces informations ou n'est pas en mesure de présenter les documents justificatifs.

Les opérateurs économiques peuvent réutiliser les informations fournies dans un DUME qui a déjà été utilisé dans une précédente procédure, dès lors que ces informations sont toujours exactes et demeurent pertinentes. Pour ce faire, le moyen le plus simple est d'insérer ces informations dans le nouveau DUME au moyen des fonctionnalités prévues à cet effet dans le service DUME électronique mentionné plus haut. Bien entendu, il sera également possible d'employer d'autres formes de copier-coller pour réutiliser des informations, par exemple des informations stockées dans les appareils informatiques de l'opérateur économique (ordinateurs, tablettes, serveurs, etc.).

Aux termes de l'article 59, paragraphe 2, deuxième alinéa, de la directive 2014/24/UE, le DUME ne doit être fourni que sous forme électronique ; cependant, l'application de cette disposition peut être reportée jusqu'au 18 avril 2018 au plus tard *[V. l'art. 90, § 3, de la Dir. 2014/24/UE]*. Cela signifie que la version papier et la version entièrement électronique du DUME peuvent coexister jusqu'au 18 avril 2018 au plus tard. Le service DUME précité donnera la possibilité aux opérateurs économiques de remplir leurs DUME par voie électronique dans tous les cas, ce qui leur permettra de tirer pleinement parti des facilités offertes (notamment de réutiliser les informations). Dans le cadre des procédures de passation de marché pour lesquelles l'utilisation de moyens de communication électroniques a été reportée (ce qui est également possible jusqu'au 18 avril 2018 au plus tard), afin que les opérateurs économiques puissent utiliser le DUME qu'ils ont rempli par voie électronique, le service DUME leur permet de l'imprimer pour pouvoir le transmettre au pouvoir adjudicateur ou à l'entité adjudicatrice par des moyens de communication autres qu'électroniques *[ils seront également en mesure de générer leur DUME sous la forme d'un fichier.pdf pouvant être transmis électroniquement en tant que pièce jointe. Pour pouvoir ultérieurement réutiliser les informations, les opérateurs économiques devraient sauvegarder le DUME rempli sous une forme électronique appropriée (par exemple en tant que fichier.xml)]*.

Comme indiqué précédemment, le DUME consiste en une déclaration officielle par laquelle l'opérateur économique affirme que les motifs d'exclusion concernés ne s'appliquent pas à lui, que les critères de sélection concernés sont remplis et qu'il fournira les informations pertinentes requises par le pouvoir adjudicateur ou l'entité adjudicatrice.

Lorsque les marchés sont divisés en lots et que les critères de sélection *[cela peut être le cas pour le chiffre d'affaires minimal requis, qui doit alors être déterminé en fonction de la valeur estimée maximale des différents lots]* varient selon les lots, un DUME devrait être rempli pour chaque lot (ou pour chaque groupe de lots partageant les mêmes critères de sélection).

Le DUME désigne en outre l'autorité publique ou le tiers compétent pour établir les documents justificatifs *[à moins que les pouvoirs adjudicateurs ou entités adjudicatrices n'aient indiqué que des informations générales ("oui"/"non") sur le respect des exigences seraient suffisantes dans un premier temps. V. ci-dessous pour de plus amples explications au sujet de cette option]* et contient une déclaration officielle indiquant que l'opérateur économique sera en mesure, sur demande et sans tarder, de fournir lesdits documents justificatifs.

Les pouvoirs adjudicateurs ou les entités adjudicatrices peuvent choisir ou peuvent être tenus *[une telle exigence peut être de portée générale ou limitée à certains cas de figure uniquement, par exemple ne s'appliquer que dans le cas des procédures ouvertes ou, pour les procédures en deux étapes, que lorsque tous les candidats satisfaisant aux exigences minimales sont invités à y participer]* par les États membres de limiter les informations requises sur les critères de sélection à la seule question de savoir si, oui ou non, les opérateurs économiques remplissent tous les critères de sélection. Bien que des informations et/ou des documents supplémentaires puissent être demandés par la suite, il faut veiller à ce que les opérateurs économiques n'aient pas à supporter des charges administratives excessives du fait de demandes systématiques de certificats ou d'autres formes de pièces justificatives de la part de tous les participants à une procédure de passation de marché donnée ou de pratiques consistant à déterminer de manière discriminatoire les opérateurs économiques auxquels ces documents seront demandés.

L'obligation pour les pouvoirs adjudicateurs et les entités adjudicatrices d'obtenir les documents concernés directement en consultant une base de données nationale dans un État membre qui est accessible gratuitement s'applique également lorsque les informations sur les critères de sélection initialement demandées se limitent à une réponse par oui ou non. Si de tels documents électroniques sont exigés, les opérateurs économiques fourniront donc au pouvoir adjudicateur ou à l'entité adjudicatrice les informations nécessaires pour obtenir les documents concernés lorsque les critères de sélection sont vérifiés plutôt que directement dans le DUME.

Lorsqu'un extrait du registre pertinent, tel qu'un extrait de casier judiciaire, peut être obtenu par voie électronique par le pouvoir adjudicateur ou l'entité adjudicatrice, l'opérateur économique peut indiquer où trouver ces informations (c'est-à-dire le nom de la base de données, son adresse internet, la référence du dossier ou de l'enregistrement, etc.) afin que le pouvoir adjudicateur ou l'entité adjudicatrice puisse y avoir accès. En donnant ces renseignements, l'opérateur économique accepte que le pouvoir adjudicateur ou l'entité adjudicatrice puisse avoir accès aux documents pertinents, sous réserve de la réglementation nationale transposant la directive 95/46/CE *[Dir. 95/46/CE du Parlement européen et du Conseil, du 24 oct. 1995, relative à la protection des personnes physiques à l'égard du traitement des données à caractère personnel et à la libre circulation de ces données (JO L 281 du 23.11.1995, p. 31)]* relative au traitement des données à caractère personnel, et notamment au traitement de catégories particulières de données, telles que les données relatives aux infractions, aux condamnations pénales ou aux mesures de sûreté.

Conformément à l'article 64 de la directive 2014/24/UE du Parlement européen et du Conseil, les opérateurs économiques inscrits sur des listes officielles d'opérateurs économiques agréés ou bénéficiant d'une certification pertinente par un organisme de droit public ou privé peuvent, en ce qui concerne les informations requises au titre des parties III à V, présenter au pouvoir adjudicateur ou à l'entité adjudicatrice le certificat d'inscription délivré par l'autorité compétente ou le certificat délivré par l'organisme de certification compétent.

Un opérateur économique qui participe à titre individuel et qui ne recourt pas aux capacités d'autres entités pour remplir les critères de sélection doit remplir un DUME.

Un opérateur économique qui participe à titre individuel, mais qui recourt aux capacités d'une ou de plusieurs autres entités, doit veiller à ce que le pouvoir adjudicateur ou l'entité adjudicatrice reçoive à la fois son DUME et un DUME distinct contenant les informations pertinentes *[V. la partie II, section C]* pour chacune des entités auxquelles il fait appel.

Enfin, lorsqu'un groupement d'opérateurs économiques, y compris s'il s'agit d'une association temporaire, participe conjointement à la procédure de passation de marché, un DUME distinct indiquant les informations requises au titre des parties II à V doit être remis pour chacun des opérateurs économiques participants.

Dans tous les cas où plusieurs personnes sont membres de l'organe administratif, de gestion ou de surveillance d'un opérateur économique ou détiennent un pouvoir de représentation, de décision ou de contrôle en son sein, chacune de ces personnes peut avoir à signer un même DUME, en fonction des règles nationales, y compris celles régissant la protection des données.

En ce qui concerne la (les) signature(s) du DUME, veuillez noter qu'il peut ne pas être nécessaire que le DUME soit signé lorsqu'il est transmis parmi un ensemble de documents dont l'authenticité et l'intégrité sont garanties par la (les) signature(s) requise(s) pour le moyen de transmission utilisé *[par exemple : si dans une procédure ouverte, l'offre et le DUME qui l'accompagne sont transmis au moyen d'un courriel doté d'une signature électronique du type requis, alors il peut ne pas être nécessaire que le DUME soit muni d'une (de) signature(s) supplémentaire(s). L'utilisation d'une signature électronique sur le DUME peut également ne pas être nécessaire lorsque le DUME est intégré dans une plateforme de passation électronique de marchés et que l'utilisation de cette plateforme requiert une authentification électronique]*.

Pour les procédures de passation de marché dans le cadre desquelles un avis d'appel à la concurrence a été publié au *Journal officiel de l'Union européenne*, les informations requises au titre de la partie I seront automatiquement récupérées, pour autant que le service DUME électronique précité soit utilisé pour générer et remplir le DUME.

En l'absence de publication d'un avis d'appel à la concurrence au JOUE, le pouvoir adjudicateur ou l'entité adjudicatrice doit introduire les informations permettant d'identifier de manière univoque la procédure de passation. Toutes les autres informations dans toutes les sections du DUME doivent être introduites par l'opérateur économique.

Le DUME est composé des parties et sections suivantes :

— **Partie I. Informations concernant la procédure de passation de marché et le pouvoir adjudicateur ou l'entité adjudicatrice.**

— **Partie II. Informations concernant l'opérateur économique.**

— **Partie III. Critères d'exclusion :**

— **A : Motifs liés à des condamnations pénales** (leur application est obligatoire en vertu de l'article 57, paragraphe 1, de la directive 2014/24/UE. Leur application est également obligatoire pour les pouvoirs adjudicateurs en vertu de l'article 80, paragraphe 1, deuxième alinéa, de la directive 2014/25/UE, tandis que les entités adjudicatrices autres que des pouvoirs adjudicateurs peuvent décider d'appliquer ces critères d'exclusion).

— **B : Motifs liés au paiement d'impôts et taxes ou de cotisations de sécurité sociale** (leur application est obligatoire en vertu de l'article 57, paragraphe 2, de la directive 2014/24/UE en cas de décision finale et contraignante. Selon les mêmes conditions, leur application est également obligatoire pour les pouvoirs adjudicateurs en vertu de l'article 80, paragraphe 1, deuxième alinéa, de la directive 2014/25/UE, tandis que les entités adjudicatrices autres que des pouvoirs adjudicateurs peuvent décider d'appliquer ces motifs d'exclusion. Il convient de noter que le droit interne de certains États membres peut rendre l'exclusion obligatoire même lorsque la décision n'est pas finale ni contraignante).

— **C : Motifs liés à une insolvabilité, à des conflits d'intérêts ou à une faute professionnelle** (voir l'article 57, paragraphe 4, de la directive 2014/24/UE) (cas dans lesquels les opérateurs économiques peuvent être exclus ; l'application de ces motifs d'exclusion peut être rendue obligatoire pour les pouvoirs adjudicateurs par leur État membre. En vertu de l'article 80, paragraphe 1, de la directive 2014/25/UE, toutes les entités adjudicatrices, qu'il s'agisse ou non de pouvoirs adjudicateurs, peuvent décider d'appliquer ces motifs d'exclusion ou y être obligées par leur État membre).

— **D : Autres motifs d'exclusion pouvant être prévus par le droit interne de l'État membre du pouvoir adjudicateur ou de l'entité adjudicatrice.**

— **Partie IV. Critères de sélection** *[conformément à l'art. 80, § 2, de la Dir. 2014/25/UE, les entités adjudicatrices, qu'il s'agisse ou non de pouvoirs adjudicateurs, peuvent décider d'appliquer les critères de sélection prévus à l'art. 58 de la Dir. 2014/24/UE (partie IV, sections A, B et C)]* :

— **α : Indication globale pour tous les critères de sélection.**

— **A : Adéquation.**

— **B : Capacité économique et financière.**

— **C : Capacités techniques et professionnelles.**

— **D : Dispositifs d'assurance de la qualité et normes de gestion environnementale** *[l'utilisation du DUME par des entités adjudicatrices en ce qui concerne les exigences liées aux dispositifs d'assurance de la qualité et aux normes de gestion environnementale (partie IV, section D) n'est pas explicitement prévue par la Dir. 2014/25/UE, mais devrait néanmoins être autorisée pour des raisons pratiques, l'art. 62 de la Dir. 2014/24/UE et l'art. 81 de la Dir. 2014/25/UE étant en substance identiques. Conformément à l'art. 77, § 2, et à l'art. 78, § 1, de la Dir. 2014/25/UE, les entités adjudicatrices sélectionnent les participants sur la base de règles et de critères objectifs. Comme cela a été décrit plus haut, ces critères peuvent dans certains cas être ceux prévus par la Dir. 2014/24/UE ou comporter des dispositions essentiellement identiques. Toutefois, les règles et critères objectifs peuvent également être spécifiques à une certaine entité adjudicatrice ou à une certaine procédure de passation de marché. Ces cas de figure ne peuvent néanmoins pas être couverts par un formulaire type]*.

— **Partie V. Réduction du nombre de candidats qualifiés** *[l'utilisation du DUME par les entités adjudicatrices en ce qui concerne la réduction du nombre de candidats qualifiés (partie V) n'est pas explicitement prévue par la Dir. 2014/25/UE, mais devrait néanmoins être autorisée pour des raisons pratiques, l'art. 65 de la Dir. 2014/24/UE et l'art. 78, § 2, de la Dir. 2014/25/UE exigeant tous les deux que cette réduction du nombre de candidats se fasse sur la base de critères ou règles objectifs et non discriminatoires]*.

— **Partie VI. Déclarations finales.**

ANNEXE II

V. Règl. d'ex. (UE) 2016/7 du 5 janv. 2016, Annexe II (JOUE n° L 3 du 6 janv. 2016).

Lettre de candidature (DC1)

Nota : *V. le formulaire non obligatoire DC1 et sa notice explicative,* 🏛.

Déclaration du candidat individuel (DC2)

Nota : *V. le formulaire non obligatoire DC2 et sa notice explicative* 🏛.

Déclaration de sous-traitance (DC4)

Sur la sous-traitance, V. L. n° 75-1334 du 31 déc. 1975, ss. CCP, art. L. 2193-10.

Nota : *V. le formulaire non obligatoire DC4 et sa notice explicative* 🏛.

Formulaire facultatif d'avis de publicité relatif à la passation d'une convention de délégation de service public

V. le formulaire et la notice explicative de la DAJ, 🏛.

Rapport d'analyse des candidatures (OUV3)

Nota : *V. le formulaire non obligatoire OUV3 et sa notice explicative* 🏛.

Procès-verbal de la commission d'appel d'offres – Admission des candidatures (OUV4)

Nota : *V. le formulaire non obligatoire OUV4 (ancien OUV3) et sa notice explicative,*.

Admission des candidatures (OUV5)

Nota : *V. le formulaire non obligatoire OUV5 et sa notice explicative*.

Demande de précisions ou de compléments sur l'offre (OUV6)

Nota : *V. le formulaire non obligatoire OUV6 (ancien DC11) et sa notice explicative*.

Réponse à la demande de précisions ou de compléments sur l'offre (OUV7)

Nota : *V. le formulaire non obligatoire OUV7 (ancien DC11) et sa notice explicative*.

Rapport d'analyse des offres (OUV8)

Nota : *V. le formulaire non obligatoire OUV8 et sa notice explicative*.

Procès-verbal de la commission d'appel d'offres – Décision d'attribution (OUV9)

Nota : *V. le formulaire non obligatoire OUV9 et sa notice explicative*.

Décision d'attribution (OUV10)

Nota : *V. le formulaire non obligatoire OUV10 et sa notice explicative*.

Mise au point (OUV11)

Nota : *V. le formulaire non obligatoire OUV11 (ancien DC12) et sa notice explicative*.

Acte d'engagement (ATTRI1)

Nota : *V. le formulaire non obligatoire ATTRI1 et sa notice explicative*.

Signature de l'acte spécial présenté au stade du dépôt de l'offre (ATTRI2)

Nota : *V. le formulaire non obligatoire ATTRI2 et sa notice explicative*.

Information au candidat retenu (NOTI1)

Nota : *V. le formulaire non obligatoire NOTI1 et sa notice explicative*.

Notification de rejet de candidature ou d'offre (NOTI3)

Nota *: V. le formulaire non obligatoire NOTI3 et sa notice explicative.*

Rapport de présentation d'une consultation (NOTI4)

Nota *: V. le formulaire non obligatoire NOTI4 et sa notice explicative.*

Notification du marché public ou de l'accord-cadre (NOTI5)

Nota *: V. le formulaire non obligatoire NOTI5 et sa notice explicative.*

Certificat de cessibilité de créance(s) (NOTI6)

Nota *: V. le formulaire non obligatoire NOTI6 et sa notice explicative.*

Garantie à première demande (NOTI7)

Nota *: V. le formulaire non obligatoire NOTI7 et sa notice explicative.*

Caution personnelle et solidaire (NOTI8)

Nota *: V. le formulaire non obligatoire NOTI8 et sa notice explicative.*

Ordre de service (EXE1)

Nota *: V. le formulaire non obligatoire EXE1 et sa notice explicative.*

Ordre de service pour les marchés de travaux (EXE1-T)

Nota *: V. le formulaire non obligatoire EXE1-T et sa notice explicative.*

Bon de commande (EXE2)

Nota *: V. le formulaire non obligatoire EXE2 et sa notice explicative.*

Admission des fournitures courantes (EXE3)

Nota *: V. le formulaire non obligatoire EXE3 et sa notice explicative.*

Réception des travaux – Procès-verbal des opérations préalables à la réception (EXE4)

Nota *: V. le formulaire non obligatoire EXE4 et sa notice explicative.*

Réception des travaux – Propositions du maître d'œuvre (EXE5)

Nota : *V. le formulaire non obligatoire EXE5 et sa notice explicative* 🏛.

Réception des travaux – Décision de réception (EXE6)

Nota : *V. le formulaire non obligatoire EXE6 et sa notice explicative* 🏛.

Réception des travaux – Décision de non-réception (EXE7)

Nota : *V. le formulaire non obligatoire EXE7 et sa notice explicative* 🏛.

Réception des travaux – Procès-verbal de levée des réserves (EXE8)

Nota : *V. le formulaire non obligatoire EXE8 et sa notice explicative,* 🏛.

Réception des travaux – Propositions du maître d'œuvre et décision du maître de l'ouvrage relatives à la levée des réserves (EXE9)

Nota : *V. le formulaire non obligatoire EXE9 et sa notice explicative* 🏛.

Avenant (EXE10)

Nota : *V. le formulaire non obligatoire EXE10 et sa notice explicative* 🏛.

Rapport de présentation d'un avenant (EXE11)

Nota : *V. le formulaire non obligatoire EXE11 et sa notice explicative* 🏛.

Décision de reconduction (EXE12)

Nota : *V. le formulaire non obligatoire EXE12 et sa notice explicative* 🏛.

Décompte des pénalités de retard (EXE13)

Nota : *V. le formulaire non obligatoire EXE13 et sa notice explicative* 🏛.

Mise en demeure (EXE14)

Nota : *V. le formulaire non obligatoire EXE14 et sa notice explicative* 🏛.

Décision de résiliation (EXE15)

Nota : *V. le formulaire non obligatoire EXE15 et sa notice explicative* 🏛.

VII COMMUNICATION DES DOCUMENTS ADMINISTRATIFS

Document commun de la DAJ et de la CADA du 28 février 2013,

Relatif à la communication des documents administratifs en matière de commande publique (mise à jour le 1er avr. 2019 - ancien code des marchés publics).

Le livre III du code des relations entre le public et l'administration (CRPA) relatif à l'accès aux documents administratifs et à la réutilisation des informations publiques pose le principe de la liberté d'accès aux documents administratifs. L'administration doit communiquer les documents concernés par la loi, parmi lesquels figurent les documents relatifs aux marchés publics. Le respect du principe de l'accès aux documents administratifs est placé sous la surveillance de la Commission d'accès aux documents administratifs (CADA). Cette autorité administrative indépendante émet des avis lorsqu'elle est saisie par une personne qui s'est heurtée à un refus de communication et donne des conseils à la demande d'autorités publiques désireuses d'être éclairées sur le sens et la portée de leurs obligations.

En matière de communication des documents administratifs, la CADA n'a pas de pouvoir d'injonction. Elle dispose d'un pouvoir de sanction limité aux cas dans lesquels elle est saisie, en application de l'article L. 342-3 du CRPA, de faits susceptibles de constituer une infraction au régime de la réutilisation des informations publiques.

La saisine de la CADA est un préalable obligatoire à l'exercice d'un recours contentieux contre un refus de communication.

Par ses avis et conseils, la CADA a développé sa doctrine sur l'accès aux différents documents susceptibles d'intervenir dans le cadre de la passation, la conclusion et l'exécution des marchés publics, qui s'est enrichie depuis 2005. L'arrivée d'un représentant de l'Autorité de la concurrence au sein de la commission a notamment permis une prise en compte accrue de l'impératif du respect de la libre concurrence, protégée par le droit communautaire et le droit national.

Cette « doctrine » couvre la plupart des pièces ayant trait aux marchés publics. Elle résulte cependant d'avis et conseils épars, car la CADA porte une appréciation au cas par cas dans les affaires qui lui sont soumises *[V. l'art. du CJFI n° 51 « Secret des affaires et marchés publics : la communication des documents de marchés »]*.

1. Principes généraux

1.1. *Champ d'application*

La quasi-totalité des documents élaborés ou détenus par les « administrations » au sens de l'article L. 300-2 du CRPA (l'État, les collectivités territoriales, ainsi que par les autres personnes de droit public ou les personnes de droit privé chargées de la gestion d'un service public) ont, de ce fait même, un caractère administratif au sens de cette loi. De tels documents, liés à l'exercice par ces personnes publiques de leurs missions de service public, sont de plein droit communicables aux personnes qui en font la demande *[CE, sect., 7 mai 2010, M. Albert A., n° 303168 ; CE 23 juill. 2010, Office national des forêts c/ M. de la Gravière, n° 321138 ; CADA, avis n° 20134647 du 13 mars 2014]*.

Revêtent ainsi un caractère administratif, au sens du CRPA, les marchés publics et les documents qui s'y rapportent *[CADA, avis n° 20062949 du 11 juill. 2006, n° 20090412 du 12 févr. 2009 et n° 20101586 du 20 mai 2010 ; conseils n° 20073686 du 27 septe. 2007, n° 20091745 du 14 mai 2009, et n° 20114251 du 3 nov. 2011]*, ainsi que les marchés conclus par les organismes de sécurité sociale pour le compte d'une personne publique ou pour l'exécution même d'un service public administratif *[CADA, avis n° 20102070 du 3 juin 2010]*.

Il en va de même des contrats de délégation de service public et des documents qui s'y rapportent *[CADA, conseil n° 20114788 du 15 déc. 2011]*, notamment les contrats de concession de service public *[CADA, avis n° 20101578 du 22 avr. 2010]*, des marchés passés par le concessionnaire dans le cadre de sa mission de service public *[CADA, avis n° 20132924 du 24 oct. 2013]* et du contrat conclu entre le concessionnaire de service public et son sous-traitant, s'il a directement pour objet la réalisation du service public ou des prestations objet de la concession *[CADA, avis n° 20101578 du 22 avr. 2010]*. Les documents relatifs aux contrats de partenariat ont également un caractère administratif *[CADA, avis n° 20111735 du 28 avr. 2011 ; conseil n° 20110317 du 3 mars 2011]*.

Constituent également des documents administratifs soumis au livre III du CRPA :

– les documents contractuels, produits, reçus ou détenus par une personne morale, de droit public ou privé, chargée d'une mission de service public s'ils présentent un lien suffisamment direct avec leur mission de service public *[CADA, avis nº 20124919 du 10 janv. 2013, nº 20131911 du 6 juin 2013 et nº 20141034 du 10 avr. 2014]* ou s'ils comportent des clauses exorbitantes du droit commun *[CADA, avis nº 20124947 du 24 janv. 2013]* ;

– les contrats d'occupation du domaine public et tous les documents qui s'y rapportent *[CADA, conseil nº 20103361 du 16 sept. 2010]* ;

– les documents relatifs à un contrat d'emprunt public *[CADA, avis nº 20103860 du 23 sept. 2010 et conseil nº 20110928 du 3 mars 2011]* ;

– le bail emphytéotique administratif qui se rattache directement à l'exécution d'une mission de service public *[CADA, avis nº 20103329 du 16 sept. 2010]* ;

– les concessions d'aménagement et l'ensemble des documents qui se rapportent à leur attribution *[CADA, avis nº 20122290 du 21 juin 2012. En revanche, les documents produits, reçus ou détenus par un opérateur privé concessionnaire d'aménagement dans la gestion de sa concession ne constituent des documents administratifs que si cet opérateur a la qualité de personne privée chargée d'une mission de service public, qualité qui ne saurait résulter de sa seule qualité de titulaire d'une concession d'aménagement : CADA, avis nº 20122204 du 21 juin 2012]* ;

– les documents se rapportant à une procédure d'appel à projet *[CADA, conseil nº 20120845 du 8 mars 2012]* ;

– les contrats conclus par une juridiction judiciaire, qui ne revêtent pas, de ce seul fait, un caractère judiciaire *[CADA, avis nº 20111461 du 31 mars 2011]* ;

– le marché de droit privé, et les pièces qui s'y rapportent, passé, pour le compte d'une personne privée, par une personne publique agissant dans le cadre des missions de service public qui lui sont dévolues et eu égard à l'intérêt public de l'ouvrage en cause *[CADA, conseil nº 20141784 du 19 juin 2014]*.

N'ont pas le caractère administratif, au sens de l'article L. 300-2 du CRPA, les documents relatifs aux marchés passés par les établissements publics à caractère industriel et commercial (EPIC) ou par des organismes privés chargés d'une mission de service public, lorsqu'ils sont sans lien avec l'organisation ou l'exécution de la mission de service public dévolue à ces entités. Tel est le cas, par exemple, des contrats passés par la SNCF, ayant pour objet, notamment, la fabrication et la distribution des tenues des agents des gares *[CADA, avis nº 20090372 du 29 janv. 2009]*, ou encore la gestion de déchets industriels banals sur différents sites *[CADA, avis nº 20082215 du 3 juill. 2008]*. Il en va de même d'un marché passé par l'Agence nationale des déchets radioactifs (ANDRA), qui pour a pour objet le gardiennage d'un laboratoire de recherche *[CADA, avis nº 20082626 du 3 juill. 2008]*, et des contrats qui ont trait aux relations contractuelles qu'un EPIC entretient avec ses clients ou des contrats relatifs à la gestion des agents de l'établissement, autres que le directeur et le comptable *[CADA, avis nº 20101586 du 20 mai 2010]*. Les marchés passés par un organisme privé chargé d'une mission de service public avec une association ne sont pas soumis au livre III du CRPA s'ils ne peuvent se rattacher directement à l'exécution de la mission de service public confiée à cette association *[CADA, avis nº 20112185 du 26 mai 2011]*.

Sont également dépourvus de caractère administratif, au sens de l'article L. 300-2 du CRPA, les marchés passés par une société d'économie mixte lorsqu'ils sont sans rapport avec le service public dont elle est en charge *[CADA, avis nº 20090511 du 12 févr. 2009 et nº 20104082 du 4 nov. 2010 ; conseil nº 20110997 du 17 févr. 2011]*. La soumission d'un contrat aux règles de de la commande publique est sans incidence, en elle-même, sur le caractère administratif des documents de ce contrat, et des documents relatifs à la procédure suivie pour le conclure *[CADA, conseil nº 20770997 du 17 févr. 2011]*.

La commission considère, en outre, qu'un marché passé entre une société d'autoroutes et une autre société de droit privé, non soumis au code des marchés publics, qui ne comporte pas de clause exorbitante du droit commun et n'a pas pour objet de faire participer le cocontractant à une mission de service public, ne constitue pas un document administratif *[CADA, avis nº 20082814 du 24 juill. 2008]*.

1.2. *Conditions relatives aux documents communicables*

1.2.1. *Documents achevés et documents préparatoires*

Aux termes de l'article L. 311-2 du CRPA, « le droit à communication ne s'applique qu'à des documents achevés. Il ne concerne pas les documents préparatoires à une décision administrative tant qu'elle est en cours d'élaboration ».

En matière de marchés publics, les documents relatifs à la procédure de passation du contrat sont considérés comme préparatoires, aussi longtemps que la procédure n'est pas close, c'est-à-dire tant que le marché n'est pas signé ou que la procédure n'a pas été abandonnée *[CADA, avis n° 20033960 du 9 oct. 2003, n° 20040857 du 19 févr. 2004, n° 20090624 du 26 févr. 2009 et n° 20111461 du 31 mars 2011 ; conseil n° 20114251 du 3 nov. 2011]*. Pour la CADA, les documents ne deviennent pas communicables dès l'attribution du marché mais seulement après que le marché a été signé *[CADA, conseils n° 20023233 du 22 août 2002 et n° 20065427 du 21 déc. 2006]*. Une fois le marché signé, la communication à un candidat évincé des motifs de rejet de son offre ne permet pas de refuser la communication de ce marché et des documents qui s'y rapportent *[CADA, avis n° 20062949 du 11 juill. 2006 ; conseils n° 20090984 du 2 avr. 2009 et n° 20114251 du 3 nov. 2011]*. La commission a également eu l'occasion de préciser que la résiliation d'un contrat du fait de la mise en liquidation judiciaire de l'entreprise attributaire n'avait pas pour effet de conférer un caractère préparatoire à ce contrat ni aux documents s'y rapportant *[CADA, conseil n° 20132119 du 23 mai 2013]*.

Avant la signature, seuls sont communicables les documents qui se rattachent à une phase de la procédure que la CADA estime pouvoir isoler des opérations d'attribution proprement dites du marché, tels que la délibération décidant de lancer l'appel d'offres, l'appel à candidature ou le règlement de la consultation. En revanche, les autres documents tels que les procès-verbaux d'ouverture des plis, les dossiers de candidatures, le rapport d'analyse des offres, revêtent un caractère préparatoire et ne peuvent être communiqués à des tiers *[CADA, conseil n° 20072665 du 5 juill. 2007]*.

Les mêmes solutions sont transposables aux contrats de délégation de service public et aux documents qui s'y rapportent *[CADA, conseils n° 20063184 du 27 juill. 2006 et n° 20114788 du 15 déc. 2011]*, notamment aux contrats de concession de service ou de service public *[CADA, avis n° 20101578 du 22 avr. 2010 et n° 20114972 du 22 déc. 2011]*, aux marchés de partenariat *[CADA, avis n° 20111735 du 28 avr. 2011 ; conseil n° 20110317 du 3 mars 2011 et n° 20113036 du 22 sept. 2011]*, ainsi qu'aux concessions d'aménagement *[CADA, avis n° 20122290 du 21 juin 2012]*. Tant que le bail emphytéotique administratif n'a pas été signé, l'ensemble des documents y afférents conservent un caractère préparatoire *[CADA, avis n° 20103329 du 16 sept. 2010]*. Les documents se rapportant à la procédure d'un appel à projet prévu par le code de l'action sociale et des familles (article L. 313-1-1) sont également communicables, une fois l'autorisation délivrée par l'autorité compétente ou lorsque celle-ci a manifestement renoncé à mener à bien la procédure *[CADA, conseil n° 20120845 du 8 mars 2012]*.

Pour les marchés de partenariat, le programme fonctionnel transmis à l'ensemble des candidats en début de procédure est communicable dès son achèvement, mais le pré-contrat soumis à un nombre restreint de candidats revêt un caractère inachevé *[CADA, conseil n° 20110317 du 3 mars 2011]*.

En cas d'allotissement, les documents relatifs à la procédure de passation d'un lot sont communicables dès la conclusion de ce lot, indépendamment de la situation d'avancement des autres lots du marché *[CADA, avis n° 20123521 du 11 oct. 2012]*. Toutefois, si les prestations relevant du lot dont la procédure est achevée présente de telles analogies avec les prestations d'autres lots en cours de passation que la communication des éléments relatifs à ce lot porterait atteinte au jeu normal de la concurrence entre les candidats à l'attribution de ces autres lots, la communication des documents doit être repoussée à l'achèvement de la procédure conduite ou reprise pour ces lots.

Lorsque la procédure est relancée après une déclaration de procédure infructueuse ou une décision de ne pas donner suite, seule cette décision est immédiatement communicable. Les autres documents ne sont communicables qu'à l'issue de la nouvelle procédure *[CADA, avis n° 20040857 du 19 févr. 2004]*. La commission adopte la même analyse, lorsque la procédure de passation du marché a été suspendue ou annulée par le juge. Dans ce cas, l'ensemble des documents conserve un caractère préparatoire jusqu'à la signature du contrat à l'issue de la nouvelle procédure, à moins que le pouvoir adjudicateur renonce à passer le marché *[CADA, avis n° 20080901 du 21 févr. 2008, n° 20082308 du 19 juin 2008, n° 20090412 du 12 févr. 2009 et n° 20111461 du 31 mars 2011]*.

En outre, la CADA estime que la signature d'un accord-cadre multi-attributaire ne vaut pas attribution du marché et ne met pas fin à la concurrence entre les entreprises retenues. Les prix proposés par les différents attributaires ne peuvent être communiqués ni aux tiers ni aux autres attributaires pendant toute la durée de l'accord-cadre *[CADA, conseil n° 20074583 du 22 nov. 2007]*. Il en va différemment si l'accord-cadre est attribué à un seul opérateur économique *[CADA, avis n° 20123521 du 11 oct. 2012]*. Dans cette hypothèse, l'attribution des marchés subséquents ne doit être précédée d'aucune procédure de publicité ou de mise en concurrence, la signature d'un accord-cadre mono-attributaire mettant fin à la mise en concurrence. Ainsi, dès la conclusion d'un accord-cadre mono-attributaire, tous les documents qui s'y rapportent deviennent communicables, dans le respect des secrets protégés par la loi.

Enfin, lorsque les pièces d'un dossier de passation d'un marché comportent des informations relatives à l'environnement, la CADA considère que si le II de l'article L. 124-4 du code de l'environnement permet de rejeter une demande portant sur des documents en cours d'élaboration, en revanche, aucune disposition ne prévoit la possibilité de refuser l'accès aux documents qui s'inscrivent dans un processus préparatoire à l'adoption d'un acte qui n'est pas encore intervenu, dès lors que ces documents sont eux-mêmes achevés et que la demande est formulée dans le cadre de la recherche d'informations relatives à l'environnement *[CADA, avis nº 20090489 du 12 févr. 2009]*. Par conséquent, de telles informations (par exemple, les incidences potentielles de chaque offre sur l'environnement) doivent être communiquées avant même la signature du marché, sous les réserves prévues par l'article L. 124-4 et le II de l'article L. 124-5 de ce code. Ces dispositions permettent, en effet, de refuser la communication d'informations dans le cas où cette communication porterait atteinte à l'un des intérêts protégés par les articles L. 311-5 et L. 311-6 du CRPA, à l'exception de ceux visés à ses e) et h) du 2° de l'article L. 311-5, ou s'agissant d'informations relatives à des émissions dans l'environnement au II de l'article L. 124-5 du code de l'environnement *[C'est-à-dire à porter atteinte à la conduite de la politique extérieure de la France, à la sécurité publique ou à la défense nationale ; au déroulement des procédures juridictionnelles ou à la recherche d'infractions pouvant donner lieu à des sanctions pénales ; à des droits de propriété intellectuelle – CADA, avis nº 20122116 du 7 juin 2012]*. Sous réserve de ces observations, les informations en matière environnementale, au sens de l'article L. 124-1 du même code, sont communicables dans les conditions fixées par le CRPA.

1.2.2. *Documents n'ayant pas fait l'objet d'une diffusion publique*

L'article L. 311-2 du CRPA dispose également que « le droit à communication ne s'exerce plus lorsque les documents font l'objet d'une diffusion publique ». Par conséquent, la communication suppose l'absence de diffusion publique *[CE, sect., 17 janv. 1986, Ministre Économie et Finances c/ SA Dumons, nº 62282]*.

Constituent une diffusion publique :

– la publication dans un *Journal officiel* *[CADA, avis nº 20012061 du 14 juin 2001]* (par exemple la publication d'un avis de marché au JOUE) ;

– la diffusion sur un site internet, à condition que l'adresse du site soit facile à trouver *[CADA, avis nº 20073254 du 13 sept. 2007]* ;

– la publication au BOAMP dès lors que ses annonces sont diffusées sur le site internet de la Direction de l'information légale et administrative (DILA) *[A contrario, avis nº 20012061 du 14 juin 2001]*.

En revanche, ne constituent pas une diffusion publique :

– l'affichage *[CADA, conseil nº 20052613 du 7 juill. 2005]* ;

– la diffusion dans la presse nationale ou locale *[CADA, avis nº 20012061 du 14 juin 2001]*.

Dans ces derniers cas, par conséquent, la demande de communication doit être satisfaite.

1.3. *Les secrets faisant obstacle à la communication*

Dans la continuité de la loi n° 2000-321 du 12 avril 2000 qui a supprimé la notion d'information nominative, le CRPA distingue entre les secrets absolus (art. L. 311-5) et les secrets relatifs (art. L. 311-6) s'opposant à la communication.

La circonstance qu'un document contienne des mentions couvertes par l'un de ces secrets ne fait pas obstacle à sa communication, si ces mentions peuvent en être matériellement disjointes, sans priver le document de sens, ni ôter tout intérêt à la communication, en vertu. de l'article L. 311-7 du CRPA. Il en va ainsi même si les éléments à occulter sont très nombreux *[Conclusions de M. Toutée sous CE, sect., 10 juill. 1992, Ministre de l'agriculture c/ Touzan, nº 120047]*.

1.3.1. *Secrets absolus*

Les secrets absolus valent à l'égard de tous. Ce sont, pour la plupart, des secrets édictés dans l'intérêt public : secret des délibérations du Gouvernement et des autorités responsables relevant du pouvoir exécutif, secret de la défense nationale, secret relatif à la conduite de la politique des relations extérieures de la France ou à la sûreté de l'État *[CE 10 nov. 2010, Fédération française des télécommunications et des communications électroniques (FFTCE), nº 327062]*, secret relatif au déroulement des procédures engagées devant les juridictions *[CE, sect., 7 mai 2010,*

M. Bertin, n° 303168], secret relatif à la recherche des infractions fiscales et douanières *[CE 26 mai 2010, Mme Faria et Sté Faria, n° 304621 ; CE 4 mai 2011, Ministre du budget, des comptes publics, de la fonction publique et de la réforme de l'État c/ M. Casanovas, n° 328914]* et, de façon générale, secrets protégés par la loi *[CE 29 juin 2011, Mme Rouzaud, n° 335072]*.

Pour un exemple de secret absolu en matière de marchés : la commission estime que la communication des éléments relatifs à l'offre retenue dans le cadre d'un concours de maîtrise d'œuvre pour la construction d'un hôtel de police serait susceptible de porter atteinte à la sécurité publique *[CADA, conseil n° 20073859 du 11 oct. 2007]*.

1.3.2. *Secrets relatifs*

Les secrets relatifs ne valent qu'à l'égard des tiers. Ce sont les secrets édictés pour protéger des intérêts privés.

1.3.2.1. *Secret de la vie privée, documents comportant une appréciation ou un jugement de valeur sur une personne physique, ou faisant apparaître un comportement*

Les nom et prénom des cocontractants d'un contrat administratif sont communicables *[CE, sect., 30 mars 1990, Mme Degorge Boëtte, n° 90237]*. En revanche, porte atteinte au secret de la vie privée la communication des informations ou documents suivants :

– l'âge ou l'adresse d'une personne physique, les curriculum vitae, les coordonnées ou les attestations bancaires produites dans les dossiers de candidatures *[CADA, avis n° 20033429 du 28 août 2003 et conseil n° 20031928 du 15 mai 2003]* ;

– les déclarations de revenus, les salaires respectifs des employés de l'entreprise *[CADA, conseil n° 20004574 du 7 déc. 2000]* ;

– les documents portant une appréciation ou un jugement de valeur sur une personne physique nommément désignée ou facilement identifiable *[CE 23 juill. 2010, Office national des forêts c/ M. de la Gravière, n° 321138 ; CADA, avis n° 20011892 du 17 mai 2001]* ;

– les documents faisant apparaître le comportement d'une personne physique, si la divulgation de ce comportement peut lui porter préjudice *[CADA, conseil n° 20042904 du 8 juill. 2004, à propos des courriers émanant d'acheteurs publics non satisfaits]*.

1.3.2.2. *Secret en matière commerciale et industrielle*

• La CADA distingue trois types de mentions couvertes par le secret en matière commerciale et industrielle *[CADA, avis n° 20062458 du 15 juin 2006]* :

– les mentions protégées par le secret des procédés : il s'agit des informations qui permettent de connaître le savoir-faire, les techniques de fabrication telles que la description des matériels ou logiciels utilisés et du personnel employé ou le contenu des activités de recherche-développement des entreprises *[CADA, avis n° 20052295 du 9 juin 2005]*, dans la mesure où ces informations traduisent un savoir-faire propre qui pourrait être reproduit dans un autre marché *[CADA, avis n° 20050529 du 3 févr. 2005]*. Ainsi, les mémoires techniques des entreprises qui se sont portées candidates à un marché ne sont pas communicables, dès lors que ces mémoires contiennent nombre d'informations couvertes par le secret en matière commerciale et industrielle, notamment des mentions relatives aux moyens techniques dont dispose l'entreprise considérée *[CADA, avis n° 20132924 du 24 oct. 2013]*.

Sont également exclues du droit à communication la certification de système qualité et les certificats de qualification *[CADA, avis n° 20101586 du 20 mai 2010 et n° 20111461 du 31 mars 2011 ; conseil n° 20071714 du 22 nov. 2007]*, les modalités de prise en compte des contraintes environnementales *[CADA, avis n° 20062950 du 11 juill. 2006]* autres que celles qui sont relatives à des émissions dans l'environnement, ainsi que les informations relatives au dimensionnement ou au choix des technologies *[CADA, avis n° 20081426 du 3 avr. 2008]* ;

– *les mentions protégées par le secret des informations économiques et financières :* entrent dans cette catégorie les informations qui ont trait à la situation économique d'une entreprise, à ses capacités financières *[CADA, conseil n° 20132119 du 23 mai 2013]* ou à l'état de son crédit, comme, par exemple, son chiffre d'affaires, ses documents comptables, ses effectifs et, généralement, toutes les informations de nature à révéler son niveau d'activité *[CADA, avis n° 20062458 du 15 juin 2006]*. L'organigramme de la société est également couvert par ce secret *[CADA, avis n° 20034301 du 6 nov. 2003]*.

Toutefois, lorsqu'en application d'un texte, le candidat retenu doit reprendre tout ou partie du personnel du précédent prestataire, la CADA estime que les données sur le nombre d'agents et la masse salariale correspondante, à l'exception de toutes données nominatives ou plus détaillée, doivent être communiquées *[CADA, conseil n° 20064843 du 11 janv. 2007 ; pour un contrat d'occupation du domaine public, conseil n° 20103361 du 16 sept. 2010]* ;

Lorsque l'attributaire du marché est une collectivité territoriale ou un établissement public administratif local, les tiers sont fondés à demander communication de l'intégralité de ses documents budgétaires et comptables, y compris ceux qui se rattachent à sa candidature, sur la base des dispositions du CGCT *[art. L. 2121-26 CGCT ; CADA, conseil n° 20110928 du 3 mars 2011]*. Le secret en matière industrielle et commerciale n'est alors plus invocable et la communication se fait sans occultation préalable *[CADA, conseil n° 20065044 du 21 déc. 2006]*.

Enfin, s'agissant des recettes d'exploitation d'un service public, la CADA a une interprétation restrictive du secret des informations économiques et financières *[CADA, avis n° 20104717 du 20 janv. 2011 et n° 20122241 du 26 juill. 2012]* ;

– *les mentions protégées par le secret des stratégies commerciales* : sont ici visées des informations sur les prix et les pratiques commerciales telles que l'offre de prix détaillée contenue dans le bordereau des prix unitaires (BPU), la décomposition des prix globaux et forfaitaires (DPGF) ou le détail quantitatif estimatif *[CADA, avis n° 20161778 du 9 juin 2016, reprenant la solution dégagée par la décision du Conseil d'État du 30 mars 2016, Centre hospitalier de Perpignan, n° 375529]*, la liste des fournisseurs, le montant des remises consenties *[CADA, conseil n° 20070002 du 11 janv. 2007, à propos du contrat d'assurance couvrant la flotte automobile d'une commune]*. Sont également protégées les mentions qui ont trait :

• à l'exposé de la stratégie technique et financière de la société *[CADA, conseil n° 20084066 du 23 octobre 2008]* ;

• aux investissements matériels et au nombre de personnes employées ou affectées à chaque tâche *[CADA, avis n° 20074761 du 6 déc. 2007]* ;

• au plan de financement ou à l'actionnariat *[CADA, avis n° 20070967 du 8 mars 2007]* ;

De même, sont protégées, dans certains cas particuliers, les mentions qui reflètent le montage juridico-financier et comptable que le cocontractant a imaginé et mis au point pour répondre au mieux aux besoins exprimés par la personne publique *[Pour un contrat de partenariat, avis n° 20072630 du 8 nov. 2007, n° 20111735 du 28 avr. 2011 et conseil n° 20113036 du 22 sept. 2011 ; pour une délégation de service public, avis n° 20081426 du 3 avr. 2008]*.

• Les mentions couvertes par le secret des affaires ne sont, en principe, jamais communicables à des tiers, quelle que soit l'identité de l'entreprise à laquelle elles se rapportent. Elles doivent donc être occultées préalablement à la communication de tous les documents relatifs au marché.

• En outre, dans certaines circonstances particulières, la communication de documents qui, à l'ordinaire, serait autorisée, peut être réduite, voire refusée dans un souci de garantir le respect de la libre concurrence.

– *La CADA prend en compte les particularités de certains marchés*, notamment leur mode de passation, leur nature et leur mode d'exécution. Il en est ainsi des accords-cadres multi-attributaires. Selon la commission, il ressort en effet des dispositions du droit de la commande publique (à l'origine articles 1er et 76 du code des marchés publics, aujourd'hui articles L. 2125-1 et R. 2162-1 à R. 2162-14 du code de la commande publique) que la signature d'un accord-cadre retenant plusieurs entreprises ne vaut pas attribution du marché et ne met pas fin à la mise en concurrence, qui se poursuivra entre les entreprises retenues pendant toute la durée de l'accord-cadre. Le droit d'accès aux documents relatifs à ce dernier doit donc être défini de manière à ne pas porter atteinte à la concurrence entre ces entreprises, ce qui conduit à en restreindre la portée par rapport aux contrats ou marchés publics habituels *[CADA, avis n° 20111096 du 14 avr. 2011 et conseil n° 20084709 du 23 déc. 2008]*. La commission en déduit que seules les caractéristiques générales de l'accord-cadre sont communicables à toute personne qui en fait la demande. En revanche, l'ensemble des mentions relatives aux offres présentées (retenues ou non) est protégé par le secret en matière commerciale et industrielle. Tel est le cas, notamment, de l'offre de prix des attributaires des lots *[CADA, avis n° 20111096 du 14 avr. 2011 ; conseils n° 20073774 du 25 oct. 2007 et n° 20074583 du 22 nov. 2007]*.

Pour plusieurs marchés portant sur des prestations extrêmement proches et présentant les mêmes problématiques de contenu de prix, la CADA a estimé que « le souci de garantir le libre jeu de la concurrence doit conduire à refuser de communiquer le détail des offres de prix des candidats retenus » *[CADA, conseil n° 20114251 du 3 nov. 2011]*. Les passages exposant la formule de calcul de la note attribuée aux entreprises sur le critère prix sont, dans de telles circonstances très particulières, non communicables.

– *La CADA prend également en compte le caractère répétitif du marché.* La reconnaissance du *caractère répétitif d'un marché* se fonde sur la probabilité que soit passé, dans un intervalle de temps rapproché, un nouveau marché portant sur une même catégorie de biens ou de services. Deux hypothèses sont principalement visées par cette réserve : celle des marchés conclus pour une durée brève et qui sont susceptibles de faire l'objet d'une nouvelle mise en concurrence à échéances rapprochées et celle dans laquelle le même pouvoir adjudicateur est susceptible de passer des marchés distincts, mais portant sur des prestations ou des biens analogues dans un intervalle rapproché *[CADA, conseils n° 20110425 du 17 févr. 2011 et n° 20114251 du 3 nov. 2011. Le caractère « analogue » des prestations soumises à appel d'offres doit s'apprécier de manière restrictive : avis n° 20132924 du 24 octobre 2013]*. Le cas échéant, la commission peut également tenir compte de la passation en cours ou imminente de marchés présentant des caractéristiques analogues par des collectivités comparables, situées dans le même bassin économique *[CADA, conseil n° 20132294 du 25 juill. 2013]*.

Plusieurs éléments sont pris en compte par la commission pour apprécier le caractère répétitif d'un marché :

• le premier, qui constitue le critère principal, est la durée du marché initial, c'est-à-dire le délai au-delà duquel une nouvelle mise en concurrence est susceptible d'être organisée. Elle s'apprécie, en l'absence d'autres indications, au regard de la durée totale du marché, périodes de reconductions comprises, sur le fondement des articles L. 2112-5 et R. 2112-4 du code de la commande publique *[CADA, conseils n° 20072696 du 26 juill. 2007 et n° 20110425 du 17 févr. 2011]*. Un marché conclu pour une durée d'un an, reconductible trois fois, sera donc regardé comme conclu pour une durée de quatre ans, et ne sera pas, en principe, considéré comme répétitif. Même si les avis de la commission ne l'explicitent pas, sont, en général, susceptibles d'être considérés comme répétitifs les marchés dont la durée totale est inférieure ou égale à deux ans.

• d'autres éléments pris en compte par la commission peuvent l'amener à moduler cette appréciation du caractère répétitif, ou plus généralement de l'atteinte à la concurrence susceptible d'être portée par la communication aux tiers du détail de l'offre de prix du candidat retenu. Il s'agit de :

- ***la nature des biens ou services concernés par le marché :*** Dans certains cas, en effet, le caractère fortement concurrentiel du secteur concerné *[CADA avis n° 20073774 du 25 oct. 2007]*, ou l'objet du marché, qui amène à considérer qu'il puisse s'inscrire « naturellement » dans une suite répétitive *[Par exemple, pour le lot « papier » d'un marché : CADA, conseil n° 20061836 du 27 avr. 2006 ; a contrario, conseil n° 20090984 du 2 avr. 2009]*, font partie des circonstances qui peuvent amener la commission à considérer que l'offre de prix détaillée de l'attributaire ne sera pas communicable, indépendamment de la durée du marché, ou à tout le moins sans que les critères de principes soient nécessairement remplis.
- ***les indications qui peuvent lui être apportées***, soit par les pièces du dossier qui lui sont soumises, soit de manière plus fréquente par les administrations concernées elles-mêmes : ainsi, la commission peut être amenée à considérer qu'un marché aura un caractère répétitif, dès lors que le pouvoir adjudicateur le lui indique expressément *[CADA, conseil n° 20070207 du 11 janv. 2007]*. De plus, il n'est pas exclu qu'elle puisse être amenée à nuancer la prise en compte des périodes de reconduction pour l'appréciation de la durée totale du marché, si le pouvoir adjudicateur indique expressément son intention de ne pas reconduire le marché.
- si le caractère répétitif d'un marché s'apprécie principalement au regard de sa durée, la commission tient également compte, le cas échéant, du ***délai séparant l'achèvement du marché de son renouvellement***. Les documents relatifs à un marché renouvelé chaque année sont communicables, dès lors que son exécution est limitée à une courte période de la fin de l'année, en l'espèce Noël et le Jour de l'an *[CADA, avis n° 20110443 du 17 févr. 2011]*.
- ***le moment de la demande*** est pris en compte. La commission émet un avis défavorable à la communication de documents, si la personne publique l'informe du prochain lancement d'un nouveau marché portant sur des prestations identiques *[CADA, conseil n° 20112647 du 23 juin 2011]* (à condition que le délai séparant l'engagement de la nouvelle procédure de la conclusion du contrat initial n'excède pas une durée de deux ans), ou sur des prestations extrêmement proches *[CADA, conseil n° 20114251 du 3 nov. 2011]*. Mais, la communication de documents n'est pas susceptible de porter atteinte à la concurrence, si le renouvellement du marché est lointain et si la passation de marchés portant sur des prestations analogues n'est pas prévue dans un délai déterminé *[CADA, avis n° 20112563 du 23 juin 2011]*.
- ***la situation particulière des marchés passés outre-mer*** a pu justifier la communication de documents relatifs à des marchés répétitifs, au regard de la concurrence entre les entreprises susceptibles de répondre aux besoins de la personne publique *[CADA, conseil n° 20114251 du 3 nov. 2011]*.

1.3.2.3. *Secret professionnel*

Le secret professionnel de l'avocat couvre « les consultations adressées par un avocat à son client ou destinées à celui-ci, les correspondances échangées entre le client et son avocat, entre l'avocat et ses confrères à l'exception pour ces dernières de celles portant la mention "officielle", les notes d'entretien et, plus généralement, toutes les pièces du dossier »

[Art. 66-5 de la L. n° 71-1130 du 31 déc. 1971 portant réforme de certaines professions judiciaires et juridiques].

Le Conseil d'État a jugé que les correspondances échangées entre un avocat et son client, notamment les consultations juridiques rédigées par l'avocat à l'intention d'une collectivité publique dans le cadre d'une procédure de marché public, si elles constituent des documents administratifs au sens du livre III du CRPA, sont couvertes par le secret professionnel *[CE, ass., 27 mai 2005, Département de l'Essonne, n° 268564]*. **Ces documents ne sont donc pas communicables** *[CADA, avis n° 20081225 du 20 mars 2008]*.

Sont également couvertes les correspondances qui n'ont pas de rapport direct avec la stratégie de défense, comme la convention d'honoraires ou les facturations afférentes émises par l'avocat *[Civ. 1re, 13 mars 2008, n° 05-11314]*. **Bien que constituant des pièces justificatives du paiement, ces documents ne sont pas communicables** *[CADA, avis n° 20111095 du 14 avr. 2011]*. **Toutefois, la CADA autorise la communication des mandats émis par les collectivités territoriales pour le paiement des prestations juridiques réalisées par un avocat** *[CADA, avis n° 20111095 du 14 avr. 2011]*.

Le secret professionnel ne couvre que les documents élaborés au cours de l'exécution des marchés de prestation d'assistance et de représentation juridiques, et non les pièces de ces marchés *[CE, ass., 5 mars 2003, Ordre des avocats à la cour d'appel de Paris, n° 238039 ; CADA, avis n° 20111096 du 14 avr. 2011]*.

1.4. *Réserve des droits de propriété littéraire et artistique*

Aux termes de l'article L. 311-4 du CRPA, « les documents administratifs sont communiqués sous réserve des droits de propriété littéraire et artistique ». Ces dispositions ne font pas obstacle à la communication des documents, mais obligent le demandeur à respecter, dans l'usage qu'il entend faire de ces documents, les droits qui lui sont attachés *[CADA, avis n° 20091401 du 16 avr. 2009 ; conseils n° 20022799 du 11 juill. 2002 et n° 20065427 du 21 déc. 2006]*.

Il s'agit, le plus souvent, de documents remis dans le cadre d'un concours d'architecture : plans *[CADA, avis n° 20024502 du 21 nov. 2002 et n° 20091401 du 16 avr. 2009]*, **maquettes, planches, esquisses, avant-projet sommaire et avant-projet définitif** *[CADA, conseil n° 20032491 du 5 juin 2003]*.

2. Typologie des documents communicables et non communicables

Il n'est pas toujours aisé de dresser une liste exhaustive des documents communicables ou non communicables en matière de marchés publics, l'examen se faisant au cas par cas. On peut cependant, au vu des avis et conseils de la CADA, proposer la classification suivante : documents communicables sans restriction *[L'expression « communicable de plein droit » a même été utilisée dans le passé par la CADA pour désigner les documents communicables sans restriction de contenu à toute personne qui en fait la demande, par opposition aux documents communicables aux seuls « intéressés » au sens de l'article L. 311-6 du CRPA]*, **documents non communicables et documents communicables sous réserve de l'occultation de certaines mentions.**

2.1. *Les documents communicables sans restriction*

2.1.1. *Délibération autorisant le lancement de la procédure ou sa signature*

Les délibérations des assemblées locales sont immédiatement communicables *[Sur le fondement, notamment, des art. L. 2121-26, L. 3121-17, L. 4132-16, L. 5211-46, L. 5421-5, L. 5621-9 et L. 5721-6 CGCT]* **à toute personne qui en fait la demande** *[CADA, avis n° 20063298 du 31 août 2006]*, **notamment les délibérations autorisant le lancement du marché public, instituant la commission d'appel d'offres ou autorisant la signature du marché public** *[CADA, conseils n° 20052631 du 7 juill. 2005 et n° 20073686 du 27 sept. 2007]*. **Il en est de même de la convocation des conseillers municipaux** *[CADA, avis n° 20040605 du 5 févr. 2004]* **et de l'arrêté désignant les membres de la commission d'appel d'offres, ou CAO** *[CADA, conseil n° 20065427 du 21 déc. 2006]*. **Les solutions sont identiques pour les délégations de service public** *[CADA, conseil n° 20063184 du 27 juill. 2006]* **et les contrats de partenariat** *[CADA, conseil n° 20113036 du 22 sept. 2011]*.

2.1.2. *Documents organisant le déroulement de la mise en concurrence*

Indépendamment de leur communication aux concurrents dans le cadre des obligations fixées par la réglementation de la commande publique, ces documents peuvent être communiqués à toute personne qui en fait la demande, en dehors même de sa participation à la procédure.

Il s'agit :

– des avis de marché dès lors qu'ils ne font pas l'objet d'une diffusion publique *[CADA, avis n° 20012061 du 14 juin 2001]* ;

– du règlement de la consultation *[CADA, conseil n° 20072665 du 5 juill. 2007]* ;

– des lettres de consultation adressées aux entreprises sélectionnées les informant du délai de remise des offres *[CADA, avis n° 19993499 du 14 oct. 1999]* ;

– des lettres informant les candidats des conditions de la négociation *[CADA, conseil n° 20002823 du 27 juill. 2000]* ;

– de la lettre de clôture des négociations *[CADA, avis n° 20041307 du 1er avr. 2004]* ;

– du programme fonctionnel transmis par la personne publique en début de procédure de passation d'un contrat de partenariat à l'ensemble des candidats, dès que ce document est achevé *[CADA, conseil n° 20110317 du 3 mars 2011]*.

2.1.3. *Documents relatifs à l'examen des candidatures et des offres*

2.1.3.1. *En ce qui concerne l'enregistrement et l'ouverture des plis*

– le registre d'enregistrement des offres *[CADA, conseil n° 20061739 du 27 avr. 2006]* ;

– le procès-verbal d'ouverture des enveloppes et de réunion *[CADA, conseils n° 20033195 du 28 août 2003, n° 20072665 du 5 juill. 2007 et n° 20073686 du 27 sept. 2007]*, et, pour les délégations de service public, les procès-verbaux d'ouverture des candidatures ou des offres de la commission consultative des services publics locaux *[CADA, conseil n° 20063184 du 27 juill. 2006]*, sous réserve que ces documents ne contiennent aucune des mentions couvertes par le secret en matière commerciale et industrielle *[CADA, conseil n° 20091745 du 14 mai 2009]*.

2.1.3.2. *En ce qui concerne la liste des concurrents*

– la liste des entreprises sollicitées *[CADA conseil n° 20061857 du 27 avr. 2006]* ;

– la liste des candidats admis à présenter une offre *[CADA, avis n° 20024332 du 7 nov. 2002]* ;

– la liste des candidats invités à négocier *[CADA, conseil n° 20064121 du 28 sept. 2006]* ;

– le nom des entreprises ayant déposé une offre *[CADA, conseil n° 20050996 du 3 mars 2005]* ;

– la liste des lots pour lesquels les entreprises ont soumissionné *[CADA, conseil n° 20043094 du 22 juill. 2004]*.

2.1.3.3. *En ce qui concerne les documents relatifs à l'analyse des offres*

– la justification de la convocation des membres de la commission d'appel d'offres ou CAO *[CADA, conseil n° 20002823 du 27 juill. 2000]* ;

– les notes, classements et éventuelles appréciations du candidat retenu *[CADA, avis n° 20101586 du 20 mai 2010 ; conseils n° 20091745 du 14 mai 2009 et n° 20110928 du 3 mars 2011]* et du lauréat d'un appel à projets *[CADA, conseil n° 20120845 du 8 mars 2012]* ou d'une concession d'aménagement *[CADA, avis n° 20122290 du 21 juin 2012]* ;

– la décision d'attribution *[CADA, conseil n° 20024022 du 3 oct. 2002]*.

2.1.4. *Pièces constitutives du marché*

La communication des pièces constitutives du marché public est très large :

– l'acte d'engagement de l'entreprise retenue et ses annexes, après occultation des informations couvertes par le secret en matière commerciale et industrielle, comme les coordonnées bancaires du candidat retenu *[CE 11 juill. 1990, Centre hospitalier général de Neufchâteau, n° 84994 ; CADA, avis n° 20064121 du 28 sept. 2006 et conseil n° 20073686 du 27 sept. 2007]*, et, en cas de marchés répétitifs, des informations susceptibles de porter atteinte à la concurrence *[CADA, conseil n° 20074116 du 25 oct. 2007]* ;

– les cahiers des clauses administratives et techniques particulières *[CADA, conseil n° 20062914 du 11 juill. 2006]* ;

– le descriptif, les prescriptions techniques des règles de l'art contenues dans les documents techniques unifiés, normes, avis techniques *[CADA, avis n° 20040859 du 19 févr. 2004]* ;

– les plans, dessins, graphiques du projet *[CADA, conseil n° 19993342 du 23 sept. 1999]* ;

– le programme du concours *[CADA, conseil n° 20040658 du 19 févr. 2004]* ;

– les variantes et options retenues *[CADA, avis n° 20060279 du 19 janv. 2006]* ;

– les documents relatifs aux quantités et aux conditions de prix *[CADA, conseil n° 19991892 du 3 juin 1999]*.

Sont également communicables, les pièces constitutives des autres contrats de la commande publique :

– le contrat de délégation de service public et ses annexes, notamment le contrat de concession de service public, sous réserve pour ces dernières de l'occultation des éléments couverts par le secret industriel et commercial *[CADA, avis n° 20101578 du 22 avr. 2010 et conseil n° 20063184 du 27 juill. 2006]* ;

– le contrat de partenariat, sous réserve de l'occultation des mentions qui définissent le montage juridico-financier et comptable mis au point par le partenaire retenu *[CADA, conseil n° 20113036 du 22 sept. 2011]* ;

– le bail emphytéotique administratif qui se rattache directement à l'exécution d'une mission de service public *[CADA, avis n° 20103329 du 16 sept. 2010]* ;

– le contrat d'occupation du domaine public *[CADA, conseil n° 20103361 du 16 sept. 2010]* ;

– un contrat d'emprunt public *[CADA, avis n° 20103860 du 23 sept. 2010 et conseil n° 20110928 du 3 mars 2011]* ;

– la convention de cession des outillages portuaires, même après leur déclassement du domaine public *[CADA, avis n° 20110502 du 3 févr. 2011]* ;

– les documents qui se rapportent à une procédure d'appel à projet *[CADA, conseil n° 20120845 du 8 mars 2012]* ;

– les concessions d'aménagement et l'ensemble des documents qui s'y rapportent *[CADA, avis n° 20122290 du 21 juin 2012]*.

2.1.5. *Documents relatifs à l'achèvement de la procédure*

– la lettre de visa du contrôleur financier *[CADA, avis n° 20031454 du 27 mars 2003]* ;

– la copie de l'acte de notification du marché public *[CADA, avis n° 20022651 du 27 juin 2002]* et son accusé de réception *[CADA, avis n° 20041348 du 1er avr. 2004]* ;

– l'avis d'attribution, s'il n'a pas fait l'objet d'une diffusion publique *[CADA, avis n° 20012061 du 14 juin 2001 et conseil n° 20052631 du 7 juillet 2005]* ;

– la fiche de recensement des marchés *[CADA, conseil n° 19993342 du 23 sept. 1999]*.

2.1.6. *Documents concernant l'exécution du marché*

La CADA a eu l'occasion de rappeler que les documents relatifs à l'exécution des marchés publics ont également un caractère administratif et que leur caractère communicable s'appréciait selon les mêmes principes que les autres documents en matière de marché *[CADA, conseil n° 20084250 du 13 nov. 2008]*, c'est-à-dire principalement sous la réserve du respect du secret en matière commerciale et industrielle.

Il en va par exemple ainsi :

– des avenants *[CADA, avis n° 20064144 du 28 sept. 2006]* ;

– des ordres de service, procès-verbaux de réception des travaux, devis des entrepreneurs et documents de sous-traitance *[CADA, conseil n° 19993342 du 23 sept. 1999]* ;

– des documents qui commentent les orientations proposées par le maître d'œuvre et retranscrivent des comptes rendus d'entretiens utiles à l'analyse du besoin de la personne publique, dans le cadre d'un marché d'assistance à maîtrise d'ouvrage *[CADA, avis n° 20112563 du 23 juin 2011]* ;

– des documents concernant l'exécution financière du marché : factures, décompte général et définitif faisant apparaître non seulement la nature détaillée des prestations mais également le montant attaché, documents comptables relatifs à l'exécution financière du marché, mandats de paiement, notes d'honoraires *[CADA, avis n° 20040236 du 22 janv. 2004 et n° 20112563 du 23 juin 2011 ; conseil n° 19993342 du 23 sept. 1999]*.

Sont également communicables :

– les avenants à un contrat de concession de service public *[CADA, avis n° 20101578 du 22 avr. 2010]* ;

– le compte rendu annuel d'activité du concessionnaire de service public *[CADA, avis n° 20101578 du 22 avr. 2010 et n° 20110951 du 3 mars 2011]* ;

– le contrat conclu entre le concessionnaire de service public et son sous-traitant, s'il a directement pour objet la réalisation du service public ou des prestations objet de la concession *[CADA, avis n° 20101578 du 22 avr. 2010]* ;

– les actes produits dans le cadre d'une mission de service public, par une personne de droit privé en charge d'une telle mission *[CADA, avis n° 20114972 du 22 déc. 2011]*.

S'agissant des collectivités territoriales, l'ensemble des documents relatifs à l'exécution financière des marchés publics sont susceptibles d'être regardés comme des éléments et pièces justificatives des comptes de ces collectivités, au sens des dispositions du code général des collectivités territoriales *[Par exemple l'art. L. 2121-26 de ce code ; par analogie : CADA, conseil n° 20084250 du 13 nov. 2008]*. Dans un tel cas, la commission considère que ces dispositions particulières ne permettent pas d'opposer le secret en matière commerciale et industrielle prévu par L. 311-6 du CRPA *[CADA, conseil n° 20064650 du 26 oct. 2006]*.

2.1.7. *Documents communicables à l'occasion d'une remise en concurrence*

Dans l'hypothèse d'une nouvelle mise en concurrence, les informations devant être communiquées aux entreprises candidates par la personne publique doivent assurer une information exacte de celles-ci pour leur permettre d'élaborer une offre satisfaisante et garantir une mise en concurrence réelle.

Ont ainsi été jugés communicables le compte de résultat simplifié, le résultat des cinq derniers exercices et le nombre de salariés employés, sous réserve que ces documents reflètent exclusivement l'activité concernée *[Pour un contrat d'occupation du domaine public : CADA, conseil n° 20103361 du 16 sept. 2010]*.

2.2. *Les documents non communicables*

2.2.1. *Documents organisant le déroulement de la mise en concurrence*

Ne sont pas communicables les réponses des entreprises aux demandes complémentaires de la collectivité, sauf mentions particulières pouvant être communiquées telles que les éléments de l'offre de l'entreprise retenue *[CADA, conseil n° 20045198 du 2 déc. 2004]*.

2.2.2. *Documents relatifs aux candidatures et aux offres*

Les documents révélant les capacités professionnelles des entreprises, la description de leurs capacités techniques, leurs références, une certification ISO et leurs capacités financières sont intégralement couverts par le secret en matière industrielle et commerciale, à l'exception des informations relatives à leurs références en matière de marché public *[CADA, avis n° 20101586 du 20 mai 2010 ; conseils n° 20033282 du 28 août 2003 et n° 20052131 du 9 juin 2005]*. Pour les contrats de partenariat, ne sont pas communicables les conventions et actes d'acceptation de cession de créances *[CADA, conseil n° 20113036 du 22 sept. 2011]*.

Ne peuvent pas non plus être communiqués, le curriculum vitae (CV) des membres du candidat retenu, ses déclarations de revenus, l'organigramme de la société et le détail des équipes de salariés prévues *[CADA, conseils n° 20040542 du 5 févr. 2004 et n° 20065427 du 21 déc. 2006]*.

Le détail technique et financier des offres des entreprises (retenue ou non retenues) n'est pas communicable. Ainsi l'offre de prix détaillée contenue dans le bordereau des prix unitaires (BPU), la décomposition des prix globaux et forfaitaires (DPGF) ou le détail quantitatif estimatif (DQE) ne sont pas communicables *[CADA, avis n° 20161778 du 9 juin 2016, reprenant la solution dégagée par la décision du Conseil d'État du 30 mars 2016, Centre hospitalier de Perpignan, n° 375529 pour l'attributaire / CADA, avis n° 20091401 du 16 avr. 2009 ; conseils n° 20073686 du 27 sept. 2007 et n° 20090984 du 2 avr. 2009, pour les entreprises non retenues]*. Seules sont communicables les conditions globales de prix de ces entreprises. Les mêmes règles s'appliquent aux délégations de service public, à un bail emphytéotique administratif, à un contrat d'emprunt public, à une procédure d'appel à projet et aux concessions d'aménagement. Les notes et classements d'une entreprise non retenue et les appréciations portées sur son offre sont communicables à ce seul candidat évincé d'une consultation *[CADA, avis n° 20101586 du 20 mai 2010 et n° 20111096 du 14 avr. 2011 ; conseils n° 20065427 du 21 déc. 2006 et n° 20091745 du 14 mai 2009]*. Il en va de même pour un contrat d'emprunt public *[CADA, avis n° 20103860 du 23 sept. 2010 et conseil n° 20110928 du 3 mars 2011]*, un appel à projet *[CADA, conseil n° 20120845 du 8 mars 2012]* et les concessions d'aménagement *[CADA, avis n° 20122290 du 21 juin 2012]*.

2.2.3. *Pièces du marché*

Si les pièces du marché sont, en principe, communicables, en revanche, les mémoires techniques, propositions techniques et plan particulier de sécurité et de protection de la santé ne sont pas communicables, en tant qu'ils contiennent des informations relatives aux moyens humains, techniques et matériels du candidat retenu, ainsi qu'à ses procédés, informations couvertes par le secret en matière industrielle et commerciale *[CADA, avis n° 20062949 du 11 juill. 2006 ; conseils n° 20062848 du 11 juill. 2006 et n° 20065427 du 21 déc. 2006]*.

2.3. *Les documents communicables sous réserve de l'occultation de certaines mentions*

2.3.1. *Documents relatifs à la procédure de consultation*

2.3.1.1 *Documents organisant le déroulement de la mise en concurrence*

Les correspondances échangées avec les candidats sont communicables, de même que les questions complémentaires adressées aux entreprises, y compris aux entreprises non retenues, sous réserve d'occulter certaines mentions *[CADA, avis nº 20040635 du 19 févr. 2004]*, ainsi que les lettres adressées aux entreprises lors de négociations et qui ont permis de préciser le cahier des charges *[CADA, avis nº 20020150 du 7 févr. 2002]*.

2.3.1.2. *Documents relatifs aux candidatures et aux offres*

Les documents relatifs aux candidatures et aux offres sont communicables, sous réserve de la protection des secrets. En revanche, n'est pas communicable la liste des entreprises qui, après avoir retiré un dossier sur la plateforme de dématérialisation des marchés publics, n'ont pas déposé de candidature *[CADA, conseil nº 20122467 du 5 juill. 2012]*.

S'agissant des candidatures, d'une façon générale (entreprise retenue ou non retenue), sont, en principe, communicables :

– les déclarations sur l'honneur et les attestations fiscales, à l'exception des mentions couvertes par le secret commercial et industriel, tel le chiffre d'affaires *[CADA, conseil nº 20020024 du 10 janv. 2002]* ;

– la lettre de candidature (formulaire DC1), la déclaration du candidat (formulaire DC2) et l'état annuel des certificats reçus de l'entreprise retenue *[CADA, conseil nº 20065427 du 21 déc. 2006]* ;

– les documents justifiant que l'entreprise satisfait aux conditions posées par une réglementation particulière (agrément, attestation d'assurance et de garantie financière), sous réserve que les mentions dont la divulgation est susceptible de porter atteinte au secret de la vie privée (telles que l'âge ou l'adresse d'une personne physique) ou protégées par le secret des affaires soient préalablement occultées *[CADA, conseil nº 20033474 du 11 sept. 2003]*.

S'agissant des offres, la communication est plus ou moins large lorsque les documents portent sur l'entreprise retenue ou les entreprises non retenues.

– *En ce qui concerne l'entreprise retenue*, peuvent être communiqués :

• l'offre de prix globale. En revanche, n'est en principe pas communicable l'offre de prix détaillée contenue dans le bordereau des prix unitaires (BPU), la décomposition du prix global et forfaitaire (DPGF) ou le détail quantitatif estimatif (DQE) *[CADA, avis nº 20161778 du 9 juin 2016, reprenant la solution dégagée par la décision du Conseil d'État du 30 mars 2016, Centre hospitalier de Perpignan, nº 375529]*. La solution est identique pour les délégations de service public, les appels à projet et les concessions d'aménagement. Pour les contrats de partenariat, ne sont pas communicables les mentions qui définissent le montage juridico-financier et comptable mis au point par le partenaire retenu *[CADA, avis nº 20111735 du 28 avr. 2011. En revanche, des taux d'intérêt peuvent constituer, dans certains cas, le prix global du marché : avis nº 20130742 du 14 mars 2013]* ;

• les documents qui attestent ou garantissent la conformité réglementaire des équipements et installations qu'utilisera le candidat *[CADA, conseil nº 20041304 du 1er avr. 2004]*.

Le mémoire technique ou la présentation des moyens humains et matériels de l'entreprise retenue ne sont pas communicables, à moins que ces éléments ne fassent partie intégrante de l'acte d'engagement *[CADA, avis nº 20062949 du 11 juill. 2006 ; conseils nº 20052631 du 7 juill. 2005 et nº 20065427 du 21 déc. 2006]*.

N'est pas non plus communicable la répartition des honoraires entre membres d'un groupement attributaire d'un marché *[CADA, avis nº 20123533 du 11 oct. 2012]*, sauf dans l'hypothèse a priori exceptionnelle où la somme globale incombant à la collectivité publique n'apparaissant nulle part ailleurs ne pourrait se déduire que de l'addition des honoraires de ces membres *[CADA, conseil nº 20050246 du 6 janv. 2005]*.

– En ce qui concerne les entreprises non retenues, sont seules, en principe, communi*cables les conditions globales de prix* *[CADA, avis nº 20091401 du 16 avr. 2009 et nº 20101586 du 20 mai 2010 ; conseils nº 20090984 du 2 avr. 2009, nº 20091745 du 14 mai 2009 et nº 20114251 du 3 nov. 2011]*. Le détail technique et financier des offres de ces entreprises n'est pas communicable *[CADA, avis nº 20101586 du 20 mai 2010 ; conseils nº 20073686 du 27 sept. 2007, nº 20091745 du 14 mai 2009 et nº 20114251 du 3 nov. 2011]*. Les mêmes règles s'appliquent pour les délégations de service public *[CADA, conseil nº 20063184 du 27 juill. 2006]*, à un contrat d'emprunt public *[CADA, avis nº 20103860 du 23 sept. 2010]*, à un bail emphytéotique administratif *[CADA, avis n° 20103329 du 16 sept. 2010]*, à une procédure d'appel à projet *[CADA, conseil n° 20120845 du 8 mars 2012]*, ou aux concessions d'aménagement *[CADA, avis n° 20122290 du 21 juin 2012]*.

2.3.1.3. *Documents relatifs à l'analyse des candidatures et des offres*

– les courriers émanant d'acheteurs publics insatisfaits des prestations fournies par une entreprise, lors de précédents marchés, sont communicables, dès lors qu'ils ne font pas apparaître, de la part de personnes physiques, des comportements dont la divulgation pourrait porter préjudice à leurs auteurs *[CADA, conseil n° 20042904 du 8 juill. 2004]* ;

– le rapport d'analyse des offres, les procès-verbaux et les rapports de la commission d'appel d'offres (CAO) relatifs à l'analyse et au classement des offres et au choix de l'attributaire sont communicables, sauf pour ce qui concerne les mentions couvertes par le secret industriel et commercial, qui, telles les mentions relatives aux détails techniques et financiers des offres des entreprises non retenues, doivent être occultées *[CADA, avis n° 20074116 du 25 oct. 2007 ; conseils n° 20052295 du 9 juin 2005, n° 20073686 du 27 sept. 2007 et n° 20091745 du 14 mai 2009. Pour les délégations de service public, conseil n° 20063184 du 27 juill. 2006]* ;

– il en est de même du rapport du maître d'œuvre *[CADA, conseil n° 20033195 du 28 août 2003]* et du dossier détenu par les services de la direction générale de la concurrence, de la consommation et de la répression des fraudes (DGCCRF) dans le cadre de leur fonction de contrôle et de conseil concernant les marchés publics, notamment le procès-verbal et les notes prises à l'issue des réunions de la commission d'appel d'offres *[CADA, conseil n° 20050423 du 20 janv. 2005]*.

2.3.1.4 *Documents relatifs à l'achèvement de la procédure*

Les rapports généraux relatifs à la passation de marchés sont communicables, sous réserve de l'occultation des mentions couvertes par le secret :

– le rapport de présentation du marché *[CADA, avis n° 20063298 du 31 août 2006 ; conseils n° 20073686 du 27 sept. 2007 et n° 20114251 du 3 nov. 2011]* ou du contrat de délégation de service public *[CADA, conseil n° 20063184 du 27 juill. 2006]* ;

– la demande d'annulation du préfet et la motivation qui l'accompagne *[CADA, avis n° 20001773 du 25 mai 2000]*.

2.3.2. ***Rapports divers***

Un certain nombre de notes, dossiers ou rapports peuvent être communiqués (toujours sous réserve de l'occultation des mentions couvertes par le secret) :

– le rapport d'évaluation transmis pour avis à la Mission d'appui aux partenariats public-privé (MAPPP) préalablement au lancement de la procédure de passation des contrats de partenariat *[CADA, conseil n° 20062040 du 11 mai 2006]* ;

– les rapports de la DGCCRF *[CE 1er mars 2004, Ministre de l'économie et des finances c/ Sté civile de moyens "Imagerie Médicale du Nivolet", n° 247733 ; CADA, conseils n° 20010348 du 25 janv. 2001 et n° 20050423 du 20 janv. 2005]* ;

– les rapports d'analyse relatifs au volet financier du projet établis par une société de conseil en ingénierie financière *[CADA, avis n° 20081225 du 20 mars 2008]* ; le rapport rédigé par un cabinet d'expertise sur l'exécution d'un marché, sous réserve des éléments comportant un jugement de valeur sur une personne physique *[CADA, conseil n° 20020832 du 28 févr. 2002]*.

PARTIE II TEXTES RELATIFS AUX CONCESSIONS

I TEXTES EUROPÉENS

Directive 2014/23/UE du Parlement européen et du Conseil du 26 février 2014,

Sur l'attribution de contrats de concession (JOUE n° L 94 du 28 mars 2014 ; Rect. JOUE n° L 114 du 5 mai 2015).

Nota : *en vigueur le 17 avr. 2014.*

Considérant ce qui suit :

(1) L'absence, au niveau de l'Union, de règles claires régissant l'attribution de contrats de concession crée une insécurité juridique et des entraves à la libre prestation des services et provoque des distorsions dans le fonctionnement du marché intérieur. De ce fait, des opérateurs économiques, et notamment de petites et moyennes entreprises (PME), sont privés de leurs droits au sein du marché intérieur et voient leur échapper d'importantes opportunités commerciales, tandis que les pouvoirs publics ne peuvent déterminer les solutions optimales pour utiliser les deniers publics de manière à offrir aux citoyens de l'Union des services de qualité aux meilleurs prix. L'existence d'un cadre juridique approprié, équilibré et flexible pour l'attribution de concessions assurerait un accès effectif et non discriminatoire au marché pour tous les opérateurs économiques de l'Union, ainsi qu'une sécurité juridique, favorisant ainsi les investissements publics dans les infrastructures et les services stratégiques pour le citoyen. Un tel cadre juridique permettrait aussi d'offrir une plus grande sécurité juridique aux opérateurs économiques et pourrait servir de base et d'instrument pour ouvrir davantage les marchés internationaux en matière de commande publique et pour renforcer les échanges commerciaux internationaux. Il convient d'accorder une importance particulière à l'amélioration des possibilités d'accès des PME aux marchés des concessions de l'Union.

(2) Les dispositions du cadre législatif applicables à l'attribution de concessions devraient être claires et simples. Elles devraient tenir dûment compte de la spécificité des concessions par rapport aux marchés publics et ne pas créer de charge administrative excessive.

(3) La commande publique joue un rôle essentiel dans la stratégie Europe 2020 exposée dans la communication de la Commission du 3 mars 2010 intitulée "Europe 2020, une stratégie pour une croissance intelligente, durable et inclusive" (ci-après dénommée la "stratégie Europe 2020"), qui les présente comme l'un des instruments de marché à utiliser pour parvenir à une croissance intelligente, durable et inclusive tout en garantissant une utilisation optimale des deniers publics. Dans ce contexte, les contrats de concession sont des instruments importants dans le développement structurel à long terme d'infrastructures et de services stratégiques, car ils concourent au progrès de la concurrence sur le marché intérieur, permettent de tirer parti de l'expertise du secteur privé et contribuent à réaliser des progrès en matière d'efficacité et à favoriser l'innovation.

(4) L'attribution de concessions de travaux publics est actuellement soumise aux règles de base de la directive 2004/18/CE du Parlement européen et du Conseil *[Dir. 2004/18/CE du Parlement européen et du Conseil du 31 mars 2004 relative à la coordination des procédures de passation des marchés publics de travaux, de fournitures et de services (JOUE L 134 du 30 avr. 2004, p. 114)]*, tandis que l'attribution de concessions de services présentant un intérêt transnational est soumise aux principes du traité sur le fonctionnement de l'Union européenne, et notamment les principes de libre circulation des marchandises, de liberté d'établissement et de libre prestation de services, ainsi qu'aux principes qui en découlent comme l'égalité de traitement, la non-discrimination, la reconnaissance mutuelle, la proportionnalité et la transparence. Il existe un risque d'insécurité juridique lié aux divergences d'interprétation des principes du traité par les législateurs nationaux, et de fortes disparités entre les législations des différents États membres. Ce risque a été confirmé par la vaste jurisprudence de la Cour de justice de l'Union européenne, qui n'a toutefois traité que partiellement certains aspects de l'attribution de contrats de concession.

Pour éliminer des distorsions persistantes sur le marché intérieur, il apparaît nécessaire d'appliquer de manière uniforme les principes du traité sur le fonctionnement de l'Union européenne dans l'ensemble des États membres et de mettre fin aux divergences dans l'interprétation de ces principes au niveau de l'Union. Cela permettrait en outre d'accroître l'efficacité de la dépense publique, de faciliter l'égalité d'accès et la participation équitable des PME à l'attribution de contrats de concession, tant à l'échelon local qu'à celui de l'Union, et de soutenir la réalisation des objectifs d'une politique publique durable.

(5) La présente directive reconnaît et réaffirme le droit des États membres et des pouvoirs publics de décider du mode de gestion qu'ils jugent le plus approprié pour exécuter des travaux et fournir des services. En particulier, la présente directive ne devrait en aucune manière nuire à la liberté des États membres et des pouvoirs publics de réaliser directement des travaux ou de fournir directement des services au public ou d'externaliser ces prestations en les déléguant à des tiers. Les États membres ou les pouvoirs publics devraient garder la liberté de définir et de préciser les caractéristiques des services à fournir, et notamment les conditions relatives à leur qualité ou à leur prix, conformément au droit de l'Union, afin de pouvoir poursuivre leurs objectifs de politique publique.

(6) Il convient de rappeler que les États membres sont libres, conformément aux principes d'égalité de traitement, de non-discrimination, de transparence et de libre circulation des personnes consacrés par le traité sur le fonctionnement de l'Union européenne, d'organiser la fourniture de services soit en tant que services d'intérêt économique général, soit en tant que services non économiques d'intérêt général, ou une combinaison des deux. Il convient de rappeler également que la présente directive doit s'entendre sans préjudice de la liberté des pouvoirs nationaux, régionaux et locaux de définir, conformément au droit de l'Union, des services d'intérêt économique général, leur champ d'application et les caractéristiques des services à fournir, et notamment toute condition relative à leur qualité, afin d'assurer la poursuite de leurs objectifs de politique publique. Elle devrait également s'entendre sans préjudice de la compétence des pouvoirs nationaux, régionaux et locaux de fournir, de faire exécuter et de financer des services d'intérêt économique général, conformément à l'article 14 du traité sur le fonctionnement de l'Union européenne et au protocole n° 26 annexé au traité sur le fonctionnement de l'Union européenne et au traité sur l'Union européenne. En outre, la présente directive ne traite pas du financement des services d'intérêt économique général ni des systèmes d'aides accordées par les États membres, en particulier dans le domaine social, conformément aux règles de l'Union sur la concurrence. Il y a lieu de préciser que les services non économiques d'intérêt général ne devraient pas relever du champ d'application de la présente directive.

(7) Il convient également de rappeler que la présente directive ne devrait pas affecter la législation des États membres en matière de sécurité sociale. Elle ne devrait pas davantage entraîner la libéralisation des services d'intérêt économique général, réservés à des organismes publics ou privés, ni la privatisation d'organismes publics prestataires de services.

(8) En ce qui concerne les concessions dont la valeur égale ou excède un certain montant, il convient de prévoir une coordination minimale des procédures nationales d'attribution sur la base des principes du traité sur le fonctionnement de l'Union européenne, de manière à garantir l'ouverture des concessions à la concurrence et une sécurité juridique suffisante. Ces dispositions de coordination ne devraient pas excéder ce qui est nécessaire pour atteindre les objectifs précités et garantir un certain degré de souplesse. Les États membres devraient être autorisés à compléter et à développer ces dispositions s'ils le jugent approprié, en particulier pour mieux assurer le respect des principes précités.

(9) Il convient de préciser que les groupements d'opérateurs économiques, y compris lorsqu'ils se sont constitués sous la forme d'une association temporaire, peuvent participer aux procédures d'attribution sans devoir nécessairement adopter une forme juridique déterminée. Dans la mesure où cela s'avère nécessaire, par exemple lorsqu'une responsabilité solidaire est requise, une forme particulière peut être imposée lorsque la concession est attribuée à ces groupements. Il convient également de préciser que les pouvoirs adjudicateurs ou les entités adjudicatrices devraient pouvoir indiquer expressément la manière dont les groupements d'opérateurs économiques doivent remplir les conditions relatives à la capacité économique et financière, ou les critères relatifs aux capacités techniques et professionnelles *qui sont imposés aux opérateurs économiques* participant à titre individuel. L'exécution de contrats de concession par des groupements d'opérateurs économiques peut nécessiter la fixation de conditions qui ne sont pas imposées aux participants individuels. Ces conditions, qui devraient être justifiées par des motifs objectifs et être proportionnées, pourraient par exemple imposer la désignation d'une représentation commune ou d'un chef de file aux fins de la procédure d'attribution de concession ou la communication d'informations concernant la constitution de tels groupements.

(10) Il faudrait aussi introduire certaines dispositions de coordination pour l'attribution de concessions de travaux et de services dans les secteurs de l'énergie, des transports et des services postaux, étant donné que les autorités nationales peuvent influer sur le comportement des entités opérant dans ces secteurs, et en tenant compte du caractère fermé des marchés dans lesquels celles-ci opèrent, en raison de l'existence de droits spéciaux ou exclusifs accordés par les États membres concernant l'approvisionnement, la fourniture ou l'exploitation de réseaux aux fins de la fourniture des services concernés.

(11) Les concessions sont des contrats à titre onéreux par lesquels un ou plusieurs pouvoirs adjudicateurs ou une ou plusieurs entités adjudicatrices confient l'exécution de travaux ou la réalisation et la gestion de services à un ou à plusieurs opérateurs économiques. L'objet de ce type de contrats est l'acquisition de travaux ou la réalisation de services par voie de concession, la contrepartie consistant en un droit d'exploiter les ouvrages ou services ou en ce droit accompagné d'un prix. Si de tels contrats peuvent impliquer, sans que cela soit obligatoirement le cas, un transfert de propriété aux pouvoirs adjudicateurs ou aux entités adjudicatrices, ce sont toujours les pouvoirs adjudicateurs ou les entités adjudicatrices qui obtiennent les avantages liés aux travaux ou services en question.

(12) Aux fins de la présente directive, il convient de préciser que le simple financement d'une activité, en particulier au moyen de subventions, auquel est fréquemment liée l'obligation de rembourser les montants perçus lorsqu'ils ne sont pas utilisés aux fins prévues, ne relève pas du champ d'application de la présente directive.

(13) En outre, les mécanismes dans le cadre desquels tous les opérateurs remplissant certaines conditions ont le droit d'exécuter une tâche donnée, sans aucune sélectivité, telle que des systèmes de choix des consommateurs ou de chèques-service, ne devraient pas avoir le statut de concession, y compris lorsqu'ils sont fondés sur des conventions juridiques entre pouvoirs publics et opérateurs économiques. Ces systèmes sont classiquement fondés sur une décision des pouvoirs publics définissant les conditions transparentes et non discriminatoires applicables à l'accès permanent des opérateurs économiques à la fourniture de services particuliers, tels que les services sociaux, autorisant les clients à choisir entre ces opérateurs.

(14) Par ailleurs, ne devraient pas avoir le statut de concession certains actes établis par des États membres tels que les autorisations ou licences, par lesquels l'État membre ou un pouvoir public fixe les conditions d'exercice d'une activité économique, y compris la condition d'effectuer une opération donnée, délivrés normalement à la demande de l'opérateur économique et non sur l'initiative du pouvoir adjudicateur ou de l'entité adjudicatrice, lorsque l'opérateur économique conserve la liberté de renoncer à la fourniture de travaux ou de services.

Dans le cas de ces actes établis par des États membres, les dispositions particulières de la directive 2006/123/CE du Parlement européen et du Conseil *[Dir. 2006/123/CE du Parlement européen et du Conseil du 12 déc. 2006 relative aux services dans le marché intérieur (JOUE L 376 du 27 déc. 2006, p. 36)]* peuvent s'appliquer. Contrairement à ces actes établis par des États membres, les contrats de concession induisent des engagements mutuellement contraignants, en vertu desquels l'exécution des travaux ou services est soumise à des exigences spécifiques définies par le pouvoir adjudicateur ou l'entité adjudicatrice, lesquelles exigences ont force exécutoire.

(15) En outre, certains accords dont l'objet est le droit, pour un opérateur économique, d'exploiter certains domaines publics ou ressources publiques, en droit privé ou public, tels que des biens fonciers ou des biens publics, en particulier dans le secteur des ports maritimes, des ports intérieurs ou des aéroports, par lesquels l'État ou le pouvoir adjudicateur ou l'entité adjudicatrice fixe uniquement les conditions générales d'utilisation des domaines ou ressources en question, sans acquisition de travaux ou services spécifiques, ne devraient pas être qualifiés de concessions au sens de la présente directive. C'est habituellement le cas des baux immobiliers publics ou des baux fonciers, qui contiennent généralement des conditions applicables à l'entrée en possession du preneur, à l'usage auquel le bien est destiné, aux obligations du bailleur et du preneur relatives à l'entretien du bien, à la durée du bail et à la restitution de la possession au bailleur, à la location et aux frais accessoires à charge du preneur.

(16) Par ailleurs, ne devraient pas non plus être considérés comme des concessions au sens de la présente directive les accords qui octroient un droit de passage pour l'utilisation de biens immobiliers publics en vue de la mise à disposition ou de l'exploitation de lignes fixes ou de réseaux destinés à fournir un service au public, dans la mesure où ces accords n'imposent pas d'obligation de fourniture ni ne prévoient l'acquisition de services par un

pouvoir adjudicateur ou une entité adjudicatrice pour son propre compte ou pour des utilisateurs finals.

(17) Les contrats ne prévoyant pas de paiements à l'opérateur et en vertu desquels ce dernier est rémunéré sur la base d'un tarif réglementé, établi de manière à couvrir tous les coûts et investissements supportés par l'opérateur pour fournir le service, ne devraient pas relever de la présente directive.

(18) Les difficultés liées à l'interprétation des concepts de concession et de marché public ont entraîné une insécurité juridique constante pour les parties prenantes et ont donné lieu à de nombreux arrêts de la Cour de justice de l'Union européenne. Il convient par conséquent de clarifier la définition de la concession, notamment par référence au concept de risque d'exploitation. La principale caractéristique d'une concession, le droit d'exploitation de travaux ou de services, implique toujours le transfert au concessionnaire d'un risque d'exploitation de nature économique, avec la possibilité qu'il ne permette pas d'amortir les investissements effectués et les coûts supportés lors de l'exploitation des travaux ou services attribués dans des conditions d'exploitation normales, même si une partie du risque continue d'être supportée par le pouvoir adjudicateur ou l'entité adjudicatrice. L'application de règles spécifiques régissant l'attribution de concessions ne serait pas justifiée si le pouvoir adjudicateur ou l'entité adjudicatrice évitait à l'opérateur économique tout risque de pertes, en lui garantissant un revenu minimal supérieur ou égal aux investissements effectués et aux coûts qu'il doit supporter dans le cadre de l'exécution du contrat. Parallèlement, il convient de préciser que certains dispositifs exclusivement rémunérés par un pouvoir adjudicateur ou une entité adjudicatrice devraient avoir le statut de concessions, lorsque le recouvrement des investissements et des coûts supportés par l'opérateur pour l'exécution des travaux ou la fourniture des services dépend de la demande réelle ou de la fourniture du service ou de l'actif.

(19) Lorsqu'une réglementation sectorielle élimine le risque en prévoyant l'octroi au concessionnaire d'une garantie d'atteinte du seuil de rentabilité en ce qui concerne les investissements consentis et les coûts exposés pour l'exploitation du contrat, ce dernier ne devrait pas avoir le statut de concession au sens de la présente directive. Le fait que le risque soit limité dès l'origine ne devrait pas exclure l'attribution du statut de concession. Tel peut être le cas, par exemple, dans les secteurs disposant de tarifs réglementés ou lorsque le risque d'exploitation est limité par des arrangements contractuels prévoyant une compensation partielle, y compris une compensation en cas de résiliation d'une concession pour des raisons imputables au pouvoir adjudicateur ou à l'entité adjudicatrice, ou pour des raisons de force majeure.

(20) Un risque d'exploitation devrait trouver son origine dans des facteurs sur lesquels les parties n'ont aucun contrôle. Les risques liés à une mauvaise gestion, à un manquement de l'opérateur économique aux obligations contractuelles ou à des cas de force majeure ne sont pas déterminants aux fins de la qualification en tant que concession, ces risques étant inhérents à tous les contrats, qu'il s'agisse d'un marché public ou d'une concession. Un risque d'exploitation devrait être considéré comme étant le risque d'exposition aux aléas du marché, qui peut être soit un risque lié à la demande, soit un risque lié à l'offre, soit un risque lié à la demande et à l'offre. Le risque lié à la demande désigne le risque portant sur la demande effective pour les travaux ou services qui font l'objet du contrat. Le risque lié à l'offre désigne le risque portant sur la fourniture des travaux ou services qui font l'objet du contrat, en particulier le risque que la fourniture des services ne corresponde pas à la demande. Aux fins de l'évaluation du risque d'exploitation, la valeur actuelle nette de tous les investissements, coûts et recettes du concessionnaire devrait être prise en compte de manière homogène et uniforme.

(21) La notion d'"organisme de droit public" a été examinée à plusieurs reprises dans la jurisprudence de la Cour de justice de l'Union européenne. Il est essentiel de disposer d'un certain nombre de précisions pour parfaitement appréhender ce concept. Il faudrait par conséquent préciser qu'un organisme qui opère dans des conditions normales de marché, poursuit un but lucratif et supporte les pertes liées à l'exercice de son activité ne devrait pas être considéré comme un "organisme de droit public", étant donné que les besoins d'intérêt général pour la satisfaction desquels il a été créé ou qu'il a été chargé de satisfaire peuvent être réputés avoir un caractère industriel ou commercial. De même, la condition liée à l'origine du financement de l'organisme considéré a également été examinée par la Cour, qui a précisé que la notion de "financement majoritaire" signifie un financement pour plus de la moitié, qui peut comprendre des paiements provenant d'utilisateurs qui sont imposés, calculés et recouvrés conformément aux règles de droit public.

(22) Il convient de définir les "droits exclusifs" et les "droits spéciaux", étant donné que ces notions sont capitales pour le champ d'application de la présente directive ainsi que la notion d'entité adjudicatrice. Il convient de préciser que les entités qui ne sont ni des entités adjudicatrices au sens de l'article 7, paragraphe 1, point a), ni des entreprises publiques ne sont soumises aux dispositions de la présente directive que dans la mesure où elles exercent, en vertu de droits spéciaux ou exclusifs, l'une des activités qui en relèvent. Toutefois, elles ne seront pas considérées comme des entités adjudicatrices si de tels droits ont été octroyés par la voie d'une procédure fondée sur des critères objectifs, conformément à la législation de l'Union en particulier, et ayant fait l'objet d'une publicité appropriée. Ladite législation devrait comprendre les directives **2009/73/CE** *[Dir. 2009/73/CE du Parlement européen et du Conseil du 13 juill. 2009 concernant des règles communes pour le marché intérieur du gaz naturel et abrogeant la Dir. 2003/55/CE (JOUE L 211 du 14 août 2009, p. 94)]*, **2009/72/CE** *[Dir. 2009/72/CE du Parlement européen et du Conseil du 13 juill. 2009 concernant des règles communes pour le marché intérieur de l'électricité et abrogeant la Dir. 2003/54/CE (JOUE L 211 du 14 août 2009, p. 55)]*, **97/67/CE** *[Dir. 97/67/CE du Parlement européen et du Conseil du 15 déc. 1997 concernant des règles communes pour le développement du marché intérieur des services postaux de la Communauté et l'amélioration de la qualité du service (JOUE L 15 du 21 janv. 1998, p. 14)]* et **94/22/CE** *[Dir. 94/22/CE du Parlement européen et du Conseil du 30 mai 1994 sur les conditions d'octroi et d'exercice des autorisations de prospecter, d'exploiter et d'extraire des hydrocarbures (JOUE L 164 du 30 juin 1994, p. 3)]* du Parlement européen et du Conseil ainsi que le règlement (CE) n° **1370/2007** du Parlement européen et du Conseil *[Règl. (CE) n° 1370/2007 du Parlement européen et du Conseil du 23 oct. 2007 relatif aux services publics de transport de voyageurs par chemin de fer et par route, et abrogeant les Règl. (CEE) n° 1191/69 et (CEE) n° 1107/70 du Conseil (JO L 315 du 3 déc. 2007, p. 1)]*. Il convient de préciser également que cette liste d'actes législatifs n'est pas exhaustive et que les droits accordés sous quelque forme que ce soit selon d'autres procédures fondées sur des critères objectifs et ayant fait l'objet d'une publicité appropriée ne sont pas pertinents afin de déterminer quelles sont les entités adjudicatrices relevant de la présente directive.

(23) La présente directive ne devrait s'appliquer qu'aux contrats de concession dont la valeur est égale ou supérieure à un certain seuil, qui devrait refléter l'intérêt transnational manifeste des concessions pour les opérateurs économiques situés dans des États membres autres que celui du pouvoir adjudicateur ou de l'entité adjudicatrice. Par conséquent, il est nécessaire d'établir la méthode de calcul de la valeur estimée d'une concession et cette méthode devrait être identique pour les concessions de travaux et de services, les deux types de contrats couvrant fréquemment des aspects liés à des travaux et à des services. Le calcul devrait se fonder sur le chiffre d'affaires total du concessionnaire eu égard aux travaux et services qui font l'objet de la concession, estimé par le pouvoir adjudicateur ou l'entité adjudicatrice, hors taxe sur la valeur ajoutée (TVA), pour la durée du contrat.

(24) La nécessité d'assurer une véritable ouverture du marché et un juste équilibre dans l'application des règles d'attribution de concessions dans les secteurs de l'énergie, des transports et des services postaux exige que les entités visées soient définies autrement que par référence à leur statut juridique. Il faudrait donc veiller à ne pas mettre en péril l'égalité de traitement entre les entités adjudicatrices du secteur public et celles qui opèrent dans le secteur privé. Il est également nécessaire de veiller, conformément à l'article 345 du traité sur le fonctionnement de l'Union européenne, à ne préjuger en rien le régime de la propriété dans les États membres. C'est pourquoi il convient que des règles spécifiques et uniformes s'appliquent aux concessions attribuées par des entités exerçant l'une des activités précitées aux fins d'exercer ces activités, qu'il s'agisse de pouvoirs publics nationaux, locaux ou régionaux, d'organismes de droit public, d'entreprises publiques ou d'autres entités bénéficiant de droits spéciaux ou exclusifs. Les entités chargées, en vertu de la législation nationale, de fournir des services liés à l'une des activités visées à l'annexe II sont présumées exercer ces activités.

(25) Il convient de préciser que l'activité concernée dans le secteur des aéroports couvre également les services offerts aux passagers qui contribuent au bon fonctionnement des installations aéroportuaires et qu'on est en droit d'attendre dans un aéroport moderne et fonctionnel, par exemple, le commerce de détail, les services de restauration et les parkings.

(26) Certaines entités sont actives dans les domaines de la production, de la transmission ou de la distribution de chauffage et de réfrigération. Il peut exister une certaine incertitude quant aux règles applicables aux activités liées respectivement au chauffage et à la réfrigération. Par conséquent, il convient de préciser que la transmission et/ou la distribution de chauffage est une activité relevant de l'annexe II et donc que les entités actives dans le secteur du chauffage sont soumises aux règles de la présente directive applicables aux entités

adjudicatrices, dans la mesure où elles peuvent être considérées comme telles. En revanche, les entités actives dans le domaine de la réfrigération sont soumises aux règles de la présente directive applicables aux pouvoirs adjudicateurs, dans la mesure où elles peuvent être considérées comme tels. Enfin, il convient de préciser que les concessions attribuées à la fois pour des contrats de chauffage et de réfrigération devraient être examinées à la lumière des dispositions relatives aux contrats concernant l'exercice de plusieurs activités afin de déterminer quelles sont les règles de passation des concessions qui régissent éventuellement l'attribution de ces contrats.

(27) Avant d'envisager toute modification du champ d'application de la présente directive en ce qui concerne le secteur de la réfrigération, il conviendrait d'examiner la situation de ce secteur afin d'obtenir suffisamment d'informations, notamment sur l'environnement concurrentiel, le volume des acquisitions transnationales ainsi que l'avis des parties prenantes. Étant donné que l'application de la présente directive à ce secteur pourrait avoir une incidence non négligeable en termes d'ouverture du marché, cet examen devrait être effectué à l'occasion de l'analyse de l'impact de la présente directive.

(28) Il convient de préciser que, aux fins des paragraphes 1 et 2 de l'annexe II, l'"offre" inclut la génération/production ainsi que la vente en gros et au détail. Toutefois, la production de gaz par extraction relève du paragraphe 6 de ladite annexe.

(29) Dans le cas de contrats mixtes, les règles applicables devraient être établies eu égard à l'objet principal du contrat si les différentes parties qui le composent ne sont objectivement pas dissociables. Il convient dès lors de préciser la manière dont les pouvoirs adjudicateurs et les entités adjudicatrices devraient déterminer si les différentes parties sont dissociables ou non. Cette précision devrait se fonder sur la jurisprudence pertinente de la Cour de justice de l'Union européenne. Le caractère dissociable des différentes parties devrait être déterminé au cas par cas, les intentions exprimées ou présumées du pouvoir adjudicateur ou de l'entité adjudicatrice de considérer les différents aspects d'un contrat mixte comme indivisibles ne devant pas suffire, mais devant être corroborées par des éléments de preuve objectifs de nature à les justifier et à établir la nécessité de conclure un contrat unique. Ce besoin justifié de conclure un contrat unique pourrait, par exemple, exister dans le cas de la construction d'un seul et même bâtiment dont l'une des parties est destinée à être utilisée directement par le pouvoir adjudicateur concerné et l'autre à être exploitée sur la base d'une concession, par exemple pour offrir des emplacements de stationnement au public. Il convient de préciser que la nécessité de conclure un contrat unique peut être due à des raisons tant techniques qu'économiques.

(30) Dans le cas de contrats mixtes, qui peuvent être subdivisés, les pouvoirs adjudicateurs et les entités adjudicatrices sont toujours libres d'attribuer des contrats distincts pour les différentes parties du contrat mixte, auquel cas les dispositions applicables à chaque partie distincte devraient être établies exclusivement eu égard aux caractéristiques du contrat en question. En revanche, lorsque les pouvoirs adjudicateurs et les entités adjudicatrices choisissent d'attribuer un contrat comprenant à la fois des éléments relevant d'une concession et d'autres éléments, quels que soient leur valeur et le régime juridique auquel ils auraient été soumis autrement, les règles applicables à de tels cas devraient être indiquées. Il convient de prévoir des dispositions particulières pour les contrats mixtes comportant des aspects ayant trait à la défense ou à la sécurité ou dont certaines parties ne relèvent pas du champ d'application du traité sur le fonctionnement de l'Union européenne.

(31) Des concessions pourraient être attribuées par des entités adjudicatrices pour satisfaire les exigences inhérentes à différentes activités, soumises éventuellement à des régimes juridiques différents. Il conviendrait de préciser que le régime juridique applicable à une concession unique destinée à couvrir plusieurs activités devrait être soumis aux règles applicables à l'activité à laquelle elle est principalement destinée. Pour déterminer à quelle activité la concession est principalement destinée, il est possible de se fonder sur une analyse des besoins auxquels doit répondre cette concession, effectuée par l'entité adjudicatrice aux fins de l'estimation de la valeur de la concession et de l'établissement des documents d'attribution de la concession. Dans certains cas, il pourrait s'avérer objectivement impossible de déterminer à quelle activité la concession est principalement destinée. Il y aurait lieu de prévoir quelles règles s'appliquent dans de tels cas.

(32) Dans certains cas, un pouvoir adjudicateur donné ou une entité adjudicatrice qui est un pouvoir public national, régional ou local, ou un organisme de droit public, ou encore une association donnée de ces différents éléments pourrait être la seule source d'un service donné, pour la fourniture duquel il jouit d'un droit exclusif en vertu de dispositions nationales législatives, réglementaires ou administratives publiées qui sont compatibles avec le

traité sur le fonctionnement de l'Union européenne. Il convient de préciser que, dans ces situations, un pouvoir adjudicateur ou une entité adjudicatrice visé dans le présent considérant ou une association de ces éléments peut attribuer des concessions à ces organismes sans que la présente directive ne leur soit applicable.

(33) Il convient également d'exclure du champ d'application de la présente directive certaines concessions de services attribuées à des opérateurs économiques lorsque ces concessions sont attribuées sur la base d'un droit exclusif dont jouit ledit opérateur en vertu de dispositions législatives, réglementaires ou administratives nationales publiées et qui a été accordé conformément au traité sur le fonctionnement de l'Union européenne ou aux actes de l'Union établissant des règles communes concernant l'accès au marché applicables aux activités visées à l'annexe II, étant donné qu'un tel droit exclusif rend impossible le recours à une procédure d'attribution par mise en concurrence. Par dérogation, et sans préjudice des conséquences juridiques de l'exclusion générale du champ d'application de la présente directive, les concessions visées à l'article 10, paragraphe 1, deuxième alinéa, devraient faire l'objet d'une obligation de publication d'un avis d'attribution de concession afin de garantir une transparence minimale, à moins que la législation sectorielle ne prévoie les conditions d'une telle transparence. En vue de renforcer la transparence, lorsqu'un État membre accorde un droit exclusif à un opérateur économique pour l'exercice d'une des activités visées à l'annexe II, il en informe la Commission.

(34) Aux fins de la présente directive, les notions d'intérêts essentiels de sécurité, d'équipement militaire, d'équipement sensible, de travaux sensibles et de services sensibles devraient s'entendre au sens de la directive 2009/81/CE du Parlement européen et du Conseil *[Dir. 2009/81/CE du Parlement européen et du Conseil du 13 juill. 2009 relative à la coordination des procédures de passation de certains marchés de travaux, de fournitures et de services par des pouvoirs adjudicateurs ou entités adjudicatrices dans les domaines de la défense et de la sécurité, et modifiant les directives 2004/17/CE et 2004/18/CE (JOUE L 216 du 20 août 2009, p. 76)]*.

(35) La présente directive ne devrait pas porter atteinte à la liberté des États membres de fixer, conformément au droit de l'Union, les méthodes d'organisation et de contrôle des opérations de jeux et de paris, y compris au moyen d'autorisations. Il convient d'exclure du champ d'application de la présente directive les concessions liées à l'exploitation de loteries attribuées par un État membre à un opérateur économique sur la base d'un droit exclusif octroyé par une procédure n'impliquant pas de publicité, en vertu de la législation, de la réglementation ou des dispositions administratives publiées nationales applicables, conformément au traité sur le fonctionnement de l'Union européenne. Cette exclusion se justifie par l'octroi d'un droit exclusif à un opérateur économique rendant inapplicable une procédure concurrentielle, ainsi que par la nécessité de préserver la possibilité pour les États membres de réguler au niveau national le secteur des jeux en raison de leurs obligations en termes de protection de l'ordre public et social.

(36) La présente directive ne devrait pas s'appliquer à certains services d'urgence lorsque ceux-ci sont fournis par des organisations ou associations à but non lucratif, étant donné qu'il serait difficile de préserver la nature particulière de telles organisations si les prestataires de services devaient être sélectionnés conformément aux procédures définies dans la présente directive. Il convient toutefois que cette exclusion n'aille pas au-delà de ce qui est strictement nécessaire. Par conséquent, il conviendrait de mentionner expressément que les services ambulanciers de transport de patients ne devraient pas être exclus. Dans ce contexte, il faut en outre préciser que le code CPV numéro 601 "Services de transport routier" ne couvre pas les services ambulanciers, qui relèvent de la classe 8514. Il convient dès lors de préciser que les services relevant du code CPV 85143000-3, qui comprend exclusivement les services ambulanciers de transport de patients, devraient être soumis au régime spécial établi pour les services sociaux et d'autres services spécifiques (ci-après dénommé "régime assoupli"). Par conséquent, les contrats de concession mixtes portant sur la fourniture de services ambulanciers en général seraient également soumis au régime assoupli si la valeur des services ambulanciers de transport de patients était supérieure à la valeur d'autres services ambulanciers.

(37) Il convient de rappeler que la présente directive ne s'applique qu'aux pouvoirs adjudicateurs et aux entités adjudicatrices des États membres. Par conséquent, les partis politiques, qui ne sont ni des pouvoirs adjudicateurs ni des entités adjudicatrices, ne sont pas soumis à ses dispositions. Néanmoins, dans certains États membres, des partis politiques sont susceptibles de relever de la notion d'organisme de droit public. Toutefois, certains services (comme les services de production de films et de vidéos de propagande) sont si indissociablement liés aux opinions politiques du prestataire de services lorsque les services sont fournis dans le

cadre d'une campagne électorale que, en règle générale, le mode de sélection des prestataires de services ne peut pas être régi par les règles applicables à la concession. Enfin, il convient de rappeler que le statut et le financement des partis politiques européens et des fondations politiques européennes sont soumis à d'autres règles que celles énoncées dans la présente directive.

(38) De nombreuses entités adjudicatrices sont organisées en tant que groupement économique pouvant comporter une série d'entreprises distinctes ; chacune de ces entreprises joue souvent un rôle spécialisé dans le contexte global du groupement économique. Il convient dès lors d'exclure certaines concessions de services et de travaux attribuées à des entreprises liées dont l'activité principale est de fournir ces services ou travaux au groupe dont elles font partie et non de les commercialiser sur le marché. Il convient également d'exclure certaines concessions de services et de travaux attribués par une entité adjudicatrice à une coentreprise constituée de plusieurs entités adjudicatrices aux fins de l'exercice d'activités visées par la présente directive et dont ladite entité fait partie. Toutefois, il est également opportun de garantir que cette exclusion ne provoque pas de distorsions de la concurrence au bénéfice des entreprises ou des coentreprises qui sont liées aux entités adjudicatrices ; il convient de prévoir un ensemble approprié de règles, notamment sur les limites maximales de chiffre d'affaires que les entreprises peuvent réaliser sur le marché et au-delà desquelles elles perdraient la possibilité de se voir attribuer des concessions sans mise en concurrence, sur la composition des coentreprises et sur la stabilité des liens entre ces coentreprises et les entités adjudicatrices qui les composent.

(39) Des entreprises devraient être considérées comme liées lorsqu'il existe un rapport d'influence dominante direct ou indirect entre l'entité adjudicatrice et l'entreprise concernée, ou lorsqu'elles sont toutes deux soumises à l'influence dominante d'une tierce entreprise ; dans ce contexte, la participation privée ne devrait pas être pertinente en soi. Il devrait être aussi facile que possible de vérifier si une entreprise est liée à une certaine entité adjudicatrice. Par conséquent, comme l'éventualité d'une telle influence dominante directe ou indirecte devrait déjà avoir été vérifiée afin de décider si les comptes annuels des entreprises et des entités concernées devraient être consolidés, il convient de considérer que des entreprises sont liées lorsque leurs comptes annuels sont consolidés. Néanmoins, les règles de l'Union concernant les comptes consolidés ne sont pas applicables dans certains cas, par exemple, en raison de la taille des entreprises concernées ou parce que certaines conditions liées à leur forme juridique ne sont pas remplies. En pareils cas, lorsque la directive 2013/34/UE du Parlement européen et du Conseil *[Dir. 2013/34/UE du Parlement européen et du Conseil du 26 juin 2013 relative aux états financiers annuels, aux états financiers consolidés et aux rapports y afférents de certaines formes d'entreprises, modifiant la Dir. 2006/43/CE du Parlement européen et du Conseil et abrogeant les Dir. 78/660/CEE et 83/349/CEE du Conseil (JOUE L 182 du 29 juin 2013, p. 19)]* n'est pas applicable, il faut examiner si une influence dominante directe ou indirecte est exercée en tenant compte de la propriété, de la participation financière ou des règles régissant ces entreprises.

(40) Les concessions dans le secteur de l'eau sont souvent soumises à des arrangements spécifiques et complexes qui doivent faire l'objet d'une attention particulière, compte tenu de l'importance de l'eau en tant que bien public revêtant une importance fondamentale pour l'ensemble des citoyens de l'Union. Les caractéristiques particulières de ces arrangements justifient d'exclure le secteur de l'eau du champ d'application de la présente directive. L'exclusion concerne les concessions de travaux et de services portant sur la fourniture ou l'exploitation de réseaux fixes destinés à offrir à la population un service lié à la production, au transport ou à la distribution d'eau potable ou à l'approvisionnement de tels réseaux en eau potable. Les concessions pour l'évacuation ou le traitement des eaux usées ainsi que pour des projets de génie hydraulique, d'irrigation ou de drainage (pour autant que le volume d'eau destiné à l'approvisionnement en eau potable représente plus de 20 % du volume total d'eau mis à disposition par ces projets ou ces installations d'irrigation ou de drainage) devraient également être exclues dans la mesure où elles sont liées à une activité exclue.

(41) La présente directive ne devrait pas s'appliquer aux concessions attribuées par des entités adjudicatrices afin de permettre l'exercice d'une activité visée à l'annexe II si, dans l'État membre où s'exerce cette activité, celle-ci est directement exposée à la concurrence sur des marchés dont l'accès n'est pas limité, ainsi qu'il aura été établi à l'issue d'une procédure prévue à cet effet dans la directive 2014/25/UE du Parlement européen et du Conseil *[Dir. 2014/25/UE du Parlement européen et du Conseil du 26 févr. 2014 relative à la passation de marchés par des entités opérant dans les secteurs de l'eau, de l'énergie, des transports et des services postaux et*

abrogeant la Dir. 2004/17/CE (JOUE L 94 28 mars 2014, p. 243)]. Il convient donc de maintenir une procédure applicable à tous les secteurs ou à toutes les parties de secteurs visés par la présente directive permettant de prendre en considération les effets d'une ouverture à la concurrence, actuelle ou future. Une telle procédure devrait être un gage de sécurité juridique pour les entités concernées et offrir un processus de décision approprié garantissant, dans de brefs délais, une application uniforme du droit de l'Union en la matière. Dans un souci de sécurité juridique, il convient de préciser que toutes les décisions adoptées avant l'entrée en vigueur de la présente directive sur la base de l'article 30 de la directive 2004/17/CE du Parlement européen et du Conseil *[Dir. 2004/17/CE du Parlement européen et du Conseil du 31 mars 2004 portant coordination des procédures de passation de marchés dans les secteurs de l'eau, de l'énergie, des transports et des services postaux (JOUE L 134 du 30 avr. 2004, p. 1)]* continueront de s'appliquer.

(42) La présente directive, ayant pour destinataires les États membres, ne s'applique pas à l'attribution de concessions par des organisations internationales en leur nom et pour leur propre compte. Il est cependant nécessaire de préciser dans quelle mesure elle devrait s'appliquer à l'attribution de concessions relevant de règles internationales spécifiques.

(43) Le processus d'attribution de concessions pour la fourniture de certains services de médias audiovisuels et de médias de radiodiffusion par des fournisseurs de services de médias devrait pouvoir tenir compte de considérations revêtant une importance culturelle ou sociale, ce qui rend inadéquate l'application de règles d'attribution de concessions. Pour ces motifs, il convient donc de prévoir une exception pour les concessions de services, attribuées par les fournisseurs de services de médias eux-mêmes, visant l'achat, le développement, la production ou la coproduction de programmes immédiatement disponibles sur le marché sans adaptation et d'autres services préparatoires, tels que ceux relatifs aux scénarios ou aux performances artistiques nécessaires pour la réalisation du programme. Il y a lieu également de préciser que cette exclusion devrait s'appliquer de la même manière aux services de médias de radiodiffusion et aux services à la demande (services non linéaires). Toutefois, cette exclusion ne devrait pas s'appliquer à la fourniture du matériel technique nécessaire pour la production, la coproduction et l'émission de ces programmes.

(44) La présente directive s'entend sans préjudice de la compétence des États membres de pourvoir au financement du service public de radiodiffusion dans la mesure où ce financement est accordé aux organismes de radiodiffusion aux fins de l'accomplissement de la mission de service public telle qu'elle a été conférée, définie et organisée par chaque État membre conformément au protocole n° 29 sur le système de radiodiffusion publique dans les États membres annexé au traité sur le fonctionnement de l'Union européenne et au traité sur l'Union européenne.

(45) Il existe une importante insécurité juridique quant à la question de savoir dans quelle mesure les règles relatives aux concessions devraient s'appliquer aux contrats conclus entre entités du secteur public. La jurisprudence applicable de la Cour de justice de l'Union européenne fait l'objet d'interprétations différentes selon les États membres et même selon les pouvoirs adjudicateurs ou entités adjudicatrices. Il est dès lors nécessaire de préciser dans quels cas des contrats conclus au sein du secteur public ne sont pas soumis aux règles établies dans la présente directive. Ces précisions devraient s'appuyer sur les principes énoncés dans la jurisprudence pertinente de la Cour de justice de l'Union européenne. Le seul fait que les deux parties à un accord sont elles-mêmes des pouvoirs publics n'exclut pas en soi l'application des règles établies dans la présente directive. L'application de ces règles ne devrait toutefois pas interférer avec la liberté des pouvoirs publics d'exécuter les missions de service public qui leur sont confiées en mobilisant leurs propres ressources, ce qui inclut la possibilité de coopérer avec d'autres pouvoirs publics. Il convient de veiller à ce qu'aucune coopération public-public ainsi exemptée ne fausse la concurrence à l'égard d'opérateurs économiques privés, dans la mesure où elle placerait un prestataire de services privé dans une position privilégiée par rapport à ses concurrents.

(46) Les concessions attribuées à des personnes morales contrôlées ne devraient pas être soumises à l'application des procédures prévues par la présente directive si le pouvoir adjudicateur ou l'entité adjudicatrice au sens de l'article 7, paragraphe 1, point a), exerce sur la personne morale concernée un contrôle analogue à celui qu'il exerce sur ses propres services, à condition que la personne morale contrôlée consacre plus de 80 % de ses activités à l'exécution de missions qui lui ont été confiées par le pouvoir adjudicateur ou l'entité adjudicatrice qui la contrôle ou par d'autres personnes morales contrôlées par ledit pouvoir adjudicateur ou ladite entité adjudicatrice, quel que soit le bénéficiaire de l'exécution du contrat. Cette exemption ne devrait pas être étendue aux situations où un opérateur écono-

mique privé détient une participation directe dans le capital de la personne morale contrôlée dès lors que, dans de telles circonstances, l'attribution d'une concession sans recours à une procédure de mise en concurrence conférerait à l'opérateur économique privé détenant une participation dans le capital de la personne morale contrôlée un avantage indu par rapport à ses concurrents. Toutefois, eu égard aux caractéristiques particulières des organismes publics à adhésion obligatoire, tels que les organisations chargées de la gestion ou de l'exécution de certains services publics, cette règle ne devrait pas s'appliquer dans les cas où la participation d'opérateurs économiques privés spécifiques dans le capital de la personne morale contrôlée est rendue obligatoire par des dispositions législatives nationales en conformité avec les traités, à condition que cette participation ne donne pas une capacité de contrôle ou de blocage et ne confère pas une influence décisive sur les décisions de la personne morale contrôlée. Il convient en outre de préciser que la participation privée directe dans le capital de la personne morale contrôlée constitue le seul élément déterminant.

Par conséquent, le fait que le ou les pouvoirs adjudicateurs de contrôle ou la ou les entités adjudicatrices de contrôle comportent une participation de capitaux privés ne fait pas obstacle à l'attribution de contrats publics à la personne morale contrôlée, sans appliquer les procédures prévues par la présente directive, étant donné que ces participations ne nuisent pas à la concurrence entre les opérateurs économiques privés. Il convient également de préciser que les pouvoirs adjudicateurs ou les entités adjudicatrices tels que les organismes de droit public, qui peuvent comporter une participation de capitaux privés, devraient être en mesure de se prévaloir de l'exemption concernant la coopération horizontale. Par conséquent, lorsque toutes les autres conditions relatives à la coopération horizontale sont remplies, l'exemption en la matière devrait également s'appliquer à ces pouvoirs adjudicateurs ou à ces entités adjudicatrices dans le cas où le contrat est conclu exclusivement entre pouvoirs adjudicateurs ou entités adjudicatrices.

(47) Les pouvoirs adjudicateurs ou les entités adjudicatrices au sens de l'article 7, paragraphe 1, point a), devraient pouvoir choisir de fournir conjointement leurs services publics par la voie de la coopération, sans être contraints de recourir à une forme juridique particulière. Cette coopération pourrait porter sur tous les types d'activités liées à l'exécution de services et à l'exercice de responsabilités confiées aux pouvoirs participants ou assumées par eux, telles que des missions obligatoires ou volontaires relevant de pouvoirs locaux ou régionaux ou des services confiés à des organismes particuliers par le droit public. Il n'est pas nécessaire que les services fournis par les différents pouvoirs participants ou les différentes entités participantes soient identiques ; ils pourraient également être complémentaires. Les contrats concernant la fourniture conjointe de services publics ne devraient pas être soumis à la présente directive, à condition qu'ils soient conclus exclusivement entre pouvoirs adjudicateurs ou entités adjudicatrices, que la mise en œuvre de cette coopération n'obéisse qu'à des considérations d'intérêt public et qu'aucun prestataire privé de services ne soit placé dans une position privilégiée par rapport à ses concurrents.

Pour que ces conditions soient remplies, il convient que la coopération soit fondée sur la notion de coopération. Cette coopération n'exige pas que tous les pouvoirs participants se chargent de l'exécution des principales obligations contractuelles, pour autant que l'engagement ait été pris de coopérer à l'exécution de la mission de service public en question. En outre, la mise en œuvre de la coopération, y compris tout transfert financier entre les pouvoirs adjudicateurs participants, ne devrait obéir qu'à des considérations d'intérêt public.

(48) Dans certains cas, une entité juridique agit, en vertu des dispositions applicables de la législation nationale, en tant qu'instrument ou service technique pour le compte de pouvoirs adjudicateurs donnés ou d'entités adjudicatrices données et est tenue d'exécuter les instructions que ces pouvoirs ou entités lui donnent, sans avoir d'influence sur la rémunération de sa prestation. Compte tenu de son caractère non contractuel, une relation purement administrative de cette nature ne devrait pas relever du champ d'application des procédures d'attribution de concessions.

(49) Il convient de préciser que la notion d'"opérateur économique" devrait s'interpréter *au sens large, de manière à inclure* toute personne ou entité qui offre la réalisation d'ouvrages, la fourniture de produits ou la prestation de services sur le marché, quelle que soit la forme juridique sous laquelle elle a choisi d'opérer. Dès lors, les sociétés, les succursales, les filiales, les partenariats, les sociétés coopératives, les sociétés anonymes, les universités, qu'elles soient publiques ou privées, ainsi que d'autres formes d'entités devraient tous relever de la notion d'opérateur économique, qu'il s'agisse ou non de "personnes morales" en toutes circonstances.

(50) Afin d'assurer une publicité adéquate des concessions de travaux et de services d'un montant égal ou supérieur à un certain seuil attribuées par des entités adjudicatrices et des pouvoirs adjudicateurs, leur attribution devrait obligatoirement être précédée de la publication d'un avis de concession au *Journal officiel de l'Union européenne*.

(51) Compte tenu de ses effets négatifs sur la concurrence, l'attribution d'une concession sans publication préalable ne devrait être autorisée que dans des circonstances exceptionnelles. Ces exceptions devraient se limiter aux cas où il est clair dès le départ qu'une publication ne susciterait pas plus de concurrence, en particulier parce qu'il n'existe objectivement qu'un seul opérateur économique capable d'exploiter la concession. L'impossibilité d'attribuer la concession à un quelconque autre opérateur économique ne devrait pas avoir été créée par le pouvoir adjudicateur lui-même, ou par l'entité adjudicatrice elle-même, en vue de cette attribution. En outre, une évaluation approfondie devrait être effectuée afin de déterminer s'il existe d'autres solutions adéquates.

(52) La durée d'une concession devrait être limitée afin d'éviter le verrouillage du marché et la limitation de la concurrence. En outre, les concessions de très longue durée sont susceptibles d'entraîner le verrouillage du marché, ce qui peut nuire à la libre circulation des services et la liberté d'établissement. Toutefois, une telle durée peut se justifier si elle est indispensable pour permettre au concessionnaire de recouvrer les investissements prévus pour l'exécution de la concession ainsi que pour obtenir un retour sur les capitaux investis. Par conséquent, pour les concessions d'une durée supérieure à cinq ans, la durée devrait être limitée à la période au cours de laquelle on peut raisonnablement escompter que le concessionnaire recouvre les investissements consentis pour l'exploitation des travaux et des services et obtienne un retour sur les capitaux investis dans des conditions d'exploitation normales, compte tenu des objectifs contractuels spécifiques à la réalisation desquels le concessionnaire s'est engagé pour respecter les exigences concernant, par exemple, la qualité ou le prix pour les utilisateurs. L'estimation devrait être valable au moment de l'attribution de la concession. Il devrait être possible d'inclure les investissements initiaux et ultérieurs jugés nécessaires pour l'exploitation de la concession, en particulier les dépenses liées aux infrastructures, aux droits d'auteur, aux brevets, aux équipements, à la logistique, au recrutement et à la formation du personnel ainsi que les frais initiaux. La durée maximale de la concession devrait être indiquée dans les documents de concession, à moins que la durée ne constitue un des critères d'attribution du contrat. Les pouvoirs adjudicateurs et les entités adjudicatrices devraient toujours pouvoir attribuer une concession pour une période plus courte que celle qui est nécessaire pour recouvrer les investissements, pour autant que la compensation correspondante n'élimine pas le risque d'exploitation.

(53) Il convient de n'exempter de l'application intégrale de la présente directive que les services ayant une dimension transnationale limitée, tels que certains services sociaux, de santé ou d'éducation. Ces services s'inscrivent dans un contexte particulier qui varie grandement d'un État membre à l'autre, du fait de traditions culturelles différentes. Il convient dès lors de soumettre les concessions desdits services à un régime spécifique, qui tienne compte du fait qu'ils sont nouvellement réglementés. L'obligation de publier un avis de préinformation et un avis d'attribution de concession pour toute concession d'une valeur supérieure ou égale au seuil défini dans la présente directive est une solution adéquate pour fournir des informations aux soumissionnaires potentiels sur les débouchés commerciaux ainsi que fournir des informations à toutes les parties intéressées sur le nombre et le type de contrats attribués. En outre, les États membres devraient mettre en place, pour l'attribution des contrats de concession de services de cette nature, des procédures adaptées qui assurent le respect des principes de transparence et d'égalité de traitement des opérateurs économiques, tout en permettant aux pouvoirs adjudicateurs et aux entités adjudicatrices de tenir compte des spécificités de ces services. Les États membres devraient veiller à ce que les pouvoirs adjudicateurs et les entités adjudicatrices soient habilités à prendre en compte la nécessité d'assurer l'innovation ainsi que, conformément à l'article 14 du traité sur le fonctionnement de l'Union européenne et au protocole n° 26, un niveau élevé de qualité, de sécurité et quant au caractère abordable, l'égalité de traitement et la promotion de l'accès universel et des droits des utilisateurs.

(54) Compte tenu de l'importance du contexte culturel et du caractère sensible de ces services, les États membres devraient disposer d'un large pouvoir d'appréciation pour organiser la sélection des prestataires de services de la manière qu'ils jugent la plus appropriée. La présente directive n'empêche pas les États membres d'appliquer des critères qualitatifs spécifiques pour procéder à cette sélection, tels que ceux définis dans le cadre européen volontaire de qualité pour les services sociaux, rédigé par le comité de la protection sociale de

l'Union européenne. Les États membres et les pouvoirs publics restent libres de fournir eux-mêmes ces services à caractère social ou de les organiser d'une manière qui n'en implique pas la mise en concession, par exemple, en se limitant à financer ces services ou en octroyant des licences ou autorisations à tous les opérateurs économiques remplissant les conditions préalablement définies par le pouvoir adjudicateur ou l'entité adjudicatrice, sans fixation de limites ou de quotas, à condition que de tels systèmes garantissent une publicité suffisante et respecte les principes de transparence et de non-discrimination.

(55) Afin que les exigences applicables dans les domaines environnemental, social et du travail soient prises en compte de manière appropriée dans les procédures d'attribution de concessions, il importe tout particulièrement que les États membres et les pouvoirs adjudicateurs ou les entités adjudicatrices adoptent les mesures nécessaires pour assurer le respect des obligations en matière de droit environnemental, social et du travail qui s'appliquent au lieu où les travaux sont exécutés ou les services fournis, et qui découlent de lois, règlements ou dispositions administratives en vigueur au niveau national et au niveau de l'Union, ainsi que de conventions collectives, à condition que ces règles et leur application soient conformes au droit de l'Union. De même, les obligations découlant des accords internationaux ratifiés par l'ensemble des États membres, énumérés dans la présente directive, devraient s'appliquer lors de l'exploitation de la concession. Toutefois, cela ne devrait en aucune manière faire obstacle à l'application de conditions de travail plus favorables pour les travailleurs. Il convient que les mesures pertinentes soient appliquées dans le respect des principes fondamentaux du droit de l'Union, en particulier en vue d'assurer l'égalité de traitement. Ces mesures devraient être appliquées conformément à la directive 96/71/CE du Parlement européen et du Conseil *[Dir. 96/71/CE du Parlement européen et du Conseil du16 déc. 1996 concernant le détachement de travailleurs effectué dans le cadre d'une prestation de services (JOUE L 18 du 21 janv. 1997, p. 1)]* et d'une manière qui garantisse l'égalité de traitement et ne crée pas de discriminations directes ou indirectes à l'égard des opérateurs économiques et des travailleurs d'autres États membres.

(56) Les services devraient être considérés comme fournis au lieu d'exécution des prestations caractéristiques. Lorsqu'ils sont fournis à distance, par exemple par un centre d'appel, ils devraient être considérés comme fournis au lieu de leur exécution, indépendamment du lieu et de l'État membre auxquels ils sont destinés.

(57) Les obligations concernées pourraient figurer dans des clauses du contrat de concession. Il devrait également être possible d'introduire dans ces contrats des clauses garantissant le respect des conventions collectives conformément au droit de l'Union. Le non-respect des obligations concernées pourrait être considéré comme une faute grave de l'opérateur économique concerné, pouvant entraîner son exclusion d'une procédure d'attribution de concession.

(58) Le contrôle du respect des dispositions du droit de l'environnement, social et du travail devrait être effectué aux stades pertinents de la procédure d'attribution de concession, lors de l'application des principes généraux régissant le choix des participants et l'attribution des contrats et lorsque les critères d'exclusion sont appliqués.

(59) Aucune disposition de la présente directive ne devrait empêcher d'imposer ou de faire appliquer des mesures nécessaires à la protection de l'ordre public, de la moralité et de la sécurité publiques, de la santé, de la vie humaine et animale ou à la préservation des végétaux ou d'autres mesures environnementales, en particulier dans l'optique du développement durable, à condition que ces mesures soient conformes au traité sur le fonctionnement de l'Union européenne.

(60) Afin de garantir la confidentialité au cours de la procédure, les pouvoirs adjudicateurs et les entités adjudicatrices ainsi que les opérateurs économiques ne devraient pas divulguer des informations qualifiées de confidentielles. Le non-respect de cette obligation devrait entraîner l'application de sanctions adéquates, dans les conditions éventuellement prévues par le droit civil ou administratif des États membres.

(61) Pour lutter contre la fraude, le favoritisme et la corruption et prévenir les conflits d'intérêts, les États membres devraient prendre des mesures appropriées visant à assurer la transparence de la procédure d'attribution et l'égalité de traitement de tous les candidats et soumissionnaires. De telles mesures devraient en particulier viser à éliminer les conflits d'intérêts et les autres irrégularités graves.

(62) Pour que tous les opérateurs intéressés puissent soumettre leur demande ou leur offre, les pouvoirs adjudicateurs et les entités adjudicatrices devraient être tenus de respecter un délai minimal de réception.

(63) Le choix de critères de sélection proportionnés, non discriminatoires et équitables et leur application aux opérateurs économiques est crucial pour permettre aux opérateurs d'avoir effectivement accès aux débouchés économiques liés aux concessions. La possibilité pour un candidat d'avoir recours aux capacités d'autres entités, notamment, peut être décisive pour permettre la participation de PME. Il y a donc lieu de prévoir que les critères de sélection devraient concerner exclusivement la capacité professionnelle, technique, financière et économique des opérateurs et être liés à l'objet du contrat, qu'ils soient annoncés dans l'avis de concession et qu'ils ne puissent empêcher un opérateur économique, sauf dans des circonstances exceptionnelles, de recourir aux capacités d'autres entités, quelle que soit la nature juridique de ses liens avec celles-ci, dès lors qu'il apporte au pouvoir adjudicateur ou à l'entité adjudicatrice la preuve qu'il aura à sa disposition les ressources nécessaires.

(64) En outre, afin que les considérations sociales et environnementales soient mieux prises en compte dans les procédures d'attribution de concession, il convient que les pouvoirs adjudicateurs ou les entités adjudicatrices soient autorisés à appliquer des critères d'attribution ou des conditions d'exploitation de concessions liés aux travaux ou services à fournir ou à réaliser en vertu du contrat de concession sous tous leurs aspects et à n'importe quel stade de leur cycle de vie, depuis l'extraction des matières premières utilisées pour le produit jusqu'au stade de l'élimination de celui-ci, y compris les facteurs intervenant dans le processus spécifique de production, de fourniture ou de commercialisation desdits travaux ou services, ou dans un processus spécifique lié à un stade ultérieur de leur cycle de vie, même lorsque ces facteurs ne font pas partie de leur contenu matériel. A titre d'exemple, sont à considérer comme des critères et des conditions applicables à ce type de processus de production ou de prestation ceux prévoyant que les services faisant l'objet de la concession sont fournis en utilisant des machines économes en énergie. Conformément à la jurisprudence de la Cour de justice de l'Union européenne, il s'agit également de critères d'attribution ou de conditions d'exploitation de la concession relatifs à l'utilisation de produits issus du commerce équitable lors de l'exploitation de la concession à attribuer. Les critères et les conditions applicables aux transactions et aux conditions qui y sont liées peuvent, par exemple, comporter l'obligation de payer aux sous-traitants un montant minimal et une majoration de prix. Parmi les conditions d'exploitation d'une concession liées aux considérations environnementales pourraient figurer, par exemple, la minimisation des déchets ou l'utilisation efficace des ressources.

(65) Les critères d'attribution ou les conditions applicables à l'exploitation des concessions liés à des aspects sociaux du processus de production devraient être appliqués conformément à la directive 96/71/CE, selon l'interprétation de la Cour de justice de l'Union européenne, et ne devraient pas être retenus ou appliqués de telle façon qu'ils créent une discrimination directe ou indirecte à l'encontre d'opérateurs économiques d'autres États membres ou de pays tiers parties à l'accord de l'Organisation mondiale du commerce sur les marchés publics (AMP) ou à des accords de libre-échange auxquels l'Union est partie. Dès lors, les exigences concernant les conditions de travail de base réglementées par la directive 96/71/CE, telles que les taux minimaux de rémunération, devraient demeurer au niveau établi par le droit national ou par des conventions collectives appliqués conformément au droit de l'Union dans le cadre de ladite directive. Les conditions d'exploitation d'une concession pourraient également viser à favoriser la mise en œuvre de mesures destinées à promouvoir l'égalité des hommes et des femmes au travail, une plus grande participation des femmes au marché du travail et la conciliation de la vie professionnelle et de la vie privée, la protection de l'environnement ou le bien-être animal, à assurer le respect pour l'essentiel des dispositions des conventions fondamentales de l'Organisation internationale du travail (OIT), ainsi qu'à recruter davantage de personnes défavorisées que ne l'exige la législation nationale.

(66) Les mesures visant à protéger la santé du personnel participant au processus d'exploitation de la concession, à favoriser l'intégration sociale des personnes défavorisées ou appartenant à des groupes vulnérables parmi les personnes chargées d'exploiter la concession ou à former aux compétences nécessaires pour la concession en question peuvent également faire l'objet de critères d'attribution ou de conditions d'exploitation de la concession, à condition d'être liées aux travaux ou services à fournir en vertu de la concession. Par exemple, ces critères ou conditions pourraient porter, entre autres choses, sur l'emploi de chômeurs de longue durée ou la mise en œuvre de mesures de formation pour les chômeurs ou les jeunes au cours de l'exploitation de la concession à attribuer. Les pouvoirs adjudicateurs peuvent prévoir dans les spécifications techniques des exigences sociales caractérisant directement le produit ou service concerné, telles que l'accessibilité pour les personnes handicapées ou la conception destinée à tous les usagers.

(67) Les spécifications techniques et fonctionnelles établies par les pouvoirs adjudicateurs et entités adjudicatrices doivent permettre l'ouverture des procédures de passation de concessions à la concurrence. Ces spécifications devraient établir les caractéristiques requises des travaux et/ou des services couverts par la concession et pourraient mentionner le processus spécifique de production ou d'exécution des travaux ou services demandés, pour autant qu'ils soient liés à l'objet de la concession et proportionnés à sa valeur et à ses objectifs. Le processus spécifique de production pourrait comporter des exigences relatives à l'accessibilité pour les personnes handicapées ou à des niveaux de performance environnementale. Ces spécifications techniques et fonctionnelles devraient figurer dans les documents de concession et respecter les principes d'égalité de traitement et de transparence. Elles devraient être rédigées de manière à éviter de restreindre artificiellement la concurrence, en particulier par l'imposition d'obligations qui favorisent un opérateur économique particulier en reprenant les caractéristiques essentielles des fournitures, services ou travaux qu'il propose habituellement. En tout état de cause, les pouvoirs adjudicateurs ou entités adjudicatrices devraient examiner les offres proposant des travaux et/ou des services, y compris les fournitures liées à ces travaux et services, satisfaisant de manière équivalente aux caractéristiques requises.

(68) Les concessions sont généralement des contrats complexes, conclus sur le long terme, dans lesquels le concessionnaire assume des responsabilités et des risques traditionnellement assumés par les pouvoirs adjudicateurs et les entités adjudicatrices et relevant normalement de leurs compétences. Dès lors, sous réserve du respect des dispositions de la présente directive et des principes de transparence et d'égalité de traitement, les pouvoirs adjudicateurs et entités adjudicatrices devraient disposer d'une grande latitude pour définir et organiser la procédure qui conduit au choix du concessionnaire. Toutefois, pour garantir l'égalité de traitement et la transparence tout au long de la procédure d'attribution, il y a lieu de prévoir des garanties fondamentales concernant le processus d'attribution, notamment la diffusion d'informations sur la nature et la portée de la concession, la limitation du nombre de candidats, la diffusion d'informations aux candidats et soumissionnaires ainsi que la mise à disposition de comptes rendus appropriés. Il est également nécessaire de prévoir le maintien des conditions initiales figurant dans l'avis de concession, afin d'empêcher que des candidats potentiels ne soient injustement traités.

(69) Les concessions ne devraient pas être attribuées à des opérateurs économiques qui ont participé à une organisation criminelle ou qui ont été reconnus coupables de corruption, de fraude portant atteinte aux intérêts financiers de l'Union, d'infractions terroristes, de blanchiment de capitaux, de financement du terrorisme ou de traite d'êtres humains. Les États membres devraient toutefois pouvoir prévoir une dérogation à ces exclusions obligatoires dans des cas exceptionnels où des exigences impératives d'intérêt général rendent indispensable l'attribution d'un contrat. De même, le non-paiement d'impôts, de taxes ou de cotisations de sécurité sociale devrait obligatoirement être sanctionné par une exclusion au niveau de l'Union.

(70) De surcroît, les pouvoirs adjudicateurs et les entités adjudicatrices devraient pouvoir exclure des opérateurs économiques qui ne se seraient pas révélés fiables, par exemple, en raison de manquements graves ou répétés à des obligations environnementales ou sociales, y compris aux règles d'accessibilité pour les personnes handicapées, ou pour d'autres fautes professionnelles graves telles que la violation de règles de concurrence ou de droits de propriété intellectuelle. Il convient de préciser qu'une faute professionnelle grave peut remettre en question l'intégrité d'un opérateur économique et avoir pour conséquence que celui-ci ne remplit pas les conditions requises pour se voir attribuer une concession, indépendamment du fait qu'il disposerait par ailleurs des capacités techniques et économiques pour exécuter le contrat. Compte tenu du fait qu'ils sont responsables des conséquences d'éventuelles décisions erronées, les pouvoirs adjudicateurs et entités adjudicatrices devraient également avoir la faculté de considérer qu'il y a eu faute professionnelle grave lorsque, avant qu'une décision finale et contraignante quant à l'existence de motifs d'exclusion obligatoire ne soit prise, ils peuvent démontrer, par tout moyen approprié, qu'un opérateur économique a manqué à ses obligations, y compris ses obligations relatives au paiement d'impôts ou taxes ou de cotisations de sécurité sociale, sauf disposition contraire du droit national. Les pouvoirs adjudicateurs et les entités adjudicatrices devraient également pouvoir exclure des can*didats ou des soumissionnaires* lorsque des défaillances importantes en ce qui concerne les exigence *[exigences]* essentielles ont été constatées lors de l'exploitation de concessions antérieures ou de l'exécution d'autres contrats antérieurs conclus avec des pouvoirs adjudicateurs ou des entités adjudicatrices, par exemple un défaut de fourniture ou d'exécution, des carences notables du produit ou du service fourni qui le rendent impropre aux fins prévues, ou un comportement fautif jetant sérieusement le doute quant à la fiabilité de l'opérateur économique. La législation nationale devrait prévoir une durée maximale pour ces exclusions.

(71) Il convient cependant de laisser aux opérateurs économiques la possibilité de prendre des mesures de mise en conformité visant à remédier aux conséquences de toute infraction pénale ou faute et à empêcher effectivement que celles-ci ne se reproduisent. Il pourrait notamment s'agir de mesures concernant leur organisation et leur personnel, comme la rupture de toute relation avec des personnes ou des organisations impliquées dans ces agissements, des mesures appropriées de réorganisation du personnel, la mise en œuvre de systèmes de déclaration et de contrôle, la création d'une structure d'audit interne pour assurer le suivi de la conformité et l'adoption de règles internes de responsabilité et de réparation. Lorsque ces mesures offrent des garanties suffisantes, l'opérateur économique concerné ne devrait plus être exclu pour ces seuls motifs. Les opérateurs économiques devraient avoir la possibilité de demander que soient examinées les mesures de mise en conformité prises en vue d'une éventuelle admission à la procédure d'attribution d'une concession. Cependant, il convient de laisser aux États membres le pouvoir de déterminer les conditions procédurales et matérielles exactes applicables dans ces cas de figure. Ils devraient, en particulier, être libres de décider de laisser à chaque pouvoir adjudicateur ou entité adjudicatrice la possibilité d'effectuer les évaluations pertinentes ou de confier cette tâche à d'autres pouvoirs à un niveau central ou décentralisé.

(72) Il importe que le respect, par les sous-traitants, des obligations applicables dans les domaines du droit environnemental, social et du travail, établies par le droit de l'Union, le droit national, des conventions collectives ou par les dispositions de droit international de l'environnement, social et du travail énumérées dans la présente directive, à condition que ces règles et leur application soient conformes au droit de l'Union, soit assuré par les autorités nationales compétentes au moyen de mesures appropriées relevant de leurs responsabilités et compétences, telles que les agences d'inspection du travail ou les agences de protection de l'environnement. Il est également nécessaire d'assurer une certaine transparence dans la chaîne de sous-traitance, car les pouvoirs adjudicateurs et les entités adjudicatrices disposent ainsi d'informations sur l'identité des personnes présentes sur les chantiers de construction, sur la nature des travaux réalisés pour leur compte ou sur les entreprises qui fournissent des services dans des bâtiments, des infrastructures ou des zones, tels qu'une mairie, une école municipale, des installations sportives, un port ou une autoroute, pour lesquels les pouvoirs adjudicateurs sont responsables ou sur lesquels ils exercent une surveillance. Il convient de préciser que l'obligation de communiquer les informations requises incombe dans tous les cas au concessionnaire, soit sur la base de clauses spécifiques que chaque pouvoir adjudicateur ou entité adjudicatrice serait tenu d'inclure dans toutes les procédures d'attribution, soit sur la base d'obligations que les États membres imposeraient au concessionnaire au moyen de dispositions d'application générale.

Il convient également de préciser que les conditions relatives au contrôle du respect des obligations applicables dans les domaines du droit environnemental, social et du travail, établies par le droit de l'Union, le droit national, des conventions collectives ou par les dispositions de droit international environnemental, social et du travail énumérées dans la présente directive, à condition que ces règles et leur application soient conformes au droit de l'Union, devraient être appliquées chaque fois que le droit interne d'un État membre prévoit un mécanisme de responsabilité solidaire entre les sous-traitants et le concessionnaire. En outre, il convient d'indiquer expressément que les États membres devraient pouvoir aller plus loin, par exemple, en élargissant les obligations de transparence, ou en permettant ou en imposant aux pouvoirs adjudicateurs ou aux entités adjudicatrices de vérifier que des sous-traitants ne se trouvent pas dans l'une quelconque des situations qui justifieraient l'exclusion d'opérateurs économiques. Lorsque de telles mesures sont appliquées aux sous-traitants, il convient d'assurer la cohérence avec les dispositions applicables au concessionnaire, de sorte que l'existence de motifs d'exclusion obligatoires entraînerait l'obligation, pour le concessionnaire, de remplacer le sous-traitant concerné. Lorsqu'il ressort de telles vérifications qu'il existe des motifs non obligatoires d'exclusion, il convient de préciser que les pouvoirs adjudicateurs ou entités adjudicatrices peuvent exiger le remplacement. Il convient toutefois également d'indiquer expressément que les pouvoirs adjudicateurs ou entités adjudicatrices peuvent être tenus d'exiger le remplacement du sous-traitant concerné lorsque l'exclusion du concessionnaire est obligatoire dans ces cas. Il convient également d'indiquer expressément que les États membres restent libres de prévoir, dans leur législation nationale, des règles plus strictes en matière de responsabilité.

(73) Les pouvoirs adjudicateurs ou les entités adjudicatrices devraient évaluer les offres sur la base d'un ou de plusieurs critères d'attribution. Pour garantir la transparence et l'égalité de traitement, les critères d'attribution des concessions devraient toujours respecter certains standards généraux. Ces standards peuvent renvoyer à des éléments qui ne sont pas pure-

ment économiques mais qui ont une influence sur la valeur de l'offre du point de vue du pouvoir adjudicateur ou de l'entité adjudicatrice et lui permettent de constater un avantage économique global pour le pouvoir adjudicateur ou l'entité adjudicatrice. Les critères devraient être communiqués à l'avance à tous les candidats ou soumissionnaires potentiels, être liés à l'objet du contrat et ne pas conférer une liberté de choix illimitée au pouvoir adjudicateur ou à l'entité adjudicatrice. Ils devraient permettre une concurrence effective et s'accompagner d'exigences qui permettent la vérification effective des informations fournies par les soumissionnaires. Il devrait être possible d'inclure parmi les critères d'attribution, entre autres, des critères environnementaux, sociaux ou relatifs à l'innovation. Les pouvoirs adjudicateurs ou entités adjudicatrices devraient également mentionner les critères d'attribution par ordre descendant d'importance, de façon à garantir l'égalité de traitement des soumissionnaires potentiels en leur permettant de connaître l'ensemble des éléments dont ils doivent tenir compte lorsqu'ils élaborent leurs offres.

Dans des cas exceptionnels, lorsque le pouvoir adjudicateur ou l'entité adjudicatrice reçoit une offre proposant une solution innovante présentant des performances fonctionnelles d'un niveau exceptionnel, qui n'aurait pas pu être prévue malgré la diligence du pouvoir adjudicateur ou de l'entité adjudicatrice, le pouvoir adjudicateur ou l'entité adjudicatrice devrait, à titre exceptionnel, pouvoir modifier l'ordre des critères d'attribution afin de tenir compte des nouvelles possibilités offertes par cette solution innovante, pour autant que cette modification garantisse l'égalité de traitement de tous les soumissionnaires existants ou potentiels en diffusant une nouvelle invitation à soumissionner ou, selon le cas, en publiant un nouvel avis de concession.

(74) Les moyens électroniques d'information et de communication permettent de simplifier considérablement la publicité des concessions et de rendre les procédures d'attribution de concessions plus efficaces, rapides et transparentes. Ils pourraient devenir les moyens de communication et d'échange d'informations usuels dans les procédures d'attribution de concessions, car les possibilités pour les opérateurs économiques de prendre part à de telles procédures dans l'ensemble du marché intérieur s'en trouvent considérablement accrues.

(75) Les contrats de concession font généralement intervenir des mécanismes techniques et financiers complexes et de long terme qui sont souvent soumis à un contexte évolutif. Il est donc nécessaire de clarifier les conditions dans lesquelles des modifications apportées à une concession en cours d'exploitation imposent une nouvelle procédure d'attribution de concession, en tenant compte de la jurisprudence de la Cour de justice de l'Union européenne en la matière. Il y a lieu d'engager une nouvelle procédure d'attribution de concession lorsque des modifications substantielles sont apportées à la concession initiale, notamment en ce qui concerne l'étendue et le contenu des droits et obligations réciproques des parties, y compris l'attribution de droits de propriété intellectuelle. Ces modifications attestent l'intention des parties de renégocier les conditions essentielles de cette concession. C'est notamment le cas de conditions qui, si elles avaient été incluses dans la procédure initiale, auraient influé sur son issue. Il devrait toujours être possible d'apporter à la concession des modifications entraînant une variation mineure de sa valeur jusqu'à un certain niveau, sans devoir recourir à une nouvelle procédure d'attribution. A cet effet, et afin de garantir la sécurité juridique, la présente directive devrait prévoir des seuils minimaux, en dessous desquels une nouvelle procédure d'attribution n'est pas exigée. Il devrait être possible d'apporter à la concession des modifications allant au-delà de ces seuils sans devoir recourir à une nouvelle procédure d'attribution, pour autant que lesdites modifications respectent certaines conditions. Ce pourrait être le cas, par exemple, des modifications devenues nécessaires pour tenir compte de demandes des pouvoirs adjudicateurs ou entités adjudicatrices en ce qui concerne la sécurité, eu égard aux spécificités d'activités telles que l'exploitation d'infrastructures touristiques et sportives en montagne lorsque la législation est susceptible d'évoluer pour prendre en considération les risques afférents, dans la mesure où de telles modifications respectent les conditions pertinentes fixées dans la présente directive.

(76) Les pouvoirs adjudicateurs et les entités adjudicatrices peuvent se trouver confrontés à des circonstances extérieures qu'ils ne pouvaient prévoir au moment de l'attribution de la *concession, notamment* lorsque l'exploitation de celle-ci s'étend sur une plus longue période. Dans ces cas, ils doivent disposer d'une certaine marge de manœuvre pour pouvoir adapter la concession à ces circonstances sans engager de nouvelle procédure d'attribution. La notion de circonstances imprévisibles correspond à des circonstances qu'un pouvoir adjudicateur ou une entité adjudicatrice, bien qu'ayant fait preuve d'une diligence raisonnable lors de la préparation de l'attribution initiale, n'aurait pu anticiper compte tenu des moyens à sa disposition, de la nature et des caractéristiques du projet, des bonnes pratiques du secteur et de la

nécessité de mettre dûment en cohérence les ressources employées pour préparer l'attribution de la concession avec sa valeur prévisible. Toutefois, cela ne peut s'appliquer aux modifications qui ont pour effet d'altérer la nature de l'ensemble de la concession, par exemple en remplaçant les travaux à exécuter ou les services à fournir par quelque chose de différent ou en modifiant fondamentalement le type de concession, et dont on peut donc supposer qu'elles seraient de nature à influer sur l'issue de la procédure. En ce qui concerne les concessions attribuées afin d'exercer une activité autre que celles qui sont visées à l'annexe II, aucune augmentation de valeur qui n'exigerait pas une nouvelle procédure d'attribution ne devrait être supérieure à 50 % par rapport à la valeur de la concession initiale. Lorsque plusieurs modifications successives sont effectuées, cette limite devrait s'appliquer à la valeur de chaque modification. Ces modifications consécutives ne devraient pas viser à contourner la présente directive.

(77) Conformément aux principes d'égalité de traitement et de transparence, il ne devrait pas être possible, par exemple lorsqu'il est mis fin à une concession en raison de manquements dans l'exploitation, de remplacer le soumissionnaire retenu par un autre opérateur économique sans rouvrir la concession à la concurrence. En revanche, le soumissionnaire retenu devrait, en particulier lorsque la concession a été attribuée à un groupement d'opérateurs économiques, pouvoir faire l'objet de modifications structurelles pendant la durée de la concession (réorganisations purement internes, rachats, fusions et acquisitions ou insolvabilité), sans que ces modifications requièrent automatiquement l'ouverture d'une nouvelle procédure d'attribution pour la concession exploitée par ce soumissionnaire.

(78) Les pouvoirs adjudicateurs et les entités adjudicatrices devraient avoir la possibilité de modifier la concession par des clauses de réexamen ou d'option, celles-ci ne devant cependant pas leur laisser toute latitude en la matière. La présente directive devrait donc préciser dans le contrat initial l'ampleur des modifications qu'il est possible de prévoir. Il convient par conséquent de préciser qu'une clause de réexamen ou d'option, formulée de manière suffisamment claire, peut notamment prévoir des indexations de prix ou garantir, par exemple, que des équipements de communication devant être livrés sur une période de temps donnée restent appropriés également en cas de modification de protocoles de communication ou d'autres modifications technologiques. Il devrait également être possible, en vertu de clauses suffisamment claires, de prévoir des adaptations de la concession rendues nécessaires par des difficultés techniques apparues pendant l'utilisation ou l'entretien. Il y a lieu également de rappeler que des concessions pourraient, par exemple, à la fois comporter un entretien ordinaire et prévoir des opérations d'entretien extraordinaires qui pourraient s'avérer nécessaires pour assurer la continuité d'un service public.

(79) Les pouvoirs adjudicateurs et les entités adjudicatrices pourraient être confrontés à des situations dans lesquelles des travaux ou services complémentaires s'avèrent nécessaires. En pareils cas, pour autant que les conditions établies dans la présente directive soient remplies, il serait justifié de modifier la concession initiale sans qu'une nouvelle procédure d'attribution soit ouverte.

(80) Les pouvoirs adjudicateurs et les entités adjudicatrices sont parfois confrontés à des circonstances dans lesquelles ils doivent résilier une concession afin de se conformer à des obligations découlant du droit de l'Union dans ce domaine. Les États membres devraient dès lors veiller à ce que les pouvoirs adjudicateurs et entités adjudicatrices aient la possibilité, dans les conditions déterminées par le droit national, de résilier une concession en cours lorsque le droit de l'Union l'exige.

(81) Pour assurer aux candidats et soumissionnaires participant aux procédures d'attribution de concessions une protection juridique adéquate et pour garantir le respect effectif de la présente directive et des principes du traité sur le fonctionnement de l'Union européenne, les directives 89/665/CEE *[Dir. 89/665/CEE du Conseil du 21 déc. 1989 portant coordination des dispositions législatives, réglementaires et administratives relatives à l'application des procédures de recours en matière de passation des marchés publics de fournitures et de travaux (JOUE L 395 du 30 déc. 1989, p. 33)]* et 92/13/CEE *[Dir. 92/13/CEE du Conseil du 25 févr. 1992 portant coordination des dispositions législatives, réglementaires et administratives relatives à l'application des règles communautaires sur les procédures de passation des marchés des entités opérant dans les secteurs de l'eau, de l'énergie, des transports et des télécommunications (JOUE L 76 du 23 mars 1992, p. 14)]* du Conseil devraient aussi s'appliquer aux concessions de services ou de travaux attribuées par des pouvoirs adjudicateurs ou des entités adjudicatrices. Les directives 89/665/CEE et 92/13/CEE devraient donc être modifiées en conséquence.

(82) Le traitement de données à caractère personnel aux fins de la présente directive devrait être soumis à la directive 95/46/CE du Parlement européen et du Conseil *[Dir.*

95/46/CE du Parlement européen et du Conseil du 24 oct. 1995 relative à la protection des personnes physiques à l'égard du traitement des données à caractère personnel et à la libre circulation de ces données (JOUE L 281 du 23 nov. 1995, p. 31)].

(83) Les États membres sont tenus d'effectuer un suivi systématique et méthodique de la mise en œuvre et du respect des dispositions relatives à l'attribution de contrats de concession, afin d'assurer l'application rationnelle et uniforme du droit de l'Union.

(84) La Commission devrait évaluer les effets économiques sur le marché intérieur, en particulier eu égard à des éléments tels que l'attribution transnationale de contrats, la participation des PME et les coûts de transaction, découlant de l'application des seuils fixés dans la présente directive ainsi que de l'exclusion énoncée à l'article 12, compte tenu des structures spécifiques du secteur de l'eau. La Commission devrait communiquer un rapport à ce sujet au Parlement européen et au Conseil avant le 18 avril 2019. Conformément à l'article XXIV, paragraphe 7, de l'AMP, ce dernier fera l'objet de nouvelles négociations trois ans après son entrée en vigueur et de façon périodique par la suite. Dans ce contexte, l'adéquation du niveau des seuils devrait faire l'objet d'un examen dans le cadre des négociations menées en vertu de l'AMP, eu égard à l'incidence de l'inflation et des coûts de transaction. La Commission devrait envisager, dans la mesure du possible et s'il y a lieu, de suggérer une augmentation des seuils applicables en vertu de l'AMP lors du prochain cycle de négociations. En cas de modification de ces seuils, le rapport élaboré par la Commission devrait être suivi, le cas échéant, d'une proposition législative modifiant le seuil établi dans la présente directive.

(85) Afin de permettre les adaptations requises par l'évolution rapide des techniques, de l'économie et de la réglementation, il convient de déléguer à la Commission le pouvoir d'adopter des actes conformément à l'article 290 du traité sur le fonctionnement de l'Union européenne en ce qui concerne la révision de la liste des actes énumérés à l'annexe III, la révision des modalités techniques des méthodes de calcul du seuil ainsi que la révision périodique du seuil lui-même en modifiant les références à la nomenclature CPV et en adaptant la liste des actes énumérés à l'annexe X. Il importe particulièrement que la Commission procède aux consultations appropriées durant son travail préparatoire, y compris au niveau des experts. Il convient que, lorsqu'elle prépare et élabore des actes délégués, la Commission veille à ce que les documents pertinents soient transmis simultanément, en temps utile et de façon appropriée, au Parlement européen et au Conseil.

(86) Afin d'assurer l'uniformité des conditions relatives aux modalités d'élaboration et de transmission des avis ainsi que de transmission et de publication des données visées aux annexes V, VII et VIII, des compétences d'exécution devraient être conférées à la Commission. Il convient que ces compétences soient exercées conformément au règlement (UE) n° 182/2011 du Parlement européen et du Conseil *[Règl. (UE) n° 182/2011 du Parlement européen et du Conseil du 16 févr. 2011 établissant les règles et principes généraux relatifs aux modalités de contrôle par les États membres de l'exercice des compétences d'exécution par la Commission (JOUE L 55 du 28 févr. 2011, p. 13)]*. **Ces actes d'exécution devraient être adoptés selon la procédure consultative, puisqu'ils n'ont d'incidence ni sur le plan financier, ni sur la nature ou le champ d'application des obligations découlant de la présente directive. Il s'agit au contraire d'actes à visée purement administrative, destinés à faciliter l'application de la présente directive.**

(87) Étant donné que les objectifs de la présente directive, à savoir la coordination des lois, règlements et dispositions administratives des États membres dans l'application de certaines procédures de concession, ne peuvent pas être atteints de manière suffisante par les États membres mais peuvent en raison de leurs dimensions et de leurs effets l'être mieux au niveau de l'Union, celle-ci peut prendre des mesures, conformément au principe de subsidiarité consacré à l'article 5 du traité sur l'Union européenne. Conformément au principe de proportionnalité tel qu'il est énoncé audit article, la présente directive n'excède pas ce qui est nécessaire pour atteindre ces objectifs.

(88) Conformément à la déclaration politique commune des États membres et de la Commission du 28 septembre 2011 sur les documents explicatifs, les États membres se sont ***engagés à accompagner***, **dans des cas justifiés, la notification de leurs mesures de transposition d'un ou de plusieurs documents expliquant le lien entre les éléments d'une directive et les parties correspondantes des instruments nationaux de transposition. En ce qui concerne la présente directive, le législateur estime que la transmission de ces documents est justifiée.**

TITRE I OBJET, CHAMP D'APPLICATION, PRINCIPES ET DÉFINITIONS

CHAPITRE I *CHAMP D'APPLICATION, PRINCIPES GÉNÉRAUX ET DÉFINITIONS*

SECTION 1 *Objet, champ d'application, principes généraux, définitions et seuils*

Art. 1er *Objet et champ d'application.*

1. La présente directive établit les règles applicables aux procédures de passation de contrats de concession par des pouvoirs adjudicateurs et des entités adjudicatrices, lorsque leur valeur estimée n'est pas inférieure aux seuils prévus à l'article 8.

2. La présente directive s'applique à l'attribution de concessions de travaux ou de services à des opérateurs économiques par :

a) les pouvoirs adjudicateurs ; ou

b) les entités adjudicatrices, pour autant que les travaux et services sont destinés à l'exercice de l'une des activités visées à l'annexe II.

3. La présente directive s'applique sous réserve de l'article 346 du traité sur le fonctionnement de l'Union européenne.

4. Les accords, décisions ou autres instruments juridiques qui organisent le transfert de compétences et de responsabilités en vue de l'exécution de missions publiques entre pouvoirs adjudicateurs ou entités adjudicatrices ou groupements de pouvoirs adjudicateurs ou d'entités adjudicatrices, et qui ne prévoient pas la rémunération des prestations contractuelles, sont considérés comme relevant de l'organisation interne de l'État membre concerné et, à ce titre, ne sont en aucune manière affectés par la présente directive.

Art. 2 *Principe de libre administration par les pouvoirs publics.*

1. La présente directive reconnaît le principe de libre administration par les autorités nationales, régionales et locales, conformément au droit national et de l'Union. Ces autorités sont libres de décider du mode de gestion qu'elles jugent le plus approprié pour l'exécution de travaux ou la prestation de services, pour assurer notamment un niveau élevé de qualité, de sécurité et d'accessibilité, l'égalité de traitement et la promotion de l'accès universel et des droits des usagers en matière de services publics.

Les autorités peuvent choisir d'exécuter leurs missions d'intérêt public en utilisant leurs propres ressources ou en coopération avec d'autres autorités, ou de déléguer ces missions à des opérateurs économiques.

2. La présente directive n'affecte pas les régimes de la propriété des États membres. En particulier, elle n'impose pas la privatisation d'entreprises publiques qui fournissent des services au public.

Art. 3 *Principes d'égalité de traitement, de non-discrimination et de transparence.*

1. Les pouvoirs adjudicateurs et les entités adjudicatrices traitent les opérateurs économiques sur un pied d'égalité et sans discrimination et agissent de manière transparente et proportionnée.

La procédure d'attribution d'une concession, y compris l'estimation de sa valeur, ne peut être conçue avec l'intention de la soustraire au champ d'application de la présente directive ou de favoriser ou défavoriser indûment certains opérateurs économiques ou certains travaux, fournitures ou services.

2. Les pouvoirs adjudicateurs et les entités adjudicatrices visent à garantir la transparence de la procédure d'attribution et de l'exécution du contrat, tout en respectant l'article 28.

Art. 4 *Liberté de définir les services d'intérêt économique général.*

1. La présente directive ne porte pas atteinte à la faculté des États membres de définir, conformément au droit de l'Union, ce qu'ils entendent par services d'intérêt économique général, la manière dont ces services devraient être organisés et financés conformément aux règles relatives aux aides d'État ou les obligations spécifiques auxquelles ils devraient être soumis. De même, la présente directive n'a pas d'incidence sur la façon dont les États membres organisent leurs systèmes de sécurité sociale.

2. Les services d'intérêt général non économiques ne relèvent pas du champ d'application de la présente directive.

Art. 5 *Définitions.*

Aux fins de la présente directive, on entend par :

1) "concessions", des concessions de travaux ou de services au sens des points a) et b) :

a) "concession de travaux", un contrat conclu par écrit et à titre onéreux par lequel un ou plusieurs pouvoirs adjudicateurs ou entités adjudicatrices confient l'exécution de travaux à un ou à plusieurs opérateurs économiques, la contrepartie consistant soit uniquement dans le droit d'exploiter les ouvrages qui font l'objet du contrat, soit dans ce droit accompagné d'un prix ;

b) "concession de services", un contrat conclu par écrit et à titre onéreux par lequel un ou plusieurs pouvoirs adjudicateurs ou entités adjudicatrices confient la prestation et la gestion de services autres que l'exécution de travaux visée au point a) à un ou à plusieurs opérateurs économiques, la contrepartie consistant soit uniquement dans le droit d'exploiter les services qui font l'objet du contrat, soit dans ce droit accompagné d'un prix ;

L'attribution d'une concession de travaux ou d'une concession de services implique le transfert au concessionnaire d'un risque d'exploitation lié à l'exploitation de ces travaux ou services, comprenant le risque lié à la demande, le risque lié à l'offre ou les deux. Le concessionnaire est réputé assumer le risque d'exploitation lorsque, dans des conditions d'exploitation normales, il n'est pas certain d'amortir les investissements qu'il a effectués ou les coûts qu'il a supportés lors de l'exploitation des ouvrages ou services qui font l'objet de la concession. La part de risque transférée au concessionnaire implique une réelle exposition aux aléas du marché, telle que toute perte potentielle estimée qui serait supportée par le concessionnaire ne doit pas être purement nominale ou négligeable ;

2) "opérateur économique", toute personne physique ou morale ou entité publique, ou groupement de ces personnes ou entités, y compris des associations temporaires d'entreprises, qui offre l'exécution de travaux ou d'ouvrages, la fourniture de produits ou la prestation de services sur le marché ;

3) "candidat", un opérateur économique qui a sollicité une invitation ou a été invité à participer à la procédure d'attribution d'une concession ;

4) "soumissionnaire", un opérateur économique qui a présenté une offre ;

5) "concessionnaire", un opérateur économique auquel une concession a été attribuée ;

6) "écrit(e)" ou "par écrit", tout ensemble de mots ou de chiffres qui peut être lu, reproduit, puis communiqué, y compris les informations transmises et stockées par des moyens électroniques ;

7) "exécution de travaux", soit l'exécution, soit conjointement la conception et l'exécution de travaux relatifs à l'une des activités mentionnées à l'annexe I ou d'un ouvrage, soit la réalisation, par quelque moyen que ce soit, d'un ouvrage répondant aux exigences définies par le pouvoir adjudicateur ou l'entité adjudicatrice qui exerce une influence décisive sur le type d'ouvrage ou la conception de l'ouvrage ;

8) "ouvrage", le résultat d'un ensemble de travaux de bâtiment ou de génie civil destiné à remplir par lui-même une fonction économique ou technique ;

9) "moyens électroniques", un équipement électronique de traitement (y compris la compression numérique) et de stockage de données transmises, acheminées et reçues par câble, par voie hertzienne, par moyens optiques ou par d'autres moyens électromagnétiques ;

10) "droits exclusifs", des droits accordés par une autorité compétente d'un État membre au moyen de toute loi, de tout règlement ou de toute disposition administrative publiée qui est compatible avec les traités ayant pour effet de réserver l'exercice d'une activité à un seul opérateur économique et d'affecter substantiellement la capacité des autres opérateurs économiques d'exercer cette activité ;

11) "droits spéciaux", des droits accordés par une autorité compétente d'un État membre au moyen de toute loi, de tout règlement ou de toute disposition administrative publiée qui est compatible avec les traités ayant pour effet de réserver l'exercice d'une activité à plusieurs opérateurs économiques et d'affecter substantiellement la capacité des autres opérateurs économiques d'exercer cette activité ;

12) "document de concession", tout document fourni par le pouvoir adjudicateur ou l'entité adjudicatrice ou auquel ce pouvoir ou cette entité se réfère afin de décrire ou de définir des caractéristiques de la concession ou de la procédure de passation, y compris l'avis de concession, les spécifications techniques et fonctionnelles, le cahier des charges proposé pour la concession, les formats de présentation des documents par les candidats et les soumissionnaires, les informations sur les obligations généralement applicables et tout autre *document additionnel* ;

13) "innovation", la mise en œuvre d'un produit, d'un service ou d'un procédé nouveau ou sensiblement amélioré, y compris mais pas exclusivement des procédés de production ou de construction, d'une nouvelle méthode de commercialisation ou d'une nouvelle méthode organisationnelle dans les pratiques, l'organisation du lieu de travail ou les relations extérieures de l'entreprise, qui permette notamment de relever des défis sociétaux ou soutienne la stratégie Europe 2020.

Art. 6 *Pouvoirs adjudicateurs.*

1. Aux fins de la présente directive, on entend pas "pouvoirs adjudicateurs" l'État, les autorités régionales ou locales, les organismes de droit public ou les associations formées par une ou plusieurs de ces autorités ou un ou plusieurs de ces organismes de droit public, autres que les autorités, organismes ou associatiosn qui exercent l'une des activités visées à l'annexe II, et qui attribuent une concession ayant pour objet l'exercice d'une de ces activités.

2. Les "autorités régionales" sont toutes les autorités des unités administratives, dont une liste non exhaustive pour les niveaux NUTS 1 et 2 figure dans le règlement (CE) n° 1059/2003 du Parlement européen et du Conseil *[Règl. (CE) n° 1059/2003 du Parlement européen et du Conseil du 26 mai 2003 relatif à l'établissement d'une nomenclature commune des unités territoriales statistiques (NUTS) (JOUE L 154 du 21 juin 2003, p. 1)]*.

3. Les "autorités locales" sont toutes les autorités des unités administratives du niveau NUTS 3 et des unités administratives de taille plus petite visées dans le règlement (CE) n° 1059/2003.

4. Un "organisme de droit public" est un organisme présentant toutes les caractéristiques suivantes :

a) il a été créé pour satisfaire spécifiquement des besoins d'intérêt général ayant un caractère autre qu'industriel ou commercial ;

b) il jouit de la personnalité juridique ; et

c) soit il est financé majoritairement par l'État, les autorités régionales ou locales, ou par d'autres organismes de droit public ; soit sa gestion est soumise à un contrôle par ces organismes ou autorités ; ou son organe d'administration, de direction ou de surveillance est composé de membres dont plus de la moitié sont désignés par l'État, des autorités régionales ou locales ou d'autres organismes de droit public.

Art. 7 *Entités adjudicatrices.*

1. Aux fins de la présente directive, on entend par "entités adjudicatrices" les entités qui exercent l'une des activités visées à l'annexe II et qui attribuent une concession pour l'exercice de l'une de ces activités, et qui sont :

a) soit l'État, une autorité régionale ou locale, un organisme de droit public, ou une association formée par une ou plusieurs de ces autorités ou un ou plusieurs de ces organismes de droit public ;

b) soit une entreprise publique au sens du paragraphe 4 du présent article ;

c) soit une entité autre que celles visées aux points a) et b) du présent paragraphe mais qui opère sur la base de droits spéciaux ou exclusifs, conférés pour l'exercice d'une des activités visées à l'annexe II.

2. Les entités auxquelles des droits spéciaux ou exclusifs ont été octroyés au moyen d'une procédure ayant fait l'objet d'une publicité appropriée et selon des critères objectifs ne constituent pas des "entités adjudicatrices" au sens du paragraphe 1, point c). Ces procédures sont notamment :

a) les procédures de passation de marché avec mise en concurrence préalable, conformément à la directive 2014/24/UE du Parlement européen et du Conseil *[Dir. 2014/24/UE du Parlement européen et du Conseil du 26 févr. 2014 sur la passation des marchés publics et abrogeant la Dir. 2004/18/CE (JOUE L 94 du 28 mars 2014, p. 65)]* et à la directive 2014/25/UE, à la directive 2009/81/CE ou à la présente directive ;

b) des procédures fondées sur d'autres actes juridiques de l'Union, énumérés à l'annexe III, qui garantissent une transparence préalable adéquate pour l'octroi d'autorisations sur la base de critères objectifs.

3. La Commission est habilitée à adopter des actes délégués en conformité avec l'article 48 en ce qui concerne les modifications de la liste des actes juridiques de l'Union figurant à l'annexe III, dès lors que cela est nécessaire en raison de l'abrogation ou de la modification desdits actes ou en raison de l'adoption de nouveaux actes.

4. Une "entreprise publique" désigne toute entreprise sur laquelle les pouvoirs adjudicateurs peuvent exercer, directement ou indirectement, une influence dominante du fait de la propriété de cette entreprise, de la participation financière qu'ils y détiennent ou des règles qui la régissent.

L'influence dominante est présumée dans l'un quelconque des cas suivants, lorsque les pouvoirs adjudicateurs, directement ou indirectement :

a) détiennent la majorité du capital souscrit de l'entreprise ;

b) disposent de la majorité des voix attachées aux parts émises par l'entreprise ;

c) peuvent désigner plus de la moitié des membres de l'organe d'administration, de direction ou de surveillance de l'entreprise.

Art. 8 *Seuils et méthodes de calcul de la valeur estimée des concessions.*

1. La présente directive s'applique aux concessions dont la valeur est égale ou supérieure à *(Règl. délégué (UE) 2021/1951 du 10 nov. 2021, art. 1er et 2, en vigueur le 1er janv. 2022)* « 5 382 000 EUR ».

2. La valeur d'une concession correspond au chiffre d'affaires total du concessionnaire généré pendant la durée du contrat, hors TVA, estimé par le pouvoir adjudicateur ou l'entité adjudicatrice, eu égard aux travaux et services qui font l'objet de la concession ainsi qu'aux fournitures liées auxdits travaux et services.

Cette estimation est valable au moment de l'envoi de l'avis de concession ou, dans les cas où un tel avis n'est pas prévu, au moment où le pouvoir adjudicateur ou l'entité adjudicatrice engage la procédure de passation, par exemple, le cas échéant, en entrant en contact avec les opérateurs économiques au sujet des concessions.

Aux fins du paragraphe 1, si la valeur de la concession au moment de l'attribution est supérieure de plus de 20 % à sa valeur estimée, la valeur appropriée est la valeur de la concession au moment de l'attribution.

3. La valeur estimée de la concession est calculée à l'aide d'une méthode objective précisée dans les documents de concession. Lors du calcul de la valeur estimée de la concession, les pouvoirs adjudicateurs et les entités adjudicatrices, le cas échéant, prennent en particulier en compte :

a) la valeur de toute forme d'option et les éventuelles extensions de la durée de la concession ;

b) les recettes provenant du paiement de redevances et d'amendes par les usagers des ouvrages ou des services, autres que celles collectées pour le compte du pouvoir adjudicateur ou de l'entité adjudicatrice ;

c) les paiements effectués par le pouvoir adjudicateur, l'entité adjudicatrice ou toute autre autorité publique ou tout avantage financier sous quelque forme que ce soit octroyé par l'un de ceux-ci au concessionnaire, y compris la compensation due pour respect d'une obligation de service public et les subventions publiques d'investissement ;

d) la valeur des subventions ou de tout autre avantage financier, sous quelque forme que ce soit, octroyés par des tiers pour l'exploitation de la concession ;

e) les recettes tirées de toute vente d'actifs faisant partie de la concession ;

f) la valeur de toutes les fournitures et de tous les services mis à la disposition du concessionnaire par les pouvoirs adjudicateurs ou les entités adjudicatrices, à condition que ces fournitures et services soient nécessaires à l'exécution des travaux ou à la prestation des services ;

g) toutes primes ou tous paiements au profit des candidats ou des soumissionnaires.

4. Le choix de la méthode utilisée pour le calcul de la valeur estimée d'une concession ne peut être effectué avec l'intention de la soustraire à l'application de la présente directive. Une concession ne peut être subdivisée de manière à l'empêcher de relever du champ d'application de la présente directive, sauf si des raisons objectives le justifient.

5. Lorsqu'un ouvrage ou un service envisagé peut donner lieu à l'attribution de concessions par lots séparés, la valeur globale estimée de la totalité de ces lots est prise en compte.

6. Lorsque la valeur cumulée des lots est égale ou supérieure au seuil prévu au présent article, la présente directive s'applique à la passation de chacun des lots.

Art. 9 *Révision du seuil.*

1. Tous les deux ans à partir du 30 juin 2013, la Commission vérifie que les seuils fixés à l'article 8, paragraphe 1, correspondent aux seuils fixés dans l'accord de l'Organisation mondiale du commerce sur les marchés publics (AMP) pour les concessions de travaux et révise s'il y a lieu ce solde conformément au présent article.

Conformément à la méthode de calcul énoncée dans l'AMP, la Commission calcule la valeur des seuils sur la base de la moyenne de la valeur quotidienne de l'euro exprimée en droits de tirage spéciaux (DTS), sur une période de vingt-quatre mois qui se termine le 31 août qui précède la révision prenant effet le 1er janvier. La valeur des seuils ainsi révisée est arrondie si nécessaire au millier d'euros inférieur au chiffre résultant de ce calcul afin d'assurer le respect du seuil en vigueur prévu par l'AMP, qui est exprimé en DTS.

2. Tous les deux ans à partir du 1er janvier 2014, la Commission détermine les valeurs, dans les monnaies des États membres dont la monnaie n'est pas l'euro, des seuils visés à l'article 8, paragraphe 1, révisés conformément au paragraphe 1 du présent article.

Conformément à la méthode de calcul énoncée dans l'AMP, la détermination de ces valeurs est basée sur la moyenne de la valeur quotidienne de ces monnaies, correspondant au seuil applicable exprimé en euros sur une période de vingt-quatre mois qui se termine le 31 août qui précède la révision prenant effet le 1er janvier.

3. La Commission publie le seuil révisé visé au paragraphe 1, sa contre-valeur dans les monnaies nationales visées au paragraphe 2, premier alinéa, et la valeur déterminée conformément au paragraphe 2, second alinéa, au *Journal officiel de l'Union européenne* au début du mois de novembre qui suit leur révision.

4. La Commission est habilitée à adopter des actes délégués en conformité avec l'article 48 afin d'adapter la méthodologie énoncée au paragraphe 1, second alinéa, du présent article aux changements éventuels de la méthodologie prévue par l'AMP, pour la révision des seuils visés à l'article 8, paragraphe 1, et pour la détermination des valeurs correspondantes dans les monnaies nationales des États membres dont la monnaie n'est pas l'euro, selon les dispositions du paragraphe 2 du présent article.

La Commission est également habilitée à adopter des actes délégués en conformité avec l'article 48 afin de réviser, conformément au paragraphe 1 du présent article, les seuils visés à l'article 8, paragraphe 1.

5. Lorsqu'il est nécessaire de réviser ce seuil et lorsque des contraintes de temps empêchent d'avoir recours à la procédure prévue à l'article 48 et que, en conséquence, des raisons impératives d'urgence l'exigent, la procédure prévue à l'article 49 s'applique aux actes délégués adoptés en vertu du paragraphe 4, second alinéa, du présent article.

SECTION 2 *Exclusions*

Art. 10 *Exclusions applicables aux concessions attribuées par des pouvoirs adjudicateurs et des entités adjudicatrices.*

1. La présente directive ne s'applique pas aux concessions de services attribuées à un pouvoir adjudicateur ou une entité adjudicatrice au sens de l'article 7, paragraphe 1, point a), ou à une association de tels pouvoirs ou entités, sur la base d'un droit exclusif.

La présente directive ne s'applique pas aux concessions de services attribuées à un opérateur économique sur la base d'un droit exclusif qui a été octroyé conformément au traité sur le fonctionnement de l'Union européenne et aux actes juridiques de l'Union établissant des règles communes concernant l'accès au marché applicables aux activités visées à l'annexe II.

2. Par dérogation au paragraphe 1, second alinéa, du présent article, lorsque la législation sectorielle de l'Union visée audit alinéa ne prévoit pas d'obligations sectorielles de transparence, l'article 32 s'applique.

Lorsqu'un État membre accorde un droit exclusif à un opérateur économique pour l'exercice d'une des activités visées à l'annexe II, il en informe la Commission dans un délai d'un mois suivant l'octroi de ce droit exclusif.

3. La présente directive ne s'applique pas aux concessions relatives à des services de transport aérien basés sur l'octroi d'une licence d'exploitation au sens du règlement (CE) n° 1008/2008 du Parlement européen et du Conseil *[Règl. (CE) n° 1008/2008 du Parlement européen et du Conseil du 24 sept. 2008 établissant des règles communes pour l'exploitation de services aériens dans la Communauté (JOUE L 293 du 31 oct. 2008, p. 3)]* ou aux concessions relatives à des services publics de transport de voyageurs au sens du règlement (CE) n° 1370/2007.

4. La présente directive ne s'applique pas aux concessions que le pouvoir adjudicateur ou l'entité adjudicatrice est tenu d'attribuer ou d'organiser conformément à des procédures différentes de celles énoncées dans la présente directive établies par :

a) un instrument juridique créant des obligations de droit international tel qu'un accord international conclu, en conformité avec le traité sur le fonctionnement de l'Union européenne, entre un État membre et un ou plusieurs pays tiers ou subdivisions de ceux-ci et portant sur des travaux, des fournitures ou des services destinés à la réalisation ou à l'exploitation en commun d'un projet par leurs signataires ;

b) une organisation internationale.

La présente directive ne s'applique pas aux concessions que le pouvoir adjudicateur ou l'entité adjudicatrice attribue conformément à des règles de passation de marché prévues par une organisation internationale ou une institution financière internationale, lorsque les concessions concernées sont entièrement financées par ladite organisation ou institution. En ce qui concerne les concessions cofinancées pour l'essentiel par une organisation internationale ou une institution financière internationale, les parties conviennent des procédures de passation de marché applicables.

Les États membres communiquent tout instrument juridique visé au premier alinéa, point a), à la Commission, qui peut consulter le comité consultatif pour les marchés publics visé à l'article 50.

Le présent paragraphe ne s'applique pas aux concessions dans les domaines de la défense et de la sécurité visés dans la directive 2009/81/CE.

5. La présente directive ne s'applique pas aux concessions dans les domaines de la défense et de la sécurité, visées dans la directive 2009/81/CE, qui sont régies par :

a) les règles de procédure spécifiques découlant d'un accord ou d'un arrangement international conclu entre un ou plusieurs États membres et un ou plusieurs pays tiers ;

b) les règles de procédure spécifiques en application d'un accord ou d'un engagement international conclu, relatif au stationnement de troupes et concernant les entreprises d'un État membre ou d'un pays tiers ;

c) les règles de procédure spécifiques d'une organisation internationale achetant pour l'accomplissement de ses missions, ou aux concessions qui doivent être attribuées par un État membre conformément auxdites règles.

6. La présente directive s'applique à l'attribution de concessions dans les domaines de la défense et de la sécurité au sens de la directive 2009/81/CE, sauf dans les cas suivants :

a) les concessions pour lesquelles l'application de la présente directive obligerait un État membre à fournir des informations dont il estimerait la divulgation contraire aux intérêts essentiels de sa sécurité, ou les concessions dont l'attribution et l'exploitation sont déclarées secrètes ou doivent être assorties de mesures particulières de sécurité, conformément aux dispositions législatives, réglementaires ou administratives en vigueur dans un État membre, pour autant que ledit État membre ait établi que la protection des intérêts essentiels concernés ne peut être garantie par des mesures moins intrusives, telles que celles visées, par exemple, au paragraphe 7 ;

b) les concessions attribuées dans le cadre d'un programme de coopération visées à l'article 13, point c), de la directive 2009/81/CE ;

c) les concessions attribuées par un gouvernement à un autre gouvernement pour des travaux et services en lien direct avec des équipements militaires ou des équipements sensibles, ou des travaux et des services à des fins spécifiquement militaires, ou des travaux et services sensibles ;

d) les concessions attribuées dans un pays tiers, exploitées lorsque des forces sont déployées hors du territoire de l'Union, lorsque les besoins opérationnels exigent que lesdites concessions soient conclues avec des opérateurs économiques implantés sur le théâtre des opérations ; et

e) les concessions faisant par ailleurs l'objet d'une exemption en vertu de la présente directive.

7. La présente directive ne s'applique pas aux concessions qui ne font pas par ailleurs l'objet d'une exemption en vertu du paragraphe 6 dans la mesure où la protection des intérêts essentiels de la sécurité d'un État membre ne peut être garantie par des mesures moins intrusives, par exemple en imposant des conditions en vue de protéger la confidentialité des informations que le pouvoir adjudicateur ou l'entité adjudicatrice met à disposition, dans le cadre d'une procédure d'attribution de concession prévue par la présente directive.

8. La présente directive ne s'applique pas aux concessions de services ayant pour objet :

a) l'acquisition ou la location, quelles qu'en soient les modalités financières, de terrains, de bâtiments existants ou d'autres biens immeubles ou qui concernent des droits sur ces biens ;

b) l'achat, le développement, la production ou la coproduction de matériel de programmes destiné à des services de médias audiovisuels ou radiophoniques qui sont attribués par des prestataires de services de médias audiovisuels ou radiophoniques, ou aux concessions concernant les temps de diffusion ou la fourniture de programmes qui sont attribuées à des prestataires de services de médias audiovisuels ou radiophoniques. Aux fins du présent point, les termes "services de médias audiovisuels" et "fournisseurs de services de médias" revêtent respectivement le même sens qu'à l'article 1er, paragraphe 1, points a) et d), de la directive 2010/13/UE du Parlement européen et du Conseil *[Dir. 2010/13/UE du Parlement européen et du Conseil du 10 mars 2010 visant à la coordination de certaines dispositions législatives, réglementaires et administratives des États membres relatives à la fourniture de services de médias audiovisuels (directive Services de médias audiovisuels) (JOUE L 95 du 15 avr. 2010, p. 1)]*. Le terme "programme" a le même sens qu'à l'article 1er, paragraphe 1, point b), de ladite directive, mais il englobe également les programmes radiophoniques et le matériel pour programmes radiophoniques. En outre, aux fins de la présente disposition, l'expression "matériel de programmes" a le même sens que le terme "programme"*[;]*

c) les services d'arbitrage et de conciliation ;

d) l'un des services juridiques suivants :

i) la représentation légale d'un client par un avocat au sens de l'article 1er de la directive 77/249/CEE du Conseil *[Dir. 77/249/CEE du Conseil du 22 mars 1977 tendant à faciliter l'exercice effectif de la libre prestation de services par les avocats (JOUE L 78 du 26 mars 1977, p. 17)]* dans le cadre suivant :

— un arbitrage ou une conciliation se déroulant dans un État membre, un pays tiers ou devant une instance internationale d'arbitrage ou de conciliation, ou

– une procédure devant les juridictions ou les autorités publiques d'un État membre ou d'un pays tiers ou devant les juridictions ou institutions internationales ;

ii) l'avis juridique fourni en vue de toute procédure visée au présent point, sous i), ou lorsqu'il existe des signes tangibles et de fortes probabilités selon lesquels la question sur laquelle porte l'avis fera l'objet d'une telle procédure, pour autant que l'avis émane d'un avocat au sens de l'article 1er de la directive 77/249/CEE ;

iii) des services de certification et d'authentification de documents qui doivent être assurés par des notaires ;

iv) des services juridiques fournis par des administrateurs légaux ou des tuteurs désignés ou d'autres services juridiques dont les prestataires sont désignés par une juridiction de l'État membre concerné ou par la loi pour réaliser des tâches spécifiques sous le contrôle de ces juridictions ;

v) d'autres services juridiques qui, dans l'État membre concerné, sont liés, même occasionnellement, à l'exercice de la puissance publique ;

e) des services financiers liés à l'émission, à la vente, à l'achat ou au transfert de valeurs mobilières ou d'autres instruments financiers au sens de la directive 2004/39/CE du Parlement européen et du Conseil *[Dir. 2004/39/CE du Parlement européen et du Conseil du 21 avr. 2004 concernant les marchés d'instruments financiers, modifiant les Dir. 85/611/CEE et 93/6/CEE du Conseil et la Dir. 2000/12/CE du Parlement européen et du Conseil et abrogeant la Dir. 93/22/CEE du Conseil (JOUE L 145 du 30 avr. 2004, p. 1)]*, des services fournis par des banques centrales ou des opérations menées avec le Fonds européen de stabilité financière et le Mécanisme européen de stabilité ;

f) des prêts, qu'ils soient ou non liés à l'émission, à la vente, à l'achat ou au transfert de valeurs mobilières ou d'autres instruments financiers ;

g) les services de défense civile, de protection civile et de prévention des risques qui sont fournis par des organisations ou des associations à but non lucratif et qui relèvent des codes CPV suivants : 75250000-3, 75251000-0, 75251100-1, 75251110-4, 75251120-7, 75252000-7, 75222000-8, 98113100-9 et 85143000-3, à l'exception des services ambulanciers de transport de patients ;

h) la fourniture de services liés aux campagnes politiques, relevant des codes CPV 79341400-0, 92111230-3 et 92111240-6, attribuée par un parti politique dans le cadre d'une campagne électorale*[.]*

9. La présente directive ne s'applique pas aux concessions de services de loteries relevant du code CPV 92351100-7 attribuées par un État membre à un opérateur économique sur la base d'un droit exclusif. Aux fins du présent paragraphe, la notion de droit exclusif ne couvre pas les droits exclusifs visés à l'article 7, paragraphe 2.

L'octroi d'un tel droit exclusif est subordonné à la publication au *Journal officiel de l'Union européenne.*

10. La présente directive ne s'applique pas aux concessions que les entités adjudicatrices attribuent aux fins de l'exercice de leurs activités dans un pays tiers, dans des conditions n'impliquant pas l'exploitation physique d'un réseau ou d'une aire géographique à l'intérieur de l'Union.

Art. 11 *Exclusions spécifiques dans le domaine des communications électroniques.*

La présente directive ne s'applique pas aux concessions qui ont principalement pour objet de permettre aux pouvoirs adjudicateurs la mise à disposition ou l'exploitation de réseaux de communications publics ou la fourniture au public d'un ou de plusieurs services de communications électroniques.

Aux fins du présent article, les expressions "réseau public de communications" et "service de communication électronique" revêtent le même sens que dans la directive 2002/21/CE du Parlement européen et du Conseil *[Dir. 2002/21/CE du Parlement européen et du Conseil du 7 mars 2002 relative à un cadre réglementaire commun pour les réseaux et services de communications électroniques (directive "cadre") (JOUE L 108 du 24 avr. 2002, p. 33)]*.

Art. 12 *Exclusions spécifiques dans le domaine de l'eau.*

1. La présente directive ne s'applique pas aux concessions attribuées pour :

a) la mise à disposition ou l'exploitation de réseaux fixes destinés à fournir un service au public dans le domaine de la production, du transport ou de la distribution d'eau potable ;

b) l'alimentation de ces réseaux en eau potable.

2. La présente directive ne s'applique pas non plus aux concessions portant sur l'un des objets suivants ou sur les deux lorsqu'elles concernent une activité visée au paragraphe 1 :

a) des projets de génie hydraulique, d'irrigation ou de drainage, pour autant que le volume d'eau destiné à l'alimentation en eau potable représente plus de 20 % du volume total d'eau mis à disposition par ces projets ou ces installations d'irrigation ou de drainage ; ou

b) l'évacuation ou le traitement des eaux usées.

Art. 13 *Concessions attribuées à une entreprise liée.*

1. Aux fins du présent article, on entend par "entreprise liée" toute entreprise dont les comptes annuels sont consolidés avec ceux de l'entité adjudicatrice conformément aux dispositions de la directive 2013/34/UE.

2. En ce qui concerne les entités qui ne relèvent pas de la directive 2013/34/UE, on entend par "entreprise liée" une entreprise :

a) susceptible d'être, directement ou indirectement, soumise à l'influence dominante de l'entité adjudicatrice ;

b) susceptible d'exercer une influence dominante sur l'entité adjudicatrice ; ou

c) qui, de même que l'entité adjudicatrice, est soumise à l'influence dominante d'une autre entreprise du fait de la propriété, de la participation financière ou des règles qui la régissent.

Aux fins du présent paragraphe, l'expression "influence dominante" a la même signification qu'à l'article 7, paragraphe 4, second alinéa.

3. Nonobstant l'article 17, et dans la mesure où les conditions prévues au paragraphe 4 du présent article sont remplies, la présente directive ne s'applique pas aux concessions attribuées :

a) par une entité adjudicatrice à une entreprise liée ; ou

b) par une co-entreprise, exclusivement constituée de plusieurs entités adjudicatrices aux fins de l'exercice d'activités visées à l'annexe II, à une entreprise liée à une de ces entités adjudicatrices.

4. Le paragraphe 3 s'applique :

a) aux concessions de services, pour autant que 80 % au moins du chiffre d'affaires moyen total que l'entreprise liée a réalisé au cours des trois dernières années, en prenant en compte tous les services réalisés par ladite entreprise, proviennent de la prestation de services à l'entité adjudicatrice ou à d'autres entreprises auxquelles elle est liée ;

b) aux concessions de travaux, pour autant que 80 % au moins du chiffre d'affaires moyen total que l'entreprise liée a réalisé au cours des trois dernières années, en prenant en compte tous les travaux exécutés par ladite entreprise, proviennent de l'exécution de travaux pour l'entité adjudicatrice ou à d'autres entreprises auxquelles elle est liée.

5. Lorsque, compte tenu de la date à laquelle une entreprise liée a été créée ou a commencé ses activités, le chiffre d'affaires n'est pas disponible pour les trois dernières années, il suffit que cette entreprise montre que la réalisation du chiffre d'affaires visé au paragraphe 4, point*[s]* a) ou b), est vraisemblable, en particulier par des projections d'activités.

6. Lorsque des services ou travaux identiques ou similaires sont réalisés ou exécutés par plus d'une entreprise liée à l'entité adjudicatrice avec laquelle elles forment un groupement économique, les pourcentages visés au paragraphe 4 sont calculés en tenant compte du chiffre d'affaires total résultant, respectivement, de la prestation de services ou de l'exécution de travaux par ces entreprises liées.

Art. 14 *Concessions attribuées à une coentreprise ou à une entité adjudicatrice faisant partie d'une coentreprise.*

Nonobstant l'article 17, et pour autant que la coentreprise ait été constituée dans le but de mener l'activité concernée pendant une période d'au moins trois ans et que l'instrument constituant la co-entreprise stipule que les entités adjudicatrices qui la composent en feront partie intégrante pendant au moins la même période, la présente directive ne s'applique pas aux concessions attribuées par :

a) une coentreprise exclusivement constituée de plusieurs entités adjudicatrices aux fins de l'exercice des activités au sens de l'annexe II auprès d'une de ces entités adjudicatrices, ou

b) une entité adjudicatrice à une telle coentreprise, dont elle fait partie.

Art. 15 *Notification des informations par les entités adjudicatrices.*

Les entités adjudicatrices notifient à la Commission, si la demande leur en est faite, les informations suivantes relatives à l'application des dispositions de l'article 13, paragraphes 2 et 3, et de l'article 14 :

a) les noms des entreprises ou coentreprises concernées ;

b) la nature et la valeur des concessions visées ;

c) les éléments que la Commission juge nécessaires pour prouver que les relations entre l'entité adjudicatrice et l'entreprise ou la co-entreprise à laquelle les concessions sont attribuées répondent aux exigences de l'article 13 ou de l'article 14.

Art. 16 *Exclusion des activités directement exposées à la concurrence.*

La présente directive ne s'applique pas aux concessions attribuées par des entités adjudicatrices si, dans l'État membre où ces concessions doivent être exécutées, il a été établi conformément à l'article 35 de la directive 2014/25/UE que l'activité est directement exposée à la concurrence conformément à l'article 34 de ladite directive.

Art. 17 *Concessions entre entités dans le secteur public.*

1. Une concession attribuée par un pouvoir adjudicateur ou une entité adjudicatrice au sens de l'article 7, paragraphe 1, point a), à une personne morale de droit privé ou public ne relève pas du champ d'application de la présente directive lorsque toutes les conditions suivantes sont réunies :

a) le pouvoir adjudicateur ou l'entité adjudicatrice exerce sur la personne morale concernée un contrôle analogue à celui qu'il ou elle exerce sur ses propres services ; et

b) plus de 80 % des activités de cette personne morale contrôlée sont exercées dans le cadre de l'exécution des tâches qui lui sont confiées par le pouvoir adjudicateur ou l'entité adjudicatrice qui la contrôle ou par d'autres personnes morales que ce pouvoir adjudicateur ou cette entité adjudicatrice contrôle ; et

c) la personne morale contrôlée ne comporte pas de participation directe de capitaux privés à l'exception des formes de participation de capitaux privés sans capacité de contrôle ou de blocage requises par les dispositions législatives nationales, conformément aux traités, qui ne permettent pas d'exercer une influence décisive sur la personne morale contrôlée.

Un pouvoir adjudicateur ou une entité adjudicatrice au sens de l'article 7, paragraphe 1, point a), est réputé exercer sur une personne morale un contrôle analogue à celui qu'il exerce sur ses propres services, au sens du premier alinéa, point a), du présent paragraphe, s'il exerce une influence décisive à la fois sur les objectifs stratégiques et sur les décisions importantes de la personne morale contrôlée. Ce contrôle peut également être exercé par une autre personne morale, qui est elle-même contrôlée de la même manière par le pouvoir adjudicateur ou l'entité adjudicatrice.

2. Le paragraphe 1 s'applique également lorsqu'une personne morale contrôlée qui est un pouvoir adjudicateur ou une entité adjudicatrice au sens de l'article 7, paragraphe 1, point a), attribue une concession au pouvoir adjudicateur ou à l'entité adjudicatrice qui la contrôle, ou à une autre personne morale contrôlée par le même pouvoir adjudicateur ou la même entité adjudicatrice, dès lors que la personne morale à laquelle est attribuée la concession ne comporte pas de participation directe de capitaux privés, à l'exception des formes de participation de capitaux privés sans capacité de contrôle ou de blocage requises par les dispositions législatives nationales, conformément aux traités, qui ne permettent pas d'exercer une influence décisive sur la personne morale contrôlée.

3. Un pouvoir adjudicateur ou une entité adjudicatrice au sens de l'article 7, paragraphe 1, point a), qui n'exerce pas de contrôle au sens du paragraphe 1 du présent article sur une personne morale de droit privé ou public peut néanmoins attribuer une concession à cette personne morale sans appliquer la présente directive, lorsque toutes les conditions suivantes sont réunies :

a) le pouvoir adjudicateur ou l'entité adjudicatrice au sens de l'article 7, paragraphe 1, point a), exerce, conjointement avec d'autres pouvoirs adjudicateurs ou entités adjudicatrices, un contrôle sur cette personne morale analogue à celui qu'ils exercent sur leurs propres services ;

b) plus de 80 % des activités de cette personne morale sont exercées dans le cadre de l'exécution des tâches qui lui sont confiées par les pouvoirs adjudicateurs ou les entités adjudicatrices qui la contrôlent ou par d'autres personnes morales que ces mêmes pouvoirs adjudicateurs ou entités adjudicatrices contrôlent ; et

c) la personne morale contrôlée ne comporte pas de participation directe de capitaux privés à l'exception des formes de participation de capitaux privés sans capacité de contrôle ou de blocage requises par les dispositions législatives nationales, conformément aux traités, qui ne permettent pas d'exercer une influence décisive sur la personne morale contrôlée.

Aux fins du premier alinéa, point a), du présent paragraphe, les pouvoirs adjudicateurs ou les entités adjudicatrices au sens de l'article 7, paragraphe 1, point a), exercent un contrôle conjoint sur une personne morale lorsque toutes les conditions suivantes sont réunies :

i) les organes décisionnels de la personne morale contrôlée sont composés de représentants de tous les pouvoirs adjudicateurs participants ou entités adjudicatrices participantes. Une même personne peut représenter plusieurs pouvoirs adjudicateurs participants ou entités adjudicatrices participantes ou l'ensemble d'entre eux ou d'entre elles ;

ii) ces pouvoirs adjudicateurs ou ces entités adjudicatrices sont en mesure d'exercer conjointement une influence décisive sur les objectifs stratégiques et les décisions importantes de la personne morale contrôlée ; et

iii) la personne morale contrôlée ne poursuit pas d'intérêts contraires à ceux des pouvoirs adjudicateurs ou entités adjudicatrices qui la contrôlent.

4. Un contrat conclu exclusivement entre plusieurs pouvoirs adjudicateurs ou entités adjudicatrices au sens de l'article 7, paragraphe 1, point a), ne relève pas du champ d'application de la présente directive lorsque toutes les conditions suivantes sont réunies :

a) le contrat établit ou met en œuvre une coopération entre les pouvoirs adjudicateurs participants ou les entités adjudicatrices participantes dans le but de garantir que les services publics dont ils doivent assurer l'exécution sont fournis en vue d'atteindre les objectifs qu'ils ont en commun ;

b) la mise en œuvre de cette coopération n'obéit qu'à des considérations d'intérêt public ; et

c) les pouvoirs adjudicateurs ou entités adjudicatrices participants réalisent sur le marché concurrentiel moins de 20 % des activités concernées par la coopération.

5. Le pourcentage d'activités visé au paragraphe 1, premier alinéa, point b), au paragraphe 3, premier alinéa, point b), et au paragraphe 4, point c), est déterminé en fonction du chiffre d'affaires total moyen ou d'un autre paramètre approprié fondé sur les activités tel que les coûts supportés par la personne morale, le pouvoir adjudicateur ou l'entité adjudicatrice concerné visé à l'article 7, paragraphe 1, point a), pour ce qui est des services, fournitures et travaux pendant les trois années précédant l'attribution de la concession.

Lorsque, en raison de la date de création ou de début des activités de la personne morale, du pouvoir adjudicateur ou de l'entité adjudicatrice concerné ou en raison d'une réorganisation de ses activités, le chiffre d'affaires, ou un autre paramètre fondé sur les activités tel que les coûts, n'est pas disponible pour les trois dernières années ou n'est plus pertinent, il suffit de montrer que le calcul des activités est vraisemblable, notamment par des projections d'activités.

SECTION 3 *Dispositions générales*

Art. 18 *Durée de la concession.*

1. La durée des concessions est limitée. Le pouvoir adjudicateur ou l'entité adjudicatrice en estime la durée sur la base des travaux ou des services demandés.

2. Pour les concessions d'une durée supérieure à cinq ans, la durée maximale de la concession n'excède pas le temps raisonnablement escompté par le concessionnaire pour qu'il recouvre les investissements réalisés pour l'exploitation des ouvrages ou services avec un retour sur les capitaux investis, compte tenu des investissements nécessaires pour réaliser les objectifs contractuels spécifiques.

Les investissements pris en considération aux fins du calcul comprennent tant les investissements initiaux que ceux réalisés pendant la durée de la concession.

Art. 19 *Services sociaux et autres services spécifiques.*

Seules les obligations découlant de l'article 31, paragraphe 3, ainsi que des articles 32, 46 et 47 s'appliquent aux concessions relatives aux services sociaux et aux autres services spécifiques dont la liste figure à l'annexe IV relevant du champ d'application de la présente directive.

Art. 20 *Contrats mixtes.*

1. Les concessions qui ont pour objet à la fois des travaux et des services sont attribuées conformément aux dispositions applicables au type de concession qui constitue l'objet principal du contrat en question.

En ce qui concerne les concessions mixtes consistant en partie en des services sociaux et autres services spécifiques dont la liste figure à l'annexe IV et en partie en d'autres services, l'objet principal est déterminé en fonction de la valeur estimée des services respectifs qui est la plus élevée.

2. Lorsque les différentes parties d'un contrat donné sont objectivement dissociables, les *paragraphes* 3 et 4 s'appliquent. Lorsque les différentes parties d'un contrat donné sont objectivement indissociables, le paragraphe 5 s'applique.

Lorsqu'une partie d'un contrat donné relève de l'article 346 du traité sur le fonctionnement de l'Union européenne ou de la directive 2009/81/CE, l'article 21 de la présente directive s'applique.

Lorsqu'un contrat est destiné à couvrir plusieurs activités, dont l'une relève soit de l'annexe II de la présente directive, soit de la directive 2014/25/UE, les dispositions applicables sont respectivement établies conformément à l'article 22 de la présente directive et à l'article 6 de la directive 2014/25/UE.

3. Lorsqu'un contrat a pour objet les éléments couverts par la présente directive ainsi que d'autres éléments, les pouvoirs adjudicateurs et les entités adjudicatrices peuvent choisir d'attribuer des contrats distincts pour les différentes parties. Lorsque les pouvoirs adjudicateurs ou les entités adjudicatrices choisissent d'attribuer des contrats distincts pour les différentes parties, la décision concernant le régime juridique applicable à chacun de ces contrats distincts est adoptée sur la base des caractéristiques des différentes parties concernées.

Lorsque les pouvoirs adjudicateurs ou les entités adjudicatrices choisissent d'attribuer un contrat unique, la présente directive s'applique, sauf disposition contraire du paragraphe 4 du présent article ou de l'article 21, au contrat mixte qui en résulte, indépendamment de la valeur des parties qui relèveraient normalement d'un régime juridique différent et indépendamment du régime juridique dont celles-ci auraient normalement relevé.

4. Lorsqu'un contrat mixte comprend des éléments relevant des concessions ainsi que des éléments relevant des marchés publics couverts par la directive 2014/24/UE ou des marchés couverts par la directive 2014/25/UE, le contrat mixte est respectivement attribué conformément aux dispositions de la directive 2014/24/UE ou de la directive 2014/25/UE.

5. Lorsque les différentes parties d'un contrat donné sont objectivement indissociables, le régime juridique applicable est déterminé en fonction de l'objet principal dudit contrat.

Dans le cas où ces contrats comprennent à la fois des éléments relevant d'une concession de services et d'autres relevant de contrats de fournitures, l'objet principal est déterminé en fonction de la valeur estimée des services ou des fournitures respectifs qui est la plus élevée.

Art. 21 *Contrats mixtes comportant des aspects ayant trait à la défense ou à la sécurité.*

1. Le présent article s'applique aux contrats mixtes ayant pour objet des éléments relevant d'une concession couverte par la présente directive ainsi que des achats ou d'autres éléments couverts par l'article 346 du traité sur le fonctionnement de l'Union européenne ou la directive 2009/81/CE.

Lorsqu'un contrat est destiné à couvrir plusieurs activités, dont l'une relève soit de l'annexe II de la présente directive, soit de la directive 2014/25/UE, et qu'une autre relève de l'article 346 du traité sur le fonctionnement de l'Union européenne ou de la directive 2009/81/CE, les dispositions applicables sont respectivement établies conformément à l'article 23 de la présente directive et à l'article 26 de la directive 2014/25/UE.

2. Lorsque les différentes parties d'un contrat donné sont objectivement dissociables, les pouvoirs adjudicateurs ou les entités adjudicatrices peuvent choisir d'attribuer des contrats distincts pour les différentes parties du contrat ou d'attribuer un contrat unique.

Lorsque les pouvoirs adjudicateurs ou les entités adjudicatrices choisissent d'attribuer des contrats distincts pour les différentes parties, la décision concernant le régime juridique applicable à chacun de ces contrats distincts est adoptée sur la base des caractéristiques des différentes parties concernées.

Lorsque les pouvoirs adjudicateurs ou les entités adjudicatrices choisissent d'attribuer un contrat unique, les critères ci-après s'appliquent pour déterminer le régime juridique applicable :

a) lorsqu'une partie d'un contrat donné relève de l'article 346 du traité sur le fonctionnement de l'Union européenne, ou que différentes parties sont couvertes respectivement par l'article 346 du traité sur le fonctionnement de l'Union européenne et par la directive 2009/81/CE, le contrat peut être attribué sans appliquer la présente directive, sous réserve que l'attribution d'un contrat unique soit justifiée par des raisons objectives ;

b) lorsqu'une partie d'un contrat donné relève de la directive 2009/81/CE, le contrat peut être attribué conformément à la présente directive ou à la directive 2009/81/CE, sous réserve que l'attribution d'un contrat unique soit justifiée par des raisons objectives.

Cependant, la décision d'attribuer un contrat unique ne peut être prise dans le but de soustraire des contrats à l'application de la présente directive ou de la directive 2009/81/CE.

3. Lorsque les différentes parties d'un contrat donné sont objectivement indissociables, le contrat peut être attribué sans appliquer la présente directive lorsqu'il comporte des éléments auxquels s'applique l'article 346 du traité sur le fonctionnement de l'Union européenne. Dans le cas contraire, le pouvoir adjudicateur ou l'entité adjudicatrice peut choisir d'attribuer un contrat conformément à la présente directive ou à la directive 2009/81/CE.

Art. 22 *Contrats couvrant à la fois des activités visées à l'annexe II et d'autres activités.*

1. Par dérogation à l'article 20, dans le cas de contrats destinés à couvrir plusieurs activités, les entités adjudicatrices peuvent choisir d'attribuer des contrats distincts pour chacune des différentes activités ou d'attribuer un contrat unique. Lorsque les entités adjudicatrices choisissent d'attribuer des contrats distincts, la décision concernant les règles

applicables à chacun d'entre eux est adoptée sur la base des caractéristiques des différentes activités concernées.

Nonobstant l'article 20, lorsque les entités adjudicatrices choisissent d'attribuer un contrat unique, les paragraphes 2 et 3 du présent article s'appliquent. Toutefois, lorsque l'une des activités concernées est couverte par l'article 346 du traité sur le fonctionnement de l'Union européenne ou par la directive 2009/81/CE, l'article 23 de la présente directive s'applique.

Le choix entre l'attribution d'un contrat unique et l'attribution de plusieurs contrats distincts ne peut être effectué dans le but de soustraire le ou les contrats à l'application de la présente directive ou, le cas échéant, des directives 2014/24/UE ou 2014/25/UE.

2. Un contrat destiné à couvrir plusieurs activités est soumis aux règles applicables à l'activité à laquelle il est principalement destiné.

3. Dans le cas d'un contrat pour lequel il est objectivement impossible d'établir à quelle activité il est principalement destiné, les règles applicables sont déterminées conformément à ce qui suit :

a) la concession est attribuée conformément aux dispositions de la présente directive applicables aux concessions attribuées par les pouvoirs adjudicateurs si l'une des activités auxquelles le contrat est destiné est soumise aux dispositions de la présente directive applicables aux concessions attribuées par les pouvoirs adjudicateurs et que l'autre est soumise aux dispositions de la présente directive applicables aux concessions attribuées par les entités adjudicatrices ;

b) le contrat est attribué conformément à la directive 2014/24/UE si l'une des activités auxquelles il est destiné relève de la présente directive et l'autre de la directive 2014/24/UE ;

c) le contrat est attribué conformément à la présente directive si l'une des activités auxquelles il est destiné relève de la présente directive et l'autre ne relève ni de la présente directive ni de la directive 2014/24/UE ou de la directive 2014/25/UE.

Art. 23 *Concessions couvrant des activités visées à l'annexe II et des activités comportant des aspects ayant trait à la défense ou à la sécurité.*

1. Dans le cas de contrats destinés à couvrir plusieurs activités, les entités adjudicatrices peuvent choisir d'attribuer des contrats distincts pour chacune des différentes activités ou d'attribuer un contrat unique. Lorsque les entités adjudicatrices choisissent d'attribuer des contrats distincts pour les différentes parties, la décision concernant le régime juridique applicable à chacun de ces contrats distincts est adoptée sur la base des caractéristiques des différentes activités concernées.

Nonobstant l'article 21, lorsque les entités adjudicatrices choisissent d'attribuer un contrat unique, le paragraphe 2 du présent article s'applique.

Le choix entre l'attribution d'un contrat unique et l'attribution de plusieurs contrats distincts ne peut toutefois être effectué dans le but de soustraire le ou les contrats au champ d'application de la présente directive ou de la directive 2009/81/CE.

2. Dans le cas de contrats destinés à couvrir une activité qui relève de la présente directive et une autre qui :

a) est couverte par l'article 346 du traité sur le fonctionnement de l'Union européenne ; ou

b) relève de la directive 2009/81/CE,

l'entité adjudicatrice peut :

i) attribuer un contrat sans appliquer la présente directive, dans les cas visés au point *a)* ;

ii) attribuer un contrat conformément à la présente directive ou conformément à la directive 2009/81/CE, dans les cas visés au point b) ; le présent alinéa du présent paragraphe est sans préjudice des seuils et exclusions prévus par la directive 2009/81/CE.

Les contrats visés au point b) qui comportent aussi des marchés ou d'autres éléments relevant de l'article 346 du traité sur le fonctionnement de l'Union européenne peuvent être attribués sans appliquer la présente directive.

Toutefois, pour que le présent paragraphe soit applicable, il faut que l'attribution d'un contrat unique soit justifiée par des raisons objectives et que la décision d'attribuer un contrat unique ne soit pas prise dans le but de soustraire des contrats à l'application de la présente directive.

SECTION 4 *Situations spécifiques*

Art. 24 *Concessions réservées.*

Les États membres peuvent réserver le droit de participer aux procédures d'attribution de concession à des ateliers protégés et à des opérateurs économiques dont l'objet principal est l'intégration sociale et professionnelle de personnes handicapées ou défavorisées, ou prévoir que ces concessions ne peuvent être exploitées que dans le contexte de programmes d'emplois protégés, à condition qu'au moins 30 % du personnel de ces ateliers, opérateurs économiques ou programmes soient des travailleurs handicapés ou défavorisés. L'avis de concession ou, dans le cas des concessions de services au sens de l'article 19, l'avis de préinformation fait référence au présent article.

Art. 25 *Services de recherche et développement.*

La présente directive ne s'applique qu'aux concessions de services de recherche et développement relevant des codes CPV 73000000-2 à 73120000-9, 73300000-5, 73420000-2 et 73430000-5, pour autant que les deux conditions suivantes soient réunies :

a) leurs résultats appartiennent exclusivement au pouvoir adjudicateur ou à l'entité adjudicatrice pour son usage dans l'exercice de sa propre activité ; et

b) la prestation de services est entièrement rémunérée par le pouvoir adjudicateur ou l'entité adjudicatrice.

CHAPITRE II *PRINCIPES*

Art. 26 *Opérateurs économiques.*

1. Les opérateurs économiques qui, en vertu du droit de l'État membre où ils sont établis, sont habilités à réaliser le service concerné ne peuvent être rejetés au seul motif qu'ils seraient tenus, en vertu du droit de l'État membre où le contrat est attribué, d'être soit des personnes physiques, soit des personnes morales.

Les personnes morales peuvent être obligées d'indiquer, dans leur offre ou leur candidature, les noms et les qualifications professionnelles des personnes qui seront chargées de l'exécution du contrat en question.

2. Les groupements d'opérateurs économiques, y compris les associations temporaires, peuvent participer aux procédures d'attribution de concession. Les pouvoirs adjudicateurs ou les entités adjudicatrices ne peuvent exiger qu'ils aient une forme juridique particulière pour présenter une offre ou une demande de participation.

Si nécessaire, les pouvoirs adjudicateurs ou les entités adjudicatrices peuvent préciser dans les documents de concession la manière dont les groupements d'opérateurs économiques remplissent les conditions relatives à la capacité économique et financière ou aux capacités techniques et professionnelles visées à l'article 38, pour autant que cela soit justifié par des motifs objectifs et que ce soit proportionné. Les États membres peuvent établir des clauses types quant à la forme dans laquelle les groupements d'opérateurs économiques doivent remplir ces conditions. Les conditions d'exploitation d'une concession par de tels groupements ou opérateurs économiques, qui sont différentes de celles imposées aux participants individuels, sont également justifiées par des raisons objectives et sont proportionnées.

3. Nonobstant les paragraphes 1 et 2, les pouvoirs adjudicateurs ou les entités adjudicatrices peuvent exiger que les groupements d'opérateurs économiques adoptent une forme juridique déterminée lorsque le contrat leur a été attribué, dans la mesure où cette transformation est nécessaire pour la bonne exécution du contrat.

Art. 27 *Nomenclatures.*

1. Les références aux nomenclatures utilisées dans le cadre de l'attribution de concessions utilisent le "vocabulaire commun pour les marchés publics" (*Common Procurement Vocabulary*, CPV) adopté en vertu du règlement (CE) n° 2195/2002 du Parlement européen et du Conseil *[Règl. (CE) n° 2195/2002 du Parlement européen et du Conseil du 5 nov. 2002 relatif au vocabulaire commun pour les marchés publics (CPV) (JOUE L 340 du 16 déc. 2002, p. 1)]*.

2. La Commission est habilitée à adopter des actes délégués en conformité avec l'article 48 afin d'adapter les codes CPV visés dans la présente directive, lorsque les changements de la nomenclature CPV doivent être reflétés dans la présente directive et pour autant que ces changements ne modifient pas le champ d'application de la présente directive.

Art. 28 *Confidentialité.*

1. Sauf disposition contraire de la présente directive ou des règles de droit national auxquelles le pouvoir adjudicateur est soumis, notamment les dispositions législatives régissant l'accès à l'information, et sans préjudice des obligations en matière de publicité concernant les contrats de concession attribués et d'information des candidats et des soumissionnaires qui figurent aux articles 32 et 40, le pouvoir adjudicateur ou l'entité adjudicatrice ne divulgue pas les informations que les opérateurs économiques lui ont communiquées et qu'ils ont désignées comme confidentielles, y compris, entre autres, les secrets techniques ou commerciaux et les aspects confidentiels des offres.

Le présent article n'empêche pas la publication des parties non confidentielles des contrats conclus, y compris celle de toute modification ultérieure.

2. Le pouvoir adjudicateur ou l'entité adjudicatrice peut imposer aux opérateurs économiques des exigences visant à protéger la confidentialité des informations qu'il met à disposition tout au long de la procédure d'attribution de concession.

Art. 29 *Règles applicables aux communications.*

1. Excepté lorsque l'utilisation de moyens électroniques est obligatoire en vertu de l'article 33, paragraphe 2, et de l'article 34, les États membres ou les pouvoirs adjudicateurs et entités adjudicatrices peuvent utiliser au choix un ou plusieurs des moyens de communication suivants pour toutes les communications et tous les échanges d'informations :

a) des moyens électroniques ;

b) la poste ou le télécopieur ;

c) la communication orale, y compris par téléphone, pour la transmission d'informations autres que les éléments essentiels d'une procédure d'attribution de concession, à condition que le contenu de la communication orale soit consigné d'une manière suffisante sur un support durable ;

d) la remise en mains propres certifiée par un accusé de réception.

Les États membres peuvent rendre obligatoire l'utilisation de moyens électroniques de communication pour les concessions, en allant au-delà des obligations prévues à l'article 33, paragraphe 2, et à l'article 34.

2. Les moyens de communication choisis sont généralement disponibles et non discriminatoires, et n'ont pas pour objet de restreindre l'accès des opérateurs économiques à la procédure d'attribution de concession. Les dispositifs et les systèmes utilisés pour communiquer par voie électronique, ainsi que leurs caractéristiques techniques, doivent être compatibles avec les technologies d'information et de communication généralement utilisées.

Les pouvoirs adjudicateurs et entités adjudicatrices veillent à l'intégrité des données et à la confidentialité des candidatures et des offres lors de toute communication et de tout échange et stockage d'informations. Ils ne prennent connaissance du contenu des candidatures et des offres qu'à l'expiration du délai prévu pour la présentation de celles-ci.

TITRE II RÈGLES RELATIVES À L'ATTRIBUTION DE CONCESSIONS : PRINCIPES GÉNÉRAUX ET GARANTIES DE PROCÉDURE

CHAPITRE I *PRINCIPES GÉNÉRAUX*

Art. 30 *Principes généraux.*

1. Le pouvoir adjudicateur ou l'entité adjudicatrice est libre d'organiser la procédure qui conduit au choix du concessionnaire sous réserve du respect des dispositions de la présente directive.

2. La procédure d'attribution de concession respecte les principes énoncés à l'article 3. En particulier, au cours de la procédure d'attribution de concession, le pouvoir adjudicateur ou l'entité adjudicatrice ne donne pas, de manière discriminatoire, d'information susceptible d'avantager certains candidats ou soumissionnaires par rapport à d'autres.

3. Les États membres prennent les mesures appropriées pour veiller à ce que, dans l'exécution des contrats de concession, les opérateurs économiques se conforment aux obligations applicables dans les domaines du droit environnemental, social et du travail établies par le droit de l'Union, le droit national, les conventions collectives ou par les dispositions internationales en matière de droit environnemental, social et du travail énumérées à l'annexe X.

4. La Commission est habilitée à adopter des actes délégués en conformité avec l'article 48 afin de modifier la liste de l'annexe X, dès lors que cette modification est nécessaire pour ajouter de nouvelles conventions internationales qui ont été ratifiées par tous les États membres ou lorsque les conventions internationales existantes visées ne sont plus ratifiées par tous les États membres ou ont fait l'objet d'autres modifications portant, par exemple, sur leur champ d'application, leur contenu ou leur intitulé.

Art. 31 *Avis de concession.*

1. *Les pouvoirs adjudicateurs* et entités adjudicatrices qui souhaitent attribuer une concession font connaître leur intention au moyen d'un avis de concession.

2. Les avis de concession contiennent les informations visées à l'annexe V et, le cas échéant, tout autre renseignement jugé utile par le pouvoir adjudicateur ou l'entité adjudicatrice, selon le format des formulaires types.

3. Les pouvoirs adjudicateurs et entités adjudicatrices souhaitant attribuer une concession pour les services sociaux et les autres services spécifiques énumérés à l'annexe IV font

connaître leurs intentions concernant l'attribution de concession prévue par la publication d'un avis de préinformation. Cet avis comporte les informations indiquées à l'annexe VI.

4. Par dérogation au paragraphe 1, les pouvoirs adjudicateurs et les entités adjudicatrices ne sont pas tenus de publier un avis de concession lorsque les travaux ou services ne peuvent être fournis que par un opérateur économique particulier pour l'une des raisons suivantes :

a) l'objet de la concession est la création ou l'acquisition d'une œuvre d'art ou d'une performance artistique à caractère unique ;

b) l'absence de concurrence pour des raisons techniques ;

c) l'existence d'un droit exclusif ;

d) la protection des droits de propriété intellectuelle et des droits exclusifs autres que ceux définis à l'article 5, point 10).

Les exceptions indiquées au premier alinéa, points b), c) et d), ne s'appliquent que lorsqu'il n'existe aucune solution alternative ou de substitution raisonnable et que l'absence de concurrence ne résulte pas d'une restriction artificielle des paramètres de l'attribution de la concession.

5. Par dérogation au paragraphe 1, le pouvoir adjudicateur ou l'entité adjudicatrice n'est pas tenu de publier un nouvel avis de concession lorsque aucune candidature, aucune offre ou aucune offre appropriée n'a été déposée en réponse à une procédure de concession antérieure, pour autant que les conditions initiales du contrat de concession ne soient pas substantiellement modifiées et qu'un rapport soit communiqué à la Commission à sa demande.

Aux fins du premier alinéa, une offre n'est pas considérée comme appropriée dès lors qu'elle est sans rapport avec la concession parce qu'elle n'est manifestement pas en mesure, sans modifications substantielles, de répondre aux besoins et aux exigences du pouvoir adjudicateur ou de l'entité adjudicatrice spécifiés dans les documents de concession.

Aux fins du premier alinéa, une candidature n'est pas considérée comme appropriée dès lors que :

(Rect. JOUE n° L 114 du 5 mai 2015) « a) le candidat concerné est ou peut être exclu en vertu de l'article 38, paragraphes 4 à 9, ou ne remplit pas les critères de sélection établis par le pouvoir adjudicateur ou l'entité adjudicatrice en vertu de l'article 38, paragraphe 1 ; »

b) la candidature comporte des offres qui ne sont pas appropriées au sens du deuxième alinéa.

Art. 32 *Avis d'attribution de concession.*

1. Au plus tard quarante-huit jours après l'attribution de la concession, les pouvoirs adjudicateurs et entités adjudicatrices envoient, selon les modalités prévues à l'article 33, un avis d'attribution de concession relatif aux résultats de la procédure d'attribution de la concession. Pour les services sociaux et les autres services spécifiques énumérés à l'annexe IV, les avis peuvent toutefois être regroupés par trimestre. Dans ce cas, les avis regroupés sont envoyés au plus tard quarante-huit jours après la fin de chaque trimestre.

2. L'avis d'attribution de concession contient les informations prévues à l'annexe VII ou, en ce qui concerne les concessions de services sociaux et d'autres services spécifiques énumérés à l'annexe IV, les informations prévues à l'annexe VIII, et il est publié conformément à l'article 33.

Art. 33 *Rédaction et modalités de publication des avis.*

(Rect. JOUE n° L 114 du 5 mai 2015) « 1. Les avis de concession, les avis d'attribution de concession et l'avis visé à l'article 43, paragraphe 1, second alinéa, incluent les informations mentionnées aux annexes V, VI, VII, VIII et XI selon le format des formulaires types, y compris des formulaires types pour rectificatifs. »

La Commission établit ces formulaires types au moyen d'actes d'exécution. Ces actes d'exécution sont adoptés en conformité avec la procédure consultative visée à l'article 50.

2. Les avis visés au paragraphe 1 sont rédigés, transmis par voie électronique à l'Office des publications de l'Union européenne et publiés conformément à l'annexe IX. L'Office des publications de l'Union européenne délivre au pouvoir adjudicateur ou à l'entité adjudicatrice une confirmation de la réception de l'avis et de la publication de l'information transmise, mentionnant la date de publication, qui tient lieu de preuve de la publication. Les avis sont publiés au plus tard cinq jours après leur envoi. Les frais de publication de ces avis par l'Office des publications de l'Union européenne sont à la charge de l'Union.

3. Les avis de concession sont publiés intégralement dans une ou plusieurs langues officielles des institutions de l'Union choisies par le pouvoir adjudicateur ou l'entité adjudica-

trice. Cette ou ces versions linguistiques sont les seules faisant foi. Un résumé des éléments importants de chaque avis est publié dans les autres langues officielles des institutions de l'Union.

4. Les avis de concession et d'attribution de concession ne sont pas publiés au niveau national avant leur publication par l'Office des publications de l'Union européenne, à moins que leur publication au niveau de l'Union n'ait pas lieu quarante-huit heures après que l'Office des publications de l'Union européenne confirme la réception par le pouvoir adjudicateur ou l'entité adjudicatrice de l'avis visé au paragraphe 2. Les avis de concession et d'attribution de concession publiés au niveau national ne contiennent pas de renseignements autres que ceux contenus dans les avis envoyés à l'Office des publications de l'Union européenne, mais font mention de la date d'envoi de l'avis à l'Office des publications de l'Union européenne.

Art. 34 *Mise à disposition des documents de concession par voie électronique.*

1. Les pouvoirs adjudicateurs et entités adjudicatrices offrent par des moyens électroniques l'accès gratuit, sans restriction, direct et complet aux documents de concession à partir de la date de publication d'un avis de concession ou, lorsque l'avis de concession ne comprend pas d'invitation à présenter une offre, de la date d'envoi d'une invitation à présenter une offre. Le texte de l'avis de concession ou de l'invitation précise l'adresse internet à laquelle les documents de concession sont accessibles.

2. Lorsque, dans des circonstances dûment justifiées, pour des raisons de sécurité exceptionnelle, des raisons techniques ou en raison du caractère particulièrement sensible d'informations commerciales nécessitant un niveau de protection très élevé, un accès gratuit, sans restriction, direct et complet par des moyens électroniques à certains documents de concession ne peut pas être offert, les pouvoirs adjudicateurs ou entités adjudicatrices indiquent dans l'avis ou l'invitation à confirmer l'intérêt que les documents de concession concernés seront transmis par d'autres moyens que des moyens électroniques et que le délai de présentation des offres est prolongé.

3. Pour autant que la demande en ait été faite en temps utile, les pouvoirs adjudicateurs et entités adjudicatrices ou les services compétents fournissent à tous les candidats ou soumissionnaires participant à la procédure d'attribution de concession les informations complémentaires sur les documents de concession six jours au plus tard avant la date limite fixée pour la réception des offres.

Art. 35 *Lutte contre la corruption et prévention des conflits d'intérêts.*

Les États membres exigent des pouvoirs adjudicateurs et entités adjudicatrices qu'ils prennent les mesures appropriées permettant de lutter contre la fraude, le favoritisme et la corruption et de prévenir, de détecter et de corriger de manière efficace les conflits d'intérêts survenant lors du déroulement des procédures d'attribution de concession, afin d'éviter toute distorsion de concurrence et d'assurer la transparence de la procédure d'attribution et l'égalité de traitement de tous les candidats et soumissionnaires.

La notion de conflit d'intérêts vise au moins les situations dans lesquelles des membres du personnel du pouvoir adjudicateur ou de l'entité adjudicatrice qui participent au déroulement de la procédure d'attribution de concession ou sont susceptibles d'en influencer l'issue ont, directement ou indirectement, un intérêt financier, économique ou un autre intérêt personnel qui pourrait être perçu comme compromettant leur impartialité et leur indépendance dans le cadre de la procédure d'attribution de concession.

En ce qui concerne les conflits d'intérêts, les mesures adoptées ne vont pas au-delà de ce qui est strictement nécessaire pour prévenir un conflit d'intérêts potentiel ou éliminer le conflit d'intérêts détecté.

CHAPITRE II *GARANTIES DE PROCÉDURE*

Art. 36 *Spécifications techniques et fonctionnelles.*

1. Les spécifications techniques et fonctionnelles définissent les caractéristiques requises des travaux ou des services qui font l'objet du contrat de concession. Elles figurent dans les *documents de concession.*

Ces caractéristiques peuvent également se référer au processus spécifique de production ou d'exécution des travaux ou des services demandés, à condition qu'ils soient liés à l'objet du contrat et proportionnés à sa valeur et à ses objectifs. Ces caractéristiques peuvent par exemple comprendre les niveaux de qualité, les niveaux de la performance environnementale et climatique, la conception pour toutes les utilisations (y compris l'accès aux personnes handicapées) et le contrôle de la conformité, les résultats, la sécurité ou les dimensions, la terminologie, les symboles, les essais et les méthodes d'essai, le marquage et l'étiquetage ou les instructions d'utilisation.

2. A moins qu'elles ne soient justifiées par l'objet du contrat, les spécifications techniques et fonctionnelles ne font pas référence à une fabrication ou une provenance déterminée ou à un procédé particulier qui caractérise les produits fournis ou les services réalisés par un opérateur économique spécifique, ni à une marque, à un brevet, à un type, à une production déterminée qui auraient pour effet de favoriser ou d'éliminer certaines entreprises ou certains produits. Cette référence est autorisée, à titre exceptionnel, dans le cas où une description suffisamment précise et intelligible de l'objet du contrat n'est pas possible. Une telle référence est accompagnée des termes "ou équivalent".

3. Les pouvoirs adjudicateurs ou entités adjudicatrices ne rejettent pas une offre au motif que les travaux et services offerts sont non conformes aux spécifications techniques et fonctionnelles auxquelles ils ont fait référence, dès lors que le soumissionnaire prouve dans son offre, par tout moyen approprié, que les solutions qu'il propose satisfont de manière équivalente aux spécifications techniques et fonctionnelles.

Art. 37 *Garanties de procédure.*

1. Les concessions sont attribuées sur la base des critères d'attribution établis par le pouvoir adjudicateur ou l'entité adjudicatrice conformément à l'article 41, pour autant que toutes les conditions suivantes soient réunies :

a) l'offre est conforme aux exigences minimales fixées, le cas échéant, par le pouvoir adjudicateur ou l'entité adjudicatrice ;

b) le soumissionnaire remplit les conditions de participation visées à l'article 38, paragraphe 1 ; et

c) le soumissionnaire n'est pas exclu de la participation à la procédure d'attribution en vertu de l'article 38, paragraphes 4 à 7, et sous réserve de l'article 38, paragraphe 9.

Les exigences minimales visées au point a) contiennent les conditions et caractéristiques (notamment techniques, physiques, fonctionnelles et juridiques) que toute offre est tenue de remplir ou de posséder.

2. Le pouvoir adjudicateur ou l'entité adjudicatrice fournit :

a) dans l'avis de concession, une description de la concession et des conditions de participation ;

b) dans l'avis de concession, dans l'invitation à présenter une offre ou dans les autres documents de concession, une description des critères d'attribution et, le cas échéant, les exigences minimales à remplir.

3. Le pouvoir adjudicateur ou l'entité adjudicatrice peut limiter le nombre de candidats ou de soumissionnaires, à un niveau approprié, à condition que cela soit fait de manière transparente et sur la base de critères objectifs. Le nombre de candidats ou de soumissionnaires invités est suffisant afin de garantir une réelle concurrence.

4. Le pouvoir adjudicateur ou l'entité adjudicatrice communique à tous les participants la description de l'organisation de la procédure envisagée ainsi qu'un délai de remise des offres indicatif. Les modifications éventuelles sont communiquées à tous les participants et, dans la mesure où elles concernent des éléments figurant dans l'avis de concession, à tous les opérateurs économiques.

5. Le pouvoir adjudicateur ou l'entité adjudicatrice garantit une consignation adéquate des étapes de la procédure selon les moyens qu'il juge appropriés, sous réserve du respect de l'article 28, paragraphe 1.

6. Le pouvoir adjudicateur ou l'entité adjudicatrice est libre d'organiser une négociation avec les candidats et les soumissionnaires. L'objet de la concession, les critères d'attribution et les exigences minimales ne sont pas modifiés au cours des négociations.

Art. 38 *Sélection et évaluation qualitative des candidats.*

1. Les pouvoirs adjudicateurs et les entités adjudicatrices vérifient les conditions de participation relatives aux capacités professionnelles et techniques et à la capacité économique et financière des candidats ou des soumissionnaires, sur la base de déclarations sur l'honneur, ainsi que la ou les références à présenter comme preuve conformément aux exigences spécifiées dans l'avis de concession qui sont non discriminatoires et proportionnées à l'objet de la concession. Les conditions de participation sont liées et proportionnées à la nécessité de garantir la capacité du concessionnaire d'exploiter la concession, compte tenu de l'objet de la concession et de l'objectif d'assurer une concurrence effective.

2. Afin de remplir les conditions de participation prévues au paragraphe 1, un opérateur économique peut, le cas échéant et pour une concession particulière, compter sur les capacités d'autres entités, quelle que soit la nature juridique des liens qui les unissent. Si un opérateur économique souhaite recourir aux capacités d'autres entités, il apporte au pouvoir

adjudicateur ou à l'entité adjudicatrice la preuve qu'il disposera, pendant toute la durée de la concession, des moyens nécessaires, par exemple en produisant l'engagement de ces entités à cet effet. En ce qui concerne la capacité financière, le pouvoir adjudicateur ou l'entité adjudicatrice peut exiger que l'opérateur économique et les autres entités en question soient solidairement responsables de l'exécution du contrat.

3. Dans les mêmes conditions, un groupement d'opérateurs économiques visé à l'article 26 peut recourir aux capacités de membres du groupement ou d'autres entités.

4. Les pouvoirs adjudicateurs et les entités adjudicatrices au sens de l'article 7, paragraphe 1, point a), excluent un opérateur économique de la participation à une procédure d'attribution de concession lorsqu'ils ont établi que cet opérateur économique a fait l'objet d'une condamnation prononcée par un jugement définitif pour l'une des raisons suivantes :

a) participation à une organisation criminelle telle qu'elle est définie à l'article 2 de la décision-cadre 2008/841/JAI du Conseil *[Décis.-cadre 2008/841/JAI du Conseil du 24 oct. 2008 relative à la lutte contre la criminalité organisée (JOUE L 300 du 11 nov. 2008, p. 42)]* ;

b) corruption telle qu'elle est définie à l'article 3 de la convention relative à la lutte contre la corruption impliquant des fonctionnaires des Communautés européennes ou des fonctionnaires des États membres de l'Union européenne *[JOUE C 195 du 25 juin 1997, p. 1]* et à l'article 2, paragraphe 1, de la décision-cadre 2003/568/JAI du Conseil *[Décis.-cadre 2003/568/JAI du Conseil du 22 juill. 2003 relative à la lutte contre la corruption dans le secteur privé (JOUE L 192 du 31 juill. 2003, p. 54)]*, ou telle qu'elle est définie dans le droit interne du pouvoir adjudicateur, de l'entité adjudicatrice ou de l'opérateur économique ;

c) fraude au sens de l'article 1er de la convention relative à la protection des intérêts financiers des Communautés européennes *[JO C 316 du 27 nov. 1995, p. 48]* ;

d) infraction terroriste ou infraction liée aux activités terroristes telles qu'elles sont définies respectivement aux articles 1er et 3 de la décision-cadre 2002/475/JAI du Conseil *[Décis.-cadre 2002/475/JAI du Conseil du 13 juin 2002 relative à la lutte contre le terrorisme (JOUE L 164 du 22 juin 2002, p. 3)]*, ou incitation, complicité, tentative telles qu'elles sont visées à l'article 4 de ladite décision-cadre ;

e) blanchiment de capitaux ou financement du terrorisme tels qu'ils sont définis à l'article 1er de la directive 2005/60/CE du Parlement européen et du Conseil *[Dir. 2005/60/CE du Parlement européen et du Conseil du 26 oct. 2005 relative à la prévention de l'utilisation du système financier aux fins du blanchiment de capitaux et du financement du terrorisme (JOUE L 309 du 25 nov. 2005, p. 15)][;]*

f) travail des enfants et autres formes de traite des êtres humains définis à l'article 2 de la directive 2011/36/UE du Parlement européen et du Conseil *[Dir. 2011/36/UE du Parlement européen et du Conseil du 5 avr. 2011 concernant la prévention de la traite des êtres humains et la lutte contre ce phénomène ainsi que la protection des victimes et remplaçant la décis.-cadre 2002/629/JAI du Conseil (JOUE L 101 du 15 avr. 2011, p. 1)]*.

L'obligation d'exclure un opérateur économique s'applique aussi lorsque la personne condamnée par un jugement définitif est membre de l'organe d'administration, de direction ou de surveillance dudit opérateur économique ou détient un pouvoir de représentation, de décision ou de contrôle en son sein.

Les entités adjudicatrices autres que celles qui sont visées à l'article 7, paragraphe 1, point a), peuvent exclure un opérateur économique de la participation à une procédure d'attribution de concession lorsqu'elles sont informées que cet opérateur économique a fait l'objet d'une condamnation prononcée par un jugement définitif pour l'une des raisons énoncées au premier alinéa du présent paragraphe.

5. Les pouvoirs adjudicateurs et les entités adjudicatrices au sens de l'article 7, paragraphe 1, point a), excluent l'opérateur économique de la participation à une procédure d'attribution de concession s'ils ont connaissance d'un manquement par l'opérateur économique à ses obligations relatives au paiement d'impôts et taxes ou de cotisations de sécurité sociale et si ce manquement a été établi par une décision judiciaire ou administrative ayant force de chose jugée, conformément aux dispositions légales du pays dans lequel il est établi ou à celles de l'État membre des pouvoirs adjudicateurs ou des entités adjudicatrices.

En outre, les pouvoirs adjudicateurs et les entités adjudicatrices au sens de l'article 7, paragraphe 1, point a), peuvent exclure ou être obligés par les États membres d'exclure un opérateur économique de la participation à une procédure d'attribution de concession si le pouvoir adjudicateur ou l'entité adjudicatrice peut démontrer par tout moyen approprié que l'opérateur économique a manqué à ses obligations relatives au paiement d'impôts et taxes ou de cotisations de sécurité sociale.

Le présent paragraphe ne s'applique plus lorsque l'opérateur économique a rempli ses obligations en payant ou en concluant un accord contraignant en vue de payer les impôts et taxes ou les cotisations de sécurité sociale dues, y compris, le cas échéant, les intérêts échus ou les éventuelles amendes.

6. Les États membres peuvent prévoir une dérogation à l'exclusion obligatoire visée aux paragraphes 4 et 5, à titre exceptionnel, pour des raisons impératives relevant de l'intérêt public telles que des raisons liées à la santé publique ou à la protection de l'environnement.

Les États membres peuvent aussi prévoir une dérogation à l'exclusion obligatoire prévue au paragraphe 5, lorsqu'une exclusion serait manifestement disproportionnée, en particulier lorsque seuls des montants minimes d'impôts, de taxes ou de cotisations de sécurité sociale sont impayés ou lorsque l'opérateur économique a été informé du montant exact dû à la suite du manquement à ses obligations relatives au paiement d'impôts et taxes ou de cotisations de sécurité sociale à un moment où il n'avait pas la possibilité de prendre les mesures prévues au paragraphe 5, troisième alinéa, avant l'expiration du délai de présentation des candidatures.

7. Les pouvoirs adjudicateurs ou entités adjudicatrices peuvent exclure ou être obligés par les États membres d'exclure un opérateur économique de la participation à une procédure d'attribution de concession si l'une des conditions suivantes est remplie :

a) lorsque le pouvoir adjudicateur peut démontrer, par tout moyen approprié, tout manquement aux obligations applicables visées à l'article 30, paragraphe 3 ;

b) lorsque l'opérateur économique est en état de faillite ou fait l'objet d'une procédure d'insolvabilité ou de liquidation, ses biens sont administrés par un liquidateur ou sont placés sous administration judiciaire, il a conclu un concordat préventif, il se trouve en état de cessation d'activité, ou dans toute situation analogue résultant d'une procédure de même nature existant dans les législations et réglementations nationales ; le pouvoir adjudicateur ou l'entité adjudicatrice peut toutefois décider de ne pas exclure ou être obligé par l'État membre concerné de ne pas exclure un opérateur économique qui se trouve dans l'un des cas précités lorsqu'il a établi que ce dernier sera en mesure d'exécuter la concession, compte tenu des règles et des mesures nationales applicables en matière de poursuite des activités dans le cadre de ces situations ;

c) lorsque le pouvoir adjudicateur peut démontrer par tout moyen approprié que l'opérateur économique a commis une faute professionnelle grave qui remet en cause son intégrité ;

d) lorsqu'il ne peut être remédié à un conflit d'intérêts au sens de l'article 35, deuxième alinéa, par d'autres mesures moins intrusives ;

e) lorsque le pouvoir adjudicateur dispose d'éléments suffisamment plausibles pour conclure que l'opérateur économique a conclu des accords avec d'autres opérateurs économiques en vue de fausser la concurrence ;

f) lorsque des défaillances importantes ou persistantes de l'opérateur économique ont été constatées lors de l'exécution d'une obligation essentielle qui lui incombait dans le cadre d'une concession antérieure ou d'un contrat antérieur passé avec un pouvoir adjudicateur ou une entité adjudicatrice au sens de la présente directive ou de la directive 2014/25/UE qui ont donné lieu à la résiliation de ladite concession ou dudit contrat, à des dommages-intérêts ou à d'autres sanctions comparables ;

g) lorsque l'opérateur économique s'est rendu coupable de fausse déclaration en fournissant les informations exigées pour la vérification de l'absence de motifs d'exclusion ou la satisfaction des critères de sélection, a caché ces informations ou n'est pas en mesure de présenter les documents justificatifs requis ;

h) lorsque l'opérateur économique a entrepris d'influencer indûment le processus décisionnel du pouvoir adjudicateur ou de l'entité adjudicatrice, d'obtenir des informations confidentielles susceptibles de lui donner un avantage indu lors de la procédure d'attribution de concession ou a fourni par négligence des informations trompeuses susceptibles d'avoir une influence déterminante sur les décisions d'exclusion, de sélection ou d'attribution ;

i) dans le cas de concessions dans les domaines de la défense et de la sécurité au sens de la directive 2009/81/CE, il est établi par tout moyen de preuve, le cas échéant par des sources de données protégées, que l'opérateur économique ne possède pas la fiabilité nécessaire pour éviter des atteintes à la sécurité de l'État membre.

8. A tout moment de la procédure, les pouvoirs adjudicateurs et les entités adjudicatrices au sens de l'article 7, paragraphe 1, point a), excluent un opérateur économique lorsqu'il apparaît que celui-ci se trouve, compte tenu des actes qu'il a commis ou omis d'accomplir, soit avant, soit durant la procédure, dans un des cas visés au paragraphe 4 et au paragraphe 5, premier alinéa, du présent article.

A tout moment de la procédure, les pouvoirs adjudicateurs et les entités adjudicatrices peuvent exclure ou être obligés par les États membres d'exclure un opérateur économique lorsqu'il apparaît que celui-ci se trouve, compte tenu des actes qu'il a commis ou omis d'accomplir soit avant, soit durant la procédure, dans un des cas visés au paragraphe 5, deuxième alinéa, et au paragraphe 7.

9. Tout opérateur économique qui se trouve dans l'une des situations visées aux paragraphes 4 et 7 peut fournir des preuves afin d'attester que les mesures qu'il a prises suffisent à démontrer sa fiabilité malgré l'existence du motif d'exclusion invoqué. Si ces preuves sont jugées suffisantes, l'opérateur économique concerné n'est pas exclu de la procédure.

A cette fin, l'opérateur économique prouve qu'il a versé ou entrepris de verser une indemnité en réparation de tout préjudice causé par l'infraction pénale ou la faute, clarifié totalement les faits et circonstances en collaborant activement avec les autorités chargées de l'enquête et pris des mesures concrètes de nature technique et organisationnelle et en matière de personnel propres à prévenir une nouvelle infraction pénale ou une nouvelle faute. Les mesures prises par les opérateurs économiques sont évaluées en tenant compte de la gravité de l'infraction pénale ou de la faute ainsi que de ses circonstances particulières. Lorsque les mesures sont jugées insuffisantes, la motivation de la décision en question est transmise à l'opérateur économique concerné.

Un opérateur économique qui a été exclu par un jugement définitif de la participation à des procédures de passation de marché ou d'attribution de concession n'est pas autorisé à faire usage de la possibilité prévue au présent paragraphe pendant la période d'exclusion fixée par ledit jugement dans les États membres où le jugement produit ses effets.

10. Par disposition législative, réglementaire ou administrative, et dans le respect du droit de l'Union, les États membres arrêtent les conditions d'application du présent article. Ils déterminent notamment la durée maximale de la période d'exclusion si aucune des mesures visées au paragraphe 9 n'a été prise par l'opérateur économique pour démontrer sa fiabilité. Lorsque la durée de la période d'exclusion n'a pas été fixée par jugement définitif, elle ne peut dépasser cinq ans à compter de la date de la condamnation par jugement définitif dans les cas visés au paragraphe 4 et trois ans à compter de la date de l'événement concerné dans les cas visés au paragraphe 7.

Art. 39 *Délais de réception des candidatures et des offres pour la concession.*

1. En fixant les délais de réception des candidatures ou des offres, les pouvoirs adjudicateurs ou les entités adjudicatrices tiennent compte en particulier de la complexité de la concession et du temps nécessaire pour élaborer les offres ou les candidatures, sans préjudice des délais minimaux fixés par le présent article.

2. Lorsque les candidatures ou les offres ne peuvent être présentées qu'à la suite d'une visite des lieux ou après consultation sur place de documents complémentaires aux documents de concession, les délais de réception des candidatures pour la concession ou de réception des offres sont fixés de manière que tous les opérateurs économiques concernés puissent prendre connaissance de toutes les informations nécessaires pour la formulation de leurs candidatures ou offres et sont, en tout état de cause, supérieurs aux délais minimaux fixés aux paragraphes 3 et 4.

3. Le délai minimal de réception des candidatures, accompagnées ou non des offres, pour la concession est de trente jours à compter de la date d'envoi de l'avis de concession.

4. Lorsque la procédure se déroule par phases successives, le délai minimal de réception des offres initiales est de vingt-deux jours à compter de la date d'envoi de l'invitation à soumissionner.

5. Le délai de réception des offres peut être réduit de cinq jours si le pouvoir adjudicateur ou l'entité adjudicatrice accepte que les offres puissent être soumises par voie électronique conformément à l'article 29.

Art. 40 *Information des candidats et des soumissionnaires.*

1. Le pouvoir adjudicateur ou l'entité adjudicatrice informe dans les meilleurs délais les candidats et les soumissionnaires des décisions prises concernant l'attribution d'une concession, y compris le nom du soumissionnaire retenu, des motifs des décisions de rejet de leur candidature ou de leur offre ainsi que les motifs de toute décision de renoncer à attribuer un contrat pour lequel un avis de concession a été publié ou de recommencer la procédure.

Par ailleurs, à la demande de la partie concernée, le pouvoir adjudicateur ou l'entité adjudicatrice informe dans les meilleurs délais, et, dans tous les cas, dans les quinze jours suivant la réception d'une demande écrite, tout soumissionnaire ayant fait une offre recevable des caractéristiques et des avantages relatifs de l'offre retenue.

2. Le pouvoir adjudicateur ou l'entité adjudicatrice peut décider de ne pas communiquer certaines informations concernant le contrat, visées au paragraphe 1, lorsque leur divulgation ferait obstacle à l'application des lois, serait contraire à l'intérêt public, porterait préjudice aux intérêts commerciaux légitimes d'opérateurs économiques publics ou privés ou pourrait nuire à une concurrence loyale entre ces opérateurs.

Art. 41 *Critères d'attribution.*

1. Les concessions sont attribuées sur la base de critères objectifs qui respectent les principes énoncés à l'article 3 et qui garantissent l'appréciation des offres dans des conditions de concurrence effective permettant de constater un avantage économique global pour le pouvoir adjudicateur ou l'entité adjudicatrice.

2. Ces critères sont liés à l'objet de la concession et ne confèrent pas une liberté de choix discrétionnaire au pouvoir adjudicateur ou à l'entité adjudicatrice. Ils peuvent inclure, entre autres, des critères environnementaux, sociaux ou relatifs à l'innovation.

Ces critères sont accompagnés d'exigences qui permettent de vérifier de manière effective les informations fournies par les soumissionnaires.

Le pouvoir adjudicateur ou l'entité adjudicatrice vérifie si les offres répondent effectivement aux critères d'attribution.

3. Le pouvoir adjudicateur ou l'entité adjudicatrice établit une liste des critères par ordre décroissant d'importance.

Nonobstant le premier alinéa, lorsque le pouvoir adjudicateur ou l'entité adjudicatrice reçoit une offre proposant une solution innovante présentant des performances fonctionnelles d'un niveau exceptionnel, qui n'aurait pas pu être prévue malgré la diligence du pouvoir adjudicateur ou de l'entité adjudicatrice, le pouvoir adjudicateur ou l'entité adjudicatrice peut, à titre exceptionnel, modifier l'ordre des critères d'attribution afin de tenir compte de cette solution innovante. Dans ce cas, le pouvoir adjudicateur ou l'entité adjudicatrice informe tous les soumissionnaires de la modification de l'ordre d'importance de ces critères et publie une nouvelle invitation à présenter une offre, dans le respect des délais minimaux visés à l'article 39, paragraphe 4. Lorsque les critères d'attribution ont déjà été publiés au moment de la publication de l'avis de concession, le pouvoir adjudicateur ou l'entité adjudicatrice publie un nouvel avis de concession, dans le respect des délais minimaux visés à l'article 39, paragraphe 3.

La modification de l'ordre des critères ne doit pas entraîner de discrimination.

TITRE III RÈGLES RELATIVES À L'EXÉCUTION DES CONTRATS DE CONCESSION

Art. 42 *Sous-traitance.*

1. Le respect des obligations visées à l'article 30, paragraphe 3, par les sous-traitants est assuré grâce à des mesures appropriées adoptées par les autorités nationales compétentes agissant dans le cadre de leurs responsabilités et de leurs compétences.

2. Dans les documents de concession, le pouvoir adjudicateur ou l'entité adjudicatrice peut demander ou être obligé par un État membre de demander au soumissionnaire ou au candidat d'indiquer, dans son offre, la part éventuelle de la concession qu'il a l'intention de sous-traiter à des tiers ainsi que les sous-traitants proposés. Le présent paragraphe ne préjuge pas la question de la responsabilité du concessionnaire principal.

3. En ce qui concerne les concessions de travaux et les services qui doivent être réalisés dans les locaux du pouvoir adjudicateur ou de l'entité adjudicatrice sous sa surveillance, après l'attribution de la concession et, au plus tard, au début de l'exécution de la concession, le pouvoir adjudicateur ou l'entité adjudicatrice exige du concessionnaire qu'il lui indique le nom, les coordonnées et les représentants légaux de ses sous-traitants participant à ces travaux ou à la prestation de ces services dans la mesure où ces informations sont connues à ce stade. Le pouvoir adjudicateur ou l'entité adjudicatrice exige que le concessionnaire lui fasse part de tout changement relatif à ces informations intervenant au cours de la concession ainsi que des informations requises pour tout nouveau sous-traitant qui participe ultérieurement à ces travaux ou à la prestation de ces services.

Nonobstant le premier alinéa, les États membres peuvent imposer au concessionnaire l'obligation de fournir les informations requises directement.

Les premier et deuxième alinéas ne s'appliquent pas aux fournisseurs.

Les pouvoirs adjudicateurs et les entités adjudicatrices peuvent étendre ou être obligés par des États membres d'étendre les obligations prévues au premier alinéa, par exemple :

a) aux concessions de services autres que celles concernant des services à fournir dans les locaux du pouvoir adjudicateur ou de l'entité adjudicatrice sous sa surveillance ou aux fournisseurs participant aux concessions de travaux ou de services ;

b) aux sous-traitants des sous-traitants du concessionnaire ou se trouvant à des échelons inférieurs de la chaîne de sous-traitance.

4. Dans le but d'éviter les manquements aux obligations visées à l'article 30, paragraphe 3, des mesures appropriées peuvent être prises, telles que les mesures suivantes :

a) lorsque la législation d'un État membre prévoit un mécanisme de responsabilité solidaire entre les sous-traitants et le concessionnaire, l'État membre concerné veille à ce que les règles correspondantes s'appliquent conformément aux conditions énoncées à l'article 30, paragraphe 3 ;

b) les pouvoirs adjudicateurs et les entités adjudicatrices peuvent vérifier ou être obligés par un État membre de vérifier s'il existe des motifs d'exclusion de sous-traitants au sens de l'article 38, paragraphes 4 à 10. Dans de tels cas, le pouvoir adjudicateur ou l'entité adjudicatrice exige que l'opérateur économique remplace un sous-traitant à l'encontre duquel ladite vérification a montré qu'il existe des motifs d'exclusion obligatoires. Le pouvoir adjudicateur ou l'entité adjudicatrice peut exiger ou être obligé par un État membre d'exiger de l'opérateur économique qu'il remplace un sous-traitant à l'encontre duquel la vérification a montré qu'il existe des motifs d'exclusion non obligatoires.

5. Les États membres peuvent prévoir des dispositions plus sévères en matière de responsabilité dans le cadre de leur droit national.

6. Les États membres ayant décidé de prévoir des mesures en vertu des paragraphes 1 et 3 précisent les conditions de mise en œuvre de ces mesures par des dispositions législatives, réglementaires ou administratives et dans le respect du droit de l'Union. Ce faisant, les États membres peuvent limiter leur applicabilité, notamment à l'égard de certains types de contrats, certaines catégories de pouvoirs adjudicateurs, d'entités adjudicatrices ou d'opérateurs économiques ou à partir de certains montants.

Art. 43 *Modification de contrats en cours.*

1. Les concessions peuvent être modifiées sans nouvelle procédure d'attribution de concession conformément à la présente directive dans l'un des cas suivants :

a) lorsque les modifications, quel que soit leur montant, ont été prévues dans les documents de concession initiaux sous la forme de clauses de réexamen, dont des clauses de révision du montant, ou d'options claires, précises et sans équivoque. Ces clauses indiquent le champ d'application et la nature des modifications ou options envisageables ainsi que les conditions dans lesquelles il peut en être fait usage. Elles ne permettent pas de modifications ou d'options qui changeraient la nature globale de la concession ;

b) pour les travaux ou services supplémentaires réalisés par le concessionnaire initial qui sont devenus nécessaires et ne figuraient pas dans la concession initiale, lorsqu'un changement de concessionnaire :

i) est impossible pour des raisons économiques ou techniques telles que les exigences d'interchangeabilité ou d'interopérabilité avec les équipements, services ou installations existants acquis dans le cadre de la concession initiale ; et

ii) présenterait un inconvénient majeur ou entraînerait une multiplication substantielle des coûts pour le pouvoir adjudicateur ou l'entité adjudicatrice.

Toutefois, en ce qui concerne les concessions attribuées par le pouvoir adjudicateur afin de mener une activité autre que celles visées à l'annexe II, toute augmentation de leur montant ne peut être supérieure à 50 % du montant de la concession initiale. Lorsque plusieurs modifications successives sont effectuées, cette limite s'applique au montant de chaque modification. Ces modifications consécutives ne visent pas à contourner la présente directive ;

c) lorsque toutes les conditions suivantes sont remplies :

i) la modification est rendue nécessaire par des circonstances qu'un pouvoir adjudicateur diligent ou une entité adjudicatrice diligente ne pouvait pas prévoir ;

ii) la modification ne change pas la nature globale de la concession ;

iii) en ce qui concerne les concessions attribuées par le pouvoir adjudicateur afin de mener une activité autre que celles visées à l'annexe II, toute augmentation de leur montant ne peut être supérieure à 50 % du montant de la concession initiale. Lorsque plusieurs modifications successives sont effectuées, cette limite s'applique au montant de chaque modification. Ces modifications consécutives ne visent pas à contourner les dispositions de la présente directive*[;]*

d) lorsqu'un nouveau concessionnaire remplace celui auquel le pouvoir adjudicateur ou l'entité adjudicatrice a initialement attribué la concession :

i) en application d'une clause de réexamen ou d'une option sans équivoque conformément au point a) ; ou

ii) consécutivement à une succession universelle ou partielle dans la position du concessionnaire initial, à la suite d'opérations de restructuration de société, notamment de rachat, de fusion, d'acquisition ou d'insolvabilité, d'un autre opérateur économique qui remplit les critères de sélection qualitatifs établis initialement, à condition que cela n'entraîne pas d'autres modifications substantielles du contrat et ne vise pas à se soustraire à l'application de la présente directive ; ou

iii) dans le cas où le pouvoir adjudicateur ou l'entité adjudicatrice assume lui-même les obligations du concessionnaire principal à l'égard de ses sous-traitants lorsque cette possibilité est prévue par la législation nationale ;

e) lorsque les modifications, quel qu'en soit le montant, ne sont pas substantielles au sens du paragraphe 4.

Les pouvoirs adjudicateurs ou les entités adjudicatrices qui ont modifié une concession dans les cas mentionnés aux points b) et c) du présent paragraphe publient un avis à cet effet au *Journal officiel de l'Union européenne.* Cet avis contient les informations prévues à l'annexe XI et est publié conformément à l'article 33.

2. En outre, et sans qu'il soit nécessaire de vérifier si les conditions énoncées au paragraphe 4, points a) à d), sont remplies, les concessions peuvent également être modifiées sans qu'une nouvelle procédure d'attribution de concession conforme à la présente directive ne soit nécessaire lorsque le montant de la modification est inférieur aux deux montants suivants :

i) le seuil fixé à l'article 8 ; et

ii) 10 % du montant de la concession initiale.

Toutefois, la modification ne peut pas changer la nature globale de la concession. Lorsque plusieurs modifications successives sont effectuées, le montant en question est le montant cumulé des modifications successives.

3. Pour le calcul du montant visé au paragraphe 2 et au paragraphe 1, points b) et c), le montant actualisé est le montant de référence lorsque la concession comporte une clause d'indexation. Si la concession ne comporte pas de clause d'indexation, le montant actualisé est calculé en tenant compte de l'inflation moyenne dans l'État membre du pouvoir adjudicateur ou de l'entité adjudicatrice.

4. La modification d'une concession en cours est considérée comme substantielle au sens du paragraphe 1, point e), lorsqu'elle rend les caractéristiques de la concession substantiellement différentes de celles prévues initialement. Dans tous les cas, sans préjudice des paragraphes 1 et 2, une modification est considérée comme substantielle lorsqu'au moins une des conditions suivantes est remplie :

a) elle introduit des conditions qui, si elles avaient figuré dans la procédure initiale d'attribution de concession, auraient permis l'admission de candidats autres que ceux initialement admis ou l'acceptation d'une offre autre que celle initialement retenue ou auraient attiré davantage de participants à la procédure d'attribution de concession ;

b) elle modifie l'équilibre économique de la concession en faveur du concessionnaire d'une manière qui n'était pas prévue dans la concession initiale ;

c) elle étend considérablement le champ d'application de la concession ;

d) lorsqu'un nouveau concessionnaire remplace celui auquel le pouvoir adjudicateur ou l'entité adjudicatrice a initialement attribué la concession dans d'autres cas que ceux prévus au paragraphe 1, point d).

5. Une nouvelle procédure d'attribution de concession conforme à la présente directive est requise pour des modifications des dispositions d'une concession en cours autres que celles prévues aux paragraphes 1 et 2.

Art. 44 *Résiliation de concessions.*

Les États membres veillent à ce que les pouvoirs adjudicateurs et les entités adjudicatrices aient la possibilité, dans les conditions déterminées par le droit national applicable, de résilier une concession en cours lorsqu'au moins une des conditions suivantes est remplie :

a) une modification de la concession a eu lieu, laquelle aurait requis une nouvelle procédure d'attribution de concession conformément à l'article 43 ;

b) le contractant se trouvait, lors de l'attribution du contrat, dans une des situations visées à l'article 38, paragraphe 4, et aurait dès lors dû être exclu de la procédure d'attribution de concession ;

c) la Cour de justice de l'Union européenne estime, dans le cadre d'une procédure au titre de l'article 258 du traité sur le fonctionnement de l'Union européenne, qu'un État membre a manqué aux obligations qui lui incombent en vertu des traités parce qu'un pouvoir adjudicateur ou une entité adjudicatrice appartenant à cet État membre a attribué la concession en question sans respecter les obligations qui lui incombent en vertu des traités et de la présente directive.

Art. 45 *Contrôle et rapports.*

1. Pour assurer l'application correcte et efficace du dispositif, les États membres veillent à ce que, pour le moins, les tâches énoncées dans le présent article soient accomplies par une ou plusieurs autorités ou structures. Ils indiquent à la Commission toutes les autorités ou structures qui sont compétentes pour ces tâches.

2. Les États membres veillent à ce que l'application des règles d'attribution des contrats de concession soit contrôlée. Lorsque les autorités ou structures de contrôle constatent des violations concrètes, telles que des cas de fraude, de corruption, de conflit d'intérêts et d'autres irrégularités graves, ou des problèmes systémiques, elles sont habilitées à en saisir les autorités nationales de contrôle, les tribunaux ou les autres structures ou autorités compétentes, par exemple, le médiateur, les parlements nationaux ou leurs commissions.

3. Les résultats des opérations de contrôle effectuées conformément au paragraphe 2 sont rendus publics par des moyens d'information appropriés.

La Commission peut, tous les trois ans au maximum, demander que les États membres lui transmettent un rapport de contrôle présentant un aperçu des causes les plus fréquentes d'application incorrecte des règles d'attribution des contrats de concession, notamment les problèmes structurels ou récurrents que pose éventuellement l'application des dispositions, y compris les éventuels cas de fraude et autres agissements illégaux.

4. Les États membres veillent à ce que des informations et des orientations concernant l'interprétation et l'application du droit de l'Union relatif à l'attribution de contrats de concession soient mises gratuitement à disposition pour aider les pouvoirs adjudicateurs et les entités adjudicatrices ainsi que les opérateurs économiques à appliquer correctement les règles de l'Union.

TITRE IV MODIFICATION DES DIRECTIVES 89/665/CEE ET 92/13/CEE

Art. 46 *Mod. Dir. 89/665/CEE du 21 déc. 1989, art. 1er, 2 bis à 2 septies et 3.*

Art. 47 *Mod. Dir. 92/13/CEE du 25 févr. 1992, art. 1er, 2 bis à 2 septies et 8.*

TITRE V POUVOIRS DÉLÉGUÉS, COMPÉTENCES D'EXÉCUTION ET DISPOSITIONS FINALES

Art. 48 *Exercice de la délégation.*

1. Le pouvoir d'adopter des actes délégués conféré à la Commission est soumis aux conditions fixées au présent article.

2. Le pouvoir d'adopter des actes délégués visé à l'article 7, paragraphe 3, à l'article 9, paragraphe 4, à l'article 27, paragraphe 2, et à l'article 30, paragraphe 4, est conféré à la Commission pour une durée indéterminée à compter du 17 avril 2014.

3. La délégation de pouvoir visée à l'article 7, paragraphe 3, à l'article 9, paragraphe 4, à l'article 27, paragraphe 2, et à l'article 30, paragraphe 4, peut être révoquée à tout moment par le Parlement européen ou le Conseil. La décision de révocation met fin à la délégation de pouvoir qui y est précisée. La révocation prend effet le jour suivant celui de la publication de ladite décision au *Journal officiel de l'Union européenne* ou à une date ultérieure qui est précisée dans ladite décision. Elle ne porte pas atteinte à la validité des actes délégués déjà en vigueur.

4. Aussitôt qu'elle adopte un acte délégué, la Commission le notifie au Parlement européen et au Conseil simultanément.

5. Un acte délégué adopté en vertu de l'article 7, paragraphe 3, de l'article 9, paragraphe 4, de l'article 27, paragraphe 2, et de l'article 30, paragraphe 4, n'entre en vigueur que si le Parlement européen ou le Conseil n'a pas exprimé d'objections dans un délai de deux mois à compter de la notification de cet acte au Parlement européen et au Conseil ou si, avant l'expiration de ce délai, le Parlement européen et le Conseil ont tous deux informé la Commission de leur intention de ne pas exprimer d'objections. Ce délai est prolongé de deux mois à l'initiative du Parlement européen ou du Conseil.

Art. 49 *Procédure d'urgence.*

1. Les actes délégués adoptés en vertu du présent article entrent en vigueur sans délai et s'appliquent tant qu'aucune objection n'est exprimée conformément au paragraphe 2. La notification d'un acte délégué au Parlement européen et au Conseil expose les raisons du recours à la procédure d'urgence.

2. Le Parlement européen ou le Conseil peut exprimer des objections à l'égard d'un acte *délégué, conformément* à la procédure visée à l'article 48, paragraphe 5. En pareil cas, la Commission abroge l'acte concerné sans délai après que le Parlement européen ou le Conseil lui a notifié sa décision d'exprimer des objections.

Art. 50 *Procédure de comité.*

1. La Commission est assistée par le comité consultatif pour les marchés publics institué par la décision 71/306/CEE du Conseil *[Décis. 71/306/CEE du Conseil du 26 juill. 1971 instituant*

un comité consultatif pour les marchés publics de travaux (JOUE L 185 du 16 août 1971, p. 15)]. Ledit comité est un comité au sens du règlement (UE) n° 182/2011.

2. Lorsqu'il est fait référence au présent article, l'article 4 du règlement (UE) n° 182/2011 s'applique.

Art. 51 *Transposition.*

1. Les États membres mettent en vigueur les dispositions législatives, réglementaires et administratives nécessaires pour se conformer à la présente directive au plus tard le 18 avril 2016. Ils en informent immédiatement la Commission.

Lorsque les États membres adoptent ces dispositions, celles-ci contiennent une référence à la présente directive ou sont accompagnées d'une telle référence lors de leur publication officielle. Les modalités de cette référence sont arrêtées par les États membres.

2. Les États membres communiquent à la Commission le texte des dispositions essentielles de droit interne qu'ils adoptent dans le domaine régi par la présente directive.

Art. 52 *Dispositions transitoires.*

Les références à l'article 1er, paragraphe 3, points a) et b), de la directive 2004/17/CE ainsi qu'à l'article 1er, paragraphes 3 et 4, et au titre III de la directive 2004/18/CE s'entendent comme faites à la présente directive.

Art. 53 *Contrôle et rapports.*

1. La Commission évalue les effets économiques sur le marché intérieur, notamment au regard des éléments tels que l'attribution de contrats et les coûts de transaction transfrontaliers, découlant de l'application des seuils fixés à l'article 8 et remet un rapport au Parlement européen et au Conseil avant le 18 avril 2019. La pertinence du niveau des seuils fait l'objet d'un examen dans le cadre des négociations menées en vertu de l'AMP, en tenant compte de l'incidence de l'inflation et des coûts de transaction. La Commission envisage, dans la mesure du possible et s'il y a lieu, de suggérer une augmentation des montants des seuils applicables en vertu de l'AMP lors du prochain cycle de négociations.

En cas de modification des montants des seuils applicables en vertu de l'AMP, le rapport est suivi, le cas échéant, d'une proposition législative modifiant les seuils établis dans la présente directive.

La Commission évalue également les effets économiques sur le marché intérieur des exclusions prévues à l'article 12, compte tenu des structures spécifiques du secteur de l'eau, et remet un rapport à ce sujet au Parlement européen et au Conseil avant le 18 avril 2019.

La Commission examine le fonctionnement de la présente directive et en rend compte au Parlement européen ainsi qu'au Conseil le 18 avril 2021 au plus tard et tous les cinq ans par la suite, sur la base des informations que les États membres sont tenus de fournir conformément à l'article 45, paragraphe 3.

La Commission publie les résultats des examens effectués conformément au quatrième alinéa.

Art. 54 *Entrée en vigueur.*

La présente directive entre en vigueur le vingtième jour suivant celui de sa publication au *Journal officiel de l'Union européenne.*

La présente directive ne s'applique pas à l'attribution de concessions ayant fait l'objet d'une offre ou attribuées avant le 17 avril 2014.

Art. 55 *Destinataires.*

Les États membres sont destinataires de la présente directive.

ANNEXES

ANNEXE I

Liste des activités visées à l'article 5, point 7)

En cas d'interprétation différente entre le CPV et la NACE, c'est la nomenclature CPV qui est applicable.

NACE Rév. 1 (1)					
SECTION F			**CONSTRUCTION**		**Code CPV**
Division	**Groupe**	**Classe**	**Description**	**Notes**	
45			Construction	Cette division comprend : – la construction de bâtiments et d'ouvrages neufs, la restauration et les réparations courantes	45000000
	45,1		Préparation des sites		45100000
		45,11	Démolition et terrassements	Cette classe comprend : – la démolition d'immeubles et d'autres constructions, – le déblayage des chantiers, – les travaux de terrassement : creusement, comblement, nivellement de chantiers de construction, ouverture de tranchées, dérochement, destruction à l'explosif, etc., – la préparation de sites pour l'exploitation minière ; – l'enlèvement de déblais et autres travaux d'aménagement et de préparation des terrains et des sites miniers. Cette classe comprend également : – le drainage des chantiers de construction, – le drainage des terrains agricoles et sylvicoles.	45110000
		45,12	Forages et sondages	Cette classe comprend : – les sondages d'essai, les forages d'essai et les carottages pour la construction ainsi que pour les études géophysiques, géologiques et similaires. Cette classe ne comprend pas : – le forage de puits d'extraction de pétrole ou de gaz, voir 11.20, – le forage de puits d'eau, voir 45.25, – le fonçage de puits, voir 45.25, – la prospection de gisements de pétrole et de gaz ainsi que les études géophysiques, géologiques et sismiques, voir 74.20.	45120000
	45,2		Construction d'ouvrages de bâtiment ou de génie civil		45200000

NACE Rév. 1 (1)					Code CPV
SECTION F			CONSTRUCTION		
Division	Groupe	Classe	Description	Notes	
		45,21	Construction d'ouvrages de bâtiment ou de génie civil	Cette classe comprend : – la construction de bâtiments de tous types, – la construction d'ouvrages de génie civil : – ponts (y compris ceux destinés à supporter des routes surélevées), viaducs, tunnels et passages souterrains, – conduites de transport, lignes de communication et de transport d'énergie électrique à longue distance, – conduites de transport, lignes de communication et de transport d'énergie électrique pour réseaux urbains, – travaux annexes d'aménagement urbain, – l'assemblage et la construction d'ouvrages préfabriqués sur les chantiers. Cette classe ne comprend pas : – les services liés à l'extraction du pétrole et du gaz, voir 11.20 – la construction d'ouvrages entièrement préfabriqués au moyen d'éléments, autres qu'en béton, fabriqués par l'unité qui exécute les travaux, voir 20, 26 et 28, – la construction d'équipements (autres que les bâtiments) pour stades, piscines, gymnases, courts de tennis, parcours de golf et autres installations sportives, voir 45.23, – les travaux d'installation, voir 45.3, – les travaux de finition, voir 45.4, – les activités d'architecture et d'ingénierie, voir 74.20, – la gestion de projets de construction, voir 74.20.	45210000 sauf : 45213316 45220000 45231000 45232000
		45,22	Réalisation de charpentes et de couvertures	Cette classe comprend : – le montage de charpentes, – la pose de couvertures, – les travaux d'étanchéification.	45261000
		45,23	Construction d'autoroutes, de routes, d'aérodromes et d'installations sportives	Cette classe comprend : – la construction d'autoroutes, de routes, de chaussées et d'autres voies pour véhicules et piétons, – la construction de voies ferrées, – la construction de pistes d'atterrissage, – la construction d'équipements (autres que les bâtiments) pour stades, piscines, gymnases, courts de tennis, parcours de golf et autres installations sportives, – le marquage à la peinture des chaussées et des aires ou des parcs de stationnement. Cette classe ne comprend pas : – les terrassements préalables, voir 45.11.	45212212 et DA03 45230000 sauf : 45231000 45232000 45234115

NACE Rév. 1 (1)					Code CPV
SECTION F			CONSTRUCTION		
Division	Groupe	Classe	Description	Notes	
		45,24	Travaux maritimes et fluviaux	Cette classe comprend : – la construction de : – voies navigables, ports, ouvrages fluviaux, ports de plaisance (marinas), écluses, etc., – barrages et digues, – le dragage, – les travaux sous-marins.	45240000
		45,25	Autres travaux de construction	Cette classe comprend : – les activités de construction spécialisées qui concernent un aspect commun à différents ouvrages et requièrent des compétences ou du matériel spécialisés, – la réalisation de fondations, y compris le battage de pieux, – le forage et la construction de puits d'eau, le fonçage de puits, – le montage d'éléments de structures métalliques non fabriqués par l'unité qui exécute les travaux, – le cintrage d'ossatures métalliques, – la maçonnerie et le pavage, – le montage et démontage d'échafaudages et de plates-formes de travail propres ou loués, – la construction de cheminées et de fours industriels. Cette classe ne comprend pas : – la location d'échafaudages sans montage ni démontage, voir 71.32.	45250000 45262000
	45,3		Travaux d'installation		45300000
		45,31	Travaux d'installation électrique	Cette classe comprend : – l'installation dans des bâtiments ou d'autres projets de construction des éléments suivants : – câbles et appareils électriques, – systèmes de télécommunication, – installations de chauffage électriques, – antennes d'immeubles, – systèmes d'alarme incendie, – systèmes d'alarme contre les effractions, – ascenseurs et escaliers mécaniques, – paratonnerres, etc.	45213316 45310000 sauf : 45316000
		45,32	Travaux d'isolation	Cette classe comprend : – la mise en œuvre dans des bâtiments ou d'autres projets de construction de matériaux d'isolation thermique, acoustique et antivibratile. Cette classe ne comprend pas : – les travaux d'étanchéification, voir 45.22.	45320000

NACE Rév. 1 (1)					Code CPV
SECTION F			CONSTRUCTION		
Division	Groupe	Classe	Description	Notes	
		45,33	Plomberie	Cette classe comprend : – l'installation dans des bâtiments ou d'autres projets de construction des éléments suivants : – plomberie et appareils sanitaires, – appareils à gaz, – équipements et conduites de chauffage, de ventilation, de réfrigération ou de climatisation, – installation d'extinction automatique d'incendie. Cette classe ne comprend pas : – la pose d'installations de chauffage électriques, voir 45.31.	45330000
		45,34	Autres travaux d'installation	Cette classe comprend : – l'installation de systèmes d'éclairage et de signalisation pour chaussées, voies ferrées, aéroports et installations portuaires, – l'installation dans des bâtiments ou d'autres projets de construction d'installations et d'appareils non classés ailleurs.	45234115 45316000 45340000
	45,4		Travaux de finition		45400000
		45,41	Plâtrerie	Cette classe comprend : – la mise en œuvre dans des bâtiments ou d'autres projets de construction de plâtre ou de stuc pour enduits intérieurs et extérieurs, y compris les matériaux de lattage associés.	45410000
		45,42	Menuiserie	Cette classe comprend : – l'installation de portes, de fenêtres, de dormants de portes et de fenêtres, de cuisines équipées, d'escaliers, d'équipements pour magasins et d'équipements similaires, en bois ou en d'autres matériaux, non fabriqués par l'unité qui exécute les travaux, – les aménagements intérieurs tels que plafonds, revêtements muraux en bois, cloisons mobiles, etc. Cette classe ne comprend pas : – la pose de parquets et d'autres revêtements de sols en bois, voir 45.43.	
		45,43	Revêtement des sols et des murs	Cette classe comprend : – la pose dans des bâtiments ou d'autres projets de construction des éléments suivants : – revêtements muraux ou carrelages en céramique, en béton ou en pierre de taille, – parquets et autres revêtements de sols en bois, moquettes et revêtements de sols en linoléum(y compris en caoutchouc ou en matières plastiques), – revêtements de sols et de murs en granito, en marbre, en granit ou en ardoise, – papiers peints.	45430000

NACE Rév. 1 (1)					Code CPV
SECTION F			CONSTRUCTION		
Division	Groupe	Classe	Description	Notes	
		45,44	Peinture et vitrerie	Cette classe comprend : – la peinture intérieure et extérieure des bâtiments, – la teinture des ouvrages de génie civil, – la pose de vitres, de miroirs, etc. Cette classe ne comprend pas : l'installation de fenêtres, voir 45.42.	45440000
		45,45	Autres travaux de finition	Cette classe comprend : – l'installation de piscines privées, – le nettoyage à la vapeur, le sablage et les activités analogues appliquées aux parties extérieures des bâtiments, – les autres travaux d'achèvement et de finition des bâtiments non classés ailleurs. Cette classe ne comprend pas : – le nettoyage des parties intérieures de bâtiments et d'autres constructions, voir 74.70.	45212212 et DA04 45450000
	45,5		Location avec opérateur de matériel de construction		45500000
		45,50	Location avec opérateur de matériel de construction	Cette classe ne comprend pas : – la location de machines et de matériels de construction ou de démolition sans opérateur, voir 71.32.	45500000

(1) Règlement (CEE) n° 3037/90 du Conseil du 9 oct. 1990 relatif à la nomenclature statistique des activités économiques dans la Communauté européenne (JOUE L 293 du 24. oct. 1990, p. 1).

ANNEXE II

Activités exercées par les entités adjudicatrices visées à l'article 7

Les dispositions de la présente directive concernant les concessions attribuées par des entités adjudicatrices s'appliquent aux activités suivantes :

1) Dans le domaine du gaz et de la chaleur :

a) la mise à disposition ou l'exploitation de réseaux fixes destinés à fournir un service au public dans le domaine de la production, du transport ou de la distribution de gaz ou de chaleur ;

b) l'alimentation de ces réseaux en gaz ou en chaleur.

(Rect. JOUE n° L 114 du 5 mai 2015) « L'alimentation par une entité adjudicatrice visée à l'article 7, paragraphe 1, points b) et c), en gaz ou en chaleur des réseaux qui fournissent un service au public n'est pas considérée comme une activité au sens du premier alinéa du présent paragraphe lorsque toutes les conditions suivantes sont remplies : »

i) la production de gaz ou de chaleur par l'entité adjudicatrice est la conséquence inévitable de l'exercice d'une activité autre que celles visées au présent paragraphe ou aux paragraphes 2 et 3 de la présente annexe ;

ii) l'alimentation du réseau public ne vise qu'à exploiter de manière économique cette production et correspond à 20 % au maximum du chiffre d'affaires de ladite entité adjudicatrice sur la base de *la moyenne des trois dernières années, y compris* l'année en cours.

Aux fins de la présente directive, l'alimentation en gaz comprend la génération/production ainsi que la vente en gros et au détail de gaz. Toutefois, la production de gaz par extraction relève du champ d'application du paragraphe 4 de la présente annexe.

2) Dans le domaine de l'électricité :

a) la mise à disposition ou l'exploitation de réseaux fixes destinés à fournir un service au public dans le domaine de la production, du transport ou de la distribution d'électricité ;

b) l'alimentation de ces réseaux fixes en électricité.

Aux fins de la présente directive, l'alimentation en électricité comprend la production ainsi que la vente en gros et au détail d'électricité.

(Rect. JOUE n° L 114 du 5 mai 2015) « L'alimentation en électricité des réseaux qui fournissent un service au public par une entité adjudicatrice visée à l'article 7, paragraphe 1, points b) et c), n'est pas considérée comme une activité au sens du premier alinéa du présent paragraphe lorsque toutes les conditions suivantes sont remplies : »

a) la production d'électricité par l'entité adjudicatrice concernée résulte du fait que sa consommation est nécessaire à l'exercice d'une activité autre que celles visées au présent paragraphe ou aux paragraphes 1 et 3 de la présente annexe ;

b) l'alimentation du réseau public dépend uniquement de la propre consommation de l'entité adjudicatrice et n'a pas dépassé 30 % de la production totale d'énergie de ladite entité adjudicatrice sur la base de la moyenne des trois dernières années, y compris l'année en cours.

3) Activités portant sur la mise à disposition ou l'exploitation de réseaux qui fournissent un service au public dans le domaine du transport par chemin de fer, systèmes automatiques, tramway, trolleybus, autobus ou câble :

En ce qui concerne les services de transport, il est considéré qu'un réseau existe lorsque le service est réalisé dans les conditions d'exploitation fixées par une autorité compétente d'un État membre, telles que les conditions relatives aux itinéraires à suivre, à la capacité de transport disponible ou à la fréquence du service.

4) Activités relatives à l'exploitation d'une aire géographique aux fins de mettre un aéroport, un port maritime ou intérieur ou d'autres terminaux à la disposition des transporteurs aériens, maritimes ou fluviaux.

5) Activités relatives à la fourniture :

a) de services postaux ;

b) d'autres services que des services postaux, pour autant que ces services soient réalisés par une entité réalisant également des services postaux au sens du second alinéa, point ii), du présent paragraphe et que les conditions fixées à l'article 34, paragraphe 1, de la directive 2014/25/UE ne soient pas remplies en ce qui concerne les services relevant du second alinéa, point ii).

Aux fins de la présente directive et sans préjudice de la directive 97/67/CE, on entend par :

i) "envoi postal", un envoi adressé sous la forme définitive dans laquelle il doit être acheminé, quel que soit son poids. Outre les envois de correspondance, ces envois comprennent par exemple des livres, des catalogues, des journaux, des périodiques et des colis postaux contenant des marchandises avec ou sans valeur commerciale, quel que soit leur poids ;

ii) "services postaux", des services qui consistent en la levée, le tri, l'acheminement et la distribution d'envois postaux, qu'ils relèvent ou non du champ d'application du service universel établi conformément à la directive 97/67/CE ;

iii) "services autres que les services postaux", des services fournis dans les domaines suivants :

— services de gestion des services de messagerie (aussi bien les services précédant l'envoi que ceux postérieurs à l'envoi, y compris les "services de gestion du traitement du courrier") ;

— services concernant des envois postaux non compris au point a) tels que le publipostage ne portant pas d'adresse.

6) Activités relatives à l'exploitation d'une aire géographique dans le but :

a) d'extraire du pétrole ou du gaz ;

b) de procéder à la prospection ou à l'extraction de charbon ou d'autres combustibles solides.

ANNEXE III

Liste des actes juridiques de l'Union visée à l'article 7, paragraphe 2, point b)

Les droits octroyés au moyen d'une procédure ayant fait l'objet d'une publicité appropriée et selon des critères objectifs ne constituent pas des "droits spéciaux ou exclusifs" au sens de la présente directive. La présente annexe énumère les procédures qui garantissent une transparence préalable adéquate pour l'octroi d'autorisations sur la base d'autres actes législatifs de l'Union, qui ne constituent pas des "droits spéciaux ou exclusifs" au sens de la présente directive :

a) l'octroi d'une autorisation d'exploiter des installations de gaz naturel conformément aux procédures définies à l'article 4 de la directive 2009/73/CE ;

b) l'autorisation de soumissionner ou l'invitation à soumissionner aux fins de la construction de nouvelles installations de production d'électricité, conformément à la directive 2009/72/CE ;

c) l'octroi, conformément aux procédures définies à l'article 9 de la directive 97/67/CE, d'autorisations liées à un service postal qui n'est pas ou ne doit pas être réservé ;

d) une procédure d'octroi d'une autorisation de mener à bien une activité impliquant l'exploitation d'hydrocarbures conformément à la directive 94/22/CE ;

e) les contrats de service public au sens du règlement (CE) n° 1370/2007 pour la fourniture de services de transport public de passagers par autobus, par tramway, par chemin de fer ou par métro attribués sur la base d'une procédure de mise en concurrence, conformément à l'article 5, paragraphe 3, dudit règlement, à condition que leur durée soit conforme à l'article 4, paragraphe 3 ou 4, dudit règlement.

ANNEXE IV

SERVICES VISÉS À L'ARTICLE 19

(Rect. JOUE n° 82 du 26 mars 2018)

Code CPV	Description
79611000-0 ; 75200000-8 ; 75231200-6 ; 75231240-8 ; 79622000-0 [Services de mise à disposition de personnel d'aide à domicile] ; 79624000-4 [Services de mise à disposition de personnel infirmier] ; et 79625000-1 [Services de mise à disposition de personnel médical] ; de 85000000-9 à 85323000-9 ; 85143000-3 98133100-5 ; 98133000-4, 98200000-5 et 98500000-8 [Ménages privés employant du personnel] ; 98513000-2 à 98514000-9 [Services de main-d'œuvre pour les particuliers, service de personnel intérimaire pour les particuliers, services de personnel de bureau pour les particuliers, services de personnel temporaire pour les particuliers, services d'aide à domicile et services domestiques]	Services sanitaires, sociaux et connexes
85321000-5 et 85322000-2 ; 75000000-6 [Services de l'administration publique, de la défense et de la sécurité sociale] ; 75121000-0 ; 75122000-7 ; 75124000-1 ; de 79995000-5 à 79995200-7 ; de 80000000-4 [Services d'enseignement et de formation] à 80660000-8 ; de 92000000-1 à 92342200-2 ; de 92360000-2 à 92700000-8 ; 7950000-8 [Services d'organisation d'expositions, de foires et de congrès], 79951000-5 [Services d'organisation de séminaires], 79952000-2 [Services d'organisation d'événements], 79952100-3 [Services d'organisation d'événements culturels], 79953000-9 [Services d'organisation de festivals], 79954000-6 [Services d'organisation de fêtes], 79955000-3 [Services d'organisation de défilés de mode], 79956000-0 [Services d'organisation de foires et d'expositions]	Services administratifs, sociaux, éducatifs et culturels et soins de santé
75300000-9	Services de sécurité sociale obligatoire (1)
75310000-2, 75311000-9, 75312000-6, 75313000-3, 75313100-4, 75314000-0, 75320000-5, 75330000-8, 75340000-1	Services de prestations
98000000-3 ; 98120000-0 ; 98132000-7 ; 98133110-8 et 98130000-3	Autres services communautaires, sociaux et personnels, y compris services fournis par les syndicats, les organisations politiques, les associations de jeunes et autres services des organisations associatives

Code CPV	Description
98131000-0	Services religieux
55100000-1 à 55410000-7 ; 55521000-8 à 55521200-0 [55521000-8 Services traiteur pour ménages, 55521100-9 Services de repas livrés à domicile, 55521200-0 Services de livraison de repas] 55520000-1 Services traiteur, 55522000-5 Services traiteur pour entreprises de transport, 55523000-2 Services traiteur pour autres entreprises ou autres institutions, 55524000-9 Services traiteur pour écoles 55510000-8 Services de cantine, 55511000-5 Services de cantine et autres services de cafétéria pour clientèle restreinte, 55512000-2 Services de gestion de cantine, 55523100-3 Services de restauration scolaire	Services d'hôtellerie et de restauration
79100000-5 à 79140000-7 ; 75231100-5	Services juridiques, dans la mesure où ils ne sont pas exclus en vertu de l'article 10, paragraphe 8, point *d)*
75100000-7 à 75120000-3 ; 75123000-4 ; 75125000-8 à 75131000-3	Autres services administratifs et publics
75200000-8 à 75231000-4	Prestations de services pour la collectivité
75231210-9 à 75231230-5 ; 75240000-0 à 75252000-7 ; 794300000-7 ; 98113100-9	Services liés à l'administration pénitentiaire, services de sécurité publique et de secours, dans la mesure où ils ne sont pas exclus en vertu de l'article 10, paragraphe 8, point *g)*
79700000-1 à 79721000-4 [Services d'enquête et de sécurité, services de sécurité, services de surveillance d'installations d'alarme, services de gardiennage, services de surveillance, services de localisation, services de recherche de fugitifs, services de patrouille, services de fourniture de badges d'identification, services d'enquête et services d'agences de détectives] 79722000-1[Services de graphologie], 79723000-8 [Services d'analyse des déchets]	Services d'enquête et de sécurité
64000000-6 [Services des postes et télécommunications], 64100000-7 [Services postaux et services de courrier], 64110000-0 [Services postaux], 64111000-7 [Services postaux relatifs aux journaux et aux périodiques], 64112000-4 [Services postaux relatifs aux lettres], 64113000-1 [Services postaux relatifs aux colis], 64114000-8 [Services de guichets de bureaux de poste], 64115000-5 [Location de boîtes aux lettres], 64116000-2 [Services de poste restante], 64122000-7 [Services de courrier et de messagerie interne des administrations]	Services postaux

Code CPV	Description
50116510-9 [Services de rechapage de pneus], 71550000-8 [Services de travaux de forge]	Services divers
98900000-2 [Services prestés par des organisations et des organismes extraterritoriaux] et 98910000-5 [Services spécifiques aux organisations et aux organismes internationaux]	Services internationaux
(1) Ces services ne relèvent pas de la présente directive lorsqu'ils sont organisés comme des services non économiques d'intérêt général. Les États membres ont la faculté d'organiser la fourniture de services sociaux obligatoires ou d'autres services tels que des services d'intérêt général ou des services non économiques d'intérêt général.	

ANNEXE V

Informations qui doivent figurer dans les avis de concession visés à l'article 31

1. Nom, numéro d'identification (si prévu dans la législation nationale), adresse, y compris code NUTS, numéro de téléphone, numéro de télécopieur, adresse électronique et adresse internet du pouvoir adjudicateur ou de l'entité adjudicatrice et, s'ils sont différents, du service à contacter pour tout complément d'information.

2. Type de pouvoir adjudicateur ou d'entité adjudicatrice et principale activité exercée.

3. Si les candidatures contiennent des offres, adresse électronique ou internet sur laquelle les documents de concession sont mis à disposition en accès libre, direct, complet et gratuit. Lorsqu'un accès libre, direct, complet et gratuit n'est pas possible dans les cas visés à l'article 34, paragraphe 2, indiquer les modalités d'accès aux documents de concession.

4. Description de la concession : nature et étendue des travaux, nature et étendue des services, ordre de grandeur ou valeur indicative, et, si possible, durée du contrat. Si la concession est divisée en lots, indiquer cette information pour chaque lot. Le cas échéant, description des options.

5. Codes CPV. Si la concession est divisée en lots, indiquer cette information pour chaque lot.

6. Code NUTS du lieu principal d'exécution des travaux pour les concessions de travaux, ou code NUTS du lieu principal de réalisation pour les concessions de services. Si la concession est divisée en lots, indiquer cette information pour chaque lot.

7. Conditions de participation, notamment :

a) le cas échéant, indiquer s'il s'agit d'une concession réservée à des ateliers protégés ou dont l'exécution est réservée dans le cadre de programmes d'emplois protégés ;

b) le cas échéant, indiquer si, en vertu de dispositions législatives, réglementaires ou administratives, la fourniture du service est réservée à une profession déterminée ; référence de la disposition législative, réglementaire ou administrative pertinente ;

c) une liste et une brève description des critères de sélection s'il y a lieu ; niveau(x) minimal(aux) de capacités éventuellement exigé(s) ; indiquer les informations requises (déclarations sur l'honneur, documents).

8. Date limite de présentation des candidatures ou de réception des offres.

9. Critères qui seront utilisés pour l'attribution de la concession lorsqu'ils ne figurent pas dans d'autres documents de concession.

10. Date d'envoi de l'avis.

11. Nom et adresse de l'organe compétent pour les procédures de recours et, le cas échéant, de médiation. Précisions concernant les délais d'introduction des recours ou, le cas échéant, nom, adresse, numéro de téléphone, numéro de télécopieur et adresse électronique du service à contacter pour obtenir ces informations.

12. Le cas échéant, conditions particulières auxquelles est soumise l'exploitation de la concession.

13. Adresse à laquelle les candidatures ou les offres sont envoyées.

14. Le cas échéant, indiquer les exigences et les conditions relatives à l'utilisation de moyens de communication électroniques.

15. Préciser si la concession est liée à un projet et/ou un programme financé par des fonds de l'Union.

16. Pour les concessions de travaux, indiquer si la concession est couverte par l'AMP.

ANNEXE VI

Informations qui doivent figurer dans les avis de préinformation concernant des concessions pour des services sociaux et d'autres services spécifiques visés à l'article 31, paragraphe 3

1. Nom, numéro d'identification (si prévu dans la législation nationale), adresse, y compris code NUTS, numéro de téléphone, numéro de télécopieur, adresse électronique et adresse internet du pouvoir adjudicateur ou de l'entité adjudicatrice et, s'ils sont différents, du service à contacter pour tout complément d'information.
2. Le cas échéant, adresse électronique ou internet sur laquelle les cahiers des charges et tout autre document seront mis à disposition.
3. Type de pouvoir adjudicateur ou d'entité adjudicatrice et principale activité exercée.
4. Codes CPV. Si le contrat est divisé en lots, indiquer cette information pour chaque lot.
5. Code NUTS du lieu principal de livraison ou d'exploitation des concessions de services.
6. Description des services, ordre de grandeur ou valeur indicatifs.
7. Conditions de participation.
8. Le cas échéant, délai(s) pour contacter le pouvoir adjudicateur ou l'entité adjudicatrice en vue d'une participation.
9. Le cas échéant, brève description des principales caractéristiques de la procédure d'attribution à appliquer.
10. Toute autre information pertinente.

ANNEXE VII

Informations qui doivent figurer dans les avis d'attribution de concession visés à l'article 32

1. Nom, numéro d'identification (si prévu dans la législation nationale), adresse, y compris code NUTS et, le cas échéant, numéro de téléphone, numéro de télécopieur, adresse électronique et adresse internet du pouvoir adjudicateur ou de l'entité adjudicatrice et, s'ils sont différents, du service à contacter pour tout complément d'information.
2. Type de pouvoir adjudicateur ou d'entité adjudicatrice et principale activité exercée.
3. Codes CPV.
4. Code NUTS du lieu principal d'exécution des travaux pour les concessions de travaux, ou code NUTS du lieu principal de réalisation pour les concessions de services.
5. Description de la concession : nature et étendue des travaux, nature et étendue des services, durée du contrat. Si la concession est divisée en lots, indiquer cette information pour chaque lot. Le cas échéant, description des options.
6. Description de la procédure d'attribution utilisée ; en cas d'attribution sans publication préalable, justification.
7. Critères visés à l'article 41 qui ont été utilisés pour l'attribution de la ou des concessions.
8. Date de la ou des décisions d'attribution de concession.
9. Nombre d'offres reçues pour chaque attribution, notamment :
   a) nombre d'offres reçues d'opérateurs économiques qui sont des petites et moyennes entreprises ;
   b) nombre d'offres reçues de l'étranger ;
   c) nombre d'offres reçues par voie électronique.
10. Pour chaque attribution, nom, adresse, y compris le code NUTS, et, le cas échéant, numéro de téléphone, numéro de télécopieur, adresse électronique et adresse internet du ou des soumissionnaires retenus, et notamment :
    a) indiquer si le soumissionnaire retenu est une petite ou moyenne entreprise ;
    b) indiquer si la concession a été attribuée à un consortium.
11. Valeur et principales conditions financières de la concession attribuée, y compris :
    a) redevances et amendes éventuelles ;
    b) primes et paiements éventuels ;
    c) tout autre détail pertinent concernant la valeur de la concession conformément à l'article 8, paragraphe 3.
12. Préciser si la concession est liée à un projet et/ou un programme financé par des fonds de l'Union.
13. Nom et adresse de l'organe compétent pour les procédures de recours et, le cas échéant, de médiation. Précisions concernant le délai d'introduction des recours ou, le cas échéant, nom, adresse, numéro de téléphone, numéro de télécopieur et adresse électronique du service à contacter pour obtenir ces informations.
14. Date(s) et référence(s) des publications précédentes au *Journal officiel de l'Union européenne* pertinentes pour la ou les concessions publiées dans cet avis.
15. Date d'envoi de l'avis.

16. Méthode utilisée pour calculer la valeur estimée de la concession, si elle n'est pas précisée dans d'autres documents de concession, conformément à l'article 8.

17. Toute autre information pertinente.

ANNEXE VIII

Informations qui doivent figurer dans les avis d'attribution de concession pour des services sociaux et d'autres services spécifiques visés à l'article 32

1. Nom, numéro d'identification (si prévu dans la législation nationale), adresse, y compris code NUTS, et, le cas échéant, numéro de téléphone, numéro de télécopieur, adresse électronique et adresse internet du pouvoir adjudicateur ou de l'entité adjudicatrice et, s'ils sont différents, du service à contacter pour tout complément d'information.
2. Type de pouvoir adjudicateur ou d'entité adjudicatrice et principale activité exercée.
3. Codes CPV. Si le marché est divisé en lots, indiquer cette information pour chaque lot.
4. Indication sommaire de l'objet de la concession.
5. Nombre d'offres reçues.
6. Valeur de l'offre retenue, y compris les honoraires et les prix.
7. Nom, adresse, y compris le code NUTS, numéro de téléphone, numéro de télécopieur, adresse électronique et adresse internet du ou des opérateurs économiques retenus.
8. Toute autre information pertinente.

ANNEXE IX

Caractéristiques concernant la publication

1. Publication des avis

Les avis visés aux articles 31 et 32 sont envoyés par les pouvoirs adjudicateurs ou les entités adjudicatrices à l'Office des publications de l'Union européenne et publiés conformément aux règles suivantes :

Les avis visés aux articles 31 et 32 sont publiés par l'Office des publications de l'Union européenne.

L'Office des publications de l'Union européenne délivre au pouvoir adjudicateur ou à l'entité adjudicatrice la confirmation de publication visée à l'article 33, paragraphe 2.

2. Format et modalités de transmission des avis par voie électronique

Le format et les modalités de transmission des avis par voie électronique tels qu'ils sont établis par la Commission sont accessibles à l'adresse internet http://simap.europa.eu

ANNEXE X

Liste des conventions internationales dans le domaine social et environnemental visées à l'article 30, paragraphe 3

Convention n° 87 de l'OIT sur la liberté syndicale et la protection du droit syndical

Convention n° 98 de l'OIT sur le droit d'organisation et de négociation collective

Convention n° 29 de l'OIT sur le travail forcé

Convention n° 105 de l'OIT sur l'abolition du travail forcé

Convention n° 138 de l'OIT concernant l'âge minimum d'admission à l'emploi

Convention n° 111 de l'OIT concernant la discrimination (emploi et profession)

Convention n° 100 de l'OIT sur l'égalité de rémunération

Convention n° 182 de l'OIT sur les pires formes de travail des enfants

Convention de Vienne pour la protection de la couche d'ozone et son protocole de Montréal relatif à des substances qui appauvrissent la couche d'ozone

Convention de Bâle sur le contrôle des mouvements transfrontières de déchets dangereux et de leur élimination (convention de Bâle)

Convention de Stockholm sur les polluants organiques persistants

Convention de Rotterdam du 10 septembre 1998 sur la procédure de consentement préalable en connaissance de cause applicable à certains produits chimiques et pesticides dangereux qui font l'objet du commerce international (PNUE/FAO) (Convention PIC), et ses trois protocoles régionaux

ANNEXE XI

Informations qui doivent figurer dans les avis de modification d'une concession en cours conformément à l'article 43

1. Nom, numéro d'identification (si prévu dans la législation nationale), adresse, y compris code NUTS, numéro de téléphone, numéro de télécopieur, adresse électronique et adresse internet du pouvoir adjudicateur ou de l'entité adjudicatrice et, s'ils sont différents, du service à contacter pour tout complément d'information.
2. Codes CPV.

3. Code NUTS du lieu principal d'exécution des travaux pour les concessions de travaux, ou code NUTS du lieu principal de réalisation pour les concessions de services.

4. Description de la concession avant et après modification : nature et étendue des travaux, nature et étendue des services.

5. Le cas échéant, changement de la valeur de la concession, y compris une hausse des prix ou des honoraires due à la modification.

6. Description des circonstances qui ont rendu la modification nécessaire.

7. Date de la décision d'attribution de la concession.

8. Le cas échéant, nom, adresse, y compris le code NUTS, numéro de téléphone, numéro de télécopieur, adresse électronique et adresse internet du ou des nouveaux opérateurs économiques.

9. Préciser si la concession est liée à un projet et/ou un programme financé par des fonds de l'Union.

10. Nom et adresse de l'organe compétent pour les procédures de recours et, le cas échéant, de médiation. Précisions concernant le délai d'introduction des recours ou, le cas échéant, nom, adresse, numéro de téléphone, numéro de télécopieur et adresse électronique du service à contacter pour obtenir ces informations.

11. Date(s) et référence(s) des publications précédentes au *Journal officiel de l'Union européenne* pertinentes pour le ou les contrats concernés par cet avis.

12. Date d'envoi de l'avis.

13. Toute autre information pertinente.

II AUTRES CODES

Code général des collectivités territoriales

Concessions

Art. L. 1311-1 *(Ord. n° 2006-460 du 21 avr. 2006, art. 3-VII)* Conformément aux dispositions de l'article L. 3111-1 du code général de la propriété des personnes publiques, les propriétés qui relèvent du domaine public des collectivités territoriales, de leurs établissements publics et de leurs groupements sont inaliénables et imprescriptibles.

Toutefois, les propriétés qui relèvent de ce domaine peuvent être cédées dans les conditions fixées à l'article L. 3112-1 du code général de la propriété des personnes publiques ou échangées dans les conditions fixées aux articles L. 3112-2 et L. 3112-3 du même code.

L'art. L. 1311-1 est applicable à Saint-Pierre-et-Miquelon (Ord. n° 2006-460 du 21 avr. 2006, art. 6).

....

Art. L. 1311-5 I. — Les collectivités territoriales peuvent délivrer sur leur domaine public des autorisations d'occupation temporaire constitutives de droits réels *(Abrogé par Ord. n° 2015-899 du 23 juill. 2015, art. 101-II-2°-a et 103, à compter du 1er avr. 2016)* *«, en vue de l'accomplissement, pour leur compte, d'une mission de service public»* *(Abrogé par Ord. n° 2018-1074 du 26 nov. 2018, art. 6 et 20, à compter du 1er avr. 2019)* *« ou »* en vue de la réalisation d'une opération d'intérêt général relevant de leur compétence. Le titulaire de ce titre possède un droit réel sur les ouvrages, constructions et installations de caractère immobilier qu'il réalise pour l'exercice de cette activité.

Ce droit réel confère à son titulaire, pour la durée de l'autorisation et dans les conditions et les limites précisées dans la présente section, les prérogatives et obligations du propriétaire.

Le titre fixe la durée de l'autorisation, en fonction de la nature de l'activité et de celle des ouvrages autorisés, et compte tenu de l'importance de ces derniers, sans pouvoir excéder soixante-dix ans.

Ces dispositions sont applicables aux groupements et aux établissements publics des collectivités territoriales, tant pour leur propre domaine public que pour celui mis à leur disposition.

II. — Dans les ports et les aéroports, sont considérées comme satisfaisant à la condition d'intérêt public local mentionnée au premier alinéa du I les activités ayant trait à l'exploitation du port ou de l'aéroport ou qui sont de nature à contribuer à leur animation ou à leur développement.

(Ord. n° 2015-899 du 23 juill. 2015, art. 101-II-2°-b et 103, en vigueur le 1er avr. 2016) « III. — Les collectivités territoriales ne peuvent utiliser ces autorisations d'occupation temporaire constitutives de droits réels pour l'exécution de travaux, la livraison de fournitures, la prestation de services, ou la gestion d'une mission de service public, avec une contrepartie économique constituée par un prix ou un droit d'exploitation, pour leur compte ou pour leurs besoins.

« Dans le cas où une autorisation d'occupation temporaire constitutive de droits réels serait nécessaire à l'exécution d'un contrat de la commande publique, ce contrat prévoit, dans le respect des dispositions du I et du code général de la propriété des personnes publiques, les conditions de l'occupation du domaine. »

IV. — Les constructions mentionnées au présent article peuvent donner lieu à la conclusion de contrats de crédit-bail. Dans ce cas, le contrat comporte des clauses permettant de préserver les exigences du service public.

Les dispositions issues de l'Ord. n° 2015-899 du 23 juill. 2015 entrent en vigueur à une date fixée par voie réglementaire et au plus tard le 1er avr. 2016. Le Décr. n° 2016-360 du 25 mars 2016 a fixé cette date au 1er avr. 2016. L'Ord. préc. s'applique aux marchés publics ainsi qu'aux contrats qui relèvent de cette Ord. pour lesquels une consultation est engagée ou un avis d'appel public à la concurrence a été envoyé à la publication à compter du 1er janv. 2016 (Ord. préc., art. 103, et Décr. préc., art. 188).

Sur l'entrée en vigueur des dispositions issues de l'Ord. n° 2018-1074 du 26 nov. 2018, V. note ss. art. L. 1311-2, App., Partie I.

COMMENTAIRE

Pour les deux articles qui précèdent, voir les commentaires au II de la première partie du présent Appendice.

Art. L. 1410-1 *(Ord. n° 2016-65 du 29 janv. 2016, art. 58, en vigueur le 1er avr. 2016)* **Le présent chapitre s'applique aux contrats de concession des collectivités territoriales, de leurs groupements et de leurs établissements publics, tels que définis** *(Ord. n° 2018-1074 du 26 nov. 2018, art. 6 et 20, en vigueur le 1er avr. 2019)* **« à l'article L. 1121-1 du code de la commande publique ». Ces contrats sont passés et exécutés conformément aux dispositions** *(Ord. n° 2018-1074 du 26 nov. 2018, art. 6 et 20, en vigueur le 1er avr. 2019)* **« du même code ».**

Sur l'entrée en vigueur des dispositions issues de l'Ord. n° 2018-1074 du 26 nov. 2018, V. note ss. art. L. 1311-2, App., Partie I.

Art. L. 1410-3 *(Ord. n° 2016-65 du 29 janv. 2016, art. 58, en vigueur le 1er avr. 2016)* **Les dispositions des articles L. 1411-5,** *(L. n° 2019-1461 du 27 déc. 2019, art. 65)* **« L. 1411-5-1, » L. 1411-9 et L. 1411-18 s'appliquent aux contrats de concession des collectivités territoriales, de leurs groupements et de leurs établissements publics.**

Art. L. 1411-1 *(Ord. n° 2018-1074 du 26 nov. 2018, art. 6 et 20, en vigueur le 1er avr. 2019)* **Les collectivités territoriales, leurs groupements ou leurs établissements publics peuvent confier la gestion d'un service public dont elles ont la responsabilité à un ou plusieurs opérateurs économiques par une convention de délégation de service public définie à l'article L. 1121-3 du code de la commande publique préparée, passée et exécutée conformément à la troisième partie de ce code.**

Sur l'entrée en vigueur des dispositions issues de l'Ord. n° 2018-1074 du 26 nov. 2018, V. note ss. art. L. 1311-2, App., Partie I.

Art. L. 1411-3 *(Abrogé par Ord. n° 2016-65 du 29 janv. 2016, art. 58, à compter du 1er avr. 2016)* ***« Le délégataire produit chaque année avant le 1er juin à l'autorité délégante un rapport comportant notamment les comptes retraçant la totalité des opérations afférentes à l'exécution de la délégation de service public et une analyse de la qualité de service. Ce rapport est assorti d'une annexe permettant à l'autorité délégante d'apprécier les conditions d'exécution du service public. »***

(L. n° 2002-1 du 2 janv. 2002, art. 10) **« Dès la communication** *(Ord. n° 2016-65 du 29 janv. 2016, art. 58, en vigueur le 1er avr. 2016)* **« du rapport mentionné à l'***(Ord. n° 2018-1074 du 26 nov. 2018, art. 6 et 20, en vigueur le 1er avr. 2019)* **« article L. 3131-5 du code de la commande publique », son examen est mis à l'ordre du jour de la plus prochaine réunion de l'assemblée délibérante qui en prend acte. »** — *[L. n° 93-122 du 29 janv. 1993, art. 40-1.]*

Sur l'entrée en vigueur des dispositions issues de l'Ord. n° 2018-1074 du 26 nov. 2018, V. note ss. art. L. 1311-2, App., Partie I.

Art. L. 1411-4 Les assemblées délibérantes des collectivités territoriales, de leurs groupements et de leurs établissements publics se prononcent sur le principe de toute délégation de service public local *(L. n° 2002-276 du 27 févr. 2002, art. 5-II)* **« après avoir recueilli l'avis de la commission consultative des services publics locaux prévue à l'article L. 1413-1 ». Elles statuent au vu d'un rapport présentant le document contenant les caractéristiques des prestations que doit assurer le délégataire.** — *[L. n° 93-122 du 29 janv. 1993, art. 42.]*

Les dispositions de l'art. 5 de la L. n° 2002-276 du 27 févr. 2002 entrent en vigueur un an après sa publication (JO 28 févr.) (L. préc., art. 23-II).

COMMENTAIRE

On rappellera, d'une part, que les collectivités territoriales ne sont jamais tenues d'externaliser la gestion d'un service et, d'autre part, que certains services publics ne peuvent faire l'objet d'aucune délégation (V. sur ces points nos comm. dans la partie III du CCP).

1. Liberté de choix du mode de gestion. La personne publique dispose d'une totale liberté de choix quant au mode de gestion du service. Il n'appartient pas au juge de se prononcer sur « l'opportunité du choix opéré par l'administration en écartant l'exploitation en régie directe au profit de l'affermage ». • CE 18 mars 1988, *Loupias c/ Cne de Montreuil-Bellay,* n° 57893 B : *Mon. TP 3 mai 1988, p. 125.*

2. Subventions liées au mode de gestion. Un département peut moduler le taux des subventions allouées aux communes pour les travaux d'adduction d'eau potable et d'assainissement en fonction du mode gestion du service pour inciter les communes à gérer le service en régie. Il n'institue pas ainsi une tutelle sur les communes, dès lors que l'attribution de la subvention n'est pas subordonnée à une procédure d'autorisation ou de contrôle. La modulation doit toutefois demeurer limitée (elle était, en l'espèce, égale à 10 % du montant des travaux, le taux le plus élevé des aides étant fixé à 40 % de ce coût), afin de ne pas entraver la liberté de choix du mode de gestion du service public par les communes. • CE, ass., 12 déc. 2003, *Dpt des Landes,* n° 236442 A : *RFDA 2004. 518, concl. Séners, note Douence ; CJEG févr. 2004. 86, concl. Séners ; BJCL 2004. 97, concl. Séners ; AJDA 2004. 195, chron. Donnat et Casas ; ACL 2004, n° 32.*

3. Choix de la gestion déléguée. Compétence de l'assemblée délibérante. i le maire, en sa qualité de chef des services municipaux, est compétent pour prendre les mesures relatives à l'organisation interne des services de la commune et à la gestion de leurs agents, il appartient au seul conseil municipal et, à Paris, au seul Conseil de Paris, de décider de créer ou de supprimer des services publics, d'en fixer les règles générales d'organisation et, de façon générale, de prendre toutes les mesures portant sur la définition des missions remplies par les services de la commune ; dans ces conditions, la décision de confier les missions assumées par un service municipal à une entreprise privée relève de la seule compétence du conseil municipal ou, à Paris, du Conseil de Paris ; il suit de là que l'arrêté par lequel un maire supprime un service pour en confier la gestion à une entreprise privée est entaché d'incompétence. • CE, sect., 6 janv. 1995, *Ville de Paris,* n° 93428 A.

4. Décision de recourir à une DSP. Acte susceptible de REP (oui). La délibération par laquelle l'assemblée délibérante d'une collectivité territoriale, d'un groupement de collectivités territoriales ou d'un établissement public local se prononce sur le principe d'une délégation de service public local présente le caractère d'une décision susceptible d'être déférée au juge de l'excès de pouvoir. • CE 24 nov. 2010, *Assoc. féd. d'action régionale pour l'environnement et a.,* n° 318342 B.

5. Contestation de la décision de recourir à une DSP. Recevabilité. Si la délibération par laquelle l'assemblée délibérante d'une collectivité territoriale se prononce sur le principe d'une délégation de service public local présente le caractère d'une décision susceptible d'être déférée au juge de l'excès de pouvoir, une société ne justifie pas, en sa seule qualité d'ancien occupant du domaine public et d'ancien exploitant de l'activité d'hôtellerie et de restauration objet de la délégation, d'un intérêt lui donnant qualité pour contester la légalité de la délibération par laquelle la commune a décidé de déléguer cette activité. • CE 19 janv. 2011, *Cne de Limoges :* n° 323924 B : *Rev. CMP 2011, n° 21, note Eckert.*

6. La délibération par laquelle l'assemblée délibérante d'une collectivité territoriale, d'un groupement de collectivités territoriales ou d'un établissement public local se prononce sur le principe d'une délégation de service public local présente le caractère d'une décision susceptible d'être déférée au juge de l'excès de pouvoir ; à l'appui d'un tel recours peuvent être utilement invoqués des moyens relatifs aux vices propres dont cette décision serait entachée ou à la légalité du principe du recours à un délégataire pour la gestion du service ; sont, en revanche, inopérants des moyens relatifs aux caractéristiques et aux modalités de mise en œuvre ultérieure de la délégation ou des prestations que cette délibération n'a pas pour objet d'arrêter définitivement ; la cour administrative d'appel, ayant relevé que la délibération contestée ne portait que sur le principe de la délégation, a donc pu, sans entacher son arrêt d'une insuffisance de motivation, ne pas répondre au moyen tiré de ce que les caractéristiques de la délégation envisagées par la délibération attaquée incluaient, en méconnaissance des règles de la domanialité publique, la cession, au profit du délégataire, de droits réels dérivés d'un bail à construction sur le terrain d'assiette de l'équipement à déléguer, qui était inopérant.

La légalité de la délibération par laquelle l'assemblée délibérante se prononce sur le principe d'une délégation de service public ne saurait dépendre de la légalité des décisions ultérieures de la collectivité, notamment celles arrêtant les caractéristiques ou les conditions de mise en œuvre de la délégation ; par suite, la cour administrative d'appel n'a pas commis d'erreur de droit en jugeant que les requérants ne pouvaient invoquer utilement l'illégalité de la délibération ultérieure approuvant un bail à construction passé en vue de la réalisation de l'équipement délégué au soutien de leurs conclusions dirigées contre la délibération approuvant le principe de la délégation.

Aux termes de l'art. L. 1411-2 CGCT, dans leur rédaction en vigueur à la date de la délibération litigieuse : « (...) Dans le domaine de l'eau potable, de l'assainissement, des ordures ménagères et autres déchets, les délégations de service public ne peuvent avoir une durée supérieure à vingt ans sauf examen préalable par le trésorier-payeur général, à l'initiative de l'autorité délégante, des justificatifs de dépassement de cette durée. Les conclusions de cet examen sont communiquées aux membres de l'assemblée délibérante compétente avant toute délibération relative à la délégation (...) » ; il ne résulte pas de ces dispositions que le trésorier-payeur général devait être consulté avant la délibération relative au principe de la délégation, qui n'a pas pour objet d'en arrêter les caractéristiques, ainsi qu'il vient d'être dit, notamment la durée ; la cour administrative d'appel n'a donc pas commis d'erreur de droit en jugeant que l'absence d'avis préalable du trésorier-payeur général n'entachait pas la délibération attaquée d'un vice de procédure. • CE 4 juill. 2012, *Assoc. féd. d'action régionale pour l'environnement (FARE SUD) et a.*, n° 350752 B : *Rev. CMP 2012, n° 286, note Zimmer.*

7. Le moyen tiré de ce que la délibération préalable du conseil syndical ayant décidé du choix de recourir à une gestion déléguée du service public reposerait sur un rapport de présentation contenant des erreurs, notamment s'agissant des conséquences financières du retour de la gestion en régie, est recevable à l'appui de la contestation de la délibération décidant du choix de l'attributaire de la délégation du service public, contrairement à que soutient le syndicat, dans la mesure où cette délibération préalable constitue un acte préparatoire. • CAA Lyon, 13 nov. 2014, *Assoc. des consommateurs de la Fontaulière*, n° 14LY00987.

Art. L. 1411-5 *(Ord. n° 2016-65 du 29 janv. 2016, art. 58, en vigueur le 1er avr. 2016)* **I. — Une commission** *(L. n° 2019-1461 du 27 déc. 2019, art. 65)* **« analyse les dossiers de candidature » et dresse la liste des candidats admis à présenter une offre après examen de leurs garanties professionnelles et financières, de leur respect de l'obligation d'emploi des travailleurs handicapés prévue aux articles L. 5212-1 à L. 5212-4 du code du travail et de leur aptitude à assurer la continuité du service public et l'égalité des usagers devant le service public.**

Au vu de l'avis de la commission, l'autorité habilitée à signer la convention *(Ord. n° 2018-1074 du 26 nov. 2018, art. 6 et 20, en vigueur le 1er avr. 2019)* **« de délégation de service public » peut organiser librement une négociation avec un ou plusieurs soumissionnaires dans les conditions prévues par l'***(Ord. n° 2018-1074 du 26 nov. 2018, art. 6 et 20, en vigueur le 1er avr. 2019)* **« article L. 3124-1 du code de la commande publique ». Elle saisit l'assemblée délibérante du choix de l'entreprise auquel elle a procédé. Elle lui transmet le rapport de la commission présentant notamment la liste des entreprises admises à présenter une offre et l'analyse des propositions de celles-ci, ainsi que les motifs du choix de la candidate et l'économie générale du contrat.**

II. — La commission est composée :

a) **Lorsqu'il s'agit d'une région, de la collectivité de Corse, d'un département, d'une commune de 3 500 habitants et plus et d'un établissement public, par l'autorité habilitée à signer la convention de délégation de service public ou son représentant, président, et par cinq membres de l'assemblée délibérante élus en son sein à la représentation proportionnelle au plus fort reste ;**

b) **Lorsqu'il s'agit d'une commune de moins de 3 500 habitants, par le maire ou son représentant, président, et par trois membres du conseil municipal élus par le conseil à la représentation proportionnelle au plus fort reste.**

Il est procédé, selon les mêmes modalités, à l'élection de suppléants en nombre égal à celui de membres titulaires.

Le quorum est atteint lorsque plus de la moitié des membres ayant voix délibérative sont présents.

Si, après une première convocation, ce quorum n'est pas atteint, la commission est à nouveau convoquée. Elle se réunit alors valablement sans condition de quorum.

Lorsqu'ils y sont invités par le président de la commission, le comptable de la collectivité et un représentant du ministre chargé de la concurrence peuvent participer, avec voix consultative, aux réunions de la commission. Leurs observations sont consignées au procès-verbal.

Peuvent participer à la commission, avec voix consultative, des personnalités ou un ou plusieurs agents de la collectivité territoriale ou de l'établissement public désignés par le président de la commission, en raison de leur compétence dans la matière qui fait l'objet de la délégation de service public.

(L. n° 2019-1461 du 27 déc. 2019, art. 65) **« III. — Les délibérations de la commission peuvent être organisées à distance dans les conditions prévues par l'ordonnance n° 2014-1329 du 6 novembre 2014 relative aux délibérations à distance des instances administratives à caractère collégial. »**

Sur l'entrée en vigueur des dispositions issues de l'Ord. n° 2018-1074 du 26 nov. 2018, V. note ss. art. L. 1311-2, App., Partie I.

1. Négociation des offres par des agents. Les dispositions du CGCT permettent à l'exécutif d'une collectivité territoriale de confier à ses agents la négociation des offres avec les candidats admis à négocier, sans même qu'il soit besoin à cet effet d'une délégation formelle. • CE 7 nov. 2008, *Dpt de la Vendée*, n° 291794 B : *AJDA 2008. 2454, note Richer ; Rev. CMP 2008, n° 296, obs. Eckert.*

2. Élection des membres de la commission. V. notes ss. CGCT, art. L. 1414-2, App., *Partie I.*

3. Réunions irrégularités. V. notes ss. CGCT, art. L. 1414-2, App., *Partie I.*

4. Rôle de la commission. La commission doit intervenir à deux reprises dans la procédure de passation d'une délégation de service public : pour dresser la liste des candidats admis à présenter une offre et pour formuler un avis sur les opérateurs économiques avec lesquels la personne publique délégante peut engager la négociation. • CE 15 déc. 2006, *Sté Corsica Ferries*, n° 298618 A : *BJCP 2007. 11, concl. Casas.* ♦ Dans le même sens, • CE, avis cont., 15 déc. 2006, *Préfet des Alpes-Maritimes*, n° 297846 : *JCP Adm. 2007, n° 2012, obs. Linditch ; AJDA 2006. 2420 ; Dr. adm. 2007, comm. n° 38 ; BJCP 2007. 113, concl. Casas*

5. Si, dans la partie du rapport du président consacrée au « choix de la société fermière », ce dernier indique les motifs pour lesquels il n'a pas retenu l'offre adressée par un autre candidat, il n'expose pas pour autant les motifs pour lesquels il a choisi l'offre de la société ; en effet, en se bornant à reproduire, sans aucun commentaire, des tableaux comparatifs des offres des trois candidats retenus en ce qui concerne les comptes d'exploitation prévisionnels, les moyens techniques, les moyens humains et l'accueil des usagers et à indiquer que « la société (…) présente la meilleure offre, pour une durée de contrat de dix (10) ans », le président n'a pas exposé les motifs pour lesquels il a considéré que l'offre de la société était la meilleure ; dans ces conditions, le rapport du président ne peut être regardé comme satisfaisant aux exigences de l'art. L. 1411-5 CGCT. • CAA Bordeaux, 1er juill. 2010, *Synd. mixte dptal d'équipement des cnes des Landes*, n° 08BX01968.

Art. L. 1411-5-1 *(L. n° 2019-1461 du 27 déc. 2019, art. 65)* **I. — Lorsqu'un groupement constitué en application de l'article L. 3112-1 du code de la commande publique est composé en majorité de collectivités territoriales ou d'établissements publics locaux, est instituée une commission chargée de remplir les fonctions mentionnées au I de l'article L. 1411-5 du présent code, composée des membres suivants :**

1° Un représentant, élu parmi les membres ayant voix délibérative au sein de la commission prévue au même article L. 1411-5, de chaque membre du groupement qui dispose d'une telle commission ;

2° Un représentant pour chacun des autres membres du groupement, désigné selon les modalités qui leur sont propres.

La commission est présidée par le représentant du coordonnateur du groupement. Pour chaque membre titulaire peut être prévu un suppléant.

II. — La convention constitutive d'un groupement peut prévoir que la commission compétente est celle prévue à l'article L. 1411-5 du coordonnateur du groupement si celui-ci en est doté.

III. — Le président de la commission peut désigner des personnalités compétentes dans la matière qui fait l'objet de la consultation. Ces personnalités sont convoquées et peuvent participer, avec voix consultative, aux réunions de la commission.

La commission peut également être assistée par des agents des membres du groupement, compétents dans la matière qui fait l'objet de la consultation ou en matière de délégations de service public.

Le comptable du coordonnateur du groupement, si celui-ci est un comptable public, et un représentant du ministre chargé de la concurrence peuvent participer, avec voix consultative, aux réunions de la commission, lorsqu'ils y sont invités par le président de la commission. Leurs observations sont consignées au procès-verbal.

COMMENTAIRE

L'article L. 1411-5-1, issu de la loi n° 2019-1461 du 27 décembre 2019 relative à l'engagement dans la vie locale et à la proximité de l'action publique, permet la création d'une commission commune, comme pour les marchés publics (V. CGCT, art. L. 1414-3). ❑

Art. L. 1411-6 *(Ord. n° 2016-65 du 29 janv. 2016, art. 58, en vigueur le 1er avr. 2016)* **« Tout projet d'avenant à une convention de délégation de service public ne peut intervenir qu'après un vote de l'assemblée délibérante. »**

Tout projet d'avenant à une convention de délégation de service public entraînant une augmentation du montant global supérieure à 5 p. 100 est soumis pour avis à la commission visée à l'article L. 1411-5. L'assemblée délibérante qui statue sur le projet d'avenant est préalablement informée de cet avis. – *[L. n° 93-122 du 29 janv. 1993, art. 49-1.]*

1. Le délai de deux mois mentionné à l'art. L. 1411-7 et à compter duquel l'assemblée délibérante pourra se prononcer sur le choix du délégataire et sur le contrat de délégation court à compter de la date limite de réception des offres. • CE, avis cont., 15 déc. 2006, *Préfet des Alpes-Maritimes,* n° 297846 B : *Dr. adm. 2007, n° 38 ; BJCP 2007. 113, concl. Casas.*

2. Aucune disposition ni aucun principe n'obligent l'organe délibérant de la personne publique à entériner le choix fait par l'exécutif. L'assemblée délibérante peut ne pas désigner de lauréat si les négociations n'ont pas permis d'aboutir à la présentation d'offres répondant aux besoins à satisfaire. • CAA Lyon, 28 déc. 2007, *Sté Spie SA,* n° 03LY01511 : *Rev. CMP 2008, n° 109, obs. Delacour.*

3. L'assemblée délibérante doit se prononcer au vu de tous les éléments essentiels du contrat : pour une délégation de service public relative au stationnement payant, ceci implique que soient connus le nombre et la localisation des emplacements de stationnement. • CAA Bordeaux, 6 mai 2008, *Cne de Biarritz et Sté auxiliaire de parcs,* nos 05BX00917 et 05BX00974 : *JCP Adm. 2008, n° 2176, note Linditch.*

4. Il résulte de l'instruction que les négociations avec les deux candidats dont les offres avaient été jugées recevables (pour une DSP relative à une station d'épuration) ont été menées sur la base d'une durée de la convention de trente ans et que le rapport au conseil communautaire présentait une synthèse des offres formulées pour cette seule durée ; toutefois, ce rapport proposait aux membres du conseil communautaire (de la communauté d'agglomération) d'autoriser la signature de la convention pour une durée de vingt ans seulement, en précisant que la conséquence de cette orientation, qui se traduirait par une indemnisation à hauteur de la valeur des biens non amortis à l'issue du contrat, serait « un moindre renchérissement du coût au m3 de l'investissement (environ 0,02 euro/m3) (…) », mais sans préciser le montant de la valeur de cette indemnisation alors qu'elle s'élevait à près de dix-sept millions d'euros ; une telle omission, qui caractérise une insuffisance d'information des membres du conseil communautaire, affectant nécessairement le consentement donné par le conseil, a entaché d'illégalité la délibération par laquelle le conseil communautaire a décidé la signature de la convention.

Toutefois, eu égard à la nature de l'irrégularité commise, affectant les modalités selon lesquelles la personne publique a donné son consentement, il y a lieu d'annuler la convention passée entre la communauté d'agglomération et la société X (et déférée par le préfet) si le conseil communautaire ne procède pas, au plus tard le 31 oct. 2012, à la régularisation de cette convention en adoptant une nouvelle délibération autorisant régulièrement sa signature. • CE 4 juill. 2012, *Cté d'agglomération de Chartres Métropole (CACM), Sté Veolia Eau, Cie générale des eaux,* nos 352417 B, 352418 B, 352449 B et 352450 B : *Rev. CMP 2012, n° 257, note Eckert.*

5. Si, dans le cadre de la passation d'une délégation d'un service municipal, l'autorité exécutive procède au choix de l'entreprise avec laquelle elle entend contracter, c'est à l'assemblée délibérante qu'il appartient de se prononcer sur le choix de l'attributaire et la convention à signer. L'assemblée délibérante met ainsi un terme à la procédure engagée et dessaisit le maire du pouvoir de négociation qu'il tient de l'art. L. 1411-5. Celui-ci ne peut reprendre les négociations avec une entreprise et proposer au conseil municipal d'approuver un nouveau projet de contrat dont les clauses seraient substantiellement modifiées par rapport à celles adoptées initialement. • CAA Marseille, 26 mars 2007, *Daerden,* nos 04MA00354 et 04MA00355 : *Rev. CMP 2007, n° 192, obs. Delacour.*

6. La délibération du conseil municipal retirant une précédente délibération par laquelle l'assemblée locale a choisi le titulaire d'une délégation de service public doit être motivée en application de la L. du 11 juill. 1979, laquelle impose la motivation des décisions retirant une décision créatrice de droits. • CE 17 mars 2004, *Cne de Val-d'Isère,* n° 228428 : *BJCP 2004. 383, concl. Piveteau, obs. R.S. ; Rev. CMP 2004, n° 125, obs. Eckert.*

7. Autorisation de signature du contrat par l'assemblée délibérante. Conditions. L'assemblée locale ne peut autoriser le maire à signer la délégation de service public qu'une fois connus l'identité du délégataire ainsi que le montant du contrat. • CE 10 janv. 2007, *Sté Pompes funèbres et conseillers funéraires Roussillon,* n° 284063 B : *BJCP 2007. 139, concl. Casas, obs. R.S. ; Dr. adm. 2007, n° 39 ; JCP Adm. 2007. 2060, note Pellissier ; AJDA 2007. 636, note Dreyfus.*

8. Délibération autorisant la signature d'une DSP avec une SEM. Élus intéressés. Aux termes de l'art. L. 2131-11 CGCT : « Sont illégales les délibérations auxquelles ont pris part un ou plusieurs membres du conseil intéressés à l'affaire qui en fait l'objet, soit en leur nom personnel, soit comme mandataires » ; aux termes du 11e al. de l'art. L. 1524-5 du même code : « Les élus locaux agissant en tant que mandataires des collectivités territoriales ou de leurs groupements au sein du conseil d'administration ou de surveillance des sociétés d'économie mixte locales et exerçant les fonctions de membre ou de président du conseil d'administration, de président-directeur général ou de membre ou de président du conseil de surveillance, ne sont pas considérés comme étant intéressés à l'affaire, au sens de l'art. L. 2131-11, lorsque la collectivité ou le groupement délibère sur ses relations avec la société d'économie mixte locale » ; aux termes du 12e al. du même art. : « Toutefois, ils ne peuvent participer aux commissions d'appel d'offres ou aux commissions d'attribution de délégations de service public de la collectivité territoriale ou du groupement lorsque la société d'économie mixte locale est candidate à l'attribution d'un marché public ou d'une délégation de service public dans les conditions prévues aux art. L. 1411-1 et suivants ». Les conventions passées entre les collectivités territoriales ou leurs groupements avec une société d'économie mixte locale portent sur des relations entre ces collectivités ou leurs groupements et la société d'économie mixte locale au sens du 11e al. de l'art. L.1524-4 CGCT ; s'il résulte des dispositions du 12e al. de ce même art. que les élus agissant au sein de la société d'économie mixte locale comme mandataires des collectivités ou de leurs groupements, et exerçant les fonctions de membre ou de président du conseil d'administration, de président-directeur général ou de membre ou de président du conseil de surveillance, ne peuvent pas participer aux commissions d'appel d'offres des marchés publics ou aux commissions d'attribution de délégations de service public, en revanche, ils ne peuvent être regardés comme « intéressés », au sens de l'art. L. 2131-11 du même code, du seul fait de leurs fonctions, lorsqu'ils délibèrent sur un projet de convention portant attribution à cette société d'un marché public, d'une délégation de service public ou d'une convention d'aménagement. • CE 10 déc. 2012, ⚖ *M. Auclair,* nº 354044 B : *Rev. CMP 2013, nº 4, note Devillers ; BJCP 2013. 89, concl. Pellissier ; AJDA 2013. 1059, note Devès* ✎.

Art. L. 1411-7 *(L. nº 2001-1168 du 11 déc. 2001, art. 3)* **« Deux mois au moins après la saisine de la commission prévue à l'article L. 1411-5, l'assemblée délibérante se prononce sur le choix du délégataire et »** *(Ord. nº 2018-1074 du 26 nov. 2018, art. 6 et 20, en vigueur le 1er avr. 2019)* **« la convention de délégation de service public ».**

Les documents sur lesquels se prononce l'assemblée délibérante doivent lui être transmis quinze jours au moins avant sa délibération. – *[L. nº 93-122 du 29 janv. 1993, art. 44.]*

Sur l'entrée en vigueur des dispositions issues de l'Ord. nº 2018-1074 du 26 nov. 2018, V. note ss. art. L. 1311-2, App. Partie I.

....

Art. L. 1411-9 *(Ord. nº 2018-1074 du 26 nov. 2018, art. 6 et 20, en vigueur le 1er avr. 2019)* **« L'autorité territoriale transmet au représentant de l'État dans le département ou, le cas échéant, à son délégué dans l'arrondissement, ou au représentant de l'État dans la région, les délégations de service public des collectivités territoriales, en application des articles L. 2131-2, L. 3131-2 et L. 4141-2 du présent code. »** *(Ord. nº 2016-65 du 29 janv. 2016, art. 58, en vigueur le 1er avr. 2016)* **« Elle joint l'ensemble des pièces dont la liste est fixée par décret en Conseil d'État dans un délai de quinze jours à compter de la signature du contrat. »** – *V. art. R. 2131-5.*

Elle certifie, par une mention apposée sur la convention notifiée au titulaire de la délégation, que celle-ci a bien été transmise, en précisant la date de cette transmission.

Elle informe, dans un délai de quinze jours, le représentant de l'État dans le département ou son délégué dans l'arrondissement de la date de notification de cette convention. – *[C. communes, art. L. 314-1.]*

Sur l'entrée en vigueur des dispositions issues de l'Ord. nº 2018-1074 du 26 nov. 2018, V. note ss. art. L. 1311-2, App., Partie I.

Art. L. 1411-10 **Les dispositions des articles L. 1411-1 à L. 1411-9** *(Abrogé par Ord. nº 2018-1074 du 26 nov. 2018, art. 6 et 20, à compter du 1er avr. 2019)* ***« et L. 1411-11 »*** **s'appliquent aux groupements des collectivités territoriales et aux autres établissements publics de ces collectivités.** – *[L. nº 93-122 du 29 janv. 1993, art. 46-IV.]*

Sur l'entrée en vigueur des dispositions issues de l'Ord. nº 2018-1074 du 26 nov. 2018, V. note ss. art. L. 1311-2, App., Partie I.

....

Art. L. 1411-13 **Dans les communes de 3 500 habitants et plus, les documents relatifs à l'exploitation des services publics délégués, qui doivent être remis à la commune en appli-**

cation de conventions de délégation de service public, à l'exception de ceux mentionnés *(Ord. n° 2016-65 du 29 janv. 2016, art. 58, en vigueur le 1er avr. 2016)* « à l'article L. 311-5 du code des relations entre le public et l'administration », sont mis à la disposition du public sur place à la mairie et, le cas échéant, à la mairie annexe, dans les quinze jours qui suivent leur réception par voie d'affiche apposée. Le public est avisé par le maire de cette réception par voie d'affiche apposée en mairie et aux lieux habituels d'affichage pendant au moins un mois. – *[C. communes, art. L. 321-6.]*

Art. L. 1411-14 Les dispositions de l'article L. 1411-13 s'appliquent aux établissements publics administratifs des communes de 3 500 habitants et plus, aux établissements publics de coopération intercommunale et aux syndicats mixtes mentionnés à l'article L. 5711-1, qui comprennent au moins une commune de 3 500 habitants et plus.

Le lieu de mise à la disposition du public est le siège de l'établissement *(L. n° 2015-991 du 7 août 2015, art. 122-1°)* « public administratif, » de l'établissement public de coopération intercommunale ou du syndicat mixte. – *[L. n° 92-125 du 6 févr. 1992, art. 15.]*

(L. n° 2015-991 du 7 août 2015, art. 122-2°) « Lorsqu'une demande de consultation est présentée à la mairie de l'une des communes membres d'un établissement public de coopération intercommunale ou d'un syndicat mixte mentionnés au premier alinéa, celui-ci transmet, sans délai, les documents à la commune concernée, qui les met à la disposition du demandeur. Cette transmission peut se faire par voie électronique. »

Art. L. 1411-15 Les dispositions de l'article L. 1411-13 sont applicables aux départements. Le lieu de mise à disposition du public est l'hôtel du département. Ces documents peuvent également être mis à la disposition du public dans chaque canton, dans un lieu public. – *[L. du 10 août 1871, art. 67, al. 2.]*

Art. L. 1411-16 Les dispositions de l'article L. 1411-13 sont applicables aux régions. Le lieu de mise à disposition du public est l'hôtel de la région. Ces documents peuvent également être mis à la disposition du public dans chaque département, dans un lieu public. – *[L. n° 72-619 du 5 juill. 1972, art. 6, al. 9 et 10.]*

Art. L. 1411-17 Les dispositions prévues aux articles L. 1411-15 et L. 1411-16 s'appliquent également aux établissements publics de coopération interdépartementale, aux établissements publics de coopération interrégionale et aux syndicats mixtes mentionnés à l'article L. 5721-2 qui comprennent au moins un département ou une région. Le lieu de mise à disposition est le siège de l'établissement et les hôtels des départements et des régions membres. – *[L. n° 92-125 du 6 févr. 1992, art. 16-III.]*

Art. L. 1411-18 Les conventions relatives à des délégations de service public peuvent être transmises par le représentant de l'État dans le département à la chambre régionale des comptes. Il en informe l'autorité territoriale concernée. La chambre régionale des comptes examine cette convention. Elle formule ses observations dans un délai d'un mois à compter de sa saisine. L'avis de la chambre régionale des comptes est transmis à la collectivité territoriale ou à l'établissement public intéressé et au représentant de l'État. Les dispositions de *(Ord. n° 2016-1360 du 13 oct. 2016, art. 51-I et 52, en vigueur le 1er mai 2017)* « l'article L. 244-1 du code des juridictions financières » sont applicables. L'assemblée délibérante est informée de l'avis de la chambre régionale des comptes dès sa plus proche réunion. – *[L. n° 96-142 du 21 févr. 1996, art. 4-XVI et XVII ; CJF, art. L. 234-1.]*

Les dispositions issues de l'Ord. n° 2016-1360 du 13 oct. 2016 entrent en vigueur le lendemain de la publication au JO du décret en Conseil d'État relatif à la partie réglementaire du CJF, et au plus tard le 1er juill. 2017. Il s'agit du Décr. n° 2017-671 du 28 avr. 2017 publié au JO du 30 avr.

Art. L. 1411-19 *(L. n° 2010-559 du 28 mai 2010, art. 2-II)* Les assemblées délibérantes des collectivités territoriales et de leurs groupements se prononcent sur le principe de toute délégation de service public à une société publique locale *(L. n° 2014-744 du 1er juill. 2014, art. 3-1°)* « ou à une société d'économie mixte à opération unique », le cas échéant après avoir recueilli l'avis de la commission consultative des services publics locaux prévue à l'article L. 1413-1. Elles statuent au vu d'un rapport qui présente le document contenant les caractéristiques des prestations *(L. n° 2014-744 du 1er juill. 2014, art. 3-2°)* « déléguées ».

…………………………………………………………………………………………

Art. L. 1413-1 Les régions, *(Ord. n° 2016-1562 du 21 nov. 2016, art. 31 et 35, en vigueur le 1er janv. 2018)* « la collectivité de Corse, » les départements, les communes de plus de 10 000 habitants, les établissements publics de coopération intercommunale de plus de 50 000 habitants et les syndicats mixtes comprenant au moins une commune de plus de

10 000 habitants créent une commission consultative des services publics locaux pour l'ensemble des services publics qu'ils confient à un tiers par convention de délégation de service public ou qu'ils exploitent en régie dotée de l'autonomie financière. *(L. nº 2006-1772 du 30 déc. 2006, art. 58)* « Les établissements publics de coopération intercommunale dont la population est comprise entre 20 000 et 50 000 habitants peuvent créer une commission consultative des services publics locaux dans les mêmes conditions. »

Cette commission, présidée par le maire, le président du conseil départemental, le président du conseil régional, *(Ord. nº 2016-1562 du 21 nov. 2016, art. 31 et 35, en vigueur le 1er janv. 2018)* « le président du conseil exécutif pour la collectivité de Corse, » le président de l'organe délibérant, ou leur représentant, comprend des membres de l'assemblée délibérante ou de l'organe délibérant, désignés dans le respect du principe de la représentation proportionnelle, et des représentants *(L. nº 2022-217 du 21 févr. 2022, art. 6)* « des usagers et des habitants intéressés à la vie des services publics locaux », nommés par l'assemblée délibérante ou l'organe délibérant. En fonction de l'ordre du jour, la commission peut, sur proposition de son président, inviter à participer à ses travaux, avec voix consultative, toute personne dont l'audition lui paraît utile.

La majorité des membres de la commission peut demander l'inscription à l'ordre du jour de toute proposition relative à l'amélioration des services publics locaux.

La commission examine chaque année sur le rapport de son président :

1º Le rapport, mentionné à l'article L. 1411-3, établi par le délégataire de service public ;

2º Les rapports sur le prix et la qualité du service public d'eau potable, sur les services d'assainissement *(Abrogé par L. nº 2015-992 du 17 août 2015, art. 98) « et sur les services de collecte, d'évacuation ou de traitement des ordures ménagères »* visés à l'article L. 2224-5 ;

3º Un bilan d'activité des services exploités en régie dotée de l'autonomie financière ;

(Ord. nº 2018-1074 du 26 nov. 2018, art. 6 et 20, en vigueur le 1er avr. 2019) « 4º Le rapport mentionné à l'article L. 2234-1 du code de la commande publique établi par le titulaire d'un marché de partenariat. »

Elle est consultée pour avis par l'assemblée délibérante ou par l'organe délibérant sur :

1º Tout projet de délégation de service public, avant que l'assemblée délibérante ou l'organe délibérant se prononce dans les conditions prévues par l'article L. 1411-4 ;

2º Tout projet de création d'une régie dotée de l'autonomie financière, avant la décision portant création de la régie ;

(Ord. nº 2004-559 du 17 juin 2004, art. 15, ratifiée par L. nº 2004-1343 du 9 déc. 2004, art. 78) « 3º Tout projet de partenariat avant que l'assemblée délibérante ou l'organe délibérant ne se prononce dans les conditions prévues à l'article L. 1414-2 ; »

(L. nº 2010-788 du 12 juill. 2010, art. 162) « 4º Tout projet de participation du service de l'eau ou de l'assainissement à un programme de recherche et de développement, avant la décision d'y engager le service. »

(L. nº 2006-1772 du 30 déc. 2006, art. 58, en vigueur le 1er janv. 2008) « Le président de la commission consultative des services publics locaux présente à son assemblée délibérante ou à son organe délibérant, avant le 1er juillet de chaque année, un état des travaux réalisés par cette commission au cours de l'année précédente. »

(L. nº 2007-1787 du 20 déc. 2007, art. 13) « Dans les conditions qu'ils fixent, l'assemblée délibérante ou l'organe délibérant peuvent charger, par délégation, l'organe exécutif de saisir pour avis la commission des projets précités. »

Sur l'entrée en vigueur des dispositions issues de l'Ord. nº 2018-1074 du 26 nov. 2018, V. note ss. art. L. 1311-2.

Art. L. 1612-8 Le budget primitif de la collectivité territoriale est transmis au représentant de l'État dans le département au plus tard quinze jours après le délai limite fixé pour son adoption par les articles L. 1612-2 et L. 1612-9. A défaut, il est fait application des dispositions de l'article L. 1612-2. — *[L. nº 96-142 du 21 févr. 1996, art. 4-I ; CJF, art. L. 232-7, L. 232-20 et L. 232-26.]*

Dans un délai de cinq ans suivant la promulgation de la L. nº 2015-991 du 7 août 2015, les collectivités territoriales et les EPCI à fiscalité propre de plus de 50 000 habitants transmettent au représentant de l'État leurs documents budgétaires par voie numérique, selon des modalités fixées par décret (L. préc., art. 107-III). — V. art. D. 1612-15-1.

Art. L. 2222-1 Dans les contrats portant concession de service public, les communes ainsi que les établissements publics communaux ne peuvent pas insérer de clauses par lesquelles le concessionnaire prend à sa charge l'exécution de travaux étrangers à l'objet de la concession. — *[C. communes, art. L. 324-2 issu de Décr. du 30 oct. 1935, art. 1er.]*

Art. L. 2222-2 Les contrats de travaux publics conclus par les collectivités mentionnées à l'article L. 2222-1 ne doivent pas contenir de clauses portant affermage d'une recette publique. — *[C. communes, art. L. 324-3 issu de Décr. du 30 oct. 1935, art. 2.]*

V. art. R. 2222-1 à R. 2222-6.

....

Art. L. 3241-2 Dans les contrats portant concession de service public, les départements, ainsi que les établissements publics départementaux, ne peuvent pas insérer de clauses par lesquelles le concessionnaire prend à sa charge l'exécution de travaux étrangers à l'objet de la concession. — *[Décr. du 30 oct. 1935, art. 1er.]*

Art. L. 3241-3 Les contrats de travaux publics conclus par les collectivités mentionnées au précédent article ne devront pas contenir de clauses portant affermage d'une recette publique. — *[Décr. du 30 oct. 1935, art. 2.]*

....

Art. R. 1410-1 *(Décr. no 2016-86 du 1er févr. 2016, art. 39 et 55, en vigueur le 1er avr. 2016)* Les contrats de concession des collectivités territoriales, de leurs groupements et de leurs établissements publics sont passés et exécutés conformément aux dispositions *(Décr. no 2018-1075 du 3 déc. 2018, art. 6 et 16, en vigueur le 1er avr. 2019)* « du code de la commande publique ».

Les dispositions issues du Décr. no 2018-1075 du 3 déc. 2018 s'appliquent : 1o aux marchés publics pour lesquels une consultation a été engagée ou un avis d'appel à la concurrence a été envoyé à la publication depuis le 1er avr. 2019. Elles ne s'appliquent pas aux marchés publics passés sur le fondement d'un accord-cadre ou dans le cadre d'un système d'acquisition dynamique lorsque la procédure en vue de la passation de cet accord ou de la mise en place de ce système d'acquisition dynamique a été engagée avant cette date ; 2o aux contrats de concession pour lesquels une consultation a été engagée ou un avis de concession a été envoyé à la publication depuis le 1er avr. 2019 (Décr. préc., art. 16).

Art. R. 1410-2 *(Décr. no 2016-86 du 1er févr. 2016, art. 39 et 55, en vigueur le 1er avr. 2016)* Les dispositions des articles D. 1411-3, D. 1411-4, D. 1411-5 et R. 1411-6 s'appliquent aux contrats de concession des collectivités territoriales, de leurs groupements et de leurs établissements publics.

....

Art. R. 1411-1 *(Décr. no 2016-86 du 1er févr. 2016, art. 39 et 55, en vigueur le 1er avr. 2016)* Les délégations de service public des collectivités territoriales, de leurs groupements et de leurs établissements publics sont passées et exécutées conformément aux dispositions *(Décr. no 2018-1075 du 3 déc. 2018, art. 6 et 16, en vigueur le 1er avr. 2019)* « du code de la commande publique ».

Sur l'entrée en vigueur des dispositions issues du Décr. no 2018-1075 du 3 déc. 2018, V. note ss. art. R. 1410-1.

....

Art. D. 1411-3 Les membres titulaires et suppléants de la commission chargée d'ouvrir les plis, prévue à l'article L. 1411-5, contenant les offres des candidats susceptibles d'être retenus comme *délégataires* d'un service public local sont élus au scrutin de liste suivant le système de la représentation proportionnelle avec application de la règle du plus fort reste sans panachage ni vote préférentiel. — *[Décr. no 93-1190 du 21 oct. 1993, art. 1er.]*

Art. D. 1411-4 Les listes peuvent comprendre moins de noms qu'il n'y a de sièges de titulaires et de suppléants à pourvoir.

En cas d'égalité de restes, le siège revient à la liste qui a obtenu le plus grand nombre de suffrages.

En cas d'égalité de suffrages, le siège est attribué au plus âgé des candidats susceptibles d'être proclamés élus. — *[Décr. no 93-1190 du 21 oct. 1993, art. 2.]*

Art. D. 1411-5 L'assemblée délibérante locale fixe les conditions de dépôt des listes. — *[Décr. no 93-1190 du 21 oct. 1993, art. 3.]*

Art. R. 1411-6 Le préfet qui saisit la chambre régionale des comptes d'une convention relative à une délégation de service public, en application de l'article L. 1411-18, joint à cette saisine, outre le texte intégral de l'acte, tous documents et renseignements utiles à son examen et relatifs à sa passation.

Les dispositions *(Décr. n° 2000-338 du 14 avr. 2000, art. 2)* « des articles *(Décr. n° 2013-268 du 29 mars 2013, art. 76)* « R. 244-1 », R. 263-13 et R. 263-41 du code des juridictions financières » ainsi que celles des articles R. 1612-8, R. 1612-12 et R. 1612-13, relatives au contrôle des actes budgétaires, sont applicables.

La chambre rend un avis motivé dans lequel elle examine notamment les modalités de passation, l'économie générale de la convention ainsi que son incidence financière sur la situation de la collectivité ou de l'établissement public concerné.

Cet avis est notifié au préfet ainsi qu'à la collectivité ou à l'établissement public intéressé. Il est communicable dès qu'a eu lieu la première réunion de l'assemblée délibérante suivant sa réception par la collectivité ou l'établissement public concerné. – *[Décr. n° 95-945 du 23 août 1995, art. 131.]*

....

Art. R. 1411-8 *(Décr. n° 2018-1075 du 3 déc. 2018, art. 6 et 16, en vigueur le 1er avr. 2019)* Pour l'application du 7° de l'article L. 2313-1, le rapport mentionné à l'article L. 3131-5 du code de la commande publique est joint au compte administratif.

Sur l'entrée en vigueur des dispositions issues du Décr. n° 2018-1075 du 3 déc. 2018, V. note ss. art. R. 1410-1.

Code des transports

Contrats de service public

Art. L. 2121-16 *(L. n° 2018-515 du 27 juin 2018, art. 14)* L'autorité organisatrice de transport communique aux opérateurs économiques participant à la procédure de passation d'un contrat de service public les informations utiles pour préparer une offre dans le cadre d'une procédure de mise en concurrence. Un décret en Conseil d'État, pris après avis de l'Autorité de régulation des transports, détermine les catégories d'informations concernées et les conditions dans lesquelles des informations couvertes par le secret des affaires peuvent, si cela est strictement nécessaire pour éviter des distorsions de concurrence, être communiquées, de façon à en protéger la confidentialité.

....

Art. L. 2121-17-1 *(Ord. n° 2018-1135 du 12 déc. 2018, art. 2)* Sans préjudice des dispositions du règlement n° 1370/2007 du Parlement européen et du Conseil du 23 octobre 2007 relatif aux services publics de transport de voyageurs par chemin de fer et par route et abrogeant les règlements (CEE) n° 1191/69 et (CEE) n° 1107/10 du Conseil, les contrats de service public relatifs à des services de transport ferroviaire de voyageurs, à l'exception des contrats attribués en application du paragraphe 2 de l'article 5 dudit règlement, sont passés et exécutés dans les conditions suivantes :

1° Les dispositions du premier alinéa de l'article L. 3114-1, des articles L. 3114-4 et L. 3114-6 du code de la commande publique ainsi que celles du titre III du livre I de sa troisième partie sont applicables à l'exception des articles L. 3134-1 à L. 3134-3 ;

2° Par dérogation aux dispositions des articles L. 3132-4 à L. 3132-6 et L. 3136-10 du code de la commande publique et sauf stipulation contractuelle contraire, les biens apportés par l'attributaire pour l'exécution d'un contrat de service public et concourant, dès l'origine, concomitamment et substantiellement à l'exploitation de services de transport ferroviaire de voyageurs ne faisant pas l'objet d'un contrat de service public n'entrent pas dans la propriété de l'autorité organisatrice pendant la durée du contrat ou à son terme.

L'alinéa précédent ne s'applique pas aux biens immobiliers construits sur des terrains appartenant à ladite autorité organisatrice ;

3° Sans préjudice des dispositions prévues au 1°, lorsque ces contrats sont attribués après *publicité et mise en concurrence* et sauf dans le cas où ils sont attribués après des négociations avec un seul opérateur en application de la procédure prévue à l'article 5, paragraphe 3 *ter* du même règlement, les dispositions des titres I et II du livre I de la troisième partie du code de la commande publique, à l'exception des articles L. 3113-1 à L. 3113-3, du second alinéa de l'article L. 3114-1, des articles L. 3114-2, L. 3114-3, L. 3114-7 à L. 3114-10 sont applicables. Par ailleurs, le dossier de la consultation des entreprises peut prévoir que la procédure de passation, avant une éventuelle négociation, soit structurée en une ou plusieurs étapes successives de nature à permettre à l'autorité organisatrice de dialoguer avec les candidats admis à participer, en vue de définir ou développer les solutions de nature à répondre à ses besoins et sur la base desquelles ces candidats seront invités à remettre une offre ;

4° Pour l'application des dispositions du code de la commande publique, les termes "contrat de service public relatif à des services de transport ferroviaire de voyageurs" s'entendent comme "contrat de concession", les termes "autorité organisatrice" s'entendent comme "autorité concédante" et les termes "titulaire d'un contrat de service public" s'entendent comme "le concessionnaire" ;

5° Lorsque s'applique l'article. L. 2121-20, l'autorité organisatrice s'assure que le délai entre l'attribution du contrat de service public et la date de changement effectif d'attributaire est compatible avec les délais associés à la procédure de transfert des contrats de travail prévue par la section 3 du présent chapitre.

Les conditions d'application du présent article sont définies par décret en Conseil d'État.

Les dispositions des art. L. 2121-17-1 et L. 2121-17-2 C. transp. et des art. L. 2522-1 et L. 3222-1 CCP entrent en vigueur le 1er avr. 2019. Elles s'appliquent aux contrats de service public ferroviaire de transport de voyageurs pour lesquels le lancement de l'attribution directe ou de la mise en concurrence au sens du Règl. (CE) no 1370/2007 du 23 oct. 2007 relatif aux services publics de transport de voyageurs par chemin de fer et par route intervient après cette date. Par dérogation à ce qui précède, ces dispositions ne s'appliquent pas : 1o Aux conventions conclues avant le 25 déc. 2023 en application des art. L. 2141-1, L. 2121-4 ou L. 2121-6 C. transp., dans leur rédaction en vigueur au jour de la publication de l'Ord. no 2018-1135 du 12 déc. 2018 (JO 13 déc.) ; 2o Aux conventions conclues en application de l'art. L. 2141-1 C. transp. dans sa rédaction en vigueur au jour de la publication de l'Ord. no 2018-1135 du 12 déc. 2018 (JO 13 déc.) et mentionnées aux I et II de l'art. L. 1241-7-1 du même code (Ord. préc., art. 2-III).

Art. L. 2121-17-2 *(Ord. no 2018-1135 du 12 déc. 2018, art. 2)* I. — Sans préjudice des dispositions de l'article L. 2121-17-1, les contrats de service public des collectivités territoriales ainsi que de leurs groupements et de leurs établissements publics au sein desquels les collectivités sont majoritaires relatifs à des services de transport ferroviaire de voyageurs, à l'exception des contrats attribués en application du paragraphe 2 de l'article 5 du règlement n° 1307/2007 du 23 octobre 2007, sont passés et exécutés dans les conditions suivantes :

1° Les dispositions des articles L. 1411-3, L. 1411-4, L. 1411-6, L. 1411-9, L. 1411-16 à L. 1411-19 et L. 1413-1 du code général des collectivités territoriales sont applicables, à l'exclusion de tout autre article des chapitres préliminaire, I, III et IV du titre I du livre IV de la première partie du même code ;

2° Sans préjudice des dispositions prévues à l'alinéa précédent, lorsque les contrats relèvent du 3° de l'article L. 2121-17-1, les dispositions des articles L. 1411-5 et L. 1411-7 du même code sont applicables.

II. — Pour la mise en œuvre du présent article, les termes "délégation de service public", "contrat de délégation" et "convention de délégation de service public" s'entendent comme "contrat de service public" et le terme "délégataire" s'entend comme "attributaire".

V. note ss. art. L. 2121-17-1.

Art. L. 2121-17-3 *(Ord. no 2018-1135 du 12 déc. 2018, art. 2)* Les obligations de service public spécifiées dans les contrats prennent en compte :

1° Pour les services d'intérêt national, le schéma national des services de transport mentionné à l'article L. 1212-3-1 ;

2° Pour les services d'intérêt régional, le schéma régional d'aménagement, de développement durable et d'égalité des territoires mentionné à l'article L. 4251-1 du code général des collectivités territoriales, lorsque les régions sont tenues d'élaborer un tel schéma ;

3° Pour les services de transport ferroviaire de voyageurs mentionnés à l'article L. 1241-1, le schéma directeur de la région d'Ile-de-France mentionné à l'article L. 141-1 du code de l'urbanisme ;

4° Pour les services organisés par la collectivité territoriale de Corse, le plan d'aménagement et de développement durable de Corse mentionné à l'article L. 4424-9 du code général des collectivités territoriales.

III TEXTES RELATIFS À DES CONCESSIONS PARTICULIÈRES

A. CONCESSIONS DE PLAGE

BIBL. ▶ CHAREL et BONNIEU, Les concessions de plage face à deux écueils, *ACCP nov. 2006, p. 51.* – DELACOUR, Nouveau régime pour les concessions de plage (comm. du décret n° 2006-608 du 26 mai 2006 relatif aux concessions de plage), *Rev. CMP 2006, n° 200.* LINDITCH, Droit du sable ou droit au sable ? A propos du décret relatif aux concessions de plage, *JCP Adm. 2006. 1145.* – MAUGÜÉ, La réaffirmation du caractère exceptionnel de l'occupation privative des plages (comm. du décret n° 2006-608 du 26 mai 2006 relatif aux concessions de plage), *AJDA 2006. 1496* .

Code de l'environnement

Art. L. 321-9 *(Ord. n° 2006-460 du 21 avr. 2006, art. 3-VI)* **L'accès des piétons aux plages est libre sauf si des motifs justifiés par des raisons de sécurité, de défense nationale ou de protection de l'environnement nécessitent des dispositions particulières.**

L'usage libre et gratuit par le public constitue la destination fondamentale des plages au même titre que leur affectation aux activités de pêche et de cultures marines.

Sauf autorisation donnée par le préfet, après avis du maire, la circulation et le stationnement des véhicules terrestres à moteur autres que les véhicules de secours, de police et d'exploitation sont interdits, en dehors des chemins aménagés, sur le rivage de la mer et sur les dunes et plages appartenant au domaine public ou privé des personnes publiques lorsque ces lieux sont ouverts au public.

Les concessions de plage sont accordées dans les conditions fixées à l'article L. 2124-4 du code général de la propriété des personnes publiques. Elles préservent la libre circulation sur la plage et le libre usage par le public d'un espace d'une largeur significative tout le long de la mer.

Sur les concessions de plage, V. CGPPP, art. R. 2124-13 s. — ***CGPPP****.*

Sur l'accès aux rivages et aux plages, V. aussi C. tourisme, art. L. 341-14 s., D. 341-6. — ***C. tourisme****.*

V. aussi Décr. n° 2015-1675 du 15 déc. 2015 portant approbation du schéma d'aménagement de la plage de Pampelonne à Ramatuelle (Var) (JO 17 déc.).

Code de la propriété des personnes publiques

Art. L. 2124-4 I. — L'accès des piétons aux plages et leur usage libre et gratuit par le public sont régis par les dispositions de l'article L. 321-9 du code de l'environnement.

II. — Les concessions de plage sont accordées ou renouvelées après enquête publique *(L. n° 2010-788 du 12 juill. 2010, art. 240-VI)* **« réalisée conformément au chapitre III du titre II du livre I du code de l'environnement ». Elles respectent les principes énoncés à l'article L. 321-9 du même code.**

Tout contrat de concession doit déterminer la largeur de l'espace mentionné au dernier alinéa de l'article L. 321-9 du même code en tenant compte des caractéristiques des lieux.

Les concessions sont accordées par priorité *(L. n° 2014-58 du 27 janv. 2014, art. 44)* **« aux métropoles et, en dehors du territoire de celles-ci, » aux communes ou groupements de communes ou, après leur avis si** *(L. n° 2014-58 du 27 janv. 2014, art. 44)* **« les métropoles, communes ou groupements » renoncent à leur priorité, à des personnes publiques ou privées après publicité et mise en concurrence préalable. Les éventuels sous-traités d'exploitation sont également accordés après publicité et mise en concurrence préalable.**

Les concessions de plage et les sous-traités d'exploitation sont portés à la connaissance du public par le concessionnaire.

III. — Un décret en Conseil d'État fixe les modalités d'application du présent article. — V. art. R. 2124-13 à R. 2124-38.

....

Art. R. 2124-13 L'État peut accorder sur le domaine public maritime des concessions ayant pour objet l'aménagement, l'exploitation et l'entretien de plages.

Le concessionnaire est autorisé à occuper une partie de l'espace concédé, pour y installer et exploiter des activités destinées à répondre aux besoins du service public balnéaire. Ces activités doivent avoir un rapport direct avec l'exploitation de la plage et être compatibles avec le maintien de l'usage libre et gratuit des plages, les impératifs de préservation des sites et paysages du littoral et des ressources biologiques ainsi qu'avec la vocation des espaces terrestres avoisinants.

La durée de la concession ne peut excéder douze ans. – *[Décr. n° 2006-608 du 26 mai 2006, art. 1er-I.]*

Art. R. 2124-14 Le concessionnaire peut confier à un ou plusieurs sous-traitants, par des conventions d'exploitation, tout ou partie des activités mentionnées à l'article R. 2124-13 ainsi que la perception des recettes correspondantes. Dans ce cas, le concessionnaire demeure personnellement responsable, tant envers l'État qu'envers les tiers, de l'accomplissement de toutes les obligations de surveillance, d'équipement, de conservation et d'entretien que lui impose le contrat de concession.

La date d'échéance des conventions d'exploitation ne doit pas dépasser celle de la concession. – *[Décr. n° 2006-608 du 26 mai 2006, art. 1er-II.]*

Art. R. 2124-15 Aucune autorisation d'occupation temporaire ne peut être délivrée sur les plages concédées, dans les limites communales, pour une ou des activités ayant un rapport direct avec l'exploitation de la plage. – *[Décr. n° 2006-608 du 26 mai 2006, art. 1er-III.]*

Art. R. 2124-16 Les concessions accordées sur les plages doivent respecter, outre les principes énoncés à l'article L. 321-9 du code de l'environnement, les règles de fond précisées aux alinéas suivants.

Un minimum de 80 % de la longueur du rivage, par plage, et de 80 % de la surface de la plage, dans les limites communales, doit rester libre de tout équipement et installation. Dans le cas d'une plage artificielle, ces limites ne peuvent être inférieures à 50 %. La surface à prendre en compte est la surface à mi-marée.

Seuls sont permis sur une plage les équipements et installations démontables ou transportables ne présentant aucun élément de nature à les ancrer durablement au sol et dont l'importance et le coût sont compatibles avec la vocation du domaine et sa durée d'occupation. Les équipements et installations implantés doivent être conçus de manière à permettre, en fin de concession, un retour du site à l'état initial. Leur localisation et leur aspect doivent respecter le caractère des sites et ne pas porter atteinte aux milieux naturels. Toutefois, les installations sanitaires publiques et les postes de sécurité peuvent donner lieu à des implantations fixes, sauf dans un espace remarquable au sens de l'article *(Décr. n° 2015-1783 du 28 déc. 2015, art. 9-VII-5°, en vigueur le 1er janv. 2016)* « L. 121-23 du code de l'urbanisme ».

Les installations autorisées sont déterminées en fonction de la situation et de la fréquentation de la plage ainsi que du niveau des services offerts dans le proche environnement.

La surface de la plage concédée doit être libre de tout équipement et installation démontable ou transportable en dehors d'une période, définie dans la concession, qui ne peut excéder six mois, sous réserve des dispositions des articles R. 2124-17 à R. 2124-19 du présent code. – *[Décr. n° 2006-608 du 26 mai 2006, art. 2.]*

Art. R. 2124-17 Dans les stations classées au sens des articles R. 133-37 à R. 133-41 du code du tourisme, la période définie dans la concession peut, si la commune d'implantation de la concession s'y est déclarée favorable par une délibération motivée au regard de la fréquentation touristique, être étendue au maximum à huit mois par an. – *[Décr. n° 2006-608 du 26 mai 2006, art. 3-I.]*

Art. R. 2124-18 Sur le territoire des stations classées mentionnées à l'article R. 2124-17, disposant depuis plus de deux ans d'un office de tourisme classé 4 étoiles au sens de l'article D. 133-20 du code du tourisme et justifiant de l'ouverture par jour, en moyenne sur une période comprise entre le 1er décembre et le 31 mars, de plus de 200 chambres d'hôtels classés au sens de l'article L. 311-6 du même code, le concessionnaire peut demander au préfet un agrément, valable pour la durée de la concession, pour autoriser le maintien en place, au-delà de la période d'exploitation définie dans la concession, des établissements de plage démontables ou transportables remplissant les conditions énumérées à l'article R. 2124-19 du présent code.

Le préfet peut délivrer cet agrément après que la commune d'implantation de la concession s'est déclarée favorable par une délibération motivée, dans les deux mois suivant la date de dépôt d'un dossier dont le contenu est défini par arrêté du ministre chargé de la gestion du domaine public maritime. – *[Décr. n° 2006-608 du 26 mai 2006, art. 3-II.]*

Art. R. 2124-19 Les concessionnaires qui ont reçu du préfet l'agrément prévu à l'article R. 2124-18 délivrent, au cas par cas et après avis conforme du préfet, des autorisations annuelles spéciales permettant le maintien sur la plage, en dehors de la période définie dans la concession, des établissements de plage démontables ou transportables situés en dehors d'un espace classé remarquable au sens de l'article *(Décr. n° 2015-1783 du 28 déc. 2015, art. 9-VII-5°, en vigueur le 1er janv. 2016)* « L. 121-23 du code de l'urbanisme » et qui remplissent les conditions suivantes :

1° Respecter une durée d'ouverture au moins égale à quarante-huit semaines consécutives dans l'année, quatre jours par semaine ;

2° Avoir déposé une demande accompagnée des pièces justificatives au plus tard trois mois avant la fin de la période d'exploitation définie dans la concession ;

3° Présenter, à la première demande, un dossier sur les caractéristiques techniques des aménagements et les conditions d'insertion paysagère dans l'environnement ;

4° Justifier la compatibilité du maintien de l'installation ou de l'équipement, en dehors de la période d'exploitation, avec l'action de la mer et du vent.

Le concessionnaire transmet le dossier au préfet qui donne son avis dans les deux mois. – *[Décr. n° 2006-608 du 26 mai 2006, art. 3-III.]*

Art. R. 2124-20 Les concessions et les conventions d'exploitation mentionnent qu'elles ne sont pas constitutives de droit réel au sens des articles L. 2122-5 à L. 2122-14.

Les concessions et les conventions d'exploitation n'entrent pas dans la définition du bail commercial énoncée aux articles L. 145-1 à L. 145-3 du code de commerce *[V. C. **baux**]* et ne confèrent pas la propriété commerciale à leurs titulaires.

Le concessionnaire et les sous-traitants éventuels prennent le domaine public concédé dans l'état où il se trouve le jour de la signature des conventions. Il est précisé dans ces conventions que ni le concessionnaire ni les sous-traitants ne peuvent réclamer d'indemnité à l'encontre de l'État en cas de modification de l'état de la plage ou de dégâts occasionnés aux installations du fait de l'action de la mer ou d'un autre phénomène naturel.

Les concessions et les conventions d'exploitation indiquent que la mise en œuvre par le préfet des mesures indispensables à la conservation du domaine public maritime n'ouvre pas droit à indemnité au profit du titulaire.

Les concessions ou conventions d'exploitation peuvent comporter une clause prévoyant, en cas de résiliation pour un motif d'intérêt général, l'indemnisation des investissements non encore amortis. L'amortissement est réputé effectué par annuités égales pendant la durée normale d'utilisation. – *[Décr. n° 2006-608 du 26 mai 2006, art. 4.]*

Art. R. 2124-21 Lorsque le préfet envisage de concéder une plage ou de renouveler une concession de plage ou est saisi d'une demande n'émanant pas de la commune ou du groupement de communes compétent, il informe la collectivité ou le groupement de communes intéressé, qui dispose d'un délai de deux mois à compter de cette notification pour faire valoir son droit de priorité. – *[Décr. n° 2006-608 du 26 mai 2006, art. 5-I.]*

Art. R. 2124-22 La commune ou le groupement de communes, qui a fait connaître dans ce délai sa décision d'exercer son droit de priorité dispose alors d'un délai de six mois pour adresser au préfet un dossier comportant :

1° Un plan de situation ;

2° Un plan d'aménagement de la concession délimitant notamment les espaces réservés à l'implantation d'activités exploitées directement par le concessionnaire ou confiés à des tiers par une convention d'exploitation, les réseaux et les accès ;

3° Une note exposant les modalités de mise en œuvre des principes énoncés à l'article R. 2124-16 et proposant une durée pour la période en dehors de laquelle la plage doit être libre de tout équipement et installation ;

4° Une note exposant les investissements devant être réalisés ainsi que les conditions financières d'exploitation annuelle ;

5° Une note exposant les aménagements prévus pour permettre l'accès sur la plage des personnes handicapées ou, si la commune ou le groupement de communes, invoquent l'impossibilité matérielle de satisfaire à cette exigence, l'exposé des motifs techniques le *justifiant ;*

6° Le dispositif matériel envisagé pour porter à la connaissance du public la concession de plage et les sous-traités d'exploitation éventuels. – *[Décr. n° 2006-608 du 26 mai 2006, art. 5-II.]*

Art. R. 2124-23 Le dossier est soumis à l'avis prévu à l'article R. 2124-25, puis fait l'objet d'une instruction administrative et d'une enquête publique dans les conditions prévues aux articles R. 2124-26 et R. 2124-27. – *[Décr. n° 2006-608 du 26 mai 2006, art. 5-III.]*

Art. R. 2124-24 Si la commune ou le groupement de communes ne fait pas valoir son droit de priorité ou ne donne pas suite à sa décision d'exercer ce droit, l'attribution de la concession de plage est soumise à la procédure prévue à l'article 38 de la loi nº 93-122 du 29 janvier 1993 relative à la prévention de la corruption et à la transparence de la vie économique et des procédures publiques. — *V. C. **marchés***.

Les candidats admis à présenter une offre adressent au préfet un dossier comportant les informations indiquées à l'article R. 2124-22.

Le projet choisi par le préfet est soumis à l'avis prévu à l'article R. 2124-25 puis à la procédure d'instruction administrative et à l'enquête publique prévues aux articles R. 2124-26 et R. 2124-27. Il est, en outre, soumis à l'avis de la commune ou du groupement de communes compétent lors de l'instruction administrative.

Lorsque le concessionnaire est une personne morale de droit privé, il désigne une personne physique responsable de l'exécution de la concession. S'il s'agit d'une entité dont le capital est réparti en parts ou actions, elle informe le préfet dans un délai d'un mois de toute modification dans son actionnariat ayant pour effet une modification du contrôle au sens de l'article L. 233-3 du code de commerce. — *[Décr. nº 2006-608 du 26 mai 2006, art. 6.]*

Art. R. 2124-25 Dès qu'il est saisi d'une demande de concession de plage, le préfet soumet cette demande à l'avis du préfet maritime ou du délégué du Gouvernement pour l'action de l'État en mer.

Cet avis est joint au dossier soumis à l'instruction administrative et à l'enquête publique prévues aux articles R. 2124-26 et R. 2124-27. — *[Décr. nº 2006-608 du 26 mai 2006, art. 7.]*

Art. R. 2124-26 Le projet de concession fait l'objet d'une instruction administrative conduite par le service chargé de la gestion du domaine public maritime.

Le service gestionnaire du domaine public maritime recueille l'avis du directeur départemental des finances publiques qui est en outre chargé de fixer les conditions financières de la concession.

Le préfet soumet le projet pour avis à la commission consultative départementale de sécurité et d'accessibilité lorsque la commune ou le groupement de communes invoque une impossibilité matérielle ne permettant pas l'accessibilité de tout ou partie de la plage et de ses installations ou équipements aux personnes handicapées ou qu'il estime que le projet n'apporte pas de réponse satisfaisante à l'obligation d'accès des personnes handicapées.

Le délai imparti pour rendre l'avis prévu à l'alinéa précédent est de deux mois. L'absence de réponse dans ce délai vaut avis favorable.

A l'issue de l'instruction administrative, le service gestionnaire du domaine public maritime transmet le dossier au préfet avec sa proposition et, le cas échéant, un projet de contrat de concession.

Lorsque le projet est situé dans un espace remarquable au sens de l'article *(Décr. nº 2015-1783 du 28 déc. 2015, art. 9-VII-5º, en vigueur le 1er janv. 2016)* « L. 121-23 du code de l'urbanisme », il ne peut être autorisé qu'après avis de la commission départementale compétente en matière de nature, paysages et sites. — *[Décr. nº 2006-608 du 26 mai 2006, art. 8.]*

Art. R. 2124-27 Le projet de concession ou le renouvellement d'une concession existante fait l'objet, préalablement à son approbation, d'une enquête publique menée dans les formes prévues par les articles R. 123-1 à *(Décr. nº 2011-2018 du 29 déc. 2011, art. 13)* « R. 123-27 » du code de l'environnement. Le dossier soumis à l'enquête comprend obligatoirement :

1º Le projet de concession ;

2º Les pièces énumérées à l'article R. 2124-22 du présent code ;

3º Les conditions financières de la concession fixées par le directeur départemental des finances publiques ;

4º L'avis du préfet maritime ou du délégué du Gouvernement pour l'action de l'État en mer ;

5º Les avis recueillis lors de l'instruction administrative ;

6º L'avis du service gestionnaire du domaine public maritime qui a clos cette instruction. — *[Décr. nº 2006-608 du 26 mai 2006, art. 9.]*

Les dispositions du Décr. nº 2011-2018 du 29 déc. 2011 sont applicables aux enquêtes publiques dont l'arrêté d'ouverture et d'organisation est publié à compter du 1er juin 2012 (Décr. préc., art. 17).

Art. R. 2124-28 A l'issue de l'enquête publique, le préfet se prononce sur la demande de concession. S'il décide, nonobstant l'avis défavorable du commissaire enquêteur ou de la commission d'enquête, d'accorder la concession, son arrêté doit être motivé.

Le préfet adresse copie de la concession au directeur départemental des finances publiques. – *[Décr. n° 2006-608 du 26 mai 2006, art. 10.]*

En application du 4° du I de l'art. 21 de la L. n° 2000-321 du 12 avr. 2000, le silence gardé par l'administration, au terme d'un délai de deux mois, vaut rejet pour les demandes de concession de plage (V. Décr. n° 2014-1282 du 23 oct. 2014, applicable aux demandes formulées à compter du 12 nov. 2014).

Art. R. 2124-29 Le concessionnaire présente chaque année à l'État, dans les formes prévues à l'article 40-1 de la loi n° 93-122 du 29 janvier 1993 relative à la prévention de la corruption et à la transparence de la vie économique et des procédures publiques *[V. **C. marchés** 🏛]*, un rapport comportant notamment les comptes financiers tant en investissement qu'en fonctionnement, retraçant les opérations afférentes à la concession de la plage ainsi qu'une analyse du fonctionnement de la concession, en particulier au regard de l'accueil du public et de la préservation du domaine. Il comporte également, le cas échéant, les rapports mentionnés aux articles R. 2124-31 et R. 2124-32. – *[Décr. n° 2006-608 du 26 mai 2006, art. 11.]*

Art. R. 2124-30 Si la concession de plage se situe à l'intérieur de la circonscription d'un grand port maritime ou d'un port autonome, le directoire du grand port maritime ou le directeur du port autonome agit en tant qu'autorité concédante. Le directoire du grand port maritime ou le conseil d'administration du port autonome fixe les conditions financières de la concession. – *[Décr. n° 2006-608 du 26 mai 2006, art. 12.]*

Art. R. 2124-31 Lorsque le concessionnaire est une collectivité territoriale ou un groupement de collectivités territoriales et qu'il décide de faire usage de la possibilité prévue à l'article R. 2124-14, il soumet les conventions d'exploitation à la procédure décrite aux articles L. 1411-1 à L. 1411-10 et L. 1411-13 à L. 1411-18 du code général des collectivités territoriales.

Lorsque le concessionnaire dresse la liste des candidats admis à présenter une offre, il examine, outre leurs garanties professionnelles et financières, leur aptitude à assurer l'accueil du public pendant la période d'exploitation ainsi que la préservation du domaine.

Les projets de convention d'exploitation sont soumis pour accord au préfet préalablement à leur signature par le concessionnaire. L'absence de réponse du préfet dans un délai de deux mois vaut accord.

Le rapport prévu à l'article L. 1411-3 du code général des collectivités territoriales précise notamment les conditions d'accueil du public et de préservation du domaine. – *[Décr. n° 2006-608 du 26 mai 2006, art. 13.]*

Art. R. 2124-32 Lorsque le concessionnaire est une personne autre qu'une collectivité territoriale ou un groupement de collectivités territoriales et qu'il décide de faire usage de la possibilité prévue à l'article R. 2124-14, il soumet les conventions d'exploitation à une procédure de publicité permettant la présentation de plusieurs offres concurrentes.

Cette exigence de publicité est satisfaite par l'insertion d'une mention dans une publication habilitée à recevoir des annonces légales diffusée localement et dans une publication spécialisée correspondant au secteur économique concerné. Elle précise la date limite de présentation des offres de candidature, les modalités de présentation de ces offres et mentionne les caractéristiques essentielles des conventions d'exploitation envisagées.

Lorsque le concessionnaire dresse la liste des candidats admis à présenter une offre, il examine, outre leurs garanties professionnelles et financières, leur aptitude à assurer l'accueil du public pendant la durée d'ouverture autorisée ainsi que la préservation du domaine.

Les offres ainsi présentées sont librement négociées par le concessionnaire qui, au terme de ces négociations, procède au choix d'un sous-traitant.

Les projets de convention d'exploitation sont soumis pour accord au préfet préalablement à leur signature par le concessionnaire. L'absence de réponse du préfet dans un délai de deux mois vaut accord.

Les conventions d'exploitation précisent que les sous-traitants adressent chaque année au concessionnaire un rapport qui comporte notamment les comptes financiers tant en investissement qu'en fonctionnement afférents à la convention d'exploitation de la plage ainsi qu'une analyse du fonctionnement de cette convention, en particulier au regard de l'accueil du public et de la préservation du domaine. – *[Décr. n° 2006-608 du 26 mai 2006, art. 14.]*

Art. R. 2124-33 Le sous-traitant de plage peut être une personne morale, de droit public ou de droit privé, ou une personne physique ainsi que, le cas échéant, un groupe de personnes physiques détenant en indivision les équipements ou installations de plage et limité aux conjoints ou aux personnes unies par un pacte civil de solidarité ainsi qu'à leurs ascendants et descendants directs.

Lorsque le sous-traitant de plage est une personne morale de droit privé, il désigne une personne physique responsable de l'exécution de la convention d'exploitation. S'il s'agit d'une entité dont le capital est réparti en parts ou actions, elle informe le concessionnaire et le préfet dans un délai d'un mois de toute modification dans son actionnariat ayant pour effet une modification du contrôle au sens de l'article L. 233-3 du code de commerce.

Lorsque le sous-traitant de plage est un groupe de personnes physiques, ce dernier désigne, en son sein, une personne responsable de l'exécution de la convention d'exploitation. – *[Décr. nº 2006-608 du 26 mai 2006, art. 15.]*

Art. R. 2124-34 Le concessionnaire peut préciser dans la convention d'exploitation de plage que le sous-traitant de plage, personne physique, peut transférer la convention d'exploitation à son conjoint ou à la personne à laquelle il est lié par un pacte civil de solidarité ou à l'un de ses descendants ou ascendants pour la durée de la convention restant à courir. Tout transfert doit faire l'objet d'un accord préalable du concessionnaire.

La convention d'exploitation peut également prévoir qu'en cas de décès du sous-traitant de plage personne physique, son conjoint, ses ascendants et descendants peuvent, dans un délai de six mois et à condition d'en faire la demande au concessionnaire, s'entendre pour transférer à l'un ou plusieurs d'entre eux la convention d'exploitation pour la durée restant à courir. Faute d'accord entre eux, à l'issue de ce délai, le concessionnaire déclare la vacance de la convention d'exploitation.

La convention d'exploitation précise que le concessionnaire, dans tous les cas nécessitant son accord, dispose d'un délai de deux mois pour faire connaître son assentiment. L'absence de réponse dans ce délai vaut accord.

Le concessionnaire informe le préfet de toute modification de la convention d'exploitation initiale et, le cas échéant, de son refus du changement sollicité en vertu des alinéas précédents par le sous-traitant ou ses ayants droit. – *[Décr. nº 2006-608 du 26 mai 2006, art. 16.]*

Art. R. 2124-35 Les concessions de plage peuvent être résiliées sans indemnité à la charge de l'État par décision motivée du préfet, après mise en demeure et après que le concessionnaire a été mis en mesure de présenter ses observations, en cas de manquement du concessionnaire à ses obligations, et notamment :

1º En cas de non-respect des stipulations de la concession, notamment des clauses relatives au paiement d'une redevance domaniale ;

2º En cas d'infraction aux lois et règlements en vigueur, notamment à la réglementation générale relative à l'occupation du domaine public maritime, à l'urbanisme, à la construction, à la protection des sites et à la sécurité ;

3º Si l'emplacement concédé est resté inexploité ou insuffisamment exploité, au regard des conditions de délivrance de la concession, pendant deux années consécutives ;

4º En cas de refus de résiliation des sous-traités d'exploitants dont les installations ne sont pas démontées alors que la durée minimale d'ouverture annuelle de quarante-huit semaines n'est pas respectée.

Lorsque l'infraction est grave, la concession de plage peut être résiliée sans mise en demeure, après que le concessionnaire a été mis en mesure de présenter ses observations.

La résiliation de la concession entraîne la résiliation de plein droit des conventions d'exploitation. – *[Décr. nº 2006-608 du 26 mai 2006, art. 17.]*

Art. R. 2124-36 Les conventions d'exploitation peuvent être résiliées sans indemnité à la charge du concessionnaire par décision motivée de ce dernier, après mise en demeure et après que le sous-traitant a été mis en mesure de présenter ses observations, en cas de manquement du sous-traitant à ses obligations, et notamment :

1º En cas de non-respect des stipulations de la convention d'exploitation, notamment des clauses financières ;

2º En cas d'infraction aux lois et règlements en vigueur, notamment à la réglementation générale relative à l'occupation du domaine public maritime, à l'urbanisme, à la construction, à la protection des sites et à la sécurité ;

3º Si l'emplacement de la convention d'exploitation est resté inexploité ou insuffisamment exploité, au regard des conditions de délivrance de la convention, pendant une période d'un an ;

4º En cas de non-démontage de l'installation à la date prévue dans la concession, lorsque le sous-traitant ne bénéficie pas d'une autorisation annuelle spéciale ;

5º En cas de non-respect de la durée minimale d'ouverture annuelle de quarante-huit semaines, lorsque le sous-traitant bénéficie d'une autorisation annuelle spéciale.

Lorsque l'infraction est grave, les conventions d'exploitation peuvent être résiliées sans mise en demeure, après que le sous-traitant a été mis en mesure de présenter ses observations.

Le concessionnaire informe le préfet des cas de résiliation de conventions d'exploitation. – *[Décr. n° 2006-608 du 26 mai 2006, art. 18.]*

Art. R. 2124-37 Le préfet peut, après mise en demeure et après que le concessionnaire a été mis en mesure de présenter ses observations, se substituer à celui-ci pour assurer l'exécution de la convention d'exploitation. Le préfet peut, en particulier, résilier les conventions d'exploitation des sous-traitants dans les cas prévus à l'article R. 2124-36. – *[Décr. n° 2006-608 du 26 mai 2006, art. 19.]*

Art. R. 2124-38 Les dispositions de la présente sous-section s'appliquent, pour les plages concédées à la date du 28 mai 2006, à l'expiration des concessions en cours et, pour les sous-traités, à l'expiration de la convention d'exploitation.

Pour les installations ou équipements liés à l'exploitation de la plage et bénéficiant à la date du 28 mai 2006 d'une autorisation d'occupation temporaire du domaine public maritime, ses dispositions s'appliquent à l'expiration de l'autorisation. – *[Décr. n° 2006-608 du 26 mai 2006, art. 20, al. 1er et 2.]*

COMMENTAIRE

L'État peut décider de concéder les plages du domaine public maritime. Différents textes réglementent le régime de ces concessions, en prévoyant en particulier une enquête publique préalable à leur octroi ou leur renouvellement et un droit de priorité au profit des métropoles ou des communes et groupements.

Si le droit de priorité est exercé, la concession peut être attribuée directement. Dans le cas contraire, quel que soit le concessionnaire, privé ou public, il faut une procédure de publicité et de mise en concurrence.

La durée des concessions est limitée à douze ans.

Dans tous les cas, les sous-traités d'exploitation d'installations de plage doivent faire l'objet de publicité et de mise en concurrence préalables, quelle que soit la nature de l'activité exploitée.

1. Constitutionnalité (QPC). Au regard des attributions légales détenues par les autorités municipales et des missions d'intérêt public qui leur sont assignées ainsi qu'aux groupements de communes, il était loisible au législateur, pour satisfaire l'exigence constitutionnelle de protection du domaine public et compte tenu du motif d'intérêt général s'attachant à la conservation des plages comme espaces naturels, de décider que l'État attribuerait en priorité les concessions de plage à ces collectivités publiques ; le législateur n'a pas prescrit que les communes et leurs groupements seraient, dans tous les cas, concessionnaires de plage mais a subordonné ce choix à une décision de la commune ou du groupement de communes concerné ; l'octroi en priorité d'une concession de plage à la commune ou au groupement de communes ne fait pas obstacle, par lui-même, à ce que des exploitants privés puissent se porter candidats à la gestion concédée d'une plage, dans le cadre d'un sous-traité de concession ; il résulte de ce qui précède qu'en reconnaissant aux communes et à leurs groupements un droit de priorité dans l'attribution des concessions de plage, les dispositions contestées ne méconnaissent ni le principe constitutionnel de la liberté d'entreprendre, garanti par l'art. 4 DDH, ni celui de la liberté du commerce et de l'industrie qui en découle ; ainsi, la question prioritaire de constitutionnalité soulevée, qui n'est pas nouvelle, ne présente pas un caractère sérieux. • CE 22 mai 2013, *Assoc. synd. libre des résidences du port de Mandelieu-la-Napoule*, n° 366750 : *Rev. CMP 2013, n° 193, note Eckert.*

2. Conventionnalité (art. 1er du premier protocole additionnel à la Conv. EDH). Le moyen tiré de ce que l'octroi de la concession à la commune, en vertu du droit de priorité que la commune tient de l'art. L. 2124-4 CGPPP, aurait méconnu les stipulations de l'art. 1er du premier protocole additionnel à la Conv. EDH dans la mesure où il aurait privé l'association requérante de la possibilité d'obtenir elle-même directement le bénéfice de la concession est inopérant dès lors que la faculté de présenter sa candidature en vue de se voir accorder par l'État une concession de plage ne constitue pas un bien au sens des stipulations invoquées ; les premiers juges n'ont ainsi pas entaché leur jugement d'irrégularité en s'abstenant d'y répondre.

L'association, qui était titulaire, avant l'attribution contestée de la concession de plage à la commune, d'un sous-traité d'exploitation, ne disposait cependant d'aucun droit réel sur le domaine public maritime du fait de l'autorisation d'exploiter la plage dont elle a bénéficié antérieurement ;

elle n'était pas davantage titulaire d'un droit au renouvellement de son autorisation au terme de celle-ci ; l'octroi de la concession à la commune ne l'a donc privée d'aucun bien. • CAA Marseille, 19 mai 2015, *ASL Remana et Synd. des copropriétaires Mandelieu M1 et M2*, n°s 13MA03706 et 13MA03707 : *Rev. CMP 2015, n° 184, note Eckert.*

3. Un sous-traité d'exploitation conclu par une commune concessionnaire de plage constitue non seulement une concession domaniale, mais aussi une convention de délégation de service public au sens de la L. du 29 janv. 1993, dès lors qu'il tend à organiser l'exploitation balnéaire dans l'intérêt du développement de la station balnéaire et que le sous-traitant doit veiller à la salubrité et à la sécurité des usagers, sous le contrôle de la commune. • CE 21 juin 2000, *SARL Plage Chez Joseph et Féd. nat. des plages-restaurants*, n° 212100 A : *BJCP 2000, n° 12, concl. Bergeal.*

4. Si l'art. L. 321-9 du C. envir. prévoit que les concessions de plage, consenties par l'État au bénéfice des collectivités territoriales, sont accordées ou renouvelées après enquête publique, ces dispositions ne sont pas applicables à une décision par laquelle une collectivité territoriale se prononce sur la subdélégation d'un lot de plage. • CE 27 janv. 2011, *Cne de Ramatuelle*, n° 338285.

B. CONCESSIONS D'OUTILLAGE

Code de l'aviation civile

Art. R. 223-2 Les concessions accordées par l'État pour la construction, l'entretien et l'exploitation des aérodromes qui lui appartiennent sont soumises aux conditions ci-après :

Les cahiers des charges types des concessions sont approuvés par décret en Conseil d'État pris sous le contreseing du ministre chargé de l'aviation civile et du ministre de l'économie et des finances.

(Décr. n° 2019-1016 du 3 oct. 2019, art. 2) « Les concessions qui ne portent pas dérogation au cahier des charges type sont accordées par arrêté interministériel. Les concessions qui portent dérogation au cahier des charges type sont accordées par décret en Conseil d'État. »

(Décr. n° 96-1058 du 2 déc. 1996, art. 1-II) « Les concessionnaires d'aérodromes ont le pouvoir de délivrer, dans les conditions prévues au II de l'article R. 57-4 du code du domaine de l'État, les titres d'occupation du domaine public de l'État en application des articles L. 34-1 à L. 34-9 dudit code et de l'article 3 de la loi n° 94-631 du 25 juillet 1994. »

Art. R. 223-3 et R. 223-4 *Abrogés par Décr. n° 2010-561 du 27 mai 2010, art. 8.*

Art. R. 223-5 L'octroi d'une concession sur un aérodrome ouvert à la circulation aérienne peut être subordonné à un engagement pris par le concessionnaire de couvrir, dans les conditions qui seront déterminées par son cahier des charges, le montant d'une participation aux charges qui incombent à l'autorité concédante.

Art. R. 223-6 Les concessionnaires et les bénéficiaires d'autorisations sont habilités à percevoir, en rémunération des services rendus par eux, et dans les conditions fixées au chapitre IV, celles des redevances visées à l'article R. 224-1 qui sont prévues à leur cahier des charges.

Art. R. 223-7 *(Décr. n° 2007-244 du 23 févr. 2007, art. 5)* I. — Les dispositions du présent article sont applicables à l'ensemble des aérodromes civils appartenant à l'État nonobstant toute disposition contraire des concessions en cours.

II. — Pour les besoins du bon fonctionnement aéroportuaire et de l'information des services de l'État, les transporteurs aériens sont tenus de fournir à l'exploitant de l'aérodrome, avec un préavis suffisant, les informations qu'ils détiennent sur les vols au départ ou à l'arrivée, notamment leur origine ou leur destination, leurs horaires programmés et prévisionnels, le type d'aéronef, le nombre de passagers et le tonnage de fret embarqués et débarqués.

III. — Pour les besoins de l'information des services de l'État, les entreprises d'assistance en escale sont tenues de communiquer à l'exploitant de l'aérodrome, dans un délai d'un mois après la fin de chaque saison aéronautique, la liste des transporteurs aériens qu'elles ont assistés pendant la saison en précisant les services concernés et, le cas échéant, la liste des entreprises sous-traitantes auxquelles elles ont eu recours.

IV. — Pour les besoins de l'information par l'exploitant de l'aérodrome des passagers et du public, les transporteurs aériens ou leurs représentants sont tenus de fournir à tout moment à l'exploitant, à sa demande, les informations nécessaires sur l'exploitation de leurs vols, concernant notamment la programmation et les correspondances des vols, leurs horaires et retards éventuels.

Code des transports

Sur les ports autonomes

Art. R. 5313-81 La réalisation et l'exploitation d'outillages mis à disposition du public sont assurées par le port autonome lui-même ou font l'objet *(Décr. n° 2018-1075 du 3 déc. 2018, art. 7 et 16, en vigueur le 1er avr. 2019)* « d'un contrat de concession » ou d'un contrat d'affermage qui peuvent être conclus avec des collectivités publiques, des établissements publics ou des entreprises privées.

Des outillages mis en place par une entreprise et nécessaires à ses propres besoins font l'objet d'une autorisation d'outillage privé avec obligation de service public.

Le port autonome peut également conclure avec une entreprise une convention d'exploitation de terminal. Cette convention porte exclusivement sur la gestion et, le cas échéant, la réalisation d'un terminal spécifique à certains types de trafics et comprenant les terre-pleins, les outillages et les aménagements nécessaires aux opérations de débarquement, d'embarquement, de manutention et de stockage liées aux navires. Le recours à ce mode de gestion, qui ne peut concerner qu'une partie du domaine portuaire, doit être compatible avec le maintien en nombre suffisant d'outillages publics ou d'outillages privés avec obligation de service public. — *[C. ports mar., art. R.* 115-7.]*

Les dispositions du Décr. n° 2018-1075 du 3 déc. 2018 s'appliquent :

— aux marchés publics pour lesquels une consultation a été engagée ou un avis d'appel à la concurrence a été envoyé à la publication depuis le 1er avr. 2019. Elles ne s'appliquent pas aux marchés publics passés sur le fondement d'un accord-cadre ou dans le cadre d'un système d'acquisition dynamique lorsque la procédure en vue de la passation de cet accord ou de la mise en place de ce système d'acquisition dynamique a été engagée avant cette date ;

— aux contrats de concession pour lesquels une consultation a été engagée ou un avis de concession a été envoyé à la publication depuis le 1er avr. 2019 (Décr. préc., art. 16).

....

Art. R. 5313-83 *(Décr. n° 2018-1075 du 3 déc. 2018, art. 7 et 16, en vigueur le 1er avr. 2019)* « Le contrat de concession » ou l'affermage d'outillages donne lieu à une convention avec cahier des charges passée entre le port autonome et le pétitionnaire, après accord du conseil d'administration.

Le cahier des charges est conforme à un cahier des charges type approuvé par décret en Conseil d'État pris sur le rapport conjoint des ministres chargés des ports maritimes, du budget et du domaine. Toutefois, le cahier des charges peut comporter des dérogations au cahier des charges type, à la condition qu'elles aient été préalablement approuvées par les ministres chargés des ports maritimes, du budget et du domaine ainsi que, le cas échéant, le ministre dont relève la collectivité publique ou l'établissement public intéressé. L'absence de réponse des ministres dans le délai de deux mois suivant la réception la plus tardive de la demande vaut approbation.

S'il y a lieu à déclaration d'utilité publique prononcée par décret en Conseil d'État, la convention est approuvée par décret en Conseil d'État. — *[C. ports mar., art. R.* 115-9.]*

Sur l'application des dispositions issues du Décr. n° 2018-1075 du 3 déc. 2018, V. notes ss. C. transp., art. R. 5313-81, supra.

Art. R. 5313-84 Le directeur du port autonome, dûment autorisé par le conseil d'administration, soumet la convention et le cahier des charges à l'instruction dans les formes prévues à l'article R. 5313-66.

Lorsque la convention doit être approuvée par un décret en Conseil d'État ou par un arrêté ministériel, le directeur du port autonome transmet, dès l'issue de l'instruction, le dossier avec son rapport au ministre chargé des ports maritimes pour approbation de ces documents. — *[C. ports mar., art. R.* 115-10.]*

....

Art. R. 5313-87 *(Décr. n° 2018-1075 du 3 déc. 2018, art. 7 et 16, en vigueur le 1er avr. 2019) « Les contrats de concession »* et les autorisations d'outillage privé avec obligation de service public portant sur les installations portuaires de plaisance peuvent être accordées tant à des collectivités publiques qu'à des établissements publics ou des entreprises privées. — *[C. ports mar., art. R.* 131-1.]*

Sur l'application des dispositions issues du Décr. n° 2018-1075 du 3 déc. 2018, V. notes ss. C. transp., art. R. 5313-81, supra.

Art. R. 5313-88 Les concessions portant sur des installations portuaires de plaisance sont accordées dans les conditions fixées par l'article R. 5313-83. — *[C. ports mar., art. R.* 132-1.]*

Art. R. 5313-89 La demande est instruite dans les conditions fixées par les articles R. 5313-83 et R. 5313-84. — *[C. ports mar., art. R.* 132-2.]*

Art. R. 5313-90 Les concessionnaires d'installations portuaires de plaisance situées dans des ports autonomes ont le pouvoir de délivrer, dans les conditions prévues à l'article R. 2122-15 du code général de la propriété des personnes publiques, les titres d'occupation du domaine public de l'État en application des articles L. 2122-1 à L. 2122-19 de ce même code. — *[C. ports mar., art. R.* 132-3.]*

....

Sur les ports maritimes relevant des collectivités territoriales et de leurs groupements

Art. R. 5314-2 Les avant-projets de travaux de construction, d'extension et de modernisation des infrastructures des ports *(Décr. nº 2015-1789 du 28 déc. 2015, art. 1er-I-1º)* « régionaux, départementaux, communaux et ceux relevant de groupements de collectivités territoriales » sont soumis, avant décision de la collectivité compétente, à une instruction menée par *(Décr. nº 2019-178 du 8 mars 2019, art. 9)* « l'autorité compétente ». — *[C. ports mar., art. R. 122-4, ecqc les ports décentralisés, et R. 611-2, al. 1er.]*

Art. R. 5314-3 Le dossier d'instruction comporte l'étude d'impact prévue par les articles R. 122-1 et suivants du code de l'environnement, lorsque celle-ci est requise en application de l'article R. 122-2 du même code.

Ce dossier comporte également l'évaluation mentionnée à l'article R. 1511-7 lorsque les travaux constituent un grand projet d'infrastructures tel que défini à l'article *(Décr. nº 2019-178 du 8 mars 2019, art. 9)* « R. 1511-2 ».

En outre, lorsqu'il y a lieu, le dossier :

1º Mentionne la ou les rubriques de la nomenclature annexée à l'article R. 214-1 du code de l'environnement, dont relèvent les travaux ;

2º Comporte le document prévu aux articles R. 214-6 et R. 214-32 du code de l'environnement. Si l'étude d'impact fournit les informations requises, elle tient lieu de ce document. — *[C. ports mar., art. R. 122-4 § I.]*

Art. R. 5314-4 L'instruction comprend les formalités suivantes qui sont effectuées simultanément :

1º Consultation du conseil portuaire ;

2º Consultation des collectivités et des services locaux intéressés ;

3º Consultation du concessionnaire, lorsqu'il n'est pas maître d'ouvrage ;

(Abrogé par Décr. nº 2017-933 du 10 mai 2017, art. 3-1º) « ***4º Consultation de la chambre de commerce et d'industrie compétente, lorsqu'elle n'est pas le concessionnaire ;*** »

5º Consultation, s'il y a lieu, de la commission nautique dont les conditions de fonctionnement sont fixées par le décret nº 86-606 du 14 mars 1986 relatif aux commissions nautiques. La grande commission nautique est consultée sur les opérations comportant une modification des ouvrages extérieurs du port ou des chenaux d'accès. La commission nautique locale est consultée dans les autres cas ;

6º Consultation*[,]* s'il y a lieu*[,]* de la commission régionale pour l'amélioration des conditions de débarquement des produits de la pêche ;

7º Enquête publique*[,]* s'il y a lieu.

Dans le cas où les travaux envisagés sont soumis aux procédures prévues les articles L. 214-1 à L. 214-6 du code de l'environnement, l'instruction est menée simultanément avec celle prévue par les articles R. 214-6 à R. 214-56 du même code.

Le délai imparti aux collectivités, établissements publics, commissions et services consultés en application des 1º, 2º, 3º *(Abrogé par Décr. nº 2017-933 du 10 mai 2017, art. 3-2º)* « , 4º » et 5º du présent article pour faire connaître leur avis est de deux mois à compter du jour où ils y sont invités. L'absence de réponse dans ce délai vaut avis favorable. — *[C. ports mar., art. R. 122-4, §§ II et III.]*

(Décr. nº 2019-178 du 8 mars 2019, art. 9) « La consultation prévue au 1º du premier alinéa n'est pas requise lorsque l'instruction porte sur la création d'un port. »

Art. R. 5314-5 La demande de concession d'outillage public ou d'avenant est instruite par *(Décr. nº 2019-178 du 8 mars 2019, art. 9)* « l'autorité compétente » dans les conditions prévues à l'article R. 5314-2.

Le montant de la redevance pour occupation du domaine public de l'État fixé par le directeur départemental ou, le cas échéant, régional des finances publiques *(Décr. n° 2015-1789 du 28 déc. 2015, art. 1er-I-2°)* « ou, en application des articles R. 2125-15 et R. 2125-16 du code général de la propriété des personnes publiques, par le président du conseil régional, le président du conseil départemental, le conseil municipal ou le président de l'organe délibérant du groupement de collectivités territoriales » est mentionné dans le dossier d'instruction.

Lorsque la convention comporte la réalisation de travaux, il n'est procédé qu'à une seule instruction. — *[C. ports mar., art. R. 122-9, ecqc les ports décentralisés, et R. 611-2, al. 2.]*

C. CONCESSIONS RELATIVES À L'UTILISATION DE L'ÉNERGIE HYDRAULIQUE

Code de l'énergie

PARTIE LÉGISLATIVE

(Ord. n° 2011-504 du 9 mai 2011)

LIVRE V DISPOSITIONS RELATIVES À L'UTILISATION DE L'ÉNERGIE HYDRAULIQUE

TITRE II LES DISPOSITIONS RELATIVES AUX INSTALLATIONS HYDRAULIQUES CONCÉDÉES

CHAPITRE I *LA PROCÉDURE APPLICABLE AUX CONCESSIONS*

SECTION 1 *L'octroi de la concession*

Art. L. 521-1 *(L. n° 2012-387 du 22 mars 2012, art. 68-II-7°)* Les installations placées sous le régime de la concession en application de l'article L. 511-5, les autorisations de travaux et les règlements d'eau pris pour son application sont instruits en application du présent titre selon des modalités définies par décret en Conseil d'État.

Ces actes doivent respecter les règles de fond prévues au titre I du livre II du code de l'environnement et valent *(Ord. n° 2017-80 du 26 janv. 2017, art. 8-2° et 15, en vigueur le 1er mars 2017)* « autorisation au titre de l'article L. 214-1 du même code ». — *[L. du 16 oct. 1919, art. 28, 4°, 5° et 6°.]*

(Ord. n° 2016-65 du 29 janv. 2016, art. 70, en vigueur le 1er avr. 2016) « La passation et l'exécution des contrats de concession d'énergie hydraulique sont soumises aux dispositions prévues par *(Ord. n° 2018-1074 du 26 nov. 2018, art. 5 et 20, en vigueur le 1er avr. 2019)* « la troisième partie du code de la commande publique » et par le présent titre. »

Les dispositions et les modifications issues de l'Ord. n° 2016-65 du 29 janv. 2016 entrent en vigueur à une date fixée par voie réglementaire et au plus tard le 1er avr. 2016. Le Décr. n° 2016-86 du 1er févr. 2016 a fixé cette date au 1er avr. 2016. L'Ord. et le Décr. préc. s'appliquent aux contrats de concession pour lesquels une consultation est engagée ou un avis de concession est envoyé à la publication à compter de leur date d'entrée en vigueur (Ord. préc., art. 78, et Décr. préc., art. 55).

Sur l'application des dispositions issues de l'Ord. n° 2018-1074 du 26 nov. 2018, V. note ss. C. énergie, art. L. 521-16-3, infra.

Art. L. 521-2 Les règlements d'eau des entreprises hydroélectriques sont pris conjointement *au titre du présent* livre et des articles L. 214-1 à L. 214-6 du code de l'environnement.

Ces règlements peuvent faire l'objet de modifications, sans toutefois remettre en cause l'équilibre général de la concession.

Art. L. 521-3 Tout changement de concessionnaire ne peut avoir lieu qu'après approbation de l'autorité administrative.

SECTION 2 *Le cahier des charges de la concession*

Art. L. 521-4 La concession impose à son titulaire le respect d'un cahier des charges dont le modèle est établi par décret en Conseil d'État.

Ce cahier des charges détermine notamment :

1° Le règlement d'eau et en particulier les mesures intéressant la protection des intérêts mentionnés à l'article L. 211-1 du code de l'environnement ;

2° La durée de la concession, qui ne peut dépasser soixante-quinze ans ;

3° Les réserves en eau que le concessionnaire est tenu de fournir ;

4° S'il y a lieu, les réserves en énergie prévues au chapitre II ;

5° Les conditions financières de la concession ;

6° Les conditions dans lesquelles l'État peut mettre fin à la concession ainsi que les conditions matérielles de retour et de reprises des biens et outillages ;

7° L'étendue et les conditions d'exercice du contrôle technique et financier auquel la concession est soumise ;

(L. n° 2015-992 du 17 août 2015, art. 71) « 8° Les conditions dans lesquelles les bois flottants s'accumulant sur l'installation sont récupérés en vue d'une valorisation ultérieure. »

Il est, en outre, stipulé dans l'acte de concession que, s'il était ultérieurement établi, à la charge des usines hydrauliques, un impôt spécial instituant une redevance proportionnelle aux kilowattheures produits ou aux dividendes et bénéfices répartis, les sommes dues à l'État au titre des redevances contractuelles résultant des dispositions de l'article *(L. n° 2013-619 du 16 juill. 2013, art. 38-45°)* « L. 523-1 » et de celles qui précèdent seraient réduites du montant de cet impôt.

*Sur le modèle de cahier des charges des concessions d'énergie hydraulique, V. Décr. n° 2016-530 du 27 avr. 2016. — **C. énergie.***

Art. L. 521-5 Lorsque les conventions ou accords sont déjà intervenus entre les demandeurs et les départements et communes soit du point de vue financier, soit de celui des réserves en eau, soit encore, par application de l'article L. 521-8, en ce qui concerne la réparation en nature pour le dédommagement des droits exercés ou non, ces accords doivent être enregistrés dans le cahier des charges et exécutés par le concessionnaire sans qu'il y ait lieu à révision, à moins d'entente nouvelle entre les parties.

Art. L. 521-6 Les dispositions *(Abrogé par L. n° 2015-992 du 17 août 2015, art. 118-III-1°) « du cahier des charges prévu à l'article L. 521-4 »* relatives à la sécurité et à la sûreté des ouvrages *(L. n° 2015-992 du 17 août 2015, art. 118-III-2°)* « , définies par décret en Conseil d'État, » sont applicables de plein droit aux titres administratifs en cours sans que leur titulaire puisse prétendre à indemnisation pour ce motif.

....

SECTION 4 *Les dispositions particulières à la fin de la concession et à son renouvellement*

Art. L. 521-15 Le concessionnaire tient, sous le contrôle de l'autorité administrative compétente dans le département où est située l'usine, un registre dans lequel sont consignées les dépenses liées aux travaux de modernisation, à l'exclusion des travaux qui auraient été nécessaires à la remise en bon état des ouvrages à la fin de la concession, ainsi que celles liées aux investissements permettant d'augmenter les capacités de production de l'aménagement, effectuées durant la deuxième moitié de la période d'exécution du contrat de concession, sans que cette durée puisse être inférieure à dix ans.

Les dépenses inscrites au registre sont soumises à l'agrément de l'autorité administrative.

Lorsqu'elles ont été agréées, les dépenses non amorties liées aux travaux de modernisation ainsi que la part non amortie des investissements mentionnés ci-dessus sont remboursées au concessionnaire sortant et imputées sur le droit institué à la charge du concessionnaire retenu en application de l'article L. 521-17.

Art. L. 521-16 La procédure de renouvellement des concessions *(Abrogé par Ord. n° 2016-65 du 29 janv. 2016, art. 70, à compter du 1er avr. 2016) « **, notamment les conditions dans lesquelles le concessionnaire doit présenter sa demande de renouvellement de la concession dont il est titulaire,** »* est fixée par un décret en Conseil d'État.

Au plus tard trois ans avant l'expiration de la concession, l'autorité administrative prend la décision soit de mettre définitivement fin à la concession à la date normale de son expiration, soit d'instituer une concession nouvelle à compter de l'expiration.

La nouvelle concession doit être instituée au plus tard le jour de l'expiration du titre en cours, c'est-à-dire soit à la date normale d'expiration, soit si *(Ord. nº 2016-518 du 28 avr. 2016, art. 4)* **« le dernier alinéa » est mis en œuvre à la nouvelle date déterminée selon les dispositions de cet alinéa. A défaut, pour assurer la continuité de l'exploitation, ce titre est prorogé aux conditions antérieures jusqu'au moment où est délivrée la nouvelle concession.**

(Ord. nº 2016-518 du 28 avr. 2016, art. 4) **« Dans le cas où l'autorité administrative décide de mettre définitivement fin à une concession dont la puissance est inférieure au seuil mentionné au premier alinéa de l'article L. 511-5, la concession actuelle est, en vue d'assurer la continuité de l'exploitation, prorogée aux conditions antérieures jusqu'à la délivrance d'une autorisation ou à la notification de la décision de l'autorité administrative de cesser l'exploitation de l'installation hydraulique. »**

A défaut par l'autorité administrative d'avoir, *(Ord. nº 2016-518 du 28 avr. 2016, art. 4)* **« trois ans avant la date d'expiration de la concession », notifié** *(Ord. nº 2016-518 du 28 avr. 2016, art. 4)* **« au concessionnaire la décision prise en application du deuxième alinéa, » la concession actuelle est prorogée aux conditions antérieures, mais pour une durée équivalente au dépassement.** – *[L. du 16 oct. 1919, art. 13, al. 1er à 3.]*

Sur les conditions d'entrée en vigueur de l'Ord. nº 2016-65 du 29 janv. 2016, V. note ss. art. L. 521-1.

Alors que le terme de la concession du Louron était fixé au 31 déc. 2007, il appartenait à l'État conformément aux dispositions précitées de décider d'instituer une nouvelle concession soit d'y mettre un terme au plus tard le 31 décembre 2002. Il résulte cependant de l'instruction que l'État a attendu le 13 avril 2007 pour prendre une décision de principe sur le renouvellement de la concession, de sorte qu'en application de l'art. 13 précité de la L. du 16 oct. 1919, la concession du Louron a été prorogée jusqu'au 13 avril 2012. L'État devait en conséquence instituer une nouvelle concession au plus tard le 13 avril 2012, date d'expiration du titre en cours prorogé conformément à l'art. 13 préc. de la loi. Si un calendrier de procédure a été établi prévoyant un appel d'offres au début de l'année 2011, le choix du candidat dans le courant de l'année 2012 et l'attribution de la concession en 2013, il résulte de l'instruction que la procédure de désignation d'un nouveau concessionnaire n'a pas été mise en œuvre.

En ce qui concerne la carence de l'État à mettre en œuvre les procédures de renouvellement des concessions :

En premier lieu, le Décr. du 13 oct. 1994 relatif à la concession des ouvrages utilisant l'énergie hydraulique a été modifié par le Décr. du 26 sept. 2008 organisant les modalités de mise en concurrence des concessions hydroélectriques. A elle seule, l'entrée en vigueur de ce Décr. du 26 sept. 2008 ne constitue par une circonstance dont l'État peut se prévaloir pour s'exonérer de son obligation de prendre les mesures nécessaires pour instituer la nouvelle concession au plus tard le 13 avr. 2012. Par ailleurs, il est exact que le cadre législatif et règlementaire encadrant l'octroi des concessions hydroélectriques a ultérieurement évolué pour tenir compte des contraintes posées par le droit communautaire. Ainsi, la L. du 17 août 2015 sur la transition énergétique et pour la croissance verte est venue transposer la Dir. 2014/23/UE du Parlement européen et du Conseil du 26 févr. 2014 sur l'attribution des contrats de concession et le Décr. d'application de cette L. du 27 avr. 2016 a défini un nouveau cadre d'octroi et de renouvellement des concessions. Le ministre fait encore valoir qu'une modification du cadre légal est susceptible d'intervenir depuis que la France a fait l'objet, le 22 oct. 2015 et le 7 févr. 2019, d'une mise en demeure de la part de la Commission européenne prise dans le cadre d'une procédure d'infraction à raison de la position dominante qu'occuperait EDF dans le secteur de l'hydroélectricité. Pour autant, ces circonstances sont postérieures de plusieurs années à l'échéance de la concession qui était fixée, ainsi qu'il a été dit, au 13 avril 2012, date limite à laquelle l'État aurait dû instituer la nouvelle concession en application de l'article 13 de la loi du 16 octobre 1919 aujourd'hui codifié à l'art. L. 521-16 C. énergie. Ces circonstances ne permettent donc pas à l'État de s'exonérer de sa responsabilité pour ne pas avoir engagé la procédure de renouvellement de la concession à la date qui s'imposait à lui légalement.

En deuxième lieu, le ministre fait valoir que la commune de Génos a contribué au retard dans la mise en œuvre de la procédure de renouvellement de la concession dès lors qu'elle avait fait connaître son intention de participer à une société d'économie mixte hydroélectrique destinée à reprendre l'exploitation des ouvrages. Toutefois, la possibilité pour une société d'économie mixte de se porter candidate à l'exploitation d'ouvrages d'hydroélectricité n'a été introduite dans l'ordonnancement juridique que par la L. du 17 août 2015, soit postérieurement à l'échéance de la concession du Louron. Cette circonstance est par suite sans incidence sur l'obligation de l'État d'instituer la nouvelle concession dans les délais prévus par l'article 13 de la loi du 16 octobre 1919 auquel a succédé l'article L. 521-16 du code de l'énergie. Il s'ensuit que le ministre n'est pas fondé à soutenir que le fait de la commune, lequel ne revêt d'ailleurs aucun caractère fautif, aurait joué un rôle dans le retard qui est reproché à l'État.

En troisième lieu, le ministre fait valoir qu'il n'était pas en mesure de lancer la procédure d'attribution de la nouvelle concession dès lors que la SHEM, exploitante des installations hydroélectriques, n'avait pas remis aux services de la préfecture un dossier complet de fin de concession conformément à l'art. 28 du Décr. du 26 sept. 2008 auquel a succédé l'art. R. 521-52 C. énergie alors qu'un tel dossier est destiné à fournir, entre autres, des informations sur l'état des ouvrages et sur la maîtrise foncière des terrains sans lesquelles la mise en œuvre de la procédure de renouvellement était impossible.

Il résulte de l'instruction que le directeur régional de l'environnement, de l'aménagement et du logement (DREAL) de Midi-Pyrénées a demandé à la SHEM, par courrier du 6 août 2009, de lui adresser un dossier de fin de la concession d'exploitation des ouvrages de la vallée du Louron. Par deux lettres du 11 févr. 2010 et du 6 avr. 2010, cette autorité a fait savoir à la SHEM que le dossier remis le 26 janv. 2010 était incomplet. Puis le 15 juill. 2011, le ministre de l'écologie et le ministre de l'économie, des finances et de l'industrie ont rappelé à la SHEM son obligation de produire l'étude de dangers obligatoire. A nouveau, la SHEM a été rappelée à son obligation de produire un dossier complet de fin de concession, comportant notamment une étude de dangers, par un courrier du ministre de l'écologie du 15 févr. 2013 et un courrier du DREAL de Midi-Pyrénées du 13 déc. 2013. Enfin, le préfet des Hautes-Pyrénées a une nouvelle fois invité, en vain, la SHEM à compléter son dossier de fin de concession par trois courriers datés du 9 juill. 2015, du 11 févr. 2016 et du 27 mars 2018. Ces éléments établissent que les services de l'État ne sont pas restés inactifs pour obtenir de l'exploitant en place les éléments exigés, mais aussi la mauvaise volonté de l'exploitant qui n'a jamais fourni de dossier complet de fin de concession en dépit des relances régulières qui lui ont été adressées entre 2009 et 2018 et que l'État pouvait, alors que la durée de l'exploitation avait pris fin entre temps, surmonter en faisant usage des pouvoirs de contrainte et de sanction dont il dispose en tant qu'autorité de police, ce qu'il s'est abstenu de faire sur la période considérée. A cet égard, il résulte de l'instruction que l'État s'est contenté tout au plus d'adresser à l'exploitant le 7 juin 2010 un projet de mise en demeure de déposer un dossier de fin de concession qui n'a pas été suivi d'une mise en demeure en bonne et due forme. Le seul fait qu'il ne soit pas établi que la SHEM se serait acquittée de ses obligations dans un délai plus court si l'État avait usé de ses pouvoirs de contrainte ne suffit pas à l'exonérer de sa responsabilité. Dans ces conditions, le ministre n'est pas fondé à invoquer le fait de la SHEM pour expliquer la carence de l'État à mettre en œuvre la procédure d'attribution de la nouvelle concession du Louron. Il résulte de ce qui précède, et sans qu'il soit besoin d'examiner les autres fondements de responsabilité invoqués, que c'est à tort que le tribunal administratif de Pau a jugé que la responsabilité de l'État n'est pas susceptible d'être engagée en raison de la carence de celui-ci à faire procéder au renouvellement des concessions en litige dans le délai imparti par la loi.

En ce qui concerne le préjudice :

La responsabilité d'une personne publique ne peut être engagée sur le fondement de la faute que si se trouvent réunies les conditions auxquelles la reconnaissance de cette responsabilité est subordonnée, à savoir, outre la faute, l'existence certaine d'un préjudice et celle d'un lien de causalité direct entre cette faute et le préjudice.

Aux termes de l'art. L. 523-2 C. énergie : « Pour toute nouvelle concession hydroélectrique, y compris lors d'un renouvellement, il est institué, àla charge du concessionnaire, au profit de l'État, une redevance proportionnelle aux recettes de la concession. Les recettes résultant de la vente d'électricité sont établies par la valorisation de la production aux prix constatés sur le marché, diminuée, le cas échéant, des achats d'électricité liés aux pompages. Les autres recettes sont déterminées selon des modalités définies par arrêté du ministre chargé de l'énergie. Le taux de cette redevance ne peut excéder un taux plafond, déterminé, pour chaque concession, par l'autorité concédante dans le cadre de la procédure de mise en concurrence. (...) Pour l'application du présent article, le taux de la redevance est fixé en tenant compte, dans l'évaluation de l'équilibre économique de la concession, des volumes et des prix de vente de l'électricité que le concessionnaire s'engage à céder (...) Un tiers de la redevance est affecté aux départements sur le territoire desquels coulent les cours d'eau utilisés, l'éventuelle répartition entre plusieurs départements étant proportionnelle à la puissance moyenne hydraulique devenue indisponible dans les limites de chaque département du fait de l'usine. Un douzième de la redevance est affecté aux communes sur le territoire desquelles coulent les cours d'eau utilisés (...) ».

D'une part, l'appel public à concurrence qu'il incombait à l'État de mettre en œuvre comporte nécessairement des aléas au stade de la sélection des candidats admis à présenter leur offre au vu de leurs capacités techniques et financières, puis au stade de l'analyse des offres par l'autorité compétente. En fonction des éléments qui lui sont soumis, la personne publique conserve le pouvoir de renoncer à conclure la concession dont elle a engagé la procédure de passation pour un motif d'intérêt général ou lorsqu'aucune offre acceptable ne lui a été soumise. Ainsi, par elle-même, l'organisation d'une procédure de mise en concurrence pour l'attribution d'une concession hydroélectrique, quand bien même elle constitue une obligation légale pour l'État, n'est pas de nature permettre la mise en œuvre des dispositions précitées de l'article L. 523-2 du code de l'énergie. Dans ces conditions, la commune de Génos ne disposait d'aucune certitude quant au renouvellement effectif de la concession ni, en conséquence, de la garantie de percevoir la redevance instituée par l'article L. 523-2 précité du code de l'énergie.

D'autre part, il résulte des termes même de l'art. L. 523-2 C. énergie que la redevance mise à la charge du concessionnaire est proportionnelle aux recettes de la concession, lesquelles résultent de la vente d'électricité dans un contexte renouvelé de mise en concurrence des candidats. Le taux de la redevance, qui dépend de l'équilibre économique de la concession, est fixé en tenant compte des volumes et des prix de vente de l'électricité que le concessionnaire s'engage à céder. Il s'ensuit que le montant de la redevance dépend des bénéfices retirés par le concessionnaire des installations hydroélectriques, lesquels présentent par définition un caractère aléatoire et peuvent même être nuls compte tenu des risques inhérents à l'exploitation d'une concession. Dans ces conditions, le préjudice invoqué par la commune de Génos ne présente pas un caractère certain propre à entraîner la condamnation de l'État.

Par ailleurs, la L. du 28 déc. 2018 de finances pour 2019 a introduit dans le code de l'énergie un article L. 523-3 soumettant les concessions prorogées à la redevance proportionnelle à compter du 1er janv. 2019. Il s'ensuit qu'à compter de cette date, la commune de Génos ne justifie d'aucun préjudice lié à la non-perception de la redevance qu'elle impute au non renouvellement de la concession. Il résulte de tout ce qui précède que la commune de Génos n'est pas fondée à se plaindre de ce que c'est à tort que, par le jugement attaqué, le tribunal administratif de Pau a rejeté ses demandes. • CAA Bordeaux, 6 déc. 2021, *Cne de Génos*, n° 19BX01202 : *Rev. CMP 2022. Chron. 55, note Chamard-Heim.*

Art. L. 521-16-1 *(L. n° 2015-992 du 17 août 2015, art. 116-I)* **Lorsque le concessionnaire est titulaire de plusieurs concessions hydrauliques formant une chaîne d'aménagements hydrauliquement liés, l'autorité administrative peut procéder, par décret** *(Abrogé par Décr. n° 2018-674 du 30 juill. 2018, art. 4) « en Conseil d'État »*, **au regroupement de ces concessions, afin d'optimiser l'exploitation de cette chaîne au regard des objectifs mentionnés aux articles L. 100-1, L. 100-2 et L. 100-4 du présent code, ou des objectifs et exigences mentionnés à l'article L. 211-1 du code de l'environnement.**

Le décret *(Abrogé par Décr. n° 2018-674 du 30 juill. 2018, art. 4) « en Conseil d'État »* **mentionné au premier alinéa du présent article comporte la liste des contrats de concession regroupés. Il substitue à leur date d'échéance une date d'échéance commune calculée à partir des dates d'échéance prévues par les cahiers des charges des contrats regroupés, au besoin en dérogeant au 2° de l'article L. 521-4 du présent code et à l'article 40 de la loi n° 93-122 du 29 janvier 1993 relative à la prévention de la corruption et à la transparence de la vie économique et des procédures publiques.**

Les modalités de calcul utilisées pour fixer cette nouvelle date commune d'échéance garantissent au concessionnaire le maintien de l'équilibre économique, apprécié sur l'ensemble des concessions regroupées.

Les contrats de concession faisant l'objet, en application du troisième alinéa de l'article L. 521-16, d'une prorogation jusqu'au moment où est délivrée une nouvelle concession peuvent être inclus dans la liste des contrats mentionnée au deuxième alinéa du présent article. Les dates d'échéance retenues pour le calcul de la date commune mentionnée au même deuxième alinéa tiennent compte des prorogations résultant de l'application des deux derniers alinéas de l'article L. 521-16, à hauteur des investissements réalisés.

Un décret en Conseil d'État précise les critères utilisés pour ce calcul et les conditions et modalités du regroupement prévu au présent article.

Art. L. 521-16-2 *(L. n° 2015-992 du 17 août 2015, art. 116-I)* **Lorsque des concessionnaires distincts sont titulaires de concessions hydrauliques formant une chaîne d'aménagements hydrauliquement liés, l'autorité administrative peut fixer, par décret** *(Abrogé par Décr. n° 2018-674 du 30 juill. 2018, art. 4) « en Conseil d'État »*, **une date d'échéance commune à tous les contrats dans le but de regrouper ces concessions lors de leur renouvellement, afin d'optimiser l'exploitation de cette chaîne au regard des objectifs mentionnés aux articles L. 100-1, L. 100-2 et L. 100-4 du présent code, ou des objectifs et exigences mentionnés à l'article L. 211-1 du code de l'environnement.**

Le décret mentionné au premier alinéa du présent article comprend la liste des contrats de concession à regrouper. Il substitue à leur date d'échéance une date d'échéance commune calculée à partir des dates d'échéance prévues par les cahiers des charges des contrats, au besoin en dérogeant au 2° de l'article L. 521-4 du présent code, à l'article 2 de la loi du 27 mai 1921 approuvant le programme des travaux d'aménagement du Rhône, de la frontière suisse à la mer, au triple point de vue des forces motrices, de la navigation et des irri-

gations et autres utilisations agricoles, et créant les ressources financières correspondantes, et à l'article 40 de la loi n° 93-122 du 29 janvier 1993 précitée.

Les modalités de calcul utilisées pour fixer cette nouvelle date commune d'échéance garantissent le maintien de l'équilibre économique, apprécié globalement sur l'ensemble des concessions concernées.

Pour garantir également l'égalité de traitement entre les concessionnaires, et notamment entre ceux titulaires de concessions à ouvrage unique et ceux titulaires de concessions à plusieurs ouvrages, le décret *(Abrogé par Décr. n° 2018-674 du 30 juill. 2018, art. 4) « en Conseil d'État »* mentionné au premier alinéa du présent article peut, le cas échéant, fixer la date commune d'échéance en retenant, pour les concessions à plusieurs ouvrages, la date la plus éloignée entre le terme de la concession et la moyenne pondérée des dates des décrets autorisant les différents ouvrages de la concession, augmentée d'une durée maximale de soixante-quinze ans.

Le décret *(Abrogé par Décr. n° 2018-674 du 30 juill. 2018, art. 4) « en Conseil d'État »* mentionné au premier alinéa fixe le montant de l'indemnité due par les opérateurs dont les concessions ont été prolongées, au profit de ceux dont la durée des concessions a été réduite, du fait de la mise en place pour ces concessions d'une date commune d'échéance.

Pour les contrats dont la durée est prolongée, si la date commune d'échéance déterminée conduit à modifier l'équilibre économique du contrat malgré le versement de l'indemnité mentionnée au cinquième alinéa, le décret *(Abrogé par Décr. n° 2018-674 du 30 juill. 2018, art. 4) « en Conseil d'État »* prévu au premier alinéa du présent article fixe également le taux de la redevance mentionnée au quatrième alinéa de l'article L. 523-2, en tenant compte des investissements supplémentaires, non prévus au contrat initial, que le concessionnaire s'engage à réaliser, afin de garantir que l'application du présent article préserve l'équilibre économique des contrats, apprécié globalement pour chaque concessionnaire sur l'ensemble des concessions regroupées qu'il exploite.

Les contrats de concession faisant l'objet, en application du troisième alinéa de l'article L. 521-16, d'une prorogation jusqu'au moment où est délivrée une nouvelle concession peuvent être inclus dans la liste des contrats mentionnée au deuxième alinéa du présent article. Les dates d'échéance retenues pour le calcul de la date commune mentionnée au même deuxième alinéa tiennent compte des prorogations résultant de l'application des deux derniers alinéas de l'article L. 521-16 à hauteur des investissements réalisés.

Un décret en Conseil d'État précise les critères utilisés pour le calcul de la date d'échéance et de l'indemnité mentionnée au cinquième alinéa du présent article, les conditions et modalités du regroupement prévus au présent article ainsi que les catégories de dépenses éligibles au titre des investissements mentionnés au sixième alinéa.

Art. L. 521-16-3 *(L. n° 2015-992 du 17 août 2015, art. 116-I)* Lorsque la réalisation de travaux nécessaires à l'atteinte des objectifs mentionnés aux articles L. 100-1, L. 100-2 et L. 100-4 et non prévus au contrat initial l'exige, la concession peut être prorogée, dans les limites énoncées *(Ord. n° 2018-1074 du 26 nov. 2018, art. 5 et 20, en vigueur le 1er avr. 2019)* « aux articles L. 3135-1 et L. 3136-6 du code de la commande publique », au besoin en dérogeant au 2° de l'article L. 521-4 du présent code et à l'article 2 de la loi du 27 mai 1921 précitée. A la demande de l'État, le concessionnaire transmet un programme de travaux.

Lorsque les travaux mentionnés au premier alinéa du présent article sont prévus sur une concession comprise dans une chaîne d'aménagements hydrauliquement liés concernée par l'application des articles L. 521-16-1 ou L. 521-16-2, le montant de ces travaux peut être pris en compte pour la fixation de la nouvelle date d'échéance garantissant le maintien de l'équilibre économique, calculée en application du troisième alinéa des mêmes articles L. 521-16-1 ou L. 521-16-2.

Sur les conditions d'entrée en vigueur de l'Ord. n° 2016-65 du 29 janv. 2016, V. note ss. art. L. 521-1.

Les dispositions issues de l'Ord. n° 2018-1074 du 26 nov. 2018 s'appliquent aux marchés publics ainsi qu'aux contrats relevant de l'Ord. n° 2015-899 du 23 juill. 2015 relative aux marchés publics pour lesquels une consultation est engagée ou un avis d'appel à la concurrence est envoyé à la publication à compter du 1er avr. 2019. Ces dispositions s'appliquent également aux contrats de concession pour lesquels une consultation est engagée ou un avis de concession est envoyé à la publication à compter du 1er avr. 2019 (Ord. n° 2018-1074 préc., art. 20).

Art. L. 521-17 Lors du renouvellement de la concession, il est institué, à la charge du concessionnaire retenu, un droit dont le montant est fonction des dépenses à rembourser par l'État au concessionnaire précédent en application du présent titre ou pour d'éventuels autres frais engagés par l'État au titre du renouvellement de la concession.

Le droit ainsi établi est recouvré selon les procédures prévues en application de l'article L. 511-12.

SECTION 5 *Les sociétés d'économie mixte hydroélectriques*

(L. n° 2015-992 du 17 août 2015, art. 118-I)

Art. L. 521-18 I. — Pour assurer l'exécution d'une concession prévue à l'article L. 511-5, l'État peut créer, avec au moins un opérateur économique, qualifié d'actionnaire opérateur, et, le cas échéant, avec les personnes morales mentionnées aux III et IV du présent article, une société d'économie mixte hydroélectrique.

Cette société d'économie mixte à opération unique est constituée pour une durée limitée en vue de la conclusion et de l'exécution, dans les conditions définies au présent titre II, d'une concession dont l'objet est l'aménagement et l'exploitation, selon les modalités fixées au cahier des charges prévu à l'article L. 521-4, d'une ou de plusieurs installations constituant une chaîne d'aménagements hydrauliquement liés. Cet objet unique ne peut pas être modifié pendant toute la durée du contrat.

II. — La société d'économie mixte hydroélectrique revêt la forme d'une société anonyme régie par le chapitre V du titre II et le titre III du livre II du code de commerce, sous réserve de la présente section. *(Abrogé par L. n° 2016-563 du 10 mai 2016, art. 3-I) « Elle est composée, par dérogation à l'article L. 225-1 du même code, d'au moins deux actionnaires. »*

III. — Dans le cadre des compétences qui leur sont reconnues par la loi en matière de gestion équilibrée des usages de l'eau, de distribution publique d'électricité ou de production d'énergie renouvelable, les collectivités territoriales ou les groupements de collectivités territoriales riveraines des cours d'eau dont la force hydraulique est exploitée en application de la concession mentionnée au I peuvent, si l'État approuve leur demande à cet effet, devenir actionnaires de la société d'économie mixte hydroélectrique, dans des conditions et selon des modalités prévues par décret en Conseil d'État.

(L. n° 2021-1104 du 22 août 2021, art. 89) « Dans le cas où l'État décide de créer une société d'économie mixte hydroélectrique conformément au I du présent article, l'autorité administrative dispose d'un délai de six mois, renouvelable une fois, pour se prononcer sur la demande de participation mentionnée au premier alinéa du présent III des collectivités territoriales ou de leurs groupements. L'absence de réponse de l'autorité administrative dans le délai précité vaut décision d'acceptation. »

Les modalités de participation de ces collectivités territoriales ou de leurs groupements au capital d'une société d'économie mixte hydroélectrique, notamment leurs concours financiers, sont régies par le titre II du livre V de la première partie du code général des collectivités territoriales, sous réserve de la présente section.

IV. — Si l'État le leur demande et si elles y consentent, d'autres personnes morales de droit public et des entreprises ou des organismes dont le capital est exclusivement détenu par des personnes morales de droit public, à l'exception des sociétés mentionnées à l'article L. 1531-1 du code général des collectivités territoriales, qualifiés de partenaires publics, peuvent également devenir actionnaires de la société d'économie mixte hydroélectrique.

V. — Les statuts de la société d'économie mixte hydroélectrique ou un pacte d'actionnaires fixent le nombre de sièges d'administrateur ou de membres du conseil de surveillance attribués à chaque actionnaire.

L'État et, le cas échéant, les collectivités territoriales mentionnées au III et les partenaires publics mentionnés au IV détiennent conjointement entre 34 % et 66 % du capital de la société et entre 34 % et 66 % des droits de vote dans les organes délibérants. La part du capital et des droits de vote détenue par l'actionnaire opérateur ne peut être inférieure à 34 %.

Les règles régissant l'évolution du capital de la société d'économie mixte hydroélectrique sont déterminées par les statuts de la société ou par le pacte d'actionnaires. Ces règles ne peuvent faire obstacle à ce que l'État reste actionnaire de la société pendant toute la durée de la concession.

VI. — La société d'économie mixte hydroélectrique est dissoute de plein droit au terme de l'exécution de la concession ou à la suite de sa résiliation.

Art. L. 521-19 Les modalités d'association de l'État, des collectivités territoriales ou de leurs groupements et des partenaires publics au sein de la société d'économie mixte hydroélectrique, en application des III et IV de l'article L. 521-18, font l'objet d'un accord préalable à la sélection de l'actionnaire opérateur.

Cet accord préalable comporte notamment :

1° Les principales caractéristiques de la société d'économie mixte hydroélectrique : la part de capital que l'État, les collectivités territoriales ou leurs groupements et les partenaires publics souhaitent détenir ; les règles de gouvernance et les modalités de contrôle dont l'État, les collectivités territoriales et les partenaires publics souhaitent disposer sur l'activité de la société, définies, le cas échéant, dans le pacte d'actionnaires, et les règles de dévolution de l'actif et du passif de la société lors de sa dissolution ;

2° Une estimation provisoire de la quote-part des investissements initiaux à la charge de l'État, des collectivités territoriales ou de leurs groupements et des partenaires publics. Cette estimation est établie sur la base de l'évaluation prévisionnelle, au stade du lancement de la procédure unique d'appel public à la concurrence mentionnée à l'article L. 521-20, du montant des investissements initiaux.

Les collectivités territoriales ou leurs groupements approuvent les modalités de leur participation par délibération de leur assemblée délibérante ou de leur organe délibérant.

Art. L. 521-20 I. — La sélection de l'actionnaire opérateur mentionné au I de l'article L. 521-18 et l'attribution de la concession à la société d'économie mixte hydroélectrique interviennent au terme d'une procédure unique d'appel public à la concurrence, qui respecte les mêmes règles et critères d'attribution que la procédure prévue à l'article L. 521-16 et qui est conduite par l'État selon des modalités définies par décret en Conseil d'État.

II. — Dans le cadre des formalités de publicité prévues par le décret mentionné au I du présent article, l'État porte à la connaissance de l'ensemble des candidats les principales conditions qu'il a définies pour la conclusion du contrat de concession avec la société d'économie mixte hydroélectrique.

Ces conditions portent notamment sur :

1° Les modalités d'association de l'État, des collectivités territoriales ou de leurs groupements et des partenaires publics au sein de la société d'économie mixte hydroélectrique, définies dans l'accord préalable mentionné à l'article L. 521-19 ;

2° Les projets de statuts de la société d'économie mixte hydroélectrique à créer ainsi que l'ensemble des éléments appelés à régir les relations entre l'actionnaire opérateur et l'État, les collectivités territoriales ou leurs groupements et les partenaires publics actionnaires de cette société d'économie mixte ;

3° Les caractéristiques principales du contrat de concession conclu entre l'État et la société d'économie mixte hydroélectrique et du cahier des charges annexé ;

4° Les modalités selon lesquelles la société d'économie mixte hydroélectrique peut conclure des contrats concourant à l'exécution de la concession, notamment des contrats de gré à gré avec l'actionnaire opérateur ou les filiales qui lui sont liées.

III. — Les offres des candidats à la procédure unique d'appel public à la concurrence indiquent, selon les modalités définies par l'État lors de cette procédure, les moyens techniques et financiers qu'ils s'engagent à apporter à la société d'économie mixte hydroélectrique pour lui permettre d'assurer l'exécution de la concession ainsi que les contrats qui doivent être conclus par cette société pour la réalisation de sa mission.

(Abrogé par Ord. n° 2016-65 du 29 janv. 2016, art. 70, à compter du 1er avr. 2016) « *IV. — **Ne peuvent soumissionner à la procédure unique d'appel public à la concurrence prévue au présent article les personnes mentionnées à l'article 8 de l'ordonnance n° 2005-649 du 6 juin 2005 relative aux marchés passés par certaines personnes publiques ou privées non soumises au code des marchés publics.*** »

Sur les conditions d'entrée en vigueur de l'Ord. n° 2016-65 du 29 janv. 2016, V. note ss. art. L. 521-1.

....

TITRE III LES DISPOSITIONS RELATIVES AUX INSTALLATIONS HYDRAULIQUES AUTORISÉES

CHAPITRE UNIQUE

Art. L. 531-1 *(L. n° 2012-387 du 22 mars 2012, art. 68-II-8°)* I. — L'octroi par l'autorité administrative de l'autorisation permettant l'exploitation d'installations utilisant l'énergie hydraulique également soumises aux articles L. 214-1 à L. 214-11 du code de l'environnement est entièrement régi par ces dispositions *(Ord. n° 2017-80 du 26 janv. 2017, art. 8-3° et 15, en vigueur le 1er mars 2017)* « et par celles du chapitre unique du titre VIII du livre I du même code » et les actes délivrés en application du code de l'environnement valent autorisation au titre du présent chapitre, sous réserve de ses dispositions particulières.

II. — L'octroi par l'autorité administrative de l'autorisation permettant l'exploitation d'installations utilisant l'énergie hydraulique qui ne sont pas soumises aux articles L. 214-1 à L. 214-11 du code de l'environnement est régi par l'article L. 311-5 du présent code.

III. — Le présent article est applicable aux demandes d'autorisation formulées après l'expiration d'un délai de six mois à compter de la promulgation de la loi n° 2012-387 du 22 mars 2012 relative à la simplification du droit et à l'allégement des démarches administratives.

Art. L. 531-2 Les autorisations délivrées au titre du présent chapitre ne peuvent excéder soixante-quinze ans.

Elles ne font pas obstacle à l'octroi de concessions nouvelles, ni à l'application des dispositions de la section 3 du chapitre I du titre II du présent livre.

A toute époque, elles peuvent être révoquées ou modifiées sans indemnité en application des dispositions des chapitres IV et V du titre I du livre II du code de l'environnement.

Art. L. 531-3 *(L. n° 2012-387 du 22 mars 2012, art. 68-II-9°)* Le renouvellement des autorisations au titre du présent livre est régi par la section 1 du chapitre IV du titre I du livre II du code de l'environnement. Si l'autorisation n'est pas renouvelée, il est fait application de l'article *(Ord. n° 2017-80 du 26 janv. 2017, art. 8-4° et 15, en vigueur le 1er mars 2017)* « L. 181-23 » du même code.

Art. L. 531-4 Le permissionnaire est assujetti, pour les installations établies sur les cours d'eau du domaine public, aux redevances domaniales fixées par l'acte d'autorisation.

Art. L. 531-5 Tout changement de permissionnaire doit, pour être valable, être notifié dans des conditions fixées par décret en Conseil d'État à l'autorité administrative qui, soit en donne acte, soit s'y oppose. Cette disposition ne s'applique pas aux ventes en justice.

Art. L. 531-6 Les installations autorisées, aménagées et exploitées directement par les sociétés d'économie mixte ou les collectivités locales ou leurs groupements peuvent être déclarées d'utilité publique dans les conditions fixées à la section 3 du chapitre I du titre II du présent livre et faire l'objet des mêmes droits que ceux conférés aux installations hydrauliques par cette section.

PARTIE RÉGLEMENTAIRE

LIVRE V LES DISPOSITIONS RELATIVES À L'UTILISATION DE L'ÉNERGIE HYDRAULIQUE

TITRE II LES DISPOSITIONS RELATIVES AUX INSTALLATIONS HYDRAULIQUES CONCÉDÉES

CHAPITRE I *LA PROCÉDURE APPLICABLE AUX CONCESSIONS*

(Décr. n° 2016-530 du 27 avr. 2016, art. 1er et 13, en vigueur le 1er mai 2016)

Art. R. 521-1 L'octroi d'une concession relève de la compétence du préfet du département où sont situés les ouvrages. Lorsque ces ouvrages sont situés dans plusieurs départements, le préfet du département dans lequel est installée l'usine de production d'électricité dont la puissance maximale brute est la plus élevée est chargé de coordonner la procédure d'octroi.

Par dérogation, un arrêté du Premier ministre peut désigner un préfet coordonnateur distinct de celui du département dans lequel est installée la principale usine de production d'électricité.

Pour l'application du présent chapitre, le terme "préfet" désigne indifféremment le préfet du département où sont situés les ouvrages, le préfet du département dans lequel est installée l'usine de production d'électricité dont la puissance maximale brute est la plus élevée ou le préfet coordonnateur désigné par le Premier ministre.

Lorsque la puissance maximale brute des aménagements est égale ou supérieure à 100 mégawatts, la compétence relève du ministre chargé de l'énergie.

Sous réserve des dispositions du troisième alinéa de l'article R. 521-49, le préfet est compétent pour prendre l'ensemble des actes de gestion du domaine public hydroélectrique concédé, autoriser les travaux relatifs à la concession et approuver le règlement d'eau. Lorsqu'ils intéressent plusieurs départements, ces actes sont pris conjointement par les préfets concernés, sur proposition du préfet coordonnateur mentionné au premier alinéa.

SECTION 1 *L'octroi de la concession*

SOUS-SECTION 1 *Lancement de la procédure*

Art. R. 521-2 *(Décr. n° 2020-1027 du 11 août 2020, art. 3)* « La procédure d'octroi d'une concession d'énergie hydraulique est engagée lorsque l'autorité administrative compétente procède à la publication de l'avis de concession prévu par l'article R. 3122-1 du code de la commande publique en vue : »

1° D'instaurer une concession sur un nouveau secteur géographique ;

2° De procéder au renouvellement d'une concession conformément à l'article L. 521-16 et à la sous-section 1 de la section 4 du présent chapitre, le cas échéant sur un périmètre différent englobant tout ou partie de la concession initiale.

Par exception à *(Décr. n° 2016-1129 du 17 août 2016, art. 3-4°)* « l'article R. 311-12 », la procédure d'octroi de la concession d'énergie hydraulique prévue à la présente section peut tenir lieu de la procédure prévue à l'article L. 311-10. Dans ce cas, lorsque l'autorité administrative compétente est le préfet, elle recueille l'avis préalable du ministre chargé de l'énergie.

(Abrogé par Décr. n° 2020-1027 du 11 août 2020, art. 3) ***« Le projet de décision mentionnée au premier alinéa fait l'objet d'une consultation du public selon les modalités prévues à l'article L. 120-1 du code de l'environnement. »***

Art. R. 521-3 I. — Toute personne ou tout groupement de personnes y ayant intérêt peut demander à l'autorité administrative d'engager une procédure en vue d'instaurer une concession d'énergie hydraulique sur un nouveau secteur géographique, en lui adressant un dossier d'intention dont la composition est fixée par un arrêté du ministre chargé de l'énergie et qui comporte notamment les indications et les pièces relatives à son identification, à ses capacités techniques et financières, à l'objet de l'entreprise, à la localisation de l'aménagement envisagé, aux principales caractéristiques de celui-ci, aux conditions de son raccordement aux réseaux électriques et aux principaux enjeux environnementaux identifiés sur le site concerné par l'aménagement. S'il estime que la conclusion d'un contrat en application de l'article L. 311-12 est nécessaire à la réalisation du projet, le pétitionnaire l'indique dans son dossier et produit tout élément tendant à le démontrer.

II. — L'autorité administrative informe le pétitionnaire, dans un délai ne pouvant excéder six mois à compter de la date de réception d'un dossier d'intention complet, de la suite qu'elle entend réserver à cette demande. Elle précise notamment, après avis du ministre chargé de l'énergie au cas où l'autorité administrative compétente est le préfet, s'il peut être recouru à la procédure *(Décr. n° 2016-1129 du 17 août 2016, art. 3-5°)* « de mise en concurrence » prévue à l'article L. 311-10 et si un contrat peut être conclu en application de l'article L. 311-12. A défaut de décision expresse de l'autorité administrative dans ce délai, la demande est réputée rejetée.

III. — Lorsqu'elle décide d'engager une procédure en vue d'instaurer une concession, l'autorité administrative invite le pétitionnaire à compléter sa demande par :

1° Un rapport, dont le contenu doit être en relation avec l'importance de l'aménagement projeté et de son incidence sur l'environnement, comportant une analyse de l'état du site et de son environnement ainsi qu'une identification des impacts potentiels de l'aménagement projeté sur l'environnement et les usages du cours d'eau ;

2° Les plans sommaires des ouvrages projetés ;

3° Une indication sur la nécessité de recourir à une déclaration d'utilité publique ;

4° Une indication sur la durée sollicitée pour la concession.

Lorsque des frais afférents à l'élaboration du dossier d'intention sont supportés par le pétitionnaire lui-même et que la procédure engagée en application de la sous-section 2 de la présente section conduit à la sélection d'un autre candidat, les frais correspondants, majorés de 10 %, sont remboursés au pétitionnaire par l'État dans un délai de six mois suivant sa désignation, après vérification par l'autorité administrative du montant des frais justifié par le pétitionnaire et validation de leur utilité pour l'attribution de la concession.

Art. R. 521-4 A la demande de l'autorité administrative, le préfet du département où se situent les ouvrages existants ou à édifier, ou, le cas échéant, le préfet coordonnateur, élabore et rend public, après avoir procédé aux consultations et concertations appropriées, un document de synthèse destiné à informer le public et les candidats potentiels à l'octroi de la concession sur les différents enjeux liés à la gestion équilibrée et durable de la ressource en eau dans le périmètre du projet. Les contributions recueillies et ayant servi à l'élaboration de ce document y sont annexées.

Art. R. 521-5 Les dispositions *(Abrogé par Décr. n° 2020-1027 du 11 août 2020, art. 3)* « *du dernier alinéa de l'article R. 521-2 et* » de l'article R. 521-4 ne sont pas applicables si l'aménagement projeté est soumis aux dispositions des articles L. 121-8 et suivants du code de l'environnement relatifs à l'organisation du débat public.

SOUS-SECTION 2 *Sélection du candidat pressenti*

Art. R. 521-6 L'octroi d'une concession d'énergie hydraulique est précédé d'une publicité et d'une mise en concurrence selon les modalités prévues par *(Décr. n° 2018-1075 du 3 déc. 2018, art. 5 et 16, en vigueur le 1er avr. 2019)* « la troisième partie du code de la commande publique », sous réserve des dispositions prévues par la présente sous-section.

Les dispositions du Décr. n° 2018-1075 du 3 déc. 2018 s'appliquent :

— aux marchés publics pour lesquels une consultation a été engagée ou un avis d'appel à la concurrence a été envoyé à la publication depuis le 1er avr. 2019. Elles ne s'appliquent pas aux marchés publics passés sur le fondement d'un accord-cadre ou dans le cadre d'un système d'acquisition dynamique lorsque la procédure en vue de la passation de cet accord ou de la mise en place de ce système d'acquisition dynamique a été engagée avant cette date ;

— aux contrats de concession pour lesquels une consultation a été engagée ou un avis de concession a été envoyé à la publication depuis le 1er avr. 2019 (Décr. préc., art. 16).

Art. R. 521-7 Les documents de la consultation mentionnés *(Décr. n° 2018-1075 du 3 déc. 2018, art. 5 et 16, en vigueur le 1er avr. 2019)* « aux articles R. 3122-7 et R. 3122-8 du code de la commande publique » comportent notamment :

1° Le règlement de la consultation, dont le contenu est précisé à l'article R. 521-8 *(Décr. n° 2018-1075 du 3 déc. 2018, art. 5 et 16, en vigueur le 1er avr. 2019)* « du présent code » ;

2° Un programme fonctionnel définissant les spécifications techniques et fonctionnelles de la concession, et comportant notamment :

— la description du périmètre de la concession envisagée et, le cas échéant, des restrictions et contraintes qui s'imposent sur ce périmètre ;

— les conditions et caractéristiques minimales, et les objectifs de performance de la concession envisagée, comportant notamment les principaux paramètres relatifs à la production, aux débits et niveaux d'eau, aux contraintes d'exploitation ou d'usage, le cas échéant les équipements ou ouvrages nouveaux qui devront être réalisés par le concessionnaire, et, s'il s'agit d'un renouvellement, les conditions dans lesquelles les équipements existants seront maintenus ou modifiés, le cas échéant le type d'équipement, d'ouvrage ou d'exploitation supplémentaires ou alternatifs, pouvant comprendre notamment la déconstruction, la modification, la reconstruction des ouvrages existants ;

— le cas échéant en complément du dossier de fin de concession mentionné au 6°, et sous réserve d'information légalement protégée, les caractéristiques de la concession venant à expiration, comprenant la description des équipements existants ;

3° Un projet de cahier des charges, établi sur la base du modèle de cahier des charges des entreprises hydrauliques concédées, complété et adapté à la concession envisagée en fonction de ses caractéristiques ;

4° Un projet de règlement d'eau adapté aux caractéristiques de la concession envisagée ;

5° Le document de synthèse relatif à la gestion équilibrée et durable de la ressource en eau, lorsque l'autorité administrative en a demandé l'élaboration en application de l'article R. 521-4 ;

6° En cas de renouvellement, sous réserve de l'occultation des informations légalement protégées, le dossier de fin de concession, prévu à l'article R. 521-52, de la concession venant à expiration ;

7° Tout autre document que l'autorité administrative estime utile au soutien de leur offre par les candidats.

Sur l'application des dispositions issues du Décr. n° 2018-1075 du 3 déc. 2018, V. notes ss. C. énergie, art. R. 521-6, supra.

Art. R. 521-8 I. — Le règlement de la consultation prévoit que la langue de la procédure d'octroi de la concession est la langue française et que tous les projets de contrat préparés par les candidats sont rédigés dans cette langue et soumis au droit français.

II. — Le règlement de la consultation mentionne les conditions dans lesquelles l'autorité administrative fixe la durée de la concession avant la remise des offres ou apprécie les offres au regard de la durée de contrat qu'elles proposent. Dans tous les cas, la durée fixée ou proposée l'est conformément aux *(Décr. n° 2018-1075 du 3 déc. 2018, art. 5 et 16, en vigueur le 1er avr. 2019)* « articles R. 3114-1 à R. 3114-2 du code de la commande publique ».

III. — Le règlement de la consultation renseigne sur les paramètres financiers de la concession, comporte une estimation du montant du droit d'entrée et précise ses modalités de versement par le nouveau concessionnaire. Il mentionne, s'il y a lieu, les principales clauses envisagées pour le contrat conclu en application de l'article L. 311-12.

IV. — Le règlement de la consultation précise les modalités selon lesquelles les candidats peuvent accéder aux installations existantes, conformément aux dispositions de l'article R. 521-59.

V. — Le règlement de la consultation précise les modalités selon lesquelles l'autorité administrative peut, si elle l'estime nécessaire, inviter les candidats admis à présenter une offre à participer à une phase d'échanges préliminaires. Au cours de cette phase, les candidats sont entendus dans des conditions garantissant le respect d'une stricte égalité entre eux. Sans préjudice des dispositions des articles L. 124-1 et suivants du code de l'environnement, l'autorité administrative ne peut révéler des informations confidentielles communiquées par un candidat dans le cadre de ces échanges sans l'accord de celui-ci.

Il prévoit que l'autorité administrative informe les candidats de la clôture de la phase d'échanges préliminaires.

VI. — Le règlement de la consultation peut prévoir la possibilité pour les candidats de proposer des variantes. Il précise, le cas échéant dans sa version relative à chaque phase de la procédure, si ces variantes peuvent porter, pour la phase ou le tour d'offres concerné, indifféremment sur tout aspect du projet ou de l'offre ou exclusivement sur certains aspects, notamment techniques ou financiers.

VII. — Le règlement de la consultation, *(Décr. nº 2018-1075 du 3 déc. 2018, art. 5 et 16, en vigueur le 1er avr. 2019)* « conformément aux articles R. 3124-4 et R. 3124-5 du code de la commande publique », indique par ordre décroissant d'importance les critères de sélection des offres. Parmi ces critères figurent au minimum l'optimisation énergétique de l'exploitation de la chute au regard des objectifs fixés par l'article L. 100-1, le respect d'une gestion équilibrée et durable de la ressource en eau permettant la conciliation de ses différents usages tels qu'ils résultent des dispositions de l'article L. 211-1 du code de l'environnement ainsi que les conditions économiques et financières pour l'État et les collectivités territoriales conformément aux articles R. 523-1 à R. 523-4. Ce règlement précise les éléments d'appréciation essentiels qui sont pris en compte pour l'application des critères de sélection des offres.

Lorsque la procédure d'octroi de la concession d'énergie hydraulique prévue à la présente section tient lieu de procédure prévue à l'article L. 311-10, les critères de sélection des offres en tiennent compte.

VIII. — Le règlement de la consultation prévoit les conditions dans lesquelles le concessionnaire pressenti peut confirmer ou actualiser ses engagements, en particulier ceux relatifs à la redevance et à la protection des principes énoncés à l'article L. 211-1 du code de l'environnement, avant le terme de l'instruction administrative de sa demande de concession, notamment pour tenir compte des éléments issus de celle-ci, dans le respect de l'équilibre économique de son offre et sans avoir pour effet de changer les résultats de la procédure de mise en concurrence.

Sur l'application des dispositions issues du Décr. nº 2018-1075 du 3 déc. 2018, V. notes ss. C. énergie, art. R. 521-6, supra.

Art. R. 521-9 Lorsque l'aménagement projeté intéresse un cours d'eau domanial ou utilise l'énergie des marées, les offres expurgées de leurs éléments économiques et financiers sont soumises pour avis aux autorités chargées de la gestion du domaine public concerné, sauf si ces autorités ont elles-mêmes la qualité de candidat. Leur avis est réputé favorable s'il n'a pas été émis dans un délai de deux mois à compter de la réception de la demande d'avis.

Au cas où l'octroi de la concession peut donner lieu à la conclusion d'un contrat conclu en application de l'article L. 311-12, l'autorité administrative recueille l'avis de la Commission de régulation de l'énergie sur la contribution des différentes offres aux objectifs recherchés et sur les charges imputables aux missions de service public qu'elles impliquent, calculées conformément aux dispositions de l'article L. 121-7. Une fois cet avis rendu, lorsque la procédure d'octroi relève de la compétence du préfet, ce dernier recueille également l'avis préalable du ministre chargé de l'énergie sur le candidat qu'il envisage de désigner.

Art. R. 521-10 Le concessionnaire pressenti est invité à déposer, dans un délai fixé par l'autorité administrative, son dossier de demande de concession qui est instruit dans les conditions fixées par la sous-section 3 de la présente section.

Ce dossier est constitué des pièces définies par un arrêté du ministre chargé de l'énergie et comprend notamment une étude d'impact conforme aux exigences du chapitre II du titre II du livre I du code de l'environnement, sauf dans le cas mentionné à l'article R. 521-22.

Art. R. 521-11 Par dérogation aux *(Décr. n° 2018-1075 du 3 déc. 2018, art. 5 et 16, en vigueur le 1er avr. 2019)* « articles R. 3125-1 à R. 3125-3, R. 3126-12 et R. 3126-13 du code de la commande publique », l'autorité administrative peut décider que l'offre classée deuxième en application des critères mentionnés au VII de l'article R. 521-8 n'est pas définitivement rejetée et que son auteur pourra être substitué au concessionnaire pressenti si une décision de rejet était notifiée à ce dernier ou si ce dernier ne donnait pas suite à sa demande de concession. Elle notifie cette décision au candidat classé deuxième.

Sur l'application des dispositions issues du Décr. n° 2018-1075 du 3 déc. 2018, V. notes ss. C. énergie, art. R. 521-6, supra.

SOUS-SECTION 3 *Instruction de la demande du concessionnaire pressenti*

Art. R. 521-12 Lorsque le ministre chargé de l'énergie est compétent pour l'instruction de la demande de concession, il invite le préfet à préparer, pour son compte, l'avis de l'État.

Art. R. 521-13 Le préfet, dans un délai de deux mois à compter de la remise du dossier complet de demande de concession :

1° Sollicite, le cas échéant, l'avis de l'autorité administrative compétente en matière d'environnement sur l'étude d'impact conformément aux dispositions de l'article L. 122-1 du code de l'environnement ;

2° Sollicite, le cas échéant, l'avis des autorités chargées de la gestion du domaine public concerné ;

3° Fait procéder aux formalités de publicité.

Art. R. 521-14 Le préfet de chacun des départements intéressés fait procéder, par l'intermédiaire des maires, à l'affichage de la demande de concession dans les communes riveraines des cours d'eau intéressés et, s'il y a lieu, de leurs dérivations, depuis la limite amont du remous jusqu'à l'extrémité aval du canal de fuite.

L'affichage est également prescrit dans les autres communes riveraines de ces cours d'eau où l'aménagement paraît de nature à faire notablement sentir ses effets, notamment sur la qualité, le régime, le niveau ou le mode d'écoulement des eaux superficielles ou souterraines, ainsi que sur la vie aquatique, en particulier celle des espèces migratrices.

Art. R. 521-15 L'enquête publique est régie par le chapitre III du titre II du livre I du code de l'environnement, sous réserve des dispositions suivantes :

1° Pour l'application des dispositions de l'article R. 123-3 du code de l'environnement qui prévoient que l'enquête publique est ouverte et organisée par arrêté conjoint des préfets des départements intéressés, doivent être regardés comme intéressés les départements où sont situées des communes riveraines des cours d'eau et de leurs dérivations dans lesquelles la demande de concession a fait l'objet d'un affichage en application des dispositions de l'article R. 521-14 ;

2° Le concessionnaire pressenti est substitué au maître de l'ouvrage lorsqu'il est fait référence à ce dernier.

Art. R. 521-16 Le concessionnaire pressenti établit le dossier d'enquête publique qui comprend, outre le dossier de demande de concession, l'ensemble des éléments exigés par l'article R. 123-8 du code de l'environnement.

Le préfet invite le concessionnaire pressenti à fournir, dans un délai qu'il fixe, le nombre de dossiers nécessaire à l'enquête publique et aux consultations prévues à l'article R. 521-17 pour l'instruction de sa demande de concession.

Art. R. 521-17 Dès l'ouverture de l'enquête publique, le préfet recueille l'avis sur le dossier d'enquête publique :

1° Des communes sur le territoire desquelles les ouvrages doivent être établis ou paraissent de nature à faire sentir notablement leurs effets. Dans le premier cas, l'avis du conseil municipal doit être recueilli ;

2° De la commission départementale de la nature, des paysages et des sites de chaque département sur le territoire duquel s'étend le périmètre de la concession, siégeant dans les conditions prévues pour l'exercice des missions définies à l'article R. 341-16 du code de l'environnement ;

3° Du conseil départemental de chaque département sur le territoire duquel s'étend le périmètre de la concession ;

4° Du conseil régional de chaque région sur le territoire de laquelle s'étend le périmètre de la concession ;

5° De la commission locale de l'eau, si l'opération pour laquelle la concession est sollicitée est située dans le périmètre d'un schéma d'aménagement et de gestion des eaux ou parait de nature à faire sentir notablement ses effets dans le périmètre d'un tel schéma ;

6° Des chambres de commerce et d'industrie territoriales, des chambres départementales d'agriculture, de la commission départementale d'aménagement foncier dans les circonscriptions desquelles doivent être exécutés, le cas échéant, les travaux projetés ;

7° De tout autre organisme dont il juge l'avis utile au regard des enjeux soulevés par l'aménagement.

Ces avis sont émis par l'organisme consulté dans un délai de trois mois à compter de la réception du dossier d'enquête publique. A défaut d'avoir été émis dans ce délai, ils sont réputés favorables.

Art. R. 521-18 Lorsqu'il a reçu le rapport et les conclusions séparées du commissaire enquêteur ou de la commission d'enquête, le préfet transmet à chaque conseil départemental de l'environnement et des risques sanitaires et technologiques des départements concernés :

1° Le projet de cahier des charges figurant dans le dossier de demande de concession, le cas échéant modifié avec l'accord du concessionnaire pressenti pour tenir compte des avis recueillis dans le cadre de la consultation des services et organismes intéressés et de l'enquête publique ;

2° Un rapport du directeur régional de l'environnement, de l'aménagement et du logement compétent pour connaître des affaires du département où réside le préfet mentionné à l'article R. 521-1, retraçant la procédure, les avis issus des consultations prévues à l'article R. 521-17, les conclusions du commissaire enquêteur ou de la commission d'enquête et les réponses apportées par le concessionnaire pressenti ;

3° Le projet d'arrêté portant règlement d'eau prévu à l'article L. 521-2.

Le concessionnaire pressenti peut demander à être entendu par le ou les conseils départementaux ainsi saisis ou désigner à cet effet un mandataire. Il doit être informé par le préfet au moins huit jours à l'avance de la date et du lieu de la réunion du ou des conseils.

Le ou les conseils rendent leur avis sur les projets de cahier des charges et de règlement d'eau dans les deux mois suivants leur réception. Si un conseil sursoit à statuer par une décision motivée, il est convoqué de plein droit dans un délai qui ne peut excéder deux mois et il doit, à l'occasion de sa seconde réunion, émettre son avis. A défaut d'avoir été émis dans ce délai, les avis sont réputés favorables.

Art. R. 521-19 Les avis rendus sur les projets de cahier des charges et de règlement d'eau par le ou les conseils départementaux de l'environnement et des risques sanitaires et technologiques ainsi que les modifications de ces documents proposées par l'autorité administrative pour en tenir compte sont portés, par le préfet, à la connaissance du concessionnaire pressenti, qui dispose d'un délai d'un mois à compter de leur réception pour lui formuler ses observations par écrit.

A compter de la transmission des observations par le concessionnaire pressenti ou à l'échéance du délai d'un mois mentionné au précédent alinéa, le préfet statue par arrêté sur le règlement d'eau. Si la concession est située sur plusieurs départements, il est statué par arrêté conjoint des préfets intéressés.

Le règlement d'eau, arrêté préalablement à l'acte approuvant le contrat de concession, entre en vigueur à la date où le cahier des charges mentionné à l'article R. 521-25 entre lui-même en vigueur.

Art. R. 521-20 Lorsque le ministre chargé de l'énergie est compétent pour l'instruction de la demande de concession, le préfet lui adresse, dans les trois mois suivant l'avis du ou des conseils départementaux de l'environnement et des risques sanitaires et technologiques, le dossier de demande de concession accompagné de ses propositions de modification du projet de cahier des charges ainsi que des réponses du concessionnaire pressenti aux observations formulées. Cet envoi comprend aussi l'avis du ou des préfets compétents sur le dossier de demande de concession et le projet de règlement d'eau arrêté conformément à l'article R. 521-19 et, s'il y a lieu, en application de l'article L. 521-14 un tableau des indemnités dues pour droits particuliers à l'usage de l'eau non exercés.

Art. R. 521-21 Le projet de cahier des charges est, le cas échéant, mis à jour par l'autorité administrative pour prendre en compte les conclusions de l'instruction administrative, sans que cette mise à jour puisse avoir pour effet de changer les résultats de la procédure de mise en concurrence. Le concessionnaire pressenti est informé des modifications apportées au projet.

Art. R. 521-22 Dans le cas d'un renouvellement de concession, si les modifications des ouvrages et des conditions d'exploitation de la concession ne sont pas de nature à entraîner des dangers ou inconvénients significatifs au regard des principes énoncés à l'article L. 211-1 du code de l'environnement, l'autorité administrative peut engager une instruction simplifiée dérogeant aux articles R. 521-10, R. 521-15, R. 521-16, R. 521-17 et R. 521-18 :

— le contenu du dossier de demande de concession tel qu'il est défini à l'article R. 521-10 est adapté selon les modalités définies par arrêté du ministre chargé de l'énergie ;

— la demande n'est pas soumise à l'enquête publique prévue à l'article R. 521-15 ;

— les avis prévus à l'article R. 521-17 sont rendus sur le dossier de demande de concession.

Art. R. 521-23 Les frais de constitution des dossiers établis par le concessionnaire, les frais d'affichage et de publicité et tous les frais exposés pour l'instruction de la demande de concession en application de la présente sous-section sont à la charge du concessionnaire pressenti.

Art. R. 521-24 Lorsque, au terme de l'instruction, l'autorité administrative ne donne pas suite à la demande de concession, elle notifie une décision de rejet motivée au concessionnaire pressenti. Sauf si le règlement de la consultation en dispose autrement, cette décision n'ouvre droit à aucun remboursement des dépenses engagées par le concessionnaire pressenti.

Dans ce cas, ou si le concessionnaire pressenti ne donne pas suite à sa demande de concession, l'autorité administrative, sous réserve d'avoir fait usage de la faculté ouverte par l'article R. 521-11, notifie au candidat dont l'offre a été classée deuxième, soit qu'il devient le nouveau concessionnaire pressenti et qu'il est invité à remettre un dossier de demande de concession, soit que son offre est définitivement rejetée.

SOUS-SECTION 4 *Octroi de la concession et déclaration d'utilité publique*

Art. R. 521-25 Dans le cas prévu au premier alinéa de l'article R. 521-1, la concession est accordée par un arrêté préfectoral qui approuve le contrat de concession et le cahier des charges qui lui est annexé. Si les ouvrages sont situés sur plusieurs départements, la concession est accordée par arrêté conjoint des préfets des départements intéressés. S'il y a lieu, l'utilité publique est déclarée par l'arrêté approuvant le contrat de concession et le cahier des charges qui lui est annexé.

Dans le cas prévu au quatrième alinéa de l'article R. 521-1, la concession est accordée par un arrêté du ministre chargé de l'énergie, après avis du ministre chargé de l'environnement, qui approuve le contrat de concession et le cahier des charges qui lui est annexé. Lorsque l'octroi ou l'exécution de la concession nécessite une déclaration d'utilité publique, la concession est accordée par un décret en Conseil d'État qui approuve le contrat de concession et le cahier des charges qui lui est annexé et déclare le projet d'utilité publique conformément à l'article R. 121-2 du code de l'expropriation pour cause d'utilité publique.

Art. R. 521-26 Lorsque l'utilité publique, par dérogation aux dispositions de l'article R. 521-25, n'est pas déclarée par l'acte approuvant le contrat de concession et le cahier des charges qui lui est annexé, l'acte déclaratif d'utilité publique est pris conformément aux dispositions des articles R. 121-1 et R. 121-2 du code de l'expropriation pour cause d'utilité publique.

Dans tous les cas, l'acte déclaratif d'utilité publique comporte en annexe le périmètre géographique à l'intérieur duquel des servitudes peuvent être instituées.

Une fois l'utilité publique déclarée, l'enquête parcellaire et l'arrêté de cessibilité interviennent dans les conditions prévues aux articles R. 131-1 à R. 132-4 du code de l'expropriation pour cause d'utilité publique.

Art. R. 521-27 *(Décr. n° 2020-1027 du 11 août 2020, art. 4)* Les modifications des contrats de concession d'énergie hydraulique sont soumises aux règles prévues par les articles R. 3135-1 à R. 3135-10 du code de la commande publique.

Elles sont approuvées selon les modalités prévues aux articles R. 521-25 et R. 521-26.

Lorsque les modifications projetées sont soumises à évaluation environnementale en application des articles L. 122-1 et L. 122-4 du code de l'environnement, le dossier de modification peut être soumis, outre les procédures de participation du public prévues par ce code, aux consultations, parmi celles prévues aux articles R. 521-17 et R. 521-18, que le préfet estime adaptées aux enjeux soulevés par ces modifications.

Lorsque les modifications projetées ne sont pas soumises à évaluation environnementale en application des dispositions mentionnées à l'alinéa précédent mais sont de nature à entraîner des dangers ou des inconvénients significatifs au regard des principes énoncés à l'article L. 211-1 du code de l'environnement, elles font l'objet d'une étude d'incidence environnementale prévue à l'article R. 181-14 du même code. Outre la procédure de participation du public prévue par le code de l'environnement, le dossier de demande de modifications est soumis aux consultations, parmi celles prévues aux articles R. 521-17 et R. 521-18, que le préfet estime adaptées aux enjeux de ces modifications.

Dans les autres cas, outre la procédure de participation du public requise, le cas échéant, en application du code de l'environnement, le dossier de demande de modifications est soumis aux consultations que le préfet estime adaptées aux enjeux de ces modifications.

SOUS-SECTION 5 *Règlement d'eau*

Art. R. 521-28 Le règlement d'eau prévu à l'article L. 521-2 ne peut contenir, *(Décr. nº 2017-81 du 26 janv. 2017, art. 9 et 17, en vigueur le 1er mars 2017)* « conformément à l'article L. 181-11 du code de l'environnement » et au 1° de l'article L. 521-4 du présent code, que les prescriptions individuelles nécessaires à la protection des intérêts mentionnés à l'article L. 211-1 du code de l'environnement ou que des prescriptions relatives aux moyens de surveillance, aux modalités des contrôles techniques et aux moyens d'intervention en cas d'incident ou d'accident.

Le règlement d'eau fixe en particulier les conditions techniques applicables à l'exploitation des ouvrages hydrauliques dans toutes les hypothèses connues et prévisibles et portant sur :

– les débits minimaux applicables, prise d'eau par prise d'eau, dans le respect de la plage, ou des plages, de débit fixée(s) dans le cahier des charges ;

– la vie piscicole ;

– les moyens d'analyse, de mesure, de contrôle et de suivi des effets de l'ouvrage sur l'eau, le milieu aquatique ainsi que sur les autres usages de l'eau ;

– les moyens d'intervention en vue d'assurer la protection des tiers en cas d'incident ou d'accident ;

– la suppression des embâcles et le dégrillage ;

– les modalités de gestion du transit sédimentaire ;

– le mode de restitution des eaux prélevées et la qualité des eaux restituées, notamment son oxygénation.

Art. R. 521-29 Le règlement d'eau peut être modifié à la demande du concessionnaire ou à l'initiative du préfet. Dans ce dernier cas, le concessionnaire est saisi pour avis du projet de modification de ce règlement.

(Décr. nº 2020-1027 du 11 août 2020, art. 5) « Lorsque la modification projetée n'est pas soumise à évaluation environnementale en application de l'article L. 122-1 du code de l'environnement mais présente des dangers ou inconvénients significatifs au regard des principes énoncés à l'article L. 211-1 du même code, elle fait l'objet d'une étude d'incidence environnementale prévue à l'article R. 181-14 de ce code.

« Dans tous les cas, outre la procédure de participation du public prévue par le code de l'environnement, le préfet procède à la consultation des autorités chargées de la gestion du domaine public concerné, à celle du comité mentionné à l'article L. 524-1 et aux consultations, parmi celles prévues à l'article R. 521-17, qu'il estime adaptées aux enjeux de la modification projetée. Faute d'avoir été émis dans un délai de quarante-cinq jours à compter de la réception de la demande, les avis sont réputés favorables.

« Le préfet peut également solliciter l'avis du conseil départemental de l'environnement et des risques sanitaires et technologiques sur le projet de modification du règlement d'eau. Le cinquième alinéa de l'article R. 521-18 et le premier alinéa de l'article R. 521-19 sont alors applicables. »

Le préfet notifie au concessionnaire les avis recueillis et, le cas échéant, le projet de règlement d'eau modifié par ses soins. Le concessionnaire dispose d'un délai d'un mois à compter de la réception du projet pour formuler ses observations au préfet. Il est ensuite statué par arrêté du ou des préfets compétents.

Art. R. 521-30 Pour les concessions existantes ne disposant pas d'un règlement d'eau, le préfet peut, sur son initiative ou à la demande du concessionnaire, engager, sans remettre en cause l'équilibre général de la concession, la procédure d'établissement d'un règlement. Ce projet de règlement est élaboré selon la procédure définie à l'article R. 521-29.

Lorsque les concessions ont fait l'objet d'un regroupement en application des dispositions de l'article L. 521-16-1 ou L. 521-16-2, le préfet peut décider d'établir un projet de règlement d'eau commun à l'ensemble des concessions regroupées ayant le même titulaire.

SOUS-SECTION 6 *Autorisation et récolement des travaux d'exécution des ouvrages à établir en application du cahier des charges de la concession*

(Décr. n° 2020-1027 du 11 août 2020, art. 6)

Art. R. 521-31 Au sens de la présente sous-section, le terme "barrage" désigne un ouvrage classé en application des articles R. 214-112 et R. 214-114 du code de l'environnement.

Les projets d'exécution des ouvrages à établir par le concessionnaire en application du cahier des charges mentionné à l'article L. 521-4 sont adressés au préfet. La conception des projets portant sur un barrage répond aux exigences de l'article R. 214-119 du code de l'environnement. Les projets d'exécution sont accompagnés, le cas échéant, de l'étude de dangers prévue par l'article R. 214-115 du même code.

Le préfet procède à la consultation des autorités chargées de la gestion du domaine public concerné, à celle du comité mentionné à l'article L. 524-1 et aux consultations, parmi celles prévues à l'article R. 521-17, qu'il estime adaptées aux enjeux de ces projets. Faute d'avoir été émis dans un délai de quarante-cinq jours à compter de la réception de la demande, les avis sont réputés favorables.

Le préfet peut également solliciter l'avis du conseil départemental de l'environnement et des risques sanitaires et technologiques sur les prescriptions dont il envisage d'assortir l'autorisation ou sur le refus qu'il prévoit d'opposer à la demande. Le cinquième alinéa de l'article R. 521-18 et le premier alinéa de l'article R. 521-19 sont alors applicables.

Le préfet notifie le projet d'arrêté ou le refus qu'il prévoit d'opposer à la demande au concessionnaire, qui dispose de deux mois pour présenter ses observations. Au vu des observations du concessionnaire, le préfet statue par arrêté sur l'autorisation d'exécuter les travaux.

Les prescriptions de cet arrêté précisent notamment la liste des documents techniques propres à justifier la sécurité de l'ouvrage considéré, établis par l'organisme agréé mentionné à l'article R. 214-119 du code de l'environnement, et les échéances auxquelles ces documents sont transmis au préfet, dans le respect des dispositions de l'arrêté ministériel mentionné au II du même article.

Art. R. 521-32 Lorsque les incidences des projets de travaux n'ont pas pu être complètement identifiées ou appréciées dans le cadre de l'étude d'impact ou de l'étude d'incidence jointe à la demande de concession ou à la demande de modification d'un contrat de concession d'énergie hydraulique, le projet d'exécution de ces travaux comporte une actualisation de l'étude d'impact ou de l'étude d'incidence, ou une étude d'impact, s'il s'avère que celle-ci est requise et n'a pas été réalisée au stade de la demande de concession ou de la demande de modification du contrat de concession. Le projet d'exécution est soumis aux consultations et aux procédures de participation du public prévues par le code de l'environnement dans ces différents cas.

Art. R. 521-33 Lorsque la demande de concession ou la demande de modification d'un contrat de concession d'énergie hydraulique a fait l'objet d'une enquête publique et que les travaux n'ont pas été entrepris dans un délai de cinq ans à compter de l'octroi de la concession ou la modification du contrat de concession, les projets d'exécution de ces travaux sont soumis à une nouvelle enquête publique, sauf si le préfet décide de proroger sa durée de validité dans les conditions prévues par l'article R. 123-24 du code de l'environnement.

Art. R. 521-34 La maîtrise d'œuvre des travaux répond, lorsqu'il s'agit de barrages, aux exigences définies à l'article R. 214-120 du code de l'environnement.

Art. R. 521-35 Les travaux de construction ou de reconstruction d'un barrage de classe A, hors travaux préliminaires, ne peuvent débuter qu'après l'intervention de l'avis du comité technique permanent des barrages et des ouvrages hydrauliques. Cet avis porte notamment sur la limitation des risques que pourrait faire courir l'ouvrage à la sécurité publique, y compris pendant la période du chantier.

Art. R. 521-36 La première mise en eau d'un barrage est réalisée suivant les dispositions *des I à III de l'article R.* 214-121 du code de l'environnement. La demande de première mise en eau peut être notamment rejetée lorsque le concessionnaire ne s'est pas conformé au projet approuvé ou en raison des risques que le barrage construit présente pour la sécurité publique.

Art. R. 521-37 Pour les barrages, il est procédé au récolement des ouvrages construits ou modifiés avant la mise en service des ouvrages correspondants. Pour les autres travaux,

l'arrêté d'autorisation peut prévoir qu'il est procédé au récolement. Un arrêté du ministre chargé de l'énergie précise les conditions des opérations de récolement.

SOUS-SECTION 7 *Approbation des autres travaux*

(Décr. nº 2020-1027 du 11 août 2020, art. 6)

Art. R. 521-38 **Les projets de travaux dans le périmètre de la concession relevant des missions du concessionnaire mais ne relevant pas du deuxième alinéa de l'article R. 521-31 sont soumis aux formalités prévues à la sous-section 6 de la présente section, sous réserve des dispositions de la présente sous-section.**

Par dérogation aux dispositions du troisième alinéa du II de l'article R. 122-2 du code de l'environnement, les travaux d'entretien, de maintenance et de grosses réparations font l'objet d'une évaluation environnementale, de façon systématique ou après un examen au cas par cas, en application du II de l'article L. 122-1 du même code, en fonction des critères et des seuils précisés dans le tableau annexé à l'article R. 122-2 de ce code.

Les projets d'exécution de travaux qui ne sont pas soumis à évaluation environnementale en application des dispositions de l'article L. 122-1 du code de l'environnement mais qui correspondent à des opérations soumises à autorisation ou à déclaration par la nomenclature annexée à l'article R. 214-1 du code de l'environnement, comprennent l'étude d'incidence environnementale prévue à l'article R. 181-14 du même code. Dans le cas où les travaux correspondent à des opérations soumises à déclaration par la nomenclature annexée à l'article R. 214-1 du code de l'environnement et ne modifient pas la géométrie, le niveau de sûreté ou la fonctionnalité d'un ouvrage de la concession, le silence gardé par le préfet plus de deux mois à compter de la réception des projets d'exécution vaut autorisation par le préfet de ces travaux.

Les projets d'exécution de travaux qui ne sont pas soumis à évaluation environnementale ne relèvent pas des cas prévus par l'alinéa précédent et ne modifient pas la géométrie, le niveau de sûreté ou la fonctionnalité d'un ouvrage de la concession sont dispensés d'autorisation au titre de la sous-section 6.

Art. R. 521-39 **Les travaux présentant un caractère régulier peuvent être autorisés par le règlement d'eau prévu à l'article L. 521-2 ou par une autorisation spécifique unique instruite selon les modalités prévues à l'article R. 521-38.**

Art. R. 521-40 **Lorsque les projets de travaux dans le périmètre de la concession réalisés par une personne autre que le concessionnaire ou qu'une personne agissant pour le compte de ce dernier modifient la géométrie, le niveau de sûreté ou la fonctionnalité d'un ouvrage de la concession, ils sont soumis aux formalités prévues à l'article R. 521-38. Ces formalités sont accomplies par le concessionnaire.**

Art. R. 521-41 **Les travaux visant à prévenir un danger grave et présentant un caractère d'urgence sont dispensés des formalités prévues à l'article R. 521-38, sous réserve d'une notification immédiate au préfet comprenant une description justifiée de la situation d'urgence, des modalités d'intervention ainsi que des mesures prises pour prévenir les atteintes aux principes énoncés à l'article L. 211-1 du code de l'environnement.**

Le préfet détermine, en tant que de besoin, les moyens de surveillance et d'intervention à mettre en œuvre par le concessionnaire ainsi que les mesures conservatoires nécessaires à la préservation des intérêts mentionnés ci-dessus.

Un compte rendu indiquant notamment l'incidence des travaux au regard des principes énoncés à l'article L. 211-1 du code de l'environnement est adressé au préfet à l'issue des travaux.

SOUS-SECTION 8 *Dispositions relatives à la sécurité et à la sûreté des ouvrages hydrauliques concédés*

Art. R. 521-43 **Pour l'application de l'article L. 521-6, les règles de classement des barrages sont celles fixées aux articles R. 214-112 et R. 214-114 du code de l'environnement** *(Décr. nº 2021-1902 du 29 déc. 2021, art. 10)* **« et les règles de classement des conduites forcées sont celles fixées à l'article R. 214-112-1 de ce même code ».**

Les règles de réalisation des études de dangers des barrages et des conduites forcées sont celles fixées aux articles R. 214-115 à R. 214-117 du même code.

Art. R. 521-44 **Pour l'application de l'article L. 521-6, les règles relatives à l'exploitation et à la surveillance des barrages faisant partie d'une concession d'énergie hydraulique sont celles fixées aux articles R. 214-122 à R. 214-128 du code de l'environnement.**

Les mesures individuelles prévues en application de ces articles sont prescrites par arrêté préfectoral, sans préjudice des autorisations administratives de travaux qui peuvent découler de ces mesures.

Art. R. 521-45 Pour l'application de l'article L. 521-6, les règles relatives à l'exploitation et à la surveillance des conduites forcées d'une concession d'énergie hydraulique sont celles fixées aux articles R. 214-122, R. 214-123, R. 214-125 et R. 214-127 du code de l'environnement. *(Décr. nº 2021-1902 du 29 déc. 2021, art. 11)* « Le rapport de surveillance et, si la conduite forcée est dotée d'un tel dispositif, le rapport d'auscultation tels que mentionnés à l'article R. 214-122 du même code sont établis tous les dix ans. Ces rapports sont transmis au préfet dans le mois suivant leur réalisation *[ancienne rédaction : Le rapport de surveillance mentionné aux articles R. 214-122 et R. 214-126 du même code est établi tous les dix ans]*. »

Les mesures individuelles prévues en application de ces articles sont prescrites par arrêté préfectoral, sans préjudice des autorisations administratives des travaux qui peuvent découler de ces mesures.

Un arrêté du ministre chargé de l'environnement et du ministre chargé de l'énergie fixe les prescriptions techniques applicables à la conception, à la construction et à l'exploitation des conduites forcées pour ce qui concerne la sécurité et la sûreté.

Art. R. 521-46 *(Décr. nº 2020-1027 du 11 août 2020, art. 7)* « A la demande du concessionnaire ou à sa propre initiative, le préfet peut prendre des arrêtés complémentaires à ceux mentionnés aux articles R. 521-44 et R. 521-45 après consultation, s'il estime nécessaire, du conseil départemental de l'environnement et des risques sanitaires et technologiques. Le cinquième alinéa de l'article R. 521-18 et le premier alinéa de l'article R. 521-19 sont alors applicables. » Ces arrêtés peuvent fixer toutes les prescriptions additionnelles que la sécurité et la sûreté des ouvrages hydrauliques rendent nécessaires, y compris en aval de ces ouvrages, ou atténuer celles des prescriptions primitives dont le maintien n'est plus justifié. Le concessionnaire est saisi pour avis de ces projets d'arrêtés complémentaires. Le silence gardé sur la demande du concessionnaire plus de *(Décr. nº 2020-1027 du 11 août 2020, art. 7)* « quatre mois » à compter de la réception de cette demande vaut décision de rejet.

Toute modification apportée par le concessionnaire au mode d'utilisation des ouvrages, de nature à entraîner un changement notable des éléments du dossier de demande d'exécution des travaux au regard de la sécurité et de la sûreté des ouvrages hydrauliques, doit être portée, avant sa réalisation, à la connaissance du préfet avec tous les éléments d'appréciation. Le préfet fixe, s'il y a lieu, des prescriptions complémentaires, dans les formes prévues au précédent alinéa. S'il estime que les modifications sont de nature à entraîner des dangers ou des inconvénients inacceptables pour la sécurité et la sûreté des ouvrages hydrauliques, y compris en aval des ouvrages, le préfet rejette la demande de modification par une décision motivée.

SOUS-SECTION 9 *Dispositions diverses*

Art. R. 521-47 Faute d'avoir été émis dans le délai imparti, les avis des services, organismes ou assemblées consultés sont réputés favorables.

Art. R. 521-48 Au cas où le cahier des charges de la concession prévoit une possibilité de révision, à l'issue d'une période d'exploitation, du débit à maintenir dans la rivière, cette révision intervient par décision motivée *(Décr. nº 2020-1027 du 11 août 2020, art. 8)* « de l'autorité compétente, après avis du concessionnaire ».

Art. R. 521-48-1 *(Décr. nº 2020-1027 du 11 août 2020, art. 9)* Toute modification par le concessionnaire du mode d'utilisation des ouvrages de nature à entraîner un changement notable au regard de l'incidence sur les principes énoncés à l'article L. 211-1 du code de l'environnement doit, avant sa réalisation, être portée à la connaissance du préfet avec tous les éléments d'appréciation. Le préfet prescrit par arrêté les mesures rendues nécessaires par cette modification ou modifie, s'il y a lieu, le règlement d'eau de la concession dans les conditions prévues par l'article R. 521-29.

Art. R. 521-48-2 *(Décr. nº 2020-1027 du 11 août 2020, art. 9)* Sans préjudice des dispositions prévues à l'article R. 214-125 du code de l'environnement, tout incident ou accident ayant ou susceptible d'avoir un impact notable sur l'exécution du contrat de concession ou de causer des dangers ou inconvénients significatifs au regard des principes énoncés à l'article L. 211-1 du code de l'environnement doit être déclaré au préfet dans les meilleurs délais. Le cas échéant, les dispositions de l'article L. 211-5 du même code s'appliquent.

SECTION 2 *Le cahier des charges de la concession*

Art. R. 521-49 Le modèle de cahier des charges mentionné à l'article L. 521-4 est le modèle annexé au décret n° 2016-530 du 27 avril 2016 relatif aux concessions d'énergie hydraulique et approuvant le modèle de cahier des charges applicable à ces concessions.

Les sanctions et pénalités prévues dans le cahier des charges de la concession en cas de manquement du concessionnaire à ses obligations sont applicables sans préjudice des sanctions prévues au chapitre II du titre I du livre V.

Le cahier des charges de la concession peut prévoir la délégation au concessionnaire de certains actes de gestion du domaine public hydroélectrique ainsi que les modalités du contrôle de cette délégation.

SECTION 3 *L'occupation ou la traversée des propriétés privées*

Art. R. 521-50 Les servitudes prévues aux articles L. 521-8 et suivants, que la concession soit ou non déclarée d'utilité publique, sont établies selon les modalités prévues aux articles R. 323-7 et suivants.

Art. R. 521-51 Les contestations relatives au montant des indemnités prévues à l'article L. 521-11 sont portées devant le juge de l'expropriation.

SECTION 4 *Les dispositions particulières à la fin de la concession et à son renouvellement*

SOUS-SECTION 1 *Décision d'arrêt ou de poursuite de l'exploitation*

Art. R. 521-52 Dans les quinze mois suivant la demande de l'autorité administrative, et au plus tard cinq ans avant la date normale d'échéance de la concession, le concessionnaire remet à cette autorité un dossier de fin de concession dont la composition et les conditions de remise sont fixées par arrêté du ministre chargé de l'énergie.

Ce dossier comprend ou décrit :

1° Tous les documents relatifs à la concession, notamment les documents administratifs, les actes sous seing privé ou notariés et les contrats permettant d'apprécier son étendue, sa consistance et sa gestion ;

2° L'historique et la description ainsi que l'appréciation de l'état des équipements, bâtiments, travaux et aménagements ;

3° L'impact de la concession sur l'environnement, notamment au regard des principes énoncés à l'article L. 211-1 du code de l'environnement ;

4° Les conditions financières, économiques et sociales de l'exploitation.

L'autorité administrative peut faire procéder, aux frais du concessionnaire, à une expertise de tout ou partie du dossier par un organisme tiers et peut demander au concessionnaire des pièces, informations et expertises complémentaires.

Si le concessionnaire refuse de fournir, dans le délai indiqué dans la mise en demeure que lui adresse l'autorité administrative, une pièce ou une information qu'il détient et qui est nécessaire à l'examen du dossier, cette autorité peut, après avoir mis le concessionnaire à même de présenter ses observations écrites ou orales, recourir aux sanctions prévues par les dispositions du chapitre II du titre I du livre V.

Lorsque les concessions ont fait l'objet d'un regroupement en application de l'article L. 521-16-1 ou L. 521-16-2, le concessionnaire fournit un dossier de fin de concession portant sur l'ensemble des concessions regroupées dont il est le titulaire. Dans ce cas, le délai de quinze mois prévu au premier alinéa peut être porté jusqu'à deux ans si le nombre de concessions regroupées et la taille des installations le justifient.

Lorsque le point de départ du délai de cinq ans avant la date d'échéance fixée pour l'ensemble des concessions regroupées est antérieur à la date d'entrée en vigueur du décret fixant cette date, l'autorité administrative, si elle ne l'a pas déjà fait, fixe le délai de remise du dossier de fin de concession.

Art. R. 521-53 *(Décr. n° 2020-1027 du 11 août 2020, art. 10)* L'autorité administrative compétente notifie au concessionnaire et publie la décision motivée mentionnée au deuxième alinéa de l'article L. 521-16, lorsqu'elle est prise par le ministre chargé de l'énergie, au *Journal officiel* de la République française ou, lorsqu'elle est prise par le préfet, au recueil des actes administratifs de la préfecture.

SOUS-SECTION 2 *Fin de la concession*

Art. R. 521-54 Le préfet consigne dans le registre mentionné à l'article L. 521-15 les dépenses effectuées durant la seconde moitié d'exécution du contrat ou, si sa durée est inférieure à vingt ans, durant les dix dernières années et liées :

– aux travaux de modernisation des ouvrages, notamment d'adaptation de l'aménagement concédé aux normes établies pendant la période de validité du registre de fin de concession sur la base de connaissances scientifiques nouvelles ou de données nouvellement acquises ;

– aux investissements permettant d'augmenter leurs capacités de production en puissance installée ou en production moyenne.

En sont exclus les frais et charges supportés à l'occasion de l'exécution des travaux d'entretien, de maintenance et de renouvellement, ou à l'occasion de l'exécution des opérations préalables à la remise en bon état des ouvrages et emprises à l'État.

En vue de leur consignation dans ce registre, le concessionnaire soumet au préfet, avant leur exécution, les projets de travaux correspondants, accompagnés d'un devis estimatif des travaux, de l'indication de la part de la dépense qu'il propose de consigner dans ce registre et d'une proposition de tableau d'amortissement.

Le préfet décide, dans un délai de trois mois suivant la réception de la demande du concessionnaire, du montant des travaux et du tableau d'amortissement associé qui sont à consigner dans le registre.

Une fois les travaux effectués, le montant détaillé des dépenses est soumis au préfet qui en vérifie la conformité au devis, s'assure de sa correspondance avec les travaux admis au registre et prescrit, s'il y a lieu, les rectifications nécessaires.

Le préfet inscrit dans le registre, le concessionnaire entendu, ces dépenses et le tableau d'amortissement associé.

Le concessionnaire est et demeure seul responsable de l'exécution matérielle des travaux prévus au présent article.

A l'échéance du contrat de concession, le total des sommes non encore amorties consignées dans le registre est porté au débit de l'État et au crédit du concessionnaire. Ces sommes lui sont versées dans les douze mois qui suivent le terme effectif du contrat.

Art. R. 521-55 Au cours des cinq années précédant l'échéance normale de la concession, le concessionnaire est tenu d'exécuter, aux frais de l'État, les travaux que le préfet juge nécessaires à la préparation et à l'aménagement de la future exploitation, telle que l'envisage l'État, et qu'il est préférable de réaliser sans attendre l'expiration de la concession.

Pour la mise en œuvre du présent article, le concessionnaire ouvre un compte particulier, distinct du registre mentionné à l'article R. 521-54.

Les modalités d'inscription des dépenses sur le compte particulier et de paiement de ces dépenses sont définies par le cahier des charges de la concession.

Le concessionnaire est et demeure seul responsable des conséquences de l'exécution matérielle des travaux ainsi effectués, de la garde et du fonctionnement des ouvrages.

Art. R. 521-56 Dix-huit mois avant la date normale d'échéance de la concession, le concessionnaire remet à l'autorité administrative un dossier qui contient notamment :

1° Un rapport certifiant le bon état de marche et d'entretien des biens et des dépendances de la concession et le bon avancement des travaux prévus à cet effet jusqu'au terme de la concession ;

2° Un projet de protocole dans lequel il décrit l'ensemble des mesures qu'il envisage de mettre en œuvre pour garantir le bon déroulement de la cessation d'exploitation et de la remise à l'État des biens et des dépendances de la concession. En cas de renouvellement de la concession, ce protocole est complété par les dispositions que le concessionnaire envisage de mettre en œuvre pour permettre une reprise par le futur concessionnaire garantissant au mieux la sécurité et la continuité de l'exploitation ;

3° Une version actualisée des éléments du dossier de fin de concession que l'autorité administrative estime nécessaire de mettre à jour.

L'autorité administrative peut faire procéder, aux frais du concessionnaire, à une expertise de tout ou partie du dossier par un organisme tiers et peut demander au concessionnaire des pièces, informations et expertises complémentaires.

A tout moment, l'autorité administrative, le cas échéant sur recommandation du service de contrôle ou du préfet, peut communiquer au concessionnaire les mesures complémentaires qu'elle envisage de prescrire afin de garantir la remise des biens et dépendances de la concession en bon état de marche et d'entretien, le bon déroulement de la cessation de l'exploitation et, s'il y a lieu, de la reprise de l'exploitation par le futur concessionnaire. Le concessionnaire dispose d'un délai de deux mois à compter de leur réception pour présenter des observations écrites ou orales et proposer un programme de travaux soumis à l'appréciation du service chargé du contrôle. L'autorité administrative prescrit alors les mesures qu'elle estime nécessaires. Le service de contrôle constate leur mise en œuvre par procès-verbal d'exécution ou de récolement qui est transmis au concessionnaire. L'autorité administrative communique au futur concessionnaire, s'il en a été désigné un, l'ensemble des actes pris en application du présent alinéa.

Si le concessionnaire refuse de fournir une pièce ou une information qu'il détient et qui est nécessaire à l'examen du dossier dans le délai indiqué dans la mise en demeure que lui adresse l'autorité administrative, cette dernière peut, après avoir mis le concessionnaire à même de présenter ses observations, recourir aux sanctions prévues par les dispositions du chapitre II du titre I du livre V.

Art. R. 521-57 A la date normale d'échéance du contrat de concession, ou à une date fixée par l'autorité administrative pour les concessions prorogées en application de l'article L. 521-16, le concessionnaire établit, contradictoirement avec l'autorité administrative et, en cas de renouvellement de concession, en présence du futur concessionnaire s'il a été désigné, un procès-verbal dressant l'état des dépendances de la concession, procès-verbal auquel le futur concessionnaire peut demander d'annexer ses remarques. En cas de désaccord sur le procès-verbal, celui-ci est notifié aux deux parties par le service chargé du contrôle.

SOUS-SECTION 3 *Dispositions spécifiques au renouvellement de concession*

Art. R. 521-58 Le montant du droit d'entrée prévu à l'article L. 521-17 couvre l'ensemble des dépenses engagées par l'autorité administrative pour renouveler la concession, notamment :

1° Le remboursement au concessionnaire précédent de la part non amortie des dépenses d'investissement inscrites dans le registre prévu à l'article R. 521-54 et des dépenses inscrites au compte particulier prévu à l'article R. 521-55 ;

2° Le cas échéant, les indemnités versées par l'autorité administrative pour le rachat d'un contrat de concession dont les ouvrages sont inclus dans la nouvelle concession ;

3° Le cas échéant, les indemnités versées par l'autorité administrative pour le rachat des biens de reprise, définis à l'article 15 du modèle de cahier des charges annexé au présent décret, inclus dans la nouvelle concession ;

4° Toute autre dépense engagée par l'autorité administrative à l'occasion de la sélection du concessionnaire pressenti ou de l'instruction de sa demande de concession, en particulier les frais d'expertise et de publication.

Le montant définitif du droit d'entrée est fixé dans le cahier des charges de la concession.

Art. R. 521-59 I. – Le concessionnaire laisse les candidats accéder aux installations, selon des modalités définies par le service chargé du contrôle après consultation du concessionnaire et précisées dans le règlement de la consultation. Ces visites sont organisées par l'autorité administrative dans des conditions permettant de limiter leurs incidences sur l'exploitation de la concession. Elles permettent d'assurer aux candidats l'information la plus complète et la plus large, dans le respect des contraintes liées à l'exploitation et à la sécurité des personnes.

II. – Au minimum dix-huit mois avant la date normale d'échéance du contrat de concession, sous réserve qu'un concessionnaire pressenti ait été sélectionné à cette date, et dès sa désignation dans le cas contraire, le concessionnaire lui donne accès aux installations existantes de la concession. Si les parties ne parviennent pas à s'accorder sur les modalités de ce droit d'accès, ces dernières sont déterminées par l'autorité administrative, après consultation du concessionnaire, en veillant à ce que l'exploitation de la concession se poursuive dans des conditions non dégradées, notamment sur le plan de la sécurité et sur les plans technique et économique.

III. – L'autorité administrative transmet, sous réserve de l'occultation des informations légalement protégées, le dossier mentionné à l'article R. 521-56 au concessionnaire pressenti qui dispose d'un délai de deux mois à compter de sa réception pour présenter des observations.

IV. – S'il y a lieu d'en établir, les projets d'accords entre le concessionnaire précédent et le futur concessionnaire élaborés pendant la période de renouvellement de la concession sont soumis à validation de l'autorité administrative, à l'exception des accords portant sur la cession des biens propres du concessionnaire précédent qui sont transmis pour information à l'autorité administrative.

SOUS-SECTION 4 *Regroupement de concessions*

Art. R. 521-60 I. — Pour l'application des articles L. 521-16-1 et L. 521-16-2, deux aménagements de force hydraulique sont dits hydrauliquement liés s'ils se trouvent dans l'un au moins des cas suivants :

1° L'influence hydraulique entre les deux aménagements, telle que définie au II, est moyenne ou forte ;

2° Les deux aménagements sont alimentés par une même retenue amont, ou déversent dans une même retenue aval ou dans un même cours d'eau, et les conditions d'exploitation des deux aménagements sont régulièrement dépendantes l'une de l'autre en raison de la configuration physique, du respect des règles en matière de débit du cours d'eau ou de niveau de la retenue, ou plus généralement des exigences de respect des principes énoncés à l'article L. 211-1 du code de l'environnement ;

3° Le premier aménagement est un barrage-réservoir alimentant directement le second aménagement situé en aval.

II. — L'influence hydraulique entre deux aménagements consécutifs sur un cours d'eau, ou sur un cours d'eau et un de ses affluents, est définie dans le tableau ci-dessous, en fonction des deux paramètres suivants :

A. — La durée de remplissage du volume utile de la retenue aval au débit de turbinage maximum de l'usine amont. Pour deux aménagements au fil de l'eau ne disposant pas de retenue intermédiaire, A correspond à la durée de remplissage du volume correspondant aux contraintes de marnage imposées à la concession ;

B. — L'écart de débit d'équipement entre les usines amont et aval, exprimé en pourcentage du débit d'équipement de l'aval.

INFLUENCE HYDRAULIQUE	B > 25 %	– 50 % < B < 25 %	B < – 50 %
A < 20 h	Moyen	Fort	Fort
20 h < A < 200 h	Faible	Moyen	Fort
A > 200 h	Faible	Faible	Faible

Art. R. 521-61 La nouvelle date commune d'échéance mentionnée à l'article L. 521-16-1 est calculée de telle sorte que la somme des flux de trésorerie disponibles futurs estimés des concessions, actualisés et calculés sur l'ensemble des concessions regroupées, ne soit pas modifiée par leur regroupement. Les flux de trésorerie disponibles sont définis comme l'excédent brut d'exploitation, déduction faite des investissements et de l'impôt sur les sociétés calculé sur le résultat d'exploitation.

Lorsqu'un contrat de concession inclus dans une opération de regroupement a fait l'objet d'une prorogation en application du troisième alinéa de l'article L. 521-16, la date d'échéance retenue pour le calcul mentionné à l'alinéa précédent est la suivante :

$$D_r = D_i + (D_d - D_t) \times Min\left[\frac{V_{inv}}{E}\right] \text{ lorsque } E > 0$$

Dr = *Di* sinon

où

Dr est la date d'échéance retenue pour le calcul mentionné au premier alinéa ;

Di est la date d'échéance initiale de la concession, avant prorogation en application de l'article L. 521-16 ;

Dd est la date à laquelle le regroupement est réalisé ;

V_{inv} est la valeur actualisée nette des investissements réalisés sur la concession pendant la période de prorogation en application de l'article L. 521-16, soit entre *Di* et *Dd* ;

E est la valeur actualisée nette des flux de trésorerie sur la même période, augmentée des investissements de remise en bon état des biens qui incombaient au concessionnaire à la date normale d'échéance de la concession et ont été réalisés après cette date.

Les investissements entrants dans le calcul de *Vinv* ne comprennent pas les investissements de remise en bon état des biens qui incombaient au concessionnaire à la date normale d'échéance de la concession et ont été réalisés après cette date.

Dans le cas mentionné au deuxième alinéa de l'article L. 521-16-3, l'estimation des flux de trésorerie disponibles futurs actualisés des concessions mentionnées au premier alinéa tient compte de la réalisation des travaux et de la redevance mentionnée au troisième alinéa de l'article L. 523-2.

Art. R. 521-62 La nouvelle date commune d'échéance mentionnée à l'article L. 521-16-2 est calculée de telle sorte que la somme actualisée des flux de trésorerie disponibles futurs estimés des concessions, calculés selon les mêmes hypothèses sur l'ensemble des concessions des différents concessionnaires, ne soit pas modifiée. Les flux de trésorerie disponibles sont définis comme il est indiqué au premier alinéa de l'article R. 521-61.

Lorsqu'un contrat de concession inclus dans une opération de regroupement a fait l'objet d'une prorogation en application du troisième alinéa de l'article L. 521-16, la date d'échéance retenue pour le calcul mentionné à l'alinéa précédent est déterminée selon la formule indiquée au deuxième alinéa de l'article R. 521-61.

Dans le cas mentionné au deuxième alinéa de l'article L. 521-16-3, il est fait application du dernier alinéa de l'article R. 521-61.

L'indemnité due par les concessionnaires dont la durée des concessions est prolongée au profit de ceux dont la durée des concessions a été réduite est égale à la perte des flux de trésorerie disponibles actualisés subie par ces derniers résultant de la réduction de la durée de leur concession. Cette indemnité est calculée selon les mêmes modalités que celles utilisées pour le calcul de la nouvelle date commune d'échéance mentionnée aux trois premiers alinéas.

Dans le cas mentionné au quatrième alinéa de l'article L. 521-16-2, le ministre chargé de l'énergie apprécie l'égalité de traitement entre les concessionnaires au regard de la durée et des principaux paramètres économiques des concessions. La nouvelle date d'échéance est obtenue en appliquant la méthode définie dans les trois premiers alinéas du présent article et en retenant, comme date d'échéance initiale des contrats de concessions comprenant plusieurs ouvrages, la date la plus éloignée entre le terme de la concession et la moyenne des dates des décrets autorisant les différents ouvrages de la concession, pondérée par la production moyenne de ces ouvrages, augmentée d'une durée maximale de soixante-quinze ans.

Le niveau de redevance applicable aux concessionnaires dont la concession est prolongée est calculé de telle sorte qu'il maintienne, par rapport à la situation initiale de la concession, la somme des flux de trésorerie disponibles futurs actualisés, en tenant compte des investissements mentionnés aux sixième et septième alinéas de l'article L. 521-16-2, de l'indemnité mentionnée au quatrième alinéa, de la nouvelle date d'échéance de la concession et de la redevance ainsi fixée.

Les catégories de dépenses éligibles au titre des investissements mentionnés au sixième alinéa de l'article L. 521-16-2 sont les dépenses réalisées avant la date initiale d'échéance de la concession, non prévues au contrat de concession initial, ainsi que l'ensemble des dépenses réalisées après la date initiale d'échéance de la concession, à l'exception des dépenses de remise en bon état de la concession et des dépenses inscrites au registre mentionné à l'article R. 521-54.

Art. R. 521-63 Le taux d'actualisation retenu pour les calculs mentionnés aux articles R. 521-61 et R. 521-62 est déterminé par arrêté du ministre chargé de l'énergie. Il reflète le coût moyen pondéré du capital des entreprises du secteur de la production hydroélectrique.

Art. R. 521-64 Lorsqu'il décide de procéder aux regroupements mentionnés aux articles L. 521-16-1 et L. 521-16-2, le ministre chargé de l'énergie notifie sa décision motivée aux concessionnaires concernés et leur indique les hypothèses utilisées pour déterminer la nouvelle date commune d'échéance et, le cas échéant, le montant des indemnités et redevances *mentionnées à l'article* R. 521-62. Les concessionnaires transmettent leurs observations dans un délai de deux mois à compter de la réception de la notification.

Les concessionnaires transmettent au ministre chargé de l'énergie, à sa demande et dans un délai de deux mois à compter de sa réception, toutes les informations utiles et nécessaires au calcul de la nouvelle date commune d'échéance des concessions et, le cas échéant, des indemnités mentionnées à l'article R. 521-62.

Le ministre chargé de l'énergie peut faire procéder par un organisme tiers à une expertise de tout ou partie des éléments transmis. Si la demande de regroupement émane du concessionnaire en place, ces frais sont, le cas échéant, mis à sa charge.

Art. R. 521-65 Le ministre chargé de l'énergie transmet à chaque préfet concerné, ou le cas échéant au préfet coordonnateur, un rapport unique présentant le projet de regroupement et lui demande de procéder aux consultations :

– des communes sur le territoire desquelles les ouvrages des concessions à regrouper sont établis ou paraissent de nature à faire sentir notablement leurs effets ;

– du conseil départemental du département sur lequel s'étend le périmètre de la concession ;

– du conseil régional de la région sur le territoire de laquelle s'étend le périmètre de la concession.

Ces avis sont émis dans un délai de deux mois à compter de la réception de la demande par la collectivité consultée. A défaut d'avoir été émis dans ce délai, les avis sont réputés favorables.

SOUS-SECTION 5 *Prorogation des concessions*

Art. R. 521-66 Lorsque l'État lui fait part de son intention de proroger la concession en application de l'article L. 521-16-3 et *(Décr. n° 2018-1075 du 3 déc. 2018, art. 4 et 16, en vigueur le 1er avr. 2019)* « des articles R. 3135-1 à R. 3135-10 du code de la commande publique », le concessionnaire transmet, outre un programme de travaux, une note présentant les conditions économiques et les modifications du cahier des charges qu'il envisage pour donner son accord à cette prorogation.

L'autorité administrative peut demander au concessionnaire des pièces, informations et expertises complémentaires et faire procéder par un organisme tiers, aux frais du concessionnaire, à une expertise de tout ou partie des éléments transmis.

Sur l'application des dispositions issues du Décr. n° 2018-1075 du 3 déc. 2018, V. notes ss. C. énergie, art. R. 521-6, supra.

SECTION 5 *Les sociétés d'économie mixte hydroélectriques*

Art. R. 521-67 Lorsque l'autorité administrative envisage de procéder à l'octroi d'une concession à une société d'économie mixte hydroélectrique et à la sélection d'un actionnaire opérateur conformément aux dispositions des articles L. 521-18 à L. 521-20, le préfet notifie cette intention aux collectivités territoriales et aux groupements de collectivités territoriales riverains des cours d'eau, et s'il y a lieu, de leurs dérivations depuis la limite du remous jusqu'à l'extrémité aval du canal de fuite, dont la force hydraulique doit être exploitée en application de la concession à instaurer ou à renouveler, en leur indiquant les caractéristiques principales du contrat de concession.

Dans un délai de trois mois à compter de la date d'envoi de la notification, ces collectivités et leurs groupements peuvent adresser à l'autorité administrative une demande motivée de participation en qualité d'actionnaires à la création de la société d'économie mixte hydroélectrique.

Cette demande de participation est accompagnée des éléments indicatifs suivants qui ont pour objet d'en préciser les conditions :

– la part de capital que la collectivité territoriale ou le groupement de collectivités territoriales souhaite détenir et les modalités juridiques de cette prise de participation ;

– une estimation provisoire du montant maximum des investissements initiaux que la collectivité territoriale ou le groupement de collectivités territoriales envisage de financer.

Art. R. 521-68 L'autorité administrative examine les demandes de participation des collectivités territoriales et des groupements de collectivités territoriales en appréciant notamment :

1° Le respect par les demandeurs des compétences qui leur sont reconnues par la loi en matière de gestion équilibrée des usages de l'eau, de distribution publique d'électricité ou de production d'énergie renouvelable ;

2° La capacité des demandeurs à assumer les besoins de financement projetés de la future concession.

Art. R. 521-69 Après avoir procédé à la sélection des personnes morales susceptibles de constituer l'actionnariat public de la future société d'économie mixte hydroélectrique, l'autorité administrative établit un projet d'accord préalable à la sélection de l'actionnaire opérateur sur la base des éléments décrits à l'article L. 521-19.

(Décr. n° 2018-488 du 15 juin 2018, art. 1er) « La conclusion et l'entrée en vigueur de l'accord constituent un préalable à la transmission aux candidats du règlement de la consultation mentionné au 1° de l'article R. 521-7.

« Les personnes morales signataires de l'accord ne peuvent pas présenter d'offre aux fins d'être sélectionnées comme actionnaire opérateur. »

Elles informent en outre, tout au long de la procédure, l'autorité administrative de tout lien avec un candidat, un membre d'un groupement candidat ou toute entité qu'un candidat propose comme cocontractant de la future société d'économie mixte hydroélectrique.

Art. R. 521-70 *(Décr. n° 2018-488 du 15 juin 2018, art. 2)* « Lorsque l'autorité administrative envisage de lancer la procédure unique d'appel public à la concurrence mentionnée à l'article L. 521-20, elle indique, dans l'avis de concession prévu à l'article 14 du décret n° 2016-86 du 1er février 2016 relatif aux contrats de concession, que la concession peut être attribuée soit à une société d'économie mixte hydroélectrique créée avec l'actionnaire opérateur, soit au concessionnaire pressenti sélectionné à l'issue de la procédure mentionnée dans la sous-section 2 de la section 1 du présent chapitre.

« L'autorité administrative informe les candidats admis à présenter une offre de sa décision de sélectionner un actionnaire opérateur et d'attribuer la concession à une société d'économie mixte hydroélectrique au plus tard lors de la transmission du règlement de la consultation. Dans ce cas, il est fait application, pour sélectionner cet actionnaire opérateur, des dispositions de la sous-section 2 de la section 1 du présent chapitre et des dispositions particulières suivantes : »

1° Les documents de la consultation mentionnés à l'article R. 521-7 sont complétés par les éléments suivants :

(Abrogé par Décr. n° 2018-488 du 15 juin 2018, art. 2) « — la mention de la volonté de créer une société d'économie mixte hydroélectrique conformément aux dispositions de l'article L. 521-18 ; »

— la liste des personnes morales sélectionnées par l'État susceptibles de constituer l'actionnariat public de la future société d'économie mixte hydroélectrique ;

— la part minimale et la part maximale du capital que les actionnaires publics souhaitent détenir conjointement ou séparément ;

— la part minimale et la part maximale des droits de vote que les actionnaires publics souhaitent détenir conjointement ou séparément, et le cas échéant, leur intention de détenir la majorité des droits de vote ;

— les informations énoncées au II de l'article L. 521-20.

(Décr. n° 2018-488 du 15 juin 2018, art. 2) « Si l'autorité administrative renonce à sa décision de sélectionner un actionnaire opérateur et d'attribuer une concession à une société d'économie mixte hydroélectrique, elle en informe les personnes morales susceptibles de constituer l'actionnariat public de cette société ainsi que les candidats admis à présenter une offre et modifie les documents de la consultation conformément aux dispositions du I de l'article 4 du décret n° 2016-86 du 1er février 2016 relatif aux contrats de concession. La procédure se poursuit selon les dispositions de la sous-section 2 de la section 1 du présent chapitre ; »

2° Les offres peuvent inclure, dans les conditions et limites prévues par le règlement de la consultation, des propositions de modification des projets de statuts ou de pacte d'actionnaires ainsi que du projet de contrat de concession. Elles incluent également, le cas échéant, les projets de sous-contrats que la société d'économie mixte hydroélectrique entend conclure, en vue d'assurer l'exécution du contrat de concession, avec toute autre société et notamment les sous-contrats de gré à gré avec l'actionnaire opérateur ou les filiales qui lui sont liées.

Art. R. 521-71 Une fois l'opérateur ou le groupement d'opérateurs sélectionné comme futur actionnaire opérateur à l'issue de la procédure prévue par l'article R. 521-70, un comité de préfiguration de la société d'économie mixte hydroélectrique à créer est institué, auquel participent les futurs actionnaires. Ce comité assure la coordination de la phase d'instruction administrative jusqu'à la création de la société d'économie mixte hydroélectrique à laquelle la concession est octroyée. Il informe ses participants des avis, rapports et conclusions rendus au cours de cette instruction et porte à leur connaissance les projets de cahier des charges et de règlement d'eau mentionnés aux articles R. 521-18 et R. 521-19.

Pendant la phase d'instruction administrative du dossier de demande de concession, l'opérateur ou le groupement d'opérateurs sélectionné comme futur actionnaire opérateur est le concessionnaire pressenti au sens des dispositions de la sous-section 3 de la section 1 du chapitre I du présent titre.

Le dossier de demande de concession prévu par l'article R. 521-10 est établi et déposé par le concessionnaire pressenti. Ce dossier, et tous les documents ou réponses établis au cours de la phase d'instruction administrative, sont réputés avoir été présentés au nom et pour le compte de la future société d'économie mixte hydroélectrique.

Art. R. 521-72 La création de la société d'économie mixte hydroélectrique intervient préalablement à la signature de l'acte approuvant le contrat de concession et le cahier des charges qui lui est annexé, mentionné à l'article R. 521-25.

PARTIE III CONCESSIONS D'AMÉNAGEMENT

BIBL. ► BIZET, La convention publique d'aménagement : nature et régime juridiques, *BJCP 2001. 374 et 466* ; Pour une défense de la concession d'aménagement, *BJCP 2008. 74*. – BONAMY et PELCRAN, La procédure nationale de dévolution des concessions d'aménagement : loin du compte !, *AJDA 2005. 2177*. – BRACONNIER, Actualité jurisprudentielle des concessions d'aménagement, *RDI 2009. 40*. – DELACOUR, Note sur le décret du 31 juillet 2006, *Rev. CMP 2006, n° 245, p. 4*. – DIEU, La soumission à la concurrence des conventions d'aménagement, *BJCL 2006. 778*. – Dossier ACCP, Les concessions d'aménagement, *nov. 2009, n° 93* ; Opérations d'aménagement : quels régimes contractuels ?, *juill.-août 2014*. – FATÔME et RICHER, La nature juridique des contrats d'aménagement, *Mon. TP 3 sept. 1993, p. 34* ; Questions sur les nouvelles concessions d'aménagement, *AJDA 2006. 926* ; La procédure de passation des concessions d'aménagement, *AJDA 2007. 409*. – GUINOT et PROOT, Les limites de la maîtrise d'ouvrage des concessionnaires d'une opération d'aménagement, *BJDU 2011. 335*. – LINDITCH, Concessions d'aménagement, l'unité des règles de passation préservée au mieux, *JCP Adm. 2009, n° 2207*. – LLORENS et SOLER-COUTEAUX, Concessions d'aménagement : une copie à refaire, *Rev. CMP 2007, n° 2* ; La mise en conformité du droit des concessions d'aménagement avec le droit communautaire, *RDI 2009. 616*. – MARTIN, Entre soumission et résistance au droit communautaire, la complexification des procédures de passation des concessions d'aménagement, *Dr. adm. 2009. Étude 20*. – PAULIAT, La passation des concessions d'aménagement ou de la difficulté de qualifier certains contrats, *Rev. CMP 2007. Étude 13*. – SCHWARTZ, Le décret sur les concessions d'aménagement, *BJCP 2006. 322*. – SESTIER, L'aménagement conventionné à l'aune du droit communautaire, *CJEG 2002. 59*. – TERNEYRE, Retour aux concessions d'aménagement, *BJCP 2005. 338*.

Code de l'urbanisme

Art. L. 300-1 *(L. n° 85-729 du 18 juill. 1985, art. 1er)* **Les actions ou opérations d'aménagement ont pour objets de mettre en œuvre** *(L. n° 2000-1208 du 13 déc. 2000, art. 24)* **« un projet urbain, » une politique locale de l'habitat, d'organiser** *(L. n° 2021-1104 du 22 août 2021, art. 220)* **« la mutation, » le maintien, l'extension ou l'accueil des activités économiques, de favoriser le développement des loisirs et du tourisme, de réaliser des équipements collectifs** *(L. n° 2008-1425 du 27 déc. 2008, art. 67)* **« ou des locaux de recherche ou d'enseignement supérieur », de lutter contre l'insalubrité** *(L. n° 2014-366 du 24 mars 2014, art. 82)* **« et l'habitat indigne ou dangereux »,** *(L. n° 96-987 du 14 nov. 1996 ; L. n° 2000-1208 du 13 déc. 2000, art. 23)* **« de permettre le renouvellement urbain, » de sauvegarder ou de mettre en valeur le patrimoine bâti ou non bâti et les espaces naturels** *(L. n° 2021-1104 du 22 août 2021, art. 214)* **« , notamment en recherchant l'optimisation de l'utilisation des espaces urbanisés et à urbaniser ».**

L'aménagement, au sens du présent *(Ord. n° 2005-1527 du 8 déc. 2005, art. 10, en vigueur le 1er oct. 2007)* **« livre », désigne l'ensemble des actes des collectivités locales ou des établissements publics de coopération intercommunale qui visent, dans le cadre de leurs compétences, d'une part, à conduire ou à autoriser des actions ou des opérations définies dans l'alinéa précédent et, d'autre part, à assurer l'harmonisation de ces actions ou de ces opérations.**

(Abrogé par L. n° 2021-1104 du 22 août 2021, art. 214) (Ord. n° 2015-1174 du 23 sept. 2015, art. 5, en vigueur le 1er janv. 2016) ***« Toute action ou opération d'aménagement faisant l'objet d'une évaluation environnementale doit faire l'objet d'une étude de faisabilité sur le potentiel de développement en énergies renouvelables de la zone, en particulier sur l'opportunité de la création ou du raccordement à un réseau de chaleur ou de froid ayant recours aux énergies renouvelables et de récupération. »*** *(L. n° 2018-1021 du 23 nov. 2018, art. 8)* ***« Un décret en Conseil d'État détermine les modalités de prise en compte des conclusions de cette étude de faisabilité dans l'étude d'impact prévue à l'article L. 122-3 du code de l'environnement. » »***

Les dispositions issues de l'Ord. n° 2005-1527 du 8 déc. 2005 sont applicables à compter du 1er oct. 2007 (Décr. n° 2007-18 du 5 janv. 2007, art. 26, mod. par Décr. n° 2007-817 du 11 mai 2007, art. 4).

....

Art. L. 300-3 *(L. n° 2014-366 du 24 mars 2014, art. 167)* **I. — L'État, les collectivités territoriales et leurs établissements publics peuvent, par convention de mandat passée avec toute personne publique ou privée et dans les conditions prévues** *(Ord. n° 2018-1074 du 26 nov.*

2018, art. 10) « par le code de la commande publique », lui confier le soin de faire procéder en leur nom et pour leur compte *(L. n° 2018-1021 du 23 nov. 2018, art. 15)* « à une ou plusieurs des missions suivantes » :

1° La réalisation d'études, notamment d'études préalables nécessaires à une opération d'aménagement ;

2° La réalisation de travaux et la construction d'ouvrages ou de bâtiments de toute nature, lorsque ces travaux ou constructions n'entrent pas dans le champ d'application *(Ord. n° 2018-1074 du 26 nov. 2018, art. 10)* « du livre IV de la deuxième partie du code de la commande publique » ;

3° L'achat et la revente de biens fonciers ou immobiliers dans le respect de la loi n° 70-9 du 2 janvier 1970 réglementant les conditions d'exercice des activités relatives à certaines opérations portant sur les immeubles et les fonds de commerce.

Le mandat fait l'objet d'une convention écrite entre le mandant et le mandataire, qui est soumis à l'obligation d'exécution personnelle du contrat de mandat.

II. — La convention de mandat détermine :

1° L'objet du contrat ;

2° Les conditions techniques, administratives et financières de la réalisation des prestations ou travaux du mandataire ;

3° Les conditions dans lesquelles l'État, la collectivité territoriale ou leurs établissements publics exercent un contrôle des prestations d'études ou un contrôle technique des travaux ou assurent la direction technique des travaux et procèdent à la réception des ouvrages ou bâtiments ;

4° Le cas échéant, les conditions dans lesquelles l'État, la collectivité territoriale ou leurs établissements publics mettent à la disposition de la personne publique ou privée désignée par la convention de mandat les fonds nécessaires ou procèdent au remboursement des dépenses exposées par elle. Dans ce dernier cas, la convention de mandat précise, s'il y a lieu, les garanties exigées ;

5° Les conditions dans lesquelles la conclusion des *(Ord. n° 2018-1074 du 26 nov. 2018, art. 10)* « marchés publics » peut être confiée au mandataire. Le mandataire peut être chargé de procéder, au nom et pour le compte de la personne publique, aux paiements afférents aux *(Ord. n° 2018-1074 du 26 nov. 2018, art. 10)* « marchés publics » nécessaires à l'exécution du mandat.

Les dispositions issues de l'Ord. n° 2018-1074 du 26 nov. 2018 s'appliquent aux marchés publics ainsi qu'aux contrats relevant de l'Ord. n° 2015-899 du 23 juill. 2015 relative aux marchés publics pour lesquels une consultation est engagée ou un avis d'appel à la concurrence est envoyé à la publication à compter du 1er avr. 2019. Ces dispositions s'appliquent également aux contrats de concession pour lesquels une consultation est engagée ou un avis de concession est envoyé à la publication à compter du 1er avr. 2019 (Ord. n° 2018-1074 préc., art. 20).

Art. L. 300-4 *(L. n° 2005-809 du 20 juill. 2005, art. 1er)* L'État et les collectivités territoriales, ainsi que leurs établissements publics, peuvent concéder la réalisation des opérations d'aménagement prévues par le présent *(L. n° 2006-872 du 13 juill. 2006, art. 7)* « code » à toute personne y ayant vocation.

L'attribution des concessions d'aménagement est soumise par le concédant à une procédure de publicité permettant la présentation de plusieurs offres concurrentes, dans des conditions prévues par décret en Conseil d'État – *[V. art. R.* 300-4 s.]*. *(L. n° 2014-366 du 24 mars 2014, art. 161-I-1°)* « Lorsqu'une opération d'aménagement est destinée à être réalisée dans une zone d'aménagement concerté, l'attribution de la concession d'aménagement peut intervenir avant la création de la zone, dès lors que la personne publique à l'initiative de la zone d'aménagement concerté a arrêté le bilan de la concertation prévue à l'article L. 300-2 et a délibéré sur les enjeux et l'objectif de l'opération, son périmètre d'intervention, son programme et son bilan financier prévisionnel. »

Le concessionnaire assure la maîtrise d'ouvrage des travaux *(L. n° 2018-1021 du 23 nov. 2018, art. 9)* « , bâtiments » et équipements concourant à l'opération prévus dans la concession, *ainsi que la réalisation* des études et de toutes missions nécessaires à leur exécution. Il peut être chargé par le concédant d'acquérir des biens nécessaires à la réalisation de l'opération, y compris, le cas échéant, par la voie d'expropriation ou de préemption. Il procède à la vente, à la location ou à la concession des biens immobiliers situés à l'intérieur du périmètre de la concession.

COMMENTAIRE

1. La réalisation d'opérations d'aménagement peut être concédée à toute personne y ayant vocation, publique ou privée, qui pourra être autorisée le cas échéant à recourir à l'expropriation ou à la préemption.

L'article L. 300-4 soumet l'attribution des concessions à une procédure de publicité permettant la présentation de plusieurs offres concurrentes.

Avant 2005, le régime des concessions d'aménagement, qu'il faut évoquer rapidement, était très différent. On voyait dans les conventions d'aménagement un instrument qui faisait participer les aménageurs à une mission de service public sans pour autant que celle-ci ne leur soit à proprement parler déléguée. Pour cette raison la pratique était, comme le rappelait une circulaire du 18 janvier 2001, d'écarter toute procédure préalable de publicité et de mise en concurrence. D'une part, le code de l'urbanisme excluait expressément pour elles l'application des procédures de passation des conventions de délégation de service public prévues par les dispositions de la loi n° 93-122 du 29 janvier 1993 relative à la prévention de la corruption et à la transparence de la vie économique et des procédures (loi Sapin). D'autre part, les conventions d'aménagement n'étaient pas analysées comme des marchés publics de travaux (soit parce qu'on n'y voyait pas des contrats conclus à titre onéreux, soit parce que la collectivité concédante n'était pas maître d'ouvrage, soit encore parce que l'on considérait que les opérations d'aménagement ne répondaient pas spécifiquement à un besoin de la collectivité), et pas davantage comme des marchés publics de fournitures ou de services.

Enfin, le code de l'urbanisme prévoyait que les études préalables aux opérations d'aménagement publiques pouvaient être confiées à une SEM ou à un établissement public sur la base d'un contrat de mandat, supposé à l'époque ne pas entrer dans les prévisions du code des marchés publics.

Les conventions d'aménagement échappaient ainsi à toute procédure préalable de publicité et de mise en concurrence.

Ce n'est plus le cas depuis 2005.

2. L'actuel article L. 300-4 prévoit l'obligation d'une procédure de publicité et de mise en concurrence, dont les modalités sont précisées par les dispositions réglementaires citées ci-dessous, qui distinguent selon que le contrat s'analyse comme une concession ou comme un marché.

Il précise par ailleurs l'étendue des missions confiées au concessionnaire : celui-ci assure la maîtrise d'ouvrage des travaux, mais aussi la réalisation des études nécessaires. Les études font donc partie intégrante des missions confiées à l'opérateur à qui la concession a été attribuée. Celui-ci peut en outre être chargé de procéder aux acquisitions foncières nécessaires, y compris par les voies de l'expropriation et de la préemption. ❑

1. Le contrat confiant à une SEM une opération d'aménagement en vue de la réalisation d'un pôle de loisirs est un marché public de travaux alors même que l'opération a pour finalité la réalisation globale d'un projet urbain, que les ressources attendues de l'opération proviennent en grande partie de la cession d'ouvrages destinés à des tiers, et que l'aménageur n'a pas vocation à construire lui-même mais doit passer des marchés de travaux avec des entreprises pour la réalisation des ouvrages prévus.

La convention d'aménagement a en effet pour objet principal la réalisation de travaux, en vue de faire construire un ouvrage (le pôle de loisirs dans son ensemble) ayant une fonction économique et répondant aux besoins de la commune concernée, qui poursuit un objectif de redynamisation d'un quartier. Elle est conclue à titre onéreux, l'ensemble des recettes (prix payé par la commune pour l'acquisition d'un futur parc de stationnement, participation financière de la commune à l'opération et recettes tirées de la cession d'ouvrages) représentant la contrepartie reçue par l'aménageur. La valeur du marché doit se calculer en additionnant la totalité des recettes perçues par l'aménageur, qui incluent la contrepartie des ouvrages remis au pouvoir adjudicateur, la participation financière de ce dernier à l'opération et les recettes attendues de tiers.

La circonstance que l'aménageur était lui-même tenu d'appliquer les procédures de passation des marchés de travaux en sa qualité de pouvoir adjudicateur ne dispensait nullement la commune d'appliquer ces procédures préalablement à la passation de la convention avec l'aménageur. • CJCE 18 janv. 2007, *Jean Auroux et a.*, n° C-220/05 : *BJCP 2007. 205, note Terneyre ; Dr. adm. 2007, comm. n° 71, obs. Alonso Garcia ;*

Rev. CMP 2007, n° 38, note Zimmer ; RD publ. 2007. 1329, note Braconnier. – V. Fatôme et Richer, La procédure de passation des concessions d'aménagement, *AJDA 2007. 409.*

2. Convention d'aménagement/mandat. Il ressort des pièces du dossier soumis aux juges du fond que la convention d'aménagement a pour objet de confier à l'aménageur, après acquisition des terrains nécessaires situés dans le périmètre de la zone d'aménagement concerté, d'une part, la réalisation d'infrastructures et d'équipements publics remis dès leur achèvement à la collectivité publique ou à d'autres personnes publiques ou concessionnaires de services publics et, d'autre part, la réalisation de bâtiments à usage d'habitation et autres équipements à usage privé destinés à la vente ou à la location au profit du concessionnaire ; en jugeant que cette convention publique d'aménagement avait le caractère d'un mandat donné par la personne publique à l'aménageur pour intervenir en son nom et en déduisant la compétence de la juridiction administrative pour connaître d'un litige relatif à un contrat de maîtrise d'œuvre conclu par la société concessionnaire, alors que la convention n'avait pas comme seul objet de faire réaliser pour le compte de la collectivité publique des ouvrages destinés à lui être remis dès leur achèvement ou leur réception, la cour administrative d'appel a commis une erreur de droit. • CE 11 mars 2011, *Cté d'agglomération du Grand Toulouse, SEM de Colomiers,* n° 330722 : *BJCP 2011. 222, concl. Boulouis.*

3. Il ressort des pièces du dossier soumis aux juges du fond, et notamment des termes de la convention d'aménagement passée par la commune avec la SARL, que cette dernière s'est vu confier à la fois la réalisation d'équipements publics portuaires, devant revenir gratuitement à la collectivité dès la réception des travaux, et la construction de bâtiments à usage privé, tels que des logements et des bureaux, dont le produit de la vente était destiné à assurer sa rémunération ; dès lors que cette convention d'aménagement ne porte pas exclusivement sur la réalisation d'équipements devant revenir à la personne publique dès réception des travaux, la SARL ne peut, pour l'exécution de cette convention, être regardée comme un mandataire agissant pour le seul compte de la commune ; par suite, les contrats passés par la SARL pour les opérations de construction de la ZAC, qu'elles aient ou non le caractère d'opérations de travaux publics, sont des contrats de droit privé ; dans ces conditions et en l'état du dossier, il apparaît qu'il n'appartient pas à la juridiction administrative de connaître du présent litige. • CE 27 oct. 2011, *SARL Port Croisade,* n° 350651 : *Rev. CMP 2013, n° 17, note Eckert.* ♦ V. aussi • CAA Paris, 19 janv. 2015, *Sté Demathieu Bard Construction SAS,* n° 13PA04344 : *BJCP 2015. 286, concl. Vrignon.*

4. Marchés passés par le concessionnaire. Droit privé. La commune a conclu avec la société X une convention d'aménagement par laquelle cette dernière a été chargée de la réalisation d'un bassin portuaire qu'elle devait remettre gratuitement à la collectivité publique dès son achèvement et de la construction de logements privés devant être vendus par l'aménageur ; pour la réalisation du bassin portuaire, la société a signé un marché de travaux avec un groupement d'entreprises constitué par les sociétés A, B et C ; après la réception des ouvrages et la remise du bassin portuaire à la commune, ces dernières ont poursuivi à l'encontre de la société X le paiement d'une somme correspondant à la révision du prix fixé par le contrat. Pour l'exécution d'une telle convention, la société X ne peut, en l'absence de conditions particulières, être regardée comme un mandataire agissant pour le compte de la commune ; ainsi, le contrat passé par la société X, personne morale de droit privé agissant pour son compte, pour les opérations de construction de la zone d'action concertée, qu'elles aient ou non le caractère d'opérations de travaux publics, est un contrat de droit privé ; les litiges nés de son exécution ressortissent à la compétence des juridictions de l'ordre judiciaire. • T. confl. 15 oct. 2012, *SARL Port Croisade c/ SA Seeta, Sté Tecs et Sté Hydratec,* n° 3853 B.

5. Marchés passés par le titulaire d'une convention d'aménagement. Le titulaire d'une convention conclue avec une collectivité publique pour la réalisation d'une opération d'aménagement ne saurait être regardé comme un mandataire de cette collectivité ; il ne peut en aller autrement que s'il résulte des stipulations qui définissent la mission du cocontractant de la collectivité publique ou d'un ensemble de conditions particulières prévues pour l'exécution de celle-ci, telles que le maintien de la compétence de la collectivité publique pour décider des actes à prendre pour la réalisation de l'opération ou la substitution de la collectivité publique à son cocontractant pour engager des actions contre les personnes avec lesquelles celui-ci a conclu des contrats, que la convention doit en réalité être regardée, en partie ou en totalité, comme un contrat de mandat, par lequel la collectivité publique demande seulement à son cocontractant d'agir en son nom et pour son compte, notamment pour conclure les contrats nécessaires.

Par la convention conclue le 15 févr. 2015, la commune a chargé la société de réaliser l'opération d'aménagement décrite ci-dessus ; ni la définition des missions confiées à la société, ni les conditions prévues pour leur exécution ne permettent de regarder cette convention comme ayant en réalité pour objet de confier à la société le soin d'agir au nom et pour le compte de la commune ; ainsi, les contrats passés par cette société, pour les opérations de construction au sein de la zone d'aménagement, qu'elles aient ou non le caractère d'opérations de travaux publics, sont des contrats de droit privé ; les litiges nés de leur exécution relèvent de la compétence de la juridiction judiciaire. • T. confl. 11 déc. 2017, *Cne de Capbreton*, n° 4103.

6. Travaux réalisés pour le compte du concessionnaire. Les travaux de démolition à l'origine du dommage invoqué par la Sté Café Bar Pyxide ont été réalisés par la Sté Picheta, pour le compte de la société anonyme d'économie mixte Citallios, titulaire d'un contrat de concession d'aménagement établi conformément aux dispositions des art. L. 300-4 à L. 300-5-2 C. urb. D'une part, ni la définition des missions confiées au titulaire de ce contrat, ni les conditions prévues pour leur exécution ne permettent de regarder ce contrat de concession comme ayant en réalité pour objet de confier à la Sté Citallios le soin d'agir au nom et pour le compte de la communauté d'agglomération. D'autre part, il ressort des mentions du jugement du TA de Cergy-Pontoise que les travaux de démolition à l'origine du dommage allégué ont été opérés sur un terrain privé destiné à accueillir une opération de promotion immobilière comprenant la réalisation de logements et de commerces, sous la maîtrise d'ouvrage de la Sté Les Nouveaux Constructeurs, et n'ont donc pas été réalisés pour le compte de la communauté d'agglomération.Il résulte de ce qui précède qu'en l'absence d'intervention d'une personne publique, les travaux litigieux n'avaient pas le caractère de travaux publics. Dès lors, il appartient à la juridiction judiciaire de connaître du litige. • T. confl. 10 janv. 2022, *Sté Café Bar Pyxide*, n° 4228 : *Rev. CMP 2022. Chron. 93, Chamard-Heim.*

7. Clauses réglementaires. Absence. Les clauses d'une concession d'aménagement prévoyant la remise à la commune d'éléments de voirie réalisés par l'aménageur, qui ne sont pas relatives à l'organisation ou au fonctionnement d'un service public, portent exclusivement sur les relations entre la commune et son concessionnaire. Si certaines de ces clauses peuvent indirectement avoir des effets pour les tiers à l'expiration de la convention d'aménagement, cette circonstance ne saurait à elle seule permettre de les regarder comme réglementaires. • CE 31 mars 2014, *Union synd. du Charvet, Union synd. des Villards*, n° 360904 B : *Rev. CMP 2014, n° 176, note Pietri ; AJDA 2014. 1725, note Clamour*.

8. Clause prévoyant la résiliation par l'aménageur. Le cocontractant lié à une personne publique par un contrat administratif est tenu d'en assurer l'exécution, sauf en cas de force majeure, et ne peut notamment pas se prévaloir des manquements ou défaillances de l'administration pour se soustraire à ses propres obligations contractuelles ou prendre l'initiative de résilier unilatéralement le contrat ; il est toutefois loisible aux parties de prévoir dans un contrat qui n'a pas pour objet l'exécution même du service public les conditions auxquelles le cocontractant de la personne publique peut résilier le contrat en cas de méconnaissance par cette dernière de ses obligations contractuelles ; cependant, le cocontractant ne peut procéder à la résiliation sans avoir mis à même, au préalable, la personne publique de s'opposer à la rupture des relations contractuelles pour un motif d'intérêt général, tiré notamment des exigences du service public ; lorsqu'un motif d'intérêt général lui est opposé, le cocontractant doit poursuivre l'exécution du contrat ; un manquement de sa part à cette obligation est de nature à entraîner la résiliation du contrat à ses torts exclusifs ; il est toutefois loisible au cocontractant de contester devant le juge le motif d'intérêt général qui lui est opposé afin d'obtenir la résiliation du contrat.

La concession d'aménagement prévue par les dispositions de l'art. L. 300-4 C. urb. n'a pas pour objet de confier à l'aménageur l'exécution même du service public de l'aménagement que la communauté d'agglomération assume.

Il résulte des termes mêmes des stipulations de l'art. 22-1 de la convention que la communauté d'agglomération creilloise a l'obligation de modifier le montant de sa participation telle qu'elle a été fixée à l'art. 16.6 dans les seuls cas où des charges nouvelles d'intérêt général ou provenant de faits non imputables à l'aménageur seraient de nature à remettre en cause l'équilibre financier de la concession ; il est d'ailleurs prévu que, dans l'hypothèse où la résiliation prévue par cet article intervient à l'initiative de la SAEM Séquano Aménagement, la communauté d'agglomération creilloise supporte immédiatement la charge du déséquilibre financier ainsi provoqué ; dès lors, la compensation des charges nouvelles dans les cas définis par l'art. 22.1 de la convention se distingue de la simple faculté laissée à la communauté d'agglomération d'augmenter le montant de sa participation telle qu'elle est prévue par l'art. 15 de la même convention ; dès lors, le refus de procéder à la compensation rendue nécessaire par l'art. 22-1 constitue la méconnaissance d'une obligation contractuelle.

L'existence d'un préavis de trois mois pour que la résiliation prévue à l'art. 22.1 prenne effet met en mesure la communauté d'agglomération creilloise de s'opposer à la rupture des relations contractuelles pour un motif d'intérêt général, tiré notamment des exigences du service public, quand bien même les stipulations du deuxième paragraphe de l'art. 22.1 ne le prévoient pas expressément, cette possibilité trouvant en tout état de cause à s'appliquer dans le silence du contrat.

Il résulte des trois points précédents que la communauté d'agglomération creilloise est fondée à soutenir que c'est à tort que, pour prononcer l'annulation de certaines des décisions attaquées du président de la communauté d'agglomération creilloise, le tribunal administratif a estimé que la résiliation à l'initiative de la SAEM Séquano Aménagement prévue par le deuxième paragraphe de l'art. 22.1 de la convention était illicite dès lors que ces stipulations, au demeurant divisibles du reste du contrat, ne respectaient pas les conditions rappelées au pt 9, et notamment celle tirée de l'existence d'une obligation contractuelle. • CAA Douai, 4 févr. 2016, *SEM Séquano Aménagement et cté d'agglomération creilloise*, n° 15DA01296 : *Rev. CMP 2016, n° 109, note Eckert.*

9. Établissement public d'aménagement. L'établissement public d'aménagement Euroméditerranée, créé par un Décr. du 13 oct. 1995, a pour objet, en vertu de l'art. 2 de ce décret, de procéder à l'aménagement des espaces compris dans le périmètre de l'opération d'aménagement Euroméditerranée sur le territoire de la ville de Marseille ; cette opération d'aménagement est inscrite, par un second décret du 13 oct. 1995, parmi les opérations d'intérêt national mentionnées à l'art. R. 121-4-1 C. urb., et pour lesquelles l'État exerce, par exception, en vertu des dispositions du C. urb., les principales compétences d'urbanisme dévolues aux collectivités territoriales ; les missions d'aménagement confiées à l'établissement public dans le cadre de l'opération Euroméditerranée relèvent ainsi d'une collaboration entre l'ensemble des personnes publiques concernées par cette opération et représentées au conseil d'administration de l'établissement, c'est-à-dire l'État, la ville de Marseille, la communauté urbaine Marseille-Provence-Métropole, le département des Bouches-du-Rhône, la région Provence-Alpes-Côte d'Azur et le port autonome de Marseille, et peuvent lui être dévolues sans formalités de publicité ni mise en concurrence, dès lors que ces dernières sont régulièrement mises en œuvre par l'établissement pour les marchés qu'il passe en qualité de maître d'ouvrage. • CE 23 déc. 2011, *Ét. public d'aménagement Euroméditerranée*, n° 351505 B.

10. Passation. Une convention d'études et d'aménagement d'un centre ville conclue sans appel public à la concurrence entre une commune et une société d'économie mixte est entachée de nullité. Si la convention n'était ni soumise au C. marchés ni aux dispositions du CGCT relatives aux délégations de service public, elle n'était pas pour autant exclue du champ d'application des règles fondamentales posées par le traité de l'Union, qui soumettent l'ensemble des contrats conclus par les pouvoirs adjudicateurs aux obligations minimales de publicité et de transparence propres à assurer l'égalité d'accès à ces contrats. • CAA Bordeaux, 9 nov. 2004, *Sodegis c/ Cne de Cilaos*, n° 01BX00381 : *AJDA 2005. 257, note Dreyfus ; Rev. CMP 2005, p. 23, note Pietri ; BJCP 2005. 117, concl. Péano ; Dr. adm. 2005, comm. n° 7 ; ACCP 2005, n° 43, note Fatôme et Richer.*

11. La convention publique d'aménagement relative à la zone d'aménagement concerté du « Centre Gare » a été signée le 6 janv. 2005, avant la publication de la L. du 20 juill. 2005 ; les dispositions de l'art. 11 de la loi, qui font obstacle à ce que puisse être invoquée l'illégalité d'une telle convention en tant qu'elle désigne un aménageur, sans que cette désignation ait été précédée de mesures de publicité et de mise en concurrence, emportent nécessairement le même effet à l'égard de la délibération du conseil municipal approuvant ladite convention. Mais les dispositions de l'art. 11 de la L. du 20 juill. 2005, qui ont pour objet de soustraire la passation des conventions publiques d'aménagement à toute procédure de publicité et de mise en concurrence, ne sont pas compatibles avec les objectifs de la Dir. 93/37/CEE ; qu'ainsi, la commune ne saurait utilement se prévaloir des dispositions en cause qui, en raison de cette incompatibilité, ne peuvent avoir d'incidence sur l'illégalité dont est entachée la délibération contestée. Si la commune fait valoir, par ailleurs, qu'à la date de la délibération contestée, aucune disposition légale ou réglementaire ne faisait obligation aux communes de faire précéder une convention publique d'aménagement de mesures de publicité, l'art. L. 300-4 C. urb. en vigueur avant le 20 juill. 2005 précisant que les dispositions de la L. du 29 janv. 1993 n'étaient pas applicables aux conventions publiques d'aménagement, et qu'en conséquence l'obligation faite à la collectivité publique de recourir à cette procédure méconnaîtrait le principe de sécurité juridique, une telle obligation ne saurait être regardée comme remettant en cause des situations contractuelles légalement nouées, dès lors que les dispositions de l'art. L. 300-4 C. urb. n'étaient pas, elles-mêmes, compatibles avec les objectifs de la Dir. 93/37/CEE. Enfin, la commune soutient qu'à supposer qu'elle ait la qualité de « pouvoir adjudicateur » au sens de l'art. 1er de la Dir. 93/37/CEE, la SEML avec laquelle elle a conclu la convention doit être regardée comme son mandataire sur lequel elle exerce un contrôle qui la dispense, conformément à la décision du 12 juill. 2001 de la CJCE *Ordre des architectes de la province de Milan*, d'avoir recours à la procédure de mise en concurrence dès lors que la SEML est elle-même tenue d'appliquer cette procédure pour la passation de ses propres marchés ; toutefois, il résulte de l'instruction que la commune ne détient qu'une moitié du capital de la SEML, l'autre moitié du capital étant détenue par des sociétés de droit privé ; conformément à la décision de la CJCE du 11 janv. 2005 *Stadt Halle*, ces prises de participations excluent que la commune puisse exercer un contrôle sur la SEML analogue à celui qu'elle exerce sur ses propres services et font ainsi obstacle à ce que la SEML soit regardée comme son mandataire lui permettant d'être dispensée de la procédure de mise en concurrence. • CAA Paris, 14 janv. 2010, *Cne de Chelles et Chevalier*, n° 08PA04104 : *BJCP 2010. 184, concl. Boulouis.*

12. Une convention publique d'aménagement conclue entre une commune et une SEML, qui prévoit l'édification, sur le territoire d'une ZAC, de 700 à 900 logements, ainsi que la réalisation de diverses infrastructures, notamment de travaux de voirie et de réseaux, la commune devenant propriétaire des équipements au fur et à mesure de leur réalisation et la rémunération de la SEML consistant notamment dans le versement, par la commune, de sommes représentant un pourcentage déterminé des dépenses supportées par l'aménageur, présente le caractère d'un marché public de travaux. Les dispositions de l'art. 11 de la L. du 20 juill. 2005, qui font obstacle à ce que puisse être invoquée l'illégalité d'une convention publique d'aménagement en tant qu'elle désigne un aménageur sans que cette désignation ait été précédée de mesures de publicité et de mise en concurrence, mais qui sont incompatibles avec les objectifs de la directive marchés, ne peuvent avoir d'incidence sur l'illégalité de la convention, pas plus que sur celle de la délibération approuvant le contrat. • CAA Nantes, 19 déc. 2007, *M. et Mme Josse et Cne de Chavagne*, n° 06NT01078 B : *Rev. CMP 2008, n° 51, obs. Pietri ; JCP Adm. 2008. 2145, note Devès ; RDI 2008. 205, obs. Braconnier*. – Même solution : • CAA Versailles, 12 mars 2009, *Cne de Clichy-la-Garenne*, n° 07VE02221 : *Rev. CMP 2009, n° 202, note Souler-Couteaux ; RFDA 2010. 85, note Lafaix*.

13. Convention d'aménagement. Mise en cause par la personne publique de la responsabilité du maître d'œuvre lié par un marché à l'aménageur. Impossibilité. Dès lors que la collectivité publique n'a pas été partie au marché passé par la société à laquelle elle avait confié la réalisation de la ZAC par voie de convention d'aménagement avec la société maître d'œuvre de la ZAC, elle ne pouvait mettre elle-même en cause la responsabilité contractuelle de cette société, alors même que la société chargée de la réalisation de la ZAC agissait en son nom et pour son compte. • CE 10 févr. 2010, *Cne d'Oz-en-Oisans – Sté Territoires 38*, n° 306039 B.

14. Actes créateurs de droits. Décision de créer une ZAC (non). Décision d'approuver une convention d'aménagement (oui). La décision de créer une zone d'aménagement concerté n'a pas le caractère d'un acte créateur de droits. La décision portant approbation de la convention d'aménagement est un acte créateur de droits. • CE 25 sept. 1996, *Sté EURL au service du développement*, n° 125544 B.

15. Annulation par le juge du contrat d'une concession d'aménagement. Société concédante n'ayant justifié par aucun document probant que sa société-mère avait mis ses capacités et garanties à sa disposition, contrairement à ce qu'exigeait le règlement de la consultation.

Dossiers de demande de permis de construire, sur la base desquels les offres devaient être élaborées, établis par un cabinet d'architecture, maître d'œuvre de la commune concédante, ayant été, aux termes d'une prestation rémunérée, le conseil de la société concessionnaire, y compris pendant la phase de négociation des offres au cours de laquelle des permis de construire étaient encore en instruction.

Offre retenue comportant, en méconnaissance du règlement de consultation, un nombre très significatif de logements sociaux de certains types, pour lesquels les constructeurs bénéficiaient d'importantes subventions publiques et de taux d'emprunt privilégiés, qui étaient de nature à modifier nettement l'équilibre économique du contrat, et prévoyant une densité supplémentaire de 2 000 m^2 environ sur le site de l'ancien hôpital par rapport au projet présenté dans le document programme, soit une hausse à ce titre de 10 % de la surface, ainsi que 90 places supplémentaires de parking pour un nombre initialement prévu dans les documents de la consultation de 533.

Ces vices entachant la convention litigieuse, tirés de la méconnaissance des règles de publicité et de mise en concurrence, révèlent également, en l'état de l'instruction, une volonté de la personne publique de favoriser un candidat et ont affecté gravement la légalité du choix du concessionnaire. Par leur particulière gravité et en l'absence de régularisation possible, ils impliquent que soit prononcée l'annulation de la concession d'aménagement litigieuse, dès lors qu'une telle mesure ne portera pas une atteinte excessive à l'intérêt général. D'une part, en effet, l'annulation d'une concession d'aménagement n'a pas, par elle-même, pour effet d'anéantir rétroactivement les actes passés pour son application. D'autre part, ni la circonstance que la concession soit arrivée à son terme en août 2017 et que les travaux prévus seraient achevés, qui n'est pas de nature à priver d'objet une mesure d'annulation et ne révèle par elle-même aucune atteinte à l'intérêt général, ni l'hypothèse qu'une indemnité serait due par la commune à la société concédante, dont le montant éventuel n'est étayé par aucune allégation sérieuse et qui ne pourra en tout état de cause s'apprécier que dans les conditions de droit commun, ne sont de nature à faire obstacle au prononcé de l'annulation du contrat. • CE 15 mars 2019, *Sté anonyme gardéenne d'économie mixte*, n° 413584 A : *BJCP 2019. 189, concl. Henrard ; Rev. CMP 2019. 2010, note Dietenhoeffer ; AJDA 2019. 1459, note Sourzat*.

Art. L. 300-5 *(L. n° 2005-809 du 20 juill. 2005, art. 2-1°)* **« I. — Le traité de concession d'aménagement précise les obligations de chacune des parties, notamment :**

« 1° L'objet du contrat, sa durée et les conditions dans lesquelles il peut éventuellement être prorogé, ou modifié ;

« 2° Les conditions de rachat, de résiliation ou de déchéance par le concédant, ainsi que, éventuellement, les conditions et les modalités d'indemnisation du concessionnaire.

« II. — Lorsque le concédant décide de participer au coût de l'opération, sous forme d'apport financier ou d'apport en terrains, le traité de concession précise en outre, à peine de nullité : »

(L. n° 2000-1208 du 13 déc. 2000, art. 10) **« 1° Les modalités de cette participation financière, qui peut prendre la forme d'apports en nature ;**

« 2° Le montant total de cette participation et, s'il y a lieu, sa répartition en tranches annuelles ;

« 3° Les modalités du contrôle technique, financier et comptable exercé par *(L. n° 2005-809 du 20 juill. 2005, art. 2-2°)* **« le concédant ; à cet effet, le concessionnaire » doit fournir chaque année un compte rendu financier comportant notamment en annexe :**

« ***a)*** **Le bilan prévisionnel actualisé des activités, objet de** *(L. n° 2005-809 du 20 juill. 2005, art. 2-3°)* **« la concession », faisant apparaître, d'une part, l'état des réalisations en recettes et en dépenses et, d'autre part, l'estimation des recettes et dépenses restant à réaliser ;**

« ***b)*** **Le plan de trésorerie actualisé faisant apparaître l'échéancier des recettes et des dépenses de l'opération ;**

« ***c)*** **Un tableau des acquisitions et cessions immobilières réalisées pendant la durée de l'exercice. »**

(L. n° 2005-809 du 20 juill. 2005, art. 2-4°) **« L'ensemble de ces documents est soumis à l'examen de l'organe délibérant du concédant ou à l'autorité administrative lorsque le concédant est l'État. Le concédant a le droit de contrôler les renseignements fournis, ses agents accrédités pouvant se faire présenter toutes pièces de comptabilité nécessaires à leur vérification. Si le concédant est une collectivité territoriale ou un groupement de collectivités territoriales, dès la communication de ces documents et, le cas échéant, après les résultats du contrôle diligenté par le concédant, ces documents sont soumis, dans un délai de trois mois, à l'examen de l'organe délibérant, qui se prononce par un vote. »**

(L. n° 2005-809 du 20 juill. 2005, art. 2-5°) **« L'apport financier mentionné aux trois premiers alinéas du II du présent article est approuvé par l'organe délibérant du concédant ou par l'autorité administrative lorsque celui-ci est l'État. Toute révision de cet apport doit faire l'objet d'un avenant au traité de concession, approuvé par l'organe délibérant du concédant ou par l'autorité administrative lorsque celui-ci est l'État. »**

(L. n° 2005-809 du 20 juill. 2005, art. 2-6°) **« III. — L'opération d'aménagement peut bénéficier, avec l'accord préalable du concédant, de subventions versées par l'État, des collectivités territoriales et leurs groupements ou des établissements publics. Dans ce cas, le traité de concession est soumis aux dispositions du II, même si le concédant ne participe pas au financement de l'opération. Le concessionnaire doit également rendre compte de l'utilisation des subventions reçues aux personnes publiques qui les ont allouées. »**

(Ord. n° 2016-65 du 29 janv. 2016, art. 75, en vigueur au plus tard le 1er avr. 2016) **« IV. —** *(Ord. n° 2018-1074 du 26 nov. 2018, art. 10)* **« L'article L. 3131-5 du code de la commande publique » n'est pas applicable aux concessions d'aménagement. »**

Sur l'application des dispositions issues de l'Ord. n° 2018-1074 du 26 nov. 2018, V. note ss. C. urb., art. L. 300-3, supra.

Les modifications introduites par l'Ord. n° 2016-65 du 29 janv. 2016 entrent en vigueur à une date fixée par voie réglementaire et au plus tard le 1er avr. 2016. Le Décr. n° 2016-86 du 1er févr. 2016 a fixé cette date au 1er avr. 2016 (Décr. préc., art. 55).

A l'exception de son art. 55, cette Ord. s'applique aux contrats de concession pour lesquels une consultation est engagée ou un avis de concession est envoyé à la publication à compter de sa date d'entrée en vigueur (Ord. préc., art. 78).

COMMENTAIRE

Le présent article impose la présence de plusieurs clauses au contrat d'aménagement.

Certaines sont obligatoires dans tous les cas.

D'autres, dont il est précisé qu'elles doivent figurer au contrat à peine de nullité, s'imposent lorsque le concédant décide de participer au coût de l'opération, ou encore lorsque des financements publics provenant d'autres collectivités que le concédant sont prévus.

Convention de participation en matière d'aménagement. La convention dite de participation conclue entre la commune et la SEM 92 précise les modalités de versement de la participation due par toute collectivité territoriale ayant concédé l'aménagement et le renouvellement urbain d'une zone située sur son territoire à la construction des équipements publics excédant les besoins des futurs habitants et usagers de ladite zone en application des dispositions du C. urb. ; cette convention ne porte ni sur l'exécution des travaux ni sur la livraison de fournitures ni sur la prestation de services ; ainsi, la convention dite de participation ne peut être regardée comme constituant un marché public au regard de la Dir. 2004/18/CE ou du C. marchés ; par suite, le moyen tiré de ce qu'elle est intervenue en méconnaissance des règles de publicité et de mise en concurrence applicables aux marchés publics ne peut être utilement soulevé. • CAA Versailles, 1er déc. 2016, *Cts Ait Dahmane et SARL Le Viking*, n° 15VE02822 : *Rev. CMP 2017, n° 37, note Eckert.*

Art. L. 300-5-1 *(L. n° 2005-809 du 20 juill. 2005, art. 3)* **Lorsque le concessionnaire n'est pas soumis** *(Ord. n° 2018-1074 du 26 nov. 2018, art. 10)* **« au code de la commande publique », les contrats d'études, de maîtrise d'œuvre et de travaux conclus par lui pour l'exécution de la concession sont soumis à une procédure de publicité et de mise en concurrence définie par décret en Conseil d'État.** — *V. art. R.* 300-12 s.* — ***C. urb.***

Sur l'application des dispositions issues de l'Ord. n° 2018-1074 du 26 nov. 2018, V. note ss. C. urb., art. L. 300-3, supra.

....

Art. L. 327-1 Les sociétés publiques locales d'aménagement et les sociétés publiques locales d'aménagement d'intérêt national revêtent la forme de sociétés anonymes régies par le livre II du code de commerce.

Sous réserve du présent chapitre, elles sont soumises au titre II du livre V de la première partie du code général des collectivités territoriales.

Ces sociétés exercent leurs activités exclusivement pour le compte de leurs actionnaires et sur le territoire des collectivités territoriales et des groupements de collectivités territoriales qui en sont membres. *(L. n° 2019-463 du 17 mai 2019, art. 3)* **« La réalisation de l'objet de ces sociétés concourt à l'exercice d'au moins une compétence de chacune des collectivités territoriales et de chacun des groupements de collectivités territoriales qui en sont actionnaires. »**

Les sociétés publiques locales d'aménagement peuvent également exercer leurs activités pour le compte d'une société publique locale d'aménagement d'intérêt national sur laquelle au moins un de leurs membres exerce un contrôle analogue à celui qu'il exerce sur ses propres services.

Les sociétés publiques locales d'aménagement et les sociétés publiques locales d'aménagement d'intérêt national sont compétentes pour réaliser, outre toute opération *(Abrogé par L. n° 2022-217 du 21 févr. 2022, art. 192) « d'aménagement »* **prévue au dernier alinéa de l'article L. 327-2 ou** *(L. n° 2022-217 du 21 févr. 2022, art. 192)* **« aux 1° et 2°** *[ancienne rédaction : à l'avant-dernier alinéa]* **» de l'article L. 327-3 du présent code, les opérations de requalification de copropriétés dégradées prévues à l'article L. 741-1 du code de la construction et de l'habitation, réaliser des études préalables, procéder à toute acquisition et cession d'immeubles en application des articles L. 221-1 et L. 221-2 du présent code, procéder à toute opération de construction ou de réhabilitation immobilière en vue de la réalisation des objectifs énoncés à l'article L. 300-1, ou procéder à toute acquisition et cession de baux commerciaux, de fonds de commerce ou de fonds artisanaux dans les conditions prévues au chapitre IV du titre I du livre II. Elles peuvent exercer, par délégation de leurs titulaires, les droits de préemption et de priorité définis par le présent code et agir par voie d'expropriation dans les conditions fixées par des conventions conclues avec l'un de leurs membres.**

Sous réserve des décisions de justice passées en force de chose jugée, les dispositions de la L. n° 2019-463 du 17 mai 2019 s'appliquent aux sociétés mentionnées aux art. L. 1521-1 et L. 1531-1 CGCT et à l'art. L. 327-1 C. urb. constituées antérieurement à la date de publication de ladite loi, soit le 18 mai 2019 (L. préc.).

Il résulte des dispositions de l'art. L. 327-1 C. urb. [alors applicable] qu'une collectivité territoriale peut concéder la réalisation d'opérations d'aménagement à une société publique locale d'aménagement, créée sur le fondement de l'art. L. 327-1 C. urb. [dans sa version alors applicable] et qui ne peut dès lors exercer son activité que pour le compte de ses actionnaires et sur leur territoire, sans publicité ni mise en concurrence préalables, à la condition que cette collectivité exerce sur cette société un contrôle analogue à celui qu'elle exerce sur ses propres services ; pour être regardée comme exerçant un tel contrôle sur cette société, conjointement avec la ou les autres personnes publiques également actionnaires, cette collectivité doit participer non seulement à son capital mais également aux organes de direction de cette société.

Il ressort des énonciations de l'arrêt attaqué que la commune de Marsannay-la-Côte, détentrice de 1,076 % du capital de la SPLAAD, d'une part, ne dispose pas d'un représentant propre au sein de son conseil d'administration, alors que cette instance, principal organe de direction de cette société, approuve les concessions d'aménagement, et n'y a voix délibérative que de façon indirecte, par l'intermédiaire d'un représentant commun des petits actionnaires, d'autre part, qu'elle ne peut seule requérir l'inscription d'un projet à l'ordre du jour, selon l'art. 27 des statuts, dès lors qu'elle détient moins de 5 % du capital de la société, et, enfin, qu'aucun des organes au sein desquels elle est directement représentée, que sont l'assemblée spéciale des petits actionnaires, le comité technique et financier et le comité de contrôle, ne disposent, en matière d'exécution des concessions d'aménagement confiées à cette société, d'un pouvoir décisionnaire ; la cour administrative d'appel, qui a suffisamment motivé son arrêt sur ce point, a pu en déduire, sans commettre d'erreur de droit, ni d'erreur de qualification juridique, que la commune de Marsannay-la-Côte ne pouvait pas être regardée comme participant, de façon effective, aux organes de direction de la société ni, par suite, comme exerçant sur la SPLAAD, même conjointement avec les autres actionnaires, un contrôle analogue à celui qu'elle exerce sur ses propres services. • CE 6 nov. 2013, *Cne de Marsannay-la-Côte, SPLA de l'agglomération dijonnaise*, n°s 365079, 365082 et 366544 A : *BJCP 2014. 3, concl. Dacosta ; Rev. CMP 2014, n° 19, note Amilhat.*

....

Aménagement foncier

Concessions d'aménagement

COMMENTAIRE

La présente section distingue les concessions d'aménagement qui transfèrent un risque économique et celles qui n'en transfèrent pas. Sous réserve de spécificités qu'on trouvera dans les articles ci-dessous, les règles de passation applicables sont celles du code de la commande publique, prévues respectivement pour les concessions et pour les marchés. ❑

Art. R. 300-4 *(Décr. n° 2016-86 du 1er févr. 2016, art. 51-1°, en vigueur le 1er avr. 2016)* **Les dispositions** *(Décr. n° 2018-1075 du 3 déc. 2018, art. 8)* **« de la troisième partie du code de la commande publique » et les dispositions de la présente sous-section sont applicables aux concessions d'aménagement lorsque le concessionnaire assume un risque économique lié à l'opération d'aménagement.**

L'art. R. 300-4 devient l'art. R. 300-4 (Décr. n° 2018-1075 du 3 déc. 2018, art. 8).*

Sur l'entrée en vigueur des dispositions du Décr. n° 2018-1075 du 3 déc. 2018, V. art. 16 dudit décret.

Art. R.* 300-5 *(Décr. n° 2006-959 du 31 juill. 2006)* **Préalablement à la passation d'une concession d'aménagement, le concédant publie, dans une publication habilitée à recevoir des annonces légales et dans une publication spécialisée dans les domaines de l'urbanisme, des travaux publics ou de l'immobilier,** *(Décr. n° 2009-889 du 22 juill. 2009)* **« un avis conforme au modèle fixé par les autorités communautaires ».**

(Abrogé par Décr. n° 2016-86 du 1er févr. 2016, art. 51-1°, à compter du 1er avr. 2016) ***« Cet avis précise la date limite de présentation des candidatures,*** *(Décr. n° 2009-889 du 22 juill. 2009)* ***« qui doit être fixée de sorte qu'un délai d'au moins un mois s'écoule depuis la date de la dernière des publications de l'avis prévues à l'alinéa précédent », et mentionne les caractéristiques essentielles de l'opération d'aménagement projetée, c'est-à-dire son objet, sa localisation et les principes de son financement. »*** *— Ancien art. R.* 300-4 renuméroté par le Décr. n° 2009-889 du 22 juill. 2009.*

....

Art. R. 300-7 *(Décr. n° 2016-86 du 1er févr. 2016, art. 51-1°, en vigueur le 1er avr. 2016)* **Sans préjudice** *(Décr. n° 2018-1075 du 3 déc. 2018, art. 8)* **« des articles R. 3122-7 à R. 3122-12, R. 3123-14, R. 3123-15, R. 3124-2 et R. 3124-3 du code de la commande publique », le concédant adresse à chacun des candidats un document précisant les caractéristiques essentielles de la concession d'aménagement et indiquant le programme global prévisionnel des équipements et des constructions projetés ainsi que les conditions de mise en œuvre de l'opération.**

L'art. R. 300-7 devient l'art. R. 300-7 (Décr. nº 2018-1075 du 3 déc. 2018, art. 8). Sur l'entrée en vigueur des dispositions du Décr. nº 2018-1075 du 3 déc. 2018, V. art. 16 dudit décret.*

....

Art. R. 300-9 *(Décr. nº 2009-889 du 22 juill. 2009)* **Lorsque le concédant est une collectivité territoriale ou un groupement de collectivités territoriales, l'organe délibérant désigne en son sein à la représentation proportionnelle à la plus forte moyenne les membres composant la commission chargée d'émettre un avis sur les propositions reçues, préalablement à l'engagement** *(Décr. nº 2016-86 du 1er févr. 2016, art. 51-1º, en vigueur le 1er avr. 2016)* **« de la négociation prévue »** *(Décr. nº 2018-1075 du 3 déc. 2018, art. 8)* **« à l'article L. 3124-1 du code de la commande publique ». Il désigne la personne habilitée à engager ces discussions et à signer la convention. Cette personne peut recueillir l'avis de la commission à tout moment de la procédure.**

L'organe délibérant choisit le concessionnaire, sur proposition de la personne habilitée à mener les discussions et à signer la convention et au vu de l'avis ou des avis émis par la commission.

L'art. R. 300-9 devient l'art. R. 300-9 (Décr. nº 2018-1075 du 3 déc. 2018, art. 8). Sur l'entrée en vigueur des dispositions du Décr. nº 2018-1075 du 3 déc. 2018, V. art. 16 dudit décret.*

....

Art. R.* 300-11-1 Les dispositions de la présente sous-section sont applicables aux concessions d'aménagement qui ne présentent pas les caractéristiques mentionnées à l'article R.* 300-4.

Les dispositions issues du Décr. nº 2016-360 sont entrées en vigueur le 1er avr. 2016. Elles s'appliquent aux marchés publics pour lesquels une consultation est engagée ou un avis d'appel à la concurrence est envoyé à la publication à compter du 1er avr. 2016. Elles ne s'appliquent pas aux marchés passés sur le fondement d'un accord-cadre ou dans le cadre d'un système d'acquisition dynamique lorsque la procédure en vue de la passation de cet accord-cadre ou de la mise en place de ce système d'acquisition dynamique a été engagée avant cette date (Décr. préc., art. 188).

Art. R. 300-11-2 **I. — Lorsque le montant total des produits de l'opération d'aménagement faisant l'objet du contrat est égal ou supérieur au seuil européen applicable aux marchés publics de travaux publié au *Journal officiel* de la République française, la concession d'aménagement est passée en application des règles prévues :**

1º Pour l'État et ses établissements publics, *(Décr. nº 2018-1075 du 3 déc. 2018, art. 8)* **« par la deuxième partie du code de la commande publique » ;**

2º Pour les collectivités territoriales, leurs établissements publics et leurs groupements, par les articles L. 1414-1 à L. 1414-4 du code général des collectivités territoriales.

II. — Toutefois :

1º Les dispositions *(Décr. nº 2018-1075 du 3 déc. 2018, art. 8)* **« des articles L. 2113-10 et L. 2113-11 du code de la commande publique » ne sont pas applicables aux contrats passés en application de la présente sous-section ;**

2º Les *(Décr. nº 2018-1075 du 3 déc. 2018, art. 8)* **« dispositions des chapitres I et III du titre IX du livre I et du chapitre III du titre IX du livre III de la deuxième partie du code de la commande publique, et les articles L. 2196-4 à L. 2196-6, L. 2396-3 et L. 2396-4 du même code » ne sont pas applicables ;**

3º Par dérogation à *(Décr. nº 2018-1075 du 3 déc. 2018, art. 8)* **« l'article R. 2131-18 du code de la commande publique », l'avis d'appel à la concurrence fait l'objet d'une publication supplémentaire dans une publication spécialisée dans les domaines de l'urbanisme, des travaux publics ou de l'immobilier ;**

4º Le programme fonctionnel mentionné à *(Décr. nº 2018-1075 du 3 déc. 2018, art. 8)* **« l'article R. 2161-24 du code de la commande publique » indique au minimum les caractéristiques essentielles de la concession d'aménagement, le programme global prévisionnel des équipements et des constructions projetés ainsi que les conditions de mise en œuvre de l'opération ;**

5º Les critères d'attribution sont définis et appréciés de manière :

***a)* A tenir compte du coût global de l'opération au regard de son bilan prévisionnel intégrant la totalité des recettes et des dépenses ;**

***b)* A prendre en considération le respect des exigences de développement durable exprimées par la personne publique, notamment en matière de qualité architecturale, de performance environnementale, de mixité sociale et de diversité des fonctions urbaines ;**

6° La commission d'appel d'offres mentionnée à l'article L. 1414-2 du code général des collectivités territoriales est composée conformément aux dispositions de l'article R.* 300-9 du présent code.

V. note ss. art. R. 300-11-1.*

L'art. R. 300-11-2 devient l'art. R. 300-11-2 (Décr. n° 2018-1075 du 3 déc. 2018, art. 8).*

Sur l'entrée en vigueur des dispositions du Décr. n° 2018-1075 du 3 déc. 2018, V. notes ss. C. urb., art. R. 300-4, supra.

Art. R.* 300-11-3 Lorsque le montant total des produits de l'opération d'aménagement faisant l'objet du contrat est inférieur au seuil européen mentionné au I de l'article R.* 300-11-2, la concession d'aménagement fait l'objet, préalablement à son attribution, d'une publicité et d'une procédure adaptée dont les modalités sont fixées par le concédant en fonction de la nature et des caractéristiques du besoin à satisfaire, du nombre ou de la localisation des opérateurs économiques susceptibles d'y répondre ainsi que des circonstances du lancement de la procédure.

V. notes ss. art. R. 300-11-1.*

....

Art. R.* 300-11-9 Lorsque la concession est accordée au nom de l'État, elle est consentie par arrêté conjoint du ministre chargé de l'urbanisme, du ministre de l'intérieur et du ministre de l'économie et des finances, après consultation des collectivités territoriales intéressées.

Art. R.* 300-12 *(Décr. n° 2016-86 du 1er févr. 2016, art. 51-2°, en vigueur le 1er avr. 2016)* **Quelle que soit la valeur estimée du besoin, les contrats d'études, de maîtrise d'œuvre ou de travaux que le concessionnaire mentionné à l'article L. 300-5-1 passe pour l'exécution de la concession sont conclus selon une procédure dont il détermine librement les modalités en fonction de la nature et des caractéristiques du besoin à satisfaire, du nombre ou de la localisation des opérateurs économiques susceptibles d'y répondre ainsi que des circonstances de l'achat.**

Art. R.* 300-13 *(Décr. n° 2016-86 du 1er févr. 2016, art. 51-2°, en vigueur le 1er avr. 2016)* **Le concessionnaire informe le concédant, dans un délai de trente jours à compter de la conclusion des contrats conclus dans les conditions de l'article R.* 300-12, du nom du titulaire ainsi que du montant du contrat.**

COMMENTAIRE

La présente section distingue les concessions d'aménagement qui transfèrent un risque économique et celles qui n'en transfèrent pas. Sous réserve de spécificités qu'on trouvera dans les articles ci-dessous, les règles de passation applicables sont celles du code de la commande publique, prévues respectivement pour les concessions et pour les marchés. ❑

Risque significatif supporté par le concessionnaire. L'existence d'un risque significatif assumé par l'aménageur doit s'apprécier au regard de l'ensemble des stipulations du contrat s'agissant du mode de rémunération retenu, de l'importance des apports et subventions des collectivités publiques, du sort des biens non commercialisés en fin de contrat et des garanties consenties par la personne publique contractante.

Il ressort des stipulations de la concession que le concessionnaire supporte le coût des acquisitions ainsi que le risque de commercialisation des terrains viabilisés qui est le pendant de l'exploitation en matière de concession de services. Au vu du bilan prévisionnel de l'opération d'aménagement litigieuse, les produits provenant des cessions, des concessions d'usage et des locations de terrains aménagés par le concessionnaire représentent 7, 552 millions d'euros, alors que le coût total de l'opération, qui s'élève à 17 307 463 d'euros, n'est financé par la commune qu'à concurrence de 9 355 463 d'euros, le concessionnaire supportant ainsi une part importante du coût de l'opération. Si les requérantes invoquent des considérations tenant à l'origine de la rémunération du concessionnaire, de la compensation des pertes du concessionnaire par le concédant, de l'existence d'une garantie d'emprunt que peut accorder la commune, qui peut aussi se substituer au concessionnaire en cas de défaillance de ce dernier, ou encore la possibilité du rachat par le concédant des immeubles invendus, ainsi que celle d'une résiliation à la demande du concessionnaire, les stipulations invoquées du traité de concession n'ont pas pour effet de prévoir une augmentation automatique de la participation de la commune en vue d'une compensation totale des éventuelles pertes du concessionnaire, mais prévoient la possibilité d'une évolution de cette participation, à la hausse comme à la baisse, dans certains cas limitativement énumérés. La garantie d'emprunt que peut accorder la commune à la société, accordée « dans le respect des limites en vigueur » et l'existence de clauses prévoyant un réexamen périodique des conditions du contrat au cours de l'exécution de celui-ci n'ont pas davantage pour effet de neutraliser le risque économique supporté par le concessionnaire. Enfin, la convention litigieuse ne prévoit ni la substitution automatique de la commune à la société en cas de défaillance de celle-ci, ni le rachat, à l'issue de l'opération, des immeubles que le concessionnaire n'aurait pas été en mesure de céder à des tiers, ni le versement d'une subvention supplémentaire dans le cas où l'opération serait déficitaire. Ainsi, eu égard aux caractéristiques et aux termes financiers de la concession, qui font supporter au titulaire de la concession une part significative du risque économique, le traité en litige a pu être conclu au terme de la procédure propre aux concessions d'aménagement soumises au droit communautaire des concessions, et non selon les modalités particulières du code des marchés publics applicables aux marchés de travaux. • CAA Nantes, 2 févr. 2015, *SARL Les Farfadets,* n° 13NT02139 : *Rev. CMP 2015, n° 4, note Ubaud-Bergeron.*

PARTIE IV DÉLAIS DE PAIEMENT

Directive 2011/7/UE du Parlement européen et du Conseil du 16 février 2011,

Concernant la lutte contre le retard de paiement dans les transactions commerciales — en vigueur le 16 mars 2013.

BIBL. ▶ Pétrignet, *BRDA 2011, n° 7, p. 18.* – Augagneur, *JCP E 2011, n° 1912 ; CCC 2011. Étude 16* (la directive n° 2011/7 à la recherche d'une « culture du paiement rapide »). – De Géry, Délais de paiement : les nouvelles règles issues de la transposition de la directive 2011/7/UE, *CP-ACCP, n° 132, mai 2013.* – Dossier ACCP, Retards de paiement et commande publique, *sept. 2013.*

Considérant ce qui suit :

(1) La directive 2000/35/CE du Parlement européen et du Conseil du 29 juin 2000 concernant la lutte contre le retard de paiement dans les transactions commerciales doit faire l'objet de plusieurs modifications substantielles. Dans un souci de clarté et de rationalisation, il convient de procéder à la refonte des dispositions concernées.

(2) Dans le marché intérieur, la plupart des livraisons de marchandises et des prestations de services sont effectuées par des opérateurs économiques pour d'autres opérateurs économiques ou pour les pouvoirs publics moyennant un paiement différé, par lequel le fournisseur ou le prestataire donne à son client un délai pour acquitter la facture, selon les modalités convenues par les parties, dans les mentions figurant sur la facture du fournisseur ou dans les dispositions légales en vigueur.

(3) Dans les transactions commerciales entre des opérateurs économiques ou entre des opérateurs économiques et des pouvoirs publics, de nombreux paiements sont effectués au-delà des délais convenus dans le contrat ou fixés dans les conditions générales de vente. Bien que les marchandises aient été livrées ou les services fournis, bon nombre de factures y afférentes sont acquittées bien au-delà des délais. Ces retards de paiement ont des effets négatifs sur les liquidités des entreprises et compliquent leur gestion financière. Ils sont également préjudiciables à leur compétitivité et à leur rentabilité dès lors que le créancier doit obtenir des financements externes en raison de ces retards de paiement. Le risque lié à ces effets négatifs augmente fortement en période de ralentissement économique, lorsque l'accès au financement est plus difficile.

(4) Les recours judiciaires liés aux retards de paiement sont déjà facilités par le règlement (CE) n° 44/2001 du Conseil du 22 décembre 2000 concernant la compétence judiciaire, la reconnaissance et l'exécution des décisions en matière civile et commerciale, le règlement (CE) n° 805/2004 du Parlement européen et du Conseil du 21 avril 2004 portant création d'un titre exécutoire européen pour les créances incontestées, le règlement (CE) n° 1896/2006 du Parlement européen et du Conseil du 12 décembre 2006 instituant une procédure européenne d'injonction de payer et le règlement (CE) n° 861/2007 du Parlement européen et du Conseil du 11 juillet 2007 instituant une procédure européenne de règlement des petits litiges. Il convient toutefois, en vue de décourager les retards de paiement dans les transactions commerciales, d'établir des dispositions complémentaires.

(5) Les entreprises devraient être en mesure de commercialiser leurs produits dans l'ensemble du marché intérieur dans des conditions qui garantissent que des transactions transfrontières ne présentent pas de risques plus élevés que des ventes à l'intérieur d'un État membre. Des distorsions de concurrence seraient à craindre si des règles substantiellement différentes régissaient les opérations internes d'une part et transfrontières d'autre part.

(6) Dans sa communication du 25 juin 2008 intitulée "Think Small First" : Priorité aux PME – Un Small Business Act pour l'Europe", la Commission souligne l'importance de faciliter l'accès des petites et moyennes entreprises (PME) au financement et de développer un environnement juridique et commercial favorisant la ponctualité des paiements lors des transactions commerciales. Il convient de noter que les pouvoirs publics exercent une responsabilité particulière à cet égard. Les critères pour la définition des PME sont décrits dans la recommandation 2003/361/CE de la Commission du 6 mai 2003 concernant la définition des micro, petites et moyennes entreprises.

(7) L'une des actions prioritaires de la communication de la Commission du 26 novembre 2008 intitulée "Plan européen pour la relance économique" est la réduction des charges

administratives et l'encouragement de l'esprit d'entreprise, en veillant notamment à ce que les factures de fournitures et de services, y compris aux PME, soient réglées, en principe, dans un délai d'un mois afin d'alléger les contraintes en matière de liquidité.

(8) Il convient de limiter le champ d'application de la présente directive aux paiements effectués en rémunération de transactions commerciales. La présente directive ne devrait pas réglementer les transactions effectuées avec les consommateurs ni les intérêts en jeu dans d'autres types de paiements *[paiement]*, par exemple les paiements effectués au titre de la législation sur les chèques et les lettres de change, ou les paiements effectués dans le cadre de l'indemnisation de dommages, y compris ceux effectués par les compagnies d'assurance. Il convient également que les États membres puissent exclure les créances qui sont soumises à une procédure d'insolvabilité, notamment les procédures tendant à une restructuration de la dette.

(9) La présente directive devrait réglementer toutes les transactions commerciales, qu'elles soient effectuées entre des entreprises privées ou publiques ou entre des entreprises et des pouvoirs publics, étant donné que les pouvoirs publics effectuent un nombre considérable de paiements aux entreprises. Elle devrait donc également réglementer toutes les transactions commerciales entre les principales entreprises contractantes et leurs fournisseurs et sous-traitants.

(10) Le fait que les professions libérales sont couvertes par la présente directive ne devrait pas contraindre les États membres à les traiter comme des entreprises ou des commerçants à des fins hors du champ d'application de la présente directive.

(11) Il convient d'inclure également, parmi la fourniture de marchandises ou la prestation de services contre rémunération auxquelles la présente directive s'applique, la conception et l'exécution de travaux publics ou de travaux de construction et de génie civil.

(12) Les retards de paiement constituent une violation du contrat qui est devenue financièrement intéressante pour les débiteurs dans la plupart des États membres, en raison du faible niveau ou de l'absence des intérêts pour retard de paiement facturés et/ou de la lenteur des procédures de recours. Un tournant décisif visant à instaurer une culture de paiement rapide, au sein de laquelle une clause contractuelle ou une pratique excluant le droit de réclamer des intérêts devrait toujours être considérée comme étant manifestement abusive, est nécessaire pour inverser cette tendance et pour décourager les retards de paiement. Ce tournant devrait aussi inclure l'introduction de dispositions particulières portant sur les délais de paiement et sur l'indemnisation des créanciers pour les frais encourus et devrait prévoir, notamment, que l'exclusion du droit à l'indemnisation pour les frais de recouvrement est présumée être un abus manifeste.

(13) En conséquence, il convient de prendre des dispositions limitant les délais de paiement fixés par contrat entre entreprises à soixante jours civils, en règle générale. Cependant, dans certaines circonstances, il est possible que des entreprises aient besoin de délais de paiement plus longs, par exemple si elles souhaitent accorder des crédits commerciaux à leurs clients. Il devrait donc demeurer possible, pour les parties contractantes, de convenir explicitement de délais de paiement supérieurs à soixante jours civils, pourvu toutefois que cette prolongation ne constitue pas un abus manifeste à l'égard du créancier.

(14) Dans un souci de cohérence de la législation de l'Union, il convient de rendre applicable, aux fins de la présente directive, la définition des "pouvoirs adjudicateurs" établie par la directive 2004/17/CE du Parlement européen et du Conseil du 31 mars 2004 portant coordination des procédures de passation des marchés dans les secteurs de l'eau, de l'énergie, des transports et des services postaux et par la directive 2004/18/CE du Parlement européen et du Conseil du 31 mars 2004 relative à la coordination des procédures de passation des marchés publics de travaux, de fournitures et de services.

(15) Il convient que les intérêts légaux exigibles en cas de retard de paiement soient calculés quotidiennement en tant qu'intérêts simples, conformément au règlement (CEE, Euratom) n° 1182/71 du Conseil du 3 juin 1971 portant détermination des règles applicables aux délais, aux dates et aux termes.

(16) La présente directive ne devrait pas obliger un créancier à exiger des intérêts pour retard de paiement. En cas de retard de paiement, elle devrait permettre au créancier de facturer des intérêts pour retard de paiement sans donner aucune notification préalable de non-paiement ni aucune autre notification similaire au débiteur pour lui rappeler son obligation de payer.

(17) Le paiement d'un débiteur devrait être considéré comme en retard, aux fins de l'exigibilité d'intérêts pour retard de paiement, si le créancier ne dispose pas de la somme due à la date convenue, alors qu'il a rempli ses obligations contractuelles et légales.

(18) Les factures valent demandes de paiement et sont des documents importants dans la chaîne des transactions pour la fourniture de marchandises et la prestation de services, notamment lorsqu'il s'agit de déterminer les échéances de paiement. Il convient, aux fins de la présente directive, que les États membres encouragent des systèmes apportant une sécurité juridique au sujet de la date exacte de réception des factures par les débiteurs, notamment en cas de facturation en ligne, où la réception des factures pourrait produire une preuve électronique, qui est en partie régie par les dispositions sur la facturation figurant dans la directive 2006/112/CE du Conseil du 28 novembre 2006 relative au système commun de taxe sur la valeur ajoutée.

(19) Il est nécessaire de prévoir une indemnisation équitable des créanciers pour les frais de recouvrement exposés en cas de retard de paiement de manière à décourager lesdits retards de paiement. Les frais de recouvrement devraient également inclure la récupération des coûts administratifs et l'indemnisation pour les coûts internes encourus du fait de retards de paiement, pour lesquels la présente directive devrait fixer un montant forfaitaire minimal susceptible d'être cumulé aux intérêts pour retard de paiement. L'indemnisation par un montant forfaitaire devrait tendre à limiter les coûts administratifs et internes liés au recouvrement. L'indemnisation pour les frais de recouvrement devrait être déterminée sans préjudice des dispositions nationales en vertu desquelles une juridiction nationale peut accorder au créancier une indemnisation pour des dommages et intérêts supplémentaires en raison du retard de paiement du débiteur.

(20) Outre le droit au paiement d'un montant forfaitaire pour les frais internes de recouvrement, le créancier devrait également avoir droit au remboursement des autres frais de recouvrement encourus du fait du retard de paiement du débiteur. Ces frais devraient inclure, en particulier, les frais exposés par le créancier pour faire appel à un avocat ou à une société de recouvrement de créances.

(21) La présente directive devrait s'entendre sans préjudice du droit des États membres de prévoir des montants forfaitaires pour l'indemnisation des frais de recouvrement qui sont supérieurs à ce montant, et donc plus favorables au créancier, ni de les augmenter, notamment pour tenir compte de l'inflation.

(22) La présente directive ne devrait pas empêcher les paiements par tranches ou échelonnés. Cependant, il convient que chaque tranche ou versement soit réglé selon les termes convenus et reste soumis aux dispositions de la présente directive concernant le retard de paiement.

(23) En règle générale, les pouvoirs publics bénéficient de flux de recettes plus sûrs, prévisibles et continus que les entreprises. Par ailleurs, bon nombre de pouvoirs publics peuvent obtenir des financements à des conditions plus intéressantes que les entreprises. Dans le même temps, les pouvoirs publics sont moins tributaires de relations commerciales stables pour réaliser leurs objectifs que les entreprises. De longs délais de paiement ou des retards de paiements par les pouvoirs publics pour des marchandises ou des services entraînent des coûts injustifiés pour les entreprises. Il convient dès lors de prévoir des dispositions particulières en matière de transactions commerciales pour la fourniture de marchandises ou la prestation de services par des entreprise à des pouvoirs publics, qui devraient prévoir, notamment, des délais de paiement n'excédant normalement pas trente jours civils, à moins qu'il ne soit expressément stipulé autrement par contrat et pourvu que ce soit objectivement justifié par la nature particulière ou par certains éléments du contrat, et n'excédant, en aucun cas, soixante jours civils.

(24) Il convient toutefois de tenir compte de la situation particulière de pouvoirs publics exerçant des activités économiques à caractère industriel ou commercial consistant à offrir des marchandises ou des services sur le marché en qualité d'entreprise publique. Il y a lieu, à cette fin, d'autoriser les États membres à prolonger, sous certaines conditions, le délai légal de paiement jusqu'à un maximum de soixante jours civils.

(25) Dans une grande partie des États membres, les retards de paiement sont particulièrement inquiétants dans le secteur des services de santé. Les systèmes de soins de santé sont souvent obligés, en tant qu'élément fondamental de l'infrastructure sociale en Europe, de concilier besoins des individus et ressources financières disponibles, tandis que la population européenne vieillit, que les attentes grandissent et que la médecine progresse. Tous les systèmes sont confrontés à la nécessité de fixer des priorités parmi les soins de santé, de

manière à établir un équilibre entre les besoins des patients individuels et les ressources financières disponibles. Il convient dès lors que les États membres aient la possibilité d'accorder aux entités publiques dispensant des soins de santé une certaine souplesse lorsqu'elles accomplissent leurs obligations. Il y a lieu, à cette fin, d'autoriser les États membres à prolonger, sous certaines conditions, le délai légal de paiement jusqu'à un maximum de soixante jours civils. Toutefois, les États membres devraient faire tout leur possible pour veiller à ce que les paiements dans le secteur des soins de santé soient effectués dans les délais légaux de paiement.

(26) Il convient, pour ne pas compromettre la réalisation de l'objectif de la présente directive que les États membres veillent à ce que, lors des transactions commerciales, la durée maximale de la procédure d'acceptation ou de vérification n'excède pas, en règle générale, trente jours civils. Il devrait néanmoins être possible qu'une procédure de vérification excède trente jours civils, par exemple dans le cas de contrats particulièrement complexes, lorsque le contrat et le dossier d'appel d'offres le prévoient expressément, et si cela ne constitue pas un abus manifeste à l'égard du créancier.

(27) Les institutions de l'Union sont dans une situation similaire à celle des pouvoirs publics des États membres en ce qui concerne leur financement et leurs relations commerciales. Le règlement (CE, Euratom) n° 1605/2002 du Conseil du 25 juin 2002 portant règlement financier applicable au budget général des Communautés européennes prévoit que les opérations de liquidation, d'ordonnancement et de paiement des dépenses par les institutions de l'Union doivent être accomplies dans les délais fixés par les modalités d'exécution dudit règlement. Ces modalités d'exécution sont actuellement fixées par le règlement (CE, Euratom) n° 2342/2002 de la Commission du 23 décembre 2002 établissant les modalités d'exécution du règlement (CE, Euratom) n° 1605/2002 du Conseil portant règlement financier applicable au budget général des Communautés européennes et prévoient les circonstances dans lesquelles les créanciers payés avec retard ont le droit de percevoir des intérêts de retard. Il convient de veiller, dans le contexte de révision continue desdits règlements, à ce que les délais maximaux de paiement pour les institutions de l'Union soient alignés avec les délais légaux applicables aux pouvoirs publics en vertu de la présente directive.

(28) Il y a lieu que la présente directive interdise l'abus de la liberté contractuelle au détriment du créancier. En conséquence, lorsqu'une clause d'un contrat ou une pratique concernant la date ou le délai de paiement, le taux de l'intérêt pour retard de paiement ou l'indemnisation pour les frais de recouvrement ne se justifie pas au vu des conditions dont le débiteur bénéficie, ou qu'elle vise principalement à procurer au débiteur des liquidités supplémentaires aux dépens du créancier, elle peut être considérée comme constituant un tel abus. A cette fin, et conformément au projet universitaire de cadre commun de référence, toute clause contractuelle ou pratique qui s'écarte manifestement des bonnes pratiques commerciales et qui est contraire à la bonne foi et à la loyauté devrait être considérée comme abusive à l'égard du créancier. En particulier, l'exclusion de principe du droit d'exiger des intérêts devrait toujours être considérée comme un abus manifeste, tandis que l'exclusion du droit à l'indemnisation pour les frais de recouvrement devrait être présumée constituer un tel abus. La présente directive ne devrait pas affecter les dispositions nationales relatives aux modes de conclusion des contrats ou réglementant la validité des clauses contractuelles abusives à l'égard du débiteur.

(29) Dans le cadre d'efforts redoublés pour prévenir les abus de la liberté contractuelle aux dépens des créanciers, il y a lieu de donner aux organisations officiellement reconnues comme représentant les entreprises, ou ayant un intérêt légitime à les représenter, la faculté de saisir les juridictions ou les instances administratives nationales pour mettre fin à l'utilisation de clauses contractuelles ou de pratiques manifestement abusives à l'égard du créancier.

(30) Les États membres, afin de contribuer à la réalisation de l'objectif de la présente directive, devraient favoriser la diffusion des bonnes pratiques, notamment en encourageant la publication d'une liste de payeurs rapides.

(31) Il est souhaitable de s'assurer que les créanciers puissent faire usage d'une clause de réserve de propriété sur une base non discriminatoire dans l'ensemble de l'Union, si la clause de réserve de propriété est valable aux termes des dispositions nationales applicables en vertu du droit international privé.

(32) La présente directive définit uniquement la notion de "titre exécutoire" et ne devrait pas réglementer les différentes procédures d'exécution forcée d'un tel titre ni fixer les conditions dans lesquelles l'exécution forcée de ce titre peut être arrêtée ou suspendue.

(33) Les conséquences d'un retard de paiement ne peuvent être dissuasives que si elles sont assorties de procédures de recours rapides et efficaces pour le créancier. Conformément au principe de non-discrimination figurant à l'article 18 du traité sur le fonctionnement de l'Union européenne, de telles procédures devraient être accessibles à tous les créanciers qui sont établis dans l'Union.

(34) Afin de faciliter le respect des dispositions de la présente directive, les États membres devraient encourager le recours à la médiation ou à d'autres moyens alternatifs de règlement des différends. La directive 2008/52/CE du Parlement européen et du Conseil du 21 mai 2008 sur certains aspects de la médiation en matière civile et commerciale instaure déjà un cadre pour les systèmes de médiation au niveau de l'Union, en particulier pour les litiges transfrontaliers, sans préjudice de son application aux systèmes internes de médiation. Les États membres devraient également encourager les parties intéressées à établir des codes de conduite non contraignants visant notamment à contribuer à la mise en œuvre de la présente directive.

(35) Il est nécessaire de veiller à ce que les procédures de recouvrement pour des dettes non contestées liées à des retards de paiement dans les transactions commerciales soient menées à bien dans un bref délai, y compris au moyen d'une procédure accélérée et quel que soit le montant de la dette.

(36) Étant donné que l'objectif de la présente directive, à savoir la lutte contre le retard de paiement dans le marché intérieur, ne peut pas être réalisé de manière suffisante par les États membres et peut donc, en raison de sa dimension et de ses effets, être mieux réalisé au niveau de l'Union, celle-ci peut prendre des mesures conformément au principe de subsidiarité consacré à l'article 5 du traité sur l'Union européenne. Conformément au principe de proportionnalité tel qu'énoncé audit article, la présente directive n'excède pas ce qui est nécessaire pour atteindre cet objectif.

(37) L'obligation de transposer la présente directive en droit national devrait être limitée aux dispositions qui constituent une modification de fond par rapport à la directive 2000/35/CE. L'obligation de transposer les dispositions inchangées résulte de ladite directive.

(38) La présente directive ne devrait pas porter atteinte aux obligations des États membres concernant les délais de transposition en droit national et d'application de la directive 2000/35/CE.

(39) Conformément au point 34 de l'accord interinstitutionnel "Mieux légiférer", les États membres sont encouragés à établir, pour eux-mêmes et dans l'intérêt de l'Union, leurs propres tableaux, qui illustrent, dans la mesure du possible, la concordance entre la présente directive et les mesures de transposition et à les rendre publics,

Art. 1er *Objet et champ d'application.*

1. Le but de la présente directive est la lutte contre le retard de paiement dans les transactions commerciales, afin d'assurer le bon fonctionnement du marché intérieur, en améliorant ainsi la compétitivité des entreprises et en particulier des PME.

2. La présente directive s'applique à tous les paiements effectués en rémunération de transactions commerciales.

3. Les États membres peuvent exclure les créances qui sont soumises à une procédure d'insolvabilité à l'encontre du débiteur, y compris les procédures tendant à une restructuration de la dette.

Art. 2 *Définitions.*

Aux fins de la présente directive, on entend par :

1) "transactions commerciales", toute transaction entre des entreprises ou entre des entreprises et les pouvoirs publics qui conduit à la fourniture de marchandises ou à la prestation de services contre rémunération ;

2) "pouvoir public", tout pouvoir adjudicateur, tel que défini à l'article 2, paragraphe 1, point a), de la directive 2004/17/CE et à l'article 1er, paragraphe 9, de la directive 2004/18/CE, indépendamment de l'objet ou de la valeur du contrat ;

3) "entreprise", toute organisation, autre que les pouvoirs publics, agissant dans l'exercice d'une activité économique ou professionnelle indépendante, même lorsque cette activité n'est exercée que par une seule personne ;

4) "retard de paiement", tout paiement non effectué dans le délai de paiement contractuel ou légal et lorsque les conditions spécifiées à l'article 3, paragraphe 1, ou à l'article 4, paragraphe 1, sont remplies ;

5) "intérêts pour retard de paiement", les intérêts légaux pour retard de paiement ou les intérêts à un certain taux convenu par les entreprises concernées, soumis à l'article 7 ;

6) "intérêts légaux pour retard de paiement", les intérêts simples pour retard de paiement, dont le taux est égal à la somme du taux de référence et de huit points de pourcentage au moins ;

7) "taux de référence", l'un des taux suivants :

a) pour un État membre qui a l'euro pour devise :

i) le taux d'intérêt appliqué par la Banque centrale européenne à ses opérations principales de refinancement les plus récentes ; ou

ii) le taux d'intérêt marginal résultant de procédures d'appel d'offres à taux variable pour les opérations principales de refinancement les plus récentes de la Banque centrale européenne ;

b) pour un État membre qui n'a pas l'euro pour devise, le taux directeur équivalent fixé par sa banque centrale nationale ;

8) "montant dû", le montant principal, qui aurait dû être payé dans le délai de paiement contractuel ou légal, y compris les taxes, droits, redevances ou charges applicables figurant sur la facture ou la demande de paiement équivalente ;

9) "réserve de propriété", la convention contractuelle selon laquelle le vendeur se réserve la propriété des biens jusqu'au paiement intégral ;

10) "titre exécutoire", tout(e) décision, jugement, arrêt, ordonnance ou injonction de payer prononcé(e) par un tribunal ou une autre autorité compétente, y compris les titres exécutoires par provision, que le paiement soit immédiat ou échelonné, qui permet au créancier de recouvrer sa créance auprès du débiteur par procédure d'exécution forcée.

Art. 3 *Transactions entre entreprises.*

1. Les États membres veillent à ce que, dans les transactions commerciales entre entreprises, le créancier soit en droit de réclamer des intérêts pour retard de paiement sans qu'un rappel soit nécessaire quand les conditions suivantes sont remplies :

a) le créancier a rempli ses obligations contractuelles et légales ; et

b) le créancier n'a pas reçu le montant dû à l'échéance, sauf si le débiteur n'est pas responsable du retard.

2. Les États membres veillent à ce que le taux de référence applicable soit :

a) pour le premier semestre de l'année concernée, le taux en vigueur au 1er janvier de l'année en question ;

b) pour le second semestre de l'année concernée, le taux en vigueur au 1er juillet de l'année en question.

3. Lorsque les conditions spécifiées au paragraphe 1 sont remplies, les États membres veillent à ce que :

a) le créditeur ait droit à des intérêts pour retard de paiement le jour suivant la date de paiement ou la fin du délai de paiement fixé dans le contrat ;

b) lorsque la date ou le délai de paiement n'est pas fixé dans le contrat, le créditeur ait droit à des intérêts pour retard de paiement dès l'expiration de l'un des délais suivants :

i) trente jours civils après la date de réception, par le débiteur, de la facture ou d'une demande de paiement équivalente ;

ii) lorsque la date de réception de la facture ou d'une demande de paiement équivalente est incertaine, trente jours civils après la date de réception des marchandises ou de prestation des services ;

iii) lorsque le débiteur reçoit la facture ou la demande de paiement équivalente avant les marchandises ou les services, trente jours civils après la date de réception des marchandises ou de prestation des services ;

iv) lorsqu'une procédure d'acceptation ou de vérification, permettant de certifier la conformité des marchandises ou des services avec le contrat, est prévue par la loi ou dans le contrat, et si le débiteur reçoit la facture ou la demande de paiement équivalente plus tôt ou à la date de l'acceptation ou de la vérification, trente jours civils après cette date.

4. Lorsqu'une procédure d'acceptation ou de vérification, permettant de certifier la conformité des marchandises ou des services avec le contrat, est prévue, les États membres veillent à ce que la durée maximale de ladite procédure n'excède pas trente jours civils après la date de *réception des marchandises* ou de prestation des services, à moins qu'il ne soit expressément stipulé autrement par contrat et pourvu que cela ne constitue pas un abus manifeste à l'égard du créancier au sens de l'article 7.

5. Les États membres veillent à ce que le délai de paiement fixé dans le contrat n'excède pas soixante jours civils, à moins qu'il ne soit expressément stipulé autrement par contrat et pourvu que cela ne constitue pas un abus manifeste à l'égard du créancier au sens de l'article 7.

Art. 4 *Transactions entre entreprises et pouvoirs publics.*

1. Les États membres veillent à ce que, dans des transactions commerciales où le débiteur est un pouvoir public, le créancier soit en droit d'obtenir, à l'expiration du délai fixé aux paragraphes 3, 4 et 6, les intérêts légaux pour retard de paiement, sans qu'un rappel soit nécessaire, quand les conditions suivantes sont remplies :

a) le créancier a rempli ses obligations contractuelles et légales ; et

b) le créancier n'a pas reçu le montant dû à l'échéance, sauf si le débiteur n'est pas responsable du retard.

2. Les États membres veillent à ce que le taux de référence applicable soit :

a) pour le premier semestre de l'année concernée, le taux en vigueur au 1er janvier de l'année en question ;

b) pour le second semestre de l'année concernée, le taux en vigueur au 1er juillet de l'année en question.

3. Les États membres veillent, dans des transactions commerciales où le débiteur est un pouvoir public, à ce que :

a) le délai de paiement n'excède pas les durées suivantes :

i) trente jours civils après la date de réception, par le débiteur, de la facture ou d'une demande de paiement équivalente ;

ii) lorsque la date de réception de la facture ou d'une demande de paiement équivalente est incertaine, trente jours civils après la date de réception des marchandises ou de prestation des services ;

iii) lorsque le débiteur reçoit la facture ou la demande de paiement équivalente avant les marchandises ou les services, trente jours civils après la date de réception des marchandises ou de prestation des services ;

iv) lorsqu'une procédure d'acceptation ou de vérification, permettant de certifier la conformité des marchandises ou des services avec le contrat, est prévue par la loi ou dans le contrat, et si le débiteur reçoit la facture ou la demande de paiement équivalente plus tôt ou à la date de l'acceptation ou de la vérification, trente jours civils après cette date ;

b) la date de réception de la facture ne fasse pas l'objet d'un accord contractuel entre le débiteur et le créancier.

4. Les États membres ont la faculté de prolonger les délais visés au paragraphe 3, point a), jusqu'à un maximum de soixante jours civils :

a) pour tout pouvoir public qui exerce des activités économiques à caractère industriel ou commercial consistant à offrir des marchandises et des services sur le marché et soumis, en tant qu'entreprise publique, aux exigences de transparence établies par la directive 2006/111/CE de la Commission du 16 novembre 2006 relative à la transparence des relations financières entre les États membres et les entreprises publiques ainsi qu'à la transparence financière dans certaines entreprises ;

b) pour les entités publiques dispensant des soins de santé, dûment reconnues à cette fin.

S'il décide de prolonger les délais en vertu du présent paragraphe, un État membre a l'obligation de transmettre à la Commission un rapport sur cette prolongation au plus tard le 16 mars 2018.

Sur cette base, la Commission présente un rapport au Parlement européen et au Conseil indiquant quels États membres ont prolongé les délais en vertu du présent paragraphe et prenant en compte les conséquences sur le fonctionnement du marché intérieur, en particulier pour les PME. Ce rapport est accompagné de toute proposition appropriée.

5. Les États membres veillent à ce que la durée maximale de la procédure d'acceptation ou de vérification visée au paragraphe 3, point a) iv), n'excède pas trente jours civils depuis la date de réception des marchandises ou de prestation des services, à moins qu'il ne soit expressément stipulé autrement par contrat et dans l'éventuel dossier d'appel d'offres et pourvu que cela ne constitue pas un abus manifeste à l'égard du créancier au sens de l'article 7.

6. Les États membres veillent à ce que le délai de paiement fixé dans le contrat n'excède pas les délais prévus au paragraphe 3, à moins qu'il ne soit expressément stipulé autrement par contrat et pourvu que ce soit objectivement justifié par la nature particulière ou par certains éléments du contrat et que le délai n'excède en aucun cas soixante jours civils.

Art. 5 *Échéanciers.*

La présente directive ne préjuge pas de la faculté, pour les parties, de convenir entre elles, sous réserve des dispositions pertinentes applicables du droit national, d'un échéancier fixant les montants à payer par tranches. En ce cas, si un paiement n'est pas réglé à l'échéance, les intérêts et l'indemnisation prévus par la présente directive sont calculés sur la base des seuls montants exigibles.

Art. 6 *Indemnisation pour les frais de recouvrement.*

1. Les États membres veillent à ce que, lorsque des intérêts pour retard de paiement sont exigibles dans des transactions commerciales conformément à l'article 3 ou à l'article 4, le créancier soit en droit d'obtenir du débiteur, comme minimum, le paiement d'un montant forfaitaire de 40 euros.

2. Les États membres veillent à ce que le montant forfaitaire visé au paragraphe 1 soit exigible sans qu'un rappel soit nécessaire et vise à indemniser le créancier pour les frais de recouvrement qu'il a encourus.

3. Le créancier est en droit de réclamer au débiteur, outre le montant forfaitaire visé au paragraphe 1, une indemnisation raisonnable pour tous les autres frais de recouvrement venant en sus dudit montant forfaitaire et encourus par suite d'un retard de paiement du débiteur. Ces frais peuvent comprendre, notamment, les dépenses engagées pour faire appel à un avocat ou à une société de recouvrement de créances.

Il résulte tant du libellé de l'art. 6 de la Dir. 2011/7/UE que de la finalité de cette directive que cette disposition doit être interprétée comme permettant à un créancier réclamant le remboursement des frais résultant des rappels adressés au débiteur en raison du retard de paiement de ce dernier d'obtenir, outre la somme forfaitaire de 40 euros, une indemnisation raisonnable de la partie de ces frais dont le montant dépasse cette somme forfaitaire. • CJUE 13 sept. 2018, *Ceska pojist'ovna a.s.*, n° C-287/17.

Art. 7 *Clauses contractuelles et pratiques abusives.*

1. Les États membres prévoient qu'une clause contractuelle ou une pratique relative à la date ou au délai de paiement, au taux d'intérêt pour retard de paiement ou à l'indemnisation pour les frais de recouvrement, ne soit pas applicable, ou donne lieu à une action en réparation du dommage lorsqu'elle constitue un abus manifeste à l'égard du créancier.

Pour déterminer si une clause contractuelle ou une pratique constitue un abus manifeste à l'égard du créancier, au sens du premier alinéa, tous les éléments de l'espèce sont pris en considération, y compris :

a) tout écart manifeste par rapport aux bonnes pratiques et usages commerciaux, contraire à la bonne foi et à un usage loyal ;

b) la nature du produit ou du service ; et

c) si le débiteur a une quelconque raison objective de déroger au taux d'intérêt légal pour retard de paiement, aux délais de paiement visés à l'article 3, paragraphe 5, à l'article 4, paragraphe 3, point a), à l'article 4, paragraphe 4, et à l'article 4, paragraphe 6, ou au montant forfaitaire visé à l'article 6, paragraphe 1.

2. Aux fins de l'application du paragraphe 1, toute clause contractuelle ou pratique excluant le versement d'intérêts pour retard de paiement est considérée comme manifestement abusive.

3. Aux fins de l'application du paragraphe 1, une clause contractuelle ou une pratique excluant l'indemnisation pour les frais de recouvrement prévue à l'article 6 est présumée être manifestement abusive.

4. Les États membres veillent à ce que, dans l'intérêt des créanciers et des concurrents, il existe des moyens appropriés et efficaces pour mettre fin à l'utilisation de clauses contractuelles ou de pratiques qui sont manifestement abusives au sens du paragraphe 1.

5. Parmi les moyens mentionnés au paragraphe 4 figurent des dispositions permettant aux organisations officiellement reconnues comme représentant les entreprises, ou ayant un intérêt légitime à les représenter, de saisir, conformément aux législations nationales applicables, les juridictions ou les instances administratives compétentes, au motif que les clauses contractuelles ou les pratiques sont manifestement abusives, au sens du paragraphe 1, de sorte qu'elles puissent recourir à des moyens appropriés et efficaces pour mettre fin à leur utilisation.

Il résulte tant du libellé de l'art. 6 de la Dir. 2011/7/UE que de la finalité de cette Dir. que cette disposition doit être interprétée comme permettant à un créancier réclamant le remboursement des frais résultant des rappels adressés au débiteur en raison du retard de paiement de ce dernier, d'obtenir, outre la somme forfaitaire de 40 euros, une indemnisation raisonnable de la partie de ces frais dont le montant dépasse cette somme forfaitaire. • CJUE 13 sept. 2018, *Ceska pojist'ovna a.s.*, n° C-287/17.

Art. 8 *Transparence et sensibilisation.*

1. Les États membres garantissent la transparence en ce qui concerne les droits et les obligations découlant de la présente directive, notamment en publiant le taux applicable des intérêts légaux pour retard de paiement.

2. La Commission publie sur l'internet les informations relatives aux taux actuels des intérêts légaux qui s'appliquent dans tous les États membres en cas de retard de paiement lors de transactions commerciales.

3. Les États membres utilisent, le cas échéant, des publications professionnelles, des campagnes de promotion ou tout autre moyen fonctionnel d'accroître la sensibilisation aux remèdes contre le retard de paiement des entreprises.

4. Les États membres peuvent encourager l'établissement de codes de paiement rapide, qui mettent en place des échéances de paiement clairement définies et une procédure appropriée pour traiter tous les paiements faisant l'objet d'un litige, ou toute autre initiative affrontant la question cruciale du retard de paiement et contribuant à développer une culture de paiement rapide, à l'appui de l'objectif de la présente directive.

Art. 9 *Réserve de propriété.*

1. Les États membres prévoient, conformément aux dispositions nationales applicables en vertu du droit international privé, que le vendeur peut conserver la propriété des biens jusqu'au paiement intégral lorsqu'une clause de réserve de propriété a été explicitement conclue entre l'acheteur et le vendeur avant la livraison des biens.

2. Les États membres peuvent adopter ou conserver des dispositions relatives aux acomptes déjà versés par le débiteur.

Art. 10 *Procédures de recouvrement pour des créances non contestées.*

1. Les États membres veillent à ce qu'un titre exécutoire, quel que soit le montant de la dette, puisse être obtenu, y compris au moyen d'une procédure accélérée, normalement dans les quatre-vingt-dix jours civils après que le créancier a formé un recours ou introduit une demande auprès d'une juridiction ou d'une autre autorité compétente, lorsqu'il n'y a pas de contestation portant sur la dette ou des points de procédure. Les États membres s'acquittent de cette obligation en conformité avec leurs dispositions législatives, réglementaires et administratives nationales respectives.

2. Les dispositions législatives, réglementaires et administratives nationales s'appliquent dans les mêmes conditions à tous les créanciers qui sont établis dans l'Union.

3. Pour calculer le délai visé au paragraphe 1, il n'est pas tenu compte des périodes suivantes :

a) les délais requis pour la signification et la notification des documents ;

b) tout retard causé par le créancier, tel que les délais nécessaires à la rectification de demandes.

4. Le présent article s'applique sans préjudice des dispositions du règlement (CE) n° 1896/2006.

Art. 11 *Rapport.*

Au plus tard le 16 mars 2016, la Commission présente un rapport au Parlement européen et au Conseil concernant l'application de la présente directive. Ce rapport est accompagné de toute proposition appropriée.

Art. 12 *Transposition.*

1. Les États membres mettent en vigueur les dispositions législatives, réglementaires et administratives nécessaires pour se conformer aux articles 1er à 8 et à l'article 10 au plus tard le 16 mars 2013. Ils communiquent immédiatement à la Commission le texte de ces dispositions.

Lorsque les États membres adoptent ces dispositions, celles-ci contiennent une référence à la présente directive ou sont accompagnées d'une telle référence lors de leur publication officielle. Elles contiennent également une mention précisant que les références faites, dans les dispositions législatives, réglementaires et administratives en vigueur, à la directive abrogée s'entendent comme faites à la présente directive. Les modalités de cette référence et la formulation de cette mention sont arrêtées par les États membres.

2. Les États membres communiquent à la Commission le texte des dispositions essentielles de droit interne qu'ils adoptent dans le domaine régi par la présente directive.

3. Les États membres peuvent maintenir ou adopter des dispositions plus favorables au créancier que celles nécessaires pour se conformer à la présente directive.

4. Lors de la transposition de la présente directive, les États membres décident s'ils veulent exclure les contrats conclus avant le 16 mars 2013.

Art. 13 *Abrogation.*

La directive 2000/35/CE est abrogée avec effet au 16 mars 2013, sans préjudice des obligations des États membres en ce qui concerne les délais de transposition en droit national et d'application. Cependant, elle reste applicable aux contrats conclus avant cette date auxquels la présente directive ne s'applique pas en vertu de l'article 12, paragraphe 4.

Les références faites à la directive abrogée s'entendent comme faites à la présente directive et sont à lire selon le tableau de correspondance figurant à l'annexe.

Art. 14 *Entrée en vigueur.*

La présente directive entre en vigueur le vingtième jour suivant celui de sa publication au *Journal officiel de l'Union européenne [JOUE L 48 du 23 févr. 2011].*

Code de commerce

Art. L. 441-6 Tout manquement aux dispositions des articles L. 441-3 à L. 441-5 est passible d'une amende administrative dont le montant ne peut excéder 75 000 € pour une personne physique et 375 000 € pour une personne morale.

Le maximum de l'amende encourue est porté à 150 000 € pour une personne physique et 750 000 € pour une personne morale en cas de réitération du manquement dans un délai de deux ans à compter de la date à laquelle la première décision de sanction est devenue définitive. — *Comp. anc. art. L. 441-7-II et L. 441-7-1-III.*

....

Art. L. 450-1 *(Ord. n° 2008-1161 du 13 nov. 2008, art. 1er)* I. — Les agents des services d'instruction de l'Autorité de la concurrence habilités à cet effet par le rapporteur général peuvent procéder à toute enquête nécessaire à l'application des dispositions des titres II et III du présent livre. — *V. art. A. 450-1*

(L. n° 2014-344 du 17 mars 2014, art. 108) « Ils peuvent également, pour l'application du titre VI du présent livre, mettre en œuvre les pouvoirs d'enquête définis à l'article L. 450-3. »

(Ord. n° 2021-649 du 26 mai 2021, art. 2) « Dans le cas où des investigations sont menées au nom ou pour le compte d'une autorité de concurrence d'un autre État membre, en application du 1 de l'article 22 du règlement (CE) n° 1/2003 du Conseil relatif à la mise en œuvre des règles de concurrence prévues aux articles 101 et 102 du traité sur le fonctionnement de l'Union européenne, le rapporteur général de l'Autorité de la concurrence autorise des agents de l'autorité de concurrence de l'autre État membre à assister activement les agents mentionnés à l'alinéa précédent dans leurs investigations, sous la surveillance de ces derniers *[ancienne rédaction : Dans le cas où des investigations sont menées au nom ou pour le compte d'une autorité de concurrence d'un autre État membre, en application du 1 de l'article 22 du règlement n° 1/2003 du Conseil relatif à la mise en œuvre des règles de concurrence prévues aux articles 81 et 82 du traité instituant la Communauté européenne [art. 101 et 102 TFUE], le rapporteur général de l'Autorité de la concurrence peut autoriser des agents de l'autorité de concurrence de l'autre État membre à assister les agents mentionnés à l'alinéa précédent dans leurs investigations].* »

Les modalités de cette assistance sont fixées par décret en Conseil d'État. — *V. art. R. 450-1.*

II. — Des fonctionnaires habilités à cet effet par le ministre chargé de l'économie peuvent procéder aux enquêtes nécessaires à l'application des dispositions du présent livre.

(L. n° 2014-344 du 17 mars 2014, art. 108) « II *bis*. — Des fonctionnaires de catégorie A spécialement habilités à cet effet par le ministre de la justice, sur la proposition, selon le cas, du ministre chargé de l'économie ou du rapporteur général de l'Autorité de la concurrence, peuvent recevoir des juges d'instruction des commissions rogatoires. »

III. — Les agents mentionnés aux I et II peuvent exercer les pouvoirs qu'ils tiennent du présent article et des articles suivants sur l'ensemble du territoire national.

La validité des actes de poursuite, d'instruction et de sanction accomplis antérieurement à la première réunion de l'Autorité de la concurrence est appréciée au regard des textes en vigueur à la date à laquelle ils ont été pris ou accomplis (Ord. n° 2008-1161 du 13 nov. 2008, art. 5-II).

Art. L. 450-2 Les enquêtes donnent lieu à l'établissement de procès-verbaux et, le cas échéant, de rapports. — *V. art. R. 450-1.*

Les procès-verbaux sont transmis à l'autorité compétente. *(L. n° 2014-344 du 17 mars 2014, art. 111)* « *Copie en est transmise* aux personnes intéressées. » Ils font foi jusqu'à preuve contraire. — *[Ord. n° 86-1243 du 1er déc. 1986, art. 46.]*

Art. L. 450-2-1 *(L. n° 2020-1525 du 7 déc. 2020, art. 128)* Les actes établis par les agents mentionnés à l'article L. 450-1 peuvent être établis ou convertis sous format numérique et peuvent être intégralement conservés sous cette forme, dans des conditions sécurisées, sans nécessité d'un support papier.

Lorsque ces actes sont établis sous format numérique et que les dispositions du présent code exigent qu'ils soient signés, ils font l'objet, quel qu'en soit le nombre de pages et pour chaque signataire, d'une signature unique sous forme numérique, selon des modalités techniques qui garantissent que l'acte ne peut plus ensuite être modifié.

La liste des actes concernés ainsi que les modalités de cette signature et les personnes qui peuvent y recourir sont précisées par décret en Conseil d'État.

Art. L. 450-3 *(L. nº 2014-344 du 17 mars 2014, art. 112-I)* Les agents mentionnés à l'article L. 450-1 peuvent opérer sur la voie publique, pénétrer entre 8 heures et 20 heures dans tous lieux utilisés à des fins professionnelles et dans les lieux d'exécution d'une prestation de services, ainsi qu'accéder à tous moyens de transport à usage professionnel.

Ils peuvent également pénétrer en dehors de ces heures dans ces mêmes lieux lorsque ceux-ci sont ouverts au public ou lorsqu'à l'intérieur de ceux-ci sont en cours des activités de production, de fabrication, de transformation, de conditionnement, de transport ou de commercialisation.

Lorsque ces lieux sont également à usage d'habitation, les contrôles ne peuvent être effectués qu'entre 8 heures et 20 heures et avec l'autorisation du juge des libertés et de la détention du *(Ord. nº 2019-964 du 18 sept. 2019, art. 35, en vigueur le 1er janv. 2020)* « tribunal judiciaire » dans le ressort duquel sont situés ces lieux, si l'occupant s'y oppose.

(L. nº 2015-990 du 6 août 2015, art. 216-1º) « Les agents peuvent exiger la communication et obtenir ou prendre copie, par tout moyen et sur tout support, des livres, factures et autres documents professionnels de toute nature, *(Ord. nº 2021-649 du 26 mai 2021, art. 2)* « et, le cas échéant, de leurs moyens de déchiffrement, susceptibles d'être détenus ou d'être accessibles ou disponibles, » entre quelques mains qu'ils se trouvent, propres à faciliter l'accomplissement de leur mission. Ils peuvent exiger la mise à leur disposition des moyens indispensables pour effectuer leurs vérifications. Ils peuvent également recueillir, sur place ou sur convocation, tout renseignement, document ou toute justification nécessaire au contrôle. »

Pour le contrôle des opérations faisant appel à l'informatique, ils ont accès aux logiciels et aux données stockées ainsi qu'à la restitution en clair des informations propres à faciliter l'accomplissement de leurs missions. Ils peuvent en demander la transcription par tout traitement approprié des documents directement utilisables pour les besoins du contrôle.

....

Art. L. 450-4 *(Ord. nº 2008-1161 du 13 nov. 2008, art. 1er)* « Les agents mentionnés à l'article L. 450-1 » *(Ord. nº 2004-1173 du 4 nov. 2004, art. 3)* « ne peuvent procéder aux visites en tous lieux ainsi qu'à la saisie de documents et de tout support d'information *(Ord. nº 2021-649 du 26 mai 2021, art. 2)* « et, le cas échéant, de leurs moyens de déchiffrement, susceptibles d'être détenus ou d'être accessibles ou disponibles » que dans le cadre d'enquêtes demandées par la Commission européenne, le ministre chargé de l'économie ou le rapporteur général de l'Autorité de la concurrence sur proposition du rapporteur, sur autorisation judiciaire donnée par ordonnance du juge des libertés et de la détention du *(Ord. nº 2019-964 du 18 sept. 2019, art. 35, en vigueur le 1er janv. 2020)* « tribunal judiciaire » dans le ressort duquel sont situés les lieux à visiter. Ils peuvent également, dans les mêmes conditions, procéder à la pose de scellés sur tous locaux commerciaux, documents et supports d'information dans la limite de la durée de la visite de ces locaux. » Lorsque ces lieux sont situés dans le ressort de plusieurs juridictions et qu'une action simultanée doit être menée dans chacun d'eux, une ordonnance unique peut être délivrée par l'un des *(Ord. nº 2008-1161 du 13 nov. 2008, art. 1er)* « juges des libertés et de la détention » compétents. — *V. art. A. 450-2.*

(L. nº 2001-420 du 15 mai 2001) « Le juge *(L. nº 2020-1508 du 3 déc. 2020, art. 37)* « vérifie » que la demande d'autorisation qui lui est soumise est fondée ; cette demande doit comporter tous les éléments d'information en possession du demandeur de nature à justifier la visite. Lorsque la visite vise à permettre la constatation d'infractions aux dispositions du livre IV du présent code en train de se commettre, la demande d'autorisation peut ne comporter que les indices permettant de présumer, en l'espèce, l'existence des pratiques dont la preuve est recherchée. »

La visite et la saisie s'effectuent sous l'autorité et le contrôle du juge qui les a autorisées. *(L. nº 2020-1508 du 3 déc. 2020, art. 37)* « Celui-ci désigne le ou les chefs de service territorialement compétents, lesquels nomment autant d'officiers de police judiciaire que de lieux visités. Les officiers de police judiciaire sont chargés, chacun en ce qui les concerne, d'assister à ces opérations, d'y apporter leur concours en procédant, le cas échéant, aux réquisitions nécessaires et de tenir le juge informé du déroulement de ces opérations. Le juge ayant autorisé les opérations de visite et de saisie peut, pour en exercer le contrôle, délivrer une commission rogatoire au juge des libertés et de la détention dans le ressort duquel s'effectue la visite ».

Le juge peut se rendre dans les locaux pendant l'intervention. A tout moment, il peut décider la suspension ou l'arrêt de la visite.

(L. n° 2001-420 du 15 mai 2001) « L'ordonnance est notifiée verbalement et sur place au moment de la visite à l'occupant des lieux ou à son représentant qui en reçoit copie intégrale contre récépissé ou émargement au procès-verbal. » *(Ord. n° 2008-1161 du 13 nov. 2008, art. 1er)* « L'ordonnance comporte la mention de la faculté pour l'occupant des lieux ou son représentant de faire appel à un conseil de son choix. L'exercice de cette faculté n'entraîne pas la suspension des opérations de visite et saisie. En l'absence de l'occupant des lieux, l'ordonnance est notifiée après les opérations par lettre recommandée avec avis de réception. Il en va de même lorsqu'il n'est pas procédé à la visite dans un des lieux visés par l'ordonnance. » *(L. n° 2001-420 du 15 mai 2001)* « La notification est réputée faite à la date de réception figurant sur l'avis. »

(Ord. n° 2021-649 du 26 mai 2021, art. 2) « L'ordonnance par laquelle le juge des libertés et de la détention statue sur la demande d'autorisation mentionnée au premier alinéa peut faire l'objet d'un appel devant le premier président de la cour d'appel dans le ressort de laquelle le juge a autorisé ou refusé la mesure, suivant les règles prévues par le code de procédure pénale. Le ministère public peut interjeter appel, ainsi que la personne à l'encontre de laquelle a été ordonnée cette mesure. L'Autorité de la concurrence ou le ministre chargé de l'économie peut interjeter appel contre une ordonnance de refus d'autorisation. L'appel est formé par déclaration au greffe du tribunal judiciaire dans un délai de dix jours à compter de la notification de l'ordonnance. Il n'est pas suspensif. En cas d'appel formé à l'encontre d'une ordonnance d'autorisation, le ministre chargé de l'économie ou l'Autorité de la concurrence, selon le cas, est partie à cette procédure. Les parties à la procédure devant le premier président de la cour d'appel peuvent former un pourvoi en cassation à l'encontre de l'ordonnance rendue à son issue selon les règles prévues par le code de procédure pénale. Les pièces saisies sont conservées jusqu'à ce qu'une décision soit devenue définitive *[ancienne rédaction : L'ordonnance mentionnée au premier alinéa peut faire l'objet d'un appel devant le premier président de la cour d'appel dans le ressort de laquelle le juge a autorisé la mesure, suivant les règles prévues par le code de procédure pénale. Le ministère public et la personne à l'encontre de laquelle a été ordonnée cette mesure peuvent interjeter appel. Cet appel est formé par déclaration au greffe du tribunal judiciaire dans un délai de dix jours à compter de la notification de l'ordonnance. L'appel n'est pas suspensif. L'ordonnance du premier président de la cour d'appel est susceptible d'un pourvoi en cassation selon les règles prévues par le code de procédure pénale. Les pièces saisies sont conservées jusqu'à ce qu'une décision soit devenue définitive]*. »

La visite, qui ne peut commencer avant six heures ou après vingt et une heures, est effectuée en présence de l'occupant des lieux ou de son représentant. *(Ord. n° 2008-1161 du 13 nov. 2008, art. 1er)* « L'occupant des lieux peut désigner un ou plusieurs représentants pour assister à la visite et signer le procès-verbal. » *(L. n° 2001-420 du 15 mai 2001)* « En cas d'impossibilité, l'officier de police judiciaire requiert deux témoins choisis en dehors des personnes relevant de son autorité, de celle de l'administration de la direction générale de la concurrence de la consommation et de la répression des fraudes ou de celle de l'Autorité de la concurrence. »

(Ord. n° 2008-1161 du 13 nov. 2008, art. 1er) « Les agents mentionnés à l'article L. 450-1 » *(Ord. n° 2004-1173 du 4 nov. 2004, art. 3)* « , l'occupant des lieux ou son représentant ainsi que l'officier de police judiciaire et, le cas échéant, les agents et autres personnes mandatés par la Commission européenne peuvent seuls prendre connaissance des pièces et documents avant leur saisie. » *(Ord. n° 2008-1161 du 13 nov. 2008, art. 1er)* « Les agents mentionnés à l'article L. 450-1 peuvent procéder au cours de la visite à des auditions de l'occupant des lieux ou de son représentant en vue de recueillir les informations ou explications utiles aux besoins de l'enquête. » *(L. n° 2016-731 du 3 juin 2016, art. 83-IV)* « Conformément à l'article 28 du code de procédure pénale, l'article 61-1 du même code est applicable lorsqu'il est procédé à l'audition d'une personne à l'égard de laquelle il existe des raisons plausibles de soupçonner qu'elle a commis ou tenté de commettre une infraction. »

Les inventaires et mises sous scellés sont réalisés conformément à l'article 56 du code de procédure pénale.

Les originaux du procès-verbal et de l'inventaire sont transmis au juge qui a ordonné la visite. *(L. n° 2009-526 du 12 mai 2009, art. 139-VII)* « Une copie du procès-verbal et de l'inventaire est remise à l'occupant des lieux ou à son représentant. Une copie est également adressée par lettre recommandée avec demande d'avis de réception aux personnes mises en cause ultérieurement par les pièces saisies au cours de l'opération. » — *V. art. R. 450-2.*

(L. n° 2001-420 du 15 mai 2001) « Les pièces et documents saisis sont restitués à l'occupant des lieux, dans un délai de six mois à compter de la date à laquelle la décision de l'Autorité de la concurrence est devenue définitive. L'occupant des lieux est mis en demeure, par lettre recommandée avec avis de réception, de venir les rechercher, dans un délai de deux mois. A l'expiration de ce délai et à défaut de diligences de sa part, les pièces et documents lui sont restitués, à ses frais. »

(L. n° 2009-526 du 12 mai 2009, art. 139-VII) « Le déroulement des opérations de visite et saisie peut faire l'objet d'un recours devant le premier président de la cour d'appel dans le ressort de laquelle le juge a autorisé ces dernières, suivant les règles prévues par le code de procédure pénale. Le ministère public, la personne à l'encontre de laquelle a été prise l'ordonnance mentionnée au premier alinéa et les personnes mises en cause au moyen de pièces saisies au cours de ces opérations peuvent former ce recours. *(Ord. n° 2021-649 du 26 mai 2021, art. 2)* « Le ministre chargé de l'économie ou l'Autorité de la concurrence, selon le cas, est partie à cette procédure en qualité de partie défenderesse. » Ce dernier est formalisé par déclaration au greffe du *(Ord. n° 2019-964 du 18 sept. 2019, art. 35, en vigueur le 1er janv. 2020)* « tribunal judiciaire » dans un délai de dix jours à compter de la remise ou de la réception du procès-verbal et de l'inventaire, ou, pour les personnes n'ayant pas fait l'objet de visite et de saisie et qui sont mises en cause, à compter de la date à laquelle elles ont reçu notification du procès-verbal et de l'inventaire et, au plus tard à compter de la notification de griefs prévue à l'article **L. 463-2**. *(Ord. n° 2021-649 du 26 mai 2021, art. 2)* « Les parties à la procédure devant le premier président de la cour d'appel peuvent former un pourvoi en cassation à l'encontre de l'ordonnance rendue à son issue selon les règles prévues par le code de procédure pénale *[ancienne rédaction : Le recours n'est pas suspensif]*. » L'ordonnance du premier président de la cour d'appel est susceptible d'un pourvoi en cassation selon les règles prévues par le code de procédure pénale. Les pièces saisies sont conservées jusqu'à ce qu'une décision soit devenue définitive. » — *[Ord. n° 86-1243 du 1er déc. 1986, art. 48.]*

V. note ss. art. L. 450-1.

Les parties ayant formé, à l'encontre de l'ordonnance ayant autorisé la visite prévue à l'art. L. 450-4, un pourvoi pendant devant la Cour de cassation au jour de la publication de l'Ord. n° 2008-1161 du 13 nov. 2008 (JO 14 nov.) disposent d'un délai d'un mois pour interjeter appel de l'ordonnance objet dudit pourvoi à compter de la date de publication de l'Ord. du 13 nov. 2008, dans les conditions prévues au 6e al. de l'art. L. 450-4 dans sa rédaction issue de l'Ord. préc. Cet appel vaut désistement du pourvoi en cassation. — Pour un relevé d'office, V. Crim. 20 mai 2009. Si l'autorisation de visite et saisie n'a pas fait l'objet d'un pourvoi en cassation ou si cette autorisation a fait l'objet d'un pourvoi en cassation ayant donné lieu à un arrêt de rejet de la Cour de cassation, un recours en contestation de l'autorisation est ouvert devant la cour d'appel de Paris saisie dans le cadre de l'art. L. 464-8, hormis le cas des affaires ayant fait l'objet d'une décision irrévocable à la date de publication de l'Ord. n° 2008-1161 du 13 nov. 2008 (JO 14 nov.). — Pour une application, V. Paris, 16 juin 2009. Lorsque est pendant devant la Cour de cassation un pourvoi formé contre un arrêt de la cour d'appel de Paris statuant dans le cadre de l'art. L. 464-8, les parties ont la faculté de demander le renvoi à la cour d'appel de Paris pour l'examen d'un recours en contestation de l'autorisation de visite et saisie délivrée par le juge des libertés et de la détention (Ord. n° 2008-1161 du 13 nov. 2008, art. 5-IV). — Pour une application, V. Com. 3 mars 2009.

....

Art. L. 450-7 Les *(Ord. n° 2008-1161 du 13 nov. 2008, art. 1er)* « agents mentionnés à l'article **L. 450-1** » peuvent, sans se voir opposer le secret professionnel, accéder à tout document ou élément d'information détenu par les services et établissements de l'État *(Ord. n° 2021-649 du 26 mai 2021, art. 2)* « , les autorités administratives indépendantes et autorités publiques indépendantes mentionnées à l'annexe de la loi n° **2017-55** du 20 janvier 2017 portant statut général des autorités administratives indépendantes et des autorités publiques indépendantes, » et des autres collectivités publiques. — *[Ord. n° 86-1243 du 1er déc. 1986, art. 51.]*

Art. L. 450-8 *(Ord. n° 2021-649 du 26 mai 2021, art. 2)* I. — Sous réserve des dispositions du II, est puni d'un emprisonnement de deux ans et d'une amende de 300 000 € le fait pour quiconque de s'opposer, de quelque façon que ce soit, à l'exercice des fonctions dont les agents mentionnés au II de l'article **L. 450-1** sont chargés en application du présent livre.

II. — Lorsque l'opposition porte sur des actes des agents mentionnés au II de l'article **L. 450-1** accomplis au titre de leur mise à disposition du rapporteur général de l'Autorité de la concurrence en application de l'article **L. 450-6**, et qu'elle est le fait d'une personne

morale, les dispositions du I ne sont pas applicables et elle n'est passible que de la sanction pécuniaire prévue au deuxième alinéa du V de l'article L. 464-2.

Art. L. 450-9 *(Ord. nº 2021-649 du 26 mai 2021, art. 2)* **Est puni d'un emprisonnement de deux ans et d'une amende de 300 000 € le fait pour une personne physique de s'opposer à l'exercice des fonctions dont les agents mentionnés au I de l'article L. 450-1 sont chargés en application du présent livre.**

Art. L. 450-10 *(Ord. nº 2021-649 du 26 mai 2021, art. 2)* **Les dispositions de l'article 121-2 du code pénal ne sont pas applicables aux infractions mentionnées à l'article L. 450-9, ni à celles mentionnées au I de l'article L. 450-8, lorsque l'opposition porte sur des actes des agents mentionnés au II de l'article L. 450-1 accomplis au titre de leur mise à disposition du rapporteur général de l'Autorité de la concurrence en application de l'article 450-6.**

PARTIE V CESSIONS DE CRÉANCES ET NANTISSEMENT

BIBL. ▶ Berthoud, L'application de la loi Dailly aux créances résultant des marchés publics, *AJDA 1998. 91*. – Eckert, La cession des créances résultant des marchés publics, *Rev. CMP 2001, nº 5, p. 38*. – Guillot, La banque et les marchés publics, *AJDA 1994, nº special, p. 77*. – Martin, La condition juridique du créancier bénéficiaire d'un nantissement de marché public, *RTD com. 1977. 43*. – Nogueliou, Cession de créance et partenariats public-privé, *Dr. et patr. 2005, nº 141, p. 44*.

Code monétaire et financier

Art. L. 313-23 **Tout crédit qu'un établissement de crédit** *(Ord. nº 2017-1432 du 4 oct. 2017, art. 2-II, en vigueur le 3 janv. 2018)* **« , qu'un FIA relevant du paragraphe 2 de la sous-section 3 ou de la sous-section 5 de la section 2 du chapitre IV du titre I du livre II, »** *(Ord. nº 2013-544 du 27 juin 2013, art. 3, en vigueur le 1er janv. 2014)* **« ou qu'une société de financement » consent à une personne morale de droit privé ou de droit public, ou à une personne physique dans l'exercice par celle-ci de son activité professionnelle, peut donner lieu au profit de cet établissement** *(Ord. nº 2017-1432 du 4 oct. 2017, art. 2-II, en vigueur le 3 janv. 2018)* **« , de ce FIA, »** *(Ord. nº 2013-544 du 27 juin 2013, art. 3, en vigueur le 1er janv. 2014)* **« ou de cette société », par la seule remise d'un bordereau, à la cession ou au nantissement par le bénéficiaire du crédit, de toute créance que celui-ci peut détenir sur un tiers, personne morale de droit public ou de droit privé ou personne physique dans l'exercice par celle-ci de son activité professionnelle.**

Peuvent être cédées ou données en nantissement les créances liquides et exigibles, même à terme. Peuvent également être cédées ou données en nantissement les créances résultant d'un acte déjà intervenu ou à intervenir mais dont le montant et l'exigibilité ne sont pas encore déterminés.

Le bordereau doit comporter les énonciations suivantes :

1. La dénomination, selon le cas, « acte de cession de créances professionnelles » ou « acte de nantissement de créances professionnelles » ;

2. La mention que l'acte est soumis aux dispositions des articles L. 313-23 à L. 313-34 ;

3. Le nom ou la dénomination sociale de l'établissement de crédit *(Ord. nº 2017-1432 du 4 oct. 2017, art. 2-II, en vigueur le 3 janv. 2018)* **« , du FIA mentionné au premier alinéa, »** *(Ord. nº 2013-544 du 27 juin 2013, art. 3, en vigueur le 1er janv. 2014)* **« ou de la société de financement » bénéficiaire ;**

4. La désignation ou l'individualisation des créances cédées ou données en nantissement ou des éléments susceptibles d'effectuer cette désignation ou cette individualisation, notamment par l'indication du débiteur, du lieu de paiement, du montant des créances ou de leur évaluation et, s'il y a lieu, de leur échéance.

Toutefois, lorsque la transmission des créances cédées ou données en nantissement est effectuée par un procédé informatique permettant de les identifier, le bordereau peut se borner à indiquer, outre les mentions indiquées aux 1, 2 et 3 ci-dessus, le moyen par lequel elles sont transmises, leur nombre et leur montant global.

En cas de contestation portant sur l'existence ou sur la transmission d'une de ces créances, le cessionnaire pourra prouver, par tous moyens, que la créance objet de la contestation est comprise dans le montant global porté sur le bordereau.

Le titre dans lequel une des mentions indiquées ci-dessus fait défaut ne vaut pas comme acte de cession ou de nantissement de créances professionnelles au sens des articles L. 313-23 à L. 313-34. – *[L. nº 81-1 du 2 janv. 1981, art. 1er.]*

COMMENTAIRE

Le dispositif mis en place en 1981 par la loi « Dailly » pour faciliter les cessions de créances a connu un vrai succès pour la mobilisation des créances détenues par les entreprises sur des personnes publiques du fait de l'exécution de contrats publics.

Ce mode de cession de créances n'est pas le seul utilisable puisqu'il est naturellement possible d'avoir recours à la cession de créances « classique » du code civil. La lourdeur de ce procédé, qui suppose signification et acceptation pour que l'opération soit opposable aux tiers, notamment au débiteur cédé, est toutefois un frein à son développement.

A l'inverse, la cession Dailly est d'une grande souplesse puisque la cession s'opère par la seule « remise » d'un bordereau, sans que son opposabilité aux tiers ne soit conditionnée par l'accomplissement de mesures de publicité. S'agissant de la cession de créances nées de l'exécution de marchés publics, le mécanisme a été un peu alourdi par la nécessité de produire l'exemplaire unique du marché (V. CCP, art. L. 2191-8 et R. 2191-45 à R. 2191-63). ❑

Art. L. 313-24 **Même lorsqu'elle est effectuée à titre de garantie et sans stipulation d'un prix, la cession de créance transfère au cessionnaire la propriété de la créance cédée.**

Sauf convention contraire, le signataire de l'acte de cession ou de nantissement est garant solidaire du paiement des créances cédées ou données en nantissement. – *[L. n° 81-1 du 2 janv. 1981, art. 1er-1.]*

Les dispositions du 1er al. de l'art. 1er-1 de la L. n° 81-1 du 2 janv. 1981 facilitant le crédit aux entreprises [C. mon. fin., art. L. 313-24, al. 1er] sont de caractère interprétatif (L. n° 84-46 du 24 janv. 1984, art. 62).

Art. L. 313-25 **Le bordereau est signé par le cédant. La signature est apposée soit à la main, soit par tout procédé non manuscrit. Le bordereau peut être stipulé à ordre.**

La date est apposée par le cessionnaire. – *[L. n° 81-1 du 2 janv. 1981, art. 2.]*

Art. L. 313-26 **Le bordereau n'est transmissible qu'à un autre établissement de crédit** *(Ord. n° 2013-544 du 27 juin 2013, art. 3, en vigueur le 1er janv. 2014)* **« ou une autre société de financement »** *(Ord. n° 2017-1432 du 4 oct. 2017, art. 2-II, en vigueur le 3 janv. 2018)* **« ou à un autre FIA mentionné à l'article L. 313-23 ».** – *[L. n° 81-1 du 2 janv. 1981, art. 3.]*

Les modifications apportées par l'Ord. n° 2013-544 du 27 juin 2013 sont applicables en Nouvelle-Calédonie, en Polynésie française et dans les îles Wallis-et-Futuna (Ord. préc., art. 25-I).

Art. L. 313-27 *(L. n° 2003-706 du 1er août 2003, art. 67)* **« La cession ou le nantissement prend effet entre les parties et devient opposable aux tiers à la date apposée sur le bordereau lors de sa remise, quelle que soit la date de naissance, d'échéance ou d'exigibilité des créances, sans qu'il soit besoin d'autre formalité, et ce quelle que soit la loi applicable aux créances et la loi du pays de résidence des débiteurs. »**

A compter de cette date, le client de l'établissement de crédit *(Ord. n° 2013-544 du 27 juin 2013, art. 3, en vigueur le 1er janv. 2014)* **« ou de la société de financement »** *(Ord. n° 2017-1432 du 4 oct. 2017, art. 2-II, en vigueur le 3 janv. 2018)* **« ou du FIA mentionné à l'article L. 313-23 » bénéficiaire du bordereau ne peut, sans l'accord de cet établissement** *(Ord. n° 2013-544 du 27 juin 2013, art. 3, en vigueur le 1er janv. 2014)* **« ou de cette société »** *(Ord. n° 2017-1432 du 4 oct. 2017, art. 2-II, en vigueur le 3 janv. 2018)* **« ou de ce FIA », modifier l'étendue des droits attachés aux créances représentées par ce bordereau.**

(L. n° 2003-706 du 1er août 2003, art. 67) **« La remise du bordereau entraîne de plein droit le transfert des sûretés, des garanties et des accessoires attachés à chaque créance, y compris les sûretés hypothécaires, et son opposabilité aux tiers sans qu'il soit besoin d'autre formalité. »**

En cas de contestation de la date portée sur le bordereau, l'établissement de crédit *(Ord. n° 2013-544 du 27 juin 2013, art. 3, en vigueur le 1er janv. 2014)* **« ou la société de financement »** *(Ord. n° 2017-1432 du 4 oct. 2017, art. 2-II, en vigueur le 3 janv. 2018)* **« ou le FIA mentionné à l'article L. 313-23 » rapporte, par tous moyens, l'exactitude de celle-ci.** – *[L. n° 81-1 du 2 janv. 1981, art. 4.]*

Art. L. 313-28 **L'établissement de crédit** *(Ord. n° 2013-544 du 27 juin 2013, art. 3, en vigueur le 1er janv. 2014)* **« ou la société de financement »** *(Ord. n° 2017-1432 du 4 oct. 2017, art. 2-II, en vigueur le 3 janv. 2018)* **« ou le FIA mentionné à l'article L. 313-23 » peut, à tout moment, interdire au débiteur de la créance cédée ou nantie de payer entre les mains du signataire du bordereau. A compter de cette notification, dont les formes sont fixées par le décret en Conseil d'État prévu à l'article L. 313-35, le débiteur ne se libère valablement qu'auprès de l'établissement de crédit** *(Ord. n° 2013-544 du 27 juin 2013, art. 3, en vigueur le 1er janv. 2014)* **« ou de la société de financement »** *(Ord. n° 2017-1432 du 4 oct. 2017, art. 2-II, en vigueur le 3 janv. 2018)* **« ou du FIA mentionné à l'article L. 313-23 ».** – *[L. n° 81-1 du 2 janv. 1981, art. 5.] – V. art. R. 313-15 s.*

COMMENTAIRE

L'attrait de la cession Dailly tient, on l'a souligné, à son absence de formalisme. Là où le code civil exige signification et acceptation pour que la cession soit opposable aux tiers, la loi Dailly a prévu que la cession soit réalisée et soit opposable aux tiers à la date apposée sur le bordereau.

Le cessionnaire peut toutefois, s'il souhaite sécuriser le droit de créance dont il est devenu titulaire, notifier la cession au débiteur cédé. L'effet de cette notification est d'interdire au débiteur cédé de se libérer dans d'autres mains que celles du cessionnaire, notamment dans celles du cédant. La notification doit être opérée auprès du comptable public assignataire de la dépense. ❑

1. A compter de la notification de la cession Dailly, la personne publique cédée ne peut plus se libérer valablement que dans les mains du cessionnaire. Si elle paie une autre personne – le bénéficiaire d'un plan de cession de la société cédante en l'espèce – elle devra également payer le cessionnaire, sans pouvoir soutenir qu'il n'est pas possible de condamner une personne publique à payer une somme qu'elle ne doit pas. • CE 19 mars 2001, *Région Provence-Alpes-Côte d'Azur*, n° 207626.

2. Aux termes de l'art. 18 de la L. du 12 avr. 2000 relative aux droits des citoyens dans leurs relations avec les administrations, aujourd'hui repris à l'art. L. 110-1 CRPA : « Sont considérées comme des demandes au sens du présent chapitre les demandes et les réclamations, y compris les recours gracieux ou hiérarchiques, adressées aux autorités administratives. » Aux termes de l'art. 20 de la même loi, aujourd'hui repris à l'art. L. 114-2 du même code : « Lorsqu'une demande est adressée à une autorité administrative incompétente, cette dernière la transmet à l'autorité administrative compétente et en avise l'intéressé ».

Les dispositions relatives aux cessions de créances professionnelles instituent un régime particulier de notification, y compris lorsque celle-ci est accomplie auprès d'une autorité administrative ; une telle notification ne tend pas à la prise d'une décision par cette autorité mais constitue une information destinée à faire obstacle à ce qu'elle règle sa dette auprès d'une autre personne que l'organisme cessionnaire ; dès lors, elle n'entre pas dans le champ d'application des dispositions de la L. du 12 avr. 2000.

Il ressort des énonciations de l'arrêt attaqué que, en méconnaissance notamment de l'art. 108 C. marchés, la société Banque Delubac & Cie a notifié la cession de créance en litige directement au CROUS de Nice-Toulon et non à son comptable assignataire ; en estimant qu'une telle notification ne constituait pas une demande au sens et pour l'application des dispositions de la L. du 12 avr. 2000 citées ci-dessus et que cette société ne pouvait dès lors utilement invoquer la faute qu'aurait commise le CROUS en s'abstenant de procéder à sa transmission auprès de son comptable, la cour administrative d'appel n'a pas commis d'erreur de droit. • CE 9 mars 2018, *Sté Banque Delubac et Cie*, n° 407842 B : *Rev. CMP 2018. 103, note Eckert.*

3. La cour administrative d'appel a relevé qu'en leur qualité respective de cédant et de cessionnaire d'une créance détenue sur l'État, autorité délégante, la société Alliance et la banque de Saint-Pierre-et-Miquelon, substituée à la société Alliance dans les droits résultant de la créance cédée, avaient des intérêts concordants dans l'instance tendant à ce que la cour se prononce sur l'obligation pour le délégant de verser à la banque la somme demandée au titre de la compensation forfaitaire prévue au contrat. Ce faisant, et alors même que l'art. L. 313-24 C. mon. fin. instaure un mécanisme de garantie entre cessionnaire et cédant, la cour administrative d'appel n'a pas inexactement qualifié les faits dont elle était saisie. Par suite, la cour n'a pas commis d'erreur de droit en déduisant de ces constatations que la société Alliance devait être regardée comme ayant été représentée par la banque de Saint-Pierre-et-Miquelon au cours de l'instance au terme de laquelle a été rendu l'arrêt faisant l'objet de sa requête en tierce opposition et que ladite requête était par conséquent irrecevable, et ce alors même que le mécanisme particulier de cession de créance prévu par les art. L. 313-23 s. C. mon. fin. est exclusif de toute notion de représentation ou de mandat. • CE 21 oct. 2019, *Sté Alliance*, n° 419153 B.

Art. L. 313-29 **Sur la demande du bénéficiaire du bordereau, le débiteur peut s'engager à le payer directement : cet engagement est constaté, à peine de nullité, par un écrit intitulé : "Acte d'acceptation de la cession ou du nantissement d'une créance professionnelle".**

Dans ce cas, le débiteur ne peut opposer à l'établissement de crédit *(Ord. n° 2013-544 du 27 juin 2013, art. 3, en vigueur le 1er janv. 2014)* **« ou à la société de financement »** *(Ord. n° 2017-1432 du 4 oct. 2017, art. 2-II, en vigueur le 3 janv. 2018)* **« ou au FIA mentionné à l'article L. 313-23 » les exceptions fondées sur ses rapports personnels avec le signataire du bordereau, à moins que l'établissement de crédit** *(Ord. n° 2013-544 du 27 juin 2013, art. 3, en vigueur le 1er janv. 2014)* **« ou la société de financement »** *(Ord. n° 2017-1432 du 4 oct. 2017, art. 2-II, en vigueur le 3 janv. 2018)* **« ou le FIA mentionné à l'article L. 313-23 », en acquérant ou en recevant la créance, n'ait agi sciemment au détriment du débiteur.** – *[L. n° 81-1 du 2 janv. 1981, art. 6.] – V. art. R. 313-19.*

Les modifications apportées par l'Ord. n° 2013-544 du 27 juin 2013 sont applicables en Nouvelle-Calédonie, en Polynésie française et dans les îles Wallis-et-Futuna (Ord. préc., art. 25-I).

Sur la possibilité d'utiliser la procédure d'injonction de payer lorsque l'engagement résulte de l'acceptation d'une cession de créance conformément à la loi du 2 janv. 1981, V. C. pr. civ., art. 1405 s. – ***C. pr. civ.***

COMMENTAIRE

L'article L. 313-29 est sans doute l'élément le plus original de la cession Dailly. L'acceptation de la cession par le débiteur cédé permet au cessionnaire d'être assuré d'être payé du montant de la créance cédée, sans que le débiteur ne puisse lui opposer les exceptions fondées sur ses rapports avec le cédant. Il s'agit d'un élément important de sécurisation pour le cessionnaire, que le législateur a entouré d'une certaine solennité : l'acceptation doit être faite par un écrit spécial. ❑

Les personnes publiques peuvent accepter les cessions Dailly selon le procédé et avec les conséquences prévus à l'art. L. 313-29 C. mon. fin. L'acceptation doit être le fait de l'ordonnateur et l'intervention de l'assemblée délibérante s'impose lorsque le débiteur cédé est une collectivité territoriale. • CE 25 juin 2003, *Caisse centrale de Crédit mutuel du Nord de la France*, n° 240679 A : *AJDA 2003. 1729, concl. Le Chatelier*.

Art. L. 313-29-1 *(L. n° 2009-179 du 17 févr. 2009, art. 12)* **« Lorsque tout ou partie de la rémunération due en vertu d'un contrat de partenariat ou d'un contrat mentionné au premier alinéa de l'article L. 6148-5 du code de la santé publique au titre des coûts d'investissement, lesquels comprennent notamment les coûts d'étude et de conception, les coûts de construction et ses coûts annexes, les frais financiers intercalaires, et des coûts de financement, est cédé en application des articles L. 313-23 à L. 313-29 du présent code, le contrat peut prévoir que** *(Abrogé par L. n° 2010-1249 du 22 oct. 2010, art. 72-II)* ***« 80 % au maximum de »*** **cette cession fait l'objet de l'acceptation prévue à l'article L. 313-29** *(L. n° 2010-1249 du 22 oct. 2010, art. 72-II)* **« , dans la limite prévue à l'article L. 313-29-2 ».**

« L'acceptation *(L. n° 2010-1249 du 22 oct. 2010, art. 72)* **« prévue à l'article L. 313-29 » est subordonnée à la constatation par la personne publique contractante que les investissements ont été réalisés conformément aux prescriptions du contrat. »** *(L. n° 2008-735 du 28 juill. 2008, art. 42)* **« A compter de cette constatation, et à moins que le cessionnaire, en acquérant ou en recevant la créance, n'ait agi sciemment au détriment du débiteur public, aucune compensation ni aucune exception fondée sur les rapports personnels du débiteur avec le titulaire du contrat de partenariat ou du contrat mentionné au premier alinéa de l'article L. 6148-5 du code de la santé publique, telles que l'annulation, la résolution ou la résiliation du contrat, ne peut être opposée au cessionnaire, excepté la prescription quadriennale relevant de la loi n° 68-1250 du 31 décembre 1968 relative à la prescription des créances sur l'État, les départements, les communes et les établissements publics.**

« Le titulaire du contrat est tenu de se libérer auprès de la personne publique contractante des dettes dont il peut être redevable à son égard du fait de manquements à ses obligations contractuelles et, notamment, du fait des pénalités qui ont pu lui être infligées ; l'opposition à l'état exécutoire émis par la personne publique n'a pas d'effet suspensif dans la limite du montant ayant fait l'objet de la garantie au profit du cessionnaire. »

COMMENTAIRE

L'ordonnance de 2004 sur les contrats de partenariat ne s'est pas contentée de créer une nouvelle catégorie de contrat administratif, elle a aussi mis en place un dispositif spécifique de cession de créance, adapté du régime « loi Dailly », mais qui en diffère sur plusieurs points et qui a été précisé par l'article 4 de la loi n° 2008-567 du 28 juillet 2008, puis par l'article 12 de la loi du 17 février 2009 pour l'accélération des programmes de construction et d'investissement publics et privés et par l'article 72 de la loi n° 2010-1249 du 22 octobre 2010 de régulation bancaire et financière. On se reportera à l'article L. 2232-2 du code de la commande publique.

Le mécanisme prévu par l'article L. 313-29-1 a pour but d'atteindre un équilibre entre la sécurisation du cessionnaire et la protection des deniers publics. Une cession Dailly non acceptée peut en effet sembler trop favorable au débiteur cédé pour le banquier et le simple mécanisme de l'acceptation prévu par l'article L. 313-29 conduit quant à lui à accorder au cessionnaire des garanties que la personne publique peut juger excessives.

Ce mécanisme spécifique ne concerne que la rémunération liée à la partie « investissements » des contrats, qui inclut l'ensemble des éléments mentionnés au premier alinéa ; pour la partie « fournitures et services », c'est le droit commun de la cession Dailly qui s'applique.

Le titulaire du contrat dispose d'un droit légal, dont l'exercice ne suppose pas un accord donné par la personne publique dans le contrat, de céder ou nantir 100 % de sa créance au titre de l'investissement.

1. Par deux actes de cession de créances professionnelles des 31 oct. 2014 et 13 avr. 2015, la société Nogent Musée a cédé à la société Batimap, dans les conditions prévues par l'art. L. 313-29-1 C. mon. fin., les créances correspondant au loyer irrévocable et à l'indemnité irrévocable prévus par le contrat de partenariat ; par lettre du 30 nov. 2016, la commune a résilié le contrat de partenariat ; la société Batimap a demandé au juge des référés du tribunal administratif de condamner la commune de Nogent-sur-Seine à lui verser, à titre de provision, le montant de l'indemnité irrévocable prévue par le contrat de partenariat, tant sur le fondement de la cession de créance que sur celui de la convention tripartite.

Le contrat de partenariat est un contrat administratif ; la nature de la créance que le titulaire détient sur la personne publique en exécution de ce contrat n'est pas modifiée par la cession dont elle peut être l'objet ; l'action du crédit-bailleur, cessionnaire de la créance du titulaire, dirigée contre la personne publique, et tendant au paiement de cette créance, relève donc de la compétence de la juridiction administrative. • T. confl. 14 mai 2018, *Sté Batimap c/ Cne de Nogent-sur-Seine*, n° 4119 : *Lebon ; BJCP 2018. 286, concl. Cortot-Boucher.*

2. Le contrat conclu entre l'office public de l'habitat et la société pour la construction de 20 logements collectifs porte sur la réalisation de travaux publics ; il revêt ainsi un caractère administratif ; la nature de la créance que détient sur la personne publique son cocontractant en exécution de ce contrat n'est pas modifiée par la cession dont elle peut faire l'objet ; l'action de la société cessionnaire de la créance, dirigée contre l'établissement public et tendant au paiement de cette créance, relève donc de la compétence de la juridiction administrative. • T. confl. 8 avr. 2019, *Sté Forbo Salino c/ DDFiP de la Drôme*, n° 4156.

Art. L. 313-29-2 *(L. n° 2010-1249 du 22 oct. 2010, art. 72)* **Lorsque la personne publique contractante accepte, dans les conditions prévues à l'article L. 313-29-1 ou à l'article L. 513-14, une ou plusieurs cessions de créances qui portent chacune sur tout ou partie de la rémunération due au titre des coûts d'investissement et des coûts de financement mentionnés aux mêmes articles L. 313-29-1 ou L. 513-14, l'engagement global de la personne publique au titre de cette ou ces acceptations ne peut dépasser 80 % de la rémunération due au titre des coûts d'investissement et des coûts de financement définis ci-avant.**

Art. L. 313-30 **L'établissement de crédit** *(Ord. n° 2013-544 du 27 juin 2013, art. 3 et 36, en vigueur le 1er janv. 2014)* **« ou la société de financement » cessionnaire ou nanti de créances professionnelles dans les conditions prévues à l'article L. 313-23 peut, à tout moment, émettre des titres destinés à la mobilisation de tout ou partie des crédits consentis.**

Les porteurs successifs de ces titres bénéficient des droits énumérés aux articles L. 313-31 à L. 313-33 sous la condition que les bordereaux aient été mis à la disposition de l'organisme qui assure le financement conformément aux conventions intervenues entre celui-ci et l'établissement prêteur. – *[L. n° 81-1 du 2 janv. 1981, art. 8.]*

Art. L. 313-31 **Les opérations de crédit à court terme n'ayant pas entraîné une cession ou un nantissement de créances professionnelles en faveur de l'établissement de crédit** *(Ord. n° 2013-544 du 27 juin 2013, art. 3 et 36, en vigueur le 1er janv. 2014)* **« ou de la société de financement » prêteur peuvent donner lieu à l'émission par celui-ci de titres destinés à la mobilisation de tout ou partie des crédits consentis.**

Les porteurs successifs de ces titres bénéficient des droits énumérés aux articles L. 313-32 et L. 313-33 sous la condition que les bordereaux constatant ces crédits aient été mis à la disposition de l'organisme qui assure le financement, conformément aux conventions intervenues entre celui-ci et *(Ord. n° 2013-544 du 27 juin 2013, art. 3 et 36, en vigueur le 1er janv. 2014)* **« l'entreprise prêteuse » ; ces bordereaux qui sont dénommés "actes de cession de créances financières" sont soumis, en tant que de besoin, aux dispositions des articles L. 313-23 à L. 313-29.** – *[L. n° 81-1 du 2 janv. 1981, art. 9.]*

Art. L. 313-32 **Les porteurs successifs des titres créés par un établissement de crédit** *(Ord. n° 2013-544 du 27 juin 2013, art. 3 et 36, en vigueur le 1er janv. 2014)* **« ou une société de financement » en application des articles L. 313-30 et L. 313-31 bénéficient des droits prévus en matière d'endossement par les articles L. 511-8 à L. 511-14 du code de commerce.** – *[L. n° 81-1 du 2 janv. 1981, art. 10.]*

Art. L. 313-33 **Les droits attachés aux titres de mobilisation portent sur l'intégralité des créances désignées sur les bordereaux ; ils portent également sur tous intérêts et frais accessoires ainsi que sur les garanties assortissant ces créances.** – *[L. n° 81-1 du 2 janv. 1981, art. 11.]*

Art. L. 313-34 A compter de la mise à la disposition de l'organisme de financement des bordereaux et pendant la durée de celle-ci, l'établissement de crédit *(Ord. n° 2013-544 du 27 juin 2013, art. 3 et 36, en vigueur le 1er janv. 2014)* « ou la société de financement » ne peut, sauf stipulation contraire, transmettre les créances représentées par les bordereaux, sous quelque forme que ce soit. — *[L. n° 81-1 du 2 janv. 1981, art. 12.]*

………………………………………………………………………………

Art. R. 313-17 Lorsque la créance est cédée ou nantie au titre d'un marché public, la notification doit être faite entre les mains du comptable assignataire désigné dans les documents contractuels. Elle doit comporter les mentions obligatoires suivantes, conformément aux articles L. 313-23 à L. 313-35 : — *La notification prévue à l'art. L. 313-28 C. mon. fin. est adressée au comptable public assignataire désigné dans le marché. — V. C. marchés, art. 108.*

1° Dans les conditions prévues par les articles L. 313-23 à L. 313-35 du code monétaire et financier, le titulaire du marché/le sous-traitant/le bénéficiaire de la facture ci-dessous désigné comme suit (raison sociale et adresse de l'entreprise cédante) :

"Nous a cédé/nanti en totalité/en partie par bordereau en date du... la (les) créance(s) suivante(s) :

Marché n°..."

2° L'indication de la commande, comme suit :

"Bon de commande n°...

"Ordre de service n°... (préciser en cas de marché à commandes ou marchés de clientèle).

"Acompte ou facture...

"Sous-traité n° (1)...

"Lieu d'exécution...

"Administration contractante..."

3° Le montant ou l'évaluation de la créance cédée ou nantie, comme suit :

"En cas de cession ou de nantissement total : montant ou évaluation :

"En cas de cession ou de nantissement partiel, désignation de la part du marché ou du sous-traité : montant ou évaluation :

"Conformément aux dispositions de l'article L. 313-28, nous vous demandons de cesser, à compter de la réception de la présente notification, tout paiement au titre de cette (ces) créance(s) à... (raison sociale et adresse de l'entreprise cédante)."

4° Le mode de règlement, comme suit :

"En conséquence, le règlement des sommes revenant à l'entreprise ci-dessus devra être effectué à... (indication de la personne à l'ordre de laquelle il doit être effectué et du mode de règlement)." — *[Décr. n° 81-862 du 9 sept. 1981, art. 2, al. 3 et annexe III.]*

Selon l'art. L. 313-28 C. mon. fin., dans sa rédaction alors applicable, l'établissement de crédit ou la société de financement cessionnaire d'une créance par remise de bordereau, peut, à tout moment, interdire au débiteur de la créance cédée de payer entre les mains du signataire du bordereau. A compter de cette notification, le débiteur ne se libère valablement qu'auprès du cessionnaire.

Aux termes de l'art. R. 313-17 du même code, lorsque la créance est cédée ou nantie au titre d'un marché public, la notification doit être faite entre les mains du comptable assignataire désigné dans les documents contractuels.

Il résulte de la combinaison de ces textes que le second, qui désigne l'autorité à laquelle la notification doit être faite lorsque la créance est cédée ou nantie au titre d'un marché public, n'est applicable qu'aux cessions de créance détenues sur des personnes morales de droit public.

La cour d'appel, qui a relevé que la créance cédée à la Caisse d'épargne correspondait à une facture du sous-traitant établie au nom de la société Eiffage, ayant ainsi fait ressortir que le débiteur cédé, contre lequel était dirigée l'action en paiement, était l'entreprise principale, peu important que celle-ci ait été titulaire d'un marché de travaux publics, en a exactement déduit que la cessionnaire n'avait pas à notifier la cession de créance entre les mains du comptable assignataire, le maître de l'ouvrage public n'étant ni débiteur cédé ni défendeur à l'action en paiement.

Ayant souverainement retenu que la société Eiffage, qui soutenait seulement que la cession de créance au bénéfice de la société Oséo était antérieure à celle dont bénéficiait la Caisse d'épargne, ne le démontrait pas, la cour d'appel, qui a fait application de la règle d'antériorité entre cessions de créances en concours, a pu en déduire que le paiement de la créance du sous-traitant à la société Oséo n'était pas libératoire, peu important que ce dernier ait été le fait du maître de l'ouvrage au titre du paiement direct des sous-traitants. • Civ. 3e, 8 déc.2021 n° 20.16-152 : *Rev. CMP 2022. Chron. 41, Eckert.*

PARTIE VI CONTRÔLES ET CONTENTIEUX

COMMENTAIRE

Les contrats publics peuvent faire l'objet, tant au moment de leur passation que de leur exécution, de nombreux contrôles administratifs et les modes de règlement des litiges auxquels ils donnent lieu, juridictionnels ou non, sont multiples. ❑

I CONTRÔLES ADMINISTRATIFS

BIBL. ► HABCHI, Commande publique dans les collectivités territoriales : enseignements des rapports d'observations des chambres régionales et territoriales des comptes, *Rev. CMP 2019, n° 2, p. 6.*

COMMENTAIRE

Au titre des contrôles administratifs, on se bornera à évoquer ici les contrôles de la Cour des comptes et des chambres régionales des comptes sur les comptes produits par les délégataires de service public sur les conventions relatives à des DSP et sur celles relatives à des marchés.

Il convient d'insister aussi sur le rôle joué par l'Autorité de la concurrence, qui veille au respect du droit de la concurrence, en sanctionnant notamment, sous le contrôle du juge judiciaire, les ententes, qui peuvent être fréquentes. On relèvera à cet égard que le code de commerce réserve un traitement particulier aux ententes visant des marchés publics : alors que l'Autorité de la concurrence peut renoncer à poursuivre la procédure quand la part de marché cumulée détenue par les entreprises ou organismes parties à la pratique en cause ne dépasse pas certains seuils, elle ne dispose pas de cette faculté pour les ententes visant « des contrats passés en application du code des marchés publics » (C. com., art. L. 464-6-1). On renverra, pour le reste, aux rapports annuels de l'Autorité, où on trouvera des exemples et des analyses riches d'enseignements. ❑

Code des juridictions financières

Art. L. 111-11 **La Cour des comptes peut contrôler les comptes que les délégataires de service public ont produits aux autorités délégantes.**

....

Art. L. 141-11 **Pour la vérification des conditions d'exécution des conventions de délégation de service public passées par les services et organismes soumis au contrôle de la Cour des comptes, les membres et personnels de la Cour des comptes mentionnés aux sections I à V du chapitre II du titre I du présent livre peuvent prendre connaissance, auprès des cocontractants de ces services et organismes, des factures, livres et registres pouvant se rapporter aux opérations visées par lesdites conventions. Ils peuvent demander par écrit toute justification complémentaire et obtenir copie de ceux des documents présentés qu'ils estiment utiles.**

Une notification du début de la vérification doit être établie préalablement par le premier président de la Cour des comptes.

Les observations et, le cas échéant, les autres suites définitivement retenues par la Cour sont communiquées au délégant et au délégataire. — *[Anc. art. L. 141-6.]*

....

Art. L. 211-10 **La chambre régionale des comptes peut contrôler les comptes que les délégataires de service public ont produits aux autorités délégantes.**

....

Art. L. 211-12 *(Ord. n° 2016-1360 du 13 oct. 2016, art. 14-4°-a et 52, en vigueur le 1er mai 2017)* **La chambre régionale des comptes peut contrôler les conventions relatives à des délégations de service public dans les conditions prévues à l'article L. 1411-18 du code général des collectivités territoriales.** — *[Anc. art. L. 234-1 réécrit.]*

Code général des collectivités territoriales

Art. L. 1411-8 *(Abrogé par Ord. nº 2016-65 du 29 janv. 2016, art. 77, à compter du 1er avr. 2016) Le recours à une procédure de négociation directe avec une entreprise déterminée n'est possible que dans le cas où, après mise en concurrence, aucune offre n'a été proposée ou n'est acceptée par la collectivité publique. – [L. nº 93-122 du 29 janv. 1993, art. 45.]*

Art. L. 211-13 **Les conventions relatives aux marchés peuvent être transmises par le représentant de l'État dans le département à la chambre régionale des comptes. Il en informe l'autorité territoriale concernée. La chambre régionale des comptes examine cette convention.**

V. CJF, art. R. 234-2.

Art. L. 244-3 *(Ord. nº 2016-1360 du 13 oct. 2016, art. 29-3º et 52, en vigueur le 1er mai 2017)* **L'engagement du contrôle des conventions de délégation de service public prévu à l'article L. 211-10 est préalablement notifié par le président de** *[la]* **chambre régionale des comptes au délégataire.**

Les magistrats et rapporteurs des chambres régionales des comptes peuvent prendre connaissance des factures, livres et registres pouvant se rapporter aux opérations visées par lesdites conventions. Ils peuvent demander par écrit toute justification complémentaire et obtenir copie de ceux des documents présentés qu'ils estiment utiles.

Les observations définitives retenues par la chambre régionale des comptes sont communiquées au délégant et au délégataire.

COMMENTAIRE

Les contrôles de la Cour des comptes qui sont ici en cause sont des contrôles administratifs, mais il va de soi que, par ailleurs, la Cour peut être conduite, à l'occasion de ses contrôles juridictionnels sur les comptes des comptables, à connaître des conditions dans lesquelles la dépense relative à des contrats publics a été effectuée. ❑

1. Les observations formulées, même définitivement, par une CRC au titre du contrôle opéré sur le fondement de l'art. L. 211-8 ne présentent pas le caractère de décisions susceptibles de faire l'objet d'un recours pour excès de pouvoir. Les dirigeants des personnes morales contrôlées et les autres personnes mises en cause disposent d'un droit de rectification régi par le CJF (art. L. 243-4 et R. 241-31). Cette demande de rectification peut porter sur une simple erreur matérielle, sur une inexactitude ou sur l'appréciation à laquelle la chambre s'est livrée et dont il serait soutenu qu'elle serait erronée. La décision par laquelle la CRC soit refuse d'apporter la rectification demandée, soit ne donne que partiellement satisfaction à la demande est susceptible de faire l'objet d'un recours devant le juge administratif. Saisi d'un tel recours, le juge peut contrôler la régularité de la procédure et vérifier que la décision contestée ne repose pas sur des faits inexacts et n'est pas entachée d'une méconnaissance, par la CRC, de l'étendue de son pouvoir de rectification. Mais le juge administratif n'a pas à se prononcer sur le bien-fondé de la position prise par la chambre en ce qui concerne l'appréciation qu'elle a portée sur la gestion de la collectivité ou de l'organisme en cause. • CE, sect., avis, 15 juill. 2004, *Chabert,* nº 267415 A.

2. La vérification des comptes produits aux autorités délégantes par les délégataires de service public s'exerce à l'occasion du contrôle administratif des collectivités territoriales prévu au premier al. de l'art. L. 211-8 et non lors du jugement des comptes prévu à l'art. L. 211-1. L'avis d'enquête établi par le président de la CRC ne constitue pas une décision susceptible de faire l'objet d'un recours pour excès de pouvoir. • CE, sect., avis, 20 mai 1998, *Cie gén. des eaux,* nº 192689 A.

II MODES ALTERNATIFS DE RÈGLEMENT DES LITIGES

V. également rapport du Conseil d'État « Développer la médiation dans le cadre de l'Union européenne », du 29 juill. 2010, élaboré dans le cadre de la transposition de la Dir. 2008/52/CE du 21 mai 2008, sur certains aspects de la médiation en matière civile et commerciale (JOUE L 136 du 24 mai).

L'Ord. nº 2011-1540 du 16 nov. 2011 transpose cette directive. — V. CJA, art. L. 771-3 à L. 771-3-2 [abrogés] qui s'appliquaient en matière de marchés publics, DSP. — V. désormais CJA, art. L. 213-1 s.

V. aussi L. nº 95-125 du 8 févr. 1995, art. 21, 21-2 à 21-4, ss. C. pr. civ., art. 131-15. — ***C. pr. civ.***

BIBL. ▸ Dossier ACCP, Les modes alternatifs de règlement des litiges, *déc. 2018*. – Gaudemet, Le précontentieux, le règlement non juridictionnel des conflits dans les marchés publics, *AJDA 1994. 84*. – Linditch, Une nouvelle circulaire pour encourager le recours à la transaction, *JCP Adm. 2009. 2235*. – Martin, La médiation en matière de contrats administratifs, une procédure supplémentaire de règlement amiable des litiges, *Rev. CMP nov. 2017*. – Richer, Les modes alternatifs de règlement des litiges et le droit administratif, *AJDA 1997. 3*.

COMMENTAIRE

Les litiges en matière contractuelle peuvent faire l'objet d'un règlement par des procédures non juridictionnelles ou menées devant un juge qui n'est pas un juge étatique. Ces « modes alternatifs de règlement des litiges » sont relativement peu utilisés malgré les souhaits émis par le Conseil d'État dans son étude « Régler autrement les conflits : conciliation, transaction, arbitrage en matière administrative » parue en 1993. ❑

A CONCILIATION ET MÉDIATION

BIBL. ▸ Ducarouge, Conciliation et arbitrage en droit public français, *RFDA 1996. 86* ; Richer, Brèves remarques sur la conciliation contractuelle, *BJCP 2022. 71*.

COMMENTAIRE

La conciliation ou la médiation peut être obligatoire en application d'une clause contractuelle qui fait alors obstacle à ce que l'une des parties au contrat saisisse directement le juge du contrat du litige qui l'oppose à son cocontractant.

Elle est le plus souvent facultative.

C'est le cas notamment du recours aux comités de règlement amiable des différends ou des litiges relatifs aux marchés publics, ainsi que le précisait l'article 142 du décret nº 2016-360 du 25 mars 2016 relatif aux marchés publics et que le confirme désormais le code de la commande publique (V. art. L. 2197-3, R. 2197-1 à R. 2197-12 et D. 2197-13 à D. 2197-22).

On se reportera par ailleurs aux articles L. 213-1 à L. 213-10 et R. 213-1 à R. 213-9 du code de justice administrative qui organisent des procédures non juridictionnelles et juridictionnelles de médiation. Voir aussi les dispositions des articles L. 421-1, L. 421-2, L. 422-1 et L. 422-2 du code des relations entre le public et l'administration ainsi que les dispositions du chapitre I du titre VI du livre I et du chapitre II du titre I du livre V du code de procédure civile, auxquelles renvoie désormais le code de la commande publique (V. art. L. 2197-1, L. 2197-2, L. 3137-1 et L. 3137-2).

Enfin, les articles L. 2197-4, R. 2197-23 et R. 2197-24 du code de la commande publique définissent le rôle du médiateur des entreprises. ❑

Code de justice administrative

Art. L. 213-1 La médiation régie par le présent chapitre s'entend de tout processus structuré, quelle qu'en soit la dénomination, par lequel deux ou plusieurs parties tentent de parvenir à un accord en vue de la résolution amiable de leurs différends, avec l'aide d'un tiers, le médiateur, choisi par elles ou désigné, avec leur accord, par la juridiction.

Art. L. 213-2 Le médiateur accomplit sa mission avec impartialité, compétence et diligence.

Sauf accord contraire des parties, la médiation est soumise au principe de confidentialité. Les constatations du médiateur et les déclarations recueillies au cours de la médiation ne peuvent être divulguées aux tiers ni invoquées ou produites dans le cadre d'une instance juridictionnelle ou arbitrale sans l'accord des parties.

Il est fait exception au deuxième alinéa dans les cas suivants :

1° En présence de raisons impérieuses d'ordre public ou de motifs liés à la protection de l'intérêt supérieur de l'enfant ou à l'intégrité physique ou psychologique d'une personne ;

2° Lorsque la révélation de l'existence ou la divulgation du contenu de l'accord issu de la médiation est nécessaire pour sa mise en œuvre.

Art. L. 213-3 L'accord auquel parviennent les parties ne peut porter atteinte à des droits dont elles n'ont pas la libre disposition.

Art. L. 213-4 Saisie de conclusions en ce sens, la juridiction peut, dans tous les cas où un processus de médiation a été engagé en application du présent chapitre, homologuer et donner force exécutoire à l'accord issu de la médiation.

Art. L. 213-5 Les parties peuvent, en dehors de toute procédure juridictionnelle, organiser une mission de médiation et désigner la ou les personnes qui en sont chargées.

Elles peuvent également, en dehors de toute procédure juridictionnelle, demander au président du tribunal administratif ou de la cour administrative d'appel territorialement compétent d'organiser une mission de médiation et de désigner la ou les personnes qui en sont chargées, ou lui demander de désigner la ou les personnes qui sont chargées d'une mission de médiation qu'elles ont elles-mêmes organisée.

Le président de la juridiction peut déléguer sa compétence à un magistrat de la juridiction.

Lorsque le président de la juridiction ou son délégataire est chargé d'organiser la médiation et qu'il choisit de la confier à une personne extérieure à la juridiction, il détermine s'il y a lieu d'en prévoir la rémunération et fixe le montant de celle-ci.

Les décisions prises par le président de la juridiction ou son délégataire en application du présent article ne sont pas susceptibles de recours.

(Abrogé par L. n° 2021-1729 du 22 déc. 2021, art. 27) « Lorsqu'elle constitue un préalable obligatoire au recours contentieux en application d'une disposition législative ou réglementaire, la médiation présente un caractère gratuit pour les parties. »

Art. L. 213-6 Les délais de recours contentieux sont interrompus et les prescriptions sont suspendues à compter du jour où, après la survenance d'un différend, les parties conviennent de recourir à la médiation ou, à défaut d'écrit, à compter du jour de la première réunion de médiation.

Ils recommencent à courir à compter de la date à laquelle soit l'une des parties ou les deux, soit le médiateur déclarent que la médiation est terminée. Les délais de prescription recommencent à courir pour une durée qui ne peut être inférieure à six mois.

Art. L. 213-7 Lorsqu'un tribunal administratif ou une cour administrative d'appel est saisi d'un litige, le président de la formation de jugement peut, après avoir obtenu l'accord des parties, ordonner une médiation pour tenter de parvenir à un accord entre celles-ci.

Art. L. 213-8 Lorsque la mission de médiation est confiée à une personne extérieure à la juridiction, le juge détermine s'il y a lieu d'en prévoir la rémunération et fixe le montant de celle-ci.

Lorsque les frais de la médiation sont à la charge des parties, celles-ci déterminent librement entre elles leur répartition.

A défaut d'accord, ces frais sont répartis à parts égales, à moins que le juge n'estime qu'une telle répartition est inéquitable au regard de la situation économique des parties.

Lorsque l'aide juridictionnelle a été accordée à l'une des parties, la répartition de la charge des frais de la médiation est établie selon les règles prévues au troisième alinéa du présent article. Les frais incombant à la partie bénéficiaire de l'aide juridictionnelle sont à la charge de l'État, sous réserve de l'article 50 de la loi n° 91-647 du 10 juillet 1991 relative à l'aide juridique.

Le juge fixe le montant de la provision à valoir sur la rémunération du médiateur et désigne la ou les parties qui consigneront la provision dans le délai qu'il détermine. La désignation du médiateur est caduque à défaut de consignation dans le délai et selon les modalités impartis. L'instance est alors poursuivie.

Art. L. 213-9 Le médiateur informe le juge de ce que les parties sont ou non parvenues à un accord.

Art. L. 213-10 Les décisions prises par le juge en application des articles L. 213-7 et L. 213-8 ne sont pas susceptibles de recours.

....

Art. R. 213-1 La médiation porte sur tout ou partie d'un litige.

Art. R. 213-2 La médiation peut être confiée à une personne physique ou à une personne morale. Si le médiateur désigné est une personne morale, son représentant légal désigne la ou les personnes physiques qui assureront, au sein de celle-ci et en son nom, l'exécution de la mission.

Art. R. 213-3 La personne physique qui assure la mission de médiation doit posséder, par l'exercice présent ou passé d'une activité, la qualification requise eu égard à la nature du litige. Elle doit en outre justifier, selon le cas, d'une formation ou d'une expérience adaptée à la pratique de la médiation.

Art. R. 213-3-1 *(Décr. nº 2022-433 du 25 mars 2022, art. 1er et 6, en vigueur le 1er avr. 2022)* Les parties peuvent être assistées devant le médiateur par toute personne de leur choix.

Art. R. 213-4 Par dérogation à l'article L. 411-2 du code des relations entre le public et l'administration, lorsque, en application de l'article L. 213-6 du présent code, le délai de recours contentieux a été interrompu par l'organisation d'une médiation, l'exercice d'un recours gracieux ou hiérarchique ne l'interrompt pas de nouveau, sauf s'il constitue un préalable obligatoire à l'exercice d'un recours contentieux.

Art. R. 213-5 Lorsque le juge estime que le litige dont il est saisi est susceptible de trouver une issue amiable, il peut à tout moment proposer une médiation. Il fixe aux parties un délai pour répondre à cette proposition.

Art. R. 213-6 Outre les éléments figurant à l'article L. 213-8, la décision qui ordonne une médiation mentionne l'accord des parties. Elle désigne le médiateur et, le cas échéant, la durée de sa mission et les modalités de sa rémunération. Cette décision est notifiée au médiateur et aux parties.

Art. R. 213-7 Lorsque la mission de médiation est rémunérée, le président de la juridiction, après consultation du président de la formation de jugement, peut, soit au début de la médiation, soit au cours de celle-ci, accorder au médiateur, sur sa demande, une allocation provisionnelle à valoir sur le montant de ses honoraires et débours.

Art. R. 213-8 En aucun cas la médiation ne dessaisit le juge, qui peut prendre à tout moment les mesures d'instruction qui lui paraissent nécessaires.

Art. R. 213-9 Le médiateur peut, avec l'accord des parties et pour les besoins de la médiation, entendre les tiers qui y consentent.

Le médiateur tient le juge informé des difficultés qu'il rencontre dans l'accomplissement de sa mission.

Le juge met fin à la médiation à la demande d'une des parties ou du médiateur. Il peut aussi y mettre fin d'office lorsque le bon déroulement de la médiation lui apparaît compromis.

Code des relations entre le public et l'administration

Art. L. 421-1 Il peut être recouru à une procédure de conciliation ou de médiation en vue du règlement amiable d'un différend avec l'administration, avant qu'une procédure juridictionnelle ne soit, en cas d'échec, engagée ou menée à son terme.

Art. L. 421-2 Des décrets en Conseil d'État peuvent déterminer dans quelles conditions les litiges contractuels concernant l'État, les collectivités territoriales et leurs établissements publics, ainsi que les actions mettant en jeu leur responsabilité extracontractuelle sont soumis, avant une instance juridictionnelle, à une procédure de conciliation. – *[L. nº 87-1127 du 31 déc. 1987, art. 13, ecqc la conciliation.]*

Art. L. 422-1 Ainsi qu'il est dit à l'article *(L. nº 2016-1547 du 18 nov. 2016, art. 5-VII)* « L. 213-5 » du code de justice administrative, une mission de *(L. nº 2016-1547 du 18 nov. 2016, art. 5-VII)* « médiation » peut être organisée par les chefs de juridiction dans les tribunaux administratifs et les cours administratives d'appel.

Art. L. 422-2 Ainsi qu'il est dit aux articles *(L. nº 2016-1547 du 18 nov. 2016, art. 5-VII)* « L. 213-7 à L. 213-10 » du code de justice administrative, les juridictions régies par ce

code peuvent ordonner une médiation en vue de parvenir au règlement de certains différends *(Abrogé par L. n° 2016-1547 du 18 nov. 2016, art. 5-VII)* **« *transfrontaliers* ».**

1. Lorsque qu'une convention prévoit qu'au cas où un différend d'interprétation surgirait et ne pourrait être réglé directement entre les parties celles-ci s'engagent à solliciter « l'arbitrage » du sous-préfet avant toute procédure contentieuse, la demande présentée par le cocontractant devant le tribunal administratif est irrecevable faute d'une saisine préalable du sous-préfet. • CE 9 déc. 1991, *Snoy*, n° 84308 A.

2. La saisine de l'instance de conciliation immédiatement avant l'introduction de la requête devant le tribunal est inopérante et ne couvre pas l'irrecevabilité dont est entachée la requête. • CAA Lyon, 8 févr. 1993, *Bouchez*, n° 91LY00007.

3. Clause relative au règlement des contestations entre les parties. Aux termes de l'art. 40 du contrat de concession liant le département à la société, inséré dans le chapitre VII intitulé « Sanctions – contentieux » et régissant l'ensemble des litiges entre les parties : « Les parties au présent contrat conviennent que les contestations sur l'interprétation ou l'exécution de celui-ci seront soumises à un expert désigné conjointement par la collectivité et le gérant dans un délai de quinze jours après la déclaration d'un litige par l'une d'entre elles. (...) A défaut de conciliation ou d'accord sur la désignation d'un expert, les contestations qui s'élèveront entre le gérant et la collectivité au sujet du présent contrat seront soumises au tribunal administratif de Nice » ; d'une part, la cour administrative d'appel n'a pas dénaturé la portée de ces stipulations contractuelles en jugeant qu'elles faisaient obstacle à ce que le département émette directement des titres exécutoires pour le règlement des sommes correspondant à une contestation relative à l'exécution du contrat, sans mettre préalablement en œuvre la procédure de concertation consistant en une déclaration de litige et à la désignation conjointe d'un expert ; d'autre part, en retenant que la remise en cause des comptes de la délégation par le département, pourtant antérieurement approuvés par lui, constituait une telle contestation, la cour s'est livrée à une interprétation souveraine des faits de l'espèce, exempte de dénaturation ; elle en a légalement déduit que les titres de perception émis, pour le recouvrement des sommes correspondant à cette contestation, en méconnaissance de l'obligation contractuelle de mise en œuvre de la procédure de conciliation préalable, étaient entachés d'illégalité. • CE 28 janv. 2011, *Dpt des Alpes-Maritimes*, n° 331986 B.

4. Les propositions émises par un tribunal administratif saisi d'une demande de conciliation sur le fondement des dispositions de l'art. L. 211-4 CJA ne constituent pas des décisions susceptibles de recours. • CAA Bordeaux, 11 juin 2009, *Cté urb. de Bordeaux*, n° 07BX01763.

5. Des stipulations contractuelles imposant aux parties de se conformer à une procédure de conciliation préalable avant de saisir le juge ne sauraient avoir pour objet ou pour effet, une fois le juge régulièrement saisi par l'un des cocontractants, de subordonner au respect de cette procédure la recevabilité de moyens ou de conclusions reconventionnelles présentés en défense par l'autre partie, en vue notamment d'opposer une compensation. • CE 14 nov. 2014, *Dpt de la Guadeloupe*, n° 376119 B : *AJDA 2015. 701, note Langelier ; Rev. CMP 2015, n° 15, note Pietri.*

6. Médiation/transaction. Homologation. D'une part, aux termes de l'art. L. 213-1 CJA : « La médiation régie par le présent chapitre s'entend de tout processus structuré, quelle qu'en soit la dénomination, par lequel deux ou plusieurs parties tentent de parvenir à un accord en vue de la résolution amiable de leurs différends, avec l'aide d'un tiers, le médiateur, choisi par elles ou désigné, avec leur accord, par la juridiction ». L'art. L. 213-3 de ce code précise que « l'accord auquel parviennent les parties ne peut porter atteinte à des droits dont elles n'ont pas la libre disposition ». Enfin, l'art. L. 213-4 du même code prévoit que « Saisie de conclusions en ce sens, la juridiction peut, dans tous les cas où un processus de médiation a été engagé en application du présent chapitre, homologuer et donner force exécutoire à l'accord issu de la médiationK. D'autre part, l'art. 2044 du code civil dispose que « La transaction est un contrat par lequel les parties, par des concessions réciproques, terminent une contestation née, ou préviennent une contestation à naître. Ce contrat doit être rédigé par écrit ». Il résulte de ces dispositions, combinées avec celles des art. 6 et 2052 du code civil, que l'administration, peut, ainsi que le rappelle désormais l'art. L. 423-1 CRPA, légalement conclure avec un ou des particuliers un protocole transactionnel afin de prévenir ou d'éteindre un litige, sous réserve de la licéité de l'objet de ce dernier, de l'existence de concessions réciproques et équilibrées entre les parties et du respect de l'ordre public.

Lorsque le juge est saisi d'une demande d'homologation d'un accord de médiation, il lui appartient d'appliquer les dispositions du code de justice administrative propres à ce type d'accord en s'assurant de l'accord de volonté des parties, de ce que celles-ci n'ont pas porté atteinte à des droits dont elles n'auraient pas eu la libre disposition et de ce que l'accord ne contrevient pas à l'ordre public ni n'accorde de libéralité. Les dispositions de l'art. L. 213-1 CJA n'imposent pas aux parties de conclure une médiation par une transaction au sens de l'art. 2044 du code civil. Toutefois, lorsqu'il est saisi d'une demande d'homologation d'une transaction concrétisant un accord de médiation, le juge doit encore examiner si celle-ci répond aux exigences fixées par le code civil et par le code des relations entre le public et l'administration.

En l'espèce, il résulte de l'examen de l'ensemble des stipulations de cet avenant, au demeurant qualifié de transactionnel par les parties elles-mêmes en son point 10, que celles-ci ont entendu donner un caractère transactionnel à l'accord auquel elles sont parvenues et qui a pris la forme d'un avenant au contrat qui les lie. Par suite, Bordeaux Métropole n'est pas fondée à soutenir que cet avenant ne serait pas régi par les dispositions du code civil relatives aux transactions et, en particulier, par celles de l'art. 2048 de ce code. • CAA Bordeaux, 30 déc. 2019, *Bordeaux Métropole*, n° 19BX03235 : *AJDA 2020. 632, concl. Normand*.

B TRANSACTION

BIBL. ▶ Louis et Soler-Couteaux, Du bon usage de la transaction administrative dans les contrats administratifs, *Rev. CMP 2002. Chron. 2.*

COMMENTAIRE

La transaction est « un contrat par lequel les parties terminent une contestation née, ou préviennent une contestation à naître » (C. civ., art. 2044) en faisant des concessions réciproques et équilibrées. Elle a « entre les parties l'autorité de la chose jugée en dernier ressort » (C. civ., art. 2052). Ce contrat, qui est administratif lorsqu'il prévient un litige relevant de la compétence du juge administratif ou y met fin, fait obstacle à la saisine ultérieure de ce juge sur le même litige ou entraîne le prononcé d'un non-lieu à statuer si une partie l'a déjà saisi, à condition toutefois que l'une des parties au litige excipe de cette transaction devant le juge.

Les ministres ont le pouvoir de transiger au nom de l'État. Les collectivités territoriales et leurs établissements publics peuvent librement recourir à la transaction (sur décision de l'organe délibérant), tandis que les établissements publics de l'État doivent être autorisés à transiger par décret du Premier ministre (l'autorisation pouvant être donnée « une fois pour toutes » par les statuts).

Une transaction ne peut porter sur une question intéressant l'ordre public et elle ne peut non plus méconnaître une règle d'ordre public (notamment l'interdiction, pour une personne publique, de payer une somme qu'elle ne doit pas). La circonstance que l'une des parties l'ait signée en commettant une erreur de fait sur l'étendue de ses droits ou des concessions consenties par l'autre partie est sans incidence sur sa validité.

A l'occasion d'un litige de plein contentieux porté devant lui, il peut être conduit à homologuer un accord transactionnel en en donnant acte ou en condamnant la partie redevable.

Une partie à la transaction peut aussi, sous certaines conditions précisées par un avis contentieux du Conseil d'État du 6 décembre 2002 (V. jurisprudence *infra*), demander au juge administratif, même en l'absence de litige né, d'« homologuer » cette transaction. Le juge doit vérifier, même d'office, que les conditions de validité de la transaction sont remplies et, si ce n'est pas le cas, il doit refuser l'homologation, ce refus entraînant la nullité de la transaction. On comprendra que, compte tenu de ce risque, les demandes d'homologation soient très rares. L'homologation peut cependant être utile, par exemple lorsque, faute de pouvoir régulariser un contrat irrégulièrement conclu, une personne publique a conclu une transaction mais ne peut convaincre le comptable public d'en exécuter le règlement.

La possibilité de recourir à la transaction est prévue par les articles L. 423-1 et L. 423-2 du code des relations entre le public et l'administration et, désormais, par le code de la commande publique, aux articles L. 2197-5 et L. 3137-3. ❑

Code des relations entre le public et l'administration

Art. L. 423-1 **Ainsi que le prévoit l'article 2044 du code civil et sous réserve qu'elle porte sur un objet licite et contienne des concessions réciproques et équilibrées, il peut être recouru à une transaction pour terminer une contestation née ou prévenir une contestation à naître avec l'administration. La transaction est formalisée par un contrat écrit.**

Art. L. 423-2 *(L. n° 2018-727 du 10 août 2018, art. 24)* **Lorsqu'une administration de l'État souhaite transiger, le principe du recours à la transaction et le montant de celle-ci peuvent**

être préalablement soumis à l'avis d'un comité dont la composition est précisée par décret en Conseil d'État. L'avis du comité est obligatoire lorsque le montant en cause dépasse un seuil précisé par le même décret.

A l'exception de sa responsabilité pénale, la responsabilité personnelle du signataire de la transaction ne peut être mise en cause à raison du principe du recours à la transaction et de ses montants, lorsque celle-ci a suivi l'avis du comité.

Art. R. 423-3 *(Décr. nº 2018-1029 du 23 nov. 2018, art. 1er et 3, en vigueur le 1er févr. 2019)* **Le seuil mentionné à l'article L. 423-2 est fixé à 500 000 euros.**

Art. R. 423-4 *(Décr. nº 2018-1029 du 23 nov. 2018, art. 1er et 3, en vigueur le 1er févr. 2019)* **Un comité, dénommé "comité ministériel de transaction", institué auprès de chaque ministre, est saisi pour avis du principe du recours à la transaction et de son montant. A cette fin, il procède à l'examen de la contestation née ou à naître, s'assure du respect des normes applicables et se prononce sur la pertinence du projet qui lui est soumis.**

Toutefois, un comité unique peut être institué auprès de plusieurs ministres ayant sous leur autorité un même secrétariat général.

Art. R. 423-5 *(Décr. nº 2018-1029 du 23 nov. 2018, art. 1er et 3, en vigueur le 1er févr. 2019)* **Le comité comprend, outre le secrétaire général du ministère qui le préside, le responsable des affaires juridiques et le responsable des affaires financières, ou leurs représentants.**

Le comité compétent pour connaître d'une transaction proposée par un service interministériel est celui placé auprès du ministre principalement intéressé par la transaction.

Art. D. 423-6 *(Décr. nº 2018-1029 du 23 nov. 2018, art. 1er et 3, en vigueur le 1er févr. 2019)* **La demande d'avis est adressée par voie électronique, accompagnée d'une note explicative et de tout élément utile au comité. Il en est accusé réception dans les mêmes conditions.**

Art. D. 423-7 *(Décr. nº 2018-1029 du 23 nov. 2018, art. 1er et 3, en vigueur le 1er févr. 2019)* **Le comité se prononce, à la majorité, dans un délai d'un mois à compter de l'enregistrement de la demande.**

Le président peut solliciter l'avis de toute personne dont le concours est jugé utile et, le cas échéant, l'inviter à assister, de manière temporaire, aux réunions du comité.

L'avis est notifié, dans le délai de sept jours, à l'autorité compétente à l'origine de la saisine par voie électronique.

Le comité dispose d'un secrétariat, assuré par le service désigné par le secrétaire général du ministère.

1. Transaction. Établissement public. Autorisation. Il y a lieu d'interpréter les dispositions de l'art. 2045 C. civ. comme signifiant que les établissements publics ne peuvent transiger qu'après une décision expresse du Premier ministre les y autorisant. Par suite, en l'absence de décret du Premier ministre autorisant une chambre d'agriculture à transiger, une transaction signée par elle n'est pas opposable à l'autre partie à ladite transaction. • CE 14 déc. 1998, *Chambre d'agriculture de La Réunion*, nº 146351 B.

2. L'autorisation mentionnée à l'art. 2045 C. civ. n'est pas au nombre des décisions dont l'art. 13 Const. réserve la signature au président de la République mais relève de la compétence attribuée au Premier ministre par l'art. 21 Const. Ainsi, un décret signé du Premier ministre peut donner à l'Établissement public pour l'aménagement de la région de La Défense la capacité de transiger dans une affaire déterminée. • CE 23 avr. 2001, *Ceccaldi-Raynaud*, nº 215552.

3. Transaction. Homologation. Si, à l'occasion d'un litige, une collectivité publique a offert de verser une indemnité à la victime d'un dommage, si cette offre a été acceptée et si les parties concluent à ce que le juge administratif sanctionne l'accord ainsi réalisé, il n'appartient à la juridiction compétente de donner acte de cet accord qu'à la condition que ce dernier ne méconnaisse aucune règle d'ordre public. L'interdiction de condamner une personne morale de droit public à payer une somme qu'elle ne doit pas est d'ordre public et doit être soulevée d'office par le juge. Cette interdiction fait obligation au juge de refuser de condamner la personne publique à verser à l'autre partie la somme prévue par la transaction. • CE, sect., 19 mars 1971, *Mergui*, nº 79962 A.

4. Transaction. Demande d'homologation. Autorité de l'État compétente pour transiger. A la date de signature de la convention de transaction, un litige portant sur le montant du solde du décompte de résiliation opposait l'État (représenté par le ministre de la Justice) à la société et était pendant devant le tribunal administratif ; la transaction ayant eu pour objet de mettre fin à cette contestation précédemment portée devant le juge administratif, les conclusions tendant à son homologation sont recevables sans qu'il soit nécessaire d'examiner les difficultés auxquelles se heurte son exécution, révélées par le refus du directeur régional des services pénitentiaires de verser une indemnité de 15 000 euros TTC. Sauf disposition particulière, il n'appartient qu'au ministre intéressé de transiger au nom de l'État ; aucun texte n'attribue aux directeurs régionaux des services pénitentiaires délégués dans les fonctions de personne responsable d'un marché, la compétence de transiger dans les litiges engageant la responsabilité de l'État en ses qualités de partie contractante ou de maître d'ouvrage ; ainsi la transaction a été passée par la société avec une autorité administrative dépourvue de qualité pour représenter l'État qui, de ce fait, n'y a pas consenti ; elle ne peut, dès lors, recevoir d'homologation, et se trouve nulle et de nul effet. • CAA Lyon, 7 janv. 2010, *Sté Brace Ingénierie c/ Min. de la Justice et des Libertés,* n° 08LY00326.

5. Transaction. Demande d'homologation à l'occasion d'un pourvoi en cassation. Selon l'art. 2044 C. civ., la transaction est un contrat par lequel les parties terminent une contestation née ou préviennent une contestation à naître ; en vertu de l'art. 2052 dudit code, un tel contrat de transaction a entre les parties l'autorité de la chose jugée en dernier ressort ; il est exécutoire de plein droit, sans qu'y fassent obstacle, notamment, les règles de la comptabilité publique ; toutefois, les parties à une instance en cours devant le juge administratif peuvent présenter à celui-ci, y compris à l'occasion d'un pourvoi en cassation, des conclusions tendant à l'homologation d'une transaction par laquelle elles mettent fin à la contestation initialement portée devant la juridiction administrative ; il appartient alors au juge administratif, qui se prononce en tant que juge de l'homologation, de vérifier que les parties consentent effectivement à la transaction, que l'objet de celle-ci est licite, qu'elle ne constitue pas de la part de la collectivité publique une libéralité et ne méconnaît pas d'autres règles d'ordre public ; en cas d'homologation de la transaction, le juge administratif doit constater le non-lieu à statuer sur la requête ou, dans le cas où la partie requérante aurait subordonné son désistement à l'homologation de la transaction, donner acte de ce désistement ; en revanche, le refus d'homologation entraînant la nullité de la transaction, il appartient dans cette hypothèse au juge de statuer sur la requête. • CE, ass., 11 juill. 2008, *Sté Krupp Hazemag,* n° 287354 : *Lebon 273 ; Rev. CMP 2008, n° 212, obs. Pietri ; RFDA 2008. 951, concl. Dacosta, note Pacteau*.

6. Transaction. Homologation par le juge en dehors de tout litige porté devant lui. Conditions. En vertu de l'art. 2052 C. civ., le contrat de transaction, par lequel les parties terminent une contestation née ou préviennent une contestation à naître, a entre ces parties l'autorité de la chose jugée en dernier ressort. Il est exécutoire de plein droit, sans qu'y fassent obstacle, notamment, les règles de la comptabilité publique.

Par suite, en dehors des cas où la contestation à laquelle il est mis fin a été précédemment portée devant le juge administratif, des conclusions tendant à ce que celui-ci homologue une transaction sont en principe dépourvues d'objet et par suite irrecevables.

La recevabilité d'une telle demande d'homologation doit toutefois être admise, dans l'intérêt général, lorsque la conclusion d'une transaction vise à remédier à une situation telle que celle créée par une annulation ou la constatation d'une illégalité qui ne peuvent donner lieu à régularisation, ou lorsque son exécution se heurte à des difficultés particulières. Tel peut notamment être le cas en matière de travaux publics et de délégations de service public.

Lorsque cette condition est remplie – et sous réserve que la transaction ait pour objet le règlement ou la prévention de litiges pour le jugement desquels la juridiction administrative serait compétente –, le juge vérifie que les parties consentent effectivement à la transaction, que l'objet de cette transaction est licite, qu'elle ne constitue pas de la part de la collectivité publique intéressée une libéralité et qu'elle ne méconnaît pas d'autres règles d'ordre public. Si une de ces conditions n'est pas remplie, la non-homologation entraîne la nullité de la transaction.

La demande d'homologation ne peut porter que sur un contrat conclu. Lorsque ce contrat doit être soumis à l'approbation de l'assemblée délibérante d'une collectivité territoriale ou d'un ou de plusieurs des conseils d'un établissement public, le juge ne peut être saisi qu'après cette approbation. Les contrats de transaction soumis au contrôle de légalité ne peuvent faire l'objet d'une demande d'homologation avant d'avoir été transmis au représentant de l'État. La demande d'homologation n'est pas soumise aux procédures dont l'accomplissement serait nécessaire avant que le juge puisse être saisi de conclusions tendant au règlement du litige que la transaction prévient ou éteint.

Le juge fait application de celles des règles de procédure qui ne sont pas incompatibles avec une telle demande (...).

La décision d'homologation est revêtue de l'autorité relative de la chose jugée. • CE, avis cont., 6 déc. 2002, *Synd. intercommunal des éts du second cycle du second degré du district de L'Haÿ-les-Roses,* n° 249153 : *Lebon 54, concl. Le Chatelier ; AJDA 2003. 280, chron. Donnat et Casas ; RFDA 2003. 291, concl. Le Chatelier ; ibid. 302, note Pacteau ; CJEG 2003. 543, note Gourdon et Terneyre ; Dr. adm. 2003, obs. n° 44, obs. Ménéménis.*

7. Transaction. Homologation. Voies de recours. Le jugement par lequel un tribunal administratif se prononce, soit pour les accueillir soit pour les rejeter, sur des conclusions tendant à ce qu'il homologue une transaction hors de tout litige porté devant lui, est une décision juridictionnelle soumise, en ce qui concerne les voies de recours ouvertes contre elle, aux dispositions du code de justice administrative relatives aux voies de recours contre les jugements des tribunaux administratifs. Il résulte du code que, hors les cas où le litige que prévient ou éteint la transaction est au nombre de ceux dans lesquels, en vertu du 2e al. de l'art. R. 811-1, le tribunal statue en premier et dernier ressort, le jugement se prononçant sur une demande d'homologation d'une transaction est rendu en premier ressort et susceptible d'appel. Cet appel doit être formé devant la cour administrative d'appel. • CE, avis cont., 4 avr. 2005, *Sté Cabinet JPR Consultants*, n° 273517 : *Lebon 139 ; AJDA 2005. 1403, note Cassia*.

8. Transaction et modifications substantielles. L'art. 2 de la Dir. 2004/18/CE du Parlement européen et du Conseil du 31 mars 2004, relative à la coordination des procédures de passation des marchés publics de travaux, de fournitures et de services, doit être interprété en ce sens que, après l'attribution d'un marché public, une modification substantielle ne peut pas être apportée à celui-ci sans l'ouverture d'une nouvelle procédure de passation de marché même lorsque cette modification constitue, objectivement, un mode de règlement transactionnel, emportant des renonciations réciproques de la part des deux parties, en vue de mettre un terme à un litige, dont l'issue est incertaine, né des difficultés auxquelles se heurte l'exécution de ce marché. Il n'en serait autrement que si les documents dudit marché prévoyaient la faculté d'adapter certaines conditions, même importantes, de celui-ci après son attribution et fixaient les modalités d'application de cette faculté. • CJUE 7 sept. 2016, *Finn Frogne A/S*, C-549/14 : *Rev. CMP 2016, n° 257, note Llorens.*

9. Transaction. Annulation du marché. Indemnité. L'indemnité attribuée à un cocontractant, après annulation de son marché et réalisation des travaux, doit être déterminée sur la base du montant des dépenses utiles exposées par le cocontractant au profit de la commune, éventuellement augmenté, dans la limite du prix du marché, d'une somme correspondant à la réparation du préjudice subi par le cocontractant du fait de la faute constituée par l'illégalité entachant le marché, y compris, le cas échéant, la privation du bénéfice que le cocontractant escomptait de l'exécution du marché. En fixant le montant des indemnités accordées dans le cadre de la transaction envisagée par application du prix du marché, le Conseil municipal a commis une erreur de droit qui entraîne l'annulation de cette délibération. • CE 8 déc. 1995, *Cne de Saint-Tropez*, n° 144029 A.

10. Transaction. Renonciation aux intérêts moratoires. Illégalité. Les dispositions de l'art. 67 de la L. du 8 août 1994 interdisent de façon absolue toute renonciation aux intérêts moratoires dus en raison de retards dans le règlement des marchés publics, que cette renonciation intervienne lors de la passation du marché ou postérieurement. Toute délibération de l'organe délibérant du pouvoir adjudicateur qui autoriserait une transaction avec le titulaire du marché ou ses sous-traitants par laquelle ceux-ci renonceraient à tout ou partie des intérêts qui leur seraient dus serait illégale, quel que soit le moment où elle interviendrait. • CE 17 oct. 2003, *Min. de l'Intérieur, de la Sécurité intérieure et des Libertés locales c/ Synd. intercommunal d'assainissement Le Beausset, La Cadière, Le Castellet*, n° 249822 A. ♦ V. aussi • CE 18 mai 2021, *Cté d'agglomération de Lens-Liévin*, nos 443153 et 443158 B : *BJCP 2021. 355, concl. Pichon de Vendeuil ; AJDA 2021. 1873, note Bousquet*.

11. Interdiction des libéralités. Appréciation. Pour estimer que la transaction approuvée par les délibérations attaquées constituait une libéralité de la part de la collectivité publique et présentait par conséquent un caractère illicite, la cour administrative d'appel a examiné séparément le contenu de chacun des chefs de préjudice pris en compte dans l'accord transactionnel et a apprécié pour chacun d'eux, pris isolément, si les indemnités négociées n'étaient pas manifestement disproportionnées ; en raisonnant ainsi, alors que les concessions réciproques consenties par les parties dans le cadre d'une transaction doivent être appréciées de manière globale, la cour a commis une erreur de droit. • CE 9 déc. 2016, *Sté Foncière Europe*, n° 391840 B : *AJDA 2017. 690, note Clamour ; AJCT 2017. 291, obs. Yazi-Roman ; AJ contrat 2017. 83, obs. Lepron ; BJCP 2017. 123, concl. Pellissier ; Rev. CMP 2017, n° 53, note Devillers.*

12. Transaction méconnaissant une règle d'ordre public (DSP). Annulation. L'indemnité à verser par la collectivité publique délégante au titre des biens de retour s'élève, selon le protocole litigieux, à un montant de 10 702 432 € HT ; il est constant que ce montant excède leur valeur nette comptable inscrite au bilan, qui s'élève à 9 059 098 € HT ; à supposer même que cet amortissement ait été calculé en retenant une durée d'utilisation du bien supérieure à celle du contrat, le montant d'indemnisation prévu par la transaction excèderait également la valeur nette comptable recalculée en retenant un amortissement du bien sur la durée du contrat.

L'octroi de la somme retenue dans la convention contestée par le préfet, et dont l'homologation est demandée, méconnaît une règle d'ordre public, tirée de l'interdiction d'indemniser les *biens de retour* à un montant supérieur à leur valeur nette comptable, et constitue ainsi une libéralité ; la transaction, qui ne peut être homologuée, est entachée de nullité ; ce vice implique nécessairement son annulation, ainsi que celle de l'acte autorisant sa signature par la collectivité intéressée. • CAA Lyon, 28 févr. 2013, *Sté des remontées mécaniques Les Houches-Saint-Gervais*, n° 12LY01332.

13. Transaction. Indemnisation sur le fondement de l'enrichissement sans cause. Le titulaire de la concession résiliée par la personne publique ne s'étant rendu coupable d'aucune manœuvre frauduleuse qui aurait entaché de dol le contrat, la responsabilité de la personne publique peut être engagée, dans le cadre d'une transaction, sur le fondement de l'enrichissement sans cause, quelles que soient les fautes éventuellement commises par ce titulaire antérieurement à la signature du contrat. Le juge contrôle que la transaction ne conduit la collectivité publique à accorder aucune libéralité ni à méconnaître aucune règle d'ordre public. • CE 22 févr. 2008, *M. Tête*, n° 266755 B : *AJDA 2008. 992, note Dreyfus ; BJCP 2008. 189, concl. Casas ; Rev. CMP 2008, n° 79, obs. Eckert.*

14. Transaction illégale. Il ressort des pièces du dossier que la société a présenté un projet comportant une démolition totale et une reconstruction des deux groupes scolaires, en méconnaissance de l'art. 1.1 du règlement du concours qui prévoyait le maintien de l'existant, la restructuration du groupe scolaire et la création d'un second groupe scolaire ; à supposer même que, comme la société le soutient, son offre satisfaisait néanmoins à son obligation de conseil dans la mesure où elle s'imposait techniquement et permettait de tenir les délais d'exécution et les conditions financières prescrites, la commune se devait de l'écarter, ainsi qu'elle l'a fait conformément à la proposition unanime du jury qui ne l'a pas classée, à peine de méconnaître le principe d'égalité de traitement des candidats ; si la société a entendu déposer pour les mêmes motifs une demande gracieuse auprès de la commune et contester le rejet de son offre et l'allocation d'une prime de 5 000 euros HT, soit 5 980 euros TTC, en application de l'art. 5.5 du règlement du concours, elle n'a fait valoir aucune intention d'action contentieuse laquelle, au vu des circonstances, aurait été dépourvue de toute chance de prospérer et alors que l'allocation de cette prime n'était pas manifestement insuffisante au regard de l'inadéquation de l'offre, nonobstant le travail qu'elle a pu représenter ; en acceptant néanmoins, dans ces circonstances, de verser une indemnité de 41 860 euros *TTC en sus de la prime* de 5 980 euros précitée au titre des dépenses utiles exposées pour la réalisation du concours de maîtrise d'œuvre en contrepartie de la renonciation à toute action contentieuse, tout en reconnaissant, ainsi qu'il ressort du préambule de la transaction, que la procédure avait été régulière et qu'était fondée la décision du jury d'écarter la candidature de cette société et de moduler le montant de la prime au vu de l'importance du non-respect des exigences du programme, la commune a été à bon droit regardée par les premiers juges comme accordant une libéralité à la société ; le protocole transactionnel était, par suite, entaché de nullité. • CAA Versailles, 13 mai 2015, *Sté Ameller et Dubois*, n° 13VE03220 : *Rev. CMP 2015, n° 186, note Pietri.*

15. Autorisation par le conseil municipal. Lorsqu'il entend autoriser le maire à conclure une transaction, le conseil municipal doit, sauf à méconnaître l'étendue de sa compétence, se prononcer sur tous les éléments essentiels du contrat à intervenir, au nombre desquels figurent notamment la contestation précise que la transaction a pour objet de prévenir ou de terminer et les concessions réciproques que les parties se consentent à cette fin. • CE 11 sept. 2006, *Cne de Théoule-sur-Mer*, n° 255273 : *Lebon 395.*

16. Transaction. Compétence de l'exécutif local. La faculté dont dispose le contribuable d'une collectivité territoriale d'exercer avec l'autorisation du tribunal administratif les actions qu'il croit appartenir à la collectivité publique ne fait pas obstacle à l'exercice, par l'exécutif de celle-ci, du pouvoir de conclure une transaction. • CE 22 févr. 2008, *M. Tête*, n° 266755 B : *AJDA 2008. 992, note Dreyfus ; BJCP 2008. 189, concl. Casas ; Rev. CMP 2008, n° 79, obs. Eckert.*

17. Délibération annulant une transaction. Référé-suspension. En raison de l'autonomie juridique et financière dont une société dispose comme toute personne morale, il n'appartient pas, en principe, au juge des référés, lorsqu'une décision a des répercussions financières sur une société, de tenir compte des capacités financières de ses actionnaires ou de son appartenance à un groupe pour apprécier si cette décision préjudicie de manière suffisamment grave et immédiate à sa situation ; devant le tribunal administratif, le SITURV se bornait à faire valoir que la société TUV appartenait à un groupe doté d'une solide assise financière ; il ne soutenait pas que cette filiale serait fictive ou que son patrimoine se serait confondu avec celui de sa maison-mère ; il suit de là qu'en estimant que la délibération attaquée portait atteinte de manière suffisamment grave et immédiate aux intérêts, notamment financiers, de la société TUV sans prendre en compte son appartenance à un groupe, le juge des référés n'a pas commis d'erreur de droit. En jugeant que le moyen tiré de ce que le SITURV n'était pas compétent pour prononcer l'annulation unilatérale du protocole d'accord transactionnel du 21 janv. 2014 était propre, en l'état de l'instruction, à créer un doute sérieux quant à la légalité de la délibération du 16 déc. 2015 du comité syndical du SITURV, le juge des référés n'a pas entaché son ordonnance d'erreur de droit. • CE 21 sept. 2016, *Syndicat intercommunal pour les transports urbains de la région de Valenciennes (SITURV)*, n° 398231 : *Rev. CMP 2016, n° 268, note Ubaud-Bergeron.*

18. Le consentement des parties peut être établi par tout élément. La circonstance qu'une partie au litige, après avoir proposé à l'autre partie de conclure une transaction par la signature d'un protocole d'accord joint à son courrier et s'être vu retourner le protocole signé par cette autre partie, n'ait pas elle-même signé ce protocole, ne fait pas obstacle à ce qu'elle soit regardée par le juge, en raison de la signature apposée sur le courrier initial de transmission de sa proposition, comme ayant effectivement consenti à la transaction. • CE 10 févr. 2014, *SA Gecina*, n° 350265 : *Lebon T. 737 ; BJCP 2014. 190, concl. Polge ; Rev. CMP 2014, n° 115, note Devillers.*

19. Médiation/transaction. Homologation. D'une part, aux termes de l'art. L. 213-1 CJA : « La médiation régie par le présent chapitre s'entend de tout processus structuré, quelle qu'en soit la dénomination, par lequel deux ou plusieurs parties tentent de parvenir à un accord en vue de la résolution amiable de leurs différends, avec l'aide d'un tiers, le médiateur, choisi par elles ou désigné, avec leur accord, par la juridiction ». L'art. L. 213-3 de ce code précise que « l'accord auquel parviennent les parties ne peut porter atteinte à des droits dont elles n'ont pas la libre disposition ». Enfin, l'art. L. 213-4 du même code prévoit que « Saisie de conclusions en ce sens, la juridiction peut, dans tous les cas où un processus de médiation a été engagé en application du présent chapitre, homologuer et donner force exécutoire à l'accord issu de la médiation ». D'autre part, l'art. 2044 C. civ. dispose que « La transaction est un contrat par lequel les parties, par des concessions réciproques, terminent une contestation née, ou préviennent une contestation à naître. Ce contrat doit être rédigé par écrit ». Il résulte de ces dispositions, combinées avec celles des art. 6 et 2052 C. civ., que l'administration, peut, ainsi que le rappelle désormais l'art. L. 423-1 CJA, légalement conclure avec un ou des particuliers un protocole transactionnel afin de prévenir ou d'éteindre un litige, sous réserve de la licéité de l'objet de ce dernier, de l'existence de concessions réciproques et équilibrées entre les parties et du respect de l'ordre public.

Lorsque le juge est saisi d'une demande d'homologation d'un accord de médiation, il lui appartient d'appliquer les dispositions du code de justice administrative propres à ce type d'accord en s'assurant de l'accord de volonté des parties, de ce que celles-ci n'ont pas porté atteinte à des droits dont elles n'auraient pas eu la libre disposition et de ce que l'accord ne contrevient pas à l'ordre public ni n'accorde de libéralité. Les dispositions de l'art. L. 213-1 CJA n'imposent pas aux parties de conclure une médiation par une transaction au sens de l'art. 2044 C. civ. Toutefois, lorsqu'il est saisi d'une demande d'homologation d'une transaction concrétisant un accord de médiation, le juge doit encore examiner si celle-ci répond aux exigences fixées par le code civil et par le code des relations entre le public et l'administration. En l'espèce, il résulte de l'examen de l'ensemble des stipulations de cet avenant, au demeurant qualifié de transactionnel par les parties elles-mêmes en son point 10, que celles-ci ont entendu donner un caractère transactionnel à l'accord auquel elles sont parvenues et qui a pris la forme d'un avenant au contrat qui les lie. Par suite, Bordeaux Métropole n'est pas fondée à soutenir que cet avenant ne serait pas régi par les dispositions du code civil relatives aux transactions et, en particulier, par celles de l'art. 2048 de ce code. • CAA Bordeaux, 30 déc. 2019, *Bordeaux Métropole*, n° 19BX03235 : *AJDA 2020. 632, concl. Normand.*

Circulaire du 7 septembre 2009,

Relative au recours à la transaction pour la prévention et le règlement des litiges portant sur l'exécution des contrats de la commande publique (JO 18 sept.).

La circulaire du Premier ministre du 6 février 1995 relative au développement du recours à la transaction pour régler amiablement les conflits *(JO 15 févr. 1995, p. 2518)* a encouragé la conclusion des transactions pour une meilleure satisfaction des intérêts publics. Les atouts de la transaction sont nombreux : en effet, la transaction facilite un règlement rapide et amiable des différends, elle permet une gestion économe des deniers publics et allège la charge de travail des juridictions.

L'intérêt de la transaction est manifeste dans le domaine contractuel. L'exécution des marchés publics, délégations de service public et autres contrats administratifs est à l'origine de litiges souvent longs et complexes où les responsabilités sont partagées, la durée des contentieux augmentant, souvent dans des proportions importantes, les intérêts moratoires dus par les parties. La multiplication des cas où des contrats sont annulés ou déclarés nuls par le juge pose le problème du paiement des prestations effectuées par le cocontractant de l'administration, en raison, depuis quelques années, de l'élargissement progressif des possibilités offertes aux concurrents évincés de contester les contrats conclus.

Malgré l'intérêt qui s'attache à la transaction et les encouragements de la circulaire du 6 février 1995, le développement souhaité du recours à la transaction se traduit aujourd'hui par un relatif échec. Dans son rapport public 2008, le Conseil d'État constate que les administrations restent réticentes devant la solution transactionnelle.

Les conditions dans lesquelles il peut être envisagé de transiger semblent mal appréhendées par les personnes publiques. Le contenu souhaitable et la portée exacte des contrats de transaction paraissent également méconnus. Les transactions sont fréquemment perçues comme induisant des risques importants, notamment sur le plan pénal. Le comportement des comptables publics est présenté comme un obstacle à l'exécution de ces contrats : des comptables exigeraient à tort leur homologation par le juge ou l'émission d'un ordre de réquisition par l'ordonnateur. Pourtant, depuis plusieurs années, la direction générale des finances publiques a rappelé aux comptables publics que de telles exigences n'étaient juridiquement pas fondées. Certains acheteurs en viennent à "détourner" de son objet la procédure de référé provision (art. R. 541-1 du code de justice administrative), en incitant leur cocontractant à se pourvoir en référé afin d'obtenir une décision juridictionnelle autorisant le versement à ce dernier de l'indemnisation auquel il a droit.

Depuis 1995, le juge administratif a pourtant précisé le régime de la transaction, en rappelant que ce contrat a, entre les parties, l'autorité de la chose jugée et est exécutoire de plein droit. Les conditions du recours à la transaction peuvent être aujourd'hui mieux cernées, en particulier lorsqu'est en jeu l'indemnisation du titulaire d'un contrat entaché de nullité. La jurisprudence a mis en lumière les modalités d'élaboration et de rédaction des transactions.

Le recours à la transaction ne peut constituer un mode courant de gestion des achats et contrats par l'administration. Cependant, son développement est une nécessité pour la préservation des intérêts publics. L'objet de la présente circulaire est de présenter les règles qui régissent la conclusion et l'exécution des transactions en matière de contrats de la commande publique.

Les administrations se référeront utilement à l'annexe à la circulaire du Premier ministre du 6 février 1995 pour une présentation des lignes directrices du régime des transactions administratives.

1. *Cas dans lesquels le recours à la transaction est justifié*

1.1. *Indemnisation des parties en l'absence de contrat valide*

Le contrat de transaction constitue, à défaut de contrat, un titre juridique permettant le paiement des prestations effectuées. Il peut être le support de l'indemnisation de l'une des parties en cas de nullité du contrat.

1.1.1. *Paiement de prestations fournies par le titulaire du marché*

Les prestations exécutées par les titulaires des marchés publics ne peuvent faire l'objet d'un paiement si elles ne se rattachent pas à un support contractuel valide. Or il arrive que des travaux, fournitures ou services soient commandés au prestataire en dehors de tout contrat ou en dehors des prescriptions d'un contrat existant, c'est-à-dire en dépassement des quantités ou du montant prévu, ou au-delà de la durée du marché. Le titulaire du marché a également pu fournir des prestations ne présentant aucun lien avec l'objet du contrat. Un marché de régularisation ne peut être signé pour couvrir ces irrégularités (CE 27 mai 1998, *Cne d'Agde : Lebon 1019*), de même qu'un marché complémentaire ou un avenant si les prestations ont déjà été exécutées.

La nullité des marchés ou de leurs avenants s'oppose également au règlement du prix convenu. Cette nullité peut résulter d'une décision du juge administratif prononçant l'annulation du contrat ou déclarant son invalidité, ou annulant la décision de le signer ou la délibération qui autorise sa signature. On prendra garde cependant que l'annulation d'un acte détachable du contrat n'emporte pas nécessairement la nullité de ce contrat, que seul le juge du contrat peut constater. Il appartient au juge de l'exécution, saisi d'une demande d'un tiers d'enjoindre à une partie au contrat de saisir le juge compétent afin d'en constater la nullité, de prendre en compte la nature de l'acte annulé ainsi que le vice dont il est entaché et de vérifier que la nullité du contrat ne portera pas, si elle est constatée, une atteinte excessive à l'intérêt général (CE 10 déc. 2003, *Institut de recherche pour le développement : Lebon 501*).

Dans ces différentes hypothèses, le cocontractant ne perd pas toutefois le droit au paiement des prestations effectuées, à titre d'indemnisation, sur le fondement de la responsabilité quasi contractuelle ou de la responsabilité quasi délictuelle de l'administration (CE 19 avr. 1974, *Sté Entreprise Louis Segrette : Lebon 1052*).

1.1.2. *Réparation des dommages subis par les parties*

Lorsque le contrat est nul, la personne publique ne peut réparer, sur le fondement de la responsabilité contractuelle, les dommages subis par son cocontractant dans l'exécution de ses engagements. Elle ne peut procéder au versement de sommes dues à celui-ci sur la base des stipulations arrêtées (par exemple : subventions prévues par une convention de délégation de service public).

La nullité du contrat fait également obstacle à la réparation, sur le terrain contractuel, des préjudices subis par l'administration du fait de la mauvaise exécution par le cocontractant de ses obligations. Elle s'oppose à la mise en œuvre de la garantie décennale des constructeurs (CE, sect., 29 janv. 1982, *Martin : Lebon 44*) ou à l'invocation de fondements de responsabilité dérivés de l'exécution des contrats, telle la garantie de bon fonctionnement. Les personnes publiques sont alors fondées à rechercher la responsabilité quasi-contractuelle ou quasidélictuelle de leurs cocontractants (CE 22 févr. 2008, *Schmeltz et Orselli : nº 286174*).

1.2. *Résolution des difficultés d'exécution des contrats*

La transaction peut avoir pour objet de mettre fin à un contrat pour régler la situation juridique délicate née de l'annulation des actes préparatoires du contrat, sans que le contrat n'ait été lui-même annulé (cas d'une délégation de service public : CE 29 déc. 2000, *Comparat : Lebon 658*).

2. *Négociation des transactions*

2.1. *Analyse préalable de la situation de droit et de fait*

2.1.1.

L'administration doit s'interroger sur les risques qu'elle encourt en cas d'action contentieuse ou de poursuite de l'instance, afin de déterminer s'il peut être envisagé de transiger et, dans l'affirmative, afin d'appréhender les conditions de conception de l'accord transactionnel.

2.1.2.

Cette analyse des risques doit conduire à définir les concessions susceptibles d'être accordées au cocontractant, de même que les engagements pouvant être attendus de celui-ci. Si son comportement peut être regardé comme fautif, cette circonstance doit amener la personne publique à exiger des concessions importantes de sa part, tout au moins s'il est envisagé d'indemniser un préjudice sur le fondement de la responsabilité contractuelle ou quasidélictuelle. La circonstance que l'irrégularité de la procédure de passation du contrat puisse être imputée à l'opérateur ne peut en revanche être prise en compte pour la détermination de la réparation due au titre de l'enrichissement sans cause (CE 22 févr. 2008, *Tête : nº 266755*). Aucun abattement ne peut donc être pratiqué sur l'indemnisation à laquelle peut prétendre le cocontractant.

2.2. *Implication des autorités de contrôle*

2.2.1.

Les autorités chargées du contrôle financier au sein des services de l'État et de ses établissements publics doivent être informés de la préparation des transactions. Chargées notamment de la prévention des risques financiers, ces autorités pourront exprimer leur avis sur les engagements devant figurer dans le contrat.

2.2.2.

L'expertise technique des comptables publics, appelés à intervenir au titre de leurs fonctions de conseil, peut également être précieuse.

2.3. *Association éventuelle des assureurs*

Aux termes de l'article L. 124-2 du code des assurances : « L'assureur peut stipuler qu'aucune reconnaissance de responsabilité, aucune transaction, intervenues en dehors de *lui, ne lui sont opposables.* L'aveu de la matérialité d'un fait ne peut être assimilé à la reconnaissance d'une responsabilité ». Ces dispositions ne font pas obstacle au développement des transactions administratives. Les collectivités et établissements publics qui ont conclu des marchés publics d'assurances comprenant des stipulations réservant les droits de l'assureur doivent veiller à associer celui-ci aux négociations préalables à la conclusion de transactions. Les assureurs peuvent intervenir directement pour le règlement des litiges ou y apporter leur concours.

2.4. *Négociations et procédure contentieuse*

2.5. *Conduite d'une conciliation efficace*

Le Conseil d'État a admis qu'un contrat de transaction peut être conclu à tout stade de la procédure contentieuse engagée, y compris pendant l'instruction d'un recours en appel ou en cassation (CE, ass., 11 juill. 2008, *Sté Krupp Hazemag : nº 287354*).

La circonstance que le cocontractant de la personne a engagé une action contentieuse (cas fréquent de l'action engagée à titre conservatoire) ne doit en aucun cas être un obstacle à la conclusion d'une transaction.

2.5.1.

Une transaction réussie est souvent le résultat d'une démarche coordonnée des parties dans le but de se concilier. Les administrations doivent s'appuyer sur leurs propres services et solliciter, lorsque cela apparaît utile, le concours d'un conseil spécialisé.

Lorsque l'origine exacte de dommages, ou leur étendue, n'apparaît pas clairement, une expertise peut être nécessaire. Les entités publiques, comme leurs cocontractants, peuvent solliciter du tribunal administratif compétent le prononcé d'une expertise contradictoire en référé. Le coût prévisible des opérations d'expertise doit être comparé aux enjeux liés au litige auquel l'administration devrait faire face. Le travail de l'expert permet souvent un rapprochement des parties et favorise l'engagement de négociations efficaces, avant même que celui-ci ne dépose son rapport. Le juge administratif peut, d'ailleurs, confier à l'expert, d'office ou à la demande des parties, une mission de conciliation (CE 11 févr. 2005, *Organisme de gestion du cours du Sacré-Cœur et autres : Lebon 65*).

2.5.2.

La qualité des résultats de la conciliation peut exiger, lorsque la nature ou la complexité d'un litige le justifie, que les parties s'appuient sur un conciliateur ou une mission collégiale de conciliation.

Sollicité par les parties, le tribunal administratif compétent peut désigner un ou plusieurs conciliateurs ou procéder à une conciliation directe par ses soins.

Les marchés de services relatifs à la conciliation sont exclus du champ d'application du code des marchés publics, en application des dispositions du 12º de son article 3. Les administrations peuvent ainsi choisir un ou plusieurs conciliateurs parmi des experts ou professionnels du droit sans être tenues de procéder à une publicité et une mise en concurrence.

2.5.3.

Dans le domaine des marchés publics, la saisine du comité national ou des comités consultatifs régionaux, interrégionaux et interdépartementaux de règlement amiable des différends ou litiges doit être privilégiée. Composés de magistrats administratifs et de représentants des acheteurs et des opérateurs économiques, ces comités ont pour mission de rechercher des éléments de droit ou de fait en vue d'une solution amiable et équitable aux différends (art. 127 C. marchés et art. 1er du Décr. nº 2001-797 du 3 sept. 2001). La qualité et l'autorité des avis rendus par ces instances indépendantes doivent conduire les parties à s'entendre et à formaliser une transaction équilibrée et fiable.

2.5.4.

La sécurisation du contrat de transaction constitue une donnée déterminante dans la discussion des parties. Le cocontractant de l'administration doit être sensibilisé par celle-ci aux conséquences d'un protocole mal rédigé ou signé dans la précipitation.

3. *Rédaction des transactions*

3.1. *Prévenir les contestations en fiabilisant les clauses des contrats*

Une attention particulière doit être accordée à la conception des transactions. En effet, la rigueur et la précision avec lesquelles sont rédigés ces contrats permettent d'éviter de nombreuses contestations et de préserver les intérêts de l'administration en cas de contentieux.

3.1.1.

Les clauses du contrat doivent faire mention des éléments suivants :

– le litige que la transaction vise à prévenir ou régler. Si tel n'est pas le cas, la partie concernée s'expose au risque de ne pouvoir s'opposer à une action en justice engagée par l'autre partie après la signature de la transaction (CE 30 janv. 2008, *Ville de Paris : nº 299675*) ;

– la nature et l'étendue des concessions réciproques des parties. Les préjudices couverts par la transaction doivent être clairement identifiés dans celle-ci. Les raisons de droit et de fait pour lesquelles la partie concernée estime devoir en assurer la réparation doivent être détaillées ;

– les modalités d'évaluation des dommages et les opérations de liquidation des sommes comprises dans l'accord. Les parties peuvent utilement annexer au contrat de transaction l'ensemble des documents auxquels celui-ci fait référence.

Le juge administratif contrôle le contenu de ces clauses et vérifie les points suivants :

– les parties doivent consentir effectivement à la transaction ;

– l'objet de la transaction doit être licite ;

– l'administration ne doit pas accorder une libéralité à son cocontractant ;

– aucune règle d'ordre public ne doit être méconnue.

A la différence du juge judiciaire, il sanctionne les transactions ne comportant manifestement pas d'équilibre dans les concessions réciproques des parties (CE, sect., 19 mars 1971, *Mergui : Lebon 235, concl. M. Rougevin-Baville*).

3.1.2.

Les marges de manœuvre des parties dans l'élaboration d'un compromis sont importantes : si les engagements souscrits ne doivent pas révéler une libéralité accordée par la collectivité publique à son cocontractant, ces engagements ne doivent pas nécessairement être équivalents, ni de même nature (CE, ass., 11 juill. 2008, *Sté Krupp Hazemag*). Seul un déséquilibre manifeste serait sanctionné par le juge.

La lecture des stipulations du contrat doit toutefois permettre de vérifier que les parties ont tenu compte des règles de droit applicables au différend en cause. Lorsque la transaction constitue le support de l'indemnisation de l'une des parties, celles-ci ne peuvent s'écarter du respect des principes du droit de la responsabilité.

Les parties peuvent mettre en œuvre les règles applicables de manière adaptée. Ainsi, par exemple, si l'étendue exacte de préjudices peut être difficilement justifiée, le montant de l'indemnité à verser peut être établi en tenant compte de la nature et de l'importance des concessions consenties par la personne qu'il convient d'indemniser. En revanche, l'indemnisation d'un préjudice inexistant ou découlant d'un fait ou d'une faute non imputable à l'administration n'est pas envisageable.

3.1.3.

Les transactions ne peuvent porter sur :

– les conditions dans lesquelles l'administration doit exercer les prérogatives qui lui sont dévolues, notamment dans les domaines de la police administrative et de la gestion du domaine public, ni sur des questions relatives à la légalité des actes administratifs ;

– le montant des intérêts moratoires dus en exécution d'un marché public (CE 17 oct. 2003, *Min. de l'intérieur, de la sécurité intérieure et des libertés locales c/ Synd. intercommunal d'assainissement Le Beausset, La Cadière, Le Castellet : Lebon 411*) ;

– la commande de nouvelles prestations au cocontractant si l'attribution de ces prestations implique la mise en œuvre préalable d'obligations de publicité et de mise en concurrence ;

– l'application des garanties contractuelles ou « postcontractuelles » afférentes aux marchés publics valides (par exemple, la garantie décennale des constructeurs).

3.1.4.

Des sanctions financières peuvent être prévues dans la transaction afin d'inciter la partie concernée à respecter les engagements souscrits (CE, ass., 11 juill. 2008, *Sté Krupp Hazemag*), notamment le délai dans lequel un paiement doit être exécuté.

3.2. *Calcul de l'indemnisation du titulaire en l'absence de marché public valide*

3.2.1.

Les parties à la transaction ne peuvent fixer le montant de l'indemnité en se bornant à reprendre le montant du marché entaché de nullité (CE 8 déc. 1995, *Cne de Saint-Tropez : Lebon 431*).

3.2.2.

Seules les dépenses utilement exposées au profit de l'administration par son cocontractant peuvent faire l'objet d'une indemnisation sur le terrain de l'enrichissement sans cause. Le bénéfice auquel pouvait prétendre l'opérateur du fait de la fourniture des prestations ne peut être pris en compte. Ce mécanisme propre à la responsabilité quasicontractuelle permet de rétablir l'équilibre entre les deux patrimoines. Aucun partage de responsabilité ne peut être opéré même si la nullité du contrat est imputable pour partie au cocontractant. En revanche, si le contrat a été obtenu dans des conditions de nature à vicier le consentement de l'administration, celle-ci étant victime d'un dol ou d'une fraude de la part du cocontractant, aucune indemnité n'est due (CE 22 févr. 2008 : *Tête*).

La notion de « dépenses utiles » couvre les dépenses directes et indirectes (par exemple, les achats de marchandises et frais de personnel) exposées par le titulaire pour la fourniture de prestations auxquelles l'administration a consenti et qui lui sont objectivement utiles. Les frais financiers engagés par le titulaire dans l'exécution du contrat ne constituent pas des dépenses utiles à l'administration, depuis la décision *Société Decaux et Département des Alpes-Maritimes* rendue par le Conseil d'État le 10 avril 2008 (*n° 244950*).

3.2.3.

Sur le fondement de la responsabilité quasidélictuelle, l'opérateur peut obtenir le paiement des sommes correspondant aux dépenses exposées par lui pour la fourniture des prestations, autres que les dépenses utiles, et du bénéfice auquel il pouvait prétendre.

Toutefois, aucune indemnité fondée sur la faute quasidélictuelle de l'administration n'est due si l'indemnité à laquelle l'opérateur a droit sur le terrain quasicontractuel lui assure déjà une rémunération supérieure à celle que l'exécution du contrat lui aurait procurée (CE 23 mai 1979, *Cne de Fontenay-le-Fleury : Lebon 226*). De même, aucune indemnité n'est due sur le terrain quasidélictuel si le cocontractant a commis une faute grave en se prêtant à la conclusion du marché dont il ne pouvait ignorer l'illégalité (cas d'un marché négocié sans publicité ni mise en concurrence : CE, sect., 10 avr. 2008, *Société Decaux et Département des Alpes-Maritimes*). Si le titulaire a eu connaissance de l'irrégularité de la procédure de mise en concurrence, sans solliciter sa régularisation, un partage de responsabilité doit être opéré. Il peut se traduire par l'application d'un abattement forfaitaire sur le montant de l'indemnité fondée sur la responsabilité quasi délictuelle.

3.3. *Cas particuliers*

3.3.1. *Indemnisation du cocontractant, en cas de nullité de la délégation de service public*

Les principes dégagés par la jurisprudence pour l'indemnisation du cocontractant en cas de nullité des marchés publics sont applicables aux délégations de service public. Le Conseil d'État a précisé que, dans le cas où le contrat est une concession de service public, le concessionnaire peut, au titre des dépenses utiles, susceptibles d'être indemnisées sur le terrain quasicontractuel, être indemnisé de la valeur non amortie, à la date à laquelle les biens nécessaires à l'exploitation du service font retour à l'administration, des dépenses d'investissement qu'il a consenties, ainsi que du déficit qu'il a, le cas échéant, supporté à raison de cette exploitation, compte tenu notamment des dotations aux amortissements et des frais afférents aux emprunts éventuellement contractés pour financer les investissements. Toutefois, il doit être établi, au besoin après expertise, que ce déficit était effectivement nécessaire, dans le cadre d'une gestion normale, à la bonne exécution du service (CE 16 nov. 2005, *Auguste et Cne de Nogent-sur-Marne : Lebon 507*).

3.3.2. *Indemnisation de la personne publique, en cas de nullité du contrat*

Dans le cas où le marché conclu est nul, le maître d'ouvrage ne peut utilement invoquer la responsabilité contractuelle du titulaire ou obtenir la mise en œuvre des garanties procédant du contrat. Toutefois, il peut prétendre à être indemnisé des préjudices liés à l'exécution du contrat, sur le fondement de la responsabilité quasicontractuelle ou sur celui de la responsabilité quasi-délictuelle (CE, 22 févr. 2008, *Schmeltz et Orselli*). La méconnaissance des règles de l'art par un constructeur ou un manquement à ses obligations déontologiques par un maître d'œuvre peut constituer une faute quasi délictuelle susceptible d'être invoquée.

Cette possibilité existe pour tous les contrats administratifs, lorsque l'administration ne peut se fonder sur les stipulations du contrat pour obtenir que son cocontractant répare les dommages occasionnés.

4. *Conclusion des transactions*

4.1. *Respect des règles de compétence propres aux personnes publiques*

4.1.1.

L'État, les collectivités territoriales et les établissements publics locaux disposent de la capacité de transiger. En vertu de l'article 2045 du code civil, les établissements publics de l'État ne peuvent transiger qu'avec l'autorisation expresse du Premier ministre (CE 14 déc. 1998, *Chambre d'agriculture de La Réunion : Lebon 729*). Les statuts de l'établissement public peuvent l'autoriser à transiger ou à recourir à la transaction dans certains domaines. Dans le silence des statuts, un décret du Premier ministre doit autoriser la signature de la transaction envisagée par l'établissement public (CE 23 avr. 2001, *Ceccaldi-Raynaud : n° 215552*).

4.1.2.

Les collectivités territoriales et établissements publics locaux peuvent transiger librement depuis la loi du 2 mars 1982 (CE, sect. des travaux publics, avis n° 359996, 21 janv. 1997 : *EDCE 1998. 184*).

La signature des transactions qu'ils sont appelés à conclure nécessite en principe l'autorisation préalable de l'organe délibérant de l'entité considérée. Les règles propres à certains organismes publics autorisent l'organe délibérant à accorder une délégation de compétence à l'autorité exécutive pour la conclusion des transactions. Si tel n'est pas le cas, une délibération préalable autorisant la signature de chaque contrat est nécessaire. L'organe délibérant doit se prononcer sur tous les éléments essentiels du contrat à intervenir, au nombre desquels figurent notamment la contestation précise que la transaction a pour objet de prévenir ou de terminer et les concessions réciproques que les parties se consentent à cette fin (CE 11 sept. 2006, *Cne de Théoule-sur-Mer : Lebon 395*). Toutefois, la jurisprudence n'exige pas que l'organe délibérant examine un projet de contrat finalisé.

4.1.3.

La signature de la transaction par l'exécutif de la collectivité territoriale ou de l'établissement public ne peut intervenir avant que la délibération de l'organe délibérant qui l'autorise lorsqu'elle est requise n'ait acquis un caractère exécutoire. Cela implique, pour les collectivités et établissements soumis au contrôle de légalité, que cette délibération ait été réceptionnée par les services préfectoraux (CE, avis, 10 juin 1996, *Préfet de la Côte-d'Or : Lebon 198*). Pour les services de l'État, sont compétents pour signer la transaction ceux qui l'étaient pour signer les contrats de la commande publique.

4.1.4.

Les personnes publiques doivent veiller au strict respect des règles permettant aux autorités administratives de déléguer leur signature ou les pouvoirs qui leur sont dévolus.

4.2. *Vérification de l'habilitation du signataire représentant le cocontractant*

4.2.1.

La personne qui signe au nom du cocontractant de l'administration doit être régulièrement habilitée à cette fin. Il incombe aux personnes publiques de s'assurer de la qualité pour agir du signataire, quelles que soient ses fonctions au sein de l'opérateur. S'il s'agit d'un mandataire, tel un avocat, l'administration doit exiger toutes les pièces permettant de vérifier la réalité et l'étendue du mandat (CE, sect., 5 janv. 1966, *Hawezack : Lebon 6*).

4.2.2.

Si le cocontractant de l'entité publique fait l'objet d'une procédure collective, l'intervention de l'administrateur judiciaire ou du juge peut, selon les cas, être nécessaire.

5. *Exécution des transactions par les comptables publics*

5.1. *La transaction est un titre exécutoire*

En vertu de l'article 2052 du code civil, les transactions ont entre les parties l'autorité de la chose jugée en dernier ressort et sont exécutoires de plein droit (CE, ass., avis, 6 déc. 2002, *Synd. intercommunal des établissements du second cycle du second degré du district de L'Haÿ-les-Roses : Lebon 433, concl. Le Chatelier*). Leur exécution par le comptable public suppose que celui-ci s'assure de la production des justifications exigibles, au nombre desquelles figurent le contrat de transaction signé et, le cas échéant, transmis au représentant de l'État. Selon les personnes publiques concernées, la transmission d'autres pièces doit être requise par le comptable, telle la délibération de l'organe délibérant habilitant l'autorité exécutive à signer ce contrat ou, lorsqu'est en cause un litige concernant un marché public, les documents permettant de retracer l'exécution financière du marché ou l'avis rendu par le comité consultatif de règlement amiable des litiges ayant examiné le différend.

Les comptables publics ne sont fondés à refuser d'effectuer les opérations ou d'exécuter les paiements prévus par les transactions que lorsque de telles pièces n'ont pas été produites par l'ordonnateur ou pour l'un des motifs limitativement énumérés par les articles 12 et 13 du décret n° 62-1587 du 29 décembre 1962 portant règlement général sur la comptabilité publique (absence de qualité de l'ordonnateur ou de son délégué, indisponibilité des crédits, inexactitude de l'imputation budgétaire de la dépense, absence de validité de la créance ou absence de caractère libératoire du règlement).

Les comptables publics doivent s'assurer de la cohérence des pièces justificatives produites (par exemple, identité des montants figurant dans le contrat de transaction et dans le mandat de dépense). En revanche, il ne leur appartient pas de vérifier la réalité et l'équilibre des concessions consenties par les parties à la transaction. Les missions qui leur sont assignées ne les autorisent pas à contrôler la validité des contrats qui leur sont présentés (CE 5 févr. 1971, *Balme : Lebon 105* ; CE 10 févr. 1997, *Ibo : Lebon 751* ; C. comptes, 28 mai 1952, *Marillier, Rec. Valentigney : Gr. arrêts jur. fin., n° 15*).

Sous ces réserves, les comptables publics ne peuvent se prévaloir de l'étendue de leur responsabilité pécuniaire et personnelle pour faire obstacle à l'exécution des transactions. Ils doivent exécuter les transactions conclues par les personnes publiques, sans pouvoir exiger leur homologation par le juge administratif (TA Versailles, 16 mai 2008, *Cne d'Issy-les-Moulineaux : AJDA 2008. 1556*). Ils ne peuvent non plus exiger des ordonnateurs l'émission d'ordres de réquisition.

5.2. *La transaction n'efface pas les faits susceptibles d'être sanctionnés par le juge pénal*

Les contrats de transaction peuvent avoir pour objet de prévenir ou régler les litiges consécutifs à des manquements à des obligations de publicité et de mise en concurrence. La conclusion de ces contrats ne peut, en aucun cas, avoir pour effet de régulariser les irrégularités commises. La circonstance que de tels manquements puissent être réprimés au titre du délit de favoritisme (article 432-14 du code pénal) ne prive pas le recours à la transaction de sa légalité. La transaction permet d'éviter ou de terminer un contentieux indemnitaire mais ne saurait faire obstacle aux poursuites pénales auxquelles s'exposent les personnes ayant méconnu les dispositions du code des marchés publics ou d'autres textes du droit de la commande publique.

Dès lors, les comptables publics ne peuvent être mis en cause devant le juge pénal au motif qu'ils auraient, en exécutant les transactions, participé à la commission des infractions résultant de manquements à des obligations en matière de publicité et de mise en concurrence. Ils ne peuvent non plus refuser de payer sur le fondement d'une transaction, au motif que le marché initial aurait été conclu dans des conditions constitutives du délit de favoritisme.

6. *Homologation des transactions par le juge*

6.1. *Encadrement des demandes d'homologation*

6.1.1. *Recevabilité des demandes présentées en cours d'instance*

La conclusion d'une transaction en cours d'instance conduit normalement le requérant à se désister de son action. En l'absence de désistement, le juge est tenu de prononcer un non-lieu à statuer si la transaction a pour effet de régler le litige pendant (CE 28 janv. 1994, *Sté Raymond Camus et Cie : Lebon 1041*).

Toutefois, les parties peuvent demander au juge d'homologuer la transaction conclue postérieurement à sa saisine (CE, sect., 19 mars 1971, *Mergui*). Des conclusions en ce sens peuvent être soumises au tribunal administratif, à la cour administrative d'appel ainsi qu'au Conseil d'État statuant comme juge de cassation (CE, ass., 11 juill. 2008, *Sté Krupp Hazemag*).

6.1.2. *Irrecevabilité, sauf exceptions, des demandes présentées en dehors de toute instance*

6.1.2.1.

Le Conseil d'État a jugé qu'en dehors des cas où la contestation à laquelle il est mis fin a été précédemment portée devant le juge administratif, des conclusions tendant à ce que *celui-ci homologue* une transaction sont en principe dépourvues d'objet et par suite irrecevables (CE, ass., avis, 6 déc. 2002, *Synd intercommunal des établissements du second cycle du second degré du district de L'Haÿ-les-Roses*).

Il a néanmoins admis qu'une telle demande d'homologation est recevable, notamment en matière de marchés publics et de délégations de service public, lorsque la conclusion d'une transaction vise à remédier à une situation telle que celle créée par une annulation ou la constatation d'une illégalité qui ne peuvent donner lieu à régularisation, ou lorsque son exécution se heurte à des difficultés particulières.

La circonstance que le contrôleur financier ou le comptable public exige qu'une demande d'homologation de la transaction soit adressée au juge ne peut constituer une difficulté particulière justifiant que le juge examine une telle demande (TA Grenoble, 2 mars 2004, *Agence de maîtrise d'ouvrage des travaux du ministère de la Justice et Sté Dumez Rhônes-Alpes : BJCP 2004. 291*).

La transaction emportant par elle-même des effets de droit, le recours à l'homologation par le juge administratif n'est donc pas nécessaire et doit rester exceptionnel.

6.1.2.2.

Le Conseil d'État a précisé le cadre de l'instance en homologation. La demande d'homologation présentée par les parties ou l'une d'entre elles ne peut porter que sur un contrat conclu. Lorsque ce contrat doit être soumis à l'approbation de l'assemblée délibérante d'une collectivité territoriale ou d'un ou plusieurs des conseils d'un établissement public, le juge ne peut être saisi qu'après cette approbation. Les contrats de transaction soumis au contrôle de légalité ne peuvent faire l'objet d'une demande d'homologation avant d'avoir été transmis au représentant de l'État. La demande d'homologation n'est pas soumise aux procédures dont l'accomplissement serait nécessaire avant que le juge puisse être saisi de conclusions tendant au règlement du litige que la transaction prévient ou éteint.

Le juge fait application de celles des règles de procédure qui ne sont pas incompatibles avec la demande d'homologation. Les demandeurs sont dispensés du ministère d'avocat s'ils l'auraient *[avaient]* été pour saisir le juge d'une demande tendant à ce qu'il tranche le litige auquel la transaction met fin ou qu'elle a pour objet de prévenir. Le juge dirige une instruction contradictoire, écrite ou orale.

La demande d'homologation est communiquée à toute personne qui aurait eu la qualité de partie dans une telle instance. Lorsque le contrat de transaction doit être adressé au représentant de l'État pour l'exercice du contrôle de légalité, la demande d'homologation portant sur ce contrat lui est communiquée. Le juge peut demander à toute personne de produire des observations susceptibles d'éclairer sa décision. Il peut ordonner aux parties à la transaction la production de tout élément susceptible de compléter son information et il peut refuser l'homologation au seul motif qu'il ne dispose pas des éléments d'appréciation nécessaires (TA Paris, 22 avr. 2003, *Sté KPMG : BJCP 2003. 400*). Il dispose de tous les moyens d'investigation mentionnés au titre II du livre VI du code de justice administrative.

6.2. *Contrôle du juge et voies de recours*

6.2.1.

Avant d'homologuer la transaction, le juge vérifie que les parties consentent effectivement à la transaction, que l'objet de cette transaction est licite, qu'elle ne constitue pas de la part de la collectivité publique intéressée une libéralité et qu'elle ne méconnaît pas d'autres règles d'ordre public.

Si une de ces conditions n'est pas remplie, le refus d'homologation entraîne la nullité de la transaction. Si la transaction a été conclue en cours d'instance, le juge ne peut alors que rejeter la demande d'homologation et est amené à statuer sur les conclusions qui lui ont été soumises. Si la demande d'homologation a été présentée en dehors de toute instance, le juge prononce le rejet de la requête.

Dans le cas où le juge prononce l'homologation du contrat de transaction, sa décision est revêtue de l'autorité relative de la chose jugée.

6.2.2.

Le jugement du tribunal administratif se prononçant sur la demande d'homologation présentée indépendamment de tout contentieux est susceptible d'appel mais ne peut faire l'objet que d'un pourvoi en cassation si le litige concerne une somme inférieure au seuil de 10 000 € (CE 4 avr. 2005, *Sté Cabinet JPR Ingénierie : Lebon 139* ; articles R. 222-13 (7°), R. 222-14 et R. 811-1 du code de justice administrative).

C ARBITRAGE

BIBL. ► CASSIA, Les sentences arbitrales internationales : une compétence de contrôle partagée entre les juridictions françaises, *AJDA 2010. 1564*. – CHAMBON, Renoncer à une guerre picrocholine : retour sur la controverse jurisprudentielle relative au recours par les personnes publiques à l'arbitrage international, *Dr. adm. 2016, n° 7*. – COURRÈGES et VÉROT, L'arbitrage des litiges intéressant les personnes publiques : quelques éclairages sur un rapport récemment remis au garde des Sceaux, *RFDA 2007. 489*. – LAAZOUZI, L'impérativité, l'arbitrage international des contrats administratifs et le conflit de lois, *Rev. crit. DIP oct.-déc. 2010*. – LABETOULLE, L'arbitrage n'est pas un troisième ordre de juridiction, entretien avec le Président Labetoulle, *JCP Adm. 2007. 2093* ; L'arbitrage dans les litiges contractuels, *RLCT 2008, n° 923*. – LOMBARD, Arbitrage international et répartition des compétences juridictionnelles, *AJDA 2015. 1150*. – NOGUELLOU, L'arrêt *Société Fosmax* : l'arbitrage international et le régime du contrat administratif devant le Conseil d'État, *BJCP 2017. 3*. – TERNEYRE, Présentation du rapport, *BJCP 2007. 170*.

Code de justice administrative

Art. L. 311-6 Par dérogation aux dispositions du présent code déterminant la compétence des juridictions de premier ressort, il est possible de recourir à l'arbitrage dans les cas prévus par :

(Ord. n° 2018-1074 du 26 nov. 2018, art. 7, en vigueur le 1er avr. 2019) « 1° Les articles L. 2197-6 et L. 2236-1 du code de la commande publique ; »

2° L'article 7 de la loi n° 75-596 du 9 juillet 1975 portant diverses dispositions relatives à la réforme de la procédure civile ;

3° L'article L. 321-4 du code de la recherche ;

4° *(Ord. n° 2015-855 du 15 juill. 2015, art. 30)* « Les articles L. 2102-6, L. 2111-14 et L. 2141-5 du code des transports ; »

5° L'article 9 de la loi n° 86-972 du 19 août 1986 portant dispositions diverses relatives aux collectivités locales ;

6° L'article 28 de la loi n° 90-568 du 2 juillet 1990 relative à l'organisation du service public de la poste et des télécommunications ;

7° L'article 24 de la loi n° 95-877 du 3 août 1995 portant transposition de la directive 93/7 du 15 mars 1993 du Conseil des Communautés européennes relative à la restitution des biens culturels ayant quitté illicitement le territoire d'un État membre ;

8° L'article 3 de la loi n° 97-135 du 13 février 1997 portant création de l'établissement public "Réseau ferré de France" en vue du renouveau du transport ferroviaire *[abrogé par Ord. n° 2010-1307 du 28 oct. 2010, art. 7. — Sur l'arbitrage, V. C. transp., art. L. 2111-14, abrogé par Ord. n° 2019-552 du 3 juin 2019, art. 4, à compter du 1er janv. 2020].*

COMMENTAIRE

L'arbitrage consiste, pour des parties qui sont en désaccord sur l'exécution du contrat qui les lie, à demander à un juge qu'elles désignent et qu'elles rétribuent de trancher le litige qui les oppose, en fixant l'étendue de sa mission, la durée de l'instance et les règles de procédure, sous réserve du respect des règles d'ordre public. Le recours à l'arbitrage peut être prévu, avant tout litige, par une clause dite compromissoire insérée dans le contrat ou, une fois le litige né, par une convention d'arbitrage. L'expertise des arbitres, choisis pour leurs compétences techniques ou juridiques, la célérité de la procédure et la confidentialité caractérisent en principe un tel recours juridictionnel devant un juge non étatique.

Le principe est, en l'état actuel de la législation, l'interdiction pour les personnes morales de droit public de recourir à l'arbitrage (C. civ., art. 2060). Il s'agit d'un principe général du droit. Toutefois, le législateur a ouvert, depuis 1975, la possibilité d'autoriser par décret des catégories d'établissements publics industriels et commerciaux à compromettre. Certains établissements publics industriels et commerciaux ont été autorisés à recourir à l'arbitrage par des textes spécifiques (L. n° 82-1153 du 30 déc. 1982, art. 11, pour la SNCF ; L. n° 90-568 du 2 juill. 1990, art. 28, pour La Poste ; L. n° 97-135 du 13 février 1997, art. 3, pour Réseau Ferré de France).

Par ailleurs, les articles L. 2191-6 et L. 2236-1 ainsi que les articles L. 3137-4 et L. 3137-5 du code de la commande publique prévoient les conditions du recours à l'arbitrage pour les marchés, les marchés de partenariat et les concessions.

A quoi s'ajoute le fait que plusieurs traités internationaux relatifs à des ouvrages *transfrontaliers* organisent le recours à l'arbitrage et que celui-ci est possible pour les litiges mettant en cause les intérêts du commerce international.

Lorsque le recours à l'arbitrage par une personne morale de droit public est possible, il doit être organisé par une convention d'arbitrage.

Le fait de recourir à l'arbitrage pour résoudre un litige né d'un contrat ne change ni la nature de ce contrat, ni les règles de fond applicables. En cas de contestation de la sentence arbitrale, la partie mécontente doit saisir le juge judiciaire ou administratif selon le cas.

En ce qui concerne les contrats de droit privé, la procédure applicable est prévue par le nouveau code de procédure civile (V. art. 1442 s.). En revanche, le code de justice administrative est à ce jour muet sur ce point. ❑

1. Compte tenu de la complexité des contrats de partenariat, liée notamment au caractère global de la mission confiée au cocontractant de l'administration, à la durée des engagements souscrits et aux mécanismes de financement à mettre en œuvre, rendant nécessaire la mise en place de modalités adaptées de règlement des litiges, les auteurs de l'ordonnance attaquée ont pu, sans qu'y fasse obstacle aucune règle ou aucun principe de valeur constitutionnelle, déroger, par les dispositions précitées, au principe général du droit en vertu duquel les personnes morales de droit public ne peuvent pas se soustraire aux règles qui déterminent la compétence des juridictions nationales en remettant à la décision d'un arbitre la solution des litiges auxquels elles sont parties et qui se rattachent à des rapports relevant de l'ordre juridique interne. • CE 29 oct. 2004, *Sueur et a.*, n° 269814 A : *RFDA 2004. 1103, concl. Casas ; AJDA 2004. 2384, chron. Landais et Lénica ; Dr. adm. 2005, n°s 3, 4 et 5, obs. Ménéménis.*

2. Différend sur la gestion du compte prorata. Compétence du juge de droit commun. En vertu des dispositions codifiées à l'art. L. 311-1 CJA, lesquelles constituent des dispositions législatives particulières au sens de l'art. 2061 C. civ., les tribunaux administratifs sont juges de droit commun du contentieux administratif en premier ressort. Cette compétence ne connaît de dérogations au profit de l'arbitrage que dans les hypothèses expressément énumérées par des textes particuliers, récapitulées par les dispositions codifiées à l'art. L. 311-6 du même code. Le règlement des différends opposant les locataires d'ouvrages publics sur la contribution aux dépenses communes du chantier n'entrant dans aucune de ces dérogations, relève du domaine de compétence de droit commun des tribunaux administratifs et ne peut dès lors être soumis à un arbitre. La nullité de la clause compromissoire de la convention de gestion des dépenses communes fait ainsi obstacle, en l'espèce, à ce que la décision de l'architecte, à supposer qu'elle puisse être regardée comme une sentence, soit rendue exécutoire par le juge. • CAA Lyon, 27 déc. 2007, *Lagarde et Meregnani*, n° 03LY01017.

3. Recours contre une sentence arbitrale dans un litige mettant en jeu les intérêts du commerce international. Le recours formé contre une sentence arbitrale rendue en France, sur le fondement d'une convention d'arbitrage, dans un litige né de l'exécution ou de la rupture d'un contrat conclu entre une personne morale de droit public française et une personne de droit étranger, exécuté sur le territoire français, mettant en jeu les intérêts du commerce international, fût-il administratif selon les critères du droit interne français, est porté devant la cour d'appel dans le ressort de laquelle la sentence a été rendue, conformément à l'art. 1505 C. pr. civ., ce recours ne portant pas atteinte au principe de la séparation des autorités administratives et judiciaires ; il en va cependant autrement lorsque le recours, dirigé contre une telle sentence intervenue dans les mêmes conditions, implique le contrôle de la conformité de la sentence aux règles impératives du droit public français relatives à l'occupation du domaine public ou à celles qui régissent la commande publique et applicables aux marchés publics, aux contrats de partenariat et aux contrats de délégation de service public ; ces contrats relevant d'un régime administratif d'ordre public, le recours contre une sentence arbitrale rendue dans un litige né de l'exécution ou de la rupture d'un tel contrat relève de la compétence du juge administratif. • T. confl. 17 mai 2010, *Institut national de la santé et de la recherche médicale c/ Fondation Letten F. Saugstad*, n° 3754 : *Lebon 580 ; RFDA 2010. 959 , concl Guyomar, note Delvolvé ; D. 2010. 2633, note Lemaire ; RJEP 2010, n° 678, note Paris.*

4. En premier lieu, le contrat litigieux a été conclu par Gaz de France alors qu'il possédait la qualité d'établissement public industriel et commercial afin de satisfaire à ses obligations de service public de fourniture de gaz naturel portant sur la continuité de la fourniture et la sécurité des approvisionnements et avait pour objet la réalisation de travaux immobiliers dans un but d'intérêt général ; il constitue un contrat de droit public.

En deuxième lieu, sauf disposition législative contraire, la nature juridique d'un contrat s'apprécie à la date à laquelle il a été conclu ; par suite, ni la modification du statut de Gaz de France, devenu société anonyme en application de l'art. 24 de la L. n° 2004-803 du 9 août 2004, ni la cession du contrat à la société X avec effet rétroactif au jour de sa conclusion n'ont eu pour effet d'en modifier la nature juridique.

En troisième lieu, le contrat litigieux relevant d'un régime administratif d'ordre public, le recours en annulation formé contre la sentence arbitrale, impliquant le contrôle de la conformité de celle-ci aux règles impératives de la commande publique, ressortit à la compétence de la juridiction administrative. • T. confl. 11 avr. 2016, *Sté Fosmax Lng c/ Sté TCM FR, Tecnimont et Saipem*, n° 4043 : *Lebon ; BJCP 2016. 298, concl. Escaut ; Rev. CMP 2016, n° 146, note Pietri.*

5. Lorsqu'une sentence arbitrale a été rendue sur le fondement d'une convention d'arbitrage, dans un litige né de l'exécution ou de la rupture d'un contrat conclu entre une personne morale de droit public française et une personne de droit étranger, exécuté sur le territoire français, mettant en jeu les intérêts du commerce international, il appartient en principe à la juridiction judiciaire, statuant dans les conditions prévues au titre II du livre IV du code de procédure civile, d'une part, de connaître d'un recours formé contre la sentence si elle a été rendue en France et, d'autre part, de se prononcer sur une demande tendant à ce que la sentence, rendue en France ou à l'étranger, soit revêtue de l'exequatur ; toutefois, dans le cas où le contrat à l'origine du litige sur lequel l'arbitre s'est prononcé est soumis aux règles impératives du droit public français relatives à l'occupation du domaine public ou à celles qui régissent la commande publique, le recours contre la sentence rendue en France et la demande d'exequatur relèvent de la compétence de la juridiction administrative. • T. confl. 24 avr. 2017, *Synd. mixte des aéroports de Charente c/ Stés Ryanair Limited et Airport Marketing Services Limited, n° 4075 : AJDA 2017. 981, chron. Odinet et Roussel ; Rev. CMP 2017, n° 176, note Devillers.*

6. Contrôle du Conseil d'État sur les sentences rendues en matière d'arbitrage international. Le recours dirigé contre une sentence arbitrale rendue en France dans un litige né de l'exécution ou de la rupture d'un contrat conclu entre une personne morale de droit public français et une personne de droit étranger, exécuté sur le territoire français mais mettant en jeu les intérêts du commerce international, ressortit, lorsque le contrat relève d'un régime administratif d'ordre public et que le recours implique, par suite, un contrôle de la conformité de la sentence arbitrale aux règles impératives du droit public français relatives à l'occupation du domaine public ou à celles qui régissent la commande publique, à la compétence de la juridiction administrative ; il en va ainsi y compris pour les sentences rendues, sur le fondement de l'art. 90 de l'Ord. du 23 juill. 2015 relative aux marchés publics, en vue du règlement de litiges relatifs à l'exécution des marchés de partenariat mettant en jeu les intérêts du commerce international, dès lors que le renvoi que cet art. comporte aux dispositions du livre IV du code de procédure civile ne saurait s'entendre, s'agissant de dispositions réglementaires, comme emportant dérogation aux principes régissant la répartition des compétences entre les ordres de juridiction en ce qui concerne les voies de recours contre une sentence arbitrale ; au sein de la juridiction administrative, le Conseil d'État est compétent pour connaître des recours dirigés contre une telle sentence arbitrale, en application de l'art. L. 321-2 CJA.

Lorsqu'il est saisi d'un tel recours, il appartient au Conseil d'État de s'assurer, le cas échéant d'office, de la licéité de la convention d'arbitrage, qu'il s'agisse d'une clause compromissoire ou d'un compromis ; ne peuvent en outre être utilement soulevés devant lui que des moyens tirés, d'une part, de ce que la sentence a été rendue dans des conditions irrégulières et, d'autre part, de ce qu'elle est contraire à l'ordre public ; s'agissant de la régularité de la procédure, en l'absence de règles procédurales applicables aux instances arbitrales relevant de la compétence de la juridiction administrative, une sentence arbitrale ne peut être regardée comme rendue dans des conditions irrégulières que si le tribunal arbitral s'est déclaré à tort compétent ou incompétent, s'il a été irrégulièrement composé, notamment au regard des principes d'indépendance et d'impartialité, s'il n'a pas statué conformément à la mission qui lui avait été confiée, s'il a méconnu le principe du caractère contradictoire de la procédure ou s'il n'a pas motivé sa sentence ; s'agissant du contrôle sur le fond, une sentence arbitrale est contraire à l'ordre public lorsqu'elle fait application d'un contrat dont l'objet est illicite ou entaché d'un vice d'une particulière gravité relatif notamment aux conditions dans lesquelles les parties ont donné leur consentement, lorsqu'elle méconnaît des règles auxquelles les personnes publiques ne peuvent déroger, telles que notamment l'interdiction de consentir des libéralités, d'aliéner le domaine public ou de renoncer aux prérogatives dont ces personnes disposent dans l'intérêt général au cours de l'exécution du contrat, ou lorsqu'elle méconnaît les règles d'ordre public du droit de l'Union européenne.

A l'issue de ce contrôle, le Conseil d'État, s'il constate l'illégalité du recours à l'arbitrage, notamment du fait de la méconnaissance du principe de l'interdiction pour les personnes publiques de recourir à l'arbitrage sauf dérogation prévue par des dispositions législatives expresses ou, le cas échéant, des stipulations de conventions internationales régulièrement incorporées dans l'ordre juridique interne, prononce l'annulation de la sentence arbitrale et décide soit de renvoyer le litige au tribunal administratif compétent pour en connaître, soit d'évoquer l'affaire et de statuer lui-même sur les réclamations présentées devant le collège arbitral ; s'il constate que le litige est arbitrable, il peut rejeter le recours dirigé contre la sentence arbitrale ou annuler, totalement ou partiellement, celle-ci ; il ne peut ensuite régler lui-même l'affaire au fond que si la convention d'arbitrage l'a prévu ou s'il est invité à le faire par les deux parties ; à défaut de stipulation en ce sens ou d'accord des parties sur ce point, il revient à celles-ci de déterminer si elles entendent de nouveau porter leur litige contractuel devant un tribunal arbitral, à moins qu'elles ne décident conjointement de saisir le tribunal administratif compétent.

Enfin, l'exécution forcée d'une sentence arbitrale ne saurait être autorisée si elle est contraire à l'ordre public ; par suite, un contrôle analogue à celui décrit au point 5 doit être exercé par le juge administratif lorsqu'il est saisi d'une demande tendant à l'exequatur d'une sentence arbitrale rendue dans un litige né de l'exécution d'un contrat administratif entre une personne morale de droit public français et une personne de droit étranger, mettant en jeu les intérêts du commerce international et soumis à un régime administratif d'ordre public, qu'elle ait été rendue en France ou à l'étranger. • CE, ass., 9 nov.

2016, ⚖ *Sté Fosmax LNG*, n° 388806 A : *AJDA 2016. 2368, chron. Dutheillet de Lamothe et Odinet* ; *BJCP 2017. 60, concl. Pellissier ; Rev. CMP 2017, n° 25, note Devillers ; Dr. adm. mars 2017, n° 12, note Brenet.*

7. Lorsqu'il est saisi d'un recours dirigé contre une sentence arbitrale rendue en France dans un litige né de l'exécution ou de la rupture d'un contrat conclu entre une personne morale de droit public française et une personne de droit étranger, exécuté sur le territoire français mais mettant en jeu les intérêts du commerce international, il appartient au Conseil d'État de s'assurer, le cas échéant d'office, de la licéité de la convention d'arbitrage, qu'il s'agisse d'une clause compromissoire ou d'un compromis. Ne peuvent en outre être utilement soulevés devant lui que des moyens tirés, d'une part, de ce que la sentence a été rendue dans des conditions irrégulières et, d'autre part, de ce qu'elle est contraire à l'ordre public.

S'agissant du contrôle sur le fond, une sentence arbitrale est contraire à l'ordre public lorsqu'elle fait application d'un contrat dont l'objet est illicite ou entaché d'un vice d'une particulière gravité relatif notamment aux conditions dans lesquelles les parties ont donné leur consentement, lorsqu'elle méconnaît des règles auxquelles les personnes publiques ne peuvent déroger, telles que notamment l'interdiction de consentir des libéralités, d'aliéner le domaine public ou de renoncer aux prérogatives dont ces personnes disposent dans l'intérêt général au cours de l'exécution du contrat, ou lorsqu'elle méconnaît les règles d'ordre public du droit de l'UE.

Les requérantes ne peuvent utilement soutenir devant le CE que le tribunal arbitral aurait méconnu la chose jugée par la sentence arbitrale précédemment rendue dans le cadre du même litige.

Si les sociétés requérantes soutiennent que le tribunal arbitral aurait statué en violation d'un principe selon lequel une personne privée ne saurait être condamnée à payer une somme qu'elle ne doit pas, un tel moyen ne caractérise, en tout état de cause, aucune contrariété à l'ordre public susceptible de justifier l'annulation, par le Conseil d'État, de la sentence attaquée. Ils ne peuvent, par suite, qu'être écartés comme inopérants.

Par dérogation à l'art. L. 311-1 CJA, le rejet par le CE d'une demande d'annulation d'une sentence arbitrale rendue en France dans un litige né de l'exécution ou de la rupture d'un contrat exécuté sur le territoire français mais mettant en jeu les intérêts du commerce international confère l'exequatur à cette sentence. • CE 20 juill. 2021, ⚖ *Sté Tecnimont SpA et Sté TCM FR*, n° 443342 A : *BJCP 2021. 458, concl. Le Corre ; Rev. CMP 2021, comm. 325, Ubaud-Bergeron ; AJDA 2021. 2455, note Lahouazi* ; *Dr. adm. 2022. 3, note Mrad.*

8. Recours contre une sentence arbitrale internationale en matière de marché public. Demande d'exequatur. Compétence juridictionnelle. Les marchés publics sont au nombre des contrats qui relèvent d'un régime administratif d'ordre public ; dans l'hypothèse où le litige né de l'exécution ou de la rupture d'un tel contrat, conclu entre une personne morale de droit public française et une personne de droit étranger, est soumis à l'arbitrage et donne lieu à une sentence arbitrale rendue en France, le recours dirigé contre cette sentence, qui implique le contrôle de sa conformité aux règles impératives du droit public français auxquelles sont nécessairement soumis de tels contrats, relève de la compétence du juge administratif et est porté devant le Conseil d'État en application de l'art. L. 321-2 CJA ; dans le cas où la sentence arbitrale a été rendue par une juridiction siégeant à l'étranger, la juridiction administrative française est en revanche incompétente pour connaître d'un recours dirigé contre cette sentence. Quel que soit le siège de la juridiction arbitrale qui a statué sur un litige né d'un tel contrat, le juge administratif est toujours compétent pour connaître d'une demande tendant à l'exequatur de la sentence, dont l'exécution forcée ne saurait être autorisée si elle est contraire à l'ordre public ; une telle demande relève en premier ressort du tribunal administratif en application de l'art. L. 311-1 CJA. • CE 19 avr. 2013, ⚖ *Synd. mixte des aéroports de Charente*, n°s 352750 et 362020 A : *AJDA 2013. 1271, chron. Domino-Bretonneau* ; *Rev. CMP 2013, n° 174, note Devillers.*

9. Sentence arbitrale. Exequatur. En vertu des principes dont s'inspire l'art. 1477 C. pr. civ., il revient au juge administratif de se prononcer sur la demande d'exequatur qui, seule, peut conférer force exécutoire à la sentence arbitrale rendue à l'occasion d'un différend né de l'exécution d'un contrat administratif. Le juge investi du pouvoir de rendre exécutoire une sentence arbitrale ne peut refuser de faire droit à la demande présentée à cette fin que si l'acte qui lui est soumis n'a pas un caractère contentieux, ne constitue pas une sentence arbitrale ou a été rendu en vertu d'une clause compromissoire ou d'un compromis eux-mêmes entachés de nullité. • CAA Lyon, 27 déc. 2007, ⚖ *Lagarde et Meregnani*, n° 03LY01017.

III RECOURS JURIDICTIONNELS

BIBL. ▸ Agnus, Plaidoyer pour une « Smirgeomisation des Tropics », *AJDA 2013. 1268* ✐. – Aubert, La notion de litige distinct dans le contentieux de l'exécution des marchés publics, *AJDA 2014. 1757* ✐. – Bousquet, Responsabilité contractuelle et sanction de l'irrégularité d'un contrat administratif : pour une autonomisation, *Rev. CMP 2018, nº 4, p. 5*. – Braconnier, Les recours ouverts aux tiers, *AJDA 2011. 314* ✐. – Dal Farra, Les moyens du référé précontractuel après l'arrêt *Smirgeomes*, *BJCP 2008. 394*. – Delelis, Contentieux des contrats publics : quel référé choisir ?, *Rev. CMP 2010. Prat. 7*. – Dietenhoeffer, Un an de contentieux de la commande publique, *Rev. CMP 2019, nº 8-9 ; Rev. CMP août 2021*. – Dossier ACCP, Les recours des entreprises, *ACCP, mars 2006* ; Directive Recours : quelle transposition ?, *sept. 2009, nº 91* ; Contentieux des contrats publics : actualité des référés, *juin 2017* ; Contentieux de la commande publique : de la passation à l'exécution, *juill.-août 2019*. – Dossier Revue des Contrats, Le tiers et le contrat administratif : du nouveau !, *Revue des contrats 2008/2, p. 597 s.* – Dossier Rev. CMP, Le contentieux des contrats publics : quelle place pour les tiers ?, *Rev. CMP 2016, nº 4*. – Cantie, Invocabilité des manquements dans l'instance précontractuelle : des précisions sur les « devoirs » du juge et des parties, *JCP Adm. 2010, nº 2048*. – Cassia, Le nouveau recours contre le contrat : questions périphériques de procédure contentieuse, *AJDA 2007. 1964* ✐ ; Questions sur le référé-suspension accessoire au nouveau recours contre le contrat, *JCP Adm. 2007. Actu. 1036*. – Clamour, Un an sous le soleil de « Tropic » : recueil de décisions, *Rev. CMP 2008. Chron. 2* ; État des lieux du contentieux de la validité des contrats de commande publique, *Rev. CMP, janv. 2010, p. 6*. – Clerc, Référé précontractuel et recours en contestation de validité du contrat : superposition ou substitution ?, *JCP Adm. 2010, nº 2082*. – Dacosta, Dix ans de SMIRGEOMES, *AJDA 2018. 2000* ✐. – Delelis, Les insuffisances des procédures de référé, *AJDA 2011. 320* ✐. – Dieu, Les juges de cassation et les référés de la commande publique : aspects d'une convergence, *Rev. CMP 2014, nº 4, p. 7*. – Dietenhoeffer, Un an de contentieux de la commande publique, *Rev. CMP 2022, Étude nº 5*. – Douteaud, Face au contrat, le préfet reste-t-il un requérant « super privilégié » ?, *AJDA 2012. 2154* ✐ ; Le clair-obscur du référé contractuel, *Rev. CMP juill. 2021*. – Dossier, Le contentieux des contrats publics en Europe, *RFDA 2011. 1* ✐. – Dossier, Mutations du contentieux contractuel, *AJDA 2014. 2043* ✐. – Dossier ACCP, Procédures de référés : quel bilan en matière contractuelle ?, *mai 2013* ; Actualité des référés dans le contentieux contractuel, *mars 2016*. – Dubois, L'ordonnance du 7 mai 2009, le juge des référés et les nouvelles obligations du pouvoir adjudicateur, *Rev. CMP 2011, nº 5, p. 6* ; Contentieux contractuel : bilan de cinq années d'évolution, *juill.-août 2012* ; Actualité du contentieux de la commande publique, *sept. 2018, nº 6*. – Dossier Rev. CMP, Un an de contentieux de la commande publique, *août-sept. 2018* ; Un an de droit pénal de la commande publique, *oct. 2018*. – Fardet, La jurisprudence *Département du Tarn-et-Garonne* ou le risque d'une *actio popularis* contre les contrats administratifs, *BJCL 2014. 316*. – Février, L'obligation de notification de la requête en référé précontractuel et ses (in)conséquences, *AJDA 2010. 2282* ✐. – Glaser, Les habits neufs du juge du contrat, *AJDA 2011. 310* ✐. – Gourdou, Béziers II : du grésillement sur la ligne jurisprudentielle, *RJEP févr. 2013. 11*. – Eustache et Janicot, Retour sur la transformation contemporaine du contentieux de la validité des contrats administratifs, *Dr. adm. 2018, nº 3, p. 13*. – Frackowiak, Le contentieux des contrats administratifs doit-il rester indéfiniment jurisprudentiel ?, *BJCP 2018. 3*. – Gonzague, Du contrôle de la bonne foi dans l'exécution des contrats de la commande publique, *Dr. adm. mai 2019. Étude nº 6*. – Gourdou et Terneyre, Les référés précontractuel et contractuel après l'ordonnance du 7 mai 2009, *BJCP 2009. 358*. – Haïm, De l'usage du référé dans le cas d'irrégularités lors de la passation d'un marché public, *AJDA 2010. 871* ✐. – Hoepffner, Le référé contractuel contre un marché à procédure adaptée : une voie de droit subsidiaire, *AJDA 2017. 888* ✐ ; L'action en rupture des relations contractuelles ouverte aux tiers, *BJCP 2017. 339*. – Jouguelet, La directive « recours » : des nouveautés surprenantes ?, *BJCP 2008. 2*. – Lafaix, La nouvelle directive « recours » ou l'esquisse d'une exigence de « sanction adaptée », *Rev. CMP 2008. Étude 4* ; Réflexions sur la sanction des règles relatives aux procédures de passation des contrats publics, *RFDA 2010. 85* ✐ ; Le juge du contrat face à la diversité des contentieux contractuels, *RFDA 2010. 1089* ✐. – Jury, Les droits des tiers dans le contentieux des contrats administratifs : un droit au juge en « trompe-l'œil », *RFDA 2019. 55* ✐. – Laffaille, La jurisprudence *Tarn-et-Garonne* ou le tiers « sans qualité », *AJDA 2018. 1201* ✐. – Le Chatelier, Arrêt *Commune de Béziers II* : le Conseil d'État rénove les contentieux contractuels, *ACCP 2011. 64*. – Leroy, L'arrêt *Tropic Travaux Signalisation* et l'obligation de « due diligence » des candidats à un marché public, *BJCP 2008. 79*. – Linditch, Recours Tropic : la condition tenant à l'urgence, obstacle insurmontable à l'obtention du référé-suspension, *JCP Adm. 2008. 2075* ; Un an de droit pénal de la commande publique, *Rev. CMP 2018, nº 10*. – Ménéménis, Le juge administratif du contrat : fragments pour un portrait, *RJEP févr. 2012. 3*. –

de Metz-Pazzis, La décision *Département de Tarn-et-Garonne* menace-t-elle les délégations de service public ?, *AJDA 2015. 2135* ✎. – Moreau, La notification de la requête au défendeur par le requérant est-elle une condition de recevabilité du nouveau référé précontractuel ?, *AJDA 2010. 1348* ✎ ; Référé contractuel : *much ado about nothing, RJEP 2011, nº 686* ; Cinq ans d'application du principe de loyauté des relationscontractuelles devant le juge administratif, *RJEP oct. 2014. 3.* – Neveu, Éviction des candidats d'une procédure d'attribution de marché public : du bon usage des clauses relatives aux voies et délais de recours, *JCP Adm. 2010, nº 2174.* – Pietri, Un an de droit du contentieux de la commande publique, *Rev. CMP 2011, nºs 8-9, p. 17 ; ibid. 2015, nºs 8-9, p. 13 ; ibid. 2016, nºs 8-9, p. 12 ; ibid. 2017, nºs 8-9, p. 23.* – Pouyaud, Que reste-t-il du recours pour excès de pouvoir dans le contentieux des contrats ?, *RFDA juill.-août 2015.* – Rakotondrahaso, L'indemnisation dans la résiliation des contrats administratifs, *Rev. CMP 2014, nº 1, p. 6.* – Rees, État des lieux du droit du contentieux de la validité des contrats de la commande publique, *Rev. CMP 2010. Étude 1* ; Tropic II est arrivé, A propos de l'arrêt *Département de Tarn-et-Garonne, Rev. CMP 2014, nº 5, p. 7.* – Riccardi, Béziers I, Grenke, responsabilité quasi contractuelle et quasi délictuelle : professionnels, gare aux effets d'aubaine !, *Rev. CMP 2019, nº 3, p. 9.* – Richer, Les recours indemnitaires, *AJDA 2011. 325* ✎ ; Premier bilan de la jurisprudence administrative en matière de référé contractuel, *Rev. CMP 2011, nºs 8-9, p. 7.* – Rolin, Recherches sur un point obscur du référé précontractuel : la décision de « différer la signature du contrat », *Rev. CMP 2008. Étude 8 ; ibid. 2014* ✎, *nºs 8-9, p. 15.* – Rouchon, Ruy et Smolinska, Le contentieux de la commande publique : quelles solutions juridictionnelles pour le candidat évincé ?, *Rev. CMP 2015, nº 3, p. 7.* – Rioux, Tentative d'éclaircissement sur l'inefficacité de la procédure de référé-suspension en matière de recours en contestation de validité par les tiers, *BJCP mars-avr. 2020.* – Sayede Hussein, Le juge du référé-suspension de droit commun et le contrat administratif : un bilan jurisprudentiel limité, *Rev. CMP 2014, nº 5, p. 12.* – Sfez, L'intérêt à agir des groupements dans le cadre du recours Tarn-et-Garonne, *Dr. Adm. 2022, Étude 6.* – Simonnet, Contentieux contractuel : réflexions sur le champ d'application des dispositions réglementaires du code de justice administrative, *Rev. CMP 2018, nº 6, p. 7.* – Symchowicz et Proot, Développements jurisprudentiels récents autour de la nullité des contrats publics, *BJCP 2008. 150.* – Tasciyan, Les insuffisances du recours en reprise des relations contractuelles, *Rev. CMP 2015, nºs 8-9, p. 6.* – Terneyre, Les principaux recours contentieux en matière de contrat administratif, *BJCP 2010. 74* ; L'articulation des stipulations organisant le règlement des différends dans les contrats publics de travaux avec les nouvelles dispositions du code de justice administrative relatives aux délais et recours préalables, *BJCP 2017. 351.*

COMMENTAIRE

Comme cela a été indiqué à plusieurs reprises dans nos commentaires sous les différents textes rassemblés dans le présent volume, les recours juridictionnels « de droit commun » (c'est-à-dire portés non devant un juge arbitral mais, comme dans l'immense majorité des cas, devant le juge étatique) relèvent du juge judiciaire ou, le plus souvent, du juge administratif. ☐

Directive 89/665/CEE du 21 décembre 1989,

Portant coordination des dispositions législatives, réglementaires et administratives relatives à l'application des procédures de recours en matière de passation des marchés publics de fournitures et de travaux.

Art. 1er *(Dir. 2007/66/CE du 11 déc. 2007, en vigueur le 9 janv. 2008)* ***Champ d'application et accessibilité des procédures de recours.*** 1. *(Dir. 2014/23/UE du 26 févr. 2014, art. 46, en vigueur le 17 avr. 2014)* **« La présente directive s'applique aux marchés visés par la directive 2014/24/UE du Parlement européen et du Conseil, sauf si ces marchés sont exclus en application des articles 7, 8, 9, 10, 11, 12, 15, 16, 17 et 37 de ladite directive.**

« La présente directive s'applique également aux concessions attribuées par des pouvoirs adjudicateurs, visées par la directive 2014/23/UE du Parlement européen et du Conseil, sauf si ces concessions sont exclues en application des articles 10, 11, 12, 17 et 25 de ladite directive.

« Les contrats au sens de la présente directive incluent les contrats publics, les accords-cadres, les concessions de travaux et de services et les systèmes d'acquisition dynamiques.

« Les États membres prennent, en ce qui concerne les procédures de passation des marchés relevant du champ d'application de la directive 2014/24/UE ou de la directive 2014/23/UE, les mesures nécessaires pour garantir que les décisions prises par les pouvoirs adjudicateurs peuvent faire l'objet de recours efficaces et, en particulier, aussi rapides que

possible, dans les conditions énoncées aux articles 2 à 2 *septies* de la présente directive, au motif que ces décisions ont violé le droit de l'Union en matière de marchés publics ou les règles nationales transposant ce droit. » — *V. Dir. 2014/24/UE du 26 févr. 2014, App., Partie I, et 2014/23/UE du 26 févr. 2014, App., Partie II.*

2. Les États membres veillent à ce qu'il n'y ait, entre les entreprises susceptibles de faire valoir un préjudice dans le cadre d'une procédure d'attribution de marché, aucune discrimination du fait de la distinction opérée par la présente directive entre les règles nationales transposant le droit communautaire et les autres règles nationales.

3. Les États membres s'assurent que les procédures de recours sont accessibles, selon des modalités que les États membres peuvent déterminer, au moins à toute personne ayant ou ayant eu un intérêt à obtenir un marché déterminé et ayant été ou risquant d'être lésée par une violation alléguée.

4. Les États membres peuvent exiger que la personne qui souhaite faire usage d'une procédure de recours ait informé le pouvoir adjudicateur de la violation alléguée et de son intention d'introduire un recours, pour autant que cela n'ait pas d'incidence sur le délai de suspension visé à l'article 2 *bis*, paragraphe 2, ou sur tout autre délai d'introduction d'un recours visé à l'article 2 *quater*.

5. Les États membres peuvent exiger que la personne concernée introduise en premier lieu un recours auprès du pouvoir adjudicateur. Dans ce cas, les États membres veillent à ce que l'introduction dudit recours entraîne la suspension immédiate de la possibilité de conclure le marché.

Les États membres décident des moyens de communication adéquats, y compris les télécopieurs ou les moyens électroniques, qu'il convient d'utiliser pour introduire un recours conformément au premier alinéa.

La suspension visée au premier alinéa ne prend pas fin avant l'expiration d'un délai d'au moins dix jours calendaires à compter du lendemain du jour où le pouvoir adjudicateur a envoyé une réponse si un télécopieur ou un moyen électronique est utilisé, ou, si un autre moyen de communication est utilisé, avant l'expiration d'un délai d'au moins quinze jours calendaires à compter du lendemain du jour où le pouvoir adjudicateur a envoyé une réponse, ou d'au moins dix jours calendaires à compter du lendemain du jour de réception d'une réponse.

Art. 2 (*Dir. 2007/66/CE du 11 déc. 2007, en vigueur le 9 janv. 2008*) ***Exigences en matière de procédures de recours.*** 1. Les États membres veillent à ce que les mesures prises aux fins des recours visés à l'article 1er prévoient les pouvoirs permettant :

a) de prendre, dans les délais les plus brefs et par voie de référé, des mesures provisoires ayant pour but de corriger la violation alléguée ou d'empêcher qu'il soit encore porté atteinte aux intérêts concernés, y compris des mesures destinées à suspendre ou à faire suspendre la procédure de passation de marché public en cause ou l'exécution de toute décision prise par le pouvoir adjudicateur ;

b) d'annuler ou de faire annuler les décisions illégales, y compris de supprimer les spécifications techniques, économiques ou financières discriminatoires figurant dans les documents de l'appel à la concurrence, dans les cahiers des charges ou dans tout autre document se rapportant à la procédure de passation du marché en cause ;

c) d'accorder des dommages et intérêts aux personnes lésées par une violation.

2. Les pouvoirs visés au paragraphe 1 et aux articles 2 *quinquies* et 2 *sexies* peuvent être conférés à des instances distinctes responsables d'aspects différents des procédures de recours.

3. Lorsqu'une instance de premier ressort, indépendante du pouvoir adjudicateur, est saisie d'un recours portant sur la décision d'attribution du marché, les États membres s'assurent que le pouvoir adjudicateur ne peut conclure le marché avant que l'instance de recours statue soit sur la demande de mesures provisoires soit sur le recours. La suspension prend fin au plus tôt à l'expiration du délai de suspension visé à l'article 2 *bis*, paragraphe 2, et à l'article 2 *quinquies*, paragraphes 4 et 5.

4. Sauf dans les cas prévus au paragraphe 3 et à l'article 1er, paragraphe 5, les procédures de recours ne doivent pas nécessairement avoir des effets suspensifs automatiques sur les procédures de passation de marché auxquelles elles se rapportent.

5. Les États membres peuvent prévoir que l'instance responsable des procédures de recours peut tenir compte des conséquences probables des mesures provisoires pour tous les intérêts susceptibles d'être lésés, ainsi que de l'intérêt public, et décider de ne pas accorder ces mesures lorsque leurs conséquences négatives pourraient l'emporter sur leurs avantages.

La décision de ne pas accorder de mesures provisoires ne porte pas préjudice aux autres prétentions de la personne sollicitant ces mesures.

6. Les États membres peuvent prévoir que, lorsque des dommages et intérêts sont réclamés au motif que la décision a été prise illégalement, la décision contestée doit d'abord être annulée par une instance ayant la compétence nécessaire à cet effet.

7. Sauf dans les cas prévus aux articles 2 *quinquies* à 2 *septies*, les effets de l'exercice des pouvoirs visés au paragraphe 1 du présent article sur le contrat conclu à la suite de l'attribution d'un marché sont déterminés par le droit national.

En outre, sauf si une décision doit être annulée préalablement à l'octroi de dommages et intérêts, un État membre peut prévoir que, après la conclusion du contrat intervenue conformément à l'article 1er, paragraphe 5, au paragraphe 3 du présent article ou aux articles 2 *bis* à 2 *septies*, les pouvoirs de l'instance responsable des procédures de recours se limitent à l'octroi de dommages et intérêts à toute personne lésée par une violation.

8. Les États membres veillent à ce que les décisions prises par les instances responsables des procédures de recours puissent être exécutées de manière efficace.

9. Lorsque les instances responsables des procédures de recours ne sont pas de nature juridictionnelle, leurs décisions sont toujours motivées par écrit. En outre, dans ce cas, des dispositions doivent être prises pour garantir les procédures par lesquelles toute mesure présumée illégale prise par l'instance de base ou tout manquement présumé dans l'exercice des pouvoirs qui lui sont conférés peuvent faire l'objet d'un recours juridictionnel ou d'un recours auprès d'une autre instance qui est une juridiction au sens de l'article 234 du traité et qui est indépendante par rapport au pouvoir adjudicateur et à l'instance de base.

La nomination des membres de cette instance indépendante et la cessation de leur mandat sont soumises aux mêmes conditions que celles applicables aux juges en ce qui concerne l'autorité responsable de leur nomination, la durée de leur mandat et leur révocabilité. Au moins le président de cette instance indépendante a les mêmes qualifications juridiques et professionnelles qu'un juge. L'instance indépendante prend ses décisions à l'issue d'une procédure contradictoire, et ces décisions ont, par les moyens déterminés par chaque État membre, des effets juridiques contraignants.

Art. 2 *bis* *(Dir. 2007/66/CE du 11 déc. 2007, en vigueur le 9 janv. 2008)* ***Délai de suspension.*** 1. Les États membres veillent à ce que les personnes visées à l'article 1er, paragraphe 3, disposent de délais permettant des recours efficaces contre les décisions d'attribution de marché prises par les pouvoirs adjudicateurs, en adoptant les dispositions nécessaires qui respectent les conditions minimales énoncées au paragraphe 2 du présent article et à l'article 2 *quater*.

(Dir. 2014/23/UE du 26 févr. 2014, art. 46, en vigueur le 17 avr. 2014) « La conclusion du contrat qui suit la décision d'attribution d'un contrat relevant du champ d'application de la directive 2014/24/UE ou de la directive 2014/23/UE ne peut avoir lieu avant l'expiration d'un délai d'au moins dix jours calendaires à compter du lendemain du jour où la décision d'attribution du contrat a été envoyée aux soumissionnaires et candidats concernés si un télécopieur ou un moyen électronique est utilisé ou, si d'autres moyens de communication sont utilisés, avant l'expiration d'un délai d'au moins quinze jours calendaires à compter du lendemain du jour où la décision d'attribution du contrat est envoyée aux soumissionnaires et candidats concernés, ou d'au moins dix jours calendaires à compter du lendemain du jour de réception de la décision d'attribution du contrat. »

Les soumissionnaires sont réputés concernés s'ils n'ont pas encore été définitivement exclus. Une exclusion est définitive si elle a été notifiée aux soumissionnaires concernés et a été jugée licite par une instance de recours indépendante ou ne peut plus faire l'objet d'un recours.

Les candidats sont réputés concernés si le pouvoir adjudicateur n'a pas communiqué les informations relatives au rejet de leur candidature avant que la décision d'attribution du marché soit notifiée aux soumissionnaires concernés.

La décision d'attribution est communiquée à chaque soumissionnaire et candidat concernés, accompagnée :

(Dir. 2014/23/UE du 26 févr. 2014, art. 46, en vigueur le 17 avr. 2014) « — d'un exposé synthétique des motifs pertinents visés à l'article 55, paragraphe 2, de la directive 2014/24/UE, sous réserve de l'article 55, paragraphe 3, de ladite directive, ou à l'article 40, *paragraphe 1, de la directive* 2014/23/UE, sous réserve de l'article 40, paragraphe 2, de ladite directive, et »

— d'une mention précise de la durée exacte du délai de suspension applicable, en vertu des dispositions nationales transposant le présent paragraphe.

V. Dir. 2014/24/UE du 26 févr. 2014, App., Partie I, et 2014/23/UE du 26 févr. 2014, App., Partie II.

Art. 2 *ter* *(Dir. 2007/66/CE du 11 déc. 2007, en vigueur le 9 janv. 2008)* ***Dérogations au délai de suspension.*** Les États membres peuvent prévoir que les délais visés à l'article 2 *bis*, paragraphe 2, de la présente directive ne s'appliquent pas dans les cas suivants :

a) *(Dir. 2014/23/UE du 26 févr. 2014, art. 46, en vigueur le 17 avr. 2014)* « si la directive 2014/24/UE ou, le cas échéant, la directive 2014/23/UE n'impose pas la publication préalable d'un avis de marché au *Journal officiel de l'Union européenne* ; »

b) si le seul soumissionnaire concerné au sens de l'article 2 *bis*, paragraphe 2, de la présente directive est celui auquel le marché est attribué et en l'absence de candidats concernés ;

c) *(Dir. 2014/23/UE du 26 févr. 2014, art. 46, en vigueur le 17 avr. 2014)* « lorsqu'il s'agit d'un marché fondé sur un accord-cadre visé à l'article 33 de la directive 2014/24/UE et lorsqu'il s'agit d'un marché spécifique fondé sur un système d'acquisition dynamique visé à l'article 34 de cette directive*[.]* »

Lorsque la présente dérogation est invoquée, les États membres s'assurent de l'absence d'effets du marché conformément aux articles 2 *quinquies* et 2 *septies* de la présente directive :

(Dir. 2014/23/UE du 26 févr. 2014, art. 46, en vigueur le 17 avr. 2014) « – s'il y a violation de l'article 33, paragraphe 4, point *c)*, ou de l'article 34, paragraphe 6, de la directive 2014/24/UE, et

« – si le montant estimé du marché est égal ou supérieur aux seuils fixés à l'article 4 de la directive 2014/24/UE. »

V. Dir. 2014/24/UE du 26 févr. 2014, App., Partie I, et 2014/23/UE du 26 févr. 2014, App., Partie II.

Art. 2 *quater* *(Dir. 2007/66/CE du 11 déc. 2007, en vigueur le 9 janv. 2008)* ***Délais d'introduction d'un recours.*** Lorsqu'un État membre prévoit que tout recours contre une décision d'un pouvoir adjudicateur prise dans le cadre d'une procédure de passation de marché relevant du champ d'application de *(Dir. 2014/23/UE du 26 févr. 2014, art. 46, en vigueur le 17 avr. 2014)* « la directive 2014/24/UE ou *[de]* la directive 2014/23/UE *[V. Dir. 2014/24/UE du 26 févr. 2014, App., Partie I, et 2014/23/UE du 26 févr. 2014, App., Partie II.]* » ou en liaison avec une telle procédure doit être formé avant l'expiration d'un délai déterminé, ce délai est égal à dix jours calendaires au moins à compter du lendemain du jour où la décision du pouvoir adjudicateur est envoyée au soumissionnaire ou au candidat si un télécopieur ou un moyen électronique est utilisé ou, si d'autres moyens de communication sont utilisés, soit à quinze jours calendaires au moins à compter du lendemain du jour où la décision du pouvoir adjudicateur est envoyée au soumissionnaire ou au candidat, soit à dix jours calendaires au moins à compter du lendemain du jour de réception de la décision du pouvoir adjudicateur.

La décision du pouvoir adjudicateur est communiquée à chaque soumissionnaire ou candidat, accompagnée d'un exposé synthétique des motifs pertinents. En cas d'introduction d'un recours concernant des décisions visées à l'article 2, paragraphe 1, point *b)*, de la présente directive, qui ne font pas l'objet d'une notification spécifique, le délai est de dix jours calendaires au moins à compter de la date de publication de la décision concernée.

Art. 2 *quinquies* *(Dir. 2007/66/CE du 11 déc. 2007, en vigueur le 9 janv. 2008)* ***Absence d'effets.*** 1. Les États membres veillent à ce qu'un marché soit déclaré dépourvu d'effets par une instance de recours indépendante du pouvoir adjudicateur ou à ce que l'absence d'effets dudit marché résulte d'une décision d'une telle instance dans chacun des cas suivants :

a) *(Dir. 2014/23/UE du 26 févr. 2014, art. 46, en vigueur le 17 avr. 2014)* « si le pouvoir adjudicateur a attribué un contrat sans avoir préalablement publié un avis de contrat au *Journal officiel de l'Union européenne*, sans que cela soit autorisé en vertu des dispositions de la directive 2014/24/UE ou de la directive 2014/23/UE ; »

b) en cas de violation de l'article 1er, paragraphe 5, de l'article 2, paragraphe 3, ou de l'article 2 *bis*, paragraphe 2, de la présente directive, si cette violation a privé le soumissionnaire intentant un recours de la possibilité d'engager un recours précontractuel lorsqu'une telle violation est accompagnée d'une violation de *(Dir. 2014/23/UE du 26 févr. 2014, art. 46, en vigueur le 17 avr. 2014)* « la directive 2014/24/UE ou *[de]* la directive 2014/23/UE », si cette violation a compromis les chances du soumissionnaire intentant un recours d'obtenir le marché ;

c) dans les cas visés à l'article 2 *ter*, point *c)*, deuxième alinéa, de la présente directive, lorsque des États membres ont invoqué la dérogation au délai de suspension pour des marchés fondés sur un accord-cadre ou un système d'acquisition dynamique.

2. Les conséquences du constat de l'absence d'effets d'un marché sont déterminées par le droit national.

Le droit national peut prévoir l'annulation rétroactive de toutes les obligations contractuelles ou limiter la portée de l'annulation aux obligations qui doivent encore être exécutées. Dans ce deuxième cas, les États membres prévoient l'application d'autres sanctions au sens de l'article 2 *sexies*, paragraphe 2.

3. Les États membres peuvent prévoir que l'instance de recours indépendante du pouvoir adjudicateur a la faculté de ne pas considérer un marché comme étant dépourvu d'effets, même s'il a été passé illégalement pour des motifs visés au paragraphe 1, si elle constate, après avoir examiné tous les aspects pertinents, que des raisons impérieuses d'intérêt général imposent que les effets du marché soient maintenus.

Dans ce cas, les États membres prévoient des sanctions au sens de l'article 2 *sexies*, paragraphe 2, qui s'appliquent à titre de substitution.

L'intérêt économique à ce que le marché produise ses effets ne peut être considéré comme une raison impérieuse que dans le cas où, dans des circonstances exceptionnelles, l'absence d'effets aurait des conséquences disproportionnées.

Toutefois, l'intérêt économique directement lié au marché concerné ne constitue pas une raison impérieuse d'intérêt général. L'intérêt économique directement lié au marché comprend notamment les coûts découlant d'un retard dans l'exécution du contrat, du lancement d'une nouvelle procédure de passation de marché, du changement d'opérateur économique pour la réalisation du contrat et d'obligations légales résultant de l'absence d'effets.

4. Les États membres prévoient que le paragraphe 1, point *a*), du présent article ne s'applique pas si :

(Dir. 2014/23/UE du 26 févr. 2014, art. 46, en vigueur le 17 avr. 2014) « — le pouvoir adjudicateur estime que l'attribution d'un contrat sans publication préalable d'un avis de contrat au *Journal officiel de l'Union européenne* est autorisée en vertu des dispositions de la directive 2014/24/UE ou de la directive 2014/23/UE, »

— le pouvoir adjudicateur a publié au *Journal officiel de l'Union européenne* un avis exprimant son intention de conclure le marché, tel que décrit à l'article 3 *bis* de la présente directive, et

— le marché n'a pas été conclu avant l'expiration d'un délai d'au moins dix jours calendaires à compter du lendemain du jour de publication de cet avis.

5. Les États membres prévoient que le paragraphe 1, point *c*), du présent article ne s'applique pas si :

(Dir. 2014/23/UE du 26 févr. 2014, art. 46, en vigueur le 17 avr. 2014) « — le pouvoir adjudicateur estime que l'attribution d'un contrat est conforme à l'article 33, paragraphe 4, point *c*), ou à l'article 34, paragraphe 6, de la directive 2014/24/UE »,

— le pouvoir adjudicateur a envoyé aux soumissionnaires concernés une décision d'attribution du marché, accompagnée d'un exposé synthétique des motifs, conformément à l'article 2 *bis*, paragraphe 2, quatrième alinéa, premier tiret, de la présente directive, et

— la conclusion du contrat n'a pas pu avoir lieu avant l'expiration d'un délai d'au moins dix jours calendaires à compter du lendemain du jour où la décision d'attribution du marché est envoyée aux soumissionnaires concernés si un télécopieur ou un moyen électronique est utilisé ou, si d'autres moyens de communication sont utilisés, avant l'expiration d'un délai d'au moins quinze jours calendaires à compter du lendemain du jour où la décision d'attribution du marché est envoyée aux soumissionnaires concernés, ou d'au moins dix jours calendaires à compter du lendemain du jour de réception de la décision d'attribution du marché.

V. Dir. 2014/24/UE du 26 févr. 2014, App., Partie I, et 2014/23/UE du 26 févr. 2014, App., Partie II.

Art. 2 *sexies* *(Dir. 2007/66/CE du 11 déc. 2007, en vigueur le 9 janv. 2008) Violations de la présente directive et sanctions de substitution.* 1. En cas de violation de l'article 1er, paragraphe 5, de l'article 2, paragraphe 3, ou de l'article 2 *bis*, paragraphe 2, ne relevant pas de l'article 2 *quinquies*, paragraphe 1, point *b*), les États membres prévoient l'absence d'effets du marché conformément à l'article 2 *quinquies*, paragraphes 1 à 3, ou des sanctions de substitution. Les États membres peuvent prévoir que l'instance de recours indépendante du pouvoir adjudicateur décide, après avoir apprécié tous les aspects pertinents, si le marché doit être considéré comme dépourvu d'effets ou s'il y a lieu d'appliquer des sanctions de substitution.

2. Les sanctions de substitution doivent être effectives, proportionnées et dissuasives. Elles consistent :

— à imposer des pénalités financières au pouvoir adjudicateur, ou

— à abréger la durée du marché.

Les États membres peuvent conférer à l'instance de recours un large pouvoir d'appréciation lui permettant de tenir compte de tous les facteurs pertinents, y compris la gravité de la violation, le comportement du pouvoir adjudicateur et, dans les cas visés à l'article 2 *quinquies*, paragraphe 2, la mesure dans laquelle le contrat continue à produire des effets.

L'octroi de dommages et intérêts ne constitue pas une sanction appropriée aux fins du présent paragraphe.

Art. 2 *septies* *(Dir. 2007/66/CE du 11 déc. 2007, en vigueur le 9 janv. 2008) Délais.* 1. Les États membres peuvent prévoir que l'introduction d'un recours en application de l'article 2 *quinquies*, paragraphe 1, doit intervenir :

a) *(Dir. 2014/23/UE du 26 févr. 2014, art. 46, en vigueur le 17 avr. 2014)* « avant l'expiration d'un délai minimal de trente jours calendaires à compter du jour suivant la date à laquelle :

« – le pouvoir adjudicateur a publié l'avis d'attribution du contrat conformément aux articles 50 et 51 de la directive 2014/24/UE ou aux articles 31 et 32 de la directive 2014/23/UE, à condition que cet avis contienne la justification de la décision du pouvoir adjudicateur d'attribuer le contrat sans publication préalable d'un avis de contrat au *Journal officiel de l'Union européenne*, ou

« – le pouvoir adjudicateur a informé les soumissionnaires et les candidats concernés de la conclusion du contrat, pour autant que cette information soit accompagnée d'un exposé synthétique des motifs pertinents visés à l'article 55, paragraphe 2, de la directive 2014/24/UE, sous réserve de l'article 55, paragraphe 3, de ladite directive, ou à l'article 40, paragraphe 1, second alinéa, de la directive 2014/23/UE, sous réserve de l'article 40, paragraphe 2, de ladite directive. Cette faculté s'applique également aux cas visés à l'article 2 *ter*, premier alinéa, point *c)*, de la présente directive ; »

b) et en tout état de cause avant l'expiration d'un délai minimal de six mois à compter du lendemain du jour de la conclusion du contrat.

2. Dans tous les autres cas, y compris en ce qui concerne les recours formés conformément à l'article 2 *sexies*, paragraphe 1, les délais impartis pour l'introduction d'un recours sont déterminés par le droit national, sous réserve des dispositions de l'article 2 *quater*.

V. Dir. 2014/24/UE du 26 févr. 2014, App., Partie I, et 2014/23/UE du 26 févr. 2014, App., Partie II.

Art. 3 *(Dir. 2007/66/CE du 11 déc. 2007, en vigueur le 9 janv. 2008) Mécanisme correcteur.* 1. *(Dir. 2014/23/UE du 26 févr. 2014, art. 46, en vigueur le 17 avr. 2014)* « La Commission peut invoquer la procédure prévue aux paragraphes 2 à 5 lorsque, avant la conclusion d'un contrat, elle considère qu'une violation grave du droit de l'Union en matière de marchés publics a été commise au cours d'une procédure d'attribution de contrat relevant du champ d'application de la directive 2014/24/UE ou de la directive 2014/23/UE. » – *V. Dir. 2014/24/UE du 26 févr. 2014, App., Partie I, et 2014/23/UE du 26 févr. 2014, App., Partie II.*

2. La Commission notifie à l'État membre concerné les raisons pour lesquelles elle estime qu'une violation grave a été commise et en demande la correction par des moyens appropriés.

3. Dans les vingt et un jours calendaires qui suivent la réception de la notification visée au paragraphe 2, l'État membre concerné communique à la Commission :

a) la confirmation que la violation a été corrigée ;

b) des conclusions motivées expliquant pourquoi aucune correction n'a été effectuée, ou

c) une notification indiquant que la procédure de passation de marché en cause a été suspendue, soit à l'initiative du pouvoir adjudicateur, soit dans le cadre de l'exercice des pouvoirs prévus à l'article 2, paragraphe 1, point *a)*.

4. Des conclusions motivées communiquées conformément au paragraphe 3, point *b)*, peuvent notamment se fonder sur le fait que la violation alléguée fait déjà l'objet d'un recours juridictionnel ou d'une autre nature ou d'un recours tel que visé à l'article 2, paragraphe 9. Dans ce cas, l'État membre concerné informe la Commission du résultat de ces procédures dès que celui-ci est connu.

5. En cas de notification indiquant qu'une procédure de passation de marché a été suspendue conformément au paragraphe 3, point *c)*, l'État membre concerné notifie à la Commission la levée de la suspension ou l'ouverture d'une autre procédure de passation de marché liée, entièrement ou partiellement, à la procédure précédente. Cette notification confirme que la violation alléguée a été corrigée ou inclut des conclusions motivées expliquant pourquoi aucune correction n'a été effectuée.

Art. 3 *bis* *(Dir. 2007/66/CE du 11 déc. 2007, en vigueur le du 9 janv. 2008) Contenu d'un avis en cas de transparence ex ante volontaire.* L'avis visé à l'article 2 *quinquies*, paragraphe 4,

deuxième tiret, dont le format est adopté par la Commission conformément à la procédure de consultation visée à l'article 3 *ter*, paragraphe 2, contient les informations suivantes :
a) **nom et coordonnées du pouvoir adjudicateur ;**
b) **description de l'objet du marché ;**
c) **justification de la décision du pouvoir adjudicateur d'attribuer le marché sans publication préalable d'avis de marché au *Journal officiel de l'Union européenne* ;**
d) **nom et coordonnées de l'opérateur économique auquel il a été décidé d'attribuer le marché, et**
e) **le cas échéant, toute autre information jugée utile par le pouvoir adjudicateur.**

Art. 3 *ter* *(Dir. 2007/66/CE du 11 déc. 2007, en vigueur le 9 janv. 2008) Procédure de comité.* **1. La Commission est assistée par le comité consultatif pour les marchés publics, institué par l'article 1er de la décision 71/306/CEE du Conseil du 26 juillet 1971** *[JO L 185 du 16.8.1971, p. 15. Décision modifiée par la décision 77/63/CEE (JO L 13 du 15.1.1977, p. 15)]* **(ci-après dénommé "comité").**

2. Dans le cas où il est fait référence au présent paragraphe, les articles 3 et 7 de la décision 1999/468/CE du Conseil du 28 juin 1999 fixant les modalités de l'exercice des compétences d'exécution conférées à la Commission *[JO L 184 du 17.7.1999, p. 23. Décision modifiée par la décision 2006/512/CE (JO L 200 du 22.7.2006, p. 11)]* **s'appliquent, dans le respect des dispositions de l'article 8 de celle-ci.**

Art. 4 *(Dir. 2007/66/CE du 11 déc. 2007, en vigueur le 9 janv. 2008) Mise en œuvre.* **1. La Commission peut demander aux États membres, en consultation avec le comité, de lui fournir des informations sur le fonctionnement des procédures de recours nationales.**

2. Les États membres communiquent chaque année à la Commission le texte de toutes les décisions, accompagnées de leurs motifs, que leurs instances de recours ont prises conformément à l'article 2 *quinquies*, paragraphe 3.

Art. 4 *bis* *(Dir. 2007/66/CE du 11 déc. 2007, en vigueur le 9 janv. 2008) Réexamen.* **Au plus tard le 20 décembre 2012, la Commission examine la mise en œuvre de la présente directive et fait rapport au Parlement européen et au Conseil sur son efficacité, et en particulier sur l'efficacité des sanctions de substitution et des délais.**

Art. 5 Les États membres mettent en vigueur les mesures nécessaires pour se conformer à la présente directive avant le 21 décembre 1991. Ils communiquent à la Commission le texte des dispositions essentielles de droit interne, d'ordre législatif, réglementaire et administratif, qu'ils adoptent dans le domaine régi par la présente directive.

Les États membres mettent en vigueur les dispositions législatives, réglementaires et administratives nécessaires pour se conformer aux dispositions introduites par la Dir. 2007/66/CE du 11 déc. 2007 au plus tard le 20 déc. 2009. Ils communiquent immédiatement à la Commission le texte de ces dispositions. Lorsque les États membres adoptent ces dispositions, celles-ci contiennent une référence à la présente directive ou sont accompagnées d'une telle référence lors de leur publication officielle. Les modalités de cette référence sont arrêtées par les États membres. Les États membres communiquent à la Commission le texte des dispositions essentielles de droit interne qu'ils adoptent dans le domaine régi par la Dir. 2007/66/CE du 11 déc. 2007 (Dir. préc., art. 3).

1. Délai de « stand still » et recours efficace contre les décisions des pouvoirs adjudicateurs. Un candidat évincé d'un marché public doit disposer de la possibilité effective de saisir une autorité de recours pour obtenir l'annulation de la décision d'attribution du marché. Un délai raisonnable doit donc s'écouler entre la date à laquelle il a connaissance de son éviction et la signature du marché. • CJCE 28 oct. 1999, *Alcatel Austria*, n° C-81/98 • CJCE 24 juin 2004, *Commission c/ Autriche*, n° C-212/02 : *Rev. CMP 2002, n° 176, obs. Zimmer* • CJCE 3 avr. 2008, Commission c/ Espagne, n° C-444/06 : *Rev. CMP 2008, n° 110, obs. Zimmer.* ♦ L'instance de recours doit pouvoir décider que des informations contenues dans le dossier relatif à la passation d'un marché ne sont pas transmises aux parties et à leurs avocats, si cela est nécessaire pour assurer la protection d'une concurrence loyale ou des intérêts légitimes des opérateurs économiques, voulue par le droit communautaire • CJCE 14 févr. 2008, *Varec SA*, C-450/06.

2. Exécution d'un arrêt en manquement de la CJCE. Un arrêt de la CJCE ayant constaté un manquement d'un État membre lors de la passation d'un marché public, l'État membre doit, pour exécuter cet arrêt et faire cesser le manquement, mettre fin au contrat. • CJCE 18 juill. 2007, *Commission c/ Allemagne*, C-503/04 : *Rev. CMP 2007, n° 280, obs. Zimmer ; RFDA 2007. 972, note Delvolvé* .

3. Conséquences de la déclaration de nullité d'un contrat. Une législation qui prévoit le maintien des effets d'un contrat qui a fait l'objet d'une déclaration administrative de nullité ne porte pas atteinte aux exigences de la directive recours, dès lors qu'elle limite une telle hypothèse au cas exceptionnel où la déclaration de nullité perturbe gravement le service public et que le maintien ne vaut que dans l'attente de l'adoption de mesures urgentes. • CJCE 3 avr. 2008, *Commission c/ Espagne*, C-444/06.

4. Conditions d'un recours effectif contre des manquements aux obligations de publicité et de mise en concurrence. L'art. 1er, § 3, de la Dir. 89/665/CEE du Conseil, du 21 déc.1989, portant coordination des dispositions législatives, réglementaires et administratives relatives à l'application des procédures de recours en matière de passation des marchés publics de fournitures et de travaux, telle que modifiée par la Dir. 92/50/CEE du Conseil, du 18 juin 1992, portant coordination des procédures de passation des marchés publics de services, ne s'oppose pas à ce que les procédures de recours prévues par ladite directive ne soient accessibles aux personnes qui souhaitent obtenir l'adjudication d'un marché public déterminé que si celles-ci ont été ou risquent d'être lésées par la violation qu'elles allèguent. L'art. 1er, § 3, de la Dir. 89/665/CEE, modifiée par la directive 92/50, s'oppose à ce qu'un soumissionnaire se voie refuser l'accès aux procédures de recours prévues par ladite directive pour contester la légalité de la décision du pouvoir adjudicateur de ne pas considérer son offre comme étant la mieux-disante, au motif que cette offre aurait dû être écartée au préalable par ledit pouvoir adjudicateur pour d'autres raisons et que, de ce fait, il n'a pas été ou ne risque pas d'être lésé par l'illégalité qu'il allègue. Dans le cadre de la procédure de recours ainsi ouverte audit soumissionnaire, celui-ci doit être admis à contester le bien-fondé du motif d'exclusion sur le fondement duquel l'instance responsable des procédures de recours envisage de conclure qu'il n'a pas été ou ne risque pas d'être lésé par la décision dont il allègue l'illégalité. • CJCE 19 juin 2003, *Werner Hackermüller*, C-249/01.

5. Il y a lieu de rappeler que l'art. 1er, § 1, de la Dir. 89/665/CEE impose aux États membres l'obligation de garantir que les décisions illégales des pouvoirs adjudicateurs peuvent faire l'objet de recours efficaces et aussi rapides que possible. Or, le fait qu'un candidat ou un soumissionnaire apprend que sa candidature ou son offre a été rejetée ne le met pas à même de former effectivement un recours. De telles informations sont insuffisantes pour permettre au candidat ou au soumissionnaire de déceler l'existence éventuelle d'une illégalité pouvant faire l'objet d'un recours. C'est seulement après qu'un candidat ou un soumissionnaire concerné a été informé des motifs pour lesquels il a été écarté de la procédure de passation d'un marché qu'il lui est possible de former une conviction éclairée sur l'existence éventuelle d'une violation des dispositions applicables et sur l'opportunité d'introduire un recours. Il s'ensuit que l'objectif, fixé à l'art. 1er, § 1, de la Dir. 89/665, de garantir l'existence de recours efficaces contre les violations des dispositions applicables en matière de passation des marchés publics ne peut être atteint que si les délais imposés pour former ces recours ne commencent à courir qu'à partir de la date où le requérant a eu connaissance ou aurait dû avoir connaissance de la violation alléguée desdites dispositions. L'art. 1er, § 1, de la Dir. 89/665 s'oppose à une disposition nationale, telle que celle en cause au principal, qui permet à une juridiction nationale de rejeter comme forclos un recours tendant à constater la violation des règles de passation des marchés publics ou à obtenir des dommages-intérêts pour la violation de ces règles en application du critère, apprécié de manière discrétionnaire, selon lequel de tels recours doivent être formés promptement. En vue de satisfaire aux exigences contenues dans la réponse donnée à la première question, la juridiction nationale saisie doit, dans toute la mesure du possible, interpréter les dispositions nationales relatives au délai de recours de manière à assurer que ce délai ne court qu'à partir de la date à laquelle le requérant a eu connaissance ou aurait dû avoir connaissance de la violation des règles applicables à la passation du marché public concerné. Si les dispositions nationales en cause ne se prêtaient pas à une telle interprétation, cette juridiction serait tenue, en utilisant son pouvoir discrétionnaire, de proroger le délai de recours de manière à assurer au requérant un délai équivalent à celui dont il aurait disposé si le délai prévu par la réglementation nationale applicable avait couru à partir de la date à laquelle il a eu connaissance ou aurait dû avoir connaissance de la violation des règles de passation des marchés publics. En tout état de cause, si les dispositions nationales relatives aux délais de recours n'étaient pas susceptibles d'une interprétation conforme à la Dir. 89/665, la juridiction nationale serait tenue de les laisser inappliquées, en vue d'appliquer intégralement le droit communautaire et de protéger les droits que celui-ci confère aux particuliers. • CJUE 28 janv. 2010, *Uniplex*, C-406/08 • 28 janv. 2010, *Commission c/ Irlande*, C-456/08.

6. La Dir. n° 89/665/CEE du Conseil, du 21 déc. 1989, portant coordination des dispositions législatives, réglementaires et administratives relatives à l'application des procédures de recours en matière de passation des marchés publics de fournitures et de travaux, telle que modifiée par la Dir. n° 92/50/CEE du Conseil, du 18 juin 1992, doit être interprétée en ce sens qu'elle s'oppose à une réglementation nationale subordonnant le droit d'obtenir des dommages et intérêts en raison d'une violation du droit des marchés publics par un pouvoir adjudicateur au caractère fautif de cette violation, y compris lorsque l'application de cette réglementation repose sur une présomption de faute dudit pouvoir adjudicateur ainsi que sur l'impossibilité pour ce dernier d'invoquer l'absence de capacités individuelles et, partant, d'imputabilité subjective de la violation alléguée. • CJUE 30 sept. 2010, *Stadt Graz c/ Strabag AG*, C-314/09 : *Rev. CMP 2010, n° 393, note Zimmer.*

7. L'art. 2, § 8, de la Dir. n° 89/665/CEE du Conseil, du 21 déc. 1989, portant coordination des dispositions législatives, réglementaires et administratives relatives à l'application des procédures de recours en matière de passation des marchés publics de fournitures et de travaux, telle que modifiée par la Dir. n° 92/50/CEE du Conseil, du 18 juin 1992, doit être interprété en ce sens qu'il ne crée pas, dans le chef des États membres, l'obligation de prévoir, également en faveur des pouvoirs adjudicateurs, une voie de recours à caractère juridictionnel contre les décisions des instances de base, de nature non juridictionnelle, responsables des procédures de recours en matière de passation des marchés publics. Toutefois, cette disposition n'empêche pas les États membres de prévoir, le cas échéant, dans leurs ordres juridiques respectifs, une telle voie de recours en faveur des pouvoirs adjudicateurs. • CJUE 21 oct. 2010, *Symvoulio Apochetefseon Lefkosias*, C-570/08.

8. L'art. 1er, § 1 et 3, et l'art. 2, § 1 et 6, de la Dir. n° 89/665/CEE du Conseil, du 21 déc. 1989, portant coordination des dispositions législatives, réglementaires et administratives relatives à l'application des procédures de recours en matière de passation des marchés publics de fournitures et de travaux, telle que modifiée par la Dir. n° 92/50/CEE du Conseil, du 18 juin 1992, ne s'opposent pas à un système dans lequel, afin d'obtenir, dans un bref délai, une décision juridictionnelle, la seule procédure disponible est celle qui se caractérise par le fait qu'elle a pour objet de permettre l'adoption d'une mesure d'ordre avec célérité, que les avocats n'ont pas le droit d'échanger des conclusions, que les preuves ne peuvent, en principe, être administrées que par écrit, que les règles légales de la preuve ne sont pas d'application et que le jugement n'entraîne pas une fixation définitive des rapports juridiques et ne fait pas partie d'un processus décisionnel produisant la chose jugée. La dir. n° 89/665, telle que modifiée par la Dir. n° 92/50, doit être interprétée en ce sens qu'elle ne s'oppose pas à ce que le juge des référés, pour adopter une mesure provisoire, procède à une interprétation de la Dir. n° 2004/18/CE du Parlement européen et du Conseil, du 31 mars 2004, *relative à la coordination des procédures* de passation des marchés publics de travaux, de fournitures et de services, qui est, par la suite, qualifiée d'erronée par le juge du fond. En ce qui concerne la responsabilité de l'État pour des dommages causés aux particuliers par des violations du droit de l'Union qui lui sont imputables, les particuliers lésés ont un droit à réparation dès lors que la règle du droit de l'Union violée a pour objet de leur conférer des droits, que la violation de cette règle est suffisamment caractérisée et qu'il existe un lien de causalité direct entre cette violation et le préjudice subi. En l'absence de dispositions du droit de l'Union en ce domaine, il appartient à l'ordre juridique interne de chaque État membre, une fois respectées ces conditions, de fixer les critères sur la base desquels le dommage résultant d'une violation du droit de l'Union en matière de passation de marchés publics doit être constaté et évalué, pour autant que les principes d'équivalence et d'effectivité soient respectés. • CJUE 9 déc. 2010, *Combinatie Spijker Infrabouw-De Jonge Konstruktie*, C-568/08.

9. Il y a lieu de relever qu'il découle de l'art. 1er de la Dir. 89/665 que celle-ci vise à permettre l'introduction de recours efficaces contre les décisions des pouvoirs adjudicateurs incompatibles avec le droit de l'Union. Selon le § 3 dudit art., les États membres s'assurent que les procédures de recours sont accessibles, selon les modalités que les États membres peuvent déterminer, au moins à toute personne ayant ou ayant eu un intérêt à obtenir un marché déterminé et ayant été ou risquant d'être lésée par une violation alléguée.

A cet égard, une décision par laquelle le pouvoir adjudicateur écarte l'offre d'un soumissionnaire avant même de procéder à la sélection constitue une décision contre laquelle un recours doit, en vertu de l'art. 1er, § 1, de la Dir. 89/665/CEE, être possible, cette disposition étant applicable à toutes les décisions prises par les pouvoirs adjudicateurs qui sont soumises aux règles du droit de l'Union en matière de marchés publics et ne prévoyant aucune restriction en ce qui concerne la nature et le contenu desdites décisions. • CJUE 19 juin 2003, *Hackermüller*, C-249/01 : *Rec. p. I 6319, pt 24 et J. citée.*

Ainsi, au pt 26 de l'arrêt *Hackermüller* préc., la Cour a jugé que le fait, pour une instance responsable des procédures de recours, de refuser l'accès auxdites procédures, en raison du défaut de qualité pour agir, à un soumissionnaire dont l'offre a été écartée avant même qu'il ne soit procédé à une sélection, aurait pour effet de priver ce soumissionnaire non seulement de son droit de recours à l'égard de la décision dont il allègue l'illégalité, mais également du droit de contester le bien-fondé du motif d'exclusion soulevé par ladite instance pour lui dénier la qualité de personne ayant été ou risquant d'être lésée par l'illégalité alléguée.

Certes, lorsque, afin de pallier cette situation, il est reconnu au soumissionnaire le droit de contester le bien-fondé dudit motif d'exclusion dans le cadre de la procédure de recours engagée par celui-ci en vue de contester la légalité de la décision par laquelle le pouvoir adjudicateur n'a pas considéré son offre comme étant la mieux-disante, il ne peut être exclu que, au terme de cette procédure, l'instance saisie aboutisse à la conclusion que ladite offre aurait effectivement dû être écartée au préalable et que le recours du soumissionnaire doive être rejeté au motif que, eu égard à cette circonstance, il n'a pas été ou ne risque pas d'être lésé par la violation qu'il allègue (V. CJCE *Hackermüller* préc., pt 27).

Dans une telle situation, le soumissionnaire qui a engagé une procédure de recours contre la décision d'attribution d'un marché public doit disposer du droit de contester devant ladite instance, dans le cadre de cette procédure, le bien-fondé du motif pour lequel son offre aurait dû être écartée (V., en ce sens, CJCE *Hackermüller* préc., pts 28 et 29).

Cet enseignement trouve, en principe, à s'appliquer également lorsque l'exception d'irrecevabilité est soulevée non pas d'office par l'instance saisie de ce recours, mais dans le cadre d'une action incidente introduite par une partie à la procédure de recours, tel l'adjudicataire ayant régulièrement fait intervention à cette procédure.

Dans l'affaire au principal, la juridiction de renvoi, après vérification de l'adéquation des offres déposées par les deux sociétés concernées, a constaté que l'offre présentée par Fastweb n'était pas conforme à l'ensemble des spécifications techniques imposées par le cahier des charges. Elle est cependant arrivée à la même conclusion en ce qui concerne l'offre présentée par l'autre soumissionnaire, Telecom Italia.

Une telle situation se distingue de celle en cause dans l'affaire ayant donné lieu à l'arrêt *Hackermüller* préc. notamment par le fait qu'il est constaté que l'offre sélectionnée n'a, à tort, pas été exclue au stade de la vérification des offres nonobstant sa non-conformité par rapport aux spécifications techniques du cahier des charges.

Or, en présence d'un tel constat, l'action incidente de l'adjudicataire ne peut pas conduire à écarter le recours d'un soumissionnaire dans l'hypothèse où la régularité de l'offre de chacun des opérateurs est mise en cause dans le cadre de la même procédure et pour des motifs de nature identique. En effet, dans une telle situation, chacun des concurrents peut faire valoir un intérêt légitime équivalent à l'exclusion de l'offre des autres, pouvant aboutir au constat de l'impossibilité, pour le pouvoir adjudicateur, de procéder à la sélection d'une offre régulière.

L'art. 1er, § 3, de la Dir. 89/665/CEE du Conseil du 21 déc. 1989, portant coordination des dispositions législatives, réglementaires et administratives relatives à l'application des procédures de recours en matière de passation des marchés publics de fournitures et de travaux, telle que modifiée par la Dir. 2007/66/CE du Parlement européen et du Conseil du 11 déc. 2007, doit être interprété en ce sens que, si, dans le cadre d'une procédure de recours, l'adjudicataire, ayant obtenu le marché et introduit un recours incident, soulève une exception d'irrecevabilité fondée sur le défaut de qualité pour agir du soumissionnaire auteur de ce recours au motif que l'offre que ce dernier avait présentée aurait dû être écartée par le pouvoir adjudicateur en raison de sa non-conformité par rapport aux spécifications techniques définies dans le cahier des charges, cette disposition s'oppose à ce que ledit recours soit déclaré irrecevable par suite de l'examen préalable de cette exception d'irrecevabilité sans se prononcer sur la conformité avec lesdites spécifications techniques tant de l'offre de l'adjudicataire, ayant obtenu le marché, que de celle du soumissionnaire ayant introduit le recours principal. • CJUE 4 juill. 2013, *Fastweb Spa c/ Azienda sanitaria locale di Alessandria, Telecom Italia SpA*, C-100/12 : *Rev. CMP 2013, n° 260, note Pietri.*

10. L'art. 1er de la Dir. 89/665/CEE du Conseil du 21 déc. 1989, portant coordination des dispositions législatives, réglementaires et administratives relatives à l'application des procédures de recours en matière de passation des marchés publics de fournitures et de travaux, telle que modifiée par la Dir. 2007/66/CE du Parlement européen et du Conseil, du 11 déc. 2007, ainsi que les principes d'équivalence et d'effectivité doivent être interprétés en ce sens qu'ils ne s'opposent pas à une réglementation nationale qui impose l'acquittement de frais de justice tels que la contribution unifiée en cause au principal lors de l'introduction, devant les juridictions administratives, d'un recours en matière de marchés publics.

L'art. 1er de la Dir. 89/665/CEE, telle que modifiée par la Dir. 2007/66/CE, ainsi que les principes d'équivalence et d'effectivité ne s'opposent ni à la perception de frais de justice multiples auprès d'un justiciable qui introduit plusieurs recours juridictionnels se rapportant à la même passation de marché public, ni à ce que ce justiciable soit obligé de verser des frais de justice additionnels pour pouvoir soulever des moyens supplémentaires concernant la même passation de marché public, dans le cadre d'une procédure juridictionnelle en cours. Toutefois, en cas de contestation par une partie concernée, il incombe au juge national d'examiner les objets des recours présentés par un justiciable ou des moyens soulevés par celui-ci dans le cadre d'une même procédure. Si le juge national constate que lesdits objets ne sont effectivement pas distincts ou ne constituent pas un élargissement important de l'objet du litige déjà pendant, il est tenu de dispenser ce justiciable de l'obligation de paiement de frais de justice cumulatifs. • CJUE 6 oct. 2015, *Orizzonte Salute – Studio Infermieristico Associato*, C-61/14 : *Rev. CMP 2015, n° 296, note Eckert.*

11. Le droit de l'Union européenne, notamment le principe d'effectivité, s'oppose à une réglementation nationale qui subordonne l'introduction d'un recours, aux fins de l'obtention de dommages et intérêts pour violation d'une règle du droit des marchés publics, à la constatation préalable de l'illégalité de la procédure de passation du marché concerné en raison de l'absence de publication préalable d'un avis de marché, lorsque cette action en constatation d'illégalité est soumise à un délai de forclusion de six mois commençant à courir à compter du lendemain de la date de l'attribution du marché public en cause, et ce indépendamment du point de savoir si le demandeur à l'action était en mesure ou non de connaître l'existence de l'illégalité affectant cette décision du pouvoir adjudicateur. • CJUE 26 nov. 2015, ♔ *MedEval,* C-166/14.

12. L'art. 1er, § 1, 3e al., et 3, de la Dir. 89/665/CEE du Conseil du 21 déc. 1989, portant coordination des dispositions législatives, réglementaires et administratives relatives à l'application des procédures de recours en matière de passation des marchés publics de fournitures et de travaux, telle que modifiée par la Dir. 2007/66/CE du Parlement européen et du Conseil du 11 déc. 2007, doit être interprété en ce sens qu'il s'oppose à ce qu'un recours principal introduit par un soumissionnaire, ayant un intérêt à obtenir un marché déterminé et ayant été ou risquant d'être lésé par une violation alléguée du droit de l'Union en matière de marchés publics ou des règles transposant ce droit, et visant à l'exclusion d'un autre soumissionnaire, soit déclaré irrecevable en application des règles procédurales nationales qui prévoient l'examen prioritaire du recours incident formé par cet autre soumissionnaire.

L'art. 267 TFUE doit être interprété en ce sens qu'il s'oppose à une disposition de droit national dans la mesure où celle-ci est interprétée en ce sens que, concernant une question qui porte sur l'interprétation ou sur la validité du droit de l'Union, une chambre d'une juridiction statuant en dernier ressort, lorsqu'elle ne partage pas l'orientation définie par une décision de l'assemblée plénière de cette juridiction, doit renvoyer cette question à ladite assemblée plénière et est ainsi empêchée de s'adresser à titre préjudiciel à la Cour.

L'art. 267 TFUE doit être interprété en ce sens que, après avoir reçu la réponse de la CJUE à une question portant sur l'interprétation du droit de l'Union qu'elle lui a posée ou lorsque la jurisprudence de la CJUE a déjà apporté une réponse claire à cette question, une chambre d'une juridiction statuant en dernier ressort doit elle-même faire tout le nécessaire pour que cette interprétation du droit de l'Union soit mise en œuvre. • CJUE 5 avr. 2016, ♔ *Puligienica Facility Esco SpA (PFE),* C-689/13 : *Rev. CMP 2016, n° 168, note Pietri.*

13. L'art. 1er, § 3, de la Dir. 89/665/CEE du Conseil du 21 déc. 1989, portant coordination des dispositions législatives, réglementaires et administratives relatives à l'application des procédures de recours en matière de passation des marchés publics de fournitures et de travaux, telle que modifiée par la Dir. 2007/66/CE du Parlement européen et du Conseil, du 11 déc. 2007, doit être interprété en ce sens qu'il ne s'oppose pas à ce qu'un soumissionnaire qui a été exclu d'une procédure de passation d'un marché public par une décision du pouvoir adjudicateur devenue définitive se voie refuser l'accès à un recours contre la décision d'attribution du marché public concerné et la conclusion du contrat lorsque seuls ce soumissionnaire évincé et l'attributaire de ce marché ont présenté des offres et que ledit soumissionnaire soutient que l'offre de cet attributaire aurait également dû être écartée. • CJUE 21 déc. 2016, ♔ *Bietergemeinschaft Technische Gebäudebetreuung GesmbH,* C-355/15.

14. L'art. 1er, § 1 à 3, de la Dir. 89/665/CEE du Conseil du 21 déc. 1989, portant coordination des dispositions législatives, réglementaires et administratives relatives à l'application des procédures de recours en matière de passation des marchés publics de fournitures et de travaux, telle que modifiée par la Dir. 2007/66/CE du Parlement européen et du Conseil du 11 déc. 2007, et l'art. 1er, § 1 à 3, de la Dir. 92/13/CEE du Conseil, du 25 févr. 1992, portant coordination des dispositions législatives, réglementaires et administratives relatives à l'application des règles communautaires sur les procédures de passation des marchés des entités opérant dans les secteurs de l'eau, de l'énergie, des transports et des télécommunications, telle que modifiée par la Dir. 2007/66, lus à la lumière de l'art. 47 de la Charte UE, doivent être interprétés en ce sens qu'ils ne s'opposent pas à une réglementation nationale, telle celle en cause dans les affaires au principal, qui subordonne la recevabilité de tout recours contre un acte du pouvoir adjudicateur à l'obligation pour le requérant de constituer la garantie de bonne conduite qu'elle prévoit au profit du pouvoir adjudicateur, dès lors que cette garantie doit être restituée au requérant quelle que soit l'issue du recours. • CJUE 15 sept. 2016, ♔ *SC Star Storage SA,* C-439/14 et C-488/14 : *Rev. CMP 2016, n° 267, note Ubaud-Bergeron.*

15. L'art. 1er, § 1, et l'art. 2, § 1, ss. a) et b), de la Dir. 89/665/CEE du Conseil, du 21 déc. 1989, portant coordination des dispositions législatives, réglementaires et administratives relatives à l'application des procédures de recours en matière de passation des marchés publics de fournitures et de travaux, telle que modifiée par la Dir. 2007/66/CE du Parlement européen et du Conseil du 11 déc. 2007, doivent être interprétés en ce sens qu'ils s'opposent à une législation nationale en vertu de laquelle la décision d'admettre un soumissionnaire à la procédure d'adjudication, décision dont il est allégué qu'elle viole le droit de l'Union en matière de marchés publics ou la législation nationale le transposant, ne figure pas parmi les actes préparatoires d'un pouvoir adjudicateur qui peuvent faire l'objet d'un recours juridictionnel autonome.

L'art. 1er, § 1, et l'art. 2, § 1, ss. a) et b), de la Dir. 89/665/CEE, telle que modifiée par la Dir. 2007/66, produisent un effet direct. • CJUE 5 avr. 2017, *Marina del Mediterraneo SL et a.*, C-391/15.

16. La Cour a jugé, dans l'affaire ayant donné lieu à l'arrêt du 21 déc. 2016, *Österreich Caverion und Gebäudebetreuung Technische Bietergemeinschaft* (C-355/15, *EU :C :2016 :988, pts 13 à 16, 31 et 36*), qu'un soumissionnaire dont l'offre avait été exclue par le pouvoir adjudicateur d'une procédure de passation d'un marché public pouvait se voir refuser l'accès à un recours contre la décision d'attribution du marché public. Toutefois, la décision d'exclusion dudit soumissionnaire avait, dans cette affaire, été confirmée par une décision ayant acquis l'autorité de la chose jugée avant que la juridiction saisie du recours contre la décision d'attribution du marché ne statue, de telle sorte que ledit soumissionnaire devait être considéré comme étant définitivement exclu de la procédure de passation du marché public en cause.

Dans l'affaire au principal, en revanche, Archus et Gama ont introduit un recours contre la décision excluant leur offre et contre la décision attribuant le marché, adoptées simultanément, et ne peuvent donc être considérées comme étant définitivement exclues de la procédure de passation du marché public. Dans une telle situation, la notion de « marché déterminé » au sens de l'art. 1er, § 3, de la Dir. 93/13 peut, le cas échéant, viser l'engagement éventuel d'une nouvelle procédure de passation d'un marché public.

Il découle des considérations qui précèdent que la Dir. 92/13 doit être interprétée en ce sens que, dans une situation telle que celle en cause dans l'affaire au principal, dans laquelle une procédure de passation d'un marché public a donné lieu à la présentation de deux offres et à l'adoption par le pouvoir adjudicateur de deux décisions simultanées portant respectivement rejet de l'offre de l'un des soumissionnaires et attribution du marché à l'autre, le soumissionnaire évincé, qui introduit un recours contre ces deux décisions, doit pouvoir demander l'exclusion de l'offre du soumissionnaire adjudicataire, de telle sorte que la notion de « marché déterminé » au sens de l'art. 1er, § 3, de la Dir. 92/13 peut, le cas échéant, viser l'engagement éventuel d'une nouvelle procédure de passation d'un marché public. • CJUE 11 mai 2017, *Archus sp. Zo. o et Gama Jacek Lipik*, C-131/16.

17. Tant l'art. 1er, § 3, de la Dir. 89/665/CEE du Conseil du 21 déc. 1989, portant coordination des dispositions législatives, réglementaires et administratives relatives à l'application des procédures de recours en matière de passation des marchés publics de fournitures et de travaux, telle que modifiée par la Dir. 2007/66/CE du Parlement européen et du Conseil du 11 déc. 2007, que l'art. 1er, § 3, de la Dir. 92/13/CEE du Conseil, du 25 févr. 1992, portant coordination des dispositions législatives, réglementaires et administratives relatives à l'application des règles communautaires sur les procédures de passation des marchés des entités opérant dans les secteurs de l'eau, de l'énergie, des transports et des télécommunications, telle que modifiée par la Dir. 2007/66, doivent être interprétés en ce sens qu'ils ne s'opposent pas à une législation nationale, telle que celle en cause au principal, qui ne permet pas à des opérateurs économiques d'introduire un recours contre les décisions du pouvoir adjudicateur relatives à une procédure d'appel d'offres à laquelle ils ont décidé de ne pas participer au motif que la réglementation applicable à cette procédure rendait l'adjudication du contrat concerné en leur faveur très improbable. Néanmoins, il incombe à la juridiction nationale compétente d'apprécier de manière circonstanciée, en tenant compte de l'ensemble des éléments pertinents qui caractérisent le contexte dans lequel s'inscrit l'affaire dont elle est saisie, si l'application concrète de cette législation n'est pas susceptible d'affecter le droit à une protection juridictionnelle effective des opérateurs économiques concernés. • CJUE 28 nov. 2018, *Amt Azienda Trasporti e Mobilita SpA*, C-328/17.

18. L'art. 1er, § 1, 3e al., et § 3, de la Dir. 89/665/CEE du Conseil du 21 déc. 1989, portant coordination des dispositions législatives, réglementaires et administratives relatives à l'application des procédures de recours en matière de passation des marchés publics de fournitures et de travaux, telle que modifiée par la Dir. 2007/66/CE du Parlement européen et du Conseil du 11 déc. 2007, doit être interprété en ce sens qu'il s'oppose à ce qu'un recours principal introduit par un soumissionnaire ayant un intérêt à obtenir un marché déterminé et ayant été ou risquant d'être lésé par une violation alléguée du droit de l'Union en matière de marchés publics ou des règles transposant ce droit, et visant à l'exclusion d'un autre soumissionnaire, soit déclaré irrecevable en application des règles ou des pratiques jurisprudentielles procédurales nationales, qui portent sur le traitement des recours en exclusion réciproques, quels que soient le nombre de participants à la procédure de passation de marché et le nombre de ceux ayant introduit des recours. • CJUE 5 sept. 2019, *Lombardi Srl*, C-333/18.

19. Contestation par un concurrent évincé de la décision admettant l'offre d'un soumissionnaire. Moyens susceptibles d'être soulevés. L'art. 1er, § 1 et 3, l'art. 2, § 1, ss a) et b), ainsi que l'art. 2 *bis*, § 2, de la Dir. 92/13/CEE du Conseil du 25 févr. 1992, portant coordination des dispositions législatives, réglementaires et administratives relatives à l'application des règles communautaires sur les procédures de passation des marchés des entités opérant dans les secteurs de l'eau, de l'énergie, des transports et des télécommunications, telle que modifiée par la Dir. 2014/23/UE du Parlement européen et du Conseil, du 26 févr. 2014 doivent être interprétés en ce sens qu'un soumissionnaire qui a été exclu d'une procédure de passation de marché public à un stade antérieur à la phase d'attribution de ce marché et dont la demande de sursis à exécution de la décision l'excluant de cette procédure a été rejetée, peut invoquer, dans sa demande de sursis à exécution de la décision admettant l'offre d'un autre soumissionnaire, introduite concomitamment, tous les moyens tirés de la violation du droit de l'Union en matière de marchés publics ou des règles nationales transposant ce droit, y compris des moyens qui ne présentent pas de lien avec les irrégularités en raison desquelles son offre a été exclue. Cette faculté n'est pas affectée par la circonstance que le recours administratif précontentieux devant une instance nationale indépendante qui devait, en vertu du droit national, être introduit, au préalable, par ce soumissionnaire contre la décision de son exclusion a été rejeté, pour autant que ce rejet n'a pas acquis autorité de chose jugée. • CJUE 24 mars 2021, *NAMA Symvouloi Michanikoi kai Meletites AE, C-771/19 : Rev. CMP 2021. 191, note Zimmer ; AJDA 2021. 1688, note Hul*.

20. Accord-cadre. L'art. 2 *quinquies*, § 1, ss a), de la Dir. 89/665/CEE du Conseil du 21 déc. 1989, portant coordination des dispositions législatives, réglementaires et administratives, relatives à l'application des procédures de recours en matière de passation des marchés publics de fournitures et de travaux, telle que modifiée par la Dir. 2014/23/UE du Parlement européen et du Conseil du 26 févr. 2014, doit être interprété en ce sens qu'il n'est pas applicable dans l'hypothèse où un avis de marché a été publié au *JOUE*, même si, d'une part, la quantité estimée et/ou la valeur estimée des produits à fournir en vertu de l'accord-cadre envisagé ressort non pas de cet avis de marché, mais du cahier des charges et, d'autre part, ni ledit avis de marché ni ce cahier des charges ne mentionnent une quantité maximale et/ou une valeur maximale des produits à fournir en vertu dudit accord-cadre. • CJUE 17 juin 2021, *Simonsen & Weel*, C-23/20.

21. Communication d'informations réputées confidentielles. Contestation du refus d'un acheteur. L'art. 1er, § 1, quatrième alinéa, l'art. 1er, § 3 et 5, et l'art. 2, § 1, ss. b), de la Dir. 89/665/CEE du Conseil du 21 déc. 1989, *portant coordination des dispositions législatives, réglementaires et administratives relatives à l'application des procédures de recours en matière de passation des marchés publics de fournitures et de travaux*, telle que modifiée par la Dir. 2014/23/UE du Parlement européen et du Conseil du 26 févr. 2014, doivent être interprétés en ce sens que la décision d'un pouvoir adjudicateur refusant de communiquer à un opérateur économique les informations réputées confidentielles figurant dans le dossier de candidature ou dans l'offre d'un autre opérateur économique constitue un acte susceptible de faire l'objet d'un recours et que, lorsque l'État membre sur le territoire duquel se déroule la procédure de passation du marché public en cause a prévu que toute personne qui souhaite contester une décision prise par le pouvoir adjudicateur est tenue de former un recours administratif préalablement à toute saisine du juge, cet État membre peut également prévoir qu'un recours juridictionnel contre cette décision de refus d'accès doit être précédé d'un tel recours administratif préalable.

L'art. 1er, § 1, 4e al., et l'art. 1er, § 3 et 5, de la Dir. 89/665, telle que modifiée par la Dir. 2014/23, ainsi que l'art. 21 de la Dir. 2014/24, lu à la lumière du principe général de droit de l'Union à une bonne administration, doivent être interprétés en ce sens qu'un pouvoir adjudicateur, saisi par un opérateur économique d'une demande de communication des informations réputées confidentielles contenues dans l'offre d'un concurrent auquel le marché a été attribué, n'est pas tenu de communiquer ces informations lorsque leur transmission conduirait à enfreindre les règles du droit de l'Union relatives à la protection des informations confidentielles, et ce même si la demande de l'opérateur économique est présentée dans le cadre d'un recours de ce même opérateur portant sur la légalité de l'appréciation, par le pouvoir adjudicateur, de l'offre du concurrent. Lorsqu'il refuse de transmettre de telles informations ou lorsque, tout en opposant un tel refus, il rejette le recours administratif présenté par un opérateur économique au sujet de la légalité de l'appréciation de l'offre du concurrent concerné, le pouvoir adjudicateur est tenu de mettre en balance le droit du demandeur à une bonne administration avec le droit du concurrent à la protection de ses informations confidentielles de manière à ce que sa décision de refus ou sa décision de rejet soit motivée et que le droit à un recours efficace dont bénéficie un soumissionnaire évincé ne soit pas privé d'effet utile.

L'art. 1er, § 1, 4e al., et l'art. 1er, § 3 et 5, de la Dir. 89/665, telle que modifiée par la Dir. 2014/23, ainsi que l'art. 21 de la Dir. 2014/24, lus à la lumière de l'art. 47 de la charte des droits fondamentaux de l'UE, doivent être interprétés en ce sens que la juridiction nationale compétente saisie d'un recours contre la décision d'un pouvoir adjudicateur refusant de communiquer à un opérateur économique des renseignements réputés confidentiels contenus dans la documentation transmise par le concurrent auquel le marché a été attribué ou d'un recours contre la décision d'un pouvoir adjudicateur rejetant le recours administratif introduit contre une telle décision de refus est tenue de mettre en balance le droit du demandeur de bénéficier d'un recours effectif avec le droit de son concurrent à la protection de ses informations confidentielles et de ses secrets d'affaires. A cette fin, cette juridiction, qui doit nécessairement disposer des informations requises, y compris des informations confidentielles et des secrets d'affaires, pour être à même de se prononcer en toute connaissance de cause sur le caractère communicable desdites informations, doit procéder à un examen de l'ensemble des éléments de fait et de droit pertinents. Elle doit également pouvoir annuler la décision de refus ou la décision portant rejet du recours administratif si celles-ci sont illégales et, le cas échéant, renvoyer l'affaire devant le pouvoir adjudicateur, voire prendre elle-même une nouvelle décision si son droit national l'y autorise. • CJUE 7 sept. 2021, *Klaipedios regiono atlieky tvarkymo centras UAB*, C-927/19 : *AJDA 2021. 2461, note Donnat* ; *Rev. CMP 2021, comm. 336, Zimmer.*

22. *Appréciation par le juge du comportement de l'attributaire d'un marché.* L'art. 57, § 4, de la Dir. 2014/24 doit être interprété en ce sens qu'une juridiction nationale, saisie d'un litige entre un opérateur économique écarté de l'attribution d'un marché et un pouvoir adjudicateur, peut se départir de l'appréciation portée par ce dernier sur la licéité du comportement de l'opérateur économique auquel le marché a été attribué et, partant, en tirer toutes les conséquences nécessaires dans sa décision. En revanche, conformément au principe d'équivalence, une telle juridiction ne peut relever d'office le moyen tiré de l'erreur d'appréciation commise par le pouvoir adjudicateur que si le droit national le permet. • CJUE 7 sept. 2021, *Klaipedios regiono atlieky tvarkymo centras UAB*, C-927/19 : *AJDA 2021. 2461, note Donnat* ; *Rev. CMP 2021. Chron. 336, note Zimmer.*

23. L'art. 4, § 3, et l'art. 19, § 1, TUE, ainsi que l'art. 1er, § 1 et 3, de la Dir. 89/665/CEE du Conseil du 21 déc. 1989, portant coordination des dispositions législatives, réglementaires et administratives relatives à l'application des procédures de recours en matière de passation des marchés publics de fournitures et de travaux, telle que modifiée par la Dir. 2014/23/UE du Parlement européen et du Conseil du 26 févr. 2014, lus à la lumière de l'art. 47 de la Charte UE, doivent être interprétés en ce sens qu'ils ne s'opposent pas à une disposition du droit interne d'un État membre qui, selon la jurisprudence nationale, a pour effet que les justiciables, tels que les soumissionnaires ayant participé à une procédure d'adjudication de marché public, ne peuvent contester la conformité au droit de l'Union d'un arrêt de la juridiction suprême de l'ordre administratif de cet État membre dans le cadre d'un pourvoi devant la juridiction suprême de l'ordre judiciaire dudit État membre. • CJUE 21 déc. 2021, *Randstad Italia SpA*, n° C-497/20.

A RECOURS OUVERTS AUX PARTIES AU CONTRAT

COMMENTAIRE

I. OFFICE DU JUGE DU CONTRAT SAISI PAR UNE PARTIE – BÉZIERS I

L'arrêt *Commune de Béziers* du 28 décembre 2009 a profondément renouvelé l'office du juge du contrat saisi par les parties (à un contrat administratif).

Deux voies de droit doivent être distinguées.

a) Les parties à un contrat administratif peuvent en premier lieu saisir le juge d'un *recours de plein contentieux contestant la validité du contrat qui les lie*. Il s'agit donc d'une action directe contre le contrat. Elle est en réalité très rare devant le juge administratif, mais il convient de s'y arrêter pour apprécier pleinement le changement de logique que l'arrêt *Commune de Béziers* a introduit.

La première tâche du juge du contrat, saisi d'un tel litige, est de « vérifier que les *irrégularités dont se* prévalent les parties sont de celles qu'elles peuvent, eu égard à l'exigence de loyauté des relations contractuelles, invoquer devant lui ».

Ici se marque la première innovation importante. Depuis longtemps, en effet, toute irrégularité affectant le contrat, de quelque nature qu'elle fût (qu'elle fût relative à son contenu même ou aussi bien aux conditions dans lesquelles il avait été passé ou dans lesquelles il avait été signé), de quelque importance qu'elle fût, pouvait être invoquée par les parties – d'autant que, comme on le verra, toute irrégularité était d'ordre public et que le juge devait donc toujours, en tout état de cause, la relever d'office. Désormais, les parties au contrat ne peuvent plus invoquer que *certaines* irrégularités. Que faut-il entendre par là ? L'arrêt précise que le juge doit se fonder sur « l'exigence de loyauté des relations contractuelles ». Le mot « loyauté » n'a sans doute pas été choisi par hasard. Il évoque le principe fondamental de bonne foi (les conventions légalement formées « doivent être exécutées de bonne foi », dit l'art. 1134 C. civ.), que la jurisprudence administrative n'ignore pas (notamment pour interpréter les stipulations contractuelles ou exiger qu'une partie ne compromette pas, par son comportement, la possibilité, pour son cocontractant, d'exécuter ses obligations contractuelles). Il s'agit cependant d'une notion plus large, qui signifie d'abord que, même en désaccord, les parties à un contrat sont en principe censées être attachées à la « loi commune » dont elles sont convenues. Qu'il y ait débat contentieux devant le juge n'est certes pas aberrant ; encore faut-il que ce débat soit loyal. Ainsi, la jurisprudence précise si et dans quelle mesure le juge doit désormais faire application de l'adage *nemo auditur* (lequel avait perdu toute portée en matière contractuelle, dès lors que toute irrégularité était d'ordre public). Ou encore si le juge doit ou non admettre qu'une partie invoque une irrégularité dont elle n'a pas pâti et/ou dont elle ne pouvait ignorer l'existence quand elle s'est engagée. Ce qui est certain, c'est que ces restrictions conduisent à concentrer davantage le débat contentieux sur ce qui est d'abord en jeu entre les parties : le contenu du contrat lui-même.

Le juge doit ensuite, lorsqu'il a constaté qu'une irrégularité invoquée devant lui est réelle, « en apprécier l'importance et les conséquences ».

C'est la deuxième innovation importante. Jusqu'à maintenant, non seulement toute irrégularité du contrat était d'ordre public, mais elle entraînait mécaniquement la nullité du contrat, c'est-à-dire la disparition *ab initio* de toute obligation contractuelle entre les parties. Comme l'a fait peu avant l'arrêt *Tropic* pour les recours des concurrents évincés contre certains contrats, l'arrêt *Commune de Béziers* rompt avec cette logique. Désormais, la nullité (le mot n'est d'ailleurs pas employé par l'arrêt, ce qui ne peut être dû au hasard) n'est plus conçue comme un « état » du contrat, que le juge devrait constater dès lors qu'il relève une irrégularité quelconque. Seules existent des irrégularités, qui peuvent conduire le juge à prononcer différentes sanctions, l'annulation n'étant qu'une sanction parmi d'autres, la plus radicale – celle, par conséquent, que le juge ne prononce que dans des cas exceptionnels.

Pour déterminer la sanction appropriée, le juge doit prendre d'abord en compte la « nature » de l'irrégularité. Il est ainsi conduit à évaluer sa gravité en ayant toujours le souci de préserver, autant que possible, « l'objectif de stabilité des relations contractuelles ». La référence à un tel objectif ne saurait surprendre. Elle ne signifie certainement pas que le juge administratif entende en quoi que ce soit atténuer sa jurisprudence traditionnelle sur les conditions dans lesquelles une personne publique peut, à cause d'une faute particulièrement grave de son cocontractant, mais aussi quand un motif d'intérêt général le justifie, résilier un contrat. *A fortiori*, il ne saurait évidemment être question de mettre en cause le droit des parties de mettre fin d'un commun accord à un contrat. Ce qui justifie ici la référence à un objectif de stabilité des relations contractuelles, qui doit inspirer le juge du contrat, c'est, plus simplement, l'idée fondamentale que, sauf cas particulier, la disparition du contrat, surtout rétroactivement, n'est pas la réponse normale à un différend entre les parties.

Le juge doit donc se demander si l'irrégularité en cause ne fait pas obstacle à la poursuite de l'exécution du contrat, si elle implique que celle-ci cesse ou, enfin, si elle est tellement grave que le contrat doit être regardé comme n'ayant jamais existé.

La poursuite de l'exécution du contrat peut être subordonnée à une mesure de régularisation. Celle-ci, précise l'arrêt, peut être décidée par la seule personne publique (lorsque l'irrégularité en cause concerne un des actes unilatéraux qui accompagnent le contrat). Il y a là un champ d'innovation important pour la jurisprudence. On peut rappeler, à titre d'exemple, que la délibération de l'organe délibérant d'une collectivité territoriale ou d'un établissement public autorisant la signature d'un contrat peut être entachée de multiples irrégularités. Eu égard à son office, le juge du contrat, saisi par une partie, ne voit en principe pas là des irrégularités suffisantes pour faire disparaître le contrat ; sa tâche n'en est cependant que plus facile si des actes de régularisation appropriés « effacent » rétroactivement les irrégularités. L'arrêt envisage par ailleurs que la régularisation soit « contractuellement convenue entre les parties ». Sans doute une telle hypothèse est-elle assez rare dès lors que, si le juge est saisi, c'est parce que les parties sont en conflit. On ne saurait cependant en exclure le principe.

La résiliation est une sanction grave. Aussi l'arrêt prévoit-il à nouveau deux précautions spécifiques. Le juge peut ne la prononcer qu'avec « un effet différé » – de sorte, notamment, qu'un nouveau contrat puisse être conclu et que toute solution de continuité soit évitée. Par ailleurs et en tout état de cause, le juge doit « mettre en balance » la gravité de l'irrégularité et l'atteinte à l'intérêt général qui pourrait résulter d'une résiliation, la seconde ne devant pas être excessive au regard de la première. Il y a là une démarche désormais familière pour le juge administratif, y compris hors du champ contractuel, et on sait que cette « mise en balance » n'est pas un artifice rhétorique.

Reste l'annulation. On trouve ici la troisième innovation fondamentale, qui résulte d'ailleurs logiquement des deux précédentes. Outre les deux précautions précitées, l'arrêt juge d'une part que l'annulation peut être prononcée seulement pour deux types d'irrégularités, d'autre part que ces irrégularités sont les seules à être susceptibles d'être relevées d'office par le juge.

La première catégorie d'irrégularités correspond au « caractère illicite du contenu du contrat ». Il n'y a là aucune surprise. Le contrat est certes la loi des parties, mais il ne saurait exister que s'il est licite. Ainsi, un contrat par lequel une personne publique déléguerait une mission de police à son cocontractant doit être annulé, dès lors qu'il s'agit d'une matière dans laquelle le principe même de la contractualisation est exclu.

La seconde catégorie d'irrégularités est constituée des « vices d'une particulière gravité relatifs notamment aux conditions dans lesquelles les parties ont donné leur consentement ».

Cette formulation appelle trois remarques.

En premier lieu, il est certain que ne sont pas ici en cause les seuls vices du consentement *stricto sensu*, tels que le dol, la violence et l'erreur. La présence au contrat d'une personne publique implique aussi que celle-ci ait été engagée par une autorité compétente. Une collectivité publique ne saurait en effet être engagée par une personne qui ne dispose d'aucune habilitation ni d'aucune autorisation à cette fin et les règles de compétence sont trop importantes en droit administratif pour qu'on puisse admettre un mandat apparent. L'arrêt ne retient cependant, on le notera, que des vices d'une « particulière gravité ». En ce qui concerne la compétence de la personne qui signe le contrat pour la personne publique, on doit constater que, tirant toutes les conséquences de la spécificité de l'office du juge du contrat saisi par les parties, l'arrêt opère implicitement mais nécessairement une distinction entre différentes hypothèses. Lorsque le contrat est signé par une personne ne disposant d'aucune compétence pour le faire, le vice sera à coup sûr d'une « particulière gravité ». En revanche, si le contrat est signé par une personne qu'une délibération a autorisée à cette fin, mais que cette délibération est elle-même entachée d'irrégularité (par exemple parce qu'il manquait des pièces dans le document soumis à délibération), un tel vice n'est pas nécessairement, à lui seul, d'une particulière gravité, et il est même rarement regardé comme tel. Au demeurant, l'arrêt *Commune de Béziers* juge que le défaut de transmission au contrôle de légalité, avant la signature du contrat, de la délibération autorisant le maire d'une commune à signer – qui constitue incontestablement une irrégularité – n'est pas, à lui seul, d'une « particulière gravité », c'est-à-dire d'une gravité telle que le juge du contrat doive annuler le contrat.

En deuxième lieu, on ne manquera pas de relever qu'en se bornant, après avoir cité le « caractère illicite du contenu du contrat », à mentionner les « vices affectant les conditions dans lesquelles le consentement des parties a été donné », l'arrêt fait silence sur les conditions dans lesquelles le contrat a été passé, c'est-à-dire sur les conditions dans lesquelles son attributaire a été choisi. Or on sait que, pour les contrats de la commande publique en tout cas, les obligations de publicité et de mise en concurrence auxquelles la passation des contrats est soumise sont d'une particulière importance. Le silence de l'arrêt n'est pas fortuit. Il ne signifie pas que le juge administratif serait désormais insensible à la nécessité de sanctionner la méconnaissance des règles de passation des contrats. Il s'explique très simplement par la spécificité de l'office du juge du contrat saisi par les parties. Qu'il soit saisi par voie d'action directe contre le contrat ou seulement, comme on le verra ci-dessous, d'un litige relatif à l'exécution du contrat, le juge du contrat a à se prononcer sur les droits et obligations qui naissent, pour les parties, d'une convention dans laquelle elles se sont engagées. Ce n'est pas son office que de veiller à la régularité des procédures administratives préalables qui ont conduit une partie à choisir l'autre. Les irrégularités alors éventuellement commises auront pu être déférées à un juge dont c'est l'office de les sanctionner par ceux auxquels elles sont d'abord susceptibles de préjudicier, c'est-à-dire les tiers intéressés par le contrat et le préfet. Toutes les voies de droit nécessaires existent désormais à cette fin : avant même la signature du contrat, le référé précontractuel ; après la signature du contrat, le référé contractuel, ou, désormais, le recours *Tarn-et-Garonne* (V. *infra*).

Reste – c'est la troisième remarque – que, par un « notamment », l'arrêt paraît réserver d'autres hypothèses que celles des deux catégories d'irrégularités mentionnées ci-dessus (sans exclure, donc, aucun type d'irrégularités, même celles qui seraient relatives aux procédures administratives préalables mentionnées ci-dessus). Cette réserve est de simple prudence. Les contrats administratifs sont extrêmement nombreux et divers (et l'arrêt *Commune de Béziers* ne concerne pas seulement les différents contrats regroupés dans le présent code). Les vices qui peuvent les entacher sont eux-mêmes très divers. On peut penser que, par ce « notamment », le Conseil d'État a voulu ménager au juge la possibilité de relever d'office une irrégularité qui, alors même qu'elle ne serait pas relative au contenu du contrat ni ne constituerait un vice du consentement, au sens envisagé ci-dessus, serait d'une gravité telle qu'il jugerait impossible de ne pas regarder le contrat comme n'ayant jamais existé. Il appartient à la jurisprudence de décider si et dans quels cas le juge peut être conduit à faire usage de cette faculté. Les cas seront très rares, comme le confirment les décisions rendues depuis le début de l'année 2010 (V. *infra*).

Un dernier point doit être souligné. L'arrêt n'envisage que le contrat dans son ensemble. Il va de soi que, si l'action engagée devant le juge ne vise qu'une de ses clauses, le raisonnement est tout à fait identique. Il appartient seulement au juge, dans l'hypothèse où serait envisagée la résiliation ou l'annulation, d'apprécier si la clause litigieuse est ou non divisible du reste du contrat.

b) Les parties à un contrat administratif peuvent aussi soumettre au juge *un litige relatif à l'exécution du contrat qui les lie*. C'est là un contentieux tout à fait banal, beaucoup plus fréquent, on l'a dit, que l'action directe contre le contrat.

L'office du juge du contrat est évidemment différent : il n'a pas à sanctionner, le cas échéant, un contrat, mais seulement à régler le différend qui oppose les parties. La première question qu'il doit se poser est cependant de savoir si, comme il est normal, le litige doit être réglé sur le terrain contractuel, par référence aux clauses du contrat, ou si le contrat doit être écarté.

Pour les raisons qui ont été dites plus haut, la situation était, jusqu'à l'arrêt *Commune de Béziers*, d'une redoutable simplicité. N'importe quelle partie pouvait à n'importe quel moment invoquer n'importe quelle irrégularité devant le juge ; celui-ci devait d'ailleurs relever d'office toute les irrégularités ; dans tous les cas, le contrat entaché d'irrégularité était déclaré nul, de sorte qu'il devait être regardé comme n'ayant jamais créé d'obligation entre les parties et que le litige ne pouvait donc être réglé sur le terrain contractuel. Dans une telle hypothèse, il était seulement possible, pour la partie qui entendait faire valoir ses droits, de se placer, même pour la première fois en appel, sur le terrain de la responsabilité quasi-contractuelle et/ou de la responsabilité quasi-délictuelle pour obtenir une indemnisation (V. jurisprudence ci-dessous).

L'arrêt *Commune de Béziers* inverse cette logique : un litige entre les parties à un contrat administratif doit en principe être réglé sur le terrain contractuel et il incombe au juge de « faire application du contrat ». Là encore, cette solution est dictée par « l'exigence de loyauté des relations contractuelles » : être en désaccord sur les conditions dans lesquelles le contrat est exécuté ne peut conduire à « court-circuiter » le débat en écartant le contrat dans lequel on s'est engagé et qu'on a d'ailleurs parfois exécuté pendant plusieurs années.

Ce n'est qu'en cas d'irrégularités d'une particulière gravité que le juge doit écarter le contrat – dans les hypothèses mêmes où, s'il était saisi d'une action directe, il serait conduit à l'annuler. En vérité, le juge du contrat ne doit, pour l'essentiel, écarter le contrat (le cas échéant d'office) que si, en s'y référant, il est lui-même conduit à faire *application de stipulations* illicites ou convenues par des volontés gravement viciées.

Là encore, ce qui est dit du contrat dans son ensemble vaut pour une de ses clauses : si le juge doit écarter une clause, il doit se demander si elle est ou non divisible.

c) On se bornera pour le reste à indiquer que, en principe, et sous réserve d'une stipulation prévoyant la compétence d'un autre tribunal (ce qui ne saurait être envisagé que dans des limites compatibles avec les exigences d'une bonne administration de la justice), c'est le tribunal administratif du lieu d'exécution du contrat administratif qui est compétent en premier ressort.

II. RECOURS DIRIGÉS CONTRE DES MESURES D'EXÉCUTION. BÉZIERS II

Jusqu'à l'arrêt de section *Commune de Béziers*, n° 304806, du 21 mars 2011, le juge, saisi par une partie, n'avait pas en principe le pouvoir d'annuler des actes d'exécution du contrat (à l'exception de la décision de résiliation des concessions et des contrats qui exigent des investissements importants de la part du cocontractant de la personne publique). L'arrêt précité, qui constitue le second arrêt rendu dans le litige opposant la commune de Béziers à celle de Villeneuve-les-Béziers, a apporté une innovation importante. Il confirme que, en principe, le juge du contrat, lorsqu'il est saisi par une partie d'une contestation de la validité d'une mesure d'exécution, peut seulement rechercher si cette mesure est intervenue dans des conditions de nature à ouvrir droit à indemnité. Cependant, il ouvre la possibilité pour une partie, lorsqu'elle conteste une mesure de *résiliation*, de demander, plutôt qu'une indemnisation, la reprise des relations contractuelles et d'assortir ces conclusions d'une demande de référé-suspension. L'arrêt définit avec soin les conditions dans lesquelles cette voie de droit doit être exercée et la façon dont le juge du contrat doit remplir son office. Comme on le constatera (V. jurisprudence *infra*), l'arrêt ne se borne pas à étendre à tous les contrats administratifs les pouvoirs d'annulation jusqu'ici reconnus au juge du contrat pour certains d'entre eux, mais définit une voie de droit originale.

III. AUTRES POUVOIRS DU JUGE DU CONTRAT

Dès lors que l'administration dispose des pouvoirs nécessaires pour faire exécuter le contrat, il n'appartient pas au juge du contrat de prescrire des mesures d'exécution au titulaire du contrat. Quand elle ne dispose pas de tels pouvoirs, le juge peut prononcer une condamnation à une obligation de faire contre le titulaire du contrat (V. jurisprudence *infra*).

IV. RÉFÉRÉS

On se reportera aux textes et à la jurisprudence cités ci-dessous à propos de différents juges des référés susceptibles d'intervenir en cas de litige entre les parties à un contrat. ❑

Code de justice administrative

Art. L. 521-3 **En cas d'urgence et sur simple requête qui sera recevable même en l'absence de décision administrative préalable, le juge des référés peut ordonner toutes autres mesures utiles sans faire obstacle à l'exécution d'aucune décision administrative.**

....

Art. R. 312-11 *(Décr. n° 2016-1480 du 2 nov. 2016, art. 6-3° et 35-I, en vigueur le 1er janv. 2017)* **« En matière précontractuelle, contractuelle et quasi contractuelle***[,]* **le tribunal administratif compétent est celui dans** *(Décr. n° 2017-493 du 6 avr. 2017, art. 9)* **« le ressort duquel » se trouve le lieu prévu pour l'exécution du contrat. Si son exécution s'étend au-delà du ressort d'un seul tribunal administratif ou si le lieu de cette exécution n'est pas désigné dans le contrat ou quasi-contrat, le tribunal administratif compétent est celui dans le ressort duquel l'autorité publique compétente pour signer le contrat ou la première des autorités publiques dénommées dans le contrat a son siège, sans que, dans ce cas, il y ait à tenir compte d'une approbation par l'autorité supérieure, si cette approbation est nécessaire. »**

Toutefois, si l'intérêt public ne s'y oppose pas, les parties peuvent, soit dans le contrat primitif, soit dans un avenant antérieur à la naissance du litige, convenir que leurs différends seront soumis à un tribunal administratif autre que celui qui serait compétent en vertu des dispositions de l'alinéa précédent. – *[C. trib. adm., art. R. 55.]*

....

Art. R. 421-1 *(Abrogé par Décr. n° 2016-1480 du 2 nov. 2016, art. 10-1° et 35-I, à compter du 1er janv. 2017)* ***« Sauf en matière de travaux publics, »*** **La juridiction ne peut être saisie que par voie de recours formé contre une décision, et ce, dans les deux mois à partir de la notification ou de la publication de la décision attaquée.** – *[C. trib. adm., art. R. 102, al. 1er.]*

(Abrogé par Décr. n° 2015-1717 du 22 déc. 2015, art. 7 et 10, à compter du 1er janv. 2016) *(Décr. n° 2004-617 du 29 juin 2004, art. 3)* ***« La publication, sous forme électronique, au Journal***

officiel de la République française fait courir le délai du recours ouvert aux tiers contre les décisions individuelles :

« 1° Relatives au recrutement et à la situation des fonctionnaires et agents publics, des magistrats ou des militaires ;

« 2° Concernant la désignation, soit par voie d'élection, soit par nomination, des membres des organismes consultatifs mentionnés à l'article 12 de la loi n° 84-16 du 11 janvier 1984 portant dispositions statutaires relatives à la fonction publique de l'État ;

« 3° Prises par le ministre chargé de l'économie dans le domaine de la concurrence ;

« 4° Emanant d'autorités administratives indépendantes ou d'autorités publiques indépendantes dotées de la personnalité morale ».

(Décr. n° 2016-1480 du 2 nov. 2016, art. 10-2° et 35-I, en vigueur le 1er janv. 2017) **« Lorsque la requête tend au paiement d'une somme d'argent, elle n'est recevable qu'après l'intervention de la décision prise par l'administration sur une demande préalablement formée devant elle. »**

(Décr. n° 2019-1502 du 30 déc. 2019, art. 7) **« Le délai prévu au premier alinéa n'est pas applicable à la contestation des mesures prises pour l'exécution d'un contrat. »**

Les dispositions introduites par l'art. 10 du Décr. n° 2016-1480 du 2 nov. 2016 sont applicables aux requêtes enregistrées à compter du 1er janv. 2017.

Il résulte de la modification apportée à l'art. R. 421-1 CJA par le Décr. n° 2016-1480 du 2 nov. 2016 (dit « JADE ») que, depuis l'entrée en vigueur de ce Décr. le 1er janv. 2017, l'exigence résultant de cet art., tenant à la nécessité, pour saisir le juge administratif, de former recours dans les deux mois contre une décision préalable, est en principe applicable aux recours relatifs à une créance en matière de travaux publics.

Toutefois, si l'art. R. 421-1 n'exclut pas qu'il s'applique à des décisions prises par des personnes privées, dès lors que ces décisions revêtent un caractère administratif, aucune disposition législative ou réglementaire ni aucune règle générale de procédure ne détermine les effets du silence gardé sur une demande par une personne morale de droit privé qui n'est pas chargée d'une mission de SPA.

Dans ces conditions, en l'absence de disposition déterminant les effets du silence gardé par une telle personne privée sur une demande qui lui a été adressée, les conclusions, relatives à une créance née de travaux publics, dirigées contre une telle personne privée ne sauraient être rejetées comme irrecevables faute de la décision préalable prévue par l'art. R. 421-1 CJA.

Il en résulte que le délai de recours prévu à l'art. R. 421-1 CJA n'est pas applicable à un recours, relatif à une créance née de travaux publics, dirigé contre une personne morale de droit privé qui n'est pas chargée d'une mission de SPA.

Par suite, il ne peut être opposé à l'auteur d'un tel recours aucun délai au-delà duquel il ne pourrait, devant la juridiction de première instance, régulariser sa requête au regard de l'art. R. 411-1 CJA ou formuler des conclusions présentant le caractère d'une demande nouvelle car reposant sur une cause juridique distincte de celle invoquée dans sa requête. • CE 27 avr. 2021, *Cté de cnes du Centre Corse (4C)*, n° 448467 A : *BJCP 2021. 305, concl. Le Corre.*

……………………………………………………………………………………

Art. R. 532-1 Le juge des référés peut, sur simple requête et même en l'absence de décision administrative préalable, prescrire toute mesure utile d'expertise ou d'instruction.

Il peut notamment charger un expert de procéder, lors de l'exécution de travaux publics, à toutes constatations relatives à l'état des immeubles susceptibles d'être affectés par des dommages ainsi qu'aux causes et à l'étendue des dommages qui surviendraient effectivement pendant la durée de sa mission.

Les demandes présentées en application du présent chapitre sont dispensées du ministère d'avocat si elles se rattachent à des litiges dispensés de ce ministère.

……………………………………………………………………………………

Art. R. 532-3 *(Décr. n° 2010-164 du 22 févr. 2010, art. 33)* Le juge des référés peut, à la demande de l'une des parties formée dans le délai de deux mois qui suit la première réunion d'expertise, ou à la demande de l'expert formée à tout moment, étendre l'expertise à des personnes autres que les parties initialement désignées par l'ordonnance, ou mettre hors de cause une ou plusieurs des parties ainsi désignées.

Il peut, dans les mêmes conditions, étendre la mission de l'expertise à l'examen de questions techniques qui se révélerait indispensable à la bonne exécution de cette mission, ou, à l'inverse, réduire l'étendue de la mission si certaines des recherches envisagées apparaissent inutiles.

……………………………………………………………………………………

Art. R. 541-1 Le juge des référés peut, même en l'absence d'une demande au fond, accorder une provision au créancier qui l'a saisi lorsque l'existence de l'obligation n'est pas sérieusement contestable. Il peut, même d'office, subordonner le versement de la provision à la constitution d'une garantie.

....

Art. R. 541-3 *(Décr. nº 2019-82 du 7 févr. 2019, art. 26)* « Sous réserve des dispositions du douzième alinéa de l'article R. 811-1, l'ordonnance » rendue par le président du tribunal administratif ou par son délégué est susceptible d'appel devant la cour administrative d'appel dans la quinzaine de sa notification.

Art. R. 541-4 Si le créancier n'a pas introduit de demande au fond dans les conditions de droit commun, la personne condamnée au paiement d'une provision peut saisir le juge du fond d'une requête tendant à la fixation définitive du montant de sa dette, dans un délai de deux mois à partir de la notification de la décision de provision rendue en première instance ou en appel.

Art. R. 541-5 A l'occasion des litiges dont la cour administrative d'appel est saisie, le président de la cour ou le magistrat désigné par lui dispose des pouvoirs prévus à l'article R. 541-1.

L'ordonnance rendue par le président de la cour ou par le magistrat désigné par lui est susceptible de recours en cassation dans la quinzaine de sa notification.

Art. R. 541-6 Le sursis à l'exécution d'une ordonnance du juge des référés accordant une provision peut être prononcé par le juge d'appel ou par le juge de cassation si l'exécution de cette ordonnance risque d'entraîner des conséquences difficilement réparables et si les moyens énoncés à son encontre paraissent, en l'état de l'instruction, sérieux et de nature à justifier son annulation et le rejet de la demande.

PLAN DES ANNOTATIONS

1. Les collectivités publiques peuvent, en matière contractuelle, soit constater elles-mêmes les créances qu'elle détiennent sur leurs cocontractants et émettre des titres exécutoires, soit saisir le juge administratif d'une demande tendant au recouvrement de ces créances ; toutefois, elles ne peuvent pas saisir d'une telle demande le juge lorsqu'elles ont décidé, préalablement à cette saisine, d'émettre des titres exécutoires en vue de recouvrer les sommes en litige ; dans un tel cas, dans la mesure où la décision demandée au juge aurait les mêmes effets que le titre émis antérieurement, la demande présentée est dépourvue d'objet et par suite irrecevable. • CE 15 déc. 2017, *Sté Ryanair Designated Activity Company, Sté Airport Marketing Services Limited*, nº 408550 B : *Dr. adm. 2018, nº 37, note Boda.*

2. Contrat administratif. Compétence de la juridiction administrative en dépit d'une clause attributive de compétence au juge judiciaire. Convention d'aménagement conclue entre un syndicat mixte et une société, comportant un article prévoyant qu'en cas de résiliation à la demande du syndicat, ce dernier pourrait demander à son cocontractant de restituer des terrains en contrepartie d'une indemnité qui, pour les terrains sur lesquels des travaux auraient été réalisés, prendrait en compte une plus-value dont le montant serait estimé par le service des domaines et, « à défaut d'accord amiable sur cette base », serait fixé « comme en matière d'expropriation, la juridiction compétente étant saisie par la partie la plus diligente ».

La convention qui liait la société et le syndicat mixte et qui a été résiliée par ce dernier était un contrat administratif. Le litige porte sur les conditions dans lesquelles la société doit, en application de cet article du contrat, être indemnisée. Alors même que les parties auraient entendu, par les stipulations mentionnées ci-dessus, convenir d'une attribution de compétence au profit du juge judiciaire et dès lors, par ailleurs, que, contrairement à ce que soutiennent les parties, il ne résulte d'aucune disposition législative que la compétence devrait être attribuée à la juridiction judiciaire, le juge administratif est seul compétent pour connaître d'un tel litige, y compris pour fixer le montant de la plus value à prendre en compte au titre des terrains restitués sur lesquels des travaux ont été réalisés. • T. confl.

10 déc. 2018, *Sté d'aménagement d'Isola 2000 c/ Syndicat mixte pour l'aménagement et l'exploitation de la station d'Isola 2000,* n° 4143 : *BJCP 2019. 129, concl. Liffran.*

3. Compétence du juge administratif. La Sté Entropia Conseil, qui a réalisé des prestations au bénéfice de l'établissement public SNCF Réseau sur la base de bons de commande régis par les stipulations du cahier des clauses et conditions générales applicables aux marchés de prestations intellectuelles du groupe SNCF, a saisi le tribunal de commerce de Paris, le 24 janv. 2018, d'une action, dirigée contre SNCF Réseau et la SNCF, tendant à la réparation du préjudice qu'elle estime avoir subi du fait de la rupture brutale de la relation commerciale établie entre elle et SNCF Réseau. Par un jugement du 17 déc. 2018, le tribunal de commerce de Paris a jugé mal fondée l'exception d'incompétence, soulevée devant lui par SNCF Réseau et par la SNCF, contestant la compétence de la juridiction judiciaire. Statuant sur l'appel immédiat formée devant elle contre ce jugement, la cour d'appel de Paris a confirmé la compétence judiciaire par un arrêt du 28 juin 2019. Saisie d'un pourvoi par SNCF Réseau et par la SNCF contre cet arrêt, la Cour de cassation, par arrêt du 9 sept. 2020, a renvoyé au tribunal, par application de l'art. 35 du Décr. du 27 févr. 2015, le soin de décider sur la question de compétence.

Le contrat qui liait l'établissement public SNCF Réseau et la Sté Entropia Conseil était régi par les stipulations du cahier des clauses et conditions générales applicables aux marchés de prestations intellectuelles du groupe SNCF prévoyant, notamment, au bénéfice de la personne publique contractante, la possibilité de résilier unilatéralement le contrat. Comportant ainsi des clauses qui, notamment par les prérogatives reconnues à la personne publique contractante dans l'exécution du contrat, impliquent, dans l'intérêt général, qu'il relève du régime exorbitant des contrats administratifs, ce contrat passé entre une personne publique et une personne privée est un contrat administratif.

La demande de la Sté Entropia, qui tend à obtenir réparation du préjudice qu'elle estime avoir subi du fait de la rupture brutale de la relation antérieurement établie entre elle et SNCF Réseau, est relative à la cessation de la relation contractuelle résultant de ce contrat administratif, alors même que la société se prévaut des dispositions du 5° du I de l'art. L. 442-6 C. com., désormais reprises en substance à l'art. L. 442-1 du même code. Le litige ressortit, en conséquence, à la compétence de la juridiction administrative. • T. confl. 8 févr. 2021, *SNCF et SNCF Réseau c/ Sté Entropia conseil,* n° 4201 T : *BJCP 2021. 238, concl. Berriat ; AJDA 2021. 1336, note Bourdon ; Rev. CMP 2021. 124, note Ubaud-Bergeron.*

4. Il résulte des dispositions de l'art. R. 312-11 CJA qu'il ne peut être dérogé aux règles de compétence territoriale du tribunal administratif en matière de contrats que d'un commun accord des parties prévu au contrat primitif ou consigné dans un avenant antérieur à la naissance du litige. Il ne saurait, par suite, y être dérogé antérieurement à la conclusion d'un tel contrat ou avenant. • CE 18 juin 2021, *Sté Eiffage,* n° 450283.

5. Litiges relatifs à l'exécution financière d'un marché. Jurisprudence Czabaj. Application. Non. Il résulte du principe de sécurité juridique que le destinataire d'une décision administrative individuelle qui a reçu notification de cette décision ou en a eu connaissance dans les conditions telles que le délai de recours contentieux ne lui est pas opposable doit, s'il entend obtenir l'annulation ou la réformation de cette décision, saisir le juge dans un délai raisonnable, qui ne saurait, en règle générale et sauf circonstances particulières, excéder un an. Toutefois, cette règle ne trouve pas à s'appliquer aux litiges relatifs au règlement financier d'un marché. La prise en compte de l'objectif de sécurité juridique, qui implique notamment que ne puissent être remises en cause indéfiniment des situations consolidées par l'effet du temps, est alors assurée, à défaut de stipulation contractuelle invoquée par les parties, par les règles de prescription prévues par la loi du 31 déc. 1968 relative à la prescription des créances sur l'État, les départements, les communes et les établissements publics. • CAA Lyon, 7 oct. 2021, *Sté Majolane de construction,* n° 21LY00022.

6. Prescription. Alors même que l'art. 2244 C. civ., dans sa rédaction antérieure à la L. n° 2008-561 du 17 juin 2008, réservait un effet interruptif aux actes « signifiés à celui qu'on veut empêcher de prescrire », termes qui n'ont pas été repris par le législateur aux nouveaux art. 2239 et 2241 C. civ., il ne résulte ni de la L. du 17 juin 2008 ni de ses travaux préparatoires que la réforme des règles de prescription résultant de cette loi aurait eu pour effet d'étendre le bénéfice de la suspension ou de l'interruption du délai de prescription à d'autres personnes que le demandeur à l'action.

Il en résulte qu'une citation en justice, au fond ou en référé, n'interrompt la prescription qu'à la double condition d'émaner de celui qui a la qualité pour exercer le droit menacé par la prescription et de viser celui-là même qui en bénéficierait. • CE 4 févr. 2021, *Sté mutuelle d'assurance du bâtiment et des travaux publics (SMABTP),* n° 441593 B : *BJCP 2021. 222, concl. Le Corre ; Rev. CMP 2021. 107, note Dietenhoeffer.* ♦ V. aussi • CE 20 nov. 2020, *Sté Veolia Eau – Compagnie générale des eaux,* n° 432678 B : *BJCP 2021. 152, concl. Le Corre.*

7. Expertise. Récusation d'un expert. Impartialité. Aux termes de l'art. L. 721-1 CJA : « La récusation d'un membre de la juridiction est prononcée, à la demande d'une partie, s'il existe une raison sérieuse de mettre en doute son impartialité » ; aux termes de l'art. R. 621-2 du même code : « Les experts ou sapiteurs mentionnés à l'art. R. 621-2 peuvent être récusés pour les mêmes causes que les juges » ; aux termes de l'art. R. 621-6-4 : « Si l'expert acquiesce à la demande de récusation, il est aussitôt remplacé. / Dans le cas contraire, la juridiction, par une décision non motivée, se prononce sur la demande, après audience publique dont l'expert et les parties sont avertis » ; si les dispositions de l'art. R. 621-6-4 CJA n'ont pas écarté l'application de la règle générale de motivation des décisions juridictionnelles, rappelée à l'art. L. 9 dudit code, elles permettent au juge, pour tenir compte des exigences d'une bonne administration de la justice ainsi que des particularités qui s'attachent à une demande de récusation, laquelle est notamment susceptible, selon la teneur de l'argumentation du requérant, de porter atteinte à la vie privée de l'expert ou de mettre en cause sa probité ou sa réputation professionnelle, d'adapter la motivation de sa décision, au regard de ces considérations, en se limitant, le cas échéant, à énoncer qu'il y a lieu, ou qu'il n'y a pas lieu, de faire droit à la demande ; ces dispositions n'imposent pas au juge d'expliciter dans sa décision les raisons pour lesquelles il estime devoir user de cette faculté de limiter ainsi la motivation de sa décision ; par suite, la cour administrative d'appel n'a pas commis d'erreur de droit en estimant que le jugement du tribunal administratif, lequel indiquait qu'il n'y avait pas lieu dans les circonstances de l'espèce de faire droit à la demande de récusation, était suffisamment motivé.

Il appartient au juge, saisi d'un moyen mettant en doute l'impartialité d'un expert, de rechercher si, eu égard à leur nature, à leur intensité, à leur date et à leur durée, les relations directes ou indirectes entre cet expert et l'une ou plusieurs des parties au litige sont de nature à susciter un doute sur son impartialité ; en particulier, doivent en principe être regardées comme suscitant un tel doute les relations professionnelles s'étant nouées ou poursuivies durant la période de l'expertise.Le centre hospitalier a fait valoir devant les juges du fond que la société S, dont M. X était alors le directeur, avait participé en 2002 à un groupement d'entreprise avec la société Z, partie au litige faisant l'objet de l'expertise, en vue de l'attribution d'un marché ; toutefois, eu égard tant à l'ancienneté des faits en cause à la date de la désignation de M. X en tant qu'expert, le 22 juin 2011, qu'à la nature et à l'intensité des relations alléguées, dès lors qu'il ressort des pièces du dossier soumis aux juges du fond que M. X n'était plus dirigeant de la société S lors de la période d'exécution du marché, la cour n'a pas inexactement qualifié les éléments soumis à son examen en estimant que son parcours professionnel dans le secteur du bâtiment et des travaux publics ne révélait aucun élément actuel qui ferait obstacle à ce qu'il accomplisse la mission confiée par le juge des référés. • CE 19 avr. 2013, *CH d'Alès-Cévennes*, n° 360598 B.

8. Taxation des frais et honoraires. Aux termes de l'art. R. 621-13 CJA : « Lorsque l'expertise a été ordonnée sur le fondement du titre III du livre V, le président du tribunal ou de la cour, après consultation, le cas échéant, du magistrat délégué, ou, au Conseil d'État, le président de la section du contentieux en fixe les frais et honoraires par une ordonnance prise conformément aux dispositions des art. R. 621-11 et R. 761-4. Cette ordonnance désigne la ou les parties qui assumeront la charge de ces frais et honoraires (...). Elle peut faire l'objet, dans le délai d'un mois à compter de sa notification, du recours prévu à l'art. R. 761-5. Dans le cas où les frais d'expertise mentionnés à l'alinéa précédent sont compris dans les dépens d'une instance principale, la formation de jugement statuant sur cette instance peut décider que la charge définitive de ces frais incombe à une partie autre que celle qui a été désignée par l'ordonnance mentionnée à l'alinéa précédent ou par le jugement rendu sur un recours dirigé contre cette ordonnance » ; il résulte de ces dispositions que, lorsque le président du tribunal administratif a pris une ordonnance fixant les frais et honoraires de l'expertise et désignant la partie qui en assumera la charge, celle-ci, en l'absence d'instance principale engagée à l'issue de l'expertise, ne peut remettre en cause la taxation des frais et honoraires que dans les conditions fixées par les art. R. 621-13 et R. 761-5 CJA ; elle n'est, dès lors, pas recevable à former un recours indemnitaire ayant pour objet la condamnation d'une autre partie à lui verser les sommes correspondantes. • CE 10 févr. 2016, *Cté d'agglom. Côte basque-Adour*, n° 382016 A.

9. Aux termes de l'art. R. 621-1-1 CJA : « Le président de la juridiction peut désigner au sein de sa juridiction un magistrat chargé des questions d'expertise et du suivi des opérations d'expertise. / L'acte qui désigne le magistrat chargé des expertises peut lui déléguer tout ou partie des attributions mentionnées aux articles (...) R. 621-7-1 (...) ». Et aux termes de l'art. R. 621-7-1 CJA, « Les parties doivent remettre sans délai à l'expert tous documents que celui-ci estime nécessaires à l'accomplissement de sa mission. / En cas de carence des parties, l'expert en informe le président de la juridiction qui, après avoir provoqué les observations écrites de la partie récalcitrante, peut ordonner la production des documents, s'il y a lieu sous astreinte, autoriser l'expert à passer outre, ou à déposer son rapport en l'état. / (...) La juridiction tire les conséquences du défaut de communication des documents à l'expert. »

Il résulte de ces dispositions que la décision par laquelle le président de la juridiction, ou le magistrat chargé du suivi des opérations d'expertises qu'il désigne, autorise l'expert à déposer son rapport en l'état, en cas de carence des parties à remettre sans délai à l'expert les documents nécessaires à l'accomplissement de sa mission, ne peut être critiquée que devant la juridiction saisie au fond lors de la contestation de la régularité des opérations d'expertise. • CE 19 nov. 2021, *Sté Implenia Regiobau Gmbh,* n° 451962 B.

JURISPRUDENCE BÉZIERS I

10. Nota. On se reportera aussi à la jurisprudence relative aux litiges en matière de marchés publics cités ss. l'art. L. 2191-1 du CCP.

11. Les parties à un contrat administratif peuvent en premier lieu saisir le juge d'un recours de plein contentieux contestant la validité du contrat qui les lie ; il appartient alors au juge, lorsqu'il constate l'existence d'irrégularités, d'en apprécier l'importance et les conséquences, après avoir vérifié que les irrégularités dont se prévalent les parties sont de celles qu'elles peuvent, eu égard à l'exigence de loyauté des relations contractuelles, invoquer devant lui ; il lui revient, après avoir pris en considération la nature de l'illégalité commise et en tenant compte de l'objectif de stabilité des relations contractuelles, soit de décider que la poursuite de l'exécution du contrat est possible, éventuellement sous réserve de mesures de régularisation prises par la personne publique ou convenues entre les parties, soit de prononcer, le cas échéant avec un effet différé, après avoir vérifié que sa décision ne portera pas une atteinte excessive à l'intérêt général, la résiliation du contrat, ou, en raison seulement d'une irrégularité, invoquée par une partie ou relevée d'office par lui, tenant au caractère illicite du contenu du contrat ou à un vice d'une particulière gravité relatif notamment aux conditions dans lesquelles les parties ont donné leur consentement, son annulation. En deuxième lieu, lorsque les parties soumettent au juge un litige relatif à l'exécution du contrat qui les lie, il incombe en principe à celui-ci, eu égard à l'exigence de loyauté des relations contractuelles, de faire application du contrat ; toutefois, dans le cas seulement où il constate une irrégularité, invoquée par une partie ou soulevée d'office par lui, tenant au caractère illicite du contenu du contrat ou à un vice d'une particulière gravité relatif notamment aux conditions dans lesquelles les parties ont donné leur consentement, il doit écarter le contrat et ne peut régler le litige sur le terrain contractuel. • CE, ass., 28 déc. 2009, *Cne de Béziers,* n° 304802 A : *GAJA n° 939 ; GACA n° 194 ; BJCP 2010. 138, concl. Glaser ; AJDA 2010. 142, chron. Lieber-Botteghi ; Rev. CMP 2010. Repère 2, obs. Llorens et Soler-Couteaux, note Rees, n° 123.*

12. Action contre le contrat ouverte pendant la durée du contrat. Les parties à un contrat administratif peuvent saisir le juge d'un recours de plein contentieux contestant la validité du contrat qui les lie. Il appartient alors au juge, lorsqu'il constate l'existence d'irrégularités, d'en apprécier l'importance et les conséquences, après avoir vérifié que les irrégularités dont se prévalent les parties sont de celles qu'elles peuvent, eu égard à l'exigence de loyauté des relations contractuelles, invoquer devant lui. Il lui revient, après avoir pris en considération la nature de l'illégalité commise et en tenant compte de l'objectif de stabilité des relations contractuelles, soit de décider que la poursuite de l'exécution du contrat est possible, éventuellement sous réserve de mesures de régularisation prises par la personne publique ou convenues entre les parties, soit de prononcer, le cas échéant avec un effet différé, après avoir vérifié que sa décision ne portera pas une atteinte excessive à l'intérêt général, la résiliation du contrat ou, en raison seulement d'une irrégularité invoquée par une partie ou relevée d'office par lui, tenant au caractère illicite du contenu du contrat ou à un vice d'une particulière gravité relatif notamment aux conditions dans lesquelles les parties ont donné leur consentement, son annulation. Cette action est ouverte aux parties au contrat pendant toute la durée d'exécution de celui-ci. • CE, sect., 14 juin 2019, *Assoc. pour le musée des îles Saint-Pierre-et-Miquelon,* n° 412243 A : *BJCP 2019. 412, concl. Lallet ; AJDA 2019. 1750 ; Rev. CMP 2019, n° 10, note Eckert.*

13. Contrat entièrement exécuté. L'attribution du marché à un candidat dont l'offre est irrégulière affecte le choix de l'attributaire ; il ne résulte pas de l'instruction que des motifs d'intérêt général ou tenant aux droits du cocontractant s'opposeraient à l'annulation de ce contrat qui a été entièrement exécuté. Il résulte de ce qui précède que la commune de Toul n'est pas fondée à soutenir que c'est à tort que, par le jugement attaqué, le tribunal administratif de Nancy a annulé le marché. • CAA Nancy, 8 déc. 2015, *Sté Système Son c/ Cne de Toul,* n° 15NC00425.

14. Application par le juge judiciaire. Contrat administratif. Lorsqu'il est saisi d'une demande de question préjudicielle sur le sens et la légalité des clauses d'un contrat d'affermage des droits de places perçus dans les halles et marchés communaux, le juge judiciaire, seul compétent, en vertu de l'art. 136 du Décr. du 17 mai 1809, pour statuer sur les contestations nées à l'occasion de l'exécution de ce contrat administratif, a la faculté de constater, conformément à une jurisprudence établie du juge administratif, qu'eu égard à l'exigence de loyauté des relations contractuelles, l'irrégularité invoquée par l'une des parties n'est pas d'une gravité telle qu'il y ait lieu d'écarter l'application du contrat, de sorte que l'appréciation de la légalité de cet acte par le juge administratif n'est pas nécessaire à la solution du litige. C'est, dès lors, sans méconnaître le principe de la séparation des autorités administrative et judiciaire ni excéder ses pouvoirs que la cour d'appel a retenu qu'au regard de cette exigence, les irrégularités alléguées par l'autorité délégante n'étaient pas d'une gravité suffisante pour écarter l'application du contrat et qu'elle en a déduit que la demande de question préjudicielle devait être rejetée. • Civ. 1re, 24 avr. 2013, n° 12-18.180 : *AJDA 2013. 1630, note Dreyfus*.

15. Jurisprudence de la Cour de cassation pour un contrat de droit privé. Le défaut de transmission au préfet de la délibération du conseil municipal autorisant la conclusion d'un contrat de droit privé est sans incidence sur la légalité de cette délibération. Celle-ci étant dépourvue de force exécutoire, il appartient au juge judiciaire de constater, au vu d'une jurisprudence établie du juge administratif, l'illégalité de la décision du maire de signer le contrat, en raison de son incompétence ; qu'un contrat de droit privé qui ne remplit pas les conditions requises pour sa validité est nul. La méconnaissance des dispositions d'ordre public relatives à la compétence de l'autorité signataire d'un contrat conclu au nom d'une commune est sanctionnée par la nullité absolue ; dès lors, en l'absence de justification de la transmission au préfet de la délibération autorisant la conclusion d'une transaction, le juge judiciaire doit prononcer l'annulation de ce contrat, lorsqu'il est saisi d'écritures en ce sens, sauf à constater que le contrat a reçu un commencement d'exécution et que la nullité a été soulevée, par voie d'exception, après l'expiration du délai de prescription de l'action. • Civ. 1re, 31 janv. 2018, n° 16-21.697 P. ♦ V. aussi • Com. 6 mai 2019, n° 16-25.117 : *AJDA 2019. 2071, note Clamour, Marcou*.

16. Revirement de jurisprudence. Devoir du juge. Saisie en appel du jugement du tribunal administratif du litige opposant la chambre de commerce et d'industrie à l'État au sujet des avances que cet établissement public soutenait avoir consenties à l'État, au titre de la gestion, à partir de 1984, sur le fondement d'arrêtés du préfet, d'un aérodrome, la cour, après avoir, par l'art. 1er non contesté de son arrêt, annulé, en raison d'un vice de procédure, le jugement du tribunal administratif, a statué par la voie de l'évocation et réglé le litige sur le terrain contractuel, en jugeant que l'État et la chambre de commerce et d'industrie étaient liés par une concession d'outillage public portant sur l'exploitation et l'entretien de l'aérodrome et que le vice tenant à l'incompétence du préfet pour accorder une telle concession, laquelle aurait dû résulter d'un arrêté pris par les ministres chargés de l'économie et de l'aviation marchande, n'était pas, dès lors qu'il résultait du dossier soumis à l'examen des juges du fond que les ministres concernés avaient approuvé l'opération, d'une gravité telle que le juge dût écarter le contrat. Pour statuer ainsi, la cour a fait à bon droit application, par l'arrêt attaqué, de la règle énoncée par la décision du Conseil d'État, statuant au contentieux n° 304802 du 28 déc. 2009, *Commune de Béziers*, selon laquelle, eu égard à l'exigence de loyauté des relations contractuelles, il incombe en principe au juge, saisi d'un litige relatif à l'exécution d'un contrat, de faire application du contrat et qu'en conséquence, c'est seulement dans le cas où il constate une irrégularité invoquée par une partie ou relevée d'office par lui, tenant au caractère illicite du contenu du contrat ou à un vice d'une particulière gravité relatif notamment aux conditions dans lesquelles les parties ont donné leur consentement, qu'il ne peut régler le litige sur le terrain contractuel. Toutefois, devant le tribunal administratif comme devant la cour, les parties, qui s'accordaient pour constater que le préfet n'avait pas compétence pour accorder une concession relative à l'entretien et à l'exploitation d'un aérodrome, avaient exclusivement débattu, compte tenu des règles applicables avant la décision du Conseil d'État, statuant au contentieux du 28 déc. 2009, sur le terrain de la responsabilité quasi contractuelle et sur celui de la responsabilité quasi délictuelle ; la clôture de l'instruction avait été fixée devant la cour au 3 sept. 2009 ; si, en faisant application des règles issues d'une décision du Conseil d'État, statuant au contentieux postérieure à cette dernière date, la cour s'est bornée à exercer son office en situant le litige sur le terrain juridiquement approprié et n'a pas soulevé un moyen d'ordre public qu'elle aurait dû communiquer aux parties en application de l'art. R. 611-7 CJA, elle ne pouvait, eu égard aux exigences de la procédure contradictoire, régler l'affaire sur un terrain dont les parties n'avaient pas débattu sans avoir mis celles-ci à même de présenter leurs observations sur ce point ; il lui incombait à cette fin soit de rouvrir l'instruction en invitant les parties à s'exprimer sur les conséquences à tirer de la décision du Conseil d'État, statuant au contentieux en date du 28 déc. 2009, soit de juger, par un arrêt avant-dire droit, qu'elle entendait régler le litige, compte tenu de cette décision, sur le terrain contractuel et en demandant en conséquence aux parties de formuler leurs observations sur ce terrain. • CE, sect., 19 avr. 2013, *CCI d'Angoulême*, n° 340093 A.

17. Demande d'annulation d'une clause. Le caractère indivisible d'une clause contractuelle au regard de l'ensemble du contrat ne fait pas obstacle à la recevabilité, devant le juge du contrat, d'une action introduite par l'une des parties au contrat et tendant à ce que cette seule clause soit annulée ; cette indivisibilité implique seulement que, lorsqu'il constate l'existence de vices entachant la validité de cette clause, le juge du contrat se prononce, au besoin d'office, sur les conséquences à en tirer sur le contrat dans son ensemble, après en avoir, le cas échéant, informé les parties en application de l'art. R. 611-7 CJA. • CE 19 déc. 2007, *Sté Sogeparc-CGST* –

Cie gén. de stationnement, n° 260327 B • 1er juill. 2009, *Cie des transports de La Roche-sur-Yon,* n° 306756 A • 7 oct. 2009, *Sté d'équipement de Tahiti et des îles,* n° 309499.

18. Annulation du contrat. Conséquences pour les clauses relatives au mode de règlement des différends. La circonstance qu'un contrat soit entaché d'une irrégularité qui puisse conduire le juge à en prononcer l'annulation n'est pas de nature à rendre inapplicables les clauses de ce contrat qui sont relatives au mode de règlement des différends entre les parties, notamment celles qui organisent une procédure de règlement amiable préalable à toute action contentieuse. Il s'ensuit que les stipulations de telles clauses doivent être observées pour toutes les actions qui entrent dans le champ de leurs prévisions, sans qu'y échappent par principe les actions tendant à ce que le juge prononce l'annulation du contrat, quand bien même le juge serait effectivement conduit à y faire droit et prononcerait une telle annulation. • CE 10 juill. 2020, *Sté Excelsia,* n° 433643 B.

19. Impossibilité, sauf exception, d'invoquer un manquement aux règles de passation du contrat pour demander au juge d'écarter le contrat. Impossibilité, sauf exception, pour le juge de soulever d'office un tel manquement pour écarter le contrat. Lorsque les parties soumettent au juge un litige relatif à l'exécution du contrat qui les lie, il incombe en principe à celui-ci, eu égard à l'exigence de loyauté des relations contractuelles, de faire application du contrat ; toutefois, dans le cas seulement où il constate une irrégularité invoquée par une partie ou relevée d'office par lui, tenant au caractère illicite du contrat ou à un vice d'une particulière gravité relatif notamment aux conditions dans lesquelles les parties ont donné leur consentement, il doit écarter le contrat et ne peut régler le litige sur le terrain contractuel ; ainsi, lorsque le juge est saisi d'un litige relatif à l'exécution d'un contrat, les parties à ce contrat ne peuvent invoquer un manquement aux règles de passation, ni le juge le relever d'office, aux fins d'écarter le contrat pour le règlement du litige ; par exception, il en va autrement lorsque, eu égard, d'une part, à la gravité de l'illégalité et, d'autre part, aux circonstances dans lesquelles elle a été commise, le litige ne peut être réglé sur le fondement de ce contrat.

Pour constater la nullité du contrat et écarter en conséquence son application, la cour administrative d'appel s'est bornée à relever que le marché avait été passé en méconnaissance du seuil *de 700 000 francs (TTC)* fixé par les dispositions du 10° du I de l'art. 104 C. marchés alors en vigueur, sans rechercher si, eu égard, d'une part, à la gravité de l'irrégularité et, d'autre part, aux circonstances dans lesquelles elle avait été commise, le litige ne pouvait être réglé sur le fondement du contrat ; en statuant ainsi, la cour administrative d'appel de Paris a commis une erreur de droit. • CE 12 janv. 2011, *M. Édouard Manoukian,* n° 338551 A : *AJDA 2011. 665, chron. Lallet-Domino* ; *BJCP 2011. 121, concl. Boulouis ; Dr. adm. 2011, n° 29, note Brenet.*

20. Eu égard à leur nature et aux circonstances dans lesquelles elles auraient été commises, aucune des irrégularités susceptibles d'affecter la procédure d'attribution du marché à son titulaire alléguées par la société concessionnaire de l'État qui a passé le contrat et tirées soit de l'inapplication par elle-même des dispositions du code des marchés publics, des dispositions du Décr. du 26 mars 1993 relatif aux contrats visés au I de l'art. 48 de la L. n° 93-122 du 29 janv. 1993 relative à la prévention de la corruption et à la transparence de la vie économique et des procédures publiques, de prescriptions du droit communautaire au contenu équivalent ou de principes généraux relatifs à la présentation des candidatures à l'attribution du marché, soit de manquements de sa part au principe d'égalité entre les candidats au cours de la consultation, ne saurait être regardée comme un vice d'une gravité telle que le juge doive écarter le contrat et que le litige qui oppose les parties ne doive pas être tranché sur le terrain contractuel. • CE 12 janv. 2011, *Sté des autoroutes du Nord et de l'Est de la France,* n° 332136 B. ♦ V. aussi : • CE 19 janv. 2011, *Synd. mixte pour le traitement des résidus urbains,* n° 332330 B.

21. Lorsque le juge est saisi d'un litige relatif à l'exécution d'un contrat, les parties à ce contrat ne peuvent invoquer un manquement aux règles de passation, ni le juge le relever d'office, aux fins d'écarter le contrat pour le règlement du litige ; par exception, il en va autrement lorsque, eu égard d'une part à la gravité de l'illégalité et d'autre part aux circonstances dans lesquelles elle a été commise, le litige ne peut être réglé sur le fondement de ce contrat.

Aux termes de l'art. 38 de la L. du 29 janv. 1993 relative à la prévention de la corruption et à la transparence de la vie économique et des procédures publiques, dont les dispositions sont désormais codifiées au 2e al. de l'art. L. 1411-1 CGCT : « (...) Les délégations de service public des personnes morales de droit public (...) sont soumises par l'autorité délégante à une procédure de publicité permettant la présentation de plusieurs offres concurrentes, dans des conditions prévues par un décret en Conseil d'État », les clauses de tacite reconduction contenues dans des contrats de délégation de service public conclus antérieurement à l'entrée en vigueur de ces dispositions ne pouvant plus être régulièrement mises en œuvre postérieurement, le contrat résultant de l'application d'une clause de tacite reconduction présente le caractère d'un nouveau contrat dont la passation doit être précédée de la procédure de publicité et de mise en concurrence imposée par ces dispositions.

Les conclusions indemnitaires de la société délégataire tendent à obtenir réparation du préjudice causé par l'inexécution, par le département, de la convention conclue entre eux ; il ressort des pièces du dossier soumis aux juges du fond que cette convention a été reconduite tacitement chaque année à compter du 1er avr. 1994, en l'absence de mise en œuvre de toute procédure de publicité ; s'il résulte de ce qui précède que ces reconductions constituent de nouvelles conventions qui ont été conclues en méconnaissance de l'obligation de mise en concurrence préalable imposée par les dispositions de l'art. L. 1411-1 CGCT, il ne ressort d'aucune pièce du dossier que cette irrégularité puisse être regardée comme un vice d'une gravité telle que le juge devait écarter le contrat et que le litige qui opposait les parties ne devait pas être réglé sur le terrain contractuel ; par suite, la cour administrative d'appel a pu, sans commettre d'erreur de droit, régler le litige sur le terrain contractuel sans soulever d'office l'illégalité du contrat. • CE 23 mai 2011, *Dpt de la Guyane,* n° 314715 B : *AJDA 2011. 1567, note Ziani ; Rev. CMP 2011, n° 222, note Pietri.*

22. Une société qui s'est librement engagée par la signature d'un contrat conclu par application du C. marchés ne peut utilement invoquer, dans le cadre d'un litige relatif à l'exécution de ce contrat, une nullité au motif que seule la procédure prévue pour la passation des délégations de service public aurait dû être suivie. • CE 10 févr. 2010, *Sté Prest'Action,* n° 301116 • CE, sect., 10 nov. 2010, *Cne de Palavas-les-Flots, Cne de Lattes,* n° 314449 B : *Dr. adm. 2011, n° 2, note Martin et Ferrari.*

23. Contrat conclu en application d'une clause de tacite reconduction. Si la conclusion d'un contrat en application d'une clause de tacite reconduction, en méconnaissance des obligations de mise en concurrence préalable issues des dispositions du C. marchés, constitue un manquement aux règles de passation de ces contrats, la cour administrative d'appel de Nantes a pu juger, sans commettre d'erreur de droit, ni d'erreur de qualification juridique que, dans les circonstances de l'espèce qui lui était soumise, l'irrégularité tenant à la conclusion de nouveaux contrats en application d'une clause de tacite reconduction n'était pas d'une gravité telle que le litige ne puisse être réglé sur le terrain contractuel. • CE 4 mai 2015, *Sté Bueil publicité mobilier urbain,* n° 371455 : *Rev. CMP 2015, n° 172, note Ubaud-Bergeron.*

24. Absence de publicité et de mise en concurrence. Si les conditions de passation des marchés publics en cause auraient dû respecter une procédure de publicité et de mise en concurrence adaptée, en vertu des principes généraux de la commande publique, il ne résulte pas de l'instruction que ces irrégularités révèleraient une manœuvre de l'État destinée à vicier le consentement de l'autre partie ; ainsi, de telles irrégularités ne constituent pas des vices d'une particulière gravité relatifs notamment aux conditions dans lesquelles les parties ont donné leur consentement ; dès lors, le ministre n'est pas fondé à soutenir que le présent litige ne peut pas être réglé sur le terrain contractuel. • CAA Bordeaux, 26 mars 2013, *Garde des Sceaux, min. de la Justice,* n° 11BX01637.

25. Procédure de passation irrégulière. La société X soutient que, compte tenu de son montant, la CCI aurait dû passer le marché litigieux selon une procédure d'appel d'offres et non selon une procédure adaptée ; toutefois, eu égard à l'exigence de loyauté des relations contractuelles, ce vice n'est pas au nombre de ceux que peut invoquer la société devant le juge administratif pour que ce dernier écarte le contrat ou constate sa nullité. • CAA Lyon, 3 nov. 2011, *Sté AECP,* n° 10LY01120.

26. Procédure adaptée irrégulière. Si la personne responsable du marché est libre, lorsqu'elle décide de recourir à la procédure dite adaptée, de déterminer, sous le contrôle du juge administratif, les modalités de publicité et de mise en concurrence appropriées aux caractéristiques de ce marché, et notamment à son objet, à son montant, au degré de concurrence entre les entreprises concernées et aux conditions dans lesquelles il est passé, ce choix, toutefois, doit lui permettre de respecter les principes généraux de liberté d'accès à la commande publique, d'égalité de traitement des candidats et de transparence des procédures qui s'imposent à elle ; en l'espèce, si une attestation de l'ancien maire de la commune est produite dont il ressort que le marché aurait été passé après consultation de trois organismes, de telles modalités de mise en concurrence, à les supposer établies, ne permettaient pas d'assurer une publicité suffisante, au regard du montant du marché, de 46 000 euros, et de sa nature ; toutefois, eu égard à l'exigence de loyauté des relations contractuelles, ce vice n'est pas au nombre de ceux que peut invoquer la commune devant le juge administratif pour qu'il écarte le contrat ; si cette dernière soutient que la délibération du 26 juin 2007 du conseil municipal autorisant le maire à signer le contrat serait intervenue dans un climat conflictuel et après diffusion d'informations erronées sur la possibilité pour la collectivité d'obtenir des subventions, il ne résulte pas de l'instruction que ces circonstances auraient affecté les conditions dans lesquelles la commune a donné son consentement ; ainsi, le litige doit être réglé sur le terrain contractuel. • CAA Lyon, 11 oct. 2012, *Assoc. pour la recherche et l'installation des médecins européens,* n° 11LY01969.

27. Caractère illicite du contenu du contrat. La cour administrative n'a pas commis d'erreur de droit en déduisant de l'illégalité de l'opération d'aménagement de la ZAC en cause que l'objet de la convention confiant à la société X l'aménagement de cette zone d'activité était illicite et qu'une telle irrégularité du contrat était susceptible de conduire le juge à en prononcer l'annulation. • CE 10 juill. 2013, *Cne de Vias, SEM de la ville de Béziers et du littoral (SEBLI),* n°s 362304 B et 362318 B : *RDI 2013. 552, obs. Soler-Couteaux ; BJCP 2013. 448, concl. Pellissier ; RJEP 2014. 13, note Bonnefont.*

28. Contenu illicite. Non. La circonstance que le titulaire d'un contrat n'ayant pas pour objet l'occupation du domaine public mais dont le lieu de réalisation se situe sur une dépendance du domaine public ne dispose pas d'un titre l'autorisant à occuper cette dépendance n'a pas pour effet de rendre illicite le contenu du contrat et d'entacher ce dernier d'une irrégularité de nature à justifier que soit écartée, dans le cadre d'un litige entre les parties, l'application des stipulations contractuelles qui les lient. • CE 10 juill. 2020, *Sté de manutention et d'entreposage de grains,* n° 427216 B.

29. Stipulations divisibles écartées. En faisant application des stipulations d'un contrat qui, telles qu'elles les a souverainement interprétées, prévoyaient le transfert à une personne privée, sans désaffectation ni déclassement préalables, de la propriété de dépendances du domaine public, sans relever d'office, eu égard au principe d'inaliénabilité de ce domaine, le caractère illicite de leur contenu et en écarter l'application, une cour administrative d'appel commet une erreur de droit, ce que le juge de cassation relève le cas échéant d'office. Il résulte de l'instruction que par une convention conclue pour une durée de dix-huit ans à compter de sa signature, la personne publique a confié à une société l'exploitation de son domaine skiable, comprenant la charge d'assurer le service public des remontées mécaniques et de les entretenir en bon état de fonctionnement, d'aménager, entretenir et surveiller le réseau de pistes de ski alpin et d'organiser et mettre en œuvre des secours aux usagers ; la convention permettait à l'exploitant de fixer librement les tarifs et lui imposait de verser à l'autorité délégante la taxe sur les remontées mécaniques, une redevance d'exploitation assise sur le chiffre d'affaires, un loyer pour l'usage des locaux mis à sa disposition, ainsi qu'un loyer pour les autres biens mis à sa disposition conformément à l'annexe 3 à la convention, intitulée « contrat de crédit-bail (ou location-vente) » ; cette annexe 3 et ses propres annexes énuméraient quarante-sept engins de remontée *mécanique* et un canon à neige mis à disposition du délégataire et fixaient quinze échéances annuelles de loyers à verser pour un montant total égal à l'amortissement intégral, sur la période de versement, de la valeur vénale de ces installations, telle qu'évaluée au contrat, augmenté du remboursement des intérêts restant dus sur le capital emprunté pour les financer ; elles comportaient également une promesse de vente permettant à l'exploitant d'acheter, à l'issue de la quinzième année d'exploitation, les installations mises à sa disposition, moyennant un versement complémentaire minime, ainsi que la faculté de lever cette option d'achat de manière anticipée, à partir de la fin de la cinquième année, pour un montant correspondant à la valeur initiale restant à amortir ; l'art. 26 de la convention stipulait : « Si l'autorité organisatrice décide de ne pas renouveler la convention, les biens, équipements et installations relatifs à l'exploitation du domaine skiable situés sur son territoire deviendront sa propriété. / En aucun cas, l'exploitant ne pourra prétendre à une indemnité quelconque, sauf si l'autorité organisatrice souhaitait écourter l'échéance de 18 ans. / En cas de non-renouvellement : – les biens mis à la disposition de l'exploitant par l'autorité organisatrice font retour à cette dernière, conformément aux clauses prévues dans le contrat de location-vente, dans la mesure où la durée de la location-vente excéderait 18 ans ; – les biens fournis par l'exploitant (annexe 4) et ceux devenus sa propriété au terme du contrat de location-vente annexé (annexe 3) sont remis à l'autorité organisatrice, à charge pour elle de verser à l'exploitant une somme égale à la valeur d'utilisation desdits biens. Cette valeur d'utilisation, fixée à dire d'expert, n'intégrera que la valeur vénale des biens ; – les autres biens fournis par l'exploitant ainsi que les approvisionnements et stocks existants, s'ils sont nécessaires à la bonne exploitation des services, doivent être repris en tout ou partie par l'autorité organisatrice si l'exploitant le lui demande, à prix fixé à dires d'experts à défaut d'accord amiable. (…) » ; l'art. 23 de la convention, applicable en cas de résiliation unilatérale par l'autorité délégante, renvoyait à l'art. 26 pour les modalités de dévolution des biens et prévoyait en outre le versement d'une indemnité de résiliation anticipée fixée par accord amiable ou à dire d'expert ; l'annexe 1 à l'annexe 3 retenait, pour l'évaluation des biens mis à disposition de l'exploitant, une valeur vénale nulle pour toute installation de plus de 15 ans ; le 5° de l'art. K de l'annexe 3 prévoyait la perte de plein droit du bénéfice de la promesse de vente en cas de résolution anticipée de la convention de concession du service public des remontées mécaniques.

Il résulte de ce qui précède que les stipulations permettant le transfert à la société délégataire de la propriété des biens relevant du domaine public de la personne publique délégante dont, ainsi qu'il a été dit, le contenu est illicite, n'auraient eu pour effet, si leur mise en œuvre avait été demandée, moyennant le règlement anticipé des amortissements restant à réaliser, de rendre le délégataire propriétaire des remontées mécaniques que jusqu'à l'expiration de la convention ; que, si une indemnité était prévue à ce titre à l'art. 26, son montant, limité à la valeur vénale des installations, aurait été nul, dès lors que celle-ci était elle-même fixée à une valeur nulle pour toute installation de plus de 15 ans, alors que la durée d'exploitation du service était fixée à 18 ans ; par suite, les autres stipulations de la convention et de son annexe ne forment pas avec les stipulations relatives à ce transfert de propriété un ensemble indivisible ; l'illégalité de ces stipulations n'entache ainsi pas la légalité des autres stipulations du contrat ; le litige peut donc être réglé dans le cadre contractuel, en écartant l'application des seules stipulations relatives au transfert de propriété des installations mises à la disposition de la société délégataire par l'autorité délégante, sans qu'il soit besoin d'examiner les demandes de la société sur le fondement, qu'elle invoque à titre subsidiaire, de l'enrichissement sans cause et de la faute de la collectivité délégante. • CE 4 mai 2011, *Cté de cnes du Queyras,* n° 340089 B : *BJCP 2011. 353, concl. Dacosta.*

30. Clause prévoyant le renoncement de la personne publique à émettre un titre exécutoire. Caractère illicite. Si une personne publique peut s'engager, par une convention, à ce que son pouvoir d'émettre un titre exécutoire à l'encontre de son cocontractant débiteur ne soit le cas échéant exercé qu'après qu'aura été mise en œuvre une procédure de conciliation, elle ne peut renoncer contractuellement ni à ce pouvoir ni à sa faculté de saisir le juge administratif dans les conditions rappelées au point précédent. • CE 20 sept. 2019, *Sté Valeor,* n° 419381 B : *BJCP 2019. 388, concl. Pellissier ; AJDA 2019. 2450, note Richer ; Rev. CMP 2019. 390, note Dietenhoeffer.*

31. Clause illicite présentant un caractère déterminant. La commune, alors membre de la communauté urbaine, n'avait pas le pouvoir de concéder l'affichage sur les mobiliers objets du contrat litigieux installés sur le domaine public routier dont la communauté urbaine était gestionnaire. La circonstance que le contrat prévoit la délivrance, par la communauté urbaine, de permissions de voirie pour l'installation des mobiliers d'affichage n'a pas eu pour effet de conférer à la commune un tel pouvoir. La clause contractuelle offrant au titulaire du contrat, en contrepartie de ses prestations, un droit d'affichage sur ces mobiliers est, par suite, illégale. Eu égard au caractère déterminant de cette contrepartie, le contrat comporte un contenu illicite.

Le contrat dont il s'agit a, ainsi qu'il vient d'être dit, un contenu illicite qui fait obstacle à ce qu'il puisse être régularisé. Son annulation, eu égard à son objet et à son caractère illicite, ne porte pas une atteinte excessive à l'intérêt général. • CAA Bordeaux, 17 juill. 2017, *Sté Philippe Vediaud Publicité,* n° 16BX03518 : *AJDA 2017. 2143, concl. de La Taille .*

32. Stipulations contraires à l'art. 79 C. marchés. Contenu du contrat illicite. Non. Les parties au contrat ont prévu, par les stipulations des « conditions particulières » de celui-ci, une date de prise d'effet antérieure tant à sa signature qu'à sa notification, en méconnaissance des dispositions précitées de l'art. 79 C. marchés ; en jugeant que cette illégalité n'entachait pas d'illicéité le contrat et que l'irrégularité commise n'était pas d'une gravité suffisante, notamment en ce qu'elle n'avait pas vicié le consentement des parties, pour justifier que l'application de ce contrat fût écartée, la cour n'a pas inexactement qualifié les faits de l'espèce. • CE 22 mai 2015, *Axa Corporate Solutions Assurances,* n° 383596 B : *Rev. CMP 2015, n° 171, note Ubaud-Bergeron.*

33. Objet illicite. Il résulte de l'instruction que, par la convention du 11 janv. 2014 dont l'illicéité est invoquée par la Cne de la Remaudière, la commune, confrontée au départ de sa secrétaire de mairie, a décidé de confier à la Sté Consulting Privé Public Cabinet Fidélia Consulting une « mission de transition » pour la gestion quotidienne de la collectivité consistant à « suivre les dossiers en cours (urbanisme, travaux…) / manager l'équipe administrative et technique de la mairie / clôturer le compte administratif et préparer le budget primitif 2014 / répondre à toute demande relative au fonctionnement de la mairie (…) ». Ces missions étaient confiées à la société pour la période allant du 13 janv. 2014 au mois d'avr. 2014, mais il résulte de l'instruction, notamment du rapport établi par la CRC en avr. 2018, que cette convention a été prorogée jusqu'au 30 juin 2014. Il résulte ainsi clairement de l'énoncé des prestations confiées à la Sté Consulting Privé Public Cabinet Fidélia Consulting par la Cne de la Remaudière que cette Sté se voyait attribuer, pendant la vacance de l'emploi correspondant, les missions administratives du secrétaire de la mairie. S'il était loisible à la commune, notamment en application des dispositions citées ci-dessus de l'art. 3-2 de la L. du 26 janv. 1984, de confier à un agent contractuel et pour une durée limitée les fonctions de secrétaire de mairie, emploi permanent au sens des dispositions de l'art. 1er de la même loi, aucune disposition législative ou réglementaire ne permettait à la commune de déroger au principe selon lequel ses emplois permanents doivent être occupés par des fonctionnaires ou, dans les cas définis par les art. 3-1 s. de la L. du 26 janv. 1984, par des agents contractuels et ne lui permettait donc de confier les missions relevant d'un de ses emplois permanents à une société par le biais d'un marché public. La convention conclue le 11 janv. 2014 entre la commune de la Remaudière et la Sté Consulting Privé Public Cabinet Fidélia Consulting a dans ces conditions, par elle-même, un objet illicite et doit en conséquence être écartée. • CAA Nantes, 29 oct. 2021, *Cne de La Renaudière,* n° 20NT02088 : *Rev. CMP 2022. Chron. 5, note Hoepffner ; AJDA 2022. 87, note Bréchot .*

34. Méconnaissance de la loi du 31 déc. 1971. La « convention de recherche d'économies sur les charges sociales et fiscales supportées par l'établissement » conclue entre un établissement public et une société a un caractère onéreux et vise à répondre à un besoin de l'établissement, alors même que la société a été à l'origine de la signature de cette dernière, dans le cadre d'une action de démarchage ; elle constitue de ce fait un marché public ; son prix, déterminé par l'ordre de mission signé en même temps, qui en constituait ainsi une partie, était fixé en proportion des économies qui devaient être réalisées et était par suite déterminable ; si, compte tenu de son montant et de son objet, elle ne pouvait être conclue sans publicité ni mise en concurrence préalable, ce vice n'est pas, eu égard à l'exigence de loyauté des relations contractuelles, au nombre de ceux que peut invoquer l'établissement devant le juge administratif pour que ce dernier écarte le contrat ou constate sa nullité, dès lors notamment que l'établissement n'établit pas que son consentement aurait été vicié ou qu'il aurait ignoré la consistance de la prestation qui lui était proposée. Toutefois, une convention peut être déclarée nulle lorsqu'elle est dépourvue de cause ou qu'elle est fondée sur une cause qui, en raison de l'objet de cette convention ou du but poursuivi par les parties, présente un caractère illicite. Aux termes de l'art. 54 de la L. du 31 déc. 1971 : « Nul ne peut, directement ou par personne interposée, à titre habituel et rémunéré, donner des consultations juridiques ou rédiger des actes sous seing privé, pour autrui : 1° S'il n'est titulaire d'une licence en droit ou s'il ne justifie, à défaut, d'une compétence juridique appropriée à la consultation et la rédaction d'actes en matière juridique qu'il est autorisé à pratiquer conformément aux art. 56 à 66. Les personnes mentionnées aux art. 56, 57 et 58 sont réputées posséder cette compétence juridique. Pour les personnes exerçant une activité professionnelle réglementée mentionnées à l'art. 59, elle résulte des textes les régissant. Pour chacune des activités non réglementées visées à l'art. 60, elle résulte de l'agrément donné, pour la pratique du droit à titre accessoire de celle-ci, par un arrêté, pris après avis d'une commission, qui fixe, le cas échéant, les conditions de qualification ou d'expérience juridique exigées des personnes exerçant cette activité et souhaitant pratiquer le droit à titre accessoire de celle-ci. » ; aux termes de l'art. 60 de la même loi : « Les personnes exerçant une activité professionnelle non réglementée pour laquelle elles justifient d'une qualification reconnue par l'État ou attestée par un organisme public ou un organisme professionnel *agréé* peuvent, dans les limites de cette qualification, donner des consultations juridiques relevant directement de leur activité principale et rédiger des actes sous seing privé qui constituent l'accessoire nécessaire de cette activité. » ; il résulte de l'instruction que la prestation réalisée par la société consistait exclusivement en la vérification, au regard de la réglementation en vigueur, du bien-fondé des cotisations sociales versées aux organismes sociaux et des taxes assises sur les salaires payées par l'établissement public, en la formulation de propositions puis, le cas échéant, en une assistance dans les démarches entreprises par l'établissement pour obtenir la restitution des sommes versées indûment ; cette mission relève dans son ensemble d'une activité de consultation juridique ; si la société fait valoir qu'un agrément à la pratique du droit a été conféré aux consultants exerçant, comme elle, dans le secteur du conseil pour les affaires ou la gestion, et qu'elle bénéficie d'une qualification accordée par l'organisme professionnel de qualification des conseils en management sur son activité finances, cet agrément ne l'autorisait à effectuer des consultations juridiques qu'à titre accessoire de son activité principale ; par suite, le contrat conclu entre les deux parties étant contraire aux dispositions précitées de la loi du 31 déc. 1971 et reposant dès lors sur une cause illicite, il y a lieu de l'écarter. • CAA Lyon, 22 mars 2012, ☏ *Sté CTR,* n° 11LY01404 : *AJDA 2012. 806, note Vinet* ✐.

35. Il résulte du contrat signé le 9 mai 2011 entre le cabinet CEGA et le centre hospitalier Edmond-Morchoisne que celui-ci portait sur une mission d'assistance à la maîtrise d'ouvrage comportant, outre du conseil dans le domaine des assurances pour la définition des besoins en assurances du centre hospitalier, une activité de conseil juridique pour la procédure de passation des marchés d'assurances. Le cabinet CEGA, qui a signé le marché litigieux en qualité d'auditeur et de consultant en assurances, activité professionnelle non réglementée au sens des dispositions de la L. du 31 déc. 1971, devait, pour être autorisé à donner des consultations juridiques dans le cadre de l'art. 60 de la L. du 31 déc. 1971, remplir les conditions fixées, pour les auditeurs et consultants en assurances, par l'agrément, prévu par l'art. 54 de la même loi, et accordé par un arrêté du garde des Sceaux, ministre de la Justice, du 6 févr. 2001 modifié par un Arr. du 1er déc. 2003. Le responsable du cabinet CEGA n'établit ni même ne soutient qu'il remplissait les conditions fixées par cet agrément ; il suit de là que le marché conclu le 9 mai 2011 entre le centre hospitalier Edmond Morchoisne et le cabinet CEGA est contraire aux dispositions de la loi du 31 déc. 1971 et, par suite, a été conclu dans des conditions illicites ; en l'espèce, il ne résulte pas de l'instruction que l'annulation du contrat, pour le motif susrelevé, qui a trait au choix même du cocontractant, porterait une atteinte excessive à l'intérêt général ; par suite, et sans qu'y fasse obstacle la circonstance que le marché a été entièrement exécuté, il y a lieu de l'annuler. • CAA Nantes, 1er déc. 2015, *SELARL Cabinet Henri Abecassis,* n° 13NT03406.

36. Consentement vicié. Pour rejeter les conclusions de l'Office public de l'habitat, la cour administrative d'appel a d'abord relevé que l'art. 9 du contrat relatif aux pénalités de retard avait été modifié, après le choix du titulaire du marché, l'envoi par celui-ci du contrat et le début d'exécution des prestations ; elle a ensuite estimé qu'eu égard tant à l'objet de cette modification, qui consistait en un changement du mode de calcul des pénalités de retard et des modalités de déclenchement de leur application, qu'à ses conséquences financières, qu'elle a regardées comme graves et inéluctables, un élément substantiel de l'offre de la société, au sens des dispositions du VIII de l'art. 67 C. marchés, avait été modifié ; ayant estimé que la société avait été contrainte d'accepter cette modification, elle en a déduit que le consentement de la société avait été vicié, que le contrat devait être écarté et que le litige ne pouvait être réglé sur le terrain contractuel. • CE 1er juill. 2015, *OPH de Loire-Atlantique*, n° 384209 : *BJCP 2015. 463, concl. Dacosta.*

37. Consentement vicié donné à un contrat de transaction. V. • CAA Versailles, 28 sept. 2017, *Institut français de gestion*, n° 16VE02808 : *AJDA 2017. 2119, note Mégret.*

38. Vice du consentement. Absence. Saisi d'un litige relatif à l'exécution d'un contrat d'assurance conclu dans le cadre d'un marché public qui a le caractère d'un contrat administratif, il appartient au juge administratif, saisi d'un moyen en ce sens, de rechercher si, lors de la conclusion du contrat, une réticence ou une fausse déclaration intentionnelle de la part de l'assuré a été de nature à avoir changé l'objet du risque ou à en avoir diminué l'opinion pour l'assureur, alors même que le risque omis ou dénaturé par l'assuré a été sans influence sur le sinistre. Si tel est le cas, il lui revient d'écarter l'application du contrat litigieux.

Maître d'ouvrage ayant omis d'avertir l'assureur, préalablement à la signature du contrat d'assurance, d'une modification du programme de travaux tendant à substituer la construction d'une plateforme à celle d'une dalle de transition sur pieux. Cette modification constitue une solution équivalente techniquement à celle initialement prévue et ne modifiait pas l'assiette et la consistance globale du projet de construction. Cette modification n'a ni changé l'objet du risque ni n'en a diminué l'opinion pour l'assureur. • CE 6 déc. 2017, *Sté Axa Corporate Solutions Assurances*, n° 396751 B : *Rev. CMP 2018. 50, note Devillers.*

39. DSP. Absence de justification des droits d'entrée et des redevances. L'omission de faire figurer dans une convention de délégation de service public, comme le prévoit l'art. L. 1411-2 CGCT, la justification des montants et modes de calcul des droits d'entrée et des redevances versées par le délégataire à la collectivité délégante ne donne pas un caractère illicite au contrat ni n'affecte les conditions dans lesquelles les deux parties ont donné leur consentement et peut, au demeurant, être régularisée. Dès lors, une telle omission n'est pas de nature à justifier, en l'absence de toute autre circonstance particulière, que dans le cadre d'un litige entre les parties, l'application de ce contrat soit écartée. • CE 10 juill. 2020, *Cne de La Guerinière*, n° 434353 et 434355 B.

40. Erreur. L'erreur commise par l'entreprise sur le prix de ses prestations ne peut être regardée comme constitutive d'un vice du consentement entraînant la nullité du marché. • CE 30 mai 1980, *Sté de la piscine de la Dame Blanche*, n° 12016.

41. Erreur de l'acheteur public sur le coût de son achat. Une erreur conduisant à une appréciation inexacte du coût d'un achat par le pouvoir adjudicateur n'est pas, en elle-même, constitutive d'un vice du consentement ; il ressort des pièces du dossier soumis aux juges du fond que l'offre de la société Cerba était présentée, pour les kits de dépistage, pour un prix hors taxes et indiquait que la TVA n'était pas applicable, alors que cette taxe avait seulement pour redevable, en application de l'art. 283 CGI, non la société néerlandaise membre du groupement qui réalisait les dispositifs, mais la CNAM, qui les achetait ; toutefois, à supposer même que, ainsi que le relève l'arrêt attaqué, la CNAM se soit, du fait de cette ambiguïté, méprise sur le coût total de l'offre pour elle et ait estimé à tort qu'il ne dépassait pas le montant des crédits budgétaires alloués au marché, la cour administrative d'appel de Paris a inexactement qualifié les faits qui lui étaient soumis en retenant, au vu des circonstances de fait qu'elle avait relevées, l'existence d'un vice du consentement de nature à affecter la validité du marché. • CE 9 nov. 2018, *Sté Cerba, Caisse nationale d'assurance maladie*, nos 420654 A et 420663 A.

42. Faute excusable sur le prix. Vice du consentement. Absence. Si la société soutient que son consentement sur le prix a été donné par erreur, le prix proposé ne correspondant à aucune réalité économique, elle n'apporte aucun élément de fait ou de droit nouveau par rapport à l'argumentation développée devant le tribunal administratif, de nature à établir que son consentement aurait été vicié ; cette erreur sur le prix des clôtures, qui révèlerait une erreur sur la substance d'une partie des prestations, lui est entièrement imputable ; responsable des conditions dans lesquelles elle a donné son consentement et s'étant engagée à réaliser des prestations, selon ses dires à perte, elle a commis une erreur qui ne peut être regardée comme ayant présenté un caractère excusable de nature à justifier la nullité du contrat ; ainsi le moyen tiré d'une erreur, vice du consentement, ne peut qu'être écarté.

• CAA Versailles, 12 juin 2014, *Sté Paysages Clément,* n° 12VE01120.

43. Vice du consentement. Si, en principe, l'autorité de la chose jugée au pénal ne s'impose aux autorités et juridictions administratives qu'en ce qui concerne les constatations de fait que les juges répressifs ont retenues et qui sont le support nécessaire de leurs décisions, il en est autrement lorsque la légalité d'une décision administrative est subordonnée à la condition que les faits qui servent de fondement à cette décision constituent une infraction pénale ; dans cette dernière hypothèse, l'autorité de la chose jugée s'étend exceptionnellement à la qualification juridique donnée aux faits par le juge pénal.

Pour demander que le marché de maintenance informatique litigieux soit écarté, la CIVIS invoque, pour la première fois devant la cour, l'autorité de la chose jugée qui s'attache à l'arrêt de la cour d'appel de Saint-Denis de la Réunion condamnant, d'une part, M. X, gérant de la société S, à 24 mois d'emprisonnement, dont 12 mois avec sursis, ainsi qu'à une amende délictuelle de 10 000 euros, pour les infractions de recel de biens provenant d'atteinte à la liberté d'accès ou à l'égalité des candidats dans les marchés publics et, d'autre part, M. Y, en sa qualité de personne chargée d'une mission de service public, et M. Z, investi d'un mandat public électif, pour les infractions de corruption active, proposition ou fourniture d'avantage à une personne chargée de mission de service public ou investie d'un mandat électif public ; par suite, à raison de l'autorité de la chose jugée qui s'attache aux constatations de faits et à leur qualification ayant fondé cette décision du juge pénal, il y a lieu pour la cour de constater un vice d'une particulière gravité entachant le marché litigieux, relatif notamment aux conditions dans lesquelles les parties ont donné leur consentement, et d'en prononcer la nullité. • CAA Bordeaux, 10 nov. 2014, *CIVIS,* n° 13BX00260 : *AJDA 2015. 318*.

44. Contrat signé par le maire sans autorisation du conseil municipal. L'arrêt attaqué relève que si la signature d'un contrat par le maire sans l'autorisation du conseil municipal avait affecté le consentement de la commune, l'exigence de loyauté des relations contractuelles faisait cependant obstacle à ce que le contrat soit écarté pour régler le litige ; en retenant ainsi un tel vice affectant le consentement de la personne publique et en estimant que l'exigence de loyauté des relations contractuelles faisait, par principe, obstacle à ce que le litige entre la commune et la société puisse être réglé sur un terrain autre que contractuel, la cour a commis une *erreur de droit.*

Il résulte de l'instruction que, d'une part, le contrat a été exécuté normalement pendant plusieurs années par la commune, sans qu'elle émette d'objection, la commune ayant réglé toutes les notes d'honoraires présentées par son cocontractant à l'exception des dernières ; d'autre part, le conseil municipal a adopté une délibération en date du 12 juill. 2001 approuvant le plan d'aménagement de zone réalisé par la société titulaire du contrat laquelle mentionnait expressément une « décision de la ville » d'engager les études techniques confiées à cette société par le contrat litigieux ; dans les circonstances de l'espèce, le conseil municipal doit ainsi être regardé comme ayant donné son accord *a posteriori* à la conclusion du contrat en litige ; dès lors, eu égard à l'exigence de loyauté des relations contractuelles, l'absence d'autorisation préalable donnée par l'assemblée délibérante à la signature du contrat par le maire, ne saurait, dans les circonstances de l'espèce, eu égard au consentement ainsi donné par le conseil municipal, être regardée comme un vice d'une gravité telle que le contrat doive être écarté et que le litige opposant les parties ne doive pas être réglé sur le terrain contractuel. • CE 8 oct. 2014, *Cne d'Entraigues-sur-la-Sorgue,* n° 370588 B : *AJCT 2015. 41, obs. Marchand ; BJCP 2015. 59, concl. Dacosta ; AJDA 2015. 175, note Martin .*

45. Le maire ne peut valablement souscrire un marché au nom de la commune sans y avoir été préalablement autorisé par une délibération expresse du conseil municipal ; ce dernier ne peut davantage, en dehors des cas limitativement énumérés à l'art. L. 2122-22 CGCT, déléguer au maire le pouvoir qui lui appartient exclusivement de décider d'obliger la commune ; ainsi, lorsqu'il entend autoriser le maire à souscrire un marché, le conseil municipal doit, sauf à méconnaître l'étendue de sa compétence, se prononcer sur tous les éléments essentiels du contrat à intervenir, au nombre desquels figurent notamment l'objet précis de celui-ci, tel qu'il ressort des pièces constitutives du marché, mais aussi son montant exact et l'identité de son attributaire ; il est constant que la délibération est intervenue alors que le conseil de la communauté de communes n'avait pas connaissance du montant du marché et de l'identité de l'attributaire ; toutefois, eu égard à l'exigence de loyauté des relations contractuelles et compte tenu au surplus du mode de passation du marché, de son montant et de la circonstance que le litige entre les parties procède non du marché lui-même, mais de l'interprétation d'un avenant, dont il n'est pas contesté que le président de la communauté d'agglomération de Reims a été régulièrement autorisé à le signer par délibération du conseil de communauté, ce seul vice ne saurait être regardé comme d'une gravité telle que le juge doive écarter le contrat et que le litige qui oppose les parties ne doive pas être tranché sur le terrain contractuel. • CAA Nancy, 5 juill. 2010, *Sté Sogreah consultants,* n° 09NC00896.

46. Par un jugement devenu définitif, le tribunal administratif de Nantes a annulé la délibération par laquelle le conseil communautaire de la communauté de communes a attribué la délégation de service public portant sur la gestion du cinéma « Le Renaissance » à la société cinématographique A, en raison de l'absence de l'autorité habilitée à signer la convention ou de son représentant lors de la tenue de la séance de la commission prévue aux dispositions de l'art. L. 1411-5 CGCT ; cette absence de l'autorité habilitée à signer la convention lors de la tenue de la commission chargée de l'examen des offres constitue un vice purement procédural en amont de l'échange des consentements, qui n'a affecté ni l'objet même du contrat ni le choix du cocontractant ; dans ces conditions, eu égard à l'exigence de loyauté des relations contractuelles, ce seul vice ne saurait être regardé comme d'une gravité telle que le juge doive écarter la convention et que le litige qui oppose la société et la communauté de communes relatif aux conditions d'exécution de la délégation de service public portant sur la gestion du cinéma ne puisse être tranché sur le fondement du contrat.

La société, qui était liée à la communauté de communes par un contrat, ne peut exercer à l'encontre de celle-ci, en raison des préjudices dont elle demande réparation, d'autre action que celle procédant de ce contrat, dès lors que celui-ci, pour les motifs indiqués ci-dessus, doit être appliqué ; par suite, les conclusions présentées par la société tendant à l'engagement de la responsabilité quasicontractuelle de la communauté de communes à raison d'un enrichissement sans cause et à l'engagement de la responsabilité quasidélictuelle de celle-ci à raison de la faute consistant à avoir conclu une convention au terme d'une procédure irrégulière doivent être rejetées. • CAA Nantes, 2 nov. 2016, *Sté cinématographique luçonnaise*, n° 15NT00746 : *Rev. CMP 2017, n° 21, note Pietri.*

47. Il résulte de l'instruction que le contrat de maîtrise d'œuvre a été signé sans qu'il ait été justifié d'une autorisation par le conseil de communauté de communes ; une délibération qui se bornait à faire le choix de la procédure d'appel d'offres pour la dévolution des travaux et à élire les membres de la commission d'appel d'offres, tout en se limitant à « mandater le président ou son représentant pour mener à terme et concrétiser la réalisation de cet équipement » ne saurait en tenir lieu ; par suite, en l'absence de toute délibération antérieure à la signature du marché, la décision par laquelle le président de la communauté de communes a signé le marché doit être regardée comme entachée d'incompétence de l'auteur de l'acte ; cette incompétence du signataire du marché, qui ne résulte pas d'un vice dans la procédure de passation ou d'un vice de forme affectant la décision du conseil municipal, doit être regardée comme un vice substantiel de nature à affecter de « nullité » le marché ; il suit de là qu'aucune obligation n'a pu naître de ce contrat. • CAA Bordeaux, 26 oct. 2010, *Groupama Centre Atlantique assurance*, n° 09BX00397 : *AJDA 2011. 14, chron. de jurisprudence des CAA.*

48. Irrégularité d'un marché de maîtrise d'œuvre. Annulation du contrat. Non. Dans le cadre d'un projet de reconstruction de ses locaux, un établissement d'hébergement de personnes âgées a conclu avec une société une convention d'assistance à maîtrise d'ouvrage ; en sa qualité de mandataire, la société a conclu un marché de maîtrise d'œuvre avec un groupement solidaire ; l'EHPA, estimant que le marché de maîtrise d'œuvre était irrégulier, a saisi le tribunal administratif d'une demande tendant, à titre principal, à l'annulation du contrat de maîtrise d'œuvre conclu en son nom et pour son compte par la société et, à titre subsidiaire, à la résiliation pour faute dudit contrat. D'une part, l'EHPA soutient que la société n'était pas compétente pour signer le marché de maîtrise d'œuvre en son nom et pour son compte ; elle fait valoir, d'une part, que la convention de mandat n'avait pas pris effet, faute de transmission au préfet, à la date de la signature du marché litigieux et, d'autre part, que ladite convention de mandat était entachée de nullité, dès lors que c'est le conseil d'administration de l'établissement et non son directeur qui a désigné le mandataire, que la convention a été signée par une personne qui ne disposait pas d'une délégation de signature régulière, et enfin que ladite convention méconnaissait les dispositions de l'art. 5 de la loi susvisée du 12 juill. 1985 ; toutefois, eu égard à l'exigence de loyauté des relations contractuelles, ces vices, qui sont imputables à l'EHPA et à son mandataire, ne peuvent être invoqués par l'EHPA à l'encontre du marché de maîtrise d'œuvre litigieux ; d'autre part, eu égard à leur nature et aux circonstances dans lesquelles elles auraient été commises, aucune des irrégularités susceptibles d'affecter la procédure d'attribution du marché de maîtrise d'œuvre alléguées par l'EHPA, et tirées de l'inapplication par lui-même ou son mandataire des art. 74 et 70 C. marchés imposant une négociation et donnant compétence au pouvoir adjudicateur pour désigner le lauréat, ne saurait être regardée comme un vice d'une gravité telle que le juge doive annuler le contrat ; il résulte de tout ce qui précède que les conclusions à fin d'annulation doivent être rejetées. • CAA Bordeaux, 6 déc. 2011, *Ét. d'hébergement de personnes âgées La Chapelaude*, n° 10BX02876.

49. Contrat de partenariat écarté. Le contrat de partenariat en litige a été conclu sur le fondement des dispositions des art. L. 1414-1 s. CGCT en vue de réorganiser l'éclairage public de la commune de Soissons, en portant sur l'éclairage des espaces et voies publics ainsi que sur la signalisation tricolore et l'organisation de la mise en valeur du patrimoine communal par la lumière. Il ressort de l'exposé des motifs de la délibération du 17 mars 2006 qu'après avoir reçu une offre spontanée de la société Citelum proposant un contrat de partenariat en vue de gérer l'éclairage public de la ville de Soissons, le conseil municipal a adopté le principe du recours à un tel contrat au motif principal que « le contrat de partenariat serait l'outil le mieux adapté » selon l'étude préalable réalisée sur les différents modes de gestion produite, la question du respect des conditions légales pour le conclure n'étant pas expressément abordée.

Le rapport d'évaluation du 8 mars 2006 sur lequel s'est fondé le conseil municipal pour adopter la délibération en cause se borne toutefois à affirmer la « complexité de prévoir à l'avance la fiabilité juridique et le cadre budgétaire du projet » ou encore la difficulté à programmer de façon optimale les coûts d'exploitation et d'investissement mais ne justifie pas la nécessité de traiter de façon conjointe les problématiques relatives à la signalisation des feux tricolores avec le renouvellement et l'entretien de son réseau d'éclairage et la mise en valeur de certains éléments de son patrimoine et n'indique pas précisément en quoi la commune ne pouvait elle-même définir ses besoins en la matière, alors qu'elle avait déjà mis en œuvre un plan « Lumière » dans le cadre des dispositifs existants avant la création des contrats de partenariat par le législateur. La synthèse du rapport d'observations définitives de la chambre régionale des comptes de Nord-Pas-de-Calais-Picardie sur la gestion financière de la commune de Soissons pour les années 2006 et 2007 indique d'ailleurs que « le choix du recours à la formule du partenariat public-privé n'apparaît pas justifié au regard de la prétendue complexité du projet et de l'analyse comparative avec d'autres modes de commande publique, c'est-à-dire les solutions de régie pour l'exploitation et de marchés pour l'investissement, voire de marchés globaux portant à la fois sur l'exploitation et les investissements ». Ce rapport d'évaluation, concluant à la légalité du recours au partenariat public-privé en raison de la complexité du projet et approuvé par le conseil municipal le 17 mars suivant, ne fait qu'exposer en des termes très généraux relevant de la pétition de principe, ainsi que l'a relevé le tribunal, les mérites du recours au contrat de partenariat public-privé sans apporter de démonstration étayée de la complexité du projet au regard des besoins à satisfaire. La comparaison des différentes options contractuelles possibles, notamment celle de l'exploitation en régie assortie de la passation de marchés, ne repose sur aucune analyse précise, en ce qui concerne les risques et les performances, et met *en œuvre des données établies* sur des bases non comparables en ce qui concerne les coûts. Le rapport d'évaluation au vu duquel la commune de Soissons a adopté le principe du recours au contrat de partenariat public-privé ne peut ainsi être regardé comme satisfaisant aux exigences des dispositions de l'art. L. 1414-2 CGCT. Le conseil municipal de la commune de Soissons n'était, dès lors, pas suffisamment informé, dans les conditions définies par la loi, sur la légalité du recours au contrat de partenariat public-privé et sur l'intérêt pour la collectivité de recourir à ce dispositif dérogatoire aux règles de la commande publique pour répondre à ses besoins, compte tenu des coûts, du partage des risques et des performances présentés par les différentes options, lorsqu'il a, le 17 mars 2007, approuvé le rapport d'évaluation qui lui était soumis et décidé d'avoir recours au contrat de partenariat public-privé. Il ne résulte pas de l'instruction que les membres du conseil municipal auraient été ultérieurement rendus destinataires de cette information.

Par ailleurs, la seule référence à la complexité qui résulterait de la multiplicité des travaux et prestations envisagés et de la difficulté de les programmer dans le temps en bénéficiant de solutions techniques actualisées ne saurait suffire en l'espèce à justifier le recours au contrat de partenariat, en l'absence de circonstances particulières de nature à établir qu'il était impossible pour la commune de Soissons de définir, seule et à l'avance, les moyens propres à satisfaire ses besoins. Les conditions du recours au contrat de partenariat tenant, à l'origine, à « la complexité du projet » prévue au 1° du II de l'art. L. 1414-2 CGCT préc. n'étaient ainsi pas remplies, l'appelante et l'intimée ne produisant d'ailleurs aucune argumentation de nature à justifier de la légalité du recours à ce procédé contractuel. La direction départementale de la concurrence, de la consommation et de la répression des fraudes a au demeurant pointé cette illégalité dans sa réponse transmise à l'autorité préfectorale qui l'avait saisie sur ce point en mai 2006.

Dans ces conditions et en dépit de l'exécution du contrat durant plus de cinq années et alors que les irrégularités mentionnées ci-dessus n'ont fait l'objet d'un rapport définitif de la chambre régionale des comptes qu'en 2013, soit postérieurement à la décision de résilier le contrat en cause intervenue le 17 déc. 2012, la société Citelum n'est pas fondée à soutenir qu'en l'absence de vice d'une particulière gravité affectant les conditions dans lesquelles la commune a donné son consentement, il y avait lieu de rejeter les conclusions reconventionnelles de celle-ci tendant à ce que le litige soit réglé sur un terrain non contractuel. • CAA Douai, 20 juin 2019, ⚖ *Cne de Soissons*, n° 16DA01621 : *Rev. CMP 2019, n° 10, note Rees.*

50. Irrégularité d'une particulière gravité d'un marché de fournitures. Il résulte de l'instruction, notamment des éléments de comparaison fournis par la commune dont la validité n'est pas sérieusement contestée, que les fournitures dont il s'agit ont été facturées à des prix manifestement excessifs ; les deux bons de commande en cause, datés du 22 févr. 2008, étaient établis sur du papier à en-tête de la SARL FD2F et signés par une adjointe au maire ; à l'instar de ceux précédemment émis auprès du même fournisseur à partir de 2004 pour des montants qui ont atteints 330 280,41 euros en 2005, 334 494,38 euros en 2006 et 586 247,56 euros en 2007, ils ont été signés sans consultation de l'assemblée délibérante sur les éléments essentiels du contrat et sans aucune publicité ni mise en concurrence ; les soupçons de collusion entre un conseiller municipal et la SARL FD2F ont conduit le maire de Case-Pilote à déposer, le 4 juin 2008, une plainte contre X auprès du procureur de la République près le tribunal de grande instance de Fort-de-France pour prise illégale d'intérêts, favoritisme, soustraction et détournement de biens, corruption passive et trafic d'influence ; dès lors, compte tenu de la gravité de l'illégalité commise et des circonstances dans lesquelles elle l'a été, le litige ne peut pas être réglé sur le terrain contractuel ; la société requérante ne peut donc utilement invoquer l'exigence de loyauté des relations contractuelles. • CAA Bordeaux, 20 juin 2013, ☎ *Sté FD2F c/ Cne de Case-Pilote,* n° 11BX02368.

51. Contrat écarté. Conséquences. Lorsque le juge, saisi d'un litige engagé sur le terrain de la responsabilité contractuelle, est conduit à constater, le cas échéant d'office, la nullité du contrat (c'est-à-dire à écarter le contrat), les cocontractants peuvent poursuivre le litige qui les oppose en invoquant, y compris pour la première fois en appel, des moyens tirés de l'enrichissement sans cause que l'application du contrat frappé de nullité a apporté à l'un d'eux ou de la faute consistant, pour l'un d'eux, à avoir passé un contrat nul, bien que ces moyens, qui ne sont pas d'ordre public, reposent sur des causes juridiques nouvelles. • CE, sect., 20 oct. 2000, ☎ *Sté Citécâble Est,* n° 196553 A (raisonnement tenu ici à propos d'une concession, transposable à un litige relatif à un marché).

52. 1) Le cocontractant de l'administration dont le contrat est entaché de nullité peut prétendre, sur un terrain quasicontractuel, au remboursement de celles de ses dépenses qui ont été utiles à la collectivité envers laquelle il s'était engagée.

a) Les fautes éventuellement commises par l'intéressé antérieurement à *la signature du contrat* sont sans incidence sur son droit à indemnisation au titre de l'enrichissement sans cause de la collectivité, sauf si le contrat a été obtenu dans des conditions de nature à vicier le consentement de l'administration.

b) Dans le cas où le contrat en cause est un marché public, les frais financiers engagés par le cocontractant de l'administration pour assurer l'exécution de ce contrat, entaché de nullité, ne peuvent être regardés comme des dépenses utiles à la collectivité dont l'intéressé peut demander le remboursement sur un terrain quasicontractuel.

2) Dans le cas où la nullité du contrat résulte d'une faute de l'administration, il peut en outre, sous réserve du partage de responsabilité découlant le cas échéant de ses propres fautes, prétendre à la réparation du dommage imputable à la faute de l'administration.

a) A ce titre, il peut demander le paiement des sommes correspondant aux autres dépenses exposées par lui pour l'exécution du contrat et aux gains dont il a été effectivement privé par sa nullité, notamment du bénéfice auquel il pouvait prétendre, si toutefois l'indemnité à laquelle il a droit sur un terrain quasicontractuel ne lui assure pas déjà une rémunération supérieure à celle que l'exécution du contrat lui aurait procurée.

b) Toutefois, si le cocontractant a lui-même commis une faute grave en se prêtant à la conclusion d'un marché dont, compte tenu de son expérience, il ne pouvait ignorer l'illégalité, et que cette faute constitue la cause directe de la perte du bénéfice attendu du contrat, il n'est pas fondé à demander l'indemnisation de ce préjudice. • CE sect., 10 avr. 2008, *Sté Decaux et Dpt des Alpes-Maritimes,* n°s 244950, 284439, 248607A.

53. Dans le cas d'un contrat, tel qu'un contrat de partenariat, par lequel la personne publique confie au cocontractant la construction d'un ouvrage et le financement de cette opération, en échange de droits réels sur cet ouvrage pendant une période au terme de laquelle cette personne publique devient propriétaire de l'ouvrage, les dépenses utiles incluent, dès lors que la personne publique a fait le choix de faire financer par le cocontractant l'investissement requis, et dans la limite du coût normal d'une telle opération, les frais financiers découlant, en cas de résiliation du contrat, du remboursement anticipé de cet emprunt et des intérêts versés au titre de cet emprunt entre la date de la résiliation et la date à laquelle la personne publique a remboursé au cocontractant la valeur utile de l'ouvrage concerné. • CE 9 juin 2020, ☎ *Sté Espace Habitat Construction,* n° 420282 B.

54. Faute au détriment du maître de l'ouvrage. Un maître d'ouvrage est recevable, après constatation par le juge de la nullité du marché le liant à un concepteur ou un constructeur, à demander, sur ce nouveau fondement, la réparation des préjudices qui ont pu lui être causés dans l'exécution des prestations et travaux concernés et invoquer, à cet effet, les fautes qu'aurait commises ce concepteur ou ce constructeur, en livrant, en dehors de toute obligation contractuelle régulière, un ouvrage non conforme à sa destination pour avoir été construit en méconnaissance des règles de l'art. • CE 22 févr. 2008, ☎ *M. Schmeltz, M. Orselli,* n° 286174 A : *AJDA 2008, obs. Marcovici ; Dr. adm. 2008, n° 66 ; BJCP 2008. 183, concl. Casas.*

55. Enrichissement sans cause. Faute de l'entrepreneur. a) La faute de l'entrepreneur appauvri est sans incidence sur son droit à indemnisation au titre de l'enrichissement sans cause de la collectivité.

b) Il doit cependant être fait une exception à ce principe, dans les cas où la faute du quasi-cocontractant est, par sa gravité, assimilable à une fraude ou à un dol de nature à vicier le consentement de l'administration, faisant ainsi obstacle à l'exercice d'une action fondée sur l'enrichissement sans cause. • CE 22 févr. 2008, *Tête*, n° 266755 B.

56. a) Le cocontractant de l'administration dont le contrat est entaché de nullité peut prétendre, sur un terrain quasi contractuel, au remboursement de celles de ses dépenses qui ont été utiles à la collectivité envers laquelle il s'était engagé. 1) Dans le cas où le contrat en cause est une concession de service public, il peut notamment, à ce titre, demander à être indemnisé de la valeur non amortie, à la date à laquelle les biens nécessaires à l'exploitation du service font retour à l'administration, des dépenses d'investissement qu'il a consenties, ainsi que du déficit qu'il a, le cas échéant, supporté à raison de cette exploitation, compte tenu notamment des dotations aux amortissements et des frais afférents aux emprunts éventuellement contractés pour financer les investissements, pour autant toutefois qu'il soit établi, au besoin après expertise, que ce déficit était effectivement nécessaire, dans le cadre d'une gestion normale, à la bonne exécution du service. 2) Dans le cas où la nullité du contrat résulte d'une faute de l'administration, il peut en outre, sous réserve du partage de responsabilités découlant le cas échéant de ses propres fautes, prétendre à la réparation du dommage imputable à la faute de l'administration. A ce titre, il peut demander le paiement du bénéfice dont il a été privé par la nullité du contrat, si toutefois l'indemnité à laquelle il a droit sur un terrain quasi contractuel ne lui assure pas déjà une rémunération supérieure à celle que l'exécution du contrat lui aurait procurée. Le concontractant de l'administration doit en principe être regardé comme ignorant l'existence de sa créance, au sens et pour l'application de l'art. 3 de la L. du 31 déc. 1968, jusqu'à la date à laquelle l'administration se prévaut pour la première fois, notamment devant le juge, de la nullité de la concession en cause. • CE 16 nov. 2005, *MM Auguste et cne de Nogent-sur-Marne*, n°s 262360 B et 263709 B.

57. Le cocontractant de l'administration dont le contrat est entaché de nullité peut formuler une *demande* d'indemnité fondée sur l'enrichissement sans cause qui serait résulté pour l'administration des études, travaux et autres prestations qu'il a exécutés ; en ce cas, il est fondé à réclamer le remboursement de celles de ses dépenses qui ont été utiles à l'administration ; si la consistance des prestations fournies s'évalue au moment où elles ont été exécutées, leur utilité pour l'administration doit être appréciée par le juge administratif à la date à laquelle il statue en tenant compte éventuellement de l'évolution des travaux ou du projet depuis leur exécution ; par suite, l'abandon du projet faisant directement l'objet des études fournies est de nature à priver les dépenses engagées par le cocontractant de toute utilité pour l'administration, à l'exception du cas où cet abandon est justifié par des difficultés révélées par ces études ; la circonstance que cet abandon serait motivé par des considérations étrangères à l'intérêt général, si elle est susceptible le cas échéant d'engager la responsabilité de la collectivité sur le terrain de la faute, est sans incidence sur l'absence de droit à indemnité du cocontractant au titre de l'enrichissement sans cause ; de même, est sans incidence le fait que ces dépenses aient été engagées en vue d'assurer une complète exécution du contrat déclaré nul. Il résulte de ce qui précède qu'en jugeant que l'abandon du projet de métro par la communauté urbaine de Bordeaux privait de toute utilité les études et démarches liées directement à ce projet et que seules les études générales relatives notamment aux transports en commun et à la circulation dans l'agglomération bordelaise étaient à l'origine d'un enrichissement de cette communauté, la cour n'a pas commis d'erreur de droit. • CE 24 nov. 2006, *Me Malmezat Prat*, n° 268129 A.

58. Le cocontractant de l'administration dont le contrat a été écarté par le juge peut prétendre, sur un terrain quasi contractuel, au remboursement de celles de ses dépenses qui ont été utiles à la collectivité envers laquelle il s'était engagé ; il peut notamment, s'agissant d'une délégation de service public, demander le remboursement des dépenses d'investissement qu'il a effectuées et relatives aux biens nécessaires ou indispensables à l'exploitation du service, à leur valeur non amortie et évaluée à la date à laquelle ces biens font retour à la personne publique, ainsi que du déficit d'exploitation qu'il a éventuellement supporté sur la période et du coût de financement de ce déficit, pour autant toutefois qu'il soit établi, au besoin après expertise, que ce déficit était effectivement nécessaire, dans le cadre d'une gestion normale, à la bonne exécution du service public et que le coût de financement de ce déficit est équivalent à celui qu'aurait supporté ou fait supporter aux usagers le délégant. • CE 7 déc. 2012, *Cne de Castres*, n° 351752 : *BJCP 2013. 130, obs. Dourlens et de Moustier ; Rev. CMP 2013, n° 43, note Batot ; Dr. adm. 2013, n° 21, note Vila.*

59. Pour rejeter la demande de la société tendant à être indemnisée de la valeur non amortie des 2 686 456 euros versés à la commune en contrepartie du droit d'exploiter le service public délégué, la cour a jugé que cette somme ne constituait pas une dépense utile au motif qu'elle correspondait à un droit d'entrée destiné uniquement à apurer le passif de l'ancien délégataire ; en se fondant ainsi, pour leur dénier le caractère de dépenses utiles, sur l'utilisation par la personne publique des sommes qui lui avaient été versées, et non sur le seul enrichissement qui en résultait pour le délégant, indépendamment de leur affectation ultérieure, la cour a commis une erreur de droit. • CE 20 févr. 2013, *Sté raphaëloise de stationnement,* n° 352762 : *Rev. CMP 2013, n° 113, note Eckert.*

60. Le cocontractant de l'administration dont le contrat est annulé peut prétendre, sur un terrain quasi contractuel, non pas à ce que les sommes versées en exécution du contrat fassent l'objet d'une répétition, mais au remboursement de celles de ses dépenses qui ont été utiles à la collectivité envers laquelle il s'était engagé ; dans le cas où le contrat en cause est une concession de service public, il peut notamment, à ce titre, demander à être indemnisé de la valeur non amortie, à la date à laquelle les biens nécessaires à l'exploitation du service font retour à l'administration, des dépenses d'investissement qu'il a consenties, ainsi que du déficit qu'il a, le cas échéant, supporté à raison de cette exploitation, compte tenu notamment des dotations aux amortissements, pour autant toutefois qu'il soit établi que ce déficit était effectivement nécessaire, dans le cadre d'une gestion normale, à la bonne exécution du service ; par suite, la cour n'a pas commis d'erreur de droit, dans le cadre de l'examen de la responsabilité quasi contractuelle de la commune, en ne tenant pas compte des recettes d'exploitation du service perçues par la SAP et, en particulier, en ne déduisant pas les sommes correspondantes du montant des dépenses utiles que la commune devait être condamnée à verser à cette société.

Pour rejeter la demande de la SAP tendant au remboursement des redevances qu'elle a versées à la commune, la cour a relevé que ces redevances ne constituaient pas, pour la société, des dépenses d'investissement mais une charge correspondant au droit d'exploitation des parcs de stationnement concédés ; en déniant ainsi aux sommes versées par la SAP en contrepartie du droit d'exploiter ces parcs pendant la durée de la concession tout caractère de dépenses utiles, la cour a commis une erreur de droit. Il résulte de l'instruction, notamment du rapport d'expertise, que la SAP a acquitté une somme de 17 millions de francs, soit 2 591 633, 29 €, au titre des trois premiers versements de la redevance fixe capitalisée sur la durée de la concession, d'un montant de 41 millions de francs, prévue par l'art. 31 du contrat de concession ; il n'est pas contesté que cette somme correspond à l'amortissement des travaux de construction des ouvrages exploités, financés par la commune ; la SAP est fondée à demander le remboursement de la valeur non amortie de la redevance fixe capitalisée, soit 2 459 563, 60 €. • CE 4 juin 2014, *Sté auxiliaire de parcs,* n° 365364. ♦ V. aussi • CAA Marseille, 1er févr. 2021, *Sté Indigo infra CGST,* n° 12MA02902 : *AJDA 2021. 916, concl. Thielé.*

61. Lorsque le juge, saisi d'un litige engagé sur le terrain de la responsabilité contractuelle, est conduit, le cas échéant d'office, à écarter l'application du contrat en raison des irrégularités qui l'entachent, les parties peuvent poursuivre le litige qui les oppose en invoquant, y compris pour la première fois en appel, des moyens tirés de l'enrichissement sans cause de l'une d'elles ou de la faute, pour l'une d'elles, à avoir conclu un tel contrat, bien que ces moyens, qui ne sont pas d'ordre public, reposent sur des causes juridiques nouvelles ; lorsque le titulaire du contrat écarté choisit, non pas de poursuivre le litige, mais de saisir le juge d'une nouvelle demande ayant le même objet, mais fondée sur la responsabilité quasi contractuelle ou quasi délictuelle de la personne publique, il n'est pas tenu de saisir celle-ci, au préalable, d'une nouvelle demande d'indemnisation. • CE 18 sept. 2015, *Cne de Bora-Bora,* n° 376973 B : *Rev. CMP 2015, n° 274, note Pietri.*

62. L'entrepreneur dont le contrat est écarté peut prétendre, sur un terrain quasi contractuel, au remboursement de celles de ses dépenses qui ont été utiles à la collectivité envers laquelle il s'était engagé ; les fautes éventuellement commises par l'intéressé antérieurement à la signature du contrat sont sans incidence sur son droit à indemnisation au titre de l'enrichissement sans cause de la collectivité, sauf si le contrat a été obtenu dans des conditions de nature à vicier le consentement de l'administration, ce qui fait obstacle à l'exercice d'une telle action ; dans le cas où le contrat est écarté en raison d'une faute de l'administration, l'entrepreneur peut en outre, sous réserve du partage de responsabilités découlant le cas échéant de ses propres fautes, prétendre à la réparation du dommage imputable à la faute de l'administration ; à ce titre, il peut demander le paiement des sommes correspondant aux autres dépenses exposées par lui pour l'exécution du contrat et aux gains dont il a été effectivement privé du fait de sa non-application, notamment du bénéfice auquel il pouvait prétendre, si toutefois l'indemnité à laquelle il a droit sur un terrain quasi contractuel ne lui assure pas déjà une rémunération supérieure à celle que l'exécution du contrat lui aurait procurée ; saisi d'une demande d'indemnité sur ce fondement, il appartient au juge d'apprécier si le préjudice allégué présente un caractère certain et s'il existe un lien de causalité direct entre la faute de l'administration et le préjudice. • CE 6 oct. 2017, *Sté CEGELEC Perpignan,* n° 395268 A : *BJCP 2018. 61, concl. Henrard ; AJDA 2017. 2189, chron. Roussel et Nicolas ; Rev. CMP 2017. 285, note Ubaud-Bergeron.*

63. Résiliation du contrat par le juge. Indemnisation du titulaire. Conséquences de l'annulation, en appel ou en cassation, de la résiliation. En premier lieu, lorsqu'une décision juridictionnelle, comme en l'espèce, eu égard au droit alors applicable, a enjoint à une personne publique de résilier un contrat, ou lorsque, désormais, dans le cadre d'un recours en contestation de la validité d'un contrat, le juge prononce une telle résiliation, cette circonstance n'implique pas, par elle-même, une absence de droit à indemnisation au bénéfice du cocontractant. Ce droit à indemnisation s'apprécie alors, conformément aux principes du droit des contrats administratifs, au regard des motifs de la décision juridictionnelle et, le cas échéant, des stipulations du contrat applicables.

En second lieu, lorsque l'exercice des voies de recours conduit le juge d'appel ou de cassation à annuler la décision juridictionnelle qui a enjoint à la personne publique de résilier le contrat ou a prononcé sa résiliation, le préjudice éventuellement né de l'exécution de la décision juridictionnelle annulée n'est pas indemnisable.

Il appartient en revanche à la personne publique de tirer les conséquences de cette annulation et de décider, sous le contrôle du juge administratif et dès lors qu'une telle mesure n'est pas sans objet, de reprendre les relations contractuelles, sauf si une telle reprise est de nature à porter une atteinte excessive à l'intérêt général et, eu égard à la nature du contrat en cause, aux droits du titulaire d'un nouveau contrat dont la conclusion aurait été rendue nécessaire par la résiliation.

Si la personne publique décide de ne pas reprendre les relations contractuelles, le droit à indemnisation du cocontractant s'apprécie au regard des motifs de cette dernière décision et prend en compte les sommes qui, le cas échéant, lui ont déjà été versées après la résiliation initiale du contrat. Si la personne publique décide de reprendre les relations contractuelles, alors qu'elle a déjà indemnisé les conséquences de la résiliation initiale, il lui appartient d'exiger de son cocontractant qu'il lui restitue les sommes versées correspondant à la durée restant à courir de l'exécution du contrat. • CE 27 févr. 2019, *Sté Opilo*, n° 410537 B : *Dr adm. mai 2019, n° 26, note Brenet ; Rev. CMP 2019.172, note Dietenhoeffer ; AJDA 2019. 1590, note Dubreuil*.

64. Causes juridiques distinctes. La responsabilité contractuelle sans faute de la collectivité publique cocontractante au titre de l'imprévision, tout comme sa responsabilité sans faute au *titre de l'adoption* d'un acte unilatéral, procèdent de causes juridiques distinctes de la responsabilité contractuelle pour faute et ne sont pas d'ordre public. Des conclusions nouvelles présentées sur l'un ou l'autre de ces terrains en appel sont, par suite, irrecevables. • CE 11 juill. 2014, *Burnet*, n° 359980 B : *Rev. CMP 2014, n° 276, note Pietri.*

65. Moyens d'appel. Identité de cause juridique. Le défendeur en première instance est recevable à invoquer en appel tous moyens, même pour la première fois ; cette faculté doit cependant se combiner avec l'obligation faite à l'appelant d'énoncer, dans le délai d'appel, la ou les causes juridiques sur lesquelles il entend fonder son appel ; il suit de là que, postérieurement à l'expiration dudit délai et hormis le cas où il se prévaudrait d'un moyen d'ordre public, l'appelant n'est recevable à invoquer un moyen nouveau que pour autant que celui-ci repose sur la même cause juridique qu'un moyen présenté avant l'expiration du délai d'appel ; lorsque le défendeur en première instance a la qualité d'intimé, il est recevable à invoquer tout moyen pour la première fois, en défense comme à l'appui de conclusions d'appel incident, lesquelles ne doivent pas présenter à juger un litige distinct de l'appel principal.

Il résulte de ce qui précède que la cour administrative d'appel n'a pas commis d'erreur de droit en jugeant que la ville était recevable à invoquer, à l'appui de son appel incident, le moyen tiré de ce que, faute d'en avoir inclus le montant dans son projet de décompte final, conformément aux stipulations de l'art. 13.3 du CCAG applicable aux marchés publics de travaux, l'entreprise n'était recevable à réclamer au maître d'ouvrage ni l'indemnisation du préjudice lié au retard dans le démarrage du chantier ni la révision du prix du marché ; au demeurant, ce moyen se rattache, en tout état de cause, à la même cause juridique que son moyen en défense de première instance, tiré du caractère forfaitaire du prix du marché, dès lors que ces deux moyens sont relatifs à l'exécution d'un même contrat. • CE 16 déc. 2015, *Sté Ruiz*, n° 373509 B : *Rev. CMP 2016, n° 53, note Pietri ; BJCP 2016. 157, concl. Henrard.*

66. Il ressort des pièces du dossier soumis aux juges du fond que la demande indemnitaire présentée par la commune devant le tribunal administratif était fondée sur la circonstance que la société Axa avait méconnu les dispositions combinées des art. L. 242-1 et A. 243-1 C. assur. en communiquant le rapport préliminaire de l'expert simultanément et non préalablement à sa décision refusant de garantir les désordres constatés ; pour rejeter cette demande, le tribunal a estimé que les dispositions invoquées n'étaient pas applicables au litige dès lors que, s'agissant de la construction par une personne morale de droit public d'un immeuble qui était, fût-ce pour partie, à usage d'habitation, l'assurance n'avait pas été souscrite à titre obligatoire ; la commune ayant soutenu en appel que le contrat contenait une clause prévoyant que la société Axa lui notifierait le rapport d'expertise préalablement à sa décision relative à la prise en charge du dommage, la cour administrative d'appel, par l'arrêt attaqué, a estimé qu'elle n'était pas recevable à invoquer pour la première fois en appel la responsabilité contractuelle de l'assureur, cause juridique distincte de celle sur laquelle elle avait fondé sa demande de première instance.Toutefois, dès lors que les dispositions de l'art. A. 243-1 C. assur. imposent de faire figurer, dans les contrats mentionnés à l'art. L. 242-1 dudit code, une clause prévoyant la communication préalable du rapport d'expert, l'action intentée par la commune devant le tribunal administratif pouvait viser la réparation des préjudices résultant soit de la violation d'une clause qui figurait dans le contrat en application de ces dispositions, soit de la méconnaissance de garanties que le contrat était réputé selon elle comporter en application des dispositions de l'art. L. 243-8 du code ; dans les deux cas, la demande tendait à mettre en jeu la responsabilité contractuelle de l'assureur ; ainsi, en retenant que le moyen invoqué devant elle, tiré de l'existence dans le contrat de clauses prévoyant la notification préalable du rapport de l'expert, se rattachait à une cause juridique nouvelle en appel, la cour administrative d'appel a commis une erreur de droit. • CE 23 déc. 2015, *Cne de Montereau-Fault-Yonne*, n° 376527 B : *Rev. CMP 2016, n° 87, note Pietri.*

67. Contrôle du juge de cassation. Contrôle de l'erreur de droit. La cour administrative n'a pas commis d'erreur de droit en déduisant de l'illégalité de l'opération d'aménagement de la ZAC en cause que l'objet de la convention confiant à la société X l'aménagement de cette zone d'activité était illicite et qu'une telle irrégularité du contrat était susceptible de conduire le juge à en prononcer l'annulation. • CE 10 juill. 2013, *Cne de Vias, SEM de la ville de Béziers et du littoral (SEBLI)*, n°s 362304 B et 362318 B : *RDI 2013. 552, obs. Soler-Couteaux ; BJCP 2013. 448, concl. Pellissier ; RJEP 2014. 13, note Bonnefont.*

68. Contrôle du juge de cassation. Appréciation souveraine des juges du fond. La cour a pu, sans dénaturer les faits, estimer que l'exigence de loyauté des relations contractuelles ne faisait pas obstacle, dans les circonstances de l'espèce qui lui était soumise, à ce que l'illicéité du contrat litigieux soit invoquée par la commune. • CE 10 juill. 2013, *Cne de Vias, SEM de la ville de Béziers et du littoral (SEBLI)*, n° 362304 B : *préc. note 67.*

69. Contrôle du juge de cassation. Contrôle de qualification juridique. En jugeant que l'objectif de stabilité des relations contractuelles ne faisait pas obstacle, dans les circonstances de l'espèce qui lui était soumise, à l'annulation de la convention litigieuse et en décidant l'annulation de la convention, et non sa résiliation, la cour n'a entaché son arrêt d'aucune erreur de qualification juridique des faits. • CE 10 juill. 2013, *Cne de Vias, SEM de la ville de Béziers et du littoral (SEBLI)*, n° 362304 B : *préc. note 67.*

70. Si le juge du fond apprécie souverainement l'existence d'une intention dolosive, le juge de cassation exerce un contrôle de qualification juridique des faits constitutifs d'un vice de consentement de nature à affecter la légalité d'un contrat. • CE 20 déc. 2017, *Sté Area Impianti*, n° 408562 B.

71. Vice du consentement. Contrôle du juge de cassation. Le juge de cassation exerce un contrôle de la qualification juridique des faits constitutifs d'un vice de consentement de nature à affecter la validité d'un contrat. • CE 9 nov. 2021, *Cté d'agglomération, « Mont-de-Marsan Agglomération »*, n°s 438388, 438389, 438408 : *BJCP 2022. 114, concl. Ranquet ; Rev. CMP 2022. Chron. 56, Ubaud-Bergeron.*

72. Contrat non régi par le droit français. En premier lieu, le juge administratif français, juge d'attribution en matière de contrat international, n'est pas compétent pour connaître d'un litige né de l'exécution d'un contrat qui n'est en aucune façon régi par le droit français.

L'art. 1er de la convention du 25 juill. 1997 stipule : « (...) / Cette convention est soumise au droit allemand et à la juridiction du siège de la L-Bank ou de sa succursale » ; son art. 9 stipule : « (...) Sauf dérogations prévues dans la présente convention, la législation en vigueur en République fédérale d'Allemagne est applicable à cette convention dans la mesure où elle ne s'oppose pas au droit européen » ; si, en vertu des § 2 et 3 de son art. 5, la région Alsace s'engage notamment à respecter les dispositions du droit communautaire et les dispositions nationales ou régionales relatives au versement des fonds nationaux ou régionaux ainsi que la réglementation nationale et communautaire relative aux procédures d'appel d'offres, ces stipulations, qui se bornent à rappeler l'obligation de la région Alsace d'agir, pour l'accomplissement de ses engagements contractuels, selon le droit en vigueur, ne sauraient être regardées comme ayant pour effet de rendre la loi française applicable à tout ou partie de la convention.

Il résulte ainsi clairement des stipulations de la convention du 25 juill. 1997 que celle-ci est exclusivement régie par la loi allemande ; il s'ensuit, en l'absence de dispositions législatives ou réglementaires contraires, que la cour administrative d'appel a commis une erreur de droit en s'estimant compétente pour connaître des conclusions de la région Alsace mettant en cause la responsabilité de l'État à raison de son inexécution de cette convention.

En deuxième lieu, la région Alsace, qui est liée à l'État par un contrat, ne peut exercer à l'encontre de celui-ci, en raison du préjudice dont elle demande réparation, d'autre action que celle procédant de ce contrat dès lors que celui-ci est valide ; il suit de là que le juge administratif, qui n'est pas compétent pour connaître des conclusions de la région Alsace tendant à l'engagement de la responsabilité contractuelle de l'État, ne saurait davantage, le contrat n'ayant pas été déclaré nul par le juge compétent, connaître de ses conclusions subsidiaires tendant, dans une telle hypothèse, à l'engagement de la responsabilité quasi contractuelle de l'État sur le fondement de l'enrichissement sans cause ; par suite, la cour administrative d'appel a commis une erreur de droit en s'estimant compétente pour connaître des conclusions de la région Alsace mettant en cause la responsabilité de l'État à raison d'un enrichissement sans cause dont celui-ci aurait bénéficié du fait de l'absence de versement de sa participation au projet ITADA.

En troisième lieu, il ressort des pièces du dossier soumis aux juges du fond que la région Alsace ne se prévalait, à l'appui de ses conclusions subsidiaires tendant à l'engagement de la responsabilité quasi délictuelle de l'État à raison d'une promesse non tenue de participer au financement du projet ITADA, d'aucune faute détachable de la convention du 25 juill. 1997 ; dès lors, il résulte de ce qui a été dit ci-dessus que la cour administrative d'appel a commis une erreur de droit en s'estimant compétente pour connaître de ces conclusions. • CE 5 juill. 2013, ☎ *Région Alsace,* n° 348050 B : *BJCP 2013. 442, concl. Daumas ; Rev. CMP 2013, n° 259, note Devillers.*

73. Aux termes de l'art. 1er du Règl. (CE) n° 44/2001 du Conseil du 22 déc. 2000 concernant la compétence judiciaire, la reconnaissance et l'exécution des décisions en matière civile et commerciale : « 1. Le présent règlement s'applique en matière civile et commerciale et quelle que soit la nature de la juridiction. Il ne recouvre notamment pas les matières fiscales, douanières ou administratives. (...) » ; aux termes de l'art. 5 du même règlement : « Une personne domiciliée sur le territoire d'un État membre peut être attraite, dans un autre État membre : 1) a) En matière contractuelle, devant le tribunal du lieu où l'obligation qui sert de base à la demande a été ou doit être exécutée ; b) Aux fins de l'application de la présente disposition, et sauf convention contraire, le lieu d'exécution de l'obligation qui sert de base à la demande est : (...) – pour la fourniture de services, le lieu d'un État membre où, en vertu du contrat, les services ont été ou auraient dû être fournis ; c) Le point a) s'applique si le point b) ne s'applique pas ; (...) ».

Le contrat en litige présente la nature d'un contrat de prestations de services ; en ayant recouru aux services de la SA X, le centre hospitalier n'agissait pas dans l'exercice de la puissance publique, au sens et pour l'application du Règl. communautaire du 22 déc. 2000 ; la circonstance que ce contrat, dès lors qu'il a été conclu à titre onéreux par une personne publique avec un opérateur privé pour satisfaire à un besoin en matière de services, entre dans le champ du code des marchés publics et présente donc la nature d'un contrat administratif, au sens de l'art. 1er de la L. n° 2001-1168 du 11 déc. 2001 portant mesures urgentes de réformes à caractère économique et financier, est sans incidence sur la qualification qu'il convient de lui donner pour l'application du même règlement communautaire ; eu égard à l'objet du contrat, les différends relatifs à son exécution ne peuvent donc être regardés comme relevant de la matière administrative, au sens de l'art. 1er du Règl. du 22 déc. 2000 ; en vertu des dispositions précitées de l'art. 5 de ce règlement communautaire, le litige né de l'exécution du contrat est, sauf convention contraire, porté dans l'État membre où le service a été fourni.

Aux termes du point 4.2 des conditions générales d'engagement du contrat : « Tout différend en relation avec le présent mandat sera soumis à la juridiction exclusive des tribunaux ordinaires de Bruxelles/Belgique » ; les demandes indemnitaires présentées par la SA X se rattachent à l'exécution du contrat en litige ; les conclusions du centre hospitalier intimé s'y rattachent également ; le litige, qui devait être porté devant une juridiction étrangère, ne ressortit pas à la compétence de la juridiction administrative française ; par suite, la SA X, qui est recevable à soulever cette incompétence pour la première fois en appel, est fondée à soutenir que c'est à tort que le tribunal administratif s'est déclaré compétent pour connaître de la demande du centre hospitalier. Il résulte de ce qui précède que le jugement attaqué doit être annulé ; il y a lieu d'évoquer et, eu égard à ce qui précède, de rejeter les conclusions de la demande du centre hospitalier et les conclusions reconventionnelles de la SA X comme portées devant une juridiction incompétente pour en connaître. • CAA Douai, 29 mai 2012, ☎ *SA King consult,* n° 10DA01035 : *AJDA 2012. 2223, concl. Marjanovic* ✐.

74. Décision juridictionnelle inexécutée. Demande d'exécution. Astreinte. Alors même qu'une partie a la faculté de solliciter le mandatement d'office de la somme qu'une collectivité locale ou un établissement public a été condamné à lui payer et même dans l'hypothèse où elle n'aurait pas sollicité ce mandatement, elle est recevable, lorsque la décision juridictionnelle qui, selon elle, est inexécutée ne fixe pas précisément le montant de la somme due ou lorsque le calcul de celle-ci soulève une difficulté sérieuse à demander que soit ordonné, le cas échéant sous astreinte, le versement de la somme due. • CE 25 oct. 2017, ☎ *Sté JC Decaux,* nos 399407 B et 404049 B.

75. Condamnation juridictionnelle à payer une indemnité. Intérêts. Lorsque le montant d'une condamnation juridictionnelle au paiement d'une indemnité doit être calculé toutes taxes comprises, les intérêts doivent porter sur la totalité de l'indemnité allouée, sans en exclure le montant de la taxe sur la valeur ajoutée, laquelle n'est pas dissociable de cette indemnité. • CE 25 oct. 2017 : *préc. note 74.*

76. La personne qui, en exécution d'une décision de justice, a, ainsi qu'elle y est tenue en raison du caractère exécutoire de cette décision, versé une somme n'a pas droit à la réparation sous forme d'intérêts moratoires du préjudice subi du fait de ce versement si elle se trouve déchargée par l'exercice des voies de recours de l'obligation de payer cette somme. • CE, sect., 2 juin 2017, *Cté de cnes Auray Quiberon Terre Atlantique*, n° 397571 A : *Rev. CMP 2017. 221, note Pietri ; Dr. adm. 2017. 48, note Éveillard.*

77. Validation irrégulière. Aux termes du VII de l'art. 101 de la loi du 30 déc. 2006 sur l'eau et les milieux aquatiques : « Sous réserve des décisions de justice passées en force de chose jugée, sont validés les contrats conclus par les communes ou leurs groupements avant le 10 juin 1996 pour la gestion de leurs services publics locaux d'eau et d'assainissement, dans la mesure où ils seraient contestés pour un motif tiré de l'absence de caractère exécutoire, à la date de leur signature, de la délibération autorisant cette signature, et sous réserve de la transmission effective de ladite délibération au représentant de l'État dans le département au titre de l'art. L. 2131-1 CGCT » ; ces dispositions, intervenues au cours de l'instance introduite devant la cour administrative d'appel de Marseille et ayant une portée rétroactive qui s'opposait à ce que la légalité du contrat conclu le 30 avr. 1990 pour l'exploitation du service public de l'eau potable fût contestée par les communes membres du syndicat intercommunal signataire du contrat pour le motif, retenu en première instance par le tribunal administratif de Montpellier, tiré de l'absence de caractère exécutoire, à la date de sa signature, de la délibération autorisant cette signature, portent au droit de ces communes à un procès équitable une atteinte qui ne pourrait être justifiée que par d'impérieux motifs d'intérêt général ; le motif d'intérêt général invoqué en l'espèce, et tenant à la nécessité, en supprimant le vice d'incompétence affectant les contrats couverts par la validation, d'assurer la continuité du service public, ne pouvait être retenu, dès lors qu'à la date à laquelle est intervenue la loi, la collectivité publique avait fait usage de la possibilité que lui reconnaissait le contrat de dénoncer celui-ci au 31 déc. 1999 ; en jugeant ainsi que d'impérieux motifs d'intérêt général justifiaient l'intervention des dispositions de validation au cours du procès engagé devant elle, la cour administrative d'appel de Marseille a inexactement qualifié les faits. • CE, sect., 10 nov. 2010, *Cne de Palavas-les-Flots, Cne de Lattes*, n° 314449 A.

RECOURS RELATIF À DES MESURES D'EXÉCUTION

78. Le juge du contrat, saisi par une partie d'un litige relatif à une mesure d'exécution d'un contrat, peut seulement, en principe, rechercher si cette mesure est intervenue dans des conditions de nature à ouvrir droit à indemnité ; toutefois, une partie à un contrat administratif peut, eu égard à la portée d'une telle mesure d'exécution, former devant le juge du contrat un recours de plein contentieux contestant la validité de la résiliation de ce contrat et tendant à la reprise des relations contractuelles ; elle doit exercer ce recours, y compris si le contrat en cause est relatif à des travaux publics, dans un délai de deux mois à compter de la date à laquelle elle a été informée de la mesure de résiliation ; aucun principe ni aucune disposition, notamment pas les dispositions de l'art. L. 421-5 CJA qui, ne sont pas applicables à un recours de plein contentieux tendant à la reprise des relations contractuelles, n'imposent qu'une résiliation soit notifiée avec mention des voies et délais de recours ; de telles conclusions tendant à la reprise des relations contractuelles peuvent être assorties d'une demande tendant, sur le fondement des dispositions de l'art. L. 521-1 CJA, à la suspension de l'exécution de la résiliation, afin que les relations contractuelles soient provisoirement reprises.

Sur l'office du juge du contrat saisi d'un recours de plein contentieux tendant à la reprise des relations contractuelles : il incombe au juge du contrat, saisi par une partie d'un recours de plein contentieux contestant la validité d'une mesure de résiliation et tendant à la reprise des relations contractuelles, lorsqu'il constate que cette mesure est entachée de vices relatifs à sa régularité ou à son bien-fondé, de déterminer s'il y a lieu de faire droit, dans la mesure où elle n'est pas sans objet, à la demande de reprise des relations contractuelles, à compter d'une date qu'il fixe, ou de rejeter le recours, en jugeant que les vices constatés sont seulement susceptibles d'ouvrir, au profit du requérant, un droit à indemnité ; dans l'hypothèse où il fait droit à la demande de reprise des relations contractuelles, il peut décider, si des conclusions sont formulées en ce sens, que le requérant a droit à l'indemnisation du préjudice que lui a, le cas échéant, causé la résiliation, notamment du fait de la non-exécution du contrat entre la date de sa résiliation et la date fixée pour la reprise des relations contractuelles.

Pour déterminer s'il y a lieu de faire droit à la demande de reprise des relations contractuelles, il incombe au juge du contrat d'apprécier, eu égard à la gravité des vices constatés et, le cas échéant, à celle des manquements du requérant à ses obligations contractuelles, ainsi qu'aux motifs de la résiliation, si une telle reprise n'est pas de nature à porter une atteinte excessive à l'intérêt général et, eu égard à la nature du contrat en cause, aux droits du titulaire d'un nouveau contrat dont la conclusion aurait été rendue nécessaire par la résiliation litigieuse.

Sur l'office du juge du contrat saisi de conclusions tendant à la suspension de l'exécution d'une mesure de résiliation : en premier lieu, il incombe au juge des référés saisi, sur le fondement de l'art. L. 521-1 CJA, de conclusions tendant à la suspension d'une mesure de résiliation, après avoir vérifié que l'exécution du contrat n'est pas devenue sans objet, de prendre en compte, pour apprécier la condition d'urgence, d'une part les atteintes graves et immédiates que la résiliation litigieuse est susceptible de porter à un intérêt public ou aux intérêts du requérant, notamment à la situation financière de ce dernier ou à l'exercice même de son activité, d'autre part l'intérêt général ou l'intérêt de tiers, notamment du titulaire d'un nouveau contrat dont la conclusion aurait été rendue nécessaire par la résiliation litigieuse, qui peut s'attacher à l'exécution immédiate de la mesure de résiliation.

En second lieu, pour déterminer si un moyen est propre à créer, en l'état de l'instruction, un doute sérieux sur la validité de la mesure de résiliation litigieuse, il incombe au juge des référés d'apprécier si, en l'état de l'instruction, les vices invoqués paraissent d'une gravité suffisante pour conduire à la reprise des relations contractuelles et non à la seule indemnisation du préjudice résultant, pour le requérant, de la résiliation. • CE, sect., 21 mars 2011, *Cne de Béziers,* n° 304806 A : *GAJA n° 939 ; GACA n° 194 ; BJCP 2011. 170, concl. Cortot-Boucher ; RFDA 2011. 507, concl. Cortot-Boucher, note Pouyaud ; AJDA 2011. 670, chron. Lallet ; ibid. 665, chron. Lallet-Domino ; Rev. CMP 2011, n° 150, note Pietri ; Dr. adm. 2011, n° 46, note Brenet et Melleray.*

79. Résiliation d'un contrat dont le titulaire est mis en liquidation judiciaire. Compétence juridictionnelle. Lorsque le titulaire d'un contrat administratif conteste la validité de la décision de son cocontractant de résilier ce contrat et demande que cette décision soit annulée, c'est-à-dire que soit ordonnée la reprise des relations contractuelles, ou qu'une indemnité lui soit versée en réparation du préjudice subi, la juridiction administrative est seule compétente pour connaître du litige.

Toutefois, lorsque le titulaire du contrat est une entreprise mise en liquidation judiciaire et que la résiliation contestée a été prononcée au motif que les conditions posées par l'art. L. 641-11-1 C. com. pour que le contrat soit résilié de plein droit étaient remplies, il incombe au juge administratif, en cas de difficulté sérieuse sur ce point, de saisir à titre préjudiciel le juge judiciaire avant de statuer sur la demande d'annulation ou d'indemnisation dont il a été saisi par le liquidateur ; par ailleurs, si celui-ci se borne à demander qu'il soit déclaré que les conditions posées par l'art. L. 641-11-1 C. com. ne sont pas remplies, il lui appartient de saisir le juge judiciaire de sa demande. • T. confl. 24 avr. 2017, *Sté Malapert c/ SEM du marché de Rungis,* n° 4078 : *AJDA 2017. 1173, note Yolka ; Rev. CMP 2017, n° 175, note Eckert.*

80. L'action du concessionnaire contre la décision de l'administration de résilier la concession doit être portée devant le juge du contrat, une telle décision, même prise par décret, n'étant pas détachable du contrat. Il en résulte que c'est le tribunal administratif et non le Conseil d'État qui est compétent en premier ressort. • CE, ass., 2 févr. 1987, *Sté France 5,* n° 82325 A.

81. Non-lieu. Lorsque, dans le cadre de l'examen de conclusions tendant à la reprise des relations contractuelles présentées par un cocontractant de l'administration dont le contrat a fait l'objet d'une résiliation, il résulte de l'instruction que le terme stipulé du contrat est dépassé, le juge constate un non-lieu à statuer sur ces conclusions. • CE 23 mai 2011, *Sté d'aménagement d'Isola 2000, Sté de gestion d'Isola 2000,* n° 323468 B.

82. Lorsqu'un tribunal administratif a rejeté une demande tendant à la reprise des relations contractuelles et que, postérieurement à son jugement, le terme du contrat est atteint avant la saisine du juge d'appel ou pendant l'instance d'appel, la cour saisie doit constater que le contrat n'est plus susceptible d'être exécuté et que le litige n'a pas ou n'a plus d'objet.

De même, si le tribunal a ordonné la reprise des relations contractuelles mais que son jugement n'a pas été exécuté et que le terme du contrat est atteint avant la saisine du juge d'appel ou pendant l'instance d'appel, la cour doit également constater qu'il n'est plus susceptible d'être exécuté et que le litige n'a pas ou plus d'objet. En revanche, si le jugement ordonnant la reprise des relations contractuelles a été exécuté, le juge d'appel doit statuer sur la requête en appréciant le bien-fondé de la reprise des relations contractuelles ordonnée par le tribunal jusqu'au terme du contrat. • CE 27 févr. 2019, *Dpt de la Seine-Saint-Denis,* n° 414114 B : *AJDA 2019. 1056, note Richer ; Rev. CMP 2019.173, note Dietenhoeffer.*

83. Sauf stipulation contraire dont il n'appartient pas au juge de connaître d'office, la réception est cet acte par lequel le maître d'ouvrage déclare accepter l'ouvrage avec ou sans réserves. Ainsi, seule une réception sans réserve des travaux, mettant fin aux rapports contractuels entre le maître de l'ouvrage et les constructeurs en ce qui concerne la réalisation de l'ouvrage, pouvait fonder le constat de l'entière exécution des obligations prévues par le contrat à la charge de la société Guyane Bâtiment Général. Dès lors, s'agissant de la reprise de l'exécution d'un marché de travaux, la demande est dépourvue d'objet si, à la date à laquelle le juge statue, les travaux dont l'exécution avait été confiée à l'entreprise requérante ont été réceptionnés par le maître de l'ouvrage.

Il résulte de l'instruction qu'à la suite de la résiliation du marché en litige, le préfet de la Guyane, après avoir publié un avis d'appel public à la concurrence le 6 juin 2011, a finalement attribué le lot « gros œuvre » dont la société A avait été titulaire à la société B par un marché signé le 29 févr. 2012. Il ressort des actes de réception EXE4, EXE5 et EXE6 de ces travaux, signés les 15 janv., 27 févr. et 11 mars 2015, que la réception de ceux-ci avait été subordonnée à la levée de réserves concernant des imperfections et malfaçons indiquées aux annexes 01 et 02. Ces réserves ont finalement été levées par un acte du 17 nov. 2015. Par suite, à la date à laquelle la cour statue, les travaux dont il s'agit ayant été entièrement réalisés, les obligations prévues à la charge de la société A ont été entièrement exécutées. Dès lors, les conclusions tendant à la reprise des relations contractuelles entre l'État et la société requérante ont perdu tout objet. • CAA Bordeaux, 24 mai 2016, *Sté Guyane Bâtiment Général*, n° 14BX01575 : *AJDA 2016. 1500, note de La Taille*

84. La société qui conteste la validité de la décision de résiliation du marché litigieux qui lui a été opposée par la commune doit être regardée comme présentant des conclusions à fin de reprise des relations contractuelles ; toutefois, il n'est pas contesté que les travaux concernés par ce marché étaient déjà entièrement réalisés à la date d'enregistrement de la requête de première instance ; par suite, il n'y a pas lieu d'ordonner la reprise des relations contractuelles. • CAA Marseille, 9 nov. 2015, *SARL SDR*, n° 14MA04005.

85. Non-lieu (concession domaniale). Il ressort des pièces du dossier soumis aux juges du fond que, par une convention conclue le 15 mai 1991, la Société nationale des chemins de fer français (SNCF) a autorisé la société Alméria à occuper, à compter du 1er avr. 1991, un local commercial implanté sur une dépendance du domaine public ferroviaire ; par un courrier du 19 févr. 2009, notifié le 19 mars suivant, l'établissement public Réseau Ferré de France (RFF), aujourd'hui dénommé SNCF Réseau, devenu propriétaire de cette dépendance, a informé la société Alméria de ce qu'il résiliait cette convention à compter du 31 mai 2009 afin de permettre la réalisation des travaux de réhabilitation de la gare ; saisi par la société Alméria le 25 juin 2009 d'une demande tendant à l'annulation de cette décision, le tribunal administratif de Cergy-Pontoise, après avoir requalifié les conclusions de la société requérante comme tendant à la reprise des relations contractuelles, a rejeté cette demande par un jugement du 14 déc. 2011 au motif qu'elle était tardive et, par suite, irrecevable ; la société Alméria se pourvoit en cassation contre l'arrêt du 27 févr. 2014 par lequel la cour administrative d'appel de Versailles a confirmé ce jugement.

Le juge du contrat, saisi de conclusions tendant à la reprise des relations contractuelles présentées par un cocontractant de l'administration dont le contrat a fait l'objet d'une résiliation, constate un non-lieu à statuer sur ces conclusions lorsqu'il résulte de l'instruction que le terme stipulé du contrat est dépassé.

Il ressort des pièces du dossier soumis aux juges du fond, d'une part, que conformément aux dispositions du premier al. de l'art. 2 des conditions générales d'occupation d'immeubles bâtis ou non bâtis dépendant du domaine public du chemin de fer annexées à la convention d'occupation du 15 mai 1991, cette convention était conclue pour une durée d'un an renouvelable par tacite reconduction et, d'autre part, que les parties pouvaient librement décider d'y mettre fin à chaque échéance annuelle sous la seule réserve d'en informer l'autre partie au moins trois mois à l'avance ; RFF pouvait également, en application du second al. du même article, résilier la convention à tout moment pour permettre l'exécution de travaux rendus nécessaires par l'exploitation, la modification ou l'extension des installations ferroviaires à la seule condition d'en informer l'occupant trois mois à l'avance.

En relevant, par une appréciation souveraine qui n'est pas contestée en cassation, que RFF entendait, par sa décision du 19 févr. 2009, « mettre un terme » au droit d'occupation d'une dépendance du domaine public accordé à la société Alméria pour une durée d'un an renouvelable par tacite reconduction, la cour a nécessairement estimé que RFF avait aussi entendu ne pas permettre un renouvellement tacite de la convention à son échéance annuelle le 30 mars 2010, en application des stipulations précitées de l'art. 2 des conditions générales d'occupation ; par suite, la cour a commis une erreur de droit en ne constatant pas, dans son arrêt du 27 févr. 2014, que les conclusions de la société Alméria tendant à l'annulation du jugement du 14 déc. 2011 du tribunal administratif de Cergy-Pontoise et à la reprise des relations contractuelles n'avaient plus d'objet ; son arrêt doit, sans qu'il soit besoin d'examiner les autres moyens du pourvoi, être annulé en tant qu'il a rejeté la requête de la société Alméria. • CE 1er avr. 2015, *Sté Alméria*, n° 380721.

86. Résiliation/refus de renouvellement. La cour a relevé que la décision du 28 nov. 2013 ne constituait pas une mesure de résiliation de la convention d'occupation du domaine public, mais une décision de ne pas la reconduire lorsqu'elle serait parvenue à son terme initial, prise en vertu des stipulations de son art. 13. Eu égard à la portée d'une telle décision, qui n'a ni pour objet, ni pour effet de mettre unilatéralement un terme à une convention en cours, le juge du contrat peut seulement rechercher si elle est intervenue dans des conditions de nature à ouvrir droit à une indemnité. • CE 6 juin 2018 *Sté*

Orange, n° 411053 B : *BJCP 2018. 345, concl. Victor ; Rev. CMP 2018. 202, note Eckert.*

87. Le juge du contrat ne peut, en principe, lorsqu'il est saisi par une partie d'un litige relatif à une mesure d'exécution d'un contrat, que rechercher si cette mesure est intervenue dans des conditions de nature à ouvrir droit à indemnité. Toutefois, une partie à un contrat administratif peut, eu égard à la portée d'une telle mesure d'exécution, former devant le juge du contrat un recours de plein contentieux contestant la validité de la résiliation de ce contrat et tendant à la reprise des relations contractuelles.

Cette exception relative aux décisions de résiliation ne s'étend pas aux décisions de la personne publique refusant de faire application de stipulations du contrat relatives à son renouvellement. Il s'agit alors de mesures d'exécution du contrat qui n'ont ni pour objet, ni pour effet de mettre unilatéralement un terme à une convention en cours. • CE 13 juill. 2022, ♘ *Cne de Sanary-sur-Mer*, n° 458488 B.

88. Recours contre une mesure de résiliation. Suspension du délai par un recours gracieux. Non. Eu égard aux particularités de ce recours contentieux, à l'étendue des pouvoirs de pleine juridiction dont le juge du contrat dispose et qui peut le conduire, si les conditions en sont satisfaites, à ordonner la reprise des relations contractuelles, ainsi qu'à l'intervention du juge des référés pour prendre des mesures provisoires en ce sens, l'exercice d'un recours administratif pour contester cette mesure (de résiliation du contrat), s'il est toujours loisible au cocontractant d'y recourir, ne peut avoir pour effet d'interrompre le délai de recours contentieux ; il en va ainsi quel que soit le motif de résiliation du contrat et notamment lorsque cette résiliation est intervenue en raison des fautes commises par le cocontractant ; au demeurant, dans cette dernière hypothèse, la personne publique est toujours dans l'obligation de mettre le cocontractant en mesure de faire valoir ses observations avant l'intervention de cette décision. • CE 16 mai 2012, *Sté Promotion de la restauration touristique*, n° 357151 A : *BJCP 2012. 443, concl. Escaut.* ♦ La jurisprudence *SARL Promotion de la restauration touristique* selon laquelle l'exercice d'un recours administratif pour contester la mesure de résiliation d'un contrat, s'il est toujours loisible au cocontractant d'y recourir, ne peut avoir pour effet d'interrompre le délai de recours contentieux, quel que soit le motif de résiliation du contrat et notamment lorsque cette résiliation est intervenue en raison des fautes commises par le cocontractant, s'applique aux instances en cours à *la date de cette décision. • CE 15 déc. 2016,* ♘ *Cne de Saint-Denis d'Oléron*, n° 389141 B : *AJDA 2017. 1003, note Schmaltz* ✎ *; BJCP 2017. 129, concl. Bohnert ; Rev. CMP 2017, n° 56, note Pietri.*

89. Saisine du comité consultatif de règlement amiable. La saisine du comité consultatif de règlement amiable des différends prévu par l'art. 127 C. marchés, par le I de l'art. 1er du Décr. n° 2010-1525 du 8 déc. 2010 et par l'art. 37 du CCAG applicable aux marchés publics de prestations intellectuelles, issu d'un arrêté du 16 sept. 2009, n'est pas de nature à interrompre le délai de deux mois imparti au demandeur pour introduire un recours de plein contentieux tendant à la reprise des relations contractuelles. • CE 12 avr. 2022, *Sté Agence d'architecture Frederic Nicolas*, n° 452601 B : *BJCP 2022. 243, concl. Pichon de Vendeuil ; Rev. CMP 2022, comm. 185, Rees.*

90. Il résulte des dispositions combinées de l'art. 142 du Décr. n° 2016-360 du 25 mars 2016 et du Décr. n° 2010-1525 du 8 déc. 2010 alors en vigueur que les comités consultatifs de règlement amiable des différends ou litiges relatifs aux marchés publics ont pour seule mission de formuler des propositions de solutions amiables aux différends relatifs à l'exécution des marchés publics. Par suite, leur compétence ne s'étend pas aux litiges portant exclusivement sur la contestation de la régularité ou du bien-fondé d'une mesure de résiliation en vue d'obtenir la reprise des relations contractuelles. Il s'ensuit que la saisine de ce comité n'est pas de nature à interrompre le délai de deux mois imparti au demandeur pour introduire le recours de plein contentieux dit « Béziers II » tendant à la reprise des relations contractuelles. • CAA Marseille, 15 mars 2021, ♘ *Sté Agence d'architecture A.B c/ Région Provence-Alpes-Côte d'Azur*, n° 20MA01853 : *Rev. CMP 2021. 159, note Rees.*

91. Béziers I/Béziers II. Il incombe en principe au juge du contrat, saisi par une partie d'un recours de plein contentieux contestant la validité d'une mesure de résiliation et tendant à la reprise des relations contractuelles, de rechercher si cette mesure est entachée de vices relatifs à sa régularité ou à son bien-fondé et, dans cette hypothèse, de déterminer s'il y a lieu de faire droit, dans la mesure où elle n'est pas sans objet, à la demande de reprise des relations contractuelles, à compter d'une date qu'il fixe, ou de rejeter le recours, en jugeant que les vices constatés sont seulement susceptibles d'ouvrir, au profit du requérant, un droit à indemnité ; toutefois, dans le cas où il constate une irrégularité invoquée par une partie ou relevée d'office par lui, tenant au caractère illicite du contenu du contrat ou à un vice d'une particulière gravité relatif notamment aux conditions dans lesquelles les parties ont donné leur consentement, qui le conduirait, s'il était saisi d'un recours de plein contentieux contestant la validité de ce contrat, à prononcer, après avoir vérifié que sa décision ne porterait pas une atteinte excessive à l'intérêt général, la résiliation du contrat ou son annulation, il doit, quels que soient les vices dont la mesure de résiliation est, le cas échéant, entachée, rejeter les conclusions tendant à la reprise des relations contractuelles.

D'une part, eu égard à la date à laquelle l'ensemble contractuel litigieux a été conclu, la commune ne pouvait légalement concéder à la société anonyme d'habitation à loyer modéré du personnel de la préfecture de police un droit réel sur une dépendance de son domaine public ; il suit de là que l'objet de l'ensemble contractuel litigieux est illicite.

D'autre part, en vertu d'une clause incluse au titre IX de la convention conclue le 26 juin 1986, celle-ci ne pouvait être résiliée pendant toute la durée du remboursement des prêts contractés par la société anonyme d'habitation à loyer modéré du personnel de la préfecture de police pour la construction de la résidence pour personnes âgées ; cette clause, par laquelle la commune d'Ozoir-la-Ferrière renonçait à l'exercice de son pouvoir de résiliation unilatérale pour un motif d'intérêt général, est illicite ; il résulte de l'instruction qu'elle a eu un caractère déterminant dans la conclusion des conventions ; elle est ainsi indivisible des autres stipulations de l'ensemble contractuel litigieux.

Eu égard à la nature de ces irrégularités, qui conduiraient le juge, s'il était saisi d'un recours de plein contentieux contestant la validité du contrat, à prononcer, après avoir vérifié que sa décision ne porterait pas une atteinte excessive à l'intérêt général, la résiliation ou l'annulation de ce contrat, il ne saurait être fait droit aux conclusions de la société requérante tendant à la reprise des relations contractuelles. • CE 1er oct. 2013, *Sté Espace Habitat Construction*, n° 349099 B : *BJCP 2014. 32, concl. Daumas ; AJDA 2013. 2275, note Giacuzzo ; Dr. adm. 2013, n° 80, note Brenet ; Rev. CMP 2013, n° 322, note Devillers.*

92. Contrat résilié de plein droit en application du code de commerce. Aux termes du III de l'art. L. 641-11-1 C. com. : « Le contrat en cours est résilié de plein droit : / 1° Après une mise en demeure de prendre parti sur la poursuite du contrat adressée par le cocontractant au liquidateur et restée plus d'un mois sans réponse. Avant l'expiration de ce délai, le juge-commissaire peut impartir au liquidateur un délai plus court ou lui accorder une prolongation, qui ne peut excéder deux mois, pour se prononcer […] ».

En premier lieu, il résulte de ces dispositions que, lorsque le liquidateur a été mis en demeure de se prononcer sur la poursuite d'un contrat en cours, son refus exprès de poursuivre ce contrat, ou l'expiration du délai dont il disposait pour se prononcer, entraîne la résiliation de plein droit du contrat, sans qu'il y ait lieu de faire nécessairement constater cette résiliation par le juge-commissaire. Il en résulte que les moyens tirés de ce que la cour administrative d'appel aurait commis une erreur de droit et méconnu sa compétence faute d'avoir relevé d'office l'incompétence de la Semmaris pour constater la résiliation de plein droit du contrat en cause dans le litige ne peuvent qu'être écartés.

En deuxième lieu, afin de statuer sur la demande de Me Rogeau tendant à l'annulation de la lettre du 30 juin 2009 l'informant du constat, par la Semmaris, de ce que le contrat avait été résilié de plein droit, en application du 1° du III de l'art. L. 641-11-1 C. com., c'est-à-dire à ce que soit ordonnée la reprise des relations contractuelles ou à ce qu'une indemnité lui soit versée en réparation du préjudice subi, il incombait seulement au juge administratif de se prononcer sur le point de savoir si la Semmaris avait estimé à bon droit que les conditions posées par le 1° du III de l'art. L. 641-11-1 C. com. étaient remplies. Il en résulte que la cour administrative d'appel n'a pas commis d'erreur de droit en jugeant que les vices propres dont serait, le cas échéant, entachée la lettre du 30 juin 2009 étaient sans incidence sur la solution du litige. • CE 8 déc. 2017, *Me Rogeau*, n° 390906 B : *BJCP 2018. 117, concl. Victor ; Rev. CMP 2018. 48, note Pietri.*

93. Rejet de la demande de reprise des relations contractuelles. Indemnisation. Il résulte de l'instruction que le centre hospitalier spécialisé a conclu un nouveau contrat de fourniture d'énergie avec un autre opérateur ; par suite, et nonobstant la gravité des vices entachant la décision de résiliation du marché, il n'y a pas lieu de faire droit à la demande de reprise des relations contractuelles présentée par la société requérante. L'invalidité de la résiliation du marché d'exploitation de chauffage est constitutive d'une faute de nature à engager la responsabilité du centre hospitalier spécialisé ; par suite, la société a droit à la réparation de l'ensemble des préjudices en procédant. • CAA Douai, 23 déc. 2011, *Sté GDF Suez Énergie Services*, n° 10DA00763 : *Rev. CMP 2012, n° 59, note Eckert.*

94. Demande de suspension d'une résiliation. Il ressort des énonciations de l'ordonnance attaquée que, pour rejeter la demande de suspension de la société, le juge des référés du tribunal administratif s'est borné, après avoir relevé que la société soutenait que la décision litigieuse était entachée de plusieurs vices, à juger que la reprise provisoire des relations contractuelles serait, en tout état de cause, de nature à porter une atteinte excessive à l'intérêt général tenant à la volonté de la commune de s'engager dans une nouvelle politique et une gestion plus dynamique du stationnement sur son territoire. En s'abstenant de rechercher si les vices invoqués par la société à l'encontre de la mesure de résiliation étaient d'une gravité suffisante pour conduire à la reprise des relations contractuelles et non à la seule indemnisation de la société, c'est-à-dire si, eu égard à leur gravité et, le cas échéant, à celle des manquements de la société à ses obligations contractuelles, ainsi qu'aux motifs de la résiliation, une telle reprise n'était pas de nature à porter une atteinte excessive à l'intérêt général, le juge des référés du tribunal administratif a entaché son ordonnance d'une erreur de droit, l'existence d'un motif d'intérêt général s'opposant à la reprise des relations contractuelles ne pouvant être appréciée indépendamment de la gravité des vices affectant la mesure de résiliation. • CE 25 janv. 2019, ⚖ *Sté Uniparc Cannes*, n° 424846 B : *BJCP 2019.133, concl. Pellissier ; Rev. CMP 2019. 134, note Eckert ; AJDA 2019.1231, note Souche.*

95. *Résiliation. Référé-suspension.* Pour juger que la condition d'urgence était remplie, le juge des référés du tribunal administratif a retenu une atteinte grave et immédiate à la situation financière de la société requérante compte tenu de la perte de chiffre d'affaires occasionnée par la résiliation du marché ; en statuant ainsi, en se limitant à la seule prise en compte de la perte de chiffre d'affaires occasionnée par la résiliation du marché sans se référer aux autres éléments d'activité de l'entreprise, et notamment à son chiffre d'affaires global, pour évaluer l'atteinte à sa situation financière, le juge des référés a commis une erreur de droit. Il résulte de l'instruction que la perte de chiffre d'affaires hors taxes résultant de la résiliation du marché représente moins de 3 % du dernier chiffre d'affaires connu de la société requérante, cette perte ayant au surplus vocation à être répartie sur deux exercices au moins ; la société est confrontée à des impératifs normaux de reclassement des personnels en charge de l'exécution du marché résilié ; la requérante, qui invoque l'atteinte à sa réputation professionnelle sans caractériser celle-ci au regard de circonstances particulières, ne justifie pas ainsi d'une atteinte grave et immédiate à ses intérêts, et, par suite, de l'urgence à ordonner la reprise des relations contractuelles ; il résulte de ce qui précède que la société ACE BTP n'est pas fondée à demander la suspension de l'exécution de la décision de résiliation du marché en vue de la reprise des relations contractuelles. • CE 9 mai 2012, ⚖ *Région Champagne-Ardenne c/ Sté ACE BTP*, n° 356209 B : *Rev. CMP 2012, n° 262, note Zimmer.*

96. Saisi d'une demande de suspension d'une mesure de résiliation, le juge des référés, devant lequel la société contestait la validité de la convention, n'a pas commis d'erreur de droit en jugeant qu'il lui incombait d'examiner si les irrégularités invoquées seraient de nature à conduire le juge du contrat à prononcer, après avoir vérifié que sa décision ne porterait pas une atteinte excessive à l'intérêt général, l'annulation du contrat. • *CE 17 juin 2015*, ⚖ *Sté Les Moulins*, n° 389044 B.

97. Pour suspendre la décision par laquelle le maire a résilié pour faute la délégation de service public conclue avec l'association, le juge des référés, après avoir estimé que la condition d'urgence était remplie, s'est borné à rechercher si les vices invoqués par l'association requérante contre cette décision de résiliation étaient de nature à créer un doute sérieux quant à sa légalité, sans vérifier si ces vices paraissaient d'une gravité suffisante pour conduire à la reprise provisoire des relations contractuelles ; il a, de la sorte, entaché son ordonnance d'une erreur de droit ; par suite, et sans qu'il soit besoin d'examiner les autres moyens du pourvoi, l'ordonnance attaquée doit être annulée.

Or il y a lieu, en application des dispositions de l'art. L. 821-2 CJA, de régler l'affaire au titre de la procédure de référé engagée.

En premier lieu, il résulte de l'instruction que l'association requérante, dont l'objet est local, a essentiellement comme ressources financières celles provenant de l'exploitation de la fourrière et du refuge pour animaux déléguée par la commune ; la résiliation de cette délégation de service public est ainsi susceptible de porter une atteinte grave et immédiate à sa situation financière ainsi que de menacer sa pérennité ; d'autre part, le service public en cause est désormais assuré en régie par la commune ; dans l'attente de la passation d'un nouveau contrat, une reprise immédiate des relations contractuelles n'est ainsi pas susceptible de porter atteinte aux droits de tiers.

En second lieu, en l'état de l'instruction, il apparaît que le mauvais fonctionnement des installations en cause, imputé à l'association, résulte en réalité d'un défaut de conception du bâtiment mis à sa disposition par la commune ; les moyens invoqués par l'association à l'encontre de la résiliation, tirés de ce que les fautes invoquées par la commune seraient infondées et que la mesure litigieuse serait en réalité guidée par d'autres motifs que ceux affichés, sont de nature à créer, en l'état de l'instruction, un doute sérieux sur la validité de la mesure de résiliation prononcée et doivent être regardés comme étant d'une gravité suffisante pour conduire à la reprise provisoire des relations contractuelles. • CE 17 juin 2015, ⚖ *Cne d'Aix-en-Provence*, n° 388433 B.

98. *Rejet d'une demande de suspension.* Eu égard à l'impératif d'ordre public imposant de garantir, par une remise en concurrence périodique, la liberté d'accès des opérateurs économiques aux contrats de délégation de service public et la transparence des procédures de passation, la nécessité de mettre fin à une convention dépassant la durée prévue par la loi d'une délégation de service public constitue un motif d'intérêt général justifiant sa résiliation unilatérale par la personne publique, sans qu'il soit besoin qu'elle saisisse au préalable le juge ; par suite, le juge des référés n'a pas commis d'erreur de droit en ne retenant pas comme propre à créer un doute sérieux le moyen tiré de ce que le maire ne pouvait constater la « caducité » des contrats litigieux et en prononcer la résiliation unilatérale ; il n'a pas non plus inversé la charge de la preuve. • CE 7 mai 2013, *Sté auxiliaire de parcs de la région parisienne*, n° 365043 A : *AJDA 2013. 1271, chron. Domino-Bretonneau*.

99. Le juge des référés du tribunal administratif a estimé qu'en faisant valoir la perte de revenus qui résulterait pour elle de la décision de résiliation contestée, la société requérante avait suffisamment justifié de la condition d'urgence ; en se limitant à la prise en compte de ce seul élément pour caractériser l'atteinte grave et immédiate portée à ses intérêts par la résiliation de la convention, sans le rapporter aux autres données permettant d'évaluer sa situation financière et la menace pesant sur sa pérennité, notamment à son chiffre d'affaires global, alors d'ailleurs qu'il ressort des pièces du dossier soumis au juge des référés qu'elle exploitait d'autres campings, il a entaché son ordonnance d'erreur de droit ; par suite, sans qu'il soit besoin d'examiner les autres moyens du pourvoi, la commune est fondée à en demander l'annulation.

Il résulte de l'instruction que la commune a résilié pour faute la convention de délégation de service public qu'elle a conclue avec la société X aux motifs que la société délégataire n'avait pas réalisé les investissements contractuellement prévus, que de nombreuses plaintes d'usagers du camping avaient été déposées quant aux conditions d'accueil et au comportement de son gérant et que la société avait omis de collecter la taxe de séjour, refusé de pratiquer les tarifs validés par la commune et failli à sa mission en matière de sécurité, d'entretien et de nettoyage du camping ; compte tenu notamment des attestations d'usagers, corroborées par les services de l'État et du département, produites par la commune, la matérialité d'une partie des faits reprochés à la société n'apparaît pas, en l'état de l'instruction, sérieusement contestable ; ainsi, si la société requérante soutient que les fautes commises n'auraient pas atteint un degré de gravité tel qu'il justifiât une résiliation aux torts exclusifs de celle-ci, une reprise des relations contractuelles à titre provisoire serait, en tout état de cause, dans les circonstances de l'espèce, de nature à porter une atteinte excessive à l'intérêt général. • CE 16 nov. 2016, *Cne d'Erstein*, n° 401321 B : *BJCP 2017. 64, concl. Henrard ; Rev. CMP 2017, n° 27, note Ubaud-Bergeron.*

100. Demande d'indemnisation du préjudice résultant d'une résiliation. Appel incident. Litige distinct. Absence. Les sociétés d'architecture demandent, par la voie de l'appel incident, l'annulation du jugement du tribunal administratif en tant qu'il a rejeté leurs conclusions tendant à ce que la commune soit condamnée à les indemniser du préjudice subi du fait de la résiliation du marché de maîtrise d'œuvre ; ces conclusions ne soulèvent pas un litige distinct de celui qui a fait l'objet de l'appel de la commune tendant à la réparation des coûts engendrés par les fautes commises dans l'exécution du contrat ; par suite, les conclusions d'appel incident sont recevables. • CE 26 oct. 2011, *Sté Architecture Bical-Courcier-Martinelli*, n° 334098 : *Rev. CMP 2011, n° 359, note Devillers.*

101. Résiliation du contrat par le juge. Indemnisation du titulaire. Conséquences de l'annulation, en appel ou en cassation, de la résiliation. En premier lieu, lorsqu'une décision juridictionnelle, comme en l'espèce, eu égard au droit alors applicable, a enjoint à une personne publique de résilier un contrat, ou lorsque, désormais, dans le cadre d'un recours en contestation de la validité d'un contrat, le juge prononce une telle résiliation, cette circonstance n'implique pas, par elle-même, une absence de droit à indemnisation au bénéfice du cocontractant. Ce droit à indemnisation s'apprécie alors, conformément aux principes du droit des contrats administratifs, au regard des motifs de la décision juridictionnelle et, le cas échéant, des stipulations du contrat applicables.

En second lieu, lorsque l'exercice des voies de recours conduit le juge d'appel ou de cassation à annuler la décision juridictionnelle qui a enjoint à la personne publique de résilier le contrat a prononcé sa résiliation, le préjudice éventuellement né de l'exécution de la décision juridictionnelle annulée n'est pas indemnisable.

Il appartient en revanche à la personne publique de tirer les conséquences de cette annulation et de décider, sous le contrôle du juge administratif et dès lors qu'une telle mesure n'est pas sans objet, de reprendre les relations contractuelles, sauf si une telle reprise est de nature à porter une atteinte excessive à l'intérêt général et, eu égard à la nature du contrat en cause, aux droits du titulaire d'un nouveau contrat dont la conclusion aurait été rendue nécessaire par la résiliation.

Si la personne publique décide de ne pas reprendre les relations contractuelles, le droit à indemnisation du cocontractant s'apprécie au regard des motifs de cette dernière décision et prend en compte les relations contractuelles, alors qu'elle a déjà indemnisé les conséquences de la résiliation initiale, il lui appartient d'exiger de son cocontractant qu'il lui restitue les sommes versées correspondant à la durée restant à courir de l'exécution du contrat. • CE 27 févr. 2019, *Sté Opilo*, n° 410537 B : *AJDA 2019. 1590, note Dubreuil ; Dr. Adm. 2019, n° 26, note Brenet ; Rev. CMP 2019, comm. 172, Dietenhoeffer.*

Si la personne publique décide de ne pas reprendre les relations contractuelles, le droit à indemnisation du cocontractant s'apprécie au regard des motifs de cette dernière décision et prend en compte les sommes qui, le cas échéant, lui ont déjà été versées après la résiliation initiale du contrat. Si la personne publique décide de reprendre les relations contractuelles alors qu'elle a déjà indemnisé les conséquences de la résiliation initiale, il lui appartient d'exiger de son cocontractant qu'il lui restitue les sommes versées correspondant à la durée restant à courir de l'exécution du contrat. • CE 27 févr. 2019, *Sté Opilo*, n° 410537 B : *Dr adm. mai 2019, n° 26, note Brenet ; Rev. CMP 2019.172, note Dietenhoeffer ; AJDA 2019. 1590, note Dubreuil*.

102. Autres mesures d'exécution. Si une partie à un contrat administratif peut, eu égard à la portée d'une telle mesure d'exécution, former devant le juge du contrat un recours de plein contentieux contestant la validité de la résiliation de ce contrat et tendant à la reprise des relations contractuelles, ce juge, saisi par une partie d'un litige relatif à une mesure d'exécution du contrat autre qu'une résiliation, peut seulement rechercher si cette mesure est intervenue dans des conditions de nature à ouvrir droit à indemnité. • CE 15 nov. 2017, *Sté Les Fils de Mme Géraud*, n° 402794 : *Rev. CMP 2018. 19, note Pietri.*

103. La cour a relevé que la décision du 28 nov. 2013 ne constituait pas une mesure de résiliation de la convention d'occupation du domaine public, mais une décision de ne pas la reconduire lorsqu'elle serait parvenue à son terme initial, prise en vertu des stipulations de son art. 13. Eu égard à la portée d'une telle décision, qui n'a ni pour objet, ni pour effet de mettre unilatéralement un terme à une convention en cours, le juge du contrat peut seulement rechercher si elle est intervenue dans des conditions de nature à ouvrir droit à une indemnité. Dès lors, en jugeant que la société Orange ne pouvait pas saisir le juge d'un recours en reprise des relations contractuelles et que les conclusions relatives à la décision du 28 nov. 2013 qu'elle avait présentées devant le tribunal administratif de Rennes étaient par suite irrecevables, la cour n'a pas commis d'erreur de droit. Elle n'a pas davantage méconnu le droit à un recours juridictionnel. • CE 6 juin 2018, *Sté Orange*, n° 411053 B (à propos d'une concession domaniale).

104. Conséquences de la substitution d'une personne publique à une autre pour l'exécution d'un contrat. Mesure d'exécution. Absence. Possibilité de demander l'annulation du refus de la personne publique substituée d'exécuter le contrat. Par la décision dont le SMITVAD demande la suspension, la communauté d'agglomération « Fécamp Caux Littoral Agglomération » doit être regardée comme ayant refusé de tirer les conséquences des dispositions législatives [du CGCT] dont il résulte *qu'elle se trouvait, dans la limite* de son périmètre, substituée de plein droit au SMITVAD pour l'ensemble des contrats en cours conclus par cet établissement pour l'exercice de la compétence en matière de collecte et de traitement des déchets ménagers et assimilés, notamment pour le bail emphytéotique administratif et la délégation de service public conclus avec la société Valor'Caux et l'« accord direct de financement » conclu avec la banque Dexia Crédit local. Un établissement public de coopération intercommunale étant recevable à contester le refus par un autre établissement public de coopération intercommunale ou une collectivité territoriale de tirer les conséquences de la substitution qui résulte des dispositions précitées du code général des collectivités territoriales, le moyen tiré de ce que la requête du SMITVAD à fin de suspension de la décision de la communauté d'agglomération en litige ne peut qu'être rejetée en conséquence de l'irrecevabilité de sa requête en annulation contre cette même décision doit être écarté. • CE 5 févr. 2020, *Syndicat mixte de traitement et de valorisation des déchets du pays de Caux*, nos 433308 et 433314 B : *BJCP 2020. 212, concl. Le Corre ; Rev. CMP 2020. 119, note Hoepffner.*

AUTRES POUVOIRS DU JUGE

105. Pouvoirs du juge du contrat. Condamnation d'une partie à une obligation de faire. S'il n'appartient pas au juge administratif d'intervenir dans la gestion d'un service public en adressant des injonctions à ceux qui ont contracté avec l'administration, lorsque celle-ci dispose à l'égard de ces derniers des pouvoirs nécessaires pour assurer l'exécution du contrat, il en va autrement quand l'administration ne peut user de moyens de contrainte à l'encontre de son cocontractant qu'en vertu d'une décision juridictionnelle ; en pareille hypothèse, le juge du contrat est en droit de prononcer, à l'encontre de son cocontractant, une condamnation, éventuellement sous astreinte, à une obligation de faire. • CE, sect., 13 juill. 1956, *OPHLM du Dpt de la Seine*, n° 37656. ♦ V. aussi : • CE 29 juill. 2002, *CH d'Armentières*, n° 243500 A.

106. Il n'appartient au juge administratif d'intervenir dans la gestion du service public en adressant des injonctions à ceux qui ont contracté avec l'administration que dans le cas où celle-ci ne dispose pas à l'égard de ces derniers des pouvoirs nécessaires pour assurer l'exécution du marché et qu'il en va autrement quand l'administration peut user de moyens de contrainte à l'égard de son cocontractant sans recourir à une décision juridictionnelle ; l'office public d'habitations à loyer modéré tenait des stipulations de l'art. 39 du cahier des clauses et conditions spéciales applicables aux marchés de travaux de bâtiments à exécuter au compte des offices publics d'habitations à loyer modéré le pouvoir de faire exécuter le marché litigieux aux risques et périls du Sieur Wuest, entrepreneur défaillant, et avait ainsi à sa disposition des moyens de contrainte d'une efficacité égale à celle de l'injonction que le tribunal administratif a, sans l'assortir d'une astreinte, adressée, en l'espèce, au Sieur Wuest pour faire exécuter ledit marché ; dès lors, et sans qu'il soit besoin d'examiner les moyens de la requête, il y a lieu d'annuler l'art. 1er du jugement prononçant une telle injonction. • CE 31 janv. 1973, *Sieur Wuest,* n° 82563 A.

107. Si, en principe, il n'appartient pas au juge administratif d'intervenir dans l'exécution d'un contrat administratif en adressant des injonctions à ceux qui ont contracté avec l'administration lorsque celle-ci dispose à l'égard de ces derniers des pouvoirs nécessaires pour assurer l'exécution du contrat, il en va autrement quand l'administration ne peut user de moyens de contrainte à l'encontre de son cocontractant qu'en vertu d'une décision juridictionnelle, notamment après l'expiration des relations contractuelles ; en pareille hypothèse, le juge du contrat est en droit de prononcer, à l'encontre du cocontractant de l'administration, une condamnation, éventuellement sous astreinte à une obligation de faire ; la demande adressée en 2007 par la commune d'Isola et par le syndicat mixte pour l'aménagement et l'exploitation de la station d'Isola 2000 au tribunal administratif de Nice tendait précisément à obtenir, à la suite de la résiliation pour un motif d'intérêt général, le 6 mars 2001, de la convention d'aménagement conclue en 1992 par le syndicat mixte avec la société d'aménagement et de promotion de la station d'Isola (SAPSI), aux droits de laquelle est venue la société d'aménagement d'Isola 2000 (SAI 2000), la restitution, en application de l'art. 20 de cette convention, des parcelles qui lui avaient été cédées par la commune.

Le tribunal administratif de Nice, par un jugement du 9 mars 2012, et la cour administrative d'appel de Marseille, par un arrêt du 7 juill. 2014, confirmé sur ce point par la décision du 14 mars 2016 du Conseil d'État, statuant au contentieux, ont prononcé à l'encontre de la SAI 2000 une injonction de restituer lesdits terrains assortie d'une astreinte, en leur qualité de juge du contrat ; la commune d'Isola et le syndicat mixte pour l'aménagement et l'exploitation de la station d'Isola 2000 ont, par la suite, saisi la cour administrative d'appel de Marseille pour lui demander d'assurer l'exécution de ces décisions ; leurs conclusions doivent être regardées comme tendant à ce que le juge de l'exécution assure l'exécution effective des obligations de faire assorties d'une astreinte que le juge du contrat avait prescrites.

Les dispositions du livre IX du CJA ne s'appliquent qu'aux injonctions et astreintes que, depuis la L. n° 80-539 du 16 juill. 1980 et la L. n° 95-125 du 8 févr. 1995, les juridictions administratives peuvent prononcer à l'encontre d'une personne morale de droit public ou d'un organisme privé chargé de la gestion d'un service public ; elles ne sont, en revanche, pas applicables lorsque le juge du contrat, saisi par l'administration en vue de prononcer une obligation de faire à l'encontre de l'ancien cocontractant de l'administration, fait application du principe général selon lequel les juges ont la faculté de prononcer une injonction assortie d'une astreinte en vue de l'exécution de leurs décisions.

La juridiction compétente pour connaître d'une demande d'exécution du jugement d'un tribunal administratif est le tribunal qui a rendu cette décision ou, en cas d'appel, la juridiction d'appel, alors même que cette dernière aurait rejeté l'appel formé devant elle ; la seule circonstance qu'un jugement ou un arrêt ait fait l'objet d'un pourvoi en cassation est sans incidence sur la compétence du tribunal administratif ou de la cour administrative d'appel pour prononcer les mesures qu'implique l'exécution de ce jugement ou de cet arrêt ; toutefois, il en va différemment dans l'hypothèse où un jugement ou un arrêt a fait l'objet d'un pourvoi en cassation et où le Conseil d'État règle l'affaire au fond, y compris lorsque le jugement ou l'arrêt n'a fait l'objet que d'une annulation partielle.

L'arrêt du 7 juill. 2014 de la cour administrative d'appel de Marseille a été annulé partiellement par la décision du 14 mars 2016 du Conseil d'État, statuant au contentieux ; le Conseil d'État ayant, par cette même décision, réglé l'affaire au fond dans la mesure de la cassation prononcée, il est seul compétent pour prononcer les mesures qu'implique l'exécution de sa décision et de la partie du dispositif de l'arrêt de la cour qui est devenue définitive ; il suit de là que la commune d'Isola et le syndicat mixte pour l'aménagement et l'exploitation de la station d'Isola 2000 sont fondés, sans qu'il soit besoin d'examiner le moyen de leur pourvoi, à demander l'annulation de l'arrêt attaqué par lequel la cour administrative d'appel de Marseille a statué sur leurs conclusions à fin d'exécution de son arrêt du 7 juill. 2014.

Il appartient au Conseil d'État de statuer, comme juge de l'exécution, sur les conclusions présentées par la commune d'Isola et le syndicat mixte pour l'aménagement et l'exploitation de la station d'Isola 2000 devant la cour administrative d'appel de Marseille. • CE 11 juill. 2018, *Cne d'Isola, Syndicat mixte pour l'aménagement et l'exploitation de la station d'Isola 2000,* n° 407865 A.

108. L'art. 35 du CCAG applicables aux marchés des collectivités locales, auquel se réfère expressément le marché conclu le 3 juill. 1974 entre la ville et la société requérante, prévoit les mesures coercitives qui peuvent être prises par le maître de l'ouvrage à l'effet de contraindre l'entrepreneur à se conformer soit aux stipulations du contrat, soit aux ordres de service ; ainsi, la ville, qui disposait, à l'égard de l'entrepreneur, des pouvoirs nécessaires pour assurer l'exécution du contrat et qui n'établit pas qu'elle fût dans l'impossibilité de les exercer utilement, n'était pas fondée à demander au tribunal administratif de Toulouse d'enjoindre à l'entrepreneur, sous menace de sanctions pécuniaires, d'exécuter, conformément aux ordres de service qui lui avaient été notifiés, les engagements qu'il avait souscrits. • CE 21 mai 1982, ⚖ *SARL Sté de protection intégrale du bâtiment,* n° 20414 A.

109. Il entre dans les pouvoirs des juridictions administratives, lorsqu'elles sont saisies de conclusions tendant à l'exécution des travaux nécessaires pour réparer la perte totale ou partielle résultant des vices de construction d'un ouvrage, de condamner les entrepreneurs à l'exécution de cette obligation de faire ; par suite, le moyen tiré de ce que le tribunal administratif aurait, par le jugement attaqué, donne une injonction qui excédait ses pouvoirs ne saurait être accueilli. • CE 12 juin 1981, ⚖ *SA Étude et Procédé d'assainissement « Purator » (EPAP),* n° 19070.

110. Il sera fait une exacte appréciation du préjudice résultant pour la commune de Sainteny des malfaçons commises par le Sieur Brecy dans la confection de la toiture en condamnant ce dernier à verser à la commune une somme de 1 200 F, si mieux n'aime le Sieur Brécy procéder lui-même aux travaux nécessaires. • CE 1er juill. 1970, ⚖ *Cne de Sainteny,* nos 70820 A et 72704 A.

111. Recouvrement des créances contractuelles par les collectivités publiques. Action en responsabilité extracontractuelle. Les collectivités publiques peuvent, en matière contractuelle, soit constater elles-mêmes les créances qu'elles détiennent sur leurs cocontractants et émettre des titres exécutoires, soit saisir le juge administratif d'une demande tendant au recouvrement de ces créances. Toutefois, elles ne peuvent pas saisir d'une telle demande le juge lorsqu'elles ont décidé, préalablement à cette saisine, d'émettre des titres exécutoires en vue de recouvrer les sommes en litige. Dans un tel cas, dans la mesure où la décision demandée au juge aurait les mêmes effets que le titre émis antérieurement, la demande présentée, fondée sur la responsabilité contractuelle, est dépourvue d'objet et par suite irrecevable.

Cette règle ne s'oppose pas à ce que les collectivités publiques qui ont décidé de constater elles-mêmes les créances contractuelles qu'elles détiennent sur leurs cocontractants et d'émettre des titres exécutoires, puissent saisir le juge administratif d'une demande recherchant la responsabilité extracontractuelle de leurs cocontractants à raison de l'illégalité des contrats en litige. Dans un tel cas, dans la mesure où la demande présentée au juge n'a ni le même fondement ni les mêmes effets que le titre exécutoire émis antérieurement, cette demande fondée sur la responsabilité extracontractuelle ne peut être regardée comme dépourvue d'objet et par suite irrecevable.

Ainsi, la circonstance qu'une collectivité publique ait décidé, dans un premier temps, de constater elle-même la créance qu'elle estimait détenir sur son cocontractant en application du contrat et ait émis à cette fin un titre exécutoire ne rend pas irrecevable une action ultérieure tendant à ce que soit engagée la responsabilité extracontractuelle de celui-ci en raison de l'illégalité du contrat en litige, action qui ne saurait être regardée comme intervenant en matière contractuelle du seul fait qu'elle tend au remboursement de sommes originellement versées en exécution d'un contrat. • CE 10 juill. 2020, ⚖ *Cne de La Renaudière,* n° 429522 B.

112. Recours de la victime de comportements dolosifs. Litige en responsabilité quasi délictuelle. En jugeant que ni l'expérience du maître d'ouvrage, ni l'exigence d'une vigilance normale, ni la signature du décompte général et définitif, à une date à laquelle le dol n'avait pas encore été établi dans toute son ampleur, ne faisaient obstacle à ce que puisse être constaté, en l'espèce, l'effet dolosif des manœuvres dirigées contre le maître d'ouvrage, consistant en une entente en vue d'obtenir des conditions de rémunération du marché surévaluées, une cour, qui a apprécié souverainement les faits soumis à son examen, n'a commis ni erreur de droit ni erreur de qualification juridique.

Les litiges nés à l'occasion du déroulement de la procédure de passation d'un marché public relèvent, comme ceux relatifs à l'exécution d'un tel marché, de la compétence des juridictions administratives, que ces litiges présentent ou non un caractère contractuel. Un litige qui a pour objet l'engagement de la responsabilité de sociétés en raison d'agissements dolosifs susceptibles d'avoir conduit une personne publique à contracter avec elles à des conditions de prix désavantageuses et qui tend à la réparation d'un préjudice né des stipulations du contrat lui-même et résultant de la différence éventuelle entre les termes du marché de travaux publics effectivement conclu et ceux auxquels il aurait dû l'être dans des conditions normales relève de la compétence des juridictions administratives, alors même qu'il met en cause une méconnaissance par les sociétés de leur obligation de respecter les règles de la concurrence et non une faute contractuelle.Les actions en nullité devant le juge du contrat et en responsabilité quasi délictuelle auxquelles peut donner lieu un dol viciant le consentement d'une partie à entrer dans des liens contractuels sont indépendantes l'une de l'autre et il appartient à la partie qui en a subi les effets de choisir de s'engager dans l'une ou l'autre des deux actions, ou dans les deux.

Une cour, après avoir exactement qualifié de dol le comportement des entreprises, qualification qui implique que les manœuvres aient eu un caractère déterminant, ne commet ensuite ni erreur de droit ni erreur de qualification juridique en excluant toute faute de la victime des manœuvres dolosives de nature à exonérer les auteurs de ces manœuvres d'une partie de leur responsabilité. • CE 19 déc. 2007, *Sté Campenon Bernard et a.*, n°s 268918 A, 269280 A et 269293 A : *ACCP 2008, n° 77, p. 69, obs. Guézou ; BJCP 2008. 54, obs. Maugüé ; Rev. CMP 2008, n° 56, obs. Eckert ; RFDA 2008. 109, note Moderne ; RJEP 2008, comm. n° 20, note Gourdou et Terneyre.*

113. Litiges relatifs à la responsabilité de personnes auxquelles sont imputés des comportements susceptibles d'avoir affecté les clauses d'un marché public. Compétence. Les litiges relatifs à la responsabilité de personnes auxquelles sont imputés des comportements susceptibles d'avoir altéré les stipulations d'un contrat administratif, notamment ses clauses financières, dont la connaissance relève de la juridiction administrative, et d'avoir ainsi causé un préjudice à la personne publique qui a conclu ce contrat, relèvent de la compétence de la juridiction administrative.

Le présent litige a pour objet l'engagement de la responsabilité de sociétés et de leurs préposés en raison d'agissements susceptibles d'avoir conduit la région à passer des marchés publics à des conditions de prix désavantageuses et tend à la réparation du préjudice qui résulterait de la différence entre les termes des marchés publics effectivement conclus et ceux auxquels ils auraient dû l'être dans des conditions normales de concurrence ; il en résulte qu'un tel litige relève de la compétence de la juridiction administrative. • T. confl. 16 nov. 2015, *Région Île-de-France c/ M. Nautin et a.*, n° 4035 : *Dr. adm. 2016, n° 42, note Bazex et Lanneau ; Rev. CMP 2016, n° 49, note Ubaud-Bergeron ; AJDA 2016. 786, note Éveillard.* – V., à l'inverse, pour un contrat de droit privé : • CE 10 févr. 2016, *M. Blandin et a.*, n° 386892 A : *Rev. CMP 2016, n° 141, note Devillers.*

114. Prescription de l'action en responsabilité quasi délictuelle en cas de comportements dolosifs. Il résulte de l'art. 2224 C. civ., du II de l'art. 26 de la L. n° 2008-561 du 17 juin 2008, de l'art. 2270-1 C. civ., en vigueur jusqu'à l'entrée en vigueur de la L. n° 2008-561 du 17 juin 2008, des art. L. 481-1 et L. 482-1 C. com. et de l'art. 12 de l'Ord. n° 2017-303 du 9 mars 2017 que jusqu'à l'entrée en vigueur de la loi du 17 juin 2008, les actions fondées sur la responsabilité quasi délictuelle des auteurs de pratiques anticoncurrentielles se prescrivaient par dix ans à compter de la manifestation du dommage.

La SNCF a conclu en 1993 deux marchés portant sur des travaux de génie civil nécessaires à la réalisation de gares avec groupement comprenant la société A.

Le 30 juin 1995, a été ouverte une information judiciaire, à la suite de la découverte de l'existence d'un logiciel visant à favoriser des ententes entre entreprises sur les prix lors de la mise en concurrence de marchés de travaux publics en Île-de-France.

La SNCF s'est constitué partie civile le 4 juill. 1997 dans le cadre de cette procédure.

Une décision du 21 mars 2006 du Conseil de la concurrence, a infligé des amendes à plusieurs sociétés, dont la société A, au motif qu'elles avaient méconnu les dispositions de l'art. L. 420-1 C. com. prohibant les ententes ayant pour objet de fausser le jeu de la concurrence.

La SNCF a formulé une demande tendant à la condamnation de certaines de ces sociétés à réparer le préjudice subi du fait de ces pratiques anticoncurrentielles et du dol en résultant.

Pour juger que les conclusions présentées par la SNCF au titre de la responsabilité quasi délictuelle étaient prescrites depuis 2007 par application du délai de prescription décennale résultant alors de l'art. 2270-1 C. civ., la cour administrative d'appel a relevé qu'une information judiciaire avait été ouverte le 30 juin 1995, que la direction générale de la concurrence, de la consommation et de la répression des fraudes avait, dans le cadre de l'instruction pénale, établi un rapport mettant en évidence des indices de pratiques anticoncurrentielles et que la presse s'était fait l'écho de ces pratiques dès 1995 et a retenu que le délai de la prescription avait commencé à courir au plus tard le 4 juill. 1997, date à laquelle la SNCF s'était constituée partie civile.

Toutefois, il ressort des pièces du dossier soumis aux juges du fond que les termes de la constitution de partie civile de la SNCF sur laquelle s'est fondée la cour administrative d'appel ne traduisaient que de simples soupçons et n'étaient pas de nature à établir que la SNCF aurait eu, à cette date, connaissance de manière suffisamment certaine de l'étendue des pratiques anticoncurrentielles dont elle a été victime de la part des titulaires des marchés. Il ressort des pièces du dossier soumis aux juges du fond qu'au cas présent la SNCF n'a été en mesure de connaître de façon suffisamment certaine l'étendue de ces pratiques qu'au vu de la décision du 21 mars 2006 du Conseil de la concurrence.

Il résulte de ce qui précède qu'en se fondant sur les éléments qu'elle a pris en considération pour juger que la SNCF avait une connaissance suffisante de son dommage dès le 4 juill. 1997 et retenir en conséquence cette date comme point de départ de la prescription, initialement de dix ans, applicable à la demande en responsabilité quasi délictuelle de la SNCF comme de la prescription de cinq ans, applicable à son autre demande, la cour administrative d'appel a dénaturé les pièces du dossier. • CE 22 nov. 2019, *SNCF Mobilités*, n° 418645 B : *BJCP 2020. 63, concl. Le Corre.*

115. Compétence. Recevabilité. Un litige ayant pour objet l'engagement de la responsabilité quasi délictuelle de sociétés en raison d'agissements dolosifs susceptibles d'avoir conduit une personne publique à contracter avec l'une d'entre elles, à des conditions de prix désavantageuses, qui tend à la réparation d'un préjudice né du contrat lui-même et résultant de la différence éventuelle entre les termes du marché effectivement conclu et ceux auxquels il aurait dû l'être dans des conditions normales, relève de la compétence des juridictions administratives.

Si une personne publique est, en principe, irrecevable à demander au juge administratif de prononcer une mesure qu'elle a le pouvoir de prendre, la faculté d'émettre un titre exécutoire dont elle dispose ne fait pas obstacle, lorsque la créance trouve son origine dans un contrat, à ce qu'elle saisisse le juge administratif d'une demande tendant à son recouvrement.

L'action tendant à l'engagement de la responsabilité quasi délictuelle de sociétés en raison d'agissements dolosifs susceptibles d'avoir conduit une personne publique à contracter avec l'une d'entre elles, à des conditions de prix désavantageuses, qui tend à la réparation d'un préjudice né du contrat lui-même et résultant de la différence éventuelle entre les termes du marché effectivement conclu et ceux auxquels il aurait dû l'être dans des conditions normales, doit être regardée, pour l'application de ces principes, comme trouvant son origine dans le contrat, y compris lorsqu'est recherchée la responsabilité d'une société ayant participé à ces agissements dolosifs sans conclure ensuite avec la personne publique. • CE 27 mars 2020, ⚖ *Sté Lacroix Signalisation,* n° 421758 A : *BJCP 2020. 231, concl. Le Corre ; Rev. CMP 2020. 197, note Ubaud-Bergeron.*

116. Comportements dolosifs. Responsabilité quasi délictuelle. Évaluation du préjudice. Pour évaluer l'ampleur du préjudice subi par une personne publique au titre du surcoût lié à des pratiques anticoncurrentielles, il convient de se fonder sur la comparaison entre les marchés passés pendant l'entente et une estimation des prix qui auraient dû être pratiqués sans cette entente, en prenant notamment en compte la chute des prix postérieure à son démantèlement ainsi que les facteurs exogènes susceptibles d'avoir eu une incidence sur celle-ci. • CE 27 mars 2020, ⚖ *Sté Signalisation France,* n° 420491 A : *BJCP 2020. 231, concl. Le Corre.*

117. Comportements dolosifs. Annulation du contrat. Conséquences financières. Lorsqu'une personne publique est victime, de la part de son cocontractant, de pratiques anticoncurrentielles constitutives d'un dol ayant vicié son consentement, elle peut saisir le juge administratif, alternativement ou cumulativement, a) d'une part, de conclusions tendant à ce que celui-ci prononce l'*annulation du marché litigieux* et tire les conséquences financières de sa disparition rétroactive, et, b) d'autre part, de conclusions tendant à la condamnation du cocontractant, au titre de sa responsabilité quasi-délictuelle, à réparer les préjudices subis en raison de son comportement fautif.

En cas d'annulation du contrat en raison d'une pratique anticoncurrentielle imputable au cocontractant, a) ce dernier doit restituer les sommes que lui a versées la personne publique mais peut prétendre en contrepartie, sur un terrain quasi-contractuel, au remboursement des dépenses qu'il a engagées et qui ont été utiles à celle-ci, à l'exclusion, par suite, de toute marge bénéficiaire.

Si, en cas d'annulation du contrat, la personne publique ne saurait obtenir, sur le terrain quasi-délictuel, la réparation du préjudice lié au surcoût qu'ont impliqué les pratiques anticoncurrentielles dont elle a été victime, dès lors que cette annulation entraîne par elle-même l'obligation pour le cocontractant de restituer à la personne publique toutes les dépenses qui ne lui ont pas été utiles, elle peut, en revanche, demander la réparation des autres préjudices que lui aurait causés le comportement du cocontractant. • CE 10 juill. 2020, ⚖ *Sté Lacroix Signalisation,* n° 420045 A.

118. Évaluation du préjudice subi. Pour évaluer l'ampleur du préjudice subi par une personne publique au titre du surcoût lié à une entente, il est loisible de se fonder sur la comparaison des taux de marge de la société pendant la durée de l'entente et après la fin de celle-ci pour en déduire le surcoût supporté par la personne publique sur les marchés litigieux. • CE 27 avr. 2021, ⚖ *Sté Lacroix City Saint Herblain,* n° 440348 B : *BJCP 2021. 265, concl. Le Corre ; Rev. CMP 2021. 204, note Ubaud-Bergeron.*

119. Remboursement des dépenses utiles. En cas d'annulation du contrat en raison d'une pratique anticoncurrentielle imputable au cocontractant, ce dernier doit restituer les sommes que lui a versées la personne publique mais peut prétendre en contrepartie, sur un terrain quasi-contractuel, au remboursement des dépenses qu'il a engagées et qui ont été utiles à celle-ci.

Il appartient par suite au juge administratif, en cas d'annulation du contrat, d'évaluer, au besoin en ordonnant une expertise sur ce point, les dépenses du titulaire du contrat qui ont été utiles à la personne publique.

Les dépenses utiles comprennent, à l'exclusion de toute marge bénéficiaire, les dépenses qui ont été directement engagées par le cocontractant pour la réalisation des fournitures, travaux ou prestations destinés à l'administration. Ne peut être prise en compte que la quote-part des frais généraux directement liée à l'exécution du marché et à ce titre utile à la personne publique. Ne peuvent pas être regardés comme utilement exposés pour l'exécution du marché les frais de communication ainsi que, dans le cas où le contrat en cause est un marché public et sauf s'il s'agit d'un marché de partenariat, les frais financiers engagés par le cocontractant.

Une méthode fondée sur la déduction du prix des prestations à la fois du surcoût supporté par la personne publique à la suite d'une entente anticoncurrentielle et de la marge bénéficiaire de l'entreprise, ne saurait être en l'espèce retenue dès lors, d'une part, qu'une telle méthode conduit à intégrer dans l'assiette des dépenses utiles une partie de frais correspondant à des frais généraux non liés directement à l'exécution des prestations, qui ne sauraient être regardés comme étant utiles à la personne publique, et que, d'autre part, l'évaluation du surcoût supporté par celle-ci, fondée sur la seule comparaison avec un unique marché conclu par elle, sans prise en compte d'éventuels facteurs exogènes, conduit à retenir un taux excessif de surcoût. • CE 17 juin 2022, *Sté Lacroix City Saint-Herblain,* n° 454189 B.

RÉFÉRÉ-PROVISION

120. La circonstance que le décompte général d'un marché de travaux n'ait pas encore été arrêté ne fait pas obstacle à l'attribution d'une provision (sur des acomptes, en l'espèce), eu égard notamment au caractère provisoire d'une mesure prononcée en référé. • CE 3 déc. 2003, *Sté Bernard Travaux Polynésie,* n° 253748 B : *BJCP 2004. 118, concl. Piveteau ; AJDA 2004. 223, obs. Dreyfus ; Dr. adm. 2004, n° 68, obs. Naud* • CAA Paris, 9 févr. 2009, *Sté SDEL Tertiaire,* n° 06PA02350.

121. Réclamation préalable. Lorsque les stipulations du marché prévoient la mise en œuvre d'une procédure de recours préalable avant la saisine du juge administratif, l'existence de ce recours ne permet pas à l'une des parties de saisir directement ce juge, y compris lorsqu'il statue en référé. • CE 11 août 2009, *AP-HP,* n° 325791. ♦ Cependant, le juge du référé-provision peut être saisi dès lors qu'une des parties a engagé la procédure de recours préalable, sans attendre que celle-ci soit parvenue à son terme ; le moyen tiré de ce que les stipulations du cahier des clauses administratives générales seraient nulles car contraires à l'art. 6.1 Conv. EDH, du seul fait qu'elles imposent un recours préalable avant la saisine du juge, doit être écarté. • CE 16 déc. 2009, *Sté d'architecture Groupe 6,* n° 326220 : *BJCP 2010. 134, concl. Boulouis ; Rev. CMP 2010, n° 88, note Pietri.*

122. Il appartient au juge des référés, saisi d'une demande de provision, de se prononcer sur la détermination de la personne débitrice de l'obligation. • CE 9 févr. 2004, *M. Billerach,* n° 254438 B : *Dr. adm. 2004, n° 83, obs. G.L.C.*

123. La créance dont se prévaut la société requérante n'est pas contestable et sa demande de provision doit être rejetée dès lors que le projet de décompte final fait apparaître que des pénalités risquent de lui être infligées pour retard dans l'exécution des travaux. • CE 2 avr. 2004, *Sté Imhoff,* n° 257392 A.

124. Le juge des référés peut faire droit à une demande de provision au titre de la réparation du préjudice causé par la faute d'un cocontractant, mais à condition que la responsabilité de celui-ci ne soit pas sérieusement contestable. • CE 2 juin 2004, *Cne de Cluny,* n° 230729 B • 2 juin 2004, *Sté Selecom,* n° 254400 B : *Dr. adm. 2004, n° 126, obs. Ménéménis.*

125. Le contrat dont une commune invoque l'application a été conclu en application d'une clause de tacite reconduction présente dans le contrat initialement conclu ; l'irrégularité tenant à la conclusion du contrat en application d'une clause de tacite reconduction, eu égard à sa gravité et sans même que le juge du référé-provision, compte tenu de son office, ait à examiner les circonstances dans lesquelles elle a été commise, ne permet pas de regarder l'obligation qui découlerait de ce contrat comme non sérieusement contestable. • CE 20 avr. 2011, *Cne de Baie-Mahault,* n° 342850 : *BJCP 2011. 376, concl. Dacosta ; Rev. CMP 2011, n° 188, note Eckert ; Dr. adm. 2011, n° 57, note Brenet.*

126. Il est possible aux constructeurs condamnés au titre de la garantie décennale de présenter un appel contre un autre constructeur pour faire partager par le juge la charge finale de l'indemnité versée au maître d'ouvrage. Un tel appel en garantie est possible même dans le cadre d'un référé-provision. • CE 16 janv. 2012, *Cne du Château-d'Oléron,* n° 352122.

127. Demande d'une personne publique. Une collectivité publique est irrecevable à demander au juge administratif de prononcer une mesure qu'elle a le pouvoir de prendre. En particulier, les collectivités territoriales, qui peuvent émettre des titres exécutoires à l'encontre de leurs débiteurs, ne peuvent saisir directement le juge administratif d'une demande tendant au recouvrement de leur créance.

Toutefois, lorsque la créance trouve son origine dans un contrat, la faculté d'émettre un titre exécutoire dont dispose une personne publique ne fait pas obstacle à ce que celle-ci saisisse le juge administratif d'une demande tendant à son recouvrement, notamment dans le cadre d'un référé-provision engagé sur le fondement de l'art. R. 541-1 CJA. • CE 24 févr. 2016, *Dpt de l'Eure,* n° 395194 A : *Rev. CMP 2016, n° 113, note Pietri.*

128. Procédure de fixation définitive du montant de la dette par le juge du fond (art. R. 541-4 du CJA). L'art. R. 541-4 CJA ouvre à la personne condamnée par le juge des référés au paiement d'une provision la faculté de saisir, dans les conditions qu'il fixe, le juge du fond d'une demande de fixation définitive du montant de sa dette. Il lui est loisible à cette occasion de demander tant une limitation de la condamnation mise à sa charge que d'être totalement déchargée de la condamnation mise à sa charge. Ces dispositions ne font pas obstacle à ce que, à l'occasion de la même instance, le juge du fond puisse être saisi par le créancier de conclusions reconventionnelles, sous réserve qu'elles ne soulèvent pas un litige distinct de celui au titre duquel le débiteur a été condamné, aucune disposition ni aucun principe n'imposant que le juge du fond saisi sur le fondement de l'art. R. 541-4 du CJA ne puisse fixer définitivement le montant de la dette que dans les limites du litige qui a donné lieu à la demande de versement d'une provision. • CE 6 nov. 2020, *Cté d'agglomération du Muretain*, n° 433940 B.

129. Il résulte des dispositions de l'art. R. 541-4 CJA que, sauf dans le cas où l'ordonnance fixant la provision a fait l'objet d'un recours, le débiteur qui n'a pas saisi le juge du fond dans le délai de deux mois à compter de la notification de l'ordonnance de provision n'est plus recevable à demander la fixation définitive du montant de sa dette. Toutefois, en cas de pluralité de débiteurs condamnés solidairement à verser la provision et dès lors que l'un d'eux a saisi le juge du fond dans le délai, les autres débiteurs peuvent, même après l'expiration de ce délai, présenter des conclusions tendant à la fixation définitive du montant de leur dette, sous réserve qu'elles ne soulèvent pas un litige distinct de celui au titre duquel le débiteur a été condamné par le juge des référés. • CAA Bordeaux, 10 mars 2022, *Cté d'agglomération du Muretain*, n° 20BX03652 : *Rev. CMP 2022, comm. 136, Rees.*

RÉFÉRÉ-INSTRUCTION (ART. R. 532-1 CJA)

130. La circonstance que les assurés qu'ils représentent soient présents à une expertise prescrite sur le fondement de l'art. R. 532-1 CJA ne fait pas obstacle à ce que le juge des référés soit saisi de conclusions tendant à ce que cette expertise soit réalisée au contradictoire des assureurs des parties. En jugeant que les sociétés d'assurance sont toujours valablement et donc suffisamment représentées en leur qualité d'assureur par les personnes qu'elles assurent, une cour commet une erreur de droit. • CE 21 janv. 2008, *Compagnie d'assurances Areas dommages*, n° 298868 B.

131. Peuvent être appelées en qualité de parties à une expertise ordonnée sur le fondement des dispositions de l'art. R. 532-1 les personnes qui ne sont pas manifestement étrangères au litige susceptible d'être engagé devant le juge de l'action qui motive l'expertise ; en outre, le juge du référé peut appeler à l'expertise en qualité de sachant toute personne dont la présence est de nature à éclairer ses travaux. • CE 26 sept. 2008, *M. Michel Robert, n° 312140 B.*

132. Une société, en litige avec un département sur le règlement de travaux supplémentaires et de divers surcoûts inscrits au décompte général établi au titre du marché conclu en vue de la réhabilitation et de l'extension d'un collège, a sollicité du juge des référés qu'il désigne un expert ayant pour mission de faire les comptes entre les parties au vu du projet de décompte final adressé par la société au département et, à cette fin, de se déterminer quant à l'application des clauses de révision de prix, des pénalités contractuelles et des intérêts moratoires ; une telle mission, qui doit être regardée comme donnant qualité à l'expert pour trancher des questions de droit, ne saurait légalement lui être confiée par le juge des référés en application de l'art. R. 532-1 CJA. La société a également demandé que soit confiée à l'expert la mission d'évaluer les préjudices subis et de fournir tous éléments techniques susceptibles d'éclairer le juge administratif ; une telle mission ne satisfait pas à la condition d'utilité exigée par l'art. R. 532-1 CJA dès lors que la société dispose de tous les moyens, notamment techniques, qui lui sont nécessaires pour établir le bien-fondé des travaux qu'elle a effectués sans qu'ils figurent dans le marché conclu avec le département et pour justifier de l'anormale gravité et de l'imprévisibilité des surcoûts exposés pour les réaliser. • CE 9 déc. 2009, *Dpt du Nord*, n° 312724.

133. Les dispositions de l'art. R. 532-3 CJA, qui permettent à l'expert de demander au juge des référés la modification du périmètre de l'expertise dont il a la charge, lui permettent aussi de demander des précisions sur le contenu de sa mission ; de telles demandes, présentées par l'expert, qui n'est pas une partie à l'instance qui a conduit à ce que soit ordonnée l'expertise, sont dispensées du ministère d'avocat. • CE 6 déc. 2013, *Sté Michel Beauvais et associés et a.*, n° 369460.

134. Aux termes du 3e al. de l'art. 1844-8 C. civ. : « La personnalité morale de la société subsiste pour les besoins de la liquidation jusqu'à la publication de la clôture de celle-ci ». Cette règle est reprise à l'art. L. 237-2 C. com. En vertu du 7° de l'art. 1844-7 C. civ. dans sa version antérieure au 1er juill. 2014, une société prend fin par l'effet d'un jugement ordonnant la liquidation judiciaire. Toutefois, la personnalité morale d'une société subsiste aussi longtemps que les droits et obligations à caractère social ne sont pas liquidés. En conséquence, une société peut, s'il y a lieu, alors même que la clôture de la liquidation judiciaire aurait été prononcée, être incluse dans le champ d'une expertise après désignation d'un mandataire chargé de la représenter. • CE 2 déc. 2016, *Sté Entreprise Jean Lefebvre Nord et a.*, n° 385469.

135. Extension de l'expertise. Lorsqu'il est saisi d'une demande d'une partie ou de l'expert tendant à l'extension de la mission de l'expertise à des personnes autres que les parties initialement désignées par l'ordonnance ou à l'examen de questions techniques qui se révélerait indispensable à la bonne exécution de cette mission, le juge des référés ne peut ordonner cette extension qu'à la condition qu'elle présente un caractère utile ; cette utilité doit être appréciée, d'une part, au regard des éléments dont le demandeur dispose ou peut disposer par d'autres moyens et, d'autre part, bien que ce juge ne soit pas saisi du principal, au regard de l'intérêt que la mesure présente dans la perspective d'un litige principal, actuel ou éventuel, auquel elle est susceptible de se rattacher ; à ce dernier titre, le juge ne peut faire droit à une demande d'extension de l'expertise lorsque, en particulier, elle est formulée à l'appui de prétentions qui ne relèvent manifestement pas de la compétence de la juridiction administrative, qui sont irrecevables ou qui se heurtent à la prescription ; dans l'hypothèse où est opposée une forclusion ou une prescription, il lui incombe de prendre parti sur ces points. • CE 11 juill. 2018, *Sté Diffazur Piscines*, n° 416635 B.

136. Office du juge. Utilité. Pour estimer que la mesure d'expertise demandée par la Sté Établissements Masci ne présentait pas de caractère d'utilité, le juge des référés de la CAA Paris a considéré que la société ne se prévalait d'aucune circonstance particulière qui conférerait à l'expertise qu'elle demande un caractère d'utilité différent de celui de la mesure que le juge du fond, saisi de l'un de ces litiges, pourrait décider dans l'exercice de ses pouvoirs de direction de l'instruction. En rejetant ces conclusions au motif que la saisine éventuelle d'un juge du fond permettrait d'ordonner une mesure d'expertise identique, alors que le juge du référé-expertise peut être saisi avant l'engagement d'une instance au fond ou sans que celle-ci soit finalement engagée, le juge des référés de la CAA Paris a commis une erreur de droit. • CE 2 juin 2021, *Sté Établissement Masci*, n° 445267.

137. Utilité. L'utilité d'une mesure d'instruction ou d'expertise qu'il est demandé au juge des référés d'ordonner sur le fondement de l'art. R. 532-1 CJA doit être appréciée, d'une part, au regard des éléments dont le demandeur dispose ou peut disposer par d'autres moyens et, d'autre part, bien que ce juge ne soit pas saisi du principal, au regard de l'intérêt que la mesure présente dans la perspective d'un litige principal, actuel ou éventuel, auquel elle est susceptible de se rattacher ; à ce dernier titre, il ne peut faire droit à une demande d'expertise lorsque, en particulier, elle est formulée à l'appui de prétentions qui ne relèvent manifestement pas de la compétence de la juridiction administrative, qui sont irrecevables ou qui se heurtent à la prescription ; de même, il ne peut faire droit à une demande d'expertise permettant d'évaluer un préjudice, en vue d'engager la responsabilité d'une personne publique, en l'absence manifeste de lien de causalité entre le préjudice à évaluer et la faute alléguée de cette personne.

Il ressort des énonciations de l'ordonnance attaquée que, pour rejeter les conclusions des sociétés Simon Bonis et Axa France Iard tendant à ce que la société Eurovia, sous-traitante de la société Simon Bonis, soit attraite à l'expertise, le juge des référés de la cour administrative d'appel a jugé que toute action en responsabilité à l'encontre de la société Eurovia serait prescrite, les travaux réalisés par la société Eurovia pour lesquels sa mise en cause était sollicitée ayant fait l'objet d'une réception le 17 oct. 2006, le point de départ du délai de la garantie décennale devant être fixé à cette date et ce délai n'ayant pas été interrompu par la demande d'expertise de la commune de Villeneuve-sur-Lot, enregistrée au greffe du tribunal administratif le 7 oct. 2016, qui ne visait pas cette société.

Toutefois, en se fondant sur ce motif pour écarter les conclusions de la société Simon Bonis et de son assureur tendant à ce que la société Eurovia soit attraite à l'expertise, alors qu'il lui appartenait seulement de déterminer si la mise en cause de la société Eurovia était utile à la réalisation de l'expertise sollicitée par la commune de Villeneuve-sur-Lot, dont il avait admis que les prétentions n'étaient pas prescrites, le juge des référés de la cour administrative d'appel a commis une erreur de droit. • CE 26 juill. 2018, *Sté Axa France Iard, Sté Simon Bonis*, n° 415139 B : *BJCP 2018. 386, concl. Henrard.*

RÉFÉRÉ-MESURES UTILES (ART. L. 521-3 CJA)

138. Le juge des référés peut enjoindre à un exploitant, après que la concession dont il était titulaire a été résiliée, de remettre à la collectivité publique l'ensemble des installations nécessaires au bon fonctionnement du service. • CE 9 déc. 1988, *Sté Les téléphériques du massif du Mont-blanc*, n° 92211 B.

139. Saisi sur le fondement des dispositions de l'art. L. 521-3, le juge des référés du tribunal administratif ne commet pas d'erreur de droit en jugeant que, tenu de ne pas faire obstacle à l'exécution d'une décision administrative, et notamment aux ordres de service pris en exécution du marché litigieux, il ne peut ordonner la suspension de l'exécution d'un lot ; il ne méconnaît pas, ce faisant, les objectifs de la Dir. 2007/66 du 11 déc. 2007, laquelle ne porte que sur les recours contre les décisions prises par les pouvoirs adjudicateurs dans le cadre des procédures de passation des marchés publics. • CE 8 juill. 2009, *Sté Eurelec Aquitaine*, n° 320143 B.

140. S'il n'appartient pas au juge administratif d'intervenir dans la gestion d'un service public en adressant des injonctions à ceux qui ont contracté avec l'administration, lorsque celle-ci dispose à l'égard de ces derniers des pouvoirs nécessaires pour assurer l'exécution du contrat, il en va autrement quand l'administration ne peut user de moyens de contrainte à l'encontre de son cocontractant qu'en vertu d'une décision juridictionnelle ; en pareille hypothèse, le juge du contrat est en droit de prononcer, à l'encontre de son cocontractant, une condamnation, éventuellement sous astreinte, à une obligation de faire ; en cas d'urgence, le juge des référés peut, de même, sur le fondement des dispositions de l'art. L. 521-3 CJA, ordonner, éventuellement sous astreinte, au cocontractant, dans le cadre de ses obligations contractuelles, de prendre à titre provisoire toute mesure nécessaire pour assurer la continuité du service public ou son bon fonctionnement, à condition que cette mesure soit utile, justifiée par l'urgence, ne fasse obstacle à l'exécution d'aucune décision administrative et ne se heurte à aucune contestation sérieuse. • CE 29 juill. 2002, *CH d'Armentières*, n° 243500 A.

141. Le juge des référés n'a pas commis d'erreur de droit ni dénaturé les pièces du dossier en jugeant que, la communauté de communes ne disposant pas de pouvoirs de contrainte à l'égard de la société Equalia, la restitution par le délégataire de biens de retour est au nombre des mesures utiles et urgentes qui peuvent être prises sur le fondement de l'art. L. 521-3 CJA afin d'assurer la continuité du service public et son bon fonctionnement. • CE 5 févr. 2014, *Stés Equalia et Polyxo*, n° 371121 : *Rev. CMP 2014, n° 112, note Eckert.*

142. Il n'appartient pas au juge administratif d'intervenir dans la gestion d'un service public en adressant des injonctions à ceux qui ont contracté avec l'administration, lorsque celle-ci dispose à l'égard de ces derniers des pouvoirs nécessaires pour assurer l'exécution du contrat ; il en va cependant autrement quand l'administration ne peut user de moyens de contrainte à l'encontre de son cocontractant qu'en vertu d'une décision juridictionnelle ; en pareille hypothèse, le juge du contrat est en droit de prononcer, à l'encontre du cocontractant, une condamnation, éventuellement sous astreinte, à une obligation de faire ; en cas d'urgence, le juge des référés peut, de même, sur le fondement des dispositions de l'art. L. 521-3 CJA, ordonner au cocontractant, éventuellement sous astreinte, de prendre à titre provisoire toute mesure nécessaire pour assurer la continuité du service public ou son bon fonctionnement, à condition que cette mesure soit utile, justifiée par l'urgence, ne fasse obstacle à l'exécution d'aucune décision administrative et ne se heurte à aucune contestation sérieuse ; les obligations du cocontractant doivent être appréciées en tenant compte, le cas échéant, de l'exercice par l'autorité administrative du pouvoir de modification unilatérale dont elle dispose en vertu des règles générales applicables aux *contrats administratifs.*

Pour juger que la demande du syndicat intercommunal tendant à ce qu'il soit enjoint à la société X de prendre diverses mesures en vue de la réception et de la mise en service de rames de tramway ne se heurtait, dans son principe, à aucune contestation sérieuse, le juge des référés a relevé que, par une délibération du 22 mars 2010, le comité syndical avait décidé de substituer des rames de tramways au système de trolleybus initialement prévu pour la future deuxième ligne par la convention de délégation de service public.

Pour soutenir que l'ordonnance attaquée est entachée d'une erreur de droit, la société X se borne à faire valoir que les mesures sollicitées par le syndicat n'entraient pas dans le cadre des obligations mises à sa charge par le contrat de délégation de service public ; il résulte cependant de ce qui a été dit ci-dessus que les mesures que le juge du contrat ou, le cas échéant, le juge des référés peut ordonner au cocontractant de l'administration pour assurer la continuité du service public ou son bon fonctionnement ne sont pas seulement celles qui découlent des obligations prévues dans le contrat initialement signé par les parties mais également celles qui résultent de l'exercice, par l'administration, de son pouvoir de modification unilatérale du contrat ; par suite, la société X n'est pas fondée à soutenir que le juge des référés a commis une erreur de droit et méconnu son office en s'abstenant de rechercher si les mesures sollicitées par le syndicat entraient dans le cadre des obligations définies par le contrat. • CE 5 juill. 2013, *Sté Veolia Transport Valenciennes Transvilles*, n° 367760 : *RJEP juin 2014, n° 25, concl. Dacosta ; AJDA 2013. 2454, note Schultz ; Rev. CMP 2013, n° 262, note Pietri.*

143. D'une part, la société prestataire a conçu et installé une application informatique de type progiciel « cœur de système », qui constitue l'unique outil comptable, budgétaire et achat de l'ADEME. Dans la mesure où une part importante des agents de cette agence ont besoin d'accéder à ce progiciel pour exercer leurs missions quotidiennes, l'annonce par la société de sa décision de supprimer de façon indistincte et unilatérale, à très brève échéance, des droits d'accès ouverts aux utilisateurs de ce progiciel, est de nature à porter une atteinte immédiate au bon fonctionnement de l'ADEME. La mesure demandée par l'ADEME présente ainsi un caractère d'urgence.

D'autre part, l'ADEME ne dispose pas d'une autre voie de droit pour faire obstacle à cette menace de suppression imminente et unilatérale des droits d'accès de ses agents aux licences du progiciel conçu et installé par la société prestataire. Dès lors, la mesure sollicitée est utile. En outre, cette mesure ne fait obstacle à l'exécution d'aucune décision administrative.

Enfin, les mesures que le juge des référés, saisi sur le fondement des dispositions de l'art. L. 521-3 CJA, peut ordonner au cocontractant de l'administration pour assurer la continuité du service public ou son bon fonctionnement ne sont pas seulement celles qui découlent des obligations prévues dans le contrat initialement signé par les parties, mais également celles qui résultent de l'exercice, par l'administration, de son pouvoir de modification unilatérale du contrat. Si la société prestataire soutient que l'utilisation des licences par l'ADEME contrevient aux stipulations du marché initial et se heurte aux droits de propriété intellectuelle de la société prestataire et de la société Microsoft, la solution étant composée d'un progiciel Microsoft et de développements logiciels réalisés par la société prestataire, ces circonstances, à supposer qu'elles puissent être regardées comme fondées, sont sans incidence sur l'absence de contestation sérieuse qui s'attache à ce que la mesure sollicitée soit ordonnée. Il suit de là que la mesure sollicitée ne se heurte à aucune contestation sérieuse. • CE 25 juin 2018, *Agence de l'environnement et de la maîtrise de l'énergie*, n° 418493 B : *BJCP 2018. 392, concl. Pellissier ; Rev. CMP 2018. 198, note Ubaud-Bergeron.*

144. Il ressort des pièces du dossier soumis au juge des référés que la chambre de commerce et d'industrie, qui a créé et administre l'école de gestion et de commerce dans le cadre des missions de service public qui lui sont légalement dévolues en matière de formation, a passé avec une société un marché portant sur la fourniture de soixante-deux ordinateurs portables destinés à être utilisés par les étudiants de cette école ; ayant constaté que trente-trois de ces ordinateurs présentaient des défectuosités, la chambre a demandé à cette société la mise à disposition immédiate, à titre provisoire, de trente-trois ordinateurs portables de remplacement le temps de la réparation, dans le cadre de la garantie contractuelle. La société ayant refusé de prendre en charge la réparation des ordinateurs défectueux et de les remplacer par de nouveaux ordinateurs, la chambre de commerce et d'industrie a saisi le juge des référés du tribunal administratif, sur le fondement des dispositions de l'art. L. 521-3 CJA, d'une demande tendant à ce qu'il soit enjoint à la société de lui livrer trente-trois ordinateurs de type identique en remplacement des ordinateurs défectueux ; par l'ordonnance attaquée, le juge des référés du tribunal administratif a ordonné à cette société de livrer à la chambre de commerce et d'industrie vingt-huit ordinateurs portables du même type que ceux commandés en exécution du marché, en remplacement des appareils affectés par une fissure ou une rupture de charnière, une panne d'écran ou une touche défectueuse. Pour ordonner cette mesure de remplacement définitif, le juge des référés a relevé qu'elle présentait un caractère d'urgence et tendait au prononcé de mesures utiles ; en procédant ainsi, alors que seul un remplacement temporaire, le temps de la réparation, pouvait être ordonné en référé et était d'ailleurs demandé par la chambre, sur le fondement des stipulations contractuelles relatives à la réparation des ordinateurs défectueux, le juge des référés a méconnu son office. Les soixante-deux ordinateurs livrés en exécution du marché mentionné plus haut, et dont il résulte de l'instruction que vingt-huit présentent des défectuosités en rendant l'usage impossible ou difficile, constituent pour les étudiants des outils de travail nécessaires au bon déroulement de leurs études ; la mesure demandée par la chambre de commerce et d'industrie, qui doit être regardée comme tendant à la réparation de ces ordinateurs et à leur remplacement, le temps de cette réparation, par d'autres ordinateurs, présente en conséquence un caractère d'urgence et d'utilité. D'autre part, le cahier des charges du marché litigieux prévoit, dans son § C-3 intitulé « Configuration services », une garantie d'une durée de trois ans des ordinateurs portables livrés en exécution du marché et le prêt d'un ordinateur de remplacement pour toute immobilisation supérieure à deux jours ; il n'est pas établi que les défectuosités ayant affecté vingt-huit de ces ordinateurs, tenant en des fissures, des ruptures de charnière, des pannes d'écran ou des touches défectueuses, résulteraient d'une utilisation inappropriée ou de négligences de la part des étudiants ; ainsi, la chambre de commerce et d'industrie est fondée, en application du contrat, à demander à son cocontractant d'assumer la charge matérielle et financière de la réparation des ordinateurs défectueux et, le cas échéant, de mettre temporairement à sa disposition, durant le délai nécessaire à cette réparation, d'autres ordinateurs ; par suite, la mesure demandée au juge des référés par la chambre de commerce et d'industrie ne se heurte pas à une contestation sérieuse, en ce qui concerne vingt-huit des trente-trois ordinateurs dont cette dernière allègue la défectuosité ; dès lors, il y a lieu d'ordonner à la société de prendre en charge la réparation de ces vingt-huit ordinateurs défectueux et de livrer à la chambre de commerce et d'industrie, le cas échéant, des ordinateurs du même type durant le temps nécessaire à leur réparation ; il n'y a pas lieu d'assortir cette injonction d'une astreinte. • CE 1er mars 2012, *Sté Assistance conseil informatique professionnelle*, n° 354628 : *BJCP 2012.183, concl. Dacosta ; Rev. CMP 2012, n° 128, note Pietri.*

145. S'il n'appartient pas au juge administratif d'intervenir dans la gestion d'un service public en adressant des injonctions à ceux qui ont contracté avec l'administration, lorsque celle-ci dispose à l'égard de ces derniers des pouvoirs nécessaires pour assurer l'exécution du contrat, il en va autrement quand l'administration ne peut user de moyens de contrainte à l'encontre de son cocontractant qu'en vertu d'une décision juridictionnelle ; en pareille hypothèse, le juge du contrat est en droit de prononcer, à l'encontre du cocontractant de l'administration, une condamnation, éventuellement sous astreinte, à une obligation de faire ; en cas d'urgence, le juge des référés peut, de même, sur le fondement des dispositions précitées de l'art. L. 521-3 CJA, ordonner, éventuellement sous astreinte, au cocontractant, dans le cadre des obligations prévues au contrat, de prendre à titre provisoire toute mesure nécessaire pour assurer la continuité du service public ou son bon fonctionnement, à condition que cette mesure soit utile, justifiée par l'urgence, ne fasse obstacle à l'exécution d'aucune décision administrative et ne se heurte à aucune contestation sérieuse.

En premier lieu, aux termes du contrat conclu le 6 févr. 2015 avec la société Schaerer Mayfield France, et tacitement reconduit pour une durée d'un an le 5 févr. 2016, le centre hospitalier Andrée-Rosemon a confié à celle-ci la maintenance préventive et curative d'équipements de stérilisation constitués par trois autoclaves, un laveur et des unités de supervision ; la résiliation unilatérale de ce contrat prononcée par la société Schaerer Mayfield France le 9 mars 2016, avec effet rétroactif à compter du 1er janv. 2016, prive l'établissement hospitalier de moyens indispensables à l'exercice de sa mission de service public et expose depuis plusieurs mois les usagers du service à un risque immédiat, l'un des stérilisateurs, objet du contrat de maintenance, n'ayant ainsi pu être réparé depuis le 6 janv. 2016 ; par suite, l'existence d'une situation d'urgence au sens de l'art. L. 521-3 CJA est établie.

En deuxième lieu, le cocontractant lié à une personne publique par un contrat administratif est tenu d'en assurer l'exécution, sauf en cas de force majeure, et ne peut notamment pas se prévaloir des manquements ou défaillances de l'administration pour se soustraire à ses propres obligations contractuelles ou prendre l'initiative de résilier unilatéralement le contrat ; il est toutefois loisible aux parties de prévoir dans un contrat qui n'a pas pour objet l'exécution même du service public les conditions auxquelles le cocontractant de la personne publique peut résilier le contrat en cas de méconnaissance par cette dernière de ses obligations contractuelles ; cependant, le cocontractant ne peut procéder à la résiliation sans avoir mis à même, au préalable, la personne publique de s'opposer à la rupture des relations contractuelles pour un motif d'intérêt général, tiré notamment des exigences du service public ; lorsqu'un motif d'intérêt général lui est opposé, le cocontractant doit poursuivre l'exécution du contrat ; un manquement de sa part à cette obligation est de nature à entraîner la résiliation du contrat à ses torts exclusifs ; il est toutefois loisible au cocontractant de contester *devant le juge le motif d'intérêt général* qui lui est opposé afin d'obtenir la résiliation du contrat.

D'une part, contrairement à ce que soutient la société Schaerer Mayfield France, aucune stipulation du contrat du 6 févr. 2015 ne lui permet d'en prononcer la résiliation unilatérale, quels qu'aient été les manquements du centre hospitalier Andrée-Rosemon à ses propres obligations contractuelles ; cette société ne peut, en tout état de cause, utilement se prévaloir des clauses des documents non signés qu'elle a produits prévoyant la suspension de l'exécution du contrat en cas de méconnaissance par la personne publique de ses obligations contractuelles dès lors que ceux-ci ne peuvent être regardés comme faisant partie des documents contractuels du marché en litige.

D'autre part, si la société Schaerer Mayfield France soutient qu'elle n'est plus en mesure d'assurer l'exécution financière et matérielle du contrat du fait de la défection de son sous-traitant dans les Antilles qui aurait été causée par les retards de paiement du centre hospitalier, cette circonstance, qui, au demeurant, n'est pas établie, n'est pas constitutive d'une situation de force majeure.

Enfin, il est constant que le centre hospitalier Andrée-Rosemon, en dépit des pénalités qu'il lui a infligées, n'a pu obtenir de la société Schaerer Mayfield France la reprise de l'exécution de ses obligations contractuelles et qu'il ne dispose pas d'autres moyens de contrainte à son encontre.

Il suit de là que la mesure demandée, qui est nécessaire à la continuité et au fonctionnement en sécurité du service public hospitalier, ne se heurte à aucune contestation sérieuse et présente un caractère d'urgence et d'utilité ; il y a lieu, dès lors, d'ordonner à la société Schaerer Mayfield France de reprendre intégralement l'exécution des prestations auxquelles elle est obligée par le contrat ; il y a lieu, dans les circonstances particulières de l'espèce, d'assortir cette injonction d'une astreinte de 2 000 euros par jour de retard, si la société Schaerer Mayfield France ne justifie pas de l'exécution de la présente décision dans un délai de huit jours à compter de la notification de la présente décision. • CE 19 juill. 2016, ☎ *Sté Schaerer Mayfield France*, n° 399178.

146. Restitution de biens de retour. La restitution par le concessionnaire des biens de retour d'une concession, dès lors qu'elle est utile, justifiée par l'urgence et ne se heurte à aucune contestation sérieuse, est au nombre des mesures qui peuvent ainsi être ordonnées par le juge des référés sur le fondement de l'art. L. 521-3 CJA, afin d'assurer la continuité du service public et son bon fonctionnement. • CE 16 mai 2022, ☎ *Cne de Nîmes*, n° 459904 A : *Rev. CMP 2022, comm. 241, Eckert.*

RECOURS EN INTERPRÉTATION

147. Un recours direct en interprétation de stipulations contractuelles n'est recevable que dans la mesure notamment où il peut être valablement soutenu que ces stipulations sont obscures ou ambiguës.

Le juge de cassation laisse à l'appréciation souveraine des juges du fond le caractère obscur ou ambigu de stipulations contractuelles et exerce un contrôle de la qualification juridique des faits sur le caractère recevable du recours. • CE 8 nov. 2017, Sté Lyonnaise des Eaux, n° 396589 B : *AJDA 2018. 858, note Lombard ; Rev. CMP 2018. 20, note Eckert.*

B RECOURS OUVERTS AUX TIERS AU CONTRAT

1 AVANT LA DÉCISION *TARN-ET-GARONNE*

COMMENTAIRE

Il a paru utile de maintenir la présentation qui était faite des recours ouverts aux tiers (hors référé précontractuel et contractuel) avant l'arrêt *Département de Tarn-et-Garonne*, cette décision précisant que le recours qu'elle définit ne pourra être exercé par les tiers qui ne bénéficient pas de la possibilité de contester directement un contrat qu'à l'encontre des contrats signés à compter de sa lecture (4 avr. 2014).

Cette présentation distinguait les recours ouverts aux opérateurs économiques évincés ou dissuadés de présenter leur candidature, le déféré préfectoral et les autres recours ouverts aux tiers. ❑

a) Les recours spécifiques des opérateurs économiques évincés ou qui ont été dissuadés de présenter leur candidature

COMMENTAIRE

Les personnes qui ont été (ou qui risquent d'être) évincées d'une procédure de passation d'un contrat pour lequel elles sont candidates et les personnes qui ont été dissuadées de présenter leur candidature avaient à leur disposition trois voies de recours.

1. – La procédure de passation des contrats entrant dans le champ des directives marchés et des délégations de service public pouvait (et peut toujours) faire l'objet, avant la signature du contrat, d'un référé précontractuel de la part des candidats (ou des personnes qui ont été dissuadées de présenter une offre) dès lors qu'ils sont susceptibles d'être lésés par la méconnaissance par le pouvoir adjudicateur des obligations de publicité ou de mise en concurrence qui pèsent sur lui (V. *infra*, C).

2. – Les mêmes personnes pouvaient (et peuvent toujours) former un référé contractuel, dans les conditions qu'a précisées l'ordonnance n° 2009-515 du 7 mai 2009 relative aux procédures de recours applicables aux contrats de la commande publique.

3. – Les mêmes personnes avaient également, comme les autres tiers, (et ont toujours) la possibilité de saisir le juge de l'excès de pouvoir d'un recours contre les clauses réglementaires d'un contrat (V. *infra*, B). Elles avaient en outre, comme les autres tiers, la possibilité de demander l'annulation des actes détachables d'un contrat (V. *infra*, B). Lorsqu'il était présenté par un candidat à l'attribution du contrat, le recours contre les actes détachables devait toutefois être exercé avant la conclusion du contrat.

4. – Le concurrent évincé d'un marché ou la personne qui n'a pu présenter sa candidature pouvait également (et peut toujours) saisir le juge du plein contentieux d'une demande d'indemnité pour obtenir réparation des préjudices qu'il a subis du fait de son éviction.

5. – Une autre voie de recours avait également été admise par la jurisprudence. Tous les contrats pouvaient, après leur conclusion, être déférés par les candidats évincés au juge du contrat, dans le délai de deux mois à compter de l'accomplissement de mesures de publicité appropriées. Ce juge de pleine juridiction pouvait, selon l'illégalité commise, prononcer la résiliation du contrat, modifier certaines de ses clauses, décider la poursuite de l'exécution du contrat sous réserve éventuellement de mesures de régularisation, accorder des indemnisations au candidat évincé ou encore annuler totalement ou partiellement le contrat si cette annulation ne portait pas une atteinte excessive à l'intérêt général ou aux droits des cocontractants. La requête du candidat évincé pouvait en outre être accompagnée d'une demande de référé tendant à la suspension du contrat sur le fondement des dispositions de l'article L. 521-1 du code de justice administrative. ❑

1. Recours Tropic

1. Indépendamment des actions dont les parties au contrat disposent devant le juge du contrat, tout concurrent évincé de la conclusion d'un contrat administratif est recevable à former devant ce même juge un recours de pleine juridiction contestant la validité de ce contrat ou de certaines de ses clauses, qui en sont divisibles, assorti, le cas échéant, de demandes indemnitaires. Ce recours doit être exercé, y compris si le contrat contesté est relatif à des travaux publics, dans un délai de deux mois à compter de l'accomplissement des mesures de publicité appropriées, notamment au moyen d'un avis mentionnant à la fois la conclusion du contrat et les modalités de sa consultation dans le respect des secrets protégés par la loi. A partir de la conclusion du contrat, et dès lors qu'il dispose du recours ci-dessus défini, le concurrent évincé n'est, en revanche, plus recevable à demander l'annulation pour excès de pouvoir des actes préalables qui en sont détachables.

Il appartient au juge, saisi de conclusions du concurrent évincé, lorsqu'il constate l'existence de vices entachant la validité du contrat, d'en apprécier les conséquences. Il lui revient, après avoir pris en considération la nature de l'illégalité éventuellement commise, soit de prononcer la résiliation du contrat ou de modifier certaines de ses clauses, soit de décider de la poursuite de son exécution, éventuellement sous réserve de mesures de régularisation par la collectivité contractante, soit d'accorder des indemnisations en réparation des droits lésés, soit enfin, après avoir vérifié si l'annulation du contrat ne porterait pas une atteinte excessive à l'intérêt général ou aux droits des cocontractants, d'annuler, totalement ou partiellement, le cas échéant avec un effet différé, le contrat. Eu égard à l'impératif de sécurité juridique tenant à ce qu'il ne soit pas porté une atteinte excessive aux relations contractuelles en cours et sous réserve des actions en justice ayant le même objet et déjà engagées avant la date de lecture de la présente décision, le recours ci-dessus défini ne pourra être exercé qu'à l'encontre des contrats dont la procédure de passation a été engagée postérieurement à cette date. • CE, ass., 16 juill. 2007, *Sté Tropic Travaux Signalisation*, n° 291545 A (concl. Casas) : *AJDA 2007. 1577, chron. Lénica et Boucher ; Dr. adm. 2007, n° 142, obs. Ph. Cossalter ; JCP 2007. II. 10156, obs. Ubaud-Bergeron ; JCP II. 10160. obs. Seiller ; RD publ. 2007. 1383, note Melleray ; RFDA 2007. 923, note Pouyaud ; ibid. 2007. 935, note Canedo ; RJEP 2007, p. 327, concl. Casas et note Delvolvé.*

2. Une requête contestant la validité d'un contrat peut être accompagnée d'une demande tendant, sur le fondement des dispositions de l'art. L. 521-1 CJA, à la suspension de son exécution. • CE, ass., 16 juill. 2007, *Sté Tropic Travaux Signalisation*, n° 291545 A.

3. Un recours en annulation d'un acte détachable du contrat ne saurait s'analyser comme une action en justice ayant le même objet que le recours contestant la validité du contrat ouvert par la jurisprudence « *Tropic Travaux Signalisation* », quand bien même la finalité poursuivie par le requérant, soit la résiliation ou l'annulation du contrat, serait la même dans les deux cas. Dès lors, un requérant ne saurait se prévaloir de ce qu'il a formé, avant le 16 juill. 2007, un REP contre un acte détachable d'un contrat pour échapper au fait que, en vertu de l'arrêt *Société Tropic Travaux Signalisation* du 16 juill. 2007, le recours de pleine juridiction qu'il prévoit ne peut être exercé qu'à l'encontre des contrats dont la procédure de passation a été engagée postérieurement au 16 juill. 2007, sous réserve des actions en justice ayant le même objet et déjà engagées avant cette date. • CE 22 déc. 2008, *Sté Berri Développement*, n° 313677 B.

4. Dès lors qu'une société, dont les candidatures à l'attribution de marchés ont été rejetées, a introduit devant le tribunal administratif, le 27 mai 2002, soit avant le 16 juill. 2007, une requête tendant notamment à ce que les marchés en cause soient annulés eu égard aux vices entachant leur procédure de passation, c'est-à-dire un recours ayant le même objet que le recours ouvert au concurrent évincé de la conclusion d'un contrat administratif en vertu de l'arrêt *Tropic*, son recours ne peut être rejeté, motif pris de l'irrecevabilité des recours tendant à l'annulation d'actes contractuels, nonobstant les circonstances qu'il ait pu être présenté comme un recours en excès de pouvoir et que le marché ait pu être exécuté en cours d'instance. • CE 17 févr. 2010, *Sté Veolia Eau, Cie générale des eaux*, n° 308717.

5. Concurrents évincés. Notion. Recevabilité du recours. Demande de suspension. Des opérateurs qui n'ont été candidats à l'attribution d'aucun des lots ayant fait l'objet de l'appel d'offres ayant conduit à la signature des marchés litigieux et qui n'apportent aucun élément justifiant qu'ils auraient pu être candidats, ne sauraient être regardés comme des concurrents évincés de l'attribution de ces marchés. Un opérateur, titulaire de certains lots, et qui a signé les marchés correspondants, n'est pas recevable, s'agissant de ces lots, à exercer devant le juge du contrat l'action ouverte aux concurrents évincés ; par suite, ses conclusions à fins de suspension doivent être rejetées, en tant qu'elles portent sur ces lots. • CE 16 nov. 2009, *Min. de l'Immigration, de l'Intégration, de l'Identité nationale et du Développement solidaire c/ Assoc. collectif respect*, n° 328826 B : *BJCP 2010. 49, concl. Boulouis.* ♦ La qualité de concurrent évincé est reconnue à tout requérant qui aurait eu intérêt à conclure le contrat, alors même qu'il n'aurait pas présenté sa candidature, qu'il n'aurait pas été admis à présenter une offre ou qu'il aurait présenté une offre inappropriée, irrégulière ou inacceptable. • CE, avis, 11 avr. 2012, *Sté Gouelle*, n° 355446 A : *AJDA 2012. 1109, note Cassia* ; *BJCP 2012. 387, concl. Boulouis* ; *Dr. adm. 2012. 23, note Brenet.* ♦ Sur la notion de « concurrent évincé », V. aussi • CAA Nantes, 16 déc. 2010, *Cne d'Épron, SNC Foncier conseil, dite Nexity Foncier conseil*, n° 09NT02195 : *AJDA 2011. 1272, concl. Degommier*.

6. Moyens opérants. A l'appui de son recours en contestation de la validité du contrat, mais aussi de ses conclusions indemnitaires présentées à titre accessoire ou complémentaire, le concurrent évincé peut invoquer tout moyen. Il ne résulte par ailleurs d'aucun texte ni principe que le caractère opérant des moyens ainsi soulevés soit subordonné à la circonstance que les vices auxquels ces moyens se rapportent aient été susceptibles de léser le requérant. • CE, avis, 11 avr. 2012, *Sté Gouelle*, n° 355446.

7. L'obligation pour le pouvoir adjudicateur, d'une part, de mentionner les voies et délais de recours contre la procédure de passation dont disposent les candidats à l'attribution d'un marché et, d'autre part, de respecter un délai de suspension entre la notification du rejet de l'offre d'un candidat et la signature du marché vise seulement à permettre aux candidats évincés de saisir utilement le juge du référé précontractuel ; par suite, les vices tenant tant à l'absence de mention de ces voies et délais de recours qu'au non-respect de ce délai de suspension n'affectent pas la validité du contrat et ne sauraient, en conséquence, justifier son annulation ou sa résiliation. • CE 3 déc. 2014, *Sté Bancel*, n° 366153.

8. Résiliation. L'irrégularité commise lors de la procédure de passation du contrat de délégation de service public litigieux (absence d'information des candidats sur les critères de sélection des offres), eu égard à son influence déterminante sur la formulation des offres, et, par suite, sur le choix du délégataire, constitue un vice entachant la validité du contrat ; compte tenu de la gravité de cette irrégularité et de l'absence de possibilité de régularisation, il y a lieu de prononcer la résiliation du contrat en litige, laquelle, en tout état de cause, ne porte pas une atteinte excessive aux droits des cocontractants. • CAA Nantes, 1er juill. 2011, *Sté Saur et a.*, nos 10NT02576, 10NT02577 et 11NT00064.

9. Résiliation avec effet différé. L'avis de marché indiquait que l'offre économiquement la plus avantageuse serait déterminée en fonction des critères de la valeur technique et du prix pondérés, respectivement, à hauteur de 60 % et de 40 % ; il résulte du rapport d'analyse des offres que la commission d'appel d'offres a décidé de décomposer le critère de la valeur technique en quatre sous-critères dotés chacun d'une pondération : moyens humains (255 points), moyens techniques (50 points), organisation (150 points), moyens de contrôle de la qualité (85 points) ; si le règlement de la consultation imposait aux entreprises candidates de joindre à leur offre un mémoire technique comportant les éléments énumérés à l'art. 9.2, il ne précisait pas que ces éléments seraient regroupés en sous-critères d'appréciation et n'informait pas les entreprises du poids respectif de ces sous-critères ; l'écart de note le plus important entre la société requérante, qui a été évincée, et la société attributaire concerne le sous-critère « moyens humains » lequel était affecté du coefficient le plus important ; si le pouvoir adjudicateur soutient que, s'agissant d'un marché de nettoyage, une telle pondération était prévisible, l'absence de communication aux entreprises d'une information sur la pondération des sous-critères était de nature à influer sur la préparation par celles-ci de leurs offres ; compte tenu de leur pondération, ces sous-critères doivent, en conséquence, être eux-mêmes regardés comme des critères de sélection ; par suite, en omettant de porter à la connaissance des candidats la pondération de ces sous-critères, le pouvoir adjudicateur a méconnu ses obligations de publicité et de mise en concurrence.

L'absence de publicité des sous-critères d'appréciation de la valeur technique des offres ne constitue pas un vice d'une gravité telle qu'il puisse entraîner l'annulation du contrat litigieux ; en revanche, compte tenu du faible écart séparant la note de la société attributaire de celle de la société requérante, cette irrégularité, qui a affecté les chances de ladite société d'obtenir le marché, est de nature à justifier la résiliation du marché ; compte tenu de la nécessité d'assurer la continuité des prestations de nettoyage des locaux durant le délai nécessaire au lancement d'une nouvelle procédure de publicité et de mise en concurrence et à l'attribution du nouveau marché correspondant et de l'intérêt général qui s'attache à ce que cette continuité soit préservée, il y a lieu de prononcer la résiliation à effet différé au 1er déc. 2011. • CAA Versailles, 30 juin 2011, Sté *Stem propreté*, n° 09VE01384 : *AJDA 2011. 1483, note Davesne*.

10. Demande de suspension du contrat. Non-respect d'une injonction du juge du référé précontractuel de surseoir à la signature d'un marché. La méconnaissance par le pouvoir adjudicateur de l'injonction qui lui a été faite par le juge du référé précontractuel de surseoir à la signature d'un marché porte une atteinte grave et immédiate à l'autorité attachée à une décision de justice et à l'effectivité du référé précontractuel et crée ainsi une présomption d'urgence qui, en l'espèce, n'est pas utilement combattue. Le moyen tiré de ce que le marché a été signé en méconnaissance de l'injonction du juge du référé précontractuel est de nature à faire naître un doute sérieux sur la légalité de ce marché. Suspension de l'exécution du marché ordonnée jusqu'à ce qu'il soit statué sur la demande de plein contentieux introduite auprès du tribunal administratif. • CE 6 mars 2009, *Sté Biomérieux*, n° 324064 A : *ACCP juin 2009, n° 89, p. 102, note Bon et Claeys*.

11. Référé précontractuel/référé-suspension (Tropic). Impartialité du juge des référés. Saisi sur le fondement de l'art. L. 551-1 CJA, le juge du référé précontractuel du tribunal administratif a annulé la procédure de passation d'un marché au motif que son objet n'était pas clairement défini ; le même juge des référés, statuant cette fois sur le fondement de l'art. L. 521-1 CJA, a suspendu l'exécution du marché, en se fondant sur ce même motif ; eu égard aux pouvoirs du juge du référé précontractuel qui s'était prononcé sur la question de la précision de l'objet du marché, le juge des référés, en se prononçant à nouveau, au titre de l'art. L. 521-1 CJA sur cette question, a statué dans des conditions qui méconnaissent les exigences qui découlent du principe d'impartialité. • CE 3 févr. 2010, *Cté de cnes de l'Arc mosellan*, n° 330237 B : *BJCP 2010. 217, concl. Boulouis ; AJDA 2010. 1085, note Gérard*.

12. Référé-suspension (Tropic). Si l'art. L. 551-1 CJA prévoit que le juge du référé précontractuel peut, dès qu'il est saisi, « enjoindre de différer la signature du contrat jusqu'au terme de la procédure et pour une durée maximum de vingt jours », le pouvoir adjudicateur peut légalement signer le contrat après l'expiration du délai fixé par le juge ; en jugeant que la signature du contrat avait porté une atteinte grave et immédiate à un intérêt public du simple fait qu'elle était intervenue avant la décision du juge du référé précontractuel, alors que le délai de vingt jours fixé en application de l'art. L. 551-1 *par son ordonnance du 29 mai 2009* était expiré à la date de cette signature, le juge des référés a commis une erreur de droit. • CE 3 févr. 2010, *Cté de cnes de l'Arc mosellan*, n° 330237.

13. Demande de suspension d'un contrat. S'agissant du vice tenant à la signature d'un contrat par le représentant de la personne publique avant la transmission au représentant de l'État chargé du contrôle de légalité de la délibération l'autorisant, ce vice n'entraîne pas nécessairement l'illégalité du contrat si les conditions de la transmission n'ont pas privé le préfet de sa capacité à exercer le contrôle de légalité et dès lors que cette délibération a été prise avant la signature du contrat.

Il résulte de ce qui précède qu'en jugeant que l'illégalité initiale tenant à l'absence de transmission au préfet, avant la conclusion de l'avenant n° 2 le 13 avr. 2011, de la délibération du conseil syndical du 12 avr. habilitant le président du syndicat à le signer, entraînait nécessairement l'illégalité du contrat et en décidant pour ce motif de suspendre l'exécution de celui-ci, alors que cette délibération avait été transmise au préfet le 18 avr. 2011, le juge des référés de la cour administrative d'appel de Marseille a commis une erreur de droit. • CE 9 mai 2012, *Synd. dptal des ordures ménagères de l'Aude*, n° 355665 (NB : décision rendue à propos d'un déféré préfectoral).

14. Appel. Demande de sursis à exécution du jugement attaqué. Les dispositions de l'art. R. 811-15 CJA, aux termes desquelles : « Lorsqu'il est fait appel d'un jugement de tribunal administratif prononçant l'annulation d'une décision administrative, la juridiction d'appel peut, à la demande de l'appelant, ordonner qu'il soit sursis à l'exécution de ce jugement si les moyens invoqués par l'appelant paraissent, en l'état de l'instruction, sérieux et de nature à justifier, outre l'annulation ou la réformation du jugement attaqué, le rejet des conclusions à fin d'annulation accueillies par ce jugement », doivent être entendues comme s'appliquant tant à un jugement prononçant l'annulation d'un acte unilatéral qu'à un jugement prononçant sur recours de tiers l'annulation totale ou partielle d'un contrat ainsi que sa résiliation. • CE 11 mars 2009, *Sté Meuse Compost*, n° 314788 B.

15. Conclusions indemnitaires. Recevabilité. En vue d'obtenir réparation de ses droits lésés, le concurrent évincé a ainsi la possibilité de présenter devant le juge du contrat des conclusions indemnitaires, à titre accessoire ou complémentaire à ses conclusions à fin de résiliation ou d'annulation du contrat. Il peut également engager un recours de pleine juridiction distinct, tendant exclusivement à une indemnisation du préjudice subi à raison de l'illégalité de la conclusion du contrat dont il a été évincé.

Dans les deux cas, la présentation de conclusions indemnitaires par le concurrent évincé n'est pas soumise au délai de deux mois suivant l'accomplissement des mesures de publicité du contrat, applicable aux seules conclusions tendant à sa résiliation ou à son annulation.

La recevabilité des conclusions indemnitaires, présentées à titre accessoire ou complémentaire aux conclusions contestant la validité du contrat, est en revanche soumise, selon les modalités du droit commun, à l'intervention d'une décision préalable de l'administration de nature à lier le contentieux, le cas échéant en cours d'instance, sauf en matière de travaux publics.

Elles doivent également, à peine d'irrecevabilité, être motivées et chiffrées. Il n'appartient en effet pas au juge du contrat, saisi d'un tel recours contestant la validité du contrat, d'accorder au concurrent évincé une indemnité alors même que celui-ci n'aurait pas formulé de conclusions en ce sens. • CE, avis, 11 mai 2011, *Sté Rebillon Schmit Prevot*, n° 347002 : *BJCP 2011. 226, concl. Boulouis, obs. Poitreau ; Rev. CMP 2011, n° 220, note Zimmer ; Dr. adm. 2011, n° 66, note Brenet.*

16. Recours gracieux. Prorogation du délai de recours. Il n'est pas contesté que le recours gracieux formé par la société contre l'attribution du marché de maîtrise d'œuvre contestée, publiée le 28 juill. 2009 au *Journal officiel de l'Union européenne* et le 30 juill. 2009 au *Bulletin officiel des annonces des marchés publics*, a été reçu par le pouvoir adjudicateur, par télécopie, le 29 sept. 2009, soit avant l'expiration du délai de recours contentieux ; ce recours gracieux a ainsi prorogé le délai de recours contentieux contestant la validité du marché de maîtrise d'œuvre. • CAA Douai, 27 sept. 2012, *Agence T'Kint*, n° 11DA01878 : *Rev. CMP 2012, n° 345, note Moreau.*

17. Obligation de produire la décision attaquée. Aux termes de l'art. R. 412-1 CJA : « La requête doit, à peine d'irrecevabilité, être accompagnée, sauf impossibilité justifiée, de la décision attaquée ou, dans le cas mentionné à l'art. R. 421-2, de la pièce justifiant de la date de dépôt de la réclamation (…) » ; ces dispositions sont applicables au recours intenté par un concurrent évincé pour contester la validité d'un contrat administratif ; si, en application de l'art. R. 421-2 du même code, en matière de travaux publics, un concurrent évincé présentant des conclusions indemnitaires n'a pas à lier le contentieux, ces dispositions ne sauraient avoir pour effet de le dispenser, lorsqu'il présente des conclusions aux fins d'annulation d'un marché de travaux publics, de produire le marché qu'il attaque, ou de justifier de l'impossibilité de produire cet acte ; s'agissant des contrats conclus par écrit, cette obligation doit être regardée comme satisfaite lorsqu'est produit l'acte d'engagement, signé par les parties au contrat, dont le concurrent évincé peut obtenir communication, après occultation éventuelle de certaines données. • CAA Lyon, 4 avr. 2013, *Sté montluçonnaise de travaux publics et bâtiments*, n° 12LY02973.

18. Absence d'appel incident contre un jugement prononçant la résiliation. Le marché en litige a été attribué à une entreprise qui a présenté une offre comportant des renseignements volontairement erronés ; il est ainsi entaché d'un vice d'une particulière gravité qui affecte sa validité ; il ne résulte pas de l'instruction que l'interruption de l'exécution de ce marché, qui a d'ailleurs déjà été résilié par l'effet du jugement attaqué, porterait une atteinte excessive à l'intérêt général ; dès lors, il y aurait lieu, en principe, d'annuler ce marché. Toutefois, en l'absence d'appel incident, le juge d'appel ne peut, par sa décision, aggraver la situation de l'appelant ; les sociétés n'ayant pas formé d'appel incident contre le jugement attaqué et l'annulation d'un marché étant une mesure plus grave que sa résiliation, il résulte seulement de ce qui précède que la ville n'est pas fondée à se plaindre de ce que, par le jugement attaqué, le tribunal administratif de Paris a uniquement résilié le marché contesté. • CAA Paris, 29 juill. 2016, *Ville de Paris*, n° 15PA02427 : *AJDA 2016. 2281, concl. Rousset.*

2. Recours indemnitaire du candidat irrégulièrement évincé

V. notes ss. 2. Après la décision Tarn-et-Garonne c), infra.

b) Le déféré préfectoral

V. notes ss. 2. Après la décision Tarn-et-Garonne b), infra.

c) Les recours pour excès de pouvoir contre les clauses réglementaires et contre les acte détachables

COMMENTAIRE

Le principe était clair. Les tiers, autres que les concurrents évincés, n'avaient pas la possibilité de demander au juge – que ce soit celui du recours pour excès de pouvoir ou celui du contrat – l'annulation du contrat.

Cette interdiction ne connaissait que trois exceptions.

Les tiers pouvaient en revanche contester devant le juge de l'excès de pouvoir les clauses réglementaires des contrats et les actes détachables des contrats. Ces demandes d'annulation pouvaient être assorties d'une demande de suspension. ❑

1. Recours pour excès de pouvoir contre les clauses réglementaires

V. notes ss. 2. Après la décision Tarn-et-Garonne d), infra.

2. Recours contre les actes détachables

COMMENTAIRE

Tout tiers intéressé (membre d'une assemblée délibérante locale, usager, candidat évincé – dans les limites, en ce qui concerne ce dernier, posées par l'arrêt *Tropic Travaux Signalisation* préc.) ainsi que, pour les marchés de collectivités territoriales, le préfet pouvaient saisir le juge de l'excès de pouvoir d'un recours contre les actes détachables du contrat qui font grief (ce qui excluait par exemple les recours contre les avis d'appel à concurrence). On se reportera au célèbre arrêt *Martin* du 4 août 1905 (*GAJA, p. 94*).

Ces actes étaient les décisions prises par l'administration en vue de passer ce contrat : décision de la commission d'appel d'offres, délibération de l'assemblée de la collectivité autorisant la passation du contrat, décision de signer le contrat, décision de ne pas retenir l'offre d'un candidat.

Le tiers pouvait également présenter une requête tendant à la suspension de l'acte détachable.

Pouvaient être invoqués à l'appui d'un tel recours en excès de pouvoir des moyens de légalité tirés aussi bien de vices propres à l'acte détachable – incompétence, procédure irrégulière, composition irrégulière de la CAO dont la décision est attaquée, illégalités internes… – que de vices du contrat – méconnaissance des règles de passation, notamment. L'annulation d'un acte détachable relatif à la passation du contrat était sans incidence directe sur le contrat lui-même.

Le tiers qui avait obtenu l'annulation de l'acte détachable devait, s'il voulait faire disparaître le contrat, saisir le juge de l'exécution sur le fondement des dispositions des articles L. 911-1 à L. 911-4 du code de justice administrative, lequel pouvait, dans certaines hypothèses, enjoindre à la personne publique de prononcer par voie amiable la résolution du contrat et, si son cocontractant s'y opposait, de saisir le juge du contrat pour qu'il annule le contrat.

Beaucoup plus rarement, des actes d'exécution étaient détachables et susceptibles d'être contestés par des tiers (usagers ou contribuables locaux par exemple) par la voie du recours pour excès de pouvoir : on mentionnera des décisions modifiant ou refusant de modifier des clauses réglementaires des conventions de délégation de service public, ou encore des décisions de résiliation ou de refus de résiliation de certains contrats. ❑

1. Recours contre un acte détachable (passation). Recevabilité. Même s'il n'a pas présenté d'offre, un opérateur qui a été candidat à un marché public est recevable à contester la décision de signer le marché. • CE, sect., 6 déc. 1995, ♧ *Dpt de l'Aveyron et a. et Sté Jean-Claude Decaux*, n°s 148964 A et 149403 A.

2. Seuls les opérateurs qui ont manifesté, en présentant leur candidature, l'intérêt qu'ils portaient à la conclusion du contrat, qu'ils aient ou non présenté une offre par la suite, sont recevables à contester la décision de signer un contrat de délégation de service public. • CE 29 mars 2000, ♧ *Synd. central des transporteurs automobiles professionnels de la Guadeloupe*, n° 192098 A.

3. Un avis relatif à un appel d'offres se borne à manifester l'intention du pouvoir adjudicateur de passer un marché et présente le caractère d'une mesure préparatoire à la conclusion de celui-ci, il ne constitue donc pas une mesure faisant grief susceptible d'être déférée au juge de l'excès de pouvoir. • CE 10 mai 1996, ♧ *Conseil régional de l'ordre des architectes de la région Provence-Alpes-Côte d'Azur*, n° 162856 B.

4. Un candidat à une délégation de service public portant sur des lots distincts n'a intérêt, en cette qualité, à demander l'annulation pour excès de pouvoir d'un acte détachable du contrat, que dans la mesure où cet acte se rapporte à l'attribution du lot ou des lots pour lesquels il a présenté sa candidature ; par conséquent, la cour administrative d'appel a commis une erreur de droit en faisant droit aux conclusions d'annulation sans relever l'irrecevabilité de la demande présentée devant le tribunal administratif, dirigée contre la délibération approuvant la liste de l'ensemble des délégataires du service public de la plage de la commune en tant qu'elle porte sur l'attribution de lots autres que celui pour lequel le requérant, ainsi qu'il ressort des pièces du dossier soumis aux juges du fond, avait manifesté un intérêt en présentant sa candidature. Lorsqu'une délégation de service public porte sur l'attribution de lots distincts, un candidat ne peut utilement invoquer une rupture d'égalité tenant à ce que sa candidature pour l'attribution d'un lot a été rejetée alors que des candidatures présentant les mêmes caractéristiques auraient été admises pour l'attribution d'autres lots ; la cour administrative d'appel a ainsi commis une autre erreur de droit en annulant la délibération contestée au motif tiré d'une rupture d'égalité tenant à ce que la candidature du requérant a fait l'objet d'un traitement différent de celles admises pour l'attribution d'autres lots. • CE 24 nov. 2010, *Cne de Ramatuelle*, n° 336265 A.

5. Si des tiers peuvent poursuivre l'annulation des actes détachables d'un contrat, la recevabilité d'un tel recours est subordonnée à la condition que les stipulations du contrat en cause soient de nature à les léser dans leurs intérêts de façon suffisamment directe et certaine. • CE 11 mai 2011, *Sté lyonnaise des Eaux France*, n° 331153 B : *Rev. CMP 2011, n° 221, note Pietri.*

6. Recours contre un acte détachable (exécution). Recevabilité. Un tiers à un contrat administratif est recevable à former un recours pour excès de pouvoir, dès lors qu'il justifie d'une qualité lui donnant intérêt pour agir, contre le refus de la personne publique de résilier le contrat, acte détachable de ce contrat ; en revanche, il n'est pas recevable à former un recours contre le refus de la personne publique de saisir le juge du contrat d'une action en nullité, acte non détachable. • CE 17 déc. 2008, *Assoc. pour la protection de l'environnement du Lunellois (APPEL), M. Boissier, M. Sarrazin*, n° 293836 A.

7. Les tiers peuvent demander au juge de l'excès de pouvoir d'annuler une décision de résiliation d'une concession. • CE, ass., 2 févr. 1987, *Sté TV6*, n° 81131 A : *RFDA 1987. 29, concl. Fornacciari.*

8. Si les décisions attaquées ont été prises par le préfet pour l'exécution de l'art. 4 de la convention en question, aux termes duquel « les emplacements exacts où seront édifiés les mobiliers et matériels seront désignés par M. le préfet de Paris sur proposition du concessionnaire », et ne pouvaient de ce fait donner lieu, entre les parties à la convention, qu'à un contentieux d'ordre contractuel, elles s'analysent, à l'égard des tiers, comme des actes administratifs fixant l'implantation d'installations sur le domaine public de la ville de Paris ; dès lors, les associations « S.O.S. Paris » et « Société pour la protection des paysages et de l'esthétique de la France », lesquelles n'auraient d'ailleurs pas pu utilement critiquer la légalité de ces implantations en formant un recours pour excès de pouvoir contre la décision de passer la convention, dès lors que celle-ci ne fixait pas les emplacements concernés, étaient recevables à demander l'annulation desdites décisions. • CE, sect., 9 déc. 1983, *Ville de Paris et a.*, n°s 30665 A et 30763 A.

9. Référé-suspension et référé précontractuel. Dans le cas où les conclusions présentées au juge administratif peuvent relever aussi bien de la compétence que le président du tribunal administratif tient de l'art. L. 551-1 CJA que de celle que l'art. L. 521-1 du même code confère au juge des référés, s'agissant de la suspension d'un acte administratif détachable du contrat susceptible d'être déféré au juge de l'excès de pouvoir, il appartient au requérant, dès lors que ces deux demandes sont présentées, instruites et jugées selon des procédures distinctes, de préciser celle des deux procédures qu'il entend mettre en œuvre, sans pouvoir les présenter simultanément dans une même requête. • CE 29 juill. 2002, *Ville de Nice*, n° 243686 A.

10. La signature d'un contrat rend irrecevable toute demande postérieure tendant à la suspension de la délibération ayant autorisé cette signature. Pour juger irrecevable la demande de suspension, le juge des référés n'a pas à examiner la régularité de la signature du contrat au regard des conditions posées par l'art. L. 2131-1 CGCT. • CE 9 févr. 2004, *SEM de la Lozère et Synd. intersyndical pour l'aménagement du Mont Lozère*, n° 258369 A.

11. Annulation d'un acte détachable relatif à la passation. Conséquences. La délibération du conseil municipal autorisant le maire à céder à un employé municipal une propriété appartenant au domaine privé de la commune ayant été annulée pour détournement de pouvoir par un jugement devenu définitif qui a ainsi privé de base légale la décision d'aliénation de cette propriété, il appartenait au Conseil municipal, faute d'y être parvenu par d'autres voies, de saisir le juge du contrat en vue d'obtenir le retour dans le domaine privé de la commune de la propriété aliénée, afin de statuer à nouveau sur le principe et les conditions d'une cession éventuelle de la propriété. La commune n'ayant pas pris les mesures propres à assurer l'exécution du jugement, le juge lui enjoint de saisir le juge du contrat et prononce une astreinte à son encontre. • CE, sect., 7 oct. 1994, *Épx Lopez*, n° 124244 A (concl. Schwartz) : *RFDA 1994. 1090, concl. Schwartz, note Pouyaud* • CE 29 déc. 2014, *Cne d'Uchaux*, n°s 372477 A et 372479 A : *AJDA 2015. 4, note Pastor* ; *AJCT 2015. 218, obs. Didriche* ; *BJCP 2015. 218, concl. Daumas* ; *Rev. CMP 2015, n° 51, note Pietri.*

12. Il appartient au juge de l'exécution, saisi d'une demande d'un tiers d'enjoindre à une partie au contrat de saisir le juge compétent afin d'en constater la nullité, de prendre en compte la nature de l'acte annulé ainsi que le vice dont il est entaché et de vérifier que la nullité du contrat ne portera pas, si elle est constatée, une atteinte excessive à l'intérêt général. • CE 10 déc. 2003, *Institut de recherche pour le développement,* n° 248950 A : *BJCP 2004, n° 33, concl. Piveteau ; Dr. adm. 2004, n° 59, obs. Ménéménis.*

13. L'annulation de la décision de signer un contrat pour un motif tiré de la méconnaissance des règles d'information des candidats non retenus pour l'attribution d'un marché n'impose pas de saisir le juge du contrat d'une action en nullité. • CE 19 déc. 2007, *Synd. intercommunal d'alimentation en eau potable (SIAEP) du Confolentais,* n° 291487 B : *JCP Adm. 2008. 2027, note Linditch ; Rev. CMP 2008, n° 45, obs. Pietri*

14. Saisi de conclusions à fin d'injonction sur le fondement de l'art. L. 911-1 CJA, le juge peut être conduit, après annulation d'actes détachables autorisant la conclusion d'un contrat, à enjoindre aux parties de modifier les stipulations du contrat ou à la personne publique contractante de résilier le contrat. • CE 31 juill. 2009, *Ville de Grenoble, Sté Gaz Électricité de Grenoble (CEG),* n° 296964 B.

15. Une commune ayant conclu avec une société d'économie mixte d'aménagement un avenant à la convention publique d'aménagement, approuvé par une délibération du conseil municipal, afin d'étendre les missions de l'aménageur, et cette délibération ayant ensuite été annulée par un jugement du tribunal administratif, qui a décidé que le vice affectant la délibération entachait de nullité l'avenant et qui a en conséquence enjoint à la commune, soit d'obtenir de son cocontractant la résolution de l'avenant, soit de saisir le juge du contrat pour qu'il en constate la nullité, le tribunal administratif, saisi en exécution de ce jugement, ne peut que déclarer nul cet avenant ; en effet, s'il appartient en principe au juge du contrat d'apprécier, en fonction de la nature du vice ayant conduit à l'annulation de l'acte détachable du contrat et de son éventuelle régularisation, les conséquences de cette annulation sur la continuité ou la validité du contrat, le tribunal administratif saisi d'une demande en exécution de son précédent jugement, devenu définitif, devait assurer l'exécution de la chose jugée, laquelle s'attache tant au dispositif qu'aux motifs qui en sont le support nécessaire, sans pouvoir remettre en cause les mesures décidées par son premier jugement, d'où il ressortait, ainsi qu'il a été dit, que le vice justifiant l'annulation de la délibération du conseil municipal approuvant l'avenant entachait de nullité cet avenant et qu'il était fait injonction à la commune, soit d'obtenir de son cocontractant la résolution de l'avenant, soit de saisir le juge du contrat pour qu'il en constate la nullité. • CE 9 avr. 2010, *Cne de Levallois-Perret,* n° 309480 A : *BJCP 2010. 274, concl. Boulouis ; Rev. CMP 2010. Chron. 223, note Rees.*

16. En premier lieu, le juge, saisi de conclusions tendant à ce que soient prescrites les mesures d'exécution qu'impliquent nécessairement l'annulation d'un acte détachable d'un contrat, est tenu d'assurer l'exécution de la chose jugée s'attachant tant au dispositif qu'aux motifs qui en sont le support nécessaire, sans pouvoir retenir un autre motif que celui retenu comme fondement de cette annulation ; il suit de là que la cour administrative d'appel n'a pas commis d'erreur de droit en jugeant qu'il n'appartenait pas au juge de l'injonction de rechercher dans le cadre de la définition des mesures d'exécution si d'autres motifs auraient été susceptibles de justifier l'annulation de cette décision et en annulant pour cette raison le jugement du tribunal administratif en tant qu'il se prononce sur les conclusions d'injonction.

En second lieu, l'annulation d'un acte détachable d'un contrat n'implique pas nécessairement la nullité dudit contrat ; il appartient au juge de l'exécution, après avoir pris en considération la nature de l'illégalité commise, soit de décider que la poursuite de l'exécution du contrat est possible, éventuellement sous réserve de mesures de régularisation prises par la personne publique ou convenues entre les parties, soit, après avoir vérifié que sa décision ne portera pas une atteinte excessive à l'intérêt général, d'enjoindre à la personne publique de résilier le contrat, le cas échéant avec un effet différé, soit, eu égard à une illégalité d'une particulière gravité, d'inviter les parties à résoudre leurs relations contractuelles ou, à défaut d'entente sur cette résolution, à saisir le juge du contrat afin qu'il en règle les modalités s'il estime que la résolution peut être une solution appropriée.

Par le jugement dont les requérants demandent l'exécution, le tribunal administratif a annulé pour excès de pouvoir la délibération du 27 oct. 2005 de la collectivité contractante autorisant la signature des conventions relatives à une délégation de service public de traitement des déchets ménagers au motif que cette délibération n'avait pas été préalablement soumise au comité technique paritaire de cette collectivité ; la cour administrative d'appel, statuant sur les conclusions aux fins d'injonction des requérants, a pu, sans commettre d'erreur de droit ni entacher son arrêt de dénaturation ou d'insuffisance de motivation, retenir que, eu égard, d'une part, au vice affectant la délibération litigieuse et, d'autre part, à l'état d'avancement des conventions en cause, à leur intérêt public, à l'expiration prochaine de l'autorisation d'exploitation de certaines des structures de traitement existantes et à la durée importante de la mise en place hypothétique de solutions de remplacement, la constatation éventuelle de la nullité des conventions litigieuses porterait une atteinte excessive à l'intérêt général ; dans ces conditions, les requérants ne sont pas fondés à demander l'annulation de l'arrêt attaqué en tant qu'il a rejeté leurs conclusions à fin d'injonction. • CE 21 févr. 2011, *Sté Veolia Propreté et a.*, n°s 335306 B et 335480 B.

17. L'illégalité entachant la délibération approuvant le choix du délégataire du service public tirée de ce que la collectivité publique, qui avait adhéré à un syndicat, ne disposait plus de la compétence pour décider la délégation de service public envisagée justifie en raison de sa gravité qu'il soit enjoint à la personne publique d'obtenir de son cocontractant la résolution du contrat, ou, à défaut d'entente sur cette résolution, de saisir le juge du contrat pour qu'il en règle les modalités s'il estime que la résolution peut être une solution appropriée ; contrairement aux allégations de la société requérante, il ne résulte de l'instruction aucune circonstance de nature à démontrer une atteinte excessive à l'intérêt général dans la mesure où, d'une part, l'annulation de la relation contractuelle ne prive pas la collectivité publique en cause de sa capacité de gestion des installations existantes et, d'autre part, il revient au syndicat, seul compétent en cette matière, de décider des modalités futures du traitement des déchets ménagers dans son périmètre ; ainsi, c'est à bon droit que le tribunal administratif a, après avoir relevé la gravité de l'illégalité affectant la convention, enjoint à la collectivité publique, sauf accord des parties pour mettre fin à leurs relations contractuelles, de saisir le juge du contrat dans les six mois de sa décision afin qu'il prenne les mesures appropriées. • CE 21 févr. 2011, *Sté Ophrys Cté d'agglomération Clermont-Communauté*, n°s 337349 A et 337934 A : *BJCP 2011. 133, concl. Dacosta, note Dourlens-de Moustier ; Rev. CMP 2011, n° 123, note Pietri ; Dr. adm. 2011, n° 47, note Brenet.*

18. Aux termes de l'art. L. 911-1 CJA : « Lorsque sa décision implique nécessairement qu'une personne morale de droit public ou un organisme de droit privé chargé de la gestion d'un service public prenne une mesure d'exécution dans un sens déterminé, la juridiction, saisie de conclusions en *ce sens, prescrit,* par la même décision, cette mesure assortie, le cas échéant, d'un délai d'exécution » ; l'annulation d'un acte détachable d'un contrat n'implique pas nécessairement l'annulation dudit contrat ; il appartient au juge de l'exécution, après avoir pris en considération la nature de l'illégalité commise, soit de décider que la poursuite de l'exécution du contrat est possible, éventuellement sous réserve de mesures de régularisation prises par la personne publique ou convenues entre les parties, soit, après avoir vérifié que sa décision ne portera pas une atteinte excessive à l'intérêt général, d'enjoindre à la personne publique de résilier le contrat, le cas échéant avec un effet différé, soit, eu égard à une illégalité d'une particulière gravité, d'inviter les parties à résoudre leurs relations contractuelles ou, à défaut d'entente sur cette résolution, à saisir le juge du contrat afin qu'il en règle les modalités s'il estime que la résolution peut être une solution appropriée ; par suite, en retenant que, dans le cadre de l'appréciation de l'atteinte excessive à l'intérêt général, il appartient au juge de l'exécution de rechercher si l'entreprise qui le saisit de conclusions tendant à ce qu'il soit enjoint au pouvoir adjudicateur de saisir le juge du contrat pour que celui-ci soit annulé se prévaut de manquements susceptibles de l'avoir lésée, fût-ce de façon indirecte en avantageant une entreprise concurrente, la cour administrative d'appel a commis une erreur de droit. • CE 11 mai 2011, *Sté Lyonnaise des Eaux France*, n° 337927 B : *BJCP 2011. 278, concl. Boulouis.*

19. L'annulation d'un acte détachable d'un contrat n'implique pas nécessairement la nullité dudit contrat ; il appartient au juge de l'exécution, après avoir pris en considération la nature de l'illégalité commise, soit de décider que la poursuite de l'exécution du contrat est possible, éventuellement sous réserve de mesures de régularisation prises par la personne publique ou convenues entre les parties, soit, après avoir vérifié que sa décision ne portera pas une atteinte excessive à l'intérêt général, d'enjoindre à la personne publique de résilier le contrat, le cas échéant avec un effet différé, soit, eu égard à une illégalité d'une particulière gravité, d'inviter les parties à résoudre leurs relations contractuelles ou, à défaut d'entente sur cette résolution, à saisir le juge du contrat afin qu'il en règle les modalités s'il estime que la résolution peut être une solution appropriée ; dès lors, en enjoignant au Syndicat intercommunal, s'il ne pouvait obtenir de la société X qu'elle accepte la résolution amiable du contrat passé avec elle pour l'exploitation du service d'alimentation en eau potable, de saisir le juge du contrat non pas pour qu'il prononce les mesures qui lui sembleraient appropriées, compte tenu de l'autorité de la chose jugée qui s'attache aux motifs de l'annulation pour excès de pouvoir de la décision détachable du contrat, mais afin seulement de faire constater la nullité de ce contrat dans un délai de trois mois à compter de son arrêt, la cour administrative d'appel a commis une erreur de droit.

Par l'arrêt du 1er juill. 2010 en sa partie devenue définitive, la cour administrative d'appel a, d'une part, annulé la délibération du conseil syndical du Syndicat intercommunal attribuant la délégation de la gestion du service d'alimentation en eau potable à la société X et autorisant son président à signer la convention de délégation, et, d'autre part, enjoint à ce syndicat de rechercher l'accord de son cocontractant pour résoudre cette convention ; il résulte de ce qui précède qu'il convient d'enjoindre également au syndicat, s'il n'obtient pas la résolution amiable de la convention, de saisir le juge du contrat dans un délai de trois mois afin qu'il prononce les mesures qui lui sembleraient appropriées, compte tenu de l'autorité de la chose jugée qui s'attache aux motifs de l'annulation pour excès de pouvoir et à la situation de fait et de droit à la date où il statuera, sous astreinte de 500 euros par jour de retard. • CE 16 nov. 2011, ♔ *Sté SOGEDO,* n° 342903.

20. Le vice entachant les délibérations annulées, tiré de l'absence d'information des candidats sur les critères de sélection des offres, a affecté gravement la régularité de la mise en concurrence et la légalité du choix du délégataire ; toutefois, cette illégalité, qui n'affecte ni le consentement de la personne publique ni le bien-fondé de la délégation de ces services publics, et en l'absence de toutes circonstances particulières révélant notamment une volonté de la personne publique de favoriser un candidat, ne justifie pas que soit recherchée une résolution des conventions ; ce vice implique cependant, par sa gravité et en l'absence de régularisation possible, que soit ordonné aux parties de résilier les conventions ; si le pouvoir adjudicateur invoque un intérêt général tenant au maintien de l'exécution des deux délégations de service public en raison du coût de résiliation de ces deux délégations pour la personne publique, il ne résulte pas de l'instruction, compte tenu notamment de ce que la poursuite de l'exploitation en régie ou dans le cadre d'une nouvelle délégation de service public serait susceptible de couvrir le coût des investissements non amortis, que les conséquences de la résiliation puissent constituer un tel motif d'intérêt général ; cependant, l'intérêt général tenant à la continuité du service public justifie que la résiliation ne prenne effet qu'au 1er mai 2013, afin que le syndicat, s'il entend ne pas reprendre en régie l'exploitation, puisse mener à bien la procédure légalement requise du choix d'un cocontractant. • CE 10 déc. 2012, ♔ *Sté Lyonnaise des Eaux France,* n° 355127 B : *Rev. CMP 2013, n° 49, note Pietri ; Dr. adm. mars 2013, n° 19, note Brenet.*

21. Le non-allotissement des travaux de réhabilitation de deux collèges n'est pas susceptible de régularisation et affecte l'objet même des marchés ; l'annulation des décisions de les signer implique nécessairement que soit recherchée l'annulation de ces contrats sans que puisse y faire obstacle la circonstance qu'ils auraient été entièrement exécutés ou qu'une telle nullité compliquerait le règlement des comptes entre les parties ; il y a lieu, dans les circonstances de l'espèce, d'enjoindre au président du conseil général de saisir le juge du contrat afin de faire constater la nullité des marchés passés avec le groupement X. • CAA Lyon, 6 oct. 2011, ♔ *Synd. national des entreprises de second œuvre,* n° 10LY01121.

22. Il résulte de l'instruction que l'acte d'engagement du marché relatif au lot n° 8 passé par le département E avec la société S, s'il est paraphé et revêtu du cachet de la société et de la mention « lu et approuvé », n'est pas signé par le représentant légal de la société attributaire du marché ; il est ainsi entaché d'un vice substantiel qui aurait dû entraîner le rejet de l'offre de la société, comme ce fut d'ailleurs le cas pour les lots nos 5 et 10 du même marché ; par suite, c'est à bon droit que le tribunal administratif a annulé la décision rejetant l'offre d'une société X pour le lot n° 8, la décision de la commission d'appel d'offres retenant la proposition de la société S, la délibération de la commission permanente du conseil général approuvant le choix de ladite entreprise et autorisant le président du conseil général à signer le marché et entérinant la décision prise par celui-ci de signer le marché pour le lot n° 8 avec la société S ; la circonstance que la société X ne démontrerait pas la lésion de ses intérêts est à cet égard inopérante. L'annulation des actes détachables afférents au contrat en litige est de nature à conduire le juge du contrat à constater la nullité du contrat ; toutefois, d'une part, si le représentant de la société S n'a pas signé l'acte d'engagement, chaque page de cet acte comporte un paraphe manuscrit « LG » correspondant aux initiales du gérant de ladite société et, sur le cadre dédié à la signature du candidat, figurent la mention manuscrite « lu et approuvé » ainsi que le cachet de la société, ce qui laisse entendre que le défaut de signature résulterait plutôt d'une erreur matérielle que d'un vice du consentement ; d'autre part, il résulte de l'instruction que la société S n'a jamais remis en cause la validité de son engagement et a exécuté le contrat sans défaillance et, enfin, à la date du présent arrêt, la durée du contrat restant à courir est inférieure à un an ; eu égard à l'ensemble de ces éléments et alors que l'exécution du contrat dont s'agit relatif au service de transport routier de desserte des établissements d'enseignement du département présente incontestablement un intérêt public, la constatation éventuelle de sa nullité porterait une atteinte excessive à l'intérêt général ; toutefois, la poursuite de l'exécution du contrat n'est possible que sous réserve de la signature de l'acte d'engagement par le représentant de la société S dans un délai d'un mois à compter de la notification du présent arrêt. • CAA Bordeaux, 20 oct. 2011, ♔ *Dpt de la Martinique c/ Sté Doham,* nos 10BX01145 et 10BX01146.

23. Annulation d'un acte détachable de la passation d'un contrat. Régularisation. A la suite de l'annulation, par le juge de l'excès de pouvoir, de l'acte détachable de la passation d'un contrat, il appartient à la personne publique de déterminer, sous le contrôle du juge, les conséquences à tirer de cette annulation, compte tenu de la nature de l'illégalité affectant cet acte ; s'il s'agit notamment d'un vice de forme ou de procédure propre à l'acte détachable et affectant les modalités selon lesquelles la personne publique a donné son consentement, celle-ci peut procéder à sa régularisation, indépendamment des conséquences de l'annulation sur le contrat lui-même ; elle peut ainsi, eu égard au motif d'annulation, adopter un nouvel acte d'approbation avec effet rétroactif, dépourvu du vice ayant entaché l'acte annulé. Compte tenu du motif sur lequel reposait l'annulation de la délibération autorisant la vente d'une résidence hôtelière (l'avis du service des domaines auquel elle se référait ne portait pas sur l'ensemble des parcelles cédées), le conseil municipal a pu valablement régulariser le vice de légalité externe qui entachait la première délibération et approuver rétroactivement la promesse de vente dont elle autorisait la conclusion, dès lors que le nouvel avis du service des domaines recueilli entre temps, s'il a porté cette fois sur l'ensemble des parcelles cédées, a confirmé la précédente estimation du service et qu'ainsi, le consentement que la collectivité avait donné par cette délibération a été régulièrement réitéré. • CE 8 juin 2011, *Cne de Divonne-les-Bains*, n° 327515 B : *BJCP 2011. 381, concl. Dacosta ; AJDA 2011. 1686, note Dreyfus ; Dr. adm. 2011, n° 74, note Brenet.*

24. Il résulte de l'instruction que les négociations avec les deux candidats (à une DSP) dont les offres avaient été jugées recevables ont été menées sur la base d'une durée de la convention de trente ans et que le rapport à l'assemblée délibérante (conseil communautaire) présentait une synthèse des offres formulées pour cette seule durée ; toutefois, ce rapport proposait aux membres du conseil communautaire d'autoriser la signature de la convention pour une durée de vingt ans seulement, en précisant que la conséquence de cette orientation, qui se traduirait par une indemnisation à hauteur de la valeur des biens non amortis à l'issue du contrat, serait « un moindre renchérissement du coût au m^3 de l'investissement (environ 0,02 euros/m^3) (…) », mais sans préciser le montant de la valeur de cette indemnisation alors qu'elle s'élevait à près de dix-sept millions d'euros ; une telle omission, qui caractérise une insuffisance d'information des membres du conseil communautaire, affectant nécessairement le consentement donné par le conseil, a entaché d'illégalité la délibération par laquelle le conseil communautaire a décidé la signature de la convention avec la société.

Toutefois, eu égard à la nature de l'irrégularité commise, affectant les modalités selon lesquelles la personne publique a donné son consentement, il y a lieu d'annuler la convention passée entre la communauté d'agglomération et la société si le conseil communautaire ne procède pas, au plus tard le 31 oct. 2012, à la régularisation de cette convention en adoptant une nouvelle délibération autorisant régulièrement sa signature. • CE 4 juill. 2012, *Cté d'agglomération de Chartres Métropole (CACM), Sté Veolia Eau, Cie générale des eaux*, n°s 352417 B, 352418 B, 352449 B et 352450 B : *BJCP 2012. 426, concl. Boulouis ; Rev. CMP 2012, n° 257, note Eckert.*

25. L'organe délibérant d'un établissement public de coopération intercommunale, à la suite du renouvellement général des conseils municipaux des communes membres de cet établissement, ne peut que gérer les affaires courantes jusqu'à l'installation du nouvel organe délibérant issu de ce renouvellement ; il en va de même de la commission d'appel d'offres antérieurement désignée, qui ne peut, en conséquence, procéder à l'attribution d'un marché excédant, en raison du coût, du volume et de la durée des travaux prévus et en l'absence d'urgence particulière s'attachant à sa réalisation ; seule lui incombe la gestion des affaires courantes ; un marché attribué dans ces conditions ne peut être régularisé que par l'intervention d'une décision de la commission d'appel d'offres et d'une décision de l'organe délibérant issus du renouvellement général des collectivités membres de l'établissement, destinées, pour la première, à confirmer le choix de l'attributaire du marché et, pour la seconde, à réitérer l'autorisation donnée à l'exécutif de l'établissement public de signer le marché.

Pour juger que la délibération du 25 juin 2008 du comité syndical du syndicat mixte ayant autorisé le président du syndicat à signer un marché de travaux avec le groupement était illégale, la cour administrative d'appel a relevé que cette délibération, prise par une instance régulièrement renouvelée à la suite des élections municipales du mois de mars précédent, avait cependant poursuivi la procédure de désignation sur le fondement des propositions de la commission d'appel d'offres du syndicat mixte réunie le 10 avr. 2008 dans une composition procédant du comité syndical non renouvelé, alors qu'à cette date la commission d'appel d'offres ne pouvait prendre que des décisions limitées aux affaires courantes ; en jugeant que la décision initiale d'attribution d'un marché de travaux de génie civil prise par une telle commission ne relevait pas de la gestion des affaires courantes du syndicat, notamment en raison, d'une part, du coût, du volume et de la durée des travaux prévus et, d'autre part, de l'absence d'urgence particulière s'attachant à leur réalisation, la cour administrative d'appel a implicitement mais nécessairement jugé que la règle de limitation des compétences aux affaires courantes pendant la période suivant les élections s'appliquait aux commissions d'appel d'offres comme à toute autre instance élue ; en statuant ainsi, elle n'a pas commis d'erreur de droit et a suffisamment motivé son arrêt.

Il résulte de ce qui précède que le syndicat mixte n'est pas fondé à demander l'annulation de l'arrêt attaqué en tant qu'il a rejeté ses conclusions tendant à l'annulation du jugement du tribunal administratif en tant que celui-ci a annulé la délibération du 25 juin 2008.

L'annulation d'un acte détachable d'un contrat n'implique pas nécessairement la nullité dudit contrat ; il appartient au juge de l'exécution, après avoir pris en considération la nature de l'illégalité commise, soit de décider que la poursuite de l'exécution du contrat est possible, éventuellement sous réserve de mesures de régularisation prises par la personne publique ou convenues entre les parties, soit, après avoir vérifié que sa décision ne portera pas une atteinte excessive à l'intérêt général, d'enjoindre à la personne publique de résilier le contrat, le cas échéant avec un effet différé, soit, eu égard à une illégalité d'une particulière gravité, d'inviter les parties à résoudre leurs relations contractuelles ou, à défaut d'entente sur cette résolution, à saisir le juge du contrat afin qu'il en règle les modalités s'il estime que la résolution peut être une solution appropriée.

Par l'arrêt attaqué, la cour administrative d'appel, après avoir jugé illégale la délibération du 25 juin 2008 du comité syndical ayant autorisé le président du syndicat à signer avec le groupement le marché de travaux de génie civil qui lui avait été irrégulièrement attribué par la commission d'appel d'offres, a enjoint au syndicat mixte de saisir le juge du contrat pour que celui-ci « se prononce sur le contrat conclu entre le syndicat et le groupement » ; il résulte de ce qui précède que, en prononçant cette injonction sans envisager la possibilité de régulariser l'illégalité de l'acte détachable et la signature du marché par l'adoption d'une nouvelle décision de la commission d'appel d'offres et de l'organe délibérant du syndicat, la cour administrative d'appel a commis une erreur de droit ; par suite, son arrêt doit être annulé en tant qu'il a enjoint au syndicat mixte de saisir le juge du contrat.

Sauf si, dans un délai de trois mois à compter de la notification de la présente décision, la signature du marché a été régularisée par une décision de la commission d'appel d'offres et par une décision du comité syndical issu du renouvellement général des communes et syndicats membres du syndicat mixte ayant respectivement pour objet de confirmer le choix du groupement comme attributaire du marché et de confirmer l'autorisation donnée au président du syndicat de le signer, il y a lieu, eu égard à la particulière gravité du vice entachant alors la délibération annulée du comité syndical, d'enjoindre aux parties de résoudre leurs relations contractuelles ou, à défaut d'entente sur cette résolution, de saisir le juge du contrat afin qu'il en règle les modalités s'il estime que la résolution peut être une solution appropriée. • CE 28 janv. 2013, ⚖ *Synd. mixte Flandre Morinie*, n° 358302 B : *Rev. CMP 2013, n° 87, note Pietri.*

26. Délibération approuvant l'attribution d'un contrat de partenariat. Il ne ressort pas des pièces du dossier et il n'est pas allégué que le choix erroné de la commune de recourir à la procédure du dialogue compétitif plutôt qu'à la procédure de l'appel d'offres ou à une procédure négociée aurait eu pour la collectivité des conséquences défavorables, sur le plan financier ou sur les conditions dans lesquelles il a été répondu aux besoins du service public. La commune, en revanche, fait valoir qu'en cas de résiliation, elle devrait verser à son cocontractant une indemnité dont le paiement affecterait très sensiblement sa situation financière. Dans ces conditions, et eu égard à la nature de l'illégalité commise, la résiliation du contrat, même avec effet différé, porterait une atteinte excessive à l'intérêt général. • CE 5 juill. 2017, ⚖ *Cne de La Teste-de-Buch*, n° 401940 A : *BJCP 2017. 358, concl. Pellissier ; AJDA 2017. 2198, note Riccardi* ✎ ; *Rev. CMP 2017. 250, note Eckert.*

27. Contrat de droit privé. L'annulation d'un acte détachable d'un contrat de droit privé n'impose pas nécessairement à la personne publique partie au contrat de saisir le juge du contrat afin qu'il tire les conséquences de cette annulation. Il appartient au juge de l'exécution de rechercher si l'illégalité commise peut être régularisée et, dans l'affirmative, d'enjoindre à la personne publique de procéder à cette régularisation. Lorsque l'illégalité commise ne peut être régularisée, il lui appartient d'apprécier si, eu égard à la nature de cette illégalité et à l'atteinte que l'annulation ou la résolution du contrat est susceptible de porter à l'intérêt général, il y a lieu d'enjoindre à la personne publique de saisir le juge du contrat afin qu'il tire les conséquences de l'annulation de l'acte détachable. • CE 29 déc. 2014, ⚖ *Cne d'Uchaux*, n° 372477 A.

2 APRÈS LA DÉCISION *TARN-ET-GARONNE*

a) Recours des tiers contre un contrat, un acte d'approbation, un refus *de résiliation ou une résiliation*

COMMENTAIRE

1. Comme on l'a déjà indiqué, la décision *Tarn-et-Garonne* ne change rien à ce qui a été dit (ou qui sera dit ci-dessous) à propos du référé précontractuel, du référé contractuel, des recours indemnitaires devant le juge de plein contentieux pour obtenir réparation

d'une éviction irrégulière, du recours pour excès de pouvoir contre les clauses réglementaires des contrats et du recours pour excès de pouvoir contre les contrats.

Par ailleurs, il ne pouvait affecter le déféré préfectoral, qui est prévu par la loi, et on verra qu'il ne tranche pas la question de l'existence d'actes détachables relatifs à l'exécution des contrats.

Il marque en revanche un profond changement dans les conditions dans lesquelles les tiers (y compris les concurrents évincés) peuvent contester un contrat administratif.

L'arrêt *Département de Tarn-et-Garonne* ouvre aux tiers la possibilité de contester la validité d'un contrat administratif par un recours de pleine juridiction, qui peut être assorti d'une demande de suspension. Ce recours doit être exercé, même en matière de travaux publics, dans un délai de deux mois à compter de l'accomplissement de mesures de publicité appropriées. Il peut ne viser que certaines clauses du contrat, si elles sont divisibles et n'ont pas le caractère de clauses réglementaires – ces dernières pouvant seulement, comme auparavant, faire l'objet d'un recours pour excès de pouvoir (ce qui s'explique par le fait qu'il s'agit de règles d'organisation du service public).

Corrélativement, les actes détachables relatifs à la passation des contrats administratifs et contestables par la voie du recours pour excès de pouvoir n'existent plus : la décision de signer le contrat, l'autorisation de le signer, le choix du cocontractant (c'est-à-dire, pour les contrats dont la passation est soumise à des exigences de publicité et de mise en concurrence, les décisions rejetant une candidature ou une offre et celle qui choisit l'attributaire) ne peuvent être contestés qu'à l'occasion du nouveau recours. Il n'y a à cela qu'une exception, que la loi imposait : le préfet peut toujours, dans le cadre du contrôle de légalité, déférer des actes détachables devant le juge de l'excès de pouvoir, mais les recours non jugés à la date de la signature du contrat perdent leur objet. Cette disparition des « actes détachables » (qui ne subsisteront que pour les contrats de droit privé, le juge judiciaire étant alors seul compétent pour tirer d'éventuelles conséquences pour le contrat de l'illégalité de tels actes) est complète : contrairement à ce qu'avait prévu *Tropic* pour les concurrents évincés, il n'est plus possible du tout pour les tiers (à l'exception du préfet) de former un recours contre les actes en cause, même avant la signature du contrat.

Les actes qui étaient auparavant « détachables » et dont la contestation est désormais « absorbée » par le nouveau recours contre le contrat lui-même sont seulement la décision de signer le contrat, l'autorisation de le signer et le choix du cocontractant, et non, par exemple, les délibérations par lesquelles l'assemblée délibérante d'une collectivité territoriale décide du principe de la gestion déléguée d'un service public ou du principe du recours au contrat de partenariat. De telles délibérations sont en effet des actes antérieurs à la passation même des contrats, et non des actes qui, relatifs à la passation ou à la signature du contrat, pouvaient être regardés comme « détachables » de celui-ci. Pour ces actes, il a seulement été jugé, à ce jour, que les délibérations décidant du principe de la gestion déléguée sont susceptibles d'être déférées au juge de l'excès de pouvoir (CE 24 nov. 2010, *Assoc. fédérale d'action régionale pour l'environnement et a.*).

Par ailleurs, la jurisprudence a précisé le sort des actes détachables qui ne sont pas relatifs à la formation des contrats, c'est-à-dire des décisions d'approbation (V. jurisprudence ci-dessous).

La fin des « actes détachables » des contrats administratifs marque une évolution importante. *Ces actes étaient en effet* ambivalents : suffisamment distincts du contrat lui-même pour être, comme tous les actes unilatéraux, susceptibles d'être contestés par un recours pour excès de pouvoir, mais aussi suffisamment liés au contrat pour que les irrégularités de celui-ci soient invocables à l'appui d'un recours dirigé contre eux. Le mécanisme complexe, qui faisait intervenir successivement le juge de l'excès de pouvoir et le juge du plein contentieux contractuel *via* le juge du plein contentieux de l'exécution (V. *supra*), conduisait nécessairement à la contamination de la logique du plein contentieux contractuel par celle de l'excès de pouvoir. Désormais, *la logique de l'excès de pouvoir – et, donc, la conception de l'intérêt à agir, des moyens invocables et des pouvoirs du juge qui s'y attache – est écartée.*

Dans ce cadre, l'équilibre du nouveau recours repose sur deux piliers : une définition rigoureuse des conditions de recevabilité et des moyens invocables, d'une part, des pouvoirs du juge étendus et diversifiés, d'autre part. *Le recours est ouvert aux tiers à des conditions strictes : seuls certains tiers sont recevables à contester un contrat et seuls certains moyens peuvent être invoqués par eux.*

Cette double « clé d'entrée » (conditions de recevabilité, moyens opérants) est originale : elle est une des manifestations de la rupture avec la logique de l'excès de pouvoir. *Seuls sont recevables ceux qui sont susceptibles d'être lésés dans leurs intérêts de façon suffisamment directe et certaine par la passation ou les clauses du contrat et les seuls moyens qu'ils peuvent invoquer sont les moyens tirés de vices en rapport direct avec l'intérêt lésé dont ils se prévalent.*

Trois catégories de tiers peuvent être distinguées.

La première est constituée par le représentant de l'État dans le département et par les membres des assemblées délibérantes des collectivités territoriales et de leurs groupements (mais non les membres des organes délibérants des établissements publics) : ils sont toujours recevables et peuvent invoquer tout vice du contrat.

La deuxième catégorie est constituée par les concurrents évincés. Comme le note le rapporteur public Dacosta dans ses conclusions, on aurait pu se demander s'il n'y avait pas lieu de fermer l'accès des concurrents évincés au recours en contestation de validité des contrats, dès lors qu'ils disposent déjà, avant la signature du contrat, du référé précontractuel, et, après sa signature, du référé contractuel (dans des conditions, il est vrai, restrictives) et, surtout, d'un recours indemnitaire pour faire réparer le préjudice résultant d'une éviction irrégulière. Le Conseil d'État n'a pas retenu cette voie, mais le nouveau recours n'est pas, pour les concurrents évincés, identique à ce qu'était le recours *Tropic*.

Un concurrent évincé est regardé comme susceptible d'être lésé par la conclusion d'un contrat auquel il prétendait et qui a été attribué à un autre, mais la jurisprudence a précisé ce que peuvent être, pour lui, des « moyens tirés de vices en rapport direct » avec un tel intérêt lésé. Contrairement à ce qu'avait jugé l'avis *Société Gouelle* dans le cadre de la jurisprudence *Tropic*, le concurrent évincé ne peut plus invoquer n'importe quel vice. Les seuls vices en rapport avec l'intérêt du concurrent évincé, qui n'a été lésé que par la conclusion du contrat, sont en effet, des vices dans la passation du contrat.

Un concurrent évincé ne devrait donc pas pouvoir, en cette qualité, se plaindre d'une clause du contrat : quel que soit le vice qui affecte le contenu du contrat, en effet, il est sans rapport avec l'intérêt qu'il avait de remporter la compétition pour l'attribution de ce contrat (un concurrent évincé pourra certes critiquer, par exemple, la façon dont un pouvoir adjudicateur définit, avant la signature du contrat, l'objet d'un marché public, ses spécifications techniques, ses conditions d'exécution dans les documents de la consultation, s'il les juge discriminatoires – en quoi il se prévaudra d'un manquement aux obligations de publicité et de mise en concurrence dans la procédure de passation – mais non critiquer la validité des clauses du contrat signé). Encore faut-il, en outre, que le vice invoqué soit en rapport *direct* avec l'intérêt lésé : la jurisprudence a précisé ce qu'une telle exigence signifie. Sur tous ces points, on se reportera à la décision *Société Cerba, Caisse nationale d'assurance maladie* du 9 novembre 2018 ci-dessous.

La troisième catégorie de tiers est constituée par... tous les autres. Il ne s'agit certes pas, on l'a dit, pour le Conseil d'État, d'ouvrir un recours qui autorise n'importe qui à remettre en cause la stabilité des relations contractuelles, mais seulement de permettre à ceux qui sont lésés de façon directe et certaine *par le contrat lui-même* de faire valoir leur droit.

Le maniement de la « double clé d'accès » dont on a parlé sera donc décisif.

On peut penser que de tels tiers, à la différence des concurrents évincés, ne sont susceptibles d'être lésés de façon suffisamment directe et certaine que par des clauses du contrat – et non par les conditions dans lesquelles il a été passé – et qu'ils ne devraient donc pouvoir se prévaloir utilement de vices relatifs à la passation ou à la signature du contrat. C'est, au demeurant, ce qui a déjà été jugé pour la recevabilité d'un recours, qui était pourtant un recours pour excès de pouvoir contre un acte détachable (dont on sait avec quel libéralisme il était ouvert) : « La recevabilité d'un tel recours est subordonnée à la condition que *les stipulations* du contrat en cause soient de nature à léser [les tiers] dans leurs intérêts de façon suffisamment directe et certaine » (CE 11 mai 2011, *Sté lyonnaise des eaux France*). Cette solution est logique (en tout cas pour des tiers qui ne sont ni des membres des assemblées délibérantes ou des préfets ni des concurrents évincés).

On peut ajouter que la décision du Conseil d'État devrait conduire à ce qu'aucun intérêt lésé de façon suffisamment *certaine* ne puisse être reconnu pour une personne morale, une association par exemple, dont l'objet statutaire serait très général ou, à l'inverse, défini à seule fin de contester un contrat ou une catégorie de contrats.

En outre, la logique de la décision du Conseil d'État implique que le requérant soit lésé par *le contrat lui-même*. Or, beaucoup de stipulations (non réglementaires) d'un contrat sont, par nature, peu susceptibles de léser un tiers. Si les contestations portent sur celles qui définissent l'objet même du contrat, deux hypothèses devront certainement être distinguées : celle où un contrat est, *par lui-même*, une décision administrative (autoriser l'occupation d'une dépendance domaniale, par exemple) et où les clauses définissant son objet sont donc susceptibles de léser l'intérêt d'un tiers ; celle où le contrat n'est qu'un des outils de réalisation d'un projet ou d'une politique publique, qui donne lieu en amont à une ou des décisions qui peuvent faire l'objet de recours pour excès de pouvoir, et où les clauses définissant son objet sont, *par elles-mêmes*, peu susceptibles de léser un tiers. Le recours en contestation de la validité des contrats, tel qu'il est conçu par l'arrêt *Département de Tarn-et-Garonne*, n'a pas vocation à se substituer aux recours contre les décisions administratives dont les contrats ne sont que des modalités de mise en œuvre et il ne suffira pas d'avoir intérêt à agir contre une décision administrative pour être recevable à contester la validité d'un contrat en rapport avec elle.

En plus des moyens dont on vient de parler, les requérants recevables pourront, comme le juge lui-même, soulever des moyens d'ordre public. Cependant, les moyens d'ordre public sont peu nombreux : on peut penser au caractère illicite de l'objet même du contrat (vendre une dépendance du domaine public ou déléguer la gestion d'un service de police, par exemple) ou à un vice du consentement radical (tel que l'incompétence de la personne publique contractante).

L'office du juge saisi d'un recours contestant la validité d'un contrat administratif est le second pilier de l'équilibre recherché par le Conseil d'État.

Il appartient d'abord au juge de vérifier que l'auteur du recours se prévaut d'un intérêt lésé de façon suffisamment directe et certaine et que les irrégularités qu'il critique sont de celles qu'il peut utilement invoquer. Il doit ainsi rejeter les recours irrecevables et écarter les moyens inopérants.

Pour le reste, le juge a à sa disposition une gamme de « sanctions » très large : il lui incombe de choisir la sanction la plus appropriée, eu égard à la gravité et aux conséquences des irrégularités constatées, d'une part, aux atteintes susceptibles d'être portées à l'intérêt général, d'autre part.

Il peut décider, comme le prévoyait l'arrêt *Tropic*, que le contrat, même entaché d'une irrégularité, peut continuer à être exécuté.

Il peut aussi inviter les parties à régulariser une irrégularité avant de poursuivre l'exécution du contrat : c'est une voie que la jurisprudence a déjà commencé à explorer.

Même après avoir constaté des irrégularités trop graves pour qu'il paraisse, dans un premier temps, possible de poursuivre l'exécution du contrat et, par ailleurs, non *régularisables*, le juge peut renoncer à prononcer l'une des deux sanctions qui font disparaître le contrat – une résiliation (disparition du contrat pour l'avenir) ou, *a fortiori*, une annulation (disparition rétroactive du contrat) – si l'intérêt général le commande. Au cas par cas, le juge doit ainsi toujours veiller à ce que l'intérêt général – par exemple, la continuité du service public – soit préservé. Le requérant peut quant à lui, en toute hypothèse, obtenir, s'il a subi un véritable préjudice, réparation, puisque l'arrêt rappelle que le recours peut être assorti de conclusions indemnitaires. Ainsi, pour les recours des concurrents évincés, que des irrégularités graves (et, par nature, non régularisables) dans la procédure de passation soient (longtemps après la signature du contrat) constatées est une chose, qu'il faille en déduire que le contrat doit être résilié ou annulé en est une autre.

Ce n'est donc qu'en cas d'irrégularités d'une gravité particulière et si aucun motif d'intérêt général ne s'y oppose que le juge peut prononcer, éventuellement avec un effet différé, la résiliation du contrat. L'arrêt précise que l'annulation n'est en tout état de cause envisageable que pour une irrégularité que le juge serait tenu de soulever d'office.

2. Le Conseil d'État a par ailleurs précisé les modalités du recours pour excès de pouvoir contre un acte d'approbation et défini une nouvelle voie de droit pour contester les refus de résiliation (V. CE 30 juin 2017, *SMPAT*, n° 398445, ci-dessous).

En ce qui concerne le refus de résilier un contrat, la question se posait de savoir s'il y avait encore lieu d'admettre le recours pour excès de pouvoir des tiers.

Une telle possibilité avait été ouverte par une décision de section du 24 avril 1964 *Société anonyme de livraisons industrielles et commerciales*. Il avait alors été admis que le refus de résilier un contrat constituait, pour les tiers à ce contrat, un acte détachable susceptible de recours pour excès de pouvoir, à l'appui duquel tout moyen de légalité pouvait être soulevé et le contrat lui-même contesté. Le Conseil d'État décide qu'une telle voie de droit est désormais fermée. Maintenir la possibilité d'un recours pour excès de pouvoir contre une mesure d'exécution du contrat comme un refus de résiliation, c'était, en effet, offrir aux tiers une voie de contournement de *Tarn-et-Garonne* et, en permettant d'ouvrir à tout moment un débat contentieux sur le contrat, en ruiner la logique.

Le Conseil d'État définit une voie de droit originale devant le juge du contrat, sensiblement plus étroite que le recours pour excès de pouvoir.

On doit d'abord relever que la décision du Conseil d'État ne concerne que les refus de résiliation.

Par ailleurs, le recours ouvert aux tiers contre les refus de résiliation n'est pas un recours en annulation : c'est un recours de pleine juridiction devant le juge du contrat qui tend, ainsi que le précise la décision *SMPAT*, à ce qu'il soit mis fin à l'exécution du contrat.

Pour déterminer les tiers qui sont recevables à former le recours qu'elle définit, la décision *SMPAT* s'inspire directement de la décision *Département de Tarn-et-Garonne*.

Seul un tiers lésé de façon suffisamment directe et certaine dans les intérêts dont il se prévaut par le refus qui a été opposé à la demande de résiliation d'un contrat qu'il a adressée à la personne publique contractante est recevable (le même régime particulier que dans *Tarn-et-Garonne* étant prévu, en ce qui concerne les contrats des collectivités territoriales, pour les membres de l'organe délibérant et le représentant de l'État dans le département).

L'approche, sensiblement plus restrictive que celle du recours pour excès de pouvoir, est, dans son principe, analogue à celle de *Tarn-et-Garonne*. On peut cependant penser que, pour l'appréciation concrète de la « lésion directe et certaine » qu'exige la décision *SMPAT*, le juge du contrat sera, plus encore que celui de *Tarn-et-Garonne*, exigeant (V. le cas d'espèce de la décision *SMPAT*, ci-dessous).

La décision *SMPAT* précise par ailleurs quels sont les moyens qui peuvent utilement être soulevés par les requérants recevables.

Comme dans *Tarn-et-Garonne*, les moyens doivent (sauf pour les membres des organes délibérants des collectivités territoriales et le représentant de l'État dans le département) être en rapport direct avec l'intérêt lésé dont le tiers requérant se prévaut. Cette condition est d'autant plus exigeante que seuls trois types de moyens sont, en tout état de cause, opérants.

Les premiers sont les moyens tirés de ce que la personne publique contractante était tenue de mettre fin à l'exécution du contrat du fait de dispositions – qui ne peuvent être que législatives – applicables aux contrats en cours.

Peuvent en deuxième lieu être utilement soulevés des moyens tirés de ce que le contrat *en cause est entaché d'irrégularités* qui sont de nature à faire obstacle à la poursuite de son exécution et que le juge devrait relever d'office. Là encore, de tels moyens ne peuvent qu'être rares, puisque rares sont les cas dans lesquels le juge est tenu de relever d'office une irrégularité. Pour le reste, les moyens relatifs tant à la passation qu'au contenu du contrat sont inopérants – comme le sont d'ailleurs les moyens relatifs aux formes et conditions dans lesquelles le refus de résilier a été opposé.

Peuvent en troisième et dernier lieu être utilement soulevés des moyens tirés de ce que « la poursuite de l'exécution du contrat est manifestement contraire à l'intérêt général ». Sont visés les cas tout à fait particuliers où la personne publique serait tenue de résilier le contrat, sauf à méconnaître manifestement l'intérêt général. Dans des circonstances exceptionnelles, qui peuvent tenir à des changements de toute nature intervenus depuis la signature du contrat ou aux conséquences que peut avoir une exécution particulièrement critiquable du contrat, le juge peut examiner si l'intérêt général exige que l'exécution du contrat prenne fin. Le contrôle qu'exerce le juge sur ce point est un contrôle restreint.

La décision *SMPAT* précise en outre que, alors même que le recours serait recevable, que les moyens soulevés seraient opérants et qu'ils seraient de nature à justifier qu'il y soit fait droit, l'office du juge du contrat n'a rien de « mécanique » : d'une part, le juge ne peut ordonner l'arrêt des relations contractuelles qu'après avoir vérifié que sa décision ne portera pas une atteinte excessive à l'intérêt général et, d'autre part, il peut choisir de n'ordonner une telle interruption qu'avec effet différé, à une date qu'il fixe. ❑

I. TARN-ET-GARONNE

1. Indépendamment des actions dont disposent les parties à un contrat administratif et des actions ouvertes devant le juge de l'excès de pouvoir contre les clauses réglementaires d'un contrat ou devant le juge du référé contractuel sur le fondement des art. L. 551-13 s. CJA, tout tiers à un contrat administratif susceptible d'être lésé dans ses intérêts de façon suffisamment directe et certaine par sa passation ou ses clauses est recevable à former devant le juge du contrat un recours de pleine juridiction contestant la validité du contrat ou de certaines de ses clauses non réglementaires qui en sont divisibles ; cette action devant le juge du contrat est également ouverte aux membres de l'organe délibérant de la collectivité territoriale ou du groupement de collectivités territoriales concerné ainsi qu'au représentant de l'État dans le département dans l'exercice du contrôle de légalité ; les requérants peuvent éventuellement assortir leur recours d'une demande tendant, sur le fondement de l'art. L. 521-1 CJA, à la suspension de l'exécution du contrat ; ce recours doit être exercé, y compris si le contrat contesté est relatif à des travaux publics, dans un délai de deux mois à compter de l'accomplissement des mesures de publicité appropriées, notamment au moyen d'un avis mentionnant à la fois la conclusion du contrat et les modalités de sa consultation dans le respect des secrets protégés par la loi ; la légalité du choix du cocontractant, de la délibération autorisant la conclusion du contrat et de la décision de le signer, ne peut être contestée qu'à l'occasion du recours ainsi défini ; toutefois, dans le cadre du contrôle de légalité, le représentant de l'État dans le département est recevable à contester la légalité de ces actes devant le juge de l'excès de pouvoir jusqu'à la conclusion du contrat, date à laquelle les recours déjà engagés et non encore jugés perdent leur objet.

Le représentant de l'État dans le département et les membres de l'organe délibérant de la collectivité territoriale ou du groupement de collectivités territoriales concerné, compte tenu des intérêts dont ils ont la charge, peuvent invoquer tout moyen à l'appui du recours ainsi défini ; les autres tiers ne peuvent invoquer que des vices en rapport direct avec l'intérêt lésé dont ils se prévalent ou ceux d'une gravité telle que le juge devrait les relever d'office.

Saisi ainsi par un tiers, dans les conditions définies ci-dessus, de conclusions contestant la validité du contrat ou de certaines de ses clauses, il appartient au juge du contrat, après avoir vérifié que l'auteur du recours autre que le représentant de l'État dans le département ou qu'un membre de l'organe délibérant de la collectivité territoriale ou du groupement de collectivités territoriales concerné se prévaut d'un intérêt susceptible d'être lésé de façon suffisamment directe et certaine et que les irrégularités qu'il critique sont de celles qu'il peut utilement invoquer, lorsqu'il constate l'existence de vices entachant la validité du contrat, d'en apprécier l'importance et les conséquences ; ainsi, il lui revient, après avoir pris en considération la nature de ces vices, soit de décider que la poursuite de l'exécution du contrat est possible, soit d'inviter les parties à prendre des mesures de régularisation dans un délai qu'il fixe, sauf à résilier ou résoudre le contrat ; en présence d'irrégularités qui ne peuvent être couvertes par une mesure de régularisation et qui ne permettent pas la poursuite de l'exécution du contrat, il lui revient de prononcer, le cas échéant avec un effet différé, après avoir vérifié que sa décision ne portera pas une atteinte excessive à l'intérêt général, soit la résiliation du contrat, soit, si le contrat a un contenu illicite ou s'il se trouve affecté d'un vice de consentement ou de tout autre vice d'une particulière gravité que le juge doit ainsi relever d'office, l'annulation totale ou partielle de celui-ci ; il peut enfin, s'il en est saisi, faire droit, y compris lorsqu'il invite les parties à prendre des mesures de régularisation, à des conclusions tendant à l'indemnisation du préjudice découlant de l'atteinte à des droits lésés.

Il appartient en principe au juge d'appliquer les règles définies ci-dessus qui, prises dans leur ensemble, n'apportent pas de limitation au droit fondamental qu'est le droit au recours. Toutefois, eu égard à l'impératif de sécurité juridique tenant à ce qu'il ne soit pas porté une atteinte excessive aux relations contractuelles en cours, le recours ci-dessus défini ne pourra être exercé par les tiers qui n'en bénéficiaient pas et selon les modalités précitées qu'à l'encontre des contrats signés à compter de la lecture de la présente décision ; l'existence d'un recours contre le contrat, qui, hormis le déféré préfectoral, n'était ouvert avant la présente décision qu'aux seuls concurrents évincés, ne prive pas d'objet les recours pour excès de pouvoir déposés par d'autres tiers contre les actes détachables de contrats signés jusqu'à la date de lecture de la présente décision. • CE, ass., 4 avr. 2014, *Dpt du Tarn-et-Garonne*, n° 358994 A : *BJCP 2014. 204, concl. Dacosta ; AJDA 2014. 1035, chron. Bretonneau-Lessi ; RJEP juill. 2014, n° 31, note Lafaix ; Dr. adm. juin 2014, n° 36, note Brenet.*

2. Recours gracieux. Délai de recours. L'exercice de ce recours gracieux a interrompu le délai de recours contentieux, qui a recommencé à courir à compter du rejet implicite né du silence gardé par la communauté de communes. La notification d'une décision expresse de rejet, qui s'est substituée à la décision implicite née du silence gardé par la communauté de communes sur le recours gracieux dont elle avait été saisie, a fait, de nouveau, courir le délai de recours. • CE 20 déc. 2019, *Cté de cnes de Sélestat*, n° 419993 B.

3. Délai de recours. La publication d'un avis mentionnant à la fois la conclusion du contrat et les modalités de sa consultation dans le respect des secrets protégés par la loi permet de faire courir le délai de recours contre le contrat, la circonstance que l'avis ne mentionnerait pas la date de la conclusion du contrat étant sans incidence sur le point de départ du délai qui court à compter de cette publication.

Ainsi, les « avis d'attribution » d'un marché, publiés au *JOUE* et au *Bulletin officiel des annonces de marchés publics*, conformément aux dispositions de l'art. 85 C. marchés alors applicable, figurant aujourd'hui à l'art. R. 2183-1 CCP, constituent une mesure de publicité appropriée susceptible de faire courir le délai de recours contentieux, alors même que ces publications ne font état que de l'attribution du marché, et non de sa conclusion, et ne mentionnent que les coordonnées de la cellule des marchés de l'acheteur, mention qui pourtant relevait des modalités de la consultation du contrat. • CE 3 juin 2020, *Centre hospitalier d'Avignon et Société hospitalière d'assurances mutuelles (SHAM)*, n° 428845 et 428847 B.

4. *Si la personne publique concluant un contrat de partenariat* est tenue de publier un avis d'attribution afin de respecter le principe fondamental de la commande publique qu'est l'obligation de transparence des procédures, il ne s'en déduit pas pour autant que la publication d'un tel avis d'attribution serait à même de constituer une publicité appropriée de nature à déclencher le délai de recours imparti aux tiers pour attaquer le contrat de partenariat.

En l'espèce, le contrat litigieux a été approuvé par décret du Premier ministre du 11 févr. 2015 et publié au *Journal officiel de la République française* le 13 févr. 2015. Cette publication mentionnait la date de la conclusion du contrat, reproduisait l'intégralité de ses termes et précisait les modalités de consultation de ses annexes. Cet avis constituait, en raison de sa publication dans l'organe destiné à assurer la diffusion officielle des textes législatifs, actes règlementaires et décisions non règlementaires prises par le Gouvernement et les ministres sur l'ensemble du territoire national, lequel est consultable par voie électronique depuis l'ensemble du territoire de l'UE, un mode de publicité approprié à l'importance et à la nature du contrat et propre à déclencher le délai de recours de deux mois dans lequel est enfermée sa contestation. • CAA Marseille, 12 nov. 2018, *M. Revol*, n° 17MA02568.

5. Il résulte de l'instruction que si la communauté urbaine de Dunkerque et la commune de Dunkerque n'ont procédé à aucune mesure de publicité mentionnant la conclusion du contrat et ses modalités de consultation, la Sté Berobe a été destinataire, par courriel du 26 août 2016 produit à l'instance et ainsi qu'elle le reconnaît dans ses écritures, d'une copie intégrale du protocole d'accord signé le 14 mars 2016 avec la Sté Vinci Immobilier. Cette convention, conclue entre deux personnes publiques et une personne privée en vue de réaliser une opération d'aménagement constitutive d'une mission de service public, revêt le caractère d'un contrat administratif, comme il ressort des termes mêmes de la réponse faite le 7 mars 2016 par le président de la communauté urbaine de Dunkerque à la demande de la société requérante tendant à obtenir la communication de ce protocole. Il suit de là que la Sté Berobe ne pouvait ignorer la nature administrative de ce contrat et qu'elle n'est pas fondée à se prévaloir de la circonstance particulière de ce qu'elle aurait été induite en erreur par l'administration sur la nature du recours qui lui était ouvert pour en contester la validité. Dès lors, le délai de deux mois dans lequel la société requérante pouvait exercer un recours en contestation de la validité de ce contrat administratif avait expiré le 27 oct. 2016. Par suite, la Sté Berobe n'est pas fondée à se plaindre de ce que le TA de Lille a rejeté, comme étant irrecevable, son recours, enregistré au greffe de ce tribunal le 27 juill. 2017, contestant la validité du protocole d'accord signé le 14 mars 2016 entre la communauté urbaine de Dunkerque, la Cne de Dunkerque et la Sté Vinci Immobilier. • CAA Douai, 30 nov. 2021, *Sté Bérobe*, n° 19DA02741 : *Rev. CMP 2022. Chron. 63, note Dientenhoeffer.*

6. Prorogation du délai (covid). Aux termes du 1er al. de l'art. 2 de l'Ord. du 25 mars 2020 relative à la prorogation des délais échus pendant la période d'urgence sanitaire et à l'adaptation des procédures pendant cette même période, rendu applicable aux procédures devant les juridictions de l'ordre administratif par l'art. 15 de l'Ord. n° 2020-305 du même jour, portant adaptation des règles applicables devant ces juridictions, à l'exception des dérogations énumérées au II de cet art. : « Tout acte, recours, action en justice, formalité, inscription, déclaration, notification ou publication prescrit par la loi ou le règlement à peine de nullité, sanction, caducité, forclusion, prescription, inopposabilité, irrecevabilité, péremption, désistement d'office, application d'un régime particulier, non avenu ou déchéance d'un droit quelconque et qui aurait dû être accompli pendant la période mentionnée à l'art. 1er sera réputé avoir été fait à temps s'il a été effectué dans un délai qui ne peut excéder, à compter de la fin de cette période, le délai légalement imparti pour agir, dans la limite de deux mois. »

Ces dispositions sont applicables aux délais de recours prescrits par la loi ou le règlement ainsi que par la jurisprudence. Elles le sont, par conséquent, au délai de deux mois, à compter de l'accomplissement des mesures de publicité appropriées, dont disposent les tiers souhaitant contester la validité d'un contrat. • CE, avis, 3 févr. 2022, *Sté Osiris Securité Run*, n° 475527 B : *BJCP 2022. 156, concl. Pichon de Vendeuil ; Rev. CMP 2022, comm. 128, Dietenhoeffer.*

7. Délai raisonnable (jurisprudence Czabaj). Le principe de sécurité juridique, qui implique que ne puissent être remises en cause sans condition de délai des situations consolidées par l'effet du temps, fait obstacle à ce que puisse être contesté indéfiniment un contrat administratif. Dans le cas où l'administration a omis de mettre en œuvre les mesures de publicité appropriées permettant de faire courir le délai de recours de deux mois, un recours contestant la validité du contrat doit néanmoins, pour être recevable, être présenté dans un délai raisonnable à compter de la publication de l'avis d'attribution du contrat. En règle générale, et sauf circonstance particulière dont se prévaudrait le requérant, un délai excédant un an ne peut être regardé comme raisonnable. • CAA Marseille, 25 avr. 2022, ♧ *Sté Seateam Aviation*, n° 19MA05387 : *AJDA 2022.1516, concl. Thielé ; Rev. CMP 2022, comm. 221, Rees.*

8. En vertu de la décision CE 4 avr. 2014, n° 358994, statuant au contentieux, la contestation de la validité des contrats administratifs par les tiers doit faire l'objet d'un recours de pleine juridiction dans les conditions définies par cette décision. Toutefois, cette décision a jugé que le recours ainsi défini ne trouve à s'appliquer qu'à l'encontre des contrats signés à compter du 4 avr. 2014, date de sa lecture, la contestation des contrats signés antérieurement à cette date continuant d'être appréciée au regard des règles applicables avant cette décision. Dans le cas où est contestée la validité d'un avenant à un contrat, la détermination du régime de la contestation est fonction de la date de signature de l'avenant, un avenant signé après le 4 avr. 2014 devant être contesté dans les conditions prévues par la décision CE 4 avr. 2014, n° 358994, quand bien même il modifie un contrat signé antérieurement à cette date. • CE 20 nov. 2020, ♧ *Ass. Trans'Cub et a.*, n° 428156 B : *BJCP 2021. 141, concl. Le Corre.*

9. Contrat tacite ou verbal. Le recours de plein contentieux des tiers contre le contrat défini par la décision CE 4 avr. 2014, n° 358994 statuant au contentieux est ouvert à tout tiers susceptible d'être lésé dans ses intérêts par un contrat administratif tacite ou verbal. Ce recours ne peut être exercé par les tiers qui n'en bénéficiaient pas auparavant qu'à l'encontre des contrats qui peuvent être regardés comme conclus à compter du 4 avr. 2014. • CAA Marseille, 26 avr. 2021, ♧ *Assoc. française des ambulanciers SMUR et hospitaliers et Mme A. c/ Centre hospitalier d'Arles*, n° 20MA01789 : *Rev. CMP 2021. 225, note Eckert.*

10. Prescription. Alors même que l'art. 2244 C. civ., dans sa rédaction antérieure à la L. n° 2008-561 du 17 juin 2008, réservait un effet interruptif aux actes « signifiés à celui qu'on veut empêcher de prescrire », termes qui n'ont pas été repris par le législateur aux nouveaux art. 2239 et 2241 C. civ., il ne résulte ni de la L. du 17 juin 2008 ni de ses travaux préparatoires que la réforme des règles de prescription résultant de cette loi aurait eu pour effet d'étendre le bénéfice de la suspension ou de l'interruption du délai de prescription à d'autres personnes que le demandeur à l'action.

Il en résulte qu'une citation en justice, au fond ou en référé, n'interrompt la prescription qu'à la double condition d'émaner de celui qui a la qualité pour exercer le droit menacé par la prescription et de viser celui-là même qui en bénéficierait. • CE 4 févr. 2021, ♧ *Sté mutuelle d'assurance du bâtiment et des travaux publics (SMABTP)*, n° 441593 B : *BJCP 2021. 222, concl. Le Corre ; Rev. CMP 2021. 107, note Dietenhoeffer.* ♦ V. aussi • CE 20 nov. 2020, ♧ *Sté Veolia Eau - Compagnie générale des eaux*, n° 432678 B : *BJCP 2021. 152, concl. Le Corre.*

11. Concurrents évincés. Moyens susceptibles d'être soulevés. Application de Tarn-et-Garonne dans le temps. Si le représentant de l'État dans le département et les membres de l'organe délibérant de la collectivité territoriale ou du groupement de collectivités territoriales concerné, compte tenu des intérêts dont ils ont la charge, peuvent invoquer tout moyen à l'appui du recours ainsi défini, les autres tiers ne peuvent invoquer que des vices en rapport direct avec l'intérêt lésé dont ils se prévalent ou ceux d'une gravité telle que le juge devrait les relever d'office ; le tiers agissant en qualité de concurrent évincé de la conclusion d'un contrat administratif ne peut ainsi, à l'appui d'un recours contestant la validité de ce contrat, utilement invoquer, outre les vices d'ordre public, que les manquements aux règles applicables à la passation de ce contrat qui sont en rapport direct avec son éviction. La décision n° 358994 du 4 avr. 2014 du Conseil d'État, statuant au contentieux, a jugé que le recours défini ci-dessus (*Tarn-et-Garonne*) ne trouve à s'appliquer, selon les modalités précitées et quelle que soit la qualité dont se prévaut le tiers, qu'à l'encontre des contrats signés à compter de la lecture de cette même décision ; il en résulte que le recours de la société, formé le 7 août 2009 devant le tribunal administratif, doit être apprécié au regard des règles applicables avant ladite décision, qui permettaient à tout requérant qui aurait eu intérêt à conclure un contrat administratif d'invoquer tout moyen à l'appui de son recours contre le contrat. • CE, sect., 5 févr. 2016, ⚖ *Synd. mixte des transports en commun Hérault Transport,* n° 383149 A : *BJCP 2016. 218, concl. Henrard ; AJDA 2016. 1120, note Lafaix* ✐ *; Dr. adm. avr. 2016, n° 21, note Brenet ; Rev. CMP 2016, n° 114, note Rees.*

12. Concurrents évincés. 1) La circonstance qu'un concurrent évincé ait d'abord formé un référé précontractuel afin d'obtenir l'annulation de la procédure de passation ne fait pas obstacle à ce qu'il saisisse ensuite le juge administratif d'un recours en contestation de la validité du contrat ; la circonstance que son offre ait été rejetée comme irrégulière n'est pas non plus de nature à le priver de la possibilité de faire un tel recours.

2) Un concurrent évincé ne peut invoquer, outre les vices d'ordre public dont serait entaché le contrat, que des manquements aux règles applicables à la passation de ce contrat en rapport direct avec son éviction ; au titre de tels manquements, le concurrent évincé peut contester la décision par laquelle son offre a été écartée comme irrégulière ; un candidat dont l'offre a été à bon droit écartée comme irrégulière ou inacceptable ne saurait en revanche soulever un moyen critiquant l'appréciation des autres offres ; il ne saurait notamment soutenir que ces offres auraient dû être écartées comme irrégulières ou inacceptables, un tel manquement n'étant pas en rapport direct avec son éviction et n'étant pas, en lui-même, de ceux que le juge devrait relever d'office ; il en va ainsi y compris dans l'hypothèse où, comme en l'espèce, toutes les offres ont été écartées comme irrégulières ou inacceptables, sauf celle de l'attributaire, et qu'il est *soutenu que celle-ci aurait* dû être écartée comme irrégulière ou inacceptable.

3) Si les requérants entendent soutenir que, du fait des irrégularités de l'offre de la société Cerba, attributaire du marché, qui la rendaient, selon eux, irrégulière et inacceptable, le contenu du contrat litigieux est lui-même entaché d'un vice, ils ne peuvent soulever un tel moyen que si le vice ainsi allégué est d'ordre public, c'est-à-dire si le contenu du contrat est illicite ; le contenu d'un contrat ne présente un caractère illicite que si l'objet même du contrat, tel qu'il a été formulé par la personne publique contractante pour lancer la procédure de passation du contrat ou tel qu'il résulte des stipulations convenues entre les parties qui doivent être regardées comme le définissant, est, en lui-même, contraire à la loi, de sorte qu'en s'engageant pour un tel objet, le cocontractant de la personne publique la méconnaît nécessairement. • CE 9 nov. 2018, ⚖ *Sté Cerba, Caisse nationale d'assurance maladie,* n°s 420654 A et 420663 A : *AJDA 2019. 412, note Rotoullié* ✐ *; BJCP 2019. 57, concl. Pellissier ; Rev. CMP 2019. 24, note Ubaud-Bergeron ; Dr adm. 2019, n° 14, note Hul.*

13. Appel principal du concurrent évincé/appel incident. La société a saisi le tribunal administratif, en sa qualité de concurrent évincé de la conclusion d'un contrat administratif, d'un recours de pleine juridiction contestant la validité de ce contrat ; lorsque le juge se prononce sur les différentes conclusions dont il peut être saisi dans le cadre d'un tel recours, qu'il s'agisse d'annuler totalement ou partiellement le contrat, d'en prononcer la résiliation ou de modifier certaines de ses clauses, ou encore de décider la poursuite de son exécution, éventuellement sous réserve de mesures de régularisation, ou bien d'accorder des indemnisations en réparation des droits lésés, ces mesures se rattachent toutes à un même litige ; il en résulte que l'appel incident présenté par la région ne soulevait pas, en tant qu'il contestait l'annulation du marché litigieux par le juge du contrat, un litige distinct des conclusions de l'appel principal présenté par la société évincée, qui portaient sur la réparation du préjudice résultant de cette éviction. • CE 21 oct. 2015, ⚖ *Région Provence-Alpes-Côte d'Azur,* n° 384787 A : *BJCP 2016. 79, concl. Pellissier ; Rev. CMP 2015, n° 298, note Devillers ; AJDA 2016. 552, note Crespy-De Coninck* ✐.

14. Sous-traitant. Recevabilité. Non, sauf cas particulier. Si la société requérante n'est pas un concurrent dont la candidature ou l'offre a été rejetée ou qui aurait été empêché de présenter sa candidature, et si en sa seule qualité de société susceptible d'intervenir en qualité de soustraitante, elle ne justifie pas d'un intérêt lésé pouvant la rendre recevable à contester la validité du contrat en cause, il ressort des pièces du marché que l'offre d'un des groupements candidats reposait sur la technologie que fournit cette société ; dans ces conditions, elle justifie être lésée par la conclusion du contrat litigieux de manière suffisamment directe et certaine pour être recevable à en demander l'annulation ainsi que la suspension. • CE 14 oct. 2015, ⚖ *Région Réunion,* n° 391183 A : *BJCP 2016. 71, concl.*

Pellissier ; Rev. CMP 2015, n° 297, note Ubaud-Bergeron.

15. Contribuable local. Lorsque l'auteur du recours se prévaut de sa qualité de contribuable local, il lui revient d'établir que la convention ou les clauses dont il conteste la validité sont susceptibles d'emporter des conséquences significatives sur les finances ou le patrimoine de la collectivité. • CE 27 mars 2020, *M. Le Monnier et a.*, n° 426291 A : *BJCP 2020. 284, concl. Le Corre ; Rev CMP 2020. 211, note Dietenhoeffer.*

16. Conseils régionaux de l'ordre des architectes. Si, en vertu des dispositions de l'art. 26 de la L. n° 77-2 du 3 janv. 1977 sur l'architecture, les conseils régionaux de l'ordre des architectes ont qualité pour agir en justice en vue notamment d'assurer le respect de l'obligation de recourir à un architecte, la seule passation, par une collectivité territoriale, d'un marché public confiant à un opérateur économique déterminé une mission portant à la fois sur l'établissement d'études et l'exécution de travaux ne saurait être regardée comme susceptible de léser de façon suffisamment directe et certaine les intérêts collectifs dont ils ont la charge. • CE 3 juin 2020, *Dpt de la Loire-Atlantique*, n° 426932 B.

17. Conseil national des barreaux. Un tiers à un contrat administratif n'est recevable à contester la validité d'un contrat que s'il est susceptible d'être lésé dans ses intérêts de façon suffisamment directe et certaine par sa passation ou par ses clauses.

Si, en vertu de l'art. 21-1 de la L. n° 71-1130 du 31 déc. 1971, le CNB a qualité pour agir en justice en vue notamment d'assurer le respect de l'obligation de recourir à un professionnel du droit, la seule attribution, par une collectivité territoriale, d'un marché d'assistance à maîtrise d'ouvrage à un opérateur économique déterminé ne saurait être regardée comme susceptible de léser de façon suffisamment directe et certaine les intérêts collectifs dont le CNB a la charge, alors même que le marché confie à cet opérateur une mission pouvant comporter la rédaction d'actes juridiques susceptibles d'entrer dans le champ des dispositions de l'art. 54 de la L. n° 71-1130 du 31 déc. 1971. • CE 20 juill. 2021, *Sté Espélia*, n° 443346 B : *Rev. CMP 2021, comm. 326, Soler-Couteaux.*

18. Impossibilité de contester des actes détachables indépendamment du recours contre le contrat. La légalité du choix du cocontractant ne peut être contestée qu'à l'occasion d'un recours contre le contrat, exercé dans un délai de deux mois à compter de l'accomplissement des mesures de publicité appropriées, et qui peut éventuellement être assorti d'une demande tendant, sur le fondement de l'art. L. 521-1 CJA, à la suspension de l'exécution du contrat. Il résulte de ce qui précède que, lorsqu'une autorité gestionnaire du domaine public non routier décide de donner accès à ce domaine à des exploitants de réseaux de communications électroniques, mais choisit de limiter le nombre de conventions simultanément conclues à cet effet, la légalité de ce choix ainsi que celle du choix des cocontractants et celle du refus simultanément opposé à un autre exploitant de réseaux de communications électroniques ne peuvent être contestées, par ce dernier, que par un recours de pleine juridiction contestant la validité du contrat. Le candidat évincé n'est, dès lors, pas recevable à former un recours pour excès de pouvoir contre la décision par laquelle le gestionnaire du domaine public n'a pas retenu sa candidature. • CE 2 déc. 2015, *École centrale de Lyon*, n° 386979 B : *AJDA 2015. 2350, obs. Poupeau* (**NB** : décision rendue à propos d'une concession domaniale).

19. Autorité régionale de santé. Qualité pour agir. Par les art. L. 1431-2, L. 6143-4 et L. 6145-1 s. CSP, le législateur a défini les modalités d'exercice, par l'agence régionale de santé (ARS), de son contrôle sur les actes des établissements publics de santé de son ressort, sans inclure, notamment, celui des marchés publics.

Ainsi, une ARS ne peut, en cette seule qualité, être regardée comme justifiant d'un intérêt lui donnant qualité pour demander au juge administratif d'annuler ou de suspendre un marché public d'un établissement public de santé de son ressort.

Il lui appartient, au contraire, comme à tout tiers, de démontrer qu'elle a été lésée dans ses intérêts de façon suffisamment directe et certaine par la passation ou les clauses d'un tel marché pour en contester la validité ou demander la suspension de l'exécution de ce marché. • CE 2 juin 2016, *Min. des Affaires sociales et de la Santé c/ CH Émile-Roux du Puy-en-Velay et a.*, nos 395033 A et 396645 A : *BJCP 2016. 378, concl. Pellissier ; Rev. CMP 2016, n° 218, note Pietri.*

20. La SEMERAP, qui est une SPL, ne pouvait légalement conclure le contrat en litige avec cette commune, qui n'était pas au nombre de ses actionnaires ; au regard de l'intérêt qu'elle invoque en sa seule qualité de concurrent évincé, la passation de ce contrat ou ses clauses n'ont pas, dans ces conditions, pu léser ses intérêts de manière suffisamment directe et certaine ; ainsi, la SEMERAP ne justifie pas d'un intérêt suffisant pour contester la validité de la convention entre la commune et la société X. • CAA Lyon, 8 juin 2017, *SEMERAP*, n° 17LY00318 : *Rev. CMP 2017. 217, note Eckert.*

21. Pouvoirs du juge. Saisi d'un recours de pleine juridiction contestant la validité du contrat ou de certaines de ses clauses par un tiers justifiant que la passation de ce contrat l'a lésé dans ses intérêts de façon suffisamment directe et certaine, il appartient au juge du contrat, en présence d'irrégularités qui ne peuvent être couvertes par une mesure de régularisation et qui ne permettent pas la poursuite de l'exécution du contrat, de prononcer, le cas échéant avec un effet différé, après avoir vérifié que sa décision ne portera pas une atteinte excessive à l'intérêt général, soit la résiliation du contrat, soit, si le contrat a un contenu illicite ou s'il se trouve affecté d'un vice de consentement ou de tout autre vice d'une particulière gravité que le juge doit ainsi relever d'office, l'annulation totale ou partielle de celui-ci.

Il résulte de ce qui précède que le juge du contrat saisi par un tiers de conclusions en contestation de la validité du contrat ou de certaines de ses clauses dispose de l'ensemble des pouvoirs mentionnés au point précédent et qu'il lui appartient d'en faire usage pour déterminer les conséquences des irrégularités du contrat qu'il a relevées, alors même que le requérant n'a expressément demandé que la résiliation du contrat. • CE 9 juin 2021, ♎ *Conseil national des Barreaux c/ M. Bonneau,* n°s 438047 et 438054 B : *BJCP 2021. 398, concl. Le Corre ; Rev. CMP 2021. 256, note Dietenhoeffer ; AJDA 2021. 2346, note Douteaud* ✎.

22. Fraude de l'attributaire. Annulation du contrat. Lorsque le juge constate que l'attributaire d'un contrat dont la validité est contestée a transmis au pouvoir adjudicateur des renseignements erronés concernant ses capacités professionnelles, techniques et financières ou certains éléments de son offre, il lui appartient de qualifier ces erreurs en tenant compte de l'ensemble des éléments du dossier et des écritures des parties ; en présence de simples erreurs matérielles, il vérifie si elles ont été susceptibles d'avoir faussé l'appréciation portée par le pouvoir adjudicateur sur les mérites de sa candidature au détriment des autres candidatures et d'avoir ainsi porté atteinte au principe d'égalité de traitement entre les candidats et, dans l'affirmative, en apprécie les conséquences sur la validité du contrat ; dans le cas où des erreurs ont été commises de manière intentionnelle et que ces renseignements erronés ont été utilisés par le pouvoir adjudicateur pour apprécier, même partiellement, les capacités professionnelles, techniques et financières du titulaire du contrat ou les mérites de son offre, elles caractérisent alors une fraude de la part de l'attributaire et constituent, par elles-mêmes, des vices d'une particulière gravité qui entachent la validité du contrat ; dans ces conditions, et sous réserve que sa décision ne porte pas une atteinte excessive à l'intérêt général, il appartient au juge de prononcer, le cas échéant avec un effet différé, l'annulation totale ou partielle de ce contrat. • CAA Paris, 29 juill. 2016, ♎ *Ville de Paris c/ Stés Clichy dépannage et CRC,* n° 15PA02427 : *AJDA 2016. 2281, concl. Rousset* ✎ (**NB** : décision rendue sur un recours *Tropic*).

23. Absence de mention des voies et délais de recours. Incidence sur la validité du contrat. Non. L'obligation pour le pouvoir adjudicateur, d'une part, de mentionner les voies et délais de recours contre la procédure de passation dont disposent les candidats à l'attribution d'un marché et, d'autre part, de respecter un délai de suspension entre la notification du rejet de l'offre d'un candidat et la signature du marché, vise seulement à permettre aux candidats évincés de saisir utilement le juge du référé précontractuel. Par suite, les vices tenant tant à l'absence de mention de ces voies et délais de recours qu'au non-respect de ce délai de suspension n'affectent pas la validité du contrat et ne sauraient, en conséquence, justifier son annulation ou sa résiliation. • CAA Bordeaux, 27 oct. 2018, *SARL Michel Corbin,* n° 16BX01761.

24. Annulation du contrat. Société concédante n'ayant justifié par aucun document probant que sa société-mère avait mis ses capacités et garanties à sa disposition, contrairement à ce qu'exigeait le règlement de la consultation. Dossiers de demande de permis de construire, sur la base desquels les offres devaient être élaborées, établis par un cabinet d'architecture, maître d'œuvre de la commune concédante, ayant été, aux termes d'une prestation rémunérée, le conseil de la société concessionnaire, y compris pendant la phase de négociation des offres au cours de laquelle des permis de construire étaient encore en instruction.

Offre retenue comportant, en méconnaissance du règlement de consultation, un nombre très significatif de logements sociaux de certains types, pour lesquels les constructeurs bénéficiaient d'importantes subventions publiques et de taux d'emprunt privilégiés, qui étaient de nature à modifier nettement l'équilibre économique du contrat, et prévoyant une densité supplémentaire de 2 000 m^2 environ sur le site de l'ancien hôpital par rapport au projet présenté dans le document programme, soit une hausse à ce titre de 10 % de la surface, ainsi que 90 places supplémentaires de parking pour un nombre initialement prévu dans les documents de la consultation de 533.

Ces vices entachant la convention litigieuse, tirés de la méconnaissance des règles de publicité et de mise en concurrence, révèlent également, en l'état de l'instruction, une volonté de la personne publique de favoriser un candidat et ont affecté gravement la légalité du choix du concessionnaire. Par leur particulière gravité et en l'absence de régularisation possible, ils impliquent que soit prononcée l'annulation de la concession d'aménagement litigieuse, dès lors qu'une telle mesure ne portera pas une atteinte excessive à l'intérêt général. D'une part, en effet, l'annulation d'une concession d'aménagement n'a pas, par elle-même, pour effet d'anéantir rétroactivement les actes passés pour son application. D'autre part, ni la circonstance que la concession soit arrivée à son terme en août 2017 et que les travaux prévus seraient achevés, qui n'est pas de nature à priver d'objet une mesure d'annulation et ne révèle par elle-même aucune atteinte à l'intérêt général, ni l'hypothèse qu'une indemnité serait due par la commune à la société concédante, dont le montant éventuel n'est étayé par aucune allégation sérieuse et qui ne pourra en tout état de cause s'apprécier que dans les conditions de droit commun, ne sont de nature à faire obstacle au prononcé de l'annulation du contrat. • CE 15 mars 2019, *Sté anonyme gardéenne d'économie mixte*, n° 413584 A.

25. Annulation d'une transaction. L'art. 67 de la L. n° 94-679 du 8 août 1994 interdit de façon absolue toute renonciation aux intérêts moratoires dus en raison de retards dans le règlement des marchés publics, que cette renonciation intervienne lors de la passation du marché ou postérieurement.

La méconnaissance de la règle prohibant la renonciation aux intérêts moratoires, laquelle entache d'illicéité le contenu du protocole transactionnel, est de nature à justifier son annulation. • CE 18 mai 2021, *Cté d'agglomération de Lens-Liévin*, n° 443153 B : *Rev. CMP 2021. 234, note Eckert.*

26. Contrat attribué à une personne publique. Il résulte de l'instruction, et notamment du rapport d'analyse des offres, que le prix de l'offre de la Sté Eveha était de 582 888 € HT tandis que celui de l'offre de l'INRAP s'élevait à 440 046,25 € HT, soit un montant inférieur de 24,4 %. Si la Sté Eveha fait valoir que le prix ainsi proposé par l'établissement public révèle que l'ensemble des coûts directs et indirects supportés pour l'exécution du marché n'a pas été pris en compte pour fixer ce prix, que les conditions de la concurrence ont été faussées et que le pouvoir adjudicateur a manqué à ses obligations en ne procédant pas à la vérification des conditions de constitution de l'offre de prix de l'INRAP, cette irrégularité, qui a trait à l'application des règles de passation et de mise en concurrence, ne confère pas un contenu illicite au contrat, n'est la source d'aucun vice du consentement et n'entache celui ci d'aucun autre vice d'une particulière gravité que le juge devrait relever d'office. Par ailleurs, il ne résulte pas de l'instruction que le pouvoir adjudicateur ait entendu favoriser l'attributaire. Dès lors, le vice invoqué par la *Sté Eveha* n'est en tout état de cause pas de nature à entraîner l'annulation du marché attaqué. Enfin, il résulte de l'instruction que celui ci a été entièrement exécuté et qu'il n'y a dès lors plus lieu de statuer sur son éventuelle résiliation. • CAA Marseille, 11 janv. 2021, *Sté Eveha*, n° 19MA00013 : *AJDA 2021. 685, concl. Thielé.*

27. Irrégularité de l'offre de l'attributaire en tant qu'elle porte atteinte au droit de la propriété intellectuelle. Compétence juridictionnelle. Lorsqu'elle est saisie par un tiers au contrat de conclusions contestant la validité d'un marché public, la juridiction administrative n'a pas compétence pour se prononcer sur le moyen tiré de l'irrégularité de l'offre de la société attributaire du marché, en tant qu'elle porterait atteinte aux droits de propriété intellectuelle de ce tiers, et il lui incombe de ne statuer qu'après la décision du TGI compétent, saisi à titre préjudiciel, sur l'existence de la contrefaçon. Elle a, en revanche, seule compétence pour se prononcer, ensuite, sur les autres moyens d'annulation et, si elle constate l'existence de vices entachant la validité du contrat, pour en apprécier l'importance et les conséquences.

Il résulte de ce qui précède que, s'agissant d'un litige qui tend à l'annulation d'un contrat administratif et à l'indemnisation du préjudice résultant de sa passation, la juridiction administrative a seule compétence pour en connaître. Toutefois, en cas de contestation sérieuse et sous réserve que cette appréciation soit nécessaire à la solution du litige, il lui appartient de saisir, à titre préjudiciel, le TGI compétent afin qu'il soit statué sur l'existence de la contrefaçon des droits de propriété intellectuelle invoqués par la société requérante. • T. confl. 9 déc. 2019, *Sté Biomédiqa c/ Groupement de coopération sanitaire Uniha*, n° 4169 B.

28. Tierce opposition. Lorsqu'un tiers à un contrat de la commande publique forme un recours en contestation de la validité de ce contrat, la personne publique ne peut être regardée comme représentant son cocontractant dans cette instance au sens de l'art. R. 832-1 CJA. Lorsque celui-ci n'a été ni présent, ni régulièrement mis en cause dans l'instance, sa tierce opposition est par suite recevable si la décision juridictionnelle préjudicie à ses droits. • CE 19 avr. 2017, *Sté ACS Production*, n° 401539 A : *AJ contrat 2017. 288, obs. Dreyfus ; Rev. CMP 2017, n° 78, note Eckert.*

29. Référé. Les membres de l'organe délibérant de la collectivité territoriale ou du groupement de collectivités territoriales qui a conclu un contrat administratif, ou qui se trouve substitué à l'une des parties à un tel contrat, sont recevables à former devant le juge du contrat un recours de pleine juridiction contestant la validité de celui-ci, dès lors que ce recours est exercé dans un délai de deux mois à compter de l'accomplissement des mesures de publicité appropriées relatives à sa conclusion, et peuvent l'assortir d'une demande tendant, sur le fondement de l'art. L. 521-1 CJA, à la suspension de son exécution ; pour apprécier si la condition d'urgence est remplie, le juge des référés peut prendre en compte tous les éléments, dont se prévalent ces requérants, de nature à caractériser une atteinte suffisamment grave et immédiate à leurs prérogatives ou aux conditions d'exercice de leur mandat, aux intérêts de la collectivité ou du groupement de collectivités publiques dont ils sont les élus ou, le cas échéant, à tout autre intérêt public. • CE 18 sept. 2017, *M. Humbert et a.*, n° 408894 : *Rev. CMP 2017. 264, note Pietri.*

30. Référé. La seule circonstance que la société évincée n'avait qu'une chance de se voir attribuer le contrat ne faisait pas, par elle-même, obstacle à ce que l'attribution de celui-ci à une autre société fût regardée comme portant une atteinte grave et immédiate à ses intérêts. La commune de Toulon n'est donc pas fondée à soutenir que le juge des référés, dont l'ordonnance est suffisamment motivée et n'est entachée d'aucune contradiction de motifs, aurait commis une erreur de droit sur ce point. • CE 15 févr. 2021, *Cne de Toulon*, n° 445488 : *Rev. CMP 2021. 160, note Dietenhoeffer.*

31. Il ressort des énonciations de l'ordonnance attaquée qu'après avoir relevé que le comité syndical du syndicat mixte avait, par une délibération du 9 nov. 2017, autorisé son président à signer le contrat litigieux au vu d'un rapport qui ne comportait pas le prix du marché et sans disposer du projet de contrat ni d'aucun document préparatoire ou annexe, et sans pouvoir, en conséquence, appréhender la totalité des modalités d'exécution et les risques financiers de ce contrat, le juge des référés s'est fondé sur la circonstance qu'un tel vice, alors même qu'il serait de nature à entraîner l'annulation du contrat, était au nombre de ceux qui peuvent être régularisés par l'adoption d'une nouvelle délibération, pour en déduire qu'il n'était pas de nature à susciter un doute sérieux quant à la légalité du marché en litige ; en jugeant ainsi qu'un vice affectant les conditions dans lesquelles la personne publique a donné son consentement à être liée par un contrat ne saurait conduire à sa suspension, au seul motif qu'il est susceptible d'être régularisé et n'est donc pas de nature à entraîner inéluctablement l'annulation du contrat, le juge des référés a entaché son ordonnance d'erreur de droit. • CE 10 oct. 2018, *Communauté intercommunale Réunion Est*, n° 419406 : *AJDA 2019. 225, note Douteaud ; Rev. CMP 2018. 281, note Pietri ; Dr. adm. 2019, note Issop, Bardon.*

II. RECOURS CONTRE UN ACTE D'APPROBATION DU CONTRAT

32. Indépendamment du recours de pleine juridiction dont disposent les tiers à un contrat administratif pour en contester la validité, dans les conditions définies par la décision n° 358994 du 4 avr. 2014 du Conseil d'État, statuant au contentieux, les tiers qui se prévalent d'intérêts auxquels l'*exécution du contrat* est de nature à porter une atteinte directe et certaine sont recevables à contester devant le juge de l'excès de pouvoir la légalité de l'acte administratif portant approbation du contrat ; ils ne peuvent toutefois soulever, dans le cadre d'un tel recours, que des moyens tirés de vices propres à l'acte d'approbation, et non des moyens relatifs au contrat lui-même. • CE 23 déc. 2016, *Assoc. Études et Consommation CFDT Languedoc-Roussillon, Assoc. ATTAC Montpellier*, n°s 392815 A et 392819 A : *AJCT 2017. 226, obs. Dreyfus ; BJCP 2017. 134, concl. Henrard ; Dr. adm. mars 2017, n° 14, note Bousquet ; Rev. CMP 2017, n° 81, note Pietri.*

III. RECOURS RELATIF À UNE RÉSILIATION OU À UN REFUS DE RÉSILIATION

33. Un tiers à un contrat administratif susceptible d'être lésé dans ses intérêts de façon suffisamment directe et certaine par une décision refusant de faire droit à sa demande de mettre fin à l'exécution du contrat, est recevable à former devant le juge du contrat un recours de pleine juridiction tendant à ce qu'il soit mis fin à l'exécution du contrat ; s'agissant d'un contrat conclu par une collectivité territoriale ou un groupement de collectivités territoriales, cette action devant le juge du contrat est également ouverte aux membres de l'organe délibérant de la collectivité territoriale ou du groupement de collectivités territoriales concerné ainsi qu'au représentant de l'État dans le département.

Les tiers ne peuvent utilement soulever, à l'appui de leurs conclusions tendant à ce qu'il soit mis fin à l'exécution du contrat, que des moyens tirés de ce que la personne publique contractante était tenue de mettre fin à son exécution du fait de dispositions législatives applicables aux contrats en cours, de ce que le contrat est entaché d'irrégularités qui sont de nature à faire obstacle à la poursuite de son exécution et que le juge devrait relever d'office ou encore de ce que la poursuite de l'exécution du contrat est manifestement contraire à l'intérêt général ; à cet égard, les requérants peuvent se prévaloir d'inexécutions d'obligations contractuelles qui, par leur gravité, compromettent manifestement l'intérêt général ; en revanche, ils ne peuvent se prévaloir d'aucune autre irrégularité, notamment pas celles tenant aux conditions et formes dans lesquelles la décision de refus a été prise ; en outre, les moyens soulevés doivent, sauf lorsqu'ils le sont par le représentant de l'État dans le département ou par les membres de l'organe délibérant de la collectivité territoriale ou du groupement de collectivités territoriales compte tenu des intérêts dont ils ont la charge, être en rapport direct avec l'intérêt lésé dont le tiers requérant se prévaut.

Saisi par un tiers dans les conditions définies ci-dessus, de conclusions tendant à ce qu'il soit mis fin à l'exécution d'un contrat administratif, il appartient au juge du contrat d'apprécier si les moyens soulevés sont de nature à justifier qu'il y fasse droit et d'ordonner après avoir vérifié que sa décision ne portera pas une atteinte excessive à l'intérêt général, qu'il soit mis fin à l'exécution du contrat, le cas échéant avec un effet différé.

Ces règles, qui ne portent pas atteinte à la substance du droit au recours des tiers, sont d'application immédiate.

Pour écarter la fin de non-recevoir opposée par le syndicat mixte à la demande de première instance des sociétés France-Manche et The Channel Tunnel Group et tirée de leur défaut d'intérêt pour agir, la cour administrative d'appel de Douai s'est fondée sur l'atteinte portée par l'exécution de la convention en litige à leur intérêt commercial compte tenu de la situation de concurrence existant entre la liaison maritime transmanche objet du contrat et l'exploitation du tunnel sous la Manche ; en statuant ainsi, sans avoir recherché si la poursuite de l'exécution de la convention du 29 nov. 2006 était de nature à léser les intérêts de ces sociétés de façon suffisamment directe et certaine, la cour administrative d'appel de Douai a entaché son arrêt d'une erreur de droit.

Par suite, sans qu'il soit besoin d'examiner les autres moyens du pourvoi, le syndicat mixte est fondé à demander l'annulation de l'arrêt qu'il attaque.

Il y a lieu, dans les circonstances de l'espèce, de régler l'affaire au fond en application des dispositions de l'art. L. 821-2 CJA.

A l'appui de leur demande, les sociétés France-Manche et The Channel Tunnel Group se prévalent de leur seule qualité de concurrent direct sur les liaisons transmanche de courte durée ; une telle qualité ne suffit pas à justifier qu'elles seraient susceptibles d'être lésées dans leurs intérêts de façon suffisamment directe et certaine par la poursuite de l'exécution du contrat conclu le 29 nov. 2006 pour être recevables à demander au juge du contrat qu'il soit mis fin à l'exécution de celui-ci ; au surplus, les moyens tirés d'illégalités de la procédure de passation du contrat qu'elles soulèvent à l'appui de leur demande d'annulation de la décision litigieuse, ne peuvent, comme tels, être invoqués à l'encontre du refus de mettre fin à l'exécution du contrat et sont dès lors inopérants ; il suit de là que ces sociétés ne sont pas fondées à se plaindre que, par le jugement attaqué, le tribunal administratif de Rouen a rejeté leur demande. • CE 30 juin 2017, *Synd. mixte de promotion de l'activité transmanche*, n° 398445 A : *BJCP 2017. 395, concl. Pellissier ; AJDA 2017. 1669, chron. Odinet et Roussel ; AJCT 2017. 455, obs. Hul.*

34. En vertu de l'Ord. du 2 nov. 1945 relative au statut des huissiers et de l'Arr. du 4 août 2006 pris pour son application, seuls les huissiers de justice ou sociétés titulaires de l'office, et non les groupements d'intérêts économiques auxquels ils appartiennent, peuvent procéder au recouvrement par chèque des amendes.

Il ressort des énonciations de l'arrêt attaqué, non contestées sur ce point, que si le GIE Groupement périphérique des huissiers de justice a produit devant les juges du fond la copie de cinq chèques établis par des débiteurs d'amendes, dont quatre libellés au profit du GIE Groupement des poursuites extérieures et un établi à l'ordre de « GPE », en méconnaissance des dispositions mentionnées au point précédent, chacun des avis de poursuites correspondant à ces paiements a été établi par une société d'huissiers membre du GIE Groupement des poursuites extérieures et mentionne expressément que le paiement par chèque doit se faire à l'ordre de cette même société d'huissiers, seul le talon à joindre à ce paiement portant les coordonnées du GIE Groupement des poursuites extérieures ; c'est par une appréciation souveraine, exempte de dénaturation, que la cour a estimé que le nombre et le montant des chèques irréguliers étaient faibles et qu'aucune intention frauduleuse de la part du GIE attributaire des marchés n'était établie ; en jugeant que ces irrégularités n'étaient pas constitutives d'inexécutions d'obligations contractuelles qui, par leur gravité, compromettraient manifestement l'intérêt général et justifieraient qu'il soit mis fin à l'exécution de ces contrats, la cour n'a entaché son arrêt d'aucune erreur de droit et n'a pas inexactement qualifié les faits qui lui étaient soumis. • CE 30 nov. 2018, *GIE Groupement périphérique des huissiers de justice*, n° 416628 B : *BJCP 2019. 147, concl. Pellissier ; Rev. CMP 2019. 100, note Dietenhoeffer.*

35. La méconnaissance des règles de publicité et de mise en concurrence n'est pas susceptible, en l'absence de circonstances particulières, d'entacher un contrat d'un vice d'une gravité de nature à faire obstacle à la poursuite de son exécution et que le juge devrait relever d'office. • CE 12 avr. 2021, *Sté Île de Sein Énergies*, n° 436663 B : *BJCP 2021. 330, concl. Pichon de Vendeuil ; Rev. CMP 2021. 192, note Eckert ; Dr. adm. juill. 2021, note Boda.*

36. Les tiers peuvent demander au juge de l'excès de pouvoir d'annuler une décision de résiliation d'une concession. • CE, ass., 2 févr. 1987, *Sté TV6*, n° 81131 A : *RFDA 1987. 29, concl. Fornacciari.*

b) Déféré préfectoral

Code de justice administrative

Art. L. 554-1 Les demandes de *(L. n° 2000-597 du 30 juin 2000)* « suspension » assortissant les requêtes du représentant de l'État dirigées contre les actes des communes sont régies par le 3e alinéa de l'article L. 2131-6 du code général des collectivités territoriales ci-après reproduit :

Art. L. 2131-6, al. 3 *(L. n° 2000-597 du 30 juin 2000, art. 16)* Le représentant de l'État peut assortir son recours d'une demande de suspension. Il est fait droit à cette demande si l'un des moyens invoqués paraît, en l'état de l'instruction, propre à créer un doute sérieux quant à la légalité de l'acte attaqué. Il est statué dans un délai d'un mois.

Les demandes de *(L. n° 2000-597 du 30 juin 2000)* **« suspension » assortissant les requêtes du représentant de l'État dirigées contre les actes d'autres collectivités ou établissements suivent, de même, les règles fixées par les articles L. 2541-22, L. 2561-1, L. 3132-1, L. 4142-1, L. 4411-1, L. 4421-1, L. 4431-1, L. 5211-3,** *(Abrogé par L. n° 2010-1563 du 16 déc. 2010, art. 31-II)* **« L. 5331-3 »** *(Abrogé par L. n° 2015-991 du 7 août 2015, art. 44-I et VII, à compter du 1er janv. 2017)* **« , L. 5332-1 », L. 5421-2, L. 5711-1 et L. 5721-4 du code général des collectivités territoriales.**

(Ord. n° 2009-536 du 14 mai 2009, art. 16-II, 1°) **« Il en va de même pour les actes des collectivités visés aux articles L.O. 6152-1, L.O. 6242-1, L.O. 6342-1 et L.O. 6452-1 du code général des collectivités territoriales, à l'article L. 121-39-2 du code des communes de la Nouvelle-Calédonie, à l'article 204 de la loi n° 99-209 du 19 mars 1999 relative à la Nouvelle-Calédonie et à l'article 172 de la loi organique n° 2004-192 du 27 février 2004 portant statut d'autonomie de la Polynésie française. »** — *V.* **CGCT.**

Art. L. 554-2 *(L. n° 2008-735 du 28 juill. 2008, art. 41)* **« Les actes pris par les communes en matière d'urbanisme, de marchés, de contrats de partenariat et de délégations de service public déférés » par le représentant de l'État en application de l'article L. 2131-6 du code général des collectivités territoriales sont suspendus dans les conditions prévues par l'alinéa 4 de l'article L. 2131-6 du même code ci-après reproduit :**

Art. L. 2131-6, al. 4 *(L. n° 2000-597 du 30 juin 2000)* Jusqu'à ce que le président du tribunal administratif ou le magistrat délégué par lui ait statué, la demande de suspension en matière d'urbanisme, de marchés et de délégation de service public formulée par le représentant de l'État dans les dix jours à compter de la réception de l'acte entraîne la suspension de celui-ci. Au terme d'un délai d'un mois à compter de la réception, si le juge des référés n'a pas statué, l'acte redevient exécutoire.

(Ord. n° 2009-536 du 14 mai 2009, art. 16-II, 1°) **« Il en va de même pour les actes des collectivités visés aux articles L. 3132-1, L. 4142-1, L.O. 6152-1, L.O. 6242-1, L.O. 6342-1 et L.O. 6452-1 du code général des collectivités territoriales, à l'article L. 121-39-2 du code des communes de la Nouvelle-Calédonie, à l'article 204 de la loi n° 99-209 du 19 mars 1999 relative à la Nouvelle-Calédonie et à l'article 172 de la loi organique n° 2004-192 du 27 février 2004 portant statut d'autonomie de la Polynésie française. »** — *V.* **CGCT.**

Les modifications introduites par la L. n° 2008-735 du 28 juill. 2008 s'appliquent aux projets de contrat de partenariat pour lesquels un avis d'appel public à la concurrence est envoyé à la publication postérieurement à la date de publication de la loi préc. (L. préc., art. 52, JO 29 juill.).

COMMENTAIRE

Les lois de 1982 sur la décentralisation ont donné au représentant de l'État dans le département (et dans la région pour les contrats passés par la région) le pouvoir de déférer au juge administratif les contrats des collectivités territoriales et de leurs établissements publics qu'il estime entachés d'illégalité (sur les obligations de transmission des contrats de commande publique au contrôle de légalité, V. CGCT, art. L. 2131-2 s., L. 3131-2 s., L. 4141-2 s., L. 1411-9 et L. 1414-15). Un tel recours, d'abord regardé comme un recours pour excès de pouvoir, relève, en vertu de la jurisprudence la plus récente (V. *infra*), du contentieux de pleine juridiction. Le préfet peut également assortir son déféré d'une demande de suspension du contrat qui n'est assujettie à aucune condition d'urgence, la suspension pouvant être prononcée en cas de doute sérieux sur la légalité du contrat. La demande de suspension présentée dans le délai de dix jours à compter de la transmission du contrat entraîne sa suspension (V. CGCT, art. L. 2131-6, L. 3132-1 et L. 4142-1).

Par ailleurs, le préfet peut déférer les actes détachables des contrats.

Voir aussi, sur le contrôle de légalité des marchés, les articles R. 2131-5 à R. 2131-7 du CGCT.

1. Le préfet peut, sur le fondement des dispositions des art. L. 2131-2 et L. 2131-6 CGCT, rendues applicables aux établissements publics de coopération intercommunale par l'art. L. 5211-3 de ce code, saisir le juge administratif d'un déféré tendant à l'annulation d'un marché public ; eu égard à son objet, un tel recours formé à l'encontre d'un contrat relève du contentieux de pleine juridiction ; il appartient au juge, lorsqu'il constate l'existence de vices entachant la validité du contrat, d'en apprécier les conséquences ; il lui revient, après avoir pris en considération la nature de l'illégalité éventuellement commise, soit de prononcer la résiliation du contrat ou de modifier certaines de ses clauses, soit de décider de la poursuite de son exécution, éventuellement sous réserve de mesures de régularisation par la collectivité contractante, soit enfin, après avoir vérifié si l'annulation du contrat ne porterait pas une atteinte excessive à l'intérêt général ou aux droits des cocontractants, d'annuler, totalement ou partiellement, le cas échéant avec un effet différé, le contrat.

La commission d'appel d'offres et le conseil d'administration du syndicat intercommunal, pouvoir adjudicateur, compte tenu de l'intervention du renouvellement général des conseils municipaux des communes membres, ne pouvaient que prendre des décisions relevant de la gestion des affaires courantes ; il résulte de l'instruction que les décisions d'attribuer et de signer les marchés relatifs à l'assainissement de plusieurs rues, en raison, d'une part, du coût, du volume et de la durée des travaux prévus et, d'autre part, de l'absence d'urgence particulière s'attachant à leur réalisation, ne peuvent être regardées comme relevant du fonctionnement courant de la régie ou indispensables à la continuité du service public ; par suite, elles ne relevaient pas de la gestion des affaires courantes ; ni la commission d'appel d'offres ni le conseil d'administration n'avaient ainsi compétence pour prendre ces décisions ; dès lors, le préfet est fondé à soutenir que c'est à tort que, par son jugement, le tribunal administratif a rejeté son déféré et a demandé l'annulation des marchés conclus par le syndicat intercommunal ; toutefois, eu égard au motif de l'annulation des marchés, il y a lieu de décider que cette annulation ne prendra effet qu'à l'expiration d'un délai de 3 mois suivant la notification de la présente décision, et si le conseil d'administration du syndicat n'a pas, dans ce délai, procédé, comme il peut le faire, à leur régularisation en adoptant, pour décider de les passer, une délibération régulière. • CE 23 déc. 2011, *Min. de l'Intérieur, de l'Outre-mer, des Collectivités territoriales et de l'Immigration,* n° 348648 A : *BJCP 2012. 125, concl. Dacosta ; Rev. CMP 2012, n° 56, note Pietri ; Dr. adm. 2012. 40, note Claeys.*

2. S'agissant du vice tenant à la signature d'un contrat par le représentant de la personne publique avant la transmission au représentant de l'État chargé du contrôle de légalité de la délibération l'autorisant, ce vice n'entraîne pas nécessairement l'illégalité du contrat si les conditions de la transmission n'ont pas privé le préfet de sa capacité à exercer le contrôle de légalité et dès lors que cette délibération a été prise avant la signature du contrat. Il résulte de ce qui précède qu'en jugeant que l'illégalité initiale tenant à l'absence de transmission au préfet, avant la conclusion de l'avenant n° 2 le 13 avr. 2011, de la délibération du conseil syndical du 12 avr. 2011 habilitant le président du syndicat à le signer, entraînait nécessairement l'illégalité du contrat et en décidant pour ce motif de suspendre l'exécution de celui-ci, alors que cette délibération avait été transmise au préfet le 18 avr. 2011, le juge des référés de la cour administrative d'appel de Marseille a commis une erreur de droit. • CE 9 mai 2012, *Synd. dptal des ordures ménagères de l'Aude,* n° 355665 A : *AJDA 2012. 1688, note Martin*

3. Statuant sur déféré préfectoral contre un contrat, dans le cadre d'un contentieux de pleine juridiction, il appartient au juge, lorsqu'il constate l'existence d'irrégularités entachant la validité du contrat, d'en apprécier les conséquences ; il lui revient, après avoir pris en considération la nature de l'illégalité éventuellement commise, soit de prononcer la résiliation du contrat ou de modifier certaines de ses clauses, soit de décider de la poursuite de son exécution, éventuellement sous réserve de mesures de régularisation par la collectivité contractante, soit enfin, après avoir vérifié si l'annulation du contrat ne porterait pas une atteinte excessive à l'intérêt général ou aux droits des cocontractants, d'annuler, totalement ou partiellement, le cas échéant avec un effet différé, le contrat.

Il résulte de l'instruction que les négociations avec les deux candidats [à une DSP relative à une station d'épuration] dont les offres avaient été jugées recevables ont été menées sur la base d'une durée de la convention de trente ans et que le rapport au conseil communautaire [de la communauté d'agglomération] présentait une synthèse des offres formulées pour cette seule durée ; toutefois, ce rapport proposait aux membres du conseil communautaire d'autoriser la signature de la convention pour une durée de vingt ans seulement, en précisant que la conséquence de cette orientation, qui se traduirait par une indemnisation à hauteur de la valeur des biens non amortis à l'issue du contrat, serait « un moindre renchérissement du coût au m^3 de l'investissement (environ 0,02 euro/m^3) (...) », mais sans préciser le montant de la valeur de cette indemnisation alors qu'elle s'élevait à près de dix-sept millions d'euros ; une telle omission, qui caractérise une insuffisance d'information des membres du conseil communautaire, affectant nécessairement le consentement donné par le conseil, a entaché d'illégalité la délibération par laquelle le conseil communautaire a décidé la signature de la convention.

Toutefois, eu égard à la nature de l'irrégularité commise, affectant les modalités selon lesquelles la personne publique a donné son consentement, il y a lieu d'annuler la convention passée entre la communauté d'agglomération et la société si le conseil communautaire ne procède pas, au plus tard le 31 oct. 2012, à la régularisation de cette convention en adoptant une nouvelle délibération autorisant régulièrement sa signature. • CE 4 juill. 2012, *Cté d'agglom. de Chartres Métropole (CACM), Sté Veolia Eau, Cie générale des Eaux,* n°s 352417 B, 352418 B, 352449 B et 352450 B : *Rev. CMP 2012, n° 257, note Eckert.*

4. Annulation du contrat. Ce n'est que dans le cas où le contrat a un contenu illicite ou se trouve affecté d'un vice de consentement ou de tout autre vice d'une particulière gravité devant être relevé d'office que le juge peut prononcer son annulation, après avoir vérifié que sa décision ne portera pas une atteinte excessive à l'intérêt général. En se fondant, pour accueillir les conclusions à fin d'annulation du préfet, sur la circonstance que la communauté d'agglomération avait mis en œuvre une méthode de notation différente de celle qui avait été annoncée dans les documents de la consultation, ce qui avait eu une incidence sur le classement des offres, alors que cette circonstance ne peut, contrairement à ce qu'a estimé la cour, être regardée comme caractérisant un vice de consentement, la cour administrative d'appel a commis une erreur de droit. • CE 28 juin 2019, *Sté Plastic Omnium Systèmes Urbains,* n° 420776 B : *BJCP 2019. 355, concl. Pellissier ; Rev. CMP 2019, n° 10, note Dietenhoeffer.*

5. Délai. Lorsque la transmission de l'acte d'une collectivité territoriale ou d'un établissement public relevant de ces dispositions au représentant de l'État dans le département ou à son délégué dans l'arrondissement ne comporte pas le texte intégral de cet acte ou n'est pas accompagnée des documents annexes nécessaires pour mettre le préfet à même d'en apprécier la portée et la légalité, il appartient au représentant de l'État de demander à l'exécutif de la collectivité ou de l'établissement public dont l'acte est en cause, dans le délai de deux mois suivant sa réception, de compléter cette transmission ; dans ce cas, le délai de deux mois imparti au préfet pour déférer l'acte au tribunal administratif court soit de la réception du texte intégral de l'acte ou des documents annexes réclamés, soit de la décision, explicite ou implicite, par laquelle l'exécutif refuse de compléter la transmission initiale ; en revanche, à défaut d'une demande tendant à son retrait, son réexamen ou sa modification pouvant être regardée comme un recours gracieux dirigé contre l'acte, ou d'une demande tendant à ce que la transmission soit complétée, présentées par le préfet dans le délai de deux mois de *la réception de l'acte, le délai qui lui* est imparti pour déférer cet acte au tribunal administratif court à compter de cette réception.

Il résulte de ce qui précède qu'en jugeant que le délai imparti au préfet pour déférer un acte ne commençait pas à courir du seul fait d'une demande adressée à l'autorité territoriale ne visant ni au retrait, au réexamen ou à la modification de l'acte, ni à la production du texte intégral de celui-ci ou des documents annexes nécessaires mais à l'obtention de précisions pour en apprécier la légalité, la cour administrative d'appel a commis une erreur de droit. • CE 15 mai 2013, *OPH de Nice et des Alpes-Maritimes,* n° 357031 : *Rev. CMP 2013, n° 205, note Pietri.*

6. Demande de suspension. Régularisation de l'irrégularité. Il résulte des dispositions du VI de l'art. L. 1541-2 CGCT que lorsqu'une collectivité territoriale crée une société d'économie mixte à opération unique, c'est avec cette société qu'elle doit passer le contrat confiant l'opération projetée. La société d'économie mixte à opération unique doit par suite être substituée, pour la signature du contrat, au candidat sélectionné selon les procédures applicables aux contrats de concession ou aux marchés publics.

Il résulte de l'instruction que l'acte d'engagement du contrat en cause a été conclu, le 7 sept. 2017, entre le président du SIAAP et la société Veolia Eau – Compagnie générale des eaux en sa qualité d'actionnaire opérateur économique de la société d'économie mixte à opération unique. A cette date, ni les statuts ni le pacte d'actionnaires de la société d'économie mixte à opération unique, qui devait être exclusivement dédiée à l'exploitation de l'usine d'épuration Seine Amont et ses ouvrages annexes, n'avaient été arrêtés et publiés. Cette société était ainsi dépourvue d'existence juridique à la date de signature du marché. Estimant que ce moyen était de nature à créer un doute sérieux sur la validité du marché, le juge des référés du tribunal administratif de Paris a cependant décidé que la suspension du marché déféré n'interviendrait qu'à compter du 1er déc. 2017, si à cette date la signature n'avait pas été régularisée par la SEMOP.

Contrairement à ce que soutient le préfet, la circonstance que le juge des référés statue dans le cadre d'une procédure d'urgence ne fait pas par elle-même obstacle à ce qu'il prenne en compte la faculté de régularisation du contrat dont disposent les parties, l'art. L. 554-1 CJA n'impose pas au juge des référés de faire droit à une demande de suspension dont le préfet a assorti sa requête tendant à l'annulation d'un marché dès lors qu'un moyen est de nature, en l'état de l'instruction, à créer un doute sérieux quant à la légalité de l'acte attaqué. Par ailleurs, si la SEMOP n'était pas en mesure de signer le marché public litigieux le 7 sept. 2017, le vice tiré de l'incompétence de la société Veolia Eau – Compagnie générale des eaux pour signer le marché n'était pas, dans les circonstances de l'espèce, alors que les statuts de la SEMOP étaient en cours de constitution, d'une gravité telle qu'il ne puisse par principe être régularisé. En considérant que le vice d'incompétence entachant le marché public déféré était susceptible de régularisation, le juge des référés du tribunal administratif n'a par suite ni méconnu les limites de son office ni commis d'erreur de droit.

Il résulte également de l'instruction que la SEMOP SIVAL a été immatriculée au registre du commerce et des sociétés le 22 nov. 2017. Une convention de régularisation tripartite a été signée fin nov. 2017 par le SIAAP, la société Veolia Eau – Compagnie générale des eaux et la SEMOP SIVAL et approuvée par le SIAAP par une délibération du 24 nov. 2017. Dès lors, le vice relatif à la signature du marché a été régularisé ainsi qu'il pouvait l'être. Par suite, le préfet n'est pas fondé à soutenir que le vice tiré de l'incompétence de la société Veolia Eau – Compagnie générale des eaux pour signer le marché est de nature, en l'état de l'instruction, à créer un doute sérieux sur la validité du marché. • CE 8 févr. 2019, *Sté Veolia Eau – Cie générale des eaux, SIAAP*, n°s 420296 B et 420603 B : *Rev. CMP 2019.110, note Ubaud-Bergeron.*

c) Recours indemnitaire du candidat irrégulièrement évincé

COMMENTAIRE

Un candidat qui estime avoir été irrégulièrement évincé peut poursuive la responsabilité de la personne qui a passé le contrat pour obtenir une indemnisation, dans les conditions que précise la jurisprudence citée ci-dessous.

1. Droit à indemnisation. Lorsqu'un candidat à l'attribution d'un contrat public demande la réparation du préjudice qu'il estime avoir subi du fait de l'irrégularité ayant, selon lui, affecté la procédure ayant conduit à son éviction, il appartient au juge, si cette irrégularité est établie, de vérifier qu'il existe un lien direct de causalité entre la faute en résultant et les préjudices dont le candidat demande l'indemnisation. Il s'ensuit que lorsque l'irrégularité ayant affecté la procédure de passation n'a pas été la cause directe de l'éviction du candidat, il n'y a pas de lien direct de causalité entre la faute résultant de l'irrégularité et les préjudices invoqués par le requérant à raison de son éviction. Sa demande de réparation des préjudices allégués ne peut alors qu'être rejetée. En l'espèce, alors même que la société n'était pas dépourvue de toute chance de remporter le marché, l'absence d'encadrement des modalités de présentation des variantes dans les documents de la consultation, qui méconnaissait l'art. 50 C. marchés, n'a affecté ni la sélection des candidatures, ni le choix de l'offre économiquement la plus avantageuse, dès lors que les entreprises candidates n'ont pas présenté de variante. • CE 10 févr. 2017, *Sté Bancel*, n° 393720 A : *AJCT 2017. 284, obs. Hul ; BJCP 2017. 173, concl. Henrard ; Rev. CMP 2017, n° 87, note Ubaud-Bergeron.*

2. Candidat dont l'offre était irrégulière. L'offre du groupement était irrégulière ; de ce seul fait, ce groupement ne peut être regardé comme ayant été privé d'une chance sérieuse d'obtenir le marché ; par suite, en se fondant sur la circonstance, d'une part, que l'offre que le pouvoir adjudicateur a décidé de retenir était tout aussi irrégulière et, d'autre part, que le groupement aurait été susceptible, à l'instar du candidat effectivement retenu, de modifier son projet, pour en déduire que le groupement avait été privé d'une chance sérieuse d'obtenir le marché, la cour administrative d'appel a commis une erreur de droit. • CE 8 oct. 2014, *SIVOM de Saint-François-Longchamp Montgellafrey*, n°s 370990 et 374632 B : *BJCP 2015. 49, concl. Dacosta ; AJDA 2015. 289, note Lambert .*

3. Lorsque l'offre d'un candidat irrégulièrement évincé d'une procédure de passation d'un marché par concours était irrégulière, ce candidat, de ce seul fait, ne peut être regardé comme ayant été privé d'une chance sérieuse d'obtenir le marché, y compris lorsque l'offre retenue était tout aussi irrégulière, et n'est pas fondé, par suite, à demander réparation d'un tel préjudice. • CAA Douai, 29 sept. 2016, *SARL Solomat Sport service*, n° 14DA01949 : *Rev. CMP 2016, n° 279, note Ubaud-Bergeron.*

4. Pour juger que la société n'était pas fondée à demander la réparation du préjudice qu'elle estimait avoir subi, la cour administrative d'appel a relevé que, dans la mesure où cette société avait remis une offre finale dans le cadre de la procédure de passation du marché, l'irrégularité ayant affecté cette procédure de passation ne pouvait pas être regardée comme la cause directe de son éviction ; toutefois, lorsqu'une irrégularité ayant affecté la procédure de passation est établie, il appartient au juge, saisi par un candidat à l'attribution du contrat litigieux, de vérifier si cette irrégularité est susceptible d'avoir eu une incidence sur le sort de ce candidat afin de déterminer s'il existe un lien direct de causalité entre la faute résultant de l'irrégularité et les préjudices invoqués par celui-ci ; il suit de là qu'en s'abstenant de vérifier si le recours irrégulier à la procédure de dialogue compétitif était susceptible d'avoir eu une incidence sur l'éviction du groupement dont faisait partie la société, la cour a commis une erreur de droit. • CE 19 nov. 2019, *Sté Sindaro*, n° 413305.

5. Lorsqu'une entreprise candidate à l'attribution d'un marché public demande la réparation du préjudice né de son éviction irrégulière de ce marché, il appartient au juge de vérifier d'abord si l'entreprise était dépourvue de toute chance de remporter le marché. Dans l'affirmative, l'entreprise n'a droit à aucune indemnité. Dans la négative, elle a droit en principe au remboursement des frais qu'elle a engagés pour présenter son offre. Dans le cas où elle avait des chances sérieuses d'emporter le marché, elle a droit à l'indemnisation de l'intégralité du manque à gagner qu'elle a subi. • CE 18 juin 2003, ⚖ *Groupement d'entreprises solidaires ETPO Guadeloupe,* n° 249630 B : *Dr. adm. 2003, n° 190, obs. G. L. C.* • 1er juill. 2005, ⚖ *Sté Didactic,* n° 263672 • 27 janv. 2006, ⚖ *Cne d'Amiens,* n° 259374 A : *Dr. adm. 2006, n° 57, obs. Ménéménis.*

6. Lorsqu'un candidat à l'attribution d'un contrat public demande la réparation du préjudice né de son éviction irrégulière de ce contrat, il appartient au juge de vérifier d'abord si le candidat était ou non dépourvu de toute chance de remporter le contrat ; dans l'affirmative, il n'a droit à aucune indemnité ; dans la négative, il a droit en principe au remboursement des frais qu'il a engagés pour présenter son offre ; il convient, par ailleurs, de rechercher si le candidat irrégulièrement évincé avait des chances sérieuses d'emporter le contrat conclu avec un autre candidat ; dans un tel cas, il a droit à être indemnisé de son manque à gagner, incluant nécessairement, puisqu'ils ont été intégrés dans ses charges, les frais de présentation de l'offre, lesquels n'ont donc pas à faire l'objet, sauf stipulation contraire du contrat, d'une indemnisation spécifique ; en revanche, le candidat ne peut prétendre à une indemnisation de ce manque à gagner si la personne publique renonce à conclure le contrat pour un motif d'intérêt général. • CE 19 déc. 2012, ⚖ *M. Simon,* n° 355139 B : *BJCP 2013. 198, concl. Dacosta.*

7. La cour, dont l'arrêt n'est pas contesté sur ce point, a estimé que les irrégularités ayant motivé l'annulation de l'acte détachable, seules invoquées par la société requérante, étaient sans lien avec le rejet de son offre et l'attribution du contrat à une autre société, la concurrence entre les deux entreprises ayant été, quant à elle, régulière ; dès lors que la circonstance que des irrégularités aient été commises lors de la procédure d'attribution d'un contrat ne saurait suffire à entraîner l'indemnisation du candidat évincé, la cour, dont l'arrêt est suffisamment motivé sur ce point, n'a pas commis d'erreur de droit en en déduisant que la société ne pouvait se prévaloir d'aucun droit à indemnité en l'absence de tout lien de causalité direct entre les irrégularités ayant entaché la procédure d'attribution du contrat et le préjudice invoqué par elle. • CE 10 juill. 2013, ⚖ *Cie martiniquaise de transports, n° 362777.*

8. Marché avec reconductions. Caractère certain du préjudice. Lorsqu'il est saisi par une entreprise qui a droit à l'indemnisation de son manque à gagner du fait de son éviction irrégulière à l'attribution d'un marché, il appartient au juge d'apprécier dans quelle mesure ce préjudice présente un caractère certain. Dans le cas où le marché est susceptible de faire l'objet d'une ou de plusieurs reconductions si le pouvoir adjudicateur ne s'y oppose pas, le manque à gagner ne revêt un caractère certain qu'en tant qu'il porte sur la période d'exécution initiale du contrat, et non sur les périodes ultérieures qui ne peuvent résulter que d'éventuelles reconductions. • CE 2 déc. 2019, ⚖ *Gpt de coopération sanitaire du Nord-Ouest Touraine,* n° 423936 B : *BJCP 2020. 125, concl. Pellissier.*

9. Il ressort des énonciations de l'arrêt attaqué que, par des motifs non contestés dans le cadre du présent pourvoi, la cour administrative d'appel a requalifié le contrat de délégation de service public en marché public et a relevé que ce contrat, conclu sans que le contenu et les conditions de mise en œuvre des critères de sélection des offres n'aient été définis et sans publication d'un avis d'attribution de niveau européen, était affecté de plusieurs vices présentant un caractère d'une particulière gravité.

Il ressort des pièces du dossier qui lui était soumis que la cour n'a pas commis d'erreur de droit ni dénaturé les pièces du dossier en estimant que les irrégularités mentionnées ci-dessus n'avaient pas privé la société Régal des Îles d'une chance sérieuse d'emporter le marché en litige, alors même que cette société a, postérieurement à la résiliation du contrat en litige, conclu avec la commune un marché public pour la gestion du service de restauration municipale. La cour, qui a suffisamment motivé son arrêt, n'a pas davantage méconnu la portée des écritures de la requérante sur ce point.

En revanche, il ressort des pièces du dossier soumis aux juges du fond que la société Régal des Îles a été admise à présenter une offre dans le cadre de la procédure de conclusion du contrat de délégation en litige, que cette offre a été classée en deuxième position et, ainsi qu'il vient d'être dit, que la société requérante s'est vue attribuer le marché public pour la gestion du service de restauration municipale de la commune de Saint-Benoît. Dans ces conditions, la cour administrative d'appel a dénaturé les pièces du dossier en estimant, pour rejeter les conclusions indemnitaires de la société Régal des Îles au titre des frais qu'elle a engagés pour présenter son offre, que le recours irrégulier à la procédure de passation des délégations de service public par la commune n'était pas susceptible d'avoir eu une incidence sur l'éviction de la société Régal des Îles et que celle-ci était dépourvue de toute chance d'obtenir ce marché. • CE 28 févr. 2020, ⚖ *Sté Régal des Îles,* n° 426162 B : *BJCP 2020. 176, concl. Pellissier ; Rev. CMP 2020. 168, note Dietenhoeffer.*

10. Lorsqu'un candidat à l'attribution d'un contrat public demande la réparation du préjudice né de son éviction irrégulière de ce contrat et qu'il existe un lien direct de causalité entre la faute résultant de l'irrégularité et les préjudices invoqués par le requérant à cause de son éviction, il appartient au juge de vérifier si le candidat était ou non dépourvu de toute chance de remporter le contrat. En l'absence de toute chance, il n'a droit à aucune indemnité. Dans le cas contraire, il a droit en principe au remboursement des frais qu'il a engagés pour présenter son offre. Il convient en outre de rechercher si le candidat irrégulièrement évincé avait des chances sérieuses d'emporter le contrat conclu avec un autre candidat. Si tel est le cas, il a droit à être indemnisé de son manque à gagner, incluant nécessairement, puisqu'ils ont été intégrés dans ses charges, les frais de présentation de l'offre, lesquels n'ont donc pas à faire l'objet, sauf stipulation contraire du contrat, d'une indemnisation spécifique.

Éviction irrégulière d'une société candidate à l'attribution d'une contrat public annulé en raison d'une méconnaissance du principe d'impartialité résultant d'une situation de conflits d'intérêts. La société candidate, seule concurrente de la société attributaire, dont l'offre avait été jugée recevable, avait obtenu une note pondérée de 15,50 sur 20, contre une note de 17,70 sur 20 accordée à l'attributaire.

Dès lors, dans le cadre d'une procédure dépourvue de tout manquement au principe d'impartialité, la société candidate aurait, eu égard aux qualités concurrentielles de son offre, disposé de chances sérieuses d'obtenir le marché. Par suite, cette société est fondée à demander l'indemnisation de son manque à gagner. • CE 25 nov. 2021, *Coll. de Corse*, n° 454466 A : *BJCP 2022. 75, concl. Le Corre ; Rev. CMP 2022. Chron. 39, note Hoepffner ; Dr. adm. 2022. Chron. 13, Amilhat, Kerléo ; RFDA 2022. 501, note Aynès.*

11. Ni l'avis d'appel à la concurrence, ni le règlement de consultation des entreprises ne mentionnaient les critères que le pouvoir adjudicateur entendait mettre en œuvre pour sélectionner l'entreprise attributaire du marché pour chaque lot considéré ; si le pouvoir adjudicateur soutient que le procès-verbal de la commission d'appel d'offres mentionnait les critères de la valeur technique, du prix et de la garantie professionnelle, ces critères, qui au demeurant n'étaient ni pondérés, ni hiérarchisés, n'avaient pas été *portés à la connaissance* des entreprises soumissionnaires préalablement à la décision de la commission d'appel d'offres ; ainsi la procédure de passation du marché litigieux a été irrégulière, de même, par suite, que la décision de ne pas retenir la candidature de l'entreprise requérante. Pour déterminer si l'entreprise avait des chances sérieuses d'emporter le marché, ce sont les critères que la personne publique adjudicatrice a entendu mettre en œuvre, à condition qu'ils soient légaux, qui doivent être retenus pour apprécier l'existence d'une chance sérieuse pour l'entreprise évincée de remporter le marché. • CAA Lyon, 7 janv. 2010, *SARL Chantelauze et Cté de cnes du Pays d'Arlanc*, n° 08LY00248.

12. S'il revient au juge d'apprécier si, compte tenu des principales caractéristiques des offres en présence et de l'application du règlement de la consultation purgée des irrégularités sanctionnées au contentieux, ladite entreprise pouvait être regardée comme le probable attributaire du marché dont elle a été évincée, il ne lui appartient pas de se substituer à la collectivité adjudicatrice, d'établir un nouveau classement des offres et de n'entrer en voie d'indemnisation qu'au bénéfice de l'entreprise dont l'offre devait être classée au premier rang. • CAA Lyon, 28 juin 2012, *Sté RSA Cosmos*, n° 11LY00487.

13. Il ressort de l'avis d'appel public à la concurrence du marché litigieux que les trois critères « pris en compte lors du jugement des offres [étaient] par ordre d'importance relative décroissante : / 1. Valeur technique des prestations. / 2. Prix des prestations. / 3. Qualité des filières de recyclage ». Il résulte toutefois des dispositions du dernier alinéa du II de l'art. 53 C. marchés, dans sa version de 2004 applicable au marché en cause, que les critères de choix des offres sont pondérés ou à défaut hiérarchisés et que c'est donc seulement si la pondération des critères d'attribution est impossible que la personne publique qui s'apprête à passer un marché peut se borner à procéder à leur hiérarchisation ; le SICTOM de Rhuys, qui n'a pas justifié d'une telle impossibilité, aurait donc dû pondérer les critères d'attribution et non les hiérarchiser. Toutefois, il résulte de l'instruction que, pour procéder au choix de l'entreprise attributaire du marché, la commission d'appel d'offres a accordé la même importance aux trois critères susmentionnés, et n'a pas appliqué la hiérarchisation initialement prévue mais les a en fait pondérés en leur attribuant un coefficient équivalent, pour ensuite doter chacun d'eux d'une note de 1 à 4, l'offre ayant la note cumulée la plus faible remportant le marché ; l'offre de la société Géode Environnement, arrivée en dernière position des quatre entreprises candidates, a ainsi été classée, respectivement, quatrième pour la valeur technique, première pour le prix et quatrième pour la qualité des filières de recyclage. Il résulte de ce qui précède que, s'il est constant que la procédure d'attribution du marché était irrégulière, les trois critères ont finalement été mis en œuvre suivant une méthode de pondération conforme aux dispositions du dernier alinéa du II de l'art. 53 C. marchés. Dans ces conditions, la Société Géode Environnement n'est pas fondée à soutenir que, dès lors qu'elles ont été émises dans le cadre d'une procédure irrégulière, l'ensemble des appréciations de la commission d'appel d'offres devrait être écarté pour déterminer si elle avait une chance sérieuse d'emporter le marché. • CAA Nantes, 20 déc. 2013, *Sté Géode Environnement c/ Cté de cnes de la Pres-*

qu'île de Rhuys, n° 11NT02546 : *Rev. CMP 2014, n° 76, note Devillers.*

14. Personne responsable. Par jugement du 15 déc. 2005, le TA de Lyon a annulé la décision de signer le contrat dont les sociétés SEEM et Enerpart allèguent avoir été irrégulièrement évincées, au motif que la COURLY avait méconnu le règlement de la consultation, en modifiant, 10 jours avant la remise des offres, le dossier de consultation concernant le non-remplacement de l'un des groupes frigorifiques, alors que l'art. 6.2 de ce règlement autorisait seulement des modifications de détail et au plus tard 15 jours avant la date limite de remise des offres ; le tribunal a relevé en outre que la COURLY avait violé le principe d'égalité de traitement au profit de la société Dalkia France ; ce jugement a été confirmé, sur ces deux points, par un arrêt en date du 8 févr. 2007 devenu définitif de la cour ; cette irrégularité entachant la procédure de passation constitue une faute susceptible d'engager la responsabilité de la COURLY, qui est responsable de ladite procédure, alors même que l'irrégularité en cause résulterait du souhait de la société Prodith, délégataire sortant, de modifier la liste des éléments dont elle entendait assurer le remplacement avant la fin de son contrat. • CAA Lyon, 17 oct. 2013, ⚖ *Cté urb. de Lyon,* n° 12LY02126.

15. Calcul de l'indemnité. En cas de perte d'une chance sérieuse d'emporter le marché, l'indemnité à verser au candidat irrégulièrement évincé doit être calculée d'après le manque à gagner constaté en fait, sans prise en compte d'aucun coefficient de probabilité de réalisation de la chance perdue, qui conduirait à n'indemniser qu'une partie du manque à gagner. • CE, sect., 13 mai 1970, ⚖ *Monti c/ Cne de Ranspach,* n° 74601 A • CE 21 sept. 1992, ⚖ *Cne de Bagnols-sur-Cèze c/ SARL Alpha Ambulances,* n° 111555 B.

16. Pour mesurer le manque à gagner, il convient de partir du bénéfice qui pouvait être normalement attendu de l'exécution du marché, en tenant compte par exemple de l'intensité de la concurrence. • CE 28 mars 1980, ⚖ *CH de Séclin,* n° 11292B • 10 janv. 1986, ⚖ *Sté des travaux du Midi,* n° 41778 B.

17. La réalisation par l'entreprise irrégulièrement évincée, après cette éviction, d'un chiffre d'affaires sur d'autres marchés, n'a pas à être prise en compte. • CE 27 janv. 2006, ⚖ *Cne d'Amiens,* n° 259374 A.

18. Une société qui a perdu une chance sérieuse d'emporter un marché a droit à l'indemnisation de l'intégralité du manque à gagner en résultant pour elle, incluant nécessairement, en l'absence de stipulation contraire du contrat, les frais de présentation de l'offre intégrés dans ses charges, mais excluant le remboursement des frais généraux de l'entreprise qui seraient affectés à ce marché ; ce manque à gagner doit être déterminé non en fonction du taux de marge brute constaté dans son activité mais en fonction du bénéfice net que lui aurait procuré le marché si elle l'avait obtenu ; elle a droit aux intérêts au taux légal à compter de la date de réception de sa demande préalable d'indemnisation. • CE 8 févr. 2010, ⚖ *Cne de La Rochelle,* n° 314075 A : *concl. Dacosta ; BJCP 2010. 169.*

19. En n'assortissant pas la condamnation prononcée à l'encontre du pouvoir adjudicateur des intérêts au taux légal, alors que des conclusions en ce sens figuraient dans les écritures d'appel de la société irrégulièrement évincée, le juge a commis une erreur de droit ; la circonstance qu'aux termes de l'art. 1153-1 C. civ., « la condamnation à une indemnité emporte intérêts au taux légal même en l'absence de demande ou de disposition spéciale du jugement » est sans incidence, dès lors que les dispositions précitées n'accordent les intérêts au demandeur qu'à compter de la date du jugement, alors que dans le cas où une telle demande a été présentée, fût-ce sans mention d'un quelconque point de départ, les intérêts légaux courent à compter de la première demande devant le juge du fond ; si la demande initiale de la société a été présentée sans précision s'agissant de la taxe sur la valeur ajoutée, en l'absence de précision, une somme est réputée inclure la taxe sur la valeur ajoutée ; il en résulte que la société n'est pas fondée à soutenir que la cour administrative d'appel a commis une erreur de droit et dénaturé les pièces du dossier en ne condamnant pas en outre la collectivité publique à lui payer la somme correspondant à la taxe sur la valeur ajoutée sur la somme résultant de la condamnation. • CE 27 oct. 2007, *Sté Pradeau et Morin,* n° 318023 : *Rev. CMP déc. 2010, n° 404, note Pietri.*

20. L'entreprise candidate à l'attribution d'un marché public qui a été irrégulièrement évincée de ce marché, qu'elle avait des chances sérieuses d'emporter, a droit à être indemnisée de son manque à gagner ; ce manque à gagner doit être déterminé en prenant en compte le bénéfice net qu'aurait procuré ce marché à l'entreprise ; l'indemnité due à ce titre, qui ne constitue pas la contrepartie de la perte d'un élément d'actif mais est destinée à compenser une perte de recettes commerciales, doit être regardée comme un profit de l'exercice au cours duquel elle a été allouée et soumise, à ce titre, à l'impôt sur les sociétés ; il suit de là qu'en jugeant qu'il convenait d'évaluer le manque à gagner de la société à partir de son résultat d'exploitation, après déduction de l'impôt sur les sociétés, la cour administrative d'appel a entaché son arrêt d'erreur de droit. • CE 19 janv. 2015, ⚖ *Sté SPIE Est,* n° 384653 B : *Rev. CMP 2015, n° 62, note Ubaud-Bergeron ; BJCP 2015. 201, concl. Pellissier.*

21. Droit à réparation. Préjudice. Appel en garantie du maître d'œuvre. La Cne de

Thonon-les-Bains a commis une faute dans la passation du marché litigieux en n'écartant pas la candidature de la Sté Eurotoiture, puis en ne rejetant pas son offre qui était irrégulière. La circonstance que la Sté Alain Le Ny a été mise en mesure de répondre à la seconde procédure d'appel d'offres, lancée après la résiliation du marché passé avec la société Eurotoiture, au terme de laquelle elle a de nouveau été classée seconde après la société Eurotoiture et dont elle n'a pas contesté la régularité, ne fait pas obstacle à ce qu'elle obtienne réparation du préjudice subi à raison de l'irrégularité de la première procédure de passation.

Si un candidat évincé ne peut prétendre à une indemnisation d'un manque à gagner lorsque la personne publique renonce à conclure le contrat au terme de la procédure de sélection pour un motif d'intérêt général, toutefois, la Cne de Thonon-les-Bains n'a pas en l'espèce renoncé à conclure un contrat pour un motif d'intérêt général mais a résilié le contrat conclu avec la Sté Eurotoiture au motif de son irrégularité. Cette circonstance ne saurait, dès lors, dénier à la société Alain Le Ny tout droit à indemnisation.

Il résulte de l'instruction que, sur les cinq offres notées, l'offre de la Sté Alain Le Ny avait été classée en deuxième position après celle de la Sté Eurotoiture.

Dès lors que l'offre de la Sté Alain Le Ny n'était pas irrégulière et qu'il ne résulte pas de l'instruction que le prix qu'elle proposait, qui n'était supérieur que de 5 % par rapport au prix estimé par la maîtrise d'œuvre, aurait conduit la commune à rejeter son offre comme inacceptable ou à déclarer l'appel d'offre infructueux, la Sté Alain Le Ny a été privée d'une chance sérieuse d'obtenir le marché.

La Sté Alain Le Ny a, dans ces circonstances, droit à l'indemnisation de l'intégralité de son manque à gagner, incluant nécessairement, en l'absence de stipulation contraire du contrat, les frais de présentation de l'offre intégrés dans ses charges. Ce manque à gagner doit être déterminé non en fonction du taux de marge brute constaté dans son activité mais en fonction du bénéfice net que lui aurait procuré le marché si elle l'avait obtenu.

Il appartient à la cour, saisie par l'effet dévolu*tif de l'appel*, de statuer sur les conclusions subsidiaires présentées en première instance par la Cne de Thonon-les-Bains et de se prononcer ainsi sur l'appel en garantie que celle-ci avait formé à l'encontre du cabinet Artelia, de l'Atelier Novembre et de M. Donjerkovic.

Aux termes des dispositions de l'art. 6 du Décr. du 29 nov. 1993 relatif aux missions de maîtrise d'œuvre confiées par des maîtres d'ouvrage publics à des prestataires de droit privé : « L'assistance apportée au maître de l'ouvrage pour la passation du ou des contrats de travaux sur la base des études qu'il a approuvées a pour objet : a) De préparer la consultation des entreprises, en fonction du mode de passation et de dévolution des marchés ; / b) De préparer, s'il y a lieu, la sélection des candidats et d'examiner les candidatures obtenues ; / c) D'analyser les offres des entreprises et, s'il y a lieu, les variantes à ces offres ; / d) De préparer les mises au point permettant la passation du ou des contrats de travaux par le maître de l'ouvrage. »

Il résulte de l'instruction que le groupement composé notamment du cabinet Artelia, de l'Atelier Novembre et de M. Donjerkovic avait été chargé par le marché de maîtrise d'œuvre conclu le 17 févr. 2014 avec la Cne de Thonon-les-Bains d'une mission d'assistance à la passation des contrats de travaux de l'opération et notamment pour le lot objet du marché litigieux. Il résulte des dispositions préc. que ce groupement, qui était, compte tenu de la rédaction de l'acte d'engagement du marché, un groupement solidaire, devait à ce titre assurer une mission d'examen des candidatures et d'analyse des offres. Il n'a cependant pas signalé à la commune l'irrégularité de la candidature de la Sté Eurotoiture pour absence des qualifications techniques requises et a procédé à la notation et au classement de son offre. La Cne de Thonon-les-Bains, qui n'a appelé en garantie que les trois entreprises du groupement qui ont été rémunérées pour la mission d'assistance à la passation des marchés de travaux, est fondée à soutenir que ces entreprises ont commis une faute.

Il résulte toutefois des dispositions de l'art. 52 C. marchés que la responsabilité de l'élimination des candidatures qui ne satisfont pas aux niveaux de capacité professionnelle incombe au seul pouvoir adjudicateur qui assurait, en outre, en l'espèce la conduite des opérations. Eu égard aux responsabilités respectives du maître d'œuvre et du maître d'ouvrage, et en l'absence de demande de condamnation solidaire des membres du groupement par la commune, il y a lieu de condamner le cabinet Artelia, l'Atelier Novembre et M. Donjerkovic, responsables ensemble à 80 % du préjudice subi par la Sté Alain Le Ny, à garantir chacun la Cne de Thonon-les-Bains, condamnée à le réparer, à hauteur du tiers de la somme dont est redevable le groupement, soit chacun une somme de 35 687,73 €. • CAA Lyon, 8 avr. 2021, ⚖ *Sté Alain Le Ny*, n° 19LY01887 : *Rev. CMP 2021. 227, note Dietenhoeffer.*

22. Prescription. Les membres du groupement ayant pour mandataire la SARL GTM Guadeloupe ont formé devant le tribunal administratif un recours pour excès de pouvoir dirigé contre la décision du directeur de l'hôpital local d'attribuer le marché au groupement représenté par la société Alfa Bâtiment. La notification de la décision de ne pas retenir l'offre du groupement ayant pour mandataire la société GTM Guadeloupe a constitué le fait générateur des créances invoquées par les membres de ce groupement.

Dès lors que cette décision est le corollaire de celle attribuant le marché au groupement représenté par la société Alfa Bâtiment dont l'offre a été jugée comparativement meilleure, le recours pour excès de pouvoir formé contre cette dernière décision doit être regardé comme portant sur le « fait générateur » des créances invoquées à l'encontre de l'hôpital local, au sens et pour l'application des dispositions de l'art. 2 de la loi du 31 déc. 1968. Ce recours, formé le 21 mars 2007, a interrompu le cours de la prescription qui n'a recommencé à courir qu'à compter du 1er janv. de l'année qui a suivi celle au cours de laquelle a expiré le délai d'appel contre le jugement du tribunal administratif du 10 nov. 2011. Par suite, la créance des sociétés évincées de ce marché n'était pas prescrite lorsqu'elles ont présenté, le 29 mai 2012, une demande d'indemnisation. Dès lors, c'est à juste titre que le tribunal administratif a écarté l'exception de prescription quadriennale opposée par le centre hospitalier. • CAA Bordeaux, 11 oct. 2016, *CH de Capesterre-Belle-Eau,* nos 16BX00695 et 16BX00696 : *BJCP 2017. 107, concl. de La Taille Lolainville.*

23. La prescription prévue par le I de l'art. L. 110-4 C. com., dans sa rédaction issue de la loi du 17 juin 2008 portant réforme de la prescription en matière civile, aux termes duquel : « Les obligations nées à l'occasion de leur commerce entre commerçants ou entre commerçants ou non-commerçants se prescrivent par cinq ans si elles ne sont pas soumises à des prescriptions spéciales plus courtes », n'est pas applicable aux obligations nées à l'occasion de marchés publics. Le pouvoir adjudicateur n'est dès lors pas fondé à soutenir que la créance invoquée par la société [concurrent évincé] était prescrite, à la date de sa demande, en application de ces dispositions. • CAA Douai, 29 nov. 2018, ⌂ *Sté Hydra LS,* n° 16DA02262 : *Rev. CMP 2019. 65, note Dietenhoeffer.*

d) Recours contre les clauses réglementaires

COMMENTAIRE

Il s'agit d'un recours pour excès de pouvoir ouvert depuis la décision *Cayzeele* de 1996. On trouvera ci-dessous quelques décisions jurisprudentielles sur ce recours. ❑

1. Clauses réglementaires. Absence. Le cahier des charges annexé à une convention de concession prévoit que « lorsque les travaux sont déclarés d'utilité publique, la société concessionnaire est investie, pour l'acquisition des terrains et l'exécution des travaux dépendant de la concession, de tous les droits que les lois et règlements confèrent à l'État en matière de travaux publics. Elle demeure, en même temps, soumise à toutes les obligations qui en découlent, pour l'administration de ces lois et règlements. Elle est tenue de se conformer aux engagements pris et aux conditions prévues à l'occasion de la déclaration d'utilité publique, notamment au cours de l'instruction mixte, et de satisfaire aux conditions de réalisation dont est assortie cette déclaration et qui lui sont notifiées à l'issue de ladite procédure. La société concessionnaire est tenue de se conformer à tous les règlements existants ou à intervenir en ce qui concerne les travaux à exécuter éventuellement sur le domaine public » ; en estimant que ces stipulations, qui ne portent que sur les modalités de réalisation de l'ouvrage, et non pas sur le fonctionnement du service public concédé, et qui se bornent à rappeler au concessionnaire l'obligation générale tenant au respect des lois et règlements en vigueur, n'avaient aucune portée réglementaire, la cour n'en a pas dénaturé les termes ni *commis d'erreur de qualification* juridique. • CE 18 déc. 2009, ⌂ *M. de Navacelle,* n° 311196 : *AJDA 2018. 1168, note Alliez ; BJCP 2018. 182, concl. Henrard ; Rev. CMP 2018. 88, note Eckert.*

2. Clauses réglementaires. Demande d'annulation. Recours contre un refus d'abroger. Un tiers à un contrat est recevable à demander, par la voie du recours pour excès de pouvoir, l'annulation des clauses réglementaires contenues dans un contrat administratif qui portent une atteinte directe et certaine à ses intérêts ; il est également recevable à demander, par la même voie, l'annulation du refus d'abroger de telles clauses à raison de leur illégalité. • CE 9 févr. 2018, ⌂ *Cté d'agglomération Val d'Europe Agglomération,* n° 404982 A.

3. La communauté urbaine Marseille Provence Métropole, autorité organisatrice des transports publics urbains de voyageurs sur le territoire des communes qui la composent, en application des art. L. 1231-1 s. C. transp. et de l'art. L. 5215-20-I CGCT, a conclu le 24 mai 2006 une convention avec la société Frioul If Express délégant à cette dernière le service public de transport maritime de voyageurs en direction de l'archipel du Frioul incluant la desserte du port du Frioul et du débarcadère de l'île d'If ; la délibération du 28 juin 2013 par laquelle le conseil de la communauté urbaine a approuvé l'avenant n° 8 à cette convention fixant la grille tarifaire applicable aux usagers à compter du 1er juill. 2013 présente, eu égard à son objet, un caractère réglementaire ; présente également un tel caractère le refus de l'autorité délégante, suite à la demande dont elle a été saisie le 20 juin 2013, d'abroger ou de modifier certaines des clauses en vigueur de la délégation de service public relatives aux rotations des navires et aux tarifs des redevances à acquitter par les usagers ; il en va, enfin, de même des clauses prévues par les art. 12, 12-1 et 17 de la convention de délégation de service public concernant respectivement l'amplitude journalière et le trajet de la desserte, et la continuité du service public par situation météorologique dégradée, dont les requérants ont demandé à l'autorité délégante de faire assurer le respect. • CAA Marseille, 9 juin 2016, *Assoc. de défense des usagers du port du Frioul et a.*, n° 15MA00808 : *Rev. CMP 2016, n° 211, note Eckert.*

4. Clauses réglementaires. Recours pour excès de pouvoir. Les clauses réglementaires des contrats portant délégation de service public peuvent donner lieu à un recours pour excès de pouvoir formé par des tiers au contrat. • CE 10 juill. 1996, *Cayzeele*, n° 138536 A : *AJDA 1996. 732, chron. Chauvaux et Girardot ; RFDA 1997. 89, note Delvolvé ; CJEG 1996. 382, note Terneyre.*

5. Divisibilité. Les clauses réglementaires d'un contrat sont par nature divisibles du reste du contrat. • CE, sect., 8 avr. 2009, *Assoc. Alcaly et a.*, n° 290604 A • CE 31 juill. 2009, *Sté Les sables d'or et a.*, n° 303876.

6. Méconnaissance d'une clause réglementaire. Invocation par les tiers. L'usager du service public a qualité pour agir contre les actes relatifs à l'organisation du service. Il peut invoquer la méconnaissance d'une clause réglementaire d'un contrat de délégation de service public à l'appui de son recours pour excès de pouvoir. • CE 21 déc. 1906, *Synd. des propriétaires et contribuables du quartier Croix de Seguey-Tivoli*, n° 19167 A (concl. Romieu) : *GAJA n° 17.*

7. Il en est de même pour les tiers intéressés (en l'espèce, des usagers d'une voie ferrée invoquaient la méconnaissance des clauses d'une concession hydroélectrique). • CE 11 déc. 1963, *Synd. de défense en vue du rétablissement de la voie ferrée Bort-Eygurande*, n° 57036 A.

C RÉFÉRÉ PRÉCONTRACTUEL

1 CONTRATS ADMINISTRATIFS

V. comm. de cette partie ss. CJA, art. R. 551-6.

Code de justice administrative

Contrats passés par les pouvoirs adjudicateurs

Art. L. 551-1 Le président du tribunal administratif, ou le magistrat qu'il délègue, peut être saisi en cas de manquement aux obligations de publicité et de mise en concurrence auxquelles est soumise la passation par les pouvoirs adjudicateurs de contrats administratifs ayant pour objet l'exécution de travaux, la livraison de fournitures ou la prestation de services, avec une contrepartie économique constituée par un prix ou un droit d'exploitation, *(L. n° 2014-744 du 1er juill. 2014, art. 2)* « la délégation d'un service public ou la sélection d'un actionnaire opérateur économique d'une société d'économie mixte à opération unique ».

(L. n° 2015-992 du 17 août 2015, art. 118-IV) « Il peut également être saisi en cas de manquement aux mêmes obligations auxquelles sont soumises, en application de l'article L. 521-20 du code de l'énergie, la sélection de l'actionnaire opérateur d'une société d'économie mixte hydroélectrique et la désignation de l'attributaire de la concession. »

Le juge est saisi avant la conclusion du contrat.

Art. L. 551-2 *(L. n° 2011-702 du 22 juin 2011, art. 6-1°-a)* « I. — » Le juge peut ordonner à l'auteur du manquement de se conformer à ses obligations et suspendre l'exécution de *toute décision* qui se rapporte à la passation du contrat, sauf s'il estime, en considération de l'ensemble des intérêts susceptibles d'être lésés et notamment de l'intérêt public, que les conséquences négatives de ces mesures pourraient l'emporter sur leurs avantages.

Il peut, en outre, annuler les décisions qui se rapportent à la passation du contrat et supprimer les clauses ou prescriptions destinées à figurer dans le contrat et qui méconnaissent lesdites obligations.

(L. n° 2011-702 du 22 juin 2011, art. 6-1°-b et 9-III, applicable aux contrats pour lesquels une consultation est engagée à compter du 21 août 2011) « II. — Toutefois, le I n'est pas applicable aux contrats passés dans les domaines de la défense ou de la sécurité au sens *(Ord. n° 2016-65 du 29 janv. 2016, art. 71 et 78, en vigueur le 1er avr. 2016)* « de l'article 6 de l'ordonnance n° 2015-899 du 23 juillet 2015 relative aux marchés publics ». — *L'art. 55 du Décr. n° 2016-86 du 1er févr. 2016 fixe l'entrée en vigueur de l'Ord. n° 2016-65 du 29 janv. 2016 au 1er avr. 2016.*

« Pour ces contrats, il est fait application des articles L. 551-6 et L. 551-7. »

Aux termes du II de l'art. 2 de l'Ord. du 6 juin 2005 relative aux marchés passés par certaines personnes publiques ou privées non soumises au code des marchés publics, en vigueur à la date du litige, repris à l'art. 6 de l'Ord. du 23 juill. 2015 relative aux marchés publics : « Les marchés et accords-cadres de défense ou de sécurité sont les marchés et accords-cadres ayant pour objet : /1° La fourniture d'équipements, y compris leurs pièces détachées, composants ou sous-assemblages, qui sont destinés à être utilisés comme armes, munitions ou matériel de guerre, qu'ils aient été spécifiquement conçus à des fins militaires ou qu'ils aient été initialement conçus pour une utilisation civile puis adaptés à des fins militaires ; /(…) 3° Des travaux, fournitures et services directement liés à un équipement visé au 1° ou 2°, (…) pour tout ou partie du cycle de vie de l'équipement ; le cycle de vie de l'équipement est l'ensemble des états successifs qu'il peut connaître, notamment (…) la réparation, la modernisation, la modification, l'entretien, la logistique, (…) ». Il ressort des pièces du dossier soumis au juge des référés que le marché en litige portait sur des prestations de bourrellerie aéronautique sur des aéronefs militaires, en particulier sur des avions de chasse ; il porte ainsi sur des travaux, fournitures et services directement liés à un matériel de guerre et constitue, par suite, un marché de défense au sens du II de l'art. 2 de l'Ord. du 6 juin 2005 préc. ; il résulte des dispositions du II de l'art. L. 551-2 CJA que le juge des référés du tribunal administratif de Clermont-Ferrand ne pouvait pas prononcer l'annulation d'un tel marché sur le fondement des dispositions du I de cet article mais seulement prononcer, le cas échéant, les mesures d'injonction et d'astreinte prévues à l'art. L. 551-6 du même code ; il suit de là que le juge des référés, en se fondant sur des dispositions du code de justice administrative non applicables au marché en litige, a commis une erreur de droit en annulant le marché en litige et que son ordonnance doit être annulée, sans qu'il soit besoin de se prononcer sur les moyens soulevés par le ministre. • CE 24 mai 2017, ♖ *Min. de la Défense c/ Sté Techno Logistique*, n° 405787 A.

Art. L. 551-3 Le président du tribunal administratif ou son délégué statue en premier et dernier ressort en la forme des référés.

Art. L. 551-4 Le contrat ne peut être signé à compter de la saisine du tribunal administratif et jusqu'à la notification au pouvoir adjudicateur de la décision juridictionnelle.

Contrats passés par les entités adjudicatrices

Art. L. 551-5 Le président du tribunal administratif, ou le magistrat qu'il délègue, peut être saisi en cas de manquement aux obligations de publicité et de mise en concurrence auxquelles est soumise la passation par les entités adjudicatrices de contrats administratifs ayant pour objet l'exécution de travaux, la livraison de fournitures ou la prestation de services, avec une contrepartie économique constituée par un prix ou un droit d'exploitation, *(L. n° 2014-744 du 1er juill. 2014, art. 2)* « la délégation d'un service public ou la sélection d'un actionnaire opérateur économique d'une société d'économie mixte à opération unique ».

Le juge est saisi avant la conclusion du contrat.

Art. L. 551-6 Le juge peut ordonner à l'auteur du manquement de se conformer à ses obligations en lui fixant un délai à cette fin. Il peut lui enjoindre de suspendre l'exécution de toute décision se rapportant à la passation du contrat *(L. n° 2014-744 du 1er juill. 2014, art. 2)* « ou à la constitution de la société d'économie mixte à opération unique ». Il peut, en outre, prononcer une astreinte provisoire courant à l'expiration des délais impartis.

Le montant de l'astreinte provisoire est liquidé en tenant compte du comportement de celui à qui l'injonction a été adressée et des difficultés qu'il a rencontrées pour l'exécuter.

Si, à la liquidation de l'astreinte provisoire, le manquement constaté n'a pas été corrigé, le juge peut prononcer une astreinte définitive. Dans ce cas, il statue en la forme des référés, appel pouvant être fait comme en matière de référé.

L'astreinte, qu'elle soit provisoire ou définitive, est indépendante des dommages et intérêts. L'astreinte provisoire ou définitive est supprimée en tout ou partie s'il est établi que l'inexécution ou le retard dans l'exécution de l'injonction du juge provient, en tout ou partie, d'une cause étrangère.

Art. L. 551-7 *Le juge peut toutefois, en considération* de l'ensemble des intérêts susceptibles d'être lésés et notamment de l'intérêt public, écarter les mesures énoncées au premier alinéa de l'article L. 551-6 lorsque leurs conséquences négatives pourraient l'emporter sur leurs avantages.

Art. L. 551-8 Le président du tribunal administratif, ou le magistrat qu'il délègue, statue en premier et dernier ressort en la forme des référés.

Art. L. 551-9 Le contrat ne peut être signé à compter de la saisine du tribunal administratif et jusqu'à la notification à l'entité adjudicatrice de la décision juridictionnelle.

Dispositions communes

Art. L. 551-10 Les personnes habilitées à engager les recours prévus aux articles L. 551-1 et L. 551-5 sont celles qui ont un intérêt à conclure le contrat *(L. n° 2014-744 du 1er juill. 2014, art. 2)* « ou à entrer au capital de la société d'économie mixte à opération unique » et qui sont susceptibles d'être lésées par le manquement invoqué, ainsi que le représentant de l'État dans le cas où le contrat doit être conclu par une collectivité territoriale *(L. n° 2014-744 du 1er juill. 2014, art. 2)* « , un groupement de collectivités territoriales » ou un établissement public local.

Sauf si la demande porte sur des marchés ou contrats passés par l'État, elle peut également être présentée par celui-ci, lorsque la Commission européenne lui a notifié les raisons pour lesquelles elle estime qu'une violation grave des obligations de publicité et de mise en concurrence applicables a été commise.

Art. L. 551-11 Le juge ne peut statuer avant un délai fixé par voie réglementaire.

Art. L. 551-12 Les mesures prévues aux articles L. 551-2 et L. 551-6 peuvent être prononcées d'office par le juge. Dans ce cas, il en informe préalablement les parties et les invite à présenter leurs observations dans des conditions prévues par voie réglementaire.

Dispositions applicables en Nouvelle-Calédonie, en Polynésie française et dans les îles Wallis-et-Futuna

Art. L. 551-24 En Nouvelle-Calédonie, en Polynésie française et dans les îles Wallis-et-Futuna, le président du tribunal administratif, ou le magistrat qu'il délègue, peut être saisi en cas de manquement aux obligations de publicité et de mise en concurrence auxquelles est soumise la passation des marchés et contrats publics en vertu de dispositions applicables localement.

Les personnes habilitées à agir sont celles qui ont un intérêt à conclure le contrat et qui sont susceptibles d'être lésées par ce manquement, ainsi que le haut-commissaire de la République dans le cas où le contrat est conclu ou doit être conclu par une collectivité territoriale ou un établissement public local.

Le président du tribunal administratif peut être saisi avant la conclusion du contrat. Il peut ordonner à l'auteur du manquement de se conformer à ses obligations et suspendre la passation du contrat ou l'exécution de toute décision qui s'y rapporte. Il peut également annuler ces décisions et supprimer les clauses ou prescriptions destinées à figurer dans le contrat et qui méconnaissent lesdites obligations. Dès qu'il est saisi, il peut enjoindre de différer la signature du contrat jusqu'au terme de la procédure et pour une durée maximum de vingt jours.

Le président du tribunal administratif ou son délégué statue en premier et dernier ressort en la forme des référés.

L'art. L. 551-22 inséré par l'Ord. n° 2009-536 du 14 mai 2009 devient l'art. L. 551-24 (Ord. n° 2009-864 du 15 juill. 2009, art. 24).

....

Art. R. 551-1 Le représentant de l'État ou l'auteur du recours est tenu de notifier son recours au pouvoir adjudicateur.

(Abrogé par Décr. n° 2016-1481 du 2 nov. 2016, art. 4-2° et 10, à compter du 1er janv. 2017) « Cette notification doit être faite en même temps que le dépôt du recours et selon les mêmes modalités. »

(Décr. n° 2016-1481 du 2 nov. 2016, art. 4-2° et 10, en vigueur le 1er janv. 2017) « Cette notification » est réputée accomplie à la date de sa réception par le pouvoir adjudicateur.

Art. R. 551-2 Le représentant de l'État ou l'auteur du recours est tenu de notifier son recours à l'entité adjudicatrice.

(Abrogé par Décr. n° 2016-1481 du 2 nov. 2016, art. 4-2° et 10, à compter du 1er janv. 2017) « Cette notification doit être faite en même temps que le dépôt du recours et selon les mêmes modalités. »

(Décr. n° 2016-1481 du 2 nov. 2016, art. 4-2° et 10, en vigueur le 1er janv. 2017) « Cette notification » est réputée accomplie à la date de sa réception par l'entité adjudicatrice.

Art. R. 551-3 Dans le cas prévu au deuxième alinéa de l'article L. 551-10, l'État est représenté par le préfet lorsqu'il s'agit d'un contrat passé par une collectivité territoriale, par un établissement public local ou par une personne morale de droit privé pour le compte de l'une de ces personnes publiques.

Lorsqu'il s'agit d'autres contrats, il est représenté par le ministre compétent.

Art. R. 551-4 Lorsque le juge envisage de prendre d'office une des mesures prévues aux articles L. 551-2 et L. 551-6, il en informe les parties en indiquant le délai qui leur est donné pour présenter leurs observations ou, le cas échéant, la date de l'audience où elles pourront les produire. Dans ce dernier cas l'article R. 522-8 est applicable.

Art. R. 551-5 Le président du tribunal administratif ou le magistrat qu'il délègue statue dans un délai de vingt jours sur les demandes qui lui sont présentées en vertu des articles L. 551-1 et L. 551-5.

Le juge ne peut statuer avant le seizième jour à compter de la date d'envoi de la décision d'attribution du contrat aux opérateurs économiques ayant présenté une candidature ou une offre. Ce délai est ramené au onzième jour lorsque le pouvoir adjudicateur ou l'entité adjudicatrice justifie que la décision d'attribution du contrat a été communiquée par voie électronique à l'ensemble des opérateurs économiques intéressés.

Dans le cas des demandes présentées avant la conclusion de contrats mentionnés au premier alinéa de l'article L. 551-15, le juge ne peut statuer avant le onzième jour à compter de la publication de l'intention de conclure le contrat.

Art. R. 551-6 Les décisions définitives prises en application des articles L. 551-2 et L. 551-6 par le président du tribunal administratif ou le magistrat qu'il délègue sont susceptibles de recours en cassation devant le Conseil d'État, dans la quinzaine de leur notification.

Les mesures provisoires ordonnées en application des mêmes articles ne peuvent être contestées qu'à l'occasion du pourvoi en cassation dirigé contre ces décisions.

COMMENTAIRE

I. CHAMP D'APPLICATION

Les dispositions de l'article L. 551-1 concernaient tous les marchés publics et toutes les délégations de service public, quel que soit leur montant. Leur champ avait été progressivement étendu, au fur et à mesure des textes les instituant, aux contrats de partenariat, aux contrats mentionnés au premier alinéa de l'article L. 6148-5 du code de la santé publique, et aux marchés mentionnés au 2° de l'article 24 de l'ordonnance n° 2005-649 du 6 juin 2005 relative aux marchés passés par certaines personnes publiques ou privées non soumises au code des marchés publics.

Les contrats qui n'étaient pas mentionnés par l'article L. 551-1, par exemple les conventions d'occupation du domaine public, ne pouvaient donc pas être soumis au contrôle du juge du référé précontractuel. Toutefois, on notait qu'en application des dispositions de l'article 11-2 de la loi n° 91-3 du 3 janvier 1991, dans sa rédaction issue de l'article 40 de l'ordonnance n° 2005-649 du 6 juin 2005, les dispositions de l'article L. 551-1 du code de justice administrative s'appliquaient aux concessions de travaux relevant du droit public.

Les dispositions de l'article L. 551-2 concernaient, elles, les marchés de droit public passés par les entités adjudicatrices soumises à l'ordonnance du 6 juin 2005.

Désormais, l'ordonnance n° 2009-515 du 7 mai 2009 (V. App., *Partie VI. C. 2*) remplace, pour les contrats pour lesquels une consultation est engagée à compter du 1er décembre 2009, les anciens articles L. 551-1 et L. 551-2 par les articles L. 551-1 à L. 551-12 actuels du code de justice administrative.

Ces nouvelles dispositions comportent une définition matérielle des contrats qui peuvent faire l'objet de la procédure du référé précontractuel et continuent d'exclure les contrats dont le seul objet est l'occupation du domaine public. Lorsque ces contrats sont administratifs, ce référé est défini par le code de justice administrative.

II. PROCÉDURE DEVANT LE JUGE DU RÉFÉRÉ PRÉCONTRACTUEL

A. SAISINE DU JUGE. MANQUEMENTS SUSCEPTIBLES D'ÊTRE INVOQUÉS

1. – Ne sont recevables à saisir le juge du référé précontractuel que les personnes susceptibles d'être lésées, c'est-à-dire les candidats ou les personnes qui ont été dissuadées de présenter leur candidature ou leur offre.

La jurisprudence a longtemps retenu une approche purement objective du référé précontractuel. La personne qui entendait obtenir la suspension ou l'annulation de tout ou partie d'une procédure de passation d'un contrat entrant dans le champ de l'article L. 551-1 devait seulement établir qu'elle avait été candidate à l'attribution de ce contrat ou qu'elle avait été empêchée de l'être. Puis, elle pouvait, comme tout requérant dont les conclusions sont recevables, soulever devant le juge tous les moyens de nature à démontrer le bien-fondé de ses conclusions, c'est-à-dire désigner les manquements aux obligations de publicité et de mise en concurrence qu'elle reprochait à la personne publique. Elle pouvait alors invoquer des moyens tirés de manquements qui n'avaient pu la gêner. Ainsi, une entreprise qui avait reçu la notification du rejet de son offre en application de l'article 80 du code des marchés publics pouvait invoquer devant le juge du référé précontractuel le défaut d'une mention sur l'avis d'appel public à la concurrence alors que ce défaut ne l'avait pas empêchée de présenter son offre. Le Conseil d'État a renoncé à cette approche purement objective par l'arrêt *SMIRGEOMES* du 3 octobre 2008 (V. ci-dessous, jurisprudence). Il n'a pas entendu lui substituer une approche subjective qui eût exigé que les opérateurs qui saisissent le juge du référé précontractuel *démontrent* qu'ils ont été victimes d'un manquement à une obligation de publicité ou de mise en concurrence, même si la rédaction de quelques décisions intervenues depuis l'arrêt *SMIRGEOMES* peut paraître ambiguë. Il a tempéré le caractère objectif l'approche précédente en jugeant qu'un opérateur ne peut se prévaloir, à l'appui de ses conclusions devant le juge du référé précontractuel, de manquements qui ne peuvent *en tout état de cause* l'avoir lésé et qui ne peuvent en tout état de cause risquer de le léser, fût-ce indirectement, dès lors que leur portée et le stade de la procédure auquel ils se rapportent rendent objectivement impossibles toute lésion et tout risque de lésion. Le juge est ainsi conduit à opérer un « tri » entre les moyens qui sont soulevés devant lui.

2. – Le juge du référé précontractuel peut également être saisi par le représentant de l'État dans le cadre de son contrôle de légalité sur les contrats passés par les collectivités territoriales et leurs établissements publics. La faculté pour le préfet d'user de cette procédure ne le prive pas du pouvoir général dont il dispose de déférer au tribunal administratif des contrats qu'il estime contraires à la légalité.

3. – Pour les contrats en vue desquels une consultation a été lancée après le 1er décembre 2009, la personne qui saisit le juge du référé précontractuel doit notifier son recours au pouvoir adjudicateur ou à l'entité adjudicatrice, en même temps et selon les mêmes modalités que la demande en référé.

4. – Aucun délai n'est fixé par le code de justice administrative pour saisir le juge du référé précontractuel. Toutefois, la signature du contrat fait obstacle à ce que ce juge puisse exercer ses pouvoirs et rend la demande sans objet. Cela entraîne son rejet pour irrecevabilité si la signature est intervenue avant l'enregistrement de la demande. La saisine du juge interdit, depuis l'ordonnance du 7 mai 2009, que le contrat soit signé jusqu'à la notification au pouvoir adjudicateur de la décision juridictionnelle.

B. DÉCISION DU JUGE

Le juge, bien que statuant « en la forme des référés », doit se prononcer après audience publique, sauf s'il prononce un non-lieu ou rejette la demande pour irrecevabilité, et il doit le cas échéant informer les parties de ce qu'il envisage de fonder sa décision sur un moyen d'ordre public relevé d'office ou de ce qu'il envisage de prononcer d'office une des mesures prévues aux articles L. 551-2 et L. 551-6.

Le juge ne peut statuer avant le seizième jour à compter de la date d'envoi de la décision d'attribution du contrat aux opérateurs économiques ayant présenté une candidature ou une offre, ce délai étant réduit à onze jours lorsque la décision d'attribution a été communiquée par voie électronique à l'ensemble des opérateurs économiques intéressés ou lorsque le contrat est au nombre de ceux qui sont visés par l'article L. 551-15 du code de justice administrative (V. ci-dessous à propos du référé contractuel). Il s'agit pour le juge du référé précontractuel d'attendre pour statuer l'expiration du délai que doit respecter le pouvoir adjudicateur ou l'entité adjudicatrice avant de signer le contrat.

Le délai de vingt jours pour se prononcer sur la demande de référé n'est pas imparti sous peine de dessaisissement du juge.

L'ordonnance du juge du référé précontractuel peut seulement faire l'objet d'un pourvoi en cassation devant le Conseil d'État.

III. POUVOIRS DU JUGE DU RÉFÉRÉ PRÉCONTRACTUEL

1. – Le juge du référé précontractuel dispose de pouvoirs variés : on se reportera, sur ce point, à la jurisprudence ci-dessous. Les pouvoirs d'injonction et d'annulation qui sont attribués au juge ne peuvent être exercés qu'en cas de méconnaissance par le pouvoir adjudicateur des obligations de publicité et de mise en concurrence auxquelles est soumise la passation du contrat.

Le requérant ne peut donc utilement invoquer la méconnaissance par le pouvoir adjudicateur d'autres règles, même si elles sont relatives à la formation ou à l'objet du contrat. En ce sens, le juge du référé précontractuel n'est pas le juge de la légalité du contrat.

2. – On notera que les mesures que peut prononcer le juge du référé précontractuel sont un peu différentes selon que la procédure de passation du contrat est conduite par un pouvoir adjudicateur (art. L. 551-2) ou par une entité adjudicatrice (art. L. 551-6). Le juge peut tenir compte des conséquences probables des mesures qu'il envisage pour tous les intérêts susceptibles d'être lésés, ainsi que pour l'intérêt public, et décider de ne pas accorder ces mesures lorsque leurs conséquences négatives pourraient dépasser leurs avantages, mais, là encore, dans des conditions un peu différentes selon qu'est en cause un pouvoir adjudicateur (art. L. 551-2) ou une entité adjudicatrice (art. L. 551-7). ❑

PLAN DES ANNOTATIONS

1. Constitutionnalité (QPC). La procédure de référé précontractuel a été instituée afin de permettre aux requérants intéressés de faire sanctionner, avant même la signature du contrat, les manquements aux obligations de publicité et de mise en concurrence auxquelles est soumise la passation par les pouvoirs adjudicateurs des contrats concernés ; l'impossibilité, pour le concurrent évincé, de voir le Conseil d'État, statuant au contentieux, examiner son pourvoi en cassation, auquel le législateur n'a conféré aucun effet suspensif, tient seulement à la faculté reconnue à l'autorité administrative à l'origine de cette procédure, et dont elle peut ne pas faire usage, de signer le contrat dès la notification du rejet des conclusions d'annulation présentées au juge de première instance, lesquelles ont, en application de l'art. L. 551-4, un effet suspensif sur la signature du contrat jusqu'à la notification au pouvoir adjudicateur de la décision juridictionnelle ; la décision par laquelle le Conseil d'État rejette comme privé d'objet un tel pourvoi dans le cadre de cette procédure spécifique ne fait pas obstacle à ce que le concurrent évincé saisisse le juge administratif de conclusions tendant à contester la validité du contrat conclu ou à obtenir l'indemnisation du préjudice né de sa conclusion ; les candidats à l'attribution d'un contrat entrant dans le champ d'application des dispositions du CJA citées ci-dessus ne sont, dès lors, pas privés de la possibilité d'exercer un recours juridictionnel effectif.

Les dispositions organisant le référé précontractuel n'introduisent aucune différence entre les auteurs des recours selon qu'ils sont candidats à l'attribution d'un contrat ou des collectivités publiques à l'origine de la procédure ; par suite, les dispositions législatives contestées ne sont pas non plus contraires au principe d'égalité. • CE 15 févr. 2013, *Sté Novergie et a.*, n°s 364325, 364491 et 364549 : *Rev. CMP 2013, n° 116, note Pietri.*

I. CHAMP D'APPLICATION. CONTRATS CONCERNÉS

2. La procédure de l'art. L. 551-1 CJA (ancien art. L. 22 C. trib. adm. et des cours administratives d'appel) s'applique à un contrat prévoyant une rémunération de l'entrepreneur consistant dans le droit d'exploiter l'ouvrage pendant soixante ans et relevant de l'art. 11 de la L. n° 91-3 du 3 janv. 1991 (sol. impl.). • CE, ass., 10 juin 1994, *Cne de Cabourg*, n° 141633 A : *Lebon 300.*

3. Il résulte des dispositions des art. 9, 11 et 11-2 de la L. du 3 janv. 1991 relative à la transparence et à la régularité des procédures de marchés et soumettant la passation de certains contrats à des règles de publicité et de mise en concurrence que les contrats conclus par les sociétés d'autoroutes, elles-mêmes titulaires d'un contrat de concession conclu avec l'État, de même nature que ceux visés à l'art. 9, et qui ont un caractère de droit public, sont soumis aux dispositions de l'art. 11. La conclusion de ces contrats est ainsi soumise à des obligations de publicité dont le juge des référés du tribunal administratif peut sanctionner la méconnaissance sur le fondement de l'art. L. 551-1 CJA.

• CE 1er avr. 2009, *Sté des autoroutes du Sud de la France,* n° 315586 B.

4. Absence de pouvoir adjudicateur. Si les missions de construction, d'entretien et d'exploitation des autoroutes dont sont chargées à titre principal les sociétés d'autoroutes visent à satisfaire des besoins d'intérêt général, la société APRR, qui est une société concessionnaire d'autoroutes à capitaux majoritairement privés, ne répond à aucune des conditions [pour être un pouvoir adjudicateur]. Elle ne peut, par suite, être regardée comme un pouvoir adjudicateur ni, en tout état de cause, comme une entité adjudicatrice, ce dont il découle que le juge du référé précontractuel n'est pas compétent pour connaître du contrat d'exploitation d'une aire de service litigieux par application des art. L. 551-1 et L. 551-2 CJA. • CE 30 avr. 2019, *Sté Total Marketing France,* n° 426698 B : *AJDA 2019. 2075, note Hasquenoph*.

5. Le GIP « Carte du professionnel de santé » constitué entre l'État, les ordres professionnels des professions médicales, les régimes d'assurance maladie obligatoires et facultatifs, le service de santé des armées, le centre national des professions de santé et un syndicat de médecins est un pouvoir adjudicateur.

Aux termes de l'art. 4 du cahier des clauses administratives particulières, le marché en litige est soumis au cahier des clauses administratives générales relatif à la propriété intellectuelle ; ce renvoi doit être regardé comme introduisant dans le contrat des clauses exorbitantes du droit commun ; il en résulte que le contrat présente un caractère administratif ; il relève dès lors de la compétence du juge des référés précontractuels ; ce juge est, dans une telle hypothèse, compétent pour sanctionner les éventuels manquements de la personne publique à ses obligations de publicité et de mise en concurrence découlant de l'Ord. du 6 juin 2005 ou des directives communautaires portant coordination des procédures de marchés publics ainsi que des autres règles qui s'imposent à la collectivité au terme des dispositions législatives et réglementaires. • CE 3 juin 2009, *GIE Carte du professionnel de santé,* n° 319103 B.

6. La société Aéroports de Paris constitue une entité adjudicatrice. Il ressort des dispositions du *code de l'aviation civile* que la mission d'inspection et de filtrage des passagers, des personnels et des bagages exécutée par les cocontractants des exploitants d'aéroport, est réalisée pour le compte de l'État et sous son autorité dans le cadre de son activité de police administrative des aérodromes et des installations portuaires ; il en résulte que les contrats par lesquels les exploitants d'aérodromes confient à des sociétés, dans le cadre fixé par le législateur, l'exécution des missions de police relevant de l'art. L. 213-2 C. aviat. sont des contrats de droit public et que le contentieux relatif aux manquements aux obligations de publicité et de mise en concurrence constatés lors de leur passation relève, en vertu des dispositions de l'Ord. du 6 juin 2005, du juge des référés du tribunal administratif saisi sur le fondement des dispositions de l'art. L. 551-2. • CE 3 juin 2009, *Sté Aéroports de Paris,* n° 323594 A : *concl. Dacosta.*

7. Une commune souhaite procéder à la réhabilitation de terrains en vue d'y développer des espaces paysagers ou forestiers, d'y créer un centre de recherche sur les technologies de l'eau et de l'assainissement et d'y installer un centre d'entraînement d'un club professionnel ; pour financer l'acquisition de ces terrains, ainsi que leur dépollution, la commune décide d'en confier la charge à un opérateur moyennant le droit d'exploiter, sur une partie des terrains en cause, pendant une durée de quinze ans, un gisement de granulats compris dans le sous-sol, la ville percevant une rétribution au titre du droit de fortage en tenant compte des charges incombant à l'opérateur et du bénéfice qu'il est en droit d'attendre ; un tel contrat, qui a pour objet de répondre à un besoin de la commune, est, sans qu'y fasse obstacle la circonstance que la commune n'assurera pas la maîtrise d'ouvrage des travaux envisagés, un marché public de travaux au sens de l'art. 1er de la Dir. n° 2004/18 du 31 mars 2004, qui entre dans le champ du référé précontractuel. • CE 3 juin 2009, *Cne de Saint-Germain-en-Laye,* n° 311798.

8. Dès lors que la procédure engagée par la personne publique est susceptible d'aboutir soit à la conclusion d'une convention portant simplement occupation du domaine public maritime, dont la passation n'est soumise à aucune procédure particulière, soit à la signature d'une convention ayant pour objet la mise à disposition au bénéfice des tiers et l'exploitation d'une plate-forme de réparation navale ainsi que la réalisation d'importants équipements portuaires, notamment la réalisation d'un avant-port, la rémunération du cocontractant étant alors assurée par sa seule activité, c'est-à-dire à une convention qui peut être une concession d'outillage public déléguant une mission de service public au cocontractant dont la rémunération serait substantiellement assurée par les résultats de l'exploitation qui s'analyserait comme une délégation de service public relevant de la procédure prévue par les dispositions de l'art. 38 de la L. du 29 janv. 1993, il convient d'appliquer à la procédure de passation du contrat la procédure la plus rigoureuse, soit en l'espèce celle applicable aux conventions de délégation de service public ; le juge des référés peut dès lors être valablement saisi de la régularité de sa passation. • CE 10 juin 2009, *Port autonome de Marseille,* n° 317671 B.

9. Il ressort des pièces du dossier soumis au juge des référés que la « décision portant agrément d'un prestataire de services extérieur entre les demandeurs de visas et le service des visas », signée par la responsable du consulat général de France à Tunis et la société X, confie à cette dernière, pour une durée de deux ans et comme le permettent les dispositions précitées de l'art. 43 du Règl. du Parlement et du Conseil du 13 juill. 2009, les tâches matérielles liées à la collecte des dossiers des demandeurs de visa pour la France résidant dans la circonscription du consulat ; ces tâches ainsi que les obligations du prestataire et les modalités de sa rémunération auprès des demandeurs de visa, et donc le prix payé par les usagers, sont fixées dans le cahier des charges annexé à la « décision d'agrément » et également signé par le consulat et la société ; par suite, cet acte doit être regardé comme un contrat de prestations de services ; ce contrat, conclu après avis des ministres des Affaires étrangères et de l'Intérieur dans les conditions prévues par le Règl. du Parlement et du Conseil du 13 juill. 2009, renvoie aux règles de droit interne relatives à la délivrance des visas, en particulier au Décr. du 13 août 1981, modifié par le Décr. du 24 févr. 1997, fixant le tarif des droits à percevoir dans les chancelleries diplomatiques et consulaires et, en territoire français, par le ministère des Relations extérieures, ainsi qu'aux règles de droit interne relatives à la protection des données à caractère personnel ; ce contrat est, par suite, régi par la loi française ; dès lors qu'il comporte des clauses exorbitantes du droit commun, notamment en ce qui concerne le droit permanent de visite et de contrôle de l'administration et la possibilité de résiliation unilatérale au bénéfice de l'administration, il constitue un contrat administratif. Le juge administratif, compétent pour connaître des litiges nés de la passation et de l'exécution de contrats administratifs qui sont régis par la loi française, est, par suite, compétent pour en connaître.

Le contrat litigieux a pour objet, ainsi qu'il a été dit, de confier à un prestataire de services les tâches matérielles liées à la collecte des dossiers de demandes de visa en contrepartie d'un prix ; un tel contrat de prestations de services est au nombre de ceux dont le juge du référé précontractuel peut connaître, en vertu de l'art. L. 551-1 CJA ; ce contrat, s'il n'est pas soumis au code des marchés publics dès lors qu'il a été conclu à l'étranger pour être exécuté hors du territoire français, est cependant soumis aux principes de liberté d'accès à la commande publique et d'égalité de traitement des candidats et à la règle de transparence des procédures qui en découle ; dès lors, ce contrat entre dans les catégories énumérées à l'art. L. 551-1 CJA. • CE 29 juin 2012, *Sté Pro 2C, n° 357976 B : BJCP 2012. 336, concl. Boulouis ; Rev. CMP 2012, n° 270, note Pietri.*

10. Le contrat envisagé a pour objet de confier à des huissiers de justice ou à des structures d'huissier de justice, sur le fondement des dispositions de l'art. 128 de la L. du 30 déc. 2004 de finances rectificative pour 2004, le soin de procéder, à la demande de comptables du Trésor public, au recouvrement amiable de créances ou de condamnations pécuniaires préalablement à la mise en œuvre de toute procédure coercitive ; alors même que le contrat envisagé ne se traduit par aucune dépense directe de l'État et que le cocontractant de l'administration est rémunéré non par l'État mais par le versement de frais de recouvrement mis à la charge du débiteur ou du condamné par les dispositions du 2e al. du I de l'art. 128 de la L. du 30 déc. 2004, ce contrat a pour objet l'exécution d'une prestation de service pour le compte de l'État avec une contrepartie économique constituée par un prix ; par suite, le juge des référés n'a pas commis d'erreur de droit en jugeant que le contrat litigieux entrait dans le champ d'application des dispositions précitées de l'art. L. 551-1 CJA. • CE 26 sept. 2012, *GIE Groupement des poursuites extérieures,* n° 359389 : *BJCP 2012. 418, concl. Pellissier.*

11. Concession de services. Si les dispositions de l'art. R. 5312-84 C. transp. prévoient notamment que « les conventions de terminal sont conclues à l'issue d'une procédure ouverte, transparente et non discriminatoire », cette circonstance n'est pas, en elle-même, de nature à faire entrer les conventions de terminal dans le champ d'application de l'art. L. 551-1 CJA ; saisi d'une telle convention sur le fondement des dispositions de l'art. L. 551-13 CJA, il appartient au juge du référé contractuel de rechercher si cette convention, compte tenu de son objet et des contreparties prévues, peut être qualifiée, ainsi que le prévoit l'art. L. 551-1 du même code, de « contrat administratif ayant pour objet l'exécution de travaux, la livraison de fournitures ou la prestation de services, avec une contrepartie économique constituée par un prix ou un droit d'exploitation, la délégation d'un service public ou la sélection d'un actionnaire opérateur économique d'une société d'économie mixte à opération unique ». Il ressort des énonciations de l'ordonnance attaquée que le juge des référés du tribunal administratif de Bordeaux s'est fondé sur la seule circonstance qu'une « procédure ouverte, transparente et non discriminatoire » était prévue à l'art. R. 5312-84 C. transp. préalablement à l'attribution des conventions de terminal pour estimer que la « convention de mise en régie » conclue le 21 sept. 2016 entrait dans le champ d'application matériel de l'art. L. 551-1 CJA ; il résulte de ce qui a été dit au point précédent que le juge des référés du tribunal administratif de Bordeaux a, ce faisant, commis une erreur de droit.

La convention en cause revêt le caractère d'une concession de services au sens et pour l'application de l'art. 5 de l'Ord. du 29 janv. 2016 relative aux contrats de concession (V. jurisprudence ss. cet art.) ; elle est, par suite, au nombre des contrats visés à l'art. L. 551-1 CJA et relève de la compétence du juge du référé contractuel. • CE 14 févr. 2017, *Sté de manutention portuaire d'Aquitaine c/ Grand port maritime de Bordeaux*, nos 405157 et 405183.

12. Juge du référé précontractuel incompétent (concession domaniale). Il ressort des pièces du dossier soumis au juge des référés que le contrat litigieux a pour objet d'autoriser à titre exclusif le cocontractant de l'établissement public à mener, en contrepartie d'une redevance versée à ce dernier, une activité de régie publicitaire sur le domaine public, dont le cocontractant définit lui-même la teneur et l'étendue, en choisissant les annonceurs et en mettant en place de nouveaux supports publicitaires, et dont il perçoit seul les revenus correspondants ; s'il ressort également des pièces du dossier soumis au juge des référés que l'établissement public est chargé, en vertu de l'art. 2.7.2. de la convention passée entre cet établissement et le Syndicat mixte des transports en commun de l'agglomération toulousaine, « de la gestion de la commercialisation des espaces publicitaires », cette mission confiée par le syndicat à l'établissement public ne saurait, par elle-même, faire regarder le contrat en litige comme ayant pour objet de répondre aux besoins de ce dernier, au sens des dispositions de l'art. 1er C. marchés ; il en va de même de la circonstance que, en vertu des stipulations de l'art. 2.5 du cahier des clauses techniques particulières, le cocontractant de l'établissement public doit s'engager à conserver à la disposition de ce dernier, plusieurs semaines par an, une partie des emplacements publicitaires concernés par le contrat, dès lors que de telles stipulations ont pour objet de déterminer dans quelle mesure les supports publicitaires en cause sont mis à disposition du cocontractant pour son exploitation et non de définir un besoin propre de l'établissement public en matière de services, auquel répondrait ce cocontractant.

Il résulte de ce qui précède que le contrat litigieux revêt le caractère d'une convention d'occupation du domaine public ; un tel contrat, qui n'a pour objet ni la délégation d'un service public, ni l'exécution de travaux, la livraison de fournitures ou la prestation de services, avec une contrepartie économique constituée par un prix ou un droit d'exploitation, n'est pas au nombre *des contrats* mentionnés à l'art. L. 551-1 CJA, à l'égard desquels le juge du référé précontractuel peut prendre les mesures définies à l'art. L. 551-2 de ce code ; par suite, et alors même que l'établissement public a choisi de se soumettre, sans y être tenu, à la procédure applicable aux marchés publics passés par des entités adjudicatrices, lesquels relèveraient au demeurant de l'art. L. 551-5, le juge du référé précontractuel n'était pas compétent pour statuer sur la demande présentée par la société X. • CE 3 déc. 2014, *Ét. publ. Tisseo, Sté Metrobus*, nos 384170 et 384183 B : *BJCP 2015. 128, concl. Pellissier ; Rev. CMP 2015, no 48, note Eckert ; AJDA 2015. 1107, note Hoepffner*.

13. Délégation de service public unilatérale. Il résulte de l'instruction que, par un arrêté préfectoral portant agrément des entreprises pour le dépannage et le remorquage sur le réseau des autoroutes non concédées dans le département des Bouches-du-Rhône, le préfet des Bouches-du-Rhône a fixé la liste des entreprises habilitées à intervenir sur le réseau des autoroutes non concédées des Bouches-du-Rhône ; un tel arrêté, notamment fondé sur les dispositions de l'art. R. 317-21 C. route, a pour objet de sélectionner, de façon unilatérale, les entreprises chargées de l'exécution de ce service public ; dans ces conditions, le juge des référés n'était pas compétent pour statuer sur la demande de la société, alors même que le préfet a choisi, sans y être tenu, d'organiser une mise en concurrence préalable à la délégation unilatérale du service. • CE 6 mars 2017, *Sté Marengo*, no 404910.

II. PROCÉDURE

14. Intérêt à agir. Pour avoir intérêt à agir, une personne doit avoir présenté une offre ou avoir été empêchée ou dissuadée de le faire par les termes de l'appel à concurrence. Elle ne peut perdre son intérêt à agir devant le juge parce qu'elle aurait omis de saisir une commission de conciliation. • CJCE 12 févr. 2004, *Grossmann Air Service*, C-230/02.

15. Quels que soient les pouvoirs que la L. du 3 janv. 1977 confère à l'ordre des architectes pour défendre les intérêts collectifs de ses membres, un conseil régional de cet ordre, qui n'a pas vocation à conclure le contrat, n'est pas recevable à saisir le juge du référé précontractuel. • CE 16 déc. 1996, *Conseil régional de l'ordre des architectes de la Martinique*, no 158234 B.

16. Si une société civile de moyens constituée entre plusieurs personnes physiques ou morales exerçant des professions libérales peut se porter candidate à l'obtention d'une commande publique pour le compte de ses associés, seuls ceux-ci pourront exécuter les prestations objet du contrat ; ainsi, la circonstance que la société civile de moyens GTP 92 ait répondu à l'avis d'appel public à la concurrence lancé par la direction générale des finances ne privait pas une SCP titulaire d'un office d'huissier de justice, et associée au sein de la société civile de moyens GTP 92, de son intérêt, au sens des dispositions précitées de l'art. L. 551-10 CJA, à saisir le juge du référé précontractuel. • CE 26 sept. 2012, *GIE « Groupement des poursuites extérieures »*, no 359389 : *BJCP 2012. 418, concl. Pellissier ; Rev. CMP 2012, no 303, note Devillers.*

17. Des sociétés spécialisées en informatique ont intérêt à conclure un marché ayant pour objet l'achat de prestations de mise en œuvre d'un outil de production des actes d'une collectivité territoriale comprenant un parapheur électronique et un dispositif de télétransmission des actes au contrôle de légalité et des pièces comptables au payeur et sont donc recevables à saisir le juge du référé précontractuel. • CE 8 août 2008, *Région Bourgogne*, n° 307143 B : *Rev. CMP 2008, n° 226, obs. Pietri ; Dr. adm. 2008, Comm. n° 148, obs. Labayle-Pabet et Garderes ; JCP Adm. 2008. 2211, note Linditch ; RDI 2008. 503, obs. Noguellou*.

18. Entreprise attributaire du contrat. L'entreprise déclarée attributaire d'un contrat à l'issue de la procédure de passation n'est pas susceptible d'être lésée par des manquements aux obligations de publicité et de mise en concurrence auxquelles est soumis ce contrat ; elle n'a pas intérêt à agir à l'encontre de cette procédure de passation du contrat et n'est donc pas habilitée à en demander l'annulation sur le fondement des dispositions de l'art. L. 551-1 CJA ; cette entreprise peut seulement, le cas échéant, si la procédure de passation est entachée d'une irrégularité susceptible de conduire à l'annulation du contrat, retirer son offre avant la conclusion du contrat. • CE 23 déc. 2011, *Dpt de la Guadeloupe*, n° 350231 B : *AJDA 2012. 442, note Cassia ; Rev. CMP 2012, n° 57, note Pietri.*

19. Le pouvoir adjudicateur ne peut utilement se prévaloir, pour faire échec à un référé précontractuel, de ce que la candidature du requérant était irrecevable, faute de comporter l'ensemble des pièces requises et de ce que le requérant serait dès lors insusceptible d'être lésé par les manquements qu'il invoque, dès lors que ce pouvoir adjudicateur n'a ni rejeté la candidature, ni, en application de l'art. 52 C. marchés, sollicité une régularisation. • CE 3 déc. 2014, *Dpt de la Loire-Atlantique, Eiffage construction Pays de la Loire*, n°s 384120 et 384222 B : *BJCP 2015. 135, concl. Pellissier ; Rev. CMP 2015, n° 52, note Pietri.*

20. Délai. Ni les dispositions des art. L. 551-1 s. CJA ni aucune autre disposition législative ou réglementaire n'impliquent que les personnes ayant intérêt à conclure le contrat et qui s'estiment susceptibles d'être lésées par des manquements aux règles de publicité et de mise en concurrence soient tenues de saisir le juge du référé précontractuel dans un délai déterminé à compter du moment où elles ont connaissance de ces manquements ; une telle absence de délai ne conduit pas à ce que ces manquements puissent être contestés indéfiniment devant le juge du référé précontractuel, dès lors que la signature du contrat met fin à la possibilité de saisir ce juge ; au demeurant, la possibilité ainsi offerte aux personnes intéressées de former un référé précontractuel à tout moment de la procédure, en permettant que ces manquements soient, le cas échéant, corrigés avant la conclusion du contrat, tend à prévenir l'introduction de recours remettant en cause le contrat lui-même après sa signature et alors qu'il est en cours d'exécution ; par suite, le juge des référés du tribunal administratif a commis une erreur de droit en jugeant qu'il découlait du principe de sécurité juridique une obligation de former un référé précontractuel dans un délai raisonnable, et en fixant celui-ci, sous réserve de circonstances particulières, à trois mois à compter de la date à laquelle le requérant a eu connaissance du manquement allégué. • CE 12 juill. 2017, *Sté Études Créations et Informatique*, n° 410832.

21. Communications par le juge. L'ordonnance en la forme des référés est rendue à la suite d'une procédure particulière adaptée à la nature de la demande et à la nécessité d'assurer une décision rapide. Eu égard au délai imparti au juge des référés statuant sur une demande présentée sur le fondement de l'art. L. 551-1 CJA et à la circonstance que les parties ont été mises à même de présenter au cours d'une audience publique des observations orales à l'appui de leurs observations écrites, le juge des référés n'est pas tenu de communiquer au demandeur les observations présentées en défense. • CE 8 mars 1996, *Sté CGC Entreprise*, n° 156510 B.

22. Moyens d'ordre public. Aucune disposition législative ou réglementaire ne faisant obstacle à l'application des dispositions de l'art. R. 611-7 CJA à la procédure prévue par l'art. L. 551-1 de ce code, le président du tribunal administratif ou son délégué est tenu d'informer les parties avant la séance des moyens d'ordre public sur lesquels sa décision est susceptible d'être fondée. • CE, sect., 2 oct. 1996, *SARL Entreprise générale d'électricité Noël Béranger*, n° 160361 A.

23. Audience publique. Le juge du référé précontractuel, qui statue en la forme des référés, peut ordonner à l'auteur d'un manquement aux obligations de publicité et de mise en concurrence de se conformer à ses obligations, suspendre la passation du contrat ou l'exécution de toute décision qui s'y rapporte, annuler ces décisions et supprimer des clauses ou des prescriptions destinées à figurer dans le contrat. Eu égard aux pouvoirs ainsi conférés au juge par la loi, qui lui permettent notamment de faire obstacle à la passation d'un contrat, et à la circonstance que l'ordonnance rendue par le juge n'est pas susceptible d'appel, les parties doivent être mises à même de présenter au cours d'une audience publique des observations orales à l'appui de leurs observations écrites. • CE, ass., 10 juin 1994, *Cne de Cabourg*, n° 141633 A.

24. Clôture de l'instruction. Les décisions prises par le juge du référé précontractuel sont rendues à la suite d'une procédure particulière qui, tout en étant adaptée à la nature des demandes et à la nécessité d'assurer une décision rapide, doit garantir le caractère contradictoire de l'instruction ; si les parties peuvent présenter en cours d'audience des observations orales à l'appui de leurs écrits, elles doivent, si elles entendent soulever des moyens nouveaux, les consigner dans un mémoire écrit ; le juge, qui ne saurait accueillir de tels moyens sans avoir mis le défendeur à même de prendre connaissance du mémoire qui les invoque, peut, compte tenu de ces nouveaux éléments, décider que la clôture de l'instruction n'interviendra pas à l'issue de l'audience mais la différer à une date dont il avise les parties par tous moyens ; s'il décide de tenir une nouvelle audience, l'instruction est prolongée jusqu'à l'issue de cette dernière. • CE 19 avr. 2013, *Cne de Mandelieu-La-Napoule*, n° 365617 A : *Rev. CMP 2013, n° 175, note Eckert.*

25. Conclusions du rapporteur public. Absence. Le président du tribunal administratif ou son délégué statue en premier et dernier ressort en la forme des référés ; les décisions rendues en cette forme ne sont pas précédées de l'audition de conclusions prononcées par un commissaire du gouvernement. • CE 16 oct. 2000, *Sté Stereau*, n° 213958.

26. Pièces communiquées en violation du secret des affaires. La circonstance que le juge du référé précontractuel s'est fondé sur des pièces communiquées en violation du secret des affaires n'est pas de nature à entacher d'irrégularité ni d'erreur de droit son ordonnance, dès lors que ces pièces ont pu être discutées contradictoirement par les parties. • CE 9 juin 2021, *Sté Lorany Conseils*, n° 449643 B : *BJCP 2021. 392, concl. Le Corre ; Rev. CMP 2021. 255, note Dietenhoeffer ; AJDA 2021. 1878, note Hul*.

27. Effet de la signature du contrat. Les pouvoirs conférés au juge administratif, en vertu de la procédure spéciale instituée par l'art. L. 551-1 CJA, ne peuvent plus être exercés après la conclusion du contrat. La signature de l'acte d'engagement d'un marché public constitue la conclusion du contrat au sens dudit article. Passé la date de cette signature, la demande présentée au président du tribunal administratif est irrecevable. • CE, sect., 3 nov. 1995, *CCI de Tarbes et des Hautes-Pyrénées*, n° 157304 A : *concl. Chantepy.*

28. Eu égard aux pouvoirs conférés au juge du référé précontractuel par l'art. L. 551-1 CJA, qui lui permettent notamment de faire obstacle à la passation d'un contrat, et à la circonstance que l'ordonnance rendue par le juge n'est pas susceptible d'appel, les parties doivent être mises à même de présenter au cours d'une audience publique des observations orales à l'appui de leurs observations écrites. Toutefois, ces pouvoirs conférés au juge du référé précontractuel ne peuvent plus être exercés après la conclusion du contrat. Il en résulte que, lorsqu'il se prononce après la passation du marché, le juge du référé précontractuel peut régulièrement rendre une ordonnance qui constate qu'en raison de cette passation la requête n'a pas ou n'a plus d'objet, sans tenir d'audience publique. • CE 7 mars 2005, *Sté Grandjouan-Saco*, n° 270778 : *Lebon 96 ; Rev. CMP 2005, n° 167, obs. Pietri.*

29. Les pouvoirs conférés au juge du référé précontractuel ne peuvent plus être exercés après la conclusion du contrat. Si la société, qui demandait la suspension de la procédure de passation d'un marché, lequel a été passé le jour même de l'introduction de son pourvoi en cassation, soutient que ni le représentant de l'administration ni celui des entreprises cosignataires n'avaient qualité pour signer le marché, il n'appartient pas au juge, statuant sur le fondement de l'art. L. 551-1 CJA, de contrôler la validité de la signature du contrat. • CE 8 févr. 1999, *Sté Campenon Bernard SGE*, n° 188100 B.

30. Eu égard à la finalité assignée au référé préalable à la signature d'un contrat, les conclusions tendant à l'annulation de l'ordonnance par laquelle le magistrat délégué par le président du tribunal administratif a rejeté la demande de suspension de la procédure de passation d'une convention sont privées d'objet dès lors que la convention litigieuse avait été signée avant même l'intervention de l'ordonnance de référé. • CE 28 déc. 2001, *Lacombe*, n° 223047 A.

31. Si la société évincée soutient que la signature du marché est intervenue en méconnaissance des dispositions de l'art. 80 C. marchés en vertu desquelles un délai d'au moins dix jours doit être respecté entre la date à laquelle la décision de rejet de leur offre est notifiée aux candidats dont l'offre n'a pas été retenue et la date de signature du marché, cette circonstance, si elle est de nature à entacher d'illégalité la décision de signer le marché litigieux, ne suffit pas à faire regarder la signature de ce dernier comme inexistante. Il en va de même de la circonstance, à la supposer établie, que, eu égard aux conditions dans lesquelles elle est intervenue, la décision de signer le marché aurait eu pour seul but de faire obstacle à la saisine, par les candidats évincés, du juge du référé précontractuel et serait ainsi entachée de détournement de pouvoir. La société, à qui il appartient seulement, si elle s'y croit fondée, de saisir le pouvoir adjudicateur d'une demande d'indemnisation du préjudice que lui auraient causé les illégalités qu'elle invoque, n'est pas fondée à soutenir que le juge du référé précontractuel a commis une erreur de droit en estimant que sa demande était sans objet et, par suite, irrecevable. • CE 7 mars 2005, *Sté Grandjouan-Saco*, n° 270778 A : *Rev. CMP 2005, n° 167, obs. Pietri.*

32. Les pouvoirs conférés au juge du référé précontractuel ne peuvent plus être exercés après la conclusion du contrat ; par suite, la signature du contrat, alors que le Conseil d'État est saisi d'un pourvoi en cassation contre une ordonnance du juge des référés statuant sur le fondement de l'art. L. 551-1, a pour effet, sans qu'y fassent obstacle les stipulations de l'art. 6 Conv. EDH, de rendre sans objet les conclusions tendant à ce que le Conseil d'État annule cette ordonnance et se prononce sur les mesures sollicitées. • CE 16 févr. 2011, ⚖ *Sté Utilis,* n° 333969.

33. Suspension de la signature du marché. Le pouvoir adjudicateur, lorsqu'est introduit un recours en référé précontractuel dirigé contre la procédure de passation d'un contrat, doit suspendre la signature de ce contrat à compter soit de la communication du recours par le greffe du tribunal administratif, soit de sa notification par le représentant de l'État ou l'auteur du recours agissant conformément aux dispositions de l'art. R. 551-1 CJA ; en vertu des dispositions de l'art. L. 551-14 du même code, la méconnaissance de cette obligation par le pouvoir adjudicateur ouvre la voie du recours en référé contractuel au demandeur qui avait fait usage du référé précontractuel ; en revanche, ni les dispositions précitées, ni aucune autre règle ou disposition ne subordonnent l'effet suspensif de la communication du recours au pouvoir adjudicateur à la transmission, par le demandeur, de documents attestant de la réception effective du recours par le tribunal. • CE 25 juin 2018, ⚖ *Sté hospitalière d'assurances mutuelles,* n° 417734 B : *BJCP 2018. 398, concl. Pellissier ; Rev. CMP 2018. 200, note Pietri.*

34. L'art. L. 551-1 CJA dispose que le juge du référé précontractuel peut être saisi de tout manquement aux obligations de publicité et de mise en concurrence auxquelles est soumis le contrat dont la procédure de passation est contestée, sous la seule réserve que celui-ci n'ait pas encore été signé. Si, aux termes de l'art. R. 551-5 du même code, « le juge ne peut statuer avant le seizième jour à compter de la date d'envoi de la décision d'attribution du contrat aux opérateurs économiques ayant présenté une candidature ou une offre », ces dispositions, qui n'ont vocation à s'appliquer que dans l'hypothèse où la saisine du juge intervient après l'envoi de la décision d'attribution aux candidats ou soumissionnaires non retenus, lorsque les textes prévoient une telle information et un délai entre celle-ci et la signature du contrat, n'ont ni pour objet, ni pour effet d'exclure une saisine du juge du référé précontractuel avant la décision d'attribution. Par suite, en jugeant que le juge du référé précontractuel ne peut être saisi qu'entre la décision d'attribution et la conclusion du contrat, et que la demande de la société d'exploitation de l'Aqua Club était de ce fait prématurée, l'auteur de l'ordonnance a entaché celle-ci d'erreur de droit. • CE 22 nov. 2019, ⚖ *Sté d'exploitation de l'Aqua club,* n° 433716 B.

35. Compétence territoriale. Le juge compétent pour statuer sur un référé précontractuel *présenté sur le fon*dement de l'art. L. 551-1 CJA est le juge des référés du tribunal dans le ressort duquel le contrat doit être exécuté. • CE 26 juin 2015, ⚖ *Min. de la Défense c/ Sté Olympe services,* n° 389599 B : *Rev. CMP 2015, n° 245, note Devillers.*

36. Il résulte des dispositions citées au point précédent de l'art. R. 312-11 CJA qu'il ne peut être dérogé aux règles de compétence territoriale du TA en matière de contrats que d'un commun accord des parties prévu au contrat primitif ou consigné dans un avenant antérieur à la naissance du litige. Il ne saurait, par suite, y être dérogé antérieurement à la conclusion d'un tel contrat ou avenant. Dès lors, en se fondant, pour décliner sa compétence territoriale pour statuer sur le référé précontractuel formé par la Sté Eiffage, candidate à l'attribution de la concession, sur les stipulations de l'art. 43 du projet de cahier des charges de la concession, reprises dans les avis de concession, qui prévoyaient que les contestations qui s'élèveraient entre les parties au sujet du contrat seraient portées devant le TA de Paris alors que la compétence de ce tribunal n'était pas fixée par un contrat, conformément aux dispositions de l'art. R. 312-11 CJA dès lors que ce contrat n'était précisément pas encore conclu, le juge des référés du TA de Toulouse a commis une erreur de droit. Son ordonnance doit être annulée pour ce motif, sans qu'il soit besoin de se prononcer sur les autres moyens du pourvoi. • CE 18 juin 2021, ⚖ *Sté Eiffage,* n° 450283.

37. Pourvoi contre l'ordonnance du juge du référé précontractuel. Si la personne publique doit, sous peine d'irrégularité de la procédure de passation, choisir l'attributaire d'un marché dans le délai de validité des offres, elle peut toujours solliciter de l'ensemble des candidats une prorogation ou un renouvellement de ce délai. Lorsque ce délai est arrivé ou arrive à expiration avant l'examen des offres en raison d'une procédure devant le juge du référé précontractuel, la personne publique peut poursuivre la procédure de passation du marché avec les candidats qui acceptent la prorogation ou le renouvellement du délai de validité de leur offre. En l'espèce, l'ordonnance du juge des référés ayant annulé une procédure de passation d'un marché, le recours contre cette ordonnance n'est pas devenu sans objet du seul fait de l'expiration du délai de validité des offres après l'intervention de cette ordonnance. • CE 10 avr. 2015, ⚖ *CH terr. de Nouvelle-Calédonie, Sté Hélicocéan,* n°s 386912 et 386920 B : *AJDA 2015. 725, note Poupeau* ✐ *; Rev. CMP 2015, n° 159, note Pietri.*

38. Référé précontractuel et référé-suspension. (NB : Décision rendue à une date où le recours pour excès de pouvoir contre les actes détachables relatifs à la passation était ouvert.) Dans le cas où les conclusions présentées au juge administratif peuvent relever aussi bien de la compétence que le président du tribunal administratif tient de l'art. L. 551-1 CJA que de celle que l'art. L. 521-1 du même code confère au juge des référés, s'agissant de la suspension d'un acte administratif détachable du contrat susceptible d'être déféré au juge de l'excès de pouvoir, il appartient au requérant, dès lors que ces deux demandes sont présentées, instruites et jugées selon des procédures distinctes, de préciser celle des deux procédures qu'il entend mettre en œuvre, sans pouvoir les présenter simultanément dans une même requête. • CE 29 juill. 2002, *Ville de Nice*, n° 243686 B.

39. Référé précontractuel. Référé-suspension contre le contrat. Le principe d'impartialité ne fait pas obstacle à ce qu'un magistrat ayant prononcé, sur le fondement de l'art. L. 551-1 CJA, l'annulation de la procédure de passation d'un marché public statue sur une demande présentée sur le fondement de l'art. L. 521-1 du même code et tendant à la suspension de l'exécution du marché attribué après reprise de la procédure de passation conformément à la première décision juridictionnelle. • CE 19 janv. 2015, *Sté Ribière*, n° 385634 B : *AJDA 2015*.

III. MANQUEMENTS SUSCEPTIBLES D'ÊTRE INVOQUÉS. PORTÉE DU CONTRÔLE DU JUGE DU RÉFÉRÉ PRÉCONTRACTUEL

40. Une entreprise candidate à l'obtention d'un marché peut invoquer devant le juge du référé précontractuel tout manquement aux obligations de publicité et de mise en concurrence, même s'il n'a pas été commis à son détriment. • CE 19 oct. 2001, *Sté Alstom Transports SA*, n° 233173 B.

41. SMIRGEOMES. Mais il appartient au juge du référé précontractuel de rechercher si l'entreprise qui le saisit se prévaut de manquements qui, eu égard à leur portée et au stade de la procédure auquel ils se rapportent, sont susceptibles de l'avoir lésée ou risquent de la léser, fût-ce de façon indirecte en avantageant une entreprise concurrente. • CE, sect., 3 oct. 2008, *Synd. mixte intercommunal de réalisation et de gestion pour l'élimination des ordures ménagères du secteur est de la Sarthe (SMIRGEOMES)*, n° 305420 A : *AJDA 2008. 2161, chron. Geffray et Liéber ; ibid. 2008. 2374, note Cassia ; Rev. CMP 2008, n° 264, obs. Pietri ; ibid., Repère 10, Llorens et Soler-Couteaux ; Dr. adm. 2008, Comm. n° 154, obs. Bonnet et Lalanne ; JCP Adm. 2008. 2262, note Linditch ; RDI 2008. 499, note Braconnier ; RFDA 2008. 1128, concl. Dacosta et note Delvolvé .*

42. Il n'appartient pas au juge des référés de rechercher si le manquement invoqué a été susceptible de léser davantage le requérant que les autres candidats. • CE 13 juin 2016, *Sté Latitudes*, n° 396403 : *Rev. CMP 2016, n° 219, note Pietri.*

43. Une entreprise ne saurait se prévaloir d'irrégularités dans l'avis d'appel à concurrence (absence de date de l'envoi au *JOUE*, imprécision et contradiction dans la description des services attendus), dès lors que, sa candidature ayant été admise et une offre correspondant à l'objet du marché ayant été présentée par elle, elle n'est pas susceptible d'avoir été lésée par ces irrégularités ni ne risque de l'être. • CE 5 nov. 2008, *Cne de Saint-Nazaire, Cté d'agglomération de la région nazairienne et de l'estuaire – Sté Abri services SARL*, n°s 310484 B et 310544 B : *Rev. CMP 2008, n° 299, obs. Zimmer.*

44. Un juge du référé précontractuel qui relève, à propos d'un contrat de délégation de service public, qu'une durée de vingt ans apparaît en tout état de cause excessive eu égard à l'objet du contrat et aux investissements demandés au délégataire, sans rechercher si la méconnaissance alléguée des dispositions législatives applicables, compte tenu de sa portée et du stade de la procédure auquel elle se rapporte, était susceptible de léser les entreprises requérantes, commet une erreur de droit. • CE 15 déc. 2008, *Cté intercommunale des villes solidaires*, n° 312350 B.

45. De même pour un juge du référé précontractuel qui annule la procédure litigieuse au motif, d'une part, que le pouvoir adjudicateur n'a pas apporté de précisions suffisantes quant aux niveaux minimaux de capacités professionnelles, techniques et financières exigés des candidats et, d'autre part, que la liste des organismes certificateurs proposée par lui n'était pas conforme à celle établie par le ministère des finances, ce qui constituait une violation de l'art. 56 C. marchés, sans rechercher si ces irrégularités, à les supposer établies, étaient susceptibles d'avoir lésé ou risquaient de léser la société requérante. • CE 15 déc. 2008, *Cté urb. de Dunkerque – Ville de Dunkerque*, n° 310380.

46. Dès lors qu'elles se rapportent à une phase de la procédure antérieure à la sélection d'une offre d'une entreprise dont la candidature a été admise, des irrégularités telles que l'erreur, dans les avis d'appel à concurrence, sur la soumission du marché à l'accord AMP, l'absence de mention de la date d'envoi au *JOUE* ou la mention erronée de l'absence d'une publicité antérieure ne sont pas susceptibles d'avoir lésé l'entreprise ni ne risquent de la léser. • CE 22 déc. 2008, *Cté d'agglomération de Salon-Étang de Berre-Durance*, n° 311268 • CE 3 juin 2009, *Min. d'État, min. de l'Écologie, de l'Énergie, du Développement durable et de l'Aménagement du territoire*, n° 321808.

47. Si la société soutient que le délai imparti aux entreprises pour présenter une offre était insuffisant, il ne résulte pas de l'instruction qu'eu égard au stade de la procédure à laquelle elle se rapporte et à sa portée, l'irrégularité ainsi alléguée ait été susceptible de léser ou risque de léser la société, qui a notamment pu présenter son offre dans les délais et n'établit pas en quoi l'élaboration de celle-ci aurait pu être affectée par les délais impartis. Si elle fait valoir qu'elle a été informée tardivement du rejet de sa candidature, en violation de l'art. 80-I C. marchés, ce qui l'aurait privée de la possibilité de saisir utilement le juge des référés précontractuels, il ne résulte en tout état de cause pas de l'instruction que cette circonstance ait été de nature à la léser ou risque de la léser, dès lors notamment qu'elle a au contraire été en mesure de présenter une demande recevable devant ce juge et a eu communication des motifs de rejet de sa candidature avant que le juge ne statue. • CE 20 mai 2009, ♜ *Cne de Fort-de-France*, n° 311379. ♦ De même, pour la méconnaissance du délai de quinze jours imparti par l'art. 83 C. marchés pour répondre à la demande de motivation détaillée du rejet de son offre. • CE 1er avr. 2009, ♜ *Min. de l'Écologie, de l'Énergie, du Développement durable et de l'Aménagement du territoire*, n° 321752.

48. Offre du requérant irrégulière, inappropriée ou inacceptable. Dès lors que l'offre d'une société, dont la candidature avait été retenue, a été écartée comme irrégulière, au motif que, contrairement au règlement de la consultation, elle ne comportait pas le catalogue des fournisseurs, les manquements, à les supposer établis, tirés de la violation de l'art. 3 de l'Arr. du 28 août 2006, de ce que les rubriques de l'appel public à la concurrence II.1.4) relative à l'estimation de la valeur totale des acquisitions pour l'ensemble de la durée de l'accord-cadre, IV.2.2) relative aux enchères électroniques, IV.3.2) relative aux publications antérieures concernant le même marché et IV.3.7) relative au délai minimal pendant lequel le soumissionnaire est tenu de maintenir son offre, n'auraient pas été renseignées, de ce que les candidats n'auraient été avisés ni de l'heure à partir de laquelle il ne pouvait plus être fait droit aux demandes de documentation ni de l'heure d'ouverture des plis, et de ce que, à la rubrique I.2) relative au type de pouvoir adjudicateur et à son activité principale était seulement indiqué « département », ne sont pas susceptibles de l'avoir lésée et ne risquent pas de la léser, fût-ce de façon indirecte en avantageant une entreprise concurrente. Si la société soutient aussi que, en lui notifiant la décision de rejet de son offre le 18 juill. 2008 alors que l'ouverture des plis était intervenue le 9 juin 2008, le pouvoir adjudicateur a méconnu les dispositions de l'art. 80 C. marchés, relatif à l'avis que le pouvoir adjudicateur est tenu d'adresser aux candidats dont l'offre a été rejetée, la tardiveté de cette notification n'a pas empêché la société de contester utilement le motif du rejet de son offre et n'a pu ainsi la léser. • CE 5 août 2009, ♜ *Dpt de la Drôme*, n° 320038.

49. Les dispositions de l'art. 52 C. marchés, qui permettent au pouvoir adjudicateur d'inviter les candidats à compléter leur dossier de candidature et à régulariser ainsi leur candidature, ne sont pas applicables à la phase d'examen et de sélection des offres ; dans le cadre d'une procédure d'appel d'offres, le pouvoir adjudicateur est tenu d'écarter sans l'examiner ni la classer l'offre qui est irrégulière, inappropriée ou inacceptable et ne peut, en conséquence, inviter un candidat à la régulariser ; alors même qu'il aurait procédé à son examen et à son classement, il peut se prévaloir du caractère irrégulier, inapproprié ou inacceptable de l'offre présentée par l'auteur du référé pour soutenir, devant le juge du référé précontractuel, que celui-ci n'est pas susceptible d'être lésé par les manquements aux obligations de publicité et de mise en concurrence qu'il invoque ou pour soutenir, devant le juge du référé contractuel, que ces manquements n'ont pas affecté ses chances d'obtenir le contrat.

Il résulte des dispositions de l'art. 45 C. marchés que la production des documents relatifs aux pouvoirs des personnes habilitées à engager un candidat est exigible au stade de l'examen des candidatures ; une offre ne saurait être regardée, par elle-même, comme irrégulière au seul motif que le pouvoir adjudicateur ne dispose pas des documents attestant que le signataire de l'acte d'engagement est habilité à représenter l'entreprise candidate ; lorsque l'acte d'engagement est signé par une personne qui se présente comme un responsable de cette entreprise, il est loisible au pouvoir adjudicateur, à supposer qu'il doute de la capacité du signataire à engager le candidat, de solliciter la production des documents justifiant de cette capacité ; par suite, le juge des référés du tribunal administratif n'a pas commis d'erreur de droit en jugeant que le syndicat mixte pour l'étude et le traitement des ordures ménagères de l'Eure, à défaut pour lui de s'être assuré que l'acte d'engagement remis par la société n'avait pas été signé par une personne ayant qualité pour engager la société, ne pouvait se prévaloir de l'irrégularité de son offre pour soutenir qu'elle ne pouvait être lésée par les manquements aux obligations de publicité et de mise en concurrence qu'elle invoquait. • CE 24 févr. 2016, ♜ *Synd. mixte pour l'étude et le traitement des ordures ménagères de l'Eure*, n° 394945.

50. Pour annuler la procédure de passation litigieuse, le juge des référés du tribunal administratif, après avoir estimé que l'offre de la société X était irrégulière en ce qu'elle comportait plusieurs modèles et « design » de mobiliers urbains alors que le règlement de la consultation n'autorisait aucune variante sur ce point, a retenu que la commune avait manqué à ses obligations de publicité et de mise en concurrence en modifiant substantiellement les modalités de notation du critère du montant de la redevance et que ce manquement était susceptible d'avoir lésé la société X bien que son offre fût irrégulière ; en jugeant ainsi que cette société était susceptible d'avoir été lésée, au stade de l'examen des offres, par un manquement du pouvoir adjudicateur à ses obligations de publicité et de mise en concurrence tenant à la modification substantielle de la méthode de notation d'un critère de jugement des offres, après avoir relevé que son offre était irrégulière pour un motif étranger à cette modification et qui n'avait pu être affecté par elle, le juge des référés du tribunal administratif a commis une erreur de droit. • CE 12 mars 2012, ♢ *Sté Clear Channel France*, n° 353826.

51. Pour écarter le moyen tiré de ce que, l'offre de la société étant irrégulière, cette société ne pouvait, en tout état de cause, avoir été lésée au stade de l'examen des offres par les manquements qu'elle invoquait, le juge des référés a jugé que l'irrégularité éventuelle de l'offre de la société ne suffisait pas à considérer qu'elle n'était pas susceptible d'avoir été lésée par les manquements invoqués, alors que son offre n'avait pas été rejetée pour ce motif ; en jugeant que cette société était susceptible d'être lésée par les manquements invoqués alors même que son offre était irrégulière pour un motif autre que ces manquements, le juge des référés a commis une erreur de droit ; la circonstance que le pouvoir adjudicateur n'a pas motivé son rejet de l'offre par son irrégularité est sans incidence sur l'appréciation par le juge des référés de la lésion des intérêts de la société requérante. • CE 15 févr. 2013, ♢ *Cne de Monéteau*, n° 364203.

52. Pour écarter le moyen opposé en défense tiré de ce que la société requérante n'était pas susceptible d'être lésée par les manquements qu'elle invoquait en raison de l'irrecevabilité de sa candidature, le juge des référés précontractuels a notamment énoncé qu'il résultait des éléments complémentaires sur les réalisations de la société produits à l'instance que l'intéressée justifiait disposer des capacités techniques et des garanties professionnelles suffisantes pour exécuter les travaux demandés ; en prenant ainsi en considération des références ne figurant pas dans le dossier présenté par la société avant la date limite de dépôt des candidatures et des offres pour apprécier si la candidature de cette société était recevable, le juge des référés précontractuels a commis une erreur de droit. • CE 30 juin 2014, ♢ *Sté Eiffage construction Pays de la Loire*, n° 376504.

53. Compétence de la personne publique qui passe le contrat pour le signer. Le juge du référé précontractuel ne saurait déduire de la seule circonstance que la procédure de passation du contrat est engagée et conduite par une personne publique qui n'est pas encore compétente pour le signer que cette procédure est irrégulière, au motif notamment, s'agissant d'une délégation de service public, que la commission de délégation de service public qui a procédé à l'appréciation des offres serait nécessairement, dans une telle hypothèse, irrégulièrement composée et que la procédure de passation serait nécessairement conduite par une autorité qui n'est pas habilitée à cette fin. En effet, lorsqu'une personne publique a vocation à exercer la compétence nécessaire à la conclusion et à l'exécution d'un contrat de la commande publique, notamment parce qu'elle est en cours de création ou de transformation ou parce qu'une procédure, par laquelle la compétence nécessaire doit lui être dévolue, est déjà engagée, aucune règle ni aucun principe ne font obstacle à ce qu'elle engage elle-même la procédure de passation du contrat, alors même qu'elle n'est pas encore compétente à cette date pour le conclure. Il en va notamment ainsi lorsque le contrat en cause a pour objet la gestion d'un service public. Il appartient seulement à la personne publique de faire savoir, dès le lancement de la procédure de passation, que le contrat ne sera signé qu'après qu'elle sera devenue compétente à cette fin. • CE 9 juin 2020, ♢ *Métropole Nice-Côte d'Azur*, n° 436922, 436925 et 436926 B.

54. Respect de la compétence d'une personne publique candidate. Contrôle du juge du référé précontractuel. Il appartient au juge du référé précontractuel, saisi de moyens sur ce point, de s'assurer que l'appréciation portée par le pouvoir adjudicateur pour exclure ou admettre une candidature ne constitue pas un manquement aux obligations de publicité et de mise en concurrence ; dans ce cadre, lorsque le candidat est une personne morale de droit public, il lui incombe de vérifier que l'exécution du contrat en cause entrerait dans le champ de sa compétence et, s'il s'agit d'un établissement public, ne méconnaîtrait pas le principe de spécialité auquel il est tenu. • CE 18 sept. 2015, ♢ *Assoc. de gestion du Conservatoire national des arts et métiers des pays de la Loire et autres*, n° 390041 B.

55. Contrôle du juge du référé précontractuel. Sur l'exclusion ou l'admission d'un candidat. Cas d'une personne publique candidate. Il appartient au juge du référé précontractuel, saisi de moyens sur ce point, de s'assurer que l'appréciation portée par le pouvoir adjudicateur pour exclure ou admettre une candidature ne constitue pas un manquement aux obligations de publicité et de mise en concurrence ; dans ce cadre, lorsque le candidat est une personne morale de droit public, il lui incombe de vérifier que l'exécution du contrat en cause entrerait dans le champ de sa compétence et, s'il s'agit d'un établissement public, ne méconnaîtrait pas le principe de spécialité auquel il est tenu. Il ressort toutefois des pièces du dossier soumis au juge des référés du TA que c'est l'association de gestion du CNAM des Pays de la Loire, personne morale de droit privé, qui était membre du groupement attributaire du marché litigieux et non l'établissement public lui-même ; ainsi, le juge des référés, qui s'est fondé sur la méconnaissance, par l'établissement public CNAM, du principe de spécialité, en se bornant, au surplus, à prendre en compte l'objet statutaire de cet établissement, sans rechercher si les prestations objet du marché constituaient le complément normal de sa mission statutaire et étaient utiles à l'exercice de celle-ci, a commis une erreur de droit ; par suite, sans qu'il soit besoin d'examiner les moyens du pourvoi, les requérants sont fondés à demander l'annulation de l'ordonnance attaquée. • CE 18 sept. 2015, *Assoc. de gestion du CNAM des Pays de la Loire*, n° 390041 B : *Rev. CMP 2015, n° 273, note Pietri ; RDI 2015. 581, obs. Braconnier ; AJDA 2016. 153, note Rombauts-Chabrol*.

56. Établissement public candidat. La société requérante ne saurait utilement soutenir que l'intervention de l'Office (établissement public) ne serait justifiée par aucun intérêt public local. • CE 18 sept. 2019, *Cté de cnes de l'Île-Rousse-Balagne, Office d'équipement hydraulique de la Corse*, n°s 430368 et 430074 B.

57. Personne publique candidate. Égalité des conditions concurrentielles. Lorsqu'une personne publique est candidate à l'attribution d'un contrat de concession, il appartient à l'autorité concédante, dès lors que l'équilibre économique de l'offre de cette personne publique diffère substantiellement de celui des offres des autres candidats, de s'assurer, en demandant la production des documents nécessaires, que l'ensemble des coûts directs et indirects a été pris en compte pour la détermination de cette offre, afin que ne soient pas faussées les conditions de la concurrence. Il incombe au juge du référé précontractuel, saisi d'un moyen en ce sens, de vérifier que le contrat n'a pas été attribué à une personne publique qui a présenté une offre qui, faute de prendre en compte l'ensemble des coûts exposés, a faussé les conditions de la concurrence.

Il résulte de ce qui précède que la Société des eaux de Corse ne saurait utilement soutenir devant le juge du référé précontractuel que la CCIRB aurait dû s'assurer, en demandant la production des documents nécessaires, que l'offre de l'OEHC n'avait pas faussé la concurrence en omettant de prendre en compte l'ensemble des coûts et en profitant des ressources et des moyens qui lui sont attribués au titre de sa mission de service public. Elle ne saurait davantage soutenir utilement que l'OEHC n'opère aucune séparation comptable entre les moyens et les ressources qui lui sont attribués au titre de sa mission de service public et ceux qu'il utilise pour l'exécution du contrat de concession du service public de distribution d'eau. Par ailleurs, il résulte de l'instruction que l'équilibre économique de l'offre présentée par l'OEHC ne diffère pas substantiellement de celui de l'offre concurrente présentée par la Société des eaux de Corse. *Il en résulte* qu'en retenant son offre, la CCIRB ne saurait être regardée comme ayant retenu une offre qui aurait, pour les raisons mentionnées ci-dessus, faussé les conditions de la concurrence et comme ayant, pour ce motif, méconnu ses obligations de publicité et de mise en concurrence. • CE 18 sept. 2019, *Cté de cnes de l'Île-Rousse-Balagne, Office d'équipement hydraulique de la Corse*, n°s 430368 et 430074 B.

58. Objet social d'une personne privée. Il n'appartient pas au juge du référé précontractuel, lorsqu'une personne morale de droit privé se porte candidate à l'attribution d'un contrat de commande publique, de vérifier que l'exécution de ce contrat entre dans le champ de son objet social.

Il en va toutefois différemment dans le cas où un texte législatif ou réglementaire a précisément défini son objet social et ses missions. Il résulte des art. L. 366-1 et R. 366-5 CCH ainsi que des art. L. 232-1 et L. 232-2 C. énergie que les associations départementales d'information sur le logement (ADILE) sont compétentes pour proposer des prestations de conseil aux particuliers en matière de performance et de rénovation énergétiques de leurs logements et peuvent dès lors candidater à un marché public portant sur de telles prestations. • CE 4 mai 2016, *ADILE de Vendée*, n° 396590 B : *AJDA 2016. 1928, note Rombauts-Chabrol ; Rev. CMP 2016, n° 186, note Pietri*.

59. Interdictions de soumissionner. Il appartient au juge du référé précontractuel de se prononcer sur le respect des interdictions de soumissionner. • CE 6 nov. 1998, *Assistance publique-Hôpitaux de Marseille*, n° 194960 B : *Mon. TP 4 déc. 1998, p. 53*.

60. Absence de communication d'informations. Si l'absence de communication par le pouvoir adjudicateur de l'une des informations mentionnées par le 2ᵉ al. des dispositions précitées de l'art. 83 C. marchés doit conduire le juge du référé précontractuel à enjoindre à ce dernier de communiquer les informations manquantes au candidat dont l'offre bien que recevable a été rejetée, il résulte en l'espèce de l'instruction que la société X a été écartée de la procédure litigieuse au stade de la présentation de sa candidature et non à celui de la présentation de son offre ; par suite, cette société ne saurait utilement soutenir que les caractéristiques, notamment le prix, et les avantages relatifs de l'offre retenue ne lui ont pas été communiqués par le ministre et que celui-ci aurait par cette omission méconnu les dispositions du 2ᵉ al. de l'art. 83 C. marchés. • CE 11 avr. 2012, *Min. de la Défense et des Anciens Combattants*, n° 355564 B : *Rev. CMP 2012, n° 181, note Eckert*.

61. Renseignements inexacts donnés aux candidats. Pour annuler la procédure de passation litigieuse, le juge des référés du tribunal administratif a relevé, par des appréciations souveraines exemptes de dénaturation, que les chiffres de consommations énergétiques communiqués aux candidats à un marché public relatif à l'exploitation et à l'entretien des installations de chauffage, de production d'eau chaude et de climatisation par le pouvoir adjudicateur étaient en moyenne majorés d'environ 10 % par rapport aux consommations réelles constatées par les candidats exploitants sortants, que la performance énergétique des prestations proposées par les candidats était un paramètre pris en compte dans trois des quatre sous-critères d'évaluation de la valeur technique des offres et, ainsi, que ces informations relatives aux consommations énergétiques réelles de bâtiments, à partir desquelles les candidats pouvaient élaborer et chiffrer leurs offres, constituaient un « élément essentiel du marché ». Compte tenu de ce que la société X était l'exploitant sortant de la quasi-totalité des sites objets du marché, au nombre de plusieurs centaines, alors que la société candidate A n'exploitait pour sa part que quelques sites et que la société candidate B n'en exploitait aucun, et que les deux concurrents évincés disposaient de ce fait, ainsi qu'il vient d'être dit, d'informations inexactes sur les consommations énergétiques réelles sur lesquelles reposait l'élaboration de leurs offres, le juge des référés n'a pas commis d'erreur de qualification juridique en relevant que ce manquement aux règles de publicité et de mise en concurrence était susceptible de léser les sociétés A et B, concurrents évincés ; par suite, il n'a pas méconnu son office en annulant la procédure de passation du marché en application des dispositions de l'art. L. 551-1 CJA. • CE 12 mars 2012, *Dynacité, Sté Dalkia France,* n°s 354355 A à 354558 A : *BJCP 2012. 188, concl. Boulouis ; Rev. CMP 2012, n° 145, note Pietri.*

62. Prise en compte de renseignements erronés fournis par un candidat. La prise en compte par le pouvoir adjudicateur de renseignements erronés relatifs aux capacités professionnelles, techniques et financières d'un candidat est susceptible de fausser l'appréciation portée sur les mérites de cette candidature au détriment des autres candidatures et ainsi de porter atteinte au principe d'égalité de traitement entre les candidats. Le choix de l'offre d'un candidat dont la candidature a été retenue sur la base d'informations relatives à ses capacités financières et professionnelles erronées est susceptible d'avoir lésé le candidat qui invoque ce manquement, à moins qu'il ne résulte de l'instruction que sa candidature devait elle-même être écartée, ou que l'offre qu'il présentait ne pouvait qu'être éliminée comme inappropriée, irrégulière ou inacceptable. • CE 3 oct. 2012, *Sté Déménagements Le Gars – Hauts-de-Seine Déménagements,* n° 360952 B.

63. Modification du critère de prix. Les documents de la consultation prévoyaient que la comparaison des offres, s'agissant du critère du prix, s'effectuerait sur la seule base du prix global et forfaitaire proposé par les candidats ; lors de la comparaison des offres des candidats, la communauté d'agglomération du Centre Littoral a décidé de prendre également en compte le prix des prestations occasionnelles ; toutefois, pour procéder à cette appréciation, elle s'est bornée, pour chaque candidat, à valoriser les prestations occasionnelles à un montant correspondant à 5 % du prix global et forfaitaire proposé pour les prestations de collectes régulières ; un tel choix était ainsi insusceptible, en l'espèce, compte tenu de la méthode de notation retenue, basée sur l'écart entre le montant de l'offre analysée et le montant de l'offre la moins chère, d'aboutir à des notes différentes de celles qui auraient été données aux candidats si seul le prix des prestations de collectes régulières avait été retenu conformément au règlement de la consultation ; il suit de là qu'en jugeant que la société Sogema avait été susceptible d'être lésée par le manquement allégué, tiré de ce que le pouvoir adjudicateur avait modifié le critère du prix après le dépôt des offres, alors que la prise en compte du prix des prestations occasionnelles, non prévue par le règlement de la consultation, n'avait pu avoir d'incidence sur le classement des offres, le juge du référé précontractuel a entaché son ordonnance d'erreur de qualification juridique. • CE 22 juill. 2016, *Cté d'agglomération du Centre Littoral,* n° 396597 B : *BJCP 2016. 439, concl. Henrard ; AJDA 2017. 477, note Vila.*

64. Information de l'assemblée délibérante. Ne saurait être utilement invoqué devant le juge du référé précontractuel le moyen tiré du caractère insuffisant de l'information donnée aux membres de l'assemblée délibérante avant qu'ils ne se prononcent sur le choix du délégataire. • CE 17 oct. 2016, *Cne d'Hyères-les-Palmiers, Mme Maestracci,* n°s 400172 B et 400175 B : *AJCT 2015. 220, obs. Hul ; Rev. CMP 2015, n° 73, note Pietri ; BJCP 2015. 229, concl. Pellissier.*

65. Manquement ne pouvant être utilement invoqué. Il n'appartient pas au juge statuant sur le fondement des dispositions de l'art. L. 551-1 CJA d'examiner les moyens autres que ceux relatifs à des manquements aux obligations de publicité et de mise en concurrence auxquelles est soumise la passation des marchés publics et des conventions de délégation de service public. Ainsi, la Sté Edeis concessions ne peut utilement soutenir que le département de la Haute-Savoie n'aurait pas respecté le délai fixé par les dispositions de l'art. L. 1411-7 CGCT pour la transmission à l'assemblée délibérante chargée de se prononcer sur le choix du délégataire et sur la convention de délégation de service publique des documents sur lesquels elle doit se décider. • CE 18 juin 2021, *Dpt de la Haute-Savoie c/ Sté Vinci Aéroports,* n° 450869.

66. Mérites respectifs des offres. Absence de contrôle. Il n'appartient pas au juge statuant sur le fondement de la procédure prévue à l'art. L. 551-1 CJA d'examiner l'appréciation portée par l'autorité administrative, à l'issue de la consultation, sur les mérites respectifs de chacun des candidats. • CE 29 juill. 1998, *Synd.*

mixte des transports en commun de l'agglomération clermontoise et Stés Spie Batignolles et ANF Industries, n° 194412 B.

67. Il appartient au juge des référés précontractuels de relever des manquements aux règles de publicité et de mise en concurrence mais non d'apprécier les mérites respectifs des offres ; une société requérante ne peut donc utilement invoquer l'erreur manifeste d'appréciation qu'aurait commise le pouvoir adjudicateur dans l'appréciation de la valeur de son offre. • CE 21 mai 2010, ⚖ *Cne d'Ajaccio,* n° 333737 B.

68. Appréciation des mérites des offres. Contrôle : absence. Dénaturation d'une offre. Contrôle : existence. Il n'appartient pas au juge du référé précontractuel, qui doit seulement se prononcer sur le respect, par le pouvoir adjudicateur, des obligations de publicité et de mise en concurrence auxquelles est soumise la passation d'un contrat, de se prononcer sur l'appréciation portée sur la valeur d'une offre ou les mérites respectifs des différentes offres ; il lui appartient, en revanche, lorsqu'il est saisi d'un moyen en ce sens, de vérifier que le pouvoir adjudicateur n'a pas dénaturé le contenu d'une offre en en méconnaissant ou en en altérant manifestement les termes et procédé ainsi à la sélection de l'attributaire du contrat en méconnaissance du principe fondamental d'égalité de traitement des candidats. • CE 20 janv. 2016, ⚖ *Cté intercommunale des villes solidaires,* n° 394133 B : *Rev. CMP 2016, n° 85, note Devillers ; BJCP 2016. 213, concl. Pellissier ; AJDA 2016. 1186, note Poulet* ✎.

69. Appréciation des mérites des candidatures en vue de la sélection des candidats dans une procédure restreinte. Contrôle du juge du référé précontractuel. Absence. Il n'appartient pas au juge du référé précontractuel d'apprécier les mérites des candidatures. • CE 26 juin 2015, ⚖ *Ville de Paris,* n° 389682 A.

70. Motifs de l'exclusion d'un candidat. Contrôle : oui. Il appartient au juge administratif, saisi en application de l'art. L. 551-1 CJA, de se prononcer sur le respect des obligations de publicité et de mise en concurrence incombant à l'administration. Dans le cadre de ce contrôle de pleine juridiction, le juge vérifie en particulier les motifs de l'exclusion d'un candidat de la procédure d'attribution d'un marché. • CE 29 juill. 1998, ⚖ *Garde des Sceaux, Min. de la Justice c/ Sté Génicorp,* n° 177952 B.

71. Méconnaissance du droit de la concurrence. Si la méconnaissance des dispositions du code de commerce relatives à la liberté des prix *et de la concurrence* par l'autorité responsable de la personne délégante peut constituer un manquement aux obligations de publicité et de mise en concurrence, il résulte des dispositions de l'art. L. 551-1 CJA que les seuls manquements visés par ces dispositions sont ceux commis par l'autorité responsable de la passation du contrat. Le juge du référé précontractuel ne commet pas d'erreur de droit en écartant le moyen tiré de ce que le refus d'une société de communiquer certaines informations constituait un abus de position dominante prohibé par les dispositions de l'art. L. 420-2 de ce code. • CE 2 juill. 1999, ⚖ *SA Bouygues et a.,* n° 206749 B : *BJCP 1999. 620.*

72. En retenant le motif tiré de ce que les clauses d'une convention de délégation introduiraient sur le marché concerné des distorsions de concurrence non justifiées par les nécessités du service public, alors que ce motif n'est pas relatif aux obligations de publicité et de mise en concurrence, le juge du référé précontractuel a excédé le champ des pouvoirs qui lui sont confiés par l'art. L. 551-1 CJA. • CE 24 oct. 2001, ⚖ *Collectivité territoriale de Corse et Office des transports de Corse,* n° 236293 B : *BJCP 2002. 139, concl. Bergeal,*

73. La méconnaissance éventuelle des dispositions de l'art. L. 420-2 C. com. relatif à la prohibition des abus de position dominante n'est pas au nombre des manquements dont peut être saisi le juge du référé précontractuel. • CE 5 juin 2007, ⚖ *Sté Corsica Ferries c/ Collectivité territoriale de Corse,* n° 305280 : *BJCP 2007. 307, obs. R. S. ; Rev. CMP 2007, n° 253, obs. Eckert ; JCP Adm. 2007. 2163, note Linditch.*

74. Avantage conféré par un contrat précédent. Le contrôle exercé par le juge statuant en application des dispositions de l'art. L. 551-1 CJA ne peut porter sur les conséquences éventuelles de l'application des stipulations d'un autre contrat, dont l'exécution est en cours ; ainsi, un candidat évincé ne peut utilement soutenir que l'exécution du contrat de délégation du service public dont la société retenue était antérieurement titulaire avait eu pour effet de conférer un avantage particulier à cette société. • CE 15 juin 2001, ⚖ *Synd. intercommunal d'assainissement de St-Martin-de-Ré et La Flotte-en-Ré,* n° 223481 A.

75. Composition d'une CAO. Le moyen tiré de l'irrégularité de la composition de la commission d'appel d'offres peut être utilement soulevé devant le juge du référé précontractuel et justifie l'annulation de la procédure de passation si cette irrégularité a constitué un manquement aux obligations de mise en concurrence. • CE 27 juill. 2001, ⚖ *Sté Degrémont et Synd. intercommunal d'assainissement et de protection de l'environnement de Toulon, La Valette, La Garde, Le Pradet,* n° 232820 A : *BJCP 2001. 512, concl. Piveteau,*

76. Commission de DSP. Il appartient au juge du référé précontractuel, saisi d'un moyen en ce sens, de s'assurer de la régularité de la composition de la commission des délégations de service public. • CE 24 oct. 2008, ⚖ *Synd. intercommunal d'eau et d'assainissement de Mayotte, SNC Sogea Mayotte,* n°s 300034 B et 300094 B : *Rev. CMP 2008, obs. Delacour.*

77. Défaut de consultation. Il ne lui appartient pas d'examiner des moyens tirés d'irrégularités qui découleraient du défaut de consultation du comité technique paritaire ou de la commission consultative des services publics. • CE 24 oct. 2008, *Synd. intercommunal d'eau et d'assainissement de Mayotte, SNC Sogea Mayotte*, n°s 300034 et 300094.

78. Information des concurrents évincés. En matière de marché, la méconnaissance de l'obligation faite au pouvoir adjudicateur d'informer les candidats du rejet de leur offre et des motifs de ce rejet par l'art. 80 du C. marchés constitue une atteinte aux obligations de publicité et de mise en concurrence qui peut justifier la suspension de la procédure de passation par le juge du référé précontractuel. • CE 21 janv. 2004, *Sté Aquitaine Démolition*, n° 253509 B : *BJCP 2004. 219, concl. Piveteau ; AJDA 2004. 710, note Dreyfus*.

79. Appréciation des garanties techniques et financières. Le juge du référé précontractuel contrôle le bien-fondé des motifs pour lesquels une commission d'appel d'offres estime que la candidature d'une société présente ou non les garanties techniques et financières suffisantes pour exécuter le marché public susceptible de lui être attribué. • CE 28 avr. 2006, *Sté Abraham Bâtiment Travaux Publics et collectivité territoriale de Saint-Pierre-et-Miquelon*, n° 286443 : *Rev. CMP 2006, n° 188, obs. Zimmer.*

80. Justification des garanties professionnelles et financières. Secret commercial et industriel. Il appartient au juge du référé précontractuel, lorsque est invoqué devant lui le secret commercial et industriel, et s'il l'estime indispensable pour forger sa conviction sur les points en litige, d'inviter la partie qui s'en prévaut à lui procurer tous les éclaircissements nécessaires sur la nature des pièces écartées et sur les raisons de leur exclusion ; il lui revient, si ce secret lui est opposé à tort, d'enjoindre à la collectivité de produire les pièces en cause et de tirer les conséquences, le cas échéant, de son abstention ; pour annuler partiellement la procédure litigieuse, le juge du référé précontractuel a accueilli le moyen tiré de ce que la commission de délégation de service public aurait dû écarter la candidature de la société Le Petit Bain, au motif que celle-ci ne justifiait pas des garanties professionnelles et financières requises, en se bornant à relever que les mentions chiffrées afférentes à ces garanties, figurant dans les documents relatifs à l'analyse de la candidature de la société qui lui avaient été transmis par la commune, avaient été occultées, alors, selon lui, qu'elles ne relevaient pas du secret commercial ou industriel ; toutefois, la seule circonstance que la commune ait cru devoir, devant le juge, occulter des éléments chiffrés portant sur la société attributaire, afin d'éviter qu'ils ne soient versés aux débats dans le cadre de la procédure contradictoire et qu'il soit ainsi porté atteinte au secret des affaires, ne pouvait, à supposer même que l'analyse de la collectivité ait été erronée quant à l'applicabilité de ce secret en l'espèce, être regardée comme établissant, par elle-même, le caractère insuffisant des garanties offertes par la société ; les requérantes sont, par suite, fondées à soutenir que le premier motif de l'ordonnance attaquée est entaché d'erreur de droit. • CE 17 oct. 2016, *Cne d'Hyères-les-Palmiers, Mme Maestracci*, n°s 400172 B et 400175 B : *BJCP 2017. 53, concl. Pellissier.*

81. Niveau de capacité technique. Contrôle du juge du référé précontractuel. La candidature d'un groupement a été écartée au motif qu'elle ne satisfaisait pas aux exigences de capacités techniques des candidats, qui devaient justifier être dotés d'au moins douze fourgons équipés de panneaux à messages variables pour la réalisation des prestations du marché ; par son ordonnance, le juge des référés a fait droit à la demande de la société X sur le fondement de l'art. L. 551-1 CJA, en annulant la procédure de passation au motif que le niveau de capacité technique ainsi exigé des candidats n'était manifestement pas lié et proportionné avec l'objet du marché.

En jugeant que le pouvoir adjudicateur avait ainsi manqué à ses obligations résultant de l'art. 45 C. marchés, alors que le juge ne peut annuler une procédure de passation d'un marché pour un tel motif que si l'exigence de capacité technique imposée aux candidats est manifestement dépourvue de lien avec l'objet du marché ou manifestement disproportionnée et qu'il ressortait des pièces du dossier soumis à son examen, d'une part, que la diversité des messages potentiels à diffuser par le cocontractant comme l'étendue du réseau routier pouvaient justifier l'exigence d'une dotation minimale importante en véhicules de ce type et, d'autre part, que ces matériels pouvaient être aisément acquis ou loués par les candidats pour satisfaire aux niveaux de capacité technique ainsi exigés, le juge des référés a dénaturé les pièces du dossier. • CE 7 mai 2013, *Sté Segex, Sté Aximum*, n° 365706 B : *AJDA 2013. 950, obs. Poupeau ; BJCP 2013. 366, concl. Dacosta ; Rev. CMP 2013, n° 203, note Pietri.*

82. Difficultés d'exécution d'un marché antérieur. Le motif tiré de ce que la société candidate ne produisait pas de références portant sur des marchés analogues ne peut suffire, à lui seul, à justifier le rejet de la candidature de la société X., le pouvoir adjudicateur étant tenu d'examiner les capacités professionnelles, techniques et financières d'un candidat en application des dispositions précitées de l'art. 52 C. marchés ; toutefois, la commune fait valoir que, nonobstant la motivation figurant dans la lettre de rejet adressée à la société, elle s'est effectivement livrée à une appréciation des capacités professionnelles et techniques de la société et qu'elle les a jugées insuffisantes ; il résulte de l'instruction que la commission d'appel d'offres a procédé à cette appréciation avant le rejet de la candidature de la société ; en estimant, au regard de l'objet social de la société, de ses moyens humains et matériels, des qualifications attestées et de son expérience antérieure, que cette candidature, en dépit de compétences réelles dans l'entretien des cours d'eaux naturels, ne démontrait pas de compétences de maîtrise de l'eau des bassins et des fontaines objet du marché, la commune n'a pas entaché d'erreur manifeste l'appréciation à laquelle elle s'est ainsi livrée ; ce motif justifie le rejet de la candidature de la société Philip Frères. • CE 17 juin 2015, ⚖ *Cne de Montpellier,* n° 388596 B.

83. Offres anormalement basses dans un marché public. Contrôle restreint. Pour annuler la procédure ayant donné lieu à la décision de la commission d'appel d'offres attribuant à la société A le lot n° 130, relatif à la ligne entre Vico et Ajaccio, du marché départemental ayant pour objet le service des transports scolaires en Corse-du-Sud, le juge des référés du tribunal administratif s'est fondé sur ce que le département avait retenu une offre d'un montant anormalement bas, dans des conditions de nature à fausser l'égalité entre les entreprises candidates ; pour statuer ainsi, il a estimé que le salarié de la société précédemment attributaire affecté à cette ligne devait être repris par le nouvel attributaire, en application de l'accord du 7 juill. 2009 sur la garantie d'emploi et la poursuite des relations de travail en cas de changement de prestataire dans les transports interurbains de voyageurs, étendu par l'arrêté interministériel du 22 juill. 2010, et en a déduit que le coût de cette reprise devait nécessairement s'intégrer au prix de l'offre soumise par les candidats. Toutefois, si le coût correspondant à la reprise de salariés imposée par les dispositions du code du travail ou par un accord collectif étendu constitue un élément essentiel du marché, dont la connaissance permet aux candidats d'apprécier les charges du cocontractant et d'élaborer utilement une offre, le prix de cette offre ne doit pas nécessairement assurer la couverture intégrale de ce coût, compte tenu des possibilités pour l'entreprise de le compenser, notamment par le redéploiement des effectifs en son sein ou, si l'exécution de ce marché n'assure pas un emploi à temps plein des salariés concernés, de la possibilité de leur donner d'autres missions et donc de n'imputer, pour le calcul du prix de l'offre, qu'un coût salarial correspondant aux heures effectives de travail requises par la seule exécution du marché ; en ne tenant pas compte de ces possibilités, le juge des référés du tribunal administratif a commis une erreur de droit. Il résulte clairement des stipulations de l'accord du 7 juill. 2009 étendu par l'Arr. du 22 juill. 2010 qu'aucune d'elles n'interdit que les salariés affectés à un marché de transport routier de voyageurs soient, après leur reprise par un nouveau prestataire, affectés à d'autres tâches au sein de l'entreprise, dans le respect des clauses particulières attachées à leur contrat dans l'entreprise sortante et sous réserve du maintien de leurs éléments de rémunération, conformément au § 2.4. de l'art. 2 de cet accord ; dès lors, le coût de leur reprise par un nouveau prestataire, s'il doit être intégralement supporté par ce dernier, ne peut être imputé au nouveau marché qu'à raison de leur affectation à ce marché ; il résulte en l'espèce de l'instruction que, si le conducteur affecté par l'entreprise sortante à la ligne Vico-Ajaccio est employé à temps complet par cette entreprise, au-delà de la durée de travail requise par le service de cette ligne, l'offre retenue par la commission d'appel d'offres ne prévoit, pour l'exécution du nouveau marché, que 4h12 mn de service du conducteur, comprenant les coupures, prises et fins de service, pour chacun des 175 jours prévisionnels de fonctionnement de la ligne dans l'année ; à supposer, par conséquent, que le conducteur affecté par l'entreprise sortante à la ligne correspondant au marché en cause remplisse les conditions fixées par l'accord étendu du 7 juill. 2009 pour être repris par le nouveau prestataire et reste affecté au service de cette ligne, le coût salarial total que représente cette reprise n'est à rattacher au nouveau marché que dans cette mesure ; eu égard à cette circonstance, et compte tenu des autres coûts que devra supporter le nouveau prestataire, il ne résulte pas de l'instruction qu'en ne rejetant pas l'offre retenue comme anormalement basse et susceptible de rendre difficile l'exécution du marché, le pouvoir adjudicateur aurait entaché sa décision d'une erreur manifeste d'appréciation ni, dès lors, méconnu le principe d'égalité entre les candidats et manqué à ses obligations de mise en concurrence. • CE 1er mars 2012, ⚖ *Dpt de la Corse-du-Sud,* n° 354159 A : *BJCP 2012. 177, concl. Dacosta.*

84. Documents de la consultation contradictoires. Le juge des référés du tribunal administratif a, par une appréciation souveraine exempte de dénaturation, estimé que le document annexe intitulé « notice particulière de sécurité ferroviaire », qui faisait état de la possibilité de déposer l'ensemble des poutres de l'ouvrage grâce à une grue, en contradiction avec les prescriptions du cahier des clauses techniques particulières, ne pouvait être regardé par les candidats comme un simple document général sans portée pour la consultation ; le juge des référés, ayant ainsi souverainement estimé que les documents de la consultation étaient contradictoires et susceptibles d'induire en erreur les candidats, alors même que la contradiction résulterait d'une annexe non contraignante du règlement de la consultation, n'a pas commis d'erreur de droit en relevant l'existence d'un manquement du pouvoir adjudicateur à ses obligations de mise en concurrence. • CE 23 nov. 2011, ⚖ *Dpt des*

Bouches-du-Rhône, n° 350519 : *BJCP 2012. 63, concl. Dacosta ; Rev. CMP 2012, n° 26, note Pietri.*

IV. ÉTENDUE DES POUVOIRS DU JUGE

85. Portée de l'annulation de la procédure. Dès lors que le manquement qu'il relevait se rapportait à la seule phase de sélection des offres par le pouvoir adjudicateur, il appartenait au juge des référés de n'annuler la procédure qu'à compter de l'examen de ces offres ; par suite, le juge des référés a commis une erreur de droit en annulant l'ensemble de cette procédure et en enjoignant au département, s'il entendait la poursuivre, de la reprendre dans l'intégralité ; le département est en conséquence fondé à demander l'annulation de l'ordonnance du juge des référés du tribunal administratif de Besançon en tant qu'elle a annulé la procédure à un stade antérieur à la phase de sélection des offres. • CE 12 janv. 2011, *Dpt du Doubs,* n° 343324 B.

86. Compte tenu du manquement relevé, qui se rapportait à la seule phase de sélection des offres par le pouvoir adjudicateur, il appartenait au juge des référés de n'annuler la procédure qu'à compter de l'examen de ces offres ; par suite, le juge des référés a commis une erreur de droit en annulant l'ensemble de cette procédure ; par conséquent, le requérant est fondé à demander l'annulation de l'ordonnance en tant qu'elle a annulé la procédure à un stade antérieur à la phase de sélection des offres. • CE 30 sept. 2011, *Dpt de Haute-Savoie, Sté GTS,* n°s 350153 B et 350992 B : *Rev. CMP 2011, n° 333, note Pietri.*

87. Portée du pouvoir d'injonction. Dans le cadre du contrôle de pleine juridiction exercé par le juge en application de l'art. L. 551-1 CJA, celui-ci vérifie en particulier les motifs de l'exclusion d'un candidat de la procédure d'attribution d'un marché. Toutefois, alors même qu'il estime irrégulier le motif du rejet de la candidature d'une société, il ne lui appartient pas d'enjoindre à l'autorité administrative d'admettre la candidature de cette société sans avoir préalablement constaté que, au regard des débats devant lui, aucun autre motif n'était susceptible de justifier légalement un tel rejet. • CE 3 mars 2004, *Cne de Châteaudun,* n° 258602 B : *AJDA 2004. 1711, note Vincent-Legoux.*

88. Possibilité de prononcer une annulation non demandée. Le juge des référés précontractuels s'est vu conférer par les dispositions de l'art. L. 551-1 CJA le pouvoir d'adresser des injonctions à l'administration, de suspendre la passation du contrat ou l'exécution de toute décision qui s'y rapporte, d'annuler ces décisions et de supprimer des clauses ou prescriptions destinées à figurer dans le contrat. Dès lors qu'il est régulièrement saisi, il dispose – sans toutefois pouvoir faire obstacle à la faculté, pour l'auteur du manquement, de renoncer à passer le contrat – de l'intégralité des pouvoirs qui lui sont ainsi conférés pour mettre fin, s'il en constate l'existence, aux manquements de l'administration à ses obligations de publicité et de mise en concurrence. Ainsi, eu égard à la nature du vice entachant la procédure de passation d'un contrat, il peut prononcer l'annulation de cette procédure alors que ne lui est demandée que la suspension de celle-ci. • CE 20 oct. 2006, *Cne d'Andeville,* n° 289234 A : *AJDA 2006. 2340, concl. Casas ; Rev. CMP 2006, n° 331, obs. Pietri ; Dr. adm. 2007, n° 21, obs. Ménéménis.*

89. Le juge des référés précontractuels s'est vu conférer par les dispositions de l'art. L. 551-2 CJA le pouvoir d'adresser des injonctions à l'administration, de suspendre la passation du contrat ou l'exécution de toute décision qui s'y rapporte, d'annuler ces décisions et de supprimer des clauses ou prescriptions destinées à figurer dans le contrat ; dès lors qu'il est régulièrement saisi, il dispose – sans toutefois pouvoir faire obstacle à la faculté, pour l'auteur du manquement, de renoncer à passer le contrat – de l'intégralité des pouvoirs qui lui sont ainsi conférés pour mettre fin, s'il en constate l'existence, aux manquements de l'administration à ses obligations de publicité et de mise en concurrence ; le manquement tenant à l'irrégularité du choix des critères de jugement des offres, qui, conformément aux dispositions du code des marchés publics, ont été portés à la connaissance des candidats dès le début de la procédure, implique de prononcer son annulation intégrale, sans qu'y fasse obstacle la circonstance que la société se borne à demander « au juge des référés précontractuels d'ordonner à l'auteur du manquement de se conformer à ses obligations et suspendre l'exécution de toute décision qui se rapporte à la passation du contrat » ; il y a lieu ainsi, sans qu'il soit besoin d'examiner les autres moyens soulevés par la société Latitudes, d'annuler l'ensemble de la procédure de passation du marché. • CE 13 juin 2016, *Sté Latitudes,* n° 396403 : *Rev. CMP 2016, n° 219, note Pietri.*

90. Ainsi, eu égard à son office, il appartient au juge du référé précontractuel de prendre toutes mesures nécessaires pour assurer le respect de ces obligations, lorsqu'il constate que, par suite de la décision qu'il prend, celles-ci ne peuvent être satisfaites par l'autorité responsable de la personne publique délégante, en cas de poursuite de la procédure de passation du contrat. Au nombre de ces pouvoirs figure la possibilité d'annuler, comme juge de cassation, la totalité d'une procédure de délégation de service public si la partie de cette procédure demeurée intacte après l'intervention du premier juge ne permet pas d'assurer le respect des obligations de mise en concurrence qui pèsent sur l'autorité délégante. • CE 15 déc. 2006, *Sté Corsica Ferries,* n° 298618.

91. Possibilité de mettre un terme d'office à un manquement. En premier lieu, le juge des référés du tribunal administratif a, par une appréciation souveraine exempte de dénaturation, estimé que le document annexe intitulé « notice particulière de sécurité ferroviaire », qui faisait état de la possibilité de déposer l'ensemble des poutres de l'ouvrage grâce à une grue, en contradiction avec les prescriptions du cahier des clauses techniques particulières, ne pouvait être regardé par les candidats comme un simple document général sans portée pour la consultation ; le juge des référés, ayant ainsi souverainement estimé que les documents de la consultation étaient contradictoires et susceptibles d'induire en erreur les candidats, alors même que la contradiction résulterait d'une annexe non contraignante du règlement de la consultation, n'a pas commis d'erreur de droit en relevant l'existence d'un manquement du pouvoir adjudicateur à ses obligations de mise en concurrence.

En deuxième lieu, le manquement ainsi relevé concerne l'élaboration même des offres ; le juge des référés du tribunal administratif n'a ainsi pas commis d'erreur de droit en annulant l'ensemble de la procédure, alors même que les sociétés A et B n'ont été éliminées qu'au stade de la sélection des offres.

En troisième lieu, aux termes de l'art. R. 551-4 CJA : « lorsque le juge envisage de prendre d'office une des mesures prévues aux art. L. 551-2 et L. 551-6, il en informe les parties en indiquant le délai qui leur est donné pour présenter leurs observations, ou, le cas échéant, la date de l'audience où elles pourront les produire. Dans ce dernier cas, l'art. R. 522-8 est applicable » ; si le juge des référés précontractuels peut, en vertu des pouvoirs de plein contentieux qu'il tient de l'art. L. 551-1 CJA, mettre d'office fin au manquement dont il est saisi, il résulte des dispositions précitées qu'il ne peut s'abstenir dans cette hypothèse d'en communiquer son intention aux parties ; il résulte toutefois des pièces du dossier soumis au juge du fond que les sociétés A et B, qui ont saisi le juge des référés du tribunal administratif de conclusions tendant, à titre principal, à la reprise de la procédure au stade du classement des offres, l'avaient également saisi de conclusions subsidiaires tendant à ce que la juridiction prenne « toute autre mesure qu'elle jugerait plus adaptée dans le cadre de ses pouvoirs de pleine juridiction » ; dans ces conditions, le juge des référés du tribunal administratif, qui n'a pas pris d'office la décision d'annuler l'ensemble de la procédure, n'avait pas à informer les sociétés A et B de son intention en application de l'art. R. 551-4 CJA. • CE 23 nov. 2011, *Dpt des Bouches-du-Rhône*, n° 350519 : *BJCP 2012. 63, concl. Dacosta ; Rev. CMP 2012, n° 26, note Pietri.*

92. Art. L. 551-7 CJA. Lorsque, dans une instance de référé précontractuel, le défendeur demande au juge de faire application des dispositions de l'art. L. 551-7 du CJA, qui lui permettent de ne pas sanctionner sur le fondement de l'art. L. 551-6 un manquement aux obligations de publicité et de mise en concurrence, le juge est tenu, avant de prononcer une mesure sur le fondement de ce dernier art., de motiver son refus de faire jouer l'art. L. 551-7. • CE 12 mars 2012, *Cté d'agglomération du pays de Montbéliard*, n° 354279 B : *Rev. CMP 2012, n° 165, note Pietri.*

93. Art. L. 551-2. Il résulte des dispositions de l'art. L. 551-2 CJA que si le juge des référés peut ne pas suspendre l'exécution de toute décision qui se rapporte à la passation du contrat lorsqu'il estime, en considération de l'ensemble des intérêts susceptibles d'être lésés et notamment de l'intérêt public, que les conséquences négatives résultant de telles mesures de suspension pourraient l'emporter sur leurs avantages, ces dispositions ne sont pas applicables s'il estime que les manquements relevés doivent avoir pour conséquence l'annulation de la procédure. Par suite, le moyen tiré de ce que le juge des référés du tribunal de Grenoble aurait commis une erreur de droit et insuffisamment motivé son ordonnance en ne recherchant pas d'office si des considérations d'intérêt public faisaient obstacle à la reprise de la procédure au stade des offres doit être écarté. • CE 18 mai 2021, *Cne de La Léchère*, n° 448618.

2 CONTRATS DE DROIT PRIVÉ

Ordonnance n° 2009-515 du 7 mai 2009,

Relative aux procédures de recours applicables aux contrats de la commande publique (ratifiée par L. n° 2012-387 du 22 mars 2012, art. 113-I).

CHAPITRE I *RECOURS APPLICABLES AUX CONTRATS ADMINISTRATIFS*

Art. 1er *V. CJA, art. L. 551-1 à L. 551-12, supra, et L. 551-13 à L. 551-23, infra.*

CHAPITRE II *RECOURS APPLICABLES AUX CONTRATS DE DROIT PRIVÉ RELEVANT DE LA COMMANDE PUBLIQUE*

SECTION 1 *Référé précontractuel*

SOUS-SECTION 1 *Contrats passés par les pouvoirs adjudicateurs*

Art. 2 En cas de manquement aux obligations de publicité et de mise en concurrence auxquelles est soumise la passation par des pouvoirs adjudicateurs des contrats de droit privé ayant pour objet l'exécution de travaux, la livraison de fournitures ou la prestation de services, avec une contrepartie économique constituée par un prix ou un droit d'exploitation, les personnes ayant intérêt à conclure l'un de ces contrats et susceptibles d'être lésées par ce manquement peuvent saisir le juge avant la conclusion du contrat.

La demande est portée devant la juridiction judiciaire.

Art. 3 A la demande du requérant, le juge peut prendre les mesures provisoires tendant à ce qu'il soit ordonné à la personne morale responsable du manquement de se conformer à ses obligations et, le cas échéant, à ce que soit suspendue la procédure de passation du contrat ou l'exécution de toute décision qui s'y rapporte, sauf s'il estime, en considération de l'ensemble des intérêts en présence et notamment de l'intérêt public, que les conséquences négatives de ces mesures pourraient l'emporter sur leurs avantages.

Le requérant peut également demander l'annulation des décisions qui se rapportent à la passation du contrat et la suppression des clauses ou prescriptions destinées à figurer dans le contrat et qui méconnaissent les obligations mentionnées à l'article 2.

Art. 4 Le contrat ne peut être signé à compter de la saisine du juge et jusqu'à la notification de la décision juridictionnelle.

SOUS-SECTION 2 *Contrats passés par les entités adjudicatrices*

Art. 5 En cas de manquement aux obligations de publicité et de mise en concurrence auxquelles est soumise la passation par des entités adjudicatrices des contrats de droit privé ayant pour objet l'exécution de travaux, la livraison de fournitures ou la prestation de services, avec une contrepartie économique constituée par un prix ou un droit d'exploitation, les personnes ayant intérêt à conclure l'un de ces contrats et susceptibles d'être lésées par ce manquement peuvent saisir le juge avant la conclusion du contrat.

La demande est portée devant la juridiction judiciaire.

Art. 6 A la demande du requérant, le juge peut prendre des mesures tendant à ce que la personne morale responsable du manquement se conforme à ses obligations, dans un délai qu'il fixe, et à ce que soit suspendue l'exécution de toute décision qui se rapporte à la passation du contrat. Il peut, en outre, prononcer une astreinte provisoire courant à compter de l'expiration des délais impartis.

Le montant de l'astreinte provisoire est liquidé en tenant compte du comportement de celui à qui l'injonction a été adressée et des difficultés qu'il a rencontrées pour l'exécuter.

Si, à la liquidation de l'astreinte provisoire, le manquement constaté n'a pas été corrigé, le juge peut prononcer une astreinte définitive.

L'astreinte, qu'elle soit provisoire ou définitive, est indépendante des dommages et intérêts. L'astreinte provisoire ou définitive est supprimée en tout ou partie s'il est établi que l'inexécution ou le retard dans l'exécution de l'injonction du juge provient, en tout ou partie, d'une cause étrangère.

Art. 7 Le juge peut toutefois, en considération de tous les intérêts susceptibles d'être atteints et notamment de l'intérêt public, écarter les mesures prévues au premier alinéa de l'article 5 lorsque leurs conséquences négatives pourraient l'emporter sur leurs avantages.

Art. 8 Le contrat ne peut être signé à compter de la saisine du juge et jusqu'à la notification de la décision juridictionnelle.

SOUS-SECTION 3 *Dispositions communes*

Art. 9 La demande mentionnée aux articles 2 et 5 peut également être présentée par le ministère public, lorsque la Commission européenne a notifié à l'État les raisons pour lesquelles elle estime qu'une violation grave des obligations applicables a été commise.

Art. 10 Le juge ne peut statuer avant un délai fixé par voie réglementaire.

....

Code de procédure civile

Art. 1441-1 Les demandes présentées en vertu des articles 2 à 20 de l'ordonnance n° 2009-515 du 7 mai 2009 relative aux procédures de recours applicables aux contrats de la commande publique sont formées, instruites et jugées *(Décr. n° 2019-1419 du 20 déc.*

2019, art. 5 et 24-II, en vigueur le 1er janv. 2020) « selon la procédure accélérée au fond ». – *V. Ord. n° 2009-515 du 7 mai 2009, supra.*

Le juge qui envisage de prendre d'office une des mesures prévues aux articles 3, 6 et 15 à 18 de cette ordonnance doit, au préalable, inviter les parties à présenter leurs observations.

Les décisions prises en application des articles 2 à 20 de cette ordonnance sont rendues en dernier ressort. Elles sont susceptibles de pourvoi en cassation dans les quinze jours de leur notification. – *V. Ord. n° 2009-515 du 7 mai 2009, art. 3, 6 et 15 à 18, supra.*

Toutefois, la décision qui liquide une astreinte est susceptible d'un appel dans les quinze jours de sa notification. L'appel est formé, instruit et jugé selon les règles applicables à la procédure ordinaire avec représentation obligatoire.

En adoptant et en maintenant en vigueur l'art. 1441-1 C. pr. civ., tel que modifié par l'art. 48-1° du Décr. n° 2005-1308 du 20 oct. 2005, relatif aux marchés passés par les entités adjudicatrices mentionnées à l'art. 4 de l'Ord. n° 2005-649 du 6 juin 2005 relative aux marchés passés par certaines personnes publiques ou privées non soumises au code des marchés publics, dans la mesure où cette disposition prévoit, pour la réponse du pouvoir adjudicateur ou de l'entité adjudicatrice à une mise en demeure, un délai de dix jours excluant tout référé précontractuel avant ladite réponse et sans que ce délai suspende le délai à respecter entre la notification de la décision d'attribution du marché aux candidats et soumissionnaires évincés et la signature du contrat, la République française a manqué aux obligations qui lui incombent en vertu des Dir. 89/665/CEE du Conseil, du 21 déc. 1989, portant coordination des dispositions législatives, réglementaires et administratives relatives à l'application des procédures de recours en matière de passation des marchés publics de fournitures et de travaux, telle que modifiée par la Dir. 92/50/CEE du Conseil, du 18 juin 1992, et 92/13/CEE du Conseil, du 25 févr. 1992, portant coordination des dispositions législatives, réglementaires et administratives relatives à l'application des règles communautaires sur les procédures de passation des marchés des entités opérant dans les secteurs de l'eau, de l'énergie, des transports et des télécommunications. • CJCE 11 juin 2009, *Commission c/ France*, C-327/08.

Art. 1441-2 **I. — Le juge statue dans un délai de vingt jours sur les demandes qui lui sont présentées en vertu des articles 2 et 5 de l'ordonnance mentionnée ci-dessus.**

II. — Le juge ne peut statuer sur ces demandes avant le seizième jour suivant la date d'envoi de la décision d'attribution du contrat aux opérateurs économiques ayant présenté une candidature ou une offre. Ce délai est ramené au onzième jour lorsque le pouvoir adjudicateur ou l'entité adjudicatrice justifie que la décision d'attribution du contrat a été notifiée par voie électronique à l'ensemble des opérateurs économiques intéressés.

Dans le cas des demandes présentées avant la conclusion de contrats mentionnés au premier alinéa de l'article 13 de la même ordonnance, le juge ne peut statuer avant le onzième jour à compter de la publication de l'intention de conclure le contrat.

III. — Le procureur de la République agit d'office dans le cas prévu par l'article 9 de l'ordonnance précitée. – *V. Ord. n° 2009-515 du 7 mai 2009, art. 2 à 5, et 13, supra.*

Code de l'organisation judiciaire

Art. L. 211-14 *(Ord. n° 2009-864 du 15 juill. 2009, art. 25)* **Des tribunaux** *(L. n° 2019-222 du 23 mars 2019, art. 95-I-20°, en vigueur le 1er janv. 2020)* **« judiciaires » spécialement désignés connaissent des contestations relatives aux obligations de publicité et de mise en concurrence auxquelles est soumise la passation des contrats de droit privé relevant de la commande publique dans les cas et conditions prévus par les articles 2 à 20 de l'ordonnance n° 2009-515 du 7 mai 2009 relative aux procédures de recours applicables aux contrats de la commande publique.**

....

Art. D. 211-10-2 *(Décr. n° 2009-1455 du 27 nov. 2009, art. 3 et 4, en vigueur le 1er déc. 2009)* **Le siège et le ressort des** *(Décr. n° 2019-912 du 30 août 2019, art. 23, en vigueur le 1er janv. 2020)* **« tribunaux judiciaires » compétents pour connaître des contestations relatives aux obligations de publicité et de mise en concurrence auxquelles est soumise la passation des contrats de droit privé relevant de la commande publique dans les cas et conditions** ***prévus par les articles 2 à 18 de l'ordonnance*** **n° 2009-515 du 7 mai 2009 relative aux procédures de recours applicables aux contrats de la commande publique sont fixés conformément au tableau VIII-II annexé au présent code.**

Les dispositions introduites par le Décr. n° 2009-1455 du 27 nov. 2009 entrent en vigueur le 1er décembre 2009. La juridiction saisie demeure compétente pour statuer sur les procédures introduites antérieurement à la date d'entrée en vigueur des nouvelles dispositions (Décr. préc., art. 5).

Tableau VIII-II

SIÈGE ET RESSORT DES TRIBUNAUX JUDICIAIRES ET DES TRIBUNAUX DE PREMIÈRE INSTANCE COMPÉTENTS POUR CONNAÎTRE DES RECOURS EN MATIÈRE DE CONTRATS DE LA COMMANDE PUBLIQUE (ANNEXE DE L'ARTICLE D. 211-10-2) *(Décr. nº 2009-1455 du 27 nov. 2009, en vigueur le 1er déc. 2009 ; mod. par Décr. nº 2011-388 du 29 mars 2011 ; Décr. nº 2011-1878 du 14 déc. 2011, en vigueur le 1er janv. 2012)*

SIÈGE	RESSORT
Bordeaux	Ressort des cours d'appel d'Agen, Bordeaux, Limoges, Pau et Toulouse.
Lille	Ressort des cours d'appel d'Amiens, Douai, Reims et Rouen.
Lyon	Ressort des cours d'appel de Chambéry, Grenoble, Lyon et Riom.
Marseille	Ressort des cours d'appel d'Aix-en-Provence, Bastia, Montpellier et Nîmes.
Nanterre	Ressort de la cour d'appel de Versailles.
Nancy	Ressort des cours d'appel de Besançon, Colmar, Dijon, Metz et Nancy.
Paris	Ressort des cours d'appel de Bourges, Paris et Orléans.
Rennes	Ressort des cours d'appel d'Angers, Caen, Poitiers et Rennes.
Fort-de-France	Ressort des cours d'appel de Basse-Terre, Cayenne et Fort-de-France.
Saint-Denis	Ressort de la cour d'appel de Saint-Denis.
Saint-Pierre-et-Miquelon	Ressort du tribunal supérieur d'appel de Saint-Pierre.

Art. D. 211-10-3 *(Décr. nº 2018-772 du 4 sept. 2018, art. 1er, en vigueur le 1er janv. 2019)* **Le siège et le ressort des** *(Décr. nº 2019-912 du 30 août 2019, art. 23, en vigueur le 1er janv. 2020)* **« tribunaux judiciaires » compétents pour connaître des litiges mentionnés à l'article L. 211-16 sont fixés conformément au tableau VIII-III annexé au présent code.**

....

Art. D. 212-17-2 *(Décr. nº 2019-914 du 30 août 2019, art. 3 et 13, en vigueur le 1er janv. 2020)* **I. — Le siège et le ressort des greffes détachés implantés au siège d'une chambre de proximité sont les mêmes que ceux de cette chambre.**

II. — Le siège et le ressort des greffes détachés implantés hors du siège d'une chambre de proximité sont fixés conformément au tableau XI annexé au présent code.

Les dispositions issues de l'art. 3 du Décr. nº 2019-914 du 30 août 2019 sont applicables aux procédures en cours à leur date d'entrée en vigueur dans les conditions déterminées par les IV à VIII de l'art. 40 du Décr. nº 2019-912 du 30 août 2019 (Décr. nº 2019-914 du 30 août 2019, art. 13).

....

Art. R. 213-5-1 *(Décr. nº 2009-1456 du 27 nov. 2009, art. 2)* **Le président du tribunal judiciaire compétent en application de l'article L. 211-14** *[abrogé]* **connaît des contestations relatives aux obligations de publicité et de mise en concurrence auxquelles est soumise la passation des contrats de droit privé relevant de la commande publique dans les cas et conditions prévus par les articles 2 à 20 de l'ordonnance nº 2009-515 du 7 mai 2009 relative aux procédures de recours applicables aux contrats de la commande publique.** — *V. Ord. nº 2009-515 du 7 mai 2009, art. 2 à 20 (JO 8 mai).*

Le Décr. nº 2009-1456 du 27 nov. 2009 est applicable aux contrats en vue desquels une consultation est engagée à partir du 1er déc. 2009 (Décr. préc., art. 33).

1. Selon l'art. 2 de l'Ord. nº 2009-515 du 7 mai 2009 relative aux procédures de recours applicables aux contrats de la commande publique, les personnes habilitées à agir pour mettre fin aux manquements du pouvoir adjudicateur à ses obligations de publicité et de mise en concurrence sont celles susceptibles d'être lésées par de tels manquements ; il appartient dès lors au juge des référés précontractuels de rechercher si l'entreprise qui le saisit se prévaut de manquements qui, eu égard à leur portée et au stade de la procédure auquel ils se rapportent, sont susceptibles de l'avoir lésée ou risquent de la léser, fût-ce de façon indirecte en avantageant une entreprise. • Com. 23 oct. 2012, *Sté Dalkia France*, nº 11-23.521.

2. Vu l'art. 46 du Décr. nº 2005-1742 du 30 déc. 2005, en sa rédaction applicable en la cause ; pour rejeter l'ensemble des demandes formées par les requérants, y compris celle tendant à la communication du prix de l'offre retenue, l'ordonnance retient que le courrier envoyé par l'association aux requérants le 1er juin 2015 indique clairement le classement des offres, le nom de la société attributaire et les notes respectivement obtenues pour chaque critère par les requérants et la société attributaire et en déduit que l'obligation d'information du candidat évincé a ainsi été pleinement remplie. En statuant ainsi, alors que l'acheteur soumis aux règles de la commande publique doit communiquer aux candidats dont l'offre a été écartée pour un autre motif que son caractère inapproprié, irrégulier ou inacceptable les caractéristiques et les avantages relatifs de l'offre retenue et notamment, dans le cadre d'un appel d'offres mettant en œuvre des critères de sélection fondés sur cet élément, son prix, sauf à établir, ce qui n'était pas invoqué en l'espèce, qu'une telle divulgation serait contraire à la loi, en particulier violerait le secret industriel et commercial, serait contraire à l'intérêt public, ou pourrait nuire à une concurrence loyale entre les opérateurs économiques, le président du tribunal de grande instance a violé le texte susvisé. • Com. 6 déc. 2016, nº 15-26.414.

3. Pour juger que la Sté Cis Valley était susceptible d'être lésée par le manquement aux obligations de mise en concurrence qu'elle dénonçait, l'ordonnance retient qu'il est incontestable que le critère du prix a été déterminant dans l'attribution du marché, puisque ce poste était affecté du coefficient le plus élevé, que les clauses de l'appel d'offres attribuaient la note de 40 au candidat le moins-disant, les autres offres étant ensuite évaluées proportionnellement à celle-ci, et qu'il n'est pas possible d'affirmer que la Sté Cis Valley aurait nécessairement été évincée car, si l'on écarte l'offre SFR pour ne retenir que les offres des Stés Orange et Cis Valley, la note obtenue par cette dernière sur le plan financier serait de 37,36, soit un retard de seulement 2,64 sur la note qu'aurait obtenue la Sté Orange (40/40), retard susceptible d'être rattrapé sur les quatre autres postes de la valeur technique.

En se déterminant ainsi, sans rechercher, comme il y était invité, si la note obtenue par la Sté Cis Valley sur le second critère de notation relatif à la valeur technique, telle que communiquée par la Sté Promologis, lui aurait permis d'emporter le marché, condition à défaut de laquelle il n'était pas démontré qu'elle était susceptible d'être lésée par le manquement qu'elle dénonçait, le président du tribunal a privé sa décision de base légale. L'ordonnance annule la procédure d'appel d'offres et enjoint à la Sté Promologis de la reprendre après avoir relevé que l'offre de la Sté SFR apparaissait anormalement basse puisqu'elle était de plus de 50 % inférieure à l'offre la moins-disante proposée par un opérateur pourtant de surface technique, commerciale et financière similaire et que la Sté Promologis avait procédé à l'attribution du marché sans solliciter d'explications complémentaires sur les motifs de cet écart.

En statuant ainsi, alors qu'il avait relevé un manquement relatif à la seule étape de l'appréciation des offres, sans que le reste de la procédure soit atteint par ce manquement, le président du tribunal a violé le texte susvisé. • Com. 13 oct. 2021, nº 19-24.904 : *Rev. CMP. 2022. Chron. 28, Ubaud-Bergeron.*

D RÉFÉRÉ CONTRACTUEL

1 CONTRATS ADMINISTRATIFS

V. comm. de cette partie ss. CJA, art. R. 551-10.

Code de justice administrative

Art. L. 551-13 Le président du tribunal administratif, ou le magistrat qu'il délègue, peut être saisi, une fois conclu l'un des contrats mentionnés aux articles L. 551-1 et L. 551-5, d'un *recours régi par la présente section.*

Art. L. 551-14 Les personnes habilitées à agir sont celles qui ont un intérêt à conclure le contrat et qui sont susceptibles d'être lésées par des manquements aux obligations de publicité et de mise en concurrence auxquelles sont soumis ces contrats, ainsi que le représentant de l'État dans le cas des contrats passés par une collectivité territoriale ou un établissement public local.

Toutefois, le recours régi par la présente section n'est pas ouvert au demandeur ayant fait usage du recours prévu à l'article L. 551-1 ou à l'article L. 551-5 dès lors que le pouvoir adjudicateur ou l'entité adjudicatrice a respecté la suspension prévue à l'article L. 551-4 ou à l'article L. 551-9 et s'est conformé à la décision juridictionnelle rendue sur ce recours.

Art. L. 551-15 Le recours régi par la présente section ne peut être exercé ni à l'égard des contrats dont la passation n'est pas soumise à une obligation de publicité préalable lorsque le pouvoir adjudicateur ou l'entité adjudicatrice a, avant la conclusion du contrat, rendu publique son intention de le conclure et observé un délai de onze jours après cette publication, ni à l'égard des contrats soumis à publicité préalable auxquels ne s'applique pas l'obligation de communiquer la décision d'attribution aux candidats non retenus lorsque le pouvoir adjudicateur ou l'entité adjudicatrice a accompli la même formalité.

La même exclusion s'applique aux contrats fondés sur un accord-cadre ou un système d'acquisition dynamique lorsque le pouvoir adjudicateur ou l'entité adjudicatrice a envoyé aux titulaires la décision d'attribution du contrat et observé un délai de seize jours entre cet envoi et la conclusion du contrat, délai réduit à onze jours si la décision a été communiquée à tous les titulaires par voie électronique.

Art. L. 551-16 A l'exception des demandes reconventionnelles en dommages et intérêts fondées exclusivement sur la demande initiale, aucune demande tendant à l'octroi de dommages et intérêts ne peut être présentée à l'occasion du recours régi par la présente section.

Art. L. 551-17 Le président du tribunal administratif ou son délégué peut suspendre l'exécution du contrat, pour la durée de l'instance, sauf s'il estime, en considération de l'ensemble des intérêts susceptibles d'être lésés et notamment de l'intérêt public, que les conséquences négatives de cette mesure pourraient l'emporter sur ses avantages.

Art. L. 551-18 Le juge prononce la nullité du contrat lorsqu'aucune des mesures de publicité requises pour sa passation n'a été prise, ou lorsque a été omise une publication au *Journal officiel de l'Union européenne* dans le cas où une telle publication est prescrite.

La même annulation est prononcée lorsque ont été méconnues les modalités de remise en concurrence prévues pour la passation des contrats fondés sur un accord-cadre ou un système d'acquisition dynamique.

Le juge prononce également la nullité du contrat lorsque celui-ci a été signé avant l'expiration du délai exigé après l'envoi de la décision d'attribution aux opérateurs économiques ayant présenté une candidature ou une offre ou pendant la suspension prévue à l'article L. 551-4 ou à l'article L. 551-9 si, en outre, deux conditions sont remplies : la méconnaissance de ces obligations a privé le demandeur de son droit d'exercer le recours prévu par les articles L. 551-1 et L. 551-5, et les obligations de publicité et de mise en concurrence auxquelles sa passation est soumise ont été méconnues d'une manière affectant les chances de l'auteur du recours d'obtenir le contrat.

Art. L. 551-19 Toutefois, dans les cas prévus à l'article L. 551-18, le juge peut sanctionner le manquement soit par la résiliation du contrat, soit par la réduction de sa durée, soit par une pénalité financière imposée au pouvoir adjudicateur ou à l'entité adjudicatrice, si le prononcé de la nullité du contrat se heurte à une raison impérieuse d'intérêt général.

(L. n° 2011-702 du 22 juin 2011, art. 6-2° et 9-III, applicable aux contrats pour lesquels une consultation est engagée à compter du 21 août 2011) « Cette raison ne peut être constituée par la prise en compte d'un intérêt économique que si la nullité du contrat entraîne des conséquences disproportionnées et que l'intérêt économique atteint n'est pas directement lié au contrat, ou si le contrat porte sur une délégation de service public ou encore si la nullité du contrat menace sérieusement l'existence même d'un programme de défense ou de sécurité plus large qui est essentiel pour les intérêts de sécurité de l'État. »

Art. L. 551-20 Dans le cas où le contrat a été signé avant l'expiration du délai exigé après l'envoi de la décision d'attribution aux opérateurs économiques ayant présenté une candidature ou une offre ou pendant la suspension prévue à l'article L. 551-4 ou à l'article L. 551-9, le juge peut prononcer la nullité du contrat, le résilier, en réduire la durée ou imposer une pénalité financière.

Art. L. 551-21 Les mesures mentionnées aux articles L. 551-17 à L. 551-20 peuvent être prononcées d'office par le juge. Il en informe préalablement les parties et les invite à présenter leurs observations dans des conditions fixées par voie réglementaire.

Le juge procède de même lorsqu'il envisage d'imposer une pénalité financière.

Art. L. 551-22 Le montant des pénalités financières prévues aux articles L. 551-19 et L. 551-20 tient compte de manière proportionnée de leur objet dissuasif, sans pouvoir excéder 20 % du montant hors taxes du contrat.

Le montant de ces pénalités est versé au Trésor public.

L'art. 24 de l'Ord. n° 2009-864 du 15 juill. 2009 (JO 16 juill.) modifie dans les mêmes termes que l'Ord. n° 2009-515 du 7 mai 2009 le présent art.

Art. L. 551-23 Le président du tribunal administratif ou son délégué statue en premier et dernier ressort en la forme des référés.

L'art. 24 de l'Ord. n° 2009-864 du 15 juill. 2009 (JO 16 juill.) modifie dans les mêmes termes que l'Ord. n° 2009-515 du 7 mai 2009 le présent art.

....

Art. R. 551-7 *(Décr. n° 2016-360 du 25 mars 2016, art. 180-1° et 188, en vigueur le 1er avr. 2016)* « La juridiction peut être saisie au plus tard le trente et unième jour suivant la publication au *Journal officiel de l'Union européenne* d'un avis d'attribution du contrat, établi conformément au modèle fixé par le règlement de la Commission européenne établissant les formulaires standard pour la publication d'avis en matière de marchés publics et de contrats de concession, ou, pour les marchés fondés sur un accord-cadre ou un système d'acquisition dynamique, suivant la notification de la conclusion du contrat. Le délai ne court que si cette notification mentionne le nom du titulaire et les motifs ayant conduit au choix de son offre. »

En l'absence de la publication d'avis ou de la notification mentionnées à l'alinéa qui précède, la juridiction peut être saisie jusqu'à l'expiration d'un délai de six mois à compter du lendemain du jour de la conclusion du contrat.

Les dispositions introduites par le Décr. n° 2016-360 du 25 mars 2016 s'appliquent aux marchés publics pour lesquels une consultation est engagée ou un avis d'appel à la concurrence est envoyé à la publication à compter de sa date d'entrée en vigueur.

Elles ne s'appliquent pas aux marchés passés sur le fondement d'un accord-cadre ou dans le cadre d'un système d'acquisition dynamique lorsque la procédure en vue de la passation de cet accord-cadre ou de la mise en place de ce système d'acquisition dynamique a été engagée avant cette date (Décr. préc., art. 188).

Art. R. 551-7-1 *(Décr. n° 2016-360 du 25 mars 2016, art. 180-2° et 188, en vigueur le 1er avr. 2016)* Pour pouvoir se prévaloir des dispositions du premier alinéa de l'article L. 551-15, le pouvoir adjudicateur ou l'entité adjudicatrice publie au *Journal officiel de l'Union européenne* un avis, conforme au modèle fixé par le règlement de la Commission européenne établissant les formulaires standard pour la publication d'avis en matière de marchés publics et de contrats de concession, relatif à son intention de conclure un contrat. Il respecte un délai d'au moins onze jours entre la date de publication de cet avis et la date de conclusion du contrat.

Pour pouvoir se prévaloir, s'agissant d'un marché fondé sur un accord-cadre ou un système d'acquisition dynamique, des dispositions du second alinéa du même article, le pouvoir adjudicateur ou l'entité adjudicatrice notifie aux titulaires de l'accord-cadre ou aux participants au système d'acquisition dynamique le nom du titulaire et les motifs qui ont conduit au choix de son offre et respecte un délai d'au moins seize jours entre la date d'envoi de cette notification et la date de conclusion du marché. Ce délai est réduit à au moins onze jours en cas de transmission électronique de la notification à l'ensemble des titulaires intéressés.

V. notes ss. art. R. 551-7.

COMMENTAIRE

Pour les articles R. 551-7 et R. 551-7-1, voir l'article 180 du décret n° 2016-360 du 25 mars 2016 *relatif aux marchés publics (V. App., Partie VIII).*

Art. R. 551-8 Lorsque le juge envisage de prendre d'office une des mesures prévues aux articles L. 551-17 à L. 551-20, ou d'infliger une sanction financière dans les conditions prévues aux articles L. 551-19 à L. 551-22, il en informe les parties en indiquant le délai qui leur est donné pour présenter leurs observations ou, le cas échéant, la date de l'audience où elles pourront les produire. Dans ce dernier cas l'article R. 522-8 est applicable.

Art. R. 551-9 Le président du tribunal administratif ou le magistrat qu'il délègue statue dans un délai d'un mois sur les demandes qui lui sont présentées en vertu de l'article L. 551-13.

Art. R. 551-10 Les décisions définitives prises en application des articles L. 551-17 à L. 551-20 par le président du tribunal administratif ou le magistrat qu'il délègue sont susceptibles de recours en cassation devant le Conseil d'État, dans la quinzaine de leur notification.

Les mesures provisoires ordonnées en application des mêmes articles ne peuvent être contestées qu'à l'occasion du pourvoi en cassation dirigé contre ces décisions.

Art. R. 551-11 Pour son application à Saint-Barthélemy, à Saint-Pierre-et-Miquelon et, pour les marchés publics conclus par l'État ou ses établissements publics, en Nouvelle-Calédonie, en Polynésie française, dans les îles Wallis-et-Futuna et dans les Terres australes et antarctiques françaises, le premier alinéa de l'article R. 551-7 est ainsi rédigé :

La juridiction peut être saisie au plus tard le trente et unième jour suivant la publication d'un avis d'attribution du contrat dans le support qui a été utilisé à titre principal pour la publicité préalable ou, pour les marchés fondés sur un accord-cadre ou un système d'acquisition dynamique, suivant la notification de la conclusion du contrat. Le délai ne court que si cette notification mentionne le nom du titulaire et les motifs ayant conduit au choix de son offre.

V. notes ss. art. R. 551-7.

Art. R. 551-12 Pour son application à Saint-Barthélemy, à Saint-Pierre-et-Miquelon et, pour les marchés publics conclus par l'État ou ses établissements publics, en Nouvelle-Calédonie, en Polynésie française, dans les îles Wallis-et-Futuna et dans les Terres australes et antarctiques françaises, le premier alinéa de l'article R. 551-7-1 est ainsi rédigé :

Pour pouvoir se prévaloir des dispositions du premier alinéa de l'article L. 551-15, le pouvoir adjudicateur ou l'entité adjudicatrice publie au *Journal officiel* local un avis relatif à son intention de conclure un contrat. Il respecte un délai d'au moins onze jours entre la date de publication de cet avis et la date de conclusion du contrat.

V. notes ss. art. R. 551-7.

COMMENTAIRE

Le référé contractuel concerne les mêmes contrats que le référé précontractuel, c'est-à-dire les contrats mentionnés aux articles L. 551-1 et L. 551-5 du code de justice administrative – pour l'essentiel les contrats de la commande publique, c'est-à-dire les marchés et les concessions au sens des directives. On rappellera seulement que, pour les contrats dont la passation n'est soumise à aucune obligation de publicité préalable et pour ceux qui sont soumis à publicité préalable mais pour lesquels aucun texte n'impose la communication d'un avis de non-attribution aux candidats non retenus, la voie du référé contractuel est fermée si le pouvoir adjudicateur ou l'entité adjudicatrice a, avant la conclusion du contrat, rendu publique son intention de le conclure et observé un délai de onze jours après cette publication. Il en va de même pour les contrats fondés sur un accord-cadre ou un système d'acquisition dynamique lorsque le pouvoir adjudicateur ou l'entité adjudicatrice a envoyé aux titulaires la décision d'attribution du contrat et a observé un délai de seize jours entre cet envoi et la conclusion du contrat (onze jours si la décision a été communiquée à tous les titulaires par voie électronique).

La question de savoir quelles sont les personnes qui peuvent saisir le juge du référé contractuel est un peu plus complexe. Outre le représentant de l'État dans le département, ce sont les personnes qui ont un intérêt à conclure le contrat et qui sont susceptibles d'être lésées par les manquements aux obligations de publicité et de mise en concurrence auxquels elles sont soumises – ce qui, là encore, ne distingue pas cette voie de droit du référé précontractuel. Cependant – c'est l'originalité du référé contractuel, qui consacre en quelque sorte son caractère subsidiaire –, les personnes qui ont formé un référé précontractuel ne peuvent en principe utiliser le référé contractuel. Encore faut-il, cependant, que « l'effet utile » du référé précontractuel ait été respecté, c'est-à-dire que le pouvoir adjudicateur ou l'entité adjudicatrice n'ait pas signé le contrat, pendant un délai qui va de la saisine du tribunal administratif jusqu'à la décision de son juge du référé précontractuel et qu'il se soit conformé à cette décision. Et, comme l'a indiqué la jurisprudence, l'auteur d'un référé précontractuel n'est pas non plus irrecevable à présenter un référé contractuel, s'il a formé un référé précontractuel qui, du fait d'une méconnaissance par le pouvoir adjudicateur des dispositions applicables au contrat en cause, est en réalité privé de son utilité. Plusieurs décisions ont précisé ces points, pour des contrats passés selon des procédures différentes, dans lesquelles les obligations qui pèsent sur le pouvoir adjudicateur à l'égard des concurrents dont l'offre a été écartée et en matière de délai pour signer le contrat sont différentes (V. jurisprudence ci-dessous).

Quant à l'office du juge du référé contractuel, à ses pouvoirs et aux manquements qui peuvent être invoqués devant lui, ils font l'objet de dispositions, qui assurent notamment la transposition des articles 2 *quinquies* et 2 *sexies* de la directive du Parlement européen et du Conseil du 11 décembre 2007 modifiant les directives 89/665/CEE du Conseil du 21 décembre 1989 (*supra*) et 92/13/CCE du Conseil du 25 février 1992 et dont la portée exacte n'est pas toujours simple à déterminer.

La jurisprudence a eu l'occasion de clarifier un certain nombre de points. Ainsi, en ce qui concerne les sanctions qui peuvent être prises en application des articles L. 551-18 et L. 551-19 du code de justice administrative pour des marchés passés en procédure adaptée, ou pour des marchés passés selon une procédure formalisée, ou encore pour une délégation de service public.

Elle a également apporté des précisions sur un point délicat : celui des champs respectifs des articles L. 551-18 et L. 551-20 du code de justice administrative. Le premier prévoit l'annulation du contrat, notamment quand aucune des mesures de publicité requises n'a été mise en œuvre ou lorsque le contrat a été signé prématurément (compte tenu des obligations de délai entre l'information sur le rejet des offres ou à compter de la saisine du juge du référé précontractuel) et que le requérant a été non seulement privé de la possibilité d'un référé précontractuel utile mais aussi privé d'une change d'obtenir le contrat par des manquements aux règles de passation ; le second sanctionne la signature prématurée des contrats en prévoyant une gamme de sanctions possibles. Comme l'a précisé la jurisprudence, il incombe au juge du référé contractuel, pour l'application de l'article L. 551-20 et le choix d'une des sanctions qu'il prévoit, de prendre en compte « l'ensemble des circonstances de l'espèce ». A cet égard, le caractère plus ou moins délibéré du manquement, la plus ou moins grande « capacité » juridique et administrative du pouvoir adjudicateur ou encore d'éventuelles récidives de sa part sont des éléments d'appréciation importants. Le juge doit aussi tenir compte de la nature, de l'importance, des différentes caractéristiques du contrat litigieux : il est toujours grave de signer prématurément un contrat en privant d'utilité le référé précontractuel, mais il sera loisible au juge de regarder ce manquement comme particulièrement grave pour certains contrats. En outre, on ne peut sans doute pas exclure, dans certains cas particuliers, que le juge du référé contractuel estime que la signature prématurée doit être regardée comme un manquement aux obligations de délai de signature spécialement grave parce qu'il apparaît par ailleurs que le contrat est gravement irrégulier.

On relèvera enfin que l'ordonnance n° 2009-515 du 7 mai 2009 a fait l'objet (à propos de contrats de droit privé) d'une décision par laquelle le Conseil constitutionnel a rejeté une QPC (Cons. const. 2 oct. 2020, n° 2020-857 QPC : *RFDA 2021. 1, note Gahdoun, Ubaud-Bergeron*). ❑

I. CONTRATS CONCERNÉS ET RECEVABILITÉ DU RÉFÉRÉ CONTRACTUEL

1. *Contrat de prestation de services conclu et exécuté à l'étranger.* Il ressort des pièces du dossier soumis au juge des référés que la « décision portant agrément d'un prestataire de services extérieur entre les demandeurs de visas et le service des visas », signée par la responsable du consulat général de France à Tunis et la société X, confie à cette dernière, pour une durée de deux ans et comme le permettent les dispositions précitées de l'art. 43 du Règl. du Parlement et du Conseil du 13 juill. 2009, les tâches matérielles liées à la collecte des dossiers des demandeurs de visa pour la France résidant dans la circonscription du consulat ; ces tâches ainsi que les obligations du prestataire et les modalités de sa rémunération auprès des demandeurs de visa, et donc le prix payé par les usagers, sont fixées dans le cahier des charges annexé à la « décision d'agrément » et également signé par le consulat et la société. Par suite, cet acte doit être regardé comme un contrat de prestations de services ; ce contrat, conclu après avis des ministres des Affaires étrangères et de l'Intérieur dans les conditions prévues par le Règl. du Parlement et du Conseil du 13 juill. 2009, renvoie aux règles de droit interne relatives à la délivrance des visas, en particulier au Décr. du 13 août 1981, modifié par le Décr. du 24 févr. 1997, fixant le tarif des droits à percevoir dans les chancelleries diplomatiques et consulaires et, en territoire français, par le ministère des Relations extérieures, ainsi qu'aux règles de droit interne relatives à la protection des données à caractère personnel ; ce contrat est, par suite, régi par la loi française ; dès lors qu'il comporte des clauses exorbitantes du droit commun, notamment en ce qui concerne le droit permanent de visite et de contrôle de l'administration et la possibilité de résiliation unilatérale au bénéfice de l'administration, il constitue un contrat administratif. Le juge administratif, compétent pour connaître des litiges nés de la passation et de l'exécution de contrats administratifs qui sont régis par la loi française, est, par suite, compétent pour en connaître.

Le contrat litigieux a pour objet, ainsi qu'il a été dit, de confier à un prestataire de services les tâches matérielles liées à la collecte des dossiers de demandes de visa en contrepartie d'un prix ; un tel contrat de prestations de services est au nombre de ceux dont le juge du référé précontractuel peut connaître, en vertu de l'art. L. 551-1 CJA ; ce contrat, s'il n'est pas soumis au code des marchés publics dès lors qu'il a été conclu à l'étranger pour être exécuté hors du territoire français, est cependant soumis aux principes de liberté d'accès à la commande publique et d'égalité de traitement des candidats et à la règle de transparence des procédures qui en découle ; dès lors que ce contrat entre dans les catégories énumérées à l'art. L. 551-1 CJA, auquel se réfère l'art. L. 551-14 du même code, le juge du référé contractuel peut être valablement saisi des manquements aux obligations de publicité et de mise en concurrence auxquelles est soumise sa passation. • CE 29 juin 2012, *Sté Pro 2C*, n° 357976 : *Lebon 258 ; BJCP 2012. 336, concl. Boulouis ; Rev. CMP 2012, n° 270, note Pietri.*

2. Concession de services. Si les dispositions de l'art. R. 5312-84 C. transp. prévoient notamment que « les conventions de terminal sont conclues à l'issue d'une procédure ouverte, transparente et non discriminatoire », cette circonstance n'est pas, en elle-même, de nature à faire entrer les conventions de terminal dans le champ d'application de l'art. L. 551-1 CJA ; saisi d'une telle convention sur le fondement des dispositions de l'art. L. 551-13 CJA, il appartient au juge du référé contractuel de rechercher si cette convention, compte tenu de son objet et des contreparties prévues, peut être qualifiée, ainsi que le prévoit l'art. L. 551-1 du même code, de « contrat administratif ayant pour objet l'exécution de travaux, la livraison de fournitures ou la prestation de services, avec une contrepartie économique constituée par un prix ou un droit d'exploitation, la délégation d'un service public ou la sélection d'un actionnaire opérateur économique d'une société d'économie mixte à opération unique ». Il ressort des énonciations de l'ordonnance attaquée que le juge des référés du tribunal administratif de Bordeaux s'est fondé sur la seule circonstance qu'une « procédure ouverte, transparente et non discriminatoire » était prévue à l'art. R. 5312-84 C. transp. préalablement à l'attribution des conventions de terminal pour estimer que la « convention de mise en régie » conclue le 21 sept. 2016 entrait dans le champ d'application matériel de l'art. L. 551-1 CJA ; il résulte de ce qui a été dit au point précédent que le juge des référés du tribunal administratif de Bordeaux a, ce faisant, commis une erreur de droit.

La convention en cause revêt le caractère d'une concession de services au sens et pour l'application de l'art. 5 de l'Ord. du 29 janv. 2016 relative aux contrats de concession (V. jurisprudence ss. cet art.) ; elle est, par suite, au nombre des contrats visés à l'art. L. 551-1 CJA et relevant de la compétence du juge du référé contractuel. • CE 14 févr. 2017, *Sté de manutention portuaire d'Aquitaine c/ Grand port maritime de Bordeaux*, n°s 405157 et 405183.

3. Avenant. Il n'entre dans la compétence du juge du référé contractuel, telle que définie par l'art. L. 551-13 CJA, de statuer sur un avenant à un contrat que lorsque la conclusion d'un tel accord est soumise aux règles de publicité et de concurrence qui s'appliquent à la passation des contrats visés aux art. L. 551-1 et L. 551-5. • CE 16 mai 2022, *Sté hospitalière d'assurances mutuelles*, n° 459408 B : *Rev. CMP 2022, comm. 228, Hoepffner.*

4. Recevabilité. Référé contractuel/référé précontractuel. Les dispositions de l'art. L. 551-14 CJA, qui prévoient que le recours contractuel n'est pas ouvert au demandeur ayant fait usage du référé précontractuel dès lors que le pouvoir adjudicateur a respecté la suspension prévue à l'art. L. 551-4 et s'est conformé à la décision juridictionnelle rendue sur ce recours, n'ont pas pour effet de rendre irrecevable un recours contractuel introduit par un concurrent évincé qui avait antérieurement présenté un recours précontractuel alors qu'il était dans l'ignorance du rejet de son offre et de la signature du marché par suite d'un manquement du pouvoir adjudicateur au respect des dispositions de l'art. 80 C. marchés qui prévoient l'obligation de notifier aux candidats le rejet de leurs offres et fixent un délai minimal de seize jours, réduit à onze jours dans le cas d'une transmission électronique, entre cette notification et la conclusion du marché ; il ressort des pièces du dossier soumis au juge des référés que la société n'avait pas été informée du rejet de son offre lorsqu'elle a saisi le juge des référés sur le fondement des dispositions de l'art. L. 551-1 CJA ; dès lors, les dispositions du 2[d] al. de l'art. L. 551-14 CJA ne faisaient pas obstacle à ce qu'elle forme un recours contractuel, sur le fondement de l'art. L. 551-13 de ce code, après avoir été informée, par le mémoire en défense dans le cadre de l'instance en référé précontractuel, de ce que les contrats avaient été signés pour les lots litigieux le 26 avr. 2010. L'art. 25 de l'Ord. du 7 mai 2009 relative aux procédures de recours applicables aux contrats de la commande publique exclut l'application des dispositions des art. L. 551-13 s. insérées dans le CJA aux contrats dont la procédure de passation a été engagée avant le 1er déc. 2009 ; l'envoi d'un avis de préinformation à l'office des publications des Communautés européennes, qui se borne à faire connaître les intentions d'achat de la personne publique, ne peut être regardé comme l'engagement d'une procédure de passation au sens de ces dispositions. • CE 10 nov. 2010, *Établissement public national des produits de l'agriculture et de la mer (France Agrimer)*, n° 340944 B : *AJDA 2011. 51, note Dreyfus* ; *Rev. CMP 2011, n° 59, note Pietri.*

5. Les dispositions de l'art. L. 551-14 CJA ne sauraient non plus avoir pour effet de rendre irrecevable le recours contractuel du concurrent évincé ayant antérieurement présenté un recours précontractuel qui, bien qu'informé du rejet de son offre par le pouvoir adjudicateur, ne l'a pas été, contrairement à ce qu'exige le dernier alinéa du 1° du I de l'art. 80 C. marchés, du délai de suspension que ce dernier s'imposait entre la date d'envoi de la notification du rejet de l'offre et la conclusion du marché. • CE 24 juin 2011, *OPH interdépartemental d'Essonne, Val-d'Oise et Yvelines*, n° 346665 B : *Rev. CMP 2011, n° 270, note Pietri.*

6. Et le pouvoir adjudicateur ne peut se contenter de rappeler le délai minimal prévu par l'art. 80 C. marchés pour satisfaire aux obligations prévues à cet art. • CE 15 févr. 2013, *Sté SFR*, nos 363854, 363855, 363856 et 363857 : *Lebon T. 691* ; *AJDA 2013. 376* ; *AJCT 2013. 360, note Hul* ; *BJCP 2013. 295, concl. Pellissier* ; *Rev. CMP 2013, n° 105, note Pietri.*

7. En vertu de l'art. L. 551-14 CJA, le recours contractuel demeure ouvert au demandeur ayant fait usage du référé précontractuel dès lors que le pouvoir adjudicateur n'a pas respecté la suspension prévue à l'art. L. 551-4 ou ne s'est pas conformé à la décision juridictionnelle rendue sur ce recours ; il en va toutefois différemment lorsque le recours contractuel, présenté par un demandeur qui avait antérieurement présenté un recours précontractuel, est dirigé contre un marché signé durant la suspension prévue à l'art. L. 551-4 alors que le pouvoir adjudicateur était dans l'ignorance du référé précontractuel en raison de la méconnaissance, par le demandeur, de ses obligations de notification prévues à l'art. *R. 551-1.* • *CE 30 sept. 2011, Cne de Maizières-les-Metz*, n° 350148 B : *BJCP 2011. 465, concl. Dacosta* ; *Rev. CMP 2011, n° 334, note Pietri* ; *Dr. adm. 2011, n° 95, note Brenet.*

8. Les dispositions de l'art. L. 551-14 CJA, qui prévoient que le recours contractuel n'est pas ouvert au demandeur ayant fait usage du référé précontractuel dès lors que le pouvoir adjudicateur a respecté la suspension prévue à l'art. L. 551-4 du même code et s'est conformé à la décision juridictionnelle rendue sur ce recours, n'ont pas pour effet de rendre irrecevable un recours contractuel introduit par un concurrent évincé qui avait antérieurement présenté un recours précontractuel alors qu'il était dans l'ignorance du rejet de son offre et de la signature du marché, par suite d'un manquement du pouvoir adjudicateur au respect des dispositions de l'art. 80 C. marchés qui prévoient l'obligation de notifier aux candidats le rejet de leurs offres et fixe un délai minimal de seize jours, réduit à onze jours dans le cas d'une transmission électronique, entre la date d'envoi de cette notification et la conclusion du marché ; les dispositions de l'art. L. 551-14 CJA ne sauraient non plus avoir pour effet de rendre irrecevable le recours contractuel du concurrent évincé ayant antérieurement présenté un recours précontractuel qui, bien qu'informé du rejet de son offre par le pouvoir adjudicateur, ne l'a pas été, contrairement à ce qu'exige le dern. al. du 1° du I de l'art. 80 C. marchés, du délai de suspension que ce dernier s'imposait entre la date d'envoi de la notification du rejet de l'offre et la conclusion du marché. • CE 30 nov. 2011, *Sté DPM Protection Centre hospitalier Andrée Rosemon*, nos 350788 et 350792 : *BJCP 2012. 104, concl. Boulouis* ; *AJDA 2012. 270, note Dreifuss* ; *Rev. CMP 2012, n° 58, note Pietri.*

9. En vertu de l'art. L. 551-14 CJA, le recours contractuel demeure ouvert au demandeur ayant fait usage du référé précontractuel, lorsque le pouvoir adjudicateur n'a pas respecté la suspension prévue à l'art. L. 551-4 CJA, qui lui interdit de signer le contrat à compter de la saisine du tribunal administratif et jusqu'à la notification de la décision du juge des référés sur ce recours ; si ces dispositions ne peuvent trouver à s'appliquer lorsque le recours contractuel, présenté par un demandeur qui avait antérieurement présenté un recours précontractuel, est dirigé contre un marché signé durant la suspension prévue à l'art. L. 551-4 alors que le pouvoir adjudicateur était dans l'ignorance du référé précontractuel, il en va toutefois différemment lorsque, alors même que le demandeur a méconnu ses obligations de notification prévues à l'art. R. 551-1, la signature est intervenue alors que le pouvoir adjudicateur avait été informé, par le greffe du tribunal administratif, de l'existence d'un tel recours. • CE 1er mars 2012, *OPAC du Rhône*, n° 355560 B.

10. Pour rejeter comme irrecevables les référés contractuels de la société Eiffage TP, le juge des référés a relevé qu'il ne résultait pas de l'instruction que la région ait eu effectivement connaissance de l'existence de référés précontractuels de la société ; en recherchant ainsi si, eu égard à l'ensemble des circonstances de l'espèce qui lui était soumise, le pouvoir adjudicateur devait être regardé comme ayant eu connaissance des référés précontractuels de la société, sans se borner à vérifier si ceux-ci avait été communiqués par le greffe du tribunal administratif ou notifiés au pouvoir adjudicateur dans les conditions prévues par l'art. R. 551-1 CJA, le juge des référés a entaché les ordonnances attaquées d'une erreur de droit. • CE 5 mars 2014, *Sté Eiffage TP,* n°s 374048 B et 374049 B : *BJCP 2014. 196, concl. Dacosta ; Rev. CMP 2014, n° 155, note Zimmer.*

11. Les sociétés ont saisi le tribunal administratif de Paris d'un référé précontractuel après l'expiration du délai de onze jours que la ville de Paris leur avait régulièrement notifié ; alors même que la ville de Paris a signé le contrat la veille de l'expiration de ce délai, les sociétés requérantes, qui n'ont intenté un référé précontractuel que trois jours après l'expiration de ce délai et qui ne soutiennent pas avoir été empêchées de saisir le juge du référé précontractuel durant ce délai du fait du comportement du pouvoir adjudicateur, n'ont pas été privées de la possibilité de saisir utilement le juge du référé précontractuel ; par suite, elles n'étaient pas recevables à saisir le juge d'un référé contractuel ; dès lors, leur demande présentée sur le fondement des dispositions de l'art. L. 551-13 CJA ne peut qu'être rejetée. • CE 24 mai 2017, *Ville de Paris,* n° 407047 A : *BJCP 2017. 321, concl. Pellissier ; Rev. CMP 2017, n° 201, note Pietri.*

12. Le pouvoir adjudicateur, lorsqu'est introduit un recours en référé précontractuel dirigé contre la procédure de passation d'un contrat, doit suspendre la signature de ce contrat à compter, soit de la communication du recours par le greffe du tribunal administratif, soit de sa notification par le représentant de l'État ou l'auteur du recours agissant conformément aux dispositions de l'art. R. 551-1 CJA ; en vertu des dispositions de l'art. L. 551-14 du même code, la méconnaissance de cette obligation par le pouvoir adjudicateur ouvre la voie du recours en référé contractuel au demandeur qui avait fait usage du référé précontractuel ; en revanche, ni les dispositions précitées, ni aucune autre règle ou disposition ne subordonnent l'effet suspensif de la communication du recours au pouvoir adjudicateur à la transmission, par le demandeur, de documents attestant de la réception effective du recours par le tribunal. • CE 25 juin 2018, *Sté hospitalière d'assurances mutuelles,* n° 417734 B.

13. Un candidat évincé qui a engagé un référé précontractuel postérieurement à la signature d'un marché passé selon une procédure adaptée alors que le pouvoir adjudicateur n'a pas rendu publique son intention de conclure le contrat dans les conditions prévues par l'art. 40-1 C. marchés et n'a pas observé, avant de le signer, un délai d'au moins onze jours entre la date de publication de l'avis prévu par cet article et la date de conclusion du contrat est recevable à saisir le juge du référé contractuel d'une demande dirigée contre ce marché, quand bien même le pouvoir adjudicateur lui aurait notifié le choix de l'attributaire et aurait respecté un délai avant de signer le contrat. • CE 23 janv. 2017, *Sté Decremps BTP,* n° 401400 : *AJDA 2017. 888, note Hoepffner ; Dr. adm. juin 2017, n° 27, note Brenet ; Rev. CMP 2017, n° 79, note Pietri.*

14. Marchés passés selon une procédure formalisée. Après avoir défini, à l'art. 2 *bis* inséré dans la Dir. du 21 déc. 1989 portant coordination des dispositions législatives, réglementaires et administratives relatives à l'application des procédures de recours en matière de passation des marchés publics de fournitures et de travaux par la Dir. du 11 déc. 2007, les délais que le pouvoir adjudicateur est tenu de respecter entre la date d'envoi de la notification, aux candidats concernés, du rejet de leur candidature ou de leur offre et la date de conclusion du contrat, le 2 de l'art. 2 *ter* de la même directive énumère limitativement les cas dans lesquels les États membres peuvent prévoir que ces délais ne s'appliquent pas et énonce au b) que tel est le cas « si le seul soumissionnaire concerné au sens de l'art. 2 *bis*, § 2, de la présente directive est celui auquel le marché est attribué et en l'absence de candidats concernés » ; que, selon l'art. 2 *bis*, les candidats sont réputés concernés « si le pouvoir adjudicateur n'a pas communiqué les informations relatives au rejet de leur candidature avant que la décision d'attribution du marché soit notifiée aux soumissionnaires concernés » ; qu'en prévoyant ainsi une dispense de respect du délai de suspension lorsque, en l'absence de candidats concernés, le marché a été attribué au seul soumissionnaire concerné, les dispositions des art. 2 *bis* et 2 *ter* de la Dir. du 21 déc. 1989 résultant de la Dir. du 11 déc. 2007 n'ont pas entendu permettre au pouvoir adjudicateur de s'affranchir du respect de ce délai de suspension dans d'autres cas, notamment dans celui où le contrat a été attribué au seul candidat s'étant conformé aux documents de la consultation, en faisant échec à l'annulation du contrat par le juge du référé contractuel ; qu'ainsi, les dispositions du *a)* du 2°) du I de l'art. 80 C. marchés, en ouvrant une telle faculté au pouvoir adjudicateur, méconnaissent les objectifs des art. 2 *bis* et 2 *ter* de la Dir. du 21 déc. 1989 modifiée et sont par suite incompatibles avec cette directive.

Le pouvoir adjudicateur ne saurait, dès lors, invoquer ces dispositions pour soutenir que les contrats relatifs aux lots n°s 2 et 3 pouvaient valablement être conclus avant l'expiration d'un délai de seize jours au minimum entre la date d'envoi de la notification à la société requérante du rejet de son offre et la date de leur conclusion, au motif que cette société n'aurait pas présenté une offre conforme au règlement de la consultation ; le juge des référés peut ainsi exercer les pouvoirs d'annulation du contrat que lui attribuent les dispositions de l'art. L. 551-18 CJA. • CE 1er juin 2011, *Sté Koné*, n° 346405 B : *BJCP 2011. 301, concl. Dacosta ; Rev. CMP 2011, n° 219, note Pietri.*

15. Le pouvoir adjudicateur doit indiquer aux candidats non retenus à un marché public ayant pour objet la pose, la location, la relève et l'entretien des compteurs d'eau du patrimoine d'un OPH, dans la notification du rejet de leur offre, la date à laquelle ou le délai au-delà duquel il signera le marché litigieux, cette date ou ce délai devant être fixés dans le respect du délai minimal de suspension prévu, en l'espèce, par le 1° du I de l'art. 46 du Décr. du 30 déc. 2005.

Il résulte de l'instruction que le courrier par lequel l'OPH a informé la société A de l'attribution du marché à la société B mentionnait un délai de suspension de cinq jours avant la conclusion du marché, inférieur au délai minimal de seize jours imposé par les dispositions précitées du Décr. du 30 déc. 2005 ; la circonstance que le contrat a été signé dans le respect du délai minimal ne peut, en tout état de cause, être utilement opposée aux conclusions de la requérante présentées sur le fondement de l'art. L. 551-13 CJA. • CE 17 juin 2015, *Sté Proxiserve*, n° 388457 B : *Rev. CMP 2015, nos 223 et 224, note Pietri.*

16. Contrats non soumis à l'obligation de communiquer la décision d'attribution aux candidats non retenus. Il résulte des dispositions des art. L. 551-13 s. CJA que sont seuls recevables à saisir le juge d'un référé contractuel, outre le préfet, les candidats qui n'ont pas engagé un référé précontractuel, lorsque le pouvoir adjudicateur ou l'entité adjudicatrice n'a pas communiqué la décision d'attribution aux candidats non retenus ou n'a pas observé, avant de signer le contrat, un délai de onze jours après cette communication et, s'agissant des contrats non soumis à publicité préalable et des contrats non soumis à l'obligation de communiquer la décision d'attribution aux candidats non retenus, lorsque le pouvoir adjudicateur ou l'entité adjudicatrice n'a pas rendu publique son intention de conclure le contrat ou n'a pas observé, avant de le signer, ce même délai, ainsi que ceux qui ont engagé un référé précontractuel, lorsque le pouvoir adjudicateur ou l'entité adjudicatrice n'a pas respecté l'obligation de suspendre la signature du contrat prévue aux art. L. 551-4 ou L. 551-9 CJA ou ne s'est pas conformé à la décision juridictionnelle rendue sur ce référé. • CE 19 janv. 2011, *Grand port Maritime du Havre*, n° 343435 B : *AJDA 2011. 800, note Dreyfus ; BJCP 2011. 125, concl. Boulouis.*

17. DSP. *Sont seuls recevables à saisir le juge* du référé contractuel d'une demande dirigée contre un contrat de délégation de service public, lequel n'est pas soumis à l'obligation de communiquer la décision d'attribution aux candidats non retenus, outre le préfet, les candidats qui n'ont pas engagé un référé précontractuel, lorsque l'autorité délégante n'a pas rendu publique son intention de conclure le contrat dans les conditions prévues par l'art. R. 1411-2-1 CGCT et n'a pas observé, avant de le signer, un délai d'au moins onze jours entre la date de publication de l'avis prévu par cet article et la date de conclusion du contrat, ainsi que ceux qui ont engagé un référé précontractuel, lorsque l'autorité délégante n'a pas respecté l'obligation de suspendre la signature du contrat prévue aux art. L. 551-4 ou L. 551-9 CJA ou ne s'est pas conformée à la décision juridictionnelle rendue sur ce référé. • CE 25 oct. 2013, *Cne de La Seyne-sur-Mer*, n° 370393 B : *AJDA 2013. 2125, obs. Poupeau ; AJCT 2014. 112, obs. Hul ; BJCP 2014. 47, concl. Pellissier ; Rev. CMP 2014, n° 21, note Pietri.*

18. Référé précontractuel mis à disposition sur télérecours. Recevabilité du référé contractuel. Il résulte des dispositions du dernier alinéa de l'art. R. 611-8-2 CJA, applicables à la procédure de référé précontractuel dès lors que le juge est tenu de statuer dans un délai inférieur à un mois, que la communication de ce référé doit être réputée avoir été reçue par le ministre dès sa mise à disposition dans l'application « Télérecours ». Le pouvoir adjudicateur a donc méconnu l'art. L. 551-4 CJA en signant le contrat postérieurement à la réception du référé précontractuel. • CE 17 oct. 2016, *Min. de la Défense c/ Sté Tribord*, nos 400791 et 400794 B : *BJCP 2017. 41, concl. Pellissier ; Rev. CMP 2016, n° 292, note Pietri ; AJDA 2017. 57, note Rotoullié.*

19. Information des services compétents du pouvoir adjudicateur sur l'existence d'un référé précontractuel par des moyens de communication électronique. Il résulte des art. L. 551-14, L. 551-4 et R. 551-1 CJA que l'obligation de suspendre la signature du contrat qui pèse sur le pouvoir adjudicateur lorsqu'est introduit un recours en référé précontractuel dirigé contre la procédure de passation du contrat court à compter soit de la notification au pouvoir adjudicateur du recours par le représentant de l'État ou par son auteur agissant conformément à l'art. R. 551-1, soit de la communication de ce recours par le greffe du tribunal administratif. Lorsque l'auteur d'un référé précontractuel établit l'avoir notifié au pouvoir adjudicateur dans les conditions prévues par cet art., le pouvoir adjudicateur qui signe le contrat postérieurement à la réception du recours doit être regardé comme ayant méconnu l'art. L. 551-4. S'agissant d'un recours envoyé au service compétent du pouvoir adjudicateur par des moyens de communication permettant d'assurer la transmission d'un document en temps réel, la circonstance que la notification ait été faite en dehors des horaires d'ouverture de ce service est dépourvue d'incidence, le délai de suspension courant à compter non de la prise de connaissance effective du recours par le pouvoir adjudicateur, mais de la réception de la notification qui lui a été faite. • CE 14 févr. 2017, *Sté des eaux de Marseille*, n° 403614 A : *BJCP 2017. 189, concl. Pellissier ; Rev. CMP 2017, n° 106, note Pietri.*

20. Référé contractuel irrecevable. La seule circonstance qu'un opérateur économique évincé a exercé plusieurs référés précontractuels ne saurait conduire le juge du référé contractuel à estimer que cet opérateur n'aurait pas été privé de la possibilité de présenter utilement un référé précontractuel.

Le pouvoir adjudicateur ayant été informé du sens de l'ordonnance du juge des référés du tribunal administratif par son avocat, auquel cette ordonnance avait été notifiée, avant de signer le contrat litigieux, doit être regardé comme en ayant reçu notification au sens et pour l'application de l'art. L. 551-4 CJA. Par suite, la signature de ce contrat n'est pas intervenue en méconnaissance de l'obligation de suspension fixée par ce même art. • CE 8 déc. 2020, *Sté Pompes funèbres Funérarium Lemarchand*, n° 440704 B : *BJCP 2021. 157, concl. Pichon de Vendeuil.*

21. Application en Nouvelle-Calédonie. En vertu des dispositions de l'art. 6-2 de la L. org. du 19 mars 1999 relative à la Nouvelle-Calédonie, issu de l'art. 18 de la L. org. du 3 août 2009 relative à l'évolution institutionnelle de la Nouvelle-Calédonie et à la départementalisation de Mayotte, sont applicables de plein droit en Nouvelle-Calédonie les dispositions législatives et réglementaires relatives à la procédure administrative contentieuse, sans préjudice des dispositions les adaptant à son organisation particulière ; ainsi, ont été rendues applicables en cette collectivité l'ensemble des règles régissant la procédure administrative contentieuse dont, en l'absence de dispositions d'adaptation à la Nouvelle-Calédonie, les art. L. 551-13 à L. 551-23 CJA relatifs au référé contractuel.

Il résulte de l'instruction, en premier lieu, que le marché litigieux de prestations de services de transports sanitaires par avion a été conclu avec la société X, sur le fondement des règles applicables en cette collectivité à la passation des marchés publics, fixées par la délibération du congrès n° 136 du 1er mars 1967 modifiée portant réglementation des marchés publics en Nouvelle-*Calédonie ; le marché* a fait l'objet de la procédure d'appel d'offres prévue aux art. 24 s. de cette délibération, laquelle ne prévoit pas de délai entre la date à laquelle le rejet de leur offre est communiqué aux candidats non retenus et la date de signature du marché ; le marché litigieux a été soumis aux mesures de publicité légalement requises en Nouvelle-Calédonie ; en second lieu, la requérante ne peut invoquer la violation du délai entre la notification de la décision d'attribution du marché et sa signature, prescrit par la Dir. 2007/66/CE du Parlement européen et du Conseil du 11 déc. 2007 modifiant les Dir. 89/665/CEE et 92/13/CEE du Conseil en ce qui concerne l'amélioration de l'efficacité des procédures de recours en matière de passation des marchés publics, laquelle n'est pas applicable en Nouvelle-Calédonie ; enfin, si l'art. L. 551-15 CJA s'applique en ce territoire, la société requérante ne peut invoquer utilement la méconnaissance du délai prévu à cet article, lequel est au bénéfice du pouvoir adjudicateur lorsqu'il entend fermer la voie du référé contractuel en rendant publique son intention de conclure le marché ; par suite, les conditions posées à l'intervention du juge du référé contractuel, par les art. L. 551-18 et L. 551-20 CJA, ne sont pas réunies. • CE 27 oct. 2011, *Sté TAT*, n° 350790 B : *Rev. CMP 2011, n° 357, note Devillers.*

II. MANQUEMENTS SUSCEPTIBLES D'ÊTRE INVOQUÉS. POUVOIRS DU JUGE DU RÉFÉRÉ CONTRACTUEL

A. ARTICLES L. 551-18 et L. 551-19 CJA

22. Ensemble des contrats. Marchés passés en procédure adaptée. En ce qui concerne l'ensemble des contrats mentionnés aux art. L. 551-1 et L. 551-5 CJA, les manquements susceptibles d'être utilement invoqués dans le cadre du référé contractuel sont, comme les sanctions auxquelles ils peuvent donner lieu, limitativement définis aux art. L. 551-18 à L. 551-20 du même code ; ainsi, le juge des référés ne peut prononcer la nullité mentionnée à l'art. L. 551-18 – c'est-à-dire annuler le contrat – ou, le cas échéant, prendre les autres mesures prévues aux art. L. 551-19 et L. 551-20, que dans les conditions prévues à ces articles.

S'agissant des marchés passés selon une procédure adaptée, qui ne sont pas soumis à l'obligation, pour le pouvoir adjudicateur ou l'entité adjudicatrice, de notifier aux opérateurs économiques ayant présenté une offre, avant la signature du contrat, la décision d'attribution, l'annulation d'un tel contrat ne peut, en principe, résulter que du constat des manquements mentionnés aux deux premiers alinéas de l'art. L. 551-18, c'est-à-dire de l'absence des mesures de publicité requises pour sa passation ou de la méconnaissance des modalités de remise en concurrence prévues pour la passation des contrats fondés sur un accord-cadre ou un système d'acquisition dynamique.

Le juge du référé contractuel doit également annuler un marché à procédure adaptée, sur le fondement des dispositions du 3e al. de l'art. L. 551-18 CJA, ou prendre l'une des autres mesures mentionnées à l'art. L. 551-20 CJA dans l'hypothèse où, alors qu'un recours en référé précontractuel a été formé, le pouvoir adjudicateur ou l'entité adjudicatrice n'a pas respecté la suspension de signature du contrat prévue aux art. L. 551-4 ou L. 551-9 ou ne s'est pas conformé à la décision juridictionnelle rendue sur ce référé.

• CE 19 janv. 2011, *Grand port Maritime du Havre*, n° 343435 A : *AJDA 2011. 800, note Dreyfus ; BJCP 2011. 125, concl.Boulouis.*

23. L'annulation d'un marché passé selon une procédure adaptée, laquelle ne comporte pas l'obligation, pour le pouvoir adjudicateur ou l'entité adjudicatrice, de notifier aux opérateurs économiques ayant présenté une offre, avant la signature du contrat, la décision d'attribution, ne peut, en principe, sanctionner, dans le cadre d'un référé contractuel, que les manquements mentionnés aux deux premiers alinéas de l'art. L. 551-18 CJA ; toutefois, le juge du référé contractuel est également susceptible d'annuler un tel marché sur le fondement du troisième al. de cet art., s'il est soutenu devant lui que, eu égard à son objet ou à son montant, le pouvoir adjudicateur ou l'entité adjudicatrice ne pouvait légalement passer le marché selon une procédure adaptée ; il lui appartient, dans une telle hypothèse, de se prononcer sur la légalité du recours à une procédure adaptee, puis, le cas échéant, de statuer au regard des dispositions citées ci-dessus du 3e al. de l'art. L. 551-18 CJA. • CE 29 mai 2013, *Sté Delta Process*, n° 365954 B : *BJCP 2013. 377, concl. Dacosta.*

24. Irrégularité de la candidature de l'attributaire. En jugeant que le manquement tenant à l'irrégularité de la candidature de la société attributaire du marché ne pouvait pas être utilement invoqué par la société requérante au motif que celle-ci avait vu son offre examinée et comparée avec les autres offres, alors que l'irrégularité relevée était susceptible de l'avoir lésée, fût-ce indirectement, en avantageant le concurrent auquel avait été attribué le marché, le juge des référés a commis une erreur de droit. • CE 29 juin 2012, *Sté Signature*, n° 357617.

25. Requérant dont l'offre est irrégulière. Possibilité de se prévaloir de l'irrégularité de l'offre retenue. Oui. La circonstance que l'offre du concurrent évincé, auteur du référé contractuel, soit irrégulière ne fait pas obstacle à ce qu'il puisse se prévaloir de l'irrégularité de l'offre de la société attributaire du contrat en litige. Tel est notamment le cas lorsqu'une offre peut être assimilée, par le juge des référés dans le cadre de son office, à une offre irrégulière en raison de son caractère anormalement bas. • CE 27 mai 2020, *Sté Clean Building*, n° 435982 B.

26. Absence de publication de l'avis d'attribution. L'absence de publication de l'avis d'attribution du marché ne peut en tout état de cause être utilement invoquée pour obtenir du juge du référé contractuel l'annulation du marché. • *CE 29 mai 2013, Sté Delta Process*, n° 365954.

27. Accord-cadre. Publicité insuffisante pour un marché subséquent. Exclusivité des opérateurs retenus par l'accord-cadre. La société X soutient que les mesures de publicité et d'appel à la concurrence mises en œuvre par la région dans le cadre de la consultation effectuée sur le fondement de l'accord-cadre conclu le 26 nov. 2010 ont été insuffisantes ; toutefois, le juge du référé contractuel ne saurait prononcer la nullité du contrat sur le fondement du 1er al. de l'art. L. 551-18 CJA, dès lors que ces dispositions ne visent que les cas dans lesquels aucune des mesures de publicité requises pour la passation du contrat n'a été prise ou dans lesquels une publication obligatoire au *Journal officiel de l'Union européenne* a été omise ; en outre, les modalités de remise en concurrence mentionnées au 2e al. de l'art. L. 551-18 ne concernent que les contrats fondés sur un accord-cadre attribué à plusieurs opérateurs économiques en application du III des dispositions de l'art. 76 C. marchés ; en l'espèce, l'accord-cadre n'a été conclu par la région qu'avec la société requérante ; ainsi, les dispositions du 2e al. de l'art. L. 551-18 ne lui sont pas applicables.

Si la société invoque par ailleurs les dispositions de l'art. 76 C. marchés qui imposent au pouvoir adjudicateur ayant conclu un accord-cadre avec un ou plusieurs titulaires de s'adresser exclusivement à eux pour la passation d'un contrat fondé sur cet accord, la méconnaissance de ces dispositions n'est pas au nombre des manquements qui, en vertu des art. L. 551-18 à L. 551-20 CJA, peuvent être utilement invoqués devant le juge du référé contractuel. • CE 29 juin 2012, *Sté Chaumeil*, n° 358353 B : *BJCP 2012. 449, concl. Boulouis ; Rev. CMP 2012, n° 261, note Devillers.*

28. Manquements n'ayant pas affecté les chances de succès. Il ressort des pièces du dossier soumis au juge des référés que, par un avis d'appel public à la concurrence publié le 13 janv. 2011, le centre hospitalier a lancé une procédure d'appel d'offres ouvert en vue de l'attribution d'un marché comportant quatre lots et ayant pour objet des prestations de gardiennage, de surveillance et de télésurveillance du centre hospitalier et de ses annexes ; la société A a présenté une offre pour le lot n° 1 (gardiennage du site des locaux de la Madeleine) ainsi que pour les lots n° 3 (gardiennage du centre de santé de Maripasoula) et n° 4 (gardiennage du centre de santé de Saint-Georges) ; par deux courriers datés des 11 et 20 avr. 2011, le centre hospitalier lui a notifié le rejet de ses offres ainsi que l'attribution du lot n° 1 à la société B et des lots nos 3 et 4 à la société C ; sur le fondement de l'art. L. 551-1 CJA, la société A a saisi le juge des référés du tribunal administratif d'une demande d'annulation de la procédure de passation du contrat ; le centre hospitalier ayant fait état, dans son mémoire en défense de la signature des trois contrats relatifs aux lots nos 1, 3 et 4, la société A a alors demandé à ce juge l'annulation de ces contrats, sur le fondement des dispositions des art. L. 551-13 et L. 551-18 CJA relatives au référé contractuel ; après avoir rejeté les conclusions de la société A fondées sur l'art. L. 551-1 CJA, le juge des référés du tribunal administratif a, par l'ordonnance attaquée, annulé les contrats sur le fondement des art. L. 551-13 et L. 551-18 CJA.

Pour prononcer l'annulation des marchés litigieux, le juge des référés a retenu, d'une part, que le lot n° 1 avait été attribué à la société B en raison d'une « proposition technique innovante » qui ne figurait pas parmi les critères d'attribution et, d'autre part, que le nombre de points attribués à la société C pour les lots n°s 3 et 4 était inférieur à celui attribué à la société A sans qu'aucune explication n'eût été fournie sur ce point ; en statuant ainsi, sans rechercher, comme le lui imposaient les dispositions du 3e al. de l'art. L. 551-18 CJA sur lesquelles il s'est fondé, si, à les supposer établis, les manquements du centre hospitalier à ses obligations de publicité et de mise en concurrence, qu'il relevait, avaient affecté les chances de la société A d'obtenir les contrats, le juge des référés a commis une erreur de droit ; dès lors, les requérants sont fondés à demander l'annulation de l'ordonnance attaquée. • CE 30 nov. 2011, *Sté DPM Protection Centre hospitalier Andrée Rosemon*, n°s 350788 A et 350792 A : *BJCP 2012. 104, concl. Boulouis ; AJDA 2012. 270, note Dreifuss ; Rev. CMP 2012, n° 58, note Pietri.*

29. Chances de l'auteur du recours d'obtenir une DSP. Il résulte des dispositions de l'art. L. 551-18 CJA que l'annulation d'un contrat dans le cadre d'un référé contractuel, lorsqu'elle est prononcée pour l'un des motifs mentionnés au 1er ou au 2e al. de cet article, et notamment, s'agissant d'une délégation de service public, pour absence totale de publicité, n'est pas subordonnée, contrairement aux hypothèses prévues au 3e al., à la condition que le manquement ait affecté les chances de l'auteur du recours d'obtenir le contrat. • CE 4 avr. 2016, *Cté d'agglom. du centre de la Martinique*, n° 396191 B : *BJCP 2016. 264, concl. Pellissier ; Rev. CMP 2016, n° 161, note Eckert.*

30. Il résulte de l'instruction, en particulier du rapport d'analyse des offres, que, pour noter le critère du prix pondéré à 50 % selon le règlement de la consultation, le pouvoir adjudicateur a distingué les éléments des offres relatifs au « prix global », à l'« investissement », élément désignant le montant des dépenses d'installation des nouveaux compteurs à la charge du pouvoir adjudicateur, et au « prix mensuel moyen supporté par le locataire » ; les deux premiers éléments ont été affectés, au moment de l'évaluation des offres, d'une pondération de 10 % et le troisième d'une pondération de 30 % ; en s'abstenant de porter à la connaissance des candidats cette décomposition de la pondération du critère du prix, alors que les éléments d'appréciation relatifs à l'investissement et au prix mensuel moyen supporté par le locataire constituaient, eu égard à leur objet et à leur importance, des sous-critères assimilables à de véritables critères de jugement des offres, l'OPH a manqué à ses obligations de publicité et de mise en concurrence ; il résulte de l'instruction que si la société A, dont l'offre était la moins chère, a obtenu la note maximale pour le sous-critère relatif au prix mensuel moyen supporté par le locataire, elle n'a obtenu, pour le sous-critère relatif à l'investissement, qu'une note de sept sur dix ; eu égard à l'écart d'un point seulement entre la note globale attribuée à la société A et celle attribuée à la société B, avec laquelle le marché a été conclu, le manquement tenant au défaut d'information des candidats doit être regardé comme ayant affecté les chances de la société A d'obtenir le contrat.

Il résulte de ce qui précède que la société A est fondée à demander l'annulation du contrat sur le fondement du 3e al. de l'art. L. 551-18 CJA ; aucun des éléments invoqués par l'OPH, qui ne sont pas étayés, tenant à l'impossibilité de procéder à des régularisations de charges, à la pénalisation des locataires et à la mise en péril des finances de l'office, ne constitue une raison impérieuse d'intérêt général justifiant le prononcé de l'une des mesures alternatives à l'annulation du contrat prévues par l'art. L. 551-19 du même code ; cependant, compte tenu de la nécessité d'assurer la continuité des prestations de relevé et de maintenance des compteurs durant le délai nécessaire au lancement d'une nouvelle procédure de publicité et de mise en concurrence et à l'attribution du nouveau marché et de l'intérêt général qui s'attache à ce que cette continuité soit préservée, il y a lieu de ne prononcer l'annulation du marché qu'à l'expiration d'un délai de quatre mois à compter de la date de la présente décision. • CE 17 juin 2015, *Sté Proxiserve*, n° 388457 B : *Rev. CMP 2015, n°s 223 et 224, note Pietri.*

31. Absence de mesures de publicité. Après avoir jugé que le contrat litigieux était un contrat de délégation de service public, le juge des référés l'a annulé, sur le fondement des dispositions précitées du 1er al. de l'art. L. 551-18 CJA, au motif que le Grand Port maritime de Martinique n'avait pas procédé aux mesures de publicité exigées par l'art. 1er du Décr. du 24 mars 1993 portant application de l'art. 38 de la L. du 29 janv. 1993 relatif à la publicité des délégations de service public, c'est-à-dire n'avait pas procédé à toutes les publications requises pour la passation de ces contrats ; toutefois, l'annulation d'un contrat n'est susceptible d'être prononcée par le juge du référé contractuel en application de ces dispositions que lorsque aucune des mesures de publicité requises pour sa passation n'a été prise ; ainsi, le juge des référés du tribunal administratif de Fort-de-France a commis une erreur de droit. • CE 26 juin 2015, *Grand port maritime de la Martinique*, n° 388867 : *BJCP 2015. 443, concl. Dacosta.*

32. Annulation différée. S'agissant d'un marché dont le montant cumulé incluant les éventuelles reconductions dépassait le seuil communautaire de 193 000 euros hors taxe fixé au II-2° de l'art. 26 C. marchés, il appartenait à la communauté d'agglomération, en application de l'art. 40 du même code, de publier un avis d'appel public à la concurrence au *Journal officiel de l'Union européenne* ; il résulte de l'instruction, et il n'est d'ailleurs pas contesté par la communauté d'agglomération, que si un avis d'appel public à la concurrence a été publié dans le quotidien *Le Républicain lorrain* ainsi que sur le site internet de la communauté d'agglomération, aucun avis n'a été publié au *Journal officiel de l'Union européenne* ; par suite, la société X est fondée à demander l'annulation du marché conclu par la communauté d'agglomération et le groupement G sur le fondement de l'art. L. 551-18, 1er al., CJA, aucune raison impérieuse d'intérêt général ne justifiant le prononcé de l'une des mesures alternatives à l'annulation prévues par l'art. L. 551-19 du même code ; cependant, compte tenu de la nécessité d'assurer la continuité des prestations de transport des personnes à mobilité réduite durant le délai nécessaire au lancement d'une nouvelle procédure de publicité et de mise en concurrence et à l'attribution du nouveau marché et de l'intérêt général qui s'attache à ce que cette continuité soit préservée, il y a lieu de ne prononcer l'annulation du marché qu'à l'expiration d'un délai de quatre mois à compter de la date de la présente décision. • CE 23 nov. 2011, ⚖ *Sté GIHP Lorraine Transports,* n° 349746.

33. Après avoir relevé qu'aucune raison impérieuse d'intérêt général ne justifie le prononcé de l'une des mesures alternatives à l'annulation du contrat prévues par l'art. L. 551-19 CJA, le juge du référé contractuel peut, pour un motif d'intérêt général, différer les effets de l'annulation du contrat qu'il prononce en application de l'art. L. 551-18 du même code. • CE 1er juin 2011, ⚖ *Sté Koné,* n° 346405 : *Lebon 226 ; BJCP 2011. 301, concl. Dacosta ; Rev. CMP 2011, n° 219, note Pietri.*

34. Référé contractuel contre une DSP. Les cas dans lesquels le juge des référés peut annuler un contrat sont limitativement énumérés aux 3 al. de l'art. L 551-18 précité ; s'agissant des contrats de délégation de service public, qui ne sont ni soumis à l'obligation, pour le pouvoir adjudicateur ou l'entité adjudicatrice, visée au 3e al. de l'art. L. 551-18, de notifier aux opérateurs économiques ayant présenté une offre, avant la signature du contrat, la décision d'attribution, ni concernés par le 2e al. de cet article relatif à des marchés publics fondés sur un accord-cadre ou un système d'acquisition dynamique, l'annulation d'un tel contrat ne peut résulter que du constat des manquements mentionnés au premier al. de cet art. L. 551-18, c'est-à-dire de l'absence de toutes les mesures de publicité requises pour sa passation ou d'une publication au *Journal officiel de l'Union européenne* dans le cas où une telle publication est prescrite ; par suite, les candidats à l'attribution d'un contrat de délégation de service public ne peuvent invoquer utilement, à l'appui de leurs conclusions tendant à l'annulation du contrat présentées dans le cadre d'un référé contractuel, que les manquements de l'autorité délégante à ses obligations de publicité visées au 1er al. de l'art. L. 551-18 CJA. • CE 25 oct. 2013, ⚖ *Cne de La Seyne-sur-Mer,* n° 370393 B : *AJDA 2013. 2125, obs. Poupeau* ✎ *; AJCT 2014. 112, obs. Hul* ✎ *; BJCP 2014. 47, concl. Pellissier ; Rev. CMP 2014, n° 21, note Pietri.*

35. Irrégularité de nature à entraîner l'annulation / raison impérieuse d'intérêt général y faisant obstacle. Il résulte de ce qui précède que la société est seulement recevable à saisir le juge du référé des stipulations de l'avenant signé le 8 sept. 2021 qui procèdent au remplacement de la sté A par la sté B, lesquelles sont divisibles des autres stipulations de l'avenant, et qu'elle est fondée à soutenir qu'en procédant à ce remplacement sans mise en concurrence le groupement hospitalier a méconnu ses obligations de publicité et de mise en concurrence.

Si cette irrégularité est, par application de l'art. L. 551-18 CJA, de nature à entraîner l'annulation de ces stipulations de l'avenant litigieux, une telle annulation se heurte en l'espèce à une raison impérieuse d'intérêt général, tenant à l'obligation légale faite aux établissements de santé de bénéficier d'une assurance destinée à les garantir pour leur responsabilité civile et aux conséquences disproportionnées, au regard des manquements commis, qu'aurait une annulation rétroactive de l'avenant sur la couverture assurantielle des sinistres ayant été susceptibles de survenir depuis sa signature. En outre, compte tenu, d'une part, de l'obligation d'assurance des établissements de santé, laquelle fait obstacle à ce qu'une résiliation soit prononcée avec un effet immédiat, et, d'autre part, de la durée d'exécution du contrat restant à courir, il y a lieu, dans les circonstances de l'espèce, de faire application des dispositions de l'art. L. 551-19 CJA et d'infliger au groupement hospitalier une pénalité financière de 5 000 euros. • CE 16 mai 2022, ⚖ *Sté hospitalière d'assurances mutuelles,* n° 459408 B : *préc. note 3.*

B. ARTICLE L. 551-20 CJA

36. Le rejet des conclusions présentées par la société sur le fondement de l'art. L. 551-18 CJA, devenu définitif, ne fait pas obstacle à ce que soit prononcée, même d'office, une sanction sur le fondement des dispositions de l'art. L. 551-20 du même code, si le contrat litigieux a été signé avant l'expiration du délai exigé après l'envoi de la décision d'attribution aux opérateurs économiques ayant présenté une candidature ou une offre ou pendant la suspension prévue à l'art. L. 551-4 ou à l'art. L. 551-9 du code.

Il résulte de l'instruction, ainsi qu'il a été dit ci-dessus, que le marché litigieux a été signé par le centre hospitalier en méconnaissance de l'obligation prévue par l'art. L. 551-4 CJA. Il y a donc lieu de prononcer une des sanctions prévues par l'art. L. 551-20 du même code.

Pour déterminer la sanction à prononcer, il incombe au juge du référé contractuel qui constate que le contrat a été signé prématurément, en méconnaissance des obligations de délai rappelées à l'art. L. 551-20 CJA, d'apprécier l'ensemble des circonstances de l'espèce, en prenant notamment en compte la gravité du manquement commis, son caractère plus ou moins délibéré, la plus ou moins grande capacité du pouvoir adjudicateur à connaître et à mettre en œuvre ses obligations ainsi que la nature et les caractéristiques du contrat. Il résulte de l'instruction que le centre hospitalier, qui ne pouvait ignorer les conditions dans lesquelles un marché peut être signé lorsque le juge du référé précontractuel a été saisi, a signé le contrat litigieux alors qu'il était clairement informé de l'existence d'un référé précontractuel, qui lui avait été notifié. Il y a lieu, dans ces conditions, de lui infliger une pénalité financière d'un montant de 20 000 euros en application des dispositions de l'art. L. 551-20 CJA. • CE 25 janv. 2019, *Bureau européen d'assurance hospitalière*, n° 423159 B : *BJCP 2019. 97, concl. Pellissier ; Rev. CMP 2019. 132, note Dietenhoeffer.*

37. Il ressort des pièces du dossier soumis au juge des référés que l'OPAC a engagé une procédure adaptée en vue de la passation d'un marché ayant pour objet l'hébergement de son site internet ; la société X a présenté une offre dont le rejet lui a été notifié par lettre ; cette société a saisi le juge des référés du tribunal administratif, sur le fondement de l'art. L. 551-1 CJA, d'une demande tendant à l'annulation de la procédure ; après avoir appris, au cours de l'instruction de sa requête, que le marché avait été signé par l'OPAC avec une société Y, la société X a demandé au juge des référés, sur le fondement de l'art. L. 551-13 du même code, d'annuler le marché ; par l'ordonnance attaquée, le juge des référés du tribunal administratif, après avoir prononcé un non-lieu à statuer sur la demande présentée sur le fondement de l'art. L. 551-1 de ce code, a infligé à l'OPAC une pénalité de 20 000 € en application des dispositions de l'art. L. 551-20 et rejeté le surplus de la demande de la société X. Contrairement à ce que prescrivent les dispositions des art. L. 551-21 et R. 551-8 CJA, le juge des référés a prononcé cette pénalité sans avoir préalablement informé les parties de son intention et les avoir invitées à présenter leurs observations en leur indiquant le délai dont elles disposaient à cet égard ; par suite et sans qu'il soit besoin d'examiner les autres moyens du pourvoi, l'OPAC est fondé à demander l'annulation de l'art. 2 de l'ordonnance attaquée, qui lui a infligé une pénalité de 20 000 €. Le contrat a été signé pendant la suspension prévue à l'art. L. 551-4 CJA ; eu égard à la nature de la méconnaissance par l'OPAC de ses obligations, exclusive de tout manquement à ses obligations de publicité et de mise en concurrence, et compte tenu du montant du marché, il y a lieu d'infliger à ce dernier une pénalité financière d'un montant de 10 000 €, en application des dispositions de l'art. L. 551-20 CJA. • CE 1er mars 2012, *OPAC du Rhône*, n° 355560 B : *BJCP 2012. 209, concl. Dacosta ; Rev. CMP 2012, n° 127, note Zimmer.*

C. CONSÉQUENCES DE L'ANNULATION DU CONTRAT PAR LE JUGE DU RÉFÉRÉ CONTRACTUEL

38. Annulation par le juge du référé contractuel. Responsabilité quasi délictuelle de la personne publique. L'entrepreneur dont le contrat est écarté peut prétendre, y compris en cas d'annulation du contrat par le juge du référé contractuel, sur un terrain quasi contractuel, au remboursement de celles de ses dépenses qui ont été utiles à la collectivité envers laquelle il s'était engagé ; les fautes éventuellement commises par l'intéressé antérieurement à la signature du contrat sont sans incidence sur son droit à indemnisation au titre de l'enrichissement sans cause de la collectivité, sauf si le contrat a été obtenu dans des conditions de nature à vicier le consentement de l'administration, ce qui fait obstacle à l'exercice d'une telle action ; dans le cas où le contrat est écarté en raison d'une faute de l'administration, l'entrepreneur peut en outre, sous réserve du partage de responsabilités découlant le cas échéant de ses propres fautes, prétendre à la réparation du dommage imputable à la faute de l'administration ; à ce titre, il peut demander le paiement des sommes correspondant aux autres dépenses exposées par lui pour l'exécution du contrat et aux gains dont il a été effectivement privé du fait de sa non-application, notamment du bénéfice auquel il pouvait prétendre, si toutefois l'indemnité à laquelle il a droit sur un terrain quasi contractuel ne lui assure pas déjà une rémunération supérieure à celle que l'exécution du contrat lui aurait procurée ; saisi d'une demande d'indemnité sur ce fondement, il appartient au juge d'apprécier si le préjudice allégué présente un caractère certain et s'il existe un lien de causalité direct entre la faute de l'administration et le préjudice.

Il ressort des énonciations de l'arrêt attaqué que, après avoir relevé que le juge du référé contractuel avait prononcé l'annulation du contrat signé entre le centre hospitalier et la société A en raison de plusieurs manquements aux règles de publicité et de mise en concurrence relatifs aux critères de sélection des offres, qui avaient affecté les chances de la société B d'obtenir le marché litigieux, la cour administrative d'appel de Marseille a, pour rejeter la demande d'indemnisation de la société A, retenu qu'elle ne pouvait « se prévaloir d'aucun droit à la conclusion du contrat » ; elle a ainsi entendu juger que les manquements aux règles de passation commis par le pouvoir adjudicateur avaient eu une incidence déterminante sur l'attribution du marché à la société A et que, dès lors, eu égard aux motifs retenus en l'espèce par le juge du référé contractuel, le lien entre la faute de l'administration et le manque à gagner dont la société entendait obtenir la réparation ne pouvait être regardé comme direct ; la cour n'a entaché son arrêt sur ce point d'aucune erreur de droit ni d'aucune erreur de qualification juridique. • CE 6 oct. 2017, Sté CEGELEC Perpignan, n° 395268 A : *AJDA 2017. 1919, obs. Maupin ; ibid. 2189, chron. Roussel et Nicolas ; BJCP 2018. 61, concl. Henrard ; Rev. CMP 2017. 285, note Ubaud-Bergeron.*

2 CONTRATS DE DROIT PRIVÉ

Ordonnance n° 2009-515 du 7 mai 2009,

Relative aux procédures de recours applicables aux contrats de la commande publique.

....

Art. 11 Les personnes qui ont un intérêt à conclure l'un des contrats de droit privé mentionnés aux articles 2 et 5 de la présente ordonnance et qui sont susceptibles d'être lésées par des manquements aux obligations de publicité et de mise en concurrence auxquelles ils sont soumis peuvent saisir le juge d'un recours en contestation de la validité du contrat.

La demande est portée devant la juridiction judiciaire.

Art. 12 Le recours régi par la présente section n'est pas ouvert au demandeur ayant fait usage du recours prévu à l'article 2 ou à l'article 5 dès lors que le pouvoir adjudicateur ou l'entité adjudicatrice a respecté la suspension prévue à l'article 4 ou à l'article 8 et s'est conformé à la décision juridictionnelle rendue sur ce recours.

Art. 13 Le recours régi par le présent article ne peut être exercé ni à l'égard des contrats dont la passation n'est pas soumise à une obligation de publicité préalable lorsque le pouvoir adjudicateur ou l'entité adjudicatrice a, avant la conclusion du contrat, rendu publique son intention de le conclure et observé un délai de onze jours après cette publication, ni à l'égard des contrats soumis à publicité préalable auxquels ne s'applique pas l'obligation de communiquer la décision d'attribution aux candidats non retenus lorsque le pouvoir adjudicateur ou l'entité adjudicatrice a accompli la même formalité.

La même exclusion s'applique aux contrats fondés sur un accord-cadre ou un système d'acquisition dynamique lorsque le pouvoir adjudicateur ou l'entité adjudicatrice a envoyé aux titulaires la décision d'attribution du contrat et observé un délai de seize jours entre cet envoi et la conclusion du contrat, délai réduit à onze jours si la décision a été communiquée à tous les titulaires par voie électronique.

Art. 14 A l'exception des demandes reconventionnelles en dommages et intérêts fondées exclusivement sur la demande initiale, aucune demande tendant à l'octroi de dommages et intérêts ne peut être présentée à l'occasion du recours régi par la présente section.

Art. 15 A la demande du requérant, le juge peut suspendre l'exécution du contrat pour la durée de l'instance, sauf s'il estime, en considération de l'ensemble des intérêts susceptibles d'être lésés et notamment de l'intérêt public, que les conséquences négatives de cette mesure pourraient l'emporter sur ses avantages.

Art. 16 Est nul tout contrat conclu lorsque aucune des mesures de publicité requises pour sa passation n'a été prise, ou lorsque a été omise une publication au *Journal officiel de l'Union européenne* dans le cas où une telle publication est prescrite.

Est également nul tout contrat conclu en méconnaissance des modalités de remise en concurrence prévues pour la passation des contrats fondés sur un accord-cadre ou un système d'acquisition dynamique.

Le juge prononce de même la nullité du contrat lorsque celui-ci a été signé avant l'expiration du délai *exigé après l'envoi de la décision* d'attribution aux opérateurs économiques ayant présenté une candidature ou une offre ou pendant la suspension prévue à l'article 4 ou à l'article 8 ci-dessus si, en outre, deux conditions sont réunies : la méconnaissance de ces obligations a privé le demandeur du droit d'exercer le recours prévu par les articles 2 et 5, et les obligations de publicité et de mise en concurrence auxquelles sa passation est soumise ont été méconnues d'une manière affectant les chances de l'auteur du recours d'obtenir le contrat.

Art. 17 Toutefois, dans les cas prévus à l'article 16, le juge peut sanctionner le manquement soit par la résiliation du contrat, soit par la réduction de sa durée, soit par une pénalité financière imposée au pouvoir adjudicateur ou à l'entité adjudicatrice, si le prononcé de la nullité du contrat se heurte à une raison impérieuse d'intérêt général.

Cette raison ne peut être constituée par la prise en compte d'un intérêt économique que si la nullité du contrat entraîne des conséquences disproportionnées et que l'intérêt économique atteint n'est pas directement lié au contrat.

Art. 18 Dans le cas où le contrat a été signé avant l'expiration du délai exigé après l'envoi de la décision d'attribution aux opérateurs économiques ayant présenté une candidature ou une offre ou pendant la suspension prévue à l'article 4 ou à l'article 8 de la présente ordonnance, le juge peut prononcer la nullité du contrat, le résilier, en réduire la durée ou imposer une pénalité financière.

Art. 19 Les mesures mentionnées aux articles 15 à 18 peuvent être prononcées d'office par le juge. Il en informe préalablement les parties et les invite à présenter leurs observations dans des conditions fixées par voie réglementaire.

Le juge procède de même lorsqu'il envisage d'imposer une pénalité financière.

Art. 20 Le montant des pénalités financières prévues aux articles 17 et 18 tient compte de manière proportionnée de leur objet dissuasif, sans pouvoir excéder 20 % du montant hors taxes du contrat.

Le montant des pénalités financières est versé au Trésor public.

Code de procédure civile

Art. 1441-3 I. — *(Décr. n° 2016-360 du 25 mars 2016, art. 181-1°-a, en vigueur le 1er avr. 2016)* « La juridiction peut être saisie du recours prévu à l'article 11 de l'ordonnance mentionnée ci-dessus au plus tard le trente et unième jour suivant la publication au *Journal officiel* de l'Union européenne d'un avis d'attribution du contrat, établi conformément au modèle fixé par le règlement de la Commission européenne établissant les formulaires standard pour la publication d'avis en matière de marchés publics et de contrats de concession, ou, pour les marchés fondés sur un accord-cadre ou un système d'acquisition dynamique, suivant la notification de la conclusion du contrat. Le délai ne court que si cette notification mentionne le nom du titulaire et les motifs ayant conduit au choix de son offre. »

En l'absence de la publication d'avis ou de la notification mentionnées à l'alinéa qui précède, la juridiction peut être saisie jusqu'à l'expiration d'un délai de six mois à compter du lendemain du jour de la conclusion du contrat.

II. — Le juge statue dans un délai d'un mois sur les demandes qui lui sont présentées en vertu de l'article 11 de l'ordonnance n° 2009-515 du 7 mai 2009 relative aux procédures de recours applicables aux contrats de la commande publique. — *V. Ord. n° 2009-515 du 7 mai 2009, art. 11, supra.*

(Décr. n° 2016-360 du 25 mars 2016, art. 181-1°-b) « III. — Pour son application à Saint-Barthélemy, à Saint-Pierre-et-Miquelon, dans les îles Wallis-et-Futuna et dans les Terres australes et antarctiques françaises, le I est ainsi rédigé :

« *["]* I. — La juridiction peut être saisie au plus tard le trente et unième jour suivant la publication d'un avis d'attribution du contrat dans le support qui a été utilisé à titre principal pour la publicité préalable ou, pour les marchés fondés sur un accord-cadre ou un système d'acquisition dynamique, suivant la notification de la conclusion du contrat. Le délai ne court que si cette notification mentionne le nom du titulaire et les motifs ayant conduit au choix de son offre. *["]* »

L'art. 181 du Décr. n° 2016-360 du 25 mars 2016 s'applique aux marchés publics pour lesquels une consultation est engagée ou un avis d'appel à la concurrence est envoyé à la publication à compter de sa date d'entrée en vigueur. Il ne s'applique pas aux marchés passés sur le fondement d'un accord-cadre ou dans le cadre d'un système d'acquisition dynamique lorsque la procédure en vue de la passation de cet accord-cadre ou de la mise en place de ce système d'acquisition dynamique a été engagée avant cette date (Décr. préc., art. 188, al. 2 et 3).

Art. 1441-3-1 *(Décr. n° 2016-360 du 25 mars 2016, art. 181-2°)* I. — Pour pouvoir se prévaloir des dispositions du premier alinéa de l'article 13 de l'ordonnance *[n° 2009-515]* du 7 mai 2009 mentionnée ci-dessus, le pouvoir adjudicateur ou l'entité adjudicatrice publie au *Journal officiel* de l'Union européenne un avis, conforme au modèle fixé par le règlement de la Commission européenne établissant les formulaires standard pour la publication d'avis en matière de marchés publics et de contrats de concession, relatif à son intention de conclure

un contrat. Il respecte un délai d'au moins onze jours entre la date de publication de cet avis et la date de conclusion du contrat. – *V. Ord. n° 2009-515 du 7 mai 2009, art. 13.*

Pour pouvoir se prévaloir, s'agissant des marchés fondés sur un accord-cadre ou un système d'acquisition dynamique, des dispositions du second alinéa du même article, le pouvoir adjudicateur ou l'entité adjudicatrice notifie aux titulaires de l'accord-cadre ou aux participants au système d'acquisition dynamique le nom du titulaire et les motifs qui ont conduit au choix de son offre et respecte un délai d'au moins seize jours entre la date d'envoi de cette notification et la date de conclusion du marché. Ce délai est réduit à au moins onze jours en cas de transmission électronique de la notification à l'ensemble des titulaires intéressés.

II. – Pour son application à Saint-Barthélemy, à Saint-Pierre-et-Miquelon, dans les îles Wallis-et-Futuna et dans les Terres australes et antarctiques françaises, le I est ainsi rédigé :

["] **I. – Pour pouvoir se prévaloir des dispositions du premier alinéa de l'article 13 de l'ordonnance du 7 mai 2009 mentionnée ci-dessus, le pouvoir adjudicateur ou l'entité adjudicatrice publie au *Journal officiel* local un avis relatif à son intention de conclure un contrat. Il respecte un délai d'au moins onze jours entre la date de publication de cet avis et la date de conclusion du contrat.** *["]* – *V. Ord. n° 2009-515 du 7 mai 2009, art. 13.*

Sur l'entrée en vigueur de l'art. 1441-3-1 dans sa rédaction issue du Décr. n° 2016-360 du 25 mars 2016, V. note ss. art. 1441-3.

COMMENTAIRE

Pour les articles 1441-3 et 1441-3-1, voir le décret n° 2016-360 du 25 mars 2016 relatif aux marchés publics (V. App., *Partie VIII*).

IV RÔLE DU JUGE PÉNAL

BIBL. ▶ Dal Farra, Le « risque » de favoritisme : quelles perspectives après la réforme de la commande publique ?, *BJCP 2002. 91* ; Délit de « favoritisme » et nouveau code des marchés publics : l'insécurité pénale de l'acheteur public, *BJCP 2004. 178* ; Délit de favoritisme et principe de légalité, *Mélanges Guibal, Presses Faculté de droit Montpellier, 2006, t. 1, p. 95* ; Délit de favoritisme : conséquences de la neutralisation jurisprudentielle de la condition tenant à l'octroi d'un avantage injustifié, *BJCP 2021. 411*. – Delelis, Délégation de service public et droit pénal, *Rev. CMP 2003, n° 5, p. 31*. – Dossier ACCP, Infractions pénales et contrats publics, *janv. 2014, n° 139*. – Linditch, Délit d'octroi d'avantage injustifié, *J.-Cl. Rev. CMP, Fasc. 33* ; Un an de droit pénal des marchés publics, *Chronique annuelle à la revue Contrats et Marchés publics*. – Ruellan, Le délit de favoritisme est-il applicable aux marchés des entités soumises à l'ordonnance n° 2005-649 du 6 juin 2005 ?, *AJDA 2008. 1139*. – Solassol, L'automaticité dans le délit d'octroi d'avantage injustifié, *BJCP 2005. 269*.

COMMENTAIRE

Les contrats publics peuvent donner lieu à divers délits, dont il appartient au juge pénal de connaître : prise illégale d'intérêt, trafic d'influence, corruption active ou passive. Ces délits ne sont, toutefois, pas propres aux contrats publics. On se limitera donc, ici, au seul délit propre à la passation de ces contrats, le délit de favoritisme défini à l'article 432-14 du code pénal (V. ci-dessous). ❑

Code pénal

Art. 432-14 *(L. n° 95-127 du 8 févr. 1995)* **Est puni de deux ans d'emprisonnement et** *(L. n° 2013-1117 du 6 déc. 2013, art. 6)* **« d'une amende de 200 000 €, dont le montant peut être porté au double du produit tiré de l'infraction, » le fait par une personne dépositaire de l'autorité publique ou chargée d'une mission de service public ou investie d'un mandat électif public ou exerçant les fonctions de représentant, administrateur ou agent de l'État, des collectivités territoriales, des établissements publics, des sociétés d'économie mixte d'intérêt national chargées d'une mission de service public et des sociétés d'économie mixte locales ou par toute personne agissant pour le compte de l'une de celles susmentionnées de procurer ou de tenter de procurer à autrui un avantage injustifié par un acte contraire aux dispositions législatives ou réglementaires ayant pour objet de garantir la liberté d'accès et l'égalité des candidats dans les marchés publics et les** *(L. n° 2016-1691 du 9 déc. 2016, art. 19)* **« contrats de concession ».** – *Civ. 25 ; Élect. L. 7.*

V. Circ. du 2 juill. 1998 (BOMJ, n° 71, p. 120 ; Dr. adm. 1999, n° 68, note de Castelnau) ; Circ. CRIM 02-03 G3 du 4 mars 2002.

Corresp. : *L. n° 91-3 du 3 janv. 1991, ancien art. 7.*

COMMENTAIRE

Le délit de favoritisme a été défini par la loi du 3 janvier 1991 : tout en créant la mission interministérielle d'enquête, le législateur a institué le délit « d'avantage injustifié » ou « délit de favoritisme ». Cette incrimination pénale a pour objet de réprimer la violation des règles qui garantissent « la liberté d'accès et l'égalité des candidats dans les marchés publics et les délégations de service public ».

I. LES PERSONNES CONCERNÉES

Relève du champ du délit de favoritisme toute personne intervenant, avec un pouvoir décisionnel, dans la procédure de passation d'un marché public ou d'une concession. Ce champ est donc très large, et couvre les ministres, les exécutifs locaux, des fonctionnaires de l'État, des fonctionnaires territoriaux, des dirigeants d'établissements publics (V. jurisprudence, *infra*).

Le titulaire du marché pourra, quant à lui, être poursuivi pour recel.

II. LES ÉLÉMENTS CONSTITUTIFS DU DÉLIT

Le délit de favoritisme suppose, pour être constitué, la réunion de deux éléments :
– le fait de procurer à autrui un avantage injustifié,

– la violation de dispositions législatives ou réglementaires ayant pour objet de garantir la liberté d'accès et l'égalité des candidats dans les marchés publics et les délégations de service public.

La jurisprudence retient une conception large de l'avantage injustifié, puisque le fait d'obtenir un marché public ou une délégation de service public en violation des règles de passation constitue un tel avantage.

L'avantage injustifié doit, par ailleurs, avoir été procuré « par un acte contraire aux dispositions législatives ou réglementaires ayant pour objet de garantir la liberté d'accès et l'égalité des candidats dans les marchés publics et les délégations de service public ». Compte tenu du principe d'interprétation stricte du droit pénal, le délit de favoritisme ne concerne donc que les contrats expressément visés à l'article 432-14 du code pénal, à l'exclusion d'autres contrats publics dont la passation est réglementée, comme les partenariats public-privé.

Le code pénal vise toutes les « dispositions » assurant égalité des candidats et liberté d'accès à la commande publique, qu'il s'agisse de principes fondamentaux ou de règles procédurales précises.

La question de l'élément intentionnel dans le délit de favoritisme a été controversée, celui-ci apparaissant, à l'origine, comme un délit matériel. L'affirmation, à l'article 121-3 du code pénal, qu'il ne peut y avoir de crime ou de délit sans intention de le commettre, a conduit à imposer la caractérisation de l'élément intentionnel dans le délit de favoritisme. La jurisprudence considère toutefois l'intention coupable comme constituée dès lors qu'il s'agit de la violation de règles que les personnes concernées par l'infraction sont supposées connaître. Le juge n'a donc pas à rechercher les mobiles de l'auteur de l'infraction. ❑

1. Un maire ne peut se réfugier derrière son ignorance des dispositions du code des marchés publics pour alléguer que la commission du délit de favoritisme ne serait pas intentionnelle. • Crim. 15 sept. 1999, ⛫ nº 98-87.588.

2. Le délit d'atteinte à la liberté d'accès et à l'égalité des candidats dans les marchés publics et les délégations de service public est une infraction instantanée qui se prescrit à compter du jour où les faits la consommant ont été commis. Cependant, le délai de prescription de l'action publique ne commence à courir, lorsque les actes irréguliers ont été dissimulés ou accomplis de manière occulte, qu'à partir du jour où ils sont apparus et ont pu être constatés dans des conditions permettant l'exercice des poursuites. • Crim. 27 oct. 1999, ⛫ nº 98-85.214 P. ♦ V. également : dès lors que l'attribution des travaux à l'entreprise a été dissimulée et n'a été révélée que grâce à l'enquête réalisée par la MIEM, c'est la transmission de cette enquête au procureur de la République qui marque le point de départ de la prescription. • Crim. 19 mai 2004, ⛫ nº 03-86.192 P.

3. Le fait de fractionner artificiellement un marché pour éviter d'avoir recours à la procédure d'appel d'offres procure à l'entreprise attributaire un avantage injustifié. • Crim. 13 déc. 2000, ⛫ nº 99-86.876 P.

4. Le fait de recourir, de manière illégale, à un marché négocié procure à l'entreprise attributaire un avantage injustifié. • Crim. 11 déc. 2002, ⛫ nº 02-80.699.

5. L'élément intentionnel du délit prévu par l'art. 432-14 C. pén. est caractérisé par l'accomplissement d'un acte contraire aux dispositions législatives ou réglementaires ayant pour objet de garantir la liberté d'accès et l'égalité des candidats dans les marchés publics et les délégations de service public (en l'espèce, le marché avait été négocié alors que l'on était au-delà du seuil jusqu'auquel une telle procédure était alors autorisée). La cour d'appel ne peut donc pas se fonder sur le fait que le maire n'avait pas cherché à favoriser l'entrepreneur pour écarter la qualification de délit de favoritisme. • Crim. 14 janv. 2004, ⛫ nº 03-83.396 P : *JCP Adm. 2004, nº 1315, note Linditch.*

6. La modification des dispositions réglementaires du code des marchés publics, qui conduit à une règle plus favorable à l'acheteur public (relèvement du seuil au-dessus duquel le recours à l'appel d'offres est obligatoire), est sans incidence sur des faits s'étant produits avant l'intervention de la nouvelle règle. « Les dispositions législatives, support légal de l'incrimination, n'ont pas été modifiées », ce qui exclut que soit applicable le principe de la rétroactivité *in mitius.* • Crim. 28 janv. 2004, ⛫ nº 02-86.597 P : *AJDA 2004. 885, note Dreyfus* ✎. ♦ V. également, dans le même sens, • Crim. 26 janv. 2005, ⛫ nº 04-82.542.

7. Le juge répressif ne peut prononcer une peine sans avoir relevé tous les éléments constitutifs de l'infraction. Une cour d'appel ne peut se borner à relever que le prévenu avait admis « se diriger exclusivement » vers certaines sociétés et qu'il en avait favorisé une autre « en la faisant systématiquement bénéficier des achats sur factures », ces seules énonciations ne caractérisant pas l'existence d'actes contraires aux dispositions législatives ou réglementaires ayant pour but de garantir la liberté d'accès et l'égalité des candidats dans les marchés publics. • Crim. 10 mars 2004, n° 02-85.285 P.

8. Le coordonnateur d'un groupement de commandes, qui, selon les art. 364 et 375 C. marchés alors applicables, était habilité à procéder aux opérations de consultation collective et à choisir, après avis de la commission de coordination des commandes, l'offre qu'il jugeait la plus intéressante pour les membres du groupement, est une personne entrant dans les prévisions de l'art. 432-14 C. pén. • Crim. 7 avr. 2004, n° 03-84.191 P : *BJCP 2005. 134.*

9. Le délit de recel de favoritisme est caractérisé à l'égard de celui qui bénéficie, en connaissance de cause, du produit provenant de l'attribution irrégulière d'un marché. • Crim. 5 mai 2004, n° 03-85.503 P. ♦ V. également • Crim. 15 mai 2008, n° 07-88.369 : *Dr. adm. 2008, n° 106.*

10. L'insertion dans un cahier des charges de clauses techniques particulières qui ne pourront être satisfaites que par une seule entreprise est contraire à l'art. 272, al. 1er, C. marchés, alors applicable, et procure à cette entreprise un avantage injustifié lui permettant de bénéficier des prestations liées au marché attribué irrégulièrement. • Crim. 30 juin 2004, n° 03-86.287.

11. Encourt la cassation l'arrêt qui, pour relaxer du chef de favoritisme un président de Conseil général, par ailleurs président d'une association pour la promotion et la communication du département, laquelle avait attribué à une société, sans mise en concurrence préalable, le marché d'impression de la revue mensuelle du Conseil général dont le montant excédait le seuil alors applicable à partir duquel devait être mise en œuvre la procédure d'appel d'offres, énonce que les textes applicables ne soumettaient pas les marchés des associations à des règles de publicité, alors que ladite association n'était qu'un simple démembrement des services du département et que, par suite, les marchés qu'elle passait relevaient des règles du code des marchés publics relatives aux marchés passés au nom des collectivités territoriales. • Crim. 30 juin 2004, n° 03-85.946 P.

12. Les actes ayant pour objet la constatation de l'infraction prévue par l'art. 432-14 C. pén., accomplis par les membres de la Mission interministérielle d'enquête sur les marchés habilités à cet effet par l'art. 7 de la loi du 3 janv. 1991, sont interruptifs de prescription. • Crim. 1er déc. 2004, n° 04-83.079 P. ♦ V. également, • Crim. 30 nov. 2005, n° 05-80.862 P.

13. Le secrétaire général d'une commune entre dans le champ des personnes visées à l'art. 432-14, dès lors qu'agissant en qualité de représentant ou agent d'une collectivité territoriale il a « le pouvoir d'intervenir dans le déroulement d'une procédure d'attribution de marchés, en vue de préparer ou de proposer les décisions prises par d'autres ». • Crim. 20 avr. 2005, n° 04-83.017 P : *BJCP 2005. 393, obs. Ch. M.*

14. Le fait de faire bénéficier une entreprise de renseignements privilégiés, qui n'ont pas été fournis aux autres entreprises, lui permettant ainsi de présenter des dossiers susceptibles d'être retenus, caractérise le délit de favoritisme. • Crim. 20 avr. 2005, n° 04-83.017 : *préc. note 13.*

15. Les marchés passés sans formalité préalable en raison de leur montant (qui sont désormais les marchés passés selon une procédure adaptée) entrent dans le champ du délit de favoritisme. Le non-respect des principes généraux posés par l'art. 1er du code, lesquels ont vocation à s'appliquer à tous les marchés, entre dans les prévisions de l'art. 432-14 C. pén. • Crim. 14 févr. 2007, n° 06-81.924 : *Dr. adm. 2007, n° 70 ; BJCP 2007. 317, note Ch. M.*

16. L'attribution d'un marché public sans mise en concurrence par une commune à une société d'économie mixte locale dont elle est actionnaire, qui ne peut en aucun cas être justifiée par « l'exception *in house* », justifie la condamnation du maire et de son adjoint pour délit de favoritisme. • Crim. 25 juin 2008, n° 07-88.373 : *Dr. adm. 2008, n° 133.*

17. Un président d'université devait constater que le montant annuel des dépenses relatives aux services des traiteurs, lesquelles étaient en constante augmentation depuis plusieurs années, était supérieur au seuil légal de 90 000 euros et il devait mettre en œuvre la procédure de mise en concurrence des prestataires de service. En laissant, en connaissance de cause, se prolonger la pratique du traitement de gré à gré avec les prestataires des années précédentes, il leur a accordé un avantage injustifié. • Crim. 17 déc. 2008, n° 08-82.319 : *Dr. pénal 2009, n° 36.*

18. Caractérise le délit de favoritisme, notamment dans ses éléments intentionnels, le fait d'avoir attribué un marché à une entreprise dirigée par une amie du maire, la mise en concurrence ayant été organisée de telle manière que la société adjudicataire était seule en mesure de répondre au marché. • Crim. 20 mai 2009, n° 08-87.354.

19. Application aux marchés publics non soumis au code des marchés publics. Il résulte des termes de l'art. 432-14 C. pén. qu'il s'applique à l'ensemble des marchés publics et non pas seulement aux marchés régis par le code des marchés publics, lequel a été créé postérieurement à la date d'entrée en vigueur dudit article dans sa rédaction actuelle ; ces dispositions pénales ont pour objet de faire respecter les principes à valeur constitutionnelle de liberté d'accès à la commande publique, d'égalité de traitement des candidats et de transparence des procédures ; ces principes, qui constituent également des exigences posées par le droit de l'Union européenne, gouvernent l'ensemble de la commande publique ; il s'en déduit que la méconnaissance des dispositions de l'Ord. n° 2005-649 du 6 juin 2005, relative aux marchés passés par certaines personnes publiques ou privées non soumises au code des marchés publics, et, notamment, de son art. 6, qui rappelle les mêmes principes, entre dans les prévisions de l'art. 432-14 susmentionné. • Crim. 17 févr. 2016, n° 15-85.363 : *AJDA 2016. 1239, note Niquège* ✎ ; *Rev. CMP 2016, n° 95, note Ubaud-Bergeron.*

PARTIE VII TEXTES RELATIFS À L'ÉTAT D'URGENCE SANITAIRE

BIBL. ▶ Clamour, Adaptation de la commande publique à la crise sanitaire, *Rev. CMP 2020, n° 5*. – Eckert, Le droit de la commande publique au temps de la pandémie de covid-19, *Rev. CMP 2020, n° 7*. – Frackowiack, La commande publique face à la crise sanitaire, *BJCP mai-juin 2020*. – Lichère, La commande publique, la crise sanitaire et la relance de l'économie, *AJDA 2020. 1105*.

Ordonnance n° 2020-319 du 25 mars 2020,

Portant diverses mesures d'adaptation des règles de passation, de procédure ou d'exécution des contrats soumis au code de la commande publique et des contrats publics qui n'en relèvent pas pendant la crise sanitaire née de l'épidémie de covid-19.

Art. 1er Sauf mention contraire, les dispositions de la présente ordonnance sont applicables aux contrats soumis au code de la commande publique ainsi qu'aux contrats publics qui n'en relèvent pas, en cours ou conclus durant la période courant du 12 mars 2020 *(Ord. n° 2020-560 du 13 mai 2020, art. 4)* « jusqu'au 23 juillet 2020 inclus ».

Elles ne sont mises en œuvre que dans la mesure où elles sont nécessaires pour faire face aux conséquences, dans la passation et l'exécution de ces contrats, de la propagation de l'épidémie de covid-19 et des mesures prises pour limiter cette propagation.

Art. 2 Pour les contrats soumis au code de la commande publique, sauf lorsque les prestations objet du contrat ne peuvent souffrir aucun retard, les délais de réception des candidatures et des offres dans les procédures en cours sont prolongés d'une durée suffisante, fixée par l'autorité contractante, pour permettre aux opérateurs économiques de présenter leur candidature ou de soumissionner.

Art. 3 Lorsque les modalités de la mise en concurrence prévues en application du code de la commande publique dans les documents de la consultation des entreprises ne peuvent être respectées par l'autorité contractante, celle-ci peut les aménager en cours de procédure dans le respect du principe d'égalité de traitement des candidats.

Art. 4 Les contrats arrivés à terme pendant la période mentionnée à l'article 1er peuvent être prolongés par avenant au-delà de la durée prévue par le contrat lorsque l'organisation d'une procédure de mise en concurrence ne peut être mise en œuvre.

Dans le cas d'un accord-cadre, cette prolongation peut s'étendre au-delà de la durée mentionnée aux articles L. 2125-1 et L. 2325-1 du code de la commande publique.

La prolongation d'un contrat de concession au-delà de la durée prévue à l'article L. 3114-8 du code de la commande publique est dispensée de l'examen préalable par l'autorité compétente de l'État prévu au même article.

Dans tous les cas, la durée de cette prolongation ne peut excéder celle de la période prévue à l'article 1er, augmentée de la durée nécessaire à la remise en concurrence à l'issue de son expiration.

Art. 5 Les acheteurs peuvent, par avenant, modifier les conditions de versement de l'avance. Son taux peut être porté à un montant supérieur à 60 % du montant du marché ou du bon de commande.

Ils ne sont pas tenus d'exiger la constitution d'une garantie à première demande pour les avances supérieures à 30 % du montant du marché.

(Ord. n° 2020-560 du 13 mai 2020, art. 4) « Les dispositions du présent article sont applicables aux contrats soumis au code de la commande publique ainsi qu'aux contrats publics qui n'en relèvent pas, en cours ou conclus durant la période courant du 12 mars 2020 jusqu'à la fin de l'état d'urgence sanitaire déclaré par l'article 4 de la loi du 23 mars 2020 susvisée, augmentée d'une durée de deux mois. »

Art. 6 En cas de difficultés d'exécution du contrat, les dispositions suivantes s'appliquent, nonobstant toute stipulation contraire, à l'exception des stipulations qui se trouveraient être plus favorables au titulaire du contrat :

1° Lorsque le titulaire ne peut pas respecter le délai d'exécution d'une ou plusieurs obligations du contrat ou que cette exécution en temps et en heure nécessiterait des moyens dont la mobilisation ferait peser sur le titulaire une charge manifestement excessive, ce délai est prolongé d'une durée au moins équivalente à celle mentionnée à l'article 1er, sur la demande du titulaire avant l'expiration du délai contractuel ;

2° Lorsque le titulaire est dans l'impossibilité d'exécuter tout ou partie d'un bon de commande ou d'un contrat, notamment lorsqu'il démontre qu'il ne dispose pas des moyens suffisants ou que leur mobilisation ferait peser sur lui une charge manifestement excessive :

a) Le titulaire ne peut pas être sanctionné, ni se voir appliquer les pénalités contractuelles, ni voir sa responsabilité contractuelle engagée pour ce motif ;

b) L'acheteur peut conclure un marché de substitution avec un tiers pour satisfaire ceux de ses besoins qui ne peuvent souffrir aucun retard, nonobstant toute clause d'exclusivité et sans que le titulaire du marché initial ne puisse engager, pour ce motif, la responsabilité contractuelle de l'acheteur ; l'exécution du marché de substitution ne peut être effectuée aux frais et risques de ce titulaire ;

3° Lorsque l'annulation d'un bon de commande ou la résiliation du marché par l'acheteur est la conséquence des mesures prises par les autorités administratives compétentes dans le cadre de l'état d'urgence sanitaire, le titulaire peut être indemnisé, par l'acheteur, des dépenses engagées lorsqu'elles sont directement imputables à l'exécution d'un bon de commande annulé ou d'un marché résilié ;

4° Lorsque l'acheteur est conduit à suspendre un marché à prix forfaitaire dont l'exécution est en cours, il procède sans délai au règlement du marché selon les modalités et pour les montants prévus par le contrat. A l'issue de la suspension, un avenant détermine les modifications du contrat éventuellement nécessaires, sa reprise à l'identique ou sa résiliation ainsi que les sommes dues au titulaire ou, le cas échéant, les sommes dues par ce dernier à l'acheteur ;

(Ord. nº 2020-460 du 22 avr. 2020, art. 20) « 5° Lorsque l'exécution d'une concession est suspendue par décision du concédant ou lorsque cette suspension résulte d'une mesure de police administrative, tout versement d'une somme au concédant est suspendu et si la situation de l'opérateur économique le justifie et à hauteur de ses besoins, une avance sur le versement des sommes dues par le concédant peut lui être versée. A l'issue de cette suspension, un avenant détermine, le cas échéant, les modifications du contrat apparues nécessaires » ;

6° Lorsque, sans que la concession soit suspendue, le concédant est conduit à modifier significativement les modalités d'exécution prévues au contrat, le concessionnaire a droit à une indemnité destinée à compenser le surcoût qui résulte de l'exécution, même partielle, du service ou des travaux, lorsque la poursuite de l'exécution de la concession impose la mise en œuvre de moyens supplémentaires qui n'étaient pas prévus au contrat initial et qui représenteraient une charge manifestement excessive au regard de la situation financière du concessionnaire ;

(Ord. nº 2020-460 du 22 avr. 2020, art. 20) « 7° Lorsque le contrat emporte occupation du domaine public et que les conditions d'exploitation de l'activité de l'occupant sont dégradées dans des proportions manifestement excessives au regard de sa situation financière, le paiement des redevances dues pour l'occupation ou l'utilisation du domaine public est suspendu pour une durée qui ne peut excéder la période mentionnée à l'article 1er. A l'issue de cette suspension, un avenant détermine, le cas échéant, les modifications du contrat apparues nécessaires. »

Art. 6-1 *(Ord. nº 2020-460 du 22 avr. 2020, art. 20)* Par dérogation aux articles L. 1411-6 et L. 1414-4 du code général des collectivités territoriales, les projets d'avenants aux conventions de délégation de service public et aux marchés publics entraînant une augmentation du montant global supérieure à 5 % sont dispensés, respectivement, de l'avis préalable de la commission mentionnée à l'article L. 1411-5 du même code et de celui de la commission d'appel d'offres.

Art. 7 Dans les îles Wallis-et-Futuna, en Polynésie française, en Nouvelle-Calédonie et dans les Terres australes et antarctiques françaises, la présente ordonnance s'applique aux contrats de la commande publique conclus par l'État et ses établissements publics. Dans les îles Wallis-et-Futuna et dans les Terres australes et antarctiques françaises, elle s'applique également aux contrats de concession conclus par les autres organismes et personnes de droit public et de droit privé chargés par l'État d'une mission de service public administratif.

(Ord. nº 2020-560 du 13 mai 2020, art. 13) « La présente ordonnance est applicable dans les îles Wallis-et-Futuna, en Polynésie française, en Nouvelle-Calédonie et dans les Terres australes et antarctiques françaises dans sa rédaction résultant de l'ordonnance nº 2020-560 du 13 mai 2020. »

Ordonnance n° 2020-738 du 17 juin 2020,

Portant diverses mesures en matière de commande publique.

Art. 1er Les entreprises admises à la procédure de redressement judiciaire instituée par l'article L. 631-1 du code de commerce ou à une procédure équivalente régie par un droit étranger ne peuvent être exclues, pour ce motif, de la procédure de passation des marchés et des contrats de concessions lorsqu'elles bénéficient d'un plan de redressement.

Art. 2 Les marchés globaux mentionnés à l'article L. 2171-1 du code de la commande publique prévoient la part minimale de l'exécution du marché que le titulaire s'engage à confier directement ou indirectement à des petites et moyennes entreprises ou à des artisans. Cette part ne peut être inférieure à 10 % du montant prévisionnel du marché sauf lorsque la structure économique du secteur concerné ne le permet pas.

L'acheteur tient compte, parmi les critères d'attribution du marché global, de la part d'exécution du marché que le soumissionnaire s'engage à confier à des petites et moyennes entreprises ou à des artisans.

Ces dispositions ne sont pas applicables aux marchés de défense et de sécurité, lorsqu'il est fait application de l'article L. 2371-1.

Art. 3 Lorsque la capacité économique et financière des opérateurs économiques nécessaire à l'exécution du marché ou du contrat de concession est appréciée au regard du chiffre d'affaires, l'acheteur ou l'autorité concédante ne tient pas compte de la baisse du chiffre d'affaires intervenue au titre du ou des exercices sur lesquels s'imputent les conséquences de la crise sanitaire liée à l'épidémie de covid-19.

Art. 4 I. – La présente ordonnance s'applique aux marchés publics et aux concessions pour lesquels une consultation est engagée ou un avis d'appel à la concurrence est envoyé à la publication à compter de son entrée en vigueur.

II. – Les dispositions des articles 1er et 2 s'appliquent jusqu'au 10 juillet 2021.

III. – Les dispositions de l'article 3 s'appliquent jusqu'au 31 décembre 2023.

Art. 5 La présente ordonnance est applicable aux marchés publics et aux contrats de concession conclus par l'État et ses établissements publics dans les îles Wallis-et-Futuna, en Polynésie française, en Nouvelle-Calédonie et dans les Terres australes et antarctiques françaises.

Dans les îles Wallis-et-Futuna et dans les Terres australes et antarctiques françaises, elle s'applique également aux contrats de concession conclus par les autres organismes et personnes de droit public et de droit privé chargés par l'État d'une mission de service public administratif.

Décret n° 2020-893 du 22 juillet 2020,

Portant relèvement temporaire du seuil de dispense de procédure pour les marchés publics de travaux et de fourniture de denrées alimentaires.

Art. 1er Jusqu'au 10 juillet 2021 inclus, les acheteurs peuvent conclure un marché de travaux sans publicité ni mise en concurrence préalables pour répondre à un besoin dont la valeur estimée est inférieure à 70 000 euros hors taxes.

Ces dispositions sont applicables aux lots qui portent sur des travaux et dont le montant est inférieur à 70 000 euros hors taxes, à condition que le montant cumulé de ces lots n'excède pas 20 % de la valeur totale estimée de tous les lots.

Les acheteurs veillent à choisir une offre pertinente, à faire une bonne utilisation des deniers publics et à ne pas contracter systématiquement avec un même opérateur économique lorsqu'il existe une pluralité d'offres susceptibles de répondre au besoin.

Art. 2 Pour des produits livrés avant le 10 décembre 2020, les acheteurs peuvent conclure sans publicité ni mise en concurrence préalables un marché répondant à un besoin dont la valeur estimée est inférieure à 100 000 euros hors taxes portant sur la fourniture de denrées alimentaires produites, transformées et stockées avant la date de cessation de l'état d'urgence sanitaire déclaré par l'article 4 de la loi du 23 mars 2020 susvisée.

Ces dispositions sont applicables aux lots dont le montant est inférieur à 80 000 euros hors taxes, à condition que le montant cumulé de ces lots n'excède pas 20 % de la valeur totale estimée de tous les lots.

Les acheteurs veillent à choisir une offre pertinente, à faire une bonne utilisation des deniers publics et à ne pas contracter systématiquement avec un même opérateur économique lorsqu'il existe une pluralité d'offres susceptibles de répondre au besoin.

Art. 3 Le présent décret est applicable aux marchés publics conclus par l'État et ses établissements publics dans les îles Wallis-et-Futuna, en Polynésie française, en Nouvelle-Calédonie et dans les Terres australes et antarctiques françaises.

Il entre en vigueur dans les îles Wallis-et-Futuna, en Polynésie française, en Nouvelle-Calédonie et dans les Terres australes et antarctiques françaises le lendemain de sa publication.

PARTIE VIII ANCIENS TEXTES

Code des marchés publics 2006

Ordonnance n° 2015-899 du 23 juillet 2015 *[Abrogée]*,

Relative aux marchés publics.

(Abrogée par Ord. n° 2018-1074 du 26 nov. 2018, art. 18 et 20, à compter du 1er avr. 2019)

Nota (1) : *A compter du 1er avr. 2019, l'Ord. n° 2018-1074 du 26 nov. 2018 abroge et remplace la présente ordonnance (Ord. préc., art. 18 et 20). Les dispositions issues de l'Ord. n° 2018-1074 du 26 nov. 2018 s'appliquent aux marchés publics ainsi qu'aux contrats relevant de l'Ord. n° 2015-899 du 23 juill. 2015 relative aux marchés publics pour lesquels une consultation est engagée ou un avis d'appel à la concurrence est envoyé à la publication à compter du 1er avr. 2019. Ces dispositions s'appliquent également aux contrats de concession pour lesquels une consultation est engagée ou un avis de concession est envoyé à la publication à compter du 1er avr. 2019 (Ord. n° 2018-1074 préc., art. 20).*

Nota (2) : *La présente ordonnance entre en vigueur à une date fixée par voie réglementaire et au plus tard le 1er avr. 2016. Le Décr. n° 2016-360 du 25 mars 2016 fixe cette date au 1er avr. 2016 (Décr. préc., art. 188).*

La présente ordonnance s'applique aux marchés publics ainsi qu'aux contrats qui relèvent de cette ordonnance pour lesquels une consultation est engagée ou un avis d'appel public à la concurrence a été envoyé à la publication à compter du 1er janv. 2016. — V. art. 103, infra.

Cette ordonnance a été ratifiée par la L. n° 2016-1691 du 9 déc. 2016 (L. préc., art. 39-I).

TITRE PRÉLIMINAIRE

Art. 1er ***I. — Les marchés publics soumis à la présente ordonnance respectent les principes de liberté d'accès à la commande publique, d'égalité de traitement des candidats et de transparence des procédures.***

Ces principes permettent d'assurer l'efficacité de la commande publique et la bonne utilisation des deniers publics.

II. — Pour les marchés publics de défense ou de sécurité, les principes énoncés au I ont également pour objectif d'assurer le renforcement de la base industrielle et technologique de défense européenne. *— [V. désormais CCP, art. L. 1113-1.]*

Art. 2 ***I. — Les acheteurs garantissent aux opérateurs économiques, aux travaux, aux fournitures et aux services issus des États parties à l'Accord sur les marchés publics conclu dans le cadre de l'Organisation mondiale du commerce ou à un autre accord international équivalent auquel l'Union européenne est partie, dans la limite de ces accords, un traitement équivalent à celui garanti aux opérateurs économiques, aux travaux, aux fournitures et aux services issus de l'Union européenne.*** *— V. Décr. n° 2016-360 du 25 mars 2016, art. 3, infra.*

Dans les autres cas, les acheteurs peuvent introduire dans les documents de la consultation des critères ou des restrictions fondés sur l'origine de tout ou partie des travaux, fournitures ou services composant les offres proposées ou la nationalité des opérateurs autorisés à soumettre une offre. Les modalités d'application du présent alinéa sont en tant que de besoin précisées par voie réglementaire.

II. — Les marchés publics de défense ou de sécurité, exclus ou exemptés de l'accord sur les marchés publics ou d'un autre accord international équivalent auquel l'Union européenne est partie, sont passés avec des opérateurs économiques d'États membres de l'Union européenne.

Les acheteurs peuvent toutefois autoriser, au cas par cas, les opérateurs économiques d'un pays tiers à l'Union européenne à participer à une procédure de passation d'un marché public de défense ou de sécurité.

La décision de l'acheteur prend notamment en compte les impératifs de sécurité de l'information et d'approvisionnement, la préservation des intérêts de la défense et de la sécurité de l'État, l'intérêt de développer la base industrielle et technologique de défense européenne, les objectifs de développement durable, l'obtention d'avantages mutuels et les exigences de réciprocité.

III. — Pour l'application de la présente ordonnance, les États parties à l'Espace économique européen qui ne sont pas membres de l'Union européenne sont assimilés à des États membres de l'Union européenne. *— [V. désormais CCP, art. L. 2153-1, L. 2353-1, L. 2353-2.]*

Art. 3 ***Les marchés publics relevant de la présente ordonnance passés par des personnes morales de droit public sont des contrats administratifs.***

PREMIÈRE PARTIE : ***DISPOSITIONS GÉNÉRALES***

TITRE I CHAMP D'APPLICATION

CHAPITRE I *MARCHÉS PUBLICS ET ACHETEURS SOUMIS À LA PRÉSENTE ORDONNANCE*

SECTION 1 *Définition des marchés publics*

Art. 4 *Les marchés publics soumis à la présente ordonnance sont les marchés et les accords-cadres définis ci-après.*

Les marchés sont les contrats conclus à titre onéreux par un ou plusieurs acheteurs soumis à la présente ordonnance avec un ou plusieurs opérateurs économiques, pour répondre à leurs besoins en matière de travaux, de fournitures ou de services.

Les accords-cadres sont les contrats conclus par un ou plusieurs acheteurs soumis à la présente ordonnance avec un ou plusieurs opérateurs économiques ayant pour objet d'établir les règles relatives aux bons de commande à émettre ou les termes régissant les marchés subséquents à passer au cours d'une période donnée, notamment en ce qui concerne les prix et, le cas échéant, les quantités envisagées.

Les marchés de partenariat définis à l'article 67 sont des marchés publics au sens du présent article. — [V. désormais CCP, art. L. 1111-1, L. 1112-1, L. 2125-1, L. 2325-1.]

Sur le régime applicable aux accords-cadres, V. Décr. n° 2016-360 du 25 mars 2016, art. 78, infra et Décr. n° 2016-361 du 25 mars 2016, art. 70 s., infra.

Art. 5 *I. — Les marchés publics de travaux ont pour objet :*

1° Soit l'exécution, soit la conception et l'exécution de travaux dont la liste est publiée au Journal officiel de la République française ; — V. Avis relatif à la liste des activités qui sont des travaux en droit de la commande publique (JO 27 mars 2016).

2° Soit la réalisation, soit la conception et la réalisation, par quelque moyen que ce soit, d'un ouvrage répondant aux exigences fixées par l'acheteur qui exerce une influence déterminante sur sa nature ou sa conception.

Un ouvrage est le résultat d'un ensemble de travaux de bâtiment ou de génie civil destiné à remplir par lui-même une fonction économique ou technique.

II. — Les marchés publics de fournitures ont pour objet l'achat, la prise en crédit-bail, la location ou la location-vente de produits.

Un marché public de fournitures peut comprendre, à titre accessoire, des travaux de pose et d'installation.

III. — Les marchés publics de services ont pour objet la réalisation de prestations de services.

IV. — Lorsqu'un marché public porte sur des travaux et sur des fournitures ou des services, il est un marché de travaux si son objet principal est de réaliser des travaux.

Lorsqu'un marché public a pour objet des services et des fournitures, il est un marché de services si la valeur de ceux-ci dépasse celle des fournitures achetées. — [V. désormais CCP, art. L. 1111-2, L. 1111-3, L. 1111-4, L. 1111-5.]

Art. 6 *Les marchés publics de défense ou de sécurité sont les marchés publics passés par l'État ou ses établissements publics* (Abrogé par L. n° 2018-607 du 13 juill. 2018, art. 44) *« ayant un caractère autre qu'industriel et commercial et » ayant pour objet :*

1° La fourniture d'équipements, y compris leurs pièces détachées, composants ou sous-assemblages, qui sont destinés à être utilisés comme armes, munitions ou matériel de guerre, qu'ils aient été spécifiquement conçus à des fins militaires ou qu'ils aient été initialement conçus pour une utilisation civile puis adaptés à des fins militaires ;

2° La fourniture d'équipements destinés à la sécurité, y compris leurs pièces détachées, composants ou sous-assemblages, et qui font intervenir, nécessitent ou comportent des supports ou informations protégés ou classifiés dans l'intérêt de la sécurité nationale ;

3° Des travaux, fournitures et services directement liés à un équipement visé au 1° ou au 2°, y compris la fourniture d'outillages, de moyens d'essais ou de soutien spécifique, pour tout ou partie du cycle de vie de l'équipement. Pour l'application du présent alinéa, le cycle de vie de l'équipement est l'ensemble des états successifs qu'il peut connaître, notamment la recherche et développement, le développement industriel, la production, la réparation, la modernisation, la modification, l'entretien, la logistique, la formation, les essais, le retrait, le démantèlement et l'élimination ;

4° Des travaux et services ayant des fins spécifiquement militaires ou des travaux et services destinés à la sécurité et qui font intervenir, nécessitent ou comportent des supports ou informations protégés ou classifiés dans l'intérêt de la sécurité nationale. – [V. désormais CCP, art. L. 1113-1, L. 2312-2.]

Art. 7 *Ne sont pas des marchés publics, au sens de la présente ordonnance :*

1° Les transferts de compétences ou de responsabilités entre acheteurs soumis à l'ordonnance en vue de l'exercice de missions d'intérêt général sans rémunération de prestations contractuelles ;

2° Les subventions au sens de l'article 9-1 de la loi du 12 avril 2000 susvisée [L. n° 2000-321 du 12 avr. 2000 mod.] *;*

3° Les contrats de travail. – [V. désormais CCP, art. L. 1100-1.]

SECTION 2 Définition du concours

Art. 8 *Le concours est un mode de sélection par lequel l'acheteur choisit, après mise en concurrence et avis d'un jury, un plan ou un projet, notamment dans le domaine de l'aménagement du territoire, de l'urbanisme, de l'architecture et de l'ingénierie ou du traitement de données.* – [V. désormais CCP, art. L. 2125-1.]

Sur la procédure applicable à ce mode de sélection, V. Décr. n° 2016-360 du 25 mars 2016, art. 88 s., infra.

SECTION 3 Définition des acheteurs soumis à la présente ordonnance

Art. 9 *Les acheteurs publics ou privés soumis à la présente ordonnance sont les pouvoirs adjudicateurs et les entités adjudicatrices définis respectivement aux articles 10 et 11.* – [V. désormais CCP, art. L. 1210-1.]

Art. 10 *Les pouvoirs adjudicateurs sont :*

1° Les personnes morales de droit public ;

2° Les personnes morales de droit privé qui ont été créées pour satisfaire spécifiquement des besoins d'intérêt général ayant un caractère autre qu'industriel ou commercial, dont :

a) Soit l'activité est financée majoritairement par un pouvoir adjudicateur ;

b) Soit la gestion est soumise à un contrôle par un pouvoir adjudicateur ;

c) Soit l'organe d'administration, de direction ou de surveillance est composé de membres dont plus de la moitié sont désignés par un pouvoir adjudicateur ;

3° Les organismes de droit privé dotés de la personnalité juridique constitués par des pouvoirs adjudicateurs en vue de réaliser certaines activités en commun. – [V. désormais CCP, art. L. 1211-1.]

Art. 11 *Les entités adjudicatrices sont :*

1° Les pouvoirs adjudicateurs qui exercent une des activités d'opérateur de réseaux définies à l'article 12 ;

2° Lorsqu'elles ne sont pas des pouvoirs adjudicateurs, les entreprises publiques qui exercent une des activités d'opérateur de réseaux définies à l'article 12.

Est une entreprise publique au sens de la présente ordonnance tout organisme doté de la personnalité juridique qui exerce des activités de production ou de commercialisation de biens ou de services marchands et sur lequel un ou plusieurs pouvoirs adjudicateurs exercent, directement ou indirectement, une influence dominante en raison de la propriété, de la participation financière ou des règles qui la régissent.

L'influence des pouvoirs adjudicateurs est réputée dominante lorsque ceux-ci, directement ou indirectement, détiennent la majorité du capital, disposent de la majorité des droits de vote ou peuvent désigner plus de la moitié des membres de l'organe d'administration, de direction ou de surveillance ;

3° Lorsqu'ils ne sont pas des pouvoirs adjudicateurs ou des entreprises publiques, les organismes de droit privé qui bénéficient, en vertu d'une disposition légalement prise, de droits spéciaux ou exclusifs ayant pour effet de leur réserver l'exercice d'une des activités d'opérateur de réseaux définies à l'article 12 et d'affecter substantiellement la capacité des autres opérateurs économiques à exercer cette activité.

Ne sont pas considérés comme des droits spéciaux ou exclusifs au sens du présent 3° les droits d'exclusivité accordés à l'issue d'une procédure permettant de garantir la prise en compte de critères objectifs, proportionnels et non discriminatoires. – [V. désormais CCP, art. L. 1212-1, L. 1212-2.]

SECTION 4 Définition des activités d'opérateur de réseaux

Art. 12 *I. – Sont des activités d'opérateur de réseaux au sens de la présente ordonnance :*

1° La mise à disposition, l'exploitation ou l'alimentation de réseaux fixes destinés à fournir un service au public dans le domaine de la production, du transport ou de la distribution de gaz ou de chaleur ;

2° La mise à disposition, l'exploitation ou l'alimentation de réseaux fixes destinés à fournir un service au public dans le domaine de la production, du transport ou de la distribution d'électricité ;

3° La mise à disposition, l'exploitation ou l'alimentation de réseaux fixes destinés à fournir un service au public dans le domaine de la production, du transport ou de la distribution d'eau potable.

Sont également soumis aux dispositions applicables aux entités adjudicatrices les marchés publics passés par les entités adjudicatrices exerçant une des activités mentionnées à l'alinéa précédent qui sont liés :

a) Soit à l'évacuation ou au traitement des eaux usées ;

b) Soit à des projets de génie hydraulique, d'irrigation ou de drainage, pour autant que le volume d'eau utilisé pour l'alimentation en eau potable représente plus de 20 % du volume total d'eau utilisé pour ces projets ;

4° Les activités relatives à l'exploitation d'une aire géographique ayant pour objet :

a) D'extraire du pétrole ou du gaz ;

b) De prospecter ou d'extraire du charbon ou d'autres combustibles solides ;

5° Les achats destinés à l'organisation ou à la mise à la disposition des transporteurs des aéroports, des ports maritimes, des ports fluviaux ou d'autres terminaux ;

6° Les activités d'exploitation de réseaux destinés à fournir un service au public dans le domaine du transport par chemin de fer, tramway, trolleybus, autobus, autocar, câble ou tout système automatique, ou les achats destinés à l'organisation ou à la mise à la disposition d'un exploitant de ces réseaux.

Le service de transport est regardé comme fourni par un réseau de transport lorsqu'une autorité nationale ou territoriale compétente définit les conditions générales d'organisation du service, notamment en ce qui concerne les itinéraires à suivre, la capacité de transport disponible ou la fréquence du service ;

7° Les activités visant à fournir des services postaux mentionnés à l'article L. 1 du code des postes et des communications électroniques ou, lorsqu'ils sont fournis par une entité adjudicatrice exerçant par ailleurs de tels services postaux, les services suivants :

a) Les services de gestion de services courrier ;

b) Les services d'envois non postaux tels que le publipostage sans adresse.

II. — Ne sont pas des activités d'opérateur de réseaux au sens de la présente ordonnance :

1° L'alimentation en gaz ou en chaleur des réseaux destinés à fournir un service au public par une entreprise publique ou un organisme de droit privé bénéficiant de droits spéciaux ou exclusifs, lorsque sont réunies les deux conditions suivantes :

a) La production de gaz ou de chaleur par l'entité concernée est le résultat inévitable de l'exercice d'une activité autre que celles mentionnées au I ;

b) L'alimentation du réseau public ne vise qu'à exploiter à des fins commerciales cette production et ne dépasse pas 20 % du chiffre d'affaires de l'entité en prenant en considération la moyenne de l'année en cours et des deux années précédentes ;

2° L'alimentation en électricité des réseaux destinés à fournir un service au public par une entreprise publique ou un organisme de droit privé bénéficiant de droits spéciaux ou exclusifs, lorsque sont réunies les deux conditions suivantes :

a) La production d'électricité par l'entité concernée est rendue nécessaire par une activité autre que celles mentionnées au I ;

b) La quantité d'électricité utilisée pour l'alimentation du réseau public ne dépasse pas 30 % de la production totale d'énergie de l'entité en prenant en considération la moyenne de l'année en cours et des deux années précédentes ;

3° L'alimentation en eau potable des réseaux destinés à fournir un service au public par une entreprise publique ou un organisme de droit privé bénéficiant de droits spéciaux ou exclusifs, lorsque sont réunies les deux conditions suivantes :

a) La production d'eau potable par l'entité concernée est rendue nécessaire par une activité autre que celles mentionnées au I ;

b) La quantité d'eau utilisée pour l'alimentation du réseau public ne dépasse pas 30 % de la production totale d'eau potable de l'entité en prenant en considération la moyenne de l'année en cours et des deux années précédentes.

III. — Au sens du présent article, l'alimentation de réseaux comprend la production, la vente en gros et la vente de détail. — [V. désormais CCP, art. L. 1212-3, L. 1212-4.]

SECTION 5 *Définition des opérateurs économiques, candidats et soumissionnaires*

Art. 13 *Est un opérateur économique toute personne physique ou morale, publique ou privée, ou tout groupement de personnes doté ou non de la personnalité morale, qui offre sur le marché la réalisation de travaux ou d'ouvrages, la fourniture de produits ou la prestation de services.*

Un candidat est un opérateur économique qui demande à participer ou est invité à participer à une procédure de passation d'un marché public.

Un soumissionnaire est un opérateur économique qui présente une offre dans le cadre d'une procédure de passation d'un marché public. — [V. désormais CCP, art. L. 1220-1, L. 1220-2, L. 1220-3.]

CHAPITRE II *MARCHÉS PUBLICS EXCLUS*

SECTION 1 *Exclusions applicables aux marchés publics passés par les pouvoirs adjudicateurs*

Art. 14 *Sous réserve des dispositions applicables aux marchés de défense ou de sécurité prévues à l'article 16, la présente ordonnance n'est pas applicable aux marchés publics passés par les pouvoirs adjudicateurs et qui présentent les caractéristiques suivantes :*

1° Les marchés publics de services conclus avec un acheteur soumis à la présente ordonnance lorsque cet acheteur bénéficie, en vertu d'une disposition légalement prise, d'un droit exclusif, à condition que cette disposition soit compatible avec le traité sur le fonctionnement de l'Union européenne ;

2° Les marchés publics de services qui ont pour objet l'acquisition ou la location, quelles qu'en soient les modalités financières, de terrains, de bâtiments existants ou d'autres biens immeubles, ou qui concernent d'autres droits sur ces biens ;

3° Les marchés publics de services relatifs à la recherche et développement pour lesquels l'acheteur n'acquiert pas la propriété exclusive des résultats ou ne finance pas entièrement la prestation.

La recherche et développement regroupe l'ensemble des activités relevant de la recherche fondamentale, de la recherche appliquée et du développement expérimental, y compris la réalisation de démonstrateurs technologiques et à l'exception de la réalisation et de la qualification de prototypes de préproduction, de l'outillage et de l'ingénierie industrielle, de la conception industrielle et de la fabrication. Les démonstrateurs technologiques sont les dispositifs visant à démontrer les performances d'un nouveau concept ou d'une nouvelle technologie dans un environnement pertinent ou représentatif ;

4° Les marchés publics de services relatifs à l'arbitrage et à la conciliation ;

5° Les marchés publics qui doivent être conclus selon des procédures prévues par un accord international, y compris un arrangement administratif, relatif au stationnement de troupes ;

6° Les marchés publics de services relatifs au transport de voyageurs par chemin de fer ou par métro ;

7° Les marchés publics de services financiers liés à l'émission, à l'achat, à la vente ou au transfert de titres ou d'autres instruments financiers définis à l'article L. 211-1 du code monétaire et financier, à des services fournis par des banques centrales ou à des opérations menées avec le Fonds européen de stabilité financière ou le Mécanisme européen de stabilité ;

8° Les marchés publics de services qui sont des contrats d'emprunt, qu'ils soient ou non liés à l'émission, à la vente, à l'achat ou au transfert de valeurs mobilières ou d'autres instruments financiers mentionnés au 7° ;

9° Lorsqu'ils sont attribués à une organisation ou une association à but non lucratif :

a) Les marchés publics de services d'incendie et de secours ;

b) Les marchés publics de services de protection civile ;

c) Les marchés publics de services de sécurité nucléaire ;

d) Les marchés publics de services ambulanciers, à l'exception de ceux ayant pour objet exclusif le transport de patients ;

10° Les marchés publics de services juridiques suivants :

a) Les services de certification et d'authentification de documents qui doivent être assurés par des notaires ;

b) Les services fournis par des administrateurs, tuteurs ou prestataires de services désignés par une juridiction ou par la loi pour réaliser des tâches spécifiques sous le contrôle d'une juridiction ;

c) Les services qui sont liés, même occasionnellement, à l'exercice de la puissance publique ;

11° Les marchés publics qui exigent le secret ou dont l'exécution doit s'accompagner de mesures particulières de sécurité conformément aux dispositions législatives ou réglementaires en vigueur ou pour lesquels la protection des intérêts essentiels de l'État l'exige, à condition que cette sécurité ou cette protection ne puisse pas être garantie par d'autres moyens ;

12° Les marchés publics qui doivent être conclus selon des procédures prévues par :

a) Un accord international, y compris un arrangement administratif, conclu entre un État membre de l'Union européenne et un ou plusieurs États tiers ou une subdivision de ceux-ci, portant sur des travaux, des fournitures ou des services destinés à la réalisation ou à l'exploitation en commun d'un projet par ses parties signataires. Cet accord est communiqué à la Commission européenne ;

b) Une organisation internationale ;

13° Les marchés publics qui sont conclus :

a) Selon la procédure propre à une organisation internationale lorsque le marché public est entièrement financé par cette organisation internationale ;

b) Selon la procédure convenue entre une organisation internationale et l'acheteur lorsque le marché public est cofinancé majoritairement par cette organisation internationale ;

14° Les marchés publics de services qui :

a) Soit sont relatifs aux temps de diffusion ou à la fourniture de programmes lorsqu'ils sont attribués à des éditeurs de services de communication audiovisuelle ou à des organismes de radiodiffusion ;

b) Soit ont pour objet l'achat, le développement, la production ou la coproduction de programmes destinés à la diffusion et attribués par des éditeurs de services de communication audiovisuelle ou radiophonique.

Au sens du présent 14°, la notion de programme inclut le matériel pour programme à l'exclusion du matériel technique ;

15° Les marchés publics qui ont principalement pour objet de permettre la mise à disposition ou l'exploitation de réseaux publics de communications électroniques ou la fourniture au public d'un ou de plusieurs services de communications électroniques ;

16° Les marchés publics de services attribués par un pouvoir adjudicateur qui fournit des services postaux au sens du 7° du I de l'article 12 et relatifs :

a) Aux services de courrier électronique assurés entièrement par voie électronique, notamment la transmission sécurisée de documents codés par voie électronique, les services de gestion des adresses et la transmission de courrier électronique recommandé ;

b) Aux services bancaires et d'investissement et les [aux] services d'assurance ;

c) Aux services de philatélie ;

d) Aux services logistiques associant la remise physique des colis ou leur dépôt à des fonctions autres que postales, tels que les services d'envois express ;

17° Les marchés publics passés ou organisés par un pouvoir adjudicateur exerçant une ou plusieurs des activités visées au 4° du I de l'article 12 et qui sont relatifs aux activités d'exploration d'une aire géographique dans un but de prospection de pétrole ou de gaz ;

18° Les marchés publics passés pour l'exercice d'une activité d'opérateur de réseaux qui sont exclus de la présente ordonnance en application des 2° à 5° de l'article 15 ou cessent d'y être soumis en application du 6° de l'article 15. — [V. désormais CCP, art. L. 2512-1, L. 2512-2, L. 2512-3, L. 2512-4, L. 2512-5, L. 2513-1, L. 2513-2, L. 2513-3, L. 2513-4, L. 2513-5.]

SECTION 2 ***Exclusions applicables aux marchés publics passés par les entités adjudicatrices***

Art. 15 *Sous réserve des dispositions applicables aux marchés de défense ou de sécurité prévues à l'article 16, la présente ordonnance n'est pas applicable aux marchés publics passés par les entités adjudicatrices et qui présentent les caractéristiques suivantes :*

1° Les marchés publics mentionnés aux 1° à 13° de l'article 14 ;

2° Les marchés publics passés pour l'achat d'eau, quand cet achat est réalisé par une entité adjudicatrice exerçant l'une des activités relatives à l'eau potable mentionnées au 3° du I de l'article 12 ;

3° Les marchés publics passés pour l'achat d'énergie ou de combustibles destinés à la production d'énergie, quand cet achat est réalisé par une entité adjudicatrice exerçant l'une des activités dans le secteur de l'énergie mentionnées aux 1°, 2° et 4° du I de l'article 12 ;

4° Les marchés publics passés pour la revente ou la location à des tiers, lorsque l'entité adjudicatrice ne bénéficie d'aucun droit spécial ou exclusif pour vendre ou louer l'objet de ces marchés publics et que d'autres entités peuvent librement le vendre ou le louer dans les mêmes conditions que l'entité adjudicatrice. Toutefois, cette exclusion ne s'applique pas lorsque ces marchés publics sont passés par les centrales d'achat.

Les entités adjudicatrices communiquent à la Commission européenne, à sa demande, les catégories de produits et d'activités qu'elles considèrent comme exclus en vertu du présent 4° ;

5° Les marchés publics de services qui sont relatifs aux temps de diffusion ou à la fourniture de programmes lorsqu'ils sont attribués à des éditeurs de services de communication audiovisuelle ou à des organismes de radiodiffusion. La notion de programme inclut le matériel pour programme à l'exclusion du matériel technique ;

6° Les marchés publics passés par les entités adjudicatrices dans un État membre de l'Union européenne ou dans une aire géographique déterminée d'un État membre, lorsque la Commission européenne a reconnu que, dans cet État ou dans l'aire géographique concernée, cette activité est exercée sur des marchés concurrentiels dont l'accès n'est pas limité. — [V. désormais CCP, art. L. 2514-1, L. 2514-2, L. 2514-3, L. 2514-4, L. 2514-5.] — V. Dir. 2014/25/UE du 26 févr. 2014, art. 34 et 35, App., Partie I, et Décis. d'exécution (UE) 2016/1804 du 10 oct. 2016.

SECTION 3 *Exclusions propres aux marchés publics de défense ou de sécurité*

Art. 16 *La présente ordonnance ne s'applique pas aux marchés publics de défense ou de sécurité qui présentent les caractéristiques suivantes :*

1° Les marchés publics mentionnés aux 1° à 5° de l'article 14 ;

2° Les marchés publics de services financiers à l'exception des services d'assurance ;

3° Les marchés publics portant sur des armes, munitions ou matériel de guerre lorsque, au sens de l'article 346 du traité sur le fonctionnement de l'Union européenne [V. ss. Ord. n° 2016-65 du 29 janv. 2016, art. 24, App., Partie IV], *la protection des intérêts essentiels de sécurité de l'État l'exige* (L. n° 2018-607 du 13 juill. 2018, art. 44) *« , notamment pour des achats qui nécessitent une confidentialité extrêmement élevée ou une grande rapidité d'acquisition » ;*

4° Les marchés publics pour lesquels l'application de la présente ordonnance obligerait à une divulgation d'informations contraire aux intérêts essentiels de sécurité de l'État (L. n° 2018-607 du 13 juill. 2018, art. 44) *« , notamment pour des travaux, fournitures ou services particulièrement sensibles, qui nécessitent une confidentialité extrêmement élevée, tels que certains achats destinés à la protection des frontières ou à la lutte contre le terrorisme ou la criminalité organisée, des achats liés au cryptage ou destinés spécifiquement à des activités secrètes ou à d'autres activités tout aussi sensibles menées par les forces de sécurité intérieure ou par les forces armées » ;*

5° Les marchés publics conclus en vertu de la procédure propre à une organisation internationale et dans le cadre des missions de celle-ci ou qui doivent être attribués conformément à cette procédure ;

6° Les marchés publics conclus selon des règles de passation particulières prévues par un accord international, y compris un arrangement administratif conclu entre au moins un État membre de l'Union européenne et au moins un État tiers ;

7° Les marchés publics destinés aux activités de renseignement (L. n° 2018-607 du 13 juill. 2018, art. 44) *« , y compris les activités de contre-espionnage, de contre-terrorisme et de lutte contre la criminalité organisée » ;*

8° Les marchés publics passés dans le cadre d'un programme de coopération fondé sur des activités de recherche et développement mené conjointement par l'État et un autre État membre de l'Union européenne en vue du développement d'un nouveau produit et, le cas échéant, de tout ou partie des phases ultérieures du cycle de vie de ce produit tel que défini au 3° de l'article 6. Lorsque seules participent au programme des personnes relevant d'États membres, l'État notifie à la Commission européenne, au moment de la conclusion de l'accord ou de l'arrangement de coopération, la part des dépenses de recherche et développement par rapport au coût global du programme, l'accord relatif au partage des coûts ainsi que, le cas échéant, la part envisagée d'achat pour chaque État membre telle que définie dans l'accord ou l'arrangement ;

9° Les marchés publics y compris pour des achats civils passés dans un pays tiers lorsque des forces sont déployées hors du territoire de l'Union européenne et que les besoins opérationnels exigent qu'ils soient conclus avec des opérateurs économiques locaux implantés dans la zone des opérations ;

10° Les marchés publics passés par l'État et attribués à un autre État ou à une subdivision de ce dernier. — [V. désormais CCP, art. L. 2515-1.]

SECTION 4 *Exclusions applicables aux relations internes au secteur public*

SOUS-SECTION 1 *Quasi-régie*

Art. 17 *I. — La présente ordonnance n'est pas applicable aux marchés publics attribués par un pouvoir adjudicateur, y compris lorsqu'il agit en qualité d'entité adjudicatrice, à une personne morale de droit public ou de droit privé lorsque les conditions suivantes sont réunies :*

1° Le pouvoir adjudicateur exerce sur la personne morale concernée un contrôle analogue à celui qu'il exerce sur ses propres services ;

2° La personne morale contrôlée réalise plus de 80 % de son activité dans le cadre des tâches qui lui sont confiées par le pouvoir adjudicateur qui la contrôle ou par d'autres personnes morales qu'il contrôle ;

3° La personne morale contrôlée ne comporte pas de participation directe de capitaux privés, à l'exception des formes de participation de capitaux privés sans capacité de contrôle ou de blocage requises par la loi qui ne permettent pas d'exercer une influence décisive sur la personne morale contrôlée.

Un pouvoir adjudicateur est réputé exercer sur une personne morale un contrôle analogue à celui qu'il exerce sur ses propres services, s'il exerce une influence décisive à la fois sur les objectifs stratégiques et sur les décisions importantes de la personne morale contrôlée. Ce contrôle peut également être exercé par une autre personne morale, qui est elle-même contrôlée de la même manière par le pouvoir adjudicateur.

II. — Le I s'applique également lorsqu'une personne morale contrôlée qui est un pouvoir adjudicateur, y compris lorsqu'il agit en qualité d'entité adjudicatrice, attribue un marché public :

1° Soit au pouvoir adjudicateur qui la contrôle, y compris lorsque ce contrôle est exercé conjointement avec d'autres pouvoirs adjudicateurs dans les conditions fixées au III ;

2° Soit à une autre personne morale contrôlée par le même pouvoir adjudicateur, à condition que la personne morale à laquelle est attribué le marché public ne comporte pas de participation directe de capitaux privés, à l'exception des formes de participation de capitaux privés sans capacité de contrôle ou de blocage requises par la loi qui ne permettent pas d'exercer une influence décisive sur la personne morale contrôlée.

III. — La présente ordonnance n'est pas applicable aux marchés publics attribués par un pouvoir adjudicateur, y compris lorsqu'il agit en qualité d'entité adjudicatrice, qui n'exerce pas sur une personne morale un contrôle dans les conditions prévues au I, lorsque les conditions suivantes sont réunies :

1° Le pouvoir adjudicateur exerce sur la personne morale concernée, conjointement avec d'autres pouvoirs adjudicateurs, y compris lorsqu'ils agissent en qualité d'entité adjudicatrice, un contrôle analogue à celui qu'ils exercent sur leurs propres services ;

2° La personne morale réalise plus de 80 % de son activité dans le cadre des tâches qui lui sont confiées par les pouvoirs adjudicateurs qui la contrôlent ou par d'autres personnes morales contrôlées par les mêmes pouvoirs adjudicateurs ;

3° La personne morale contrôlée ne comporte pas de participation directe de capitaux privés, à l'exception des formes de participation de capitaux privés sans capacité de contrôle ou de blocage requises par la loi qui ne permettent pas d'exercer une influence décisive sur la personne morale contrôlée.

Les pouvoirs adjudicateurs sont réputés exercer un contrôle conjoint sur une personne morale lorsque les conditions suivantes sont réunies :

a) Les organes décisionnels de la personne morale contrôlée sont composés de représentants de tous les pouvoirs adjudicateurs participants, une même personne pouvant représenter plusieurs pouvoirs adjudicateurs participants ou l'ensemble d'entre eux ;

b) Ces pouvoirs adjudicateurs sont en mesure d'exercer conjointement une influence décisive sur les objectifs stratégiques et les décisions importantes de la personne morale contrôlée ;

c) La personne morale contrôlée ne poursuit pas d'intérêts contraires à ceux des pouvoirs adjudicateurs qui la contrôlent.

IV. — Le pourcentage d'activités mentionné au 2° du I et au 2° du III est déterminé en prenant en compte le chiffre d'affaires total moyen ou tout autre paramètre approprié fondé sur les activités, tel que les coûts supportés, au cours des trois exercices comptables précédant l'attribution du marché public.

Lorsque ces éléments ne sont pas disponibles ou ne sont plus pertinents, le pourcentage d'activités est déterminé sur la base d'une estimation vraisemblable. — [V. désormais CCP, art. L. 2511-1, L. 2511-2, L. 2511-3, L. 2511-4, L. 2511-5.]

SOUS-SECTION 2 *Coopération entre pouvoirs adjudicateurs*

Art. 18 *La présente ordonnance n'est pas applicable aux marchés publics par lesquels les pouvoirs adjudicateurs, y compris lorsqu'ils agissent en qualité d'entité adjudicatrice, établissent ou mettent en œuvre une coopération dans le but de garantir que les services publics dont ils ont la responsabilité sont réalisés en vue d'atteindre les objectifs qu'ils ont en commun, lorsque les conditions suivantes sont réunies :*

1° La mise en œuvre de cette coopération n'obéit qu'à des considérations d'intérêt général ;

2° Les pouvoirs adjudicateurs concernés réalisent sur le marché concurrentiel moins de 20 % des activités concernées par cette coopération. Ce pourcentage d'activités est déterminé dans les conditions fixées au IV de l'article 17. — [V. désormais CCP, art. L. 2511-6.]

SOUS-SECTION 3 *Marchés publics attribués par une entité adjudicatrice à une entreprise liée*

Art. 19 *I. — La présente ordonnance ne s'applique pas aux marchés publics passés par une entité adjudicatrice avec une entreprise liée ou par un organisme exclusivement constitué par plusieurs entités adjudicatrices en vue de réaliser une ou plusieurs activités d'opérateur de réseaux avec une entreprise liée à l'une de ces entités adjudicatrices et qui présentent les caractéristiques suivantes :*

1° Les marchés publics de services lorsque l'entreprise liée a réalisé au cours des trois années précédant l'année de passation du marché au moins 80 % de son chiffre d'affaires moyen en matière de services avec l'entité adjudicatrice ou avec d'autres entreprises auxquelles celle-ci est liée ;

2° Les marchés publics de fournitures lorsque l'entreprise liée a réalisé au cours des trois années précédant l'année de passation du marché au moins 80 % de son chiffre d'affaires moyen en matière de fournitures avec l'entité adjudicatrice ou avec d'autres entreprises auxquelles celle-ci est liée ;

3° Les marchés publics de travaux lorsque l'entreprise liée a réalisé au cours des trois années précédant l'année de passation du marché au moins 80 % de son chiffre d'affaires moyen en matière de travaux avec l'entité adjudicatrice ou avec d'autres entreprises auxquelles celle-ci est liée.

Lorsque l'entreprise liée a été créée ou a commencé à exercer son activité moins de trois ans avant l'année de passation du marché public, elle peut se borner à démontrer, notamment par des projections d'activités, que la réalisation de son chiffre d'affaires dans les conditions prévues aux 1°, 2° et 3° ci-dessus est vraisemblable.

Lorsque des services, des fournitures ou des travaux, identiques ou comparables, sont fournis par plus d'une entreprise liée à l'entité adjudicatrice, le pourcentage de 80 % mentionné ci-dessus est apprécié en tenant compte de la totalité des services, des fournitures ou des travaux fournis par ces entreprises.

II. — Sont des entreprises liées à une entité adjudicatrice :

1° Les entreprises dont les comptes annuels sont consolidés avec ceux de l'entité adjudicatrice ;

2° Les entreprises qui sont susceptibles d'être, directement ou indirectement, soumises à l'influence dominante de l'entité adjudicatrice au sens du troisième alinéa du 2° de l'article 11 ;

3° Les entreprises qui sont susceptibles d'exercer une influence dominante sur l'entité adjudicatrice au sens du troisième alinéa du 2° de l'article 11 ;

4° Les entreprises qui sont soumises à l'influence dominante d'une entreprise exerçant elle-même une telle influence dominante sur l'entité adjudicatrice au sens du troisième alinéa du 2° de l'article 11. — [V. désormais CCP, art. L. 2511-7, L. 2511-8.]

SOUS-SECTION 4 *Marchés publics attribués par une entité adjudicatrice à une coentreprise*

Art. 20 *La présente ordonnance n'est pas applicable aux marchés publics passés par un organisme constitué exclusivement par des entités adjudicatrices pour exercer une ou plusieurs des activités d'opérateur de réseaux avec l'une de ces entités adjudicatrices ainsi qu'aux marchés publics passés par une entité adjudicatrice avec un tel organisme lorsque les conditions suivantes sont réunies :*

1° L'organisme a été constitué pour exercer son activité pendant une période d'au moins trois ans ;

2° Aux termes des statuts de cet organisme, les entités adjudicatrices qui l'ont constitué en sont parties prenantes au moins pendant la période mentionnée au 1°. — [V. désormais CCP, art. L. 2511-9.]

CHAPITRE III *CONTRATS PARTICULIERS*

SECTION 1 *Contrats subventionnés par des pouvoirs adjudicateurs*

Art. 21 *I. — Les contrats passés par des personnes de droit privé qui ne sont pas des acheteurs mentionnés à l'article 9 et qui sont subventionnés directement à plus de 50 % par un pouvoir adjudicateur sont soumis aux dispositions de la présente ordonnance applicables aux pouvoirs adjudicateurs, à l'exception des articles 59 à 64, lorsque les conditions suivantes sont réunies :*

1° La valeur estimée hors taxe du besoin est égale ou supérieure aux seuils européens mentionnés à l'article 42 ;

2° L'objet du contrat correspond à l'une des activités suivantes :

a) Des activités de génie civil figurant sur la liste mentionnée au 1° du I de l'article 5 ;

b) Des travaux de construction relatifs aux hôpitaux, aux équipements sportifs, récréatifs et de loisirs, aux bâtiments scolaires et universitaires ainsi qu'aux bâtiments à usage administratif ;

c) Des prestations de services liés aux travaux mentionnés au présent article.

Toutefois, par dérogation à l'article 32, ces contrats peuvent être passés en lots séparés.

II. — Le pouvoir adjudicateur qui octroie des subventions dans les conditions du I veille au respect des dispositions de la présente ordonnance. — [V. désormais CCP, art. L. 2100-2.]

SECTION 2 *Contrats mixtes*

Art. 22 *I. — Les acheteurs peuvent décider de conclure un contrat unique destiné à satisfaire à la fois des besoins qui relèvent de la présente ordonnance et des besoins qui n'en relèvent pas, à condition que ce choix n'ait pas été effectué dans le but de soustraire ce contrat du champ d'application de la présente ordonnance. Les dispositions de l'article 23 leur sont alors applicables.*

II. — Lorsque les acheteurs décident de conclure un marché public unique destiné à satisfaire à la fois des besoins liés à leur activité de pouvoir adjudicateur et des besoins liés à leur activité d'entité adjudicatrice, les dispositions de l'article 24 s'appliquent.

III. — Lorsqu'un contrat unique porte en partie sur des prestations qui relèvent des marchés publics de défense ou de sécurité ou de l'article 346 du traité sur le fonctionnement de l'Union européenne, les dispositions de l'article 25 s'appliquent. — [V. désormais CCP, art. L. 1300-1, L. 1311-1, L. 1312-1, L. 1321-1, L. 1322-1, L. 1330-1, L. 2000-1, L. 2000-2, L. 2000-3, L. 2000-4, L. 2000-5.]

Art. 23 *I. — Lorsque le contrat unique porte à la fois sur des prestations qui relèvent de la présente ordonnance et des prestations qui n'en relèvent pas, la présente ordonnance n'est pas applicable si les prestations ne relevant pas de la présente ordonnance constituent l'objet principal du contrat et si les différentes parties du contrat sont objectivement inséparables. Lorsqu'il n'est pas possible de déterminer l'objet principal du contrat, la présente ordonnance s'applique.*

II. — Nonobstant les dispositions du I, lorsque le contrat unique porte à la fois sur des prestations qui relèvent du régime juridique des marchés publics et des prestations qui relèvent du régime juridique des contrats de concession :

1° La présente ordonnance est applicable lorsque les prestations sont objectivement inséparables et que celles qui relèvent du régime juridique des marchés publics constituent l'objet principal du contrat ou lorsqu'il est impossible de déterminer l'objet principal du contrat ;

2° La présente ordonnance est applicable lorsque les prestations sont objectivement séparables et que celles qui relèvent du régime juridique des marchés publics constituent l'objet principal du contrat ou lorsque la valeur estimée hors taxe de ces prestations est égale ou supérieure aux seuils européens mentionnés à l'article 42. — [V. désormais CCP, art. L. 1311-1, L. 1321-1, L. 1322-1, L. 2000-1, L. 2000-2.]

Art. 24 *Lorsqu'un acheteur décide de conclure un marché public unique destiné à satisfaire un besoin concernant à la fois ses activités de pouvoir adjudicateur et ses activités d'entité adjudicatrice, les règles applicables sont :*

1° Les règles applicables aux entités adjudicatrices, lorsque le besoin à satisfaire est principalement lié à l'activité d'entité adjudicatrice ;

2° Les règles applicables aux pouvoirs adjudicateurs, lorsque le besoin à satisfaire est principalement lié à l'activité de pouvoir adjudicateur ou s'il est impossible de déterminer à quelle activité ce marché public est principalement destiné. — [V. désormais CCP, art. L. 2000-5.]

Art. 25 *I. — Lorsque le contrat unique porte à la fois sur des prestations qui relèvent de la présente ordonnance et des prestations qui n'en relèvent pas en vertu de son article 16 ou qui relèvent de l'article 346 du traité sur le fonctionnement de l'Union européenne, la présente ordonnance ne s'applique pas, quel que soit l'objet principal du contrat, à condition que la passation d'un contrat unique soit justifiée par des raisons objectives.*

II. — Lorsque le contrat unique porte à la fois sur des prestations qui relèvent des marchés publics de défense ou de sécurité et des prestations qui relèvent des contrats de concession, les dispositions applicables sont, au choix de l'acheteur, les dispositions de la présente ordonnance applicables aux marchés publics de défense ou de sécurité ou les règles applicables aux contrats de concession, à condition que la passation d'un contrat unique soit justifiée par des raisons objectives.

III. — Lorsque le marché public unique porte à la fois sur des prestations qui relèvent des marchés publics de défense ou de sécurité et des prestations qui relèvent des marchés publics autres que de défense ou de sécurité, les règles applicables aux marchés publics de défense ou de sécurité s'appliquent, quel que soit l'objet principal du contrat, à condition que la passation d'un marché public unique soit justifiée par des raisons objectives. — [V. désormais CCP, art. L. 1323-1, L. 1330-1, L. 2000-3, L. 2000-4.]

TITRE II PASSATION DES MARCHÉS PUBLICS

CHAPITRE I *DISPOSITIONS GÉNÉRALES*

SECTION 1 *Achats centralisés et groupés*

SOUS-SECTION 1 *Centrales d'achat*

Art. 26 *I. — Une centrale d'achat est un acheteur soumis à la présente ordonnance qui a pour objet d'exercer des activités d'achat centralisées qui sont :*

1° L'acquisition de fournitures ou de services destinés à des acheteurs ;

2° La passation des marchés publics de travaux, de fournitures ou de services destinés à des acheteurs.

II. — Les acheteurs qui recourent à une centrale d'achat pour la réalisation de travaux ou l'acquisition de fournitures ou de services sont considérés comme ayant respecté leurs obligations de publicité et de mise en concurrence.

Toutefois, ils demeurent responsables du respect des dispositions de la présente ordonnance pour les opérations de passation ou d'exécution du marché public dont ils se chargent eux-mêmes.

III. — Les acheteurs qui recourent à une centrale d'achat pour une activité d'achat centralisée peuvent également lui confier, sans appliquer les procédures de passation prévues par la présente ordonnance, des activités d'achat auxiliaires.

Les activités d'achat auxiliaires consistent à fournir une assistance à la passation des marchés publics, notamment sous les formes suivantes :

1° Mise à disposition d'infrastructures techniques permettant aux acheteurs de conclure des marchés publics de travaux, de fournitures ou de services ;

2° Conseil sur le déroulement ou la conception des procédures de passation de marchés publics ;

3° Préparation et gestion des procédures de passation de marchés publics au nom de l'acheteur concerné et pour son compte.

IV. — Les acheteurs peuvent recourir à une centrale d'achat située dans un autre État membre de l'Union européenne, à condition que ce choix n'ait pas été fait dans le but de se soustraire à l'application de dispositions nationales qui intéressent l'ordre public. La loi alors applicable au marché public est la loi de l'État membre dans lequel est située la centrale d'achat. — [V. désormais CCP, art. L. 2113-2, L. 2113-3, L. 2113-4, L. 2113-5, L. 2313-2.]

Art. 27 *I. — Pour les besoins qui relèvent des marchés publics de défense et de sécurité, une centrale d'achat est un acheteur ou un organisme public de l'Union européenne qui :*

1° Acquiert des fournitures ou des services de défense ou de sécurité destinés à des acheteurs ;

2° Passe des marchés publics de défense ou de sécurité destinés à des acheteurs.

II. — Les acheteurs qui recourent à une centrale d'achat mentionnée au I sont considérés comme ayant respecté leurs obligations de publicité et de mise en concurrence, pour autant que cette centrale d'achat respecte les dispositions de la présente ordonnance ou celles de la directive 2009/81/CE du Parlement européen et du Conseil du 13 juillet 2009 susvisée et que les marchés publics attribués puissent faire l'objet de recours efficaces. — [V. désormais CCP, art. L. 2313-2, L. 2313-3.]

SOUS-SECTION 2 *Groupements de commandes*

Art. 28 *I. — Des groupements de commandes peuvent être constitués entre des acheteurs afin de passer conjointement un ou plusieurs marchés publics.*

Un groupement de commandes peut également être constitué, aux mêmes fins, entre un ou plusieurs acheteurs et une ou plusieurs personnes morales de droit privé qui ne sont pas des acheteurs soumis à la présente ordonnance, à condition que chacun des membres du groupement applique, pour les achats réalisés dans le cadre du groupement, les règles prévues par la présente ordonnance.

II. — La convention constitutive du groupement, signée par ses membres, définit les règles de fonctionnement du groupement. Elle peut confier à l'un ou plusieurs de ses membres la charge de mener tout ou partie de la procédure de passation ou de l'exécution du marché public au nom et pour le compte des autres membres.

III. — Lorsque la passation et l'exécution d'un marché public sont menées conjointement dans leur intégralité au nom et pour le compte de tous les acheteurs concernés, ceux-ci sont solidairement responsables de l'exécution des obligations qui leur incombent en vertu de la présente ordonnance.

Lorsque la passation et l'exécution d'un marché public ne sont pas menées dans leur intégralité au nom et pour le compte des acheteurs concernés, ceux-ci ne sont solidairement responsables que des opérations de passation ou d'exécution du marché public qui sont menées conjointement. Chaque acheteur est seul responsable de l'exécution des obligations qui lui incombent en vertu de la convention constitutive pour les opérations dont il se charge en son nom propre et pour son propre compte.

IV. — Un groupement de commandes peut être constitué avec des pouvoirs adjudicateurs ou des entités adjudicatrices d'autres États membres de l'Union européenne, à condition que ce choix n'ait pas été fait dans le but de se soustraire à l'application de dispositions nationales qui intéressent l'ordre public.

Nonobstant le III, et sous réserve des stipulations d'accords internationaux, y compris d'arrangements administratifs, entre les États membres dont ils relèvent, les membres du groupement s'accordent sur la répartition des responsabilités ainsi que sur le droit applicable au marché public, choisi parmi les droits des États membres dont ils relèvent. — [V. désormais CCP, art. L. 2113-6, L. 2113-7, L. 2113-8, L. 2313-4.]

SOUS-SECTION 3 *Entités communes transnationales*

Art. 29 *Lorsque des acheteurs ont adhéré à une entité commune transnationale, constituée notamment sous la forme d'un groupement européen de coopération territoriale, les statuts ou une décision de l'organe compétent de cette entité déterminent les règles applicables aux marchés publics de cette entité, lesquelles sont :*

1° Soit la loi de l'État dans lequel se trouve son siège ;

2° Soit la loi de l'État dans lequel elle exerce ses activités.

Le choix de la loi applicable ne peut avoir pour but de se soustraire à l'application de dispositions nationales qui intéressent l'ordre public. — [V. désormais CCP, art. L. 2113-9.]

SECTION 2 *Définition préalable des besoins*

Art. 30 *La nature et l'étendue des besoins à satisfaire sont déterminées avec précision avant le lancement de la consultation en prenant en compte des objectifs de développement durable dans leurs dimensions économique, sociale et environnementale.* — [V. désormais CCP, art. L. 2111-1, L. 2311-1.]

Sur les considérations relatives au changement climatique, V. le guide « l'achat public : une réponse aux enjeux climatiques » (version oct. 2016) sur le site www.economie.gouv.fr.

Art. 31 *I. — Les prestations à réaliser sont définies par référence à des spécifications techniques.*

II. — Lorsqu'ils achètent un véhicule à moteur au sens du 1° de l'article L. 110-1 du code de la route, les acheteurs tiennent compte des incidences énergétiques et environnementales de ce véhicule sur toute sa durée de vie dans les conditions et sous réserve des exceptions prévues par voie réglementaire. — [V. désormais CCP, art. L. 2111-2, L. 2172-4, L. 2311-1, R. 2172-35.] — V. Décr. nº 2011-493 du 5 mai 2011 et Arr. du 5 mai 2011.

SECTION 3 *Allotissement*

Art. 32 *I. — Sous réserve des marchés publics globaux mentionnés à la section 4, les marchés publics autres que les marchés publics de défense ou de sécurité sont passés en lots séparés, sauf si leur objet ne permet pas l'identification de prestations distinctes. A cette fin, les acheteurs déterminent le nombre, la taille et l'objet des lots.*

Les acheteurs peuvent toutefois décider de ne pas allotir un marché public s'ils ne sont pas en mesure d'assurer par eux-mêmes les missions d'organisation, de pilotage et de coordination ou si la dévolution en lots séparés est de nature à restreindre la concurrence ou risque de rendre techniquement difficile ou financièrement plus coûteuse l'exécution des prestations.

Les acheteurs peuvent limiter le nombre de lots pour lesquels un opérateur économique peut présenter une offre ou le nombre de lots qui peuvent être attribués à un même opérateur économique.

Les offres sont appréciées lot par lot (L. nº 2016-1691 du 9 déc. 2016, art. 39-II-1°-a) *« . Les candidats ne peuvent présenter des offres variables selon le nombre de lots susceptibles d'être obtenus. »*

II. — Lorsqu'un acheteur décide de ne pas allotir un marché public, il motive son choix (L. nº 2016-1691 du 9 déc. 2016, art. 39-II-1°-b) *« en énonçant les considérations de droit et de fait qui constituent le fondement de sa décision. »* — [V. désormais CCP, art. L. 2113-10, L. 2113-11, L. 2151-1, L. 2152-7, L. 2313-5, L. 2351-1, L. 2352-1.] — V. Décr. nº 2016-360 du 25 mars 2016, art. 12, infra.

Le II de l'art. 39 de la L. nº 2016-1691 du 9 déc. 2016 est applicable aux marchés publics pour lesquels une consultation est engagée ou un avis d'appel à la concurrence est envoyé à la publication postérieurement au 10 déc. Il ne s'applique pas aux marchés passés sur le fondement d'un accord-cadre ou dans le cadre d'un système d'acquisition dynamique lorsque la procédure en vue de la passation de cet accord-cadre ou de la mise en place de ce système d'acquisition dynamique a été engagée avant cette date (L. préc., art. 39-IV).

Les II et IV du même art. sont applicables en Nouvelle-Calédonie, en Polynésie française et dans les îles Wallis-et-Futuna (L. préc., art. 167-I).

SECTION 4 *Marchés publics globaux*

SOUS-SECTION 1 *Marchés publics de conception-réalisation*

Art. 33 *I. — Les acheteurs peuvent conclure des marchés publics de conception-réalisation qui sont des marchés publics de travaux permettant à l'acheteur de confier à un opérateur économique une mission portant à la fois sur l'établissement des études et l'exécution des travaux.*

Toutefois, sans préjudice des dispositions législatives spéciales, les acheteurs soumis aux dispositions de la loi du 12 juillet 1985 susvisée ne peuvent recourir à un marché public de conception-réalisation, quel qu'en soit le montant, que si des motifs d'ordre technique ou un engagement contractuel sur un niveau d'amélioration de l'efficacité énergétique rendent nécessaire l'association de l'entrepreneur aux études de l'ouvrage. Un tel marché public est confié à un groupement d'opérateurs économiques. Il peut toutefois être confié à un seul opérateur économique pour les ouvrages d'infrastructures.

(L. nº 2018-1021 du 23 nov. 2018, art. 69) « II. — Les conditions mentionnées au second alinéa du I ne sont pas applicables aux marchés publics de conception-réalisation relatifs à la réalisation de logements locatifs aidés par l'État financés avec le concours des aides publiques mentionnées au 1º de l'article L. 301-2 du code de la construction et de l'habitation, lorsqu'ils sont conclus par les organismes d'habitations à loyer modéré mentionnés à l'article L. 411-2 du même code et les sociétés d'économie mixte de construction et de gestion de logements sociaux, soumis aux dispositions de la loi nº 85-704 du 12 juillet 1985 précitée, ainsi que, jusqu'au 31 décembre 2021, par les centres régionaux des œuvres universitaires et scolaires définis à l'article L. 822-3 du code de l'éducation. » — [V. désormais CCP, art. L. 2171-2.]

Sur les dispositions spécifiques applicables aux marchés publics de conception-réalisation, V. Décr. nº 2016-360 du 25 mars 2016, art. 91, infra ; Décr. nº 2016-361 du 25 mars 2016, art. 79, infra.

SOUS-SECTION 2 *Marchés publics globaux de performance*

Art. 34 *Nonobstant les dispositions de l'article 33, les acheteurs peuvent conclure des marchés publics globaux de performance qui associent l'exploitation ou la maintenance à la réalisation ou à la conception-réalisation de prestations afin de remplir des objectifs chiffrés de performance définis notamment en termes de niveau d'activité, de qualité de service, d'efficacité énergétique ou d'incidence écologique. Ces marchés publics comportent des engagements de performance mesurables. — [V. désormais CCP, art. L. 2171-3.]*

V. Décr. nº 2016-360 du 25 mars 2016, art. 92 ; Décr. nº 2016-361 du 25 mars 2016, art. 80, infra.

SOUS-SECTION 3 *Marchés publics globaux sectoriels*

Art. 35 *Sans préjudice des dispositions législatives spéciales et nonobstant les dispositions des articles 33 et 34, les acheteurs peuvent confier à un opérateur économique une mission globale portant sur :*

1º La conception, la construction, l'aménagement, l'entretien et la maintenance des immeubles affectés à la police nationale, à la gendarmerie nationale, aux armées ou aux services du ministère de la défense ;

2º La conception, la construction et l'aménagement des infrastructures nécessaires à la mise en place de systèmes de communication et d'information répondant aux besoins des services du ministère de l'intérieur ;

3º La conception, la construction, l'aménagement, l'entretien et la maintenance des immeubles affectés à la brigade des sapeurs-pompiers de Paris ;

4º La conception, la construction, l'aménagement, l'entretien et la maintenance des immeubles affectés par l'État à la formation des personnels qui concourent aux missions de défense et de sécurité civiles ;

5º La conception, la construction et l'aménagement des établissements pénitentiaires. Cette mission peut en outre porter sur l'exploitation ou la maintenance des établissements pénitentiaires, à l'exception des fonctions de direction, de greffe et de surveillance ;

6º La conception, la construction, l'aménagement, l'entretien, l'hôtellerie et la maintenance de centres de rétention ou de zones d'attente. Cette mission ne peut conduire à confier l'enregistrement et la surveillance des personnes retenues ou maintenues à d'autres personnes que des agents de l'État ;

7º La conception, la construction, l'aménagement, l'entretien et la maintenance de bâtiments ou d'équipements affectés à l'exercice des missions des établissements publics de santé, des organismes visés à l'article L. 124-4 du code de la sécurité sociale gérant des établissements de santé et des structures de coopération sanitaire dotées de la personnalité morale publique ;

8º La revitalisation artisanale et commerciale au sens de l'article 19 de la loi du 18 juin 2014 susvisée [L. nº 2014-626, V. App., Partie II] ;

(L. nº 2017-257 du 28 févr. 2017, art. 64) « 9º La construction et l'aménagement des infrastructures du réseau de transport public du Grand Paris ou des infrastructures de transport public dont la maîtrise d'ouvrage est confiée à la Société du Grand Paris ; »

(Ord. nº 2019-36 du 23 janv. 2019, art. 3) « 10º La conception et la construction ou l'aménagement en urgence des locaux, installations ou infrastructures requis par le rétablissement des contrôles des marchandises et des passagers à destination ou en provenance du Royaume-Uni en raison du retrait de cet État de l'Union européenne. » – *[V. désormais CCP, art. L. 2171-4, L. 2171-5, L. 2171-6.]*

Les dispositions introduites par l'Ord. nº 2019-36 du 23 janv. 2019 s'appliquent :

— aux marchés pour lesquels une consultation est engagée ou un avis d'appel à la concurrence est envoyé à compter de l'entrée en vigueur de ladite ordonnance ;

— aux procédures engagées jusqu'à la fin du sixième mois suivant la date du retrait du Royaume-Uni de l'Union européenne (Ord. préc., art. 3 et 7).

SOUS-SECTION 4 *Identification de la maîtrise d'œuvre*

(L. nº 2016-925 du 7 juill. 2016, art. 91)

Art. 35 *bis* ***Parmi les conditions d'exécution d'un marché public global figure l'obligation d'identifier une équipe de maîtrise d'œuvre chargée de la conception de l'ouvrage et du suivi de sa réalisation.***

Pour les ouvrages de bâtiment, la mission confiée à l'équipe de maîtrise d'œuvre est définie par voie réglementaire ; elle comprend les éléments de la mission définie à l'article 7 de la loi nº 85-704 du 12 juillet 1985 relative à la maîtrise d'ouvrage publique et à ses rapports avec la maîtrise d'œuvre privée, adaptés à la spécificité des marchés publics globaux. – *[V. désormais CCP, art. L. 2171-7.]*

SECTION 5 *Marchés publics réservés*

SOUS-SECTION 1 *Réservation de marchés publics aux opérateurs économiques qui emploient des travailleurs handicapés ou défavorisés*

Art. 36 ***I. — Des marchés publics ou des lots d'un marché public peuvent être réservés à des entreprises adaptées mentionnées à l'article L. 5213-13 du code du travail, à des établissements et services d'aide par le travail mentionnés à l'article L. 344-2 du code de l'action sociale et des familles ainsi qu'à des structures équivalentes, lorsqu'ils emploient une proportion minimale, fixée par voie réglementaire, de travailleurs handicapés qui, en raison de la nature ou de la gravité de leurs déficiences, ne peuvent exercer une activité professionnelle dans des conditions normales.***

II. — Des marchés publics ou des lots d'un marché public autres que ceux de défense ou de sécurité peuvent être réservés à des structures d'insertion par l'activité économique mentionnées à l'article L. 5132-4 du code du travail et à des structures équivalentes, lorsqu'elles emploient une proportion minimale, fixée par voie réglementaire, de travailleurs défavorisés.

III. — Un acheteur ne peut réserver un marché public ou un lot d'un marché public à la fois aux opérateurs économiques qui répondent aux conditions du I et à ceux qui répondent aux conditions du II. – *[V. désormais CCP, art. L. 2113-12, L. 2113-13, L. 2113-14, L. 2313-6.]*

Sur la possibilité pour les pouvoirs adjudicateurs ultramarins de réserver un tiers de leurs marchés publics aux PME locales, V. L. nº 2017-256 du 28 févr. 2017, art. 73, et Décr. nº 2018-57 du 31 janv. 2018, ss. CCP, art. L. 2193-1.

SOUS-SECTION 2 *Réservation de marchés publics aux entreprises de l'économie sociale et solidaire*

Art. 37 ***I. — Des marchés publics ou des lots d'un marché public autres que ceux de défense ou de sécurité, qui portent exclusivement sur des services de santé, sociaux ou culturels dont la liste est publiée au Journal officiel de la République française, peuvent être réservés par un pouvoir adjudicateur, y compris lorsqu'il agit en tant qu'entité adjudicatrice, aux entreprises de l'économie sociale et solidaire définies à l'article 1er de la loi du 31 juillet 2014 susvisée*** *[L. nº 2014-856 du 31 juill. 2014, V.* ***C. trav.****]* ***et à des structures équivalentes, lorsqu'elles ont pour objectif d'assumer une mission de service public liée à la prestation de services mentionnés sur cette liste.*** – *V. Avis relatif aux contrats de la commande publique ayant pour objet des services sociaux et autres services spécifiques (JO 27 mars 2016).*

Toutefois, ces dispositions ne sont pas applicables aux entreprises titulaires, au cours des trois années précédant l'attribution de ces marchés, d'un marché public, attribué par ce pouvoir adjudicateur, relatif aux services mentionnés au premier alinéa.

II. — La durée du marché public réservé en application du I ne peut être supérieure à trois ans. – *[V. désormais CCP, art. L. 2113-15, L. 2113-16.]*

V. Décr. nº 2016-360 du 25 mars 2016, art. 14.

SECTION 6 Contenu des marchés publics

Art. 38 *I. — Les conditions d'exécution d'un marché public peuvent prendre en compte des considérations relatives à l'économie, à l'innovation, à l'environnement, au domaine social ou à l'emploi, à condition qu'elles soient liées à l'objet du marché public. (L. n° 2017-86 du 27 janv. 2017, art. 213) « Elles peuvent aussi prendre en compte la politique menée par l'entreprise en matière de lutte contre les discriminations. »*

Sont réputées liées à l'objet du marché public les conditions d'exécution qui se rapportent aux travaux, fournitures ou services à fournir en application du marché public, à quelque égard que ce soit et à n'importe quel stade de leur cycle de vie, y compris les facteurs intervenant dans le processus spécifique de production, de fourniture ou de commercialisation de ces travaux, fournitures ou services ou un processus spécifique lié à un autre stade de leur cycle de vie, même lorsque ces facteurs ne ressortent pas des qualités intrinsèques de ces travaux, fournitures ou services.

Pour l'application du présent I, le cycle de vie est l'ensemble des étapes successives ou interdépendantes, y compris la recherche et le développement à réaliser, la production, la commercialisation et ses conditions, le transport, l'utilisation et la maintenance, tout au long de la vie du produit ou de l'ouvrage ou de la fourniture d'un service, depuis l'acquisition des matières premières ou la production des ressources jusqu'à l'élimination, la remise en état et la fin du service ou de l'utilisation.

II. — Les acheteurs peuvent imposer, notamment dans les marchés publics de défense ou de sécurité, que les moyens utilisés pour exécuter tout ou partie d'un marché public, pour maintenir ou pour moderniser les produits acquis soient localisés sur le territoire des États membres de l'Union européenne afin, notamment, de prendre en compte des considérations environnementales ou sociales ou d'assurer la sécurité des informations et des approvisionnements. — [V. désormais CCP, art. L. 2112-2, L. 2112-3, L. 2112-4, L. 2312-1, L. 2312-2.]

Art. 39 *La durée d'exécution ainsi que le prix ou ses modalités de fixation et, le cas échéant, ses modalités d'évolution sont définies par le marché public, dans les conditions et sous réserve des exceptions prévues par voie réglementaire.* — [V. désormais CCP, art. L. 2112-5, L. 2112-6.] — V. not. Décr. n° 2016-360 du 25 mars 2016, art. 15 s., infra ; Décr. n° 2016-361 du 25 mars 2016, art. 11 s., infra.

CHAPITRE II PROCÉDURE DE PASSATION

SECTION 1 [ABROGÉE] Évaluation préalable du mode de réalisation du projet

(Abrogée par L. n° 2016-1691 du 9 déc. 2016, art. 39-II-2°)

Sur l'application des modifications issues de la L. n° 2016-1691 du 9 déc. 2016, V. note ss. art. 32.

Art. 40 *Lorsqu'un marché public, autre qu'un marché public de défense ou de sécurité, porte sur des investissements dont le montant hors taxe est égal ou supérieur à un seuil fixé par voie réglementaire, l'acheteur réalise, avant le lancement de la procédure de passation, une évaluation ayant pour objet de comparer les différents modes envisageables de réalisation du projet. Cette évaluation comporte une analyse en coût complet et tout élément permettant d'éclairer l'acheteur dans le choix du mode de réalisation de ce projet.* — V. Décr. n° 2016-360 du 25 mars 2016, art. 24, infra.

Sur la saisine de la mission d'appui au financement des infrastructures, V. Décr. n° 2016-522 du 27 avr. 2016, ss. CCP, art. L. 2212-2.

SECTION 2 Règles de publicité et de mise en concurrence

SOUS-SECTION 1 Publicité préalable

Art. 41 *Afin de susciter la plus large concurrence, les acheteurs procèdent à une publicité dans les conditions et sous réserve des exceptions définies par voie réglementaire, selon l'objet du marché public, la valeur estimée hors taxe du besoin ou l'acheteur concerné.* — [V. désormais CCP, art. L. 2131-1, L. 2331-1.]

SOUS-SECTION 2 Procédures de mise en concurrence

Art. 42 *Le marché public est passé, dans les conditions et selon les modalités fixées par voie réglementaire :*

1° Lorsque la valeur estimée hors taxe du besoin est égale ou supérieure aux seuils européens publiés au Journal officiel de la République française, selon l'une des procédures formalisées suivantes :

a) La procédure d'appel d'offres, ouvert ou restreint, par laquelle l'acheteur choisit l'offre économiquement la plus avantageuse, sans négociation, sur la base de critères objectifs préalablement portés à la connaissance des candidats ;

b) La procédure concurrentielle avec négociation, par laquelle un pouvoir adjudicateur négocie les conditions du marché public avec un ou plusieurs opérateurs économiques ;

c) La procédure négociée avec mise en concurrence préalable, par laquelle une entité adjudicatrice négocie les conditions du marché public avec un ou plusieurs opérateurs économiques ;

d) La procédure de dialogue compétitif dans laquelle l'acheteur dialogue avec les candidats admis à participer à la procédure en vue de définir ou développer les solutions de nature à répondre à ses besoins et sur la base desquelles ces candidats sont invités à remettre une offre ;

2° Selon une procédure adaptée, dont les modalités sont déterminées par l'acheteur dans le respect des principes mentionnés à l'article 1er, lorsque la valeur estimée hors taxe du besoin est inférieure aux seuils mentionnés au 1° du présent article ou en fonction de l'objet de ce marché ;

3° Selon une procédure négociée sans publicité ni mise en concurrence préalables. — [V. désormais CCP, art. L. 2123-1, L. 2124-1, L. 2124-2, L. 2124-3, L. 2124-4, L. 2320-1, L. 2323-1, L. 2324-1, L. 2324-2, L. 2324-3, L. 2324-4, L. 2341-2.]

Sur les procédures formalisées, V. Décr. n° 2016-360 du 25 mars 2016, art. 25 et 26, infra ; Décr. n° 2016-361 du 25 mars 2016, art. 21, infra.

Sur la procédure adaptée, V. Décr. n° 2016-360 du 25 mars 2016, art. 27 s., infra ; Décr. n° 2016-361 du 25 mars 2016, art. 22, infra.

Sur la procédure négociée sans publicité ni mise en concurrence préalables, V. Décr. n° 2016-360 du 25 mars 2016, art. 30, infra ; Décr. n° 2016-361 du 25 mars 2016, art. 23, infra.

V. Avis relatif aux seuils de procédure et à la liste des autorités publiques centrales en droit de la commande publique.

SECTION 3 *Communications électroniques*

Art. 43 *Les communications et les échanges d'informations effectués en application de la présente ordonnance sont réalisés par voie électronique, selon des modalités et sous réserve des exceptions prévues par voie réglementaire.* — V. Décr. n° 2016-360 du 25 mars 2016, art. 40 s., infra.

Pour les marchés publics de défense ou de sécurité, les communications et les échanges d'informations peuvent être réalisés par voie électronique. — [V. désormais CCP, art. L. 2132-2, L. 2332-2.] — V. Décr. n° 2016-361 du 25 mars 2016, art. 32 s., infra.

Sur la signature électronique dans la commande publique, V. Arr. du 12 avr. 2018 (JO 20 avr.) ss. Décr. n° 2016-360 du 25 mars 2016, art. 102.

V. Arr. du 14 déc. 2009.

SECTION 4 *Confidentialité*

Art. 44 *I. — Sans préjudice des dispositions législatives ou réglementaires relatives à l'accès aux documents administratifs, l'acheteur ne peut communiquer les informations confidentielles qu'il détient dans le cadre du marché public, telles que celles dont la divulgation violerait le secret* (L. n° 2018-670 du 30 juill. 2018, art. 4) *« des affaires » ou pourrait nuire à une concurrence loyale entre les opérateurs économiques, notamment par la communication, en cours de consultation, du montant global ou du prix détaillé des offres.*

Toutefois, l'acheteur peut demander aux opérateurs économiques de consentir à ce que certaines informations confidentielles qu'ils ont fournies, précisément désignées, puissent être divulguées.

II. — Les acheteurs peuvent imposer aux opérateurs économiques des exigences visant à protéger la confidentialité des informations qu'ils communiquent dans le cadre de la procédure de passation de marché public. — [V. désormais CCP, art. L. 2132-1, L. 2332-1.]

SECTION 5 *Interdictions de soumissionner*

SOUS-SECTION 1 *Interdictions de soumissionner obligatoires et générales*

Art. 45 *Sont exclues de la procédure de passation des marchés publics :*

1° Les personnes qui ont fait l'objet d'une condamnation définitive pour l'une des infractions prévues aux articles 222-34 à 222-40, 313-1, 313-3, 314-1, 324-1, 324-5, 324-6, 421-1 à 421-2-4, 421-5, 432-10, 432-11, 432-12 à 432-16, 433-1, 433-2, 434-9, 434-9-1, 435-3, 435-4, 435-9, 435-10, 441-1 à 441-7, 441-9, 445-1 à 445-2-1 ou 450-1 du code pénal, aux articles 1741 à 1743, 1746 ou 1747 du code général des impôts et pour les marchés publics qui ne sont pas des marchés publics de défense ou de sécurité aux articles 225-4-1 et 225-4-7 du code pénal, ou pour recel de telles infractions, ainsi que pour les infractions équivalentes prévues par la législation d'un autre État membre de l'Union européenne.

La condamnation définitive pour l'une de ces infractions ou pour recel d'une de ces infractions d'un membre de l'organe de gestion, d'administration, de direction ou de surveillance ou d'une per-

sonne physique qui détient un pouvoir de représentation, de décision ou de contrôle d'une personne morale entraîne l'exclusion de la procédure de passation des marchés publics de cette personne morale, tant que cette personne physique exerce ces fonctions.

Sauf lorsque la peine d'exclusion des marchés publics a été prononcée pour une durée différente par une décision de justice définitive, l'exclusion de la procédure de passation des marchés publics au titre du présent 1° s'applique pour une durée de cinq ans à compter du prononcé de la condamnation ;

2° Les personnes qui n'ont pas souscrit les déclarations leur incombant en matière fiscale ou sociale ou n'ont pas acquitté les impôts, taxes, contributions ou cotisations sociales exigibles dont la liste est fixée par voie réglementaire. — V. Arr. du 25 mai 2016, ss. Décr. n° 2016-360 du 25 mars 2016, art. 51, infra.

Toutefois, l'exclusion mentionnée au présent 2° n'est pas applicable aux personnes qui, avant la date à laquelle l'acheteur se prononce sur la recevabilité de leur candidature, ont, en l'absence de toute mesure d'exécution du comptable ou de l'organisme chargé du recouvrement, acquitté lesdits impôts, taxes, contributions et cotisations ou constitué des garanties jugées suffisantes par le comptable ou l'organisme chargé du recouvrement, ou, à défaut, conclu un accord contraignant avec les organismes chargés du recouvrement en vue de payer les impôts, taxes, contributions ou cotisations, ainsi que les éventuels intérêts échus, pénalités ou amendes, à condition qu'elles respectent cet accord ;

3° Les personnes :

a) Soumises à la procédure de liquidation judiciaire prévue à l'article L. 640-1 du code de commerce ou faisant l'objet d'une procédure équivalente régie par un droit étranger ;

b) Qui font l'objet, à la date à laquelle l'acheteur se prononce sur la recevabilité de leur candidature, d'une mesure de faillite personnelle ou d'une interdiction de gérer en application des articles L. 653-1 à L. 653-8 du code de commerce, ou d'une mesure équivalente prévue par un droit étranger ;

c) Admises à la procédure de redressement judiciaire instituée par l'article L. 631-1 du code de commerce ou à une procédure équivalente régie par un droit étranger, qui ne justifient pas avoir été habilitées à poursuivre leurs activités pendant la durée prévisible d'exécution du marché public ;

4° Les personnes qui :

a) Ont été sanctionnées pour méconnaissance des obligations prévues aux articles L. 8221-1, L. 8221-3, L. 8221-5, L. 8231-1, L. 8241-1, L. 8251-1 et L. 8251-2 du code du travail ou qui ont été condamnées au titre de l'article L. 1146-1 du même code ou de l'article 225-1 du code pénal ;

b) Au 31 décembre de l'année précédant celle au cours de laquelle a lieu le lancement de la procédure de passation du marché public, n'ont pas mis en œuvre l'obligation de négociation prévue (L. n° 2018-771 du 5 sept. 2018, art. 104) *« au 2° de l'article L. 2242-1 » du code du travail ;*

c) Ont été condamnées au titre du 5° de l'article 131-39 du code pénal ou qui sont des personnes physiques condamnées à une peine d'exclusion des marchés publics.

Sauf lorsque la peine d'exclusion des marchés publics a été prononcée pour une durée différente fixée par une décision de justice définitive, l'exclusion prévue au présent 4° s'applique pour une durée de trois ans à compter la date de la décision ou du jugement ayant constaté la commission de l'infraction.

Toutefois, l'exclusion mentionnée au présent 4° n'est pas applicable à la personne qui établit :

— soit qu'elle n'a pas fait l'objet d'une peine d'exclusion des marchés publics inscrite au bulletin n° 2 du casier judiciaire en application de l'article 775-1 du code de procédure pénale, qu'elle a régularisé sa situation, qu'elle a réglé l'ensemble des amendes et indemnités dues, qu'elle a collaboré activement avec les autorités chargées de l'enquête, qu'elle a, le cas échéant, réalisé ou engagé la régularisation de sa situation au regard de l'obligation de négociation (L. n° 2018-771 du 5 sept. 2018, art. 104) *« du 2° de l'article L. 2242-1 » du code du travail, et, enfin, qu'elle a pris des mesures concrètes de nature à prévenir la commission d'une nouvelle infraction pénale ou d'une nouvelle faute ;*

— soit que la peine d'exclusion des marchés publics n'est pas opposable du fait de l'obtention d'un sursis en application des articles 132-31 ou 132-32 du code pénal, d'un ajournement du prononcé de la peine en application des articles 132-58 à 132-62 du code pénal ou d'un relèvement de peine en application de l'article 132-21 du code pénal ou des articles 702-1 ou 703 du code de procédure pénale ;

5° Les personnes qui font l'objet d'une mesure d'exclusion des contrats administratifs en vertu d'une décision administrative prise en application de l'article L. 8272-4 du code du travail.

Toutefois, l'exclusion mentionnée au présent 5° n'est pas applicable à la personne qui établit qu'elle n'a pas fait l'objet d'une peine d'exclusion des marchés publics inscrite au bulletin n° 2 du casier judiciaire en application de l'article 775-1 du code de procédure pénale, qu'elle a régularisé sa situation, qu'elle a réglé l'ensemble des amendes et indemnités dues, qu'elle a collaboré active-

ment avec les autorités chargées de l'enquête, et qu'elle a pris des mesures concrètes de nature à prévenir la commission d'une nouvelle infraction pénale ou d'une nouvelle faute.

(L. n° 2016-1691 du 9 déc. 2016, art. 39-II-3°) *« L'acheteur accepte, comme preuve suffisante attestant que le candidat ne se trouve pas dans un cas d'interdiction de soumissionner mentionné aux 1° et aux a et c du 4° du présent article, une déclaration sur l'honneur. »* – [V. désormais CCP, art. L. 2141-1, L. 2141-2, L. 2141-3, L. 2141-4, L. 2141-5, L. 2341-1.]

Sur l'application des modifications issues de la L. n° 2016-1691 du 9 déc. 2016, V. note ss. art. 32.

SOUS-SECTION 2 *Interdictions de soumissionner obligatoires propres aux marchés publics de défense ou de sécurité*

Art. 46 *Sont en outre exclues des marchés publics de défense ou de sécurité :*

1° Les personnes qui ont fait l'objet d'une condamnation définitive pour l'une des infractions prévues aux articles 226-13 (L. n° 2016-731 du 3 juin 2016, art. 26-IV) *« , 222-52 à 222-59 » ou 413-10 à 413-12 du code pénal, aux articles L. 2339-2 à L. 2339-4, L. 2339-11-1 à L. 2339-11-3 du code de la défense ou à l'article L. 317-8 du code de la sécurité intérieure. L'exclusion de la procédure de passation des marchés publics s'applique pour une durée de cinq ans à compter du prononcé de la décision du juge sauf lorsque la peine d'exclusion des marchés publics a été prononcée pour une durée différente ;*

2° Les personnes qui, par une décision de justice définitive, ont vu leur responsabilité civile engagée depuis moins de cinq ans pour méconnaissance de leurs engagements en matière de sécurité d'approvisionnement ou en matière de sécurité de l'information, à moins qu'elles aient entièrement exécuté les décisions de justice éventuellement prononcées à leur encontre et qu'elles établissent, par tout moyen, que leur professionnalisme ne peut plus être remis en cause ;

3° Les personnes au sujet desquelles il est établi, par tout moyen et, le cas échéant, par des sources de données protégées, qu'elles ne possèdent pas la fiabilité nécessaire pour éviter des atteintes à la sécurité de l'État. – [V. désormais CCP, art. L. 2341-3.]

SOUS-SECTION 3 *Dérogation justifiée par l'intérêt général*

Art. 47 *Les acheteurs peuvent, à titre exceptionnel, autoriser un opérateur économique qui serait dans un cas d'interdiction de soumissionner prévu* (L. n° 2018-607 du 13 juill. 2018, art. 44) *« à l'article 45 » à participer à la procédure de passation du marché public* (L. n° 2018-607 du 13 juill. 2018, art. 44) *« autre que de défense ou de sécurité », à condition que cela soit justifié par des raisons impérieuses d'intérêt général, que le marché public en cause ne puisse être confié qu'à ce seul opérateur économique et qu'un jugement définitif d'une juridiction d'un État membre de l'Union européenne n'exclut* [exclue] *pas expressément l'opérateur concerné des marchés publics.*

(L. n° 2018-607 du 13 juill. 2018, art. 44) *« Pour les marchés publics de défense et de sécurité, les acheteurs peuvent autoriser un opérateur économique qui est dans un cas d'interdiction prévu aux articles 45 et 46 à participer à un marché public pour des raisons impérieuses d'intérêt général. »* – [V. désormais CCP, art. L. 2141-6, L. 2341-4.]

SOUS-SECTION 4 *Interdictions de soumissionner facultatives*

Art. 48 *I. – Les acheteurs peuvent exclure de la procédure de passation du marché public :*

1° Les personnes qui, au cours des trois années précédentes, ont dû verser des dommages et intérêts, ont été sanctionnées par une résiliation ou ont fait l'objet d'une sanction comparable du fait d'un manquement grave ou persistant à leurs obligations contractuelles lors de l'exécution d'un contrat de concession antérieur ou d'un marché public antérieur ;

2° Les personnes qui ont entrepris d'influer indûment sur le processus décisionnel de l'acheteur ou d'obtenir des informations confidentielles susceptibles de leur donner un avantage indu lors de la procédure de passation du marché public, ou ont fourni des informations trompeuses susceptibles d'avoir une influence déterminante sur les décisions d'exclusion, de sélection ou d'attribution ;

3° Les personnes qui, par leur participation préalable directe ou indirecte à la préparation de la procédure de passation du marché public, ont eu accès à des informations susceptibles de créer une distorsion de concurrence par rapport aux autres candidats, lorsqu'il ne peut être remédié à cette situation par d'autres moyens ;

4° Les personnes à l'égard desquelles l'acheteur dispose d'éléments suffisamment probants ou constituant un faisceau d'indices graves, sérieux et concordants pour en déduire qu'elles ont conclu une entente avec d'autres opérateurs économiques en vue de fausser la concurrence ;

5° Les personnes qui, par leur candidature, créent une situation de conflit d'intérêts, lorsqu'il ne peut y être remédié par d'autres moyens. Constitue une situation de conflit d'intérêts toute situa-

tion dans laquelle une personne qui participe au déroulement de la procédure de passation du marché public ou est susceptible d'en influencer l'issue a, directement ou indirectement, un intérêt financier, économique ou tout autre intérêt personnel qui pourrait compromettre son impartialité ou son indépendance dans le cadre de la procédure de passation du marché public.

II. — Un opérateur économique ne peut être exclu en application du I que s'il a été mis à même par l'acheteur d'établir, dans un délai raisonnable et par tout moyen, que son professionnalisme et sa fiabilité ne peuvent plus être remis en cause et, le cas échéant, que sa participation à la procédure de passation du marché public n'est pas susceptible de porter atteinte à l'égalité de traitement. — [V. désormais CCP, art. L. 2141-7, L. 2141-8, L. 2141-9, L. 2141-10, L. 2141-11, L. 2341-5.]

SOUS-SECTION 5 *Incidences d'un changement de situation des opérateurs économiques au regard des interdictions de soumissionner*

Art. 49 *I. — Lorsqu'un opérateur économique est, au cours de la procédure de passation ou de l'exécution du marché public, placé dans l'une des situations mentionnées aux articles 45, 46 et 48 ayant pour effet de l'exclure d'un marché public, l'acheteur peut résilier le marché public pour ce motif.*

L'opérateur informe sans délai l'acheteur de ce changement de situation.

II. — La résiliation mentionnée au I ne peut être prononcée lorsque l'opérateur économique fait l'objet d'une procédure de redressement judiciaire instituée par l'article L. 631-1 du code de commerce, à condition qu'il ait informé sans délai l'acheteur de son changement de situation. — [V. désormais CCP, art. L. 2141-12, L. 2195-4, L. 2341-6, L. 2395-2.]

SOUS-SECTION 6 *Hypothèse des groupements d'opérateurs économiques et des sous-traitants*

Art. 50 *I. — Lorsque le motif d'exclusion de la procédure de passation concerne un membre d'un groupement d'opérateurs économiques, l'acheteur exige son remplacement par une personne qui ne fait pas l'objet d'un motif d'exclusion dans un délai de dix jours à compter de la réception de cette demande par le mandataire du groupement, sous peine d'exclusion du groupement de la procédure.*

II. — Les personnes à l'encontre desquelles il existe un motif d'exclusion ne peuvent être acceptées en tant que sous-traitant.

Lorsque le sous-traitant à l'encontre duquel il existe un motif d'exclusion est présenté au stade de la candidature, l'acheteur exige son remplacement par une personne qui ne fait pas l'objet d'un motif d'exclusion, dans un délai de dix jours à compter de la réception de cette demande par le candidat ou, en cas de groupement, par le mandataire du groupement, sous peine d'exclusion de la procédure. — [V. désormais CCP, art. L. 2141-13, L. 2141-14, L. 2341-7.]

SECTION 6 *Sélection des candidats*

Art. 51 *I. — Les acheteurs ne peuvent imposer aux candidats que des conditions de participation à la procédure de passation propres à garantir qu'ils disposent de l'aptitude à exercer l'activité professionnelle, de la capacité économique et financière ou des capacités techniques et professionnelles nécessaires à l'exécution du marché public. Ces conditions sont liées et proportionnées à l'objet du marché public ou à ses conditions d'exécution.*

II. — Pour les marchés publics de défense ou de sécurité, les acheteurs peuvent ne pas accepter un opérateur économique qui, au regard notamment de l'implantation géographique hors du territoire de l'Union européenne de l'outillage, du matériel, de l'équipement technique, du personnel, du savoir-faire et des sources d'approvisionnement dont il dispose, ne présente pas les capacités techniques pour exécuter le marché public, pour faire face à d'éventuelles augmentations des besoins par suite d'une crise ou pour assurer la maintenance, la modernisation ou les adaptations des fournitures faisant l'objet du marché public. — [V. désormais CCP, art. L. 2142-1, L. 2342-1, L. 2342-2.]

Sur la liste des renseignements et documents pouvant être demandés aux candidats aux marchés publics, V. Arr. du 29 mars 2016.

SECTION 7 *Choix de l'offre*

SOUS-SECTION 1 *Critères d'attribution*

Art. 52 *I. — Le marché public est attribué au soumissionnaire ou, le cas échéant, aux soumissionnaires qui ont présenté l'offre économiquement la plus avantageuse sur la base d'un ou plusieurs critères objectifs, précis et liés à l'objet du marché public ou à ses conditions d'exécution.*

Le lien avec l'objet du marché public ou ses conditions d'exécution s'apprécie conformément à l'article 38.

(L. nº 2016-1691 du 9 déc. 2016, art. 39-II-4º) ***« L'attribution sur la base d'un critère unique est possible dans des conditions fixées par voie réglementaire. »***

II. — Les critères d'attribution n'ont pas pour effet de conférer une liberté de choix illimitée à l'acheteur et garantissent la possibilité d'une véritable concurrence. *— [V. désormais CCP, art. L. 2152-7, L. 2152-8, L. 2352-1.]*

Sur l'application des modifications issues de la L. nº 2016-1691 du 9 déc. 2016, V. note ss. art. 32.

SOUS-SECTION 2 *Offres anormalement basses*

Art. 53 ***Lorsqu'une offre semble anormalement basse, l'acheteur exige que l'opérateur économique fournisse des précisions et justifications sur le montant de son offre.***

Si, après vérification des justifications fournies par l'opérateur économique, l'acheteur établit que l'offre est anormalement basse, il la rejette dans des conditions fixées par voie réglementaire.

(L. nº 2016-1691 du 9 déc. 2016, art. 39-II-5º) ***« L'acheteur met en œuvre tous moyens pour détecter les offres anormalement basses lui permettant de les écarter. »*** *— [V. désormais CCP, art. L. 2152-6, L. 2352-1.] — V. Décr. nº 2016-360 du 25 mars 2016, art. 60, infra ; Décr. nº 2016-361 du 25 mars 2016, art. 57, infra.*

V. Avis relatif à la liste des dispositions internationales en matière de droit environnemental, social et du travail permettant de rejeter une offre comme anormalement basse en matière de marchés publics (JO 27 mars 2016).

Sur l'application des modifications issues de la L. nº 2016-1691 du 9 déc. 2016, V. note ss. art. 32.

SOUS-SECTION 3 *Offres contenant des produits originaires des États tiers pour les marchés publics de fournitures des entités adjudicatrices*

Art. 54 ***Lorsqu'une offre présentée dans le cadre de la passation d'un marché public de fournitures passé par une entité adjudicatrice contient des produits originaires de pays tiers avec lesquels l'Union européenne n'a pas conclu, dans un cadre multilatéral ou bilatéral, un accord assurant un accès comparable et effectif des entreprises de l'Union européenne aux marchés de ces pays tiers, cette offre est appréciée dans des conditions fixées par voie réglementaire.*** *— [V. désormais CCP, art. L. 2153-2.] — V. Décr. nº 2016-360 du 25 mars 2016, art. 61, infra.*

Elle peut être rejetée lorsque les produits originaires des pays tiers représentent la part majoritaire de la valeur totale des produits composant cette offre.

SECTION 8 ***Information des candidats et soumissionnaires évincés***

Art. 55 ***Le choix des acheteurs à l'issue de la procédure de passation est communiqué aux candidats et aux soumissionnaires dont la candidature ou l'offre n'a pas été retenue.*** *— [V. désormais CCP, art. L. 2181-1, L. 2381-1.]*

SECTION 9 ***Transparence***

Art. 56 ***Dans des conditions fixées par voie réglementaire, les acheteurs rendent public le choix de l'offre retenue et*** *(L. nº 2018-607 du 13 juill. 2018, art. 44)* ***« , sauf pour les marchés de défense ou de sécurité, » rendent accessibles sous un format ouvert et librement réutilisable les données essentielles du marché public sous réserve des dispositions de l'article 44.*** *— [V. désormais CCP, art. L. 2183-1, L. 2196-2, L. 2383-1.] — V. Décr. nº 2016-360 du 25 mars 2016, art. 104 s., infra ; Décr. nº 2016-361 du 25 mars 2016, art. 92 s., infra.*

SECTION 10 ***Conservation des documents***

Art. 57 ***Les acheteurs conservent les documents relatifs à la passation et à l'exécution des marchés publics dans des conditions fixées par voie réglementaire.*** *— [V. désormais CCP, art. L. 2184-1, L. 2196-1, L. 2384-1, L. 2396-1.] — V. Décr. nº 2016-360 du 25 mars 2016, art. 105 s., infra ; Décr. nº 2016-361 du 25 mars 2016, art. 93 s., infra.*

SECTION 11 ***Résiliation en raison d'un manquement constaté par la Cour de justice de l'Union européenne***

Art. 58 ***Lorsque le marché public n'aurait pas dû être attribué à un opérateur économique en raison d'un manquement grave aux obligations prévues par le droit de l'Union européenne en matière de marchés publics qui a été reconnu par la Cour de justice de l'Union européenne dans le cadre de***

la procédure prévue à l'article 258 du traité sur le fonctionnement de l'Union européenne, il peut être résilié par l'acheteur. — [V. désormais CCP, art. L. 2195-5.]

TITRE III EXÉCUTION DES MARCHÉS PUBLICS

CHAPITRE I *RÉGIME FINANCIER*

SECTION 1 *Règlements, avances et acomptes*

Art. 59 *I. — Les marchés publics* (L. n° 2018-607 du 13 juill. 2018, art. 44) *« autres que de défense ou de sécurité » passés par l'État, ses établissements publics autres que ceux ayant un caractère industriel et commercial, les collectivités territoriales et les établissements publics locaux* (L. n° 2016-1691 du 9 déc. 2016, art. 39-II-6°) *« autres que les offices publics de l'habitat » donnent lieu à des versements à titre d'avances, d'acomptes, de règlements partiels définitifs ou de solde, dans les conditions prévues par voie réglementaire.* — V. Décr. n° 2016-360 du 25 mars 2016, art. 109 s., infra ; Décr. n° 2016-361 du 25 mars 2016, art. 96 s., infra.

(L. n° 2018-607 du 13 juill. 2018, art. 44) *« Les marchés de défense ou de sécurité passés par l'État et ses établissements publics donnent lieu à des versements à titre d'avances, d'acomptes, de règlements partiels définitifs ou de solde, dans des conditions prévues par voie réglementaire. »*

Le présent I n'est pas applicable à la Caisse des dépôts et consignations.

II. — Les marchés publics passés par les autres acheteurs peuvent donner lieu à des avances.

III. — Les prestations qui ont donné lieu à un commencement d'exécution du marché public ouvrent droit à des acomptes. Le montant d'un acompte ne peut excéder la valeur des prestations auxquelles il se rapporte. — [V. désormais CCP, art. L. 2191-1, L. 2191-2, L. 2191-4, L. 2391-1, L. 2391-2, L. 2391-4.]

Sur l'application des modifications issues de la L. n° 2016-1691 du 9 déc. 2016, V. note ss. art. 32.

Art. 60 *I. — L'insertion de toute clause de paiement différé est interdite dans les marchés publics passés par l'État, ses établissements publics, les collectivités territoriales et leurs établissements publics.*

En cas de marché global ayant pour objet la réalisation et l'exploitation ou la maintenance d'un ouvrage, la rémunération des prestations d'exploitation ou de maintenance ne peut contribuer au paiement de la construction.

Le présent I n'est pas applicable à la Caisse des dépôts et consignations.

II. — Pour tenir compte de circonstances particulières, telles que l'urgence ou les caractéristiques techniques, fonctionnelles ou économiques d'un équipement ou d'un service, une décision conjointe du ministre chargé de la défense et du ministre chargé du budget peut autoriser l'insertion dans un marché public de défense ou de sécurité d'une clause prévoyant un paiement différé. — [V. désormais CCP, art. L. 2191-5, L. 2191-6, L. 2391-5, L. 2391-6.]

SECTION 2 *Garanties*

Art. 61 *Les marchés publics peuvent prévoir, à la charge du titulaire, une retenue de garantie, une garantie à première demande ou une caution personnelle et solidaire, dans les conditions et sous réserve des exceptions prévues par voie réglementaire.* — [V. désormais CCP, art. L. 2191-7, L. 2391-7.] — V. Décr. n° 2016-360 du 25 mars 2016, art. 122 s., infra ; Décr. n° 2016-361 du 25 mars 2016, art. 109 s., infra.

Sur les modèles de garantie à première demande et de caution personnelle et solidaire, V. Arr. du 3 janv. 2005.

CHAPITRE II *DISPOSITIONS RELATIVES À LA SOUS-TRAITANCE ET AUX SOUS-CONTRATS*

SECTION 1 *Dispositions relatives à la sous-traitance*

Art. 62 *I. — Le titulaire d'un marché public peut, sous sa responsabilité, sous-traiter l'exécution de ce marché public dans les conditions fixées par la loi du 31 décembre 1975 susvisée.*

Pour les marchés publics de travaux ou de services ainsi que pour les marchés publics de fournitures comportant des services ou des travaux de pose ou d'installation dans le cadre d'un marché public de fournitures, les acheteurs peuvent exiger que certaines tâches essentielles soient effectuées directement par le titulaire.

II. — Lorsque le montant des prestations sous-traitées semble anormalement bas, l'acheteur exige que l'opérateur économique lui fournisse des précisions et justifications sur le montant de ces prestations.

Si, après vérification des justifications fournies par l'opérateur économique, l'acheteur établit que le montant des prestations sous-traitées est anormalement bas, il rejette l'offre lorsque la demande de sous-traitance intervient au moment du dépôt de l'offre ou n'accepte pas le sous-traitant proposé lorsque la demande de sous-traitance est présentée après le dépôt de l'offre, dans des conditions fixées par voie réglementaire. — [V. désormais CCP, art. L. 2193-1, L. 2193-3, L. 2193-8, L. 2193-9.] — V. Décr. nº 2016-360 du 25 mars 2016, art. 133 s., infra.

SECTION 2 *Dispositions relatives aux sous-contrats dans les marchés publics de défense ou de sécurité*

Art. 63 *I. — Pour les marchés publics de défense ou de sécurité, le titulaire peut, sous sa responsabilité, confier à un autre opérateur économique, dénommé sous-contractant, l'exécution d'une partie d'un marché public, y compris un marché public de fournitures, sans que cela consiste en une cession du marché public.*

En cas de sous-contrat, le titulaire du marché principal demeure personnellement responsable de l'exécution de toutes les obligations résultant du marché.

Il ne peut pas être exigé du titulaire qu'il se comporte de façon discriminatoire à l'égard de ses sous-contractants potentiels, notamment en raison de leur nationalité.

II. — Au sens du présent article, un sous-contractant est un sous-traitant au sens de la loi du 31 décembre 1975 susvisée ou un opérateur économique avec lequel le titulaire conclut aux fins de la réalisation d'une partie du marché public, un contrat dépourvu des caractéristiques du contrat d'entreprise.

Un contrat est dépourvu des caractéristiques du contrat d'entreprise, au sens de l'alinéa précédent, lorsqu'il a pour objet la fourniture de produits ou la prestation de services qui ne sont pas réalisés spécialement pour répondre aux besoins de l'acheteur.

III. — L'acheteur peut exiger que certaines tâches essentielles soient effectuées directement par le titulaire, notamment pour des motifs liés à la sécurité des approvisionnements ou des informations.

IV. — L'acheteur peut demander au candidat, au soumissionnaire ou au titulaire d'un marché public d'indiquer l'identité des sous-contractants qu'il entend solliciter ainsi que la nature et l'étendue des prestations qui leur seront confiées. Il peut exiger du soumissionnaire ou du titulaire la remise des sous-contrats.

V. — L'acheteur peut ne pas accepter un opérateur économique proposé par le candidat, le soumissionnaire ou le titulaire comme sous-contractant, pour l'un des motifs prévus aux articles 45, 46, 48 et 50 ou au motif qu'il ne présente pas les garanties suffisantes telles que celles exigées pour les candidats du marché public principal, notamment en termes de capacités techniques, professionnelles et financières ou de sécurité de l'information ou de sécurité des approvisionnements.

VI. — L'acheteur peut :

1º Imposer au titulaire de mettre en concurrence les opérateurs économiques afin de les choisir comme sous-contractants ;

2º Imposer au titulaire de sous-contracter une partie des marchés publics de défense ou de sécurité.

Pour l'application du présent VI, les opérateurs économiques liés au titulaire ne sont pas considérés comme des sous-contractants. — [V. désormais CCP, art. L. 2393-1, L. 2393-3, L. 2393-4, L. 2393-5, L. 2393-6, L. 2393-7, L. 2393-8.]

Sur le régime applicable aux sous-contrats dans les marchés publics de défense ou de sécurité, V. Décr. nº 2016-361 du 25 mars 2016, art. 120 s., infra.

CHAPITRE III *CONTRÔLE DES COÛTS DE REVIENT*

Art. 64 *I. — Dans les cas prévus au III, les titulaires de marchés publics conclus par l'État ou ses établissements publics fournissent à l'acheteur, si celui-ci en fait la demande, tous renseignements sur les éléments techniques et comptables du coût de revient des prestations qui font l'objet du marché public.*

II. — Les titulaires (L. nº 2018-607 du 13 juill. 2018, art. 44) *« ainsi que, dans des conditions fixées par voie réglementaire, les entreprises qui leur sont liées et leurs sous-traitants ou leurs sous-contractants » ont l'obligation de permettre et de faciliter la vérification éventuelle sur pièces ou sur place de l'exactitude de ces renseignements par les agents de l'administration.*

Ils peuvent être assujettis à présenter leurs bilans, comptes de résultat ainsi que leur comptabilité analytique et tous documents de nature à permettre l'établissement des coûts de revient.

III. — Les obligations prévues ci-dessus sont applicables aux marchés publics pour lesquels la spécialité des techniques, le petit nombre de candidats possédant la compétence requise, des motifs de secret ou des raisons d'urgence impérieuse ou de crise ne permettent pas de faire appel à la concurrence ou de la faire jouer efficacement.

(L. n° 2018-607 du 13 juill. 2018, art. 44) « Elles sont également applicables aux marchés publics dont les prestations sont complexes et d'une durée supérieure à cinq ans.

« IV. — Les soumissionnaires à un marché public mentionné au premier alinéa du III et négocié sans publicité ni mise en concurrence préalables par l'État ou ses établissements publics fournissent à l'acheteur, si celui-ci en fait la demande, tous renseignements sur les éléments techniques et comptables de l'estimation du coût de revient des prestations qui font l'objet du marché public. » — *[V. désormais CCP, art. L. 2196-4, L. 2196-5, L. 2196-6, L. 2396-3, L. 2396-4.]*

CHAPITRE IV *MODIFICATION DU MARCHÉ PUBLIC*

Art. 65 *Les conditions dans lesquelles un marché public peut être modifié en cours d'exécution sont fixées par voie réglementaire. Ces modifications ne peuvent changer la nature globale du marché public.* — *[V. désormais CCP, art. L. 2194-1, L. 2195-6, L. 2394-1.]* — *V. Décr. n° 2016-360 du 25 mars 2016, art. 139 s., infra ; Décr. n° 2016-361 du 25 mars 2016, art. 137, infra.*

Lorsque l'exécution du marché public ne peut être poursuivie sans une modification contraire aux dispositions prévues par la présente ordonnance, le marché public peut être résilié par l'acheteur.

DEUXIÈME PARTIE : *DISPOSITIONS SPÉCIFIQUES AUX MARCHÉS DE PARTENARIAT*

Art. 66 *Les marchés de partenariat sont soumis aux dispositions de la première partie de la présente ordonnance, à l'exception des articles 32, 59, 60 et 62, ainsi qu'aux dispositions suivantes.* — *[V. désormais CCP, art. L. 2200-1, L. 2373-1.]*

TITRE I DÉFINITIONS ET CHAMP D'APPLICATION

Art. 67 *I. — Un marché de partenariat est un marché public qui permet de confier à un opérateur économique ou à un groupement d'opérateurs économiques une mission globale ayant pour objet :*

1° La construction, la transformation, la rénovation, le démantèlement ou la destruction d'ouvrages, d'équipements ou de biens immatériels nécessaires au service public ou à l'exercice d'une mission d'intérêt général ;

2° Tout ou partie de leur financement.

Le titulaire du marché de partenariat assure la maîtrise d'ouvrage de l'opération à réaliser.

II. — Cette mission globale peut également avoir pour objet :

1° Tout ou partie de la conception des ouvrages, équipements ou biens immatériels ;

2° L'aménagement, l'entretien, la maintenance, la gestion ou l'exploitation d'ouvrages, d'équipements ou de biens immatériels ou une combinaison de ces éléments ;

3° La gestion d'une mission de service public ou des prestations de services concourant à l'exercice, par la personne publique, de la mission de service public dont elle est chargée.

III. — L'acheteur peut donner mandat au titulaire pour encaisser, en son nom et pour son compte, le paiement par l'usager de prestations exécutées en vertu du contrat. — *[V. désormais CCP, art. L. 1112-1, L. 2232-5.]*

Art. 68 *Après décision de l'acheteur, le titulaire du contrat de partenariat peut être chargé d'acquérir les biens nécessaires à la réalisation de l'opération, y compris, le cas échéant, par voie d'expropriation.*

Il peut se voir céder, avec l'accord du cocontractant concerné, tout ou partie des contrats passés par l'acheteur pouvant concourir à l'exécution de sa mission. — *[V. désormais CCP, art. L. 2231-1.]*

Art. 69 *(L. n° 2016-1691 du 9 déc. 2016, art. 39-II-7°) « I. — Lorsque l'acheteur confie tout ou partie de la conception des ouvrages au titulaire, les conditions d'exécution du marché doivent comprendre l'obligation d'identifier une équipe de maîtrise d'œuvre chargée de la conception des ouvrages et du suivi de leur réalisation.*

« II. — » Lorsque l'acheteur ne confie au titulaire qu'une partie de la conception de l'ouvrage, il peut lui-même, par dérogation à la définition de la mission de base figurant au quatrième alinéa de l'article 7 de la loi du 12 juillet 1985 susvisée [L. n° 85-704 du 12 juill. 1985], faire appel à une équipe de maîtrise d'œuvre pour la partie de la conception qu'il assume. — *[V. désormais CCP, art. L. 2213-3.]*

Sur l'application des modifications issues de la L. n° 2016-1691 du 9 déc. 2016, V. note ss. art. 32.

Art. 70 *Le marché de partenariat fixe les conditions dans lesquelles est établi le partage des risques entre l'acheteur et le titulaire. — [V. désormais CCP, art. L. 2213-1.]*

Art. 71 *Les marchés de partenariat peuvent être conclus par tout acheteur, à l'exception des organismes, autres que l'État, relevant de la catégorie des administrations publiques centrales dont la liste est établie par l'arrêté mentionné au I de l'article 12 de la loi du 28 décembre 2010 susvisée, ainsi que des établissements publics de santé et des structures de coopération sanitaire dotées de la personnalité morale publique. — [V. désormais CCP, art. L. 2211-1.]*

Art. 72 *I. — Un marché de partenariat peut être conclu pour la réalisation d'une opération répondant aux besoins d'une autre personne morale de droit public ou privé pour l'exercice de ses missions. Dans ce cas, une convention est signée entre l'acheteur qui conclut le marché de partenariat et l'organisme pour les besoins duquel le marché de partenariat est conclu.*

II. — L'État peut conclure, pour le compte de l'un des acheteurs non autorisés au sens de l'article 71, un marché de partenariat, sous réserve que :

1° Le ministère de tutelle ait procédé à l'instruction du projet ;

2° L'opération soit soutenable au regard de ses conséquences sur les finances publiques et sur la situation financière de la personne publique. — [V. désormais CCP, art. L. 2211-2, L. 2211-3.]

Art. 73 *Lorsque la réalisation d'un projet relève simultanément de la compétence de plusieurs acheteurs, ces derniers peuvent désigner par convention celui d'entre eux qui réalisera l'évaluation préalable, conduira la procédure de passation, et, éventuellement, signera le contrat et en suivra l'exécution. Le cas échéant, cette convention précise les conditions de ce transfert de compétences et en fixe le terme. — [V. désormais CCP, art. L. 2211-4.]*

TITRE II DISPOSITIONS PARTICULIÈRES RELATIVES À LA PASSATION DES MARCHÉS DE PARTENARIAT

CHAPITRE I *CONDITIONS DE LANCEMENT DE LA PROCÉDURE*

SECTION 1 *Évaluation et étude préalables*

Art. 74 *La décision de recourir à un marché de partenariat, quel que soit le montant d'investissement, doit être précédée de la réalisation* (L. n° 2016-1691 du 9 déc. 2016, art. 39-II-8°) *« d'une évaluation ayant pour objet de comparer les différents modes envisageables de réalisation du projet. Cette évaluation comporte une analyse en coût complet ainsi que tout élément permettant d'éclairer l'acheteur dans le choix du mode de réalisation du projet. »*

L'acheteur réalise également une étude de soutenabilité budgétaire qui apprécie notamment les conséquences du contrat sur les finances publiques et la disponibilité des crédits. — [V. désormais CCP, art. L. 2212-1, L. 2212-3.]

Sur l'application des modifications issues de la L. n° 2016-1691 du 9 déc. 2016, V. note ss. art. 32.

SECTION 2 *Conditions de recours*

Art. 75 *I. — La procédure de passation d'un marché de partenariat ne peut être engagée que si l'acheteur démontre que, compte tenu des caractéristiques du projet envisagé, des exigences de service public ou de la mission d'intérêt général dont l'acheteur est chargé, ou des insuffisances et difficultés observées dans la réalisation de projets comparables, le recours à un tel contrat présente un bilan plus favorable, notamment sur le plan financier, que celui des autres modes de réalisation du projet. Le critère du paiement différé ne saurait à lui seul constituer un avantage. Les modalités d'établissement de ce bilan sont fixées par décret en Conseil d'État.*

II. — Les acheteurs ne peuvent recourir au marché de partenariat que si la valeur de ce marché est supérieure à un seuil fixé par voie réglementaire en fonction de la nature et de l'objet du contrat, des capacités techniques et financières de l'acheteur et de l'intensité du risque encouru. — [V. désormais CCP, art. L. 2211-5, L. 2211-6.] — V. Décr. n° 2016-360 du 25 mars 2016, art. 151, infra ; Décr. n° 2016-361 du 25 mars 2016, art. 86, infra.

SECTION 3 *Avis et autorisation préalables*

Art. 76 *L'évaluation du mode de réalisation du projet est soumise pour avis à un organisme expert créé par voie réglementaire. — [V. désormais CCP, art. L. 2212-2, L. 2212-4.]*

L'étude de soutenabilité budgétaire est soumise pour avis au service de l'État compétent.

V. Décr. n° 2016-552 du 27 avr. 2016, ss. CCP, art. L. 2212-2.

Art. 77 *I. — Pour l'État et ses établissements publics, le lancement de la procédure de passation du marché de partenariat par l'acheteur est soumis à l'autorisation des autorités administratives compétentes dans des conditions fixées par voie réglementaire.* — V. Décr. n° 2016-360 du 25 mars 2016, art. 153 s., infra.

II. — Pour les collectivités territoriales et leurs établissements publics, l'évaluation du mode de réalisation du projet, l'étude de soutenabilité budgétaire et les avis sur celles-ci sont présentés à l'assemblée délibérante ou à l'organe délibérant, qui se prononce sur le principe du recours à un marché de partenariat.

III. — Pour les autres acheteurs, l'évaluation du mode de réalisation du projet, l'étude de soutenabilité budgétaire et les avis sur celles-ci sont présentés à l'organe décisionnel, qui se prononce sur le principe du recours à un marché de partenariat. — [V. désormais CCP, art. L. 2221-1, L. 2221-2, L. 2221-3.]

CHAPITRE II *OBLIGATIONS RELATIVES À L'ACHÈVEMENT DE LA PROCÉDURE*

SECTION 1 *Accord préalable à la signature*

Art. 78 *I. — Préalablement à leur signature, les marchés de partenariat de l'État et de ses établissements publics sont soumis à l'autorisation des autorités administratives compétentes dans des conditions fixées par voie réglementaire.* — V. Décr. n° 2016-360 du 25 mars 2016, art. 156, infra.

II. — L'assemblée délibérante de la collectivité territoriale ou l'organe délibérant de l'établissement public local autorise la signature du marché de partenariat par l'organe exécutif.

III. — L'organe décisionnel des autres acheteurs autorise la signature du marché de partenariat. — [V. désormais CCP, art. L. 2223-1, L. 2223-2, L. 2223-3.]

SECTION 2 *Transmission à l'organisme expert*

Art. 79 *Une fois signés, les marchés de partenariat et leurs annexes sont communiqués à l'organisme expert mentionné à l'article 76. Les informations et documents communiqués ne sont utilisés qu'à des fins de recensement et d'analyse économique.* — [V. désormais CCP, art. L. 2223-4.]

TITRE III FINANCEMENT DU PROJET ET RÉMUNÉRATION DU TITULAIRE

CHAPITRE I *FINANCEMENT DES INVESTISSEMENTS*

Art. 80 *I. — Une personne publique peut concourir au financement des investissements.*

II. — Les marchés de partenariat sont éligibles à des subventions et autres participations financières. Les modalités et l'échéancier de versement de ces subventions et autres participations financières peuvent être adaptés à la durée du contrat.

III. — Le concours de l'État, des collectivités territoriales ou d'autres organismes publics au financement des investissements peut prendre la forme d'une participation minoritaire au capital du titulaire lorsque celui-ci est constitué en société dédiée à la réalisation du projet. Dans ce cas, les statuts de cette société précisent la répartition des risques entre les actionnaires ainsi que les mesures prises afin de prévenir les conflits d'intérêt. — [V. désormais CCP, art. L. 2213-4, L. 2213-5, L. 2213-6.] — V. Décr. n° 2016-360 du 25 mars 2016, art. 160, infra.

Art. 81 *Le marché de partenariat fixe les conditions dans lesquelles l'actionnariat du titulaire, lorsque celui-ci est constitué en société dédiée à la réalisation du projet, peut être modifié. Il prévoit notamment les modalités d'information de l'acheteur et, le cas échéant, les modalités de partage de la plus-value de cession des titres.* — [V. désormais CCP, art. L. 2213-7.]

Art. 82 *L'acheteur peut prévoir que les modalités de financement indiquées dans l'offre finale présentent un caractère ajustable. Ces ajustements ne sauraient avoir pour effet de remettre en cause les conditions de mise en concurrence en exonérant l'acheteur de l'obligation de respecter le principe du choix de l'offre économiquement la plus avantageuse ni de permettre au candidat pressenti de bouleverser l'économie de son offre.* — [V. désormais CCP, art. L. 2222-1.]

CHAPITRE II *RÉMUNÉRATION DU TITULAIRE PAR L'ACHETEUR*

SECTION 1 *Modalités de détermination de la rémunération du titulaire*

Art. 83 *I. — La rémunération du titulaire fait l'objet d'un paiement par l'acheteur, à compter de l'achèvement des opérations mentionnées au 1° du I de l'article 67, pendant toute la durée du contrat. Elle est liée à des objectifs de performance assignés au titulaire pour chaque phase du contrat.*

Toutefois, les marchés de partenariat peuvent donner lieu à des versements à titre d'avances et d'acomptes.

II. — Le contrat détermine les conditions dans lesquelles les revenus issus de l'exercice d'activités annexes ou de la valorisation du domaine par le titulaire viennent diminuer le montant de la rémunération versée par l'acheteur. — [V. désormais CCP, art. L. 2213-8, L. 2213-9, L. 2232-1.]

SECTION 2 *Cessions de créance, crédits-bails, hypothèques*

Art. 84 *I. — La rémunération due par l'acheteur peut être cédée conformément aux dispositions des articles L. 313-29-1 et suivants du code monétaire et financier.*

II. — Le financement des investissements peut donner lieu à la conclusion de contrats de crédit-bail. Dans ce cas, le contrat comporte des clauses permettant de préserver les exigences du service public.

III. — Les ouvrages sur lesquels le titulaire dispose de droits réels ou dont il est propriétaire ne peuvent être hypothéqués qu'en vue de garantir des emprunts contractés pour financer la réalisation des obligations qu'il tient du marché de partenariat. Le contrat constituant l'hypothèque doit, à peine de nullité, être approuvé par l'acheteur et, le cas échéant, par la personne propriétaire du domaine.

Seuls les créanciers hypothécaires peuvent exercer des mesures conservatoires ou des mesures d'exécution sur les droits immobiliers résultant du contrat. — [V. désormais CCP, art. L. 2232-2, L. 2232-3, L. 2232-4.]

TITRE IV DISPOSITIONS RELATIVES À L'OCCUPATION DOMANIALE

Art. 85 *I. — Lorsque le marché de partenariat emporte occupation du domaine public, il vaut autorisation d'occupation de ce domaine pour sa durée. Le titulaire a, sauf stipulation contraire de ce contrat, des droits réels sur les ouvrages et équipements qu'il réalise. Ces droits lui confèrent les prérogatives et obligations du propriétaire, dans les conditions et les limites définies par les clauses du contrat ayant pour objet de garantir l'intégrité et l'affectation du domaine public.*

II. — Le marché de partenariat fixe les conditions dans lesquelles les ouvrages, équipements ou biens immatériels sont mis à la disposition de l'acheteur. Il garantit notamment le respect de l'affectation des ouvrages, équipements ou biens immatériels au service public dont l'acheteur est chargé et le respect des exigences du service public.

III. — Le marché de partenariat peut prévoir la possibilité pour l'acheteur d'exercer une option lui permettant d'acquérir, avant le terme fixé par l'autorisation d'occupation, les installations édifiées dans le cadre du contrat.

IV. — Le marché de partenariat prévoit les conséquences de la fin, anticipée ou non, du contrat en ce qui concerne la propriété des ouvrages, équipements ou biens immatériels. — [V. désormais CCP, art. L. 2213-10, L. 2213-11, L. 2213-12, L. 2213-13.]

Art. 86 *I. — Afin de valoriser une partie du domaine, l'acheteur peut, après avoir procédé, s'il y a lieu, à une délimitation des biens appartenant au domaine public, autoriser le titulaire :*

1° A consentir des autorisations d'occupation du domaine public ;

2° A consentir des baux de droit privé pour des biens appartenant au domaine privé et à y constituer tous types de droits réels à durée limitée ;

3° A procéder à des cessions pour des biens qui lui ont été préalablement cédés.

II. — L'accord de l'acheteur doit être expressément formulé pour chacune des autorisations ou des baux mentionnés aux 1° et 2° du I. Lorsque le marché de partenariat est conclu par l'acheteur pour la réalisation d'une opération répondant aux besoins d'une autre personne morale de droit public ou privé pour l'exercice de ses missions ou lorsque l'opération est réalisée sur le domaine d'une autre personne morale de droit public ou privé, le titulaire peut être autorisé à valoriser une partie du domaine, après accord du propriétaire du domaine.

Lorsque les baux sont consentis par le titulaire pour une durée excédant celle du contrat, les conditions de reprise du bail par l'acheteur doivent faire l'objet d'une convention entre l'acheteur, le titulaire, le preneur et, le cas échéant, le propriétaire du domaine. — [V. désormais CCP, art. L. 2233-1, L. 2233-2, L. 2233-3.]

TITRE V DISPOSITIONS PARTICULIÈRES RELATIVES À L'EXÉCUTION *DES MARCHÉS DE PARTENARIAT*

Art. 87 *I. — Le titulaire s'engage à confier à des petites et moyennes entreprises ou à des artisans une part minimale de l'exécution du contrat, dans des conditions fixées par voie réglementaire.* — V. Décr. n° 2016-360 du 25 mars 2016, art. 163, *infra* ; Décr. n° 2016-361 du 25 mars 2016, art. 86-2°, *infra*.

II. — Le titulaire constitue, à la demande de tout prestataire auquel il est fait appel pour l'exécution du contrat, un cautionnement auprès d'un organisme financier afin de garantir au prestataire qui en fait la demande le paiement des sommes dues.

Par dérogation à l'article L. 441-6 du code de commerce, ces prestations sont payées dans des délais fixés par voie réglementaire. — V. Décr. nº 2016-360 du 25 mars 2016, art. 164, infra.

III. — L'acheteur prend en compte, parmi les critères d'attribution du contrat, la part d'exécution du contrat que le soumissionnaire s'engage à confier à des petites et moyennes entreprises ou à des artisans. — [V. désormais CCP, art. L. 2213-14, L. 2222-4, L. 2232-6, L. 2232-7.]

Art. 88 *I. — Afin de permettre le suivi de l'exécution du marché de partenariat, un rapport annuel est établi par le titulaire. Il est adressé, chaque année, à l'acheteur dans les quarante-cinq jours suivant la date anniversaire de la signature du contrat.*

II. — L'acheteur exerce un contrôle sur l'exécution du contrat. Ce contrôle intervient, au minimum, en cours et à la fin de chacune des phases d'exécution des missions prévues par le contrat et donne lieu à un compte rendu.

III. — Pour les collectivités territoriales et leurs établissements publics, le rapport annuel établi par le titulaire et les comptes rendus des contrôles menés par l'acheteur sont transmis à l'assemblée délibérante ou à l'organe délibérant et font l'objet d'un débat. — [V. désormais CCP, art. L. 2234-1, L. 2234-2, L. 2234-3.]

Art. 89 (L. nº 2016-1691 du 9 déc. 2016, art. 39-II-9º) *I. — En cas d'annulation, de résolution ou de résiliation du contrat par le juge, faisant suite au recours d'un tiers, le titulaire du marché de partenariat peut prétendre à l'indemnisation des dépenses qu'il a engagées conformément au contrat dès lors qu'elles ont été utiles à l'acheteur. Peuvent figurer parmi ces dépenses, s'il y a lieu, les frais liés au financement mis en place dans le cadre de l'exécution du contrat, y compris, le cas échéant, les coûts pour le titulaire afférents aux instruments de financement et résultant de la fin anticipée du contrat.*

II. — La prise en compte des frais liés au financement est subordonnée à la mention, dans les annexes du marché de partenariat, des principales caractéristiques des financements à mettre en place pour les besoins de l'exécution du marché.

III. — Lorsqu'une clause du contrat du marché de partenariat fixe les modalités d'indemnisation du titulaire en cas d'annulation, de résolution ou de résiliation du contrat par le juge, elle est réputée divisible des autres stipulations du contrat. — [V. désormais CCP, art. L. 2235-1, L. 2235-2, L. 2235-3.]

Sur l'application des modifications issues de la L. nº 2016-1691 du 9 déc. 2016, V. note ss. art. 32.

Art. 90 *Les acheteurs peuvent recourir à l'arbitrage tel qu'il est réglé par le livre IV du code de procédure civile pour le règlement des litiges relatifs à l'exécution des marchés de partenariat, avec application de la loi française.*

Pour l'État, le recours à l'arbitrage est autorisé par décret pris sur le rapport du ministre compétent et du ministre chargé de l'économie. — [V. désormais CCP, art. L. 2236-1, R. 2236-1.]

TROISIÈME PARTIE : *DISPOSITIONS RELATIVES À L'OUTRE-MER*

TITRE I DISPOSITIONS GÉNÉRALES APPLICABLES À L'OUTRE-MER

Art. 91 *I. — Pour les marchés publics exécutés dans les départements, régions, collectivités uniques d'outre-mer, collectivités de l'article 74 de la Constitution et en Nouvelle-Calédonie ainsi qu'à Mayotte, lorsque le taux de chômage des jeunes de moins de 25 ans pour la dernière année connue dans le territoire considéré est égal ou supérieur à une proportion définie par voie réglementaire au taux de chômage observé pour le niveau national pour la même catégorie, les acheteurs peuvent imposer qu'une part minimale définie par voie réglementaire du nombre d'heures nécessaires à l'exécution du marché public soit effectuée par des jeunes de moins de 25 ans domiciliés dans ce territoire.*

II. — Pour l'application du I en Polynésie française, en Nouvelle-Calédonie et à Wallis-et-Futuna, la mention : "les acheteurs" est remplacée par la mention : "l'État et ses établissements publics". — [V. désormais CCP, art. L. 2691-1, L. 2691-2.]

TITRE II DISPOSITIONS PARTICULIÈRES À MAYOTTE

Art. 92 *Pour l'application de la présente ordonnance à Mayotte :*

1º A l'article 36, les références aux articles L. 5213-13 et L. 5132-4 du code du travail sont remplacées par les références aux articles L. 328-33 et L. 127-4 du code du travail applicable à Mayotte ;

2° A l'article 45, les références aux articles L. 1146-1, (L. n° 2018-771 du 5 sept. 2018, art. 104) « L. 2242-1 », L. 8221-1, L. 8221-3, L. 8221-5, L. 8231-1, L. 8241-1, L. 8251-1 et L. 8251-2 du code du travail sont remplacées par les références aux articles L. 046-1, L. 124-1, L. 124-3, L. 312-1, L. 312-2 et L. 330-5 du code du travail applicable à Mayotte.

TITRE III DISPOSITIONS PARTICULIÈRES À SAINT-BARTHÉLEMY, SAINT-MARTIN ET SAINT-PIERRE-ET-MIQUELON

Art. 93 *Pour l'application de la présente ordonnance à Saint-Barthélemy :*

1° L'article 2 est ainsi rédigé :

Art. 2 Les marchés publics de défense ou de sécurité sont passés avec des opérateurs économiques d'États membres de l'Union européenne.

Les acheteurs peuvent toutefois autoriser, au cas par cas, des opérateurs économiques de pays tiers à l'Union européenne à participer à une procédure de passation d'un marché public de défense ou de sécurité.

La décision de l'acheteur prend notamment en compte les impératifs de sécurité de l'information et d'approvisionnement et la préservation des intérêts de la défense et de la sécurité de l'État, l'intérêt de développer la base industrielle et technologique de défense, les objectifs de développement durable, l'obtention d'avantages mutuels et les exigences de réciprocité.

2° A l'article 14 :

a) Au 1°, les mots : ", à condition que cette disposition soit compatible avec le traité sur le fonctionnement de l'Union européenne" sont supprimés ;

b) Au 7°, les mots : "ou à des opérations menées avec le Fonds européen de stabilité financière ou le Mécanisme européen de stabilité" sont supprimés ;

c) Le a du 12° est ainsi rédigé :

"a) Un instrument juridique tel qu'un accord international portant sur des travaux, des fournitures ou des services destinés à la réalisation ou à l'exploitation en commun d'un projet par ses signataires ; "[;]

3° A l'article 15, le dernier alinéa du 4° et le 6° sont supprimés ;

4° A l'article 16 :

a) Au 3°, les mots : ", au sens de l'article 346 du traité sur le fonctionnement de l'Union européenne," sont supprimés ;

b) Au 6°, les mots : ", y compris un arrangement administratif conclu entre au moins un État membre de l'Union européenne et au moins un État tiers" sont supprimés ;

c) Le 8° est supprimé ;

d) Au 9°, les mots : "hors du territoire de l'Union européenne" sont remplacés par les mots : "hors du territoire de Saint-Barthélemy" ;

5° Au III de l'article 22, les mots : "l'article 346 du traité sur le fonctionnement de l'Union européenne" sont remplacés par les mots : "la protection des intérêts essentiels de sa sécurité et qui se rapportent à la production ou au commerce d'armes, de munitions et de matériel de guerre" ;

6° Au I de l'article 25, les mots : "l'article 346 du traité sur le fonctionnement de l'Union européenne" sont remplacés par les mots : "la protection des intérêts essentiels de sa sécurité et qui se rapportent à la production ou au commerce d'armes, de munitions et de matériel de guerre" ;

7° Au IV de l'article 26, le mot : "autre" est supprimé ;

8° Au IV de l'article 28, le mot : "autres" est supprimé ;

9° A l'article 31, la référence au 1° de l'article L. 110-1 du code de la route est remplacée par une référence applicable localement ayant le même objet ;

10° A l'article 33, les mots : "mentionnées au 1° de l'article L. 301-2 du code de la construction et de l'habitation", ", soumis aux dispositions de la loi du 12 juillet 1985 susvisée" et "mentionnés à l'article L. 411-2 du code de la construction et de l'habitation" sont supprimés ;

11° A l'article 38, les mots : "des États membres de l'Union européenne" sont remplacés par les mots : "de la République" ;

12° A l'article 45, les références aux articles 1741 à 1743, 1746 et 1747 du code général des impôts sont remplacées par les références ayant le même objet applicables localement et les mots : ", ainsi que pour les infractions équivalentes prévues par la législation d'un autre État membre de l'Union européenne " sont supprimés ;

13° A l'article 51, les mots : "hors du territoire de l'Union européenne" sont remplacés par les mots : "dans un État tiers" ;

14° A l'article 54, les mots : "avec lesquels l'Union européenne n'a pas conclu, dans un cadre multilatéral ou bilatéral, un accord assurant un accès comparable et effectif des entreprises de l'Union européenne aux marchés de ces pays tiers" sont supprimés ;

15° L'article 58 est supprimé.

Art. 94 *Pour l'application de la présente ordonnance à Saint-Martin :*

1° A l'article 31, la référence au 1° de l'article L. 110-1 du code de la route est remplacée par une référence applicable localement ayant le même objet ;

2° A l'article 33, les mots : "mentionnées au 1° de l'article L. 301-2 du code de la construction et de l'habitation", ", soumis aux dispositions de la loi du 12 juillet 1985 susvisée" et " mentionnés à l'article L. 411-2 du code de la construction et de l'habitation " sont supprimés ;

3° A l'article 45, les références aux articles 1741 à 1743, 1746 et 1747 du code général des impôts sont remplacées par les références ayant le même objet applicables localement.

Art. 95 *Pour l'application de la présente ordonnance à Saint-Pierre-et-Miquelon :*

1° L'article 2 est ainsi rédigé :

Art. 2 Les marchés publics de défense ou de sécurité sont passés avec des opérateurs économiques d'États membres de l'Union européenne.

Les acheteurs peuvent toutefois autoriser, au cas par cas, des opérateurs économiques de pays tiers à l'Union européenne à participer à une procédure de passation d'un marché public de défense ou de sécurité.

La décision de l'acheteur prend notamment en compte les impératifs de sécurité de l'information et d'approvisionnement et la préservation des intérêts de la défense et de la sécurité de l'État, l'intérêt de développer la base industrielle et technologique de défense, les objectifs de développement durable, l'obtention d'avantages mutuels et les exigences de réciprocité.

2° A l'article 14 :

a) Au 1°, les mots : ", à condition que cette disposition soit compatible avec le traité sur le fonctionnement de l'Union européenne" sont supprimés ;

b) Au 7°, les mots : "ou à des opérations menées avec le Fonds européen de stabilité financière ou le Mécanisme européen de stabilité" sont supprimés ;

c) Le a du 12° est ainsi rédigé :

"a) Un instrument juridique tel qu'un accord international portant sur des travaux, des fournitures ou des services destinés à la réalisation ou à l'exploitation en commun d'un projet par ses signataires ;" [;]

3° A l'article 15, le dernier alinéa du 4° et le 6° sont supprimés ;

4° A l'article 16 :

a) Au 3°, les mots : ", au sens de l'article 346 du traité sur le fonctionnement de l'Union européenne," sont supprimés ;

b) Au 6°, les mots : ", y compris un arrangement administratif conclu entre au moins un État membre de l'Union européenne et au moins un État tiers" sont supprimés ;

c) Le 8° est supprimé ;

d) Au 9°, les mots : "hors du territoire de l'Union européenne" sont remplacés par les mots : "hors du territoire de Saint-Pierre-et-Miquelon" ;

5° Au III de l'article 22, les mots : "l'article 346 du traité sur le fonctionnement de l'Union européenne" sont remplacés par les mots : "la protection des intérêts essentiels de sa sécurité et qui se rapportent à la production ou au commerce d'armes, de munitions et de matériel de guerre" ;

6° Au I de l'article 25, les mots : "l'article 346 du traité sur le fonctionnement de l'Union européenne" sont remplacés par les mots : "la protection des intérêts essentiels de sa sécurité et qui se rapportent à la production ou au commerce d'armes, de munitions et de matériel de guerre" ;

7° Au IV de l'article 26, le mot : "autre" est supprimé ;

8° Au IV de l'article 28, le mot : "autres" est supprimé ;

9° A l'article 31, la référence au 1° de l'article L. 110-1 du code de la route est remplacée par une référence applicable localement ayant le même objet ;

10° A l'article 33, les mots : "mentionnées au 1° de l'article L. 301-2 du code de la construction et de l'habitation ",", soumis aux dispositions de la loi du 12 juillet 1985 susvisée" et "mentionnés à l'article L. 411-2 du code de la construction et de l'habitation" sont supprimés ;

11° A l'article 38, les mots : "des États membres de l'Union européenne" sont remplacés par les mots : "de la République" ;

12° A l'article 45, les références aux articles 1741 à 1743, 1746 et 1747 du code général des impôts sont remplacées par les références ayant le même objet applicables localement et les mots : "[,] ainsi que pour les infractions équivalentes prévues par la législation d'un autre État membre de l'Union européenne" sont supprimés ;

13° A l'article 51, les mots : "hors du territoire de l'Union européenne" sont remplacés par les mots : "dans un État tiers" ;

14° A l'article 54, les mots : "avec lesquels l'Union européenne n'a pas conclu, dans un cadre multilatéral ou bilatéral, un accord assurant un accès comparable et effectif des entreprises de l'Union européenne aux marchés de ces pays tiers" sont supprimés ;

15° L'article 58 est supprimé.

TITRE IV DISPOSITIONS APPLICABLES EN NOUVELLE-CALÉDONIE

Art. 96 *La présente ordonnance (L. nº 2018-607 du 13 juill. 2018, art. 64)* ***« , dans sa rédaction résultant de la loi nº 2018-607 du 13 juillet 2018 relative à la programmation militaire pour les années 2019 à 2025 et portant diverses dispositions intéressant la défense, » est applicable en Nouvelle-Calédonie aux marchés publics, définis à l'article 4, conclus par l'État ou ses établissements publics sous réserve des compétences dévolues à cette collectivité et des dispositions suivantes :***

1º L'article 2 est ainsi rédigé :

Art. 2 Les marchés publics de défense ou de sécurité sont passés avec des opérateurs économiques d'États membres de l'Union européenne.

Les acheteurs peuvent toutefois autoriser, au cas par cas, des opérateurs économiques de pays tiers à l'Union européenne à participer à une procédure de passation d'un marché public de défense ou de sécurité.

La décision de l'acheteur prend notamment en compte les impératifs de sécurité de l'information et d'approvisionnement et la préservation des intérêts de la défense et de la sécurité de l'État, l'intérêt de développer la base industrielle et technologique de défense, les objectifs de développement durable, l'obtention d'avantages mutuels et les exigences de réciprocité.

2º A l'article 14 :

a) Au 1º, les mots : ", à condition que cette disposition soit compatible avec le traité sur le fonctionnement de l'Union européenne" sont supprimés ;

b) Au 7º, les mots : "ou à des opérations menées avec le Fonds européen de stabilité financière ou le Mécanisme européen de stabilité" sont supprimés ;

c) Le a du 12º est ainsi rédigé :

"a) Un instrument juridique tel qu'un accord international portant sur des travaux, des fournitures ou des services destinés à la réalisation ou à l'exploitation en commun d'un projet par ses signataires ;"

3º A l'article 15, le dernier alinéa du 4º et le 6º sont supprimés ;

4º A l'article 16 :

a) Au 3º, les mots : ", au sens de l'article 346 du traité sur le fonctionnement de l'Union européenne," sont supprimés ;

b) Au 6º, les mots : ", y compris un arrangement administratif conclu entre au moins un État membre de l'Union européenne et au moins un État tiers" sont supprimés ;

c) Le 8º est supprimé ;

d) Au 9º, les mots : "hors du territoire de l'Union européenne" sont remplacés par les mots : "hors du territoire de la Nouvelle-Calédonie" ;

5º Au III de l'article 22, les mots : "l'article 346 du traité sur le fonctionnement de l'Union européenne" sont remplacés par les mots : "la protection des intérêts essentiels de sa sécurité et qui se rapportent à la production ou au commerce d'armes, de munitions et de matériel de guerre" ;

6º Au I de l'article 25, les mots : "l'article 346 du traité sur le fonctionnement de l'Union européenne" sont remplacés par les mots : "la protection des intérêts essentiels de sa sécurité et qui se rapportent à la production ou au commerce d'armes, de munitions et de matériel de guerre" ;

7º Au IV de l'article 26, le mot : "autre" est supprimé ;

8º Au IV de l'article 28, le mot : "autres" est supprimé ;

9º A l'article 31, la référence au 1º de l'article L. 110-1 du code de la route est remplacée par une référence applicable localement ayant le même objet ;

10º A l'article 33, les mots : "mentionnées au 1º de l'article L. 301-2 du code de la construction et de l'habitation", ", soumis aux dispositions de la loi du 12 juillet 1985 susvisée" et "mentionnés à l'article L. 411-2 du code de la construction et de l'habitation" sont supprimés ;

11º A l'article 35, les mots : "visés à l'article L. 124-4 du code de la sécurité sociale gérant" sont remplacés par les mots : "de droit privé autorisés par la réglementation applicable localement à gérer" ;

12º A l'article 36, les mots : "mentionnées à l'article L. 5213-13 du code du travail", " mentionnés à l'article L. 344-2 du code de l'action sociale et des familles et ainsi qu'à des structures équivalentes" et "mentionnées à l'article L. 5132-4 du code du travail et à des structures équivalentes" sont remplacés par les mots : "créées en application de la réglementation locale" ;

13º A l'article 38, les mots : "des États membres de l'Union européenne" sont remplacés par les mots : "de la République" ;

14º A l'article 45 :

a) Au 1º, les références aux articles 1741 à 1743, 1746 et 1747 du code général des impôts sont remplacées par les références ayant le même objet applicables localement, et les mots : "[,] ainsi que pour les infractions équivalentes prévues par la législation d'un autre État membre de l'Union européenne" sont supprimés ;

b) Au a du 4°, les mots : "pour méconnaissances des obligations prévues aux articles L. 8221-1, L. 8221-3, L. 8221-5, L. 8231-1, L. 8241-1, L. 8251-1 et L. 8251-2 du code du travail" sont remplacés par les mots : "pour une infraction en matière de travail dissimulé, d'emploi illégal d'étranger et de marchandage définies par la législation localement applicable" et les mots : "de l'article L. 1146-1 du même code ou" sont supprimés ;

c) Au b et au c du 4°, la référence (L. n° 2018-771 du 5 sept. 2018, art. 104) *« au 2° de l'article L. 2242-1 » du code du travail est remplacée par une référence ayant le même objet applicable localement ;*

d) Au 5°, la référence à l'article L. 8272-4 du code du travail est remplacée par une référence ayant le même objet applicable localement ;

15° A l'article 51, les mots : "hors du territoire de l'Union européenne" sont remplacés par les mots : "dans un État tiers" ;

16° A l'article 54, les mots : "avec lesquels l'Union européenne n'a pas conclu, dans un cadre multilatéral ou bilatéral, un accord assurant un accès comparable et effectif des entreprises de l'Union européenne aux marchés de ces pays tiers" sont supprimés ;

17° L'article 58 est supprimé ;

18° A l'article 59, les mots : ", les collectivités territoriales et les établissements publics locaux" sont supprimés ;

19° A l'article 60, les mots : ", les collectivités territoriales et leurs établissements publics" sont supprimés ;

20° A l'article 77, les II et III sont supprimés ;

21° A l'article 78, les II et III sont supprimés ;

22° A l'article 80, les mots : "et des collectivités territoriales" sont supprimés ;

23° A l'article 88, le III est supprimé.

TITRE V DISPOSITIONS APPLICABLES EN POLYNÉSIE FRANÇAISE

Art. 97 *La présente ordonnance* (L. n° 2018-607 du 13 juill. 2018, art. 64) *«, dans sa rédaction résultant de la loi n° 2018-607 du 13 juillet 2018 relative à la programmation militaire pour les années 2019 à 2025 et portant diverses dispositions intéressant la défense, » est applicable en Polynésie française aux marchés publics, définis à l'article 4, conclus par l'État ou ses établissements publics sous réserve des compétences dévolues à cette collectivité et des dispositions suivantes :*

1° L'article 2 est ainsi rédigé :

Art. 2 Les marchés publics de défense ou de sécurité sont passés avec des opérateurs économiques d'États membres de l'Union européenne.

Les acheteurs peuvent toutefois autoriser, au cas par cas, des opérateurs économiques de pays tiers à l'Union européenne à participer à une procédure de passation d'un marché public de défense ou de sécurité.

La décision de l'acheteur prend notamment en compte les impératifs de sécurité de l'information et d'approvisionnement et la préservation des intérêts de la défense et de la sécurité de l'État, l'intérêt de développer la base industrielle et technologique de défense, les objectifs de développement durable, l'obtention d'avantages mutuels et les exigences de réciprocité.

2° A l'article 14 :

a) Au 1°, les mots : ", à condition que cette disposition soit compatible avec le traité sur le fonctionnement de l'Union européenne" sont supprimés ;

b) Au 7°, les mots : "ou à des opérations menées avec le Fonds européen de stabilité financière ou le Mécanisme européen de stabilité" sont supprimés ;

c) Le a du 12° est ainsi rédigé :

"a) Un instrument juridique tel qu'un accord international portant sur des travaux, des fournitures ou des services destinés à la réalisation ou à l'exploitation en commun d'un projet par ses signataires ;"

3° A l'article 15, le dernier alinéa du 4° et le 6° sont supprimés ;

4° A l'article 16 :

a) Au 3°, les mots : ", au sens de l'article 346 du traité sur le fonctionnement de l'Union européenne," sont supprimés ;

b) Au 6°, les mots : ", y compris un arrangement administratif conclu entre au moins un État membre de l'Union européenne et au moins un État tiers" sont supprimés ;

c) Le 8° est supprimé ;

d) Au 9°, les mots : "hors du territoire de l'Union européenne" sont remplacés par les mots : "hors du territoire de la Polynésie française" ;

5° Au III de l'article 22, les mots : " l'article 346 du traité sur le fonctionnement de l'Union européenne " sont remplacés par les mots : " la protection des intérêts essentiels de sa sécurité et qui se rapportent à la production ou au commerce d'armes, de munitions et de matériel de guerre" ;

6° Au I de l'article 25, les mots : "l'article 346 du traité sur le fonctionnement de l'Union européenne" sont remplacés par les mots : "la protection des intérêts essentiels de sa sécurité et qui se rapportent à la production ou au commerce d'armes, de munitions et de matériel de guerre" ;

7° Au IV de l'article 26, le mot : "autre" est supprimé ;

8° Au IV de l'article 28, le mot : "autres" est supprimé ;

9° A l'article 31, la référence au 1° de l'article L. 110-1 du code de la route est remplacée par une référence applicable localement ayant le même objet ;

10° A l'article 33, les mots : "mentionnées au 1° de l'article L. 301-2 du code de la construction et de l'habitation", ", soumis aux dispositions de la loi du 12 juillet 1985 susvisée" et "mentionnés à l'article L. 411-2 du code de la construction et de l'habitation" sont supprimés ;

11° A l'article 35, les mots : "visés à l'article L. 124-4 du code de la sécurité sociale gérant" sont remplacés par les mots : "de droit privé autorisés par la réglementation applicable localement à gérer" ;

12° A l'article 36, les mots : "mentionnées à l'article L. 5213-13 du code du travail", "mentionnés à l'article L. 344-2 du code de l'action sociale et des familles ainsi qu'à des structures équivalentes" et "mentionnées à l'article L. 5132-4 du code du travail et à des structures équivalentes" sont remplacés par les mots : "créées en application de la réglementation locale" ;

13° A l'article 38, les mots : "des États membres de l'Union européenne" sont remplacés par les mots : "de la République" ;

14° A l'article 45 :

a) Au 1°, les références aux articles 1741 à 1743, 1746 et 1747 du code général des impôts sont remplacées par les références ayant le même objet applicables localement et les mots : "[,] ainsi que pour les infractions équivalentes prévues par la législation d'un autre État membre de l'Union européenne" sont supprimés ;

b) Au a du 4°, les mots : "pour méconnaissances des obligations prévues aux articles L. 8221-1, L. 8221-3, L. 8221-5, L. 8231-1, L. 8241-1, L. 8251-1 et L. 8251-2 du code du travail" sont remplacés par les mots : "pour une infraction en matière de travail dissimulé, d'emploi illégal d'étranger et de marchandage définies par la législation localement applicable " et les mots : " de l'article L. 1146-1 du même code ou" sont supprimés ;

c) Au b et au c du 4°, la référence (L. n° 2018-771 du 5 sept. 2018, art. 104) *« au 2° de l'article L. 2242-1 » du code du travail est remplacée par une référence ayant le même objet applicable localement ;*

d) Au 5°, la référence à l'article L. 8272-4 du code du travail est remplacée par une référence ayant le même objet applicable localement ;

15° A l'article 51, les mots : "hors du territoire de l'Union européenne" sont remplacés par les mots : "dans un état tiers" ;

16° A l'article 54, les mots : "avec lesquels l'Union européenne n'a pas conclu, dans un cadre multilatéral ou bilatéral, un accord assurant un accès comparable et effectif des entreprises de l'Union européenne aux marchés de ces pays tiers" sont supprimés ;

17° L'article 58 est supprimé ;

18° A l'article 59, les mots : ", les collectivités territoriales et les établissements publics locaux" sont supprimés ;

19° A l'article 60, les mots : ", les collectivités territoriales et leurs établissements publics" sont supprimés ;

20° A l'article 77, les II et III sont supprimés ;

21° A l'article 78, les II et III sont supprimés ;

22° A l'article 80, les mots : "et des collectivités territoriales" sont supprimés ;

23° A l'article 88, le III est supprimé.

TITRE VI DISPOSITIONS APPLICABLES DANS LES ÎLES WALLIS-ET-FUTUNA

Art. 98 *La présente ordonnance* (L. n° 2018-607 du 13 juill. 2018, art. 64) *«, dans sa rédaction résultant de la loi n° 2018-607 du 13 juillet 2018 relative à la programmation militaire pour les années 2019 à 2025 et portant diverses dispositions intéressant la défense,» est applicable dans les îles Wallis-et-Futuna aux marchés publics, définis à l'article 4, conclus par l'État ou ses établissements publics sous réserve des dispositions suivantes :*

1° L'article 2 est ainsi rédigé :

Art. 2 Les marchés publics de défense ou de sécurité sont passés avec des opérateurs économiques d'États membres de l'Union européenne.

Les acheteurs peuvent toutefois autoriser, au cas par cas, des opérateurs économiques de pays tiers à l'Union européenne à participer à une procédure de passation d'un marché public de défense ou de sécurité.

La décision de l'acheteur prend notamment en compte les impératifs de sécurité de l'information et d'approvisionnement et la préservation des intérêts de la défense et de la sécurité de l'État, l'intérêt de développer la base industrielle et technologique de défense, les objectifs de développement durable, l'obtention d'avantages mutuels et les exigences de réciprocité.

2° A l'article 14 :

a) Au 1°, les mots : ", à condition que cette disposition soit compatible avec le traité sur le fonctionnement de l'Union européenne" sont supprimés ;

b) Au 7°, les mots : "ou à des opérations menées avec le Fonds européen de stabilité financière ou le Mécanisme européen de stabilité" sont supprimés ;

c) Le a du 12° est ainsi rédigé :

"a) Un instrument juridique tel qu'un accord international portant sur des travaux, des fournitures ou des services destinés à la réalisation ou à l'exploitation en commun d'un projet par ses signataires ;"

3° A l'article 15, le dernier alinéa du 4° et le 6° sont supprimés ;

4° A l'article 16 :

a) Au 3°, les mots : ", au sens de l'article 346 du traité sur le fonctionnement de l'Union européenne," sont supprimés ;

b) Au 6°, les mots : ", y compris un arrangement administratif conclu entre au moins un État membre de l'Union européenne et au moins un État tiers " sont supprimés ;

c) Le 8° est supprimé ;

d) Au 9°, les mots : "hors du territoire de l'Union européenne" sont remplacés par les mots : "hors du territoire des îles Wallis-et-Futuna" ;

5° Au III de l'article 22, les mots : "l'article 346 du traité sur le fonctionnement de l'Union européenne " sont remplacés par les mots : "la protection des intérêts essentiels de sa sécurité et qui se rapportent à la production ou au commerce d'armes, de munitions et de matériel de guerre" ;

6° Au I de l'article 25, les mots : "l'article 346 du traité sur le fonctionnement de l'Union européenne" sont remplacés par les mots : "la protection des intérêts essentiels de sa sécurité et qui se rapportent à la production ou au commerce d'armes, de munitions et de matériel de guerre" ;

7° Au IV de l'article 26, le mot : "autre" est supprimé ;

8° Au IV de l'article 28, le mot : "autres" est supprimé ;

9° A l'article 31, la référence au 1° de l'article L. 110-1 du code de la route est remplacée par une référence applicable localement ayant le même objet ;

10° A l'article 33, les mots : "mentionnées au 1° de l'article L. 301-2 du code de la construction et de l'habitation", ", soumis aux dispositions de la loi du 12 juillet 1985 susvisée" et "mentionnés à l'article L. 411-2 du code de la construction et de l'habitation" sont supprimés ;

11° A l'article 35, les mots : "visés à l'article L. 124-4 du code de la sécurité sociale gérant" sont remplacés par les mots : "de droit privé autorisés par la réglementation applicable localement à gérer" ;

12° A l'article 36, les mots : "mentionnées à l'article L. 5213-13 du code du travail et à l'article L. 344-2 du code de l'action sociale et des familles ainsi qu'à des structures équivalentes" et les mots : "mentionnées à l'article L. 5132-4 du code du travail et à des structures équivalentes" sont remplacés par les mots : "créées en application de la réglementation locale" ;

13° A l'article 38, les mots : "des États membres de l'Union européenne" sont remplacés par les mots : "de la République" ;

14° A l'article 45 :

a) Au 1°, les références aux articles 1741 à 1743, 1746 et 1747 du code général des impôts sont remplacées par les références ayant le même objet applicables localement et les mots : "[,] ainsi que pour les infractions équivalentes prévues par la législation d'un autre État membre de l'Union européenne" sont supprimés ;

b) Au a du 4°, les mots : "pour méconnaissances des obligations prévues aux articles L. 8221-1, L. 8221-3, L. 8221-5, L. 8231-1, L. 8241-1, L. 8251-1 et L. 8251-2 du code du travail" sont remplacés par les mots : "pour une infraction en matière de travail dissimulé, d'emploi illégal d'étranger et de marchandage définies par la législation localement applicable " et les mots : " de l'article L. 1146-1 du même code ou" sont supprimés ;

c) Au b et au c du 4°, la référence (L. n° 2018-771 du 5 sept. 2018, art. 104) « au 2° de l'article L. 2242-1 » du code du travail est remplacée par une référence ayant le même objet applicable localement ;

d) Au 5°, la référence à l'article L. 8272-4 du code du travail est remplacée par une référence ayant le même objet applicable localement ;

15° A l'article 51, les mots : "hors du territoire de l'Union européenne" sont remplacés par les mots : "dans un état tiers" ;

16° A l'article 54, les mots : "avec lesquels l'Union européenne n'a pas conclu, dans un cadre multilatéral ou bilatéral, un accord assurant un accès comparable et effectif des entreprises de l'Union européenne aux marchés de ces pays tiers" sont supprimés ;

17° L'article 58 est supprimé ;

18° A l'article 59, les mots : ", les collectivités territoriales et les établissements publics locaux" sont supprimés ;

19° A l'article 60, les mots : ", les collectivités territoriales et leurs établissements publics" sont supprimés ;

20° A l'article 77, les II et III sont supprimés ;

21° A l'article 78, les II et III sont supprimés ;

22° A l'article 80, les mots : "et des collectivités territoriales" sont supprimés ;

23° A l'article 88, le III est supprimé.

TITRE VII DISPOSITIONS APPLICABLES DANS LES TERRES AUSTRALES ET ANTARCTIQUES FRANÇAISES

Art. 99 *La présente ordonnance (L. n° 2018-607 du 13 juill. 2018, art. 64) « , dans sa rédaction résultant de la loi n° 2018-607 du 13 juillet 2018 relative à la programmation militaire pour les années 2019 à 2025 et portant diverses dispositions intéressant la défense, » est applicable dans les Terres australes et antarctiques françaises aux marchés publics, définis à l'article 4, conclus par l'État ou ses établissements publics sous réserve des dispositions suivantes :*

1° L'article 2 est ainsi rédigé :

Art. 2 Les marchés publics de défense ou de sécurité sont passés avec des opérateurs économiques d'États membres de l'Union européenne.

Les acheteurs peuvent toutefois autoriser, au cas par cas, des opérateurs économiques de pays tiers à l'Union européenne à participer à une procédure de passation d'un marché public de défense ou de sécurité.

La décision de l'acheteur prend notamment en compte les impératifs de sécurité de l'information et d'approvisionnement et la préservation des intérêts de la défense et de la sécurité de l'État, l'intérêt de développer la base industrielle et technologique de défense, les objectifs de développement durable, l'obtention d'avantages mutuels et les exigences de réciprocité.

2° A l'article 14 :

a) Au 1°, les mots : ", à condition que cette disposition soit compatible avec le traité sur le fonctionnement de l'Union européenne" sont supprimés ;

b) Au 7°, les mots : "ou à des opérations menées avec le Fonds européen de stabilité financière ou le Mécanisme européen de stabilité" sont supprimés ;

c) Le a du 12° est ainsi rédigé :

"a) Un instrument juridique tel qu'un accord international portant sur des travaux, des fournitures ou des services destinés à la réalisation ou à l'exploitation en commun d'un projet par ses signataires ;"

3° A l'article 15, le dernier alinéa du 4° et le 6° sont supprimés ;

4° A l'article 16 :

a) Au 3°, les mots : ", au sens de l'article 346 du traité sur le fonctionnement de l'Union européenne," sont supprimés ;

b) Au 6°, les mots : ", y compris un arrangement administratif conclu entre au moins un État membre de l'Union européenne et au moins un État tiers" sont supprimés ;

c) Le 8° est supprimé ;

d) Au 9°, les mots : " hors du territoire de l'Union européenne " sont remplacés par les mots : "hors du territoire des Terres australes et antarctiques françaises" ;

5° Au III de l'article 22, les mots : "l'article 346 du traité sur le fonctionnement de l'Union européenne" sont remplacés par les mots : "la protection des intérêts essentiels de sa sécurité et qui se rapportent à la production ou au commerce d'armes, de munitions et de matériel de guerre" ;

6° Au I de l'article 25, les mots : "l'article 346 du traité sur le fonctionnement de l'Union européenne " sont remplacés par les mots : "la protection des intérêts essentiels de sa sécurité et qui se rapportent à la production ou au commerce d'armes, de munitions et de matériel de guerre" ;

7° Au IV de l'article 26, le mot : "autre" est supprimé ;

8° Au IV de l'article 28, le mot : "autres" est supprimé ;

9° A l'article 31, la référence au 1° de l'article L. 110-1 du code de la route est remplacée par une référence applicable localement ayant le même objet ;

10° A l'article 33, les mots : "mentionnées au 1° de l'article L. 301-2 du code de la construction et de l'habitation", ", soumis aux dispositions de la loi du 12 juillet 1985 susvisée " et "mentionnés à l'article L. 411-2 du code de la construction et de l'habitation" sont supprimés ;

11° A l'article 35, les mots : "visés à l'article L. 124-4 du code de la sécurité sociale gérant" sont remplacés par les mots : "de droit privé autorisés par la réglementation applicable localement à gérer" ;

12° A l'article 36, les mots : "mentionnées à l'article L. 5213-13 du code du travail et à l'article L. 344-2 du code de l'action sociale et des familles ainsi qu'à des structures équivalentes" et les mots : "mentionnées à l'article L. 5132-4 du code du travail et à des structures équivalentes" sont remplacés par les mots : "créées en application de la réglementation locale" ;

13° A l'article 38, les mots : " des États membres de l'Union européenne " sont remplacés par les mots : "de la République" ;

14° A l'article 45 :

a) Au 1°, les références aux articles 1741 à 1743, 1746 et 1747 du code général des impôts sont remplacées par les références ayant le même objet applicables localement et les mots : "[,] ainsi que pour les infractions équivalentes prévues par la législation d'un autre État membre de l'Union européenne" sont supprimés ;

b) Au a du 4°, les mots : " pour méconnaissances des obligations prévues aux articles L. 8221-1, L. 8221-3, L. 8221-5, L. 8231-1, L. 8241-1, L. 8251-1 et L. 8251-2 du code du travail " sont remplacés par les mots : " pour une infraction en matière de travail dissimulé, d'emploi illégal d'étranger et de marchandage définies par la législation localement applicable " et les mots : " de l'article L. 1146-1 du même code ou " sont supprimés ;

c) Au b et au c du 4°, la référence (L. n° 2018-771 du 5 sept. 2018, art. 104) *« au 2° de l'article L. 2242-1 » du code du travail est remplacée par une référence ayant le même objet applicable localement ;*

d) Au 5°, la référence à l'article L. 8272-4 du code du travail est remplacée par une référence ayant le même objet applicable localement ;

15° A l'article 51, les mots : "hors du territoire de l'Union européenne" sont remplacés par les mots :" dans un État tiers" ;

16° A l'article 54, les mots : "avec lesquels l'Union européenne n'a pas conclu, dans un cadre multilatéral ou bilatéral, un accord assurant un accès comparable et effectif des entreprises de l'Union européenne aux marchés de ces pays tiers " sont supprimés ;

17° L'article 58 est supprimé ;

18° A l'article 59, les mots : ", les collectivités territoriales et les établissements publics locaux" sont supprimés ;

19° A l'article 60, les mots : ", les collectivités territoriales et leurs établissements publics" sont supprimés ;

20° A l'article 77, les II et III sont supprimés ;

21° A l'article 78, les II et III sont supprimés ;

22° A l'article 80, les mots : "et des collectivités territoriales" sont supprimés ;

23° A l'article 88, le III est supprimé. — [V. désormais CCP, art. L. 1481-2.]

QUATRIÈME PARTIE : ***DISPOSITIONS DIVERSES***

Art. 100 *Dans toutes les dispositions législatives en vigueur, pour les contrats passés en application de la présente ordonnance, les références au code des marchés publics, à l'ordonnance n° 2004-559 du 17 juin 2004 sur les contrats de partenariat, à l'ordonnance n° 2005-649 du 6 juin 2005 relative aux marchés passés par certaines personnes publiques ou privées non soumises au code des marchés publics ou aux autres dispositions modifiées ou abrogées par les articles 101 et 102, s'entendent comme faisant référence à la présente ordonnance pour autant que lesdits contrats eussent relevé du champ d'application de ces dispositions avant l'entrée en vigueur de la présente ordonnance.*

Art. 101 V. CGPPP, art. L. 2122-6, L. 2341-1 - **V. CGPPP** ; CGCT, art. L. 1311-2, L. 1311-5, L. 1414-1 à L. 1414-16, App., Partie I ; L. n° 75-1334 du 31 déc. 1975, art. 4 ; L. n° 87-432 du 22 juin 1987, art. 2 🏛 ; L. n° 2009-179 du 17 févr. 2009, art. 7 ; L. n° 2014-1653 du 29 déc. 2014, art. 34, ss. CCP, art. L. 2211-1.

Art. 102 *Sont abrogés :*

1° L'article L. 2122-15 du code général de la propriété des personnes publiques ;

2° L'article L. 1615-13 du code général des collectivités territoriales ;

3° Les articles L. 6148-2, L. 6148-5 à L. 6148-5-3 et L. 6148-7 du code de la santé publique ;

4° Le code des marchés publics [V. App., Partie VIII 🏛] ;

5° Le décret-loi du 12 novembre 1938 portant extension de la réglementation en vigueur pour les marchés de l'État aux marchés des collectivités locales et des établissements publics ;

6° L'article 35 septies de l'ordonnance du 2 novembre 1945 susvisée [Ord. n° 45-2658 du 2 nov. 1945] ;

7° L'article 19-1 de la loi du 29 janvier 1993 susvisée [L. n° 93-122 du 29 janv. 1993, V. ss. C. marchés, art. 28 🏛] ;

8° L'article 8 de la loi du 8 février 1995 susvisée ;

9° L'article 2 de la loi du 11 décembre 2001 susvisée [L. n° 2001-1168 du 11 déc. 2001, V. ss. C. marchés, art. 1er 🏛] *en tant qu'il concerne des personnes soumises à la présente ordonnance ;*

10° L'article 3 de la loi du 29 août 2002 susvisée ;

11° L'article 29 de la loi du 11 février 2005 susvisée [L. n° 2005-102 du 11 févr. 2005] ;

12° L'article 110 de la loi du 25 mars 2009 susvisée [L. n° 2009-323 du 25 mars 2009] ;

13° L'ordonnance n° 2004-559 du 17 juin 2004 sur les contrats de partenariat ;

14° L'ordonnance n° 2005-649 du 6 juin 2005 relative aux marchés passés par certaines personnes publiques ou privées non soumises au code des marchés publics.

CINQUIÈME PARTIE : *DISPOSITIONS FINALES*

Art. 103 *I. — La présente ordonnance entre en vigueur à une date fixée par voie réglementaire et au plus tard le 1er avril 2016.*

II. — Sous réserve de son entrée en vigueur dans les conditions prévues au I, la présente ordonnance s'applique aux marchés publics ainsi qu'aux contrats qui relèvent de cette ordonnance pour lesquels une consultation est engagée ou un avis d'appel public à la concurrence a été envoyé à la publication à compter du 1er janvier 2016.

Décret n° 2016-360 du 25 mars 2016 *[Abrogé]*,

Relatif aux marchés publics.

(Abrogé par Décr. n° 2018-1075 du 3 déc. 2018, art. 14 et 16, à compter du 1er avr. 2019)

Nota : *A compter du 1er avr. 2019, le Décr. n° 2018-1075 du 3 déc. 2018 abroge et remplace le présent décret (Décr. préc., art. 14 et 16).*

Les dispositions du Décr. n° 2018-1075 du 3 déc. 2018 s'appliquent :

— aux marchés publics pour lesquels une consultation a été engagée ou un avis d'appel à la concurrence a été envoyé à la publication depuis le 1er avr. 2019. Elles ne s'appliquent pas aux marchés publics passés sur le fondement d'un accord-cadre ou dans le cadre d'un système d'acquisition dynamique lorsque la procédure en vue de la passation de cet accord ou de la mise en place de ce système d'acquisition dynamique a été engagée avant cette date ;

— aux contrats de concession pour lesquels une consultation a été engagée ou un avis de concession a été envoyé à la publication depuis le 1er avr. 2019 (Décr. préc., art. 16).

PREMIÈRE PARTIE **DISPOSITIONS GÉNÉRALES**

TITRE I **CHAMP D'APPLICATION**

Art. 1er *Le présent décret s'applique aux marchés publics soumis à l'ordonnance du 23 juillet 2015 susvisée* [Ord. n° 2015-899 du 23 juill. 2015, V. App., Partie VIII], *à l'exception des marchés publics de défense ou de sécurité définis à l'article 6 de cette ordonnance.*

Art. 2 *La Banque de France, l'Institut d'émission des départements d'outre-mer, l'Institut d'émission d'outre-mer, l'Institut de France, l'Académie française, l'Académie des inscriptions et belles-lettres, l'Académie des sciences, l'Académie des beaux-arts, l'Académie nationale de médecine, l'Académie des sciences morales et politiques* (Décr. n° 2017-516 du 10 avr. 2017, art. 1er-1°) *« , les offices publics de l'habitat » ainsi que la Caisse des dépôts et consignations appliquent les règles relatives aux acheteurs autres que l'État, ses établissements publics à caractère autre qu'industriel et commercial, les collectivités territoriales, leurs établissements publics et leurs groupements.*

Pôle Emploi (Décr. n° 2017-516 du 10 avr. 2017, art. 1er-2°) *« et », pour leurs achats destinés à la conduite de leurs activités de recherche, les établissements publics de l'État à caractère administratif ayant dans leurs statuts une mission de recherche appliquent les règles mentionnées au premier alinéa. Ils sont toutefois soumis aux dispositions des articles 110 à 121.* — [V. désormais CCP, art. L. 2191-1, R. 2100-1, R. 2191-1.]

Art. 3 *Pour l'application de l'article 2 de l'ordonnance du 23 juillet 2015 susvisée, les acheteurs peuvent introduire dans les documents de la consultation des critères ou des restrictions fondées sur l'origine de tout ou partie des travaux, fournitures ou services composant les offres proposées ou la nationalité des opérateurs économiques autorisés à soumettre une offre, en tenant compte du champ géographique et sectoriel des accords internationaux mentionnés par cet article ainsi que des éventuelles restrictions qu'ils comportent. Un arrêté du ministre chargé de l'économie précise, en tant que de besoin, et en fonction du contenu de ces accords, les pays et les secteurs pour lesquels de telles mesures ne peuvent être introduites. — [V. désormais CCP, art. R. 2153-1, R. 2153-2.]*

TITRE II PRÉPARATION DU MARCHÉ PUBLIC

CHAPITRE I *DÉFINITION PRÉALABLE DES BESOINS*

SECTION 1 *Études et échanges préalables avec les opérateurs économiques*

Art. 4 *Afin de préparer la passation d'un marché public, l'acheteur peut effectuer des consultations ou réaliser des études de marché, solliciter des avis ou informer les opérateurs économiques de son projet et de ses exigences.*

Les résultats de ces études et échanges préalables peuvent être utilisés par l'acheteur, à condition qu'ils n'aient pas pour effet de fausser la concurrence et n'entraînent pas une violation des principes de liberté d'accès à la commande publique, d'égalité de traitement des candidats et de transparence des procédures. — [V. désormais CCP, art. R. 2111-1.]

SECTION 2 *Participation d'un opérateur économique à la préparation du marché public*

Art. 5 *L'acheteur prend les mesures appropriées pour que la concurrence ne soit pas faussée par la participation à la procédure de passation du marché public d'un opérateur économique qui aurait eu accès, du fait de sa participation préalable directe ou indirecte à la préparation de cette procédure, à des informations ignorées des autres candidats ou soumissionnaires. Cet opérateur n'est exclu de la procédure de passation que lorsqu'il ne peut être remédié à cette situation par d'autres moyens, conformément aux dispositions du 3° de l'article 48 de l'ordonnance du 23 juillet 2015 susvisée. — [V. désormais CCP, art. R. 2111-2.]*

SECTION 3 *Spécifications techniques*

Art. 6 *I. — Les spécifications techniques définissent les caractéristiques requises des travaux, des services ou des fournitures qui font l'objet du marché public.*

Ces caractéristiques peuvent également se référer au processus ou à la méthode spécifique de production ou de fourniture des travaux, des produits ou des services demandés ou à un processus propre à un autre stade de leur cycle de vie même lorsque ces facteurs ne font pas partie de leur contenu matériel, à condition qu'ils soient liés à l'objet du marché public et proportionnés à sa valeur et à ses objectifs.

Les spécifications techniques peuvent aussi préciser si le transfert des droits de propriété intellectuelle sera exigé.

II. — Les spécifications techniques sont formulées :

1° Soit par référence à des normes ou à d'autres documents équivalents accessibles aux candidats, choisis dans l'ordre de préférence suivant et accompagnés de la mention "ou équivalent" :

a) Les normes nationales transposant des normes européennes ;

b) Les évaluations techniques européennes ;

c) Les spécifications techniques communes ;

d) Les normes internationales ;

e) Les autres référentiels techniques élaborés par les organismes européens de normalisation ou, en leur absence, les normes nationales, les agréments techniques nationaux ou les spécifications techniques nationales en matière de conception, de calcul et de réalisation des ouvrages et d'utilisation des fournitures.

La définition des normes ou autres documents mentionnés au présent 1° est publiée au Journal officiel de la République française ;

2° Soit en termes de performances ou d'exigences fonctionnelles. Celles-ci sont suffisamment précises pour permettre aux candidats de connaître exactement l'objet du marché public et à l'acheteur d'attribuer le marché public. Elles peuvent inclure des caractéristiques environnementales ou sociales ;

3° Soit en combinant le 1° et le 2°. — [V. désormais CCP, art. R. 2111-4, R. 2111-5, R. 2111-8, R. 2111-9, R. 2111-10.]

V. Avis relatif à la nature et au contenu des spécifications techniques dans les marchés publics (JO 27 mars 2016).

Art. 7 *Lorsque l'acheteur définit une spécification technique par référence à une norme ou à un document équivalent, il ne peut pas rejeter une offre au motif que celle-ci n'est pas conforme à cette norme ou à ce document si le soumissionnaire prouve, par tout moyen approprié, que les solutions qu'il propose satisfont de manière équivalente aux exigences définies par cette norme ou ce document.*

Lorsque l'acheteur définit une spécification technique en termes de performances ou d'exigences fonctionnelles, il ne peut pas rejeter une offre si celle-ci est conforme à une norme ou à un document équivalent correspondant à ces performances ou exigences fonctionnelles. Le soumissionnaire prouve, par tout moyen approprié, que cette norme ou ce document équivalent correspond aux performances ou exigences fonctionnelles définies par l'acheteur. — [V. désormais CCP, art. R. 2111-11.]

Art. 8 *Les spécifications techniques ne peuvent pas faire mention d'un mode ou procédé de fabrication particulier ou d'une provenance ou origine déterminée, ni faire référence à une marque, à un brevet ou à un type lorsqu'une telle mention ou référence est susceptible de favoriser ou d'éliminer certains opérateurs économiques ou certains produits. Toutefois, une telle mention ou référence est possible si elle est justifiée par l'objet du marché public ou, à titre exceptionnel, dans le cas où une description suffisamment précise et intelligible de l'objet du marché public n'est pas possible sans elle et à la condition qu'elle soit accompagnée des termes "ou équivalent". — [V. désormais CCP, art. R. 2111-7.]*

Art. 9 *Sauf cas dûment justifié, les spécifications techniques sont établies de manière à prendre en compte des critères d'accessibilité pour les personnes handicapées ou des critères de fonctionnalité pour tous les utilisateurs. — [V. désormais CCP, art. R. 2111-6.]*

SECTION 4 *Labels*

Art. 10 *I. — Lorsque l'acheteur souhaite acquérir des travaux, des fournitures ou des services présentant certaines caractéristiques d'ordre environnemental, social ou autre, il peut, dans les spécifications techniques, les critères d'attribution ou les conditions d'exécution du marché public, exiger un label particulier en tant que moyen permettant de prouver que les travaux, services ou fournitures correspondent aux caractéristiques requises, à condition que l'ensemble des conditions suivantes soient respectées :*

1° Les exigences en matière de label ne concernent que des critères qui sont liés à l'objet du marché public ou à ses conditions d'exécution et sont propres à définir les caractéristiques des travaux, fournitures ou services qui font l'objet du marché public ;

2° Les exigences en matière de label sont fondées sur des critères objectivement vérifiables et non-discriminatoires ;

3° Le label est établi par une procédure ouverte et transparente ;

4° Le label et ses spécifications détaillées sont accessibles à toute personne intéressée ;

5° Les exigences en matière de label sont fixées par un tiers sur lequel l'opérateur économique qui demande l'obtention du label ne peut exercer d'influence décisive.

Lorsque l'acheteur n'exige pas que les travaux, fournitures ou services remplissent toutes les exigences en matière de label, il indique celles qui sont exigées.

L'acheteur qui exige un label particulier accepte tous les labels qui confirment que les travaux, fournitures ou services remplissent des exigences équivalentes en matière de label.

Lorsqu'un opérateur économique n'avait manifestement pas la possibilité d'obtenir le label particulier spécifié par l'acheteur ou un label équivalent dans les délais fixés pour des raisons qui ne lui sont pas imputables, l'acheteur accepte d'autres moyens de preuve appropriés tels que, par exemple, un dossier technique du fabricant, pour autant que l'opérateur économique concerné établisse que les travaux, fournitures ou services qu'il doit fournir satisfont aux exigences concernant le label particulier ou aux exigences particulières indiquées par l'acheteur.

II. — Au sens du présent article, un label est tout document, certificat ou attestation confirmant que les ouvrages, les produits, les services, les procédés ou les procédures concernés par la délivrance de ce label remplissent certaines exigences.

Les exigences en matière de label sont les exigences que doivent remplir les ouvrages, les produits, les services, les procédés ou les procédures en question pour obtenir le label concerné.

III. — Lorsqu'un label remplit les conditions prévues aux 2° à 5° du I mais fixe aussi des exigences qui ne sont pas liées à l'objet du marché public, l'acheteur n'exige pas ce label mais il peut définir la spécification technique par référence aux spécifications détaillées de ce label ou, si besoin est, aux parties de celles-ci qui sont liées à l'objet du marché public et sont propres à définir les caractéristiques de cet objet. — [V. désormais CCP, art. R. 2111-12, R. 2111-13, R. 2111-14, R. 2111-15, R. 2111-16, R. 2111-17.]

SECTION 5 *Rapport d'essai, certification et autres moyens de preuve*

Art. 11 *L'acheteur peut exiger que les opérateurs économiques fournissent, au titre de moyen de preuve de la conformité aux spécifications techniques, aux critères d'attribution ou aux conditions d'exécution du marché public, un rapport d'essai d'un organisme d'évaluation de la conformité accrédité, conformément au règlement du Parlement européen et du Conseil du 9 juillet 2008 susvisé* [Règl. (CE) n° 765/2008 du 9 juill. 2008] *ou un certificat délivré par un tel organisme. Lorsqu'il exige un certificat établi par un organisme d'évaluation particulier, il accepte un certificat établi par un organisme équivalent.*

Lorsqu'un opérateur économique n'a pas accès aux certificats ou aux rapports d'essai mentionnés à l'alinéa précédent ni la possibilité de les obtenir dans les délais fixés par l'acheteur, ce dernier accepte d'autres moyens de preuve appropriés. — [V. désormais CCP, art. R. 2151-14.]

CHAPITRE II *ALLOTISSEMENT*

Art. 12 *I. — L'acheteur qui décide de ne pas allotir un marché public répondant à un besoin dont la valeur est égale ou supérieure aux seuils de procédure formalisée motive ce choix :*

1° Dans les documents de la consultation ou le rapport de présentation mentionné à l'article 105, lorsqu'il agit en tant que pouvoir adjudicateur ;

2° Parmi les informations qu'il conserve en application de l'article 106, lorsqu'il agit en tant qu'entité adjudicatrice.

II. — L'acheteur qui décide de ne pas allotir un marché public répondant à un besoin dont la valeur est inférieure aux seuils de procédure formalisée ou un marché public relevant des articles 28 et 29 motive ce choix dans les documents relatifs à la procédure qu'il conserve en application de l'article 108.

III. — L'acheteur indique dans les documents de la consultation si les opérateurs économiques peuvent soumissionner pour un seul lot, plusieurs lots ou tous les lots ainsi que, le cas échéant, le nombre maximal de lots qui peuvent être attribués à un même soumissionnaire. Dans ce cas, les documents de la consultation précisent les règles applicables lorsque la mise en œuvre des critères d'attribution conduirait à attribuer à un même soumissionnaire un nombre de lots supérieur au nombre maximal. — [V. désormais CCP, art. R. 2113-1, R. 2113-2, R. 2113-3.]

CHAPITRE III *MARCHÉS PUBLICS RÉSERVÉS*

Art. 13 *Lorsque l'acheteur réserve un marché public ou des lots d'un marché public aux opérateurs économiques qui emploient des travailleurs handicapés ou défavorisés en application de l'article 36 de l'ordonnance du 23 juillet 2015 susvisée, l'avis d'appel à la concurrence ou, en l'absence d'un tel avis, les documents de la consultation renvoient au I ou au II de ce même article.*

La proportion minimale mentionnée aux I et II de l'article 36 susmentionné est fixée à 50 %. — [V. désormais CCP, art. R. 2113-7.]

Art. 14 *Lorsque l'acheteur décide de mettre en œuvre la réservation prévue à l'article 37 de l'ordonnance du 23 juillet 2015 susvisée, l'avis d'appel à la concurrence ou, en l'absence d'un tel avis, les documents de la consultation renvoient à cet article. —* [V. désormais CCP, art. R. 2113-8.]

CHAPITRE IV *CONTENU DU MARCHÉ PUBLIC*

SECTION 1 *Caractère écrit*

Art. 15 *Les marchés publics répondant à un besoin dont la valeur estimée est égale ou supérieure à 25 000 euros HT sont conclus par écrit.*

Les clauses du marché public peuvent être déterminées par référence à des documents généraux tels que :

1° Les cahiers des clauses administratives générales, qui fixent les stipulations de nature administrative applicables à une catégorie de marchés publics ;

2° Les cahiers des clauses techniques générales, qui fixent les stipulations de nature technique applicables à toutes les prestations d'une même nature.

Les cahiers des clauses administratives générales et les cahiers des clauses techniques générales sont approuvés par arrêté du ministre chargé de l'économie et des ministres intéressés.

Lorsque l'acheteur fait référence à des documents généraux, le marché public comporte, le cas échéant, l'indication des articles de ces documents auxquels il déroge. — [V. désormais CCP, art. L. 2112-1, R. 2112-1, R. 2112-2, R. 2112-3.]

SECTION 2 *Durée*

Art. 16 *I. — Sous réserve des dispositions de l'ordonnance du 23 juillet 2015 susvisée et du présent décret relatives à la durée maximale de certains marchés publics, la durée d'un marché public est fixée en tenant compte de la nature des prestations et de la nécessité d'une remise en concurrence périodique.*

II. — Un marché public peut prévoir une ou plusieurs reconductions à condition que ses caractéristiques restent inchangées et que la mise en concurrence ait été réalisée en prenant en compte sa durée totale.

Sauf stipulation contraire, la reconduction prévue dans le marché public est tacite et le titulaire ne peut s'y opposer. — [V. désormais CCP, art. L. 2112-5, R. 2112-4.]

SECTION 3 *Prix*

Art. 17 *Les prix des prestations faisant l'objet d'un marché public sont soit des prix unitaires appliqués aux quantités réellement livrées ou exécutées, soit des prix forfaitaires appliqués à tout ou partie du marché public, quelles que soient les quantités livrées ou exécutées.*

Des clauses incitatives peuvent être insérées dans les marchés publics notamment aux fins d'améliorer les délais d'exécution, de rechercher une meilleure qualité des prestations et de réduire les coûts de production.

Sous réserve des dispositions de l'article 18, les marchés publics peuvent prévoir des clauses de variation des prix. — [V. désormais CCP, art. R. 2112-6.]

Art. 18 *I. — Les dispositions du présent article s'appliquent à l'État, à ses établissements publics autres que ceux ayant un caractère industriel et commercial, aux collectivités territoriales, à leurs établissements publics et à leurs groupements.*

II. — Sous réserve des dispositions de l'article 19, un marché public est conclu à prix définitif.

III. — Un prix définitif peut être ferme ou révisable.

IV. — Un prix ferme est un prix invariable pendant la durée du marché public. Toutefois, il est actualisable dans les conditions définies ci-dessous.

Un marché public est conclu à prix ferme dans le cas où cette forme de prix n'est pas de nature à exposer à des aléas majeurs les parties au marché public du fait de l'évolution raisonnablement prévisible des conditions économiques pendant la période d'exécution des prestations.

Lorsqu'un marché public est conclu à prix ferme pour des fournitures ou services autres que courants ou pour des travaux, il prévoit les modalités d'actualisation de son prix. Il précise notamment :

1° Que ce prix sera actualisé si un délai supérieur à trois mois s'écoule entre la date à laquelle le candidat a fixé son prix dans l'offre et la date de début d'exécution des prestations ;

2° Que l'actualisation se fera aux conditions économiques correspondant à une date antérieure de trois mois à la date de début d'exécution des prestations.

Lorsqu'un marché public est conclu à prix ferme pour des fournitures ou services courants, il peut prévoir que son prix pourra être actualisé selon des règles identiques à celles mentionnées ci-dessus.

Le prix ainsi actualisé reste ferme pendant toute la période d'exécution des prestations et constitue le prix de règlement.

Dans les marchés publics à tranches, le prix de chaque tranche est actualisable dans les conditions déterminées par les troisième à sixième alinéas du présent IV. Cette actualisation est opérée aux conditions économiques observées à une date antérieure de trois mois au début d'exécution des prestations de la tranche.

Pour l'application de ces dispositions, sont réputés être des fournitures ou services courants ceux pour lesquels l'acheteur n'impose pas des spécifications techniques propres au marché public.

V. — Un prix révisable est un prix qui peut être modifié pour tenir compte des variations économiques dans les conditions fixées ci-dessous.

(Décr. n° 2018-1225 du 24 déc. 2018, art. 4) « Un marché public est conclu à prix révisable dans le cas où les parties sont exposées à des aléas majeurs du fait de l'évolution raisonnablement prévisible des conditions économiques pendant la période d'exécution des prestations. Tel est notamment le cas des marchés publics ayant pour objet l'achat de matières premières agricoles et alimentaires. »

Lorsque le prix est révisable, le marché public fixe la date d'établissement du prix initial, les modalités de calcul de la révision ainsi que la périodicité de sa mise en œuvre. Les modalités de calcul de la révision du prix sont fixées :

1° Soit en fonction d'une référence à partir de laquelle on procède à l'ajustement du prix de la prestation ;

2° Soit par application d'une formule représentative de l'évolution du coût de la prestation. Dans ce cas, la formule de révision ne prend en compte que les différents éléments du coût de la prestation et peut inclure un terme fixe ;

3° Soit en combinant les modalités mentionnées aux 1° et 2°.

VI. — Les marchés publics d'une durée d'exécution supérieure à trois mois qui nécessitent pour leur réalisation le recours à une part importante de fournitures, notamment de matières premières, dont le prix est directement affecté par les fluctuations de cours mondiaux comportent une clause de révision de prix incluant au moins une référence aux indices officiels de fixation de ces cours, conformément au V.

Toutefois, les marchés publics de fourniture de gaz ou d'électricité peuvent être conclus à prix ferme conformément aux usages de la profession. — [V. désormais CCP, art. R. 2112-7, R. 2112-8, R. 2112-9, R. 2112-10, R. 2112-11, R. 2112-12, R. 2112-13, R. 2112-14.]

Les dispositions introduites par le Décr. n° 2018-1225 du 24 déc. 2018 s'appliquent aux marchés publics ou aux contrats de concession pour lesquels une consultation est engagée ou un avis d'appel à la concurrence est envoyé à la publication à compter de la date d'entrée en vigueur dudit Décr.

Elles ne s'appliquent pas aux marchés passés sur le fondement d'un accord-cadre ou dans le cadre d'un système d'acquisition dynamique lorsque la procédure en vue de la passation de cet accord-cadre ou de la mise en place de ce système d'acquisition dynamique a été engagée avant cette date (Décr. préc., art. 15).

Art. 19 *I. — Il est possible de conclure des marchés publics à prix provisoires.*

II. — Pour l'État, ses établissements publics autres que ceux ayant un caractère industriel et commercial, les collectivités territoriales, leurs établissements publics et leurs groupements, le marché public ne peut être conclu à prix provisoires que dans les cas suivants :

1° Lorsque, pour des prestations complexes ou faisant appel à une technique nouvelle et présentant soit un caractère d'urgence impérieuse, soit des aléas techniques importants, l'exécution du marché public doit commencer alors que la détermination d'un prix initial définitif n'est pas encore possible ;

2° Lorsque les résultats d'une enquête de coût de revient portant sur des prestations comparables commandées au titulaire d'un marché public antérieur ne sont pas encore connus ;

3° Lorsque les prix des dernières tranches d'un marché public à tranches sont fixés au vu des résultats, non encore connus, d'une enquête de coût de revient portant sur les premières tranches, conclues à prix définitifs ;

4° Lorsque les prix définitifs de prestations comparables ayant fait l'objet de marchés publics antérieurs sont remis en cause par le candidat pressenti ou par l'acheteur, sous réserve que ce dernier ne dispose pas des éléments techniques ou comptables lui permettant de négocier de nouveaux prix définitifs ;

5° Lorsque les prestations font l'objet d'un partenariat d'innovation ou font appel principalement à des technologies innovantes ou évolutives ne permettant pas de conclure le marché public à prix définitif.

III. — Les marchés publics conclus à prix provisoires précisent :

1° Les conditions dans lesquelles sera déterminé le prix définitif, dans la limite d'un plafond éventuellement révisé ;

2° L'échéance à laquelle le prix définitif devra être fixé ;

3° Les règles comptables auxquelles le titulaire devra se conformer ;

4° Les vérifications sur pièces et sur place que l'acheteur se réserve d'effectuer sur les éléments techniques et comptables du coût de revient.

IV. — Pour la réalisation des ouvrages mentionnés à l'article 1er de la loi du 12 juillet 1985 susvisée [L. n° 85-704 du 12 juill. 1985 mod.], *les marchés publics de maîtrise d'œuvre sont passés à prix provisoires conformément au décret du 29 novembre 1993 susvisé* [Décr. n° 93-1268 du 29 nov. 1993]. — [V. désormais CCP, art. R. 2112-15, R. 2112-16, R. 2112-17, R. 2112-18.]

TITRE III PASSATION DU MARCHÉ PUBLIC

CHAPITRE I *OPÉRATIONS PRÉALABLES AU LANCEMENT DE LA PROCÉDURE DE PASSATION*

SECTION 1 *Calcul de la valeur estimée du besoin*

Art. 20 *La valeur estimée du besoin est calculée sur la base du montant total hors taxe du ou des marchés publics envisagés, y compris les options et les reconductions. Lorsque l'acheteur prévoit des primes au profit des candidats ou soumissionnaires, il en tient compte pour ce calcul.*

Lorsqu'un acheteur est composé d'unités opérationnelles distinctes, la valeur totale estimée des marchés publics passés pour les besoins des différentes unités opérationnelles est prise en compte. Toutefois, lorsqu'une unité opérationnelle est responsable de manière autonome de ses marchés publics ou de certaines catégories d'entre eux, la valeur du besoin peut être estimée au niveau de l'unité en question.

L'acheteur ne peut se soustraire à l'application du présent décret en scindant ses achats ou en utilisant des modalités de calcul de la valeur estimée du besoin autres que celles prévues ci-après. – [V. désormais CCP, art. R. 2121-1, R. 2121-2, R. 2121-4.]

Art. 21 *I. – La valeur estimée du besoin est déterminée dans les conditions suivantes, quels que soient le nombre d'opérateurs économiques auquel il est fait appel et le nombre de marchés publics à passer :*

1° En ce qui concerne les marchés publics de travaux, sont prises en compte la valeur totale des travaux se rapportant à une opération ainsi que la valeur totale estimée des fournitures et des services mis à la disposition du titulaire par l'acheteur lorsqu'ils sont nécessaires à l'exécution des travaux.

Il y a opération de travaux lorsque l'acheteur prend la décision de mettre en œuvre, dans une période de temps et un périmètre limité, un ensemble de travaux caractérisé par son unité fonctionnelle, technique ou économique ;

2° En ce qui concerne les marchés publics de fournitures ou de services, il est procédé à une estimation de la valeur totale des fournitures ou des services qui peuvent être considérés comme homogènes soit en raison de leurs caractéristiques propres, soit parce qu'ils constituent une unité fonctionnelle.

II. – Pour les marchés publics de fournitures ou de services qui répondent à un besoin régulier, la valeur estimée mentionnée au I est calculée sur la base :

1° Soit du montant hors taxes des prestations exécutées au cours des douze mois précédents ou de l'exercice budgétaire précédent, en tenant compte des évolutions du besoin susceptibles d'intervenir au cours des douze mois qui suivent la conclusion du marché public ;

2° Soit de la valeur estimée des prestations qui seront exécutées au cours des douze mois ou de l'exercice budgétaire qui suit la conclusion du marché public.

III. – Pour les accords-cadres et les systèmes d'acquisition dynamiques, la valeur à prendre en compte est la valeur maximale estimée de l'ensemble des marchés à passer ou des bons de commande à émettre pendant la durée totale de l'accord-cadre ou du système d'acquisition dynamique.

IV. – Pour les partenariats d'innovation, la valeur à prendre en compte est la valeur totale estimée des activités de recherche et de développement qui doivent être menées au cours des différentes phases du partenariat ainsi que la valeur totale estimée des fournitures, services ou travaux innovants qui en sont le résultat et dont l'acquisition est envisagée. – [V. désormais CCP, art. R. 2121-5, R. 2121-6, R. 2121-7, R. 2121-8, R. 2121-9.]

Art. 22 *En cas de marché public alloti, l'acheteur prend en compte la valeur totale estimée de l'ensemble des lots.*

Toutefois, alors même que la valeur totale des lots est égale ou supérieure aux seuils de procédure formalisée, l'acheteur peut mettre en œuvre une procédure adaptée pour les lots qui remplissent les deux conditions suivantes :

1° La valeur estimée de chaque lot concerné est inférieure à 80 000 euros HT pour des fournitures ou des services ou à 1 million d'euros HT pour des travaux ;

2° Le montant cumulé de ces lots n'excède pas 20 % de la valeur totale estimée de tous les lots. – [V. désormais CCP, art. R. 2123-1.]

Art. 23 *La valeur du besoin à prendre en compte est celle estimée au moment de l'envoi de l'avis d'appel à la concurrence ou, en l'absence d'un tel avis, au moment où l'acheteur engage la procédure de passation du marché public.* – [V. désormais CCP, art. R. 2121-3.]

SECTION 2 *[ABROGÉE]* *Évaluation préalable du mode de réalisation du projet d'investissement*

(Abrogée par Décr. n° 2017-516 du 10 avr. 2017, art. 2)

Art. 24 *I. – Le seuil mentionné à l'article 40 de l'ordonnance du 23 juillet 2015 susvisée, à partir duquel la procédure de passation du marché public doit être précédée d'une évaluation du mode de réalisation du projet, est fixé à 100 millions d'euros HT.*

Pour le calcul du seuil fixé à l'alinéa précédent, le montant d'investissement à prendre en compte est constitué de l'ensemble des dépenses effectuées par l'acheteur pour la réalisation du projet.

II. – Cette évaluation comporte :

1° Une présentation générale :

a) Du projet, notamment son objet, l'historique, le contexte, ses enjeux et les caractéristiques de son équilibre économique ;

b) De l'acheteur, notamment ses compétences, son statut et ses capacités financières ;

2° Une analyse comparative en valeur actualisée des différentes options de montages contractuels et institutionnels de la commande publique envisageables pour mettre en œuvre le projet, comprenant :

a) Un cadrage, incluant notamment le périmètre, les procédures et le calendrier pour chacune des phases de réalisation du projet, ainsi que la durée totale du contrat ;

b) Une estimation en coût complet des différentes options comprenant notamment les coûts de programmation, de conception, de réalisation, de financement et de fonctionnement pour l'acheteur et pour le cocontractant avec leur évolution dans le temps jusqu'à la fin de vie ainsi que, le cas échéant, des recettes résultant du projet et le traitement comptable et fiscal retenu ;

3° Une présentation des principaux risques du projet comprenant les risques financiers et la répartition des risques entre l'acheteur et le titulaire et, le cas échéant, une valorisation financière de ces risques.

CHAPITRE II *CHOIX DE LA PROCÉDURE*

SECTION 1 *Procédures formalisées*

SOUS-SECTION 1 *Procédures formalisées applicables aux pouvoirs adjudicateurs*

Art. 25 *I. — Sous réserve des articles 28 et 29, lorsque la valeur estimée du besoin est égale ou supérieure aux seuils européens mentionnés à l'article 42 de l'ordonnance du 23 juillet 2015 susvisée, les pouvoirs adjudicateurs passent leurs marchés publics selon l'une des procédures formalisées suivantes :*

1° L'appel d'offres ;

2° La procédure concurrentielle avec négociation ;

3° Le dialogue compétitif.

II. — Les pouvoirs adjudicateurs peuvent utiliser la procédure concurrentielle avec négociation ou le dialogue compétitif dans les cas suivants :

1° Lorsque le besoin ne peut être satisfait sans adapter des solutions immédiatement disponibles ;

2° Lorsque le besoin consiste en une solution innovante. Sont innovants les travaux, fournitures ou services nouveaux ou sensiblement améliorés. Le caractère innovant peut consister dans la mise en œuvre de nouveaux procédés de production ou de construction, d'une nouvelle méthode de commercialisation ou d'une nouvelle méthode organisationnelle dans les pratiques, l'organisation du lieu de travail ou les relations extérieures de l'entreprise ;

3° Lorsque le marché public comporte des prestations de conception ;

4° Lorsque le marché public ne peut être attribué sans négociation préalable du fait de circonstances particulières liées à sa nature, à sa complexité ou au montage juridique et financier ou en raison des risques qui s'y rattachent ;

5° Lorsque le pouvoir adjudicateur n'est pas en mesure de définir les spécifications techniques avec une précision suffisante en se référant à une norme, une évaluation technique européenne, une spécification technique commune ou un référentiel technique ;

6° Lorsque, dans le cadre d'un appel d'offres, seules des offres irrégulières ou inacceptables, au sens de l'article 59, ont été présentées pour autant que les conditions initiales du marché public ne soient pas substantiellement modifiées. Le pouvoir adjudicateur n'est pas tenu de publier un avis de marché s'il ne fait participer à la procédure que le ou les soumissionnaires qui ont présenté des offres conformes aux exigences relatives aux délais et modalités formelles de l'appel d'offres. (Décr. n° 2017-516 du 10 avr. 2017, art. 3) *« Toutefois, par dérogation aux dispositions du 2° du II de l'article 55, ne peuvent participer à la procédure que le ou les soumissionnaires ayant justifié au préalable ne pas être dans un cas d'interdiction de soumissionner et satisfaisant aux conditions de participation fixées par l'acheteur. »* — [V. désormais CCP, art. R. 2124-1, R. 2124-3, R. 2124-5.]

Les dispositions de l'art. 3 du Décr. n° 2017-516 du 10 avr. 2017 s'appliquent aux marchés publics pour lesquels une consultation est engagée ou un avis d'appel à la concurrence est envoyé à la publication à compter du 1er avr. 2017 (Décr. préc., art. 31).

SOUS-SECTION 2 *Procédures formalisées applicables aux entités adjudicatrices*

Art. 26 *Sous réserve des articles 28 et 29, lorsque la valeur estimée du besoin est égale ou supérieure aux seuils européens mentionnés à l'article 42 de l'ordonnance du 23 juillet 2015 susvisée, les entités adjudicatrices passent leurs marchés publics selon l'une des procédures formalisées suivantes qu'elles choisissent librement :*

1° L'appel d'offres ;

2° La procédure négociée avec mise en concurrence préalable ;
3° Le dialogue compétitif. — [V. désormais CCP, art. R. 2124-4, R. 2124-6.]

SECTION 2 Procédure adaptée

SOUS-SECTION 1 Marchés publics inférieurs aux seuils de procédure formalisée

Art. 27 *Lorsque la valeur estimée du besoin est inférieure aux seuils de procédure formalisée, l'acheteur peut recourir à une procédure adaptée dont il détermine librement les modalités en fonction de la nature et des caractéristiques du besoin à satisfaire, du nombre ou de la localisation des opérateurs économiques susceptibles d'y répondre ainsi que des circonstances de l'achat.*

Lorsque l'acheteur a prévu de négocier, il peut attribuer le marché public sur la base des offres initiales sans négociation, à condition d'avoir indiqué dans les documents de la consultation qu'il se réserve la possibilité de le faire.

Lorsque l'acheteur se réfère expressément à l'une des procédures formalisées, il est tenu de l'appliquer dans son intégralité. — [V. désormais CCP, art. R. 2123-1, R. 2123-4, R. 2123-5, R. 2123-6.]

SOUS-SECTION 2 Marchés publics de services sociaux et autres services spécifiques

Art. 28 *I. — Quelle que soit la valeur estimée du besoin, les marchés publics ayant pour objet des services sociaux et autres services spécifiques, dont la liste est publiée au Journal officiel de la République française, peuvent être passés selon une procédure adaptée dans les conditions prévues par l'article 27. —* V. Avis relatif aux contrats de la commande publique ayant pour objet des services sociaux et autres services spécifiques (JO 27 mars 2016).

II. — Pour l'attribution du marché public, l'acheteur tient compte des spécificités des services en question. Il veille notamment à la qualité, la continuité, l'accessibilité, le caractère abordable, la disponibilité et l'exhaustivité des services, les besoins spécifiques des différentes catégories d'utilisateurs, y compris des catégories défavorisées et vulnérables, la participation et l'implication des utilisateurs, ainsi que l'innovation.

III. — Lorsqu'un marché public a pour objet à la fois des services sociaux mentionnés au I et d'autres services à l'exception des services juridiques de représentation définis à l'article 29, il est passé conformément aux règles applicables à celle de ces deux catégories de services dont la valeur estimée est la plus élevée.

Lorsqu'un marché public a pour objet à la fois des services mentionnés au I et des services juridiques de représentation définis à l'article 29, le II de l'article 29 s'applique. — [V. désormais CCP, art. R. 2123-1, R. 2123-2, R. 2123-7.]

SOUS-SECTION 3 Marchés publics de services juridiques de représentation

Art. 29 *I. — A l'exception des articles 2, 4, 5, 12, 20 à 23, 30, 48 à 55, 60, 107, 108 et du titre IV de la présente partie, les dispositions du présent décret ne s'appliquent pas aux marchés publics de services juridiques suivants :*

1° Les services juridiques de représentation légale d'un client par un avocat dans le cadre d'une procédure juridictionnelle, devant les autorités publiques ou les institutions internationales ou dans le cadre d'un mode alternatif de règlement des conflits ;

2° Les services de consultation juridique fournis par un avocat en vue de la préparation de toute procédure visée à l'alinéa précédent ou lorsqu'il existe des signes tangibles et de fortes probabilités que la question sur laquelle porte la consultation fera l'objet d'une telle procédure.

L'acheteur définit librement les modalités de publicité et de mise en concurrence en fonction du montant et des caractéristiques du marché public.

II. — Lorsqu'un marché public a pour objet à la fois des services juridiques mentionnés au I et d'autres services, le présent article s'applique si les services juridiques mentionnés au I constituent l'objet principal du marché public et si les différentes parties du marché public sont objectivement inséparables. Lorsqu'il n'est pas possible de déterminer l'objet principal du marché public, celui-ci est soumis aux règles applicables aux autres services. — [V. désormais CCP, art. R. 2123-1, R. 2123-3, R. 2123-8.]

SECTION 3 Marchés publics négociés sans publicité ni mise en concurrence préalables

Art. 30 *I. — Les acheteurs peuvent passer un marché public négocié sans publicité ni mise en concurrence préalables dans les cas suivants :*

1° Lorsqu'une urgence impérieuse résultant de circonstances imprévisibles pour l'acheteur et n'étant pas de son fait ne permet pas de respecter les délais minimaux exigés par les procédures for-

malisées. Tel est notamment le cas des marchés publics rendus nécessaires pour l'exécution d'office, en urgence, des travaux réalisés par des acheteurs en application des articles L. 1311-4, L. 1331-24, L. 1331-26-1, L. 1331-28, L. 1331-29 et L. 1334-2 du code de la santé publique et des articles L. 123-3, L. 129-2, L. 129-3, L. 511-2 et L. 511-3 du code de la construction et de l'habitation ainsi que des marchés publics passés pour faire face à des dangers sanitaires définis aux 1° et 2° de l'article L. 201-1 du code rural et de la pêche maritime. Le marché public est limité aux prestations strictement nécessaires pour faire face à la situation d'urgence ;

2° Lorsque dans le cadre d'une procédure d'appel d'offres lancée par un pouvoir adjudicateur ou d'une procédure formalisée lancée par une entité adjudicatrice ou dans le cadre de la passation d'un marché public répondant à un besoin dont la valeur estimée est inférieure aux seuils de procédure formalisée ou d'un marché public relevant des articles 28 et 29, soit aucune candidature ou aucune offre n'a été déposée dans les délais prescrits, soit seules des candidatures irrecevables au sens du IV de l'article 55 ou des offres inappropriées au sens du I de l'article 59 ont été présentées, pour autant que les conditions initiales du marché public ne soient pas substantiellement modifiées. Lorsque le présent 2° est mis en œuvre à la suite d'une procédure d'appel d'offres lancée par un pouvoir adjudicateur ou d'une procédure formalisée lancée par une entité adjudicatrice ou à la suite d'une procédure de passation d'un marché public relevant de l'article 28 et répondant à un besoin dont la valeur estimée est égale ou supérieure au seuil européen applicable à ces marchés publics publié au Journal officiel de la République française, un rapport est communiqué à la Commission européenne si elle le demande ;

3° Lorsque les travaux, fournitures ou services ne peuvent être fournis que par un opérateur économique déterminé, pour l'une des raisons suivantes :

a) Le marché public a pour objet la création ou l'acquisition d'une œuvre d'art ou d'une performance artistique unique ;

b) Des raisons techniques. Tel est notamment le cas lors de l'acquisition ou de la location d'une partie minoritaire et indissociable d'un immeuble à construire assortie de travaux répondant aux besoins de l'acheteur qui ne peuvent être réalisés par un autre opérateur économique que celui en charge des travaux de réalisation de la partie principale de l'immeuble à construire ;

c) La protection de droits d'exclusivité, notamment de droits de propriété intellectuelle.

Les raisons mentionnées aux b et c ne s'appliquent que lorsqu'il n'existe aucune solution alternative ou de remplacement raisonnable et que l'absence de concurrence ne résulte pas d'une restriction artificielle des caractéristiques du marché public ;

4° Pour les marchés publics de fournitures qui ont pour objet :

a) Des livraisons complémentaires exécutées par le fournisseur initial et qui sont destinées soit au renouvellement partiel de fournitures ou d'installations, soit à l'extension de fournitures ou d'installations existantes, lorsque le changement de fournisseur obligerait l'acheteur à acquérir des fournitures ayant des caractéristiques techniques différentes entraînant une incompatibilité ou des difficultés techniques d'utilisation et d'entretien disproportionnées. Lorsqu'un tel marché public est passé par un pouvoir adjudicateur, sa durée ne peut dépasser, sauf cas dûment justifié, trois ans, périodes de reconduction comprises ;

b) L'achat de matières premières cotées et achetées en bourse ;

5° Pour les marchés publics de fournitures ou de services passés dans des conditions particulièrement avantageuses soit auprès d'un opérateur économique en cessation définitive d'activité soit, sous réserve du 3° de l'article 45 de l'ordonnance du 23 juillet 2015 susvisée, auprès d'un opérateur économique soumis à l'une des procédures prévues par le livre VI du code de commerce, à l'exception de celles mentionnées au titre I, ou une procédure de même nature prévue par une législation d'un autre État ;

6° Pour les marchés publics de services attribués au lauréat ou à l'un des lauréats d'un concours. Lorsqu'il y a plusieurs lauréats, ils sont tous invités à participer aux négociations ;

7° Pour les marchés publics de travaux ou de services ayant pour objet la réalisation de prestations similaires à celles qui ont été confiées au titulaire d'un marché public précédent passé après mise en concurrence. Le premier marché public doit avoir indiqué la possibilité de recourir à cette procédure pour la réalisation de prestations similaires. Sa mise en concurrence doit également avoir pris en compte le montant total envisagé, y compris celui des nouveaux travaux ou services. Lorsqu'un tel marché public est passé par un pouvoir adjudicateur, la durée pendant laquelle les nouveaux marchés publics peuvent être conclus ne peut dépasser trois ans à compter de la notification du marché public initial ;

8° Pour les marchés publics répondant à un besoin dont la valeur estimée est inférieure à 25 000 euros HT. L'acheteur veille à choisir une offre pertinente, à faire une bonne utilisation des deniers publics et à ne pas contracter systématiquement avec un même opérateur économique lorsqu'il existe une pluralité d'offres susceptibles de répondre au besoin ;

9° Pour les marchés publics de fournitures de livres non scolaires passés par les acheteurs mentionnés aux 1° et 2° de l'article 3 de la loi du 10 août 1981 susvisée [L. n° 81-766 du 10 août

1981, V. **C. com.**], *pour leurs besoins propres ou pour l'enrichissement des collections des bibliothèques accueillant du public et répondant à un besoin dont la valeur estimée est inférieure à 90 000 euros hors taxe. Lorsqu'ils font usage de cette faculté, les acheteurs se conforment aux obligations mentionnées au 8° et tiennent compte de l'impératif de maintien sur le territoire d'un réseau dense de détaillants qui garantit la diversité de la création éditoriale et l'accès du plus grand nombre à cette création ;*

10° Pour les marchés publics répondant à un besoin dont la valeur estimée est inférieure aux seuils européens, lorsque la mise en concurrence est impossible ou manifestement inutile en raison notamment de l'objet du marché public ou du faible degré de concurrence dans le secteur considéré.

II. — Les pouvoirs adjudicateurs peuvent également négocier sans publicité ni mise en concurrence préalables les marchés publics de fournitures ayant pour objet l'achat de produits fabriqués uniquement à des fins de recherche, d'expérimentation, d'étude ou de développement, sans objectif de rentabilité ou d'amortissement des coûts de recherche et de développement.

III. — Les entités adjudicatrices peuvent également négocier sans publicité ni mise en concurrence préalables les marchés publics suivants :

1° Les marchés publics conclus à des fins de recherche, d'expérimentation, d'étude ou de développement, sans objectif de rentabilité ou d'amortissement des coûts de recherche et de développement. La passation d'un tel marché public ne doit pas porter préjudice à la mise en concurrence des marchés publics ultérieurs qui poursuivent ces mêmes objectifs ;

2° Les marchés publics ayant pour objet l'achat de fournitures qu'il est possible d'acquérir en profitant d'une occasion particulièrement avantageuse qui se présente dans une période de temps très courte et pour lesquelles le prix à payer est considérablement plus bas que les prix normalement pratiqués sur le marché. — [*V. désormais CCP, art. R. 2122-1, R. 2122-2, R. 2122-3, R. 2122-4, R. 2122-5, R. 2122-6, R. 2122-7, R. 2122-8, R. 2122-9, R. 2122-10, R. 2122-11.*]

CHAPITRE III *PUBLICITÉ PRÉALABLE*

SECTION 1 *Avis d'appel à la concurrence*

SOUS-SECTION 1 *Avis de préinformation des pouvoirs adjudicateurs*

Art. 31 *I. — Les pouvoirs adjudicateurs peuvent faire connaître leur intention de passer un marché public par le biais de la publication d'un avis de préinformation établi conformément au modèle fixé par le règlement de la Commission européenne établissant les formulaires standard pour la publication d'avis dans le cadre de la passation de marchés publics* [*V. Règl. d'exécution (UE) 2015/1986 du 11 nov. 2015, App., Partie I*].

Cet avis peut être soit adressé pour publication à l'Office des publications officielles de l'Union européenne, soit publié par le pouvoir adjudicateur sur son profil d'acheteur.

Le profil d'acheteur est la plateforme de dématérialisation permettant notamment aux acheteurs de mettre les documents de la consultation à disposition des opérateurs économiques par voie électronique et de réceptionner par voie électronique les documents transmis par les candidats et les soumissionnaires. Un arrêté du ministre chargé de l'économie détermine les fonctionnalités et les exigences minimales qui s'imposent aux profils d'acheteur. — *V. Arr. du 14 avr. 2017* .

Lorsqu'un pouvoir adjudicateur publie l'avis de préinformation sur son profil d'acheteur, il envoie à l'Office des publications de l'Union européenne un avis annonçant la publication de cet avis. L'avis de préinformation n'est pas publié sur le profil d'acheteur avant l'envoi à l'Office des publications de l'Union européenne de l'avis annonçant sa publication sous cette forme. La date de cet envoi est mentionnée sur l'avis de préinformation publié sur le profil d'acheteur.

II. — Dans le cadre d'une procédure d'appel d'offres restreint ou d'une procédure concurrentielle avec négociation, à l'exception des autorités publiques centrales dont la liste est publiée au Journal officiel de la République française, les pouvoirs adjudicateurs peuvent utiliser un avis de préinformation pour lancer un appel à la concurrence, à condition que l'avis remplisse les conditions suivantes : — *V. Avis relatif aux seuils de procédure et à la liste des autorités publiques centrales en droit de la commande publique.*

1° Il fait référence spécifiquement aux travaux, aux fournitures ou aux services qui feront l'objet du marché public à passer ;

2° Il mentionne que ce marché public sera passé selon une procédure d'appel d'offres restreint ou une procédure concurrentielle avec négociation sans publication ultérieure d'un avis d'appel à la concurrence et invite les opérateurs économiques intéressés à manifester leur intérêt ;

3° Il a été envoyé pour publication entre trente-cinq jours et douze mois avant la date d'envoi de l'invitation à confirmer l'intérêt.

De tels avis ne sont pas publiés sur un profil d'acheteur. Toutefois, une publication supplémentaire peut être réalisée sur un profil d'acheteur, dans les conditions de l'article 36.

La durée maximale de la période couverte par l'avis de préinformation est de douze mois à compter de la date de transmission de l'avis pour publication. – [V. désormais CCP, art. R. 2131-1, R. 2131-2, R. 2131-4, R. 2131-5, R. 2131-6, R. 2132-3.]

Sur la dématérialisation des procédures de passation des marchés publics, V. Arr. du 14 déc. 2009.

SOUS-SECTION 2 *Avis périodique indicatif des entités adjudicatrices*

Art. 32 *I. – Les entités adjudicatrices peuvent faire connaître leur intention de passer un marché public par le biais de la publication d'un avis périodique indicatif établi conformément au modèle fixé par le règlement de la Commission européenne établissant les formulaires standard pour la publication d'avis dans le cadre de la passation de marchés publics.*

Cet avis est publié soit par l'Office des publications officielles de l'Union européenne, soit sur le profil d'acheteur de l'entité adjudicatrice.

Lorsqu'une entité adjudicatrice publie l'avis périodique indicatif sur son profil d'acheteur, elle envoie à l'Office des publications de l'Union européenne un avis annonçant la publication de cet avis. L'avis périodique indicatif n'est pas publié sur le profil d'acheteur avant l'envoi à l'Office des publications de l'Union européenne de l'avis annonçant sa publication sous cette forme. La date de cet envoi est mentionnée sur l'avis périodique indicatif publié sur le profil d'acheteur.

II. – Dans le cadre d'une procédure d'appel d'offres restreint ou d'une procédure négociée avec mise en concurrence préalable, les entités adjudicatrices peuvent utiliser un avis périodique indicatif pour lancer un appel à la concurrence, à condition que l'avis remplisse les conditions suivantes :

1° Il fait référence spécifiquement aux travaux, aux fournitures ou aux services qui feront l'objet du marché public à passer ;

2° Il mentionne que ce marché public sera passé selon une procédure d'appel d'offres restreint ou une procédure négociée sans publication ultérieure d'un avis d'appel à la concurrence et invite les opérateurs économiques intéressés à manifester leur intérêt ;

3° Il a été envoyé pour publication entre trente-cinq jours et douze mois avant la date d'envoi de l'invitation à confirmer l'intérêt.

De tels avis ne sont pas publiés sur un profil d'acheteur. Toutefois, une publication supplémentaire au niveau national peut être réalisée sur un profil d'acheteur, dans les conditions de l'article 36.

La durée maximale de la période couverte par l'avis périodique indicatif est de douze mois à compter de la date de transmission de l'avis pour publication.

III. – Lorsqu'une entité adjudicatrice publie un avis périodique indicatif, elle communique aux candidats qui le demandent les spécifications techniques qu'elle fait habituellement figurer ou qu'elle entend faire figurer dans les marchés publics ayant le même objet que celui mentionné dans l'avis.

Ces spécifications techniques sont mises à disposition sur un profil d'acheteur dans les conditions fixées à l'article 39. Toutefois, elles sont transmises par d'autres moyens dans les cas suivants :

1° Lorsqu'il n'est pas possible d'offrir un accès gratuit, sans restriction, complet et direct par voie électronique à certains documents de la consultation pour une des raisons mentionnées au II de l'article 41 ;

2° Lorsque l'entité adjudicatrice entend imposer aux opérateurs économiques des exigences visant à protéger la confidentialité des informations qu'elle met à disposition tout au long de la procédure de passation.

Lorsque les spécifications techniques sont fondées sur des documents gratuitement disponibles par des moyens électroniques, l'indication de la référence de ces documents est considérée comme suffisante. – [V. désormais CCP, art. R. 2131-3.]

SOUS-SECTION 3 *Avis de marché*

Art. 33 *I. – Pour les marchés publics passés selon une des procédures formalisées énumérées aux articles 25 et 26 :*

1° L'État, ses établissements publics autres qu'à caractère industriel et commercial, les collectivités territoriales, leurs établissements publics et leurs groupements publient un avis de marché dans le Bulletin officiel des annonces des marchés publics et au Journal officiel de l'Union européenne ;

2° Les autres acheteurs publient un avis de marché au Journal officiel de l'Union européenne.

II. – L'avis est établi conformément au modèle fixé par le règlement de la Commission européenne établissant les formulaires standard pour la publication d'avis dans le cadre de la passation de marchés publics.

III. – L'acheteur peut faire paraître une publicité supplémentaire sur un autre support. La publicité supplémentaire peut ne comporter que certains des renseignements figurant dans l'avis de mar-

ché publié à titre principal à condition qu'elle indique les références de cet avis. – [V. désormais CCP, art. R. 2131-16, R. 2131-17, R. 2131-18.]

Art. 34 *I. – Pour les marchés publics passés selon une procédure adaptée en vertu de l'article 27 :*

1° L'État, ses établissements publics autres qu'à caractère industriel et commercial, les collectivités territoriales, leurs établissements publics et leurs groupements procèdent à une publicité dans les conditions suivantes :

a) Lorsque la valeur estimée du besoin est inférieure à 90 000 euros HT, l'acheteur choisit librement les modalités de publicité adaptées en fonction des caractéristiques du marché public, notamment le montant et la nature des travaux, des fournitures ou des services en cause ;

b) Lorsque la valeur estimée du besoin est égale ou supérieure à 90 000 euros HT et inférieure aux seuils de procédure formalisée, l'acheteur publie un avis de marché soit dans le Bulletin officiel des annonces des marchés publics soit dans un journal habilité à recevoir des annonces légales.

L'acheteur apprécie si, compte tenu de la nature ou du montant des fournitures, des services ou des travaux en cause, une publication dans un journal spécialisé correspondant au secteur économique concerné ou au Journal officiel de l'Union européenne est en outre nécessaire pour garantir l'information des opérateurs économiques raisonnablement vigilants pouvant être intéressés par le marché public ;

2° Les autres acheteurs choisissent librement les modalités de publicité adaptées en fonction des caractéristiques du marché public, notamment le montant et la nature des travaux, des fournitures ou des services en cause.

II. – L'acheteur peut faire paraître une publicité supplémentaire sur un autre support que celui choisi à titre principal. La publicité supplémentaire peut ne comporter que certains des renseignements figurant dans l'avis de marché publié à titre principal sur le support de son choix à condition qu'elle indique les références de cet avis. – [V. désormais CCP, art. R. 2131-12, R. 2131-13, R. 2131-18.]

Art. 35 *I. – Pour les marchés publics de services sociaux et autres services spécifiques mentionnés à l'article 28 :*

1° Lorsque la valeur estimée du besoin est inférieure au seuil européen applicable à ces marchés publics publié au Journal officiel de la République française, l'acheteur définit librement les mesures de publicité adaptées en fonction des caractéristiques du marché public, notamment le montant et la nature des services en cause ;

2° Lorsque la valeur estimée du besoin est égale ou supérieure au seuil européen applicable à ces marchés publics publié au Journal officiel de la République française, l'acheteur publie un avis de marché, un avis de préinformation, un avis périodique indicatif ou un avis sur l'existence d'un système de qualification conforme au modèle fixé par le règlement de la Commission européenne établissant les formulaires standard pour la publication d'avis dans le cadre de la passation de marchés publics.

Cet avis est publié au Journal officiel de l'Union européenne dans les conditions prévues à l'article 36.

Lorsqu'il utilise un avis de préinformation ou un avis périodique indicatif, cet avis fait référence spécifiquement aux types de services qui feront l'objet des marchés publics à passer, indique que les marchés publics seront passés sans publication ultérieure et invite les opérateurs économiques intéressés à manifester leur intérêt par écrit. L'avis de préinformation ou un avis périodique indicatif peut couvrir une période d'une durée supérieure à douze mois.

II. – L'acheteur peut faire paraître une publicité supplémentaire sur un autre support que celui choisi à titre principal. La publicité supplémentaire peut ne comporter que certains des renseignements figurant dans l'avis de marché publié à titre principal sur le support de son choix à condition qu'elle indique les références de cet avis. – [V. désormais CCP, art. R. 2131-7, R. 2131-8, R. 2131-9, R. 2131-14, R. 2131-15, R. 2131-18.]

V. Avis relatif aux contrats de la commande publique ayant pour objet des services sociaux et autres services spécifiques (JO 27 mars 2016).

SECTION 2 *Modalités de publication des avis d'appel à la concurrence*

Art. 36 *I. – Les avis destinés à être publiés au Journal officiel de l'Union européenne sont transmis par voie électronique à l'Office des publications de l'Union européenne, qui se charge de leur publication au Journal officiel de l'Union européenne. L'acheteur conserve la preuve de la date d'envoi de ces avis.*

II. – Les publications au niveau national ne peuvent être effectuées avant la publication au Journal officiel de l'Union européenne. Elle peut [Elles peuvent] *néanmoins avoir lieu, en tout état de cause, lorsque l'acheteur n'a pas été avisé de la publication au Journal officiel de l'Union euro-*

péenne dans les quarante-huit heures suivant la confirmation de la réception de l'avis par l'Office des publications de l'Union européenne.

III. — Les publications au niveau national ne peuvent fournir plus de renseignements que ceux envoyés à l'Office des publications de l'Union européenne. Elles mentionnent la date de cet envoi. — [*V. désormais CCP, art. R. 2131-19, R. 2131-20.*]

SECTION 3 *Invitation à confirmer l'intérêt*

Art. 37 *Lorsqu'un appel à la concurrence est effectué au moyen d'un avis de préinformation ou d'un avis périodique indicatif, l'acheteur invite simultanément et par écrit tous les opérateurs économiques qui ont manifesté leur intérêt à confirmer leur intérêt sur la base des informations détaillées relatives au marché public en question.*

L'invitation comprend au minimum les renseignements suivants :

1° La nature et la quantité des prestations demandées, y compris celles qui relèvent d'éventuels marchés publics complémentaires et, si possible, une estimation du délai dans lequel l'acheteur décidera de recourir à ces marchés publics complémentaires. Dans le cas de marchés publics renouvelables, elle indique la nature, la quantité et, si possible, une estimation du délai dans lequel l'acheteur procédera à la publication des avis d'appel à la concurrence ultérieurs pour le renouvellement des marchés publics ;

2° La procédure utilisée, qui est soit l'appel d'offres restreint soit la procédure concurrentielle avec négociation ou la procédure négociée avec mise en concurrence préalable ;

3° Le cas échéant, la date de commencement ou d'achèvement de l'exécution du marché public ;

4° L'adresse du profil d'acheteur sur lequel les documents de la consultation sont mis à disposition des candidats. Lorsque les documents de la consultation ne sont pas mis à disposition sur un profil d'acheteur, pour l'un des motifs énoncés au II de l'article 41, ni par d'autres moyens, ils sont joints à l'invitation.

Dans les cas où l'accès électronique ne peut être proposé, l'invitation indique l'adresse et la date limite pour le dépôt des demandes visant à obtenir les documents de la consultation ainsi que la ou les langues autorisées pour leur présentation ;

5° L'identification et l'adresse du service qui passe le marché public ;

6° Les informations relatives aux capacités professionnelles, techniques et financières exigées des candidats ;

7° La forme du marché public faisant l'objet de l'invitation à confirmer l'intérêt : achat, crédit-bail, location ou location-vente ou plusieurs de ces formes ;

8° Les critères d'attribution ainsi que leur pondération ou leur hiérarchisation, si ces renseignements ne figurent pas dans l'avis de préinformation ou dans l'avis périodique indicatif. — [*V. désormais CCP, art. R. 2131-10, R. 2131-11.*]

CHAPITRE IV *RÈGLES GÉNÉRALES DE PASSATION*

SECTION 1 *Dématérialisation des procédures*

SOUS-SECTION 1 Mise à disposition des documents de la consultation

Art. 38 *Les documents de la consultation sont l'ensemble des documents fournis par l'acheteur ou auxquels il se réfère afin de définir ses besoins et de décrire les modalités de la procédure de passation, y compris l'avis d'appel à la concurrence. Les informations fournies sont suffisamment précises pour permettre aux opérateurs économiques de déterminer la nature et l'étendue du besoin et de décider de demander ou non à participer à la procédure. —* [*V. désormais CCP, art. R. 2132-1.*]

Art. 39 *I. — (Décr. n° 2018-1225 du 24 déc. 2018, art. 5) « Les documents de la consultation sont gratuitement mis à disposition des opérateurs économiques. Pour les marchés publics qui répondent à un besoin dont la valeur estimée est égale ou supérieure à 25 000 euros hors taxes et dont la procédure donne lieu à la publication d'un avis d'appel à la concurrence, cette mise à disposition s'effectue sur un profil d'acheteur à compter de la publication de l'avis d'appel à la concurrence, selon des modalités fixées par arrêté du ministre chargé de l'économie. » — V. Arr. du 27 juill. 2018.*

Lorsque l'appel à la concurrence est effectué au moyen d'un avis de préinformation ou d'un avis périodique indicatif, cet accès est offert à compter de l'envoi de l'invitation à confirmer l'intérêt.

Lorsque l'appel à la concurrence est effectué au moyen d'un avis sur l'existence d'un système de qualification, cet accès est offert dès que possible et au plus tard à la date d'envoi de l'invitation à soumissionner.

L'adresse du profil d'acheteur sur lequel les documents de la consultation sont accessibles est indiquée dans l'avis ou, le cas échéant, l'invitation.

II. — Lorsque certains documents de la consultation ne sont pas publiés sur un profil d'acheteur pour une des raisons mentionnées au II de l'article 41, l'acheteur indique, dans l'appel à la concurrence ou l'invitation à confirmer l'intérêt, les moyens par lesquels ces documents peuvent être obtenus.

Lorsque certains documents de la consultation ne sont pas publiés sur un profil d'acheteur parce que l'acheteur impose aux opérateurs économiques des exigences visant à protéger la confidentialité de certaines informations, celui-ci indique, dans l'appel à la concurrence, dans l'invitation à confirmer l'intérêt ou, lorsque l'appel à la concurrence est effectué au moyen d'un avis sur l'existence d'un système de qualification, dans les documents de la consultation, les mesures qu'il impose en vue de protéger la confidentialité des informations ainsi que les modalités d'accès aux documents concernés.

(Décr. n° 2018-1225 du 24 déc. 2018, art. 5) *« Lorsque certains documents de la consultation sont trop volumineux pour être téléchargés depuis le profil d'acheteur, l'acheteur indique dans l'avis d'appel à la concurrence ou dans l'invitation à confirmer l'intérêt les moyens électroniques par lesquels ces documents peuvent être obtenus gratuitement. »*

III. — En cas de procédure formalisée, les renseignements complémentaires sur les documents de la consultation sont envoyés aux opérateurs économiques six jours au plus tard avant la date limite fixée pour la réception des offres, pour autant qu'ils en aient fait la demande en temps utile. Lorsque (Abrogé par Décr. n° 2017-516 du 10 avr. 2017, art. 4) *«, dans le cadre d'une procédure d'appel d'offres, » le délai de réception des offres est réduit pour cause d'urgence en application des articles 67, 69, 70 et 72, ce délai est de quatre jours.*

IV. — Jusqu'au 1er avril 2017 pour les centrales d'achat et jusqu'au 1er octobre 2018 pour les autres acheteurs, le présent article s'applique uniquement aux marchés publics suivants :

1° Les marchés publics répondant à un besoin dont la valeur estimée est égale ou supérieure aux seuils de procédure formalisée ;

2° Les marchés publics répondant à un besoin dont la valeur estimée est égale ou supérieure à 90 000 euros HT, passés par l'État, ses établissements publics autres que ceux ayant un caractère industriel et commercial, les collectivités territoriales, leurs établissements publics et leurs groupements.

Il s'applique à tous les marchés publics lorsqu'une consultation est engagée ou un avis d'appel à la concurrence envoyé à la publication après le 1er avril 2017 pour les centrales d'achat et après le 1er octobre 2018 pour les autres acheteurs. — [V. désormais CCP, art. R. 2132-2, R. 2132-4, R. 2132-5, R. 2132-6, R. 2162-35, R. 2162-36.]

Sur l'application des dispositions issues du Décr. n° 2018-1225 du 24 déc. 2018, V. note ss. art. 18, supra.

SOUS-SECTION 2 *Communications et échanges d'informations par voie électronique*

Art. 40 *I. — Sous réserve de l'article 41, dans toutes les procédures de passation des marchés publics, les communications et les échanges d'informations effectués en application du présent décret peuvent être effectués par voie électronique.*

Le mode de transmission est indiqué dans l'avis d'appel à la concurrence ou, en l'absence d'un tel avis, dans les documents de la consultation.

Pour chaque étape de la procédure, les candidats et soumissionnaires appliquent le même mode de transmission à l'ensemble des documents qu'ils transmettent à l'acheteur.

L'acheteur peut imposer la transmission des candidatures et des offres par voie électronique.

II. — Pour les marchés publics passés par l'État, ses établissements publics autres que ceux ayant un caractère industriel et commercial, les collectivités territoriales, leurs établissements publics et leurs groupements, les dispositions suivantes s'appliquent :

1° L'acheteur ne peut refuser de recevoir les candidatures et les offres transmises par voie électronique ;

2° Pour les marchés publics de fournitures de matériels informatiques et les marchés publics de services informatiques répondant à un besoin dont la valeur estimée est égale ou supérieure à 90 000 euros HT, les candidatures et les offres sont transmises par voie électronique. — [V. désormais CCP, art. R. 2132-7, R. 2132-13.]

Art. 41 *I. — Toutes les communications et tous les échanges d'informations sont effectués par des moyens de communication électronique lorsqu'une consultation est engagée ou un avis d'appel à la concurrence envoyé à la publication à compter du 1er avril 2017 pour les centrales d'achat et du 1er octobre 2018 pour les autres acheteurs.*

Un moyen de communication électronique est un équipement électronique de traitement, y compris la compression numérique, et de stockage de données diffusées, acheminées et reçues par fils, par radio, par moyens optiques ou par d'autres moyens électromagnétiques.

II. — Toutefois, l'acheteur n'est pas tenu d'exiger l'utilisation de moyens de communication électronique dans les cas suivants :

1° Pour les marchés publics mentionnés à l'article 30 et répondant à un besoin dont la valeur estimée est inférieure aux seuils de procédure formalisée ;

2° Pour les marchés publics de services sociaux et autres services spécifiques mentionnés à l'article 28 ;

3° Lorsque, en raison de la nature particulière du marché public, l'utilisation de moyens de communication électroniques nécessiterait des outils, des dispositifs ou des formats de fichiers particuliers qui ne sont pas communément disponibles ou pris en charge par des applications communément disponibles ;

4° Lorsque les applications prenant en charge les formats de fichier adaptés à la description des offres utilisent des formats de fichiers qui ne peuvent être traités par aucune autre application ouverte ou communément disponibles [disponible] *ou sont soumises à un régime de licence propriétaire et ne peuvent être mises à disposition par téléchargement ou à distance par l'acheteur ;*

5° Lorsque l'utilisation de moyens de communication électroniques nécessiterait un équipement de bureau spécialisé dont les acheteurs ne disposent pas communément ;

6° Lorsque les documents de la consultation exigent la présentation de maquettes, de modèles réduits, de prototypes ou d'échantillons qui ne peuvent être transmis par voie électronique ;

7° Lorsque l'utilisation d'autres moyens de communication que les moyens électroniques est nécessaire en raison soit d'une violation de la sécurité des moyens de communication électroniques, soit du caractère particulièrement sensible des informations qui exigent un degré de protection extrêmement élevé ne pouvant pas être assuré convenablement par l'utilisation d'outils et de dispositifs électroniques dont disposent communément les opérateurs économiques ou qui peuvent être mis à leur disposition par d'autres moyens d'accès au sens du IV de l'article 42.

Les pouvoirs adjudicateurs indiquent les raisons pour lesquelles ils ont exigé d'autres moyens de communication que des moyens électroniques dans le rapport de présentation mentionné à l'article 105. Pour les entités adjudicatrices, cette information figure parmi les documents conservés en application de l'article 106.

III. — Les candidats et soumissionnaires qui transmettent leurs documents par voie électronique peuvent adresser à l'acheteur, sur support papier ou sur support physique électronique, une copie de sauvegarde de ces documents établie selon des modalités fixées par arrêté du ministre chargé de l'économie. — [V. désormais CCP, art. R. 2132-7, R. 2132-11, R. 2132-12, R. 2132-13.] — V. Arr. du 27 juill. 2018 ss. Décr. n° 2016-360 du 25 mars 2016, art. 39.

Sur les exigences minimales des outils et dispositifs de communication et d'échanges d'information par voie électronique dans le cadre des marchés publics, V. Arr. du 27 juill. 2018 ss. Décr. n° 2016-360 du 25 mars 2016, art. 42.

Art. 42 *I. — Les dispositifs utilisés pour communiquer par des moyens électroniques ainsi que leurs caractéristiques techniques ne sont pas discriminatoires et ne restreignent pas l'accès des opérateurs économiques à la procédure de passation. Ils sont communément disponibles et compatibles avec les technologies de l'information et de la communication généralement utilisées.*

Les outils et les dispositifs de communication et d'échanges d'information par voie électronique répondent à des exigences minimales déterminées par arrêté du ministre chargé de l'économie. — V. Arr. du 27 juill. 2018

II. — L'acheteur assure la confidentialité et la sécurité des transactions sur un réseau informatique accessible de façon non-discriminatoire selon des modalités fixées par l'arrêté mentionné au I. Les frais d'accès au réseau restent à la charge de l'opérateur économique.

Les communications, les échanges et le stockage d'informations sont effectués de manière à assurer l'intégrité des données et la confidentialité des candidatures, des offres et des demandes de participation et à garantir que l'acheteur ne prend connaissance de leur contenu qu'à l'expiration du délai prévu pour leur présentation.

III. — L'acheteur peut, si nécessaire, exiger l'utilisation d'outils et de dispositifs qui ne sont pas communément disponibles, tels que des outils de modélisation électronique des données du bâtiment ou des outils similaires.

Dans ce cas, l'acheteur offre d'autres moyens d'accès au sens du IV, jusqu'à ce que ces outils et dispositifs soient devenus communément disponibles aux opérateurs économiques.

IV. — L'acheteur est réputé offrir d'autres moyens d'accès appropriés dans tous les cas suivants :

1° Lorsqu'il offre gratuitement un accès sans restriction, complet et direct par moyen électronique à ces outils et dispositifs à partir de la date de publication de l'avis d'appel à la concurrence ou de la date d'envoi de l'invitation à confirmer l'intérêt ou, en l'absence d'un tel avis ou d'une telle invitation, à compter du lancement de la consultation. Le texte de l'avis ou de l'invitation à confirmer l'intérêt précise l'adresse internet à laquelle ces outils et dispositifs sont accessibles ;

2° Lorsqu'il veille à ce que les opérateurs économiques n'ayant pas accès à ces outils et dispositifs ni la possibilité de se les procurer dans les délais requis, à condition que l'absence d'accès ne soit pas imputable à l'opérateur économique concerné, puissent accéder à la procédure de passation du marché public en utilisant des jetons provisoires mis gratuitement à disposition en ligne ;

3° Lorsqu'il assure la disponibilité d'une autre voie de présentation électronique des offres. – [V. désormais CCP, art. R. 2132-8, R. 2132-9, R. 2132-10, R. 2132-14.]

Sur la dématérialisation des procédures de passation des marchés publics, V. Arr. du 27 juill. 2018 ss. Décr. n° 2016-360 du 25 mars 2016, art. 39.

SECTION 2 *Délais de réception des candidatures et des offres*

Art. 43 *I. – L'acheteur fixe les délais de réception des candidatures et des offres en tenant compte de la complexité du marché public et du temps nécessaire aux opérateurs économiques pour préparer leur candidature et leur offre.*

En procédure formalisée, ces délais ne peuvent être inférieurs aux délais minimaux propres à chaque procédure décrite aux articles 66 à 76 et, lorsque certains documents de la consultation ne sont pas publiés sur un profil d'acheteur pour l'une des raisons mentionnées au II de l'article 39, le délai minimal de réception des offres est augmenté de cinq jours, sauf urgence dûment justifiée.

II. – Lorsque les offres ne peuvent être déposées qu'à la suite d'une visite sur les lieux d'exécution du marché public ou après consultation sur place de documents complémentaires, les délais de réception des offres sont suffisants pour permettre à tous les opérateurs économiques de prendre connaissance de toutes les informations nécessaires pour l'élaboration de leurs offres.

III. – Le délai de réception des offres est prolongé dans les cas suivants :

1° Lorsqu'un complément d'informations, nécessaire à l'élaboration de l'offre, demandé en temps utile par l'opérateur économique, n'est pas fourni dans les délais prévus au III de l'article 39 ;

2° Lorsque des modifications importantes sont apportées aux documents de la consultation.

La durée de la prolongation est proportionnée à l'importance des informations demandées ou des modifications apportées.

IV. – Les candidatures et les offres reçues hors délai sont éliminées. – [V. désormais CCP, art. R. 2143-1, R. 2143-2, R. 2151-1, R. 2151-2, R. 2151-3, R. 2151-4, R. 2151-5.]

SECTION 3 *Sélection des candidats*

SOUS-SECTION 1 *Conditions de participation*

Art. 44 *I. – Les conditions de participation mentionnées au I de l'article 51 de l'ordonnance du 23 juillet 2015 susvisée, ainsi que les moyens de preuve acceptables, sont indiqués par l'acheteur dans l'avis d'appel à la concurrence ou dans l'invitation à confirmer l'intérêt ou, en l'absence d'un tel avis ou d'une telle invitation, dans les documents de la consultation.*

Lorsque l'acheteur décide de fixer des niveaux minimaux de capacité, il ne peut exiger que des niveaux minimaux liés et proportionnés à l'objet du marché public ou à ses conditions d'exécution.

II. – En ce qui concerne l'aptitude à exercer l'activité professionnelle, l'acheteur peut exiger que les opérateurs économiques soient inscrits sur un registre professionnel.

III. – En ce qui concerne la capacité économique et financière, l'acheteur peut notamment exiger que les opérateurs économiques réalisent un chiffre d'affaires annuel minimal donné, notamment dans le domaine concerné par le marché public.

Le chiffre d'affaires minimal exigé ne peut être supérieur à deux fois le montant estimé du marché public ou du lot, sauf justifications liées à son objet ou à ses conditions d'exécution. Les raisons pour lesquelles un chiffre d'affaires annuel minimal supérieur à ce plafond est exigé figurent dans les documents de la consultation ou, à défaut :

1° Sont indiquées dans le rapport de présentation mentionné à l'article 105 pour les pouvoirs adjudicateurs ;

2° Sont conservées dans les conditions de l'article 106 pour les entités adjudicatrices.

En cas de marché public alloti, ce plafond s'applique pour chacun des lots. Toutefois, l'acheteur peut exiger un chiffre d'affaires annuel minimal pour des groupes de lots, dans l'éventualité où un titulaire se verrait attribuer plusieurs lots à exécuter en même temps.

Pour les accords-cadres, ce plafond est calculé sur la base du montant total maximal des marchés subséquents ou des bons de commande dont l'exécution par un même titulaire pourrait être effectuée concomitamment ou, si ce montant ne peut être estimé, sur la base de la valeur totale estimée des marchés passés sur le fondement de l'accord-cadre ou des bons de commande susceptibles d'être attribués à un même titulaire pendant la durée de validité de l'accord-cadre.

Pour les systèmes d'acquisition dynamique, ce plafond est calculé sur la base de la valeur totale estimée des marchés spécifiques envisagés pendant la durée totale du système.

L'acheteur peut en outre exiger que les opérateurs économiques fournissent des informations sur leurs comptes annuels indiquant notamment le rapport entre les éléments d'actif et de passif. Dans ce cas, il précise, dans les documents de la consultation, les méthodes et les critères objectifs et non-discriminatoires qu'il appliquera pour prendre en compte ces informations.

Il peut également exiger un niveau approprié d'assurance des risques professionnels.

IV. — En ce qui concerne les capacités techniques et professionnelles, l'acheteur peut imposer des conditions garantissant que les opérateurs économiques possèdent les ressources humaines et techniques et l'expérience nécessaires pour exécuter le marché public en assurant un niveau de qualité approprié. A cette fin, dans les marchés publics de services ou de travaux et les marchés publics de fournitures nécessitant des travaux de pose ou d'installation ou comprenant des prestations de service, l'acheteur peut imposer aux candidats qu'ils indiquent les noms et les qualifications professionnelles pertinentes des personnes physiques qui seront chargées de l'exécution du marché public en question.

L'acheteur peut exiger que les opérateurs économiques disposent d'un niveau d'expérience suffisant, démontré par des références adéquates provenant de marchés publics exécutés antérieurement. Toutefois, l'absence de références relatives à l'exécution de marchés publics de même nature ne peut justifier, à elle seule, l'élimination d'un candidat.

V. — L'appréciation des capacités d'un groupement d'opérateurs économiques est globale. Il n'est pas exigé que chaque membre du groupement ait la totalité des capacités requises pour exécuter le marché public. — [V. désormais CCP, art. R. 2142-1, R. 2142-2, R. 2142-5, R. 2142-6, R. 2142-7, R. 2142-8, R. 2142-9, R. 2142-10, R. 2142-11, R. 2142-12, R. 2142-13, R. 2142-14, R. 2142-25.]

SOUS-SECTION 2 *Groupements d'opérateurs économiques*

Art. 45 *I. — Les groupements d'opérateurs économiques peuvent participer aux procédures de passation de marchés publics. Pour la présentation d'une candidature ou d'une offre, l'acheteur ne peut exiger que le groupement d'opérateurs économiques ait une forme juridique déterminée.*

Le groupement est conjoint lorsque chacun des opérateurs économiques membres du groupement s'engage à exécuter la ou les prestations qui sont susceptibles de lui être attribuées dans le marché public.

Le groupement est solidaire lorsque chacun des opérateurs économiques membres du groupement est engagé financièrement pour la totalité du marché public.

Les candidatures et les offres sont présentées soit par l'ensemble des membres du groupement, soit par un mandataire qui justifie des habilitations nécessaires pour représenter les autres membres du groupement. Un même opérateur économique ne peut pas être mandataire de plus d'un groupement pour un même marché public.

II. — L'acheteur ne peut exiger que les groupements d'opérateurs économiques adoptent une forme juridique déterminée après l'attribution du marché public que dans la mesure où cela est nécessaire à sa bonne exécution. Dans ce cas, l'acheteur justifie cette exigence dans les documents de la consultation.

III. — Dans les deux formes de groupements mentionnées au I, l'un des opérateurs économiques membres du groupement, désigné dans la candidature et dans l'offre comme mandataire, représente l'ensemble des membres vis-à-vis de l'acheteur et coordonne les prestations des membres du groupement.

Si le marché public le prévoit, le mandataire du groupement conjoint est solidaire, pour l'exécution du marché public, de chacun des membres du groupement pour ses obligations contractuelles à l'égard de l'acheteur.

IV. — Sans préjudice du I de l'article 50 de l'ordonnance du 23 juillet 2015 susvisée, la composition du groupement ne peut être modifiée entre la date de remise des candidatures et la date de signature du marché public. Toutefois, en cas d'opération de restructuration de société, notamment de rachat, de fusion ou d'acquisition ou, si le groupement apporte la preuve qu'un de ses membres se trouve dans l'impossibilité d'accomplir sa tâche pour des raisons qui ne sont pas de son fait, il peut demander à l'acheteur l'autorisation de continuer à participer à la procédure de passation en proposant, le cas échéant, à l'acceptation de l'acheteur, un ou plusieurs nouveaux membres du groupement, sous-traitants ou entreprises liées. L'acheteur se prononce sur cette demande après examen de la capacité de l'ensemble des membres du groupement ainsi transformé et, le cas échéant, des sous-traitants ou entreprises liées présentés à son acceptation, au regard des conditions de participation qu'il a définies.

V. — Les documents de la consultation peuvent interdire aux candidats de présenter pour le marché public ou certains de ses lots plusieurs offres en agissant à la fois :

1° En qualité de candidats individuels et de membres d'un ou plusieurs groupements ;

2° En qualité de membres de plusieurs groupements.

VI. — Pour les marchés publics de services ou de travaux et les marchés publics de fournitures nécessitant des travaux de pose ou d'installation ou comprenant des prestations de service, l'acheteur peut exiger que certaines tâches essentielles soient effectuées par l'un des membres du groupement, à condition de l'avoir mentionné dans les documents de la consultation. — [V. désormais CCP, art. R. 2142-19, R. 2142-20, R. 2142-21, R. 2142-22, R. 2142-23, R. 2142-24, R. 2142-26, R. 2142-27, R. 2151-7.]

SOUS-SECTION 3 *Système de qualification pour les entités adjudicatrices*

Art. 46 *I. — Les entités adjudicatrices peuvent établir et gérer un système de qualification d'opérateurs économiques afin de présélectionner des candidats jugés aptes à réaliser tel ou tel type de prestations.*

Elles peuvent recourir à un système de qualification établi par un tiers. Elles en informent les opérateurs économiques intéressés.

II. — Pour établir un tel système, l'entité adjudicatrice publie un avis sur l'existence d'un système de qualification dans les conditions fixées à l'article 36. Cet avis est établi conformément au modèle fixé par le règlement de la Commission européenne établissant les formulaires standard pour la publication d'avis dans le cadre de la passation de marchés publics. Il mentionne l'objet du système de qualification, sa durée et les modalités d'accès aux règles qui le gouvernent.

L'entité adjudicatrice notifie à l'Office des publications de l'Union européenne tout changement de la durée du système en utilisant :

1° Un avis sur l'existence d'un système de qualification lorsque la durée de validité du système de qualification est modifiée sans qu'il y soit mis un terme ;

2° Un avis d'attribution lorsqu'il est mis fin au système de qualification.

III. — Le système de qualification peut comprendre plusieurs stades de qualification.

L'entité adjudicatrice établit des règles et critères objectifs d'exclusion et de sélection des opérateurs économiques qui demandent à être qualifiés et des règles et critères objectifs de fonctionnement du système de qualification, portant sur des aspects tels que l'inscription au système, la mise à jour périodique des qualifications et la durée du système. Parmi ces critères, peut être retenue la capacité des candidats à respecter des spécifications techniques au sens de l'article 6. Ces règles et ces critères peuvent au besoin être mis à jour.

IV. — Les entités adjudicatrices veillent à ce que les opérateurs économiques puissent à tout moment demander à être qualifiés. Les règles et les critères de qualification leur sont communiqués sur leur demande. La mise à jour des règles et des critères est communiquée à tous les opérateurs économiques intéressés.

Les opérateurs économiques sont informés des décisions relatives à leur qualification dans les conditions de l'article 100.

V. — Les entités adjudicatrices ne peuvent mettre fin à la qualification d'un opérateur économique que pour des raisons fondées sur les règles et critères mentionnés au III. L'intention de mettre fin à la qualification est préalablement notifiée à cet opérateur, par écrit motivé, au moins quinze jours avant la date prévue pour mettre fin à la qualification.

VI. — Un relevé des opérateurs économiques qualifiés est conservé. Il peut être divisé en catégories par type de marchés publics pour la réalisation desquels la qualification est valable.

VII. — Lorsqu'une mise en concurrence est effectuée au moyen d'un avis sur l'existence d'un système de qualification, les marchés spécifiques de travaux, fournitures ou services couverts par le système de qualification sont attribués selon une procédure d'appel d'offres restreint ou une procédure négociée avec mise en concurrence préalable dans laquelle les participants sont sélectionnés parmi les candidats déjà qualifiés selon un tel système.

VIII. — Lorsque des frais sont facturés pour les demandes de qualification, pour la mise à jour ou la conservation d'une qualification déjà obtenue en vertu du système, ils sont proportionnés aux coûts occasionnés. — [V. désormais CCP, art. L. 2125-1, R. 2162-27, R. 2162-28, R. 2162-29, R. 2162-30, R. 2162-31, R. 2162-32, R. 2162-33, R. 2162-34, R. 2162-35.]

SOUS-SECTION 4 *Réduction du nombre de candidats*

Art. 47 *L'acheteur peut limiter le nombre de candidats qui seront admis à soumissionner ou à participer au dialogue.*

L'acheteur indique, dans l'avis d'appel à la concurrence ou dans l'invitation à confirmer l'intérêt, les critères objectifs et non-discriminatoires qu'il prévoit d'appliquer, le nombre minimum de candidats qu'il prévoit d'inviter et, le cas échéant, leur nombre maximum.

Le nombre de candidats retenus est suffisant pour assurer une concurrence effective.

Toutefois, pour les pouvoirs adjudicateurs, en appel d'offres restreint, le nombre minimal est de cinq ; en procédure concurrentielle avec négociation et en dialogue compétitif, il est de trois. Lorsque le nombre de candidats satisfaisant aux critères de sélection est inférieur au nombre minimum, le pouvoir adjudicateur peut poursuivre la procédure avec les candidats ayant les capacités requises. — [V. désormais CCP, art. R. 2142-15, R. 2142-16, R. 2142-17, R. 2142-18.]

SOUS-SECTION 5 *Présentation des candidatures*

Art. 48 *I. — Le candidat produit à l'appui de sa candidature :*

1° Une déclaration sur l'honneur pour justifier qu'il n'entre dans aucun des cas mentionnés aux articles 45 et 48 de l'ordonnance du 23 juillet 2015 susvisée et notamment qu'il est en règle au regard des articles L. 5212-1 à L. 5212-11 du code du travail concernant l'emploi des travailleurs handicapés ;

2° Les (Abrogé par Décr. n° 2017-516 du 10 avr. 2017, art. 5-1°) *« documents et » renseignements demandés par l'acheteur aux fins de vérification de l'aptitude à exercer l'activité professionnelle, de la capacité économique et financière et des capacités techniques et professionnelles du candidat conformément à l'article 44.*

II. — Un opérateur économique peut avoir recours aux capacités d'autres opérateurs économiques, quelle que soit la nature juridique des liens qui l'unissent à ces opérateurs. L'acheteur peut exiger que les opérateurs économiques concernés soient solidairement responsables dans la mesure où cela est nécessaire à la bonne exécution du marché public. Dans ce cas, l'acheteur justifie cette exigence dans les documents de la consultation.

III. — Une même personne ne peut représenter plus d'un candidat pour un même marché public. (Décr. n° 2017-516 du 10 avr. 2017, art. 5-2°) *« IV. — L'acheteur peut exiger que les candidats joignent une traduction en français aux éléments rédigés dans une autre langue qu'ils remettent en application du présent article. »* — [V. désormais CCP, art. R. 2142-3, R. 2142-4, R. 2143-3, R. 2143-16.]

Les dispositions du 2° de l'art. 5 du Décr. n° 2017-516 du 10 avr. 2017 s'appliquent aux marchés publics pour lesquels une consultation est engagée ou un avis d'appel à la concurrence est envoyé à la publication à compter du 1er avr. 2017 (Décr. préc., art. 31).

V. les formulaires non obligatoires DC1 [lettre de candidature - habilitation du mandataire par ses cotraitants] et DC2 [déclaration du candidat individuel ou du membre de groupement] ainsi que leur notice explicative sur le site du ministère chargé de l'économie (MAJ 26/10/2016).

V. égal. le formulaire non obligatoire DC4 [déclaration de sous-traitance] et sa notice explicative sur le site du ministère chargé de l'économie (MAJ 31/07/2017).

Art. 49 *I. — L'acheteur accepte que le candidat présente sa candidature sous la forme d'un document unique de marché européen établi conformément au modèle fixé par le règlement de la Commission européenne établissant le formulaire type pour le document unique de marché européen susvisé, en lieu et place* (Décr. n° 2017-516 du 10 avr. 2017, art. 6) *« de la déclaration sur l'honneur et des renseignements » mentionnés à l'article 48. Lorsqu'un opérateur économique utilise un document unique de marché européen électronique qui constitue un échange de données structurées, l'acheteur n'est tenu de l'accepter que pour les marchés publics pour lesquels une consultation a été engagée ou un avis d'appel à la concurrence a été envoyé à la publication à compter du 1er avril 2017 pour les centrales d'achat et à compter du 1er avril 2018 pour les autres acheteurs.*

En ce qui concerne les conditions de participation, l'acheteur indique dans les documents de la consultation s'il autorise les candidats à se limiter à indiquer dans le document unique de marché européen qu'ils disposent de l'aptitude et des capacités requises sans fournir d'informations particulières sur celles-ci. En l'absence d'une telle mention, cette faculté n'est pas autorisée.

II. — Les opérateurs économiques peuvent réutiliser un document unique de marché européen qui a déjà été utilisé dans une procédure antérieure, à condition de confirmer que les informations qui y figurent sont toujours valables.

L'acheteur peut exiger que ce document soit rédigé en français. Dans ce cas, il l'indique dans les documents de la consultation. — [V. désormais CCP, art. R. 2143-4, R. 2143-16.]

SOUS-SECTION 6 *Documents justificatifs et autres moyens de preuve*

Art. 50 *Pour vérifier que les candidats satisfont aux conditions de participation à la procédure, l'acheteur peut exiger la production des renseignements et documents figurant sur une liste établie par arrêté du ministre chargé de l'économie.* — V. Arr. du 29 mars 2016 (JO 31 mars).

Si le candidat s'appuie sur les capacités d'autres opérateurs économiques, il justifie des capacités de ce ou ces opérateurs économiques et apporte la preuve qu'il en disposera pour l'exécution du marché public. Cette preuve peut être apportée par tout moyen approprié.

L'acheteur peut exiger que les candidats joignent une traduction en français aux documents rédigés dans une autre langue qu'ils remettent en application du présent article. — [V. désormais CCP, art. R. 2143-11, R. 2143-12, R. 2143-16.]

Art. 51 *I. — L'acheteur accepte comme preuve suffisante attestant que le candidat ne se trouve pas dans un cas d'interdiction de soumissionner mentionné aux 1° et a et c du 4° de l'article 45 de l'ordonnance du 23 juillet 2015 susvisée* (Décr. n° 2017-516 du 10 avr. 2017, art. 7-1°) *« une déclaration sur l'honneur ».*

(Abrogé par Décr. n° 2017-516 du 10 avr. 2017, art. 7-2°) *« Le candidat établi à l'étranger produit un extrait du registre pertinent ou, à défaut, un document équivalent délivré par l'autorité judiciaire ou administrative compétente de son pays d'origine ou d'établissement, attestant de l'absence de cas d'exclusion. »*

II. — L'acheteur accepte comme preuve suffisante attestant que le candidat ne se trouve pas dans un cas d'interdiction de soumissionner mentionné au 2° de l'article 45 de l'ordonnance du 23 juillet 2015 susvisée, les certificats délivrés par les administrations et organismes compétents. Un arrêté des ministres intéressés fixe la liste des impôts, taxes, contributions ou cotisations sociales devant donner lieu à délivrance d'un certificat ainsi que la liste des administrations et organismes compétents. — V. Arr. du 25 mai 2016.

Le candidat établi à l'étranger produit un certificat établi par les administrations et organismes de son pays d'origine ou d'établissement.

III. — Le cas échéant, le candidat produit en outre les pièces prévues aux articles R. 1263-12, D. 8222-5 ou D. 8222-7 ou D. 8254-2 à D. 8254-5 du code du travail.

IV. — L'acheteur accepte comme preuve suffisante attestant que le candidat ne se trouve pas dans un cas d'interdiction de soumissionner mentionné au 3° de l'article 45 de l'ordonnance du 23 juillet 2015 susvisée, la production d'un extrait du registre pertinent, tel qu'un extrait K, un extrait K bis, un extrait D1 ou, à défaut, d'un document équivalent délivré par l'autorité judiciaire ou administrative compétente du pays d'origine ou d'établissement du candidat, attestant de l'absence de cas d'exclusion.

Lorsque le candidat est en redressement judiciaire, le candidat produit la copie du ou des jugements prononcés.

V. — Lorsque les autorités compétentes du pays d'origine ou d'établissement du candidat ne délivrent pas les documents justificatifs équivalents à ceux mentionnés aux I à IV, ou lorsque ceux-ci ne mentionnent pas tous les cas d'interdiction de soumissionner, ils peuvent être remplacés par une déclaration sous serment ou, dans les pays où une telle procédure n'existe pas, par une déclaration solennelle faite par l'intéressé devant une autorité judiciaire ou administrative, un notaire ou un organisme professionnel qualifié de son pays d'origine ou d'établissement.

VI. — L'acheteur peut exiger que les candidats joignent une traduction en français aux documents rédigés dans une autre langue qu'ils remettent en application du présent article. — [V. désormais CCP, art. R. 2143-6, R. 2143-7, R. 2143-8, R. 2143-9, R. 2143-10, R. 2143-16.]

Art. 52 *Lorsqu'il demande à un candidat de fournir un certificat, une attestation ou tout autre document prouvant qu'une exigence a été satisfaite, l'acheteur accepte tout document équivalent d'un autre État membre de l'Union européenne. Il n'impose pas la fourniture de documents sous forme d'original, de copie certifiée conforme ou de traduction certifiée, sauf lorsque cela est justifié par une raison impérieuse d'intérêt général.* — [V. désormais CCP, art. R. 2143-5.]

Art. 53 *I. — Les candidats ne sont pas tenus de fournir les documents justificatifs et moyens de preuve que l'acheteur peut obtenir directement par le biais d'un système électronique de mise à disposition d'informations administré par un organisme officiel ou d'un espace de stockage numérique, à condition que figurent dans le dossier de candidature toutes les informations nécessaires à la consultation de ce système ou de cet espace et que l'accès à ceux-ci soit gratuit.*

II. — L'acheteur peut prévoir, dans l'avis d'appel à la concurrence ou dans un autre document de la consultation, que les candidats ne sont pas tenus de fournir les documents justificatifs et moyens de preuve qui leur ont déjà été transmis dans le cadre d'une précédente consultation et qui demeurent valables.

Lorsqu'une consultation est engagée ou un avis d'appel à la concurrence envoyé à la publication à compter du 1er avril 2017 pour les centrales d'achat et du 1er octobre 2018 pour les autres acheteurs, dans le cadre des procédures formalisées, les candidats ne sont pas tenus de fournir les documents justificatifs et moyens de preuve qui ont déjà été transmis au service acheteur concerné lors d'une précédente consultation et qui demeurent valables, même si celui-ci ne l'a pas expressément prévu. — [V. désormais CCP, art. R. 2143-13, R. 2143-14.]

Art. 54 *Pour les marchés publics passés par les pouvoirs adjudicateurs, les candidats inscrits sur une liste officielle d'opérateurs agréés d'un État membre de l'Union européenne ou munis d'un certificat délivré par un organisme de certification répondant aux normes européennes en matière de certification peuvent présenter au pouvoir adjudicateur un certificat d'inscription délivré par l'autorité compétente ou le certificat délivré par l'organisme de certification compétent, à condition que ces opérateurs soient établis dans l'État membre qui a dressé la liste officielle. Ces certificats indi-*

quent les références qui leur ont permis d'être inscrits sur la liste officielle ou d'obtenir la certification, ainsi que la classification sur cette liste.

L'inscription certifiée par les organismes compétents sur des listes officielles ou le certificat délivré par l'organisme de certification constitue une présomption d'aptitude en ce qui concerne les interdictions de soumissionner et les conditions de participation couvertes par la liste officielle ou le certificat. Toutefois, en ce qui concerne la vérification de la régularité de la situation fiscale et sociale du candidat, un certificat supplémentaire peut être exigé lors de l'attribution du contrat. — *[V. désormais CCP, art. R. 2143-15.]*

SOUS-SECTION 7 *Modalités de vérification des conditions de participation*

Art. 55 *I. — L'acheteur qui constate que des pièces ou informations dont la présentation était réclamée au titre de la candidature sont absentes ou incomplètes peut demander à tous les candidats concernés de compléter leur dossier de candidature dans un délai approprié et identique pour tous.*

(Décr. n° 2018-1225 du 24 déc. 2018, art. 6) « Les dispositions du premier alinéa s'appliquent dans le cas où l'acheteur constate qu'une candidature a été présentée en méconnaissance du I de l'article 41. »

II. — L'acheteur vérifie les informations qui figurent dans la candidature, y compris en ce qui concerne les opérateurs économiques sur les capacités desquels le candidat s'appuie. Cette vérification est effectuée dans les conditions suivantes :

1° La vérification de l'aptitude à exercer l'activité professionnelle, de la capacité économique et financières [financière] et des capacités techniques et professionnelles des candidats peut être effectuée à tout moment de la procédure et au plus tard avant l'attribution du marché public ;

2° L'acheteur ne peut exiger que du seul candidat auquel il est envisagé d'attribuer le marché public qu'il justifie ne pas être dans un cas d'interdiction de soumissionner ;

3° Toutefois, lorsque l'acheteur limite le nombre de candidats admis à poursuivre la procédure, ces vérifications interviennent au plus tard avant l'envoi de l'invitation à soumissionner ou à participer au dialogue.

III. — L'acheteur peut demander au candidat de compléter ou d'expliquer les documents justificatifs et moyens de preuve fournis ou obtenus.

IV. — Si un candidat ou un soumissionnaire se trouve dans un cas d'interdiction de soumissionner, ne satisfait pas aux conditions de participation fixées par l'acheteur (Décr. n° 2017-516 du 10 avr. 2017, art. 8) « , produit, à l'appui de sa candidature, de faux renseignements ou documents, » ou ne peut produire dans le délai imparti les documents justificatifs, les moyens de preuve, les compléments ou explications requis par l'acheteur, sa candidature est déclarée irrecevable et le candidat est éliminé.

Dans ce cas, lorsque la vérification des candidatures intervient après la sélection des candidats ou le classement des offres, le candidat ou le soumissionnaire dont la candidature ou l'offre a été classée immédiatement après la sienne est sollicité pour produire les documents nécessaires. Si nécessaire, cette procédure peut être reproduite tant qu'il subsiste des candidatures recevables ou des offres qui n'ont pas été écartées au motif qu'elles sont inappropriées, irrégulières ou inacceptables. — *[V. désormais CCP, art. R. 2144-1, R. 2144-2, R. 2144-3, R. 2144-4, R. 2144-5, R. 2144-6, R. 2144-7.]*

Les dispositions introduites par l'art. 6 du Décr. n° 2018-1225 du 24 déc. 2018 s'appliquent aux procédures en cours au moment de sa publication, y compris aux procédures afférentes aux marchés passés sur le fondement d'un accord-cadre ou dans le cadre d'un système d'acquisition dynamique, quelle que soit la date d'engagement de la procédure de l'accord-cadre ou de la mise en place du système d'acquisition dynamique (Décr. préc., art. 15, JO 26 déc.).

SECTION 4 *Invitation des candidats sélectionnés*

Art. 56 *L'acheteur invite simultanément et par écrit les candidats admis à soumissionner ou à participer au dialogue.*

En cas d'appel d'offres restreint, de procédure concurrentielle avec négociation, de procédure négociée avec mise en concurrence préalable ou de dialogue compétitif, l'invitation comprend au minimum les informations suivantes :

1° La référence de l'avis d'appel à la concurrence publié ;

2° La date limite de réception des offres, l'adresse à laquelle les offres doivent être transmises et la ou les langues autorisées pour leur présentation. Toutefois, dans le cas du dialogue compétitif, ces renseignements ne figurent pas dans l'invitation à participer au dialogue mais dans l'invitation à remettre une offre finale ;

3° Dans le cas du dialogue compétitif, la date et le lieu du dialogue ainsi que la ou les langues utilisées ;

4° La liste des documents à fournir ;

5° La pondération ou la hiérarchisation des critères d'attribution du marché public si ces renseignements ne figurent pas dans les documents de la consultation ;

6° L'adresse du profil d'acheteur sur lequel les documents de la consultation sont mis à disposition des candidats. Lorsque les documents de la consultation ne sont pas mis à disposition sur un profil d'acheteur, pour l'un des motifs énoncés au II de l'article 41, ni par d'autres moyens, ils sont joints à l'invitation. — [V. désormais CCP, art. R. 2144-8, R. 2144-9.]

SECTION 5 *Choix de l'offre*

SOUS-SECTION 1 *Présentation des offres*

Art. 57 *I. — Le soumissionnaire transmet son offre en une seule fois. Si plusieurs offres sont successivement transmises par un même soumissionnaire, seule est ouverte la dernière offre reçue par l'acheteur dans le délai fixé pour la remise des offres.*

II. — Dans l'avis d'appel à la concurrence ou dans un autre document de la consultation, l'acheteur peut demander aux soumissionnaires d'indiquer dans leur offre la part du marché public qu'ils ont l'intention de sous-traiter à des tiers, notamment à des petites et moyennes entreprises au sens de la recommandation de la Commission du 6 mai 2003 susvisée [Recomm. 2003/361/CE du 6 mai 2003] *ou à des artisans au sens de l'article 19 de la loi du 5 juillet 1996 susvisée* [L. n° 96-603 du 5 juill. 1996 mod., V. **C. com.**].

III. — L'acheteur peut exiger que les offres soient accompagnées d'échantillons, de maquettes ou de prototypes ainsi que de tout document permettant d'apprécier l'offre. Lorsque ces demandes impliquent un investissement significatif pour les soumissionnaires, elles donnent lieu au versement d'une prime. Le montant de la prime est indiqué dans les documents de la consultation et la rémunération du titulaire du marché public tient compte de la prime reçue.

IV. — L'acheteur peut exiger que les soumissionnaires joignent une traduction en français aux documents rédigés dans une autre langue qu'ils remettent en application du présent article. Il n'impose pas de traduction certifiée sauf lorsque cela est justifié par une raison impérieuse d'intérêt général.

V. — Dans les marchés publics de services ou de travaux et les marchés publics de fournitures nécessitant des travaux de pose ou d'installation ou comportant des prestations de service, l'acheteur peut imposer aux soumissionnaires qu'ils indiquent les noms et les qualifications professionnelles pertinentes des personnes physiques qui seront chargées de l'exécution du marché public en question, lorsque la qualité de l'offre est évaluée sur la base du savoir-faire, de l'efficacité, de l'expérience ou de la fiabilité de l'équipe dédiée à l'exécution du marché public. — [V. désormais CCP, art. R. 2151-6, R. 2151-12, R. 2151-13, R. 2151-15, R. 2151-16.]

Sur les modalités de présentation du plan de sous-traitance prévu au 3e al. de l'art. 73 de la L. n° 2017-256 du 28 févr. 2017, V. Décr. n° 2018-57 du 31 janv. 2018, ss. CCP, art. L. 2193-1.

SOUS-SECTION 2 *Variantes*

Art. 58 *I. — Les acheteurs peuvent autoriser la présentation de variantes dans les conditions suivantes :*

1° Pour les marchés publics passés selon une procédure formalisée :

a) Lorsque le marché public est passé par un pouvoir adjudicateur, les variantes sont interdites sauf mention contraire dans l'avis de marché ou dans l'invitation à confirmer l'intérêt ;

b) Lorsque le marché public est passé par une entité adjudicatrice, les variantes sont autorisées sauf mention contraire dans l'avis de marché ou dans l'invitation à confirmer l'intérêt ;

2° Pour les marchés publics passés selon une procédure adaptée, les variantes sont autorisées sauf mention contraire dans les documents de la consultation.

II. — L'acheteur peut exiger la présentation de variantes. Dans ce cas, il l'indique dans l'avis d'appel à la concurrence, dans l'invitation à confirmer l'intérêt ou, en l'absence d'un tel avis ou d'une telle invitation, dans les documents de la consultation.

III. — Lorsque l'acheteur autorise expressément ou exige la présentation de variantes, il mentionne dans les documents de la consultation les exigences minimales que les variantes doivent respecter ainsi que toute condition particulière de leur présentation.

IV. — Pour les marchés publics de fournitures ou de services, une variante ne peut être rejetée au seul motif qu'elle aboutirait, si elle était retenue, à un marché public de services au lieu d'un marché public de fournitures ou à un marché public de fournitures au lieu d'un marché public de services. — [V. désormais CCP, art. R. 2151-8, R. 2151-9, R. 2151-10, R. 2151-11.]

SOUS-SECTION 3 *Examen des offres*

Art. 59 *I. — L'acheteur vérifie que les offres qui n'ont pas été éliminées en application du IV de l'article 43 sont régulières, acceptables et appropriées.*

Une offre irrégulière est une offre qui ne respecte pas les exigences formulées dans les documents de la consultation notamment parce qu'elle est incomplète, ou qui méconnaît la législation applicable notamment en matière sociale et environnementale.

Une offre inacceptable est une offre dont le prix excède les crédits budgétaires alloués au marché public tels qu'ils ont été déterminés et établis avant le lancement de la procédure.

Une offre inappropriée est une offre sans rapport avec le marché public parce qu'elle n'est manifestement pas en mesure, sans modification substantielle, de répondre au besoin et aux exigences de l'acheteur formulés dans les documents de la consultation.

II. — Dans les procédures d'appel d'offres et les procédures adaptées sans négociation, les offres irrégulières, inappropriées ou inacceptables sont éliminées. Toutefois, l'acheteur peut autoriser tous les soumissionnaires concernés à régulariser les offres irrégulières dans un délai approprié, à condition qu'elles ne soient pas anormalement basses.

III. — Dans les autres procédures, les offres inappropriées sont éliminées. Les offres irrégulières ou inacceptables peuvent devenir régulières ou acceptables à l'issue de la négociation ou du dialogue, à condition qu'elles ne soient pas anormalement basses.

Lorsque la négociation ou le dialogue a pris fin, les offres qui demeurent irrégulières ou inacceptables sont éliminées. Toutefois, l'acheteur peut autoriser tous les soumissionnaires concernés à régulariser les offres irrégulières dans un délai approprié, à condition qu'elles ne soient pas anormalement basses.

IV. — La régularisation des offres irrégulières ne peut avoir pour effet de modifier des caractéristiques substantielles des offres. — [V. désormais CCP, art. L. 2152-1, L. 2152-2, L. 2152-3, L. 2152-4, R. 2152-1, R. 2152-2.]

SOUS-SECTION 4 *Offres anormalement basses*

Art. 60 *I. — L'acheteur exige que le soumissionnaire justifie le prix ou les coûts proposés dans son offre lorsque celle-ci semble anormalement basse eu égard aux travaux, fournitures ou services, y compris pour la part du marché public qu'il envisage de sous-traiter.*

Peuvent être prises en considération des justifications tenant notamment aux aspects suivants :

1° Le mode de fabrication des produits, les modalités de la prestation des services, le procédé de construction ;

2° Les solutions techniques adoptées ou les conditions exceptionnellement favorables dont dispose le soumissionnaire pour fournir les produits ou les services ou pour exécuter les travaux ;

3° L'originalité de l'offre ;

4° La réglementation applicable en matière environnementale, sociale et du travail en vigueur sur le lieu d'exécution des prestations ;

5° L'obtention éventuelle d'une aide d'État par le soumissionnaire.

II. — L'acheteur rejette l'offre :

1° Lorsque les éléments fournis par le soumissionnaire ne justifient pas de manière satisfaisante le bas niveau du prix ou des coûts proposés ;

2° Lorsqu'il établit que celle-ci est anormalement basse parce qu'elle contrevient aux obligations applicables dans les domaines du droit de l'environnement, social et du travail établies par le droit français, le droit de l'Union européenne, la ou les conventions collectives ou par les dispositions internationales en matière de droit de l'environnement, social et du travail figurant sur une liste publiée au Journal officiel de la République française. — V. Avis relatif à la liste des dispositions internationales en matière de droit environnemental, social et du travail permettant de rejeter une offre comme anormalement basse en matière de marchés publics (JO 27 mars 2016).

III. — L'acheteur qui constate qu'une offre est anormalement basse du fait de l'obtention d'une aide d'État par le soumissionnaire ne peut rejeter cette offre pour ce seul motif que s'il consulte le soumissionnaire et que celui-ci n'est pas en mesure de démontrer, dans un délai suffisant fixé par l'acheteur, que l'aide en question était compatible avec le marché intérieur au sens de l'article 107 du traité sur le fonctionnement de l'Union européenne.

L'acheteur qui rejette une offre dans ces conditions en informe la Commission européenne. — [V. désormais CCP, art. R. 2152-3, R. 2152-4, R. 2152-5.]

SOUS-SECTION 5 *Offres contenant des produits originaires des pays tiers pour les marchés publics de fournitures des entités adjudicatrices*

Art. 61 *I. — Pour l'application de l'article 54 de l'ordonnance du 23 juillet 2015 susvisée, une offre présentée pour l'attribution d'un marché public de fournitures passé par une entité adjudica-*

trice peut être rejetée lorsque la part des produits originaires de pays tiers avec lesquels l'Union européenne n'a pas conclu un accord assurant un accès comparable et effectif des entreprises européennes aux marchés de ces pays, ou auxquels le bénéfice d'un tel accord n'a pas été étendu par une décision du Conseil de l'Union européenne, excède 50 % de la valeur totale des produits composant cette offre. Pour l'application du présent article, les logiciels utilisés dans les équipements de réseaux de télécommunications sont considérés comme des produits.

II. — Lorsque deux ou plusieurs offres sont équivalentes au regard des critères d'attribution, une préférence est accordée à celle des offres qui ne peut être rejetée en application du I. Les offres sont considérées comme équivalentes si l'écart entre leur prix respectif n'excède pas 3 %.

Toutefois, ce droit de préférence n'est pas mis en œuvre lorsque l'acceptation de l'offre obligerait l'entité adjudicatrice à acquérir un matériel présentant des caractéristiques techniques différentes de celles du matériel qu'elle possède déjà et entraînerait une incompatibilité ou des difficultés techniques d'utilisation ou d'entretien ou des coûts disproportionnés.

III. — Un arrêté du ministre chargé de l'économie précise, en tant que de besoin, la liste des pays et des secteurs couverts, à la date de sa publication, par un accord mentionné au I. Il précise également, le cas échéant, pour un pays ou un secteur donné, si, en fonction du contenu de ces accords, les engagements conclus comportent des restrictions de nature à empêcher un accès comparable et effectif des entreprises de l'Union européenne aux marchés des pays tiers. — [*V. désormais CCP, art. L. 2153-2, R. 2153-3, R. 2153-4, R. 2153-5.*]

SOUS-SECTION 6 *Attribution du marché public*

V. le formulaire non obligatoire ATTRI1 [acte d'engagement] et sa notice explicative sur le site du ministère chargé de l'économie (MAJ 08/04/2016).

Art. 62 *I. — Les offres régulières, acceptables et appropriées, et qui n'ont pas été rejetées en application des articles 60 ou 61, sont classées par ordre décroissant en appliquant les critères d'attribution.*

II. — Pour attribuer le marché public au soumissionnaire ou, le cas échéant, aux soumissionnaires qui ont présenté l'offre économiquement la plus avantageuse, l'acheteur se fonde :

1° Soit sur un critère unique qui peut être :

a) Le prix, à condition que le marché public ait pour seul objet l'achat de services ou de fournitures standardisés dont la qualité est insusceptible de variation d'un opérateur économique à l'autre ;

b) Le coût, déterminé selon une approche globale qui peut être fondée sur le coût du cycle de vie au sens de l'article 63 ;

2° Soit sur une pluralité de critères non-discriminatoires et liés à l'objet du marché public ou à ses conditions d'exécution au sens de l'article 38 de l'ordonnance du 23 juillet 2015 susvisée, parmi lesquels figure le critère du prix ou du coût et un ou plusieurs autres critères comprenant des aspects qualitatifs, environnementaux ou sociaux. Il peut s'agir, par exemple, des critères suivants :

a) La qualité, y compris la valeur technique et les caractéristiques esthétiques ou fonctionnelles, l'accessibilité, l'apprentissage, la diversité, les conditions de production et de commercialisation, la garantie de la rémunération équitable des producteurs, le caractère innovant, les performances en matière de protection de l'environnement, de développement des approvisionnements directs de produits de l'agriculture, d'insertion professionnelle des publics en difficulté, la biodiversité, le bien-être animal ;

b) Les délais d'exécution, les conditions de livraison, le service après-vente et l'assistance technique, la sécurité des approvisionnements, l'interopérabilité et les caractéristiques opérationnelles ;

c) L'organisation, les qualifications et l'expérience du personnel assigné à l'exécution du marché public lorsque la qualité du personnel assigné peut avoir une influence significative sur le niveau d'exécution du marché public.

D'autres critères peuvent être pris en compte s'ils sont justifiés par l'objet du marché public ou ses conditions d'exécution.

III. — En cas de dialogue compétitif et pour les partenariats d'innovation, l'offre économiquement la plus avantageuse est identifiée sur la base d'une pluralité de critères conformément au 2° du II.

IV. — Les critères ainsi que les modalités de leur mise en œuvre sont indiqués dans les documents de la consultation.

Pour les marchés publics passés selon une procédure formalisée, les critères d'attribution font l'objet d'une pondération ou, lorsque la pondération n'est pas possible pour des raisons objectives, sont indiqués par ordre décroissant d'importance. La pondération peut être exprimée sous forme d'une fourchette avec un écart maximum approprié.

V. — L'acheteur s'assure que les critères d'attribution retenus puissent être appliqués tant aux variantes qu'aux offres de base. — [*V. désormais CCP, art. R. 2152-6, R. 2152-7, R. 2152-8, R. 2152-11, R. 2152-12.*]

Art. 63 *I. — Le coût du cycle de vie couvre, dans la mesure où ils sont pertinents, tout ou partie des coûts suivants du cycle de vie d'un produit, d'un service ou d'un ouvrage :*

1° Les coûts supportés par l'acheteur ou par d'autres utilisateurs, tels que :

a) Les coûts liés à l'acquisition ;

b) Les coûts liés à l'utilisation comme la consommation d'énergie et d'autres ressources ;

c) Les frais de maintenance ;

d) Les coûts liés à la fin de vie comme les coûts de collecte et de recyclage ;

2° Les coûts imputés aux externalités environnementales liés au produit, au service ou à l'ouvrage pendant son cycle de vie, à condition que leur valeur monétaire puisse être déterminée et vérifiée. Ces coûts peuvent inclure le coût des émissions de gaz à effet de serre et d'autres émissions polluantes ainsi que d'autres coûts d'atténuation du changement climatique.

II. — Lorsque l'acheteur évalue les coûts selon une approche fondée sur le cycle de vie, il indique dans les documents de la consultation les données que doivent fournir les soumissionnaires et la méthode qu'il utilisera pour déterminer le coût du cycle de vie sur la base de ces données.

La méthode utilisée pour évaluer les coûts imputés aux externalités environnementales respecte l'ensemble des conditions suivantes :

a) Elle se fonde sur des critères vérifiables de façon objective et non-discriminatoires. En particulier, lorsqu'elle n'a pas été prévue pour une application répétée ou continue, elle ne favorise ni ne défavorise indûment certains opérateurs économiques ;

b) Elle est accessible à toutes les parties intéressées ;

c) Elle implique que les données requises puissent être fournies moyennant un effort raisonnable consenti par des opérateurs économiques normalement diligents. — [V. désormais CCP, art. R. 2152-9, R. 2152-10.]

Art. 64 *Il est possible, en accord avec le soumissionnaire retenu, de procéder à une mise au point des composantes du marché public avant sa signature. Cependant, cette mise au point ne peut avoir pour effet de modifier des caractéristiques substantielles de l'offre ou du marché public dont la variation est susceptible de fausser la concurrence ou d'avoir un effet discriminatoire. — [V. désormais CCP, art. R. 2152-13.]*

CHAPITRE V *DÉROULEMENT DES PROCÉDURES FORMALISÉES*

Art. 65 *Les dispositions relatives aux délais que comporte le présent chapitre s'appliquent sans préjudice de l'application des dispositions de l'article 43.*

SECTION 1 *Appel d'offres*

Art. 66 *L'appel d'offres est la procédure par laquelle l'acheteur choisit l'offre économiquement la plus avantageuse, sans négociation, sur la base de critères objectifs préalablement portés à la connaissance des candidats. Il peut être ouvert ou restreint.*

L'appel d'offres est ouvert lorsque tout opérateur économique intéressé peut soumissionner.

L'appel d'offres est restreint lorsque seuls les candidats sélectionnés par l'acheteur sont autorisés à soumissionner.

Le choix entre les deux formes d'appel d'offres est libre. — [V. désormais CCP, art. R. 2124-2.]

SOUS-SECTION 1 *Appel d'offres ouvert*

Art. 67 *I. — Le délai minimal de réception des candidatures et des offres est de trente-cinq jours à compter de la date de l'envoi de l'avis de marché.*

Si l'acheteur a publié un avis de préinformation ou un avis périodique indicatif qui n'a pas été utilisé comme avis d'appel à la concurrence, ce délai minimal peut être ramené à quinze jours, lorsque les conditions suivantes sont réunies :

1° L'avis de préinformation ou l'avis périodique indicatif a été envoyé pour publication trente-cinq jours au moins à douze mois au plus avant la date d'envoi de l'avis de marché ;

2° Cet avis contient les mêmes renseignements que ceux qui figurent dans l'avis de marché, pour autant que ces renseignements soient disponibles au moment de son envoi pour publication.

II. — L'acheteur peut ramener le délai minimal fixé au premier alinéa du I à trente jours si les candidatures et les offres sont ou peuvent être transmises par voie électronique.

III. — Lorsqu'une situation d'urgence, dûment justifiée, rend le délai minimal fixé au premier alinéa du I impossible à respecter, l'acheteur peut fixer un délai qui ne peut être inférieur à quinze jours à compter de la date d'envoi de l'avis de marché.

IV. — Il ne peut y avoir de négociation avec les soumissionnaires. Il est seulement possible de leur demander de préciser la teneur de leur offre. — [V. désormais CCP, art. R. 2161-2, R. 2161-3, R. 2161-5.]

Art. 68 *L'acheteur peut décider d'examiner les offres avant les candidatures. Lorsqu'il fait usage de cette faculté, il s'assure que la vérification de l'absence de motifs d'exclusion et du respect des critères de sélection s'effectue de manière impartiale et transparente, afin que le marché public ne soit pas attribué à un soumissionnaire qui aurait dû être exclu ou qui ne remplit pas les critères de sélection établis par l'acheteur.* – [V. désormais CCP, art. R. 2161-4.]

SOUS-SECTION 2 *Appel d'offres restreint*

Art. 69 *Les délais minimaux de réception des candidatures sont :*

1° Pour les pouvoirs adjudicateurs, de trente jours à compter de la date d'envoi de l'avis de marché ou, lorsque l'appel à la concurrence est effectué au moyen d'un avis de préinformation, à compter de la date d'envoi de l'invitation à confirmer l'intérêt.

Lorsqu'une situation d'urgence, dûment justifiée, rend ce délai minimal impossible à respecter, le pouvoir adjudicateur peut fixer un délai de réception des candidatures qui ne peut être inférieur à quinze jours à compter de la date d'envoi de l'avis de marché ou de l'invitation à confirmer l'intérêt ;

2° Pour les entités adjudicatrices, de quinze jours à compter de la date d'envoi de l'avis de marché ou de l'invitation à confirmer l'intérêt. – [V. désormais CCP, art. R. 2161-6.]

Art. 70 *I. – Les délais minimaux de réception des offres sont, pour les pouvoirs adjudicateurs, de trente jours à compter de la date d'envoi de l'invitation à soumissionner.*

Toutefois, si le pouvoir adjudicateur a publié un avis de préinformation qui n'a pas été utilisé comme avis d'appel à la concurrence, ce délai minimal peut être ramené à dix jours, lorsque l'avis de préinformation remplit les conditions suivantes :

1° Il a été envoyé pour publication trente-cinq jours au moins à douze mois au plus avant la date d'envoi de l'avis de marché ;

2° Il contient les mêmes renseignements que ceux qui figurent dans l'avis de marché, pour autant que ces renseignements soient disponibles au moment de son envoi pour publication.

Le pouvoir adjudicateur peut ramener le délai minimal fixé au premier alinéa à vingt-cinq jours si les offres sont ou peuvent être transmises par voie électronique.

Lorsqu'une situation d'urgence, dûment justifiée, rend le délai minimal fixé au premier alinéa impossible à respecter, le pouvoir adjudicateur peut fixer un délai de réception des offres qui ne peut être inférieur à dix jours à compter de la date d'envoi de l'invitation à soumissionner.

Les pouvoirs adjudicateurs autres que les autorités publiques centrales dont la liste est publiée au Journal officiel de la République française peuvent fixer la date limite de réception des offres d'un commun accord avec les candidats sélectionnés, à condition que cette date soit la même pour tous. En l'absence d'accord sur la date limite de réception des offres, le pouvoir adjudicateur fixe un délai qui ne peut être inférieur à dix jours à compter de la date d'envoi de l'invitation à soumissionner. – V. Avis relatif aux seuils de procédure et à la liste des autorités publiques centrales en droit de la commande publique.

II. – Les entités adjudicatrices peuvent fixer la date limite de réception des offres d'un commun accord avec les candidats sélectionnés, à condition que cette date soit la même pour tous. En l'absence d'accord, les entités adjudicatrices fixent un délai qui ne peut être inférieur à dix jours à compter de la date d'envoi de l'invitation à soumissionner.

III. – Il ne peut y avoir de négociation avec les soumissionnaires. Il est seulement possible de leur demander de préciser la teneur de leur offre. – [V. désormais CCP, art. R. 2161-7, R. 2161-8, R. 2161-9, R. 2161-10, R. 2161-11.]

SECTION 2 ***Procédure concurrentielle avec négociation***

Art. 71 *La procédure concurrentielle avec négociation est la procédure par laquelle un pouvoir adjudicateur négocie les conditions du marché public avec un ou plusieurs opérateurs économiques autorisés à participer aux négociations.*

Le pouvoir adjudicateur indique dans les documents de la consultation les exigences minimales que doivent respecter les offres. – [V. désormais CCP, art. R. 2161-13.]

Art. 72 *I. – Le délai minimal de réception des candidatures est de trente jours à compter de la date d'envoi de l'avis de marché ou, lorsque l'appel à la concurrence est effectué au moyen d'un avis de préinformation, à compter de la date d'envoi de l'invitation à confirmer l'intérêt.*

Lorsqu'une situation d'urgence, dûment justifiée, rend ce délai minimal impossible à respecter, le pouvoir adjudicateur peut fixer un délai de réception des candidatures qui ne peut être inférieur à quinze jours à compter de la date d'envoi de l'avis d'appel à la concurrence ou de l'invitation à confirmer l'intérêt.

II. – Le délai minimal de réception des offres initiales est de trente jours à compter de la date d'envoi de l'invitation à soumissionner.

Toutefois, si le pouvoir adjudicateur a publié un avis de préinformation qui n'a pas été utilisé comme avis d'appel à la concurrence, ce délai minimal peut être ramené à dix jours, lorsque l'avis de préinformation remplit les conditions suivantes :

1° Il a été envoyé pour publication trente-cinq jours au moins à douze mois au plus avant la date d'envoi de l'avis de marché ;

2° Il contient les mêmes renseignements que ceux qui figurent dans l'avis de marché, pour autant que ces renseignements soient disponibles au moment de son envoi pour publication.

Le pouvoir adjudicateur peut ramener le délai minimal fixé au premier alinéa du présent II à vingt-cinq jours si les offres sont ou peuvent être transmises par voie électronique.

Lorsqu'une situation d'urgence, dûment justifiée, rend ce délai minimal impossible à respecter, le pouvoir adjudicateur peut fixer un délai de réception des offres qui ne peut être inférieur à dix jours à compter de la date d'envoi de l'invitation à soumissionner.

Les pouvoirs adjudicateurs autres que les autorités publiques centrales dont la liste est publiée au Journal officiel de la République française peuvent fixer la date limite de réception des offres d'un commun accord avec les candidats sélectionnés, à condition que cette date soit la même pour tous. En l'absence d'accord sur la date limite de réception des offres, le pouvoir adjudicateur fixe un délai qui ne peut être inférieur à dix jours à compter de la date d'envoi de l'invitation à soumissionner. — [*V. désormais CCP, art. R. 2161-12, R. 2161-14, R. 2161-15, R. 2161-16.*] — *V. Avis relatif aux seuils de procédure et à la liste des autorités publiques centrales en droit de la commande publique.*

Art. 73 *I. — Le pouvoir adjudicateur négocie avec les soumissionnaires les offres initiales et toutes les offres ultérieures, à l'exception des offres finales. Il peut toutefois attribuer le marché public sur la base des offres initiales sans négociation, à condition d'avoir indiqué dans l'avis de marché ou dans l'invitation à confirmer l'intérêt qu'il se réserve la possibilité de le faire.*

Les exigences minimales mentionnées à l'article 71 et les critères d'attribution ne peuvent faire l'objet de négociations.

II. — La procédure concurrentielle avec négociation peut se dérouler en phases successives de manière à réduire le nombre d'offres à négocier en appliquant les critères d'attribution définis dans les documents de la consultation. Le pouvoir adjudicateur indique, dans l'un de ces documents, s'il fera usage de cette possibilité.

Dans la phase finale de négociation, le nombre d'offres restant à négocier doit être suffisant pour assurer une concurrence réelle, pour autant qu'il y ait un nombre suffisant d'offres remplissant les conditions requises.

III. — La négociation est conduite dans le respect du principe d'égalité de traitement de tous les soumissionnaires. A cette fin, le pouvoir adjudicateur s'abstient de donner toute information susceptible d'avantager certains soumissionnaires par rapport à d'autres. Il informe par écrit tous les soumissionnaires dont les offres n'ont pas été éliminées en application du II de tous les changements apportés aux spécifications techniques ou aux autres documents de la consultation, à l'exception de ceux qui définissent les exigences minimales. A la suite de ces changements, le pouvoir adjudicateur accorde aux soumissionnaires un délai suffisant et identique pour leur permettre de modifier leurs offres et, le cas échéant, de les présenter à nouveau.

IV. — Lorsque le pouvoir adjudicateur entend conclure les négociations, il en informe les soumissionnaires restant en lice et fixe une date limite commune pour la présentation d'éventuelles offres nouvelles ou révisées. — [*V. désormais CCP, art. R. 2161-17, R. 2161-18, R. 2161-19, R. 2161-20.*]

SECTION 3 *Procédure négociée avec mise en concurrence préalable*

Art. 74 *La procédure négociée avec mise en concurrence préalable est la procédure par laquelle une entité adjudicatrice négocie les conditions du marché public avec un ou plusieurs opérateurs économiques autorisés à participer aux négociations.*

Le délai minimal de réception des candidatures est de quinze jours à compter de la date d'envoi de l'avis de marché ou, lorsque l'appel à la concurrence est effectué au moyen d'un avis périodique indicatif, à compter de la date d'envoi de l'invitation à confirmer l'intérêt.

La date limite de réception des offres peut être fixée d'un commun accord avec les candidats sélectionnés, à condition que cette date soit la même pour tous. En l'absence d'accord, l'entité adjudicatrice fixe un délai qui ne peut être inférieur à dix jours à compter de la date d'envoi de l'invitation à soumissionner.

L'entité adjudicatrice peut attribuer le marché public sur la base des offres initiales sans négociation, à condition d'avoir indiqué dans l'avis de marché ou dans l'invitation à confirmer l'intérêt qu'elle se réserve la possibilité de le faire. — [*V. désormais CCP, art. R. 2161-21, R. 2161-22, R. 2161-23.*]

SECTION 4 *Dialogue compétitif*

Art. 75 *Le dialogue compétitif est la procédure dans laquelle l'acheteur dialogue avec les candidats admis à participer à la procédure en vue de définir ou développer une ou plusieurs solutions de nature à répondre à ses besoins et sur la base de laquelle ou desquelles les participants au dialogue sont invités à remettre une offre.*

L'acheteur définit ses besoins et ses exigences dans l'avis de marché et, le cas échéant, dans un programme fonctionnel ou un projet partiellement défini.

Les modalités du dialogue, les critères d'attribution et un calendrier indicatif sont précisés dans l'avis de marché ou dans un autre document de la consultation. — [V. désormais CCP, art. R. 2161-24.]

Art. 76 *I. — Le délai minimal de réception des candidatures est de trente jours à compter de la date d'envoi de l'avis de marché.*

II. — L'acheteur ouvre avec les participants sélectionnés un dialogue dont l'objet est l'identification et la définition des moyens propres à satisfaire au mieux ses besoins. Tous les aspects du marché public peuvent être discutés avec les participants sélectionnés.

Le dialogue peut se dérouler en phases successives de manière à réduire le nombre de solutions à discuter, en appliquant les critères d'attribution définis dans l'avis de marché ou dans un autre document de la consultation. L'acheteur indique, dans les documents de la consultation, s'il fera usage de cette possibilité.

Dans la phase finale de dialogue, le nombre de solutions restant à discuter doit être suffisant pour assurer une concurrence réelle, pour autant qu'il y ait un nombre suffisant de solutions remplissant les conditions requises.

L'acheteur poursuit le dialogue jusqu'à ce qu'il soit en mesure d'identifier la ou les solutions qui sont susceptibles de répondre à ses besoins.

Le dialogue est conduit dans le respect du principe d'égalité de traitement de tous les participants. A cette fin, l'acheteur s'abstient de donner toute information susceptible d'avantager certains participants par rapport à d'autres.

III. — Lorsqu'il estime que le dialogue est arrivé à son terme, l'acheteur en informe les participants restant en lice et les invite à présenter leur offre finale sur la base de la ou des solutions qu'ils ont présentées et spécifiées au cours du dialogue. Il vérifie que les offres finales comprennent tous les éléments requis et nécessaires pour la réalisation du projet.

Des précisions, clarifications, perfectionnements ou compléments peuvent être demandés aux participants sur leur offre finale. Cependant, ces demandes ne peuvent avoir pour effet de modifier les aspects essentiels de l'offre finale, notamment les besoins et exigences indiqués dans les documents de la consultation, lorsque les modifications apportées sont susceptibles de fausser la concurrence ou d'avoir un effet discriminatoire.

IV. — A la demande de l'acheteur, l'attributaire peut être amené à clarifier des aspects de son offre ou à confirmer les engagements figurant dans celle-ci. Cependant, ces demandes ne peuvent avoir pour effet de modifier des éléments fondamentaux de l'offre ou des caractéristiques essentielles du marché public, dont la variation est susceptible de fausser la concurrence ou d'avoir un effet discriminatoire.

V. — L'acheteur peut prévoir des primes au profit des participants au dialogue. Le montant de la prime est indiqué dans les documents de la consultation et la rémunération du titulaire du marché public tient compte de la prime qui lui a été éventuellement versée pour sa participation à la procédure. — [V. désormais CCP, art. R. 2161-25, R. 2161-26, R. 2161-27, R. 2161-28, R. 2161-29, R. 2161-30, R. 2161-31.]

CHAPITRE VI *TECHNIQUES PARTICULIÈRES D'ACHAT*

SECTION 1 *Marchés publics à tranches*

Art. 77 *Les acheteurs peuvent passer un marché public comportant une tranche ferme et une ou plusieurs tranches optionnelles. Le marché public définit la consistance, le prix ou ses modalités de détermination et les modalités d'exécution des prestations de chaque tranche.*

Les prestations de la tranche ferme doivent constituer un ensemble cohérent ; il en est de même des prestations de chaque tranche optionnelle compte tenu des prestations de toutes les tranches antérieures.

L'exécution de chaque tranche optionnelle est subordonnée à une décision de l'acheteur, notifiée au titulaire dans les conditions fixées par le marché public. Lorsqu'une tranche optionnelle est affermie avec retard ou n'est pas affermie, le titulaire peut bénéficier, si le marché public le prévoit et dans les conditions qu'il définit, d'une indemnité d'attente ou de dédit. — [V. désormais CCP, art. R. 2113-4, R. 2113-5, R. 2113-6.]

SECTION 2 ***Accords-cadres***

Art. 78 *I. — Les acheteurs peuvent conclure des accords-cadres définis à l'article 4 de l'ordonnance du 23 juillet 2015 susvisée avec un ou plusieurs opérateurs économiques.*

Lorsque l'accord-cadre ne fixe pas toutes les stipulations contractuelles, il donne lieu à la conclusion de marchés subséquents dans les conditions fixées à l'article 79.

Lorsque l'accord-cadre fixe toutes les stipulations contractuelles, il est exécuté au fur et à mesure de l'émission de bons de commande dans les conditions fixées à l'article 80.

Un accord-cadre peut être exécuté en partie par la conclusion de marchés subséquents et en partie par l'émission de bons de commande, à condition que l'acheteur identifie les prestations qui relèvent des différentes parties de l'accord-cadre.

Les acheteurs ne recourent pas aux accords-cadres de manière abusive ou aux fins d'empêcher, de restreindre ou de fausser la concurrence.

II. — Les accords-cadres peuvent être conclus :

1° Soit avec un minimum et un maximum en valeur ou en quantité ;

2° Soit avec seulement un minimum ou un maximum ;

3° Soit sans minimum ni maximum.

III. — La durée des accords-cadres ne peut dépasser quatre ans pour les pouvoirs adjudicateurs et huit ans pour les entités adjudicatrices, sauf dans des cas exceptionnels dûment justifiés, notamment par leur l'objet ou par le fait que leur exécution nécessite des investissements amortissables sur une durée supérieure.

IV. — Les marchés subséquents et les bons de commande sont conclus ou émis entre les acheteurs identifiés à cette fin dans l'avis d'appel à la concurrence, dans l'invitation à confirmer l'intérêt ou, en l'absence d'un tel avis ou d'une telle invitation, dans un autre document de la consultation, et le ou les opérateurs économiques titulaires de l'accord-cadre.

Ils ne peuvent être conclus ou émis que durant la période de validité de l'accord-cadre. Leur durée d'exécution est fixée conformément aux conditions habituelles d'exécution des prestations faisant l'objet de l'accord-cadre. L'acheteur ne peut fixer une durée telle que l'exécution des marchés subséquents ou des bons de commande se prolonge au-delà de la date limite de validité de l'accord-cadre dans des conditions qui méconnaissent l'obligation d'une remise en concurrence périodique. — [V. désormais CCP, art. L. 2125-1, R. 2162-1, R. 2162-2, R. 2162-3, R. 2162-4, R. 2162-5, R. 2162-6.]

Art. 79 *I. — Les marchés subséquents précisent les caractéristiques et les modalités d'exécution des prestations demandées qui n'ont pas été fixées dans l'accord-cadre. Ils ne peuvent entraîner des modifications substantielles des termes de l'accord-cadre.*

Les marchés subséquents peuvent prendre la forme d'un accord-cadre fixant toutes les conditions d'exécution des prestations et exécuté au moyen de bons de commande dans les conditions fixées à l'article 80.

II. — Pour les pouvoirs adjudicateurs, lorsqu'un accord-cadre est conclu avec un seul opérateur économique, les marchés subséquents sont attribués dans les conditions fixées par l'accord-cadre. Préalablement à la conclusion des marchés subséquents, le pouvoir adjudicateur peut demander par écrit au titulaire de compléter son offre.

Lorsqu'un accord-cadre est conclu avec plusieurs opérateurs économiques, le pouvoir adjudicateur organise une mise en concurrence selon la procédure suivante :

1° Pour chacun des marchés subséquents, le pouvoir adjudicateur consulte par écrit les titulaires de l'accord-cadre ou, lorsque l'accord-cadre a été divisé en lots, les titulaires du lot correspondant à l'objet du marché subséquent ;

2° Le pouvoir adjudicateur fixe un délai suffisant pour la présentation des offres en tenant compte d'éléments tels que la complexité des prestations attendues ou le temps nécessaire à la transmission des offres ;

3° Les offres sont proposées conformément aux caractéristiques fixées par l'accord-cadre et les documents de la consultation propres au marché subséquent. Elles sont établies par écrit et ne sont pas ouvertes avant l'expiration du délai prévu pour le dépôt des offres ;

4° Le marché subséquent est attribué à celui ou à ceux des titulaires de l'accord-cadre qui ont présenté les offres économiquement les plus avantageuses, sur la base des critères d'attribution énoncés dans l'accord-cadre.

L'accord-cadre peut prévoir que l'attribution de certains marchés subséquents ne donnera pas lieu à remise en concurrence lorsqu'il apparaît que, pour des raisons techniques, ces marchés ne peuvent plus être confiés qu'à un opérateur économique déterminé. Tel est notamment le cas lorsque aucun produit, matériel ou service ne peut être substitué au produit, matériel ou service à acquérir et qu'un seul des titulaires est en mesure de le fournir.

III. — Pour les entités adjudicatrices, les marchés subséquents sont passés sur la base de règles ou de critères objectifs et non-discriminatoires définis dans l'accord-cadre, qui peuvent inclure la remise en concurrence des titulaires.

Lorsqu'une remise en concurrence est prévue, l'entité adjudicatrice fixe un délai suffisant pour permettre la présentation des offres. Le marché subséquent est attribué à celui ou à ceux des titulaires de l'accord-cadre qui ont présenté les offres économiquement les plus avantageuses, sur la base des critères d'attribution définis dans l'accord-cadre. — [V. désormais CCP, art. R. 2162-7, R. 2162-8, R. 2162-9, R. 2162-10, R. 2162-11, R. 2162-12.]

Art. 80 *Les bons de commande sont des documents écrits adressés aux titulaires de l'accord-cadre qui précisent celles des prestations, décrites dans l'accord-cadre, dont l'exécution est demandée et en déterminent la quantité.*

L'émission des bons de commande s'effectue sans négociation ni remise en concurrence préalable des titulaires, selon des modalités prévues par l'accord-cadre. — [V. désormais CCP, art. R. 2162-13, R. 2162-14.]

SECTION 3 *Système d'acquisition dynamique*

Art. 81 *I. — Un système d'acquisition dynamique est un processus entièrement électronique de passation de marché public, pour des achats d'usage courant, par lequel l'acheteur attribue, après mise en concurrence, un ou plusieurs marchés spécifiques à l'un des opérateurs économiques préalablement sélectionnés.*

Le système est ouvert, pendant toute sa durée de validité, à tout opérateur économique satisfaisant aux critères de sélection. Il peut être subdivisé en catégories de fournitures, de services ou de travaux définies de manière objective sur la base des caractéristiques du marché public à exécuter dans le cadre de la catégorie concernée. Ces caractéristiques peuvent notamment renvoyer à la taille maximale autorisée de certains marchés spécifiques ou à une zone géographique précise dans laquelle certains marchés spécifiques seront exécutés.

II. — L'acheteur précise la période de validité du système d'acquisition dynamique dans l'avis d'appel à la concurrence. A compter des seuils de procédure formalisée, l'acheteur notifie à la Commission européenne tout changement de cette durée en utilisant les formulaires types suivants :

1° Lorsque la durée de validité est modifiée sans qu'il soit mis un terme au système, le formulaire utilisé pour l'appel à la concurrence pour le système d'acquisition dynamique ;

2° Lorsqu'il est mis fin au système, l'avis d'attribution mentionné à l'article 104.

III. — Aucun frais ne peut être facturé avant ou pendant la période de validité du système d'acquisition dynamique aux opérateurs économiques intéressés ou participant au système d'acquisition dynamique.

IV. — Pour passer un marché spécifique dans le cadre d'un système d'acquisition dynamique à compter des seuils de procédure formalisée, l'acheteur respecte les règles de l'appel d'offres restreint sous réserve des dispositions des articles 82 et 83. — [V. désormais CCP, art. L. 2125-1, R. 2162-37, R. 2162-38, R. 2162-39, R. 2162-40, R. 2162-43, R. 2162-48.]

Art. 82 *I. — Pour mettre en place un système d'acquisition dynamique, l'acheteur publie un avis d'appel à la concurrence en indiquant qu'il s'agit d'un système d'acquisition dynamique.*

Il précise dans les documents de la consultation la nature des achats envisagés et leur quantité estimée ainsi que toutes les informations nécessaires concernant le système d'acquisition dynamique, y compris son éventuelle subdivision en catégories de produits, de services ou de travaux et les caractéristiques de ces catégories, les modalités de fonctionnement du système, l'équipement électronique utilisé et les arrangements et spécifications techniques de connexion.

Il offre par voie électronique, pendant toute la durée de validité du système, un accès libre, direct et complet aux documents de la consultation.

II. — Lorsqu'un système d'acquisition dynamique mis en place par une centrale d'achat est susceptible d'être utilisé par d'autres acheteurs, l'avis d'appel à la concurrence le mentionne.

III. — Le délai minimal de réception des candidatures est de trente jours à compter de la date d'envoi de l'avis de marché ou, lorsque l'appel à la concurrence est effectué au moyen d'un avis de préinformation ou d'un avis périodique indicatif, à compter de la date d'envoi de l'invitation à confirmer l'intérêt. Aucun délai supplémentaire de réception des candidatures n'est applicable après l'envoi de l'invitation à soumissionner pour le premier marché spécifique dans le cadre du système d'acquisition dynamique.

IV. — Tous les candidats satisfaisant aux critères de sélection sont admis dans le système et leur nombre n'est pas limité. Lorsque l'acheteur a subdivisé le système en catégories de produits, de services ou de travaux, il précise les critères de sélection applicables à chaque catégorie.

L'acheteur accorde, pendant toute la durée de validité du système, la possibilité à tout opérateur économique de demander à y participer. L'acheteur procède à l'évaluation des candidatures dans un délai de dix jours ouvrables après leur réception. Ce délai peut être porté à quinze jours ouvrables lorsque cela est justifié, notamment parce qu'il est nécessaire d'examiner des documents complémentaires ou de vérifier d'une autre manière si les critères de sélection sont remplis. Tant que l'invitation à soumissionner pour le premier marché spécifique n'a pas été envoyée, l'acheteur peut prolonger la période d'évaluation des candidatures, à condition qu'aucune invitation à soumissionner ne soit envoyée au cours de cette prolongation. Il indique, dans les documents de la consultation, la durée de la prolongation qu'il compte appliquer.

L'acheteur informe dans les plus brefs délais les opérateurs économiques concernés s'ils ont été admis ou non dans le système d'acquisition dynamique.

V. — A tout moment au cours de la période de validité du système d'acquisition dynamique, l'acheteur peut demander aux candidats admis dans le système d'actualiser leur dossier de candidature, dans un délai de cinq jours ouvrables à compter de la date d'envoi de cette demande. — [V. désormais CCP, art. R. 2162-37, R. 2162-39, R. 2162-41, R. 2162-42, R. 2162-44, R. 2162-45, R. 2162-46, R. 2162-47.]

Art. 83 *I. — Pour chaque marché spécifique, l'acheteur invite tous les candidats admis dans le système à présenter une offre dans les conditions de l'article 56. Lorsque le système d'acquisition dynamique est subdivisé en catégories de produits, de services ou de travaux, l'acheteur invite tous les candidats admis pour la catégorie correspondant au marché spécifique concerné.*

II. — Les délais de réception des offres sont les suivants :

1° Pour les pouvoirs adjudicateurs, le délai minimal de réception des offres est de dix jours à compter de la date d'envoi de l'invitation à soumissionner.

Toutefois, les pouvoirs adjudicateurs autres que les autorités publiques centrales dont la liste est publiée au Journal officiel de la République française peuvent fixer la date limite de réception des offres d'un commun accord avec les candidats invités à soumissionner, à condition que cette date soit la même pour tous. En l'absence d'accord sur la date limite de réception des offres, le pouvoir adjudicateur fixe un délai qui ne peut être inférieur à dix jours à compter de la date d'envoi de l'invitation à soumissionner ; — V. Avis relatif aux seuils de procédure et à la liste des autorités publiques centrales en droit de la commande publique.

2° Les entités adjudicatrices peuvent fixer la date limite de réception des offres d'un commun accord avec les candidats invités à soumissionner, à condition que cette date soit la même pour tous. En l'absence d'accord, les entités adjudicatrices fixent un délai qui ne peut être inférieur à dix jours à compter de la date d'envoi de l'invitation à soumissionner.

III. — Le marché spécifique est attribué au soumissionnaire qui a présenté l'offre économiquement la plus avantageuse sur la base des critères d'attribution définis dans l'avis de marché ou, lorsque l'appel à la concurrence est effectué au moyen d'un avis de préinformation ou d'un avis périodique indicatif, dans l'invitation à confirmer l'intérêt. Ces critères peuvent, le cas échéant, être précisés dans l'invitation à soumissionner. — [V. désormais CCP, art. R. 2162-49, R. 2162-50, R. 2162-51.]

SECTION 4 *Enchères électroniques*

Art. 84 *I. — Une enchère électronique est une procédure de sélection des offres réalisée par voie électronique et permettant aux candidats de réviser leurs prix à la baisse ou de modifier la valeur de certains autres éléments quantifiables de leur offre.*

Les acheteurs ne peuvent recourir à l'enchère électronique que pour les marchés publics de fournitures d'un montant égal ou supérieur aux seuils de procédure formalisée.

II. — L'enchère électronique porte :

1° Soit uniquement sur le prix lorsque le marché public est attribué sur la base de ce seul critère ;

2° Soit sur le prix ou sur d'autres éléments quantifiables indiqués dans les documents de la consultation lorsque le marché public est attribué sur la base du coût ou d'une pluralité de critères. — [V. désormais CCP, art. L. 2125-1, R. 2162-57, R. 2372-19.]

Art. 85 *I. — L'acheteur qui décide de recourir à une enchère électronique en fait mention dans l'avis de marché, dans l'invitation à confirmer l'intérêt ou, lorsque l'appel à la concurrence a été réalisé au moyen d'un avis sur l'existence d'un système de qualification, dans l'invitation à soumissionner. Les documents de la consultation comprennent les informations suivantes :*

1° Les éléments des offres sur lesquels porte l'enchère électronique ;

2° Le cas échéant, les valeurs minimales et maximales qui pourront être présentées ;

3° La nature des informations qui seront mises à la disposition des soumissionnaires au cours de l'enchère électronique et le moment où elles le seront ;

4° Les informations pertinentes sur le déroulement de l'enchère électronique, notamment les conditions dans lesquelles les soumissionnaires pourront enchérir et les écarts minimaux qui, le cas échéant, seront exigés pour enchérir ;

5° Les informations pertinentes sur le dispositif électronique utilisé et sur les modalités et spécifications techniques de connexion.

II. — L'enchère électronique intervient après une première évaluation complète des offres conformément aux critères d'attribution, permettant que leur classement puisse être effectué sur la base d'un traitement automatisé.

Tous les soumissionnaires qui ont présenté des offres qui n'ont pas été écartées au motif qu'elles sont inappropriées, irrégulières ou inacceptables sont invités simultanément, par des moyens électroniques, à participer à l'enchère électronique en utilisant les connexions, à la date et à l'heure spécifiées, conformément aux instructions figurant dans l'invitation.

L'invitation adressée à chaque soumissionnaire est accompagnée du résultat de l'évaluation complète de son offre réalisée en application du premier alinéa du présent II.

Elle mentionne également la formule mathématique qui déterminera, lors de l'enchère électronique, les reclassements automatiques en fonction des nouveaux prix ou des nouvelles valeurs présentés. Cette formule intègre la pondération de tous les critères fixés pour déterminer l'offre économiquement la plus avantageuse, telle qu'indiquée dans l'avis de marché ou dans un autre document de la consultation. Le cas échéant, les fourchettes sont réduites à une valeur déterminée.

Lorsque des variantes sont autorisées, une formule distincte est fournie pour chaque variante.

III. — L'enchère électronique peut se dérouler en plusieurs phases successives. Elle ne peut débuter moins de deux jours ouvrables après la date d'envoi des invitations.

Au cours de chaque phase de l'enchère électronique, l'acheteur communique instantanément à tous les soumissionnaires les informations leur permettant de connaître à tout moment leur classement respectif. Il peut également annoncer le nombre de participants à la phase de l'enchère et communiquer, si les documents de la consultation le prévoient, les prix ou valeurs présentés par les autres soumissionnaires. Cependant, il ne peut en aucun cas divulguer l'identité des soumissionnaires.

IV. — L'acheteur clôt l'enchère électronique selon une ou plusieurs des modalités suivantes :

1° A la date et à l'heure fixées dans l'invitation à participer à l'enchère ;

2° Lorsqu'il ne reçoit plus de nouveaux prix ou de nouvelles valeurs répondant aux exigences relatives aux écarts minimaux, à condition d'avoir préalablement précisé le délai qu'il observera à partir de la réception de la dernière offre avant de clôturer l'enchère électronique ;

3° Lorsque toutes les phases de l'enchère, prévues dans l'invitation à participer à l'enchère ont eu lieu.

Lorsque l'acheteur entend clore l'enchère électronique conformément au 3°, le cas échéant en combinaison avec les modalités prévues au 2°, l'invitation à participer à l'enchère indique le calendrier de chaque phase de l'enchère.

Après la clôture de l'enchère électronique, le marché public est attribué en fonction des résultats de celle-ci et sous réserve du respect des dispositions de l'article 60. — [V. désormais CCP, art. R. 2162-58, R. 2162-59, R. 2162-60, R. 2162-61, R. 2162-62, R. 2162-63, R. 2162-64, R. 2162-65, R. 2162-66.]

SECTION 5 *Catalogues électroniques*

Art. 86 *I. — Lorsque l'utilisation de moyens de communication électroniques est requise, l'acheteur peut exiger que les offres soient présentées sous la forme d'un catalogue électronique ou qu'elles comportent un catalogue électronique.*

Les offres présentées sous la forme d'un catalogue électronique peuvent être accompagnées d'autres documents qui les complètent.

II. — Les catalogues électroniques sont établis par les candidats ou les soumissionnaires conformément aux spécifications techniques et au format prévus par l'acheteur. Ils respectent les exigences applicables aux outils de communication électronique ainsi que toute exigence supplémentaire définie par l'acheteur conformément aux articles 38 à 41. — [V. désormais CCP, art. R. 2162-52, R. 2162-54.]

Art. 87 *I. — Lorsque la présentation des offres sous la forme d'un catalogue électronique est acceptée ou exigée, l'acheteur l'indique dans l'avis de marché, dans l'invitation à confirmer l'intérêt ou dans l'invitation à soumissionner.*

L'acheteur précise également, dans les documents de la consultation, toutes les informations requises en ce qui concerne le format, l'équipement électronique utilisé ainsi que les modalités de connexion et les spécifications techniques du catalogue.

II. — Lorsque, dans le cadre de la procédure de passation d'un accord-cadre conclu avec plusieurs opérateurs économiques, des offres ont été présentées sous la forme de catalogues électroniques, l'acheteur peut prévoir que la remise en concurrence des titulaires de l'accord-cadre pour l'attribution des marchés subséquents est effectuée sur la base des catalogues actualisés. Dans ce cas, l'acheteur utilise l'une des méthodes suivantes :

1° Soit il invite les titulaires de l'accord-cadre à présenter de nouveau leurs catalogues électroniques, adaptés aux exigences du marché subséquent ;

2° Soit il informe les titulaires de l'accord-cadre qu'il entend recueillir, à partir des catalogues électroniques déjà présentés, les informations nécessaires pour constituer des offres adaptées aux exigences du marché subséquent, pour autant que l'utilisation de cette méthode ait été annoncée dans les documents de la consultation de l'accord-cadre. Dans ce cas, l'acheteur informe les titulaires de l'accord-cadre de la date et de l'heure à laquelle il entend procéder à cette collecte d'information et leur donne la possibilité de refuser cette collecte. Il prévoit un délai adéquat entre la notification et la collecte effective des informations. Avant d'attribuer le marché subséquent, l'acheteur transmet les informations collectées à chaque titulaire concerné afin de lui permettre de contester ou de confirmer que l'offre ainsi constituée ne comporte pas d'erreurs matérielles.

III. — L'acheteur peut attribuer des marchés spécifiques dans le cadre d'un système d'acquisition dynamique en exigeant que les offres soient présentées sous la forme d'un catalogue électronique.

Il peut également attribuer des marchés spécifiques conformément au 2° du II, à condition que la demande de participation au système d'acquisition dynamique soit accompagnée d'un catalogue électronique conforme aux spécifications techniques et au format prévus par l'acheteur. Ce catalogue est ensuite complété par les candidats lorsqu'ils sont informés de l'intention de l'acheteur de constituer des offres en procédant à la collecte d'information. — [V. désormais CCP, art. R. 2162-53, R. 2162-55, R. 2162-56.]

SECTION 6 *Concours*

Art. 88 *I. — L'acheteur qui organise un concours défini à l'article 8 de l'ordonnance du 23 juillet 2015 susvisée publie un avis de concours dans les conditions prévues aux articles 33, 34 et 36. Lorsqu'il entend attribuer un marché public de services au lauréat ou à l'un des lauréats du concours en application du 6° du I de l'article 30, il l'indique dans l'avis de concours.*

II. — L'acheteur détermine les modalités du concours dans le respect des principes mentionnés à l'article 1er de l'ordonnance du 23 juillet 2015 susvisée.

Lorsque le concours est restreint, l'acheteur établit des critères de sélection clairs et non discriminatoires des participants au concours. Le nombre de candidats invités à participer au concours est suffisant pour garantir une concurrence réelle.

III. — Le jury, composé conformément à l'article 89, examine les candidatures et formule un avis motivé sur celles-ci. Lorsque le concours est restreint, l'acheteur fixe la liste des candidats admis à concourir et les candidats non retenus en sont informés.

Le jury examine les plans et projets présentés par les participants au concours de manière anonyme et en se fondant exclusivement sur les critères d'évaluation des projets définis dans l'avis de concours. Il consigne dans un procès-verbal, signé par ses membres, le classement des projets ainsi que ses observations et, le cas échéant, tout point nécessitant des éclaircissements et les questions qu'il envisage en conséquence de poser aux candidats concernés.

L'anonymat des candidats peut alors être levé.

Le jury peut ensuite inviter les candidats à répondre aux questions qu'il a consignées dans le procès-verbal. Un procès-verbal complet du dialogue entre les membres du jury et les candidats est établi.

IV. — L'acheteur choisit le ou les lauréats du concours au vu des procès-verbaux et de l'avis du jury et publie un avis de résultats de concours dans les conditions prévues à l'article 104.

Une prime est allouée aux participants qui ont remis des prestations conformes au règlement du concours. Sous réserve des dispositions de l'article 90, le montant de la prime est librement défini par l'acheteur et est indiqué dans les documents de la consultation.

Lorsqu'un marché public de services est attribué au lauréat ou à l'un des lauréats du concours, sa rémunération tient compte de la prime qu'il a reçue pour sa participation au concours. — [V. désormais CCP, art. R. 2162-15, R. 2162-16, R. 2162-17, R. 2162-18, R. 2162-19, R. 2162-20, R. 2162-21.]

Art. 89 *I. — Le jury est composé exclusivement de personnes indépendantes des participants au concours. Lorsqu'une qualification professionnelle particulière est exigée pour participer à un concours, au moins un tiers des membres du jury doit posséder cette qualification ou une qualification équivalente.*

II. — Pour les concours organisés par l'État, les membres du jury sont désignés selon les modalités suivantes :

1° En ce qui concerne les administrations centrales de l'État, les services à compétence nationale et les services déconcentrés qui ne sont pas placés sous l'autorité du préfet, par le ministre dont ils dépendent ;

2° En ce qui concerne les services déconcentrés de l'État placés sous l'autorité du préfet, par le préfet.

III. — Pour les concours organisés par les collectivités territoriales, leurs établissements publics et leurs groupements, à l'exception des établissements publics sociaux ou médico-sociaux et des offices publics de l'habitat, les membres élus de la commission d'appel d'offres font partie du jury.

IV. — Pour les concours organisés par les autres acheteurs, les membres du jury sont désignés selon les règles propres à chaque établissement.

V. — Pour les groupements de commande mentionnés au I de l'article L. 1414-3 du code général des collectivités territoriales [V. App., Partie I], *les membres de la commission d'appel d'offres du groupement font partie du jury. Pour les autres groupements de commande, la composition du jury est fixée par la convention de groupement.* — [V. désormais CCP, art. R. 2162-22, R. 2162-23, R. 2162-24, R. 2162-25, R. 2162-26.]

CHAPITRE VII *MARCHÉS PUBLICS PARTICULIERS*

SECTION 1 *Marchés publics de maîtrise d'œuvre*

Art. 90 *I. — Les marchés publics de maîtrise d'œuvre ont pour objet, en vue de la réalisation d'un ouvrage ou d'un projet urbain ou paysager, l'exécution d'un ou plusieurs éléments de la mission définie par l'article 7 de la loi du 12 juillet 1985 susvisée.*

II. — Les marchés publics de maîtrise d'œuvre qui répondent à un besoin dont le montant est égal ou supérieur aux seuils de procédure formalisée sont passés dans les conditions suivantes :

1° Pour (Décr. n° 2017-516 du 10 avr. 2017, art. 9-1°) *« les acheteurs soumis à la loi du 12 juillet 1985 susvisée », ils sont négociés, en application du 6° du I de l'article 30, avec le ou les lauréats d'un concours restreint organisé dans les conditions de l'article 88.*

Toutefois, ces acheteurs ne sont pas tenus d'organiser un concours dans les cas suivants :

a) Pour l'attribution d'un marché public de maîtrise d'œuvre relatif à la réutilisation ou à la réhabilitation d'ouvrages existants ou à la réalisation d'un projet urbain ou paysager ;

b) Pour l'attribution d'un marché public de maîtrise d'œuvre relatif à des ouvrages réalisés à titre de recherche, d'essai ou d'expérimentation ;

c) Pour l'attribution d'un marché public de maîtrise d'œuvre relatif à des ouvrages d'infrastructures ;

d) Pour l'attribution d'un marché public de maîtrise d'œuvre qui ne confie aucune mission de conception au titulaire ;

(Décr. n° 2019-37 du 23 janv. 2019, art. 2) *« e) Pour l'attribution d'un marché public de maîtrise d'œuvre en vue de la réalisation de travaux requis par le rétablissement des contrôles des marchandises et des passagers à destination ou en provenance du Royaume-Uni ; »*

2° Pour les autres acheteurs, ils sont passés selon l'une des procédures mentionnées à l'article [aux articles] *25 ou 26 ou, si les conditions mentionnées à l'article 30 sont remplies, négociés sans publicité ni mise en concurrence préalables.*

(Abrogé par Décr. n° 2017-516 du 10 avr. 2017, art. 9-2°) *« Si ces acheteurs sont soumis à la loi du 12 juillet 1985 susvisée et choisissent d'organiser un concours, celui-ci est restreint. »*

III. — Lorsque l'acheteur est soumis à la loi du 12 juillet 1985 susvisée et organise un concours, les opérateurs économiques qui ont remis des prestations conformes au règlement du concours bénéficient d'une prime. Le montant de cette prime est égal au prix estimé des études à effectuer par les candidats affecté d'un abattement au plus égal à 20 %. La prime est allouée aux candidats sur proposition du jury.

Lorsque l'acheteur n'est pas soumis à la loi du 12 juillet 1985 susvisée ou lorsqu'il n'organise pas de concours, les participants qui ont remis des prestations conformes aux documents de la consultation bénéficient d'une prime dont le montant est librement défini par l'acheteur.

Dans tous les cas, le montant de la prime est indiqué dans les documents de la consultation et la rémunération du titulaire du marché public de maîtrise d'œuvre tient compte de la prime reçue pour sa participation à la procédure. — [V. désormais CCP, art. R. 2172-1, R. 2172-2, R. 2172-3, R. 2172-4, R. 2172-5, R. 2172-6.]

Les dispositions de l'art. 9 du Décr. n° 2017-516 du 10 avr. 2017 s'appliquent aux marchés publics pour lesquels une consultation est engagée ou un avis d'appel à la concurrence est envoyé à la publication à compter du 1er juill. 2017 (Décr. préc., art. 31).

Les dispositions introduites par le Décr. n° 2019-37 du 23 janv. 2019 s'appliquent :

— aux marchés pour lesquels une consultation est engagée ou un avis d'appel à la concurrence est envoyé à compter de l'entrée en vigueur dudit décret ;

— aux procédures engagées jusqu'à la fin du sixième mois suivant la date du retrait du Royaume-Uni de l'Union européenne (Décr. préc., art. 2, 6).

SECTION 2 *Marchés publics globaux*

SOUS-SECTION 1 *Marchés publics de conception-réalisation*

Art. 91 *I. — Les motifs d'ordre technique mentionnés au I de l'article 33 de l'ordonnance du 23 juillet 2015 susvisée sont liés à la destination ou à la mise en œuvre technique de l'ouvrage. Sont concernées des opérations dont la finalité majeure est une production dont le processus conditionne la conception, la réalisation et la mise en œuvre ainsi que des opérations dont les caractéristiques, telles que des dimensions exceptionnelles ou des difficultés techniques particulières, exigent de faire appel aux moyens et à la technicité propres des opérateurs économiques.*

II. — Lorsque la valeur estimée du besoin est égale ou supérieure aux seuils de procédure formalisée, les acheteurs mentionnés à l'article 1er de la loi du 12 juillet 1985 susvisée passent des marchés publics de conception-réalisation selon les procédures et dans les conditions mentionnées aux articles 25 ou 26 sous réserve des dispositions qui suivent :

1° Un jury est désigné par l'acheteur. Il est composé exclusivement de personnes indépendantes des candidats. Lorsqu'une qualification professionnelle particulière est exigée pour participer à la procédure, au moins un tiers des membres du jury doit posséder cette qualification ou une qualification équivalente.

Le jury dresse un procès-verbal d'examen des candidatures et formule un avis motivé sur la liste des candidats à retenir. L'acheteur arrête la liste des candidats admis à réaliser des prestations.

Les candidats admis exécutent des prestations sur lesquelles se prononce le jury, après les avoir entendus. Ces prestations comportent au moins un avant-projet sommaire pour un ouvrage de bâtiment ou, pour un ouvrage d'infrastructure, un avant-projet accompagné de la définition des performances techniques de l'ouvrage.

Le jury dresse un procès-verbal d'examen des prestations et d'audition des candidats et formule un avis motivé.

L'acheteur peut demander des clarifications ou des précisions concernant (Décr. n° 2017-516 du 10 avr. 2017, art. 10) *« les offres, dans le cadre d'une procédure d'appel d'offres, et les offres finales, dans le cadre des autres procédures ». Ces précisions, clarifications ou compléments ne peuvent avoir pour effet de modifier des éléments fondamentaux de l'offre ou des caractéristiques essentielles du marché public.*

Le marché public est attribué au vu de l'avis du jury ;

2° La désignation d'un jury est facultative dans les cas suivants :

a) Pour les marchés publics de conception-réalisation passés par les pouvoirs adjudicateurs dans les hypothèses énumérées aux a à c du 1° du II de l'article 90 ;

b) Pour les marchés publics de conception-réalisation passés par les entités adjudicatrices en dialogue compétitif ou en procédure négociée avec mise en concurrence préalable ;

(Décr. n° 2019-37 du 23 janv. 2019, art. 2) *« c) Pour les marchés publics mentionnés au 10° de l'article 35 de l'ordonnance du 23 juillet 2015 susvisée. »*

III. — Pour les marchés publics de conception-réalisation inférieurs aux seuils de procédure formalisée, les acheteurs mentionnés au II peuvent recourir à une procédure adaptée.

IV. — Dans les cas prévus aux II et III, lorsque les documents de la consultation ont prévu la remise de prestations, ils indiquent le montant des primes et les modalités de réduction ou de suppression des primes des soumissionnaires dont les offres sont irrégulières.

Le montant de la prime attribuée à chaque soumissionnaire est égal au prix estimé des études de conception à effectuer telles que définies par les documents de la consultation, affecté d'un abattement au plus égal à 20 %.

La rémunération du titulaire du marché public tient compte de la prime qu'il a reçue. — [V. désormais CCP, art. R. 2171-1, R. 2171-15, R. 2171-16, R. 2171-17, R. 2171-18, R. 2171-19, R. 2171-20, R. 2171-21, R. 2171-22.]

V. 2e note ss. Décr. n° 2016-360, art. 90, ci-dessus.

SOUS-SECTION 2 *Marchés publics globaux de performance*

Art. 92 *I. — Le marché public global de performance fait obligatoirement apparaître, de manière séparée, les prix respectifs de la réalisation et de l'exploitation ou de la maintenance. La rémunération des prestations d'exploitation ou de maintenance doit être liée à l'atteinte des engagements de performances mesurables fixées par le marché public pour toute sa durée.*

Pour attribuer le marché public global de performance, l'acheteur se fonde sur une pluralité de critères parmi lesquels figurent le critère du coût global ainsi qu'un ou plusieurs critères relatifs aux objectifs de performance prévus à l'article 34 de l'ordonnance du 23 juillet 2015 susvisée et définis en fonction de l'objet du marché public.

II. — Lorsque le marché public global de performance comporte des prestations de conception et lorsque les documents de la consultation ont prévu la remise de prestations, les documents de la consultation indiquent le montant des primes et les modalités de réduction ou de suppression des primes des soumissionnaires dont les offres sont irrégulières.

Le montant de la prime attribuée à chaque soumissionnaire est égal au prix estimé des études de conception à effectuer telles que définies par les documents de la consultation, affecté d'un abattement au plus égal à 20 %.

La rémunération du titulaire du marché public tient compte de la prime qu'il a reçue.

III. — Les marchés publics globaux de performance qui répondent à un besoin dont la valeur estimée est égale ou supérieure aux seuils de procédure formalisée et qui comprennent la réalisation de travaux relevant de la loi du 12 juillet 1985 susvisée sont passés selon les modalités fixées au II de l'article 91. — [V. désormais CCP, art. R. 2171-2, R. 2171-3, R. 2171-15, R. 2171-20, R. 2171-21, R. 2171-22.]

SECTION 3 *Partenariats d'innovation*

Art. 93 *Le partenariat d'innovation a pour objet la recherche et le développement de produits, services ou travaux innovants au sens du 2° du II de l'article 25 ainsi que l'acquisition des produits, services ou travaux en résultant et qui répondent à un besoin ne pouvant être satisfait par l'acquisition de produits, services ou travaux déjà disponibles sur le marché.*

L'acheteur peut décider de mettre en place un partenariat d'innovation avec un ou plusieurs opérateurs économiques qui exécutent les prestations de manière séparée dans le cadre de contrats individuels. Cette décision est indiquée dans l'avis de marché ou dans un autre document de la consultation. — [V. désormais CCP, art. L. 2172-3, R. 2172-20, R. 2172-21.]

Art. 94 *I. — Le partenariat d'innovation comprend une ou plusieurs phases successives qui suivent le déroulement du processus de recherche et de développement et une ou plusieurs phases d'acquisition des produits, services ou travaux qui en sont le résultat.*

La structure, la durée et la valeur des différentes phases du partenariat d'innovation tiennent compte du degré d'innovation de la solution proposée, de la durée et du coût des activités de recherche et d'innovation requises pour le développement de la solution innovante. La valeur estimée des produits, services ou travaux dont l'acquisition est envisagée n'est pas disproportionnée par rapport à l'investissement requis pour leur développement, quelle que soit la part des activités de recherche et de développement financée par l'acheteur.

II. — Le partenariat d'innovation définit les objectifs de chaque phase que le partenaire doit atteindre ainsi que la rémunération associée à chaque phase.

A l'issue de chaque phase, sur la base des résultats obtenus, l'acheteur décide :

1° Soit de poursuivre l'exécution du partenariat d'innovation, éventuellement après avoir précisé ou modifié, avec l'accord du partenaire, les objectifs de la phase suivante et les moyens à mettre en œuvre pour les atteindre. Les conditions initiales du partenariat d'innovation ne peuvent être substantiellement modifiées à cette occasion ;

2° Soit de mettre un terme au partenariat d'innovation ou, lorsqu'il existe plusieurs partenaires, de réduire leur nombre en mettant un terme à leurs contrats.

Le partenariat d'innovation mentionne cette prérogative de l'acheteur et définit les conditions de sa mise en œuvre, notamment ses conséquences financières et les modalités de sélection des partenaires avec lesquels il est décidé de poursuivre l'exécution du partenariat.

L'exécution de chaque phase est subordonnée à une décision de l'acheteur notifiée au partenaire dans les conditions fixées dans le partenariat d'innovation.

III. — L'acheteur ne peut acquérir les produits, les services ou les travaux résultant des phases de recherche et de développement que s'ils correspondent aux niveaux de performance et n'excèdent pas les coûts maximum prévus par le partenariat d'innovation.

IV. — La répartition des droits de propriété intellectuelle, notamment quant aux résultats des phases de recherche et développement, est prévue dans le partenariat d'innovation. — [V. désormais CCP, art. R. 2172-23, R. 2172-24, R. 2172-25, R. 2172-31, R. 2172-32.]

Art. 95 *I. — Les partenariats d'innovation d'un montant égal ou supérieur aux seuils de procédure formalisée sont passés selon la procédure concurrentielle avec négociation ou la procédure négociée avec mise en concurrence préalable sous réserve des dispositions suivantes.*

II. — Dans les documents de la consultation, l'acheteur définit le besoin relatif aux produits, services ou travaux innovants. Il indique les éléments de cette définition qui fixent les exigences minimales que doivent respecter toutes les offres. Les informations fournies sont suffisamment précises pour permettre aux opérateurs économiques de déterminer la nature et la portée de la solution requise et de décider de demander ou non à participer à la procédure.

III. — Un avis de préinformation ou un avis périodique indicatif ne peut être utilisé en lieu et place de l'avis de marché.

IV. — Le délai minimum de réception des candidatures prévu au I de l'article 72 ne peut être réduit.

V. — La sélection des candidatures tient compte notamment de la capacité des candidats dans le domaine de la recherche et du développement ainsi que dans l'élaboration et la mise en œuvre de solutions innovantes.

VI. — Sans préjudice de l'application des dispositions de l'article 43, le délai minimal de réception des offres initiales est librement fixé par l'acheteur.

VII. — L'acheteur ne peut attribuer le partenariat d'innovation sur la base des offres initiales sans négociation. Il négocie les offres initiales et toutes les offres ultérieures en vue d'en améliorer le contenu à l'exception des offres finales. Les critères d'attribution et les exigences minimales ne font pas l'objet de négociation.

La négociation peut se dérouler en phases successives à l'issue desquelles certains soumissionnaires sont éliminés par application des critères d'attribution définis dans les documents de la consultation. L'acheteur indique, dans l'un de ces documents, s'il fera usage de cette possibilité. Il informe, à l'issue de chaque phase, tous les soumissionnaires dont l'offre n'a pas été éliminée des changements apportés aux documents de la consultation et leur accorde un délai suffisant pour leur permettre de modifier leur offre et, le cas échéant, de la présenter à nouveau. — [V. désormais CCP, art. R. 2172-22, R. 2172-26, R. 2172-27, R. 2172-28, R. 2172-29, R. 2172-30.]

SECTION 4 *Marchés publics relatifs à l'achat de véhicules à moteur*

Art. 96 *I. — Lorsqu'un acheteur passe un marché public pour l'achat d'un véhicule à moteur relevant des catégories M et N définies à l'article R. 311-1 du code de la route et que la valeur estimée du besoin est égale ou supérieure aux seuils de procédure formalisée, il tient compte des incidences énergétiques et environnementales de ce véhicule sur toute sa durée de vie. — V. Arr. du 5 mai 2011.*

Sont exemptés de cette obligation les achats :

1° De véhicules conçus et construits pour être utilisés principalement sur les chantiers de construction, dans les carrières ou les installations portuaires ou aéroportuaires ;

2° De véhicules conçus et construits pour être utilisés par les forces armées, la protection civile, les services de lutte contre l'incendie et les services responsables du maintien de l'ordre ;

3° De machines mobiles.

II. — Si l'achat du véhicule à moteur est réalisé pour l'exécution d'un service public de transport de personnes dont l'acheteur s'est vu confier la gestion et l'exploitation, l'obligation mentionnée au premier alinéa du I s'applique, indépendamment de la valeur estimée du marché public, dès lors que les produits de la gestion et l'exploitation, sur toute leur durée, sont d'un montant égal ou supérieur au seuil à partir duquel l'autorité responsable du transport doit recourir à une procédure formalisée pour la passation de ses propres marchés publics de fournitures.

III. — Il peut être satisfait à l'obligation mentionnée au I par :

1° La fixation de spécifications techniques conformes aux articles 6 à 9 relatives aux performances énergétiques et environnementales du véhicule ;

2° L'inclusion des incidences énergétiques et environnementales du véhicule, sur toute sa durée de vie, dans les critères d'attribution prévus à l'article 62. Les incidences à prendre en compte sont définies selon les modalités fixées au IV.

Si l'acheteur choisit de traduire ces incidences en valeur monétaire, leur quantification doit se conformer à la méthodologie établie en application du IV.

IV. — Un arrêté conjoint des ministres chargés de l'écologie et de l'économie détermine les incidences énergétiques et environnementales liées à l'utilisation du véhicule à moteur qu'il convient de prendre en compte ainsi que la méthodologie à appliquer s'il est envisagé de traduire ces incidences en valeur monétaire. — [V. désormais CCP, art. R. 2172-35, R. 2172-36, R. 2172-37, R. 2172-38.]

SECTION 5 *Marchés publics réalisés dans le cadre de programmes expérimentaux*

Art. 97 *L'acheteur qui réalise des ouvrages qui ont pour objet de vérifier la pertinence, sur un nombre limité de réalisations, des projets retenus par l'État dans le cadre d'un programme public national de recherche, d'essai et d'expérimentation, peut passer, pour leur réalisation, des marchés publics de maîtrise d'œuvre ou de travaux, au terme d'une procédure de mise en concurrence conforme au présent décret, limitée à des opérateurs économiques choisis parmi ceux dont les projets auront été sélectionnés par le jury du programme public national, après publication d'un avis de marché.*

Un protocole d'expérimentation est passé entre l'acheteur et l'organisme public responsable du programme national. — [V. désormais CCP, art. R. 2172-33, R. 2172-34.]

CHAPITRE VIII *ACHÈVEMENT DE LA PROCÉDURE*

SECTION 1 *Abandon de la procédure*

Art. 98 *A tout moment, la procédure peut être déclarée sans suite. Dans ce cas, l'acheteur communique aux opérateurs économiques ayant participé à la procédure, dans les plus brefs délais, les raisons pour lesquelles il a décidé de ne pas attribuer le marché public ou de recommencer la procédure.* — [V. désormais CCP, art. R. 2185-1, R. 2185-2.]

SECTION 2 *Information des candidats et des soumissionnaires*

Art. 99 *I. — Pour les marchés publics passés selon une procédure adaptée, l'acheteur, dès qu'il décide de rejeter une candidature ou une offre, notifie à chaque candidat ou soumissionnaire concerné le rejet de sa candidature ou de son offre.*

Il communique aux candidats et aux soumissionnaires qui en font la demande écrite les motifs du rejet de leur candidature ou de leur offre dans un délai de quinze jours à compter de la réception de cette demande. Si le soumissionnaire a vu son offre écartée alors qu'elle n'était ni inappropriée ni irrégulière ni inacceptable[,] l'acheteur lui communique, en outre, les caractéristiques et avantages de l'offre retenue ainsi que le nom de l'attributaire du marché public.

II. — Pour les marchés publics passés selon une procédure formalisée, l'acheteur, dès qu'il décide de rejeter une candidature ou une offre, notifie à chaque candidat ou soumissionnaire concerné le rejet de sa candidature ou de son offre en lui indiquant les motifs de ce rejet.

Lorsque cette notification intervient après l'attribution du marché public, elle précise, en outre, le nom de l'attributaire et les motifs qui ont conduit au choix de son offre. Elle mentionne également la date à compter de laquelle l'acheteur est susceptible de signer le marché public dans le respect des dispositions du I de l'article 101.

A la demande de tout soumissionnaire ayant fait une offre qui n'a pas été rejetée au motif qu'elle était irrégulière, inacceptable ou inappropriée, l'acheteur communique dans les meilleurs délais et au plus tard quinze jours à compter de la réception de cette demande :

1° Lorsque les négociations ou le dialogue ne sont pas encore achevés, les informations relatives au déroulement et à l'avancement des négociations ou du dialogue ;

2° Lorsque le marché public a été attribué, les caractéristiques et les avantages de l'offre retenue. — [V. désormais CCP, art. R. 2181-1, R. 2181-2, R. 2181-3, R. 2181-4.]

Art. 100 *Les entités adjudicatrices qui établissent et gèrent un système de qualification informent les opérateurs économiques qui demandent à être qualifiés de la décision prise à leur sujet dans un délai de quatre mois à compter de la réception de leur demande de qualification. Ce délai peut être prolongé de deux mois au plus, à condition que les opérateurs économiques concernés soient informés de cette prolongation dans les deux mois qui suivent la réception de leur demande. Les motifs de cette prolongation ainsi que la date à laquelle une décision sera prise leur sont également indiqués.*

Lorsque l'entité adjudicatrice décide de rejeter une demande de qualification, elle informe l'opérateur économique des motifs de sa décision, dans un délai maximal de quinze jours à compter de la date de cette décision. Ces motifs doivent être fondés sur les critères de qualification mentionnés au III de l'article 46. — [V. désormais CCP, art. R. 2181-5, R. 2181-6.]

SECTION 3 *Signature du marché public*

Art. 101 *I. — Pour les marchés publics passés selon une procédure formalisée, un délai minimal de onze jours est respecté entre la date d'envoi de la notification prévue au deuxième alinéa du II de l'article 99 et la date de signature du marché public par l'acheteur. Ce délai minimal est porté à seize jours lorsque cette notification n'a pas été transmise par voie électronique.*

II. — Le respect du délai mentionné au I n'est pas exigé :

1° Lorsque le marché public est attribué au seul opérateur ayant participé à la consultation ;

2° Pour l'attribution des marchés subséquents, fondés sur un accord-cadre, ou des marchés spécifiques fondés sur un système d'acquisition dynamique. — [V. désormais CCP, art. R. 2182-1, R. 2182-2.]

Art. 102 *Le marché public peut être signé électroniquement, selon les modalités fixées par un arrêté du ministre chargé de l'économie.* — [V. désormais CCP, art. R. 2182-3.] — V. cet Arr.

SECTION 4 *Notification du marché public*

Art. 103 *Le marché public est notifié au titulaire.*

Il prend effet à la date de réception de la notification.

Sous réserve du respect des dispositions du code général des collectivités territoriales relatives au contrôle de légalité, les marchés publics des collectivités territoriales, de leurs groupements et de leurs établissements publics prennent effet à cette date. — [V. désormais CCP, art. R. 2182-4, R. 2182-5.]

SECTION 5 *Avis d'attribution*

Art. 104 *I. — Pour les marchés publics répondant à un besoin d'un montant égal ou supérieur aux seuils européens publiés au Journal officiel de la République française, l'acheteur envoie pour publication, dans un délai maximal de trente jours à compter de la signature du marché public, un avis d'attribution dans les conditions suivantes :*

1° Pour l'État, ses établissements publics autres qu'à caractère industriel et commercial, les collectivités territoriales, leurs établissements publics et leurs groupements l'avis est publié dans le Bulletin officiel des annonces des marchés publics et au Journal officiel de l'Union européenne ;

2° Pour les autres acheteurs, l'avis est publié au Journal officiel de l'Union européenne.

L'avis est établi conformément au modèle fixé par le règlement de la Commission européenne établissant les formulaires standard pour la publication d'avis dans le cadre de la passation de marchés publics.

II. — Lorsque l'appel à la concurrence a été effectué sous la forme d'un avis de préinformation ou d'un avis périodique indicatif et que l'acheteur a décidé de ne pas attribuer de nouveaux marchés publics au cours de la période couverte par cet avis, l'avis d'attribution le mentionne expressément.

III. — Pour les marchés subséquents, fondés sur un accord-cadre, l'acheteur est dispensé d'envoyer un avis d'attribution.

Pour les marchés spécifiques fondés sur un système d'acquisition dynamique et les marchés publics de services sociaux et autres services spécifiques, l'acheteur peut regrouper les avis d'attribution sur une base trimestrielle. Dans ce cas, il envoie ces avis groupés pour publication au plus tard trente jours après la fin de chaque trimestre.

IV. — Dans les conditions fixées par l'article 44 de l'ordonnance du 23 juillet 2015 susvisée, certaines informations sur la passation du marché public peuvent ne pas être publiées au cas où leur divulgation ferait obstacle à l'application des lois, serait contraire à l'intérêt public, porterait préjudice aux intérêts commerciaux légitimes d'un opérateur économique en particulier, public ou privé, ou pourrait nuire à une concurrence loyale entre les opérateurs économiques.

V. — Dans le cas de marchés publics de services de recherche et développement passés par une entité adjudicatrice, les informations concernant la nature et la quantité des services peuvent être limitées :

1° A la mention « services de recherche et développement » lorsque le marché public a été passé selon une procédure négociée sans publicité ni mise en concurrence préalables conformément au 1° du III de l'article 30 ;

2° A des informations au moins aussi détaillées que celles qui figuraient dans l'avis qui a été utilisé comme appel à la concurrence. — [V. désormais CCP, art. R. 2183-1, R. 2183-2, R. 2183-3, R. 2183-4, R. 2183-5, R. 2183-6, R. 2183-7.]

SECTION 6 *Transparence*

SOUS-SECTION 1 *Rapport de présentation des procédures menées par les pouvoirs adjudicateurs*

Art. 105 *I. — Pour les marchés publics et les systèmes d'acquisition dynamiques répondant à un besoin dont la valeur est égale ou supérieure aux seuils européens publiés au Journal officiel de la République française, le pouvoir adjudicateur établit un rapport de présentation de la procédure de passation comportant au moins les éléments suivants :*

1° Le nom et l'adresse du pouvoir adjudicateur, l'objet et la valeur du marché public ou du système d'acquisition dynamique ;

2° Le nom des candidats exclus et les motifs du rejet de leur candidature ;

3° Le nom des candidats sélectionnés et les motifs de ce choix ;

4° Le nom des soumissionnaires dont l'offre a été rejetée et les motifs de ce rejet y compris, le cas échéant, les raisons qui ont amené l'acheteur à la juger anormalement basse ;

5° Le nom du titulaire et les motifs du choix de son offre, ainsi que, si ces informations sont connues, la part du marché public que le titulaire a l'intention de sous-traiter à des tiers et le nom des sous-traitants.

II. — Le cas échéant, le rapport de présentation comporte également les éléments suivants :

1° Les motifs de la passation d'un marché public négocié sans publicité ni mise en concurrence préalables ou du recours à la procédure concurrentielle avec négociation ou au dialogue compétitif ;

2° Les motifs pour lesquels le pouvoir adjudicateur n'a pas alloti le marché public, s'il ne les a pas indiqués dans les documents de la consultation ;

3° Les raisons pour lesquelles un chiffre d'affaires annuel minimal supérieur au plafond fixé au III de l'article 44 a été exigé, si celles-ci n'ont pas été indiquées dans les documents de la consultation ;

4° Les raisons pour lesquelles le pouvoir adjudicateur a sollicité l'utilisation de moyens de communication autres que les moyens électroniques pour la transmission des offres ;

5° La description des mesures appropriées prises par le pouvoir adjudicateur pour s'assurer que la concurrence n'a pas été faussée par des études et échanges préalables avec des opérateurs économiques ou par la participation d'un opérateur économique à la préparation du marché public en application des articles 4 et 5 ;

6° Les conflits d'intérêts décelés et les mesures prises en conséquence ;

7° Les raisons pour lesquelles le pouvoir adjudicateur a renoncé à passer un marché public ou à mettre en place un système d'acquisition dynamique.

III. — Dans la mesure où l'avis d'attribution contient les informations exigées aux I et II, le pouvoir adjudicateur peut renvoyer, dans le rapport de présentation, à cet avis.

L'établissement de ce rapport n'est pas exigé pour les marchés subséquents fondés sur un accord-cadre lorsque ceux-ci sont conclus sans remise en concurrence.

Le rapport de présentation ou ses principaux éléments sont communiqués à la Commission européenne à sa demande et, le cas échéant, aux autorités chargées du contrôle des marchés publics en même temps que les documents contractuels. — [V. désormais CCP, art. R. 2184-1, R. 2184-2, R. 2184-3, R. 2184-4, R. 2184-5, R. 2184-6.]

SOUS-SECTION 2 *Informations conservées par les entités adjudicatrices*

Art. 106 *Pour les marchés publics et les systèmes d'acquisition dynamiques répondant à un besoin dont la valeur est égale ou supérieure aux seuils européens publiés au Journal officiel de la République française, l'entité adjudicatrice conserve la justification des décisions relatives à la qualification et la sélection des opérateurs économiques et à l'attribution des marchés publics.*

Le cas échéant, l'entité adjudicatrice conserve également les informations suivantes :

1° Les motifs de la passation d'un marché public négocié sans publicité ni mise en concurrence préalables ;

2° Les motifs pour lesquels elle n'a pas alloti le marché public ;

3° Les raisons pour lesquelles elle a exigé un chiffre d'affaires annuel minimal supérieur au plafond fixé au III de l'article 44, si celles-ci n'ont pas été indiquées dans les documents de la consultation ;

4° La description des mesures appropriées qu'elle a prises pour s'assurer que la concurrence n'a pas été faussée par des études et échanges préalables avec des opérateurs économiques ou par la participation d'un opérateur économique à la préparation du marché public en application des articles 4 et 5 ;

5° Les raisons pour lesquelles elle a sollicité l'utilisation de moyens de communication autres que les moyens électroniques pour la transmission des offres.

Dans la mesure où l'avis d'attribution contient les informations exigées ci-dessus, l'entité adjudicatrice peut se référer à cet avis.

Ces informations, documents ou leurs principaux éléments sont communiqués à la Commission européenne à sa demande et, le cas échéant, aux autorités chargées du contrôle des marchés publics en même temps que les documents contractuels. — [V. désormais CCP, art. R. 2184-7, R. 2184-8, R. 2184-9, R. 2184-10, R. 2184-11.]

SOUS-SECTION 3 *Accès aux données essentielles des marchés publics*

Art. 107 *I. — Au plus tard le 1er octobre 2018, l'acheteur offre, sur son profil d'acheteur, un accès libre, direct et complet aux données essentielles* (Décr. n° 2017-516 du 10 avr. 2017, art. 11-1°) *« des marchés publics répondant à un besoin dont la valeur est égale ou supérieure à 25 000 euros HT », à l'exception des informations dont la divulgation serait contraire à l'ordre public.*

Ces données comprennent les informations suivantes :

1° Au plus tard deux mois à compter de la date de notification définie à l'article 103, le numéro d'identification unique attribué au marché public et les données relatives à son attribution :

a) L'identification de l'acheteur ;

b) La nature et l'objet du marché public ;

c) La procédure de passation utilisée ;

d) Le lieu principal d'exécution des services ou travaux faisant l'objet du marché public ;

e) La durée du marché public ;

f) Le montant et les principales conditions financières du marché public ;

g) L'identification du titulaire ;

h) La date de (Décr. nº 2017-516 du 10 avr. 2017, art. 11-2º) *« notification » du marché public par l'acheteur ;*

2º (Décr. nº 2017-516 du 10 avr. 2017, art. 11-3º) *« Au plus tard deux mois à compter de la date de notification de chaque modification apportée au marché public, les données suivantes » :*

a) L'objet de la modification ;

b) Les incidences de la modification sur la durée ou le montant du marché public ;

c) La date de (Décr. nº 2017-516 du 10 avr. 2017, art. 11-4º) *« notification » par l'acheteur de la modification du marché public.*

II. — Les données essentielles du marché public sont publiées selon des modalités fixées par arrêté du ministre chargé de l'économie. — [V. désormais CCP, art. L. 2196-2, R. 2196-1.] — V. Arr. du 14 avr. 2017.

SOUS-SECTION 4 *Durée de conservation des dossiers*

Art. 108 *L'acheteur conserve les pièces constitutives du marché public pendant une durée minimale de cinq ans pour les marchés publics de fournitures ou de services et de dix ans pour les marchés publics de travaux, de maîtrise d'œuvre ou de contrôle technique à compter de la fin de l'exécution du marché public.*

L'acheteur conserve les candidatures et les offres ainsi que les documents relatifs à la procédure de passation pendant une période minimale de cinq ans à compter de la date de signature du marché public. — [V. désormais CCP, art. R. 2184-12, R. 2184-13.]

TITRE IV EXÉCUTION DU MARCHÉ PUBLIC

CHAPITRE I *EXÉCUTION FINANCIÈRE*

Art. 109 *Les articles 110 à 131 s'appliquent aux marchés publics passés par l'État, ses établissements publics autres que ceux ayant un caractère industriel et commercial, les collectivités territoriales, leurs établissements publics et leurs groupements.*

Les acheteurs qui ne sont pas soumis aux articles 110 à 131 peuvent toutefois en faire volontairement application. — [V. désormais CCP, art. R. 2191-1, R. 2191-2.]

SECTION 1 *Avances, acomptes et régime des paiements*

SOUS-SECTION 1 *Avances*

Art. 110 *I. — Une avance est accordée au titulaire d'un marché public lorsque le montant initial du marché public ou de la tranche affermie est supérieur à 50 000 euros HT et dans la mesure où le délai d'exécution est supérieur à deux mois. Cette avance est calculée sur la base du montant du marché public diminué, le cas échéant, du montant des prestations confiées à des sous-traitants et donnant lieu à paiement direct.*

Dans le cas d'un accord-cadre exécuté au moyen de bons de commande dans les conditions fixées à l'article 80 et comportant un montant minimum supérieur à 50 000 euros HT, l'avance est accordée en une seule fois sur la base de ce montant minimum.

Dans le cas d'un accord-cadre exécuté au moyen de bons de commande dans les conditions fixées à l'article 80 et ne comportant pas de minimum fixé en valeur, l'avance est accordée pour chaque bon de commande d'un montant supérieur à 50 000 euros HT et d'une durée d'exécution supérieure à deux mois.

Dans le cas d'un accord-cadre exécuté au moyen de bons de commande dans les conditions fixées à l'article 80, comportant un montant minimum supérieur à 50 000 euros HT et passé par un groupement de commande ou une unité opérationnelle distincte au sens de l'article 20 et lorsque chaque organisme ou service procède lui-même au paiement des prestations qu'il a commandées, le marché public peut prévoir que le régime de l'avance est celui qui relève des dispositions applicables aux accords-cadres à bons de commande ne comportant pas de minimum fixé en valeur.

Le titulaire peut refuser le versement de l'avance.

II. — Le montant de l'avance est fixé, sous réserve des dispositions du III (Décr. nº 2018-1225 du 24 déc. 2018, art. 7) *« , du VI » et de celles de l'article 135 :*

1º A 5 % du montant initial, toutes taxes comprises, du marché public ou de la tranche affermie si leur durée est inférieure ou égale à douze mois. Si cette durée est supérieure à douze mois, l'avance est égale à 5 % d'une somme égale à douze fois le montant mentionné ci-dessus divisé par cette durée exprimée en mois ;

2° Dans le cas d'un accord-cadre à bons de commande comportant un montant minimum supérieur à 50 000 euros HT, à 5 % du montant minimum si la durée de l'accord-cadre est inférieure ou égale à douze mois. Si cette durée est supérieure à douze mois, l'avance est égale à 5 % d'une somme égale à douze fois le montant minimum divisé par la durée de l'accord-cadre exprimée en mois ;

3° Dans le cas d'un accord-cadre à bons de commande ne comportant pas de minimum fixé en valeur, pour chaque bon de commande d'un montant supérieur à 50 000 euros HT et d'une durée d'exécution supérieure à deux mois, à 5 % du montant du bon de commande si la durée prévue pour l'exécution de celui-ci est inférieure ou égale à douze mois. Si cette durée est supérieure à douze mois, l'avance est égale à 5 % d'une somme égale à douze fois le montant du bon de commande divisé par la durée prévue pour l'exécution de celui-ci exprimée en mois.

Le montant de l'avance ne peut être affecté par la mise en œuvre d'une clause de variation de prix.

III. — Le marché public peut prévoir que l'avance versée au titulaire dépasse les 5 % mentionnés au II (Décr. n° 2018-1225 du 24 déc. 2018, art. 7) *« ou, le cas échéant, les 20 % mentionnés au VI ».*

En tout état de cause, l'avance ne peut excéder 30 % des montants mentionnés au II.

L'avance peut toutefois être portée à un maximum de 60 % des montants mentionnés ci-dessus, sous réserve que le titulaire constitue une garantie à première demande conformément aux dispositions de l'article 123.

Le taux et les conditions de versement de l'avance sont fixés par le marché public. Ils ne peuvent être modifiés en cours d'exécution du marché public.

IV. — Les dispositions du présent article s'appliquent :

1° Aux marchés publics reconductibles sur le montant de la période initiale ;

2° Aux marchés publics reconduits sur le montant de chaque reconduction.

V. — Le marché public peut prévoir le versement d'une avance dans les cas où elle n'est pas obligatoire. — [V. désormais CCP, art. L. 2191-3, R. 2191-3, R. 2191-4, R. 2191-5, R. 2191-6, R. 2191-7, R. 2191-8, R. 2191-9, R. 2191-10, R. 2191-13, R. 2191-15, R. 2191-16, R. 2191-17, R. 2191-18.]

(Décr. n° 2018-1225 du 24 déc. 2018, art. 7) *« VI. — Pour les marchés publics passés par l'État, le taux de l'avance fixé au II du présent article est porté à 20 % lorsque le titulaire du marché public ou son sous-traitant admis au paiement direct est une petite et moyenne entreprise au sens de l'article 57. »*

Sur l'application des dispositions issues du Décr. n° 2018-1225 du 24 déc. 2018, V. note ss. art. 18, supra.

Art. 111 *I. — Le remboursement de l'avance s'impute sur les sommes dues au titulaire, selon un rythme et des modalités fixés par le marché public par précompte sur les sommes dues à titre d'acomptes ou de règlement partiel définitif ou de solde.*

Il doit, en tout état de cause, être terminé lorsque le montant des prestations exécutées par le titulaire atteint 80 % du montant toutes taxes comprises des prestations qui lui sont confiées au titre :

1° Du marché public ou de la tranche affermie ;

2° Du bon de commande dans le cas d'un accord-cadre à bons de commande ne comportant pas de minimum fixé en valeur ;

3° Du montant minimum dans le cas d'un accord-cadre à bons de commande comportant un montant minimum fixé en valeur.

II. — Dans le silence du marché public, le remboursement s'impute sur les sommes dues au titulaire quand le montant des prestations exécutées par le titulaire atteint 65 % des montants mentionnés au I.

III. — Les dispositions du présent article s'appliquent :

1° Aux marchés publics reconductibles sur le montant de la période initiale ;

2° Aux marchés publics reconduits sur le montant de chaque reconduction. — [V. désormais CCP, art. R. 2191-11, R. 2191-12, R. 2191-14, R. 2191-15, R. 2191-19.]

Art. 112 *Lorsque le montant de l'avance est inférieur ou égal à 30 % de l'assiette retenue au II de l'article 110 pour la détermination du montant de cette avance, les collectivités territoriales, leurs établissements publics et leurs groupements peuvent conditionner son versement à la constitution d'une garantie à première demande portant sur tout ou partie du remboursement de l'avance. Les deux parties peuvent s'accorder pour substituer à cette garantie une caution personnelle et solidaire.*

Cette disposition n'est pas applicable aux organismes publics français titulaires d'un marché public. – [V. désormais CCP, art. R. 2191-7.]

Art. 113 *Lorsque le montant de l'avance est supérieur à 30 % de l'assiette retenue au II de l'article 110 pour la détermination du montant de cette avance, le titulaire du marché public ne peut recevoir cette avance qu'après avoir constitué une garantie à première demande. La constitution de cette garantie n'est toutefois pas exigée des organismes publics français titulaires d'un marché public.*

SOUS-SECTION 2 *Acomptes*

Art. 114 *Le montant des acomptes correspond à la valeur des prestations auxquelles ils se rapportent. Le cas échéant, le montant versé au titulaire du marché public est diminué de la fraction correspondante de la retenue de garantie mentionnée à l'article 122.*

La périodicité du versement des acomptes est fixée au maximum à trois mois.

Lorsque le titulaire est une petite ou moyenne entreprise ou un artisan au sens du II de l'article 57, une société coopérative de production, un groupement de producteurs agricoles, une société coopérative d'artisans, une société coopérative d'artistes ou une entreprise adaptée, ce maximum est ramené à un mois pour les marchés publics de travaux. Pour les marchés publics de fournitures et de services, il est ramené à un mois à la demande du titulaire. – [V. désormais CCP, art. R. 2191-21, R. 2191-22.]

SOUS-SECTION 3 *Régime des paiements*

Art. 115 *Constitue un règlement partiel définitif un règlement non susceptible d'être remis en cause par les parties après son paiement, notamment lors de l'établissement du solde.*

Les marchés publics de travaux ne donnent pas lieu à des règlements partiels définitifs.

Les acomptes n'ont pas le caractère de paiements non susceptibles d'être remis en cause. – [V. désormais CCP, art. R. 2191-20, R. 2191-26.]

Art. 116 *Dans le cas des marchés publics passés en lots séparés, le titulaire de plusieurs lots présente des factures distinctes pour chaque lot ou une facture globale identifiant distinctement les différents lots. – [V. désormais CCP, art. R. 2191-24.]*

Art. 117 *Lorsque le marché public comporte une clause de variation de prix, la valeur finale des références utilisées pour l'application de cette clause est appréciée au plus tard à la date de réalisation des prestations telle que prévue par le marché public, ou à la date de leur réalisation réelle si celle-ci est antérieure.*

Lorsque la valeur finale des références n'est pas connue à la date où doit intervenir un acompte ou un paiement partiel définitif, l'acheteur procède à un règlement provisoire sur la base des dernières références connues.

Le paiement calculé sur la base des valeurs finales de référence intervient au plus tard trois mois après la date à laquelle sont publiées ces valeurs.

Lorsque les avances sont remboursées par précompte sur les sommes dues à titre d'acompte ou de solde, le précompte est effectué après application de la clause de variation de prix sur le montant initial de l'acompte ou du solde. – [V. désormais CCP, art. R. 2191-27, R. 2191-28, R. 2191-29.]

Art. 118 *En cas de résiliation totale ou partielle du marché public, les parties peuvent s'accorder, sans attendre la liquidation définitive du solde, sur un montant de dettes et de créances, hors indemnisation éventuelle, acceptées par elles, à titre provisionnel.*

Si le solde est créditeur au profit du titulaire, l'acheteur lui verse 80 % de ce montant. S'il est créditeur au profit de l'acheteur, le titulaire lui reverse 80 % de ce montant. Un délai peut être accordé au titulaire pour s'acquitter de sa dette ; dans cette hypothèse, le titulaire doit fournir la garantie prévue à l'article 125. – [V. désormais CCP, art. R. 2191-30.]

Art. 119 *Les opérations effectuées par le titulaire d'un marché public qui donnent lieu à versement d'avances ou d'acomptes, à règlement partiel définitif, ou à paiement pour solde, sont constatées par un écrit établi par l'acheteur ou vérifié et accepté par lui. – [V. désormais CCP, art. R. 2191-23.]*

Art. 120 *Dans le cas où le marché public prévoit l'échelonnement de son exécution et des versements auxquels il donne lieu, aucune créance ne peut devenir exigible, aucun intérêt moratoire ne peut commencer à courir avant les dates prévues. – [V. désormais CCP, art. R. 2191-25.]*

Art. 121 *En cas de résiliation du marché public ouvrant droit à indemnisation, si les parties ne parviennent pas, dans un délai de six mois à compter de la date de la résiliation, à un accord sur* *le montant de l'indemnité, le titulaire perçoit, à sa demande, le montant que l'acheteur a proposé.* – [V. désormais CCP, art. R. 2191-31.]

SECTION 2 *Garanties*

SOUS-SECTION 1 *Retenue de garantie*

Art. 122 *Le marché public peut prévoir, à la charge du titulaire, une retenue de garantie qui est prélevée par fractions sur chacun des versements autres qu'une avance.*

Le montant de la retenue de garantie ne peut être supérieur à 5 % du montant initial augmenté, le cas échéant, du montant des modifications du marché public en cours d'exécution. (Décr. n° 2018-1225 du 24 déc. 2018, art. 8) *« Pour les marchés publics conclus par l'État avec une petite et moyenne entreprise au sens de l'article 57, ce taux est de 3 %. »*

La retenue de garantie a pour seul objet de couvrir les réserves à la réception des travaux, fournitures ou services ainsi que celles formulées, le cas échéant, pendant le délai de garantie.

Le délai de garantie est le délai pendant lequel l'acheteur peut formuler des réserves sur des malfaçons qui n'étaient pas apparentes ou dont les conséquences n'étaient pas identifiables au moment de la réception.

Dans l'hypothèse où le montant des sommes dues au titulaire ne permettrait pas de procéder au prélèvement de la retenue de garantie, celui-ci est tenu de constituer une garantie à première demande selon les modalités fixées à l'article 123.

Cette disposition n'est pas applicable aux organismes publics titulaires d'un marché public. – [V. désormais CCP, art. R. 2191-32, R. 2191-33, R. 2191-34.]

Sur l'application des dispositions issues du Décr. n° 2018-1225 du 24 déc. 2018, V. note ss. art. 18, supra.

Art. 123 *La retenue de garantie peut être remplacée au gré du titulaire par une garantie à première demande ou, si l'acheteur ne s'y oppose pas, par une caution personnelle et solidaire.*

Le montant de la garantie à première demande ou de la caution personnelle et solidaire ne peut être supérieur à celui de la retenue de garantie qu'elles remplacent. Leur objet est identique à celui de la retenue de garantie qu'elles remplacent.

La garantie à première demande ou la caution personnelle et solidaire est établie selon un modèle fixé par un arrêté du ministre chargé de l'économie. – V. Arr. du 3 janv. 2005 ss. C. marchés, art. 102 🏛.

L'organisme apportant sa garantie est choisi parmi les tiers agréés par l'Autorité de contrôle prudentiel et de résolution Lorsque cet organisme est étranger, il est choisi parmi les tiers agréés dans son pays d'origine. L'acheteur peut récuser l'organisme qui doit apporter sa garantie.

Lorsque le titulaire du marché public est un groupement solidaire, la garantie est fournie par le mandataire pour le montant total du marché public, y compris ses modifications en cours d'exécution.

Lorsque le titulaire est un groupement conjoint, chaque membre du groupement fournit une garantie correspondant aux prestations qui lui sont confiées. Si le mandataire du groupement conjoint est solidaire de chacun des membres du groupement, la garantie peut être fournie par le mandataire pour la totalité du marché public.

Dans l'hypothèse où la garantie ou la caution ne serait pas constituée ou complétée au plus tard à la date à laquelle le titulaire remet la demande de paiement correspondant au premier acompte, la fraction de la retenue de garantie correspondant à l'acompte est prélevée.

Le titulaire a la possibilité, pendant toute la durée du marché public, de substituer à la retenue de garantie une garantie à première demande ou, si l'acheteur ne s'y oppose pas, une caution personnelle et solidaire. Cette garantie à première demande ou cette caution personnelle et solidaire est constituée pour le montant total du marché public y compris les modifications en cours d'exécution. Les montants prélevés au titre de la retenue de garantie sont reversés au titulaire après constitution de la garantie de substitution. – [V. désormais CCP, art. R. 2191-36, R. 2191-37, R. 2191-38, R. 2191-39, R. 2191-40, R. 2191-41.]

Art. 124 *Les établissements ayant accordé leur caution ou leur garantie à première demande sont libérés un mois au plus tard après l'expiration du délai de garantie.*

Toutefois, si des réserves ont été notifiées au titulaire du marché public et aux établissements ayant accordé leur caution ou leur garantie à première demande pendant le délai de garantie et si elles n'ont pas été levées avant l'expiration de ce délai, les établissements sont libérés de leurs engagements un mois au plus tard après la date de leur levée. – [V. désormais CCP, art. R. 2191-42.]

SOUS-SECTION 2 *Autres garanties*

Art. 125 *En cas de résiliation d'un marché public qui n'a pas prévu de retenue de garantie, lorsqu'un délai est accordé au titulaire, dans les conditions prévues à l'article 118, pour reverser à l'acheteur 80 % du montant de l'éventuel solde créditeur apparu au profit de celui-ci, le titulaire fournit une garantie à première demande ou, si l'acheteur ne s'y oppose pas, une caution personnelle et solidaire.* — [*V. désormais CCP, art. R. 2191-44.*]

Art. 126 *Le marché public peut prévoir d'autres garanties que celle prévue à l'article 122 pour l'exécution d'un engagement particulier.* — [*V. désormais CCP, art. R. 2191-43.*]

SECTION 3 *Financement*

SOUS-SECTION 1 *Cession ou nantissement des créances*

Art. 127 *L'acheteur remet au titulaire, à sa demande, soit une copie de l'original du marché public revêtue d'une mention dûment signée par lui indiquant que cette pièce est délivrée en unique exemplaire en vue de permettre au titulaire de céder ou de nantir des créances résultant du marché public, soit un certificat de cessibilité conforme à un modèle défini par arrêté du ministre chargé de l'économie.*

La dématérialisation du certificat de cessibilité, établi selon un modèle électronique, s'effectue suivant les modalités prévues par un arrêté du ministre chargé de l'économie. — *V. Arr. du 28 août 2006 ss. C. marchés, art. 106* 🏛.

L'exemplaire unique ou le certificat de cessibilité est remis par l'organisme bénéficiaire de la cession ou du nantissement au comptable assignataire en tant que pièce justificative pour le paiement.

Lorsque le secret exigé en matière de défense fait obstacle à la remise de la copie du marché public au bénéficiaire d'une cession ou d'un nantissement, l'acheteur délivre au titulaire un exemplaire unique ou un certificat de cessibilité ne contenant que les indications compatibles avec le secret.

Le titulaire du marché public peut, pour toute autre cause, demander que le contenu de l'exemplaire unique ou du certificat de cessibilité soit réduit aux indications nécessaires à la cession ou au nantissement.

S'il est procédé à une modification dans la désignation du comptable ou dans les conditions du règlement du marché public, l'acheteur annote l'exemplaire unique ou le certificat de cessibilité d'une mention constatant la modification.

Pour tout marché public prévoyant plusieurs comptables assignataires, l'acheteur fournit autant d'exemplaires uniques ou de certificats de cessibilité que de comptables, en précisant dans une mention apposée sur chacun de ces documents le comptable auquel il doit être remis. Chaque document ne mentionne que la part de la créance totale que le comptable auquel il est transmis est appelé à mettre en paiement.

Dans le cas d'un accord-cadre à bons de commande ou d'un marché public fractionné, il est délivré, au gré du titulaire, soit un exemplaire unique ou un certificat de cessibilité du marché public, soit un exemplaire unique ou un certificat de cessibilité de chaque bon de commande ou de chaque tranche.

Dans le cas d'un marché public exécuté par un groupement conjoint, il est délivré à chaque entreprise un exemplaire unique ou un certificat de cessibilité limité au montant des prestations qui lui sont confiées.

Dans le cas d'un marché public exécuté par un groupement solidaire, il est délivré un exemplaire unique ou un certificat de cessibilité au nom du groupement, dès lors que les prestations réalisées par les entreprises ne sont pas individualisées. Si les prestations sont individualisées, un exemplaire unique ou un certificat de cessibilité correspondant à la prestation qu'elle exécute est délivré à chaque entreprise. — [*V. désormais CCP, art. R. 2191-46, R. 2191-47, R. 2191-48, R. 2191-49, R. 2191-50, R. 2191-51, R. 2191-52, R. 2191-53, R. 2191-58.*]

Sur la dématérialisation des procédures de passation des marchés publics, V. Arr. du 14 déc. 2009 ss. C. marchés, art. 48 🏛.

Art. 128 *Le bénéficiaire d'une cession ou d'un nantissement de créance au titre d'un marché public notifie ou signifie cette cession ou ce nantissement au comptable public assignataire.*

Ce bénéficiaire encaisse seul, à compter de cette notification ou signification au comptable, le montant de la créance ou de la part de créance qui lui a été cédée ou donnée en nantissement.

Quand la cession ou le nantissement de créance a été constitué au profit de plusieurs bénéficiaires, chacun d'eux encaisse seul la part de la créance qui lui a été affectée dans la cession ou le nantissement dont les mentions ont été notifiées au comptable.

En cas de sous-traitance prévue dès la passation du marché public, le titulaire indique dans son offre la nature et le montant des prestations qu'il envisage de confier à des sous-traitants béné-

ficiant du paiement direct. Ce montant est déduit du montant du marché public pour déterminer le montant maximum de la créance que le titulaire peut céder ou donner en nantissement. – [V. désormais CCP, art. R. 2191-45, R. 2191-54, R. 2191-56, R. 2191-57.]

Art. 129 *En cas de cession ou de nantissement effectué conformément aux articles L. 313-23 à L. 313-34 du code monétaire et financier, la notification prévue à l'article L. 313-28 de ce code est adressée au comptable public assignataire désigné dans le marché public dans les formes prévues à l'article R. 313-17 dudit code. – [V. désormais CCP, art. R. 2191-55.]*

Art. 130 *Les bénéficiaires de nantissements ou cessions de créances peuvent, au cours de l'exécution du marché public, demander à l'acheteur soit un état sommaire des prestations effectuées, accompagné d'une évaluation qui n'engage pas l'acheteur, soit le décompte des droits constatés au profit du titulaire du marché public.*

Ils peuvent demander, en outre, un état des avances et des acomptes mis en paiement.

La personne chargée de fournir ces divers renseignements est désignée dans le marché public.

Sur demande des mêmes bénéficiaires, le comptable remet un état détaillé des oppositions au paiement de la créance détenue par le titulaire du marché public qu'il a reçues.

S'ils en font la demande par lettre recommandée avec avis de réception postal, en justifiant de leur qualité, l'acheteur est tenu de les aviser, en même temps que le titulaire du marché public, de toutes les modifications apportées au contrat qui ont un effet sur le nantissement ou la cession.

Ils ne peuvent exiger d'autres renseignements que ceux prévus ci-dessus ni intervenir en aucune manière dans l'exécution du marché public. – [V. désormais CCP, art. R. 2191-59, R. 2191-60, R. 2191-61, R. 2191-62.]

Art. 131 *Les seuls fournisseurs susceptibles de bénéficier du privilège résultant de l'article L. 3253-22 du code du travail sont ceux qui ont été agréés par l'acheteur.*

Le privilège ne porte que sur les fournitures livrées postérieurement à la date à laquelle la demande d'agrément est parvenue à l'autorité compétente. – [V. désormais CCP, art. R. 2191-63.]

SOUS-SECTION 2 *Banque publique d'investissement*

Art. 132 *Lorsque la Banque publique d'investissement envisage d'accorder des avances de trésorerie au bénéfice des titulaires de marchés publics ou au bénéfice de leurs sous-traitants ayant droit au paiement direct, l'acheteur lui fournit toute pièce justificative validant l'existence de la créance financée qu'elle demande.*

CHAPITRE II *SOUS-TRAITANCE*

Art. 133 *Le titulaire d'un marché public peut, dans les conditions prévues par l'article 62 de l'ordonnance du 23 juillet 2015 susvisée, sous-traiter l'exécution de certaines parties de son marché public à condition d'avoir obtenu de l'acheteur l'acceptation de chaque sous-traitant et l'agrément de ses conditions de paiement.*

Art. 134 *L'acceptation de chaque sous-traitant et l'agrément de ses conditions de paiement sont demandés dans les conditions suivantes :*

1° Dans le cas où la demande de sous-traitance intervient au moment du dépôt de l'offre ou de la proposition, le candidat fournit à l'acheteur une déclaration mentionnant :

a) La nature des prestations sous-traitées ;

b) Le nom, la raison ou la dénomination sociale et l'adresse du sous-traitant proposé ;

c) Le montant maximum des sommes à verser au sous-traitant ;

d) Les conditions de paiement prévues par le projet de contrat de sous-traitance et, le cas échéant, les modalités de variation des prix ;

e) Le cas échéant, les capacités du sous-traitant sur lesquelles le candidat s'appuie.

Il lui remet également une déclaration du sous-traitant indiquant qu'il ne tombe pas sous le coup d'une interdiction de soumissionner.

Lorsque le montant de la sous-traitance apparaît anormalement bas, l'acheteur met en œuvre les dispositions de l'article 60.

La notification du marché public emporte acceptation du sous-traitant et agrément des conditions de paiement ;

2° Dans le cas où la demande est présentée après le dépôt de l'offre, le titulaire remet contre récépissé à l'acheteur ou lui adresse par lettre recommandée, avec demande d'avis de réception, une déclaration contenant les renseignements mentionnés au 1°.

Le titulaire établit en outre qu'aucune cession ni aucun nantissement de créances résultant du marché public ne font obstacle au paiement direct du sous-traitant, dans les conditions prévues à l'article 137, en produisant, lorsque les dispositions des articles 110 à 121 s'appliquent au marché public, soit l'exemplaire unique ou le certificat de cessibilité du marché public qui lui a été délivré, soit une attestation ou une mainlevée du bénéficiaire de la cession ou du nantissement des créances.

L'acceptation du sous-traitant et l'agrément des conditions de paiement sont constatés par un acte spécial signé des deux parties.

Figurent dans l'acte spécial les renseignements ci-dessus mentionnés au 1° ;

3° Lorsque les dispositions des articles 110 à 121 s'appliquent au marché public, si le titulaire envisage de confier à des sous-traitants bénéficiant du paiement direct, postérieurement à la notification du marché public, l'exécution de prestations pour un montant supérieur à celui qui a été indiqué dans le marché public ou l'acte spécial, il demande la modification de l'exemplaire unique ou du certificat de cessibilité prévus à l'article 127.

Si cet exemplaire ou ce certificat de cessibilité a été remis en vue d'une cession ou d'un nantissement de créances et ne peut être restitué, le titulaire justifie soit que la cession ou le nantissement de créances concernant le marché public est d'un montant tel qu'il ne fait pas obstacle au paiement direct de la partie sous-traitée, soit que son montant a été réduit afin que ce paiement soit possible.

Cette justification est donnée par une attestation du bénéficiaire de la cession ou du nantissement de créances résultant du marché public.

L'acheteur ne peut pas accepter un sous-traitant ni agréer ses conditions de paiement si l'exemplaire unique ou le certificat de cessibilité n'a pas été modifié ou si la justification mentionnée ci-dessus ne lui a pas été remise.

Toute modification dans la répartition des prestations entre le titulaire et les sous-traitants payés directement ou entre les sous-traitants eux-mêmes exige également la modification de l'exemplaire unique ou du certificat de cessibilité ou, le cas échéant, la production d'une attestation ou d'une mainlevée du ou des cessionnaires ;

4° Le silence de l'acheteur gardé pendant vingt et un jours à compter de la réception des documents mentionnés aux 2° et 3° vaut acceptation du sous-traitant et agrément des conditions de paiement. — [V. désormais CCP, art. R. 2193-1, R. 2193-2, R. 2193-3, R. 2193-4, R. 2193-5, R. 2193-6, R. 2193-7, R. 2193-8, R. 2193-9.]

Art. 135 *I. — Lorsque le montant du contrat de sous-traitance est égal ou supérieur à 600 euros TTC, le sous-traitant, qui a été accepté et dont les conditions de paiement ont été agréées par l'acheteur, est payé directement, pour la partie du marché public dont il assure l'exécution.*

Toutefois, en ce qui concerne les marchés publics de services ou de travaux et les marchés publics de fournitures nécessitant des travaux de pose ou d'installation ou comportant des prestations de service, passés par les services de la défense, notamment les marchés publics de réalisation de prototypes, de fabrication, d'assemblage, d'essais, de réparations ou de maintien en condition et de prestations intellectuelles, les sous-traitants ne sont payés directement que si le montant de leur contrat de sous-traitance est égal ou supérieur à 10 % du montant total du marché public.

II. — Lorsque les dispositions des articles 110 à 121 s'appliquent au marché public, elles s'appliquent aux sous-traitants mentionnés à l'article 134 en tenant compte des dispositions particulières ci-après :

Lorsqu'une partie du marché public est sous-traitée, l'avance versée au titulaire est calculée sur la base du montant du marché public diminué le cas échéant du montant des prestations confiées aux sous-traitants et donnant lieu à paiement direct.

Dès lors que le titulaire remplit les conditions pour bénéficier d'une avance, une avance est versée, sur leur demande, aux sous-traitants bénéficiaires du paiement direct.

Pour le calcul du montant de cette avance, les limites fixées à l'article 110 sont appréciées par référence au montant des prestations confiées au sous-traitant tel qu'il figure dans le marché public ou dans l'acte spécial mentionné au 2° de l'article 134.

Le droit du sous-traitant à une avance est ouvert dès la notification du marché public ou de l'acte spécial par l'acheteur.

Le remboursement de cette avance s'impute sur les sommes dues au sous-traitant selon les mêmes modalités que celles prévues à l'article 111.

Si le titulaire du marché public qui a perçu l'avance sous-traite une part du marché public postérieurement à sa notification, il rembourse l'avance correspondant au montant des prestations sous-traitées et donnant lieu à paiement direct, même dans le cas où le sous-traitant ne souhaite pas bénéficier de l'avance.

Le remboursement par le titulaire s'impute sur les sommes qui lui sont dues par l'acheteur dès la notification de l'acte spécial. — [V. désormais CCP, art. R. 2193-10, R. 2193-17, R. 2193-18, R. 2193-19, R. 2193-20, R. 2193-21.]

Art. 136 *I. — Le sous-traitant admis au paiement direct adresse sa demande de paiement au titulaire du marché public, sous pli recommandé avec accusé de réception, ou la dépose auprès du titulaire contre récépissé.*

Le titulaire dispose d'un délai de quinze jours à compter de la signature de l'accusé de réception ou du récépissé pour donner son accord ou notifier un refus, d'une part, au sous-traitant et, d'autre part, à l'acheteur ou à la personne désignée par lui dans le marché public.

Le sous-traitant adresse également sa demande de paiement à l'acheteur ou à la personne désignée dans le marché public par l'acheteur, accompagnée des copies des factures adressées au titulaire et de l'accusé de réception ou du récépissé attestant que le titulaire a bien reçu la demande ou de l'avis postal attestant que le pli a été refusé ou n'a pas été réclamé.

L'acheteur ou la personne désignée par lui dans le marché public adresse sans délai au titulaire une copie des factures produites par le sous-traitant.

L'acheteur informe le titulaire des paiements qu'il effectue au sous-traitant.

II. — Lorsque le sous-traitant utilise le portail de facturation mentionné à l'article 2 de l'ordonnance du 26 juin 2014 susvisée [Ord. n° 2014-697 du 26 juin 2014], *il y dépose sa demande de paiement sans autre formalité. Le titulaire dispose de quinze jours à compter de ce dépôt pour accepter ou refuser la demande de paiement sur le portail de facturation.* — [V. désormais CCP, art. R. 2193-11, R. 2193-12, R. 2193-14, R. 2193-15, R. 2193-16.]

Art. 137 *Le sous-traitant qui a été accepté et dont les conditions de paiement ont été agréées peut céder ou nantir, à concurrence du montant des prestations qui lui sont réglées directement, tout ou partie de sa créance.*

La copie de l'original du marché public ou du certificat de cessibilité prévu à l'article 127 ou, le cas échéant, de l'acte spécial prévu à l'article 134 désignant un sous-traitant admis au paiement direct, est remise à chaque sous-traitant bénéficiant du paiement direct. — [V. désormais CCP, art. R. 2193-22.]

CHAPITRE III *CONTRÔLE DU COÛT DE REVIENT DES MARCHÉS PUBLICS DE L'ÉTAT ET DE SES ÉTABLISSEMENTS PUBLICS*

Art. 138 *Les marchés publics de l'État et de ses établissements publics mentionnent les obligations prévues au II de l'article 64 de l'ordonnance du 23 juillet 2015 susvisée.*

Si le titulaire ne fournit pas à l'acheteur, dans le délai imparti par celui-ci, les renseignements sur les éléments techniques et comptables du coût de revient des prestations qui font l'objet du marché public ou fournit des renseignements inexacts, l'acheteur peut, après mise en demeure restée sans effet, décider la suspension des paiements à intervenir dans la limite du dixième du montant du marché public lorsque le manquement est le fait du titulaire ou retenir un montant équivalent. Après nouvelle mise en demeure infructueuse, l'acheteur peut décider de transformer cette retenue en retenue définitive, sans préjudice de la résiliation éventuelle du marché public aux torts du titulaire.

La décision d'exercer un contrôle de coût de revient est prise par l'autorité qui a signé le marché public soumis au contrôle.

Les agents ou les catégories d'agents des services de l'État habilités à exercer les vérifications sur pièces ou sur place sont désignés par arrêté du ministre dont ils dépendent.

Les agents des établissements publics appelés à effectuer lesdites vérifications sont habilités nommément par arrêté du ministre de tutelle.

Les agents habilités conformément aux dispositions des deux alinéas précédents peuvent être mis à la disposition de tout département ministériel pour effectuer des vérifications au profit de celui-ci.

Tous les fonctionnaires ou agents qui ont connaissance à un titre quelconque des renseignements recueillis au sujet des entreprises en application du présent article sont astreints au secret professionnel ainsi que, le cas échéant, aux règles relatives à la protection du secret en matière de défense.

Les renseignements recueillis ne peuvent être utilisés à des fins autres que le contrôle du coût de revient du marché public soumis au contrôle ou de tout autre marché public analogue. — [V. désormais CCP, art. R. 2196-8, R. 2196-10, R. 2196-11, R. 2196-12.]

CHAPITRE IV *MODIFICATION DU MARCHÉ PUBLIC*

Art. 139 *Le marché public peut être modifié dans les cas suivants :*

1° Lorsque les modifications, quel qu'en soit leur montant, ont été prévues dans les documents contractuels initiaux sous la forme de clauses de réexamen, dont des clauses de variation du prix ou d'options claires, précises et sans équivoque.

Ces clauses indiquent le champ d'application et la nature des modifications ou options envisageables ainsi que les conditions dans lesquelles il peut en être fait usage ;

2° Lorsque, sous réserve de la limite fixée au I de l'article 140, des travaux, fournitures ou services supplémentaires, quel qu'en soit leur montant, sont devenus nécessaires et ne figuraient pas dans le marché public initial, à la double condition qu'un changement de titulaire :

a) Soit impossible pour des raisons économiques ou techniques tenant notamment à des exigences d'interchangeabilité ou d'interopérabilité avec les équipements, services ou installations existants achetés dans le cadre du marché public initial ;

b) Présenterait un inconvénient majeur ou entraînerait une augmentation substantielle des coûts pour l'acheteur ;

3° Lorsque, sous réserve de la limite fixée au I de l'article 140, la modification est rendue nécessaire par des circonstances qu'un acheteur diligent ne pouvait pas prévoir ;

4° Lorsqu'un nouveau titulaire remplace le titulaire initial du marché public, dans l'un des cas suivants :

a) En application d'une clause de réexamen ou d'une option conformément au 1° ;

b) Dans le cas d'une cession du marché public, à la suite d'une opération de restructuration du titulaire initial, à condition que cette cession n'entraîne pas d'autres modifications substantielles et ne soit pas effectuée dans le but de soustraire le marché public aux obligations de publicité et de mise en concurrence. Le nouveau titulaire doit remplir les conditions qui avaient été fixées par l'acheteur pour la participation à la procédure de passation du marché public initial ;

5° Lorsque les modifications, quel qu'en soit leur montant, ne sont pas substantielles.

Une modification est considérée comme substantielle lorsqu'elle change la nature globale du marché public. En tout état de cause, une modification est substantielle lorsqu'au moins une des conditions suivantes est remplie :

a) Elle introduit des conditions qui, si elles avaient été incluses dans la procédure de passation initiale, auraient attiré davantage d'opérateurs économiques ou permis l'admission d'autres opérateurs économiques ou permis le choix d'une offre autre que celle retenue ;

b) Elle modifie l'équilibre économique du marché public en faveur du titulaire d'une manière qui n'était pas prévue dans le marché public initial ;

c) Elle modifie considérablement l'objet du marché public ;

d) Elle a pour effet de remplacer le titulaire initial par un nouveau titulaire en dehors des hypothèses prévues au 4° ;

6° Lorsque le montant de la modification est inférieur aux seuils européens publiés au Journal officiel de la République française et à 10 % du montant du marché initial pour les marchés publics de services et de fournitures ou à 15 % du montant du marché initial pour les marchés publics de travaux, sans qu'il soit nécessaire de vérifier si les conditions prévues au 5° sont remplies. — [V. désormais CCP, art. R. 2194-1, R. 2194-2, R. 2194-5, R. 2194-6, R. 2194-7, R. 2194-8.]

Art. 140 *I. — Lorsque le marché public est conclu par un pouvoir adjudicateur, le montant des modifications prévues aux 2° et 3° de l'article 139 ne peut être supérieur à 50 % du montant du marché public initial.*

Lorsque plusieurs modifications successives sont effectuées, cette limite s'applique au montant de chaque modification.

Ces modifications successives ne doivent pas avoir pour objet de contourner les obligations de publicité et de mise en concurrence.

II. — Pour le calcul du montant des modifications mentionnées au 6° de l'article 139 et au I du présent article, l'acheteur tient compte de la mise en œuvre de la clause de variation des prix.

Lorsque plusieurs modifications successives relevant du 6° de l'article 139 sont effectuées, l'acheteur prend en compte leur montant cumulé.

III. — Pour les marchés publics passés selon une procédure formalisée, l'acheteur publie un avis de modification dans les hypothèses prévues aux 2° et 3° de l'article 139.

Cet avis est publié au Journal officiel de l'Union européenne dans les conditions fixées à l'article 36, conformément au modèle fixé par le règlement de la Commission européenne établissant les formulaires standard pour la publication d'avis dans le cadre de la passation de marchés publics. — [V. désormais CCP, art. R. 2194-3, R. 2194-4, R. 2194-8, R. 2194-9, R. 2194-10.]

CHAPITRE V *OBSERVATOIRE ÉCONOMIQUE DE LA COMMANDE PUBLIQUE*

Art. 141 *Un observatoire économique de la commande publique placé auprès du ministre chargé de l'économie rassemble et analyse les données relatives aux aspects économiques et techniques de la commande publique. Il constitue une instance de concertation et d'échanges d'informations avec les opérateurs économiques, les pouvoirs adjudicateurs et les entités adjudicatrices et contribue à la diffusion des bonnes pratiques.*

Sa composition, son organisation et ses modalités de fonctionnement sont fixées par arrêté du ministre chargé de l'économie. — V. Arr. du 12 avr. 2017

L'observatoire effectue chaque année, sur la base des informations transmises par les pouvoirs adjudicateurs et les entités adjudicatrices, un recensement économique des contrats de la commande publique dans des conditions fixées par arrêté du ministre chargé de l'économie. A cet effet, il fait notamment appel, en tant que de besoin, aux services de l'État compétents en matière d'enquêtes statistiques et peut utiliser les données présentes dans les systèmes d'informations comptables publics. — [V. désormais CCP, art. L. 2196-3, L. 2396-2, R. 2196-2, R. 2196-3, R. 2196-4.].

CHAPITRE VI *RÈGLEMENT AMIABLE DES DIFFÉRENDS*

Art. 142 *En cas de différend concernant l'exécution des marchés publics, les acheteurs et les titulaires peuvent recourir au médiateur des entreprises ou aux comités consultatifs de règlement amiable des différends ou litiges relatifs aux marchés publics dans des conditions fixées par décret.*

Les comités consultatifs de règlement amiable ont pour mission de rechercher des éléments de droit ou de fait en vue d'une solution amiable et équitable.

Le médiateur des entreprises agit comme tierce partie, sans pouvoir décisionnel, afin d'aider les parties, qui en ont exprimé la volonté, à trouver une solution mutuellement acceptable à leur différend.

La saisine du médiateur des entreprises ou d'un comité consultatif de règlement amiable interrompt le cours des différentes prescriptions et les délais de recours contentieux jusqu'à la notification du constat de clôture de la médiation ou la notification de la décision prise par l'acheteur sur l'avis du comité. — Cet al. est annulé en tant qu'il prévoit que la saisine du médiateur des entreprises interrompt le cours des différentes prescriptions.

Le mode de saisine, la composition, l'organisation et les modalités de fonctionnement des comités consultatifs sont fixés par décret. — [V. désormais CCP, art. L. 2197-3, L. 2197-4, L. 2397-1, R. 2197-1, R. 2197-16, R. 2197-23, R. 2197-24, D. 2397-2.]

DEUXIÈME PARTIE DISPOSITIONS SPÉCIFIQUES AUX MARCHÉS DE PARTENARIAT

Art. 143 *Les marchés de partenariat sont soumis aux dispositions de la première partie du présent décret, à l'exception des articles 12, 16 à 19 et 109 à 137, ainsi qu'aux dispositions suivantes.* — [V. désormais CCP, art. R. 2200-1.]

Art. 144 *La durée du marché de partenariat est déterminée en fonction de la durée d'amortissement des investissements ou des modalités de financement retenues.* — [V. désormais CCP, art. L. 2213-2.]

CHAPITRE I *CONDITIONS DE LANCEMENT DE LA PROCÉDURE*

SECTION 1 *Instruction du projet*

Art. 145 *L'instruction du projet inclut la réalisation de l'évaluation préalable du mode de réalisation du projet et de l'étude de soutenabilité budgétaire prévues à l'article 74 de l'ordonnance du 23 juillet 2015 susvisée.* — [V. désormais CCP, art. R. 2212-1.]

Art. 146 *I. — Les projets de marchés de partenariat conclus pour le compte des acheteurs non autorisés au sens de l'article 71 de l'ordonnance du 23 juillet 2015 susvisée sont instruits par le ministre de tutelle.*

Au sens du présent article, le ministre de tutelle est :

1° Le ou les ministres exerçant la tutelle en application des textes législatifs ou règlementaires en vigueur ;

2° Pour les groupements d'intérêt public, le ou les ministres ayant approuvé la convention constitutive ;

3° Pour les associations et les fondations, le ou les ministres représentés au sein de leurs organes décisionnels ;

4° Pour les établissements publics de santé et les structures de coopération sanitaire dotées de la personnalité morale publique, le ministre chargé de la santé ;

5° Pour les autorités administratives indépendantes, les autorités publiques indépendantes et les organismes non mentionnés aux 1° à 4°, le ou les ministres compétents dans les domaines dans lesquels ces autorités et organismes exercent leurs missions.

II. — Pour procéder à cette instruction, le ou les ministres de tutelle peuvent faire appel aux services d'un autre ministre, à un groupement d'intérêt public ou à un établissement public, dans le respect des dispositions législatives et réglementaires déterminant les compétences ou les attributions de ceux-ci. Les acheteurs peuvent être consultés pour les besoins de cette instruction. — [V. désormais CCP, art. R. 2212-11, R. 2212-12, R. 2212-13.]

Art. 147 (Décr. nº 2017-516 du 10 avr. 2017, art. 12) *L'évaluation préalable du mode de réalisation du projet mentionnée à l'article 74 de l'ordonnance du 23 juillet 2015 susvisée comporte :*

1º Une présentation générale :

a) Du projet, notamment son objet, l'historique, le contexte, ses enjeux et les caractéristiques de son équilibre économique ;

b) De l'acheteur, notamment ses compétences, son statut et ses capacités financières ;

2º Une analyse comparative en valeur actualisée des différentes options de montages contractuels et institutionnels de la commande publique envisageables pour mettre en œuvre le projet, comprenant :

a) Un cadrage, incluant notamment le périmètre, les procédures et le calendrier pour chacune des phases de réalisation du projet, ainsi que la durée totale du contrat ;

b) Une estimation en coût complet des différentes options comprenant notamment les coûts de programmation, de conception, de réalisation, de financement et de fonctionnement pour l'acheteur et pour le cocontractant avec leur évolution dans le temps jusqu'à la fin de vie ainsi que, le cas échéant, des recettes résultant du projet et le traitement comptable et fiscal retenu ;

3º Une présentation des principaux risques du projet comprenant les risques financiers et la répartition des risques entre l'acheteur et le titulaire et, le cas échéant, une valorisation financière de ces risques ;

4º Une analyse de la compatibilité du projet avec les orientations de la politique immobilière de l'acheteur lorsque le marché de partenariat emporte occupation du domaine public ou privé. — [V. désormais CCP, art. R. 2212-4, R. 2212-5, R. 2212-6.]

Art. 148 *L'étude de soutenabilité budgétaire mentionnée à l'article 74 de l'ordonnance du 23 juillet 2015 susvisée prend en compte tous les aspects financiers du projet de marché de partenariat. Elle inclut notamment le coût prévisionnel global du contrat en moyenne annuelle, l'indication de la part que ce coût représente par rapport à la capacité d'autofinancement annuelle de l'acheteur et son effet sur sa situation financière, l'impact du contrat sur l'évolution des dépenses obligatoires de l'acheteur, ses conséquences sur son endettement et ses engagements hors bilan ainsi qu'une analyse des coûts résultant d'une rupture anticipée du contrat.* — [V. désormais CCP, art. R. 2212-9.]

Art. 149 *L'évaluation préalable du mode de réalisation du projet et l'étude de soutenabilité budgétaire sont actualisées à tout moment de la procédure de passation en cas de circonstances nouvelles susceptibles de modifier substantiellement son économie générale.* — [V. désormais CCP, art. R. 2212-2.]

Art. 150 *Lorsque le marché de partenariat est passé sous la forme d'un accord-cadre, l'évaluation préalable du mode de réalisation du projet et l'étude de soutenabilité budgétaire sont réalisées avant le lancement de la procédure de passation de l'accord-cadre.* — [V. désormais CCP, art. R. 2212-3.]

SECTION 2 *Conditions de recours*

Art. 151 *I. — Le seuil prévu à l'article 75 de l'ordonnance du 23 juillet 2015 susvisée, au-delà duquel les acheteurs peuvent recourir au marché de partenariat, est fixé à :*

1º 2 millions d'euros HT lorsque l'objet principal du marché de partenariat porte sur des biens immatériels, des systèmes d'information ou des équipements autres que des ouvrages ainsi que lorsque le contrat comporte des objectifs chiffrés de performance énergétique et prévoit que la rémunération du titulaire tient compte de l'atteinte de ces objectifs ;

2º 5 millions d'euros HT lorsque l'objet principal du marché de partenariat porte sur :

a) Des ouvrages d'infrastructure de réseau, notamment dans le domaine de l'énergie, des transports, de l'aménagement urbain et de l'assainissement ;

b) Des ouvrages de bâtiment lorsque la mission confiée au titulaire ne comprend aucun des éléments mentionnés aux 2º et 3º du II de l'article 67 de l'ordonnance du 23 juillet 2015 susvisée ;

3º 10 millions d'euros HT lorsque l'objet principal du marché de partenariat porte sur des prestations ou des ouvrages autres que ceux mentionnés aux 1º et 2º du présent I.

II. — La valeur du marché de partenariat comprend :

1º La rémunération du titulaire versée par l'acheteur ;

2º Le cas échéant, les revenus issus de l'exercice d'activités annexes ou de la valorisation du domaine ;

3º Le cas échéant, les éventuels concours publics.

La valeur à prendre en compte est celle estimée au moment de l'envoi de l'avis d'appel à la concurrence à la publication. — [V. désormais CCP, art. R. 2211-1, R. 2211-2.]

Art. 152 *Pour établir le bilan prévu à l'article 75 de l'ordonnance du 23 juillet 2015 susvisée, l'acheteur tient compte de ses capacités à conduire le projet, des caractéristiques, du coût et de la complexité de celui-ci, des objectifs poursuivis ainsi que, le cas échéant, des exigences du service public ou de la mission d'intérêt général dont il est chargé. Pour démontrer que ce bilan est plus favorable que celui des autres modes de réalisation de ce projet envisageables, il procède à une appréciation globale des avantages et des inconvénients du recours à un marché de partenariat, compte tenu notamment :*

1° De l'étendue du transfert de la maîtrise d'ouvrage du projet au titulaire de ce marché ;

2° Du périmètre des missions susceptibles d'être confiées au titulaire ;

3° Des modalités de partage de risques entre l'acheteur et le titulaire ;

4° Du coût global du projet compte tenu notamment de la structure de financement envisagée. — [V. désormais CCP, art. R. 2211-3, R. 2211-4.]

SECTION 3 *Avis et autorisations préalables*

Art. 153 *L'organisme expert mentionné à l'article 76 de l'ordonnance du 23 juillet 2015 susvisée, placé auprès du ministre chargé de la réglementation de la commande publique, rend un avis sur l'évaluation du mode de réalisation du projet dans un délai de six semaines suivant sa saisine. A défaut, l'avis est réputé favorable. Les modalités d'organisation et de fonctionnement de cet organisme expert sont précisées par décret.* — [V. désormais CCP, art. R. 2212-7, R. 2212-8.]

Art. 154 *Le ministre chargé du budget, auquel l'évaluation du mode de réalisation du projet est communiquée, émet un avis motivé sur l'étude de soutenabilité budgétaire. Il se prononce dans un délai de six semaines suivant sa saisine. A défaut, l'avis est réputé favorable.* — [V. désormais CCP, art. R. 2212-10.]

Art. 155 *Pour les projets de l'État, les ministres chargés du budget et de l'économie autorisent, en application de l'article 77 de l'ordonnance du 23 juillet 2015 susvisée, le lancement de la procédure de passation du marché de partenariat. Leur accord est réputé acquis à défaut de réponse expresse dans un délai d'un mois à compter de la date de réception de l'évaluation du mode de réalisation du projet et de l'étude de soutenabilité budgétaire ainsi que des avis mentionnés aux articles 153 et 154 ou, lorsqu'ils sont tacites, à compter de la date à laquelle ceux-ci sont réputés acquis.*

Pour les projets des établissements publics de l'État, l'évaluation et l'étude préalables et les avis mentionnés aux articles 153 et 154 sont présentés à l'organe délibérant, qui se prononce sur le principe du recours à un marché de partenariat.

Pour les projets des acheteurs non autorisés mentionnés à l'article 71 de l'ordonnance du 23 juillet 2015 susvisée, l'autorisation préalable au lancement de la procédure de passation est donnée par les ministres chargés du budget et de l'économie. — [V. désormais CCP, art. R. 2221-1, R. 2221-2, R. 2221-3.]

CHAPITRE II *OBLIGATIONS RELATIVES À L'ACHÈVEMENT DE LA PROCÉDURE*

SECTION 1 *Accord préalable à la signature*

Art. 156 *I. — Un marché de partenariat ne peut être signé par l'État qu'après accord des ministres chargés du budget et de l'économie. Leur accord est réputé acquis à défaut de réponse expresse dans un délai d'un mois à compter de la réception du projet de marché de partenariat.*

II. — Un marché de partenariat ne peut être signé pour un établissement public de l'État qu'après accord des ministres chargés du budget, de l'économie et du ministre de tutelle. L'accord de chacun des ministres est réputé acquis à défaut de réponse dans un délai d'un mois à compter de la réception du projet de marché de partenariat.

III. — Lorsque la procédure de passation d'un marché de partenariat a été lancée pour le compte d'un acheteur non autorisé mentionné à l'article 71 de l'ordonnance du 23 juillet 2015 susvisée, ce marché ne peut être signé qu'après accord exprès des ministres chargés du budget et de l'économie.

IV. — Préalablement à l'autorisation prévue au II de l'article 78 de l'ordonnance du 23 juillet 2015 susvisée, la collectivité territoriale ou l'établissement public local concerné peut solliciter l'avis de l'organisme expert mentionné à l'article 153 sur le projet de marché de partenariat.

Lorsqu'il est saisi, l'organisme expert émet un avis dans un délai de six semaines. A défaut, l'avis est réputé rendu.

Dans le cadre de cette saisine, l'organisme expert peut solliciter l'avis des services du ministre chargé du budget sur la soutenabilité budgétaire du contrat. — [V. désormais CCP, art. R. 2223-1, R. 2223-2, R. 2223-3, R. 2223-4.]

SECTION 2 *Signature du marché*

Art. 157 *Le ou les ministres de tutelle concluent les marchés de partenariat pour le compte des acheteurs non autorisés au sens de l'article 71 de l'ordonnance du 23 juillet 2015 susvisée. A compter de la signature du contrat, ces acheteurs assument la totalité des droits et obligations qui y sont attachés.* — [V. désormais CCP, art. R. 2223-5.].

SECTION 3 *Dispositions particulières relatives à la conception d'ouvrages, d'équipements ou de biens immatériels*

Art. 158 *Lorsque tout ou partie de la conception des ouvrages, équipements ou biens immatériels est confiée au titulaire, les offres comportent, pour les bâtiments, un projet architectural. Parmi les critères d'attribution du marché figure la qualité globale des ouvrages, équipements ou biens immatériels.* — [V. désormais CCP, art. L. 2222-3, L. 2222-5.]

CHAPITRE III *FINANCEMENT DU PROJET ET RÉMUNÉRATION DU TITULAIRE*

SECTION 1 *Financement*

Art. 159 *Lorsque l'acheteur prévoit que les modalités de financement du projet peuvent présenter un caractère ajustable, il le mentionne dans les documents de la consultation.*

Le candidat auquel il est envisagé d'attribuer le marché de partenariat présente le financement définitif dans un délai fixé par l'acheteur. A défaut, le marché de partenariat ne peut lui être attribué et le soumissionnaire dont l'offre a été classée immédiatement après la sienne peut être sollicité pour présenter le financement définitif de son offre dans le même délai. — [V. désormais CCP, art. L. 2222-2, R. 2222-1.]

SECTION 2 *Participation au capital du titulaire*

Art. 160 *Lorsque l'acheteur décide de mettre en œuvre les dispositions du III de l'article 80 de l'ordonnance du 23 juillet 2015 susvisée, l'avis d'appel à la concurrence, ou à défaut, les documents de la consultation mentionnent que le concours de l'État, des collectivités territoriales ou d'autres organismes publics au financement des investissements prend la forme d'une participation minoritaire au capital du titulaire et précise les principales caractéristiques de la société de projet à constituer.*

Les offres sont accompagnées du projet de statut de cette société. — [V. désormais CCP, art. R. 2222-2, R. 2222-3.]

SECTION 3 *Rémunération du titulaire*

Art. 161 *I. — Le marché de partenariat précise les conditions dans lesquelles sont pris en compte et distingués, pour le calcul de la rémunération du titulaire :*

1° Les coûts d'investissement, notamment les coûts d'étude et de conception, les coûts de construction, les coûts annexes à la construction et les frais financiers intercalaires ;

2° Les coûts de fonctionnement, notamment les coûts d'entretien, de maintenance et de renouvellement des ouvrages et des équipements ;

3° Les coûts de financement ;

4° Le cas échéant, les revenus issus de l'exercice d'activités annexes ou de la valorisation du domaine.

II. — Le marché de partenariat prévoit les motifs et les modalités de variations de la rémunération ainsi que les modalités de paiement du titulaire pendant toute sa durée.

III. — Le marché de partenariat peut prévoir les conditions dans lesquelles, chaque année, les sommes dues par l'acheteur au titulaire et celles dont celui-ci est redevable au titre de pénalités ou de sanctions font l'objet d'une compensation. — [V. désormais CCP, art. R. 2213-1, R. 2213-2, R. 2213-3.]

Art. 162 *Le marché de partenariat prévoit les modalités d'ajustement de la rémunération du titulaire en cas de modification des conditions de financement non prévue dans le plan de financement initialement retenu dans le contrat.* — [V. désormais CCP, art. R. 2213-4.]

CHAPITRE IV *DISPOSITIONS PARTICULIÈRES RELATIVES À L'EXÉCUTION DES MARCHÉS DE PARTENARIAT*

SECTION 1 *Petites et moyennes entreprises*

Art. 163 *La part minimale que le titulaire s'engage à confier, directement ou indirectement, à des petites et moyennes entreprises ou à des artisans au sens du II de l'article 57, en application de* *l'article 87 de l'ordonnance du 23 juillet 2015 susvisée, est fixée à 10 % du montant prévisionnel du contrat hors coût de financement, sauf lorsque le tissu économique dans le secteur concerné ne le permet pas. — [V. désormais CCP, art. R. 2213-5.]*

SECTION 2 *Délai de paiement des prestations fournies au titulaire du marché de partenariat*

Art. 164 *Le délai de paiement prévu au II de l'article 87 de l'ordonnance du 23 juillet 2015 susvisée est celui qui s'impose à l'acheteur en application du décret n° 2013-269 du 29 mars 2013 relatif à la lutte contre les retards de paiement dans les contrats de la commande publique. — [V. désormais CCP, art. R. 2232-1.]*

SECTION 3 *Suivi et contrôle de l'exécution du marché de partenariat*

Art. 165 *I. — Le rapport mentionné à l'article 88 de l'ordonnance du 23 juillet 2015 susvisée est établi par le titulaire et doit permettre la comparaison entre l'année qu'il retrace et les précédentes. Il comprend notamment :*

1° Les données économiques et comptables suivantes :

a) Le compte annuel de résultat de l'exploitation de l'opération objet du marché de partenariat, rappelant les données présentées l'année précédente au même titre et présentant les données utilisées pour les révisions et indexations contractuelles et les justifications des prestations extérieures facturées à l'exploitation ;

b) Une présentation des méthodes et des éléments de calcul économique retenus pour la détermination des produits et charges imputés au compte de résultat de l'exploitation, avec, le cas échéant, la mention des changements, exceptionnels et motivés, intervenus au cours de l'exercice dans ces méthodes et éléments de calcul ;

c) Un état des variations du patrimoine immobilier intervenues dans le cadre du marché et le tableau d'amortissement de ce patrimoine ;

d) Un compte rendu de la situation des autres biens et immobilisations nécessaires à l'exploitation de l'ouvrage, de l'équipement ou du bien immatériel objet du marché, mise en comparaison le cas échéant avec les tableaux relatifs à l'amortissement et au renouvellement de ces biens et immobilisations ;

e) Un état des autres dépenses de renouvellement réalisées dans l'année ;

f) Les engagements à incidences financières liés au marché et nécessaires à la continuité du service public ;

g) Les ratios annuels de rentabilité économique et de rentabilité interne du projet ainsi que la répartition entre le coût des fonds propres et le coût de la dette afférents au financement des biens et activités objets du marché ;

2° Le suivi des indicateurs correspondant :

a) Aux objectifs de performance prévus au I de l'article 83 de l'ordonnance du 23 juillet 2015 susvisée ;

b) A la part d'exécution du marché confiée à des petites et moyennes entreprises ou à des artisans au sens du II de l'article 57, en application du I de l'article 87 de ladite ordonnance ;

c) Au suivi des recettes annexes perçues par le titulaire en application au [du] II de l'article 83 de ladite ordonnance ;

d) Aux pénalités demandées et à celles acquittées par le titulaire.

II. — Les pièces justificatives de ces données sont transmises à l'acheteur à sa demande. — [V. désormais CCP, art. R. 2234-1, R. 2234-2, R. 2234-3, R. 2234-4.]

Art. 166 *I. — L'acheteur assure un contrôle de l'exécution du marché de partenariat à chacune des phases de réalisation des missions prévues par le contrat :*

1° En phase de construction, ce contrôle porte notamment sur la qualité des ouvrages construits et leur conformité au programme fonctionnel prévu dans le contrat, sur les coûts et délais définitifs de l'ouvrage construit et du plan de financement retenu ;

2° En phase d'exploitation des ouvrages ou du service public, il porte notamment sur la qualité, le respect des objectifs de performance et le niveau de coût des prestations de service offertes par le titulaire ;

3° En fin de contrat, ce contrôle porte notamment sur les coûts définitifs du projet en construction et en exploitation, la qualité de l'exécution des prestations de service prévues dans le contrat, le respect des objectifs de performance ainsi que l'évaluation de l'état de l'ouvrage en fin de contrat et de sa valeur patrimoniale.

II. — L'acheteur peut demander au titulaire tout document utile au contrôle de l'exécution du marché de partenariat dans le respect de l'article 44 de l'ordonnance du 23 juillet 2015 susvisée. — [V. désormais CCP, art. R. 2234-5, R. 2234-6, R. 2234-7, R. 2234-8.]

TROISIÈME PARTIE DISPOSITIONS RELATIVES À L'OUTRE-MER

CHAPITRE I *DISPOSITIONS GÉNÉRALES APPLICABLES À L'OUTRE-MER*

Art. 167 *Pour l'application de l'article 91 de l'ordonnance du 23 juillet 2015 susvisée, la proportion entre, d'une part, le taux de chômage des jeunes de moins de 25 ans constatée dans l'un des territoires mentionnés à cet article et, d'autre part, ce même taux observé au niveau national est fixée à 1,5.*

La part minimale du nombre d'heures nécessaires à l'exécution du marché public qui doit être effectuée par des jeunes de moins de 25 ans est fixée à 30 %.

CHAPITRE II *DISPOSITIONS PARTICULIÈRES À MAYOTTE*

Art. 168 *Pour l'application à Mayotte du présent décret :*

1° A l'article 48, les références aux articles L. 5212-1 à L. 5212-11 du code du travail sont remplacées par les références aux articles L. 328-6 à L. 328-16 du code du travail applicable à Mayotte ;

2° Le III de l'article 51 est supprimé ;

3° A l'article 131, la référence à l'article L. 3253-22 du code du travail est remplacée par la référence à l'article L. 143-14 du code du travail applicable à Mayotte.

CHAPITRE III *DISPOSITIONS PARTICULIÈRES À SAINT-BARTHÉLEMY, SAINT-MARTIN ET SAINT-PIERRE-ET-MIQUELON*

Art. 169 *Pour l'application à Saint-Barthélemy du présent décret :*

1° Les références au Journal officiel de l'Union européenne et à l'Office des publications officielles de l'Union européenne sont remplacées par la référence au Journal officiel de la collectivité de Saint-Barthélemy ;

2° A l'article 6 :

a) Le b est supprimé ;

b) Au e les mots : "les autres référentiels techniques élaborés par les organismes européens de normalisation, ou, en leur absence," sont supprimés ;

3° A l'article 11, les mots : "au règlement du Parlement européen et du Conseil du 9 juillet 2008 susvisé" sont remplacés par les mots : "aux règles nationales en vigueur" ;

4° A l'article 30 :

a) Au 1°, les références aux articles L. 123-3, L. 129-2, L. 129-3, L. 511-2 et L. 511-3 du code de la construction et de l'habitation sont remplacées par les références applicables localement ayant le même objet ;

b) Au 2°, les mots : "Lorsque le présent 2° est mis en œuvre à la suite d'une procédure d'appel d'offres lancée par un pouvoir adjudicateur ou d'une procédure formalisée lancée par une entité adjudicatrice ou à la suite d'une procédure de passation d'un marché public relevant de l'article 28 et répondant à un besoin dont la valeur estimée est égale ou supérieure au seuil européen applicable à ces marchés publics publié au Journal officiel de la République française, un rapport est communiqué à la Commission européenne si elle le demande" sont supprimés ;

5° A l'article 31 :

a) Le I est ainsi rédigé :

"I. — Les pouvoirs adjudicateurs peuvent faire connaître leur intention de passer un marché public par le biais de la publication d'un avis de préinformation.

"Cet avis est publié soit au Journal officiel de la collectivité de Saint-Barthélemy, soit sur le profil d'acheteur du pouvoir adjudicateur.

"Le profil d'acheteur est la plateforme de dématérialisation permettant notamment aux acheteurs de mettre les documents de la consultation à disposition des opérateurs économiques par voie électronique et de réceptionner par voie électronique les documents transmis par les candidats et les soumissionnaires. Un arrêté du ministre chargé de l'économie détermine les fonctionnalités et les exigences minimales qui s'imposent aux profils d'acheteur." ;

b) Au II, les mots : ", dans les conditions de l'article 36" sont supprimés ;

6° A l'article 32 :

a) Le I est ainsi rédigé :

"I. — Les entités adjudicatrices peuvent faire connaître leur intention de passer un marché public par le biais de la publication d'un avis périodique indicatif.

"Cet avis est publié soit au Journal officiel de la collectivité de Saint-Barthélemy, soit sur le profil d'acheteur de l'entité adjudicatrice." ;

b) Au II, les mots : ", dans les conditions de l'article 36" sont supprimés ;

7° L'article 33 est ainsi rédigé :

Art. 33 *I. — Pour les marchés publics passés selon une des procédures formalisées énumérées aux articles 25 et 26, l'acheteur publie un avis de marché soit dans le Bulletin officiel des annonces des marchés publics, soit dans le Journal officiel de la collectivité de Saint-Barthélemy, soit dans un journal habilité à recevoir des annonces légales.*

II. — L'acheteur peut faire paraître une publicité supplémentaire sur un autre support. La publicité supplémentaire peut ne comporter que certains des renseignements figurant dans l'avis de marché publié à titre principal à condition qu'elle indique les références de cet avis.

8° L'article 34 est ainsi rédigé :

Art. 34 *I. — Pour les marchés publics passés selon une procédure adaptée en vertu de l'article 27, l'acheteur choisit librement les modalités de publicité adaptées en fonction des caractéristiques du marché public, notamment le montant et la nature des travaux, des fournitures ou des services en cause.*

II. — L'acheteur peut faire paraître une publicité supplémentaire sur un autre support que celui choisi à titre principal. La publicité supplémentaire peut ne comporter que certains des renseignements figurant dans l'avis de marché publié à titre principal sur le support de son choix à condition qu'elle indique les références de cet avis.

9° A l'article 35,

a) Les mots : "conforme au modèle fixé par le règlement de la Commission européenne établissant les formulaires standard pour la publication d'avis dans le cadre de la passation de marchés publics" sont supprimés ;

b) Les mots : "de l'Union européenne dans les conditions prévues à l'article 36" sont remplacés par les mots : "de la collectivité de Saint-Barthélemy." ;

10° L'article 36 est supprimé ;

11° Les articles 39 et 40 sont remplacés par les dispositions suivantes :

Art. 39 *I. — Les documents de la consultation sous format papier sont gratuitement mis à disposition des opérateurs économiques. Ils peuvent être mis en ligne sur un profil d'acheteur à compter de la publication de l'avis d'appel à la concurrence selon des modalités fixées par arrêté du ministre chargé de l'économie. L'adresse du profil d'acheteur sur lequel les documents de la consultation sont accessibles est indiquée dans l'avis ou, le cas échéant, l'invitation.*

Lorsque l'appel à la concurrence est effectué au moyen d'un avis de préinformation ou d'un avis périodique indicatif, cet accès est offert à compter de l'envoi de l'invitation à confirmer l'intérêt.

Lorsque l'appel à la concurrence est effectué au moyen d'un avis sur l'existence d'un système de qualification, cet accès est offert dès que possible et au plus tard à la date d'envoi de l'invitation à soumissionner.

II. — En cas de procédure formalisée, les renseignements complémentaires sur les documents de la consultation sont envoyés aux opérateurs économiques six jours au plus tard avant la date limite fixée pour la réception des offres, pour autant qu'ils en aient fait la demande en temps utile. Lorsque (Abrogé par Décr. n° 2017-516 du 10 avr. 2017, art. 13) *«, dans le cadre d'une procédure d'appel d'offres, » le délai de réception des offres est réduit pour cause d'urgence en application des articles 67, 69, 70 et 72, ce délai est de quatre jours.*

Art. 40 *Dans toutes les procédures de passation des marchés publics, les communications et les échanges d'informations effectués en application du présent décret peuvent être effectués soit sous forme papier soit par voie électronique.*

Pour chaque étape de la procédure, les candidats et soumissionnaires appliquent le même mode de transmission à l'ensemble des documents qu'ils transmettent à l'acheteur. » ;

12° L'article 41 est supprimé ;

13° A l'article 46, le II est ainsi rédigé :

"II. — Pour établir un tel système, l'entité adjudicatrice publie un avis sur l'existence d'un système de qualification au Journal officiel de la collectivité de Saint-Barthélemy. Cet avis mentionne l'objet du système de qualification, sa durée et les modalités d'accès aux règles qui le gouvernent.

"L'entité adjudicatrice notifie au Journal officiel de la collectivité de Saint-Barthélemy tout changement de la durée du système en utilisant :

"1° Un avis sur l'existence d'un système de qualification lorsque la durée de validité du système de qualification est modifiée sans qu'il y soit mis un terme ;

"2° Un avis d'attribution lorsqu'il est mis fin au système de qualification." ;

14° L'article 49 est supprimé ;

15° L'article 54 est supprimé ;

16° A l'article 57, au II, les mots : "au sens de la recommandation du 6 mai 2003 susvisée" sont remplacés par les mots : "qui occupent moins de 250 personnes et dont le chiffre d'affaires annuel n'excède par [pas] 50 millions d'euros ou dont le total du bilan annuel n'excède pas 43 millions d'euros" ;

17º A l'article 60 :

a) Au II, les mots : "le droit de l'Union européenne," sont supprimés ;

b) Le III est supprimé ;

18º A l'article 61, les mots : "avec lesquels l'Union européenne n'a pas conclu un accord assurant un accès comparable et effectif des entreprises européennes aux marchés de ces pays, ou auxquels le bénéfice d'un tel accord n'a pas été étendu par une décision du Conseil de l'Union européenne," sont supprimés ;

19º A l'article 81, le II est ainsi rédigé :

"II. — L'acheteur précise la période de validité du système d'acquisition dynamique dans l'avis d'appel à la concurrence. A compter des seuils de procédure formalisée, l'acheteur notifie au Journal officiel de la collectivité de Saint-Barthélemy tout changement de cette durée en utilisant :

"1º Le formulaire utilisé pour l'appel à la concurrence pour le système d'acquisition dynamique lorsque la durée de validité est modifiée sans qu'il soit mis un terme au système ;

"2º Un avis d'attribution lorsqu'il est mis fin au système." ;

20º A l'article 89, la référence au préfet est remplacée par la référence au représentant de l'État ;

21º A l'article 96, la référence aux catégories M et N définies à l'article R. 311-1 du code de la route est remplacée par la référence applicable localement ayant le même objet ;

22º Le I de l'article 104 est ainsi rédigé :

"I. — Pour les marchés publics répondant à un besoin d'un montant égal ou supérieur aux seuils européens publiés au Journal officiel de la République française, l'acheteur envoie pour publication, dans un délai maximal de trente jours à compter de la signature du marché public, un avis d'attribution dans le support qui a été utilisé à titre principal pour la publicité préalable." ;

23º Aux articles 105 et 106, les mots : "à la Commission européenne à sa demande et," sont supprimés ;

(Décr. nº 2018-1225 du 24 déc. 2018, art. 9) « 23º bis A la seconde phrase du deuxième alinéa de l'article 122, les mots : "au sens de l'article 57" sont remplacés par les mots : "qui occupent moins de 250 personnes et dont le chiffre d'affaires annuel n'excède pas 50 millions d'euros ou dont le total du bilan annuel n'excède pas 43 millions d'euros" ; »

24º Le dernier alinéa de l'article 140 est ainsi rédigé :

"Cet avis est publié dans le support qui a été utilisé à titre principal pour la publicité préalable."

Sur l'application des dispositions issues du Décr. nº 2018-1225 du 24 déc. 2018, V. note ss. art. 18, supra.

Art. 170 *Pour l'application à Saint-Martin du présent décret :*

1º A l'article 30, les références aux articles L. 123-3, L. 129-2, L. 129-3, L. 511-2 et L. 511-3 du code de la construction et de l'habitation sont remplacées par les références applicables localement ayant le même objet ;

2º A l'article 89, la référence au préfet est remplacée par la référence au représentant de l'État ;

3º A l'article 96, la référence aux catégories M et N définies à l'article R. 311-1 du code de la route est remplacée par une référence applicable localement ayant le même objet.

Art. 171 *Pour l'application à Saint-Pierre-et-Miquelon du présent décret :*

1º Les références au Journal officiel de l'Union européenne et à l'Office des publications officielles de l'Union européenne sont remplacées par la référence au Journal officiel de Saint-Pierre-et-Miquelon ;

2º A l'article 6 :

a) Le b est supprimé ;

b) Au e les mots : "les autres référentiels techniques élaborés par les organismes européens de normalisation, ou, en leur absence," sont supprimés ;

3º A l'article 11, les mots : "au règlement du Parlement européen et du Conseil du 9 juillet 2008 susvisé » sont remplacés par les mots : "aux règles nationales en vigueur" ;

4º A l'article 30 :

a) Au 1º, les références aux articles L. 123-3, L. 129-2, L. 129-3, L. 511-2 et L. 511-3 du code de la construction et de l'habitation sont remplacées par les références applicables localement ayant le même objet ;

b) Au 2º, les mots : "Lorsque le présent 2º est mis en œuvre à la suite d'une procédure d'appel d'offres lancée par un pouvoir adjudicateur ou d'une procédure formalisée lancée par une entité adjudicatrice ou à la suite d'une procédure de passation d'un marché public relevant de l'article 28 et répondant à un besoin dont la valeur estimée est égale ou supérieure au seuil européen applicable à ces marchés publics publié au Journal officiel de la République française, un rapport est communiqué à la Commission européenne si elle le demande" sont supprimés ;

5° A l'article 31 :

a) Le I est ainsi rédigé :

"I. — Les pouvoirs adjudicateurs peuvent faire connaître leur intention de passer un marché public par le biais de la publication d'un avis de préinformation.

"Cet avis est publié soit au Journal officiel de Saint-Pierre-et-Miquelon, soit sur le profil d'acheteur du pouvoir adjudicateur.

"Le profil d'acheteur est la plateforme de dématérialisation permettant notamment aux acheteurs de mettre les documents de la consultation à disposition des opérateurs économiques par voie électronique et de réceptionner par voie électronique les documents transmis par les candidats et les soumissionnaires. Un arrêté du ministre chargé de l'économie détermine les fonctionnalités et les exigences minimales qui s'imposent aux profils d'acheteur." ;

b) Au II, les mots : ", dans les conditions de l'article 36" sont supprimés ;

6° A l'article 32 :

a) Le I est ainsi rédigé :

"I. — Les entités adjudicatrices peuvent faire connaître leur intention de passer un marché public par le biais de la publication d'un avis périodique indicatif.

"Cet avis est publié soit au Journal officiel de Saint-Pierre-et-Miquelon, soit sur le profil d'acheteur de l'entité adjudicatrice." ;

b) Au II, les mots : ", dans les conditions de l'article 36" sont supprimés ;

7° L'article 33 est ainsi rédigé :

Art. 33 *I. — Pour les marchés publics passés selon une des procédures formalisées énumérées aux articles 25 et 26, l'acheteur publie un avis de marché soit dans le Bulletin officiel des annonces des marchés publics, soit dans le Journal officiel de Saint-Pierre-et-Miquelon, soit dans un journal habilité à recevoir des annonces légales.*

II. — L'acheteur peut faire paraître une publicité supplémentaire sur un autre support. La publicité supplémentaire peut ne comporter que certains des renseignements figurant dans l'avis de marché publié à titre principal à condition qu'elle indique les références de cet avis.

8° L'article 34 est ainsi rédigé :

Art. 34 *I. — Pour les marchés publics passés selon une procédure adaptée en vertu de l'article 27, l'acheteur choisit librement les modalités de publicité adaptées en fonction des caractéristiques du marché public, notamment le montant et la nature des travaux, des fournitures ou des services en cause.*

II. — L'acheteur peut faire paraître une publicité supplémentaire sur un autre support que celui choisi à titre principal. La publicité supplémentaire peut ne comporter que certains des renseignements figurant dans l'avis de marché publié à titre principal sur le support de son choix à condition qu'elle indique les références de cet avis.

9° A l'article 35 :

a) Les mots : "conforme au modèle fixé par le règlement de la Commission européenne établissant les formulaires standard pour la publication d'avis dans le cadre de la passation de marchés publics" sont supprimés ;

b) Les mots : "de l'Union européenne dans les conditions prévues à l'article 36" sont remplacés par les mots : "de Saint-Pierre-et-Miquelon." ;

10° L'article 36 est supprimé ;

11° Les articles 39 et 40 sont remplacés par les dispositions suivantes :

Art. 39 *I. — Les documents de la consultation sous format papier sont gratuitement mis à disposition des opérateurs économiques. Ils peuvent être mis en ligne sur un profil d'acheteur à compter de la publication de l'avis d'appel à la concurrence selon des modalités fixées par arrêté du ministre chargé de l'économie. L'adresse du profil d'acheteur sur lequel les documents de la consultation sont accessibles est indiquée dans l'avis ou, le cas échéant, l'invitation.*

Lorsque l'appel à la concurrence est effectué au moyen d'un avis de préinformation ou d'un avis périodique indicatif, cet accès est offert à compter de l'envoi de l'invitation à confirmer l'intérêt.

Lorsque l'appel à la concurrence est effectué au moyen d'un avis sur l'existence d'un système de qualification, cet accès est offert dès que possible et au plus tard à la date d'envoi de l'invitation à soumissionner.

II. — En cas de procédure formalisée, les renseignements complémentaires sur les documents de la consultation sont envoyés aux opérateurs économiques six jours au plus tard avant la date limite fixée pour la réception des offres, pour autant qu'ils en aient fait la demande en temps utile. Lorsque (Abrogé par Décr. n° 2017-516 du 10 avr. 2017, art. 13) *« , dans le cadre d'une procédure d'appel d'offres, » le délai de réception des offres est réduit pour cause d'urgence en application des articles 67, 69, 70 et 72, ce délai est de quatre jours.*

Art. 40 *Dans toutes les procédures de passation des marchés publics, les communications et les échanges d'informations effectués en application du présent décret peuvent être effectués soit sous forme papier, soit par voie électronique.*

Pour chaque étape de la procédure, les candidats et soumissionnaires appliquent le même mode de transmission à l'ensemble des documents qu'ils transmettent à l'acheteur.

12° L'article 41 est supprimé ;

13° A l'article 46, le II est ainsi rédigé :

"II. – Pour établir un tel système, l'entité adjudicatrice publie un avis sur l'existence d'un système de qualification au Journal officiel de Saint-Pierre-et-Miquelon. Cet avis mentionne l'objet du système de qualification, sa durée et les modalités d'accès aux règles qui le gouvernent.

"L'entité adjudicatrice notifie au Journal officiel de Saint-Pierre-et-Miquelon tout changement de la durée du système en utilisant :

"1° Un avis sur l'existence d'un système de qualification lorsque la durée de validité du système de qualification est modifiée sans qu'il y soit mis un terme ;

"2° Un avis d'attribution lorsqu'il est mis fin au système de qualification." ;

14° L'article 49 est supprimé ;

15° L'article 54 est supprimé ;

16° A l'article 57, au II, les mots : "au sens de la recommandation du 6 mai 2003 susvisée" sont remplacés par les mots : "qui occupent moins de 250 personnes et dont le chiffre d'affaires annuel n'excède pas 50 millions d'euros ou dont le total du bilan annuel n'excède pas 43 millions d'euros" ;

17° A l'article 60 :

a) Au II, les mots : "le droit de l'Union européenne," sont supprimés ;

b) Le III est supprimé ;

18° A l'article 61, les mots : "avec lesquels l'Union européenne n'a pas conclu un accord assurant un accès comparable et effectif des entreprises européennes aux marchés de ces pays, ou auxquels le bénéfice d'un tel accord n'a pas été étendu par une décision du Conseil de l'Union européenne," sont supprimés ;

19° A l'article 81, le II est ainsi rédigé :

"II. – L'acheteur précise la période de validité du système d'acquisition dynamique dans l'avis d'appel à la concurrence. A compter des seuils de procédure formalisée, l'acheteur notifie au Journal officiel de Saint-Pierre-et-Miquelon tout changement de cette durée en utilisant :

"1° Le formulaire utilisé pour l'appel à la concurrence pour le système d'acquisition dynamique lorsque la durée de validité est modifiée sans qu'il soit mis un terme au système ;

"2° Un avis d'attribution lorsqu'il est mis fin au système." ;

20° A l'article 89, la référence au préfet est remplacée par la référence au représentant de l'État ;

21° Le I de l'article 104 est ainsi rédigé :

"I. – Pour les marchés publics répondant à un besoin d'un montant égal ou supérieur aux seuils européens publiés au Journal officiel de la République française, l'acheteur envoie pour publication, dans un délai maximal de trente jours à compter de la signature du marché public, un avis d'attribution dans le support qui a été utilisé à titre principal pour la publicité préalable." ;

22° Aux articles 105 et 106, les mots : "à la Commission européenne à sa demande et," sont supprimés ;

(Décr. n° 2018-1225 du 24 déc. 2018, art. 9) « 22° bis A la seconde phrase du deuxième alinéa de l'article 122, les mots : "au sens de l'article 57" sont remplacés par les mots : "qui occupent moins de 250 personnes et dont le chiffre d'affaires annuel n'excède pas 50 millions d'euros ou dont le total du bilan annuel n'excède pas 43 millions d'euros" ; »

23° Le dernier alinéa de l'article 140 est ainsi rédigé :

"Cet avis est publié dans le support qui a été utilisé à titre principal pour la publicité préalable."

Sur l'application des dispositions issues du Décr. n° 2018-1225 du 24 déc. 2018, V. note ss. art. 18, supra.

CHAPITRE IV *DISPOSITIONS APPLICABLES EN NOUVELLE-CALÉDONIE*

Art. 172 *Le présent décret est applicable en Nouvelle-Calédonie (Décr. n° 2018-1225 du 24 déc. 2018, art. 9) « , dans sa rédaction résultant du décret n° 2018-1225 du 24 décembre 2018 portant diverses mesures relatives aux contrats de la commande publique, » aux marchés publics, soumis à l'ordonnance du 23 juillet 2015 susvisée, conclus par l'État ou ses établissements publics sous réserve des dispositions suivantes :*

1° Les montants exprimés en euros sont applicables sous réserve de leur contre-valeur en monnaie locale ;

2° Les références au Journal officiel de l'Union européenne et à l'Office des publications officielles de l'Union européenne sont remplacées par la référence au Journal officiel de la Nouvelle-Calédonie ;

3° A l'article 6 :

a) Le b est supprimé ;

b) Au e les mots : "les autres référentiels techniques élaborés par les organismes européens de normalisation, ou, en leur absence," sont supprimés ;

4° A l'article 11, les mots : "au règlement du Parlement européen et du Conseil du 9 juillet 2008 susvisé » sont remplacés par les mots : "aux règles nationales en vigueur" ;

5° A l'article 19, le IV est supprimé ;

6° A l'article 30 :

a) Au 1°, les références aux articles L. 1311-4, L. 1331-24, L. 1331-26-1, L. 1331-28, L. 1331-29 et L. 1334-2 du code de la santé publique, aux articles L. 123-3, L. 129-2, L. 129-3, L. 511-2 et L. 511-3 du code de la construction et de l'habitation et aux 1° et 2° de l'article L. 201-2 du code rural et de la pêche maritime sont remplacées par les références applicables localement ayant le même objet ;

b) Au 2°, les mots : "Lorsque le présent 2° est mis en œuvre à la suite d'une procédure d'appel d'offres lancée par un pouvoir adjudicateur ou d'une procédure formalisée lancée par une entité adjudicatrice ou à la suite d'une procédure de passation d'un marché public relevant de l'article 28 et répondant à un besoin dont la valeur estimée est égale ou supérieure au seuil européen applicable à ces marchés publics publié au Journal officiel de la République française, un rapport est communiqué à la Commission européenne si elle le demande" sont supprimés ;

7° A l'article 31 :

a) Le I est ainsi rédigé :

"I. — Les pouvoirs adjudicateurs peuvent faire connaître leur intention de passer un marché public par le biais de la publication d'un avis de préinformation.

"Cet avis est publié soit au Journal officiel de la Nouvelle-Calédonie, soit sur le profil d'acheteur du pouvoir adjudicateur.

"Le profil d'acheteur est la plateforme de dématérialisation permettant notamment aux acheteurs de mettre les documents de la consultation à disposition des opérateurs économiques par voie électronique et de réceptionner par voie électronique les documents transmis par les candidats et les soumissionnaires. Un arrêté du ministre chargé de l'économie détermine les fonctionnalités et les exigences minimales qui s'imposent aux profils d'acheteur." ;

b) Au II, les mots : ", dans les conditions de l'article 36" sont supprimés ;

8° A l'article 32 :

a) Le I est ainsi rédigé :

"I. — Les entités adjudicatrices peuvent faire connaître leur intention de passer un marché public par le biais de la publication d'un avis périodique indicatif.

"Cet avis est publié soit au Journal officiel de la Nouvelle-Calédonie, soit sur le profil d'acheteur de l'entité adjudicatrice." ;

b) Au II, les mots : ", dans les conditions de l'article 36" sont supprimés ;

9° L'article 33 est ainsi rédigé :

Art. 33 *I. — Pour les marchés publics passés selon une des procédures formalisées énumérées aux articles 25 et 26, l'acheteur publie un avis de marché soit dans le Bulletin officiel des annonces des marchés publics, soit dans le Journal officiel de la Nouvelle-Calédonie, soit dans un journal habilité à recevoir des annonces légales.*

II. — L'acheteur peut faire paraître une publicité supplémentaire sur un autre support. La publicité supplémentaire peut ne comporter que certains des renseignements figurant dans l'avis de marché publié à titre principal à condition qu'elle indique les références de cet avis.

10° L'article 34 est ainsi rédigé :

Art. 34 *I. — Pour les marchés publics passés selon une procédure adaptée en vertu de l'article 27, l'acheteur choisit librement les modalités de publicité adaptées en fonction des caractéristiques du marché public, notamment le montant et la nature des travaux, des fournitures ou des services en cause.*

II. — L'acheteur peut faire paraître une publicité supplémentaire sur un autre support que celui choisi à titre principal. La publicité supplémentaire peut ne comporter que certains des renseignements figurant dans l'avis de marché publié à titre principal sur le support de son choix à condition qu'elle indique les références de cet avis.

11° A l'article 35 :

a) Les mots : "conforme au modèle fixé par le règlement de la Commission européenne établissant les formulaires standard pour la publication d'avis dans le cadre de la passation de marchés publics » sont supprimés" ;

b) Les mots : "de l'Union européenne dans les conditions prévues à l'article 36" sont remplacés par les mots : "de la Nouvelle-Calédonie" ;

12° L'article 36 est supprimé ;

13° Les articles 39 et 40 sont remplacés par les dispositions suivantes :

Art. 39 *I. — Les documents de la consultation sous format papier sont gratuitement mis à disposition des opérateurs économiques. Ils peuvent être mis en ligne sur un profil d'acheteur à compter de la publication de l'avis d'appel à la concurrence selon des modalités fixées par arrêté du ministre chargé de l'économie. L'adresse du profil d'acheteur sur lequel les documents de la consultation sont accessibles est indiquée dans l'avis ou, le cas échéant, l'invitation.*

Lorsque l'appel à la concurrence est effectué au moyen d'un avis de préinformation ou d'un avis périodique indicatif, cet accès est offert à compter de l'envoi de l'invitation à confirmer l'intérêt.

Lorsque l'appel à la concurrence est effectué au moyen d'un avis sur l'existence d'un système de qualification, cet accès est offert dès que possible et au plus tard à la date d'envoi de l'invitation à soumissionner.

II. — En cas de procédure formalisée, les renseignements complémentaires sur les documents de la consultation sont envoyés aux opérateurs économiques six jours au plus tard avant la date limite fixée pour la réception des offres, pour autant qu'ils en aient fait la demande en temps utile. Lorsque (Abrogé par Décr. nº 2017-516 du 10 avr. 2017, art. 14-2º) *«, dans le cadre d'une procédure d'appel d'offres, » le délai de réception des offres est réduit pour cause d'urgence en application des articles 67, 69, 70 et 72, ce délai est de quatre jours.*

Art. 40 *Dans toutes les procédures de passation des marchés publics, les communications et les échanges d'informations effectués en application du présent décret peuvent être effectués soit sous forme papier soit par voie électronique.*

Pour chaque étape de la procédure, les candidats et soumissionnaires appliquent le même mode de transmission à l'ensemble des documents qu'ils transmettent à l'acheteur".

14º L'article 41 est supprimé ;

15º A l'article 46, le II est ainsi rédigé :

"II. — Pour établir un tel système, l'entité adjudicatrice publie un avis sur l'existence d'un système de qualification au Journal officiel de la Nouvelle-Calédonie. Cet avis mentionne l'objet du système de qualification, sa durée et les modalités d'accès aux règles qui le gouvernent.

"L'entité adjudicatrice notifie au Journal officiel de la Nouvelle-Calédonie tout changement de la durée du système en utilisant :

"1º Un avis sur l'existence d'un système de qualification lorsque la durée de validité du système de qualification est modifiée sans qu'il y soit mis un terme ;

"2º Un avis d'attribution lorsqu'il est mis fin au système de qualification." ;

16º A l'article 48, les références aux articles L. 5212-1 à L. 5212-11 du code du travail sont remplacées par les références applicables localement ayant le même objet ;

17º L'article 49 est supprimé ;

18º A l'article 51, au III, les références aux articles du code du travail sont remplacées par les références applicables localement ayant le même objet, et au IV, les mots : "tel qu'un extrait K, un extrait K bis, un extrait D1" sont supprimés ;

19º L'article 54 est supprimé ;

20º A l'article 57, au II, les mots : "au sens de la recommandation du 6 mai 2003 susvisée" sont remplacés par les mots : "au sens de la réglementation localement applicable" ;

21º A l'article 60 :

a) Au II, les mots : "le droit de l'Union européenne," sont supprimés ;

b) Le III est supprimé ;

22º A l'article 61, les mots : "avec lesquels l'Union européenne n'a pas conclu un accord assurant un accès comparable et effectif des entreprises européennes aux marchés de ces pays, ou auxquels le bénéfice d'un tel accord n'a pas été étendu par une décision du Conseil de l'Union européenne," sont supprimés ;

23º A l'article 81, le II est ainsi rédigé :

"II. — L'acheteur précise la période de validité du système d'acquisition dynamique dans l'avis d'appel à la concurrence. A compter des seuils de procédure formalisée, l'acheteur notifie au Journal officiel de la Nouvelle-Calédonie tout changement de cette durée en utilisant :

"1º Le formulaire utilisé pour l'appel à la concurrence pour le système d'acquisition dynamique lorsque la durée de validité est modifiée sans qu'il soit mis un terme au système ;

"2º Un avis d'attribution lorsqu'il est mis fin au système." ;

24º A l'article 89, la référence au préfet est remplacée par la référence au représentant de l'État ;

25º A l'article 96, la référence aux catégories M et N définies à l'article R. 311-1 du code de la route est remplacée par la référence applicable localement ayant le même objet ;

26º Le I de l'article 104 est ainsi rédigé :

"I. — Pour les marchés publics répondant à un besoin d'un montant égal ou supérieur aux seuils européens publiés au Journal officiel de la République française, l'acheteur envoie pour publication, dans un délai maximal de trente jours à compter de la signature du marché public, un avis d'attribution dans le support qui a été utilisé à titre principal pour la publicité préalable." ;

27° Aux articles 105 et 106, les mots : "à la Commission européenne à sa demande et," sont supprimés ;

(Décr. n° 2018-1225 du 24 déc. 2018, art. 9) *« 27° bis Au VI de l'article 110, les mots : "au sens de l'article 57" sont remplacés par les mots : "au sens de la réglementation applicable localement" ;*

« 27° ter A la seconde phrase du deuxième alinéa de l'article 122, les mots : "au sens de l'article 57" sont remplacés par les mots : "au sens de la réglementation applicable localement" ; »

28° A l'article 131, la référence à l'article L. 3253-22 du code du travail est remplacée par la référence applicable localement ayant le même objet ;

29° Le dernier alinéa de l'article 140 est ainsi rédigé :

"Cet avis est publié dans le support qui a été utilisé à titre principal pour la publicité préalable."

Sur l'application des dispositions issues du Décr. n° 2018-1225 du 24 déc. 2018, V. note ss. art. 18, supra.

CHAPITRE V *DISPOSITIONS APPLICABLES EN POLYNÉSIE FRANÇAISE*

Art. 173 *Le présent décret est applicable en Polynésie française* (Décr. n° 2018-1225 du 24 déc. 2018, art. 9) *« , dans sa rédaction résultant du décret n° 2018-1225 du 24 décembre 2018 portant diverses mesures relatives aux contrats de la commande publique, » aux marchés publics, soumis à l'ordonnance du 23 juillet 2015 susvisée, conclus par l'État ou ses établissements publics sous réserve des dispositions suivantes :*

1° Les montants exprimés en euros sont applicables sous réserve de leur contre-valeur en monnaie locale ;

2° Les références au Journal officiel de l'Union européenne et à l'Office des publications officielles de l'Union européenne sont remplacées par la référence au Journal officiel de la Polynésie française ;

3° A l'article 6 :

a) Le b est supprimé ;

b) Au e les mots : "les autres référentiels techniques élaborés par les organismes européens de normalisation, ou, en leur absence," sont supprimés ;

4° A l'article 11, les mots : "au règlement du Parlement européen et du Conseil du 9 juillet 2008 susvisé" sont remplacés par les mots : "aux règles nationales en vigueur" ;

5° A l'article 19, le IV est supprimé ;

6° A l'article 30 :

a) Au 1°, les références aux articles L. 1311-4, L. 1331-24, L. 1331-26-1, L. 1331-28, L. 1331-29 et L. 1334-2 du code de la santé publique, aux articles L. 123-3, L. 129-2, L. 129-3, L. 511-2 et L. 511-3 du code de la construction et de l'habitation et aux 1° et 2° de l'article L. 201-2 du code rural et de la pêche maritime sont remplacées par les références applicables localement ayant le même objet ;

b) Au 2°, les mots : "Lorsque le présent 2° est mis en œuvre à la suite d'une procédure d'appel d'offres lancée par un pouvoir adjudicateur ou d'une procédure formalisée lancée par une entité adjudicatrice ou à la suite d'une procédure de passation d'un marché public relevant de l'article 28 et répondant à un besoin dont la valeur estimée est égale ou supérieure au seuil européen applicable à ces marchés publics publié au Journal officiel de la République française, un rapport soit communiqué à la Commission européenne si elle le demande," sont supprimés ;

7° A l'article 31 :

a) Le I est ainsi rédigé :

"I. — Les pouvoirs adjudicateurs peuvent faire connaître leur intention de passer un marché public par le biais de la publication d'un avis de préinformation.

"Cet avis est publié soit au Journal officiel de la Polynésie française, soit sur le profil d'acheteur du pouvoir adjudicateur.

"Le profil d'acheteur est la plateforme de dématérialisation permettant notamment aux acheteurs de mettre les documents de la consultation à disposition des opérateurs économiques par voie électronique et de réceptionner par voie électronique les documents transmis par les candidats et les soumissionnaires. Un arrêté du ministre chargé de l'économie détermine les fonctionnalités et les exigences minimales qui s'imposent aux profils d'acheteur." ;

b) Au II, les mots : ", dans les conditions de l'article 36" sont supprimés ;

8° A l'article 32 :

a) Le I est ainsi rédigé :

"I. — Les entités adjudicatrices peuvent faire connaître leur intention de passer un marché public par le biais de la publication d'un avis périodique indicatif.

"Cet avis est publié soit au Journal officiel de la Polynésie française, soit sur le profil d'acheteur de l'entité adjudicatrice." ;

b) Au II, les mots : ", dans les conditions de l'article 36" sont supprimés ;

9° L'article 33 est ainsi rédigé :

Art. 33 *I. — Pour les marchés publics passés selon une des procédures formalisées énumérées aux articles 25 et 26, l'acheteur publie un avis de marché soit dans le Bulletin officiel des annonces des marchés publics, soit dans le Journal officiel de la Polynésie française, soit dans un journal habilité à recevoir des annonces légales.*

II. — L'acheteur peut faire paraître une publicité supplémentaire sur un autre support. La publicité supplémentaire peut ne comporter que certains des renseignements figurant dans l'avis de marché publié à titre principal à condition qu'elle indique les références de cet avis.

10° L'article 34 est ainsi rédigé :

Art. 34 *I. — Pour les marchés publics passés selon une procédure adaptée en vertu de l'article 27, l'acheteur choisit librement les modalités de publicité adaptées en fonction des caractéristiques du marché public, notamment le montant et la nature des travaux, des fournitures ou des services en cause.*

II. — L'acheteur peut faire paraître une publicité supplémentaire sur un autre support que celui choisi à titre principal. La publicité supplémentaire peut ne comporter que certains des renseignements figurant dans l'avis de marché publié à titre principal sur le support de son choix à condition qu'elle indique les références de cet avis.

11° A l'article 35 :

a) Les mots : "conforme au modèle fixé par le règlement de la Commission européenne établissant les formulaires standard pour la publication d'avis dans le cadre de la passation de marchés publics" sont supprimés ;

b) Les mots : "de l'Union européenne dans les conditions prévues à l'article 36" sont remplacés par les mots : "de la Polynésie française" ;

12° L'article 36 est supprimé ;

13° Les articles 39 et 40 sont remplacés par les dispositions suivantes :

Art. 39 *I. — Les documents de la consultation sous format papier sont gratuitement mis à disposition des opérateurs économiques. Ils peuvent être mis en ligne sur un profil d'acheteur à compter de la publication de l'avis d'appel à la concurrence selon des modalités fixées par arrêté du ministre chargé de l'économie. L'adresse du profil d'acheteur sur lequel les documents de la consultation sont accessibles est indiquée dans l'avis ou, le cas échéant, l'invitation.*

Lorsque l'appel à la concurrence est effectué au moyen d'un avis de préinformation ou d'un avis périodique indicatif, cet accès est offert à compter de l'envoi de l'invitation à confirmer l'intérêt.

Lorsque l'appel à la concurrence est effectué au moyen d'un avis sur l'existence d'un système de qualification, cet accès est offert dès que possible et au plus tard à la date d'envoi de l'invitation à soumissionner.

II. — En cas de procédure formalisée, les renseignements complémentaires sur les documents de la consultation sont envoyés aux opérateurs économiques six jours au plus tard avant la date limite fixée pour la réception des offres, pour autant qu'ils en aient fait la demande en temps utile. Lorsque (Abrogé par Décr. n° 2017-516 du 10 avr. 2017, art. 15-2°) *«, dans le cadre d'une procédure d'appel d'offres, » le délai de réception des offres est réduit pour cause d'urgence en application des articles 67, 69, 70 et 72, ce délai est de quatre jours.*

Art. 40 *Dans toutes les procédures de passation des marchés publics, les communications et les échanges d'informations effectués en application du présent décret peuvent être effectués soit sous forme papier, soit par voie électronique.*

Pour chaque étape de la procédure, les candidats et soumissionnaires appliquent le même mode de transmission à l'ensemble des documents qu'ils transmettent à l'acheteur."

14° L'article 41 est supprimé ;

15° A l'article 46, le II est ainsi rédigé :

"II. — Pour établir un tel système, l'entité adjudicatrice publie un avis sur l'existence d'un système de qualification au Journal officiel de la Polynésie française. Cet avis mentionne l'objet du système de qualification, sa durée et les modalités d'accès aux règles qui le gouvernent.

"L'entité adjudicatrice notifie au Journal officiel de la Polynésie française tout changement de la durée du système en utilisant :

"1° Un avis sur l'existence d'un système de qualification lorsque la durée de validité du système de qualification est modifiée sans qu'il y soit mis un terme ;

"2° Un avis d'attribution lorsqu'il est mis fin au système de qualification." ;

16° A l'article 48, les références aux articles L. 5212-1 à L. 5212-11 du code du travail sont remplacées par les références applicables localement ayant le même objet ;

17° L'article 49 est supprimé ;

18° A l'article 51, au III, les références aux articles du code du travail sont remplacées par les références applicables localement ayant le même objet, et au IV, les mots : "tel qu'un extrait K, un extrait K bis, un extrait D1" sont supprimés ;

19° L'article 54 est supprimé ;

20° A l'article 57, au II, les mots : "au sens de la recommandation du 6 mai 2003 susvisée" sont remplacés par les mots : "au sens de la réglementation localement applicable" ;

21° A l'article 60 :

a) Au II, les mots : "le droit de l'Union européenne," sont supprimés ;

b) Le III est supprimé ;

22° A l'article 61, les mots : "avec lesquels l'Union européenne n'a pas conclu un accord assurant un accès comparable et effectif des entreprises européennes aux marchés de ces pays, ou auxquels le bénéfice d'un tel accord n'a pas été étendu par une décision du Conseil de l'Union européenne," sont supprimés ;

23° A l'article 81, le II est ainsi rédigé :

"II. — L'acheteur précise la période de validité du système d'acquisition dynamique dans l'avis d'appel à la concurrence. A compter des seuils de procédure formalisée, l'acheteur notifie au Journal officiel de la Polynésie française tout changement de cette durée en utilisant :

"1° Le formulaire utilisé pour l'appel à la concurrence pour le système d'acquisition dynamique lorsque la durée de validité est modifiée sans qu'il soit mis un terme au système ;

"2° Un avis d'attribution lorsqu'il est mis fin au système." ;

24° A l'article 89, la référence au préfet est remplacée par la référence au représentant de l'État ;

25° A l'article 96, la référence aux catégories M et N définies à l'article R. 311-1 du code de la route est remplacée par une référence applicable localement ayant le même objet ;

26° Le I de l'article 104 est ainsi rédigé :

"I. — Pour les marchés publics répondant à un besoin d'un montant égal ou supérieur aux seuils européens publiés au Journal officiel de la République française, l'acheteur envoie pour publication, dans un délai maximal de trente jours à compter de la signature du marché public, un avis d'attribution dans le support qui a été utilisé à titre principal pour la publicité préalable." ;

27° Aux articles 105 et 106, les mots : « à la Commission européenne à sa demande et, » sont supprimés ;

(Décr. n° 2018-1225 du 24 déc. 2018, art. 9) *« 27° bis Au VI de l'article 110, les mots : "au sens de l'article 57" sont remplacés par les mots : "au sens de la réglementation applicable localement" ;*

« 27° ter A la seconde phrase du deuxième alinéa de l'article 122, les mots : "au sens de l'article 57" sont remplacés par les mots : "au sens de la réglementation applicable localement" ; »

28° A l'article 131, la référence à l'article L. 3253-22 du code du travail est remplacée par la référence applicable localement ayant le même objet ;

29° Le dernier alinéa de l'article 140 est ainsi rédigé :

"Cet avis est publié dans le support qui a été utilisé à titre principal pour la publicité préalable."

Sur l'application des dispositions issues du Décr. n° 2018-1225 du 24 déc. 2018, V. note ss. art. 18, supra.

CHAPITRE VI *DISPOSITIONS APPLICABLES DANS LES ÎLES WALLIS-ET-FUTUNA*

Art. 174 *Le présent décret est applicable dans les îles Wallis-et-Futuna* (Décr. n° 2018-1225 du 24 déc. 2018, art. 9) *« , dans sa rédaction résultant du décret n° 2018-1225 du 24 décembre 2018 portant diverses mesures relatives aux contrats de la commande publique, » aux marchés publics, soumis à l'ordonnance du 23 juillet 2015 susvisée, conclus par l'État ou ses établissements publics sous réserve des dispositions suivantes :*

1° Les montants exprimés en euros sont applicables sous réserve de leur contre-valeur en monnaie locale ;

2° Les références au Journal officiel de l'Union européenne et à l'Office des publications officielles de l'Union européenne sont remplacées par la référence au Journal officiel du Territoire des îles Wallis-et-Futuna ;

3° A l'article 6 :

a) Le b est supprimé ;

b) Au e les mots : "les autres référentiels techniques élaborés par les organismes européens de normalisation, ou, en leur absence," sont supprimés ;

4° A l'article 11, les mots : "au règlement du Parlement européen et du Conseil du 9 juillet 2008 susvisé » sont remplacés par les mots : "aux règles nationales en vigueur" ;

5° A l'article 19, le IV est supprimé ;

6° A l'article 30 :

a) Au 1°, les références aux articles L. 1311-4, L. 1331-24, L. 1331-26-1, L. 1331-28, L. 1331-29 et L. 1334-2 du code de la santé publique, aux articles L. 123-3, L. 129-2, L. 129-3, L. 511-2 et L. 511-3 du code de la construction et de l'habitation et aux 1° et 2° de l'article L. 201-2 du code rural et de la pêche maritime sont remplacées par les références applicables localement ayant le même objet ;

b) Au 2°, les mots : "Lorsque le présent 2° est mis en œuvre à la suite d'une procédure d'appel d'offres lancée par un pouvoir adjudicateur ou d'une procédure formalisée lancée par une entité adjudicatrice ou à la suite d'une procédure de passation d'un marché public relevant de l'article 28 et répondant à un besoin dont la valeur estimée est égale ou supérieure au seuil européen applicable à ces marchés publics publié au Journal officiel de la République française, un rapport est communiqué à la Commission européenne si elle le demande" sont supprimés ;

7° A l'article 31 :

a) Le I est ainsi rédigé :

"I. — Les pouvoirs adjudicateurs peuvent faire connaître leur intention de passer un marché public par le biais de la publication d'un avis de préinformation.

"Cet avis est publié soit au Journal officiel du Territoire des îles Wallis-et-Futuna, soit sur le profil [d']acheteur du pouvoir adjudicateur.

"Le profil d'acheteur est la plateforme de dématérialisation permettant notamment aux acheteurs de mettre les documents de la consultation à disposition des opérateurs économiques par voie électronique et de réceptionner par voie électronique les documents transmis par les candidats et les soumissionnaires. Un arrêté du ministre chargé de l'économie détermine les fonctionnalités et les exigences minimales qui s'imposent aux profils d'acheteur." ;

b) Au II, les mots : ", dans les conditions de l'article 36" sont supprimés ;

8° A l'article 32 :

a) Le I est ainsi rédigé :

"I. — Les entités adjudicatrices peuvent faire connaître leur intention de passer un marché public par le biais de la publication d'un avis périodique indicatif.

"Cet avis est publié soit au Journal officiel du Territoire des îles Wallis-et-Futuna, soit sur le profil d'acheteur de l'entité adjudicatrice." ;

b) Au II, les mots : ", dans les conditions de l'article 36" sont supprimés ;

9° L'article 33 est ainsi rédigé :

Art. 33 I. — Pour les marchés publics passés selon une des procédures formalisées énumérées aux articles 25 et 26, l'acheteur publie un avis de marché soit dans le Bulletin officiel des annonces des marchés publics, soit dans le Journal officiel du Territoire des îles Wallis-et-Futuna, soit dans un journal habilité à recevoir des annonces légales.

II. — L'acheteur peut faire paraître une publicité supplémentaire sur un autre support. La publicité supplémentaire peut ne comporter que certains des renseignements figurant dans l'avis de marché publié à titre principal à condition qu'elle indique les références de cet avis.

10° L'article 34 est ainsi rédigé :

Art. 34 I. — Pour les marchés publics passés selon une procédure adaptée en vertu de l'article 27, l'acheteur choisit librement les modalités de publicité adaptées en fonction des caractéristiques du marché public, notamment le montant et la nature des travaux, des fournitures ou des services en cause.

II. — L'acheteur peut faire paraître une publicité supplémentaire sur un autre support que celui choisi à titre principal. La publicité supplémentaire peut ne comporter que certains des renseignements figurant dans l'avis de marché publié à titre principal sur le support de son choix à condition qu'elle indique les références de cet avis.

11° A l'article 35 :

a) Les mots : "conforme au modèle fixé par le règlement de la Commission européenne établissant les formulaires standard pour la publication d'avis dans le cadre de la passation de marchés publics" sont supprimés ;

b) Les mots : "de l'Union européenne dans les conditions prévues à l'article 36" sont remplacés par les mots : "du Territoire des îles Wallis-et-Futuna".

12° L'article 36 est supprimé ;

13° Les articles 39 et 40 sont remplacés par les dispositions suivantes :

Art. 39 I. — Les documents de la consultation sous format papier sont gratuitement mis à disposition des opérateurs économiques. Ils peuvent être mis en ligne sur un profil d'acheteur à compter de la publication de l'avis d'appel à la concurrence selon des modalités fixées par arrêté du ministre chargé de l'économie. L'adresse du profil d'acheteur sur lequel les documents de la consultation sont accessibles est indiquée dans l'avis ou, le cas échéant, l'invitation.

Lorsque l'appel à la concurrence est effectué au moyen d'un avis de préinformation ou d'un avis périodique indicatif, cet accès est offert à compter de l'envoi de l'invitation à confirmer l'intérêt.

Lorsque l'appel à la concurrence est effectué au moyen d'un avis sur l'existence d'un système de qualification, cet accès est offert dès que possible et au plus tard à la date d'envoi de l'invitation à soumissionner.

II. — En cas de procédure formalisée, les renseignements complémentaires sur les documents de la consultation sont envoyés aux opérateurs économiques six jours au plus tard avant la date limite fixée pour la réception des offres, pour autant qu'ils en aient fait la demande en temps utile. Lorsque (Abrogé par Décr. n° 2017-516 du 10 avr. 2017, art. 16-2°) *« , dans le cadre d'une procédure d'appel d'offres, » le délai de réception des offres est réduit pour cause d'urgence en application des articles 67, 69, 70 et 72, ce délai est de quatre jours.*

***Art. 40** Dans toutes les procédures de passation des marchés publics, les communications et les échanges d'informations effectués en application du présent décret peuvent être effectués soit sous forme papier soit par voie électronique.*

Pour chaque étape de la procédure, les candidats et soumissionnaires appliquent le même mode de transmission à l'ensemble des documents qu'ils transmettent à l'acheteur."

14° L'article 41 est supprimé ;

15° A l'article 46, le II est ainsi rédigé :

"II. — Pour établir un tel système, l'entité adjudicatrice publie un avis sur l'existence d'un système de qualification au Journal officiel du Territoire des îles Wallis-et-Futuna. Cet avis mentionne l'objet du système de qualification, sa durée et les modalités d'accès aux règles qui le gouvernent.

"L'entité adjudicatrice notifie au Journal officiel du Territoire des îles Wallis-et-Futuna tout changement de la durée du système en utilisant :

"1° Un avis sur l'existence d'un système de qualification lorsque la durée de validité du système de qualification est modifiée sans qu'il y soit mis un terme ;

"2° Un avis d'attribution lorsqu'il est mis fin au système de qualification." ;

16° A l'article 48, les références aux articles L. 5212-1 à L. 5212-1 du code du travail sont remplacées par les références applicables localement ayant le même objet ;

17° L'article 49 est supprimé ;

18° A l'article 51, au III, les références aux articles du code du travail sont remplacées par les références applicables localement ayant le même objet, et au IV, les mots : "tel qu'un extrait K, un extrait K bis, un extrait D1" sont supprimés ;

19° L'article 54 est supprimé ;

20° A l'article 57, au II, les mots : "au sens de la recommandation du 6 mai 2003 susvisée" sont remplacés par les mots : "au sens de la réglementation localement applicable" ;

21° A l'article 60 :

a) Au II, les mots : "le droit de l'Union européenne," sont supprimés ;

b) Le III est supprimé ;

22° A l'article 61, les mots : "avec lesquels l'Union européenne n'a pas conclu un accord assurant un accès comparable et effectif des entreprises européennes aux marchés de ces pays, ou auxquels le bénéfice d'un tel accord n'a pas été étendu par une décision du Conseil de l'Union européenne," sont supprimés ;

23° A l'article 81, le II est ainsi rédigé :

"II. — L'acheteur précise la période de validité du système d'acquisition dynamique dans l'avis d'appel à la concurrence. A compter des seuils de procédure formalisée, l'acheteur notifie au Journal officiel du Territoire des îles Wallis-et-Futuna tout changement de cette durée en utilisant :

"1° Le formulaire utilisé pour l'appel à la concurrence pour le système d'acquisition dynamique lorsque la durée de validité est modifiée sans qu'il soit mis un terme au système ;

"2° Un avis d'attribution lorsqu'il est mis fin au système." ;

24° A l'article 89, la référence au préfet est remplacée par la référence au représentant de l'État ;

25° A l'article 96, la référence aux catégories M et N définies à l'article R. 311-1 du code de la route est remplacée par une référence applicable localement ayant le même objet ;

26° Le I de l'article 104 est ainsi rédigé :

"I. — Pour les marchés publics répondant à un besoin d'un montant égal ou supérieur aux seuils européens publiés au Journal officiel de la République française, l'acheteur envoie pour publication, dans un délai maximal de trente jours à compter de la signature du marché public, un avis d'attribution dans le support qui a été utilisé à titre principal pour la publicité préalable." ;

27° Aux articles 105 et 106, les mots : "à la Commission européenne à sa demande et," sont supprimés ;

(Décr. n° 2018-1225 du 24 déc. 2018, art. 9) *« 27° bis Au VI de l'article 110, les mots : "au sens de l'article 57" sont remplacés par les mots : "au sens de la réglementation applicable localement" ;*

« 27° ter A la seconde phrase du deuxième alinéa de l'article 122, les mots : "au sens de l'article 57" sont remplacés par les mots : "au sens de la réglementation applicable localement" ; »

28° A l'article 131, la référence à l'article L. 3253-22 du code du travail est remplacée par la référence applicable localement ayant le même objet ;

29° Le dernier alinéa de l'article 140 est ainsi rédigé :

"Cet avis est publié dans le support qui a été utilisé à titre principal pour la publicité préalable."

Sur l'application des dispositions issues du Décr. n° 2018-1225 du 24 déc. 2018, V. note ss. art. 18, supra.

CHAPITRE VII *DISPOSITIONS APPLICABLES DANS LES TERRES AUSTRALES ET ANTARCTIQUES FRANÇAISES*

Art. 175 *Le présent décret est applicable dans les Terres australes et antarctiques françaises (Décr. n° 2018-1225 du 24 déc. 2018, art. 9) « , dans sa rédaction résultant du décret n° 2018-1225 du 24 décembre 2018 portant diverses mesures relatives aux contrats de la commande publique, » aux marchés publics, soumis à l'ordonnance du 23 juillet 2015 susvisée, conclus par l'État ou ses établissements publics sous réserve des dispositions suivantes :*

1° Les montants exprimés en euros sont applicables sous réserve de leur contre-valeur en monnaie locale ;

2° Les références au Journal officiel de l'Union européenne et à l'Office des publications officielles de l'Union européenne sont remplacées par la référence au Journal officiel des Terres australes et antarctiques françaises ;

3° A l'article 6 :

a) Le b est supprimé ;

b) Au e les mots : "les autres référentiels techniques élaborés par les organismes européens de normalisation, ou, en leur absence," sont supprimés ;

4° A l'article 11, les mots : "au règlement du Parlement européen et du Conseil du 9 juillet 2008 susvisé" sont remplacés par les mots : "aux règles nationales en vigueur" ;

5° A l'article 19, le IV est supprimé ;

6° A l'article 30 :

a) Au 1°, les références aux articles L. 1311-4, L. 1331-24, L. 1331-26-1, L. 1331-28, L. 1331-29 et L. 1334-2 du code de la santé publique, aux articles L. 123-3, L. 129-2, L. 129-3, L. 511-2 et L. 511-3 du code de la construction et de l'habitation et aux 1° et 2° de l'article L. 201-2 du code rural et de la pêche maritime sont remplacées par les références applicables localement ayant le même objet ;

b) Au 2°, les mots : "Lorsque le présent 2° est mis en œuvre à la suite d'une procédure d'appel d'offres lancée par un pouvoir adjudicateur ou d'une procédure formalisée lancée par une entité adjudicatrice ou à la suite d'une procédure de passation d'un marché public relevant de l'article 28 et répondant à un besoin dont la valeur estimée est égale ou supérieure au seuil européen applicable à ces marchés publics publié au Journal officiel de la République française, un rapport est communiqué à la Commission européenne si elle le demande" sont supprimés ;

7° A l'article 31 :

a) Le I est ainsi rédigé :

"I. — Les pouvoirs adjudicateurs peuvent faire connaître leur intention de passer un marché public par le biais de la publication d'un avis de préinformation.

"Cet avis est publié soit au Journal officiel des Terres australes et antarctiques françaises, soit sur le profil d'acheteur du pouvoir adjudicateur.

"Le profil d'acheteur est la plateforme de dématérialisation permettant notamment aux acheteurs de mettre les documents de la consultation à disposition des opérateurs économiques par voie électronique et de réceptionner par voie électronique les documents transmis par les candidats et les soumissionnaires. Un arrêté du ministre chargé de l'économie détermine les fonctionnalités et les exigences minimales qui s'imposent aux profils d'acheteur." ;

b) Au II, les mots : ", dans les conditions de l'article 36" sont supprimés ;

8° A l'article 32 :

a) Le I est ainsi rédigé :

"I. — Les entités adjudicatrices peuvent faire connaître leur intention de passer un marché public par le biais de la publication d'un avis périodique indicatif.

"Cet avis est publié soit au Journal officiel des Terres australes et antarctiques françaises, soit sur le profil d'acheteur de l'entité adjudicatrice." ;

b) Au II, les mots : ", dans les conditions de l'article 36" sont supprimés ;

9° L'article 33 est ainsi rédigé :

Art. 33 I. — Pour les marchés publics passés selon une des procédures formalisées énumérées aux articles 25 et 26, l'acheteur publie un avis de marché soit dans le Bulletin officiel des annonces des marchés publics, soit dans le Journal officiel des Terres australes et antarctiques françaises, soit dans un journal habilité à recevoir des annonces légales.

II. — L'acheteur peut faire paraître une publicité supplémentaire sur un autre support. La publicité supplémentaire peut ne comporter que certains des renseignements figurant dans l'avis de marché publié à titre principal à condition qu'elle indique les références de cet avis.

10° L'article 34 est ainsi rédigé :

Art. 34 *I. — Pour les marchés publics passés selon une procédure adaptée en vertu de l'article 27, l'acheteur choisit librement les modalités de publicité adaptées en fonction des caractéristiques du marché public, notamment le montant et la nature des travaux, des fournitures ou des services en cause.*

II. — L'acheteur peut faire paraître une publicité supplémentaire sur un autre support que celui choisi à titre principal. La publicité supplémentaire peut ne comporter que certains des renseignements figurant dans l'avis de marché publié à titre principal sur le support de son choix à condition qu'elle indique les références de cet avis.

11° A l'article 35 :

a) Les mots : "conforme au modèle fixé par le règlement de la Commission européenne établissant les formulaires standard pour la publication d'avis dans le cadre de la passation de marchés publics" sont supprimés ;

b) Les mots : "de l'Union européenne dans les conditions prévues à l'article 36" sont remplacés par les mots : "des Terres australes et antarctiques françaises" ;

12° L'article 36 est supprimé ;

13° Les articles 39 et 40 sont remplacés par les dispositions suivantes :

Art. 39 *I. — Les documents de la consultation sous format papier sont gratuitement mis à disposition des opérateurs économiques. Ils peuvent être mis en ligne sur un profil d'acheteur à compter de la publication de l'avis d'appel à la concurrence selon des modalités fixées par arrêté du ministre chargé de l'économie. L'adresse du profil d'acheteur sur lequel les documents de la consultation sont accessibles est indiquée dans l'avis ou, le cas échéant, l'invitation.*

Lorsque l'appel à la concurrence est effectué au moyen d'un avis de préinformation ou d'un avis périodique indicatif, cet accès est offert à compter de l'envoi de l'invitation à confirmer l'intérêt.

Lorsque l'appel à la concurrence est effectué au moyen d'un avis sur l'existence d'un système de qualification, cet accès est offert dès que possible et au plus tard à la date d'envoi de l'invitation à soumissionner.

II. — En cas de procédure formalisée, les renseignements complémentaires sur les documents de la consultation sont envoyés aux opérateurs économiques six jours au plus tard avant la date limite fixée pour la réception des offres, pour autant qu'ils en aient fait la demande en temps utile. Lorsque (Abrogé par Décr. n° 2017-516 du 10 avr. 2017, art. 17-2°) *« , dans le cadre d'une procédure d'appel d'offres, » le délai de réception des offres est réduit pour cause d'urgence en application des articles 67, 69, 70 et 72, ce délai est de quatre jours.*

Art. 40 *Dans toutes les procédures de passation des marchés publics, les communications et les échanges d'informations effectués en application du présent décret peuvent être effectués par voie électronique sans pour autant exclure des communications et des échanges par voie papier.*

Pour chaque étape de la procédure, les candidats et soumissionnaires appliquent le même mode de transmission à l'ensemble des documents qu'ils transmettent à l'acheteur.

14° L'article 41 est supprimé ;

15° A l'article 46, le II est ainsi rédigé :

"II. — Pour établir un tel système, l'entité adjudicatrice publie un avis sur l'existence d'un système de qualification au Journal officiel des Terres australes et antarctiques françaises. Cet avis mentionne l'objet du système de qualification, sa durée et les modalités d'accès aux règles qui le gouvernent.

"L'entité adjudicatrice notifie au Journal officiel des Terres australes et antarctiques françaises tout changement de la durée du système en utilisant :

"1° Un avis sur l'existence d'un système de qualification lorsque la durée de validité du système de qualification est modifiée sans qu'il y soit mis un terme ;

"2° Un avis d'attribution lorsqu'il est mis fin au système de qualification." ;

16° A l'article 48, les références aux articles L. 5212-1 à L. 5212-11 du code du travail sont remplacées par les références applicables localement ayant le même objet ;

17° L'article 49 est supprimé ;

18° A l'article 51, au III, les références aux articles du code du travail sont remplacées par les références applicables localement ayant le même objet, et au IV, les mots : "tel qu'un extrait K, un extrait K bis, un extrait D1" sont supprimés ;

19° L'article 54 est supprimé ;

20° A l'article 57, au II, les mots : "au sens de la recommandation du 6 mai 2003 susvisée" sont remplacés par les mots : "au sens de la réglementation localement applicable" ;

21° A l'article 60 :
a) Au II, les mots : "le droit de l'Union européenne," sont supprimés ;
b) Le III est supprimé ;
22° A l'article 61, les mots : "avec lesquels l'Union européenne n'a pas conclu un accord assurant un accès comparable et effectif des entreprises européennes aux marchés de ces pays, ou auxquels le bénéfice d'un tel accord n'a pas été étendu par une décision du Conseil de l'Union européenne," sont supprimés ;
23° A l'article 81, le II est ainsi rédigé :
"II. — L'acheteur précise la période de validité du système d'acquisition dynamique dans l'avis d'appel à la concurrence. A compter des seuils de procédure formalisée, l'acheteur notifie au Journal officiel des Terres australes et antarctiques françaises tout changement de cette durée en utilisant :
"1° Le formulaire utilisé pour l'appel à la concurrence pour le système d'acquisition dynamique lorsque la durée de validité est modifiée sans qu'il soit mis un terme au système ;
"2° Un avis d'attribution lorsqu'il est mis fin au système." ;
24° A l'article 89, la référence au préfet est remplacée par la référence au représentant de l'État ;
25° A l'article 96, la référence aux catégories M et N définies à l'article R. 311-1 du code de la route est remplacée par une référence applicable localement ayant le même objet ;
26° Le I de l'article 104 est ainsi rédigé :
"I. — Pour les marchés publics répondant à un besoin d'un montant égal ou supérieur aux seuils européens publiés au Journal officiel de la République française, l'acheteur envoie pour publication, dans un délai maximal de trente jours à compter de la signature du marché public, un avis d'attribution dans le support qui a été utilisé à titre principal pour la publicité préalable." ;
27° Aux articles 105 et 106, les mots : "à la Commission européenne à sa demande et," sont supprimés ;
(Décr. n° 2018-1225 du 24 déc. 2018, art. 9) *« 27° bis Au VI de l'article 110, les mots : "au sens de l'article 57" sont remplacés par les mots : "au sens de la réglementation applicable localement" ;*
« 27° ter A la seconde phrase du deuxième alinéa de l'article 122, les mots : "au sens de l'article 57" sont remplacés par les mots : "au sens de la réglementation applicable localement" ; »
28° A l'article 131, la référence à l'article L. 3253-22 du code du travail est remplacée par la référence applicable localement ayant le même objet ;
29° Le dernier alinéa de l'article 140 est ainsi rédigé :
"Cet avis est publié dans le support qui a été utilisé à titre principal pour la publicité préalable."
Sur l'application des dispositions issues du Décr. n° 2018-1225 du 24 déc. 2018, V. note ss. art. 18, supra.

QUATRIÈME PARTIE **DISPOSITIONS DIVERSES**

Art. 176 *Les articles 146, 148 et 157 sont applicables aux contrats de crédit-bail mentionnés à l'article 34 de la loi du 29 décembre 2014 susvisée* [L. n° 2014-1653 du 29 déc. 2014, V. ss. CCP, art. L. 2211-1].

Art. 177 *Les seuils mentionnés dans le présent décret peuvent être modifiés par décret.*

Art. 178 *Dans toutes les dispositions réglementaires en vigueur, pour les contrats passés en application du présent décret, les références au code des marchés publics, à l'ordonnance n° 2004-559 du 17 juin 2004 sur les contrats de partenariat, à l'ordonnance n° 2005-649 du 6 juin 2005 relative aux marchés passés par certaines personnes publiques ou privées non soumises au code des marchés publics et à leurs dispositions réglementaires d'application, s'entendent comme faisant référence à l'ordonnance du 23 juillet 2015 susvisée et au présent décret pour autant que lesdits contrats eussent relevé du champ d'application de ces dispositions avant l'entrée en vigueur du présent décret.*

Art. 179 *Le code général des collectivités territoriales est ainsi modifié :*
1° V. CGCT, art. D. 1611-28. — **CGCT** ;
2° V. CGCT, art. R. 2131-5, ss. C. marchés, art. 80 ; V. CGCT, art. D. 6242-5, D. 6342-5. — **CGCT** ;
3° V. CGCT, art. R. 2131-6, ss. C. marchés, art. 80 ;
4° V. CGCT, art. D. 2573-11. — **CGCT** ;
5° V. CGCT, art. D. 6242-6. — **CGCT** ;
6° V. CGCT, art. D. 6342-6. — **CGCT**.

Art. 180 V. CJA, art. R. 551-7, R. 551-7-1, R. 551-11, R. 551-12.

Art. 181 *V. C. pr. civ., art. 1441-3, 1441-3-1.*

Art. 182 *V. C. urb., art. R.* 300-11-1 à R.* 300-11-3.*

Art. 183 *V. Décr. n° 2013-269 du 29 mars 2013, art. 1er, 20-1.*

Art. 184 *V. Décr. n° 2013-1211 du 23 déc. 2013, art. 2-1, 5-1.*

Art. 185 *V. Décr. n° 2015-815 du 3 juill. 2015, art. 3, 4.*

Art. 186 *V. Décr. n° 2016-247 du 3 mars 2016, art. 2, 8.*

Art. 187 ***Sont abrogés :***

1° Le chapitre IV du titre I du livre IV de la première partie de la partie réglementaire du code général des collectivités territoriales ainsi que l'article R. 1311-2 de ce code ;

2° La sous-section 2 de la section 2 du chapitre II du titre II du livre I de la deuxième partie règlementaire ainsi que les articles R. 5231-2 et R. 5231-3 du code général de la propriété des personnes publiques ;

3° Les articles R. 6148-1 à R. 6148-3 du code de la santé publique ;

4° Le décret n° 49-500 du 11 avril 1949 modifié portant application, pour les territoires relevant du ministère de la France d'outre-mer, du décret du 6 avril 1942 relatif aux marchés passés au nom de l'État ;

5° Le décret n° 58-15 du 8 janvier 1958 relatif au règlement des marchés de l'État et des établissements publics nationaux non soumis aux lois et usages du commerce passés ou exécutés dans les territoires d'outre-mer ;

6° Le décret n° 2005-1308 du 20 octobre 2005 relatif aux marchés passés par les entités adjudicatrices mentionnées à l'article 4 de l'ordonnance n° 2005-649 du 6 juin 2005 relative aux marchés passés par certaines personnes publiques ou privées non soumises au code des marchés publics ;

7° Le décret n° 2005-1742 du 30 décembre 2005 relatif aux marchés passés par les pouvoirs adjudicateurs mentionnés à l'article 3 de l'ordonnance n° 2005-649 du 6 juin 2005 relative aux marchés passés par certaines personnes publiques ou privées non soumises au code des marchés publics ;

8° Le décret n° 2007-590 du 25 avril 2007 fixant les règles applicables aux marchés passés par les établissements publics mentionnés au 5° du I de l'article 3 de l'ordonnance n° 2005-649 du 6 juin 2005 relative aux marchés passés par certaines personnes publiques ou privées non soumises au code des marchés publics, pour les achats de fournitures, de services et de travaux destinés à la conduite de leurs activités de recherche ;

9° Le décret n° 2009-243 du 2 mars 2009 relatif à la procédure de passation et à certaines modalités d'exécution des contrats de partenariat passés par l'État et ses établissements publics ainsi que les personnes mentionnées aux articles 19 et 25 de l'ordonnance n° 2004-559 du 17 juin 2004 ;

10° Le décret n° 2009-245 du 2 mars 2009 relatif à la définition des petites et moyennes entreprises dans la réglementation applicable à la commande publique *[V. ss. C. marchés, art. 48]* ***;***

11° Le décret n° 2012-1093 du 27 septembre 2012 complétant les dispositions relatives à la passation de certains contrats publics ;

12° Les articles 17 et 18 du décret du 3 juillet 2015 susvisé.

CINQUIÈME PARTIE **DISPOSITIONS FINALES**

Art. 188 ***L'ordonnance du 23 juillet 2015 susvisée et le présent décret entrent en vigueur le 1er avril 2016.***

Le présent décret s'applique aux marchés publics pour lesquels une consultation est engagée ou un avis d'appel à la concurrence est envoyé à la publication à compter de sa date d'entrée en vigueur.

Il ne s'applique pas aux marchés passés sur le fondement d'un accord-cadre ou dans le cadre d'un système d'acquisition dynamique lorsque la procédure en vue de la passation de cet accord-cadre ou de la mise en place de ce système d'acquisition dynamique a été engagée avant cette date.

Décret n° 2016-361 du 25 mars 2016 *[Abrogé]*,

Relatif aux marchés publics de défense ou de sécurité.

(Abrogé par Décr. n° 2018-1075 du 3 déc. 2018, art. 14 et 16, à compter du 1er avr. 2019)

Nota : *A compter du 1er avr. 2019, le Décr. n° 2018-1075 du 3 déc. 2018 abroge et remplace le présent décret (Décr. préc., art. 14 et 16).*

Les dispositions du Décr. n° 2018-1075 du 3 déc. 2018 s'appliquent :

— aux marchés publics pour lesquels une consultation a été engagée ou un avis d'appel à la concurrence a été envoyé à la publication depuis le 1er avr. 2019. Elles ne s'appliquent pas aux marchés publics passés sur le fondement d'un accord-cadre ou dans le cadre d'un système d'acquisition dynamique lorsque la procédure en vue de la passation de cet accord ou de la mise en place de ce système d'acquisition dynamique a été engagée avant cette date ;

— aux contrats de concession pour lesquels une consultation a été engagée ou un avis de concession a été envoyé à la publication depuis le 1er avr. 2019 (Décr. préc., art. 16).

PREMIÈRE PARTIE DISPOSITIONS GÉNÉRALES

TITRE I CHAMP D'APPLICATION

Art. 1er ***Le présent décret s'applique aux marchés publics de défense ou de sécurité définis à l'article 6 de l'ordonnance du 23 juillet 2015*** *[Ord. n° 2015-899 du 23 juill. 2015, V. App., Partie VIII].*

Un arrêté du Premier ministre fixe les conditions dans lesquelles est assurée la protection du secret et des informations concernant la défense nationale et la sûreté de l'État dans les marchés publics et autres contrats.

Des dispositions particulières peuvent être prises par décret pour la passation et l'exécution des marchés publics passés par les services placés sous l'autorité du ministre de la défense dans les situations définies aux articles L. 1111-2 et L. 2141-1 à L. 2141-4 du code de la défense. *— [V. désormais CCP, art. R. 2300-1.]*

TITRE II PRÉPARATION DU MARCHÉ PUBLIC

CHAPITRE I *DÉFINITION PRÉALABLE DES BESOINS*

SECTION 1 *Études et échanges préalables avec les opérateurs économiques*

Art. 2 ***Afin de préparer la passation d'un marché public, l'acheteur peut effectuer des consultations ou réaliser des études de marché, solliciter des avis ou informer les opérateurs économiques de son projet et de ses exigences.***

Les résultats de ces études et échanges préalables peuvent être utilisés par l'acheteur, à condition qu'ils n'aient pas pour effet de fausser la concurrence et n'entraînent pas une violation des principes de liberté d'accès à la commande publique, d'égalité de traitement des candidats et de transparence des procédures. *— [V. désormais CCP, art. R. 2311-1.]*

SECTION 2 *Participation d'un opérateur économique à la préparation du marché public*

Art. 3 ***L'acheteur prend les mesures appropriées pour que la concurrence ne soit pas faussée par la participation à la procédure de passation du marché public d'un opérateur économique qui aurait eu accès, du fait de sa participation préalable directe ou indirecte à la préparation de cette procédure, à des informations ignorées des autres candidats ou soumissionnaires. Cet opérateur n'est exclu de la procédure de passation que lorsqu'il ne peut être remédié à cette situation par d'autres moyens, conformément aux dispositions du 3° de l'article 48 de l'ordonnance du 23 juillet 2015 susvisée.*** *— [V. désormais CCP, art. R. 2311-1, R. 2323-4.]*

SECTION 3 *Spécifications techniques*

Art. 4 ***I. — Les spécifications techniques définissent les caractéristiques requises des travaux, des services ou des fournitures qui font l'objet du marché public.***

Ces caractéristiques peuvent également se référer au processus ou à la méthode spécifique de production ou de fourniture des travaux, des produits ou des services demandés ou à un processus propre à un autre stade de leur cycle de vie même lorsque ces facteurs ne font pas partie de leur contenu matériel, à condition qu'ils soient liés à l'objet du marché public et proportionnés à sa valeur et à ses objectifs.

Les spécifications techniques peuvent aussi préciser si le transfert des droits de propriété intellectuelle sera exigé.

II. — Les spécifications techniques sont formulées :

1° Soit par référence à des normes ou à d'autres documents équivalents accessibles aux candidats, choisis dans l'ordre de préférence suivant et accompagnés de la mention "ou équivalent" :

a) Les normes civiles nationales transposant des normes européennes ;

b) Les agréments techniques européens ;

c) Les spécifications techniques civiles communes ;

d) Les normes civiles nationales transposant des normes internationales ;

e) Les autres normes civiles internationales ;

f) Les autres référentiels techniques élaborés par les organismes européens de normalisation, ou, en leur absence, les normes civiles nationales, les agréments techniques nationaux ou les spécifications techniques nationales en matière de conception, de calcul et de réalisation des ouvrages et d'utilisation des fournitures ;

g) Les spécifications techniques civiles définies par les entreprises et largement reconnues par elles ;

h) Les "normes défense" nationales et spécifications relatives aux équipements miliaires qui sont similaires à ces normes ;

2° Soit en termes de performances ou d'exigences fonctionnelles. Celles-ci sont suffisamment précises pour permettre aux candidats de connaître exactement l'objet du marché public et à l'acheteur d'attribuer le marché public. Elles peuvent inclure des caractéristiques environnementales ou sociales ;

3° Soit en combinant le 1° et le 2°.

Les règles européennes relatives à la nature et au contenu des spécifications techniques sont publiées au Journal officiel de la République française. — [*V. désormais CCP, art. R. 2311-2, R. 2311-4, R. 2311-5, R. 2311-6.*] — *V. Avis relatif à la nature et au contenu des spécifications techniques dans les marchés publics (JO 27 mars 2016).*

Art. 5 *Lorsque l'acheteur définit une spécification technique par référence à une norme ou à un document équivalent, il ne peut pas rejeter une offre au motif que celle-ci n'est pas conforme à cette norme ou à ce document si le soumissionnaire prouve, par tout moyen approprié, que les solutions qu'il propose satisfont de manière équivalente aux exigences définies par cette norme ou ce document. Lorsque l'acheteur définit une spécification technique en termes de performances ou d'exigences fonctionnelles, il ne peut pas rejeter une offre si celle-ci est conforme à une norme ou à un document équivalent correspondant à ces performances ou exigences fonctionnelles. Le soumissionnaire prouve, par tout moyen approprié, que cette norme ou ce document équivalent correspond aux performances ou exigences fonctionnelles définies par l'acheteur. La formulation des spécifications techniques ne doit faire obstacle ni au respect de règles techniques nationales obligatoires, y compris celles relatives à la sécurité des produits, ni à la satisfaction d'exigences techniques destinées à garantir l'interopérabilité requise par des accords internationaux de normalisation dont la France est signataire.* — [*V. désormais CCP, art. R. 2311-6, R. 2311-7.*]

Art. 6 *Les spécifications techniques ne peuvent pas faire mention d'un mode ou procédé de fabrication particulier ou d'une provenance ou origine déterminée, ni faire référence à une marque, à un brevet ou à un type lorsqu'une telle mention ou référence est susceptible de favoriser ou d'éliminer certains opérateurs économiques ou certains produits. Toutefois, une telle mention ou référence est possible si elle est justifiée par l'objet du marché public ou, à titre exceptionnel, dans le cas où une description suffisamment précise et intelligible de l'objet du marché public n'est pas possible sans elle et à la condition qu'elle soit accompagnée des termes "ou équivalent".* — [*V. désormais CCP, art. R. 2311-4.*]

Art. 7 *Chaque fois que possible, les spécifications techniques sont établies de manière à prendre en compte des critères d'accessibilité pour les personnes handicapées ou des critères de fonctionnalité pour tous les utilisateurs.* — [*V. désormais CCP, art. R. 2311-3.*]

SECTION 4 *Écolabels*

Art. 8 *Lorsque les performances ou les exigences fonctionnelles comportent des caractéristiques environnementales, celles-ci peuvent être définies par référence à tout ou partie d'un écolabel pour autant :*

1° Que cet écolabel soit approprié pour définir les caractéristiques des fournitures ou des prestations faisant l'objet du marché public ;

2° Que les mentions figurant dans l'écolabel aient été établies sur la base d'une information scientifique ;

3° Que l'écolabel soit établi par une procédure ouverte et transparente ;

4° Que l'écolabel et ses spécifications détaillées soient accessibles à toute personne intéressée.

L'acheteur peut indiquer, dans les documents de la consultation, que les produits ou services ayant obtenu un écolabel sont présumés satisfaire aux caractéristiques environnementales mentionnées dans les spécifications techniques mais est tenu d'accepter tout moyen de preuve approprié. — [*V. désormais CCP, art. R. 2311-8, R. 2311-9.*]

CHAPITRE II ALLOTISSEMENT

Art. 9 *L'acheteur qui décide d'allotir un marché public indique, s'il y a lieu, les règles d'attribution de plusieurs lots à un même soumissionnaire dans les documents de la consultation.* — [V. désormais CCP, art. R. 2313-1.]

CHAPITRE III MARCHÉS PUBLICS RÉSERVÉS

Art. 10 *Lorsque l'acheteur réserve un marché public ou des lots d'un marché public aux opérateurs économiques qui emploient des travailleurs handicapés en application du I de l'article 36 de l'ordonnance du 23 juillet 2015 susvisée, l'avis d'appel à la concurrence renvoie au I de ce même article.*

La proportion minimale mentionnée au I de l'article 36 susmentionné est fixée à 50 %. — [V. désormais CCP, art. R. 2313-3.]

CHAPITRE IV CONTENU DU MARCHÉ PUBLIC

SECTION 1 Caractère écrit

Art. 11 *Les marchés publics répondant à un besoin dont la valeur estimée est égale ou supérieure à 25 000 € HT sont conclus par écrit.*

Les clauses du marché public peuvent être déterminées par référence à des documents généraux.

Lorsque l'acheteur fait référence à des documents généraux, le marché public comporte, le cas échéant, l'indication des articles de ces documents auxquels il déroge. — [V. désormais CCP, art. L. 2312-1, R. 2312-1, R. 2312-2, R. 2312-3, R. 2312-6.]

Art. 12 *Les conditions d'exécution particulières d'un marché public peuvent, notamment, comporter :*

1° Des éléments à caractère social ou environnemental qui prennent en compte les objectifs de développement durable en conciliant développement économique, protection et mise en valeur de l'environnement et progrès social ;

2° Des exigences relatives à la sécurité d'approvisionnement ;

3° Des exigences relatives aux sous-contrats tels que définis par l'article 63 de l'ordonnance du 23 juillet 2015 susvisée ;

4° Des exigences relatives à la sécurité des informations ;

5° Des exigences relatives à la localisation sur le territoire des États membres de l'Union européenne ou des parties à l'Espace économique européen du lieu d'exécution de tout ou partie des prestations ou des moyens utilisés pour exécuter tout ou partie du marché public, maintenir ou moderniser les produits acquis. — [V. désormais CCP, art. R. 2312-4.]

SECTION 2 Durée

Art. 13 *Sous réserve des dispositions de l'ordonnance du 23 juillet 2015 susvisée et du présent décret relatives à la durée maximale de certains marchés publics, la durée d'un marché public est fixée en tenant compte de la nature des prestations et de la nécessité d'une remise en concurrence périodique.*

Un marché public peut prévoir une ou plusieurs reconductions à condition que ses caractéristiques restent inchangées et que la mise en concurrence ait été réalisée en prenant en compte sa durée totale.

Sauf stipulation contraire, la reconduction prévue dans le marché public est tacite et le titulaire ne peut s'y opposer. — [V. désormais CCP, art. R. 2312-5.]

SECTION 3 Prix

Art. 14 *Les prix des prestations faisant l'objet d'un marché public sont soit des prix unitaires appliqués aux quantités réellement livrées ou exécutées, soit des prix forfaitaires appliqués à tout ou partie du marché public, quelles que soient les quantités livrées ou exécutées.*

Des clauses incitatives peuvent être insérées dans les marchés publics notamment aux fins d'améliorer les délais d'exécution, de rechercher une meilleure qualité des prestations et de réduire les coûts de production.

Sous réserve des dispositions de l'article 15, les marchés publics peuvent prévoir des clauses de variation des prix. — [V. désormais CCP, art. R. 2312-7.]

Art. 15 *I. — Sous réserve des dispositions de l'article 16, un marché public est conclu à prix définitif.*

II. — Un prix définitif peut être ferme ou révisable.

III. — Un prix ferme est un prix invariable pendant la durée du marché public. Toutefois, il est actualisable dans les conditions définies ci-dessous.

Un marché public est conclu à prix ferme dans le cas où cette forme de prix n'est pas de nature à exposer à des aléas majeurs les parties au marché public du fait de l'évolution raisonnablement prévisible des conditions économiques pendant la période d'exécution des prestations.

Lorsqu'un marché public est conclu à prix ferme pour des fournitures ou services autres que courants ou pour des travaux, il prévoit les modalités d'actualisation de son prix. Il précise notamment :

1° Que ce prix sera actualisé si un délai supérieur à trois mois s'écoule entre la date à laquelle le candidat a fixé son prix dans l'offre et la date de début d'exécution des prestations ;

2° Que l'actualisation se fera aux conditions économiques correspondant à une date antérieure de trois mois à la date de début d'exécution des prestations.

Lorsqu'un marché public est conclu à prix ferme pour des fournitures ou services courants, il peut prévoir que son prix pourra être actualisé selon des règles identiques à celles mentionnées ci-dessus.

Le prix ainsi actualisé reste ferme pendant toute la période d'exécution des prestations et constitue le prix de règlement.

Dans les marchés publics à tranches, le prix de chaque tranche est actualisable dans les conditions déterminées par les troisième à sixième alinéas du présent III. Cette actualisation est opérée aux conditions économiques observées à une date antérieure de trois mois au début d'exécution des prestations de la tranche.

Pour l'application de ces dispositions, sont réputés être des fournitures ou services courants ceux pour lesquels l'acheteur n'impose pas des spécifications techniques propres au marché public.

IV. — Un prix révisable est un prix qui peut être modifié pour tenir compte des variations économiques dans les conditions fixées ci-dessous.

Lorsque le prix est révisable, le marché public fixe la date d'établissement du prix initial, les modalités de calcul de la révision ainsi que la périodicité de sa mise en œuvre. Les modalités de calcul de la révision du prix sont fixées :

1° Soit en fonction d'une référence à partir de laquelle on procède à l'ajustement du prix de la prestation ;

2° Soit par application d'une formule représentative de l'évolution du coût de la prestation. Dans ce cas, la formule de révision ne prend en compte que les différents éléments du coût de la prestation et inclut un terme fixe ;

3° Soit en combinant les modalités mentionnées aux 1° et 2°.

V. — Les marchés publics d'une durée d'exécution supérieure à trois mois qui nécessitent pour leur réalisation le recours à une part importante de fournitures notamment de matières premières dont le prix est directement et substantiellement affecté par les fluctuations de cours mondiaux comportent une clause de révision de prix incluant au moins une référence aux indices officiels de fixation de ces cours, conformément au IV.

Toutefois, les marchés publics de fourniture de gaz ou d'électricité peuvent être conclus à prix ferme conformément aux usages de la profession. — [V. désormais CCP, art. R. 2312-8, R. 2312-9, R. 2312-10, R. 2312-11, R. 2312-12.]

Art. 16 *I. — Le marché public ne peut être conclu à prix provisoires que dans les cas suivants :*

1° Lorsque, pour des prestations complexes ou faisant appel à une technique nouvelle et présentant soit un caractère d'urgence impérieuse, soit des aléas techniques importants, l'exécution du marché public doit commencer alors que la détermination d'un prix initial définitif n'est pas encore possible ;

2° Lorsque les résultats d'une enquête de coût de revient portant sur des prestations comparables commandées au titulaire d'un marché public antérieur ne sont pas encore connus ;

3° Lorsque les prix des dernières tranches d'un marché public à tranches sont fixés au vu des résultats, non encore connus, d'une enquête de coût de revient portant sur les premières tranches, conclues à prix définitifs ;

4° Lorsque les prix définitifs de prestations comparables ayant fait l'objet de marchés publics antérieurs sont remis en cause par le candidat pressenti ou par l'acheteur, sous réserve que ce dernier ne dispose pas des éléments techniques ou comptables lui permettant de négocier de nouveaux prix définitifs ;

5° Lorsque les prestations font l'objet d'un partenariat d'innovation ou font appel principalement à des technologies innovantes ou évolutives ne permettant pas de conclure le marché public à prix définitif ;

6° Lorsque les résultats de la mise en concurrence d'une partie du marché public que le titulaire a prévu de confier à un sous-contractant ne sont pas encore connus au moment de la conclusion du marché public.

II. — Les marchés publics conclus à prix provisoires précisent :

1° Les conditions dans lesquelles sera déterminé le prix définitif, dans la limite d'un plafond éventuellement révisé ;

2° L'échéance à laquelle le prix définitif devra être fixé ;

3° Les règles comptables auxquelles le titulaire devra se conformer ;

4° Les vérifications sur pièces et sur place que l'acheteur se réserve d'effectuer sur les éléments techniques et comptables du coût de revient.

III. — Pour la réalisation des ouvrages mentionnés à l'article 1er de la loi du 12 juillet 1985 susvisée [L. n° 85-704 du 12 juill. 1985 mod.], *les marchés publics de maîtrise d'œuvre sont passés à prix provisoires conformément au décret du 29 novembre 1993 susvisé* [Décr. n° 93-1268 du 29 nov. 1993]. — [V. désormais CCP, art. R. 2312-13, R. 2312-14.]

TITRE III PASSATION DU MARCHÉ PUBLIC

CHAPITRE I *CALCUL DE LA VALEUR ESTIMÉE DU BESOIN*

Art. 17 *La valeur estimée du besoin est calculée sur la base du montant total hors taxe du ou des marchés publics envisagés, y compris les options et les reconductions. Lorsque l'acheteur prévoit des primes ou des paiements au profit des candidats ou soumissionnaires, il en tient compte pour ce calcul.*

Lorsqu'un acheteur est composé d'unités opérationnelles distinctes, la valeur totale estimée des marchés publics passés pour les besoins des différentes unités opérationnelles est prise en compte. Toutefois, lorsqu'une unité opérationnelle est responsable de manière autonome de ses marchés publics ou de certaines catégories d'entre eux, la valeur du besoin peut être estimée au niveau de l'unité en question.

L'acheteur ne peut se soustraire à l'application du présent décret en scindant ses achats ou en utilisant des modalités de calcul de la valeur estimée du besoin autres que celles prévues ci-après. — [V. désormais CCP, art. R. 2321-1, R. 2321-2, R. 2321-3.]

Art. 18 *I. — La valeur estimée du besoin est déterminée dans les conditions suivantes, quels que soient le nombre d'opérateurs économiques auquel il est fait appel et le nombre de marchés publics à passer :*

1° En ce qui concerne les marchés publics de travaux, sont prises en compte la valeur globale des travaux se rapportant à une opération ainsi que la valeur totale estimée des fournitures et des services mis à la disposition du titulaire par l'acheteur lorsqu'ils sont nécessaires à l'exécution des travaux.

Il y a opération de travaux lorsque l'acheteur prend la décision de mettre en œuvre, dans une période de temps et un périmètre limité, un ensemble de travaux caractérisé par son unité fonctionnelle, technique ou économique ;

2° En ce qui concerne les marchés publics de fournitures ou de services, il est procédé à une estimation de la valeur totale des produits ou des services qui peuvent être considérés comme homogènes soit en raison de leurs caractéristiques propres, soit parce qu'ils constituent une unité fonctionnelle.

II. — Pour les marchés publics de fournitures ou de services qui répondent à un besoin régulier, la valeur estimée mentionnée au I est calculée sur la base :

a) Soit du montant hors taxes des prestations exécutées au cours des douze mois précédents ou de l'exercice budgétaire précédent, en tenant compte des évolutions du besoin susceptibles d'intervenir au cours des douze mois qui suivent la conclusion du marché public ;

b) Soit de la valeur estimée des prestations qui seront exécutées au cours des douze mois ou de l'exercice budgétaire qui suit la conclusion du marché public.

III. — Pour les accords-cadres, la valeur à prendre en compte est la valeur maximale estimée de l'ensemble des marchés à passer ou des bons de commande à émettre pendant la durée totale de l'accord-cadre.

IV. — Pour les partenariats d'innovation, la valeur à prendre en compte est la valeur totale estimée des activités de recherche et de développement qui doivent être menées au cours des différentes phases du partenariat ainsi que la valeur totale estimée des fournitures, services ou travaux innovants qui en sont le résultat et dont l'acquisition est envisagée. — [V. désormais CCP, art. R. 2321-4, R. 2321-5, R. 2321-6.]

Art. 19 *En cas de marché public alloti, l'acheteur prend en compte la valeur globale estimée de la totalité des lots.*

Toutefois, alors même que la valeur cumulée de tous les lots est égale ou supérieure aux seuils de procédure formalisée, l'acheteur peut mettre en œuvre une procédure adaptée pour les lots qui remplissent les deux conditions suivantes :

1° La valeur estimée de chaque lot concerné est inférieure à 80 000 euros HT pour des fournitures ou des services ou à 1 million d'euros HT pour des travaux ;

2° Le montant cumulé de ces lots n'excède pas 20 % de la valeur totale estimée de tous les lots. – [V. désormais CCP, art. R. 2321-1, R. 2323-1.]

Art. 20 *La valeur du besoin à prendre en compte est celle estimée au moment de l'envoi de l'avis d'appel à la concurrence à la publication, ou, en l'absence d'un tel avis, au moment où l'acheteur engage la procédure de passation du marché public.* – [V. désormais CCP, art. R. 2321-2.]

CHAPITRE II *CHOIX DE LA PROCÉDURE*

SECTION 1 *Procédures formalisées*

Art. 21 *I. – Sous réserve de l'article 25, lorsque la valeur estimée du besoin est égale ou supérieure aux seuils européens mentionnés à l'article 42 de l'ordonnance du 23 juillet 2015 susvisée, les acheteurs passent leurs marchés publics selon l'une des procédures formalisées suivantes qu'ils choisissent librement :*

1° L'appel d'offres restreint, mentionné à l'article 61 ;

2° La procédure concurrentielle avec négociation ou la procédure négociée avec mise en concurrence préalable, dénommée procédure négociée avec publicité préalable, mentionnée à l'article 64.

II. – Les acheteurs peuvent utiliser le dialogue compétitif lorsque l'une au moins des conditions suivantes est remplie :

1° L'acheteur n'est objectivement pas en mesure de définir seul et à l'avance les moyens techniques pouvant répondre à ses besoins ;

2° L'acheteur n'est objectivement pas en mesure d'établir le montage juridique ou financier d'un projet. – [V. désormais CCP, art. R. 2324-1, R. 2324-4.]

SECTION 2 *Procédure adaptée*

Art. 22 *Lorsque la valeur estimée du besoin est inférieure aux seuils de procédure formalisée, l'acheteur peut recourir à une procédure adaptée dont il détermine librement les modalités en fonction de la nature et des caractéristiques du besoin à satisfaire, du nombre ou de la localisation des opérateurs économiques susceptibles d'y répondre ainsi que des circonstances de l'achat.*

Lorsque l'acheteur a prévu de négocier, il peut attribuer le marché public sur la base des offres initiales sans négociation, à condition d'avoir indiqué dans les documents de la consultation qu'il se réserve la possibilité de le faire.

Lorsque l'acheteur se réfère expressément à l'une des procédures formalisées, il est tenu de l'appliquer dans son intégralité. – [V. désormais CCP, art. R. 2323-1, R. 2323-4.]

SECTION 3 *Marchés publics négociés sans publicité ni mise en concurrence préalables*

Art. 23 *Les acheteurs peuvent passer un marché public négocié sans publicité ni mise en concurrence préalables dans les cas suivants :*

1° Lorsque seules des offres irrégulières ou inacceptables, au sens de l'article 56, ont été présentées pour autant que les conditions initiales du marché public ne soient pas substantiellement modifiées et que l'acheteur ne fait participer à la négociation que le ou les soumissionnaires qui ont présenté des offres conformes aux exigences relatives aux délais et modalités formelles de présentation ;

2° Lorsque, soit aucune candidature ou aucune offre n'a été déposée, soit seules des candidatures irrecevables au sens de l'article 48 ou des offres inappropriées au sens de l'article 56, ont été présentées, pour autant que les conditions initiales du marché public ne soient pas substantiellement modifiées. Pour les marchés publics dont la valeur estimée du besoin est supérieure aux seuils de procédure formalisée, un rapport est communiqué à la Commission européenne si celle-ci le demande ;

3° Lorsque les conditions de passation ne sont pas compatibles avec les délais minimaux d'urgence prévus aux articles 62 et 63 dans la procédure d'appel d'offres restreint ou à l'article 65 dans la procédure négociée avec publicité préalable, parce qu'ils sont conclus pour faire face à une urgence résultant d'une crise en France ou à l'étranger, notamment avec des opérateurs ayant mis en place ou maintenu, en exécution d'un autre marché public, les capacités nécessaires pour faire face à une éventuelle augmentation des besoins. Une crise est un conflit armé ou une guerre ou toute situation dans laquelle ont été causés, ou bien sont imminents, des dommages dépassant clairement ceux de la vie courante et, qui compromettent substantiellement la vie et la santé de la population ou qui ont des effets substantiels sur la valeur des biens ou qui nécessitent des mesures concernant l'approvisionnement de la population en produits de première nécessité. Lorsque l'urgence résultant d'une crise est incompatible avec la préparation des documents de la consultation, la passation du marché public fait au moins l'objet d'un échange de lettres ;

4° Lorsque les conditions de passation ne sont pas compatibles avec les délais minimaux d'urgence prévus aux articles 62 et 63 dans la procédure d'appel d'offres restreint ou à l'article 65 dans la procédure négociée avec publicité préalable, et dont l'objet est strictement limité aux mesures nécessaires pour faire face à une urgence impérieuse résultant de circonstances imprévisibles et extérieures, notamment les catastrophes technologiques ou naturelles. Lorsque l'urgence impérieuse est incompatible avec la préparation des documents de la consultation, la passation du marché public fait au moins l'objet d'un échange de lettres ;

5° Lorsque le marché public ne peut être confié qu'à un opérateur économique déterminé, pour des raisons tenant à la protection de droits d'exclusivité, ou pour des raisons techniques comme, par exemple, des exigences spécifiques d'interopérabilité ou de sécurité qui doivent être satisfaites pour garantir le fonctionnement des forces armées ou de sécurité, ou la stricte impossibilité technique, pour un candidat autre que l'opérateur économique retenu, de réaliser les objectifs requis, ou la nécessité de recourir à un savoir-faire, un outillage ou des moyens spécifiques dont ne dispose qu'un seul opérateur, notamment en cas de modification ou de mise en conformité rétroactive d'un équipement particulièrement complexe ;

6° Pour les marchés publics de services de recherche et développement pour lesquels l'acheteur acquiert la propriété exclusive des résultats et finance entièrement la prestation ;

7° Pour les marchés publics qui concernent des produits fabriqués uniquement à des fins de recherche et de développement à l'exception de la production en quantités visant à établir la viabilité commerciale du produit ou à amortir les frais de recherche et de développement ;

8° Pour les marchés publics complémentaires de fournitures qui sont exécutés par le titulaire du marché public initial et qui sont destinés soit au renouvellement partiel de fournitures ou d'installations d'usage courant, soit à l'extension de fournitures ou d'installations existantes, lorsque le changement de titulaire obligerait à acquérir un matériel de technique différente entraînant une incompatibilité avec le matériel déjà acquis ou des difficultés techniques d'utilisation et d'entretien disproportionnées. La durée de ces marchés publics complémentaires de fournitures, périodes de reconduction comprises, ne peut dépasser cinq ans sauf dans des circonstances exceptionnelles déterminées en tenant compte de la durée de vie prévue des objets, installations ou systèmes livrés, ainsi que des difficultés techniques que peut occasionner un changement de titulaire ;

9° Pour les marchés publics qui ont pour objet l'achat de matières premières cotées et achetées en bourse ;

10° Pour les marchés publics qui ont pour objet l'achat de fournitures à des conditions particulièrement avantageuses, soit auprès d'un opérateur économique en cessation définitive d'activité, soit, sous réserve du 3° de l'article 45 de l'ordonnance du 23 juillet 2015 susvisée, auprès d'un opérateur économique soumis à l'une des procédures prévues par le livre VI du code de commerce, à l'exception de celles mentionnées au titre I, ou une procédure de même nature prévue par une législation d'un autre État ;

11° Pour les marchés publics complémentaires de services ou de travaux, leur montant cumulé ne pouvant dépasser 50 % du montant du marché public initial, qui consistent en des prestations qui ne figurent pas dans le marché public initialement conclu mais qui sont devenues nécessaires, à la suite d'une circonstance imprévue, à l'exécution du service ou à la réalisation des travaux tels qu'ils sont décrits dans le marché public initial, à condition que l'attribution soit faite à l'opérateur économique qui a exécuté ce service ou réalisé ces travaux lorsque :

a) Soit ces services ou travaux complémentaires ne peuvent être techniquement ou économiquement séparés du marché public initial sans inconvénient majeur pour l'acheteur ;

b) Soit ces services ou travaux, quoiqu'ils soient séparables de l'exécution du marché public initial, sont strictement nécessaires à son parfait achèvement ;

12° Pour les marchés publics de services ou de travaux qui ont pour objet la réalisation de prestations similaires à celles qui ont été confiées au titulaire d'un marché public précédent passé après mise en concurrence, lorsque le marché public initial a indiqué la possibilité de recourir à cette procédure pour la réalisation de prestations similaires et que la mise en concurrence initiale a pris en compte le montant total envisagé, y compris celui des nouveaux services ou travaux. La durée pendant laquelle les marchés publics de services ou de travaux similaires peuvent être conclus ne peut dépasser cinq ans à compter de la notification du marché public initial, sauf dans des circonstances exceptionnelles déterminées en tenant compte de la durée de vie prévue des objets, installations ou systèmes livrés, ainsi que des difficultés techniques que peut occasionner un changement de titulaire ;

13° Pour les marchés publics liés à la fourniture de services de transport maritime et aérien pour les forces armées ou les forces de sécurité d'un État membre, qui sont ou vont être déployées à l'étranger, lorsque l'acheteur doit obtenir ces services d'opérateurs économiques qui garantissent la validité de leur offre uniquement pour des périodes très brèves de sorte que les délais applicables aux procédures formalisées ne peuvent être respectés ;

14° Pour les marchés publics répondant à un besoin dont la valeur estimée est inférieure à 25 000 euros HT. L'acheteur veille à choisir une offre pertinente, à faire une bonne utilisation des deniers publics et à ne pas contracter systématiquement avec un même opérateur économique lorsqu'il existe une pluralité d'offres susceptibles de répondre au besoin ;

15° Pour les marchés publics répondant à un besoin dont la valeur estimée est inférieure aux seuils européens et lorsque la mise en concurrence est impossible ou manifestement inutile en raison notamment de l'objet du marché public ou du faible degré de concurrence dans le secteur considéré. — [V. désormais CCP, art. R. 2322-1, R. 2322-2, R. 2322-3, R. 2322-4, R. 2322-5, R. 2322-6, R. 2322-7, R. 2322-8, R. 2322-9, R. 2322-10, R. 2322-11, R. 2322-12, R. 2322-13, R. 2322-14.]

SECTION 4 *Procédures applicables aux marchés publics de services*

Art. 24 *Les marchés publics relatifs aux services énumérés ci-dessous sont passés conformément aux articles 21 à 23 :*

1° Services d'entretien et de réparation ;

2° Services liés à l'aide militaire aux pays étrangers ;

3° Services de défense, services de défense militaires et services de défense civils ;

4° Services d'enquête et de sécurité ;

5° Services de transports terrestres ;

6° Services de transports aériens : transports de voyageurs et de marchandises, à l'exclusion des transports de courrier ;

7° Transports de courrier par transport terrestre et par air ;

8° Services de transports ferroviaires ;

9° Services de transport par eau ;

10° Services annexes et auxiliaires des transports ;

11° Services de télécommunications ;

12° Services financiers : services d'assurances ;

13° Services informatiques et services connexes ;

14° Services de recherche et de développement et tests d'évaluation, à l'exclusion des services de recherche et de développement exclus du champ d'application de l'ordonnance du 23 juillet 2015 susvisée en application du 1° de son article 16 ;

15° Services comptables, d'audit et de tenue de livres ;

16° Services de conseil en gestion, à l'exclusion des services d'arbitrage et de conciliation, et services connexes ;

17° Services d'architecture, services d'ingénierie et services intégrés d'ingénierie, services d'aménagement urbain et d'ingénierie paysagère, services connexes de consultations scientifiques et techniques, services d'essais et d'analyses techniques ;

18° Services de nettoyage de bâtiments et services de gestion de propriétés ;

19° Services de voirie et d'enlèvement des ordures : services d'assainissement et services analogues ;

20° Services de simulation et de formation dans les domaines de la défense et de la sécurité. — [V. désormais CCP, art. R. 2323-2.]

Art. 25 *I. — Quelle que soit la valeur estimée du besoin, sans préjudice des dispositions de l'article 23, les marchés publics ayant pour objet des services autres que ceux mentionnés à l'article 24 peuvent être passés selon une procédure adaptée dans les conditions prévues par l'article 22, sous réserve des dispositions suivantes :*

1° Quelle que soit la valeur estimée du besoin et par dérogation à l'article 28, l'acheteur choisit librement les modalités de publicité adaptées en fonction des caractéristiques du marché public, notamment le montant et la nature des travaux, des fournitures ou des services en cause ;

2° Lorsque la valeur estimée du besoin est égale ou supérieure au seuil européen publié au Journal officiel de la République française, l'acheteur publie un avis d'attribution conforme au modèle fixé par le règlement de la Commission européenne établissant les formulaires standard pour la publication d'avis dans le cadre des procédures de passation de marchés publics susvisé [V. Règl. d'exécution (UE) 2015/1986 du 11 nov. 2015, App., Partie I]. *Cet avis est publié dans les conditions prévues à l'article 92.*

II. — Lorsqu'un marché public a pour objet à la fois des prestations de services mentionnées à l'article 24 et des prestations de services qui n'y sont pas mentionnées, il est passé conformément aux règles qui s'appliquent à celle de ces deux catégories de prestations de services dont la valeur estimée est la plus élevée. — [V. désormais CCP, art. R. 2323-2, R. 2323-3, R. 2331-7, R. 2383-1.]

CHAPITRE III *PUBLICITÉ PRÉALABLE*

SECTION 1 *Avis d'appel à la concurrence*

SOUS-SECTION 1 *Avis de préinformation*

Art. 26 *I. — Les acheteurs peuvent faire connaître leur intention de passer un marché public par le biais de la publication d'un avis de préinformation établi conformément au modèle fixé par le règlement de la Commission européenne établissant les formulaires standard pour la publication d'avis dans le cadre des procédures de passation de marchés publics.*

Cet avis peut être soit adressé pour publication à l'Office des publications officielles de l'Union européenne, soit publié par l'acheteur sur son profil d'acheteur.

Le profil d'acheteur est la plateforme de dématérialisation permettant notamment aux acheteurs de mettre les documents de la consultation à disposition des opérateurs économiques par voie électronique et de réceptionner par voie électronique les documents transmis par les candidats et les soumissionnaires. Un arrêté du ministre chargé de l'économie détermine les fonctionnalités et les exigences minimales qui s'imposent aux profils d'acheteur. — V. Arr. du 14 avr. 2017 ss. Décr. nº 2016-360 du 25 mars 2016, art. 31.

Lorsqu'un acheteur publie l'avis de préinformation sur son profil d'acheteur, il envoie à l'Office des publications de l'Union européenne un avis annonçant la publication de cet avis. La date de cet envoi est mentionnée sur l'avis de préinformation publié sur le profil d'acheteur.

L'avis de préinformation est adressé pour publication à l'Office des publications officielles de l'Union européenne ou publié sur le profil d'acheteur le plus rapidement possible après la décision de réaliser le projet pour lequel l'acheteur envisage de passer des marchés publics.

II. — En matière de fournitures ou de services, l'avis de préinformation indique la valeur totale estimée du besoin, pour chacune des catégories de produits ou de services homogènes, que l'acheteur envisage de passer au cours des douze mois suivant la publication de cet avis.

En matière de travaux, l'avis de préinformation indique les caractéristiques essentielles des marchés publics que l'acheteur entend passer. — [V. désormais CCP, art. R. 2331-1, R. 2331-2, R. 2331-3, R. 2331-4, R. 2332-5.]

Sur la dématérialisation des procédures de passation des marchés publics, V. Arr. du 14 déc. 2009.

SOUS-SECTION 2 *Avis de marché*

Art. 27 *Pour les marchés publics passés selon une des procédures formalisées énumérées à l'article 21, l'acheteur publie un avis de marché dans le Bulletin officiel des annonces des marchés publics et au Journal officiel de l'Union européenne.*

L'avis est établi conformément au modèle fixé par le règlement de la Commission européenne établissant les formulaires standard pour la publication d'avis dans le cadre des procédures de passation de marchés publics.

L'acheteur peut faire paraître une publicité supplémentaire sur un autre support dans les conditions fixées par arrêté du ministre chargé de l'économie. La publicité supplémentaire peut ne comporter que certains des renseignements figurant dans l'avis de marché publié à titre principal à condition qu'elle indique les références de cet avis. — [V. désormais CCP, art. R. 2331-8, R. 2331-9.]

Art. 28 *I. — Pour les marchés publics passés selon une procédure adaptée en vertu de l'article 22 l'acheteur procède à une publicité dans les conditions suivantes :*

1° Lorsque la valeur estimée du besoin est inférieure à 90 000 euros HT, l'acheteur choisit librement les modalités de publicité adaptées en fonction des caractéristiques du marché public, notamment le montant et la nature des travaux, des fournitures ou des services en cause ;

2° Lorsque la valeur estimée du besoin est égale ou supérieure à 90 000 euros HT, l'acheteur publie un avis de marché soit dans le Bulletin officiel des annonces des marchés publics, soit dans un journal habilité à recevoir des annonces légales.

L'acheteur apprécie si, compte tenu de la nature ou du montant des fournitures, des services ou des travaux en cause, une publication dans un journal spécialisé correspondant au secteur économique concerné ou au Journal officiel de l'Union européenne est en outre nécessaire pour garantir l'information des opérateurs économiques raisonnablement vigilants pouvant être intéressés par le marché public.

II. — L'avis est établi conformément au modèle fixé par arrêté du ministre chargé de l'économie.

III. — L'acheteur peut faire paraître une publicité supplémentaire sur un autre support que celui choisi à titre principal dans les conditions fixées par l'arrêté susmentionné. La publicité supplémentaire peut ne comporter que certains des renseignements figurant dans l'avis de marché publié à titre principal à condition qu'elle indique les références de cet avis. — [V. désormais CCP, art. R. 2331-5, R. 2331-6, R. 2331-9.]

SECTION 2 *Modalités de publication des avis d'appel à la concurrence*

Art. 29 *Les avis destinés à être publiés au Journal officiel de l'Union européenne sont transmis par voie électronique à l'Office des publications de l'Union européenne. L'acheteur conserve la preuve de la date d'envoi de ces avis.*

Les publications au niveau national ne peuvent être effectuées avant l'envoi à l'Office des publications de l'Union européenne de la demande de publication au Journal officiel de l'Union européenne.

Les publications au niveau national ne peuvent fournir plus de renseignements que ceux envoyés à l'Office des publications de l'Union européenne. Elles mentionnent la date de cet envoi. — [V. désormais CCP, art. R. 2331-10, R. 2331-11.]

CHAPITRE IV *RÈGLES GÉNÉRALES DE PASSATION*

SECTION 1 *Accès des candidats aux documents et informations*

SOUS-SECTION 1 *Mise à disposition des documents de la consultation*

Art. 30 *Les documents de la consultation sont l'ensemble des documents fournis par l'acheteur ou auxquels il se réfère afin de définir ses besoins et de décrire les modalités de la procédure de passation, y compris l'avis d'appel à la concurrence. Les informations fournies sont suffisamment précises pour permettre aux opérateurs économiques de déterminer la nature et l'étendue du besoin et de décider de demander ou non à participer à la procédure. — [V. désormais CCP, art. R. 2332-1.]*

Art. 31 *I. — Les documents de la consultation sont remis gratuitement aux opérateurs économiques qui en font la demande. Toutefois, l'acheteur peut décider que ces documents leur sont remis contre paiement des frais de reprographie. Le montant et les modalités de paiement de ces frais figurent dans les documents de la consultation.*

Lorsque l'acheteur décide d'autoriser ou imposer la transmission des candidatures ou des offres par voie électronique conformément au II de l'article 33, les documents de la consultation sont publiés sur un profil d'acheteur. Le profil d'acheteur est la plateforme de dématérialisation permettant notamment aux acheteurs de mettre les documents de la consultation à disposition des opérateurs économiques par voie électronique et de réceptionner par voie électronique les documents transmis par les candidats et les soumissionnaires. Un arrêté du ministre chargé de l'économie détermine les fonctionnalités et les exigences minimales qui s'imposent aux profils d'acheteur. L'adresse du profil d'acheteur sur lequel les documents de la consultation sont accessibles est indiquée dans l'avis.

II. — Pour autant que les opérateurs économiques les aient demandés en temps utile, les renseignements complémentaires sur les documents de la consultation sont envoyés au plus tard :

1° En cas d'appel d'offres restreint, quatre jours avant la date limite fixée pour la réception des offres ;

2° En cas de procédure négociée avec publicité préalable, six jours avant la date limite fixée pour la réception des offres. Toutefois, en cas de délais réduits du fait de l'urgence, ce délai est de quatre jours ;

3° En cas de dialogue compétitif, six jours avant la date limite fixée pour la réception des offres finales. — [V. désormais CCP, art. R. 2332-2, R. 2332-3, R. 2332-4, R. 2332-5.]

Sur la dématérialisation des procédures de passation des marchés publics, V. Arr. du 14 déc. 2009.

SOUS-SECTION 2 *Communications et échanges d'informations*

Art. 32 *Les moyens de transmission des documents et des informations qui sont choisis par l'acheteur sont accessibles, sans discrimination, à tous les opérateurs économiques et ne peuvent avoir pour effet de restreindre l'accès des candidats et soumissionnaires à la procédure d'attribution.*

Les transmissions, les échanges et le stockage d'informations sont effectués de manière à assurer l'intégrité des données, la confidentialité des candidatures et des offres et à garantir que l'acheteur ne prend connaissance du contenu des candidatures et des offres qu'à l'expiration du délai prévu pour la présentation de celles-ci.

Lorsque la consultation implique la communication d'informations ou de supports classifiés ou protégés dans l'intérêt de la sécurité nationale, l'avis d'appel à la concurrence précise les exigences assurant la protection de ces informations ou supports et l'obligation pour les candidats et soumissionnaires de veiller à ce que les sous-contractants respectent ces exigences.

L'arrêté du Premier ministre mentionné à l'article 1er détermine la nature de ces exigences. – [V. désormais CCP, art. R. 2332-6, R. 2332-7, R. 2332-8.]

Art. 33 *I. – Dans toutes les procédures de passation des marchés publics, les communications et échanges d'informations effectués en application du présent décret peuvent être effectués par des moyens de communication électronique ou par la production de supports physiques électroniques, selon les dispositions prévues au présent article.*

Un moyen de communication électronique est un équipement électronique de traitement, y compris la compression numérique, et de stockage de données diffusées, acheminées et reçues par fils, par radio, par moyens optiques ou par d'autres moyens électromagnétiques.

Les outils et les dispositifs de communication et d'échanges d'information par voie électronique répondent à des exigences minimales déterminées par arrêté du ministre chargé de l'économie. – V. Arr. du 27 juill. 2018 ss. Décr. n° 2016-360 du 25 mars 2016, art. 42.

II. – L'acheteur peut autoriser ou imposer la transmission des candidatures ou des offres par voie électronique.

Le mode de transmission est indiqué dans l'avis d'appel à la concurrence ou, en l'absence d'un tel avis, dans un autre document de la consultation.

Pour chaque étape de la procédure, les candidats et soumissionnaires appliquent le même mode de transmission à l'ensemble des documents qu'ils transmettent à l'acheteur.

Dans les cas où la transmission électronique est une faculté donnée aux candidats ou soumissionnaires et dans ceux où elle est obligatoire, l'acheteur assure la confidentialité et la sécurité des transactions, selon des modalités fixées par arrêté du ministre chargé de l'économie. Dans le cas des marchés publics passés selon une procédure adaptée, ces modalités tiennent compte des caractéristiques du marché public, notamment de la nature et du montant des travaux, fournitures ou services en cause. – V. Arr. du 27 juill. 2018 ss. Décr. n° 2016-360 du 25 mars 2016, art. 42.

Les frais d'accès au réseau sont à la charge de chaque candidat ou soumissionnaire.

III. – Les candidats ou soumissionnaires qui présentent leurs documents par voie électronique peuvent adresser à l'acheteur, sur support papier ou support physique électronique, une copie de sauvegarde de ces documents établie selon des modalités fixées par l'arrêté mentionné au II. Cette copie ne peut être prise en considération que si elle est parvenue à l'acheteur dans le délai prescrit pour le dépôt, selon le cas, des candidatures ou des offres. – V. Arr. du 27 juill. 2018 ss. Décr. n° 2016-360 du 25 mars 2016, art. 39.

IV. – Dans le cadre des marchés publics passés par un groupement de commandes, le coordonnateur désigné par le groupement assume les obligations mises par les dispositions du présent article à la charge de l'acheteur.

Dans le cas de candidatures d'un groupement d'opérateurs économiques, le mandataire assure la sécurité et l'authenticité des informations transmises au nom des membres du groupement. – [V. désormais CCP, art. R. 2332-9, R. 2332-10, R. 2332-11, R. 2332-12, R. 2332-13, R. 2332-14, R. 2332-15, R. 2332-16.]

Art. 34 *I. – L'acheteur peut, si nécessaire, exiger l'utilisation d'outils et de dispositifs qui ne sont pas communément disponibles, tels que des outils de modélisation électronique des données du bâtiment ou des outils similaires.*

Dans ces cas, l'acheteur offre d'autres moyens d'accès appropriés, jusqu'à ce que ces outils et dispositifs soient devenus communément disponibles aux opérateurs économiques.

II. – L'acheteur est réputé offrir d'autres moyens d'accès appropriés dans tous les cas suivants :

1° Lorsqu'il offre gratuitement un accès sans restriction, complet et direct par moyen électronique à ces outils et dispositifs à partir de la date de publication de l'avis d'appel à la concurrence ou, en l'absence d'un tel avis, à compter du lancement de la consultation. Le texte de l'avis précise l'adresse internet à laquelle ces outils et dispositifs sont accessibles ;

2° Lorsqu'il veille à ce que les opérateurs économiques n'ayant pas accès à ces outils et dispositifs ni la possibilité de se les procurer dans les délais requis, à condition que l'absence d'accès ne soit pas imputable à l'opérateur économique concerné, participent gratuitement à la procédure de passation des marchés publics en utilisant des jetons provisoires mis gratuitement à disposition en ligne ;

3° Lorsqu'il assure la disponibilité d'une autre voie de présentation électronique des offres. – [V. désormais CCP, art. R. 2332-17, R. 2332-18.]

SECTION 2 *Délais de réception des candidatures et des offres*

Art. 35 *I. – L'acheteur fixe les délais de réception des candidatures et des offres en tenant compte de la complexité du marché public et du temps nécessaire aux opérateurs économiques pour préparer leur candidature et leur offre.*

En procédure formalisée, ces délais ne peuvent être inférieurs aux délais minimaux propres à chaque procédure décrite aux articles 61 à 68.

II. — Lorsque les offres ne peuvent être déposées qu'à la suite d'une visite sur les lieux d'exécution du marché public ou après consultation sur place de documents complémentaires, les délais de réception des offres sont suffisants pour permettre à tous les opérateurs économiques de prendre connaissance de toutes les informations nécessaires pour l'élaboration de leur offre.

III. — Le délai de réception des offres est prolongé dans les cas suivants :

1° Lorsqu'un complément d'informations, nécessaire à l'élaboration de l'offre, demandé en temps utile par l'opérateur économique, n'est pas fourni dans les délais prévus au (Décr. n° 2017-516 du 10 avr. 2017, art. 18) « *II de l'article 31* » ;

2° Lorsque des modifications importantes sont apportées aux documents de la consultation.

La durée de la prolongation est proportionnée à l'importance des informations demandées ou des modifications apportées.

IV. — Les candidatures et les offres reçues hors délai sont éliminées. — [V. désormais CCP, art. R. 2343-1, R. 2343-2, R. 2351-1, R. 2351-2, R. 2351-3, R. 2351-4, R. 2351-5.]

SECTION 3 *Sélection des candidats*

SOUS-SECTION 1 *Conditions de participation*

Art. 36 *I. — Les conditions de participation mentionnées au I de l'article 51 de l'ordonnance du 23 juillet 2015 susvisée, ainsi que les moyens de preuve acceptables, sont indiqués par l'acheteur dans l'avis d'appel à la concurrence ou, en l'absence d'un tel avis, dans un autre document de la consultation.*

Lorsque l'acheteur décide de fixer des niveaux minimaux de capacité, il ne peut exiger que des niveaux minimaux liés et proportionnés à l'objet du marché public ou à ses conditions d'exécution.

II. — En ce qui concerne l'aptitude à exercer l'activité professionnelle, l'acheteur peut exiger que les opérateurs économiques soient inscrits sur un registre professionnel.

III. — En ce qui concerne la capacité économique et financière, l'acheteur peut notamment exiger que les opérateurs économiques réalisent un chiffre d'affaires annuel minimal donné, notamment dans le domaine concerné par le marché public.

L'acheteur peut en outre exiger que les opérateurs économiques fournissent des informations sur leurs comptes annuels indiquant notamment le rapport entre les éléments d'actif et de passif. Dans ce cas, il précise, dans les documents de la consultation, les méthodes et les critères objectifs et non-discriminatoires qu'il appliquera pour prendre en compte ces informations.

Il peut également exiger un niveau approprié d'assurance des risques professionnels.

IV. — En ce qui concerne les capacités techniques et professionnelles, l'acheteur peut imposer des conditions garantissant que les opérateurs économiques possèdent les ressources humaines et techniques et l'expérience nécessaires pour exécuter le marché public en assurant un niveau de qualité approprié. A cette fin, dans les marchés publics de services ou de travaux et les marchés publics de fournitures nécessitant des travaux de pose ou d'installation ou comportant des prestations de service, l'acheteur peut imposer aux candidats qu'ils indiquent les noms et les qualifications professionnelles pertinentes des personnes physiques qui seront chargées de l'exécution du marché public en question.

L'acheteur peut exiger que les opérateurs économiques disposent d'un niveau d'expérience suffisant, démontré par des références adéquates provenant de marchés publics exécutés antérieurement. Toutefois, l'absence de références relatives à l'exécution de marchés publics de même nature ne peut justifier, à elle seule, l'élimination d'un candidat.

V. — L'appréciation des capacités d'un groupement d'opérateurs économiques est globale. Il n'est pas exigé que chaque membre du groupement ait la totalité des capacités requises pour exécuter le marché public. — [V. désormais CCP, art. R. 2342-1, R. 2342-2, R. 2342-4, R. 2342-5, R. 2342-6, R. 2342-12.]

Art. 37 *L'acheteur indique dans l'avis d'appel à la concurrence si la procédure de passation est ouverte aux opérateurs économiques des pays tiers à l'Union européenne ou à l'Espace économique européen.*

Lorsque l'acheteur décide d'ouvrir la procédure de passation aux opérateurs économiques des pays tiers à l'Union européenne ou à l'Espace économique européen, il indique, dans l'avis d'appel à la concurrence, les critères d'accessibilité sur le fondement desquels l'autorisation de participer à la procédure peut être accordée.

Ces critères sont établis notamment au regard des impératifs de sécurité d'information et d'approvisionnement, de la préservation des intérêts de la défense et de la sécurité de l'État, de l'intérêt de développer la base industrielle et technologique de défense européenne, des objectifs de développement durable, de l'obtention d'avantages mutuels et des exigences de réciprocité. — [V. désormais CCP, art. R. 2342-7, R. 2342-8.]

SOUS-SECTION 2 *Groupements d'opérateurs économiques*

Art. 38 *I. — Les groupements d'opérateurs économiques peuvent participer aux procédures de passation de marchés publics. Pour la présentation d'une candidature ou d'une offre, l'acheteur ne peut exiger que le groupement d'opérateurs économiques ait une forme juridique déterminée.*

Le groupement est conjoint lorsque chacun des opérateurs économiques membres du groupement s'engage à exécuter la ou les prestations qui sont susceptibles de lui être attribuées dans le marché public.

Le groupement est solidaire lorsque chacun des opérateurs économiques membres du groupement est engagé financièrement pour la totalité du marché public.

Les candidatures et les offres sont présentées soit par l'ensemble des membres du groupement, soit par un mandataire qui justifie des habilitations nécessaires pour représenter les autres membres du groupement. Un même opérateur économique ne peut pas être mandataire de plus d'un groupement pour un même marché public.

II. — L'acheteur ne peut exiger que les groupements d'opérateurs économiques adoptent une forme juridique déterminée après l'attribution du marché public que dans la mesure où cela est nécessaire à sa bonne exécution. Dans ce cas, l'acheteur justifie cette exigence dans les documents de la consultation.

III. — Dans les deux formes de groupements mentionnées au I, l'un des opérateurs économiques membres du groupement, désigné dans la candidature et dans l'offre comme mandataire, représente l'ensemble des membres vis-à-vis de l'acheteur et coordonne les prestations des membres du groupement.

Si le marché public le prévoit, le mandataire du groupement conjoint est solidaire, pour l'exécution du marché public, de chacun des membres du groupement pour ses obligations contractuelles à l'égard de l'acheteur.

IV. — Sans préjudice de la mise en œuvre des dispositions du I de l'article 50 de l'ordonnance du 23 juillet 2015 susvisée, l'acheteur peut prévoir, dans les documents de la consultation, la possibilité de modifier la composition des groupements et d'en constituer de nouveaux entre la remise des candidatures et la remise des offres initiales ou, le cas échéant, lorsque les circonstances liées à la complexité des spécifications techniques le justifient, jusqu'au terme de la négociation ou du dialogue. A défaut d'une telle indication, les groupements ne peuvent être constitués ou modifiés après la date de remise des candidatures. Tous les membres du groupement doivent avoir été autorisés à présenter une offre ou à y participer et le groupement nouvellement constitué doit respecter les exigences de l'acheteur relatives aux capacités des candidats.

En outre, la composition du groupement peut être modifiée jusqu'à la date de signature du marché public, en cas d'opération de restructuration de société, notamment de rachat, de fusion ou d'acquisition, ou si le groupement apporte la preuve qu'un de ses membres se trouve dans l'impossibilité d'accomplir sa tâche pour des raisons qui ne sont pas de son fait. Le groupement peut demander à l'acheteur l'autorisation de continuer à participer à la procédure de passation en proposant, le cas échéant, à l'acceptation de l'acheteur, un ou plusieurs nouveaux membres du groupement, sous-contractants ou entreprises liées. L'acheteur se prononce sur cette demande après examen de la capacité de l'ensemble des membres du groupement ainsi transformé et, le cas échéant, des sous-contractants ou entreprises liées présentés à son acceptation, au regard des conditions de participation qu'il a définies.

V. — Les documents de la consultation peuvent interdire aux candidats de présenter pour le marché public ou certains de ses lots plusieurs offres en agissant à la fois :

1° En qualité de candidats individuels et de membres d'un ou plusieurs groupements ;

2° En qualité de membres de plusieurs groupements.

VI. — Pour les marchés publics de services ou de travaux et les marchés publics de fournitures nécessitant des travaux de pose ou d'installation ou comportant des prestations de service, l'acheteur peut exiger que certaines tâches essentielles soient effectuées par l'un des membres du groupement, à condition de l'avoir mentionné dans les documents de la consultation. — [V. désormais CCP, art. R. 2342-12, R. 2342-13, R. 2342-14, R. 2342-15, R. 2351-7.]

SOUS-SECTION 3 *Réduction du nombre de candidats*

Art. 39 *L'acheteur peut limiter le nombre de candidats qui seront admis à soumissionner ou à participer au dialogue.*

L'acheteur indique, dans l'avis d'appel à la concurrence, les critères objectifs et non-discriminatoires qu'il prévoit d'appliquer, le nombre minimum de candidats qu'il prévoit d'inviter, qui ne peut être inférieur à trois, et, le cas échéant, leur nombre maximum. — [V. désormais CCP, art. R. 2342-9, R. 2342-10.]

SOUS-SECTION 4 *Présentation des candidatures*

Art. 40 *I. — Le candidat produit à l'appui de sa candidature :*

1° Une déclaration sur l'honneur pour justifier qu'il n'entre dans aucun des cas mentionnés aux articles 45, 46 et 48 de l'ordonnance du 23 juillet 2015 susvisée et notamment qu'il est en règle au regard des articles L. 5212-1 à L. 5212-11 du code du travail concernant l'emploi des travailleurs handicapés ;

2° Les documents et renseignements demandés par l'acheteur aux fins de vérification de l'aptitude à exercer l'activité professionnelle, de la capacité économique et financière et des capacités techniques et professionnelles du candidat conformément à l'article 36 ;

3° Tous les renseignements ou documents justifiant de sa nationalité et, le cas échéant, les renseignements demandés par l'acheteur en application de l'article 41.

Lorsqu'un marché public, au titre de sa passation ou de son exécution, nécessite ou comporte des supports ou informations protégés ou classifiés dans l'intérêt de la sécurité nationale, l'acheteur exige la production de la ou des habilitations nécessaires.

Lorsque l'acheteur exige des candidats qu'ils soient habilités, il peut accorder aux candidats qui ne sont pas habilités au moment du dépôt de leur candidature un délai supplémentaire pour obtenir cette habilitation. Ce délai est indiqué dans l'avis d'appel à la concurrence. A l'expiration de ce délai, seuls les candidats habilités sont autorisés à poursuivre la procédure.

II. — Un opérateur économique peut avoir recours aux capacités d'autres opérateurs économiques, quelle que soit la nature juridique des liens qui l'unissent à ces opérateurs. L'acheteur peut exiger que les opérateurs économiques concernés soient solidairement responsables dans la mesure où cela est nécessaire à la bonne exécution du marché public. Dans ce cas, l'acheteur justifie cette exigence dans les documents de la consultation.

III. — Une même personne ne peut représenter plus d'un candidat pour un même marché public.

IV. — Les candidatures sont transmises par tout moyen permettant de déterminer de façon certaine la date et l'heure de leur réception et d'en garantir la confidentialité.

(Décr. n° 2017-516 du 10 avr. 2017, art. 19) *« V. — L'acheteur peut exiger que les candidats joignent une traduction en français aux documents rédigés dans une autre langue qu'ils remettent en application du présent article. »* — [V. désormais CCP, art. R. 2342-2, R. 2342-3, R. 2343-3, R. 2343-4, R. 2343-5.]

Les dispositions de l'art. 19 du Décr. n° 2017-516 du 10 avr. 2017 s'appliquent aux marchés publics pour lesquels une consultation est engagée ou un avis d'appel à la concurrence est envoyé à la publication à compter du 1er avr. 2017 (Décr. préc., art. 31).

Art. 41 *Lorsque l'acheteur décide d'autoriser les opérateurs économiques des pays tiers à l'Union européenne ou à l'Espace économique européen à participer à la procédure de passation du marché public dans les conditions prévues à l'article 37, le candidat n'ayant pas la qualité d'opérateur économique issu d'un État membre de l'Union européenne ou de l'Espace économique européen produit à l'appui de sa candidature tous documents, renseignements ou justificatifs permettant d'évaluer s'il répond aux critères d'accessibilité à la procédure indiqués dans l'avis d'appel à concurrence.* — [V. désormais CCP, art. R. 2343-6.]

SOUS-SECTION 5 *Documents justificatifs et autres moyens de preuve*

Art. 42 *Pour vérifier que les candidats satisfont aux conditions de participation à la procédure, l'acheteur peut notamment exiger la production des renseignements et documents figurant sur une liste établie par arrêté du ministre chargé de l'économie.* — V. Arr. du 29 mars 2016 (JO 31 mars), ss. Décr. n° 2016-360 du 25 mars 2016, art. 50.

Si le candidat s'appuie sur les capacités d'autres opérateurs économiques, il justifie des capacités de ce ou ces opérateurs économiques et apporte la preuve qu'il en disposera pour l'exécution du marché public. Cette preuve peut être apportée par tout moyen approprié.

Lorsque la passation du marché public nécessite la détention de données protégées, l'acheteur exige des candidats qu'ils produisent les éléments justifiant de leur capacité à traiter, stocker et transmettre ces données au niveau de protection nécessaire. L'acheteur peut demander à l'autorité nationale de sécurité de l'État du candidat ou à l'autorité de sécurité désignée de cet État de vérifier, dans un délai que l'acheteur fixe, la conformité des locaux et installations susceptibles d'être utilisés, les procédures industrielles et administratives qui seront suivies, les modalités de gestion de l'information ou la situation du personnel susceptible d'être employé pour l'exécution du marché public, sans préjudice de la possibilité de procéder à d'autres enquêtes et d'en tenir compte. Les habilitations de sécurité de l'État du candidat sont reconnues dans la limite des accords de sécurité existants, sans préjudice de la possibilité de faire procéder à une enquête par l'autorité nationale de sécurité de défense et d'en tenir compte. — [V. désormais CCP, art. R. 2343-11, R. 2343-12, R. 2343-13.]

Art. 43 *I. — L'acheteur accepte comme preuve suffisante attestant que le candidat ne se trouve pas dans un cas d'interdiction de soumissionner mentionné aux 1° et aux a et c du 4° de l'article 45 ainsi qu'au 1° de l'article 46 de l'ordonnance du 23 juillet 2015 susvisée, la production* (Décr. n° 2017-516 du 10 avr. 2017, art. 20) *« soit d'une attestation sur l'honneur, soit » d'un extrait de casier judiciaire.*

Le candidat établi à l'étranger produit un extrait du registre pertinent ou, à défaut, un document équivalent délivré par l'autorité judiciaire ou administrative compétente du pays d'origine ou d'établissement de l'opérateur économique, attestant de l'absence de cas d'exclusion.

II. — L'acheteur accepte comme preuve suffisante attestant que le candidat ne se trouve pas dans un cas d'interdiction de soumissionner mentionné au 2° de l'article 45 de l'ordonnance du 23 juillet 2015 susvisée, les certificats délivrés par les administrations et organismes compétents. Un arrêté des ministres intéressés fixe la liste des impôts, taxes, contributions ou cotisations sociales devant donner lieu à délivrance d'un certificat ainsi que la liste des administrations et organismes compétents. — V. Arr. du 25 mai 2016 🏛 ss. Décr. n° 2016-360 du 25 mars 2016, art. 51.

Le candidat établi à l'étranger produit un certificat établi par les administrations et organismes du pays d'origine.

III. — Le cas échéant, le candidat produit en outre les pièces prévues aux articles R. 1263-12, D. 8222-5 ou D. 8222-7 ou D. 8254-2 à D. 8254-5 du code du travail.

IV. — L'acheteur accepte comme preuve suffisante attestant que le candidat ne se trouve pas dans un cas d'interdiction de soumissionner mentionné au 3° de l'article 45 de l'ordonnance du 23 juillet 2015 susvisée, la production d'un extrait du registre pertinent, tel qu'un extrait K, un extrait K bis, un extrait D1 ou, à défaut, d'un document équivalent délivré par l'autorité judiciaire ou administrative compétente du pays d'origine ou d'établissement du candidat, attestant de l'absence de cas d'exclusion.

Lorsque le candidat est en redressement judiciaire, le candidat produit la copie du ou des jugements prononcés.

V. — Lorsque les autorités compétentes du pays d'origine ou d'établissement du candidat ne délivrent pas les documents justificatifs et moyens de preuve mentionnés aux I à IV, ou lorsque ceux-ci ne mentionnent pas tous les cas d'interdiction de soumissionner, ils peuvent être remplacés par une déclaration sous serment ou, dans les pays où un tel serment n'est pas prévu, par une déclaration solennelle faite par l'intéressé devant l'autorité judiciaire ou administrative compétente, un notaire ou un organisme professionnel qualifié du pays d'origine ou d'établissement du candidat.

VI. — L'acheteur peut exiger que les candidats joignent une traduction en français aux documents rédigés dans une autre langue qu'ils remettent en application du présent article. — [V. désormais CCP, art. R. 2343-8, R. 2343-9, R. 2343-10, R. 2343-19.]

Art. 44 *Lorsqu'il demande à un candidat de fournir un certificat, une attestation ou tout autre document prouvant qu'une exigence a été satisfaite, l'acheteur accepte tout document équivalent d'un autre État membre de l'Union européenne. Il n'impose pas la fourniture de documents sous forme d'original, de copie certifiée conforme ou de traduction certifiée, sauf lorsque cela est justifié par une raison impérieuse d'intérêt général.* — [V. désormais CCP, art. R. 2343-7.]

Art. 45 *Les documents de la consultation peuvent prévoir que les candidats ne seront pas tenus de fournir les documents justificatifs et moyens de preuve que l'acheteur peut obtenir directement par le biais d'un système électronique de mise à disposition d'informations administré par un organisme officiel ou d'un espace de stockage numérique, à condition que figurent dans le dossier de candidature toutes les informations nécessaires à la consultation de ce système ou de cet espace et que l'accès à ceux-ci soit gratuit.*

L'acheteur peut prévoir dans les documents de la consultation que les candidats ne sont pas tenus de fournir les documents justificatifs et moyens de preuve qui leur ont déjà été transmis dans le cadre d'une précédente consultation et qui demeurent valables. — [V. désormais CCP, art. R. 2343-14, R. 2343-15.]

Art. 46 *I. — Les candidats inscrits sur une liste officielle d'opérateurs agréés d'un État membre de l'Union européenne ou munis d'un certificat délivré par un organisme de certification répondant aux normes européennes en matière de certification peuvent présenter à l'acheteur un certificat d'inscription délivré par l'autorité compétente ou le certificat délivré par l'organisme de certification compétent, à condition que ces opérateurs soient établis dans l'État membre qui a dressé la liste officielle. Ces certificats indiquent les références qui leur ont permis d'être inscrits sur la liste officielle ou d'obtenir la certification, ainsi que la classification sur cette liste.*

L'inscription certifiée par les organismes compétents sur des listes officielles ou le certificat délivré par l'organisme de certification constitue une présomption d'aptitude en ce qui concerne les interdictions de soumissionner et les conditions de participation couvertes par la liste officielle ou le certificat. Ces certificats ne sont pas mis en cause sans justification. Toutefois, en ce qui concerne la vérification de la régularité de la situation fiscale et sociale du candidat, un certificat supplémentaire peut être exigé lors de l'attribution du contrat.

II. — Pour les marchés publics passés par les services de la défense, des listes officielles d'opérateurs économiques agréés peuvent être établies.

Un certificat d'inscription est remis aux opérateurs économiques agréés. Les candidats inscrits sur une liste peuvent, à l'appui de leur candidature, fournir une copie de ce certificat au titre des informations et renseignements couverts par l'inscription sur cette liste. Un arrêté des ministres chargé de l'économie et du ministre de la défense détermine les modalités d'établissement de la liste ainsi que les conditions de validité de l'inscription sur une liste.

III. — L'inscription sur les listes mentionnées aux I et II ne peut pas être imposée aux opérateurs économiques en vue de leur participation à un marché public. — [V. désormais CCP, art. R. 2343-16, R. 2343-17, R. 2343-18.]

SOUS-SECTION 6 *Modalités de vérification des conditions de participation*

Art. 47 *I. — Lorsque l'acheteur décide d'autoriser les opérateurs économiques des pays tiers à l'Union européenne ou à l'Espace économique européen à participer à la procédure de passation du marché public, avant de procéder à l'examen de l'accessibilité des opérateurs économiques à la procédure, il peut, lorsqu'il constate que les documents, renseignements ou justificatifs mentionnés à l'article 41 dont la production était réclamée sont absents ou incomplets, demander à tous les candidats concernés de compléter leur dossier d'accessibilité dans un délai identique pour tous et qui ne saurait être supérieur à dix jours.*

Les candidats des pays tiers à l'Union européenne ou à l'Espace économique européen qui, le cas échéant, après mise en œuvre des dispositions de l'alinéa précédent, produisent des dossiers d'accessibilité ne comportant pas les documents, renseignements ou justificatifs mentionnés à l'article 41 ne sont pas admis à participer à la suite de la procédure de passation du marché public.

II. — L'acheteur vérifie le droit des opérateurs économiques des pays tiers à l'Union européenne ou à l'Espace économique européen, qui n'ont pas été écartés en vertu du dernier alinéa du I, à participer à la procédure de passation au regard des critères d'accessibilité figurant dans l'avis d'appel à concurrence.

Dès qu'il a pris sa décision, l'acheteur en informe par écrit et de manière motivée les opérateurs économiques des pays tiers à l'Union européenne ou à l'Espace économique européen qui ont sollicité l'autorisation de participer à la procédure.

Les candidatures des opérateurs économiques des pays tiers à l'Union européenne ou à l'Espace économique européen qui n'ont pas été écartées sont étudiées dans les conditions prévues à l'article 48. — [V. désormais CCP, art. R. 2344-6, R. 2344-7, R. 2344-8.]

Art. 48 *L'acheteur procède à la vérification des informations qui figurent dans la candidature, y compris en ce qui concerne les opérateurs économiques sur les capacités desquels le candidat s'appuie, au plus tard avant l'envoi de l'invitation mentionnée à l'article 50.*

L'acheteur qui constate que des pièces ou informations dont la présentation était réclamée au titre de la candidature sont absentes ou incomplètes peut demander à tous les candidats concernés de compléter leur dossier de candidature dans un délai approprié.

L'acheteur peut demander au candidat de compléter ou d'expliquer les documents justificatifs et moyens de preuve fournis ou obtenus.

Si un candidat se trouve dans un cas d'interdiction de soumissionner, ne satisfait pas aux conditions de participation fixées par l'acheteur (Décr. n° 2017-516 du 10 avr. 2017, art. 21) *« , produit, à l'appui de sa candidature, de faux renseignements ou documents, » ou ne peut produire dans le délai imparti les documents justificatifs, moyens de preuve, compléments ou explications requis par l'acheteur, sa candidature est déclarée irrecevable et le candidat est éliminé.* — [V. désormais CCP, art. R. 2344-1, R. 2344-2, R. 2344-3, R. 2344-4.]

Art. 49 *Lorsque le nombre de candidats satisfaisant aux critères de sélection et aux niveaux minimaux de capacité est inférieur au nombre minimal prévu à l'article 39, l'acheteur peut poursuivre la procédure avec le ou les candidats ayant les capacités requises.*

Lorsque l'acheteur estime que le nombre de candidats appropriés est trop restreint pour assurer une véritable concurrence, il peut suspendre la procédure et publier à nouveau l'avis d'appel à la concurrence en fixant un nouveau délai pour l'introduction des demandes de participation.

Dans ce cas, les candidats sélectionnés à la suite de la première publication et ceux sélectionnés à la suite de la deuxième publication sont invités conformément à l'article 50. Cette option ne porte pas atteinte à la faculté de l'acheteur d'annuler la procédure d'achat en cours et de lancer une nouvelle procédure. — [V. désormais CCP, art. R. 2342-11, R. 2344-5.]

SECTION 4 *Invitation des candidats sélectionnés*

Art. 50 *L'acheteur invite simultanément et par écrit les candidats admis à soumissionner ou à participer au dialogue.*

En procédure formalisée, l'invitation comprend au minimum les informations suivantes :

1° La référence de l'avis d'appel à la concurrence publié ;

2° La date limite de réception des offres, l'adresse à laquelle les offres doivent être transmises et la ou les langues autorisées pour leur présentation. Toutefois, dans le cas des marchés publics passés selon la procédure du dialogue compétitif, ces renseignements ne figurent pas dans l'invitation à participer au dialogue, mais dans l'invitation à remettre une offre finale ;

3° Dans le cas du dialogue compétitif, la date et le lieu du dialogue ainsi que la ou les langues autorisées ;

4° La liste des documents à fournir ;

5° La pondération ou la hiérarchisation des critères d'attribution du marché public si ces renseignements ne figurent pas dans les autres documents de la consultation ;

6° Le cas échéant, l'adresse du profil d'acheteur sur lequel les documents de la consultation sont mis à disposition des candidats sélectionnés et les conditions d'accès à ces documents.

Dans les cas où l'accès électronique à ces documents n'est pas proposé, l'invitation indique l'adresse et la date limite pour le dépôt des demandes visant à obtenir les documents de la consultation ou, s'ils ne sont pas détenus par l'acheteur, l'adresse du service auprès duquel ces documents peuvent être immédiatement obtenus sur demande et la date limite pour présenter cette demande. — [V. désormais CCP, art. R. 2344-9, R. 2344-10.]

SECTION 5 *Choix de l'offre*

SOUS-SECTION 1 *Présentation des offres*

Art. 51 *I. — Le soumissionnaire transmet son offre en une seule fois par tout moyen permettant de déterminer de façon certaine la date et l'heure de leur* [sa] *réception et d'en garantir la confidentialité. Si plusieurs offres sont successivement transmises par un même soumissionnaire, seule est ouverte la dernière offre reçue par l'acheteur dans le délai fixé pour la remise des offres.*

II. — Dans l'avis d'appel à la concurrence ou dans un autre document de la consultation, l'acheteur peut demander aux soumissionnaires d'indiquer dans leur offre la part du marché public qu'ils ont l'intention de sous-contracter à des tiers, notamment à des petites et moyennes entreprises au sens de la recommandation de la Commission du 6 mai 2003 susvisée [Recomm. 2003/361/CE du 6 mai 2003] *ou à des artisans au sens de l'article 19 de la loi du 5 juillet 1996 susvisée* [L. n° 96-603 du 5 juill. 1996 mod. — V. **C. com.**].

III. — L'acheteur peut exiger que les offres soient accompagnées d'échantillons, de maquettes ou de prototypes ainsi que de tout document permettant d'apprécier l'offre. Lorsque ces demandes impliquent un investissement significatif pour les soumissionnaires, elles donnent lieu au versement d'une prime. Le montant de la prime est indiqué dans les documents de la consultation et la rémunération du titulaire du marché public tient compte de la prime reçue.

IV. — L'acheteur peut exiger que les soumissionnaires joignent une traduction en français aux documents rédigés dans une autre langue qu'ils remettent en application du présent article. Il n'impose pas de traduction certifiée, sauf lorsque cela est justifiée par une raison impérieuse d'intérêt général.

V. — Dans les marchés publics de services ou de travaux et les marchés publics de fournitures nécessitant des travaux de pose ou d'installation ou comportant des prestations de service, l'acheteur peut imposer aux soumissionnaires qu'ils indiquent les noms et les qualifications professionnelles pertinentes des personnes physiques qui seront chargées de l'exécution du marché public en question, lorsque la qualité de l'offre est évaluée sur la base du savoir-faire, de l'efficacité, de l'expérience ou de la fiabilité de l'équipe dédiée à l'exécution du marché public. — [V. désormais CCP, art. R. 2351-6, R. 2351-11, R. 2351-12, R. 2351-13.]

Art. 52 *I. — Lorsque l'exécution d'un marché public fait intervenir, nécessite ou comporte des informations ou supports protégés ou classifiés dans l'intérêt de la sécurité nationale, l'acheteur demande, dans les documents de la consultation, que l'offre du soumissionnaire comporte :*

1° Un engagement de préserver, au niveau de protection requis par le marché public, et conformément aux dispositions prévues par l'arrêté du Premier ministre mentionné à l'article 1er, la confidentialité de toutes les informations et supports protégés ou classifiés en sa possession, ou dont il viendrait à prendre connaissance tout au long de l'exécution du marché public et après résiliation ou expiration du contrat ;

2° Un engagement d'obtenir le même engagement de la part des sous-contractants identifiés au moment de la notification du marché public et de ceux auxquels il pourrait faire appel au cours de son exécution ;

3° Des informations au sujet des sous-contractants identifiés, suffisantes pour permettre de déterminer si chacun d'entre eux possède les capacités requises pour préserver de manière appropriée la confidentialité des informations et supports classifiés ou protégés auxquels il a accès pendant la consultation ou qu'il sera amené à produire dans le cadre de la réalisation de son contrat avec le titulaire du marché public. Ces informations doivent permettre à l'autorité nationale de sécurité de s'assurer, le cas échéant, que les opérateurs disposent ou sont susceptibles de bénéficier des habilitations requises ;

4° Un engagement de produire des informations au sujet des sous-contractants auxquels il fera appel au cours de l'exécution du marché public, avant de leur attribuer un contrat aux fins de la réalisation d'une partie du marché public. Ces informations doivent être suffisantes pour permettre de déterminer si chacun d'entre eux possède les capacités requises pour préserver de manière appropriée la confidentialité des informations et supports classifiés ou protégés qu'il sera amené à produire dans le cadre de la réalisation de son contrat avec le titulaire du marché public. Elles doivent permettre à l'autorité nationale de sécurité de s'assurer, le cas échéant, que les opérateurs disposent ou sont susceptibles de bénéficier des habilitations requises.

II. — Pendant l'exécution du marché public, l'acheteur peut demander à l'autorité nationale de sécurité de l'État du titulaire ou à l'autorité de sécurité désignée de cet État, sous réserve de l'existence d'accords de sécurité et dans un délai qu'il fixe, de :

1° Communiquer les habilitations de sécurité qu'il a délivrées ;

2° Vérifier la conformité des locaux et installations susceptibles d'être utilisés, les procédures industrielles et administratives qui seront suivies, les modalités de gestion de l'information ou la situation du personnel susceptible d'être employé pour l'exécution du marché public, sans préjudice de la possibilité de procéder à d'autres enquêtes et d'en tenir compte. — [V. désormais CCP, art. R. 2351-14, R. 2396-6.]

Art. 53 *I. — Lorsque l'acheteur fixe des exigences relatives à la sécurité d'approvisionnement, il peut notamment demander, dans les documents de la consultation, que l'offre du soumissionnaire comporte :*

1° La certification ou des documents démontrant qu'il sera à même de remplir les obligations en matière d'exportation, d'importation, de transfert et de transit de marchandises liées au contrat, y compris tout document complémentaire émanant de l'État concerné ;

2° L'indication de toute restriction pesant sur l'acheteur concernant la divulgation, le transfert ou l'utilisation des produits et services ou toute information relative à ces produits et services, qui résulterait des régimes de contrôle d'exportations ou des régimes de sécurité ;

3° La certification, ou des documents démontrant que l'organisation et la localisation de sa chaîne d'approvisionnement lui permettront de respecter les exigences de l'acheteur en matière de sécurité d'approvisionnement ;

4° Tout document complémentaire émanant de ses autorités nationales concernant la satisfaction des besoins supplémentaires qui surgiraient à la suite d'une crise définie au 3° de l'article 23 ;

5° Un engagement de veiller à ce que les éventuels changements survenus dans la chaîne d'approvisionnement pendant l'exécution du marché public ne nuisent pas au respect des exigences en matière de sécurité d'approvisionnement et à ce que cette chaîne conserve un niveau au moins équivalent en matière de sécurité de l'information, de sécurité d'approvisionnement ou en matière environnementale et sociale ;

6° Un engagement de mettre en place ou maintenir les capacités nécessaires pour faire face à une éventuelle augmentation des besoins à la suite d'une crise telle que définie au 3° de l'article 23, selon des modalités et des conditions à convenir ;

7° Un engagement d'assurer la maintenance, la modernisation ou les adaptations des fournitures faisant l'objet du marché public ;

8° Un engagement d'informer, en temps utile, l'acheteur de tout changement survenu dans son organisation, sa chaîne d'approvisionnement ou sa stratégie industrielle susceptible d'affecter ses obligations envers lui ;

9° Un engagement de fournir, selon des modalités et conditions à arrêter, tous les moyens spécifiques nécessaires pour la production de pièces détachées, de composants, d'assemblages et d'équipements d'essais spéciaux, y compris les plans techniques, les autorisations et les instructions d'utilisation, au cas où il ne serait plus en mesure de les fournir.

II. — Il ne peut être demandé à un soumissionnaire d'obtenir d'un État membre de l'Union européenne un engagement qui porterait atteinte à la liberté dudit État membre d'appliquer, conformément au droit international ou de l'Union européenne pertinent, ses critères nationaux en matière d'autorisation des exportations, transferts ou transits, dans les circonstances prévalant au moment de la décision d'autorisation. — [V. désormais CCP, art. R. 2351-15, R. 2351-16.]

Art. 54 *Lorsque l'acheteur fixe des exigences relatives aux sous-contrats, il peut notamment demander, dans l'avis d'appel à la concurrence, que l'offre du soumissionnaire comporte :*

1° L'indication des parties du marché public qu'il a l'intention de sous-contracter, ainsi que l'objet de ces sous-contrats et l'identité des sous-contractants ;

2° Un engagement d'indiquer tout changement intervenu au cours de l'exécution du marché public au niveau de ses sous-contractants ;

3° Les informations prévues à l'article 133 lorsqu'il impose au titulaire de mettre en concurrence tout ou partie de ses sous-contractants ;

4° Les informations prévues à l'article 134 lorsqu'il impose au titulaire de sous-contracter une partie du marché public ;

5° Un engagement d'attribuer les sous-contrats conformément aux dispositions de l'article 133 ou de l'article 134. — [V. désormais CCP, art. R. 2351-17.]

SOUS-SECTION 2 *Variantes*

Art. 55 *Lorsque l'acheteur se fonde sur plusieurs critères pour attribuer le marché public, il peut autoriser la présentation de variantes dans les conditions suivantes :*

1° Pour les marchés publics passés selon une procédure formalisée, les variantes sont interdites sauf mention contraire dans l'avis d'appel à la concurrence ;

2° Pour les marchés publics passés selon une procédure adaptée, les variantes sont autorisées sauf mention contraire dans les documents de la consultation.

Lorsque l'acheteur autorise expressément la présentation de variantes, il mentionne dans les documents de la consultation les exigences minimales que les variantes doivent respecter ainsi que toute condition particulière de leur présentation.

Pour les marchés publics de fournitures ou de services, une variante ne peut être rejetée au seul motif qu'elle aboutirait, si elle était retenue, à un marché public de services au lieu d'un marché public de fournitures ou à un marché public de fournitures au lieu d'un marché public de services. — [V. désormais CCP, art. R. 2351-8, R. 2351-9, R. 2351-10.]

SOUS-SECTION 3 *Examen des offres*

Art. 56 *I. — L'acheteur vérifie que les offres qui n'ont pas été éliminées en application du IV de l'article 35 sont régulières, acceptables et appropriées.*

Une offre irrégulière est une offre qui ne respecte pas les exigences formulées dans les documents de la consultation notamment parce qu'elle est incomplète, ou qui méconnaît la législation applicable notamment en matière sociale et environnementale.

Une offre inacceptable est une offre dont le prix excède les crédits budgétaires alloués au marché public tels qu'ils ont été déterminés et établis avant le lancement de la procédure.

Une offre inappropriée est une offre sans rapport avec le marché public parce qu'elle n'est manifestement pas en mesure, sans modification substantielle, de répondre au besoin et aux exigences de l'acheteur formulés dans les documents de la consultation.

II. — Dans la procédure d'appel d'offres restreint et les procédures adaptées sans négociation, les offres inappropriées, irrégulières et inacceptables sont éliminées. Toutefois, l'acheteur peut autoriser tous les soumissionnaires concernés à régulariser les offres irrégulières dans un délai approprié, à condition qu'elles ne soient pas anormalement basses.

III. — Dans les autres procédures, les offres inappropriées sont éliminées. Les offres irrégulières ou inacceptables peuvent devenir régulières ou acceptables à l'issue de la négociation ou du dialogue, à condition qu'elles ne soient pas anormalement basses.

Lorsque la négociation ou le dialogue a pris fin, les offres qui demeurent irrégulières ou inacceptables sont éliminées. Toutefois, l'acheteur peut autoriser tous les soumissionnaires concernés à régulariser les offres irrégulières dans un délai approprié, à condition qu'elles ne soient pas anormalement basses.

IV. — La régularisation des offres irrégulières ne peut avoir pour effet de modifier des caractéristiques substantielles des offres. — [V. désormais CCP, art. L. 2352-1, R. 2352-1.]

SOUS-SECTION 4 *Offres anormalement basses*

Art. 57 *I. — L'acheteur exige que le soumissionnaire explique le prix ou les coûts proposés dans son offre lorsque celle-ci semble anormalement basse eu égard aux travaux, fournitures ou services.*

Peuvent être prises en considération des justifications tenant notamment aux aspects suivants :

1° Le mode de fabrication des produits, les modalités de la prestation des services, le procédé de construction ;

2° Les solutions techniques adoptées ou les conditions exceptionnellement favorables dont dispose le soumissionnaire pour fournir les produits ou les services ou pour exécuter les travaux ;

3° L'originalité de l'offre ;

4° La réglementation applicable en matière environnementale, sociale et du travail en vigueur sur le lieu d'exécution des prestations ;

5° L'obtention éventuelle d'une aide d'État par le soumissionnaire.

II. — L'acheteur rejette l'offre :

1° Lorsque les éléments fournis par le soumissionnaire n'expliquent pas de manière satisfaisante le bas niveau du prix ou des coûts proposés ;

2° Lorsqu'il établit que celle-ci est anormalement basse parce qu'elle contrevient aux obligations applicables dans les domaines du droit de l'environnement, social et du travail établies par le droit français, le droit de l'Union européenne, les conventions collectives ou par les dispositions internationales en matière de droit de l'environnement, social et du travail figurant sur une liste publiée au Journal officiel de la République française. — V. Avis relatif à la liste des dispositions internationales en matière de droit environnemental, social et du travail permettant de rejeter une offre comme anormalement basse en matière de marchés publics (JO 27 mars 2016).

III. — L'acheteur qui constate qu'une offre est anormalement basse du fait de l'obtention d'une aide d'État par le soumissionnaire ne peut rejeter cette offre pour ce seul motif que s'il consulte le soumissionnaire et que celui-ci n'est pas en mesure de démontrer, dans un délai suffisant fixé par l'acheteur, que l'aide en question était compatible avec le marché intérieur au sens de l'article 107 du traité sur le fonctionnement de l'Union européenne.

L'acheteur qui rejette une offre dans ces conditions en informe la Commission européenne. — [V. désormais CCP, art. R. 2352-2, R. 2352-3.]

SOUS-SECTION 5 *Attribution du marché public*

Art. 58 *I. — Les offres régulières, acceptables et appropriées, et qui n'ont pas été rejetées en application des articles 56 ou 57 sont classées par ordre décroissant en appliquant les critères d'attribution.*

II. — Pour attribuer le marché public au soumissionnaire ou, le cas échéant, aux soumissionnaires qui ont présenté l'offre économiquement la plus avantageuse, l'acheteur se fonde :

1° Soit sur une pluralité de critères non-discriminatoires et liés à l'objet du marché public, notamment la qualité, le prix, la valeur technique, les caractéristiques fonctionnelles ou environnementales, le coût d'utilisation, les coûts au long du cycle de vie, la rentabilité, le service après-vente et l'assistance technique, la date de livraison, le délai de livraison ou d'exécution, la sécurité d'approvisionnement, l'interopérabilité et les caractéristiques opérationnelles. D'autres critères peuvent être pris en compte s'ils sont justifiés par l'objet du marché public ;

2° Soit sur le critère unique du prix à condition que le marché public ait pour seul objet l'achat de services ou de fournitures standardisés dont la qualité est insusceptible de variation d'un opérateur économique à l'autre.

III. — En cas de dialogue compétitif et pour les partenariats d'innovation, l'offre économiquement la plus avantageuse est identifiée sur la base d'une pluralité de critères conformément au 1° du II.

IV. — Les critères ainsi que les modalités de leur mise en œuvre sont indiqués dans les documents de la consultation.

Pour les marchés publics passés selon une procédure formalisée, les critères d'attribution font l'objet d'une pondération ou, lorsque la pondération n'est pas possible pour des raisons objectives, sont indiqués par ordre décroissant d'importance. La pondération peut être exprimée sous forme d'une fourchette avec un écart maximum approprié qui doit refléter la façon dont l'acheteur valorise les différents critères.

V. — L'acheteur s'assure que les critères d'attribution retenus peuvent être appliqués tant aux variantes qu'aux offres de base. — [V. désormais CCP, art. R. 2352-4, R. 2352-5, R. 2352-6, R. 2352-7, R. 2352-8.]

Art. 59 *Il est possible, en accord avec le soumissionnaire retenu, de procéder à une mise au point des composantes du marché public avant sa signature. Cependant, cette mise au point ne peut avoir pour effet de modifier des caractéristiques substantielles de l'offre ou du marché public dont la variation est susceptible de fausser la concurrence ou d'avoir un effet discriminatoire.* — [V. désormais CCP, art. R. 2352-9.]

CHAPITRE V *DÉROULEMENT DES PROCÉDURES FORMALISÉES*

Art. 60 *Les dispositions relatives aux délais contenues dans le présent chapitre s'appliquent sans préjudice de l'application des dispositions de l'article 35.* — [V. désormais CCP, art. R. 2361-1.]

SECTION 1 *Appel d'offres restreint*

Art. 61 *L'appel d'offres restreint est la procédure par laquelle l'acheteur choisit l'offre économiquement la plus avantageuse, sans négociation, sur la base de critères objectifs préalablement portés* *à la connaissance des candidats et dans laquelle seuls les candidats sélectionnés par l'acheteur sont autorisés à soumissionner.* — [V. désormais CCP, art. R. 2324-2.]

Art. 62 *Le délai minimal de réception des candidatures est de trente-sept jours à compter de la date d'envoi de l'avis de marché ou de trente jours lorsque cet avis a été envoyé par voie électronique.*

Lorsqu'une situation d'urgence ne résultant pas du fait de l'acheteur rend ce délai impossible à respecter, il peut être ramené à quinze jours ou à dix jours lorsque l'avis a été envoyé par voie électronique. — [V. désormais CCP, art. R. 2361-2.]

Art. 63 *I. — Le délai minimal de réception des offres est de quarante jours à compter de la date d'envoi de l'invitation à soumissionner.*

Si l'acheteur a publié un avis de préinformation, ce délai minimal peut être ramené à vingt-deux jours, lorsque les conditions suivantes sont réunies :

1° L'avis de préinformation a été envoyé pour publication cinquante-deux jours au moins à douze mois au plus avant la date d'envoi de l'avis de marché ;

2° Cet avis contient les mêmes renseignements que ceux qui figurent dans l'avis de marché, pour autant que ces renseignements soient disponibles au moment de son envoi pour publication.

L'acheteur peut réduire de cinq jours le délai minimal fixé aux deux premiers alinéas s'il offre, par moyen électronique et à compter de la publication de l'avis d'appel à la concurrence, l'accès libre, direct et complet aux documents de la consultation et à tout document complémentaire, en indiquant dans le texte de l'avis l'adresse internet à laquelle ces documents peuvent être consultés.

II. — Lorsqu'une situation d'urgence ne résultant pas du fait de l'acheteur, rend le délai minimal fixé au I impossible à respecter, l'acheteur peut fixer un délai de réception des offres qui ne peut être inférieur à dix jours à compter de la date d'envoi de l'invitation à soumissionner.

III. — Il ne peut y avoir de négociation avec les soumissionnaires. Il est seulement possible de leur demander de préciser la teneur de leur offre. — [V. désormais CCP, art. R. 2361-3, R. 2361-4, R. 2361-5, R. 2361-6, R. 2361-7.]

SECTION 2 *Procédure négociée avec publicité préalable*

Art. 64 *La procédure négociée avec publicité préalable est la procédure par laquelle l'acheteur négocie les conditions du marché public avec un ou plusieurs opérateurs économiques autorisés à participer aux négociations.*

L'acheteur indique dans les documents de la consultation les exigences minimales que doivent respecter les offres. — [V. désormais CCP, art. R. 2324-3, R. 2361-9.]

Art. 65 *Le délai minimal de réception des candidatures est de trente-sept jours à compter de la date d'envoi de l'avis de marché ou de trente jours lorsque cet avis a été envoyé par voie électronique.*

Lorsqu'une situation d'urgence ne résultant pas du fait de l'acheteur rend ce délai impossible à respecter, il peut être ramené à quinze jours ou à dix jours lorsque l'avis a été envoyé par voie électronique.

La date limite de réception des offres est librement fixée par l'acheteur. — [V. désormais CCP, art. R. 2361-8, R. 2361-10.]

Art. 66 *L'acheteur négocie avec les soumissionnaires les offres initiales et toutes les offres ultérieures, à l'exception des offres finales.*

La négociation ne peut porter sur l'objet du marché public ni modifier substantiellement les caractéristiques et les conditions d'exécution du marché public telles qu'elles sont définies dans les documents de la consultation.

Les exigences minimales mentionnées à l'article 64 et les critères d'attribution ne peuvent faire l'objet de négociations.

La négociation peut se dérouler en phases successives de manière à réduire le nombre d'offres à négocier en appliquant les critères d'attribution précisés dans l'avis de marché ou dans un autre document de la consultation. L'acheteur indique, dans l'un de ces documents, s'il fera usage de cette possibilité.

La négociation est conduite dans le respect du principe d'égalité de traitement de tous les soumissionnaires. A cette fin, l'acheteur s'abstient de donner toute information susceptible d'avantager certains soumissionnaires par rapport à d'autres. — [V. désormais CCP, art. R. 2361-11, R. 2361-12.]

SECTION 3 *Dialogue compétitif*

Art. 67 *Le dialogue compétitif est la procédure dans laquelle l'acheteur dialogue avec les candidats admis à participer à la procédure en vue de définir ou développer une ou plusieurs solutions de* *nature à répondre à ses besoins et sur la base de laquelle ou desquelles les participants au dialogue sont invités à remettre une offre.*

L'acheteur définit ses besoins et ses exigences dans l'avis de marché ou dans un autre document de la consultation.

Les modalités du dialogue, les critères d'attribution et un calendrier indicatif sont précisés dans l'avis de marché ou dans un autre document de la consultation. — [V. désormais CCP, art. R. 2361-13.]

Art. 68 *I. — Le délai minimal de réception des candidatures est de trente-sept jours à compter de la date d'envoi de l'avis de marché ou de trente jours lorsque cet avis a été envoyé par voie électronique.*

II. — L'acheteur ouvre avec les participants sélectionnés un dialogue dont l'objet est l'identification et la définition des moyens propres à satisfaire au mieux ses besoins. Tous les aspects du marché public peuvent être discutés avec les participants sélectionnés.

Le dialogue peut se dérouler en phases successives de manière à réduire le nombre de solutions à discuter, en appliquant les critères d'attribution définis dans l'avis de marché ou dans un autre document de la consultation. L'acheteur indique, dans les documents de la consultation, s'il fera usage de cette possibilité.

L'acheteur poursuit le dialogue jusqu'à ce qu'il soit en mesure d'identifier la ou les solutions qui sont susceptibles de répondre à ses besoins.

Le dialogue est conduit dans le respect du principe d'égalité de traitement de tous les participants. A cette fin, l'acheteur s'abstient de donner toute information susceptible d'avantager certains participants par rapport à d'autres.

III. — Lorsqu'il estime que le dialogue est arrivé à son terme, l'acheteur en informe les participants restant en lice et les invite à présenter leur offre finale sur la base de la ou des solutions qu'ils ont présentées et spécifiées au cours du dialogue. Il vérifie que les offres finales comprennent tous les éléments requis et nécessaires pour la réalisation du projet.

Des précisions, clarifications, perfectionnements ou compléments peuvent être demandés aux participants sur leur offre finale. Cependant, ces demandes ne peuvent avoir pour effet de modifier les aspects essentiels de l'offre finale, notamment les besoins et exigences indiqués dans les documents de la consultation, lorsque les modifications apportées sont susceptibles de fausser la concurrence ou d'avoir un effet discriminatoire.

IV. — A la demande de l'acheteur, l'attributaire peut être amené à clarifier des aspects de son offre ou à confirmer les engagements financiers figurant dans celle-ci. Cependant, ces demandes ne peuvent avoir pour effet de modifier des éléments fondamentaux de l'offre ou des caractéristiques essentielles du marché public dont la variation est susceptible de fausser la concurrence ou d'avoir un effet discriminatoire.

V. — L'acheteur peut prévoir des primes au profit des participants au dialogue. Le montant de la prime est indiqué dans les documents de la consultation et la rémunération du titulaire du marché public tient compte de la prime reçue pour sa participation à la procédure. — [V. désormais CCP, art. R. 2361-14, R. 2361-15, R. 2361-16, R. 2361-17, R. 2361-18, R. 2361-19.]

CHAPITRE VI *TECHNIQUES PARTICULIÈRES D'ACHAT*

SECTION 1 *Marchés publics à tranches*

Art. 69 *Les acheteurs peuvent passer un marché public comportant une tranche ferme et une ou plusieurs tranches optionnelles. Le marché public définit la consistance, le prix ou ses modalités de détermination et les modalités d'exécution des prestations de chaque tranche.*

Les prestations de la tranche ferme doivent constituer un ensemble cohérent ; il en est de même des prestations de chaque tranche optionnelle compte tenu des prestations de toutes les tranches antérieures.

L'exécution de chaque tranche optionnelle est subordonnée à une décision de l'acheteur, notifiée au titulaire dans les conditions fixées par le marché public. Lorsqu'une tranche optionnelle est affermie avec retard ou n'est pas affermie, le titulaire peut bénéficier, si le marché public le prévoit et dans les conditions qu'il définit, d'une indemnité d'attente ou de dédit. — [V. désormais CCP, art. R. 2313-2.]

SECTION 2 *Accords-cadres*

Art. 70 *I. — Les acheteurs peuvent conclure des accords-cadres définis à l'article 4 de l'ordonnance du 23 juillet 2015 susvisée avec un ou plusieurs opérateurs économiques.*

Lorsque l'accord-cadre ne fixe pas toutes les stipulations contractuelles, il donne lieu à la conclusion de marchés subséquents dans les conditions fixées à l'article 71.

Lorsque l'accord-cadre fixe toutes les stipulations contractuelles, il est exécuté au fur et à mesure de l'émission de bons de commande dans les conditions fixées à l'article 72.

Un accord-cadre peut être exécuté en partie par la conclusion de marchés subséquents et en partie par l'émission de bons de commande, à condition que l'acheteur identifie les prestations qui relèvent des différentes parties de l'accord-cadre.

Lorsque l'accord-cadre est attribué à plusieurs opérateurs économiques, ceux-ci sont au moins au nombre de trois, sous réserve d'un nombre suffisant de candidats et d'offres.

Les acheteurs ne recourent pas aux accords-cadres de manière abusive ou aux fins d'empêcher, de restreindre ou de fausser la concurrence.

II. — Les accords-cadres peuvent être conclus :

1° Soit avec un minimum et un maximum en valeur ou en quantité ;

2° Soit avec seulement un minimum ou un maximum ;

3° Soit sans minimum ni maximum.

III. — La durée des accords-cadres ne peut dépasser sept ans, sauf dans des cas exceptionnels dûment justifiés, déterminés en tenant compte de la durée de vie prévue des objets, installations ou systèmes livrés, ainsi que des difficultés techniques que peut occasionner un changement de fournisseur ou, notamment, justifiée par leur objet ou par le fait que leur exécution nécessite des investissements amortissables sur une durée supérieure.

IV. — Les marchés subséquents et les bons de commande sont conclus ou émis entre les acheteurs identifiés à cette fin dans l'avis d'appel à la concurrence ou dans l'invitation à soumissionner, à négocier ou à participer au dialogue ou, en l'absence d'un tel avis ou d'une telle invitation, dans un autre document de la consultation, et le ou les opérateurs économiques titulaires de l'accord-cadre.

Ils ne peuvent être conclus ou émis que durant la période de validité de l'accord-cadre. Leur durée d'exécution est fixée conformément aux conditions habituelles d'exécution des prestations faisant l'objet de l'accord-cadre. L'acheteur ne peut fixer une durée telle que l'exécution des marchés subséquents ou des bons de commande se prolonge au-delà de la date limite de validité de l'accord-cadre dans des conditions qui méconnaissent l'obligation d'une remise en concurrence périodique des opérateurs économiques. — [V. désormais CCP, art. L. 2325-1, R. 2362-1, R. 2362-2, R. 2362-3, R. 2362-4, R. 2362-5, R. 2362-6.]

Art. 71 *I. — Les marchés subséquents précisent les caractéristiques et les modalités d'exécution des prestations demandées qui n'ont pas été fixées dans l'accord-cadre. Ils ne peuvent entraîner des modifications substantielles des termes de l'accord-cadre.*

Les marchés subséquents peuvent prendre la forme d'un accord-cadre fixant toutes les conditions d'exécution des prestations et exécuté au moyen de bons de commande dans les conditions fixées à l'article 72.

II. — Lorsqu'un accord-cadre est conclu avec un seul opérateur économique, les marchés subséquents sont attribués dans les conditions fixées par l'accord-cadre. Préalablement à la conclusion des marchés subséquents, l'acheteur peut demander par écrit au titulaire de compléter son offre.

III. — Lorsqu'un accord-cadre est conclu avec plusieurs opérateurs économiques, l'acheteur organise une mise en concurrence selon la procédure suivante :

1° Pour chacun des marchés subséquents, l'acheteur consulte par écrit les titulaires de l'accord-cadre ou, lorsque l'accord-cadre a été divisé en lots, les titulaires du lot correspondant à l'objet du marché subséquent ;

2° L'acheteur fixe un délai suffisant pour la présentation des offres en tenant compte d'éléments tels que la complexité des prestations attendues ou le temps nécessaire à la transmission des offres ;

3° Les offres sont proposées conformément aux caractéristiques fixées par l'accord-cadre et les documents de la consultation propres au marché subséquent. Elles sont établies par écrit et ne sont pas ouvertes avant l'expiration du délai prévu pour le dépôt des offres ;

4° Le marché subséquent est attribué à celui ou à ceux des titulaires de l'accord-cadre qui ont présenté les offres économiquement les plus avantageuses, sur la base des critères d'attribution énoncés dans l'accord-cadre.

L'accord-cadre peut prévoir que l'attribution de certains marchés subséquents ne donnera pas lieu à remise en concurrence lorsqu'il apparaît que, pour des raisons techniques, ces marchés ne peuvent plus être confiés qu'à un opérateur économique déterminé. Tel est notamment le cas lorsque aucun produit, matériel ou service ne peut être substitué au produit, matériel ou service à acquérir et qu'un seul des titulaires est en mesure de le fournir. — [V. désormais CCP, art. R. 2362-7.]

Art. 72 *Les bons de commande sont des documents écrits adressés aux titulaires de l'accord-cadre qui précisent celles des prestations, décrites dans l'accord-cadre, dont l'exécution est demandée et en déterminent la quantité.*

L'émission des bons de commande s'effectue sans négociation ni remise en concurrence préalable des titulaires, selon des modalités prévues par l'accord-cadre. — [V. désormais CCP, art. R. 2362-8.]

SECTION 3 *Enchères électroniques*

Art. 73 *I. — Une enchère électronique est une procédure de sélection des offres réalisée par voie électronique et permettant aux candidats de réviser leurs prix à la baisse ou de modifier la valeur de certains autres éléments quantifiables de leur offre.*

Les acheteurs ne peuvent recourir à l'enchère électronique que pour les marchés publics de fournitures d'un montant égal ou supérieur aux seuils de procédure formalisée.

II. — L'enchère électronique porte :

1° Soit uniquement sur le prix lorsque le marché public est attribué sur la base de ce seul critère ;

2° Soit sur le prix ou sur d'autres éléments quantifiables indiqués dans les documents de la consultation lorsque le marché public est attribué sur la base d'une pluralité de critères. — [V. désormais CCP, art. L. 2325-1, R. 2362-13.]

Art. 74 *I. — L'acheteur qui décide de recourir à une enchère électronique en fait mention dans l'avis de marché. Les documents de la consultation comprennent les informations suivantes :*

1° Les éléments des offres sur lesquels porte l'enchère électronique ;

2° Le cas échéant, les valeurs minimales et maximales qui pourront être présentées ;

3° La nature des informations qui seront mises à la disposition des soumissionnaires au cours de l'enchère électronique et le moment où elles le seront ;

4° Les informations pertinentes sur le déroulement de l'enchère électronique, notamment les conditions dans lesquelles les soumissionnaires pourront enchérir et les écarts minimaux qui, le cas échéant, seront exigés pour enchérir ;

5° Les informations pertinentes sur le dispositif électronique utilisé et sur les modalités et spécifications techniques de connexion.

II. — L'enchère électronique intervient après une première évaluation complète des offres conformément aux critères d'attribution, permettant leur classement sur la base d'un traitement automatisé.

Tous les soumissionnaires qui ont présenté des offres qui n'ont pas été écartées au motif qu'elles sont inappropriées, irrégulières ou inacceptables sont invités simultanément, par des moyens électroniques, à participer à l'enchère électronique en utilisant les connexions, à la date et à l'heure spécifiées, conformément aux instructions figurant dans l'invitation.

Lorsque le choix de l'attributaire du marché public n'est pas fondé sur le seul critère du prix, l'invitation adressée à chaque soumissionnaire est accompagnée du résultat de l'évaluation complète de son offre réalisée en application du premier alinéa.

Elle mentionne également la formule mathématique qui déterminera, lors de l'enchère électronique, les reclassements automatiques en fonction des nouveaux prix ou des nouvelles valeurs présentés. Cette formule intègre la pondération de tous les critères fixés pour déterminer l'offre économiquement la plus avantageuse, telle qu'indiquée dans l'avis de marché ou dans un autre document de la consultation. Le cas échéant, les fourchettes sont réduites à une valeur déterminée.

Lorsque des variantes sont autorisées, une formule distincte est fournie pour chaque variante.

III. — L'enchère électronique peut se dérouler en plusieurs phases successives. Elle ne peut débuter moins de deux jours ouvrables après la date d'envoi des invitations.

Au cours de chaque phase de l'enchère électronique, l'acheteur communique instantanément à tous les soumissionnaires les informations leur permettant de connaître à tout moment leur classement respectif. Il peut également annoncer le nombre de participants à la phase de l'enchère et communiquer, si les documents de la consultation le prévoient, les prix ou valeurs présentés par les autres soumissionnaires. Cependant, il ne peut en aucun cas divulguer l'identité des soumissionnaires.

IV. — L'acheteur clôt l'enchère électronique selon une ou plusieurs des modalités suivantes :

1° A la date et à l'heure fixées dans l'invitation à participer à l'enchère ;

2° Lorsqu'il ne reçoit plus de nouveaux prix ou de nouvelles valeurs répondant aux exigences relatives aux écarts minimaux, à condition d'avoir préalablement précisé dans l'invitation à participer à l'enchère le délai qu'il observera à partir de la réception de la dernière offre avant de clôturer l'enchère électronique ;

3° Lorsque toutes les phases de l'enchère, prévues dans l'invitation à participer à l'enchère ont eu lieu.

Lorsque l'acheteur entend clore l'enchère électronique conformément au 3°, le cas échéant en combinaison avec les modalités prévues au 2°, l'invitation à participer à l'enchère indique le calendrier de chaque phase de l'enchère.

Après la clôture de l'enchère électronique, le marché public est attribué en fonction des résultats de celle-ci et sous réserve du respect des dispositions de l'article 57. — [V. désormais CCP, art. R. 2362-14, R. 2362-15, R. 2362-16, R. 2362-17, R. 2362-18.]

SECTION 4 *Catalogues électroniques*

Art. 75 *Lorsque l'utilisation de moyens de communication électroniques est prévue par l'acheteur, il peut exiger que les offres soient présentées sous la forme d'un catalogue électronique ou qu'elles comportent un catalogue électronique.*

Les offres présentées sous la forme d'un catalogue électronique peuvent être accompagnées d'autres documents qui les complètent.

Les catalogues électroniques sont établis par les candidats ou les soumissionnaires conformément aux spécifications techniques et au format prévus par l'acheteur. Ils respectent les exigences applicables aux outils de communication électronique ainsi que toute exigence supplémentaire définie par l'acheteur conformément aux articles 32 à 34. — [V. désormais CCP, art. R. 2362-9, R. 2362-11.]

Art. 76 *I. — Lorsque la présentation des offres sous la forme d'un catalogue électronique est acceptée ou exigée, l'acheteur l'indique dans l'avis de marché ou dans l'invitation à soumissionner ou à négocier.*

L'acheteur précise également, dans les documents de la consultation, toutes les informations requises en ce qui concerne le format, l'équipement électronique utilisé ainsi que les modalités de connexion et les spécifications techniques du catalogue.

II. — Lorsque, dans le cadre de la procédure de passation d'un accord-cadre conclu avec plusieurs opérateurs économiques, des offres ont été présentées sous la forme de catalogues électroniques, l'acheteur peut prévoir que la remise en concurrence des titulaires de l'accord-cadre pour l'attribution des marchés subséquents est effectuée sur la base des catalogues actualisés. Dans ce cas, l'acheteur utilise l'une des méthodes suivantes :

1° Soit il invite les titulaires de l'accord-cadre à présenter de nouveau leurs catalogues électroniques, adaptés aux exigences du marché subséquent ;

2° Soit il informe les titulaires de l'accord-cadre qu'il entend recueillir, à partir des catalogues électroniques déjà présentés, les informations nécessaires pour constituer des offres adaptées aux exigences du marché subséquent, pour autant que l'utilisation de cette méthode ait été annoncée dans les documents de la consultation de l'accord-cadre. Dans ce cas, l'acheteur informe les titulaires de l'accord-cadre de la date et de l'heure à laquelle il entend procéder à cette collecte d'information et leur donne la possibilité de refuser cette collecte. Il prévoit un délai adéquat entre la notification et la collecte effective des informations. Avant d'attribuer le marché subséquent, l'acheteur transmet les informations collectées à chaque titulaire concerné afin de lui permettre de contester ou de confirmer que l'offre ainsi constituée ne comporte pas d'erreurs matérielles. — [V. désormais CCP, art. R. 2362-10, R. 2362-12.]

CHAPITRE VII *MARCHÉS PUBLICS PARTICULIERS*

SECTION 1 *Marchés publics de maîtrise d'œuvre*

Art. 77 *I. — Les marchés publics de maîtrise d'œuvre ont pour objet, en vue de la réalisation d'un ouvrage ou d'un projet urbain ou paysager, l'exécution d'un ou plusieurs éléments de la mission définie par l'article 7 de la loi du 12 juillet 1985 susvisée.*

II. — Pour les marchés publics de maîtrise d'œuvre qui répondent à un besoin dont la valeur estimée est égale ou supérieure aux seuils de procédure formalisée, l'acheteur peut recourir :

1° Soit à l'appel d'offres restreint. Dans ce cas, un jury composé dans les conditions définies à l'article 78 émet un avis motivé sur les candidatures et sur les offres ;

2° Soit à la procédure négociée avec publicité préalable. L'acheteur, après avis du jury composé conformément à l'article 78, dresse la liste des candidats admis à négocier, dont le nombre ne peut être inférieur à trois sauf si le nombre de candidats n'est pas suffisant ;

3° Soit à la procédure négociée sans publicité ni mise en concurrence préalables lorsque les conditions de recours à cette procédure sont réunies ;

4° Soit à la procédure du dialogue compétitif lorsque les conditions de recours au dialogue compétitif sont réunies, pour l'attribution d'un marché public de maîtrise d'œuvre relatif à la réhabilitation d'un ouvrage ou la réalisation d'un projet urbain ou paysager. Un jury peut être composé conformément à l'article 78.

Dans ce dernier cas, le jury examine les candidatures et formule dans un procès-verbal un avis motivé sur celles-ci. Le maître d'ouvrage dresse la liste des candidats admis au dialogue au vu de cet avis. A l'issue du dialogue, le jury examine les offres finales, les évalue et les classe dans un avis motivé qui fait l'objet d'un procès-verbal. Il peut inviter les candidats à apporter des précisions, clarifications, perfectionnements ou compléments sur leur offre finale. Le marché public est attribué au vu de l'avis du jury.

III. — Pour les marchés publics de maîtrise d'œuvre relatifs à des ouvrages auxquels sont applicables les dispositions de la loi du 12 juillet 1985 susvisée, les opérateurs économiques qui ont remis des prestations conformes aux documents de la consultation bénéficient d'une prime. Le montant de la prime attribuée à chaque candidat est égal au prix estimé des études à effectuer par les candidats, affecté d'un abattement au plus égal à 20 %.

Pour les marchés publics de maîtrise d'œuvre relatifs à des ouvrages auxquels ne sont pas applicables les dispositions de la loi du 12 juillet 1985 susvisée, les participants qui ont remis des prestations conformes aux documents de la consultation bénéficient d'une prime dont le montant est librement défini par l'acheteur.

Dans tous les cas, le montant de la prime est indiqué dans les documents de la consultation et la rémunération du titulaire du marché public de maîtrise d'œuvre tient compte de la prime qu'il a reçue pour sa participation à la procédure. — [V. désormais CCP, art. R. 2372-1, R. 2372-2, R. 2372-3, R. 2372-4, R. 2372-5, R. 2372-6, R. 2372-7, R. 2372-8, R. 2372-9.]

Art. 78 *Le jury est composé exclusivement de personnes indépendantes des participants. Lorsqu'une qualification professionnelle particulière est exigée pour participer à la consultation, au moins un tiers des membres du jury doit posséder cette qualification ou une qualification équivalente.*

Les membres du jury sont désignés selon les modalités suivantes :

1° En ce qui concerne les administrations centrales de l'État, les services à compétence nationale et les services déconcentrés qui ne sont pas placés sous l'autorité du préfet, par le ministre dont ils dépendent ;

2° En ce qui concerne les services déconcentrés de l'État placés sous l'autorité du préfet, par le préfet ;

3° En ce qui concerne les établissements publics de l'État, selon les règles propres à chaque établissement.

En cas de groupement de commandes, la composition du jury est fixée par la convention de groupement. — [V. désormais CCP, art. R. 2371-6.]

SECTION 2 *Marchés publics globaux*

SOUS-SECTION 1 *Marchés publics de conception-réalisation*

Art. 79 *I. — Les motifs d'ordre technique mentionnés au I de l'article 33 de l'ordonnance du 23 juillet 2015 susvisée sont liés à la destination ou à la mise en œuvre technique de l'ouvrage. Sont concernées des opérations dont la finalité majeure est une production dont le processus conditionne la conception, la réalisation et la mise en œuvre ainsi que des opérations dont les caractéristiques, telles que des dimensions exceptionnelles ou des difficultés techniques particulières, exigent de faire appel aux moyens et à la technicité propres des opérateurs économiques.*

II. — Lorsque la valeur estimée du besoin est égale ou supérieure aux seuils de procédure formalisée, les acheteurs mentionnés à l'article 1er de la loi du 12 juillet 1985 susvisée passent des marchés publics de conception-réalisation selon les procédures et dans les conditions mentionnées à l'article 21 sous réserve des dispositions qui suivent :

1° Lorsque la procédure de l'appel d'offres restreint est utilisée, un jury, composé dans les conditions de l'article 78, est désigné par l'acheteur. Le jury dresse un procès-verbal d'examen des candidatures et formule un avis motivé sur la liste des candidats à retenir. L'acheteur arrête la liste des candidats admis à réaliser des prestations.

Les candidats admis exécutent des prestations sur lesquelles se prononce le jury, après les avoir entendus. Ces prestations comportent au moins un avant-projet sommaire pour un ouvrage de bâtiment ou, pour un ouvrage d'infrastructure, un avant-projet accompagné de la définition des performances techniques de l'ouvrage.

Le jury dresse un procès-verbal d'examen des prestations et d'audition des candidats et formule un avis motivé.

L'acheteur peut demander des clarifications ou des précisions concernant les offres déposées par les candidats. Ces précisions, clarifications ou compléments ne peuvent avoir pour effet de modifier des éléments fondamentaux de l'offre ou des caractéristiques essentielles du marché public.

Le marché public est attribué au vu de l'avis du jury ;

2° Lorsque la procédure négociée avec publicité préalable ou de dialogue compétitif est utilisée, la désignation d'un jury est facultative.

III. — Pour les marchés publics de conception-réalisation inférieurs aux seuils de procédure formalisée, les acheteurs mentionnés au II peuvent recourir à une procédure adaptée.

IV. — Dans les cas prévus aux II et III, lorsque les documents de la consultation ont prévu la remise de prestations, ils indiquent le montant des primes et les modalités de réduction ou de suppression des primes des soumissionnaires dont les offres sont irrégulières.

Le montant de la prime attribuée à chaque soumissionnaire est égal au prix estimé des études de conception à effectuer telles que définies par les documents de la consultation, affecté d'un abattement au plus égal à 20 %.

La rémunération du titulaire du marché public tient compte de la prime qu'il a reçue. — [V. désormais CCP, art. R. 2371-1, R. 2371-4, R. 2371-5, R. 2371-7, R. 2371-8, R. 2371-9.]

SOUS-SECTION 2 *Marchés publics globaux de performance*

Art. 80 *I. — Sous réserve de l'application des dispositions du II de l'article 60 de l'ordonnance du 23 juillet 2015 susvisée, le marché public global de performance fait obligatoirement apparaître, de manière séparée, les prix respectifs de la réalisation et de l'exploitation ou de la maintenance.*

II. — Les marchés publics globaux de performance relatifs à des ouvrages auxquels sont applicables les dispositions de la loi du 12 juillet 1985 susvisée et qui répondent à un besoin dont la valeur estimée est égale ou supérieure aux seuils de procédure formalisée sont passés selon les modalités fixées au II de l'article 79.

III. — Lorsque le marché public global de performance est relatif à des ouvrages auxquels sont applicables les dispositions de la loi du 12 juillet 1985 susvisée et comporte des prestations de conception, les documents de la consultation indiquent le montant des primes et les modalités de réduction ou de suppression des primes des soumissionnaires dont les offres sont irrégulières.

Le montant de la prime attribuée à chaque soumissionnaire est égal au prix estimé des études de conception à effectuer telles que définies par les documents de la consultation, affecté d'un abattement au plus égal à 20 %.

La rémunération du titulaire du marché public tient compte de la prime qu'il a reçue. — [V. désormais CCP, art. R. 2371-2, R. 2371-4, R. 2371-8.]

SECTION 3 *Partenariats d'innovation*

Art. 81 *Le partenariat d'innovation a pour objet la recherche et le développement ainsi que l'acquisition de fournitures, services ou travaux innovants qui en sont le résultat. Sont innovants, au sens du présent article, les fournitures, services ou travaux nouveaux ou sensiblement améliorés qui répondent à un besoin qui ne peut être satisfait par des fournitures, services ou travaux déjà disponibles sur le marché. Le caractère innovant peut consister dans la mise en œuvre de nouveaux procédés de production ou de construction, d'une nouvelle méthode de commercialisation ou d'une nouvelle méthode organisationnelle dans les pratiques, l'organisation du lieu de travail ou les relations extérieures de l'entreprise.*

L'acheteur peut décider de mettre en place un partenariat d'innovation avec un ou plusieurs opérateurs économiques qui exécutent les prestations de manière séparée dans le cadre de contrats individuels. Cette décision est indiquée dans l'avis de marché ou dans un autre document de la consultation. — [V. désormais CCP, art. R. 2372-17.]

Art. 82 *I. — Le partenariat d'innovation comprend une ou plusieurs phases successives qui suivent le déroulement du processus de recherche et de développement et une ou plusieurs phases d'acquisition des produits, services ou travaux qui en sont le résultat.*

La structure, la durée et la valeur des différentes phases du partenariat d'innovation tiennent compte du degré d'innovation de la solution proposée, de la durée et du coût des activités de recherche et d'innovation requises pour le développement de la solution innovante. La valeur estimée des produits, services ou travaux dont l'acquisition est envisagée n'est pas disproportionnée par rapport à l'investissement requis pour leur développement, quelle que soit la part des activités de recherche et de développement financée par l'acheteur.

II. — Le partenariat d'innovation définit les objectifs de chaque phase que le partenaire doit atteindre ainsi que la rémunération associée à chaque phase.

A l'issue de chaque phase, sur la base des résultats obtenus, l'acheteur décide :

1° Soit de poursuivre l'exécution du partenariat d'innovation, éventuellement après avoir précisé ou modifié, avec l'accord du partenaire, les objectifs de la phase suivante et les moyens à mettre en œuvre pour les atteindre. Les conditions initiales du partenariat d'innovation ne peuvent être substantiellement modifiées à cette occasion ;

2° Soit de mettre un terme au partenariat d'innovation ou, lorsqu'il existe plusieurs partenaires, de réduire leur nombre en mettant un terme à leurs contrats.

Le partenariat d'innovation mentionne cette prérogative de l'acheteur et définit les conditions de sa mise en œuvre, notamment ses conséquences financières et les modalités de sélection des partenaires avec lesquels il est décidé de poursuivre l'exécution du partenariat.

L'exécution de chaque phase est subordonnée à une décision de l'acheteur notifiée au partenaire dans les conditions fixées dans le partenariat d'innovation.

III. — L'acheteur ne peut acquérir les produits, les services ou les travaux résultant des phases de recherche et de développement que s'ils correspondent aux niveaux de performance et n'excèdent pas les coûts maximum prévus par le partenariat d'innovation.

IV. — La répartition des droits de propriété intellectuelle, notamment quant aux résultats des phases de recherche et développement, est prévue dans le partenariat d'innovation. — [V. désormais CCP, art. R. 2372-17.]

Art. 83 *Les partenariats d'innovation qui répondent à un besoin dont la valeur estimée est égale ou supérieure aux seuils de procédure formalisée sont passés selon une procédure négociée avec publicité préalable. Toutefois, les réductions de délais du fait de l'urgence ne sont pas applicables. — [V. désormais CCP, art. R. 2372-18.]*

SECTION 4 *Marchés publics présentant des aléas techniques importants*

Art. 84 *Dans les marchés publics présentant des aléas techniques importants, notamment ceux comportant une part de développement ou relatifs au maintien en conditions opérationnelles de matériels, l'acheteur peut prévoir, dans des cas dûment justifiés, l'acquisition en cours d'exécution d'une part de fournitures ou de services qui n'ont pu être définis avec précision dans le marché public initial. Le recours à cette faculté doit être indiqué dans les documents de la consultation.*

La part des fournitures ou des services qui pourront être acquis en cours d'exécution sans avoir été définis dans le marché public initial et les conditions de fixation du prix de ces fournitures ou services doivent être indiquées dans le marché public. Cette part doit être justifiée et ne peut être supérieure à 15 % du montant total du marché public initial.

Ces fournitures ou services sont commandés, le cas échéant, après négociation avec le titulaire.

Les fournitures ou les services doivent être liés à l'objet du marché public et nécessaires à son exécution. — [V. désormais CCP, art. R. 2372-19, R. 2372-20, R. 2372-21.]

SECTION 5 *Marchés publics relatifs à l'achat de véhicules à moteur*

Art. 85 *I. — Lorsqu'un acheteur passe un marché public pour l'achat d'un véhicule à moteur relevant des catégories M et N définies à l'article R. 311-1 du code de la route et que la valeur estimée du besoin est égale ou supérieure aux seuils de procédure formalisée, il tient compte des incidences énergétiques et environnementales de ce véhicule sur toute sa durée de vie. — V. Arr. du 5 mai 2011.*

Sont exemptés de cette obligation les achats :

1° De véhicules conçus et construits pour être utilisés principalement sur les chantiers de construction, dans les carrières ou les installations portuaires ou aéroportuaires ;

2° De véhicules conçus et construits pour être utilisés par les forces armées, la protection civile, les services de lutte contre l'incendie et les services responsables du maintien de l'ordre ;

3° De machines mobiles.

II. — Si l'achat du véhicule à moteur est réalisé pour l'exécution d'un service public de transport de personnes dont l'acheteur s'est vu confier la gestion et l'exploitation, l'obligation mentionnée au premier alinéa du I s'applique, indépendamment de la valeur estimée du marché public, dès lors que les produits de la gestion et l'exploitation, sur toute leur durée, sont d'un montant égal ou supérieur au seuil à partir duquel l'autorité responsable du transport doit recourir à une procédure formalisée pour la passation de ses propres marchés publics de fournitures.

III. — Il peut être satisfait à l'obligation mentionnée au I par :

1° La fixation de spécifications techniques conformes aux articles 4 à 8 relatives aux performances énergétiques et environnementales du véhicule ;

2° L'inclusion des incidences énergétiques et environnementales du véhicule, sur toute sa durée de vie, dans les critères d'attribution prévus à l'article 58. Les incidences à prendre en compte sont définies selon les modalités fixées au IV.

Si l'acheteur choisit de traduire ces incidences en valeur monétaire, leur quantification doit se conformer à la méthodologie établie en application du IV.

IV. — Un arrêté conjoint des ministres chargés de l'écologie et de l'économie détermine les incidences énergétiques et environnementales liées à l'utilisation du véhicule à moteur qu'il convient de prendre en compte ainsi que la méthodologie à appliquer s'il est envisagé de traduire ces incidences en valeur monétaire. — [V. désormais CCP, art. R. 2372-22, R. 2372-23, R. 2372-24.]

SECTION 6 *Marchés de partenariat de défense ou de sécurité*

Art. 86 *Les marchés de partenariat de défense ou de sécurité sont soumis aux dispositions du présent décret, à l'exception des articles 13 à 16 et des dispositions du chapitre I et de la section 1 du chapitre II du titre IV de la présente partie, ainsi qu'aux dispositions de la deuxième partie du décret du 25 mars 2016 susvisé [Décr. n° 2016-360 du 25 mars 2016, V. App., Partie VIII], à l'exception de son article 143, sous réserve des dispositions suivantes :*

1° Le seuil prévu à l'article 75 de l'ordonnance du 23 juillet 2015 susvisée, au-delà duquel les acheteurs peuvent recourir au marché de partenariat, est fixé à 20 millions d'euros HT ;

2° La part minimale que le titulaire s'engage à confier, directement ou indirectement à des petites et moyennes entreprises ou à des artisans en application de l'article 163 de ce décret, est fixée à 10 % du montant prévisionnel du contrat hors coût de financement, sauf lorsque le tissu économique dans le secteur concerné, la sécurité des approvisionnements ou celle des informations ne le permettent pas. — [V. désormais CCP, art. R. 2373-1.]

CHAPITRE VIII *ACHÈVEMENT DE LA PROCÉDURE*

SECTION 1 *Abandon de la procédure*

Art. 87 *A tout moment, la procédure peut être déclarée sans suite. Dans ce cas, l'acheteur communique aux opérateurs économiques ayant participé à la procédure, dans les plus brefs délais, les raisons pour lesquelles il a décidé de ne pas attribuer le marché public ou de recommencer la procédure. — [V. désormais CCP, art. R. 2385-1.]*

SECTION 2 *Information des candidats et des soumissionnaires*

Art. 88 *I. — Pour les marchés publics passés selon une procédure adaptée, l'acheteur, dès qu'il décide de rejeter une candidature ou une offre, notifie à chaque candidat ou soumissionnaire concerné le rejet de sa candidature ou de son offre.*

Il communique aux candidats et aux soumissionnaires qui en font la demande écrite les motifs du rejet de leur candidature ou de leur offre dans un délai de quinze jours à compter de la réception de cette demande. Si le soumissionnaire a vu son offre écartée alors qu'elle n'était ni inappropriée ni irrégulière ni inacceptable, l'acheteur lui communique, en outre, les caractéristiques et avantages de l'offre retenue ainsi que le nom de l'attributaire du marché public.

II. — Pour les marchés publics passés selon une procédure formalisée, l'acheteur, dès qu'il décide de rejeter une candidature ou une offre, notifie à chaque candidat ou soumissionnaire concerné le rejet de sa candidature ou de son offre en lui indiquant les motifs de ce rejet.

Lorsque cette notification intervient après l'attribution du marché public, elle précise, en outre, le nom de l'attributaire et les motifs qui ont conduit au choix de son offre. Elle mentionne également la date à compter de laquelle l'acheteur est susceptible de signer le marché public dans le respect des dispositions de l'article 89.

A la demande de tout soumissionnaire ayant fait une offre qui n'a pas été rejetée au motif qu'elle était irrégulière, inacceptable ou inappropriée, l'acheteur communique dans les meilleurs délais et au plus tard quinze jours à compter de la réception de cette demande :

1° Lorsque les négociations ou le dialogue ne sont pas encore achevés, les informations relatives au déroulement et à l'avancement des négociations ou du dialogue ;

2° Lorsque le marché public a été attribué, les caractéristiques et les avantages de l'offre retenue. — [V. désormais CCP, art. R. 2381-1.]

SECTION 3 *Signature du marché public*

Art. 89 *Pour les marchés publics passés selon une procédure formalisée, un délai minimal de onze jours est respecté entre la date d'envoi de la notification prévue au I de l'article 88 et la date de signature du marché public par l'acheteur. Ce délai minimal est porté à seize jours lorsque cette notification n'a pas été transmise par voie électronique.*

Un tel délai n'est pas exigé :

1° Lorsque le marché public est attribué au seul opérateur ayant participé à la consultation ;

2° Pour l'attribution des marchés subséquents, fondés sur un accord-cadre. — [V. désormais CCP, art. R. 2382-1, R. 2382-2.]

Art. 90 *Le marché public peut être signé électroniquement, selon les modalités fixées par un arrêté du ministre chargé de l'économie. — [V. désormais CCP, art. R. 2382-3.]* — V. cet Arr. ss. Décr. *n° 2016-360 du 25 mars 2016, art. 102.*

SECTION 4 *Notification du marché public*

Art. 91 *Le marché public est notifié au titulaire.*

Il prend effet à la date de réception de la notification. — [V. désormais CCP, art. R. 2382-4.]

SECTION 5 *Avis d'attribution*

Art. 92 *I. — Pour les marchés publics répondant à un besoin dont la valeur est égale ou supérieure aux seuils européens publiés au Journal officiel de la République française, l'acheteur envoie pour publication, dans un délai maximal de quarante-huit jours à compter de la signature du marché public, un avis d'attribution.*

Cet avis est publié dans le Bulletin officiel des annonces de marchés publics et au Journal officiel de l'Union européenne.

L'avis est établi conformément au modèle fixé par le règlement de la Commission européenne établissant les formulaires standard pour la publication d'avis dans le cadre des procédures de passation de marchés publics.

II. — Pour les marchés subséquents, fondés sur un accord-cadre, l'acheteur est dispensé d'envoyer un avis d'attribution.

Certaines informations sur la passation du marché public peuvent ne pas être publiées au cas où leur divulgation ferait obstacle à l'application des lois, serait contraire à l'intérêt public, en particulier aux intérêts en matière de défense ou de sécurité, porterait préjudice aux intérêts commerciaux légitimes d'un opérateur économique en particulier, public ou privé, ou pourrait nuire à une concurrence loyale entre les opérateurs économiques. — [V. désormais CCP, art. R. 2383-1, R. 2383-2, R. 2383-3.]

SECTION 6 *Transparence*

SOUS-SECTION 1 *Rapport de présentation des procédures menées par les acheteurs*

Art. 93 *Pour les marchés publics répondant à un besoin dont la valeur est égale ou supérieure aux seuils européens publiés au Journal officiel de la République française, l'acheteur établit un rapport de présentation de la procédure de passation comportant au moins les éléments suivants :*

1° Le nom et l'adresse de l'acheteur, l'objet et la valeur du marché public ;

2° La procédure de passation choisie ;

3° Le nom des candidats exclus et les motifs du rejet de leur candidature ;

4° Le nom des candidats sélectionnés et les motifs de ce choix ;

5° Le nom des soumissionnaires dont l'offre a été écartée et les motifs de ce rejet, y compris, le cas échéant, les raisons qui ont amené à la juger anormalement basse ;

6° Le nom du titulaire et les motifs du choix de son offre, ainsi que, si ces informations sont connues, la part du marché public que le titulaire a l'intention ou sera tenu de sous-contracter à des tiers et le nom des sous-contractants ;

7° Le cas échéant :

a) Les motifs du recours à la procédure négociée sans publicité ni mise en concurrence préalables ou au dialogue compétitif ;

b) Les motifs du recours à un accord-cadre d'une durée supérieure à sept ans ;

c) La justification du dépassement des délais prévus au 8° et au 12° de l'article 23 ;

d) Toutes les informations sur le déroulement des procédures d'attribution conduites par voie électronique ;

e) Les motifs des décisions concernant la participation à la procédure de passation des opérateurs économiques des pays tiers à l'Union européenne ou à l'Espace économique européen ;

f) S'il a pris des mesures appropriées pour s'assurer que la concurrence n'a pas été faussée par les consultations, l'avis ou la participation des tiers en application des articles 2 et 3, la description de ces mesures ;

g) Les conflits d'intérêts décelés et les mesures prises en conséquence ;

h) Les raisons pour lesquelles il a renoncé à passer un marché public.

Le rapport de présentation ou ses principaux éléments sont communiqués à la Commission européenne à sa demande et, le cas échéant, aux autorités chargées du contrôle des marchés publics en même temps que les documents contractuels. — [V. désormais CCP, art. R. 2384-1, R. 2384-2, R. 2384-3, R. 2384-4.]

SOUS-SECTION 2 *Accès aux données essentielles des marchés publics*

Art. 94 (Décr. n° 2017-516 du 10 avr. 2017, art. 22) *« L'acheteur offre, sur son profil d'acheteur, pour les marchés publics répondant à un besoin dont la valeur est égale ou supérieure à 25 000 euros HT conclus à partir du 1er octobre 2018 », un accès libre, direct et complet aux données essentielles du marché public, à l'exception des informations dont la divulgation serait contraire à l'ordre public, en particulier les intérêts en matière de défense ou de sécurité.*

A cette fin, au plus tard deux mois à compter de la date de notification définie à l'article 91, outre le numéro d'identification unique attribué au marché public, l'acheteur offre un accès aux données suivantes :

1° L'identification de l'acheteur ;

2° La nature et l'objet du marché public ;

3° La procédure de passation utilisée.

Les données essentielles du marché public sont rendues accessibles selon des modalités fixées par arrêté du ministre chargé de l'économie. — V. Arr. du 14 avr. 2017 ss. Décr. nº 2016-360 du 25 mars 2016, art. 107.

SOUS-SECTION 3 *Durée de conservation des dossiers*

Art. 95 *L'acheteur conserve les pièces constitutives du marché public pendant une durée minimale de cinq ans pour les marchés publics de fournitures ou de services et de dix ans pour les marchés publics de travaux, de maîtrise d'œuvre ou de contrôle technique, à compter de la fin de l'exécution du marché public.*

L'acheteur conserve les candidatures et les offres ainsi que les documents relatifs à la procédure de passation pendant une période minimale de cinq ans à compter de la date de signature du marché public. — [V. désormais CCP, art. R. 2384-5.]

TITRE IV EXÉCUTION DU MARCHÉ PUBLIC

CHAPITRE I *EXÉCUTION FINANCIÈRE*

Art. 96 *Les articles 110, 111 et 113 à 132 du décret du 25 mars 2016 susvisé sont applicables à l'exécution financière des marchés de défense ou de sécurité qui ne sont pas passés par les services de la défense, sous réserve du remplacement à l'article 110 des références aux articles 80 et 135 par les références respectivement aux articles 72 et 124 du présent décret.*

Les dispositions des articles 97 à 119 s'appliquent aux marchés publics qui sont passés par les services de la défense.

SECTION 1 *Avances*

Art. 97 *I. — Une avance est accordée au titulaire d'un marché public lorsque le montant initial du marché public ou de la tranche affermie est supérieur à 250 000 euros HT et dans la mesure où le délai d'exécution est supérieur à trois mois. Cette avance est calculée sur la base du montant du marché public diminué du montant des prestations confiées à des sous-traitants et donnant lieu à paiement direct. Lorsque le titulaire est une petite ou moyenne entreprise ou un artisan au sens de l'article 51, une avance est versée lorsque le montant initial du marché public ou de la tranche est supérieur à 50 000 euros HT et dans la mesure où le délai d'exécution est supérieur à deux mois.*

Dans le cas d'un accord-cadre à bons de commande de l'article 72 comportant un montant minimum supérieur à 250 000 euros HT, ou à 50 000 euros HT lorsque le titulaire est une petite ou moyenne entreprise ou un artisan au sens de l'article 51, l'avance est accordée en une seule fois sur la base de ce montant minimum.

Dans le cas d'un accord-cadre à bons de commande de l'article 72 ne comportant pas de minimum fixé en valeur, l'avance est accordée pour chaque bon de commande d'un montant supérieur à 250 000 euros HT et d'une durée d'exécution supérieure à trois mois, ou à 50 000 euros HT et d'une durée d'exécution supérieure à deux mois lorsque le titulaire est une petite ou moyenne entreprise ou un artisan au sens de l'article 51.

Dans le cas d'un accord-cadre à bons de commande de l'article 72 comportant un montant minimum supérieur à 250 000 euros HT, ou d'un montant supérieur à 50 000 euros HT lorsque le titulaire est une petite ou moyenne entreprise ou un artisan au sens de l'article 51, passé par un groupement de commandes ou une unité opérationnelle distincte au sens de l'article 17 et lorsque chaque organisme ou service procède lui-même au paiement des prestations qu'il a commandées, le marché public peut prévoir que le régime de l'avance est celui qui relève des dispositions applicables aux accords-cadres à bons de commande ne comportant pas de minimum fixé en valeur.

Le titulaire peut refuser le versement de l'avance.

II. — Le montant de l'avance est fixé, sous réserve des dispositions du III et de celles de l'article 124 :

1º A 5 % du montant initial, toutes taxes comprises, du marché public ou de la tranche affermie si leur durée est inférieure ou égale à douze mois. Si cette durée est supérieure à douze mois, l'avance est égale à 5 % d'une somme égale à douze fois le montant mentionné ci-dessus divisé par cette durée exprimée en mois ;

2º Dans le cas d'un accord-cadre à bons de commande comportant un montant minimum, à 5 % du montant minimum si la durée de l'accord-cadre est inférieure ou égale à douze mois. Si cette durée est supérieure à douze mois, l'avance est égale à 5 % d'une somme égale à douze fois le montant minimum divisé par la durée de l'accord-cadre exprimée en mois ;

3º Dans le cas d'un accord-cadre à bons de commande ne comportant pas de minimum fixé en valeur, pour chaque bon de commande, à 5 % du montant du bon de commande si la durée prévue pour l'exécution de celui-ci est inférieure ou égale à douze mois. Si cette durée est supérieure à douze mois, l'avance est égale à 5 % d'une somme égale à douze fois le montant du bon de commande divisé par la durée prévue pour l'exécution de celui-ci exprimée en mois.

Le seuil de 5 % mentionné au 1°, au 2° et au 3° est porté à (Décr. n° 2018-1225 du 24 déc. 2018, art. 10) *« 20 % » lorsque le bénéficiaire de l'avance est une petite ou moyenne entreprise ou un artisan au sens de l'article 51.*

Le montant de l'avance ne peut être affecté par la mise en œuvre d'une clause de variation de prix.

III. — Le marché public peut prévoir que l'avance versée au titulaire dépasse les 5 % mentionnés au II.

En tout état de cause, l'avance ne peut excéder 30 % des montants mentionnés au II.

L'avance peut toutefois être portée à un maximum de 60 % des montants mentionnés ci-dessus, sous réserve que le titulaire constitue une garantie à première demande conformément aux dispositions de l'article 110.

Le taux et les conditions de versement de l'avance sont fixés par le marché public. Ils ne peuvent être modifiés en cours d'exécution du marché public.

IV. — Les dispositions du présent article s'appliquent :

1° Aux marchés publics reconductibles sur le montant de la période initiale ;

2° Aux marchés publics reconduits, sur le montant de chaque reconduction.

V. — Le marché public peut prévoir le versement d'une avance dans les cas où elle n'est pas obligatoire. — [V. désormais CCP, art. L. 2391-3, R. 2391-1, R. 2391-2, R. 2391-3, R. 2391-4, R. 2391-5, R. 2391-6, R. 2391-8, R. 2391-11, R. 2391-12, R. 2391-13, R. 2391-14.]

Les dispositions introduites par le Décr. n° 2018-1225 du 24 déc. 2018 s'appliquent aux marchés publics ou aux contrats de concession pour lesquels une consultation est engagée ou un avis d'appel à la concurrence est envoyé à la publication à compter de la date d'entrée en vigueur dudit Décr.

Elles ne s'appliquent pas aux marchés passés sur le fondement d'un accord-cadre ou dans le cadre d'un système d'acquisition dynamique lorsque la procédure en vue de la passation de cet accord-cadre ou de la mise en place de ce système d'acquisition dynamique a été engagée avant cette date (Décr. préc., art. 15).

Art. 98 *I. — Le remboursement de l'avance s'impute sur les sommes dues au titulaire, selon un rythme et des modalités fixés par le marché public par précompte sur les sommes dues à titre d'acomptes ou de règlement partiel définitif ou de solde.*

Il doit, en tout état de cause, être terminé lorsque le montant des prestations exécutées par le titulaire atteint 80 % du montant toutes taxes comprises des prestations qui lui sont confiées au titre :

1° Du marché public ou de la tranche affermie ;

2° Du bon de commande dans le cas d'un accord-cadre à bons de commande ne comportant pas de minimum fixé en valeur ;

3° Du montant minimum dans le cas d'un accord-cadre à bons de commande comportant un montant minimum.

Dans le cadre d'un marché public à tranches, le marché public peut prévoir que le remboursement de l'avance s'impute par précompte sur la somme due au titulaire au titre de l'avance versée pour la tranche suivante lorsque celle-ci a été affermie avant que le montant des prestations exécutées au titre de la tranche précédente n'ait atteint 80 % du montant de celle-ci toutes taxes comprises.

II. — Dans le silence du marché public, le remboursement s'impute sur les sommes dues au titulaire quand le montant des prestations exécutées par le titulaire atteint 65 % des montants mentionnés au I.

III. — Les dispositions du présent article s'appliquent :

1° Aux marchés publics reconductibles sur le montant de la période initiale ;

2° Aux marchés publics reconduits, sur le montant de chaque reconduction. — [V. désormais CCP, art. R. 2391-7, R. 2391-9, R. 2391-10, R. 2391-11, R. 2391-15.]

Art. 99 *Lorsque le montant de l'avance est supérieur à 30 % de l'assiette retenue au II de l'article 97, le titulaire du marché public ne peut recevoir cette avance qu'après avoir constitué une garantie à première demande. La constitution de cette garantie n'est toutefois pas exigée des organismes publics français.*

L'obligation de constituer cette garantie peut être supprimée ou aménagée par un arrêté conjoint du ministre chargé de la défense et du ministre chargé de l'économie. — [V. désormais CCP, art. R. 2391-5.]

SECTION 2 *Acomptes*

Art. 100 *Le montant des acomptes correspond à la valeur des prestations auxquelles ils se rapportent. Le cas échéant, le montant versé au titulaire du marché public est diminué de la fraction correspondante de la retenue de garantie mentionnée à l'article 109.*

La périodicité du versement des acomptes est fixée en tenant compte des caractéristiques et de la durée du marché public. Elle est fixée au maximum à six mois.

Lorsque le titulaire est une petite ou moyenne entreprise ou un artisan au sens de l'article 51, la périodicité du versement des acomptes est fixée au maximum à trois mois. Ce maximum est ramené à un mois pour les marchés publics de travaux. Pour les marchés publics de fournitures et de services, il est ramené à un mois à la demande du titulaire. — [*V. désormais CCP, art. R. 2391-16, R. 2391-17.*]

SECTION 3 *Régime des paiements*

Art. 101 *Constitue un règlement partiel définitif un règlement non susceptible d'être remis en cause par les parties après son paiement, notamment lors de l'établissement du solde.*

Les marchés publics de travaux ne donnent pas lieu à des règlements partiels définitifs.

Les acomptes n'ont pas le caractère de paiements non susceptibles d'être remis en cause. — [*V. désormais CCP, art. R. 2391-16, R. 2391-20.*]

Art. 102 *Dans le cas des marchés publics passés en lots séparés, le titulaire de plusieurs lots présente des factures distinctes pour chaque lot ou une facture globale identifiant distinctement les différents lots.* — [*V. désormais CCP, art. R. 2391-19.*]

Art. 103 *Lorsque le marché public comporte une clause de variation de prix, la valeur finale des références utilisées pour l'application de cette clause est appréciée au plus tard à la date de réalisation des prestations telle que prévue par le marché public, ou à la date de leur réalisation réelle si celle-ci est antérieure.*

Lorsque la valeur finale des références n'est pas connue à la date où doit intervenir un acompte ou un paiement partiel définitif, l'acheteur procède à un règlement provisoire sur la base des dernières références connues.

Le paiement calculé sur la base des valeurs finales de référence intervient au plus tard trois mois après la date à laquelle sont publiées ces valeurs.

Lorsque les avances sont remboursées par précompte sur les sommes dues à titre d'acompte ou de solde, le précompte est effectué après application de la clause de variation de prix sur le montant initial de l'acompte ou du solde. — [*V. désormais CCP, art. R. 2391-20.*]

Art. 104 *En cas de résiliation totale ou partielle du marché public, les parties peuvent s'accorder, sans attendre la liquidation définitive du solde, sur un montant de dettes et de créances, hors indemnisation éventuelle, acceptées par elles, à titre provisionnel.*

Si le solde est créditeur au profit du titulaire, l'acheteur lui verse 80 % de ce montant. S'il est créditeur au profit de l'acheteur, le titulaire lui reverse 80 % de ce montant. Un délai peut être accordé au titulaire pour s'acquitter de sa dette ; dans cette hypothèse, le titulaire doit fournir la garantie prévue à l'article 112. — [*V. désormais CCP, art. R. 2391-20.*]

Art. 105 *Lorsque la décision d'autoriser l'insertion dans un marché public d'une clause de paiement différé mentionnée au II de l'article 60 de l'ordonnance du 23 juillet 2015 susvisée a été prise, le I de l'article 80, les dispositions du présent décret relatives aux acomptes ou aux avances ainsi que les premier et troisième alinéas de l'article 103 ne sont pas applicables.* — [*V. désormais CCP, art. R. 2391-18.*]

Art. 106 *Les opérations effectuées par le titulaire d'un marché public qui donnent lieu à versement d'avances ou d'acomptes, à règlement partiel définitif, ou à paiement pour solde, sont constatées par un écrit établi par l'acheteur ou vérifié et accepté par lui.* — [*V. désormais CCP, art. R. 2391-19.*]

Art. 107 *Dans le cas où le marché public prévoit l'échelonnement de son exécution et des versements auxquels il donne lieu, aucune créance ne peut devenir exigible, aucun intérêt moratoire ne peut commencer à courir avant les dates prévues.* — [*V. désormais CCP, art. R. 2391-19.*]

Art. 108 *En cas de résiliation du marché public ouvrant droit à indemnisation, si les parties ne parviennent pas, dans un délai de six mois à compter de la date de la résiliation, à un accord sur le montant de l'indemnité, le titulaire perçoit, à sa demande, le montant que l'acheteur a proposé.* — [*V. désormais CCP, art. R. 2391-20.*]

SECTION 4 *Retenue de garanties*

Art. 109 *I. — Le marché public peut prévoir, à la charge du titulaire, une retenue de garantie qui est prélevée par fractions sur chacun des versements autres qu'une avance.*

Le montant de la retenue de garantie ne peut être supérieur à 10 % du montant initial augmenté, le cas échéant, du montant des modifications du marché public en cours d'exécution.

La retenue de garantie a pour seul objet de couvrir les réserves à la réception des travaux, fournitures ou services ainsi que celles formulées, le cas échéant, pendant le délai de garantie.

Le délai de garantie est le délai pendant lequel l'acheteur peut formuler des réserves sur des malfaçons qui n'étaient pas apparentes ou dont les conséquences n'étaient pas identifiables au moment de la réception.

II. — Dans l'hypothèse où le montant des sommes dues au titulaire ne permettrait pas de procéder au prélèvement de la retenue de garantie, celui-ci est tenu de constituer une garantie à première demande selon les modalités fixées à l'article 110.

L'acheteur peut décider de ne pas appliquer cette disposition aux organismes publics titulaires d'un marché public. — [V. désormais CCP, art. R. 2391-21, R. 2391-22, R. 2391-23.]

Art. 110 *I. — La retenue de garantie peut être remplacée au gré du titulaire par une garantie à première demande ou, si l'acheteur ne s'y oppose pas, par une caution personnelle et solidaire.*

Le montant de la garantie à première demande ou de la caution personnelle et solidaire ne peut être supérieur à celui de la retenue de garantie qu'elles remplacent. Leur objet est identique à celui de la retenue de garantie qu'elles remplacent.

La garantie à première demande ou la caution personnelle et solidaire est établie selon un modèle fixé par un arrêté du ministre chargé de l'économie. — V. Arr. du 3 janv. 2005.

L'organisme apportant sa garantie est choisi parmi les tiers agréés par l'Autorité de contrôle prudentiel et de résolution mentionnée à l'article L. 612-1 du code monétaire et financier. Lorsque cet organisme est étranger, il est choisi parmi les tiers agréés dans son pays d'origine. L'acheteur peut récuser l'organisme qui doit apporter sa garantie.

Lorsque le titulaire du marché public est un groupement solidaire, la garantie est fournie par le mandataire pour le montant total du marché public, y compris ses modifications en cours d'exécution.

Lorsque le titulaire est un groupement conjoint, chaque membre du groupement fournit une garantie correspondant aux prestations qui lui sont confiées. Si le mandataire du groupement conjoint est solidaire de chacun des membres du groupement, la garantie peut être fournie par le mandataire pour la totalité du marché public.

Dans l'hypothèse où la garantie ou la caution ne serait pas constituée ou complétée au plus tard à la date à laquelle le titulaire remet la demande de paiement correspondant au premier acompte, la fraction de la retenue de garantie correspondant à l'acompte est prélevée.

II. — Le titulaire a la possibilité, pendant toute la durée du marché public, de substituer à la retenue de garantie une garantie à première demande ou, si l'acheteur ne s'y oppose pas, une caution personnelle et solidaire. Cette garantie à première demande ou cette caution personnelle et solidaire est constituée pour le montant total du marché public y compris les modifications en cours d'exécution. Les montants prélevés au titre de la retenue de garantie sont reversés au titulaire après constitution de la garantie de substitution. — [V. désormais CCP, art. R. 2391-25.]

Art. 111 *Les établissements ayant accordé leur caution ou leur garantie à première demande sont libérés un mois au plus tard après l'expiration du délai de garantie.*

Toutefois, si des réserves ont été notifiées au titulaire du marché public et aux établissements ayant accordé leur caution ou leur garantie à première demande pendant le délai de garantie et si elles n'ont pas été levées avant l'expiration de ce délai, les établissements sont libérés de leurs engagements un mois au plus tard après la date de leur levée. — [V. désormais CCP, art. R. 2391-25.]

SECTION 5 *Autres garanties*

Art. 112 *En cas de résiliation d'un marché public qui n'a pas prévu de retenue de garantie, lorsqu'un délai est accordé au titulaire, dans les conditions prévues à l'article 104, pour reverser à l'acheteur 80 % du montant de l'éventuel solde créditeur apparu au profit de celui-ci, le titulaire fournit une garantie à première demande ou, si l'acheteur ne s'y oppose pas, une caution personnelle et solidaire. — [V. désormais CCP, art. R. 2391-27.]*

Art. 113 *Le marché public peut prévoir d'autres garanties que celle prévue à l'article 109 pour l'exécution d'un engagement particulier. — [V. désormais CCP, art. R. 2391-26.]*

SECTION 6 *Cession ou nantissement des créances*

Art. 114 *L'acheteur remet au titulaire, à sa demande, soit une copie de l'original du marché public revêtue d'une mention dûment signée par lui indiquant que cette pièce est délivrée en unique* *exemplaire en vue de permettre au titulaire de céder ou de nantir des créances résultant du marché public, soit un certificat de cessibilité conforme à un modèle défini par arrêté du ministre chargé de l'économie.*

La dématérialisation du certificat de cessibilité, établi selon un modèle électronique, s'effectue suivant les modalités prévues par un arrêté du ministre chargé de l'économie. — V. Arr. du 28 août 2006.

L'exemplaire unique ou le certificat de cessibilité est remis par l'organisme bénéficiaire de la cession ou du nantissement au comptable assignataire en tant que pièce justificative pour le paiement.

Lorsque le secret exigé en matière de défense fait obstacle à la remise de la copie du marché public au bénéficiaire d'une cession ou d'un nantissement, l'acheteur délivre au titulaire un exemplaire unique ou un certificat de cessibilité ne contenant que les indications compatibles avec le secret.

Le titulaire du marché public peut, pour toute autre cause, demander que le contenu de l'exemplaire unique ou du certificat de cessibilité soit réduit aux indications nécessaires à la cession ou au nantissement.

S'il est procédé à une modification dans la désignation du comptable ou dans les conditions du règlement du marché public, l'acheteur annote l'exemplaire unique ou le certificat de cessibilité d'une mention constatant la modification.

Pour tout marché public prévoyant plusieurs comptables assignataires, l'acheteur fournit autant d'exemplaires uniques ou de certificats de cessibilité que de comptables, en précisant dans une mention apposée sur chacun de ces documents le comptable auquel il doit être remis. Chaque document ne mentionne que la part de la créance totale que le comptable auquel il est transmis est appelé à mettre en paiement.

Dans le cas d'un accord-cadre à bons de commande ou d'un marché public à tranches, il est délivré, au gré du titulaire, soit un exemplaire unique ou un certificat de cessibilité du marché public, soit un exemplaire unique ou un certificat de cessibilité de chaque bon de commande ou de chaque tranche.

Dans le cas d'un marché public exécuté par un groupement conjoint, il est délivré à chaque entreprise un exemplaire unique ou un certificat de cessibilité limité au montant des prestations qui lui sont confiées.

Dans le cas d'un marché public exécuté par un groupement solidaire, il est délivré un exemplaire unique ou un certificat de cessibilité au nom du groupement, dès lors que les prestations réalisées par les entreprises ne sont pas individualisées. Si les prestations sont individualisées, un exemplaire unique ou un certificat de cessibilité correspondant à la prestation qu'elle exécute est délivré à chaque entreprise. — [V. désormais CCP, art. R. 2391-28.]

Sur la dématérialisation des procédures de passation des marchés publics, V. Arr. du 14 déc. 2009.

Art. 115 *Le bénéficiaire d'une cession ou d'un nantissement de créance au titre d'un marché public notifie ou signifie cette cession ou ce nantissement au comptable public assignataire.*

Ce bénéficiaire encaisse seul, à compter de cette notification ou signification au comptable, le montant de la créance ou de la part de créance qui lui a été cédée ou donnée en nantissement.

Quand la cession ou le nantissement de créance a été constitué au profit de plusieurs bénéficiaires, chacun d'eux encaisse seul la part de la créance qui lui a été affectée dans la cession ou le nantissement dont les mentions ont été notifiées au comptable.

En cas de sous-traitance prévue dès la passation du marché public, le titulaire indique dans le marché public la nature et le montant des prestations qu'il envisage de confier à des sous-traitants bénéficiant du paiement direct. Ce montant est déduit du montant du marché public pour déterminer le montant maximum de la créance que le titulaire peut céder ou donner en nantissement. — [V. désormais CCP, art. R. 2391-28.]

Art. 116 *En cas de cession ou de nantissement effectué conformément aux articles L. 313-23 à L. 313-34 du code monétaire et financier, la notification prévue à l'article L. 313-28 de ce code est adressée au comptable public assignataire désigné dans le marché public dans les formes prévues à l'article R. 313-17 dudit code.* — [V. désormais CCP, art. R. 2391-28.]

Art. 117 *Les bénéficiaires de nantissements ou cessions de créances peuvent, au cours de l'exécution du marché public, demander à l'acheteur soit un état sommaire des prestations effectuées, accompagné d'une évaluation qui n'engage pas l'acheteur, soit le décompte des droits constatés au profit du titulaire du marché public.*

Ils peuvent demander, en outre, un état des avances et des acomptes mis en paiement.

La personne chargée de fournir ces divers renseignements est désignée dans le marché public.

Sur demande des mêmes bénéficiaires, le comptable remet un état détaillé des oppositions au paiement de la créance détenue par le titulaire du marché public qu'il a reçues.

S'ils en font la demande par lettre recommandée avec avis de réception postal, en justifiant de leur qualité, l'acheteur est tenu de les aviser, en même temps que le titulaire du marché public, de toutes les modifications apportées au contrat qui ont un effet sur le nantissement ou la cession.

Ils ne peuvent exiger d'autres renseignements que ceux prévus ci-dessus ni intervenir en aucune manière dans l'exécution du marché public. — [V. désormais CCP, art. R. 2391-28.]

Art. 118 *Les seuls fournisseurs susceptibles de bénéficier du privilège résultant de l'article L. 3253-22 du code du travail sont ceux qui ont été agréés par l'acheteur.*

Le privilège ne porte que sur les fournitures livrées postérieurement à la date à laquelle la demande d'agrément est parvenue à l'autorité compétente. — [V. désormais CCP, art. R. 2391-28.]

SECTION 7 *Intervention de la Banque publique d'investissement*

Art. 119 *Lorsque la Banque publique d'investissement envisage d'accorder des avances de trésorerie au bénéfice des titulaires de marchés publics ou au bénéfice de leurs sous-traitants ayant droit au paiement direct, l'acheteur lui fournit toute pièce justificative validant l'existence de la créance financée qu'elle demande.*

CHAPITRE II *DISPOSITIONS RELATIVES AUX SOUS-CONTRATS*

SECTION 1 *Dispositions applicables aux sous-contrats qui présentent le caractère de sous-traités*

Art. 120 *Les dispositions des articles 121 à 127 s'appliquent aux sous-contrats qui présentent le caractère de sous-traités au sens de l'article 63 de l'ordonnance du 23 juillet 2015 susvisée.* — [V. désormais CCP, art. L. 2393-10.]

Art. 121 *Le titulaire d'un marché public peut, dans les conditions de l'article 63 de l'ordonnance du 23 juillet 2015 susvisée, sous-traiter l'exécution de certaines parties de son marché public.*

L'acheteur indique dans l'avis de marché que chaque sous-traitant doit être soumis à son acceptation et précise les conditions de rejet des sous-traitants conformément à l'article 123. — [V. désormais CCP, art. R. 2393-24.]

Art. 122 *I. — Dans le cas où la demande de sous-traitance intervient au moment du dépôt de l'offre ou de la proposition, le candidat fournit à l'acheteur une déclaration mentionnant :*

1° La nature des prestations sous-traitées ;

2° Le nom, la raison ou la dénomination sociale et l'adresse du sous-traitant proposé ;

3° Le lieu d'exécution des prestations sous-traitées ;

4° Le montant maximum des sommes à verser au sous-traitant ;

5° Les conditions de paiement prévues par le projet de contrat de sous-traitance et, le cas échéant, les modalités de variation des prix ;

6° Les capacités du sous-traitant sur lesquelles le candidat s'appuie.

Il lui remet également une déclaration du sous-traitant indiquant qu'il ne tombe pas sous le coup d'une interdiction de soumissionner.

La notification du marché public emporte acceptation du sous-traitant et agrément des conditions de paiement.

II. — Dans le cas où la demande est présentée après le dépôt de l'offre, le titulaire remet contre récépissé à l'acheteur ou lui adresse par lettre recommandée, avec demande d'avis de réception, une déclaration contenant les renseignements mentionnés au I.

Le titulaire établit en outre qu'aucune cession ni aucun nantissement de créances résultant du marché public ne font obstacle au paiement direct du sous-traitant, dans les conditions prévues à l'article 124, en produisant, lorsque les dispositions du chapitre I du présent titre s'appliquent au marché public, soit l'exemplaire unique ou le certificat de cessibilité du marché public qui lui a été délivré, soit une attestation ou une mainlevée du bénéficiaire de la cession ou du nantissement des créances.

L'acceptation du sous-traitant et l'agrément des conditions de paiement sont constatés par un acte spécial signé des deux parties.

Figurent dans l'acte spécial les renseignements ci-dessus mentionnés au I.

III. — Lorsque les dispositions du chapitre I du présent titre s'appliquent au marché public, si le titulaire envisage de confier à des sous-traitants bénéficiant du paiement direct, postérieurement à la notification du marché public, l'exécution de prestations pour un montant supérieur à celui qui a été indiqué dans le marché public ou l'acte spécial, il demande la modification de l'exemplaire unique ou du certificat de cessibilité.

Si cet exemplaire ou ce certificat de cessibilité a été remis en vue d'une cession ou d'un nantissement de créances et ne peut être restitué, le titulaire justifie soit que la cession ou le nantisse-

ment de créances concernant le marché public est d'un montant tel qu'il ne fait pas obstacle au paiement direct de la partie sous-traitée, soit que son montant a été réduit afin que ce paiement soit possible.

Cette justification est donnée par une attestation du bénéficiaire de la cession ou du nantissement de créances résultant du marché public.

L'acheteur ne peut pas agréer ses conditions de paiement si l'exemplaire unique ou le certificat de cessibilité n'a pas été modifié ou si la justification mentionnée ci-dessus ne lui a pas été remise.

Toute modification dans la répartition des prestations entre le titulaire et les sous-traitants payés directement ou entre les sous-traitants eux-mêmes exige également la modification de l'exemplaire unique ou du certificat de cessibilité ou, le cas échéant, la production d'une attestation ou d'une mainlevée du ou des cessionnaires.

IV. — Le silence de l'acheteur gardé pendant vingt et un jours à compter de la réception des documents mentionnés aux II et III vaut acceptation du sous-traitant et agrément des conditions de paiement. — [V. désormais CCP, art. R. 2393-25, R. 2393-26, R. 2393-27, R. 2393-28, R. 2393-29, R. 2393-30, R. 2393-31, R. 2393-32.]

Art. 123 *Le rejet d'un sous-traitant n'est possible que dans les cas suivants :*

1° S'il fait l'objet de l'une des interdictions de soumissionner énumérées aux articles 45, 46 et 48 de l'ordonnance du 23 juillet 2015 susvisée ;

2° S'il ne présente pas les capacités telles que celles exigées des candidats au marché public principal et qui sont objectivement rendues nécessaires par l'objet du sous-traité et la nature des prestations à réaliser. Ces capacités peuvent s'apprécier notamment au regard de la sécurité des informations, de la sécurité des approvisionnements ou de l'aptitude à exécuter le marché public, à faire face à d'éventuelles augmentations des besoins par suite d'une crise ou à assurer la maintenance, la modernisation ou les adaptations des fournitures faisant l'objet du marché public lorsque l'implantation géographique de l'outillage, du matériel, de l'équipement technique, du personnel, du savoir-faire et des sources d'approvisionnement dont il dispose se trouve hors du territoire de l'Union européenne.

Lorsque l'acheteur rejette un sous-traitant, il fournit au soumissionnaire ou au titulaire une justification écrite indiquant les motifs de ce rejet. — [V. désormais CCP, art. R. 2393-21, R. 2393-22.]

Art. 124 *Lorsque le montant du contrat de sous-traitance est égal ou supérieur à 600 euros TTC, le sous-traitant, qui a été accepté et dont les conditions de paiement ont été agréées par l'acheteur, est payé directement pour la partie du marché public dont il assure l'exécution.*

Toutefois, en ce qui concerne les marchés publics de services ou de travaux et les marchés publics de fournitures nécessitant des travaux de pose ou d'installation ou comportant des prestations de service, passés par les services de la défense, notamment les marchés publics de réalisation de prototypes, de fabrication, d'assemblage, d'essais, de réparations ou de maintien en condition et de prestations intellectuelles, les sous-traitants ne sont payés directement que si le montant de leur contrat de sous-traitance est égal ou supérieur :

1° A 10 % du montant total du marché public lorsque le sous-traitant est une petite ou une moyenne entreprise ou un artisan au sens de l'article 51 ;

2° A 50 % du montant total du marché public lorsque le sous-traitant est lié au titulaire ;

3° A 20 % du montant total du marché public dans les autres cas.

Le cas échéant, les dispositions du chapitre I du présent titre s'appliquent aux sous-traitants mentionnés à l'article 120 en tenant compte des dispositions particulières ci-après.

Lorsqu'une partie du marché public est sous-traitée, l'avance versée au titulaire est calculée sur la base du montant du marché public diminué le cas échéant du montant des prestations confiées aux sous-traitants et donnant lieu à paiement direct.

Dès lors que le titulaire remplit les conditions pour bénéficier d'une avance, une avance est versée, sur leur demande, aux sous-traitants bénéficiaires du paiement direct.

Pour le calcul du montant de cette avance, le montant maximal est apprécié par référence au montant des prestations confiées au sous-traitant tel qu'il figure dans le marché public ou dans l'acte spécial mentionné au II de l'article 122.

Le droit du sous-traitant à une avance est ouvert dès la notification du marché public ou de l'acte spécial par l'acheteur.

Le remboursement de cette avance s'impute sur les sommes dues au sous-traitant selon les mêmes modalités que celles prévues pour les sommes dues au titulaire.

Si le titulaire du marché public qui a perçu l'avance sous-traite une part du marché public postérieurement à sa notification, il rembourse la part de l'avance correspondant au montant des prestations sous-traitées et donnant lieu à paiement direct, y compris lorsque le sous-traitant ne souhaite pas bénéficier de l'avance.

Le remboursement par le titulaire s'impute sur les sommes qui lui sont dues par l'acheteur dès la notification de l'acte spécial. — [V. désormais CCP, art. R. 2393-33, R. 2393-36, R. 2393-37, R. 2393-38, R. 2393-39.]

Art. 125 *Le sous-traitant admis au paiement direct adresse sa demande de paiement au titulaire du marché public, sous pli recommandé avec accusé de réception, ou la dépose auprès du titulaire contre récépissé.*

Le titulaire dispose d'un délai de quinze jours à compter de la signature de l'accusé de réception ou du récépissé pour donner son accord ou notifier un refus, d'une part, au sous-traitant et, d'autre part, à l'acheteur ou à la personne désignée par lui dans le marché public.

Le sous-traitant adresse également sa demande de paiement à l'acheteur ou à la personne désignée dans le marché public par l'acheteur, accompagnée des copies des factures adressées au titulaire et de l'accusé de réception ou du récépissé attestant que le titulaire a bien reçu la demande ou de l'avis postal attestant que le pli a été refusé ou n'a pas été réclamé.

L'acheteur ou la personne désignée par lui dans le marché public adresse, sans délai, au titulaire une copie des factures produites par le sous-traitant.

L'acheteur informe le titulaire des paiements qu'il effectue au sous-traitant.

Lorsque le sous-traitant utilise le portail de facturation mentionné à l'article 2 de l'ordonnance du 26 juin 2014 susvisée [Ord. n° 2014-697 du 26 juin 2014], *il y dépose sa demande de paiement sans autre formalité. Le titulaire dispose de quinze jours à compter de ce dépôt pour accepter ou refuser la demande de paiement sur le portail de facturation.* — [V. désormais CCP, art. R. 2393-34.]

Art. 126 *Le sous-traitant qui a été accepté et dont les conditions de paiement ont été agréées peut céder ou nantir, à concurrence du montant des prestations qui lui sont réglées directement, tout ou partie de sa créance.*

La copie de l'original du marché public ou du certificat de cessibilité prévu à l'article 128 du décret du 25 mars 2016 susvisé ou à l'article 114 du présent décret ou, le cas échéant, de l'acte spécial prévu à l'article 122 désignant un sous-traitant admis au paiement direct, est remise à chaque sous-traitant bénéficiant du paiement direct. — [V. désormais CCP, art. R. 2393-40.]

Art. 127 *Lorsque le marché public a été passé par l'État et que le titulaire recourt à un service de l'État comme sous-traitant, les prestations qui font l'objet du sous-contrat ne donnent lieu à aucun versement au profit du titulaire.* — [V. désormais CCP, art. R. 2393-35.]

SECTION 2 *Dispositions applicables aux sous-contrats qui ne présentent pas le caractère de sous-traités*

Art. 128 *Les dispositions des articles 129 à 131 s'appliquent aux sous-contrats qui ne présentent pas le caractère de sous-traités au sens de l'article 63 de l'ordonnance du 23 juillet 2015 susvisée.* — [V. désormais CCP, art. L. 2393-15.]

Art. 129 *L'acheteur peut imposer au titulaire l'acceptation de tout ou partie des sous-contractants ne présentant pas le caractère de sous-traitants. Il l'indique dans l'avis d'appel à la concurrence.*

Dans ce cas, ces sous-contractants sont acceptés dans les conditions prévues à l'article 130.

L'acheteur précise, le cas échéant, les parties des prestations du marché public ou le montant du sous-contrat au-dessus duquel le sous-contractant éventuel doit être accepté. — [V. désormais CCP, art. R. 2393-41.]

Art. 130 *I. — L'acceptation des sous-contractants ne présentant pas le caractère de sous-traitants est demandée dans les conditions suivantes :*

1° Dans le cas où la demande de sous-contrat intervient au moment du dépôt de l'offre ou de la proposition, le candidat fournit à l'acheteur une déclaration mentionnant :

a) La nature et le montant des prestations faisant l'objet du sous-contrat ;

b) Le nom, la raison ou la dénomination sociale et l'adresse du sous-contractant proposé ;

c) Le lieu d'exécution des prestations sous-contractées ;

d) Les capacités techniques, professionnelles et financières du sous-contractant.

Il lui remet également une déclaration du sous-contractant indiquant qu'il ne tombe pas sous le coup d'une interdiction de soumissionner.

La notification du marché public emporte acceptation du sous-contractant ;

2° Dans le cas où la demande est présentée après le dépôt de l'offre, le titulaire remet contre récépissé à l'acheteur ou lui adresse par lettre recommandée, avec demande d'avis de réception, une déclaration contenant les renseignements mentionnés au 1°.

L'acceptation du sous-contractant est alors constatée par un acte spécial signé des deux parties ou, pour les marchés publics passés par les services de la défense, par décision écrite de l'acheteur.

Figurent dans l'acte spécial les renseignements ci-dessus mentionnés au 1° du présent article.

II. — Le silence de l'acheteur gardé pendant vingt et un jours à compter de la réception des documents mentionnés au I du présent article vaut acceptation du sous-contractant. — [V. désormais CCP, art. R. 2393-42, R. 2393-43, R. 2393-44.]

Art. 131 *I. — Le rejet d'un sous-contractant qui ne présente pas le caractère de sous-traitant n'est possible que dans les cas suivants :*

1° S'il fait l'objet de l'une des interdictions de soumissionner énumérées aux articles 45, 46 et 48 de l'ordonnance du 23 juillet 2015 susvisée ;

2° S'il ne présente pas les capacités telles que celles exigées des candidats au marché public principal et qui sont objectivement rendues nécessaires par l'objet du sous-contrat et la nature des prestations à réaliser. Ces capacités peuvent s'apprécier notamment au regard de la sécurité des informations, de la sécurité des approvisionnements ou de l'aptitude à exécuter le marché public, à faire face à d'éventuelles augmentations des besoins par suite d'une crise ou à assurer la maintenance, la modernisation ou les adaptations des fournitures faisant l'objet du marché public lorsque l'implantation géographique de l'outillage, du matériel, de l'équipement technique, du personnel, du savoir-faire et des sources d'approvisionnement dont il dispose se trouve hors du territoire de l'Union européenne.

II. — Lorsque l'acheteur rejette un sous-contractant, il fournit au soumissionnaire ou au titulaire une justification écrite indiquant les motifs de ce rejet. — [V. désormais CCP, art. R. 2393-21, R. 2393-22.]

SECTION 3 *Dispositions communes aux sous-contrats*

Art. 132 *Pour l'application des articles 133 à 135, ne sont pas considérés comme des sous-contractants :*

1° Les membres d'un même groupement les uns vis-à-vis des autres ;

2° Les opérateurs économiques sur lesquels le titulaire du marché public exerce, directement ou indirectement, une influence dominante ;

3° Les opérateurs économiques qui peuvent exercer une influence dominante sur le titulaire du marché public ;

4° Les opérateurs économiques qui sont soumis avec le titulaire du marché public à l'influence dominante d'un même opérateur économique.

Au sens du présent article, l'influence d'une personne est réputée dominante lorsque celle-ci, directement ou indirectement, détient la majorité du capital, dispose de la majorité des droits de vote ou peut désigner plus de la moitié des membres de l'organe d'administration, de direction ou de surveillance de l'autre personne. — [V. désormais CCP, art. R. 2393-2.]

Art. 133 *Lorsque l'acheteur entend recourir à la faculté prévue au 1° du VI de l'article 63 de l'ordonnance du 23 juillet 2015 susvisée, il l'indique dans l'avis d'appel à la concurrence, le cas échéant en identifiant les tâches essentielles qui ne peuvent faire l'objet d'un sous-contrat en application du III de ce même article 63.*

Dans ce cas, le soumissionnaire indique dans son offre la liste exhaustive des entreprises mentionnées aux 1° à 4° de l'article 132, qui ne sont pas considérées comme sous-contractants pour l'application du présent article. Il tient cette liste à jour et informe l'acheteur de toute modification.

L'acheteur détermine les sous-contrats que le titulaire du marché public attribue conformément aux dispositions prévues à l'article 135. — [V. désormais CCP, art. R. 2393-4, R. 2393-5, R. 2393-6.]

Art. 134 *I. — Lorsque l'acheteur entend recourir à la faculté prévue au 2° du VI de l'article 63 de l'ordonnance du 23 juillet 2015 susvisée, il l'indique dans l'avis d'appel à la concurrence, le cas échéant en identifiant les tâches essentielles qui ne peuvent faire l'objet d'un sous-contrat en application du III de ce même article 63.*

Dans ce cas, la partie du marché public que le titulaire est tenue de sous-contracter est exprimée sous la forme d'une fourchette comportant un pourcentage minimum et un pourcentage maximum du montant du marché public. Elle est indiquée dans l'avis d'appel à la concurrence.

Le maximum ne peut pas dépasser 30 % du montant du marché public. La fourchette est proportionnée à l'objet et à la valeur de celui-ci ainsi qu'à la nature du secteur industriel concerné, notamment le niveau de concurrence prévalant dans ce secteur et les capacités techniques concernées de la base industrielle.

Le titulaire peut sous-contracter un pourcentage du marché public supérieur au pourcentage minimum.

II. — Le soumissionnaire indique dans son offre le pourcentage du montant du marché public et les parties de l'offre qu'il compte sous-contracter pour respecter l'obligation qui lui est faite. Il indique également la liste exhaustive des entreprises mentionnées aux 1° à 4° de l'article 132 et qui ne sont pas considérées comme sous-contractants pour l'application du présent article. Il tient cette liste à jour et informe l'acheteur de toute modification.

Le soumissionnaire peut proposer de confier à des sous-contractants une part du montant du marché public supérieure au pourcentage minimum imposé. Il peut être demandé au candidat, dans l'avis d'appel à la concurrence, d'indiquer les parties de l'offre qu'il compte sous-contracter au-delà du pourcentage minimum imposé, ainsi que les sous-contractants qu'il a déjà identifiés.

III. — Le titulaire attribue les sous-contrats correspondant au pourcentage imposé conformément aux dispositions prévues à l'article 135. — [V. désormais CCP, art. R. 2393-7, R. 2393-8, R. 2393-9, R. 2393-10, R. 2393-11, R. 2393-12.]

Art. 135 *I. — Lorsque l'acheteur recourt aux dispositions du 1° ou du 2° du VI de l'article 63 de l'ordonnance du 23 juillet 2015 susvisée, le titulaire attribue les sous-contrats concernés conformément aux règles prévues au présent article.*

Toutefois, lorsque le titulaire est lui-même un acheteur au sens de l'article 9 de l'ordonnance du 23 juillet 2015 susvisée, il applique les articles 4 à 8, 10 à 13 et le titre III de la première partie pour la conclusion des sous-contrats.

II. — Lorsque le sous-contrat répond à un besoin dont la valeur estimée, calculée conformément aux articles 17 à 20, est supérieure ou égale aux seuils de procédure formalisée, le titulaire fait connaître son intention de passer ce sous-contrat par un avis publié au Journal officiel de l'Union européenne dans les conditions de l'article 29. Aucun avis n'est toutefois nécessaire lorsqu'un sous-contrat remplit les conditions de recours à la procédure négociée sans publicité ni mise en concurrence préalables.

L'avis est établi conformément au modèle fixé par le règlement de la Commission européenne établissant les formulaires standard pour la publication d'avis en matière de marchés publics.

Lorsque le sous-contrat répond à un besoin dont la valeur estimée est inférieure aux seuils de procédure formalisée, le titulaire fixe librement, dans le respect des principes de la commande publique, les modalités de publicité appropriées aux caractéristiques de ce sous-contrat, et notamment à son objet, à son montant, au degré de concurrence entre les entreprises concernées et aux conditions dans lesquelles le sous-contrat est passé.

III. — Pour sélectionner les sous-contractants, le titulaire indique notamment dans l'avis :

1° L'obligation du sous-contractant de fournir une déclaration indiquant qu'il ne tombe pas sous le coup d'une interdiction d'accéder aux marchés publics prévue aux articles 45, 46 et 48 de l'ordonnance du 23 juillet 2015 susvisée ;

2° Les capacités techniques, professionnelles ou financières, ainsi que les renseignements ou documents permettant d'évaluer ces capacités, tels qu'exigés des candidats lors de la passation du marché public principal, et qui sont non-discriminatoires et objectivement rendues nécessaires par l'objet du sous-contrat et la nature des prestations à réaliser ;

3° Le cas échéant, les autres conditions, renseignements ou documents qu'il entend exiger et qui sont non-discriminatoires et objectivement rendus nécessaires par l'objet du sous-contrat et la nature des prestations à réaliser.

Lorsque le titulaire décide de fixer des niveaux minimaux de capacité, il ne peut être exigé des candidats que des niveaux minimaux de capacité proportionnés à l'objet du sous-contrat.

IV. — Le titulaire n'est pas tenu de sous-contracter s'il apporte la preuve, à la satisfaction de l'acheteur, qu'aucun des sous-contractants potentiels participant à la mise en concurrence ou qu'aucune des offres présentées ne satisfait aux critères figurant dans l'avis, empêchant ainsi le titulaire de satisfaire aux exigences figurant dans le marché public principal.

V. — Le titulaire peut décider d'attribuer les sous-contrats sur la base d'un accord-cadre conclu conformément aux règles énoncées au présent article. Il est dans ce cas considéré comme ayant satisfait aux exigences de mise en concurrence.

Les sous-contrats basés sur un accord-cadre sont attribués dans les limites des conditions fixées dans l'accord-cadre. Ils ne peuvent être attribués qu'aux opérateurs économiques qui étaient parties, à l'origine, à l'accord-cadre. Lors de la passation de ces sous-contrats, les parties proposent, en toutes circonstances, des conditions cohérentes avec celles de l'accord-cadre.

La durée d'un tel accord-cadre ne peut pas dépasser sept ans, sauf dans des circonstances exceptionnelles déterminées en tenant compte de la durée de vie prévue des objets, installations ou systèmes livrés, ainsi que des difficultés techniques que peut occasionner un changement d'opérateur économique tiers.

Les accords-cadres ne peuvent être utilisés de façon abusive ou de manière à empêcher, à restreindre ou à fausser la concurrence. — [V. désormais CCP, art. L. 2393-9, R. 2393-13, R. 2393-14, R. 2393-15, R. 2393-16, R. 2393-17, R. 2393-18, R. 2393-19, R. 2393-20.]

Art. 136 *Le titulaire qui, quinze jours après avoir été mis par écrit en demeure de le faire, ne communique pas les sous-contrats, encourt une pénalité égale à un millième du montant du marché public ou de la tranche concernée, ou, à défaut, du montant du bon de commande concerné. Cette pénalité s'applique pour chaque jour de retard.* — [V. désormais CCP, art. R. 2393-23.]

CHAPITRE III *MODIFICATIONS DES MARCHÉS PUBLICS EN COURS D'EXÉCUTION*

Art. 137 *I. — Les marchés publics peuvent être modifiés dans les cas suivants :*

1° Lorsque les modifications, quel qu'en soit le montant, ont été prévues dans les documents contractuels initiaux sous la forme de clauses de réexamen, dont des clauses de variation du prix ou d'options claires, précises et sans équivoque.

Ces clauses indiquent le champ d'application et la nature des éventuelles modifications ou options ainsi que les conditions dans lesquelles il peut en être fait usage ;

2° Pour les travaux, fournitures ou services supplémentaires, quel qu'en soit le montant, qui sont devenus nécessaires et qui ne figuraient pas dans le marché public initial, lorsqu'un changement de contractant remplirait les conditions cumulatives suivantes :

a) Il est impossible pour des raisons économiques ou techniques telles que l'obligation d'interchangeabilité ou d'interopérabilité avec les équipements, logiciels, services ou installations existants achetés dans le cadre du marché public initial ;

b) Il présenterait un inconvénient majeur ou entraînerait une augmentation substantielle des coûts pour l'acheteur.

Toutefois, lorsque l'acheteur est un pouvoir adjudicateur, l'augmentation du montant du marché public ne peut pas être supérieure à 50 % de son montant initial. Lorsque plusieurs modifications successives sont effectuées, cette limite s'applique au montant de chaque modification. Les modifications successives ne visent pas à contourner les dispositions du présent décret ;

3° Lorsque la modification est rendue nécessaire par des circonstances qu'un acheteur diligent ne pouvait pas prévoir.

Toutefois, lorsque l'acheteur est un pouvoir adjudicateur, l'augmentation du montant du marché public ne peut pas être supérieure à 50 % de son montant initial. Lorsque plusieurs modifications successives sont effectuées, cette limite s'applique au montant de chaque modification. Les modifications successives ne visent pas à contourner les dispositions du présent décret ;

4° Lorsqu'un nouveau contractant remplace le titulaire du marché public, dans l'un des cas suivants :

a) En application d'une clause de réexamen ou d'une option conformément au 1° ;

b) Dans le cas d'une cession du marché public à la suite d'une opération de restructuration de société, notamment de rachat, de fusion ou d'acquisition, assurée par un autre opérateur économique qui remplit les conditions de participation à la procédure de passation du marché public, à condition que cela n'entraîne pas d'autres modifications substantielles ;

5° Lorsque les modifications, quel qu'en soit le montant, ne sont pas substantielles.

Une modification est considérée comme substantielle lorsqu'elle change la nature globale du marché public. En tout état de cause, une modification est substantielle lorsqu'au moins une des conditions suivantes est remplie :

a) Elle introduit des conditions qui, si elles avaient été incluses dans la procédure initiale de passation, auraient permis l'admission d'autres opérateurs économiques que ceux retenus initialement ou l'acceptation d'une offre autre que celle initialement acceptée ou auraient attiré davantage d'opérateurs économiques à la procédure ;

b) Elle modifie l'équilibre économique du marché public en faveur du titulaire d'une manière qui n'était pas prévue dans le marché public initial ;

c) Elle modifie considérablement l'objet du marché public ;

d) Elle a pour effet de remplacer le titulaire initial par un nouveau titulaire en dehors des hypothèses prévues au 4° du I ;

6° Lorsque le montant de la modification est inférieure aux seuils européens publiés au Journal officiel de la République française et à 10 % du montant du marché public initial pour les marchés publics de services et de fournitures ou à 15 % du montant du marché public initial pour les marchés publics de travaux.

Lorsque plusieurs modifications successives sont effectuées, l'acheteur prend en compte le montant cumulé de ces modifications.

II. — Le cas échéant, le montant des modifications tient compte de la mise en œuvre de la clause de variation des prix. — [V. désormais CCP, art. R. 2394-1.]

CHAPITRE IV *DISPOSITIONS DIVERSES*

SECTION 1 *Observatoire économique de la commande publique*

Art. 138 *Les acheteurs adressent à l'observatoire économique de la commande publique prévu à l'article 141 du décret du 25 mars 2016 susvisé les informations relatives aux marchés publics soumis au présent décret.* — [V. désormais CCP, art. L. 2396-2, R. 2396-1.] — V. Arr. du 12 avr. 2017 ss. Décr. n° 2016-360 du 25 mars 2016, art. 141.

SECTION 2 Règlement amiable des différends

Art. 139 *Les dispositions de l'article 142 du décret du 25 mars 2016 susvisé s'appliquent aux litiges survenant dans l'exécution des marchés publics relevant du présent décret. — [V. désormais CCP, art. L. 2397-1, D. 2397-2, R. 2397-3.]*

SECTION 3 Contrôle du coût de revient des marchés publics de l'État

Art. 140 *Pour l'application de l'article 64 de l'ordonnance du 23 juillet 2015 susvisée, le marché public mentionne les obligations prévues au II de cet article.*

Si le titulaire ne fournit pas aux dates prévues les renseignements demandés ou fournit des renseignements inexacts, l'acheteur peut, après mise en demeure restée sans effet, décider la suspension des paiements à intervenir dans la limite du dixième du montant du marché public lorsque le manquement est le fait du titulaire ou retenir un montant équivalent. Après nouvelle mise en demeure infructueuse, cette retenue peut être transformée en retenue définitive par décision de l'acheteur, indépendamment de la résiliation éventuelle du marché public aux torts du titulaire.

La décision d'exercer un contrôle de coût de revient est prise par l'autorité qui a signé le marché public soumis au contrôle.

Les agents ou les catégories d'agents des services de l'État habilités à exercer les vérifications sur pièces ou sur place sont désignés par arrêté du ministre dont ils dépendent.

Les agents des établissements publics appelés à effectuer lesdites vérifications sont habilités nommément par arrêté du ministre de tutelle.

Les agents habilités conformément aux dispositions des deux alinéas précédents peuvent être mis à la disposition de tout département ministériel pour effectuer des vérifications au profit de celui-ci.

Tous les fonctionnaires ou agents qui ont connaissance à un titre quelconque des renseignements recueillis au sujet des entreprises en application du présent article sont astreints au secret professionnel ainsi que, le cas échéant, aux règles relatives à la protection du secret en matière de défense.

Les renseignements recueillis ne peuvent être utilisés à des fins autres que le contrôle du coût de revient du marché public soumis au contrôle ou de tout autre marché public analogue. — [V. désormais CCP, art. R. 2396-3, R. 2396-4.]

DEUXIÈME PARTIE DISPOSITIONS PARTICULIÈRES

CHAPITRE I DISPOSITIONS APPLICABLES À L'OUTRE-MER

Art. 141 *Pour l'application de l'article 91 de l'ordonnance du 23 juillet 2015 susvisée, la proportion entre, d'une part, le taux de chômage des jeunes de moins de 25 ans constatée dans l'un des territoires mentionnés à cet article et, d'autre part, ce même taux observé au niveau national est fixée à 1,5.*

La part minimale du nombre d'heures nécessaires à l'exécution du marché public qui doit être effectuée par des jeunes de moins de 25 ans est fixée à 30 %.

SECTION 1 Dispositions particulières à Mayotte

Art. 142 *Pour l'application à Mayotte du présent décret :*

1° A l'article 40, les références aux articles L. 5212-1 à L. 5212-11 du code du travail sont remplacées par les références aux articles L. 328-6 à L. 328-16 du code du travail applicable à Mayotte ;

2° Le III de l'article 43 est supprimé.

SECTION 2 Dispositions particulières à Saint-Barthélemy, Saint-Martin et Saint-Pierre-et-Miquelon

Art. 143 *Pour l'application à Saint-Barthélemy du présent décret :*

1° Au 2° de l'article 23 les mots : "Pour les marchés publics dont la valeur estimée du besoin est supérieure aux seuils de procédure formalisée, un rapport est communiqué à la Commission européenne si celle-ci le demande." sont supprimés ;

2° Le I de l'article 26 est ainsi rédigé :

"I. — Les acheteurs peuvent faire connaître leur intention de passer un marché public par le biais de la publication d'un avis de préinformation.

"Cet avis est publié soit dans le Bulletin officiel des annonces de marchés publics soit sur le profil [d']acheteur du pouvoir adjudicateur.

"Le profil d'acheteur est la plateforme de dématérialisation permettant notamment aux acheteurs de mettre les documents de la consultation à disposition des opérateurs économiques par voie électronique et de réceptionner par voie électronique les documents transmis par les candidats et les soumissionnaires. Un arrêté du ministre chargé de l'économie détermine les fonctionnalités et les exigences minimales qui s'imposent aux profils d'acheteur." ;

3° L'article 27 est ainsi rédigé :

Art. 27 Pour les marchés publics passés selon l'une des procédures formalisées énumérées à l'article 21, l'acheteur publie un avis de marché dans le Bulletin officiel des annonces des marchés publics.

L'acheteur peut faire paraître une publicité supplémentaire sur un autre support. La publicité supplémentaire peut ne comporter que certains des renseignements figurant dans l'avis de marché publié dans le Bulletin officiel des annonces des marchés publics à condition qu'elle indique les références de cet avis.

4° A l'article 28, les mots : "ou au Journal officiel de l'Union européenne" sont supprimés ;

5° L'article 29 n'est pas applicable ;

6° A l'article 51, les mots : "au sens de la recommandation de la Commission du 6 mai 2003 susvisée" sont remplacés par "qui occupent moins de 250 personnes et dont le chiffre d'affaires annuel n'excède pas 50 millions d'euros ou dont le total du bilan annuel n'excède pas 43 millions d'euros" ;

7° A l'article 57 :

a) Au II les mots "le droit de l'Union européenne" sont supprimés ;

b) Le III est supprimé ;

8° A l'article 78, la référence au préfet est remplacée par la référence au représentant de l'État ;

9° A l'article 85, la référence aux catégories M et N définies à l'article R. 311-1 du code de la route est remplacée par une référence applicable localement ayant le même objet ;

10° Le I de l'article 92 est ainsi rédigé :

"I. — Pour les marchés publics répondant à un besoin d'un montant égal ou supérieur aux seuils européens publiés au Journal officiel de la République française, l'acheteur envoie un avis d'attribution pour publication dans le Bulletin officiel des annonces des marchés publics, dans un délai maximal de quarante-huit jours à compter de la signature du marché public."

Art. 144 *Pour l'application à Saint-Martin du présent décret :*

1° A l'article 78, la référence au préfet est remplacée par la référence au représentant de l'État ;

2° A l'article 85, la référence aux catégories M et N définies à l'article R. 311-1 du code de la route est remplacée par une référence applicable localement ayant le même objet.

Art. 145 *Pour l'application à Saint-Pierre-et-Miquelon du présent décret :*

1° Au 2° de l'article 23 les mots : "Pour les marchés publics dont la valeur estimée du besoin est supérieure aux seuils de procédure formalisée, un rapport est communiqué à la Commission européenne si celle-ci le demande." sont supprimés ;

2° Le I de l'article 26 est ainsi rédigé :

"I. — Les acheteurs peuvent faire connaître leur intention de passer un marché public par le biais de la publication d'un avis de préinformation.

"Cet avis est publié soit dans le Bulletin officiel des annonces de marchés publics soit sur le profil [d']acheteur du pouvoir adjudicateur.

"Le profil d'acheteur est la plateforme de dématérialisation permettant notamment aux acheteurs de mettre les documents de la consultation à disposition des opérateurs économiques par voie électronique et de réceptionner par voie électronique les documents transmis par les candidats et les soumissionnaires. Un arrêté du ministre chargé de l'économie détermine les fonctionnalités et les exigences minimales qui s'imposent aux profils d'acheteur." ;

3° L'article 27 est ainsi rédigé :

Art. 27 Pour les marchés publics passés selon l'une des procédures formalisées énumérées à l'article 21, l'acheteur publie un avis de marché dans le Bulletin officiel des annonces des marchés publics.

L'acheteur peut faire paraître une publicité supplémentaire sur un autre support. La publicité supplémentaire peut ne comporter que certains des renseignements figurant dans l'avis de marché publié dans le Bulletin officiel des annonces des marchés publics à condition qu'elle indique les références de cet avis.

4° A l'article 28, les mots : "ou au Journal officiel de l'Union européenne" sont supprimés ;

5° L'article 29 n'est pas applicable ;

6° A l'article 51, les mots : "au sens de la recommandation de la Commission du 6 mai 2003 susvisée" sont remplacés par "qui occupent moins de 250 personnes et dont le chiffre d'affaires annuel n'excède pas 50 millions d'euros ou dont le total du bilan annuel n'excède pas 43 millions d'euros" ;

7° A l'article 57 :
a) Au II les mots "le droit de l'Union européenne" sont supprimés ;
b) Le III est supprimé ;
8° A l'article 78, la référence au préfet est remplacée par la référence au représentant de l'État ;
9° A l'article 85, la référence aux catégories M et N définies à l'article R. 311-1 du code de la route est remplacée par une référence applicable localement ayant le même objet ;
10° Le I de l'article 92 est ainsi rédigé :
"I. — Pour les marchés publics répondant à un besoin d'un montant égal ou supérieur aux seuils européens publiés au Journal officiel de la République française, l'acheteur envoie un avis d'attribution pour publication dans le Bulletin officiel des annonces des marchés publics, dans un délai maximal de quarante-huit jours à compter de la signature du marché public."

SECTION 3 *Dispositions applicables en Nouvelle-Calédonie*

Art. 146 *Le présent décret est applicable en Nouvelle-Calédonie* (Décr. n° 2017-516 du 10 avr. 2017, art. 23) *« , dans sa rédaction résultant du* (Décr. n° 2018-1225 du 24 déc. 2018, art. 10) *« décret n° 2018-1225 du 24 décembre 2018 portant diverses mesures relatives aux contrats de la commande publique »,» aux marchés publics de défense ou de sécurité définis à l'article 6 de l'ordonnance du 23 juillet 2015 susvisée sous réserve des dispositions suivantes :*
1° Les montants exprimés en euros sont applicables sous réserve de leur contre-valeur en monnaie locale ;
2° Le III de l'article 16 est supprimé ;
3° Au 2° de l'article 23 les mots : "Pour les marchés publics dont la valeur estimée du besoin est supérieure aux seuils de procédure formalisée, un rapport est communiqué à la Commission européenne si celle-ci le demande." sont supprimés ;
4° A l'article 26, le I est ainsi rédigé :
"I. — Les acheteurs peuvent faire connaître leur intention de passer un marché public par le biais de la publication d'un avis de préinformation.
"Cet avis est publié soit dans le Bulletin officiel des annonces de marchés publics soit sur le profil [d']acheteur du pouvoir adjudicateur.
"Le profil d'acheteur est la plateforme de dématérialisation permettant notamment aux acheteurs de mettre les documents de la consultation à disposition des opérateurs économiques par voie électronique et de réceptionner par voie électronique les documents transmis par les candidats et les soumissionnaires. Un arrêté du ministre chargé de l'économie détermine les fonctionnalités et les exigences minimales qui s'imposent aux profils d'acheteur." ;
5° L'article 27 est ainsi rédigé :

Art. 27 *Pour les marchés publics passés selon l'une des procédures formalisées énumérées à l'article 21, l'acheteur publie un avis de marché dans le Bulletin officiel des annonces des marchés publics.*
L'acheteur peut faire paraître une publicité supplémentaire sur un autre support. La publicité supplémentaire peut ne comporter que certains des renseignements figurant dans l'avis de marché publié dans le Bulletin officiel des annonces des marchés publics à condition qu'elle indique les références de cet avis.

6° A l'article 28, les mots : "ou au Journal officiel de l'Union européenne" sont supprimés ;
7° L'article 29 n'est pas applicable ;
8° A l'article 40 les références aux articles L. 5212-1 à L. 5212-11 du code du travail sont remplacées par les références applicables localement ayant le même objet ;
9° A l'article 43, les références aux articles R. 1263-12, D. 8222-5, D. 8222-7, D. 8254-2 à D. 8254-5 du code du travail sont remplacées par les références applicables localement ayant le même objet ;
10° A l'article 51, les mots : "au sens de la recommandation de la Commission du 6 mai 2003 susvisée" sont remplacés par "au sens de la réglementation localement applicable" ;
11° A l'article 57 :
a) Au II les mots : "le droit de l'Union européenne" sont supprimés ;
b) Le III est supprimé ;
12° A l'article 78, la référence au préfet est remplacée par la référence au représentant de l'État ;
13° A l'article 85, la référence aux catégories M et N définies à l'article R. 311-1 du code de la route est remplacée par une référence applicable localement ayant le même objet ;
14° Le I de l'article 92 est ainsi rédigé :
"I. — Pour les marchés publics répondant à un besoin d'un montant égal ou supérieur aux seuils européens publiés au Journal officiel de la République française, l'acheteur envoie un avis d'attribution pour publication dans le Bulletin officiel des annonces des marchés publics, dans un délai maximal de quarante-huit jours à compter de la signature du marché public."

Sur l'application des dispositions issues du Décr. n° 2018-1225 du 24 déc. 2018, V. note ss. art. 97, supra.

SECTION 4 *Dispositions applicables en Polynésie française*

Art. 147 *Le présent décret est applicable en Polynésie française* (Décr. n° 2017-516 du 10 avr. 2017, art. 24) « , *dans sa rédaction résultant du* (Décr. n° 2018-1225 du 24 déc. 2018, art. 10) « *décret n° 2018-1225 du 24 décembre 2018 portant diverses mesures relatives aux contrats de la commande publique* »,» *aux marchés publics de défense ou de sécurité définis à l'article 6 de l'ordonnance du 23 juillet 2015 susvisée sous réserve des dispositions suivantes :*

1° Les montants exprimés en euros sont applicables sous réserve de leur contre-valeur en monnaie locale ;

2° Le III de l'article 16 est supprimé ;

3° Au 2° de l'article 23 les mots : "Pour les marchés publics dont la valeur estimée du besoin est supérieure aux seuils de procédure formalisée, un rapport est communiqué à la Commission européenne si celle-ci le demande." sont supprimés ;

4° A l'article 26, le I est ainsi rédigé :

"I. — Les acheteurs peuvent faire connaître leur intention de passer un marché public par le biais de la publication d'un avis de préinformation."

"Cet avis est publié soit dans le Bulletin officiel des annonces de marchés publics soit sur le profil acheteur du pouvoir adjudicateur."

"Le profil d'acheteur est la plateforme de dématérialisation permettant notamment aux acheteurs de mettre les documents de la consultation à disposition des opérateurs économiques par voie électronique et de réceptionner par voie électronique les documents transmis par les candidats et les soumissionnaires. Un arrêté du ministre chargé de l'économie détermine les fonctionnalités et les exigences minimales qui s'imposent aux profils d'acheteur." ;

5° L'article 27 est ainsi rédigé :

Art. 27 Pour les marchés publics passés selon l'une des procédures formalisées énumérées à l'article 21, l'acheteur publie un avis de marché dans le Bulletin officiel des annonces des marchés publics.

L'acheteur peut faire paraître une publicité supplémentaire sur un autre support. La publicité supplémentaire peut ne comporter que certains des renseignements figurant dans l'avis de marché publié dans le Bulletin officiel des annonces des marchés publics à condition qu'elle indique les références de cet avis.

6° A l'article 28, les mots : "ou au Journal officiel de l'Union européenne" sont supprimés ;

7° L'article 29 n'est pas applicable ;

8° A l'article 40 les références aux articles L. 5212-1 à L. 5212-11 du code du travail sont remplacées par les références applicables localement ayant le même objet ;

9° A l'article 43, les références aux articles R. 1263-12, D. 8222-5, D. 8222-7, D. 8254-2 à D. 8254-5 du code du travail sont remplacées par les références applicables localement ayant le même objet ;

10° A l'article 51, les mots : "au sens de la recommandation de la Commission du 6 mai 2003 susvisée" sont remplacés par "au sens de la réglementation localement applicable" ;

11° A l'article 57 :

a) Au II les mots : "le droit de l'Union européenne" sont supprimés ;

b) Le III est supprimé ;

12° A l'article 78, la référence au préfet est remplacée par la référence au représentant de l'État ;

13° A l'article 85, la référence aux catégories M et N définies à l'article R. 311-1 du code de la route est remplacée par une référence applicable localement ayant le même objet ;

14° Le I de l'article 92 est ainsi rédigé :

"I. — Pour les marchés publics répondant à un besoin d'un montant égal ou supérieur aux seuils européens publiés au Journal officiel de la République française, l'acheteur envoie un avis d'attribution pour publication dans le Bulletin officiel des annonces des marchés publics, dans un délai maximal de quarante-huit jours à compter de la signature du marché public."

Sur l'application des dispositions issues du Décr. n° 2018-1225 du 24 déc. 2018, V. note ss. art. 97, supra.

SECTION 5 *Dispositions applicables dans les îles Wallis-et-Futuna*

Art. 148 *Le présent décret est applicable dans les îles Wallis-et-Futuna* (Décr. n° 2017-516 du 10 avr. 2017, art. 245) « , *dans sa rédaction résultant du* (Décr. n° 2018-1225 du 24 déc. 2018, art. 10) « *décret n° 2018-1225 du 24 décembre 2018 portant diverses mesures relatives aux contrats de la commande publique* »,» *aux marchés publics de défense ou de sécurité définis à l'article 6 de l'ordonnance du 23 juillet 2015 susvisée sous réserve des dispositions suivantes :*

1° Les montants exprimés en euros sont applicables sous réserve de leur contre-valeur en monnaie locale ;

2° Le III de l'article 16 est supprimé ;

3° Au 2° de l'article 23 les mots : "Pour les marchés publics dont la valeur estimée du besoin est supérieure aux seuils de procédure formalisée, un rapport est communiqué à la Commission européenne si celle-ci le demande." sont supprimés ;

4° A l'article 26, le I est ainsi rédigé :

"I. — Les acheteurs peuvent faire connaître leur intention de passer un marché public par le biais de la publication d'un avis de préinformation.

"Cet avis est publié soit dans le Bulletin officiel des annonces de marchés publics soit sur le profil acheteur du pouvoir adjudicateur.

"Le profil d'acheteur est la plateforme de dématérialisation permettant notamment aux acheteurs de mettre les documents de la consultation à disposition des opérateurs économiques par voie électronique et de réceptionner par voie électronique les documents transmis par les candidats et les soumissionnaires. Un arrêté du ministre chargé de l'économie détermine les fonctionnalités et les exigences minimales qui s'imposent aux profils d'acheteur." ;

5° L'article 27 est ainsi rédigé :

Art. 27 Pour les marchés publics passés selon l'une des procédures formalisées énumérées à l'article 21, l'acheteur publie un avis de marché dans le Bulletin officiel des annonces des marchés publics.

L'acheteur peut faire paraître une publicité supplémentaire sur un autre support. La publicité supplémentaire peut ne comporter que certains des renseignements figurant dans l'avis de marché publié dans le Bulletin officiel des annonces des marchés publics à condition qu'elle indique les références de cet avis.

6° A l'article 28, les mots : "ou au Journal officiel de l'Union européenne" sont supprimés ;

7° L'article 29 n'est pas applicable ;

8° A l'article 40 les références aux articles L. 5212-1 à L. 5212-11 du code du travail sont remplacées par les références applicables localement ayant le même objet ;

9° A l'article 43, les références aux articles R. 1263-12, D. 8222-5, D. 8222-7, D. 8254-2 à D. 8254-5 du code du travail sont remplacées par les références applicables localement ayant le même objet ;

10° A l'article 51, les mots : "au sens de la recommandation de la Commission du 6 mai 2003 susvisée" sont remplacés par "au sens de la réglementation localement applicable" ;

11° A l'article 57 :

a) Au II les mots : "le droit de l'Union européenne" sont supprimés ;

b) Le III est supprimé ;

12° A l'article 78, la référence au préfet est remplacée par la référence au représentant de l'État ;

13° A l'article 85, la référence aux catégories M et N définies à l'article R. 311-1 du code de la route est remplacée par une référence applicable localement ayant le même objet ;

14° Le I de l'article 92 est ainsi rédigé :

"I. — Pour les marchés publics répondant à un besoin d'un montant égal ou supérieur aux seuils européens publiés au Journal officiel de la République française, l'acheteur envoie un avis d'attribution pour publication dans le Bulletin officiel des annonces des marchés publics, dans un délai maximal de quarante-huit jours à compter de la signature du marché public."

Sur l'application des dispositions issues du Décr. n° 2018-1225 du 24 déc. 2018, V. note ss. art. 97, supra.

SECTION 6 *Dispositions applicables dans les Terres australes et antarctiques françaises*

Art. 149 *Le présent décret est applicable dans les Terres australes et antarctiques françaises* (Décr. n° 2017-516 du 10 avr. 2017, art. 26) *« , dans sa rédaction résultant du* (Décr. n° 2018-1225 du 24 déc. 2018, art. 10) *« décret n° 2018-1225 du 24 décembre 2018 portant diverses mesures relatives aux contrats de la commande publique », » aux marchés publics de défense ou de sécurité définis à l'article 6 de l'ordonnance du 23 juillet 2015 susvisée sous réserve des dispositions suivantes :*

1° Le III de l'article 16 est supprimé ;

2° Au 2° de l'article 23 les mots : "Pour les marchés publics dont la valeur estimée du besoin est supérieure aux seuils de procédure formalisée, un rapport est communiqué à la Commission européenne si celle-ci le demande." sont supprimés ;

3° A l'article 26, le I est ainsi rédigé :

"I. — Les acheteurs peuvent faire connaître leur intention de passer un marché public par le biais de la publication d'un avis de préinformation.

"Cet avis est publié soit dans le Bulletin officiel des annonces de marchés publics soit sur le profil [d']acheteur du pouvoir adjudicateur.

"Le profil d'acheteur est la plateforme de dématérialisation permettant notamment aux acheteurs de mettre les documents de la consultation à disposition des opérateurs économiques par voie électronique et de réceptionner par voie électronique les documents transmis par les candidats et les soumissionnaires. Un arrêté du ministre chargé de l'économie détermine les fonctionnalités et les exigences minimales qui s'imposent aux profils d'acheteur." ;

4° L'article 27 est ainsi rédigé :

Art. 27 *Pour les marchés publics passés selon l'une des procédures formalisées énumérées à l'article 21, l'acheteur publie un avis de marché dans le Bulletin officiel des annonces des marchés publics.*

L'acheteur peut faire paraître une publicité supplémentaire sur un autre support. La publicité supplémentaire peut ne comporter que certains des renseignements figurant dans l'avis de marché publié dans le Bulletin officiel des annonces des marchés publics à condition qu'elle indique les références de cet avis.

5° A l'article 28, les mots : "ou au Journal officiel de l'Union européenne" sont supprimés ;

6° L'article 29 n'est pas applicable ;

7° A l'article 40 les références aux articles L. 5212-1 à L. 5212-11 du code du travail sont remplacées par les références applicables localement ayant le même objet ;

8° A l'article 43, les références aux articles R. 1263-12, D. 8222-5, D. 8222-7, D. 8254-2 à D. 8254-5 du code du travail sont remplacées par les références applicables localement ayant le même objet ;

9° A l'article 51, les mots : "au sens de la recommandation de la Commission du 6 mai 2003 susvisée" sont remplacés par "au sens de la réglementation localement applicable" ;

10° A l'article 57 :

a) Au II les mots : "le droit de l'Union européenne" sont supprimés ;

b) Le III est supprimé ;

11° A l'article 78, la référence au préfet est remplacée par la référence au représentant de l'État ;

12° A l'article 85, la référence aux catégories M et N définies à l'article R. 311-1 du code de la route est remplacée par une référence applicable localement ayant le même objet ;

13° Le I de l'article 92 est ainsi rédigé :

"I. — Pour les marchés publics répondant à un besoin d'un montant égal ou supérieur aux seuils européens publiés au Journal officiel de la République française, l'acheteur envoie un avis d'attribution pour publication dans le Bulletin officiel des annonces des marchés publics, dans un délai maximal de quarante-huit jours à compter de la signature du marché public."

Sur l'application des dispositions issues du Décr. n° 2018-1225 du 24 déc. 2018, V. note ss. art. 97, supra.

CHAPITRE II *DISPOSITIONS DIVERSES ET FINALES*

Art. 150 *Les seuils mentionnés dans le présent décret peuvent être modifiés par décret.*

Art. 151 *Dans toutes les dispositions réglementaires en vigueur, pour les contrats passés en application du présent décret, les références au code des marchés publics ou à l'ordonnance n° 2004-559 du 17 juin 2004 sur les contrats de partenariat et à ses dispositions réglementaires d'application s'entendent comme faisant référence à l'ordonnance du 23 juillet 2015 susvisée et au présent décret pour autant que lesdits contrats eussent relevé du champ d'application de ces dispositions avant l'entrée en vigueur du présent décret.*

Art. 152 *I. — Pour les marchés industriels passés par le ministère de la défense exclus du champ d'application de l'ordonnance du 23 juillet 2015 susvisée, les sous-traitants ne sont payés directement que si le montant de leur contrat de sous-traitance est égal ou supérieur :*

1° A 10 % du montant total du marché public lorsque le sous-traitant est une petite ou une moyenne entreprise ou un artisan au sens de l'article 51 ;

2° A 50 % du montant total du marché public lorsque le sous-traitant est lié au titulaire ;

3° A 20 % du montant total du marché public dans les autres cas.

II. — L'article 12 du décret du 14 septembre 2011 susvisé est abrogé.

Art. 153 V. C. défense, art. D. 3123-11. — **CSI.**

Art. 154 *Le présent décret entre en vigueur le 1er avril 2016.*

Il s'applique aux marchés publics pour lesquels une consultation est engagée ou un avis d'appel à la concurrence est envoyé à la publication à compter de sa date d'entrée en vigueur.

Il ne s'applique pas aux marchés passés sur le fondement d'un accord-cadre lorsque la procédure en vue de la passation de cet accord-cadre a été engagée avant cette date.

Ordonnance n° 2016-65 du 29 janvier 2016 *[Abrogée]*,

Relative aux contrats de concession
(Abrogée par Ord. n° 2018-1074 du 26 nov. 2018, art. 18 et 20, à compter du 1er avr. 2019)

Nota (1) : *A compter du 1er avr. 2019, l'Ord. n° 2018-1074 du 26 nov. 2018 abroge et remplace la présente ordonnance (Ord. préc., art. 18 et 20).*

Les dispositions issues de l'Ord. n° 2018-1074 du 26 nov. 2018 s'appliquent aux marchés publics ainsi qu'aux contrats relevant de l'Ord. n° 2015-899 du 23 juill. 2015 relative aux marchés publics pour lesquels une consultation est engagée ou un avis d'appel à la concurrence est envoyé à la publication à compter du 1er avr. 2019. Ces dispositions s'appliquent également aux contrats de concession pour lesquels une consultation est engagée ou un avis de concession est envoyé à la publication à compter du 1er avr. 2019 (Ord. n° 2018-1074 préc., art. 20).

Nota (2) : *A l'exception du I de l'article 56 qui entre en vigueur le lendemain du jour de sa publication (JO 30 janv.), la présente ordonnance entre en vigueur à une date fixée par le Décr. n° 2016-86 du 1er févr. 2016 au 1er avr. 2016 (V. Décr. préc., art. 55, infra). Elle s'applique aux contrats de concession pour lesquels une consultation est engagée ou un avis de concession est envoyé à la publication à compter de cette date.*

Toutefois, l'article 55 s'applique également à la modification des contrats qui sont des contrats de concession au sens de la présente ordonnance et qui ont été conclus ou pour lesquels une procédure de passation a été engagée ou un avis de concession a été envoyé à la publication avant la date d'entrée en vigueur de la présente ordonnance.

Les I et III de l'article 56 de la présente ordonnance s'appliquent aux décisions juridictionnelles rendues à compter de l'entrée en vigueur desdites dispositions. — V. art. 78, infra.

Cette ordonnance a été ratifiée par la L. n° 2016-1691 du 9 déc. 2016 (L. préc., art. 40).

TITRE PRÉLIMINAIRE

Art. 1er ***I. — Les contrats de concession soumis à la présente ordonnance respectent les principes de liberté d'accès à la commande publique, d'égalité de traitement des candidats et de transparence des procédures.***

Ces principes permettent d'assurer l'efficacité de la commande publique et la bonne utilisation des deniers publics.

II. — Pour les contrats de concession de défense ou de sécurité, les principes énoncés au I ont également pour objectif d'assurer le renforcement de la base industrielle et technologique de défense européenne. — *[V. désormais CCP, art. L. 1122-1.]*

Art. 2 ***I. — Les concessions de défense ou de sécurité, exclues ou exemptées de l'accord sur les marchés publics ou d'un autre accord international équivalent auquel l'Union européenne est partie, sont passées avec des opérateurs économiques d'États membres de l'Union européenne.***

II. — Les autorités concédantes peuvent toutefois autoriser, au cas par cas, des opérateurs économiques de pays tiers à l'Union européenne à participer à une procédure de passation d'une concession de défense ou de sécurité.

La décision de l'autorité concédante prend notamment en compte les impératifs de sécurité des informations et des approvisionnements, la préservation des intérêts de la défense et de la sécurité de l'État, l'intérêt de développer la base industrielle et technologique de défense européenne, les objectifs de développement durable, l'obtention d'avantages mutuels et les exigences de réciprocité.

III. — Pour l'application de la présente ordonnance, les États parties à l'Espace économique européen qui ne sont pas membres de l'Union européenne sont assimilés à des États membres de l'Union européenne. — *[V. désormais CCP, art. L. 3124-6, L. 3124-7.]*

Art. 3 ***Les contrats de concession relevant de la présente ordonnance passés par des personnes morales de droit public sont des contrats administratifs.***

Art. 4 ***Les autorités concédantes, définies à l'article 8, sont libres de décider du mode de gestion qu'elles estiment le plus approprié pour exécuter des travaux ou gérer des services. Elles peuvent choisir d'exploiter leurs services publics en utilisant leurs propres ressources ou en coopération avec d'autres autorités concédantes, ou de les concéder à des opérateurs économiques.***

Le mode de gestion choisi permet d'assurer notamment un niveau élevé de qualité, de sécurité et d'accessibilité, l'égalité de traitement ainsi que la promotion de l'accès universel et des droits des usagers en matière de services publics.

TITRE I CHAMP D'APPLICATION

CHAPITRE I *CONTRATS DE CONCESSION ET AUTORITÉS CONCÉDANTES SOUMIS À LA PRÉSENTE ORDONNANCE*

SECTION 1 *Définition des contrats de concession*

Art. 5 *Les contrats de concession sont les contrats conclus par écrit, par lesquels une ou plusieurs autorités concédantes soumises à la présente ordonnance confient l'exécution de travaux ou la gestion d'un service à un ou plusieurs opérateurs économiques, à qui est transféré un risque lié à l'exploitation de l'ouvrage ou du service, en contrepartie soit du droit d'exploiter l'ouvrage ou le service qui fait l'objet du contrat, soit de ce droit assorti d'un prix.*

La part de risque transférée au concessionnaire implique une réelle exposition aux aléas du marché, de sorte que toute perte potentielle supportée par le concessionnaire ne doit pas être purement nominale ou négligeable. Le concessionnaire assume le risque d'exploitation lorsque, dans des conditions d'exploitation normales, il n'est pas assuré d'amortir les investissements ou les coûts qu'il a supportés, liés à l'exploitation de l'ouvrage ou du service. — [V. désormais CCP, art. L. 1121-1, L. 3114-1.]

Art. 6 *I. — Les contrats de concession de travaux ont pour objet :*

1° Soit l'exécution, soit la conception et l'exécution de travaux dont la liste est publiée au Journal officiel de la République française ; — V. Avis relatif à la liste des activités qui sont des travaux en droit de la commande publique (JO 27 mars 2016).

2° Soit la réalisation, soit la conception et la réalisation, par quelque moyen que ce soit, d'un ouvrage répondant aux exigences fixées par l'autorité concédante.

Un ouvrage est le résultat d'un ensemble de travaux de bâtiment ou de génie civil destiné à remplir par lui-même une fonction économique ou technique.

II. — Les contrats de concession de services ont pour objet la gestion d'un service. Ils peuvent consister à déléguer la gestion d'un service public. Le concessionnaire peut être chargé de construire un ouvrage ou d'acquérir des biens nécessaires au service.

III. — Lorsqu'un contrat de concession porte sur des travaux et des services, il est un contrat de concession de travaux si son objet principal est de réaliser des travaux.

IV. — Les contrats de concession de défense ou de sécurité sont les contrats de concession passés par l'État ou ses établissements publics ayant un caractère autre qu'industriel et commercial et ayant pour objet des travaux ou des services visés à l'article 6 de l'ordonnance du 23 juillet 2015 susvisée [V. Ord. n° 2015-899 du 23 juill. 2015, App., Partie VIII, supra]. — [V. désormais CCP, art. L. 1121-2, L. 1121-3, L. 1121-4, L. 1122-1.]

Art. 7 *Ne sont pas des contrats de concession, au sens de la présente ordonnance :*

1° Les délégations ou les transferts de compétences ou de responsabilités organisés entre autorités concédantes soumises à l'ordonnance en vue de l'exercice de missions d'intérêt général sans rémunération de prestations contractuelles ;

2° Les subventions au sens de l'article 9-1 de la loi du 12 avril 2000 susvisée [L. n° 2000-321 du 12 avr. 2000 mod.]. — [V. désormais CCP, art. L. 1100-1.]

SECTION 2 *Définition des autorités concédantes soumises à la présente ordonnance*

Art. 8 *Les autorités concédantes soumises à la présente ordonnance sont les pouvoirs adjudicateurs et les entités adjudicatrices définis respectivement aux articles 9 et 10.* — [V. désormais CCP, art. L. 1210-1.]

Art. 9 *Les pouvoirs adjudicateurs sont :*

1° Les personnes morales de droit public ;

2° Les personnes morales de droit privé qui ont été créées pour satisfaire spécifiquement des besoins d'intérêt général ayant un caractère autre qu'industriel et commercial, dont :

a) Soit l'activité est financée majoritairement par un pouvoir adjudicateur ;

b) Soit la gestion est soumise à un contrôle par un pouvoir adjudicateur ;

c) Soit l'organe d'administration, de direction ou de surveillance est composé de membres dont plus de la moitié sont désignés par un pouvoir adjudicateur ;

3° Les organismes de droit privé dotés de la personnalité juridique constitués par des pouvoirs adjudicateurs en vue de réaliser certaines activités en commun. — [V. désormais CCP, art. L. 1211-1.]

Art. 10 *Les entités adjudicatrices sont :*

1° Les pouvoirs adjudicateurs qui exercent une des activités d'opérateur de réseaux définies à l'article 11 ;

2° Lorsqu'elles ne sont pas des pouvoirs adjudicateurs, les entreprises publiques qui exercent une des activités d'opérateur de réseaux définies à l'article 11.

Est une entreprise publique au sens de la présente ordonnance tout organisme doté de la personnalité juridique qui exerce des activités de production ou de commercialisation de biens ou de services marchands et sur lequel un ou plusieurs pouvoirs adjudicateurs exercent, directement ou indirectement, une influence dominante en raison de la propriété, de la participation financière ou des règles qui la régissent.

L'influence des pouvoirs adjudicateurs est réputée dominante lorsque ceux-ci, directement ou indirectement, détiennent la majorité du capital, disposent de la majorité des droits de vote ou peuvent désigner plus de la moitié des membres de l'organe d'administration, de direction ou de surveillance ;

3° Lorsqu'ils ne sont pas des pouvoirs adjudicateurs ou des entreprises publiques, les organismes de droit privé qui bénéficient, en vertu d'une disposition légalement prise, de droits spéciaux ou exclusifs ayant pour effet de leur réserver l'exercice d'une des activités d'opérateur de réseaux définies à l'article 11 et d'affecter substantiellement la capacité des autres opérateurs économiques à exercer cette activité.

Ne sont pas considérés comme des droits spéciaux ou exclusifs au sens du présent 3° les droits d'exclusivité accordés à l'issue d'une procédure permettant de garantir la prise en compte de critères objectifs, proportionnels et non discriminatoires. — [V. désormais CCP, art. L. 1212-1, L. 1212-2.]

SECTION 3 *Définition des activités d'opérateurs de réseaux*

Art. 11 *I. — Sont des activités d'opérateur de réseaux au sens de la présente ordonnance :*

1° La mise à disposition, l'exploitation ou l'alimentation de réseaux fixes destinés à fournir un service au public dans le domaine de la production, du transport ou de la distribution de gaz ou de chaleur ;

2° La mise à disposition, l'exploitation ou l'alimentation de réseaux fixes destinés à fournir un service au public dans le domaine de la production, du transport ou de la distribution d'électricité ;

3° La mise à disposition, l'exploitation ou l'alimentation de réseaux fixes destinés à fournir un service au public dans le domaine de la production, du transport ou de la distribution d'eau potable.

Sont également soumis aux dispositions applicables aux entités adjudicatrices les contrats de concession passés par les entités adjudicatrices exerçant une des activités mentionnées à l'alinéa précédent qui sont liés :

a) Soit à l'évacuation ou au traitement des eaux usées ;

b) Soit à des projets de génie hydraulique, d'irrigation ou de drainage, pour autant que le volume d'eau utilisé pour l'alimentation en eau potable représente plus de 20 % du volume total d'eau utilisé pour ces projets ;

4° Les activités relatives à l'exploitation d'une aire géographique ayant pour objet :

a) D'extraire du pétrole ou du gaz ;

b) De prospecter ou d'extraire du charbon ou d'autres combustibles solides ;

5° Les activités d'exploitation destinés à l'organisation ou à la mise à la disposition des transporteurs des aéroports, des ports maritimes, des ports fluviaux ou d'autres terminaux ;

6° Les activités d'exploitation de réseaux destinés à fournir un service au public dans le domaine du transport par chemin de fer, tramway, trolleybus, autobus, autocar, câble ou tout système automatique, ou les achats destinés à l'organisation ou à la mise à la disposition d'un exploitant de ces réseaux.

Le service de transport est regardé comme fourni par un réseau de transport lorsqu'une autorité nationale ou territoriale compétente définit les conditions générales d'organisation du service, notamment en ce qui concerne les itinéraires à suivre, la capacité de transport disponible ou la fréquence du service ;

7° Les activités visant à fournir des services postaux mentionnés à l'article L. 1 du code des postes et des communications électroniques ou, lorsqu'ils sont fournis par une entité adjudicatrice exerçant par ailleurs de tels services postaux, les services suivants :

a) Les services de gestion de services courrier ;

b) Les services d'envois non postaux tels que le publipostage sans adresse.

II. — Ne sont pas des activités d'opérateur de réseaux au sens de la présente ordonnance :

1° L'alimentation en gaz ou en chaleur des réseaux destinés à fournir un service au public par une entreprise publique ou un organisme de droit privé bénéficiant de droits spéciaux ou exclusifs, lorsque sont réunies les deux conditions suivantes :

a) La production de gaz ou de chaleur par l'entité concernée est le résultat inévitable de l'exercice d'une activité autre que celles mentionnées au I ;

b) L'alimentation du réseau public ne vise qu'à exploiter à des fins commerciales cette production et ne dépasse pas 20 % du chiffre d'affaires de l'entité en prenant en considération la moyenne de l'année en cours et des deux années précédentes ;

2° L'alimentation en électricité des réseaux destinés à fournir un service au public par une entreprise publique ou un organisme de droit privé bénéficiant de droits spéciaux ou exclusifs, lorsque sont réunies les deux conditions suivantes :

a) La production d'électricité par l'entité concernée est rendue nécessaire par une activité autre que celles mentionnées au I ;

b) La quantité d'électricité utilisée pour l'alimentation du réseau public ne dépasse pas 30 % de la production totale d'énergie de l'entité en prenant en considération la moyenne de l'année en cours et des deux années précédentes ;

3° L'alimentation en eau potable des réseaux destinés à fournir un service au public par une entreprise publique ou un organisme de droit privé bénéficiant de droits spéciaux ou exclusifs, lorsque sont réunies les deux conditions suivantes :

a) La production d'eau potable par l'entité concernée est rendue nécessaire par une activité autre que celles mentionnées au I ;

b) La quantité d'eau utilisée pour l'alimentation du réseau public ne dépasse pas 30 % de la production totale d'eau potable de l'entité en prenant en considération la moyenne de l'année en cours et des deux années précédentes.

III. — Au sens du présent article, l'alimentation de réseaux comprend la production, la vente en gros et la vente de détail. — [V. désormais CCP, art. L. 1212-3, L. 1212-4.]

SECTION 4 *Définition des opérateurs économiques, candidats et soumissionnaires*

Art. 12 *Est un opérateur économique toute personne physique ou morale, publique ou privée, ou tout groupement de personnes doté ou non de la personnalité morale, qui offre sur le marché la réalisation de travaux ou d'ouvrages, la fourniture de produits ou la prestation de services.*

Un candidat est un opérateur économique qui demande à participer ou est invité à participer à une procédure de passation d'un contrat de concession.

Un soumissionnaire est un opérateur économique qui présente une offre dans le cadre d'une procédure de passation d'un contrat de concession. — [V. désormais CCP, art. L. 1220-1, L. 1220-2, L. 1220-3.]

CHAPITRE II *CONTRATS DE CONCESSION EXCLUS*

SECTION 1 *Exclusions applicables aux contrats de concession passés par les pouvoirs adjudicateurs*

Art. 13 *Sous réserve des dispositions applicables aux contrats de concession de défense ou de sécurité prévues à l'article 15, la présente ordonnance n'est pas applicable aux contrats de concession passés par les pouvoirs adjudicateurs et qui présentent les caractéristiques suivantes :*

1° Les contrats de concession de services conclus avec un ou plusieurs pouvoirs adjudicateurs, une ou plusieurs entités adjudicatrices visées au 1° de l'article 10 ou un opérateur économique lorsqu'ils bénéficient, en vertu d'une disposition légalement prise, d'un droit exclusif, à condition que cette disposition soit compatible avec le traité sur le fonctionnement de l'Union européenne ;

2° Les contrats de concession de services qui ont pour objet l'acquisition ou la location, quelles qu'en soient les modalités financières, de terrains, de bâtiments existants ou d'autres biens immeubles, ou qui concernent d'autres droits sur ces biens ;

3° Les contrats de concession de services relatifs à la recherche et [au] *développement pour lesquels le pouvoir adjudicateur n'acquiert pas la propriété exclusive des résultats ou ne finance pas entièrement la prestation ;*

4° Les contrats de concession de services relatifs à l'arbitrage et à la conciliation ;

5° Les contrats de concession de services financiers liés à l'émission, à l'achat, à la vente ou au transfert de titres ou d'autres instruments financiers définis à l'article L. 211-1 du code monétaire et financier, à des services fournis par des banques centrales ou à des opérations menées avec le Fonds européen de stabilité financière ou le mécanisme européen de stabilité ;

6° Les contrats de concession de services qui sont des contrats d'emprunts, qu'ils soient ou non liés à l'émission, à la vente, à l'achat ou au transfert de valeurs mobilières ou d'autres instruments financiers mentionnés au 5° ;

7° Lorsqu'ils sont attribués à une organisation ou une association à but non lucratif :

a) Les contrats de concession de services d'incendie et de secours ;

b) Les contrats de concession de services de protection civile ;

c) Les contrats de concession de services de sécurité nucléaire ;

d) Les contrats de concession de services ambulanciers, à l'exception de ceux ayant pour objet exclusif le transport de patients ;

8° Les contrats de concession de services juridiques suivants :

a) Les services de certification et d'authentification de documents qui doivent être assurés par des notaires ;

b) Les services fournis par des administrateurs, tuteurs ou prestataires de services désignés par une juridiction ou par la loi pour réaliser des tâches spécifiques sous le contrôle d'une juridiction ;

c) Les services qui sont liés, même occasionnellement, à l'exercice de la puissance publique ;

9° Les contrats de concession de services qui :

a) Soit sont relatifs aux temps de diffusion ou à la fourniture de programmes lorsqu'ils sont attribués à des éditeurs de services de communication audiovisuelle ou à des organismes de radiodiffusion ;

b) Soit ont pour objet l'achat, le développement, la production ou la coproduction de programmes destinés à la diffusion et attribués par des éditeurs de services de communication audiovisuelle ou radiophonique.

Au sens du présent 9°, la notion de programme inclut le matériel pour programme à l'exclusion du matériel technique ;

10° Les contrats de concession qui ont pour objet des services d'exploitation de la loterie qui sont attribués à un opérateur économique sur la base d'un droit exclusif.

Un tel droit exclusif est publié au Journal officiel de l'Union européenne ;

11° Les contrats de concession de service de transport aérien basés sur l'octroi d'une licence d'exploitation au sens de l'article L. 6412-2 du code des transports ;

12° Les contrats de concession qui ont principalement pour objet de permettre la mise à disposition ou l'exploitation de réseaux publics de communications électroniques ou la fourniture au public d'un ou de plusieurs services de communications électroniques ;

13° Les contrats de concession qui exigent le secret ou dont l'exécution doit s'accompagner de mesures particulières de sécurité conformément aux dispositions législatives ou réglementaires en vigueur ou pour lesquels la protection des intérêts essentiels de l'État l'exige, à condition que cette sécurité ou cette protection ne puisse pas être garantie par d'autres moyens ;

14° Les contrats de concession qui doivent être conclus selon des procédures prévues par :

a) Un accord international, y compris un arrangement administratif, conclu entre un État membre de l'Union européenne et un ou plusieurs État tiers ou une subdivision de ceux-ci, portant sur des travaux ou des services destinés à la réalisation ou à l'exploitation en commun d'un projet par ses parties signataires. Cet accord est communiqué à la Commission européenne ;

b) Une organisation internationale ;

15° Les contrats de concession qui sont conclus :

a) Selon la procédure propre à une organisation internationale lorsque le contrat de concession est entièrement financé par cette organisation internationale ;

b) Selon la procédure convenue entre une organisation internationale et un pouvoir adjudicateur, lorsque le contrat de concession est cofinancé majoritairement par cette organisation internationale. — *[V. désormais CCP, art. L. 3212-1, L. 3212-2, L. 3212-3, L. 3212-4, L. 3213-1, L. 3213-2.]*

SECTION 2 *Exclusions applicables aux contrats de concession passés par les entités adjudicatrices*

Art. 14 *Sous réserve des dispositions applicables aux contrats de concession de défense ou de sécurité prévues à l'article 15, la présente ordonnance n'est pas applicable aux contrats de concession passés par les entités adjudicatrices et qui présentent les caractéristiques suivantes :*

1° Les contrats de concession de services conclus avec un ou plusieurs pouvoirs adjudicateurs, une ou plusieurs entités adjudicatrices visées au 1° de l'article 10 ou un opérateur économique lorsqu'ils bénéficient, en vertu d'une disposition légalement prise, d'un droit exclusif, à condition que cette disposition soit compatible avec le traité sur le fonctionnement de l'Union européenne et les actes juridiques de l'Union établissant des règles communes concernant l'accès au marché applicables aux activités d'opérateur de réseau. L'attribution d'un contrat de concession à un opérateur économique fondée sur un droit exclusif est soumise à une obligation de publicité d'un avis d'attribution dans les conditions prévues par voie réglementaire ;

2° Les contrats de concession mentionnés aux 2° à 11° et 13° à 15° de l'article 13 ;

3° Les contrats de concession passés par les entités adjudicatrices dans un État membre de l'Union européenne ou dans une aire géographique déterminée d'un État membre, lorsque la Commission européenne a reconnu que, dans cet État ou dans l'aire géographique concernée, cette activité est exercée sur des marchés concurrentiels dont l'accès n'est pas limité. — *[V. désormais CCP, art. L. 3214-1, L. 3214-2, L. 3221-2.] — V. Dir. 2014/25/UE du 26 févr. 2014, art. 34 et 35, App., Partie I, et Décis. d'exécution (UE) 2016/1804 du 10 oct. 2016.*

SECTION 3 *Exclusions propres aux contrats de concession de défense ou de sécurité*

Art. 15 *La présente ordonnance n'est pas applicable aux contrats de concession de défense ou de sécurité qui présentent les caractéristiques suivantes :*

1° Les contrats de concessions mentionnés aux 1° à 12° de l'article 13 ;

2° Les contrats de concession, lorsque la protection des intérêts essentiels de sécurité de l'État ne peut être garantie par d'autres mesures, pour lesquels :

a) L'application de la présente ordonnance obligerait à une divulgation d'informations contraire aux intérêts essentiels de sécurité de l'État ;

b) L'attribution et l'exploitation sont déclarées secrètes ou doivent être assorties de mesures particulières de sécurité, conformément aux dispositions nationales en vigueur ;

3° Les contrats de concessions passés en vertu de la procédure propre à une organisation internationale et dans le cadre des missions de celle-ci ou qui doivent être attribués conformément à cette procédure ;

4° Les contrats de concession passés selon des règles de passation particulières prévues par un accord international, y compris un arrangement administratif, relatif au stationnement de troupes ou conclu entre au moins un État membre de l'Union européenne et au moins un État tiers ;

5° Les contrats de concession passés dans le cadre d'un programme de coopération fondé sur des activités de recherche et développement mené conjointement par l'État et un autre État membre de l'Union européenne en vue du développement d'un nouveau produit et, le cas échéant, de tout ou partie des phases ultérieures du cycle de vie de ce produit tel que défini au 3° de l'article 6 de l'ordonnance du 23 juillet 2015 susvisée. Lorsque seules participent au programme des personnes relevant d'États membres, l'État notifie à la Commission européenne, au moment de la conclusion de l'accord ou de l'arrangement de coopération, la part des dépenses de recherche et développement par rapport au coût global du programme, l'accord relatif au partage des coûts ainsi que, le cas échéant, la part envisagée d'achat pour chaque État membre telle que définie dans l'accord ou l'arrangement ;

6° Les contrats de concession passés dans un pays tiers, lorsque des forces sont déployées hors du territoire de l'Union européenne et que les besoins opérationnels exigent qu'ils soient conclus avec des opérateurs économiques implantés dans la zone des opérations ;

7° Les contrats de concession passés par l'État et attribués à un autre État ou à une subdivision de ce dernier. — [V. désormais CCP, art. L. 3215-1.]

SECTION 4 *Exclusions applicables aux relations internes au secteur public*

SOUS-SECTION 1 *Quasi-régie*

Art. 16 *I. — La présente ordonnance n'est pas applicable aux contrats de concession attribués par un pouvoir adjudicateur, y compris lorsqu'il agit en qualité d'entité adjudicatrice, à une personne morale de droit public ou de droit privé lorsque les conditions suivantes sont réunies :*

1° Le pouvoir adjudicateur exerce sur la personne morale concernée un contrôle analogue à celui qu'il exerce sur ses propres services ;

2° La personne morale contrôlée réalise plus de 80 % de son activité dans le cadre des tâches qui lui sont confiées par le pouvoir adjudicateur qui la contrôle ou par d'autres personnes morales qu'il contrôle ;

3° La personne morale contrôlée ne comporte pas de participation directe de capitaux privés, à l'exception des formes de participation de capitaux privés sans capacité de contrôle ou de blocage requises par la loi qui ne permettent pas d'exercer une influence décisive sur la personne morale contrôlée.

Un pouvoir adjudicateur est réputé exercer sur une personne morale un contrôle analogue à celui qu'il exerce sur ses propres services, s'il exerce une influence décisive à la fois sur les objectifs stratégiques et sur les décisions importantes de la personne morale contrôlée. Ce contrôle peut également être exercé par une autre personne morale, qui est elle-même contrôlée de la même manière par le pouvoir adjudicateur.

II. — Le I s'applique également lorsqu'une personne morale contrôlée qui est un pouvoir adjudicateur, y compris lorsqu'il agit en qualité d'entité adjudicatrice, attribue un contrat de concession :

1° Soit au pouvoir adjudicateur qui la contrôle, y compris lorsque ce contrôle est exercé conjointement avec d'autres pouvoirs adjudicateurs dans les conditions fixées au III ;

2° Soit à une autre personne morale contrôlée par le même pouvoir adjudicateur, à condition que la personne morale à laquelle est attribué le contrat de concession ne comporte pas de participation directe de capitaux privés, à l'exception des formes de participation de capitaux privés sans capacité de contrôle ou de blocage requises par la loi qui ne permettent pas d'exercer une influence décisive sur la personne morale contrôlée.

III. — La présente ordonnance n'est pas applicable aux contrats de concession attribués par un pouvoir adjudicateur, y compris lorsqu'il agit en qualité d'entité adjudicatrice, qui n'exerce pas sur une personne morale un contrôle dans les conditions prévues au I, lorsque les conditions suivantes sont réunies :

1° Le pouvoir adjudicateur exerce sur la personne morale concernée, conjointement avec d'autres pouvoirs adjudicateurs, y compris lorsqu'ils agissent en qualité d'entité adjudicatrice, un contrôle analogue à celui qu'ils exercent sur leurs propres services ;

2° La personne morale réalise plus de 80 % de son activité dans le cadre des tâches qui lui sont confiées par les pouvoirs adjudicateurs qui la contrôlent ou par d'autres personnes morales contrôlées par les mêmes pouvoirs adjudicateurs ;

3° La personne morale contrôlée ne comporte pas de participation directe de capitaux privés, à l'exception des formes de participation de capitaux privés sans capacité de contrôle ou de blocage requises par la loi qui ne permettent pas d'exercer une influence décisive sur la personne morale contrôlée.

Les pouvoirs adjudicateurs sont réputés exercer un contrôle conjoint sur une personne morale lorsque les conditions suivantes sont réunies :

a) Les organes décisionnels de la personne morale contrôlée sont composés de représentants de tous les pouvoirs adjudicateurs participants, une même personne pouvant représenter plusieurs pouvoirs adjudicateurs participants ou l'ensemble d'entre eux ;

b) Ces pouvoirs adjudicateurs sont en mesure d'exercer conjointement une influence décisive sur les objectifs stratégiques et les décisions importantes de la personne morale contrôlée ;

c) La personne morale contrôlée ne poursuit pas d'intérêts contraires à ceux des pouvoirs adjudicateurs qui la contrôlent.

IV. — Le pourcentage d'activités mentionné au 2° du I et au 2° du III est déterminé en prenant en compte le chiffre d'affaires total moyen ou tout autre paramètre approprié fondé sur les activités, tel que les coûts supportés, au cours des trois exercices comptables précédant l'attribution du contrat de concession.

Lorsque ces éléments ne sont pas disponibles ou ne sont plus pertinents, le pourcentage d'activités est déterminé sur la base d'une estimation vraisemblable. — [V. désormais CCP, art. L. 3211-1, L. 3211-2, L. 3211-3, L. 3211-4, L. 3211-5.]

SOUS-SECTION 2 Coopération entre pouvoirs adjudicateurs

Art. 17 *La présente ordonnance n'est pas applicable aux contrats de concession par lesquels les pouvoirs adjudicateurs, y compris lorsqu'ils agissent en qualité d'entité adjudicatrice, établissent ou mettent en œuvre une coopération dans le but de garantir que les services publics dont ils ont la responsabilité sont réalisés en vue d'atteindre les objectifs qu'ils ont en commun, lorsque les conditions suivantes sont réunies :*

1° La mise en œuvre de cette coopération n'obéit qu'à des considérations d'intérêt général ;

2° Les pouvoirs adjudicateurs concernés réalisent sur le marché concurrentiel moins de 20 % des activités concernées par cette coopération. Ce pourcentage d'activités est déterminé dans les conditions fixées au IV de l'article 16. — [V. désormais CCP, art. L. 3211-6.]

SOUS-SECTION 3 Contrats de concession attribués par une entité adjudicatrice à une entreprise liée

Art. 18 *I. — La présente ordonnance n'est pas applicable aux contrats de concession passés par une entité adjudicatrice avec une entreprise liée ou par un organisme exclusivement constitué par plusieurs entités adjudicatrices en vue de réaliser une ou plusieurs activités d'opérateur de réseau avec une entreprise liée à l'une de ces entités adjudicatrices et qui présentent les caractéristiques suivantes :*

1° Les contrats de concession de services lorsque l'entreprise liée a réalisé au cours des trois années précédant l'année de passation du contrat au moins 80 % de son chiffre d'affaires moyen en matière de services avec l'entité adjudicatrice ou avec d'autres entreprises auxquelles celle-ci est liée ;

2° Les contrats de concession de travaux lorsque l'entreprise liée a réalisé au cours des trois années précédant l'année de passation du contrat au moins 80 % de son chiffre d'affaires moyen en matière de travaux avec l'entité adjudicatrice ou avec d'autres entreprises auxquelles celle-ci est liée.

Lorsque l'entreprise liée a été créée ou a commencé à exercer son activité moins de trois ans avant l'année de passation du contrat de concession, elle peut se borner à démontrer, notamment par des projections d'activités, que la réalisation de son chiffre d'affaires dans les conditions prévues aux 1° et 2° ci-dessus est vraisemblable.

Lorsque des services ou des travaux, identiques ou comparables, sont fournis par plus d'une entreprise liée à l'entité adjudicatrice, le pourcentage de 80 % mentionné ci-dessus est apprécié en tenant compte de la totalité des services ou des travaux fournis par ces entreprises.

II. — Sont des entreprises liées à une entité adjudicatrice :

1° Les entreprises dont les comptes annuels sont consolidés avec ceux de l'entité adjudicatrice ;

2° Les entreprises qui sont susceptibles d'être, directement ou indirectement, soumises à l'influence dominante de l'entité adjudicatrice au sens du troisième alinéa du 2° de l'article 11 de l'ordonnance du 23 juillet 2015 susvisée ;

3° Les entreprises qui sont susceptibles d'exercer une influence dominante sur l'entité adjudicatrice au sens du troisième alinéa du 2° de l'article 11 de l'ordonnance du 23 juillet 2015 susvisée ;

4° Les entreprises qui sont soumises à l'influence dominante d'une entreprise exerçant elle-même une telle influence dominante sur l'entité adjudicatrice au sens du troisième alinéa du 2° de l'article 11 de l'ordonnance du 23 juillet 2015 susvisée. — [V. désormais CCP, art. L. 3211-7, L. 3211-8.]

SOUS-SECTION 4 Contrats de concession attribués par une entité adjudicatrice à une coentreprise

Art. 19 *La présente ordonnance n'est pas applicable aux contrats de concession passés par un organisme constitué exclusivement par des entités adjudicatrices pour exercer une ou plusieurs des activités d'opérateur de réseau avec l'une de ces entités adjudicatrices ainsi qu'aux contrats de concession passés par une entité adjudicatrice avec un tel organisme lorsque les conditions suivantes sont réunies :*

1° L'organisme a été constitué pour exercer son activité pendant une période d'au moins trois ans ;

2° Aux termes des statuts de cet organisme, les entités adjudicatrices qui l'ont constitué en sont parties prenantes au moins pendant la période mentionnée au 1°. — [V. désormais CCP, art. L. 3211-9.]

CHAPITRE III CONTRATS PARTICULIERS

SECTION 1 Contrats mixtes

SOUS-SECTION 1 Contrats de concession portant sur plusieurs activités

Art. 20 *I. — Lorsqu'un contrat de concession porte sur plusieurs activités, dont l'une au moins constitue une activité d'opérateur de réseaux, et dont l'objet principal peut être objectivement identifié, les règles suivantes s'appliquent :*

a) Lorsque le contrat porte à la fois sur une activité d'opérateurs de réseaux autre que celle visée au 3° ou au 6° du I de l'article 11 et une autre activité qui n'est pas une activité d'opérateurs de réseaux, il est soumis aux dispositions applicables à son objet principal ;

b) Lorsque le contrat porte à la fois sur une activité d'opérateurs de réseaux visée au 3° ou au 6° du I de l'article 11 et une autre activité qui n'est pas une activité d'opérateurs de réseaux, il est soumis aux dispositions applicables aux pouvoirs adjudicateurs.

II. — Lorsqu'un contrat de concession porte à la fois sur une activité d'opérateurs de réseaux et une autre activité qui n'est pas une activité d'opérateurs de réseaux et pour lequel il est objectivement impossible d'établir à quelle activité il est principalement destiné, il est soumis aux dispositions de la présente ordonnance applicables aux pouvoirs adjudicateurs. — [V. désormais CCP, art. L. 3000-3, L. 3000-4.]

SOUS-SECTION 2 Autres contrats mixtes

Art. 21 *I. — L'autorité concédante vérifie les conditions de participation relatives aux capacités et aux aptitudes des candidats nécessaires à la bonne exécution du contrat de concession. A cet effet, elle ne peut exiger des candidats que des renseignements et documents non discriminatoires et proportionnés à l'objet du contrat de concession ainsi que des renseignements et documents relatifs aux pouvoirs des personnes habilitées à les engager.*

L'autorité concédante peut notamment exiger que les personnes morales indiquent, dans leur candidature, les noms et les qualifications professionnelles des personnes qui seront chargées de l'exécution du contrat de concession.

Elle peut également exiger, si l'objet ou les conditions du contrat le justifient, des renseignements relatifs à leur habilitation préalable, en application des articles R. 2311-1 et suivants du code de la défense. Elle peut accorder aux candidats qui ne sont pas habilités au moment du dépôt de leur candidature un délai supplémentaire pour obtenir cette habilitation. Elle indique ce délai dans l'avis de concession ou, en l'absence d'un tel avis, dans un autre document de la consultation.

II. — Lorsque l'autorité concédante décide de fixer des niveaux minimaux de capacité, il ne peut être exigé des candidats que des niveaux minimaux de capacité liés et proportionnés à l'objet du contrat de concession.

III. — Les renseignements, documents et les niveaux minimaux de capacité demandés sont précisés dans l'avis de concession ou, en l'absence d'un tel avis, dans un autre document de la consultation. — [V. désormais CCP, art. L. 1300-1, L. 1311-2, L. 1312-2, L. 1321-2, L. 1322-2, L. 1330-1, L. 3000-1, L. 3000-2.]

Art. 22 *I. — Lorsque le contrat comporte des éléments objectivement dissociables et couvre soit une ou plusieurs activités, dont aucune ne constitue une activité d'opérateur de réseau, soit exclusivement une ou plusieurs activités d'opérateur de réseau, les règles suivantes s'appliquent :*

1° Si le contrat porte sur des prestations qui relèvent à la fois des contrats de concession et des marchés publics, il est soumis aux dispositions de l'ordonnance du 23 juillet 2015 susvisée ;

2° Si le contrat porte à la fois sur des prestations qui relèvent des contrats de concession et des prestations qui ne relèvent ni des contrats de concession ni des marchés publics, il est soumis aux dispositions de la présente ordonnance.

II. — Lorsque le contrat comporte des éléments objectivement indissociables et couvre soit une ou plusieurs activités, dont aucune ne constitue une activité d'opérateur de réseau, soit exclusivement une ou plusieurs activités d'opérateur de réseau, il est soumis aux dispositions applicables à son objet principal.

Lorsque le contrat porte sur des prestations qui relèvent à la fois du contrat de concession de service et des marchés publics de fournitures, son objet principal est déterminé en fonction de la valeur estimée la plus élevée de ces services ou fournitures respectifs.

Lorsque l'objet principal du contrat ne peut être objectivement identifié, il est soumis aux dispositions du II de l'article 23. — [V. désormais CCP, art. L. 1311-2, L. 1312-2, L. 1321-2, L. 1322-2, L. 3000-1, L. 3000-2.]

Art. 23 *I. — Lorsque le contrat couvre plusieurs activités, dont l'une seulement constitue une activité d'opérateurs de réseau, il est soumis aux dispositions applicables à son objet principal.*

II. — Lorsque l'objet principal du contrat ne peut être objectivement identifié, les règles suivantes s'appliquent :

1° Si le contrat porte sur des prestations qui relèvent à la fois des contrats de concession et des marchés publics, il est soumis aux dispositions de l'ordonnance du 23 juillet 2015 susvisée ;

2° Si le contrat porte à la fois sur des prestations qui relèvent des contrats de concession et des prestations qui ne relèvent ni des contrats de concession ni des marchés publics, il est soumis aux dispositions de la présente ordonnance. — [V. désormais CCP, art. L. 1311-2, L. 1312-1, L. 1312-2, L. 1321-2, L. 1322-2, L. 3000-1, L. 3000-2.]

Art. 24 *Par dérogation aux dispositions des articles 22 et 23, lorsque le contrat porte en partie sur des prestations qui relèvent de l'article 346 du traité sur le fonctionnement de l'Union européenne, la présente ordonnance ne s'applique pas, à condition que la passation d'un contrat unique soit justifiée par des raisons objectives.*

Par dérogation aux dispositions des articles 22 et 23, lorsque le contrat porte en partie sur des prestations qui relèvent des marchés de défense ou de sécurité, l'autorité concédante choisit de soumettre ce contrat soit aux dispositions de la présente ordonnance[,] soit aux dispositions applicables aux marchés publics de défense ou de sécurité, à condition que la passation d'un contrat unique soit justifiée par des raisons objectives. — [V. désormais CCP, art. L. 1323-1, L. 1330-1.]

SECTION 2 *Contrats de service public de transport de voyageurs*

Art. 25 *Sans préjudice des dispositions du règlement du 23 octobre 2007 susvisé, la présente ordonnance s'applique, à l'exception des articles 13 à 19, 29, 30, 33, 34 et 54, aux contrats de concession relevant de l'article 5, paragraphe 3, dudit règlement.* — [V. désormais CCP, art. L. 3126-3, L. 3134-3.]

TITRE II PASSATION DES CONTRATS DE CONCESSION

CHAPITRE I *DISPOSITIONS GÉNÉRALES*

SECTION 1 *Groupement d'autorités concédantes*

Art. 26 *Des groupements peuvent être constitués entre des autorités concédantes ou entre une ou plusieurs autorités concédantes et une ou plusieurs personnes morales de droit privé qui ne sont pas* *des autorités concédantes soumises à la présente ordonnance afin de passer conjointement un ou plusieurs contrats de concession, dans les conditions fixées à l'article 28 de l'ordonnance du 23 juillet 2015 susvisée.*

Les contrats de concession conclus par un groupement au sein duquel les collectivités territoriales ou les établissements publics locaux sont majoritaires obéissent aux règles prévues par la présente ordonnance et par le chapitre préliminaire du titre I du livre IV de la première partie du code général des collectivités territoriales ainsi que, le cas échéant, par le chapitre I du titre I du livre IV de la première partie dudit code. — [V. désormais CCP, art. L. 3112-1, L. 3112-4.]

SECTION 2 *Définition préalable des besoins*

Art. 27 *La nature et l'étendue des besoins à satisfaire sont déterminées avant le lancement de la consultation en prenant en compte des objectifs de développement durable dans leurs dimensions économique, sociale et environnementale.* — [V. désormais CCP, art. L. 3111-1.]

Art. 28 *Les prestations à réaliser sont définies par référence à des spécifications techniques et fonctionnelles.* — [V. désormais CCP, art. L. 3111-2.]

SECTION 3 *Réservation de contrats de concession aux opérateurs économiques qui emploient des travailleurs handicapés ou défavorisés*

Art. 29 *I. — Des contrats de concession peuvent être réservés à des entreprises adaptées mentionnées à l'article L. 5213-13 du code du travail, à des établissements et services d'aide par le travail mentionnés à l'article L. 344-2 du code de l'action sociale et des familles ainsi qu'à des structures équivalentes, lorsqu'ils emploient une proportion minimale, fixée par voie réglementaire, de travailleurs handicapés qui, en raison de la nature ou de la gravité de leurs déficiences, ne peuvent exercer une activité professionnelle dans des conditions normales.* — V. Décr. nº 2016-86 du 1er févr. 2016, art. 3, infra.

II. — Des contrats de concession peuvent être réservés à des structures d'insertion par l'activité économique mentionnées à l'article L. 5132-4 du code du travail et à des structures équivalentes, lorsqu'elles emploient une proportion minimale, fixée par voie réglementaire, de travailleurs défavorisés. — V. Décr. nº 2016-86 du 1er févr. 2016, art. 3, infra.

III. — Une autorité concédante ne peut réserver un contrat de concession à la fois aux opérateurs économiques qui répondent aux conditions du I et à ceux qui répondent aux conditions du II. — [V. désormais CCP, art. L. 3113-1, L. 3113-2, L. 3113-3.]

SECTION 4 *Contenu des contrats de concession*

Art. 30 *Le contrat de concession ne peut contenir de clauses par lesquelles le concessionnaire prend à sa charge l'exécution de services, de travaux ou de paiements étrangers à l'objet de la concession.* — [V. désormais CCP, art. L. 3114-1.]

Art. 31 *Les montants et les modes de calcul des droits d'entrée et des redevances versées par le concessionnaire à l'autorité concédante doivent être justifiés dans les contrats de concession.*

Le versement par le concessionnaire de droits d'entrée à l'autorité concédante est interdit quand la concession concerne l'eau potable, l'assainissement ou les ordures ménagères et autres déchets. — [V. désormais CCP, art. L. 3114-4, L. 3114-5.]

Art. 32 *Le contrat détermine les tarifs à la charge des usagers et précise l'incidence sur ces tarifs des paramètres ou indices qui déterminent leur évolution.* — [V. désormais CCP, art. L. 3114-6.]

Art. 33 *Les conditions d'exécution d'un contrat de concession peuvent prendre en compte des considérations relatives à l'économie, à l'innovation, à l'environnement, au domaine social ou à l'emploi, à condition qu'elles soient liées à l'objet du contrat de concession.*

L'autorité concédante peut imposer, notamment dans les contrats de concession de défense ou de sécurité, au titre des conditions d'exécution, que les moyens utilisés pour exécuter tout ou partie de la concession, maintenir ou moderniser les travaux ou services réalisés soient localisés sur le territoire des États membres de l'Union européenne afin, notamment, de prendre en compte des considérations environnementales ou sociales ou d'assurer la sécurité des informations et des approvisionnements. — [V. désormais CCP, art. L. 3114-2, L. 3114-3.]

Art. 34 *I. — Les contrats de concession sont limités dans leur durée. Cette durée est déterminée par l'autorité concédante en fonction de la nature et du montant des prestations ou des investissements demandés au concessionnaire, dans les conditions prévues par voie réglementaire.* — V. Décr. nº 2016-86 du 1er févr. 2016, art. 6, infra.

II. — Dans le domaine de l'eau potable, de l'assainissement, des ordures ménagères et autres déchets, les contrats de concession ne peuvent avoir une durée supérieure à vingt ans sauf examen préalable par l'autorité compétente de l'État, à l'initiative de l'autorité concédante, des justificatifs de dépassement de cette durée. Les conclusions de cet examen sont communiquées, le cas échéant, aux membres de l'organe délibérant compétent, avant toute délibération de celui-ci. — [V. désormais CCP, art. L. 3114-7, L. 3114-8.]

CHAPITRE II *PROCÉDURE DE PASSATION*

SECTION 1 *Règles de publicité et de mise en concurrence*

SOUS-SECTION 1 *Publicité préalable*

Art. 35 *Afin de susciter la plus large concurrence, les autorités concédantes procèdent à une publicité dans les conditions et sous réserve des exceptions définies par voie réglementaire, selon l'objet du contrat de concession ou sa valeur estimée hors taxe.* — [V. désormais CCP, art. L. 3122-1.] — V. Arr. du 21 mars 2016 🏛, ss. Décr. n° 2016-86 du 1er févr. 2016, art. 14.

SOUS-SECTION 2 *Mise en concurrence*

Art. 36 *Sans préjudice des dispositions du chapitre préliminaire et du chapitre I du titre I du livre IV de la première partie du code général des collectivités territoriales, l'autorité concédante organise librement la procédure qui conduit au choix du concessionnaire, dans le respect des principes énoncés à l'article 1er de la présente ordonnance, des dispositions du présent chapitre et des règles de procédure fixées par voie réglementaire.* — V. Décr. n° 2016-86 du 1er févr. 2016, art. 9 s., infra.

Ces règles, relatives notamment aux modalités de présentation et d'examen des candidatures et des offres, peuvent être communes à l'ensemble des contrats de concession ou propres à certains d'entre eux, en fonction de l'objet du contrat ou de la valeur estimée hors taxe du besoin, selon que celle-ci est inférieure ou non au seuil européen publié au Journal officiel de la République française. Elles précisent les hypothèses dans lesquelles un contrat de concession peut être passé sans publicité ni mise en concurrence préalables, en raison de l'échec d'une première procédure ou lorsque le contrat ne peut être confié qu'à un opérateur économique déterminé. — [V. désormais CCP, art. L. 3121-1, L. 3121-2, L. 3126-1.] — V. Avis relatif aux seuils de procédure et à la liste des autorités publiques centrales en droit de la commande publique.

SECTION 2 *Communications électroniques*

Art. 37 *Les communications et les échanges d'informations effectués en application de la présente ordonnance peuvent être réalisés par voie électronique, selon des modalités et sous réserve des exceptions prévues par voie réglementaire.* — [V. désormais CCP, art. L. 3122-5.] — V. Décr. n° 2016-86 du 1er févr. 2016, art. 17, infra.

SECTION 3 *Confidentialité*

Art. 38 *I. — Sans préjudice des dispositions législatives ou réglementaires relatives à l'accès aux documents administratifs, l'autorité concédante ne peut communiquer les informations confidentielles qu'elle détient dans le cadre du contrat de concession, telles que celles dont la divulgation violerait le secret en matière industrielle et commerciale ou pourrait nuire à une concurrence loyale entre les opérateurs économiques, notamment par la communication, en cours de consultation, de la valeur globale ou détaillée des offres.* — V. Décr. n° 2016-86 du 1er févr. 2016, art. 17, infra.

Toutefois, l'autorité concédante peut demander aux opérateurs économiques de consentir à ce que certaines informations confidentielles qu'ils ont fournies, précisément désignées, puissent être divulguées.

II. — Les autorités concédantes peuvent imposer aux opérateurs économiques des exigences visant à protéger la confidentialité des informations qu'elles communiquent dans le cadre de la procédure de passation du contrat de concession. — [V. désormais CCP, art. L. 3122-3.]

SECTION 4 *Interdictions de soumissionner*

SOUS-SECTION 1 *Interdictions de soumissionner obligatoires et générales*

Art. 39 *Sont exclues de la procédure de passation des contrats de concession :*

1° Les personnes qui ont fait l'objet d'une condamnation définitive pour l'une des infractions prévues aux articles 222-34 à 222-40, 313-1, 313-3, 314-1, 324-1, 324-5, 324-6, 421-1 à 421-2-4, 421-5, 432-10, 432-11, 432-12 à 432-16, 433-1, 433-2, 434-9, 434-9-1, 435-3, 435-4, 435-9, 435-10, 441-1 à 441-7, 441-9, 445-1 à 445-2-1 ou 450-1 du code pénal, aux articles 1741 à 1743, 1746 ou 1747 du code général des impôts, et pour les contrats de concession qui ne sont pas des contrats de concession de défense ou de sécurité aux articles 225-4-1 et 225-4-7 du code pénal, ou pour recel de telles infractions, ainsi que pour les infractions équivalentes prévues par la législation d'un autre État membre de l'Union européenne.

La condamnation définitive pour l'une de ces infractions ou pour recel d'une de ces infractions d'un membre de l'organe de gestion, d'administration, de direction ou de surveillance ou d'une personne physique qui détient un pouvoir de représentation, de décision ou de contrôle d'une personne morale entraîne l'exclusion de la procédure de passation des contrats de concession de cette personne morale, tant que cette personne physique exerce ces fonctions.

L'exclusion de la procédure de passation des contrats de concession au titre du présent 1° s'applique pour une durée de cinq ans à compter du prononcé de la condamnation ;

2° Les personnes qui n'ont pas souscrit les déclarations leur incombant en matière fiscale ou sociale ou n'ont pas acquitté les impôts, taxes, contributions ou cotisations sociales exigibles dont la liste est fixée par voie réglementaire. — V. Arr. du 25 mai 2016 ss. Décr. n° 2016-360 du 25 mars 2016, art. 51.

Toutefois, l'exclusion mentionnée au présent 2° n'est pas applicable aux personnes qui, avant la date à laquelle l'autorité concédante se prononce sur la recevabilité de leur candidature, ont, en l'absence de toute mesure d'exécution du comptable ou de l'organisme chargé du recouvrement, acquitté lesdits impôts, taxes, contributions et cotisations, ou constitué des garanties jugées suffisantes par le comptable ou l'organisme chargé du recouvrement, ou, à défaut, conclu un accord contraignant avec les organismes chargés du recouvrement en vue de payer les impôts, taxes, contributions ou cotisations, ainsi que les éventuels intérêts échus, pénalités ou amendes, à condition qu'elles respectent cet accord ;

3° Les personnes :

a) Soumises à la procédure de liquidation judiciaire prévue à l'article L. 640-1 du code de commerce ou faisant l'objet d'une procédure équivalente régie par un droit étranger ;

b) Qui font l'objet, à la date à laquelle l'autorité concédante se prononce sur la recevabilité de leur candidature, d'une mesure de faillite personnelle ou d'une interdiction de gérer en application des articles L. 653-1 à L. 653-8 du code de commerce, ou d'une mesure équivalente prévue par un droit étranger ;

c) Admises à la procédure de redressement judiciaire instituée par l'article L. 631-1 du code de commerce ou à une procédure équivalente régie par un droit étranger, qui ne justifient pas avoir été habilitées à poursuivre leurs activités pendant la période prévisible d'exécution du contrat de concession ;

4° Les personnes qui :

a) Ont été sanctionnées pour méconnaissance des obligations prévues aux articles L. 8221-1, L. 8221-3, L. 8221-5, L. 8231-1, L. 8241-1, L. 8251-1 et L. 8251-2 du code du travail ou qui ont été condamnées au titre de l'article L. 1146-1 du même code ou de l'article 225-1 du code pénal ;

b) Au 31 décembre de l'année précédant celle au cours de laquelle a lieu le lancement de la procédure de passation du contrat de concession, n'ont pas mis en œuvre l'obligation de négociation prévue (L. n° 2018-771 du 5 sept. 2018, art. 104) *« au 2° de l'article L. 2242-1 » du code du travail ;*

c) Ont été condamnées au titre du 5° de l'article 131-39 du code pénal ou qui sont des personnes physiques condamnées à une peine d'exclusion des marchés publics.

Sauf lorsque la peine d'exclusion des marchés publics a été prononcée pour une durée différente fixée par une décision de justice définitive, l'exclusion prévue au présent 4° s'applique pour une durée de trois ans à compter de la date de la décision ou du jugement ayant constaté la commission de l'infraction.

Toutefois, l'exclusion mentionnée au présent 4° n'est pas applicable à la personne qui établit :

— soit qu'elle n'a pas fait l'objet d'une peine d'exclusion des marchés publics inscrite au bulletin n° 2 du casier judiciaire en application de l'article 775-1 du code de procédure pénale, qu'elle a régularisé sa situation, qu'elle a réglé l'ensemble des amendes et indemnités dues, qu'elle a collaboré activement avec les autorités chargées de l'enquête, qu'elle a, le cas échéant, réalisé ou engagé la régularisation de sa situation au regard de l'obligation de négociation (L. n° 2018-771 du 5 sept. 2018, art. 104) *« du 2° de l'article L. 2242-1 » du code du travail, et, enfin, qu'elle a pris des mesures concrètes de nature à prévenir la commission d'une nouvelle infraction pénale ou d'une nouvelle faute ;*

— soit que la peine d'exclusion des marchés publics n'est pas opposable du fait de l'obtention d'un sursis en application des articles 132-31 ou 132-32 du code pénal, d'un ajournement du prononcé de la peine en application des articles 132-58 à 132-62 du code pénal ou d'un relèvement de peine en application de l'article 132-21 du code pénal ou des articles 702-1 ou 703 du code de procédure pénale ;

5° Les personnes qui font l'objet d'une mesure d'exclusion des contrats administratifs en vertu d'une décision administrative prise en application de l'article L. 8272-4 du code du travail.

Toutefois, l'exclusion mentionnée au présent 5° n'est pas applicable à la personne qui établit qu'elle n'a pas fait l'objet d'une peine d'exclusion des marchés publics inscrite au bulletin n° 2 du casier judiciaire en application de l'article 775-1 du code de procédure pénale, qu'elle a régularisé sa situation, qu'elle a réglé l'ensemble des amendes et indemnités dues, qu'elle a collaboré activement avec les autorités chargées de l'enquête, et qu'elle a pris des mesures concrètes de nature à prévenir la commission d'une nouvelle infraction pénale ou d'une nouvelle faute. — [V. désormais CCP, art. L. 3123-1, L. 3123-2, L. 3123-3, L. 3123-4, L. 3123-5.]

SOUS-SECTION 2 *Interdictions de soumissionner obligatoires propres aux contrats de concession de défense ou de sécurité*

Art. 40 *Sont en outre exclues des contrats de concession de défense ou de sécurité :*

1° Les personnes qui ont fait l'objet d'une condamnation définitive pour l'une des infractions prévues aux articles 226-13 (L. n° 2016-731 du 3 juin 2016, art. 26-IV) *« , 222-52 à 222-59 » ou 413-10 à 413-12 du code pénal, aux articles L. 2339-2 à L. 2339-4, L. 2339-11-1 à L. 2339-11-3 du code de la défense ou à l'article L. 317-8 du code de la sécurité intérieure. L'exclusion de la procédure de passation des contrats de concession s'applique pour une durée de cinq ans à compter du prononcé de la décision du juge ;*

2° Les personnes qui, par une décision de justice définitive, ont vu leur responsabilité civile engagée depuis moins de cinq ans pour méconnaissance de leurs engagements en matière de sécurité d'approvisionnement ou en matière de sécurité de l'information, à moins qu'elles aient entièrement exécuté les décisions de justice éventuellement prononcées à leur encontre et qu'elles établissent, par tout moyen, que leur professionnalisme ne peut plus être remis en cause ;

3° Les personnes au sujet desquelles il est établi, par tout moyen et, le cas échéant, par des sources de données protégées, qu'elles ne possèdent pas la fiabilité nécessaire pour éviter des atteintes à la sécurité de l'État.

Toutefois, l'exclusion mentionnée au présent 3° n'est pas applicable à la personne qui établit dans un délai raisonnable et par tout moyen, que son professionnalisme et sa fiabilité ne peuvent plus être remis en cause et, le cas échéant, que sa participation à la procédure de passation du contrat de concession n'est pas susceptible de porter atteinte à l'égalité de traitement. — [V. désormais CCP, art. L. 3123-12, L. 3123-13.]

SOUS-SECTION 3 *Dérogation justifiée par l'intérêt général*

Art. 41 *Les autorités concédantes peuvent, à titre exceptionnel, autoriser un opérateur économique qui serait dans un cas d'interdiction de soumissionner prévu aux articles 39 et 40 à participer à la procédure de passation du contrat de concession, à condition que cela soit justifié par des raisons impérieuses d'intérêt général, que le contrat de concession en cause ne puisse être confié qu'à ce seul opérateur économique et qu'un jugement définitif d'une juridiction d'un État membre de l'Union européenne n'exclut pas expressément l'opérateur concerné des contrats de concession.* — [V. désormais CCP, art. L. 3123-6.]

SOUS-SECTION 4 *Interdictions de soumissionner facultatives*

Art. 42 *I. — Les autorités concédantes peuvent exclure de la procédure de passation du contrat de concession :*

1° Les personnes qui, au cours des trois années précédentes, ont dû verser des dommages et intérêts, ont été sanctionnées par une résiliation ou ont fait l'objet d'une sanction comparable du fait d'un manquement grave ou persistant à leurs obligations contractuelles lors de l'exécution d'un contrat de concession antérieur ou d'un marché public antérieur ;

2° Les personnes qui ont entrepris d'influer indûment le processus décisionnel de l'autorité concédante ou d'obtenir des informations confidentielles susceptibles de leur donner un avantage indu lors de la procédure de passation du contrat de concession, ou ont fourni des informations trompeuses susceptibles d'avoir une influence déterminante sur les décisions d'exclusion, de sélection ou d'attribution ;

3° Les personnes à l'égard desquelles l'autorité concédante dispose d'éléments suffisamment probants ou constituant un faisceau d'indices graves, sérieux et concordants pour en déduire qu'elles ont conclu une entente avec d'autres opérateurs économiques en vue de fausser la concurrence ;

4° Les personnes qui, par leur candidature, créent une situation de conflit d'intérêts, lorsqu'il ne peut y être remédié par d'autres moyens. Constitue une situation de conflit d'intérêts toute situation dans laquelle une personne qui participe au déroulement de la procédure de passation du contrat de concession ou est susceptible d'en influencer l'issue a, directement ou indirectement, un intérêt financier, économique ou tout autre intérêt personnel qui pourrait compromettre son impartialité ou son indépendance dans le cadre de la procédure de passation du contrat de concession.

II. — Un opérateur économique ne peut être exclu en application du I que s'il a été mis à même par l'autorité concédante d'établir, dans un délai raisonnable et par tout moyen, que son professionnalisme et sa fiabilité ne peuvent plus être remis en cause et, le cas échéant, que sa participation à la procédure de passation du contrat de concession n'est pas susceptible de porter atteinte à l'égalité de traitement. — [V. désormais CCP, art. L. 3123-7, L. 3123-8, L. 3123-9, L. 3123-10, L. 3123-11.]

SOUS-SECTION 5 *Incidences d'un changement de situation des opérateurs économiques au regard des interdictions de soumissionner*

Art. 43 *I. — Lorsqu'un opérateur économique est, au cours de la procédure de passation du contrat de concession, placé dans l'une des situations mentionnées aux articles 39, 40 et 42, il est exclu de cette procédure. L'autorité concédante peut résilier le contrat de concession lorsque le concessionnaire est placé dans l'une de ces situations au cours de l'exécution du contrat.*

L'opérateur informe sans délai l'autorité concédante de ce changement de situation.

II. — La résiliation mentionnée au I ne peut être prononcée lorsque l'opérateur économique fait l'objet d'une procédure de redressement judiciaire instituée par l'article L. 631-1 du code de commerce, à condition qu'il ait informé sans délai l'autorité concédante de son changement de situation. — [V. désormais CCP, art. L. 3123-15, L. 3136-4.]

SOUS-SECTION 6 *Hypothèse des groupements d'opérateurs économiques et des travaux ou services confiés à des tiers*

Art. 44 *I. — Lorsque le motif d'exclusion de la procédure de passation concerne un membre d'un groupement d'opérateurs économiques, l'autorité concédante exige son remplacement par une personne qui ne fait pas l'objet d'un motif d'exclusion dans un délai de dix jours à compter de la réception de cette demande, sous peine d'exclusion du groupement de la procédure.*

II. — Les personnes à l'encontre desquelles il existe un motif d'exclusion ne peuvent se voir confier une partie des travaux ou services d'un contrat de concession.

Lorsqu'une telle personne à l'encontre de laquelle il existe un motif d'exclusion est présentée par le candidat ou le soumissionnaire, l'autorité concédante exige son remplacement par une personne qui ne fait pas l'objet d'un motif d'exclusion, dans un délai de dix jours à compter de la réception de cette demande par le candidat ou le soumissionnaire, sous peine d'exclusion de la procédure. — [V. désormais CCP, art. L. 3123-16, L. 3123-17.]

SECTION 5 *Sélection des candidats*

Art. 45 *I. — Les autorités concédantes ne peuvent imposer aux candidats que des conditions de participation à la procédure de passation propres à garantir qu'ils disposent de l'aptitude à exercer l'activité professionnelle, de la capacité économique et financière ou des capacités techniques et professionnelles nécessaires à l'exécution du contrat de concession. Lorsque la gestion d'un service public est déléguée, ces conditions de participation peuvent notamment porter sur l'aptitude des candidats à assurer la continuité du service public et l'égalité des usagers devant le service public.*

Ces conditions sont liées et proportionnées à l'objet du contrat de concession ou à ses conditions d'exécution.

Après examen de leurs capacités et de leurs aptitudes, l'autorité concédante dresse la liste des candidats admis à participer à la suite de la procédure de passation du contrat de concession.

II. — Dans le cadre des concessions de défense ou de sécurité, les autorités concédantes peuvent ne pas accepter un opérateur économique qui ne dispose pas des capacités techniques au regard, notamment, de l'implantation géographique de l'outillage, du matériel, de l'équipement technique, du personnel, du savoir-faire et des sources d'approvisionnement dont il dispose pour exécuter la concession, faire face à d'éventuelles augmentations des besoins par suite d'une crise ou pour assurer la maintenance, la modernisation ou les adaptations des prestations faisant l'objet de la concession, lorsque cette implantation se trouve hors du territoire de l'Union européenne. — [V. désormais CCP, art. L. 3123-18, L. 3123-19, L. 3123-21.]

SECTION 6 *Choix de l'offre*

Art. 46 *Les autorités concédantes peuvent organiser librement une négociation avec un ou plusieurs soumissionnaires dans des conditions prévues par voie réglementaire. La négociation ne peut porter sur l'objet de la concession, les critères d'attribution ou les conditions et caractéristiques* *minimales indiquées dans les documents de la consultation. — [V. désormais CCP, art. L. 3121-1, L. 3124-1.] — V. Décr. n° 2016-86 du 1er févr. 2016, art. 26, infra.*

Art. 47 *Le contrat de concession est attribué au soumissionnaire qui a présenté la meilleure offre au regard de l'avantage économique global pour l'autorité concédante sur la base de plusieurs critères objectifs, précis et liés à l'objet du contrat de concession ou à ses conditions d'exécution.*

Les critères d'attribution n'ont pas pour effet de conférer une liberté de choix illimitée à l'autorité concédante et garantissent une concurrence effective. — [V. désormais CCP, art. L. 3124-5.]

SECTION 7 *Achèvement de la procédure*

Art. 48 *Le choix des autorités concédantes à l'issue de la procédure de passation est communiqué aux candidats et aux soumissionnaires dont la candidature ou l'offre n'a pas été retenue, dans les conditions et sous réserve des exceptions prévues par voie réglementaire. — V. Décr. n° 2016-86 du 1er févr. 2016, art. 29 s., infra.*

Les autorités concédantes rendent public le choix de l'offre retenue dans les conditions et sous réserve des exceptions prévues par voie réglementaire. — [V. désormais CCP, art. L. 3125-1, L. 3125-2.] — V. Décr. n° 2016-86 du 1er févr. 2016, art. 32, infra.

SECTION 8 *Résiliation en raison d'un manquement constaté par la Cour de justice de l'Union européenne*

Art. 49 *Lorsque le contrat de concession n'aurait pas dû être attribué à un opérateur économique en raison d'un manquement grave aux obligations prévues par le droit de l'Union européenne en matière de contrats de concession qui a été reconnu par la Cour de justice de l'Union européenne dans le cadre de la procédure prévue à l'article 258 du traité sur le fonctionnement de l'Union européenne, il peut être résilié par l'autorité concédante. — [V. désormais CCP, art. L. 3136-5.]*

TITRE III DISPOSITIONS RELATIVES À L'OCCUPATION DOMANIALE

Art. 50 *Lorsque le contrat de concession emporte occupation du domaine public, il vaut autorisation d'occupation de ce domaine pour sa durée.*

Si le contrat le prévoit, le concessionnaire a des droits réels sur les ouvrages et équipements qu'il réalise. Ces droits lui confèrent les prérogatives et obligations du propriétaire, dans les conditions et les limites définies par les clauses du contrat ayant pour objet de garantir l'intégrité et l'affectation du domaine public. — [V. désormais CCP, art. L. 3132-1, L. 3132-2.]

Art. 51 *Le concessionnaire peut être autorisé, avec l'accord expressément formulé de l'autorité concédante, à conclure des baux ou droits d'une durée excédant celle du contrat de concession.*

Les autorisations données par l'autorité concédante, ainsi que les baux et droits réels qui en résultent, constituent des accessoires au contrat de concession et sont, à l'issue de la durée du contrat, transférés à l'autorité concédante. — [V. désormais CCP, art. L. 3132-3.]

TITRE IV EXÉCUTION DES CONTRATS DE CONCESSION

CHAPITRE I *TRANSPARENCE*

SECTION 1 *Information de l'autorité concédante*

Art. 52 *Le concessionnaire produit chaque année un rapport comportant notamment les comptes retraçant la totalité des opérations afférentes à l'exécution du contrat de concession et une analyse de la qualité des ouvrages ou des services.*

Lorsque la gestion d'un service public est déléguée, y compris dans le cas prévu au III de l'article 6 de la présente ordonnance, ce rapport permet en outre aux autorités concédantes d'apprécier les conditions d'exécution du service public. — [V. désormais CCP, art. L. 3131-5.]

SECTION 2 *Mise à disposition des données essentielles*

Art. 53 *Dans des conditions fixées par voie réglementaire, les autorités concédantes rendent accessibles, sous un format ouvert et librement réutilisable, les données essentielles du contrat de concession, sous réserve des dispositions de l'article 38 et à l'exception des informations dont la divulgation serait contraire à l'ordre public. — [V. désormais CCP, art. L. 3131-1, L. 3131-2, L. 3131-3, L. 3131-4.] — V. Décr. n° 2016-86 du 1er févr. 2016, art. 34, infra.*

Art. 53-1 *(L. n° 2016-1321 du 7 oct. 2016, art. 17-1°) Lorsque la gestion d'un service public est déléguée, le concessionnaire fournit à l'autorité concédante, sous format électronique, dans un* *standard ouvert librement réutilisable et exploitable par un système de traitement automatisé, les données et les bases de données collectées ou produites à l'occasion de l'exploitation du service public faisant l'objet du contrat et qui sont indispensables à son exécution. L'autorité concédante ou un tiers désigné par celle-ci peut extraire et exploiter librement tout ou partie de ces données et bases de données, notamment en vue de leur mise à disposition à titre gratuit à des fins de réutilisation à titre gratuit ou onéreux.*

La mise à disposition ou la publication des données et bases de données fournies par le concessionnaire se fait dans le respect des articles L. 311-5 à L. 311-7 du code des relations entre le public et l'administration.

L'autorité concédante peut, dès la conclusion du contrat ou au cours de son exécution, exempter le concessionnaire de tout ou partie des obligations prévues au présent article par une décision motivée fondée sur des motifs d'intérêt général et rendue publique.

CHAPITRE II *EXÉCUTION DU CONTRAT DE CONCESSION PAR DES TIERS*

Art. 54 *I. — Le concessionnaire peut confier à des tiers une part des services ou travaux faisant l'objet du contrat de concession. Il demeure personnellement responsable de l'exécution de toutes les obligations résultant du contrat de concession.*

II. — L'autorité concédante peut imposer aux soumissionnaires :

1° De confier à des petites et moyennes entreprises une part minimale des travaux ou services faisant l'objet du contrat de concession fixée par voie réglementaire ;

2° De confier à des tiers une part minimale des travaux ou services faisant l'objet du contrat de concession fixée par voie réglementaire ;

3° D'indiquer dans leur offre s'ils entendent confier à des tiers une part des travaux ou services faisant l'objet du contrat de concession et, dans l'affirmative, le pourcentage qu'elle représente dans la valeur estimée de la concession.

Cette exigence doit être indiquée dans les documents de la consultation. — V. Décr. n° 2016-86 du 1er févr. 2016, art. 35-I, infra.

III. — Ne sont pas considérés comme tiers les opérateurs économiques qui se sont groupés pour obtenir des contrats de concession, non plus que les entreprises qui leur sont liées au sens de l'article 18. — [V. désormais CCP, art. L. 3114-9, L. 3114-10, L. 3134-1.]

CHAPITRE III *MODIFICATION DU CONTRAT DE CONCESSION*

Art. 55 *Les conditions dans lesquelles un contrat de concession peut être modifié en cours d'exécution sans nouvelle procédure de mise en concurrence sont fixées par voie réglementaire. Ces modifications ne peuvent changer la nature globale du contrat de concession.* — V. Décr. n° 2016-86 du 1er févr. 2016, art. 36 s., infra.

Lorsque l'exécution du contrat de concession ne peut être poursuivie sans une modification contraire aux dispositions prévues par la présente ordonnance, le contrat de concession peut être résilié par l'autorité concédante. — [V. désormais CCP, art. L. 3135-1, L. 3136-6.]

CHAPITRE IV *MODALITÉS PARTICULIÈRES D'INDEMNISATION DU CONCESSIONNAIRE*

Art. 56 *I. — En cas d'annulation, de résolution ou de résiliation du contrat de concession par le juge, faisant suite au recours d'un tiers, le concessionnaire peut prétendre à l'indemnisation des dépenses qu'il a engagées conformément au contrat dès lors qu'elles ont été utiles à l'autorité concédante, parmi lesquelles figurent, s'il y a lieu, les frais liés au financement mis en place dans le cadre de l'exécution du contrat y compris, le cas échéant, les coûts pour le concessionnaire afférents aux instruments de financement et résultant de la fin anticipée du contrat.*

II. — Cette prise en compte des frais liés au financement est subordonnée à la mention, dans les annexes du contrat de concession, des principales caractéristiques des financements à mettre en place pour les besoins de l'exécution de la concession.

III. — Lorsqu'une clause du contrat de concession fixe les modalités d'indemnisation du concessionnaire en cas d'annulation, de résolution ou de résiliation du contrat de concession par le juge, elle est réputée divisible des autres stipulations du contrat. — [V. désormais CCP, art. L. 3136-7, L. 3136-8, L. 3136-9.]

TITRE V DISPOSITIONS RELATIVES AUX COLLECTIVITÉS TERRITORIALES ET À LEURS GROUPEMENTS

Art. 57 *V. CGCT, art. L. 1311-2, App., Partie I.*

Art. 58 *V. CGCT, art. L. 1410-1 à L. 1410-3, L. 1411-1, L. 1411-3, L. 1411-5, L. 1411-6, L. 1411-9, L. 1411-13.*

Art. 59 *V. CGCT, art. L. 1425-1.*

Art. 60 *V. CGCT, art. L. 1541-2, App., Partie I.*

TITRE VI DISPOSITIONS RELATIVES À L'OUTRE-MER

CHAPITRE I *DISPOSITIONS PARTICULIÈRES À MAYOTTE*

Art. 61 *Pour l'application de la présente ordonnance à Mayotte :*

1° A l'article 29, les références aux articles L. 5213-13 et L. 5132-4 du code du travail sont remplacées par les références aux articles L. 328-33 et L. 127-4 du code du travail applicable à Mayotte ;

2° A l'article 39 :

a) Les références aux articles L. 1146-1, (L. n° 2018-771 du 5 sept. 2018, art. 104) « L. 2242-1 », L. 8221-1, L. 8221-3, L. 8221-5, L. 8231-1, L. 8241-1, L. 8251-1 et L. 8251-2 du code du travail sont remplacées par les références aux articles L. 046-1, L. 124-1, L. 124-3, L. 312-1, L. 312-2 et L. 330-5 du code du travail applicable à Mayotte ;

b) La référence à l'article L. 8272-4 du code du travail est remplacée par les références aux dispositions localement applicables.

CHAPITRE II *DISPOSITIONS PARTICULIÈRES À SAINT-BARTHÉLEMY, SAINT-MARTIN ET SAINT-PIERRE-ET-MIQUELON*

Art. 62 *Pour l'application de la présente ordonnance à Saint-Barthélemy :*

1° A l'article 2 :

a) Le I est ainsi rédigé :

"I. — Les concessions de défense ou de sécurité sont passés [passées] *avec des opérateurs économiques d'États membres de l'Union européenne." ;*

b) Le III est supprimé ;

2° A l'article 13 :

a) Au 1°, les mots : ", à condition que cette disposition soit compatible avec le traité sur le fonctionnement de l'Union européenne" sont supprimés ;

b) Au 5°, les mots : "ou à des opérations menées avec le Fonds européen de stabilité financière ou le mécanisme européen de stabilité" sont supprimés ;

c) Au 10°, les mots : "publié au Journal officiel de l'Union européenne" sont remplacés par les mots : "défini au Journal officiel de la République française" ;

d) Le a du 14° est ainsi rédigé :

"a) Un instrument juridique tel qu'un accord international portant sur des travaux ou des services destinés à la réalisation ou à l'exploitation en commun d'un projet par ses signataires" ;

3° A l'article 14 :

a) Au 1°, les mots : ", à condition que cette disposition soit compatible avec le traité sur le fonctionnement de l'Union européenne et les actes juridiques de l'Union établissant des règles communes concernant l'accès au marché applicables aux activités d'opérateur de réseau " sont supprimés ;

b) Le 3° est supprimé ;

4° A l'article 15 :

a) Au 4°, les mots : "y compris un arrangement administratif, relatif au stationnement de troupes ou conclu entre au moins un État membre de l'Union européenne et au moins un État tiers" sont supprimés ;

b) Le 5° est supprimé ;

c) Au 6° les mots : "hors du territoire de l'Union européenne" sont remplacés par les mots : "hors du territoire de Saint-Barthélemy" ;

5° A l'article 21, les mots : "l'article 346 du traité sur le fonctionnement de l'Union européenne" sont remplacés par les mots : "la protection des intérêts essentiels de sa sécurité et qui se rapportent à la production ou au commerce d'armes, de munitions et de matériel de guerre" ;

6° A l'article 24, les mots : "l'article 346 du traité sur le fonctionnement de l'Union européenne" sont remplacés par les mots : "la protection des intérêts essentiels de sa sécurité et qui se rapportent à la production ou au commerce d'armes, de munitions et de matériel de guerre" ;

7° L'article 25 est supprimé ;

8° A l'article 39, les références aux articles 1741 à 1743, 1746 et 1747 du code général des impôts sont remplacées par les références ayant le même objet applicables localement et les mots :

"ainsi que pour les infractions équivalentes prévues par la législation d'un autre État membre de l'Union européenne" sont supprimés ;

9° Les articles 49, 70, 73, 75 et 76 sont supprimés.

Art. 63 *Pour l'application de la présente ordonnance à Saint-Martin :*

1° A l'article 39, les références aux articles 1741 à 1743, 1746 et 1747 du code général des impôts sont remplacées par les références ayant le même objet applicables localement ;

2° Les articles 70 et 73 à 76 sont supprimés.

Art. 64 *Pour l'application de la présente ordonnance à Saint-Pierre-et-Miquelon :*

1° A l'article 2 :

a) Le I est ainsi rédigé :

"I. — Les concessions de défense ou de sécurité sont passés [passées] *avec des opérateurs économiques d'États membres de l'Union européenne." ;*

b) Le III est supprimé ;

2° A l'article 13 :

a) Au 1°, les mots : ", à condition que cette disposition soit compatible avec le traité sur le fonctionnement de l'Union européenne" sont supprimés ;

b) Au 5°, les mots : "ou à des opérations menées avec le Fonds européen de stabilité financière ou le mécanisme européen de stabilité" sont supprimés ;

c) Au 10°, les mots : "publié au Journal officiel de l'Union européenne" sont remplacés par les mots : "défini au Journal officiel de la République française" ;

d) Le a du 14° est ainsi rédigé :

"a) Un instrument juridique tel qu'un accord international portant sur des travaux, ou des services destinés à la réalisation ou à l'exploitation en commun d'un projet par ses signataires" ;

3° A l'article 14 :

a) Au 1°, les mots : ", à condition que cette disposition soit compatible avec le traité sur le fonctionnement de l'Union européenne et les actes juridiques de l'Union établissant des règles communes concernant l'accès au marché applicables aux activités d'opérateur de réseau" sont supprimés ;

b) Le 3° est supprimé ;

4° A l'article 15 :

a) Au 4°, les mots : "y compris un arrangement administratif, relatif au stationnement de troupes ou conclu entre au moins un État membre de l'Union européenne et au moins un État tiers" sont supprimés ;

b) Le 5° est supprimé ;

c) Au 6°, les mots : "hors du territoire de l'Union européenne" sont remplacés par les mots : "hors du territoire de Saint-Pierre-et-Miquelon" ;

5° A l'article 21, les mots : "l'article 346 du traité sur le fonctionnement de l'Union européenne" sont remplacés par les mots : "la protection des intérêts essentiels de sa sécurité et qui se rapportent à la production ou au commerce d'armes, de munitions et de matériel de guerre" ;

6° A l'article 24, les mots : "l'article 346 du traité sur le fonctionnement de l'Union européenne" sont remplacés par les mots : "la protection des intérêts essentiels de sa sécurité et qui se rapportent à la production ou au commerce d'armes, de munitions et de matériel de guerre" ;

7° L'article 25 est supprimé ;

8° A l'article 39, les références aux articles 1741 à 1743, 1746 et 1747 du code général des impôts sont remplacées par les références ayant le même objet applicables localement et les mots : "ainsi que pour les infractions équivalentes prévues par la législation d'un autre État membre de l'Union européenne" sont supprimés ;

9° Les articles 49 et 75 sont supprimés.

CHAPITRE III *DISPOSITIONS APPLICABLES EN NOUVELLE-CALÉDONIE*

Art. 65 *La présente ordonnance est applicable en Nouvelle-Calédonie aux contrats de concession, définis à la section 1 du chapitre I du titre I de la présente ordonnance, conclus par l'État et ses établissements publics sous réserve des dispositions suivantes :*

1° A l'article 2 :

a) Le I est ainsi rédigé :

"I. — Les concessions de défense ou de sécurité sont passés [passées] *avec des opérateurs économiques d'États membres de l'Union européenne." ;*

b) Le III est supprimé ;

2° A l'article 13 :

a) Au 1°, les mots : ", à condition que cette disposition soit compatible avec le traité sur le fonctionnement de l'Union européenne" sont supprimés ;

b) Au 5°, les mots : "ou à des opérations menées avec le Fonds européen de stabilité financière ou le mécanisme européen de stabilité" sont supprimés ;

c) Au 10°, les mots : "publié au Journal officiel de l'Union européenne" sont remplacés par les mots : "défini au Journal officiel de la République française" ;

d) Le a du 14° est ainsi rédigé :

"a) Un instrument juridique tel qu'un accord international portant sur des travaux, ou des services destinés à la réalisation ou à l'exploitation en commun d'un projet par ses signataires " ;

3° A l'article 14 :

a) Au 1°, les mots : ", à condition que cette disposition soit compatible avec le traité sur le fonctionnement de l'Union européenne et les actes juridiques de l'Union établissant des règles communes concernant l'accès au marché applicables aux activités d'opérateur de réseau" sont supprimés ;

b) Le 3° est supprimé ;

4° A l'article 15 :

a) Au 4°, les mots : "y compris un arrangement administratif, relatif au stationnement de troupes ou conclu entre au moins un État membre de l'Union européenne et au moins un État tiers" sont supprimés ;

b) Le 5° est supprimé ;

c) Au 6°, les mots : "hors du territoire de l'Union européenne" sont remplacés par les mots : "hors du territoire de Nouvelle-Calédonie" ;

5° A l'article 21, les mots : "l'article 346 du traité sur le fonctionnement de l'Union européenne" sont remplacés par les mots : "la protection des intérêts essentiels de sa sécurité et qui se rapportent à la production ou au commerce d'armes, de munitions et de matériel de guerre" ;

6° A l'article 24, les mots : "l'article 346 du traité sur le fonctionnement de l'Union européenne" sont remplacés par les mots : "la protection des intérêts essentiels de sa sécurité et qui se rapportent à la production ou au commerce d'armes, de munitions et de matériel de guerre" ;

7° L'article 25 est supprimé ;

8° A l'article 29, les mots : "mentionnées à l'article L. 5213-13 du code du travail", "mentionnés à l'article L. 344-2 du code de l'action sociale et des familles et ainsi qu'à des structures équivalentes" et "mentionnées à l'article L. 5132-4 du code du travail et à des structures équivalentes" sont remplacés par les mots : "créées en application de la réglementation locale" ;

9° Le II de l'article 34 est supprimé ;

10° A l'article 39 :

a) Au 1°, les références aux articles 1741 à 1743, 1746 et 1747 du code général des impôts sont remplacées par les références ayant le même objet applicables localement et les mots : "ainsi que pour les infractions équivalentes prévues par la législation d'un autre État membre de l'Union européenne" sont supprimés ;

b) Au 4°, les mots : "méconnaissances des obligations prévues aux articles L. 1146-1, L. 8221-1, L. 8221-3, L. 8221-5, L. 8231-1, L. 8241-1, L. 8251-1 et L. 8251-2 du code du travail" sont remplacés par les mots : "avoir commis une infraction en matière de travail dissimulé, d'emploi illégal d'étranger et de marchandage définies par la législation localement applicable" et les références (L. n° 2018-771 du 5 sept. 2018, art. 104) *« au 2° de l'article L. 2242-1 » du code du travail sont remplacées par une référence ayant le même objet applicable localement ;*

c) Au 5°, la référence à l'article L. 8272-4 du code du travail est remplacée par une référence ayant le même objet applicable localement ;

11° Les articles 49, 57 à 60, 70 et 73 à 76 sont supprimés.

CHAPITRE IV ***DISPOSITIONS APPLICABLES EN POLYNÉSIE FRANÇAISE***

Art. 66 *La présente ordonnance est applicable en Polynésie française aux contrats de concession, définis à la section 1 du chapitre I du titre I de la présente ordonnance, conclus par l'État et ses établissements publics sous réserve des dispositions suivantes :*

1° A l'article 2 :

a) Le I est ainsi rédigé :

"I. — Les concessions de défense ou de sécurité sont passés [passées] *avec des opérateurs économiques d'États membres de l'Union européenne." ;*

b) Le III est supprimé ;

2° A l'article 13 :

a) Au 1°, les mots : ", à condition que cette disposition soit compatible avec le traité sur le fonctionnement de l'Union européenne" sont supprimés ;

b) Au 5°, les mots : "ou à des opérations menées avec le Fonds européen de stabilité financière ou le mécanisme européen de stabilité" sont supprimés ;

c) Au 10°, les mots : "publié au Journal officiel de l'Union européenne" sont remplacés par les mots : "défini au Journal officiel de la République française" ;

d) Le a du 14° est ainsi rédigé :
"a) Un instrument juridique tel qu'un accord international portant sur des travaux, ou des services destinés à la réalisation ou à l'exploitation en commun d'un projet par ses signataires" ;
3° A l'article 14 :
a) Au 1°, les mots : ", à condition que cette disposition soit compatible avec le traité sur le fonctionnement de l'Union européenne et les actes juridiques de l'Union établissant des règles communes concernant l'accès au marché applicables aux activités d'opérateur de réseau" sont supprimés ;
b) Le 3° est supprimé ;
4° A l'article 15 :
a) Au 4°, les mots : "y compris un arrangement administratif, relatif au stationnement de troupes ou conclu entre au moins un État membre de l'Union européenne et au moins un État tiers" sont supprimés ;
b) Le 5° est supprimé ;
c) Au 6°, les mots : "hors du territoire de l'Union européenne" sont remplacés par les mots : "hors du territoire de Polynésie française" ;
5° A l'article 21, les mots : "l'article 346 du traité sur le fonctionnement de l'Union européenne" sont remplacés par les mots : "la protection des intérêts essentiels de sa sécurité et qui se rapportent à la production ou au commerce d'armes, de munitions et de matériel de guerre" ;
6° A l'article 24, les mots : "l'article 346 du traité sur le fonctionnement de l'Union européenne" sont remplacés par les mots : "la protection des intérêts essentiels de sa sécurité et qui se rapportent à la production ou au commerce d'armes, de munitions et de matériel de guerre".
7° L'article 25 est supprimé ;
8° A l'article 29, les mots : "mentionnées à l'article L. 5213-13 du code du travail", "mentionnés à l'article L. 344-2 du code de l'action sociale et des familles et ainsi qu'à des structures équivalentes" et "mentionnées à l'article L. 5132-4 du code du travail et à des structures équivalentes" sont remplacés par les mots : "créées en application de la réglementation locale" ;
9° Le II de l'article 34 est supprimé ;
10° A l'article 39 :
a) Au 1°, les références aux articles 1741 à 1743, 1746 et 1747 du code général des impôts sont remplacées par les références ayant le même objet applicables localement et les mots : "ainsi que pour les infractions équivalentes prévues par la législation d'un autre État membre de l'Union européenne" sont supprimés ;
b) Au 4°, les mots : "méconnaissances des obligations prévues aux articles L. 1146-1, L. 8221-1, L. 8221-3, L. 8221-5, L. 8231-1, L. 8241-1, L. 8251-1 et L. 8251-2 du code du travail" sont remplacés par les mots : "avoir commis une infraction en matière de travail dissimulé, d'emploi illégal d'étranger et de marchandage définies par la législation localement applicable" et les références (L. n° 2018-771 du 5 sept. 2018, art. 104) *« au 2° de l'article L. 2242-1 » du code du travail sont remplacées par une référence ayant le même objet applicable localement ;*
c) Au 5°, la référence à l'article L. 8272-4 du code du travail est remplacée par une référence ayant le même objet applicable localement ;
11° Les articles 49, 57 à 60, 70 et 73 à 76 sont supprimés.

CHAPITRE V *DISPOSITIONS APPLICABLES DANS LES ÎLES WALLIS-ET-FUTUNA*

Art. 67 *La présente ordonnance est applicable dans les îles Wallis-et-Futuna aux contrats de concession, définis à la section 1 du chapitre I du titre I de la présente ordonnance, conclus par l'État et ses établissements publics ainsi que par les autres organismes et personnes de droit public et de droit privé chargées par l'État d'une mission de service public administratif, sous réserve des dispositions suivantes :*
1° A l'article 2 :
a) Le I est ainsi rédigé :
"I. — Les concessions de défense ou de sécurité sont passés [passées] *avec des opérateurs économiques d'États membres de l'Union européenne." ;*
b) Le III est supprimé ;
2° A l'article 13 :
a) Au 1°, les mots : ", à condition que cette disposition soit compatible avec le traité sur le fonctionnement de l'Union européenne" sont supprimés ;
b) Au 5°, les mots : "ou à des opérations menées avec le Fonds européen de stabilité financière ou le mécanisme européen de stabilité" sont supprimés ;
c) Au 10°, les mots : "publié au Journal officiel de l'Union européenne" sont remplacés par les mots : "défini au Journal officiel de la République française" ;

d) Le a du 14° est ainsi rédigé :
"a) Un instrument juridique tel qu'un accord international portant sur des travaux, ou des services destinés à la réalisation ou à l'exploitation en commun d'un projet par ses signataires" ;
3° A l'article 14 :
a) Au 1°, les mots : ", à condition que cette disposition soit compatible avec le traité sur le fonctionnement de l'Union européenne et les actes juridiques de l'Union établissant des règles communes concernant l'accès au marché applicables aux activités d'opérateur de réseau" sont supprimés ;
b) Le 3° est supprimé ;
4° A l'article 15 :
a) Au 4°, les mots : "y compris un arrangement administratif, relatif au stationnement de troupes ou conclu entre au moins un État membre de l'Union européenne et au moins un État tiers" sont supprimés ;
b) Le 5° est supprimé ;
c) Au 6°, les mots : "hors du territoire de l'Union européenne" sont remplacés par les mots : "hors du territoire des îles Wallis-et-Futuna" ;
5° A l'article 21, les mots : "l'article 346 du traité sur le fonctionnement de l'Union européenne" sont remplacés par les mots : "la protection des intérêts essentiels de sa sécurité et qui se rapportent à la production ou au commerce d'armes, de munitions et de matériel de guerre" ;
6° A l'article 24, les mots : "l'article 346 du traité sur le fonctionnement de l'Union européenne" sont remplacés par les mots : "la protection des intérêts essentiels de sa sécurité et qui se rapportent à la production ou au commerce d'armes, de munitions et de matériel de guerre" ;
7° L'article 25 est supprimé ;
8° A l'article 29 les mots : "mentionnées à l'article L. 5213-13 du code du travail", "mentionnés à l'article L. 344-2 du code de l'action sociale et des familles et ainsi qu'à des structures équivalentes" et "mentionnées à l'article L. 5132-4 du code du travail et à des structures équivalentes" sont remplacés par les mots : "créées en application de la réglementation locale" ;
9° Le II de l'article 34 est supprimé ;
10° A l'article 39 :
a) Au 1°, les références aux articles 1741 à 1743, 1746 et 1747 du code général des impôts sont remplacées par les références ayant le même objet applicables localement et les mots : " ainsi que pour les infractions équivalentes prévues par la législation d'un autre État membre de l'Union européenne " sont supprimés ;
b) Au 4°, les mots : "méconnaissances des obligations prévues aux articles L. 1146-1, L. 8221-1, L. 8221-3, L. 8221-5, L. 8231-1, L. 8241-1, L. 8251-1 et L. 8251-2 du code du travail" sont remplacés par les mots : "avoir commis une infraction en matière de travail dissimulé, d'emploi illégal d'étranger et de marchandage définies par la législation localement applicable" et les références (L. n° 2018-771 du 5 sept. 2018, art. 104) *« au 2° de l'article L. 2242-1 » du code du travail sont remplacées par une référence ayant le même objet applicable localement ;*
c) Au 5°, la référence à l'article L. 8272-4 du code du travail est remplacée par une référence ayant le même objet applicable localement ;
11° Les articles 49, 57 à 60, 70 et 73 à 76 sont supprimés.

CHAPITRE VI *DISPOSITIONS APPLICABLES DANS LES TERRES AUSTRALES ET ANTARCTIQUES FRANÇAISES*

Art. 68 *La présente ordonnance est applicable dans les Terres australes et antarctiques françaises aux contrats de concession, définis à la section 1 du chapitre I du titre I de la présente ordonnance, conclus par l'État et ses établissements publics ainsi que par les autres organismes et personnes de droit public et de droit privé chargées par l'État d'une mission de service public administratif, sous réserve des dispositions suivantes :*
1° A l'article 2 :
a) Le I est ainsi rédigé :
"I. — Les concessions de défense ou de sécurité sont passés [passées] *avec des opérateurs économiques d'États membres de l'Union européenne." ;*
b) Le III est supprimé ;
2° A l'article 13 :
a) Au 1°, les mots : ", à condition que cette disposition soit compatible avec le traité sur le fonctionnement de l'Union européenne" sont supprimés ;
b) Au 5°, les mots : "ou à des opérations menées avec le Fonds européen de stabilité financière ou le mécanisme européen de stabilité" sont supprimés ;
c) Au 10°, les mots : "publié au Journal officiel de l'Union européenne" sont remplacés par les mots : "défini au Journal officiel de la République française" ;

d) Le a du 14° est ainsi rédigé :
"a) Un instrument juridique tel qu'un accord international portant sur des travaux, ou des services destinés à la réalisation ou à l'exploitation en commun d'un projet par ses signataires" ;
3° A l'article 14 :
a) Au 1°, les mots : ", à condition que cette disposition soit compatible avec le traité sur le fonctionnement de l'Union européenne et les actes juridiques de l'Union établissant des règles communes concernant l'accès au marché applicables aux activités d'opérateur de réseau" sont supprimés ;
b) Le 3° est supprimé ;
4° A l'article 15 :
a) Au 4°, les mots : "y compris un arrangement administratif, relatif au stationnement de troupes ou conclu entre au moins un État membre de l'Union européenne et au moins un État tiers" sont supprimés ;
b) Le 5° est supprimé ;
c) Au 6°, les mots : "hors du territoire de l'Union européenne" sont remplacés par les mots : "hors du territoire des Terres australes et antarctiques françaises" ;
5° A l'article 21, les mots : "l'article 346 du traité sur le fonctionnement de l'Union européenne" sont remplacés par les mots : "la protection des intérêts essentiels de sa sécurité et qui se rapportent à la production ou au commerce d'armes, de munitions et de matériel de guerre" ;
6° A l'article 24, les mots : "l'article 346 du traité sur le fonctionnement de l'Union européenne" sont remplacés par les mots : "la protection des intérêts essentiels de sa sécurité et qui se rapportent à la production ou au commerce d'armes, de munitions et de matériel de guerre" ;
7° L'article 25 est supprimé ;
8° A l'article 29, les mots : "mentionnées à l'article L. 5213-13 du code du travail", "mentionnés à l'article L. 344-2 du code de l'action sociale et des familles et ainsi qu'à des structures équivalentes" et "mentionnées à l'article L. 5132-4 du code du travail et à des structures équivalentes" sont remplacés par les mots : "créées en application de la réglementation locale" ;
9° A l'article 39 :
a) Au 1°, les références aux articles 1741 à 1743, 1746 et 1747 du code général des impôts sont remplacées par les références ayant le même objet applicables localement et les mots : "ainsi que pour les infractions équivalentes prévues par la législation d'un autre État membre de l'Union européenne" sont supprimés ;
b) Au 4°, les mots : "méconnaissances des obligations prévues aux articles L. 1146-1, L. 8221-1, L. 8221-3, L. 8221-5, L. 8231-1, L. 8241-1, L. 8251-1 et L. 8251-2 du code du travail" sont remplacés par les mots : "avoir commis une infraction en matière de travail dissimulé, d'emploi illégal d'étranger et de marchandage définies par la législation localement applicable" et les références (L. n° 2018-771 du 5 sept. 2018, art. 104) *« au 2° de l'article L. 2242-1 » du code du travail sont remplacées par une référence ayant le même objet applicable localement ;*
c) Au 5°, la référence à l'article L. 8272-4 du code du travail est remplacée par une référence ayant le même objet applicable localement ;
10° Les articles 49, 57 à 60, 70 et 73 à 76 sont supprimés.

TITRE VII DISPOSITIONS DIVERSES

Art. 69 *Dans toutes les dispositions législatives en vigueur, pour les contrats passés en application de la présente ordonnance, les références aux articles du chapitre IV du titre II de la loi du 29 janvier 1993 susvisée ou à l'ordonnance n° 2009-864 du 15 juillet 2009 relative aux contrats de concession de travaux publics s'entendent comme faisant référence à la présente ordonnance pour autant que lesdits contrats eussent relevé du champ d'application de ces dispositions avant l'entrée en vigueur de la présente ordonnance.*

Art. 70 *V. C. énergie, art. L. 521-1, L. 521-16, L. 521-16-3, L. 521-20, App., Partie II. Textes relatifs aux concessions [concessions hydrauliques].*

Art. 71 *V. CJA, art. L. 551-2.*

Art. 72 *V. CGPPP, art. L. 2122-6. —* ***V. CGPPP.***

Art. 73 *V. C. tourisme, art. L. 342-3, L. 342-8 [aménagements touristiques en zone de montagne].*

Art. 74 *V. C. transp., art. L. 2111-11, L. 2111-12, L. 6322-2 [développement, aménagement, mise en valeur de l'infrastructure du réseau ferré national ; concessions aéroportuaires].*

Art. 75 *V. C. urb., art. L. 300-5.*

Art. 76 *V. C. voirie rout., art. L. 122-4-2, L. 122-12, L. 122-15, L. 122-18, L. 122-23.*

Sur la régulation des marchés de travaux, fournitures et services du réseau autoroutier concédé, V. not. les art. L. 122-12 à L. 122-22 C. voirie rout. dans leur rédaction issue de l'Ord. n° 2016-65 du 29 janv. 2016 et du Décr. n° 2016-234 du 1er mars 2016 (V. ces art. App., Partie I. Textes relatifs aux marchés publics).

Art. 77 *Sont abrogés :*

1° Les articles L. 1411-2, L. 1411-8, L. 1411-11 et L. 1411-12 ainsi que le chapitre V du titre I du livre IV de la première partie du code général des collectivités territoriales ;

2° L'article L. 300-5-2 du code de l'urbanisme ;

3° Les chapitres IV, V et VI de la loi du 29 janvier 1993 susvisée ;

4° L'article 39 de la loi n° 54-404 du 10 avril 1954 portant réforme fiscale ;

5° L'ordonnance n° 2009-864 du 15 juillet 2009 relative aux contrats de concession de travaux publics.

TITRE VIII DISPOSITIONS TRANSITOIRES ET FINALES

Art. 78 *La présente ordonnance entre en vigueur à une date fixée par voie réglementaire et au plus tard le 1er avril 2016, à l'exception du I de l'article 56 qui entre en vigueur le lendemain du jour de la publication de la présente ordonnance.*

Elle s'applique aux contrats de concession pour lesquels une consultation est engagée ou un avis de concession est envoyé à la publication à compter de sa date d'entrée en vigueur.

Toutefois, l'article 55 s'applique également à la modification des contrats qui sont des contrats de concession au sens de la présente ordonnance et qui ont été conclus ou pour lesquels une procédure de passation a été engagée ou un avis de concession a été envoyé à la publication avant la date d'entrée en vigueur de la présente ordonnance.

Les I et III de l'article 56 de la présente ordonnance s'appliquent aux décisions juridictionnelles rendues à compter de l'entrée en vigueur desdites dispositions.

(L. n° 2016-1321 du 7 oct. 2016, art. 17-2°) ***« L'article 53-1 s'applique aux contrats de concession délégant un service public pour lesquels une consultation est engagée ou un avis de concession est envoyé à la publication à compter de la date d'entrée en vigueur de la loi n° 2016-1321 du 7 octobre 2016 pour une République numérique. Pour les contrats de concession délégant un service public pour lesquels une consultation a été engagée ou un avis de concession a été envoyé à la publication avant la date d'entrée en vigueur de cette même loi, les autorités concédantes ne peuvent exiger du concessionnaire la transmission des données et des bases de données qu'à la seule fin de préparer le renouvellement du contrat. »*** *— [V. désormais CCP, art. L. 3131-2.]*

Décret n° 2016-86 du 1er février 2016 *[Abrogé]*,

Relatif aux contrats de concession.

(Abrogé par Décr. n° 2018-1075 du 26 nov. 2018, art. 14 et 16, à compter du 1er avr. 2019)

Nota (1) : *A compter du 1er avr. 2019, le Décr. n° 2018-1075 du 26 nov. 2018 abroge et remplace le présent décret (Décr. préc., art. 14 et 16).*

Les dispositions du Décr. n° 2018-1075 du 3 déc. 2018 s'appliquent :

— aux marchés publics pour lesquels une consultation a été engagée ou un avis d'appel à la concurrence a été envoyé à la publication depuis le 1er avr. 2019. Elles ne s'appliquent pas aux marchés publics passés sur le fondement d'un accord-cadre ou dans le cadre d'un système d'acquisition dynamique lorsque la procédure en vue de la passation de cet accord ou de la mise en place de ce système d'acquisition dynamique a été engagée avant cette date ;

— aux contrats de concession pour lesquels une consultation a été engagée ou un avis de concession a été envoyé à la publication depuis le 1er avr. 2019 (Décr. préc., art. 16).

Nota (2) : *Le présent décret entre en vigueur le 1er avr. 2016.*

A l'exception des art. 36 et 37 relatifs à la modification des contrats de concession en cours d'exécution, il s'applique aux contrats de concession pour lesquels une consultation est engagée ou un avis de concession est envoyé à la publication à compter de sa date d'entrée en vigueur. — V. art. 55, infra ; V. encore Ord. n° 2016-65 du 29 janv. 2016, art. 55 et 78, supra.

TITRE I CHAMP D'APPLICATION

Art. 1er *Les dispositions du présent décret sont applicables aux contrats de concession définis à la section 1 du chapitre I du titre I de l'ordonnance du 29 janvier 2016 susvisée.*

Sans préjudice des dispositions du règlement du 23 octobre 2007 susvisé, le présent décret s'applique, à l'exception des articles 3, 6, du 1° du 11 et 35, aux contrats de concession relevant de l'article 5, paragraphe 3, dudit règlement. — [V. désormais CCP, art. R. 3126-14, R. 3134-4.]

TITRE II PASSATION DES CONTRATS DE CONCESSION

CHAPITRE I *DISPOSITIONS GÉNÉRALES*

SECTION 1 *Définition des spécifications techniques et fonctionnelles*

Art. 2 *I. — Les spécifications techniques et fonctionnelles définissent les caractéristiques requises des travaux ou des services.*

Ces caractéristiques peuvent se référer au processus spécifique de production ou d'exécution des travaux ou des services demandés, à condition qu'ils soient liés à l'objet du contrat de concession et proportionnés à sa valeur et à ses objectifs.

II. — Les spécifications techniques et fonctionnelles ne font pas référence à un mode ou procédé de fabrication particulier ou à une provenance ou origine déterminée ni référence à une marque, un brevet ou un type, dès lors qu'une telle mention ou référence aurait pour effet de favoriser ou d'éliminer certains opérateurs économiques ou certains produits.

Toutefois, une telle mention ou référence est possible si elle est justifiée par l'objet du contrat de concession ou, à titre exceptionnel, dans le cas où une description suffisamment précise et intelligible de l'objet du contrat de concession n'est pas possible sans elle et à la condition qu'elle soit accompagnée des termes : "ou équivalent".

III. — L'autorité concédante ne peut pas rejeter une offre au motif qu'elle n'est pas conforme aux spécifications techniques et fonctionnelles, si le soumissionnaire prouve dans son offre, par tout moyen approprié, que les solutions qu'il propose respectent de manière équivalente ces spécifications. — [V. désormais CCP, art. R. 3111-1, R. 3111-2, R. 3111-3.]

SECTION 2 *Concessions réservées*

Art. 3 *L'autorité concédante peut mettre en œuvre la réservation prévue à l'article 29 de l'ordonnance du 29 janvier 2016 susvisée à condition qu'au moins 50 % du personnel des structures visées à cet article soient des travailleurs handicapés ou défavorisés.*

La décision de réserver est mentionnée dans l'avis de concession. — [V. désormais CCP, art. R. 3113-1.]

SECTION 3 *Contenu des contrats de concession*

SOUS-SECTION 1 *Documents de la consultation*

Art. 4 *I. — Les documents de la consultation sont constitués de l'ensemble des documents fournis par l'autorité concédante ou auxquels elle se réfère, pour définir l'objet, les spécifications techniques et fonctionnelles, les conditions de passation et d'exécution du contrat de concession, ainsi que le délai de remise des candidatures ou des offres et, s'il y a lieu, les conditions de tarification du service rendu à l'usager. Ils comprennent notamment l'avis de concession, le cahier des charges de la concession et, le cas échéant, l'invitation à présenter une offre.*

Toute modification des documents de la consultation est communiquée à l'ensemble des opérateurs économiques, aux candidats admis à présenter une offre ou à tous les soumissionnaires, dans des conditions garantissant leur égalité et leur permettant de disposer d'un délai suffisant pour remettre leurs candidatures ou leurs offres.

II. — L'autorité concédante communique, au plus tard six jours avant la date limite fixée pour la réception des candidatures ou des offres, les renseignements complémentaires sur les documents de la consultation sollicités en temps utile par les candidats ou soumissionnaires. — [V. désormais CCP, art. R. 3122-7, R. 3122-8, R. 3122-12.]

Art. 5 *L'autorité concédante offre, par voie électronique, un accès gratuit, libre, direct et complet aux documents de la consultation sur un profil d'acheteur, à compter de la date de publication d'un avis de concession ou de la date d'envoi de l'invitation à présenter une offre. Le texte de l'avis de concession ou de l'invitation précise l'adresse internet à laquelle il peut être pris connaissance des documents de la consultation.*

Le profil d'acheteur est la plate-forme de dématérialisation permettant notamment aux autorités concédantes de mettre les documents de la consultation à disposition des opérateurs économiques par voie électronique et de réceptionner par voie électronique les documents transmis par les candi-

dats et les soumissionnaires. Un arrêté du ministre chargé de l'économie détermine les fonctionnalités et les exigences minimales qui s'imposent aux profils d'acheteur.

Lorsque, dans des circonstances dûment justifiées, pour des raisons de sécurité exceptionnelle, des raisons techniques ou en raison du caractère particulièrement sensible d'informations commerciales nécessitant un niveau de protection très élevé, l'autorité concédante est dans l'impossibilité d'offrir un tel accès à certains documents de la consultation, elle indique, dans l'avis de concession ou l'invitation à présenter une offre, que ces documents seront transmis par des moyens autres qu'électroniques. Le délai de réception des offres tient compte de cette impossibilité et, le cas échéant, est prolongé. — [V. désormais CCP, art. L. 3122-4, R. 3122-9, R. 3122-10, R. 3122-11.]

SOUS-SECTION 2 *Durée*

Art. 6 *I. — Pour l'application de l'article 34 de l'ordonnance du 29 janvier 2016 susvisée, les investissements s'entendent comme les investissements initiaux ainsi que ceux devant être réalisés pendant la durée du contrat de concession, nécessaires pour l'exploitation des travaux ou des services concédés. Sont notamment considérés comme tels les travaux de renouvellement, les dépenses liées aux infrastructures, aux droits d'auteur, aux brevets, aux équipements, à la logistique, au recrutement et à la formation du personnel.*

II. — Pour les contrats de concession d'une durée supérieure à cinq ans, la durée du contrat n'excède pas le temps raisonnablement escompté par le concessionnaire pour qu'il amortisse les investissements réalisés pour l'exploitation des ouvrages ou services avec un retour sur les capitaux investis, compte tenu des investissements nécessaires à l'exécution du contrat.

III. — L'autorité compétente de l'État mentionnée au II de l'article 34 de l'ordonnance du 29 janvier 2016 susvisée est le directeur départemental des finances publiques. — [V. désormais CCP, art. R. 3114-1, R. 3114-2, D. 3114-3.]

SECTION 4 *Estimation de la valeur de la concession*

Art. 7 *I. — La valeur estimée du contrat de concession est calculée selon une méthode objective, précisée dans les documents de la consultation mentionnés à l'article 4. Elle correspond au chiffre d'affaires total hors taxes du concessionnaire pendant la durée du contrat, eu égard à la nature des prestations qui font l'objet de la concession.*

Pour estimer la valeur du contrat de concession, l'autorité concédante prend notamment en compte :

1° La valeur de toute forme d'option et les éventuelles prolongations de la durée du contrat de concession ;

2° Les recettes perçues sur les usagers des ouvrages ou des services, autres que celles collectées pour le compte de l'autorité concédante ou d'autres personnes ;

3° Les paiements effectués par l'autorité concédante ou toute autre autorité publique ou tout avantage financier octroyé par l'une de celles-ci au concessionnaire ;

4° La valeur des subventions ou de tout autre avantage financier octroyés par des tiers pour l'exploitation de la concession ;

5° Les recettes tirées de toute vente d'actifs faisant partie de la concession ;

6° La valeur de tous les fournitures et services mis à la disposition du concessionnaire par l'autorité concédante, à condition qu'ils soient nécessaires à l'exécution des travaux ou à la prestation des services ;

7° Toutes primes ou tous paiements au profit des candidats ou des soumissionnaires.

II. — Lorsque l'ouvrage ou le service concédé peut donner lieu à l'attribution de contrats de concession en lots séparés, est prise en compte la valeur globale estimée de la totalité de ces lots.

L'autorité concédante peut décider de mettre en œuvre soit une procédure commune de mise en concurrence pour l'ensemble des lots, soit une procédure de mise en concurrence propre à chaque lot. Elle détermine la procédure à mettre en œuvre pour la passation en fonction de la valeur cumulée des lots et, pour les contrats relevant du 2° de l'article 10, en fonction de leur objet.

III. — Le choix de la méthode de calcul utilisée par l'autorité concédante ne peut avoir pour effet de soustraire le contrat aux dispositions du présent décret qui lui sont applicables, notamment en scindant les travaux ou services. — [V. désormais CCP, art. R. 3121-1, R. 3121-2, R. 3121-3.]

Art. 8 *La valeur du contrat de concession à prendre en compte pour déterminer les règles procédurales à mettre en œuvre pour la passation du contrat est celle estimée au moment de l'envoi de l'avis de concession ou, dans les cas où un tel avis n'est pas prévu, au moment où l'autorité concédante engage la procédure de passation.*

Lorsque la valeur du contrat de concession au moment de l'attribution est supérieure de plus de 20 % à sa valeur précédemment estimée et qu'elle excède alors le seuil visé à l'article 9, une nou-

velle procédure de passation est mise en œuvre si les règles procédurales applicables aux contrats dont la valeur excède ce seuil n'ont pas été respectées. — [V. désormais CCP, art. R. 3121-4.]

CHAPITRE II *PROCÉDURE DE PASSATION*

SECTION 1 *Détermination des règles de procédure*

Art. 9 *Les contrats de concession sont passés dans le respect des règles procédurales communes prévues par le présent chapitre.*

Le présent chapitre fixe également les règles de passation particulières respectivement applicables :

1° Aux contrats dont la valeur estimée hors taxe est égale ou supérieure au seuil européen publié au Journal officiel de la République française ; — [V. désormais CCP, art. R. 3121-5.] — V. Avis relatif aux seuils de procédure et à la liste des autorités publiques centrales en droit de la commande publique.

2° Aux contrats définis à l'article 10.

Art. 10 *Les contrats de concession mentionnés au 2° de l'article 9 sont les contrats suivants :*

1° Les contrats de concession dont la valeur estimée est inférieure au seuil visé à l'article 9 ; — V. Avis relatif aux seuils de procédure et à la liste des autorités publiques centrales en droit de la commande publique.

2° Les contrats de concession qui ont, quelle que soit leur valeur estimée, pour objet :

a) Les activités relevant du 3° du I de l'article 11 de l'ordonnance du 29 janvier 2016 susvisée ;

b) L'exploitation de services de transport de voyageurs relevant de l'article 5, paragraphe 3 du règlement du 23 octobre 2007 susvisé ;

c) Un des services sociaux ou des autres services spécifiques, dont la liste est publiée au Journal officiel de la République française. — [V. désormais CCP, art. L. 3126-2, R. 3126-1.] — V. Avis relatif aux contrats de la commande publique ayant pour objet des services sociaux et autres services spécifiques (JO 27 mars 2016).

Art. 11 *Les contrats de concession peuvent être conclus sans publicité ni mise en concurrence préalables dans les cas suivants :*

1° Le contrat de concession ne peut être confié qu'à un opérateur économique déterminé pour des raisons techniques, artistiques ou tenant à la protection de droits d'exclusivité ;

2° Lorsque aucune candidature ou aucune offre n'a été reçue ou lorsque seules des candidatures irrecevables au sens de l'article 23 ou des offres inappropriées au sens de l'article 25 ont été déposées, pour autant que les conditions initiales du contrat ne soient pas substantiellement modifiées et qu'un rapport soit communiqué à la Commission européenne si elle le demande. — [V. désormais CCP, art. R. 3121-6.]

Art. 12 *Lorsqu'un contrat de concession a pour objet à la fois une activité visée au c du 2° de l'article 10 et une activité de services qui relève du 1° de l'article 9, il est soumis aux dispositions applicables à son objet principal, déterminé en fonction de la valeur estimée la plus élevée de ces activités respectives.*

Lorsqu'un contrat de concession a pour objet à la fois une activité visée au c du 2° de l'article 10 et une autre activité qui relève de l'article 10, il est passé selon les règles applicables aux contrats qui relèvent du c du 2° de l'article 10. — [V. désormais CCP, art. R. 3126-2.]

SECTION 2 *Engagement de la procédure de passation*

SOUS-SECTION 1 *Consignation des étapes de la procédure de passation*

Art. 13 *Pour les contrats de concession qui relèvent du 1° de l'article 9, l'autorité concédante consigne, par tout moyen approprié, les étapes de la procédure de passation.* — [V. désormais CCP, art. L. 3122-2, L. 3126-2.]

SOUS-SECTION 2 *Modalités de publicité*

Art. 14 *L'autorité concédante publie un avis de concession conforme au modèle fixé par le règlement d'exécution du 11 novembre 2015 susvisé. Toutefois, pour les contrats qui relèvent de l'article 10, cet avis est établi conformément au modèle fixé par arrêté du ministre chargé de l'économie.* — [V. désormais CCP, art. R. 3122-1, R. 3126-3.] — V. Arr. du 21 mars 2016 (JO 24 mars) 🏛.

L'avis de concession comporte notamment une description de la concession et des conditions de participation à la procédure de passation.

Art. 15 *I. — Pour les contrats de concession qui relèvent du 1° de l'article 9, l'autorité concédante publie l'avis de concession mentionné à l'article 14 au Journal officiel de l'Union européenne,* *au Bulletin officiel des annonces des marchés publics ou dans un journal d'annonces légales ainsi que dans une publication spécialisée correspondant au secteur économique concerné.*

II. — Pour les contrats de concession qui relèvent de l'article 10, l'autorité concédante publie l'avis de concession mentionné à l'article 14 au Bulletin officiel des annonces des marchés publics ou dans un journal d'annonces légales.

L'autorité concédante apprécie si, compte tenu de la nature ou du montant des services ou des travaux en cause, une publication dans une revue spécialisée correspondant au secteur économique concerné ou au Journal officiel de l'Union européenne est en outre nécessaire pour garantir l'information des opérateurs économiques raisonnablement vigilants pouvant être intéressés par le contrat de concession.

III. — Par dérogation au II, pour les contrats de concession visés au c du 2° de l'article 10 dont la valeur estimée est égale ou supérieure au seuil visé à l'article 9, l'autorité concédante publie l'avis de concession mentionné à l'article 14 au Journal officiel de l'Union européenne et au Bulletin officiel des annonces des marchés publics ou dans un journal d'annonces légales.

IV. — L'autorité concédante peut faire paraître, en sus des avis mentionnés aux I à III, un avis de publicité complémentaire sur un autre support que celui choisi à titre principal.

Ces avis complémentaires peuvent, le cas échéant, ne comporter que certains des renseignements figurant dans l'avis de concession publié à titre principal, à condition qu'ils indiquent expressément les références de cet avis. — [V. désormais CCP, art. R. 3122-2, R. 3122-3, R. 3126-4, R. 3126-5.]

Art. 16 *I. — Pour les avis de concession destinés à être publiés au Journal officiel de l'Union européenne, l'autorité concédante transmet, par voie électronique, l'avis à l'Office des publications de l'Union européenne.*

II. — Pour les contrats de concession dont la valeur est égale ou supérieure au seuil visé à l'article 9, à l'exception des contrats de concession relevant du a et du b du 2° de l'article 10, la publication d'un avis de concession sur tout autre support ne peut intervenir avant sa publication par l'Office des publications de l'Union européenne. L'autorité concédante peut toutefois procéder à une publication, au niveau national, lorsque l'Office des publications de l'Union européenne n'a pas publié l'avis de concession dans les quarante-huit heures suivant la confirmation de sa réception.

L'avis de concession publié au niveau national ne peut fournir plus de renseignements que ceux qui sont contenus dans l'avis adressé à l'Office des publications de l'Union européenne. Il fait mention de la date d'envoi de l'avis à l'Office des publications de l'Union européenne.

III. — L'autorité concédante doit être en mesure de faire la preuve de la date d'envoi des avis de concession. — [V. désormais CCP, art. R. 3122-4, R. 3122-5, R. 3122-6, R. 3126-6.]

SOUS-SECTION 3 *Communications et échanges d'information*

Art. 17 *I. — Les moyens de communication utilisés ne peuvent avoir pour effet de restreindre l'accès des opérateurs économiques à la procédure de passation du contrat de concession.*

Les transmissions, les échanges et le stockage d'informations sont effectués de manière à assurer l'intégrité des données et la confidentialité des candidatures et des offres.

L'autorité concédante ne prend connaissance du contenu des candidatures et des offres qu'à l'expiration du délai prévu pour la présentation de celles-ci.

L'autorité concédante peut exiger que les candidats et soumissionnaires joignent une traduction en français aux documents qu'ils ont remis rédigés dans une autre langue.

II. — A l'exception des cas prévus aux articles 5 et 16, l'autorité concédante choisit le ou les moyens de communication avec les opérateurs économiques. Ce choix est indiqué dans l'avis de concession ou, en l'absence d'un tel avis, dans un autre document de la consultation.

III. — Dans l'hypothèse où l'autorité concédante utilise des moyens électroniques, elle assure la confidentialité et la sécurité des transactions sur un réseau informatique accessible de façon non discriminatoire, selon des modalités fixées par arrêté du ministre chargé de l'économie. Pour les contrats de concession relevant de l'article 10, ces modalités tiennent compte des caractéristiques du contrat, notamment de la nature et du montant des travaux ou services en cause.

Les dispositifs et les systèmes utilisés pour communiquer par voie électronique, ainsi que leurs caractéristiques techniques, doivent être compatibles avec les technologies d'information et de communication généralement utilisées.

Les frais d'accès au réseau sont à la charge de chaque candidat ou soumissionnaire.

Les candidats ou soumissionnaires peuvent adresser à l'autorité concédante une copie de sauvegarde des documents transmis par voie électronique. Cette copie ne peut être prise en considération que si elle est parvenue à l'autorité concédante dans le délai prescrit pour le dépôt, selon le cas, des candidatures ou des offres. — [V. désormais CCP, art. R. 3122-13, R. 3122-14, R. 3122-15, R. 3122-16, R. 3122-17, R. 3122-18, R. 3126-7.]

SOUS-SECTION 4 *Délais de réception des candidatures ou des offres*

Art. 18 *I. — L'autorité concédante fixe le délai de réception des candidatures ou des offres en fonction notamment de la nature, du montant et des caractéristiques des travaux ou services demandés au concessionnaire.*

Pour les contrats de concession qui relèvent du 1° de l'article 9, ces délais ne peuvent être inférieurs aux délais suivants :

1° Le délai de réception des candidatures, accompagnées le cas échéant des offres, ne peut être inférieur à trente jours à compter de la date d'envoi de l'avis de concession ;

2° Le délai de réception des offres ne peut être inférieur à vingt-deux jours à compter de la date d'envoi de l'invitation à présenter une offre.

Ces délais peuvent être réduits de cinq jours lorsque l'autorité concédante accepte que les candidatures ou les offres soient transmises par voie électronique.

II. — Lorsque les candidatures ou les offres ne peuvent être déposées qu'à la suite d'une visite sur les lieux d'exécution du contrat ou après consultation sur place de documents complémentaires, les délais de réception des candidatures ou des offres sont fixés de manière à permettre aux opérateurs concernés de prendre connaissance des informations nécessaires au dépôt de leur candidature ou de leur offre. — [V. désormais CCP, art. R. 3123-14, R. 3123-15, R. 3124-2, R. 3124-3, R. 3126-8, R. 3126-9.]

SECTION 3 **Candidatures**

SOUS-SECTION 1 *Examen des candidatures*

Art. 19 *I. — Le candidat produit, à l'appui de sa candidature, une déclaration sur l'honneur attestant :*

1° Qu'il ne fait l'objet d'aucune exclusion de la participation à la procédure de passation des contrats de concession prévue aux articles 39, 40 et 42 de l'ordonnance du 29 janvier 2016 susvisée ;

2° Que les renseignements et documents relatifs à ses capacités et à ses aptitudes, exigés en application de l'article 45 de l'ordonnance du 29 janvier 2016 susvisée et dans les conditions fixées aux articles 20 et 21, sont exacts.

II. — Le candidat produit l'ensemble des documents justifiant qu'il ne fait l'objet d'aucune exclusion de la participation à la procédure de passation des contrats de concession prévue aux articles 39, 40 et 42 de l'ordonnance du 29 janvier 2016 susvisée.

Pour justifier qu'il a satisfait aux obligations prévues au 2° de l'article 39 de l'ordonnance du 29 janvier 2016, le candidat produit un certificat délivré par les administrations et organismes compétents. Un arrêté des ministres intéressés fixe la liste des impôts, taxes, contributions ou cotisations sociales donnant lieu à délivrance d'un certificat ainsi que la liste des administrations et organismes compétents. — V. Arr. du 25 mai 2016 ss. Décr. n° 2016-360 du 25 mars 2016, art. 51.

III. — Pour justifier de ses capacités et de ses aptitudes, le candidat, y compris s'il s'agit d'un groupement, peut demander que soient également prises en compte les capacités et les aptitudes d'autres opérateurs économiques, quelle que soit la nature juridique des liens qui les unissent. Dans ce cas, le candidat apporte la preuve qu'il en disposera pendant toute l'exécution du contrat.

En ce qui concerne la capacité financière, l'autorité concédante peut exiger que l'opérateur économique et les autres entités en question soient solidairement responsables de l'exécution du contrat de concession. — [V. désormais CCP, art. R. 3123-16, R. 3123-17, R. 3123-18, R. 3123-19.]

Art. 20 *I. — Pour les contrats de concession de défense ou de sécurité, l'autorité concédante indique dans l'avis de concession si la procédure de passation est ouverte aux opérateurs économiques des pays tiers à l'Union européenne.*

II. — Lorsque l'autorité concédante décide d'ouvrir la procédure de passation aux opérateurs économiques des pays tiers à l'Union européenne, elle indique, dans l'avis de concession, les critères d'accessibilité sur le fondement desquels l'autorisation de participer à la procédure peut être accordée.

Ces critères sont établis notamment au regard des impératifs de sécurité d'information et d'approvisionnement, de la préservation des intérêts de la défense et de la sécurité de l'État, de l'intérêt de développer la base industrielle et technologique de défense européenne, des objectifs de développement durable, de l'obtention d'avantages mutuels et des exigences de réciprocité.

III. — Lorsque l'autorité concédante décide d'autoriser les opérateurs économiques de pays tiers à l'Union européenne à participer à la procédure de passation de la concession, le candidat n'ayant pas la qualité d'opérateur économique européen produit à l'appui de sa candidature tous documents, renseignements ou justificatifs permettant d'évaluer s'il répond aux critères d'accessibilité à la pro-

cédure indiqués dans l'avis de concession. — [V. désormais CCP, art. R. 3123-6, R. 3123-7, R. 3123-8.]

Art. 21 *I. — L'autorité concédante vérifie les conditions de participation relatives aux capacités et aux aptitudes des candidats nécessaires à la bonne exécution du contrat de concession. A cet effet, elle ne peut exiger des candidats que des renseignements et documents non discriminatoires et proportionnés à l'objet du contrat de concession ainsi que des renseignements et documents relatifs aux pouvoirs des personnes habilitées à les engager.*

L'autorité concédante peut notamment exiger que les personnes morales indiquent, dans leur candidature, les noms et les qualifications professionnelles des personnes qui seront chargées de l'exécution du contrat de concession.

Elle peut également exiger, si l'objet ou les conditions du contrat le justifient, des renseignements relatifs à leur habilitation préalable, en application des articles R. 2311-1 et suivants du code de la défense. Elle peut accorder aux candidats qui ne sont pas habilités au moment du dépôt de leur candidature un délai supplémentaire pour obtenir cette habilitation. Elle indique ce délai dans l'avis de concession ou, en l'absence d'un tel avis, dans un autre document de la consultation.

II. — Lorsque l'autorité concédante décide de fixer des niveaux minimaux de capacité, il ne peut être exigé des candidats que des niveaux minimaux de capacité liés et proportionnés à l'objet du contrat de concession.

III. — Les renseignements, documents et les niveaux minimaux de capacité demandés sont précisés dans l'avis de concession ou, en l'absence d'un tel avis, dans un autre document de la consultation. — [V. désormais CCP, art. R. 3123-1, R. 3123-2, R. 3123-3, R. 3123-4, R. 3123-5.]

Art. 22 *L'autorité concédante peut décider de limiter le nombre de candidats admis à présenter une offre. Dans ce cas, elle fixe, dans les documents de la consultation, un nombre minimum de candidats admis à présenter une offre et, le cas échéant, un nombre maximum. Le nombre de candidats admis à présenter une offre doit garantir une concurrence effective.*

Elle procède à la sélection des candidats en appliquant des critères de sélection non discriminatoires et liés à l'objet du contrat de concession relatifs à leurs capacités et à leurs aptitudes. Ces critères sont mentionnés dans les documents de la consultation.

Lorsque le nombre de candidats satisfaisant aux critères de sélection des candidatures est inférieur au nombre minimum, l'autorité concédante peut continuer la procédure avec le ou les seuls candidats sélectionnés. — [V. désormais CCP, art. R. 3123-11, R. 3123-12, R. 3123-13.]

Art. 23 *I. — Avant de procéder à l'examen des candidatures, l'autorité concédante qui constate que* [sont manquantes] *des pièces ou informations dont la production était obligatoire conformément aux articles 19, 20 et 21 peuvent* [peut] *demander aux candidats concernés de compléter leur dossier de candidature dans un délai approprié. Elle informe alors les autres candidats de la mise en œuvre de la présente disposition.*

II. — Les candidats qui produisent une candidature incomplète, le cas échéant après mise en œuvre des dispositions du I, ou contenant de faux renseignements ou documents ne sont pas admis à participer à la suite de la procédure de passation du contrat de concession.

Les candidatures irrecevables sont également éliminées. Est irrecevable la candidature présentée par un candidat qui ne peut participer à la procédure de passation en application des articles 39, 40, 42 et 44 de l'ordonnance du 29 janvier 2016 susvisée ou qui ne possède pas les capacités ou les aptitudes exigées en application de l'article 45 de la même ordonnance. — [V. désormais CCP, art. L. 3123-20, R. 3123-20, R. 3123-21.]

SOUS-SECTION 2 *Groupements d'opérateurs économiques*

Art. 24 *Les groupements d'opérateurs économiques sont autorisés à se porter candidats.*

Pour la présentation d'une candidature ou d'une offre, l'autorité concédante ne peut exiger que le groupement d'opérateurs économiques ait une forme juridique déterminée. Toutefois, le groupement retenu peut être contraint de revêtir une telle forme lorsque le contrat de concession lui a été attribué, si cette transformation est nécessaire pour la bonne exécution du contrat. Dans ce cas, la forme qui sera imposée après attribution est mentionnée dans les documents de la consultation. — [V. désormais CCP, art. R. 3123-9, R. 3123-10.]

SECTION 4 *Offres*

Art. 25 *Les offres inappropriées ou qui ne respectent pas les conditions et caractéristiques minimales indiquées dans les documents de la consultation sont éliminées.*

Est inappropriée l'offre qui est sans rapport avec l'objet de la concession parce qu'elle n'est manifestement pas en mesure, sans modifications substantielles, de répondre aux besoins et aux exigences de l'autorité concédante spécifiés dans les documents de la consultation. – [V. désormais CCP, art. L. 3124-2, L. 3124-4.]

Art. 26 *Lorsque l'autorité concédante fait usage de la possibilité de négocier prévue à l'article 46 de l'ordonnance du 29 janvier 2016 susvisée, elle peut décider de limiter le nombre de soumissionnaires admis à participer à la négociation.*

Elle procède à la sélection du ou des soumissionnaires en appliquant les critères d'attribution fixés à l'article 27. – [V. désormais CCP, art. R. 3124-1.]

Art. 27 *I. – Pour attribuer le contrat de concession, l'autorité concédante se fonde, conformément aux dispositions de l'article 47 de l'ordonnance du 29 janvier 2016 susvisée, sur une pluralité de critères non discriminatoires. Au nombre de ces critères, peuvent figurer notamment des critères environnementaux, sociaux, relatifs à l'innovation. Lorsque la gestion d'un service public est déléguée, l'autorité concédante se fonde également sur la qualité du service rendu aux usagers.*

Les critères et leur description sont indiqués dans l'avis de concession, dans l'invitation à présenter une offre ou dans tout autre document de la consultation.

II. – Pour les contrats de concession qui relèvent du 1° de l'article 9, l'autorité concédante fixe les critères d'attribution par ordre décroissant d'importance. Leur hiérarchisation est indiquée dans l'avis de concession, dans l'invitation à présenter une offre ou dans tout autre document de la consultation.

L'autorité concédante peut modifier, à titre exceptionnel, l'ordre des critères pour tenir compte du caractère innovant d'une solution présentée dans une offre. Une telle modification ne doit pas être discriminatoire. Une offre est considérée comme présentant une solution innovante lorsqu'elle comporte des performances fonctionnelles d'un niveau exceptionnel, et qu'elle ne pouvait être prévue par une autorité concédante diligente. L'autorité concédante publie un nouvel avis de concession ou envoie une nouvelle invitation à présenter une offre dans le respect des délais fixés à l'article 18. – [V. désormais CCP, art. L. 3124-5, R. 3124-4, R. 3124-5.]

Art. 28 *Les offres qui n'ont pas été éliminées en application de l'article 25 sont classées par ordre décroissant sur la base des critères prévus à l'article 27.*

L'offre la mieux classée est retenue. – [V. désormais CCP, art. R. 3124-6.]

SECTION 5 *Achèvement de la procédure*

SOUS-SECTION 1 *Information des candidats et soumissionnaires non retenus*

Art. 29 *I. – Pour les contrats de concession dont la valeur est égale ou supérieure au seuil visé à l'article 9, à l'exception des contrats de concession relevant du a et du b du 2° de l'article 10, l'autorité concédante, dès qu'elle a fait son choix pour une candidature ou une offre, notifie à tous les autres candidats et soumissionnaires le rejet de leur candidature ou de leur offre. Cette notification précise les motifs de ce rejet et, pour les soumissionnaires, le nom du ou des attributaires ainsi que les motifs qui ont conduit au choix de l'offre.*

Un délai d'au moins seize jours est respecté entre la date d'envoi de la notification et la date de conclusion du contrat de concession. Ce délai est réduit à au moins onze jours en cas de transmission électronique de cette notification à l'ensemble des candidats et soumissionnaires intéressés.

La notification de l'attribution du contrat de concession comporte l'indication de la durée du délai de suspension que l'autorité concédante s'impose, eu égard notamment au mode de transmission retenu.

II. – Le respect des délais mentionnés au I n'est pas exigé dans le cas de l'attribution du contrat de concession au seul opérateur ayant participé à la consultation. – [V. désormais CCP, art. R. 3125-1, R. 3125-2, R. 3126-11.]

Art. 30 *Lorsque l'autorité concédante décide de ne pas attribuer le contrat de concession ou de recommencer la procédure, elle informe, dans les plus brefs délais, les candidats ou soumissionnaires des motifs de sa décision. – [V. désormais CCP, art. R. 3125-4.]*

Art. 31 *L'autorité concédante communique à tout candidat ou soumissionnaire écarté, qui n'a pas été destinataire de la notification prévue à l'article 29, les motifs du rejet de sa candidature ou de son offre ainsi que le nom du ou des attributaires du contrat de concession, dans les quinze jours de la réception d'une demande à cette fin.*

L'autorité concédante est tenue de communiquer aux soumissionnaires ayant présenté une offre qui n'a pas été éliminée en application de l'article 25 les caractéristiques et les avantages relatifs de l'offre retenue, dans les quinze jours de la réception d'une demande à cette fin. – [V. désormais CCP, art. R. 3125-3, R. 3126-12.]

SOUS-SECTION 2 *Attribution*

Art. 32 *I. — L'autorité concédante envoie pour publication un avis d'attribution dans les cas suivants :*

1° Le contrat de concession relève du 1° de l'article 9 ;

2° Le contrat de concession a pour objet une activité visée au c du 2° de l'article 10 dont la valeur estimée est égale ou supérieure au seuil visé à l'article 9 ;

3° Le contrat de concession est conclu avec un opérateur économique sur le fondement du 1° de l'article 14 de l'ordonnance du 29 janvier 2016 susvisée et dont la valeur estimée est égale ou supérieure au seuil visé à l'article 9, lorsque la législation sectorielle de l'Union européenne ne prévoit pas d'obligations de transparence.

II. — L'avis d'attribution est publié au Journal officiel de l'Union européenne et selon les mêmes modalités de transmission que celles définies à l'article 16. Il est établi conformément au modèle fixé par le règlement d'exécution du 11 novembre 2015 susvisé.

III. — L'autorité concédante envoie l'avis d'attribution, dans un délai maximal de quarante-huit jours à compter de la notification du contrat de concession.

Toutefois, pour les contrats de concession visés au 2° du I, l'autorité concédante peut n'envoyer qu'un avis global chaque trimestre, au plus tard quarante-huit jours après la fin de chaque trimestre. — [V. désormais CCP, art. R. 3125-6, R. 3125-7, R. 3126-13, R. 3221-2.]

SOUS-SECTION 3 *Signature du contrat de concession*

(Décr. n° 2018-1225 du 24 déc. 2018, art. 11)

Art. 32-1 *Le contrat de concession peut être signé électroniquement, selon les modalités fixées par un arrêté du ministre chargé de l'économie.*

Les dispositions introduites par le Décr. n° 2018-1225 du 24 déc. 2018 s'appliquent aux marchés publics ou aux contrats de concession pour lesquels une consultation est engagée ou un avis d'appel à la concurrence est envoyé à la publication à compter de la date d'entrée en vigueur dudit Décr.

Elles ne s'appliquent pas aux marchés passés sur le fondement d'un accord-cadre ou dans le cadre d'un système d'acquisition dynamique lorsque la procédure en vue de la passation de cet accord-cadre ou de la mise en place de ce système d'acquisition dynamique a été engagée avant cette date (Décr. préc., art. 15).

TITRE III EXÉCUTION DES CONTRATS DE CONCESSION

CHAPITRE I *TRANSPARENCE*

SECTION 1 *Information de l'autorité concédante*

Art. 33 *I. — Le rapport prévu par l'article 52 de l'ordonnance du 29 janvier 2016 susvisée est produit chaque année par le concessionnaire, avant le 1er juin.*

Il tient compte des spécificités du secteur d'activité concerné et respecte les principes comptables d'indépendance des exercices et de permanence des méthodes retenues pour l'élaboration de chacune de ses parties, tout en permettant la comparaison entre l'année en cours et la précédente. Toutes les pièces justificatives des éléments de ce rapport sont tenues par le concessionnaire à la disposition de l'autorité concédante, dans le cadre de son droit de contrôle.

Ce rapport comprend, notamment :

1° Les données comptables suivantes :

a) Le compte annuel de résultat de l'exploitation de la concession rappelant les données présentées l'année précédente au titre du contrat en cours. Pour l'établissement de ce compte, l'imputation des charges s'effectue par affectation directe pour les charges directes et selon des critères internes issus de la comptabilité analytique ou selon une clé de répartition dont les modalités sont précisées dans le rapport pour les charges indirectes, notamment les charges de structure ;

b) Une présentation des méthodes et des éléments de calcul économique annuel et pluriannuel retenus pour la détermination des produits et charges directs et indirects imputés au compte de résultat de l'exploitation, les méthodes étant identiques d'une année sur l'autre sauf modification exceptionnelle et dûment motivée ;

c) Un état des variations du patrimoine immobilier intervenues dans le cadre du contrat ;

d) Un état des autres dépenses de renouvellement réalisées dans l'année conformément aux obligations contractuelles ;

2° Une analyse de la qualité des ouvrages ou des services demandés au concessionnaire, comportant tout élément qui permette d'apprécier la qualité des ouvrages ou des services exploités et les mesures proposées par le concessionnaire pour une meilleure satisfaction des usagers. La qualité des ouvrages ou des services est notamment appréciée à partir d'indicateurs, proposés par le concessionnaire ou demandés par l'autorité concédante et définis par voie contractuelle.

II. — Lorsque la gestion d'un service public est déléguée, le rapport comprend également :

1° Les données comptables suivantes :

a) Un compte rendu de la situation des biens et immobilisations nécessaires à l'exploitation du service public concédé, comportant notamment une description des biens et, le cas échéant, le programme d'investissement, y compris au regard des normes environnementales et de sécurité ;

b) Un état du suivi du programme contractuel d'investissements en premier établissement et du renouvellement des biens et immobilisations nécessaires à l'exploitation du service public concédé ainsi qu'une présentation de la méthode de calcul de la charge économique imputée au compte annuel de résultat d'exploitation de la concession ;

c) Un inventaire des biens désignés au contrat comme biens de retour et de reprise du service concédé ;

d) Les engagements à incidences financières, y compris en matière de personnel, liés à la concession et nécessaires à la continuité du service public ;

2° Une annexe comprenant un compte rendu technique et financier comportant les informations utiles relatives à l'exécution du service, notamment les tarifs pratiqués, leur mode de détermination et leur évolution, ainsi que les autres recettes d'exploitation. — [V. désormais CCP, art. R. 3131-2, R. 3131-3, R. 3131-4.]

SECTION 2 *Mise à disposition des données essentielles*

Art. 34 *I. — L'autorité concédante offre, sur son profil d'acheteur et au plus tard le 1er octobre 2018, un accès libre, direct et complet aux données essentielles du contrat de concession, notamment aux données suivantes :*

1° Avant le début d'exécution du contrat de concession, le numéro d'identification unique attribué au contrat et les données relatives à son attribution :

a) L'identification de l'autorité concédante ;

b) La nature et l'objet du contrat ;

c) La procédure de passation suivie ;

d) Le lieu principal d'exécution des services ou travaux faisant l'objet du contrat ;

e) La durée du contrat ;

f) La valeur globale et les principales conditions financières du contrat ;

g) L'identification du concessionnaire ;

h) La date de signature du contrat ;

2° Chaque année, les données relatives à l'exécution du contrat de concession :

a) Les dépenses d'investissement réalisées par le concessionnaire ;

b) Les principaux tarifs à la charge des usagers et leur évolution par rapport à l'année précédente ;

3° Les données relatives à chaque modification apportée au contrat de concession :

a) L'objet de la modification ;

b) Les incidences de la modification sur la durée ou la valeur du contrat ainsi que sur les tarifs à la charge des usagers ;

c) La date de modification du contrat.

II. — Les données mentionnées au I sont publiées selon des modalités fixées par arrêté du ministre chargé de l'économie. — [V. désormais CCP, art. R. 3131-1.] — V. Arr. du 14 avr. 2017 ss. Décr. n° 2016-360 du 25 mars 2016, art. 107.

CHAPITRE II *EXÉCUTION DU CONTRAT DE CONCESSION PAR DES TIERS*

Art. 35 *I. — En application du II* [de] *l'article 54 de l'ordonnance du 29 janvier 2016 susvisée, la part des services ou travaux que le soumissionnaire doit confier à des petites et moyennes entreprises au sens de la recommandation du 6 mai 2003 susvisée ou à des tiers ne peut être inférieure à 10 % de la valeur globale estimée du contrat de concession.*

II. — Le concessionnaire indique à l'autorité concédante, après l'attribution du contrat et, au plus tard, au début de son exécution, le nom, les coordonnées et les représentants légaux des tiers participant à ces services ou travaux dans la mesure où ces informations sont connues à ce stade.

Lorsqu'une telle personne à l'encontre de laquelle il existe un motif d'exclusion est présentée, par le concessionnaire, l'autorité concédante exige son remplacement par une personne qui ne fait pas l'objet d'un motif d'exclusion, dans un délai de dix jours à compter de la réception de cette demande par le concessionnaire.

Le concessionnaire informe l'autorité concédante de tout changement relatif à ces informations intervenant au cours de l'exécution du contrat de concession ainsi que des informations requises pour tout nouveau tiers qui participe ultérieurement à ces services ou travaux. — [V. désormais CCP, art. L. 3134-2, R. 3114-5, R. 3134-1, R. 3134-2, R. 3134-3.]

CHAPITRE III *MODIFICATION DU CONTRAT DE CONCESSION*

Sur l'entrée en vigueur des dispositions du présent chap., V. Ord. nº 2016-65 du 29 janv. 2016, art. 55 et 78, supra.

Art. 36 *Le contrat de concession peut être modifié dans les cas suivants :*

1º Lorsque les modifications, quel que soit leur montant, ont été prévues dans les documents contractuels initiaux, sous la forme de clauses de réexamen ou d'options claires, précises et sans équivoque.

Ces clauses indiquent le champ d'application et la nature des modifications ou options envisageables, ainsi que les conditions dans lesquelles il peut en être fait usage ;

2º Lorsque, sous réserve de la limite fixée au I de l'article 37, des travaux ou services supplémentaires sont devenus nécessaires et ne figuraient pas dans le contrat de concession initial, à la double condition qu'un changement de concessionnaire :

a) Soit impossible pour des raisons économiques ou techniques tenant notamment aux exigences d'interchangeabilité ou d'interopérabilité avec les équipements, services ou installations existants acquis dans le cadre de la concession initiale ;

b) Présenterait pour l'autorité concédante un inconvénient majeur ou entraînerait pour lui une augmentation substantielle des coûts ;

3º Lorsque, sous réserve de la limite fixée au I de l'article 37, la modification est rendue nécessaire par des circonstances qu'une autorité concédante diligente ne pouvait pas prévoir ;

4º Lorsqu'un nouveau concessionnaire se substitue à celui auquel l'autorité concédante a initialement attribué le contrat de concession, dans l'un des cas suivants :

a) En application d'une clause de réexamen ou d'une option définie au 1º ;

b) Dans le cas d'une cession du contrat de concession, à la suite d'opérations de restructuration du concessionnaire initial. Le nouveau concessionnaire justifie des capacités économiques, financières, techniques et professionnelles fixées initialement par l'autorité concédante. Cette cession ne peut être effectuée dans le but de soustraire le contrat de concession aux obligations de publicité et de mise en concurrence ;

5º Lorsque les modifications, quel qu'en soit le montant, ne sont pas substantielles.

Une modification est considérée comme substantielle lorsqu'elle change la nature globale du contrat de concession. En tout état de cause, une modification est substantielle lorsqu'au moins une des conditions suivantes est remplie :

a) Elle introduit des conditions qui, si elles avaient figuré dans la procédure de passation initiale, auraient attiré davantage de participants ou permis l'admission de candidats ou soumissionnaires autres que ceux initialement admis ou le choix d'une offre autre que celle initialement retenue ;

b) Elle modifie l'équilibre économique de la concession en faveur du concessionnaire d'une manière qui n'était pas prévue dans le contrat de concession initial ;

c) Elle étend considérablement le champ d'application du contrat de concession ;

d) Elle a pour effet de remplacer le concessionnaire auquel l'autorité concédante a initialement attribué le contrat de concession par un nouveau concessionnaire, en dehors des hypothèses visées au 4º ;

6º Lorsque le montant de la modification est inférieur au seuil visé à l'article 9 et à 10 % du montant du contrat de concession initial, sans qu'il soit nécessaire de vérifier si les conditions énoncées au 5º sont remplies. — [V. désormais CCP, art. R. 3135-1, R. 3135-2, R. 3135-5, R. 3135-6, R. 3135-7, R. 3135-8.]

Sur l'entrée en vigueur du présent art., V. Ord. nº 2016-65 du 29 janv. 2016, art. 55 et 78, supra.

Art. 37 *I. — Lorsque le contrat de concession est conclu par un pouvoir adjudicateur, le montant des modifications prévues aux 2º et 3º de l'article 36 ne peut être supérieur à 50 % du montant du contrat de concession initial. Lorsque plusieurs modifications successives sont effectuées dans le respect des dispositions du présent article, cette limite s'applique au montant de chaque modification.*

Ces modifications consécutives ne doivent pas avoir pour objet de contourner les obligations de publicité et de mise en concurrence.

II. — Pour le calcul du montant des modifications mentionnées au 6º de l'article 36 et au I, le montant actualisé du contrat de concession initial est le montant de référence lorsque le contrat de concession comporte une clause d'indexation. Dans le cas contraire, le montant actualisé du contrat de concession initial est calculé en tenant compte de l'inflation moyenne dans l'État membre de l'autorité concédante.

Lorsque plusieurs modifications successives relevant du 6° de l'article 36 sont effectuées, l'autorité concédante prend en compte leur montant cumulé.

III. — Pour les contrats de concession relevant du 1° de l'article 9, l'autorité concédante publie un avis de modification du contrat de concession dans les hypothèses prévues aux 2° et 3° de l'article 36.

Cet avis est publié au Journal officiel de l'Union européenne dans les conditions fixées à l'article 16, conformément au modèle fixé par le règlement d'exécution du 11 novembre 2015 susvisé. — [*V. désormais CCP, art. R. 3135-3, R. 3135-4, R. 3135-8, R. 3135-9, R. 3135-10.*]

Sur l'entrée en vigueur du présent art., V. Ord. n° 2016-65 du 29 janv. 2016, art. 55 et 78, supra.

TITRE IV DISPOSITIONS RELATIVES AUX COLLECTIVITÉS TERRITORIALES ET À LEURS GROUPEMENTS

Art. 38 *V. CGCT, art. R. 1311-2.*

Art. 39 *V. CGCT, art. R. 1410-1 à R. 1410-2, R. 1411-1, R. 1411-8, infra.*

TITRE V DISPOSITIONS RELATIVES À L'OUTRE-MER

CHAPITRE I *DISPOSITIONS PARTICULIÈRES À MAYOTTE*

Art. 40 *Pour l'application du III de l'article 6, les mots : "directeur départemental des finances publiques" sont remplacés par les mots : "directeur régional des finances publiques de Mayotte".*

CHAPITRE II *DISPOSITIONS PARTICULIÈRES À SAINT-BARTHÉLEMY, SAINT-MARTIN ET SAINT-PIERRE-ET-MIQUELON*

Art. 41 *Pour l'application du présent décret à Saint-Barthélemy :*

1° Le second alinéa de l'article 1er est supprimé ;

2° Pour l'application du III de l'article 6, les mots : "directeur départemental des finances publiques" sont remplacés par les mots : "directeur local des finances publiques de Saint-Barthélemy ;

3° Le b du 2° de l'article 10 est ainsi rédigé :

"b) L'exploitation de services de transport de voyageur, à l'exclusion des transports routiers" ;

4° Au 2° de l'article 11, les mots : "et qu'un rapport soit communiqué à la Commission européenne si elle le demande" sont supprimés ;

5° Le premier alinéa de l'article 14 est ainsi rédigé :

"L'autorité concédante publie un avis de concession." ;

6° A l'article 15, les mots : "au Journal officiel de l'Union européenne" sont remplacés par les mots "au Journal officiel de la collectivité de Saint-Barthélemy" ;

7° Les I et II de l'article 16 sont supprimés ;

8° Le II de l'article 32 est ainsi rédigé :

"II. — L'avis d'attribution est publié au Journal officiel de la collectivité de Saint-Barthélemy." ;

9° Au I de l'article 35, les mots : "au sens de la recommandation du 6 mai 2003 susvisée" sont supprimés ;

10° Le deuxième alinéa du III de l'article 37 est ainsi rédigé :

"Cet avis est publié au Journal officiel de la collectivité de Saint-Barthélemy." ;

11° L'article 51 est supprimé.

Art. 42 *Pour l'application du présent décret à Saint-Martin :*

1° Au III de l'article 6, les mots : "directeur départemental des finances publiques" sont remplacés par les mots : "directeur local des finances publiques de Saint-Martin" ;

2° L'article 51 est supprimé.

Art. 43 *Pour l'application du présent décret à Saint-Pierre-et-Miquelon :*

1° Le second alinéa de l'article 1er est supprimé ;

2° Au III de l'article 6, les mots : "directeur départemental des finances publiques" sont remplacés par les mots : "directeur local des finances publiques de Saint-Pierre-et-Miquelon" ;

3° Au 2° de l'article 11, les mots : "et qu'un rapport soit communiqué à la Commission européenne si elle le demande" sont supprimés ;

4° Le premier alinéa de l'article 14 est ainsi rédigé :

"L'autorité concédante publie un avis de concession." ;

5° A l'article 15, les mots : "au Journal officiel de l'Union européenne" sont remplacés par les mots "au Journal officiel de Saint-Pierre-et-Miquelon" ;

6° Les I et II de l'article 16 sont supprimés ;

7° Le II de l'article 32 est ainsi rédigé :

"II. — L'avis d'attribution est publié au Journal officiel de Saint-Pierre-et-Miquelon." ;

8° Au I de l'article 35, les mots : "au sens de la recommandation du 6 mai 2003 susvisée" sont supprimés ;

9° Le deuxième alinéa du III de l'article 37 est ainsi rédigé :

"Cet avis est publié au Journal officiel de Saint-Pierre-et-Miquelon." ;

10° L'article 51 est supprimé.

CHAPITRE III *DISPOSITIONS PARTICULIÈRES À LA NOUVELLE-CALÉDONIE*

Art. 44 *Le présent décret est applicable en Nouvelle-Calédonie* (Décr. n° 2018-1225 du 24 déc. 2018, art. 11) *« , dans sa rédaction résultant du décret n° 2018-1225 du 24 décembre 2018 portant diverses mesures relatives aux contrats de la commande publique, » aux contrats de concession, définis à la section 1 du chapitre I du titre I de l'ordonnance du 29 janvier 2016 susvisée, conclus par l'État et ses établissements publics sous réserve des dispositions suivantes :*

1° Le second alinéa de l'article 1er est supprimé ;

2° Le III de l'article 6 est supprimé ;

3° Les a et b du 2° de l'article 10 sont supprimés ;

4° Au 2° de l'article 11, les mots : "et qu'un rapport soit communiqué à la Commission européenne si elle le demande" sont supprimés ;

5° Le premier alinéa de l'article 14 est ainsi rédigé :

"L'autorité concédante publie un avis de concession." ;

6° A l'article 15, les mots : "au Journal officiel de l'Union européenne" sont remplacés par les mots : "au Journal officiel de la Nouvelle-Calédonie" ;

7° Les I et II de l'article 16 sont supprimés ;

8° Le II de l'article 32 est ainsi rédigé :

"II. — L'avis d'attribution est publié au Journal officiel de la Nouvelle-Calédonie." ;

9° Au I de l'article 35, les mots : "au sens de la recommandation du 6 mai 2003 susvisée" sont supprimés ;

10° Le deuxième alinéa du III de l'article 37 est ainsi rédigé :

"Cet avis est publié au Journal officiel de la Nouvelle-Calédonie" ;

11° Les articles 38, 39, 50 à 53 sont supprimés.

Sur l'application des dispositions issues du Décr. n° 2018-1225 du 24 déc. 2018, V. note ss. art. 32-1, supra.

CHAPITRE IV *DISPOSITIONS PARTICULIÈRES À LA POLYNÉSIE FRANÇAISE*

Art. 45 *Le présent décret est applicable en Polynésie française* (Décr. n° 2018-1225 du 24 déc. 2018, art. 11) *« , dans sa rédaction résultant du décret n° 2018-1225 du 24 décembre 2018 portant diverses mesures relatives aux contrats de la commande publique, » aux contrats de concession, définis à la section 1 du chapitre I du titre I de l'ordonnance du 29 janvier 2016 susvisée, conclus par l'État et ses établissements publics sous réserve des dispositions suivantes :*

1° Le second alinéa de l'article 1er est supprimé ;

2° Le III de l'article 6 est supprimé ;

3° Les a et b du 2° de l'article 10 sont supprimés ;

4° Au 2° de l'article 11, les mots : "et qu'un rapport soit communiqué à la Commission européenne si elle le demande" sont supprimés ;

5° Le premier alinéa de l'article 14 est ainsi rédigé :

"L'autorité concédante publie un avis de concession." ;

6° A l'article 15, les mots : "au Journal officiel de l'Union européenne" sont remplacés par les mots : "au Journal officiel de la Polynésie française" ;

7° Les I et II de l'article 16 sont supprimés ;

8° Le II de l'article 32 est ainsi rédigé :

"II. — L'avis d'attribution est publié au Journal officiel de la Polynésie française." ;

9° Au I de l'article 35, les mots : "au sens de la recommandation du 6 mai 2003 susvisée" sont supprimés ;

10° Le deuxième alinéa du III de l'article 37 est ainsi rédigé :

"Cet avis est publié au Journal officiel de la Polynésie française." ;

11° Les articles 38, 39, 50 à 53 sont supprimés.

Sur l'application des dispositions issues du Décr. n° 2018-1225 du 24 déc. 2018, V. note ss. art. 32-1, supra.

CHAPITRE V *DISPOSITIONS PARTICULIÈRES AUX ÎLES WALLIS-ET-FUTUNA*

Art. 46 *Le présent décret est applicable dans les îles Wallis-et-Futuna* (Décr. n° 2018-1225 du 24 déc. 2018, art. 11) *«, dans sa rédaction résultant du décret n° 2018-1225 du 24 décembre 2018 portant diverses mesures relatives aux contrats de la commande publique,» aux contrats de concession, définis à la section 1 du chapitre I du titre I de l'ordonnance du 29 janvier 2016 susvisée, conclus par l'État et ses établissements publics ainsi que par les autres organismes et personnes de droit public et de droit privé chargées par l'État d'une mission de service public administratif, sous réserve des dispositions suivantes :*

1° Le second alinéa de l'article 1er est supprimé ;

2° Le III de l'article 6 est supprimé ;

3° Les a et b du 2° de l'article 10 sont supprimés ;

4° Au 2° de l'article 11, les mots : "et qu'un rapport soit communiqué à la Commission européenne si elle le demande" sont supprimés ;

5° Le premier alinéa de l'article 14 est ainsi rédigé :

"L'autorité concédante publie un avis de concession." ;

6° A l'article 15, les mots : "au Journal officiel de l'Union européenne" sont remplacés par les mots : "au Journal officiel du Territoire des îles Wallis-et-Futuna" ;

7° Les I et II de l'article 16 sont supprimés ;

8° Le II de l'article 32 est ainsi rédigé :

"II. — L'avis d'attribution est publié au Journal officiel du Territoire des îles Wallis-et-Futuna." ;

9° Au I de l'article 35, les mots : "au sens de la recommandation du 6 mai 2003 susvisée" sont supprimés ;

10° Le deuxième alinéa du III de l'article 37 est ainsi rédigé :

"Cet avis est publié au Journal officiel du Territoire des îles Wallis-et-Futuna." ;

11° Les articles 38, 39, 50 à 53 sont supprimés.

Sur l'application des dispositions issues du Décr. n° 2018-1225 du 24 déc. 2018, V. note ss. art. 32-1, supra.

CHAPITRE VI *DISPOSITIONS APPLICABLES DANS LES TERRES AUSTRALES ET ANTARCTIQUES FRANÇAISES*

Art. 47 *Le présent décret est applicable dans les Terres australes et antarctiques françaises* (Décr. n° 2018-1225 du 24 déc. 2018, art. 11) *«, dans sa rédaction résultant du décret n° 2018-1225 du 24 décembre 2018 portant diverses mesures relatives aux contrats de la commande publique,» aux contrats de concession, définis à la section 1 du chapitre I du titre I de l'ordonnance du 29 janvier 2016 susvisée, conclus par l'État et ses établissements publics ainsi que par les autres organismes et personnes de droit public et de droit privé chargées par l'État d'une mission de service public administratif, sous réserve des dispositions suivantes :*

1° Le second alinéa de l'article 1er est supprimé ;

2° Au III de l'article 6, les mots : "directeur départemental des finances publiques" sont remplacés par les mots : "directeur régional des finances publiques de La Réunion" ;

3° Au 2° de l'article 11, les mots : "et qu'un rapport soit communiqué à la Commission européenne si elle le demande" sont supprimés ;

4° Le premier alinéa de l'article 14 est ainsi rédigé :

"L'autorité concédante publie un avis de concession." ;

5° A l'article 15, les mots : "au Journal officiel de l'Union européenne" sont remplacés par les mots "au Journal officiel des Terres australes et antarctiques françaises" ;

6° Les I et II de l'article 16 sont supprimés ;

7° Le II de l'article 32 est ainsi rédigé :

"II. — L'avis d'attribution est publié au Journal officiel des Terres australes et antarctiques françaises." ;

8° Au I de l'article 35, les mots : "au sens de la recommandation du 6 mai 2003 susvisée" sont supprimés ;

9° Le deuxième alinéa du III de l'article 37 est ainsi rédigé :

"Cet avis est publié au Journal officiel des Terres australes et antarctiques françaises." ;

10° Les articles 38, 39, 50 à 53 sont supprimés.

Sur l'application des dispositions issues du Décr. n° 2018-1225 du 24 déc. 2018, V. note ss. art. 32-1, supra.

TITRE VI DISPOSITIONS DIVERSES

Art. 48 *Les seuils fixés dans le présent décret peuvent être modifiés par décret.*

Art. 49 *Dans toutes les dispositions réglementaires en vigueur, pour les contrats passés en application du présent décret, les références aux articles du chapitre IV du titre II de la loi du 29 janvier 1993 susvisée ou à l'ordonnance n° 2009-864 du 15 juillet 2009 relative aux contrats de concession de travaux publics et à leurs décrets d'application s'entendent comme faisant référence à l'ordonnance du 29 janvier 2016 susvisée et au présent décret pour autant que lesdits contrats eussent relevé du champ d'application de ces dispositions avant l'entrée en vigueur de cette ordonnance.*

Art. 50 V. C. éduc., art. D. 213-30.

Art. 51 V. C. urb., art. R. 300-4, R.* 300-5, R.* 300-7, R. 300-9.

Art. 52 V. Décr. n° 2006-1534 du 6 déc. 2006, art. 27. — **C. transp.**

Art. 53 V. Décr. n° 2015-815 du 3 juill. 2015, art. 1er, 2.

Art. 54 *Sont abrogés :*

1° Les articles R. 1411-2 à R. 1411-2-2 et R. 1411-7 et le chapitre V du titre I du livre IV de la première partie du code général des collectivités territoriales ;

2° Les articles R. 300-6, R.* 300-8, R. 300-9-1, R.* 300-10, R.* 300-11 et R.* 300-14 du code de l'urbanisme ;*

3° Le décret n° 93-471 du 24 mars 1993 portant application de l'article 38 de la loi n° 93-122 du 29 janvier 1993 relatif à la publicité des délégations de service public ;

4° Le décret n° 95-225 du 1er mars 1995 pris pour l'application de l'article 41 c de la loi n° 93-122 du 29 janvier 1993 relative à la prévention de la corruption et à la transparence de la vie économique et des procédures publiques, concernant les modalités de publicité des délégations de service public ;

5° Le titre IV du décret n° 97-638 du 31 mai 1997 pris pour l'application de la loi n° 97-210 du 11 mars 1997 relative à la lutte contre le travail illégal ;

6° Le décret n° 2005-236 du 14 mars 2005 relatif au rapport annuel du délégataire de service public local et modifiant le code général des collectivités territoriales (partie Réglementaire) ;

7° Le décret n° 2010-406 du 26 avril 2010 relatif aux contrats de concession de travaux publics et portant diverses dispositions en matière de commande publique.

TITRE VII DISPOSITIONS TRANSITOIRES ET FINALES

Art. 55 *L'ordonnance du 29 janvier 2016 susvisée et le présent décret entrent en vigueur le 1er avril 2016.*

Le présent décret s'applique aux contrats de concession pour lesquels une consultation est engagée ou un avis de concession est envoyé à la publication à compter de sa date d'entrée en vigueur.

TABLE DES DÉCISIONS DE JURISPRUDENCE

NOTA. Ce tableau recense toutes les décisions, arrêts, jugements et avis (ci-après dénommés « décisions ») cités dans l'ouvrage.

CJUE, ord.		
CJUE, ord.	20/06/2013	***Consiglio Nazionale degli Ingegneri c/ Cne di Castelvecchio Subequo et Cne di Barisciano,*** (C-352/12), CCP, art. L. 2511-6, **J. 3**, **p. 364** ; art. R. 2122-1, **J. 2**, **p. 543.**
CJUE, ord.	16/05/2013	***Consulta Regionale Ordine Ingegneri della Lombardia et a. c/ Cne di Pavia,*** (C-564/11), CCP, art. L. 2511-6, **J. 3**, **p. 364.**
CEDH		**Cour européenne des droits de l'homme**.
CEDH	09/12/1994	***Raffineries grecques Stran c/ Grèce,*** (13427/8), CCP, art. L. 6, **J. 31**, **p. 27** ; art. L. 2194-2, **J. 1**, **p. 288.**
CJCE		**Cour de justice des Communautés européennes**.
CJCE	15/10/2009	***Acoset SpA,*** (C-196/08), CCP, avant art. L. 2222-1, **J. 4**, **p. 320** ; art. L. 2511-5, **J. 17**, **p. 361** ; art. L. 3211-9, **J. 3**, **p. 494.**
CJCE	21/03/2002	***Adolf Truley,*** (C-373/00), CCP, art. L. 1211-1, **J. 5**, **p. 104**, **J. 11**, **p. 105**, **J. 14**, **p. 107.**
CJCE	10/05/2001	***Agora Srl,*** (C-223/99), CCP, art. L. 1211-1, **J. 3**, **p. 104.**
CJCE	28/10/1999	***Alcatel Austria,*** (C-81/98), CCP, art. R. 2182-1, **J. 1**, **p. 707** ; Dir. 89/665/CEE du 21 déc. 1989, art. 5, **J. 1**, **p. 1760.**
CJCE	11/03/2003	***Alexander Dory,*** (C-186/01), CCP, art. L. 1330-1, **J. 4**, **p. 123.**
CJCE	26/10/1999	***Angela Maria Sirdar,*** (C-273/97), CCP, art. L. 1330-1, **J. 4**, **p. 123.**
CJCE	07/12/2000	***ARGE Gewässerschutz,*** (C-94/99), CCP, art. L. 1220-2, **J. 1**, **p. 116.**
CJCE	22/05/2003	***Arkkitehtuuritoimisto Riita Kornhonen Oy,*** (C-18/01), CCP, art. L. 1211-1, **J. 5**, **p. 104.**
CJCE	19/04/2007	***Asociación Nacional de Empresas Forestales (Asemfo),*** (C-295/05), CCP, art. L. 2511-5, **J. 10**, **p. 359.**
CJCE	18/12/2007	***Asociación Profesional de Empresas de Reparto y Manipulado de Correspondencia,*** (C-220/06), CCP, art. L. 3, **J. 5**, **p. 17** ; art. L. 1111-1, **J. 2**, **p. 40** ; art. L. 2511-5, **J. 8**, **p. 359** ; art. L. 2512-4, **J. 1**, **p. 367.**
CJCE	19/05/2009	***Assitur Srl,*** (C-538/07), CCP, art. L. 2141-11, **J. 2**, **p. 178.**
CJCE	06/04/2006	***Associazione nazionale autotrasporto viaggiatori (ANAV),*** (C-410/04), CCP, art. L. 2511-5, **J. 9**, **p. 359.**

CJCE	24/11/2005	***ATI EAC srl e Viaggi di Maio Snc,*** (C-331/04), CCP, art. R. 2152-12, **J. 30**, **p. 652.**
CJCE	18/01/2007	***Auroux e.a.,*** (C-220/05), CCP, art. L. 1111-5, **J. 3**, **p. 63.**
CJCE	14/04/1994	***Ballast Nedam Groep NV,*** (C-389/92), CCP, art. R. 2142-3, **J. 1**, **p. 583.**
CJCE	18/12/1997	***Ballast Nedam Groep,*** (C-5/97), CCP, art. R. 2142-3, **J. 1**, **p. 583.**
CJCE	13/12/2007	***Bayerischer Rundfunk,*** (C-337/06), CCP, art. L. 1211-1, **J. 8**, **p. 104** ; art. L. 2513-1, **J.**, **p. 371.**
CJCE	20/09/1988	***Beentjes,*** (C-31/87), CCP, art. R. 2144-7, **J. 1**, **p. 607** ; art. R. 2152-12, **J. 1**, **p. 645**, **J. 14**, **p. 647.**
CJCE, ord.	03/12/2001	***Bent Mousten Vestergaard,*** (C-59/00), CCP, art. L. 3, **J. 5**, **p. 17.**
CJCE	10/11/1998	***BFI Holding,*** (C-360/96), CCP, art. L. 1211-1, **J. 14**, **p. 107.**
CJCE	11/05/2006	***Carbotermo SpA,*** (C-340/04), CCP, art. L. 2511-5, **J. 12**, **p. 359** ; art. L. 2511-8, **J. 1**, **p. 366.**
CJCE	09/07/1987	***CEI et Bellini,*** (C-27/86 à C-29/86, pt 15), CCP, art. L. 1, **J. 5**, **p. 12.**
CJCE	13/11/2008	***Coditel Brabant SA c/ Cne d'Uccle, Région de Bruxelles-Capitale,*** (C-324/07), CCP, art. L. 2511-5, **J. 12**, **p. 359** ; art. L. 3211-9, **J. 1**, **p. 494.**
CJCE	28/03/1996	***Commission c/ Allemagne,*** (C-318/94), CCP, art. L. 2122-1, **J. 1**, **p. 171** ; art. R. 2122-1, **J. 2**, **p. 543.**
CJCE	10/04/2003	***Commission c/ Allemagne,*** (C-28/01), CCP, art. R. 2122-3, **J. 1**, **p. 544.**
CJCE	18/11/2004	***Commission c/ Allemagne,*** (C-126/03), CCP, art. L. 2193-3, **J. 6**, **p. 274** ; art. R. 2122-1, **J. 2**, **p. 543.**
CJCE	18/07/2007	***Commission c/ Allemagne,*** (C-503/04), Dir. 89/665/CEE du 21 déc. 1989, art. 5, **J. 2**, **p. 1760.**
CJCE	09/06/2009	***Commission c/ Allemagne,*** (C-480/06), CCP, art. L. 2511-6, **J. 1**, **p. 363.**
CJCE	15/10/2009	***Commission c/ Allemagne,*** (C-275/08), CCP, art. R. 2122-1, **J. 2**, **p. 543** ; art. R. 2122-3, **J. 4**, **p. 545.**
CJCE	29/10/2009	***Commission c/ Allemagne,*** (C-536/07), CCP, art. L. 1111-2, **J. 8**, **p. 49** ; art. L. 1111-5, **J. 3**, **p. 63.**
CJCE	24/06/2004	***Commission c/ Autriche,*** (C-212/02), CCP, art. R. 2182-1, **J. 1**, **p. 707** ; Dir. 89/665/CEE du 21 déc. 1989, art. 5, **J. 1**, **p. 1760.**
CJCE	10/11/2005	***Commission c/ Autriche,*** (C-29/04), CCP, art. L. 2511-5, **J. 4**, **p. 358.**
CJCE	*22/04/1994*	***Commission c/ Belgique,*** (C-87/94), CCP, art. L. 1212-4, **J. 2**, **p. 111.**
CJCE	16/10/2003	***Commission c/ Belgique,*** (C-252/01), CCP, art. L. 2512-3, **J. 1**, **p. 367.**

CJCE	23/04/2009	***Commission c/ Belgique,*** (C-292/07), CCP, art. R. 2152-4, **J. 4, p. 630.**
CJCE	16/09/1999	***Commission c/ Espagne,*** (C-414/97), CCP, art. L. 1330-1, **J. 1, p. 123.**
CJCE	03/04/2008	***Commission c/ Espagne,*** (C-444/06), CCP, art. R. 2182-1, **J. 1, p. 707** ; Dir. 89/665/CEE du 21 déc. 1989, art. 5, **J. 1, p. 1760, J. 3, p. 1760.**
CJCE	15/12/2009	***Commission c/ Finlande,*** (C-284/05), CCP, art. L. 1330-1, **J. 5, p. 123.**
CJCE	26/09/2000	***Commission c/ France,*** (C-225/98), CCP, art. R. 2152-12, **J. 14, p. 647.**
CJCE	05/10/2000	***Commission c/ France,*** (C-16/98), CCP, art. L. 1111-2, **J. 4, p. 48** ; art. R. 2121-7, **J. 1, p. 540, J. 3, p. 540.**
CJCE	05/10/2000	***Commission c/ France,*** (C-337/98), CCP, art. L. 3135-1, **J. 1, p. 481.**
CJCE	01/02/2001	***Commission c/ France,*** (C-237/99), CCP, art. L. 1211-1, **J. 10, p. 105.**
CJCE	20/10/2005	***Commission c/ France,*** (C-264/03), CCP, art. L. 2422-11, **J. 20, p. 350.**
CJCE	11/06/2009	***Commission c/ France,*** (C-327/08), C. pr. civ., art. 1441-1, **J., p. 1868.**
CJCE	02/06/2005	***Commission c/ Grèce,*** (C-394/02), CCP, art. R. 2122-3, **J. 2, p. 544.**
CJCE	19/03/2009	***Commission c/ Grèce,*** (C-489/06), CCP, art. R. 2111-17, **J. 4, p. 522.**
CJCE	04/06/2009	***Commission c/ Grèce,*** (C-250/07), CCP, art. L. 2152-4, **J. 1, p. 185.**
CJCE	12/11/2009	***Commission c/ Grèce,*** (C-199/07), CCP, art. R. 2131-17, **J. 2, p. 571** ; art. R. 2144-7, **J. 1, p. 607** ; art. R. 2152-12, **J. 1, p. 645.**
CJCE	13/11/2007	***Commission c/ Irlande,*** (C-507/03), CCP, art. R. 2123-6, **J. 1, p. 555.**
CJCE	18/12/2007	***Commission c/ Irlande,*** (C-532/03), CCP, art. L. 1111-1, **J. 10, p. 42.**
CJCE	05/12/1989	***Commission c/ Italie,*** (C-3/88), CCP, art. L. 1111-5, **J. 3, p. 63.**
CJCE	02/08/1993	***Commission c/ Italie,*** (C-107/92), CCP, art. R. 2122-1, **J. 2, p. 543.**
CJCE	26/04/1994	***Commission c/ Italie,*** (C-272/91), CCP, art. L. 1111-3, **J. 1, p. 54** ; art. L. 1121-3, **J. 1, p. 75.**
CJCE	18/05/1995	***Commission c/ Italie,*** (C-57/94), CCP, art. L. 2122-1, **J. 1, p. 171.**
CJCE	14/09/2004	***Commission c/ Italie,*** (C-385/02), CCP, art. R. 2122-1, **J. 1, p. 543** ; art. R. 2122-3, **J. 2, p. 544** ; art. R. 2122-7, **J., p. 547.**
CJCE	27/10/2005	***Commission c/ Italie,*** (C-187/04), CCP, art. L. 1121-2, **J. 1, p. 73** ; art. R. 2121-7, **J. 2, p. 540.**

CJCE	18/07/2007	***Commission c/ Italie,*** (C-382/05), CCP, art. L. 1111-4, **J. 2**, **p. 55** ; art. L. 1121-3, **J. 5**, **p. 75.**
CJCE	29/11/2007	***Commission c/ Italie,*** (C-119/06), CCP, art. L. 1111-1, **J. 19**, **p. 44** ; art. L. 1220-1, **J. 1**, **p. 113** ; art. R. 2123-6, **J. 1**, **p. 555** ; art. R. 2162-6, **J. 1**, **p. 676.**
CJCE	21/02/2008	***Commission c/ Italie,*** (C-412/04), CCP, art. L. 3, **J. 5**, **p. 17** ; art. L. 1111-1, **J. 17**, **p. 44**, **J. 22**, **p. 45** ; art. L. 1111-5, **J. 2**, **p. 63**, **J. 3**, **p. 63.**
CJCE	08/04/2008	***Commission c/ Italie,*** (C-337/05), CCP, art. L. 1330-1, **J. 4**, **p. 123**, **J. 5**, **p. 123** ; art. L. 2511-5, **J. 2**, **p. 358** ; art. R. 2122-3, **J. 3**, **p. 544.**
CJCE	17/07/2008	***Commission c/ Italie,*** (C-371/05), CCP, art. L. 2511-5, **J. 11**, **p. 359.**
CJCE	02/10/2008	***Commission c/ Italie,*** (C-157/06), CCP, art. L. 1330-1, **J. 4**, **p. 123.**
CJCE	13/11/2008	***Commission c/ Italie,*** (C-437/07), CCP, art. L. 1111-2, **J. 18**, **p. 52** ; art. L. 1121-2, **J. 2**, **p. 73.**
CJCE	24/01/1995	***Commission c/ Pays-Bas,*** (C-359/93), CCP, art. R. 2111-17, **J. 1**, **p. 521** ; art. R. 2131-17, **J. 10**, **p. 573.**
CJCE	11/07/1991	***Commission c/ Portugal,*** (C-247/89), CCP, art. L. 1212-4, **J. 1**, **p. 111.**
CJCE	21/07/2005	***Coname,*** (C-231/03), CCP, art. L. 3, **J. 6**, **p. 17** ; art. L. 1121-3, **J. 3**, **p. 75** ; art. L. 2511-5, **J. 14**, **p. 360.**
CJCE	17/09/2002	***Concordia Bus Finland,*** (C-513/99), CCP, art. L. 1212-4, **J. 2**, **p. 111** ; art. R. 2144-7, **J. 1**, **p. 607** ; art. R. 2152-12, **J. 1**, **p. 645**, **J. 18**, **p. 649.**
CJCE	03/04/2008	***Dirk Rüffert,*** (C-346/06), CCP, art. L. 2112-2, **J. 1**, **p. 145** ; art. R. 2144-7, **J. 34**, **p. 614.**
CJCE	24/01/2008	***Emm. G. Lianakis AE,*** (C-532/06), CCP, art. R. 2144-7, **J. 1**, **p. 607** ; art. R. 2152-12, **J. 1**, **p. 645**, **J. 30**, **p. 652.**
CJCE	10/09/2009	***Eurawasser,*** (C-206/08), CCP, art. L. 1111-4, **J. 5**, **p. 55** ; art. L. 1121-3, **J. 10**, **p. 78.**
CJCE	04/12/2003	***EVN AG et Wienstrom,*** (C-448/01), CCP, art. R. 2152-12, **J. 22**, **p. 651**, **J. 28**, **p. 652**, **J. 31**, **p. 652.**
CJCE	03/03/2005	***Fabricom SA,*** (C-21/03), CCP, art. R. 2144-7, **J. 39**, **p. 614.**
CJCE	14/11/2002	***Felix Swoboda GmbH,*** (C-411/00), CCP, Ancien art. R. 2123-2, **J.**, **p. 553.**
CJCE	18/12/2007	***Frigerio Luigi et C. Snc,*** (C-357/06), CCP, art. R. 2142-22, **J. 1**, **p. 595** ; art. R. 2144-7, **J. 41**, **p. 615.**
CJCE	19/06/2003	***GAT,*** (C-315/01), CCP, art. R. 2144-7, **J. 1**, **p. 607**, **J. 2**, **p. 607** ; art. R. 2152-12, **J. 1**, **p. 645**, **J. 2**, **p. 645.**
CJCE	*10/11/1998*	***Gemeente Arnhem c/ BFI Holding,*** (C-360/96), CCP, art. L. 1211-1, **J. 2**, **p. 104.**
CJCE	19/04/1994	***Gestión Hotelera Internacional SA,*** (C-331/92), CCP, art. L. 1111-5, **J. 1**, **p. 63**, **J. 3**, **p. 63.**

CJCE	12/02/2004	***Grossmann Air Service,*** (C-230/02), CJA, art. R. 551-6, **J. 14, p. 1853.**
CJCE	02/12/1999	***Holst Italia SpA,*** (C-176/98), CCP, art. R. 2142-3, **J. 2, p. 583.**
CJCE	27/11/2001	***Impresa Lombardini SpA,*** (C-285/99 et C-286/99), CCP, art. R. 2151-6, **J. 9, p. 621** ; art. R. 2152-4, **J. 1, p. 630, J. 4, p. 630** ; avant art. R. 2152-6, **J. 18, p. 639.**
CJCE	10/04/2008	***Ing. Aigner, Wasser-Wärme-Umwelt, GmbH,*** (C-393/06), CCP, art. L. 1211-1, **J. 6, p. 104** ; art. L. 1212-4, **J. 3, p. 111.**
CJCE	18/01/2007	***Jean Auroux et a.,*** (C-220/05); CCP, art. L. 1111-1, **J. 18, p. 44** ; art. L. 1111-2, **J. 5, p. 48, J. 10, p. 50, J. 24, p. 53** ; C. urb., art. L. 300-4, **J. 1, p. 1697.**
CJCE	09/02/2006	***La Cascina Soc. Coop. Arl,*** (C-226/04 et C-228/04), CCP, art. L. 2141-11, **J. 3, p. 179.**
CJCE	23/01/2003	***Makedoniko c/ Elliniko Dimosio,*** (C-57/01), CCP, art. R. 2142-26, **J. 2, p. 598.**
CJCE	15/01/1998	***Mannesmann Anlagenbau Austria AG e.a.,*** (C-44/96), CCP, art. L. 1211-1, **J. 1, p. 103, J. 14, p. 107.**
CJCE	14/06/2007	***Medipac-Kazantzidis,*** (C-6/05), CCP, art. L. 3, **J. 5, p. 17** ; art. R. 2111-17, **J. 4, p. 522.**
CJCE	16/12/2008	***Michaniki AE c/ Ethniko Symvoulio Radiotileorasis, Ypourgos Epikrateias,*** (C-213/07), CCP, art. L. 2141-11, **J. 1, p. 178** ; art. R. 2131-17, **J. 2, p. 571.**
CJCE	12/07/2001	***Ordine degli Architetti delle Province di Milano e Lodi,*** (C-399/98), CCP, art. L. 1111-1, **J. 1, p. 40, J. 17, p. 44, J. 22, p. 45** ; art. L. 1111-2, **J. 4, p. 48, J. 5, p. 48, J. 9, p. 49.**
CJCE	11/06/2009	***Oymanns OrthopädieSchuhtechnik,*** (C-300/07), CCP, art. L. 1111-5, **J. 5, p. 64** ; art. L. 1211-1, **J. 9, p. 104** ; art. R. 2162-6, **J. 2, p. 676.**
CJCE	13/10/2005	***Parking Brixen GmbH,*** (C-458/03), CCP, art. L. 1111-4, **J. 1, p. 55** ; art. L. 1121-3, **J. 4, p. 75** ; art. L. 2511-5, **J. 3, p. 358.**
CJCE	19/06/2008	***Pressetext Nachrichtenagentur GmbH c/ Republik Österreich,*** (C-454/06), CCP, art. L. 2112-5, **J. 1, p. 149** ; art. L. 2194-1, **J. 1, p. 284** ; art. L. 3135-1, **J. 1, p. 481.**
CJCE	10/09/2009	***Sea Sarl c/ Cne di Ponte Nossa,*** (C-573/07), CCP, art. L. 2511-5, **J. 13, p. 360.**
CJCE	15/05/2008	***SECAP SpA c/ Cne di Torino,*** (C-147/06 et C-148/06), CCP, art. L. 3, **J. 7, p. 17** ; art. R. 2152-4, **J. 2, p. 630.**
CJCE	18/10/2001	***SIAC Construction,*** (C-19/00), CCP, art. R. 2144-7, **J. 1, p. 607** ; art. R. 2152-12, **J. 1, p. 645.**
CJCE	07/10/2004	***Sintesi SpA,*** (C-247/02), CCP, art. R. 2152-12, **J. 40, p. 655.**
CJCE	11/01/2005	***Stadt Halle,*** (C-26/03), CCP, art. L. 2511-5, **J. 2, p. 358.**
CJCE	18/11/1999	***Teckal Srl,*** (C-107/98), CCP, art. L. 2511-5, **J. 1, p. 357.**

CJCE	07/12/2000	***Telaustria et Telefonadress,*** (C-324/98), CCP, art. L. 1, **J. 5**, **p. 12** ; art. L. 3, **J. 5**, **p. 17** ; art. L. 1121-3, **J. 2**, **p. 75.**
CJCE	10/04/2008	***Termoraggi SpA c/ Cne di Monza,*** (C-323/07), CCP, art. L. 2511-5, **J. 1**, **p. 357** ; art. L. 2512-4, **J. 2**, **p. 368.**
CJCE	03/10/2000	***The Queen HM Treasury, The University of Cambridge,*** (C-390/98), CCP, art. L. 1211-1, **J. 7**, **p. 104.**
CJCE	16/10/2003	***Traunfellner GmbH,*** (C-421/01), CCP, art. R. 2151-11, **J. 5**, **p. 624.**
CJCE	12/12/2002	***Universale-Bau e.a.,*** (C-470/99), CCP, art. L. 1211-1, **J. 4**, **p. 104** ; art. R. 2131-17, **J. 2**, **p. 571.**
CJCE	14/02/2008	***Varec SA,*** (C-450/06), CCP, art. R. 2182-1, **J. 1**, **p. 707** ; Dir. 89/665/CEE du 21 déc. 1989, art. 5, **J. 1**, **p. 1760.**
CJCE	10/09/2009	***Wasser und Abwasserzweckverband Gotha und Landkreisgemeinden,*** (C-206/08), CCP, art. L. 1111-4, **J. 3**, **p. 55** ; art. L. 1121-3, **J. 6**, **p. 75.**
CJCE	19/06/2003	***Werner Hackermüller,*** (C-249/01), Dir. 89/665/CEE du 21 déc. 1989, art. 5, **J. 4**, **p. 1761.**
CJUE		**Cour de justice de l'Union européenne.**
CJUE	03/02/2022	***Advania Sverige AB, Kammarkollegiet,*** (C-461/20), CCP, art. L. 2194-1, **J. 3**, **p. 285.**
CJUE	08/05/2013	***All Projects et Developments NV e.a. c/ Vlaamse Regering,*** (C-203/11), CCP, art. L. 1111-2, **J. 6**, **p. 48.**
CJUE	04/04/2019	***Allianz Vorsorgekasse AG,*** (C-699/17), CCP, art. L. 3, **J. 9**, **p. 18.**
CJUE	26/03/2015	***Ambisig – Ambiente e Sistemas de Informação Geográfica SA,*** (C-601/13), CCP, art. R. 2144-7, **J. 10**, **p. 608** ; art. R. 2152-12, **J. 11**, **p. 647.**
CJUE	28/11/2018	***Amt Azienda Trasporti e Mobilita SpA,*** (C-328/17), Dir. 89/665/CEE du 21 déc. 1989, art. 5, **J. 17**, **p. 1765.**
CJUE	25/10/2018	***Anodiki services EPE,*** (C-260/17), CCP, art. L. 1100-1, **J. 1**, **p. 31.**
CJUE	11/05/2017	***Archus sp. Zo. o et Gama Jacek Lipik,*** (C-131/16), CCP, avant art. R. 2151-6, **J. 19**, **p. 639** ; art. R. 2151-6, **J. 10**, **p. 622** ; Dir. 89/665/CEE du 21 déc. 1989, art. 5, **J. 16**, **p. 1765.**
CJUE	14/07/2022	***ASADE,*** (C-436/20), CCP, art. L. 2113-15, **J.**, **p. 169** ; art. R. 2123-6, **J. 4**, **p. 555.**
CJUE	04/06/2020	***Asmel Soc. cons. ar.l.,*** (C-3/19), CCP, art. L. 2113-5, **J. 3**, **p. 151.**
CJUE	19/12/2018	***Autorita Garante della Concorrenza e del Mercato – Antitrust, Coopservice Soc. Coop. Arl,*** (C-216/17), CCP, art. R. 2162-6, **J. 3**, **p. 676.**
CJUE	24/10/2019	***Autorité garante de la concurrence et du marché c/ Région autonome de Sardaigne,*** (C-515/18), CCP, art. L. 3126-3, **J.**, **p. 447.**
CJUE	18/12/2014	***Azienda Ospedaliero-Universitaria di Careggi-Firenze c/ Data Medical Service Srl,*** (C-568/13), CCP, art. L. 1220-2, **J. 4**, **p. 117** ; art. R. 2152-4, **J. 5**, **p. 631.**

CJUE	19/12/2012	***Azienda Sanitaria Locale di Lecce,*** (C-159/11), CCP, art. L. 3, **J. 7**, **p. 17** ; art. L. 1111-1, **J. 20**, **p. 44** ; art. L. 1220-1, **J. 2**, **p. 114** ; art. L. 1220-2, **J. 3**, **p. 117** ; art. L. 2511-6, **J. 2**, **p. 364.**
CJUE	11/12/2014	***Azienda sanitaria locale n. 5 « Spezzino » et a.,*** (C-113/13), CCP, art. L. 1220-1, **J. 3**, **p. 114.**
CJUE	14/11/2013	***Belgacom NV,*** (C-221/12), CCP, art. L. 3, **J. 8**, **p. 17** ; art. L. 1121-3, **J. 11**, **p. 79.**
CJUE	21/12/2016	***Bietergemeinschaft Technische Gebäudebetreuung GesmbH,*** (C-355/15), Dir. 89/665/CEE du 21 déc. 1989, art. 5, **J. 13**, **p. 1764.**
CJUE	05/04/2017	***Borta,*** (C-298/15), CCP, art. R. 2142-3, **J. 7**, **p. 584.**
CJUE	15/07/2010	***Bâtiments et Ponts Construction SA, WISAG Produktionsservice GmbH c/ Berlaymont 2000 SA,*** (C-74/09), CCP, art. L. 2141-11, **J. 4**, **p. 179.**
CJUE	06/11/2014	***Cartiera dell'Adda SpA,*** (C-42/13), CCP, art. L. 2141-11, **J. 7**, **p. 179.**
CJUE	28/04/2022	***Caruter Srl,*** (C-642/20), CCP, art. R. 2142-25, **J.**, **p. 596.**
CJUE	14/09/2017	***Casertana Costruzioni Srl,*** (C-223/16), CCP, art. R. 2142-26, **J. 1**, **p. 597.**
CJUE	19/06/2014	***Centro Hospitalar de Setubal EPE, Serviço de Utilizaçao Comum dos Hospitais (SUCH) c/ Eurest (Portugal) – Sociedade Europeia de Restaurantes Lda,*** (C-575/12), CCP, art. L. 2511-5, **J. 7**, **p. 359.**
CJUE	13/09/2018	***Ceska pojist'ovna a.s.,*** (C-287/17), Dir. 2011/7/UE du 16 févr. 2011, art. 6, **J.**, **p. 1716** ; art. 7, **J.**, **p. 1716.**
CJUE	10/11/2016	***Ciclat Soc. Coop.,*** (C-199/15), CCP, art. L. 2141-11, **J. 10**, **p. 180.**
CJUE	06/05/2010	***Club Hôtel Loutraki AE,*** (C-145/08 et C-149/08), CCP, art. L. 1111-5, **J. 3**, **p. 63** ; art. R. 2142-19, **J. 3**, **p. 592.**
CJUE	09/12/2010	***Combinatie Spijker Infrabouw-De Jonge Konstruktie,*** (C-568/08), Dir. 89/665/CEE du 21 déc. 1989, art. 5, **J. 8**, **p. 1762.**
CJUE	15/03/2012	***Commission c/ Allemagne,*** (C-574/10), CCP, art. R. 2121-7, **J. 3**, **p. 540.**
CJUE	26/05/2011	***Commission c/ Espagne,*** (C-306/08), CCP, art. L. 1111-5, **J. 2**, **p. 63.**
CJUE	15/12/2009	***Commission c/ Finlande,*** (C-284/05), CCP, art. L. 1330-1, **J. 5**, **p. 123.**
CJUE	27/10/2011	***Commission c/ Grèce,*** (C-601/10), CCP, art. L. 2122-1, **J. 1**, **p. 171.**
CJUE	28/01/2010	***Commission c/ Irlande,*** (C-456/08), Dir. 89/665/CEE du 21 déc. 1989, art. 5, **J. 5**, **p. 1761.**
CJUE	10/05/2012	***Commission c/ Pays-Bas,*** (C-368/10), CCP, art. R. 2111-17, **J. 2**, **p. 521** ; art. R. 2142-14, **J. 11**, **p. 589** ; art. R. 2152-12, **J. 19**, **p. 649.**
CJUE	15/07/2010	***Commission européenne c/ Allemagne,*** (C-271/08), CCP, art. R. 2123-6, **J. 3**, **p. 555.**

CJUE	17/02/2011	***Commission européenne c/ Chypre,*** (C-251/09), CCP, art. R. 2152-12, **J. 23**, **p. 651** ; art. R. 2181-4, **J. 1**, **p. 703.**
CJUE	22/04/2010	***Commission européenne c/ Espagne,*** (C-423/07), CCP, art. R. 2111-17, **J. 2**, **p. 521.**
CJUE	18/11/2010	***Commission européenne c/ Irlande,*** (C-226/09), CCP, art. R. 2123-6, **J. 2**, **p. 555** ; art. R. 2152-12, **J. 31**, **p. 652.**
CJUE	20/03/2018	***Commission européenne c/ République d'Autriche,*** (C-187/16), CCP, art. L. 2512-3, **J. 2**, **p. 367.**
CJUE	22/04/2021	***Commission européenne c/ République d'Autriche,*** (C-537/19), CCP, art. L. 1111-2, **J. 12**, **p. 50.**
CJUE	18/09/2019	***Commission européenne c/ République italienne,*** (C-526/17), CCP, art. L. 3114-8, **J. 1**, **p. 430.**
CJUE	12/05/2022	***Comune di Lerici,*** (C-719/20), CCP, art. L. 2511-5, **J. 16**, **p. 361.**
CJUE	06/10/2021	***Confederación Nacional de Centros Especiales de Empleo (Conacee),*** (C-598/19), CCP, art. L. 2113-13, **J.**, **p. 168.**
CJUE	14/12/2016	***Connexxion Taxi Services BV,*** (C-171/15), CCP, art. L. 2141-11, **J. 6**, **p. 179** ; avant art. R. 2152-6, **J. 13**, **p. 638.**
CJUE	06/10/2015	***Consorci Sanitari del Maresme,*** (C-203/14), CCP, art. L. 1220-2, **J. 5**, **p. 117.**
CJUE	28/01/2016	***Consorzio Artigiano Servizio Taxi e Autonoleggio (CASTA),*** (C-50/14), CCP, art. L. 1220-1, **J. 4**, **p. 115.**
CJUE	11/12/2014	***Croce Amica One Italia Srl c/ Azienda Regionale Emergenza Urgenza (AREU),*** (C-440/13), CCP, art. R. 2185-2, **J. 3**, **p. 713.**
CJUE	03/10/2019	***Delta Antrepriză de Construcții si Montaj 93 SA,*** (C-267/18), CCP, art. L. 2141-11, **J. 15**, **p. 181**, **J. 17**, **p. 181.**
CJUE	08/09/2016	***Domenico Politano,*** (C-225/15), CCP, art. L. 1121-3, **J. 14**, **p. 80.**
CJUE	02/06/2016	***Dr. Falk Pharma Gmbh,*** (C-410/14), CCP, art. L. 1111-3, **J. 2**, **p. 54.**
CJUE	29/11/2012	***Econord SpA,*** (C-182/11 et C-183/11), CCP, art. L. 2511-5, **J. 14**, **p. 360.**
CJUE	14/07/2022	***EPIC Financial Consulting Ges.m.b.H.,*** (C-274/21 et C-275/21), CCP, art. R. 2162-6, **J. 13**, **p. 679.**
CJUE	09/09/2010	***Ernst Engelman,*** (C-64/08), CCP, art. L. 1121-3, **J. 9**, **p. 77.**
CJUE	04/05/2017	***Esaprojekt,*** (C-387/14), CCP, art. R. 2142-3, **J. 8**, **p. 585** ; art. R. 2144-2, **J. 3**, **p. 605.**
CJUE	16/04/2015	***European Dynamics Belgium SA et a.,*** (C-173/14), CCP, art. R. 2152-12, **J. 50**, **p. 657.**
CJUE	12/03/2015	***eVigilo Ltd,*** (C-538/13), CCP, avant art. R. 2152-6, **J. 1**, **p. 635** ; art. R. 2152-12, **J. 49**, **p. 657.**
CJUE	21/03/2019	***Falck Rettungsdienste GmbH, Falck A/S,*** (C-465/17), CCP, art. L. 2512-5, **J. 3**, **p. 370.**

CJUE	04/07/2013	***Fastweb Spa c/ Azienda sanitaria locale di Alessandria, Telecom Italia SpA,*** (C-100/12), Dir. 89/665/CEE du 21 déc. 1989, art. 5, **J. 9, p. 1762.**
CJUE	03/02/2021	***Federazione Italiana Giuoco Calcio,*** (C-155/19 ¦ C-156/19), CCP, art. L. 1211-1, **J. 15, p. 107.**
CJUE	07/09/2016	***Finn Frogne A/S,*** (C-549/14), CCP, art. L. 2194-1, **J. 2, p. 285** ; CRPA, art. D. 423-7, **J. 8, p. 1738.**
CJUE	13/12/2012	***Forposta SA,*** (C-465/11), CCP, art. L. 2141-11, **J. 5, p. 179.**
CJUE	30/06/2020	***Ge.Fi.L- Gestione Fiscalita Locale SpA,*** (C-618/19), CCP, art. L. 2511-6, **J. 5, p. 364.**
CJUE	18/12/2014	***Generali-Providencia Biztosito Zrt c/ Közbeszer zesi Hatosag Közbeszerzesi DöntObizottsag,*** (C-470/13), CCP, art. L. 2141-11, **J. 8, p. 180.**
CJUE	22/10/2015	***Grupo Hospitalario Quirón SA,*** (C-552/13), CCP, art. R. 2111-17, **J. 3, p. 522.**
CJUE	19/06/2003	***Hackermüller,*** (C-249/01), Dir. 89/665/CEE du 21 déc. 1989, art. 5, **J. 9, p. 1762.**
CJUE	25/03/2010	***Helmut Müller,*** (C-451/08), CCP, art. L. 1111-2, **J. 11, p. 50, J. 19, p. 52** ; art. L. 1121-2, **J. 3, p. 73** ; art. L. 2111-1, **J. 2, p. 139.**
CJUE	18/10/2018	***IBA Molecular Italy Srl,*** (C-606/17), CCP, art. L. 1111-1, **J. 21, p. 44.**
CJUE	28/03/2019	***Idi Srl,*** (C-101/18), CCP, art. L. 2141-11, **J. 13, p. 181.**
CJUE	20/12/2017	***Impresa di Costruzioni Ing. E. Mantovani et RTI Mantovani e Guerrato,*** (C-178/16), CCP, art. L. 2141-11, **J. 11, p. 180.**
CJUE	22/10/2015	***Impresa Edilux Srl,*** (C-425/14), CCP, art. L. 2141-11, **J. 9, p. 180.**
CJUE	10/07/2014	***Impresa Pizzarotti & C. SpA c/ Cne de Bari et a.,*** (C-213/13), CCP, art. L. 1111-2, **J. 7, p. 49** ; art. L. 2512-5, **J. 2, p. 370.**
CJUE	07/06/2012	***Insinööritoimisto Ins Tiimi Oy,*** (C-615/10), CCP, art. L. 1330-1, **J. 5, p. 123.**
CJUE	23/12/2009	***Interuniversitario per le Scienze del mare c/ Regione Marche,*** (C-305/08), CCP, art. L. 1220-2, **J. 2, p. 116.**
CJUE	28/05/2020	***ISE,*** (C-796/18), CCP, art. L. 1100-1, **J. 4, p. 31** ; art. L. 1111-1, **J. 23, p. 45.**
CJUE	07/07/2022	***Italy Emergenza Cooperativa Sociale,*** (C-213/21 et C-214/21), CCP, art. L. 2512-5, **J. 6, p. 371.**
CJUE	12/09/2013	***IVD GmbH et Co. KG,*** (C-526/11), CCP, art. L. 1211-1, **J. 12, p. 105.**
CJUE	21/05/2015	***Kansaneläkelaitos,*** (C-269/14), CCP, art. L. 1121-3, **J. 12, p. 79.**
CJUE	03/10/2019	***Kauno miesto savivaldybe,*** (C-295/18), CCP, art. L. 1, **J. 5, p. 12.**

CJUE	07/09/2021	***Klaipedios regiono atlieky tvarkymo centras UAB,*** (C-927/19), CCP, art. L. 2141-13, **J.**, **p. 183** ; art. R. 2142-14, **J. 16**, **p. 590**, **J. 17**, **p. 590** ; Dir. 89/665/CEE du 21 déc. 1989, art. 5, **J. 21**, **p. 1766**, **J. 22**, **p. 1767.**
CJUE	02/05/2019	***Lavorgna Srl,*** (C-309/18), CCP, art. L. 2141-11, **J. 14**, **p. 181.**
CJUE	31/03/2022	***LB/ Smetna palata na Republica Bulgaria,*** (C-195/21), CCP, art. R. 2142-14, **J. 9**, **p. 588.**
CJUE	05/10/2017	***LitSpecMet UAB,*** (C-567/15), CCP, art. L. 1211-1, **J. 13**, **p. 106.**
CJUE	05/09/2019	***Lombardi Srl,*** (C-333/18), Dir. 89/665/CEE du 21 déc. 1989, art. 5, **J. 18**, **p. 1765.**
CJUE	08/05/2013	***M. Libert et a. c/ Gouvernement flamand,*** (C-197/11), CCP, art. L. 1111-2, **J. 6**, **p. 48.**
CJUE	28/02/2018	***MA.T.I. SUD SpA,*** (C-523/16 et C-536/16), CCP, art. R. 2152-2, **J. 2**, **p. 627.**
CJUE	13/07/2017	***Malpensa Logistica Europa SpA,*** (C-701/15), CCP, art. L. 1212-4, **J. 4**, **p. 111.**
CJUE	01/03/2018	***Maria Tirkkonen,*** (C-9/17), CCP, art. L. 1111-1, **J. 11**, **p. 42.**
CJUE	05/04/2017	***Marina del Mediterraneo SL et a.,*** (C-391/15), Dir. 89/665/CEE du 21 déc. 1989, art. 5, **J. 15**, **p. 1764.**
CJUE	19/06/2019	***Meca Srl c/ Commune di Napoli,*** (C-41/18), CCP, art. L. 2141-11, **J. 15**, **p. 181.**
CJUE	26/11/2015	***MedEval,*** (C-166/14), Dir. 89/665/CEE du 21 déc. 1989, art. 5, **J. 11**, **p. 1763.**
CJUE	08/06/2017	***Medisanus,*** (C-296/15), CCP, art. R. 2111-17, **J. 5**, **p. 523.**
CJUE	10/10/2013	***Ministeriet for Forskning, Innovation og Videregaende Uddannelser,*** (C-336/12), CCP, art. R. 2144-2, **J. 2**, **p. 605.**
CJUE	24/05/2016	***MT Hojgaard A/S,*** (C-396/14), CCP, art. R. 2142-19, **J. 2**, **p. 592.**
CJUE	24/03/2021	***NAMA Symvouloi Michanikoi kai Meletites AE,*** (C-771/19), Dir. 89/665/CEE du 21 déc. 1989, art. 5, **J. 19**, **p. 1765.**
CJUE	05/12/2013	***Nordecon AS,*** (C-561/12), CCP, art. R. 2152-2, **J. 6**, **p. 629** ; art. R. 2161-17, **J. 2**, **p. 671.**
CJUE	10/11/2011	***Norma-A SIA, Dekom SIA c/ Latgales planosanas regions,*** (C-348/10), CCP, art. L. 1111-4, **J. 5**, **p. 55** ; art. L. 1121-3, **J. 10**, **p. 78.**
CJUE	06/10/2015	***Orizzonte Salute – Studio Infermieristico Associato,*** (C-61/14), Dir. 89/665/CEE du 21 déc. 1989, art. 5, **J. 10**, **p. 1763.**
CJUE	14/01/2016	***Ostas celtnieks SIA,*** (C-234/14), CCP, art. R. 2142-3, **J. 4**, **p. 584.**
CJUE	06/06/2019	***P.M., N.G.d.M, P.V.d.S,*** (C-264/18), CCP, art. L. 2512-5, **J. 4**, **p. 370**, **J. 5**, **p. 370** ; art. R. 2123-1, **J. 1**, **p. 551.**

CJUE	11/06/2020	***Parsec Fondazione Parco delle Scienze e della Cultura,*** (C-219/19), CCP, art. L. 1220-1, **J. 5**, **p. 115.**
CJUE	07/04/2016	***Partner Apelski Dariusz,*** (C-324/14), CCP, art. R. 2142-3, **J. 6**, **p. 584** ; art. R. 2162-61, **J.**, **p. 689** ; avant art. R. 2152-6, **J. 17**, **p. 639.**
CJUE	28/10/2020	***Pegaso Srl Servizi Fiduciari,*** (C-521/18), CCP, art. L. 1212-4, **J. 5**, **p. 112.**
CJUE	13/06/2013	***Piepenbrock Dienstleistungen GmbH et Co KG,*** (C-386/11), CCP, art. L. 2511-6, **J. 3**, **p. 364.**
CJUE	02/06/2016	***Pippo Pizzo,*** (C-27/15), CCP, art. R. 2144-7, **J. 20**, **p. 610.**
CJUE	18/06/2020	***Porin kapunki,*** (C-328/19), CCP, art. L. 1100-1, **J. 3**, **p. 31** ; art. L. 2511-5, **J. 6**, **p. 359.**
CJUE	10/03/2011	***Privater Rettungsdienst und Krankentransport Stadler,*** (C-274/09), CCP, art. L. 1111-4, **J. 4**, **p. 55**, **J. 5**, **p. 55** ; art. L. 1121-3, **J. 7**, **p. 76**, **J. 10**, **p. 78.**
CJUE	14/07/2016	***Promoimpresa Srl, Mario Melis et a. c/ Consorzio dei comuni della sponda bresciana del lago di Garda et del lago di Idro,*** (C-458/14), CCP, art. L. 1100-1, **J. 13**, **p. 33** ; art. L. 1121-3, **J. 13**, **p. 79.**
CJUE	05/04/2016	***Puligienica Facility Esco SpA (PFE),*** (C-689/13), Dir. 89/665/CEE du 21 déc. 1989, art. 5, **J. 12**, **p. 1764.**
CJUE	03/06/2021	***Rad Service Srl Unipersonale, Cosmo Ambiente Srl, Cosmo Scavi Srl,*** (C-210/20), CCP, art. R. 2142-3, **J. 9**, **p. 585.**
CJUE	21/12/2021	***Randstad Italia SpA,*** (C-497/20), Dir. 89/665/CEE du 21 déc. 1989, art. 5, **J. 23**, **p. 1767.**
CJUE	17/11/2015	***RegioPost GmbH,*** (C-115/14), CCP, art. L. 2112-2, **J. 2**, **p. 145.**
CJUE	27/02/2010	***Reiner Grafe,*** (C-298/18), CCP, avant art. L. 3131-1, **J. 18**, **p. 456**, **J. 19**, **p. 456.**
CJUE	21/12/2016	***Remondis GmbH c/ Region Hannover,*** (C-51/15), CCP, art. L. 1100-1, **J. 2**, **p. 31.**
CJUE	04/06/2020	***Remonds GmbH,*** (C-429/19), CCP, art. L. 2511-6, **J. 4**, **p. 364.**
CJUE	01/08/2022	***Roma Multiservizi SpA,*** (C-322/20), CCP, art. L. 2141-11, **J. 19**, **p. 182** ; art. L. 3123-11, **J. 2**, **p. 442.**
CJUE	28/01/2016	***Rosanna Laezza,*** (C-375/14), CCP, art. L. 3132-6, **J. 19**, **p. 476.**
CJUE	14/01/2021	***RTS infra BVBA,*** (C-387/19), CCP, art. L. 2141-11, **J. 18**, **p. 182.**
CJUE	29/03/2012	***SAG ELV Slovensko,*** (C-599/10), CCP, art. R. 2151-6, **J. 9**, **p. 621** ; art. R. 2152-4, **J. 3**, **p. 630**, **J. 4**, **p. 630** ; avant art. R. 2152-6, **J. 18**, **p. 639.**
CJUE	08/07/2021	***Sanresa UAB,*** (C-295/20), CCP, art. L. 2112-2, **J. 3**, **p. 145.**
CJUE	16/04/2015	***SC Enterprise Focused Solutions SRL,*** (C-278/14), CCP, art. R. 2111-17, **J. 7**, **p. 523** ; avant art. R. 2152-6, **J. 12**, **p. 638.**

CJUE	15/09/2016	***SC Star Storage SA,*** (C-439/14 ¦ C-488/14), Dir. 89/665/CEE du 21 déc. 1989, art. 5, **J. 14**, **p. 1764.**
CJUE	10/09/2009	***Sea,*** (C-573/07, pt 38), CCP, art. L. 1, **J. 5**, **p. 12.**
CJUE	23/12/2009	***Serrantoni Srl, Consorzio stabile edili Scrl c/ Cne di Milano,*** (C-376/08), CCP, art. R. 2142-19, **J. 1**, **p. 592.**
CJUE	17/06/2021	***Simonsen & Weel,*** (C-23/20), CCP, art. R. 2162-4, **J. 4**, **p. 675** ; Dir. 89/665/CEE du 21 déc. 1989, art. 5, **J. 20**, **p. 1766.**
CJUE	02/09/2021	***Sisal SpA,*** (C-721/19 ¦ C-722/19), CCP, art. L. 3135-1, **J. 11**, **p. 483.**
CJUE	20/05/2021	***Sotsiaalministeerium,*** (C-6/20), CCP, art. R. 2142-14, **J. 8**, **p. 588** ; art. R. 2144-7, **J. 23**, **p. 611.**
CJUE	03/06/2010	***Sporting Exchange Ltd,*** (C-203/08), CCP, art. L. 1121-3, **J. 8**, **p. 76.**
CJUE	30/09/2010	***Stadt Graz c/ Strabag AG,*** (C-314/09), Dir. 89/665/CEE du 21 déc. 1989, art. 5, **J. 6**, **p. 1761.**
CJUE	10/10/2013	***Swm Costruzioni 2 SpA,*** (C-94/12), CCP, art. R. 2142-3, **J. 3**, **p. 583.**
CJUE	21/10/2010	***Symvoulio Apochetefseon Lefkosias,*** (C-570/08), Dir. 89/665/CEE du 21 déc. 1989, art. 5, **J. 7**, **p. 1762.**
CJUE	10/09/2020	***Tax-Fin-Lex d.o.o.,*** (C-367/19), CCP, art. R. 2152-4, **J. 6**, **p. 631.**
CJUE	08/05/2014	***Technische Universität Hamburg-Harburg, HIS c/ Datenlotsen Informationssysteme GmbH,*** (C-15/13), CCP, art. L. 2511-5, **J. 5**, **p. 358.**
CJUE	27/11/2019	***Tedeschi Srl,*** (C-402/18), CCP, art. L. 2193-3, **J. 5**, **p. 274.**
CJUE	11/07/2019	***Telecom Italia SpA,*** (C-697/17), CCP, art. R. 2142-16, **J. 1**, **p. 591.**
CJUE	30/01/2020	***Tim SpA – Direzione e coordinamento Vivendi SA,*** (C-395/18), CCP, art. L. 2141-11, **J. 16**, **p. 181.**
CJUE	14/07/2016	***TNS Dimarso NV,*** (C-6/15), CCP, art. R. 2152-12, **J. 66**, **p. 661.**
CJUE	08/12/2016	***Undis Servizi Srl,*** (C-553/15), CCP, art. L. 2511-5, **J. 15**, **p. 360.**
CJUE	28/01/2010	***Uniplex,*** (C-406/08), Dir. 89/665/CEE du 21 déc. 1989, art. 5, **J. 5**, **p. 1761.**
CJUE	11/06/2020	***Vert Marine SAS,*** (C-472/19), CCP, art. L. 3123-1, **J. 1**, **p. 438** ; art. L. 3123-18, **J.**, **p. 444.**
CJUE	26/09/2019	***Vitali SpA,*** (C-63/18), CCP, art. L. 2193-3, **J. 4**, **p. 274.**
CJUE	24/10/2018	***Vossloh Laeis GmbH,*** (C-124/17), CCP, art. L. 2141-11, **J. 12**, **p. 181.**
CJUE	13/04/2010	***Wall AG,*** (C-91/08), CCP, art. L. 3135-1, **J. 1**, **p. 481.**
CJUE	*14/07/2016*	***Wroclaw-Miasto na prawach powiatu,*** (C-406/14), CCP, art. R. 2142-3, **J. 5**, **p. 584.**
CJUE	25/10/2018	***« Roche Lietuva » UAB,*** (C-413/17), CCP, art. R. 2111-17, **J. 6**, **p. 523.**

CJUE	18/10/2012	***Észak-dunántúli Környezetvédelmi és Vízügyi Igazgatóság (Édukövízig), Hochtief Construction AG Magyarországi Fióktelepe,*** (C-218/11), CCP, art. R. 2142-14, **J. 14, p. 590.**
TPICE		**Tribunal de première instance des Communautés européennes.**
TPICE	30/09/2003	***Fiocchi Munizioni c/ Commission,*** (T-26/01), CCP, art. L. 1330-1, **J. 2, p. 123, J. 3, p. 123, J. 4, p. 123.**
Cons. const.		**Conseil constitutionnel.**
Cons. const.	28/01/2022	(2021-966 QPC), CCP, art. L. 2141-1, **J., p. 175** ; art. L. 3123-1, **J. 3, p. 439.**
T. confl.		**Tribunal des conflits.**
T. confl.	04/07/2016	***Agence Pena & Pena c/ M. Althabegoïty et Mme Bayle,*** (4060), CCP, art. L. 2191-1, **J. 252, p. 261.**
T. confl.	15/03/2010	***Caisse interprofessionnelle de prévoyance et d'assurance vieillesse et a. c/ Sté Otis, Sté Schoeller Atelier et a.,*** (3725), CCP, art. L. 6, **J. 12, p. 23.**
T. confl.	09/02/2015	***CCAS de Rueil-Malmaison c/ Sté Loc-Infor et a.,*** (3985), CCP, art. L. 6, **J. 11, p. 22.**
T. confl.	11/04/2016	***CH de Chambéry c/ M. Daniel Falempin et a.,*** (4044), CCP, art. L. 2191-1, **J. 264, p. 263.**
T. confl.	09/07/2012	***Cie générale des eaux c/ Min. de l'Écologie et du Développement durable,*** (3834), CCP, art. L. 6, **J. 18, p. 23** ; avant art. L. 3131-1, **J. 5, p. 450.**
T. confl.	11/12/2017	***Cne de Capbreton,*** (4103), CCP, art. L. 6, **J. 22, p. 24** ; C. urb., art. L. 300-4, **J. 5, p. 1698.**
T. confl.	18/11/2013	***Cne du Lamentin c/ Cie d'assurance Albingia,*** (3921), CCP, art. L. 6, **J. 7, p. 22.**
T. confl.	23/05/2005	***Dpt de la Savoie-SPTV c/ Sté Apalatys,*** (3450), CCP, art. L. 6, **J. 4, p. 21.**
T. confl.	15/10/2012	***Imprimerie Chirat c/ Comité régional du tourisme de Bourgogne,*** (3868), CCP, art. L. 6, **J. 19, p. 24.**
T. confl.	17/05/2010	***Institut national de la santé et de la recherche médicale c/ Fondation Letten F. Saugstad,*** (3754), CJA, art. L. 311-6, **J. 3, p. 1750.**
T. confl.	05/09/2016	***M. Jean Nouvel c/ Assoc. Philharmonie de Paris,*** (4069), CCP, art. L. 2432-2, **J. 3, p. 354.**
T. confl.	07/07/2014	***M. Minisini c/ Dpt de Meurthe-et-Moselle,*** (3955), CCP, art. L. 2432-2, **J. 2, p. 354.**
T. confl.	14/05/2012	***Mme Gilles c/ Sté d'exploitation sports et événements (SESE) et ville de Paris,*** (3836), CCP, art. L. 1100-1, **J. 24, p. 36** ; art. L. 1121-3, **J. 92, p. 100.**

T. confl.	09/03/2015	***Mme Rispal c/ Sté Autoroutes du Sud de la France,*** (3984), CCP, art. L. 6, **J. 21**, **p. 24.**
T. confl.	22/05/2006	***OPHLM de Montrouge c/ Sté mutuelle d'assurances des collectivités locales,*** (3503), CCP, art. L. 6, **J. 5**, **p. 21.**
T. confl.	10/01/2022	***RATP c/ Sté Alstom Transport SA,*** (4230), CCP, art. L. 6, **J. 29**, **p. 26.**
T. confl.	16/11/2015	***Région Île-de-France c/ M. Nautin et a.,*** (4035), CJA, art. R. 541-6, **J. 113**, **p. 1803.**
T. confl.	21/06/2010	***SA BEC frères et a. c/ Sté Ingénierie et technique de la construction (ITC) et Sté mutuelle d'assurance du bâtiment et des travaux publics (SMABTP),*** (3757), CCP, art. L. 2193-7, **J. 28**, **p. 278.**
T. confl.	14/05/1984	***SA Smac Acieroïd,*** (02313), CCP, art. L. 2193-7, **J. 23**, **p. 277.**
T. confl.	25/05/1998	***SARL Benetière c/ Synd. intercommunal à vocation multiple des Auberges et Berger,*** (03017), CCP, art. L. 2191-1, **J. 244**, **p. 259.**
T. confl.	07/02/2022	***SARL Guyacom c/ SPLANG,*** (4233), CCP, art. L. 6, **J. 24**, **p. 25.**
T. confl.	14/05/2012	***SARL La Musthyère c/ Cne d'Égry,*** (3860), CCP, art. L. 6, **J. 16**, **p. 23** ; art. L. 2512-5, **J. 1**, **p. 369.**
T. confl.	15/10/2012	***SARL Port Croisade c/ SA Seeta, Sté Tecs et Sté Hydratec,*** (3853), C. urb., art. L. 300-4, **J. 4**, **p. 1698.**
T. confl.	10/07/1990	***SEMARELP,*** (02622), CCP, art. L. 2191-1, **J. 257**, **p. 262** ; art. L. 2193-7, **J. 31**, **p. 278.**
T. confl.	08/02/2021	***SNCF et SNCF Réseau c/ Sté Entropia conseil,*** (4201), CJA, art. R. 541-6, **J. 3**, **p. 1774.**
T. confl.	09/02/2015	***Sté Ace European Group Limited c/ M. Targe et a.,*** (3983), CCP, art. L. 2191-1, **J. 254**, **p. 261** ; art. R. 2142-19, **J. 5**, **p. 593.**
T. confl.	02/06/2008	***Sté Aravis-Enrobage c/ Cne de Cusy et Entr. Grosjean,*** (3642), CCP, art. L. 2193-7, **J. 23**, **p. 277.**
T. confl.	02/04/2012	***Sté Atexo c/ Assoc. Marchés publics d'Aquitaine (AMPA),*** (3831), CCP, art. L. 6, **J. 26**, **p. 26** ; art. L. 2113-8, **J. 4**, **p. 161.**
T. confl.	14/05/2018	***Sté Batimap c/ Cne de Nogent-sur-Marne,*** (4119), CCP, art. L. 2235-3, **J. 2**, **p. 326** ; C. mon. fin., art. L. 313-29-1, **J. 1**, **p. 1727.**
T. confl.	09/12/2019	***Sté Biomédiqa c/ Groupement de coopération sanitaire Uniha,*** (4169), *Partie VI, III, B, 2, A)*, **J. 27**, **p. 1833.**
T. confl.	15/11/1999	***Sté Bloc Matériaux c/ Hôpital d'Alise-Sainte-Reine et Percepteur de Venarey-les-Laumes,*** (03171), CCP, art. R. 2191-63, **J. 1**, **p. 731.**
T. confl.	13/11/2017	***Sté Bordeaux Atlantique Terminal c/ Grand port maritime de Bordeaux,*** (4099), CCP, art. L. 6, **J. 23**, **p. 25** ; art. L. 1100-1, **J. 29**, **p. 37** ; art. L. 1121-3, **J. 16**, **p. 80.**
T. confl.	13/09/2021	***Sté Cadres en mission c/ Sté SNCF,*** (4224), CCP, art. L. 6, **J. 28**, **p. 26.**

T. confl.	10/05/1993	***Sté Wanner Isofi Isolation c/ Sté Nersa,*** (02840), CCP, art. L. 2193-7, **J. 25**, **p. 277.**
T. confl.	10/01/2022	***Sté XL Insurance Company SE c/ Sté Sunwell Technologies Inc,*** (4231), CCP, art. L. 2191-1, **J. 245**, **p. 260.**
T. confl.	24/04/2017	***Synd. mixte des aéroports de Charente c/ Stés Ryanair Limited et Airport Marketing Services Limited,*** (4075), CJA, art. L. 311-6, **J. 5**, **p. 1750.**
T. confl.	14/11/2011	***UGAP c/ EURL C2 conseils et Formation,*** (C-3813), CCP, art. L. 6, **J. 14**, **p. 23.**
CE		**Conseil d'État**.
CE	10/01/1902	CCP, art. L. 1121-3, **J. 26**, **p. 82**, **J. 36**, **p. 84** ; art. L. 1212-4, **J. 6**, **p. 112** ; art. L. 2194-2, **J. 2**, **p. 288** ; art. L. 3114-8, **J. 9**, **p. 433**, **J. 20**, **p. 434** ; avant art. L. 3131-1, **J. 46**, **p. 464.**
CE, avis	09/07/1996	(359055), CCP, art. R. 2191-63, **J. 2**, **p. 731.**
CE, avis	22/01/1998	(361425), CCP, art. L. 2422-11, **J. 4**, **p. 347.**
CE, avis	08/06/2000	(141654), CCP, art. L. 2193-1, **J. 1**, **p. 271** ; art. L. 2194-1, **J. 4**, **p. 286.**
CE, avis	08/06/2000	(141654), CCP, art. L. 3134-1, **J. 4**, **p. 479.**
CE, avis	19/04/2005	(371234), CCP, art. L. 3114-6, **J. 7**, **p. 425** ; art. L. 3114-8, **J. 26**, **p. 435** ; art. L. 3135-1, **J. 4**, **p. 482**, **J. 5**, **p. 482**, **J. 6**, **p. 482.**
CE	25/10/2017	(399407), CJA, art. R. 541-6, **J. 75**, **p. 1792.**
CE, avis	02/07/2019	(397961), CCP, art. L. 1211-1, **J. 28**, **p. 109.**
CE	04/05/2016	***ADILE de Vendée,*** (396590), CCP, art. R. 2144-7, **J. 48**, **p. 616** ; CJA, art. R. 551-6, **J. 58**, **p. 1860.**
CE	04/11/1988	***Administration générale de l'Assistance publique à Paris c/ Entreprise Bertrand,*** (42610), CCP, art. L. 2191-1, **J. 11**, **p. 208** ; art. R. 2112-17, **J. 11**, **p. 533.**
CE	25/06/2018	***Agence de l'environnement et de la maîtrise de l'énergie,*** (418493), CJA, art. R. 541-6, **J. 143**, **p. 1808.**
CE	09/05/2008	***Agence de maîtrise d'ouvrage des travaux du ministère de la Justice,*** (308911), CCP, art. R. 2162-19, **J. 4**, **p. 683.**
CE	21/01/2008	***Agence de mutualisation des universités et éts,*** (308401), CCP, art. R. 2113-6, **J. 2**, **p. 537.**
CE	17/11/2006	***ANPE,*** (290712), CCP, art. R. 2131-17, **J. 15**, **p. 573** ; art. R. 2142-14, **J. 13**, **p. 589.**
CE, sect.	30/01/2009	***ANPE,*** (290236), CCP, art. R. 2123-6, **J. 9**, **p. 556.**
CE	*11/08/2009*	***AP-HP,*** *(325791), CJA, art. R. 541-6,* **J. 121**, **p. 1805.**
CE	11/03/2013	***AP-HP,*** (364706), CCP, art. R. 2144-7, **J. 7**, **p. 608** ; art. R. 2152-12, **J. 7**, **p. 646.**
CE	26/06/2015	***AP-HP,*** (389124), CCP, art. R. 2151-15, **J. 3**, **p. 626.**

CE	20/11/2020	***Ass. Trans'Cub et a.,*** (428156), *Partie VI, III, B, 2, A)*, **J. 8**, **p. 1829.**
CE	06/11/1998	***Assistance publique-Hôpitaux de Marseille,*** (194960), CCP, art. L. 2141-11, **J. 20**, **p. 182** ; CJA, art. R. 551-6, **J. 59**, **p. 1860.**
CE, sect.	08/04/2009	***Assoc. Alcaly et a.,*** (290604), CCP, art. L. 3114-1, **J. 9**, **p. 418** ; art. L. 3135-1, **J. 7**, **p. 482** ; *Partie VI, III, B, 2, D)*, **J. 5**, **p. 1845.**
CE	22/07/2015	***Assoc. Coop de France,*** (362203), CCP, art. L. 1121-3, **J. 26**, **p. 82.**
CE	18/09/2015	***Assoc. de gestion du CNAM des Pays de la Loire,*** (390041), CCP, art. R. 2144-7, **J. 47**, **p. 616** ; CJA, art. R. 551-6, **J. 54**, **p. 1859**, **J. 55**, **p. 1859.**
CE	09/08/2006	***Assoc. des avocats-Conseils d'entreprises – SELARL Cabinet Philippe Petit et associés et a.,*** (286316), CCP, art. R. 2123-6, **J. 6**, **p. 555.**
CE	11/03/2013	***Assoc. des chambres françaises de commerce et d'industrie ; Mutuelle des chambres de commerce et d'industrie,*** (364551 et 364603), CCP, art. R. 2124-5, **J. 1**, **p. 565.**
CE, sect.	26/07/1996	***Assoc. des restaurateurs d'art et d'archéologie de formation universitaire,*** (99506), CCP, art. R. 2144-7, **J. 19**, **p. 610.**
CE	06/05/1985	***Assoc. Eurolat Crédit Foncier de France,*** CCP, art. L. 6, **J. 40**, **p. 28** ; art. L. 3114-1, **J. 16**, **p. 420.**
CE	04/07/2012	***Assoc. féd. d'action régionale pour l'environnement (FARE SUD) et a.,*** (350752), CGCT, art. L. 1411-4, **J. 6**, **p. 1648.**
CE	24/11/2010	***Assoc. féd. d'action régionale pour l'environnement et a.,*** (318342), CGCT, art. L. 1411-4, **J. 4**, **p. 1648.**
CE	24/11/2010	***Assoc. Lehugeur-Lelièvre,*** (323982), CCP, avant art. L. 3131-1, **J. 30**, **p. 459.**
CE	27/03/2015	***Assoc. Optima,*** (386862), CCP, art. L. 2113-11, **J. 16**, **p. 167.**
CE	26/03/2001	***Assoc. pour la gratuité de l'autoroute A8,*** (202209), CCP, art. L. 1121-2, **J. 7**, **p. 74.**
CE, ass.	26/10/2011	***Assoc. pour la promotion de l'image et a.,*** (317827, 317952, 318013 et 318051), CCP, art. L. 1, **J. 1**, **p. 11.**
CE	08/04/1998	***Assoc. pour la promotion et le rayonnement des Orres,*** (127205), CCP, art. L. 1121-3, **J. 24**, **p. 82.**
CE	17/12/2008	***Assoc. pour la protection de l'environnement du Lunellois (APPEL), M. Boissier, M. Sarrazin,*** (293836), Partie VI, III, B, 1, **J. 6**, **p. 1817.**
CE	23/02/2005	***Assoc. pour la transparence et la moralité des marchés publics (ATMMP),*** (264712, 265248, 265281 et 265343), CCP, art. R. 2112-4, **J. 1**, **p. 528.**
CE, sect.	14/06/2019	***Assoc. pour le musée des îles Saint-Pierre-et-Miquelon,*** (412243), CJA, art. R. 541-6, **J. 12**, **p. 1776.**
CE	22/05/2013	***Assoc. synd. libre des résidences du port de Mandelieu-la-Napoule,*** (366750), CRPA, art. R. 2124-38, **J. 1**, **p. 1664.**

CE	23/12/2016	***Assoc. Études et Consommation CFDT Languedoc-Roussillon, Assoc. ATTAC Montpellier,*** (392815 et 392819), *Partie VI, III, B, 2, A)*, **J. 32**, **p. 1834.**
CE	22/04/1983	***Auffret et a.,*** (21509), CCP, art. L. 2111-1, **J. 12**, **p. 141.**
CE	22/05/2015	***Axa Corporate Solutions Assurances,*** (383596), CJA, art. R. 541-6, **J. 32**, **p. 1781.**
CE	15/10/1975	***Banque de crédit coopératif,*** (94725), CCP, art. R. 2191-36, **J. 9**, **p. 723.**
CE	21/06/1999	***Banque populaire Bretagne-Atlantique,*** (151917), CCP, art. L. 2191-1, **J. 59**, **p. 218** ; art. R. 2191-11, **J. 1**, **p. 716** ; art. R. 2191-62, **J. 7**, **p. 729.**
CE	14/06/2000	***Banque Rhône-Alpes,*** (199585), CCP, art. R. 2191-36, **J. 10**, **p. 723.**
CE	19/06/1981	***Bongiovanni,*** (03822), CCP, art. L. 2191-1, **J. 1**, **p. 206.**
CE	23/10/1992	***Bourdiel,*** (107107), CCP, art. R. 2162-18, **J. 4**, **p. 682.**
CE	25/01/2019	***Bureau européen d'assurance hospitalière,*** (423159), CJA, art. R. 551-12, **J. 36**, **p. 1882.**
CE	11/07/2014	***Burnet,*** (359980), CJA, art. R. 541-6, **J. 64**, **p. 1790.**
CE	04/07/2012	***Cabinet Froment-Meurice et associés,*** (353305), CCP, art. R. 2123-6, **J. 8**, **p. 555.**
CE	10/02/2014	***Cabinet Henri Abecassis,*** (367262), CCP, art. R. 2111-1, **J.**, **p. 518.**
CE	25/06/2003	***Caisse centrale de Crédit mutuel du Nord de la France,*** (240679), CCP, art. R. 2191-62, **J. 14**, **p. 730** ; C. mon. fin., art. L. 313-29, **J.**, **p. 1726.**
CE	10/07/1996	***Cayzeele,*** (138536), CCP, art. L. 3114-1, **J. 8**, **p. 418** ; *Partie VI, III, B, 2, D)*, **J. 4**, **p. 1845.**
CE, sect.	19/04/2013	***CCI d'Angoulême,*** (340093), CJA, art. R. 541-6, **J. 16**, **p. 1777.**
CE	29/06/2005	***CCI de Calais,*** (266631), CCP, art. R. 2131-17, **J. 5**, **p. 572.**
CE	14/05/2003	***CCI de Nîmes, Uzès, Bagnols, Le Vigan,*** (245628), CCP, avant art. L. 3131-1, **J. 14**, **p. 454.**
CE	04/05/2011	***CCI de Nîmes, Uzès, Bagnols, Le Vigan,*** (334280), CCP, art. L. 3136-3, **J. 16**, **p. 488.**
CE	19/01/2011	***CCI de Pointe-à-Pitre,*** (341669), CCP, art. L. 1100-1, **J. 20**, **p. 35** ; art. L. 1121-3, **J. 88**, **p. 99.**
CE	03/11/1995	***CCI de Tarbes et des Hautes-Pyrénées,*** (157304), CCP, art. L. 1211-1, **J. 19**, **p. 108** ; CJA, art. R. 551-6, **J. 27**, **p. 1855.**
CE	*13/01/1995*	***CCI de Vienne,*** (68117, 68118, 114841 et 115307), CCP, art. L. 1211-1, **J. 19**, **p. 108** ; art. R. 2132-1, **J. 8**, **p. 578.**
CE	22/06/2012	***CCI Montpellier et a.,*** (348676), CCP, art. L. 2195-3, **J. 20**, **p. 297** ; art. L. 3136-3, **J. 17**, **p. 489** ; art. R. 2112-4, **J. 3**, **p. 529.**

CE	10/04/2015	***CCI terr. d'Ajaccio et de Corse du Sud,*** (387128), CCP, art. R. 2142-16, **J. 3**, **p. 591** ; art. R. 2142-22, **J. 3**, **p. 595.**
CE	20/12/2000	***CCI Var,*** (217639), CCP, art. L. 1100-1, **J. 17**, **p. 33** ; art. L. 1121-3, **J. 85**, **p. 97.**
CE	23/04/2001	***Ceccaldi-Raynaud,*** (215552), CRPA, art. D. 423-7, **J. 2**, **p. 1736.**
CE	03/06/2020	***Centre hospitalier d'Avignon et Société hospitalière d'assurances mutuelles (SHAM),*** (428845 et 428847), *Partie VI, III, B, 2, A)*, **J. 3**, **p. 1828.**
CE	10/02/2022	***Centre hospitalier universitaire de Pointe-à-Pitre c/ Abymes,*** (456503), CCP, art. L. 2132-1, **J. 2**, **p. 174.**
CE	19/04/2013	***CH d'Alès-Cévennes,*** (360598), CJA, art. R. 541-6, **J. 7**, **p. 1774.**
CE	29/07/2002	***CH d'Armentières,*** (243500), CJA, art. R. 541-6, **J. 105**, **p. 1800**, **J. 140**, **p. 1807.**
CE	15/11/2017	***CH de Lannion,*** (403317), CCP, art. L. 2191-1, **J. 264**, **p. 263.**
CE	30/03/2016	***CH de Perpignan,*** (375529), CCP, art. R. 2151-6, **J. 6**, **p. 620** ; art. R. 2184-13, **J. 1**, **p. 712.**
CE	07/03/2018	***CH de Péronne, Sté Oxabio,*** (415675 et 415716), CCP, art. L. 2152-4, **J. 17**, **p. 189.**
CE	28/03/1980	***CH de Séclin,*** (11292), *Partie VI, III, B, 2, C)*, **J. 16**, **p. 1842.**
CE	20/03/2013	***CH de Versailles,*** (357636), CCP, art. L. 2191-1, **J. 158**, **p. 238.**
CE	08/08/2008	***CH Edmond-Garcin,*** (309652), CCP, art. R. 2131-17, **J. 23**, **p. 574**, **J. 28**, **p. 575** ; art. R. 2144-7, **J. 4**, **p. 607**, **J. 14**, **p. 609** ; art. R. 2152-12, **J. 8**, **p. 646**, **J. 39**, **p. 655.**
CE	06/04/2007	***CH gén. de Boulogne-sur-Mer,*** (264490 et 264491), CCP, art. L. 2191-1, **J. 157**, **p. 238.**
CE	10/04/2015	***CH terr. de Nouvelle-Calédonie, Sté Hélicocéan,*** (386912 et 386920), CJA, art. R. 551-6, **J. 37**, **p. 1856.**
CE, sect., avis	15/07/2004	***Chabert,*** (267415), CJF, art. L. 244-3, **J. 1**, **p. 1730.**
CE	14/12/1998	***Chambre d'agriculture de La Réunion,*** (146351), CRPA, art. D. 423-7, **J. 1**, **p. 1736.**
CE	09/12/1987	***Chambre d'agriculture des Deux-Sèvres,*** (70836), CCP, art. L. 1211-1, **J. 18**, **p. 108.**
CE	28/09/2001	***CHI de Poissy-Saint-Germain-en-Laye,*** (338894), CCP, art. L. 2191-1, **J. 66**, **p. 220.**
CE	19/07/2017	***CHI de psychiatrie de l'enfant et de l'adolescent,*** (392707), CCP, art. L. 2191-1, **J. 41**, **p. 214.**
CE	24/11/2008	***CHR d'Annecy,*** (291539), CCP, art. L. 2191-1, **J. 265**, **p. 263** ; art. L. 2195-1, **J. 3**, **p. 290.**

CE	04/03/1981	***CHR de Limoges,*** (10602), CCP, art. L. 2195-4, **J. 1**, **p. 300** ; art. R. 2191-36, **J. 11**, **p. 723.**
CE	07/03/2014	***CHU - Hôpitaux de Rouen, Sté Telecom services,*** (372897 et 372909), CCP, art. L. 1121-3, **J. 44**, **p. 86.**
CE	09/03/2018	***Cie des parcs et passeurs du Mont-Saint-Michel,*** (409972), CCP, art. L. 3135-1, **J. 3**, **p. 482.**
CE	01/07/2009	***Cie des transports de La Roche-sur-Yon,*** (306756), CJA, art. R. 541-6, **J. 17**, **p. 1777.**
CE	30/03/1916	***Cie gén. d'éclairage de Bordeaux,*** (59928), CCP, art. L. 6, **J. 43**, **p. 29** ; art. L. 2191-1, **J. 3**, **p. 206** ; art. L. 2195-2, **J. 1**, **p. 291** ; avant art. L. 3131-1, **J. 40**, **p. 463.**
CE	11/10/1985	***Cie gén. de construction téléphonique,*** (38788), CCP, art. R. 2122-1, **J. 3**, **p. 543.**
CE	10/10/1984	***Cie gén. de constructions téléphoniques,*** (16234), CCP, art. R. 2185-2, **J. 1**, **p. 713.**
CE	05/06/2002	***Cie gén. de transports et d'entreprise,*** (212809), CCP, avant art. L. 3131-1, **J. 34**, **p. 460.**
CE, sect., avis	20/05/1998	***Cie gén. des eaux,*** (192689), CJF, art. L. 244-3, **J. 2**, **p. 1730.**
CE	27/07/2001	***Cie gén. des eaux,*** (229566), CCP, art. R. 2131-17, **J. 11**, **p. 573**, **J. 12**, **p. 573.**
CE	09/08/2006	***Cie gén. des eaux,*** (286107), CCP, art. R. 3124-6, **J. 24**, **p. 905.**
CE, ass.	08/04/2009	***Cie gén. des eaux, Cne d'Olivet,*** (271737), CCP, art. L. 3114-8, **J. 2**, **p. 431.**
CE	11/03/1910	***Cie générale française des tramways,*** (16178), CCP, art. L. 6, **J. 33**, **p. 27** ; art. L. 2194-2, **J. 3**, **p. 288** ; **J. 47**, **p. 464.**
CE	10/07/2013	***Cie martiniquaise de transports,*** (362777), **J. 7**, **p. 1840.**
CE	16/10/2000	***Cie méditerranéenne d'exploitation des services d'eau,*** (212054), CCP, art. L. 1220-2, **J. 6**, **p. 118.**
CE	13/07/2012	***Cie méridionale de navigation. Sté nationale Corse Méditerranée,*** (355616, 355622 et 358396), CCP, art. L. 1121-3, **J. 43**, **p. 86** ; art. L. 3114-6, **J. 8**, **p. 425.**
CE	22/10/1990	***Cie parisienne de chauffage urbain,*** (46600), CCP, avant art. L. 3131-1, **J. 21**, **p. 457.**
CE	04/03/2009	***Cité des sciences et de l'industrie,*** (296069), CCP, art. L. 2191-1, **J. 232**, **p. 256.**
CE	09/03/2016	***CNB et a.,*** (393589), CCP, art. R. 2123-1, **J. 2**, **p. 551.**
CE	19/11/2004	***Cne Auxerre c/ Sté Saur France,*** (266975), CCP, art. R. 3122-2, **J. 1**, **p. 889.**
CE	27/05/1998	***Cne d'Agde,*** (165109), CCP, art. L. 2122-1, **J. 2**, **p. 171.**

CE	17/03/2010	***Cne d'Agolsheim,*** (310079), CCP, art. L. 2191-1, **J. 113**, **p. 228.**
CE, sect.	06/04/2007	***Cne d'Aix-en-Provence,*** (284736), CCP, art. L. 1121-3, **J. 28**, **p. 83** ; art. L. 1220-1, **J. 7**, **p. 116.**
CE, sect.	06/04/2007	***Cne d'Aix-en-Provence,*** (284736), CCP, art. L. 2511-5, **J. 18**, **p. 361.**
CE	06/03/2009	***Cne d'Aix-en-Provence,*** (314610), CCP, art. R. 2123-6, **J. 15**, **p. 558.**
CE	13/07/2012	***Cne d'Aix-en-Provence,*** (358512), CCP, art. L. 1121-3, **J. 58**, **p. 91.**
CE	17/06/2015	***Cne d'Aix-en-Provence,*** (388433), CJA, art. R. 541-6, **J. 97**, **p. 1798.**
CE	15/11/2017	***Cne d'Aix-en-Provence, SEMEPA,*** (409728, 409799), CCP, art. L. 3135-1, **J. 2**, **p. 481.**
CE	21/05/2010	***Cne d'Ajaccio,*** (333737), CCP, art. L. 2113-11, **J. 2**, **p. 164** ; art. R. 2123-6, **J. 12**, **p. 557**, **J. 25**, **p. 561** ; CJA, art. R. 551-6, **J. 67**, **p. 1862.**
CE	21/05/2010	***Cne d'Ajaccio,*** (333737), CCP, art. R. 2123-6, **J. 29**, **p. 562.**
CE	23/05/2011	***Cne d'Ajaccio,*** (339406), CCP, art. R. 2152-12, **J. 36**, **p. 654.**
CE	09/12/2011	***Cne d'Alès,*** (342283), CCP, art. L. 1121-3, **J. 97**, **p. 101** ; art. L. 2191-1, **J. 167**, **p. 239**, **J. 202**, **p. 248** ; art. L. 2422-11, **J. 1**, **p. 347.**
CE	27/01/2006	***Cne d'Amiens,*** (259374), *Partie VI, III, B, 2, C)*, **J. 5**, **p. 1839**, **J. 17**, **p. 1842.**
CE	20/10/2006	***Cne d'Andeville,*** (289234), CCP, art. L. 1111-4, **J. 10**, **p. 57** ; art. L. 1121-3, **J. 62**, **p. 92** ; CJA, art. R. 551-6, **J. 88**, **p. 1865.**
CE	12/10/2020	***Cne d'Antibes,*** (431903), CCP, avant art. L. 3131-1, **J. 10**, **p. 452**, **J. 11**, **p. 453**, **J. 12**, **p. 453** ; art. L. 3134-1, **J. 2**, **p. 479.**
CE	16/11/1988	***Cne d'Arcachon,*** (47685), CCP, avant art. L. 3131-1, **J. 24**, **p. 458.**
CE	05/03/1997	***Cne d'Arques,*** (151800), CCP, art. L. 2422-11, **J. 17**, **p. 349.**
CE	08/10/2014	***Cne d'Entraigues-sur-la-Sorgue,*** (370588), CJA, art. R. 541-6, **J. 44**, **p. 1784.**
CE	16/11/2016	***Cne d'Erstein,*** (401321), CJA, art. R. 541-6, **J. 99**, **p. 1799.**
CE	17/10/2016	***Cne d'Hyères-les-Palmiers, Mme Maestracci,*** (400172 et 400175), CCP, art. R. 2144-7, **J. 49**, **p. 617** ; art. R. 3123-21, **J. 13**, **p. 898** ; CJA, art. R. 551-6, **J. 64**, **p. 1861**, **J. 80**, **p. 1863.**
CE	11/07/2018	***Cne d'Isola, Syndicat mixte pour l'aménagement et l'exploitation de la station d'Isola 2000,*** (407865), CJA, art. R. 541-6, **J. 107**, **p. 1801.**
CE	17/03/2010	***Cne d'Issy-les-Moulineaux,*** (308676), CCP, art. L. 2191-1, **J. 43**, **p. 214**, **J. 92**, **p. 224.**
CE	29/12/1997	***Cne d'Ostricourt,*** (170606), CCP, art. L. 1121-3, **J. 33**, **p. 84.**
CE	10/02/2010	***Cne d'Oz-en-Oisans - Sté Territoires 38,*** (306039), C. urb., art. L. 300-4, **J. 13**, **p. 1701.**

CE	29/12/2014	***Cne d'Uchaux,*** (372477 et 372479), *Partie VI, III, B, 1*, **J. 11**, **p. 1817**, **J. 27**, **p. 1822.**
CE	29/04/1987	***Cne d'Élancourt,*** (51022), CCP, art. L. 1121-3, **J. 21**, **p. 81.**
CE	21/09/1992	***Cne de Bagnols-sur-Cèze c/ SARL Alpha Ambulances,*** (111555), *Partie VI, III, B, 2, C)*, **J. 15**, **p. 1842.**
CE	20/04/2011	***Cne de Baie-Mahault,*** (342850), CJA, art. R. 541-6, **J. 125**, **p. 1805.**
CE	10/10/2012	***Cne de Baie-Mahault,*** (340647), CCP, art. L. 2191-1, **J. 193**, **p. 246.**
CE	10/02/2016	***Cne de Bandol,*** (387769), CCP, art. L. 2195-3, **J. 9**, **p. 294.**
CE	03/11/2014	***Cne de Belleville-sur-Loire,*** (373362), CCP, art. R. 2152-12, **J. 67**, **p. 661.**
CE	30/07/2014	***Cne de Biarritz,*** (363007), CCP, art. L. 2211-6, **J. 6**, **p. 308.**
CE	07/12/2015	***Cne de Bihorel,*** (380419), CCP, art. L. 2191-1, **J. 211**, **p. 250**, **J. 213**, **p. 251**, **J. 220**, **p. 252**, **J. 263**, **p. 263** ; art. L. 2193-7, **J. 27**, **p. 277.**
CE	10/07/1996	***Cne de Boissy-Saint-Léger,*** (132921), CCP, art. L. 2422-11, **J. 11**, **p. 348.**
CE	18/09/2015	***Cne de Bora-Bora,*** (376973), CJA, art. R. 541-6, **J. 61**, **p. 1789.**
CE	21/05/2010	***Cne de Bordeaux,*** (334845), CCP, art. R. 3124-6, **J. 4**, **p. 901.**
CE	21/03/2007	***Cne de Boulogne-Billancourt,*** (281796), CCP, art. L. 1211-1, **J. 23**, **p. 108.**
CE	03/01/1958	***Cne de Bourg-Saint-Léonard,*** (3293), CCP, art. R. 2182-5, **J. 3**, **p. 709.**
CE	04/11/2005	***Cne de Bourges,*** (280406), CCP, art. R. 2142-14, **J. 12**, **p. 589.**
CE	24/06/2011	***Cne de Bourgoin-Jallieu,*** (347889), CCP, art. R. 3124-6, **J. 15**, **p. 903.**
CE	10/10/1994	***Cne de Béziers,*** (121257), CCP, art. R. 2162-19, **J. 1**, **p. 682** ; art. R. 2162-22, **J. 2**, **p. 683** ; art. R. 2171-17, **J. 2**, **p. 694.**
CE, ass.	28/12/2009	***Cne de Béziers,*** (304802), CCP, art. R. 2182-3, **J. 3**, **p. 708** ; CJA, art. R. 541-6, **J. 11**, **p. 1776.**
CE, sect.	21/03/2011	***Cne de Béziers,*** (304806), CJA, art. R. 541-6, **J. 78**, **p. 1793.**
CE, ass.	10/06/1994	***Cne de Cabourg,*** (141633), CCP, art. L. 1111-2, **J. 20**, **p. 52** ; art. L. 1112-1, **J. 8**, **p. 68** ; art. L. 1121-2, **J. 4**, **p. 74** ; CJA, art. R. 551-6, **J. 2**, **p. 1850**, **J. 23**, **p. 1854.**
CE	07/04/2004	***Cne de Cabourg,*** (239000), CCP, art. R. 2191-62, **J. 10**, **p. 730.**
CE, sect.	17/10/1975	***Cne de Canari,*** (93704), CCP, art. L. 2191-1, **J. 8**, **p. 207** ; *art. R. 2112-17*, **J. 8**, **p. 533.**
CE	08/04/2019	***Cne de Cannes,*** (425373), CCP, art. R. 3124-6, **J. 35**, **p. 907.**
CE	04/04/2005	***Cne de Castellar,*** (265784), CCP, art. L. 2111-1, **J. 13**, **p. 141** ; art. R. 2161-24, **J. 1**, **p. 672.**

CE	03/03/2010	***Cne de Garges-les-Gonesse,*** (323076), CCP, art. L. 1111-1, **J. 8**, **p. 42.**
CE	25/07/2001	***Cne de Gravelines,*** (299666), CCP, art. R. 2152-12, **J. 14**, **p. 647.**
CE	25/07/1985	***Cne de Gray,*** (36883), CCP, art. L. 2422-11, **J. 10**, **p. 348.**
CE	19/01/2011	***Cne de Gueugnon,*** (322638), CCP, art. L. 2191-1, **J. 222**, **p. 253.**
CE	07/04/1999	***Cne de Guilherand-Granges,*** (156008), CCP, art. L. 1111-4, **J. 7**, **p. 57** ; art. L. 1121-3, **J. 60**, **p. 92.**
CE	25/05/2016	***Cne de Gémenos,*** (389516), CCP, art. L. 2195-3, **J. 11**, **p. 295.**
CE, sect.	10/03/2006	***Cne de Houlgate,*** (264098), CCP, art. R. 3124-6, **J. 33**, **p. 906.**
CE	17/06/2015	***Cne de Hyères,*** (379380), CCP, art. L. 1121-3, **J. 38**, **p. 85.**
CE	04/04/1997	***Cne de l'île d'Yeu,*** (147957), CCP, art. R. 2151-11, **J. 9**, **p. 625.**
CE	06/04/2016	***Cne de la Bohelle,*** (388123), CCP, art. R. 2152-12, **J. 64**, **p. 660.**
CE	10/07/2020	***Cne de La Guerinière,*** (434353 et 434355), CJA, art. R. 541-6, **J. 39**, **p. 1783.**
CE	18/05/2021	***Cne de la Léchère,*** (448618), CCP, art. R. 2152-12, **J. 37**, **p. 655** ; CJA, art. R. 551-6, **J. 93**, **p. 1866.**
CE	27/05/1983	***Cne de la Queue-en-Brie,*** (23757), CCP, art. R. 2191-35, **J. 3**, **p. 721.**
CE	10/07/2020	***Cne de La Renaudière,*** (429522), CJA, art. R. 541-6, **J. 111**, **p. 1802.**
CE	04/12/1987	***Cne de La Ricamarie,*** (56108), CCP, art. R. 2192-36, **J. 5**, **p. 737.**
CE	14/12/2009	***Cne de La Roche-sur-Yon,*** (325830), CCP, art. R. 3123-21, **J. 6**, **p. 897.**
CE	08/02/2010	***Cne de La Rochelle,*** (314075), CCP, art. R. 2144-7, **J. 5**, **p. 607** ; art. R. 2152-12, **J. 4**, **p. 645** ; *Partie VI, III, B, 2, C)*, **J. 18**, **p. 1842.**
CE	27/10/2010	***Cne de La Seyne-sur-Mer,*** (323485), CCP, art. L. 2191-1, **J. 46**, **p. 215.**
CE	25/10/2013	***Cne de La Seyne-sur-Mer,*** (370393), CJA, art. R. 551-12, **J. 17**, **p. 1878**, **J. 34**, **p. 1882.**
CE	05/07/2017	***Cne de La Teste-de-Buch,*** (401940), *Partie VI, III, B, 1*, **J. 26**, **p. 1822.**
CE	28/04/1989	***Cne de Largentière,*** (65073), CCP, art. L. 2422-11, **J. 16**, **p. 349.**
CE	30/07/2003	***Cne de Lens,*** (223445), CCP, art. L. 2191-1, **J. 10**, **p. 287**, **J. 27**, **p. 211.**
CE	21/03/2007	***Cne de Lens,*** (279535), CCP, art. R. 2181-4, **J. 7**, **p. 704.**
CE	09/04/2010	***Cne de Levallois-Perret,*** (309480), *Partie VI, III, B, 1*, **J. 15**, **p. 1818.**
CE	09/04/2010	***Cne de Levallois-Perret,*** (309662), CCP, art. L. 2191-1, **J. 176**, **p. 241.**

CE	19/01/2011	***Cne de Limoges,*** (323924), CCP, art. L. 1100-1, **J. 21**, **p. 36** ; art. L. 1121-3, **J. 89**, **p. 99** ; CGCT, art. L. 1411-4, **J. 5**, **p. 1648.**
CE	24/05/2017	***Cne de Limoux,*** (407431), CCP, art. R. 3124-6, **J. 27**, **p. 905.**
CE	09/07/2010	***Cne de Lorry-lès-Metz,*** (310032), CCP, art. L. 2191-1, **J. 185**, **p. 243.**
CE	24/11/2010	***Cne de Lyon,*** (325195), CCP, art. L. 2191-1, **J. 22**, **p. 210** ; art. R. 2432-7, **J. 2**, **p. 814.**
CE	30/09/2011	***Cne de Maizières-les-Metz,*** (350148), CJA, art. R. 551-12, **J. 7**, **p. 1876.**
CE	09/03/1988	***Cne de Mandelieu-la-Napoule c/ SARL Dauriac,*** (77654), CCP, art. L. 2191-1, **J. 65**, **p. 219.**
CE	19/04/2013	***Cne de Mandelieu-La-Napoule,*** (365617), CJA, art. R. 551-6, **J. 24**, **p. 1854.**
CE	07/06/2010	***Cne de Mantes-la-Jolie,*** (313638), CCP, art. L. 2422-11, **J. 13**, **p. 349.**
CE	06/11/2013	***Cne de Marsannay-la-Côte, SPLA de l'agglomération dijonnaise,*** (365079, 365082 et 366544), CCP, art. L. 2511-5, **J. 22**, **p. 362** ; C. urb., art. L. 327-1, **J.**, **p. 1703.**
CE	01/04/1994	***Cne de Menton et a.,*** (144152), CCP, art. L. 1121-3, **J. 33**, **p. 84.**
CE	29/09/2010	***Cne de Molsheim,*** (332567), CCP, art. L. 2195-4, **J. 2**, **p. 300.**
CE	04/07/1986	***Cne de Montceau-les-Mines,*** (46773, 46809, 46724), CCP, art. L. 2191-1, **J. 153**, **p. 236.**
CE	23/12/2015	***Cne de Montereau-Fault-Yonne,*** (376527), CJA, art. R. 541-6, **J. 66**, **p. 1790.**
CE	26/03/2018	***Cne de Montereau-Fault-Yonne,*** (405109), CCP, art. L. 2191-1, **J. 269**, **p. 265.**
CE	29/12/2008	***Cne de Montpellier,*** (286130), CCP, art. L. 2191-1, **J. 193**, **p. 246**, **J. 200**, **p. 247.**
CE	17/06/2015	***Cne de Montpellier,*** (388596), CCP, art. R. 2144-7, **J. 36**, **p. 614** ; CJA, art. R. 551-6, **J. 82**, **p. 1863.**
CE	11/04/2014	***Cne de Montreuil,*** (375051), CCP, art. L. 2113-11, **J. 10**, **p. 165** ; art. R. 2123-6, **J. 30**, **p. 562.**
CE	15/02/2013	***Cne de Monéteau,*** (364203), CJA, art. R. 551-6, **J. 51**, **p. 1859.**
CE	09/12/2011	***Cne de Mouans-Sartoux,*** (346189), CCP, art. L. 2191-1, **J. 223**, **p. 254.**
CE	25/11/2021	***Cne de Mouvaux,*** (449575), CCP, art. L. 2191-1, **J. 183**, **p. 243.**
CE	08/08/2008	***Cne de Nanterre,*** (309136), CCP, art. R. 2131-17, **J. 23**, **p. 574**, **J. 24**, **p. 574**, **J. 26**, **p. 575** ; art. R. 2144-7, **J. 14**, **p. 609** ; art. R. 2162-6, **J. 5**, **p. 676.**
CE	29/09/2014	***Cne de Nantes,*** (370151), CCP, art. L. 2191-1, **J. 187**, **p. 244.**

CE	16/05/2022	***Cne de Nîmes,*** (459904), CCP, art. L. 3132-6, **J. 2**, **p. 470** ; CJA, art. R. 541-6, **J. 146**, **p. 1810.**
CE, sect.	10/11/2010	***Cne de Palavas-les-Flots, Cne de Lattes,*** (314449), CJA, art. R. 541-6, **J. 22**, **p. 1779**, **J. 77**, **p. 1793.**
CE	01/10/1997	***Cne de Paluel,*** (170033), CCP, art. R. 2162-19, **J. 2**, **p. 682.**
CE	31/05/2010	***Cne de Parnes,*** (317006), CCP, art. L. 2191-1, **J. 222**, **p. 253.**
CE	29/11/2000	***Cne de Païta,*** (205143), CCP, art. R. 2112-4, **J. 2**, **p. 529.**
CE	13/11/2020	***Cne de Perpignan c/ Sté Saguine de di Frenna et associés,*** (439525 et 439543), CCP, art. R. 2152-12, **J. 55**, **p. 657**, **J. 72**, **p. 662.**
CE	08/03/1996	***Cne de Petit-Bourg,*** (165075), CCP, art. L. 2111-1, **J. 4**, **p. 140** ; art. L. 2194-1, **J. 11**, **p. 287.**
CE	29/12/1999	***Cne de Port-Saint-Louis-du-Rhône,*** (158472), CCP, art. L. 3114-1, **J. 11**, **p. 419.**
CE, sect.	19/12/2014	***Cne de Propriano,*** (368294), CCP, art. L. 3136-3, **J. 20**, **p. 489.**
CE	09/05/2012	***Cne de Prouvy,*** (346757), CCP, art. L. 2191-1, **J. 221**, **p. 253.**
CE	28/03/2022	***Cne de Ramatuelle et Sté Tropezina Beach Development,*** (454341), CCP, art. R. 3123-21, **J. 4**, **p. 896.**
CE	03/10/2003	***Cne de Ramatuelle,*** (248523), CCP, art. L. 3114-8, **J. 11**, **p. 433.**
CE	24/11/2010	***Cne de Ramatuelle,*** (335703), CCP, art. R. 3123-21, **J. 12**, **p. 898**, **J. 14**, **p. 899.**
CE	24/11/2010	***Cne de Ramatuelle,*** (336265), *Partie VI, III, B, 1*, **J. 4**, **p. 1816.**
CE	27/01/2011	***Cne de Ramatuelle,*** (338285), CRPA, art. R. 2124-38, **J. 4**, **p. 1665.**
CE	17/05/2017	***Cne de Reilhac, OPH du Cantal,*** (396241), CCP, art. L. 2191-1, **J. 87**, **p. 223.**
CE	26/02/2016	***Cne de Rennes-les-Bains,*** (387428), CCP, art. L. 2191-1, **J. 229**, **p. 255.**
CE	09/03/2018	***Cne de Rennes-les-Bains,*** (406205), CCP, art. L. 2191-1, **J. 208**, **p. 249.**
CE	15/03/2019	***Cne de Rieumes c/ OPH de la Haute-Garonne,*** (409499 et 409540), CCP, art. L. 1111-2, **J. 23**, **p. 53.**
CE	11/03/1998	***Cne de Rognes,*** (168403), CCP, art. R. 3124-6, **J. 34**, **p. 907.**
CE	13/07/2007	***Cne de Rosny-sous-Bois,*** (299207), CCP, art. L. 1111-1, **J. 3**, **p. 41** ; art. L. 1121-3, **J. 27**, **p. 82.**
CE	24/06/2011	***Cne de Rouen,*** (347840), CCP, art. R. 2181-4, **J. 10**, **p. 704.**
CE	06/11/2020	***Cne de Saint-Amand-les-Eaux,*** (437946), CCP, art. L. 3111-1, **J. 3**, **p. 414.**
CE	06/11/2020	***Cne de Saint-Amand-les-Eaux, Sté anonyme du casino de Saint-Amand-les-Eaux,*** (437946, 437975), CCP, art. R. 3122-1, **J.**, **p. 888.**

CE	01/06/2011	***Cne de Saint-Benoît,*** (345649), CCP, art. L. 2111-1, **J. 7**, **p. 140.**
CE	09/05/2012	***Cne de Saint-Benoît,*** (356455), CCP, art. R. 2143-11, **J. 5**, **p. 603.**
CE	03/05/2022	***Cne de Saint-Cyr-sur-mer,*** (459678 et 460724), CCP, art. R. 3124-6, **J. 7**, **p. 901.**
CE	03/05/2022	***Cne de Saint-Cyr-sur-mer,*** (460089 et 460155), CCP, art. R. 3124-6, **J. 26**, **p. 905.**
CE	15/12/2016	***Cne de Saint-Denis d'Oléron,*** (389141), CJA, art. R. 541-6, **J. 88**, **p. 1796.**
CE	20/05/1994	***Cne de Saint-Egrève,*** (129030), CCP, art. L. 2422-11, **J. 22**, **p. 350.**
CE	06/02/1981	***Cne de Saint-Georges-de-Didonne,*** (19215), CCP, art. L. 3132-6, **J. 11**, **p. 473** ; art. L. 3136-3, **J. 14**, **p. 488.**
CE	03/06/2009	***Cne de Saint-Germain-en-Laye,*** (311798), CCP, art. L. 1111-1, **J. 7**, **p. 42** ; art. L. 1111-2, **J. 13**, **p. 51** ; CJA, art. R. 551-6, **J. 7**, **p. 1851.**
CE	09/11/2018	***Cne de Saint-Germain-le-Chatelet,*** (412916), CCP, art. L. 2191-1, **J. 225**, **p. 254.**
CE	26/02/2020	***Cne de Saint-Julien-en-Genevois,*** (436428), CCP, art. L. 3111-1, **J. 2**, **p. 414.**
CE	09/05/2012	***Cne de Saint-Maur-des-Fossés,*** (355756), CCP, art. R. 2144-7, **J. 43**, **p. 615** ; **J. 6**, **p. 636.**
CE	15/04/2015	***Cne de Saint-Michel-sur-Orge,*** (376229), CCP, art. L. 2191-1, **J. 201**, **p. 248**, **J. 220**, **p. 252.**
CE	05/11/2008	***Cne de Saint-Nazaire, Cté d'agglomération de la région nazairienne et de l'estuaire – Sté Abri services SARL,*** (310484 et 310544), CCP, art. L. 2111-1, **J. 6**, **p. 140** ; art. R. 2152-12, **J. 48**, **p. 656** ; CJA, art. R. 551-6, **J. 43**, **p. 1857.**
CE	18/06/2010	***Cne de Saint-Pal-de-Mons,*** (337377), CCP, art. R. 2142-19, **J. 4**, **p. 593** ; art. R. 2152-12, **J. 35**, **p. 654.**
CE	01/07/2005	***Cne de Saint-Paul de La Réunion,*** (269342), *Partie VI, III, B, 2, C)*, **J. 17**, **p. 455.**
CE	17/03/2010	***Cne de Saint-Rémy-sur-Durolle,*** (319563), CCP, art. L. 2191-1, **J. 180**, **p. 242.**
CE	08/12/1995	***Cne de Saint-Tropez,*** (144029), CRPA, art. D. 423-7, **J. 9**, **p. 1738.**
CE, sect.	20/11/1992	***Cne de Saint-Victoret,*** (84223), CCP, avant art. L. 3131-1, **J. 54**, **p. 465.**
CE	28/03/2022	***Cne de Sainte-Flaive-des-Loups,*** (450477), CCP, art. L. 2191-1, **J. 74**, **p. 221**, **J. 159**, **p. 238.**
CE, sect.	26/07/1991	***Cne de Sainte-Marie (La Réunion),*** (117717), CCP, art. R. 2121-7, **J. 4**, **p. 541** ; art. R. 2122-1, **J. 5**, **p. 543.**
CE	01/07/1970	***Cne de Sainteny,*** (70820 et 72704), CJA, art. R. 541-6, **J. 110**, **p. 1802.**

CE	13/07/2022	***Cne de Sanary-sur-Mer,*** (458488), CJA, art. R. 541-6, **J. 87**, **p. 1796.**
CE	11/09/2006	***Cne de Saran c/ Sté Gallaud,*** (257545), CCP, art. R. 2111-17, **J. 8**, **p. 523.**
CE	06/03/2009	***Cne de Savigny-sur-Orge,*** (315138), CCP, art. R. 2131-17, **J. 20**, **p. 573** ; art. R. 2142-14, **J. 1**, **p. 586** ; art. R. 2144-7, **J. 28**, **p. 612.**
CE	23/05/2011	***Cne de Six-Fours-Les-Plages,*** (342520), CCP, art. L. 1100-1, **J. 7**, **p. 32** ; art. L. 1111-4, **J. 13**, **p. 58.**
CE	15/02/2012	***Cne de Souclin,*** (346255), CCP, art. L. 2191-1, **J. 82**, **p. 222.**
CE	17/03/2010	***Cne de St-Rémy-sur-Durolle,*** (319563), CCP, art. L. 2422-11, **J. 14**, **p. 349.**
CE	11/09/2006	***Cne de Théoule-sur-Mer,*** (255273), CRPA, art. D. 423-7, **J. 15**, **p. 1739.**
CE	04/02/2009	***Cne de Toulon,*** (311344), CCP, art. R. 2111-17, **J. 15**, **p. 525** ; art. R. 2152-12, **J. 42**, **p. 655.**
CE	15/02/2021	***Cne de Toulon,*** (445488), *Partie VI, III, B, 2, A)*, **J. 30**, **p. 1834.**
CE	28/04/2006	***Cne de Toulouse,*** (280197), CCP, art. R. 2152-12, **J. 47**, **p. 656.**
CE	08/02/2008	***Cne de Toulouse,*** (303748), CCP, art. R. 2131-17, **J. 20**, **p. 573.**
CE	24/03/2022	***Cne de Toulouse,*** (449826), CCP, art. L. 1121-3, **J. 66**, **p. 93.**
CE	21/10/2015	***Cne de Tracy-sur-Loire,*** (385779), CCP, art. L. 2191-1, **J. 146**, **p. 235**, **J. 216**, **p. 251**, **J. 220**, **p. 252.**
CE	28/01/2013	***Cne de Tullins,*** (357272), CCP, art. L. 2112-2, **J. 5**, **p. 145.**
CE	17/03/2004	***Cne de Val-d'Isère,*** (228428), CCP, art. R. 3125-5, **J. 2**, **p. 908** ; CGCT, art. L. 1411-6, **J. 6**, **p. 1651.**
CE	06/10/2017	***Cne de Valence,*** (402322), CCP, art. L. 3132-6, **J. 8**, **p. 472.**
CE	29/07/1994	***Cne de Ventenac-en-Minervois,*** (131562), CCP, art. R. 2152-12, **J. 46**, **p. 656.**
CE	03/02/2012	***Cne de Veyrier-du-Lac, Cté d'agglomération d'Annecy,*** (353737), CCP, art. L. 1121-3, **J. 30**, **p. 83.**
CE	10/07/2013	***Cne de Vias, SEM de la ville de Béziers et du littoral (SEBLI),*** (362304 et 362318), CJA, art. R. 541-6, **J. 27**, **p. 1779**, **J. 67**, **p. 1791**, **J. 68**, **p. 1791**, **J. 69**, **p. 1791.**
CE	17/10/2016	***Cne de Villeneuve-le-Roi,*** (398131), CCP, art. L. 3114-8, **J. 29**, **p. 435** ; art. R. 2112-4, **J. 5**, **p. 529.**
CE	22/01/2018	***Cne de Vitry-le-François,*** (414860), CCP, art. R. 2143-3, **J.**, **p. 600** ; art. R. 2152-4, **J. 12**, **p. 632.**
CE	11/08/2009	***Cne des Vans,*** (317516), CCP, art. L. 2411-1, **J. 2**, **p. 341.**
CE	16/01/2012	***Cne du Château-d'Oléron,*** (352122), CCP, art. L. 2191-1, **J. 217**, **p. 252** ; CJA, art. R. 541-6, **J. 126**, **p. 1805.**
CE	25/10/2017	***Cne du Croisic,*** (402921), CCP, art. L. 3132-6, **J. 14**, **p. 474.**

CE	05/05/2010	***Cne du Grau du Roi,*** (301419), CCP, avant art. L. 3131-1, **J. 25**, **p. 458.**
CE	15/11/2017	***Cne du Havre,*** (412644), CCP, art. L. 3111-1, **J. 1**, **p. 414.**
CE	20/07/2022	***Cne du Lavandou,*** (458427), CCP, art. R. 3123-21, **J. 5**, **p. 897.**
CE	13/11/2002	***Cne du Mans,*** (245354), CCP, art. R. 2144-7, **J. 18**, **p. 610.**
CE	30/09/1996	***Cnes de Grenoble et Avrillier,*** (115564), CCP, art. L. 1111-1, **J. 27**, **p. 45.**
CE	05/02/2018	***CNES et a.,*** (414846, 414847, 414868, 414869, 414937 et 414938), CCP, art. L. 3, **J. 3**, **p. 16.**
CE	29/12/1994	***Coenon,*** (129677), CCP, art. R. 2152-4, **J. 7**, **p. 632.**
CE	10/07/1996	***Coisne,*** (140606), CCP, art. L. 1121-3, **J. 39**, **p. 85** ; art. L. 3136-3, **J. 11**, **p. 488.**
CE	25/11/2021	***Coll. de Corse,*** (454466), CCP, art. L. 2141-10, **J.**, **p. 178** ; *Partie VI, III, B, 2, C)*, **J. 9**, **p. 637**, **J. 10**, **p. 1840.**
CE	20/09/2019	***Coll. terr. de Corse,*** (421075), CCP, art. L. 2152-4, **J. 10**, **p. 187** ; art. R. 2152-2, **J. 4**, **p. 628** ; avant art. R. 2152-6, **J. 11**, **p. 637.**
CE	24/10/2001	***Collectivité territoriale de Corse et Office des transports de Corse,*** (236293), CJA, art. R. 551-6, **J. 72**, **p. 1862.**
CE	31/03/2010	***Collectivité territoriale de Corse,*** (334279), CCP, art. R. 2123-6, **J. 12**, **p. 557.**
CE	14/01/1987	***Commissaire de la République de la Meuse,*** (5855), CCP, art. R. 2122-3, **J. 5**, **p. 545.**
CE	27/04/1987	***Commissaire de la République des Côtes-du-Nord c/ OPHLM des Côtes-du-Nord et Sté Socea-Balency,*** (68831), CCP, art. R. 2182-5, **J. 1**, **p. 709.**
CE	10/10/2018	***Communauté intercommunale Réunion Est,*** (419406), *Partie VI, III, B, 2, A)*, **J. 31**, **p. 1834.**
CE	21/01/2008	***Compagnie d'assurances Areas dommages,*** (298868), CJA, art. R. 541-6, **J. 130**, **p. 1806.**
CE	20/06/2007	***Conseil général du Val-d'Oise,*** (282030), CCP, art. L. 2191-1, **J. 199**, **p. 247.**
CE, ass.	03/09/2008	***Conseil nat. des Barreaux, Ordre des avocats de Paris,*** (290398 et 290399), CCP, art. R. 2123-1, **J. 3**, **p. 552.**
CE	09/06/2020	***Conseil national de l'Ordre des médecins,*** (438406), CCP, art. L. 2113-5, **J. 2**, **p. 151.**
CE	09/06/2021	***Conseil national des Barreaux c/ M. Bonneau,*** (438047 et 438054), *Partie VI, III, B, 2, A)*, **J. 21**, **p. 1831.**
CE	28/12/2001	***Conseil régional de l'ordre des architectes d'Auvergne,*** (221649), CCP, art. L. 2171-2, **J. 2**, **p. 193** ; art. L. 2431-1, **J. 3**, **p. 352.**

CE	16/12/1996	***Conseil régional de l'ordre des architectes de la Martinique,*** (158234), CJA, art. R. 551-6, **J. 15**, **p. 1853.**
CE	10/05/1996	***Conseil régional de l'ordre des architectes de la région Provence-Alpes-Côte d'Azur,*** (162856), CCP, art. R. 2131-17, **J. 1**, **p. 571** ; *Partie VI, III, B, 1*, **J. 3**, **p. 1816.**
CE	23/07/2010	***Conseil régional de La Réunion,*** (338367), CCP, art. L. 2113-11, **J. 11**, **p. 165.**
CE	25/03/1991	***Copel,*** (90747), CCP, art. L. 3136-3, **J. 2**, **p. 485.**
CE	10/02/2016	***Cté d'agglom. Côte basque-Adour,*** (382016), CJA, art. R. 541-6, **J. 8**, **p. 1775.**
CE	23/05/2011	***Cté d'agglom. de Lens-Liévin,*** (341414), CCP, art. L. 2191-1, **J. 234**, **p. 256.**
CE	19/04/2017	***Cté d'agglom. de Montpellier,*** (397126), CCP, art. L. 2191-1, **J. 173**, **p. 241.**
CE	04/04/2016	***Cté d'agglom. du centre de la Martinique,*** (396191), CJA, art. R. 551-12, **J. 29**, **p. 1881.**
CE	20/12/2017	***Cté d'agglom. du Grand Troyes,*** (401747), CCP, art. L. 2191-1, **J. 19**, **p. 209.**
CE	04/07/2014	***Cté d'agglom. Saint-Étienne Métropole,*** (374032 et 375461), CCP, art. L. 2191-1, **J. 91**, **p. 223** ; art. L. 2195-3, **J. 4**, **p. 292.**
CE	20/10/2006	***Cté d'agglom. Salon-Étang de Berre-Durance,*** (287198), CCP, art. R. 3124-6, **J. 3**, **p. 901.**
CE	26/09/2012	***Cté d'agglom. Seine-Eure,*** (359706), CCP, avant art. R. 2152-6, **J. 16**, **p. 638.**
CE	10/02/2014	***Cté d'agglom. Tour(s) Plus,*** (367821), CCP, art. L. 2191-1, **J. 21**, **p. 209.**
CE	26/03/2014	***Cté d'agglomération côte Basque-Adour,*** (374287), CCP, art. R. 2112-17, **J. 25**, **p. 536.**
CE	13/02/2015	***Cté d'agglomération d'Épinal,*** (373645), CCP, art. L. 3132-6, **J. 12**, **p. 473.**
CE	04/07/2012	***Cté d'agglomération de Chartres Métropole (CACM), Sté Veolia Eau, Cie générale des eaux,*** (352417, 352418, 352449 et 352450), CCP, art. L. 3114-6, **J. 11**, **p. 429** ; art. L. 3114-8, **J. 8**, **p. 433** ; CGCT, art. L. 1411-6, **J. 4**, **p. 1651** ; CJA, art. L. 554-2, **J. 3**, **p. 1837** ; *Partie VI, III, B, 1*, **J. 24**, **p. 1821.**
CE	24/10/2008	***Cté d'agglomération de l'Artois,*** (313600), CCP, art. R. 2131-17, **J. 27**, **p. 575.**
CE	14/05/2003	***Cté d'agglomération de Lens-Liévin,*** (251336), CCP, art. R. 2131-17, **J. 16**, **p. 573.**
CE	23/05/2011	***Cté d'agglomération de Lens-Liévin,*** (341414), CCP, art. L. 2191-1, **J. 235**, **p. 256.**

CE	18/05/2021	***Cté d'agglomération de Lens-Liévin,*** (443153 et 443158), CCP, art. L. 1111-2, **J. 26**, **p. 53** ; art. R. 2192-36, **J. 9**, **p. 738** ; CRPA, art. D. 423-7, **J. 10**, **p. 1738** ; *Partie VI, III, B, 2, A)*, **J. 25**, **p. 1833.**
CE	10/03/2004	***Cté d'agglomération de Limoges Métropole,*** (259680), CCP, art. R. 2131-17, **J. 16**, **p. 573.**
CE	08/07/2005	***Cté d'agglomération de Moulins,*** (268610), CCP, art. L. 2171-2, **J. 3**, **p. 193** ; art. L. 2431-1, **J. 4**, **p. 352.**
CE	22/12/2008	***Cté d'agglomération de Salon-Étang de Berre-Durance,*** (311268), CJA, art. R. 551-6, **J. 46**, **p. 1857.**
CE	04/02/2009	***Cté d'agglomération du Bassin de Thau,*** (311949), CCP, art. R. 3122-7, **J. 2**, **p. 891** ; art. R. 3123-21, **J. 3**, **p. 896.**
CE	04/04/2016	***Cté d'agglomération du centre de la Martinique,*** (396191), CCP, art. L. 3121-2, **J. 2**, **p. 437.**
CE	22/07/2016	***Cté d'agglomération du Centre Littoral,*** (396597), CCP, art. R. 2152-12, **J. 54**, **p. 657** ; CJA, art. R. 551-6, **J. 63**, **p. 1861.**
CE	11/03/2011	***Cté d'agglomération du Grand Toulouse, SEM de Colomiers,*** (330722), C. urb., art. L. 300-4, **J. 2**, **p. 1698.**
CE	06/11/2020	***Cté d'agglomération du Muretain,*** (433940), CJA, art. R. 541-6, **J. 128**, **p. 1805.**
CE	11/07/2018	***Cté d'agglomération du Nord Grande-Terre,*** (418021 et 418022), CCP, art. R. 2143-1, **J.**, **p. 599** ; art. R. 2161-2, **J.**, **p. 666.**
CE	12/03/2012	***Cté d'agglomération du pays de Montbéliard,*** (354279), CJA, art. R. 551-6, **J. 92**, **p. 1866.**
CE	29/10/2007	***Cté d'agglomération du pays voironnais,*** (301065), CCP, art. R. 2132-1, **J. 10**, **p. 578** ; art. R. 2142-22, **J. 2**, **p. 595.**
CE	24/06/2011	***Cté d'agglomération Rennes Métropole,*** (346529), CCP, art. L. 1212-4, **J. 12**, **p. 112.**
CE	26/09/2012	***Cté d'agglomération Seine-Eure,*** (359706), CCP, art. R. 2152-12, **J. 62**, **p. 660** ; art. R. 2161-5, **J. 3**, **p. 668.**
CE	10/02/2014	***Cté d'agglomération Tour(s) Plus,*** (367821), CCP, art. R. 2432-7, **J. 1**, **p. 813.**
CE	09/02/2018	***Cté d'agglomération Val d'Europe Agglomération,*** (404982), CCP, art. L. 3114-1, **J. 7**, **p. 418** ; *Partie VI, III, B, 2, D)*, **J. 2**, **p. 1844.**
CE	09/11/2021	***Cté d'agglomération, « Mont-de-Marsan Agglomération »,*** (438388, 438389, 438408), CJA, art. R. 541-6, **J. 71**, **p. 1791.**
CE, sect.	02/06/2017	***Cté de cnes Auray Quiberon Terre Atlantique,*** (397571), CJA, art. R. 541-6, **J. 76**, **p. 1793.**
CE	28/01/2022	***Cté de cnes Convergence Garonne,*** (456418), CCP, art. R. 2162-4, **J. 5**, **p. 675.**
CE	13/07/2012	***Cté de cnes d'Erdre et Gesvres, Les Verts des Pays de Loire et a., Assoc. ACIPA et a.,*** (347073, 347170 et 350925), CCP, art. L. 3114-6, **J. 9**, **p. 427.**

CE	03/02/2010	***Cté de cnes de l'Arc mosellan,*** (330237), *Partie VI, III, B, 1*, **J. 11, p. 1814**, **J. 12**, **p. 1814.**
CE	24/02/2010	***Cté de cnes de l'Enclave des Papes,*** (333569), CCP, art. R. 2123-6, **J. 10**, **p. 556.**
CE	18/09/2019	***Cté de cnes de l'Île-Rousse-Balagne, Office d'équipement hydraulique de la Corse,*** (430368 et 430074), CCP, art. L. 1220-2, **J. 8**, **p. 118**, **J. 10**, **p. 119** ; art. R. 3126-1, **J.**, **p. 909** ; CJA, art. R. 551-6, **J. 56**, **p. 1860**, **J. 57**, **p. 1860.**
CE, sect.	14/05/2008	***Cté de cnes de Millau-Grands Causses,*** (280370), CCP, art. L. 1111-2, **J. 16**, **p. 51.**
CE	20/12/2019	***Cté de cnes de Sélestat,*** (419993), CCP, art. R. 3124-6, **J. 25**, **p. 905** ; *Partie VI, III, B, 2, A)*, **J. 2**, **p. 1828.**
CE	18/11/2011	***Cté de cnes de Verdun,*** (342642), CCP, art. L. 2191-1, **J. 194**, **p. 247.**
CE	28/09/2011	***Cté de cnes du canton de Segré,*** (337692), CCP, art. L. 2191-1, **J. 166**, **p. 239**, **J. 172**, **p. 240.**
CE	27/04/2021	***Cté de cnes du Centre Corse (4C),*** (448467), CJA, art. R. 421-1, **J.**, **p. 1772.**
CE	12/10/2018	***Cté de cnes du pays de Montereau,*** (409515), CCP, art. R. 2191-36, **J. 1**, **p. 722.**
CE, sect.	20/05/1998	***Cté de cnes du Piémont-de-Barr, Service des eaux et de l'assainissement du Bas-Rhin,*** (188329), CCP, art. L. 1220-2, **J. 13**, **p. 120.**
CE	04/05/2011	***Cté de cnes du Queyras,*** (340089), CCP, art. L. 3114-1, **J. 19**, **p. 420** ; CJA, art. R. 541-6, **J. 29**, **p. 1780.**
CE	17/02/2010	***Cté de cnes Flandre Lys,*** (325520), CCP, art. R. 2131-17, **J. 1**, **p. 571.**
CE	16/05/2012	***Cté de l'agglom. Rouen-Monplaisir-Elbeuf-Austreberthe,*** (345137), CCP, art. L. 2191-1, **J. 36**, **p. 213**, **J. 177**, **p. 241.**
CE	15/12/2008	***Cté intercommunale des villes solidaires,*** (312350), CCP, art. L. 3114-8, **J. 18**, **p. 434** ; art. R. 3122-6, **J. 4**, **p. 890** ; CJA, art. R. 551-6, **J. 44**, **p. 1857.**
CE	20/01/2016	***Cté intercommunale des villes solidaires,*** (394133), CJA, art. R. 551-6, **J. 68**, **p. 1862.**
CE	04/02/2009	***Cté urb. d'Arras,*** (312411), CCP, art. L. 3114-8, **J. 15**, **p. 433**, **J. 19**, **p. 434** ; art. R. 3126-4, **J. 2**, **p. 911.**
CE	01/04/2009	***Cté urb. de Bordeaux, Sté Keolis,*** (323585), CCP, art. R. 3126-4, **J. 1**, **p. 910.**
CE	15/12/2008	***Cté urb. de Dunkerque – Ville de Dunkerque,*** (310380), CCP, art. R. 2152-12, **J. 24**, **p. 651** ; CJA, art. R. 551-6, **J. 45**, **p. 1857.**
CE	*19/04/2017*	***Cté urb. de Dunkerque,*** (395328), CCP, art. L. 2191-1, **J. 240**, **p. 258.**
CE	19/03/2012	***Cté urb. de Lyon et Me Sapin,*** (346263 et 346275), CCP, art. L. 2191-1, **J. 69**, **p. 220.**

CE	02/10/2013	***Dpt du Lot-et-Garonne,*** (368900), CCP, art. R. 2111-17, **J. 12**, **p. 524.**
CE	09/12/2009	***Dpt du Nord,*** (312724), CJA, art. R. 541-6, **J. 132**, **p. 1806.**
CE	02/12/2019	***Dpt du Nord,*** (422307), CCP, art. L. 2193-13, **J. 8**, **p. 281.**
CE	13/03/1998	***Dpt du Pas-de-Calais,*** (167764), CCP, art. L. 2194-1, **J. 7**, **p. 286.**
CE	28/01/2013	***Dpt du Rhône,*** (356670), CCP, art. L. 1111-1, **J. 9**, **p. 42** ; art. R. 2122-3, **J. 11**, **p. 545** ; art. R. 2123-6, **J. 20**, **p. 560.**
CE, ass.	04/04/2014	***Dpt du Tarn-et-Garonne,*** (358994), *Partie VI, III, B, 2, A)*, **J. 1**, **p. 1827.**
CE	21/11/2007	***Dpt du Var,*** (300992), CCP, art. R. 2131-17, **J. 22**, **p. 574.**
CE	20/05/2009	***Dpt du Var,*** (318871), CCP, art. R. 2152-2, **J. 1**, **p. 627** ; art. R. 2152-12, **J. 25**, **p. 651.**
CE	12/03/2012	***Dynacité, Sté Dalkia France,*** (354355 à 354558), CCP, art. R. 2132-1, **J. 5**, **p. 577** ; CJA, art. R. 551-6, **J. 61**, **p. 1860.**
CE	17/11/2008	***Entreprise Aubelec, M. Ahmed,*** (294215 et 294216), CCP, art. L. 2191-1, **J. 196**, **p. 247.**
CE	20/09/2001	***Entreprise de construction et de prestations de services,*** (213395), CCP, art. R. 2192-36, **J. 6**, **p. 737.**
CE	10/11/2004	***Entreprise Paul Milet,*** (256031), CCP, art. R. 2192-36, **J. 9**, **p. 738.**
CE	27/04/2021	***Eurométropole de Strasbourg c/ Sté SMACL Assurances,*** (436820), CCP, art. L. 2191-1, **J. 156**, **p. 237.**
CE	03/05/2004	***Fondation Assistance aux animaux,*** (249832), CCP, art. L. 1121-3, **J. 26**, **p. 82.**
CE, avis	23/10/2003	***Fondation Jean Moulin,*** (369315), CCP, art. L. 1220-1, **J. 6**, **p. 116.**
CE	10/05/1996	***Féd. nat. des travaux publics et a.,*** (159979), CCP, art. R. 2152-12, **J. 14**, **p. 647.**
CE	10/05/1996	***Féd. nat. des travaux publics,*** (159980), CCP, art. R. 2191-36, **J. 3**, **p. 722.**
CE	29/07/1998	***Garde des Sceaux, Min. de la Justice c/ Sté Génicorp,*** (177952), CCP, art. R. 2144-7, **J. 40**, **p. 615** ; art. R. 2162-18, **J. 2**, **p. 682** ; CJA, art. R. 551-6, **J. 70**, **p. 1862.**
CE	29/04/2011	***Garde des Sceaux, min. de la Justice et des Libertés,*** (344617), CCP, art. R. 2142-14, **J. 3**, **p. 587.**
CE	10/01/1902	***Gaz de Deville-les-Rouen,*** (94624), CCP, art. L. 6, **J. 32**, **p. 27.**
CE	*03/06/2009*	***GIE Carte du professionnel de santé,*** (319103), CCP, art. L. 1211-1, **J. 16**, **p. 107** ; CJA, art. R. 551-6, **J. 5**, **p. 1851.**
CE	26/09/2012	***GIE Groupement des poursuites extérieures,*** (359389), CCP, art. R. 2123-6, **J. 11**, **p. 556** ; CJA, art. R. 551-6, **J. 10**, **p. 1852.**

CE	03/12/2012	***GIE Groupement des poursuites extérieures,*** (361887), CCP, art. R. 2144-7, **J. 27**, **p. 612.**
CE	26/01/2018	***GIE Groupement périphérique des huissiers de justice,*** (399865), CCP, art. R. 2142-14, **J. 4**, **p. 587** ; art. R. 2144-7, **J. 24**, **p. 611.**
CE	30/11/2018	***GIE Groupement périphérique des huissiers de justice,*** (416628), *Partie VI, III, B, 2, A)*, **J. 34**, **p. 1835.**
CE	26/09/2012	***GIE « Groupement des poursuites extérieures »,*** (359389), CJA, art. R. 551-6, **J. 16**, **p. 1853.**
CE	10/04/2015	***Gouvernement de la Nouvelle-Calédonie,*** (385617), CCP, art. L. 2112-2, **J. 6**, **p. 146.**
CE	02/12/2019	***Gpt de coopération sanitaire du Nord-Ouest Touraine,*** (423936), *Partie VI, III, B, 2, C)*, **J. 8**, **p. 1840.**
CE	26/06/2015	***Grand port maritime de la Martinique,*** (388867), CJA, art. R. 551-12, **J. 31**, **p. 1881.**
CE	03/02/2021	***Grand Port maritime de Marseille,*** (442844), CCP, art. L. 2191-1, **J. 117**, **p. 228.**
CE	19/01/2011	***Grand port maritime du Havre,*** (343435), CCP, art. R. 2181-2, **J. 2**, **p. 703** ; CJA, art. R. 551-12,, **J. 16**, **p. 1878**, **J. 22**, **p. 1879.**
CE	18/06/2003	***Groupement d'entreprises solidaires ETPO Guadeloupe,*** (249630), *Partie VI, III, B, 2, C)*, **J. 5**, **p. 1839.**
CE	29/04/2002	***Groupement des Assoc. de l'ouest parisien,*** (216902), CCP, art. R. 3124-6, **J. 19**, **p. 903.**
CE	26/09/2012	***Groupement des poursuites extérieures,*** (359389), CCP, art. R. 2152-12, **J. 32**, **p. 653.**
CE	15/11/2012	***Hôpital de l'Isle-sur-la-Sorgue,*** (350867), CCP, art. L. 2191-1, **J. 33**, **p. 212.**
CE	27/02/1988	***Hôpital dptal d'Esquirol,*** (59645), CCP, art. R. 2144-7, **J. 35**, **p. 614.**
CE	14/03/1997	***Hôpital dptal des Petits-Prés et a.,*** (132560), CCP, art. L. 2422-4, **J.**, **p. 344.**
CE	10/12/2003	***Institut de recherche pour le développement,*** (248950), *Partie VI, III, B, 1*, **J. 12**, **p. 1818.**
CE	28/07/1999	***Institut français de recherche scientifique pour le développement en coopération et sté Océa,*** (186051, 186219), CCP, art. R. 2151-11, **J. 10**, **p. 625.**
CE	23/07/2010	***Institut médico-éducatif de Saint-Junien,*** (31503), CCP, art. L. 2191-1, **J. 222**, **p. 253.**
CE	19/11/2018	***Institut national de recherche en sciences et technologies pour l'environnement et l'agriculture,*** (408203), CCP, art. L. 2191-1, **J. 75**, **p. 221.**
CE	21/07/1970	***Lachaud et Aubineau,*** (66475), CCP, art. L. 2193-7, **J. 28**, **p. 278.**

CE	28/12/2001	***Lacombe,*** (223047), CJA, art. R. 551-6, **J. 30**, **p. 1855.**
CE	18/03/1988	***Loupias c/ Cne de Montreuil-Bellay,*** (57893), CCP, art. L. 1121-3, **J. 23**, **p. 82** ; CGCT, art. L. 1411-4, **J. 1**, **p. 1648.**
CE	07/10/2020	***Lyon Métropole Habitat,*** (440575), CCP, art. R. 2124-3, **J. 6**, **p. 565.**
CE	11/09/2006	***M. Agopyan,*** (265174), CCP, art. L. 2432-2, **J. 1**, **p. 354.**
CE	10/12/2012	***M. Auclair,*** (354044), CCP, art. R. 2182-3, **J. 4**, **p. 708** ; CGCT, art. L. 1411-6, **J. 8**, **p. 1651.**
CE	09/02/2004	***M. Billerach,*** (254438), CJA, art. R. 541-6, **J. 122**, **p. 1805.**
CE	10/02/2016	***M. Blandin et a.,*** (386892), CJA, art. R. 541-6, **J. 113**, **p. 1803.**
CE	15/10/2014	***M. Cardin et a.,*** (371046), CCP, art. L. 2191-1, **J. 200**, **p. 247.**
CE	30/12/2013	***M. Corbin,*** (358826), CCP, art. L. 1211-1, **J. 24**, **p. 108.**
CE	27/11/2002	***M. Dangas et a.,*** (204619), CCP, art. R. 2162-19, **J. 1**, **p. 682.**
CE	14/11/2018	***M. de Jesus,*** (418788), CCP, art. L. 3114-1, **J. 10**, **p. 418** ; art. L. 3114-6, **J. 4**, **p. 425.**
CE	18/12/2009	***M. de Navacelle,*** (311196), CCP, art. L. 3114-1, **J. 6**, **p. 418** ; *Partie VI, III, B, 2, D)*, **J. 1**, **p. 1844.**
CE	22/02/2008	***M. et Mme Poirier,*** (283891), CCP, art. L. 3134-1, **J. 5**, **p. 480.**
CE	10/12/2020	***M. Goidin,*** (432783), CCP, art. L. 2191-1, **J. 147**, **p. 235.**
CE	02/10/2002	***M. Gross,*** (219659), CCP, art. L. 2191-1, **J. 68**, **p. 220** ; art. L. 2194-1, **J. 16**, **p. 288.**
CE	08/06/2011	***M. Helary,*** (330836), CCP, art. L. 2191-1, **J. 211**, **p. 250**, **J. 239**, **p. 258.**
CE	25/06/2004	***M. Hervouet,*** (228528), CCP, art. L. 2191-1, **J. 82**, **p. 222.**
CE	18/09/2017	***M. Humbert et a.,*** (408894), *Partie VI, III, B, 2, A)*, **J. 29**, **p. 1833.**
CE	29/12/2008	***M. Jean-Jacques Bondroit,*** (296948), CCP, art. L. 2191-1, **J. 83**, **p. 222**, **J. 124**, **p. 230**, **J. 128**, **p. 231**, **J. 132**, **p. 232.**
CE	23/07/2010	***M. Jean-Pierre Lenoir, Synd. nat. des entreprises de second œuvre du bâtiment,*** (326544), CCP, art. L. 2211-6, **J. 5**, **p. 307.**
CE	27/03/2020	***M. Le Monnier et a.,*** (426291), *Partie VI, III, B, 2, A)*, **J. 15**, **p. 1831.**
CE	26/06/2019	***M. Lebel et a.,*** (417386 et 417387), CCP, art. L. 1111-1, **J. 31**, **p. 47.**
CE	19/11/2010	***M. Marc Dingreville, Mlle Estelle Dingreville,*** (320169), CCP, art. L. 1121-3, **J. 22**, **p. 81.**
CE	17/03/1999	***M. Michel Moynier c/ Président du conseil régional du Languedoc-Roussillon,*** (196857), CGCT, art. L. 1414-2, **J. 1**, **p. 1314.**
CE	26/09/2008	***M. Michel Robert,*** (312140), CJA, art. R. 541-6, **J. 131**, **p. 1806.**
CE	14/02/2014	***M. Pagiaro,*** (362331), CCP, art. R. 2171-19, **J.**, **p. 694.**

CE	17/03/2017	***M. Perez, Ordre des avocats de Paris,*** (403768 et 403817), CCP, art. L. 2197-4, **J., p. 303** ; art. R. 2122-8, **J., p. 547.**
CE	11/05/2016	***M. Rouveyre,*** (383768 A et 383769), CCP, art. L. 2235-3, **J. 1, p. 326.**
CE	22/02/2008	***M. Schmeltz, M. Orselli,*** (286174), CCP, art. L. 2191-1, **J. 190, p. 245** ; CJA, art. R. 541-6, **J. 54, p. 1787.**
CE	19/12/2012	***M. Simon,*** (355139), *Partie VI, III, B, 2, C)*, **J. 6, p. 1840.**
CE	22/02/2008	***M. Tête,*** (266755), CRPA, art. D. 423-7, **J. 13, p. 1739, J. 16, p. 1739.**
CE	12/01/2011	***M. Édouard Manoukian,*** (338551), CJA, art. R. 541-6, **J. 19, p. 1778.**
CE	23/05/2012	***Maison de retraite publique de la Vallée des Baux,*** (351157), CCP, art. R. 2191-35, **J. 1, p. 721** ; art. R. 2191-36, **J. 13, p. 723.**
CE	06/06/1997	***Marcilly,*** (147524), CCP, avant art. R. 2152-6, **J. 2, p. 635** ; CGCT, art. L. 1414-2, **J. 11, p. 1315.**
CE, sect.	04/05/1984	***Maternité régionale A. Pinard,*** (26283), CCP, art. L. 2431-1, **J. 1, p. 352.**
CE	16/02/2005	***Maurel,*** (211039), CCP, art. L. 1112-1, **J. 6, p. 67.**
CE	24/11/2006	***Me Malmezat Prat,*** (268129), CCP, art. L. 2191-1, **J. 197, p. 247** ; CJA, art. R. 541-6, **J. 57, p. 1788.**
CE	08/12/2017	***Me Rogeau,*** (390906), CCP, art. L. 2195-3, **J. 29, p. 299** ; CJA, art. R. 541-6, **J. 92, p. 1797.**
CE, sect.	19/03/1971	***Mergui,*** (79962), CRPA, art. D. 423-7, **J. 3, p. 1736.**
CE	21/03/1986	***Meyrignac,*** (46973), CCP, art. L. 2195-3, **J. 13, p. 295.**
CE	21/10/2013	***Min. Budget c/ Sté SEMIDEP,*** (358873), CCP, avant art. L. 3131-1, **J. 27, p. 458.**
CE	19/02/1975	***Min. d'État chargé de la défense nationale c/ Sté entreprises Campenon Bernard et a.,*** (80470), CCP, art. L. 2191-1, **J. 23, p. 210** ; art. R. 2112-17, **J. 1, p. 532.**
CE	18/06/2010	***Min. d'État, garde des Sceaux, min. de la Justice et des Libertés c/ Sté Bureau Veritas,*** (336418), CCP, art. R. 2142-14, **J. 6, p. 588** ; art. R. 2144-7, **J. 21, p. 610.**
CE	04/12/2017	***Min. d'État, min. de l'Intérieur c/ Région Pays de la Loire,*** (413366), CCP, art. L. 2112-2, **J. 7, p. 146.**
CE	03/06/2009	***Min. d'État, min. de l'Écologie, de l'Énergie, du Développement durable et de l'Aménagement du territoire,*** (321808), CJA, art. R. 551-6, **J. 46, p. 1857.**
CE	24/02/2020	***Min. de l'action et des comptes publics c/ Sté européenne de bars restaurants,*** (433883), CCP, avant art. L. 3131-1, **J. 36, p. 462.**
CE	16/11/2009	***Min. de l'Immigration, de l'Intégration, de l'Identité nationale et du Développement solidaire c/ Assoc. collectif respect,*** (328826), *Partie VI, III, B, 1*, **J. 5, p. 1812.**

CE	23/07/2010	***Min. de l'Intérieur c/ cne de Brunoy,*** (325854), CCP, avant art. L. 3131-1, **J. 20**, **p. 456.**
CE, sect.	29/06/2018	***Min. de l'intérieur c/ Cté de cnes de la vallée de l'Ubaye,*** (402251), CCP, art. L. 3132-6, **J. 4**, **p. 471.**
CE	18/11/1988	***Min. de l'Intérieur c/ SARL Les voyages Brounais,*** (76131), CCP, art. L. 2111-1, **J. 3**, **p. 139.**
CE	29/05/2013	***Min. de l'Intérieur c/ Sté Artéis,*** (366606), CCP, art. R. 2152-4, **J. 17**, **p. 633.**
CE	23/12/2011	***Min. de l'Intérieur, de l'Outre-mer, des Collectivités territoriales et de l'Immigration,*** (348648), CJA, art. L. 554-2, **J. 1**, **p. 1836** ; avant art. R. 2152-6, **J. 29**, **p. 641.**
CE	17/10/2003	***Min. de l'Intérieur, de la Sécurité intérieure et des Libertés locales c/ Synd. intercommunal d'assainissement Le Beausset, La Cadière, Le Castellet,*** (249822), CCP, art. R. 2192-36, **J. 8**, **p. 738** ; CRPA, art. D. 423-7, **J. 10**, **p. 1738.**
CE	24/06/2011	***Min. de l'Écologie et Sté Autostrade,*** (347720), CCP, avant art. L. 2222-1, **J. 2**, **p. 319.**
CE	01/04/2009	***Min. de l'Écologie, de l'Énergie, du Développement durable et de l'Aménagement du territoire,*** (321752), CCP, art. R. 2152-12, **J. 56**, **p. 658** ; CJA, art. R. 551-6, **J. 47**, **p. 1857.**
CE	10/01/2005	***Min. de l'Économie c/ Région Île-de-France,*** (263506), CCP, avant art. L. 3131-1, **J. 28**, **p. 459.**
CE	30/06/2004	***Min. de l'Équipement, des Transports, du Logement, du Tourisme et de la Mer c/ M. Fourgeaud,*** (261919), CCP, art. R. 2142-14, **J. 1**, **p. 586** ; art. R. 2144-7, **J. 28**, **p. 612.**
CE	20/02/1976	***Min. de la Défense c/ Laboratoires René-Derveaux,*** (93030), CCP, art. R. 2112-17, **J. 23**, **p. 536.**
CE	11/03/2013	***Min. de la Défense c/ Sté Aéromécanic,*** (364827), CCP, art. R. 2132-1, **J. 6**, **p. 577** ; art. R. 2181-4, **J. 13**, **p. 705**, **J. 14**, **p. 705** ; art. R. 2152-12, **J. 75**, **p. 663.**
CE	11/04/2014	***Min. de la Défense c/ Sté Legrand Bâtisseurs,*** (375245), CCP, art. R. 2142-16, **J. 2**, **p. 591.**
CE	26/06/2015	***Min. de la Défense c/ Sté Olympe services,*** (389599), CCP, art. L. 2152-4, **J. 7**, **p. 186** ; CJA, art. R. 551-6, **J. 35**, **p. 1856.**
CE	24/05/2017	***Min. de la Défense c/ Sté Techno Logistique,*** (405787), CCP, art. L. 1113-1, **J. 1**, **p. 69** ; art. R. 2152-12, **J. 70**, **p. 661** ; CJA, art. L. 551-2, **J.**, **p. 1846.**
CE	17/10/2016	***Min. de la Défense c/ Sté Tribord,*** (400791 et 400794), CJA, art. R. 551-12, **J. 18**, **p. 1878.**
CE	30/11/2011	***Min. de la Défense et des Anciens Combattants c/ EURL Qualitech,*** (353121), CCP, art. L. 2152-4, **J. 13**, **p. 188** ; art. R. 2123-6, **J. 19**, **p. 559** ; art. R. 2152-2, **J. 5**, **p. 628.**

CE	11/04/2012	***Min. de la Défense et des Anciens Combattants,*** (355564), CCP, art. R. 2143-11, **J. 9**, **p. 603** ; art. R. 2181-4, **J. 12**, **p. 705** ; CJA, art. R. 551-6, **J. 60**, **p. 1860.**
CE	04/07/2012	***Min. de la Défense et des Anciens Combattants,*** (352714), CCP, art. R. 2131-17, **J. 7**, **p. 572** ; art. R. 2151-11, **J. 4**, **p. 624** ; art. R. 2152-12, **J. 35**, **p. 654.**
CE	15/06/2007	***Min. de la Défense,*** (299391), CCP, art. R. 2131-17, **J. 19**, **p. 573.**
CE	15/06/2007	***Min. de la Défense,*** (300097), CCP, art. R. 2131-17, **J. 18**, **p. 573**, **J. 20**, **p. 573.**
CE	20/05/2009	***Min. de la Défense,*** (316601), CCP, art. R. 2131-17, **J. 20**, **p. 573**, **J. 27**, **p. 575.**
CE	19/06/2009	***Min. de la Défense,*** (321844), CCP, art. R. 2131-17, **J. 20**, **p. 573.**
CE	10/11/2010	***Min. de la Défense,*** (341132), CCP, art. L. 2141-11, **J. 22**, **p. 182.**
CE	25/11/2021	***Min. de la Transition écologique c/ Sté Vinci Construction Grands Projets,*** (449854), CCP, art. L. 2191-1, **J. 184**, **p. 243.**
CE	04/04/2018	***Min. de la Transition écologique et solidaire c/ M. Benard et a.,*** (414263), CCP, art. R. 3122-6, **J. 1**, **p. 890.**
CE	25/03/2020	***Min. de la Transition écologique et solidaire c/ Sté Guintioli,*** (427085), CCP, art. L. 2191-1, **J. 26**, **p. 211.**
CE	18/12/2019	***Min. de la Transition écologique et solidaire c/ Sté Sunrock,*** (431696), CCP, art. L. 1113-1, **J. 2**, **p. 69.**
CE	02/06/2016	***Min. des Affaires sociales et de la Santé c/ CH Émile-Roux du Puy-en-Velay et a.,*** (395033 et 396645), *Partie VI, III, B, 2, A)*, **J. 19**, **p. 1831.**
CE	25/06/2004	***Min. des Affaires étrangères, de la Coopération et de la Francophonie c/ Soler,*** (263404), CCP, art. R. 2162-19, **J. 3**, **p. 683.**
CE	04/04/2018	***Min. des Armées c/ Sté Archimed,*** (416577), CCP, art. R. 2152-12, **J. 27**, **p. 652.**
CE	04/02/2021	***Min. des Armées c/ Sté Osiris Sécurité Run,*** (445396), CCP, art. L. 1113-1, **J. 3**, **p. 70.**
CE	12/06/2019	***Min. des Armées c/ Sté Sonocar Industrie,*** (427397 et 427407), CCP, art. R. 2162-4, **J. 1**, **p. 675.**
CE	07/11/2014	***Min. des Finances et des Comptes publics c/ Sté Bearing Point France,*** (383587), CCP, art. L. 2152-4, **J. 6**, **p. 186** ; art. R. 2151-6, **J. 3**, **p. 619.**
CE	22/09/2014	***Min. du Budget, des Comptes publics et de la Réforme de l'État c/ Sté CNABRL,*** (352776), CCP, avant art. L. 3131-1, **J. 32**, **p. 460.**
CE	08/02/2012	***Min. du Budget, des Comptes publics et de la Réforme de l'État,*** (340698), CCP, art. L. 2191-1, **J. 137**, **p. 233**, **J. 138**, **p. 233.**
CE, sect.	08/02/2012	***Min. du Budget, des Comptes publics et de la Réforme de l'État,*** (342825), CCP, art. L. 2191-1, **J. 138**, **p. 233.**

CE	27/02/2013	***Min. du Budget, des Comptes publics, de la Fonction publique et de la Réforme de l'État c/ CCI de Béthune,*** (337634), CCP, avant art. L. 3131-1, **J. 26**, **p. 458.**
CE	24/02/2020	***Ministre de l'action et des comptes publics c/ Sté européenne de bars restaurants,*** (433883), CCP, avant art. L. 3131-1, **J. 38**, **p. 462.**
CE	23/06/2003	***Ministre de l'Économie c/ Banque Worms,*** (232665), CCP, art. R. 2191-62, **J. 9**, **p. 730.**
CE	05/11/2021	***Ministre de l'Économie, des Finances et de la Relance c/ Sté Huissiers Partner Conseils,*** (444625), CCP, art. R. 2144-7, **J. 32**, **p. 613.**
CE	25/03/2020	***Ministre de la transition écologique et solidaire c/ Sté Guintoli,*** (427085), CCP, art. R. 2192-36, **J. 4**, **p. 737.**
CE	10/06/2020	***Ministre des Armées c/ sociétés Erics Associés et Altaris,*** (431194), CCP, art. R. 2152-12, **J. 29**, **p. 652.**
CE	16/11/2005	***MM Auguste et cne de Nogent-sur-Marne,*** (262360 et 263709), CJA, art. R. 541-6, **J. 56**, **p. 1788.**
CE	11/12/2000	***Mme Agofroy,*** (202971), CCP, art. L. 1100-1, **J. 16**, **p. 33** ; art. L. 1121-3, **J. 84**, **p. 97** ; avant art. L. 3131-1, **J. 52**, **p. 465.**
CE	13/09/1995	***Mme Favier,*** (125018), CCP, art. L. 1211-1, **J. 21**, **p. 108.**
CE, sect.	11/07/2011	***Mme Gilles,*** (339409), CCP, art. L. 1100-1, **J. 23**, **p. 36** ; art. L. 1121-3, **J. 91**, **p. 100** ; art. L. 3114-1, **J. 12**, **p. 419.**
CE, avis cont.	21/05/2007	***Mme Manolis et a.,*** (299307), CCP, avant art. L. 3131-1, **J. 15**, **p. 454.**
CE, avis	31/03/2010	***Mme Renard,*** (333627), CCP, art. L. 6, **J. 6**, **p. 21**, **J. 25**, **p. 25.**
CE, ass.	09/04/1999	***Mme Toubol-Fisher et Bismuth,*** (196177), CCP, art. R. 2123-1, **J. 3**, **p. 552.**
CE, ass.	09/10/1996	***Mme Wajs et M. Monnier,*** (136071), CCP, art. L. 3114-6, **J. 3**, **p. 425.**
CE	07/03/1980	***Monge,*** (11568), CCP, art. L. 2191-1, **J. 141**, **p. 234.**
CE, sect.	13/05/1970	***Monti c/ Cne de Ranspach,*** (74601), *Partie VI, III, B, 2, C)*, **J. 15**, **p. 1842.**
CE	17/03/1999	***Moynier,*** (196857), CGCT, art. L. 1414-2, **J. 2**, **p. 1314.**
CE	23/05/2008	***Musée Rodin,*** (306153), CCP, art. L. 3114-8, **J. 16**, **p. 433** ; art. R. 3124-6, **J. 8**, **p. 902.**
CE	10/02/2017	***Mutuelle des architectes de France,*** (397630), CCP, art. L. 2191-1, **J. 238**, **p. 258.**
CE	*13/01/2003*	***Mutuelle générale des services publics et a.,*** (235176), CCP, art. L. 2512-4, **J. 3**, **p. 368.**
CE	08/12/2020	***Métropole Aix-Marseille-Provence et a.,*** (436532, 436582 et 436583), CCP, art. R. 2151-6, **J. 12**, **p. 622.**

CE	06/11/2020	***Métropole européenne de Lille,*** (437718), CCP, art. R. 2162-6, **J. 12**, **p. 678.**
CE	09/06/2020	***Métropole Nice-Côte d'Azur,*** (436922, 436925 et 436926), CCP, art. R. 2182-3, **J. 1**, **p. 707** ; art. R. 3125-5, **J. 1**, **p. 908** ; CJA, art. R. 551-6, **J. 53**, **p. 1859.**
CE	18/12/2017	***Météo-France,*** (413527), CCP, art. R. 2124-5, **J. 3**, **p. 566.**
CE	25/05/2018	***Nantes Métropole,*** (417580), CCP, art. R. 2152-12, **J. 17**, **p. 648.**
CE	03/11/1978	***Office public dptal d'HLM des Alpes-Maritimes,*** (02260), CCP, art. R. 2191-35, **J. 1**, **p. 721.**
CE	13/06/1986	***Office public dptal d'HLM du Pas-de-Calais c/ Sté Franki Fondations France,*** (56350), CCP, art. L. 2193-7, **J. 15**, **p. 276.**
CE	03/11/2014	***ONF c/ Sté MPF,*** (382413), CCP, art. R. 2152-4, **J. 19**, **p. 634.**
CE	22/07/2009	***OPAC de la Sarthe,*** (300313), CCP, art. R. 2191-62, **J. 3**, **p. 728.**
CE	14/05/2008	***OPAC de la Seine-Maritime,*** (295253), CCP, art. L. 2191-1, **J. 157**, **p. 238.**
CE	30/01/2008	***OPAC de la ville de Clermont-Ferrand,*** (278770), CCP, art. L. 2191-1, **J. 49**, **p. 216**, **J. 81**, **p. 222**, **J. 131**, **p. 232.**
CE	03/06/2009	***OPAC du Rhône,*** (324405), CCP, art. L. 6, **J. 10**, **p. 22.**
CE	01/03/2012	***OPAC du Rhône,*** (355560), CJA, art. R. 551-12, **J. 9**, **p. 1876**, **J. 37**, **p. 1883.**
CE	22/02/2008	***OPAC Habitat Drouais,*** (255677), CCP, art. L. 2191-1, **J. 178**, **p. 242** ; art. R. 2112-17, **J. 6**, **p. 533.**
CE	18/06/2010	***OPAC Habitat Marseille Provence,*** (335611), CCP, art. R. 2162-6, **J. 7**, **p. 677.**
CE	26/09/2007	***OPDHLM du Gard,*** (259809 et 263586), CCP, art. L. 1111-1, **J. 4**, **p. 41.**
CE	31/05/2010	***OPH de la Cté urb. de Strasbourg,*** (313184), CCP, art. L. 2191-1, **J. 112**, **p. 227**, **J. 115**, **p. 228** ; art. L. 2195-1, **J. 5**, **p. 291.**
CE	05/07/2017	***OPH de la Haute-Garonne,*** (396161), CCP, art. L. 2191-1, **J. 268**, **p. 265.**
CE	01/07/2015	***OPH de Loire-Atlantique,*** (384209), CJA, art. R. 541-6, **J. 36**, **p. 1783.**
CE	17/12/2008	***OPH de Nice et des Alpes-Maritimes (OPAM),*** (282178), CCP, art. R. 2151-6, **J. 1**, **p. 619.**
CE	15/05/2013	***OPH de Nice et des Alpes-Maritimes,*** (357031), CJA, art. L. 554-2, **J. 5**, **p. 1838.**
CE	25/05/2018	***OPH Hauts-de-Seine Habitat, Sté Eiffage construction amélioration de l'habitat,*** (417428 et 417439), CCP, art. L. 2113-11, **J. 1**, **p. 163.**
CE	24/06/2011	***OPH interdépartemental d'Essonne, Val-d'Oise et Yvelines,*** (346665), CJA, art. R. 551-12, **J. 5**, **p. 1876.**

CE	06/03/1987	***OPHLM de Châtillon-sous-Bagneux,*** (37731), CCP, art. L. 2193-3, **J. 1**, **p. 273.**
CE	12/10/1988	***OPHLM de la Cté urb. de Bordeaux,*** (67968), CCP, art. R. 2191-36, **J. 13**, **p. 723.**
CE	13/11/2002	***OPHLM de la Cté urb. du Mans,*** (245303), CCP, art. R. 2143-11, **J. 3**, **p. 602** ; art. R. 2144-7, **J. 38**, **p. 614.**
CE	01/02/1980	***OPHLM de la ville de Brest c/ Lorientaise de bâtiment et de travaux publics,*** (01505), CCP, art. R. 2151-6, **J. 7**, **p. 621.**
CE	30/06/2004	***OPHLM de la ville de Nantes (OPHLM Nantes-Habitat),*** (261472), CCP, art. L. 2113-11, **J. 18**, **p. 167** ; art. R. 2131-17, **J. 14**, **p. 573** ; art. R. 2142-20, **J. 1**, **p. 593.**
CE	29/12/2008	***OPHLM de Puteaux,*** (296930), CCP, art. L. 2191-1, **J. 116**, **p. 228.**
CE	05/11/1969	***OPHLM de Seine-et-Oise c/ Entreprise Paul Werner,*** (66632), CCP, art. L. 2195-3, **J. 13**, **p. 295.**
CE	08/07/1991	***OPHLM du dpt de l'Aisne,*** (95305), CCP, art. R. 2162-18, **J. 2**, **p. 682.**
CE, sect.	13/07/1956	***OPHLM du Dpt de la Seine,*** (37656), CJA, art. R. 541-6, **J. 105**, **p. 1800.**
CE, ass.	31/05/2006	***Ordre des avocats au Barreau de Paris,*** (275531), CCP, art. L. 2211-6, **J. 3**, **p. 307.**
CE, ass.	05/03/2003	***Ordre des avocats à la cour d'appel de Paris,*** (238039), CCP, art. R. 2123-1, **J. 7**, **p. 552**, **J. 8**, **p. 552**, **J. 9**, **p. 552**, **J. 13**, **p. 553**, **J. 16**, **p. 553.**
CE	02/08/2011	***Parc naturel régional des Grands Causses,*** (348254), CCP, art. R. 2144-7, **J. 11**, **p. 608** ; art. R. 2152-12, **J. 10**, **p. 646.**
CE	07/02/1990	***Petitperrin et Sté Entreprise Jouanny,*** (70756), CCP, art. L. 2191-1, **J. 227**, **p. 255.**
CE	07/11/2012	***Polynésie française,*** (360252), CCP, art. R. 2152-12, **J. 33**, **p. 653.**
CE	14/01/1998	***Porelli,*** (161091), CCP, art. L. 3114-6, **J. 6**, **p. 425.**
CE	18/12/2019	***Port autonome de la Nouvelle-Calédonie (PANC) – Société d'économie mixte de la baie de la Moselle (SODEMO),*** (432590 et 432782), CCP, art. R. 3124-6, **J. 28**, **p. 906.**
CE	10/06/2009	***Port autonome de Marseille,*** (317671), CJA, art. R. 551-6, **J. 8**, **p. 1851.**
CE	08/06/2011	***Port autonome de Marseille,*** (318010), CCP, art. L. 1100-1, **J. 22**, **p. 36** ; art. L. 1121-3, **J. 90**, **p. 100.**
CE	26/09/1994	***Préfet d'Eure-et-Loir,*** (122759), CCP, art. R. 2121-7, **J. 5**, **p. 541.**
CE	08/04/1998	***Préfet de l'Aube,*** (167372), CCP, art. L. 2412-2, **J.**, **p. 342.**
CE	02/04/1993	***Préfet de l'Aveyron,*** (85797), CGCT, art. L. 1414-2, **J. 10**, **p. 1315.**

CE	18/05/2021	***Régie des transports métropolitains,*** (442530), CCP, art. L. 2195-3, **J. 14**, **p. 296.**
CE	05/07/2013	***Région Alsace,*** (348050), CJA, art. R. 541-6, **J. 72**, **p. 1791.**
CE	29/09/2010	***Région Aquitaine,*** (332068), CCP, art. R. 2142-20, **J. 11**, **p. 595.**
CE	06/11/2013	***Région Auvergne,*** (361837), CCP, art. L. 2191-1, **J. 71**, **p. 220**, **J. 73**, **p. 221**, **J. 92**, **p. 224**, **J. 148**, **p. 236.**
CE	08/08/2008	***Région Bourgogne,*** (307143), CCP, art. R. 2131-17, **J. 23**, **p. 574** ; art. R. 2144-7, **J. 14**, **p. 609** ; CJA, art. R. 551-6, **J. 17**, **p. 1853.**
CE	05/08/2009	***Région Centre,*** (307117), CCP, art. R. 2123-6, **J. 16**, **p. 558.**
CE	02/08/2011	***Région Centre,*** (330982), CCP, art. L. 2191-1, **J. 239**, **p. 258.**
CE	09/05/2012	***Région Champagne-Ardenne c/ Sté ACE BTP,*** (356209), CJA, art. R. 541-6, **J. 95**, **p. 1798.**
CE	11/05/2007	***Région Guadeloupe,*** (298863 et 298964), CCP, art. R. 2131-17, **J. 14**, **p. 573.**
CE	05/06/2013	***Région Haute-Normandie,*** (352917), CCP, art. L. 2191-1, **J. 24**, **p. 210** ; art. R. 2112-17, **J. 4**, **p. 533**, **J. 11**, **p. 533.**
CE	19/10/2001	***Région La Réunion et Sté SETEC TPI,*** (234298 et 234366), CCP, art. R. 2132-1, **J. 1**, **p. 576.**
CE	26/03/2008	***Région La Réunion,*** (284412), CCP, art. L. 1100-1, **J. 5**, **p. 31.**
CE	16/11/2009	***Région La Réunion,*** (307620), CCP, art. R. 2181-4, **J. 6**, **p. 704.**
CE	04/03/2011	***Région La Réunion,*** (344197), CCP, art. R. 2144-2, **J. 1**, **p. 605** ; art. R. 2144-7, **J. 6**, **p. 608** ; art. R. 2152-12, **J. 5**, **p. 646.**
CE	25/10/2013	***Région Languedoc-Roussillon,*** (369806), CCP, art. R. 2162-6, **J. 16**, **p. 679.**
CE	26/11/2008	***Région Lorraine,*** (308053), CCP, art. L. 3114-3, **J. 1**, **p. 423.**
CE	10/06/2009	***Région Lorraine,*** (324153), CCP, art. R. 2144-7, **J. 35**, **p. 614.**
CE, sect.	08/02/1991	***Région Midi-Pyrénées c/ Synd. de l'architecture de la Haute-Garonne et a.,*** (57679), CCP, art. L. 1111-2, **J. 16**, **p. 51.**
CE	07/10/2005	***Région Nord-Pas-de-Calais,*** (278732), CCP, art. R. 2123-6, **J. 7**, **p. 555.**
CE	30/09/2011	***Région Picardie,*** (350431), CCP, art. R. 2111-17, **J. 9**, **p. 523.**
CE	19/03/2001	***Région Provence-Alpes-Côte d'Azur,*** (207626), CCP, art. R. 2191-62, **J. 8**, **p. 729** ; C. mon. fin., art. L. 313-28, **J. 1**, **p. 1725.**
CE	21/10/2015	***Région Provence-Alpes-Côte d'Azur,*** (384787), Partie VI, III, B, 2, A), **J. 13**, **p. 1830.**
CE	14/10/2015	***Région Réunion,*** (391183), *Partie VI, III, B, 2, A)*, **J. 14**, **p. 1830.**
CE	30/03/2017	***Région Réunion,*** (406224), CCP, art. R. 2152-4, **J. 13**, **p. 632.**

CE	08/02/2010	***Région Île-de-France,*** (304812), CCP, art. L. 2422-11, **J. 15**, **p. 349**, **J. 18**, **p. 349.**
CE	30/07/2014	***Région Île-de-France,*** (364967), CCP, art. L. 2191-1, **J. 77**, **p. 221** ; art. L. 2193-13, **J. 5**, **p. 281.**
CE	22/01/1997	***SA Biwater,*** (168790), CCP, art. L. 1211-1, **J. 20**, **p. 108.**
CE	02/07/1999	***SA Bouygues et a.,*** (206749), CJA, art. R. 551-6, **J. 71**, **p. 1862.**
CE	17/06/2009	***SA d'économie mixte nationale (SAEMN) Bibracte,*** (297509), CCP, art. L. 1121-3, **J. 96**, **p. 101** ; art. L. 2422-11, **J. 1**, **p. 347.**
CE	19/02/1992	***SA Dragages et Travaux publics et a.,*** (47265), CCP, art. L. 2191-1, **J. 5**, **p. 206.**
CE, sect.	04/07/1980	***SA Forrer et Cie,*** (3433), CCP, art. L. 2191-1, **J. 152**, **p. 236.**
CE	15/02/2008	***SA Fortis Banque France,*** (277295), CCP, art. R. 2191-62, **J. 4**, **p. 729.**
CE	10/02/2014	***SA Gecina,*** (350265), CRPA, art. D. 423-7, **J. 18**, **p. 1739.**
CE	10/06/1992	***SA Gentilini et Berthon,*** (37115), CCP, art. L. 2195-3, **J. 1**, **p. 292.**
CE	19/03/2012	***SA Groupe Partouche,*** (341562), CCP, art. L. 1121-3, **J. 37**, **p. 84.**
CE	11/12/2008	***SA Hôtelière La chaîne Lucien Barrière,*** (309427), CCP, avant art. L. 3131-1, **J. 23**, **p. 457.**
CE	06/06/1997	***SA industrielle de nettoyage,*** (129437), CCP, art. R. 2132-1, **J. 2**, **p. 576.**
CE	24/07/1981	***SA Inor,*** (26342), CCP, avant art. L. 3131-1, **J. 31**, **p. 459.**
CE	03/11/1989	***SA Jean-Michel,*** (54778), CCP, art. L. 2193-11, **J.**, **p. 280** ; art. L. 2193-13, **J. 3**, **p. 280.**
CE	28/02/1980	***SA Les Sablières Modernes d'Aresy,*** (11939), CCP, art. L. 1111-1, **J. 24**, **p. 45.**
CE	12/03/1999	***SA Méribel 92,*** (176694), CCP, art. L. 6, **J. 35**, **p. 27** ; art. L. 2194-2, **J. 5**, **p. 289** ; avant art. L. 3131-1, **J. 48**, **p. 464** ; art. L. 3136-3, **J. 3**, **p. 485.**
CE	27/05/1998	***SA Nicoletti,*** (128094), CCP, art. R. 2192-36, **J. 1**, **p. 737.**
CE	02/06/1989	***SA Phinelec,*** (67152), CCP, art. L. 2193-7, **J. 10**, **p. 276.**
CE	28/12/1988	***SA Prométal,*** (69850), CCP, art. L. 2193-7, **J. 4**, **p. 275** ; art. L. 2193-13, **J. 9**, **p. 281.**
CE	07/11/2001	***SA Quillery,*** (218221), CCP, art. R. 2151-11, **J. 11**, **p. 625.**
CE	07/11/1980	***SA Schmid-Valenciennes,*** (12060), CCP, art. L. 2193-7, **J. 20**, **p. 277.**
CE, sect.	25/02/1994	***SA Sofap-Marignan Immobilier et a.,*** (144641 et 145406), CCP, art. L. 1111-2, **J. 22**, **p. 53** ; art. L. 1112-1, **J. 7**, **p. 68.**
CE	02/05/2016	***SA Toffolutti,*** (381635), CCP, art. R. 2184-13, **J. 2**, **p. 712.**
CE	01/04/1994	***SA Éts J. Richard Ducros,*** (120121), CCP, art. R. 2152-12, **J. 45**, **p. 656.**

CE	12/06/1981	***SA Étude et Procédé d'assainissement « Purator » (EPAP),*** (19070), CJA, art. R. 541-6, **J. 109**, **p. 1802.**
CE, sect.	02/10/1996	***SARL Entreprise générale d'électricité Noël Béranger,*** (160361), CJA, art. R. 551-6, **J. 22**, **p. 1854.**
CE, sect.	30/01/1981	***SARL Gallego Frères et Cie,*** (15351), CCP, art. L. 2191-1, **J. 228**, **p. 255.**
CE	11/12/1991	***SARL Niçoise pour l'extension de l'aéroport (Sonexa),*** (81588), CCP, art. R. 2191-31, **J.**, **p. 720.**
CE	21/06/2000	***SARL Plage Chez Joseph et Féd. nat. des plages-restaurants,*** (212100), CCP, art. L. 1121-3, **J. 98**, **p. 101** ; CRPA, art. R. 2124-38, **J. 3**, **p. 1665.**
CE	27/10/2011	***SARL Port Croisade,*** (350651), C. urb., art. L. 300-4, **J. 3**, **p. 1698.**
CE	06/11/2013	***SARL Rapidépannage 62,*** (363963), CCP, art. L. 1121-3, **J. 41**, **p. 85.**
CE	21/05/1982	***SARL Sté de protection intégrale du bâtiment,*** (20414), CJA, art. R. 541-6, **J. 108**, **p. 1801.**
CE	30/12/2009	***SCI « PPWJ »,*** (303520), CCP, art. L. 2191-1, **J. 202**, **p. 248.**
CE	29/05/2000	***SCP d'architectes Legleye,*** (204239), CCP, art. L. 1121-3, **J. 48**, **p. 87.**
CE	29/01/1993	***SEM d'aménagement de la ville de Martigues (SEMAVIM),*** (121129), CCP, art. L. 2191-1, **J. 105**, **p. 226.**
CE	10/02/1997	***SEM d'équipement et d'aménagement de l'Aude,*** (115608), CCP, art. L. 2422-11, **J. 9**, **p. 348.**
CE	09/02/2004	***SEM de la Lozère et Synd. intersyndical pour l'aménagement du Mont Lozère,*** (258369), *Partie VI, III, B, 2***J. 10**, **p. 1817.**
CE	20/03/1998	***SEM de sécurité active et de télématique,*** (157586), CCP, art. L. 1121-3, **J. 34**, **p. 84.**
CE	19/09/2007	***Service dptal d'incendie et de secours du Nord (SDIS),*** (298294), CCP, art. R. 2131-17, **J. 21**, **p. 574.**
CE	31/01/1973	***Sieur Wuest,*** (82563), CJA, art. R. 541-6, **J. 106**, **p. 1800.**
CE	23/01/1976	***Sieurs Bergerioux et a.,*** (94856), CCP, art. R. 2162-22, **J. 1**, **p. 683** ; art. R. 2171-17, **J. 1**, **p. 694.**
CE	09/07/2003	***SIPPEREC,*** (249852), CCP, art. L. 2113-8, **J. 1**, **p. 161.**
CE	13/07/2007	***SIPPEREC,*** (299417), CCP, art. L. 2113-8, **J. 2**, **p. 161.**
CE	08/10/2014	***SIVOM de Saint-François-Longchamp Montgellafrey,*** (370990 et 374632), *Partie VI, III, B, 2, C)*, **J. 2**, **p. 1839.**
CE	*30/06/1999*	***SMITOM Centre-Ouest Seine-et-Marnais,*** (198147), CCP, art. L. 1111-4, **J. 8**, **p. 57** ; art. L. 1121-3, **J. 61**, **p. 92.**
CE	19/03/2010	***SNC Malortigue,*** (306192), CCP, art. L. 3136-3, **J. 15**, **p. 488.**
CE	05/10/2005	***SNC Quillery Centre,*** (266368), CCP, art. L. 2191-1, **J. 115**, **p. 228.**

CE	22/11/2019	***SNCF Mobilités,*** (418645), CJA, art. R. 541-6, **J. 114**, **p. 1803.**
CE	08/02/2022	***SNCF Réseau,*** (452985), CCP, art. L. 2213-1, **J. 3**, **p. 315.**
CE	30/06/2004	***SNCF,*** (263402), CCP, art. L. 1212-4, **J. 8**, **p. 112.**
CE	09/12/1991	***Snoy,*** (84308), CRPA, art. L. 422-2, **J. 1**, **p. 1734.**
CE	27/04/2021	***Société Constructions Bâtiments Immobiliers,*** (437148), CCP, art. L. 2191-1, **J. 52**, **p. 217.**
CE	08/02/2019	***Société Veolia Eau – Compagnie générale des eaux – Syndicat interdptal pour l'assainissement de l'agglom. parisienne,*** (420296 et 420603), CCP, art. L. 2112-2, **J. 8**, **p. 147.**
CE	14/06/2000	***Staffelfelden,*** (184722), CCP, art. L. 6, **J. 45**, **p. 29** ; avant art. L. 3131-1, **J. 42**, **p. 463.**
CE	19/05/2022	***Stté Patriarche,*** (454637), CCP, art. R. 2142-20, **J. 7**, **p. 594.**
CE	08/12/1997	***Sté A2IL,*** (154715), CCP, art. L. 2141-11, **J. 21**, **p. 182** ; avant art. R. 2152-6, **J. 28**, **p. 641.**
CE	19/12/2012	***Sté AB Trans,*** (350341), CCP, art. L. 2195-3, **J. 17**, **p. 296** ; art. R. 2162-6, **J. 14**, **p. 679.**
CE	29/04/2006	***Sté Abraham Bâtiment Travaux publics et Coll. terr. de Saint-Pierre-et-Miquelon,*** (286443), CCP, art. R. 2144-7, **J. 45**, **p. 616** ; CJA, art. R. 551-6, **J. 79**, **p. 1863.**
CE	12/03/2014	***Sté Ace Insurance,*** (364429), CCP, art. L. 2191-1, **J. 236**, **p. 257.**
CE	19/11/2018	***Sté Acore, Mme Bassaler-Salva,*** (413536), CCP, art. L. 2191-1, **J. 261**, **p. 262.**
CE	19/04/2017	***Sté ACS Production,*** (401539), *Partie VI, III, B, 2, A)*, **J. 28**, **p. 1833.**
CE	21/02/2014	***Sté AD3 et Les Lavandières, Centre dptal gériatrique de l'Indre,*** (373096 et 373116), CCP, art. R. 2144-7, **J. 15**, **p. 610.**
CE	12/04/2022	***Sté Agence d'architecture Frederic Nicolas,*** (452601), CJA, art. R. 541-6, **J. 89**, **p. 1796.**
CE	14/03/2003	***Sté Air Lib et a.,*** (251610), CCP, art. R. 3123-21, **J. 2**, **p. 896.**
CE	07/04/2011	***Sté Ajaccio Diesel,*** (344226), CCP, art. L. 2191-1, **J. 265**, **p. 263.**
CE	21/10/2019	***Sté Alliance,*** (419153), C. mon. fin., art. L. 313-28, **J. 3**, **p. 1725.**
CE	21/10/2019	***Sté Alliance,*** (419155), CCP, art. L. 6, **J. 44**, **p. 29** ; **J. 41**, **p. 463.**
CE	01/04/2015	***Sté Alméria,*** (380721), CJA, art. R. 541-6, **J. 85**, **p. 1795.**
CE	19/10/2001	***Sté Alstom Transports SA,*** (233173), CCP, art. L. 1111-5, **J. 4**, **p. 64** ; art. L. 1212-4, **J. 7**, **p. 112** ; CJA, art. R. 551-6, **J. 40**, **p. 1857.**
CE	04/04/2018	***Sté Altraconsulting,*** (415946), CCP, art. R. 2142-14, **J. 2**, **p. 587** ; art. R. 2144-7, **J. 26**, **p. 611.**
CE	08/04/2009	***Sté AMEC SPIE Île-de-France Nord-Ouest,*** (295345), CCP, art. L. 2191-1, **J. 119**, **p. 229.**

CE	11/04/2005	***Sté AMEC SPIE,*** (263429), CCP, art. L. 2191-1, **J. 23**, **p. 210** ; art. L. 2197-3, **J. 3**, **p. 302**, **J. 4**, **p. 302** ; art. R. 2112-17, **J. 1**, **p. 532.**
CE	27/09/2021	***Sté Amica,*** (442455), CCP, art. L. 2191-1, **J. 103**, **p. 226.**
CE	12/06/2019	***Sté Angelo Meccoli et Compagnie,*** (420031), CCP, art. L. 2191-1, **J. 160**, **p. 238.**
CE	15/03/2019	***Sté anonyme gardéenne d'économie mixte,*** (413584), C. urb., art. L. 300-4, **J. 15**, **p. 1701** ; *Partie VI, III, B, 2, A)*, **J. 24**, **p. 1832.**
CE	11/12/2013	***Sté antillaise de sécurité,*** (372214), CCP, art. L. 2152-4, **J. 14**, **p. 188.**
CE	14/10/2015	***Sté Applicam c/ Région Nord-Pas-de-Calais,*** (390968 et 391105), *Partie VI, III, B, 2, A)*, **J. 8**, **p. 636.**
CE	30/12/2009	***Sté Aquitaine BIO Teste,*** (319343), CCP, art. R. 2112-1, **J. 2**, **p. 526** ; art. R. 2112-2, **J. 2**, **p. 527.**
CE	21/01/2004	***Sté Aquitaine Démolition,*** (253509), CCP, art. R. 2181-4, **J. 3**, **p. 704** ; CJA, art. R. 551-6, **J. 78**, **p. 1863.**
CE	10/02/2014	***Sté Arc Ame,*** (365828), CCP, art. L. 2191-1, **J. 21**, **p. 209** ; art. R. 2432-7, **J. 1**, **p. 813.**
CE	26/10/2011	***Sté Architecture Bical-Courcier-Martinelli,*** (334098), CJA, art. R. 541-6, **J. 100**, **p. 1799.**
CE	20/12/2017	***Sté Area Impianti,*** (408562), CCP, art. R. 2112-17, **J. 21**, **p. 535** ; CJA, art. R. 541-6, **J. 70**, **p. 1791.**
CE	12/04/2022	***Sté Arest,*** (448946), CCP, art. L. 2191-1, **J. 182**, **p. 242.**
CE	28/09/2016	***Sté Armor Développement et a.,*** (390760), CCP, art. R. 2184-13, **J. 3**, **p. 712.**
CE, ass.	30/12/2014	***Sté Armor SNC,*** (355563), CCP, art. L. 1220-2, **J. 7**, **p. 118.**
CE	22/07/2016	***Sté Artelia Ville et Transport,*** (389494), CCP, art. L. 2191-1, **J. 18**, **p. 209.**
CE	01/03/2012	***Sté Assistance conseil informatique professionnelle,*** (354628), CJA, art. R. 541-6, **J. 144**, **p. 1809.**
CE	19/02/1996	***Sté Aubettes,*** (148794), CCP, art. R. 2162-6, **J. 4**, **p. 676.**
CE	17/06/2015	***Sté autobus aixois,*** (371162), CCP, avant art. L. 3131-1, **J. 39**, **p. 463.**
CE	09/11/2015	***Sté Autocars de l'Île de Beauté,*** (392785), CCP, art. R. 2152-12, **J. 53**, **p. 657.**
CE	22/11/2019	***Sté Autocars Faure,*** (41846), CCP, art. R. 2152-12, **J. 71**, **p. 662.**
CE	07/05/2013	***Sté auxiliaire de parcs de la région parisienne,*** (365043), CCP, *art. L. 3114-8*, **J. 4**, **p. 432** ; art. L. 3136-3, **J. 12**, **p. 488** ; CJA, art. R. 541-6, **J. 98**, **p. 1798.**
CE	04/06/2014	***Sté auxiliaire de parcs,*** (365364), CJA, art. R. 541-6, **J. 60**, **p. 1789.**
CE	18/09/2015	***Sté Avena BTP,*** (384523), CCP, art. L. 2191-1, **J. 133**, **p. 233.**

CE	05/06/2009	***Sté Avenance-Enseignement et santé,*** (298641), CCP, art. L. 1111-4, **J. 12**, **p. 58** ; art. L. 1121-3, **J. 64**, **p. 92.**
CE	06/12/2017	***Sté Axa Corporate Solutions Assurances,*** (396751), CJA, art. R. 541-6, **J. 38**, **p. 1783.**
CE	26/07/2018	***Sté Axa France Iard, Sté Simon Bonis,*** (415139), CJA, art. R. 541-6, **J. 137**, **p. 1807.**
CE	18/09/2015	***Sté Axcess,*** (380821), CCP, art. R. 2123-6, **J. 14**, **p. 558** ; art. R. 2144-7, **J. 12**, **p. 609** ; art. R. 2152-12, **J. 12**, **p. 647.**
CE	23/11/2005	***Sté Axialogic,*** (267494), CCP, art. L. 2152-4, **J. 9**, **p. 187** ; art. R. 2132-1, **J. 7**, **p. 578** ; art. R. 2152-2, **J. 3**, **p. 628**, **J. 10**, **p. 637.**
CE	15/11/2012	***Sté Axima Concept,*** (356832), CCP, art. L. 2191-1, **J. 91**, **p. 223** ; CCP, art. L. 2195-3, **J. 4**, **p. 292.**
CE	03/06/2009	***Sté Aéroports de Paris,*** (323594), CCP, art. L. 1212-4, **J. 10**, **p. 112** ; CJA, art. R. 551-6, **J. 6**, **p. 1851.**
CE	29/09/2010	***Sté Babel,*** (319481), CCP, art. L. 2191-1, **J. 21**, **p. 209** ; art. R. 2432-7, **J. 1**, **p. 813.**
CE	26/03/2018	***Sté Balineau,*** (401060), CCP, art. L. 2195-3, **J. 19**, **p. 297.**
CE	03/12/2014	***Sté Bancel,*** (366153), *Partie VI, III, B, 1*, **J. 7**, **p. 1813.**
CE	10/02/2017	***Sté Bancel,*** (393720), *Partie VI, III, B, 2, C)*, **J. 1**, **p. 1839.**
CE	03/11/2014	***Sté Bancillon BTP,*** (372040), CCP, art. L. 2191-1, **J. 61**, **p. 219.**
CE	10/07/2013	***Sté Banque calédonienne d'investissement,*** (361122), CCP, art. R. 2191-36, **J. 2**, **p. 722**, **J. 4**, **p. 723**, **J. 5**, **p. 723.**
CE	09/03/2018	***Sté Banque Delubac et Cie,*** (407842), CCP, art. R. 2191-62, **J. 13**, **p. 730** ; C. mon. fin., art. L. 313-28, **J. 2**, **p. 1725.**
CE	01/08/2012	***Sté Barbot CM,*** (352525), CCP, art. L. 2191-1, **J. 110**, **p. 227.**
CE	02/07/1982	***Sté Basset et Pujol,*** (26393), CCP, art. L. 2193-7, **J. 25**, **p. 277.**
CE	27/01/2017	***Sté Baudin Châteauneuf Dervaux,*** (397311), CCP, art. L. 2193-13, **J. 19**, **p. 284.**
CE	26/01/2007	***Sté Baudin-Châteauneuf,*** (256819), CCP, art. L. 2422-11, **J. 6**, **p. 348.**
CE	10/06/2009	***Sté Baudin-Châteauneuf,*** (320037), CCP, avant art. L. 2222-1, **J. 1**, **p. 319.**
CE	22/11/1997	***Sté BC,*** (116416), CCP, art. L. 3114-8, **J. 13**, **p. 433.**
CE	23/10/2013	***Sté Bernard Leclercq Architecture,*** (362437), CCP, art. R. 2171-19, **J.**, **p. 694.**
CE	28/05/2001	***Sté Bernard Travaux Polynésie,*** (205449), CCP, art. L. 2193-7, **J. 7**, **p. 275**, **J. 16**, **p. 276.**
CE	03/12/2003	***Sté Bernard Travaux Polynésie,*** (253748), CJA, art. R. 541-6, **J. 120**, **p. 1805.**

CE	22/12/2008	***Sté Berri Développement,*** (313677), *Partie VI, III, B, 1*, **J. 3**, **p. 1812.**
CE	29/12/2006	***Sté Bertele Snc,*** (273783), CCP, art. R. 2144-7, **J. 3**, **p. 607** ; art. R. 2152-12, **J. 3**, **p. 645.**
CE	06/03/2009	***Sté Biomérieux,*** (324064), *Partie VI, III, B, 1*, **J. 10**, **p. 1814.**
CE	27/07/1984	***Sté Biro,*** (44919), CCP, art. R. 2152-13, **J.**, **p. 665.**
CE	08/08/2008	***Sté Bleu Azur,*** (290051), CCP, art. L. 2191-1, **J. 88**, **p. 223**, **J. 111**, **p. 227**, **J. 128**, **p. 231.**
CE	08/02/2010	***Sté Bleu Azur, M. Lubrano,*** (304457), CCP, art. L. 2191-1, **J. 136**, **p. 233.**
CE	10/06/2020	***Sté Bonaud,*** (425993 et 428251), CCP, art. L. 2191-1, **J. 127**, **p. 231**, **J. 135**, **p. 233.**
CE	06/07/2005	***Sté Bourbonnaise de travaux publics et de construction et Sté de Grands Travaux de l'océan Indien,*** (259801), CCP, art. L. 2191-1, **J. 99**, **p. 225** ; art. R. 2142-20, **J. 2**, **p. 593.**
CE	01/04/2022	***Sté Bourdarios,*** (458793 et 458864), CCP, art. R. 2152-12, **J. 65**, **p. 660.**
CE	02/04/2008	***Sté BPVR,*** (277302), CCP, art. L. 2191-1, **J. 90**, **p. 223**, **J. 131**, **p. 232.**
CE	10/05/2006	***Sté Bronzo,*** (281976), CCP, art. R. 2143-11, **J. 4**, **p. 602.**
CE	04/05/2015	***Sté Bueil publicité mobilier urbain,*** (371455), CJA, art. R. 541-6, **J. 23**, **p. 1779.**
CE	31/05/2010	***Sté Bureau de conception et de coordination du bâtiment,*** (323948), CCP, art. R. 2142-20, **J. 6**, **p. 594.**
CE	28/01/2011	***Sté Cabinet d'études Marc Merlin et a.,*** (330693, 330835 et 332826), CCP, art. L. 2191-1, **J. 146**, **p. 235**, **J. 151**, **p. 236.**
CE, avis cont.	04/04/2005	***Sté Cabinet JPR Consultants,*** (273517), CRPA, art. D. 423-7, **J. 7**, **p. 1737.**
CE, sect.	09/01/1976	***Sté Caillol et Cie, Sté Chagnaud et Cie et Sté Les travaux du Midi,*** (90350), CCP, art. R. 2142-20, **J. 4**, **p. 593.**
CE	10/02/2017	***Sté Campenon Bernard Côte d'Azur c/ Sté Fayat Bâtiment,*** (391722), CCP, art. L. 2191-1, **J. 258**, **p. 262.**
CE	26/11/2007	***Sté Campenon Bernard et a.,*** (256817), CCP, art. L. 2191-1, **J. 28**, **p. 211.**
CE	19/12/2007	***Sté Campenon Bernard et a.,*** (268918, 269280 et 269293), CJA, art. R. 541-6, **J. 112**, **p. 1802.**
CE	*31/07/2009*	***Sté Campenon Bernard et a.,*** (300729), CCP, art. L. 2191-1, **J. 125**, **p. 230.**
CE	08/02/1999	***Sté Campenon Bernard SGE,*** (188100), CJA, art. R. 551-6, **J. 29**, **p. 1855.**

CE	10/11/2010	***Sté Carso-Laboratoire santé hygiène environnement,*** (319109), CCP, art. L. 1111-1, **J. 12**, **p. 42** ; art. L. 1121-3, **J. 53**, **p. 88.**
CE	31/05/2010	***Sté Cassan,*** (315851), CCP, art. R. 2185-2, **J. 2**, **p. 713.**
CE	30/11/2018	***Sté CDA Publimedia,*** (414377), CCP, art. L. 1211-1, **J. 26**, **p. 109.**
CE	06/10/2017	***Sté CEGELEC Perpignan,*** (395268), CCP, art. L. 2191-1, **J. 165**, **p. 239** ; CJA, art. R. 541-6, **J. 62**, **p. 1789** ; art. R. 551-12, **J. 38**, **p. 1883.**
CE	09/11/2018	***Sté Cerba, Caisse nationale d'assurance maladie,*** (420654 et 420663), CJA, art. R. 541-6, **J. 41**, **p. 1783** ; *Partie VI, III, B, 2, A)*, **J. 12**, **p. 1830.**
CE	04/07/2007	***Sté CET Ingénierie,*** (270494), CCP, art. L. 2191-1, **J. 222**, **p. 253.**
CE	08/03/1996	***Sté CGC Entreprise,*** (156510), CJA, art. R. 551-6, **J. 21**, **p. 1854.**
CE	29/06/2012	***Sté Chaumeil,*** (358353), CCP, art. R. 2162-6, **J. 6**, **p. 677** ; CJA, art. R. 551-12, **J. 27**, **p. 1880.**
CE	08/04/2009	***Sté Cie française Eiffel construction métallique,*** (295342), CCP, art. L. 2191-1, **J. 108**, **p. 227.**
CE	03/07/2013	***Sté Citelum c/ Cne de Sète,*** (366847 et 366902), CCP, avant art. L. 2222-1, **J. 3**, **p. 320.**
CE	13/05/1987	***Sté Citra-France,*** (35374, 50006 et 50065), CCP, art. L. 2191-1, **J. 30**, **p. 212.**
CE, sect.	20/10/2000	***Sté Citécâble Est,*** (196553), CCP, art. L. 2191-1, **J. 190**, **p. 245** ; CJA, art. R. 541-6, **J. 51**, **p. 1787.**
CE	18/03/1988	***Sté civile des néo-polders,*** (69723), CCP, art. L. 1111-1, **J. 24**, **p. 45.**
CE	27/05/2020	***Sté Clean Building,*** (435982), CJA, art. R. 551-12, **J. 25**, **p. 1880.**
CE	02/08/2011	***Sté Clean garden,*** (347526), CCP, art. R. 2182-1, **J. 2**, **p. 707.**
CE	12/03/2012	***Sté Clear Channel France,*** (353826), CCP, art. R. 2151-11, **J. 12**, **p. 625** ; CJA, art. R. 551-6, **J. 50**, **p. 1858.**
CE	14/05/2008	***Sté Cofathec et a.,*** (276664 et 276665), CCP, art. L. 2191-1, **J. 139**, **p. 234.**
CE	02/06/1995	***Sté Cofreth et Sté Techni,*** (132280), CCP, art. L. 2113-11, **J. 19**, **p. 167.**
CE	30/11/1990	***Sté Coignet Entreprise,*** (53636), CCP, art. L. 2191-1, **J. 5**, **p. 206** ; art. R. 2113-6, **J. 1**, **p. 537.**
CE	04/07/2008	***Sté Colas Djibouti,*** (316028), CCP, art. L. 1111-1, **J. 5**, **p. 41.**
CE	23/10/2017	***Sté Colas Île-de-France Normandie,*** (410235), CCP, art. L. 2193-13, **J. 10**, **p. 281.**
CE	09/06/2017	***Sté Colas,*** (396851), CCP, art. L. 2191-1, **J. 20**, **p. 209** ; art. R. 2112-17, **J. 18**, **p. 535.**
CE	25/06/2004	***Sté Colas, Sté SMEC, Sté des grands travaux de l'Océan indien,*** (261264), CCP, art. R. 2131-17, **J. 14**, **p. 573.**

CE	18/09/2019	***Sté communale de Saint-Martin,*** (425716 et 426120), CCP, art. L. 2193-7, **J. 24**, **p. 277** ; art. L. 2422-11, **J. 7**, **p. 348.**
CE	10/07/2020	***Sté Comptoir Négoce Équipements,*** (430864), CCP, art. L. 6, **J. 42**, **p. 28** ; art. L. 2195-3, **J. 16**, **p. 296** ; art. L. 3136-3, **J. 18**, **p. 489.**
CE	19/04/1991	***Sté Construction, Restauration, Bâtiments industriels,*** (80779), CCP, art. L. 2191-1, **J. 6**, **p. 207.**
CE	21/10/2019	***Sté coopérative métropolitaine d'entreprise générale,*** (420086), CCP, art. L. 2191-1, **J. 250**, **p. 260** ; art. L. 3114-1, **J. 13**, **p. 419.**
CE	11/10/2021	***Sté coopérative métropolitaine d'entreprise générale,*** (438872), CCP, art. L. 2191-1, **J. 249**, **p. 260.**
CE	25/03/2013	***Sté Cophignon, OPH des Ardennes-Habitat 08,*** (364951 et 364963), CCP, art. R. 2152-12, **J. 61**, **p. 659.**
CE	11/12/2020	***Sté Copra Méditerranée,*** (427616), CCP, art. L. 2195-1, **J. 1**, **p. 289.**
CE	05/06/2007	***Sté Corsica Ferries c/ Collectivité territoriale de Corse,*** (305280), CJA, art. R. 551-6, **J. 73**, **p. 1862.**
CE	15/12/2006	***Sté Corsica Ferries,*** (298618), CCP, art. R. 3111-3, **J.**, **p. 885** ; art. R. 3124-6, **J. 9**, **p. 902**, **J. 13**, **p. 902** ; CGCT, art. L. 1411-5, **J. 4**, **p. 1650** ; CJA, art. R. 551-6, **J. 90**, **p. 1865.**
CE	22/05/2019	***Sté Corsica Ferries,*** (426763), CCP, art. R. 3123-21, **J. 1**, **p. 896.**
CE	04/05/2011	***Sté Coved,*** (322337), CCP, art. L. 2191-1, **J. 129**, **p. 232.**
CE	17/02/1993	***Sté Crédit commercial de France,*** (115272), CCP, art. R. 2191-62, **J. 11**, **p. 730.**
CE	14/05/2008	***Sté CSM Bessac,*** (288622), CCP, art. L. 2191-1, **J. 86**, **p. 223.**
CE	06/05/2019	***Sté CVT Loisirs,*** (420070), CCP, art. L. 3136-3, **J. 4**, **p. 485.**
CE	18/03/2005	***Sté Cyclergie,*** (238752), CCP, art. R. 2185-2, **J. 4**, **p. 713.**
CE	23/05/2011	***Sté d'aménagement d'Isola 2000, Sté de gestion d'Isola 2000,*** (323468), CJA, art. R. 541-6, **J. 81**, **p. 1794.**
CE	17/12/1999	***Sté d'aménagement de Lot-et-Garonne et ville d'Agen,*** (177806), CCP, art. L. 2193-7, **J. 3**, **p. 275.**
CE	16/12/2009	***Sté d'architecture Groupe 6,*** (326220), CJA, art. R. 541-6, **J. 121**, **p. 1805.**
CE, sect.	27/03/1998	***Sté d'assurances La Nantaise et l'Angevine réunies,*** (144240), CCP, art. R. 2112-1, **J. 1**, **p. 526** ; art. R. 2112-2, **J. 1**, **p. 527.**
CE	22/11/2019	***Sté d'exploitation de l'Aqua club,*** (433716), CJA, art. R. 551-6, **J. 34**, **p. 1856.**
CE	17/02/1993	***Sté d'équipement de l'Auvergne,*** (80515), CCP, art. L. 2422-11, **J. 3**, **p. 347.**
CE	07/10/2009	***Sté d'équipement de Tahiti et des îles,*** (309499), CJA, art. R. 541-6, **J. 17**, **p. 1777.**

CE	07/03/2005	***Sté d'études et entreprise d'équipements,*** (241666), CCP, art. L. 2195-3, **J. 2**, **p. 292.**
CE	11/05/2011	***Sté d'études, de recherche et de développement d'automatismes,*** (327452), CCP, art. R. 2142-20, **J. 8**, **p. 594.**
CE	21/02/2014	***Sté Dalkia France et a.,*** (373159), CCP, art. R. 3124-6, **J. 18**, **p. 903.**
CE	25/01/2019	***Sté Dauphin Telecom,*** (421844), CCP, art. L. 2141-11, **J. 24**, **p. 183** ; art. R. 2144-4, **J.**, **p. 606** ; art. R. 2144-7, **J. 31**, **p. 613.**
CE	14/03/1980	***Sté de cautionnement mutuel des entrepreneurs de bâtiments et de travaux publics de France,*** (9577), CCP, art. R. 2191-36, **J. 6**, **p. 723.**
CE	30/05/1980	***Sté de la piscine de la Dame Blanche,*** (12016), CJA, art. R. 541-6, **J. 40**, **p. 1783.**
CE	10/07/2020	***Sté de manutention et d'entreposage de grains,*** (427216), CJA, art. R. 541-6, **J. 28**, **p. 1780.**
CE	14/02/2017	***Sté de manutention portuaire d'Aquitaine c/ Grand port maritime de Bordeaux,*** (405157 et 405183), CCP, art. L. 1100-1, **J. 28**, **p. 37** ; art. L. 1121-3, **J. 15**, **p. 80** ; art. L. 3121-2, **J. 1**, **p. 436** ; CJA, art. R. 551-6, **J. 11**, **p. 1852** ; art. R. 551-12, **J. 2**, **p. 1875.**
CE	05/10/2007	***Sté de viabilité, assainissement et transports,*** (268494), CCP, art. L. 2193-13, **J. 9**, **p. 281.**
CE, sect.	10/04/2008	***Sté Decaux et Dpt des Alpes-Maritimes,*** (244950, 284439, 248607), CCP, art. L. 2191-1, **J. 192**, **p. 246** ; CJA, art. R. 541-6, **J. 52**, **p. 1787.**
CE	23/01/2017	***Sté Decremps BTP,*** (401400), CJA, art. R. 551-12, **J. 13**, **p. 1877.**
CE	27/07/2001	***Sté Degrémont et Synd. intercommunal d'assainissement et de protection de l'environnement de Toulon, La Valette, La Garde, Le Pradet,*** (232820), CCP, avant art. R. 2152-6, **J. 4**, **p. 635** ; CGCT, art. L. 1414-2, **J. 13**, **p. 1316** ; CJA, art. R. 551-6, **J. 75**, **p. 1862.**
CE	29/05/2013	***Sté Delta Process,*** (365954), CJA, art. R. 551-12, **J. 23**, **p. 1880**, **J. 26**, **p. 1880.**
CE	17/09/2014	***Sté Delta Process,*** (378722), CCP, art. R. 2144-7, **J. 46**, **p. 616.**
CE	26/03/2003	***Sté Deniau,*** (231344), CCP, art. L. 2191-1, **J. 80**, **p. 222.**
CE	07/10/2009	***Sté des ateliers des maîtres d'œuvre ATMO, Cie Les Souscripteurs du Lloyd's de Londres,*** (308163), CCP, art. L. 2191-1, **J. 239**, **p. 258.**
CE	12/01/2011	***Sté des autoroutes du Nord et de l'Est de la France,*** (332136), CJA, art. R. 541-6, **J. 20**, **p. 1778.**
CE	01/04/2009	***Sté des autoroutes du Sud de la France,*** (315586), CJA, art. R. 551-6, **J. 3**, **p. 1850.**
CE	17/06/2015	***Sté des autoroutes Paris-Rhin-Rhône (APRR),*** (383203), CCP, art. L. 6, **J. 21**, **p. 24** ; art. L. 2191-1, **J. 186**, **p. 243.**
CE	30/09/2009	***Sté des autoroutes Rhône-Alpes,*** (326424), CCP, art. L. 1121-2, **J. 8**, **p. 74.**

CE	30/12/2015	***Sté des eaux de Marseille,*** (387666), CCP, art. L. 3114-1, **J. 15**, **p. 420.**
CE	14/02/2017	***Sté des eaux de Marseille,*** (403614), CJA, art. R. 551-12, **J. 19**, **p. 1878.**
CE	11/07/2001	***Sté des eaux du Nord,*** (221458), CCP, art. L. 3114-1, **J. 14**, **p. 419.**
CE	15/12/2000	***Sté des Grands Travaux de Marseille,*** (192977), CCP, art. L. 2191-1, **J. 257**, **p. 262** ; art. L. 2193-7, **J. 31**, **p. 278.**
CE	26/01/2007	***Sté des Mines de Sacilor Lormines,*** (297578), CCP, art. L. 1121-2, **J. 6**, **p. 74.**
CE	29/06/2021	***Sté des mobiliers urbains pour la publicité et l'information,*** (442506), CCP, art. R. 2112-17, **J. 26**, **p. 536.**
CE	23/12/2009	***Sté des pompes funèbres OGF,*** (305478), CCP, avant art. L. 3131-1, **J. 3**, **p. 450.**
CE	22/10/2014	***Sté des transports de l'agglom. de Montpellier et a.,*** (362635 et 362636), CCP, art. L. 2191-1, **J. 236**, **p. 257.**
CE	07/06/2010	***Sté des transports Galiero,*** (308883), CCP, art. L. 2193-1, **J. 3**, **p. 272** ; art. L. 3114-3, **J. 2**, **p. 423** ; art. L. 3134-1, **J. 1**, **p. 479.**
CE	13/06/1997	***Sté des transports pétroliers par pipelines,*** (167907), CCP, art. L. 1100-1, **J. 14**, **p. 33** ; art. L. 1121-3, **J. 82**, **p. 97.**
CE	10/01/1986	***Sté des Travaux du Midi,*** (41778), CCP, avant art. R. 2152-6, **J. 16**, **p. 1842** ; *Partie VI, III, B, 2, C)*, **J. 26**, **p. 641.**
CE	29/09/2010	***Sté des travaux du Midi,*** (325524), CCP, art. R. 2182-3, **J. 2**, **p. 708.**
CE	31/07/1996	***Sté des téléphériques du massif du Mont-Blanc,*** (126594), CCP, art. L. 6, **J. 41**, **p. 28** ; art. L. 3136-3, **J. 10**, **p. 487.**
CE	29/09/2000	***Sté Dezellus Métal Industrie,*** (186916), CCP, art. L. 2191-1, **J. 53**, **p. 217.**
CE	01/07/2005	***Sté Didactic,*** (263672), *Partie VI, III, B, 2, C)*, **J. 5**, **p. 1839.**
CE	11/07/2018	***Sté Diffazur Piscines,*** (416635), CJA, art. R. 541-6, **J. 135**, **p. 1806.**
CE	04/05/2015	***Sté Domaine Porte des neiges,*** (383208), CCP, art. L. 3132-6, **J. 10**, **p. 473.**
CE	11/03/2009	***Sté Dominique Housieaux,*** (296067), CCP, art. L. 2191-1, **J. 13**, **p. 208** ; art. R. 2112-17, **J. 13**, **p. 534** ; art. R. 2192-36, **J. 3**, **p. 737.**
CE	30/11/2011	***Sté DPM Protection Centre hospitalier Andrée Rosemon,*** (350788 et 350792), CJA, art. R. 551-12, **J. 8**, **p. 1876**, **J. 28**, **p. 1880.**
CE	10/10/2018	***Sté du docteur Jacques Franc,*** (410501), CCP, art. L. 2195-3, **J. 12**, ***p. 295*** *; art. R. 2162-6,* **J. 15**, **p. 679.**
CE	26/09/2016	***Sté Dumez Île-de-France,*** (390515), CCP, art. L. 2422-11, **J. 24**, **p. 350.**
CE	08/04/2009	***Sté DV Construction,*** (297756), CCP, art. L. 2191-1, **J. 96**, **p. 225.**

CE	03/10/2012	***Sté Déménagements Le Gars – Hauts-de-Seine Déménagements,*** (360952), CCP, art. R. 2144-7, **J. 50**, **p. 617** ; CJA, art. R. 551-6, **J. 62**, **p. 1861.**
CE	22/10/2014	***Sté EBM Thermique c/ Cne de Saint-Louis,*** (382495), CCP, avant art. R. 2152-6, **J. 7**, **p. 636.**
CE	20/12/2019	***Sté Edeis,*** (428290), CCP, art. R. 3124-6, **J. 5**, **p. 901.**
CE	25/10/2021	***Sté Egis Rail,*** (446498), CCP, art. L. 2195-3, **J. 28**, **p. 299.**
CE	08/07/2005	***Sté EGS,*** (277554), CCP, art. R. 3122-2, **J. 2**, **p. 889.**
CE	30/06/2014	***Sté Eiffage construction Pays de la Loire,*** (376504), CJA, art. R. 551-6, **J. 52**, **p. 1859.**
CE	30/12/2013	***Sté Eiffage Construction, venant aux droits de la Sté Auxiliaire d'Entreprise (SAE), Sté de participations industrielles, venant aux droits de la Sté Waste Management France, Synd. mixte pour le traitement des résidus urbains (SYMTRU),*** (356611, 356709 et 356790), CCP, art. L. 2191-1, **J. 186**, **p. 243.**
CE	19/05/2022	***Sté Eiffage Route Nord Est et a.,*** (455134), CCP, art. L. 2191-1, **J. 126**, **p. 231.**
CE	05/03/2014	***Sté Eiffage TP,*** (374048 et 374049), CJA, art. R. 551-12, **J. 10**, **p. 1876.**
CE	03/10/2012	***Sté Eiffage Travaux publics Méditerranée,*** (348476), CCP, art. L. 2191-1, **J. 17**, **p. 208** ; art. R. 2162-14, **J.**, **p. 681** ; art. R. 2191-26, **J.**, **p. 719.**
CE	18/06/2021	***Sté Eiffage,*** (450283), CJA, art. R. 541-6, **J. 4**, **p. 1774**, **J. 36**, **p. 1856.**
CE	24/11/2008	***Sté EL ALE,*** (292256), CCP, art. R. 2144-7, **J. 35**, **p. 614.**
CE	14/10/1966	***Sté Entreprise de l'Île-de-France,*** CCP, art. R. 2191-36, **J. 8**, **p. 723.**
CE	02/12/2016	***Sté Entreprise Jean Lefebvre Nord et a.,*** (385469), CJA, art. R. 541-6, **J. 134**, **p. 1806.**
CE	19/01/2011	***Sté Entreprise Mateos,*** (316783), CCP, art. L. 2194-1, **J. 13**, **p. 287.**
CE	09/06/2017	***Sté Entreprise Morillon Corvol Courbot,*** (399382), CCP, art. L. 2195-3, **J. 3**, **p. 292.**
CE	15/06/1983	***Sté Entreprise Solétanche,*** (27329), CCP, art. R. 2142-20, **J. 5**, **p. 593.**
CE	26/02/2014	***Sté Environnement Services, Cté d'agglomération du pays ajaccien,*** (365546 et 365551), CCP, art. L. 2195-3, **J. 8**, **p. 294.**
CE	24/03/2022	***Sté EPI et a.,*** (457733 et 457735), CCP, art. L. 3123-11, **J. 1**, **p. 442.**
CE	19/06/2015	***Sté ERDF,*** (372283), CCP, art. L. 2191-1, **J. 154**, **p. 236.**
CE	01/10/2013	***Sté Espace Habitat Construction,*** (349099), CJA, art. R. 541-6, **J. 91**, **p. 1796.**

CE	09/06/2020	***Sté Espace Habitat Construction,*** (420282), CJA, art. R. 541-6, **J. 53**, **p. 1787.**
CE	20/07/2021	***Sté Espélia,*** (443346), *Partie VI, III, B, 2, A)*, **J. 17**, **p. 1831.**
CE	23/12/2009	***Sté Estradera,*** (305287), CCP, art. R. 2185-2, **J. 6**, **p. 714.**
CE	08/07/2009	***Sté Eurelec Aquitaine,*** (320143), CJA, art. R. 541-6, **J. 139**, **p. 1807.**
CE	25/09/1996	***Sté EURL au service du développement,*** (125544), C. urb., art. L. 300-4, **J. 14**, **p. 1701.**
CE	04/12/2002	***Sté Eurovia Méditerranée,*** (244134), CCP, art. L. 2193-7, **J. 8**, **p. 275.**
CE	20/11/2020	***Sté Evancia,*** (427761), CCP, art. R. 2152-12, **J. 78**, **p. 664.**
CE	10/07/2020	***Sté Excelsia,*** (433643), CJA, art. R. 541-6, **J. 18**, **p. 1778.**
CE	23/12/2009	***Sté Factobail SA,*** (306435), CCP, art. L. 2191-1, **J. 102**, **p. 226.**
CE	02/12/2019	***Sté Fides,*** (425204), CCP, art. L. 2193-13, **J. 11**, **p. 282.**
CE	06/02/2019	***Sté Fives Solios,*** (414064), CCP, art. L. 2191-1, **J. 155**, **p. 237.**
CE	09/12/2016	***Sté Foncière Europe,*** (391840), CRPA, art. D. 423-7, **J. 11**, **p. 1738.**
CE	09/11/2016	***Sté Fosmax LNG,*** (388806), CCP, art. L. 2191-1, **J. 50**, **p. 216** ; CJA, art. L. 311-6, **J. 6**, **p. 1751.**
CE	13/10/2008	***Sté Fouchard et Cie,*** (290050), CCP, art. L. 2193-7, **J. 18**, **p. 276.**
CE	13/06/2012	***Sté Fouchard et Cie,*** (343788), CCP, art. L. 2191-1, **J. 45**, **p. 215.**
CE	07/06/2018	***Sté FPT Powertrain Technologies France et autres,*** (416535), CCP, art. L. 2191-1, **J. 266**, **p. 265.**
CE, ass.	02/02/1987	***Sté France 5,*** (82325), CJA, art. R. 541-6, **J. 80**, **p. 1794.**
CE	27/07/2021	***Sté Franck Tagawa,*** (450556), CCP, art. R. 2671-1, **J.**, **p. 864.**
CE	21/05/1990	***Sté Frédéric Roudet,*** (79506), CCP, art. R. 2151-6, **J. 7**, **p. 621.**
CE	09/11/2007	***Sté Gaz Technique de France,*** (264422), CCP, art. L. 2195-3, **J. 17**, **p. 296.**
CE	27/03/2020	***Sté Geomat,*** (426955), CCP, art. L. 2191-1, **J. 15**, **p. 208** ; art. R. 2112-17, **J. 15**, **p. 535.**
CE	23/11/2011	***Sté GIHP Lorraine Transports,*** (349746), CCP, art. L. 1212-4, **J. 13**, **p. 113** ; CJA, art. R. 551-12, **J. 32**, **p. 1882.**
CE	02/12/2019	***Sté Giraud-Serin,*** (422615 et 425080), CCP, art. L. 2191-1, **J. 44**, **p. 214.**
CE, avis	11/04/2012	***Sté Gouelle,*** (355446), *Partie VI, III, B, 1*, **J. 5**, **p. 1812**, **J. 6**, **p. 1813.**
CE	07/03/2005	***Sté Grandjouan-Saco,*** (270778), CCP, art. R. 2182-1, **J. 3**, **p. 707** ; CJA, art. R. 551-6, **J. 28**, **p. 1855**, **J. 31**, **p. 1855.**
CE	08/10/2014	***Sté Grenke Location,*** (370644), CCP, art. L. 6, **J. 49**, **p. 30** ; art. L. 2213-1, **J. 2**, **p. 315** ; art. L. 2195-3, **J. 27**, **p. 298** ; art. L. 3114-1, **J. 17**, **p. 420.**

CE	14/10/2019	***Sté Les téléskis de la Croix Fry,*** (418317), CCP, art. R. 3124-6, **J. 12**, **p. 902.**
CE	12/11/2015	***Sté Linagora,*** (384052), CCP, art. L. 2191-1, **J. 61**, **p. 219.**
CE	10/12/1993	***Sté Lopez,*** (124529), CCP, art. R. 2151-6, **J. 4**, **p. 620.**
CE	09/06/2021	***Sté Lorany Conseils,*** (449643), CJA, art. R. 551-6, **J. 26**, **p. 1855.**
CE	11/05/2011	***Sté lyonnaise des Eaux France,*** (331153), *Partie VI, III, B, 1*, **J. 5**, **p. 1817**, **J. 18**, **p. 1819.**
CE	10/12/2012	***Sté Lyonnaise des Eaux France,*** (355127), *Partie VI, III, B, 1*, **J. 20**, **p. 1820.**
CE	30/07/2014	***Sté Lyonnaise des Eaux France,*** (369044), CCP, art. R. 3124-6, **J. 2**, **p. 900.**
CE	08/11/2017	***Sté Lyonnaise des Eaux,*** (396589), CJA, art. R. 541-6, **J. 147**, **p. 1810.**
CE	12/01/2011	***Sté Léon Grosse,*** (334320), CCP, art. R. 2151-6, **J. 5**, **p. 620.**
CE	11/08/2009	***Sté Maison Comba,*** (303517), CCP, art. L. 3114-8, **J. 6**, **p. 432.**
CE, avis cont.	29/07/2002	***Sté MAJ Blanchisseries de Pantin,*** (246921), CCP, art. L. 3, **J. 1**, **p. 15** ; art. L. 6, **J. 1**, **p. 20.**
CE	06/03/2017	***Sté Marengo,*** (404910), CJA, art. R. 551-6, **J. 13**, **p. 1853.**
CE	26/01/2007	***Sté Mas, entreprise générale,*** (264306), CCP, art. L. 2191-1, **J. 186**, **p. 243.**
CE	31/10/2017	***Sté MB Terrassements Bâtiments,*** (410772), CCP, art. R. 2181-2, **J. 1**, **p. 703.**
CE	25/06/2018	***Sté Merceron Travaux publics et a.,*** (417738), CCP, art. L. 2191-1, **J. 93**, **p. 224.**
CE	11/03/2009	***Sté Meuse Compost,*** (314788), *Partie VI, III, B, 1*, **J. 14**, **p. 1814.**
CE	25/06/2021	***Sté Mezzi et Fonderia,*** (438023), CCP, art. L. 1121-3, **J. 18**, **p. 80.**
CE	06/12/2013	***Sté Michel Beauvais et associés et a.,*** (369460), CJA, art. R. 541-6, **J. 133**, **p. 1806.**
CE, sect.	03/11/1997	***Sté Million et Marais,*** (169907), CCP, art. L. 3114-8, **J. 12**, **p. 433.**
CE	05/11/2021	***Sté MMA IARD Ass. Mutuelles Sté MMA IARD,*** (443368), CCP, art. L. 2191-1, **J. 270**, **p. 266.**
CE	31/07/1992	***Sté Muraccioli et Cne de Cervione,*** (74282), CCP, art. R. 2191-35, **J. 2**, **p. 721.**
CE	04/02/2021	***Sté mutuelle d'assurance du bâtiment et des travaux publics (SMABTP),*** (441593), CCP, art. L. 2191-1, **J. 241**, **p. 259** ; CJA, art. R. 541-6, **J. 6**, **p. 1774** ; **J. 10**, **p. 1829.**
CE	19/11/2013	***Sté nationale immobilière,*** (352488), CCP, art. L. 1112-1, **J. 9**, **p. 68.**

CE	08/12/1961	***Sté Nouvelle Cie Générale de Travaux,*** (44994), CCP, art. L. 2191-1, **J. 60**, **p. 218.**
CE	01/07/2015	***Sté nouvelle d'entreprise générale du sud-ouest,*** (381095), CCP, art. R. 2152-12, **J. 68**, **p. 661.**
CE	15/02/2013	***Sté Novergie et a.,*** (364325, 364491 et 364549), CJA, art. R. 551-6, **J. 1**, **p. 1850.**
CE	22/02/2008	***Sté NTA,*** (274669), CCP, art. L. 2191-1, **J. 5**, **p. 206.**
CE	30/12/2009	***Sté Onyx Granjouan-Saco,*** (305589), CCP, avant art. L. 3131-1, **J. 37**, **p. 462.**
CE	21/02/2011	***Sté Ophrys Cté d'agglomération Clermont-Communauté,*** (337349 et 337934), *Partie VI, III, B, 1*, **J. 17**, **p. 1819.**
CE	27/02/2019	***Sté Opilo,*** (410537), CJA, art. R. 541-6, **J. 63**, **p. 1790**, **J. 101**, **p. 1799.**
CE	08/04/2019	***Sté Orange Région Réunion,*** (426096 et 426914), CCP, art. L. 2113-11, **J. 17**, **p. 167** ; art. L. 2171-3, **J.**, **p. 194.**
CE	06/06/2018	***Sté Orange,*** (411053), CJA, art. R. 541-6, **J. 86**, **p. 1795**, **J. 103**, **p. 1800.**
CE, avis	03/02/2022	***Sté Osiris Securité Run,*** (475527), *Partie VI, III, B, 2, A)*, **J. 6**, **p. 1828.**
CE	28/04/2000	***Sté Parisienne d'entreprise,*** (191198), CCP, art. L. 2191-1, **J. 118**, **p. 229.**
CE, sect.	24/05/1974	***Sté Paul Millet et Cie,*** (85939), CCP, art. L. 2193-7, **J. 28**, **p. 278.**
CE	28/04/2000	***Sté Peinture Normandie,*** (181604), CCP, art. L. 2193-13, **J. 16**, **p. 283.**
CE, sect.	25/06/2004	***Sté Philippe Filipini et cie,*** (234687), CCP, art. R. 2192-36, **J. 2**, **p. 737.**
CE	25/05/2018	***Sté Philippe Vediaud Publicité, Cne de Saint-Thibaut-des-Vignes,*** (416825, 416947), CCP, art. L. 1121-3, **J. 19**, **p. 81.**
CE	28/06/2019	***Sté Plastic Omnium Systèmes Urbains,*** (420776), CJA, art. L. 554-2, **J. 4**, **p. 1838.**
CE	10/01/2007	***Sté Pompes funèbres et conseillers funéraires Roussillon,*** (284063), CGCT, art. L. 1411-6, **J. 7**, **p. 1651.**
CE	08/12/2020	***Sté Pompes funèbres Funérarium Lemarchand,*** (440704), CJA, art. R. 551-12, **J. 20**, **p. 1879.**
CE	27/10/2007	***Sté Pradeau et Morin,*** (318023), *Partie VI, III, B, 2, C)*, **J. 19**, **p. 1842.**
CE	03/03/2010	***Sté Presspali SPA,*** (304604), CCP, art. L. 2191-1, **J. 29**, **p. 212** ; art. L. 2193-13, **J. 1**, **p. 280.**
CE, sect.	06/11/2009	***Sté Prest'Action,*** (297877), CCP, art. L. 1111-1, **J. 30**, **p. 46** ; art. L. 1121-3, **J. 51**, **p. 88.**

CE	10/02/2010	***Sté Prest'Action,*** (301116), CCP, art. L. 6, **J. 47**, **p. 29** ; art. L. 2191-1, **J. 4**, **p. 206** ; art. L. 2195-3, **J. 25**, **p. 298** ; avant art. L. 3131-1, **J. 43**, **p. 463** ; CJA, art. R. 541-6, **J. 22**, **p. 1779.**
CE	29/06/2012	***Sté Pro 2C,*** (357976), CCP, art. L. 3, **J. 2**, **p. 15** ; art. L. 1111-1, **J. 6**, **p. 41** ; CJA, art. R. 551-6, **J. 9**, **p. 1851** ; art. R. 551-12, **J. 1**, **p. 1874.**
CE	16/05/2012	***Sté Promotion de la restauration touristique,*** (357151), CJA, art. R. 541-6, **J. 88**, **p. 1796.**
CE, sect.	05/11/1982	***Sté Propétrol,*** (19413), CCP, art. L. 6, **J. 46**, **p. 29** ; art. L. 2191-1, **J. 5**, **p. 206** ; art. L. 2195-2, **J. 2**, **p. 291.**
CE	17/06/2015	***Sté Proxiserve,*** (388457), CJA, art. R. 551-12, **J. 15**, **p. 1878**, **J. 30**, **p. 1881.**
CE	17/03/1982	***Sté Périgourdine d'étanchéité et de construction,*** (23440), CCP, art. L. 2193-7, **J. 23**, **p. 277.**
CE	06/11/1998	***Sté Quillery et a.,*** (169884), CCP, art. L. 2197-3, **J. 2**, **p. 302.**
CE	28/09/2001	***Sté Quillery,*** (182761), CCP, art. L. 2191-1, **J. 67**, **p. 220.**
CE	11/03/2011	***Sté R. Maes Arbeco SA,*** (335323), CCP, art. R. 2191-36, **J. 14**, **p. 724.**
CE	08/04/2005	***Sté Radiometer,*** (270476), CCP, art. R. 2131-17, **J. 17**, **p. 573.**
CE	20/02/2013	***Sté raphaëloise de stationnement,*** (352762), CJA, art. R. 541-6, **J. 59**, **p. 1788.**
CE	23/10/2020	***Sté Razel Bec et a.,*** (437717), CCP, art. L. 2191-1, **J. 205**, **p. 249.**
CE, avis	11/05/2011	***Sté Rebillon Schmit Prevot,*** (347002), *Partie VI, III, B, 1*, **J. 15**, **p. 1814.**
CE, avis cont.	22/02/2002	***Sté Reithler,*** (240128), CCP, art. L. 2191-1, **J. 124**, **p. 230.**
CE	19/01/2015	***Sté Ribière,*** (385634), CJA, art. R. 551-6, **J. 39**, **p. 1857.**
CE	08/12/1997	***Sté Ricard,*** (162116), CGCT, art. L. 1414-2, **J. 15**, **p. 1316.**
CE	02/07/1982	***Sté routière Colas,*** (23653), CCP, art. L. 2191-1, **J. 9**, **p. 207** ; art. R. 2112-17, **J. 9**, **p. 533.**
CE, avis	29/05/2019	***Sté Royal Cinéma. M. Romanello,*** (428040), CCP, art. L. 1100-1, **J. 12**, **p. 33.**
CE	18/12/2020	***Sté Rudo Chantier,*** (427850), CCP, art. L. 2191-1, **J. 101**, **p. 226.**
CE	28/12/2001	***Sté Rufa,*** (216642), CCP, art. L. 2191-1, **J. 104**, **p. 226.**
CE	16/12/2015	***Sté Ruiz,*** (373509), CCP, art. L. 2191-1, **J. 78**, **p. 222** ; CJA, art. R. 541-6, **J. 65**, **p. 1790.**
CE	15/12/2017	***Sté Ryanair Designated Activity Company, Sté Airport Marketing Services Limited,*** (408550), CCP, art. L. 2191-1, **J. 164**, **p. 239** ; CJA, art. R. 541-6, **J. 1**, **p. 1773.**
CE	24/05/2017	***Sté Régal des Îles,*** (407213), CCP, art. L. 1111-4, **J. 14**, **p. 58** ; art. L. 1121-3, **J. 65**, **p. 93** ; art. R. 2122-1, **J. 6**, **p. 543.**

CE	28/02/2020	***Sté Régal des Îles,*** (426162), **J. 9**, **p. 1840.**
CE	10/02/1997	***Sté Révillon,*** (169309), CCP, art. R. 2143-11, **J. 1**, **p. 602.**
CE	28/02/2007	***Sté Saur France,*** (279092), CCP, avant art. L. 3131-1, **J. 35**, **p. 461.**
CE	04/03/2020	***Sté Savima,*** (423443), CCP, art. R. 2191-11, **J. 2**, **p. 716** ; art. R. 2193-21, **J.**, **p. 743.**
CE	09/11/2018	***Sté Savoie,*** (413533), CCP, art. R. 2152-12, **J. 57**, **p. 658.**
CE	19/07/2016	***Sté Schaerer Mayfield France,*** (399178), CJA, art. R. 541-6, **J. 145**, **p. 1809.**
CE	10/05/2006	***Sté Schiocchet,*** (288435), CCP, art. L. 2113-11, **J. 20**, **p. 167**, **J. 23**, **p. 167.**
CE	09/05/2005	***Sté Schüco International,*** (266060), CCP, art. R. 2191-62, **J. 2**, **p. 728**, **J. 5**, **p. 729.**
CE	13/11/2009	***Sté SCREG Est,*** (306061), CCP, art. L. 2191-1, **J. 154**, **p. 236.**
CE	16/10/1995	***Sté SCREG Île-de-France,*** (129236), CGCT, art. L. 1414-2, **J. 10**, **p. 1315.**
CE	07/05/2013	***Sté Segex, Sté Aximum,*** (365706), CCP, art. R. 2142-14, **J. 10**, **p. 589** ; CJA, art. R. 551-6, **J. 81**, **p. 1863.**
CE	02/06/2004	***Sté Selecom,*** (254400), CJA, art. R. 541-6, **J. 124**, **p. 1805.**
CE	25/01/2019	***Sté Self Saint-Pierre-et-Miquelon,*** (423331), CCP, art. L. 2191-1, **J. 94**, **p. 224.**
CE	13/03/2019	***Sté Sepur,*** (425191), CCP, art. R. 2152-4, **J. 14**, **p. 633.**
CE	30/07/2003	***Sté Setec Bâtiment,*** (233172), CCP, art. L. 2191-1, **J. 247**, **p. 260.**
CE	15/02/2013	***Sté SFR,*** (363854, 363855, 363856 et 363857), CCP, art. R. 2152-12, **J. 74**, **p. 663** ; CJA, art. R. 551-12, **J. 6**, **p. 1876.**
CE	27/03/2020	***Sté Signalisation France,*** (420491), CJA, art. R. 541-6, **J. 116**, **p. 1804.**
CE	29/06/2012	***Sté Signature,*** (357617), CCP, art. L. 2152-4, **J. 11**, **p. 187** ; CJA, art. R. 551-12, **J. 24**, **p. 1880.**
CE	19/11/2019	***Sté Sindaro,*** (413305), **J. 4**, **p. 1839.**
CE	27/11/2019	***Sté SMA environnement et a.,*** (422600), CCP, art. L. 2195-1, **J. 4**, **p. 290.**
CE	24/02/1993	***Sté SMAC Aciéroid,*** (116352), CCP, art. R. 2142-20, **J. 10**, **p. 594.**
CE	10/02/2016	***Sté SMC2 et a.,*** (382148 et 382154), CCP, art. R. 2111-17, **J. 11**, **p. 524.**
CE	16/11/2016	***Sté SNEF-Ville de Marseille,*** (401660 et 401710), CCP, *art. R. 2152-12*, **J. 76**, **p. 663.**
CE	14/10/2015	***Sté SNT Petroni,*** (384749), CCP, art. L. 2191-1, **J. 12**, **p. 208** ; art. R. 2112-17, **J. 12**, **p. 534.**
CE	02/02/2004	***Sté SOCAE Atlantique,*** (241997), CCP, art. L. 2191-1, **J. 97**, **p. 225.**

CE	29/12/2004	***Sté SOCCRAM,*** (239681), CCP, art. L. 3114-8, **J. 21**, **p. 434.**
CE	04/03/2021	***Sté Socri Gestion c/ SA3M,*** (431232), CCP, art. L. 6, **J. 22**, **p. 24.**
CE	24/11/2008	***Sté Sogea Sud,*** (291607), CCP, art. L. 2422-11, **J. 21**, **p. 350.**
CE	16/11/2011	***Sté SOGEDO,*** (342903), *Partie VI, III, B, 1*, **J. 19**, **p. 1819.**
CE	08/04/2009	***Sté SOGEDO, Cne de Brantôme,*** (301153), CGCT, art. L. 1414-2, **J. 3**, **p. 1315.**
CE	30/01/2008	***Sté Sogeparc CGST,*** (272642), CCP, art. L. 2191-1, **J. 244**, **p. 259.**
CE	14/01/2008	***Sté Sogeparc France,*** (297541), CCP, avant art. L. 3131-1, **J. 22**, **p. 457.**
CE	19/12/2007	***Sté Sogeparc-CGST – Cie gén. de stationnement,*** (260327), CCP, art. L. 1121-3, **J. 33**, **p. 84** ; art. L. 3114-1, **J. 18**, **p. 420** ; CJA, art. R. 541-6, **J. 17**, **p. 1777.**
CE	08/12/2020	***Sté Sogetra,*** (437983), CCP, art. L. 2191-1, **J. 89**, **p. 223.**
CE	10/03/2017	***Sté Solotrat,*** (404841), CCP, art. L. 2193-7, **J. 26**, **p. 277.**
CE	08/12/1997	***Sté Sotracer c/ Ville d'Auxerre,*** (168577), CCP, art. R. 2162-6, **J. 4**, **p. 676.**
CE	25/05/2022	***Sté Spie Batignolles Ile-de-France,*** (450003), CCP, art. L. 2422-11, **J. 5**, **p. 347.**
CE	26/03/2008	***Sté SPIE Batignolles,*** (270772), CCP, art. L. 2191-1, **J. 191**, **p. 246.**
CE	19/01/2015	***Sté SPIE Est,*** (384653), *Partie VI, III, B, 2, C)*, **J. 20**, **p. 1842.**
CE	16/12/2009	***Sté SPIE SCGPM,*** (301775), CCP, art. L. 2191-1, **J. 45**, **p. 215** ; art. R. 2112-17, **J. 19**, **p. 535.**
CE	23/05/2012	***Sté SPIE SCGPM,*** (346352), CCP, art. L. 2191-1, **J. 60**, **p. 218** ; art. R. 2192-36, **J. 10**, **p. 738.**
CE	04/10/2021	***Sté sportive professionnelle Olympique de Marseille,*** (440428), CCP, art. L. 2191-1, **J. 179**, **p. 242.**
CE	10/10/2007	***Sté SPS Tarbes,*** (255213), CCP, art. L. 3114-1, **J. 1**, **p. 417.**
CE	16/10/2000	***Sté Stereau,*** (213958), CJA, art. R. 551-6, **J. 25**, **p. 1855.**
CE	30/09/1996	***Sté Stéphanoise des eaux,*** (156176), CCP, art. L. 3114-6, **J. 1**, **p. 424.**
CE	27/01/2017	***Sté Tahitienne de construction,*** (396404), CCP, art. L. 2191-1, **J. 134**, **p. 233.**
CE	27/10/2011	***Sté TAT,*** (350790), CJA, art. R. 551-12, **J. 21**, **p. 1879.**
CE	05/01/2011	***Sté Technologie Alpine Sécurité et Cne de Bonneval-sur-Arc,*** (343206 et 343214), CCP, art. R. 2151-11, **J. 2**, **p. 623.**
CE	20/07/2021	***Sté Tecnimont SpA et Sté TCM FR,*** (443342), CJA, art. L. 311-6, **J. 7**, **p. 1752.**
CE	19/01/2011	***Sté TEP – Technique d'Environnement et Propreté,*** (340773 et 340780), CCP, art. R. 2132-1, **J. 3**, **p. 576.**

CE	12/11/2015	***Sté Tonin,*** (384716), CCP, art. L. 2191-1, **J. 24**, **p. 210** ; art. R. 2112-17, **J. 5**, **p. 533**, **J. 11**, **p. 533.**
CE	30/04/2019	***Sté Total Marketing France,*** (426698), CCP, art. L. 1211-1, **J. 25**, **p. 108** ; CJA, art. R. 551-6, **J. 4**, **p. 1851.**
CE	04/06/1976	***Sté Toulousaine immobilière,*** (65342), CCP, art. L. 2191-1, **J. 33**, **p. 212.**
CE	08/11/2017	***Sté Transdev,*** (412859), CCP, art. R. 3124-6, **J. 23**, **p. 904.**
CE	19/11/2018	***Sté travaux du Midi Var,*** (413017), CCP, art. L. 2191-1, **J. 262**, **p. 262.**
CE	15/11/2012	***Sté Travaux Guil-Durance, Dpt des Bouches-du-Rhône,*** (349840 et 349911), CCP, art. L. 2195-3, **J. 10**, **p. 295** ; art. L. 2422-11, **J. 6**, **p. 348.**
CE	18/12/2020	***Sté Treuils et Grues Labor,*** (433386), CCP, art. L. 2191-1, **J. 51**, **p. 216** ; art. L. 2195-3, **J. 7**, **p. 294.**
CE, ass.	16/07/2007	***Sté Tropic Travaux Signalisation,*** (291545), *Partie VI, III, B, 1*, **J. 1**, **p. 1812**, **J. 2**, **p. 1812.**
CE, ass.	02/02/1987	***Sté TV6,*** (81131), *Partie VI, B, 2, A)***J. 7**, **p. 1817** **J. 36**, **p. 1835.**
CE	05/10/2007	***Sté UGC Ciné-Cité,*** (298773), CCP, art. L. 1121-3, **J. 29**, **p. 83.**
CE	10/03/2006	***Sté Unibail,*** (284802), CCP, art. L. 1100-1, **J. 18**, **p. 33** ; art. L. 1121-3, **J. 86**, **p. 97.**
CE	04/04/2016	***Sté Unibéton,*** (394196), CCP, art. L. 2191-1, **J. 213**, **p. 251**, **J. 214**, **p. 251**, **J. 215**, **p. 251.**
CE	29/04/1970	***Sté Unipain,*** (77935), CCP, art. L. 1, **J. 4**, **p. 12.**
CE	25/01/2019	***Sté Uniparc Cannes,*** (424846), CJA, art. R. 541-6, **J. 94**, **p. 1797.**
CE	16/02/2011	***Sté Utilis,*** (333969), CJA, art. R. 551-6, **J. 32**, **p. 1855.**
CE	11/08/2009	***Sté Val'Horizon – Synd. Émeraude, synd. mixte pour la collecte et le traitement des déchets de la vallée de Montmorency,*** (325465), CCP, art. R. 2124-3, **J. 4**, **p. 565** ; art. R. 2161-17, **J. 1**, **p. 671.**
CE	20/09/2019	***Sté Valeor,*** (419381), CJA, art. R. 541-6, **J. 30**, **p. 1781.**
CE	27/06/2018	***Sté Valode et Pistre et a.,*** (409608), CCP, art. L. 2191-1, **J. 181**, **p. 242**, **J. 251**, **p. 261.**
CE	03/10/2012	***Sté Valterra et Sté Champagne Épandage,*** (349281), CCP, art. L. 2191-1, **J. 114**, **p. 228.**
CE	20/11/2020	***Sté Veolia Eau - Compagnie générale des eaux,*** (432678), CCP, art. L. 2191-1, **J. 241**, **p. 259** ; *Partie VI, III, B, 2, A)*, **J. 10**, **p. 1829** ; CJA, art. R. 541-6, **J. 6**, **p. 1774.**
CE	08/02/2019	***Sté Veolia Eau – Cie générale des eaux, SIAAP,*** (420296 et 420603), CJA, art. L. 554-2, **J. 6**, **p. 1838.**
CE	17/02/2010	***Sté Veolia Eau, Cie générale des eaux,*** (308717), *Partie VI, III, B, 1*, **J. 4**, **p. 1812.**

CE	21/02/2011	***Sté Veolia Propreté et a.,*** (335306 et 335480), *Partie VI, III, B, 1,* **J. 16**, **p. 1818.**
CE	05/07/2013	***Sté Veolia Transport Valenciennes Transvilles,*** (367760), CJA, art. R. 541-6, **J. 142**, **p. 1808.**
CE	12/10/2020	***Sté Vert Marine,*** (419146), CCP, art. L. 3123-1, **J. 2**, **p. 439.**
CE	14/06/2019	***Sté Vinci Construction Maritime et Fluvial,*** (411444), CCP, art. L. 1220-2, **J. 9**, **p. 118.**
CE	25/11/2021	***Sté Vitoux Groupama Nord Est,*** (442977), CCP, art. L. 2191-1, **J. 233**, **p. 256**, **J. 237**, **p. 258.**
CE	09/04/2010	***Sté Vivendi,*** (313557), CCP, art. L. 3114-1, **J. 2**, **p. 417.**
CE	05/01/2011	***Sté Voyages Dupas Lebeda et a.,*** (342158), CCP, art. R. 3124-6, **J. 11**, **p. 902.**
CE	13/05/1987	***Sté Wanner Isofi Isolation,*** (39120), CCP, art. R. 2142-14, **J. 15**, **p. 590.**
CE	02/10/1957	***Sté Worms et Cie,*** (32258), CCP, art. R. 2191-62, **J. 1**, **p. 728.**
CE	06/10/2004	***Sté « La communication hospitalière », AP-HP,*** (263083), CCP, art. R. 3123-21, **J. 11**, **p. 898.**
CE	18/10/2018	***Sté Électricité de Tahiti,*** (420097), CCP, art. L. 3132-6, **J. 7**, **p. 472.**
CE	02/06/2021	***Sté Établissement Masci,*** (445267), CJA, art. R. 541-6, **J. 136**, **p. 1807.**
CE	03/10/2008	***Sté Éts Paul Mathis et a.,*** (291919, 291978), CCP, art. L. 2195-3, **J. 24**, **p. 298.**
CE	12/07/2017	***Sté Études Créations et Informatique,*** (410832), CJA, art. R. 551-6, **J. 20**, **p. 1854.**
CE	12/04/2021	***Sté Île de Sein Énergies,*** (436663), *Partie VI, III, B, 2, A)*, **J. 35**, **p. 1835.**
CE	05/02/2014	***Stés Equalia et Polyxo,*** (371121), CCP, art. L. 3132-6, **J. 16**, **p. 475** ; CJA, art. R. 541-6, **J. 141**, **p. 1808.**
CE	05/07/2017	***Stés Eurovia Champagne-Ardenne et Colas Est,*** (396430), CCP, art. L. 2191-1, **J. 248**, **p. 260.**
CE	20/06/2016	***Stés Eurovia Haute-Normandie et Colas Île-de-France Normandie,*** (376235), CCP, art. L. 2191-1, **J. 42**, **p. 214.**
CE	13/05/2015	***Stés Gallego et Temsol,*** (380863), CCP, art. L. 2191-1, **J. 12**, **p. 208** ; art. R. 2112-17, **J. 12**, **p. 534.**
CE	29/10/2004	***Sueur et a.,*** (269814), CCP, art. L. 1112-1, **J. 1**, **p. 67** ; art. L. 2211-6, **J. 1**, **p. 307**, **J. 2**, **p. 307** ; art. L. 2213-1, **J. 1**, **p. 315** ; CJA, art. L. 311-6, **J. 1**, **p. 1750.**
CE	29/03/2000	***Synd. central des transporteurs automobiles professionnels de la Guadeloupe,*** (192098), *Partie VI, III, B, 1,* **J. 2**, **p. 1816.**

CE	13/07/2007	***Synd. d'agglomération nouvelle Ouest Provence,*** (296096), CCP, art. L. 2432-2, **J. 4**, **p. 355** ; art. R. 2122-3, **J. 8**, **p. 545.**
CE	11/12/1963	***Synd. de défense en vue du rétablissement de la voie ferrée Bort-Eygurande,*** (57036), CCP, art. L. 3114-1, **J. 4**, **p. 417** ; *Partie VI, III, B, 2, D)*, **J. 7**, **p. 1845.**
CE	29/04/2015	***Synd. de valorisation des déchets de la Guadeloupe,*** (386748), CCP, art. L. 1112-1, **J. 2**, **p. 67.**
CE	20/10/2006	***Synd. des eaux de Charente-Maritime,*** (278601), CCP, art. R. 2181-4, **J. 5**, **p. 704.**
CE	25/07/2001	***Synd. des eaux de l'Iffernet,*** (231319), CCP, art. L. 3114-8, **J. 17**, **p. 434** ; art. R. 3122-6, **J. 3**, **p. 890** ; art. R. 3124-6, **J. 32**, **p. 906.**
CE	21/12/1906	***Synd. des propriétaires et contribuables du quartier Croix de Seguey-Tivoli,*** (19167), CCP, art. L. 3114-1, **J. 3**, **p. 417** ; *Partie VI, III, B, 2, D)*, **J. 6**, **p. 1845.**
CE	22/01/2007	***Synd. des transports parisiens,*** (294290), CCP, art. R. 2123-6, **J. 24**, **p. 561.**
CE	07/11/2014	***Synd. dptal de traitement des déchets ménagers de l'Aisne (Valor'Aisne),*** (384014), CCP, art. R. 2152-12, **J. 52**, **p. 657** ; art. R. 2181-4, **J. 15**, **p. 705.**
CE	09/05/2012	***Synd. dptal des ordures ménagères de l'Aude,*** (355665), CJA, art. L. 554-2, **J. 2**, **p. 1837** ; avant art. R. 2152-6, **J. 13**, **p. 1814.**
CE	09/07/2007	***Synd. EGF-BTP et a.,*** (297711), CCP, art. L. 1212-4, **J. 9**, **p. 112** ; art. L. 2511-8, **J. 2**, **p. 366** ; art. R. 2123-1, **J. 5**, **p. 552**, **J. 6**, **p. 552**, **J. 10**, **p. 552**, **J. 11**, **p. 552**, **J. 12**, **p. 552**, **J. 15**, **p. 553**, **J. 16**, **p. 553**, **J. 17**, **p. 553**, **J. 18**, **p. 553** ; art. R. 2123-6, **J. 5**, **p. 555** ; art. R. 2151-13, **J.**, **p. 626** ; art. R. 2151-15, **J. 1**, **p. 626.**
CE	21/06/2000	***Synd. intercommunal Côte d'Amour et presqu'île guérandaise,*** (209319), CCP, art. R. 3122-7, **J. 3**, **p. 891** ; art. R. 3123-21, **J. 9**, **p. 897** ; art. R. 3124-6, **J. 19**, **p. 903**, **J. 21**, **p. 904**, **J. 22**, **p. 904.**
CE	13/03/1998	***Synd. intercommunal d'adduction d'eau potable du Pont du Gard,*** (173325), CGCT, art. L. 1414-2, **J. 15**, **p. 1316.**
CE	28/06/2006	***Synd. intercommunal d'alimentation en eau de la moyenne vallée du Gier,*** (288459), CCP, art. L. 1111-4, **J. 9**, **p. 57** ; art. L. 1121-3, **J. 47**, **p. 87.**
CE, sect.	15/06/2004	***Synd. intercommunal d'alimentation en eau des cnes de La Seyne et de la région Est de Toulon,*** (235053), CCP, art. L. 2191-1, **J. 154**, **p. 236.**
CE	19/12/2007	***Synd. intercommunal d'alimentation en eau potable (SIAEP) du Confolentais,*** (291487), *Partie VI, III, B, 1*, **J. 13**, **p. 1818.**
CE	24/11/2010	***Synd. intercommunal d'alimentation en eau potable des communes de Sioule et Morge (SIAEP),*** (330648), CCP, art. L. 2191-1, **J. 91**, **p. 223** ; art. L. 2195-3, **J. 4**, **p. 292.**
CE	15/06/2001	***Synd. intercommunal d'assainissement de St-Martin-de-Ré et La Flotte-en-Ré,*** (223481), CCP, art. R. 3124-6, **J. 16**, **p. 903** ; CJA, art. R. 551-6, **J. 74**, **p. 1862.**

CE	03/04/1991	***Synd. intercommunal d'assainissement du plateau d'Autrans-Meaudre,*** (90552), CCP, art. L. 2193-7, **J. 1**, **p. 275.**
CE	24/10/2008	***Synd. intercommunal d'eau et d'assainissement de Mayotte, SNC Sogea Mayotte,*** (300034 et 300094), CCP, art. R. 2132-1, **J. 11**, **p. 578** ; art. R. 3123-15, **J.**, **p. 894** ; art. R. 3123-21, **J. 15**, **p. 899** ; CJA, art. R. 551-6, **J. 76**, **p. 1862**, **J. 77**, **p. 1863.**
CE	17/12/2008	***Synd. intercommunal de gestion et d'aménagement de Superbagnères,*** (296819), CCP, art. L. 3136-3, **J. 6**, **p. 485.**
CE	19/10/2001	***Synd. intercommunal de Guzet-Neige,*** (212677), CCP, art. L. 3136-3, **J. 5**, **p. 485.**
CE	21/04/2000	***Synd. intercommunal de la région d'Yvelines pour l'adduction d'eau,*** (193007), CCP, avant art. L. 3131-1, **J. 55**, **p. 465.**
CE	25/06/2004	***Synd. intercommunal de la Vallée de l'Ondaine,*** (250573), CCP, art. R. 2142-20, **J. 5**, **p. 593.**
CE	08/02/1999	***Synd. intercommunal des eaux de la Gâtine,*** (156333), CCP, art. R. 2121-7, **J. 6**, **p. 541.**
CE	18/09/2015	***Synd. intercommunal des eaux du bas Roubion,*** (389740), CCP, art. L. 2113-8, **J. 3**, **p. 161** ; art. L. 2113-11, **J. 21**, **p. 167.**
CE	27/10/2010	***Synd. intercommunal des transports publics de Cannes, Le Cannet, Mandelieu-La Napoule,*** (318617), CCP, art. L. 6, **J. 36**, **p. 27** ; avant art. L. 3131-1, **J. 49**, **p. 464.**
CE, avis cont.	06/12/2002	***Synd. intercommunal des éts du second cycle du second degré du district de L'Haÿ-les-Roses,*** (249153), CRPA, art. D. 423-7, **J. 6**, **p. 1737.**
CE	13/12/1996	***Synd. intercommunal pour la revalorisation des déchets du secteur Cannes-Grasse et a.,*** (169706), CCP, art. R. 3124-6, **J. 14**, **p. 903.**
CE	29/10/2010	***Synd. mixte d'assainissement de la région ouest de Versailles (SMAROV),*** (340212), CCP, art. L. 2113-11, **J. 12**, **p. 166** ; art. R. 2162-6, **J. 9**, **p. 677.**
CE	14/11/2014	***Synd. mixte d'étude, d'aménagement et de gestion de la base de plein air et de loisirs de Cergy-Neuville (SMEAG),*** (373156), CCP, art. L. 1111-1, **J. 26**, **p. 45.**
CE	03/12/2012	***Synd. mixte de Besançon et de sa région pour le traitement des ordures ménagères (Sybert),*** (360333), CCP, art. L. 2113-11, **J. 13**, **p. 166.**
CE	26/02/2016	***Synd. mixte de chauffage urbain de La Défense,*** (384424), CCP, art. L. 3132-6, **J. 6**, **p. 471.**
CE	06/01/2006	***Synd. mixte de collecte, de traitement et de valorisation des déchets du Vendômois,*** (281113), CCP, art. R. 2131-17, **J. 13**, **p. 573.**
CE	28/04/2006	***Synd. mixte de gestion et de travaux pour l'élimination des déchets ménagers et assimilés de la zone ouest du dpt de l'Hérault,*** (283942), CCP, art. R. 2142-23, **J.**, **p. 596** ; art. R. 2143-11, **J. 2**, **p. 602.**

CE	15/12/2017	***Synd. mixte de l'aéroport de Lannion – Côte de granit,*** (413193), CCP, art. L. 3212-4, **J.**, **p. 496.**
CE	06/03/2009	***Synd. mixte de la région d'Auray-Belz-Quiberon,*** (321217), CCP, art. R. 2181-4, **J. 4**, **p. 704.**
CE	31/03/2010	***Synd. mixte de la région d'Auray-Belz-Quiberon,*** (333970), CCP, art. L. 2112-2, **J. 4**, **p. 145.**
CE	02/08/2011	***Synd. mixte de la vallée de l'Orge aval,*** (348711), CCP, art. R. 2123-6, **J. 13**, **p. 557** ; art. R. 2152-12, **J. 59**, **p. 658.**
CE	30/06/2017	***Synd. mixte de promotion de l'activité transmanche,*** (398445), *Partie VI, III, B, 2, A)*, **J. 33**, **p. 1834.**
CE	19/04/2013	***Synd. mixte des aéroports de Charente,*** (352750 et 362020), CJA, art. L. 311-6, **J. 8**, **p. 1752.**
CE	12/09/2018	***Synd. mixte des ordures ménagères de la vallée de Chevreuse, Sté Sepur,*** (420454, 420512), CCP, art. R. 2111-2, **J.**, **p. 518.**
CE	29/07/1998	***Synd. mixte des transports en commun de l'agglomération clermontoise et Stés Spie Batignolles et ANF Industries,*** (194412), CCP, avant art. R. 2152-6, **J. 25**, **p. 641** ; art. R. 3122-6, **J. 2**, **p. 890** ; CJA, art. R. 551-6, **J. 66**, **p. 1861.**
CE, sect.	05/02/2016	***Synd. mixte des transports en commun Hérault Transport,*** (383149), *Partie VI, III, B, 2, A)*, **J. 11**, **p. 1829.**
CE	04/03/2009	***Synd. mixte du pôle européen de plasturgie (SMPEP),*** (298981), CCP, avant art. L. 3131-1, **J. 29**, **p. 459.**
CE	28/01/2013	***Synd. mixte Flandre Morinie,*** (358302), CCP, avant art. R. 2152-6, **J. 30**, **p. 641** ; *Partie VI, III, B, 1*, **J. 25**, **p. 1821.**
CE, sect.	03/10/2008	***Synd. mixte intercommunal de réalisation et de gestion pour l'élimination des ordures ménagères du secteur est de la Sarthe (SMIRGEOMES),*** (305420), CJA, art. R. 551-6, **J. 41**, **p. 1857.**
CE	03/12/2012	***Synd. mixte pour l'étude et le traitement des ordures ménagères (SETOM) de l'Eure,*** (361287), CCP, art. L. 2195-3, **J. 6**, **p. 294.**
CE	24/02/2016	***Synd. mixte pour l'étude et le traitement des ordures ménagères de l'Eure,*** (394945), CCP, art. L. 2152-4, **J. 8**, **p. 186** ; art. R. 2151-6, **J. 2**, **p. 619** ; CJA, art. R. 551-6, **J. 49**, **p. 1858.**
CE	19/01/2011	***Synd. mixte pour le traitement des résidus urbains,*** (332330), CJA, art. R. 541-6, **J. 20**, **p. 1778.**
CE	23/03/2015	***Synd. mixte pour le traitement des résidus urbains,*** (356790), CCP, art. L. 2191-1, **J. 140**, **p. 234.**
CE	04/03/2009	***Synd. nat. des industries d'information de santé,*** (300481), CCP, art. L. 1, **J. 2**, **p. 11** ; art. L. 2511-5, **J. 19**, **p. 362.**
CE	09/02/1983	***Synd. nat. des médecins biologistes,*** (20943), CCP, art. R. 2123-1, **J. 4**, **p. 552.**
CE	17/03/1997	***Synd. nat. du béton armé, des techniques industrialisées et de l'entreprise générale,*** (155573), CCP, art. L. 2171-2, **J. 1**, **p. 193** ; art. L. 2431-1, **J. 2**, **p. 352.**

CE	26/01/2007	***Synd. professionnel de la géomatique,*** (276928), CCP, art. L. 2512-4, **J. 4**, **p. 368.**
CE	30/04/2003	***Synd. professionnel des exploitants indépendants des réseaux d'eau et d'assainissement,*** (230804), CCP, avant art. L. 3131-1, **J. 13**, **p. 453.**
CE	21/09/2016	***Syndicat intercommunal pour les transports urbains de la région de Valenciennes (SITURV),*** (398231), CRPA, art. D. 423-7, **J. 17**, **p. 1739.**
CE	05/02/2020	***Syndicat mixte de traitement et de valorisation des déchets du pays de Caux,*** (433308 et 433314), CJA, art. R. 541-6, **J. 104**, **p. 1800.**
CE	14/11/2018	***Syndicat mixte pour l'aménagement et le développement des Combrailles,*** (405628), CCP, art. L. 2511-5, **J. 24**, **p. 363.**
CE	24/02/2016	***Syndicat mixte pour l'étude et le traitement des ordures ménagères de l'Eure,*** (394945), CCP, art. L. 2152-4, **J. 5**, **p. 186.**
CE	11/12/2020	***Sé Copra Méditerranée,*** (427616), CCP, art. L. 3136-1, **J.**, **p. 484.**
CE	30/03/2007	***Techer,*** (298103), CGCT, art. L. 1414-2, **J. 6**, **p. 1315.**
CE	08/06/2005	***Tomaselli et Cne de Ramatuelle,*** (255987), CCP, art. L. 3114-8, **J. 23**, **p. 434.**
CE	27/01/2020	***Toulouse Métropole,*** (422104), CCP, art. L. 3132-6, **J. 3**, **p. 471.**
CE, ass.	02/02/1973	***Trannoy,*** (82706), CCP, art. L. 2191-1, **J. 218**, **p. 252.**
CE	06/02/1998	***Tête,*** (138777), CCP, art. L. 1111-2, **J. 21**, **p. 53** ; art. L. 1121-2, **J. 5**, **p. 74.**
CE	22/02/2008	***Tête,*** (266755), CCP, art. L. 2191-1, **J. 195**, **p. 247** ; CJA, art. R. 541-6, **J. 55**, **p. 1788.**
CE	24/10/2008	***UGAP,*** (314499), CCP, art. R. 2131-17, **J. 26**, **p. 575** ; art. R. 2162-4, **J. 3**, **p. 675.**
CE	18/12/2012	***UGAP,*** (363208), CCP, art. R. 2152-12, **J. 58**, **p. 658.**
CE	05/07/2013	***UGAP, Sté SCC,*** (368448 et 368461), CCP, art. R. 2152-12, **J. 34**, **p. 654** ; art. R. 2162-6, **J. 11**, **p. 678.**
CE	02/02/1983	***Union des transports publics,*** (34027), CCP, art. L. 6, **J. 34**, **p. 27** ; art. L. 2194-2, **J. 4**, **p. 289.**
CE	31/03/2014	***Union synd. du Charvet, Union synd. des Villards,*** (360904), C. urb., art. L. 300-4, **J. 7**, **p. 1699.**
CE	29/10/2013	***Val-d'Oise Habitat,*** (370789), CCP, art. R. 2152-12, **J. 80**, **p. 664.**
CE	11/07/2008	***Vallon,*** (285168), CCP, art. L. 2191-1, **J. 259**, **p. 262.**
CE	18/11/1988	***Ville d'Amiens et Sté d'exploitation du parc de stationnement de la gare d'Amiens,*** (61871), CCP, art. L. 3136-3, **J. 13**, **p. 488.**
CE	14/06/2002	***Ville d'Angers,*** (219874), CCP, art. L. 2191-1, **J. 10**, **p. 208** ; art. R. 2112-17, **J. 10**, **p. 533.**
CE	18/01/1991	***Ville d'Antibes c/ SARL Dani,*** (91344), CCP, art. R. 2162-4, **J. 2**, **p. 675.**

CE	06/05/1988	***Ville d'Hérin c/ Sté Vanesse,*** (51338), CCP, art. L. 2193-7, **J. 20**, **p. 277.**
CE	02/06/1989	***Ville de Boissy-Saint-Léger c/ Sté Nouvelle de Constructions Industrialisées,*** (65631), CCP, art. L. 2193-7, **J. 2**, **p. 275**, **J. 13**, **p. 276** ; art. R. 2191-35, **J. 5**, **p. 721.**
CE	08/06/2005	***Ville de Caen c/ Dubois,*** (261478), CCP, art. L. 2191-1, **J. 144**, **p. 234.**
CE	04/02/1991	***Ville de Caen,*** (71956), CCP, art. R. 2182-5, **J. 2**, **p. 709.**
CE	11/12/1963	***Ville de Colombes,*** (55972), CCP, art. L. 1112-1, **J. 3**, **p. 67.**
CE	23/03/1990	***Ville de Garches c/ Sté Rouméas,*** (49364), CCP, art. L. 2193-7, **J. 14**, **p. 276.**
CE	31/07/2009	***Ville de Grenoble, Sté Gaz Électricité de Grenoble (CEG),*** (296964), CCP, art. L. 3114-6, **J. 2**, **p. 424** ; *Partie VI, III, B, 2, D)*, **J. 14**, **p. 1818.**
CE	25/06/1975	***Ville de Joigny,*** (84979 et 93218), CCP, art. L. 2191-1, **J. 7**, **p. 207** ; art. R. 2112-17, **J. 7**, **p. 533.**
CE	06/12/1999	***Ville de Marseille,*** (189407), CCP, art. L. 2193-7, **J. 9**, **p. 275** ; art. R. 2191-62, **J. 12**, **p. 730.**
CE	08/08/2008	***Ville de Marseille,*** (312370), CCP, art. R. 2131-17, **J. 21**, **p. 574**, **J. 25**, **p. 574** ; art. R. 2144-7, **J. 17**, **p. 610.**
CE	22/12/2008	***Ville de Marseille,*** (314244), CCP, avant art. R. 2152-6, **J. 24**, **p. 640.**
CE	29/07/2002	***Ville de Nice,*** (243686), *Partie VI, III, B, 1*, **J. 9**, **p. 1817** ; CJA, art. R. 551-6, **J. 38**, **p. 1856.**
CE	05/01/1988	***Ville de Paris c/ Sté Linville,*** (35687), CCP, art. L. 2191-1, **J. 56**, **p. 217** ; art. R. 2192-36, **J. 7**, **p. 738.**
CE	15/04/2005	***Ville de Paris c/ Sté SITA Île-de-France Paris,*** (273178), CCP, art. R. 2131-17, **J. 4**, **p. 572.**
CE, sect.	09/12/1983	***Ville de Paris et a.,*** (30665 et 30763), *Partie VI, III, B, 1*, **J. 8**, **p. 1817.**
CE, sect.	06/01/1995	***Ville de Paris,*** (93428), CGCT, art. L. 1411-4, **J. 3**, **p. 1648.**
CE	16/11/2005	***Ville de Paris,*** (278646), CCP, art. R. 2131-17, **J. 6**, **p. 572** ; art. R. 2151-1, **J. 1**, **p. 618.**
CE, sect.	11/07/2008	***Ville de Paris,*** (312354), CCP, art. L. 2194-1, **J. 9**, **p. 286.**
CE	15/05/2013	***Ville de Paris,*** (364593), CCP, art. L. 1100-1, **J. 25**, **p. 36** ; art. L. 1111-1, **J. 13**, **p. 43**, **J. 25**, **p. 45** ; art. L. 1121-3, **J. 93**, **p. 100.**
CE	26/06/2015	***Ville de Paris,*** (389682), CCP, art. L. 2113-11, **J. 8**, **p. 165** ; art. R. 2124-5, **J. 2**, **p. 566** ; art. R. 2142-16, **J. 5**, **p. 591** ; CJA, art. R. 551-6, **J. 69**, **p. 1862.**
CE	24/05/2017	***Ville de Paris,*** (407047), CJA, art. R. 551-12, **J. 11**, **p. 1877.**

CE	27/04/2021	***Ville de Paris,*** (447221), CCP, art. R. 2142-14, **J. 7**, **p. 588** ; art. R. 2144-7, **J. 22**, **p. 610**.
CE	09/06/2021	***Ville de Paris,*** (448948 et 448949), CCP, art. L. 1121-3, **J. 20**, **p. 81**.
CE, sect.	03/12/2010	***Ville de Paris, Assoc. Paris-Jean-Bouin,*** (338272), CCP, art. L. 1100-1, **J. 19**, **p. 34** ; art. L. 1121-3, **J. 87**, **p. 97**.
CE	05/02/2018	***Ville de Paris, Sté des Mobiliers Urbains pour la Publicité et l'Information,*** (416579, 416585, 416640, 416711, 416581, 416641), CCP, art. L. 1100-1, **J. 30**, **p. 38** ; art. L. 1121-3, **J. 17**, **p. 80**.
CE	12/03/1999	***Ville de Paris, Sté l'Orée du Bois,*** (186085), CCP, art. L. 1100-1, **J. 15**, **p. 33** ; art. L. 1121-3, **J. 83**, **p. 97**.
CE	02/06/2004	***Ville de Paris, Sté Polyurbaine,*** (261060, 261296 et 261391), CCP, art. R. 2131-17, **J. 13**, **p. 573**.
CE	11/12/1970	***Ville de Saint-Nazaire,*** (73600), CCP, art. L. 1111-2, **J. 1**, **p. 48**.
CE	07/11/1986	***Ville de Toulouse,*** (55131), CCP, art. R. 2142-20, **J. 9**, **p. 594**.
CE	02/12/2015	***École centrale de Lyon,*** (386979), *Partie VI, III, B, 2, A)*, **J. 18**, **p. 1831**.
CE	19/10/2012	***École nationale supérieure de sécurité sociale,*** (361459), CCP, art. R. 2142-14, **J. 5**, **p. 588** ; art. R. 2144-7, **J. 25**, **p. 611**.
CE	29/07/1998	***Éd. Dalloz-Sirey et Sté ORT,*** (188686), CCP, art. R. 3124-6, **J. 17**, **p. 903**.
CE	22/03/2000	***Épx Lasaulce,*** (207804), CCP, art. L. 1121-3, **J. 40**, **p. 85** ; art. R. 3122-7, **J. 1**, **p. 891**.
CE, sect.	07/10/1994	***Épx Lopez,*** (124244), *Partie VI, III, B, 1*, **J. 11**, **p. 1817**.
CE	16/02/2005	***Épx Maurel,*** (211039), CCP, art. L. 2411-1, **J. 1**, **p. 341**.
CE	20/05/2009	***Ét. pub. de la Bibliothèque nationale de France,*** (296628), CCP, art. L. 2191-1, **J. 144**, **p. 234**, **J. 186**, **p. 243**.
CE	23/12/2009	***Ét. publ. du musée et du domaine national de Versailles,*** (328827), CCP, art. R. 3124-6, **J. 1**, **p. 900**.
CE	23/12/2011	***Ét. public d'aménagement Euroméditerranée,*** (351505), CCP, art. L. 1211-1, **J. 17**, **p. 108** ; C. urb., art. L. 300-4, **J. 9**, **p. 1700**.
CE	03/12/2014	***Ét. public Tisseo, Sté Metrobus,*** (384170 et 384183), CCP, art. L. 1111-1, **J. 14**, **p. 43** ; CJA, art. R. 551-6, **J. 12**, **p. 1853**.
CE	10/11/2010	***Établissement public national des produits de l'agriculture et de la mer (France Agrimer),*** (340944), CJA, art. R. 551-12, **J. 4**, **p. 1875**.
CE	22/11/2019	***Établissement public Paris La Défense,*** (417752), CCP, art. L. 2191-1, **J. 121**, **p. 229**.
CE	10/12/2003	***Éts Cabrol frères,*** (248773), CCP, art. L. 2193-13, **J. 9**, **p. 281**.
Soc.		.
Soc.	04/04/2018	(18-70.002), CCP, art. L. 1211-1, **J. 27**, **p. 109**.

Civ.		**Cour de cassation - Chambre civile.**
Civ. 3e		(20.16-152), C. mon. fin., art. R. 313-17, **J.**, **p. 1728.**
Civ. 1re	19/02/1968	CCP, art. L. 2422-11, **J. 2**, **p. 347.**
Civ. 3e	05/06/1996	(94-17.371), CCP, art. L. 2193-7, **J. 21**, **p. 277.**
Civ. 1re	23/01/2007	(04-18.630), CCP, art. L. 6, **J. 5**, **p. 21.**
Civ. 1re	24/04/2013	(12-18.180), CJA, art. R. 541-6, **J. 14**, **p. 1776.**
Civ. 1re	31/01/2018	(16-21.697), CJA, art. R. 541-6, **J. 15**, **p. 1777.**
Com.		**Cour de cassation - Chambre commerciale.**
Com.	06/12/2016	(15-26.414), COJ, art. R. 213-5-1, **J. 2**, **p. 1870.**
Com.	06/05/2019	(16-25.117), CJA, art. R. 541-6, **J. 15**, **p. 1777.**
Com.	15/01/2020	(18-11.134), CCP, art. R. 2152-12, **J. 81**, **p. 664.**
Com.	13/10/2021	(19-24.904), COJ, art. R. 213-5-1, **J. 3**, **p. 1870.**
Com.	05/04/2005	***Crédit d'équipement des petites et moyennes entreprises (CEPME) c/ SA Aquitaine Béton Manufacture,*** (02-19.407), CCP, art. R. 2191-63, **J. 3**, **p. 732.**
Com.	23/10/2012	***Sté Dalkia France,*** (11-23.521), COJ, art. R. 213-5-1, **J. 1**, **p. 1869.**
Crim.		**Cour de cassation - Chambre criminelle.**
Crim.	15/09/1999	(98-87.588), C. pén., art. 432-14, **J. 1**, **p. 1888.**
Crim.	27/10/1999	(98-85.214), C. pén., art. 432-14, **J. 2**, **p. 1888.**
Crim.	13/12/2000	(99-86.876), C. pén., art. 432-14, **J. 3**, **p. 1888.**
Crim.	11/12/2002	(02-80.699), C. pén., art. 432-14, **J. 4**, **p. 1888.**
Crim.	14/01/2004	(03-83.396), C. pén., art. 432-14, **J. 5**, **p. 1888.**
Crim.	28/01/2004	(02-86.597), C. pén., art. 432-14, **J. 6**, **p. 1888.**
Crim.	10/03/2004	(02-85.285), C. pén., art. 432-14, **J. 7**, **p. 1888.**
Crim.	07/04/2004	(03-84.191), C. pén., art. 432-14, **J. 8**, **p. 1889.**
Crim.	05/05/2004	(03-85.503), C. pén., art. 432-14, **J. 9**, **p. 1889.**
Crim.	19/05/2004	(03-86.192), C. pén., art. 432-14, **J. 2**, **p. 1888.**
Crim.	30/06/2004	(03-85.946), C. pén., art. 432-14, **J. 11**, **p. 1889.**
Crim.	30/06/2004	(03-86.287), C. pén., art. 432-14, **J. 10**, **p. 1889.**
Crim.	01/12/2004	(04-83.079), C. pén., art. 432-14, **J. 12**, **p. 1889.**
Crim.	26/01/2005	(04-82.542), C. pén., art. 432-14, **J. 6**, **p. 1888.**
Crim.	20/04/2005	(04-83.017), C. pén., art. 432-14, **J. 13**, **p. 1889**, **J. 14**, **p. 1889.**
Crim.	30/11/2005	(05-80.862), C. pén., art. 432-14, **J. 12**, **p. 1889.**
Crim.	14/02/2007	(06-81.924), C. pén., art. 432-14, **J. 15**, **p. 1889.**

NA	10/05/2017	***Boutet et a. c/ Direction dptale des finances publiques et Dpt de la Loire-Atlantique,*** (15NT03922), CCP, art. L. 2191-1, **J. 170**, **p. 240.**
VE	02/02/2012	***Bruno Kern Avocats Selas,*** (09VE01405), CCP, art. R. 2123-6, **J. 26**, **p. 561** ; art. R. 2151-15, **J. 2**, **p. 626.**
LY	05/04/2012	***Cabinet MPC Avocats,*** (10LY01016), CCP, art. R. 2123-6, **J. 27**, **p. 562.**
DA	05/06/2012	***Cabinet MPC Avocats,*** (11DA00464), CCP, art. R. 2123-6, **J. 28**, **p. 562.**
MA	18/06/2002	***CH Antibes-Juan-les-Pins,*** (99MA01105), CCP, art. R. 2123-1, **J. 4**, **p. 552.**
BX	06/02/2014	***CH d'Angoulême,*** (13BX01407), CCP, art. L. 1121-3, **J. 44**, **p. 86.**
BX	01/03/2012	***CH de Bigorre, Hôpitaux de Lannemezan et CH de Lourdes,*** (10BX01569), CCP, art. L. 1220-2, **J. 12**, **p. 119.**
BX	11/10/2016	***CH de Capesterre-Belle-Eau,*** (16BX00695, 16BX00696), CCP, art. L. 2152-4, **J. 16**, **p. 189** ; *Partie VI, III, B, 2, C)*, **J. 22**, **p. 1843.**
MA	07/01/2008	***CH de Grasse,*** (05MA03107), CCP, avant art. R. 2152-6, **J. 5**, **p. 635** ; CGCT, art. L. 1414-2, **J. 14**, **p. 1316.**
MA	12/06/2017	***CH de Montfavet,*** (15MA01894), CCP, art. L. 2191-1, **J. 62**, **p. 219.**
PA	06/06/1991	***CH dptal Stell,*** (89PA02634), CCP, art. R. 2112-17, **J. 23**, **p. 536.**
BX	25/07/2019	***CH Esquirol,*** (17BX03405), CCP, art. L. 1220-2, **J. 12**, **p. 119.**
NC	07/06/2012	***CH Geneviève de Gaulle Anthonioz,*** (11NC00510), CCP, art. L. 2191-1, **J. 47**, **p. 215** ; art. R. 2112-17, **J. 3**, **p. 532.**
NC	10/12/2015	***CH intercommunal de la Haute-Saône,*** (14NC01821), CCP, art. L. 1220-2, **J. 12**, **p. 119.**
BX	10/11/2011	***CH intercommunal du Val d'Ariège,*** (09BX02017), CCP, art. R. 2112-17, **J. 13**, **p. 534.**
NC	28/11/2013	***CH Ravenel,*** (13NC00746), CCP, avant art. R. 2152-6, **J. 23**, **p. 640** ; art. R. 2161-5, **J. 7**, **p. 668.**
PA	22/11/2011	***CH Saint-Brieuc,*** (08PA04001), CCP, art. L. 1111-2, **J. 14**, **p. 51.**
PA	15/06/2010	***CH Sainte-Anne,*** (08PA05801), CCP, art. R. 2191-36, **J. 7**, **p. 723**, **J. 10**, **p. 723.**
BX	10/11/2011	***CHI du Val d'Ariège,*** (09BX02017), CCP, art. L. 2191-1, **J. 13**, **p. 208.**
LY	02/10/2018	***CHI-Hôpitaux du Léman,*** (16LY03943), CCP, art. L. 2191-1, **J. 40**, **p. 213.**
BX	11/03/2008	***Cie AGF,*** (06BX00950 et 06BX02599), CCP, art. R. 2112-17, **J. 22**, ***p. 535.***
PA	13/11/2007	***Cie Albingia,*** (05PA02385), CCP, art. L. 2191-1, **J. 221**, **p. 253.**
DA	09/06/2005	***Cie générale des Eaux,*** (03DA00269), CCP, art. R. 3124-6, **J. 30**, **p. 906.**

MA	13/03/2006	***Cie générale des eaux,*** (03MA02259), CGCT, art. L. 1414-2, **J. 5**, **p. 1315.**
DA	07/08/2013	***Cie générale des eaux,*** (12DA01374), CCP, avant art. L. 3131-1, **J. 56**, **p. 465.**
MA	18/12/2006	***Cie méditerranéenne d'exploitation des services d'eau (CMESE),*** (02MA01595), CCP, art. L. 3135-1, **J. 9**, **p. 483.**
BX	10/11/2014	***CIVIS,*** (13BX00260), CJA, art. R. 541-6, **J. 43**, **p. 1784.**
PA	20/03/2012	***CNAVTS,*** (11PA02323), CCP, art. R. 2132-9, **J. 2**, **p. 581.**
MA	09/07/2007	***Cne d'Aix-en-Provence,*** (04MA00475), CGCT, art. L. 1414-2, **J. 16**, **p. 1316.**
LY	09/04/2009	***Cne d'Aix-les-Bains,*** (06LY02277), CCP, art. L. 2191-1, **J. 198**, **p. 247.**
MA	23/01/2006	***Cne d'Alès en Cévennes,*** (04MA02580 et 04MA02581), CCP, art. L. 1121-3, **J. 57**, **p. 91** ; art. L. 3114-1, **J. 23**, **p. 422.**
BX	07/04/2016	***Cne d'Anglet,*** (14BX02241), CCP, art. R. 2143-7, **J.**, **p. 601.**
PA	13/06/2006	***Cne d'Asnières-sur-Seine,*** (03PA03602), CCP, art. R. 3124-6, **J. 19**, **p. 903.**
LY	08/02/2005	***Cne d'Auxerre – Sté Suez Lyonnaise des eaux,*** (99LY00655), CCP, art. L. 3114-8, **J. 22**, **p. 434.**
DA	26/01/2021	***Cne d'Awoingt,*** (19DA00948), CCP, art. L. 2193-1, **J. 2**, **p. 271.**
NC	24/01/2008	***Cne d'Euville,*** (06NC00908), CCP, art. R. 2152-12, **J. 51**, **p. 657.**
DA	17/01/2013	***Cne d'Hazebrouck,*** (12DA00780), CCP, art. L. 2111-1, **J. 10**, **p. 141.**
NA	12/04/2000	***Cne d'Olivet,*** (97NT02217), CCP, art. L. 1111-4, **J. 18**, **p. 59** ; art. L. 1121-3, **J. 70**, **p. 94.**
MA	09/04/2009	***Cne d'Orange,*** (07MA02807), CCP, art. L. 3114-8, **J. 24**, **p. 435.**
NA	16/12/2010	***Cne d'Épron, SNC Foncier conseil, dite Nexity Foncier conseil,*** (09NT02195), **J. 5**, **p. 1812.**
DA	09/06/2015	***Cne d'Évreux,*** (13DA01518), CCP, art. R. 3122-6, **J. 5**, **p. 890.**
BX	01/06/2006	***Cne de Balma, Dpt de la Haute-Garonne,*** (02BX01545), CCP, art. R. 3125-4, **J. 2**, **p. 908.**
BX	30/06/2014	***Cne de Bascons,*** (12BX02465), CCP, art. R. 2121-7, **J. 10**, **p. 541.**
BX	06/05/2008	***Cne de Biarritz et Sté auxiliaire de parcs,*** (05BX00917 et 05BX00974), CGCT, art. L. 1411-6, **J. 3**, **p. 1651.**
MA	12/03/2007	***Cne de Bollène,*** (04MA00643), CCP, art. R. 2122-1, **J. 4**, **p. 543.**
BX	15/09/2015	***Cne de Bordeaux,*** (15BX01208 et 15BX01209), CCP, art. L. 2211-6, **J. 8**, **p. 309.**
PA	16/12/2008	***Cne de Boulogne-Billancourt,*** (07PA00954), CCP, art. L. 1111-4, **J. 24**, **p. 60** ; art. L. 1121-3, **J. 77**, **p. 94.**

PA	16/10/2007	***Cne de Bussy-Saint-Georges c/ Sté Vinci Park,*** (04PA01884), CCP, art. L. 3132-6, **J. 11**, **p. 473** ; art. L. 3136-3, **J. 14**, **p. 488.**
MA	15/02/2016	***Cne de Canet-en-Roussillon,*** (15MA02235), CCP, art. L. 2191-1, **J. 144**, **p. 234.**
NA	18/06/2004	***Cne de Carnac,*** (03NT01143), CCP, art. R. 3122-2, **J. 4**, **p. 889.**
NA	23/12/2015	***Cne de Chalette-sur-Loing,*** (13NT01322, 14NT00455, 13NT03207 et 14NT03215), CCP, art. L. 2191-1, **J. 267**, **p. 265.**
NA	11/04/2008	***Cne de Chartres,*** (07NT00336), CCP, avant art. L. 3131-1, **J. 9**, **p. 452.**
PA	14/01/2010	***Cne de Chelles et Chevalier,*** (08PA04104), C. urb., art. L. 300-4, **J. 11**, **p. 1700.**
VE	12/03/2009	***Cne de Clichy-la-Garenne,*** (07VE02221), C. urb., art. L. 300-4, **J. 12**, **p. 1701.**
NA	27/06/2003	***Cne de Contres,*** (00NT00635), CCP, art. L. 2112-5, **J. 2**, **p. 149.**
VE	04/10/2012	***Cne de Corbeil-Essonnes,*** (10VE02568), CCP, art. L. 1111-2, **J. 15**, **p. 51.**
DA	06/03/2014	***Cne de Creil,*** (13DA00173), CCP, art. R. 2132-1, **J. 4**, **p. 577.**
VE	16/06/2005	***Cne de Franconville-la-Garenne,*** (02VE03350), CCP, art. R. 2124-3, **J. 3**, **p. 564.**
DA	10/05/2016	***Cne de Grande-Synthe,*** (14DA00792), CCP, art. L. 1100-1, **J. 10**, **p. 32.**
MA	14/03/2016	***Cne de Grasse,*** (14MA01872), CCP, art. L. 3134-1, **J. 3**, **p. 479**, **J. 4**, **p. 479.**
MA	17/10/2016	***Cne de Gémenos,*** (15MA01987), CCP, art. L. 2191-1, **J. 21**, **p. 209** ; art. R. 2432-7, **J. 1**, **p. 813.**
BX	06/12/2021	***Cne de Génos,*** (19BX01202), C. énergie, art. L. 521-16, **J.**, **p. 1670.**
NA	17/05/2016	***Cne de Kervignac,*** (14NT00557), CCP, art. L. 2191-1, **J. 203**, **p. 248.**
NA	29/10/2021	***Cne de La Renaudière,*** (20NT02088), CJA, art. R. 541-6, **J. 33**, **p. 1781.**
MA	15/10/2012	***Cne de La Seyne-sur-Mer,*** (09MA01770), CCP, art. L. 2193-7, **J. 5**, **p. 275.**
VE	02/05/2007	***Cne de Mantes-la-Jolie,*** (05VE00456), CCP, art. L. 2193-13, **J. 9**, **p. 281.**
NA	07/05/1991	***Cne de Mauves-sur-Loire c/ SA Gauthier,*** (89NT00418), CCP, art. R. 2182-3, **J. 5**, **p. 708.**
LY	30/03/1993	***Cne de Miramas,*** (91LY01049), CCP, art. L. 1111-2, **J. 3**, **p. 48.**
BX	13/03/2012	***Cne de Montmorillon,*** (11BX00781), CCP, art. L. 2422-11, **J. 13**, **p. 349.**
MA	17/06/2019	***Cne de Propriano,*** (17MA02389 et 17MA02461), CCP, avant art. L. 3131-1, **J. 53**, **p. 465.**

DA	16/11/2006	***Cne de Quiévrechain,*** (05DA00341), CCP, art. R. 3124-6, **J. 30**, **p. 906.**
BX	07/05/2005	***Cne de Rivedoux-Plage,*** (13BX02005), CCP, art. L. 1112-1, **J. 11**, **p. 68.**
BX	08/10/2018	***Cne de Saint-Benoît,*** (16BX02772), CCP, art. L. 1111-4, **J. 28**, **p. 61** ; art. L. 1121-3, **J. 81**, **p. 96.**
LY	19/04/2001	***Cne de Sainte-Foy-lès-Lyon,*** (97LY00357), CCP, art. R. 3122-2, **J. 3**, **p. 889.**
MA	25/06/2007	***Cne de Sanary-sur-Mer,*** (05MA00197), CCP, art. L. 3121-2, **J. 3**, **p. 437.**
NC	01/08/2013	***Cne de Sarrebourg,*** (12NC01598), CCP, art. L. 2191-1, **J. 219**, **p. 252.**
MA	23/06/2003	***Cne de Six-Fours-Les-Plages c/ M. Arlandis,*** (99MA02109), CCP, art. L. 3114-8, **J. 28**, **p. 435.**
DA	20/06/2019	***Cne de Soissons,*** (16DA01621), CCP, art. L. 2211-6, **J. 9**, **p. 309** ; CJA, art. R. 541-6, **J. 49**, **p. 1785.**
NC	14/11/2002	***Cne de Toul,*** (97NC00976), CCP, art. L. 1121-3, **J. 45**, **p. 87.**
NC	01/10/2015	***Cne de Troyes,*** (14NC00400, 14NC00417 et 14NC00418), CCP, art. L. 3114-8, **J. 5**, **p. 432.**
NA	25/01/2017	***Cne de Vannes,*** (15NT00576), CCP, art. R. 2185-2, **J. 10**, **p. 714.**
VE	17/06/2010	***Cne de Vernouillet,*** (09VE00364), CCP, art. L. 2191-1, **J. 193**, **p. 246.**
MA	01/10/2012	***Cne de Villeneuve-de-la-Raho,*** (09MA01954), CCP, art. L. 2511-5, **J. 23**, **p. 363.**
BX	07/04/2021	***Cne de Vouneuil-sous-Biard,*** (19BX00428), CCP, art. L. 2191-1, **J. 38**, **p. 213.**
BX	30/10/2014	***Collectivité d'outre-mer de Saint-Martin,*** (14BX00572), CCP, art. R. 2181-4, **J. 16**, **p. 706.**
LY	18/06/2015	***Conseil de l'ordre des avocats au barreau de Paris,*** (14LY02786), CCP, art. R. 2123-6, **J. 31**, **p. 562.**
NA	09/11/2018	***Conseil régional de l'ordre des architectes c/ Dpt de la Loire Atlantique,*** (17NT01596), CCP, art. L. 2171-2, **J. 4**, **p. 193** ; art. L. 2431-1, **J. 5**, **p. 352.**
LY	02/01/2014	***Conseil régional de l'ordre des architectes d'Auvergne et Bouesnard,*** (12LY02827), CCP, art. L. 2211-6, **J. 7**, **p. 308.**
NA	27/09/2019	***CRAMA Bretagne Pays de Loire,*** (17NT02978), CCP, art. L. 2191-1, **J. 268**, **p. 265.**
PA	24/03/2003	***Crédit d'équipement des petites et moyennes entreprises,*** (98PA01226), CCP, art. L. 1111-3, **J. 3**, **p. 54.**
VE	01/12/2016	***Cts Ait Dahmane et SARL Le Viking,*** (15VE02822), CCP, art. L. 1100-1, **J. 11**, **p. 33** ; C. urb., art. L. 300-5, **J.**, **p. 1703.**

DA	22/11/2018	***Cté d'agglom. de Béthune-Bruay-Artois-Lys-Romane,*** (15DA01475), CCP, art. L. 2191-1, **J. 206**, **p. 249.**
BX	14/05/2009	***Cté d'agglom. du territoire de la côte ouest (TCO),*** (07BX00650), CCP, art. R. 2152-12, **J. 38**, **p. 655.**
VE	03/03/2005	***Cté d'agglomération de Cergy-Pontoise,*** (04VE00493), CCP, art. L. 3114-8, **J. 30**, **p. 435** ; art. L. 3135-1, **J. 10**, **p. 483.**
DA	17/09/2003	***Cté d'agglomération de Rouen-Elbeuf-Austreberthe,*** (12DA01100), CCP, avant art. L. 3131-1, **J. 2**, **p. 449.**
BX	10/03/2022	***Cté d'agglomération du Muretain,*** (20BX03652), CJA, art. R. 541-6, **J. 129**, **p. 1806.**
NA	27/06/2008	***Cté de cnes de la Plaine d'Argentan Nord,*** (07NT01245), CCP, art. R. 2142-22, **J. 4**, **p. 595.**
NC	05/08/2010	***Cté de cnes du pays de Lure, Sté de travaux publics et industriels,*** (09NC00016), CCP, art. R. 2144-7, **J. 8**, **p. 608** ; art. R. 2152-12, **J. 6**, **p. 646.**
NA	21/02/2014	***Cté des Cnes gennoises,*** (12NT00206), CCP, art. R. 2152-12, **J. 77**, **p. 663.**
BX	17/02/2009	***Cté intercommunale du nord de La Réunion, (CINOR),*** (08BX00018), CCP, art. R. 3123-21, **J. 2**, **p. 896.**
BX	19/03/2002	***Cté urb. de Bordeaux,*** (97BX01384), CCP, art. L. 1111-2, **J. 17**, **p. 52.**
BX	11/06/2009	***Cté urb. de Bordeaux,*** (07BX01763), CRPA, art. L. 422-2, **J. 4**, **p. 1734.**
LY	17/10/2013	***Cté urb. de Lyon,*** (12LY02126), *Partie VI, III, B, 2, C)*, **J. 14**, **p. 1842.**
NC	30/04/2009	***Cté urb. du Grand Nancy (CUGN),*** (07NC01805), CGCT, art. L. 1414-2, **J. 17**, **p. 1316.**
NC	02/08/2012	***Cté urb. du Grand Nancy,*** (11NC00584), CCP, art. L. 2191-1, **J. 13**, **p. 208** ; art. R. 2112-17, **J. 13**, **p. 534.**
MA	28/11/2012	***Côte d'Azur Habitat,*** (10MA01413), CCP, art. R. 2162-6, **J. 8**, **p. 677.**
MA	26/03/2007	***Daerden,*** (04MA00354 et 04MA00355), CGCT, art. L. 1411-6, **J. 5**, **p. 1651.**
LY	23/05/2002	***Dpt de la Haute-Savoie c/ Préfet de la Haute-Savoie,*** (96LY01979), CCP, art. R. 2151-11, **J. 1**, **p. 623.**
BX	20/10/2011	***Dpt de la Martinique c/ Sté Doham,*** (10BX01145 et 10BX01146), *Partie VI, III, B, 1*, **J. 22**, **p. 1820.**
NC	12/05/2005	***Dpt de la Moselle,*** (01NC00913), CCP, art. R. 2144-7, **J. 35**, **p. 614.**
LY	*22/05/1997*	***Dpt de Saône-et-Loire,*** (96LY02600), CCP, art. L. 1111-4, **J. 16**, **p. 59** ; art. L. 1121-3, **J. 68**, **p. 93.**
LY	01/07/2021	***Dpt de Saône-et-Loire,*** (20LY02786), CCP, art. L. 2422-11, **J. 23**, **p. 350.**

BX	15/11/2016	***Dpt des Pyrénées-Atlantiques c/ Sté nouvelle Paybou,*** (15BX00190), CCP, art. R. 2151-11, **J. 13**, **p. 625.**
NC	24/03/2015	***Dpt du Bas-Rhin,*** (13NC00961), CCP, art. L. 2191-1, **J. 60**, **p. 218.**
LY	20/11/2003	***Dpt du Rhône,*** (98LY00752), CGCT, art. L. 1414-2, **J. 9**, **p. 1315.**
LY	07/04/2011	***Dpt du Rhône,*** (09LY02983), CCP, art. L. 2111-1, **J. 8**, **p. 140** ; art. R. 2162-6, **J. 10**, **p. 677.**
MA	05/03/2001	***Dpt du Var,*** (99MA01751), CCP, art. L. 1111-4, **J. 19**, **p. 59** ; art. L. 1121-3, **J. 72**, **p. 94.**
BX	05/12/2006	***Dumoulin de Laplante,*** (03BX00118), CGCT, art. L. 1414-2, **J. 4**, **p. 1315.**
LY	06/06/2013	***EHPAD d'Effiat,*** (12LY01935), CCP, art. L. 2193-13, **J. 15**, **p. 283.**
MA	07/04/2008	***Entreprise Jean Spada,*** (05MA03055), CCP, art. L. 2191-1, **J. 125**, **p. 230.**
PA	04/05/2015	***Entreprise Roussière,*** (14PA01918), CCP, art. L. 2191-1, **J. 72**, **p. 220.**
BX	06/12/2011	***Ét. d'hébergement de personnes âgées La Chapelaude,*** (10BX02876), CJA, art. R. 541-6, **J. 48**, **p. 1785.**
NC	18/06/2009	***EURL Santini Ingéniérie,*** (07NC00629), CCP, art. R. 2162-19, **J. 4**, **p. 683.**
NC	06/04/2006	***EURL Saut du Doubs et SA Promotrain,*** (01NC00887), CCP, art. L. 1100-1, **J. 26**, **p. 37** ; art. L. 1121-3, **J. 94**, **p. 101.**
BX	26/06/2014	***Féd. CINOV,*** (13BX00422), CCP, art. L. 2431-1, **J. 6**, **p. 353.**
MA	01/03/2004	***GAEC « L'Aurier »,*** (99MA02079), CCP, art. L. 1100-1, **J. 8**, **p. 32.**
BX	26/03/2013	***Garde des Sceaux, min. de la Justice,*** (11BX01637), CJA, art. R. 541-6, **J. 24**, **p. 1779.**
NC	30/01/2012	***Gilles B,*** (10NC00786), CCP, art. L. 2191-1, **J. 223**, **p. 254.**
PA	18/11/2016	***GIP RESAH-IDF,*** (16PA02766), CCP, art. L. 2113-5, **J. 1**, **p. 150.**
BX	26/10/2010	***Groupama Centre Atlantique assurance,*** (09BX00397), CJA, art. R. 541-6, **J. 47**, **p. 1785.**
BX	18/03/2014	***Groupe d'architecture Ellipse,*** (11BX03387), CCP, art. L. 2113-8, **J. 7**, **p. 161** ; art. R. 2162-18, **J. 1**, **p. 682.**
LY	28/05/2009	***Groupement d'entreprises Py-Gardiol-Richard,*** (06LY01268), CCP, art. L. 2194-1, **J. 19**, **p. 288.**
VE	28/09/2017	***Institut français de gestion,*** (16VE02808), CJA, art. R. 541-6, **J. 37**, **p. 1783.**
NC	22/03/2010	***Jean-Michel Jacquier,*** (08NC00621), CCP, art. L. 2191-1, **J. 193**, **p. 246.**
LY	05/11/2009	***Kalisz et a.,*** (07LY00276), CCP, art. L. 2191-1, **J. 231**, **p. 256** ; art. R. 2142-20, **J. 3**, **p. 593.**

LY	27/12/2007	***Lagarde et Meregnani,*** (03LY01017), CJA, art. L. 311-6, **J. 2**, **p. 1750**, **J. 9**, **p. 1752.**
PA	12/05/2022	***Les nouvelles éd. de l'université,*** (21PA03760), CCP, art. L. 2113-5, **J. 4**, **p. 152.**
PA	21/10/2014	***Logicial OPH,*** (13PA01615), CCP, art. R. 2191-35, **J. 6**, **p. 721.**
DA	19/06/2012	***M. B et M. C,*** (10DA01598), CCP, art. R. 2162-18, **J. 3**, **p. 682.**
LY	18/04/2013	***M. B.,*** (12LY01547), CCP, art. L. 1111-4, **J. 26**, **p. 61** ; art. L. 1121-3, **J. 46**, **p. 87**, **J. 79**, **p. 96.**
BX	01/03/2005	***M. Carrière et M. Molinier,*** (01BX00788), CCP, art. L. 1111-2, **J. 16**, **p. 51.**
VE	30/11/2017	***M. Claude Gazal,*** (15VE03750), CCP, art. L. 2191-1, **J. 210**, **p. 250.**
NA	19/12/2007	***M. et Mme Josse et Cne de Chavagne,*** (06NT01078), CCP, art. L. 1111-2, **J. 25**, **p. 53** ; C. urb., art. L. 300-4, **J. 12**, **p. 1701.**
VE	03/05/2012	***M. Jean,*** (09VE01661), CCP, art. L. 2191-1, **J. 113**, **p. 228.**
VE	08/07/2021	***M. Jean-Jacques Lyon-Caen, M. Dominique Girard,*** (18VE01576), CCP, art. L. 2195-1, **J. 2**, **p. 289.**
BX	03/03/2009	***M. Jean-Marc Capdeboscq,*** (07BX02078), CCP, art. L. 3114-8, **J. 13**, **p. 433** ; art. R. 3123-21, **J. 6**, **p. 897** ; art. R. 3124-6, **J. 34**, **p. 907.**
LY	07/01/2010	***M. Marguerit, L'atelier des paysages,*** (08LY00390), CCP, art. L. 2191-1, **J. 57**, **p. 217.**
NC	12/05/2014	***M. Mietkiewicz et a.,*** (13NC01303), CCP, art. L. 3132-6, **J. 9**, **p. 472.**
MA	12/11/2018	***M. Revol,*** (17MA02568), *Partie VI, III, B, 2, A)*, **J. 4**, **p. 1828.**
NA	08/02/2017	***Min. de l'Agriculture, de l'Agroalimentaire et de la Forêt,*** (15NT01019), CCP, art. L. 2191-1, **J. 143**, **p. 234.**
NC	27/05/2013	***Min. de la Culture et de la Communication,*** (12NC01396), CCP, art. R. 2112-1, **J. 4**, **p. 527** ; art. R. 2112-2, **J. 4**, **p. 527.**
NA	01/07/2011	***Min. de la Défense,*** (10NT00987), CCP, art. R. 2131-17, **J. 6**, **p. 572.**
BX	03/01/2017	***Min. de la Justice,*** (14BX02740), CCP, art. L. 2191-1, **J. 224**, **p. 254.**
VE	16/12/2021	***Min. de la transition écologique et solidaire c/ Sté Axxès,*** (18VE03215), CCP, art. L. 2235-3, **J. 3**, **p. 327.**
BX	23/11/2010	***Office du tourisme de Pau,*** (09BX2947), CCP, avant art. L. 3131-1, **J. 33**, **p. 460.**
PA	27/03/2012	***OPAC du dpt du Rhône,*** (09PA05349), CCP, art. R. 2131-17, **J. 30**, **p. 575.**
DA	28/02/2008	***OPHLM de Calais,*** (07DA00334), CCP, art. L. 2191-1, **J. 70**, **p. 220.**
NA	10/05/2013	***P. Gauthier,*** (11NT02920), CCP, avant art. L. 3131-1, **J. 6**, **p. 451.**
LY	29/09/2006	***Préfet de l'Ain,*** (00LY02073), CCP, art. R. 2144-7, **J. 9**, **p. 608** ; art. R. 2152-12, **J. 9**, **p. 646.**

VE	22/02/2007	***Préfet de l'Essonne,*** (05VE01994), CCP, art. L. 2113-11, **J. 24**, **p. 167**, **J. 26**, **p. 167** ; art. R. 2113-1, **J.**, **p. 537.**
LY	15/05/2014	***Préfet de la Côte-d'Or,*** (13LY01309), CCP, art. R. 2121-7, **J. 8**, **p. 541** ; art. R. 2123-6, **J. 21**, **p. 560.**
BX	27/04/2004	***Préfet de la Guyane,*** (00BX01919), CCP, art. R. 2161-3, **J. 2**, **p. 666** ; art. R. 2161-6, **J. 2**, **p. 669.**
PA	25/07/1997	***Préfet de La Réunion c/ Cne du Port,*** (96PA01815), CCP, art. L. 2113-11, **J. 22**, **p. 167** ; art. R. 2151-6, **J. 11**, **p. 622** ; avant art. R. 2152-6, **J. 15**, **p. 638.**
BX	10/12/2002	***Préfet de La Réunion,*** (99BX00120), CCP, art. R. 2121-7, **J. 7**, **p. 541.**
MA	09/06/2016	***Préfet des Alpes de Haute-Provence,*** (15MA04083 et 15MA04084), CCP, art. L. 3132-6, **J. 18**, **p. 475.**
MA	21/10/2003	***Préfet des Pyrénées-Orientales c/ Cne de La Llagonne,*** (00MA00574), CCP, art. R. 3122-2, **J. 3**, **p. 889.**
PA	10/02/2004	***Préfet des Yvelines,*** (99PA01947), CCP, avant art. R. 2152-6, **J. 27**, **p. 641.**
NA	31/07/2003	***Préfet du Cher,*** (00NT01254), CCP, art. L. 1111-4, **J. 22**, **p. 60** ; art. L. 1121-3, **J. 75**, **p. 94.**
NC	10/12/2015	***Préfet du Doubs c/ SIVU MARPA du Val de Loue et a.,*** (14NC02216), CCP, art. L. 2113-11, **J. 6**, **p. 164.**
DA	19/06/2012	***Préfet du Nord,*** (11DA01071), CCP, art. L. 2194-1, **J. 12**, **p. 287.**
LY	04/12/2003	***Région Bourgogne,*** (99LY02358), CCP, art. L. 1111-1, **J. 16**, **p. 44** ; art. L. 2111-1, **J. 14**, **p. 141.**
BX	21/06/2011	***Région Limousin,*** (10BX01717), CCP, art. L. 1100-1, **J. 6**, **p. 31.**
DA	29/11/2011	***Région Nord-Pas-de-Calais,*** (10DA01501), CCP, art. L. 2112-2, **J. 10**, **p. 147** ; art. R. 2152-12, **J. 15**, **p. 648.**
BX	12/10/2020	***Région Occitanie,*** (18BX02136), CCP, art. L. 2191-1, **J. 188**, **p. 244.**
PA	04/05/2010	***Région Île-de-France c/ Sté Opérationnelle Communication,*** (08PA04899), CCP, art. R. 2185-2, **J. 5**, **p. 713.**
LY	20/05/1999	***SA Comalait Industries,*** (95LY00795), CCP, art. L. 3114-6, **J. 5**, **p. 425.**
LY	22/11/2001	***SA d'économie mixte d'aménagement des territoires de l'Isère,*** (97LY02018), CCP, art. L. 2422-11, **J. 19**, **p. 349.**
BX	15/07/2010	***SA Foraco,*** (09BX00323), CCP, art. L. 2191-1, **J. 106**, **p. 226.**
DA	29/05/2012	***SA King consult,*** (10DA01035), CJA, art. R. 541-6, **J. 73**, **p. 1792.**
NC	09/06/2016	***SA Marwo,*** (15NC01477), CCP, art. L. 2191-1, **J. 63**, **p. 219.**
LY	18/02/2010	***SA Planche,*** (07LY01299), CCP, art. L. 2191-1, **J. 16**, **p. 208**, **J. 37**, **p. 213** ; art. R. 2112-17, **J. 16**, **p. 535** ; art. R. 2191-35, **J. 4**, **p. 721.**
DA	31/10/2002	***SA Quille,*** (99DA01074), CCP, art. R. 2122-3, **J. 9**, **p. 545.**

LY	09/07/2008	***SA Scarpari,*** (05LY000203), CCP, art. L. 2191-1, **J. 64**, **p. 219.**
BX	15/12/1997	***SA Thermotique c/ Ville de Nice,*** (94BX01637), CCP, art. L. 2193-3, **J. 2**, **p. 274**, **J. 3**, **p. 274.**
LY	03/02/2011	***SA Thérond construction, SARL Farigoule,*** (05LY01803), CCP, art. L. 2191-1, **J. 14**, **p. 208** ; art. R. 2112-17, **J. 17**, **p. 535.**
PA	02/07/2010	***SAGI c/ CH Sainte-Anne,*** (07PA02268), CCP, art. L. 1111-4, **J. 25**, **p. 60** ; art. L. 1121-3, **J. 78**, **p. 95.**
LY	05/12/2013	***SARL 2C Associés,*** (13LY00322), CCP, art. L. 1111-4, **J. 27**, **p. 61** ; art. L. 1121-3, **J. 80**, **p. 96.**
NC	30/06/2016	***SARL AC2D,*** (15NC01096), CCP, art. L. 2193-7, **J. 19**, **p. 276.**
NA	10/01/2017	***SARL Aclimat c/ Cne de La Bohalle,*** (16NT01287), CCP, art. R. 2152-12, **J. 64**, **p. 660.**
BX	27/10/2011	***SARL Arts et Bâtiment,*** (10BX00835), CCP, art. R. 2152-12, **J. 35**, **p. 654.**
PA	13/06/2006	***SARL Ascenseurs Sud,*** (03PA04079), CCP, art. L. 2193-7, **J. 6**, **p. 275.**
LY	24/06/2010	***SARL BVPI,*** (08LY02068), CCP, art. L. 2191-1, **J. 65**, **p. 219.**
LY	07/01/2010	***SARL Chantelauze et Cté de cnes du Pays d'Arlanc,*** (08LY00248), *Partie VI, III, B, 2, C)*, **J. 11**, **p. 1841.**
LY	08/01/2015	***SARL Chevillard et Fils,*** (14LY00293), CCP, art. L. 2191-1, **J. 35**, **p. 212.**
PA	11/10/1994	***SARL Editor Tennog c/ Cne de Houilles,*** (93PA01072), CCP, art. L. 1111-1, **J. 24**, **p. 45.**
PA	05/02/2019	***SARL EMJ,*** (17PA00943), CCP, art. L. 2191-1, **J. 100**, **p. 225.**
PA	24/10/2019	***SARL Espace Lagon,*** (17PA21304), CCP, art. L. 1111-1, **J. 15**, **p. 44.**
NC	26/02/2019	***SARL Granimond,*** (18NC00051), CCP, art. R. 2123-6, **J. 17**, **p. 558** ; art. R. 2151-1, **J. 3**, **p. 618.**
LY	29/01/2008	***SARL Humbert,*** (04LY01653), CCP, art. L. 2191-1, **J. 34**, **p. 212.**
NA	02/02/2015	***SARL Les Farfadets,*** (13NT02139), C. urb., art. R.* 300-13, **J.**, **p. 1706.**
BX	27/10/2018	***SARL Michel Corbin,*** (16BX01761), *Partie VI, III, B, 2, A)*, **J. 23**, **p. 1832.**
NC	14/06/2007	***SARL Quaternaire,*** (06NC00853), CCP, art. L. 2191-1, **J. 265**, **p. 263.**
MA	19/02/2007	***SARL Sata Handling,*** (04MA00915), CCP, art. L. 1100-1, **J. 27**, **p. 37** ; art. L. 1121-3, **J. 95**, **p. 101.**
MA	09/11/2015	***SARL SDR,*** (14MA04005), CJA, art. R. 541-6, **J. 84**, **p. 1795.**
DA	29/09/2016	***SARL Solomat Sport service,*** (14DA01949), *Partie VI, III, B, 2, C)*, **J. 3**, **p. 1839.**

LY	16/05/2013	***SARL Trindade,*** (12LY01409), CCP, art. R. 2112-17, **J. 24**, **p. 536.**
BX	21/10/2004	***SARL Virtual Media Graphic,*** (00BX01016), CCP, art. L. 6, **J. 15**, **p. 23.**
LY	27/09/2012	***SAS Bati,*** (11LY01810), CCP, art. L. 2191-1, **J. 72**, **p. 220.**
NC	17/10/2019	***SAS Diebec Obs,*** (17NC02898), CCP, art. L. 2191-1, **J. 32**, **p. 212.**
DA	17/06/2008	***SAS Eiffage TP et a.,*** (06DA00881), CCP, art. L. 2191-1, **J. 98**, **p. 225.**
LY	11/10/2012	***SAS Faurie,*** (11LY01982), CCP, art. R. 2151-11, **J. 6**, **p. 624.**
BX	31/10/2013	***SAS JBI,*** (12BX00098), CCP, art. L. 2193-13, **J. 6**, **p. 281.**
NA	02/03/2012	***SAS Les Champs Jouault,*** (10NT01979), CCP, art. L. 2113-8, **J. 5**, **p. 161.**
DA	30/11/2021	***SAS Preventec,*** (19DA00347 et 19DA00405), CCP, art. L. 2191-1, **J. 230**, **p. 255.**
DA	01/12/2016	***SAS Segex,*** (14DA01892), CCP, art. R. 2142-26, **J. 3**, **p. 598.**
BX	15/11/1999	***Savary et Tesseire,*** (97BX02131), CCP, art. L. 1111-4, **J. 17**, **p. 59** ; art. L. 1121-3, **J. 69**, **p. 93.**
NA	26/06/2003	***SDIS du Calvados,*** (02NT00006), CCP, art. R. 2161-5, **J. 6**, **p. 668.**
NA	01/12/2015	***SELARL Cabinet Henri Abecassis,*** (13NT03406), CJA, art. R. 541-6, **J. 35**, **p. 1782.**
LY	30/08/2018	***SELARL EMJ,*** (16LY03025), CCP, art. L. 2193-13, **J. 13**, **p. 282.**
NC	12/11/2009	***SELARL Gangloff et Nardi,*** (08NC00845), CCP, art. L. 2191-1, **J. 46**, **p. 215**, **J. 57**, **p. 217** ; art. L. 2194-1, **J. 18**, **p. 288.**
DA	28/05/2015	***SELARL Nord Biologie,*** (13DA01259), CCP, art. R. 2144-7, **J. 13**, **p. 609** ; art. R. 2152-12, **J. 13**, **p. 647** ; art. R. 2185-2, **J. 8**, **p. 714.**
NA	12/04/2013	***SELARL Radiodiagnostic du Giennois,*** (11NT03011), CCP, art. L. 1, **J. 3**, **p. 11** ; art. L. 1220-1, **J. 8**, **p. 116.**
DA	04/02/2016	***SEM Séquano Aménagement et cté d'agglomération creilloise,*** (15DA01296), C. urb., art. L. 300-4, **J. 8**, **p. 1699.**
LY	08/06/2017	***SEMERAP,*** (17LY00318), *Partie VI, III, B, 2, A)*, **J. 20**, **p. 1831.**
BX	02/03/2010	***Sery et Defos du Rau,*** (08BX02316), CCP, art. L. 2191-1, **J. 204**, **p. 248.**
BX	17/11/2009	***SITCOM nord,*** (08BX01571), CCP, art. R. 2152-4, **J. 10**, **p. 632.**
BX	13/10/2009	***SMICOTOM,*** (08BX01805), CCP, art. L. 2191-1, **J. 58**, **p. 218.**
BX	09/11/2004	***Sodegis c/ Cne de Cilaos,*** (01BX00381), C. urb., art. L. 300-4, **J. 10**, **p. 1700.**
MA	10/06/2015	***Sophia Antipolis,*** (13MA03349), CCP, art. L. 2191-1, **J. 265**, **p. 263.**
BX	18/07/2016	***SPL Pompes funèbres publiques des communes associées – Aunis,*** (15BX00314), CCP, art. L. 3211-9, **J. 2**, **p. 494.**

LY	07/01/2010	***Sté Brace Ingénierie c/ Min. de la Justice et des Libertés,*** (08LY00326), CRPA, art. D. 423-7, **J. 4**, **p. 1736.**
VE	24/05/2017	***Sté Bravo Martin,*** (14VE00724), CCP, art. L. 2191-1, **J. 186**, **p. 243.**
LY	04/07/2013	***Sté BRB Construction,*** (12LY02398), CCP, art. L. 2195-1, **J. 7**, **p. 291** ; art. L. 2195-3, **J. 21**, **p. 297.**
LY	21/05/2015	***Sté Broche et Fils et Sté SDAV,*** (14LY01566), CCP, art. L. 1112-1, **J. 12**, **p. 69** ; art. L. 1121-2, **J. 10**, **p. 74.**
DA	30/11/2021	***Sté Bérobe,*** (19DA02741), *Partie VI, III, B, 2, A)*, **J. 5**, **p. 1828.**
MA	24/02/2014	***Sté Casino de Lamalou-les-Bains c/ Cne de Lamalou-les-Bains,*** (12MA00109), CCP, art. L. 6, **J. 48**, **p. 29** ; avant art. L. 3131-1, **J. 44**, **p. 463.**
LY	11/02/2016	***Sté Castel et Fromaget,*** (14LY02988), CCP, art. L. 2191-1, **J. 25**, **p. 211** ; art. R. 2112-17, **J. 14**, **p. 534.**
MA	09/05/2016	***Sté Cathédrale d'images,*** (15MA01074), CCP, art. L. 1121-3, **J. 54**, **p. 89.**
NC	27/12/2016	***Sté CCR Schmitt,*** (16NC00002), CCP, art. R. 2162-14, **J.**, **p. 681.**
NA	31/10/2014	***Sté CEP-A Port Guillaume,*** (13NT00699), CCP, art. L. 3134-1, **J. 6**, **p. 480** ; art. L. 3136-3, **J. 8**, **p. 487**, **J. 9**, **p. 487.**
NA	02/11/2016	***Sté cinématographique luçonnaise,*** (15NT00746), CJA, art. R. 541-6, **J. 46**, **p. 1784.**
PA	30/06/2017	***Sté Citelum,*** (15PA00443 et 15PA00445), CCP, art. L. 2111-1, **J. 16**, **p. 142** ; art. L. 2113-11, **J. 7**, **p. 164** ; art. R. 2161-24, **J. 2**, **p. 672.**
PA	22/09/2014	***Sté Climairtec,*** (13PA02238), CCP, art. L. 2191-1, **J. 186**, **p. 243.**
LY	27/12/2007	***Sté Copibat,*** (03LY01501), CCP, art. L. 2191-1, **J. 58**, **p. 218**, **J. 130**, **p. 232.**
MA	06/04/2016	***Sté Corsica Ferries,*** (12MA02987), CCP, art. L. 3114-6, **J. 10**, **p. 428.**
LY	22/03/2012	***Sté CTR,*** (11LY01404), CCP, art. L. 1111-1, **J. 28**, **p. 46** ; art. R. 2123-6, **J. 23**, **p. 561** ; CJA, art. R. 541-6, **J. 34**, **p. 1782.**
DA	29/09/2016	***Sté Dekra Industrial,*** (15DA00060), CCP, art. L. 2191-1, **J. 212**, **p. 251.**
PA	19/01/2015	***Sté Demathieu Bard Construction SAS,*** (13PA04344), C. urb., art. L. 300-4, **J. 3**, **p. 1698.**
BX	04/10/2007	***Sté des grands travaux du Bassin Aquitaine,*** (04BX01178), CCP, art. L. 2191-1, **J. 39**, **p. 213**, **J. 58**, **p. 218.**
LY	28/02/2013	***Sté des remontées mécaniques Les Houches-Saint-Gervais,*** (12LY01332), CCP, art. L. 3132-6, **J. 13**, **p. 474** ; CRPA, art. D. 423-7, **J. 12**, **p. 1738.**
PA	21/12/2018	***Sté EEC,*** (18PA01480), CCP, art. L. 3, **J. 4**, **p. 16.**
VE	12/06/2014	***Sté EGS,*** (13VE00527), CCP, art. L. 1121-3, **J. 35**, **p. 84.**

BX	20/10/2011	***Sté Eiffage Construction Centre,*** (09BX02971), CCP, art. L. 2191-1, **J. 177**, **p. 241.**
LY	31/01/2008	***Sté Eiffage Construction,*** (02LY00706), CCP, art. R. 2192-36, **J. 6**, **p. 737.**
VE	10/05/2021	***Sté Eiffage construction,*** (18VE04196), CCP, art. L. 2191-1, **J. 171**, **p. 240.**
LY	17/10/2013	***Sté Entreprise Antonangeli SA,*** (12LY01393), CCP, art. L. 2195-3, **J. 10**, **p. 295.**
BX	01/12/2016	***Sté Entreprise du bâtiment Dus,*** (14BX01718), CCP, art. R. 2144-7, **J. 30**, **p. 613.**
BX	05/05/2009	***Sté Euro constructions industries outre-mer (ECIOM),*** (07BX00083), CCP, art. L. 2197-3, **J. 3**, **p. 302.**
NA	09/05/2014	***Sté Euro-Technologie, Sté Sifco-Chaudronnerie industrielle,*** (13NT02179 et 13NT02223), CCP, art. L. 2191-1, **J. 216**, **p. 251.**
MA	11/01/2021	***Sté Eveha,*** (19MA00013), *Partie VI, III, B, 2, A)*, **J. 26**, **p. 1833.**
LY	03/10/2013	***Sté Faure Vercors,*** (12LY02248), CCP, art. R. 2152-12, **J. 21**, **p. 650.**
BX	20/06/2013	***Sté FD2F c/ Cne de Case-Pilote,*** (11BX02368), CJA, art. R. 541-6, **J. 50**, **p. 1786.**
LY	07/10/2010	***Sté Fondasol,*** (07LY01210), CCP, art. L. 2191-1, **J. 209**, **p. 250.**
LY	20/10/2016	***Sté française du tunnel routier du Fréjus,*** (14LY01618), CCP, art. L. 2191-1, **J. 158**, **p. 238.**
BX	03/05/2011	***Sté Gagne,*** (10BX01996), CCP, art. L. 2191-1, **J. 5**, **p. 206**, **J. 48**, **p. 216** ; art. R. 2112-17, **J. 2**, **p. 532.**
PA	02/10/2007	***Sté GAR,*** (06PA02495), CCP, art. R. 2144-7, **J. 37**, **p. 614.**
DA	23/12/2011	***Sté GDF Suez Énergie Services,*** (10DA00763), CJA, art. R. 541-6, **J. 93**, **p. 1797.**
BX	24/03/2009	***Sté Groupe Partouche, Assoc. « Casino à Toulouse non merci » et a. et Sté Omnium Casinos,*** (06BX01853), CGCT, art. L. 1414-2, **J. 16**, **p. 1316.**
BX	03/11/2014	***Sté Groupama d'Oc,*** (12BX03060), CCP, art. L. 2191-1, **J. 236**, **p. 257.**
MA	17/05/2010	***Sté GTM génie civil et services et Sté Campenon Bernard Sud-Est,*** (08MA00548), CCP, art. L. 2191-1, **J. 107**, **p. 226.**
LY	26/11/2009	***Sté Guintoli,*** (07LY01987), CCP, art. L. 2191-1, **J. 57**, **p. 217**, **J. 123**, **p. 230** ; art. L. 2194-1, **J. 14**, **p. 287.**
BX	24/05/2016	***Sté Guyane Bâtiment Général,*** (14BX01575), CJA, art. R. 541-6, ***J. 83**, **p. 1794.***
NA	20/12/2013	***Sté Géode Environnement c/ Cté de cnes de la Presqu'île de Rhuys,*** (11NT02546), *Partie VI, III, B, 2, C)*, **J. 13**, **p. 1841.**
BX	30/07/2010	***Sté HP 84,*** (07BX02671), CCP, art. L. 2191-1, **J. 187**, **p. 244.**

DA	16/11/2012	***Sté Hydra LS,*** (11DA01162), CCP, art. R. 2152-12, **J. 60**, **p. 659.**
DA	29/11/2018	***Sté Hydra LS,*** (16DA02262), *Partie VI, III, B, 2, C)*, **J. 23**, **p. 1844.**
NC	05/07/2006	***Sté Hygie-Serv,*** (15NC00330), CCP, art. R. 2144-7, **J. 33**, **p. 613.**
BX	19/02/2008	***Sté Icade G 3A,*** (05BX00722), CCP, art. L. 2422-11, **J. 12**, **p. 348.**
NA	29/12/2000	***Sté Idex,*** (93NT00403), CCP, art. L. 3136-3, **J. 19**, **p. 489.**
BX	14/02/2013	***Sté Index Éducation,*** (11BX01785), CCP, art. R. 2111-17, **J. 10**, **p. 524.**
MA	01/02/2021	***Sté Indigo infra CGST,*** (12MA02902), CJA, art. R. 541-6, **J. 60**, **p. 1789.**
PA	05/02/2019	***Sté ITAC,*** (17PA03752), CCP, art. L. 2132-1, **J. 1**, **p. 174.**
PA	02/05/2007	***Sté italienne ENEL SPA,*** (04PA02524), CCP, art. R. 2143-16, **J.**, **p. 605.**
MA	12/12/2016	***Sté James Ébénisterie,*** (15MA02783), CCP, art. L. 2191-1, **J. 187**, **p. 244.**
PA	17/04/2007	***Sté Keolis,*** (06PA02278), CCP, art. L. 3135-1, **J. 8**, **p. 483.**
NC	30/05/2010	***Sté LEG,*** (09NC01063), CCP, art. L. 2191-1, **J. 107**, **p. 226.**
NA	07/03/2014	***Sté LGI Industrie,*** (12NT00798), CCP, art. L. 2191-1, **J. 13**, **p. 208** ; art. R. 2112-17, **J. 13**, **p. 534.**
NA	06/10/2017	***Sté Lytec,*** (15NT03533), CCP, art. R. 2152-4, **J. 15**, **p. 633.**
LY	07/04/2011	***Sté Maia Sonnier et Sté De Fillipis,*** (09LY02753), CCP, art. L. 2191-1, **J. 120**, **p. 229.**
LY	07/10/2021	***Sté Majolane de construction,*** (21LY00022), CJA, art. R. 541-6, **J. 5**, **p. 1774.**
LY	12/06/2014	***Sté Malataverne Services Environnement,*** (12LY23628), CCP, art. L. 2191-1, **J. 242**, **p. 259.**
LY	04/04/2013	***Sté montluçonnaise de travaux publics et bâtiments,*** (12LY02973), *Partie VI, III, B, 1*, **J. 17**, **p. 1815.**
DA	22/01/2015	***Sté Mutuelle d'assurance des collectivités locales (SMACL) Assurance,*** (13DA01179), CCP, art. L. 2191-1, **J. 265**, **p. 263.**
PA	02/07/2010	***Sté Mutuelle d'assurances du bâtiment et des travaux publics (SMABTP),*** (08PA02167), CCP, art. L. 2422-11, **J. 8**, **p. 348.**
LY	18/09/2014	***Sté Nailler,*** (13LY01725), CCP, art. L. 2191-1, **J. 128**, **p. 231.**
DA	06/10/2016	***Sté NC Déménagement,*** (14DA00714), CCP, art. L. 2113-11, **J. 15**, **p. 166.**
BX	04/03/2010	***Sté Nicollin SAS,*** (08BX02366), CCP, art. R. 2124-3, **J. 5**, **p. 565** ; art. R. 2151-1, **J. 2**, **p. 618** ; art. R. 2151-6, **J. 4**, **p. 620** ; art. R. 2161-15, **J. 2**, **p. 670.**
BX	03/11/2015	***Sté négoce matériaux constructions,*** (13BX03047), CCP, art. R. 2191-62, **J. 6**, **p. 729.**

BX	09/07/2001	***Sté Onet car,*** (97BX01801), CCP, art. L. 1111-4, **J. 21**, **p. 60** ; art. L. 1121-3, **J. 74**, **p. 94.**
PA	08/02/2017	***Sté Opalys,*** (15PA04410), CCP, avant art. L. 3131-1, **J. 7**, **p. 451.**
BX	12/07/2012	***Sté Optima,*** (11BX01620), CCP, art. L. 2113-8, **J. 6**, **p. 161.**
MA	03/10/2016	***Sté Ordiges France,*** (15MA02425), CCP, art. L. 2194-1, **J. 15**, **p. 287.**
PA	22/01/2021	***Sté Orfa acoustique,*** (18PA03106), CCP, art. R. 2152-4, **J. 20**, **p. 634.**
BX	29/09/2009	***Sté Paralu,*** (07BX02655), CCP, art. L. 2197-3, **J. 6**, **p. 302.**
LY	15/11/2012	***Sté Paralu,*** (11LY02971), CCP, art. L. 2191-1, **J. 227**, **p. 255.**
VE	12/06/2014	***Sté Paysages Clément,*** (12VE01120), CJA, art. R. 541-6, **J. 42**, **p. 1783.**
LY	06/06/2013	***Sté Peduzzi bâtiment c/ Synd. des eaux de Ruffey-lès-Echirey,*** (12LY01822), CCP, art. R. 2185-2, **J. 7**, **p. 714.**
BX	17/07/2017	***Sté Philippe Vediaud Publicité,*** (16BX03518), CJA, art. R. 541-6, **J. 31**, **p. 1781.**
BX	16/12/2016	***Sté Pénicaud,*** (14BX03280), CCP, art. L. 2191-1, **J. 186**, **p. 243.**
LY	11/05/2006	***Sté Qualia,*** (01LY00279), CCP, art. L. 2193-1, **J. 2**, **p. 271** ; art. L. 2193-7, **J. 11**, **p. 276.**
VE	21/01/2010	***Sté Reithler,*** (08VE01018), CCP, art. L. 2191-1, **J. 85**, **p. 223.**
PA	08/02/2016	***Sté RJ45,*** (15PA02953), CCP, art. R. 2152-12, **J. 73**, **p. 662.**
NA	12/01/2016	***Sté RLS Delta Neu,*** (14NT00670), CCP, art. L. 1111-5, **J. 6**, **p. 64.**
VE	04/03/2021	***Sté Robin Marieton,*** (18VE04041), CCP, art. R. 2162-6, **J. 17**, **p. 679.**
LY	09/01/2014	***Sté Ronzat et compagnie,*** (12LY02905), CCP, art. R. 2191-36, **J. 3**, **p. 722.**
LY	28/06/2012	***Sté RSA Cosmos,*** (11LY00487), *Partie VI, III, B, 2, C)*, **J. 12**, **p. 1841.**
LY	27/05/2010	***Sté Rte EDF transport,*** (08LY00138), CCP, art. L. 2191-1, **J. 211**, **p. 250.**
DA	22/09/2015	***Sté Sagena,*** (14DA01047), CCP, art. L. 2191-1, **J. 236**, **p. 257.**
NA	01/07/2011	***Sté Saur et a.,*** (10NT02576, 10NT02577 et 11NT00064), *Partie VI, III, B, 1*, **J. 8**, **p. 1813.**
BX	15/12/2021	***Sté Savima,*** (20BX00800), CCP, art. R. 2191-11, **J. 3**, **p. 717.**
NA	02/02/2016	***Sté Savoir Bien Satisfaire,*** (14NT01374), CCP, art. R. 2185-2, **J. 9**, **p. 714.**
NC	25/06/2015	***Sté Schiocchet Excursions,*** (13NC02288), CCP, art. R. 2144-7, **J. 42**, **p. 615.**

LY	31/01/2008	***Sté Vaucluse Provence,*** (03LY01168), CCP, art. R. 2191-36, **J. 13**, **p. 723.**
LY	03/11/2011	***Sté Veolia Propreté,*** (10LY00536), CCP, art. L. 3114-8, **J. 10**, **p. 433** ; art. R. 3124-6, **J. 20**, **p. 904.**
VE	12/06/2007	***Sté Via TP,*** (05VE01962), CCP, art. L. 2191-1, **J. 8**, **p. 207** ; art. R. 2112-17, **J. 8**, **p. 533.**
NC	20/12/2007	***Sté Vivendi Universal,*** (05NC00897), CCP, art. L. 3114-1, **J. 20**, **p. 421.**
NC	17/01/2013	***Sté Vivendi,*** (11NC00809), CCP, art. L. 3114-8, **J. 3**, **p. 431.**
DA	23/12/2011	***Sté Véolia Eau,*** (11DA00002), CCP, art. L. 2191-1, **J. 154**, **p. 236.**
MA	15/11/2001	***Sté « Méditerranée Plaisance »,*** (98MA00814), CCP, art. R. 3125-4, **J. 2**, **p. 908.**
DA	20/01/2015	***Stés Hitachi Zosen Inova Ag et Inova SAS,*** (13DA01246), CCP, art. L. 2191-1, **J. 222**, **p. 253.**
PA	04/10/2013	***SVIED,*** (10PA01260), CCP, art. L. 2191-1, **J. 39**, **p. 213.**
LY	08/04/2008	***Synd. des transports pour le Rhône et l'agglomération lyonnaise (SYTRAL),*** (02LY02062), CCP, art. L. 2193-13, **J. 15**, **p. 283.**
LY	09/04/2009	***Synd. du Bois de l'Aumône,*** (06LY01217), CCP, art. L. 6, **J. 5**, **p. 21** ; art. L. 2195-3, **J. 26**, **p. 298.**
BX	22/05/2007	***Synd. industriel des carriers de La Réunion,*** (05BX01003), CCP, art. L. 1100-1, **J. 9**, **p. 32.**
BX	01/03/2016	***Synd. intercommunal d'alimentation en eau potable de la région d'Ahun c/ Sté Travaux Publics Contrôle des Réseaux et bâtiment,*** (14BX03211), CCP, art. R. 2151-11, **J. 8**, **p. 624.**
DA	10/05/2016	***Synd. intercommunal de création et de gestion de la fourrière pour animaux errants de Lille,*** (13DA00047), CCP, art. L. 2113-11, **J. 14**, **p. 166.**
BX	18/12/2018	***Synd. interdépartemental mixte pour l'équipement rural,*** (16BX00178), CCP, art. R. 2161-24, **J. 3**, **p. 673.**
DA	16/11/2006	***Synd. mixte d'exploitation des transports en commun de la Cté urb. de Lille,*** (05DA00233), CCP, art. L. 3114-8, **J. 25**, **p. 435.**
BX	15/07/2009	***Synd. mixte de la coopération du sud (SMCS),*** (08BX00050), CCP, art. R. 2112-4, **J. 2**, **p. 529.**
BX	31/01/2022	***Synd. mixte des transports en commun de l'agglomération toulousaine,*** (19BX02138), CCP, art. L. 2191-1, **J. 226**, **p. 255.**
BX	01/07/2010	***Synd. mixte dptal d'équipement des cnes des Landes,*** (08BX01968), CGCT, art. L. 1411-5, **J. 5**, **p. 1650.**
LY	06/10/2011	***Synd. national des entreprises de second œuvre,*** (10LY01121), *Partie VI, III, B, 1,* **J. 21**, **p. 1820.**
BX	20/12/2018	***Sé Lavalin c/ Dpt de Mayotte,*** (16BX00794), CCP, art. R. 3123-21, **J. 10**, **p. 897.**

MA	13/12/2001	***Union fédérale des consommateurs,*** (99MA02298), CCP, art. L. 3114-6, **J. 1**, **p. 424.**
LY	10/05/2001	***Ville de Lyon,*** (00LY00675), CCP, art. R. 3123-21, **J. 7**, **p. 897.**
LY	10/12/2009	***Ville de Lyon,*** (07LY00869), CCP, art. L. 2191-1, **J. 222**, **p. 253.**
MA	13/04/2004	***Ville de Marseille,*** (00MA00393), CCP, art. L. 1111-4, **J. 23**, **p. 60** ; art. L. 1121-3, **J. 76**, **p. 94.**
PA	29/07/2016	***Ville de Paris c/ Stés Clichy dépannage et CRC,*** (15PA02427), *Partie VI, III, B, 1*, **J. 18**, **p. 1815** ; *Partie VI, III, B, 2*, **J. 22**, **p. 1832.**
PA	17/10/2012	***Ville de Paris,*** (09PA03922), CCP, art. L. 1111-1, **J. 24**, **p. 45.**
PA	25/02/2013	***Ville de Paris,*** (12PA00638), CCP, art. R. 2432-7, **J. 3**, **p. 814.**
PA	29/07/2016	***Ville de Paris,*** (15PA02427).
TA		**Tribunal administratif**.
Dijon	20/02/2003	***Sté Jean-Louis Bernard Consultants,*** (99245), CCP, art. L. 1220-2, **J. 6**, **p. 118.**
Paris	12/03/2008	***UNSA Éducation et a.,*** (0702363/3-2), CCP, art. L. 2211-6, **J. 4**, **p. 307.**

Union fédérale des consommateurs (99MA02293), CCP, art. L. [illegible], t. 18, p. 121.	11/12/2003	NA
Ville de Lyon (08LY00857), CCP, art. R. 5112-2, t. 7, n. 897.	10/06/2009	LY
Ville de Lyon (08LY00869), CCP, art. L. [illegible], t. 22, n. [illegible].	10/12/2009	LY
Ville de Marseille (00MA00293), CCP, art. L. 1411-5, t. 24, n. 60, art. L. 1221-1, t. 76, n. 94.	13/04/2004	MA
Ville de Paris et Stés Clichy Hippodrome et CRGL (07PA02827), [illegible] t. 28, n. 1515 ; [illegible] t. 32, n. 1652.	29/07/2010	PA
Ville de Paris (09PA05921), CGP, art. L. 2111-1, t. 23, n. 49.	11/10/2012	PA
Ville de Paris (12PA00680), CGP, art. R. [illegible], t. 3, n. 914.	25/02/2013	PA
Ville de Paris (15PA03627).	29/07/2016	PA
Tribunal administratif		TA
SE Jean-Louis Bernard Consultants (192495), CCP, art. L. [illegible], t. 6, p. 118.	20/02/2019	Dijon
UNSA Éducation et a. ([illegible]), CCP, art. L. [illegible], t. 8, n. 302.	12/03/2008	Paris

TABLE DE CONCORDANCE

PARTIE LÉGISLATIVE DU CODE DE LA COMMANDE PUBLIQUE

Textes d'origine	Articles du code	Textes d'origine	Articles du code
Nouvel article	L. 1110-1		L. 2422-1
	L. 1120-1		L. 2500-1
	L. 2100-1		L. 2500-2
	L. 2113-1		L. 2521-1
	L. 2120-1		L. 2521-2
	L. 2122-1		L. 2521-3
	L. 2152-5		L. 2521-4
	L. 2171-1		L. 3100-1
	L. 2172-2		L. 3112-2
	L. 2191-8		L. 3112-3
	L. 2192-1 (RS)		L. 3120-1
	L. 2192-2 (RS)		L. 3123-14
	L. 2192-3 (RS)		L. 3124-3
	L. 2192-4 (RS)		L. 3132-4
	L. 2192-5		L. 3132-5
	L. 2192-6		L. 3132-6
	L. 2192-7		L. 3133-1 (RS)
	L. 2192-8		L. 3133-2 (RS)
	L. 2192-9		L. 3133-3 (RS)
	L. 2192-11		L. 3133-4 (RS)
	L. 2193-6		L. 3133-5 (RS)
	L. 2194-2		L. 3133-6 (RS)
	L. 2195-1		L. 3133-7 (RS)
	L. 2195-2		L. 3133-8 (RS)
	L. 2195-3		L. 3133-9 (RS)
	L. 2197-1		L. 3133-11
	L. 2197-2		L. 3135-2
	L. 2197-5		L. 3136-1
	L. 2197-7		L. 3136-2
	L. 2300-1		L. 3136-3
	L. 2313-1		L. 3136-10
	L. 2322-1		L. 3137-1
	L. 2371-1		L. 3137-2
	L. 2372-1		L. 3137-3
	L. 2391-8		L. 3137-4
	L. 2392-1 (RS)		L. 3137-5
	L. 2392-2 (RS)		L. 3200-1
	L. 2392-3 (RS)		L. 3221-1
	L. 2392-4 (RS)		L. 3221-3
	L. 2392-5 (RS)		L. 3221-4
	L. 2392-6 (RS)		L. 3221-5
	L. 2392-7 (RS)		L. 3221-6
	L. 2392-8 (RS)		
	L. 2392-9 (RS)	***Loi du 17 avril 1906 portant fixation du budget général des dépenses et des recettes de l'exercice 1906***	
	L. 2393-2		
	L. 2394-2		
	L. 2395-1		
	L. 2397-2	Art. 69	L. 2197-6,
	L. 2410-1		L. 2397-3

Textes d'origine	Articles du code
Loi n° 75-1334 du 31 décembre 1975 relative à la sous-traitance	
Art. 1er	L. 2193-2
Art. 2	L. 2193-2
Art. 3, al. 1er, phrase 1	L. 2193-4, L. 2393-12
Art. 3, al. 1er, phrase 2	L. 2193-7
Art. 4	L. 2193-1
Art. 5	L. 2193-5, L. 2393-12
Art. 6, al. 2 et 3	L. 2193-10, L. 2393-13
Art. 6, al. 1er	L. 2193-11
Art. 6	L. 2193-14
Art. 6, al. 4	L. 2193-12
Art. 6, al. 1er et 4	L. 2393-14
Art. 6, al. 5	L. 2393-14
Art. 7	L. 2193-11, L. 2393-14
Art. 14-1, ecqc le paiement direct	L. 2193-13
Art. 14-1, al. 1er, 2e tiret	L. 2393-14
Art. 15	L. 2193-3, L. 2393-11
Loi n° 77-2 du 3 janvier 1977 sur l'architecture	
Art. 5-1	L. 2172-1
Loi n° 85-704 du 12 juillet 1985 relative à la maîtrise d'ouvrage publique et à ses rapports avec la maîtrise d'œuvre privée	
Art. 1er, 4°	L. 2430-2
Art. 1er, al. 1er à 5	L. 2411-1
Art. 1er, al. 1er	L. 2412-1
Art. 1er, al. 6 à 10	L. 2412-2
Art. 2, al. 2 et 3 du I	L. 2421-1
Art. 2, al. 4 du I	L. 2421-2
Art. 2, première phrase de l'al. 5 du I	L. 2421-3
Art. 2, phrases 2 et 3 de l'al. 5 du I	L. 2421-4
Art. 2, phrase 3 de l'al. 5 du I	L. 2421-5
Art. 2, al. 6 du I	L. 2422-2
Art. 2, II	L. 2422-12
Art. 2, III	L. 2422-13
Art. 2, I, al. 1er, phrase 2	L. 2411-1
Art. 3, al. 1er	L. 2422-5
Art. 3, al. 1er et 1° au 6°	L. 2422-6
Art. 3, al. 9 sauf dern. phrase	L. 2422-10
Art. 4, al. 2	L. 2422-4
Art. 4, al. 3 du I	L. 2422-5
Art. 4, II et III	L. 2422-8
Art. 4, IV	L. 2422-9
Art. 4, I sauf dern. phrase	L. 2422-11
Art. 5	L. 2422-7
Art. 6, I et III	L. 2422-3
Art. 6, II	L. 2422-4
Art. 7, al. 1er	L. 2430-1, L. 2431-1
Art. 7, al. 2	L. 2431-1
Art. 7, 3e al. et 1° au 8°	L. 2431-2
Art. 7, al. 12 à 14	L. 2431-3
Art. 8	L. 2431-3
Art. 9	L. 2432-1
Art. 10, al. 1er, 1°	L. 2431-2
Art. 10, 2°	L. 2431-3
Art. 10, al. 1er et 3°	L. 2432-1
Art. 11-1	L. 2412-2
Art. 18, I	L. 2171-2
Art. 19, al. 4	L. 2614-1
Décret n° 93-1268 du 29 novembre 1993 relatif aux missions de maîtrise d'œuvre confiées par des maîtres d'ouvrage publics à des prestataires de droit privé	
Art. 30, III, 1er al.	L. 2432-2
Loi n° 94-679 du 8 août 1994 portant diverses dispositions d'ordre économique et financier	
Art. 67	L. 2192-14, L. 2392-10
Décret n° 2006-1071 du 28 août 2006 relatif au recensement des marchés publics et de certains contrats soumis à des obligations de mise en concurrence	
Art. 3	L. 2196-3, L. 2396-2
Loi n° 2013-100 du 28 janvier 2013 DDADUE en matière économique et financière	
Art. 37	L. 2192-10, L. 2392-10, L. 3133-10
Art. 38	L. 2392-10, L. 2192-12, L. 3133-12
Art. 39, al. 1er, 2 et 4	L. 2392-10, L. 2192-13
Art. 39, al. 2	L. 3133-13
Art. 40, al. 1er à 3	L. 2392-10
Art. 40, al. 1er, 2 et 3	L. 2192-13, L. 3133-13

Textes d'origine	Articles du code
Art. 40-1	L. 2192-15, L. 3133-14
Loi nº 2014-856 du 31 juillet 2014 relative à l'économie sociale et solidaire	
Art. 13, I	L. 2111-3
Ordonnance nº 2015-899 du 23 juillet 2015 relative aux marchés publics	
Art. 1er, II	L. 1113-1
Art. 2, I et III	L. 2153-1
Art. 2, II	L. 2353-1
Art. 2, III	L. 2353-2
Art. 4, al. 2	L. 1111-1
Art. 4, al. 3	L. 2125-1
Art. 4, al. 3	L. 2325-1
Art. 4, al. 4	L. 1112-1
Art. 5, I	L. 1111-2
Art. 5, II	L. 1111-3
Art. 5, III	L. 1111-4
Art. 5, IV	L. 1111-5
Art. 6, 3°, 2e phrase	L. 2312-2
Art. 6	L. 1113-1
Art. 7	L. 1100-1
Art. 8	L. 2125-1
Art. 9	L. 1210-1
Art. 10	L. 1211-1
Art. 11, al. 4 et 5	L. 1212-2
Art. 11, sauf al. 4 et 5	L. 1212-1
Art. 12, I et III	L. 1212-3
Art. 12, II	L. 1212-4
Art. 13, al. 1er	L. 1220-1
Art. 13, al. 2	L. 1220-2
Art. 13, al. 3	L. 1220-3
Art. 14, 1°	L. 2512-4
Art. 14, 11°	L. 2512-3
Art. 14, 13°	L. 2512-2
Art. 14, 14°	L. 2513-1
Art. 14, 15°	L. 2513-2
Art. 14, 16°	L. 2513-3
Art. 14, 17°	L. 2513-4
Art. 14, 18°	L. 2513-5
Art. 14, 2° à 4° et 6° à 10°	L. 2512-5
Art. 14, 5° et 12°	L. 2512-1
Art. 15, 2°	L. 2514-1
Art. 15, 3°	L. 2514-2
Art. 15, 4°	L. 2514-3
Art. 15, 5°	L. 2514-4
Art. 15, 6°	L. 2514-5
Art. 16	L. 2515-1
Art. 17, I	L. 2511-1
Art. 17, II	L. 2511-2
Art. 17, III, 1° à 3°	L. 2511-3
Art. 17, III, a) b) c)	L. 2511-4
Art. 17, IV	L. 2511-5
Art. 18	L. 2511-6
Art. 19, I	L. 2511-7
Art. 19, II	L. 2511-8
Art. 20	L. 2511-9
Art. 21	L. 2100-2
Art. 22, I	L. 1300-1, L. 1311-1, L. 1312-1, L. 1321-1, L. 1322-1, L. 2000-1, L. 2000-2
Art. 22, II	L. 2000-5
Art. 22, III	L. 1330-1, L. 2000-3, L. 2000-4
Art. 23, I, II, 1°	L. 1322-1
Art. 23, I, sauf dern. phrase	L. 1311-1
Art. 23, I	L. 2000-1, L. 2000-2
Art. 23, II, 2°	L. 1321-1
Art. 24, al. 1er	L. 1330-1
Art. 24	L. 2000-5
Art. 25, I, ecqc l'art. 346	L. 1330-1
Art. 25, I	L. 2000-3
Art. 25, II	L. 1323-1
Art. 25, III	L. 2000-4
Art. 26, I	L. 2113-2, L. 2313-2
Art. 26, II	L. 2113-4
Art. 26, III	L. 2113-3
Art. 26, IV	L. 2113-5
Art. 27, I	L. 2313-2
Art. 27, II	L. 2313-3
Art. 28, I	L. 2113-6
Art. 28, II et III	L. 2113-7
Art. 28, IV	L. 2113-8
Art. 28	L. 2313-4
Art. 29	L. 2113-9
Art. 30	L. 2111-1, L. 2311-1
Art. 31, I	L. 2311-1, L. 2111-2
Art. 31, II	L. 2172-4
Art. 32, I, al. 1er à 3	L. 2313-5
Art. 32, I, al. 2 et II	L. 2113-11
Art. 32, I, al. 4, phrase 1	L. 2152-7, L. 2352-1
Art. 32, I, al. 4, phrase 2	L. 2151-1, L. 2351-1
Art. 32, I, al. 1er et 2	L. 2113-10
Art. 33	L. 2171-2
Art. 34	L. 2171-3
Art. 35 *bis*	L. 2171-7
Art. 35, 7°	L. 2171-5
Art. 35, 9°	L. 2171-6
Art. 35, al. 1er à 7	L. 2171-4

Textes d'origine	Articles du code
Art. 36, I	L. 2313-6, L. 2113-12
Art. 36, II	L. 2113-13
Art. 36, III	L. 2113-14
Art. 37, I	L. 2113-15
Art. 37, II	L. 2113-16
Art. 38, I, al. 1er	L. 2112-2, L. 2312-1
Art. 38, I, al 2 et 3	L. 2112-3
Art. 38, I, al. 2	L. 2312-1
Art. 38, I, al. 3	L. 2312-2
Art. 38, II	L. 2112-4
Art. 39, ecqc la durée	L. 2112-5
Art. 39, ecqc le prix	L. 2112-6
Art. 41	L. 2331-1, L. 2131-1
Art. 42 , al. 3	L. 2124-2
Art. 42 , al. 6	L. 2124-4
Art. 42, al. 1er et 2	L. 2124-1
Art. 42, 1° a)	L. 2324-2
Art. 42, 1° b) et c)	L. 2324-3
Art. 42, 1° d)	L. 2324-4
Art. 42, 1°	L. 2324-1
Art. 42, 2° à 5°	L. 2341-2
Art. 42, 2° et 3°	L. 2320-1
Art. 42, 2°	L. 2323-1, L. 2123-1
Art. 42, al. 4 et 5	L. 2124-3
Art. 43, al. 1er	L. 2132-2
Art. 43, al. 2	L. 2332-2
Art. 44, I et II	L. 2132-1
Art. 44	L. 2332-1
Art. 45, 1°	L. 2341-1
Art. 45, al. 1er 1°	L. 2141-1
Art. 45, al. 1er 2°	L. 2141-2
Art. 45, al. 1er 3°	L. 2141-3
Art. 45, al. 1er 4°	L. 2141-4
Art. 45, al. 1er 5°	L. 2141-5
Art. 46	L. 2341-3
Art. 47	L. 2341-4, L. 2141-6
Art. 48, I, 1°	L. 2141-7
Art. 48, I, 2°, 3°	L. 2141-8
Art. 48, I, 4°	L. 2141-9
Art. 48, I, 5°	L. 2141-10
Art. 48, II	L. 2141-11
Art. 48	L. 2341-5
Art. 49, I	L. 2395-2, L. 2341-6, L. 2141-12
Art. 49	L. 2195-4
Art. 50, I	L. 2141-13
Art. 50, II	L. 2141-14
Art. 50	L. 2341-7
Art. 51, I	L. 2342-1, L. 2142-1
Art. 51, II	L. 2342-2

Textes d'origine	Articles du code
Art. 52, I	L. 2152-7, L. 2352-1
Art. 52, II	L. 2152-8
Art. 53	L. 2152-6, L. 2352-1
Art. 54	L. 2153-2
Art. 55	L. 2181-1, L. 2381-1
Art. 56	L. 2183-1, L. 2196-2, L. 2383-1
Art. 57, ecqc l'exécution	L. 2196-1, L. 2396-1
Art. 57, ecqc la passation	L. 2184-1, L. 2384-1
Art. 58	L. 2195-5
Art. 59, I, ecqc les avances,	L. 2191-2
Art. 59, I	L. 2191-1, L. 2391-1, L. 2391-2
Art. 59, III	L. 2191-4, L. 2391-4
Art. 60, I, al. 1er	L. 2191-5, L. 2391-5
Art. 60, I, al. 2 et 3	L. 2191-6
Art. 60, I, al. 2	L. 2391-6
Art. 60, II	L. 2391-5
Art. 61	L. 2191-7, L. 2391-7
Art. 62 , I, al. 2 (ecqc exigence acheteur)	L. 2193-3
Art. 62, I, al. 1er	L. 2193-3
Art. 62, I, al. 2, ecqc les marchés publics de services et de fourniture	L. 2193-1
Art. 62, II, al. 1er	L. 2193-8
Art. 62, II, al. 2	L. 2193-9
Art. 63, I, al. 3	L. 2393-4, L. 2393-3
Art. 63, I, al. 1er	L. 2393-1
Art. 63, I, al. 2	L. 2393-5
Art. 63, II	L. 2393-1
Art. 63, III	L. 2393-7
Art. 63, IV	L. 2393-6
Art. 63, V	L. 2393-8
Art. 63, VI	L. 2393-3
Art. 64, I (ecqc l'Etat ou ses EP) et III	L. 2196-4
Art. 64, I, ecqc le coût de revient	L. 2196-5
Art. 64, I et III	L. 2396-3
Art. 64, II	L. 2196-6, L. 2396-4
Art. 65, al. 1er	L. 2194-1, L. 2394-1
Art. 65, al. 2	L. 2195-6

Textes d'origine	Articles du code
Art. 66	L. 2200-1, L. 2373-1
Art. 67, I et II	L. 1112-1
Art. 67, III	L. 2232-5
Art. 68	L. 2231-1
Art. 69	L. 2213-3
Art. 70	L. 2213-1
Art. 71	L. 2211-1
Art. 72, I	L. 2211-2
Art. 72, II	L. 2211-3
Art. 73	L. 2211-4
Art. 74, al. 1er	L. 2212-1
Art. 74, al. 2	L. 2212-3
Art. 75, I	L. 2211-6
Art. 75, II	L. 2211-5
Art. 76, al. 1er	L. 2212-2
Art. 76, al. 2	L. 2212-4
Art. 77, I	L. 2221-1
Art. 77, II	L. 2221-2
Art. 77, III	L. 2221-3
Art. 78, I	L. 2223-1
Art. 78, II	L. 2223-2
Art. 78, III	L. 2223-3
Art. 79	L. 2223-4
Art. 80, I	L. 2213-4
Art. 80, II	L. 2213-5
Art. 80, III	L. 2213-6
Art. 81	L. 2213-7
Art. 82	L. 2222-1
Art. 83, I, al. 1er	L. 2213-8
Art. 83, I, al. 2	L. 2232-1
Art. 83, II	L. 2213-9
Art. 84, I	L. 2232-2
Art. 84, II	L. 2232-3
Art. 84, III	L. 2232-4
Art. 85, I	L. 2213-10
Art. 85, II	L. 2213-11
Art. 85, III	L. 2213-12
Art. 85, IV	L. 2213-13
Art. 86, I	L. 2233-1
Art. 86, II, al. 1er	L. 2233-2
Art. 86, II, al. 2	L. 2233-3
Art. 87, I	L. 2213-14
Art. 87, II, al. 1er	L. 2232-6
Art. 87, II, al. 2	L. 2232-7
Art. 87, III	L. 2222-4
Art. 88, I	L. 2234-1
Art. 88, II	L. 2234-2
Art. 88, III	L. 2234-3
Art. 89, I, phrase 1	L. 2235-1
Art. 89, I, phrase 2 et II	L. 2235-2
Art. 89, III	L. 2235-3
Art. 90	L. 2236-1
Art. 91, I	L. 2691-1
Art. 91, II	L. 2691-2
Art. 99, 5° zr 6°	L. 1481-2

Textes d'origine	Articles du code
Ordonnance nº 2016-65 du 29 janvier 2016 relative aux contrats de concession	
Art. 1er, II	L. 1122-1
Art. 2, I et II	L. 3124-6
Art. 2, III	L. 3124-7
Art. 5, phrase 1	L. 3114-1
Art. 5	L. 1121-1
Art. 6, I	L. 1121-2
Art. 6, II	L. 1121-3
Art. 6, III	L. 1121-4
Art. 6, IV	L. 1122-1
Art. 7	L. 1100-1
Art. 8	L. 1210-1
Art. 9	L. 1211-1
Art. 10, al. 4 et 5	L. 1212-2
Art. 10, sauf al. 4 et 5	L. 1212-1
Art. 11, I et III	L. 1212-3
Art. 11, II	L. 1212-4
Art. 12, al. 1er	L. 1220-1
Art. 12, al. 2	L. 1220-2
Art. 12, al. 3	L. 1220-3
Art. 13, 1°	L. 3213-1
Art. 13, 12°	L. 3213-2
Art. 13, 13°	L. 3212-3
Art. 13, 14°	L. 3212-1
Art. 13, 15°	L. 3212-2
Art. 13, 2° à 11°	L. 3212-4
Art. 14, 1° dern. phrase	L. 3221-2
Art. 14, 1°	L. 3214-1
Art. 14, 3°	L. 3214-2
Art. 15	L. 3215-1
Art. 16, I	L. 3211-1
Art. 16, II	L. 3211-2
Art. 16, III, 1°, 2° et 3°	L. 3211-3
Art. 16, III a), b), et c)	L. 3211-4
Art. 16, IV	L. 3211-5
Art. 17	L. 3211-6
Art. 18, I	L. 3211-7
Art. 18, II	L. 3211-8
Art. 19	L. 3211-9
Art. 20, I	L. 3000-3
Art. 20, II	L. 3000-4
Art. 21, al. 1er	L. 1311-2
Art. 21, al. 2	L. 1311-2
Art. 21, al. 3, ecqc l'art. 346	L. 1330-1
Art. 21, al. 4	L. 1300-1
Art. 21, al. 1er et 2	L. 1312-2, L. 1321-2, L. 1322-2, L. 3000-1, L. 3000-2
Art. 22, I, 2°	L. 3000-1, L. 1311-2
Art. 22, I, 1°	L. 1321-2
Art. 22, II, al. 1er et 3	L. 1312-2, L. 3000-2

Textes d'origine	Articles du code
Art. 22, II	L. 1322-2
Art. 23, I et II, 2°	L. 3000-1
Art. 23, I, II 1°	L. 1321-2, L. 1322-2
Art. 23, I, II 2°	L. 1311-2, L. 1312-2, L. 3000-2
Art. 23, I	L. 1312-1
Art. 24, al. 2	L. 1323-1
Art. 25, ecqc l'art. 54	L. 3134-3
Art. 25	L. 3126-3
Art. 26, al. 1er	L. 3112-1
Art. 26, al. 2	L. 3112-4
Art. 27	L. 3111-1
Art. 28	L. 3111-2
Art. 29, I	L. 3113-1
Art. 29, II	L. 3113-2
Art. 29, III	L. 3113-3
Art. 30	L. 3114-1
Art. 31, al. 1er	L. 3114-4
Art. 31, al. 2	L. 3114-5
Art. 32	L. 3114-6
Art. 33, al. 1er	L. 3114-2
Art. 33, al. 2	L. 3114-3
Art. 34, I	L. 3114-7
Art. 34, II	L. 3114-8
Art. 35	L. 3122-1
Art. 36, al. 1er et phrase 1 de l'al. 2	L. 3121-1
Art. 36, al. 2	L. 3126-1
Art. 36, phrase 2 de l'al. 2	L. 3121-2
Art. 37	L. 3122-5
Art. 38	L. 3122-3
Art. 39, al. 1er 1°	L. 3123-1
Art. 39, al. 1er 2°	L. 3123-2
Art. 39, al. 1er 3°	L. 3123-3
Art. 39, al. 1er 4°	L. 3123-4
Art. 39, al. 1er 5°	L. 3123-5
Art. 40, al. 1er	L. 3123-12
Art. 40	L. 3123-13
Art. 41	L. 3123-6
Art. 42, I, 1°	L. 3123-7
Art. 42, I, 2°	L. 3123-8
Art. 42, I, 3°	L. 3123-9
Art. 42, I, 4°	L. 3123-10
Art. 42, II	L. 3123-11
Art. 43, ecqc la résiliation	L. 3136-4
Art. 43, I sauf phrase 2 al. 1er	L. 3123-15
Art. 44, I	L. 3123-16
Art. 44, II	L. 3123-17
Art. 45, I dern. al.	L. 3123-19
Art. 45, I sauf dern. al.	L. 3123-18
Art. 45, II	L. 3123-21
Art. 46, al. 1er, ecqc le principe	L. 3121-1

Textes d'origine	Articles du code
Art. 46	L. 3124-1
Art. 47	L. 3124-5
Art. 48, al. 1er	L. 3125-1
Art. 48, al. 2	L. 3125-2
Art. 49	L. 3136-5
Art. 50, al. 1er	L. 3132-1
Art. 50, al. 2	L. 3132-2
Art. 51	L. 3132-3
Art. 52	L. 3131-5
Art. 53	L. 3131-1
Art. 53-1, al. 1er phrase 1	L. 3131-2
Art. 53-1, al. 1er phrase 2 et al. 3	L. 3131-4
Art. 53-1, dern. al.	L. 3131-3
Art. 54, I	L. 3134-1
Art. 54, II	L. 3114-9
Art. 54, III	L. 3114-10
Art. 55, al. 1er	L. 3135-1
Art. 55, al. 2, ecqc l'intérêt général	L. 3136-6
Art. 56, I après "parmi" et II	L. 3136-8
Art. 56, I avant "parmi"	L. 3136-7
Art. 56, III	L. 3136-9
Art. 78, dern. al. phrase 2	L. 3131-2
Décret n° 2016-86 du 1er février 2016 relatif aux contrats de concession	
Art. 5, al. 1er, ecqc l'obligation	L. 3122-4
Art. 13	L. 3122-2
Art. 13, ecqc l'art. 10	L. 3126-2
Art. 23, II, al. 2, phrase 2.	L. 3123-20
Art. 25, al. 1er	L. 3124-2
Art. 25, al. 2	L. 3124-4
Art. 27, I, al. 1er, phrase 2, ecqc le service public	L. 3124-5
Art. 35, II, al. 2	L. 3134-2
Décret n° 2016-360 du 25 mars 2016 relatif aux marchés publics	
Art. 2, ecqc la partie L.	L. 2191-1
Art. 15 al. 1er	L. 2112-1
Art. 16, I	L. 2112-5
Art. 46, I, al. 1er	L. 2125-1
Art. 59, I, al. 1er	L. 2152-1
Art. 59, I, al. 2	L. 2152-2
Art. 59, I, al. 3	L. 2152-3
Art. 59, I, al. 4	L. 2152-4
Art. 61, II, al. 1er sauf phrase 2	L. 2153-2
Art. 78, III	L. 2125-1
Art. 81, I, al. 1er et 2 f1	L. 2125-1
Art. 84, I	L. 2125-1

Textes d'origine	Articles du code
Art. 93, al. 1er	L. 2172-3
Art. 107 , al. 1er	L. 2196-2
Art. 110, III, al. 4,	L. 2191-3
Art. 141 , al. 3, phrase 1.	L. 2196-3
Art. 141, al. 1er, phrase 1.	L. 2396-2
Art. 142, al. 4, ecqc le médiateur	L. 2197-4
Art. 142, al. 4, ecqc les CCRA	L. 2197-3
Art. 142, al. 4	L. 2397-1
Art. 144	L. 2213-2
Art. 158, phrase 1	L. 2222-3
Art. 158, phrase 2	L. 2222-5
Art. 159, al. 2	L. 2222-2
Décret nº 2016-361 du 25 mars 2016 relatif aux marchés de défense ou de sécurité	
Art. 11, al. 1er	L. 2312-1

Textes d'origine	Articles du code
Art. 56, I, al. 2 à 4	L. 2352-1
Art. 70, III	L. 2325-1
Art. 73, I	L. 2325-1
Art. 97, III, al. 4	L. 2391-3
Art. 120	L. 2393-10
Art. 128	L. 2393-15
Art. 138	L. 2396-2
Art. 135, V, al. 3	L. 2393-9
Art. 139	L. 2397-1
Ordonnance nº 2018-1135 du 12 décembre 2018 portant diverses dispositions relatives à la gestion de l'infrastructure ferroviaire et à l'ouverture à la concurrence des services de transport ferroviaire de voyageurs	
Art 2, I, 7º	L. 3222-1
Art. 2, I, 2º	L. 2522-1

Il y a 579 article(s) législatif(s)
Il y a 0 article(S) réglementaires(s)
Il y a 0 article(s) arrêté(s).
Il y a 7 article(s) non repris.
Il y a 8 article(s) abrogé(s).
Il y a 22 article(s) réservé(s).
Il y a 0 article(s) en code suiveur.
Il y a 0 article(s) de renvoi.
Il y a 98 article(s) nouveau(x)
Il y a 459 article(s) codifié(s)
La mention (CS) distingue les articles repris en ***code suiveur***.
La mention (RS) distingue les articles réservés.
La mention (RV) distingue les articles de renvoi.

PARTIE RÉGLEMENTAIRE DU CODE DE LA COMMANDE PUBLIQUE

Textes d'origine	Articles du code	Textes d'origine	Articles du code
Nouvel article	R. 2161-1	***Loi n° 75-1334 du 31 décembre 1975 relative à la sous-traitance***	
	R. 2172-15		
	R. 2172-16	Art. 8, al. 1er	R. 2193-12
	R. 2172-17	Art. 8, al. 2	R. 2193-13,
	R. 2172-8		R. 2393-34
	R. 2192-1 (RS)	Art. 9	R. 2191-45
	R. 2192-2 (RS)		
	R. 2192-3 (RS)	***Loi n° 77-2 du 3 janvier 1977 sur l'architecture***	
	R. 2192-4 (RS)		
	R. 2192-5 (RS)	Art. 5-1...................	R. 2172-2
	R. 2192-6 (RS)		
	R. 2192-7 (RS)	***Loi n° 85-704 du 12 juillet 1985 relative à la maîtrise d'ouvrage publique et à ses rapports avec la maîtrise d'œuvre privée***	
	R. 2192-8 (RS)		
	R. 2192-9 (RS)		
	R. 2196-9		
	R. 2197-25	Art. 7, al. 3 et 1° au 8°	R. 2431-1
	R. 2372-14	Art. 18, II.................	R. 2431-36
	R. 2372-15		
	R. 2372-8	***Décret n° 86-520 du 14 mars 1986 pris pour l'application de l'article 1er de la loi n° 85-704 du 12 juillet 1985 relative à la maîtrise d'ouvrage publique et à ses rapports avec la maîtrise d'œuvre privée***	
	R. 2392-1 (RS)		
	R. 2392-2 (RS)		
	R. 2392-3 (RS)		
	R. 2392-4 (RS)		
	R. 2392-5 (RS)		
	R. 2392-6 (RS)		
	R. 2392-7 (RS)		
	R. 2392-8 (RS)	Art. 1er	R. 2412-1
	R. 2392-9 (RS)		
	R. 2393-1	***Décret n° 93-1268 du 29 novembre 1993 relatif aux missions de maîtrise d'œuvre confiées par des maîtres d'ouvrage publics à des prestataires de droit privé***	
	R. 2393-3		
	R. 2396-5		
	R. 2397-4		
	R. 2521-1		
	R. 2521-2		
	R. 2521-3	Art. 2, al. 1er	R. 2431-2
	R. 2521-4	Art. 2, al. 2	R. 2431-3
	R. 2611-1	Art. 3	R. 2431-8
	R. 2611-2	Art. 4, al. 1er, dern. al. du	
	R. 3126-10	II, III.......................	R. 2431-9
	R. 3131-5	Art. 4, I...................	R. 2431-10
	R. 3133-1 (RS)	Art. 4, II sauf dern. al.	R. 2431-11
	R. 3133-2 (RS)	Art. 5	R. 2431-12
	R. 3133-3 (RS)	Art. 6	R. 2431-13
	R. 3133-4 (RS)	Art. 7	R. 2431-14
	R. 3133-5 (RS)	Art. 8	R. 2431-15
	R. 3133-6 (RS)	Art. 9	R. 2431-16
	R. 3133-7 (RS)	Art. 10....................	R. 2431-17
	R. 3133-8 (RS)	Art. 11....................	R. 2431-18
	R. 3133-9 (RS)	Art. 12....................	R. 2431-19
	R. 3200-1	Art. 13, al. 1er et III	R. 2431-20
	R. 3221-1	Art. 13, I	R. 2431-21
	R. 3221-3	Art. 13, II.................	R. 2431-22

Textes d'origine	Articles du code
Art. 14	R. 2431-23
Art. 15, I	R. 2431-4
Art. 15, II	R. 2431-5
Art. 16	R. 2431-6
Art. 17	R. 2431-7
Art. 18	R. 2431-24
Art. 19	R. 2431-25
Art. 20	R. 2431-26
Art. 21	R. 2431-27
Art. 22	R. 2431-28
Art. 23	R. 2431-29
Art. 24	R. 2431-30
Art. 25	R. 2431-31
Art. 26, al. 1er à 3	R. 2431-32
Art. 26, al. 4	R. 2431-33
Art. 26, I	R. 2431-34
Art. 26, II	R. 2431-35
Art. 27	R. 2431-37
Art. 28, al. 2, phrase 2	R. 2432-1
Art. 29, sauf al. 5 et 6	R. 2432-6
Art. 29, al. 5 et 6	R. 2432-7
Art. 30, al. 1er	R. 2432-2
Art. 30, I	R. 2432-3
Art. 30, II	R. 2432-4
Art. 30, al. 3 du III	R. 2432-5
Art. 31	R. 2431-36
Décret nº 2002-381 du 19 mars 2002 portant application de l'article 19 de la loi nº 85-704 du 12 juillet 1985 relative à la maîtrise d'ouvrage publique et à ses rapports avec la maîtrise d'œuvre privée	
Art. 1er	R. 2614-1
Art. 2	R. 2614-2
Art. 3	R. 2614-3
Art. 4	R. 2614-4
Art. 5	R. 2614-5
Art. 6	R. 2614-6
Décret nº 2002-677 du 29 avril 2002 relatif à l'obligation de décoration des constructions publiques et précisant les conditions de passation des marchés ayant pour objet de satisfaire à cette obligation	
Art. 1er, al. 1er	R. 2172-7, R. 2372-10
Art. 6, al. 1er, phrase 2	R. 2172-9, R. 2372-11
Art. 7	R. 2372-16
Art. 7, I	R. 2172-18
Art. 7, II	R. 2172-19
Art. 8, al. 1er, phrase 1	R. 2172-9
Art. 8, al. 1er, phrase 2	R. 2172-10

Textes d'origine	Articles du code
Art. 8, al. 1er	R. 2372-11
Art. 8, al. 2	R. 2172-11, R. 2372-12
Art. 8, al. 3	R. 2172-12, R. 2372-13
Art. 12, al. 1er	R. 2172-13, R. 2372-13
Art. 13	R. 2172-14, R. 2372-13
Décret nº 2004-1144 du 26 octobre 2004 relatif à l'exécution des marchés publics par carte d'achat	
Art. 1er, al. 1er	R. 2192-37, R. 2392-13
Art. 2	R. 2192-37
Décret nº 2006-1071 du 28 août 2006 relatif au recensement des marchés publics et de certains contrats soumis à des obligations de mise en concurrence	
Art. 1er	D. 2196-5, D. 2396-2
Art. 2, al. 1er	D. 2196-6
Art. 2	D. 2396-2
Art. 4	D. 2196-6, D. 2396-2
Art. 5	D. 2196-7, D. 2396-2
Décret nº 2010-1525 du 8 décembre 2010 relatif aux comités consultatifs de règlement amiable des différends ou litiges relatifs aux marchés publics	
Art. 1er, I	R. 2197-1
Art. 1er, II	R. 2197-2
Art. 1er, III, al. 1er	R. 2197-3
Art. 1er, III, al. 2	R. 2197-4
Art. 1er, III, al. 3	R. 2197-5
Art. 1er, II et III	R. 2397-1
Art. 2	R. 2397-1
Art. 2, I	R. 2197-6
Art. 2, II	R. 2197-7
Art. 3, I	R. 2197-8
Art. 3, II al. 1er	R. 2197-9
Art. 3, II al. 2, 1º	R. 2197-10
Art. 3, II al. 2, 2º	R. 2197-11
Art. 3, III	R. 2197-12
Art. 3, IV	D. 2197-19
Art. 3	R. 2397-1
Art. 3, IV	R. 2397-1
Art. 4, al. 1er et 2	D. 2197-13, D. 2197-14, R. 2397-1

Textes d'origine	Articles du code	Textes d'origine	Articles du code
Art. 5, I	D. 2197-15, R. 2397-1	Art. 5, II, al. 1er	R. 2192-19
Art. 5, III	D. 2197-17, R. 2397-1	Art. 5, II, al. 2	R. 2192-20
Art. 6, al. 1er, 2 et 4	D. 2197-18, R. 2397-1	Art. 5, II, al. 3	R. 2192-21
Art. 6, al. 3	D. 2197-19, R. 2397-1	Art. 5	R. 2392-10
Art. 7	D. 2197-20, R. 2397-1	Art. 6, al. 1er et 2	R. 2192-22, R. 2392-10
Art. 8	R. 2397-1	Art. 6, al. 3	R. 2192-23, R. 2392-12
Art. 8, I	D. 2197-21	Art. 8, I, al. 1er	R. 2192-31, R. 3133-25
Art. 8, II	D. 2197-22	Art. 8, I, al. 2	R. 2192-32, R. 3133-26
Décret nº 2013-269 du 29 mars 2013 relatif à la lutte contre les retards de paiement dans les contrats de la commande publique		Art. 8, I, al. 3	R. 2192-33
Art. 1er, al. 1er	R. 2192-10, R. 3133-10	Art. 8, II	R. 2192-34
Art. 1er, al. 2	R. 2192-11, R. 3133-11	Art. 8	R. 2392-10
Art. 1er	R. 2392-10	Art. 9	D. 2192-35, D. 2392-11, D. 3133-27
Art. 2, I, phrase 1	R. 2192-12	Art. 10	R. 2192-36, R. 2392-10, R. 3133-28
Art. 2, I, 1º	R. 2192-13	Art. 11	R. 2112-5, R. 2312-6, R. 3114-4
Art. 2, I, 2º	R. 2192-16	***Décret nº 2015-90 du 28 janvier 2015 fixant le montant prévu à l'article 13 de la loi nº 2014-856 du 31 juillet 2014 relative à l'économie sociale et solidaire***	
Art. 2 , I, 3º	R. 2192-17	Art. 1er	D. 2111-3
Art. 2, I, 1º et II	R. 2392-10	Art. 2	D. 2111-3
Art. 2, I, 2º et 3º	R. 2392-10	***Ordonnance nº 2015-899 du 23 juillet 2015 relative aux marchés publics***	
Art. 2, I, al. 1er	R. 3133-12	Art. 31, II	R. 2172-35
Art. 2, I, al. 2 et 3	R. 3133-13	Art. 90, al. 2	R. 2236-1
Art. 2, I, 3º	R. 3133-16	***Décret nº 2016-86 du 1er février 2016 relatif aux contrats de concession***	
Art. 2, II	R. 2192-14	Art. 1er, al. 2	R. 3126-14
Art. 2, II	R. 3133-14	Art. 1er, ecqc le règlement OSP	R. 3134-4
Art. 2 , III, al. 1er et 2	R. 2192-24	Art. 2, I	R. 3111-1
Art. 2, III, al. 3	R. 2192-25, R. 3133-19	Art. 2, II	R. 3111-2
Art. 2, III, al. 1er et 2	R. 3133-18	Art. 2, III	R. 3111-3
Art. 2, III et IV	R. 2392-10	Art. 3	R. 3113-1
Art. 2, IV	R. 2192-26, R. 3133-20	Art. 4, I, al. 1er	R. 3122-7
Art. 2-1	R. 2192-15, R. 2392-10, R. 3133-15	Art. 4, I, al. 2	R. 3122-8
Art. 3	R. 2191-35, R. 2391-24	Art. 4, II	R. 3122-12
Art. 4, al. 1er	R. 2192-27, R. 3133-21	Art. 5, al. 1er, ecqc l'application	R. 3122-9
Art. 4, al. 2	R. 2192-28, R. 3133-22	Art. 5, al. 2	R. 3122-10
Art. 4, al. 3	R. 2192-29, R. 3133-23	Art. 5, al. 3	R. 3122-11
Art. 4, al. 4	R. 2192-30, R. 3133-24	Art. 5, al. 3, phrase 2	R. 3126-9
Art. 4	R. 2392-10		
Art. 5, I	R. 2192-18, R. 3133-17		

Textes d'origine	Articles du code
Art. 6, I	R. 3114-1
Art. 6, II	R. 3114-2
Art. 6, III	D. 3114-3
Art. 7, I, al. 1er	R. 3121-1
Art. 7, I, al. 2 à 9	R. 3121-2
Art. 7, II	R. 3121-3
Art. 7, III	R. 3121-1
Art. 8	R. 3121-4
Art. 9	R. 3121-5
Art. 10	R. 3126-1
Art. 11 Codification de la décision du CE, 14 févr. 2017, Grand port maritime de Bordeaux (n°405157)	R. 3121-6
Art. 12	R. 3126-2
Art. 14, sauf phrase 2 de l'al. 1er	R. 3122-1
Art. 14	R. 3126-3
Art. 15, I	R. 3122-2
Art. 15, II	R. 3126-4
Art. 15, III	R. 3126-5
Art. 15, IV	R. 3122-3
Art. 16, I	R. 3122-4
Art. 16, II	R. 3122-5
Art. 16, II, ecqc l'article 10	R. 3126-6
Art. 16, III	R. 3122-6
Art. 17, I sauf al. 4	R. 3122-13
Art. 17, I, al. 4	R. 3122-18
Art. 17, II	R. 3122-14
Art. 17, III, al. 1er	R. 3122-15
Art. 17, III, al. 2 et 3	R. 3122-16
Art. 17, III, al. 4	R. 3122-17
Art. 17, III, ecqc l'art. 10	R. 3126-7
Art. 18, I, ecqc les candidatures	R. 3123-14
Art. 18, I, ecqc les offres	R. 3124-2
Art. 18, I, phrase 1, ecqc les candidatures	R. 3126-8
Art. 18, I, phrase 1, ecqc les offres	R. 3126-9
Art. 18, II, ecqc les candidatures	R. 3123-15
Art. 18, II, ecqc les offres	R. 3124-3
Art. 19, I	R. 3123-16
Art. 19, II, al. 1er	R. 3123-17
Art. 19, II, al. 2	R. 3123-18
Art. 19, III	R. 3123-19
Art. 20, I	R. 3123-6
Art. 20, II	R. 3123-7
Art. 20, III	R. 3123-8
Art. 21, al. 1er, phrase 1	R. 3123-1
Art. 21, al. 1er, phrase 2 et al. 2	R. 3123-2
Art. 21, al. 3	R. 3123-3
Art. 21, II	R. 3123-4
Art. 21, III	R. 3123-5
Art. 22, al. 1er	R. 3123-11
Art. 22, al. 2	R. 3123-12
Art. 22, al. 3	R. 3123-13
Art. 23, I	R. 3123-20
Art. 23, II, al. 1er et al. 2, phrase 1	R. 3123-21
Art. 24, al. 1er	R. 3123-9
Art. 24, al. 2	R. 3123-10
Art. 26	R. 3124-1
Art. 27, I, sauf phrase 3 de l'al. 1er	R. 3124-4
Art. 27, II	R. 3124-5
Art. 28	R. 3124-6
Art. 29, I, al. 2 et II	R. 3125-2
Art. 29, I, al. 1er et 3	R. 3125-1
Art. 29, I, phrase 1	R. 3126-11
Art. 30	R. 3125-4
Art. 31, al. 1er	R. 3126-12
Art. 31, al. 2	R. 3125-3
Art. 32, I, al. 1er et 2 et II phrase 2	R. 3125-6
Art. 32, I, al. 1er et 3 et III	R. 3126-13
Art. 32, I, 3	R. 3221-2
Art. 32, II, phrase 1	R. 3125-7
Art. 33, I, al. 1er et 2	R. 3131-2
Art. 33, I, sauf al. 1er et 2	R. 3131-3
Art. 33, II	R. 3131-4
Art. 34, I, sauf l'énumération et II	R. 3131-1
Art. 35, I, sans référence à la recommandation	R. 3114-5
Art. 35, II, al. 1er	R. 3134-1
Art. 35, II, al. 2, ecqc le délai	R. 3134-3
Art. 35, II, al. 3	R. 3134-2
Art. 36, 1°	R. 3135-1
Art. 36, 2°, sauf le b)	R. 3135-2
Art. 36, 3°	R. 3135-5
Art. 36, 4°	R. 3135-6
Art. 36, 5°	R. 3135-7
Art. 36, 6°	R. 3135-8
Art. 37, I	R. 3135-3
Art. 37, II, sauf al. 2	R. 3135-4
Art. 37, II, al. 1er	R. 3135-8
Art. 37, II, dern. al.	R. 3135-9
Art. 37, III	R. 3135-10
Décret n° 2016-360 du 25 mars 2016 relatif aux marchés publics	
Art. 2, ecqc la partie R	R. 2191-1
Art. 2	R. 2100-1
Art. 3, dern. phrase	R. 2153-2
Art. 3, entier sauf dern. phrase	R. 2153-1
Art. 4	R. 2111-1
Art. 5	R. 2111-2

Textes d'origine	Articles du code	Textes d'origine	Articles du code
Art. 6, I, al. 1er et 2	R. 2111-4	Art. 27, al. 3	R. 2123-6
Art. 6, I, al. 3	R. 2111-5	Art. 28, I et II	R. 2123-1
Art. 6, II 1°	R. 2111-9	Art. 28, II	R. 2123-7
Art. 6, II 2° et 3°	R. 2111-10	Art. 28, III	R. 2123-2
Art. 6, II	R. 2111-8	Art. 29, I, 1° et 2°	R. 2123-1
Art. 7	R. 2111-11	Art. 29, I, al 1er et 4	R. 2123-8
Art. 8	R. 2111-7	Art. 29, II	R. 2123-3
Art. 9	R. 2111-6	Art. 30, I, 1°	R. 2122-1
Art. 10, I, 1° al. 7 et III	R. 2111-15	Art. 30, I, 2°	R. 2122-2
Art. 10, I, al. 1er	R. 2111-13	Art. 30, I, 3°	R. 2122-3
Art. 10, I, 2° à 5°	R. 2111-14	Art. 30, I, 4°	R. 2122-4
Art. 10, I, al. 8	R. 2111-16	Art. 30, I, 5°	R. 2122-5
Art. 10, I, al. 9	R. 2111-17	Art. 30, I, 6°	R. 2122-6
Art. 10, II	R. 2111-12	Art. 30, I, 7°	R. 2122-7
Art. 11	R. 2151-14	Art. 30, I, 8°	R. 2122-8
Art. 12, I	R. 2113-3	Art. 30, I, 9°	R. 2122-9
Art. 12, II	R. 2113-2	Art. 30, II	R. 2122-10
Art. 12, III	R. 2113-1	Art. 30, III	R. 2122-11
Art. 13	R. 2113-7	Art. 31, I, al. 1er	R. 2131-1
Art. 14	R. 2113-8	Art. 31, I, al. 2 et 4	R. 2131-2
Art. 15, 1er al.	R. 2112-1	Art. 31, I, al. 3	R. 2132-3
Art. 15, al. 2 à 5	R. 2112-2	Art. 31, II, al. 1er à 4	R. 2131-4
Art. 15, al. 6	R. 2112-3	Art. 31, II, al. 5	R. 2131-5
Art. 16, II	R. 2112-4	Art. 31, II, al. 6	R. 2131-6
Art. 17, al. 1er à 3	R. 2112-6	Art. 32, III	R. 2131-3
Art. 18, I et II	R. 2112-7	Art. 33, I, al. 1er à 3	R. 2131-16
Art. 18, III	R. 2112-8	Art. 33, al. 4	R. 2131-17
Art. 18, IV, al. 1er, 2 et 7	R. 2112-9	Art. 33, III	R. 2131-18
Art. 18, IV, al. 3, 6 et 9	R. 2112-10	Art. 34, I, al. 1er à 5	R. 2131-12
Art. 18, IV, al. 4 et 5	R. 2112-11	Art. 34, al. 6 (I, 2°)	R. 2131-13
Art. 18, IV, al. 8	R. 2112-12	Art. 34, II	R. 2131-18
Art. 18, V	R. 2112-13	Art. 35, al. 5, phrase 2	R. 2131-9
Art. 18, VI	R. 2112-14	Art. 35, al. 1er, 3 et 5 sauf seconde phrase de l'al. 5	R. 2131-7
Art. 19, I	R. 2112-15	Art. 35, al. 4 et 6	R. 2131-8
Art. 19, II	R. 2112-17	Art. 35, I, al. 3 à 5	R. 2131-15
Art. 19, III	R. 2112-16	Art. 35, I, al. 1er et 2	R. 2131-14
Art. 19, IV	R. 2112-18	Art. 35, II	R. 2131-18
Art. 20, al. 1er	R. 2121-1	Art. 36, I	R. 2131-19
Art. 20, al. 2	R. 2121-2	Art. 36, II et III	R. 2131-20
Art. 20, al. 3	R. 2121-4	Art. 37, al. 1er	R. 2131-10
Art. 21, I, 1°	R. 2121-5	Art. 37, al. 2 à 11	R. 2131-11
Art. 21, I, 2°	R. 2121-6	Art. 38	R. 2132-1
Art. 21, II	R. 2121-7	Art. 39, al. 1er	R. 2132-2
Art. 21, III	R. 2121-8	Art. 39, al. 2 et 3 du I	R. 2132-4
Art. 21, IV	R. 2121-9	Art. 39, I, al. 3	R. 2162-35
Art. 22, al. 2, 1° et 2°	R. 2123-1	Art. 39, II, al. 1er et 2	R. 2132-5
Art. 23	R. 2121-3	Art. 39, II, al. 2	R. 2162-36
Art. 25, I	R. 2124-1	Art. 39, III	R. 2132-6
Art. 25, II, sauf dern. phrase	R. 2124-3	Art. 40, I	R. 2132-7
Art. 25, II al. 1er	R. 2124-5	Art. 40, I, al. 2 et 3	R. 2132-13
Art. 26, 2°	R. 2124-4	Art. 41, II, sauf dern. al., II sauf dern. al.	R. 2132-12
Art. 26	R. 2124-6	Art. 41, I, al. 2	R. 2132-7
Art. 27, al. 1er, ecqc le seuil MAPA	R. 2123-1	Art. 41, II, dern. al.	R. 2132-13
Art. 27, al. 1er, ecqc le régime	R. 2123-4	Art. 41, III	R. 2132-11
Art. 27, al. 2	R. 2123-5	Art. 42, I	R. 2132-8
		Art. 42, II	R. 2132-9

Textes d'origine	Articles du code	Textes d'origine	Articles du code
Art. 42, III	R. 2132-10	Art. 50, al. 2	R. 2143-12
Art. 42, IV	R. 2132-14	Art. 50, al. 3	R. 2143-16
Art. 43, I, al. 1er	R. 2151-1, R. 2143-1	Art. 51, I	R. 2143-6
		Art. 51, II	R. 2143-7
Art. 43, I, al. 2	R. 2151-2, R. 2143-1	Art. 51, III	R. 2143-8
		Art. 51, IV	R. 2143-9, R. 2143-16
Art. 43, II	R. 2151-3		
Art. 43, III	R. 2151-4	Art. 51, V	R. 2143-10
Art. 43, IV	R. 2143-2, R. 2151-5	Art. 52	R. 2143-5
		Art. 53, I	R. 2143-13
Art. 44, I, al. 1er	R. 2142-1	Art. 53, II	R. 2143-14
Art. 44, I, al. 2	R. 2142-2	Art. 54	R. 2143-15
Art. 44, II	R. 2142-5	Art. 55, I	R. 2144-2
Art. 44, III, al. 1er	R. 2142-6	Art. 55, II	R. 2144-1
Art. 44, III, al. 2	R. 2142-7	Art. 55, II, 1°	R. 2144-3
Art. 44, III, al. 3	R. 2142-8	Art. 55, II, 2°	R. 2144-4
Art. 44, III, al. 4	R. 2142-9	Art. 55, II, 3°	R. 2144-5
Art. 44, III, al. 5	R. 2142-10	Art. 55, III	R. 2144-6
Art. 44, III, al. 6	R. 2142-11	Art. 55, IV	R. 2144-7
Art. 44, III, al. 7	R. 2142-12	Art. 56, al. 1er	R. 2144-8
Art. 44, IV, al. 1er	R. 2142-13	Art. 56, al. 2	R. 2144-9
Art. 44, IV, al. 2	R. 2142-14	Art. 57, I	R. 2151-6
Art. 44, V	R. 2142-25	Art. 57, II	R. 2151-13
Art. 45, I, al. 1er, phrase 1	R. 2142-19	Art. 57, III	R. 2151-15
		Art. 57, IV	R. 2151-12
Art. 45, I, al. 2 et 3	R. 2142-20	Art. 57, V	R. 2151-16
Art. 45, I, al. 1er, phrase 2	R. 2142-22	Art. 58, I	R. 2151-8
		Art. 58, II	R. 2151-9
Art. 45, I, al. 4	R. 2142-23	Art. 58, III	R. 2151-10
Art. 45, II	R. 2142-22	Art. 58, IV	R. 2151-11
Art. 45, III	R. 2142-24	Art. 59, II, phrase 1 et III sauf dern. phrase	R. 2152-1
Art. 45, IV	R. 2142-26		
Art. 45, V	R. 2142-21, R. 2151-7	Art. 59, II, phrase 2 et III dern. phrase	R. 2152-2
Art. 45, VI	R. 2142-27	Art. 59, IV	R. 2152-2
Art. 46, I, al 2	R. 2162-27	Art. 60, I	R. 2152-3
Art. 46, II, al. 1er	R. 2162-28	Art. 60, II	R. 2152-4
Art. 46, II, al. 2	R. 2162-29	Art. 60, III	R. 2152-5
Art. 46, III	R. 2162-30	Art. 61, I	R. 2153-3
Art. 46, IV	R. 2162-31	Art. 61, II	R. 2153-4
Art. 46, V	R. 2162-32	Art. 61, III	R. 2153-5
Art. 46, VI	R. 2162-33	Art. 62, I	R. 2152-6
Art. 46, VII	R. 2162-35	Art. 62, II	R. 2152-7
Art. 46, VIII	R. 2162-34	Art. 62, III	R. 2152-8
Art. 47, al. 1er	R. 2142-15	Art. 62, IV, al. 1er	R. 2152-11
Art. 47, al. 2	R. 2142-16	Art. 62, IV, al. 2	R. 2152-12
Art. 47, al. 3	R. 2142-15	Art. 62, V	R. 2152-6
Art. 47, al. 4, phrase 1	R. 2142-17	Art. 63, I	R. 2152-9
Art. 47, al. 4, phrase 2	R. 2142-18	Art. 63, II	R. 2152-10
Art. 48, I	R. 2143-3	Art. 64	R. 2152-13
Art. 48, II	R. 2142-3	Art. 66, al. 2 et 3	R. 2124-2
Art. 48, III	R. 2142-4	Art. 67, I, al. 1er	R. 2161-2
Art. 48, IV	R. 2143-16	Art. 67, I, al. 2, II et III	R. 2161-3
Art. 49, I, al. 1er	R. 2143-4	Art. 67, IV	R. 2161-5
Art. 49, I, al. 2	R. 2143-4	Art. 68	R. 2161-4
Art. 49, II, al. 2	R. 2143-16	Art. 69	R. 2161-6
Art. 49, II	R. 2143-4	Art. 70, I, al. 1er	R. 2161-7
Art. 50, al. 1er	R. 2143-11	Art. 70, I, al. 2 à 4	R. 2161-8

Textes d'origine	Articles du code
Art. 70, I, al. 5	R. 2161-9
Art. 70, II	R. 2161-10
Art. 70, III	R. 2161-11
Art. 71, al. 2	R. 2161-13
Art. 72, I	R. 2161-12
Art. 72, II, al. 1er	R. 2161-14
Art. 72, II, al. 2 à 4	R. 2161-15
Art. 72, II, al. 5	R. 2161-16
Art. 73, I	R. 2161-17
Art. 73, II	R. 2161-18
Art. 73, III, phrases 3 et 4	R. 2161-19
Art. 73, IV	R. 2161-20
Art. 74, al. 2	R. 2161-21
Art. 74, al. 3	R. 2161-22
Art. 74, al. 4	R. 2161-23
Art. 75, al. 2 et 3	R. 2161-24
Art. 76, I	R. 2161-25
Art. 76, II, al. 1er et 5	R. 2161-26
Art. 76, II, al. 2 à 4	R. 2161-27
Art. 76, III, al. 1er	R. 2161-28
Art. 76, III, al. 2	R. 2161-29
Art. 76, IV	R. 2161-30
Art. 76, V	R. 2161-31
Art. 77, al. 1er	R. 2113-4
Art. 77, al. 2	R. 2113-5
Art. 77, al. 3	R. 2113-6
Art. 78, I, al. 4	R. 2162-3
Art. 78, I, al. 1er et 5	R. 2162-1
Art. 78, I, al. 2 et 3	R. 2162-2
Art. 78, II	R. 2162-4
Art. 78, IV, al. 1er	R. 2162-6
Art. 78, IV, al. 2	R. 2162-5
Art. 79, I, al. 1er	R. 2162-7
Art. 79, I, al. 2	R. 2162-8
Art. 79, II, al. 1er	R. 2162-9
Art. 79, II, sauf al. 1er	R. 2162-10
Art. 79, III, al. 1er	R. 2162-11
Art. 79, III, al. 2	R. 2162-12
Art. 80, al. 1er	R. 2162-13
Art. 80, al. 2	R. 2162-14
Art. 81, I, al. 2, phrase 1	R. 2162-43
Art. 81, I, al. 2, phrases 2 et 3	R. 2162-37
Art. 81, II, phrase 1	R. 2162-39
Art. 81, II, phrase 2	R. 2162-40
Art. 81, III	R. 2162-48
Art. 81, IV	R. 2162-38
Art. 82, I, al. 1er	R. 2162-39
Art. 82, I, al. 2	R. 2162-42
Art. 82, I, al. 3	R. 2162-41
Art. 82, II	R. 2162-39
Art. 82, III	R. 2162-44
Art. 82, IV, al. 1er, phrase 1	R. 2162-46
Art. 82, IV, al. 1er, phrase 2	R. 2162-37

Textes d'origine	Articles du code
Art. 82, IV, al. 2, phrase 1	R. 2162-43
Art. 82, IV, al. 2, sauf phrase 1	R. 2162-45
Art. 82, IV, al. 3	R. 2162-46
Art. 82, V	R. 2162-47
Art. 83, I	R. 2162-49
Art. 83, II, 1°	R. 2162-50
Art. 83, III	R. 2162-51
Art. 84, al. 1er, phrase 1, et al. 4	R. 2372-19
Art. 84, II	R. 2162-57
Art. 85, I, al. 1er	R. 2162-58
Art. 85, I, al. 2	R. 2162-59
Art. 85, II, al. 1er	R. 2162-60
Art. 85, II, al. 2	R. 2162-61
Art. 85, II, al. 3 à 5	R. 2162-62
Art. 85, III, al. 1er	R. 2162-63
Art. 85, III, al. 2	R. 2162-64
Art. 85, IV, al. 1er et 2	R. 2162-65
Art. 85, IV, al. 3	R. 2162-66
Art. 86, I, al. 1er	R. 2162-52
Art. 86, I, al. 2 et II	R. 2162-54
Art. 87, I	R. 2162-53
Art. 87, II	R. 2162-55
Art. 87, III	R. 2162-56
Art. 88, I	R. 2162-15
Art. 88, II, al. 1er, phrase 2 et III phrase 2	R. 2162-16
Art. 88, III, al. 1er, phrase 1	R. 2162-17
Art. 88, III, al. 2 à 4	R. 2162-18
Art. 88, IV, al. 1er	R. 2162-19
Art. 88, IV, al. 2	R. 2162-20
Art. 88, IV, al. 3	R. 2162-21
Art. 89, I	R. 2162-22
Art. 89, II	R. 2162-23
Art. 89, III	R. 2162-24
Art. 89, IV	R. 2162-25
Art. 89, V	R. 2162-26
Art. 90, I	R. 2172-1
Art. 90, II, 1°	R. 2172-2
Art. 90, II, 2°	R. 2172-3
Art. 90, III, al. 1er	R. 2172-4
Art. 90, III, al. 2	R. 2172-5
Art. 90, III, al. 3	R. 2172-6
Art. 91, I	R. 2171-1
Art. 91, II, 1°, phrase 1 et 2°	R. 2171-16
Art. 91, II, 1°, phrases 2 et 3	R. 2171-17
Art. 91, II, phrase 1 et III.	R. 2171-15
Art. 91, II, al. 3 à 7	R. 2171-18
Art. 91, IV, al. 1er	R. 2171-19
Art. 91, IV, al. 1er	R. 2171-21
Art. 91, IV, al. 2	R. 2171-20
Art. 91, IV, dern. al.	R. 2171-22

Textes d'origine	Articles du code
Art. 92, I, al. 1er	R. 2171-2, R. 2171-20
Art. 92, I, al. 2	R. 2171-3, R. 2171-21
Art. 92, II, dern. al.	R. 2171-22
Art. 92, III, ecqc la loi MOP	R. 2171-21
Art. 92, III	R. 2171-15
Art. 93, al. 2, phrase 1	R. 2172-20
Art. 93, al. 2, phrase 2	R. 2172-21
Art. 94, I	R. 2172-23
Art. 94, II, phrase 1	R. 2172-24
Art. 94, II, al. 2 à 4	R. 2172-31
Art. 94, III	R. 2172-32
Art. 94, IV	R. 2172-25
Art. 95, I	R. 2172-26
Art. 95, II	R. 2172-22
Art. 95, III	R. 2172-27
Art. 95, IV et V	R. 2172-28
Art. 95, VI	R. 2172-29
Art. 95, VII	R. 2172-30
Art. 96, I	R. 2172-35
Art. 96, II	R. 2172-36
Art. 96, III	R. 2172-37
Art. 96, IV	R. 2172-38
Art. 97, al. 1er	R. 2172-33
Art. 97, al. 2	R. 2172-34
Art. 98, phrase 1	R. 2185-1
Art. 98, phrase 2	R. 2185-2
Art. 99, I, al. 1er et II al. 1er	R. 2181-1
Art. 99, I, al. 2	R. 2181-2
Art. 99, II, al. 2	R. 2181-3
Art. 99, II, al. 3	R. 2181-4
Art. 100, al. 1er	R. 2181-5
Art. 100, al. 2	R. 2181-6
Art. 101, I	R. 2182-1
Art. 101, II	R. 2182-2
Art. 102	R. 2182-3
Art. 103, al. 3	R. 2182-5
Art. 103, al. 1er et 2	R. 2182-4
Art. 104, I, al. 1er	R. 2183-1
Art. 104, I, al. 2	R. 2183-2
Art. 104, II	R. 2183-6
Art. 104, III, al. 1er	R. 2183-3
Art. 104, III, al. 2	R. 2183-4
Art. 104, IV	R. 2183-5
Art. 104, V	R. 2183-7
Art. 105, I, phrase 1 et III al. 2	R. 2184-1
Art. 105, I, phrase 2	R. 2184-2
Art. 105, II	R. 2184-3
Art. 105, III, al. 1er	R. 2184-4
Art. 105, III, al. 3, ecqc les autorités de contrôle	R. 2184-5
Art. 105, III, al. 3, ecqc la commission européenne	R. 2184-6
Art. 106, al. 1er	R. 2184-7
Art. 106, al. 2	R. 2184-8
Art. 106, al. 3	R. 2184-9
Art. 106, al. 4, ecqc les autorités de contrôle	R. 2184-10
Art. 106, al. 4, ecqc la commission européenne	R. 2184-11
Art. 107	R. 2196-1
Art. 108, al. 1er	R. 2184-13
Art. 108, al. 2	R. 2184-12
Art. 109, phrase 1	R. 2191-1
Art. 109, phrase 2	R. 2191-2
Art. 110, I, al. 1er, ecqc les marchés publics	R. 2191-3
Art. 110, I, al. 5	R. 2191-5
Art. 110, I, al. 1er, phrase 2	R. 2191-6
Art. 110, I, al. 2	R. 2191-17
Art. 110, I, al. 3	R. 2191-16
Art. 110, I, al. 4	R. 2191-18
Art. 110, I, phrase 1, ecqc les marchés publics à tranches	R. 2191-13
Art. 110, II, 1°	R. 2191-7
Art. 110, II, dern. al.	R. 2191-9
Art. 110, III, al. 3	R. 2191-8
Art. 110, III, al. 1er et 2	R. 2191-7
Art. 110, III, dern. al.	R. 2191-10
Art. 110, IV	R. 2191-15
Art. 110, V	R. 2191-4
Art. 111, I, al. 1er	R. 2191-11
Art. 111, I, al. 2, 1°, ecqc les marchés publics à tranches	R. 2191-14
Art. 111, I, al. 2, 2° et 3°	R. 2191-19
Art. 111, I, al. 2	R. 2191-12
Art. 111, II	R. 2191-11
Art. 111, III	R. 2191-15
Art. 112	R. 2191-7
Art. 113	R. 2191-8
Art. 114, al. 1er	R. 2191-21
Art. 114, al. 2 et 3	R. 2191-22
Art. 115, al. 3	R. 2191-20
Art. 115, al. 1er et 2	R. 2191-26
Art. 116	R. 2191-24
Art. 117, al. 1er	R. 2191-27
Art. 117, al. 2 et 3	R. 2191-28
Art. 117, dern. al.	R. 2191-29
Art. 118	R. 2191-30
Art. 119	R. 2191-23
Art. 120	R. 2191-25
Art. 121	R. 2191-31
Art. 122, al. 2	R. 2191-33
Art. 122, al. 1er, 5 et 6	R. 2191-34
Art. 122, al. 3 et 4	R. 2191-32
Art. 123, al. 1er, al. 8, phrase 1 et al. 2, phrase 2	R. 2191-36

Textes d'origine	Articles du code
Art. 123, al. 2, phrase 1 et al. 8, phrase 2	R. 2191-38
Art. 123, al. 3	R. 2191-37
Art. 123, al. 4	R. 2191-41
Art. 123, al. 5 et 6	R. 2191-39
Art. 123, al. 7 et al. 8, phrase 3	R. 2191-40
Art. 124	R. 2191-42
Art. 125	R. 2191-44
Art. 126	R. 2191-43
Art. 127, al. 1er et 2	R. 2191-46
Art. 127, al. 10	R. 2191-53
Art. 127, al. 3	R. 2191-58
Art. 127, al. 4	R. 2191-49
Art. 127, al. 5	R. 2191-48
Art. 127, al. 6	R. 2191-50
Art. 127, al. 7	R. 2191-47
Art. 127, al. 8	R. 2191-51
Art. 127, al. 9	R. 2191-52
Art. 128, al. 1er	R. 2191-54
Art. 128, al. 2	R. 2191-56
Art. 128, al. 3	R. 2191-57
Art. 128, al. 4	R. 2191-45
Art. 129	R. 2191-55
Art. 130, al. 1er à 3	R. 2191-60
Art. 130, al. 4	R. 2191-62
Art. 130, al. 5	R. 2191-61
Art. 130, al. 6	R. 2191-59
Art. 131	R. 2191-63
Art. 134, 1°, al. 1er et 2	R. 2193-1
Art. 134, 1°, al. 3	R. 2193-9
Art. 134, 1°, al. 8	R. 2193-2
Art. 134, 2°, al. 3	R. 2193-4
Art. 134, 2°, al. 1er et 2	R. 2193-3
Art. 134, 3°, al. 1er	R. 2193-5
Art. 134, 3°, al. 4 et 4°	R. 2193-7
Art. 134, 3°, al. 2 et 3	R. 2193-6
Art. 134, 3°, al. 5	R. 2193-8
Art. 134, 4°	R. 2193-4
Art. 135, I	R. 2193-10
Art. 135, II, al. 1er	R. 2193-17
Art. 135, II, al. 2	R. 2193-18
Art. 135, II, al. 3 et 4	R. 2193-19
Art. 135, II, al. 5 et 6	R. 2193-20
Art. 135, II, al. 7 et 8	R. 2193-21
Art. 136, I, al. 1er	R. 2193-11
Art. 136, I, al. 2	R. 2193-12
Art. 136, I, al. 5	R. 2193-15
Art. 136, I, al. 3 et 4	R. 2193-14
Art. 136, II	R. 2193-16
Art. 137	R. 2193-22
Art. 138, al. 2	R. 2196-8
Art. 138, al. 3	R. 2196-10
Art. 138, al. 4 à 6	R. 2196-11
Art. 138, al. 7 et 8	R. 2196-12
Art. 139, 1°	R. 2194-1
Art. 139, 2°	R. 2194-2
Art. 139, 3°	R. 2194-5
Art. 139, 4°	R. 2194-6
Art. 139, 5°	R. 2194-7
Art. 139, 6°	R. 2194-8
Art. 140, I	R. 2194-3
Art. 140, II, al. 1er, ecqc l'art. 140	R. 2194-4
Art. 140, II, al. 1er, ecqc le 6° de l'art. 139	R. 2194-8
Art. 140, II, al. 2	R. 2194-9
Art. 140, III	R. 2194-10
Art. 141, al. 1er	R. 2196-2
Art. 141, al. 2	R. 2196-3
Art. 141, dern. al.	R. 2196-4
Art. 142, al. 4, ecqc les CCRA	R. 2197-16
Art. 142, al. 4, ecqc le médiateur	R. 2197-24
Art. 142, al. 4	D. 2397-2
Art. 142, al. 1er et 2	R. 2197-1
Art. 142, al. 1er et 3	R. 2197-23
Art. 143	R. 2200-1
Art. 145	R. 2212-1
Art. 146, I, al. 1er	R. 2212-11
Art. 146, I, al. 2	R. 2212-12
Art. 146, II	R. 2212-13
Art. 147, phrase 1, 1°	R. 2212-5
Art. 147, phrase 1, 2°	R. 2212-6
Art. 147, phrase 1	R. 2212-4
Art. 148	R. 2212-9
Art. 149	R. 2212-2
Art. 150	R. 2212-3
Art. 151, I	R. 2211-1
Art. 151, II	R. 2211-2
Art. 152, phrase 1	R. 2211-3
Art. 152, phrase 2	R. 2211-4
Art. 153, phrases 1 et 2	R. 2212-7
Art. 153, phrase 3	R. 2212-8
Art. 154	R. 2212-10
Art. 155, al. 1er	R. 2221-1
Art. 155, al. 2	R. 2221-2
Art. 155, al. 3	R. 2221-3
Art. 156, I	R. 2223-1
Art. 156, II	R. 2223-2
Art. 156, III	R. 2223-3
Art. 156, IV	R. 2223-4
Art. 157	R. 2223-5
Art. 159, al. 1er	R. 2222-1
Art. 160, al. 1er	R. 2222-2
Art. 160, al. 2	R. 2222-3
Art. 161, I	R. 2213-1
Art. 161, II	R. 2213-2
Art. 161, III	R. 2213-3
Art. 162	R. 2213-4
Art. 163	R. 2213-5
Art. 164	R. 2232-1
Art. 165, I	R. 2234-1
Art. 165, I, 1°	R. 2234-2
Art. 165, I, 2°	R. 2234-3
Art. 165, II	R. 2234-4

Textes d'origine	Articles du code
Art. 166, I, 1°	R. 2234-5
Art. 166, I, 2°	R. 2234-6
Art. 166, I, 3°	R. 2234-7
Art. 166, II	R. 2234-8
Décret n° 2016-361 du 25 mars 2016 relatif aux marchés de défense ou de sécurité	
Art. 1er	R. 2300-1
Art. 2	R. 2311-1
Art. 3	R. 2311-1
Art. 4, 2° et 3°	R. 2311-6
Art. 4, I	R. 2311-2
Art. 4, II, al 1er, 11 et 13	R. 2311-4
Art. 4, II, al. 1er, 1° et al. 13	R. 2311-5
Art. 5, phrases 1 à 3	R. 2311-6
Art. 5, phrase 4	R. 2311-7
Art. 6	R. 2311-4
Art. 7	R. 2311-3
Art. 8, al. 1er à 5	R. 2311-8
Art. 8, al. 6	R. 2311-9
Art. 9	R. 2313-1
Art. 10	R. 2313-3
Art. 11, al. 1er	R. 2312-1
Art. 11, al. 2	R. 2312-2
Art. 11, al. 3	R. 2312-3
Art. 12	R. 2312-4
Art. 13, al. 2 et 3	R. 2312-5
Art. 14, al. 1er	R. 2312-7
Art. 15, I	R. 2312-8
Art. 15, II	R. 2312-9
Art. 15, III	R. 2312-10
Art. 15, IV	R. 2312-11
Art. 15, V	R. 2312-12
Art. 16, I	R. 2312-13
Art. 16, II et III	R. 2312-14
Art. 17, al. 1er, phrase 2	R. 2321-1
Art. 17, al. 1er, phrase 1	R. 2321-1
Art. 17, al. 2	R. 2321-2
Art. 17, al. 3	R. 2321-3
Art. 18, I et II	R. 2321-4
Art. 18, III	R. 2321-5
Art. 18, IV	R. 2321-6
Art. 19, al. 1er	R. 2321-1
Art. 19, al. 2, 1° et 2°	R. 2323-1
Art. 20	R. 2321-2
Art. 21, I	R. 2324-1
Art. 21, II	R. 2324-4
Art. 22, al. 1er, ecqc le régime et al. 2 et 3	R. 2323-4
Art. 22, al. 1er, ecqc le seuil mapa	R. 2323-1
Art. 23, 1°	R. 2322-1
Art. 23, 2°	R. 2322-2
Art. 23, 3°	R. 2322-3
Art. 23, 4°	R. 2322-4
Art. 23, 5°	R. 2322-5
Art. 23, 6°	R. 2322-6
Art. 23, 7°	*R. 2322-7*
Art. 23, 8°	R. 2322-8
Art. 23, 9°	R. 2322-9
Art. 23, 10°	R. 2322-10
Art. 23, 11°	R. 2322-11
Art. 23, 12°	R. 2322-12
Art. 23, 13°	R. 2322-13
Art. 23, 14°	R. 2322-14
Art. 24	R. 2323-2
Art. 25, I, 1°	R. 2331-7
Art. 25, I, al. 1er	R. 2323-2
Art. 25, II	R. 2323-3
Art. 25, al. 3	R. 2383-1
Art. 26, I, al. 1er	R. 2331-1
Art. 26, I, al. 3	R. 2332-5
Art. 26, I, al. 2, 4 et 5	R. 2331-2
Art. 26, II, al. 1er	R. 2331-3
Art. 26, II, al. 2	R. 2331-4
Art. 27, al. 3	R. 2331-9
Art. 27, al. 1er et 2	R. 2331-8
Art. 28, I	R. 2331-5
Art. 28, II	R. 2331-6
Art. 28, III	R. 2331-9
Art. 29, al. 1er	R. 2331-10
Art. 29, al. 2 et 3	R. 2331-11
Art. 30	R. 2332-1
Art. 31, I, al. 1er	R. 2332-2
Art. 31, I, al. 2, phrase 2	R. 2332-5
Art. 31, I, al. 2, phrases 1 et 4	R. 2332-3
Art. 31, II	R. 2332-4
Art. 32, al. 1er	R. 2332-6
Art. 32, al. 2	R. 2332-7
Art. 32, al. 3 et 4	R. 2332-8
Art. 33, I, al. 3	R. 2332-10
Art. 33, I, al. 1er et 2	R. 2332-9
Art. 33, II, al. 1er à 3	R. 2332-11
Art. 33, II, al. 4	R. 2332-12
Art. 33, II, al. 5	R. 2332-13
Art. 33, III, phrase 1	R. 2332-14
Art. 33, IV, al. 1er	R. 2332-15
Art. 33, IV, al. 2	R. 2332-16
Art. 34, I	R. 2332-17
Art. 34, II	R. 2332-18
Art. 35, I, al. 1er	R. 2343-1, R. 2351-1
Art. 35, I, al. 2	R. 2343-1, R. 2351-2
Art. 35, II	R. 2351-3
Art. 35, III	R. 2351-4
Art. 35, IV	R. 2343-2
Art. 35, IV	R. 2351-5
Art. 36, I, al. 1er	R. 2342-1
Art. 36, I, al. 2	R. 2342-2
Art. 36, II	R. 2342-4
Art. 36, III	R. 2342-5
Art. 36, IV	R. 2342-6
Art. 36, V	R. 2342-12
Art. 37, al. 1er	R. 2342-7
Art. 37, al. 2 et 3	R. 2342-8
Art. 38, I, al. 1er	R. 2342-12
Art. 38, I, al. 2 et 3	R. 2342-12
Art. 38, I, al. 4	R. 2342-12
Art. 38, II	R. 2342-12
Art. 38, III	R. 2342-12
Art. 38, IV, al. 1er	R. 2342-13
Art. 38, IV, al. 2	R. 2342-14
Art. 38, V	R. 2342-12, R. 2351-7
Art. 38, VI	R. 2342-15
Art. 39, al. 1er	R. 2342-9
Art. 39, al. 2	R. 2342-10

Textes d'origine	Articles du code	Textes d'origine	Articles du code
Art. 40, I, al. 1er à 4	R. 2343-3	Art. 66, al. 4	R. 2361-12
Art. 40, I, al. 5	R. 2343-4	Art. 66, al. 1er à 3	R. 2361-11
Art. 40, I, al. 6	R. 2343-5	Art. 67, al. 2 et 3	R. 2361-13
Art. 40, II	R. 2342-2	Art. 68, I	R. 2361-14
Art. 40, III	R. 2342-2	Art. 68, II, al. 1er	R. 2361-15
Art. 40, IV	R. 2342-3	Art. 68, II, al. 2 et 3	R. 2361-16
Art. 41	R. 2343-6	Art. 68, III	R. 2361-17
Art. 42, al. 1er	R. 2343-11	Art. 68, IV	R. 2361-18
Art. 42, al. 2	R. 2343-12	Art. 68, V	R. 2361-19
Art. 42, al. 3	R. 2343-13	Art. 69	R. 2313-2
Art. 43, I	R. 2343-8	Art. 70, I, al. 1er et 6	R. 2362-1
Art. 43, II	R. 2343-9	Art. 70, I, al. 2 et 3	R. 2362-2
Art. 43, III	R. 2343-9	Art. 70, I, al. 4	R. 2362-3
Art. 43, IV	R. 2343-9	Art. 70, I, al. 5	R. 2362-4
Art. 43, V	R. 2343-10	Art. 70, II	R. 2362-5
Art. 43, VI	R. 2343-19	Art. 70, IV, al. 2	R. 2362-5
Art. 44	R. 2343-7	Art. 70, IV, al. 1er	R. 2362-6
Art. 45, al. 1er	R. 2343-14	Art. 71	R. 2362-7
Art. 45, al. 2	R. 2343-15	Art. 72	R. 2362-8
Art. 46, I	R. 2343-16	Art. 73, II	R. 2362-13
Art. 46, II	R. 2343-17	Art. 74, I, al. 1er, phrase 1	R. 2362-14
Art. 46, III	R. 2343-18	Art. 74, I, al. 1er, phrase 2 et al. 2 à 6	R. 2362-15
Art. 47, I	R. 2344-6	Art. 74, II, al. 1er et 2	R. 2362-15
Art. 47, II, al. 1er et 2	R. 2344-7	Art. 74, II, al. 3 et 4	R. 2362-16
Art. 47, II, al. 3	R. 2344-8	Art. 74, III	R. 2362-17
Art. 48, al. 1er	R. 2344-2	Art. 74, IV, al. 1er à 5	R. 2362-17
Art. 48, al. 2	R. 2344-1	Art. 74, IV, al. 6	R. 2362-18
Art. 48, al. 3	R. 2344-3	Art. 75, al. 1er	R. 2362-9
Art. 48, al. 4	R. 2344-4	Art. 75, al. 2 et 3	R. 2362-11
Art. 49, al. 1er	R. 2342-11	Art. 76, I	R. 2362-10
Art. 49, al. 2 et 3	R. 2344-5	Art. 76, II	R. 2362-12
Art. 50, al. 1er	R. 2344-9	Art. 77, I	R. 2372-1
Art. 50, al. 2 à 8	R. 2344-10	Art. 77, II, 1° à 4°, phrase 1	R. 2372-2
Art. 51, I	R. 2351-6	Art. 77, II, 1°, phrase 2	R. 2372-3
Art. 51, II	R. 2351-12	Art. 77, II, 2°, phrase 2	R. 2372-4
Art. 51, III	R. 2351-13	Art. 77, II, 4° et al. 6	R. 2372-5
Art. 51, IV	R. 2351-11	Art. 77, III, al. 1er	R. 2372-6
Art. 51, V	R. 2351-13	Art. 77, III, al. 2	R. 2372-7
Art. 52, I	R. 2351-14	Art. 77, III, al. 3	R. 2372-9
Art. 52, II	R. 2396-6	Art. 78	R. 2371-6
Art. 53, I	R. 2351-15	Art. 79, I	R. 2371-1
Art. 53, II	R. 2351-16	Art. 79, II, phrase 1 et III.	R. 2371-4
Art. 54	R. 2351-17	Art. 79, II, 1°, phrase 1 et 2°	R. 2371-5
Art. 55, al. 1er à 3	R. 2351-8	Art. 79, II, 1°, phrases 2 et 3 et al. 2 à 5	R. 2371-7
Art. 55, al. 4	R. 2351-9	Art. 79, IV, al. 1er	R. 2371-8
Art. 55, al. 5	R. 2351-10	Art. 79, IV, al. 2 et 3	R. 2371-9
Art. 56, II à IV	R. 2352-1	Art. 80, I	R. 2371-2
Art. 57, I	R. 2352-2	Art. 80, II	R. 2371-4
Art. 57, II et III	R. 2352-3	Art. 80, III, al. 1er	R. 2371-8
Art. 58, I et V	R. 2352-4	Art. 81, al. 2	R. 2372-17
Art. 58, II	R. 2352-5	Art. 82	R. 2372-17
Art. 58, III	R. 2352-6	Art. 83	R. 2372-18
Art. 58, IV, al. 2	R. 2352-8	Art. 84, al. 1er, phrase 2, et al. 2	R. 2372-20
Art. 58, IV, al. 1er	R. 2352-7	Art. 84, al. 3	R. 2372-21
Art. 59	R. 2352-9	Art. 85, I	R. 2372-22
Art. 60	R. 2361-1	Art. 85, III	R. 2372-23
Art. 61	R. 2324-2	Art. 85, IV	R. 2372-24
Art. 62	R. 2361-2	Art. 86	R. 2373-1
Art. 63, I, al. 1er	R. 2361-3	Art. 87	R. 2385-1
Art. 63, I, al. 5	R. 2361-5	Art. 88	R. 2381-1
Art. 63, I, al. 2 à 4	R. 2361-4		
Art. 63, II	R. 2361-6		
Art. 63, III	R. 2361-7		
Art. 64, al. 1er	R. 2324-3		
Art. 65, al. 1er et 2	R. 2361-8		
Art. 64, al. 2	R. 2361-9		
Art. 65, al. 3	R. 2361-10		

Textes d'origine	Articles du code
Art. 89, al. 1er	R. 2382-1
Art. 89, al. 2	R. 2382-2
Art. 90	R. 2382-3
Art. 91	R. 2382-4
Art. 92, I, al. 3	R. 2383-2
Art. 92, I, al. 1er et 2	R. 2383-1
Art. 92, II, al. 1er	R. 2383-2
Art. 92, II, al. 2	R. 2383-3
Art. 93, al. 1er	R. 2384-1
Art. 93, al. 17, ecqc la Commission européenne	R. 2384-4
Art. 93, al. 17, ecqc les autorités de contrôle	R. 2384-4
Art. 93, al. 2 à 7	R. 2384-2
Art. 93, al. 8 à 16	R. 2384-3
Art. 95	R. 2384-5
Art. 97, I, al. 1er, phrases 1, ecqc les marchés publics et 3	R. 2391-1
Art. 97, I, al. 1er, phrase 2	R. 2391-3
Art. 97, I, phrase 1, ecqc les marchés publics à tranches	R. 2391-8
Art. 97, I, al. 2	R. 2391-13
Art. 97, I, al. 3	R. 2391-12
Art. 97, I, al. 4	R. 2391-14
Art. 97, I, al. 5	R. 2391-2
Art. 97, II, 2°	R. 2391-13
Art. 97, II, 3°	R. 2391-12
Art. 97, II, 1°	R. 2391-4
Art. 97, II, al. 5	R. 2391-4
Art. 97, II, al. 6	R. 2391-6
Art. 97, III, al. 1er et 2	R. 2391-4
Art. 97, III, al. 3	R. 2391-5
Art. 97, III, al. 4	R. 2391-6
Art. 97, IV	R. 2391-11
Art. 97, V	R. 2391-2
Art. 98, I, al. 1er	R. 2391-7
Art. 98, I, al. 2	R. 2391-7
Art. 98, I, al. 2 et 3	R. 2391-9
Art. 98, I, al. 2, 2° et 3°	R. 2391-15
Art. 98, I, al. 6	R. 2391-10
Art. 98, II	R. 2391-7
Art. 98, III	R. 2391-11
Art. 99	R. 2391-5
Art. 100, al. 1er	R. 2391-16
Art. 100, al. 2 et 3	R. 2391-17
Art. 101, al. 3	R. 2391-16
Art. 101, al. 1er et 2	R. 2391-20
Art. 102	R. 2391-19
Art. 103	R. 2391-20
Art. 104	R. 2391-20
Art. 105	R. 2391-18
Art. 106	R. 2391-19
Art. 107	R. 2391-19
Art. 108	R. 2391-20
Art. 109, I, al. 1er et II	R. 2391-23
Art. 109, I, al. 2	R. 2391-22
Art. 109, I, al. 3 et 4	*R. 2391-21*
Art. 110, I, al. 1er, al. 2 (phrase 2), II phrase 1	R. 2391-25
Art. 110, I, al. 2 (phrase 1) et II (phrase 2)	R. 2391-25
Art. 110, I, al. 3	R. 2391-25
Art. 110, I, al. 4	R. 2391-25
Art. 110, I, al. 5 et 6	R. 2391-25
Art. 110, I, al. 7 et II (phrase 3)	R. 2391-25
Art. 111	R. 2391-25
Art. 112	R. 2391-27
Art. 113	R. 2391-26
Art. 114	R. 2391-28
Art. 115	R. 2391-28
Art. 116	R. 2391-28
Art. 117	R. 2391-28
Art. 118	R. 2391-28
Art. 121	R. 2393-24
Art. 122, I, al. 1er à 8	R. 2393-25
Art. 122, I, al. 9	R. 2393-26
Art. 122, II, al. 1er et 2	R. 2393-27
Art. 122, II, al. 3 et 4 et IV	R. 2393-28
Art. 122, III, al. 1er	R. 2393-29
Art. 122, III, al. 2 et 3	R. 2393-30
Art. 122, III, al. 4 et IV	R. 2393-31
Art. 122, III, al. 5	R. 2393-32
Art. 123, al. 1er	R. 2393-21
Art. 123, al. 4	R. 2393-22
Art. 124, al. 1er à 5	R. 2393-33
Art. 124, al. 6	R. 2393-36
Art. 124, al. 7	R. 2393-37
Art. 124, al. 8 et 9	R. 2393-38
Art. 124, al. 10 à 13	R. 2393-39
Art. 125	R. 2393-34
Art. 126	R. 2393-40
Art. 127	R. 2393-35
Art. 129	R. 2393-41
Art. 130, I, 1°	R. 2393-42
Art. 130, I, 2°	R. 2393-43
Art. 130, II	R. 2393-44
Art. 131, I	R. 2393-21
Art. 131, II	R. 2393-22
Art. 132	R. 2393-2
Art. 133, al. 1er	R. 2393-4
Art. 133, al. 2	R. 2393-5
Art. 133, al. 3	R. 2393-6
Art. 134, I, al. 1er	R. 2393-7
Art. 134, I, al. 2 à 4	R. 2393-8
Art. 134, II, al. 1er (phrase 1)	R. 2393-10
Art. 134, II, al. 1er (phrase 2)	R. 2393-11
Art. 134, II, al. 2	R. 2393-9
Art. 134, III	R. 2393-12
Art. 135, I	R. 2393-13
Art. 135, II, al. 1er (phrase 1)	R. 2393-18
Art. 135, II, al. 1er (phrase 2)	R. 2393-20
Art. 135, II, al. 2	R. 2393-19
Art. 135, II, al. 3	R. 2393-17
Art. 135, III	R. 2393-14
Art. 135, IV	R. 2393-15
Art. 135, V	R. 2393-16
Art. 136	R. 2393-23
Art. 137	R. 2394-1
Art. 138	R. 2396-1
Art. 139	D. 2397-2

Textes d'origine	Articles du code	Textes d'origine	Articles du code
Art. 139, ecqc le médiateur	R. 2397-3	Art. 3	D. 2171-5, D. 2371-3
Art. 140, al. 2	R. 2396-3	Art. 4, II	D. 2171-6
Art. 140, al. 3 à 8	R. 2396-4	Art. 4, III	D. 2171-7
		Art. 4, IV	D. 2171-8
		Art. 4, V	D. 2171-9
		Art. 4, II à V	D. 2371-3
Décret n° 2017-842 du 5 mai 2017 portant adaptation des missions de maîtrise d'œuvre aux marchés publics globaux		Art. 5	D. 2171-10, D. 2371-3
		Art. 6, I	D. 2171-11
		Art. 6, II	D. 2171-12
		Art. 6	D. 2371-3
Art. 2	D. 2171-4, D. 2371-3	Art. 7	D. 2171-13
		Art. 8	D. 2171-14

Il y a 35 article(s) législatif(s)
Il y a 1168 article(s) réglementaires(s)
Il y a 0 article(s) arrêté(s).
Il y a 7 article(s) non repris.
Il y a 16 article(s) abrogé(s).
Il y a 28 article(s) réservé(s).
Il y a 0 article(s) en code suiveur.
Il y a 0 article(s) de renvoi.
Il y a 47 article(s) nouveau(x)
Il y a 1128 article(s) codifie(s)
La mention (CS) distingue les articles repris en ***code suiveur***.
La mention (RS) distingue les articles réservés.
La mention (RV) distingue les articles de renvoi.

TABLE CHRONOLOGIQUE

NOTA. Avant la table chronologique proprement dite, on retrouvera ci-dessous la liste des différents codes reproduits intégralement ou en extraits dans le présent ouvrage.

Code de l'aviation civile

– Art. R. 223-2 à R. 223-7 *(concessions d'outillage)*. – V. App., *Partie II. Textes relatifs aux concessions*, **p. 1665.**

Code de commerce

– Art. L. 441-6, L. 450-1 à L. 450-4, L. 450-7, L. 450-8. V. App., *Partie IV. Délais de paiement*, **p. 1718.**

Code de la construction et de l'habitation

– Art. L. 421-26, L. 433-1, L. 481-4, R. 433-1 à R. 433-3, R. 433-5, R. 433-6, R. 433-10, R. 433-18, R. 433-20 à R. 433-23. – V. App., *Partie I. Textes relatifs aux marchés publics*, **p. 1319.**

Code de la défense

– Art. L. 3421-1 à L. 3421-7, R. 3421-1 à R. 3421-14, ss. CCP, art. L. 2113-5.

Code de l'énergie

– Art. L. 521-1 à L. 521-6, L. 521-15 à L. 521-20, L. 531-1 à L. 531-6, R. 521-1 à R. 521-72 *(textes relatifs aux concessions relatives à l'utilisation de l'énergie hydraulique)*. – V. App., *Partie II. Textes relatifs aux concessions*, **p. 1668.**

– Art. R. 234-1 à R. 234-5 *(achat de produit à haute performance)*. – V. App., *Partie I. Textes relatifs aux marchés publics*, **p. 1322.**

Code de l'environnement

– Art. L. 228-4, ss. CCP, art. R. 2152-7.

– Art. L. 321-9 *(concessions de plage)*. – V. App., *Partie II. Textes relatifs aux concessions*, **p. 1658.**

Code général des collectivités territoriales

– Art. L. 1311-2 *(baux emphytéotiques administratifs)*. – V. App., *Partie I. Textes relatifs aux marchés publics*, **p. 1312.**

– Art. L. 1311-4-1 *(construction pour l'État)*. – V. App., *Partie I. Textes relatifs aux marchés publics*, **p. 1312.**

– Art. L. 1414-1 *(renvoi au code de la commande publique)*. – V. App., *Partie I. Textes relatifs aux marchés publics*, **p. 1314.**

– Art. L. 1311-5 *(autorisation d'occupation temporaire)*. – V. App., *Partie I. Textes relatifs aux marchés publics*, **p. 1313.**

– Art. L. 1414-2 *(commission d'appel d'offre)*. – V. App., *Partie I. Textes relatifs aux marchés publics*, **p. 1314.**

– Art. L. 1414-3 *(commission d'appel d'offre d'un groupement de commande)*. – V. App., *Partie I. Textes relatifs aux marchés publics*, **p. 1316.**

– Art. L. 1414-4 *(avenants)*. – V. App., *Partie I. Textes relatifs aux marchés publics*, **p. 1317.**

– Art. L. 1424-35-1 *(prestations du département pour le compte du SDIS)*. – V. App., *Partie I. Textes relatifs aux marchés publics*, **p. 1317.**

Code des relations entre le public et l'administration

— Art. L. 421-1, L. 421-2, L. 422-1, L. 422-2 (*contrôles et contentieux - conciliation et médiation*). — V. App., *Partie VI. Contrôles et contentieux,* **p. 1733.**

— Art. L. 423-1, L. 423-2, R. 423-3 à R. 423-5, D. 423-6, D. 423-7 (*contrôles et contentieux - transaction*). — V. App., *Partie VI. Contrôles et contentieux,* **p. 1735.**

— Art. L. 113-13, D. 113-14 (*simplification des formalités*). — V. App., *Partie I. Textes relatifs aux marchés publics,* **p. 1336.**

Code des transports

— Art. L. 2121-14 à L. 2121-17-3, ss. CCP, art. L. 2522-1.

— Art. R. 5313-81, R. 5313-83, R. 5313-84, R. 5313-87 à R. 5313-90, R. 5314-2 à R. 5314-5 (*textes relatifs aux concessions d'outillage*). — V. App., *Partie II. Textes relatifs aux concessions,* **p. 1666.**

Code du travail

— Art. L. 8222-1 à L. 8222-7 (*obligations et solidarité financière des maîtres d'ouvrage*). — V. App., *Partie I. Textes relatifs aux marchés publics,* **p. 1335.**

Code de l'urbanisme

— Art. L. 300-1 à L. 300-5-1, L. 327-1, R.* 300-4 à R.* 300-13 (*textes relatifs aux concessions d'aménagement*). — V. App., *Partie III. Concessions d'aménagement,* **p. 1695.**

Code de la voirie routière

— Art. L. 122-12 à L. 122-29, L. 122-33, R. 122-28 à R. 122-38, R. 122-40 à R. 122-41-2 (*marchés passés par un concessionnaire d'autoroute*). — V. App., *Partie I. Textes relatifs aux marchés publics,* **p. 1324.**

1952	14 avr.	Loi n° 52-401. De finances pour l'exercice 1952. – Art. 50, App., *Partie I. Textes relatifs aux marchés publics*, **p. 1335.**
1977	3 janv.	Loi n° 77-2. Sur l'architecture. – Art. 5-I, App., *Partie I. Textes relatifs aux marchés publics*, **p. 1333.**
1983	7 janv.	Loi n° 83-8. Répartition de compétences entre les communes, les départements, les régions et l'État, « loi Defferre ». – Art. 12, App., *Partie I. Textes relatifs aux marchés publics*, **p. 1333.**
1987	22 juin	Loi n° 87-432. Service public pénitentiaire. – Art. 2. – V. ss. Ord. n° 2015-899 du 23 juill. 2015, art. 101, App., *Partie VIII. Anciens textes*, 🏛.
1989	21 déc.	Directive n° 89/665/CEE. Recours en matière de passation des marchés publics de fournitures et de travaux. – V. App., *Partie VI. Contrôles et contentieux*, **p. 1754.**
1992	6 févr.	Loi n° 92-125. Administration territoriale de la République. – Art. 7, App., *Partie I. Textes relatifs aux marchés publics*, 🏛.
1993	29 janv.	Loi n° 93-122. Prévention de la corruption et transparence de la vie économique et des procédures publiques. – Art. 19-1. – V. ss. C. marchés, art. 28, App., *Partie VIII. Anciens textes*, 🏛.
2001	11 déc.	Loi n° 2001-1168. Mesures urgentes de réformes à caractère économique et financier. – Art. 2. – V. ss. C. marchés, art. 1er, App., *Partie VIII. Anciens textes*, 🏛.
2002	29 avr.	Décret n° 2002-677. Décoration des constructions publiques. – V. ss. CCP, art. L. 2172-2.
2002	5 nov.	Règlement CE n° 2195/2002 du Parlement européen et du Conseil. Vocabulaire commun pour les marchés publics. – V. App., *Partie I. Textes relatifs aux marchés publics*, **p. 1300.**
2004	6 janv.	Décret n° 2004-18. Application de l'article L. 34-3-1 du code du domaine de l'État. – Art. 27. – V. CJA, art. L. 551-1, L. 554-2, App., *Partie VI. Contrôles et contentieux*, **p. 1845.**
2004	17 juin	Ordonnance n° 2004-559. Contrats de partenariat : – Art. 27. – V. CJA, art. L. 551-1, L. 554-2, App., *Partie VI. Contrôles et contentieux*, **p. 1845.** – Art. 28. – V. C. mon. fin., art. L. 313-29-1, App., *Partie V. Cessions de créances et nantissement*, **p. 1726.**
2004	26 oct.	Décret n° 2004-1144. Exécution des marchés publics par carte d'achat. – V. App., *Partie I. Textes relatifs aux marchés publics*, **p. 738.**
2005	6 juin	Ordonnance n° 2005-649. Marchés passés par certaines personnes publiques ou privées non soumises au code des marchés publics : – Art. 39. – V. CJA, art. L. 551-1, L. 551-2, App., *Partie VI. Contrôles et contentieux*, **p. 1845.** – Art. 41. – V. CCH, art. L. 433-1, App., *Partie I. Textes relatifs aux marchés publics*, **p. 1320.**

2005	20 juill.	Loi n° 2005-809. Concessions d'aménagement. – Art. 1er à 3, 11. – V. C. urb., art. L. 300-4 à L. 300-5-1, App., *Partie III. Concessions d'aménagement*, **p. 1696.**
2005	30 déc.	Loi n° 2005-1720. De finances rectificative pour 2005. – Art. 125-I. – V. CGCT, art. L. 1311-4-1, App., *Partie I. Textes relatifs aux marchés publics*, **p. 1312.**
2005	30 déc.	Décret n° 2005-1742. Marchés passés par les pouvoirs adjudicateurs mentionnés à l'article 3 de l'ordonnance n° 2005-649 du 6 juin 2005 relative aux marchés passés par certaines personnes publiques ou privées non soumises au code des marchés publics. – Art. 50. – V. CCH, art. R. 433-5, R. 433-6, R. 433-10, App., *Partie I. Textes relatifs aux marchés publics*, **p. 1320.**
2006	21 avr.	Ordonnance n° 2006-460. Partie législative du code général de la propriété des personnes publiques (concessions de plage) : – Art. 3-VI. – V. C. envir., art. L. 321-9, App., *Partie II. Textes relatifs aux concessions*, **p. 1658.** – Art. 3-VII. – V. CGCT, art. L. 1311-4-1, App., *Partie I. Textes relatifs aux marchés publics*, **p. 1312.**
2006	31 juill.	Décret n° 2006-959. Concessions d'aménagement. – V. C. urb., art. R.* 300-4 à R. 300-14, App., *Partie III. Concessions d'aménagement*, **p. 1704.**
2006	30 déc.	Loi n° 2006-1772. Sur l'eau et les milieux aquatiques. – Art. 58. – V. CGCT, art. L. 1413-1, App., *Partie II. Textes relatifs aux concessions*, **p. 1653.**
2007	23 févr.	Décret n° 2007-244. Aérodromes appartenant à l'État et approbation du cahier des charges type applicable à la concession de ces aérodromes (concessions d'outillage). – Art. 5. – V. C. aviat., art. R. 223-7, App., *Partie II. Textes relatifs aux concessions*, **p. 1665.**
2007	23 oct.	Règlement (CE) n° 1370/2007 du Parlement européen et du Conseil. Services publics de transport de voyageurs par chemin de fer et par route. Abrogation des règlements (CEE) n° 1191/69 et (CEE) n° 1107/70 du Conseil. – V. App., *Partie I. Textes relatifs aux marchés publics*, **p. 1300.**
2007	26 déc.	Décret n° 2007-1850. Modification des seuils applicables aux marchés soumis au code des marchés, aux marchés non soumis et aux contrats de partenariat. – Art. 1er. – V. C. marchés, art. 26, 27, 30, 35, 36, 39, 40, 57, 60, 62, 65, 79, 85, 144, 148, 149, 150, 160, 170, 172, .
2008	28 avr.	Décret n° 2008-407. Modification de l'article 98 du code des marchés publics. – V. C. marchés, art. 98, .
2008	19 juin	Décret n° 2008-585. Adaptation à Mayotte de certaines dispositions du code des marchés publics. – V. C. marchés, art. 178, 179, .
2008	28 juill.	Loi n° 2008-735. Contrats de partenariat. – Art. 42. – V. C. mon. fin., art. L. 313-29-1, App., *Partie V. Cessions de créances et nantissement*, **p. 1726.**

2008	17 déc.	Décret n° 2008-1334. Modification du code des marchés publics et des décrets d'applications de l'ordonnance du 6 juin 2005 relatives aux marchés non soumis au code des marchés. – Art. 50 à 72. – V. C. marchés, art. 6, 11, 15, 29, 30, 35, 36, 40, 41, 45, 47, 48, 51, 53, 56, 67, 76, 77, 80, 83, 106, 110, 125, 144, 148, 150, .
2008	19 déc.	Décret n° 2008-1355. Mise en œuvre du plan de relance économique : – Art. 1er à 31, 33 à 42, 44, 45-I. – V. C. marchés, art. 8, 18, 20 à 28, 30, 35, 36, 57 à 67, 69, 73, 74, 78, 79, 85, 98, 129, 144, 145, 148, 160, 166, 168, 172, . – Art. 43, App., *Partie VIII. Anciens textes*, .
2008	27 déc.	Loi n° 2008-1425. De finances pour 2009. – Art. 65. – V. C. urb., art. L. 300-1, App., *Partie III. Concessions d'aménagement*, **p. 1695.**
2009	17 févr.	Loi n° 2009-179. Accélération des programmes de construction et d'investissement publics et privés. – Art. 12. – V. C. mon. fin., art. L. 313-29-1, App., *Partie V. Cessions de créances et nantissement*, **p. 1726.**
2009	2 mars	Décret n° 2009-245. Définition des petites et moyennes entreprises dans la réglementation applicable à la commande publique. – V. ss. C. marchés, art. 48, App., *Partie VIII. Anciens textes*, .
2009	7 mai	Ordonnance n° 2009-515. Procédures de recours applicables aux contrats de la commande publique : – Art. 1er. – V. CJA, art. L. 551-1 à L. 551-23, App., *Partie VI. Contrôles et contentieux*, **p. 1845.** – Art. 2 à 21. – V. App., *Partie VI. Contrôles et contentieux*, **p. 1866.**
2009	16 juin	Décret n° 2009-697. Normalisation. - V. App., *Partie I. Textes relatifs aux marchés publics*, **p. 1339.**
2009	13 juill.	Directive 2009/81/CE du Parlement européen et du Conseil. Coordination des procédures de passation de certains marchés de travaux, de fournitures et de services par des pouvoirs adjudicateurs ou entités adjudicatrices dans les domaines de la défense et de la sécurité. – V. App., *Partie I. Textes relatifs aux marchés publics*, **p. 1242.**
2009	15 juill.	Ordonnance n° 2009-864. Contrats de concession de travaux publics. – Art. 24. – V. CJA, art. L. 551-22 à L. 551-24, App., *Partie VI. Contrôles et contentieux*, **p. 1872.**
2009	22 juill.	Décret n° 2009-889. Concessions d'aménagement. – V. C. urb., art. R.* 300-4 à R. 300-11-3, App., *Partie III. Concessions d'aménagement*, **p. 1704.**
2009	2 sept.	Décret n° 2009-1086. Effet utile des directives 89/665/CEE et 92/13/CEE : – Art. 1er. – V. C. pr. civ., art. 1441-1, App., *Partie VI. Contrôles et contentieux*, **p. 1867.** – Art. 2. – V. C. marchés, art. 8, 22, 24, 50, 52, 55, 57, 58, 63, 69, 77, 89, 90, 115, 129, 157, 160, . – Art. 3-I. – V. Décr. n° 2008-1355 du 19 déc. 2008, art. 43, App., *Partie VIII. Anciens textes*, .

2009	8 sept.	Arrêté. Cahier des clauses administratives générales applicables aux marchés publics de travaux (CCAG-T), App., *Partie I. Textes relatifs aux marchés publics*, .
2009	16 sept.	Arrêté. Cahier des clauses administratives générales applicables aux marchés publics industriels (CCAG-MI), App., *Partie I. Textes relatifs aux marchés publics*, .
2009	16 sept.	Arrêté. Cahier des clauses administratives générales applicables aux marchés publics de prestations intellectuelles (CCAG-PI), App., *Partie I. Textes relatifs aux marchés publics*, .
2009	16 sept.	Arrêté. Cahier des clauses administratives générales applicables aux marchés publics de techniques de l'information et de la communication (CCAG-TIC), App., *Partie I. Textes relatifs aux marchés publics*, .
2009	27 nov.	Décret n° 2009-1456. Procédures de recours applicables aux contrats de la commande publique : – Art. 1er, 33. – V. CJA, art. R. 551-1 à R. 551-10, App., *Partie VI. Contrôles et contentieux*, **p. 1847.** – Art. 2, 33. – V. COJ, art. R. 213-5-1, App., *Partie VI. Contrôles et contentieux*, **p. 1869.** – Art. 4 à 12, 33. – V. C. marchés, art. 40-1, 50, 76, 80, 83, 85-1, 142, 151-1, 172-1, .
2009	10 déc.	Ordonnance n° 2009-1530. Modification de la partie législative du code général des collectivités territoriales. – Art. 2-III. – V. CGCT, art. L. 1411-1, App., *Partie II. Textes relatifs aux concessions*, **p. 1647.**
2009	30 déc.	Décret n° 2009-1702. Seuils applicables aux marchés passés en application du code des marchés publics et de l'ordonnance n° 2005-649 du 6 juin 2005 relative aux marchés passés par certaines personnes publiques ou privées non soumises au code des marchés publics et aux contrats de partenariat : – Art. 1er, 8, 9. – V. C. marchés, art. 26, 30, 39, 40, 85, 144, 148, 149, 150, 170, 172, 177, . – Art. 5, 6, 8, 9. – V. CGCT, art. D. 2131-5-1, ss. C. marchés, art. 80, App., *Partie VIII. Anciens textes*, .
2010	11 févr.	Ordonnance n° 2010-137. Adaptation du droit des contrats relevant dela commande publique passés par l'État et ses établissements publics en Nouvelle-Calédonie, en Polynésie française et dans les îles Wallis-et-Futuna. – Art. 5, 8. – V. L. n° 2001-1168 du 11 déc. 2001, art. 2, ss. C. marchés, art. 1er, App., *Partie VIII. Anciens textes*, .
2010	26 avr.	Décret n° 2010-406. Contrats de concession de travaux publics et diverses dispositions en matière de commande publique: : – Art. 33, 40-I. – V. C. marchés, art. 40-1, 73, 74, 85-1, 151-1, 168, 170, 172-1, . – Art. 36. – V. Décr. n° 2002-677 du 29 avr. 2002, art. 2, ss. CCP, art. L. 2172-2.
2010	27 mai	Décret n° 2010-561. Diverses mesures réglementaires de transposition de la directive 2006/123/CE relative aux services dans le marché intérieur. – Art. 6. – V. C. aviat., art. R 223-3, R. 223-4, App., *Partie II. Textes relatifs aux concessions*, **p. 1665.**

2010	28 mai	Loi n° 2010-559. Développement des sociétés publiques locales. – Art. 2. – V. CGCT, art. L. 1411-19, App., *Partie II. Textes relatifs aux concessions*, **p. 1653.**
2010	12 juill.	Loi n° 2010-788. Engagement national pour l'environnement : – Art. 85-I. – V. CGCT, art. L. 1413-1, App., *Partie II. Textes relatifs aux concessions*, **p. 1653.** – Art. 240-VI-1°. – V. CGPPP, art. L. 2124-4, App., *Partie II. Textes relatifs aux concessions*, **p. 1658.**
2010	5 oct.	Décret n° 2010-1177. Diverses dispositions relatives à la tarification des établissements de santé et aux marchés des établissements publics de santé. – V. C. marchés, art. 8, 22, 24, 26, 55, 59, 64, 67, 69, 70, 74, 82, 98, 168, .
2010	22 oct.	Loi n° 2010-1249. Régulation bancaire et financière. – Art. 72. – V. C. mon. fin., art. L. 313-29-1, L. 313-29-2, App., *Partie V. Cessions de créances et nantissement*, **p. 1726.**
2011	16 févr.	Directive n° 2011/7/UE du Parlement et du Conseil. Lutte contre le retard de paiement dans les transactions commerciales. – V. App., *Partie IV. Délais de paiement*, **p. 1709.**
2011	14 mars	Loi n° 2011-267. Orientation et programmation pour la performance de la sécurité intérieure. – Art. 96-I. – V. CGCT, art. L. 1311-4-1, App., *Partie I. Textes relatifs aux marchés publics*, **p. 1312.**
2011	5 mai	Décret n° 2011-493. Prise en compte des incidences énergétiques et environnementales des véhicules à moteur dans les procédures de commande publique. – Art. 5, 6-I et II. – V. C. marchés, art. 75-1, .
2011	17 mai	Loi n° 2011-525. Simplification et amélioration de la qualité du droit. – Art. 132. – V. CCH, art. L. 421-26, App., *Partie I. Textes relatifs aux marchés publics*, **p. 1319.**
2011	22 juin	Loi n° 2011-702. Marchés de défense et de sécurité. – Art. 6. – V. CJA, art. L. 551-2, L. 551-19, App., *Partie VI. Contrôles et contentieux*, **p. 1845.**
2011	25 août	Décret n° 2011-1000. Modification de certaines dispositions applicables aux marchés et contrats relevant de la commande publique : – Art. 2 à 34. – V. C. marchés, art. 3, 8, 11, 16, 18, 23, 24, 26 à 28, 30, 35, 37, 40, 41, 44, 48, 50, 51, 53, 54, 56, 69, 73, 74, 77, 78, 80, 85, 87, 98, 106, 115, 136, 145, 146, 148, 150, 159, 168, 168-2, 172, 177, 178, . – Art. 50-III. – V. C. urb., art. R.* 300-4, R.* 300-11-1, App., *Partie III. Concessions d'aménagement*, **p. 1704.**
2011	14 sept.	Décret n° 2011-1104. Passation et exécution des marchés publics de défense ou de sécurité. – Art. 2 à 11. – V. C. marchés, art. 3, 4, 39, 40, 40-1, 45, 53, 78, 85, 85-1, 114, 134, 136, 149, 150, 151-1, 172, 172-1, 176 à 295, .
2011	30 nov.	Règlement (UE) n° 1251/2011 de la Commission. Modification des directives 2004/17/CE, 2004/18/CE et 2009/81/CE du Parlement européen et du Conseil en ce qui concerne leurs seuils d'application

		pour les procédures de passation des marchés. – Art. 3. – V. Dir. 2009/81/CE du 13 juill. 2009, art. 8, App., *Partie I. Textes relatifs aux marchés publics*, **p. 1258.**
2011	9 déc.	Décret n° 2011-1853. Modification de certains seuils du code des marchés publics. – V. C. marchés, art. 11, 28, 40, 81, 141, 171, 203, 212, 254, 🏛.
2011	29 déc.	Décret n° 2011-2027. Modification des seuils applicables aux marchés et contrats relevant de la commande publique. – Art. 1er. – V. C. marchés, art. 26, 30, 39, 85, 144, 148, 149, 172, 201, 205, 🏛.
2012	22 mars	Loi n° 2012-387. Simplification du droit et allégement des démarches administratives. – Art. 68. – V. C. énergie, art. L. 521-1, L. 531-1, L. 531-3, App., *Partie II. Textes relatifs aux concessions*, **p. 1668.**
2012	27 mars	Loi n° 2012-409. De programmation relative à l'exécution des peines. – Art. 2. – V. L. n° 87-432 du 22 juin 1987, art. 2, ss. Ord. n° 2015-899 du 23 juill. 2015, art. 101, App., *Partie VIII. Textes anciens*, 🏛.
2013	28 févr.	Document commun de la DAJ et de la CADA (*mise à jour du 5 févr. 2015*). – V. App., *Partie I. Textes relatifs aux marchés publics*, **p. 1577.**
2013	29 mars	Décret n° 2013-268. Modification du code des juridictions financières. – Art. 76. – V. CGCT, art. R. 1411-6, App., *Partie II. Textes relatifs aux concessions*, **p. 1656.**
2013	29 mars	Décret n° 2013-269. Lutte contre les retards de paiement dans les contrats de la commande publique. – Art. 19 et 21. – V. C. marchés, art. 98, 103, 116, 294, 🏛.
2013	23 mai	Décret n° 2013-420. Suppression de commissions administratives à caractère consultatif. – Art. 8. – V. C. marchés, art. 129, 🏛.
2013	27 juin	Ordonnance n° 2013-544. Établissements de crédit et sociétés de financement. – Art. 3 et 36. – V. C. mon. fin., art. L. 313-23, L. 313-26 à L. 313-32, L. 313-34, App., *Partie V. Cessions de créances et nantissement*, **p. 1723.**
2013	6 déc.	Loi n° 2013-1117. Lutte contre la fraude fiscale et la grande délinquance économique et financière. – Art. 6 et 8. – V. C. pén., art. 432-14, App., *Partie VI. Contrôles et contentieux*, **p. 1887.**
2013	23 déc.	Loi n° 2013-1203. De financement de la sécurité sociale pour 2014. – Art. 83. – V. C. trav., art. L. 8222-6, App., Partie I. Textes relatifs aux *marchés publics*, **p. 1336.**
2013	27 déc.	Décret n° 2013-1259. Modification des seuils applicables aux marchés publics et autres contrats de la commande publique. – Art. 1er, 7 et 8. – V. C. marchés, art. 26, 30, 39, 85, 144, 148, 149,172, 201, 205, 🏛.
2014	26 févr.	Directive 2014/23/UE du Parlement européen et du Conseil. Contrats de concession. – V. App., *Partie II. Textes relatifs aux concessions*, **p. 1591.** – Art. 46. – V. Dir. 89/665/CEE du 21 déc. 1989, art. 1er, *2 bis à 2 septies*, 3, App., *Partie VI. Contrôles et contentieux*, **p. 1754.**

2014	26 févr.	Directive 2014/24/UE du Parlement européen et du Conseil. Passation des marchés publics. Abrogation de la directive 2004/18/CE du 31 mars 2004. – V. App., *Partie I. Textes relatifs aux marchés publics*, **p. 1007.**
2014	26 févr.	Directive 2014/25/UE du Parlement européen et du Conseil. Passation de marchés par des entités opérant dans les secteurs de l'eau, de l'énergie, des transports et des services postaux. Abrogation de la directive 2004/17/CE du 31 mars 2004. – V. App., *Partie I. Textes relatifs aux marchés publics*, **p. 1126.**
2014	24 mars	Loi n° 2014-366. Accès au logement et urbanisme rénové : – Art. 22, 161, 170. – V. C. urb., art. L. 300-1, L. 300-4, App., *Partie III. Concessions d'aménagement*, **p. 1695.**
2014	1er juill.	Loi n° 2014-744. Création de sociétés d'économie mixte à opération unique : – Art. 2. – V. CJA, art. L. 551-1, L. 551-5, L. 551-6, L. 551-10, App., *Partie VI. Contrôles et contentieux*, **p. 1845.** – Art. 3. – V. CGCT, art. L. 1411-19, App., *Partie II. Textes relatifs aux concessions*, **p. 1653.**
2014	10 juill.	Loi n° 2014-790. Lutte contre la concurrence sociale déloyale. – Art. 6. – V. C. trav., art. L. 8222-5, App., *Partie I. Textes relatifs aux marchés publics*, **p. 1336.**
2014	26 sept.	Décret n° 2014-1097. Mesures de simplification applicables aux marchés publics : – Art. 2 à 14, 26. – V. C. marchés, art. 12, 19, 27, 45, 46, 70-1 à 70-3, 79, 142, 168-3, 191, 199, 202, 249-1, 249-2, .
2014	29 déc.	Loi n° 2014-1653. Programmation des finances publiques pour les années 2014 à 2019. – Art. 34. – V. ss. CCP, art. L. 2211-1.
2015	23 juill.	Ordonnance n° 2015-899. Marchés publics ; ratifiée par la L. n° 2016-1691 du 9 déc. 2016 : – Art. 1er à 103. – V. App., *Partie VIII. Textes anciens*, **p. 1895.** – Art. 101. – V. CGCT, art. L. 1311-2, L. 1311-5, App., *Partie III. Baux emphytéotiques*, **p. 1312** ; CGCT, art. L. 1414-1 à L. 1414-4, App., *Partie I. Textes relatifs aux marchés publics*, **p. 1314** ; L. n° 87-432 du 22 juin 1987, art. 2, ss. Ord. n° 2015-899 du 23 juill. 2015, art. 101, App., *Partie VIII. Anciens textes*, ; L. n° 2014-1653 du 29 déc. 2014, art. 34, ss. CCP, art. L. 2211-1, . – Art. 102. – V. L. n° 93-122 du 29 janv. 1993, art. 19-1, App., *Partie II. Textes relatifs aux concessions*, ; L. n° 2001-1168 du 11 déc. 2001, art. 2, ss. C. marchés, art. 1er, .
2015	7 août	Loi n° 2015-991. Nouvelle organisation territoriale de la République : – Art. 22. – V. CGCT, art. L. 1541-1, ss. C. marchés, art. 3, . – Art. 121, 122. – V. CGCT, art. L. 1411-14, App., *Partie II. Textes relatifs aux concessions*, **p. 1653.**
2015	17 août	Loi n° 2015-992. Transition énergétique pour la croissance verte : – Art. 36. – V. ss. C. marchés, art. 53, App., *Partie VIII. Textes anciens*, .

		– Art. 79 (déchets de chantiers de construction ou d'entretien routiers), App., *Partie I. Textes relatifs aux marchés publics*, **p. 1339.**
2015	10 sept.	Ordonnance n° 2015-1127. Réduction du nombre minimal d'actionnaires dans les sociétés anonymes non cotées. – Art. 2-II. – V. CGCT, art. L. 1531-1, L. 1541-1, ss. C. marchés, art. 3, App., *Partie VIII. Anciens textes*, .
2015	17 sept.	Décret n° 2015-1163. Modification de certains seuils relatifs aux marchés publics : – Art. 1er. – V. L. n° 93-122 du 29 janv. 1993, art. 19-1, App., *Partie I. Textes relatifs aux marchés publics*, . – Art. 2 à 5. – V. C. marchés, art. 11, 28, 40, 81, 141, 146, 150, 171, 203, 212, 254, .
2015	23 sept.	Ordonnance n° 2015-1174. Partie Législative du Livre Ier du code de l'urbanisme. – Art. 5. – V. C. urb., art. L. 300-1, App., *Partie III. Concession d'aménagement*, **p. 1695.**
2015	14 oct.	Loi n° 2015-1268. Actualisation du droit des outre-mer. – Art. 66. – V. L. n° 2001-1168 du 11 déc. 2001, art. 2, ss. C. marchés, art. 1er, App., *Partie VIII. Anciens textes*, .
2015	11 nov.	Règlement d'exécution (UE) n° 2015/1986 de la Commission. Établissement des formulaires standard pour la publication d'avis dans le cadre de la passation de marchés publics et abrogation du règlement d'exécution (UE) n° 842/2011 (en vigueur le 2 déc. 2015). – V. App., *Partie I. Textes relatifs aux marchés publics*, **p. 1568.**
2015	28 déc.	Décret n° 2015-1783. Partie réglementaire du livre Ier du code de l'urbanisme et modernisation du contenu du plan local d'urbanisme. – Art. 9-VII-5°. – V. CGPPP, art. R. 2124-16, R. 2124-19, R. 2124-26, App., *Partie II. Textes relatifs aux concessions*, **p. 1659.**
2015	30 déc.	Décret n° 2015-1823. Codification de la partie réglementaire du code de l'énergie. – V. C. énergie, art. R. 521-1 à R. 521-66, App., *Partie II. Textes relatifs aux concessions*, **p. 1676.**
2015	30 déc.	Décret n° 2015-1904. Modification des seuils applicables aux marchés publics et autres contrats de la commande publique. – Art. 1er. – V. C. marchés, art. 26, 30, 39, 85, 144, 148, 149, 172, 201, 205, .
2016	5 janv.	Règlement d'exécution (UE) n° 2016/7 de la Commission. Établissement du formulaire type pour le document unique de marché européen. – V. App., *Partie I. Textes relatifs aux marchés publics*, **p. 1569.**
2016	26 janv.	Loi n° 2016-41. Modernisation de notre système de santé. – Art. 105. – V. L. n° 2014-1653 du 29 déc. 2014, art. 34, ss. CCP, art. L. 2211-1.
2016	29 janv.	Ordonnance n° 2016-65. Contrats de concession ; ratifiée par la L. n° 2016-1691 du 9 déc. 2016 : – Art. 1er à 78. – V. App., *Partie VIII. Textes anciens*, **p. 2048.** – Art. 57. – V. CGCT, art. L. 1311-2, App., *Partie I. Textes relatifs aux marchés publics*, **p. 1312.**

		– Art. 58. – V. CGCT, art. L. 1410-1, L. 1410-3, L. 1411-1, L. 1411-3, L. 1411-5, L. 1411-6, L. 1411-9, L. 1411-13, App., *Partie II. Textes relatifs aux concessions*, **p. 1647.** – Art. 60. – V. CGCT, art. L. 1541-2, App., *Partie I. Textes relatifs aux marchés publics*, **p. 1318.** – Art. 70. – V. C. énergie, art. L. 521-1, L. 521-16, L. 521-16-3, L. 521-20, App., *Partie II. Textes relatifs aux concessions*, **p. 1668.** – Art. 71. – V. CJA, art. L. 551-2, App., *Partie VI. Contrôles et contentieux*, **p. 1845.** – Art. 75. – V. C. urb., art. L. 300-5, App., *Partie IV. Concessions d'aménagement*, **p. 1701.**
2016	1er févr.	Décret n° 2016-86. Contrats de concession. – Art. 51. – V. C. urb., art. R.* 300-4, R.* 300-5, R.* 300-7, R.* 300-9, R.* 300-12, R.* 300-13, App., *Partie III. Concessions d'aménagement*, **p. 1704.**
2016	21 mars	Arrêté. Modèle d'avis pour la passation des contrats de concession. – V. ss. Décr. n° 2016-86 du 1er févr. 2016, art. 14, App., *Partie II. Textes relatifs aux concessions*, .
2016	25 mars	Décret n° 2016-360. Marchés publics : – Art. 1er à 188. – V. App., *Partie VIII. Anciens textes*, **p. 1930.** – Art. 179-2° et 3°. – V. CGCT, art. R. 2131-5, R. 2131-6, ss. C. marchés, art. 80, App., *Partie VIII. Anciens textes*, . – Art. 180. – V. CJA, art. R. 551-7, R. 551-7-1, R. 551-11, R. 551-12, App., *Partie VI. Contrôles et contentieux*, **p. 1872.** – Art. 181. – V. C. pr. civ., art. 1441-3, 1441-3-1, App., *Partie VI. Contrôles et contentieux*, **p. 1885.** – Art. 182. – V. C. urb., art. R.* 300-11-1 à R.* 300-11-3, App., *Partie III. Concessions d'aménagement*, **p. 1705.** – Art. 187. – V. Décr. n° 2009-245 du 2 mars 2009, App., *Partie VIII. Anciens textes*, .
2016	25 mars	Décret n° 2016-361. Marchés publics de défense ou de sécurité. – Art. 1er à 154. - V. App., *Partie VIII. Anciens textes*, **p. 2000.**
2016	27 avr.	Décret n° 2016-522. Mission d'appui au financement des infrastructures. – Art. 1er à 12. – V. App., *Partie VIII. Anciens textes*, **p. 311.**
2016	27 avr.	Décret n° 2016-530. Concessions d'énergie hydraulique et approbation du modèle de cahier des charges applicable à ces concessions. – Art. 1er, 2. – V. C. énergie, art. R. 521-1 à R. 521-72, App., *Partie II. Textes relatifs aux concessions*, **p. 1676.**
2016	28 avr.	Ordonnance n° 2016-518. Diverses modifications du livre V du code de l'énergie. – V. art. 1-4° à 5. – V. C. énergie, art. L. 521-16, App., *Partie II. Textes relatifs aux concessions*, **p. 1669.**
2016	10 mai	Loi n° 2016-563. Ratification de l'ordonnance n° 2015-1127 du 10 septembre 2015 portant réduction du nombre minimal d'actionnaires dans les sociétés anonymes non cotées. – Art. 3. – V. C. énergie, art. L. 521-18, App., *Partie II. Textes relatifs aux concessions*, **p. 1674.**
2016	*25 mai*	*Arrêté. Fixation de la liste des impôts, taxes, contributions ou cotisations sociales donnant lieu à la délivrance de certificats pour l'attribution de marchés publics et de contrats de concession.* – V. ss. Décr. n° 2016-360 du 25 mars 2016, art. 51, App., *Partie I. Textes relatifs aux marchés publics*, .

2016	3 juin	Loi n° 2016-731. Renforcement de la lutte contre le crime organisé, le terrorisme et leur financement, et amélioration de l'efficacité et des garanties de la procédure pénale. – Art. 26-IV. – V. Ord. n° 2015-899 du 23 juill. 2015, art. 46, App., *Partie VIII. Anciens textes*, **p. 1912** ; Ord. n° 2016-65 du 29 janv. 2016, art. 40, App., *Partie VIII. Anciens textes*, **p. 2060.**
2016	6 juin	Décret n° 2016-751. Conditions d'agrément des sociétés d'économie mixte exerçant une activité de construction et de gestion de logements sociaux. – V. CCH, art. R. 433-22, App., *Partie I. Textes relatifs aux marchés publics*, **p. 1321.**
2016	7 juill.	Loi n° 2016-925. Liberté de la création, architecture et patrimoine. – Art. 91. – V. Ord. n° 2015-899 du 23 juill. 2015, art. 35 *bis*, App., *Partie VIII. Anciens textes*, **p. 1908.**
2016	3 août	Ordonnance n° 2016-1058. Modification des règles applicables à l'évaluation environnementale des projets, plans et programmes. – Art. 2-II. – V. C. urb., art. L. 300-1, App., *Partie III. Concessions d'aménagement*, **p. 1695.**
2016	17 août	Décret n° 2016-1129. Procédure de dialogue concurrentiel pour les installations de production d'électricité. – Art. 3-4° et 5°. – V. C. énergie, art. R. 521-2, R. 521-3, App., *Partie II. Textes relatifs aux concessions*, **p. 1677.**
2016	7 oct.	Loi n° 2016-1321. République numérique. – Art. 17. – V. Ord. n° 2016-65 du 29 janv. 2016, art. 53-1, 78, App., *Partie VIII. Anciens textes*, **p. 2062.**
2016	13 oct.	Ordonnance n° 2016-1360. Modification de la partie législative du code des juridictions financières ; ratifiée par L. n° 2017-1241 du 8 août 2017. – Art. 51-I. – V. CGCT, art. L. 1411-18, App., *Partie II. Textes relatifs aux concessions*, **p. 1653.**
2016	2 nov.	Décret n° 2016-1480. Modification du code de justice administrative (partie réglementaire). – Art. 6-3°. – V. CJA, art. R. 312-11, App., *Partie VI. Contrôles et contentieux*, **p. 1771.**
2016	2 nov.	Décret n° 2016-1481. Utilisation des téléprocédures devant le Conseil d'État, les cours administratives d'appel et les tribunaux administratifs. – Art. 4-2°. – V. CJA, art. R. 551-1, R. 551-2, App., *Partie VI. Contrôles et contentieux*, **p. 1847.**
2016	21 nov.	Ordonnance n° 2016-1562. Diverses mesures institutionnelles relatives à la collectivité de Corse. – Art. 31. – V. CGCT, art. L. 1413-1, App., *Partie II. Textes relatifs aux concessions*, **p. 1653.**
2016	9 déc.	Loi n° 2016-1691. Transparence, lutte contre la corruption et modernisation de la vie économique : – Art. 39. – V. Ord. n° 2015-899 du 23 juill. 2015, art. 32, 40, 45, 52, 53, 59, 69, 74, 89, App., *Partie VIII. Anciens textes*, **p. 1906** ; CGCT, art. L. 1414-2, L. 1414-3, App., *Partie I. Textes relatifs aux marchés publics*, **p. 1314.**
2017	26 janv.	Ordonnance n° 2017-80. Autorisation environnementale. – Art. 8. – V. C. énergie, art. L. 521-1, L. 531-1, L. 531-3, V. App., *Partie II. Textes relatifs aux concessions*, **p. 1668.**

2017	26 janv.	Décret n° 2017-81. Autorisation environnementale. – Art. 9. – V. C. énergie, art. R. 521-28, V. App., *Partie II. Textes relatifs aux concessions*, **p. 1683.**
2017	27 janv.	Loi n° 2017-86. Égalité et citoyenneté. – Art. 213. – V. Ord. n° 2015-899 du 23 juill. 2015, art. 38, App., *Partie VIII. Anciens textes*, **p. 1909.**
2017	28 févr.	Loi n° 2017-256. Programmation relative à l'égalité réelle outre-mer et autres dispositions en matière sociale et économique. – Art. 73. – V. CCP, art. L. 2193-1.
2017	28 févr.	Loi n° 2017-257. Statut de Paris et aménagement métropolitain. – Art. 47, 64. – V. Ord. n° 2015-899 du 23 juill. 2015, art. 35, App., *Partie VIII. Anciens textes*, **p. 1907** ; CGCT, art. L. 1531-1, ss. C. marchés, art. 3, App., *Partie VIII. Anciens textes*, .
2017	29 mars	Arrêté. Modification de l'arrêté du 25 mai 2016 fixant la liste des impôts, taxes, contributions ou cotisations sociales donnant lieu à la délivrance de certificats pour l'attribution de marchés publics et de contrats de concession. – V. Arr. du 25 mai 2016, art. 3 *bis*, ss. Décr. n° 2016-360 du 25 mars 2016, art. 51, App., *Partie VIII. Anciens textes*, .
2017	6 avr.	Décret n° 2017-493. Modification du code de justice administrative (partie réglementaire). – V. CJA, art. R. 312-11, App., *Partie VI. Contrôles et contentieux*, **p. 1771.**
2017	10 avr.	Décret n° 2017-516. Diverses dispositions en matière de commande publique : – Art. 1er à 17. – V. Décr. n° 2016-360 du 25 mars 2016, art. 2, 24, 25, 39, 48, 49, 51, 55, 90, 91, 107, 147, 169, 171 à 175, App., *Partie VIII. Anciens textes*, **p. 1930.** – Art. 18 à 26. – V. Décr. n° 2016-361 du 25 mars 2016, art. 35, 40, 43, 48, 94, 146 à 149, App., *Partie VIII. Anciens textes*, **p. 2011.** – Art. 27, 28. – V. CCH, art. R. 433-1 à R. 433-3, R. 433-5, R. 433-6, App., *Partie I. Textes relatifs aux marchés publics*, **p. 1320.**
2017	12 avr.	Arrêté. Fonctionnement et composition de l'observatoire économique de la commande publique. – Art. 1er à 3. – V. ss. Décr. n° 2016-360 du 25 mars 2016, art. 141, App., *Partie VIII. Anciens textes*, .
2017	14 avr.	Arrêté. Fonctionnalités et exigences minimales des profils d'acheteurs. – Art. 1er à 6. – V. ss. Décr. n° 2016-360 du 25 mars 2016, art. 31, App., *Partie VIII. Anciens textes*, .
2017	14 avr.	Arrêté. Données essentielles dans la commande publique. – Art. 1er à 12. – V. ss. Décr. n° 2016-360 du 25 mars 2016, art. 107, App., *Partie VIII. Anciens textes*, .
2017	5 mai	Décret n° 2017-842. Adaptation des missions de maîtrise d'œuvre aux marchés publics globaux. – Art. 1er à 9. – V. ss. Ord. n° 2015-899 du 23 juill. 2015, art. 35 *bis*, App., *Partie VIII. Anciens textes*, .
2017	10 mai	Décret n° 2017-933. Diverses mesures de simplification et de modernisation relatives aux collectivités territoriales. – Art. 3. – V. C. transp., art. R. 5314-4, V. App., *Partie II. Textes relatifs aux concessions*, **p. 1667.**

2017	4 oct.	Ordonnance n° 2017-1432. Modernisation du cadre juridique de la gestion d'actifs et du financement par la dette. – Art. 2-II. – V. C. mon. fin, art. L. 313-23, L. 313-26 à L. 313-29, App., *Partie V. Cessions de créances et nantissement*, **p. 1723.**
2017	18 déc.	Décret n° 2017-1705. Substitution de la dénomination « secrétaire général pour l'investissement » à la dénomination « commissaire général à l'investissement ». – Art. 2-I. – V. Décr. n° 2016-522 du 27 avr. 2016, art. 4, ss. Ord. n° 2015-899 du 23 juill. 2015, art. 76, App., *Partie VIII. Anciens textes*, **p. 312.**
2017	30 déc.	Loi n° 2017-1837. De finances pour 2018. – Art. 170. – V. CGCT, art. L. 1311-4-1, App., *Partie I. Textes relatifs aux marchés publics*, **p. 1312.**
2018	22 janv.	Loi n° 2018-32. Programmation des finances publiques pour les années 2018 à 2022. – Art. 23. – V. L. n° 2014-1653 du 29 déc. 2014, art. 34, ss. Ord. n° 2015-899 du 23 juill. 2015, art. 71, App., *Partie VIII. Anciens textes*, .
2018	31 janv.	Décret n° 2018-57. Application du troisième alinéa de l'article 73 de la loi n° 2017-256 du 28 février 2017 de programmation relative à l'égalité réelle outre-mer et portant autres dispositions en matière sociale et économique. – V. ss. Ord. n° 2015-899 du 23 juill. 2015, art. 62, App., *Partie VIII. Anciens textes*, **p. 1915.**
2018	12 avr.	Arrêté. Signature électronique dans la commande publique. Abrogation de l'arrêté du 15 juin 2012 relatif à la signature électronique dans les marchés publics. – Art. 1er à 9. – V. ces art. ss. Décr. n° 2016-360 du 25 mars 2016, art. 102, App., *Partie VIII. Anciens textes*, **p. 1968.**
2018	15 juin	Décret n° 2018-488. Procédure de sélection de l'actionnaire opérateur d'une société d'économie mixte hydroélectrique. – V. C. énergie, art. R. 521-69, R. 521-70, App., *Partie II. Textes relatifs aux concessions*, .
2018	27 juill.	Arrêté. Exigences minimales des outils et dispositifs de communication et d'échanges d'information par voie électronique dans le cadre des marchés publics. – V. ce texte ss. Décr. n° 2016-360 du 25 mars 2016, art. 42, App., *Partie VIII. Anciens textes*, **p. 1945.**
2018	27 juill.	Arrêté. Modification de l'arrêté du 14 avril 2017 relatif aux données essentielles dans la commande publique. – V. Arr. du 14 avr. 2017, art. 2 à 4, 7, ss. Décr. n° 2016-360 du 25 mars 2016, art. 107, App., *Partie VIII. Anciens textes*, .
2018	27 juill.	Arrêté. Modalités de mise à disposition des documents de la consultation et de la copie de sauvegarde. – Art. 1er à 4. - V. ces art. ss. Décr. n° 2016-360 du 25 mars 2016, art. 39, App., *Partie VIII. Anciens textes*, **p. 1943.**
2018	30 juill.	Décret n° 2018-674. Simplification de certaines procédures administratives. – Art. 4. – V. C. énergie, art. L. 521-16-1, L. 521-16-2, App., *Partie II. Textes relatifs aux concessions*, **p. 1672.**

2018	4 sept.	Décret n° 2018-772. Tribunaux de grande instance et cours d'appel compétents en matière de contentieux général et technique de la sécurité sociale et d'admission à l'aide sociale. – Art. 1er. – V. COJ, art. D. 211-10-3, App., *Partie VI. Contrôles et contentieux*, **p. 1869.**
2018	5 sept.	Loi n° 2018-771. Liberté de choisir son avenir professionnel. – Art. 104. – V. Ord. n° 2015-899 du 23 juill. 2015, art. 45, 92, 96, 97, 98, 99, App., *Partie VIII. Anciens textes*, **p. 1910** ; Ord. n° 2016-65 du 29 janv. 2016, art. 39, 61, 65, 66, 67, App., *Partie VIII. Anciens textes*, **p. 2058.**
2018	23 nov.	Loi n° 2018-1021. Évolution du logement, de l'aménagement et du numérique : – Art. 8. – V. C. urb., art. L. 300-1, App., *Partie II. Textes relatifs aux concessions*, **p. 1695.** – Art. 9. – V. C. urb., art. L. 300-4, App., *Partie II. Textes relatifs aux concessions*, **p. 1696.** – Art. 15. – V. C. urb., art. L. 300-3, App., *Partie II. Textes relatifs aux concessions*, **p. 1695.** – Art. 69. – V. Ord. n° 2015-899 du 23 juill. 2015, art. 33, App., *Partie VIII. Anciens textes*, **p. 1906** ; CGCT, art. L. 1414-2, App., *Partie I. Textes relatifs aux marchés publics*, **p. 1314** ; CCH, art. L. 433-1, App., *Partie I. Textes relatifs aux marchés publics*, **p. 1320.** – Art. 88. – V. CCH, art. L. 421-26, App., *Partie I. Textes relatifs aux marchés publics*, **p. 1319** ; L. n° 77-2 du 3 janv. 1977, art. 5-1, App., *Partie I. Textes relatifs aux marchés publics*, **p. 1333.** – Art. 180. – V. C. envir., art. L. 228-4, ss. CCP, art. R. 2122-9.
2018	26 nov.	Ordonnance n° 2018-1074. Partie législative du code de la commande publique : – Art. 4. – V. CCH, art. L. 421-26, App., *Partie I. Textes relatifs aux marchés publics*, **p. 1319.** – Art. 5. – V. C. énergie, art. L. 521-16-3, App., *Partie II. Textes relatifs aux concessions*, **p. 1673.** – Art. 6. – V. CGCT, art. L. 1311-2, L. 1311-4-1, L. 1311-5, L. 1414-1, L. 1414-2, L. 1541-2, App., *Partie I. Textes relatifs aux marchés publics*, **p. 1312** ; CGCT, art. L. 1410-1, L. 1411-1, L. 1411-3, L. 1411-5, L. 1411-7, L. 1411-9, L. 1411-10, L. 1413-1, App., *Partie II. Textes relatifs aux concessions*, **p. 1647.** – Art. 7. – V. CJA, art. L. 311-6, App., *Partie VI. Contrôles et contentieux*, **p. 1749.** – Art. 10. – V. C. urb., art. L. 300-3, L. 300-5, L. 300-5-1, App., *Partie III. Concessions d'aménagement*, **p. 1695.** – Art. 11. – V. C. voirie rout., art. L. 122-12, L. 122-13, L. 122-15, L. 122-18, L. 122-23, App., *Partie I. Textes relatifs aux marchés publics*, **p. 1324.** – Art. 18. – V. L. n° 77-2 du 3 janv. 1977, art. 5-1, App., *Partie I. Textes relatifs aux marchés publics*, **p. 1333** ; Ord. n° 2015-899 du 23 juill. 2015, art. 1er à 103, App., *Partie VIII. Anciens textes*, **p. 1895** ; Ord. n° 2016-65 du 29 janv. 2016, art. 1er à 78, App., *Partie VIII. Anciens textes*, **p. 2048.**

2018	3 déc.	Décret n° 2018-1075. Partie réglementaire du code de la commande publique : – Art. 4. – V. CCH, art. R. 433-1, R. 433-2, R. 433-5, R. 433-6, R. 433-20 à R. 433-23, App., *Partie I. Textes relatifs aux marchés publics*, **p. 1320.** – Art. 5. – V. C. énergie, art. R. 234-3, App., *Partie I. Textes relatifs aux marchés publics*, **p. 1323** ; C. énergie, art. R. 521-6 à R. 521-8, R. 521-11, R. 521-66, App., *Partie II. Textes relatifs aux concessions*, **p. 1678.** – Art. 6. – V. CGCT, art. R. 2131-5, App., *Partie I. Textes relatifs aux marchés publics*, ; CGCT, art. R. 1410-1, R. 1411-1, R. 1411-8, App., *Partie II. Textes relatifs aux concessions*, **p. 1655.** – Art. 7. – V. C. transp., art. R. 5313-81, R. 5313-83, R. 5313-87, App., *Partie II. Textes relatifs aux concessions*, **p. 1666.** – Art. 8. - V. C. urb., art. R.* 300-4, R.* 300-7, R. 300-9, R.* 300-11-2, App., *Partie III. Concessions d'aménagement*, **p. 1704.** – Art. 9. – V. C. voirie rout., art. R. 122-28, App., *Partie I. Textes relatifs aux marchés publics*, **p. 1327.** – Art. 14. – V. Décr. n° 2016-360 du 25 mars 2016, art. 1er à 188, App., *Partie VIII. Anciens textes*, **p. 1930** ; Décr. n° 2016-361 du 25 mars 2016, art. 1er à 154, App., *Partie VIII. Anciens textes*, **p. 2000** ; Décr. n° 2016-86 du 1er févr. 2016, art. 1er à 55, App., *Partie VIII. Anciens textes*, **p. 2070.**
2018	12 déc.	Ordonnance n° 2018-1135. Dispositions relatives à la gestion de l'infrastructure ferroviaire et à l'ouverture à la concurrence des services de transport ferroviaire de voyageurs. – Art. 2. – V. CCP, art. L. 2522-1, L. 3126-3, L. 3134-3, L. 3200-1, L. 3212-4, L. 3222-1 ; C. transp., art. L. 2121-17-1 à L. 2121-17-3, ss. CCP, art. L. 2522-1.
2018	24 déc.	Décret n° 2018-1225. Mesures relatives aux contrats de la commande publique : – Art. 1er à 3. – V. ces art. ss. Décr. n° 2016-360 du 25 mars 2016, art. 25, App., *Partie VIII. Anciens textes*, ; ss. CCP, art. R. 2124-3. – Art. 4 à 9. – V. Décr. n° 2016-360 du 25 mars 2016, art. 18, 39, 55, 110, 122, 169, 171, 172 à 175, App., *Partie VIII. Anciens textes*, **p. 1934.** – Art. 10. – V. Décr. n° 2016-361 du 25 mars 2016, art. 97, 146 à 149, App., *Partie VIII. Anciens textes*, **p. 2031.** – Art. 11. – V. Décr. n° 2016-86 du 1er févr. 2016, art. 32-1, 44 à 47, App., *Partie VIII. Anciens textes*, **p. 2078.** – Art. 12. – V. CCP, art. R. 2112-13, R. 2131-12, R. 2132-5, R. 2172-2, R. 2191-4, R. 2191-7, R. 2191-33, R. 2621-1, R. 2631-1, R. 2641-1, R. 2651-1, R. 2661-1, R. 2671-1, R. 2671-4, R. 2681-1, R. 2681-4, R. 3125-5, R. 3351-1, R. 3361-1, R. 3371-1, R. 3381-1. – Art. 13. – V. CCP, art. R. 2124-3.
2018	26 déc.	Arrêté. Déclaration des achats innovants prévue par l'article 2 du décret n° 2018-1225 du 24 décembre 2018 portant diverses mesures relatives aux contrats de la commande publique. – Art. 1er à 3. – V. ces art. ss. Décr. n° 2016-360 du 25 mars 2016, art. 25, App., *Partie VIII. Anciens textes*, ; ss. CCP, art. R. 2124-3.

2019	23 janv.	Ordonnance n° 2019-36. Adaptations et dérogations temporaires nécessaires à la réalisation en urgence des travaux requis par le rétablissement des contrôles à la frontière avec le Royaume-Uni en raison du retrait de cet État de l'Union européenne : – Art. 3-II et 6. – V. CCP, art. L. 2171-2 (note). – Art. 3-I et 7. – V. Ord. n° 2015-899 du 23 juill. 2015, art. 35, App., *Partie VIII. Anciens textes*, **p. 1907.**
2019	23 janv.	Décret n° 2019-37. Application de l'ordonnance portant diverses adaptations et dérogations temporaires nécessaires à la réalisation en urgence des travaux requis par le rétablissement des contrôles à la frontière avec le Royaume-Uni en raison du retrait de cet État de l'Union européenne : – Art. 2-I, 6. – V. Décr. n° 2016-360 du 25 mars 2016, art. 90, 91, App., *Partie VIII. Anciens textes*, **p. 1964.** – Art. 2-II, 6. – V. CCP, art. R. 2171-16 (note), R. 2172-2 (note).
2019	7 févr.	Décret n° 2019-82. Modification du code de justice administrative (partie réglementaire). – Art. 26, 47. – V. CJA, art. R. 541-3, App., *Partie VI. Contrôles et contentieux*, **p. 1773.**
2019	22 mars	Arrêté. Annexe préliminaire du code de la commande publique, **p. 935.**
2019	22 mars	Avis. Liste des activités qui sont des travaux en droit de la commande publique. – V. Annexe n° 1, **p. 942.**
2019	22 mars	Avis. Seuils de procédure et liste des autorités publiques centrales en droit de la commande publique. – V. Annexe n° 2, **p. 945.**
2019	22 mars	Avis. Contrats de la commande publique ayant pour objet des services sociaux et des autres services. – V. Annexe n° 3, **p. 947.**
2019	22 mars	Arrêté. Fixation de la liste des impôts, taxes, contribution ou cotisations sociales donnant lieu à la délivrance de certificats pour l'attribution des contrats de la commande publique : – Art. 1er à 7, 9. – V. Annexe n° 4, **p. 950.** – Art. 8, 9. – V. Arr. du 25 mai 2016, ss. Décr. n° 2016-360 du 25 mars 2016, art. 51, App., *Partie VIII. Anciens textes*, .
2019	22 mars	Avis. Nature et contenu des spécifications techniques dans les marchés publics. – V. Annexe n° 5, **p. 952.**
2019	22 mars	Arrêté. Fixation des modalités de mise à disposition des documents de la consultation et de la copie de sauvegarde : – Art. 1er à 5, 7. – V. Annexe n° 6, **p. 954.** – Art. 6, 7. – V. Arr. du 25 mai 2016, ss. Décr. n° 2016-360 du 25 mars 2016, art. 39, App., *Partie VIII. Anciens textes*, **p. 1943.**
2019	22 mars	Arrêté. Fonctionnalités et exigences minimales des profils d'acheteurs : – Art. 1er à 6, 8. – V. Annexe n° 7, **p. 955.** – Art. 7, 8. – V. Arr. du 14 avr. 2017, ss. Décr. n° 2016-360 du 25 mars 2016, art. 31, App., *Partie VIII. Anciens textes*, .
2019	22 mars	Arrêté. Exigences minimales des moyens de communication électronique utilisés dans la commande publique : – Art. 1er à 11, 13. – V. Annexe n° 8, **p. 958.**

		– Art. 12. – V. Arr. du 27 juill. 2018, ss. Décr. n° 2016-360 du 25 mars 2016, art. 42, App., *Partie VIII. Anciens textes*, 🏛.
2019	22 mars	Arrêté. Liste des renseignements et documents pouvant être demandés aux candidats aux marchés publics : – Art. 1er à 8, 10. – V. Annexe n° 9, **p. 959.** – Art. 9, 10. – V. Arr. du 29 mars 2016, ss. Décr. n° 2016-360 du 25 mars 2016, art. 50, App., *Partie VIII. Anciens textes*, **p. 1949.**
2019	22 mars	Avis. Liste des dispositions internationales en matière de droit environnemental, social et du travail permettant de rejeter une offre anormalement basse en matière de marchés publics. – V. Annexe n° 10, **p. 962.**
2019	22 mars	Arrêté. Modalités de prises en compte des incidences énergétiques et environnementales des véhicules à moteur dans la passation des marchés publics : – Art. 1er à 8, 10. – V. Annexe n° 11, **p. 963.** – Art. 9, 10. – V. Arr. du 29 mars 2016, ss. Décr. n° 2016-360 du 25 mars 2016, art. 50, App., *Partie VIII. Anciens textes*, **p. 1949.**
2019	22 mars	Avis. Signature électronique des contrats de la commande publique. – V. Annexe n° 12, **p. 966.**
2019	22 mars	Arrêté. Modèle de garantie à première demande et de cotisation personnelle et solidaire. – Art. 1er, 2, 4, 5. – V. Annexe n° 13, **p. 967.**
2019	22 mars	Arrêté. Certificat de cessibilité des créances issues de marchés publics. – Art. 1er à 5, 7. – V. Annexe n° 14, **p. 969.**
2019	22 mars	Arrêté. Données essentielles dans la commande publique : – Art. 1er, 12, 14. – V. Annexe n° 15, **p. 975.** – Art. 13, 14. – V. Arr. du 14 avr. 2017, ss. Décr. n° 2016-360 du 25 mars 2016, art. 107, App., *Partie VIII. Anciens textes*, 🏛.
2019	22 mars	Arrêté. Fonctionnement et composition de l'observatoire économique de la commande publique : – Art. 1er à 4. – V. Annexe n° 16, **p. 989.** – Art. 5. – V. Arr. du 12 avr. 2017, ss. Décr. n° 2016-360 du 25 mars 2016, art. 141, App., *Partie VIII. Anciens textes*, 🏛.
2019	22 mars	Arrêté. Recensement de la commande publique. – Art. 1er à 8, 10. – V. Annexe n° 17, 🏛.
2019	22 mars	Arrêté. Comités consultatifs locaux de règlement amiable des différents relatifs aux marchés publics. – V. Annexe n° 18, **p. 993.**
2019	22 mars	Arrêté. Modèle d'avis pour la passation des marchés publics et des accords-cadres de défense ou de sécurité. – Art. 1er à 4, 6. – V. Annexe n° 19, **p. 994.**
2019	22 mars	Arrêté. Modalités techniques d'exécution des éléments de mission de maîtrise d'œuvre confiés par les maîtres d'ouvrage publics à des prestataires de droit privé. – Art. 1er à 3, 5. – V. Annexe n° 20, **p. 994.**
2019	22 mars	Arrêté. Modèle d'avis pour la passation des contrats de concession : – Art. 1er à 4, 6. – V. Annexe n° 20, **p. 994.**

		– Art. 5, 6. – V. Arr. du 21 mars 2016, ss. Décr. n° 2016-86 du 1er févr. 2016, art. 14, App., *Partie VIII. Anciens textes*, 🏛.
2019	23 mars	Loi n° 2019-222. De programmation 2018-2022 et de réforme pour la justice. – Art. 95. – V. COJ, art. L. 211-14, App., *Partie VI. Contrôles et contentieux*, **p. 1868.**
2019	29 mars	Décret n° 2019-256. Modification de diverses dispositions codifiées dans la partie réglementaire du code de la commande publique. – V. CCP, art. R. 2122-8, R. 2123-2, R. 2124-1, D. 2171-5, R. 2172-4, R. 2172-5, R. 2181-3, R. 2191-1, R. 2191-7, R. 2191-8, R. 2191-20, R. 2192-24, R. 2193-1, R. 2196-8, R. 2324-1, R. 2331-5, R. 2342-3, R. 2351-3, R. 2383-3, R. 2384-3, R. 2392-10, R. 2393-14, R. 2393-18, R. 2393-21, R. 2393-25, R. 2393-42, R. 2396-3, R. 2432-7, R. 2621-1, R. 2651-1, D. 2651-2, R. 2651-3, R. 2651-4, R. 2661-1, D. 2661-2, R. 2661-3, R. 2661-4, R. 2671-1, D. 2671-2, R. 2671-3, R. 2671-4, R. 2681-1, D. 2681-2, R. 2681-3, R. 3126-13, R. 3351-1, R. 3361-1, R. 3371-1, R. 3381-1.
2019	17 mai	Loi n° 2019-463. Sécuriser l'actionnariat des entreprises publiques locales. Art. 1er. – V. CGCT, art. L. 1531-1, ss. C. marchés, art. 3, App., *Partie VIII. Anciens textes*, 🏛.
2019	22 mai	Loi n° 2019-486. Croissance et transformation des entreprises : – Art. 193. – V. CCP, art. L. 2192-1 à L. 2192-7, L. 2392-1 à L. 2392-7, L. 2521-5, L. 2621-1, L. 2641-1, L. 2651-1, L. 2651-2, L. 2661-1, L. 2661-2, L. 2671-1, L. 2671-2, L. 2681-1, L. 2681-2, L. 3133-1 à L. 3133-8, L. 3221-7, L. 3321-1, L. 3341-1, L. 3351-1, L. 3351-2, L. 3361-1, L. 3361-2, L. 3371-1, L. 3371-2, L. 3381-1, L. 3381-2. – Art. 195. – V. CCP, art. L. 2194-3, L. 2394-2, L. 2661-1, L. 2671-1, L. 2681-1.
2019	3 juin	Ordonnance n° 2019-552. Diverses dispositions relatives au groupe SNCF. – Art. 15. – V. CCP, art. L. 2422-12.
2019	20 juin	Règlement (UE) 2019/1243. Adaptation aux articles 290 et 291 du traité sur le fonctionnement de l'Union européenne une série d'actes juridiques prévoyant le recours à la procédure de réglementation avec contrôle. – Art. 1er. – V. Dir. du 13 juill. 2009, art. 66 *bis* à 69, App., *Partie I. Marchés publics*, 🏛.
2019	3 juill.	Ordonnance n° 2019-698. Mise en cohérence des dispositions législatives des codes et lois avec celles du code de commerce dans leur rédaction résultant de l'ordonnance n° 2019-359 du 24 avril 2019 portant refonte du titre IV du livre IV du code de commerce relatif à la transparence, aux pratiques restrictives de concurrence et aux autres pratiques prohibées. – Art. 1er. – V. CCP, art. L. 2192-11, L. 2232-1, L. 2661-6, L. 2671-3, L. 3133-11, L. 3361-2, L. 3371-2.
2019	18 juill.	Décret. n° 2019-748. Facturation électronique. – V. CCP, art. R. 2122-2, R. 2124-3, R. 2171-15, R. 2171-16, R. 2184-3, R. 2191-7, R. 2191-8, D. 2192-1 à D. 2192-3, R. 2192-15, R. 2192-32, R. 2193-16, R. 2343-1, R. 2391-5, D. 2392-1 à D. 2392-3, R. 2392-10,

		R. 2392-12-1, R. 2393-34, R. 2393-34-1, D. 2521-5, R. 2521-6, R. 2621-1, D. 2621-2, R. 2623-1, D. 2623-2, R. 2641-1 à D. 2681-5, D. 3133-1 à D. 3133-3, R. 3133-15, R. 3133-26, D. 3221-4, R. 3221-5, R. 3321-2, D. 3321-3, R. 3331-2, R. 3341-2, D. 3341-3, R. 3351-1, D. 3351-2, R. 3351-3, D. 3351-4, R. 3361-1, D. 3361-2, R. 3361-3, D. 3361-4, R. 3371-1, D. 3371-2, R. 3371-3, D. 3371-4, R. 3381-1, D. 3381-2, R. 3381-4, D. 3381-5.
2019	3 oct.	Décret n° 2019-1016. Redevances aéroportuaires et modification du code de l'aviation civile. – Art. 2. – V. C. aviat., art. R. 223-2, App., v° *Partie II. Textes relatifs aux concessions*, **p. 1665.**
2019	24 oct.	Décret n° 2019-1083. Modalités de passation et d'exécution des contrats de service public de transport ferroviaire de voyageurs. – Art. 4. – V. CCP, art. R. 2522-1, R. 3126-1, R. 3134-4, R. 3200-1, R. 3222-1.
2019	30 oct.	Règlement délégué (UE) 2019/1829 de la Commission. Modification de la directive 2014/25/UE du Parlement européen et du Conseil en ce qui concerne les seuils pour les marchés de fourniture, de service et de travaux et pour les concours. – V. Dir. 2014/25/UE du 26 févr. 2014, art. 15, App., *Partie I. Textes relatifs aux marchés publics*, **p. 1163.**
2019	30 oct.	Règlement délégué (UE) 2019/1830 de la Commission. Modification de la directive 2009/81/CE du Parlement européen et du Conseil en ce qui concerne les seuils pour les marchés de fourniture, de services et de travaux. – V. Dir. 2009/81/CE du 13 juill. 2009, art. 8, App., *Partie I. Textes relatifs aux marchés publics*, **p. 1258.**
2019	10 déc.	Avis. Seuils de procédure et liste des autorités publiques centrales en droit de la commande publique. – V. Annexe n° 2, **p. 945.**
2019	12 déc.	Décret n° 2019-1344. Modification de certaines dispositions du code de la commande publique relatives aux seuils et aux avances. – V. CCP, art. R. 2122-8, R. 2132-2, R. 2191-7, R. 2196-1, R. 2651-1, R. 2651-3, R. 2661-1, R. 2661-3, R. 2671-1, R. 2671-3, R. 2681-1, R. 2681-3.
2019	20 déc.	Décret n° 2019-1419. Procédure accélérée au fond devant les juridictions judiciaires. – Art. 5. – V. C. pr. civ., art. 1441-1, App., *Partie VI. Contrôles et contentieux*, **p. 1867.**
2019	24 déc.	Loi n° 2019-1428. Orientation des mobilités : – Art. 134. – V. CGCT, art. L. 1541-1, ss. C. marchés, art. 3, App., *Partie VIII. Textes anciens*, 🏛. – Art. 154. – V. CCP, art. L. 2171-6. – Art. 163 et 164. – V. C. voirie rout., art. L. 122-12, L. 122-27, App., *Partie I. Textes relatifs aux marchés publics*, **p. 1324.**
2019	27 déc.	Loi n° 2019-1461. Engagement dans la vie locale et proximité de l'action publique. – Art. 65. – V. CGCT, art. L. 1410-3, L. 1411-5, L. 1411-5-1, App., *Partie II. Textes relatifs aux concessions*, **p. 1647.**
2020	29 janv.	Ordonnance n° 2020-71. Réécriture des règles de construction et recodification du livre Ier du code de la construction et de l'habitation. – Art. 4. – V. CCP, art. L. 2422-4, L. 2422-11, L. 2624-1, L. 2634-1, L. 2644-1, L. 2671-5, L. 2681-5.

2020	10 févr.	Loi n° 2020-105. Lutte contre le gaspillage et économie circulaire : – Art. 55 et 58. – V. ss. CCP, art. L. 2111-3. – Art. 56 et 60. – V. CCP, art. L. 2172-5, L. 2172-6.
2020	12 févr.	Arrêté. Modèle d'avis pour la passation des marchés publics répondant à un besoin d'une valeur estimée entre 90 000 € hors taxes et les seuils de procédure formalisée. – V. Annexe n° 22, **p. 1003.**
2020	25 mars	Ordonnance n° 2020-319. Mesures d'adaptation des règles de passation, de procédure ou d'exécution des contrats soumis au code de la commande publique et des contrats publics qui n'en relèvent pas pendant la crise sanitaire née de l'épidémie de covid-19. – V. App., *Partie VII. Textes relatifs à l'état d'urgence sanitaire*, **p. 1891.**
2020	22 avr.	Ordonnance n° 2020-460. Diverses mesures prises pour faire face à l'épidémie de covid-19. – Art. 20. – V. Ord. n° 2020-319 du 25 mars 2020, art. 6, 6-1, App., *Partie VIII. Textes relatifs à l'état d'urgence sanitaire*, **p. 1891.**
2020	13 mai	Ordonnance n° 2020-560. Délais applicables à diverses procédures pendant la période d'urgence sanitaire. – Art. 4, 13. – V. Ord. n° 2020-319 du 25 mars 2020, art. 1er, 5, App., *Partie VII. Textes relatifs à l'état d'urgence sanitaire*, **p. 1891.**
2020	17 juin	Ordonnance n° 2020-738. Diverses mesures en matière de commande publique. – V. App., *Partie VII. Textes relatifs à l'état d'urgence sanitaire*, **p. 1893.**
2020	22 juill.	Décret n° 2020-893. Relèvement temporaire du seuil de dispense de procédure pour les marchés publics de travaux et de fournitures de denrées alimentaires. – V. App., *Partie VII. Textes relatifs à l'état d'urgence sanitaire*, **p. 1893.**
2020	28 juill.	Arrêté. Modèle de certificat de cessibilité des créances issues des marchés publics. – V. Annexe n° 14, **p. 969.**
2020	11 août	Décret n° 2020-1027. Autorisations de travaux dans les concessions d'énergie hydraulique et diverses modifications aux dispositions réglementaires applicables à ces concessions. – Art. 3 à 5, 7, 8, 10. – V. C. énergie, art. R. 521-2, R. 521-5, R. 521-27, R. 521-29, R. 521-31 à R. 521-41, R. 521-46, R. 521-48 à R. 521-48-2, R. 521-53, App., *Partie II. Textes relatifs aux concessions*, **p. 1677.**
2020	15 oct.	Décret n° 2020-1261. Avances dans les marchés publics. – V. CCP, art. R. 2191-7, R. 2191-8, R. 2191-11, R. 2191-12, R. 2191-14, R. 2191-19, R. 2391-5, R. 2651-1, R. 2661-1, R. 2671-1, R. 2681-1.
2020	5 nov.	Décret n° 2020-1355. Modification du décret n° 85-801 du 30 juillet 1985 relatif au statut et au fonctionnement de l'Union des groupements d'achats publics. – V. Décr. n° 85-801 du 30 juill. 1985, art. 1er, 3, 4, 7 à 11, 13, 14, 16, 17, ss. CCP, art. L. 2113-5.
2020	7 déc.	Loi n° 2020-1525. Accélération et simplification de l'action publique : – Art. 128. – V. C. com., art. L. 450-2, App., *Partie IV. Délai de paiement*, **p. 1718.**

		– Art. 131, 132, 140, 141, 143, 144. – V. CCP, art. L. 2113-14, L. 2122-1, L. 2141-3, L. 2171-4, L. 2171-6, L. 2322-1, L. 2395-2, L. 2512-5, L. 2514-2, L. 2651-1, L. 2661-1, L. 2661-2, L. 2661-4, L. 2671-1, L. 2671-2, L. 2671-4, L. 2681-1, L. 2711-1 à L. 2728-1, L. 3123-3, L. 3136-4, L. 3212-4, L. 3351-1, L. 3361-1, L. 3361-2, L. 3371-1, L. 3371-2, L. 3381-1, L. 3411-1 à L. 3428-1. – Art. 133, V. ss. CCP, art. L. 2194-1, L. 3135-1. – Art. 142, V. ss. CCP, art. R. 2122-8.
2020	29 déc.	Loi n° 2020-1721. De finances pour 2021. – Art. 259. – V. CGCT, art. L. 1311-4-1, App., v° *Partie I. Textes relatifs aux marchés publics*, **p. 1312.**
2021	30 mars	Décret n° 2021-357. Diverses dispositions en matière de commande publique. – V. CCP, art. R. 2122-2, R. 2123-1 à R. 2123-3, R. 2123-8, R. 2171-16, R. 2171-23, R. 2192-16, R. 2213-5, R. 2651-1, R. 2661-1, R. 2671-1, R. 2681-1.
2021	30 mars	Arrêté. Cahier des clauses administratives générales des marchés publics de fournitures courantes et de services. – V. App., *Partie I. Textes relatifs aux marchés publics*, **p. 1345.**
2021	30 mars	Arrêté. Cahier des clauses administratives générales des marchés publics de travaux (CCAG-T). – V. App., *Partie I. Textes relatifs aux marchés publics*, **p. 1378.**
2021	30 mars	Arrêté. Cahier des clauses administratives générales des marchés publics industriels (CCAG-MI). – V. App., *Partie I. Textes relatifs aux marchés publics*, **p. 1432.**
2021	30 mars	Arrêté. Cahier des clauses administratives générales des marchés publics de prestations intellectuelles (CCAG-PI). – V. App., *Partie I. Textes relatifs aux marchés publics*, **p. 1467.**
2021	30 mars	Arrêté. Cahier des clauses administratives générales des marchés publics de techniques de l'information et de la communication (CCAG-TIC). – V. App., *Partie I. Textes relatifs aux marchés publics*, **p. 1498.**
2021	30 mars	Cahier des clauses administratives générales des marchés publics de maîtrise d'œuvre. – V. App., *Partie I. Textes relatifs aux marchés publics*, **p. 1536.**
2021	21 avr.	Arrêté. Modifications de divers arrêtés portant approbation de cahiers des clauses administratives générales des marchés publics pour leur application outre-mer : – Art. 1er. – V. Arr. du 30 mars 2021 portant approbation du cahier des clauses administratives générales des marchés publics de fournitures courantes et de services, art. 4, App., *Partie I. Textes relatifs aux marchés publics*, **p. 1345.** – Art. 2. – V. Arr. du 30 mars 2021 portant approbation du cahier des clauses administratives générales des marchés publics industriels, art. 4, App., *Partie I. Textes relatifs aux marchés publics*, **p. 1433.** – Art. 3. – V. Arr. du 30 mars 2021 portant approbation du cahier des clauses administratives générales des marchés publics de maîtrise d'œuvre, art. 3, App., *Partie I. Textes relatifs aux marchés publics*, **p. 1536.**

		– Art. 4. – V. Arr. du 30 mars 2021 portant approbation du cahier des clauses administratives générales des marchés publics de prestations intellectuelles, art. 4, App., *Partie I. Textes relatifs aux marchés publics*, **p. 1467.** – Art. 5. – V. Arr. du 30 mars 2021 portant approbation du cahier des clauses administratives générales des marchés publics de techniques de l'information et de la communication, art. 4, App., *Partie I. Textes relatifs aux marchés publics*, **p. 1498.** – Art. 6. – V. Arr. du 30 mars 2021 portant approbation du cahier des clauses administratives générales des marchés publics de travaux, art. 4, App., *Partie I. Textes relatifs aux marchés publics*, **p. 1378.**
2021	21 mai	Décret n° 2021-631. Suppression de l'exigence de présentation par les entreprises d'un extrait d'immatriculation au registre du commerce et des sociétés ou au répertoire des métiers dans leurs démarches administratives. – Art. 3. – V. CCP, art. R. 2143-9, R. 2651-1, R. 2651-3, R. 2661-1, R. 2661-3, R. 2671-1, R. 2671-3, R. 2681-1, R. 2681-3.
2021	26 mai	Ordonnance n° 2021-649. Transposition de la directive (UE) 2019/1 du Parlement européen et du Conseil du 11 décembre 2018 visant à doter les autorités de concurrence des États membres des moyens de mettre en œuvre plus efficacement les règles de concurrence et à garantir le bon fonctionnement du marché intérieur. – Art. 2. – V. C. com., art. L. 450-1, L. 450-3, L. 450-4, L. 450-7 à L. 450-10, App., *Partie V. Délais de paiement*, **p. 1718.**
2021	30 juin	Décret n° 2021-872. Recodification de la partie réglementaire du livre Ier du code de la construction et de l'habitation et conditions de mise en œuvre des solutions d'effet équivalent. – Art. 7. – V. C. énergie, art. R. 234-5, App., *Partie I. Textes relatifs aux marchés publics*, **p. 1324.**
2021	26 juill.	Arrêté. Modification de l'annexe de l'arrêté du 12 février 2020 fixant un modèle d'avis pour la passation des marchés publics répondant à un besoin d'une valeur estimée entre 9 000 € hors taxes et les seuils de procédure formalisée. – V. Annexe n° 22, **p. 1003.**
2021	22 août	Loi n° 2021-1104. Lutte contre le dérèglement climatique et renforcement de la résilience face à ses effets : – Art. 35. – V. CCP, art. L. 3-1, L. 2111-2, L. 2111-3, L. 2112-2, L. 2112-2-1, L. 2141-7-1, L. 2152-7, L. 2311-1, L. 2311-2, L. 2312-1, L. 2312-1-1, L. 2352-1, L. 2352-2, L. 3111-2, L. 3114-2, L. 3114-2-1, L. 3123-7-1, L. 3124-5, L. 3131-5. – Art. 39. – V. C. envir., art. L. 228-4, ss. CCP, art. R. 2152-7. – Art. 89. – V. C. énergie, art. L. 521-18, App., *Partie III. Concessions d'aménagement*, **p. 1674.** – Art. 214, 220. – V. C. urb., art. L. 300-1, App., *Partie III. Concessions d'aménagement*, **p. 1695.**
2021	23 août	Décret n° 2021-1111. Modification des dispositions du code de la commande publique relatives aux accords-cadres et aux marchés publics de défense et de sécurité. – V. CCP, art. R. 2121-8, R. 2162-4, R. 2312-10, R. 2312-10-1, R. 2321-5, R. 2321-7, R. 2322-14, R. 2322-15, R. 2323-1, R. 2331-5, R. 2331-6, R. 2331-8, R. 2342-13, R. 2343-8, R. 2343-9, R. 2343-13, R. 2343-17, R. 2344-2, R. 2344-4,

		R. 2351-14, R. 2383-1, R. 2391-20 à R. 2391-20-2, R. 2391-27, R. 2393-3, R. 2393-8, R. 2393-13, R. 2393-34-2, R. 2393-43, R. 2396-6, R. 2623-1, R. 2643-1, R. 2651-1, R. 2651-4, R. 2661-1, R. 2661-4, R. 2671-1, R. 2671-4, R. 2681-1, R. 2681-4.
2021	24 août	Loi n° 2021-1109. Respect des principes de la République. – Art. 70. – V. CGCT, art. L. 1311-2, App., *Partie I. Textes relatifs aux marchés publics*, **p. 1312.**
2021	15 sept.	Ordonnance n° 2021-1190. Généralisation de la facturation électronique dans les transactions entre assujettis à la taxe sur la valeur ajoutée et transmission des données de transaction. – Art. 2. – V. CCP, art. L. 2192-2, L. 2192-5, L. 2392-5, L. 3133-1, L. 3133-2, L. 3133-6.
2021	15 sept.	Ordonnance n° 2021-1192. Réforme du droit des sûretés. – Art. 35. – V. L. n° 2014-1653 du 29 déc. 2014, art. 34, ss. CCP, art. L. 2211-1, ss. Ord. n° 2015-899 du 23 juill. 2015, art. 71, App., *Partie VIII. Anciens textes*, .
2021	30 sept.	Arrêté. Modification des cahiers des clauses administratives générales des marchés publics : – Art. 1er. – V. CCAG-T, Annexe, art. 2, 3.8.1, 3.8.3, 5.3, 12.4.3, 12.4.4, 20.1.2, 20.1.3, App., *Partie I. Textes relatifs aux marchés publics*, **p. 1378.** – Art. 2. – V. CCAG-FCS, Annexe, art. 3.4.3, 5.3, 16.1.2, 16.1.3, 43.2.2.4, 43.3.1, App., *Partie I. Textes relatifs aux marchés publics*, **p. 1345.** – Art. 3. – V. CCAG-PI, Annexe, art. 3.4.3, 5.3, 10.2.2, 14.2, 16.1.2, 16.1.3, 30, 33.2, App., *Partie I. Textes relatifs aux marchés publics*, **p. 1467.** – Art. 4. – V. CCAG-TIC, Annexe, art. 3.4.3, 5.3, 10.1.3, 11.3.5, 16.1.2, 16.1.3, App., *Partie I. Textes relatifs aux marchés publics*, **p. 1498.** – Art. 5. – V. CCAG-MI, Annexe, art. 3.4.3, 5.3, 12.3.5, 17.1.2, 17.1.3, 51.2, 52, App., *Partie I. Textes relatifs aux marchés publics*, **p. 1432.** – Art. 6. – V. CCAG-MŒ, Annexe, art. 2, 3.8.3, 5.3, 11.7.1, 11.7.2, 11.7.3, 11.8.1, 11.8.2, 11.8.5, 18.1.2, 18.1.3, 32.5, 35.1, 35.2, App., *Partie I. Textes relatifs aux marchés publics*, **p. 1536.**
2021	10 nov.	Décret n° 2021-1473. Modification du décret n° 2009-697 du 16 juin 2009 relatif à la normalisation. – V. Décr. n° 2009-697 du 16 juin 2009, art. 1er, 2, 4 à 8, 11 à 17, App., *Partie I. Textes relatifs aux marchés publics*, **p. 1339.**
2021	10 nov.	Règlement délégué (UE) 2021/1950 de la Commission. Modification de la directive 2009/81/CE du Parlement européen et du Conseil en ce qui concerne les seuils pour les marchés de fourniture, de services et de travaux. – V. Dir. 2009/81/CE du 13 juill. 2009, art. 8, App., *Partie I. Textes relatifs aux marchés publics*, **p. 1258.**
2021	10 nov.	Règlement délégué (UE) 2021/1951 de la Commission. Modification de la directive 2014/23/UE du Parlement européen et du Conseil en ce

		qui concerne les seuils applicables pour les concessions. — V. Dir. 2014/23/UE du 26 févr. 2014, art. 8, App., *Partie III. Textes relatifs aux concessions*, .
2021	10 nov.	Règlement délégué (UE) 2021/1952 de la Commission. Modification de la directive 2014/24/UE du Parlement européen et du Conseil en ce qui concerne les seuils pour les marchés publics de fourniture, de services et de travaux et pour les concours. — V. Dir. 2014/24/UE du 26 févr. 2014, art. 4, 13, 15, App., *Partie I. Textes relatifs aux marchés publics*, **p. 1042.**
2021	15 nov.	Loi n° 2021-1485. Réduction de l'empreinte environnementale du numérique en France. — Art. 15. — V. L. n° 2020-105 du 10 févr. 2020, art. 55, ss. CCP, art. L. 2111-3.
2021	17 nov.	Ordonnance n° 2021-1490. Transposition de la directive (UE) 2019/1161 du Parlement européen et du Conseil du 20 juin 2019 modifiant la directive 2009/33/CE relative à la promotion de véhicules de transports routier propres et économes en énergie. — Art. 3. — V. CCP, art. L. 2172-4, L. 2372-1, L. 2621-1, L. 2621-2, L. 2623-1, L. 2631-1, L. 2641-1 ; L. n° 2011-12 du 5 janv. 2011, art. 12, App., *Partie I. Textes relatifs aux marchés publics*, **p. 1338.**
2021	17 nov.	Décret n° 2021-1491. Obligations d'achat ou d'utilisation de véhicules automobiles routiers à faibles et à très faibles émissions en application de la directive (UE) 2019/1161 du Parlement européen et du Conseil : — Art. 7 à 11. — V. CCP, art. R. 2172-35 à R. 2172-38, R. 2372-22 à R. 2372-24, R. 2621-1, R. 2621-3, R. 2623-3, R. 2631-1. — Art. 14. — V. Décr. n° 2011-493 du 5 mai 2011, art. 1er, 2, App., *Partie I. Textes relatifs aux marchés publics*, **p. 1338.**
2021	9 déc.	Avis. Seuils de procédure et liste des autorités publiques centrales en droit de la commande publique. — V. Annexe n° 2, **p. 945.**
2021	13 déc.	Décret n° 2021-1634. Achats innovants et diverses autres dispositions en matière de commande publique. — V. CCP, art. R. 2122-1, R. 2122-9-1, R. 2621-1, R. 2631-1, R. 2641-1, R. 2651-1, R. 2651-3, R. 2661-1, R. 2661-3, R. 2671-1, R. 2671-3, R. 2681-1, R. 2681-3 ; Décr. n° 2018-1225 du 24 déc. 2018, art. 1er à 3, ss. CCP, art. R. 2122-9.
2021	22 déc.	Loi n° 2021-1729. Confiance dans l'institution judiciaire. — Art. 27. — V. CJA, art. L. 213-5, App., *Partie VI. Contrôles et contentieux*, **p. 1732.**
2021	29 déc.	Décret n° 2021-1902. Sécurité des ouvrages hydrauliques autorisés, déclarés ou concédés en application du code de l'environnement ou du code de l'énergie. — Art. 10, 11. — V. C. énergie, art. R. 521-43, R. 521-45, App., *Partie II. Textes relatifs aux concessions*, **p. 1685.**
2022	21 févr.	Loi n° 2022-217. Différenciation, décentralisation, déconcentration et diverses mesures de simplification de l'action publique locale : — Art. 6, 189 et 217. - V. CGCT, art. L. 1413-1, App., *Partie II. Textes relatifs aux concessions*, **p. 1653** ; art. L. 1531-1, ss. C. marchés, art. 3, App., *Partie VIII. Anciens textes*, ; art. L. 1524-5, App., *Partie I. Textes relatifs aux marchés publics*, **p. 1317.**

		– Art. 41 et 42. – V. CCP, art. L. 2411-1. – Art. 162. – V. CRPA, art. L. 113-13, App., *Partie I. Textes relatifs aux marchés publics*, **p. 1336**. – Art. 192. – V. C. urb., art. L. 327-1, App., *Partie III. Concessions d'aménagement*, **p. 1703**.
2022	30 mars	Ordonnance n° 2022-478. Partie législative du code pénitentiaire. – Art. 7. – V. L. n° 87-432 du 22 juin 1987, art. 2, ss. Ord. n° 2015-899 du 23 juill. 2015, art. 101, App., *Partie VIII. Anciens textes*, .
2022	25 mars	Ordonnance n° 2022-433. Relatif à la procédure de médiation préalable obligatoire à certains litiges de la fonction publique et certains litiges sociaux. – V. CJA, art. R. 213-3-1, App., *Partie VI, Contrôles et contentieux*, .
2022	2 mai	Décret n° 2022-767. Diverses modifications du code de la commande publique. – Art. 1er à 10. – V. CCP, art. D. 2111-3, D. 2196-5, D. 2196-6 nouv., D. 2196-7, D. 2396-2, D. 2396-2-1, D. 2651-2, D. 2651-2, D. 2661-2, D. 2671-2, D. 2681-2, R. 2152-7 nouv., R. 2162-57 nouv., R. 2196-1, R. 2196-2, R. 2196-4, R. 2362-13 nouv., R. 2651-1, R. 2661-1, R. 2671-1, R. 2681-1, R. 3124-4, R. 3131-1 nouv., R. 3131-3, R. 3351-1, R. 3361-1, R. 3371-1, R. 3381-1.
2022	16 août	Loi n° 2022-1157. De finances rectificative pour 2022. – Art. 26. – V. CCP, art. L. 2192-1, L. 2192-2, L. 2192-5, L. 2392-5, L. 3133-1, L. 3133-2, L. 3133-6.
2022	7 oct.	Décret n° 2022-1299. Généralisation de la facturation électronique dans les transactions entre assujettis à la taxe sur la valeur ajoutée et transmission des données de transaction. – Art. 2. – V. CCP, art. R. 2192-4, R. 2392-4, R. 3133-4.
2022	19 oct.	Ordonnance n° 2022-1336. Droits sociaux des personnes détenues. – Art. 19 et 26. – V. CCP, art. L. 2113-13-1, L. 2113-14, L. 2651-1, L. 2661-1, L. 2671-1, L. 2681-1, L. 3113-2-1, L. 3113-3, L. 3351-1, L. 3361-1, L. 3371-1, L. 3381-1.

TABLE ALPHABÉTIQUE

NOTA. Les caractères italiques gras précédés d'une flèche rouge renvoient à un autre mot en caractères gras de la table.
Sauf indication contraire, les nombres renvoient aux articles du CCP.

A

D

R

S

Photocomposé, traité sur ordinateur par :
LUMINESS SAS, 561 rue Saint Léonard - 53100 MAYENNE

Achevé d'imprimer en décembre 2022 sur les presses de
Druckerei C.H.Beck
Dépôt légal : janvier 2023
721936 (I) – OFM - P 31 – JOU – (JB)
Imprimé en Allemagne

Codes Dalloz

	Parution
PÉNAL	
Code pénal	juin
Code de la justice pénale des mineurs, *commenté*	août
Code de procédure pénale	juin
Code de la route, *commenté*	février
IMMOBILIER	
Code des baux, *commenté*	janvier
Code de la construction et de l'habitation, *commenté*	avril
Code de la copropriété, *commenté*	janvier
Code de l'urbanisme, *commenté*	avril
PUBLIC	
Code de la commande publique, *commenté*	janvier
Code constitutionnel et des droits fondamentaux, *commenté en ligne*	août
Code de l'éducation, *commenté*	août
Code électoral, *commenté*	novembre
Code de l'entrée et du séjour des étrangers et du droit d'asile, *commenté*	octobre
Code de l'environnement, *commenté*	mars
Code général de la fonction publique, *commenté*	mars
Code général des collectivités territoriales, *commenté en ligne*	novembre
Code général de la propriété des personnes publiques, *commenté*	mai
Code de justice administrative, *commenté*	septembre
Code des relations entre le public et l'administration, *commenté*	septembre
Code rural et de la pêche maritime, *commenté*	avril

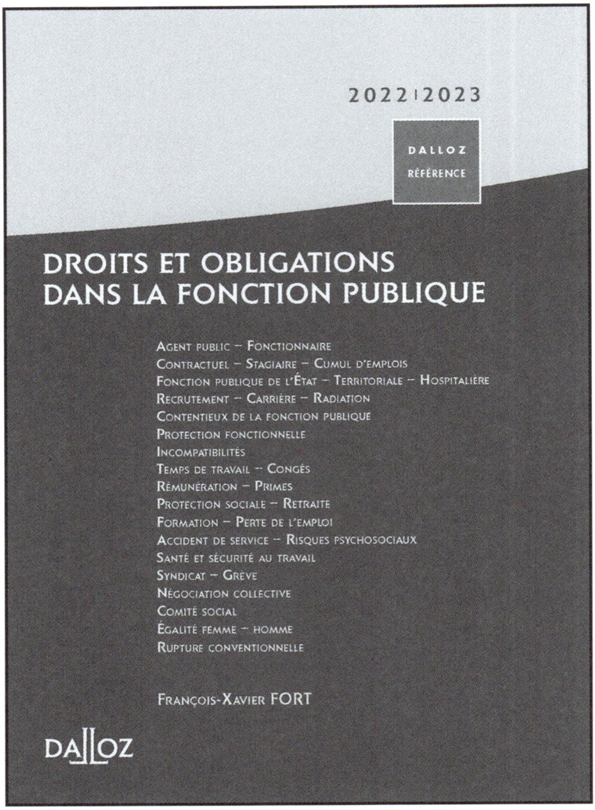
2022 | 2023
DALLOZ
RÉFÉRENCE
DROITS ET OBLIGATIONS
DANS LA FONCTION PUBLIQUE
Agent public – Fonctionnaire
Contractuel – Stagiaire – Cumul d'emplois
Fonction publique de l'État – Territoriale – Hospitalière
Recrutement – Carrière – Radiation
Contentieux de la fonction publique
Protection fonctionnelle
Incompatibilités
Temps de travail – Congés
Rémunération – Primes
Protection sociale – Retraite
Formation – Perte de l'emploi
Accident de service – Risques psychosociaux
Santé et sécurité au travail
Syndicat – Grève
Négociation collective
Comité social
Égalité femme – homme
Rupture conventionnelle
François-Xavier FORT
DALLOZ